Kam<u>e</u>l [ka'me:l] n~~...~~ (infml) silly me!

The translations appear in angle brackets: des Kamels/des Kameles, die Kamele

---

schwimmen ['ʃvɪmən] pret **schwamm** [ʃvam], past part **geschwommen** [gə'ʃvɔmən] aux sein **A** v/i **1** also aux haben to

The simple past (pret = preterite) and past participle are given for irregular verb forms: schwamm, geschwommen

---

teddy (bear) n Teddy(bär) m

Translations are accompanied by gender and plural labels:
m for a masculine noun,
f for a feminine noun,
nt for a neuter noun, and
no pl for a noun that does not have a plural

---

tortoise n Schildkröte f

---

sat-nav (Br infml) abbr of satellite navigation system Navi nt (infml)

---

jewellery, (US) **jewelry** n Schmuck m no pl; **a piece of ~** ein Schmuckstück nt

---

cream **A** n **1** Sahne f, Obers m (Aus), Nidel m (Swiss); (≈ artificial cream, lotion) Creme f; **~ of asparagus/chicken soup**

Austrian and Swiss usage: Aus, Swiss

N<u>o</u>taufnahme f casualty (unit) (Br), emergency room (US)

British and American usage: Br, US

---

travelling expenses pl Reisekosten pl; (on business) Reisespesen pl

Explanations, collocations and register labels appear in italics: on business, Erinnerung (e. g. eine bleibende Erinnerung), Schaden (e. g. ein bleibender Schaden), infml (= informal), first course

---

bl<u>ei</u>bend adj Erinnerung etc lasting; Schaden permanent

---

starter n **1** SPORTS Starter(in) m(f) **2** (Br infml ≈ first course) Vorspeise f **3** **for ~s** (infml) für den Anfang (infml)

---

mole¹ n ANAT Leberfleck m
mole² n ZOOL Maulwurf m, Schermaus f (Swiss); (infml ≈ secret agent) Spion(in) m(f)

Field labels are given in SMALL CAPITALS: ANAT, ZOOL, IT

App [ɛp] f ⟨-, -s⟩ IT app

Langenscheidt
Standard Dictionary

German

German — English
English — German

edited by the
Langenscheidt editorial staff

Langenscheidt

Munich · Vienna

Project management: Dr. Heike Pleisteiner

Lexicographical work 2017: Dr. Helen Galloway, Veronika Schnorr

This dictionary uses the new German spelling system based on the current official guidelines and DUDEN recommendations.

This dictionary has been created using dictionary databases owned by HarperCollins Publishers Ltd.

Printed in Germany

Contents

Using the dictionary

How do I find what I'm looking for in the dictionary?

1 Alphabetical Order

All the headwords in the dictionary are listed in alphabetical order. For the purposes of alphabetical order, no distinction is made between the German letters **ä**, **ö** and **ü** and the letters **a**, **o** and **u**. The same goes for the letter **ß**, which is used in all the German-speaking countries apart from Switzerland. This is treated as if it were **ss**:

Ostern ['oːstɐn] *nt* ⟨-, -⟩ Easter; **frohe ~!** Happy Easter!; **zu ~** at Easter
Österreich ['øːstəraɪç] *nt* ⟨-s⟩ Austria **Österreicher** ['øːstəraɪçɐ] *m* ⟨-s, -⟩, **Österreicherin** [-ərɪn] *f* ⟨-, -nen⟩ Austrian **österreichisch** ['øːstəraɪçɪʃ] *adj* Austrian
Ostersonntag ['oːstɐ'zɔntaːk] *m* Easter Sunday

Muss [mʊs] *nt* ⟨-, no pl⟩ **es ist ein/kein ~** it's/it's not a must
Muße ['muːsə] *f* ⟨-, no pl⟩ leisure
Mussehe *f* (*infml*) shotgun wedding (*infml*)
müssen ['mʏsn] **A** *modal v/aux, pret* **musste** ['mʊstə], *past part* **müssen** **1** (*Zwang*) to have to; (*Notwendigkeit*) to need to; **muss er?** does he have to?; **ich muss jetzt gehen** I must be going now; **muss das (denn) sein?** is that (really) necessary?; **das musste (ja so) kommen** that had to happen **2** (≈ *sollen*) **das müsstest du eigentlich wissen** you ought to know that, you should know that **3** (*Vermutung*) **es muss geregnet haben** it must have rained; **er müsste schon da sein** he should be there by now; **so muss es gewesen sein** that's how it must have been **4** (*Wunsch*) **(viel) Geld müsste man haben!** if only I were rich! **B** *v/i, pret* **musste** ['mʊstə], *past part* **gemusst** [ɡə'mʊst] (*infml* ≈ *austreten müssen*) **ich muss mal** I need to go to the loo (*Br infml*) or bathroom (*esp US*)

Some feminine forms appear as part of the same entry as their masculine equivalents:

Bäcker ['bɛkɐ] *m* ⟨-s, -⟩, **Bäckerin** [-ərɪn] *f* ⟨-, -nen⟩ baker; **zum ~ gehen** to go to the baker's **Bäckerei** [bɛkə'raɪ] *f* ⟨-, -en⟩ **1** (≈ *Bäckerladen*) baker's (shop); (≈ *Backstube*) bakery **2** (≈ *Gewerbe*) baking trade

Letters in brackets are also taken into account for the purposes of alphabetical order:

> **angestellt** [ˈangəʃtɛlt] *adj pred* ~ **sein** to be an employee (*bei* of); → **anstellen** **Angestelltenverhältnis** *nt* **im** ~ in non-tenured employment **Angestellte(r)** [ˈangəʃtɛltə] *m/f(m) decl as adj* (salaried) employee

Some British headwords are accompanied by their American equivalents:

> **metre,** (*US*) **meter** *n* **1** Meter *m or nt* **2** POETRY Metrum *nt* **metric** *adj* metrisch; **to go** ~ auf das metrische Maßsystem umstellen

English **phrasal verbs,** which are marked with a diamond symbol, don't strictly obey the rules of alphabetical order. They are always listed directly after the entry for the base verb on which they are constructed:

> **soften** **A** *v/t* weich machen; *effect* mildern **B** *v/i* weich werden; (*voice*) sanft werden ◊**soften up** **A** *v/t sep* **1** (*lit*) weich machen **2** (*fig*) *opposition* milde stimmen; (*by bullying*) einschüchtern **B** *v/i* (*material*) weich werden
> **softener** *n* (≈ *fabric softener*) Weichspüler *m*

2 Spelling

The German spellings in the dictionary conform to the most recent DUDEN guidelines.

If a word which is normally hyphenated is split over two lines, the hyphen is repeated at the beginning of the next line:

> world-
> -famous

> Aha-
> -Erlebnis

3 Pronunciation

A guide to pronunciation using the symbols of the International Phonetic Association is provided in square brackets directly after the blue German headwords:

googeln® ['guːgəln] *v/t* to google

Stress is indicated by a dot or a line underneath the stressed syllable in each headword. A dot represents a short syllable and a line a long syllable:

Sardelle [zarˈdɛlə] *f* ⟨-, -n⟩ anchovy
Sardine [zarˈdiːnə] *f* ⟨-, -n⟩ sardine

No phonetics are provided if the pronunciation of a word can be easily derived from the elements it is comprised of or from its basic form: **Hassprediger, herumzicken, integrationswillig** etc.

4 Grammatical Information

Verbs

v/aux	auxiliary verb (verb used for forming compound tenses)	**haben** ['haːbn] *pres* **hat** [hat], *pret* **hatte** ['hatə], *past part* **gehabt** [gəˈhaːpt] **A** *v/aux* **ich habe/hatte gerufen** I have/had called; **du hättest den Brief früher schreiben können** you could have written the letter earlier
		shall *pret* **should** *modal v/aux* **1** (*future*) **I ~** *or* **I'll go to France this year** ich fahre dieses Jahr nach Frankreich; **no, I ~ not** *or* **I shan't** nein, das tue ich nicht **2** **what ~ we do?** was sollen wir machen?, was machen wir?; **let's go in, ~ we?** komm, gehen wir hinein!; **I'll buy 3, ~ I?** soll ich 3 kaufen?
v/i	intransitive verb (used without a direct object)	**twittern** ['tvɪtɐn] *v/i & v/t* to tweet

v/t	transitive verb (used with a direct object)	**tweet** Ⓐ *n* ❶ (of birds) Piepsen *nt no pl* ❷ (on Twitter®) Tweet *m* Ⓑ *v/i* ❶ (birds) piepsen ❷ (on Twitter®) twittern Ⓒ *v/t* (on Twitter®) twittern
v/r	reflexive verb	**gorge** Ⓐ *n* GEOG Schlucht *f* Ⓑ *v/r* schlemmen; **to ~ (oneself) on sth** etw verschlingen
		räuspern ['rɔyspɐn] *v/r* to clear one's throat
v/impers	impersonal verb (verb which can only be used with 'es')	◊**come about** *v/impers* (≈ happen) passieren; **this is why it came about** das ist so gekommen
		abwärtsgehen *v/impers sep irr aux sein* (fig) **mit ihm/dem Land geht es abwärts** he/the country is going downhill
pret schwamm, *past part* geschwommen	irregular verb forms	**schwimmen** ['ʃvɪmən] *pret* **schwamm** [ʃvam], *past part* **geschwommen** [gə'ʃvɔmən] *aux sein* Ⓐ *v/i* ❶ also aux haben to swim; **in Fett** (dat) **~** to be swimming in fat; **im Geld ~** to be rolling in it (infml) ❷ (fig ≈ unsicher sein) to be at sea Ⓑ *v/t* also aux haben SPORTS to swim
		= *preterite* (simple past): schwamm and *past participle*: geschwommen
aux sein	auxiliary verb used for conjugation	**anreisen** *v/i sep aux sein* (≈ eintreffen) to come
sep	compound verb which is separable in the present and simple past tenses (*ich schalte frei, ich schaltete frei*), and forms its past participle by the insertion of -ge- after the prefix (*ich habe freigeschaltet*)	**freischalten** *v/t sep* TEL Leitung to clear; Handy to connect, to enable

| *insep* | inseparable verb (*ich high-lighte, ich highlightete, ich habe gehighlightet*) | **highlighten** ['hailaitn] *v/t insep* IT *Textpassagen etc* to highlight |
| *irr* | compound verb containing irregular base verb | **zubeißen** *v/i sep irr* to bite |

Further information can be found in the **German irregular verbs** section in the appendix.

Nouns

n	English noun	**senior moment** *n* (*infml*) altersbedingte Gedächtnislücke
m	masculine noun	**spam filter** *n* IT Spamfilter *m*
f	feminine noun	**skin care** *n* Hautpflege *f*
nt	neuter noun	**suicide bombing** *n* Selbstmordattentat *nt*
m(f)	masculine noun which forms feminine equivalent by adding a suffix	**cardholder** *n* Karteninhaber(in) *m(f)* = der Karteninhaber, die Karteninhaberin

m/f(m)	adjectival noun	**chocoholic** *n* (*infml*) Schokoladensüchtige(r) *m/f(m)*, Schokosüchtige(r) *m/f(m)* (*infml*); **to be a ~** nach Schokolade süchtig sein
		= der Schokoladensüchtige,
		  die Schokoladensüchtige,
		  ein Schokoladensüchtiger,
		  eine Schokoladensüchtige

pl	plural noun	**civil rights** 🅐 *pl* (staats)bürgerliche Rechte *pl* 🅑 *attr* Bürgerrechts-

Declension:

⟨in angular brackets⟩	genitive and plural forms of non-compound nouns	**Falafel** [faˈlafəl] *f* ⟨-, -n⟩ cook falafel

= der Falafel, die Falafeln

no pl	noun with no plural form	**Homebanking** [ˈhoːmbɛŋkɪŋ] *nt* ⟨-, no pl⟩ home banking

comparative forms	comparative and superlative provided for irregular forms or for those which add an umlaut	**ạlt** [alt] *adj*, *comp* ̈er [ˈɛltə], *sup* ̈este(r, s) [ˈɛltəstə] **1** old; *Mythos*, *Griechen* ancient; *Sprachen* classical; **das ~e Rom** ancient Rome; **Alt und Jung** (everybody) old and young; **ein drei Jahre ~es Kind** a three--year-old child; **wie ~ bist du?** how old are you?; **hier werde ich nicht ~** (*infml*) this isn't my scene (*infml*); **in ~er Freundschaft, Dein ...** yours as ever ...; **~ ausse-hen** (*infml* ≈ *dumm dastehen*) to look stupid **2** (≈ *dieselbe*, *gewohnt*) same old

comp = comparative: älter
sup = superlative:
älteste / ältester / ältestes

verb forms	information on irregular verb forms	**blạsen** [ˈblaːzn] *pret* **bliẹs** [bliːs], *past part* **geblạsen** [ɡəˈblaːzn] 🅐 *v/i* to blow 🅑 *v/t Melodie*, *Posaune etc* to play

pret = preterite (simple past): blies,
past part = past participle: geblasen

5 Explanatory Material, Subject Areas and Prepositions

Assistance in choosing the correct translation is provided in a variety of additional ways:

collocates	Words which are normally used in combination with the headword in a sentence or phrase:	**bl<u>ei</u>bend** *adj Erinnerung etc* lasting; *Schaden* permanent
		transform *v/t* umwandeln (*into* zu); *ideas* (von Grund auf) verändern; *person, life, caterpillar* verwandeln
superordinates	Superordinates or general explanatory notes:	**travelling expenses** *pl* Reisekosten *pl;* (*on business*) Reisespesen *pl*
synonyms	Words or phrases of virtually identical meaning are given in brackets with a double tilde:	**cleverly** *adv* geschickt; (≈ *wittily*) schlau
		Hirt [hɪrt] *m* ⟨-en, -en⟩ herdsman; (≈ *Schafhirt*) shepherd
SUBJECT AREA	Subject areas are mostly abbreviated and appear in small capitals:	**clickable** *adj* IT anklickbar
		h<u>o</u>chauflösend *adj* IT, TV high-resolution
prepositions	The **correct preposition** to use with a particular verb or noun is indicated. The correct case is also given for German prepositions which can take different cases:	**Freist<u>o</u>ß** *m* FTBL free kick (*für* to, for)
		◊**connect up** *v/t sep* ELEC *etc* anschließen (*to, with* an +*acc*)

6 Lexicographical Symbols

~ | The **tilde** or **swung dash ~** is used in place of the headword within an entry:

> **text** ◼A◼ *n* ◼1◼ Text *m* ◼2◼ Textnachricht *f*, SMS *f*; **to send sb a ~** jdm eine Textnachricht *or* eine SMS schicken ◼B◼ *v/t* **to ~ sb** jdm eine Textnachricht *or* eine SMS schicken

> = to send somebody a text
> = to text somebody

1, 2 | **Superscript numbers** are used to differentiate homonyms, words which are spelled the same but are completely different in meaning:

> **pupil**[1] *n* (SCHOOL, *fig*) Schüler(in) *m(f)*
> **pupil**[2] *n* ANAT Pupille *f*

◼A◼, ◼B◼, ◼C◼ | Different parts of speech are separated by **capital letters**:

> **amüsieren** [amyˈziːrən] *past part* amüsiert ◼A◼ *v/t* to amuse; **was amüsiert dich denn so?** what do you find so amusing *or* funny? ◼B◼ *v/r* to enjoy oneself; **sich über etw** (*acc*) **~ to** find sth funny; (*unfreundlich*) to make fun of sth; **amüsiert euch gut** have fun

> **photobomb** ◼A◼ *v/t & v/i* fotobomben ◼B◼ *n* Fotobombe *f*

◼1◼, ◼2◼, ◼3◼ | **Arabic numerals** are used to divide translations into different senses:

> **soluble** *adj* ◼1◼ löslich; **~ in water** wasserlöslich ◼2◼ *problem* lösbar

> **Informationsstand** *m* ◼1◼ information stand ◼2◼ *no pl* (≈ *Wissensstand*) level of information

; | **Semicolons** differentiate minor differences in meaning and are used before phrases:

> **stalken** [ˈstɔːkən] *v/t* (≈ *belästigen*) to stalk; (*im Netz suchen*) to look online for

> **sporting** *adj* sportlich; (*fig*) fair; (≈ *decent*) anständig; **~ events** Wettkämpfe *pl*; **~ venue** Sportstätte *f*

,	**Commas** are used to separate interchangeable translations which are identical in meaning:	**Rollkoffer** *m* trolley case (*Br*), rolling suitcase, roller (*US*)
		head-mounted display *n* IT, TECH Head-mounted Display *nt*, Helmdisplay *nt*
◊	A **diamond** is used to signify **phrasal verbs**, which appear directly after the base verb:	◊**phone back** *v/t & v/i sep* zurückrufen ◊**phone in** **A** *v/i* anrufen; **to ~ sick** sich telefonisch krankmelden **B** *v/t sep order* telefonisch aufgeben ◊**phone up** **A** *v/i* telefonieren **B** *v/t sep* anrufen
→	An **arrow** symbol means 'see', and has a number of functions. It can either be used to cross-refer to another headword which contains relevant or further information, or to a different spelling:	**abet** *v/t* → aid
		Stengel *m* → Stängel
		übergeschnappt *adj* (*infml*) crazy; → überschnappen

Phonetic symbols

vowels		
symbol	example	as in / resembles / remarks
[a]	matt	French a in carte
[aː]	Wagen	father
[ɐ]	Vater	lies somewhere between the English [ə] and [ʌ]
[ã]	Chanson	French an in chanson or en in ensemble
[ãː]	Chance	French an in chance or em in ensemble
[e]	Etage	egg
[eː]	edel, Fee, Fehler	long e, close to the English gay, but with no concluding y sound
[ɛ]	ändern, Geld	fair
[ɛː]	zählen	long [ɛ], close to the English bear
[ə]	mache	above

symbol	example	as in / resembles / remarks
[ɪ]	mit	pit, awfully
[i]	Vitamin	short, otherwise like [iː]
[iː]	Ziel	heat
[o]	Modell	short, otherwise like [oː]
[oː]	Boot	long, resembles English aw in law, but more closed than this
[õ]	Fondue	short nasalized o
[ɔ]	Most	English o in got
[ø]	ökologisch	short, otherwise like [øː]
[øː]	böse	long, resembles French eu in trieuse
[œ]	Hölle	short, more open than [øː]
[u]	Musik	short, otherwise like [uː]
[uː]	gut	pool
[ʊ]	Mutter	put
[y]	Physik	short, otherwise like [yː]
[yː]	Düse	French u in muse
[ʏ]	Sünde	short, more open than [yː]

diphthongs

symbol	example	as in / resembles / remarks
[ai]	weit, Haifisch	English i in while
[au]	Haus	English ou in house
[ɔy]	neun, äußerst	falling diphthong consisting of [ɔ] and [y], similar to the English [ɔɪ] in boy, coin

consonants

symbol	example	as in / resembles / remarks
[b]	Ball	ball
[ç]	mich	voiceless palatal fricative, resembles human in a human being
[f]	fern	field
[g]	gern	good
[h]	Hand	hand
[j]	ja, Million	yet, million
[k]	Kind	kind, catch
[l]	links, Pult	left, little

symbol	example	as in / resembles / remarks
[m]	matt	mat
[n]	Nest	nest
[ŋ]	lang	long
[p]	Paar	put
[r]	rennen	run
[s]	fast, fassen	sit
[ʃ]	Chef, Stein, Schlag	shall
[t]	Tafel	tab
[v]	wer	very
[x]	Loch	the Scottish ch in loch
[ks]	fix	box
[z]	singen	zip
[ts]	Zahn ·	English ts in bits
[ʒ]	genieren	measure

other symbols

symbol	meaning
[']	main stress
[,]	secondary stress
.	short vowel in headword
_	long vowel or diphthong in headword
|	glottal stop

The German alphabet

a [aː], b [beː], c [tseː], d [deː], e [eː], f [ɛf], g [geː], h [haː], i [iː], j [jɔt], k [kaː],
l [ɛl], m [ɛm], n [ɛn], o [oː], p [peː], q [kuː], r [ɛr], s [ɛs], t [teː], u [uː], v [fau],
w [veː], x [ɪks], y ['ʏpsilɔn], z [tsɛt]

Important abbreviations and labels used in this dictionary

a.	also	*dat*	dative (case)
abbr	abbreviation	*dated*	dated
acc	accusative (case)	*decl*	declension
adj	adjective	*def*	definite
ADMIN	administration	*dem*	demonstrative
adv	adverb	*dial*	dialect(al)
AGR	agriculture	*dim*	diminutive
ANAT	anatomy	*dir obj*	direct object
ARCH	architecture	*E Ger*	East German
ARCHEOL	arch(a)eology	*eccl*	ecclesiastical
art	article	ECON	economics
ART	art	ELEC	electricity, electrical engineering
ASTROL	astrology	*elev*	elevated (style)
ASTRON	astronomy	*emph*	emphatic
attr	attributive	*esp*	especially
Aus	Austrian	*etc*	etc.
Austral	Australian	*etw*	etwas – something
AUTO	automobiles	*euph*	euphemism
aux	auxiliary	*f*	feminine
AVIAT	aviation	FASHION	fashion
baby talk	baby talk	*fig*	figurative
BIBLE	biblical	FIN	finance
BIOL	biology	FISH	fishing, ichthyology
BOT	botany	FOREST	forestry
Br	British English	*form*	formal
BUILD	building	FTBL	football, soccer
CARDS	cards	*gen*	genitive (case)
CHEM	chemistry	GEOG	geography
CHESS	chess	GEOL	geology
cj	conjunction	*Ger*	Germany
COMM	commerce	*gram*	grammar
comp	comparative	HERALDRY	heraldry
COOK	cooking and gastronomy	HIST	historical, history
cpd	compound	HORT	horticulture

hum	humorously	MIN	mining
HUNT	hunting	MINER	mineralogy
imp	imperative (mood)	MOTORING	motoring and transport
impers	impersonal	MUS	music
IND	industry	MYTH	mythology
indef	indefinite	*n*	noun
indef art	indefinite article	*N Engl*	Northern English
indir obj	indirect object	*N Ger*	North German
inf	infinitive	NAUT	nautical
infml	familiar, informal	*Nazism*	Nazism
insep	inseparable	*neg*	negative
INSUR	insurance	*neg!*	may be considered offensive
int	interjection		
interrog	interrogative	*nom*	nominative (case)
inv	invariable	*no pl*	no plural
Ir	Irish (English)	*nt*	neuter
iron	ironical	*num*	numeral
irr	irregular	*obj*	object
IT	computers, information technology	*obs*	obsolete
		old	old
jd	jemand – somebody, someone	OPT	optics
		or	or
jdm	jemandem – (to) somebody	ORN	ornithology
		PARL	parliament, parliamentary term
jdn	jemanden – somebody		
jds	jemandes – somebody's, of somebody	*pass*	passive (voice)
		past part	past participle
JUR	law	*pej*	pejorative
LING	linguistics	*pers*	personal/person
LIT	literature	PHARM	pharmacy
lit	literal(ly)	PHIL	philosophy
liter	literary	PHON	phonetics
m	masculine	PHOT	photography
MAT	mathematics	PHYS	physics
MECH	mechanics	PHYSIOL	physiology
MED	medicine	*pl*	plural
METAL	metallurgy	*poet*	poetic, poetically
METEO	meteorology	POETRY	poetry
MIL	military (term)	POL	politics

poss	possessive
pp	present participle
pred	predicative(ly)
pref	prefix
prep	preposition
pres	present (tense)
PRESS	press
pret	preterite, imperfect, (simple) past tense
pron, pr	pronoun
prov	proverb(ial)
PSYCH	psychology
®	registered trademark
RADIO	radio
RAIL	railways
rare	rare
refl	reflexive
regular	regular
rel	relative
REL	religion
S Ger	South German
sb	somebody
SCHOOL	school
SCI	(natural) science
Scot	Scottish
SCULPTURE	sculpture
sep	separable
SEWING	sewing
sg	singular
SKI	skiing
sl	slang
SOCIAL SCIENCES	social sciences
SPACE	space flight
SPORTS	sports
ST EX	Stock Exchange
sth	something
subj	subjunctive (mood)
suf	suffix

sup	superlative
SURVEYING	surveying
Sw, Swiss	Swiss
tech	technical term
TECH	technology, engineering
TEL	telecommunications
TEX	textiles
THEAT	theatre
TV	television
TYPO	typography and printing
UNIV	university
US	(North) American
usu	usually
v/aux	auxiliary (verb)
v/i	intransitive verb
v/r	reflexive verb
v/t	transitive verb
v/t & v/i	transitive and intransitive verb
v/t & v/r	transitive and reflexive verb
v/t & v/i & v/r	transitive, intransitive and reflexive verb
vb	verb
VET	veterinary medicine
vulg	vulgar
W Ger	West German
ZOOL	zoology
~	swung dash, tilde, replaces headword
≈	corresponds to
=	equals
→	cross-reference
+	plus, and, with
◊	phrasal verb – verb + adverb, verb + preposition

German – English

A, a [aː] *nt* ⟨-, - *or* (*inf*) -s, -s⟩ A, a; **das A und (das) O** (*fig*) the be-all and end-all; (*eines Wissensgebietes*) the basics *pl*; **von A bis Z** (*fig infml*) from A to Z; **wer A sagt, muss auch B sagen** (*prov*) in for a penny, in for a pound (*esp Br prov*)

A *abbr of* Austria

à [a] *prep esp* COMM at

@ [ɛt] IT *abbr of* at @

Aal [aːl] *m* ⟨-(e)s, -e⟩ eel

aalglatt (*pej*) **A** *adj* slippery (as an eel), slick **B** *adv* slickly

Aargau ['aːɐɡau] *m* ⟨-s⟩ **der ~** Aargau

Aas [aːs] *nt* ⟨-es, -e [-zə]⟩ **1** (≈ *Tierleiche*) carrion, rotting carcass **2** *pl* **Äser** ['ɛːzə] (*infml* ≈ *Luder*) bugger (*Br infml*), jerk (*sl*); **kein ~** not a single soul **Aasgeier** *m* vulture

ab [ap] **A** *adv* off, away; THEAT exit *sg*, exeunt *pl*; **die nächste Straße rechts ab** the next street on the right; **ab Hamburg** after Hamburg; **München ab 12.20 Uhr** RAIL leaving Munich 12.20; **ab wann?** from when?, as of when?; **ab nach Hause** go home; **ab und zu** *or* (*N Ger*) **an** now and again, now and then **B** *prep +dat* (*räumlich*) from; (*zeitlich*) from, as of, as from; **Kinder ab 14 Jahren** children from (the age of) 14 up; **ab Werk** COMM ex works; **ab sofort** as of now

AB [aːˈbeː] *m* ⟨-, -s⟩ *abbr of* Anrufbeantworter answering machine

abändern *v/t sep* to alter (*in +acc* to); *Gesetzentwurf* to amend (*in +acc* to); *Strafe, Urteil* to revise (*in +acc* to)

abarbeiten *sep* **A** *v/t Schuld* to work off; *Vertragszeit* to work **B** *v/r* to slave (away); → **abgearbeitet**

Abart *f* variety (*auch* BIOL) **abartig** *adj* abnormal, unnatural; (≈ *widersinnig*) perverse; **das tut ~ weh** that hurts like hell (*infml*)

Abbau *m, no pl* **1** (≈ *Förderung*) (*über Tage*) quarrying; (*unter Tage*) mining **2** (≈ *Demon-* *tage*) dismantling **3** CHEM decomposition; (*im Körper*) breakdown **4** (≈ *Verringerung*) reduction (+*gen of*) **abbaubar** *adj* CHEM degradable; **biologisch ~** biodegradable **abbauen** *sep* **A** *v/t* **1** (≈ *fördern*) (*über Tage*) to quarry; (*unter Tage*) to mine **2** (≈ *demontieren*) to dismantle; *Kulissen, Zelt* to take down **3** CHEM to break down **4** (≈ *verringern*) to cut back **B** *v/i* (*Patient*) to deteriorate

abbeißen *v/t sep irr* to bite off

abbekommen *past part* **abbekommen** *v/t sep irr* (≈ *erhalten*) to get; **etwas ~** to get some (of it); (≈ *beschädigt werden*) to get damaged; (≈ *verletzt werden*) to get hurt; **sein(en) Teil ~** (*lit, fig*) to get one's fair share

abberufen *past part* **abberufen** *v/t sep irr* to recall

abbestellen *past part* **abbestellt** *v/t sep* to cancel

abbezahlen *past part* **abbezahlt** *v/t sep* to pay off

abbiegen *v/i sep aux sein* to turn off (*in +acc* into); (*Straße*) to veer **Abbiegespur** *f* MOT filter (*Br*) *or* turning (*US*) lane

Abbild *nt* (≈ *Nachahmung, Kopie*) copy; (≈ *Spiegelbild*) reflection **abbilden** *v/t sep* (*lit, fig*) to depict, to portray **Abbildung** *f* (≈ *das Abbilden*) depiction, portrayal; (≈ *Illustration*) illustration

abbinden *sep irr v/t* **1** (≈ *abmachen*) to undo, to untie **2** MED *Arm, Bein etc* to ligature

Abbitte *f* apology; **(bei jdm wegen etw) ~ tun** *or* **leisten** to make *or* offer one's apologies (to sb for sth)

abblasen *v/t sep irr* (*infml* ≈ *absagen*) to call off

abblättern *v/i sep aux sein* to flake (off)

abblenden *sep* **A** *v/t* AUTO to dip (*Br*), to dim (*esp US*) **B** *v/i* AUTO to dip (*Br*) *or* dim (*esp US*) one's headlights **Abblendlicht** *nt* AUTO dipped (*Br*) *or* dimmed (*esp US*) headlights *pl*

abblitzen *v/i sep aux sein* (*infml*) to be sent packing (*bei* by) (*infml*); **jdn ~ lassen** to send sb packing (*infml*)

abblocken *sep* **A** *v/t* (SPORTS, *fig*) to

block; *Gegner* to stall **B** *v/i* to stall
abbrechen *sep irr* **A** *v/t* to break off; *Zelt* to take down; (≈ *niederreißen*) to demolish; IT *Operation* to abort; *Veranstaltung, Verfahren* to stop; *Streik, Suche, Mission* to call off; *Schwangerschaft* to terminate; **die Schule ~** to stop going to school; **sich** *(dat)* **einen ~** (*infml*) (≈ *Umstände machen*) to make a fuss about it; (≈ *sich sehr anstrengen*) to go to a lot of bother **B** *v/i aux sein* to break off; IT to abort
abbrennen *v/t & v/i sep irr* (*v/i: aux sein*) to burn down; *Feuerwerk, Rakete* to let off; → **abgebrannt**
abbringen *v/t sep irr* **jdn davon ~, etw zu tun** to stop sb (from) doing sth; **sich von etw ~ lassen** to be dissuaded from sth
abbröckeln *v/i sep aux sein* to crumble away; (*fig*) to fall off
Abbruch *m, no pl* (≈ *das Niederreißen*) demolition; (*von Schwangerschaft*) termination; (*von Beziehungen, Reise*) breaking off; (*von Veranstaltung*) stopping
abbruchreif *adj* only fit for demolition
abbuchen *v/t sep* to debit (*von* to, *against*) **Abbuchung** *f* debit; (*durch Dauerauftrag*) (payment by) standing order
Abbuchungsauftrag *m* direct debit
abbürsten *v/t sep* to brush; *Staub* to brush off (*von etw* sth)
abbüßen *v/t sep Strafe* to serve
Abc [abeˈtseː, aːbeːˈtseː] *nt* ⟨-, -⟩ (*lit, fig*) ABC **Abc-Schütze** *m*, **Abc-Schützin** *f* (*hum*) school-beginner
abdanken *v/i sep* to resign; (*König etc*) to abdicate **Abdankung** *f* ⟨-, -en⟩ (≈ *Thronverzicht*) abdication; (≈ *Rücktritt*) resignation
abdecken *v/t sep* to cover; *Dach* to take off; *Haus* to take the roof off; *Tisch* to clear **Abdeckstift** *m* (*Kosmetik*) concealer, blemish stick
abdichten *v/t sep* (≈ *isolieren*) to insulate; *Loch, Leck, Rohr* to seal (up)
abdrängen *v/t sep* to push away (*von* from)
abdrehen *sep* **A** *v/t Gas, Wasser, Hahn* to turn off **B** *v/i aux sein or haben* (≈ *Richtung ändern*) to change course
abdriften *v/i sep aux sein* (*fig*) to drift off
Abdruck¹ *m, pl* -drücke imprint, impression; (≈ *Fingerabdruck, Fußabdruck*) print
Abdruck² *m, pl* -drucke (≈ *Nachdruck*) reprint **abdrucken** *v/t sep* to print

abdrücken *sep* **A** *v/t* **1** *Gewehr* to fire **2** *Vene* to constrict **B** *v/i* to pull *or* squeeze the trigger **C** *v/r* to leave an imprint *or* impression
abdunkeln *v/t sep Lampe* to dim; *Zimmer, Farbe* to darken
abduschen *v/t sep* to give a shower; **sich ~** to have *or* take a shower
Abend [ˈaːbnt] *m* ⟨-s, -e [-də]⟩ evening; **am ~** in the evening; (≈ *jeden Abend*) in the evening(s); **heute/gestern/morgen/ Mittwoch ~** this/yesterday/tomorrow/ Wednesday evening, tonight/last night/tomorrow night/Wednesday night; **guten ~** good evening; **zu ~ essen** to have supper *or* dinner; **es ist noch nicht aller Tage ~** it's early days still *or* yet; **man soll den Tag nicht vor dem ~ loben** (*prov*) don't count your chickens before they're hatched (*prov*) **Abendbrot** *nt* supper, tea (*Scot, N Engl*) **Abenddämmerung** *f* dusk, twilight **Abendessen** *nt* supper, evening meal **abendfüllend** *adj Film, Stück* full-length **Abendgesellschaft** *f* soirée **Abendkasse** *f* THEAT box office **Abendkleid** *nt* evening dress *or* gown **Abendland** *nt, no pl* (*elev*) West **abendländisch** [ˈaːbntlɛndɪʃ] (*elev*) *adj* western, occidental (*liter*) **abendlich** [ˈaːbntlɪç] *adj no pred* evening *attr* **Abendmahl** *nt* ECCL Communion, Lord's Supper; **das (Letzte) ~** the Last Supper **Abendprogramm** *nt* RADIO, TV evening('s) programmes *pl* (*Br*) *or* programs *pl* (*US*) **Abendrot** *nt* sunset **abends** [ˈaːbnts] *adv* in the evening; (≈ *jeden Abend*) in the evening(s); **spät ~** late in the evening **Abendstunde** *f* evening (hour) **Abendvorstellung** *f* evening performance; (*Film auch*) evening showing **Abendzeitung** *f* evening paper
Abenteuer [ˈaːbntɔyɐ] *nt* ⟨-s, -⟩ adventure **Abenteuerin** [ˈaːbntɔyərɪn] *f* ⟨-, -nen⟩ adventuress **abenteuerlich** [ˈaːbntɔyəlɪç] **A** *adj* adventurous; *Erzählung* fantastic; (*infml*) *Preis* outrageous; *Argument* ludicrous **B** *adv klingen, sich anhören* bizarre; *gekleidet* bizarrely **Abenteuerlust** *f* thirst for adventure **Abenteuerspielplatz** *m* adventure playground **Abenteuerurlaub** *m* adventure holiday (*esp Br*) *or* vacation (*US*) **Abenteurer** [ˈaːbntɔyrɐ] *m* ⟨-s, -⟩ adventurer
aber [ˈaːbe] **A** *cj* but; **~ dennoch** *or* **trotz-**

dem but still; **oder ~** or else; **~ ja!** oh, yes!; (≈ *sicher*) but of course; **~ nein!** oh, no!; (≈ *selbstverständlich nicht*) of course not!; **~, ~!** now, now!; **das ist ~ schrecklich!** but that's awful!; **das ist ~ heiß/schön!** that's really hot/nice **B** *adv (liter)* **~ und ~mals** again and again, time and again; → Abertausend **Aber** ['a:bɐ] *nt* ⟨-s, - *or (inf)* -s⟩ but; **die Sache hat ein ~** there's just one problem *or* snag

Aberglaube(n) *m* superstition; *(fig also)* myth **abergläubisch** ['a:bɐglɔybɪʃ] *adj* superstitious

aberkennen *past part* **aberkannt** *v/t sep or (rare) insep irr* **jdm etw ~** to deprive *or* strip sb of sth

abermals ['a:bɐma:ls] *adj (elev)* once again *or* more

Abertausend *num* thousands upon thousands of; **Tausend und ~** thousands and *or* upon thousands

Abf. *abbr of* Abfahrt departure, dep.

abfahren *sep irr aux sein* **A** *v/i* **1** (*Bus, Zug, Auto, Reisende*) to leave; (SKI ≈ *zu Tal fahren*) to ski down **2** (*infml*) **auf jdn/etw ~** to be into sb/sth (*infml*) **B** *v/t* **1** *aux sein or haben* Strecke (≈ *bereisen*) to cover, to do (*infml*); (≈ *überprüfen*) to go over **2** (≈ *abnutzen*) Schienen, Reifen to wear out; (≈ *benutzen*) Fahrkarte to use **Abfahrt** *f* **1** (*von Zug, Bus etc*) departure **2** (SKI ≈ *Talfahrt*) descent; (≈ *Abfahrtsstrecke*) (ski) run **3** (*infml* ≈ *Autobahnabfahrt*) exit **Abfahrtslauf** *m* SKI downhill **Abfahrtsläufer(in)** *m/(f)* SKI downhill racer *or* skier **Abfahrtszeit** *f* departure time

Abfall *m* **1** (≈ *Müll*) refuse; (≈ *Hausabfall*) rubbish (*Br*), garbage (*US*); (≈ *Rückstand*) waste *no pl* **2** *no pl* (≈ *Rückgang*) drop (+*gen* in); (≈ *Verschlechterung*) deterioration **Abfallbeseitigung** *f* refuse *or* garbage (*US*) *or* trash (*US*) disposal **Abfalleimer** *m* rubbish bin (*Br*), garbage can (*US*) **abfallen** *v/i sep irr aux sein* **1** (≈ *herunterfallen*) to fall *or* drop off **2** (*Gelände*) to fall *or* drop away; (*Druck, Temperatur*) to fall, to drop **3** (*fig* ≈ *übrig bleiben*) to be left (over) **4** (≈ *schlechter werden*) to fall *or* drop off **5** **alle Unsicherheit/Furcht fiel von ihm ab** all his uncertainty/fear left him; **vom Glauben ~** to break with the faith; **wie viel fällt bei dem Geschäft für mich ab?** (*infml*) how much do I get out of the deal?

abfällig **A** *adj* Bemerkung, Kritik disparaging, derisive; Urteil adverse **B** *adv* **über jdn ~ reden** *or* **sprechen** to be disparaging of *or* about sb

Abfallprodukt *nt* waste product; (*von Forschung*) by-product, spin-off **Abfallverwertung** *f* waste utilization

abfälschen *v/t & v/i sep* SPORTS to deflect

abfangen *v/t sep irr* Flugzeug, Funkspruch, Brief, Ball to intercept; Menschen to catch (*infml*); Schlag to block **Abfangjäger** *m* MIL interceptor

abfärben *v/i sep* **1** (*Wäsche*) to run **2** (*fig*) **auf jdn ~** to rub off on sb

abfassen *v/t sep* (≈ *verfassen*) to write

abfedern *sep* **A** *v/t* Sprung, Stoß to cushion; (*fig*) Krise, Verluste to cushion the impact of **B** *v/i* to absorb the shock; **er ist** *or* **hat gut/schlecht abgefedert** SPORTS he landed smoothly/hard

abfertigen *sep v/t* **1** Pakete, Waren to prepare for dispatch; Gepäck to check (in) **2** (≈ *bedienen*) Kunden, Antragsteller, Patienten to attend to; (*infml*: SPORTS) Gegner to deal with; **jdn kurz** *or* **schroff ~** (*infml*) to snub sb **3** (≈ *kontrollieren*) Waren, Reisende to clear **Abfertigung** *f* (*von Paketen, Waren*) getting ready for dispatch; (*von Gepäck*) checking; (*von Kunden*) service; (*von Antragstellern*) dealing with; **die ~ an der Grenze** customs clearance **Abfertigungshalle** *f* (*im Flughafen*) terminal **Abfertigungsschalter** *m* dispatch counter; (*im Flughafen*) check-in desk

abfeuern *v/t sep* to fire

abfinden *sep irr* **A** *v/t* to pay off; (≈ *entschädigen*) to compensate **B** *v/r* **sich mit jdm/etw ~** to come to terms with sb/sth; **er konnte sich nie damit ~, dass ...** he could never accept the fact that ... **Abfindung** ['apfɪndʊŋ] *f* ⟨-, -en⟩ **1** (*von Gläubigern*) paying off; (≈ *Entschädigung*) compensation **2** (≈ *Summe*) payment; (≈ *Entschädigung*) compensation *no pl*; (*bei Entlassung*) severance pay

abflauen ['apflauən] *v/i sep aux sein* (*Wind*) to drop, to die down; (*Empörung, Interesse*) to fade; (*Börsenkurse*) to fall, to drop; (*Geschäfte*) to fall *or* drop off

abfliegen *sep irr* **A** *v/i aux sein* AVIAT to take off (*nach* for) **B** *v/t* Gelände to fly over **abfließen** *v/i sep irr aux sein* (≈ *wegfließen*) to drain *or* run away; (*Verkehr*) to flow away

Abflug *m* takeoff **Abflughalle** *f* departure lounge **Abflugterminal** *m* departures *pl*, departure terminal **Abflugzeit** *m* departure time

Abfluss *m* **1** (≈ *Abfließen*) draining away **2** (≈ *Abflussstelle*) drain **3** (≈ *Abflussrohr*) drainpipe

Abfolge *f* (*elev*) sequence, succession

abfordern *v/t sep* **jdm etw ~** to demand sth from sb

Abfrage *f* IT query **abfragen** *v/t sep* **1** IT *Information* to call up; *Datenbank* to query, to interrogate **2** *esp* SCHOOL **jdn** *or* **jdm etw ~** to question sb on sth

abfressen *v/t sep irr Blätter, Gras* to eat

abfrieren *sep irr* **A** *v/i aux sein* to get frostbitten; **abgefroren sein** (*Körperteil*) to be frostbitten **B** *v/t* **sich** (*dat*) **einen ~** (*sl*) to freeze to death (*infml*)

Abfuhr ['apfuːɐ] *f* ⟨-, -en⟩ **1** *no pl* (≈ *Abtransport*) removal **2** (*infml* ≈ *Zurückweisung*) snub, rebuff; **jdm eine ~ erteilen** to snub *or* rebuff sb **abführen** *sep* **A** *v/t* **1** (≈ *wegführen*) to take away **2** *Betrag* to pay (*an +acc* to) **B** *v/i* **1** **der Weg führt hier** (**von der Straße**) **ab** the path leaves the road here; **das würde vom Thema ~** that would take us off the subject **2** (≈ *den Darm anregen*) to have a laxative effect **Abführmittel** *nt* laxative

abfüllen *v/t sep* (*in Flaschen*) to bottle; *Flasche* to fill

Abgabe *f* **1** *no pl* (≈ *Abliefern*) handing or giving in; (*von Gepäck*) depositing **2** *no pl* (≈ *Verkauf*) sale **3** *no pl* (*von Wärme etc*) giving off, emission **4** *no pl* (*von Schuss, Salve*) firing **5** (≈ *Steuer*) tax; (≈ *soziale Abgabe*) contribution **6** *no pl* (*von Erklärung etc*) giving; (*von Stimme*) casting **7** (SPORTS ≈ *Abspiel*) pass **Abgabetermin** *m* closing date

Abgang *m*, *pl* -**gänge** **1** *no pl* (≈ *Absendung*) dispatch **2** *no pl* (*aus einem Amt, von Schule*) leaving; **seit seinem ~ von der Schule** since he left school **3** *no pl* (THEAT, *fig*) exit **4** (MED ≈ *Ausscheidung*) passing

abgängig ['apɡɛŋɪç] *adj* (*Aus* ≈ *vermisst*) missing (*aus from*)

Abgas *nt* exhaust *no pl*, exhaust fumes *pl* **abgasfrei** *adj* exhaust-free **Abgas(sonder)untersuchung** *f* AUTO emissions test

abgearbeitet *adj* (≈ *verbraucht*) work-

-worn; (≈ *erschöpft*) worn out; → **abarbeiten**

abgeben *sep irr* **A** *v/t* **1** (≈ *abliefern*) to hand *or* give in; (≈ *hinterlassen*) to leave; (≈ *übergeben*) to hand over, to deliver; (≈ *weggeben*) to give away; (≈ *verkaufen*) to sell **2** (≈ *abtreten*) *Posten* to relinquish (*an +acc* to) **3** SPORTS *Punkte, Rang* to concede; (≈ *abspielen*) to pass **4** (≈ *ausströmen*) *Wärme, Sauerstoff* to give off, to emit **5** (≈ *abfeuern*) *Schuss, Salve* to fire **6** (≈ *äußern*) *Erklärung* to give; *Stimme* to cast **7** (≈ *verkörpern*) to make; **er würde einen guten Schauspieler ~** he would make a good actor **B** *v/r* **sich mit jdm/etw ~** (≈ *sich beschäftigen*) to concern oneself with sb/sth

abgebrannt *adj pred* (*infml* ≈ *pleite*) broke (*infml*); → **abbrennen**

abgebrüht ['apɡəbryːt] *adj* (*infml*) callous **abgedroschen** ['apɡədrɔʃn] *adj* (*infml*) hackneyed (*Br*), well-worn

abgegriffen ['apɡəɡrɪfn] *adj* (well-)worn **abgehackt** ['apɡəhakt] *adj Sprechweise* clipped; → **abhacken**

abgehärtet ['apɡəhɛrtət] *adj* tough, hardy; (*fig*) hardened; → **abhärten**

abgehen *sep irr aux sein* **A** *v/i* **1** (≈ *abfahren*) to leave, to depart (*nach for*) **2** (THEAT ≈ *abtreten*) to exit; **von der Schule ~** to leave school **3** (≈ *sich lösen*) to come off **4** (≈ *abgesondert werden*) to pass out (*Fötus*) to be aborted **5** (≈ *abgesandt werden*) to be sent *or* dispatched **6** (*infml* ≈ *fehlen*) **jdm geht Verständnis/Taktgefühl ab** sb lacks understanding/tact **7** (≈ *abgezogen werden*) (*vom Preis*) to be taken off; (*von Verdienst*) to be deducted; **davon gehen 5% ab** 5% is taken off that **8** (≈ *abzweigen*) to branch off **9** (≈ *abweichen*) **von einem Plan/einer Forderung ~** to give up *or* drop a plan/demand **10** (≈ *verlaufen*) to go; **gut/glatt/friedlich ~** to go well/smoothly/peacefully; **es ging nicht ohne Streit ab** there was an argument **B** *v/t* (≈ *entlanggehen*) to go *or* walk along; MIL to patrol

abgekämpft ['apɡəkɛmpft] *adj* exhausted, worn-out

abgekartet ['apɡəkartət] *adj* **ein ~es Spiel** a fix (*infml*)

abgeklärt ['apɡəklɛːɐt] *adj Mensch* worldly-wise; *Urteil* well-considered; *Sicht* detached; → **abklären**

abgelegen *adj* (≈ *entfernt*) *Dorf, Land* remote; (≈ *einsam*) isolated; → **abliegen**

abgelten *v/t sep irr Ansprüche* to satisfy

abgemacht ['apgəmaxt] **A** *int* OK, that's settled; (*bei Kauf*) it's a deal, done **B** *adj* **eine ~e Sache** a fix (*infml*); → **abmachen**

abgemagert ['apgəma:gɐt] *adj* (≈ *sehr dünn*) thin; (≈ *ausgemergelt*) emaciated; → **abmagern**

abgeneigt *adj* averse *pred* (+*dat* to); **ich wäre gar nicht ~** (*infml*) actually I wouldn't mind

abgenutzt ['apgənʊtst] *adj Möbel, Teppich* worn; *Reifen* worn-down; → **abnutzen**

Abgeordnete(r) ['apgəɔrdnətə] *m/f(m) decl as adj* (elected) representative; (*von Nationalversammlung*) member of parliament

Abgesandte(r) ['apgəzantə] *m/f(m) decl as adj* envoy

abgeschieden ['apgəʃi:dn] *adj* (*elev* ≈ *einsam*) secluded; **~ wohnen** to live in seclusion **Abgeschiedenheit** *f* ‹-, *no pl*› seclusion

abgeschlafft ['apgəʃlaft] *adj* (*infml* ≈ *erschöpft*) exhausted; → **abschlaffen**

abgeschlagen ['apgəʃla:gn] *adj* (≈ *zurück*) behind; **weit ~ liegen** to be way behind; → **abschlagen**

abgeschlossen *adj* (*attr* ≈ *geschlossen*) *Wohnung* self-contained; *Grundstück, Hof* enclosed; → **abschließen**

abgeschmackt ['apgəʃmakt] *adj* outrageous; *Witz* corny

abgesehen ['apgəze:ən] **A** *past part* of **absehen**; **es auf jdn ~ haben** to have it in for sb (*infml*); (≈ *interessiert sein*) to have one's eye on sb **B** *adv* **~ von jdm/etw** apart from sb/sth

abgespannt *adj* weary, tired

abgestanden *adj Luft, Wasser* stale; *Bier, Limonade etc* flat; → **abstehen**

abgestorben ['apgəʃtɔrbn] *adj Glieder* numb; *Pflanze, Ast, Gewebe* dead; → **absterben**

abgestumpft ['apgəʃtʊmpft] *adj Mensch* insensitive; *Gefühle, Gewissen* dulled; → **abstumpfen**

abgetan *adj pred* (≈ *erledigt*) finished or done with; → **abtun**

abgetragen *adj* worn; **~e Kleider** old clothes; → **abtragen**

abgewinnen *v/t sep irr jdm etw* ~ (*lit*) to win sth from sb; **einer Sache etwas/nichts ~ können** (*fig*) to be able to see some/no

attraction in sth; **dem Meer Land ~** to reclaim land from the sea

abgewirtschaftet ['apgəvɪrtʃaftət] *adj* (*pej*) rotten; *Firma* run-down; → **abwirtschaften**

abgewogen *adj Urteil, Worte* balanced; → **abwägen**

abgewöhnen *v/t sep jdm etw* ~ to cure sb of sth; *das Rauchen, Trinken* to get sb to give up sth; **sich** (*dat*) **etw ~** to give sth up

abgießen *v/t sep irr Flüssigkeit* to pour off or away; *Kartoffeln, Gemüse* to strain

Abglanz *m* reflection (*also fig*)

abgleichen *v/t sep irr* to coordinate; *Dateien, Einträge* to compare

abgleiten *v/i sep irr aux sein* (*elev*) (≈ *abrutschen*) to slip; (*Gedanken*) to wander; (FIN: *Kurs*) to drop, to fall

abgöttisch ['apgœtɪʃ] *adj* **~e Liebe** blind adoration; **jdn ~ lieben/verehren** to idolize sb

abgrenzen *sep v/t Grundstück, Gelände* to fence off; (*fig*) to delimit (*gegen, von* from) **Abgrenzung** *f* ‹-, -en, *no pl*› (*von Gelände*) fencing off; (*fig*) delimitation

Abgrund *m* precipice; (≈ *Schlucht, fig*) abyss; **sich am Rande eines ~es befinden** (*fig*) to be on the brink (of disaster)

abgründig ['apgrʏndɪç] **A** *adj Humor, Ironie* cryptic **B** *adv lächeln* cryptically

abgrundtief **A** *adj Hass, Verachtung* profound **B** *adv hassen, verachten* profoundly

abgucken *v/t & v/i sep* to copy; **jdm etw ~** to copy sth from sb

abhaben *v/t sep irr* (*infml*) **1** (≈ *abgenommen haben*) *Brille, Hut* to have off **2** (≈ *abbekommen*) to have

abhacken *v/t sep* to hack off; → **abgehackt**

abhaken *v/t sep* (≈ *markieren*) to tick (*Br*) or check (*esp US*) off; (*fig*) to cross off

abhalten *v/t sep irr* **1** (≈ *hindern*) to stop, to prevent; (≈ *fernhalten*) to keep off; **lass dich nicht ~!** don't let me/us *etc* stop you **2** (≈ *veranstalten*) to hold

abhandeln *v/t sep* **1** *Thema* to treat, to deal with **2** (≈ *abkaufen*) **jdm etw ~** to do or strike a deal with sb for sth

abhandenkommen [ap'handnkɔmən] *v/i sep irr* to get lost; **jdm ist etw abhandengekommen** sb has lost sth

Abhandlung *f* treatise, discourse (*über* +*acc* (up)on)

Abhang m slope
abhängen sep **A** v/t **1** Bild to take down; **(gut) abgehangen** Fleisch well-hung **2** (infml ≈ hinter sich lassen) jdn to shake off (infml) **B** v/i irr aux haben or (S Ger, Aus) sein **von etw ~** to depend (up)on sth; **das hängt ganz davon ab** it all depends
abhängig ['aphɛŋɪç] adj **1** (≈ bedingt durch) dependent; **etw von etw ~ machen** to make sth conditional (up)on sth **2** (≈ angewiesen auf) dependent (von on); **~ Beschäftigte(r)** employee **3** GRAM Satz subordinate; Rede indirect **Abhängigkeit** f ⟨-, -en⟩ **1** no pl (≈ Bedingtheit) dependency no pl (von on) **2** (euph ≈ Sucht) dependence (von on)
abhärten sep **A** v/t to toughen up **B** v/r **sich gegen etw ~** to toughen oneself against sth; → **abgehärtet Abhärtung** f toughening up; (fig) hardening
abhauen sep **A** past part **abgehauen** v/i aux sein (infml) to clear out; **hau ab!** get lost! (infml) **B** v/t, pret **hieb** or (inf) **haute ab**, past part **abgehauen** to chop or cut off
abheben sep irr **A** v/t (≈ anheben) to lift (up), to raise; (≈ abnehmen) to take off; Telefonhörer to pick up; Geld to withdraw **B** v/i **1** (Flugzeug) to take off; (Rakete) to lift off **2** (≈ ans Telefon gehen) to answer **3** CARDS to cut **C** v/r **sich gegen jdn/etw ~** to stand out against sb/sth **Abhebung** f ⟨-, -en⟩ (von Geld) withdrawal
abheften v/t sep Rechnungen to file away
abhelfen v/i +dat sep irr to remedy
abhetzen v/r sep to wear or tire oneself out
Abhilfe f, no pl remedy, cure; **~ schaffen** to take remedial action
abholen v/t sep to collect (bei from); Fundsache to claim (bei from); **etw ~ lassen** to have sth collected
abholzen v/t sep Wald to clear; Baumreihe to fell
abhorchen v/t sep to sound, to listen to; Brust auch, Patienten to auscultate (form)
abhören v/t sep **1** (also v/i ≈ überwachen) Raum, Gespräch to bug; (≈ mithören) to listen in on; Telefon to tap; **abgehört werden** (infml) to be bugged **2** MED to sound **3** (SCHOOL ≈ abfragen) **kannst du mir mal Vokabeln ~?** can you test my vocabulary? **Abhörgerät** nt bugging device

abhörsicher adj Raum bug-proof; Telefon tap-proof
Abi ['abi] nt ⟨-s, -s⟩ (SCHOOL infml) abbr of Abitur **Abitur** [abi'tuːɐ] nt ⟨-s, (rare) -e⟩ school-leaving exam and university entrance qualification, ≈ A levels pl (Br), ≈ Highers pl (Scot), ≈ high-school diploma (US) **Abiturient** [abitu'riɛnt] m ⟨-en, -en⟩, **Abiturientin** [-'riɛntɪn] f ⟨-, -nen⟩ person who is doing/has done the Abitur **Abiturzeugnis** nt certificate for having passed the Abitur, ≈ A level (Br) or Highers (Scot) certificate, ≈ high-school diploma (US)
Abk. abbr of Abkürzung abbreviation, abbr
abkapseln ['apkapsln] v/r sep (fig) to shut or cut oneself off
abkassieren past part **abkassiert** sep v/i (≈ großes Geld machen) to make a killing (infml); **darf ich mal (bei Ihnen) ~?** could I ask you to pay now?
abkaufen v/t sep **jdm etw ~** to buy sth from or off (infml) sb; (infml ≈ glauben) to buy sth (infml)
abkehren sep **A** v/t (elev ≈ abwenden) Blick, Gesicht to turn away **B** v/r (fig) to turn away (von from); (von einer Politik) to give up
abklappern v/t sep (infml) Läden, Gegend, Straße to scour, to comb (nach for)
abklären sep v/t Angelegenheit to clear up, to clarify; → **abgeklärt**
Abklatsch m (fig pej) poor imitation or copy
abklemmen v/t sep to clamp
abklingen v/i sep irr aux sein **1** (≈ leiser werden) to die or fade away **2** (≈ nachlassen) to abate
abklopfen v/t sep **1** (≈ herunterklopfen) to knock off; Teppich, Polstermöbel to beat **2** (≈ beklopfen) to tap; MED to sound
abknabbern v/t sep (infml) to nibble off; Knochen to gnaw at
abknallen v/t sep (infml) to shoot down (infml)
abknicken sep **A** v/t (≈ abbrechen) to break or snap off; (≈ einknicken) to break **B** v/i aux sein (≈ abzweigen) to fork or branch off; **~de Vorfahrt** priority for traffic turning left/right
abknöpfen v/t sep **1** (≈ abnehmen) to unbutton **2** (infml ≈ ablisten) **jdm etw ~** to get sth off sb

abknutschen *v/t sep (infml)* to canoodle (*Br infml*) *or* cuddle with

abkochen *v/t sep* to boil; (≈ *keimfrei machen*) to sterilize (by boiling)

abkommandieren *past part* **abkommandiert** *v/t sep* (MIL, *zu anderer Einheit*) to post; (*zu bestimmtem Dienst*) to detail (*zu* for)

abkommen *v/i sep irr aux sein* **1** **von etw ~** (≈ *abweichen*) to leave sth; (≈ *abirren*) to wander from sth; **vom Kurs ~** to deviate from one's course; (**vom Thema**) **~** to digress **2** (≈ *aufgeben*) **von etw ~** to give sth up; **von einer Meinung ~** to revise one's opinion

Abkommen ['apkɔmən] *nt* ⟨-s, -⟩ agreement (*auch* POL)

abkömmlich ['apkœmlɪç] *adj* available; **nicht ~ sein** to be unavailable

abkönnen *v/t sep irr (infml ≈ mögen)* **das kann ich überhaupt nicht ab** I can't stand *or* abide it; **ich kann ihn einfach nicht ab** I just can't stand *or* abide him

abkoppeln *v/t sep* RAIL to uncouple; *Raumfähre* to undock

abkratzen *sep* **A** *v/t Schmutz etc* to scratch off; (*mit einem Werkzeug*) to scrape off **B** *v/i aux sein (infml ≈ sterben)* to kick the bucket *(infml)*

abkühlen *sep* **A** *v/i aux sein* to cool down; (*fig*) (*Freundschaft etc*) to cool off **B** *v/r* to cool down *or* off; (*Wetter*) to become cool(er); (*fig*) to cool **Abkühlung** *f* cooling

abkupfern ['apkʊpfɐn] *v/t sep (infml)* to crib *(infml)*

abkürzen *v/t sep* (≈ *verkürzen*) to cut short; *Verfahren* to shorten; (≈ *verkürzt schreiben*) *Namen* to abbreviate; **den Weg ~** to take a short cut **Abkürzung** *f* **1** (*Weg*) short cut **2** (*von Wort*) abbreviation **Abkürzungsverzeichnis** *nt* list of abbreviations

abladen *sep irr v/t Last, Wagen* to unload; *Schutt* to dump; (*fig infml*) *Kummer, Ärger* to vent (*bei jdm* on sb) **Abladeplatz** *m* unloading area; (*für Schrott, Müll etc*) dump

Ablage *f* **1** (≈ *Gestell*) place to put sth; (≈ *Ablagekorb*) filing tray **2** (≈ *Aktenordnung*) filing **3** (*Swiss*) = Annahmestelle, Zweigstelle

ablagern *sep* **A** *v/t* **1** (≈ *anhäufen*) to deposit **2** (≈ *deponieren*) to leave, to store; **abgelagert** *Wein* mature; *Holz, Tabak* sea-

soned **B** *v/r* to be deposited

ablassen *v/t sep irr* **1** *Wasser, Luft* to let out; *Dampf* to let off **2** *Teich, Schwimmbecken* to drain, to empty **3** (≈ *ermäßigen*) to knock off *(infml)*

Ablauf *m* **1** (≈ *Abfluss*) drain; (≈ *Ablaufstelle*) outlet **2** (≈ *Verlauf*) course; (*von Empfang, Staatsbesuch*) order of events (+*gen* in) **3** (*von Frist etc*) expiry **4** (*von Zeitraum*) passing; **nach ~ von 4 Stunden** after 4 hours (have/had gone by *or* passed) **ablaufen** *sep irr* **A** *v/t* **1** (≈ *abnützen*) *Schuhsohlen, Schuhe* to wear out; *Absätze* to wear down **2** *aux sein or haben* (≈ *entlanglaufen*) *Strecke* to go *or* walk over; *Stadt, Straßen, Geschäfte* to comb, to scour **B** *v/i aux sein* **1** (*Flüssigkeit*) to drain *or* run away *or* off **2** (≈ *vonstattengehen*) to go off; **wie ist das bei der Prüfung abgelaufen?** how did the exam go (off)? **3** (*Pass, Visum, Frist etc*) to expire

ablecken *v/t sep* to lick; *Blut, Marmelade* to lick off

ablegen *sep* **A** *v/t* **1** (≈ *niederlegen*) to put down; ZOOL *Eier* to lay **2** (≈ *abheften*) to file (away); IT *Daten* to store **3** (≈ *ausziehen*) to take off **4** (≈ *aufgeben*) to lose; *schlechte Gewohnheit* to give up **5** (≈ *ableisten, machen*) *Schwur, Eid* to swear; *Gelübde, Geständnis* to make; *Prüfung* to take, to sit; (*erfolgreich*) to pass **6** CARDS to discard **B** *v/i* **1** (≈ *abfahren*: *Schiff*) to cast off **2** (≈ *Garderobe ablegen*) to take one's things off

ablehnen *sep* **A** *v/t* to decline, to refuse; *Angebot, Bewerber, Stelle* to turn down, to reject; PARL *Gesetzentwurf* to throw out; **jede Form von Gewalt ~** to be against any form of violence **B** *v/i* to decline, to refuse; **eine ~de Antwort** a negative answer **Ablehnung** *f* ⟨-, -en⟩ **1** refusal; (*von Antrag, Bewerber etc*) rejection **2** (≈ *Missbilligung*) disapproval

ableiten *sep v/t* **1** (≈ *herleiten*) to derive; (≈ *logisch folgern*) to deduce (*aus* from) **2** *Bach, Fluss* to divert **Ableitung** *f* **1** *no pl* (≈ *das Herleiten*) derivation; (≈ *Folgerung*) deduction **2** (≈ *Wort*, MAT) derivative

ablenken *sep* **A** *v/t* **1** (≈ *ab-, wegleiten*) to deflect (*auch* PHYS); *Katastrophe* to avert **2** (≈ *zerstreuen*) to distract **3** (≈ *abbringen*) to divert; *Verdacht* to avert **B** *v/i* **1** (≈ *ausweichen*) (**vom Thema**) **~** to change the subject **2** (≈ *zerstreuen*) to create a distraction

C *v/r* to take one's mind off things **Ablenkung** *f* (≈ *Zerstreuung*) diversion; (≈ *Störung*) distraction **Ablenkungsmanöver** *nt* diversionary tactic

ablesen *v/t sep irr* **1** (*also v/i*) to read; *Barometerstand* to take **2** (≈ *erkennen*) to see; **das konnte man ihr vom Gesicht ~** it was written all over her face; **jdm jeden Wunsch an** *or* **von den Augen ~** to anticipate sb's every wish

abliefern *v/t sep* (*bei einer Person*) to hand over (*bei* to); (*bei einer Dienststelle*) to hand in (*bei* to)

abliegen *v/i sep irr* (≈ *entfernt sein*) to be at a distance; **das Haus liegt weit ab** the house is a long way off *or* away; → **abgelegen**

Ablöse ['aplø:zə] *f* ⟨-, -n⟩ (≈ *Ablösungssumme*) transfer fee **ablösen** *sep* **A** *v/t* **1** (≈ *abmachen*) to take off; (≈ *tilgen*) *Schuld, Hypothek* to pay off, to redeem **2** (≈ *ersetzen*) *Wache* to relieve; *Kollegen* to take over from **B** *v/r* **1** (≈ *abgehen*) to come off **2** (*a.* **einander ablösen**) to take turns **Ablösesumme** *f* SPORTS transfer fee **Ablösung** *f* **1** (*von Hypothek, Schuld*) paying off, redemption **2** (≈ *Wache*) relief; (≈ *Entlassung*) replacement; **er kam als ~** he came as a replacement

ABM [a:be:'ɛm] *abbr of* **Arbeitsbeschaffungsmaßnahme**

abmachen *v/t sep* **1** (*infml* ≈ *entfernen*) to take off **2** (≈ *vereinbaren*) to agree (on); → **abgemacht Abmachung** ['apmaxʊŋ] *f* ⟨-, -en⟩ agreement

abmagern ['apma:gɐn] *v/i sep aux sein* to get thinner, to lose weight; → **abgemagert Abmagerungskur** *f* diet; **eine ~ machen** to be on a diet

abmahnen *v/t sep* (*form*) to caution **Abmahnung** *f* (*form*) caution

abmalen *v/t sep* (≈ *abzeichnen*) to paint **Abmarsch** *m* departure **abmarschbereit** *adj* ready to move off **abmarschieren** *past part* **abmarschiert** *v/i sep aux sein* to move off

abmelden *sep* **A** *v/t* **1** *Zeitungen etc* to cancel; *Telefon* to have disconnected; **sein Auto ~** to take one's car off the road **2** (*infml*) **abgemeldet sein** SPORTS to be outclassed; **er/sie ist bei mir abgemeldet** I don't want anything to do with him/her **B** *v/r* **sich bei jdm ~** to tell sb that one

is leaving; **sich bei einem Verein ~** to cancel one's membership of a club **Abmeldung** *f* (*von Zeitungen etc*) cancellation; (*von Telefon*) disconnection; (*beim Einwohnermeldeamt*) cancellation of one's registration

abmessen *v/t sep irr* to measure **Abmessung** *f usu pl* measurement; (≈ *Ausmaß*) dimension

abmontieren *past part* **abmontiert** *v/t sep Räder, Teile* to take off (*von etw* sth)

abmühen *v/r sep* to struggle (away)

abnabeln ['apna:bln] *sep* **A** *v/t* **ein Kind ~** to cut a baby's umbilical cord **B** *v/r* to cut oneself loose

abnagen *v/t sep* to gnaw off; *Knochen* to gnaw

Abnäher ['apnɛ:ɐ] *m* ⟨-s, -⟩ dart

Abnahme ['apna:mə] *f* ⟨-, -n⟩ **1** (≈ *Wegnahme*) removal **2** (≈ *Verringerung*) decrease (+*gen* in) **3** (*von Neubau, Fahrzeug etc*) inspection **4** COMM purchase; **gute ~ finden** to sell well **abnehmbar** *adj* removable, detachable **abnehmen** *sep irr* **A** *v/t* **1** (≈ *herunternehmen*) to take off, to remove; *Hörer* to pick up; *Vorhang, Bild, Wäsche* to take down; *Bart* to take *or* shave off; (≈ *amputieren*) to amputate; CARDS *Karte* to take from the pile **2** (≈ *an sich nehmen*) **jdm etw ~** to take sth from sb; (*fig*) *Arbeit, Sorgen* to relieve sb of sth; **jdm die Beichte ~** to hear confession from sb **3** (≈ *wegnehmen*) to take away (*jdm* from sb); (≈ *rauben, abgewinnen*) to take (*jdm off sb*) **4** (≈ *begutachten*) to inspect; (≈ *abhalten*) *Prüfung* to hold **5** (≈ *abkaufen*) to buy (+*dat* from, off) **6** *Fingerabdrücke* to take **7** (*fig infml* ≈ *glauben*) to buy (*infml*); **dieses Märchen nimmt dir keiner ab!** (*infml*) nobody will buy that tale! (*infml*) **B** *v/i* **1** (≈ *sich verringern*) to decrease; (*Aufmerksamkeit*) to flag; (*Mond*) to wane; (**an Gewicht**) **~** to lose weight **2** TEL to answer **Abnehmer** *m* ⟨-s, -⟩, **Abnehmerin** *f* ⟨-, -nen⟩ COMM buyer, customer; **viele/wenige ~ finden** to sell well/badly

Abneigung *f* dislike (*gegen* of); (≈ *Widerstreben*) aversion (*gegen* to)

abnicken *v/t sep* (*infml*) **etw ~** to nod sth through

abnorm [ap'nɔrm], **abnormal** ['apnɔrma:l, apnɔr'ma:l] **A** *adj* abnormal **B** *adv* abnormally

abnutzen, (esp S Ger, Aus, Swiss) **abnützen** v/t & v/r sep to wear out; → abgenutzt **Abnutzung** f, (esp S Ger, Aus, Swiss) **Abnützung** f ‹-, -en› wear (and tear)

Abo ['abo] nt ‹-s, -s› (infml) abbr of Abonnement **Abofalle** f (infml im Internet) Internet scam **Abonnement** [abɔnə'mã, (Swiss) abɔnə'mɛnt, abɔn'mãː] nt ‹-s, -s or (Sw) -e› subscription; THEAT season ticket **Abonnent** [abɔ'nɛnt] m ‹-en, -en›, **Abonnentin** [-'nɛntɪn] f ‹-, -nen› (von Zeitung, Fernsehsender) subscriber; THEAT season-ticket holder **abonnieren** [abɔ-'niːrən] past part **abonniert** v/t to subscribe to; THEAT to have a season ticket for

abordnen v/t sep to delegate **Abordnung** f delegation

abpacken v/t sep to pack

abpassen v/t sep ■ (≈ abwarten) Gelegenheit, Zeitpunkt to wait for; (≈ ergreifen) to seize ◪ (≈ auf jdn warten) to catch; (≈ jdm auflauern) to waylay

abpfeifen sep irr v/t SPORTS **das Spiel ~** to blow the whistle for the end of the game **Abpfiff** m SPORTS final whistle

abprallen v/i sep aux sein (Ball) to bounce off; (Kugel) to ricochet (off); **an jdm ~** (fig) to make no impression on sb; (Beleidigungen) to bounce off sb

abputzen v/t sep to clean; **sich** (dat) **die Nase/den Mund/die Hände ~** to wipe one's nose/mouth/hands

abrackern v/r sep (infml) to struggle; **sich für jdn ~** to slave away for sb

abrasieren past part **abrasiert** v/t sep to shave off

abraten v/t & v/i sep irr **jdm (von) etw ~** to advise sb against sth

abräumen sep ◮ v/t Geschirr, Frühstück to clear up or away; **den Tisch ~** to clear the table ◪ v/i ■ (≈ den Tisch abräumen) to clear up ◪ (infml ≈ sich bereichern, erfolgreich sein) to clean up

abreagieren past part **abreagiert** sep ◮ v/t Spannung, Wut to work off ◪ v/r to work it off

abrechnen sep ◮ v/i ■ (≈ Kasse machen) to cash up ◪ **mit jdm ~** to settle up with sb; (fig) to settle the score with sb ◪ v/t (≈ abziehen) to deduct **Abrechnung** f ■ (≈ Aufstellung) statement (über +acc for); (≈ Rechnung) bill, invoice; (fig ≈ Rache) revenge

◪ (≈ Abzug) deduction

Abreise f departure (nach for) **abreisen** v/i sep aux sein to leave (nach for) **Abreisetag** m day of departure

abreißen sep irr ◮ v/t to tear or rip off; Plakat to tear or rip down; Gebäude to pull down ◪ v/i aux sein to tear or come off; (fig ≈ unterbrochen werden) to break off

abrichten v/t sep (≈ dressieren) to train

abriegeln ['apriːɡln] v/t sep Tür to bolt; Straße, Gebiet to seal or cordon off

abringen v/t sep irr **jdm etw ~** to wring sth out of sb; **sich** (dat) **ein Lächeln ~** to force a smile

Abriss m ■ (≈ Abbruch) demolition ◪ (≈ Übersicht) outline, summary

Abruf m **sich auf ~ bereithalten** to be ready to be called (for); **etw auf ~ bestellen/kaufen** COMM to order/buy sth (to be delivered) on call **abrufbar** adj ■ IT Daten retrievable ◪ FIN ready on call ◪ (fig) accessible **abrufen** v/t sep irr ■ COMM to request delivery of ◪ Daten, Informationen to call up, to retrieve

abrunden v/t sep (lit, fig) to round off; **eine Zahl nach oben/unten ~** to round a number up/down

abrupt [ap'rʊpt, a'brʊpt] ◮ adj abrupt ◪ adv abruptly

abrüsten sep v/t & v/i MIL, POL to disarm **Abrüstung** f, no pl MIL, POL disarmament

abrutschen v/i sep aux sein (≈ abgleiten) to slip; (nach unten) to slip down; (Wagen) to skid; (Leistungen) to go downhill

ABS [aːbeː'ɛs] nt ‹-, no pl› AUTO abbr of Antiblockiersystem ABS

Abs. abbr of Absatz, Absender

absacken v/i sep aux sein (≈ sinken) to sink; (Flugzeug, Blutdruck) to drop, to fall; (infml ≈ verkommen) to go to pot (infml) **Absacker** m ‹-s, -› (infml vor dem Nachhauseweg) one for the road (infml); (≈ Schlummertrunk) nightcap

Absage f refusal; **jdm/einer Sache eine ~ erteilen** to reject sb/sth **absagen** sep ◮ v/t Veranstaltung, Besuch to cancel ◪ v/i to cry off (Br), to cancel; **jdm ~** to tell sb that one can't come

absägen v/t sep ■ (≈ abtrennen) to saw off ◪ (fig infml) to chuck or sling out (infml)

absahnen ['apzaːnən] sep (fig infml) ◮ v/t Geld to rake in ◪ v/i (in Bezug auf Geld) to clean up (infml)

Absatz m **1** (≈ *Abschnitt*) paragraph; JUR section **2** (≈ *Schuhabsatz*) heel **3** (≈ *Verkauf*) sales *pl* **Absatzgebiet** *nt* sales area **Absatzlage** f sales situation **Absatzmarkt** m market **Absatzrückgang** m decline *or* decrease in sales **Absatzsteigerung** f increase in sales

absaugen *v/t sep* to suck out *or* off; *Teppich, Sofa* to hoover® (*Br*), to vacuum

abscannen *v/t sep* to scan

abschaben *v/t sep* to scrape off

abschaffen *sep v/t* **1** *Gesetz, Regelung* to abolish **2** (≈ *nicht länger halten*) to get rid of; *Auto etc* to give up **Abschaffung** f (*von Gesetz, Regelung*) abolition

abschalten *sep* **A** *v/t* to switch off **B** *v/i* (*fig*) to unwind

abschätzen *v/t sep* to assess **abschätzig** ['apʃɛtsɪç] **A** *adj* disparaging; **B** *adv* disparagingly; **sich ~ über jdn äußern** to make disparaging remarks about sb

abschauen *v/t sep* (*S Ger, Aus, Swiss*) to copy; **etw bei** *or* **von jdm ~** to copy sth from sb

Abschaum m, *no pl* scum

Abscheu m ‹-(e)s *or* f -, *no pl*› repulsion (*vor +dat* at); **vor jdm/etw ~ haben** *or* **empfinden** to loathe *or* detest sb/sth **abscheulich** [ap'ʃɔylɪç] **A** *adj* atrocious, loathsome; (*infml*) awful, terrible (*infml*) **B** *adv behandeln, zurichten* atrociously; **das tut ~ weh** it hurts terribly

abschicken *v/t sep* to send

Abschiebehaft f detention prior to deportation **abschieben** *v/t sep irr* **1** (≈ *ausweisen*) to deport **2** (*fig*) *Verantwortung, Schuld* to push *or* shift (*auf +acc* onto) **Abschiebung** f (≈ *Ausweisung*) deportation

Abschied ['apʃiːt] m ‹-(e)s, -e [-də]› farewell, parting; **von jdm/etw ~ nehmen** to say goodbye to sb/sth; **beim ~ meinte er, ...** as he was leaving he said ... **Abschiedsbrief** m farewell letter **Abschiedsgeschenk** *nt* (*für Kollegen etc*) leaving present; (*für Freund*) going-away present

abschießen *v/t sep irr* to fire; *Pfeil* to shoot (off); *Rakete* to launch; *Flugzeug, Pilot* to shoot down

Abschirmdienst m MIL counterespionage service **abschirmen** ['apʃɪrmən] *sep*

A *v/t* to shield **B** *v/r* to shield oneself (*gegen* from)

abschlachten *v/t sep* to slaughter

abschlaffen ['apʃlafn] *v/i sep aux sein* (*infml*) to flag; → **abgeschlafft**

Abschlag m **1** (≈ *Preisnachlass*) reduction; (≈ *Abzug*) deduction **2** (≈ *Zahlung*) part payment (*auf +acc* of) **3** GOLF tee-off **abschlagen** *v/t sep irr* **1** (*mit Hammer etc*) to knock off; (≈ *herunterschlagen*) to knock down **2** (≈ *ablehnen*) to refuse; **jdm etw ~** to refuse sb sth **3** (*also v/i,* GOLF) to tee off; → **abgeschlagen**

abschlägig ['apʃlɛːgɪç] **A** *adj* negative; **~er Bescheid** (*bei Sozialamt, Kredit etc*) refusal **B** *adv* **jdn/etw ~ bescheiden** (*form*) to turn sb/sth down **Abschlag(s)zahlung** f part payment

abschleifen *sep irr v/t* to grind down; *Holz, Holzboden* to sand (down)

Abschleppdienst m breakdown *or* recovery service **abschleppen** *sep v/t* **1** *Fahrzeug, Schiff* to tow; (*Behörde*) to tow away **2** (*infml*) *Menschen* to drag along; (≈ *aufgabeln*) to pick up (*infml*) **Abschleppseil** *nt* towrope **Abschleppstange** f tow bar **Abschleppwagen** m breakdown lorry *or* truck (*Br*), wrecker (truck) (*US*)

abschließbar *adj* (≈ *verschließbar*) lockable **abschließen** *sep irr* **A** *v/t* **1** (≈ *zuschließen*) to lock **2** (≈ *beenden*) to bring to a close; *Kursus* to complete; **sein Studium ~** to graduate **3** (≈ *vereinbaren*) *Geschäft, Vertrag* to conclude; *Versicherung* to take out; *Wette* to place **4** (COMM ≈ *abrechnen*) *Bücher* to balance; *Konto* to settle; → **abgeschlossen B** *v/i* **1** (≈ *zuschließen*) to lock up **2** (≈ *Schluss machen*) to finish, to end; **mit der Vergangenheit ~** to break with the past **abschließend A** *adj* concluding **B** *adv* in conclusion **Abschluss** m **1** (≈ *Beendigung*) end; UNIV degree; **zum ~ möchte ich ...** finally *or* to conclude I would like ...; **etw zum ~ bringen** to finish sth **2** *no pl* (≈ *Vereinbarung*) conclusion; (*von Wette*) placing; (*von Versicherung*) taking out **3** *no pl* (COMM, *der Bücher*) balancing; (*von Konto*) settlement **Abschlussball** m (*von Tanzkurs*) final ball **Abschlussprüfung** f (SCHOOL, UNIV) final exam **Abschlusszeugnis** *nt* SCHOOL leaving certificate (*Br*), diploma (*US*)

abschmecken *sep v/t* (≈ *kosten*) to taste; (≈ *würzen*) to season

abschmieren *sep v/t* TECH *Auto* to lubricate

abschminken *sep* **A** *v/t* **1** *Gesicht, Haut* to remove the make-up from **2** (*infml* ≈ *aufgeben*) **sich** (*dat*) **etw ~** to get sth out of one's head **B** *v/r* to take off *or* remove one's make-up

abschnallen *v/i* (*sl* ≈ *nicht mehr folgen können*) to give up

abschneiden *sep irr* **A** *v/t* (*lit, fig*) to cut off; **jdm die Rede** *or* **das Wort ~** to cut sb short **B** *v/i* **bei etw gut/schlecht ~** (*infml*) to come off well/badly in sth

Abschnitt *m* section; MAT segment; MIL sector, zone; (≈ *Zeitabschnitt*) period; (≈ *Kontrollabschnitt*) counterfoil

abschöpfen *v/t sep* to skim off; (*fig*) *Kaufkraft* to absorb; **den Gewinn ~** to siphon off the profits

abschotten ['apʃɔtn] *v/r* **sich gegen etw ~** (*fig*) to cut oneself off from sth

abschrauben *v/t sep* to unscrew

abschrecken *sep* **A** *v/t* **1** (≈ *fernhalten*) to deter, to put off; (≈ *verjagen*) to scare off **2** COOK to rinse with cold water **B** *v/i* (*Strafe*) to act as a deterrent

abschreckend *adj* (≈ *warnend*) deterrent; **ein ~es Beispiel** a warning **Abschreckung** ['apʃrɛkʊŋ] *f* ⟨-, -en⟩ MIL deterrence **Abschreckungsmittel** *nt* deterrent **Abschreckungswaffe** *f* deterrent weapon

abschreiben *sep irr* **A** *v/t* **1** (≈ *kopieren*) to copy out; (≈ *plagiieren*, SCHOOL) to copy (*bei, von* from) **2** COMM to deduct; (≈ *im Wert mindern*) to depreciate **3** (≈ *verloren geben*) to write off; **er ist bei mir abgeschrieben** I'm through *or* finished with him **B** *v/i* SCHOOL to copy **Abschreibung** *f* COMM deduction; (≈ *Wertverminderung*) depreciation

Abschrift *f* copy

abschrubben *v/t sep* (*infml*) *Rücken, Kleid, Fußboden* to scrub (down)

abschuften *v/r sep* (*infml*) to slog one's guts out (*infml*)

abschürfen *v/t sep* to graze **Abschürfung** *f* ⟨-, -en⟩ (≈ *Wunde*) graze

Abschuss *m* firing; (*von Pfeil*) shooting; (*von Rakete*) launch(ing); **jdn zum ~ freigeben** (*fig*) to throw sb to the wolves

abschüssig ['apʃʏsɪç] *adj* sloping

Abschussliste *f* (*infml*) **jdn auf die ~ setzen** to put sb on the hit list (*infml*)

abschwächen *sep* **A** *v/t* to weaken; *Behauptung, Formulierung, Kontrast* to tone down; *Stoß, Eindruck* to soften **B** *v/r* to drop *or* fall off; (METEO: *Hoch, Tief*) to disperse; (ST EX: *Kurse*) to weaken **Abschwächung** *f* weakening; (*von Behauptung, Formulierung*) toning down; (*von Eindruck*) softening; (METEO: *von Hoch, Tief*) dispersal

abschweifen *v/i sep aux sein* to stray; **er schweifte vom Thema ab** he wandered off the subject

abschwellen *v/i sep irr aux sein* to go down; (*Lärm*) to die away

abschwören *v/i sep irr* to renounce (+*dat* sth); **dem Alkohol ~** (*infml*) to give up drinking

Abschwung *m* COMM downward trend

absegnen *v/t sep* (*infml*) *Vorschlag, Plan* to give one's blessing to

absehbar *adj* foreseeable; **in ~er/auf ~e Zeit** in/for the foreseeable future **absehen** *sep irr* **A** *v/t* (≈ *voraussehen*) to foresee; **das Ende lässt sich noch nicht ~** the end is not yet in sight **B** *v/i* **davon ~, etw zu tun** to refrain from doing sth; → **abgesehen**

abseilen ['apzailən] *sep v/r* (*Bergsteiger*) to abseil (down) (*Br*), to rappel (*US*); (*fig infml*) to skedaddle (*infml*)

abseits ['apzaits] **A** *adv* to one side; SPORTS offside **B** *prep* +*gen* away from; **~ des Weges** off the beaten track **Abseits** ['apzaits] *nt* ⟨-, -⟩ SPORTS offside; **im ~ stehen** to be offside; **ins politische ~ geraten** to end up on the political scrapheap **abseitshalten** *v/r sep irr* (*fig*) to keep to oneself **abseitsliegen** *v/i sep irr* to be out of the way **abseitsstehen** *v/i sep irr* (*fig*) to be on the outside; SPORTS to be offside

absenden *v/t sep* to send **Absender** *m* ⟨-s, -⟩, **Absenderin** *f* ⟨-, -nen⟩ sender **Absenz** [ap'zɛnts] *f* ⟨-, -en⟩ (SCHOOL: *Aus, Swiss*) absence

abservieren *past part* **abserviert** *sep v/t* (*infml*) **jdn ~** to get rid of sb; (SPORTS *sl* ≈ *besiegen*) to thrash sb (*infml*)

absetzbar *adj Ware* saleable; **steuerlich ~** tax-deductible **absetzen** *sep* **A** *v/t* **1** (≈ *abnehmen*) to take off, to remove; (≈ *hinstellen*) to set *or* put down **2** (≈ *aussteigen* *lassen*) to drop **3** *Theaterstück, Oper* to take off; *Versammlung, Termin* to cancel **4** (≈ *entlassen*) to dismiss; *König, Kaiser* to depose **5** MED *Medikament, Tabletten* to come off; *Behandlung* to discontinue **6** COMM *Waren* to sell; **sich gut ~ lassen** to sell well **7** (≈ *abziehen*) to deduct; **das kann man (von der Steuer) ~** that is tax-deductible **B** *v/r* (*infml* ≈ *weggehen*) to get *or* clear out (*aus* of) (*infml*); **sich nach Brasilien ~** to clear off to Brazil (*infml*) **Absetzung** *f* ⟨-, -en⟩ **1** (≈ *Entlassung*) dismissal; (*von König*) deposition **2** (*von Theaterstück etc*) withdrawal; (*von Termin etc*) cancellation

absichern *sep* **A** *v/t* (≈ *verbringen*) to safeguard; *Bauplatz* to make safe; (≈ *schützen*) to protect **B** *v/r* (≈ *sich schützen*) to protect oneself; (≈ *sich versichern*) to cover oneself

Absicht *f* ⟨-, -en⟩ (≈ *Vorsatz*) intention; (≈ *Zweck*) purpose; JUR intent; **die ~ haben, etw zu tun** to intend to do sth; **das war doch keine ~!** (*infml*) it wasn't deliberate *or* intentional **absichtlich** **A** *adj* deliberate **B** *adv* deliberately **Absichtserklärung** *f* declaration of intent

absinken *v/i sep irr aux sein* to fall; (*Boden*) to subside

absitzen *sep irr* **A** *v/t* (≈ *verbringen*) *Zeit* to sit out; (≈ *verbüßen*) *Strafe* to serve **B** *v/i aux sein* (**vom Pferd**) **~** to dismount (from a horse)

absolut [apzo'luːt] **A** *adj* absolute **B** *adv* absolutely; **ich sehe ~ nicht ein, warum ...** I just don't understand why ...

Absolvent [apzɔl'vɛnt] *m* ⟨-en, -en⟩, **Absolventin** [-'vɛntɪn] *f* ⟨-, -nen⟩ UNIV graduate; **die ~en eines Lehrgangs** the students who have completed a course **absolvieren** [apzɔl'viːrən] *past part* **absolviert** *v/t insep* (≈ *durchlaufen*) *Studium, Probezeit* to complete; *Schule* to finish, to graduate from (*US*); *Prüfung* to pass

absonderlich *adj* peculiar, strange **absondern** *sep* **A** *v/t* **1** to separate; (≈ *isolieren*) to isolate **2** (≈ *ausscheiden*) to secrete **B** *v/r* (*Mensch*) to cut oneself off **Absonderung** *f* ⟨-, -en⟩ separation; (≈ *Isolierung*) isolation; (≈ *Ausscheidung*) secretion

absorbieren [apzɔr'biːrən] *past part* **absorbiert** *v/t insep* to absorb

abspalten *v/t & v/r sep* to split off; CHEM to separate (off)

Abspann ['apʃpan] *m* ⟨-s, -e⟩ TV, FILM final credits *pl*

absparen *v/t sep* **sich** (*dat*) **etw vom Munde ~** to scrimp and save for sth

abspecken ['apʃpɛkn] *sep* (*infml*) **A** *v/t* to shed **B** *v/i* to lose weight

abspeichern *v/t sep Daten* to save, to store (away)

abspeisen *v/t sep* **jdn mit etw ~** to fob sb off with sth (*esp Br*)

abspenstig ['apʃpɛnstɪç] *adj* **jdm jdn/etw ~ machen** to lure sb/sth away from sb; **jdm die Freundin ~ machen** to steal sb's girlfriend (*infml*)

absperren *sep v/t* **1** (≈ *abriegeln*) to block *or* close off **2** (≈ *abdrehen*) *Wasser, Strom, Gas etc* to turn *or* shut off **3** (≈ *verschließen*) to lock **Absperrung** *f* (≈ *Sperre*) barrier; (≈ *Kordon*) cordon

abspielen *sep* **A** *v/t* to play; SPORTS *Ball* to pass **B** *v/r* (≈ *sich ereignen*) to happen; (≈ *stattfinden*) to take place

absplittern *v/i sep aux sein* (*Farbe*) to drip off; (*fig: Gruppe*) to break away

Absprache *f* arrangement **absprechen** *sep irr* **A** *v/t* **1** **jdm etw ~** *Recht* to deny *or* refuse sb sth; *Begabung* to deny *or* dispute sb's sth **2** (≈ *verabreden*) *Termin* to arrange **B** *v/r* **sich mit jdm ~** to make an arrangement with sb; **die beiden hatten sich vorher abgesprochen** they had agreed on what to do/say *etc* in advance

abspringen *v/i sep irr aux sein* **1** to jump down (*von* from); AVIAT to jump (*von* from); (*bei Gefahr*) to bale out **2** (≈ *sich lösen*) to come off **3** (*fig infml* ≈ *sich zurückziehen*) to get out **Absprung** *m* jump (*auch* AVIAT)

abspülen *sep* **A** *v/t* to rinse; *Fett etc* to rinse off **B** *v/i* to wash the dishes

abstammen *v/i sep no past part* to be descended (*von* from); LING to be derived (*von* from) **Abstammung** *f* ⟨-, -en⟩ descent; LING origin, derivation

Abstand *m* distance; (≈ *Zeitabstand*) interval; (≈ *Punkteabstand*) gap; **mit ~** by far; **~ halten** to keep one's distance; **mit großem ~ führen/gewinnen** to lead/win by a wide margin; **davon ~ nehmen, etw zu tun** to refrain from doing sth

abstatten ['apʃtatn] *v/t sep* (*form*) **jdm einen Besuch ~** to pay sb a visit

abstauben *v/t & v/i sep* **1** *Möbel etc* to

dust **2** (*infml*) (≈ *wegnehmen*) to pick up
abstechen *sep irr v/t* **ein Tier ~** to cut an
animal's throat; **jdn ~** (*infml*) to knife sb
(*infml*)
Abstecher ['apʃtɛçɐ] *m* ⟨-s, -⟩ (≈ *Ausflug*)
excursion, trip
abstecken *v/t sep* **1** *Gelände* to mark out;
(*fig*) to work out **2** *Kleid, Naht* to pin
abstehen *v/i sep irr* (≈ *entfernt stehen*) to
stand away; **~de Ohren** ears that stick
out; → **abgestanden**
Absteige *f* (*infml*) cheap hotel
absteigen *v/i sep irr aux sein* **1** (≈ *heruntersteigen*) to get off (*von etw* sth) **2** (≈ *abwärtsgehen*) to make one's way down; (*esp
Bergsteiger*) to climb down; **auf dem ~den
Ast sein** (*infml*) to be going downhill **3**
(*dated*, SPORTS: *Mannschaft*) to be relegated
Absteiger *m* SPORTS relegated team
abstellen *sep v/t* **1** (≈ *hinstellen*) to put
down **2** (≈ *unterbringen*) to put; (AUTO ≈
parken) to park **3** (≈ *ausrichten auf*) **etw
auf jdn/etw ~** to gear sth to sb/sth **4** (≈
abdrehen) to turn off; *Geräte, Licht* to switch
or turn off; *Gas, Strom* to cut off; *Telefon* to
disconnect **5** (≈ *unterbinden*) *Mangel, Unsitte etc* to bring to an end **Abstellgleis** *nt*
siding; **jdn aufs ~ schieben** (*fig*) to push or
cast sb aside **Abstellkammer** *f* boxroom
abstempeln *v/t sep* to stamp; *Post* to
postmark
absterben *v/i sep irr aux sein* to die; (*fig*)
(*Gefühle*) to die; **mir sind die Zehen abgestorben** my toes have gone numb; → **abgestorben**
Abstieg ['apʃtiːk] *m* ⟨-(e)s, -e [-gə]⟩ descent; (≈ *Niedergang*) decline; **vom ~ bedroht** SPORTS threatened by relegation
abstimmen *sep* **A** *v/i* to take a vote;
über etw (*acc*) **~ lassen** to put sth to
the vote **B** *v/t Farben, Kleidung* to match
(*auf* +*acc* with); *Termine* to coordinate (*auf*
+*acc* with); (*aufeinander*) **abgestimmt** *Pläne, Strategien* mutually agreed **C** *v/r* **sich ~**
to come to an agreement **Abstimmung**
f **1** (≈ *Stimmabgabe*) vote; **eine ~ durchführen** or **vornehmen** to take a vote **2**
(*von Terminen*) coordination
abstinent [apstiˈnɛnt] *adj* teetotal **Abstinenz** [apstiˈnɛnts] *f* ⟨-, *no pl*⟩ abstinence
Abstoß *m* FTBL goal kick **abstoßen** *sep
irr* **A** *v/t* **1** (≈ *wegstoßen*) *Boot* to push off
or out; (≈ *abschlagen*) *Ecken* to knock off

2 (≈ *zurückstoßen*) to repel; COMM *Ware,
Aktien* to sell off; MED *Organ* to reject; (*fig
≈ anwidern*) to repulse, to repel; **dieser
Stoff stößt Wasser ab** this material is water-repellent **B** *v/r* PHYS to repel; **die beiden Pole stoßen sich ab** the two poles repel each other **abstoßend** *adj* repulsive;
~ aussehen/riechen to look/smell repulsive **Abstoßung** *f* ⟨-, -en⟩ PHYS repulsion; (MED: *von Organ*) rejection
abstottern *v/t sep* (*infml*) to pay off
abstrahieren [apstraˈhiːrən] *past part* ab-
strahiert *v/t & v/i insep* to abstract (*aus*
from)
abstrahlen *v/t sep* to emit
abstrakt [apˈstrakt] *adj* abstract **Abstraktion** [apstrakˈtsioːn] *f* ⟨-, -en⟩ abstraction
abstreifen *v/t sep Schuhe, Füße* to wipe;
Schmutz to wipe off; *Kleidung, Schmuck* to
take off; *Haut* to cast, to shed; (*fig*) *Gewohnheit, Fehler* to get rid of
abstreiten *v/t sep irr* (≈ *leugnen*) to deny
Abstrich *m* **1** (≈ *Kürzung*) cutback; **~e
machen** to cut back (*an* +*dat on*) **2** MED
swab; (≈ *Gebärmutterabstrich*) smear
abstrus [apˈstruːs] (*elev*) *adj* abstruse
abstufen *v/t sep Gelände* to terrace; *Farben*
to shade; *Gehälter, Steuern, Preise* to grade
abstumpfen ['apʃtʊmpfn] *sep* **A** *v/i aux
sein* (*fig: Geschmack etc*) to become dulled
B *v/t Menschen, Sinne* to deaden; *Gewissen,
Urteilsvermögen* to dull; → **abgestumpft**
Absturz *m* crash; (*sozial*) ruin; (*von Politiker
etc*) downfall; IT crash **abstürzen** *v/i sep
aux sein* **1** (*Flugzeug*) to crash; (*Bergsteiger*)
to fall **2** (*infml: sozial*) to go to ruin **3** (*sl ≈
betrunken werden*) to go on a bender (*Br
infml*), to go on a binge (*infml*) **4** IT to
crash
abstützen *sep* **A** *v/t* to support (*also fig*)
B *v/r* to support oneself
absuchen *v/t sep* to search
absurd [apˈzʊrt] *adj* absurd **Absurdität**
[apzʊrdiˈtɛːt] *f* ⟨-, -en⟩ absurdity
Abt [apt] *m* ⟨-(e)s, ⸚e ['ɛptə]⟩ abbot
abtanzen *v/i sep aux haben* (*infml*) to
dance one's socks off (*infml*)
abtasten *v/t sep* to feel; ELEC to scan
abtauchen *v/i sep aux sein* **1** (*U-Boot*) to
dive **2** (*infml*) to go underground
abtauen *sep* **A** *v/t* to thaw out; *Kühlschrank* to defrost **B** *v/i aux sein* to thaw
Abtei [apˈtai] *f* ⟨-, -en⟩ abbey

Abteil [ap'tail, 'ap-] *nt* compartment
abteilen *v/t sep* (≈ *einteilen*) to divide up
Abteilung [ap'tailuŋ] *f* department; (*in Krankenhaus*) section; MIL unit, section **Abteilungsleiter(in)** *m/f* head of department
Äbtissin [ɛp'tɪsɪn] *f* ⟨-, -nen⟩ abbess
abtragen *v/t sep irr* **1** (*also v/i*) *Geschirr, Speisen* to clear away **2** *Boden, Gelände* to level **3** *Kleider, Schuhe* to wear out; → abgetragen **abträglich** ['aptrɛːklɪç] *adj Bemerkung, Kritik etc* unfavourable (*Br*), unfavorable (*US*); **einer Sache** (*dat*) **~ sein** to be detrimental *or* harmful to sth
Abtransport *m* transportation **abtransportieren** *past part* **abtransportiert** *v/t sep Waren* to transport; *Personen* to take away
abtreiben *sep irr* **A** *v/t Kind* to abort **B** *v/i* **1** *aux sein* (**vom Kurs**) **~** to be carried off course **2** (≈ *Abort vornehmen lassen*) to have an abortion **Abtreibung** ['aptraibuŋ] *f* ⟨-, -en⟩ abortion **Abtreibungsbefürworter(in)** *m/f* pro-abortionist **Abtreibungsgegner(in)** *m/f* anti-abortionist, pro-lifer (*infml*) **Abtreibungsklinik** *f* abortion clinic
abtrennen *v/t sep* **1** (≈ *lostrennen*) to detach; *Knöpfe, Besatz etc* to remove; *Bein, Finger etc* (*durch Unfall*) to sever **2** (≈ *abteilen*) to separate off
abtreten *sep irr* **A** *v/t* **1** (≈ *überlassen* (*jdm to sb*)) *Rechte, Summe* to transfer (*jdm to sb*) **2** *Teppich* to wear; **sich** (*dat*) **die Füße** *or* **Schuhe ~** to wipe one's feet **B** *v/i aux sein* THEAT to go off (stage); MIL to dismiss; (*infml* ≈ *zurücktreten*) to resign **Abtretung** *f* ⟨-, -en⟩ transfer (*an +acc to*)
abtrocknen *sep v/t & v/i* to dry
abtrünnig ['aptrynɪç] *adj* renegade; (≈ *rebellisch*) rebel
abtun *v/t sep irr* (*fig* ≈ *beiseiteschieben*) to dismiss; **etw kurz ~** to brush sth aside; → abgetan
abtupfen *v/t sep Tränen, Blut* to dab away; *Wunde* to swab
abverlangen *past part* **abverlangt** *v/t sep* = abfordern
abwägen ['apvɛːgn] *pret* **wog ab** [voːk ap], *past part* **abgewogen** ['apgəvoːgn] *v/t sep irr Worte* to weigh; → abgewogen
abwählen *v/t sep* to vote out (of office); SCHOOL *Fach* to give up

abwälzen *v/t sep Schuld, Verantwortung* to shift (*auf +acc onto*); *Arbeit* to unload (*auf +acc onto*); *Kosten* to pass on (*auf +acc to*)
abwandern *v/i sep aux sein* to move (away) (*aus* from); (*Kapital*) to be transferred (*aus* out of)
Abwärme *f* waste heat
Abwart ['apvart] *m* ⟨-(e)s, -e⟩, **Abwartin** [-tɪn] *f* ⟨-, -nen⟩ (*Swiss*) concierge, caretaker
abwarten *sep* **A** *v/t* to wait for; **das Gewitter ~** to wait till the storm is over; **das bleibt abzuwarten** that remains to be seen **B** *v/i* to wait; **eine ~de Haltung einnehmen** to adopt a policy of wait-and-see
abwärts ['apvɛrts] *adv* down; **den Fluss/Berg ~** down the river/mountain **abwärtsgehen** *v/impers sep irr aux sein* (*fig*) **mit ihm/dem Land geht es abwärts** he/the country is going downhill **Abwärtstrend** *m* downwards trend
Abwasch ['apvaʃ] *m* ⟨-s, *no pl*⟩ **den ~ machen** to wash the dishes; **... dann kannst du das auch machen, das ist** (**dann**) **ein ~** (*infml*) ... then you could do that as well and kill two birds with one stone **abwaschbar** *adj Tapete* washable **abwaschen** *sep irr* **A** *v/t Gesicht, Geschirr* to wash; *Farbe, Schmutz* to wash off **B** *v/i* to wash the dishes
Abwasser *nt, pl* -wässer sewage *no pl* **Abwasserkanal** *m* sewer
abwechseln *v/i & v/r sep* to alternate; **sich mit jdm ~** to take turns with sb **abwechselnd** *adv* alternately; **er war ~ fröhlich und traurig** he alternated between being happy and sad **Abwechslung** ['apvɛkslʊŋ] *f* ⟨-, -en⟩ change; (≈ *Zerstreuung*) diversion; **zur ~** for a change **abwechslungsreich** *adj* varied
Abweg ['apveːk] *m* (*fig*) **auf ~e geraten** *or* **kommen** to go astray **abwegig** ['apveːgɪç] *adj* absurd
Abwehr *f, no pl* **1** BIOL, PSYCH, MED, SPORTS defence (*Br*), defense (*US*); **der ~ von etw dienen** to give protection against sth **2** (≈ *Spionageabwehr*) counter-intelligence (service) **abwehren** *sep* **A** *v/t Gegner* to fend off; *Angriff, Feind* to repulse; *Flugzeug, Rakete* to repel; *Ball* to clear; *Schlag* to parry; *Gefahr, Krise* to avert **B** *v/i* SPORTS to clear; (*Torwart*) to save

Abwehrkräfte pl PHYSIOL (the body's) defences pl (Br) or defenses pl (US)

Abwehrmechanismus m PSYCH defence (Br) or defense (US) mechanism

Abwehrrakete f anti-aircraft missile

Abwehrspieler(in) m/(f) defender

Abwehrstoff m BIOL antibody

abweichen v/i sep irr aux sein (≈ sich unterscheiden) to differ; **vom Kurs ~** to deviate or depart from one's course; **vom Thema ~** to digress **Abweichler** ['apvaiçle] m ⟨-s, -⟩, **Abweichlerin** [-ərɪn] f ⟨-, -nen⟩ deviant **Abweichung** ['apvaiçʊŋ] f ⟨-, -en⟩ (von Kurs etc) deviation; (≈ Unterschied) difference

abweisen v/t sep irr to turn down; (≈ wegschicken) to turn away; JUR Klage to dismiss **abweisend** 🅰 adj Ton, Blick, Mensch cold 🅱 adv negatively

abwenden sep regular or irr 🅰 v/t 🔟 (≈ verhindern) to avert 🔢 (≈ zur Seite wenden) to turn away 🅱 v/r to turn away

abwerben v/t sep irr to woo away (+dat from)

abwerfen sep irr 🅰 v/t to throw off; Reiter to throw; Bomben, Flugblätter etc to drop; Geweih, Blätter, Nadeln to shed; CARDS to throw away; SPORTS Ball, Speer to throw; COMM Gewinn, Zinsen to yield 🅱 v/i FTBL to throw

abwerten sep v/t to devalue; Ideale, Sprache, Kultur to debase **abwertend** adj derogatory, pejorative **Abwertung** f devaluation; (fig) debasement

abwesend ['apveːznt] adj absent; Blick absent-minded; **die Abwesenden** the absentees **Abwesenheit** ['apveːznhait] f ⟨-, -en⟩ absence; **durch ~ glänzen** (iron) to be conspicuous by one's absence **Abwesenheitsnotiz** f (in E-Mail) out--of-office reply

abwickeln v/t sep 🔟 (≈ abspulen) to unwind; Verband to take off 🔢 (fig ≈ erledigen) to deal with; Geschäft to conclude; (COMM ≈ liquidieren) to wind up **Abwicklung** ['apvɪklʊŋ] f ⟨-, -en⟩ (≈ Erledigung) completion, conclusion; (COMM ≈ Liquidation) winding up

abwiegen v/t sep irr to weigh out

abwimmeln v/t sep (infml) jdn to get rid of (infml)

abwinken v/i sep (infml) (abwehrend) to wave it/him etc aside; (fig ≈ ablehnen) to say no

abwirtschaften v/i sep (infml) to go downhill; → abgewirtschaftet

abwischen v/t sep to wipe off or away; Hände, Nase etc to wipe; Augen, Tränen to dry

Abwurf m throwing off; (von Bomben etc) dropping; **ein ~ vom Tor** a goal throw

abwürgen v/t sep (infml) to scotch; Motor to stall

abzahlen v/t sep to pay off

abzählen sep v/t to count

Abzahlung f 🔟 repayment 🔢 (≈ Ratenzahlung) hire purchase (Br), HP (Br), installment plan (US)

Abzeichen nt badge; MIL insignia pl

abzeichnen sep 🅰 v/t 🔟 (≈ abmalen) to draw 🔢 (≈ signieren) to initial 🅱 v/r (≈ sichtbar sein) to stand out; (fig) (≈ deutlich werden) to emerge; (≈ drohend bevorstehen) to loom

abziehen sep irr 🅰 v/t 🔟 Tier to skin; Fell, Haut to remove 🔢 Bett to strip; Bettzeug to strip off 🔟 Schlüssel to take out 🔢 (≈ zurückziehen) Truppen, Kapital to withdraw 🔢 (≈ subtrahieren) Zahlen to take away; Steuern to deduct; **2 Euro vom Preis ~** to take 2 euros off the price 🔢 (TYPO ≈ vervielfältigen) to run off; PHOT Bilder to make prints of 🅱 v/i 🔟 aux sein (Rauch, Dampf) to escape; (Sturmtief etc) to move away 🔢 aux sein (Soldaten) to pull out (aus of); **zieh ab!** (infml) beat it! (infml)

abzielen v/i sep **auf etw** (acc) **~** (Mensch) to aim at sth; (in Rede) to get at sth

abzischen v/i sep aux sein (infml ≈ abhauen) to beat it (infml)

Abzocke f ⟨-, no pl⟩ (infml) **Abzocke sein** to be a rip-off (infml) **abzocken** v/t sep (infml) **jdn ~** to rip sb off (infml)

Abzug ['aptsuːk] m 🔟 no pl (von Truppen, Kapital etc) withdrawal 🔢 (usu pl: vom Lohn etc) deduction; (≈ Rabatt) discount; **ohne ~** COMM net terms only 🔟 TYPO copy; (≈ Korrekturfahne) proof; PHOT print 🔢 (am Gewehr) trigger **abzüglich** ['aptsyːklɪç] prep +gen COMM minus, less **Abzugshaube** f extractor hood

abzweigen ['aptsvaign] sep 🅰 v/i aux sein to branch off 🅱 v/t (infml) to put on one side **Abzweigung** f ⟨-, -en⟩ turn-off; (≈ Gabelung) fork

ach [ax] int oh; **~ nein!** oh no!; (überrascht) no!, really!; **~ nein, ausgerechnet der!** well, well, him of all people; **~ so!** I see!, aha!; (≈ *ja richtig*) of course!; **~ was** or **wo!** of course not **Ach** [ax] *nt* **mit ~ und Krach** (*infml*) by the skin of one's teeth (*infml*)

Achat [a'xaːt] *m* ⟨-(e)s, -e⟩ agate

Achillesferse [a'xɪlɛsˌfɛrzə] *f* Achilles heel **Achillessehne** *f* Achilles tendon

Achse ['aksə] *f* ⟨-, -n⟩ axis; TECH axle; **auf (der) ~ sein** (*infml*) to be out (and about)

Achsel ['aksl] *f* ⟨-, -n⟩ shoulder; **die ~n** or **mit den ~n zucken** to shrug (one's shoulders) **Achselhemd** *nt* vest (*Br*), sleeveless undershirt (*US*) **Achselhöhle** *f* armpit **Achselzucken** *nt* ⟨-s, *no pl*⟩ shrug **achselzuckend** *adv* **er stand ~ da** he stood there shrugging his shoulders

Achsenbruch *m* broken axle **Achsenkreuz** *nt* MAT coordinate system

acht [axt] *num* eight; **in ~ Tagen** in a week('s time); **heute/morgen in ~ Tagen** a week today/tomorrow; **heute vor ~ Tagen war ich …** a week ago today I was …; → **vier**

Acht[1] [axt] *f* ⟨-, -en⟩ eight

Acht[2] [axt] *f* ⟨-, *no pl*⟩ **etw außer ~ nehmen** to be careful, to take care; **etw außer ~ lassen** to leave sth out of consideration; **~ geben**; → **achtgeben**

achtbar *adj Gesinnung, Person* worthy; *Firma* reputable; *Platzierung* respectable

Achteck *nt* ⟨-s, -e⟩ octagon **achteckig** *adj* octagonal, eight-sided **Achtel** ['axtl] *nt* ⟨-s, -⟩ eighth; → **Viertel**[1] **Achtelfinale** *nt* round before the quarterfinal; **ein Platz im ~** a place in the last sixteen **Achtelnote** *f* quaver

achten ['axtn] **A** *v/t* to respect **B** *v/i* **auf etw** (*acc*) **~** to pay attention to sth; **auf die Kinder ~** to keep an eye on the children; **darauf ~, dass …** to be careful that …

ächten ['ɛçtn] *v/t* HIST to outlaw; (*fig*) to ostracize

achtenswert ['axtnsveːet] *adj* worthy **Achter** ['axte] *m* ⟨-s, -⟩ (*Rudern*) eight **achte(r, s)** ['axtə] *adj* eighth; → **vierte(r, s)** **Achterbahn** *f* roller coaster

achtgeben *v/i sep irr* to take care (*auf +acc* of); (≈ *aufmerksam sein*) to pay attention (*auf +acc* to)

achthundert ['axt'hʊndet] *num* eight hundred

achtlos **A** *adj* careless, thoughtless **B** *adv durchblättern* casually; *wegwerfen* thoughtlessly; *sich verhalten* carelessly

Achtstundentag *m* eight-hour day **achttägig** *adj* week-long

Achtung ['axtʊŋ] *f* ⟨-, *no pl*⟩ **1** (≈ *Vorsicht*) **~!** watch or look out!; (MIL: *Befehl*) attention!; **~, ~!** (your) attention please!; **„Achtung Stufe!"** "mind the step"; **~, fertig, los!** ready, steady or get set, go! **2** (≈ *Wertschätzung*) respect (*vor +dat* for); **sich** (*dat*) **~ verschaffen** to make oneself respected; **alle ~!** good for you/him *etc*! **Achtungserfolg** *m* succès d'estime

achtzehn ['axtseːn] *num* eighteen **achtzig** ['axtsɪç] *num* eighty; **auf ~ sein** (*infml*) to be livid; → **vierzig**

ächzen ['ɛçtsn] *v/i* to groan (*vor +dat* with)

Acker ['ake] *m* ⟨-s, ⸚ ['ɛke]⟩ (≈ *Feld*) field **Ackerbau** *m, no pl* agriculture, arable farming; **~ betreiben** to farm the land; **~ und Viehzucht** farming **Ackergaul** *m* (*pej*) farm horse, old nag (*pej*) **Ackerland** *nt* arable land **ackern** ['aken] *v/i* (*infml*) to slog away (*infml*)

a conto [a 'kɔnto] *adv* COMM on account

Acryl [a'kryːl] *nt* ⟨-s, *no pl*⟩ acrylic **Acrylglas** *nt* acrylic glass

Actionfilm ['ɛkʃən-] *m* action film **Actionkamera** *f* activity camera

a. D. [aː'deː] *abbr* of **außer Dienst** ret(d)

ad absurdum [at ap'zʊrdʊm] *adv* **~ führen** to reduce to absurdity

ADAC® [aːdeːaː'tseː] ⟨-, *no pl*⟩ *abbr* of **Allgemeiner Deutscher Automobil-Club** ≈ AA (*Br*), ≈ AAA (*US*)

ad acta [at 'akta] *adv* **etw ~ legen** (*fig*) *Frage, Problem* to consider sth closed

Adamsapfel *m* (*infml*) Adam's apple

Adapter [a'dapte] *m* ⟨-s, -⟩ adapter, adaptor

adäquat [adɛ'kvaːt, atɛ'kvaːt] **A** *adj* adequate; *Stellung, Verhalten* suitable **B** *adv* adequately

addieren [a'diːrən] *past part* **addiert** *v/i* to add **Addition** [adi'tsioːn] *f* ⟨-, -en⟩ addition

Adel ['aːdl] *m* ⟨-s, *no pl*⟩ nobility **adeln** ['aːdln] *v/t* to ennoble; (≈ *den Titel „Sir" verleihen*) to knight **Adelstitel** *m* title

Ader ['aːde] *f* ⟨-, -n⟩ BOT, GEOL vein; PHYSIOL blood vessel; **eine/keine ~ für etw haben** to have feeling/no feeling for sth **Aderlass** [-las] *m* ⟨-es, **Aderlässe** [-lɛsə]⟩ blood-letting

ad hoc [at 'hɔk, at 'hoːk] *adv* (*elev*) ad hoc **Adjektiv** ['atjɛktiːf] *nt* ⟨-s, -e [-və]⟩ adjec-

tive **adjektivisch** [ˈatjɛktiːvɪʃ, atjɛkˈtiːvɪʃ] **A** *adj* adjectival **B** *adv* adjectively
Adjutant [atjuˈtant] *m* ⟨-en, -en⟩, **Adjutantin** [-ˈtantɪn] *f* ⟨-, -nen⟩ adjutant; *(von General)* aide(-de-camp)
Adler [ˈaːdlɐ] *m* ⟨-s, -⟩ eagle **Adlerauge** *nt (fig)* eagle eye; **~n haben** to have eyes like a hawk **Adlernase** *f* aquiline nose
adlig [ˈaːdlɪç] *adj* **~ sein** to be of noble birth **Adlige(r)** [ˈaːdlɪgə] *m/f(m) decl as adj* nobleman/-woman
Admiral [atmiˈraːl] *m* ⟨-s, -e *or* Admiräle [-ˈrɛːlə]⟩, **Admiralin** [-ˈraːlɪn] *f* ⟨-, -nen⟩ admiral
adoptieren [adɔpˈtiːrən] *past part* adoptiert *v/t* to adopt **Adoption** [adɔpˈtsioːn] *f* ⟨-, -en⟩ adoption **Adoptiveltern** *pl* adoptive parents *pl* **Adoptivkind** *nt* adopted child
Adrenalin [adrenaˈliːn] *nt* ⟨-s, *no pl*⟩ adrenalin **Adrenalinschub** *m* surge of adrenalin **Adrenalinspiegel** *m* adrenalin levels *pl* **Adrenalinstoß** *m* surge of adrenalin
Adressanhänger *m* luggage label, baggage label, luggage tag, baggage tag **Adressat** [adrɛˈsaːt] *m* ⟨-en, -en⟩, **Adressatin** [-ˈsaːtɪn] *f* ⟨-, -nen⟩ *(elev)* addressee **Adressbuch** *nt* directory; *(privat)* address book **Adresse** [aˈdrɛsə] *f* ⟨-, -n⟩ address; **da sind Sie bei mir an der falschen ~** *(infml)* you've come to the wrong person **Adressenverwaltung** *f* IT address filing system **Adressenverzeichnis** *nt* IT address list **adressieren** [adrɛˈsiːrən] *past part* adressiert *v/t* to address *(an +acc* to)
Adria [ˈaːdria] *f* ⟨-⟩ Adriatic (Sea)
Advent [atˈvɛnt] *m* ⟨-s, -e⟩ Advent; **erster/vierter ~** first/fourth Sunday in Advent **Adventskalender** *m* Advent calendar **Adventskranz** *m* Advent wreath
Adverb [atˈvɛrp] *nt* ⟨-s, Adverbien [-biən]⟩ adverb **adverbial** [atvɛrˈbiaːl] **A** *adj* adverbial **B** *adv* adverbially
Advokat [atvoˈkaːt] *m* ⟨-en, -en⟩, **Advokatin** [-ˈkaːtɪn] *f* ⟨-, -nen⟩ *(Swiss)* lawyer
Aerobic [ɛˈroːbɪk] *nt* ⟨-(s), *no pl*⟩ aerobics *sg*
aerodynamisch [aerodyˈnaːmɪʃ] **A** *adj* aerodynamic **B** *adv* aerodynamically
AfD [aːɛfˈdeː] *f* ⟨-, *no pl*⟩ *abbr of* Alternative für Deutschland POL AfD *(German anti-European political party)*

Affäre [aˈfɛːrə] *f* ⟨-, -n⟩ affair; **sich aus der ~ ziehen** *(infml)* to get (oneself) out of it *(infml)*
Affe [ˈafə] *m* ⟨-n, -n⟩ **1** monkey; *(≈ Menschenaffe)* ape **2** *(sl ≈ Kerl)* clown *(infml)*; **ein eingebildeter ~** a conceited ass *(infml)*
Affekt [aˈfɛkt] *m* ⟨-(e)s, -e⟩ emotion; **im ~ handeln** to act in the heat of the moment **Affekthandlung** *f* act committed under the influence of emotion **affektiert** [afɛkˈtiːɐt] *(pej)* **A** *adj* affected **B** *adv* affectedly **Affektiertheit** *f* ⟨-, -en⟩ affectation
affenartig *adj* **mit ~er Geschwindigkeit** *(infml)* like greased lightning *(infml)* **Affenhitze** *f (infml)* sweltering heat *(infml)* **Affenliebe** *f* blind adoration *(zu* of) **Affentempo** *nt (infml)* breakneck *(Br) or* neck-breaking *(US)* speed *(infml)* **Affentheater** *nt (infml)* carry-on *(infml)*, fuss **Affenzahn** *m (infml)* **~ Affentempo affig** [ˈafɪç] *(infml) adj (≈ eitel)* stuck-up *(infml); (≈ geziert)* affected; *(≈ lächerlich)* ridiculous **Äffin** [ˈɛfɪn] *f* ⟨-, -nen⟩ female monkey; *(≈ Menschenäffin)* female ape
Afghane [afˈɡaːnə] *m* ⟨-n, -n⟩, **Afghanin** [-ˈɡaːnɪn] *f* ⟨-, -nen⟩ Afghan **afghanisch** [afˈɡaːnɪʃ] *adj* Afghan **Afghanistan** [afˈɡaːnɪstaːn, -tan] *nt* ⟨-s⟩ Afghanistan
Afrika [ˈaːfrika, ˈafrika] *nt* ⟨-s⟩ Africa **Afrikaner** [afriˈkaːnɐ] *m* ⟨-s, -⟩, **Afrikanerin** [-ərɪn] *f* ⟨-, -nen⟩ African **afrikanisch** [afriˈkaːnɪʃ] *adj* African
After [ˈaftɐ] *m* ⟨-s, -⟩ *(form)* anus **Aftershave** [ˈaːftəʃeːv] *nt* ⟨-(s), -s⟩ aftershave
AG [aːˈɡeː] *f* ⟨-, -s⟩ *abbr of* Aktiengesellschaft ≈ plc *(Br)*, ≈ corp. *(US)*, ≈ inc. *(US)*
Ägäis [ɛˈɡɛːɪs] *f* ⟨-⟩ Aegean (Sea) **ägäisch** [ɛˈɡɛːɪʃ] *adj* Aegean
Agave [aˈɡaːvə] *f* ⟨-, -n⟩ agave **Agavensirup** *m* agave nectar
Agent [aˈɡɛnt] *m* ⟨-en, -en⟩, **Agentin** [aˈɡɛntɪn] *f* ⟨-, -nen⟩ agent; *(≈ Spion)* secret agent **Agentur** [aɡɛnˈtuːɐ] *f* ⟨-, -en⟩ agency
Aggregat [aɡreˈɡaːt] *nt* ⟨-(e)s, -e⟩ GEOL aggregate; TECH unit, set of machines **Aggregatzustand** *m* state
Aggression [aɡrɛˈsioːn] *f* ⟨-, -en⟩ aggression *(gegen* towards) **aggressiv** [aɡrɛˈsiːf] **A** *adj* aggressive **B** *adv* aggressively **Aggressivität** [aɡrɛsiviˈtɛːt] *f* ⟨-, -en⟩ aggressivity **Aggressor** [aˈɡrɛsoːɐ] *m* ⟨-s, -⟩,

Aggressorin [-'soːrɪn] *f* ⟨-, -nen⟩ aggressor

agieren [a'giːrən] *past part* agiert *v/i* to act

Agitation [agita'tsioːn] *f* ⟨-, -en⟩ POL agitation **agitatorisch** [agita'toːrɪʃ] POL *adj* agitational; *Rede, Inhalt* inflammatory; **sich ~ betätigen** to be an agitator **agitieren** [agi'tiːrən] *past part* agitiert *v/i* to agitate

Agrarfabrik *f* agro-industrial plant **Agrarpolitik** *f* agricultural policy

Ägypten [ɛ'gʏptn] *nt* ⟨-s⟩ Egypt **Ägypter** [ɛ'gʏptɐ] *m* ⟨-s, -⟩, **Ägypterin** [-ərɪn] *f* ⟨-, -nen⟩ Egyptian **ägyptisch** [ɛ'gʏptɪʃ] *adj* Egyptian

aha [a'haː, a'ha] *int* aha; *(verstehend auch)* I see **Aha-Effekt** [a'ha:-, a'ha-] *m* aha effect **Aha-Erlebnis** [a'ha:-, a'ha-] *nt* sudden insight

ahnden ['aːndn] *v/t Übertretung, Verstoß* to punish

ähneln ['ɛːnln] *v/i* +*dat* to resemble; **sich** *or* **einander** *(elev)* **~** to be alike *or* similar

ahnen ['aːnən] *v/t* to foresee; *Gefahr, Tod* to have a premonition of; *(≈ vermuten)* to suspect; *(≈ erraten)* to guess; **das kann ich doch nicht ~!** I couldn't be expected to know that!; **nichts Böses ~** to be unsuspecting; **(ach), du ahnst es nicht!** *(infml)* would you believe it! *(infml)*

Ahnenforschung *f* genealogy **Ahnengalerie** *f* ancestral portrait gallery

ähnlich ['ɛːnlɪç] **A** *adj* similar (+*dat* to); **~ wie er/sie** like him/her; **~ wie vor 10 Jahren** as 10 years ago; **sie sind sich ~** they are similar *or* alike; **(etwas) Ähnliches** something similar **B** *adv* **~ kompliziert/ intelligent** just as complicated/intelligent; **ich denke ~** I feel the same way (about it); **jdm ~ sehen** to resemble sb; **das sieht ihm (ganz) ~!** *(infml)* that's just like him! **C** *prep* +*dat* similar to, like **Ähnlichkeit** *f* ⟨-, -en⟩ similarity *(mit* to)

Ahnung ['aːnʊŋ] *f* ⟨-, -en⟩ *(≈ Vorgefühl)* presentiment; *(düster)* premonition **2** *(≈ Vorstellung, Wissen)* idea; *(≈ Vermutung)* suspicion, hunch; **eine ~ von etw vermitteln** to give an idea of sth; **keine ~!** *(infml)* no idea! *(infml)*; **hast du eine ~, wo er sein könnte?** have you any idea where he could be? **ahnungslos** **A** *adj* *(≈ nichts ahnend)* unsuspecting; *(≈ unwissend)* clueless *(infml)* **B** *adv* unsuspectingly

Ahorn ['aːhɔrn] *m* ⟨-s, -e⟩ maple

Ähre ['ɛːrə] *f* ⟨-, -n⟩ *(≈ Getreideähre)* ear

Aids [eːds] *nt* ⟨-, *no pl*⟩ Aids **aidskrank** *adj* suffering from Aids **Aidskranke(r)** *m/f(m) decl as adj* Aids sufferer **Aidstest** *m* Aids test

Aikido [ai'kiːdo] *nt* ⟨-s, *no pl*⟩ aikido

Airbag ['ɛːbɛg] *m* ⟨-s, -s⟩ AUTO airbag

Akademie [akade'miː] *f* ⟨-, -n [-'miːən]⟩ academy; *(≈ Fachschule)* college, school **Akademiker** [aka'deːmikɐ] *m* ⟨-s, -⟩, **Akademikerin** [-ərɪn] *f* ⟨-, -nen⟩ *(≈ Hochschulabsolvent)* (university) graduate; *(≈ Universitätslehrkraft)* academic **akademisch** [aka'deːmɪʃ] *adj* academic; **die ~e Jugend** (the) students *pl*; **~ gebildet sein** to have (had) a university education

Akazie [a'kaːtsiə] *f* ⟨-, -n⟩ acacia **Akazienhonig** *m* acacia honey

akklimatisieren [aklimati'ziːrən] *past part* akklimatisiert *v/r* to become acclimatized *(in* +*dat* to)

Akkord [a'kɔrt] *m* ⟨-(e)s, -e [-də]⟩ **1** MUS chord **2** *(≈ Stücklohn)* piece rate; **im ~ arbeiten** to do piecework **Akkordarbeit** *f* piecework **Akkordarbeiter(in)** *m/(f)* pieceworker

Akkordeon [a'kɔrdeɔn] *nt* ⟨-s, -s⟩ accordion

Akkordlohn *m* piece wages *pl*, piece rate **akkreditieren** [akredi'tiːrən] *past part* akkreditiert *v/t Botschafter, Journalisten* to accredit *(bei* to, at) **Akkreditiv** [akredi'tiːf] *nt* ⟨-s, -e [-və]⟩ FIN letter of credit

Akku ['aku] *m* ⟨-s, -s⟩ *(infml) abbr of* Akkumulator **Akkubohrer** *m* cordless drill **Akkulampe** *f* rechargeable torch *(Br)*, rechargeable flashlight **Akkulaufzeit** *f* battery life **Akkumulator** [akumu'laː-toːɐ] *m* ⟨-s, Akkumulatoren [-'toːrən]⟩ accumulator **akkumulieren** [akumu'liːrən] *past part* akkumuliert *v/t* & *v/i* & *v/r* to accumulate

akkurat [aku'raːt] **A** *adj* precise **B** *adv* precisely, exactly

Akkusativ ['akuzatiːf] *m* ⟨-s, -e [-və]⟩ accusative **Akkusativobjekt** *nt* accusative object

Akkuschrauber *m* ⟨-s, -⟩ cordless screwdriver

Akne ['aknə] *f* ⟨-, -n⟩ acne

Akontozahlung [a'kɔnto-] *f* payment on account

Akribie [akri'biː] *f* ⟨-, *no pl*⟩ meticulousness **akribisch** [a'kriːbɪʃ] *(elev)* **A** *adj* meticulous, precise **B** *adv* meticulously

Akrob̲a̲t [akro'baːt] *m* ⟨-en, -en⟩, **Akrob̲a̲tin** [-'baːtɪn] *f* ⟨-, -nen⟩ acrobat **akrob̲a̲tisch** [akro'baːtɪʃ] *adj* acrobatic

Akron̲y̲m [akro'nyːm] *nt* ⟨-s, -e⟩ acronym

A̲kt [akt] *m* ⟨-(e)s, -e⟩ **1** act; (≈ *Zeremonie*) ceremony **2** (ART ≈ *Aktbild*) nude **3** (≈ *Geschlechtsakt*) sexual act **A̲ktbild** *nt* nude (picture *or* portrait)

A̲kte ['aktə] *f* ⟨-, -n⟩ file; **etw zu den ~n legen** to file sth away; (*fig*) *Fall etc* to drop sth **A̲ktendeckel** *m* folder **A̲ktenkoffer** *m* attaché case **a̲ktenkundig** *adj* on record; **~ werden** to be put on record **A̲ktenmappe** *f* (≈ *Tasche*) briefcase; (≈ *Umschlag*) folder, file **A̲ktennotiz** *f* memo(randum) **A̲ktenordner** *m* file **A̲ktenschrank** *m* filing cabinet **A̲ktentasche** *f* briefcase **A̲ktenzeichen** *nt* reference

A̲ktfoto *nt* nude (photograph)

A̲ktie ['aktsiə] *f* ⟨-, -n⟩ share; **die ~n fallen/steigen** share prices are falling/rising; **wie stehen die ~n?** (*hum infml*) how are things? **A̲ktienfonds** *m* equity fund **A̲ktiengesellschaft** *f* ≈ public limited company (*Br*), ≈ corporation (*US*) **A̲ktienindex** *m* FIN share index **A̲ktienkapital** *nt* share capital **A̲ktienkurs** *m* share price **A̲ktienmarkt** *m* stock market

Akti̲o̲n [ak'tsioːn] *f* ⟨-, -en⟩ action; (≈ *Kampagne*) campaign; (≈ *Werbeaktion*) promotion; **in ~ treten** to go into action **Akti̲o̲när** [aktsio'nɛːɐ] *m* ⟨-s, -e⟩, **Akti̲o̲närin** [-'nɛːrɪn] *f* ⟨-, -nen⟩ shareholder, stockholder (*esp US*) **Akti̲o̲nsradius** *m* AVIAT, NAUT range, radius; (*fig* ≈ *Wirkungsbereich*) scope (for action)

akti̲v [ak'tiːf, 'aktiːf] **A** *adj* active; ECON *Bilanz* positive **B** *adv* actively; **sich ~ an etw** (*dat*) **beteiligen** to take an active part in sth **A̲ktiv** ['aktiːf] *nt* ⟨-s, (*rare*) -e [-və]⟩ GRAM active **Akti̲v̲a** [ak'tiːva] *pl* assets *pl* **akti̲v̲ieren** [akti'viːrən] *past part* akti̲v̲iert *v/t* SCI to activate; (*fig*) *Mitarbeiter* to get moving **Akti̲v̲ist** [akti'vɪst] *m* ⟨-en, -en⟩, **Akti̲v̲istin** [-'vɪstɪn] *f* ⟨-, -nen⟩ activist **Akti̲v̲ität** [aktivi'tɛːt] *f* ⟨-, -en⟩ activity **Akti̲v̲itätsarmband** *nt* activity tracker **Akti̲v̲kohlefilter** *m* activated carbon filter **Akti̲v̲posten** *m* (*lit, fig*) asset **Akti̲v̲urlaub** *m* activity holiday (*esp Br*) or vacation (*US*)

A̲ktmodell *nt* nude model **A̲ktstudie** *f* nude study

aktualisi̲e̲ren [aktuali'ziːrən] *past part* aktuali̲s̲iert *v/t* to make topical; *Datei* to update **Aktualität** [aktuali'tɛːt] *f* ⟨-, -en⟩ topicality **aktu̲e̲ll** [ak'tuɛl] *adj Thema* topical; *Problem, Theorie* current; *Mode, Stil* latest *attr*; **von ~er Bedeutung** of relevance to the present situation; **eine ~e Sendung** a current affairs programme (*Br*) or program (*US*)

Akupress̲u̲r [akuprɛ'suːɐ] *f* ⟨-, -en⟩ acupressure **akupunkti̲e̲ren** [akupʊŋk'tiːrən] *past part* akupunkti̲e̲rt *v/t* to acupuncture **Akupunkt̲u̲r** [akupʊŋk'tuːɐ] *f* ⟨-, -en⟩ acupuncture

Ak̲u̲stik [a'kʊstɪk] *f* ⟨-, no *pl*⟩ (*von Gebäude etc*) acoustics *pl* **ak̲u̲stisch** [a'kʊstɪʃ] **A** *adj* acoustic **B** *adv* acoustically; **ich habe dich rein ~ nicht verstanden** I simply didn't catch what you said (properly)

ak̲u̲t [a'kuːt] **A** *adj* (MED, *fig*) acute **B** *adv* acutely

AKW [aːkaː'veː] *nt* ⟨-s, -s⟩ *abbr of* Atomkraftwerk

Akz̲e̲nt [ak'tsɛnt] *m* ⟨-(e)s, -e⟩ accent; (≈ *Betonung, fig also*) stress; **den ~ auf etw** (*acc*) **legen** to stress sth **akz̲e̲ntfrei** *adj, adv* without any *or* an accent

akzept̲a̲bel [aktsɛp'taːbl] *adj* acceptable **Akzept̲a̲nz** [aktsɛp'tants] *f* ⟨-, no *pl*⟩ acceptance **akzepti̲e̲ren** [aktsɛp'tiːrən] *past part* akzepti̲e̲rt *v/t* to accept

Alab̲a̲ster [ala'bastɐ] *m* ⟨-s, -⟩ alabaster

Al̲a̲rm [a'larm] *m* ⟨-(e)s, -e⟩ alarm; **~ schlagen** to give *or* raise *or* sound the alarm **Al̲a̲rmanlage** *f* alarm system **Al̲a̲rmbereitschaft** *f* alert; **in ~ sein** *or* **stehen** to be on the alert **alarmi̲e̲ren** [alar'miːrən] *past part* alarmi̲e̲rt *v/t Polizei etc* to alert; (*fig* ≈ *beunruhigen*) to alarm; **~d** (*fig*) alarming **Al̲a̲rmstufe** *f* alert stage **Al̲a̲rmzustand** *m* alert; **im ~ sein** to be on the alert

Al̲a̲ska [a'laska] *nt* ⟨-s⟩ Alaska

Alb̲a̲ner [al'baːne] *m* ⟨-s, -⟩, **Alb̲a̲nerin** [-ərɪn] *f* ⟨-, -nen⟩ Albanian **Alb̲a̲nien** [al'baːniən] *nt* ⟨-s⟩ Albania **alb̲a̲nisch** [al'baːnɪʃ] *adj* Albanian

a̲lbern ['albɐn] **A** *adj* silly, stupid; **~es Zeug** (silly) nonsense **B** *adv klingen* silly; **sich ~ benehmen** to act silly **C** *v/i* to fool around **A̲lbernheit** *f* ⟨-, -en⟩ **1** *no pl* (≈

albernes Wesen) silliness **2** (≈ *Tat*) silly prank; (≈ *Bemerkung*) inanity

Albtraum *m* nightmare

Album ['albʊm] *nt* ⟨-s, Alben ['albn]⟩ album

Alevit [ale'viːt] *m* ⟨-en, -en⟩, **Alevitin** *f* ⟨-, -nen⟩ Alevi **alevitisch** *adj* Alevi

Alge ['algə] *f* ⟨-, -n⟩ alga

Algebra ['algebra] *f* ⟨-, *no pl*⟩ algebra **algebraisch** [alge'braːɪʃ] *adj* algebraic(al)

Algensalat *m* seaweed salad **Algenteppich** *m* algae slick

Algerien [al'geːriən] *nt* ⟨-s⟩ Algeria **Algerier** [al'geːrie] *m* ⟨-s, -⟩, **Algerierin** [-iərɪn] *f* ⟨-, -nen⟩ Algerian **algerisch** [al'geːrɪʃ] *adj* Algerian

alias ['aːlias] *adv* alias, also *or* otherwise known as

Alibi ['aːlibi] *nt* ⟨-s, -s⟩ (JUR, *fig*) alibi **Alibifrau** *f* token woman **Alibifunktion** *f* ~ **haben** (*fig*) to be used as an alibi

Alimente [ali'mɛntə] *pl* maintenance *sg*

alkalisch [al'kaːlɪʃ] *adj* alkaline

Alki ['alki] *m* ⟨-s, -s⟩ (*sl*) alkie (*infml*)

Alkohol ['alkohoːl, alko'hoːl] *m* ⟨-s, -e⟩ alcohol; **unter ~ stehen** to be under the influence (of alcohol *or* drink) **alkoholabhängig** *adj* alcohol-dependent; **~ sein** to be an alcoholic **alkoholarm** *adj* low in alcohol (content) **Alkoholeinfluss** *m* influence of alcohol *or* drink **alkoholfrei** *adj* nonalcoholic **Alkoholgehalt** *m* alcohol(ic) content **Alkoholgenuss** *m* consumption of alcohol **alkoholhaltig** *adj* alcoholic **Alkoholiker** [alko'hoː-like] *m* ⟨-s, -⟩, **Alkoholikerin** [-ərɪn] *f* ⟨-, -nen⟩ alcoholic **alkoholisch** [alko-'hoːlɪʃ] *adj* alcoholic **alkoholisiert** [alkoholi'ziːɐt] *adj* (≈ *betrunken*) inebriated **Alkoholismus** [alkoho'lɪsmʊs] *m* ⟨-, *no pl*⟩ alcoholism **Alkoholkonsum** [-kɔnzuːm] *m* consumption of alcohol **Alkoholkontrolle** *f* roadside breath test **alkoholkrank** *adj* alcoholic; **~ sein** to be an alcoholic **Alkoholmissbrauch** *m* alcohol abuse **Alkoholspiegel** *m* jds ~ the level of alcohol in sb's blood **alkoholsüchtig** *adj* addicted to alcohol **Alkoholsünder(in)** *m/f* (*infml*) drunk(en) driver **Alkoholtest** *m* breath test **Alkoholtestgerät** *nt*, **Alkoholtester** *m* ⟨-s, -⟩ Breathalyzer®, breath alcohol tester **Alkoholverbot** *nt* ban on alcohol **Alkoholvergiftung** *f* alcohol(ic) poisoning

Alkomat [alko'maːt] *m* ⟨-en, -en⟩ Breathalizer®, breath alcohol tester

Alkopop ['alkopɔp] *m or nt* ⟨-(s), -s⟩ alcopop

All [al] *nt* ⟨-s, *no pl*⟩ SCI, SPACE space *no art*

allabendlich *adj* (which takes place) every evening; **der ~e Spaziergang** the regular evening walk

Allah ['ala] *m* ⟨-s, *no pl*⟩ Allah

alle ['alə] **A** *pron* → **alle(r, s)** **B** *adv* (*infml*) all gone; **die Milch ist ~** there's no milk left; **etw/jdn ~ machen** (*infml*) to finish sth/sb off **alledem** [alə'deːm] *pron* **trotz ~** in spite of all this

Allee [a'leː] *f* ⟨-, -n [-'leːən]⟩ avenue

Allegorie [alego'riː] *f* ⟨-, -n [-'riːən]⟩ allegory

allein [a'lain] **A** *adj pred* alone; (≈ *einsam*) lonely; **von ~** by oneself/itself; **auf sich** (*acc*) **angewiesen sein** to be left to cope on one's own **B** *adv* (≈ *nur*) alone; **~ schon der Gedanke** the very *or* mere thought …; → **alleinerziehend, alleinstehend Alleinerbe** *m*, **Alleinerbin** *f* sole heir **alleinerziehend** *adj* Mutter, Vater single **Alleinerziehende(r)** [-ɛɐtsi:əndə] *m/f(m) decl as adj* single parent **Alleingang** *m*, *pl* -gänge **etw im ~ machen** to do sth on one's own **alleinig** [a-'lainɪç] *adj attr* sole, only **Alleinsein** *nt* being on one's own *no def art*, solitude; (≈ *Einsamkeit*) loneliness **alleinstehend** *adj* living alone *or* on one's own **Alleinstehende(r)** [-ʃteːəndə] *m/f(m) decl as adj* single person **Alleinunterhalter(in)** *m/f(f)* solo entertainer **Alleinverdiener(in)** *m/f(f)* sole (wage) earner

allemal ['alə'maːl] *adv* every *or* each time; (≈ *ohne Schwierigkeit*) without any problem; → **Mal²**

allenfalls ['alən'fals, 'alənfals] *adv* (≈ *nötigenfalls*) if need be; (≈ *höchstens*) at most; (≈ *bestenfalls*) at best

alle(r, s) ['alə] **A** *indef pr* **1** *attr* all; **~ Anwesenden/Beteiligten/Betroffenen** all those present/taking part/affected; **trotz ~r Mühe** in spite of every effort; **ohne ~n Grund** for no reason at all **2** *alles sg* everything; **das ~s** all that; **~s Schöne** everything beautiful; **(ich wünsche dir) ~s Gute** (I wish you) all the best; **~s in ~m** all in all; **trotz ~m** in spite of everything; **über ~s** above all else; (≈ *mehr als*

alles andere) more than anything else; **vor ~m** above all; **das ist ~s** that's all, that's it (*infml*); **das ist ~s andere als ...** that's anything but ...; **was soll das ~s?** what's all this supposed to mean?; **was er (nicht) ~s weiß/kann!** the things he knows/can do!
3 alle *pl adj*; **die haben mir ~ nicht gefallen** I didn't like any of them; **~ beide** both of them; **sie kamen ~** all of them came; **~ fünf Minuten** every five minutes
B *adv* → **alle**
aller- ['alɐ] *in cpds with sup* (*zur Verstärkung*) by far
allerbeste(r, s) ['alɐ'bɛstə] *adj* very best; **der/die/das Allerbeste** the best of all
allerdings ['alɐ'dɪŋs] *adv* (*einschränkend*) though; **~!** (*most*) certainly!
allererste(r, s) ['alɐ'eːɐstə] *adj* very first
Allergen [alɛr'geːn] *nt* ⟨-s, -e⟩ MED allergen
Allergie [alɛr'giː] *f* ⟨-, -n [-'giːən]⟩ MED allergy; (*fig*) aversion (*gegen* to); **eine ~ gegen etw haben** to be allergic to sth (*also fig hum*)
Allergiepass *m* allergy ID
Allergietest *m* allergy test
Allergiker [a'lɛrgikɐ] *m* ⟨-s, -⟩, **Allergikerin** [-ərɪn] *f* ⟨-, -nen⟩ person suffering from an allergy
allergisch [a'lɛrgɪʃ] **A** *adj* (MED, *fig*) allergic (*gegen* to) **B** *adv* **auf etw** (*acc*) **~ reagieren** to have an allergic reaction to sth
allerhand ['alɐ'hant] *adj inv* all kinds of things; **das ist ~!** (*zustimmend*) that's quite something!; **das ist ja** *or* **doch ~!** (*empört*) that's too much!
Allerheiligen ['alɐ'hailɪɡn] *nt* ⟨-s⟩ All Saints' Day
allerhöchstens ['alɐ'høːçstns] *adv* at the very most
allerlei ['alɐ'lai] *adj inv* all sorts *or* kinds of
allerletzte(r, s) ['alɐ'lɛtstə] *adj* very last; (≈ *allerneueste*) very latest; **der/die/das ist (ja) das Allerletzte** (*infml*) he's/it's the absolute end (*infml*)
allerliebste(r, s) ['alɐ'liːpstə] *adj* (≈ *Lieblings-*) most favourite *attr* (*Br*) *or* favorite *attr* (*US*)
allermeiste(r, s) ['alɐ'maistə] *adj* most ... of all
allerneueste(r, s) ['alɐ'nɔyəstə] *adj* very latest
Allerseelen ['alɐ'zeːlən] *nt* ⟨-s⟩ All Souls' Day
allerseits ['alɐ'zaits] *adv* on all sides; **guten Abend ~!** good evening everybody
Allerwelts- ['alɐ'vɛlts] *in cpds* (≈ *Durchschnitts-*) ordinary; (≈ *nichtssagend*) general
allerwenigste(r, s) ['alɐ'veːnɪçstə] *adj* least ... of all; (*pl*) fewest of all, fewest ... of all
alles ['aləs] *indef pr* → **alle(r, s)**

allesamt ['alə'zamt] *adv* all (of them/us *etc*), to a man
Alleskleber [-kleːbɐ] *m* ⟨-s, -⟩ all-purpose adhesive *or* glue **Allesschneider** *m* food-slicer
allgegenwärtig [al'geːɡnvɛrtɪç] *adj* omnipresent
allgemein ['alɡə'main] **A** *adj* general; *Feiertag* public; *Regelungen, Wahlrecht* universal; *Wehrpflicht* compulsory; **im Allgemeinen** in general, generally; **im ~en Interesse** in the common interest; **von ~em Interesse** of general interest **B** *adv* generally; (≈ *ausnahmslos von allen*) universally; **es ist ~ bekannt** it's common knowledge; **~ verständlich** generally intelligible; **~ verbreitet** widespread; **~ zugänglich** open to all; → **allgemeinbildend Allgemeinarzt** *m*, **Allgemeinärztin** *f* ≈ general *or* (*US*) family practitioner **Allgemeinbefinden** *nt* general condition **allgemeinbildend** *adj* providing (a) general education **Allgemeinbildung** *f* general education **Allgemeingut** *nt*, *no pl* (*fig*) common property **Allgemeinheit** *f* ⟨-, -en, *no pl*⟩ (≈ *Öffentlichkeit*) general public **Allgemeinmedizin** *f* general medicine **Allgemeinmediziner(in)** *m(f)* MED ≈ general practitioner, ≈ GP, ≈ family practitioner (*US*) **allgemeinverständlich** *adj* → **allgemein Allgemeinwissen** *nt* general knowledge **Allgemeinwohl** *nt* public welfare
Allheilmittel [al'hailmɪtl] *nt* cure-all
Allianz [a'liants] *f* ⟨-, -en⟩ **1** alliance **2** (≈ *NATO*) Alliance
Alligator [ali'ɡaːtoːɐ] *m* ⟨-s, Alligatoren [-'toːrən]⟩ alligator
alliiert [ali'iːɐt] *adj attr* allied; (*im 2. Weltkrieg*) Allied **Alliierte(r)** [ali'iːɐtə] *m/f(m) decl as adj* ally
alljährlich ['al'jɛːɐlɪç] **A** *adj* annual, yearly **B** *adv* annually, yearly
Allmacht ['almaxt] *f* (*esp von Gott*) omnipotence **allmächtig** [al'mɛçtɪç] *adj* all-powerful; *Gott auch* almighty
allmählich [al'mɛːlɪç] **A** *adj attr* gradual **B** *adv* gradually; **es wird ~ Zeit** (*infml*) it's about time
allmonatlich ['al'moːnatlɪç] *adj*, *adv* monthly
Allradantrieb ['alraːt-] *m* AUTO four-wheel drive

Allround- [ˈɔːlʼraʊnd] *in cpds* all-round (*Br*), all-around (*US*)

allseitig [ˈalzaɪtɪç] *adj* (≈ *allgemein*) general; (≈ *ausnahmslos*) universal **allseits** [ˈalzaɪts] *adv* (≈ *überall*) everywhere; (≈ *in jeder Beziehung*) in every respect; **~ beliebt/unbeliebt** universally popular/unpopular

Alltag [ˈaltaːk] *m* (*fig*) **im ~** in everyday life

alltäglich [ˈalˈtɛːklɪç, ˈaltɛːklɪç, alˈtɛːklɪç] *adj* daily; (≈ *üblich*) ordinary; **es ist ganz ~** it's nothing unusual **Alltags-** [ˈaltaːks-] *in cpds* everyday

Allüren [aˈlyːrən] *pl* (≈ *geziertes Verhalten*) affectations *pl*; (*eines Stars etc*) airs and graces *pl*

allwissend [ˈalˈvɪsnt] *adj* omniscient

allwöchentlich [ˈalˈvœçntlɪç] **A** *adj* weekly **B** *adv* every week

allzu [ˈaltsuː] *adv* all too; **~ viele Fehler** far too many mistakes; **~ früh** far too early; **~ sehr** too much; *mögen* all too much; *sich ärgern, enttäuscht sein* too; **~ viel** too much; **~ viel ist ungesund** (*prov*) you can have too much of a good thing (*prov*)

Allzweckreiniger *m* multipurpose cleaner

Alm [alm] *f* ⟨-, -en⟩ alpine pasture

Almosen [ˈalmoːzn] *nt* ⟨-s, -⟩ **1** (*elev* ≈ *Spende*) alms *pl* (*old*) **2** (≈ *geringer Lohn*) pittance

Alp [alp] *f* ⟨-, -en⟩ (≈ *Alm*) alpine pasture

Alpen [ˈalpn] *pl* Alps *pl* **Alpenland** *nt* alpine country **Alpenrose** *f* Alpine rose *or* rhododendron **Alpenvorland** *nt* foothills *pl* of the Alps

Alphabet [alfaˈbeːt] *nt* ⟨-(e)s, -e⟩ alphabet **alphabetisch** [alfaˈbeːtɪʃ] **A** *adj* alphabetical **B** *adv* alphabetically **alphanumerisch** [alfanuˈmeːrɪʃ] *adj* alphanumeric

alpin [alˈpiːn] *adj* alpine (*auch* SKI) **Alpinist** [alpiˈnɪst] *m* ⟨-en, -en⟩, **Alpinistin** [-ˈnɪstɪn] *f* ⟨-, -nen⟩ alpinist

Alptraum → **Albtraum**

als [als] *cj* **1** (*nach comp*) than; **ich kam später ~ er** I came later than he (did) *or* him **2** (*bei Vergleichen*) **so ... ~ ... as ... as ...**; **so viel/so weit ~ möglich** as much/far as possible; **eher** *or* **lieber ... ~** rather ... than; **alles andere ~** anything but **3 ~ ob ich das nicht wüsste!** as if I didn't know! **4 damals, ~** (in the days) when; **gerade, ~** just as **5 ~ Beweis** as proof; **~ Antwort/Warnung** as an an-

swer/a warning; **~ Kind/Mädchen** *etc* as a child/girl *etc*

also [ˈalzo] **A** *cj* (≈ *folglich*) so, therefore **B** *adv* so; **~ doch** so ... after all; **du machst es ~?** so you'll do it then? **C** *int* well; **~ doch!** so he/they *etc* did!; **na ~!** there you are!, you see?; **~ gut** *or* **schön** well all right then; **~ so was!** well (I never)!

Alsterwasser [ˈalstɐ-] *nt, pl* -wässer (*N Ger*) shandy (*Br*), radler (*US*), beer and lemonade

alt [alt] *adj, comp* **̈er** [ˈɛltɐ], *sup* **̈este(r, s)** [ˈɛltəstə] **1** old; *Mythos, Griechen* ancient; *Sprachen* classical; **das ~e Rom** ancient Rome; **Alt und Jung** (everybody) old and young; **ein drei Jahre ~es Kind** a three-year-old child; **wie ~ bist du?** how old are you?; **hier werde ich nicht ~** (*infml*) this isn't my scene (*infml*); **in ~er Freundschaft, Dein ...** yours as ever ...; **~ aussehen** (*infml* ≈ *dumm dastehen*) to look stupid **2** (≈ *dieselbe, gewohnt*) same old

Alt[1] [alt] *m* ⟨-s, -e⟩ MUS alto

Alt[2] *nt* ⟨-s, -⟩ (≈ *Bier*) **top-fermented German dark beer**

Altar [alˈtaːɐ] *m* ⟨-s, Altäre [-ˈtɛːrə]⟩ altar

altbacken [-bakn] *adj* **1** stale **2** (*fig*) old-fashioned **Altbau** *m, pl* -bauten old building **Altbauwohnung** *f* flat (*Br*) *or* apartment in an old building **Altbundeskanzler(in)** *m/(f)* former German/Austrian Chancellor **altdeutsch** *adj* old German **Alte** [ˈaltə] *f decl as adj* (≈ *alte Frau*) old woman; (*infml* ≈ *Vorgesetzte*) boss **Alteisen** *nt* scrap metal **altenglisch** *adj* old English **Altenheim** *nt* old people's home **Altenhilfe** *f* old people's welfare **Altenpfleger(in)** *m/(f)* care assistant (*in an old people's home*) **Alte(r)** [ˈaltə] *m decl as adj* (≈ *alter Mann*) old man; (*infml* ≈ *Vorgesetzter*) boss; **die ~n** (≈ *Eltern*) the folk(s) *pl* (*infml*) **Alter** [ˈaltə] *nt* ⟨-s, -⟩ age; **im ~** in one's old age; **in deinem ~** at your age; **er ist in deinem ~** he's your age; **im ~ von 18 Jahren** at the age of 18 **älter** [ˈɛltə] *adj* older; (≈ *nicht ganz jung*) elderly; **die ~en Herrschaften** the older members of the party **altern** [ˈaltən] *v/i aux sein* *or* (*rare*) *haben* to age; (*Wein*) to mature; **~d** ageing

alternativ [altɛrnaˈtiːf] *adj* alternative **Alternative** [altɛrnaˈtiːvə] *f* ⟨-n, -n⟩ alternative **Alternativmedizin** *f* alternative

medicine
Altersarmut f poverty in old age **altersbedingt** adj age-related **Altersbeschwerden** pl complaints pl of old age **Altersdiskriminierung** f ageism **Alterserscheinung** f sign of old age **Altersgenosse** m, **Altersgenossin** f contemporary **Altersgrenze** f age limit; (≈ *Rentenalter*) retirement age **Altersgründe** pl **aus ~n** for reasons of age **Altersgruppe** f age group **Altersheim** nt old people's home **Altersklasse** f age group **Altersrente** f old age pension **altersschwach** adj Mensch old and infirm; Auto, Möbel etc decrepit **Altersschwäche** f (von Mensch) infirmity **Altersteilzeit** f semi-retirement **Altersunterschied** m age difference **Altersversorgung** f provision for (one's) old age; **betriebliche ~** ≈ company pension scheme **Altersvorsorge** f old--age provision

Altertum ['altetuːm] nt ⟨-s, no pl⟩ antiquity no art **altertümlich** ['altety:mlɪç] adj (≈ aus dem Altertum) ancient; (≈ veraltet) antiquated

Ältestenrat m council of elders **älteste(r, s)** ['ɛltəstə] adj oldest

Altglas nt, no pl waste glass **Altglascontainer** m bottle bank **altgriechisch** adj ancient Greek **althergebracht** adj traditional; Tradition long-established **althochdeutsch** adj Old High German

Altistin [-'tɪstɪn] f ⟨-, -nen⟩ MUS alto **altjüngferlich** [alt'jʏŋfɛlɪç] adj old-maidish, spinsterish **Altkanzler(in)** m/(f) former chancellor **Altkleidersammlung** f collection of old clothes; **etw in die Altkleidersammlung geben** to put sth in the old clothes collection **altklug** adj precocious **Altlast** f usu pl (Ökologie) dangerous waste (accumulated over the years); (≈ Fläche) contaminated area; (fig) burden, inherited problem **Altmaterial** nt scrap **Altmetall** nt scrap metal **altmodisch** adj old-fashioned **Altöl** nt used oil **Altpapier** nt wastepaper **Altpapiercontainer** m paper bank (Br), waste paper container (US) **Altsein** nt being old no art **Altstadt** f old town **Altstimme** f MUS alto **Alt-Taste** f IT Alt key

Altweibersommer m Indian summer **Aludose** f aluminium (Br) or aluminum (US) can, tin can **Alufolie** f tin or kitchen foil **Aluminium** [alu'miːniʊm] nt ⟨-s, no pl⟩ aluminium (Br), aluminum (US) **Alzheimerkrankheit** f Alzheimer's (disease)

am [am] prep **er war am tapfersten** he was (the) bravest; **am seltsamsten war ...** the strangest thing was ...; (als Zeitangabe) on; **am letzten Sonntag** last Sunday; **am 8. Mai** on the eighth of May; **am Morgen/Abend** in the morning/evening **Amaryllis** [ama'rʏlɪs] f ⟨-, Amaryllen [-lən]⟩ amaryllis

Amateur [ama'tøːe] m ⟨-s, -e⟩, **Amateurin** [-'tøːrɪn] f ⟨-, -nen⟩ amateur **amateurhaft** [ama'tøːe-] adj amateurish **Ambiente** [am'biɛntə] nt ⟨-, no pl⟩ (elev) ambience **Ambition** [ambi'tsioːn] f ⟨-, -en⟩ ambition; **~en auf etw** (acc) **haben** to have ambitions of getting sth **ambivalent** [ambiva'lɛnt] adj ambivalent **Amboss** ['ambɔs] m ⟨-es, -e⟩ anvil **ambulant** [ambu'lant] **A** adj MED outpatient attr; **~e Patienten** outpatients **B** adv **~ behandelt werden** (Patient) to be treated as an outpatient **Ambulanz** [ambu'lants] f ⟨-, -en⟩ **1** (≈ Klinikstation) outpatient department **2** (≈ Ambulanzwagen) ambulance

Ameise ['aːmaizə] f ⟨-, -n⟩ ant **Ameisenbär** m anteater; (größer) giant anteater **Ameisenhaufen** m anthill

amen ['aːmən] int amen **Amen** ['aːmən] nt ⟨-s, -⟩ amen; **das ist so sicher wie das ~ in der Kirche** (prov) you can bet your bottom dollar on that (infml) **Amerikaner** [ameri'kaːne] m ⟨-s, -⟩, **Amerikanerin** [-ərɪn] f ⟨-, -nen⟩ American **amerikanisch** [ameri'kaːnɪʃ] adj American **Amerikanismus** [amerika'nɪsmʊs] m ⟨-, Amerikanismen [-mən]⟩ Americanism

Ami ['ami] m ⟨-s, -s⟩ (infml) Yank (infml) **Aminosäure** [a'miːno-] f amino acid **Ammann** ['aman] m, pl **-männer** (Swiss) mayor

Ammenmärchen nt fairy tale or story **Amnestie** [amnɛs'tiː] f ⟨-, -n [-'tiːən]⟩ amnesty **amnestieren** [amnɛs'tiːrən] past part **amnestiert** v/t to grant an amnesty to **Amöbe** [a'møːbə] f ⟨-, -n⟩ amoeba

Amok [ˈaːmɔk, aˈmɔk] m ~ **laufen** to run amok (esp Br) or amuck; ~ **fahren** to drive like a madman or lunatic **Amokfahrt** f mad or crazy ride **Amokschütze** m crazed gunman

amortisieren [amɔrtiˈziːrən] past part amortisiert v/r to pay for itself

Ampel [ˈampl] f ⟨-, -n⟩ (≈ Verkehrsampel) (traffic) lights pl **Ampelanlage** f (set of) traffic lights pl **Ampelphase** f traffic light sequence

Amphetamin [amfetaˈmiːn] nt ⟨-s, -e⟩ amphetamine

Amphibie [amˈfiːbiə] f ⟨-, -n⟩ ZOOL amphibian **Amphibienfahrzeug** nt amphibious vehicle

Ampulle [amˈpʊlə] f ⟨-, -n⟩ (≈ Behälter) ampoule

Amputation [amputaˈtsioːn] f ⟨-, -en⟩ amputation **amputieren** [ampuˈtiːrən] past part amputiert v/t to amputate **Amputierte(r)** [ampuˈtiːɐtə] m/f(m) decl as adj amputee

Amsel [ˈamzl] f ⟨-, -n⟩ blackbird

Amt [amt] nt ⟨-(e)s, ⁓er [ˈɛmtə]⟩ **1** (≈ Stelle) post (Br), position; (öffentlich) office; **von ~s wegen** (≈ aufgrund von jds Beruf) because of one's job **2** (≈ Aufgabe) duty, task **3** (≈ Behörde) office; **zum zuständigen ~ gehen** to go to the relevant authority; **von ~s wegen** (≈ auf behördliche Anordnung hin) officially **amtieren** [amˈtiːrən] past part amtiert v/i to be in office; **~d** incumbent; **der ~de Weltmeister** the reigning world champion; **er amtiert als Bürgermeister** he is acting mayor **amtlich** [ˈamtlɪç] adj official; **~es Kennzeichen** registration (number), license number (US) **Amtsantritt** m assumption of office **Amtsblatt** nt gazette **Amtsdauer** f term of office **Amtsgeheimnis** nt (≈ geheime Sache) official secret; (≈ Schweigepflicht) official secrecy **Amtsgericht** nt ≈ county (Br) or district (US) court **Amtshandlung** f official duty; **seine erste ~ bestand darin, ...** the first thing he did in office was ... **Amtshilfe** f cooperation between authorities **Amtsmissbrauch** m abuse of one's position **Amtsperiode** f term of office **Amtsrichter(in)** m/f(f) ≈ county (Br) or district (US) court judge **Amtsschimmel** m (hum) officialdom **Amtsvorgänger(in)** m/f(f) predecessor

(in office) **Amtsweg** m official channels pl; **den ~ beschreiten** to go through the official channels **Amtszeit** f period of office

Amulett [amuˈlɛt] nt ⟨-(e)s, -e⟩ amulet, charm

amüsant [amyˈzant] **A** adj amusing **B** adv amusingly **amüsieren** [amyˈziːrən] past part amüsiert **A** v/t to amuse; **was amüsiert dich denn so?** what do you find so amusing or funny? **B** v/r to enjoy oneself; **sich über etw** (acc) ~ to find sth funny; (unfreundlich) to make fun of sth; **amüsiert euch gut** have fun **Amüsierviertel** nt nightclub district

an [an] **A** prep +dat **1** (räumlich: wo?) at; (≈ an etw dran) on; **an der Tür/Wand** on the door/wall; **Frankfurt an der Oder** Frankfurt on (the) Oder; **zu nahe an etw stehen** to be too near to sth; **unten am Fluss** down by the river; **Haus an Haus** one house after the other; **an etw vorbeigehen** to go past sth **2** (zeitlich) on; **an diesem Abend** (on) that evening; **am Tag zuvor** the day before, the previous day; → **am 3** (fig) **was haben Sie an Weinen da?** what wines do you have?; **unübertroffen an Qualität** unsurpassed in quality; **es ist an ihm, etwas zu tun** it's up to him to do something **B** prep +acc **1** (räumlich: wohin?) to; **etw an die Wand/Tafel schreiben** to write sth on the wall/blackboard; **er ging ans Fenster** he went (over) to the window; **bis an mein Lebensende** to the end of my days **2** (fig) **ich habe eine Bitte/Frage an Sie** I have a request to make of you/a question to ask you; **an (und für) sich** actually **C** adv **1** (≈ ungefähr) **an (die) hundert** about a hundred **2** (Ankunftszeit) **Frankfurt an: 18.30 Uhr** arriving Frankfurt 18.30 **3** **von heute an** from today onwards **4** (infml ≈ angeschaltet, angezogen) on; **Licht an!** lights on!; **ohne etwas an** with nothing on

Anabolikum [anaˈboːlikʊm] nt ⟨-s, Anabolika [-ka]⟩ anabolic steroid

anal [aˈnaːl] adj PSYCH, ANAT anal

analog [anaˈloːk] **A** adj **1** analogous (+dat, zu to) **2** TEL analogue (Br), analog (US) **3** IT analog **B** adv TEL, IT in analogue (Br) or analog format **Analogie** [analoˈgiː] f ⟨-, -n [-ˈgiːən]⟩ analogy

Analphabet [analfaˈbeːt, ˈan-] m ⟨-en, -en⟩, **Analphabetin** [-ˈbeːtɪn] f ⟨-, -nen⟩

illiterate (person) **Analphabetis-mus** [analfabe'tɪsmʊs] *m* ⟨-, *no pl*⟩ illiteracy

An̲alverkehr *m* anal intercourse

Analyse [ana'ly:zə] *f* ⟨-, -n⟩ analysis (*auch* PSYCH) **analysieren** [analy'zi:rən] *past part* analysiert *v/t* to analyze **Analyst** [ana'lʏst] *m* ⟨-en, -en⟩, **Analystin** [-'lʏstɪn] *f* ⟨-, -nen⟩ ST EX investment analyst **Analytiker** [ana'ly:tike] *m* ⟨-s, -⟩, **Analytikerin** [-ərɪn] *f* ⟨-, -nen⟩ analyst; (≈ *analytisch Denkender*) analytical thinker **analytisch** [ana'ly:tɪʃ] *adj* analytical

Anämie [anɛ'mi:] *f* ⟨-, -n [-'mi:ən]⟩ anaemia (*Br*), anemia (*US*)

Ananas ['ananas] *f* ⟨-, - *or* -se⟩ pineapple

Anarchie [anar'çi:] *f* ⟨-, -n [-'çi:ən]⟩ anarchy **Anarchismus** [anar'çɪsmʊs] *m* ⟨-, *no pl*⟩ anarchism **Anarchist** [anar'çɪst] *m* ⟨-en, -en⟩, **Anarchistin** [-'çɪstɪn] *f* ⟨-, -nen⟩ anarchist **anarchistisch** [anar'çɪstɪʃ] *adj* anarchistic

Anästhesie [anɛste'zi:] *f* ⟨-, -n [-'zi:ən]⟩ anaesthesia (*Br*), anesthesia (*US*) **Anästhesist** [anɛste'zɪst] *m* ⟨-en, -en⟩, **Anästhesistin** [-'zɪstɪn] *f* ⟨-, -nen⟩ anaesthetist (*Br*), anesthesiologist (*US*)

Anatomie [anato'mi:] *f* ⟨-, -n [-'mi:ən]⟩ anatomy **anatomisch** [ana'to:mɪʃ] *adj* anatomical

anbaggern *v/t sep* (*infml*) to chat up (*Br infml*), to hit on (*US infml*)

anbahnen *sep* **A** *v/t* to initiate **B** *v/r* (≈ *sich andeuten*) to be in the offing; (*Unangenehmes*) to be looming

Anbau[1] *m*, *no pl* (≈ *Anpflanzung*) cultivation

Anbau[2] *m*, *pl* -bauten (≈ *Nebengebäude*) extension **anbauen** *sep v/t* **1** (≈ *kultivieren*) to cultivate; (≈ *anpflanzen*) to plant **2** BUILD to add, to build on **Anbaufläche** *f* (area of) cultivable land; (≈ *bebaute Ackerfläche*) area under cultivation **Anbaugebiet** *nt* cultivable area **Anbaumöbel** *pl* unit furniture **Anbauschrank** *m* cupboard unit

anbehalten *past part* **an̲behalten** *v/t sep irr* to keep on

anbei [an'bai, 'anbai] *adv* (*form*) enclosed; **~ schicken wir Ihnen ...** please find enclosed ...

anbeißen *sep irr* **A** *v/i* (*Fisch*) to bite; (*fig*) to take the bait **B** *v/t Apfel etc* to bite into; **ein angebissener Apfel** a half-eaten apple; **sie sieht zum Anbeißen aus** (*infml*) she looks good enough to eat

anbeten *v/t sep* to worship

Anbetracht *m* **in ~** (+*gen*) in consideration or view of

Anbetung ['anbe:tʊŋ] *f* ⟨-, (*rare*) -en⟩ worship

anbiedern ['anbi:den] *v/r sep* (*pej*) **sich (bei jdm) ~** to try to get pally (with sb) (*infml*)

anbieten *sep irr* **A** *v/t* to offer **B** *v/r* (*Mensch*) to offer one's services; (*Gelegenheit*) to present itself **Anbieter(in)** *m/(f)* supplier

anbinden *v/t sep irr* (≈ *festbinden*) to tie (up) (*an* +*Dat od Akk* to); **jdn ~** (*fig*) to tie sb down; → **angebunden**

Anblick *m* sight; **beim ersten ~** at first sight; **beim ~ des Hundes** when he *etc* saw the dog **anblicken** *v/t sep* to look at

anblinzeln *v/t sep* **1** (≈ *blinzelnd ansehen*) to squint at **2** (≈ *zublinzeln*) to wink at

anbraten *v/t sep irr* to brown; *Steak etc* to sear

anbrechen *sep irr* **A** *v/t Packung, Flasche etc* to open; *Vorrat* to broach; *Ersparnisse* to break into; → **angebrochen** **B** *v/i aux sein* (*Epoche etc*) to dawn; (*Nacht*) to fall; (*Jahreszeit*) to begin

anbrennen *v/i sep irr aux sein* (*Essen*) to get burned; (*Stoff*) to get scorched; **nichts ~ lassen** (*infml*) (≈ *keine Zeit verschwenden*) to be quick; (≈ *sich nichts entgehen lassen*) not to miss out on anything; → **angebrannt**

anbringen *v/t sep irr* **1** (≈ *befestigen*) to fix, to fasten (*an* +*dat* (on)to); (≈ *aufstellen, aufhängen*) to put up **2** (≈ *äußern*) to make (*bei* to); *Kenntnisse, Wissen* to display; *Argument* to use; → **angebracht** **3** (≈ *hierherbringen*) to bring (with one)

Anbruch *m*, *no pl* (*elev* ≈ *Anfang*) beginning; (*von Zeitalter, Epoche*) dawn(ing)

anbrüllen *sep v/t* (*infml: Mensch*) to shout or bellow at

Andacht ['andaxt] *f* ⟨-, -en⟩ (≈ *Gottesdienst*) prayers *pl* **andächtig** ['andɛçtɪç] **A** *adj* **1** (*im Gebet*) in prayer **2** (≈ *versunken*) rapt **B** *adv* (≈ *inbrünstig*) raptly

andauern *v/i sep* to continue; to last **andauernd** **A** *adj* (≈ *ständig*) continuous; (≈ *anhaltend*) continual **B** *adv* constantly

Anden ['andn] *pl* Andes *pl*

Andenken ['andɛŋkn] nt ⟨-s, -⟩ **1** no pl memory; **zum ~ an jdn** in memory of sb **2** (≈ *Reiseandenken*) souvenir (*an* +acc of); (≈ *Erinnerungsstück*) memento (*an* +acc from)

anderenfalls adv otherwise **andere(r, s)** ['andərə] **A** indef pr (*adjektivisch*) **1** different; (≈ *weiterer*) other; **das machen wir ein ~s Mal** we'll do that another time; **er ist ein ~r Mensch geworden** he is a changed or different man **2** (≈ *folgend*) next, following **B** indef pr **1** (≈ *Ding*) **ein ~r** a different one; (≈ *noch einer*) another one; **etwas ~s** something else; (*jedes, in Fragen*) **alle ~n** all the others; **ja, das ist etwas ~s** yes, that's a different matter; **das ist etwas ganz ~s** that's something quite different; **nichts ~s** nothing else; **nichts ~s als ...** nothing but ...; **es blieb mir nichts ~s übrig, als selbst hinzugehen** I had no alternative but to go myself; **alles ~** (≈ *alle anderen Dinge*) everything else; **alles ~ als zufrieden** anything but pleased; **unter ~m** among other things; **von einem Tag zum ~n** overnight; **eines besser als das ~** each one better than the next **2** (≈ *Person*) **ein ~r/eine ~** a different person; (≈ *noch einer*) another person; **es war kein ~r als ...** it was none other than ...; **niemand ~s** no-one else; **jemand ~s** (*S Ger*) somebody else; (*jeder, in Fragen*) anybody else; **die ~n** the others; **einer nach dem ~n** one after the other **andererseits** adv on the other hand **andermal** ['andə-'maːl] adv **ein ~** some other time **ändern** ['ɛndɐn] **A** v/t to change; *Kleidungsstück* to alter; **das ist nicht zu ~** nothing can be done about it; **das ändert nichts an der Tatsache, dass ...** that doesn't alter the fact that ... **B** v/r to change; **wenn sich das nicht ändert ...** if things don't improve ...

anders ['andɐs] adv **1** (≈ *sonst*) else; **jemand ~** somebody else; (*jeder, in Fragen*) anybody else; **niemand ~** nobody else **2** (≈ *verschieden*) differently; (≈ *andersartig*) different (*als* to); **~ denkend** = andersdenkend; (≈ *verschieden*) to look different from sb; **~ ausgedrückt** in other words; **sie ist ~ geworden** she has changed; **es geht nicht ~** there's no other way; **ich kann nicht ~** (≈ *kann es nicht lassen*) I can't help it; (≈ *muss leider*) I have no

choice; **es sich** (*dat*) **~ überlegen** to change one's mind **andersartig** adj no comp different **andersdenkend** adj attr of a different opinion **Andersdenkende(r)** [-dɛŋkɛndə] m/f(m) decl as adj person of a different opinion; (≈ *Dissident*) dissident, dissenter **andersgeartet** adj **~ sein als jd** to be different from or to sb **andersgläubig** adj **~ sein** to have a different faith **andersherum** adv the other way (a)round **anderslautend** adj attr contrary **anderswo** adv elsewhere **anderswohin** adv elsewhere **anderthalb** ['andɛt'halp] num one and a half; **~ Stunden** an hour and a half **Änderung** ['ɛndərʊŋ] f ⟨-, -en⟩ change; (*an Kleidungsstück, Gebäude*) alteration (*an* +dat to) **Änderungsschneiderei** f alterations shop **Änderungsvorschlag** m **einen ~ machen** to suggest a change or an alteration **anderweitig** ['andɐ'vaitɪç] **A** adj attr other **B** adv (≈ *anders*) otherwise; (≈ *an anderer Stelle*) elsewhere; **~ vergeben/besetzt werden** to be given to/filled by someone else

andeuten sep **A** v/t (≈ *zu verstehen geben*) to hint, to intimate (*jdm etw* sth to sb); (≈ *kurz erwähnen*) *Problem* to mention briefly **B** v/r to be indicated; (*Gewitter*) to be looming **Andeutung** f (≈ *Anspielung, Anzeichen*) hint; (≈ *flüchtiger Hinweis*) brief mention; **eine ~ machen** to drop a hint **andeutungsweise** adv by way of a hint; **jdm ~ zu verstehen geben, dass ...** to hint to sb that ...

Andorra [an'dɔra] nt ⟨-s⟩ Andorra **Andrang** m, no pl (≈ *Gedränge*) crowd, crush; (*von Blut*) rush **andrehen** v/t sep **1** (≈ *anstellen*) to turn on **2** (*infml*) **jdm etw ~** to palm sth off on sb **androhen** v/t sep to threaten (*jdm etw* sb with sth) **Androhung** f threat; **unter ~** JUR under penalty (*von*, +gen of) **anecken** ['anɛkn] v/i sep aux sein (*infml*) **(bei jdm/allen) ~** to rub sb/everyone up the wrong way **aneignen** v/t sep sich (*dat*) **etw ~** (≈ *etw erwerben*) to acquire sth; (≈ *etw wegnehmen*) to appropriate sth; (≈ *sich mit etw vertraut machen*) to learn sth **aneinander** [anai'nandə] adv **~ denken** to think of each other; **sich ~ gewöhnen**

to get used to each other; **~ vorbeigehen** to go past each other; **die Häuser stehen zu dicht ~** the houses are built too close together **aneinandergeraten** *v/i sep irr aux sein* to come to blows (*mit* with); (≈ *streiten*) to have words (*mit* with) **aneinandergrenzen** *v/i sep* to border on each other **aneinanderreihen** *sep v/t* to string together

Anekdote [anɛk'doːtə] *f* ⟨-, -n⟩ anecdote **anekeln** *v/t sep* to disgust; → **angeekelt Anemone** [ane'moːnə] *f* ⟨-, -n⟩ anemone **anerkannt** ['anɛrkant] *adj* recognized; *Experte* acknowledged **anerkennen** *past part* **anerkannt** *v/t sep* or *insep irr Staat, König, Rekord* to recognize; *Vaterschaft* to acknowledge; *Leistung, Bemühung* to appreciate; *Meinung* to respect; (≈ *loben*) to praise **anerkennenswert** *adj* commendable **Anerkennung** *f* recognition; (*von Vaterschaft*) acknowledgement; (≈ *Würdigung*) appreciation; (*von Meinung*) respect; (≈ *Lob*) praise

anfahren *sep irr* **A** *v/i aux sein* (≈ *losfahren*) to start (up) **B** *v/t* **1** (≈ *ansteuern*) *Ort, Hafen* to stop or call at *Passanten, Baum etc* to hit; (*fig: ausschelten*) to shout at **Anfahrt** *f* (≈ *Weg, Zeit*) journey; (≈ *Zufahrt*) approach; (≈ *Einfahrt*) drive

Anfall *m* attack; (≈ *Wutanfall, epileptischer Anfall*) fit; **einen ~ haben/bekommen** to have a fit **anfallen** *sep irr* **A** *v/t* (≈ *überfallen*) to attack **B** *v/i aux sein* (≈ *sich ergeben*) to arise; (*Zinsen*) to accrue; (≈ *sich anhäufen*) to accumulate **anfällig** *adj* delicate; *Motor, Maschine* temperamental; **für etw ~ sein** to be susceptible to sth

Anfang ['anfaŋ] *m* ⟨-(e)s, Anfänge [-fɛŋə]⟩ (≈ *Beginn*) beginning, start; (≈ *Ursprung*) beginnings *pl*, origin; **zu** *or* **am ~** to start with; (≈ *anfänglich*) at first; **~ fünfzig** in one's early fifties; **~ Juni/2019** *etc* at the beginning of June/2019 *etc*; **von ~ an** (right) from the beginning *or* start; **von ~ bis Ende** from start to finish; **den ~ machen** to start or begin; (≈ *den ersten Schritt tun*) to make the first move **anfangen** *sep irr* **A** *v/t* **1** (≈ *beginnen*) to start **2** (≈ *anstellen, machen*) to do; **damit kann ich nichts ~** (≈ *nützt mir nichts*) that's no good to me; (≈ *verstehe ich nicht*) it doesn't mean a thing to me; **mit dir ist heute (aber) gar nichts anzufangen!** you're no fun at all today! **B** *v/i* to begin, to start; **wer fängt**

an? who's going to start *or* begin?; **du hast angefangen!** you started it!; **es fing zu regnen an** it started raining *or* to rain; **mit etw ~** to start sth **Anfänger(in)** *m/(f)* beginner; AUTO learner; (*infml* ≈ *Nichtskönner*) amateur (*pej*) **Anfängerkurs** *m* beginners' course **anfänglich** ['anfɛŋlɪç] **A** *adj attr* initial **B** *adv* at first, initially **anfangs** ['anfaŋs] *adv* at first, initially **Anfangs-** *in cpds* initial **Anfangsbuchstabe** *m* first letter; **kleine/große ~n** small/large *or* capital initials **Anfangsgehalt** *nt* initial or starting salary **Anfangsstadium** *nt* initial stage **Anfangszeit** *f* starting time

anfassen *sep* **A** *v/t* **1** (≈ *berühren*) to touch **2** (≈ *bei der Hand nehmen*) **jdn ~** to take sb's hand; **angefasst gehen** to walk holding hands **3** (*fig*) (≈ *anpacken*) *Problem* to tackle; (≈ *behandeln*) *Menschen* to treat **B** *v/i* **1** (≈ *berühren*) to feel; **nicht ~!** don't touch! **2** (≈ *mithelfen*) **mit ~** to lend a hand **3** (*fig*) **zum Anfassen** accessible

anfauchen *v/t sep* (*Katze*) to spit at; (*fig infml*) to snap at

anfechtbar *adj* contestable; (*moralisch*) questionable (*form*) **anfechten** *v/t sep irr* (≈ *nicht anerkennen*) to contest; *Urteil, Entscheidung* to appeal against **Anfechtung** ['anfɛçtʊŋ] *f* ⟨-, -en⟩ **1** (≈ *das Nichtanerkennen*) contesting; (*von Urteil, Entscheidung*) appeal (+*gen* against) **2** (≈ *Versuchung*) temptation

anfeinden ['anfaindn] *v/t sep* to treat with hostility **Anfeindung** *f* ⟨-, -en⟩ hostility **anfertigen** *v/t sep* to make; *Schriftstück* to draw up; *Hausaufgaben, Protokoll* to do **Anfertigung** *f* making; (*von Schriftstück*) drawing up; (*von Protokoll, Hausaufgaben*) doing

anfeuchten ['anfɔyçtn] *v/t sep* to moisten **anfeuern** *v/t sep* (*fig* ≈ *ermutigen*) to spur on

anflehen *v/t sep* to implore (*um* for) **anfliegen** *sep irr* **A** *v/i aux sein* (*a.* **angeflogen kommen**) (*Flugzeug*) to come in to land; (*Vogel, Geschoss*) to come flying up **B** *v/t* (*Flugzeug*) to approach; **diese Fluggesellschaft fliegt Bali an** this airline flies to Bali **Anflug** *m* **1** (≈ *das Heranfliegen*) approach; **wir befinden uns im ~ auf Paris** we are now approaching Paris **2** (≈ *Spur*) trace

anfordern v/t sep to request, to ask for demand

Anforderung f **1** (≈ Anspruch) requirement; (≈ Belastung) demand; **hohe/zu hohe ~en stellen** to demand a lot/too much (an +acc of) **2** no pl (≈ das Anfordern) request (+gen, von for)

Anfrage f auch IT inquiry; PARL question

anfragen v/i sep to ask (bei jdm sb)

anfreunden ['anfrɔyndn] v/r sep to become friends; **sich mit etw ~** (fig) to get to like sth

anfügen v/t sep to add

anfühlen v/t & v/r sep to feel

anführen v/t sep **1** (≈ vorangehen, befehligen) to lead **2** (≈ zitieren) to quote; Einzelheiten, Grund, Beweis to give; Umstand to cite **3** **jdn ~** (infml) to have sb on (infml)

Anführer(in) m/f(f) (≈ Führer) leader; (pej ≈ Anstifter) ringleader

Anführungsstrich m, **Anführungszeichen** nt quotation mark, inverted comma

Angabe ['anga:-] f **1** usu pl (≈ Aussage) statement; (≈ Zahl, Detail) detail; **~n über etw** (acc) **machen** to give details about sth; **laut ~n** (+gen) according to; **nach Ihren eigenen ~n** by your own account; **nach ~n des Zeugen** according to (the testimony of) the witness **2** (≈ Nennung) giving; **wir bitten um ~ der Einzelheiten/Preise** please give details/prices **3** no pl (infml ≈ Prahlerei) showing off **4** (SPORTS ≈ Aufschlag) service, serve

angaffen ['anga-] v/t sep (pej) to gape at

angeben ['ange:-] pret irr **A** v/t **1** (≈ nennen) to give; (≈ erklären) to explain; (beim Zoll) to declare; (≈ anzeigen) Preis, Temperatur etc to indicate; (≈ aussagen) to state; (≈ behaupten) to maintain **2** (≈ bestimmen) Tempo, Kurs to set **B** v/i (≈ prahlen) to show off **Angeber(in)** ['ange:-] m/f(f) (≈ Prahler) show-off **Angeberei** [ange:bə'rai] f ⟨-, -en⟩ (infml) **1** no pl (≈ Prahlerei) showing off (mit about) **2** usu pl (≈ Äußerung) boast

angeberisch ['ange:bərɪʃ] adj Reden boastful; Aussehen, Benehmen, Tonfall pretentious **angeblich** ['ange:plɪç] **A** adj attr alleged **B** adv supposedly, allegedly; **er ist ~ Musiker** he says he's a musician

angeboren ['anga-] adj innate; (MED, fig infml) congenital (bei to)

Angebot ['anga-] nt offer; COMM, FIN supply (an +dat, von of); **im ~** (preisgünstig) on special offer; **~ und Nachfrage** supply and demand

angebracht ['angabraxt] adj appropriate; (≈ sinnvoll) reasonable; → anbringen

angebrannt ['anga-] adj burned; → anbrennen

angebrochen ['anga-] adj Packung, Flasche open(ed); → anbrechen

angebunden ['anga-] adj **kurz ~ sein** (infml) to be abrupt or curt; → anbinden

angeekelt ['angaːe:klt] adv in disgust; → anekeln

angegossen ['angagɔsn] adv **wie ~ sitzen** or **passen** to fit like a glove

angegraut ['angagraut] adj grey (Br), gray (US)

angegriffen ['angagrɪfn] adj Gesundheit weakened; Mensch, Aussehen frail; (≈ erschöpft) exhausted; → angreifen

angehaucht ['angahauxt] adj **links/rechts ~ sein** to have or show left-wing/right-wing tendencies; → anhauchen

angeheitert ['angahaitet] adj tipsy

angehen ['ange:-] sep irr **A** v/i aux sein **1** (infml ≈ beginnen) to start; (Feuer) to start burning; (Radio, Licht) to come on **2** (≈ entgegentreten) **gegen jdn/etw ~** to fight sb/sth **B** v/t **1** aux haben or (S Ger) sein (≈ anpacken) to tackle; Gegner to attack **2** aux sein (≈ betreffen) to concern; **was mich angeht** for my part; **was geht das ihn an?** (infml) what's that got to do with him? **C** v/impers aux sein **das geht nicht an** that's not on **angehend** adj Musiker etc budding; Lehrer, Vater prospective

angehören ['anga-] past part **angehört** v/i +dat sep to belong to **Angehörige(r)** ['angahøːrɪga] m/f(m) decl as adj **1** (≈ Mitglied) member **2** (≈ Familienangehörige) relative; **der nächste ~** the next of kin

Angeklagte(r) ['angakla:kta] m/f(m) decl as adj accused, defendant

angeknackst ['angaknakst] adj Wirbel damaged; (infml) Selbstbewusstsein weakened; → anknacksen

Angel ['aŋl] f ⟨-, -n⟩ **1** (≈ Türangel) hinge; **die Welt aus den ~n heben** (fig) to turn the world upside down **2** (≈ Fischfanggerät) (fishing) rod and line (Br), fishing pole (US)

Angelegenheit ['anga-] f matter; (politisch, persönlich) affair; **sich um seine eigenen ~en kümmern** to mind one's own business; **in einer dienstlichen ~** on official business

angelernt ['angə-] *adj Arbeiter* semi-skilled; → **anlernen**

Angelhaken *m* fish-hook **angeln** ['aŋln] **A** *v/i* to fish **B** *v/t Fisch* to fish for; (≈ *fangen*) to catch; **sich** (*dat*) **einen Mann ~** (*infml*) to catch (oneself) a man (*infml*) **Angelpunkt** *m* crucial or central point; (≈ *Frage*) key or central issue **Angelrute** *f* fishing rod

Angelsachse ['aŋl-] *m*, **Angelsächsin** *f* Anglo-Saxon **angelsächsisch** *adj* Anglo-Saxon

Angelschnur *f* fishing line

angemessen ['angə-] **A** *adj* appropriate (+*dat* to, for); (≈ *adäquat*) adequate (+*dat* for); *Preis* reasonable **B** *adv* appropriately

angenehm ['angə-] *adj* pleasant; **~e Reise!** have a pleasant journey; **(sehr) ~!** (*form*) delighted (to meet you)

angenommen ['angənɔmən] **A** *adj* assumed; *Kind* adopted **B** *cj* assuming; → **annehmen**

angeregt ['angəre:kt] **A** *adj* animated **B** *adv* **sie unterhielten sich ~** they had an animated conversation; → **anregen**

angeschlagen ['angəʃla:gn] *adj* (*infml*) shattered (*infml*); *Gesundheit* poor (*infml*); *Ruf* tarnished; → **anschlagen**

angeschrieben ['angəʃri:bn] *adj* (*infml*) **bei jdm gut/schlecht ~ sein** to be in sb's good/bad books; → **anschreiben**

angesehen ['angəze:ən] *adj* respected; → **ansehen**

angesichts ['angəzɪçts] *prep* +*gen* in the face of; (≈ *im Hinblick auf*) in view of

angespannt ['angəʃpant] **A** *adj Nerven* strained; *Aufmerksamkeit* close; *politische Lage* tense **B** *adv* zuhören attentively; → **anspannen**

angestellt ['angəʃtɛlt] *adj pred* **~ sein** to be an employee (*bei* of); → **anstellen** **Angestelltenverhältnis** *nt* **im ~** in non-tenured employment **Angestellte(r)** ['angəʃtɛltə] *m/f(m)* decl as adj (salaried) employee

angestrengt ['angəʃtrɛŋt] **A** *adj Gesicht* strained **B** *adv diskutieren, nachdenken* carefully; → **anstrengen**

angetan ['angəta:n] *adj pred* **von jdm/etw ~ sein** to be taken with sb/sth; **es jdm ~ haben** to have made quite an impression on sb; → **antun**

angetrunken ['angətrʊŋkn] *adj* inebriated; → **antrinken**

angewiesen ['angəvi:zn] *adj* **auf jdn/etw ~ sein** to be dependent on sb/sth; **auf sich selbst ~ sein** to have to fend for oneself; → **anweisen**

angewöhnen ['angə-] *past part* **angewöhnt** *v/t sep* **jdm etw ~** to get sb used to sth; **sich** (*dat*) **etw ~** to get into the habit of sth **Angewohnheit** ['angə-] *f* habit

Angina [aŋ'gi:na] *f* ⟨-, **Anginen** [-nən]⟩ MED tonsillitis; **~ Pectoris** angina (pectoris)

angleichen ['angl-] *sep irr* **A** *v/t* to bring into line (+*dat*, *an* +*acc* with); **B** *v/r* to grow closer together

Angler ['aŋlɐ] *m* ⟨-s, -⟩, **Anglerin** [-ərɪn] *f* ⟨-, -nen⟩ angler (*esp Br*), fisherman

Anglikaner [aŋli'ka:nɐ] *m* ⟨-s, -⟩, **Anglikanerin** [aŋli'ka:nərɪn] [-ərɪn] *f* ⟨-, -nen⟩ Anglican **anglikanisch** [aŋgli'ka:nɪʃ] *adj* Anglican

Anglist [aŋ'glɪst] *m* ⟨-en, -en⟩, **Anglistin** [-'glɪstɪn] *f* ⟨-, -nen⟩ Anglicist; (≈ *Student*) student of English **Anglistik** [aŋ'glɪstɪk] *f* ⟨-, *no pl*⟩ English (language and literature) **Anglizismus** [aŋgli'tsɪsmʊs] *m* ⟨-, **Anglizismen** [-mən]⟩ anglicism

anglotzen ['angl-] *v/t sep* (*infml*) to gawk at (*infml*)

Angola [aŋ'go:la] *nt* ⟨-s⟩ Angola

angreifbar *adj* open to attack **angreifen** ['angr-] *sep irr* **A** *v/t* **1** to attack **2** (≈ *schwächen*) *Organismus* to weaken; *Gesundheit* to affect; (≈ *ermüden, anstrengen*) to strain; → **anfassen** **3** (*Aus* ≈ *anfassen*) to touch **B** *v/i* (MIL, SPORTS, *fig*) to attack **Angreifer** ['angraifɐ] *m* ⟨-s, -⟩, **Angreiferin** [-ərɪn] *f* ⟨-, -nen⟩ attacker (*auch* SPORTS, *fig*)

angrenzen ['angr-] *v/i sep* **an etw** (*acc*) **~** to border on sth **angrenzend** *adj attr* adjacent (*an* +*acc* to)

Angriff ['angr-] *m* attack (*gegen, auf* +*acc* on); **etw in ~ nehmen** to tackle sth **Angriffsfläche** *f* target; **eine ~ bieten** to present a target **Angriffskrieg** *m* war of aggression **angriffslustig** *adj* aggressive **Angriffswaffe** *f* offensive weapon

angrinsen ['angr-] *v/t sep* to grin at

angst [aŋst] *adj pred* **ihr wurde ~ (und bange)** she became worried or anxious **Angst** [aŋst] *f* ⟨-, ⁓e ['ɛŋstə]⟩ (≈ *innere Unruhe*) anxiety (*um* about); (≈ *Sorge*) worry (*um* about); (≈ *Furcht*) fear (*um* for, *vor* +*dat* of); (**vor jdm/etw**) **~ haben** to be afraid or scared (of sb/sth); **~ um jdn/etw haben** to be worried or anxious about sb/sth; **~ bekommen** or **kriegen** to get scared; (≈ *erschrecken*) to take fright; **das machte ihm ~** that worried him; **aus ~, etw zu tun** for fear of doing sth; **keine ~!** don't be afraid; **jdm ~ machen** to scare sb; **jdn in ~ und Schrecken versetzen** to terrify sb; **in tausend Ängsten schweben** to be terribly worried or anxious **Angsthase** *m* (*infml*) scaredy-cat (*infml*) **ängstigen** ['ɛŋstɪgn̩] **A** *v/t* to frighten **B** *v/r* to be afraid; (≈ *sich sorgen*) to worry **ängstlich** ['ɛŋstlɪç] **A** *adj* (≈ *verängstigt*) anxious; (≈ *schüchtern*) timid **B** *adv* **~ darauf bedacht sein, etw zu tun** to be at pains to do sth **Ängstlichkeit** *f* <-, *no pl*> anxiety; (≈ *Schüchternheit*) timidity **Angstschrei** *m* cry of fear **Angstschweiß** *m* **mir brach der ~ aus** I broke out in a cold sweat **Angstzustand** *m* state of panic; **Angstzustände bekommen** to get into a state of panic

angucken ['aŋgʊ-] *v/t sep* (*infml*) to look at

anhaben *v/t sep irr* **1** (≈ *angezogen haben*) to have on, to wear **2** (≈ *zuleide tun*) **jdm etwas ~ wollen** to want to harm sb; **die Kälte kann mir nichts ~** the cold doesn't bother me

anhalten *sep irr* **A** *v/i* **1** (≈ *stehen bleiben*) to stop **2** (≈ *fortdauern*) to last **3** (≈ *werben*) **um die Hand eines Mädchens ~** to ask for a girl's hand in marriage **B** *v/t* **1** (≈ *stoppen*) to stop **2** (≈ *anleiten*) to urge, to encourage **anhaltend** *adj* continuous **Anhalter(in)** *m*/(*f*) hitchhiker; **per ~ fahren** to hitchhike **Anhaltspunkt** *m* (≈ *Vermutung*) clue (*für* about); (*für Verdacht*) grounds *pl*

anhand [an'hant], **an Hand** *prep* +*gen* **~ eines Beispiels** with an example; **~ dieses Berichts** from this report

Anhang *m* **1** (≈ *Nachtrag*) appendix **2** (*von E-Mail*) attachment; **im ~ finden Sie ...** please find attached ... **3** *no pl* (≈ *Gefolgschaft*) following; (≈ *Angehörige*) family **anhängen** *sep* **A** *v/t* **1** (≈ *ankuppeln*) to attach (*an* +*acc* to); RAIL to couple on (*an* +*acc* -to); (*fig* ≈ *anfügen*) to add (+*dat*, *an* +*acc* to) **2** (*infml*) **jdm etw ~** (≈ *nachsagen*, *anlasten*) to blame sth on sb; *Verdacht*,

Schuld to pin sth on sb **B** *v/r* (*fig*) to tag along (+*dat*, *an* +*acc* with) **Anhänger** *m* **1** (≈ *Wagen*) trailer **2** (≈ *Schmuckstück*) pendant **3** (≈ *Kofferanhänger etc*) label **Anhänger** *m* <-s, ->, **Anhängerin** *f* <-, -nen> supporter **anhänglich** ['anhɛŋlɪç] *adj* **mein Sohn/Hund ist sehr ~** my son/dog is very attached to me **Anhängsel** ['anhɛŋzl̩] *nt* <-s, -> (≈ *Überflüssiges, Mensch*) appendage (*an* +*dat* to)

anhauchen *v/t sep* to breathe on; → **angehaucht**

anhauen *v/t sep* (*infml* ≈ *ansprechen*) to accost (*um* for)

anhäufen *sep* **A** *v/t* to accumulate; *Vorräte, Geld* to hoard **B** *v/r* to accumulate

anheben *v/t sep irr* (≈ *erhöhen*) to raise

anheizen *v/t sep* **1** *Ofen* to light **2** (*fig infml*) *Wirtschaft* to stimulate; *Inflation* to fuel

anheuern *v/t & v/i sep* (NAUT, *fig*) to sign on or up

Anhieb *m* **auf ~** (*infml*) straight or right away; **das kann ich nicht auf ~ sagen** I can't say offhand

anhimmeln ['anhɪmln̩] *v/t sep* (*infml*) to worship

Anhöhe *f* hill

anhören *sep* **A** *v/t* to hear; *Konzert* to listen to; **sich** (*dat*) **etw ~** to listen to sth; **ich kann das nicht mehr mit ~** I can't listen to that any longer; **das hört man ihm aber nicht an!** you can't tell that from hearing him speak **B** *v/r* (≈ *klingen*) to sound; **das hört sich ja gut an** (*infml*) that sounds good **Anhörung** ['anhøːrʊŋ] *f* <-, -en> hearing

animalisch [ani'maːlɪʃ] *adj* animal; (*pej also*) bestial

Animation [anima'tsioːn] *f* <-, -en> FILM animation **Animierdame** *f* nightclub hostess **animieren** [ani'miːrən] *past part* **animiert** *v/t* (≈ *anregen*) to encourage

Animosität [animozi'tɛːt] *f* <-, -en> hostility (*gegen* towards)

Anis [a'niːs, (*S Ger, Aus*) 'aːnɪs] *m* <-(es), -e> (≈ *Gewürz*) aniseed

Ank. *abbr of* **Ankunft** arr.

ankämpfen ['ankɛ-] *v/i sep* **gegen etw ~** to fight sth; **gegen jdn ~** to fight (against) sb

Ankauf ['ankauf] *m* purchase

Anker ['aŋke] *m* <-s, -> anchor; **vor ~ gehen** to drop anchor; **vor ~ liegen** to lie at anchor **ạnkern** ['aŋkɐn] *v/i* (≈ *Anker werfen*) to anchor; (≈ *vor Anker liegen*) to be anchored

ạnketten ['ankɛ-] *v/t sep* to chain up (*an +acc or dat* to)

Ạnklage ['ankl-] *f* **1** JUR charge; (≈ *Anklagevertretung*) prosecution; **gegen jdn ~ erheben** to bring *or* prefer charges against sb; **(wegen etw) unter ~ stehen** to have been charged (with sth) **2** (*fig* ≈ *Beschuldigung*) accusation **Ạnklagebank** *f, pl* -**bänke** dock; **auf der ~ (sitzen)** (to be) in the dock **ạnklagen** ['ankl-] *v/t sep* **1** JUR to charge; **jdn wegen etw ~** to charge sb with sth **2** (*fig*) **jdn ~, etw getan zu haben** to accuse sb of having done sth **ạnklagend A** *adj Ton* accusing **B** *adv* reproachfully **Ạnklagepunkt** *m* charge **Ạnkläger(in)** ['ankl-] *m/(f)* JUR prosecutor **Ạnklageschrift** *f* indictment **Ạnklagevertreter(in)** *m/(f)* counsel for the prosecution

Ạnklang ['ankl-] *m, no pl* (≈ *Beifall*) approval; **~ (bei jdm) finden** to meet with (sb's) approval; **keinen ~ finden** to be badly received

ạnkleben ['ankl-] *sep v/t* to stick up (*an +acc or dat* on)

Ạnkleidekabine *f* changing cubicle

ạnklicken ['ankl-] *v/t* IT to click on

ạnklopfen ['ankl-] *v/i sep* to knock (*an +acc or dat* at, on); **Ạnklopfen** TEL call waiting

ạnknabbern ['ankn-] *v/t sep* (*infml*) to nibble (at)

ạnknacksen ['anknaksn] *v/t sep* (*infml*) **1** *Knochen* to crack; *Fuß, Gelenk etc* to crack a bone in **2** (*fig*) *Gesundheit* to affect; → **angeknackst**

ạnknüpfen ['ankn-] *sep* **A** *v/t* to tie on (*an +acc or dat* -to); *Beziehungen* to establish; *Gespräch* to start up **B** *v/i* **an etw** (*acc*) **~** to take sth up

ạnkommen ['anko-] *sep irr aux sein* **A** *v/i* **1** (≈ *eintreffen*) to arrive **2** (≈ *Anklang finden*) to go down well; (*Mode*) to catch on; **mit deinem dummen Gerede kommst du bei ihm nicht an!** you won't get anywhere with him with your stupid talk! **3** (≈ *sich durchsetzen*) **gegen etw ~** *gegen Gewohnheit, Sucht etc* to be able to fight sth; **gegen jdn ~** to be able to cope with sb **B** *v/impers* **1** **es kommt darauf an, dass wir ...** what matters is that we

...; **auf eine halbe Stunde kommt es jetzt nicht mehr an** it doesn't matter about the odd half-hour; **darauf soll es mir nicht ~** that's not the problem; **es kommt darauf an** it (all) depends; **es käme auf einen Versuch an** we'd have to give it a try **2** (*infml*) **es darauf ~ lassen** to take a chance; **lassen wir's darauf ~** let's chance it

ạnkoppeln ['ankɔ-] *v/t sep* to hitch up (*an +acc* to), to couple on (*an +acc* -to); SPACE to link up (*an +acc* with, to)

ạnkotzen ['ankɔ-] *v/t sep* (*sl* ≈ *anwidern*) to make sick (*infml*)

ạnkratzen ['ankr-] *v/t sep* to scratch; (*fig*) *jds Ruf etc* to damage

ạnkreiden ['ankraidn] *v/t sep* (*fig*) **jdm etw ~** to hold sth against sb

ạnkreuzen ['ankr-] *sep v/t* Stelle, Fehler, Antwort to put a cross beside

ạnkündigen ['anky-] *v/t sep* to announce; (*in Zeitung etc*) to advertise **Ạnkündigung** *f* announcement

Ạnkunft ['ankʊnft] *f* ⟨-, Ạnkünfte [-kʏnftə]⟩ arrival **Ạnkunftshalle** *f* arrivals lounge **Ạnkunftszeit** *f* time of arrival

ạnkurbeln ['ankʊ-] *v/t sep* *Maschine* to wind up; (*fig*) *Konjunktur* to reflate

Anl. *abbr of* **Anlage** encl.

ạnlächeln *v/t sep* to smile at

ạnlachen *v/t sep* to smile at; **sich** (*dat*) **jdn ~** (*infml*) to pick sb up (*infml*)

Ạnlage *f* **1** (≈ *Fabrikanlage*) plant **2** (≈ *Parkanlage*) (public) park **3** (≈ *Einrichtung*) installation(s *pl*); (≈ *sanitäre Anlagen*) sanitary installations *pl* (*form*); (≈ *Sportanlage etc*) facilities *pl* **4** (*infml* ≈ *Stereoanlage*) (stereo) system *or* equipment; (≈ *EDV-Anlage*) system **5** *usu pl* (≈ *Veranlagung*) talent (*zu* for); (≈ *Neigung*) tendency (*zu* to) **6** (≈ *Kapitalanlage*) investment **7** (≈ *Beilage zu einem Schreiben*) enclosure; **in der ~ erhalten Sie ...** please find enclosed ... **Ạnlageberater(in)** *m/(f)* investment advisor **Ạnlagekapital** *nt* investment capital **Ạnlagevermögen** *nt* fixed assets *pl*

Ạnlass ['anlas] *m* ⟨-es, Ạnlässe [-lɛsə]⟩ **1** (≈ *Veranlassung*) (immediate) cause (*zu* for); **welchen ~ hatte er, das zu tun?** what prompted him to do that?; **es besteht ~ zur Hoffnung** there is reason for hope; **etw zum ~ nehmen, zu ...** to use sth as an opportunity to …; **beim geringsten ~** for the slightest reason; **bei jedem ~** at every opportunity **2** (≈ *Gelegenheit*) occasion; **aus gegebenem ~** in view of the occasion **anlassen** *sep irr* **A** *v/t* **1** *Motor, Wagen* to start (up) **2** (*infml*) *Schuhe, Mantel* to keep on; *Licht* to leave on **B** *v/r* **sich gut/schlecht ~** to get off to a good/bad start **Anlasser** ['anlasɐ] *m* ⟨-s, -⟩ AUTO starter **anlässlich** ['anlɛslɪç] *prep* +*gen* on the occasion of

anlasten *v/t sep* **jdm etw ~** to blame sb for sth

Anlauf *m* **1** SPORTS run-up; **mit ~** with a run-up; **ohne ~** from standing; **~ nehmen** to take a run-up **2** (*fig* ≈ *Versuch*) attempt, try **anlaufen** *sep irr* **A** *v/i aux sein* **1** (≈ *beginnen*) to begin, to start; (*Film*) to open **2** (*Brille, Spiegel etc*) to mist up; (*Metall*) to tarnish; **rot/blau ~** to turn *or* go red/blue **B** *v/t* NAUT *Hafen etc* to put into **Anlaufphase** *f* initial stage **Anlaufstelle** *f* shelter, refuge

anläuten *v/t & v/i sep* (*dial* ≈ *anrufen*) **jdn** *or* **bei jdm ~** to call *or* phone sb

anlegen *sep* **A** *v/t* **1** *Leiter* to put up (*an* +*acc* against); *Lineal* to position; **das Gewehr ~** to raise the gun to one's shoulder **2** *Kartei, Akte* to start; *Vorräte* to lay in; *Garten, Bericht* to lay out; *Liste, Plan* to draw up **3** *Geld, Kapital* to invest **4** **es darauf ~, dass …** to be determined that … **B** *v/i* NAUT to berth, to dock **C** *v/r* **sich mit jdm ~** to pick a fight with sb **Anlegeplatz** *m* berth **Anleger** ['anleːgɐ] *m* ⟨-s, -⟩, **Anlegerin** [-ərɪn] *f* ⟨-, -nen⟩ FIN investor **Anlegestelle** *f* mooring

anlehnen *sep* **A** *v/t* to lean *or* rest (*an* +*acc* against); **angelehnt sein** (*Tür, Fenster*) to be ajar **B** *v/r* (*lit*) to lean (*an* +*acc* against); **sich an etw** (*acc*) **~** (*fig*) to follow sth **Anlehnung** *f* ⟨-, -en⟩ (≈ *Imitation*) **in ~ an jdn/etw** following sb/sth

anleiern *v/t sep* (*infml*) to get going **Anleihe** *f* FIN loan

anleinen ['anlaɪnən] *v/t sep* **den Hund ~** to put the dog on the lead (*esp Br*) *or* leash **anleiten** *v/t sep* to teach; **jdn zu etw ~** to teach sb sth **Anleitung** *f* instructions *pl*; **unter der ~ seines Vaters** under his father's guidance

anlernen *v/t sep* to train; → angelernt **anlesen** *v/t sep irr* **1** *Buch, Aufsatz* to begin

or start reading **2** (≈ *aneignen*) **sich** (*dat*) **etw ~** to learn sth by reading

anliefern *v/t sep* to deliver

anliegen *v/i sep irr* **1** (≈ *anstehen*) to be on **2** (*Kleidung*) to fit tightly (*an etw* (*dat*) sth) **Anliegen** ['anliːɡn] *nt* ⟨-s, -⟩ (≈ *Bitte*) request **Anlieger** ['anliːɡɐ] *m* ⟨-s, -⟩, **Anliegerin** [-ərɪn] *f* ⟨-, -nen⟩ neighbour (*Br*), neighbor (*US*); (≈ *Anwohner*) (local) resident; **~ frei** residents only **Anliegerstaat** *m* **die ~en des Schwarzen Meers** the countries bordering (on) the Black Sea **Anliegerverkehr** *m* (local) residents' vehicles *pl*

anlocken *v/t sep* to attract

anlügen *v/t sep irr* to lie to

Anmache *f* ⟨-, -n⟩ (*infml*) pick-up line (*infml*), chat-up line (*Br infml*); (≈ *Belästigung*) harassment; **was soll die Anmache?** why are you getting at me?

anmachen *v/t sep* **1** (*infml* ≈ *befestigen*) to put up (*an* +*acc or dat* on) **2** *Salat* to dress **3** *Radio, Licht etc* to put *or* turn on; *Feuer* to light **4** (*infml*) (≈ *ansprechen*) to chat up (*Br infml*), to put the moves on (*US infml*); (≈ *scharfmachen*) to turn on (*infml*); (*sl* ≈ *belästigen*) to harass; **mach mich nicht an** leave me alone

anmailen *v/t sep* to e-mail

anmalen *sep* **A** *v/t* to paint **B** *v/r* (*pej* ≈ *schminken*) to paint one's face

anmaßen ['anmaːsn] *v/t sep* **sich** (*dat*) **etw ~** *Recht* to claim sth (for oneself); *Macht* to assume sth; **sich** (*dat*) **~, etw zu tun** to presume to do sth **anmaßend** *adj* presumptuous **Anmaßung** *f* ⟨-, -en⟩ **es ist eine ~ zu meinen, …** it is presumptuous to maintain that …

Anmeldeformular *nt* application form **Anmeldefrist** *f* registration period **anmelden** *sep* **A** *v/t* **1** *Besuch* to announce **2** (*bei Schule, Kurs etc*) to enrol (*Br*), to enroll (*US*) (*bei* at, *zu* for) **3** *Patent* to apply for; *Wohnsitz, Auto* to register (*bei* at); *Fernseher* to get a licence (*Br*) *or* license (*US*) for **4** (≈ *vormerken lassen*) to make an appointment for **5** *Ansprüche* to declare; *Zweifel* to register; *Wünsche* to make known **B** *v/r* **1** (*Besucher*) to announce one's arrival; **sich bei jdm ~** to tell sb one is coming **2** (*an Schule, zu Kurs etc*) to enrol (*Br*) *or* enroll (*US*) (oneself) (*an* +*dat* at, *zu* for); **sich polizeilich ~** to register with the police **Anmeldung** *f* **1** (*von*

Besuch) announcement; *(an Schule, zu Kurs etc)* enrolment *(Br)*, enrollment *(US) (an +dat* at, *zu* for); *(bei Einwohnermeldeamt)* registration; **nur nach vorheriger ~** by appointment only **2** *(von Patent)* application *(von, +gen* for); *(von Auto)* registration **anmerken** *v/t sep* (≈ *sagen)* to say; (≈ *anstreichen)* to mark; *(als Fußnote)* to note; **jdm seine Verlegenheit** *etc* **~** to notice sb's embarrassment *etc;* **sich** *(dat)* **etw ~ lassen** to let sth show; **man merkt ihm nicht an, dass …** you can't tell that he … **Anmerkung** ['anmɛrkʊŋ] *f* ⟨-, -en⟩ (≈ *Erläuterung)* note; (≈ *Fußnote)* (foot)note **Anmut** ['anmuːt] *f* ⟨-, no pl⟩ grace; (≈ *Schönheit)* beauty **anmuten** *sep v/i* **es mutet sonderbar an** it seems curious **anmutig** *adj (elev)* graceful; (≈ *hübsch)* lovely

annähen *v/t sep* to sew on *(an +acc* or *dat* -to)

annähern *sep* **A** *v/t* to bring closer *(+dat, an +acc* to) **B** *v/r* (≈ *sich angleichen)* to come closer *(+dat, an +acc* to) **annähernd** **A** *adj* (≈ *ungefähr)* approximate, rough **B** *adv* (≈ *etwa)* roughly; (≈ *fast)* almost; **nicht ~ so viel** not nearly or nothing like as much **Annäherung** *f (von Standpunkten)* convergence *(+dat, an +acc* with) **Annäherungsversuch** *m* overtures *pl* **Annahme** ['annaːmə] *f* ⟨-, -n⟩ **1** (≈ *Vermutung)* assumption; **in der ~, dass …** on the assumption that …; **gehe ich recht in der ~, dass …?** am I right in assuming that …? **2** (≈ *das Annehmen)* acceptance; *(von Arbeit)* acceptance; *(von Angebot)* taking up; *(von Billigung)* approval; *(von Gesetz)* passing; *(von Resolution)* adoption **Annahmeschluss** *m* closing date **Annahmestelle** *f (für Pakete)* counter; *(für Wetten, Lotto, Toto etc)* place where bets *etc* are accepted

Annalen [a'naːlən] *pl* annals *pl;* **in die ~ eingehen** *(fig)* to go down in the annals or in history

annehmbar *adj* acceptable; (≈ *nicht schlecht)* reasonable **annehmen** *sep irr* **A** *v/t* **1** (≈ *entgegennehmen, akzeptieren)* to accept; *Arbeit* to take on **2** (≈ *billigen)* to approve; *Gesetz* to pass; *Resolution* to adopt **3** (≈ *sich aneignen)* to adopt; *Gestalt, Namen* to take on; **ein angenommener Name** an assumed name; **jdn an Kindes statt ~** to adopt sb **4** (≈ *voraussetzen)* to assume;

wir wollen ~, dass … let us assume that …; → **angenommen 5** SPORTS to take **B** *v/r* **sich jds ~** to look after sb; **sich einer Sache** *(gen)* **~** to see to a matter **Annehmlichkeit** *f* ⟨-, -en⟩ (≈ *Bequemlichkeit)* convenience **Annehmlichkeiten** *pl* comforts *pl*

annektieren [anɛk'tiːrən] *past part* **annektiert** *v/t* to annex

anno ['ano] *adv* in (the year); **~ dazumal** in those days

Annonce [a'nõːsə] *f* ⟨-, -n⟩ advertisement **annoncieren** [anõ'siːrən, anɔŋ'siːrən] *past part* **annonciert** *v/t & v/i* to advertise

annullieren [anʊ'liːrən] *past part* **annulliert** *v/t* JUR to annul

Anode [a'noːdə] *f* ⟨-, -n⟩ anode

anöden ['anøːdn] *v/t sep (infml)* to bore stiff *(infml)*

Anomalie [anoma'liː] *f* ⟨-, -n [-'liːən]⟩ anomaly

anonym [ano'nyːm] *adj* anonymous **Anonymität** [anonymi'tɛːt] *f* ⟨-, no pl⟩ anonymity

Anorak ['anorak] *m* ⟨-s, -s⟩ anorak

anordnen *v/t sep* **1** (≈ *befehlen)* to order **2** (≈ *aufstellen)* to arrange **Anordnung** *f* **1** (≈ *Befehl)* order; **auf ~ des Arztes** on doctor's orders **2** (≈ *Aufstellung)* arrangement

Anorexie [anorɛ'ksiː] *f* ⟨-, -n [-'ksiːən]⟩ anorexia (nervosa)

anorganisch ['anɔrgaːnɪʃ, anɔr'gaːnɪʃ] *adj* CHEM inorganic

anpacken *sep (infml)* **A** *v/t* **1** (≈ *anfassen)* to grab (hold of) **2** *Problem, Thema* to tackle **B** *v/i* (≈ *helfen)* to lend a hand

anpassen *sep* **A** *v/t* (≈ *angleichen)* **etw einer Sache** *(dat)* **~** to bring sth into line with sth **B** *v/r* to adapt (oneself) *(+dat* to); *(gesellschaftlich)* to conform **Anpassung** *f* ⟨-, -en⟩ adaptation *(an +Akk* to); *(an Gesellschaft)* conformity *(an +Akk* to) **anpassungsfähig** *adj* adaptable **Anpassungsschwierigkeiten** *pl* difficulties *pl* in adapting

anpeilen *v/t sep* (≈ *ansteuern)* to steer or head for; *(mit Funk etc)* to take a bearing on; **etw ~** *(fig infml)* to set or have one's sights on sth

anpfeifen *sep irr v/t* SPORTS **das Spiel ~** to start the game (by blowing one's whistle) **Anpfiff** *m* **1** SPORTS (starting) whistle; *(FTBL* ≈ *Spielbeginn)* kickoff **2** *(infml)* bawling out (*infml*)

anpflanzen *v/t sep* to plant; (≈ *anbauen*) to grow

anpöbeln *v/t sep* (*infml*) to be rude to

anprangern ['anpraŋɐn] *v/t sep* to denounce

anpreisen *v/t sep irr* to extol (*jdm etw* sth to sb)

Anprobe *f* fitting **anprobieren** *past part* **anprobiert** *sep* **A** *v/t* to try on **B** *v/i* **kann ich mal ~?** can I try this/it *etc* on?

anpumpen *v/t sep* (*infml*) **jdn um 50 Euro ~** to borrow 50 euros from sb

Anrainer ['anraine] *m* ⟨-s, -⟩, **Anrainerin** [-ərɪn] *f* ⟨-, -nen⟩ neighbour (*Br*), neighbor (*US*)

anrechnen *v/t sep* (≈ *in Rechnung stellen*) to charge for (*jdm* sb); **jdm etw hoch ~** to think highly of sb for sth; **jdm etw als Fehler ~** (*Lehrer*) to count sth as a mistake for sb; (*fig*) to consider sth as a fault on sb's part; **ich rechne es ihr als Verdienst an, dass ...** I think it is greatly to her credit that ...

Anrecht *nt* (≈ *Anspruch*) right; **ein ~ auf etw** (*acc*) **haben** *or* **besitzen** to be entitled to sth

Anrede *f* form of address **anreden** *sep v/t* to address

anregen *v/t sep* **1** (≈ *ermuntern*) to prompt (*zu* to) **2** (≈ *vorschlagen*) Verbesserung to propose **3** (≈ *beleben*) to stimulate; Appetit to sharpen; → **angeregt anregend** *adj* stimulating; **ein ~es Mittel** a stimulant; **~ wirken** to have a stimulating effect **Anregung** *f* **1** (≈ *Vorschlag*) idea; **auf ~ von** *or* +*gen* at *or* on the suggestion of **2** (≈ *Belebung*) stimulation

anreichern ['anraɪçɐn] *sep v/t* to enrich; (≈ *vergrößern*) Sammlung to increase; **hoch angereichertes Uran** high enriched uranium

Anreise *f* (≈ *Anfahrt*) journey there/here **anreisen** *v/i sep aux sein* (≈ *eintreffen*) to come **Anreisetag** *m* day of arrival

anreißen *v/t sep irr* **1** (≈ *einreißen*) to tear, to rip **2** (≈ *kurz zur Sprache bringen*) to touch on

Anreiz *m* incentive

anrempeln *v/t sep* (*absichtlich*) to jostle

anrennen *v/i sep irr aux sein* **gegen etw ~** *gegen Wind etc* to run against sth; (*fig* ≈ *bekämpfen*) to fight against sth; **angerannt kommen** (*infml*) to come running

Anrichte ['anrɪçtə] *f* ⟨-, -n⟩ (≈ *Schrank*) dresser; (≈ *Büfett*) sideboard **anrichten** *v/t sep* **1** Speisen to prepare; Salat to dress; **es ist angerichtet** (*form*) dinner *etc* is served (*form*) **2** (*fig*) Schaden, Unheil to bring about

anrüchig ['anrʏçɪç] *adj* Geschäfte, Lokal disreputable

anrücken *v/i sep aux sein* (*Truppen*) to advance; (*Polizei etc*) to move in

Anruf *m* TEL (phone) call **Anrufbeantworter** [-bəantvɔrtɐ] *m* ⟨-s, -⟩ answering machine **anrufen** *sep irr* **A** *v/t* **1** TEL to phone, to call; **kann man Sie ~?** (≈ *haben Sie Telefon?*) are you on the phone? **2** (*fig* ≈ *appellieren an*) to appeal to **B** *v/i* (≈ *telefonieren*) to phone; **bei jdm ~** to phone sb; **ins Ausland ~** to phone abroad **Anrufer** ['anruːfɐ] *m* ⟨-s, -⟩, **Anruferin** [-ərɪn] *f* ⟨-, -nen⟩ caller **Anruferkennung** *f* caller ID

anrühren *v/t sep* **1** to touch; (*fig*) Thema to touch upon **2** (≈ *mischen*) Farben to mix; Sauce to blend

ans [ans] = **an das**

Ansage *f* announcement; CARDS bid; **eine ~ auf dem Anrufbeantworter** an answerphone message **ansagen** *sep v/t* **1** (≈ *ankündigen*) to announce; **jdm den Kampf ~** to declare war on sb **2** CARDS to bid **3** (*infml*) **angesagt sein** (≈ *erforderlich sein*) to be called for; (≈ *auf dem Programm stehen*) to be the order of the day **Ansager** ['anzaːgɐ] *m* ⟨-s, -⟩, **Ansagerin** [-ərɪn] *f* ⟨-, -nen⟩ RADIO *etc* announcer

ansammeln *sep* **A** *v/t* (≈ *anhäufen*) to accumulate; Reichtümer to amass; Vorräte to build up **B** *v/r* **1** (≈ *sich versammeln*) to gather **2** (≈ *sich aufhäufen*) to accumulate; (*Staub*) to collect; (*fig*: Wut) to build up **Ansammlung** *f* (≈ *Auflauf*) gathering

ansässig ['anzɛsɪç] *adj* (*form*) resident; **sich in London ~ machen** to settle in London

Ansatz *m* **1** (*von Hals etc*) base **2** (≈ *Anzeichen*) first sign(s *pl*); (≈ *Versuch*) attempt (*zu etw* at sth); **Ansätze zeigen, etw zu tun** to show signs of doing sth; **die ersten Ansätze** the initial stages; **im ~** basically **Ansatzpunkt** *m* starting point

ansaugen *v/t sep* to suck or draw in

anschaffen *sep* **A** *v/t* (**sich** *dat*) **etw ~** to get oneself sth; (≈ *kaufen*) to buy sth; **sich** (*dat*) **Kinder ~** (*infml*) to have children **B** *v/i* (*sl*: durch Prostitution) **~ gehen** to be on the game (infml) **Anschaffung** f acquisition; (gekaufter Gegenstand) purchase, buy **Anschaffungskosten** pl cost sg of purchase **Anschaffungspreis** m purchase price

anschalten v/t sep to switch on

anschauen v/t sep **=** ansehen **anschaulich** ['anʃaulɪç] **A** adj clear; (≈ lebendig) vivid; Beispiel concrete **B** adv clearly; (≈ lebendig) vividly **Anschauung** ['anʃauʊŋ] f <-, -en> (≈ Meinung) opinion **Anschauungsmaterial** nt illustrative material

Anschein m appearance; (≈ Eindruck) impression; **dem ~ nach** apparently; **den ~ erwecken, als …** to give the impression that …; **es hat den ~, als ob …** it appears that … **anscheinend A** adv apparently **B** adj apparent

anschieben v/t sep irr Fahrzeug to push

anschießen sep irr v/t (≈ verletzen) to shoot (and wound)

Anschiss m <-es, -e> (infml) bollocking (Br sl), ass-kicking (US sl)

Anschlag m **1** (≈ Plakat) poster **2** (≈ Überfall) attack (auf +acc on); (≈ Attentat) attempt on sb's life; **einen ~ auf jdn verüben** to make an attempt on sb's life; **einem ~ zum Opfer fallen** to be assassinated **3** (≈ Kostenanschlag) estimate; (bei Dateneingabe) touch; **200 Anschläge in der Minute** ≈ 40 words per minute **4** TECH stop; **etw bis zum ~ drehen** to turn sth as far as it will go **anschlagen** sep irr **A** v/t **1** (≈ befestigen) to fix on (an +acc to); Plakat to put up (an +acc on) **2** Taste to strike; **eine schnellere Gangart ~** (fig) to speed up **3** (≈ beschädigen) Geschirr to chip; **sich** (dat) **den Kopf** etc **~** to knock one's head etc; → angeschlagen **B** v/i **1** (Welle) to beat (an +acc against) **2** (beim Schwimmen) to touch **3** (Hund) to give a bark **4** (≈ wirken: Arznei etc) to take effect **5** (infml ≈ dick machen) **bei jdm ~** to make sb put on weight

anschleichen sep irr v/r **sich an jdn/etw ~** to creep up on sb/sth

anschleppen v/t sep (infml) (≈ mitbringen) to bring along

anschließen sep irr **A** v/t **1** (≈ verbinden) to connect; (in Steckdose) to plug in **2** (fig ≈ hinzufügen) to add; **angeschlossen** Organisation etc associated (dat with) **B** v/r **sich jdm** or **an jdn ~** (≈ folgen) to follow sb;

(≈ zugesellen) to join sb; (≈ beipflichten) to side with sb; **an den Vortrag schloss sich ein Film an** the lecture was followed by a film **C** v/i **an etw** (acc) **~** to follow sth **anschließend A** adv afterwards **B** adj following **Anschluss** m **1** (≈ Verbindung) connection; **den ~ verpassen** RAIL etc to miss one's connection; (fig) to miss the boat or bus; **~ bekommen** TEL to get through; **kein ~ unter dieser Nummer** TEL number unobtainable (Br), this number is not in service (US) **2** **im ~ an** (+acc) (≈ nach) subsequent to, following **3** (fig) (≈ Kontakt) contact (an +acc with); **~ finden** to make friends (an +acc with); **er sucht ~** he wants to make friends **Anschlussflug** m connecting flight **Anschlusszug** m RAIL connection

anschmiegen v/r sep **sich an jdn/etw ~** (Kind, Hund) to snuggle up to sb/sth **anschmiegsam** ['anʃmiːkzaːm] adj Wesen affectionate; Material smooth

anschnallen sep **A** v/r AUTO, AVIAT to fasten one's seat belt; **bitte ~!** fasten your seat belts, please! **B** v/t Skier to clip on **Anschnallpflicht** f, no pl mandatory wearing of seat belts

anschnauzen v/t sep (infml) to yell at **anschneiden** v/t sep irr **1** Brot etc to (start to) cut **2** (fig) Thema to touch on **3** AUTO Kurve to cut; SPORTS Ball to cut **anschrauben** v/t sep to screw on (an +acc -to)

anschreiben sep irr **A** v/t **1** Behörde etc to write to; → angeschrieben **2** (infml ≈ in Rechnung stellen) to chalk up (infml) **B** v/i (infml) **sie lässt immer ~** she always buys on tick (Br infml) or on credit **anschreien** v/t sep irr to shout or yell at **Anschrift** f address

Anschuldigung f <-, -en> accusation **anschwärzen** v/t sep (fig infml) **jdn ~** to blacken sb's name (bei with); (≈ denunzieren) to run sb down (bei to)

anschweigen v/t sep irr **sich gegenseitig ~** to say nothing to each other

anschwellen v/i sep irr aux sein to swell (up); (Lärm) to rise

anschwemmen sep v/t to wash up **anschwindeln** v/t sep (infml) **jdn ~** to tell sb fibs (infml)

ansehen v/t sep irr **1** (≈ betrachten) to look at; **sieh mal einer an!** (infml) well, I never! (infml) **2** (fig) to regard (als, für as); **ich**

sehe es als meine Pflicht an I consider it to be my duty; → **angesehen 3** (**sich** *dat*) **etw ~** (≈ *besichtigen*) to (have a) look at sth; *Fernsehsendung* to watch sth; *Film, Stück, Sportveranstaltung* to see sth **4 das sieht man ihm an** he looks it; **das sieht man ihm nicht an** he doesn't look it; **man sieht ihm sein Alter nicht an** he doesn't look his age; **jeder konnte ihm sein Glück ~** everyone could see that he was happy **5 etw (mit) ~** to watch sth; **ich kann das nicht länger mit ~** I can't stand it any more **Ansehen** *nt* ⟨-s, *no pl*⟩ (≈ *guter Ruf*) (good) reputation; **großes ~ genießen** to enjoy a good reputation; **an ~ verlieren** to lose credit *or* standing **ansehnlich** [ˈanzeːnlɪç] *adj* (≈ *beträchtlich*) considerable; *Leistung* impressive **anseilen** [ˈanzailən] *v/t sep* **jdn/sich ~** to rope sb/oneself up

ansetzen *sep* **A** *v/t* **1** (≈ *anfügen*) to attach (*an* +*acc* to) **2** (≈ *in Stellung bringen*) to place in position; **das Glas ~** to raise the glass to one's lips; **an welcher Stelle muss man den Wagenheber ~?** where should the jack be put? **3** (≈ *festlegen*) *Kosten, Termin* to fix; (≈ *veranschlagen*) *Zeitspanne* to estimate **4** (≈ *einsetzen*) **jdn auf jdn/etw ~** to put sb on(to) sb/sth; **Hunde (auf jdn/jds Spur) ~** to put dogs on sb/sb's trail **5 Fett ~** to put on weight; **Rost ~** to get rusty **6** (COOK ≈ *vorbereiten*) to prepare **B** *v/i* (≈ *beginnen*) to start, to begin; **zur Landung ~** AVIAT to come in to land; **zum Sprung/Start ~** to get ready to jump/start **Ansicht** *f* ⟨-, -en⟩ **1** view **2** (≈ *das Prüfen*) inspection; **zur ~** COMM for (your/our *etc*) inspection **3** (≈ *Meinung*) opinion, view; **meiner ~ nach** in my opinion *or* view; **ich bin der ~, dass …** I am of the opinion that …; **ich bin ganz Ihrer ~** I entirely agree with you **Ansichts(post)karte** *f* picture postcard **Ansichtssache** *f* **das ist ~** that is a matter of opinion **ansiedeln** *sep* **A** *v/t* to settle; *Tierart* to introduce; *Industrie* to establish **B** *v/r* to settle; (*Industrie etc*) to get established **ansonsten** [anˈzɔnstn] *adv* otherwise **anspannen** *v/t sep* **1** (≈ *straffer spannen*) to tighten; *Muskeln* to tense **2** (≈ *anstrengen*) to strain, to tax; **alle seine Kräfte ~** to exert all one's energy; → **angespannt Anspannung** *f* (*fig*) strain **Anspiel** *nt* SPORTS start of play

anspielen *sep* **A** *v/t* SPORTS to play the ball *etc* to; *Spieler* to pass to **B** *v/i* **1** (≈ *Spiel beginnen*) to start; FTBL to kick off; CARDS to lead; CHESS to open **2 auf jdn/etw ~** to allude to sb/sth **Anspielung** [ˈanʃpiːlʊŋ] *f* ⟨-, -en⟩ allusion (*auf* +*acc* to); (*böse*) insinuation (*auf* +*acc regarding*) **anspitzen** *v/t sep Bleistift etc* to sharpen **Ansporn** *m, no pl* incentive **anspornen** *v/t sep* to spur (on) **Ansprache** *f* address; **eine ~ halten** to give an address **ansprechbar** *adj* approachable; (≈ *gut gelaunt*) amenable; *Patient* responsive; **er ist zurzeit nicht ~** no-one can talk to him just now **ansprechen** *sep irr* **A** *v/t* **1** (≈ *anreden*) to speak to; (≈ *mit Titel, Vornamen etc*) to address; **damit sind Sie alle angesprochen** this is directed at all of you **2** (≈ *gefallen*) to appeal to **3** (≈ *erwähnen*) to mention **B** *v/i* **1** (≈ *reagieren*) to respond (*auf* +*Akk* to) **2** (≈ *Anklang finden*) to go down well **ansprechend** *adj* (≈ *reizvoll*) attractive; (≈ *angenehm*) pleasant **Ansprechpartner(in)** *m/(f)* contact **anspringen** *sep irr* **A** *v/t* (≈ *anfallen*) to jump; (*Raubtier*) to pounce (up)on; (*Hund*) to jump up at **B** *v/i aux sein* (*Motor*) to start **Anspruch** *m* **1** claim; (≈ *Recht*) right (*auf* +*acc* to); **~ auf etw** (*acc*) **haben** to be entitled to sth; **~ auf Schadensersatz erheben** to make a claim for damages; **hohe Ansprüche stellen** to be very demanding **2 etw in ~ nehmen** *Recht* to claim sth; *jds Hilfe, Dienste* to enlist sth; *Zeit, Kräfte* to take up sth; **jdn völlig in ~ nehmen** to take up all of sb's time **anspruchslos** *adj* undemanding; (*geistig*) lowbrow; **~ leben** to lead a modest life **anspruchsvoll** *adj* demanding; (≈ *wählerisch*) discriminating; *Geschmack* highbrow; (≈ *kultiviert*) sophisticated **anspucken** *v/t sep* to spit at *or* on **anstacheln** *v/t sep* to spur (on) **Anstalt** [ˈanʃtalt] *f* ⟨-, -en⟩ **1** institution; (≈ *Institut*) institute; **eine ~ öffentlichen Rechts** a public institution **2 ~en/keine ~en machen, etw zu tun** to make a/no move to do sth **Anstand** *m, no pl* (≈ *Schicklichkeit*) decency, propriety; (≈ *Manieren*) (good) manners *pl* **anständig** **A** *adj* decent; (≈ *ehrbar*) respectable; (*infml* ≈ *beträchtlich*) sizeable; **eine ~e Tracht Prügel** (*infml*) a good hiding

B *adv* decently; **sich ~ benehmen** to behave oneself; **jdn ~ bezahlen** (*infml*) to pay sb well; **~ essen/ausschlafen** (*infml*) to have a decent meal/sleep **Anstandsbesuch** *m* formal call; (*aus Pflichtgefühl*) duty visit **anstandshalber** *adv* out of politeness **anstandslos** *adv* without difficulty

anstarren *v/t sep* to stare at

anstatt [anˈʃtat] **A** *prep +gen* instead of **B** *cj* **~ zu arbeiten** instead of working

anstechen *v/t sep irr* **Fass** to tap

anstecken *sep* **A** *v/t* **1** (≈ *befestigen*) to pin on; **Ring** to put on **2** (≈ *anzünden*) to light **3** (MED, *fig*) to infect; **ich will dich nicht ~** I don't want to give it to you **B** *v/r* **sich (mit etw) ~** to catch sth (*bei* from) **C** *v/i* (MED, *fig*) to be infectious **ansteckend** *adj* (MED, *fig*) infectious **Ansteckung** [ˈanʃtɛkʊŋ] *f* ⟨-, -en⟩ MED infection **Ansteckungsgefahr** *f* risk of infection

anstehen *v/i sep irr aux haben or* (*S Ger, Aus, Sw*) *sein* **1** (*in Schlange*) to queue (up) (*Br*), to stand in line (*nach* for) **2** (*Verhandlungspunkt*) to be on the agenda; **~de Probleme** problems facing us/them *etc*

ansteigen *v/i sep irr aux sein* to rise

anstelle [anˈʃtɛlə] *prep +gen* instead of, in place of

anstellen *sep* **A** *v/t* **1** (≈ *anlehnen*) to lean (*an +acc* against) **2** (≈ *beschäftigen*) to employ; → **angestellt** **3** (≈ *anmachen*) to turn on; (≈ *in Gang setzen*) to start **4** Vermutung, Vergleich to make **5** (≈ *machen*) to do **6** (*infml* ≈ *Unfug treiben*) to get up to; **was hast du da wieder angestellt?** what have you been up to now? **B** *v/r* **1** (≈ *Schlange stehen*) to queue (up) (*Br*), to stand in line **2** (*infml*) **sich dumm/ungeschickt ~** to be stupid/clumsy; **stell dich nicht so an!** don't make such a fuss!; (≈ *sich dumm anstellen*) don't act so stupid! **Anstellung** *f* employment **Anstellungsverhältnis** *nt* **im ~ sein** to be under contract

Anstieg [ˈanʃtiːk] *m* ⟨-(e)s, -e [-ɡə]⟩ (≈ *Aufstieg*) ascent; (*von Temperatur, Kosten*) rise (*+gen* in)

anstiften *v/t sep* (≈ *anzetteln*) to instigate; **jdn zu etw ~** to incite sb to (do) sth **Anstifter(in)** *m/(f)* instigator (*+gen, zu* of); (≈ *Anführer*) ringleader

anstimmen *sep v/t* **1** (*singen*) to begin singing; (*Kapelle*) to strike up **2** (*fig*) **ein**

Geschrei/Proteste *etc* **~** to start crying/protesting *etc*

anstinken *v/i sep irr* **gegen etw nicht anstinken können** not to be able to compete with sth

Anstoß *m* **1** **den (ersten) ~ zu etw geben** to initiate sth; **jdm den ~ geben, etw zu tun** to induce sb to do sth **2** SPORTS kickoff **3** (≈ *Ärgernis*) annoyance (*für* to); **~ erregen** to cause offence (*Br*) or offense (*US*) (*bei* to); **ein Stein des ~es** a bone of contention **anstoßen** *sep irr* **A** *v/i* **1** *aux sein* **an etw** (*acc*) **~** to bump into sth **2** **(mit den Gläsern) ~** to clink glasses; **auf jdn/etw ~** to drink to sb/sth **3** SPORTS to kick off **B** *v/t jdn* to knock (into); (≈ *in Bewegung setzen*) to give a push; **sich** (*dat*) **den Kopf/Fuß** *etc* **~** to bang one's head/foot *etc* **Anstößer** [ˈanʃtøːsɐ] *m* ⟨-s, -⟩, **Anstößerin** [-ərɪn] *f* ⟨-, -nen⟩ (*Swiss* ≈ *Anwohner*) (local) resident **anstößig** [ˈanʃtøːsɪç] **A** *adj* offensive; *Kleidung* indecent **B** *adv* offensively; *gekleidet* shockingly

anstrahlen *v/t sep* to floodlight; (*im Theater*) to spotlight; (≈ *strahlend ansehen*) to beam at

anstreben *v/t sep* to strive for

anstreichen *v/t sep irr* **1** (*mit Farbe etc*) to paint **2** (≈ *markieren*) to mark; **(jdm) etw als Fehler ~** to mark sth wrong (for sb) **Anstreicher** [ˈanʃtraɪçɐ] *m* ⟨-s, -⟩, **Anstreicherin** [-ərɪn] *f* ⟨-, -nen⟩ (house) painter

anstrengen [ˈanʃtrɛŋən] *sep* **A** *v/t* **1** *Augen* to strain; *Muskel, Gehirn* to exert; *jdn* to tire out; → **angestrengt** **2** JUR **eine Klage/einen Prozess ~** to institute proceedings **B** *v/r* to make an effort **anstrengend** *adj* (*körperlich*) strenuous; (*geistig*) demanding; (≈ *erschöpfend*) exhausting **Anstrengung** *f* ⟨-, -en⟩ effort; (≈ *Strapaze*) strain; **große ~en machen** to make every effort; **mit äußerster/letzter ~** with very great/one last effort

Anstrich *m* painting; **ein zweiter ~** a second coat of paint

Ansturm *m* onslaught; (≈ *Andrang*) rush

Antagonismus [antaɡoˈnɪsmʊs] *m* ⟨-, Antagonismen [-mən]⟩ antagonism

antanzen *v/i sep aux sein* (*fig infml*) to turn up (*infml*)

Antarktis [antˈarktɪs] *f, no pl* Antarctic **antarktisch** [antˈarktɪʃ] *adj* antarctic

antasten v/t sep **1** Ehre, Würde to offend; Rechte to infringe **2** (≈ berühren) to touch
Anteil m **1** auch FIN share **2** (≈ Beteiligung) ~ **an etw** (dat) **haben** (≈ beitragen) to make a contribution to sth **3** (≈ Teilnahme) sympathy (an +dat with); **an etw** (dat) ~ **nehmen** an Leid etc to be deeply sympathetic over sth; an Freude etc to share in sth **4** (≈ Interesse) interest (an +dat in); **regen** ~ **an etw** (dat) **nehmen** to take a lively interest in sth **anteilig, anteilmäßig** adv proportionately
Anteilnahme [-naːmə] f ⟨-, no pl⟩ (≈ Beileid) sympathy (an +dat with)
Anteilschein m FIN share certificate
Anteilseigner [-aignə] m ⟨-s, -⟩, **Anteilseignerin** [-ərɪn] f ⟨-, -nen⟩ FIN shareholder
Antenne [anˈtɛnə] f ⟨-, -n⟩ RADIO aerial; ZOOL feeler **Antennenkabel** nt aerial or antenna (esp US) cable or lead
Anthrax [ˈantraks] nt ⟨-, no pl⟩ BIOL anthrax
Anthropologe [antropoˈloːgə] m ⟨-n, -n⟩, **Anthropologin** [-ˈloːgɪn] f ⟨-, -nen⟩ anthropologist
Antialkoholiker(in) m/(f) teetota(l)ler
antiautoritär adj anti-authoritarian
Antibabypille f (infml) contraceptive pill **Antibiotikum** [antiˈbioːtikʊm] nt ⟨-s, Antibiotika [-ka]⟩ antibiotic
Antiblockier(brems)system [antiblɔˈkiːɐ-] nt AUTO antilock braking system
Antidepressivum [antideprɛˈsiːvʊm] nt ⟨-s, Antidepressiva [-va]⟩ antidepressant
Antifaltencreme f anti-wrinkle cream
Antifaschismus m antifascism **Antifaschist(in)** m/(f) antifascist **antifaschistisch** adj antifascist **Antihistamin** nt antihistamine
antik [anˈtiːk] adj **1** HIST ancient **2** (COMM, infml) antique **Antike** [anˈtiːkə] f ⟨-, no pl⟩ antiquity; **die Kunst der** ~ the art of the ancient world
Antikörper m MED antibody
Antillen [anˈtɪlən] pl **die** ~ the Antilles
Antilope [antiˈloːpə] f ⟨-, -n⟩ antelope
Antipathie [antipaˈtiː] f ⟨-, -n [-ˈtiːən]⟩ antipathy (gegen to)
Antipode [antiˈpoːdə] m ⟨-n, -n⟩ antipodean
Antiquar [antiˈkvaːɐ] m ⟨-s, -e⟩, **Antiquarin** [-ˈkvaːrɪn] f ⟨-, -nen⟩ antiquarian or (von moderneren Büchern) second-hand

bookseller **Antiquariat** [antikvaˈriaːt] nt ⟨-(e)s, -e⟩ (≈ Laden) antiquarian or (modernerer Bücher) second-hand bookshop; **modernes** ~ remainder bookshop **antiquarisch** [antiˈkvaːrɪʃ] adj antiquarian; (von moderneren Büchern) second-hand **antiquiert** [antiˈkviːɐt] adj (pej) antiquated
Antiquität [antikviˈtɛːt] f ⟨-, -en⟩ usu pl antique **Antiquitätenhändler(in)** m/(f) antique dealer
Antisemit(in) m/(f) antisemite **antisemitisch** adj anti-Semitic **Antisemitismus** [antizemiˈtɪsmʊs] m ⟨-, no pl⟩ antisemitism **antiseptisch** adj antiseptic **antistatisch** adj antistatic **Anti-stressball** m anti-stress ball **Antiterror-** in cpds antiterrorist **Antithese** f antithesis **Antivirenprogramm** [antiˈviːrən-] nt IT anti-virus program, virus checker
antörnen [ˈantœrnən] sep (sl) **A** v/t to turn on (infml) **B** v/i **das törnt an** it turns you on (infml)
Antrag [ˈantraːk] m ⟨-(e)s, Anträge [-trɛːgə]⟩ **1** application; (≈ Gesuch) request; **einen** ~ **auf etw** (acc) **stellen** to make an application for sth; **auf** ~ +gen at the request of **2** JUR petition; (≈ Forderung bei Gericht) claim; **einen** ~ **auf etw** (acc) **stellen** to file a petition/claim for sth **3** PARL motion **4** (≈ Heiratsantrag) **jdm einen** ~ **machen** to propose (marriage) to sb
Antragsformular nt application form
Antragsteller [-ʃtɛlɐ] m ⟨-s, -⟩, **Antragstellerin** [-ərɪn] f ⟨-, -nen⟩ claimant
antreffen v/t sep irr to find
antreiben sep irr v/t to drive; (fig) to urge
antreten sep irr **A** v/t Reise, Strafe to begin; Stellung to take up; Erbe to come into; **den Beweis** ~**, dass ...** to prove that ...; **seine Amtszeit** ~ to take office **B** v/i aux sein **1** (≈ sich aufstellen) to line up **2** (≈ erscheinen) to assemble; (zum Dienst) to report **3** (zum Wettkampf) to compete
Antrieb m **1** impetus no pl; (innerer) drive; **jdm** ~ **geben, etw zu tun** to give sb the impetus to do sth; **aus eigenem** ~ on one's own initiative **2** (≈ Triebkraft) drive; **Auto mit elektrischem** ~ electrically powered car **Antriebsaggregat** nt TECH drive unit **Antriebsschwäche** f MED lack of drive **Antriebswelle** f drive shaft

antrinken v/t sep irr (infml) to start drinking; **sich** (dat) **einen ~** to get (oneself) drunk; **sich** (dat) **Mut ~** to give oneself Dutch courage; → angetrunken

Antritt m, no pl (≈ Beginn) beginning; **bei ~ der Reise** when beginning one's journey; **nach ~ der Stellung/des Amtes** after taking up the position/assuming office **Antrittsbesuch** m esp POL (formal) first visit

antun v/t sep irr **jdm etw ~** (≈ erweisen) to do sth for sb; (≈ zufügen) to do sth to sb; **sich** (dat) **etwas ~** (euph) to do away with oneself; **tu mir das nicht an!** don't do this to me!; → angetan

Antwerpen [antˈvɛrpn] nt GEOG Antwerp **Antwort** [ˈantvɔrt] f ⟨-, -en⟩ **1** answer; **etw zur ~ bekommen** to receive sth as a response **2** (≈ Reaktion) response; **als ~ auf etw** (acc) in response to sth **antworten** [ˈantvɔrtn] v/i **1** to answer, to reply; **auf etw** (acc) **~** to answer sth, to reply to sth; **jdm auf eine Frage ~** to reply to or answer sb's question; **mit Ja/Nein ~** to answer yes/no **2** (≈ reagieren) to respond **Antwortschein** m (international) reply coupon

anvertrauen past part anvertraut sep **A** v/t **jdm etw ~** to entrust sth to sb; (≈ vertraulich erzählen) to confide sth to sb **B** v/r **sich jdm ~** (≈ sich mitteilen) to confide in sb; (≈ sich in jds Schutz begeben) to entrust oneself to sb

anwachsen v/i sep irr aux sein **1** (≈ festwachsen) to grow on; (Pflanze etc) to take root **2** (≈ zunehmen) to increase (auf +acc to)

Anwalt [ˈanvalt] m ⟨-(e)s, Anwälte [-vɛltə]⟩, **Anwältin** [-vɛltɪn] f ⟨-, -nen⟩ **1**; → Rechtsanwalt **2** (fig ≈ Fürsprecher) advocate **Anwaltskammer** f professional association of lawyers, ≈ Law Society (Br) **Anwaltskosten** pl legal expenses pl **Anwaltspraxis** f legal practice **Anwandlung** f (≈ Laune) mood; **aus einer ~ heraus** (an) impulse; **in einer ~ von Freigebigkeit** etc in a fit of generosity etc

anwärmen v/t sep to warm up **Anwärter(in)** m/f(f) (≈ Kandidat) candidate (auf +acc for); SPORTS contender (auf +acc for) **Anwartschaft** [ˈanvartʃaft] f ⟨-, no pl⟩ candidature; SPORTS contention **anweisen** v/t sep irr **1** (≈ befehlen) to instruct **2** (≈ zuweisen) to allocate; **jdm einen Platz ~** to show sb to a seat **3** Geld to transfer; → angewiesen **Anweisung** f **1** FIN payment; (auf Konto etc) transfer **2** (≈ Anordnung) instruction; **~ haben, etw zu tun** to have instructions to do sth **3** (≈ Zuweisung) allocation

anwendbar adj Theorie, Regel applicable (auf +acc to); **das ist in der Praxis nicht ~** that is not practicable **anwenden** v/t sep auch irr Methode, Gewalt to use (auf +acc on); Theorie, Regel to apply (auf +acc to) **Anwender** [ˈanvɛndɐ] m ⟨-s, -⟩, **Anwenderin** [-ərɪn] f ⟨-, -nen⟩ IT user **Anwendung** f **1** (≈ Gebrauch) use (auf +acc on) **2** (von Theorie, Regel) application (auf +acc to) **3** IT application

anwerben v/t sep irr to recruit (für to) **anwerfen** v/t sep irr TECH to start up **Anwesen** nt (elev) estate **anwesend** [ˈanveːznt] adj present **Anwesende(r)** [ˈanveːzndə] m/f(m) decl as adj **die ~n** those present; **alle ~n** all those present; **~ ausgenommen** present company excepted **Anwesenheit** [ˈanveːznhait] f ⟨-, no pl⟩ presence; **in ~** +gen or **von** in the presence of **Anwesenheitskontrolle** f (≈ Namensaufruf) roll call **Anwesenheitsliste** f attendance list

anwidern [ˈanviːdɐn] v/t sep **jdn ~** to make sb feel sick **Anwohner** [ˈanvoːnɐ] m ⟨-s, -⟩, **Anwohnerin** [-ərɪn] f ⟨-, -nen⟩ resident **Anzahl** f, no pl number **anzahlen** v/t sep **100 Euro ~** to pay 100 euros as a deposit **Anzahlung** f deposit (für, auf +acc on); **eine ~ machen** to pay a deposit

anzapfen v/t sep Fass to broach; Telefon, elektrische Leitung to tap **Anzeichen** nt sign; **alle ~ deuten darauf hin, dass ...** all the signs are that ...

Anzeige [ˈantsaigə] f ⟨-, -n⟩ **1** (bei Behörde) report (wegen of); **gegen jdn ~ erstatten** to report sb to the authorities **2** (in Zeitung) notice; (≈ Reklame) advertisement **anzeigen** v/t sep **1** (≈ angeben) to show **2** (≈ bekannt geben) to announce; Richtung to indicate **3** IT to display **4** **jdn ~** (bei der Polizei) to report sb (to the police) **Anzeigenblatt** nt advertiser, freesheet **Anzeigenteil** m advertisement section **Anzeiger** m TECH indicator

Anzeigetafel f indicator board; SPORTS scoreboard

anzetteln ['antsɛtln] v/t sep to instigate

anziehen sep irr **A** v/t **1** Kleidung to put on; **sich** (dat) **etw ~** to put sth on; **angezogen** dressed **A** (≈ straffen) to pull (tight); Bremse to put on; Schraube to tighten **3** (Magnet, fig) to attract; **sich von etw angezogen fühlen** to feel drawn by sth **B** v/i (≈ beschleunigen) to accelerate; (FIN: Preise, Aktien) to rise **C** v/r **1** (≈ sich kleiden) to get dressed **2** (fig, Gegensätze) to attract

anziehend adj (≈ ansprechend) attractive

Anziehung f, no pl attraction

Anziehungskraft f PHYS force of attraction; (fig) attraction

Anziehungspunkt m (≈ Attraktion) centre (Br) or center (US) of attraction

Anzug m **1** (≈ Herrenanzug) suit **2** **im ~ sein** to be coming; MIL to be advancing; (fig) (Gewitter, Gefahr) to be imminent

anzüglich ['antsy:klɪç] adj suggestive; **~ werden** to start making suggestive remarks

anzünden v/t sep Feuer to light; **das Haus etc ~** to set fire to the house etc

Anzünder m lighter

anzweifeln v/t sep to question

Aorta [a'ɔrta] f ⟨-, Aorten [-tn]⟩ aorta

apart [a'part] **A** adj distinctive **B** adv (≈ chic) stylishly

Apartheid [a'pa:ethait] f ⟨-, no pl⟩ apartheid

Apartment [a'partmənt] nt ⟨-s, -s⟩ flat (Br), apartment **Apartmenthaus** nt block of flats (Br), apartment house (esp US) **Apartmentwohnung** f flat (Br), apartment

Apathie [apa'ti:] f ⟨-, -n [-'ti:ən]⟩ apathy; (von Patienten) listlessness **apathisch** [a'pa:tɪʃ] **A** adj apathetic **B** adv apathetically

aper ['a:pe] adj (Swiss, Aus, S Ger) snowless

Aperitif [aperi'ti:f] m ⟨-s, -s or -e⟩ aperitif

Apfel ['apfl] m ⟨-s, ⁼ ['ɛpfl]⟩ apple; **in den sauren ~ beißen** (fig infml) to bite the bullet **Apfelbaum** m apple tree **Apfelkuchen** m apple cake **Apfelmus** nt apple purée or (als Beilage) sauce **Apfelsaft** m apple juice **Apfelsine** [apfl'zi:nə] f ⟨-, -n⟩ orange **Apfelstrudel** m apple strudel **Apfeltasche** f apple turnover **Apfelwein** m cider

Aphorismus [afo'rɪsmʊs] m ⟨-, Apho-

rismen [-mən]⟩ aphorism

Apokalypse [apoka'lʏpsə] f ⟨-, -n⟩ apocalypse

Apostel [a'pɔstl] m ⟨-s, -⟩ apostle **Apostelbrief** m epistle **Apostelgeschichte** f Acts of the Apostles pl

Apostroph [apo'stro:f] m ⟨-s, -e⟩ apostrophe

Apotheke [apo'te:kə] f ⟨-, -n⟩ (dispensing) chemist's (Br), pharmacy **apothekenpflichtig** [-pflɪçtɪç] adj available only at a chemist's shop (Br) or pharmacy **Apotheker** [apo'te:ke] m ⟨-s, -⟩, **Apothekerin** [-ərɪn] f ⟨-, -nen⟩ pharmacist, (dispensing) chemist (Br)

App [ɛp] f ⟨-, -s⟩ IT app

Apparat [apa'ra:t] m ⟨-(e)s, -e⟩ **1** apparatus no pl, appliance; (≈ Gerät) gadget **2** (≈ Radio) radio; (≈ Fernseher) set; (≈ Rasierapparat) razor; (≈ Fotoapparat) camera **3** (≈ Telefon) (tele)phone; (≈ Anschluss) extension; **am ~** on the phone; (als Antwort) speaking; **bleiben Sie am ~!** hold the line **Apparatur** [apara'tu:e] f ⟨-, -en⟩ apparatus no pl

Appartement [aparta'mã:] nt ⟨-s, -s⟩ **1** (≈ Wohnung) flat (Br), apartment **2** (≈ Zimmerflucht) suite

Appell [a'pɛl] m ⟨-s, -e⟩ **1** (≈ Aufruf) appeal (an +acc to, zu for) **2** MIL roll call **appellieren** [apɛ'li:rən] past part appelliert v/i to appeal (an +acc to)

App-Entwickler m ⟨-s, -⟩, **App-Entwicklerin** f ⟨-, -nen⟩ app developer

Appenzell [apn'tsɛl, 'apntsɛl] nt ⟨-s⟩ Appenzell

Appetit [ape'ti:t] m ⟨-(e)s, no pl⟩ appetite; **~ auf etw** (acc) **haben** to feel like sth; **guten ~!** enjoy your meal; **jdm den ~ verderben** to spoil sb's appetite **appetitanregend** adj Speise etc appetizing; **~ wirken** to stimulate the appetite **appetitlich** [ape'ti:tlɪç] adj (≈ lecker) appetizing; (fig) Mädchen, Anblick attractive **Appetitlosigkeit** f ⟨-, no pl⟩ lack of appetite **Appetitzügler** [-tsy:gle] m ⟨-s, -⟩ appetite suppressant

applaudieren [aplau'di:rən] past part applaudiert v/i to applaud **Applaus** [a-'plaus] m ⟨-es [-zəs]⟩ no pl applause

apportieren [apɔr'ti:rən] past part apportiert v/t & v/i to retrieve

Approbation [aproba'tsio:n] f ⟨-, -en⟩ (von Arzt) certificate (enabling a doctor to *practise*) **approbiert** [apro'biːɛt] *adj Arzt* registered

Aprikose [apri'koːzə] *f* ⟨-, -n⟩ apricot

April [a'prɪl] *m* ⟨-(s), -e⟩ April; **~, ~!** April fool!; **jdn in den ~ schicken** to make an April fool of sb; → März **Aprilscherz** *m* April fool's trick **Aprilwetter** *nt* April weather

apropos [apro'poː] *adv* by the way; **~ Afrika** talking about Africa

Aquädukt [akvɛ'dʊkt] *nt* ⟨-(e)s, -e⟩ aqueduct **Aquajogging** ['akvadʒɔgɪŋ] *nt* aquajogging **Aquakultur** *f* aquaculture **Aquamarin** [akvama'riːn] *nt* ⟨-s, -e⟩ aquamarine **Aquanudel** *f* aqua noodle, swimming noodle, water noodle, water log **Aquaplaning** [akva'plaːnɪŋ] *nt* ⟨-s, *no pl*⟩ AUTO aquaplaning **Aquarell** [akva-'rɛl] *nt* ⟨-s, -e⟩ watercolour (*Br*) or watercolor (*US*) (painting) **Aquarellfarbe** *f* watercolour (*Br*), watercolor (*US*) **Aquarium** [a'kvaːriʊm] *nt* ⟨-s, Aquarien [-riən]⟩ aquarium

Äquator [ɛ'kvaːtoːɐ] *m* ⟨-s, *no pl*⟩ equator

Äquivalent [ɛkviva'lɛnt] *nt* ⟨-s, -e⟩ equivalent

Ära ['ɛːra] *f* ⟨-, Ären ['ɛːrən]⟩ era

Araber ['arabɐ, 'aːrabɐ, a'raːbɐ] *m* ⟨-s, -⟩ (≈ *Pferd*) Arab **Araber** ['arabɐ, 'aːrabɐ, a'raː-bɐ] *m* ⟨-s, -⟩, **Araberin** [-ərɪn] *f* ⟨-, -nen⟩ Arab **Arabien** [a'raːbiən] *nt* ⟨-s⟩ Arabia **arabisch** [a'raːbɪʃ] *adj* Arab; *Ziffer, Sprache* Arabic

Arbeit ['arbait] *f* ⟨-, -en⟩ **◼** work; POL, ECON labour (*Br*), labor (*US*); **Tag der ~** Labo(u)r Day; **bei der ~ mit Kindern** when working with children; **~ sparend** labour-saving (*Br*), labor-saving (*US*); **viel ~ machen** to be a lot of work (*jdm* for sb); **an** *or* **bei der ~ sein** to be working; **sich an die ~ machen** to get down to work; **etw ist in ~** work on sth is in progress **◼** *no pl* (≈ *Mühe*) trouble; **jdm ~ machen** to put sb to trouble **◼** (≈ *Berufstätigkeit*) work *no indef art*; (≈ *Arbeitsverhältnis*) employment; (≈ *Position*) job; **ohne ~ sein** to be out of work; **zur ~ gehen** (*infml*) to go to work **◼** (≈ *Produkt*) work; (*Prüfungsarbeit, wissenschaftlich*) paper **arbeiten** ['arbaitn] **◼** *v/i* to work; **er arbeitet für zwei** (*infml*) he does the work of two; **die Anlage arbeitet elektrisch/mit Kohle** the plant runs *or* operates on electricity/coal; **~ gehen** (≈ *zur Arbeit gehen*) to go to work **◼** *v/r* **sich**

krank/müde ~ to make oneself ill/tire oneself out with work; **sich zu Tode ~** to work oneself to death; **sich an die Spitze ~** (*fig*) to work one's way (up) to the top

Arbeiter ['arbaitɐ] *m* ⟨-s, -⟩, **Arbeiterin** [-ərɪn] *f* ⟨-, -nen⟩ worker; (*im Gegensatz zum Angestellten*) blue-collar worker; (*auf Bau, Bauernhof*) labourer (*Br*), laborer (*US*) **Arbeiterbewegung** *f* labour (*Br*) *or* labor (*US*) movement **Arbeiterklasse** *f* working class(es *pl*) **Arbeiterschaft** ['arbaitɐʃaft] *f* ⟨-, -en⟩ workforce **Arbeiterviertel** *nt* working-class area **Arbeitgeber(in)** *m/(f)* employer **Arbeitgeberanteil** *m* employer's contribution **Arbeitgeberverband** *m* employers' federation **Arbeitnehmer** *m* ⟨-s, -⟩, **Arbeitnehmerin** *f* ⟨-, -nen⟩ employee **Arbeitnehmeranteil** *m* employee's contribution **Arbeitnehmerschaft** ['arbaitneːmɐʃaft] *f* ⟨-, -en⟩ employees *pl* **Arbeitnehmervertreter(in)** *m/(f)* employees' representative **Arbeitsablauf** *m* work routine; (*von Fabrik*) production *no art* **Arbeitsagentur** *f* job centre *Br*, employment office *US* **arbeitsam** ['arbaitzaːm] *adj* industrious **Arbeitsamt** *nt* job centre (*Br*), unemployment office (*US*) **Arbeitsaufwand** *m* **mit geringem/großem ~** with little/a lot of work **Arbeitsbeginn** *m* start of work **Arbeitsbeschaffungsmaßnahme** *f* ADMIN job creation scheme **Arbeitsbeschaffungsprogramm** *nt* job creation scheme *or* program (*US*) **Arbeitseifer** *m* enthusiasm for one's work **Arbeitseinstellung** *f* (≈ *Arbeitsauffassung*) attitude to work **Arbeitserlaubnis** *f* (≈ *Bescheinigung*) work permit **Arbeitsessen** *nt* (*mittags*) working lunch; (*abends*) working dinner **arbeitsfähig** *adj Person* able to work; (≈ *gesund*) fit for work; *Regierung etc* viable **Arbeitsfläche** *f* work surface **Arbeitsgang** *m, pl* -gänge (≈ *Arbeitsablauf*) work routine; (*von Fabrik*) production *no art* **Arbeitsgebiet** *nt* field of work **Arbeitsgemeinschaft** *f* team; SCHOOL, UNIV study group; (*in Namen*) association **Arbeitsgericht** *nt* industrial tribunal (*Br*), labor court (*US*) **Arbeitsgruppe** *f* team **arbeitsintensiv** *adj* labour-intensive (*Br*), labor-intensive

(US) **Arbeitskampf** m industrial action
Arbeitskleidung f working clothes pl
Arbeitsklima nt work(ing) atmosphere
Arbeitskollege m, **Arbeitskollegin**
f colleague **Arbeitskraft** f **1** no pl capacity for work **2** (≈ Arbeiter) worker
Arbeitskräfte pl workforce
Arbeitskreis m team; SCHOOL, UNIV
study group **Arbeitsleistung** f (quantitativ) output, performance; (qualitativ) performance **Arbeitslohn** m wages pl,
earnings pl **arbeitslos** adj Mensch unemployed **Arbeitslosengeld** nt earnings-
-related unemployment benefit
Arbeitslosenhilfe f unemployment
benefit **Arbeitslosenquote** f rate of
unemployment
Arbeitslosenunterstützung f (dated)
unemployment benefit, dole (money) (Br
infml) **Arbeitslosenversicherung** f ≈
National Insurance (Br), ≈ social insurance
(US) **Arbeitslose(r)** ['arbaitsloːzə] m/f(m)
decl as adj unemployed person/man/woman etc; **die ~n** the unemployed
Arbeitslosigkeit f ‹-, no pl› unemployment **Arbeitsmangel** m lack of work
Arbeitsmarkt m labour (Br) or labor
(US) market **Arbeitsmoral** f work ethic
Arbeitsniederlegung f walkout
arbeitsparend adj → Arbeit
Arbeitsplatz m **1** (≈ Arbeitsstätte) workplace; **am ~** at work **2** (in Fabrik) work station; (in Büro) workspace **3** (≈ Stelle) job;
freie Arbeitsplätze vacancies
Arbeitsplatzabbau m job cuts pl
Arbeitsplatzsicherung f safeguarding of jobs **Arbeitsplatzteilung** f job
sharing **Arbeitsproduktivität** f labour
(Br) or labor (US) efficiency
Arbeitsprozess m work process
Arbeitsraum m workroom; (für geistige
Arbeit) study **Arbeitsrecht** nt industrial
law **arbeitsscheu** adj workshy
Arbeitsschutzvorschriften pl health
and safety regulations pl
Arbeitssitzung f working session
Arbeitsspeicher m IT main memory
Arbeitsstelle f **1** place of work **2** (≈
Stellung) job **Arbeitsstunde** f man-hour
Arbeitssuche f **auf ~ sein** to be looking
for work or a job **Arbeitstag** m working
day **Arbeitsteilung** f division of labour
(Br) or labor (US) **Arbeitstempo** nt rate
of work **Arbeitstier** nt (fig infml) worka-

holic (infml) **Arbeitsuchende(r)** [-zuːxn-
də] m/f(m) decl as adj person/man/woman
etc looking for work or a job
arbeitsunfähig adj unable to work; (≈
krank) unfit for work **Arbeitsunfall** m
industrial accident **Arbeitsverbot** nt
prohibition from employment; **er wurde
mit ~ belegt** he has been banned from
working **Arbeitsverhältnis** nt **1** employee-employer relationship; **ein ~ eingehen** to enter employment **2** **Arbeitsverhältnisse** pl working conditions pl
Arbeitsvermittlung f (≈ Amt) employment exchange; (privat) employment
agency **Arbeitsvertrag** m contract of
employment **Arbeitsweise** f (≈ Praxis)
working method; (von Maschine) mode of
operation **Arbeitszeit** f working hours
pl; **eine wöchentliche ~ von 35 Stunden**
a working week of 35 hours
Arbeitszeitmodell nt working hours
model or scheme
Arbeitszeitverkürzung f reduction
in working hours **Arbeitszeugnis** nt
reference from one's employer
Arbeitszimmer nt study

Archäologe [arçɛoˈloːgə] m ‹-n, -n›, **Archäologin** [-ˈloːgɪn] f ‹-, -nen› archaeologist (Br), archeologist (US) **Archäologie**
[arçɛoloˈgiː] f ‹-, no pl› archaeology (Br), archeology (US) **archäologisch** [arçɛoˈloː-
gɪʃ] adj archaeological (Br), archeological
(US)

Arche ['arçə] f ‹-, -n› **die ~ Noah** Noah's
Ark

Archipel [arçiˈpeːl] m ‹-s, -e› archipelago
Architekt [arçiˈtɛkt] m ‹-en, -en›, **Architektin** [-ˈtɛktɪn] f ‹-, -nen› (lit, fig) architect **architektonisch** [arçitɛktoˈnɪʃ] adj
architectural **Architektur** [arçitɛkˈtuːɐ] f
‹-, -en› architecture

Archiv [arˈçiːf] nt ‹-s, -e [-və]› archives pl
Archivbild nt photo from the archives
archivieren [arçiˈviːrən] past part archiviert v/t to archive

Areal [areˈaːl] nt ‹-s, -e› area
Arena [aˈreːna] f ‹-, Arenen [-nən]› arena;
(≈ Zirkusarena, Stierkampfarena) ring

arg [ark] **A** adj, comp ˝er ['ɛrgə], sup
˝ste(r, s) ['ɛrkstə] (≈ schlimm) bad; Verlust
terrible; Enttäuschung bitter; **sein ärgster
Feind** his worst enemy; **etw liegt im Argen** sth is at sixes and sevens **B** adv, comp
˝er, sup am ˝sten (≈ schlimm) badly; **es zu**

~ treiben to go too far

Argentinien [argɛn'tiːniən] *nt* ⟨-s⟩ Argentina **Argentinier** [argɛn'tiːnie] *m* ⟨-s, -⟩, **Argentinierin** [-iərɪn] *f* ⟨-, -nen⟩ Argentine, Argentinian **argentinisch** [argɛn'tiːnɪʃ] *adj* Argentine, Argentinian

Ärger ['ɛrgɐ] *m* ⟨-s, *no pl*⟩ **1** annoyance; *(stärker)* anger; **zu jds ~** to sb's annoyance **2** (≈ *Unannehmlichkeiten)* trouble; (≈ *Sorgen)* worry; **jdm ~ machen** *or* **bereiten** to cause sb a lot of trouble; **~ bekommen** *or* **kriegen** *(infml)* to get into trouble; **es gibt ~** *(infml)* there'll be trouble **ärgerlich** ['ɛrgɐlɪç] *adj* **1** (≈ *verärgert)* annoyed; *Tonfall* angry **2** (≈ *unangenehm)* annoying **ärgern** ['ɛrgɐn] **A** *v/t* (≈ *ärgerlich machen)* to annoy; *(stärker)* to make angry **B** *v/r* (≈ *ärgerlich sein/werden)* to be/get annoyed; *(stärker)* to be/get angry *(über jdn/etw* with sb/about sth) **Ärgernis** ['ɛrgɐnɪs] *nt* ⟨-ses, -se, *no pl*⟩ (≈ *Anstoß)* offence *(Br)*, offense *(US)*; **~ erregen** to cause offence *(Br)* *or* offense *(US)*; **wegen Erregung öffentlichen ~ses angeklagt werden** to be charged with offending public decency

arglistig ['arklɪstɪç] **A** *adj* cunning, crafty; (≈ *böswillig)* malicious; **~e Täuschung** fraud **B** *adv* cunningly, craftily; (≈ *böswillig)* maliciously

Argument [argu'mɛnt] *nt* ⟨-(e)s, -e⟩ argument **argumentieren** [argumɛn'tiːrən] *past part* **argumentiert** *v/i* to argue

Argwohn ['arkvoːn] *m* ⟨-s, *no pl*⟩ suspicion **argwöhnisch** ['arkvøːnɪʃ] **A** *adj* suspicious **B** *adv* suspiciously

Arie ['aːriə] *f* ⟨-, -n⟩ MUS aria

Arier ['aːriɐ] *m* ⟨-s, -⟩, **Arierin** [-iərɪn] *f* ⟨-, -nen⟩ Aryan

Aristokrat [arɪsto'kraːt] *m* ⟨-en, -en⟩, **Aristokratin** [-'kraːtɪn] *f* ⟨-, -nen⟩ aristocrat **Aristokratie** [arɪstokra'tiː] *f* ⟨-, -n [-'tiːən]⟩ aristocracy **aristokratisch** [arɪsto'kraːtɪʃ] *adj* aristocratic

Arithmetik [arɪt'meːtɪk] *f* ⟨-, *no pl*⟩ arithmetic **arithmetisch** [arɪt'meːtɪʃ] *adj* arithmetic

Arktis ['arktɪs] *f* ⟨-, *no pl*⟩ Arctic **arktisch** ['arktɪʃ] *adj* arctic

arm [arm] *adj, comp* **är**er ['ɛrmɐ], *sup* **ärmste**(r, s) ['ɛrmstə] **die Armen** the poor *pl*; **~ an etw** *(dat)* **sein** to be somewhat lacking in sth; **~ an Vitaminen** low in vitamins; **um 10 Euro ärmer sein** to be 10 euros poorer; **~ dran sein** *(infml)* to have a hard time of it

Arm [arm] *m* ⟨-(e)s, -e⟩ (ANAT, TECH, *fig)* arm; *(von Fluss, Baum)* branch; (≈ *Ärmel)* sleeve; **jdn in die ~e nehmen** to take sb in one's arms; **sich in den ~en liegen** to lie in each other's arms; **jdn auf den ~ nehmen** *(fig infml)* to pull sb's leg *(infml)*; **jdm unter die ~e greifen** *(fig)* to help sb out; **mit offenen ~en** with open arms

Armaturenbrett *nt* instrument panel; AUTO dashboard **Armaturenbrettkamera** *f* dashboard camera

Armband [-bant] *nt, pl* **-bänder** bracelet; *(von Uhr)* (watch)strap **Armbanduhr** *f* wristwatch **Armbinde** *f* armband; MED sling **Armbruch** *m* MED broken *or* fractured arm

Armee [ar'meː] *f* ⟨-, -n [-'meːən]⟩ (MIL, *fig)* army; (≈ *Gesamtheit der Streitkräfte)* (armed) forces *pl*

Ärmel ['ɛrml] *m* ⟨-s, -⟩ sleeve; **etw aus dem ~ schütteln** to produce sth just like that **Ärmelkanal** *m* (English) Channel **ärmellos** *adj* sleeveless

Armenien [ar'meːniən] *nt* ⟨-s⟩ Armenia

Armenviertel *nt* poor district

Armgelenk *nt* elbow joint **Armlehne** *f* armrest **Armleuchter** *m* **1** chandelier **2** *(pej infml)* twerp *(infml)*

ärmlich ['ɛrmlɪç] **A** *adj* poor; *Kleidung* shabby; **aus ~en Verhältnissen** from a poor family **B** *adv* poorly; **~ leben** to live in poor conditions

Armreif *m* bangle

armselig *adj* miserable; (≈ *jämmerlich)* pathetic; **für ~e zwei Euro** for two paltry euros **Armut** ['armuːt] *f* ⟨-, *no pl*⟩ poverty **Armutsgrenze** *f, no pl* poverty line **Armutszeugnis** *nt* *(fig)* **jdm/sich (selbst) ein ~ ausstellen** to show sb's/one's (own) shortcomings

Armvoll *m* ⟨-, -⟩ armful; **zwei ~ Holz** two armfuls of wood

Aroma [a'roːma] *nt* ⟨-s, Aromen *or* -s⟩ **1** (≈ *Geruch)* aroma **2** (≈ *Geschmack)* flavour *(Br)*, flavor *(US)* **Aromatherapie** *f* MED aromatherapy **aromatisch** [aro'maːtɪʃ] *adj* **1** (≈ *wohlriechend)* aromatic **2** (≈ *wohlschmeckend)* savoury *(Br)*, savory *(US)*

Arrangement [arãʒə'mãː] *nt* ⟨-s, -s⟩ arrangement **arrangieren** [arãʒiːrən] *past part* **arrangiert** **A** *v/t & v/i* to arrange *(jdm* for sb) **B** *v/r* **sich mit jdm ~** to come to an arrangement with sb

Arrest [aˈrɛst] *m* ⟨-(e)s, -s⟩ detention
arrogant [aroˈgant] **A** *adj* arrogant **B**
adv arrogantly **Arroganz** [aroˈgants] *f*
⟨-, *no pl*⟩ arrogance
Arsch [arʃ, aːʃ] *m* ⟨-(e)s, ˸e [ˈɛrʃə, ˈɛːʃə]⟩
1 (*vulg*) arse (*Br sl*), ass (*US sl*); **jdm** *or* **jdn**
in den ~ treten to give sb a kick up the
arse (*Br sl*) or ass (*US sl*); **leck mich am ~!**
(≈ *lass mich in Ruhe*) fuck off! (*vulg*); (≈ *ver-*
dammt noch mal) bugger! (*Br sl*), fuck it!
(*vulg*); (*sl*: *überrascht*) fuck me! (*vulg*); **jdm**
in den ~ kriechen (*infml*) to lick sb's arse
(*Br sl*) or ass (*US sl*); **am ~ der Welt** (*infml*) in
the back of beyond; **im** *or* **am ~ sein** (*sl*) to
be screwed up (*sl*) **2** (*sl* ≈ *Mensch*) bastard
(*sl*) **Arschbombe** *f* (*infml Sprung ins Was-*
ser) dive-bomb **arschkalt** *adj* (*infml*)
bloody (*Br infml*) or damn (*infml*) cold
Arschkriecher(in) *m/(f)* (*vulg*) ass-kisser
(*sl*) **Arschloch** *nt* (*vulg*) **1** (*lit*) arsehole (*Br*
sl), asshole (*US sl*) **2** = Arsch 2
Arsen [arˈzeːn] *nt* ⟨-s, *no pl*⟩ arsenic
Arsenal [arzeˈnaːl] *nt* ⟨-s, -e⟩ (*lit*, *fig*) arsenal
Art [aːɛt] *f* ⟨-, -en⟩ **1** kind, sort; **diese ~**
Leute/Buch that kind or sort of person/
book; **aus der ~ schlagen** not to take after anyone in the family **2** BIOL species **3**
(≈ *Methode*) way; **auf diese ~ und Weise** in
this way **4** (≈ *Wesen*) nature; **das ist ei-**
gentlich nicht seine ~ it's not like him;
nach bayrischer ~ Bavarian style **5** (≈ *Be-*
nehmen) behaviour (*Br*), behavior (*US*); **das**
ist doch keine ~! that's no way to behave! **Artenreichtum** *m* BIOL diversity
of species **Artenschutz** *m* protection
of species
Arterie [arˈteːriə] *f* ⟨-, -n⟩ artery **Arte-**
riosklerose [arterioskleˈroːzə] *f* arterio-
sclerosis
Artgenosse *m*, **Artgenossin** *f* (≈ *Tier/*
Pflanze) animal/plant of the same species;
(≈ *Mensch*) person of the same type **art-**
gerecht *adj* appropriate to the species
Arthritis [arˈtriːtɪs] *f* ⟨-, Arthritiden [artri-
ˈtiːdn]⟩ arthritis **Arthrose** [arˈtroːzə] *f* ⟨-,
-n⟩ arthrosis
artig [ˈaːɐtɪç] *adj* Kind, Hund etc good; **sei**
schön ~ be good!
Artikel [arˈtiːkl, -ˈtɪkl] *m* ⟨-s, -⟩ article
artikulieren [artikuˈliːrən] *past part* arti-
kuliert **A** *v/t & v/i* to articulate **B** *v/r* to express oneself
Artillerie [ˈartɪləriː, artɪləˈriː] *f* ⟨-, -n [-ˈriː-

ən]⟩ artillery
Artischocke [artiˈʃɔkə] *f* ⟨-, -n⟩ (globe)
artichoke
Artist [arˈtɪst] *m* ⟨-en, -en⟩, **Artistin** [ar-
ˈtɪstɪn] *f* ⟨-, -nen⟩ (*circus or* (*im Varieté*) variety) performer **artistisch** [arˈtɪstɪʃ] *adj*
eine ~e Glanzleistung (*in Zirkus*) a miraculous feat of circus artistry
artverwandt *adj* of the same type; BIOL
species-related
Arznei [aːɐtsˈnai, arts'nai] *f* ⟨-, -en⟩ medicine **Arzneimittel** *nt* drug **Arzneimit-**
telmissbrauch *m* drug abuse
Arzt [aːɐtst, artst] *m* ⟨-es, ˸e [ˈɛːɐtstə, ˈɛr-
tstə]⟩, **Ärztin** [ˈɛːɐtstɪn, ˈɛrtstɪn] *f* ⟨-,
-nen⟩ doctor; (≈ *Facharzt*) specialist; **prak-**
tischer ~ general practitioner, GP **Ärzte-**
schaft [ˈɛːɐtstəʃaft, ˈɛrtstə-] *f* ⟨-, -en⟩ medical profession **Arzthelfer(in)** *m/(f)* (doctor's) receptionist **Ärztin** *f* → Arzt **Arzt-**
kosten *pl* doctor's or medical fees *pl*
ärztlich [ˈɛːɐtstlɪç, ˈɛrtst-] **A** *adj* medical
B *adv* beraten, untersuchen medically; **er**
ließ sich ~ behandeln he went to a doctor for treatment **Arztpraxis** *f* doctor's
practice **Arzttermin** *m* doctor's appointment **Arztwahl** *f* choice of doctor
As [as] *nt* ⟨-es, -e⟩; → Ass
Asbest [asˈbɛst] *nt* ⟨-(e)s, *no pl*⟩ asbestos
asbestfrei *adj* free from or of asbestos,
asbestos-free **asbesthaltig** *adj* containing asbestos *pred* **Asbestose** [asbɛsˈtoːzə]
f ⟨-, -n⟩ asbestosis
Asche [ˈaʃə] *f* ⟨-, -n⟩ ashes *pl*; (*von Zigaret-*
te, Vulkan) ash **Aschenbahn** *f* cinder
track **Aschenbecher** *m* ashtray
Aschenplatz *m* FTBL cinder pitch;
TENNIS clay court **Aschenputtel** [-pʊtl]
nt ⟨-s, -⟩ Cinderella **Aschermittwoch**
[aʃɐˈmɪtvɔx] *m* Ash Wednesday
ASCII-Code *m* ASCII code **ASCII-Datei** *f*
ASCII file
aseptisch [aˈzɛptɪʃ] **A** *adj* aseptic **B** *adv*
aseptically
Aserbaidschan [azɛrbaiˈdʒaːn] *nt* ⟨-s⟩
Azerbaijan
Asiat [aˈziaːt] *m* ⟨-en, -en⟩, **Asiatin**
[aˈziaːtɪn] *f* ⟨-, -nen⟩ Asian **asiatisch**
[aˈziaːtɪʃ] *adj* Asian, Asiatic **Asien** [ˈaːziən]
nt ⟨-s⟩ Asia
Asket [asˈkeːt] *m* ⟨-en, -en⟩, **Asketin**
[-ərɪn] *f* ⟨-, -nen⟩ ascetic **asketisch** [as-
ˈkeːtɪʃ] **A** *adj* ascetic **B** *adv* ascetically
Askorbinsäure [askɔrˈbiːn-] *f* ascorbic

acid

asozial ['azotsia:l, azo'tsia:l] **A** adj asocial **B** adv asocially **Asoziale(r)** ['azotsia:lə] m/f(m) decl as adj (pej) antisocial person/man/woman etc

Aspekt [as'pɛkt] m ⟨-(e)s, -e⟩ aspect

Asphalt [as'falt, 'asfalt] m ⟨-(e)s, -e⟩ asphalt **asphaltieren** [asfal'ti:rən] past part asphaltiert v/t to asphalt

Aspik [as'pi:k, as'pɪk] m or (Aus) nt ⟨-s, -e⟩ aspic

Ass [as] nt ⟨-es, -e⟩ ace

Assessor [a'sɛso:ɐ] m ⟨-s, Assessoren [-'so:rən]⟩, **Assessorin** [-'so:rɪn] f ⟨-, -nen⟩ graduate civil servant who has completed his/her traineeship

Assistent [asɪs'tɛnt] m ⟨-en, -en⟩, **Assistentin** [-'tɛntɪn] f ⟨-, -nen⟩ assistant **Assistenzarzt** m, **Assistenzärztin** f junior doctor (Brit), intern (US) **Assistenzhund** m assistance dog **assistieren** [asɪs'ti:rən] past part assistiert v/i to assist (jdm sb)

Assoziation [asotsia'tsio:n] f ⟨-, -en⟩ association **assoziieren** [asotsi'i:rən] past part assoziiert (elev) v/t to associate **assoziiert** [asotsi'i:et] adj associated; Mitgliedschaft associate

Ast [ast] m ⟨-(e)s, ⸚e ['ɛstə]⟩ branch

Aster ['astɐ] f ⟨-, -n⟩ aster

Astgabel f fork (of a branch)

Ästhet [ɛs'te:t] m ⟨-en, -en⟩, **Ästhetin** [ɛs'te:tɪn] f ⟨-, -nen⟩ aesthete **ästhetisch** [ɛs'te:tɪʃ] adj aesthetic

Asthma ['astma] nt ⟨-s, no pl⟩ asthma **Asthmatiker** [ast'ma:tikɐ] m ⟨-s, -⟩, **Asthmatikerin** [-ərɪn] f ⟨-, -nen⟩ asthmatic **asthmatisch** [ast'ma:tɪʃ] adj asthmatic

astrein adj **1** (fig infml) (≈ moralisch einwandfrei) above board; (≈ echt) genuine **2** (dated sl ≈ prima) fantastic (infml)

Astrologe [astro'lo:gə] m ⟨-n, -n⟩, **Astrologin** [-'lo:gɪn] f ⟨-, -nen⟩ astrologer **Astrologie** [astrolo'gi:] f ⟨-, no pl⟩ astrology **astrologisch** [astro'lo:gɪʃ] adj astrological **Astronaut** [astro'naut] m ⟨-en, -en⟩, **Astronautin** [-'nautɪn] f ⟨-, -nen⟩ astronaut **Astronomie** [astrono'mi:] f ⟨-, no pl⟩ astronomy **astronomisch** [astro'no:mɪʃ] adj astronomical **Astrophysik** f astrophysics sg

ASU ['a:zu] f ⟨-, no pl⟩ abbr of Abgassonderuntersuchung

Asyl [a'zy:l] nt ⟨-s, -e⟩ (≈ politisches Asyl) (political) asylum no art; **jdm ~ gewähren** to grant sb (political) asylum **Asylbewerber(in)** m/(f) asylum seeker **Asylbewerberwohnheim** nt hostel for asylum seekers **Asylpolitik** f policy on asylum **Asylrecht** nt POL right of (political) asylum **Asylsuchende(r)** [-zu:xndə] m/f(m) decl as adj asylum seeker

asymmetrisch ['azʏme:trɪʃ, azʏ'me:trɪʃ] adj asymmetric(al)

Atelier [ate'lie:, atə'lie:] nt ⟨-s, -s⟩ studio

Atem ['a:təm] m ⟨-s, no pl⟩ (≈ Atemluft) breath; **~ holen** (lit) to take a breath; (fig) to get one's breath back; **den ~ anhalten** to hold one's breath; **außer ~ sein** to be out of breath; **wieder zu ~ kommen** to get one's breath back; **jdn in ~ halten** to keep sb in suspense; **das verschlug mir den ~** that took my breath away **atemberaubend** **A** adj breathtaking **B** adv breathtakingly **Atembeschwerden** pl trouble sg in breathing **Atemgerät** nt breathing apparatus; MED respirator **atemlos** adj (lit, fig) breathless **Atemnot** f difficulty in breathing **Atempause** f (fig) breathing space **Atemschutzmaske** f breathing mask **Atemstillstand** m respiratory standstill, apnoea (Brit), apnea (US) **Atemübung** f MED breathing exercise **Atemwege** pl ANAT respiratory tracts **Atemzug** m breath; **in einem/im selben ~** (fig) in one/the same breath

Atheismus [ate'ɪsmʊs] m ⟨-, no pl⟩ atheism **Atheist** [ate'ɪst] m ⟨-en, -en⟩, **Atheistin** [-'ɪstɪn] f ⟨-, -nen⟩ atheist **atheistisch** [ate'ɪstɪʃ] adj atheist(ic)

Athen [a'te:n] nt ⟨-s⟩ Athens

Äther ['ɛ:tɐ] m ⟨-s, no pl⟩ ether; RADIO air **ätherisch** [ɛ'te:rɪʃ] adj CHEM essential

Äthiopien [ɛ'tio:piən] nt ⟨-s⟩ Ethiopia **äthiopisch** [ɛ'tio:pɪʃ] adj Ethiopian

Athlet [at'le:t] m ⟨-en, -en⟩, **Athletin** [at'le:tɪn] f ⟨-, -nen⟩ athlete **Athletik** [at'le:tɪk] f ⟨-, no pl⟩ athletics sg **athletisch** [at'le:tɪʃ] adj athletic

Atlantik [at'lantɪk] m ⟨-s⟩ Atlantic **atlantisch** [at'lantɪʃ] adj Atlantic; **der Atlantische Ozean** the Atlantic Ocean

Atlas ['atlas] m ⟨- or -ses, -se or Atlanten [at'lantn]⟩ atlas

atmen ['a:tmən] v/t & v/i to breathe

Atmosphäre [atmo'sfɛ:rə] f (PHYS, fig) at-

mosphere **atmosphärisch** [atmoˈsfɛːrɪʃ]
adj atmospheric; **~e Störungen** atmospherics *pl*
Atmung [ˈaːtmʊŋ] *f* ‹-, *no pl*› breathing; MED respiration **atmungsaktiv** *adj* Material, Stoff breathable **Atmungsorgane** *pl* respiratory organs *pl*
Ätna [ˈɛːtna] *m* ‹-› GEOG Mount Etna
Atoll [aˈtɔl] *nt* ‹-s, -e› atoll
Atom [aˈtoːm] *nt* ‹-s, -e› atom **Atomantrieb** *m* **ein U-Boot mit ~** a nuclear-powered submarine **atomar** [atoˈmaːɐ] **A** *adj* atomic; Drohung nuclear **B** *adv* **~ angetrieben** nuclear-powered **Atomausstieg** *m, no pl* abandonment of nuclear energy **Atombombe** *f* atomic *or* atom (*esp Br*) bomb **atombombensicher** *adj* nuclear blast-proof **Atombunker** *m* nuclear blast-proof bunker **Atomenergie** *f* nuclear energy **Atomforscher(in)** *m/(f)* nuclear scientist **Atomforschung** *f* nuclear research **atomgetrieben** [-gətriːbn̩] *adj* nuclear-powered **Atomgewicht** *nt* atomic weight **atomisieren** [atomiˈziːrən] *past part* atomisiert *v/t* to atomize **Atomkern** *m* atomic nucleus **Atomkraft** *f* nuclear power *or* energy **Atomkraftgegner(in)** *m/(f)* anti-nuclear (power) protester **Atomkraftwerk** *nt* nuclear power station **Atomkrieg** *m* nuclear war **Atommacht** *f* nuclear power **Atommüll** *m* nuclear waste **Atommülltransport** *m* transport of nuclear *or* radioactive waste **Atomphysik** *f* nuclear physics *sg* **Atomreaktor** *m* nuclear reactor **Atomspaltung** *f* nuclear fission **Atomsperrvertrag** *m* nuclear weapons nonproliferation treaty **Atomsprengkopf** *m* nuclear warhead **Atomstopp** *m* nuclear ban **Atomstrom** *m* (*infml*) electricity generated by nuclear power **Atomtest** *m* nuclear test **Atomteststoppabkommen** *nt* nuclear test ban treaty **Atom-U-Boot** *nt* nuclear submarine **Atomversuch** *m* nuclear test **Atomwaffe** *f* nuclear weapon **atomwaffenfrei** *adj* nuclear-free **Atomwaffensperrvertrag** *m* nuclear weapons nonproliferation treaty
Atrium [ˈaːtriʊm] *nt* ‹-s, **Atrien** [-riən]› ARCH, ANAT atrium
ätsch [ɛːtʃ] *int* (*infml*) ha-ha
Attacke [aˈtakə] *f* ‹-, -n› attack **attackieren** [ataˈkiːrən] *past part* attackiert

v/t to attack
Attentat [ˈatn̩taːt, atɛnˈtaːt] *nt* ‹-(e)s, -e› assassination; (≈ *Attentatsversuch*) assassination attempt; **ein ~ auf jdn verüben** to assassinate sb; (*bei gescheitertem Versuch*) to make an attempt on sb's life **Attentäter(in)** *m/(f)* assassin
Attest [aˈtɛst] *nt* ‹-(e)s, -e› certificate **attestieren** [atɛsˈtiːrən] *past part* attestiert *v/t* (*form*) to certify
Attraktion [atrakˈtsioːn] *f* ‹-, -en› attraction **attraktiv** [atrakˈtiːf] *adj* attractive **Attraktivität** [atraktiviˈtɛːt] *f* ‹-, *no pl*› attractiveness
Attrappe [aˈtrapə] *f* ‹-, -n› dummy
Attribut [atriˈbuːt] *nt* ‹-(e)s, -e› attribute **attributiv** [atribuˈtiːf] *adj* GRAM attributive
atypisch [ˈaty:pɪʃ, aˈty:pɪʃ] *adj* (*elev*) atypical
At-Zeichen [ˈɛt-] *nt* At sign
ätzen [ˈɛtsn̩] *v/t & v/i* (Säure) to corrode **ätzend** *adj* **1** (*lit*) Säure corrosive; MED caustic **2** Geruch pungent; Rauch choking; Spott, Kritik caustic **3** (*infml* ≈ *furchtbar*) lousy (*infml*)
au [au] *int* ow, ouch
Aubergine [obɛrˈʒiːnə] *f* ‹-, -n› aubergine, eggplant (*esp US*)
auch [aux] *aux* *adv* **1** (≈ *gleichfalls*) also, too; **das ist ~ möglich** that's also possible; **ja, das ~** yes, that too; **~ gut** that's OK too; **du ~?** you too?; **~ nicht** not … either; **das ist ~ nicht richtig** that's not right either; **er kommt — ich ~** he's coming — so am I *or* me too; **er kommt nicht — ich ~ nicht** he's not coming — nor *or* neither am I; **~ das noch!** that's all I needed!; **du siehst müde aus — das bin ich ~** you look tired — (so) I am **2** (≈ *sogar*) even; **ohne ~ nur zu fragen** without even asking **3** (*emph*) **so was Ärgerliches aber ~!** it's really too annoying!; **wozu ~?** whatever for? **4** (≈ *auch immer*) **wie dem ~ sei** be that as it may; **was er ~ sagen mag** whatever he might say
Audienz [auˈdiɛnts] *f* ‹-, -en› audience
Audio-CD [ˈaudio-] *f* audio disc *or* CD **Audioguide** [ˈaudiogaɪd] *m* ‹-s, -s› audio guide **Audio-Kassette** [ˈaudio-] *f* audio cassette **audiovisuell** [audiovi-ˈzuɛl] **A** *adj* audiovisual **B** *adv* audiovisually; gestalten using audiovisual aids
Auditorium [audiˈtoːriʊm] *nt* ‹-s, **Audi-**

torien [-riən]⟩ **1** (≈ *Hörsaal*) lecture hall; **~ maximum** UNIV main lecture hall **2** (≈ *Zuhörerschaft*) audience

Auerhahn ['auɐ-] *m, pl* **Auerhähne** *or* (*Hunt*) **-en** capercaillie

auf [auf] **A** *prep +dat* on; **~ einem Stuhl sitzen** to sit on a chair; **~ den Orkneyinseln** in the Orkney Islands; **~ See** at sea; **~ der Bank** at the bank; **mein Geld ist ~ der Bank** my money is in the bank; **~ der Straße** on *or* in the street; **etw ~ dem Klavier spielen** to play sth on the piano; **~ einem Ohr taub sein** to be deaf in one ear; **was hat es damit ~ sich?** what does it mean? **B** *prep +acc* **1** (*Ort*) on; **etw ~ etw stellen** to put sth on(to) sth; **er ist ~ die Orkneyinseln gefahren** he has gone to the Orkney Islands; **~ sein Zimmer/die Post gehen** to go to one's room/the post office; **~ eine Party/eine Hochzeit (hin)** at his suggestion/request to go to a party/wedding **2** (*Zeit*) **~ drei Tage** for three days; **~ morgen/bald!** see you tomorrow/soon! **3** (≈ *für*) **~ 10 km** for 10 km; **~ eine Tasse Kaffee** for a cup of coffee **4** (≈ *pro*) **~ jeden kamen zwei Flaschen Bier** there were two bottles of beer (for) each **5** **~ ein glückliches Gelingen!** here's to a great success!; **~ deine Gesundheit!** (your very) good health!; **~ seinen Vorschlag/seine Bitte (hin)** at his suggestion/request **C** *adv* **1** (≈ *offen*) open; → **auf sein**; **Mund ~!** open your mouth! **2** **Helm ~!** helmets on!; **~ nach Chicago!** let's go to Chicago; **~ gehts!** let's go!; **~ und ab** up and down; **sie ist ~ und davon** she has disappeared

Auf [auf] *nt inv* **das ~ und Ab** the up and down; (*fig*) the ups and downs

aufarbeiten *v/t sep* **1** (≈ *erneuern*) to do up; *Möbel etc* to recondition **2** *Vergangenheit* to reappraise **3** (≈ *erledigen*) *Korrespondenz* to catch up with **4** PHYS *Brennelemente* to reprocess

aufatmen *v/i sep* to breathe a sigh of relief; **ein Aufatmen** a sigh of relief

aufbacken *v/t sep* to crisp up

aufbahren ['aufbaːrən] *v/t sep Sarg* to lay on the bier; *Leiche* to lay out

Aufbau *m, pl* **-bauten** **1** *no pl* (≈ *das Aufbauen*) construction; (*von Netzwerk, System*) setting up; **der ~ Ost** the rebuilding of East Germany **2** (≈ *Aufgebautes*) top; (*von Auto, Lkw*) body **3** *no pl* (≈ *Struktur*) structure **aufbauen** *sep* **A** *v/t* **1** (≈ *errichten*)

to put up; *Verbindung, System* to set up **2** (*fig* ≈ *gestalten*) *Geschäft* to build up; *Zerstörtes* to rebuild; *Plan* to construct; **sich** (*dat*) **eine (neue) Existenz ~** to build (up) a new life for oneself **3** (*fig*) *Star, Politiker* to promote; *Beziehung* to build; **jdn/etw zu etw ~** to build sb/sth up into sth **4** (≈ *strukturieren*) to construct; *Aufsatz, Rede, Organisation* to structure **B** *v/i* (≈ *sich gründen*) to be based *or* founded (*auf +dat or acc* on) **C** *v/r* **1** (*infml* ≈ *sich postieren*) to take up position; **sich vor jdm drohend ~** to plant oneself in front of sb (*infml*) **2** (≈ *bestehen aus*) **sich aus etw ~** to be composed of sth **Aufbauhilfe** *f* development(al) aid *or* assistance

aufbäumen ['aufbɔymən] *v/r sep* (*Tier*) to rear; **sich gegen jdn/etw ~** (*fig*) to rebel *or* revolt against sb/sth

aufbauschen *v/t & v/r sep* to blow out; (*fig*) to blow up

Aufbaustudium *nt* UNIV course of further study

aufbegehren *past part* **aufbegehrt** *v/i sep* (*elev*) to revolt (*gegen* against)

aufbehalten *past part* **aufbehalten** *v/t sep irr Hut, Brille etc* to keep on

aufbekommen *past part* **aufbekommen** *v/t sep irr* (*infml*) **1** (≈ *öffnen*) to get open **2** *Aufgabe* to get as homework

aufbereiten *past part* **aufbereitet** *v/t sep* to process; *Daten* to edit; *Text etc* to work up **Aufbereitung** *f* ⟨-, -en⟩ processing; (*von Daten*) editing; (*von Texten*) working up

aufbessern *v/t sep* to improve

aufbewahren *past part* **aufbewahrt** *v/t sep* to keep **Aufbewahrung** *f* (≈ *das Aufbewahren*) keeping; (*von Lebensmitteln*) storage; **jdm etw zur ~ übergeben** to give sth to sb for safekeeping

aufbieten *v/t sep irr Menschen, Mittel* to muster; *Kräfte, Fähigkeiten* to summon (up); *Militär, Polizei* to call in **Aufbietung** *f* ⟨-, *no pl*⟩ **unter** *or* **bei ~ aller Kräfte ...** summoning (up) all his/her etc strength ...

aufbinden *v/t sep irr* **1** (≈ *öffnen*) *Schuh etc* to undo **2** **lass dir doch so etwas nicht ~** (*fig*) don't fall for that

aufblähen *sep* **A** *v/t* (*fig*) to inflate **B** *v/r* to blow up; MED to become swollen

aufblasbar *adj* inflatable **aufblasen** *sep irr* **A** *v/t Ballon* to blow up **B** *v/r* (*fig pej*) to puff oneself up; → **aufgeblasen**

aufbleiben *v/i sep irr aux sein* **1** (≈ *nicht*

schlafen gehen) to stay up **2** (≈ *geöffnet bleiben*) to stay open

aufblenden *v/i* **A** PHOT to open up the lens; FILM to fade in; AUTO to turn the headlights on full (beam) **B** *v/t* AUTO *Scheinwerfer* to turn on full (beam)

aufblicken *v/i sep* to look up; **zu jdm/etw ~** to look up to sb/sth

aufblitzen *v/i sep* **1** (*Licht, Augen*) to flash **2** *aux sein* (*fig*) (*Emotion*) to flare up

aufblühen *v/i sep aux sein* **1** (*Blume*) to bloom **2** (*fig*) (*Mensch*) to blossom out; **das ließ die Stadt ~** it allowed the town to flourish

aufbocken *v/t sep Auto* to jack up

aufbrauchen *v/t sep* to use up

aufbrausen *v/i sep aux sein* **1** (*Brandung etc*) to surge; (*fig: Beifall, Jubel*) to break out **2** (*fig: Mensch*) to flare up **aufbrausend** *adj* irascible

aufbrechen *sep irr* **A** *v/t* to break open; *Auto* to break into; *Asphalt, Oberfläche* to break up **B** *v/i aux sein* **1** (≈ *sich öffnen*) to break up; (*Knospen, Wunde*) to open **2** (≈ *sich auf den Weg machen*) to set off

aufbringen *v/t sep irr* **1** (≈ *beschaffen*) to find **2** (≈ *erzürnen*) to make angry; **jdn gegen jdn/etw ~** to set sb against sb/sth; → **aufgebracht**

Aufbruch *m, no pl* departure; **das Zeichen zum ~ geben** to give the signal to set off **Aufbruch(s)stimmung** *f* **hier herrscht schon ~** (*bei Party etc*) it's (all) breaking up

aufbrühen *v/t sep* to brew up

aufbürden *v/t sep* (*elev*) **jdm etw ~** (*lit*) to load sth onto sb; (*fig*) to encumber sb with sth

aufdecken *sep v/t* to uncover; *Spielkarten* to show; *Verbrechen* to expose; *Schwäche* to lay bare

aufdonnern *v/r sep* (*pej infml*) to get tarted up (*Br pej infml*), to deck oneself out (*US infml*); → **aufgedonnert**

aufdrängen *sep* **A** *v/t* **jdm etw ~** to impose or force sth on sb **B** *v/r* to impose; **dieser Gedanke drängte sich mir auf** I couldn't help thinking that

aufdrehen *sep* **A** *v/t Wasser etc* to turn on; *Ventil* to open; *Lautstärke* to turn up **B** *v/i* (*infml*) (≈ *beschleunigen*) to put one's foot down hard; (*fig* ≈ *loslegen*) to get going; → **aufgedreht**

aufdringlich *adj Mensch* pushy (*infml*);

Farbe loud; *Geruch* overpowering

Aufdruck *m, pl -drucke* (≈ *Aufgedrucktes*) imprint **aufdrucken** *v/t sep etw auf etw* (*acc*) **~** to print sth on sth

aufdrücken *v/t sep* **1** **etw auf etw** *acc* **~** to press sth on sth; (≈ *aufdrucken*) to stamp sth on sth **2** (≈ *öffnen*) *Tür etc* to push open

aufeinander [auɸai'nandə] *adv* on (top of) each other; **~ zufahren** to drive toward(s) each other **Aufeinanderfolge** *f, no pl* sequence; **in schneller ~** in quick succession **aufeinanderfolgen** *v/i sep aux sein* to follow each other; **~d** (*zeitlich*) successive **aufeinandertreffen** *v/i sep irr aux sein* (*Gruppen etc*) to meet; (*Meinungen*) to clash

Aufenthalt ['auɸɛnthalt] *m* stay; *esp* RAIL stop; (*bei Anschluss*) wait; **der Zug hat 20 Minuten ~** the train stops for 20 minutes; **wie lange haben wir ~?** how long do we stop for? **Aufenthaltserlaubnis** *f* residence permit **Aufenthaltsort** *m, pl -orte* whereabouts *sg or pl*; JUR abode, residence **Aufenthaltsraum** *m* day room; (*auf Flughafen*) lounge

auferlegen *past part* **auferlegt** *v/t sep or insep* (*elev*) to impose (*jdm on sb*)

auferstehen *past part* **auferstanden** *v/i sep or insep irr aux sein* to rise from the dead; **Christus ist auferstanden** Christ is (a)risen **Auferstehung** ['auɸɛɐʃteːʊŋ] *f* ⟨-, -en⟩ resurrection

aufessen *sep irr v/t* to eat up

auffädeln *v/t sep* to thread *or* string (together)

auffahren *sep irr* **A** *v/i aux sein* **1** (≈ *aufprallen*) **auf jdn/etw ~** to run into sb/sth **2** (≈ *näher heranfahren*) to drive up; **zu dicht ~** to drive too close behind (the car in front) **3** (≈ *aufschrecken*) to start; **aus dem Schlaf ~** to awake with a start **B** *v/t* (*infml*) *Getränke etc* to serve up; *Speisen, Argumente* to dish up (*infml*) **Auffahrt** *f* (≈ *Zufahrt*) approach (road); (*bei Haus etc*) drive; (≈ *Rampe*) ramp **Auffahrunfall** *m* (*von zwei Autos*) collision; (*von mehreren Autos*) pile-up

auffallen *sep irr v/i aux sein* (≈ *sich abheben*) to stand out; (≈ *unangenehm auffallen*) to attract attention; **angenehm/unangenehm ~** to make a good/bad impression; **so etwas fällt doch nicht auf** that will never be noticed; **das muss dir doch auf-**

gefallen sein! surely you must have noticed (it)! **auffallend** **A** *adj* noticeable; *Ähnlichkeit, Kleider* striking **B** *adv* noticeably; *schön* strikingly; **stimmt ~!** (*hum*) too true! **auffällig** **A** *adj* conspicuous; *Kleidung* striking **B** *adv* conspicuously; **sich ~ verhalten** to get oneself noticed

auffangen *v/t sep irr* to catch; *Aufprall etc* to cushion; *Verluste* to offset **Auffanglager** *nt* reception camp

auffassen *sep* **A** *v/t* (≈ *interpretieren*) to interpret; **etw falsch/richtig ~** to take sth the wrong way/in the right way **B** *v/i* to understand **Auffassung** *f* (≈ *Meinung*) opinion; (≈ *Begriff*) conception; **nach meiner ~** in my opinion **Auffassungsgabe** *f* **er hat eine leichte** *or* **schnelle ~** he is quick on the uptake

auffindbar *adj* **es ist nicht ~** it can't be found; **es ist schwer ~** it's hard to find **auffinden** *v/t sep irr* to find

auffischen *v/t sep* to fish up; (*infml*) *Schiffbrüchige* to fish out

aufflackern *v/i sep aux sein* to flare up **aufflammen** *v/i sep aux sein* (*Feuer, Unruhen etc*) to flare up

auffliegen *v/i sep irr aux sein* **1** (≈ *hochfliegen*) to fly up; (≈ *sich öffnen*) to fly open **2** (*fig infml, Rauschgiftring*) to be busted (*infml*); **eine Konferenz ~ lassen** to break up a meeting

auffordern *v/t sep* to ask; (≈ *zum Tanz bitten*) to ask to dance **Aufforderung** *f* request; (*nachdrücklicher*) demand; (≈ *Einladung*) invitation

aufforsten *v/t sep Gebiet* to reafforest; *Wald* to retimber

auffressen *sep irr v/t* to eat up; **er wird dich deswegen nicht gleich ~** (*infml*) he's not going to eat you (*infml*)

auffrischen *sep* **A** *v/t* to freshen (up); (*fig*) *Erinnerungen* to refresh; *Kenntnisse* to polish up; *persönliche Beziehungen* to renew **B** *v/i aux sein or haben* (*Wind*) to freshen **Auffrischungskurs** *m* refresher course

aufführen *sep* **A** *v/t* **1** *Drama, Oper* to stage; *Musikwerk* to perform **2** (≈ *auflisten*) to list; **einzeln ~** to itemize **B** *v/r* to behave **Aufführung** *f* (*von Drama, Oper*) staging; (≈ *Vorstellung*) performance

auffüllen *v/t sep* **1** (≈ *vollständig füllen*) to fill up; (≈ *nachfüllen*) to top up **2** (≈ *ergänzen*) *Vorräte* to replenish

Aufgabe *f* **1** (≈ *Arbeit, Pflicht*) job, task;

sich (*dat*) **etw zur ~ machen** to make sth one's business **2** (≈ *Funktion*) purpose **3** (*esp* SCHOOL, *zur Übung*) exercise; (*usu pl ≈ Hausaufgabe*) homework *no pl* **4** (*von Koffer, Gepäck*) registering; AVIAT checking (in); (*von Anzeige*) placing *no pl* **5** MIL *etc* surrender **6** (*von Geschäft*) giving up

aufgabeln *v/t sep* (*fig infml*) *jdn* to pick up (*infml*)

Aufgabenbereich *m* area of responsibility

Aufgang *m, pl* -gänge **1** (*von Sonne, Mond*) rising **2** (≈ *Treppenaufgang*) stairs *pl*

aufgeben *sep irr* **A** *v/t* **1** *Hausaufgaben* to give; *Problem* to pose (*jdm* for sb) **2** *Koffer, Gepäck* to register; *Fluggepäck* to check in; *Brief, Paket* to post (*Br*), to mail (*esp US*); *Anzeige, Bestellung* to place **3** *Kampf, Hoffnung etc* to give up **B** *v/i* (≈ *sich geschlagen geben*) to give up or in; MIL to surrender

aufgeblasen ['aufgəblaːzn] *adj* (*fig*) self-important; → **aufblasen**

Aufgebot *nt* **1** **das ~ bestellen** to give notice of one's intended marriage; ECCL to post the banns **2** (≈ *Ansammlung*) (*von Menschen*) contingent; (*von Material etc*) array

aufgebracht ['aufgəbraxt] *adj* outraged; → **aufbringen**

aufgedonnert ['aufgədɔnɐt] *adj* (*pej infml*) tarted-up (*Br pej infml*), decked-out (*US infml*); → **aufdonnern**

aufgedreht ['aufgədreːt] *adj* (*infml*) in high spirits; → **aufdrehen**

aufgedunsen ['aufgədʊnzn] *adj* bloated

aufgehen *v/i sep irr aux sein* **1** (*Sonne, Mond*) to come up **2** (≈ *sich öffnen*) to open; (*Knopf etc*) to come undone **3** COOK to rise **4** (≈ *klar werden*) **jdm geht etw auf** sth dawns on sb **5** (MAT: *Rechnung etc*) to work out **6** (≈ *seine Erfüllung finden*) **in etw** (*dat*) **~** to be taken up with sth

aufgehoben ['aufgəhoːbn] *adj* (**bei jdm**) **gut/schlecht ~ sein** to be/not to be in good hands (with sb); → **aufheben**

aufgeilen *v/r sep* **sich an etw** (*dat*) **aufgeilen** (*infml*) to be *or* get turned on by sth (*infml*)

aufgeklärt ['aufgəklɛːɐt] *adj* enlightened; **~ sein** (*sexualkundlich*) to know the facts of life; → **aufklären**

aufgekratzt ['aufgəkratst] *adj* (*infml*) in high spirits; → **aufkratzen**

aufgelegt ['aufgəleːkt] *adj* **gut/schlecht**

etc ~ in a good/bad etc mood; (**dazu**) ~ **sein, etw zu tun** to feel like doing sth; → auflegen

aufgelöst ['aufɡəlø:st] adj (≈ außer sich) distraught; (≈ bestürzt) upset; **in Tränen ~** in tears; → auflösen

aufgeregt ['aufɡəre:kt] **A** adj (≈ erregt) excited; (≈ nervös) nervous **B** adv excitedly; → aufregen

aufgeschlossen ['aufɡəʃlɔsn] adj (≈ nicht engstirnig) open-minded; (≈ empfänglich) open (für, gegenüber to); → aufschließen **Aufgeschlossenheit** f ⟨-, no pl⟩ open-mindedness; (≈ Empfänglichkeit) openness (für, gegenüber to)

aufgeschmissen ['aufɡəʃmɪsn] adj pred (infml) stuck (infml)

aufgeweckt ['aufɡəvɛkt] adj bright; → aufwecken

aufgewühlt ['aufɡəvy:lt] adj (elev) agitated; Wasser, Meer turbulent; → aufwühlen

aufgießen v/t sep irr Kaffee, Tee to make

aufgliedern sep **A** v/t to split up **B** v/r to break down (in +acc into)

aufgraben v/t sep irr to dig up

aufgreifen sep irr **1** (≈ festnehmen) to pick up **2** Thema, Gedanken to take up

aufgrund [auf'ɡrʊnt] prep +gen on the basis of; ~ **einer Verwechslung** because of a mistake

Aufguss m brew, infusion; (fig pej) rehash **Aufgussbeutel** m (≈ Teebeutel) tea bag

aufhaben sep irr **A** v/t **1** Hut, Brille to have on **2** (SCHOOL: als Hausaufgabe) **etw ~** to have sth (to do) **B** v/i (Laden etc) to be open

aufhalsen ['aufhalzn] v/t sep (infml) **jdm/ sich etw ~** to land sb/oneself with sth (infml)

aufhalten sep irr **A** v/t **1** to stop; (≈ verlangsamen) to hold up; (≈ stören) to hold back (bei from); **ich will dich nicht länger ~** I don't want to hold you back any longer **2** (infml ≈ offen halten) to keep open; **die Hand ~** to hold one's hand out **B** v/r **1** (≈ an einem Ort bleiben) to stay **2** (bei der Arbeit etc) to take a long time (bei over) **3** (≈ sich befassen) **sich bei etw ~** to dwell on sth

aufhängen sep **A** v/t **1** Kleidung, Bild to hang up; AUTO Rad to suspend **2** (≈ töten) to hang (an +dat from) **B** v/r (≈ sich töten) to hang oneself (an +dat from) **Aufhängung** ['aufhɛŋʊŋ] f ⟨-, -en⟩ TECH suspen-

sion

aufhäufen v/t & v/r sep to accumulate

aufheben sep irr **A** v/t **1** (vom Boden) to pick up **2** (≈ nicht wegwerfen) to keep; → aufgehoben **3** (≈ ungültig machen) to abolish; Vertrag to cancel; Urteil to quash; Verlobung to break off **4** (≈ beenden) Blockade to lift **5** (≈ ausgleichen) to offset **B** v/r (≈ sich ausgleichen) to offset each other **Aufheben** nt ⟨-s, no pl⟩ fuss; **viel ~(s) machen** to make a lot of fuss (von, um about) **Aufhebung** f **1** (≈ Abschaffung) abolition; (von Vertrag) cancellation; (von Urteil) quashing; (von Verlobung) breaking off **2** (≈ Beendigung) (von Blockade etc) lifting

aufheitern ['aufhaiten] sep **A** v/t jdn to cheer up **B** v/r (Himmel) to clear; (Wetter) to clear up

aufhellen ['aufhɛlən] sep **A** v/t to brighten (up); Haare to lighten; (fig ≈ klären) to shed light upon **B** v/r to brighten (up)

aufhetzen v/t sep to stir up; **jdn zu etw ~** to incite sb to (do) sth

aufheulen v/i sep to howl (vor with); (Sirene) to (start to) wail; (Motor, Menge) to (give a) roar

aufholen sep **A** v/t to make up; **Versäumtes ~** to make up for lost time **B** v/i to catch up

aufhorchen v/i sep to sit up (and take notice)

aufhören v/i sep to stop; (bei Arbeitsstelle) to finish; **hör doch endlich auf!** (will you) stop it!; **mit etw ~** to stop sth

aufkaufen v/t sep to buy up

aufklappen sep v/t to open up; Klappe to lift up; Verdeck to fold back

aufklaren ['aufkla:rən] sep v/i (Wetter) to brighten (up); (Himmel) to clear

aufklären sep **A** v/t **1** to clear up; Verbrechen, Rätsel to solve **2** jdn to enlighten; **Kinder ~** (sexualkundlich) to tell children the facts of life; **jdn über etw** (acc) **~** to inform sb about sth; → aufgeklärt **B** v/r (Irrtum etc) to resolve itself; (Himmel) to clear **Aufklärung** f **1** PHIL **die ~** the Enlightenment **2** (von Missverständnis) clearing up; (von Verbrechen, Rätsel) solution **3** (**sexuelle**) **~** (in Schulen) sex education **4** MIL reconnaissance **Aufklärungsfilm** m sex education film **Aufklärungsflugzeug** nt reconnaissance plane; (klein) scout (plane) **Aufklärungsquote** f (in

Kriminalstatistik) percentage of cases solved **Aufklärungssatellit** m spy satellite

aufkleben v/t sep to stick on **Aufkleber** [-kle:bɐ] m ⟨-s, -⟩ sticker

aufknöpfen v/t sep (≈ öffnen) to unbutton, to undo; **aufgeknöpft** Hemd unbuttoned

aufkochen sep **A** v/t to bring to the (Br) or a (US) boil; (≈ erneut kochen lassen) to boil up again **B** v/i aux sein **etw ~ lassen** to bring sth to the (Br) or a (US) boil

aufkommen v/i sep irr aux sein **1** (≈ entstehen) to arise; (Wind) to get up; (Mode etc) to appear (on the scene); **etw ~ lassen** (fig) Zweifel, Kritik to give rise to sth **2 ~ für** (≈ Kosten tragen) to bear the costs of; (≈ Haftung tragen) to be liable for; **für den Schaden ~** to pay for the damage **3** (≈ auftreffen) to land (auf +dat on) **Aufkommen** nt ⟨-s, -⟩ **1** no pl (≈ das Auftreten) appearance **2** (von Steuern) revenue (aus, +gen from)

aufkratzen sep v/t to scratch; Wunde to scratch open; → aufgekratzt

aufkreuzen v/i sep aux sein (infml ≈ erscheinen) to show up (infml)

aufkriegen v/t sep (infml) = aufbekommen

auflachen v/i sep to (give a) laugh **Aufladegerät** nt → Ladegerät **aufladen** sep irr **A** v/t **1 etw (auf etw** acc) **~** to load sth on(to) sth; **jdm/sich etw ~** (fig) to saddle sb/oneself with sth **2** (elektrisch) to charge; (≈ neu aufladen) to recharge; Geldkarte to reload; Karte von Prepaidhandy to top up **B** v/r (Batterie etc) to be charged; (neu) to be recharged

Auflage f **1** (≈ Ausgabe) edition; (von Zeitung) circulation **2** (≈ Bedingung) condition; **jdm etw zur ~ machen** to impose sth on sb as a condition **Auflage(n)-höhe** f (von Buch) number of copies published; (von Zeitung) circulation

auflassen v/t sep irr (infml ≈ offen lassen) to leave open; (≈ aufbehalten) Hut to keep on; **das Kind länger ~** to let the child stay up (longer)

auflauern v/i +dat sep to lie in wait for **Auflauf** m **1** (≈ Menschenauflauf) crowd **2** cook (baked) pudding **auflaufen** v/i sep irr aux sein **1** (Schiff) to run aground; **jdn ~ lassen** to drop sb in it (infml) **2** (≈ aufprallen) **auf jdn/etw ~** to run into sb/sth

Auflaufform f cook ovenproof dish **aufleben** v/i sep aux sein to revive; (≈ munter werden) to liven up; **Erinnerungen wieder ~ lassen** to revive memories

auflegen sep **A** v/t **1** Tischdecke, CD to put on; Gedeck to set; Hörer to replace **2** (≈ herausgeben) Buch to bring out **3** FIN Aktien to issue; Fonds to set up **4**; → aufgelegt **B** v/i (≈ Telefonhörer auflegen) to hang up

auflehnen v/r sep **sich gegen jdn/etw ~** to rebel against sb/sth

auflesen v/t sep irr to pick up

aufleuchten v/i sep aux sein or haben to light up

aufliegen sep irr v/i (≈ auf etw sein) to lie on top; (Hörer) to be on

auflisten ['auflɪstn] v/t sep to list

auflockern sep **A** v/t **1** Boden to loosen (up); **die Muskeln ~** to loosen up (one's muscles) **2** (≈ abwechslungsreicher machen) to make less monotonous **3** (≈ entspannen) Verhältnis, Atmosphäre to ease; **in aufgelockerter Stimmung** in a relaxed mood **B** v/r **1** SPORTS to limber up **2** (Bewölkung) to disperse

auflodern v/i sep aux sein to flare up; (≈ lodernd brennen) to blaze

auflösen sep **A** v/t **1** (in Flüssigkeit) to dissolve; → aufgelöst **2** Widerspruch to clear up; Rätsel to solve **3** Wolken, Versammlung to disperse **4** (≈ aufheben) to dissolve (auch PARL); Einheit, Gruppe to disband; Firma to wind up; Verlobung to break off; Konto to close; Haushalt to break up **B** v/r **1** (in Flüssigkeit) to dissolve **2** (≈ sich zerstreuen) to disperse **3** (Firma) to cease trading; (≈ sich formell auflösen: esp PARL) to dissolve **4** **sich in etw** (acc) **~** (≈ verwandeln) to turn into sth **Auflösung** f **1** (in Bestandteile) resolution; (von Firma) winding up; (von Parlament) dissolution **2** (≈ Lösung) (von Problem etc) resolution; (von Rätsel) solution (+gen, von to) **3** (PHOT, von Bildschirm) resolution

aufmachen sep **A** v/t **1** (≈ öffnen) to open; (≈ lösen) to undo; Haar to loosen **2** (≈ eröffnen, gründen) to open (up) **3** **der Prozess wurde groß aufgemacht** the trial was given a big spread **B** v/i (≈ Tür öffnen) to open up **C** v/r (≈ aufbrechen) to set out **Aufmacher** m PRESS lead **Aufmachung** ['aufmaxʊŋ] f ⟨-, -en⟩ **1** (≈ Kleidung) turnout; **in großer ~** in full dress **2** (≈ *Gestaltung*) presentation; (*von Seite, Zeitschrift*) layout

aufmarschieren *past part* **aufmar-schiert** *v/i sep aux sein* (≈ *heranmarschieren*) to march up; (≈ *vorbeimarschieren*) to march past

aufmerksam ['aufmɛrkzaːm] **A** *adj* **1** *Zuhörer, Schüler* attentive; (≈ *scharf beobachtend*) observant; **jdn auf etw** (acc) **~ machen** to draw sb's attention to sth; **auf jdn/etw ~ werden** to become aware of sb/sth **2** (≈ *zuvorkommend*) attentive; **(das ist) sehr ~ von Ihnen** (that's) most kind of you **B** *adv zusehen* carefully; *zuhören* attentively **Aufmerksamkeit** *f* ⟨-, -en⟩ **1** *no pl* attention; **das ist meiner ~ entgangen** that escaped my notice **2** *no pl* (≈ *Zuvorkommenheit*) attentiveness **3** (≈ *Geschenk*) **kleine ~en** little gifts

aufmischen *v/t sep* (*infml*) (≈ *in Unruhe versetzen*) to stir up; (≈ *verprügeln*) to beat up

aufmöbeln ['aufmøːbln] *v/t sep* (*infml*) *Gegenstand* to do up (*infml*)

aufmuntern ['aufmʊntɐn] *v/t sep* (≈ *aufheitern*) to cheer up; (≈ *beleben*) to liven up; **ein ~des Lächeln** an encouraging smile **Aufmunterung** *f* ⟨-, -en, *no pl*⟩ cheering up; (≈ *Belebung*) livening up

aufmüpfig ['aufmʏpfɪç] *adj* (*infml*) rebellious

aufnähen *v/t sep* to sew on (*auf +acc* -to)

Aufnahme ['aufnaːmə] *f* ⟨-, -n⟩ **1** (≈ *Empfang*) reception; **die ~ in ein Krankenhaus** admission (in)to hospital **2** (*in Verein*) admission (*in +acc* to) **3** *no pl* (*von Kapital*) raising **4** *no pl* (*von Protokoll*) taking down **5** *no pl* (*von Gespräch etc*) start; (*von Tätigkeit*) taking up; (*von Beziehung*) establishment **6** *no pl* (≈ *das Filmen*) filming, shooting (*infml*); **Achtung, ~!** action! **7** (≈ *Fotografie*) photo(graph); (*auf Tonband*) recording **aufnahmefähig** *adj* **für etw ~ sein** to be able to take sth in **Aufnahmegebühr** *f* enrolment (*Br*) *or* enrollment (*US*) fee; (*in Verein*) admission fee **Aufnahmeprüfung** *f* entrance examination

aufnehmen *v/t sep irr* **1** (*vom Boden*) to pick up; (≈ *heben*) to lift up **2** (≈ *empfangen*) to receive **3** (≈ *unterbringen*) to take (in); (≈ *fassen*) to take **4** (*in Verein, Schule etc*) to admit (*in +acc* to) **5** (≈ *absorbieren*) to absorb; **etw in sich** (dat) **~** to take sth in **6** (≈ *beginnen*) to begin; *Tätigkeit, Studi-*

um to take up; *Beziehung* to establish **7** *Kapital* to borrow; *Kredit* to take out **8** *Protokoll* to take down **9** (≈ *fotografieren*) to take (a photo(graph)) of; (≈ *filmen*) to film, to shoot (*infml*); (*auf Tonband*) to record **10** **es mit jdm nicht ~ können** to be no match for sb

aufnötigen *v/t sep* **jdm etw ~** to force sth on sb

aufopfern *v/r sep* to sacrifice oneself **aufopfernd** *adj Mensch* self-sacrificing; *Liebe, Arbeit* devoted

aufpäppeln *v/t sep* (*infml*) (*mit Nahrung*) to feed up

aufpassen *v/i sep* **1** (≈ *beaufsichtigen*) **auf jdn/etw ~** to keep an eye on sb/sth **2** (≈ *achtgeben*) to pay attention; **pass auf!** look, watch; (≈ *Vorsicht*) watch out **Aufpasser** ['aufpasɐ] *m* ⟨-s, -⟩, **Aufpasse-rin** [-ərɪn] *f* ⟨-, -nen⟩ (*pej* ≈ *Spitzel*) spy (*pej*); (*für VIP etc*) minder; (≈ *Wächter*) guard

aufplatzen *v/i sep aux sein* to burst open; (*Wunde*) to open up

aufplustern *sep v/r* (*Vogel*) to puff itself up; (*Mensch*) to puff oneself up

aufpolieren *past part* **aufpoliert** *v/t sep* to polish up

aufpoppen ['aufpɔpn] *v/i sep* IT *Popup--Fenster etc* to pop up

Aufprall *m* impact **aufprallen** *v/i sep aux sein* **auf etw** (acc) **~** to strike sth; (*Fahrzeug*) to collide with sth

Aufpreis *m* extra charge; **gegen ~** for an extra charge

aufpumpen *v/t sep Reifen, Ballon* to inflate; *Fahrrad* to pump up the tyres (*Br*) *or* tires (*US*) of

aufputschen *sep v/t* **1** (≈ *aufwiegeln*) to rouse; *Gefühle* to stir up **2** (*durch Reizmittel*) to stimulate; **~de Mittel** stimulants **Aufputschmittel** *nt* stimulant

aufraffen *v/r sep* **sich zu etw ~** (*infml*) to rouse oneself to do sth

aufragen *v/i sep aux sein or haben* to rise

aufräumen *sep* **A** *v/t* to tidy up; **aufgeräumt** *Zimmer* tidy **B** *v/i* **mit etw ~** to do away with sth

aufrechnen *v/t sep* **1** **jdm etw ~** to charge sth to sb *or* to sb's account **2** **etw gegen etw ~** to offset sth against sth

aufrecht ['aufrɛçt] **A** *adj* upright **B** *adv* upright; **~ sitzen** to sit up(right) **aufrechterhalten** *past part* **aufrechterhal-ten** *v/t sep irr* to maintain **Aufrechter-**

haltung f maintenance; (von Kontakten) keeping up

aufregen sep **A** v/t (≈ ärgerlich machen) to annoy; (≈ nervös machen) to make nervous; (≈ beunruhigen) to agitate; (≈ erregen) to excite **B** v/r to get worked up (infml) (über +acc about); → **aufgeregt aufregend** adj exciting **Aufregung** f excitement no pl; (≈ Beunruhigung) agitation no pl; **nur keine ~!** don't get excited; **jdn in ~ versetzen** to get sb in a state (infml)

aufreiben sep irr v/t **1** (≈ wund reiben) Haut etc to chafe **2** (fig ≈ zermürben) to wear down **aufreibend** adj (fig) wearing; (stärker) stressful

aufreihen sep **A** v/t (in Linie) to line up; Perlen to string **B** v/r to line up

aufreißen sep irr **A** v/t **1** (≈ aufbrechen) to tear open; Straße to tear up **2** Tür, Fenster to fling open; Augen, Mund to open wide **3** (infml) Mädchen to pick up (infml) **B** v/i aux sein (Naht) to split; (Wunde) to tear open; (Wolkendecke) to break up

aufreizen v/t sep **1** (≈ herausfordern) to provoke **2** (≈ erregen) to excite **aufreizend** adj provocative

aufrichten sep **A** v/t **1** Gegenstand to set upright; Oberkörper to raise (up) **2** (fig: moralisch) to lift **B** v/r (≈ gerade stehen) to stand up (straight); **sich im Bett ~** to sit up in bed **aufrichtig A** adj sincere (zu, gegen towards) **B** adv sincerely; hassen truly **Aufrichtigkeit** f sincerity (zu, gegen towards)

aufrollen v/t sep **1** (≈ zusammenrollen) to roll up; Kabel to wind up **2** (≈ entrollen) to unroll; Fahne to unfurl; Kabel to unwind **3** (fig) **einen Fall/Prozess wieder ~** to reopen a case/trial

aufrücken v/i sep aux sein to move up; (≈ befördert werden) to be promoted

Aufruf m appeal (an +acc to); **einen ~ an jdn richten** to appeal to sb; **letzter ~ für Flug LH 1615** last call for flight LH 1615 **aufrufen** sep irr **A** v/t **1** to call **2** (≈ auffordern) **jdn ~, etw zu tun** to appeal to sb to do sth; **Arbeiter zum Streik ~** to call upon workers to strike **3** JUR Zeugen to summon **B** v/i **zum Streik ~** to call for a strike

Aufruhr ['aufruːɐ] m ⟨-(e)s, -e⟩ **1** (≈ Auflehnung) rebellion **2** (≈ Erregung) turmoil; **jdn in ~ versetzen** to throw sb into turmoil **Aufrührer** ['aufryːrɐ] m ⟨-s, -⟩,

Aufrührerin [-ərɪn] f ⟨-, -nen⟩ rabble--rouser **aufrührerisch** ['aufryːrərɪʃ] adj **1** (≈ aufwiegelnd) Rede rabble-rousing **2** attr (≈ in Aufruhr) rebellious; (≈ meuternd) mutinous

aufrunden v/t sep to round up (auf +acc to)

aufrüsten v/t sep **1** (also v/i, MIL) to arm; **ein Land atomar ~** to give a country nuclear arms; **wieder ~** to rearm **2** TECH Gerät, Computer to upgrade **Aufrüstung** f MIL arming

aufrütteln v/t sep to rouse (aus from)

aufs [aufs] = auf das

aufsagen v/t sep Gedicht etc to recite

aufsammeln v/t sep to pick up

aufsässig ['aufzɛsɪç] adj rebellious

Aufsatz m **1** essay **2** (≈ oberer Teil) top part

aufsaugen v/t sep irr or regular Flüssigkeit to soak up; (fig) to absorb; **etw mit dem Staubsauger ~** to vacuum sth up

aufschichten v/t sep to stack

aufschieben v/t sep irr Fenster, Tür to slide open; (fig ≈ verschieben) to put off

Aufschlag m **1** (≈ das Aufschlagen) impact; (≈ Geräusch) crash **2** TENNIS etc serve; **wer hat ~?** whose serve is it? **3** (≈ Preisaufschlag) surcharge **4** (≈ Ärmelaufschlag) cuff **aufschlagen** sep irr **A** v/i **1** aux sein (≈ auftreffen) **auf etw** (dat) to hit sth **2** aux haben or (rare) sein (Preise) to go up (um by) **3** TENNIS etc to serve **B** v/t **1** (≈ öffnen) to crack; Eis to crack a hole in; **jdm/sich den Kopf ~** to crack open sb's/one's head **2** (≈ aufklappen) to open; Bett to turn back; Kragen etc to turn up; **schlagt Seite 111 auf** open your books at page 111 **3** (≈ aufbauen) Zelt to pitch, to put up; (Nacht)lager to set up **4** COMM **10% auf etw** (acc) ~ to put 10% on sth

aufschließen sep irr **A** v/t (≈ öffnen) to unlock **B** v/i **1** (≈ öffnen) **(jdm) ~** to unlock the door (for sb) **2** (≈ heranrücken) to close up; SPORTS to catch up (zu with); → **aufgeschlossen**

aufschlitzen v/t sep to rip (open)

Aufschluss m (≈ Aufklärung) information no pl; **~ über etw** (acc) **verlangen** to demand an explanation of sth

aufschlüsseln ['aufʃlʏsln] v/t sep to break down (nach into); (≈ klassifizieren) to classify (nach according to)

aufschlussreich adj informative

aufschnappen *sep v/t* to catch; (*infml*) *Wort etc* to pick up

aufschneiden *sep irr* **A** *v/t* **1** to cut open; *Braten* to carve; MED *Geschwür* to lance **2** (≈ *in Scheiben schneiden*) to slice **B** *v/i* (*infml* ≈ *prahlen*) to boast **Aufschneider(in)** *m/(f)* (*infml*) boaster **Aufschnitt** *m, no pl* (assorted) sliced cold meat

aufschnüren *v/t sep* (≈ *lösen*) to untie

aufschrauben *v/t sep* to unscrew; *Flasche etc* to take the top off

aufschrecken *sep pret* schreckte auf, *past part* aufgeschreckt **A** *v/t* to startle; **jdn aus dem Schlaf ~** to rouse sb from sleep **B** *v/i, pret also* schrak auf *aux sein* to be startled; **aus dem Schlaf ~** to wake up with a start

Aufschrei *m* yell; (*schriller Aufschrei*) scream

aufschreiben *v/t sep irr* **etw ~** to write sth down; **sich** (*dat*) **etw ~** to make a note of sth

aufschreien *v/i sep irr* to yell out; (*schrill*) to scream out

Aufschrift *f* (≈ *Beschriftung*) inscription; (≈ *Etikett*) label

Aufschub *m* (≈ *Verzögerung*) delay; (≈ *Vertagung*) postponement

aufschürfen *v/t sep* **sich** (*dat*) **die Haut/ das Knie ~** to graze oneself/one's knee

aufschütten *v/t sep* **1** *Flüssigkeit* to pour on; **Kaffee ~** to make coffee **2** (≈ *nachfüllen*) *Kohle* to put on (the fire)

aufschwatzen *v/t sep* (*infml*) **jdm etw ~** to talk sb into taking sth

Aufschwung *m* **1** (≈ *Antrieb*) lift; (*der Wirtschaft etc*) upturn (+*gen* in); **das gab ihr (einen) neuen ~** that gave her a lift **2** (*Turnen*) swing-up

aufsehen *v/i sep irr* to look up **Aufsehen** *nt* ⟨-s, *no pl*⟩ **~ erregend** sensational; **großes ~ erregen** to cause a sensation; **ohne großes ~** without any fuss **aufsehenerregend** *adj* sensational **Aufseher** [-ze:ɐ] *m* ⟨-s, -⟩, **Aufseherin** [-ərɪn] *f* ⟨-, -nen⟩ supervisor; (*bei Prüfung*) invigilator; (≈ *Gefängnisaufseher*) warder (*Br*), guard (*US*)

auf sein *v/i irr aux sein* **1** (≈ *aufgestanden*) to be up **2** (≈ *geöffnet*) to be open

aufseiten [auf'zaitn] *prep* +*gen* on the part of

aufsetzen *sep* **A** *v/t* **1** (≈ *auf etw setzen*) to put on; *Fuß* to put down; (*fig*) *Lächeln, Miene etc* to put on **2** (≈ *aufrichten*) *Kranken etc* to sit up **3** (≈ *verfassen*) to draft **B** *v/r* to sit up **C** *v/i* (*Flugzeug*) to touch down

aufseufzen *v/i sep* **(tief/laut) ~** to heave a (deep/loud) sigh

Aufsicht ['aufzɪçt] *f* ⟨-, -en⟩ **1** *no pl* (≈ *Überwachung*) supervision (*über* +*acc* of); (≈ *Obhut*) charge; **~ über jdn/etw führen** to be in charge of sb/sth; **bei einer Prüfung ~ führen** to invigilate an exam **2** (≈ *Aufseher*) supervisor **Aufsichtsbehörde** *f* supervisory authority

Aufsichtsrat[1] *m* (supervisory) board; **im ~ einer Firma sitzen** to be on the board of a firm

Aufsichtsrat[2] *m*, **Aufsichtsrätin** *f* member of the board

aufsitzen *v/i sep irr* **1** *aux sein* (*auf Fahrzeug*) to get on; **aufs Pferd ~** to mount the horse **2** *aux sein* (*infml* ≈ *hereinfallen*) **jdm/einer Sache ~** to be taken in by sb/sth

aufspalten *v/t & v/r sep* to split

aufsparen *v/t sep* to save (up)

aufsperren *v/t sep* **1** (*infml* ≈ *aufreißen*) *Tür, Schnabel* to open wide; **die Ohren ~** to prick up one's ears **2** (*S Ger, Aus* ≈ *aufschließen*) *Tür etc* to unlock

aufspielen *v/r sep* (*infml* ≈ *sich wichtigtun*) to give oneself airs; **sich als Boss ~** to play the boss

aufspießen *v/t sep* to spear; (*mit Hörnern*) to gore; *Fleisch* (*mit Spieß*) to skewer; (*mit Gabel*) to prong

aufsprechen *v/t sep irr* (TEL: *auf Anrufbeantworter*) to record

aufspringen *v/i sep irr aux sein* **1** to jump up; **auf etw** (*acc*) **~** to jump onto sth **2** (≈ *sich öffnen*) to burst open; (≈ *platzen*) to burst; (*Haut, Lippen etc*) to crack

aufspüren *v/t sep* to track down

aufstacheln *v/t sep* to spur (on)

aufstampfen *v/i sep* to stamp; **mit dem Fuß ~** to stamp one's foot

Aufstand *m* rebellion **Aufständische(r)** ['aufʃtɛndɪʃə] *m/f(m) decl as adj* rebel

aufstapeln *v/t sep* to stack up

aufstauen *sep* **A** *v/t Wasser* to dam; **etw in sich** (*dat*) **~** (*fig*) to bottle sth up inside (oneself) **B** *v/r* to accumulate; (*fig: Ärger*) to become bottled up

aufstehen *v/i sep irr aux sein* **1** (≈ *sich er-*

heben) to get up **2** (*infml* ≈ *offen sein*) to be open

aufsteigen *v/i sep irr aux sein* **1** (*auf Berg, Leiter*) to climb (up); (*Vogel*) to soar (up); (*Flugzeug*) to climb; (*Nebel, Gefühl*) to rise; **auf ein Fahrrad/Motorrad ~** to get on(to) a bicycle/motorbike; **auf ein Pferd ~** to mount a horse **2** (*fig: im Rang etc*) to rise (*zu* to); SPORTS to be promoted (*in +acc* to) **Aufsteiger** ['aufʃtaigɐ] *m* ⟨-s, -⟩, **Aufsteigerin** [-ərɪn] *f* ⟨-, -nen⟩ (SPORTS, *in höhere Liga*) promoted team; **(sozialer) ~** social climber

aufstellen *sep* **A** *v/t* **1** (≈ *aufbauen*) to put up (*auf +dat* on); *Zelt* to pitch; *Maschine* to install **2** (*fig ≈ zusammenstellen*) *Truppe* to raise; SPORTS *Mannschaft* to draw up **3** (≈ *benennen*) *Kandidaten* to nominate **4** (≈ *erzielen*) *Rekord* to set (up) **5** *Forderung* to put forward; *Liste* to make **B** *v/r* to stand; (*hintereinander*) to line up; **sich im Karree/Kreis** *etc* **~** to form a square/circle *etc* **Aufstellung** *f* **1** *no pl* (≈ *das Aufstellen*) putting up; (*von Zelt*) pitching; (*von Maschine*) installation **2** *no pl* (*von Truppen*) raising; (*von Mannschaft*) drawing up **3** *no pl* (*von Kandidaten*) nominating; (*von Rekord*) setting **4** *no pl* (*von Forderung*) putting forward; (*von Liste*) drawing up **5** (≈ *Liste*) list; (≈ *Tabelle*) table; (≈ *Inventar*) inventory **6** (≈ *Mannschaft*) line-up (*infml*), team

Aufstieg ['aufʃtiːk] *m* ⟨-(e)s, -e [-gə]⟩ **1** *no pl* (*auf Berg, von Flugzeug*) climb **2** (*fig*) rise; (*beruflich, politisch, sozial*) advancement; SPORTS rise; (*in höhere Liga*) promotion (*in +acc* to) **3** (≈ *Weg*) way up (*auf etw acc* sth) **Aufstiegschance** *f* prospect of promotion **Aufstiegsrunde** *f* SPORTS qualifying round

aufstocken *sep v/t* **1** *Haus* to build another storey (*Br*) or story (*US*) onto **2** *Kapital* to increase (*um* by)

aufstoßen *sep irr* **A** *v/t* (≈ *öffnen*) to push open **B** *v/i* **1** *aux sein* **auf etw** (*acc*) **~** to hit (on or against) sth **2** *aux haben* (≈ *rülpsen*) to burp **3** *aux sein or haben* **Radieschen stoßen mir auf** radishes repeat on me

aufstrebend *adj* (*fig*) *Land, Volk* aspiring; *Volkswirtschaft* rising

Aufstrich *m* (*auf Brot*) spread

aufstützen *sep* **A** *v/t Kranken etc* to prop up **B** *v/r* to support oneself

aufsuchen *v/t sep Bekannten* to call on; *Arzt, Ort, Toilette* to go to

auftakeln *v/t sep* NAUT to rig up; **sich ~** (*pej infml*) to tart oneself up (*Br pej infml*), to do oneself up (*esp US infml*)

Auftakt *m* (≈ *Beginn*) start; **den ~ von** *or* **zu etw bilden** to mark the beginning of sth

auftanken *v/t & v/i sep* to fill up; AVIAT to refuel

auftauchen *v/i sep aux sein* **1** (*aus dem Wasser*) to surface **2** (*fig*) to appear; (*Zweifel, Problem*) to arise **3** (*sich zeigen*) to turn up

auftauen *v/t & v/i sep* (*v/i: aux sein*) to thaw

aufteilen *v/t sep* **1** (≈ *aufgliedern*) to divide up (*in +acc* into) **2** (≈ *verteilen*) to share out

auftischen ['auftɪʃn] *v/t sep* to serve up; **jdm Lügen** *etc* **~** (*infml*) to tell sb a lot of lies *etc*

Auftrag ['auftraːk] *m* ⟨-(e)s, Aufträge [-trɛːgə]⟩ **1** *no pl* (≈ *Anweisung*) orders *pl*; (≈ *zugeteilte Arbeit*) job; JUR brief; **jdm den ~ geben, etw zu tun** to instruct sb to do sth; **in jds ~** (*dat*) (≈ *für jdn*) on sb's behalf; (≈ *auf jds Anweisung*) on sb's instructions **2** COMM order (*über +acc* for); **etw in ~ geben** to order sth (*bei* from)

auftragen *sep irr* **A** *v/t* **1** (≈ *servieren*) to serve **2** *Farbe, Schminke* to apply (*auf +acc* to) **3** **jdm etw ~** to instruct sb to do sth **B** *v/i* (≈ *übertreiben*) **dick** *or* **stark ~** (*infml*) to lay it on thick (*infml*) **Auftraggeber(in)** *m/(f)* client; (*von Firma*) customer **Auftragnehmer** *m* ⟨-s, -⟩, **Auftragnehmerin** *f* ⟨-, -nen⟩ COMM firm accepting the order; BUILD contractor **Auftragsbestätigung** *f* confirmation of order **Auftragsbuch** *nt usu pl* order book **Auftragseingang** *m* **bei ~** on receipt of order **auftragsgemäß** *adj, adv* as instructed; COMM as per order **Auftragslage** *f* order situation

auftreffen *v/i sep irr aux sein* **auf etw** (*dat or acc*) **~** to hit sth

auftreiben *v/t sep irr* (*infml*) (≈ *beschaffen*) to get hold of; (≈ *ausfindig machen*) to find

auftrennen *v/t sep* to undo

auftreten *v/i sep* **A** *v/i aux sein* **1** (*lit*) to tread **2** (≈ *erscheinen*) to appear; **als Zeuge/Kläger ~** to appear as a witness/as plaintiff; **er tritt zum ersten Mal in Köln auf** he is appearing in Cologne for the first time; **gegen jdn/etw ~** to stand up against sb/sth **3** (*fig ≈ eintreten*) to occur; (*Schwierigkeiten etc*) to arise **4** (*≈ sich benehmen*) to behave **5** (*≈ handeln*) to act; **als Vermittler ~** to act as (an) intermediary **B** *v/t Tür etc* to kick open **Auftreten** *nt* ⟨-s, *no pl*⟩ **1** (*≈ Erscheinen*) appearance **2** (*≈ Benehmen*) manner

Auftrieb *m* **1** *no pl* PHYS buoyancy (force); AVIAT lift **2** *no pl* (*fig*) (*≈ Aufschwung*) impetus; **das wird ihm ~ geben** that will give him a lift

Auftritt *m* **1** (*≈ Erscheinen*) entrance **2** (THEAT *≈ Szene*) scene

auftrumpfen *v/i sep* to be full of oneself (*infml*); **~d sagte er ... ...,** he crowed

auftun *sep irr* **A** *v/t* **1** (*infml ≈ ausfindig machen*) to find **2** (*≈ öffnen*) to open **3** (*infml ≈ servieren*) **jdm etw ~** to help sb to sth **B** *v/r* to open up; (*Möglichkeiten, Probleme*) to arise

auftürmen *sep* **A** *v/t* to pile up **B** *v/r* (*Gebirge etc*) to tower up; (*Schwierigkeiten*) to mount up

aufwachen *v/i sep aux sein* to wake up

aufwachsen *v/i sep irr aux sein* to grow up

aufwallen *v/i sep aux sein* to bubble up; COOK to boil up; (*Leidenschaft etc*) to surge up

Aufwand ['aufvant] *m* ⟨-(e)s [-dəs] *no pl*⟩ **1** (*von Geld*) expenditure (*an +dat* of); **ein großer ~ (an Zeit/Energie/Geld)** a lot of time/energy/money **2** (*≈ Luxus*) extravagance; (*großen*) **~ treiben** to be (very) extravagant **aufwändig** *adj, adv =* aufwendig **Aufwandsentschädigung** *f* expense allowance

aufwärmen *sep* **A** *v/t* to heat up; (*infml ≈ wieder erwähnen*) to drag up (*infml*) **B** *v/r* to warm oneself up; SPORTS to warm up

aufwärts ['aufvɛrts] *adv* up, upward(s); **mit seinen Leistungen geht es ~** he's doing better **Aufwärtstrend** *m* upward trend

Aufwasch ['aufvaʃ] *m* ⟨-(e)s, *no pl*⟩ (*dial*) = Abwasch **aufwaschen** *sep irr* (*dial*) **A** *v/t Geschirr* to wash **B** *v/i* to wash the dishes

aufwecken *v/t sep* to wake (up); (*fig*) to rouse; → aufgeweckt

aufweichen *sep* **A** *v/t* to make soft; *Doktrin, Gesetz* to water down **B** *v/i aux sein* to get soft

aufweisen *v/t sep irr* to show; **etw aufzu-**

weisen haben to have sth to show for oneself

aufwenden *v/t sep irr or regular* to use; *Zeit, Energie* to expend; *Mühe* to take; *Geld* to spend

aufwendig ['aufvɛndɪç] **A** *adj* (*≈ teuer*) costly; (*≈ üppig*) lavish **B** *adv* extravagantly **Aufwendung** *f* (*≈ Ausgaben*) **Aufwendungen** *pl* expenditure

aufwerfen *sep irr v/t Frage, Verdacht* to raise

aufwerten *v/t sep* **1** (*also v/i*) *Währung* to revalue **2** (*fig*) to increase the value of **Aufwertung** *f* (*von Währung*) revaluation; (*fig*) increase in value

aufwickeln *v/t sep* (*≈ aufrollen*) to roll up **auf Wiedersehen** [auf 'viːdɐzeːən] *int* goodbye

aufwiegeln ['aufviːgln] *v/t sep* to stir up; **jdn zum Streik ~** to incite sb to strike

aufwiegen *v/t sep irr* (*fig*) to offset

Aufwind *m* AVIAT upcurrent; METEO upwind; **einer Sache** (*dat*) **~ geben** (*fig*) to give sth impetus

aufwirbeln ['aufvɪrbln] *sep v/t* to swirl up; *Staub auch* to raise; **(viel) Staub ~** (*fig*) to cause a (big) stir

aufwischen *v/t sep Wasser etc* to wipe up; *Fußboden* to wipe

aufwühlen *v/t sep* (*lit*) *Erde, Meer* to churn (up); *Leidenschaften* to rouse; → aufgewühlt

aufzählen *v/t sep* to list **Aufzählung** *f* list

aufzehren *v/t sep* to exhaust; (*fig*) to sap

aufzeichnen *v/t sep* **1** *Plan etc* to draw **2** (*≈ notieren*, RADIO, TV) to record **Aufzeichnung** *f* **1** *usu pl* (*≈ Notiz*) note; (*≈ Niederschrift*) record **2** (*≈ Filmaufzeichnung etc*) recording

aufzeigen *v/t sep* to show

aufziehen *sep irr* **A** *v/t* **1** (*≈ hochziehen*) to pull up; *Flagge, Segel* to hoist **2** (*≈ öffnen*) *Reißverschluss* to undo; *Schublade* to (pull) open; *Gardinen* to draw (back) **3** (*≈ aufspannen*) *Foto etc* to mount; *Saite, Reifen* to fit **4** (*≈ spannen*) *Uhr etc* to wind up **5** *Kind* to bring up; *Tier* to rear **6** (*≈ verspotten*) **jdn ~** (*infml*) to tease sb (*mit about*) **B** *v/i aux sein* (*dunkle Wolke*) to come up; (*Gewitter*) to gather **Aufzucht** *f, no pl* rearing

Aufzug *m* **1** (*≈ Fahrstuhl*) lift (*Brit*), elevator (*US*) **2** THEAT act **3** *no pl* (*pej infml ≈ Kleidung*) get-up (*infml*)

aufzwingen *sep irr v/t* **jdm etw ~** to force sth on sb

Augapfel *m* eyeball; **jdn/etw wie seinen ~ hüten** to cherish sb/sth like life itself

Auge ['augə] *gen* **Auges**, *pl* **Augen** *nt* **1** eye; **gute/schlechte ~n haben** to have good/bad eyesight; **er hatte nur ~n für sie** he only had eyes for her; **ein ~ auf jdn/etw (geworfen) haben** to have one's eye on sb/sth; **da blieb kein ~ trocken** (*hum: vor Lachen*) everyone laughed till they cried; **große ~n machen** to be wide-eyed; **jdm schöne** *or* **verliebte ~n machen** to make eyes at sb; **jdm die ~n öffnen** (*fig*) to open sb's eyes; **so weit das ~ reicht** as far as the eye can see; **ein ~ riskieren** (*hum*) to have a peep (*infml*); **die ~n vor etw** (*dat*) **verschließen** to close one's eyes to sth; **ein ~** *or* **beide ~n zudrücken** (*infml*) to turn a blind eye; **ich habe kein ~ zugetan** I didn't sleep a wink **2** (*mit Präposition*) **geh mir aus den ~n!** get out of my sight!; **sie ließen ihn nicht aus den ~n** they didn't let him out of their sight; **jdn im ~ behalten** (≈ *beobachten*) to keep an eye on sb; **dem Tod ins ~ sehen** to look death in the eye; **etw ins ~ fassen** to contemplate sth; **das springt** *or* **fällt einem gleich ins ~** it strikes one immediately; **das kann leicht ins ~ gehen** (*fig infml*) it might easily go wrong; **in den ~n der Öffentlichkeit** in the eyes of the public; **etw mit eigenen ~n gesehen haben** to have seen sth with one's own eyes; **mit bloßem** *or* **nacktem ~** with the naked eye; **jdm etw vor ~n führen** (*fig*) to make sb aware of sth; **vor aller ~n** in front of everybody **3** (≈ *Knospenansatz*) eye **4** (≈ *Fettauge*) little globule of fat

Augenarzt *m*, **Augenärztin** *f* ophthalmologist **Augenbinde** *f* (≈ *Augenklappe*) eye patch **Augenblick** *m* moment; **alle ~e** constantly; **jeden ~** any minute; **einen ~, bitte** one moment please!; **im ~** at the moment; **im selben ~ ...** at that moment ...; **im letzten ~** at the last moment; **im ersten ~** for a moment **augenblicklich** ['augn̩blɪklɪç, augn̩'blɪklɪç] **A** *adj* **1** (≈ *sofortig*) immediate **2** (≈ *gegenwärtig*) present **3** (≈ *vorübergehend*) temporary **B** *adv* **1** (≈ *sofort*) immediately **2** (≈ *zurzeit*) at the moment **Augenbraue** *f* eyebrow **Augenfarbe** *f* colour (*Br*) or color (*US*) of eyes **Augenheilkunde** *f*

ophthalmology **Augenhöhe** *f* **in ~** at eye level **Augenklappe** *f* **1** eye patch **2** (*für Pferde*) blinker, blinder (*US*) **Augenleiden** *nt* eye complaint **Augenlicht** *nt*, *no pl* (eye)sight **Augenlid** *nt* eyelid **Augenmaß** *nt*, *no pl* eye; **ein ~ für etw haben** (*fig*) to have an eye for sth **Augenmerk** [-mɛrk] *nt* ⟨-s, *no pl*⟩ (≈ *Aufmerksamkeit*) attention; **sein ~ auf etw** (*acc*) **lenken** *or* **richten** to direct sb's/one's attention to sth **Augenschein** *m*, *no pl* **1** (≈ *Anschein*) appearance; **dem ~ nach** by all appearances **2** **jdn/etw in ~ nehmen** to look closely at sb/sth **augenscheinlich** ['augn̩ʃaɪnlɪç, augn̩'ʃaɪnlɪç] *adv* obviously **Augentropfen** *pl* eye drops *pl* **Augenweide** *f*, *no pl* feast for the eyes **Augenwischerei** [-vɪʃə'raɪ] *f* ⟨-, -en⟩ (*fig*) eyewash **Augenzeuge** *m*, **Augenzeugin** *f* eyewitness (*bei* to) **Augenzeugenbericht** *m* eyewitness account **Augenzwinkern** *nt* ⟨-s, *no pl*⟩ winking **augenzwinkernd** *adv* with a wink

August [au'gʊst] *m* ⟨-(e)s *or* -, -e⟩ August; → **März**

Auktion [auk'tsioːn] *f* ⟨-, -en⟩ auction **Auktionator** [auktsio'naːtoːɐ] *m* ⟨-s, Auktionatoren [-'toːrən]⟩, **Auktionatorin** [-'toːrɪn] *f* ⟨-, -nen⟩ auctioneer **Auktionshaus** *nt* auction house

Aula ['aula] *f* ⟨-, Aulen [-lən]⟩ SCHOOL, UNIV *etc* (assembly) hall

Au-pair-Mädchen *nt* au pair (girl); **als ~ arbeiten** to work (as an) au pair **Au-pair-Stelle** *f* au pair job

aus [aus] **A** *prep* +*dat* **1** (*Herkunft*) from; **~ guter Familie** from a good family **2** (*Ursache*) out of; **~ Hass/Gehorsam/Mitleid** out of hatred/obedience/sympathy; **~ Furcht vor/Liebe zu** for fear/love of; **~ Spaß** for a laugh (*infml*); **~ Versehen** by mistake **3** (*zeitlich*) from; **~ dem Barock** from the Baroque period **4** (≈ *beschaffen aus*) (made out) of **5** **einen anständigen Menschen ~ jdm machen** to make sb into a decent person; **was ist ~ ihm/dieser Sache geworden?** what has become of him/this?; **~ der Mode** out of fashion **B** *adv* **1** **aus sein** SPORTS out (*infml* ≈ *zu Ende*) over; **~ jetzt!** that's enough! **2** (*an Geräten*) off; **Licht ~!** lights out! **3** **vom Fenster ~** from the window; **von München ~** from Munich; **von sich ~** of one's own accord; **von ihm ~** as far as he's concerned **Aus** [aus] *nt* ⟨-, -⟩ **1** *no pl* **ins ~ gehen** to go out of play; **ins politische ~ geraten** to end up in the political wilderness **2** (≈ *Ende*) end

ausarbeiten *sep v/t* to work out; (≈ *formulieren*) to formulate

ausarten *v/i sep aux sein* (*Party etc*) to get out of control; **~ in** (+*acc*) or **zu** to degenerate into

ausatmen *v/t & v/i sep* to breathe out, to exhale

ausbaden *v/t sep* (*fig infml*) to take the rap for (*infml*)

ausbalancieren *past part* **ausbalanciert** *sep* (*lit, fig*) *v/t* to balance (out)

Ausbau *m, no pl* (≈ *das Ausbauen*) removal; (≈ *Erweiterung*) extension (*zu* into); (≈ *Umbau*) conversion (*zu* (in)to); (≈ *Festigung: von Position*) consolidation **ausbauen** *v/t sep* **1** (≈ *herausmontieren*) to remove (*aus* from) **2** (≈ *erweitern*) to extend (*zu* into); (≈ *umbauen*) to convert (*zu* (in)to); (≈ *festigen*) *Position* to consolidate **ausbaufähig** *adj Geschäft, Markt* expandable; *Beziehungen* that can be built up **Ausbaustrecke** *f* MOT *section of improved road*; **„Ende der ~"** ≈ "road narrows"

ausbedingen *past part* **ausbedungen** *v/t sep irr* **sich** (*dat*) **etw ~** to make sth a condition; **sich** (*dat*) **das Recht ~, etw zu tun** to reserve the right to do sth

ausbessern *v/t sep* to repair; *Fehler* to correct

ausbeulen *v/t sep* **ausgebeult** *Kleidung* baggy; *Hut* battered; TECH to beat out

Ausbeute *f* (≈ *Gewinn*) profit; (≈ *Ertrag einer Grube etc*) yield (*an +dat* in); (*fig*) result(s *pl*); (≈ *Einnahmen*) proceeds *pl* **ausbeuten** ['ausbɔytn] *v/t sep* to exploit **Ausbeuter** ['ausbɔytɐ] *m* ⟨-s, -⟩, **Ausbeuterin** [-ərɪn] *f* ⟨-, -nen⟩ exploiter **Ausbeutung** *f* ⟨-, -en⟩ exploitation

ausbezahlen *past part* **ausbezahlt** *v/t sep Geld* to pay out; *Arbeitnehmer* to pay off; (≈ *abfinden*) *Erben etc* to buy out

ausbilden *sep* **A** *v/t* to train; (*akademisch*) to educate **B** *v/r* **sich in etw** (*dat*) **~** to train in sth; (≈ *studieren*) to study sth **Ausbilder** ['ausbɪldɐ] *m* ⟨-s, -⟩, **Ausbilderin** [-ərɪn] *f* ⟨-, -nen⟩ instructor **Ausbildung** *f* training; (*akademisch*) education **Ausbildungsbeihilfe** *f* (education) grant **Ausbildungsgang** *m, pl* **-gänge** train-

ing **Ausbildungsplatz** *m* place to train; (≈ *Stelle*) training vacancy **Ausbildungszeit** *f* period of training

ausblasen *v/t sep irr* to blow out

ausbleiben *v/i sep irr aux sein* (≈ *fortbleiben*) to stay out; (*Schneefall*) to fail to appear; (*Erwartung*) to fail to materialize; **es konnte nicht ~, dass …** it was inevitable that … **Ausbleiben** *nt* ⟨-s, *no pl*⟩ (≈ *Fehlen*) absence; (≈ *das Nichterscheinen*) nonappearance; **bei ~ der Periode** if your period doesn't come

Ausblick *m* **1** view (*auf +acc* of) **2** (*fig*) prospect, outlook (*auf +acc* for)

ausbooten ['ausboːtn] *v/t sep* (*infml*) *jdn* to kick or boot out (*infml*)

ausbrechen *sep irr* **A** *v/i aux sein* **1** (*Krieg, Feuer*) to break out; (*Gewalt, Unruhen, Jubel*) to erupt; **in Gelächter/Tränen ~** to burst out laughing/into tears; **in Schweiß ~** to break out in a sweat; **aus dem Gefängnis ~** to escape from prison **2** (*Vulkan*) to erupt **B** *v/t* to break off; **sich** (*dat*) **einen Zahn ~** to break a tooth

ausbreiten *sep* **A** *v/t* to spread; *Arme* to stretch out; (≈ *ausstellen*) to display **B** *v/r* (≈ *sich verbreiten*) to spread; (≈ *sich erstrecken*) to extend; (*infml* ≈ *sich breitmachen*) to spread oneself out; **sich über etw** (*acc*) **~** (*fig*) to dwell on sth **Ausbreitung** ['ausbraɪtʊŋ] *f* ⟨-, -en⟩ spreading

ausbrennen *v/i sep irr aux sein* (≈ *zu Ende brennen*) to burn out; **ausgebrannt** *Brennstab* spent; → **ausgebrannt**

Ausbruch *m* **1** escape **2** (≈ *Beginn*) outbreak; (*von Vulkan*) eruption **3** (*fig*) outburst

ausbrüten *v/t sep* to hatch; (*fig infml*) *Plan etc* to cook up (*infml*)

ausbuddeln *v/t sep* (*infml*) to dig up (*also fig infml*)

ausbügeln *v/t sep* to iron out

ausbürgern ['ausbʏrgɐn] *v/t sep* to expatriate **Ausbürgerung** ['ausbʏrgərʊŋ] *f* ⟨-, -en⟩ expatriation

ausbürsten *v/t sep* to brush out (*aus* of); *Anzug* to brush

auschecken ['austʃɛkn] *v/i sep* (*Flug, Hotel etc*) to check out (*aus* of)

Ausdauer *f, no pl* stamina; (*im Ertragen*) endurance; (≈ *Beharrlichkeit*) persistence **ausdauernd** *adj Mensch* with stamina; (*im Ertragen*) with endurance; (≈ *beharrlich*) tenacious; (≈ *hartnäckig*) persistent

ausdehnen sep Ⓐ v/t (≈ vergrößern) to expand; (≈ dehnen) to stretch Ⓑ v/r ❶ (≈ größer werden) to expand; (durch Dehnen) to stretch; (≈ sich erstrecken) to extend (bis as far as) ❷ (fig) to extend (über +acc over); → ausgedehnt **Ausdehnung** f ❶ (≈ das Vergrößern) expansion; (fig, zeitlich) extension ❷ (≈ Umfang) expanse

ausdenken v/t sep irr **sich** (dat) **etw ~** (≈ erfinden) to think sth up; Überraschung to plan sth; (≈ sich vorstellen) to imagine sth; **das ist nicht auszudenken** (≈ unvorstellbar) it's inconceivable; (≈ zu schrecklich etc) it doesn't bear thinking about

ausdiskutieren past part **aus**diskutiert v/t sep Thema to discuss fully

ausdörren sep v/t to dry up; Kehle to parch

Ausdruck[1] m, pl -drücke no pl (≈ Gesichtsausdruck, Wort) expression; (≈ Fachausdruck, MAT) term; **etw zum ~ bringen** to express sth

Ausdruck[2] m, pl -drucke (von Computer etc) printout **ausdrucken** v/t sep IT to print out

ausdrücken sep Ⓐ v/t ❶ (≈ zum Ausdruck bringen) to express (jdm to sb); **anders ausgedrückt** in other words; **einfach ausgedrückt** put simply ❷ Frucht, Schwamm to squeeze out; Tube, Pickel to squeeze; Zigarette to stub out Ⓑ v/r (Mensch) to express oneself **ausdrücklich** ['ausdrʏklɪç, aus-'drʏklɪç] Ⓐ adj attr Wunsch express Ⓑ adv expressly; (≈ besonders) particularly **ausdruckslos** adj inexpressive **ausdrucksvoll** adj expressive **Ausdrucksweise** f way of expressing oneself

Ausdünstung ['ausdʏnstʊŋ] f ⟨-, -en⟩ (≈ Geruch) fume; (von Tier) scent; (von Mensch) smell

auseinander [ausai'nandɐ] adv apart; **weit ~** far apart; Augen, Beine etc **wide apart**; Meinungen very different **auseinanderbrechen** v/i sep irr aux sein to break up **auseinanderfalten** v/t sep to unfold **auseinandergehen** v/i sep irr aux sein ❶ to part; (Menge) to disperse; (Versammlung, Ehe etc) to break up ❷ (fig: Ansichten etc) to differ ❸ (infml ≈ dick werden) to get fat **auseinanderhalten** v/t sep irr to keep apart; (≈ unterscheiden) to tell apart **auseinanderleben** v/r sep to drift apart **auseinandernehmen** v/t sep irr to take apart; (kritisch) to tear

to pieces **auseinanderschreiben** v/t sep irr Wörter to write as two words **auseinandersetzen** sep Ⓐ v/t ❶ **zwei Kinder ~** to separate two children; **sich ~** to sit apart ❷ (fig) to explain (jdm to sb) Ⓑ v/r **sich mit etw ~** (≈ sich befassen) to have a good look at sth; **sich kritisch mit etw ~** to have a critical look at sth **Auseinandersetzung** [ausai'nandɛtsʊŋ] f ⟨-, -en⟩ ❶ (≈ Diskussion) discussion (über +acc about, on); (≈ Streit) argument ❷ (≈ das Befassen) examination (mit of)

auserwählen past part **aus**erwählt v/t sep (elev) to choose **auserwählt** adj (elev) chosen; (≈ ausgesucht) select

ausfahrbar adj extendable; Antenne, Fahrgestell, Klinge retractable **ausfahren** sep irr v/t ❶ (im Kinderwagen, Rollstuhl) to take for a walk; (im Auto) to take for a drive ❷ (≈ ausliefern) Waren to deliver ❸ (≈ abnutzen) Weg to wear out; **ein Auto etc (voll) ~** to drive a car etc at full speed ❺ TECH to extend; Fahrgestell etc to lower **Ausfahrt** f ❶ (≈ Spazierfahrt) drive, ride ❷ (≈ Autobahnausfahrt) exit; „**Ausfahrt frei halten**" "keep clear"

Ausfall m ❶ (≈ Verlust, MIL) loss; TECH, MED failure; (von Motor) breakdown; **bei ~ des Stroms ...** in case of a power failure ... ❷ no pl (von Sitzung etc) cancellation **ausfallen** v/i sep irr aux sein ❶ (≈ herausfallen) to fall out; **mir fallen die Haare aus** my hair is falling out ❷ (≈ nicht stattfinden) to be cancelled (Br) or canceled (US) ❸ (≈ nicht funktionieren) to fail; (Motor) to break down ❹ **gut/schlecht** etc ~ to turn out well/badly etc ❺ → ausgefallen **ausfallend** adj abusive; **~ werden** to become abusive

ausfechten v/t sep irr (fig) to fight (out) **ausfertigen** v/t sep Dokument to draw up; Rechnung to make out; Pass to issue **Ausfertigung** f (form) ❶ no pl (von Dokument) drawing up; (von Rechnung) making out; (von Pass) issuing ❷ (≈ Abschrift) copy; **in doppelter/dreifacher ~** in duplicate/triplicate

ausfindig adj **~ machen** to find **ausfliegen** sep irr Ⓐ v/i aux sein (aus Gebiet etc) to fly out (aus of); **ausgeflogen sein** (fig infml) to be out Ⓑ v/t AVIAT Verwundete etc to evacuate (by air) (aus from) **ausfließen** v/i sep irr aux sein (≈ herausfließen) to flow out (aus of)

ausflippen ['ausflɪpn] v/i sep aux sein (infml) to freak out (infml); → ausgeflippt

Ausflucht ['ausflʊxt] f ⟨-, Ausflüchte [-flʏçtə]⟩ excuse

Ausflug m trip, excursion; (≈ Schulausflug) outing **Ausflugsdampfer** m pleasure steamer

Ausfluss m **1** (≈ das Herausfließen) outflow **2** (≈ Ausflussstelle) outlet **3** MED discharge

ausforschen v/t sep (≈ erforschen) to investigate

ausfragen v/t sep to question (nach about); (strenger) to interrogate

ausfransen v/t & v/i sep (v/i: aux sein) to fray

ausfressen v/t sep irr (infml ≈ anstellen) etwas ~ to do something wrong; **was hat er denn wieder ausgefressen?** what's he (gone and) done now? (infml)

Ausfuhr ['ausfuːɐ] f ⟨-, -en, no pl⟩ (≈ das Ausführen) export; (≈ Ausfuhrhandel) exports pl **ausführbar** adj Plan feasible; **schwer ~** difficult to carry out **Ausfuhrbestimmungen** pl export regulations pl **ausführen** v/t sep **1** (ins Theater etc) to take out; Hund to take for a walk **2** (≈ durchführen) to carry out; SPORTS Freistoß etc to take **3** (≈ erklären) to explain **4** COMM Waren to export **Ausfuhrgenehmigung** f COMM export licence (Br) or license (US) **Ausfuhrgüter** pl export goods pl **Ausfuhrhandel** m export trade **Ausfuhrland** nt exporting country **ausführlich** ['ausfyːɐlɪç, (Aus) aus-'fyːɐlɪç] **A** adj detailed **B** adv in detail **Ausfuhrsperre** f export ban **Ausführung** f **1** no pl (≈ Durchführung) carrying out; (von Freistoß) taking **2** (≈ Erklärung) explanation **3** (von Waren) design; (≈ Qualität) quality; (≈ Modell) model

ausfüllen v/t sep to fill; Platz to take up; Formular to fill in (Br) or out; **jdn** (**voll** or **ganz**) **~** (≈ befriedigen) to satisfy sb (completely); **ein ausgefülltes Leben** a full life

Ausgabe f **1** no pl (≈ Austeilung) distribution; (von Dokumenten etc) issuing; (von Essen) serving **2** (von Buch, Zeitung, Sendung) edition; (von Aktien) issue **3** (≈ Ausführung) version **4 Ausgaben** pl (≈ Kosten) expenses pl

Ausgang m, pl -gänge **1** (≈ Weg nach draußen) exit (+gen, von from); AVIAT gate **2 ~ haben** to have the day off **3** no pl

(≈ Ende) end; (von Roman, Film) ending; (≈ Ergebnis) outcome; **ein Unfall mit tödlichem ~** a fatal accident **Ausgangsbasis** f starting point **Ausgangsposition** f initial position **Ausgangspunkt** m starting point **Ausgangssperre** f ban on going out; (esp bei Belagerungszustand) curfew

ausgeben sep irr v/t **1** (≈ austeilen) to distribute; (≈ aushändigen) to issue; Essen to serve **2** Geld to spend (für on); **eine Runde ~** to stand a round (infml); **ich gebe heute Abend einen aus** (infml) it's my treat this evening **3 sich als jd/etw ~** to pass oneself off as sb/sth

ausgebrannt adj (fig) burned-out (infml); → ausbrennen

ausgebucht ['ausɡəbuːxt] adj booked up

ausgedehnt ['ausɡədeːnt] adj extensive; (zeitlich) lengthy; Spaziergang long; → ausdehnen

ausgefallen ['ausɡəfalən] adj (≈ ungewöhnlich) unusual; (≈ übertrieben) extravagant; → ausfallen

ausgeflippt ['ausɡəflɪpt] adj (infml) freaky (infml); → ausflippen

ausgefuchst ['ausɡəfʊkst] adj (infml) clever; (≈ listig) crafty (infml)

ausgeglichen ['ausɡəɡlɪçn] adj balanced; Spiel, Klima even; → ausgleichen **Ausgeglichenheit** f ⟨-, no pl⟩ balance

ausgehen sep irr aux sein v/i **1** (≈ weggehen) to go out; **er geht selten aus** he doesn't go out much **2** (≈ herrühren) to come (von from); **gehen wir einmal davon aus, dass ...** let us assume that ... **3** esp SPORTS to end; (≈ ausfallen) to turn out; **gut/schlecht ~** to turn out well/badly; (Film etc) to end happily/unhappily; (Abend, Spiel) to end well/badly; **straffrei ~** to receive no punishment; **leer ~** (infml) to come away empty-handed **4** (≈ zu Ende sein: Vorräte etc) to run out; **mir ging die Geduld aus** I lost (my) patience; **mir ging das Geld aus** I ran out of money **ausgehend** adj attr **1** im **~en Mittelalter** toward(s) the end of the Middle Ages; **das ~e 20. Jahrhundert** the end of the 20th century **2 die ~e Post** the outgoing mail

ausgehungert ['ausɡəhʊŋɐt] adj starved

ausgekocht ['ausɡəkɔxt] adj (pej infml) (≈ durchtrieben) cunning; → auskochen

ausgelassen ['ausɡəlasn] **A** adj (≈ heiter) lively; Stimmung happy; (≈ wild) Kinder boisterous **B** *adv* wildly; → auslassen

ausgelastet ['ausɡəlastət] *adj Mensch* fully occupied; *Maschine, Anlage* working to capacity; → auslasten

ausgemacht *adj* **1** (≈ *abgemacht*) agreed; **es ist eine ~e Sache, dass …** it is agreed that … **2** *attr* (*infml* ≈ *vollkommen*) complete; → ausmachen

ausgenommen ['ausɡənɔmən] *cj* except; **täglich ~ sonntags** daily except for Sundays; → ausnehmen

ausgeprägt ['ausɡəprɛːkt] *adj* distinctive; *Interesse* marked

ausgerechnet ['ausɡərɛçnət] *adv* **~ du** you of all people; **~ heute** today of all days; → ausrechnen

ausgeschlossen *adj pred* (≈ *unmöglich*) impossible; (≈ *nicht infrage kommend*) out of the question; **es ist nicht ~, dass …** it's just possible that …; → ausschließen

ausgeschnitten ['ausɡəʃnɪtn] *adj Bluse, Kleid* low-cut; → ausschneiden

ausgespielt ['ausɡəʃpiːlt] *adj* **~ haben** to be finished; → ausspielen

ausgesprochen ['ausɡəʃprɔxn] **A** *adj Schönheit, Qualität, Vorliebe* definite; *Ähnlichkeit* marked; **~es Pech haben** to be really unlucky **B** *adv* really; → aussprechen

ausgestorben ['ausɡəʃtɔrbn] *adj Tierart* extinct; **der Park war wie ~** the park was deserted; → aussterben

ausgesucht A *adj* (≈ *erlesen*) select **B** *adv* (≈ *überaus, sehr*) extremely; → aussuchen

ausgewachsen *adj* fully grown; *Skandal* huge

ausgewogen *adj* balanced; *Maß* equal **Ausgewogenheit** *f* balance

ausgezeichnet A *adj* excellent **B** *adv* excellently; **es geht mir ~** I'm feeling marvellous (*Br*) or marvelous (*US*); → auszeichnen

ausgiebig ['ausɡiːbɪç] **A** *adj Mahlzeit etc* substantial; *Gebrauch* extensive **B** *adv* **~ frühstücken** to have a substantial breakfast; **~ schlafen** to have a (good) long sleep

ausgießen *v/t sep irr* (*aus einem Behälter*) to pour out; *Behälter* to empty

Ausgleich ['ausɡlaiç] *m* <-(e)s, (*rare*) -e> (≈ *Gleichgewicht*) balance; (*von Konto*) balancing; (*von Verlust*) compensation; **zum** or **als ~ für etw** in order to compensate

for sth; **er treibt zum ~ Sport** he does sport for exercise **ausgleichen** *sep irr* **A** *v/t Unterschiede* to even out; *Konto* to balance; *Verlust, Fehler* to make good; *Mangel* to compensate for; **~de Gerechtigkeit** poetic justice; → ausgeglichen **B** *v/i* SPORTS to equalize **C** *v/r* to balance out **Ausgleichssport** *m* keep-fit activity; **als ~** to keep fit **Ausgleichstor** *nt*, **Ausgleichstreffer** *m* equalizer (*Br*), tying goal (*US*)

ausgraben *v/t sep irr* to dig up; *Grube, Loch* to dig out; *Altertümer* to excavate **Ausgrabung** *f* excavation

ausgrenzen *v/t sep* to exclude

Ausguss *m* (≈ *Becken*) sink; (≈ *Abfluss*) drain

aushaben *sep irr v/t* (*infml*) *Buch, Essen etc* to have finished; (≈ *ausgezogen haben*) to have taken off

aushaken *sep v/i* (*infml*) **es hat bei ihm ausgehakt** something in him snapped (*infml*)

aushalten *sep irr v/t* **1** (≈ *ertragen können*) to bear; *Druck* to stand; **hier lässt es sich ~** this is not a bad place; **das ist nicht auszuhalten** it's unbearable; **er hält viel aus** he can take a lot **2** (*infml*) **sich von jdm ~ lassen** to be kept by sb

aushandeln *v/t sep* to negotiate

aushändigen ['aushɛndɪɡn] *v/t sep* **jdm etw ~** to hand sth over to sb

Aushang *m* notice **aushängen** *sep* **A** *v/t* **1** (≈ *bekannt machen*) to put up **2** *Tür* to unhinge **B** *v/i irr* **am Schwarzen Brett ~** to be on the notice (*Br*) or bulletin (*US*) board **Aushängeschild** *nt*, *pl* -schilder sign; (*fig* ≈ *Reklame*) advertisement

ausharren *v/i sep* (*elev*) to wait

aushebeln ['aushéːbln] *v/t sep* (*fig*) *Gesetz etc* to annul, to cancel

ausheben *v/t sep irr* **1** *Tür etc* to take off its hinges **2** *Graben, Grab* to dig **3** (*fig*) *Diebesnest* to raid

aushecken ['aushɛkn] *v/t sep* (*infml*) *Plan* to cook up (*infml*)

ausheilen *sep v/i aux sein* (*Krankheit*) to be cured; (*Organ, Wunde*) to heal

aushelfen *v/i sep irr* to help out (*jdm* sb) **Aushilfe** *f* **1** help **2** (*Mensch*) temporary worker; (*im Büro*) temp (*infml*) **Aushilfsjob** *m* temporary job; (*im Büro*) temping job **Aushilfskraft** *f* temporary worker; (*esp im Büro*) temp (*infml*) **aushilfsweise** *adv* on a temporary basis

aushöhlen ['aʊshøːlən] v/t sep to hollow out; *Ufer, Steilküste* to erode

ausholen v/i sep *(zum Schlag)* to raise one's hand/arm etc; *(zum Wurf)* to reach back; **weit ~** *(fig: Redner)* to go far afield; **zum Gegenschlag ~** to prepare for a counterattack

aushorchen v/t sep *(infml)* to sound out

auskennen v/r sep irr *(an einem Ort)* to know one's way around; *(auf einem Gebiet)* to know a lot *(auf or in +dat about)*

ausklammern v/t sep *Problem* to leave aside

ausklappbar adj folding **ausklappen** v/t sep to open out

ausklingen v/i sep irr aux sein *(Lied)* to finish; *(Abend, Feier etc)* to end *(in +dat with)*

ausklopfen v/t sep *Teppich* to beat; *Pfeife* to knock out

auskochen v/t sep **1** COOK *Knochen* to boil **2** MED *Instrumente* to sterilize *(in boiling water)*; → **ausgekocht**

auskommen v/i sep irr aux sein **1** (≈ genügend haben) to get by *(mit on)*; **ohne jdn/ etw ~** to manage without sb/sth **2** **mit jdm (gut) ~** to get on (well) with sb **Auskommen** nt ⟨-s, no pl⟩ (≈ Einkommen) livelihood; **sein ~ haben/finden** to get by; **mit ihr ist kein ~** she's impossible to get on with

auskosten v/t sep (≈ genießen) to make the most of; *Leben* to enjoy to the full

auskratzen v/t sep to scrape out

auskugeln v/t sep **sich** (dat) **den Arm/die Schulter ~** to dislocate one's arm/shoulder

auskühlen v/i sep aux sein to cool down; *(Körper, Menschen)* to chill through

auskundschaften v/t sep *Weg, Lage* to find out; *Versteck* to spy out

Auskunft ['aʊskʊnft] f ⟨-, Auskünfte [-kʏnftə]⟩ **1** (≈ Mitteilung) information no pl; **jdm eine ~ erteilen** to give sb some information **2** (≈ Schalter) information desk; TEL directory inquiries no art **Auskunftsbüro** nt enquiry or information office

auskurieren past part auskuriert sep *(infml)* v/t to cure

auslachen v/t sep *jdn* to laugh at

ausladen sep irr v/t **1** *Ware, Ladung* to unload **2** *(infml)* **jdn ~** to tell sb not to come **ausladend** adj *Dach* projecting; *Bewegung* sweeping

Auslage f **1** *(von Waren)* display; (≈ Schau-*fenster)* (shop) window; (≈ Schaukasten) showcase **2** usu pl expense

Ausland nt, no pl foreign countries pl; **ins/ im ~** abroad; **aus dem** or **vom ~** from abroad; **Handel mit dem ~** foreign trade **Ausländer** ['aʊslɛndɐ] m ⟨-s, -⟩, **Ausländerin** [-ərɪn] f ⟨-, -nen⟩ foreigner; ADMIN, JUR alien **Ausländerbehörde** f ≈ immigration authority **ausländerfeindlich** **A** adj xenophobic; *Anschlag* on foreigners **B** adv **~ motivierte Straftaten** crimes with a racist motive **Ausländerfeindlichkeit** f xenophobia **Ausländergesetz** nt JUR law on immigrants **Ausländerpolitik** f policy on immigrants **ausländisch** ['aʊslɛndɪʃ] adj attr foreign **Auslandsaufenthalt** m stay abroad **Auslandseinsatz** m *(von Soldaten, Journalisten etc)* deployment abroad **Auslandsgespräch** nt international call **Auslandskorrespondent(in)** m/(f) foreign correspondent **Auslandsreise** f journey or trip abroad **Auslandsschutzbrief** m international travel cover **Auslandsvertretung** f agency abroad; *(von Firma)* foreign branch

auslassen sep irr **A** v/t **1** (≈ weglassen) to leave out; (≈ versäumen) *Chance* to miss **2** (≈ abreagieren) to vent *(an +dat on)* **3** *Butter, Fett* to melt; *Speck* to render (down) **4**; → **ausgelassen** **B** v/r to talk *(über +acc about)* **Auslassung** f ⟨-, -en⟩ (≈ Weglassen) omission

auslasten v/t sep **1** *Maschine* to make full use of **2** *jdn* to occupy fully; → **ausgelastet**

Auslauf m, no pl (≈ Bewegung) exercise; *(für Kinder)* room to run about **auslaufen** sep irr v/i aux sein **1** *(Flüssigkeit)* to run out *(aus of)*; (≈ undicht sein) to leak **2** *(Schiff)* to sail **3** *(Modell, Serie)* to be discontinued **4** *(Farbe, Stoff)* to run **Ausläufer** m **1** (METEO, von Hoch) ridge; *(von Tief)* trough **2** *(von Vorberge)* foothill usu pl **Auslaufmodell** nt discontinued model

ausleben sep v/r *(Mensch)* to live it up

auslecken v/t sep to lick out

ausleeren v/t sep to empty

auslegen v/t sep **1** (≈ ausbreiten) to lay out; *Waren etc* to display; *Kabel, Minen* to lay **2** (≈ bedecken) to cover; (≈ auskleiden) to line; **den Boden (mit Teppichen) ~** to carpet the floor **3** (≈ deuten) to interpret **4** *Geld* to lend; **sie hat die 5 Euro ausge-**

legt she paid the 5 euros **Ausleger** ['ausleːgɐ] m ⟨-s, -⟩ (von Kran etc) jib, boom **Auslegung** ['ausleːgʊŋ] f ⟨-, -en⟩ (≈ Deutung) interpretation

ausleiern sep v/i aux sein to wear out

ausleihen v/t sep irr (≈ verleihen) to lend (jdm, an jdn to sb); (≈ von jdm leihen) to borrow; **sich** (dat) **etw ~** to borrow sth (bei, von from)

auslernen v/i sep **man lernt nie aus** (prov) you live and learn (prov)

Auslese f **1** no pl (≈ Auswahl) selection **2** (≈ Elite) **die ~** the élite **3** (≈ Wein) high-quality wine made from selected grapes

auslesen sep irr **A** v/t **1** (≈ auswählen) to select **2** Buch etc to finish reading **B** v/i (≈ zu Ende lesen) to finish reading

ausliefern v/t sep **1** Waren to deliver **2** jdn to hand over (an +acc to); (an anderen Staat) to extradite (an +acc to); **sich der Polizei ~** to give oneself up to the police; **jdm ausgeliefert sein** to be at sb's mercy

Auslieferung f **1** (von Ware) delivery **2** (von Menschen) handing over; (von Gefangenen) extradition **Auslieferungsantrag** m JUR application for extradition

ausliegen v/i sep irr (Waren) to be displayed; (Zeitschriften, Liste etc) to be available (to the public)

auslöffeln v/t sep Teller to empty; **etw ~ müssen** (infml) to have to take the consequences of sth

ausloggen ['auslɔgn] v/r IT to log out

auslöschen v/t sep Feuer, Licht to extinguish; Erinnerung to blot out

auslosen v/t sep to draw lots for; Gewinner to draw

auslösen v/t sep Alarm, Reaktion to trigger; Bombe to release; (fig) Wirkung to produce; Begeisterung to arouse **Auslöser** ['ausløːzɐ] m ⟨-s, -⟩ trigger; (für Bombe) release button; PHOT shutter release

Auslosung ['ausloːzʊŋ] f ⟨-, -en⟩ draw

ausloten v/t sep (fig) to plumb; **die Sache muss ich doch mal ~** (infml) I'll have to try to get to the bottom of the matter

ausmachen v/t sep **1** Feuer, Kerze to put out; Licht, Radio to turn off **2** (≈ sichten) to make out; (≈ ausfindig machen) to locate **3** (≈ vereinbaren) to agree; **einen Termin ~** to agree (on) a time; → ausgemacht **4** (≈ betragen) to come to **5** (≈ bedeuten) **viel ~** to make a big difference; **das macht nichts aus** that doesn't matter **6** (≈ stören)

to matter (jdm to); **macht es Ihnen etwas aus, wenn ...?** would you mind if ...?

ausmalen v/t sep **sich** (dat) **etw ~** to imagine sth

Ausmaß nt (von Fläche) size; (von Katastrophe, Liebe) extent; **ein Verlust in diesem ~** a loss on this scale; **erschreckende ~e annehmen** to assume alarming proportions

ausmergeln ['ausmɛrɡln] v/t sep Körper etc to emaciate; Boden to exhaust

ausmerzen ['ausmɛrtsn] v/t sep to eradicate

ausmessen v/t sep irr to measure (out)

ausmisten sep v/t Stall to muck out (Br), to clear (US); (fig infml) Zimmer etc to clean out

ausmustern v/t sep Fahrzeug etc to take out of service; (MIL ≈ entlassen) to discharge

Ausnahme ['ausnaːmə] f ⟨-, -n⟩ exception; **mit ~ von** or +gen with the exception of; **ohne ~** without exception **Ausnahmefall** m exceptional case **Ausnahmezustand** m POL **den ~ verhängen** to declare a state of emergency **ausnahmslos** adv without exception **ausnahmsweise** adv **darf ich das machen? — ~** may I do that? — just this once

ausnehmen v/t sep irr **1** Fisch to gut; Geflügel to draw **2** (≈ ausschließen) jdn to make an exception of; (≈ befreien) to exempt; → ausgenommen **3** (infml: finanziell) jdn to fleece (infml)

ausnüchtern ['ausnʏçtɐn] v/t & v/i & v/r sep to sober up **Ausnüchterungszelle** f drying-out cell

ausnutzen v/t sep to use; (≈ ausbeuten) to exploit; Gelegenheit to make the most of **Ausnutzung** f ⟨-, no pl⟩ use; (≈ Ausbeutung) exploitation

auspacken sep **A** v/t & v/i Koffer to unpack; Geschenk to unwrap **B** v/i (infml) (≈ alles sagen) to talk (infml)

auspeitschen v/t sep to whip

auspfeifen v/t sep irr to boo at

ausplaudern v/t sep to let out

ausplündern v/t sep Dorf etc to pillage

ausposaunen past part ausposaunt v/t sep (infml) to broadcast (infml)

auspressen v/t sep Zitrone etc to squeeze

ausprobieren past part ausprobiert v/t sep to try out

Auspuff m, pl -puffe exhaust

auspumpen v/t sep (≈ leeren) to pump out

Ausputzer ['ausputsɐ] m ⟨-s, -⟩, **Ausputzerin** [-ərɪn] f ⟨-, -nen⟩ FTBL sweeper

ausquartieren ['auskvarti:rən] *past part* **ausquartiert** *v/t sep* to move out

ausquetschen *v/t sep Saft etc* to squeeze out; (*infml* ≈ *ausfragen*) to grill (*infml*)

ausradieren *past part* **ausradiert** *v/t sep* to rub out; (*fig* ≈ *vernichten*) to wipe out

ausrangieren *past part* **ausrangiert** *v/t sep* (*infml*) *Kleider* to throw out; *Maschine, Auto* to scrap

ausrasten *sep v/i aux sein* (*hum infml* ≈ *zornig werden*) to do one's nut (*Br infml*)

ausrauben *v/t sep* to rob

ausräuchern *v/t sep Zimmer* to fumigate; *Tiere, Bande* to smoke out

ausräumen *v/t sep* to clear out; *Möbel* to move out; (*fig*) *Missverständnisse* to clear up

ausrechnen *v/t sep* to work out; **sich** (*dat*) **große Chancen ~** to reckon that one has a good chance; → **ausgerechnet**

Ausrede *f* excuse **ausreden** *sep* **A** *v/i* to finish speaking **B** *v/t* **jdm etw ~** to talk sb out of sth

ausreichen *v/i sep* to be sufficient **ausreichend** **A** *adj* sufficient; SCHOOL satisfactory **B** *adv* sufficiently

Ausreise *f* **bei der ~** on leaving the country **ausreisen** *v/i sep aux sein* to leave (the country); **nach Frankreich ~** to go to France

ausreißen *sep v/t irr* **A** *v/t Haare, Blatt* to tear out; *Unkraut, Zahn* to pull out **B** *v/i aux sein* (*infml* ≈ *davonlaufen*) to run away **Ausreißer** ['ausraisɐ] *m* ⟨-s, -⟩, **Ausreißerin** [-ərɪn] *f* ⟨-, -nen⟩ (*infml*) runaway

ausreiten *v/i sep irr aux sein* to go for a ride

ausrenken ['ausrɛŋkn] *v/t sep* to dislocate; **sich/jdm den Arm ~** to dislocate one's/sb's arm

ausrichten *sep v/t* **1** (≈ *aufstellen*) to line up **2** (≈ *veranstalten*) to organize **3** (≈ *erreichen*) to achieve; **ich konnte bei ihr nichts ~** I couldn't get anywhere with her **4** (≈ *übermitteln*) to tell; **kann ich etwas ~?** can I give him/her *etc* a message?

Ausritt *m* ride (out)

ausrollen *v/t sep Teig, Teppich* to roll out; *Kabel* to run out

ausrotten ['ausrɔtn] *v/t sep* to wipe out; *Ideen* to stamp out

ausrücken *sep v/i aux sein* **1** MIL to move out; (*Polizei, Feuerwehr*) to turn out **2** (*infml* ≈ *ausreißen*) to make off

Ausruf *m* cry **ausrufen** *v/t sep irr* to ex-

claim; (≈ *verkünden*) to call out; *Streik* to call; **jdn zum** *or* **als König ~** to proclaim sb king; **jdn ~** (**lassen**) (*über Lautsprecher etc*) to put out a call for sb; (*im Hotel*) to page sb **Ausrufezeichen** *nt* exclamation mark (*Br*), exclamation point (*US*)

ausruhen *v/i & v/r sep* to rest; (*Mensch*) to have a rest

ausrüsten *v/t sep* to equip; *Fahrzeug, Schiff* to fit out **Ausrüstung** *f* equipment; (≈ *esp Kleidung*) outfit

ausrutschen *v/i sep aux sein* to slip **Ausrutscher** ['ausrʊtʃɐ] *m* ⟨-s, -⟩ (*infml*) slip; (≈ *schlechte Leistung*) slip-up

Aussaat *f* **1** *no pl* (≈ *das Säen*) sowing **2** (≈ *Saat*) seed **aussäen** *v/t sep* to sow

Aussage *f* statement; (*eines Beschuldigten, Angeklagten*) statement; (≈ *Zeugenaussage*) testimony; **hier steht ~ gegen ~** it's one person's word against another's; **nach ~ seines Chefs** according to his boss **aussagen** *sep* **A** *v/t* to say (*über +acc* about); (≈ *behaupten*) to state **B** *v/i* JUR to give evidence; **unter Eid ~** to give evidence under oath

Aussätzige(r) ['ausztsɪɡə] *m/f(m) decl as adj* leper

aussaugen *v/t sep* to suck out

ausschaben *v/t sep* to scrape out; MED to curette

ausschaffen *v/t sep* (*Swiss form*) to deport

ausschalten *v/t sep* **1** (≈ *abstellen*) to switch off **2** (*fig*) to eliminate

Ausschank *m* ⟨-(e)s, **Ausschänke** [-ʃɛŋkə]⟩ (≈ *Schankraum*) bar, pub (*Br*); (≈ *Schanktisch*) bar

Ausschau *f, no pl* **~ halten** to look out **ausschauen** *v/i sep* **1** (*elev*) to look out (*nach* for) **2** (*dial*) = **aussehen**

ausscheiden *sep v/t* **A** *v/t* (≈ *aussondern*) to take out; PHYSIOL to excrete **B** *v/i aux sein* (*aus einem Amt*) to retire (*aus* from); (*aus Klub, Firma*) to leave (*aus etw* sth); SPORTS to be eliminated; **das/er scheidet aus** that/he has to be ruled out **Ausscheidung** *f* **1** *no pl* PHYSIOL excretion **2** SPORTS elimination **Ausscheidungskampf** *m* SPORTS preliminary (round)

ausschenken *v/t & v/i sep* to pour (out); (*am Ausschank*) to serve

ausscheren *v/i sep aux sein* (*zum Überholen*) to pull out; (*fig*) to step out of line

ausschiffen *sep* **A** *v/t* to disembark; *Ladung, Waren* to unload **B** *v/r* to disembark

ausschildern v/t sep to signpost

ausschlachten v/t sep **1** Tier, Beute to dress **2** (fig) Fahrzeuge, Maschinen etc to cannibalize **3** (fig infml ≈ ausnutzen) to exploit

ausschlafen sep irr **A** v/t Rausch etc to sleep off **B** v/i & v/r to have a good sleep

Ausschlag m **1** MED rash; **(einen) ~ bekommen** to come out in or get a rash **2** (von Zeiger etc) swing; (von Kompassnadel) deflection; **den ~ geben** (fig) to be the decisive factor **ausschlagen** sep irr **A** v/t **1** jdm die Zähne ~ to knock sb's teeth out **2** (≈ verkleiden) to line **3** (≈ ablehnen) to turn down **B** v/i **1** aux sein or haben (Baum, Strauch) to start to bud **2** (Pferd) to kick **3** aux sein or haben (Zeiger, Nadel) to swing; (Kompassnadel) to be deflected **ausschlaggebend** adj decisive

ausschließen v/t sep irr **1** (≈ aussperren) to lock out **2** (≈ entfernen) to exclude; (aus Gemeinschaft) to expel; SPORTS to disqualify; **die Öffentlichkeit ~** JUR to exclude the public; → ausgeschlossen **ausschließlich** ['aʊsʃliːslɪç, ˌaʊsˈʃl-, aʊsˈʃl-] **A** adj attr exclusive; Rechte auch sole **B** adv exclusively **Ausschluss** m (≈ Entfernung) exclusion; (aus Gemeinschaft) expulsion; SPORTS disqualification; **unter ~ der Öffentlichkeit stattfinden** to be closed to the public

ausschmücken v/t sep to decorate; (fig) Erzählung to embellish

ausschneiden v/t sep irr **1** to cut out **2** IT to cut; **~ und einfügen** to cut and paste; → ausgeschnitten **Ausschnitt** m **1** (≈ Zeitungsausschnitt) cutting **2** (≈ Kleidausschnitt) neck; **ein tiefer ~** a low neckline **3** (aus einem Bild) detail; (aus einem Film) clip

ausschöpfen v/t sep **1** Wasser etc to ladle out (aus of); (aus Boot) to bale out (aus of) **2** (fig) to exhaust

ausschreiben v/t sep irr **1** to write out; Rechnung etc to make out **2** (≈ bekannt machen) to announce; Wahlen to call; Stellen to advertise; Projekt to invite tenders for **Ausschreitung** f ⟨-, -en⟩ usu pl riot, rioting no pl

Ausschuss m **1** no pl COMM rejects pl; (fig infml) trash **2** (≈ Komitee) committee **Ausschusssitzung** f committee meeting **Ausschussware** f COMM rejects pl

ausschütteln v/t sep to shake out

ausschütten sep **A** v/t **1** (≈ auskippen) to tip out; Eimer to empty; **jdm sein Herz ~** (fig) to pour out one's heart to sb **2** (≈ verschütten) to spill **3** FIN Dividende etc to distribute **B** v/r **sich (vor Lachen) ~** (infml) to split one's sides laughing

ausschweifend adj Leben dissipated; Fantasie wild **Ausschweifung** f (≈ Maßlosigkeit) excess; (in Lebensweise) dissipation

ausschweigen v/r sep irr to remain silent

aussehen v/i sep irr to look; **gut ~** to look good; (hübsch) to be good looking; (gesund) to look well; **es sieht nach Regen aus** it looks like rain; **wie siehst du denn (bloß) aus?** just look at you!; **es soll nach etwas ~** it's got to look good; **es sieht so aus, als ob …** it looks as if …; **so siehst du (gerade) aus!** (infml) that's what you think! **Aussehen** nt ⟨-s, no pl⟩ appearance

aus sein irr aux sein **A** v/i (infml) **1** (Schule) to have finished; (Krieg, Stück) to have ended; (Feuer, Ofen) to be out; (Radio, Fernseher etc) to be off **2** **auf etw** (acc) **~** to be (only) after sth; **auf jdn ~** to be after sb (infml) **B** v/impers **es ist aus (und vorbei) zwischen uns** it's (all) over between us; **es ist aus mit ihm** he is finished

außen ['aʊsn̩] adv **von ~ sieht es gut aus** on the outside it looks good; **nach ~ hin** (fig) outwardly; **~ stehend** Beobachter etc outside attr **Außenantenne** f outdoor aerial (Br) or antenna (esp US) **Außenaufnahme** f outdoor shot **Außenbahn** f outside lane **Außenbezirk** m outlying district **Außenbordmotor** m outboard motor **Außendienst** m **im ~ sein** to work outside the office **Außenhandel** m foreign trade **Außenminister(in)** m/(f) foreign secretary (Br), secretary of state (US) **Außenministerium** nt Foreign Office (Br), State Department (US) **Außenpolitik** f (Gebiet) foreign politics sg; (bestimmte) foreign policy **außenpolitisch** adj Debatte on foreign affairs; **~e Angelegenheiten** foreign affairs **Außenseite** f outside **Außenseiter** ['aʊsnzaitɐ] m ⟨-s, -⟩, **Außenseiterin** [-ərɪn] f ⟨-, -nen⟩ SPORTS outsider **Außenspiegel** m AUTO outside mirror **Außenstände** pl esp COMM outstanding debts pl **außenstehend** adj → außen **Außenstelle** f branch **Außenstürmer(in)** m/(f) FTBL wing **Außentemperatur** f outside temperature **Außenwand** f outer wall **Außenwelt** f outside world **Außenwirtschaft** f foreign trade **außer** ['ause] **A** prep +dat or (rare) +gen **1** (räumlich) out of; ~ **sich** (dat) **sein** to be beside oneself **2** (≈ ausgenommen) except (for); (≈ abgesehen von) apart from **3** (≈ zusätzlich zu) in addition to **B** cj except; ~ **wenn** ... except when... **außerdem** ['ausedeːm, ause'deːm] adv besides; (≈ dazu) in addition **äußere(r, s)** ['ɔysərə] adj outer; Schein, Eindruck outward **Äußere(s)** ['ɔysərə] nt decl as adj exterior **außergerichtlich** adj, adv out of court **außergewöhnlich** **A** adj unusual **B** adv (≈ sehr) extremely **außerhalb** ['ausehalp] **A** prep +gen outside; ~ **der Stadt** outside the town **B** adv (≈ außen) outside; (≈ außerhalb der Stadt) out of town; **von** ~ from outside/out of town **außerirdisch** adj extraterrestrial **Außerirdische(r)** ['ausεɪrdɪʃə] m/f(m) decl as adj extraterrestrial **äußerlich** ['ɔyseliç] **A** adj **1** external; „nur zur ~en Anwendung!" for external use only **2** (fig ≈ oberflächlich) superficial **B** adv externally; **rein** ~ **betrachtet** on the face of it **Äußerlichkeit** f ⟨-, -en⟩ (fig) triviality; (≈ Oberflächlichkeit) superficiality **äußern** ['ɔysen] **A** v/t (≈ sagen) to say; Wunsch etc to express; Kritik to voice; **seine Meinung** ~ to give one's opinion **B** v/r (Mensch) to speak; (Krankheit) to show itself; **ich will mich dazu nicht** ~ I don't want to say anything about that **außerordentlich** ['ause'ɔrdntliç] **A** adj extraordinary; (≈ ungewöhnlich) remarkable; **Außerordentliches leisten** to achieve some remarkable things **B** adv (≈ sehr) exceptionally **außerparlamentarisch** adj extraparliamentary **außerplanmäßig** adj unscheduled; Defizit unplanned **außersinnlich** adj ~e **Wahrnehmung** extrasensory perception **äußerst** ['ɔysest] adv extremely **außerstande** [ause-'ʃtandə, 'auseʃtandə] adv (≈ unfähig) incapable; (≈ nicht in der Lage) unable **äußerste(r, s)** ['ɔysestə] adj (räumlich) furthest; Schicht outermost; Norden etc extreme; (zeitlich) latest possible; (fig) utmost; **mein** ~s **Angebot** my final offer; **im** ~n **Falle** if the worst comes to the worst; **mit** ~r **Kraft** with all one's strength; **von** ~r **Dringlichkeit** of (the) utmost urgency **Äußerste(s)** ['ɔysestə] nt decl as adj bis

zum ~n **gehen** to go to extremes; **er hat sein** ~s **gegeben** he gave his all; **ich bin auf das** ~ **gefasst** I'm prepared for the worst **Äußerung** ['ɔysərʊŋ] f ⟨-, -en⟩ (≈ Bemerkung) remark

aussetzen sep **A** v/t **1** Kind, Haustier to abandon; Pflanzen to plant out; NAUT Boot to lower **2** jdm/einer Sache ausgesetzt sein (≈ ausgeliefert) to be at the mercy of sb/sth **3** Belohnung to offer; **auf jds Kopf** (acc) **1000 Dollar** ~ to put 1,000 dollars on sb's head **4** (≈ unterbrechen) to interrupt; Prozess to adjourn; Zahlung to break off **5** an jdm/etw etwas auszusetzen haben to find fault with sb/sth; **daran ist nichts auszusetzen** there is nothing wrong with it **B** v/i (≈ aufhören) to stop; (bei Spiel) to sit out; (≈ versagen) to give out; **mit etw** ~ to stop sth

Aussicht f ⟨-, -en⟩ **1** (≈ Blick) view (auf +acc of); **ein Zimmer mit** ~ **auf den Park** a room overlooking the park **2** (fig) prospect (auf +acc of); **etw in** ~ **haben** to have good prospects of sth; **jdm etw in** ~ **stellen** to promise sb sth **aussichtslos** adj hopeless; (≈ zwecklos) pointless; **eine** ~e **Sache** a lost cause **Aussichtsplattform** f viewing or observation platform or deck **aussichtsreich** adj promising; Stellung with good prospects **Aussichtsturm** m observation or lookout tower **Aussiedler(in)** m/(f) (≈ Auswanderer) emigrant

aussitzen v/t sep irr Problem to sit out **aussöhnen** ['ausøːnen] sep v/r **sich mit jdm/etw** ~ to become reconciled with sb/to sth **Aussöhnung** f ⟨-, -en⟩ reconciliation

aussondern v/t sep (≈ auslesen) to select; Schlechtes to pick out

aussortieren past part **aussortiert** v/t sep to sort out

ausspannen sep **A** v/t **1** (≈ ausschirren) to unharness **2** (fig infml) **jdm die Freundin** etc ~ to steal sb's girlfriend etc **B** v/i (≈ sich erholen) to have a break

aussparen v/t sep (fig) to omit

aussperren v/t sep to lock out **Aussperrung** f IND lockout

ausspielen sep **A** v/t **1** Karte to play; (am Spielanfang) to lead with **2** (fig) **jdn gegen jdn** ~ to play sb off against sb **B** v/i CARDS to play a card; (als Erster) to lead; → ausgespielt

Aussprache f **1** pronunciation; (≈ Akzent) accent **2** (≈ Meinungsaustausch) discussion; (≈ Gespräch) talk **aussprechen** sep irr **A** v/t Wort, Urteil etc to pronounce; Scheidung to grant **B** v/r **sich mit jdm (über etw** acc**) ~** to have a talk with sb (about sth); **sich gegen etw ~** to declare oneself against sth **C** v/i (≈ zu Ende sprechen) to finish (speaking); → ausgesprochen **Ausspruch** m remark; (≈ geflügeltes Wort) saying

ausspucken sep **A** v/t to spit out **B** v/i to spit

ausspülen v/t sep to rinse (out)

ausstaffieren ['ausʃtafiːrən] past part **ausstaffiert** v/t sep (infml) to equip; jdn to rig out

Ausstand m **1** (≈ Streik) strike; **im ~ sein** to be on strike; **in den ~ treten** to (go on) strike **2** **seinen ~ geben** to throw a leaving party

ausstatten ['ausʃtatn] v/t sep to equip; (≈ versorgen) to provide; (≈ möblieren) to furnish **Ausstattung** f ⟨-, -en⟩ equipment; (von Zimmer etc) furnishings pl; THEAT décor and costumes pl

ausstechen v/t sep irr **1** Pflanzen to dig up; Plätzchen to cut out **2** Augen (esp als Strafe) to gouge out **3** (fig ≈ übertreffen) to outdo

ausstehen sep irr **A** v/t (≈ ertragen) to endure; Angst to go through; **ich kann ihn nicht ~** I can't bear him **B** v/i (≈ fällig sein) to be due; (Antwort) to be still to come; (Entscheidung) to be still to be taken

aussteigen v/i sep irr aux sein to get out (aus of); (fig: aus Gesellschaft) to opt out **Aussteiger** ['ausʃtaige] m ⟨-s, -⟩, **Aussteigerin** [-ərɪn] f ⟨-, -nen⟩ (aus Gesellschaft) person who opts out; (aus Terroristenszene, Sekte) dropout

ausstellen sep **A** v/t **1** (≈ zur Schau stellen) to display; (in Museum etc) to exhibit **2** (≈ behördlich ausgeben) to issue; **eine Rechnung über 500 Euro ~** to make out a bill for 500 euros **3** (≈ ausschalten) to turn off **B** v/i to exhibit **Aussteller** ['ausʃtɛlə] m ⟨-s, -⟩, **Ausstellerin** [-ərɪn] f ⟨-, -nen⟩ **1** (auf Messe) exhibitor **2** (von Dokument) issuer **Ausstellung** f **1** (≈ Messe) exhibition; (≈ Blumenausstellung etc) show **2** no pl (von Rezept, Rechnung) making out; (behördlich) issuing **Ausstellungsdatum** nt date of issue **Ausstellungs-**

gelände nt exhibition site **Ausstellungshalle** f exhibition hall **Ausstellungsstück** nt exhibit

ausstempeln v/i sep (bei Arbeitsende) to clock out or off

aussterben v/i sep irr aux sein to die out; → ausgestorben **Aussterben** nt extinction; **im ~ begriffen** dying out

Aussteuer f dowry

Ausstieg ['ausʃtiːk] m ⟨-(e)s, -e [-gə]⟩ **1** no pl (aus Bus, Zug etc) exit; (fig: aus Gesellschaft) opting out (aus of); **der ~ aus der Kernenergie** abandoning nuclear energy **2** (a. **Ausstiegluke**) escape hatch

ausstopfen v/t sep to stuff

Ausstoß m (≈ Produktion) output **ausstoßen** v/t sep irr **1** (≈ äußern) to utter; Schrei to give; Seufzer to heave **2** (≈ ausschließen) to expel (aus from); **jdn aus der Gesellschaft ~** to banish sb from society **3** (≈ herausstoßen) to eject; Gas etc to give off; (≈ herstellen) to turn out

ausstrahlen v/t sep to radiate; RADIO, TV to broadcast **Ausstrahlung** f radiation; (RADIO, TV) broadcast(ing); (von Mensch) charisma

ausstrecken sep **A** v/t to extend (nach towards) **B** v/r to stretch (oneself) out

ausstreichen v/t sep irr Geschriebenes to cross out

ausströmen v/i sep aux sein (≈ herausfließen) to stream out (aus of); (≈ entweichen) to escape (aus from)

aussuchen v/t sep (≈ auswählen) to choose; → ausgesucht

Austausch m exchange; (≈ Ersatz) replacement; SPORTS substitution; **im ~ für** or **gegen** in exchange for **austauschbar** adj exchangeable **austauschen** v/t sep to exchange (gegen for); (≈ ersetzen) to replace (gegen with) **Austauschmotor** m replacement engine **Austauschschüler(in)**, **Austauschstudent(in)** m(f) exchange student

austeilen v/t sep to distribute (unter +dat, an +acc among); Spielkarten to deal (out); Prügel to administer

Auster ['austə] f ⟨-, -n⟩ oyster **Austernbank** f, pl **-bänke** oyster bed

austesten ['austɛstn] v/t sep to test; IT Programm etc to debug

austoben sep v/r (Mensch) to let off steam; (≈ sich müde machen) to tire oneself out

austragen sep irr **A** v/t **1** Wettkampf etc to hold; **einen Streit mit jdm ~** to have it out with sb **2** Post etc to deliver **3** **ein Kind ~** to carry a child (through) to full term **B** v/r to sign out **Austragungsort** m, pl -orte SPORTS venue

Australien [aus'traːliən] nt ⟨-s⟩ Australia **Australier** [aus'traːlie] m ⟨-s, -⟩, **Australierin** [-iərɪn] f ⟨-, -nen⟩ Australian **australisch** [aus'traːlɪʃ] adj Australian

austreiben sep irr v/t (≈ vertreiben) to drive out; Teufel etc to exorcise

austreten sep irr **A** v/i aux sein **1** (≈ herauskommen) to come out (aus of); (Gas etc) to escape (aus from, through) **2** (≈ ausscheiden) to leave (aus etw sth) **3** (≈ zur Toilette gehen) to go to the toilet (esp Br) **B** v/t Spur, Feuer etc to tread out; Schuhe to wear out of shape

austricksen v/t sep (infml) to trick

austrinken v/t & v/i sep irr to finish

Austritt m **1** no pl (von Flüssigkeit) outflow; (≈ das Entweichen) escape **2** (≈ das Ausscheiden) leaving no art (aus etc sth)

austrocknen sep **A** v/i aux sein to dry out; (Fluss etc) to dry up **B** v/t (≈ trockenlegen) Sumpf to drain

austüfteln v/t sep (infml) to work out

ausüben v/t sep **1** Beruf to practise (Br), to practice (US); Funktion to perform; Amt to hold **2** Druck, Einfluss to exert (auf +acc on); Macht to exercise; **einen Reiz auf jdn ~** to have an attraction for sb

ausufern ['ausuːfen] v/i sep aux sein (fig) to get out of hand

Ausverkauf m (clearance) sale; **etw im ~ kaufen** to buy sth at the sale(s) **ausverkauft** ['ausfɛɐkauft] adj sold out; **vor ~em Haus spielen** to play to a full house

Auswahl f selection (an +dat of); (≈ Wahl) choice; SPORTS representative team; **drei Bewerber stehen zur ~** there are three applicants to choose from; **eine ~ treffen** to make a selection **auswählen** v/t sep to select (unter +dat from among); **sich** (dat) **etw ~** to select sth (for oneself)

Auswanderer m, **Auswanderin** f emigrant **auswandern** v/i sep aux sein to emigrate (nach, in +acc to) **Auswanderung** f emigration

auswärtig ['ausvɛrtɪç] adj attr **1** (≈ nicht ansässig) nonlocal **2** POL foreign; **der ~e Dienst** the foreign service; **das Auswärtige Amt** the Foreign Office (Br), the State

Department (US) **auswärts** ['ausvɛrts] adv **1** (≈ nach außen) outwards **2** (≈ außerhalb der Stadt) out of town; SPORTS away; **~ essen** to eat out **Auswärtsniederlage** f SPORTS away defeat **Auswärtssieg** m SPORTS away win or victory **Auswärtsspiel** nt SPORTS away (game)

auswechseln v/t sep to change; (esp gegenseitig) to exchange; (≈ ersetzen) to replace; SPORTS to substitute (gegen for); **sie ist wie ausgewechselt** she's a different person **Auswechselspieler(in)** m/(f) substitute **Auswechs(e)lung** ['ausvɛks(ə)lʊŋ] f ⟨-, -en⟩ exchange; (≈ Ersatz) replacement; SPORTS substitution

Ausweg m way out; **der letzte ~** a last resort **ausweglos** adj (fig) hopeless

ausweichen v/i sep irr aux sein to get out of the way (+dat of); (≈ Platz machen) to make way (+dat for); **einer Sache** (dat) **~** (lit) to avoid sth; (fig) to evade sth; **eine ~de Antwort** an evasive answer **Ausweichmanöver** nt evasive action or manoeuvre (Br) or maneuver (US)

ausweinen sep **A** v/r to have a (good) cry; **sich bei jdm ~** to have a cry on sb's shoulder **B** v/t **sich** (dat) **die Augen ~** to cry one's eyes or heart out (nach over)

Ausweis ['ausvais] m ⟨-es, -e [-zə]⟩ card; (≈ Personalausweis) identity card; **~, bitte** your papers please **ausweisen** sep irr **A** v/t (aus dem Lande) to expel **B** v/r (mit Ausweis) to identify oneself; **können Sie sich ~?** do you have any means of identification? **Ausweiskontrolle** f identity check **Ausweispapiere** pl identity papers pl **Ausweisung** f expulsion

ausweiten sep **A** v/t to widen; (fig) to expand (zu into) **B** v/r to widen; (fig) to expand (zu into); (≈ sich verbreiten) to spread

auswendig adv by heart; **etw ~ können/ lernen** to know/learn sth (off) by heart

auswerfen v/t sep irr Anker, Netz to cast; Lava, Asche to throw out

auswerten v/t sep (≈ bewerten) to evaluate; (≈ analysieren) to analyse **Auswertung** f (≈ Bewertung) evaluation; (≈ Analyse) analysis

auswickeln v/t sep to unwrap

auswirken v/r sep to have an effect (auf +acc on); **sich günstig/negativ ~** to have a favourable (Br) or favorable (US)/negative effect **Auswirkung** f (≈ Folge) consequence; (≈ *Wirkung*) effect

auswischen *v/t sep* to wipe out; **jdm eins ~** (*infml, aus Rache*) to get back at sb

auswringen *v/t sep irr* to wring out

Auswuchs ['ausvuːks] *m* ⟨-es, Auswüchse [-vyːksə]⟩ (out)growth; (*fig*) product

auswuchten *v/t sep Räder* to balance

auszahlen *sep* **A** *v/t Geld etc* to pay out; *Gläubiger* to pay off; *Miterben* to buy out **B** *v/r* (≈ *sich lohnen*) to pay (off)

auszählen *sep v/t Stimmen* to count (up); (*Boxen*) to count out

Auszahlung *f* (*von Geld*) paying out; (*von Gläubiger*) paying off

Auszählung *f* (*von Stimmen etc*) counting (up)

auszeichnen *sep* **A** *v/t* **1** *Waren* to label **2** (≈ *ehren*) to honour (*Br*), to honor (*US*); **jdn mit einem Orden ~** to decorate sb (with a medal) **3** (≈ *hervorheben*) to distinguish **B** *v/r* to stand out (*durch* due to); → ausgezeichnet **Auszeichnung** *f* **1** (*von Waren*) labelling (*Br*), labeling (*US*); (*mit Preisschild*) pricing **2** (≈ *Ehrung*) honour (*Br*), honor (*US*); (≈ *Orden*) decoration; (≈ *Preis*) award; **mit ~ bestehen** to pass with distinction

ausziehen *sep irr* **A** *v/t* **1** *Kleider, Schuhe* to take off; *jdn* to undress; **sich** (*dat*) **etw ~** to take off sth **2** (≈ *herausziehen*) to pull out **B** *v/r* to undress **C** *v/i aux sein* (*aus einer Wohnung*) to move (*aus* out of); **auf Abenteuer ~** to set off in search of adventure

Auszubildende(r) ['austsubildndə] *m/f(m) decl as adj* trainee

Auszug *m* **1** (≈ *das Weggehen*) departure; (*zeremoniell*) procession; (*aus der Wohnung*) move **2** (≈ *Ausschnitt*) excerpt; (*aus Buch*) extract; (≈ *Kontoauszug*) statement **auszugsweise** *adv* in extracts

autark [au'tark] *adj* self-sufficient; ECON autarkic

authentisch [au'tɛntɪʃ] *adj* authentic

Autismus [au'tɪsmʊs] *m* ⟨-, *no pl*⟩ autism

Autist [au'tɪst] *m* ⟨-en, -en⟩, **Autistin** [-'tɪstɪn] *f* ⟨-, -nen⟩ autistic child/person **autistisch** [au'tɪstɪʃ] **A** *adj* autistic **B** *adv* autistically

Auto ['auto] *nt* ⟨-s, -s⟩ car; **~ fahren** (*selbst*) to drive (a car); **mit dem ~ fahren** to go by car **Autoabgase** *pl* MOT car emissions *pl* **Autoatlas** *m* road atlas

Autobahn *f* motorway (*Br*), interstate (highway *or* freeway) (*US*); (*esp in Deutschland*) autobahn **Autobahnauffahrt** *f* motorway *etc* access road, freeway on-ramp (*US*) **Autobahnausfahrt** *f* motorway *etc* exit **Autobahndreieck** *nt* motorway *etc* merging point **Autobahngebühr** *f* toll **Autobahnkreuz** *nt* motorway *etc* intersection **Autobahnraststätte** *f* motorway service area (*Br*), rest area (*US*) **Autobiografie** *f* autobiography **autobiografisch** **A** *adj* autobiographical **B** *adv* autobiographically **Autobombe** *f* car bomb **Autobus** *m* bus; (≈ *Reiseomnibus*) coach (*Br*), bus **Autodidakt** [autodi'dakt] *m* ⟨-en, -en⟩, **Autodidaktin** [-'daktɪn] *f* ⟨-, -nen⟩ self-educated person **autodidaktisch** [autodi'daktɪʃ] *adj* self-taught *no adv* **Autodieb(in)** *m/f(f)* car thief **Autodiebstahl** *m* car theft **Autofähre** *f* car ferry **Autofahren** *nt* ⟨-s, *no pl*⟩ driving (a car); (*als Mitfahrer*) driving in a car **Autofahrer(in)** *m/f(f)* (car) driver **autofrei** *adj* car-free **Autofriedhof** *m* (*infml*) car dump **autogen** [auto'geːn] *adj* autogenous; **~es Training** PSYCH relaxation through self-hypnosis **Autogramm** [auto'gram] *nt*, *pl* -gramme autograph **Autohändler(in)** *m/f(f)* car *or* automobile (*US*) dealer **Autoimmunerkrankung** *f* MED autoimmune disease **Autokino** *nt* drive-in cinema (*Br*), drive-in movie theater (*US*) **Automat** [auto'maːt] *m* ⟨-en, -en⟩ machine; (≈ *Verkaufsautomat*) vending machine; (≈ *Roboter*) robot; (≈ *Spielautomat*) slot machine

Automatik[1] [auto'maːtɪk] *m* ⟨-s, -s⟩ AUTO automatic

Automatik[2] *f* ⟨-, -en⟩ **1** automatic mechanism **2** (≈ *Gesamtanlage*) automatic system; AUTO automatic transmission **Automatikwagen** *m* automatic **automatisch** [auto'maːtɪʃ] **A** *adj* automatic **B** *adv* automatically

Automechaniker(in) *m/f(f)* car mechanic **Automobilausstellung** *f* motor show **Automobilindustrie** *f* automotive industry **autonom** [auto'noːm] *adj* autonomous **Autonome(r)** [auto'noːmə] *m/f(m) decl as adj* POL independent **Autonomie** [autono'miː] *f* ⟨-, -n [-'miːən]⟩ autonomy (*also fig*) **Autonummer** *f* (car) number **Autopilot** *m* AVIAT autopilot

B

Autopsie [autɔ'psiː] f ⟨-, -n [-'psiːən]⟩ MED autopsy

Autor ['autoːɐ] m ⟨-s, Autoren [au'toː-rən]⟩ author

Autoradio nt car radio **Autoreifen** m car tyre (Br) or tire (US) **Autorennen** nt (motor) race **Autoreverse-Funktion** ['autorivøːɐs-, 'autorivœrs-] f auto-reverse (function)

Autorin [au'toːrɪn] f ⟨-, -nen⟩ author, authoress

autoritär [autori'tɛːɐ] **A** adj authoritarian **B** adv in an authoritarian manner **Autorität** [autori'tɛːt] f ⟨-, -en⟩ authority

Autoschlange f queue (Br) or line of cars **Autoschlosser(in)** m/(f) panel beater **Autoschlüssel** m car key **Autoskooter** ['autoskuːtɐ] m ⟨-s, -⟩ bumper car **Autosport** m motor sport **Autostopp** m hitchhiking **Autostrich** m (infml) prostitution to car drivers **Autostunde** f hour's drive **Autounfall** m car accident **Autoverleih** m, **Autovermietung** f car hire (esp Br) or rental (esp US); (≈ Firma) car hire (esp Br) or rental (esp US) firm **Autoversicherung** f car insurance **Autowaschanlage** f car wash **Autowerkstatt** f garage, car repair shop (US)

Auwald m riverside woods pl or forest

Avantgarde [a'vãːɡardə, avã'ɡardə] f (elev) (ART) avant-garde; POL vanguard **avantgardistisch** [avãɡar'dɪstɪʃ, avant-] adj avant-garde

Avatar [ava'taːɐ] m ⟨-s, -e⟩ IT avatar

Aversion [avɛr'zioːn] f ⟨-, -en⟩ aversion (gegen to)

Avocado [avo'kaːdo] f ⟨-, -s⟩ avocado

Axt [akst] f ⟨-, ⸚e ['ɛkstə]⟩ axe (Br), ax (US)

Ayatollah [aja'tɔla] m ⟨-s, -s⟩ ayatollah

Azalee [atsa'leːə] f ⟨-, -n⟩ azalea

Azoren [a'tsoːrən] pl GEOG Azores pl **Azorenhoch** nt METEO high over the Azores

Azteke [ats'teːkə] m ⟨-n, -n⟩, **Aztekin** [-'teːkɪn] f ⟨-, -nen⟩ Aztec

Azubi [a'tsuːbiː, 'a(ː)tsubi] m ⟨-s, -s or f -, -s⟩ abbr of Auszubildende(r)

B, b [beː] nt ⟨-, -⟩ B, b

Baby ['beːbi] nt ⟨-s, -s⟩ baby **Babyausstattung** f layette **Babyjahr** nt maternity leave (for one year) **Babyklappe** ['beːbi-] f anonymous drop-off point for unwanted babies **Babynahrung** f baby food **Babypause** f (der Mutter) maternity leave; (des Vaters) paternity leave; **eine ~ einlegen** to take or go on maternity/paternity leave **babysitten** ['beːbizɪtɐn] v/i insep to babysit **Babysitter** ['beːbizɪtɐ] m ⟨-s, -⟩, **Babysitterin** [-ərɪn] f ⟨-, -nen⟩ babysitter **Babytragetasche** f carrycot (Br), traveling baby bed (US)

Bach [bax] m ⟨-(e)s, ⸚e ['bɛçə]⟩ stream; **den ~ heruntergehen** (infml: Firma etc) to go down the tubes (infml)

Bachelor ['bɛtʃələ] m ⟨-(s), -s⟩ bachelor's (degree) **Bachelorabschluss** m bachelor's (degree) **Bachelorarbeit** f bachelor thesis, dissertation

Backblech nt baking tray (Br), baking pan (US)

Backbord nt, no pl NAUT port (side) **backbord(s)** ['bakbɔrt(s)] adv NAUT on the port side

Backe ['bakə] f ⟨-, -n⟩ **1** (≈ Wange) cheek **2** (infml ≈ Hinterbacke) buttock

backen ['bakn] pret **backte** or (old) **buk** ['baktə, buːk], past part **gebacken** [ɡə'bakn] **A** v/t to bake; **gebackener Fisch** fried fish; (im Ofen) baked fish **B** v/i to bake

Backenzahn m molar

Bäcker ['bɛkɐ] m ⟨-s, -⟩, **Bäckerin** [-ərɪn] f ⟨-, -nen⟩ baker; **zum ~ gehen** to go to the baker's **Bäckerei** [bɛkə'rai] f ⟨-, -en⟩ **1** (≈ Bäckerladen) baker's (shop); (≈ Backstube) bakery **2** (≈ Gewerbe) baking trade **backfertig** adj oven-ready **Backfett** nt cooking fat **Backform** f baking tin (Br) or pan (US) **Backhähnchen** nt, **Backhendl** nt (S Ger, Aus) roast chicken **Backmischung** f cake mix **Backobst** nt dried fruit **Backofen** m oven **Backpflaume** f prune **Backpulver** nt baking powder **Backrohr** nt (Aus ≈ Backofen) oven

Backslash ['bɛkslɛʃ] m ⟨-s, -s⟩ IT backslash

Backstein m brick **Backwaren** pl bread, cakes and pastries pl

Bad [ba:t] nt ⟨-(e)s, ⁼er ['bɛːdə]⟩ **1** bath; (im Meer etc) swim; **ein ~ nehmen** to have a bath **2** (≈ Badezimmer) bathroom; **Zimmer mit ~** room with (private) bath **3** (≈ Schwimmbad) (swimming) pool **4** (≈ Heilbad) spa **Badeanzug** m swimsuit, bathing suit (esp US) **Badehose** f (swimming or bathing) trunks pl **Badekappe** f swimming cap **Bademantel** m bathrobe, dressing gown (Br) **Bademeister(in)** m/(f) (im Schwimmbad) (pool) attendant **baden** ['baːdn] **A** v/i (in der Badewanne) to have a bath; (im Meer, Schwimmbad etc) to swim; **warm/kalt ~** to have a hot/cold bath; **~ gehen** to go swimming; (infml) to come a cropper (infml) **B** v/t **1** Kind etc to bath (Br), to bathe (US); **in Schweiß gebadet** bathed in sweat **2** Augen, Wunde etc to bathe **Baden-Württemberg** ['baːdn'vʏrtəmbɛrk] nt ⟨-s⟩ Baden-Württemberg **Badeort** m, pl -orte (≈ Kurort) spa; (≈ Seebad) (seaside) resort **Badesachen** pl swimming gear **Badesalz** nt bath salts pl **Badeschaum** m bubble bath **Badetuch** nt, pl -tücher bath towel **Badewanne** f bath(tub) **Badewasser** nt, no pl bath water **Badezeug** nt, no pl swimming gear **Badezimmer** nt bathroom

Badminton ['bɛtmɪntən] nt ⟨-s, no pl⟩ badminton

baff [baf] adj pred (infml) **~ sein** to be flabbergasted

BAföG ['baːføk] nt ⟨-s, no pl⟩ abbr of Bundesausbildungsförderungsgesetz student financial assistance scheme; **er kriegt ~** he gets a grant

Bagatelle [baga'tɛlə] f ⟨-, -n⟩ trifle **Bagatellsache** f JUR petty case **Bagatellschaden** m minor damage

Bagger ['bagɐ] m ⟨-s, -⟩ excavator **baggern** ['bagɐn] **A** v/t & v/i Graben to excavate **B** v/i (sl ≈ anmachen) to pick up (infml) **Baggersee** m artificial lake in quarry etc

Baguette [ba'gɛt] nt ⟨-s, -s or f -, -n⟩ baguette

Bahamas [ba'haːmas] pl Bahamas pl

Bahn [baːn] f ⟨-, -en⟩ **1** (≈ Weg) path; (≈ Fahrbahn) carriageway; **~ frei!** make way!; **die ~ ist frei** (fig) the way is clear; **von der rechten ~ abkommen** to stray from the straight and narrow; **jdn aus der ~ werfen** (fig) to shatter sb **2** (≈ Eisenbahn) railway (Br), railroad (US); (≈ Zug) train; (≈ Straßenbahn) tram (esp Br), streetcar (US); **mit der** or **per ~** by train or rail/tram (esp Br) or streetcar (US) **3** SPORTS track; (in Schwimmbecken) pool; (≈ Kegelbahn) (bowling) alley **4** PHYS, ASTRON orbit; (≈ Geschossbahn) trajectory **5** (≈ Stoffbahn, Tapetenbahn) length **Bahnarbeiter(in)** m/(f) rail worker, railroader (US) **bahnbrechend** adj pioneering **BahnCard**® [-kaːɐd] f ⟨-, -s⟩ ≈ railcard **bahnen** ['baːnən] v/t Pfad to clear; **jdm einen Weg ~** to clear a way for sb; (fig) to pave the way for sb **Bahnfahrt** f rail journey **Bahnfracht** f rail freight **Bahnhof** m (railway (Br) or railroad (US)) station; **auf dem ~** at the station; **ich verstehe nur ~** (hum infml) it's as clear as mud (to me) (Br infml) **Bahnhofshalle** f (station) concourse; **in der ~** in the station **Bahnhofsmission** f charitable organization for helping needy passengers **bahnlagernd** adj, adv COMM **etw ~ schicken** to send sth to be picked up at the station (esp Br) **Bahnlinie** f (railway (Br) or railroad (US)) line **Bahnpolizei** f railway (Br) or railroad (US) police **Bahnsteig** [-ʃtaik] m ⟨-(e)s, -e [-gə]⟩ platform **Bahnübergang** m level (Br) or grade (US) crossing **Bahnverbindung** f train service

Bahrain [ba'rain, bax'rain] nt ⟨-s⟩ Bahrain

Bahre ['baːrə] f ⟨-, -n⟩ (≈ Krankenbahre) stretcher; (≈ Totenbahre) bier

Baiser [bɛ'zeː] nt ⟨-s, -s⟩ meringue

Baisse ['bɛːsə] f ⟨-, -n⟩ ST EX fall; (plötzliche) slump

Bakterie [bak'teːriə] f ⟨-, -n⟩ usu pl germ; **~n** pl bacteria pl **bakteriologisch** [bakterio'loːgɪʃ] adj bacteriological; Krieg biological

Balance [ba'lãːsə] f ⟨-, -n⟩ balance **Balanceakt** [ba'lãːsə-] m balancing act **balancieren** [balã'siːrən] past part balanciert v/t & v/i aux sein to balance

bald [balt] adv, comp eher ['beːldɐ], sup am ehesten **1** soon; **~ darauf** soon afterwards; **möglichst ~** as soon as possible; **bis ~!** see you soon **2** (≈ fast) almost

Baldachin ['baldaxiːn, balda'xiːn] m ⟨-s, -e⟩ canopy

baldig ['baldɪç] adj attr no comp quick; Ant-

wort early **baldmöglichst** *adv* as soon as possible

Baldrian ['baldria:n] *m* ⟨-s, -e⟩ valerian

Balearen [bale'a:rən] *pl* **die ~** the Balearic Islands *pl*

Balg¹ [balk] *m* ⟨-(e)s, ¨e ['bɛlgə]⟩ (≈ *Tierhaut*) pelt

Balg² *m or nt* ⟨-(e)s, ¨er ['bɛlgə]⟩ (*pej infml* ≈ *Kind*) brat (*pej infml*)

balgen ['balgn] *v/r* to scrap (*um* over) **Balgerei** [balgə'rai] *f* ⟨-, -en⟩ scrap

Balkan ['balka:n] *m* ⟨-s⟩ **der ~** the Balkans *pl*; **auf dem ~** in the Balkans **Balkanländer** *pl* Balkan States **Balkanroute** *f* (*von Flüchtlingen*) Balkans route

Balken ['balkn] *m* ⟨-s, -⟩ **1** beam; (≈ *Querbalken*) joist **2** (≈ *Strich*) bar **3** (*an Waage*) beam **Balkendiagramm** *nt* bar chart

Balkon [bal'kɔŋ, bal'ko:n] *m* ⟨-s, -s or (*bei dt. Aussprache*) -e⟩ balcony

Ball¹ *m* ⟨-(e)s, ¨e ['bɛlə]⟩ ball; **am ~ bleiben** (*lit*) to keep (possession of) the ball; (*fig*) to stay on the ball

Ball² *m* ⟨-(e)s, ¨e ['bɛlə]⟩ (≈ *Tanzfest*) ball

Ballade [ba'la:də] *f* ⟨-, -n⟩ ballad

Ballast ['balast, ba'last] *m* ⟨-(e)s, (*rare*) -e⟩ ballast; (*fig*) burden **Ballaststoffe** *pl* MED roughage *sg*

ballen ['balən] **A** *v/t Faust* to clench; *Lehm etc* to press (into a ball); → **geballt B** *v/r* (*Menschenmenge*) to crowd; (*Wolken*) to gather; (*Verkehr*) to build up

Ballen ['balən] *m* ⟨-s, -⟩ **1** bale **2** ANAT ball

Ballerina [balə'ri:na] *f* ⟨-, Ballerinen [-'ri:-nən]⟩ ballerina

ballern ['balən] *v/i* (*infml*) to shoot; **gegen die Tür ~** to hammer on the door

Ballett [ba'lɛt] *nt* ⟨-(e)s, -e⟩ ballet **Balletttänzer(in)** *m/(f)* ballet dancer

Ballistik [ba'lɪstɪk] *f* ⟨-, *no pl*⟩ ballistics *sg* **ballistisch** [ba'lɪstɪʃ] *adj* ballistic

Balljunge *m* TENNIS ball boy **Ballkleid** *nt* ball dress **Ballmädchen** *nt* (*Tennis*) ball girl

Ballon [ba'lɔŋ, ba'lo:n, ba'lõ:] *m* ⟨-s, -s or (*bei dt. Aussprache*) -e⟩ balloon

Ballsaal *m* ballroom **Ballspiel** *nt* ball game

Ballungsgebiet *nt*, **Ballungsraum** *m* conurbation

Ballwechsel *m* SPORTS rally

Balsam ['balza:m] *m* ⟨-s, -e⟩ balsam; (*fig*) balm

Balsamico [bal'za:miko] *m* ⟨-s, -s⟩, **Balsamicoessig** *m* balsamic vinegar

Baltikum ['baltikʊm] *nt* ⟨-s⟩ **das ~** the Baltic States *pl* **baltisch** ['baltɪʃ] *adj* Baltic *attr*

Balz [balts] *f* ⟨-, -en⟩ courtship display; (≈ *Paarungszeit*) mating season **balzen** ['baltsn] *v/i* to perform the courtship display

Bambus ['bambʊs] *m* ⟨-ses *or* -, -se⟩ bamboo **Bambusrohr** *nt* bamboo cane **Bambussprossen** *pl* bamboo shoots *pl*

Bammel ['baml] *m* ⟨-s, *no pl*⟩ (*infml*) **(einen) ~ vor jdm/etw haben** to be scared of sb/sth

banal [ba'na:l] *adj* banal **Banalität** [banali'tɛ:t] *f* ⟨-, -en⟩ **1** *no pl* banality **2** *usu pl* (*Äußerung*) platitude

Banane [ba'na:nə] *f* ⟨-, -n⟩ banana **Bananenrepublik** *f* (POL *pej*) banana republic **Bananenschale** *f* banana skin

Banause [ba'nauzə] *m* ⟨-n, -n⟩, **Banausin** [-'nauzɪn] *f* ⟨-, -nen⟩ (*pej*) peasant (*infml*)

Band¹ [bant] *nt* ⟨-(e)s, ¨er ['bɛndə]⟩ **1** (≈ *Seidenband etc*) ribbon; (≈ *Maßband, Zielband*) tape; (≈ *Haarband*) band **2** (≈ *Tonband*) tape; **etw auf ~ aufnehmen** to tape sth **3** (≈ *Fließband*) conveyor belt; (≈ *Montageband*) assembly line; **am laufenden ~** (*fig*) nonstop **4** RADIO wavelength **5** ANAT *usu pl* ligament

Band² *m* ⟨-(e)s, ¨e ['bɛndə]⟩ (≈ *Buchband*) volume; **das spricht Bände** that speaks volumes

Band³ [bɛnt] *f* ⟨-, -s⟩ MUS band

Bandage [ban'da:ʒə] *f* ⟨-, -n⟩ bandage; **mit harten ~n kämpfen** (*fig infml*) to fight with no holds barred **bandagieren** [banda'ʒi:rən] *past part* **bandagiert** *v/t* to bandage (up)

Bandbreite *f* **1** RADIO waveband **2** (*fig*) range

Bande¹ ['bandə] *f* ⟨-, -n⟩ gang; (*infml* ≈ *Gruppe*) bunch (*infml*)

Bande² *f* ⟨-, -n⟩ SPORTS barrier; (*Billard*) cushion

Bänderriss *m* torn ligament **Bänderzerrung** *f* pulled ligament

bändigen ['bɛndɪgn] *v/t* (≈ *zähmen*) to tame; (≈ *niederhalten*) to subdue; (≈ *zügeln*) to control; *Naturgewalten* to harness

Bandit [ban'di:t] *m* ⟨-en, -en⟩, **Banditin**

[-'di:tɪn] f ⟨-, -nen⟩ bandit; **einarmiger ~** one-armed bandit
Bandmaß nt tape measure
Bandnudeln pl ribbon noodles pl
Bandscheibe f ANAT (intervertebral) disc **Bandscheibenschaden** m slipped disc **Bandwurm** m tapeworm
bang(e) [baŋ] adj, comp -er or ¨er ['bɛŋə], sup -ste(r, s) or ¨ste(r, s) ['bɛŋstə] pred (≈ ängstlich) scared; Augenblicke auch anxious **Bange** ['baŋə] f ⟨-, no pl⟩ (esp N Ger) **jdm ~ machen** to scare sb; **nur keine ~!** (infml) don't worry **bangen** ['baŋən] v/i to worry (um about); **um jds Leben ~** to fear for sb's life
Bangladesch [baŋgla'dɛʃ] nt ⟨-s⟩ Bangladesh
Banjo ['banjo, 'bɛndʒo, 'bandʒo] nt ⟨-s, -s⟩ banjo
Bank¹ [baŋk] f ⟨-, ¨e ['bɛŋkə]⟩ (≈ Sitzbank) bench; (≈ Kirchenbank) pew; (≈ Parlamentsbank) bench; **(alle) durch die ~ (weg)** (infml) the whole lot (of them) (infml); **etw auf die lange ~ schieben** (infml) to put sth off
Bank² f ⟨-, -en⟩ FIN bank; **Geld auf der ~ (liegen) haben** to have money in the bank; **die ~ sprengen** to break the bank **Bankautomat** m cash dispenser (Br), ATM
Bankdrücken nt SPORTS bench press
Bänkelsänger m ballad singer
Banker ['bɛŋke] m ⟨-s, -⟩, **Bankerin** [-ərɪn] f ⟨-, -nen⟩ (infml) banker
Bankett¹ [baŋ'kɛt] nt ⟨-(e)s, -e⟩ (≈ Festessen) banquet
Bankett² nt ⟨-(e)s, -e⟩, **Bankette** [baŋ'kɛtə] f ⟨-, -n⟩ (an Straßen) verge (Br), shoulder (US); (an Autobahnen) (hard) shoulder; **„Bankette nicht befahrbar"** "soft verges (Br) or shoulder (US)"
Bankfach nt **1** (≈ Beruf) banking **2** (≈ Schließfach) safety-deposit box **Bankgebühr** f bank charge **Bankgeheimnis** nt confidentiality in banking **Bankhalter(in)** m/(f) (bei Glücksspielen) banker **Bankier** [baŋ'kie:] m ⟨-s, -s⟩ banker **Bankkarte** f bank card **Bankkauffrau** f, **Bankkaufmann** m (qualified) bank clerk **Bankkonto** nt bank account **Bankleitzahl** f (bank) sort code (Br) **Banknote** f banknote, bill (US) **Bankomat** [baŋko'ma:t] m ⟨-en, -en⟩ (Aus) cash machine, ATM **Bankraub** m

bank robbery **Bankräuber(in)** m/(f) bank robber
bankrott [baŋ'krɔt] adj bankrupt; Mensch, Politik discredited **Bankrott** [baŋ'krɔt] m ⟨-(e)s, -e⟩ bankruptcy; (fig) breakdown; **~ machen** to go bankrupt **bankrottgehen** v/i sep to go bankrupt
Banküberfall m bank raid **Bankverbindung** f banking arrangements pl; **geben Sie bitte Ihre ~ an** please give your account details **Bankwesen** nt das ~ banking
Bann [ban] m ⟨-(e)s, -e⟩ **1** no pl spell; **im ~ eines Menschen stehen** to be under sb's spell **2** (HIST ≈ Kirchenbann) excommunication **bannen** ['banən] v/t **1** (elev ≈ bezaubern) to bewitch **2** böse Geister to exorcize; Gefahr to avert
Banner ['banə] nt ⟨-s, -⟩ banner (auch INTERNET)
Bantamgewicht nt bantamweight
Baptist [bap'tɪst] m ⟨-en, -en⟩, **Baptistin** [-'tɪstɪn] f ⟨-, -nen⟩ Baptist
bar [ba:ɐ] adj no comp **1** cash; **~es Geld** cash; **(in) ~ bezahlen** to pay (in) cash; **etw für ~e Münze nehmen** (fig) to take sth at face value **2** attr (≈ rein) Unsinn auch utter
Bar [ba:ɐ] f ⟨-, -s⟩ **1** (≈ Nachtlokal) nightclub **2** (≈ Theke) bar
Bär [bɛ:ɐ] m ⟨-en, -en⟩ bear; **der Große/ Kleine ~** ASTRON Ursa Major/Minor, the Big/Little Dipper; **jdm einen ~en aufbinden** (infml) to have (Br) or put (US) sb on (infml)
Baracke [ba'rakə] f ⟨-, -n⟩ shack
Barbar [bar'ba:ɐ] m ⟨-en, -en⟩, **Barbarin** [-'ba:rɪn] f ⟨-, -nen⟩ (pej) barbarian **Barbarei** [barba'rai] f ⟨-, -en⟩ (pej) **1** (≈ Unmenschlichkeit) barbarity **2** no pl: (≈ Kulturlosigkeit) barbarism **barbarisch** [bar-'ba:rɪʃ] **A** adj (pej) (≈ unmenschlich) barbarous; (≈ ungebildet) barbaric **B** adv quälen brutally
Barbestand m COMM cash; (in Buchführung) cash in hand
Barbiturat [barbitu'ra:t] nt ⟨-s, -e⟩ barbiturate
Barcode ['ba:ɐko:t] m barcode **Bardame** f barmaid **Bareinzahlung** f cash deposit
Bärenhunger m (infml) **einen ~ haben** to be famished (infml) **bärenstark** adj **1** strapping **2** (infml) terrific

B

barfuß ['ba:ɛfu:s], **barfüßig** barefooted
Bargeld *nt* cash **bargeldlos** **A** *adj*
cashless; **~er Zahlungsverkehr** payment
by money transfer **B** *adv* without using
cash **Barhocker** *m* (bar) stool
bärig ['bɛ:rɪç] (*Aus infml*) **A** *adj* tremendous **B** *adv* tremendously
Bariton ['ba:ritɔn] *m* ⟨-s, -e [-to:nə]⟩ baritone
Barkeeper ['ba:ɛki:pe] *m* ⟨-s, -⟩ barman,
bartender
Barkode ['ba:ɛko:t] *m* barcode
Bärlauch ['bɛ:ɛlaux] *m* ⟨-s, -e⟩ BOT, COOK
bear's garlic
barmherzig [barm'hɛrtsɪç] *adj* merciful; (≈
mitfühlend) compassionate **Barm-**
herzigkeit *f* ⟨-, *no pl*⟩ mercy, merciful-
ness; (≈ *Mitgefühl*) compassion
Barmixer *m* barman
barock [ba'rɔk] *adj* baroque; *Einfälle* bizarre **Barock** [ba'rɔk] *nt or m* ⟨-(s), *no*
pl⟩ baroque
Barometer [baro'me:te] *nt* ⟨-s, -⟩ barometer **Barometerstand** *m* barometer
reading
Baron [ba'ro:n] *m* ⟨-s, -e⟩ baron **Baro-**
nin [ba'ro:nɪn] *f* ⟨-, -nen⟩ baroness
Barren ['barən] *m* ⟨-s, -⟩ **1** (≈ *Metallbarren*)
bar; (≈ *esp Goldbarren*) ingot **2** SPORTS parallel bars *pl*
Barreserve *f* FIN cash reserve
Barriere [ba'rie:rə] *f* ⟨-, -n⟩ barrier
Barrikade [bari'ka:də] *f* ⟨-, -n⟩ barricade;
auf die ~n gehen to go to the barricades
barsch [barʃ] **A** *adj* brusque **B** *adv*
brusquely
Barsch [barʃ] *m* ⟨-(e)s, -e⟩ bass; (≈ *Fluss-*
barsch) perch
Barscheck *m* uncrossed cheque (*Br*),
open check (*US*)
Bart [ba:ɛt] *m* ⟨-(e)s, ⸚e ['bɛ:ɛtə]⟩ **1** beard;
(*von Katze, Robbe etc*) whiskers *pl*; **sich** (*dat*)
einen ~ wachsen *or* **stehen lassen** to
grow a beard **2** (*fig infml*) **jdm um den**
~ gehen to butter sb up (*infml*); **der Witz**
hat einen ~ that's an old chestnut **3** (≈
Schlüsselbart) bit **bärtig** ['bɛ:ɛtɪç] *adj*
bearded **Bartstoppeln** *pl* stubble *sg*
Barverkauf *m* cash sales *pl*; **ein ~** a cash
sale **Barvermögen** *nt* liquid assets *pl*
Barzahlung *f* payment in cash; **(Ver-**
kauf) nur gegen ~ cash (sales) only
Basar [ba'za:ɐ] *m* ⟨-s, -e⟩ bazaar; **auf dem**
~ in the bazaar

Base *f* ⟨-, -n⟩ CHEM base
Baseballmütze ['be:sbɔ:l-] *f* baseball cap
Baseballschläger ['be:sbɔ:l-] *m* baseball bat
Basel ['ba:zl] *nt* ⟨-s⟩ Basle, Basel
basieren [ba'zi:rən] *past part* **basiert** **A** *v/i*
to be based (*auf +dat* on) **B** *v/t* to base (*auf*
+acc on)
Basilika [ba'zi:lika] *f* ⟨-, Basiliken [-kn]⟩
basilica
Basilikum [ba'zi:likʊm] *nt* ⟨-s, *no pl*⟩ basil
Basis ['ba:zɪs] *f* ⟨-, Basen ['ba:zn]⟩ basis;
auf breiter ~ on a broad basis; **die ~**
(*infml*) the grass roots (level) **Basisde-**
mokratie *f* grass-roots democracy **Ba-**
sislager *nt* base camp **Basisstation** *f*
TEL base station
Baskenland *nt* Basque region
Baskenmütze *f* beret
Basketball ['ba:skət-, 'baskət-] *m* ⟨-s, *no*
pl⟩ basketball
baskisch ['baskɪʃ] *adj* Basque
Bass [bas] *m* ⟨-es, ⸚e ['bɛsə]⟩ bass
Bassgitarre *f* bass guitar
Bassin [ba'sɛ̃:] *nt* ⟨-s, -s⟩ (≈ *Schwimmbassin*)
pool
Bassist [ba'sɪst] *m* ⟨-en, -en⟩ (≈ *Sänger*)
bass (singer) **Bassist** [ba'sɪst] *m* ⟨-en,
-en⟩, **Bassistin** [-'sɪstɪn] *f* ⟨-, -nen⟩ (*im*
Orchester etc) bass player **Bassschlüssel**
m bass clef **Bassstimme** *f* bass (voice);
(≈ *Partie*) bass (part)
Bast [bast] *m* ⟨-(e)s, (*rare*) -e⟩ (*zum Binden,*
Flechten) raffia; BOT bast
basta ['basta] *int* **(und damit) ~!** (and)
that's that
Bastard ['bastart] *m* ⟨-(e)s, -e [-də]⟩ **1** (*pej*)
bastard **2** (BIOL ≈ *Kreuzung*) (≈ *Pflanze*) hybrid; (≈ *Tier*) cross(breed)
Bastelei [bastə'lai] *f* ⟨-, -en⟩ (*infml*) handicraft **basteln** ['bastln] **A** *v/i* **1** (*als Hob-*
by) to make things with one's hands; (≈
Handwerksarbeiten herstellen) to do handicrafts; **sie kann gut ~** she is good with
her hands **2 an etw** (*dat*) **~** to make
sth; (≈ *herumbasteln*) to mess around with
sth **B** *v/t* to make **Basteln** *nt* ⟨-s, *no pl*⟩
handicrafts *pl*
Bastion [bas'tio:n] *f* ⟨-, -en⟩ bastion
Bastler ['bastle] *m* ⟨-s, -⟩, **Bastlerin**
[-ərɪn] *f* ⟨-, -nen⟩ (*von Möbeln etc*) do-it-
-yourselfer; **ein guter ~ sein** to be good
with one's hands
Bataillon [batal'jo:n] *nt* ⟨-s, -e⟩ (MIL, *fig*)

battalion
Batik ['ba:tɪk] *f* ⟨-, -en *or m* -s, -en⟩ batik
Batist [ba'tɪst] *m* ⟨-(e)s, -e⟩ batiste
Batterie [batə'ri:] *f* ⟨-, -n [-'ri:ən]⟩ battery **batteriebetrieben** [-bətri:bn] *adj* battery-powered
Bau [bau] *m* **1** ⟨-(e)s, no pl⟩ (≈ *das Bauen*) building; **sich im ~ befinden** to be under construction; **mit dem ~ beginnen** to begin building **2** ⟨-(e)s, no pl⟩ (≈ *Aufbau*) structure **3** ⟨-s, no pl⟩ (≈ *Baustelle*) building site; **auf dem ~ arbeiten** to work on a building site **4** ⟨-(e)s, -ten [-tn]⟩ (≈ *Gebäude*) building; (≈ *Bauwerk*) construction **5** ⟨-(e)s, -e⟩ (≈ *Erdhöhle*) burrow; (≈ *Fuchsbau*) den; (≈ *Dachsbau*) set(t) **Bauarbeiten** *pl* building work *sg*; (≈ *Straßenbau*) roadworks *pl* (*Br*), road construction (*US*) **Bauarbeiter(in)** *m/(f)* building worker **Baubranche** *f* building trade
Bauch [baux] *m* ⟨-(e)s, Bäuche ['bɔyçə]⟩ **1** (*von Mensch*) stomach; ANAT abdomen; (*von Tier*) belly; (≈ *Fettbauch*) paunch; **ihm tat der ~ weh** he had stomach ache; **sich** (*dat*) **den ~ vollschlagen** (*infml*) to stuff oneself (*infml*); **ein voller ~ studiert nicht gern** (*prov*) you can't study on a full stomach; **einen dicken ~ haben** (*sl* ≈ *schwanger sein*) to have a bun in the oven (*infml*); **etw aus dem ~ heraus entscheiden** to decide sth according to a (*a gut*) instinct; **mit etw auf den ~ fallen** (*infml*) to fall flat on one's face with sth (*infml*) **2** (≈ *Wölbung, Hohlraum*) belly
Bauchansatz *m* beginning(s) of a paunch **Bauchfell** *nt* ANAT peritoneum **Bauchfellentzündung** *f* peritonitis **bauchfrei** *adj* **~es Shirt** *or* **Top** crop (-ped) top **Bauchgrimmen** [-grɪmən] *nt* ⟨-s, no pl⟩ (*infml*) tummy ache (*infml*) **Bauchhöhle** *f* abdominal cavity **Bauchhöhlenschwangerschaft** *f* ectopic pregnancy **bauchig** ['bauxɪç] *adj Gefäß* bulbous **Bauchlandung** *f* (*infml*) (AVIAT) belly landing; (*bei Sprung ins Wasser*) belly flop (*infml*) **Bauchmuskel** *m* stomach muscle **Bauchmuskulatur** *f* stomach muscles *pl* **Bauchnabel** *m* navel, bellybutton (*infml*) **Bauchpressen** *pl* SPORTS crunches *pl* **Bauchredner(in)** *m/(f)* ventriloquist **Bauchschmerzen** *pl* stomach ache; (*fig*) anguish; **jdm ~ bereiten** (*fig*) to cause sb major problems **Bauchspeicheldrüse** *f* pancreas

Bauchtanz *m* belly dancing; (*einzelner Tanz*) belly dance **Bauchtänzerin** *f* belly dancer **Bauchweh** [-ve:] *nt* ⟨-s, no pl⟩ stomach ache
Baudenkmal *nt* historical monument **Baud-Rate** ['baut-, 'bɔ:t-] *f* IT baud rate
bauen ['bauən] **A** *v/t* **1** to build; **sich** (*dat*) **ein Haus ~** to build oneself a house; → **gebaut 2** (*infml* ≈ *verursachen*) *Unfall* to cause **B** *v/i* **1** to build; **wir haben neu gebaut** we built a new house; **hier wird viel gebaut** there is a lot of building going on around here **2** (≈ *vertrauen*) **auf jdn/etw ~** to rely on sb/sth
Bauer[1] ['bauə] *m* ⟨-n *or* (*rare*) -s, -n⟩ **1** (≈ *Landwirt*) farmer; (*pej*) (*country*) bumpkin **2** CHESS pawn; CARDS jack, knave
Bauer[2] *nt or m* ⟨-s, -⟩ (≈ *Käfig*) (bird)cage
Bäuerin ['bɔyərɪn] *f* ⟨-, -nen⟩ **1** (≈ *Frau des Bauern*) farmer's wife **2** (≈ *Landwirtin*) farmer **bäuerlich** ['bɔyəlɪç] *adj* rural; (≈ *ländlich*) country *attr* **Bauernbrot** *nt* coarse rye bread **Bauernfänger(in)** *m/(f)* (*infml*) con man/woman (*infml*) **Bauernhof** *m* farm **Bauernregel** *f* country saying **Bauersfrau** *f* farmer's wife
baufällig *adj* dilapidated; *Decke* unsound **Baufälligkeit** *f* dilapidation **Baufirma** *f* building contractor **Baugenehmigung** *f* planning and building permission **Baugewerbe** *nt* building and construction trade **Bauherr(in)** *m/(f)* client (*for whom sth is being built*) **Bauholz** *nt* building timber **Bauindustrie** *f* building and construction industry **Bauingenieur(in)** *m/(f)* civil engineer **Baujahr** *nt* year of construction; (*von Auto*) year of manufacture; **VW ~ 2017** 2017 VW **Baukasten** *m* building kit **Baukastensystem** *nt* TECH modular construction system **Bauklotz** *m* (*building*) brick **Bauland** *nt* building land; (*für Stadtplanung*) development area **Bauleiter(in)** *m/(f)* (*building*) site manager **baulich** ['baulɪç] **A** *adj* structural; **in gutem/schlechtem ~em Zustand** structurally sound/unsound **B** *adv* structurally **Baulücke** *f* empty site
Baum [baum] *m* ⟨-(e)s, Bäume ['bɔymə]⟩ tree; **auf dem ~** in the tree
Baumarkt *m* property market; (≈ *Geschäft für Heimwerker*) DIY superstore **Baumaterial** *nt* building material
baumeln ['baumln] *v/i* to dangle (*an +dat* from)

B

Baumgrenze f tree line **baumhoch** adj tree-high **Baumkrone** f treetop **baumlos** adj treeless **Baumschere** f (tree) pruning shears pl **Baumschule** f tree nursery **Baumstamm** m tree trunk **Baumwolle** f cotton; **ein Hemd aus ~ a** cotton shirt **baumwollen** adj attr cotton **Bauplan** m building plan; (BIOL: genetischer, biologischer etc) blueprint **Bauplatz** m site (for building) **Baupolizei** f building control department (Brit), Board of Works (US) **Bausatz** m kit

Bausch [bauʃ] m ⟨-es, Bäusche or -e ['bɔyʃǝ]⟩ (≈ Wattebausch) ball; **in ~ und Bogen** lock, stock and barrel **bauschen** ['bauʃn] **A** v/r **1** (≈ sich aufblähen) to billow (out) **2** (Kleidungsstück) to puff out **B** v/t Segel, Vorhänge to fill, to swell **bauschig** ['bauʃɪç] adj Rock, Vorhänge full; Watte fluffy **bausparen** v/i sep usu inf to save with a building society (Brit) or building and loan association (US) **Bausparer(in)** m/(f) saver with a building society (Brit) or building and loan association (US) **Bausparkasse** f building society (Brit), building and loan association (US) **Bausparvertrag** m savings contract with a building society (Brit) or building and loan association (US)

Baustein m stone; (Spielzeug) brick; (≈ elektronischer Baustein) chip; (fig ≈ Bestandteil) building block; TECH module **Baustelle** f building site; (bei Straßenbau) roadworks pl (Brit), road construction (US) **Baustil** m architectural style **Baustoff** m building material **Baustopp** m **einen ~ verordnen** to impose a halt on building (projects) **Bausubstanz** f fabric; **die ~ ist gut** the house is structurally sound **Bauteil** nt (≈ Bauelement) component **Bauunternehmer(in)** m/(f) building contractor **Bauweise** f type of construction; (≈ Stil) style **Bauwerk** nt construction; (≈ Gebäude auch) edifice **Bauwirtschaft** f building and construction industry **Bauzaun** m hoarding, fence

Bayer ['baiɐ] m ⟨-n, -n⟩, **Bayerin** ['baiǝrɪn] f ⟨-, -nen⟩ Bavarian **bay(e)risch** ['baiǝrɪʃ] adj Bavarian **Bayern** ['baien] nt ⟨-s⟩ Bavaria

Bazi ['ba:tsi] m ⟨-, -⟩ (Aus infml) rascal **Bazille** [ba'tsɪlǝ] f ⟨-, -n⟩ (infml ≈ Bazillus) bacillus; (≈ Krankheitserreger) germ **Bazillenträger(in)** m/(f) carrier **beabsichtigen** [bǝ'apzɪçtɪgn] past part

beabsichtigt v/t to intend; **das hatte ich nicht beabsichtigt** I didn't mean it to happen; **die beabsichtigte Wirkung** the desired effect

beachten past part beachtet v/t **1** (≈ befolgen) to heed; Vorschrift, Verkehrszeichen to comply with; Regel to follow **2** (≈ berücksichtigen) **es ist zu ~, dass …** it should be taken into consideration that … **3** **jdn nicht ~** to ignore sb; **von der Öffentlichkeit kaum beachtet** scarcely noticed by the public **beachtenswert** [bǝ'axtnsveːɐt] adj remarkable **beachtlich** [bǝ'axtlɪç] adj considerable; Erfolg notable; Talent remarkable; Ereignis significant **Beachtung** f **1** (von Vorschrift, Verkehrszeichen) compliance (+gen with) **2** (≈ Berücksichtigung) consideration **3** **jdm/einer Sache ~ schenken** to pay attention to sb/sth; **jdm keine ~ schenken** to ignore sb

Beamer ['biːmɐ] m ⟨-s, -⟩ TECH, OPT digital or LCD projector

Beamtenapparat m bureaucracy **Beamtenschaft** [bǝ'amtnʃaft] f ⟨-, no pl⟩ civil servants pl **Beamtenverhältnis** nt **im ~ stehen** to be a civil servant **Beamte(r)** [bǝ'amtǝ] m decl as adj, **Beamtin** [bǝ'amtɪn] f ⟨-, -nen⟩ official; (≈ Staatsbeamte) civil servant; (≈ Zollbeamte) official; (≈ Polizeibeamte) officer

beängstigen past part beängstigt v/t (elev) to alarm, to scare **beängstigend** adj alarming

beanspruchen [bǝ'anʃprʊxn] past part beansprucht v/t **1** (≈ fordern) to claim **2** (≈ erfordern) Aufmerksamkeit to take; (≈ benötigen) to need **3** (≈ ausnützen) to use; jds Hilfe to ask for **4** **ihr Beruf beansprucht sie ganz** her job is extremely demanding

beanstanden [bǝ'anʃtandn] past part beanstandet v/t to query; **er hat an allem etwas zu ~** he has complaints about everything **Beanstandung** f ⟨-, -en⟩ complaint (+gen about); **zu ~en Anlass geben** (form) to give cause for complaint

beantragen [bǝ'antra:gn] past part beantragt v/t to apply for (bei to); JUR Strafe to demand; (≈ vorschlagen: in Debatte etc) to move

beantworten past part beantwortet v/t to answer; **jdm eine Frage ~** to answer sb's question **Beantwortung** [bǝ'antvɔrtʊŋ] f ⟨-, -en⟩ answer (+Gen to); (von An-

frage, Brief auch) reply (+*Gen* to)

bearbeiten *past part* bearbeitet *v/t* **1** (≈ *behandeln*) to work on; *Stein, Holz* to work **2** (≈ *sich befassen mit*) to deal with; *Fall* to handle **3** (≈ *redigieren*) to edit; (≈ *neu bearbeiten*) to revise; *Musikstück* to arrange **4** (*infml* ≈ *einreden auf*) *jdn* to work on **Bearbeitung** [bəˈarbaɪtʊŋ] *f* ⟨-, -en⟩ **1** (≈ *Behandlung*) working (on); (*von Stein, Holz*) dressing **2** (*von Antrag etc*) dealing with; (*von Fall*) handling **3** (≈ *Redigieren*) editing; (≈ *Neubearbeitung*) revising; (*von Musik*) arrangement; (≈ *bearbeitete Ausgabe etc*) edition; revision; arrangement **Bearbeitungsgebühr** *f* handling charge

beatmen *past part* beatmet *v/t* **jdn künstlich ~** to keep sb breathing artificially **Beatmung** *f* ⟨-, -en⟩ artificial respiration

beaufsichtigen [bəˈaʊfzɪçtɪɡn] *past part* beaufsichtigt *v/t* to supervise; *Kind* to look after

beauftragen [bəˈaʊftraːɡn] *past part* beauftragt *v/t* **1** (≈ *heranziehen*) to engage; *Firma* to hire; *Architekten* to commission **2** (≈ *anweisen*) **wir sind beauftragt, das zu tun** we have been instructed to do that **Beauftragte(r)** [bəˈaʊftraːktə] *m/f(m) decl as adj* representative

bebauen *past part* bebaut *v/t* **1** *Grundstück* to develop **2** AGR to cultivate; *Land* to farm

beben [ˈbeːbn] *v/i* to shake **Beben** [ˈbeːbn] *nt* ⟨-s, -⟩ (≈ *Zittern*) shaking; (≈ *Erdbeben*) earthquake

bebildern [bəˈbɪldɐn] *past part* bebildert *v/t* to illustrate

Becher [ˈbɛçɐ] *m* ⟨-s, -⟩ cup; (≈ *esp aus Porzellan, mit Henkel*) mug; (≈ *Joghurtbecher etc*) carton; (≈ *Eisbecher*) tub

Becken [ˈbɛkn] *nt* ⟨-s, -⟩ **1** basin; (≈ *Abwaschbecken*) sink; (≈ *Schwimmbecken*) pool; (≈ *Fischbecken*) pond **2** ANAT pelvis; **ein breites ~** broad hips **3** MUS cymbal

bedacht [bəˈdaxt] *adj* **1** (≈ *überlegt*) prudent **2 auf etw** (*acc*) **~ sein** to be concerned about sth; → **bedenken Bedacht** [bəˈdaxt] *m* ⟨-s, *no pl*⟩ (*elev*) **mit ~** (≈ *vorsichtig*) prudently; (≈ *absichtlich*) deliberately **bedächtig** [bəˈdɛçtɪç] *adj* deliberate; (≈ *besonnen*) thoughtful

bedanken *past part* bedankt *v/r* to say thank you; **sich bei jdm (für etw) ~** to thank sb (for sth); **ich bedanke mich herz-**

lich thank you very much; **dafür** *or* **für dergleichen wird er sich ~** (*iron infml*) he'll just love that (*iron*)

Bedarf [bəˈdarf] *m* ⟨-(e)s, -e, *no pl*⟩ **1** (≈ *Bedürfnis*) need (*an* +*dat* for); **bei ~** as required; **alles für den häuslichen ~** all household requirements; **an etw** (*dat*) **~ haben** to need sth; **danke, kein ~** (*iron infml*) no thank you **2** (COMM ≈ *Nachfrage*) demand (*an* +*dat* for); (**je) nach ~** according to demand **Bedarfsgüter** *pl* consumer goods *pl* **Bedarfshaltestelle** *f* request (bus) stop

bedauerlich [bəˈdaʊɐlɪç] *adj* regrettable **bedauerlicherweise** *adv* regrettably **bedauern** [bəˈdaʊɐn] *past part* bedauert *v/t* **1** to regret; **wir ~, Ihnen mitteilen zu müssen, ...** we regret to have to inform you ...; **(ich) bedau(e)re!** I am sorry **2** (≈ *bemitleiden*) to feel sorry for; **sie ist zu ~** one *or* you should feel sorry for her **Bedauern** [bəˈdaʊɐn] *nt* ⟨-s, *no pl*⟩ regret; **(sehr) zu meinem ~** (much) to my regret; **mit ~ habe ich ...** it is with regret that I ... **bedauernswert** *adj* *Mensch* pitiful; *Zustand* deplorable

bedecken *past part* bedeckt **A** *v/t* (≈ *zudecken*) to cover **B** *v/r* (*Himmel*) to become overcast **bedeckt** [bəˈdɛkt] *adj* **1** (≈ *bewölkt*) overcast **2 sich ~ halten** (*fig*) to keep a low profile

bedenken *past part* bedacht [bəˈdaxt] *irr v/t* **1** (≈ *überlegen*) to consider; **wenn man es recht bedenkt, ...** if you think about it properly ... **2** (≈ *in Betracht ziehen*) to take into consideration; **ich gebe zu ~, dass ...** I would ask you to consider that ... **3** (*in Testament*) to remember; → **bedacht Bedenken** [bəˈdɛŋkn] *nt* ⟨-s, -⟩ *usu pl* (≈ *Zweifel*) doubt; **~ haben** to have one's doubts (about sth); **ihm kommen ~** he is having second thoughts **bedenkenlos A** *adj* **1 2** (≈ *skrupellos*) heedless of others; (≈ *unüberlegt*) thoughtless **B** *adv* (≈ *ohne Zögern*) unhesitatingly; (≈ *skrupellos*) unscrupulously; **etw ~ tun** (≈ *unüberlegt*) to do sth without thinking **bedenkenswert** *adj* worth thinking about **bedenklich** [bəˈdɛŋklɪç] **A** *adj* **1** (≈ *zweifelhaft*) dubious **2** (≈ *besorgniserregend*) alarming; *Gesundheitszustand* serious (≈ *besorgt*) apprehensive **B** *adv* **~ zunehmen** to rise alarmingly; **jdn ~ stimmen** to make sb (feel) apprehensive **Bedenkzeit** *f* **jdm**

zwei Tage ~ geben to give sb two days to think about it

bedeuten *past part* bed**eu**tet *v/t* to mean; MAT, LING to stand for; **was soll das ~?** what does that mean?; **das hat nichts zu ~** it doesn't mean anything; (≈ *macht nichts aus*) it doesn't matter; **Geld bedeutet mir nichts** money means nothing to me **bedeutend** ◭ *adj* ◼ (≈ *wichtig*) important ◻ (≈ *groß*) *Summe, Erfolg* considerable ◻ *adv* (≈ *beträchtlich*) considerably **bedeutsam** [bə'dɔytzaːm] *adj* ◼ (≈ *wichtig*) important; (≈ *folgenschwer*) significant (*für* for) ◻ (≈ *vielsagend*) meaningful **Bedeutung** *f* ◼ (≈ *Sinn*) meaning ◻ (≈ *Wichtigkeit*) importance; (≈ *Tragweite*) significance; **von ~ sein** to be important; **ohne ~** of no importance; **an ~ gewinnen/ verlieren** to gain/lose in importance **bedeutungslos** *adj* ◼ (≈ *unwichtig*) insignificant ◻ (≈ *nichts besagend*) meaningless **bedeutungsvoll** *adj* = bedeutsam

bedienen *past part* bed**ie**nt ◭ *v/t* ◼ (*Verkäufer*) to serve; (*Kellner*) to wait on; **werden Sie schon bedient?** are you being served?; **damit sind Sie sehr gut bedient** that should serve you very well; **ich bin bedient!** (*infml*) I've had enough ◻ (≈ *handhaben*) to operate; *Telefon* to answer ◻ *v/i* (*in Geschäft, bei Tisch*) to serve ◧ *v/r* (*bei Tisch*) **bitte ~ Sie sich** please help yourself **Bedienung** [bə'diːnʊŋ] *f* ⟨-, -en, *no pl*⟩ (*in Restaurant etc*) service; (*von Maschinen*) operation; **kommt denn hier keine ~?** isn't anyone serving here? **Bedienungsanleitung** *f* operating instructions *pl* **bedienungsfreundlich** *adj* user-friendly

bedingen *past part* bedingt *v/t* (≈ *bewirken*) to cause; (≈ *notwendig machen*) to necessitate; PSYCH, PHYSIOL to condition; **sich gegenseitig ~** to be mutually dependent **bedingt** [bə'dɪŋt] ◭ *adj* ◼ (≈ *eingeschränkt*) limited ◻ (≈ *an Bedingung geknüpft*) *Straferlass* conditional ◻ *adv* (≈ *eingeschränkt*) partly; **~ tauglich** MIL fit for limited duties; **(nur) ~ gelten** to be (only) partly valid **Bedingung** [bə'dɪŋʊŋ] *f* ⟨-, -en⟩ ◼ (≈ *Voraussetzung*) condition; **unter der ~, dass ...** on condition that ...; **unter keiner ~** under no circumstances; **etw zur ~ machen** to make sth a condition ◻ **zu günstigen ~en** COMM on favourable (*Br*) or favorable (*US*) terms ◻ **Bedingungen**

pl (≈ *Umstände*) conditions *pl* **bedingungslos** ◭ *adj Kapitulation* unconditional; *Gehorsam* unquestioning ◻ *adv* unconditionally **Bedingungssatz** *m* conditional clause

bedrängen *past part* bedrängt *v/t Feind* to attack; (≈ *belästigen*) to plague; *Schuldner* to press (for payment); *Passanten, Mädchen* to pester; (≈ *bedrücken: Sorgen*) to beset; (≈ *heimsuchen*) to haunt

bedrohen *past part* bedr**o**ht *v/t* to threaten; (≈ *gefährden*) to endanger; **vom Aussterben bedroht** in danger of becoming extinct **bedrohlich** [bə'droːlɪç] ◭ *adj* (≈ *gefährlich*) alarming; (≈ *Unheil verkündend*) menacing ◻ *adv* dangerously; **sich ~ verschlechtern** to deteriorate alarmingly **Bedrohung** *f* threat (+*gen* to)

bedrucken *past part* bedruckt *v/t* to print on; **bedruckter Stoff** printed fabric **bedrücken** *past part* bedrückt *v/t* to depress; **was bedrückt dich?** what is (weighing) on your mind? **bedrückend** *adj Anblick, Nachrichten* depressing; *Not* pressing

bedürfen *past part* bedurft *v/i* +*gen irr* (*elev*) to need; **das bedarf keiner weiteren Erklärung** there's no need for any further explanation **Bedürfnis** [bə'dʏrfnɪs] *nt* ⟨-ses, -se⟩ need *no pl*: (≈ *Bedarf auch*) necessity; (*form* ≈ *Anliegen*) wish; **es war ihm ein ~, ...** it was his wish to ... **bedürftig** [bə'dʏrftɪç] *adj* needy; **einer Sache** (*gen*) **~ sein** (*elev*) to be in need of sth

Beefsteak ['biːfsteːk] *nt* steak

beeiden [bə'aidn] *past part* bee**i**det *v/t Aussage* to swear to **beeidigen** [bə'aidɪgn] *past part* bee**i**digt *v/t* ◼ (≈ *beeiden*) to swear to ◻ (JUR ≈ *vereidigen*) to swear in; **beeidigte Dolmetscherin** sworn interpreter

beeilen *past part* bee**i**lt *v/r* to hurry (up) **beeindrucken** [bə'aindrʊkn] *past part* bee**i**ndruckt *v/t* to impress **beeindruckend** *adj* impressive

beeinflussen [bə'ainflʊsn] *past part* bee**i**nflusst *v/t* to influence; **er ist schwer zu ~** he is hard to influence **Beeinflussung** *f* ⟨-, -en⟩ influencing; (≈ *Einfluss*) influence (*durch* of)

beeinträchtigen [bə'aintrɛçtɪgn] *past part* bee**i**nträchtigt *v/t* ◼ (≈ *stören*) *Rundfunkempfang* to interfere with ◻ (≈ *schädigen*) to damage; *Gesundheit* to impair; *Appetit, Wert* to reduce ◻ (≈ *einschränken*) *Frei-*

heit to restrict **Beeinträchtigung** *f* ⟨-, -en⟩ **1** *(von Rundfunkempfang)* interference *(+gen* with*)* **2** *(von Appetit)* reduction *(+gen* of*)*; *(von Gesundheit, Leistung)* impairment

beenden *past part* **beendet** *v/t* to end; *Arbeit etc* to finish; IT *Anwendung* to close; *Studium* to complete; **etw vorzeitig ~** to cut sth short **Beendigung** [bəˈɛndɪɡʊŋ] *f* ⟨-, *no pl*⟩ ending; *(≈ Ende)* end; *(≈ Fertigstellung)* completion; *(≈ Schluss)* conclusion

beengen [bəˈɛŋən] *past part* **beengt** *v/t* *(lit)* *Bewegung* to restrict; *(fig)* to stifle, to inhibit **beengt** [bəˈɛŋt] **A** *adj* cramped, confined **B** *adv* **~ wohnen** to live in cramped conditions

beerben *past part* **beerbt** *v/t* **jdn ~** to inherit sb's estate

beerdigen [bəˈeːɐdɪɡn̩] *past part* **beerdigt** *v/t* to bury **Beerdigung** *f* ⟨-, -en⟩ burial; *(≈ Beerdigungsfeier)* funeral

Beere [ˈbeːrə] *f* ⟨-, -n⟩ berry; *(≈ Weinbeere)* grape **Beerenauslese** *f* *(≈ Wein)* wine made from specially selected grapes

Beet [beːt] *nt* ⟨-(e)s, -e⟩ *(≈ Blumenbeet)* bed; *(≈ Gemüsebeet)* patch

befähigen [bəˈfɛːɪɡn̩] *past part* **befähigt** *v/t* to enable; *(Ausbildung)* to qualify **Befähigung** *f* ⟨-, *no pl*⟩ *(durch Ausbildung)* qualifications *pl*; *(≈ Können, Eignung)* capability

befahrbar *adj Weg* passable; *Fluss* navigable; **nicht ~ sein** *(Straße)* to be closed (to traffic)

befahren[1] [bəˈfaːrən] *past part* **befahren** *v/t irr Straße* to use; **diese Straße wird stark/wenig ~** this road is used a lot/isn't used much

befahren[2] *adj* **eine stark/wenig ~e Straße** *etc* a much/little used road *etc*

befallen [bəˈfalən] *past part* **befallen** *v/t irr (≈ infizieren)* to affect; *(Schädlinge)* to infest; *(Angst)* to grip

befangen [bəˈfaŋən] *adj* **1** *Mensch* diffident; *Stille* awkward **2** *(esp* JUR *≈ voreingenommen)* prejudiced; **jdn als ~ ablehnen** JUR to object to sb on grounds of suspected bias **Befangenheit** *f* ⟨-, *no pl*⟩ **1** *(≈ Verlegenheit)* diffidence **2** *(≈ Voreingenommenheit)* bias, prejudice

befassen *past part* **befasst** *v/r* **sich mit jdm/etw ~** to deal with sb/sth

Befehl [bəˈfeːl] *m* ⟨-(e)s, -e⟩ **1** *(≈ Anordnung)* order *(an +acc* to, *von* from*)*; IT command; **er gab (uns) den ~, …** he ordered us to …; **auf seinen ~ (hin)** on his orders; **~ ausgeführt!** mission accomplished; **~ ist ~** orders are orders; **dein Wunsch ist mir ~** *(hum)* your wish is my command **2** *(≈ Befehlsgewalt)* command **befehlen** [bəˈfeːlən] *pret* **befahl** [bəˈfaːl], *past part* **befohlen** [bəˈfoːlən] **A** *v/t* to order **B** *v/i (≈ Befehle erteilen)* to give orders **befehligen** [bəˈfeːlɪɡn̩] *past part* **befehligt** *v/t* MIL to command **Befehlshaber** [-haːbɐ] *m* ⟨-s, -⟩, **Befehlshaberin** [-ərɪn] *f* ⟨-, -nen⟩ commander **Befehlston** *m, no pl* peremptory tone **Befehlsverweigerung** *f* MIL refusal to obey orders

befestigen *past part* **befestigt** *v/t* **1** *(≈ anbringen)* to fasten *(an +Dat* to*)*; **etw an der Wand/Tür ~** to attach sth to the wall/door **2** *Böschung* to reinforce; *Straße* to make up **Befestigung** *f* **1** fastening **2** MIL fortification

befeuchten [bəˈfɔʏçtn̩] *past part* **befeuchtet** *v/t* to moisten

befinden *past part* **befunden** [bəˈfʊndn̩] *irr* **A** *v/r (≈ sein)* to be; **sich auf Reisen ~** to be away *v/t (form ≈ erachten)* to deem *(form)*; **etw für nötig ~** to deem sth (to be) necessary; **jdn für schuldig ~** to find sb guilty **C** *v/i (elev ≈ entscheiden)* to decide; **über etw ~** to pass judgement on sth **Befinden** [bəˈfɪndn̩] *nt* ⟨-s, *no pl*⟩ *(state of)* health; *(eines Kranken)* condition **befindlich** [bəˈfɪntlɪç] *adj usu attr (form: an einem Ort)* situated; *(in Behälter)* contained; **alle in der Bibliothek ~en Bücher** all the books in the library

beflecken [bəˈflɛkn̩] *past part* **befleckt** *v/t* **1** *(lit)* to stain **2** *(fig elev)* *Ruf, Ehre* to cast a slur on

beflügeln [bəˈflyːɡln̩] *past part* **beflügelt** *v/t (elev)* to inspire; **der Gedanke an Erfolg beflügelte ihn** the thought of success spurred him on

befolgen *past part* **befolgt** *v/t Befehl etc* to obey; *Regel* to follow; *Ratschlag* to take **Befolgung** [bəˈfɔlɡʊŋ] *f* ⟨-, *no pl*⟩ compliance *(+gen* with*)*; *(von Regel)* following; *(von Ratschlag)* taking; **~ der Vorschriften** obeying the rules

befördern *past part* **befördert** *v/t* **1** *Waren* to transport; *Personen* to carry; *Post* to handle **2** *(dienstlich)* to promote; **er wurde zum Major befördert** he was promoted to (the rank of) major **Beförderung** *f*

B

1 (≈ *Transport*) transportation; (*von Personen*) carriage; (*von Post*) handling **2** (*beruflich*) promotion

befrachten [bəˈfraxtn] *past part* befrachtet *v/t* to load

befragen *past part* befragt *v/t* **1** to question (*über +acc, zu, nach* about); **auf Befragen** when questioned **2** (≈ *um Stellungnahme bitten*) to consult (*über +acc, nach* about) **Befragung** [bəˈfraːɡʊŋ] *f* ⟨-, -en⟩ **1** (≈ *das Befragen*) questioning **2** (*von Fachmann*) consultation (+*gen* with or of) **3** (≈ *Umfrage*) survey

befreien *past part* befreit **A** *v/t* **1** to free; *Volk, Land* to liberate; *Gefangenen, Tier* to set free **2** (*von Militärdienst, Steuern*) to exempt **3** (≈ *erlösen: von Schmerz etc*) to release **4** (*von Ungeziefer etc*) to rid (*von* of) **B** *v/r* to free oneself; (≈ *entkommen*) to escape (*von, aus* from) **Befreier** [bəˈfraɪɐ] *m* ⟨-s, -⟩, **Befreierin** [-ərɪn] *f* ⟨-, -nen⟩ liberator **befreit** [bəˈfraɪt] *adv* ~ **aufatmen** to breathe a sigh of relief **Befreiung** [bəˈfraɪʊŋ] *f* ⟨-, -en⟩ **1** freeing; (*von Volk, Land*) liberation; (*von Gefangenen, Tieren*) setting free **2** (*von Militärdienst, Steuern*) exemption **Befreiungsbewegung** *f* liberation movement **Befreiungsfront** *f* liberation front **Befreiungskampf** *m* struggle for liberation **Befreiungskrieg** *m* war of liberation **Befreiungsorganisation** *f* liberation organization

befremden [bəˈfrɛmdn] *past part* befremdet *v/t* to disconcert; **es befremdet mich, dass …** I'm rather taken aback that … **Befremden** [bəˈfrɛmdn] *nt* ⟨-s, *no pl*⟩ disconcertment

befreunden [bəˈfrɔyndn] *past part* befreundet *v/r* **1** (≈ *sich anfreunden*) to make or become friends **2** (*fig*) **sich mit etw ~** to get used to sth **befreundet** [bəˈfrɔyndət] *adj* **wir/sie sind schon lange (miteinander) ~** we/they have been friends for a long time; **gut** or **eng ~ sein** to be good or close friends; **ein uns ~er Staat** a friendly nation

befriedigen [bəˈfriːdɪɡn] *past part* befriedigt **A** *v/t* to satisfy; **er ist leicht/schwer zu ~** he's easily/not easily satisfied **B** *v/r* **sich (selbst) ~** to masturbate **befriedigend A** *adj* satisfactory; (*als Schulnote*) fair **B** *adv* satisfactorily **befriedigt** [bəˈfriːdɪçt] **A** *adj* satisfied **B** *adv* with satisfaction **Befriedigung** *f* ⟨-, -en⟩ satisfac-

tion; **zur ~ deiner Neugier …** to satisfy your curiosity …

befristen [bəˈfrɪstn] *past part* befristet *v/t* to limit (*auf +acc* to); *Projekt* to put a time limit on **befristet** [bəˈfrɪstət] *adj* *Genehmigung* restricted (*auf +acc* to); *Anstellung* temporary; **auf zwei Jahre ~ sein** (*Visum etc*) to be valid for two years **Befristung** *f* ⟨-, -en⟩ limitation (*auf +acc* to)

befruchten *past part* befruchtet *v/t* **1** (*lit*) *Eizelle* to fertilize; *Blüte* to pollinate; **künstlich ~** to inseminate artificially **2** (*fig* ≈ *geistig anregen*) to stimulate **Befruchtung** [bəˈfrʊxtʊŋ] *f* ⟨-, -en⟩ fertilization; (*von Blüte*) pollination; **künstliche ~** artificial insemination

Befugnis [bəˈfuːknɪs] *f* ⟨-, -se⟩ (*form*) authority *no pl*; (≈ *Erlaubnis*) authorization *no pl* **befugt** [bəˈfuːkt] *adj* (*form*) **~ sein(, etw zu tun)** to have the authority (to do sth)

Befund *m* results *pl*; **ohne ~** MED (results) negative

befürchten *past part* befürchtet *v/t* to fear; **es ist** or **steht zu ~, dass …** it is (to be) feared that … **Befürchtung** [bəˈfʏrçtʊŋ] *f* ⟨-, -en⟩ fear *usu pl*

befürworten [bəˈfyːɐvɔrtn] *past part* befürwortet *v/t* to approve **Befürworter** [bəˈfyːɐvɔrtɐ] *m* ⟨-s, -⟩, **Befürworterin** [-ərɪn] *f* ⟨-, -nen⟩ supporter

begabt [bəˈɡaːpt] *adj* talented; **für etw ~ sein** to be talented at sth **Begabung** *f* ⟨-, -en⟩ (≈ *Anlage*) talent; (*geistig, musisch*) gift; **er hat ~ zum Lehrer** he has a gift for teaching

Begattung *f* ⟨-, -en⟩ *esp* ZOOL mating, copulation

begeben *past part* begeben *irr v/r* **sich nach Hause ~** to make one's way home; **sich auf eine Reise ~** to undertake a journey; **sich an die Arbeit ~** to commence work; **sich in Gefahr ~** to expose oneself to danger **Begebenheit** [bəˈɡeːbnhaɪt] *f* ⟨-, -en⟩ occurrence, event

begegnen [bəˈɡeːɡnən] *past part* begegnet *v/i* +*dat aux sein* **1** (≈ *treffen*) to meet; **sich** or **einander** (*elev*) **~** to meet **2** (≈ *stoßen auf*) **einer Sache** (*dat*) **~** to encounter sth **3** (≈ *widerfahren*) **jdm ist etw begegnet** sth has happened to sb **Begegnung** *f* ⟨-, -en⟩ **1** (≈ *Treffen*) meeting **2** SPORTS encounter, match

begehbar *adj* *Weg* passable; *Schrank,*

Skulptur walk-in *attr* **begehen** *past part* begangen *v/t irr* **1** (≈ *verüben*) to commit; *Fehler* to make; **einen Mord an jdm ~** to murder sb; **eine Dummheit ~** to do something stupid **2** (≈ *entlanggehen*) *Weg* to use **3** (*elev* ≈ *feiern*) to celebrate

begehren [bə'ge:rən] *past part* begehrt *v/t* (*elev*) to desire **begehrenswert** *adj* desirable **begehrt** [bə'ge:ɐt] *adj* much sought-after; *Ferienziel* popular

begeistern *past part* begeistert **A** *v/t* jdn to fill with enthusiasm; (≈ *inspirieren*) to inspire **B** *v/r* to be enthusiastic (*an +dat, für* about) **begeistert** [bə'gaistɐt] **A** *adj* enthusiastic (*von* about) **B** *adv* enthusiastically **Begeisterung** [bə'gaistəruŋ] *f* ⟨-, *no pl*⟩ enthusiasm (*über +acc* about, *für* for); **in ~ geraten** to become enthusiastic

Begierde [bə'gi:ɐdə] *f* ⟨-, -n⟩ (*elev*) desire (*nach* for); (≈ *Sehnsucht*) longing, yearning **begierig** [bə'gi:rɪç] **A** *adj* (≈ *voll Verlangen*) greedy; (≈ *gespannt*) eager; **auf etw** (*acc*) **~ sein** to be eager for sth **B** *adv* (≈ *verlangend*) greedily; (≈ *gespannt*) eagerly

begießen *past part* begossen [bə'gɔsn] *v/t irr* **1** (*mit Wasser*) to pour water on; *Blumen, Beet* to water **2** (*fig infml*) *Ereignis* to celebrate; **das muss begossen werden!** that calls for a drink!

Beginn [bə'gɪn] *m* ⟨-(e)s, *no pl*⟩ beginning; **zu ~** at the beginning **beginnen** [bə'gɪnən] *pret* begann [bə'gan], *past part* begonnen [bə'gɔnən] **A** *v/i* to start; **mit der Arbeit ~** to start work; **es beginnt zu regnen** it's starting to rain **B** *v/t* to start, to begin

beglaubigen [bə'glaubɪɡn] *past part* beglaubigt *v/t Testament, Unterschrift* to witness; *Zeugnisabschrift* to authenticate; *Echtheit* to attest (to); **etw notariell ~ lassen** to have sth witnessed *etc* by a notary **Beglaubigung** *f* ⟨-, -en⟩ (*von Testament, Unterschrift*) witnessing; (*von Zeugnisabschrift*) authentication; (*von Echtheit*) attestation **Beglaubigungsschreiben** *nt* credentials *pl*

begleichen *past part* beglichen [bə'glɪçn] *v/t irr* (*lit* ≈ *bezahlen*) to settle; (*fig*) *Schuld* to pay (off)

Begleitbrief *m* covering letter (*Br*), cover letter (*US*) **begleiten** *past part* begleitet *v/t* to accompany **Begleiter** [bə'glaitɐ] *m* ⟨-s, -⟩, **Begleiterin** [-ərɪn] *f* ⟨-, -nen⟩ companion; (*zum Schutz*) escort;

MUS accompanist **Begleiterscheinung** *f* concomitant (*form*); MED side effect **Begleitperson** *f* escort **Begleitschreiben** *nt* covering letter (*Br*), cover letter (*US*) **Begleitumstände** *pl* attendant circumstances *pl* **Begleitung** [bə'glaituŋ] *f* ⟨-, -en⟩ **1** *no pl* company; **in ~ seines Vaters** accompanied by his father; **ich bin in ~ hier** I'm with someone; **ohne ~** unaccompanied **2** MUS accompaniment

beglücken *past part* beglückt *v/t* jdn ~ to make sb happy; **beglückt lächeln** to smile happily **beglückwünschen** [bə-'glɪkvʏnʃn] *past part* beglückwünscht *v/t* to congratulate (*zu* on)

begnadigen [bə'gna:dɪɡn] *past part* begnadigt *v/t* to reprieve; (≈ *Strafe erlassen*) to pardon **Begnadigung** *f* ⟨-, -en⟩ reprieve; (≈ *Straferlass*) pardon

begnügen [bə'gny:ɡn] *past part* begnügt *v/r* **sich mit etw ~** to be content with sth

Begonie [be'go:niə] *f* ⟨-, -n⟩ begonia

begraben *past part* begraben *v/t irr* **1** to bury **2** *Hoffnung* to abandon; *Streit* to end **Begräbnis** [bə'grɛ:pnɪs] *nt* ⟨-ses, -se⟩ burial; (≈ *Begräbnisfeier*) funeral

begradigen [bə'gra:dɪɡn] *past part* begradigt *v/t* to straighten

begreifen *past part* begriffen [bə'grɪfn] *irr* **A** *v/t* **1** (≈ *verstehen*) to understand; **~, dass ...** (≈ *einsehen*) to realize that ...; **hast du mich begriffen?** did you understand what I said?; **es ist kaum zu ~** it's almost incomprehensible **2** (≈ *auffassen*) to view, to see **B** *v/i* to understand; **leicht/schwer ~** to be quick/slow on the uptake; → begriffen **begreiflich** [bə-'graiflɪç] *adj* understandable; **ich habe ihm das ~ gemacht** I've made it clear to him **begreiflicherweise** *adv* understandably

begrenzen *past part* begrenzt *v/t* to restrict (*auf +acc* to) **begrenzt** [bə'grɛntst] **A** *adj* (≈ *beschränkt*) restricted; (≈ *geistig beschränkt*) limited; **eine genau ~e Aufgabe** a clearly defined task **B** *adv* (*zeitlich*) for a limited time **Begrenzung** [bə'grɛntsuŋ] *f* ⟨-, -en⟩ **1** (≈ *das Begrenzen*) (*von Gebiet, Straße etc*) demarcation; (*von Geschwindigkeit, Redezeit*) restriction **2** (≈ *Grenze*) boundary

Begriff *m* **1** (≈ *Bedeutungsgehalt*) concept; (≈ *Terminus*) term; **sein Name ist mir ein/kein ~** his name means something/

doesn't mean anything to me **2** (≈ *Vorstellung*) idea; **sich** *(dat)* **einen ~ von etw machen** to imagine sth; **du machst dir keinen ~ (davon)** *(infml)* you've no idea (about it) *(infml)*; **für meine ~e** in my opinion **3** **im ~ sein, etw zu tun** to be on the point of doing sth **4** **schwer/schnell von ~ sein** *(infml)* to be slow/quick on the uptake **begriffen** *adj* **in etw** *(dat)* **~ sein** *(form)* to be in the process of doing sth; → begreifen **begriffsstutzig** *adj* *(infml)* thick *(infml)*

begründen *past part* begründet *v/t* **1** (≈ *Gründe anführen für*) to give reasons for; *(rechtfertigend)* to justify; *Verdacht* to substantiate **2** (≈ *gründen*) to establish **begründet** [bəˈɡrʏndət] *adj* well-founded; (≈ *berechtigt*) justified; **es besteht ~e Hoffnung, dass ...** there is reason to hope that ... **Begründung** *f* **1** grounds *pl* (*für*, +*gen* for); **etwas zur** or **als ~ sagen** to say something in explanation **2** (≈ *Gründung*) establishment

begrünen *past part* begrünt *v/t* *Hinterhöfe, Plätze* to green up

begrüßen *past part* begrüßt *v/t* **1** *jdn* to greet; **jdn herzlich ~** to give sb a hearty welcome **2** (≈ *gut finden*) to welcome **begrüßenswert** *adj* welcome; **es wäre ~, wenn ...** it would be desirable if ... **Begrüßung** [bəˈɡryːsʊŋ] *f* ⟨-, -en⟩ greeting; *(der Gäste)* welcoming; (≈ *Zeremonie*) welcome

begünstigen [bəˈɡʏnstɪɡn] *past part* begünstigt *v/t* to favour (*Br*), to favor (*US*); *Wachstum* to encourage **Begünstigte(r)** [bəˈɡʏnstɪçtɐ] *m/f(m)* *decl as adj* beneficiary **Begünstigung** *f* ⟨-, -en⟩ **1** JUR aiding and abetting **2** (≈ *Bevorzugung*) preferential treatment **3** (≈ *Förderung*) favouring (*Br*), favoring (*US*); *(von Wachstum)* encouragement

begutachten *past part* begutachtet *v/t* to give expert advice about; *Kunstwerk, Stipendiaten* to examine; *Leistung* to judge; **etw ~ lassen** to get expert advice about sth

behaart [bəˈhaːet] *adj* hairy **Behaarung** [bəˈhaːrʊŋ] *f* ⟨-, -en⟩ hairs *pl*

behäbig [bəˈhɛːbɪç] *adj* *Mensch* portly; *(fig)* *Sprache, Ton* complacent

behagen [bəˈhaːɡn] *past part* behagt *v/i* **das behagt ihr nicht** she doesn't like that **Behagen** [bəˈhaːɡn] *nt* ⟨-s, *no pl*⟩ con-

tentment; **mit sichtlichem ~** with obvious pleasure **behaglich** [bəˈhaːklɪç] **A** *adj* cosy; (≈ *bequem*) comfortable; (≈ *zufrieden*) contented **B** *adv* (≈ *gemütlich*) comfortably; (≈ *genussvoll*) contentedly **Behaglichkeit** *f* ⟨-, *no pl*⟩ cosiness; (≈ *Bequemlichkeit*) comfort; (≈ *Zufriedenheit*) contentment

behalten *past part* behalten *v/t irr* **1** to keep; **jdn bei sich ~** to keep sb with one; **etw für sich ~** to keep sth to oneself **2** (≈ *nicht vergessen*) to remember **Behälter** [bəˈhɛltɐ] *m* ⟨-s, -⟩ container

behandeln *past part* behandelt *v/t* to treat; (≈ *verfahren mit*) to handle; *Thema, Problem* to deal with **Behandlung** *f* treatment; *(von Angelegenheit)* handling; **bei wem sind Sie in ~?** who's treating you?

beharren [bəˈharən] *past part* beharrt *v/i* (≈ *hartnäckig sein*) to insist (*auf* +*dat* on); (≈ *nicht aufgeben*) to persist (*bei* in) **beharrlich** [bəˈharlɪç] **A** *adj* (≈ *hartnäckig*) insistent; (≈ *ausdauernd*) persistent **B** *adv* (≈ *hartnäckig*) insistently; (≈ *ausdauernd*) persistently **Beharrlichkeit** *f* ⟨-, *no pl*⟩ (≈ *Hartnäckigkeit*) insistence; (≈ *Ausdauer*) persistence

behaupten [bəˈhaʊptn] *past part* behauptet **A** *v/t* **1** (≈ *sagen*) to claim; **steif und fest ~** to insist; **es wird behauptet, dass ...** it is said that ... **2** *Recht* to maintain; *Meinung* to assert **B** *v/r* to assert oneself; *(bei Diskussion)* to hold one's own **Behauptung** *f* ⟨-, -en⟩ claim; (≈ *esp unerwiesene Behauptung*) assertion

Behausung [bəˈhaʊzʊŋ] *f* ⟨-, -en⟩ dwelling

beheben *past part* behoben [bəˈhoːbn] *v/t irr* (≈ *beseitigen*) to remove; *Mängel* to rectify; *Schaden* to repair; *Störung* to clear

beheizbar *adj* heatable; *Heckscheibe* heated **beheizen** *past part* beheizt *v/t* to heat

Behelf [bəˈhɛlf] *m* ⟨-(e)s, -e⟩ (≈ *Ersatz*) substitute; (≈ *Notlösung*) makeshift **behelfen** *past part* beholfen [bəˈhɔlfn] *v/r irr* to manage; **er weiß sich allein nicht zu ~** he can't manage alone **behelfsmäßig** **A** *adj* makeshift **B** *adv* temporarily; **etw ~ reparieren** to make makeshift repairs to sth

behelligen [bəˈhɛlɪɡn] *past part* behelligt *v/t* to bother

B

beherbergen [bəˈhɛrbɛrɡn̩] *past part* **beherbergt** *v/t* to house; *Gäste* to accommodate

beherrschen *past part* **beherrscht** **A** *v/t* **1** (≈ *herrschen über*) to rule **2** (*fig*) *Stadtbild, Markt* to dominate **3** (≈ *zügeln*) to control **4** (≈ *gut können*) to master **B** *v/r* to control oneself; **ich kann mich ~!** (*iron infml*) not likely! (*infml*) **beherrscht** [bəˈhɛrʃt] *adj* (*fig*) self-controlled **Beherrschung** [bəˈhɛrʃʊŋ] *f* ⟨-, *no pl*⟩ control; (≈ *Selbstbeherrschung*) self-control; (*des Markts*) domination; **die ~ verlieren** to lose one's temper

beherzigen [bəˈhɛrtsɪɡn̩] *past part* **beherzigt** *v/t* to heed

behilflich [bəˈhɪlflɪç] *adj* helpful; **jdm (bei etw) ~ sein** to help sb (with sth)

behindern *past part* **behindert** *v/t* to hinder; *Sicht* to impede; (*bei Sport, im Verkehr*) to obstruct **behindert** *adj* **geistig/körperlich ~ sein** to have learning difficulties/to be physically disabled **Behindertenausweis** *m disabled person card or ID* **behindertengerecht** *adj* **etw ~ gestalten** to design sth to fit the needs of the disabled **Behindertenolympiade** *f* Paralympics *pl* **Behinderte(r)** [bəˈhɪndɐtə] *m/f(m) decl as adj* disabled person; **die ~n** disabled people **Behinderung** *f* hindrance; (*im Sport, Verkehr*) obstruction; (*körperlich*) disability

Behörde [bəˈhøːɐdə] *f* ⟨-, -n⟩ authority *usu pl*; **die ~n** the authorities

behüten *past part* **behütet** *v/t* to look after **behutsam** [bəˈhuːtzaːm] **A** *adj* cautious; (≈ *zart*) gentle **B** *adv* carefully; *streicheln* gently

bei [bai] *prep +dat* **1** (*Nähe*) near; **ich stand/saß ~ ihm** I stood/sat beside him; **ich bleibe ~ den Kindern** I'll stay with the children **2** (*Aufenthalt*) at; **ich war ~ meiner Tante** I was at my aunt's; **er wohnt ~ seinen Eltern** he lives with his parents; **~ Müller** (*auf Briefen*) care of or c/o Müller; **~ uns zu Hause** (*im Haus*) at our house; **~ jdm arbeiten** to work for sb; **er ist** *or* **arbeitet ~ der Post** he works for the post office; **~m Friseur** at the hairdresser's; **hast du Geld ~ dir?** have you any money with you? **3** (*Teilnahme*) at; **~ einer Hochzeit sein** to be at a wedding **4** (*Zeit*) **~ meiner Ankunft** on my arrival;

~m Erscheinen der Königin when the queen appeared; **~ Nacht** by night **5** (*Umstand*) **~ Kerzenlicht essen** to eat by candlelight; **~ offenem Fenster schlafen** to sleep with the window open; **~ zehn Grad unter null** when it's ten degrees below zero **6** (*Bedingung*) in case of; **~ Feuer Scheibe einschlagen** in case of fire break glass **7** (*Grund*) with; **~ seinem Talent** with his talent; **~ solcher Hitze** when it's as hot as this **8** (*Einschränkung*) in spite of, despite; **~m besten Willen** with the best will in the world

beibehalten *past part* **beibehalten** *v/t sep irr* to keep; *Richtung* to keep to; *Gewohnheit* to keep up

beibringen *v/t sep irr* **1** **jdm etw ~** (≈ *mitteilen*) to break sth to sb; (≈ *unterweisen in*) to teach sb sth; (≈ *zufügen*) to inflict sth on sb **2** (≈ *herbeischaffen*) to produce; *Beweis, Geld etc* to supply

Beichte [ˈbaiçtə] *f* ⟨-, -n⟩ confession **beichten** [ˈbaiçtn̩] *v/t & v/i* to confess (*jdm etw* sth to sb) **Beichtgeheimnis** *nt* seal of confession *or* of the confessional **Beichtstuhl** *m* confessional

beide [ˈbaidə] *pron* both; **alle ~n Teller** both plates; **seine ~n Brüder** both his brothers; **ihr ~(n)** the two of you; **wer von uns ~n** which of us (two); **alle ~** both (of them) **beiderlei** [ˈbaidəlai] *adj attr inv* both **beiderseitig** [ˈbaidəzaitɪç] *adj* on both sides; (≈ *gegenseitig*) *Abkommen etc* bilateral; *Einverständnis etc* mutual **beiderseits** [ˈbaidəˈzaits] **A** *adv* on both sides **B** *prep +gen* on both sides of **beidhändig** *adj* (≈ *gleich geschickt*) ambidextrous; (≈ *mit beiden Händen zugleich*) two-handed **beidrehen** *v/i sep* NAUT to heave to **beidseitig** [ˈbaitzaitɪç] *adj* (≈ *auf beiden Seiten*) on both sides; (≈ *gegenseitig*) mutual **beieinander** [baiaiˈnandɐ] *adv* together **beieinander sein** *v/i irr aux sein* (*infml*) (*gesundheitlich*) to be in good shape (*infml*); (*geistig*) to be all there (*infml*)

Beifahrer(in) *m/f(m)* AUTO (front-seat) passenger; SPORTS co-driver **Beifahrerairbag** *m* AUTO passenger airbag **Beifahrersitz** *m* passenger seat

Beifall *m, no pl* (≈ *Zustimmung*) approval; (≈ *das Händeklatschen*) applause; **~ spenden** to applaud **beifällig** **A** *adj* approving; **~e Worte** words of approval **B** *adv* approvingly; **er nickte ~ mit dem Kopf** he nodded his head in approval **Beifallsruf** *m* cheer **Beifallssturm** *m* storm of applause

beifügen *v/t sep* (≈ *mitschicken*) to enclose (+*dat* with)

Beigabe *f* addition; (≈ *Beilage*) side dish; (COMM ≈ *Zugabe*) free gift

beige [beːʃ, ˈbeːʒə, ˈbɛːʒə] *adj* beige

beigeben *sep irr* **A** *v/t* to add (+*dat* to) **B** *v/i* **klein ~** (*infml*) to give in

Beigeschmack *m* aftertaste; (*fig: von Worten*) flavour (*Brit*), flavor (*US*)

Beihilfe *f* **1** financial assistance *no indef art*; (≈ *Zuschuss*) allowance; (≈ *Studienbeihilfe*) grant; (≈ *Subvention*) subsidy **2** JUR abetment; **wegen ~ zum Mord** because of acting as an accessory to the murder

Beijing [beɪˈdʒɪŋ] *nt* ⟨-s⟩ Beijing, Peking

beikommen *v/i sep irr aux sein* **jdm ~** (≈ *zu fassen bekommen*) to get hold of sb; **einer Sache** (*dat*) **~** (≈ *bewältigen*) to deal with sth

Beil [bail] *nt* ⟨-(e)s, -e⟩ axe (*Brit*), ax (*US*); (*kleiner*) hatchet

Beilage *f* **1** (≈ *Gedrucktes*) insert; (≈ *Beiheft*) supplement **2** COOK side dish; (≈ *Gemüsebeilage*) vegetables *pl*; (≈ *Salatbeilage*) side salad

beiläufig **A** *adj* casual **B** *adv* **erwähnen** in passing

beilegen *v/t sep* **1** (≈ *hinzulegen*) to insert (+*dat* in); (*einem Brief, Paket*) to enclose (+*dat* with, in) **2** (≈ *schlichten*) to settle **Beilegung** [ˈbailegʊŋ] *f* ⟨-, -en⟩ settlement

beileibe [baiˈlaibə] *adv* **~ nicht!** certainly not; **~ kein …** by no means a …

Beileid *nt* condolence(s), sympathy; **jdm sein ~ aussprechen** to offer sb one's condolences **Beileidsbekundung** *f* expression of sympathy **Beileidskarte** *f* condolence card

beiliegen *v/i sep irr* to be enclosed (+*dat* with, in); (*einer Zeitschrift etc*) to be inserted (+*dat* in) **beiliegend** *adj, adv* enclosed; **~ senden wir Ihnen …** please find enclosed …

beim [baim] = **bei dem**

beimengen *v/t sep* to add (+*dat* to)

beimessen *v/t sep irr* **jdm/einer Sache Bedeutung ~** to attach importance to sb/sth

Bein [bain] *nt* ⟨-(e)s, -e⟩ leg; **sich kaum auf den ~en halten können** to be hardly able to stay on one's feet; **jdm ein ~ stellen** to trip sb up; **auf den ~en sein** (≈ *in Bewegung*) to be on one's feet; (≈ *unterwegs*) to be out and about; **jdm ~e machen** (*infml*) (≈ *antreiben*) to make sb get a move on (*infml*); (≈ *wegjagen*) to make sb clear off (*infml*); **mit einem ~ im Gefängnis stehen** to be likely to end up in jail; **auf eigenen ~en stehen** (*fig*) to be able to stand on one's own two feet; **wieder auf die ~e kommen** (*fig*) to get back on one's feet again; **etw auf die ~e stellen** (*fig*) to get sth off the ground

beinah(e) [ˈbainaː, ˈbaiˈnaː] *adv* almost

Beinbruch *m* fracture of the leg; **das ist kein ~** (*fig infml*) it could be worse (*infml*)

Beinfreiheit *f, no pl* legroom

beinhalten [bəˈʔɪnhaltn] *past part* beinhaltet *v/t insep* to comprise

Beinpresse *f* leg press

Beipackzettel *m* instruction leaflet

beipflichten *v/i sep* **jdm/einer Sache (in etw** (*dat*)**) ~** to agree with sb/sth (on sth)

Beiried [ˈbairiːt] *nt* (*Aus* ≈ *Rostbraten*) ≈ roast

beirren [bəˈʔɪrən] *past part* beirrt *v/t* to disconcert; **sich nicht in etw** (*dat*) **~ lassen** not to let oneself be swayed in sth; **er lässt sich nicht ~** he won't be put off

beisammen [baiˈzamən] *adv* together **beisammenbleiben** *v/i sep irr aux sein* to stay *or* remain together **Beisammensein** *nt* get-together

Beischlaf *m* JUR sexual intercourse

Beisein *nt* presence; **in jds ~** in sb's presence; **ohne jds ~** without sb being present

beiseite [baiˈzaitə] *adv* aside; **Spaß ~!** joking aside! **beiseitelegen** *v/t sep* to put aside; (≈ *weglegen*) to put away **beiseiteschaffen** *v/t sep* **jdn/etw ~** to get rid of sb/hide sth away

Beisel [ˈbaizl] *nt* ⟨-s, -n⟩ (*Aus infml*) bar

beisetzen *v/t sep* to bury **Beisetzung** [ˈbaizɛtsʊŋ] *f* ⟨-, -en⟩ funeral

Beispiel *nt* example; **zum ~** for example; **jdm ein ~ geben** to set sb an example; **sich** (*dat*) **ein ~ an jdm nehmen** to take a leaf out of sb's book; **mit gutem ~ vorangehen** to set a good example **beispielhaft** **A** *adj* exemplary **B** *adv* exemplarily **beispiellos** *adj* unprecedented; (≈ *unerhört*) outrageous **beispielsweise** *adv* for example

B

beißen ['baisn] *pret* **biss** [bɪs], *past part* ge-**bissen** [gə'bɪsn] **A** *v/t & v/i* to bite; (≈ *brennen*) to sting; **er wird dich schon nicht ~** (*fig*) he won't bite you; **etwas zu ~** (*infml* ≈ *essen*) something to eat; **an etw** (*dat*) **zu ~ haben** (*fig*) to have sth to chew over on **B** *v/r* (*Farben*) to clash **beißend** *adj* biting; *Bemerkung* cutting; *Geruch* pungent; *Ironie* bitter **Beißzange** ['bais-] *f* (pair of) pincers *pl*; (*pej infml*) shrew

Beistand *m, no pl* (≈ *Hilfe*) help; (≈ *Unterstützung*) support; **jdm ~ leisten** to give sb help; to lend sb one's support **beistehen** *v/i sep irr* **jdm ~** to stand by sb

Beistelltisch *m* occasional table

beisteuern *v/t sep* to contribute

Beitrag ['baitraːk] *m* ‹-(e)s, ⸚e [-trɛːgə]› contribution; (≈ *Versicherungsbeitrag*) premium; (≈ *Mitgliedsbeitrag*) fee (*Br*), dues *pl*; **einen ~ zu etw leisten** to make a contribution to sth **beitragen** *v/t & v/i sep irr* to contribute (*zu* to) **Beitragserhöhung** *f* increase in contributions **beitragsfrei** *adj* noncontributory; *Person* not liable to pay contributions **beitragspflichtig** [-pflɪçtɪç] *adj* **~ sein** (*Mensch*) to have to pay contributions **Beitragszahler(in)** *m/(f)* contributor

beitreten *v/i +dat sep irr aux sein* to join; *einem Vertrag* to accede to **Beitritt** *m* joining (*zu etw* sth); (*zu einem Vertrag*) accession (*zu* to); **seinen ~ erklären** to become a member

Beize ['baitsə] *f* ‹-, -n› (≈ *Beizmittel*) corrosive fluid; (≈ *Holzbeize*) stain; (*zum Gerben*) lye; COOK marinade

beizeiten [bai'tsaitn] *adv* in good time

beizen ['baitsn] *v/t Holz* to stain; *Häute* to bate; COOK to marinate

bejahen [bə'jaːən] *past part* **bejaht** *v/t & v/i* to answer in the affirmative; (≈ *gutheißen*) to approve of **bejahend** **A** *adj* positive **B** *adv* affirmatively

bejubeln *past part* **bejubelt** *v/t* to cheer; *Ereignis* to rejoice at

bekämpfen *past part* **bekämpft** *v/t* to fight; *Ungeziefer* to control **Bekämpfung** [bə'kɛmpfʊŋ] *f* ‹-, (*rare*) -en› fight (*von, +gen* against); (*von Ungeziefer*) controlling; **zur ~ der Terroristen** to fight the terrorists

bekannt [bə'kant] *adj* well-known (*wegen* for); **die ~eren Spieler** the better-known players; **er ist ~ dafür, dass er seine**

Schulden nicht bezahlt he is well-known for not paying his debts; **das ist mir ~** I know about that; **sie ist mir ~** I know her; **jdn mit etw ~ machen** *mit Aufgabe etc* to show sb how to do sth; *mit Gebiet, Fach etc* to introduce sb to sth; **sich mit etw ~ machen** to familiarize oneself with sth; → **bekennen Bekanntenkreis** *m* circle of acquaintances **Bekannte(r)** [bə'kantə] *m/f(m) decl as adj* friend; (≈ *entfernter Bekannter*) acquaintance **Bekanntgabe** *f* announcement; (*in Zeitung etc*) publication **bekannt geben** *v/t irr* to announce; (*in Zeitung etc*) to publish **bekanntlich** [bə'kantlɪç] *adv* **~ gibt es ...** it is known that there are ... **bekannt machen** *v/t* to announce; (≈ *der Allgemeinheit mitteilen*) to publicize; → **bekannt Bekanntmachung** [bə'kantmaxʊŋ] *f* ‹-, -en› announcement; (≈ *Veröffentlichung*) publicizing **Bekanntschaft** [bə'kantʃaft] *f* ‹-, -en› acquaintance; **jds ~ machen** to make sb's acquaintance; **mit etw ~ machen** to come into contact with sth; **bei näherer ~** on closer acquaintance; **meine ganze ~** all my acquaintances **bekannt werden** *v/i irr aux sein* to become known; (*Geheimnis*) to leak out

bekehren *past part* **bekehrt** *v/t* to convert (*zu* to) **Bekehrung** [bə'keːrʊŋ] *f* ‹-, -en› conversion

bekennen *past part* **bekannt** [bə'kant] *irr* **A** *v/t* to confess; *Wahrheit* to admit **B** *v/r* **sich (als** *or* **für) schuldig ~** to admit or confess one's guilt; **sich zum Christentum ~** to profess Christianity; **sich zu jdm/etw ~** to declare one's support for sb/sth **Bekennerbrief** *m*, **Bekennerschreiben** *nt* letter claiming responsibility **Bekenntnis** [bə'kɛntnɪs] *nt* ‹-ses, -se› **1** (≈ *Geständnis*) confession (*zu* of); **sein ~ zum Sozialismus** his declared belief in socialism **2** (REL ≈ *Konfession*) denomination

beklagen *past part* **beklagt** **A** *v/t* to lament; *Tod, Verlust* to mourn; **Menschenleben sind nicht zu ~** there are no casualties **B** *v/r* to complain (*über +acc, wegen* about) **beklagenswert** *adj Mensch* pitiful; *Zustand* lamentable; *Vorfall* regrettable **Beklagte(r)** [bə'klaːktə] *m/f(m) decl as adj* JUR defendant

beklauen *past part* **beklaut** *v/t* (*infml*) *jdn* to rob

B

bekleben *past part* **beklebt** *v/t* **etw (mit Plakaten** *etc)* **~** to stick posters *etc* on(to) sth

bekleckern *past part* **bekleckert** *(infml)* **A** *v/t* to stain **B** *v/r* **sich (mit Saft** *etc)* **~** to spill juice *etc* all down *or* over oneself; **er hat sich nicht gerade mit Ruhm bekleckert** *(infml)* he didn't exactly cover himself with glory

bekleidet [bə'klaɪdət] *adj* dressed (*mit* in) **Bekleidung** *f* (≈ *Kleider*) clothes *pl*; (≈ *Aufmachung*) dress

beklemmen *past part* **beklemmt** *v/t* *(fig)* to oppress **beklemmend** *adj* (≈ *beengend*) constricting; (≈ *beängstigend*) oppressive **Beklemmung** [bə'klɛmʊŋ] *f* ‹-, -en› *usu pl* feeling of oppressiveness; (≈ *Gefühl der Angst*) feeling of apprehension **beklommen** [bə'klɔmən] *adj* apprehensive; *Schweigen* uneasy

bekloppt [bə'klɔpt] *adj* *(infml) Mensch* mad *(infml)*

beknackt [bə'knakt] *(sl) adj Mensch, Idee* stupid

beknien *past part* **bekniet** *v/t (infml) jdn* to beg

bekommen *past part* **bekommen** *irr* **A** *v/t* to get; *ein Kind, Besuch* to have; **ein Jahr Gefängnis ~** to be given one year in prison; **ich bekomme bitte ein Glas Wein** I'll have a glass of wine, please; **was ~ Sie dafür?** how much is that?; **was ~ Sie von mir?** how much do I owe you?; *jdn* **dazu ~, etw zu tun** to get sb to do sth; **Heimweh ~** to get homesick; **Hunger/ Durst ~** to get hungry/thirsty; **Angst ~** to get afraid; **es mit jdm zu tun ~** to get into trouble with sb; **etw geschenkt ~** to be given sth (as a present); **Lust ~, etw zu tun** to feel like doing sth; **es mit der Angst/Wut ~** to become afraid/angry; **Ärger ~** to get into trouble **B** *v/i aux sein* +*dat* (≈ *zuträglich sein*) *jdn* **(gut) ~** to do sb good; *(Essen)* to agree with sb; *jdm* **nicht** *or* **schlecht ~** not to do sb any good; *(Essen)* not to agree with sb; **wohl bekomm's!** your health! **bekömmlich** [bə'kœmlɪç] *adj Speisen* (easily) digestible; *Luft, Klima* beneficial

bekräftigen *past part* **bekräftigt** *v/t* to confirm; *Vorschlag* to back up

bekriegen *past part* **bekriegt** *v/t* to wage war on; *(fig)* to fight

bekümmern *past part* **bekümmert** *v/t* to worry **bekümmert** [bə'kʏmɐt] *adj* worried *(über* +*acc* about)

bekunden [bə'kʊndn] *past part* **bekundet** *v/t* to show; *(JUR ≈ bezeugen)* to testify to

belächeln *past part* **belächelt** *v/t* to smile at

beladen [bə'laːdn] *past part* **beladen** *irr* *v/t Schiff, Zug* to load (up); *(fig: mit Sorgen etc) jdn* to burden

Belag [bə'laːk] *m* ‹-(e)s, ⸚e [-'lɛːgə]› coating; (≈ *Schicht*) layer; *(auf Zahn)* film; *(auf Pizza, Brot)* topping; *(auf Tortenboden, zwischen zwei Brotscheiben)* filling; (≈ *Zungenbelag*) fur; (≈ *Fußbodenbelag*) covering; (≈ *Straßenbelag*) surface

belagern *past part* **belagert** *v/t* to besiege **Belagerung** *f* siege **Belagerungszustand** *m* state of siege

belämmert [bə'lɛmɐt] *adj* (≈ *betreten*) sheepish; (≈ *niedergeschlagen*) miserable

Belang [bə'laŋ] *m* ‹-(e)s, -e› importance; **von/ohne ~ (für jdn/etw) sein** to be of importance/of no importance (to sb/for *or* to sth); **~e** interests **belangen** *past part* **belangt** *v/t* JUR to prosecute *(wegen* for); *(wegen Beleidigung)* to sue for) **belanglos** *adj* inconsequential; **das ist für das Ergebnis ~** that is irrelevant to the result **Belanglosigkeit** *f* ‹-, -en› triviality

belassen *past part* **belassen** *v/t irr* to leave; **wir wollen es dabei ~** let's leave it at that

belastbar *adj* **1** **bis zu 50 Tonnen ~ sein** to have a load-bearing capacity of 50 tons; **weiter waren seine Nerven nicht ~** his nerves could take no more **2** (≈ *beanspruchbar*, MED) resilient **3** **wie hoch ist mein Konto ~?** what is the limit on my account?; **der Etat ist nicht unbegrenzt ~** the budget is not unlimited **Belastbarkeit** [bə'lastbaːɐkaɪt] *f* ‹-, -en› **1** *(von Brücke, Aufzug)* load-bearing capacity **2** *(von Menschen, Nerven)* ability to cope with stress **belasten** *past part* **belastet** **A** *v/t* **1** *(lit) (mit Gewicht)* to put weight on; *(mit Last)* to load; **etw mit 50 Tonnen ~** to put a 50 ton load on sth **2** *(fig) jdn* **mit etw ~** *mit Arbeit* to load sb with sth; *mit Sorgen* to burden sb with sth; *jdn* **~** (≈ *anstrengen*) to put a strain on sb; *(Schuld etc)* to weigh upon sb's mind; *jds Gewissen* **~** to weigh upon sb's conscience **3** (≈ *beanspruchen*) *Stromnetz etc* to put pressure on; *Atmosphäre* to pollute; MED to put a strain on; *Nerven* to strain; *Steuerzahler* to burden **4** JUR *Angeklagten* to incriminate; **~des Material** incriminating evidence **5** FIN *Konto* to charge; *(steuerlich) jdn* to burden; **das Konto mit einem Betrag ~** to debit a sum from the account; **jdn mit den Kosten ~** to charge the costs to sb **B** *v/r* **1** **sich mit etw ~** *mit Arbeit* to take sth on; *mit Verantwortung* to take sth upon oneself; *mit Sorgen* to burden oneself with sth **2** JUR to incriminate oneself

belästigen [bə'lɛstɪɡn] *past part* **belästigt** *v/t* to bother; (≈ *zudringlich werden*) to pester; *(körperlich)* to molest **Belästigung** *f* ⟨-, -en⟩ annoyance; (≈ *Zudringlichkeit*) pestering; **etw als eine ~ empfinden** to find sth a nuisance; **sexuelle ~** sexual harassment

Belastung [bə'lastʊŋ] *f* ⟨-, -en⟩ **1** (≈ *Last, Gewicht*) weight; *(in Fahrzeug, Fahrstuhl etc)* load; **maximale ~ des Fahrstuhls** maximum load of the lift **2** *(fig)* (≈ *Anstrengung*) strain; (≈ *Last, Bürde*) burden **3** (≈ *Beeinträchtigung*) pressure (+*gen* on); *(von Atmosphäre)* pollution (+*gen* of); *(von Kreislauf, Magen)* strain (+*gen* on) **4** JUR incrimination **5** (FIN, *von Konto*) charge (+*gen* on); *(steuerlich)* burden (+*gen* on) **Belastungs-EKG** *nt* MED exercise ECG **Belastungsmaterial** *nt* JUR incriminating evidence **Belastungsprobe** *f* endurance test **Belastungszeuge** *m*, **Belastungszeugin** *f* JUR witness for the prosecution

belaufen *past part* **belaufen** *v/r irr* **sich auf etw** *(acc)* **~** to come to sth

belauschen *past part* **belauscht** *v/t* to eavesdrop on

beleben *past part* **belebt** *v/t* **1** (≈ *anregen*) to liven up; *Absatz, Konjunktur* to stimulate **2** (≈ *lebendiger gestalten*) to brighten up **belebend** *adj* invigorating **belebt** [bə'le:pt] *adj* *Straße, Stadt etc* busy

Beleg [bə'le:k] *m* ⟨-(e)s, -e [-ɡə]⟩ **1** (≈ *Beweis*) piece of evidence; (≈ *Quellennachweis*) reference **2** (≈ *Quittung*) receipt **belegen** *past part* **belegt** *v/t* **1** (≈ *bedecken*) to cover; *Brote, Tortenboden* to fill; **etw mit Fliesen/Teppich ~** to tile/carpet sth **2** (≈ *besetzen*) *Wohnung, Hotelbett* to occupy; *Fach* to take; *Vorlesung* to enrol (*Br*) or enroll (*US*) for; **den fünften Platz ~** to take fifth place **3** (≈ *beweisen*) to verify **Belegschaft** [bə'le:kʃaft] *f* ⟨-, -en⟩ (≈ *Beschäftigte*) staff; *(esp*

in Fabriken etc) workforce **belegt** [bə'le:kt] *adj* *Zunge* furred; *Stimme* hoarse; *Bett, Wohnung* occupied; **~e Brote** open (*Br*) or open-faced (*US*) sandwiches

belehren *past part* **belehrt** *v/t* to teach; (≈ *aufklären*) to inform *(über +acc* of*)*; **jdn eines anderen ~** to teach sb otherwise **Belehrung** [bə'le:rʊŋ] *f* ⟨-, -en⟩ explanation, lecture *(infml)*

beleidigen [bə'laidɪɡn] *past part* **beleidigt** *v/t jdn* to insult; *(Anblick etc)* to offend; (JUR, *mündlich)* to slander; *(schriftlich)* to libel **beleidigend** *adj* insulting; *Anblick etc* offending; (JUR, *mündlich)* slanderous; *(schriftlich)* libellous (*Br*), libelous (*US*) **beleidigt** [bə'laidɪçt] *adj* insulted; (≈ *gekränkt*) offended; *Miene* hurt; **jetzt ist er ~** now he's in a huff *(infml)* **B** *adv* in a huff *(infml)*, offended **Beleidigung** *f* ⟨-, -en⟩ insult; (JUR, *mündliche)* slander; *(schriftliche)* libel

belesen [bə'le:zn] *adj* well-read

beleuchten *past part* **beleuchtet** *v/t* to light up; *Straße, Bühne etc* to light; *(fig* ≈ *betrachten)* to examine **Beleuchtung** [bə-'lɔyçtʊŋ] *f* ⟨-, -en⟩ **1** (≈ *das Beleuchten*) lighting; (≈ *das Bestrahlen*) illumination **2** (≈ *Licht*) light; (≈ *Lichter*) lights *pl*

Belgien ['bɛlɡiən] *nt* ⟨-s⟩ Belgium **Belgier** ['bɛlɡie] *m* ⟨-s, -⟩, **Belgierin** [-iərɪn] *f* ⟨-, -nen⟩ Belgian **belgisch** ['bɛlɡɪʃ] *adj* Belgian

Belgrad ['bɛlɡra:t] *nt* ⟨-s⟩ Belgrade

belichten *past part* **belichtet** *v/t* PHOT to expose **Belichtung** *f* PHOT exposure **Belichtungsmesser** *m* ⟨-s, -⟩ light meter

Belieben [bə'li:bn] *nt* ⟨-s, *no pl*⟩ **nach ~** any way you *etc* want (to); **das steht** or **liegt in Ihrem ~** that is up to you **beliebig** [bə'li:bɪç] **A** *adj* any; **(irgend)eine/jede ~e Zahl** any number at all or you like; **jeder Beliebige** anyone at all; **in ~er Reihenfolge** in any order whatever **B** *adv* as you *etc* like; **Sie können ~ lange bleiben** you can stay as long as you like **beliebt** [bə'li:pt] *adj* popular *(bei* with); **sich bei jdm ~ machen** to make oneself popular with sb **Beliebtheit** *f* ⟨-, *no pl*⟩ popularity

beliefern *past part* **beliefert** *v/t* to supply **bellen** ['bɛlən] *v/i* to bark

Belletristik [bɛle'trɪstɪk] *f* ⟨-, *no pl*⟩ fiction and poetry

belobigen [bə'lo:bɪɡn] *past part* **belobigt**

v/t to commend **Belobigung** *f* ⟨-, -en⟩ (*form*) commendation

belohnen *past part* belohnt *v/t* to reward **Belohnung** [bə'lo:nʊŋ] *f* ⟨-, -en⟩ reward; **zur** *or* **als ~ (für)** as a reward (for)

belügen *past part* belogen [bə'lo:gn] *v/t irr* to lie to; **sich selbst ~** to deceive oneself

belustigen [bə'lʊstɪgn] *past part* belustigt **A** *v/t* to amuse **B** *v/r* (*elev*) **sich über jdn/etw ~** to make fun of sb/sth **belustigt** [bə'lʊstɪçt] **A** *adj* amused **B** *adv* in amusement

bemächtigen [bə'mɛçtɪgn] *past part* bemächtigt *v/r* (*elev*) **sich eines Menschen/einer Sache ~** to seize hold of sb/sth

bemalen *past part* bemalt *v/t* to paint **Bemalung** [bə'ma:lʊŋ] *f* ⟨-, -en⟩ painting

bemängeln [bə'mɛŋln] *past part* bemängelt *v/t* to find fault with

bemannen [bə'manən] *past part* bemannt *v/t* U-Boot, Raumschiff to man **Bemannung** *f* ⟨-, -en⟩ manning

bemerkbar *adj* noticeable; **sich ~ machen** (≈ *sich zeigen*) to become noticeable; (≈ *auf sich aufmerksam machen*) to draw attention to oneself **bemerken** *past part* bemerkt *v/t* **1** (≈ *wahrnehmen*) to notice **2** (≈ *äußern*) to remark (*zu* on); **er hatte einiges zu ~** he had quite a few comments to make **bemerkenswert** **A** *adj* remarkable **B** *adv* remarkably **Bemerkung** [bə'mɛrkʊŋ] *f* ⟨-, -en⟩ remark (*zu* on)

bemessen *past part* bemessen *irr v/t* (≈ *zuteilen*) to allocate; (≈ *einteilen*) to calculate; **reichlich ~** generous; **meine Zeit ist knapp ~** my time is limited

bemitleiden [bə'mɪtlaidn] *past part* bemitleidet *v/t* to pity; **er ist zu ~** he is to be pitied

bemühen [bə'my:ən] *past part* bemüht **A** *v/t* to bother; **jdn zu sich ~** to call in sb **B** *v/r* (≈ *sich Mühe geben*) to try hard; **sich um jdn ~** (*um Kranken etc*) to look after sb; (*um jds Gunst*) to court sb; **bitte ~ Sie sich nicht** please don't trouble yourself; **sich zu jdm ~** to go to sb **bemüht** [bə'my:t] *adj* **~ sein, etw zu tun** to try hard to do sth **Bemühung** *f* ⟨-, -en⟩ effort

bemuttern [bə'mʊtɐn] *past part* bemuttert *v/t* to mother

benachbart [bə'naxba:ɐt] *adj* neighbouring *attr* (*Br*), neighboring *attr* (*US*)

benachrichtigen [bə'na:xrɪçtɪgn] *past part* benachrichtigt *v/t* to inform (*von* of) **Benachrichtigung** *f* ⟨-, -en⟩ (≈ *Nachricht*) notification; COMM advice note

benachteiligen [bə'na:xtailɪgn] *past part* benachteiligt *v/t* to put at a disadvantage; (*wegen Rasse, Glauben etc*) to discriminate against; **benachteiligt sein** to be at a disadvantage **Benachteiligung** *f* ⟨-, -en⟩ (*wegen Rasse, Glauben*) discrimination (+*gen* against)

benebeln [bə'ne:bln] *past part* benebelt *v/t* (*infml*) **jdn** *or* **jds Sinne ~** to make sb's head swim; **benebelt sein** to be feeling dazed *or* (*von Alkohol*) woozy (*infml*)

Benefizspiel *nt* benefit match **Benefizvorstellung** *f* charity performance

benehmen *past part* benommen [bə'nɔmən] *v/r irr* to behave; **benimm dich!** behave yourself!; **sich schlecht ~** to misbehave; → benommen **Benehmen** [bə'ne:mən] *nt* ⟨-s, *no pl*⟩ behaviour (*Br*), behavior (*US*); **kein ~ haben** to have no manners

beneiden *past part* beneidet *v/t* to envy; **jdn um etw ~** to envy sb sth; **er ist nicht zu ~** I don't envy him **beneidenswert** [bə'naidnsve:et] *adj* enviable

Beneluxländer ['be:nelʊks-, bene'lʊks-] *pl* Benelux countries *pl*

benennen *past part* benannt [bə'nant] *v/t irr* to name

Bengel ['bɛŋl] *m* ⟨-s, -(s)⟩ boy; (≈ *frecher Junge*) rascal

Benimm [bə'nɪm] *m* ⟨-s, *no pl*⟩ (*infml*) manners *pl*

benommen [bə'nɔmən] *adj* dazed; → benehmen **Benommenheit** *f* ⟨-, *no pl*⟩ daze

benoten [bə'no:tn] *past part* benotet *v/t* to mark (*Br*), to grade (*esp US*)

benötigen *past part* benötigt *v/t* to need **Benotung** *f* ⟨-, -en⟩ mark (*Br*), grade (*esp US*); (≈ *das Benoten*) marking (*Br*), grading (*esp US*)

benutzbar *adj* usable **benutzen** *past part* benutzt *v/t* to use **Benutzer** *m* ⟨-s, -⟩, **Benutzerin** *f* ⟨-, -nen⟩ user **benutzerfreundlich** **A** *adj* user-friendly **B** *adv* **etw ~ gestalten** to make sth user-friendly **Benutzerfreundlichkeit** *f* user-friendliness **Benutzerhandbuch** *nt* user's guide **Benutzeroberfläche** *f*

IT user interface **Benutzerprofil** nt user profile **Benutzung** f ‹-, -en› use **Benutzungsgebühr** f charge

Benzin [bɛn'tsiːn] nt ‹-s, -e› (für Auto) petrol (Br), gas (US); (≈ Reinigungsbenzin) benzine; (≈ Feuerzeugbenzin) lighter fuel **Benzinfeuerzeug** nt petrol lighter (Br), gasoline lighter (US) **Benzinkanister** m petrol can (Br), gasoline can (US) **Benzinpumpe** f AUTO fuel pump; (an Tankstellen) petrol pump (Br), gasoline pump (US) **Benzinuhr** f fuel gauge **Benzinverbrauch** m fuel consumption

beobachten [bə'oːbaxtn] past part **beobachtet** v/t to observe; **etw an jdm ~** to notice sth in sb; **jdn ~ lassen** (Polizei etc) to put sb under surveillance **Beobachter** [bə'oːbaxtɐ] m ‹-s, -›, **Beobachterin** [-ərɪn] f ‹-, -nen› observer **Beobachtung** f ‹-, -en› observation; (polizeilich) surveillance **Beobachtungsgabe** f talent for observation

bepflanzen past part **bepflanzt** v/t to plant **Bepflanzung** f (≈ das Bepflanzen) planting; (≈ Pflanzen) plants pl

bequatschen [bə'kvatʃn] past part **bequatscht** v/t (infml) **1** etw to talk over **2** (≈ überreden) jdn to persuade

bequem [bə'kveːm] **A** adj (≈ angenehm) comfortable; (≈ leicht, mühelos) easy; **es ~ haben** to have an easy time of it; **es sich** (dat) **~ machen** to make oneself comfortable **B** adv (≈ leicht) easily; (≈ angenehm) comfortably **Bequemlichkeit** f ‹-, -en, no pl› (≈ Behaglichkeit) comfort

beraten past part **beraten** irr **A** v/t **jdn ~** to advise sb; **jdn gut/schlecht ~** to give sb good/bad advice **B** v/r (≈ sich besprechen) to discuss; **sich mit jdm ~** to consult (with) sb (über +acc about) **beratend** adj advisory; **~es Gespräch** consultation **Berater** [bə'raːtɐ] m ‹-s, -›, **Beraterin** [-ərɪn] f ‹-, -nen› adviser **Beratertätigkeit** f consultancy work **Beratervertrag** m consultancy contract **Beratung** [bə'raːtʊŋ] f ‹-, -en› **1** advice; (bei Rechtsanwalt etc) consultation **2** (≈ Besprechung) discussion **Beratungsgespräch** nt consultation

berauben past part **beraubt** v/t to rob; **jdn einer Sache** (gen) **~** to rob sb of sth; **seiner Freiheit** to deprive sb of sth

berauschen past part **berauscht** **A** v/t to intoxicate **B** v/r **sich an etw** (dat) **~ an** Wein, Drogen to become intoxicated with sth; an Geschwindigkeit to be exhilarated by sth **berauschend** adj intoxicating; **das war nicht sehr ~** (iron) that wasn't very enthralling

berechenbar adj Kosten calculable; Verhalten etc predictable **berechnen** past part **berechnet** v/t **1** (≈ ausrechnen) to calculate; (≈ schätzen) to estimate **2** (≈ in Rechnung stellen) to charge; **das ~ wir Ihnen nicht** we will not charge you for it **berechnend** adj (pej) calculating **Berechnung** f **1** (≈ das Berechnen) calculation; (≈ Schätzung) estimation **2** (pej) **aus ~ handeln** to act in a calculating manner

berechtigen [bə'rɛçtɪɡn] past part **berechtigt** v/t & v/i to entitle; (jdn) **zu etw ~** to entitle sb to sth; **das berechtigt zu der Annahme, dass ...** this justifies the assumption that ... **berechtigt** [bə'rɛçtɪçt] adj justifiable; Frage, Anspruch legitimate; **~ sein, etw zu tun** to be entitled to do sth **Berechtigung** f ‹-, -en› (≈ Befugnis) entitlement; (≈ Recht) right

bereden past part **beredet** **A** v/t **1** (≈ besprechen) to discuss **2** (≈ überreden) **jdn zu etw ~** to talk sb into sth **B** v/r **sich mit jdm über etw** (acc) **~** to talk sth over with sb

Bereich [bə'raiç] m ‹-(e)s, -e› **1** area **2** (≈ Einflussbereich) sphere; (≈ Sektor) sector; **im ~ des Möglichen liegen** to be within the realms of possibility

bereichern [bə'raiçɐn] past part **bereichert** **A** v/t to enrich; (≈ vergrößern) to enlarge **B** v/r to make a lot of money (an +dat out of) **Bereicherung** f ‹-, -en› enrichment; (≈ Vergrößerung) enlargement

Bereifung [bə'raifʊŋ] f ‹-, -en› AUTO set of tyres (Br) or tires (US)

bereinigen past part **bereinigt** v/t to clear up **bereinigt** [bə'rainɪçt] adj Statistik adjusted

bereisen past part **bereist** v/t ein Land to travel around; COMM Gebiet to travel

bereit [bə'rait] adj usu pred **1** (≈ fertig) ready **2** (≈ willens) willing; **zu Verhandlungen ~ sein** to be prepared to negotiate; **~ sein, etw zu tun** to be willing to do sth; **sich ~ erklären, etw zu tun** to agree to do sth **bereiten** [bə'raitn] past part **bereitet** v/t **1** (≈ zubereiten) to prepare **2** (≈ verursachen) to cause; Freude, Kopfschmerzen to give; **das bereitet mir Schwierigkeiten** it causes me difficulties **bereithaben** v/t sep irr **eine Antwort/Ausrede ~** to have an answer/excuse ready **bereithalten** sep irr **A** v/t Fahrkarten etc to have ready; Überraschung to have in store **B** v/r **sich ~** to be ready **bereitlegen** v/t sep to lay out ready **bereitliegen** v/i sep irr to be ready **bereit machen** v/t sep to get ready **bereits** [bə'raits] adv already; **~ damals/damals, als ...** even then/when ... **Bereitschaft** [bə'raitʃaft] f ⟨-, -en, no pl⟩ readiness; **in ~ sein** to be ready; (Polizei, Soldaten etc) to be on stand-by; (Arzt) to be on call or (im Krankenhaus) on duty **Bereitschaftsdienst** m emergency service **Bereitschaftspolizei** f riot police **bereitstehen** v/i sep irr to be ready; (Truppen) to stand by **bereitstellen** v/t sep to get ready; Material, Fahrzeug to supply **Bereitstellung** f preparation; (von Auto, Material) supply **bereitwillig** **A** adj willing; (≈ eifrig) eager **B** adv willingly **Bereitwilligkeit** f willingness; (≈ Eifer) eagerness

bereuen past part **bereut** v/t to regret; Schuld, Sünden to repent of; **das wirst du noch ~!** you will be sorry (for that)!

Berg [bɛrk] m ⟨-(e)s, -e [-gə]⟩ hill; (größer) mountain; **mit etw hinterm ~ halten** (fig) to keep sth to oneself; **über den ~ sein** (infml) to be out of the woods; **über alle ~e sein** (infml) to be long gone; **da stehen einem ja die Haare zu ~e** it's enough to make your hair stand on end **bergab** [bɛrk'ap] adv downhill; **es geht mit ihm ~** (fig) he is going downhill **Bergarbeiter(in)** m/(f) miner **bergauf** (**-wärts**) [bɛrk'auf(vɛrts)] adv uphill; **es geht wieder ~** (fig) things are looking up **Bergbahn** f mountain railway; (≈ Seilbahn) funicular or cable railway **Bergbau** m, no pl mining

bergen ['bɛrgn] pret **barg** [bark], past part **geborgen** [gə'bɔrgn] v/t **1** (≈ retten) Menschen to save; Leichen to recover; Ladung, Fahrzeug to salvage **2** (elev ≈ enthalten) to hold; → **geborgen**

Bergführer(in) m/(f) mountain guide **Berghütte** f mountain hut **bergig** ['bɛrgɪç] adj hilly; (≈ mit hohen Bergen) mountainous **Bergkamm** m mountain crest **Bergkette** f mountain range **Bergmann** m, pl -leute miner **Bergnot** f **in ~ sein/geraten** to be in/get into diffi-

culties while climbing **Bergrücken** m mountain ridge **bergsteigen** v/i sep irr aux sein or haben, inf and past part only to go mountaineering; **(das) Bergsteigen** mountaineering **Bergsteiger** [-ʃtaigɐ] m ⟨-s, -⟩, **Bergsteigerin** [-ərɪn] f ⟨-, -nen⟩ mountaineer **Bergtour** f trip round the mountains **Berg-und-Tal-Bahn** f roller coaster

Bergung f ⟨-, -en⟩ (von Menschen) rescue; (von Leiche) recovery; (von Ladung, Fahrzeug) salvage **Bergungsarbeit** f rescue work **Bergungstrupp** m rescue team

Bergwacht f mountain rescue service **Bergwand** f mountain face **Bergwanderung** f walk in the mountains **Bergwelt** f mountains pl **Bergwerk** nt mine

Bericht [bə'rɪçt] m ⟨-(e)s, -e⟩ report (über +acc about, on); **der ~ eines Augenzeugen** an eyewitness account; **(über etw acc) ~ erstatten** to report (on sth) **berichten** past part **berichtet** v/t & v/i to report; **jdm über etw** (acc) **~** (≈ erzählen) to tell sb about sth; **gibt es Neues zu ~?** has anything new happened?; **sie hat bestimmt viel(es) zu ~** she is sure to have a lot to tell us **Berichterstatter** [bə'rɪçtɛɐʃtatɐ] m ⟨-s, -⟩, **Berichterstatterin** [-ərɪn] f ⟨-, -nen⟩ reporter; (≈ Korrespondent) correspondent **Berichterstattung** f reporting

berichtigen [bə'rɪçtɪgn] past part **berichtigt** v/t to correct **Berichtigung** f ⟨-, -en⟩ correction

beriechen past part **berochen** [bə'rɔxn] v/t irr to sniff at, to smell

berieseln past part **berieselt** v/t **1** (mit Flüssigkeit) to spray with water etc; (durch Sprinkleranlage) to sprinkle **2** (fig infml) **von etw berieselt werden** (fig) to be exposed to a constant stream of sth **Berieselungsanlage** f sprinkler (system)

Beringstraße ['be:rɪŋ-] f Bering Strait(s pl)

Berlin [bɛr'li:n] nt ⟨-s⟩ Berlin **Berliner**[1] [bɛr'li:nɐ] adj attr Berlin **Berliner**[2] [bɛr'li:nɐ] m ⟨-s, -⟩ (a. **Berliner Pfannkuchen**) ≈ doughnut (Br), ≈ donut (US)

Bermudadreieck [bɛr'mu:da-] nt Bermuda triangle **Bermudainseln** [bɛr'mu:da-] pl Bermuda sg, no def art **Bermudashorts** [bɛr'mu:da-] pl Bermuda shorts pl

Bern [bɛrn] nt ⟨-s⟩ Bern(e)
Bernhardiner [bɛrnhar'di:nə] m ⟨-s, -⟩ Saint Bernard (dog)
Bernstein ['bɛrnʃtain] m, no pl amber
bersten ['bɛrstn] pret **barst** [barst], past part **geborsten** [gə'bɔrstn] v/i aux sein (elev) to crack; (≈ zerbrechen) to break; (fig: vor Wut etc) to burst (vor with)
berüchtigt [bə'rʏçtɪçt] adj notorious
berücksichtigen [bə'rʏkzɪçtɪɡn] past part **berücksichtigt** v/t to take into account; Antrag, Bewerber to consider **Berücksichtigung** f ⟨-, -en⟩ consideration; **unter ~ der Tatsache, dass ...** in view of the fact that ...
Beruf [bə'ru:f] m (≈ Tätigkeit) occupation; (akademisch) profession; (handwerklicher) trade; (≈ Stellung) job; **was sind Sie von ~?** what do you do for a living?; **von ~s wegen** on account of one's job
berufen[1] [bə'ru:fn] past part **berufen** irr **A** v/t **1** (≈ ernennen) to appoint **2** (infml) **ich will es nicht ~, aber ...** I don't want to tempt fate, but ... **B** v/r **sich auf jdn/etw ~** to refer to sb/sth
berufen[2] adj **1** (≈ befähigt) Kritiker competent; **von ~er Seite** from an authoritative source **2** (≈ ausersehen) **zu etw ~ sein** to have a vocation for sth
beruflich [bə'ru:flɪç] **A** adj professional; **meine ~en Probleme** my problems at work **B** adv professionally; **er ist ~ viel unterwegs** he is away a lot on business; **was machen Sie ~?** what do you do for a living? **Berufsausbildung** f training; (für Handwerk) vocational training **Berufsaussichten** pl job prospects pl **Berufsberater(in)** m/(f) careers adviser **Berufsberatung** f careers guidance **Berufserfahrung** f (professional) experience **Berufsfachschule** f training college (attended full-time) **Berufsfeuerwehr** f fire service **Berufsgeheimnis** nt professional secret **Berufskrankheit** f occupational disease **Berufsleben** nt working life; **im ~ stehen** to be working **Berufsrisiko** nt occupational hazard **Berufsschule** f vocational school, ≈ technical college (Br) **Berufssoldat(in)** m/(f) professional soldier **Berufsspieler(in)** m/(f) professional player **berufstätig** adj working; **~ sein** to be working, to work **Berufstätige(r)** [-tɛ:tɪɡə] m/f(m) decl as adj working person **Berufstätig-**

keit f occupation **berufsunfähig** adj occupationally disabled **Berufsverbot** nt **jdm ~ erteilen** to ban sb from a profession **Berufsverkehr** m commuter traffic
Berufung [bə'ru:fʊŋ] f ⟨-, -en⟩ **1** JUR appeal; **~ einlegen** to appeal (bei to) **2** (in ein Amt etc) appointment (auf or an +acc to) **3** (≈ innerer Auftrag) vocation **4** (form) **unter ~ auf etw** (acc) with reference to sth
beruhen past part **beruht** v/i to be based (auf +dat on); **etw auf sich ~ lassen** to let sth rest
beruhigen [bə'ru:ɪɡn] past part **beruhigt** **A** v/t to calm (down); (≈ trösten) to comfort; **~d** (körperlich) soothing; (≈ tröstlich) reassuring; **~d wirken** to have a calming effect **B** v/r to calm down; (Verkehr) to subside; (Meer) to become calm; (Sturm) to die down; **beruhige dich doch!** calm down! **Beruhigung** f ⟨-, no pl⟩ (≈ das Beruhigen) calming (down); (≈ das Trösten) comforting; **zu Ihrer ~ kann ich sagen ...** you'll be reassured to know that ... **Beruhigungsmittel** nt sedative **Beruhigungsspritze** f sedative (injection) **Beruhigungstablette** f tranquillizer (Br), tranquilizer (US), downer (infml)
berühmt [bə'ry:mt] adj famous; **für etw ~ sein** to be famous for sth **berühmt-berüchtigt** adj notorious **Berühmtheit** f ⟨-, -en⟩ **1** fame; **~ erlangen** to become famous **2** (≈ Mensch) celebrity
berühren past part **berührt** **A** v/t **1** to touch; Thema, Punkt to touch on; **Berühren verboten** do not touch **2** (≈ seelisch bewegen) to move; (≈ auf jdn wirken) to affect; (≈ betreffen) to concern; **das berührt mich gar nicht!** that's nothing to do with me **B** v/r to touch **Berührung** f ⟨-, -en⟩ touch; (≈ menschlicher Kontakt) contact; (≈ Erwähnung) mention; **mit jdm/etw in ~ kommen** to come into contact with sb/sth **Berührungsangst** f usu pl reservation (mit about)
besagen past part **besagt** v/t to say; (≈ bedeuten) to mean; **das besagt nichts** that does not mean anything **besagt** [bə'za:kt] adj attr (form) said (form)
besänftigen [bə'zɛnftɪɡn] past part **besänftigt** v/t to calm down; Erregung to soothe **Besänftigung** f ⟨-, -en⟩ calming (down); (von Erregung) soothing
Besatzer [bə'zatsɐ] m ⟨-s, -⟩ occupying forces pl **Besatzung** f **1** (≈ Mannschaft)

B

crew **2** (≈ *Besatzungsarmee*) occupying army **Besatzungsmacht** *f* occupying power

besaufen *past part* besoffen [bə'zɔfn] *v/r irr* (*infml*) to get plastered (*infml*); → besoffen **Besäufnis** [bə'zɔyfnɪs] *nt* ⟨-ses, -se⟩ (*infml*) booze-up (*infml*)

beschädigen *past part* beschädigt *v/t* to damage **Beschädigung** [bə'ʃɛːdɪgʊŋ] *f* ⟨-, -en⟩ damage (*von* to)

beschaffen¹ [bə'ʃafn] *past part* beschafft *v/t* to get (hold of); **jdm etw ~** to get (hold of) sth for sb

beschaffen² *adj* (*form*) **mit jdm/damit ist es gut/schlecht ~** sb/it is in a good/bad way; **so ~ sein wie ...** to be the same as ... **Beschaffenheit** *f* ⟨-, *no pl*⟩ composition; (*körperlich*) constitution; (*seelisch*) nature

Beschaffung *f, no pl* obtaining

beschäftigen [bə'ʃɛftɪgn] *past part* beschäftigt **Ⓐ** *v/r* **sich mit etw ~** to occupy oneself with sth; (≈ *sich befassen*) to deal with sth; **sich mit jdm ~** to devote one's attention to sb **Ⓑ** *v/t* **1** (≈ *innerlich beschäftigen*) **jdn ~** to be on sb's mind **2** (≈ *anstellen*) to employ **3** (≈ *eine Tätigkeit geben*) to occupy; **jdn mit etw ~** to give sb sth to do **beschäftigt** [bə'ʃɛftɪçt] *adj* **1** busy; **mit seinen Problemen ~ sein** to be preoccupied with one's problems **2** (≈ *angestellt*) employed (*bei* by, at) **Beschäftigte(r)** [bə'ʃɛftɪçtə] *m/f(m) decl as adj* employee **Beschäftigung** *f* ⟨-, -en⟩ **1** (≈ *berufliche Arbeit*) work *no indef art*, job; (≈ *Anstellung*) employment; **einer ~ nachgehen** (*form*) to be employed; **ohne ~ sein** to be unemployed **2** (≈ *Tätigkeit*) activity **beschäftigungslos** *adj* unoccupied; (≈ *arbeitslos*) unemployed **Beschäftigungstherapie** *f* occupational therapy

beschämen *past part* beschämt *v/t* to shame; **es beschämt mich, zu sagen ...** I feel ashamed to have to say ...; **beschämt** ashamed **beschämend** *adj* (≈ *schändlich*) shameful; (≈ *demütigend*) humiliating **Beschämung** [bə'ʃɛːmʊŋ] *f* ⟨-, (*rare*) -en⟩ shame

beschatten [bə'ʃatn] *past part* beschattet *v/t* (≈ *überwachen*) to tail; **jdn ~ lassen** to have sb tailed **Beschattung** *f* ⟨-, -en⟩ tailing

beschaulich [bə'ʃaulɪç] *adj* Leben, Abend quiet; *Charakter* pensive

Bescheid [bə'ʃait] *m* ⟨-(e)s, -e [-də]⟩ **1** (≈ *Auskunft*) information; (≈ *Nachricht*) notification; (≈ *Entscheidung*) decision; **ich warte noch auf ~** I am still waiting to hear; **jdm ~ sagen** to let sb know; **jdm ordentlich ~ sagen** (*infml*) to tell sb where to get off (*infml*) **2** **~ wissen** to know; **ich weiß hier nicht ~** I don't know about things around here; **er weiß gut ~** he is well informed

bescheiden [bə'ʃaidn] **Ⓐ** *adj* modest; **in ~en Verhältnissen leben** to live modestly **Ⓑ** *adv* leben modestly **Bescheidenheit** *f* ⟨-, *no pl*⟩ modesty; **falsche ~** false modesty

bescheinigen [bə'ʃainɪgn] *past part* bescheinigt *v/t* to certify; *Empfang* to confirm; **können Sie mir ~, dass ...** can you give me written confirmation that ...; **hiermit wird bescheinigt, dass ...** this is to certify that ... **Bescheinigung** *f* ⟨-, -en⟩ certification; (≈ *Schriftstück*) certificate

bescheißen *past part* beschissen [bə'ʃisn] *v/t & v/i irr* (*infml*) to cheat; → beschissen

beschenken *past part* beschenkt *v/t* **jdn** to give presents/a present to; **jdm mit etw ~** to give sb sth (as a present)

Bescherung [bə'ʃeːrʊŋ] *f* ⟨-, -en⟩ **1** (≈ *Feier*) giving out of Christmas presents **2** (*iron infml*) **das ist ja eine schöne ~!** this is a nice mess; **da haben wir die ~!** what did I tell you!

bescheuert [bə'ʃɔyet] (*infml*) *adj* stupid

beschichten *past part* beschichtet *v/t* TECH to coat; **PVC-beschichtet** PVC-coated

beschießen *past part* beschossen [bə-'ʃosn] *v/t irr* to shoot at; (*mit Geschützen*) to bombard

beschildern *past part* beschildert *v/t* to put a sign *or* notice on; (*mit Schildchen*) to label; (*mit Verkehrsschildern*) to signpost **Beschilderung** *f* ⟨-, -en⟩ (*mit Schildchen*) labelling (*Br*), labeling (*US*); (*mit Verkehrsschildern*) signposting; (≈ *Schildchen*) labels *pl*; (≈ *Verkehrsschilder*) signposts *pl*

beschimpfen *past part* beschimpft *v/t* **jdn** to swear at, to abuse; **jdn als Nazi ~** to accuse sb of being a Nazi **Beschimpfung** [bə'ʃimpfʊŋ] *f* ⟨-, -en⟩ (≈ *Schimpfwort*) insult

Beschiss [bə'ʃis] *m* ⟨-es, -e⟩ (*infml*) rip-off (*infml*); **das ist ~** it's a swindle **beschissen** [bə'ʃisn] (*infml*) **Ⓐ** *adj* lousy (*infml*), shitty (*infml*) **Ⓑ** *adv* **das schmeckt**

~ that tastes lousy (*infml*); **mir geht's ~ I feel shitty** (*sl*); → **beschei̱ßen**

Beschlag *m* **1** (*an Koffer, Truhe*) (ornamental) fitting; (*an Tür, Möbelstück*) (ornamental) mounting; (*von Pferd*) shoes *pl* **2** (*auf Metall*) tarnish; (*auf Glas, Spiegel etc*) condensation **3** **jdn/etw mit ~ belegen, jdn/etw in ~ nehmen** to monopolize sb/sth

beschla̱gen¹ *past part* **beschla̱gen** *irr* **A** *v/t Truhe, Möbel, Tür* to put (metal) fittings on; *Huftier* to shoe **B** *v/i* (*Brille, Glas*) to get steamed up; (*Silber etc*) to tarnish

beschla̱gen² *adj* (≈ *erfahren*) well-versed; **in etw** (*dat*) (**gut**) **~ sein** to be well-versed in sth

beschla̱gnahmen [bə'ʃlaːknaːmən] *past part* **beschla̱gnahmt** *v/t* (≈ *konfiszieren*) to confiscate; *Vermögen, Drogen* to seize; *Kraftfahrzeug* to impound

beschleu̱nigen [bə'ʃlɔynɪgn] *past part* **beschleu̱nigt** *v/t & v/i & v/r* to accelerate **Beschleu̱nigung** *f* ⟨-, -en⟩ acceleration

beschli̱eßen *past part* **beschlo̱ssen** [bə-'ʃlɔsn] *irr* **A** *v/t* **1** (≈ *Entschluss fassen*) to decide on; *Gesetz* to pass; **~, etw zu tun** to decide to do sth **2** (≈ *beenden*) to end **B** *v/i* **über etw** (*acc*) **~** to decide on sth **beschlo̱ssen** [bə'ʃlɔsn] *adj* decided; **das ist ~e Sache** that's settled **Beschluss** *m* (≈ *Entschluss*) decision; **einen ~ fassen** to pass a resolution; **auf ~ des Gerichts** by order of the court **beschlu̱ssfähig** *adj* **~ sein** to have a quorum **beschlu̱ssunfähig** *adj* **~ sein** not to have a quorum

beschmi̱eren *past part* **beschmi̱ert** **A** *v/t* **1** **Brot mit Butter ~** to butter bread **2** *Kleidung, Wand* to smear **B** *v/r* to get (all) dirty

beschmu̱tzen *past part* **beschmu̱tzt** *v/t* to (make *or* get) dirty; (*fig*) *Ruf, Namen* to sully; *Ehre* to stain

beschneiden *past part* **beschnitten** [bə-'ʃnɪtn] *v/t irr* **1** (≈ *stutzen*) to trim; *Bäume* to prune; *Flügel* to clip **2** MED, REL to circumcise **3** (*fig* ≈ *beschränken*) to curtail **Beschneidung** [bə'ʃnaidʊŋ] *f* ⟨-, -en⟩ MED, REL circumcision

beschnu̱ffeln *past part* **beschnu̱ffelt** **A** *v/t* to sniff at; (≈ *bespitzeln*) to spy out **B** *v/r* (*Hunde*) to have a sniff at each other; (*fig*) to size each other up

beschnu̱ppern *past part* **beschnu̱ppert** *v/t & v/r* = **beschnu̱ffeln**

beschönigen [bə'ʃøːnɪgn] *past part* **beschönigt** *v/t* to gloss over

beschränken [bə'ʃrɛŋkn] *past part* **beschränkt** **A** *v/t* to limit, to restrict (*auf* +*Akk* to) **B** *v/r* (≈ *sich einschränken*) to restrict oneself

beschrankt [bə'ʃraŋkt] *adj Bahnübergang* with gates

beschränkt [bə'ʃrɛŋkt] **A** *adj* limited; **wir sind finanziell ~** we have only a limited amount of money **B** *adv* **~ leben** to live on a limited income; **~ wohnen** to live in cramped conditions **Beschränkung** *f* ⟨-, -en⟩ restriction (*auf* +*acc* to); **jdm ~en auferlegen** to impose restrictions on sb

beschreiben *past part* **beschrieben** [bə-'ʃriːbn] *v/t irr* **1** (≈ *darstellen*) to describe; **nicht zu ~** indescribable **2** (≈ *vollschreiben*) to write on **Beschreibung** *f* description

beschreiten *past part* **beschritten** [bə-'ʃrɪtn] *v/t irr* (*fig*) to follow

beschriften [bə'ʃrɪftn] *past part* **beschriftet** *v/t* to write on; *Grabstein* to inscribe; (*mit Aufschrift*) to label; *Umschlag* to address **Beschriftung** *f* ⟨-, -en⟩ (≈ *Aufschrift*) writing; (*auf Grabstein*) inscription; (≈ *Etikett*) label

beschuldigen [bə'ʃʊldɪgn] *past part* **beschuldigt** *v/t* to accuse **Beschuldigung** *f* ⟨-, -en⟩ accusation; *esp* JUR charge

beschummeln *past part* **beschummelt** *v/t & v/i* (*infml*) to cheat

Beschuss *m* ⟨-es, *no pl*⟩ MIL fire; **jdn/etw unter ~ nehmen** MIL to (start to) bombard *or* shell sb/sth; (*fig*) to attack sb/sth; **unter ~ geraten** (MIL, *fig*) to come under fire

beschützen *past part* **beschützt** *v/t* to protect (*vor* +*dat* from) **Beschützer** [bə-'ʃvtsɐ] *m* ⟨-s, -⟩, **Beschützerin** [-ərɪn] *f* ⟨-, -nen⟩ protector

beschwatzen *past part* **beschwatzt** *v/t* (*infml*) **1** (≈ *überreden*) to talk over; **sich zu etw ~ lassen** to get talked into sth **2** (≈ *bereden*) to chat about

Beschwerde [bə'ʃveːɐdə] *f* ⟨-, -n⟩ **1** (≈ *Klage*) complaint; JUR appeal **2** (≈ *Leiden*) **Beschwerden** *pl* trouble; **das macht mir immer noch ~n** it's still giving me trouble **beschweren** [bə'ʃveːrən] *past part* **beschwert** **A** *v/t* (*mit Gewicht*) to weigh(t) down; (*fig* ≈ *belasten*) to weigh on

B

B v/r (≈ sich beklagen) to complain **beschwerlich** [bə'ʃve:ɐlɪç] adj arduous
beschwichtigen [bə'ʃvɪçtɪgn] past part beschwichtigt v/t to appease
beschwindeln past part beschwindelt v/t (infml ≈ belügen) **jdn ~** to tell sb a lie or a fib (infml)
beschwingt [bə'ʃvɪŋt] adj elated; Musik vibrant
beschwipst [bə'ʃvɪpst] adj (infml) tipsy
beschwören past part beschworen [bə-'ʃvo:rən] v/t irr **1** (≈ beeiden) to swear to **2** (≈ anflehen) to implore, to beseech **3** (≈ erscheinen lassen) to conjure up; Schlangen to charm
besehen past part besehen irr v/t (a. **sich dat besehen**) to take a look at
beseitigen [bə'zaitɪgn] past part beseitigt v/t **1** (≈ entfernen) to remove; Abfall, Schnee to clear (away); Atommüll to dispose of; Fehler to eliminate; Missstände to do away with **2** (euph ≈ umbringen) to get rid of **Beseitigung** f ⟨-, no pl⟩ (≈ das Entfernen) removal; (von Abfall, Schnee) clearing (away); (von Atommüll) disposal; (von Fehlern) elimination; (von Missständen) doing away with **Besen** ['be:zn] m ⟨-s, -⟩ broom; **ich fresse einen ~, wenn das stimmt** (infml) if that's right, I'll eat my hat (infml); **neue ~ kehren gut** (prov) a new broom sweeps clean (prov) **besenrein** adv **eine Wohnung ~ verlassen** to leave an apartment in a clean and tidy condition (for the next tenant) **Besenschrank** m broom cupboard **Besenstiel** m broomstick
besessen [bə'zɛsn] adj (von bösen Geistern) possessed (von by); (von einer Idee etc) obsessed (von with); **wie ~** like a thing possessed; → besitzen **Besessenheit** f ⟨-, no pl⟩ (mit Idee etc) obsession
besetzen past part besetzt v/t **1** (≈ belegen) to occupy; (≈ reservieren) to reserve; (≈ füllen) Plätze to fill; **ist dieser Platz besetzt?** is this place taken? **2** THEAT Rolle to cast; **eine Stelle** etc **neu ~** to find a new person to fill a job **3** esp MIL to occupy; (Hausbesetzer) to squat in **besetzt** [bə-'zɛtst] adj Telefon engaged (Br), busy (esp US); WC occupied, engaged; Abteil, Tisch taken; Gebiet occupied; (voll) Bus etc full (up) **Besetztzeichen** nt TEL engaged (Br) or busy (esp US) tone **Besetzung** [bə-'zɛtsʊŋ] f ⟨-, -en⟩ **1** (≈ das Besetzen) (von Stelle) filling; (von Rolle) casting; (THEAT ≈

Schauspieler) cast; (SPORTS ≈ Mannschaft) team, side; **zweite ~** THEAT understudy **2** (MIL, durch Hausbesetzer) occupation
besichtigen [bə'zɪçtɪgn] past part besichtigt v/t Kirche, Stadt to visit; Betrieb to have a look (a)round; (zur Prüfung) Haus to view **Besichtigung** f ⟨-, -en⟩ (von Sehenswürdigkeiten) sightseeing tour; (von Museum, Kirche, Betrieb) tour; (zur Prüfung) (von Haus) viewing
besiedeln past part besiedelt v/t to settle; (≈ kolonisieren) to colonize; **dicht/dünn besiedelt** densely/thinly populated **Besied(e)lung** [bə'zi:dəlʊŋ] f ⟨-, -en⟩ settlement; (≈ Kolonisierung) colonization
besiegen past part besiegt v/t (≈ schlagen) to defeat; (≈ überwinden) to overcome
besinnen past part besonnen [bə'zɔnən] v/r irr (≈ überlegen) to reflect; (≈ erinnern) to remember (auf jdn/etw sb/sth); **sich anders** or **eines anderen ~** to change one's mind; **ohne langes Besinnen** without a moment's thought; → besonnen **besinnlich** adj contemplative; Texte, Worte reflective **Besinnlichkeit** f reflection **Besinnung** [bə'zɪnʊŋ] f ⟨-, no pl⟩ **1** (≈ Bewusstsein) consciousness; **bei/ohne ~ sein** to be conscious/unconscious; **die ~ verlieren** to lose consciousness; **wieder zur ~ kommen** to regain consciousness; (fig) to come to one's senses; **jdn zur ~ bringen** to bring sb to his senses **2** (≈ das Nachdenken) reflection **besinnungslos** adj unconscious; (fig) Wut blind
Besitz [bə'zɪts] m, no pl **1** (≈ das Besitzen) possession; **im ~ von etw sein** to be in possession of sth; **etw in ~ nehmen** to take possession of sth; **von etw ~ ergreifen** to seize possession of sth **2** (≈ Eigentum) property; (≈ Landgut) estate **besitzanzeigend** adj GRAM possessive **besitzen** past part besessen [bə'zɛsn] v/t irr to possess; Wertpapiere, grüne Augen to have; → besessen **Besitzer** [bə'zɪtsɐ] m ⟨-s, -⟩, **Besitzerin** [-ərɪn] f ⟨-, -nen⟩ owner; (von Führerschein etc) holder; **den ~ wechseln** to change hands
besoffen [bə'zɔfn] adj (infml) smashed (infml); → besaufen **Besoffene(r)** [bə-'zɔfnə] m/f(m) decl as adj (infml) drunk
besohlen past part besohlt v/t to sole; (≈ neu besohlen) to resole
Besoldung [bə'zɔldʊŋ] f ⟨-, -en⟩ pay
besondere(r, s) [bə'zɔndərə] adj special;

(≈ *bestimmt*) particular; (≈ *hervorragend*) exceptional; **ohne ~** Begeisterung without any particular enthusiasm; **in diesem ~n Fall** in this particular case **Besondere(s)** [bəˈzɔndərə] *nt decl as adj* **etwas/nichts ~s** something/nothing special; **er möchte etwas ~s sein** he's something special; **im ~n** (≈ *vor allem*) in particular **Besonderheit** [bəˈzɔndəhait] *f* ⟨-, -en⟩ unusual quality; (≈ *besondere Eigenschaft*) peculiarity **besonders** [bəˈzɔndəs] *adv* gut, teuer *etc* particularly; (≈ *speziell*) anfertigen *etc* specially; **das Essen/der Film war nicht ~** (*infml*) the food/film was nothing special; **wie geht's dir? — nicht ~** (*infml*) how are you? — not too bad (*infml*)

besonnen [bəˈzɔnən] **A** *adj* level-headed **B** *adv* in a careful and thoughtful manner; → besinnen **Besonnenheit** *f* ⟨-, no *pl*⟩ level-headedness

besorgen *past part* besorgt *v/t* **1** (≈ *beschaffen*) to get; **jdm/sich etw ~** to get sth for sb/oneself **2** (≈ *erledigen*) to see to **Besorgnis** [bəˈzɔrknɪs] *f* ⟨-, -se⟩ anxiety, worry; **~ erregend = besorgniserregend besorgniserregend A** *adj* alarming **B** *adv* alarmingly **besorgt** [bəˈzɔrkt] **A** *adj* anxious (*wegen* about); **um jdn/etw ~ sein** to be concerned about sb/sth **B** *adv* anxiously **Besorgung** [bəˈzɔrgʊŋ] *f* ⟨-, -en⟩ **1** (≈ *das Kaufen*) purchase **2** (≈ *Einkauf*) errand; **~en machen** to do some shopping

bespaßen *past part* bespaßt *v/t* (*infml*) to entertain, to keep amused

bespielen *past part* bespielt *v/t* Tonband to record on

bespitzeln *past part* bespitzelt *v/t* to spy on

besprechen *past part* besprochen [bəˈʃprɔxn̩] *irr v/t* (≈ *über etw sprechen*) to discuss; (≈ *rezensieren*) to review; **wie besprochen** as arranged **Besprechung** [bəˈʃprɛçʊŋ] *f* ⟨-, -en⟩ **1** (≈ *Unterredung*) discussion; (≈ *Konferenz*) meeting **2** (≈ *Rezension*) review **Besprechungsraum** *m* meeting room

bespritzen *past part* bespritzt *v/t* to spray; (≈ *beschmutzen*) to splash

besser [ˈbɛsɐ] *adj* better; **du willst wohl etwas Besseres sein!** (*infml*) I suppose you think you're better than other people; **~ werden** to improve; **das ist auch ~ so** it's better that way; **das wäre** noch ~ (*iron*) no way; **jdn eines Besseren belehren** to teach sb otherwise **B** *adv* **1** better; **~ ist ~** (it is) better to be on the safe side; **umso ~!** (*infml*) so much the better!; **~ (gesagt)** or rather; **sie will immer alles ~ wissen** she always thinks she knows better; **es ~ haben** to have a better life **2** (≈ *lieber*) **das solltest du ~ nicht tun** you had better not do that; **du tätest ~ daran …** you would do better to … **besser gehen** *v/impers irr aux sein* **es geht jdm besser** sb is feeling better; **jetzt geht's der Firma wieder besser** the firm is doing better again now **bessergestellt** *adj* better-off **bessern** [ˈbɛsɐn] **A** *v/t* (≈ *besser machen*) to improve **B** *v/r* to mend one's ways **Besserung** [ˈbɛsərʊŋ] *f* ⟨-, no *pl*⟩ improvement; (≈ *Genesung*) recovery; **(ich wünsche dir) gute ~!** I hope you get better soon; **auf dem Wege der ~ sein** to be getting better **Besserverdienende(r)** [-vɛɐdiːnəndə] *m/f(m) decl as adj* **die ~n** *pl* those earning more *or* on higher incomes **Besserwisser** [-vɪsɐ] *m* ⟨-s, -⟩, **Besserwisserin** [-ərɪn] *f* ⟨-, -nen⟩ (*infml*) know-all (*Br infml*), know-it-all (*US infml*) **besserwisserisch** [ˈbɛsɐvɪsərɪʃ] (*infml*) *adj* know(-it)-all *attr*

Bestand *m* **1** (≈ *Fortdauer*) continued existence; **von ~ sein, ~ haben** to be permanent **2** (≈ *vorhandene Menge*) stock (*an* +*dat* of); **~ aufnehmen** to take stock **beständig** [bəˈʃtɛndɪç] **A** *adj* **1** *attr* constant; *Wetter* settled **2** (≈ *widerstandsfähig*) resistant (*gegen* to); (≈ *dauerhaft*) lasting **B** *adv* **1** (≈ *dauernd*) constantly **2** (≈ *gleichbleibend*) consistently **Beständigkeit** *f* ⟨-, no *pl*⟩ **1** (≈ *gleichbleibende Qualität*) constant standard; (*von Wetter*) settledness **2** (≈ *Widerstandsfähigkeit*) resistance; (≈ *Dauerhaftigkeit*) durability **Bestandsaufnahme** *f* stocktaking **Bestandteil** *m* component; (*fig*) integral part; **etw in seine ~e zerlegen** to take sth to pieces

bestärken *past part* bestärkt *v/t* to confirm; **jdn in seinem Wunsch ~** to make sb's desire stronger

bestätigen [bəˈʃtɛːtɪɡn̩] *past part* bestätigt **A** *v/t* to confirm; JUR *Urteil* to uphold; COMM *Empfang, Brief* to acknowledge (receipt of); **hiermit wird bestätigt, dass …** this is to certify that … **B** *v/r* to be confirmed, to be proved true **Bestätigung** f ⟨-, -en⟩ confirmation; (JUR: von Urteil) upholding; (≈ Beurkundung) certification

bestatten [bəˈʃtatn] past part **bestattet** v/t to bury **Bestattung** f ⟨-, -en⟩ burial; (≈ Feuerbestattung) cremation; (≈ Feier) funeral **Bestattungsunternehmen** nt undertaker's, mortician's (US)

bestäuben past part **bestäubt** v/t to dust; BOT to pollinate **Bestäubung** [bəˈʃtɔybʊŋ] f ⟨-, -en⟩ dusting; BOT pollination

bestaunen past part **bestaunt** v/t to gaze at in admiration

beste; → beste(r, s)

bestechen past part **bestochen** [bəˈʃtɔxn] irr **A** v/t **1** (mit Geld etc) to bribe; **ich lasse mich nicht ~** I'm not open to bribery **2** (≈ beeindrucken) to captivate **B** v/i (≈ Eindruck machen) to be impressive (durch because of) **bestechend A** adj Schönheit, Eindruck captivating; Angebot tempting **B** adv (≈ beeindruckend) impressively **bestechlich** [bəˈʃtɛçlɪç] adj bribable, corruptible **Bestechlichkeit** f ⟨-, no pl⟩ corruptibility **Bestechung** [bəˈʃtɛçʊŋ] f ⟨-, -en⟩ bribery **Bestechungsgeld** nt usu pl bribe

Besteck [bəˈʃtɛk] nt ⟨-(e)s, -e⟩ **1** (≈ Essbesteck) knives and forks pl; **ein silbernes ~** a set of silver cutlery (Br) or flatware (US) **2 chirurgisches ~** (set of) surgical instruments

bestehen past part **bestanden** [bəˈʃtandn] irr **A** v/t **1** Examen, Probe to pass **2** (≈ durchstehen) Schicksalsschläge to withstand; Gefahr to overcome **B** v/i **1** (≈ existieren) to exist; **~ bleiben** (Frage, Hoffnung etc) to remain; **es besteht die Aussicht, dass …** there is a prospect that … **2** (≈ Bestand haben) to continue to exist **3** (≈ sich zusammensetzen) to consist (aus of); **in etw** (dat) **~** to consist in sth; (Aufgabe) to involve sth **4** **auf etw** (dat) **~** to insist on sth; **ich bestehe darauf** I insist **Bestehen** nt ⟨-s, no pl⟩ **1** (≈ Vorhandensein, Dauer) existence; **seit ~ der Firma** ever since the firm came into existence **2** (≈ Beharren) insistence (auf +dat on) **3** (von Prüfung) passing **bestehen bleiben** v/i irr aux sein to last; (Hoffnung) to remain **bestehend** adj existing; Preise current

bestehlen past part **bestohlen** [bəˈʃtoːlən] v/t irr to rob; **jdn um etw ~** to rob sb of sth

besteigen past part **bestiegen** [bəˈʃtiːgn] v/t irr Berg, Turm, Leiter to climb (up); Fahrrad, Pferd to get on(to); Bus, Flugzeug to get on; Schiff to go aboard; Thron to ascend

bestellen past part **bestellt A** v/t **1** (≈ anfordern, in Restaurant) to order; **sich** (dat) **etw ~** to order sth **2** (≈ reservieren) to book **3** (≈ ausrichten) **bestell ihm (von mir), dass …** tell him (from me) that …; **soll ich irgendetwas ~?** can I take a message?; **er hat nichts zu ~** he doesn't have any say here **4** (≈ kommen lassen) jdn to send for, to summon; **ich bin um** or **für 10 Uhr bestellt** I have an appointment for or at 10 o'clock **5** (fig) **es ist schlecht um ihn bestellt** he is in a bad way; **damit ist es schlecht bestellt** that's rather difficult **B** v/i to order **Besteller** [bəˈʃtɛlɐ] m ⟨-s, -⟩, **Bestellerin** [-ərɪn] f ⟨-, -nen⟩ customer **Bestellkarte** f order form **Bestellnummer** f order number **Bestellschein** m order form **Bestellung** f **1** (≈ Anforderung) order **2** (≈ Nachricht) message **Bestellzettel** m order form

bestenfalls [ˈbɛstnfals] adv at best **bestens** [ˈbɛstns] adv (≈ sehr gut) very well; **sie lässt ~ grüßen** she sends her best regards **beste(r, s)** [ˈbɛstə] **A** adj **1** attr best; **im ~n Fall** at (the) best; **im ~n Alter** in the prime of (one's) life; **mit (den) ~n Wünschen** with best wishes; **in ~n Händen** in the best of hands **2** **der/die/das Beste** the best; **ich will nur dein Bestes** I've your best interests at heart; **sein Bestes tun** to do one's best; **wir wollen das Beste hoffen** let's hope for the best; **das Beste wäre, wir …** the best thing would be for us to …; **es steht nicht zum Besten** it does not look too promising; **etw zum Besten geben** (≈ erzählen) to tell sth **B** adv **am ~n** best; **ich gehe jetzt am ~n** I'd best be going now

besteuern past part **besteuert** v/t to tax **Besteuerung** f taxation; (≈ Steuersatz) tax

Bestform f esp SPORTS top form

bestialisch [bɛsˈtiaːlɪʃ] **A** adj bestial; (infml) awful **B** adv (infml) terribly; stinken, zurichten dreadfully **Bestie** [ˈbɛstiə] f ⟨-, -n⟩ beast; (fig) animal

bestimmen past part **bestimmt A** v/t **1** (≈ festsetzen) to determine; **sie will immer alles ~** she always wants to decide the way things are to be done **2** (≈ prägen)

Landschaft to characterize; (≈ *beeinflussen*) *Preis, Anzahl* to determine **3** (≈ *vorsehen*) to intend, to mean (*für* for); **wir waren füreinander bestimmt** we were meant for each other **B** *v/i* **1** (≈ *entscheiden*) to decide (*über* +*acc* on); **du hast hier nicht zu ~** you don't make the decisions here **2** (≈ *verfügen*) **er kann über sein Geld allein ~** it is up to him what he does with his money **bestimmt** [bəˈʃtɪmt] **A** *adj* **1** (≈ *gewiss*) certain; (≈ *speziell*) particular; *Preis, Tag* fixed; GRAM *Artikel* definite; **suchen Sie etwas Bestimmtes?** are you looking for anything in particular? **2** (≈ *entschieden*) firm, decisive **B** *adv* **1** (≈ *sicher*) definitely; **ich weiß ganz ~, dass …** I know for sure that …; **er schafft es ~ nicht** he definitely won't manage it **2** (≈ *wahrscheinlich*) no doubt; **das hat er ~ verloren** he's bound to have lost it **Bestimmtheit** *f* ‹-, *no pl*› (≈ *Sicherheit*) certainty; **ich kann mit ~ sagen, dass … ** I can say definitely that … **Bestimmung** *f* **1** (≈ *Vorschrift*) regulation **2** *no pl* (≈ *Zweck*) purpose **3** (≈ *Schicksal*) destiny **Bestimmungshafen** *m* (port of) destination **Bestimmungsland** *nt* (country of) destination

Bestleistung *f esp* SPORTS best performance; **seine persönliche ~** his personal best **bestmöglich** *adj no pred* best possible; **wir haben unser Bestmögliches getan** we did our (level (*Br*)) best

bestrafen *past part* **bestraft** *v/t* to punish; JUR *jdn* to sentence (*mit* to); SPORTS *Spieler, Foul* to penalize **Bestrafung** *f* ‹-, -en› punishment; JUR sentencing; SPORTS penalization

bestrahlen *past part* **bestrahlt** *v/t* to shine on; MED to give radiotherapy to; *Lebensmittel* to irradiate **Bestrahlung** *f* MED radiotherapy; (≈ *von Lebensmitteln*) irradiation

Bestreben *nt* endeavour (*Br*), endeavor (*US*) **bestrebt** [bəˈʃtreːpt] *adj* **~ sein, etw zu tun** to endeavour (*Br*) or endeavor (*US*) to do sth **Bestrebung** *f usu pl* endeavour (*Br*), endeavor (*US*), effort

bestreichen *past part* **bestrichen** [bəˈʃtrɪçn] *v/t irr* (*mit Salbe, Flüssigkeit*) to spread; (*mit Butter*) to butter; (*mit Farbe*) to paint; **etw mit Butter/Salbe ~** to spread butter/ointment on sth **bestreiken** *past part* **bestreikt** *v/t* to boy-

cott; **bestreikt** strikebound
bestreitbar *adj* disputable, contestable **bestreiten** *past part* **bestritten** [bəˈʃtrɪtn] *v/t irr* **1** (≈ *abstreiten*) to dispute; (≈ *leugnen*) to deny **2** (≈ *finanzieren*) to pay for; *Kosten* to carry

bestreuen *past part* **bestreut** *v/t* to cover (*mit* with); COOK to sprinkle **Bestseller** [ˈbɛstsɛlɐ] *m* ‹-s, -› bestseller **Bestsellerautor(in)** *m/(f)* bestselling author **Bestsellerliste** *f* bestseller list **bestücken** [bəˈʃtʏkn] *past part* **bestückt** *v/t* to fit, to equip; MIL to arm; *Lager* to stock

bestürmen *past part* **bestürmt** *v/t* to storm; (*mit Fragen, Bitten*) to bombard; (*mit Briefen, Anrufen*) to inundate **bestürzen** *past part* **bestürzt** *v/t* to shake **bestürzend** **A** *adj* alarming **B** *adv* hoch, niedrig alarmingly **bestürzt** [bəˈʃtʏrtst] **A** *adj* filled with consternation **B** *adv* in consternation **Bestürzung** [bəˈʃtʏrtsʊŋ] *f* ‹-, *no pl*› consternation

Bestzeit *f esp* SPORTS best time **Besuch** [bəˈzuːx] *m* ‹-(e)s, -e› **1** visit; (*von Schule, Veranstaltung*) attendance (+*gen* at); **bei jdm auf** *or* **zu ~ sein** to be visiting sb; **jdm einen ~ abstatten** to pay sb a visit **2** (≈ *Besucher*) visitor; visitors *pl*; **er bekommt viel ~** he has a lot of visitors **besuchen** *past part* **besucht** *v/t jdn* to visit; *Schule, Gottesdienst* to attend; *Kino, Theater* to go to **Besucher** *m* ‹-s, -›, **Besucherin** [-ərɪn] *f* ‹-, -nen› visitor; (*von Kino, Theater*) patron (*form*) **Besuchszeit** *f* visiting time **besucht** [bəˈzuːxt] *adj* **gut/schlecht ~ sein** to be well/badly attended **Betablocker** [ˈbeːtablɔkɐ] *m* ‹-s, -› MED beta-blocker

betagt [bəˈtaːkt] *adj* (*elev*) aged **betanken** *past part* **betankt** *v/t Fahrzeug* to fill up; *Flugzeug* to refuel **betasten** *past part* **betastet** *v/t* to feel **betätigen** *past part* **betätigt** **A** *v/t Muskeln, Gehirn* to activate; *Bremse* to apply; *Hebel* to operate; *Taste* to press; *Schalter* to turn on **B** *v/r* to busy oneself; (*körperlich*) to get some exercise; **sich politisch ~** to be active in politics; **sich sportlich ~** to do sport; **sich geistig und körperlich ~** to stay active in body and mind **Betätigung** [bəˈtɛːtɪɡʊŋ] *f* ‹-, -en› **1** (≈ *Tätigkeit*) activity **2** (≈ *Aktivierung*) operation; (*von Muskel, Gehirn*) activation; (*von Brem-*

sen) applying; *(von Knopf)* pressing; *(von Schalter)* turning on

betäuben [bə'tɔybn] *past part* **betäubt** *v/t Körperteil* to (be)numb; *Nerv* to deaden; *Schmerzen* to kill; *(durch Narkose)* to anaesthetize; **ein ~der Duft** an overpowering smell **Betäubung** *f* ⟨-, -en⟩ **1** (≈ *das Betäuben)* (be)numbing; *(von Nerv, Schmerz)* deadening; *(von Schmerzen)* killing; *(durch Narkose)* anaesthetization **2** (≈ *Narkose)* anaesthetic; **örtliche** *or* **lokale ~** local anaesthetic **Betäubungsmittel** *nt* anaesthetic; (≈ *Droge)* narcotic **Betäubungsmittelgesetz** *nt law concerning drug abuse*, narcotics law *(US)*

Bete ['be:tə] *f* ⟨-, *(rare)* -n⟩ beet; **Rote ~** beetroot

beteiligen [bə'tailıgn] *past part* **beteiligt** *v/r* to participate *(an +dat* in) **beteiligt** [bə'tailıçt] *adj* **an etw** *(dat)* **~ sein/werden** to be involved in sth; *(finanziell)* to have a share in sth; *am Gewinn* to have a slice of sth **Beteiligte(r)** [bə'tailıçtə] *m/f(m) decl as adj* person involved; (≈ *Teilhaber)* partner; *jur* party; **an alle ~n** to all concerned **Beteiligung** *f* ⟨-, -en⟩ (≈ *Teilnahme)* **(an** +dat* in) participation; *(finanziell)* share; *(an Unfall)* involvement

beten ['be:tn] *v/i* to pray

beteuern [bə'tɔyɐn] *past part* **beteuert** *v/t* to declare; *Unschuld* to protest **Beteuerung** *f* declaration; *(von Unschuld)* protestation

betiteln *past part* **betitelt** *v/t* to entitle

Beton [be'tɔŋ, be'tõ:, *(esp Aus)* be'to:n] *m* ⟨-s, *(rare)* -s⟩ concrete

betonen *past part* **betont** *v/t* **1** (≈ *hervorheben)* to emphasize; → **betont** **2** LING to stress

betonieren [beto'ni:rən] *past part* **betoniert** *v/t (lit)* to concrete **Betonklotz** *m (pej)* concrete block **Betonmischmaschine** *f* concrete mixer

betont [bə'to:nt] **A** *adj Höflichkeit* emphatic; *Kühle, Sachlichkeit* pointed **B** *adv knapp, kühl* pointedly; **sich ~ einfach kleiden** to dress with marked simplicity; → **betonen Betonung** *f* ⟨-, -en⟩ **1** *no pl* emphasis **2** (≈ *Akzent)* stress

betören [bə'tø:rən] *past part* **betört** *v/t* to bewitch, to beguile

Betracht [bə'traxt] *m* ⟨-(e)s, *no pl*⟩ **etw außer ~ lassen** to leave sth out of consideration; **in ~ kommen** to be considered;

nicht in ~ kommen to be out of the question; **etw in ~ ziehen** to take sth into consideration **betrachten** *past part* **betrachtet** *v/t* to look at; **bei näherem Betrachten** on closer examination; **als jdn/ etw ~** (≈ *halten für)* to regard as sb/sth **Betrachter** [bə'traxtɐ] *m* ⟨-s, -⟩, **Betrachterin** [-ərın] *f* ⟨-, -nen⟩ observer **beträchtlich** [bə'trɛçtlıç] **A** *adj* considerable **B** *adv* considerably **Betrachtung** [bə'traxtʊŋ] *f* ⟨-, -en⟩ (≈ *das Betrachten)* contemplation; **bei näherer ~** on closer examination

Betrag [bə'tra:k] *m* ⟨-(e)s, ⸚e [-'trɛ:gə]⟩ amount **betragen** *past part* **betragen** *irr* **A** *v/t* to be **B** *v/r* to behave **Betragen** *nt* ⟨-s, *no pl*⟩ behaviour *(Br)*, behavior *(US)*

betrauen *past part* **betraut** *v/t* **jdn mit etw ~** to entrust sb with sth

betrauern *past part* **betrauert** *v/t* to mourn

Betreff [bə'trɛf] *m* ⟨-(e)s, -e⟩ *(form)* **~: Ihr Schreiben vom …** re your letter of … **betreffen** *past part* **betroffen** [bə'trɔfn] *v/t* (≈ *angehen)* to concern; **was mich betrifft …** as far as I'm concerned …; **betrifft** re; → **betroffen betreffend** *adj attr* (≈ *erwähnt)* in question; (≈ *zuständig)* relevant **Betreffzeile** *f* (in E-Mail etc) subject line

betreiben *past part* **betrieben** [bə'tri:bn] *v/t irr Gewerbe* to carry on; *Geschäft* to conduct; *Sport* to do; *Studium* to pursue; **auf jds Betreiben** *(acc)* **hin** at sb's instigation **Betreiber(in)** *m/f(f)* operating authority

betreten¹ *past part* **betreten** *v/t irr* (≈ *hineingehen in)* to enter; *Rasen, Spielfeld etc* to walk on; „**Betreten verboten!**" "keep off"

betreten² **A** *adj* embarrassed **B** *adv* with embarrassment

betreuen [bə'trɔyən] *past part* **betreut** *v/t* to look after; **betreutes Wohnen** assisted living **Betreuer** [bə'trɔyɐ] *m* ⟨-s, -⟩, **Betreuerin** [-ərın] *f* ⟨-, -nen⟩ person who is in charge of *or* looking after sb; (≈ *Kinderbetreuer)* child minder *(Br)*, babysitter *(US)*; *(von alten Leuten, Kranken)* nurse **Betreuung** *f* ⟨-, -en⟩ looking after; *(von Patienten etc)* care

Betrieb *m* **1** (≈ *Firma)* business; (≈ *Fabrik)* factory, works *sg or pl* **2** (≈ *Tätigkeit)* work; *(von Maschine, Fabrik)* operation; **außer ~** out of order; **die Maschinen sind in ~**

the machines are running; **eine Maschine in ~ setzen** to start a machine up **3** (≈ *Betriebsamkeit*) bustle; **in den Geschäften herrscht großer ~** the shops are very busy **betriebsam** [bə'triːpzaːm] *adj* busy, bustling *no adv* **Betriebsamkeit** *f* ‹-, *no pl*› bustle **Betriebsangehörige(r)** *m/f(m) decl as adj* employee **Betriebsanleitung** *f*, **Betriebsanweisung** *f* operating instructions *pl*; (≈ *Handbuch*) operating *or* user's manual **Betriebsausflug** *m* (annual) works (*Br*) *or* company (*esp US*) outing **betriebsbereit** *adj* operational **betriebsblind** *adj* blind to the shortcomings of one's (own) company **Betriebsergebnis** *nt* FIN trading result **Betriebsferien** *pl* (annual) holiday (*esp Br*), vacation close-down (*US*) **Betriebsgeheimnis** *nt* trade secret **Betriebsklima** *nt* atmosphere at work **Betriebskosten** *pl* (von *Firma etc*) overheads *pl*; (von *Maschine*) running costs *pl* **Betriebsleiter(in)** *m/f(in)* (works *or* factory) manager **Betriebsleitung** *f* management **Betriebsrat**[1] *m* (≈ *Gremium*) works *or* factory committee

Betriebsrat[2] *m*, **Betriebsrätin** *f* works *or* factory committee member **Betriebsstörung** *f* breakdown **Betriebssystem** *nt* IT operating system **Betriebsunfall** *m* industrial accident; (*hum infml*) accident **Betriebsversammlung** *f* company meeting **Betriebswirt(in)** *m/f(in)* management expert **Betriebswirtschaft** *f*, *no pl* business management

betrinken *past part* **betrunken** [bə'trʊŋkn] *v/r irr* to get drunk; → **betrunken betroffen** [bə'trɔfn] **A** *adj* **1** affected (von *by*) **2** (≈ *bestürzt*) sad **B** *adv* (≈ *bestürzt*) in consternation; (≈ *betrübt*) in dismay; → **betreffen Betroffene(r)** [bə'trɔfnə] *m/f(m) decl as adj* person affected **Betroffenheit** *f* ‹-, *no pl*› sadness

betrüben *past part* **betrübt** *v/t* to sadden, to distress **betrüblich** [bə'tryːplɪç] **A** *adj* sad, distressing; *Zustände* deplorable **B** *adv* **die Lage sieht ~ aus** things look bad **betrübt** [bə'tryːpt] *adj* saddened

Betrug [bə'truːk] *m* ‹-(e)s, *no pl*› deceit, deception; JUR fraud **betrügen** [bə'tryːgn] *pret* **betrog** [bə'troːk], *past part* **betrogen** [bə'troːgn] **A** *v/t* to deceive; *Freund, Ehepartner* to be unfaithful to; JUR to defraud; **jdn um etw ~** cheat sb

out of sth; JUR to defraud sb of sth; **sie betrügt mich mit meinem besten Freund** she is having an affair with my best friend **B** *v/r* to deceive oneself **Betrüger** [bə'tryːgə] *m* ‹-s, -›, **Betrügerin** [-ərɪn] *f* ‹-, -nen› (beim *Spiel*) cheat; (*geschäftlich*) swindler; JUR defrauder **betrügerisch** [bə'tryːgərɪʃ] *adj* deceitful; JUR fraudulent; **in ~er Absicht** with intent to defraud

betrunken [bə'trʊŋkn] *adj* drunk *no adv*, drunken *attr*; → **betrinken Betrunkene(r)** [bə'trʊŋknə] *m/f(m) decl as adj* drunk **Betrunkenheit** *f* ‹-, *no pl*› drunkenness

Bett [bɛt] *nt* ‹-(e)s, -en› bed; **das ~ machen** to make the bed; **im ~ sein; ins** *or* **zu ~ gehen** to go to bed; **jdn ins** *or* **zu ~ bringen** to put sb to bed **Bettbezug** *m* duvet cover **Bettcouch** *f* bed settee (*Br*), pullout couch (*US*) **Bettdecke** *f* blanket; (*gesteppt*) quilt **Bettelei** [bɛtə'lai] *f* ‹-, -en› begging **betteln** ['bɛtln] *v/i* to beg **Bettflasche** *f* (*Aus*) hot-water bottle **Bettgestell** *nt* bedstead **bettlägerig** [-lɛːgərɪç] *adj* bedridden **Bettlaken** *nt* sheet **Bettler** ['bɛtlə] *m* ‹-s, -›, **Bettlerin** [-ərɪn] *f* ‹-, -nen› beggar **Bettnässer** ['bɛtnɛsə] *m* ‹-s, -›, **Bettnässerin** [-ərɪn] *f* ‹-, -nen› bed-wetter **Bettruhe** *f* confinement to bed, bed rest; **der Arzt hat ~ verordnet** the doctor ordered him *etc* to stay in bed **Betttuch** *nt*, *pl* **-tücher** sheet **Bettvorleger** *m* bedside rug **Bettwäsche** *f* bed linen **Bettzeug** *nt*, *no pl* bedding

betucht [bə'tuːxt] *adj* (*infml*) well-to-do **betupfen** *past part* **betupft** *v/t* to dab; MED to swab

Beuge ['bɔygə] *f* ‹-, -n› bend **beugen** ['bɔygn] **A** *v/t* **1** (≈ *krümmen*) to bend; **das Recht ~** to pervert the course of justice; **von Kummer gebeugt** bowed down with grief; → **gebeugt 2** GRAM to decline; *Verb* to conjugate **B** *v/r* to bend; (*fig*) to submit (+*dat* to); **sich aus dem Fenster ~** to lean out of the window

Beule ['bɔylə] *f* ‹-, -n› (von *Stoß etc*) bump; (≈ *Delle*) dent

beunruhigen [bə'ʊnruːɪgn] *past part* **beunruhigt** **A** *v/t* to worry; **es ist ~d** it's worrying **B** *v/r* to worry (oneself) (*über*

B

+*acc, um, wegen* about) **Beunruhigung** *f* ⟨-, -en⟩ concern, disquiet

beurkunden [bə'uːˀɛkʊndn] *past part* beurkundet *v/t* to certify; *Vertrag* to record

beurlauben *past part* beurlaubt *v/t* to give leave (of absence); **beurlaubt sein** to be on leave; (≈ *suspendiert sein*) to have been relieved of one's duties **Beurlaubung** [bə'uːˀɛlaubʊŋ] *f* ⟨-, -en⟩ leave (of absence); **seine ~ vom Dienst** (≈ *Suspendierung*) his being relieved of his duties

beurteilen *past part* beurteilt *v/t* to judge (*nach* by, from); **etw falsch ~** to misjudge sth; **du kannst das doch gar nicht ~** you are not in a position to judge **Beurteilung** *f* (≈ *das Beurteilen*) judging; (≈ *Urteil*) assessment

Beute ['bɔytə] *f* ⟨-, no pl⟩ (≈ *Kriegsbeute*) spoils *pl*; (≈ *Diebesbeute*) haul; (von *Raubtieren etc*) prey; (≈ *Jagdbeute*) bag

Beutel ['bɔytl] *m* ⟨-s, -⟩ (≈ *Behälter*) bag; (≈ *Tragetasche*) carrier bag; ZOOL pouch **Beuteltier** *nt* marsupial

bevölkern [bə'fœlken] *past part* bevölkert *v/t* (≈ *bewohnen*) to inhabit; (≈ *besiedeln*) to populate; **schwach/stark bevölkert** sparsely/densely populated **Bevölkerung** *f* ⟨-, -en⟩ population **Bevölkerungsexplosion** *f* population explosion **Bevölkerungsschicht** *f* social class

bevollmächtigen [bə'fɔlmɛçtɪgn] *past part* bevollmächtigt *v/t* to authorize (*zu etw* to do sth) **Bevollmächtigte(r)** [bə-'fɔlmɛçtɪçtə] *m/f(m)* *decl as adj* authorized representative

bevor [bə'foːˀɛ] *cj* before; **~ Sie (nicht) die Rechnung bezahlt haben** until you pay the bill **bevormunden** [bə'foːˀɛmʊndn] *past part* bevormundet *v/t* **jdn ~** to make sb's decisions (for him/her) **bevorstehen** *v/i sep irr* to be imminent; (*Winter etc*) to approach; **jdm ~** to be in store for sb **bevorstehend** *adj* forthcoming; *Gefahr, Krise* imminent; *Winter* approaching **bevorzugen** [bə'foːˀɛtsuːgn] *past part* bevorzugt *v/t* to prefer; (≈ *begünstigen*) to favour (*Br*), to favor (*US*) **bevorzugt** [bə'foːˀɛtsuːkt] **A** *adj* preferred; *Behandlung* preferential; (≈ *privilegiert*) privileged **B** *adv* **jdn ~ abfertigen/bedienen** *etc* to give sb preferential treatment **Bevorzugung** *f* ⟨-, -en⟩ preference (+*gen* for); (≈ *vorrangige Behandlung*) preferential treatment (*bei* in)

bewachen *past part* bewacht *v/t* to guard **Bewachung** [bə'vaxʊŋ] *f* ⟨-, -en⟩ guarding; (≈ *Wachmannschaft*) guard

bewaffnen *past part* bewaffnet **A** *v/t* to arm **B** *v/r* to arm oneself **Bewaffnung** [bə'vafnʊŋ] *f* ⟨-, no pl⟩ (≈ *das Bewaffnen*) arming **B** (≈ *Waffen*) weapons *pl*

bewahren *past part* bewahrt *v/t* **1** (≈ *beschützen*) to protect (*vor* +*dat* from) **2** **jdn/etw in guter Erinnerung ~** to have happy memories of sb/sth **3** (≈ *beibehalten*) to keep

bewähren *past part* bewährt *v/r* (*Mensch*) to prove oneself; (*Gerät etc*) to prove its worth; (*Methode, Fleiß*) to pay off

bewahrheiten [bə'vaːˀɛhaitn] *past part* bewahrheitet *v/r* to prove (to be) well-founded; (*Prophezeiung*) to come true

bewährt [bə'vɛːˀɛt] *adj* proven; *Rezept* tried and tested; **seit Langem ~** well-established **Bewährung** *f* JUR probation; **eine Strafe zur ~ aussetzen** to impose a suspended sentence; **ein Jahr Gefängnis mit ~** a suspended sentence of one year; **er hat noch ~** he is still on probation **Bewährungsfrist** *f* JUR probation(ary) period **Bewährungshelfer(in)** *m/f(f)* probation officer **Bewährungsprobe** *f* test; **etw einer ~** (*dat*) **unterziehen** to put sth to the test **Bewährungsstrafe** *f* JUR suspended sentence

bewältigen [be'vɛltɪgn] *past part* bewältigt *v/t* *Problem* to cope with; *Strecke* to manage; *Erlebnis etc* to get over **Bewältigung** *f* ⟨-, no pl⟩ **die ~ der Probleme** coping with the problems; **die ~ eines Erlebnisses** getting over an experience

bewandert [bə'vandɛt] *adj* experienced; **in etw** (*dat*) **~ sein** to be familiar with *or* well-versed in sth

Bewandtnis [bə'vantnɪs] *f* ⟨-, -se⟩ reason; **damit hat es** *or* **das hat eine andere ~** there's another reason for that

bewässern *past part* bewässert *v/t* to irrigate; (*mit Sprühanlage*) to water **Bewässerungssystem** *nt* irrigation system

bewegen¹ [bə'veːgn] *past part* bewegt **A** *v/t* **1** to move; **~d** moving **2** (≈ *bewirken, ändern*) to change **B** *v/r* **1** to move **2** (≈ *Bewegung haben*) to get some exercise **3** (*fig* ≈ *variieren, schwanken*) to vary (*zwischen* between) **4** (≈ *sich ändern*) to change

bewegen² *pret* bewog [bə'voːk], *past part* bewogen [bə'voːgn] *v/t* **jdn zu etw ~** to persuade sb to do sth **Beweggrund** *m* motive **beweglich** [bə've:klıç] *adj* movable; (≈ *wendig*) agile; *Fahrzeug* manoeuvrable (*Br*), maneuverable (*US*) **bewegt** [bə-'ve:kt] *adj* **1** *Wasser, See* choppy; *Zeiten, Leben* eventful **2** *Stimme, Worte* emotional **Bewegung** [bə've:gʊŋ] *f* ⟨-, -en⟩ **1** movement; **keine ~!** freeze! (*infml*); **in ~ sein** (*Fahrzeug*) to be moving; (*Menge*) to mill around; **sich in ~ setzen** to start moving; **etw in ~ setzen** *or* **bringen** to set sth in motion **2** (≈ *körperliche Bewegung*) exercise **3** (≈ *Entwicklung*) progress **4** (≈ *Ergriffenheit*) emotion **5** POL, ART *etc* movement **Bewegungsfreiheit** *f* freedom of movement; (*fig*) freedom of action **bewegungslos** **A** *adj* motionless **B** *adv* without moving; *liegen, sitzen, stehen* motionless **bewegungsunfähig** *adj* unable to move

beweinen *past part* **beweint** *v/t* to mourn (for)

Beweis [bə'vais] *m* ⟨-es, -e [-zə]⟩ proof (*für* of); (≈ *Zeugnis*) evidence *no pl*; **ein eindeutiger ~** clear evidence; **etw unter ~ stellen** to prove sth **Beweisaufnahme** *f* JUR hearing of evidence **beweisbar** *adj* provable **beweisen** *past part* **bewiesen** [bə'vi:zn] *irr v/t* **1** (≈ *nachweisen*) to prove **2** (≈ *erkennen lassen*) to show **Beweisführung** *f* JUR presentation of one's case; (≈ *Argumentation*) line of argument **Beweislage** *f* JUR body of evidence **Beweismaterial** *nt* (body of) evidence **Beweisstück** *nt* exhibit

bewenden *v/t* +impers **es bei** *or* **mit etw ~ lassen** to be content with sth

bewerben *past part* **beworben** [bə'vɔrbn] *irr v/r* to apply (*um* for; **sich bei einer Firma ~** to apply to a firm (for a job) **Bewerber** *m* ⟨-s, -⟩, **Bewerberin** [-ərın] *f* ⟨-, -nen⟩ applicant **Bewerbung** *f* application **Bewerbungsgespräch** *nt* (job) interview **Bewerbungsschreiben** *nt* (letter of) application **Bewerbungsunterlagen** *pl* application documents *pl*

bewerfen *past part* **beworfen** [bə'vɔrfn] *v/t irr* **jdn/etw mit etw ~** to throw sth at sb/sth

bewerkstelligen [bə'vɛrkʃtelıgn] *past part* **bewerkstelligt** *v/t* to manage

bewerten **bewertet** *v/t jdn* to judge; *Schularbeit* to assess; *Gegenstand* to value;

etw zu hoch/niedrig ~ to overvalue/undervalue sth **Bewertung** *f* judgement; (*von Schularbeit*) assessment; (*von Gegenstand*) valuation

bewilligen [bə'vılıgn] *past part* **bewilligt** *v/t* to allow; *Etat etc* to approve; *Stipendium* to award **Bewilligung** *f* ⟨-, -en⟩ allowing; (*von Etat*) approval; (*von Stipendium*) awarding

bewirken *past part* **bewirkt** *v/t* (≈ *verursachen*) to cause; **~, dass etw passiert** to cause sth to happen

bewirten [bə'vırtn] *past part* **bewirtet** *v/t* **jdn ~** to feed sb; (*bei offiziellem Besuch etc*) to entertain sb

bewirtschaften *past part* **bewirtschaftet** *v/t* **1** *Betrieb etc* to manage **2** *Land* to farm **Bewirtschaftung** [bə-'vırtʃaftʊŋ] *f* ⟨-, -en⟩ **1** (*von Betrieb*) management **2** (*von Land*) farming

Bewirtung *f* ⟨-, -en⟩ (≈ *das Bewirten*) hospitality; (*im Hotel*) (food and) service

bewohnbar *adj* habitable **bewohnen** *past part* **bewohnt** *v/t* to live in; (*Volk*) to inhabit **Bewohner** [bə'vo:ne] *m* ⟨-s, -⟩, **Bewohnerin** [-ərın] *f* ⟨-, -nen⟩ (*von Land, Gebiet*) inhabitant; (*von Haus etc*) occupier **bewohnt** [bə'vo:nt] *adj* inhabited

bewölken [bə'vœlkn] *past part* **bewölkt** *v/r* to cloud over; **bewölkt** cloudy **Bewölkung** *f* ⟨-, -en⟩ (≈ *das Bewölken*) clouding over; **wechselnde ~** METEO variable amounts of cloud

Bewunderer [bə'vʊndəre] *m* ⟨-s, -⟩, **Bewunderin** [bə'vʊndərın] *f* ⟨-, -nen⟩ admirer **bewundern** *past part* **bewundert** *v/t* to admire (*wegen* for); **~d** admiring **bewundernswert** **A** *adj* admirable **B** *adv* admirably **Bewunderung** [bə'vʊndərʊŋ] *f* ⟨-, (*rare*) -en⟩ admiration

bewusst [bə'vʊst] **A** *adj* **1** conscious; **sich** (*dat*) **einer Sache** (*gen*) **~ sein/werden** to be/become aware of sth; **es wurde ihm allmählich ~, dass ...** he gradually realized (that) ... **2** *attr* (≈ *willentlich*) deliberate **3** *attr* (≈ *besagt*) in question **B** *adv* consciously; (≈ *willentlich*) deliberately **bewusstlos** **A** *adj* unconscious **B** *adv* **jdn ~ schlagen** to beat sb unconscious or senseless **Bewusstlosigkeit** *f* ⟨-, *no pl*⟩ unconsciousness; **bis zur ~** (*infml*) ad nauseam **Bewusstsein** *nt* consciousness; **etw kommt jdm zu(m) ~** sb becomes aware of sth; **im ~, dass ...** in the knowledge that ...; **das ~ verlieren/wiedererlangen** to lose/regain consciousness; **bei ~ sein** to be conscious; **zu(m) ~ kommen** to regain consciousness; **bei vollem ~** fully conscious

bezahlen *past part* beza̱hlt **A** *v/t* to pay; *Leistung, Schaden* to pay for; **er hat seinen Fehler mit dem Leben bezahlt** he paid for his mistake with his life **B** *v/i* to pay **Bezahlfernsehen** *nt* pay TV **bezahlt** [bə'tsaːlt] *adj* paid; **sich ~ machen** to be worth it **Bezahlung** *f* payment; (≈ *Lohn, Gehalt*) pay; **gegen ~** for payment

beza̱ubern *past part* beza̱ubert *v/t* (*fig*) to charm **beza̱ubernd** *adj* enchanting

beze̱ichnen *past part* beze̱ichnet *v/t* (≈ *kennzeichnen*) to mark; (≈ *genau beschreiben*) to describe; **ich weiß nicht, wie man das bezeichnet** I don't know what that's called **beze̱ichnend** *adj* (**für** *of*) characteristic **Beze̱ichnung** *f* **1** (≈ *Kennzeichnung*) marking; (≈ *Beschreibung*) description **2** (≈ *Ausdruck*) expression

beze̱ugen *past part* beze̱ugt *v/t* to testify to; **~, dass ...** to testify that ...

bezi̱chtigen [bə'tsɪçtɪgn] *past part* bezi̱chtigt *v/t* to accuse; **jdn einer Sache** (*gen*) **~** to accuse sb of sth

bezi̱ehen *past part* bezo̱gen [bə'tsoːgn] *irr* **A** *v/t* **1** *Polster* to (re)cover; *Kissen* to put a cover on; **die Betten frisch ~ to** change the beds **2** (≈ *einziehen in*) *Wohnung* to move into **3** *Posten, Stellung* to take up **4** (≈ *erhalten*) to get **5** (≈ *in Beziehung setzen*) **etw auf jdn/etw ~** to apply sth to sb/sth **B** *v/r* **1** (*Himmel*) to cloud over **2** (≈ *sich berufen*) **sich auf jdn/etw ~** to refer to sb/sth **Bezi̱ehung** *f* **1** (≈ *Verhältnis*) relationship **2** *usu pl* (≈ *Kontakt*) relations *pl*; **diplomatische ~en** diplomatic relations *pl*; **menschliche ~en** human relations; **seine ~en spielen lassen** to pull strings; **~en haben** to have connections **3** (≈ *Zusammenhang*) connection (*zu* with); **etw zu etw in ~ setzen** to relate sth to sth; **in keiner ~ zueinander stehen** to have no connection **4** (≈ *Hinsicht*) **in einer/keiner ~** in one/no respect; **in jeder ~** in every respect **Bezi̱ehungskiste** *f* (*infml*) relationship **bezi̱ehungsweise** *cj* **1** (≈ *oder aber*) or **2** (≈ *im anderen Fall*) and ... respectively **3** (≈ *genauer gesagt*) or rather

bezi̱ffern [bə'tsɪfɐn] *past part* bezi̱ffert **A**

v/t (≈ *mit Ziffern versehen*) to number; (≈ *angeben*) to estimate (*auf +acc, mit* at) **B** *v/r* **sich ~ auf** (+*acc*) (*Verluste, Gewinn*) to amount to; (*Teilnehmer*) to number

Bezi̱rk [bə'tsɪrk] *m* ⟨-(e)s, -e⟩ (≈ *Gebiet*) district; (*von Stadt*) ≈ district; (*von Land*) ≈ region

Bezu̱g *m* **1** (*für Kissen etc*) cover; (*für Kopfkissen*) pillowcase **2** (≈ *Erwerb: von Waren etc*) buying **3** **Bezüge** *pl* (≈ *Einkünfte*) income **4** (≈ *Zusammenhang*) = Beziehung 3 **5** (*form* ≈ *Berufung*) reference; **~ nehmen auf** (+*acc*) to make reference to; **mit** *or* **unter ~ auf** (+*acc*) with reference to **6** (≈ *Hinsicht*) **in ~ auf** (+*acc*) regarding **bezu̱glich** [bə'tsyːklɪç] *prep* +*gen* (*form*) regarding, re (COMM) **Bezu̱gnahme** [-naːmə] *f* ⟨-, -n⟩ (*form*) reference; **unter ~ auf** (+*acc*) with reference to **bezugsfertig** *adj Haus etc* ready to move into **Bezugsperson** *f* **die wichtigste ~ des Kleinkindes** the person to whom the small child relates most closely

bezu̱schussen [bə'tsuːʃʊsn] *past part* bezu̱schusst *v/t* to subsidize

bezwe̱cken [bə'tsvɛkn] *past part* bezwe̱ckt *v/t* to aim at; **etw mit etw ~** (*Mensch*) to intend sth by sth

bezwe̱ifeln *past part* bezwe̱ifelt *v/t* to doubt; **das ist nicht zu ~** that's beyond question

bezwi̱ngen *past part* bezwu̱ngen [bə'tsvʊŋən] *v/t irr* to conquer; SPORTS to beat; *Strecke* to do

BfA [beːɛfˈaː] *f* ⟨-⟩ *abbr* of Bundesagentur für Arbeit

BH [beːˈhaː] *m* ⟨-(s), -(s)⟩ *abbr* of Büstenhalter bra

Bia̱thlon ['biːatlɔn] *nt* ⟨-s, -s⟩ SPORTS biathlon

Bi̱bel ['biːbl] *f* ⟨-, -n⟩ (*lit*) Bible; (*fig*) bible **bibelfest** *adj* well versed in the Bible **Bi̱beli** ['biːbəli] *nt* ⟨-s, -e⟩ (*Swiss*) (≈ *Pickel*) spot; (≈ *Mitesser*) blackhead **Bi̱belwort** *nt, pl* -worte biblical saying

Bi̱ber ['biːbɐ] *m* ⟨-s, -⟩ beaver **Biberbetttuch** *nt* flannelette sheet (*esp Br*) **Biberpelz** *m* beaver (fur)

Bibliografi̱e [bibliogra'fiː] *f* ⟨-, -n [-'fiːən]⟩ bibliography **Bibliothe̱k** [biblio'teːk] *f* ⟨-, -en⟩ library **Bibliothekar** [bibliote'kaːɐ] *m* ⟨-s, -e⟩, **Bibliothekarin** [-'kaːrɪn] *f* ⟨-, -nen⟩ librarian

bi̱blisch ['biːblɪʃ] *adj* biblical; **ein ~es Al-**

ter a great age

Bidet [bi'de:] *nt* ⟨-s, -s⟩ bidet

bieder ['bi:dɐ] *adj* **1** (≈ *rechtschaffen*) honest **2** (*pej*) conventional

biegen ['bi:gn̩] *pret* **bog** [bo:k], *past part* **gebogen** [gə'bo:gn̩] **A** *v/t* to bend; *Glieder* to flex; **auf Biegen und Brechen** (*infml*) by hook or by crook (*infml*) **B** *v/i aux sein* (*Wagen*) to turn **C** *v/r* to bend; **sich vor Lachen ~** (*fig*) to double up with laughter

biegsam ['bi:kza:m] *adj* flexible; *Glieder, Körper* supple; (*fig*) pliable **Biegung** *f* ⟨-, -en⟩ bend

Biene ['bi:nə] *f* ⟨-, -n⟩ bee **Bienenhaus** *nt* apiary **Bienenhonig** *m* real honey **Bienenkönigin** *f* queen bee **Bienenschwarm** *m* swarm (of bees) **Bienenstich** *m* COOK *cake coated with sugar and almonds and filled with custard or cream* **Bienenstock** *m* (bee)hive **Bienenvolk** *nt* bee colony **Bienenwachs** *nt* beeswax

Bier [bi:ɐ] *nt* ⟨-(e)s, -e⟩ beer; **zwei ~, bitte!** two beers, please; **dunkles/helles ~** dark/ light beer; **~ vom Fass** draught (*Br*) or draft (*US*) beer; **das ist mein** *etc* **~** (*fig infml*) that's my *etc* business **Bierbauch** *m* (*infml*) beer belly (*infml*) **Bierdeckel** *m* beer mat (*Br*) or coaster (*US*) **Bierdose** *f* beer can **Bierfass** *nt* keg **Bierflasche** *f* beer bottle **Biergarten** *m* beer garden **Bierglas** *nt* beer glass **Bierkeller** *m* (≈ *Lager*) beer cellar; (≈ *Gaststätte auch*) bierkeller **Bierkrug** *m* tankard (*esp Br*); (*aus Steingut*) (beer) stein **Bierwurst** *f* ham sausage **Bierzelt** *nt* beer tent

Biest [bi:st] *nt* ⟨-(e)s, -er ['bi:stə]⟩ (*pej infml*) **1** (≈ *Tier*) creature; (≈ *Insekt*) bug **2** (≈ *Mensch*) (little) wretch; (≈ *Frau*) bitch (*sl*)

bieten ['bi:tn̩] *pret* **bot** [bo:t], *past part* **geboten** [gə'bo:tn̩] **A** *v/t* **1** (≈ *anbieten*) to offer (*jdm etw* sb sth, sth to sb); (*bei Auktion*) to bid; **diese Stadt hat nichts zu ~** this town has nothing to offer **2** (≈ *haben*) to have; *Problem* to present **3** (≈ *darbieten*) *Anblick, Bild* to present; *Film* to show **4** (≈ *zumuten*) **sich** (*dat*) **etw ~ lassen** to stand for sth; → **geboten B** *v/i* CARDS to bid **C** *v/r* (*Gelegenheit, Anblick etc*) to present itself (*jdm* to sb) **Bieter** ['bi:tɐ] *m* ⟨-s, -⟩, **Bieterin** [-ərɪn] *f* ⟨-, -nen⟩ bidder

Bigamie [biga'mi:] *f* ⟨-, -n [-'mi:ən]⟩ bigamy

Biker ['baikɐ] *m* ⟨-s, -⟩, **Bikerin** ['baikərɪn]

f ⟨-, -nen⟩ (*infml*) biker

Bikini [bi'ki:ni] *m* ⟨-s, -s⟩ bikini

bikonvex [bikɔn'vɛks] *adj* biconvex

Bilanz [bi'lants] *f* ⟨-, -en⟩ **1** (COMM ≈ *Lage*) balance; (≈ *Abrechnung*) balance sheet; **eine ~ aufstellen** to draw up a balance sheet; **~ machen** (*fig infml*) to check one's finances **2** (*fig* ≈ *Ergebnis*) end result; **(die) ~ ziehen** to take stock (*aus* of) **Bilanzbuchhalter(in)** *m/(f)* company accountant (*who balances end-of-year accounts*) **Bilanzgewinn** *m* COMM, FIN declared profit **bilanzieren** [bilan'tsi:rən] *past part* **bilanziert** *v/t & v/i* to balance; (*fig*) to assess **Bilanzverlust** *m* COMM, FIN accumulated loss **Bilanzwert** *m* COMM, FIN book value

bilateral ['bi:latera:l, bilate'ra:l] *adj* bilateral

Bild [bɪlt] *nt* ⟨-(e)s, -er ['bɪldɐ]⟩ **1** picture; (≈ *Fotografie* ≈ *Zeichnung*) drawing; (≈ *Gemälde*) painting; **ein ~ machen** to take a photo; **ein ~ des Elends** a picture of misery **2** (≈ *Abbild*) image **3** (≈ *Erscheinungsbild*) character; **das äußere ~ der Stadt** the appearance of the town **4** (*fig* ≈ *Vorstellung*) image, picture; **im ~e sein** to be in the picture (*über +acc* about); **jdn ins ~ setzen** to put sb in the picture (*über +acc* about); **sich** (*dat*) **von jdm/etw ein ~ machen** to get an idea of sb/sth **Bildausfall** *m* TV loss of vision **Bildband** *m, pl* -bände illustrated book, coffee-table book

bilden ['bɪldn̩] **A** *v/t* **1** to form; *Körper, Figur* to shape; **sich** (*dat*) **ein Urteil ~** to form a judgement **2** (≈ *ausmachen*) *Gefahr etc* to constitute; **die Teile ~ ein Ganzes** the parts make up a whole **3** (≈ *erziehen*) to educate **B** *v/r* **1** (≈ *entstehen*) to form **2** (≈ *lernen*) to educate oneself; → **gebildet C** *v/i* to be educational **bildend** *adj* **die ~e Kunst** art; **die ~en Künste** the fine arts

Bilderbuch *nt* picture book **Bilderbuch-** *in cpds* (*fig*) perfect **Bilderrahmen** *m* picture frame **Bilderrätsel** *nt* picture puzzle **Bilderstrecke** *f* photo gallery

Bildfläche *f* (*fig infml*) **auf der ~ erscheinen** to appear on the scene; **von der ~ verschwinden** to disappear (from the scene)

bildhaft **A** *adj* pictorial; *Beschreibung, Sprache* vivid **B** *adv* vividly

Bildhauer *m* ⟨-s, -⟩, **Bildhauerin** [-ərɪn] *f* ⟨-, -nen⟩ sculptor

Bildhauerei [bɪlthauəˈraɪ] *f* ⟨-, no pl⟩ sculpture

bildhübsch *adj Mädchen* (as) pretty as a picture; *Kleid, Garten etc* really lovely

bildlich [ˈbɪltlɪç] **A** *adj* pictorial; *Ausdruck etc* metaphorical **B** *adv* pictorially; *verwenden* metaphorically

Bildqualität *f* TV, FILM picture quality

Bildschirm *m* TV, IT screen **Bildschirmarbeit** *f*, *no pl* screen work **Bildschirmschoner** [-ʃoːnɐ] *m* ⟨-s, -⟩ IT screen saver

bildschön *adj* beautiful

Bildstörung *f* TV interference (on the picture)

Bildung [ˈbɪldʊŋ] *f* ⟨-, -en⟩ **1** (≈ *Erziehung*) education; (≈ *Kultur*) culture; **höhere ~** higher education; **~ haben** to be educated; **zur ~ des Passivs** to form the passive **2** *no pl* (≈ *Entstehung: von Rost etc*) formation **bildungsfern** *adj Milieu, Familie* educationally disadvantaged, educationally deprived; **bildungsferne Schichten** educationally disadvantaged classes **Bildungsgang** *m*, *pl* -gänge school (and university) career **Bildungsgrad** *m* level of education **Bildungslücke** *f* gap in one's education **Bildungspolitik** *f* education policy **Bildungspolitiker(in)** *m/(f)* *politician with responsibility for education policy* **Bildungsreform** *f* educational reform **Bildungsstufe** *f* level of education **Bildungsurlaub** *m* educational holiday (*esp Br*) *or* vacation (*US*) **Bildungsweg** *m* **jds ~** the course of sb's education; **auf dem zweiten ~** through night school **Bildungswesen** *nt* education system

Billard [ˈbɪljart] *nt* ⟨-s, -e [-də]⟩ *or* (*Aus*) -s⟩ (≈ *Spiel*) billiards *sg* **Billardkugel** *f* billiard ball **Billardtisch** *m* billiard table

Billett [bɪlˈjɛt] *nt* ⟨-(e)s, -e *or* -s⟩ (*Swiss*) **1** (≈ *Fahrschein, Eintrittskarte*) ticket **2** (*Swiss*) = Führerschein

Billiarde [bɪlˈliardə] *f* ⟨-, -n⟩ million billion (*Br*), thousand trillion (*US*)

billig [ˈbɪlɪç] *adj* cheap; *Preis* low; **~ abzugeben** going cheap; **~ davonkommen** (*infml*) to get off lightly **Billiganbieter(in)** *m/(f)* supplier of cheap goods **Billigangebot** *nt* cut-price offer

billigen [ˈbɪlɪgn] *v/t* to approve

Billigflagge *f* NAUT flag of convenience **Billigflieger** *m* low-cost airline **Billigflug** *m* cheap flight **Billigjob** *m* low-paid job **Billiglohnland** *nt* low-wage country

Billigung *f* ⟨-, -en⟩ approval; **jds ~ finden** to meet with sb's approval

Billion [bɪˈlioːn] *f* ⟨-, -en⟩ thousand billion (*Br*), trillion (*US*)

bimmeln [ˈbɪmln] *v/i* (*infml*) to ring

Bimsstein *m* pumice stone

binär [biˈnɛːɐ] *adj* binary **Binärcode** *m* binary code

Binde [ˈbɪndə] *f* ⟨-, -n⟩ **1** MED bandage; (≈ *Schlinge*) sling **2** (≈ *Armbinde*) armband; (≈ *Augenbinde*) blindfold **3** (≈ *Monatsbinde*) (sanitary) towel *or* (*esp US*) napkin **Bindegewebe** *nt* ANAT connective tissue **Bindeglied** *nt* connecting link **Bindehaut** *f* ANAT conjunctiva **Bindehautentzündung** *f* conjunctivitis **binden** [ˈbɪndn] *pret* **band** [bant], *past part* **gebunden** [gəˈbʊndn] **A** *v/t* **1** (≈ *zusammenbinden*) to tie; (≈ *festbinden*) to bind **2** *Strauß, Kranz* to make up; *Knoten etc* to tie **3** (≈ *zubinden*) *Schal* to tie; *Krawatte* to knot **4** (*fig*) *Menschen* to tie; *Geldmittel* to tie up; (*Versprechen, Vertrag, Eid etc*) to bind; **mir sind die Hände gebunden** (*fig*) my hands are tied; → **gebunden 5** *Farbe, Soße* to bind **B** *v/i* (*Mehl, Zement, Soße etc*) to bind; (*Klebstoff*) to bond; (*fig: Erlebnisse*) to create a bond **C** *v/r* (≈ *sich verpflichten*) to commit oneself (*an +acc* to) **bindend** *adj* binding (*für* on); *Zusage* definite **Bindestrich** *m* hyphen **Bindfaden** *m* string; **ein (Stück) ~** a piece of string; **es regnet Bindfäden** (*infml*) it's sheeting down (*Br infml*), it's coming down in buckets (*US infml*)

Bindung [ˈbɪndʊŋ] *f* ⟨-, -en⟩ **1** (≈ *Beziehung*) relationship (*an +acc* with); (≈ *Verbundenheit*) tie, bond (*an +acc* with); (≈ *Verpflichtung*) commitment (*an +acc* to) **2** (≈ *Skibindung*) binding **Bindungsangst** *f usu pl* fear of commitment *no pl*

Bingo [ˈbɪŋgo] *nt* ⟨-(s), no pl⟩ bingo

binnen [ˈbɪnən] *prep +dat or* (*elev*) *+gen* (*form*) within; **~ Kurzem** shortly **Binnengewässer** *nt* inland water **Binnenhafen** *m* river port **Binnenhandel** *m* domestic trade **Binnenmarkt** *m* home market; **der europäische ~** the European Single Market

Binnenschifffahrt f inland navigation **Binnenwährung** f internal currency **Binse** ['bɪnzə] f ‹-, -n› usu pl rush; **in die ~n gehen** (fig infml ≈ misslingen) to be a washout (infml) **Binsenweisheit** f truism

Bio ['biːo] f ‹-, no pl› (SCHOOL infml) biol (infml), bio (esp US infml) **Bioabfall** m biological waste **bioaktiv** [bioak'tiːf, 'biːo-] adj Waschmittel biological **Biobauer** m ‹-n, -n›, **Biobäuerin** f ‹-, -nen› organic farmer; **Gemüse vom ~n** organic vegetables pl **Biochemie** [bioçe'miː] f biochemistry **biochemisch** **Ⓐ** adj biochemical **Ⓑ** adv biochemically **Biodiesel** ['biːo-] m biodiesel **biodynamisch** [biody'naː-mɪʃ] **Ⓐ** adj biodynamic **Ⓑ** adv biodynamically **Biogas** ['biːo-] nt methane gas **Biograf** [bio'graːf] m ‹-en, -en›, **Biografin** [-'graːfɪn] f ‹-, -nen› biographer **Biografie** [biogra'fiː] f ‹-, -n [-'fiːən]› biography **biografisch** [bio'graːfɪʃ] **Ⓐ** adj biographical **Ⓑ** adv biographically **Biokost** ['biːo-] f, no pl organic food **Bioladen** m wholefood shop **Biologe** [bio-'loːgə] m ‹-n, -n›, **Biologin** [-'loːgɪn] f ‹-, -nen› biologist **Biologie** [biolo'giː] f ‹-, no pl› biology **biologisch** [bio'loːgɪʃ] **Ⓐ** adj biological; Anbau organic **Ⓑ** adv biologically; anbauen organically **Biomasse** ['biːo-] f, no pl CHEM organic substances pl **Biomüll** ['biːo-] m organic waste **Biophysik** [biofy'ziːk, 'biːo-] f biophysics sg **Biopsie** [biɔ'psiː] f ‹-, -n [-'psiːən]› MED biopsy **Biorhythmus** ['biːo-] m biorhythm **Biosiegel** ['biːo-] nt seal certifying organic product, organic label **Biosphäre** [bio-'sfɛːrə, 'biːo-] f, no pl biosphere **Biosphärenreservat** nt biosphere reserve **Biosprit** ['biːo-] m biofuel **Biotechnik** [bio-'tɛçnɪk, 'biːo-] f biotechnology **biotechnisch** [bio'tɛçnɪʃ, 'biːo-] adj biotechnological **Bioterrorismus** m bioterrorism **Biotonne** ['biːo-] f organic waste bin **Biotop** [bio'toːp] nt ‹-s, -e› biotope **bipolar** [bipo'laːɐ] adj MED bipolar; **bipolare Störung** bipolar disorder **Birke** ['bɪrkə] f ‹-, -n› birch **Birma** ['bɪrma] nt ‹-s› Burma **birmanisch** [bɪr'maːnɪʃ] adj Burmese **Birnbaum** m (Baum) pear tree; (Holz) pear wood **Birne** ['bɪrnə] f ‹-, -n› **1** pear **2** (≈ Glühlampe) (light) bulb

bis [bɪs] **Ⓐ** prep +acc **1** (zeitlich) until; (≈ bis spätestens) by; **~ zu diesem Zeitpunkt** up to this time; **Montag ~ Freitag** Monday to or through (US) Friday; **~ einschließlich 5. Mai** up to and including 5th May; **~ bald/später/morgen!** see you soon/later/tomorrow!; **~ wann bleibt ihr hier?** how long are you staying here?; **~ wann ist das fertig?** when will that be finished?; **~ wann können Sie das machen?** when can you do it by?; **~ auf Weiteres** until further notice; **~ dahin** or **dann muss die Arbeit fertig sein** the work must be finished by then; **~ dann!** see you then!; **von … ~ …** from … to or through (US) …; (mit Uhrzeiten) from … till … **2** (räumlich) to; **~ an unsere Mauer** up to our wall; **~ wo/wohin?** how far?; **~ dort** or **dorthin** or **dahin** (to) there; **~ hierher** this far **3** **Kinder ~ sechs Jahre** children up to the age of six **4** **es sind alle gekommen, ~ auf Sandra** they all came, except Sandra **Ⓑ** cj **1** to; **zehn ~ zwanzig Stück** ten to twenty; **bewölkt ~ bedeckt** cloudy or overcast **2** (zeitlich) until, till; **ich warte noch, ~ es dunkel wird** I'll wait until it gets dark; **~ das einer merkt!** it'll be ages before anyone realizes (infml)

Bischof ['bɪʃɔf, 'biːʃof] m ‹-s, ⸚e ['bɪʃœfə, 'biːʃøːfə]›, **Bischöfin** ['bɪʃœfɪn, 'biːʃøːfɪn] f ‹-, -nen› bishop **bischöflich** ['bɪʃœflɪç, 'biːʃøːflɪç] adj episcopal

Biscuit [bɪs'kuːiːt] nt or m ‹-(e)s, -s› (Swiss ≈ Keks) biscuit (Br), cookie (US)

bisexuell [bizɛ'ksuɛl, 'biː-] adj bisexual

bisher [bɪs'heːɐ] adv until now; (≈ und immer noch) up to now; **~ nicht** not until now **bisherig** [bɪs'heːrɪç] adj attr (≈ vorherig) previous; (≈ momentan) present

Biskaya [bɪs'kaːja] f ‹-› **die ~** (the) Biscay; **Golf von ~** Bay of Biscay

Biskuit [bɪs'kviːt, bɪs'kuiːt] nt or m ‹-(e)s, -s or -e› (fatless) sponge **Biskuitgebäck** nt sponge cake/cakes **Biskuitteig** m sponge mixture

bislang [bɪs'laŋ] adv = bisher

Biss [bɪs] m ‹-es, -e› bite; (fig) vigour (Br), vigor (US); **~ haben** (infml) to have punch

bisschen ['bɪsçən] **Ⓐ** adj inv **ein ~ Geld/Liebe** a bit of money/love; **kein ~ …** not one (little) bit; **das ~ Geld** that little bit of money **Ⓑ** adv **ein ~** a bit, a little; **ein ~ wenig** not very much; **ein ~ viel** a bit much

Bissen ['bɪsn] *m* ⟨-s, -⟩ mouthful; (≈ *Imbiss*) bite (to eat) **bissfest** *adj* firm; *Nudeln* al dente **bissig** ['bɪsɪç] *adj* **1** vicious; „**Vorsicht, ~er Hund**" "beware of the dog" **2** (≈ *übellaunig*) waspish **Bisswunde** *f* bite

Bistro ['bɪstro, bɪs'tro:] *nt* ⟨-s, -s⟩ bistro

Bistum ['bɪstu:m] *nt* ⟨-s, ⸚er [-ty:mə]⟩ diocese

Bit [bɪt] *nt* ⟨-(s), -(s)⟩ ɪᴛ bit

bitte ['bɪtə] *int* **1** please; **~ nicht!** no, please!, please don't!; **ja ~?** yes?; **aber ~!** please do; **na ~!** there you are! **2** (*Dank erwidernd*) **~ sehr** *or* **schön** you're welcome, not at all (*Br*) **3** (*nachfragend*) **(wie) ~?** (I beg your) pardon? (*also iron*) **Bitte** ['bɪtə] *f* ⟨-, -n⟩ request; (*inständig*) plea; **auf seine ~ hin** at his request; **ich habe eine große ~ an dich** I have a (great) favour (*Br*) *or* favor (*US*) to ask you **bitten** ['bɪtn] *pret* **bat** [ba:t], *past part* **gebeten** [gə'be:tn] **A** *v/t* **1** *jdn* to ask; (*inständig*) to beg; **jdn um etw ~** to ask/beg sb for sth; **aber ich bitte dich!** not at all; **wenn ich ~ darf** (*form*) if you wouldn't mind; **ich muss doch (sehr) ~!** well I must say! **2** (≈ *bestellen*) **jdn zu sich ~** to ask sb to come and see one **B** *v/i* **1** (≈ *eine Bitte äußern*) to ask; (*inständig*) to plead, to beg; **um etw ~** to ask (for) *or* request sth; (*inständig*) to plead for sth **2** (≈ *einladen*) **ich lasse ~** he/she can come in now

bitter ['bɪtɐ] **A** *adj* bitter; *Schokolade* plain; (*fig*) *Wahrheit, Lehre, Verlust* painful; *Zeit, Schicksal* hard; *Unrecht* grievous; *Ernst, Feind* deadly; *Spott* cruel; **bis zum ~en Ende** to the bitter end **B** *adv* (≈ *sehr*) *bereuen* bitterly; *bezahlen, büßen* dearly; **etw ~ nötig haben** to be in dire need of sth **bitterböse** **A** *adj* furious **B** *adv* furiously **bitterernst** *adj Situation etc* extremely serious **bitterkalt** *adj* bitterly cold

Biwak ['bi:vak] *nt* ⟨-s, -s *or* -e⟩ bivouac

bizarr [bi'tsar] **A** *adj* bizarre **B** *adv* bizarrely

Bizeps ['bi:tsɛps] *m* ⟨-(es), -e⟩ biceps

blabla [bla'bla:] *int* (*infml*) blah blah blah (*infml*)

Blackout ['blɛkaut] *nt or m* ⟨-(s), -s⟩ blackout

blähen ['blɛ:ən] **A** *v/t & v/r* to swell; *Nüstern* to flare **B** *v/i* to cause flatulence or

wind Blähung *f* ⟨-, -en⟩ *usu pl* ᴍᴇᴅ wind *no pl*

blamabel [bla'ma:bl] *adj* shameful **Blamage** [bla'ma:ʒə] *f* ⟨-, -n⟩ disgrace **blamieren** [bla'mi:rən] *past part* **blamiert** **A** *v/t* to disgrace **B** *v/r* to make a fool of oneself; (*durch Benehmen*) to disgrace oneself

blanchieren [blã'ʃi:rən] *past part* **blanchiert** *v/t* ᴄᴏᴏᴋ to blanch

blank [blaŋk] **A** *adj* **1** shiny **2** (≈ *nackt*) bare; (*infml* ≈ *ohne Geld*) broke **3** (≈ *rein*) pure; *Hohn* utter **B** *adv scheuern, polieren* till it shines; **~ poliert** brightly polished **Blankoscheck** *m* blank cheque (*Br*) *or* check (*US*) **Blankovollmacht** *f* carte blanche

Bläschen ['blɛ:sçən] *nt* ⟨-s, -⟩ ᴍᴇᴅ small blister **Blase** ['bla:zə] *f* ⟨-, -n⟩ **1** (≈ *Seifenblase, Luftblase*) bubble; (≈ *Sprechblase*) balloon; (*an Farbe*) to blister **2** ᴍᴇᴅ blister **3** ᴀɴᴀᴛ bladder **Blasebalg** *m* (pair of) bellows **blasen** ['bla:zn] *pret* **blies** [bli:s], *past part* **geblasen** [gə'bla:zn] **A** *v/i* to blow **B** *v/t Melodie, Posaune* etc to play **Blasenentzündung** *f* cystitis **Blasenleiden** *nt* bladder trouble *no art* **Bläser** ['blɛ:zɐ] *m* ⟨-s, -⟩, **Bläserin** [-ərɪn] *f* ⟨-, -nen⟩ ᴍᴜs wind player; **die ~** the wind (section)

blasiert [bla'zi:ɐt] *adj* (*pej elev*) blasé **Blasiertheit** *f* ⟨-, -en⟩ (*pej elev*) blasé attitude

Blasinstrument *nt* wind instrument **Blaskapelle** *f* brass band **Blasmusik** *f* brass band music

blass [blas] *adj* **1** *Haut, Licht* pale; **~ vor Neid werden** to go green with envy **2** (*fig*) faint; **ich habe keinen ~en Schimmer** (*infml*) I haven't a clue (*infml*) **Blässe** ['blɛsə] *f* ⟨-, -n⟩ paleness; (*von Haut*) pallor **Blatt** [blat] *nt* ⟨-(e)s, ⸚er ['blɛtɐ]⟩ **1** ʙᴏᴛ leaf **2** (*Papier etc*) sheet; **ein ~ Papier** a sheet of paper **3** (≈ *Seite*) page; **das steht auf einem anderen ~** (*fig*) that's another story; **vom ~ singen/spielen** to sight-read **4** (≈ *Zeitung*) paper **5** (*von Messer, Ruder*) blade **6** ᴄᴀʀᴅs hand; **das ~ hat sich gewendet** (*fig*) the tables have been turned **blättern** ['blɛtɐn] *v/i* **in etw** (*dat*) **~** to leaf *or* (*schnell*) flick through sth **Blätterteig** *m* puff pastry **Blattgemüse** *nt* greens *pl*, leaf vegetables *pl* (*form*) **Blattgold** *nt* gold leaf **Blattgrün** *nt* chlorophyll

B

Blạttlaus f greenfly **Blạttsalat** m green salad **Blạttspinat** m leaf spinach **Blạttwerk** nt, no pl foliage

blau [blau] adj **◼1** blue; **Forelle** etc ~ COOK trout etc au bleu; **ein ~es Auge** (infml) a black eye; **mit einem ~en Auge davonkommen** (fig) to get off lightly; **ein ~er Brief** SCHOOL letter informing parents that their child must repeat a year; (von Hauswirt) notice to quit; **ein ~er Fleck** a bruise **◼2** usu pred (infml ≈ betrunken) drunk **Blau** [blau] nt ⟨-s, - or (inf) -s⟩ blue **blauäugig** [-ɔygɪç] adj blue-eyed; (fig) naïve **Blaubeere** f bilberry, blueberry (esp US) **blaublütig** adj blue-blooded **Blaue(s)** ['blauə] nt decl as adj **◼1** das ~ vom Himmel (herunter) lügen (infml) to tell a pack of lies **◼2** (ohne Ziel) ins ~ hinein (infml) at random; **eine Fahrt ins ~** a mystery tour **blaugrün** adj blue-green **Blauhelm** (-soldat) m UN soldier, blue helmet **Blaukraut** nt (S Ger, Aus) red cabbage **bläulich** ['blɔylɪç] adj bluish **Blaulicht** nt (von Polizei etc) flashing blue light; **mit ~** with its blue light flashing **blaumachen** sep (infml) **A** v/i to skip work **B** v/t **den Freitag ~** to skip work on Friday **Blaumeise** f bluetit **Blaupause** f blueprint **Blausäure** f prussic acid **Blauschimmelkäse** m blue cheese **Blauwal** m blue whale

Blazer ['bleːze] m ⟨-s, -⟩, **Blazerjacke** f blazer

Blech [blɛç] nt ⟨-(e)s, -e⟩ **◼1** no pl (sheet) metal **◼2** (≈ Blechstück) metal plate **◼3** (≈ Backblech) baking sheet **◼4** no pl (infml ≈ Unsinn) rubbish no art (infml) **Blechdose** f tin container; (esp für Konserven) tin (Br), can **blechen** ['blɛçn] v/t & v/i (infml) to cough up (infml) **Blechinstrument** nt brass instrument **Blechschaden** m damage to the bodywork **Blechtrommel** f tin drum

Blei [blai] nt ⟨-(e)s, -e⟩ **◼1** no pl lead **◼2** (≈ Lot) plumb

Bleibe ['blaibə] f ⟨-, -n⟩ **eine/keine ~ haben** to have somewhere/nowhere to stay **bleiben** ['blaibn] pret **blieb** [bliːp], past part **geblieben** [gə'bliːbn] v/i aux sein **◼1** to stay; **unbeantwortet ~** to be left unanswered; **ruhig/still ~** to keep calm/quiet; **wach ~** to stay awake; **sitzen ~** to remain seated; **wo bleibt er so lange?** (infml) where has he got to?; **das bleibt unter uns** that's (just) between ourselves **◼2** (≈ übrig bleiben) to be left; **es blieb keine andere Wahl** there was no other choice; **und wo bleibe ich?** and what about me?; **sieh zu, wo du bleibst!** you're on your own! (infml) **bleibend** adj Erinnerung etc lasting; Schaden permanent **bleiben lassen** past part **bleiben lassen** v/t irr (infml ≈ unterlassen) **etw ~** to give sth a miss (infml); **das wirst du ganz schön ~** you'll do nothing of the sort!

bleich [blaiç] adj pale **bleichen** ['blaiçn] v/t to bleach **Bleichgesicht** nt paleface **Bleichmittel** nt bleach

bleiern ['blaien] adj (≈ aus Blei) lead; (fig) leaden **bleifrei** adj Benzin etc unleaded **bleihaltig** adj containing lead; Benzin etc leaded **Bleikristall** nt lead crystal **Bleistift** m pencil; (zum Malen) crayon **Bleistiftabsatz** m stiletto heel **Bleistiftspitzer** m pencil sharpener **Bleivergiftung** f lead poisoning

Blende ['blɛndə] f ⟨-, -n⟩ **◼1** (≈ Lichtschutz) shade, screen; AUTO (sun) visor; (an Fenster) blind **◼2** (PHOT ≈ Öffnung) aperture **blenden** ['blɛndn] v/t to dazzle; (≈ blind machen) to blind **B** v/i (Licht) to be dazzling; **~d weiß** dazzling white **blendend** **A** adj splendid; Stimmung sparkling **B** adv splendidly; **es geht mir ~** I feel wonderful **blendfrei** adj dazzle-free (esp Br) **Blendschutz** m (≈ Vorrichtung) antidazzle (Br) or antiglare (US) device

Blick [blɪk] m ⟨-(e)s, -e⟩ **◼1** look; (≈ flüchtiger Blick) glance; **auf den ersten ~** at first glance; **Liebe auf den ersten ~** love at first sight; **mit einem ~** at a glance; **~e miteinander wechseln** to exchange glances; **einen ~ auf etw (acc) tun** or **werfen** to throw a glance at sth **◼2** (≈ Ausblick) view; **ein Zimmer mit ~ auf den Park** a room overlooking the park; **etw aus dem ~ verlieren** to lose sight of sth **◼3** (≈ Verständnis) **einen (guten) ~ für etw haben** to have an eye or a good eye for sth **blicken** ['blɪkn] v/i to look (auf +acc at); (flüchtig) to glance (auf +acc at); **sich ~ lassen** to put in an appearance; **lass dich hier ja nicht mehr ~!** don't show your face here again! **Blickkontakt** m eye contact **Blickpunkt** m **im ~ der Öffentlichkeit stehen** to be in the public eye **Blickwinkel** m angle of vision; (fig) viewpoint

blind [blɪnt] **A** *adj* **1** blind (*für* to); *Alarm* false; **~ für etw sein** (*fig*) to be blind to sth; **~ geboren** blind from birth; **ein ~er Passagier** a stowaway **2** (≈ *getrübt*) dull; *Spiegel* clouded **B** *adv* **1** (≈ *wahllos*) at random **2** (≈ *ohne zu überlegen*) blindly **3** (≈ *ohne zu sehen*) **~ landen** AVIAT to make a blind landing **Blindbewerbung** *f* unsolicited *or* speculative application **Blinddarm** *m* appendix **Blinddarmentzündung** *f* appendicitis **Blindenhund** *m* guide dog **Blindenleitlinie** *f* tactile path **Blindenschrift** *f* braille **Blindenstock** *m* white stick **Blinde(r)** ['blɪndə] *m/f(m)* decl as adj blind person/ man/woman *etc*; **die ~n** the blind; **das sieht doch ein ~r** (*hum infml*) any fool can see that **Blindflug** *m* blind flight **Blindgänger** [-gɛŋə] *m* ‹-s, -› MIL dud (shot) **Blindheit** *f* ‹-, no pl› blindness; **mit ~ geschlagen sein** (*fig*) to be blind **Blindlandung** *f* blind landing **blindlings** ['blɪntlɪŋs] *adv* blindly **Blindschleiche** [-ʃlaiçə] *f* ‹-, -n› slowworm **blindwütig** *adj* in a blind rage

blinken ['blɪŋkn] *v/i* (≈ *funkeln*) to gleam; (*Leuchtturm*) to flash; AUTO to indicate **Blinker** ['blɪŋkə] *m* ‹-s, -› indicator (*esp Br*), turn signal (*US*) **Blinklicht** *nt* flashing light; (*infml* ≈ *Blinkleuchte*) indicator (*esp Br*), turn signal (*US*) **Blinkzeichen** *nt* signal

blinzeln ['blɪntsln] *v/i* to blink; (≈ *zwinkern*) to wink; (*geblendet*) to squint

Blitz [blɪts] *m* ‹-es, -e› **1** lightning *no pl*, *no indef art*; (≈ *Blitzstrahl*) flash of lightning; **vom ~ getroffen werden** to be struck by lightning; **wie vom ~ getroffen** (*fig*) thunderstruck; **wie ein ~ aus heiterem Himmel** (*fig*) like a bolt from the blue; **wie der ~** (*infml*) like lightning **2** (PHOT *infml*) flash **Blitzableiter** *m* lightning conductor **blitzartig** **A** *adj* lightning *attr* **B** *adv* **reagieren** like lightning; *verschwinden* in a flash **Blitzbesuch** *m* (*infml*) flying *or* lightning visit **blitzen** ['blɪtsn] **A** *v/impers* **es blitzt** there is lightning **B** *v/i* (≈ *strahlen*) to flash; (*Gold, Zähne*) to sparkle; **vor Sauberkeit ~** to be sparkling clean **C** *v/t* (*infml*: *in Radarfalle*) to flash **Blitzkrieg** *m* blitzkrieg **Blitzlicht** *nt* PHOT flash(light) **blitzsauber** *adj* spick

and span **Blitzschlag** *m* flash of lightning; **vom ~ getroffen** struck by lightning **blitzschnell** **A** *adj* lightning *attr* **B** *adv* like lightning; *verschwinden* in a flash **Blitzstrahl** *m* flash of lightning

Block [blɔk] *m* ‹-(e)s, -s *or* ⸚e ['blœkə]› **1** block **2** (≈ *Papierblock*) pad; (*von Fahrkarten*) book **3** (POL ≈ *Staatenblock*) bloc **Blockade** [blɔ'ka:də] *f* ‹-, -n› (≈ *Absperrung*) blockade **Blockbuchstabe** *m* block capital **Blockflöte** *f* recorder **blockfrei** *adj* nonaligned **Blockhaus** *nt* log cabin **Blockhütte** *f* log cabin **blockieren** [blɔ'ki:rən] *past part* **blockiert** **A** *v/t* (≈ *sperren*) to block; *Verkehr* to obstruct; *Rad, Lenkung* to lock **B** *v/i* to jam; (*Bremsen, Rad etc*) to lock **Blockschrift** *f* block capitals *pl*

blöd [blø:t] (*infml*) **A** *adj* (≈ *dumm*) stupid; *Wetter* terrible **B** *adv* (≈ *dumm*) stupidly; **~ fragen** to ask stupid questions **Blödelei** [blø:də'lai] *f* ‹-, -en› (*infml*) (≈ *Albernheit*) messing around (*infml*); (≈ *dumme Streiche*) pranks *pl* **blödeln** ['blø:dln] *v/i* (*infml*) to mess around (*infml*); (≈ *Witze machen*) to make jokes **Blödheit** *f* ‹-, -en› (≈ *Dummheit*) stupidity **Blödmann** *m*, *pl* -männer (*infml*) stupid fool (*infml*) **Blödsinn** *m*, *no pl* (≈ *Unsinn*) nonsense; (≈ *Unfug*) stupid tricks *pl*; **~ machen** to mess around **blödsinnig** *adj* (≈ *dumm*) stupid, idiotic

Blog [blɔk] *nt or m* ‹-s, -s› INTERNET blog **Blogbeitrag** *m* blog post

blöken ['blø:kn] *v/i* (*Schaf*) to bleat

blond [blɔnt] *adj Frau* blonde; *Mann* blond, fair(-haired) **blondieren** [blɔn'di:rən] *past part* **blondiert** *v/t* to bleach **Blondine** [blɔn'di:nə] *f* ‹-, -n› blonde

bloß [blo:s] **A** *adj* **1** (≈ *unbedeckt*) bare; **mit ~en Füßen** barefoot **2** *attr* (≈ *alleinig*) mere; *Neid* sheer; *Gedanke, Anblick* very **B** *adv* only; **wie kann so etwas ~ geschehen?** how on earth can something like that happen?; **geh mir ~ aus dem Weg** just get out of my way **Blöße** ['blø:sə] *f* ‹-, -n› (*elev*) bareness; (≈ *Nacktheit*) nakedness; **sich** (*dat*) **eine ~ geben** (*fig*) to show one's ignorance **bloßstellen** *sep v/t jdn* to show up; *Betrüger* to expose

Blouson [blu'zɔ:] *m or nt* ‹-(s), -s› bomber jacket

Bluejeans ['blu:dʒi:ns] *pl* (pair of) (blue) jeans *pl*

blühen ['bly:ən] *v/i* (*Blume*) to (be in)

bloom; (*Bäume*) to (be in) blossom; (*fig ≈ gedeihen*) to flourish, to thrive; **das kann mir auch noch ~** (*infml*) that may happen to me too **blühend** *adj* blossoming; (*fig*) *Aussehen* radiant; *Geschäft, Stadt* flourishing, thriving; *Fantasie* vivid; *Unsinn* absolute; **~e Landschaften** green pastures
Blume ['bluːmə] *f* ⟨-, -n⟩ **1** flower **2** (*von Wein*) bouquet **Blumenerde** *f* potting compost **Blumengeschäft** *nt* florist's **Blumenhändler(in)** *m(f)* florist **Blumenkohl** *m, no pl* cauliflower **blumenreich** *adj* (*fig*) *Stil etc* flowery **Blumenstrauß** *m, pl* -sträuße bouquet *or* bunch of flowers **Blumentopf** *m* flowerpot **Blumenzwiebel** *f* bulb **blumig** ['bluːmɪç] *adj* flowery
Bluse ['bluːzə] *f* ⟨-, -n⟩ blouse
Blut [bluːt] *nt* ⟨-(e)s, *no pl*⟩ blood; **er kann kein ~ sehen** he can't stand the sight of blood; **böses ~ machen** bad blood; **blaues ~ haben** (≈ *adelig sein*) to have blue blood; **etw im ~ haben** to have sth in one's blood; **(nur) ruhig ~** keep your shirt on (*infml*); **jdn bis aufs ~ reizen** (*infml*) to make sb's blood boil; **frisches ~** (*fig*) new blood; **~ und Wasser schwitzen** (*infml*) to sweat blood; **~ stillend** = **blutstillend Blutalkohol(gehalt)** *m* blood alcohol level **blutarm** *adj* anaemic (*Br*), anemic (*US*) **Blutarmut** *f* anaemia (*Br*), anemia (*US*) **Blutbad** *nt* bloodbath **Blutbank** *f, pl* -banken blood bank **Blutbild** *nt* blood count **Blutdruck** *m, no pl* blood pressure **blutdrucksenkend** *adj Mittel* antihypertensive
Blüte ['blyːtə] *f* ⟨-, -n⟩ **1** (*von Blume*) flower, bloom; (*von Baum*) blossom; **in (voller) ~ stehen** to be in (full) bloom; (*Bäume*) to be in (full) blossom; (*Kultur, Geschäft*) to be flourishing **2** (*infml* ≈ *gefälschte Note*) dud (*infml*)
Blutegel *m* leech **bluten** ['bluːtn] *v/i* to bleed (*an +dat, aus* from); **mir blutet das Herz** my heart bleeds
Blütenblatt *nt* petal **Blütenstaub** *m* pollen
Bluter ['bluːtɐ] *m* ⟨-s, -⟩ MED haemophiliac (*Br*), hemophiliac (*US*) **Bluterguss** ['bluːtɐɡʊs] *m* haematoma (*Br tech*), hematoma (*US tech*); (≈ *blauer Fleck*) bruise **Bluterkrankheit** ['bluːtɐ-] *f* haemophilia (*Br*), hemophilia (*US*)
Blütezeit *f* (*fig*) heyday

Blutfleck *m* bloodstain **Blutgefäß** *nt* blood vessel **Blutgerinnsel** *nt* blood clot **Blutgruppe** *f* blood group **blutig** ['bluːtɪç] *adj* **1** bloody **2** (*infml*) *Anfänger* absolute; *Ernst* unrelenting **blutjung** *adj* very young **Blutkonserve** *f* unit of stored blood **Blutkörperchen** [-kœrpə-çən] *nt* ⟨-s, -⟩ blood corpuscle **Blutkreislauf** *m* blood circulation **Blutorange** *f* blood orange **Blutplasma** *nt* blood plasma **Blutprobe** *f* blood test; (≈ *entnommenes Blut*) blood sample **blutrünstig** [-rʏnstɪç] *adj* bloodthirsty **Blutsauger** *m* ⟨-s, -⟩, **Blutsaugerin** *f* ⟨-, -nen⟩ bloodsucker **Blutsbruder** *m* blood brother **Blutsenkung** *f* MED sedimentation of the blood **Blutspende** *f* blood donation **Blutspender(in)** *m(f)* blood donor **Blutspur** *f* trail of blood; **~en** traces of blood **blutstillend** **A** *adj* styptic **B** *adv* **~ wirken** to have a styptic effect **Blutstropfen** *m* drop of blood **blutsverwandt** *adj* related by blood **Blutsverwandte(r)** *m/f(m) decl as adj* blood relation **Bluttat** *f* bloody deed **Bluttransfusion** *f* blood transfusion **Blutübertragung** *f* blood transfusion **Blutung** ['bluːtʊŋ] *f* ⟨-, -en⟩ bleeding *no pl*; (*starke*) haemorrhage (*Br*), hemorrhage (*US*); (*monatliche*) period **blutunterlaufen** *adj* suffused with blood; *Augen* bloodshot **Blutvergießen** *nt* ⟨-s, *no pl*⟩ bloodshed *no indef art* **Blutvergiftung** *f* blood poisoning *no indef art* **Blutverlust** *m* loss of blood **Blutwurst** *f* blood sausage **Blutzucker** *m* blood sugar **Blutzuckerspiegel** *m* blood sugar level
BLZ [beːɛlˈtsɛt] *f* ⟨-, -s⟩ *abbr of* Bankleitzahl
BMX-Rad [beːɛmˈʔɪks-] *nt* BMX bike
Bö [bøː] *f* ⟨-, -en ['bøːən]⟩ gust (of wind); (*stärker, mit Regen*) squall
Bob [bɔp] *m* ⟨-s, -s⟩ bob(sleigh) (*Br*), bobsled
Bock[1] [bɔk] *m* ⟨-(e)s, ⸚e ['bœkə]⟩ **1** buck; (≈ *Schafsbock*) ram; (≈ *Ziegenbock*) billy goat; **sturer ~** (*infml*) stubborn old devil (*infml*) **2** (≈ *Gestell*) stand; (≈ *Sägebock*) sawhorse **3** (*sl* ≈ *Lust, Spaß*) **null ~!** I don't feel like it; **~ auf etw** (*acc*) **haben** to fancy sth (*esp Br infml*); **~ haben, etw zu tun** to fancy doing sth (*esp Br infml*)
Bock[2] *nt or m* ⟨-s, -⟩ bock (beer) (*type of*

B

strong beer)

bocken ['bɔkn] v/i **1** (Pferd) to refuse **2** (infml ≈ trotzen) to act up (infml) **bockig** ['bɔkɪç] adj (infml) awkward **Bockmist** m (infml) (≈ dummes Gerede) bullshit (sl); **~ machen** to make a big blunder (infml) **Bockshorn** nt **sich von jdm ins ~ jagen lassen** to let sb upset one **Bockspringen** nt ⟨-s, no pl⟩ leapfrog; SPORTS vaulting **Bockwurst** f bockwurst (type of sausage)

Boden ['boːdn] m ⟨-s, ∵ ['bøːdn]⟩ **1** (≈ Erde) ground; (≈ Fußboden) floor; (≈ Grundbesitz) land; **auf spanischem ~** on Spanish soil; **festen ~ unter den Füßen haben** to be on firm ground; **am ~ zerstört sein** (infml) to be devastated; **(an) ~ gewinnen/verlieren** (fig) to gain/lose ground; **etw aus dem ~ stampfen** (fig) to conjure sth up out of nothing; **auf fruchtbaren ~ fallen** (fig) to fall on fertile ground; **auf dem ~ der Tatsachen bleiben** to stick to the facts **2** (von Behälter) bottom **3** (≈ Dachboden) loft **Bodenbelag** m floor covering **Bodenfrost** m ground frost **bodengestützt** [-ɡəʃtʏtst] adj Flugkörper ground-launched **Bodenhaftung** f AUTO road holding no indef art **Bodenhaltung** f AGR „aus ~" "free-range" **Bodenkontrolle** f SPACE ground control **bodenlos** adj bottomless; (infml ≈ unerhört) incredible **Bodennebel** m ground mist **Bodenpersonal** nt AVIAT ground personnel pl **Bodenschätze** pl mineral resources pl **Bodensee** m **der ~** Lake Constance **bodenständig** adj (≈ lang ansässig) long-established; (fig ≈ unkompliziert) down-to-earth **Bodenturnen** nt floor exercises pl

Body ['bɔdɪ] m ⟨-s, -s⟩ body **Bodybuilding** ['bɔdibɪldɪŋ] nt ⟨-s, no pl⟩ bodybuilding; **~ machen** to do bodybuilding exercises **Bodyguard** ['bɔdigaːet] m ⟨-s, -s⟩ (≈ Leibwächter) bodyguard

Bogen ['boːgn] m ⟨-s, - or ∵ ['bøːgn]⟩ **1** (≈ gekrümmte Linie) curve; (≈ Kurve) bend; MAT arc; MUS, SKI turn; **einen ~ machen** (Fluss etc) to curve; **einen großen ~ um jdn/etw machen** (≈ meiden) to keep well clear of sb/sth **2** ARCH arch **3** (≈ Waffe, Geigenbogen) bow; **den ~ überspannen** (fig) to go too far **4** (≈ Papierbogen) sheet (of paper) **Bogengang** m, pl -gänge ARCH arcade **Bogenschießen** nt ⟨-s, no pl⟩

archery **Bogenschütze** m, **Bogenschützin** f archer

Bohle ['boːlə] f ⟨-, -n⟩ (thick) board; RAIL sleeper

Böhmen ['bøːmən] nt ⟨-s⟩ Bohemia **böhmisch** ['bøːmɪʃ] adj Bohemian; **das sind für mich ~e Dörfer** (infml) that's all Greek to me (infml)

Bohne ['boːnə] f ⟨-, -n⟩ bean; **dicke/grüne/weiße ~n** broad/green or French or runner/haricot (Br) or string or navy (US) beans; **nicht die ~** (infml) not one little bit **Bohneneintopf** m bean stew **Bohnenkaffee** m real coffee; **gemahlener ~** ground coffee **Bohnenstange** f bean support; (fig infml) beanpole (infml)

bohren ['boːrən] **A** v/t to bore; (mit Bohrer) to drill **B** v/i **1** to drill (nach for); **in der Nase ~** to pick one's nose **2** (fig) (≈ drängen) to keep on; (Schmerz, Zweifel etc) to gnaw **C** v/r **sich in/durch etw** (acc) **~** to bore its way into/through sth **bohrend** adj (fig) Blick piercing; Schmerz, Zweifel gnawing; Frage probing **Bohrer** ['boːre] m ⟨-s, -⟩ drill **Bohrinsel** f drilling rig **Bohrloch** nt borehole; (in Holz, Metall etc) drill hole **Bohrmaschine** f drill **Bohrturm** m derrick **Bohrung** f ⟨-, -en⟩ **1** (≈ das Bohren) boring; (mit Bohrer) drilling **2** (≈ Loch) bore(hole); (in Holz, Metall etc) drill hole

böig ['bøːɪç] adj gusty; (stärker, mit Regen) squally

Boiler ['bɔyle] m ⟨-s, -⟩ (hot-water) tank **Boje** ['boːjə] f ⟨-, -n⟩ buoy **Bolivien** [bo'liːviən] nt ⟨-s⟩ Bolivia **Bolzen** ['bɔltsn] m ⟨-s, -⟩ TECH pin; (≈ Geschoss) bolt

Bolzplatz m piece of ground where children play football

bombardieren [bɔmbar'diːrən] past part bombardiert v/t to bomb; (fig) to bombard **Bombardierung** f ⟨-, -en⟩ bombing; (fig) bombardment

bombastisch [bɔm'bastɪʃ] **A** adj Sprache bombastic; Aufwand ostentatious **B** adv (≈ schwülstig) bombastically; (≈ pompös) ostentatiously

Bombe ['bɔmbə] f ⟨-, -n⟩ bomb; **wie eine ~ einschlagen** to come as a (real) bombshell **Bombenalarm** m bomb scare **Bombenangriff** m bomb attack **Bombenattentat** nt bomb attempt **Bombendrohung** f bomb threat or scare **Bombenerfolg** m (infml) smash hit (infml) **Bombengeschäft** nt (infml) **ein ~ machen** to do a roaring trade (infml) (mit in) **Bombenleger** [-le:gɐ] m ‹-s, -›, **Bombenlegerin** [-ərɪn] f ‹-, -nen› bomber **bombensicher** adj **1** MIL bombproof **2** (infml) dead certain (infml) **Bombenteppich** m **einen ~ legen** to blanket-bomb an/the area **Bombentrichter** m bomb crater **Bomberjacke** f bomber jacket

Bon [bɔŋ, bõ:] m ‹-s, -s› voucher, coupon; (≈ Kassenzettel) receipt

Bonbon [bɔŋ'bɔŋ, bõ'bõ:] nt or m ‹-s, -s› sweet (Br), candy (US)

Bond [bɔnt] m ‹-s, -s› FIN bond; **festverzinsliche ~s** pl fixed-income bonds pl **Bondmarkt** m FIN bond market

Bonus ['bo:nʊs] m ‹- or -ses, - or -se› bonus **Bonusheft** nt book recording regular check-ups which qualify patients for higher insurance payouts for certain dental treatments **Bonusmeile** f AVIAT bonus or air mile **Bonuszahlung** f (für Manager) bonus (payment)

Bonze ['bɔntsə] m ‹-n, -n› (pej) bigwig (infml)

Boom [bu:m] m ‹-s, -s› boom **boomen** ['bu:mən] v/i to boom

Boot [bo:t] nt ‹-(e)s, -e› boat; **~ fahren** to go boating; **wir sitzen alle in einem ~** (fig) we're all in the same boat **Bootsfahrt** f boat trip **Bootsflüchtlinge** pl boat people **Bootsverleih** m boat hire business

Bord[1] [bɔrt] m ‹-(e)s [-dəs]› no pl **an ~** on board; **alle Mann an ~!** all aboard!; **an ~ gehen** to go on board; **Mann über ~!** man overboard!; **über ~ werfen** to throw overboard

Bord[2] nt ‹-(e)s, -e› (≈ Wandbrett) shelf **Bordbuch** nt log(book) **Bordcomputer** m on-board computer **Bordell** [bɔr'dɛl] nt ‹-s, -e› brothel **Bordfunker(in)** m/(f) NAUT, AVIAT radio operator **Bordkante** f kerb (Br), curb (US) **Bordkarte** f boarding pass **Bordstein** m kerb (Br), curb (US)

borgen ['bɔrgn] v/t & v/i **1** (≈ erhalten) to borrow (von from) **2** (≈ geben) to lend (jdm etw sb sth, sth to sb)

Borke ['bɔrkə] f ‹-, -n› bark **borniert** [bɔr'ni:ɐt] adj bigoted

Börse ['bœrzə, 'bø:ɐzə] f ‹-, -n› (≈ Wertpapierhandel) stock market; (Ort) stock exchange; **an die ~ gehen** to be floated on the stock exchange **Börsenaufsicht** f (Behörde) stock market regulator **Börsenbericht** m stock market report **Börsengang** m, pl -gänge stock market flotation **Börsengeschäft** nt (≈ Wertpapierhandel) stockbroking; (≈ Transaktion) stock market transaction **Börsenkrach** m stock market crash **Börsenkurs** m stock market price **Börsenmakler(in)** m/(f) stockbroker **Börsenspekulation** f speculation on the stock market **Börsentendenz** f stock market trend **Börsenverkehr** m stock market dealings pl **Börsianer** [bœr'zia:nɐ] m ‹-s, -›, **Börsianerin** [-ərɪn] f ‹-, -nen› (infml) (≈ Makler) broker; (≈ Spekulant) speculator

Borste ['bɔrstə] f ‹-, -n› bristle **borstig** ['bɔrstɪç] adj bristly; (fig) snappish

Borte ['bɔrtə] f ‹-, -n› braid trimming

bösartig adj Mensch, Wesen malicious; Tier vicious; MED Geschwür malignant

Böschung ['bœʃʊŋ] f ‹-, -en› embankment; (von Fluss) bank

böse ['bø:zə] **A** adj **1** bad; (infml ≈ unartig) naughty; Überraschung nasty; **das war keine ~ Absicht** there was no harm intended; **~ Folgen** dire consequences **2** (≈ verärgert) angry (+dat, auf +acc, mit with) **B** adv nastily; verprügeln badly; **es sieht ~ aus** it looks bad **Böse(r)** ['bø:zə] m/f(m) decl as adj wicked or evil person; FILM, THEAT villain, baddy (infml) **Böse(s)** ['bø:zə] nt decl as adj evil; (≈ Schaden, Leid) harm; **ich habe mir gar nichts ~s dabei gedacht** I didn't mean any harm **Bösewicht** ['bø:zəvɪçt] m ‹-(e)s, -e or -er› (hum) villain **boshaft** ['bo:shaft] **A** adj malicious **B** adv grinsen maliciously **Bosheit** ['bo:shait] f ‹-, -en› malice; (Bemerkung) malicious remark

Bosnien ['bɔsniən] nt ‹-s› Bosnia; **~ und Herzegowina** Bosnia-Herzegovina **Bosnier** ['bɔsniɐ] m ‹-s, -›, **Bosnierin** [-ərɪn] f ‹-, -nen› ‹-s, -› Bosnian **bosnisch** ['bɔsnɪʃ] adj Bosnian

Bosporus ['bɔsporʊs] m ‹-› **der ~** the Bosporus

Boss [bɔs] m ‹-es, -e› (infml) boss (infml)

böswillig **A** adj malicious; **in ~er Absicht** with malicious intent **B** adv maliciously

botanisch [bo'ta:nɪʃ] adj botanic

Bote ['boːtə] m ⟨-n, -n⟩, **Botin** ['boːtɪn] f ⟨-, -nen⟩ messenger; (≈ *Kurier*) courier **Botschaft** ['boːtʃaft] f ⟨-, -en⟩ **1** (≈ *Mitteilung*) message; (≈ *Neuigkeit*) (piece of) news **2** (POL ≈ *Vertretung*) embassy **Botschafter** ['boːtʃaftɐ] m ⟨-s, -⟩, **Botschafterin** [-ərɪn] f ⟨-, -nen⟩ ambassador

Botsuana [bɔt'suaːna] nt ⟨-s⟩ Botswana

Bottich ['bɔtɪç] m ⟨-(e)s, -e⟩ tub

Botulismus [botu'lɪsmʊs] m ⟨-, *no pl*⟩ MED botulism

Bougainvillea [bugɛ̃'vɪlea] f ⟨-, Bougainvilleen [-leən]⟩ BOT bougainvillea

Bouillon [bʊl'jɔŋ, bʊl'jõː, (*Aus*) bu'jõː] f ⟨-, -s⟩ bouillon **Bouillonwürfel** m bouillon cube

Bouldern ['boʊldɐn] nt ⟨-s, *no pl*⟩ SPORTS bouldering

Boulevard [bulə'vaːɐ, bul'vaːɐ] m ⟨-s, -s⟩ boulevard **Boulevardblatt** nt (*infml*) tabloid (*also pej*) **Boulevardpresse** f (*infml*) popular press **Boulevardtheater** nt light theatre (*Br*) or theater (*US*) **Boulevardzeitung** f popular daily (*Br*), tabloid (*also pej*)

Boutique [bu'tiːk] f ⟨-, -n⟩ boutique

Bowle ['boːlə] f ⟨-, -n⟩ (≈ *Getränk*) punch

Bowling ['boːlɪŋ] nt ⟨-s, -s⟩ (tenpin) bowling **Bowlingkugel** f bowl

Box [bɔks] f ⟨-, -en⟩ **1** (≈ *abgeteilter Raum*) compartment; (*für Pferde*) box; (*in Großgarage*) (partitioned-off) parking place; (*für Rennwagen*) pit **2** (≈ *Behälter*) box **3** (≈ *Lautsprecherbox*) speaker (unit)

boxen ['bɔksn] **A** v/i SPORTS to box; **gegen jdn ~** to fight sb **B** v/t (≈ *schlagen*) to punch; **sich nach oben ~** (*fig infml*) to fight one's way up **Boxen** nt ⟨-s, *no pl*⟩ SPORTS boxing

Boxenstopp m pit stop

Boxer ['bɔksɐ] m ⟨-s, -⟩ (≈ *Hund*) boxer **Boxer** ['bɔksɐ] m ⟨-s, -⟩, **Boxerin** [-ərɪn] f ⟨-, -nen⟩ (≈ *Sportler*) boxer **Boxershorts** pl boxer shorts pl **Boxhandschuh** m boxing glove **Boxkampf** m fight, bout **Boxring** m boxing ring

Boygroup ['bɔygruːp] f ⟨-, -s⟩ boy band, boy group (*esp US*)

Boykott [bɔy'kɔt] m ⟨-(e)s, -e *or* -s⟩ boycott **boykottieren** [bɔykɔ'tiːrən] *past part* boykottiert v/t to boycott

Brachland nt fallow (land) **brachliegen** v/i sep irr to lie fallow; (*fig*) to be left unexploited

Branche ['brãːʃə] f ⟨-, -n⟩ (≈ *Fach*) field; (≈ *Gewerbe*) trade; (≈ *Geschäftszweig*) area of business; (≈ *Wirtschaftszweig*) (branch of) industry **Branchenbuch** nt classified directory, Yellow Pages® *sg* **Branchenführer(in)** m/(f) market leader **Branchenverzeichnis** nt classified directory, Yellow Pages® *sg*

Brand [brant] m ⟨-(e)s, ⁻e ['brɛndə]⟩ **1** (≈ *Feuer*) fire; **in ~ geraten** to catch fire; **etw in ~ setzen** *or* **stecken** to set fire to sth; **einen ~ legen** to set a fire **2** (*fig infml* ≈ *großer Durst*) raging thirst **Brandblase** f (burn) blister **Brandbombe** f firebomb, incendiary device

branden ['brandn] v/i to surge (*also fig*); **an** *or* **gegen etw** (*acc*) **~** to break against sth

Brandenburg ['brandnbʊrk] nt ⟨-s⟩ Brandenburg

Brandfleck m burn **Brandgefahr** f danger of fire **Brandherd** m source of the fire; (*fig*) source **brandmarken** ['brantmarkn] v/t *insep* to brand; (*fig*) to denounce **brandneu** *adj* (*infml*) brand-new **Brandschutz** m protection against fire **Brandstifter(in)** m/(f) fire raiser (*esp Br*), arsonist (*esp JUR*) **Brandstiftung** f arson

Brandung ['brandʊŋ] f ⟨-, -en⟩ surf

Brandwunde f burn; (*durch Flüssigkeit*) scald **Brandzeichen** nt brand

Branntwein m spirits pl **Branntweinbrennerei** f distillery **Branntweinsteuer** f tax on spirits

Brasilianer [brazi'liaːnɐ] m ⟨-s, -⟩, **Brasilianerin** [-ərɪn] f ⟨-, -nen⟩ Brazilian **brasilianisch** [brazi'liaːnɪʃ] *adj* Brazilian **Brasilien** [bra'ziːliən] nt ⟨-s⟩ Brazil

Bratapfel m baked apple **braten** ['braːtn] *pret* **briet** [briːt], *past part* **gebraten** [gə'braːtn] **A** v/t & v/i to roast; (*im Ofen*) to bake; (*in der Pfanne*) to fry **B** v/i (*infml: in der Sonne*) to roast (*infml*) **Braten** ['braːtn] m ⟨-s, -⟩ ≈ pot roast meat *no indef art, no pl*; (*im Ofen gebraten*) joint (*Br*), roast; **kalter ~** cold meat; **den ~ riechen** (*infml*) to smell a rat (*infml*) **Bratensoße** f gravy **bratfertig** *adj* oven-ready **Bratfisch** m fried fish **Brathähnchen** nt, (*Aus, S Ger*) **Brathendl** nt roast chicken **Brathering** m fried herring (*sold cold*) **Brathuhn** nt roast chicken; (≈ *Huhn zum Bra-*

ten) roasting chicken **Bratkartoffeln** _pl_
sauté potatoes _pl_ **Bratofen** _m_ oven
Bratpfanne _f_ frying pan **Bratröhre** _f_
oven **Bratrost** _m_ grill
Bratsche ['braːtʃə] _f_ ⟨-, -n⟩ viola
Bratspieß _m_ skewer; (≈ _Teil des Grills_) spit;
(≈ _Gericht_) kebab **Bratwurst** _f_, **Brat-**
würstchen _nt_ (fried) sausage
Brauch [braux] _m_ ⟨-(e)s, Bräuche ['brɔy-**
çə]⟩ custom, tradition; **etw ist ~** sth is traditional
brauchbar _adj_ (≈ _benutzbar_) useable; _Plan_
workable; (≈ _nützlich_) useful **brauchen**
['brauxn] **A** _v/t_ **1** (≈ _nötig haben_) to need
(_für, zu_ for); **Zeit ~** to need time; **wie lan-**
ge braucht man, um …? how long does it
take to …? **2** (_infml_ ≈ _nützlich finden_) **das**
könnte ich ~ I could do with that **3** (≈ _be-_
nutzen, infml ≈ _verbrauchen_) to use; → **ge-**
braucht **B** _v/aux_ to need; **du brauchst**
das nicht tun you don't have or need to
do that **Brauchtum** ['brauxtuːm] _nt_ ⟨-s,
(_rare_) -tümer [-tyːmɐ]⟩ customs _pl_, traditions _pl_
Braue ['brauə] _f_ ⟨-, -n⟩ (eye)brow
brauen ['brauən] _v/t Bier_ to brew **Brauer**
['brauɐ] _m_ ⟨-s, -⟩, **Brauerin** [-ərɪn] _f_ ⟨-,
-nen⟩ brewer **Brauerei** [brauə'rai] _f_ ⟨-,
-en⟩ brewery
braun [braun] _adj_ brown; **~ gebrannt**
(sun)tanned **Bräune** ['brɔynə] _f_ ⟨-, no pl⟩
(≈ _braune Färbung_) brown(ness); (_von Sonne_)
(sun)tan **bräunen** ['brɔynən] **A** _v/t_ COOK
to brown; (_Sonne etc_) to tan **B** _v/i_ **sich in**
der Sonne ~ lassen to get a (sun)tan
braungebrannt _adj attr_; → **braun**
braunhaarig _adj_ brown-haired; _Frau_
auch brunette **Braunkohle** _f_ brown coal
bräunlich ['brɔynlɪç] _adj_ brownish
Braunschweig ['braunʃvaik] _nt_ ⟨-s⟩
Brunswick
Brause ['brauzə] _f_ ⟨-, -n⟩ **1** (≈ _Dusche_)
shower **2** (_an Gießkanne_) rose **3** (≈ _Getränk_)
pop; (≈ _Limonade_) (fizzy) lemonade; (≈ _Brau-_
sepulver) sherbet **brausen** ['brauzn] _v/i_ **1**
(≈ _tosen_) to roar; (_Beifall_) to thunder **2** _aux_
sein (≈ _rasen_) to race **3** (_auch vr_ ≈ _duschen_)
to (have) a shower **Brausepulver** _nt_
sherbet **Brausetablette** _f_ effervescent
tablet
Braut [braut] _f_ ⟨-, Bräute ['brɔytə]⟩ **1**
bride **2** (_sl_ ≈ _Frau_) bird (_esp Br infml_), chick
(_esp US infml_) **Bräutigam** ['brɔytɪgam,
'brɔytigam] _m_ ⟨-s, -e⟩ (bride)groom

Brautjungfer _f_ bridesmaid **Braut-**
kleid _nt_ wedding dress **Brautpaar** _nt_
bride and (bride)groom
brav [braːf] **A** _adj_ **1** (≈ _gehorsam_) good;
sei schön ~! be a good boy/girl **2** (≈ _bie-_
der) plain **B** _adv_ **~ seine Pflicht tun** to do
one's duty without complaining
bravo ['braːvo] _int_ well done; (_für Künstler_)
bravo **Bravoruf** _m_ cheer
BRD [beːʔɛr'deː] _f_ ⟨-⟩ _abbr of_ Bundesrepublik Deutschland FRG
Break [breːk] _nt or m_ ⟨-s, -s⟩ TENNIS break
Brechbohnen _pl_ French beans _pl_
Brecheisen _nt_ crowbar **brechen**
['brɛçn] _pret_ **brach** [braːx], _past part_ **ge-**
brochen [gə'brɔxn] **A** _v/t_ **1** to break; _Wi-_
derstand to overcome; _Licht_ to refract;
sich/jdm den Arm ~ to break one's/sb's
arm **2** (≈ _erbrechen_) to bring up **B** _v/i_ **1**
aux sein to break; **mir bricht das Herz** it
breaks my heart; **~d voll sein** to be full
to bursting **2** **mit jdm/etw ~** to break
with sb/sth **3** (≈ _sich erbrechen_) to be sick
C _v/r_ (_Wellen_) to break; (_Lichtstrahl_) to be
refracted **Brechmittel** _nt_ emetic; **das**
ist das reinste ~ (für mich) he/it
makes me feel sick **Brechreiz** _m_ nausea
Brechstange _f_ crowbar
Brei [brai] _m_ ⟨-(e)s, -e⟩ mush, paste; (≈ _Ha-_
ferbrei) porridge; (≈ _Grießbrei_) semolina; **jdn**
zu ~ schlagen (_infml_) to beat sb to a pulp
(_infml_); **um den heißen ~ herumreden**
(_infml_) to beat about (_Br_) _or_ around the
bush (_infml_)
breit [brait] **A** _adj_ broad; _Publikum, Ange-_
bot wide; **die ~e Masse** the masses _pl_;
die ~e Öffentlichkeit the public at large
B _adv_ **~ gebaut** sturdily built; **ein ~ gefä-**
chertes Angebot a wide range **Breit-**
bandkabel _nt_ broadband cable
Breitband(kommunikations)netz
_nt_ TEL broadband (communications) network **breitbeinig** _adv_ with one's legs
apart **Breite** ['braitə] _f_ ⟨-, -n⟩ **1** breadth;
(_esp bei Maßangaben_) width; (_von Angebot_)
breadth; **in die ~ gehen** (_infml_ ≈ _dick wer-_
den) to put on weight **2** GEOG latitude;
in südlichere ~n fahren (_infml_) to travel
to more southerly climes; **20° nördlicher**
~ 20° north breiten [braitn] _v/t & v/r_ to
spread **Breitengrad** _m_ (degree of) latitude **Breitenkreis** _m_ parallel **Breiten-**
sport _m_ popular sport **breitgefächert**
[-gəfɛçɐt] _adj_ → **breit breitmachen** _v/r_

B

sep (*infml: Mensch*) to make oneself at home; (*Gefühl etc*) to spread; **mach dich doch nicht so breit!** don't take up so much room **breitschlagen** *v/t sep irr* (*infml*) **jdn (zu etw) ~** to talk sb round (*Br*) or around (*US*) (to sth); **sich ~ lassen** to let oneself be talked round (*Br*) or around (*US*) **breitschult(e)rig** *adj* broad-shouldered **Breitseite** *f* (NAUT, *fig*) broadside **breitspurig** [-ʃpuːrɪç] **A** *adj* Bahn broad-gauge *attr; Straße* wide--laned **B** *adv* (*fig*) **~ reden** to speak in a showy manner **breittreten** *v/t sep irr* (*infml*) to go on about (*infml*)

Bremsbelag *m* brake lining **Bremse**[1] ['brɛmzə] *f* ⟨-, -n⟩ (*bei Fahrzeugen*) brake

Bremse[2] *f* ⟨-, -n⟩ (≈ *Insekt*) horsefly **bremsen** ['brɛmzn̩] **A** *v/i* **1** to brake **2** (*infml* ≈ *zurückstecken*) **mit etw ~** to cut down (on) sth **B** *v/t* **1** *Fahrzeug* to brake **2** (*fig*) to restrict; *Entwicklung* to slow down; **er ist nicht zu ~** (*infml*) there's no stopping him **Bremsflüssigkeit** *f* brake fluid **Bremskraft** *f* braking power **Bremskraftverstärker** *m* servo brake **Bremslicht** *nt* brake light **Bremspedal** *nt* brake pedal **Bremsspur** *f* skid mark *usu pl* **Bremsung** *f* ⟨-, -en⟩ braking **Bremsweg** *m* braking distance

brennbar *adj* inflammable **Brennelement** *nt* fuel element **brennen** ['brɛnən] *pret* **brannte** ['branta], *past part* **gebrannt** [gə'brant] **A** *v/i* to burn; (*Glühbirne etc*) to be on; (*Zigarette*) to be alight; (*Stich*) to sting; **in den Augen ~** to sting the eyes; **das Licht ~ lassen** to leave the light on; **es brennt!** fire, fire!; **wo brennt's denn?** (*infml*) what's the panic?; **darauf ~, etw zu tun** to be dying to do sth **B** *v/t* to burn; *Branntwein* to distil (*Br*), to distill (*US*); *Kaffee* to roast; *Ton* to fire; **eine CD ~** to burn a CD **brennend A** *adj* burning; *Zigarette* lighted **B** *adv* (*infml* ≈ *sehr*) terribly; *interessieren* really **Brenner** ['brɛnɐ] *m* ⟨-s, -⟩ TECH burner; (*für CDs*) CD burner **Brennerei** [brɛnə'raɪ] *f* ⟨-, -en⟩ distillery **Brennholz** *nt* firewood **Brennnessel** *f* stinging nettle **Brennofen** *m* kiln **Brennpunkt** *m* MAT, OPT focus; **im ~ des Interesses stehen** to be the focal point **Brennstab** *m* fuel rod

Brennstoff *m* fuel **Brennstoffzelle** *f* fuel cell

brenzlig ['brɛntslɪç] *adj* (*infml*) *Situation* precarious; **die Sache wurde ihm zu ~** things got too hot for him (*infml*)

Bretagne [bre'tanjə] *f* ⟨-⟩ **die ~** Brittany **Brett** [brɛt] *nt* ⟨-(e)s, -er ['brɛtɐ]⟩ **1** board; (≈ *Regalbrett*) shelf; **Schwarzes ~** notice board (*Br*), bulletin board (*US*); **ich habe heute ein ~ vor dem Kopf** (*infml*) I can't think straight today **2** (*fig*) **Bretter** *pl* (≈ *Bühne*) stage, boards *pl*; (≈ *Skier*) planks *pl* (*infml*) **brettern** ['brɛtɐn] *v/i aux sein* (*infml*) to race (along) **Bretterzaun** *m* wooden fence **Brettspiel** *nt* board game **Brexit** ['brɛksɪt] *m* ⟨-s, *no pl*⟩ (*Ausstieg Großbritanniens aus der EU*) Brexit; **die Mehrheit hat für den Brexit gestimmt** the majority voted for Brexit

Brezel ['breːtsl] *f* ⟨-, -n⟩ pretzel **Brie** [briː] *m* ⟨-, -s⟩ (*Käsesorte*) brie **Brief** [briːf] *m* ⟨-(e)s, -e⟩ letter; BIBLE epistle **Briefbombe** *f* letter bomb **briefen** ['briːfn̩] *v/t* (≈ *informieren*) to brief **Brieffreund(in)** *m(f)* pen friend **Briefkasten** *m* (*am Haus*) letter box (*Br*), mailbox (*US*); (*der Post*) postbox (*Br*), mailbox (*US*); **elektronischer ~** IT electronic mailbox **Briefkopf** *m* letterhead **brieflich** ['briːflɪç] *adj, adv* by letter **Briefmarke** *f* stamp **Briefmarkensammler(in)** *m(f)* stamp collector **Briefmarkensammlung** *f* stamp collection **Brieföffner** *m* letter opener **Briefpapier** *nt* writing paper **Brieftasche** *f* **1** wallet, billfold (*US*) **2** (*Aus* ≈ *Geldbörse*) purse (*Br*), wallet (*US*) **Brieftaube** *f* carrier pigeon **Briefträger** *m* postman (*Br*), mailman (*US*) **Briefträgerin** *f* postwoman (*Br*), mailwoman (*US*) **Briefumschlag** *m* envelope **Briefwaage** *f* letter scales *pl* **Briefwahl** *f* postal vote **Briefwechsel** *m* correspondence

Brigade [bri'gaːdə] *f* ⟨-, -n⟩ MIL brigade **Brikett** [bri'kɛt] *nt* ⟨-s, -s *or* (*rare*) -e⟩ briquette

brillant [brɪl'jant] **A** *adj* brilliant **B** *adv* brilliantly **Brillant** [brɪl'jant] *m* ⟨-en, -en⟩ diamond **Brillantring** *m* diamond ring

Brille ['brɪlə] *f* ⟨-, -n⟩ **1** OPT glasses *pl*; (≈ *Schutzbrille*) goggles *pl*; **eine ~** a pair of glasses; **eine ~ tragen** to wear glasses **2** (≈ *Klosettbrille*) (toilet) seat **Brillenetui**

nt glasses case **Brillenglas** *nt* lens

bringen ['brɪŋən] *pret* **brachte** ['braxtə], *past part* **gebracht** [gə'braxt] *v/t* **1** (≈ *herbringen*) to bring; **sich** (*dat*) **etw ~ lassen** to have sth brought to one; **etw an sich** (*acc*) **~** to acquire sth **2** (≈ *woanders hinbringen*) to take; **jdn nach Hause ~** to take sb home; **etw hinter sich** (*acc*) **~** to get sth over and done with **3** (≈ *einbringen*) *Gewinn* to bring in, to make; **(jdm) Glück/Unglück ~** to bring (sb) luck/bad luck; **das bringt nichts** (*infml*) it's pointless **4** **jdn zum Lachen/Weinen ~** to make sb laugh/cry; **jdn dazu ~, etw zu tun** to get sb to do sth **5** (*Zeitung*) to print; (≈ *senden*) *Bericht etc* to broadcast; (≈ *aufführen*) *Stück* to do **6** (*sl* ≈ *schaffen, leisten*) **das bringt er nicht** he's not up to it; **das Auto bringt 180 km/h** (*infml*) the car can do 180 km/h; **der Motor bringt nicht mehr** the engine has had it (*infml*) **7** **es zu etwas/nichts ~** to get somewhere/nowhere; **er hat es bis zum Direktor gebracht** he made it to director; **jdn um etw ~** to do sb out of sth; **das bringt mich noch um den Verstand** it's driving me crazy

brisant [bri'zant] *adj* explosive **Brisanz** [bri'zants] *f* ⟨-, -en⟩ (*fig*) explosive nature; **ein Thema von äußerster ~** an extremely explosive subject

Brise ['briːzə] *f* ⟨-, -n⟩ breeze

Brite ['brɪtə, 'briːtə] *m* ⟨-n, -n⟩, **Britin** ['brɪtɪn, 'briːtɪn] *f* ⟨-, -nen⟩ Briton, Brit (*infml*); **er ist ~** he is British; **die ~n** the British **britisch** ['brɪtɪʃ, 'briːtɪʃ] *adj* British; **die Britischen Inseln** the British Isles

bröckelig ['brœkəlɪç] *adj* crumbly **bröckeln** ['brœkln] *v/i aux sein* (*Haus, Fassade*) to crumble; (*Preise, Kurse*) to tumble **Brocken** ['brɔkn] *m* ⟨-s, -⟩ lump, chunk; (*infml: Person*) lump (*infml*); **ein paar ~ Spanisch** a smattering of Spanish; **ein harter ~** (≈ *Person*) a tough cookie (*infml*); (≈ *Sache*) a tough nut to crack

brodeln ['broːdln] *v/i* to bubble; (*Dämpfe*) to swirl; **es brodelt** (*fig*) there is seething unrest

Brokat [bro'kaːt] *m* ⟨-(e)s, -e⟩ brocade **Broker** ['broːke] *m* ⟨-s, -⟩, **Brokerin** [-ərɪn] *f* ⟨-, -nen⟩ ST EX (stock)broker

Brokkoli ['brɔkoli] *pl* broccoli *sg*

Brom [broːm] *nt* ⟨-s, *no pl*⟩ bromine

Brombeere ['brɔm-] *f* blackberry, bramble

Bronchialkatarrh *m* bronchial catarrh **Bronchie** ['brɔnçiə] *f* ⟨-, -n⟩ *usu pl* bronchial tube **Bronchitis** [brɔn'çiːtɪs] *f* ⟨-, Bronchitiden [-çi'tiːdn]⟩ bronchitis

Bronze ['brõːsə] *f* ⟨-, -n⟩ bronze **Bronzemedaille** ['brõːsə-] *f* bronze medal **Bronzezeit** ['brõːsə-] *f*, *no pl* Bronze Age **Brosche** ['brɔʃə] *f* ⟨-, -n⟩ brooch **Broschüre** [brɔ'ʃyːrə] *f* ⟨-, -n⟩ brochure **Brösel** ['brøːzl] *m* ⟨-s, -⟩ crumb

Brot [broːt] *nt* ⟨-(e)s, -e⟩ bread; (≈ *Laib*) loaf (of bread); (≈ *Scheibe*) slice (of bread); (≈ *Butterbrot*) (slice of) bread and butter *no art, no pl*; (≈ *Stulle*) sandwich; **belegte ~e** open (*Br*) *or* open-face (*US*) sandwiches **Brotbelag** *m* topping (*for bread*) **Brötchen** ['brøːtçən] *nt* ⟨-s, -⟩ roll; **(sich** *dat*) **seine ~ verdienen** (*infml*) to earn one's living **Brotkorb** *m* bread basket **Brotmesser** *nt* bread knife **Brotrinde** *f* crust **Brotzeit** *f* (*S Ger* ≈ *Pause*) tea break (*Br*), snack break (*US*)

browsen ['braʊzn] *v/i* IT to browse **Browser** ['braʊze] *m* ⟨-s, -⟩ IT browser

Bruch [brʊx] *m* ⟨-(e)s, ⸚e ['brʏçə]⟩ **1** (≈ *Bruchstelle*) break; (*in Porzellan etc*) crack; **zu ~ gehen** to get broken **2** (*fig*) (*von Vertrag, Eid etc*) breaking; (*mit Vergangenheit, Partei*) break; (*des Vertrauens*) breach; **in die Brüche gehen** (*von Ehe, Freundschaft*) to break up **3** MED fracture; (≈ *Eingeweidebruch*) hernia **4** MAT fraction **5** (*sl* ≈ *Einbruch*) break-in **Bruchbude** *f* (*pej*) hovel **brüchig** ['brʏçɪç] *adj* *Material, Knochen* brittle; *Mauerwerk* crumbling; (*fig*) *Stimme* cracked **Bruchlandung** *f* crash-landing; **eine ~ machen** to crash-land **Bruchrechnung** *f* fractions *sg or pl* **Bruchschaden** *m* COMM breakage **Bruchstelle** *f* break **Bruchstrich** *m* MAT line (of a fraction) **Bruchstück** *nt* fragment **bruchstückhaft** **A** *adj* fragmentary **B** *adv* in a fragmentary way **Bruchteil** *m* fraction; **im ~ einer Sekunde** in a split second

Brücke ['brʏkə] *f* ⟨-, -n⟩ **1** bridge; **alle ~n hinter sich** (*dat*) **abbrechen** (*fig*) to burn one's bridges **2** (≈ *Zahnbrücke*) bridge **3** (≈ *Teppich*) rug **Brückenkopf** *m* bridgehead **Brückentag** *m* extra day off (*taken between two public holidays or a public holiday and a weekend*)

Bruder ['bruːde] *m* ⟨-s, ⸚ ['bryːde]⟩ **1** brother; **unter Brüdern** (*infml*) between friends **2** (≈ *Mönch*) friar, brother **3** (*infml* ≈ *Mann*) guy (*infml*) **brüderlich** ['bry:dəlıç] **A** *adj* fraternal **B** *adv* like brothers; **~ teilen** to share and share alike **Brüderschaft** ['bry:dəʃaft] *f* ⟨-, -en⟩ (≈ *Freundschaft*) close friendship; **mit jdm ~ trinken** to agree over a drink to use the familiar "du"

Brühe ['bry:ə] *f* ⟨-, -n⟩ (≈ *Suppe*) (clear) soup; (*als Suppengrundlage*) stock; (*pej*) (≈ *schmutzige Flüssigkeit*) sludge; (≈ *Getränk*) muck (*infml*) **brühwarm** *adv* (*infml*) **er hat das sofort ~ weitererzählt** he promptly went away and spread it around **Brühwürfel** *m* stock cube

brüllen ['brʏlən] **A** *v/i* to shout, to roar; (*pej* ≈ *laut weinen*) to bawl; **er brüllte vor Schmerzen** he screamed with pain; **vor Lachen ~** to roar with laughter; **das ist zum Brüllen** (*infml*) it's a scream (*infml*) **B** *v/t* to shout, to roar **Brüller** ['brʏlɐ] (*infml*) **ein ~ sein** (*Witz, Film etc*) to be a scream (*infml*) or hoot (*infml*); (*Schlager*) to be brilliant or wicked (*Br sl*)

brummen ['brʊmən] **A** *v/i* **1** (*Insekt*) to buzz; (*Motor*) to drone; **mir brummt der Kopf** my head is throbbing **2** (*Wirtschaft, Geschäft*) to boom **B** *v/t* (≈ *brummeln*) to mumble, to mutter **Brummer** ['brʊmɐ] *m* ⟨-s, -⟩ (≈ *Schmeißfliege*) bluebottle **Brummi** ['brʊmi] *m* ⟨-s, -s⟩ (*infml* ≈ *Lastwagen*) lorry (*Br*), truck **brummig** ['brʊmıç] *adj* grumpy **Brummschädel** *m* (*infml*) thick head (*infml*)

Brunch [brantʃ, branʃ] *m* ⟨-(e)s, -(e)s or -e⟩ brunch

brünett [bry'nɛt] *adj* dark-(haired); **sie ist ~** she is (a) brunette

Brunft [brʊnft] *f* ⟨-, ⸚e ['brʏnftə]⟩ HUNT rut **Brunftschrei** *m* mating call

Brunnen ['brʊnən] *m* ⟨-s, -⟩ well; (≈ *Springbrunnen*) fountain **Brunnenkresse** *f* watercress **Brunnenschacht** *m* well shaft

brünstig ['brʏnstıç] *adj* männliches Tier rutting; weibliches Tier on (*Br*) or in (*esp US*) heat **brüsk** [brʏsk] **A** *adj* brusque, abrupt **B** *adv* brusquely, abruptly **brüskieren** [brʏs'ki:rən] *past part* brüskiert *v/t* to snub **Brüssel** ['brʏsl] *nt* ⟨-s⟩ Brussels

Brust [brʊst] *f* ⟨-, ⸚e ['brʏstə]⟩ **1** (≈ *Körperteil*) chest; **sich** (*dat*) **jdn zur ~ nehmen** to have a word with sb; **schwach auf der ~ sein** (*infml*) to have a weak chest **2** (≈

weibliche *Brust*) breast; **einem Kind die ~ geben** to breast-feed a baby **3** COOK breast **Brustbein** *nt* ANAT breastbone **Brustbeutel** *m* money bag (*worn around the neck*) **Brustdrüse** *f* mammary gland **brüsten** ['brʏstn] *v/r* to boast (*mit* about) **Brustfell** *nt* ANAT pleura **Brustfellentzündung** *f* pleurisy **Brustkasten** *m* (*infml*), **Brustkorb** *m* ANAT thorax **Brustkrebs** *m* breast cancer **Brustschwimmen** *nt* breaststroke **Bruststück** *nt* COOK breast **Brustton** *m, pl* -töne **im ~ der Überzeugung** in a tone of utter conviction **Brustumfang** *m* chest measurement; (*von Frau*) bust measurement **Brüstung** ['brʏstʊŋ] *f* ⟨-, -en⟩ parapet; (≈ *Fensterbrüstung*) breast **Brustwarze** *f* nipple **Brustweite** *f* chest measurement; (*von Frau*) bust measurement

Brut [bru:t] *f* ⟨-, -en⟩ **1** *no pl* (≈ *das Brüten*) incubating **2** (≈ *die Jungen*) brood; (*pej*) mob (*infml*)

brutal [bru'ta:l] **A** *adj* brutal **B** *adv* zuschlagen brutally; behandeln cruelly **Brutalität** [brutali'tɛ:t] *f* ⟨-, -en⟩ brutality; (≈ *Gewalttat*) act of brutality

brüten ['bry:tn] *v/i* to incubate; (*fig*) to ponder (*über* +*dat* over); **~de Hitze** stifling heat **Brüter** ['bry:tɐ] *m* ⟨-s, -⟩ TECH breeder (*reactor*); **schneller ~** fast-breeder (reactor) **Brutkasten** *m* MED incubator **Brutstätte** *f* breeding ground (+*gen* for)

brutto ['brʊto] *adv* gross **Bruttoeinkommen** *nt* gross income **Bruttogehalt** *nt* gross salary **Bruttogewicht** *nt* gross weight **Bruttolohn** *m* gross wage(s *pl*) **Bruttoregistertonne** *f* register ton **Bruttosozialprodukt** *nt* gross national product, GNP

Brutzeit *f* incubation (period)

brutzeln ['brʊtsln] (*infml*) *v/i* to sizzle (away)

BSE [be:ɛs'e:] *abbr* of Bovine Spongiforme Enzephalopathie BSE

Bub [bu:p] *m* ⟨-en, -en [-bn]⟩ (*S Ger, Aus, Swiss*) boy **Bube** ['bu:bə] *m* ⟨-n, -n⟩ CARDS jack

Buch [bu:x] *nt* ⟨-(e)s, ⸚er ['by:çɐ]⟩ **1** book; **er redet wie ein ~** (*infml*) he never stops talking; **ein Tor, wie es im ~e steht** a textbook goal **2** *usu pl* COMM books *pl*; **über etw** (*acc*) **~ führen** to keep a record of sth **Buchbesprechung** f book review **Buchdruck** m, no pl letterpress (printing) **Buchdrucker(in)** m/(f) printer **Buchdruckerei** f (≈ Betrieb) printing works sg or pl; (≈ Handwerk) printing **Buche** ['buːxə] f ⟨-, -n⟩ (≈ Baum) beech (tree); (≈ Holz) beech(wood) **buchen** ['buːxn] v/t **1** COMM to enter; **etw als Erfolg ~** to put sth down as a success **2** (≈ vorbestellen) to book **Bücherbrett** nt bookshelf **Bücherei** [byːçə'rai] f ⟨-, -en⟩ (lending) library **Bücherregal** nt bookshelf **Bücherschrank** m bookcase **Bücherwand** f wall of book shelves; (als Möbelstück) (large) set of book shelves **Bücherwurm** m (also hum) bookworm **Buchfink** m chaffinch **Buchführung** f book-keeping, accounting **Buchhalter(in)** m/(f) book-keeper **Buchhaltung** f **1** book-keeping, accounting **2** (Abteilung einer Firma) accounts department **Buchhandel** m book trade; **im ~ erhältlich** available in bookshops **Buchhändler(in)** m/(f) bookseller **Buchhandlung** f bookshop, bookstore (US) **Buchladen** m bookshop, bookstore (US) **Buchmacher(in)** m/(f) bookmaker, bookie (infml) **Buchmesse** f book fair **Buchprüfer(in)** m/(f) auditor **Buchprüfung** f audit **Buchrücken** m spine **Buchse** ['buksə] f ⟨-, -n⟩ ELEC socket; (TECH, von Zylinder) liner; (von Lager) bush **Büchse** ['byksə] f ⟨-, -n⟩ **1** tin; (≈ Konservenbüchse) can; (≈ Sammelbüchse) collecting box **2** (≈ Gewehr) rifle, (shot)gun **Buchstabe** ['buːxʃtaːbə] m ⟨-n(s), -n⟩ letter; **kleiner ~** small letter; **großer ~** capital (letter) **buchstabieren** [buːxʃta'biːrən] past part buchstabiert v/t to spell **buchstäblich** ['buːxʃtɛːplɪç] **A** adj literal **B** adv literally **Buchstütze** f book end **Bucht** [buxt] f ⟨-, -en⟩ (im Meer) bay; (kleiner) cove **Buchtitel** m (book) title **Buchumschlag** m dust jacket **Buchung** ['buːxʊŋ] f ⟨-, -en⟩ COMM entry; (≈ Reservierung) booking **Buchweizen** m buckwheat **Buchweizenmehl** nt buckwheat flour **Buchwert** m COMM book value **Buckel** ['bukl] m ⟨-s, -⟩ hump(back), hunchback; (infml ≈ Rücken) back; **einen ~ machen** (Katze) to arch its back; (Mensch)

to hunch one's shoulders; **seine 80 Jahre auf dem ~ haben** (infml) to be 80 (years old) **buckelig** ['bukəlɪç] adj hunchbacked, humpbacked **bücken** ['bykn] v/r to bend (down); **sich nach etw ~** to bend down to pick sth up; → gebückt **bucklig** ['buklɪç] adj etc = buckelig **Bückling** ['byklɪŋ] m ⟨-s, -e⟩ COOK smoked herring **buddeln** ['budln] v/i (infml) to dig **Buddhismus** [bu'dɪsmʊs] m ⟨-, no pl⟩ Buddhism **Buddhist** [bu'dɪst] m ⟨-en, -en⟩, **Buddhistin** [-'dɪstɪn] f ⟨-, -nen⟩ Buddhist **buddhistisch** [bu'dɪstɪʃ] adj Buddhist(ic) **Bude** ['buːdə] f ⟨-, -n⟩ **1** (≈ Bretterbau) hut; (≈ Baubude) (workmen's) hut; (≈ Verkaufsbude) stall; (≈ Zeitungsbude) kiosk **2** (pej infml ≈ Lokal etc) dump (infml) **3** (infml ≈ Zimmer) room; (≈ Wohnung) pad (infml) **Budget** [by'dʒeː] nt ⟨-s, -s⟩ budget **Büfett** [by'fɛt] nt ⟨-(e)s, -e or -s⟩ **1** (≈ Geschirrschrank) sideboard **2** **kaltes ~** cold buffet **Büffel** ['byfl] m ⟨-s, -⟩ buffalo **büffeln** ['byfln] (infml) **A** v/i to cram (infml) **B** v/t Lernstoff to swot up (Br infml), to bone up on (US infml) **Bug** [buːk] m ⟨-(e)s, ̈-e or -e ['byːɡə, 'buːɡə]⟩ (≈ Schiffsbug) bow usu pl; (≈ Flugzeugbug) nose **Bügel** ['byːɡl] m ⟨-s, -⟩ **1** (≈ Kleiderbügel) (coat) hanger **2** (≈ Steigbügel) stirrup **3** (≈ Brillenbügel) side piece **Bügelbrett** nt ironing board **Bügeleisen** nt iron **Bügelfalte** f crease in one's trousers (esp Br) or pants (esp US) **bügelfrei** adj non-iron **bügeln** ['byːɡln] v/t & v/i Wäsche to iron; Hose to press **Buggy** ['bagi] m ⟨-s, -s⟩ buggy **bugsieren** [bu'ksiːrən] past part bugsiert v/t (infml) Möbelstück etc to manoeuvre (Br), to maneuver (US); **jdn aus dem Zimmer ~** to steer sb out of the room **buh** [buː] int boo **buhen** ['buːən] v/i (infml) to boo **buhlen** ['buːlən] v/i (pej) **um jdn/jds Gunst ~** to woo sb/sb's favour (Br) or favor (US) **Buhmann** ['buːman] m, pl -männer (infml) bogeyman (infml) **Bühne** ['byːnə] f ⟨-, -n⟩ **1** stage; **über die ~ gehen** (fig infml) to go off; **hinter der ~** behind the scenes **2** (≈ Theater) theatre

(Br), theater (US) **Bühnenanweisung** f stage direction **Bühnenautor(in)** m(f) playwright **Bühnenbearbeitung** f stage adaptation **Bühnenbild** nt (stage) set **Bühnenbildner** [-bɪltnɐ] m ‹-s, -›, **Bühnenbildnerin** [-ərɪn] f ‹-, -nen› set designer **bühnenreif** adj ready for the stage

Buhruf m boo

Bulette [bu'lɛtə] f ‹-, -n› (dial) meat ball; **ran an die ~n** (infml) go right ahead!

Bulgare [bʊl'ɡaːrə] m ‹-n, -n›, **Bulgarin** [-'ɡaːrɪn] f ‹-, -nen› Bulgarian **Bulgarien** [bʊl'ɡaːriən] nt ‹-s› Bulgaria **bulgarisch** [bʊl'ɡaːrɪʃ] adj Bulgarian

Bulgur ['bʊlɡuːɐ] m ‹-s, no pl› COOK bulgur (wheat)

Bulimie [buli'miː] f ‹-, no pl› MED bulimia

Bullauge ['bʊl-] nt NAUT porthole **Bulldogge** ['bʊl-] f bulldog **Bulldozer** ['bʊldoːzɐ] m ‹-s, -› bulldozer

Bulle ['bʊlə] m ‹-n, -n› **1** bull **2** (pej sl ≈ Polizist) cop (infml)

Bulletin [bʏl'tɛ̃ː] nt ‹-s, -s› bulletin

bullig ['bʊlɪç] adj (infml) beefy (infml)

Bumerang ['buːməraŋ, 'bʊməraŋ] m ‹-s, -s or -e› (lit, fig) boomerang

Bummel ['bʊml] m ‹-s, -› stroll; (durch Lokale) tour (durch of); **einen ~ machen** to go for a stroll **Bummelant** [bʊmə'lant] m ‹-en, -en›, **Bummelantin** [-'lantɪn] f ‹-, -nen› (infml) **1** (≈ Trödler) dawdler **2** (≈ Faulenzer) loafer (infml) **bummeln** ['bʊmln] v/i **1** aux sein (≈ spazieren gehen) to stroll **2** (≈ trödeln) to dawdle **3** (≈ faulenzen) to fritter one's time away **Bummelstreik** m go-slow **Bummelzug** m (infml) slow train

Bums [bʊms] m ‹-es, -e› (infml ≈ Schlag) bang, thump **bumsen** ['bʊmzn] **A** v/impers (infml ≈ dröhnen) ..., **dass es bumste** ... with a bang; **es hat gebumst** (von Fahrzeugen) there's been a crash **B** v/i **1** (≈ schlagen) to thump **2** aux sein (≈ prallen, stoßen) to bump, to bang **3** (infml ≈ koitieren) to do it (infml)

Bund¹ [bʊnt] m ‹-(e)s, ⁻e ['bʏndə]› **1** (≈ Vereinigung) bond; (≈ Bündnis) alliance; **den ~ der Ehe eingehen** to enter (into) the bond of marriage; **den ~ fürs Leben schließen** to take the marriage vows **2** (≈ Organisation) association; (≈ Staatenbund) league, alliance **3** POL **~ und Länder** the Federal Government and the/its Länder **4**

(infml ≈ Bundeswehr) **der ~** the army **5** (an Kleidern) waistband

Bund² nt ‹-(e)s, -e ['bʊndə]› bundle; (von Radieschen, Spargel etc) bunch

Bündel ['bʏndl] nt ‹-s, -› bundle, sheaf; (von Banknoten) wad; (von Karotten etc) bunch **bündeln** ['bʏndln] v/t Zeitungen etc to bundle up

Bundesagentur f **~ für Arbeit** (State) Department of Employment **Bundesanstalt** f **~ für Arbeit** Federal Institute of Labour (Br) or Labor (US) **Bundesausbildungsförderungsgesetz** nt law regarding grants for higher education **Bundesbank** f, no pl (Ger) Federal bank **Bundesbehörde** f Federal authority **Bundesbürger(in)** m(f) (Ger) German, citizen of Germany **bundesdeutsch** adj German **Bundesebene** f **auf ~** at a national level **bundeseinheitlich** **A** adj Federal, national **B** adv nationally; **etw ~ regeln** to regulate sth at national level **Bundesgebiet** nt (Ger) Federal territory **Bundesgenosse** m, **Bundesgenossin** f ally **Bundesgerichtshof** m, no pl (Ger) Federal Supreme Court **Bundesgeschäftsführer(in)** m(f) (von Partei, Verein) general secretary **Bundesgrenzschutz** m (Ger) Federal Border Guard **Bundeshauptstadt** f Federal capital **Bundesheer** nt (Aus) services pl, army **Bundeskanzler(in)** m(f) **1** (Ger, Aus) Chancellor **2** (Swiss) Head of the Federal Chancellery **Bundesland** nt state; **die neuen Bundesländer** the former East German states; **die alten Bundesländer** the former West German states **Bundesliga** f (Ger SPORTS) national league **Bundesminister(in)** m(f) (Ger, Aus) Federal Minister **Bundesmittel** pl Federal funds pl **Bundesnachrichtendienst** m (Ger) Federal Intelligence Service **Bundespräsident(in)** m(f) (Ger, Aus) (Federal) President; (Swiss) President of the Federal Council **Bundesrat¹** m (Ger) Bundesrat, upper house of the German Parliament; (Swiss) Council of Ministers **Bundesrat²** m, **Bundesrätin** f (Swiss) Minister of State **Bundesregierung** f (Ger, Aus) Federal Government **Bundesrepublik** f Federal Republic; **~**

Deutschland Federal Republic of Germany **Bundesstaat** *m* federal state **Bundestag** *m, no pl* (*Ger*) Bundestag, *lower house of the German Parliament* **Bundestagsabgeordnete(r)** *m/f(m) decl as adj* member of the Bundestag **Bundestagsfraktion** *f* group *or* faction in the Bundestag **Bundestagspräsident(in)** *m/(f)* President of the Bundestag **Bundestrainer(in)** *m/(f)* (*Ger* SPORTS) national coach **Bundesverdienstkreuz** *nt* (*Ger*) order of the Federal Republic of Germany, ≈ OBE (*Br*) **Bundesverfassungsgericht** *nt* (*Ger*) Federal Constitutional Court **Bundesversammlung** *f* **1** (*Ger, Aus*) Federal Convention **2** (*Swiss*) Federal Assembly **Bundeswehr** *f, no pl* (*Ger*) services *pl*, army **bundesweit** *adj, adv* nationwide

Bundfaltenhose *f* pleated trousers *pl* (*esp Br*) *or* pants *pl* (*esp US*)

bündig ['bʏndɪç] *adj* **1** (≈ *kurz, bestimmt*) succinct **2** (≈ *in gleicher Ebene*) flush *pred*, level

Bündnis ['bʏntnɪs] *nt* ⟨-ses, -se⟩ alliance; (≈ *Nato*) (NATO) Alliance; **~ für Arbeit** *informal alliance between employers and unions to help create jobs*, alliance for jobs **Bündnispartner** *m* POL ally

Bundweite *f* waist measurement

Bungalow ['bʊŋgalo] *m* ⟨-s, -s⟩ bungalow

Bungee-Jumping ['bandʒidʒampɪŋ] *nt* ⟨-s, *no pl*⟩ bungee jumping

Bunker ['bʊŋkɐ] *m* ⟨-s, -⟩ MIL, GOLF bunker; (≈ *Luftschutzbunker*) air-raid shelter

Bunsenbrenner ['bʊnzn-] *m* Bunsen burner

bunt [bʊnt] **A** *adj* **1** (≈ *farbig*) coloured (*Br*), colored (*US*); (≈ *mehrfarbig*) colo(u)rful; (≈ *vielfarbig*) multicolo(u)red **2** (*fig* ≈ *abwechslungsreich*) varied; **ein ~er Abend** a social; (RADIO, TV) a variety programme (*Br*) *or* program (*US*) **B** *adv* **1** (≈ *farbig*) colourfully (*Br*), colorfully (*US*); **bemalt** in bright colo(u)rs; **~ gemischt** *Programm* varied; *Team* diverse **2** (≈ *ungeordnet*) **es geht ~ durcheinander** it's all a complete mess **3** (*infml* ≈ *wild*) **jetzt wird es mir zu ~** I've had enough of this; **es zu ~ treiben** to overstep the mark **Buntstift** *m* coloured (*Br*) *or* colored (*US*) pencil **Buntwäsche** *f* coloureds *pl* (*Br*), coloreds

pl (*US*)

Bürde ['bʏrdə] *f* ⟨-, -n⟩ (*elev*) load, weight; (*fig*) burden

Burg [bʊrk] *f* ⟨-, -en [-gn]⟩ castle

Bürge ['bʏrgə] *m* ⟨-n, -n⟩, **Bürgin** ['bʏrgɪn] *f* ⟨-, -nen⟩ guarantor **bürgen** ['bʏrgn] *v/i* **für etw ~** to guarantee sth; **für jdn ~** FIN to stand surety for sb; (*fig*) to vouch for sb

Burger ['bøːɐge] *m* ⟨-s, -⟩ COOK burger

Bürger ['bʏrgɐ] *m* ⟨-s, -⟩, **Bürgerin** [-ərɪn] *f* ⟨-, -nen⟩ citizen; **die ~ von Ulm** the townsfolk of Ulm **Bürgerinitiative** *f* citizens' action group **Bürgerkrieg** *m* civil war **bürgerkriegsähnlich** *adj* **~e Zustände** civil war conditions **bürgerlich** ['bʏrgəlɪç] *adj* **1** *attr Ehe, Recht etc* civil; *Pflicht* civic; **Bürgerliches Gesetzbuch** Civil Code **2** (≈ *dem Bürgerstand angehörend*) middle-class **Bürgerliche(r)** ['bʏrgəlɪçə] *m/f(m) decl as adj* commoner **Bürgermeister(in)** *m/(f)* mayor **Bürgernähe** *f* populism **Bürgerpflicht** *f* civic duty **Bürgerrecht** *nt usu pl* civil rights *pl*; **jdm die ~e aberkennen** to strip sb of his/her civil rights **Bürgerrechtler** [-rɛçtlɐ] *m* ⟨-s, -⟩, **Bürgerrechtlerin** [-ərɪn] *f* ⟨-, -nen⟩ civil rights campaigner **Bürgerrechtsbewegung** *f* civil rights movement **Bürgerschaft** ['bʏrgɐʃaft] *f* ⟨-, -en⟩ citizens *pl* **Bürgersteig** [-ʃtaik] *m* ⟨-(e)s, -e [-gə]⟩ pavement (*Br*), sidewalk (*US*) **Bürgertum** ['bʏrgɐtuːm] *nt* ⟨-s, *no pl*⟩ HIST bourgeoisie (HIST)

Bürgin *f* → **Bürge Bürgschaft** ['bʏrkʃaft] *f* ⟨-, -en⟩ (*JUR, gegenüber Gläubigern*) surety; (≈ *Haftungssumme*) penalty; **~ für jdn leisten** to act as guarantor for sb

Burgund [bʊrˈgʊnt] *nt* ⟨-s⟩ Burgundy **burgunderrot** *adj* burgundy (red)

Burka ['bʊrka] *f* ⟨-, -s⟩ burqa **Burkaverbot** *nt* burqa ban, ban on the burqa

Burkini [bʊrˈkiːni] *m* ⟨-, -s⟩ (*Badeanzug*) burkini

Burma ['bʊrma] *nt* ⟨-s⟩ Burma **burmesisch** [bʊrˈmeːzɪʃ] *adj* Burmese

Burn-out ['bøːɐnaut] *m* ⟨-s, -s⟩ MED burnout; **einen Burn-out haben** to burn out

Büro [byˈroː] *nt* ⟨-s, -s⟩ office **Büroangestellte(r)** *m/f(m) decl as adj* office worker **Büroarbeit** *f* office work **Büroartikel** *m* item of office equipment; (*pl*) office supplies *pl* **Bürobedarf** *m* office

B

supplies *pl* **Bürogebäude** *nt* office building **Bürokauffrau** *f*, **Bürokaufmann** *m* office administrator **Büroklammer** *f* paper clip **Bürokraft** *f* (office) clerk **Bürokrat** [byro'kra:t] *m* ⟨-en, -en⟩, **Bürokratin** [-'kra:tɪn] *f* ⟨-, -nen⟩ bureaucrat **Bürokratie** [byrokra'ti:] *f* ⟨-, no *pl*⟩ bureaucracy **bürokratisch** [byro-'kra:tɪʃ] **A** *adj* bureaucratic **B** *adv* bureaucratically **Büromaterial** *nt* office supplies *pl*; (≈ *Schreibwaren*) stationery no *pl* **Büromöbel** *pl* office furniture **Büroschluss** *m* **nach** ~ after office hours **Bürostunden** *pl* office hours *pl* **Bürozeit** *f* office hours *pl*

Bursche ['bʊrʃə] *m* ⟨-n, -n⟩ (*infml* ≈ *Kerl*) fellow; **ein übler** ~ a shady character **Burschenschaft** ['bʊrʃnʃaft] *f* ⟨-, -en⟩ student fraternity **burschikos** [bʊrʃi-'ko:s] *adj* 🔟 (≈ *jungenhaft*) (tom)boyish 🔢 (≈ *unbekümmert*) casual

Bürste ['bʏrstə] *f* ⟨-, -n⟩ brush **bürsten** ['bʏrstn] *v/t* to brush **Bürstenhaarschnitt** *m* crew cut

Bus¹ [bʊs] *m* ⟨-ses, -se⟩ bus

Bus² *m* ⟨-, -se⟩ IT bus

Busbahnhof *m* bus station

Busch [bʊʃ] *m* ⟨-(e)s, ⁼e ['bʏʃə]⟩ bush; **etwas ist im** ~ (*infml*) there's something up; **mit etw hinter dem** ~ **halten** (*infml*) to keep sth quiet **Büschel** ['bʏʃl] *nt* ⟨-s, -⟩ (*von Gras, Haaren*) tuft; (*von Heu, Stroh*) bundle **Buschfeuer** *nt* (*lit*) bush fire; **sich wie ein** ~ **ausbreiten** to spread like wildfire **buschig** ['bʊʃɪç] *adj* bushy **Buschmann** *m*, *pl* -männer *or* -leute bushman **Buschmesser** *nt* machete **Buschwerk** *nt* bushes *pl*

Busen ['bu:zn] *m* ⟨-s, -⟩ (*von Frau*) bust **Busenfreund(in)** *m/(f)* (*iron*) bosom friend

Busfahrer(in) *m/(f)* bus driver **Busfahrt** *f* bus ride **Bushaltestelle** *f* bus stop **Buslinie** *f* bus route

Bussard ['bʊsart] *m* ⟨-s, -e [-də]⟩ buzzard

Buße ['bu:sə] *f* ⟨-, -n⟩ 🔟 (REL ≈ *Reue*) repentance; (≈ *Bußauflage*) penance; ~ **tun** to do penance 🔢 (JUR ≈ *Schadenersatz*) damages *pl*; (≈ *Geldstrafe*) fine; **jdn zu einer** ~ **verurteilen** to fine sb **busseln** ['bʊsln], **bussen** ['bʊsn] *v/t & v/i* (*S Ger, Aus*) to kiss **büßen** ['by:sn] **A** *v/t* to pay for; *Sünden* to atone for; **das wirst du mir** ~ I'll make you pay for that **B** *v/i* **für etw** ~ to atone

for sth; *für Leichtsinn etc* to pay for sth **busserln** ['bʊseln] *v/t & v/i* (*Aus*) to kiss **Bußgeld** *nt* fine **Bußgeldbescheid** *m* notice of payment due (*for traffic violation etc*) **Bußgeldverfahren** *nt* fining system

Bussi ['bʊsi] *nt* ⟨-s, -s⟩ (*S Ger infml*) kiss **Busspur** *f* bus lane

Buß- und Bettag *m* day of prayer and repentance

Büste ['bʏstə] *f* ⟨-, -n⟩ bust; (≈ *Schneiderbüste*) tailor's dummy **Büstenhalter** *m* bra

Busverbindung *f* bus connection

Butan(gas) [bu'ta:n] *nt* ⟨-s, -e⟩ butane (gas)

Butt [bʊt] *m* ⟨-(e)s, -e⟩ flounder, butt **Bütten(papier)** ['bʏtn-] *nt* ⟨-s, no *pl*⟩ handmade paper (*with deckle edge*)

Butter ['bʊte] *f* ⟨-, no *pl*⟩ butter; **alles (ist) in** ~ (*infml*) everything is hunky-dory (*infml*) **Butterblume** *f* buttercup **Butterbrot** *nt* (slice of) bread and butter no *art*, no *pl*; (*infml* ≈ *Sandwich*) sandwich **Butterbrotpapier** *nt* greaseproof paper **Butterdose** *f* butter dish **Butterfly(stil)** ['bateflai-] *nt* ⟨-s, no *pl*⟩ butterfly (stroke) **Butterkeks** *m* ≈ rich tea biscuit (*Br*), ≈ butter cookie (*US*) **Buttermilch** *f* buttermilk **buttern** ['bʊten] *v/t* 🔟 *Brot* to butter 🔢 (*infml* ≈ *investieren*) to put (*in* +*acc* into) **butterweich** **A** *adj* *Frucht, Landung* beautifully soft; (SPORTS *infml*) gentle **B** *adv landen* softly

Bypass ['baipas] *m* ⟨-(es), -es *or* Bypässe [-pɛsə]⟩ MED bypass **Bypass-Operation** ['baipas-] *f* bypass operation

Byte ['bait] *nt* ⟨-s, -s⟩ byte

bzgl. *abbr of* bezüglich

bzw. *abbr of* beziehungsweise

C

C, c [tse:] nt ⟨-, -⟩ C, c

ca. abbr of **circa** approx

Cabrio ['ka:brio] nt ⟨-s, -s⟩ (AUTO infml) convertible

Café [ka'fe:] nt ⟨-s, -s⟩ café

Cafeteria [kafetə'ri:a] f ⟨-, -s⟩ cafeteria

Caipirinha [kaipi'rɪnja] m ⟨-s, -s⟩ caipirinha

Callboy ['kɔːlbɔy] m ⟨-s, -s⟩ male prostitute **Callcenter** nt call centre (Br) or center (US) **Callgirl** ['kɔːlɡøːel] nt ⟨-s, -s⟩ call girl

Camcorder ['kamkɔrde] m ⟨-s, -⟩ camcorder

Camembert ['kamambeːɐ, kamã'bɛːɐ] m ⟨-s, -s⟩ Camembert

Camion ['kamiõ:] m ⟨-s, -s⟩ (Swiss) lorry (Br), truck

campen ['kɛmpn] v/i to camp **Camper** ['kɛmpe] m ⟨-s, -⟩, **Camperin** ['kɛmpərɪn] f ⟨-, -nen⟩ camper **Camping** ['kɛmpɪŋ] nt ⟨-s, no pl⟩ camping no art **Campingartikel** pl camping equipment sg **Campingausrüstung** f camping gear sg **Campingbus** m camper **Campinggas** nt camping gas **Campingplatz** m camp site

Campus ['kampʊs] m ⟨-, no pl⟩ UNIV campus

canceln ['kɛnsəln] v/t Flug, Buchung to cancel

Cannabis ['kanabɪs] m ⟨-, no pl⟩ cannabis

Cape [keːp] nt ⟨-s, -s⟩ cape

Capuccino [kapu'tʃiːno] m ⟨-s, -s⟩ capuccino

Caravan ['ka(ː)ravan, kara'vaːn] m ⟨-s, -s⟩ caravan (Br), trailer (US)

Cargo ['karɡo] m ⟨-s, -s⟩ cargo

Carport ['kaːɛpɔrt] m ⟨-s, -s⟩ carport

Cartoon [kar'tuːn] m or nt ⟨-(s), -s⟩ cartoon

Cashewnuss ['kɛʃu-] f cashew (nut)

Cäsium ['tsɛːziʊm] nt ⟨-s, no pl⟩ caesium (Br), cesium (US)

Casting ['kaːstɪŋ] nt ⟨-s, -s⟩ (für Filmrolle etc) casting session **Castingshow** f talent show

Castor® ['kastoːɐ] m ⟨-s, -⟩ spent fuel rod container

catchen ['kɛtʃn] v/i to do catch or all-in (esp Br) wrestling **Catcher** ['kɛtʃe] m ⟨-s, -⟩, **Catcherin** ['kɛtʃərɪn] f ⟨-, -nen⟩ catch (-as-catch-can) wrestler, all-in wrestler (esp Br)

Cayennepfeffer [ka'jɛn-] m cayenne (pepper)

CB-Funk [tse:'be:-] m, no pl Citizens' Band, CB (radio)

CD [tse:'de:] f ⟨-, -s⟩ abbr of **Compact Disc** CD **CD-Brenner** m CD burner **CD-Laufwerk** nt CD drive **CD-Player** [-pleːe] nt CD player **CD-ROM** [tse:de:'rɔm] f ⟨-, -s⟩ CD-ROM **CD-Spieler** m CD player

CDU [tse:de:'u:] f ⟨-⟩ abbr of **Christlich-Demokratische Union** Christian Democratic Union

C-Dur nt MUS C major

Cellist [tʃe'lɪst] m ⟨-en, -en⟩, **Cellistin** [-'lɪstɪn] f ⟨-, -nen⟩ cellist **Cello** ['tʃelo] nt ⟨-s, -s or **Celli** ['tʃɛli]⟩ cello

Cellophanpapier® nt (infml) cellophane® (paper)

Celsius ['tsɛlziʊs] no art inv Celsius, centigrade

Cembalo ['tʃembalo] nt ⟨-s, -s⟩ cembalo

Cent [(t)sɛnt] m ⟨-(s), -(s)⟩ cent

Center ['sɛnte] nt ⟨-s, -⟩ (≈ Einkaufscenter) shopping centre (Br) or center (US)

Chalet ['ʃaleː] nt ⟨-s, -s⟩ chalet

Chamäleon [ka'mɛːleɔn] nt ⟨-s, -s⟩ (lit, fig) chameleon

Champagner [ʃam'panje] m ⟨-s, -⟩ champagne

Champignon ['ʃampɪnjɔŋ, 'ʃãːpɪnjõ:] m ⟨-s, -s⟩ mushroom

Chance ['ʃãːsə, (Aus) ʃãːs] f ⟨-, -n⟩ **1** chance; (bei Wetten) odds pl; **keine ~ haben** not to stand a chance; **die ~n stehen nicht schlecht, dass...** there's a good chance that... **2** (≈ Aussichten) **Chancen** pl prospects pl; **im Beruf ~n haben** to have good career prospects; **(bei jdm) ~n haben** (infml) to stand a chance (with sb) **Chancengleichheit** f equal opportunities pl

Chanson [ʃã'sõ:] nt ⟨-s, -s⟩ (political/satirical) song **Chansonnier** [ʃãsɔ'nie:] m ⟨-s, -s⟩ singer of political/satirical songs

Chaos ['kaːɔs] nt ⟨-, no pl⟩ chaos; **ein einziges ~ sein** to be in utter chaos **Chaot** [ka'o:t] m ⟨-en, -en⟩, **Chaotin** [ka'o:tɪn] f ⟨-, -nen⟩ (POL pej) anarchist (pej); (≈ unor-

dentlicher Mensch) scatterbrain **chaotisch** [ka'o:tɪʃ] *adj* chaotic; **~e Zustände** a state of (utter) chaos; **es geht ~ zu** there is utter chaos

Charakter [ka'rakte] *m* ⟨-s, -e [-'te:rə]⟩ character; **er ist ein Mann von ~** he is a man of character; **der vertrauliche ~ dieses Gespräches** the confidential nature of this conversation **Charakterdarsteller(in)** *m/(f)* character actor/actress **Charaktereigenschaft** *f* character trait **charakterfest** *adj* of strong character **charakterisieren** [karakteri'zi:rən] *past part* **charakterisiert** *v/t* to characterize **Charakteristik** [karakte-'rɪstɪk] *f* ⟨-, -en⟩ description; (≈ *typische Eigenschaften*) characteristics *pl* **charakteristisch** [karakte'rɪstɪʃ] *adj* characteristic (*für* of) **charakterlich** [ka'raktelɪç] **A** *adj* **~e Stärke** strength of character; **~e Mängel** character defects **B** in character; **sie hat sich ~ sehr verändert** her character has changed a lot **charakterlos** *adj* **1** (≈ *niederträchtig*) unprincipled **2** (≈ *ohne Prägung*) characterless **Charakterschauspieler(in)** *m/(f)* character actor/actress **Charakterschwäche** *f* weakness of character **Charakterschwein** *nt* (*infml*) bastard (*infml*) **Charakterstärke** *f* strength of character **Charakterzug** *m* characteristic

Charge ['ʃarʒə] *f* ⟨-, -n⟩ **1** (MIL, *fig* ≈ *Dienstgrad, Person*) rank; **die unteren ~n** the lower ranks **2** THEAT minor character part

Charisma ['ça:rɪsma, 'çarɪsma, ça'rɪsma] *nt* ⟨-s, Charismen *or* Charismata [-mən, -mata]⟩ (REL, *fig*) charisma **charismatisch** [çarɪs'ma:tɪʃ] *adj* charismatic

charmant [ʃar'mant] **A** *adj* charming **B** *adv* charmingly **Charme** [ʃarm] *m* ⟨-s, no *pl*⟩ charm

Charta ['karta] *f* ⟨-, -s⟩ charter; **Magna ~** Magna Carta

Charterflug *m* charter flight **Chartermaschine** *f* charter plane **chartern** ['tʃarten] *v/t* to charter

Chassis [ʃa'si:] *nt* ⟨-, - [-i:(s), -i:s]⟩ chassis

Chat [tʃɛt] *m* ⟨-s, -s⟩ (INTERNET *infml*) chat **Chatforum** *nt* chat(room) forum **Chatroom** [-ru:m] *m* ⟨-s, -s⟩ chatroom **chatten** ['tʃɛtn] *v/i* (INTERNET *infml*) to chat

Chauffeur [ʃɔ'fø:e] *m* ⟨-s, -e⟩, **Chauf-**

-feurin [-'fø:rɪn] *f* ⟨-, -nen⟩ chauffeur

Chauvi ['ʃo:vi] *m* ⟨-s, -s⟩ (*infml*) male chauvinist pig (*pej infml*) **Chauvinismus** [ʃovi'nɪsmʊs] *m* ⟨-, Chauvinismen [-mən]⟩ chauvinism; (≈ *männlicher Chauvinismus*) male chauvinism **Chauvinist** [ʃovi'nɪst] *m* ⟨-en, -en⟩ (≈ *männlicher Chauvinist*) male chauvinist (pig) **chauvinistisch** [ʃovi-'nɪstɪʃ] *adj* **1** POL chauvinist(ic) **2** (≈ *männlich-chauvinistisch*) male chauvinist(ic)

checken ['tʃɛkn] *v/t* **1** (≈ *überprüfen*) to check **2** (*infml* ≈ *verstehen*) to get (*infml*) **3** (*infml* ≈ *merken*) to catch on to (*infml*) **Check-in** ['tʃɛkɪn] *nt* ⟨-s, -s⟩ check-in **Check-in-Automat** *m* automatic check-in machine **Checkliste** *f* check list **Check-up** ['tʃɛkap] *m or nt* ⟨-(s), -s⟩ MED checkup

Chef [ʃɛf, (*Aus*) ʃe:f] *m* ⟨-s, -s⟩ boss; (*von Bande, Delegation etc*) leader; (*von Organisation*) head; (*der Polizei*) chief **Chefarzt** *m*, **Chefärztin** *f* senior consultant **Chefin** ['ʃɛfɪn, (*Aus*) 'ʃe:fɪn] *f* ⟨-, -nen⟩ boss; (*von Delegation etc*) head **Chefkoch** *m*, **Chefköchin** *f* chef **Chefredakteur(in)** *m/(f)* editor in chief; (*einer Zeitung*) editor **Chefsache** *f* **das ist ~** it's a matter for the boss **Chefsekretär(in)** *m/(f)* personal assistant

Chemie [çe'mi:, (*esp S Ger*) ke'mi:] *f* ⟨-, no *pl*⟩ chemistry **Chemiefaser** *f* synthetic fibre (*Br*) *or* fiber (*US*) **Chemikalie** [çemi-'ka:liə, (*esp S Ger*) ke-] *f* ⟨-, -n⟩ *usu pl* chemical **Chemiker** ['çe:mike, (*esp S Ger*) 'ke:-] *m* ⟨-s, -⟩, **Chemikerin** [-ərɪn] *f* ⟨-, -nen⟩ chemist **chemisch** ['çe:mɪʃ] ['ke:-] **A** *adj* chemical **B** *adv* chemically; **etw ~ reinigen** to dry-clean sth **Chemotherapie** *f* chemotherapy

chic [ʃɪk] *adj* smart; *Kleidung* chic; (*infml* ≈ *prima*) great **Chic** [ʃɪk] *m* ⟨-s, no *pl*⟩ style **Chicorée** ['ʃɪkore, ʃiko're:] *f* ⟨- *or* -s *m* -s, no *pl*⟩ chicory

Chiffre ['ʃɪfe, 'ʃɪfrə] *f* ⟨-, -n⟩ (*in Zeitung*) box number **Chiffreanzeige** *f* advertisement with a box number **chiffrieren** [ʃɪ'fri:rən] *past part* **chiffriert** *v/t & v/i* to encipher; **chiffriert** coded

Chile ['tʃi:le, 'çi:lə] *nt* ⟨-s⟩ Chile **Chilene** [tʃi'le:nə, çi'le:nə] *m* ⟨-n, -n⟩, **Chilenin** [-'le:nɪn] *f* ⟨-, -nen⟩ Chilean **chilenisch** [tʃi'le:nɪʃ, çi'le:nɪʃ] *adj* Chilean

Chili ['tʃi:li] *m* ⟨-s, no *pl*⟩ chil(l)i (pepper)

C

China ['çi:na, (*esp S Ger*) 'ki:na] *nt* ⟨-s⟩ China **Chinakohl** *m* Chinese cabbage **Chinarestaurant** *nt* Chinese restaurant **Chinese** [çi'ne:zə, (*esp S Ger*) ki-] ⟨-n, -n⟩ *m*, **Chinesin** *f* Chinese **chinesisch** [çi'ne:zɪʃ, (*esp S Ger*) ki-] *adj* Chinese; **die Chinesische Mauer** the Great Wall of China

Chinin [çi'ni:n] *nt* ⟨-s, *no pl*⟩ quinine

Chip [tʃɪp] *m* ⟨-s, -s⟩ **1** (*usu pl ≈ Kartoffelchip*) (potato) crisp (*Br*), potato chip (*US*) **2** IT chip **Chipkarte** *f* smart card

Chirurg [çi'rʊrk] *m* ⟨-en, -en [-gn]⟩, **Chirurgin** [çi'rʊrgɪn] *f* ⟨-, -nen⟩ surgeon **Chirurgie** [çirʊr'gi:] *f* ⟨-, -n [-'gi:ən]⟩ surgery; **er liegt in der ~** he's in surgery **chirurgisch** [çi'rʊrgɪʃ] **A** *adj* surgical; **ein ~er Eingriff** surgery **B** *adv* surgically

Chlor [klo:ɐ] *nt* ⟨-s, *no pl*⟩ chlorine **chlorfrei** *adj* chlorine-free **Chloroform** [-'fɔrm] *nt* ⟨-s, *no pl*⟩ chloroform **Chlorophyll** [-'fʏl] *nt* ⟨-s, *no pl*⟩ chlorophyll

Cholera ['ko:lera] *f* ⟨-, *no pl*⟩ cholera **Choleriker** [ko'le:rike] *m* ⟨-s, -⟩, **Cholerikerin** [-ərɪn] *f* ⟨-, -nen⟩ choleric person; (*fig*) irascible person **cholerisch** [ko'le:rɪʃ] *adj* choleric

Cholesterin [çolɛstə'ri:n, ko-] *nt* ⟨-s, *no pl*⟩ cholesterol **Cholesterinspiegel** *m* cholesterol level

Chor [ko:ɐ] *m* ⟨-(e)s, ⸚e ['kø:rə]⟩ **1** (*≈ Sängerchor*) choir; **im ~** in chorus **2** THEAT chorus **3** (ARCH *≈ Altarraum*) chancel

Choreograf [-'gra:f] *m* ⟨-en, -en⟩, **Choreografin** [-'gra:fɪn] *f* ⟨-, -nen⟩ choreographer **Choreografie** [-gra'fi:] *f* ⟨-, -n [-'fi:ən]⟩ choreography

Chorknabe *m* choirboy

Christ [krɪst] *m* ⟨-en, -en⟩, **Christin** ['krɪstɪn] *f* ⟨-, -nen⟩ Christian **Christbaum** ['krɪst-] *m* Christmas tree **Christbaumschmuck** *m* Christmas tree decorations *pl* **Christdemokrat(in)** *m/(f)* Christian Democrat **Christentum** ['krɪstntu:m] *nt* ⟨-s, *no pl*⟩ Christianity **Christkind** *nt*, *no pl* baby Jesus; (*das Geschenke bringt*) ≈ Father Christmas **Christkindl** [-kɪndl] *nt* ⟨-s, -(n)⟩ (*dial*) **1** = Christkind **2** (*esp Aus ≈ Geschenk*) Christmas present **christlich** ['krɪstlɪç] **A** *adj* Christian **B** *adv* like *or* as a Christian; **~ handeln** to act like a Christian **Christus** ['krɪstʊs] *m*, *gen* Christi ['krɪsti], *dat* - *or* (*form*) Christo ['krɪsto], *acc* - *or* (*form*) Christum ['krɪstʊm] Christ; **vor Christi Geburt** before Christ, BC; **nach Christi Geburt** AD, Anno Domini; **Christi Himmelfahrt** the Ascension of Christ; (*≈ Himmelfahrtstag*) Ascension Day

Chrom [kro:m] *nt* ⟨-s, *no pl*⟩ chrome; CHEM chromium **Chromosom** [kromo'zo:m] *nt* ⟨-s, -en⟩ chromosome

Chronik ['kro:nɪk] *f* ⟨-, -en⟩ chronicle **chronisch** ['kro:nɪʃ] **A** *adj* chronic **B** *adv* chronically **chronologisch** [krono-'lo:gɪʃ] **A** *adj* chronological **B** *adv* chronologically

Chrysantheme [kryzan'te:mə] *f* ⟨-, -n⟩ chrysanthemum

circa ['tsɪrka] *adv* about

City ['sɪti] *f* ⟨-, -s⟩ city centre (*Br*) *or* center (*US*) **Citymaut** *f* congestion charge

clean [kli:n] *adj pred* (*infml*) clean (*infml*)

Clematis [kle'ma:tɪs, 'kle:matɪs] *f* ⟨-, -⟩ BOT clematis

clever ['klɛvɐ] **A** *adj* clever; (*≈ raffiniert*) sharp; (*≈ gerissen*) crafty **B** *adv* (*≈ raffiniert*) sharply; (*≈ gerissen*) craftily **Cleverness** ['klɛvɐnɛs] *f* ⟨-, *no pl*⟩ cleverness; (*≈ Raffiniertheit*) sharpness; (*≈ Gerissenheit*) craftiness

Clinch [klɪntʃ] *m* ⟨-(e)s, *no pl*⟩ (BOXING, *fig*) clinch; **mit jdm im ~ liegen** (*fig*) to be at loggerheads with sb

Clique ['klɪkə] *f* ⟨-, -n⟩ **1** (*≈ Freundeskreis*) group, set; **Thomas und seine ~** Thomas and his set **2** (*pej*) clique

Clou [klu:] *m* ⟨-s, -s⟩ (*von Geschichte*) (whole) point; (*von Show*) highlight; (*≈ Witz*) real laugh (*infml*)

Clown [klaun] *m* ⟨-s, -s⟩ clown; **den ~ spielen** to clown around

Club [klʊp] *m* ⟨-s, -s⟩; → Klub **Cluburlaub** *m* club holiday (*Br*), club vacation (*US*)

Cockpit ['kɔkpɪt] *nt* ⟨-s, -s⟩ cockpit

Cocktail ['kɔkte:l] *m* ⟨-s, -s⟩ (*≈ Getränk, fig*) cocktail; (*≈ Empfang*) reception **Cocktailkleid** *nt* cocktail dress **Cocktailparty** *f* cocktail party **Cocktailtomate** *f* cherry tomato

Code [ko:t] *m* ⟨-s, -s⟩ code **codieren** [ko'di:rən] *past part* codiert *v/t* to (en)code **Codierung** *f* ⟨-, -en⟩ (en)coding

Cognac® ['kɔnjak] *m* ⟨-s, -s⟩ cognac

Coiffeur [koa'fø:ɐ] *m* ⟨-s, -e⟩, **Coiffeuse** [-'fø:zə] *f* ⟨-, -n⟩ (*Swiss*) hairdresser

Cola ['koːla] f or (Swiss) nt ⟨-, -s⟩ (infml) Coke® (infml) **Coladose** f Coke® can
Collage [kɔˈlaːʒə] f ⟨-, -n⟩ collage
Collier [kɔˈliːe] nt ⟨-s, -s⟩ necklet
Comic ['kɔmɪk] m ⟨-s, -s⟩ comic strip
Compact Disc [kɔmˈpakt ˈdɪsk] f ⟨-, -s⟩, **Compact Disk** f ⟨-, -s⟩ compact disc
Computer [kɔmˈpjuːte] m ⟨-s, -⟩ computer; **per ~** by computer **Computerarbeitsplatz** m computer work station **computergesteuert** [-gəʃtɔyet] adj controlled by computer **computergestützt** [-gəʃtʏtst] adj computer-based; **~es Design** computer-aided design **Computergrafik** f computer graphics pl **computerisieren** [kɔmpjuːtariˈziːrən] past part **computerisiert** v/t to computerize **computerlesbar** adj machine-readable **Computerprogramm** m computer program **Computersatz** m computer typesetting **Computerspiel** nt computer game **Computersprache** f computer language **computerunterstützt** adj Fertigung, Kontrolle computer-aided
Conférencier [kõferãˈsieː] m ⟨-s, -s⟩ compère
Container [kɔnˈteːne] m ⟨-s, -⟩ container; (≈ Bauschuttcontainer) skip; (≈ Wohncontainer) prefabricated hut **Containerbahnhof** m container depot **Containerhafen** m container port **Containerschiff** nt container ship
Contergankind nt (infml) thalidomide child
Cookie ['kʊki] nt ⟨-s, -s⟩ IT cookie
cool ['kuːl] adj (infml) cool (infml); **die Party war ~** the party was (real) cool (infml)
Copyright ['kɔpirait] nt ⟨-s, -s⟩ copyright **Copyshop** ['kɔpiʃɔp] m ⟨-s, -s⟩ copy shop
Cord [kɔrt] m ⟨-s, -e [-də]⟩ ⟨or -s⟩ TEX cord, corduroy **Cordhose** f corduroy trousers pl (esp Br) or pants pl (esp US), cords pl (infml) **Cordjacke** f cord(uroy) jacket **Cordjeans** f or pl cord(uroy) jeans pl
Corner ['kɔːene] m ⟨-s, -⟩ (Aus, Swiss SPORTS) corner
Cornichon [kɔrniˈʃõ:] nt ⟨-s, -s⟩ gherkin
Corps [koːe] nt ⟨-, -⟩ = Korps
Costa Rica ['kɔsta 'riːka] nt ⟨-s⟩ Costa Rica
Côte d'Ivoire [koːtdiˈvoaːe] f ⟨-⟩ Côte d'Ivoire
Couch [kautʃ] f ⟨-, -s or -en or (Sw) m -s, -(e)s⟩ couch **Couchgarnitur** f three-piece suite **Couchtisch** m coffee table
Coup [kuː] m ⟨-s, -s⟩ coup; **einen ~ landen** to pull off a coup (infml)
Coupon [kuˈpõ:] m ⟨-s, -s⟩ **1** (≈ Zettel) coupon **2** FIN (interest) coupon
Cousin [kuˈzɛ̃:] m ⟨-s, -s⟩, **Cousine** [kuˈziːnə] f ⟨-, -n⟩ cousin
Couvert [kuˈveːe, kuˈvɛːe] nt ⟨-s, -s⟩ (esp Swiss) envelope
Cowboy ['kaubɔy] m ⟨-s, -s⟩ cowboy
Crack nt ⟨-, no pl⟩ (≈ Droge) crack
Cracker ['krɛke] m ⟨-s, -(s)⟩ (≈ Keks) cracker
Crash [krɛʃ] m ⟨-s, -s⟩ (infml ≈ Unfall, IT) crash **Crashkurs** m crash course **Crashtest** m AUTO crash test
Creme [kreːm, krɛːm] f ⟨-, -s⟩ cream **Cremetorte** f cream gateau **cremig** ['kreːmɪç] **A** adj creamy **B** adv like cream; rühren until creamy
Creutzfeldt-Jakob-Krankheit [krɔytsfelt'jakɔp-] f Creutzfeldt-Jakob disease
Crew [kruː] f ⟨-, -s⟩ crew
Croissant [kroaˈsãː] nt ⟨-s, -s⟩ croissant
Cromargan® [kromarˈgaːn] nt ⟨-s, no pl⟩ stainless steel
Crossstepper ['krɔsstɛpe] m ⟨-s, -⟩ SPORTS cross trainer
Croupier [kruˈpieː] m ⟨-s, -s⟩ croupier
Crux [krʊks] f ⟨-, no pl⟩ = Krux
C-Schlüssel ['tseː-] m alto clef
CSU [tseːɛsˈuː] f ⟨-⟩ abbr of Christlich-Soziale Union Christian Social Union
Curry ['kari] m or nt ⟨-s, -s⟩ curry **Currywurst** ['kari-] f curried sausage
Cursor ['køːese, 'kœrse] m ⟨-s, -s⟩ IT cursor **Cursortaste** ['køːese-, 'kœrse-] f cursor key
Cutter ['kate] m ⟨-s, -⟩, **Cutterin** ['katərin] f ⟨-, -nen⟩ editor
CVJM [tseːfaujɔtˈɛm] m ⟨-s⟩ abbr of Christlicher Verein Junger Menschen YMCA-YWCA
Cyberspace ['saibespeːs] m ⟨-, no pl⟩ cyberspace

D

D, d [de:] *nt* ⟨-, -⟩ D, d

da [da:] **A** *adv* **1** (*örtlich*) (≈ *dort*) there; (≈ *hier*) here; **hier und da, da und dort** here and there; **die Frau da** that woman (over) there; **da bin ich** here I am; **da bist du ja!** there you are!; **da kommt er ja** here he comes; **wir sind gleich da** we'll soon be there; **da hast du dein Geld!** (there you are,) there's your money; **da, nimm schon!** here, take it! **2** (*zeitlich* ≈ *dann, damals*) then; **da siehst du, was du angerichtet hast** now see what you've done **3** (*infml* ≈ *in diesem Fall*) there; **da haben wir aber Glück gehabt!** we were lucky there!; **was gibt's denn da zu lachen?** what's funny about that?; **da kann man nur lachen** you can't help laughing; **da fragt man sich (doch), ob …** it makes you wonder if …; **da fällt mir gerade ein …** it's just occurred to me … **B** *cj* (≈ *weil*) as, since

dabei [da'bai, (*emph*) 'da:bai] *adv* **1** (*örtlich*) with it; **ein Häuschen mit einem Garten ~** a little house with a garden (attached to it); **nahe** ~ nearby **2** (≈ *gleichzeitig*) at the same time; **er aß weiter und blätterte ~ in dem Buch** he went on eating, leafing through the book at the same time **3** (≈ *außerdem*) as well; **sie ist schön und ~ auch noch klug** she's pretty, and clever as well **4** (*während man etw tut*) in the process; *ertappen* at it; **die ~ entstehenden Kosten** the expenses arising from this/that **5** (≈ *in dieser Angelegenheit*) **das Schwierigste ~** the most difficult part of it; **wichtig ~ ist …** the important thing here *or* about it is …; **~ kann man viel Geld verdienen** there's a lot of money in that **6** (*einräumend* ≈ *doch*) yet; **er hat mich geschlagen, ~ hatte ich gar nichts gemacht** he hit me and I hadn't even done anything **7** **ich bleibe ~** I'm not changing my mind; **lassen wir es ~ let's leave it at that!; was ist schon ~?** so what? (*infml*), what of it? (*infml*); **ich finde gar nichts ~** I don't see any harm in it; **was hast du dir denn ~ gedacht?** what were you thinking of? **da-**

bei‌bleiben *v/i sep irr aux sein* to stay with it; → dabei **7** **dab‌ei‌haben** *v/t sep irr* (*infml*) to have with one **dabei sein** *v/i irr aux sein* **1** (≈ *anwesend sein*) to be there (*bei* at); (≈ *mitmachen*) to be involved (*bei* in); **ich bin dabei!** count me in! **2** (≈ *im Begriff sein*) ~, **etw zu tun** to be just doing sth

dableiben *v/i sep irr aux sein* to stay (on)

Dach [dax] *nt* ⟨-(e)s, ⁼er ['dɛçə]⟩ **1** roof; **mit jdm unter einem ~ wohnen** to live under the same roof as sb; **unter ~ und Fach sein** (≈ *abgeschlossen*) to be all wrapped up **2** (*fig infml*) **jdm eins aufs ~ geben** (≈ *schlagen*) to smash sb on the head (*infml*); (≈ *ausschimpfen*) to give sb a (good) talking-to **Dachboden** *m* attic; (*von Scheune*) loft **Dachfenster** *nt* skylight **Dachfirst** *m* ridge of the roof **Dachgarten** *m* roof garden **Dachgepäckträger** *m* AUTO roof rack **Dachgeschoss** *nt*, **Dachgeschoß** (*Aus*) *nt* attic storey (*Br*) *or* story (*US*); (≈ *oberster Stock*) top floor **Dachgiebel** *m* gable **Dachluke** *f* skylight **Dachpappe** *f* roofing paper **Dachrinne** *f* gutter

Dachs [daks] *m* ⟨-es, -e⟩ ZOOL badger **Dachschaden** *m* (*infml*) **einen (kleinen) ~ haben** to have a slate loose (*infml*) **Dachterrasse** *f* roof terrace **Dachverband** *m* umbrella organization **Dachwohnung** *f* attic apartment **Dachziegel** *m* roofing tile

Dackel ['dakl] *m* ⟨-s, -⟩ dachshund

dadurch [da'dʊrç, (*emph*) 'da:dʊrç] *adv* **1** (*örtlich*) through there **2** (*kausal* ≈ *auf diese Weise*) in this/that way; **~, dass er das tat, hat er …** (≈ *durch diesen Umstand, diese Tat*) by doing that he …; (≈ *deswegen, weil*) because he did that he …

dafür [da'fy:ɐ, (*emph*) 'da:fy:ɐ] *adv* **1** for that/it; **der Grund ~ ist, dass …** the reason for that is (that) …; **~ stimmen** to vote for it **2** (*als Ersatz*) instead; (*bei Tausch*) in exchange; (*als Gegenleistung*) in return; **… ich mache dir ~ deine Hausaufgaben …** and I'll do your homework in return; **~, dass er erst drei Jahre ist, ist er sehr klug** considering that he's only three he's very clever **3** **er interessiert sich nicht ~** he's not interested in that/it; **ein Beispiel ~ wäre …** an example of that would be … **dafürkönnen** *v/t irr* **er kann nichts dafür, dass es kaputtge-**

gangen ist it's not his fault that it broke
dag (Aus) abbr of Dekagramm
dagegen [da'ge:gn, (emph) 'da:ge:gn] **A**
adv **1** against it; **~ sein** to be against it;
etwas ~ haben to object; **~ lässt sich
nichts machen** nothing can be done
about it **2** (≈ verglichen damit) in comparison **B** cj (≈ im Gegensatz dazu) on the other hand **dagegenhalten** v/t sep irr (≈
vergleichen) to compare it/them with **da-
gegensprechen** v/i sep irr to be against
it; **was spricht dagegen?** what is there
against it?
daheim [da'haim] adv (esp S Ger, Aus,
Swiss) at home; **bei uns ~** back home
(where I/we come from) **Daheim** nt, no
pl (esp S Ger, Aus, Swiss) home
daher [da'he:ɐ, (emph) 'da:he:ɐ] **A** adv **1**
(≈ von dort) from there; **von ~** from there
2 (≈ durch diesen Umstand) that is why; **~
weiß ich das** that's how or why I know
that; **~ kommt es, dass …** that is (the reason) why … **B** cj (≈ deshalb) that is why
dahergelaufen adj **jeder ~e Kerl** any
Tom, Dick or Harry **daherreden** sep **A**
v/i **red doch nicht so (dumm) daher!**
don't talk such nonsense! **B** v/t **was er alles daherredet** the things he comes out
with! (infml)
dahin [da'hɪn, (emph) 'da:hɪn] **A** adv **1**
(räumlich) there; (≈ hierhin) here; **bis ~** as
far as there, up to that point; **bis ~ dauert
es noch zwei Stunden** it'll take us another
two hours to get there **2** (fig ≈ so weit) **~
kommen** to come to that; **es ist ~ gekommen, dass …** things have got to the
stage where … **3** (≈ in dem Sinne) **er äußerte sich ~ gehend, dass …** he said
something to the effect that … **4** (zeitlich)
then **B** adj pred **~ sein** to have gone; **das
Auto ist ~** (hum infml) the car has had it
(infml) **dahingegen** [dahɪn'ge:gn] adv
on the other hand **dahingestellt** [-ɡə-
ʃtɛlt] adj **~ sein lassen, ob …** to leave it
open whether …; **es bleibt or sei ~, ob
…** it is an open question whether …
dahinten [da'hɪntn, (emph) 'da:hɪntn] adv
over there; (hinter Sprecher) back there
dahinter [da'hɪntɐ, (emph) 'da:hɪntɐ] adv
behind (it/that/him etc); **was sich wohl ~
verbirgt?** I wonder what's behind that?
dahinterklemmen v/r sep (infml) to
get one's finger out (infml) **da-
hinterkommen** v/i irr sep aux sein (infml)

to find out; (≈ langsam verstehen) to get it
(infml) **dahinterstecken** v/i sep (infml)
to be behind it/that
dahinvegetieren past part da-
hinvegetiert v/i sep to vegetate
Dahlie ['da:liə] f ⟨-, -n⟩ dahlia
dalassen v/t sep irr to leave (here/there)
daliegen v/i sep irr to lie there
dalli ['dali] adv (infml) **~, ~!** on the double! (infml)
Dalmatiner [dalma'ti:nɐ] m ⟨-s, -⟩ (Hund)
dalmatian
damalig ['da:ma:lɪç] adj attr at that time
damals ['da:ma:ls] adv at that time; **seit
~** since then
Damast [da'mast] m ⟨-(e)s, -e⟩ damask
Dame ['da:mə] f ⟨-, -n⟩ **1** lady; **meine ~n
und Herren!** ladies and gentlemen!; „**Damen**" (≈ Toilette) "Ladies"; **Hundertmeter-
staffel der ~n** women's hundred metre
(Br) or meter (US) relay **2** (Spiel) draughts
sg (Br), checkers sg (US); (≈ Doppelstein) king;
CHESS, CARDS queen **Damebrett** nt
draughtboard (Br), checkerboard (US) **Da-
menbart** m facial hair **Damenbinde**
f sanitary towel (Br) or napkin (US) **Da-
mendoppel** nt TENNIS etc ladies' doubles sg **Dameneinzel** nt TENNIS etc ladies' singles sg **damenhaft A** adj ladylike **B** adv in a ladylike way **Damen-
mannschaft** m SPORTS women's team
Damenschneider(in) m/(f) dressmaker
Damentoilette f (≈ WC) ladies' toilet or
restroom (US) **Damenwahl** f ladies'
choice **Damespiel** nt draughts sg (Br),
checkers sg (US)
damit [da'mɪt, (emph) 'da:mɪt] **A** adv **1**
with it/that; **was will er ~?** what does
he want with that?; **was soll ich ~?** what
am I meant to do with that?; **ist Ihre Frage ~ beantwortet?** does that answer your
question?; **weißt du, was er ~ meint?** do
you know what he means by that?; **wie
wäre es ~?** how about it?; **das/er hat
gar nichts ~ zu tun** that/he has nothing
to do with it; **was willst du ~ sagen?**
what's that supposed to mean?; **weg ~!**
away with it; **Schluss ~!** that's enough
(of that)! **2** **~ kommen wir zum Ende
des Programms** that brings us to the
end of our programmes (Br) or programs
(US) **B** cj so that; **~ er nicht fällt** so that
he does not fall
dämlich ['dɛ:mlɪç] (infml) **A** adj stupid **B**

adv stupidly; **~ fragen** to ask dumb questions *(infml)*

Damm [dam] *m* ⟨-(e)s, ¨-e ['dɛmə]⟩ **1** (≈ *Deich)* dyke *(Br)*, dike *(esp US)*; (≈ *Staudamm)* dam; (≈ *Uferdamm, Bahndamm)* embankment; *(fig)* barrier **2** *(fig infml)* **wieder auf dem ~ sein** to be back to normal; **nicht recht auf dem ~ sein** not to be up to the mark *(infml)* **dämmen** ['dɛmən] *v/t* TECH *Wärme* to keep in; *Schall* to absorb

dämmerig ['dɛmərɪç] *adj Licht* dim; *Zimmer* gloomy **Dämmerlicht** *nt* twilight; (≈ *Halbdunkel)* half-light **dämmern** ['dɛmən] **A** *v/i* **1 2** (≈ *im Halbschlaf sein)* to doze **B** *v/impers* **es dämmert** *(morgens)* dawn is breaking; *(abends)* dusk is falling; **es dämmerte ihm, dass …** *(infml)* he began to realize that … **Dämmerung** ['dɛmərʊŋ] *f* ⟨-, -en⟩ twilight; (≈ *Halbdunkel)* half-light

Dämmung ['dɛmʊŋ] *f* ⟨-, -en⟩ insulation **Dämon** ['dɛːmɔn] *m* ⟨-s, Dämonen [dɛ-'moːnən]⟩ demon **dämonisch** [dɛ'moːnɪʃ] *adj* demonic

Dampf [dampf] *m* ⟨-(e)s, ¨-e ['dɛmpfə]⟩ vapour *(Br)*, vapor *(US)*; (≈ *Wasserdampf)* steam; **~ ablassen** to let off steam; **jdm ~ machen** *(infml)* to make sb get a move on *(infml)* **Dampfbad** *nt* steam bath **Dampfbügeleisen** *nt* steam iron **dampfen** ['dampfn] *v/i* to steam **dämpfen** ['dɛmpfn] *v/t* **1** (≈ *abschwächen)* to muffle; *Farbe* to mute; *Licht* to lower; *Stimmung* to dampen; *Aufprall* to deaden; → **gedämpft 2** COOK to steam **Dämpfer** ['dɛmpfe] *m* ⟨-s, -⟩ steamer; **auf dem falschen ~ sein** *or* **sitzen** *(fig infml)* to have got the wrong idea **Dämpfer** ['dɛmpfe] *m* ⟨-s, -⟩ **einer Sache** *(dat)* **einen ~ aufsetzen** *(infml)* to put a damper on sth *(infml)*

Dampfkochtopf *m* pressure cooker **Dampflok** *f (infml)* steam engine **Dampfmaschine** *f* steam(-driven) engine **Dampfreiniger** *m* (*für Teppiche etc)* steam cleaner **Dampfschiff** *nt* steamship **Dampfwalze** *f* steamroller

danach [da'naːx, *(emph)* 'daːnaːx] *adv* **1** *(zeitlich)* after that/it; **zehn Minuten ~** ten minutes later **2** *(örtlich)* behind (that/it/him/them *etc)* **3** (≈ *dementsprechend)* accordingly; (≈ *laut diesem)* according to that; (≈ *im Einklang damit)* in accordance with that/it; **sie sieht nicht ~ aus** she

doesn't look (like) it; **~ zu urteilen** judging by that; **mir war nicht ~** (zumute)* I didn't feel like it **4** **sie sehnte sich ~** she longed for that/it; **~ kann man nicht gehen** you can't go by that

Däne ['dɛːnə] *m* ⟨-n, -n⟩ Dane **daneben** [da'neːbn, *(emph)* 'daːneːbn] *adv* **1** *(räumlich)* next to him/her/that/it *etc*; **wir wohnen im Haus ~** we live in the house next door **2** (≈ *verglichen damit)* in comparison **3** (≈ *außerdem)* besides that; (≈ *gleichzeitig)* at the same time **danebenbenehmen** *past part* danebenbenommen *v/r sep irr (infml)* to make an exhibition of oneself **danebengehen** *v/i sep irr aux sein* **1** *(Schuss etc)* to miss **2** *(infml* ≈ *scheitern)* to go wrong **danebengreifen** *v/i sep irr* **1** *(beim Fangen)* to miss **2** *(fig infml: mit Schätzung etc)* to be wide of the mark; **im Ton ~** to strike the wrong note; **im Ausdruck ~** to put things the wrong way **danebenhalten** *v/t sep irr* **jdn/etw ~** to compare him/her/it *etc* with sb/sth **danebenliegen** *v/i sep irr (infml* ≈ *sich irren)* to be quite wrong **daneben sein** *v/i irr aux sein (infml* ≈ *sich nicht wohlfühlen)* to not feel up to it *(infml)* **danebentreffen** *v/i sep irr* to miss

Dänemark ['dɛːnəmark] *nt* ⟨-s⟩ Denmark **Dänin** ['dɛːnɪn] *f* ⟨-, -nen⟩ Dane **dänisch** ['dɛːnɪʃ] *adj* Danish

dank [daŋk] *prep +gen or +dat* thanks to **Dank** [daŋk] *m* ⟨-(e)s, no pl⟩ *(ausgedrückt)* thanks *pl*; (≈ *Gefühl der Dankbarkeit)* gratitude; **vielen ~** thank you very much; **als ~ für seine Dienste** in grateful recognition of his service; **zum ~ (dafür)** as a way of saying thank you **dankbar** *adj* **1** (≈ *dankerfüllt)* grateful; (≈ *erleichtert)* thankful; *Publikum* appreciative; **jdm ~ sein** to be grateful to sb *(für* for); **sich ~ zeigen** to show one's gratitude *(gegenüber* to); **ich wäre dir ~, wenn du …** I would appreciate it if you … **2** (≈ *lohnend)* *Aufgabe, Rolle* rewarding **Dankbarkeit** ['daŋkbaːekait] *f* ⟨-, no pl⟩ gratitude **danke** ['daŋkə] *int* **1** thank you, thanks *(infml)*; *(ablehnend)* no thank you; **nein, ~** no thank you; **~ schön** *or* **sehr** thanks very much *(infml)*; **~ vielmals** many thanks; *(iron)* thanks a million *(infml)* **2** *(infml)* **mir geht's ~** I'm OK *(infml)* **danken** ['daŋkn] **A** *v/i* **jdm ~** to thank sb *(für* for); **nichts zu ~** don't mention it; **na,**

ich danke (iron) no thank you; **etw ~d annehmen/ablehnen** to accept/decline sth with thanks **B** v/t ≈ dankbar sein für) **man wird es dir nicht ~** you won't be thanked for it **dankenswert** adj Bemühung commendable; Hilfe kind; (≈ lohnenswert) Aufgabe rewarding **Dankeschön** nt ⟨-s, no pl⟩ thank you **Dankschreiben** nt letter of thanks

dann [dan] adv **1** then; **~ und wann** now and then; **gerade ~, wenn ...** just when ... **2** then; **wenn ..., ~ if ...,** (then); **erst ~, wenn ...** only when ...; **~ eben nicht** well, in that case (there's no more to be said); **also ~ bis morgen** see you tomorrow then **3** (≈ außerdem) **~ ... noch** on top of that ...

daran [da'ran, (emph) 'da:ran] adv **1** (räumlich) on it/that; lehnen, stellen against it/that; legen next to it/that; befestigen to it/that; **nahe** or **dicht ~** right up against it; **nahe ~ sein, etw zu tun** to be on the point of doing sth; **~ vorbei** past it **2** (zeitlich) **im Anschluss ~, ~ anschließend** following that/this **3** **ich zweifle nicht ~** I don't doubt it; **wird sich etwas ~ ändern?** will that change at all?; **~ sieht man, wie ...** there you (can) see how ...; **das Beste** etc **~** the best etc thing about it; **es ist nichts ~** (≈ ist nicht fundiert) there's nothing in it; (≈ ist nichts Besonderes) it's nothing special; → **dran daran-gehen** v/i sep irr aux sein **~, etw zu tun** to set about doing sth **daranmachen** v/r sep (infml) to get down to it; **sich ~, etw zu tun** to set about doing sth **daransetzen** sep v/t **seine ganzen Kräfte ~, etw zu tun** to spare no effort to do sth

darauf [da'rauf, (emph) 'da:rauf] adv **1** (räumlich) on it/that/them etc **2** (Reihenfolge) after that; **~ folgte ...** that was followed by ...; **~ folgend** Tag etc following; Wagen etc behind pred; **am Tag ~** the next day **3** (≈ infolgedessen) because of that; **~ antworten** to answer that; **eine Antwort ~** an answer to that; **~ steht die Todesstrafe** that carries the death penalty; **~ freuen wir uns schon** we're looking forward to it already **darauffolgend** adj attr; → darauf 2 **daraufhin** [darauf'hin, (emph) 'da:raufhin] adv **1** (≈ deshalb) as a result (of that/this); (≈ danach) after that **2** (≈ im Hinblick darauf) with regard to

that/this

daraus [da'raus, (emph) 'da:raus] adv **1** (räumlich) out of that/it/them **2** (≈ in dieser Beziehung) in **man Wein herstellen** you can make wine from that; **~ ergibt sich/folgt, dass ...** it follows from that that ...

darbieten ['da:e-] v/t sep irr (elev) **1** (≈ vorführen) to perform **2** (≈ anbieten) to offer; Speisen to serve **Darbietung** ['da:ebi:tʊŋ] f ⟨-, -en⟩ performance

darin [da'rɪn, (emph) 'da:rɪn] adv **1** (räumlich) in there **2** (≈ in dieser Beziehung) in that respect; **~ ist er ganz groß** (infml) he's very good at that; **der Unterschied liegt ~, dass ...** the difference is that ...

darlegen ['da:e-] v/t sep to explain (jdm to sb) **Darlegung** ['da:ele:gʊŋ] f ⟨-, -en⟩ explanation

Darlehen ['da:ele:ən] nt ⟨-s, -⟩ loan **Darlehensgeber(in)** m/(f) lender **Darlehensnehmer** m ⟨-s, -⟩, **Darlehensnehmerin** [-ərɪn] f borrower

Darm [darm] m ⟨-(e)s, ⁼e ['dɛrmə]⟩ intestine(s pl), bowel(s pl); (für Wurst) (sausage) skin; (für Saiten etc) gut **Darmausgang** m anus **Darmflora** f gut bacteria, gut flora **Darmgrippe** f gastric flu **Darmkrebs** m cancer of the intestine **Darmleiden** nt intestinal trouble no art **Darmsaite** f gut string **Darmspiegelung** f enteroscopy; (des Dickdarms) colonoscopy

darstellen ['da:e-] v/t sep **1** (≈ abbilden) to show; THEAT to portray; (≈ beschreiben) to describe; **die ~den Künste** (≈ Theater) the dramatic arts; (≈ Malerei, Plastik) the visual arts; **sie stellt nichts dar** (fig) she doesn't have much of an air about her **2** (≈ bedeuten) to constitute **Darsteller** ['da:eʃtɛlɐ] m ⟨-s, -⟩ THEAT actor; **der ~ des Hamlet** the actor playing Hamlet **Darstellerin** ['da:eʃtɛlərɪn] f ⟨-, -nen⟩ THEAT actress **darstellerisch** ['da:eʃtɛlərɪʃ] adj dramatic; **eine ~e Höchstleistung** a magnificent piece of acting **Darstellung** ['da:e-] f portrayal; (durch Diagramm etc) representation; (≈ Beschreibung) description; (≈ Bericht) account

darüber [da'ry:bɐ, (emph) 'da:ry:bɐ] adv **1** (räumlich) over that/it/them; **~ hinweg sein** (fig) to have got over it; **~ hinaus** apart from this/that **2** (≈ deswegen) about that/it; **wir wollen nicht ~ streiten, ob ...** we don't want to argue about whether ...

3 (≈ *mehr*) **21 Jahre und ~** 21 years and above; **~ hinaus** over and above that **darüberliegen** *v/i irr sep* (*fig*) to be higher **darüberstehen** *v/i irr sep* (*fig*) to be above such things

darum [da:'rʊm, (*emph*) 'da:rʊm] *adv* **1** (*räumlich*) (a)round that/it/him/her/them **2 es geht ~, dass ...** the thing is that ...; **~ geht es gar nicht** that isn't the point; **~ geht es mir** that's my point; **~ geht es mir nicht** that's not the point for me **3** (≈ *deshalb*) that's why, because ...; **ach ~!** so that's why!; **warum willst du nicht mitkommen? — ~!** (*infml*) why don't you want to come? — (just) 'cos! (*infml*)

darunter [da'rʊntɐ, (*emph*) 'da:rʊntɐ] *adv* **1** (*räumlich*) under that/it/them **2** (≈ *weniger*) under that; **Leute im Alter von 35 Jahren und ~** people aged 35 and under **3** (≈ *dabei*) among them **4 was verstehen Sie ~?** what do you understand by that/ it?; → **drunter**

das [das]; → **der**

da sein *v/i irr aux sein* to be there; **ist Post für mich da?** is there any mail for me?; **war der Briefträger schon da?** has the postman (*Br*) or mailman (*US*) been yet?; **voll ~** (*infml*) to be all there (*infml*); **so etwas ist noch nie da gewesen** it's quite unprecedented

Dasein *nt* existence **Daseinsberechtigung** *f* right to exist

dasitzen *v/i sep irr aux haben or sein* to sit there; **ohne Hilfe ~** (*infml*) to be left without any help

dasjenige ['dasjeːnɪɡə] *dem pron* → **derjenige**

dass [das] *cj* that; **das kommt daher, ~ ...** that comes because ...; **das liegt daran, ~ ...** that is because ...

dasselbe [das'zɛlbə] *dem pron* → **derselbe**

dastehen *v/i sep irr aux haben or sein* **1** (≈ *da sein*) to stand there; **steh nicht so dumm da!** don't just stand there looking stupid **2** (*fig*) **gut/schlecht ~** to be in a good/bad position; **allein ~** to be on one's own; **jetzt stehe ich ohne Mittel da** now I'm left with no money

Date [deːt] *nt* ⟨-(s), -s⟩ (*infml* ≈ *Verabredung, Person*) date; **ein ~ haben** to go out on a date

Datei [da'tai] *f* ⟨-, -en⟩ IT file **Dateimanager** *m* file manager **Dateiname** *m*

file name **Dateiverwaltung** *f* file management

Daten ['daːtn] *pl* IT data *sg* **Datenaustausch** *m* data exchange **Datenautobahn** *f* information highway **Datenbank** *f*, *pl* **-banken** database; (≈ *Zentralstelle*) data bank **Datenbestand** *m* database **Dateneingabe** *f* data input **Datenerfassung** *f* data capture **Datenkompressionsprogramm** *nt* data compression program **Datenmissbrauch** *m* misuse of data **Datennetz** *nt* data network **Datensatz** *m* record **Datenschutz** *m* data protection **Datenschutzbeauftragte(r)** *m/f(m) decl as adj* data protection official **Datenschützer** [-ʃytsɐ] *m* ⟨-s, -⟩, **Datenschützerin** [-ərɪn] *f* ⟨-, -nen⟩ data protectionist **Datenspeicher** *m* data memory; (≈ *Speichermedium*) data storage medium **Datenträger** *m* data carrier **Datenübertragung** *f* data transmission **Datenverarbeitung** *f* data processing

datieren [da'tiːrən] *past part* **datiert** *v/t & v/i* to date (*aus* from)

Dativ ['daːtiːf] *m* ⟨-s, -e [-və]⟩ GRAM dative (case) **Dativobjekt** *nt* GRAM indirect object

dato *adv* **bis ~** (COMM, *infml*) to date

Dattel ['datl] *f* ⟨-, -n⟩ date

Datum ['daːtʊm] *nt* ⟨-s, **Daten** ['daːtn]⟩ date; **was für ein ~ haben wir heute?** what is the date today?; **das heutige ~** today's date; **~ des Poststempels** date as postmark; **ein Nachschlagewerk neueren/älteren ~s** a recent/an old reference work

Dauer ['dauɐ] *f* ⟨-, *no pl*⟩ (≈ *das Andauern*) duration; (≈ *Zeitspanne*) period; (≈ *Länge: einer Sendung etc*) length; **für die ~ eines Monats** for a period of one month; **von ~ sein** to be long-lasting; **keine ~ haben** to be short-lived; **von langer ~ sein** to last a long time; **auf die ~** in the long term; **auf ~** permanently **Dauerarbeitslose(r)** *m/f(m) decl as adj* **die ~n** the long-term unemployed **Dauerarbeitslosigkeit** *f* long-term unemployment **Dauerauftrag** *m* FIN standing order **Dauerbelastung** *f* continual pressure *no indef art*; (*von Maschine*) constant load **Dauerbetrieb** *m* continuous operation **Dauerbrenner** *m* (*infml*) (≈ *Dauererfolg*) long runner; (≈ *Dauerthema*) long-running issue **Dauerfrost** m freeze-up **Dauergast** m permanent guest; (≈ häufiger Gast) regular visitor **dauerhaft** **A** adj Zustand permanent; Bündnis, Frieden lasting attr, long-lasting **B** adv (≈ für immer) permanently **Dauerkarte** f season ticket **Dauerlauf** m SPORTS jog; (≈ das Laufen) jogging **Dauerlutscher** m lollipop **dauern** ['dauən] v/i **1** (≈ andauern) to last **2** (≈ Zeit benötigen) to take a while; **das dauert noch** (infml) it'll be a while yet; **das dauert mir zu lange** it takes too long for me **dauernd** **A** adj Frieden, Regelung lasting; Wohnsitz permanent; (≈ fortwährend) constant **B** adv etw ~ tun to keep doing sth **Dauerparker** [-parkɐ] m ⟨-s, -⟩, **Dauerparkerin** [-ərɪn] f ⟨-, -nen⟩ long-stay (Br) or long-term (US) parker **Dauerregen** m continuous rain **Dauerstellung** f permanent position **Dauerstress** m im ~ sein to be in a state of permanent stress **Dauerthema** nt long-running issue **Dauerwelle** f perm **Dauerwurst** f German salami **Dauerzustand** m permanent state of affairs

Daumen ['daumən] m ⟨-s, -⟩ thumb; **am ~ lutschen** to suck one's thumb; **jdm die ~ drücken** to keep one's fingers crossed for sb **Daumenlutscher(in)** m/(f) thumb-sucker **Daumennagel** m thumbnail **Daumenregister** nt thumb index

Daune ['daunə] f ⟨-, -n⟩ down feather; **~n** down sg **Daunendecke** f (down-filled) duvet (Br) or quilt

davon [da'fɔn, (emph) 'da:fɔn] adv **1** (räumlich) from there **2** (fig) es unterscheidet sich ~ it differs from it; ... und ~ kommt das hohe Fieber ... and that's where the high temperature comes from; **das kommt ~!** that's what you get; **~ stirbst du nicht** it won't kill you; **was habe ICH denn ~?** what do I get out of it? **3** ~ betroffen werden or sein to be affected by that/it/them; **nehmen Sie doch noch etwas ~!** do have some more! **4** (≈ darüber) hören, sprechen about that/it/them; verstehen, halten of that/it/them; **genug ~!** enough of this!; **nichts ~ halten** not to think much of it; **ich halte viel ~** I think it is quite good **davonfahren** v/i sep irr aux sein (Fahrer, Fahrzeug) to drive away; (Zug) to pull away **davonfliegen** v/i sep irr aux sein to fly away **davonjagen** v/t sep to chase off or away **davonkommen** v/i sep irr aux sein (≈ entkommen) to get away; (≈ nicht bestraft werden) to get away with it; **mit dem Schrecken/dem Leben ~** to escape with no more than a shock/with one's life; **mit einer Geldstrafe ~** to get off with a fine **davonlassen** v/t sep irr **die Hände** or **Finger ~** (infml) to leave it/them well alone **davonlaufen** v/i sep irr aux sein (≈ weglaufen) to run away (jdm/vor jdm from sb); (≈ verlassen) to walk out (jdm on sb) **davonmachen** v/r sep to make off **davontragen** v/t sep irr Sieg, Ruhm to win; Schaden, Verletzung to suffer

davor [da'foːɐ, (emph) 'da:foːɐ] adv **1** (räumlich) in front of (that/it/them) **2** (zeitlich) before that **3** ich habe Angst ~, das zu tun I'm afraid of doing that; **ich warne Sie ~!** I warn you! **davor stehen** v/i irr aux haben or sein to stand in front of it/them **davor stellen** v/r to stand in front of it/them

DAX®, Dax [daks] m ⟨-, no pl⟩ abbr of Deutscher Aktienindex DAX index

dazu [da'tsuː, (emph) 'da:tsuː] adv **1** (≈ dabei, damit) with it; **noch ~** as well, too **2** (≈ dahin) to that/it; **er ist auf dem besten Wege ~** he's well on the way to it; **wie konnte es nur ~ kommen?** how could that happen?; **wie komme ich ~?** (empört) why on earth should I?; ... **aber ich bin nicht ~ gekommen** ... but I didn't get (a)round to it **3** (≈ dafür, zu diesem Zweck) for that/it; **ich habe ihm ~ geraten** I advised him to (do that); **~ bereit sein, etw zu tun** to be prepared to do sth; **~ gehört viel Geld** that takes a lot of money; **~ ist er da** that's what he's there for **4** (≈ darüber, zum Thema) about that/it; **was sagst du ~?** what do you say to that? **5** im Gegensatz ~ in contrast to that; **im Vergleich ~** in comparison with that **dazugehören** past part dazugehört v/i sep to belong (to it/us etc); (≈ eingeschlossen sein) to be included (in it/them); **das gehört mit dazu** it's all part of it; **es gehört schon einiges dazu** that takes a lot **dazugehörig** adj attr which goes/go with it/them **dazulernen** v/t sep viel/nichts ~ to learn a lot more/nothing new; **man kann immer was ~** there's always something to learn **dazusetzen** v/r sep to join him/us etc **dazutun** v/t sep irr (infml) to add **Dazutun** nt **ohne dein ~** without your doing/saying anything **dazuverdienen** v/t & v/i sep to earn something extra

dazwischen [da'tsvɪʃn, (emph) 'da:tsvɪʃn] adv (räumlich, zeitlich) in between **dazwischenkommen** v/i sep irr aux sein (≈ störend erscheinen) to get in the way; **... wenn nichts dazwischenkommt!** ... if all goes well; **mir ist leider etwas dazwischengekommen** something has come up **dazwischenreden** v/i sep (≈ unterbrechen) to interrupt (jdm sb)

DB® [de:'be:] f ⟨-⟩ abbr of **Deutsche Bahn** German Railways

DDR [de:de:'ɛr] f ⟨-⟩ HIST abbr of **Deutsche Demokratische Republik** GDR

deaktivieren past part **deaktiviert** v/t IT to disable; Kontrollkästchen to uncheck

Deal [di:l] m ⟨-s, -s⟩ (infml) deal **dealen** ['di:lən] (infml) **A** v/i **mit etw ~** to deal in sth **B** v/t to deal in; Drogen to push **Dealer** ['di:le] m ⟨-s, -⟩, **Dealerin** ['di:lərɪn] f ⟨-, -nen⟩ (drug) dealer

Debakel [de'ba:kl] nt ⟨-s, -⟩ debacle

Debatte [de'batə] f ⟨-, -n⟩ debate; **etw zur ~ stellen** to put sth up for discussion or (PARL) debate; **das steht hier nicht zur ~** that's not the issue **debattieren** [deba'ti:rən] past part **debattiert** v/t & v/i to debate; **über etw** (acc) **~** to discuss sth

Debet ['de:bɛt] nt ⟨-s, -s⟩ FIN debits pl **Debetseite** f FIN debit side

debil [de'bi:l] adj MED feeble-minded **debitieren** [debi'ti:rən] past part **debitiert** v/t FIN to debit

Debüt [de'by:] nt ⟨-s, -s⟩ debut; **sein ~ als etw geben** to make one's debut as sth **dechiffrieren** [deʃi'fri:rən] past part **dechiffriert** v/t to decode

Deck [dɛk] nt ⟨-(e)s, -s⟩ deck; **alle Mann an ~!** all hands on deck!

Deckbett nt feather quilt **Deckchen** ['dɛkçən] nt ⟨-s, -⟩ mat; (auf Tablett) tray cloth; (≈ Tortendeckchen) doily **Decke** ['dɛkə] f ⟨-, -n⟩ **1** cloth; (≈ Wolldecke) blanket; (kleiner) rug; (≈ Steppdecke) quilt; (≈ Bettdecke) cover; **mit jdm unter einer ~ stecken** (fig) to be in league with sb **2** (≈ Zimmerdecke) ceiling; **an die ~ gehen** (infml) to hit the roof (infml); **mir fällt die ~ auf den Kopf** (fig infml) I don't like my own company

Deckel ['dɛkl] m ⟨-s, -⟩ lid; (von Flasche) top; **jdm eins auf den ~ geben** (infml) (≈ schlagen) to hit sb on the head; (≈ ausschimpfen) to give sb a (good) talking-to (infml)

decken ['dɛkn] **A** v/t **1** (≈ zudecken) to cover; **ein Dach mit Ziegeln ~** to roof a building with tiles; → **gedeckt 2** Tisch, Tafel to set **3** (≈ schützen) to cover; FTBL Spieler to mark; Komplizen to cover up for **4** Kosten, Bedarf to cover, to meet; **mein Bedarf ist gedeckt** (fig infml) I've had enough (to last me some time) **5** (COMM, FIN ≈ absichern) Scheck to cover; Defizit to offset **B** v/i to cover; (FTBL ≈ Spieler decken) to mark **C** v/r (Interessen, Begriffe) to coincide; (Aussagen) to correspond; (MAT: Figur) to be congruent **Deckenfluter** ['dɛknflu:te] m ⟨-s, -⟩ torchiere (lamp) **Deckfarbe** f opaque watercolour (Br) or watercolor (US) **Deckmantel** m (fig) mask; **unter dem ~ von ...** under the guise of ... **Deckname** m assumed name; MIL code name **Deckung** ['dɛkʊŋ] f ⟨-, (rare) -en⟩ **1** (≈ Schutz) cover; FTBL, CHESS defence (Br), defense (US); (Boxen, Fechten) guard; **in ~ gehen** to take cover; **jdm ~ geben** to cover sb **2** (COMM, FIN, von Scheck) cover; (von Darlehen) security; **zur ~ seiner Schulden** to cover his debts; **eine ~ der Nachfrage ist unmöglich** demand cannot possibly be met **3** (≈ Übereinstimmung) congruence **deckungsgleich** adj MAT congruent; **~ sein** (fig) to coincide; (Aussagen) to agree **Deckweiß** nt opaque white

Decoder [de'ko:dɐ] m ⟨-s, -⟩ decoder **decodieren** [deko'di:rən] past part **decodiert** v/t to decode

de facto [de 'fakto] adv de facto

Defätismus [defɛ'tɪsmʊs] m ⟨-, no pl⟩ defeatism

defekt [de'fɛkt] adj Gerät etc faulty; Gen defective **Defekt** [de'fɛkt] m ⟨-(e)s, -e⟩ fault; **geistiger ~** mental deficiency

defensiv [defɛn'zi:f] **A** adj defensive; Fahrweise non-aggressive **B** adv defensively **Defensive** [defɛn'zi:və] f ⟨-, (rare) -n⟩ defensive; **in der ~ bleiben** to remain on the defensive

Defibrillator [defɪbrɪ'la:to:ɐ] m ⟨-s, -en [-'to:rən]⟩ MED defibrillator

definierbar adj definable; **schwer/leicht ~** hard/easy to define **definieren** [defi-

'ni:rən] *past part* defin**ie**rt *v/t* to define
Definition [defini'tsio:n] *f* ⟨-, -en⟩ definition **definitiv** [defini'ti:f] **A** *adj* definite **B** *adv* (≈ *bestimmt*) definitely

Defizit ['de:fitsɪt] *nt* ⟨-s, -e⟩ (≈ *Fehlbetrag*) deficit; (≈ *Mangel*) deficiency (*an* +*dat* of)

Deflation [defla'tsio:n] *f* ⟨-, -en⟩ ECON deflation

Deformation [defɔrma'tsio:n] *f* deformation; (≈ *Missbildung*) deformity **deformie-ren** [defɔr'mi:rən] *past part* deform**ie**rt *v/t* to deform

Defroster [de'frɔstɐ] *m* ⟨-s, -⟩ AUTO heated windscreen (*Br*), defroster (*US*)

deftig ['dɛftɪç] *adj Mahlzeit* substantial; *Humor* ribald; *Lüge* huge; *Ohrfeige* cracking (*infml*); *Preis* extortionate

Degen ['de:gn] *m* ⟨-s, -⟩ rapier; SPORTS épée

Degeneration [degenera'tsio:n] *f* degeneration

degenerieren [degene'ri:rən] *past part* degener**ie**rt *v/i aux sein* to degenerate (*zu* into) **degeneriert** [degene'ri:ɛt] *adj* degenerate

degradieren [degra'di:rən] *past part* de-grad**ie**rt *v/t* MIL to demote (*zu* to); (*fig* ≈ *herabwürdigen*) to degrade **Degradierung** *f* ⟨-, -en⟩ MIL demotion (*zu* to); (*fig*) degradation

dehnbar *adj* elastic; (*fig*) flexible **deh-nen** ['de:nən] *v/t & v/r* to stretch; *Laut* to lengthen **Dehnung** *f* ⟨-, -en⟩ stretching; (*von Laut*) lengthening

dehydrieren [dehy'dri:rən] *past part* de-hydr**ie**rt *v/t* CHEM to dehydrate

Deich [daɪç] *m* ⟨-(e)s, -e⟩ dyke (*Br*), dike (*esp US*)

Deichsel ['daɪksl] *f* ⟨-, -n⟩ shaft, whiffle-tree (*US*) **deichseln** ['daɪksln] *v/t* (*infml*) to wangle (*infml*)

dein [daɪn] *poss pr* your; **herzliche Grüße, Deine Elke** with best wishes, yours *or* (*herzlicher*) love Elke **deiner** ['daɪnɐ] *pers pr* of you; **wir werden ~ gedenken** we will remember you **deine(r, s)** ['daɪnə] *poss pr* (*substantivisch*) yours; **der/die/das Deine** (*elev*) yours; **die Deinen** (*elev*) your family, your people; **das Deine** (*elev* ≈ *Besitz*) what is yours **deinerseits** ['daɪnɐ'zaɪts] *adv* (≈ *auf deiner Seite*) for your part; (≈ *von deiner Seite*) on your part **deinesgleichen** ['daɪnəs'glaɪçn] *pron inv* people like you **deinetwegen** ['daɪnət've:gn] *adv* (≈ *wegen dir*) because of you; (≈ *dir zuliebe*) for your sake **deinetwillen** ['daɪnət'vɪlən] *adv* **um ~** for your sake

Deka ['dɛka] *nt* ⟨-(s), -⟩ (*Aus*) = Deka-gramm

dekadent [deka'dɛnt] *adj* decadent **De-kadenz** [deka'dɛnts] *f* ⟨-, *no pl*⟩ decadence

Dekagramm ['deka-, 'dɛka-] *nt* decagram(me)

Dekan [de'ka:n] *m* ⟨-s, -e⟩, **Dekanin** [-ka:nɪn] *f* ⟨-, -nen⟩ UNIV, ECCL dean **De-kanat** [deka'na:t] *nt* ⟨-(e)s, -e⟩ (≈ *Amtssitz*) (UNIV) office of the dean; ECCL deanery

Deklaration [deklara'tsio:n] *f* ⟨-, -en⟩ declaration **deklarieren** [dekla'ri:rən] *past part* deklar**ie**rt *v/t* to declare

Deklination [deklina'tsio:n] *f* ⟨-, -en⟩ GRAM declension **deklinierbar** *adj* GRAM declinable **deklinieren** [dekli'ni:-rən] *past part* deklin**ie**rt *v/t* GRAM to decline

dekodieren [deko'di:rən] *past part* deko-d**ie**rt *v/t* to decode

Dekolleté [dekɔl'te:] *nt* ⟨-s, -s⟩, **De-kolletee** *nt* ⟨-s, -s⟩ low-cut neckline **de-kolletiert** [dekɔl'ti:ɐt] *adj Kleid* low-cut

dekomprimieren [dekɔmpri'mi:rən] *past part* dekomprim**ie**rt *v/t* IT to decompress **dekontaminieren** [dekɔntami'ni:rən] *past part* dekontamin**ie**rt *v/t* to decon-taminate

Dekor [de'ko:ɐ] *m or nt* ⟨-s, -s *or* -e⟩ decoration; (≈ *Muster*) pattern **Dekorateur** [dekora'tø:ɐ] *m* ⟨-s, -e⟩, **Dekorateurin** [-'tø:rɪn] *f* ⟨-, -nen⟩ (≈ *Schaufensterdekora-teur*) window-dresser; (*von Innenräumen*) interior designer **Dekoration** [dekora'tsi-o:n] *f* ⟨-, -en⟩ **1** *no pl* (≈ *das Ausschmücken*) decorating **2** (≈ *Einrichtung*) décor *no pl*; (≈ *Fensterdekoration*) window-dressing; **zur ~ dienen** to be decorative **dekorativ** [deko-ra'ti:f] **A** *adj* decorative **B** *adv* decora-tively **dekorieren** [deko'ri:rən] *past part* dekor**ie**rt *v/t* to decorate; *Schaufenster* to dress **Dekostoff** ['deko-] *m* furnishing fabric

Dekret [de'kre:t] *nt* ⟨-(e)s, -e⟩ decree

Delegation [delega'tsio:n] *f* ⟨-, -en⟩ dele-gation **delegieren** [dele'gi:rən] *past part* deleg**ie**rt *v/t* to delegate (*an* +*acc* to) **De-legierte(r)** [dele'gi:ɐtə] *m/f(m) decl as adj*

delegate

Delfin[1] [dɛl'fiːn] *m* ⟨-s, -e⟩ ZOOL dolphin

Delfin[2] *nt* ⟨-s, *no pl*⟩ (≈ *Delfinschwimmen*) butterfly (stroke)

delikat [deli'kaːt] *adj* **1** (≈ *wohlschmeckend*) exquisite **2** (≈ *behutsam, heikel*) delicate

Delikatesse [delika'tɛsə] *f* ⟨-, -n⟩ (≈ *Leckerbissen*, *fig*) delicacy **Delikatessengeschäft** *nt* delicatessen **Delikatesssenf** *m* (top-)quality mustard

Delikt [de'lɪkt] *nt* ⟨-(e)s, -e⟩ JUR offence (*Br*), offense (*US*)

Delinquent [delɪŋ'kvɛnt] *m* ⟨-en, -en⟩, **Delinquentin** [-'kvɛntɪn] *f* ⟨-, -nen⟩ (*elev*) offender

Delirium [de'liːriʊm] *nt* ⟨-s, Delirien [-riən]⟩ delirium; **im ~ sein** to be delirious; **~ tremens** the DT's

Delle ['dɛlə] *f* ⟨-, -n⟩ (*infml*) dent

Delphin [dɛl'fiːn] = Delfin

Delta ['dɛlta] *nt* ⟨-s, -s *or* Delten ['dɛltn]⟩ GEOG delta

dem [deːm] **A** *def art* to the; **wenn ~ so ist** if that is the way it is; **wie ~ auch sei** be that as it may **B** *dem pron attr* to that **C** *rel pr* to whom, that *or* who(m) … to; (*von Sachen*) to which, which *or* that … to

Demagoge [dema'goːgə] *m* ⟨-n, -n⟩, **Demagogin** [-'goːgɪn] *f* ⟨-, -nen⟩ demagogue **Demagogie** [demago'giː] *f* ⟨-, -n [-'giːən]⟩ demagoguery **demagogisch** [dema'goːgɪʃ] *adj Rede etc* demagogic

demaskieren [demas'kiːrən] *past part* demaskiert *v/t* to unmask, to expose; **jdn als etw ~** to expose sb as sth

dement [de'mɛnt] *adj* suffering from dementia **Dementi** [de'mɛnti] *nt* ⟨-s, -s⟩ denial **dementieren** [demɛn'tiːrən] *past part* dementiert **A** *v/t* to deny **B** *v/i* to deny it **dementsprechend** ['deːmɛnt'ʃprɛçnt] **A** *adv* correspondingly; (≈ *demnach*) accordingly **B** *adj* appropriate; *Gehalt* commensurate

Demenz [de'mɛnts] *f* ⟨-, -en⟩ MED dementia

demnach ['deːmnaːx] *adv* therefore; (≈ *dementsprechend*) accordingly **demnächst** ['deːmnɛːçst, deː'mnɛːçst] *adv* soon

Demo ['deːmo] *f* ⟨-, -s⟩ (*infml*) demo (*infml*)

Demodiskette ['deːmo-] *f* IT demo disk

Demografie [demogra'fiː] *f* ⟨-, -n

[-'fiːən]⟩ demography **demografisch** [demo'graːfɪʃ] *adj* demographic **Demokrat** [demo'kraːt] *m* ⟨-en, -en⟩, **Demokratin** [-'kraːtɪn] *f* ⟨-, -nen⟩ democrat; (*US* POL) Democrat **Demokratie** [demokra'tiː] *f* ⟨-, -n [-'tiːən]⟩ democracy **demokratisch** [demo'kraːtɪʃ] **A** *adj* democratic **B** *adv* democratically

demolieren [demo'liːrən] *past part* demoliert *v/t* to wreck

Demonstrant [demɔn'strant] *m* ⟨-en, -en⟩, **Demonstrantin** [-'strantɪn] *f* ⟨-, -nen⟩ demonstrator **Demonstration** [demɔnstra'tsioːn] *f* ⟨-, -en⟩ demonstration **Demonstrationsverbot** *nt* ban on demonstrations **demonstrativ** [demɔnstra'tiːf] **A** *adj* demonstrative; *Beifall* acclamatory; *Protest* pointed **B** *adv* pointedly; **~ Beifall spenden** to make a point of applauding **Demonstrativpronomen** *nt* demonstrative pronoun **demonstrieren** [demɔn'striːrən] *past part* demonstriert *v/t & v/i* to demonstrate

Demontage [demɔn'taːʒə] *f* dismantling **demontieren** [demɔn'tiːrən] *past part* demontiert *v/t* to dismantle; *Räder* to take off

demoralisieren [demorali'ziːrən] *past part* demoralisiert *v/t* (≈ *entmutigen*) to demoralize

Demoskopie [demosko'piː] *f* ⟨-, *no pl*⟩ (public) opinion research **demoskopisch** [demo'skoːpɪʃ] *adj Daten, Erkenntnisse* opinion poll *attr*; **~es Institut** (public) opinion research institute; **eine ~e Untersuchung** a (public) opinion poll

Demut ['deːmuːt] *f* ⟨-, *no pl*⟩ humility **demütig** ['deːmyːtɪç] **A** *adj* humble **B** *adv* humbly **demütigen** ['deːmyːtɪgn] *v/t* to humiliate **Demütigung** *f* ⟨-, -en⟩ humiliation; **jdm eine ~ zufügen** to humiliate sb

demzufolge ['deːmtsu'fɔlgə] *adv* therefore

Den Haag [deːn'haːk] *nt* ⟨-s⟩ The Hague **Denkanstoß** *m* something to start one thinking; **jdm Denkanstöße geben** to give sb something to think about **Denkaufgabe** *f* brain-teaser **denkbar** **A** *adj* conceivable; **es ist durchaus ~, dass er kommt** it's very possible that he'll come **B** *adv* extremely; (≈ *ziemlich*) rather; **den ~ schlechtesten Eindruck machen** to make the worst possible impression

denken ['dɛŋkən] *pret* **dachte** ['daxtə], *past part* **gedacht** [gə'daxt] **A** *v/i* **1** to think; **das gibt einem zu ~** it makes you think; **solange ich ~ kann** (for) as long as I can remember; **wo ~ Sie hin!** what an idea!; **wie ~ Sie darüber?** what do you think about it?; **ich denke genauso** I think the same (way); **ich denke schon** I think so; **ich denke nicht** I don't think so **2** **~ an** to think of *or* about; **das Erste, woran ich dachte** the first thing I thought of; **daran ist gar nicht zu ~** that's (quite) out of the question; **ich denke nicht daran!** no way! (*infml*); **denk daran!** don't forget! **B** *v/t* to think; **sagen was man denkt** to say what one thinks; **was denkst du jetzt?** what are you thinking (about)?; **für jdn/etw gedacht sein** (≈ *vorgesehen*) to be intended for sb/sth; **so war das nicht gedacht** that wasn't what I/he *etc* had in mind; **wer hätte das (von ihr) gedacht!** who'd have thought it (of her)!; **ich habe mir nichts Böses dabei gedacht** I meant no harm (by it); **das kann ich mir ~** I can imagine; **das habe ich mir gleich gedacht** I thought that from the first; **das habe ich mir gedacht** I thought so; **ich denke mir mein Teil** I have my own thoughts on the matter; **sie denkt sich nichts dabei** she thinks nothing of it; → **gedacht Denken** *nt* ⟨-s, *no pl*⟩ (≈ *Gedankenwelt*) thought; (≈ *Denkweise*) thinking **Denker** ['dɛŋkɐ] *m* ⟨-s, -⟩, **Denkerin** [-ərɪn] *f* ⟨-, -nen⟩ thinker **Denkfähigkeit** *f* ability to think **denkfaul** *adj* (mentally) lazy; **sei nicht so ~!** get your brain working! **Denkfehler** *m* flaw in the/one's reasoning **Denkmal** ['dɛŋkmaːl] *nt* ⟨-s, -e (*liter*) *or* ⁓er [-mɛːlə]⟩ (≈ *Gedenkstätte*) monument (**für** to); (≈ *Standbild*) statue **denkmalgeschützt** *adj Gebäude, Monument* listed; *Baum etc* protected; **das ist ein ~es Haus** this house is a listed building **Denkmal(s)pflege** *f* preservation of historical monuments **Denkmal(s)schutz** *m* **unter ~ stehen** to be classified as a historical monument **Denkmodell** *nt* (≈ *Entwurf*) plan for further discussion **Denkpause** *f* break, adjournment; **eine ~ einlegen** to have a break to think things over **Denkprozess** *m* thought-process **Denkschrift** *f* memo (*infml*) **Denkvermögen** *nt* capacity for

thought **denkwürdig** *adj* memorable **Denkzettel** *m* (*infml*) warning; **jdm einen ~ verpassen** to give sb a warning **denn** [dɛn] **A** *cj* **1** (*kausal*) because **2** (*elev: vergleichend*) than; **schöner ~ je** more beautiful than ever **3** (*konzessiv*) **es sei ~,** (**dass**) unless **B** *adv* (*verstärkend*) **wann/wo ~?** when/where?; **warum ~ nicht?** why not?; **was soll das ~?** what's all this then?

dennoch ['dɛnɔx] *adv* nevertheless **Dental(laut)** [dɛn'taːl-] *m* ⟨-s, -e⟩ LING dental **Denunziant** [denʊn'tsiant] *m* ⟨-en, -en⟩, **Denunziantin** [-'tsiantɪn] *f* ⟨-, -nen⟩ (*pej*) informer **denunzieren** [denʊn'tsiːrən] *past part* **denunziert** *v/t* to denounce **Deo** ['deːo] *nt* ⟨-(s), -s⟩ *abbr of* Deodorant **Deodorant** [deodo'rant] *nt* ⟨-s, -s *or* -e⟩ deodorant **Deoroller** *m* roll-on (deodorant) **Deospray** *nt or m* deodorant spray **Departement** [departə'mãː] *nt* ⟨-s, -s⟩ (*esp Swiss*) department **deplatziert** [depla'tsiːet] *adj* out of place **Deponie** [depo'niː] *f* ⟨-, -n [-'niːən]⟩ dump **deponieren** [depo'niːrən] *past part* **deponiert** *v/t* (*elev*) to deposit **Deportation** [depɔrta'tsioːn] *f* ⟨-, -en⟩ deportation **deportieren** [depɔr'tiːrən] *past part* **deportiert** *v/t* to deport **Deportierte(r)** [depɔr'tiːetə] *m/f(m) decl as adj* deportee **Depot** [de'poː] *nt* ⟨-s, -s⟩ **1** depot; (≈ *Wertpapierdepot*) depository; (≈ *Schließfach*) safety deposit box **2** (*Swiss* ≈ *Pfand*) deposit **Depp** [dɛp] *m* ⟨-en *or* -s, -e(n)⟩ (*pej*) twit (*infml*) **Depression** [deprɛ'sioːn] *f* depression; **~en haben** to suffer from depression **depressiv** [deprɛ'siːf] *adj* depressive; ECON depressed **deprimieren** [depri'miːrən] *past part* **deprimiert** *v/t* to depress **deprimierend** *adj* depressing **deprimiert** [depri'miːet] *adj* depressed **der** [deːe], **die** [diː], **das** [das] *pl* **die A** *def art, gen* **des, der, des,** *pl* **der,** *dat* **dem, der, dem,** *pl* **den,** *acc* **den, die, das,** *pl* **die** the; **der/die Arme!** the poor man/woman *or* girl; **die Engländer** the English *pl*; **der Hans** (*infml*) Hans; **der Rhein** the Rhine; **er nimmt den Hut ab** he takes his hat off; **der und der Wissenschaftler** such and such a scientist **B** *dem pron,* *gen* **dessen** or (*old*) **des, deren, dessen,** *pl* **deren,** *dat* **dem, der, dem,** *pl* **denen,** *acc* **den, die, das,** *pl* **die** (*substantivisch*) he/she/it; (*pl*) those, them (*infml*); **der/die war es** it was him/her; **der/die mit der großen Nase** the one or him/her (*infml*) with the big nose; **der und schwimmen?** him, swimming?; **der/die da** (*von Menschen*) he/she, that man/woman *etc*; (*von Gegenständen*) that (one); **die hier/da** *pl* these/those; **die so etwas tun, ...** those who do that sort of thing ... **C** *rel pr decl as dem pr* (*Mensch*) who, that; (*Gegenstand, Tier*) which, that

derart ['deːɐ̯ʔaːɐ̯t] *adv* (*Art und Weise*) in such a way; **er hat sich ~ benommen, dass ...** he behaved so badly that ...; **ein ~ unzuverlässiger Mensch** such an unreliable person **derartig** ['deːɐ̯ʔaːɐ̯tɪç] **A** *adj* such; (*etwas*) **Derartiges** something like that **B** *adv* = derart

derb [dɛrp] *adj* **1** (≈ *kräftig*) strong **2** (≈ *grob*) coarse; *Sprache* crude

Derby ['dɛrbi] *nt* ⟨-s, -s⟩ horse race for three-year-olds, derby (*US*)

deregulieren [deregu'liːrən] *past part* **dereguliert** *v/t* ECON to deregulate

deren ['deːrən] *rel pr* **1** (*sing*) whose **2** (*pl*) whose, of whom; (*von Sachen*) of which **derentwegen** ['deːrənt'veːgn] *adv* because of whom; (*von Sachen*) because of which

dergleichen ['deːɐ̯'glaɪçn] *dem pron inv* **1** (*adjektivisch*) of that kind; **~ Dinge** things of that kind **2** (*substantivisch*) that sort of thing; **nichts ~** nothing of that kind

Derivat [deri'vaːt] *nt* ⟨-(e)s, -e⟩ derivative **derjenige** ['deːɐ̯jeːnɪɡə], **diejenige, dasjenige** *pl* **diejenigen** *dem pron* (*substantivisch*) the one; (*pl*) those

dermaßen ['deːɐ̯'maːsn] *adv* (*mit adj*) so; (*mit vb*) so much; **ein ~ dummer Kerl** such a stupid fellow

Dermatologe [dɛrmato'loːɡə] *m* ⟨-en, -en⟩, **Dermatologin** [-'loːɡɪn] *f* ⟨-, -nen⟩ dermatologist **Dermatologie** [dɛrmatolo'giː] *f* ⟨-, *no pl*⟩ dermatology

derselbe [deːɐ̯'zɛlbə], **dieselbe, dasselbe** *pl* **dieselben** *dem pron* the same; **noch mal dasselbe, bitte!** (*infml*) same again, please; **ein und ~ Mensch** one and the same person

derzeit ['deːɐ̯'tsaɪt] *adv* (≈ *jetzt*) at present **derzeitig** ['deːɐ̯'tsaɪtɪç] *adj attr* (≈ *jetzig*)

present, current

Desaster [de'zaste] *nt* ⟨-s, -⟩ disaster **Deserteur** [dezɛr'tøːɐ̯] *m* ⟨-s, -e⟩, **Deserteurin** [-'tøːrɪn] *f* ⟨-, -nen⟩ deserter **desertieren** [dezɛr'tiːrən] *past part* **desertiert** *v/i aux sein* or (*rare*) *haben* to desert

desgleichen ['dɛs'glaɪçn] *adv* (≈ *ebenso*) likewise

deshalb ['dɛs'halp] *adv, cj* therefore; (≈ *aus diesem Grunde*) because of that; **~ bin ich hergekommen** that is what I came here for; **~ also!** so that's why!; **~ frage ich ja** that's exactly why I'm asking

Design [di'zaɪn] *nt* ⟨-s, -s⟩ design **designen** [di'zaɪnən] *past part* **designt** [di'zaɪnt] *v/t* to design **Designer** [di'zaɪne] *m* ⟨-s, -⟩, **Designerin** [di'zaɪnərɪn] *f* ⟨-, -nen⟩ designer **Designerdroge** *f* designer drug **Designermöbel** *pl* designer furniture *sg* **Designermode** *f* designer fashion

designiert [dezɪ'gniːɐ̯t] *adj attr* **der ~e Vorsitzende** the chairman elect

Desinfektion [dɛsɪnfɛk'tsjoːn, dezɪ-] *f* disinfection **Desinfektionsmittel** *nt* disinfectant **desinfizieren** [dɛsɪnfi'tsiːrən, dezɪ-] *past part* **desinfiziert** *v/t Zimmer, Bett etc* to disinfect; *Spritze, Gefäß etc* to sterilize **Desinformation** [dɛsɪnfɔrma'tsjoːn, dezɪ-] *f* POL disinformation *no pl* **Desinteresse** [dɛsɪntə'rɛsə, dezɪ-] *nt* lack of interest (*an +dat* in) **desinteressiert** [dɛsɪntərɛ'siːɐ̯t, dezɪ-] *adj* uninterested; *Gesicht* bored

deskriptiv [dɛskrɪp'tiːf] *adj* descriptive **Desktop-Publishing** ['dɛsktɔp'pablɪʃɪŋ] *nt* ⟨-, *no pl*⟩ desktop publishing

desolat [dezo'laːt] *adj* (*elev*) desolate; *Zustand* desperate

Despot [dɛs'poːt] *m* ⟨-en, -en⟩, **Despotin** [-'poːtɪn] *f* ⟨-, -nen⟩ despot **despotisch** [dɛs'poːtɪʃ] *adj* despotic

dessen ['dɛsn] *rel pr* whose; (*von Sachen*) of which, which ... of

Dessert [dɛ'seːɐ̯] *nt* ⟨-s, -s⟩ dessert **Dessin** [dɛ'sɛ̃ː] *nt* ⟨-s, -s⟩ TEX pattern **destabilisieren** [destabili'ziːrən, -ʃt-] *past part* **destabilisiert** *v/t* to destabilize **Destabilisierung** *f* ⟨-, -en⟩ destabilization **destillieren** [dɛstɪ'liːrən] *past part* **destilliert** *v/t* to distil (*Br*), to distill (*US*)

desto ['dɛsto] *cj* **~ mehr/besser** all the more/better; **~ schneller** all the faster; → **je**

destruktiv [destrʊk'tiːf] *adj* destructive

deswegen ['dɛs've:gn] *adv* = deshalb

Detail [de'tai, de'taːj] *nt* ⟨-s, -s⟩ detail; **ins ~ gehen** to go into detail(s); **im ~** in detail; **bis ins kleinste ~** (right) down to the last detail **Detailfrage** *f* question of detail **detailgenau, detailgetreu** *adj* accurate in every detail **detailliert** [deta'jiːɛt] **A** *adj* detailed **B** *adv* in detail; **~er** in greater detail

Detektiv [detɛk'tiːf] *m* ⟨-s, -e [-və]⟩, **Detektivin** [-'tiːvɪn] *f* ⟨-, -nen⟩ private investigator **Detektivroman** *m* detective novel **Detektor** [de'tɛktoːɐ] *m* ⟨-s, Detektoren [-'toːrən]⟩ TECH detector

Detonation [detona'tsioːn] *f* ⟨-, -en⟩ explosion **detonieren** [deto'niːrən] *past part* detoniert *v/i aux sein* to explode

Deut ['dɔyt] *m* **um keinen ~** not one iota

deuten ['dɔytn] **A** *v/t* (≈ *auslegen*) to interpret; **etw falsch ~** to misinterpret sth **B** *v/i* **(mit dem Finger) auf etw** (*acc*) ~ to point (one's finger) at sth; **alles deutet darauf, dass ...** all the indications are that ... **deutlich** ['dɔytlɪç] **A** *adj* clear; **~ werden** to make oneself clear; **das war ~!** (≈ *taktlos*) that was clear enough; **muss ich ~er werden?** have I not made myself clear enough? **B** *adv* clearly; **~ zu sehen/hören** easy to see/hear; **jdm ~ zu verstehen geben, dass ...** to make it clear to sb that ... **Deutlichkeit** *f* ⟨-, *no pl*⟩ clarity; **etw mit aller ~ sagen** to make sth perfectly clear

deutsch [dɔytʃ] *adj* German; **mit jdm ~ reden** (*fig infml*: *deutlich*) to speak bluntly with sb **Deutsch** [dɔytʃ] *nt* ⟨-(s), *dat -, no pl*⟩ German; **~ sprechend** German-speaking; **sich auf ~ unterhalten** to speak (in) German; **auf gut ~ (gesagt)** (*fig infml*) in plain English; **deutsch-englisch** *adj* POL Anglo-German; LING German-English **Deutsche(r)** ['dɔytʃə] *m/f(m) decl as adj* **er ist ~r** he is (a) German; **die ~n** the Germans **deutschfeindlich** *adj* anti-German **deutschfreundlich** *adj* pro-German **Deutschland** ['dɔytʃlant] *nt* ⟨-s⟩ Germany **Deutschlehrer(in)** *m/f(m)* German teacher **deutschsprachig** *adj Bevölkerung, Gebiete* German-speaking; *Zeitung* German language; *Literatur* German **Deutschstunde** *f* German lesson **Deutschunterricht** *m* German lessons *pl*; (≈ *das Unterrichten*) teaching German

Deutung ['dɔytʊŋ] *f* ⟨-, -en⟩ interpretation

Devise [de'viːzə] *f* ⟨-, -n⟩ **1** (≈ *Wahlspruch*) motto **2** FIN **Devisen** *pl* foreign exchange **Devisenbestimmungen** *pl* foreign exchange control regulations *pl* **Devisenbörse** *f* foreign exchange market **Devisengeschäft** *nt* foreign exchange dealing **Devisenhandel** *m* foreign exchange dealings *pl* **Devisenhändler(in)** *m/f(m)* foreign exchange dealer **Devisenkurs** *m* exchange rate

Dezember [de'tsɛmbe] *m* ⟨-(s), -⟩ December; → März

dezent [de'tsɛnt] **A** *adj* discreet; *Kleidung* subtle; *Einrichtung* refined **B** *adv andeuten* discreetly

dezentral [detsɛn'traːl] **A** *adj* decentralized **B** *adv verwalten* decentrally **Dezentralisierung** *f* decentralization

Dezernat [detsɛr'naːt] *nt* ⟨-(e)s, -e⟩ ADMIN department

Dezibel ['deːtsibɛl, -'bɛl] *nt* ⟨-s, -⟩ decibel **Dezigramm** *nt* decigram(me) **Deziliter** *m or nt* decilitre (*Br*), deciliter (*US*) **dezimal** [detsi'maːl] *adj* decimal **Dezimalbruch** *m* decimal fraction **Dezimalstelle** *f* decimal place **Dezimalsystem** *nt* decimal system **Dezimalzahl** *f* decimal number **Dezimeter** [detsi'meːte, 'deːtsimeːte] *m or nt* decimetre (*Br*), decimeter (*US*) **dezimieren** [detsi'miːrən] *past part* dezimiert *v/t* to decimate

d. h. *abbr of* das heißt i.e.

Dia ['diːa] *nt* ⟨-s, -s⟩ PHOT slide

Diabetes [dia'beːtɛs] *m* ⟨-, *no pl*⟩ diabetes **Diabetiker** [dia'beːtike] *m* ⟨-s, -⟩, **Diabetikerin** [-ərɪn] *f* ⟨-, -nen⟩ diabetic **diabetisch** [dia'beːtɪʃ] *adj* diabetic

Diagnose [dia'gnoːzə] *f* ⟨-, -n⟩ diagnosis; **eine ~ stellen** to make a diagnosis **diagnostisch** [dia'gnɔstɪʃ] *adj* diagnostic **diagnostizieren** [diagnɔsti'tsiːrən] *past part* diagnostiziert *v/t & v/i* (MED, *fig*) to diagnose

diagonal [diago'naːl] **A** *adj* diagonal **B** *adv* diagonally **Diagonale** [diago'naːlə] *f* ⟨-, -n⟩ diagonal

Diagramm *nt, pl* -gramme diagram

Dialekt [dia'lɛkt] *m* ⟨-(e)s, -e⟩ dialect **Dialektik** [dia'lɛktɪk] *f* ⟨-, *no pl*⟩ PHIL dialectics *sg or pl* **dialektisch** [dia'lɛktɪʃ] *adj* PHIL dialectic(al)

Dialog [dia'loːk] *m* ⟨-(e)s, -e [-gə]⟩ dialogue (Br), dialog (US)

Dialyse [dia'ly:zə] f ⟨-, -n⟩ MED dialysis **Dialysegerät** [dia'ly:zə-] nt dialysis machine

Diamant [dia'mant] m ⟨-en, -en⟩ diamond **diamanten** [dia'mantn] adj attr diamond; **~e Hochzeit** diamond wedding

diametral [diame'tra:l] **A** adj diametral; (fig) **B** adv **~ entgegengesetzt sein** to be diametrically opposite

Diaphragma [dia'fragma] nt ⟨-s, Diaphragmen [-mən]⟩ TECH, MED diaphragm

Diapositiv nt slide **Diaprojektor** m slide projector **Diarahmen** m slide frame

Diät [di'ɛ:t] f ⟨-, -en⟩ MED diet; **~ kochen** to cook according to a diet; **~ halten** to keep to a diet; **jdn auf ~ setzen** (infml) to put sb on a diet **Diätassistent(in)** m/(f) dietician

Diäten pl PARL parliamentary allowance **Diätkost** f dietary foods pl

Diavortrag m slide presentation

dich [dɪç] **A** pers pr acc of **du** you **B** refl pr yourself; **wie fühlst du ~?** how do you feel?

dicht [dɪçt] **A** adj **1** Haar, Hecke thick; Wald, Gewühl dense; Verkehr heavy; Gewebe close; **in ~er Folge** in rapid succession **2** (≈ wasserdicht) watertight; (≈ luftdicht) airtight; **~ machen** to seal; **er ist nicht ganz ~** (infml) he's nuts (infml) **B** adv **1** (≈ nahe) closely; **(~ an) ~ stehen** to stand close together **2** (≈ sehr stark) bevölkert densely; **~ behaart** very hairy; **~ bewölkt** heavily overcast; **~ gedrängt** closely packed; Programm packed **3** **~ an/bei** close to; **~ dahinter** right behind; **~ daneben** close beside it; **~ hintereinander** close(ly) behind one another **Dichte** ['dɪçtə] f ⟨-, -n, no pl⟩ **1** (von Haar, Hecke) thickness; (von Verkehr) heaviness **2** PHYS density

dichten ['dɪçtn] **A** v/t to write **B** v/i to write poems/a poem **Dichter** ['dɪçtɐ] m ⟨-s, -⟩, **Dichterin** [-ərɪn] f ⟨-, -nen⟩ poet; (≈ Schriftsteller) writer **dichterisch** ['dɪçtərɪʃ] adj poetic; (≈ schriftstellerisch) literary; **~e Freiheit** poetic licence (Br) or license (US)

dichtgedrängt adj attr; → dicht **dichthalten** v/i sep irr (infml) to keep one's mouth shut (infml) **Dichtkunst** f art of poetry; (≈ Schriftstellerei) creative writing **dichtmachen** v/t & v/i sep (infml)

Fabrik, Betrieb etc to close down; **(den Laden) ~** to shut up shop (and go home) (infml)

Dichtung¹ ['dɪçtʊŋ] f ⟨-, -en⟩ **1** no pl (≈ Dichtkunst) literature; (in Versform) poetry; **~ und Wahrheit** (fig) fact and fiction **2** (≈ Dichtwerk) poem; literary work

Dichtung² f ⟨-, -en⟩ TECH seal; (in Wasserhahn etc) washer **Dichtungsring** m seal; (in Wasserhahn) washer

dick [dɪk] **A** adj **1** thick; Mensch, Buch, Brieftasche fat; **3 m ~e Wände** walls 3 metres (Br) or meters (US) thick; **~ machen** (Speisen) to be fattening; **~ werden** (Mensch ≈ zunehmen) to get fat; **durch ~ und dünn** through thick and thin **2** (infml) Fehler big; **das ist ein ein ~es Lob** that's high praise; **das ist ein ~er Hund** (infml ≈ unerhört) that's a bit much (infml) **3** (≈ geschwollen) swollen **4** (infml ≈ herzlich) Freundschaft close **B** adv **1** (≈ reichlich) thickly; **etw ~ mit Butter bestreichen** to spread butter thickly on sth; **er hat es ~(e)** (infml ≈ hat es satt) he's had enough of it; (≈ hat viel) he's got enough and to spare **2** (infml ≈ eng) **mit jdm ~ befreundet sein** to be thick with sb (infml)

dickbäuchig [-bɔyçɪç] adj Mensch potbellied **Dickdarm** m ANAT colon **Dicke** ['dɪkə] f ⟨-, -n⟩ **1** (≈ Stärke, Durchmesser) thickness **2** (von Menschen, Körperteilen) fatness **Dicke(r)** ['dɪkɐ] m/f(m) decl as adj (infml) fatso (infml) **Dickerchen** ['dɪkɐçən] nt ⟨-s, -⟩ (infml) chubby **dickfellig** [-fɛlɪç] adj (infml) thick-skinned **dickflüssig** adj thick, viscous (TECH) **Dickhäuter** [-hɔytɐ] m ⟨-s, -⟩ pachyderm; (fig) thick-skinned person **Dickicht** ['dɪkɪçt] nt ⟨-(e)s, -e⟩ (≈ Gebüsch) thicket; (fig) jungle **Dickkopf** m **1** (≈ Starrsinn) obstinacy; **einen ~ haben** to be obstinate **2** (≈ Mensch) mule (infml) **dickköpfig** adj (fig) stubborn **Dickköpfigkeit** f ⟨-, no pl⟩ stubbornness **dicklich** ['dɪklɪç] adj plump **Dickmilch** f COOK sour milk **Dickschädel** m (infml) = Dickkopf

Didaktik [di'daktɪk] f ⟨-, -en⟩ didactics sg (form), teaching methods pl **didaktisch** [di'daktɪʃ] **A** adj didactic **B** adv didactically

die [di:]; → der

Dieb [di:p] m ⟨-(e)s, -e [-bə]⟩, **Diebin** ['di:bɪn] f ⟨-, -nen⟩ thief; **haltet den ~!** stop thief! **Diebesbande** f gang of

D

thieves **Diebesgut** *nt, no pl* stolen property **diebisch** ['diːbɪʃ] *adj* **1** thieving *attr* **2** *(infml) Freude* mischievous **Diebstahl** ['diːpʃtaːl] *m* ⟨-(e)s, ⸚e [-ʃtɛːlə]⟩ theft; **bewaffneter ~** armed robbery; **geistiger ~** plagiarism **Diebstahlsicherung** *f* AUTO antitheft device

diejenige ['diːjeːnɪɡə] *dem pron* → derjenige

Diele ['diːlə] *f* ⟨-, -n⟩ **1** (≈ *Fußbodenbrett*) floorboard **2** (≈ *Vorraum*) hall

dienen ['diːnən] *v/i* to serve *(jdm/einer Sache* sb/sth); (≈ *Militärdienst leisten*) to do (one's) military service; **als/zu etw ~** to serve as/for sth; **es dient einem guten Zweck** it serves a useful purpose; **damit kann ich leider nicht ~** I'm afraid I can't help you there; **damit ist mir wenig gedient** that's no use to me **Diener** ['diːnɐ] *m* ⟨-s, -⟩ **1** (≈ *Mensch*) servant **2** *(infml* ≈ *Verbeugung)* bow **Dienerin** ['diːnərɪn] *f* ⟨-, -nen⟩ maid **dienlich** ['diːnlɪç] *adj* useful; **jdm/einer Sache ~ sein** to be of use or help to sb/sth **Dienst** [diːnst] *m* ⟨-(e)s, -e⟩ service; **diplomatischer/öffentlicher ~** diplomatic/civil service; **den ~ quittieren, aus dem ~ (aus)scheiden** to resign one's post; MIL to leave the service; **~ mit der Waffe** MIL armed service; **~ haben** *(Arzt etc)* to be on duty; *(Apotheke)* to be open; **~ habend** = diensthabend; **außer ~ sein** to be off duty; **~ nach Vorschrift** work to rule; **sich in den ~ der Sache stellen** to embrace the cause; **jdm einen schlechten ~ erweisen** to do sb a bad turn; **jdm gute ~e leisten** to serve sb well; **~ am Kunden** customer service **Dienstag** ['diːnstaːk] *m* Tuesday; **am ~ on** Tuesday; **hast du ~ Zeit?** have you time on Tuesday?; **jeden ~** every Tuesday; **ab nächsten ~** from next Tuesday; **~ in einer Woche** a week on Tuesday; **~ vor einer Woche** a week (ago) last Tuesday **Dienstagabend** *m* Tuesday evening **dienstagabends** *adv* on Tuesday evenings **Dienstagmorgen** *m* Tuesday morning **Dienstagnachmittag** *m* Tuesday afternoon **dienstags** ['diːnstaːks] *adv* on Tuesdays; **~ abends** on Tuesday evenings **Dienstalter** *nt* length of service **dienstbeflissen** *adj* zealous **dienstbereit** *adj Apotheke* open *pred; Arzt* on call *pred* **Dienstbote** *m*, **Dienstbotin** *f* servant **dienstfrei** *adj* free; **~er Tag** day off, free

day; **~ haben** to have a day off **Dienstgeheimnis** *nt* official secret **Dienstgrad** *m* (MIL ≈ *Rangstufe*) rank **diensthabend** *adj attr Arzt, Offizier etc* duty *attr,* on duty **Dienstherr(in)** *m/(f)* employer **Dienstleister** [-laistɐ] *m* ⟨-s, -⟩ (≈ *Firma*) service company **Dienstleistung** *f* service **Dienstleistungsbetrieb** *m* service company **Dienstleistungsgewerbe** *nt* services trade **dienstlich** ['diːnstlɪç] **A** *adj Angelegenheiten* business *attr; Schreiben* official **B** *adv* on business **Dienstmädchen** *nt* maid **Dienstplan** *m* duty roster **Dienstreise** *f* business trip **Dienstschluss** *m* end of work; **nach ~** after work **Dienststelle** *f* ADMIN department **Dienststunden** *pl* working hours *pl* **diensttauglich** *adj* MIL fit for duty **diensttuend** [-tuənt] *adj Arzt* duty *attr,* on duty **Dienstwagen** *m* company car **Dienstweg** *m* **den ~ einhalten** to go through the proper channels *pl*

dies [diːs] *dem pron inv* this; *(pl)* these; **~ sind** these are; **~ und das** this and that **diesbezüglich** *(form) adj* regarding this **diese** ['diːzə] *dem pron* → dieser **Diesel** ['diːzl] *m* ⟨-s, -⟩ *(infml)* diesel **dieselbe** [diː'zɛlbə] *dem pron* → derselbe **Dieselmotor** *m* diesel engine **Dieselöl** *nt* diesel oil

dieser ['diːzɐ], **diese**, **dieses** *pl* **diese** *dem pron* this; *(pl)* these; **diese(r, s) hier** this (one); **diese(r, s) da** that (one); **dieses und jenes** this and that; **~ und jener** this person and that; **am 5. dieses Monats** on the 5th of this month; **(nur) dieses eine Mal** just this/that once

diesig ['diːzɪç] *adj Wetter, Luft* hazy **diesjährig** *adj attr* this year's **diesmal** *adv* this time **diesseits** ['diːsaits] *prep +gen* on this side of

Dietrich ['diːtrɪç] *m* ⟨-s, -e⟩ skeleton key **diffamieren** [dɪfa'miːrən] *past part* diffamiert *v/t* to defame **Diffamierung** *f* ⟨-, -en⟩ (≈ *das Diffamieren*) defamation (of character); (≈ *Bemerkung etc*) defamatory statement

Differential [dɪfərɛn'tsiaːl] *nt* ⟨-s, -e⟩ = Differenzial **Differenz** [dɪfə'rɛnts] *f* ⟨-, -en⟩ **1** difference **2** *usu pl* (≈ *Meinungsverschiedenheit*) difference (of opinion) **Differenzial** [dɪfərɛn'tsiaːl] *nt* ⟨-s, -e⟩ MAT, AUTO differential **differenzieren** [dɪfərɛn'tsiːrən] *past* *part* differenz**ie**rt *v/i* to make distinctions (*bei* in); (≈ *den Unterschied verstehen*) to differentiate (*bei* in) **differenz**ie**rt** [dɪfərɛn-ˈtsiːɐt] *adv gestalten* in a sophisticated manner; **ich sehe das etwas ~er** I think it's a bit more complex than that

diffu**s** [dɪˈfuːs] *adj Gedanken* confused; *Rechtslage* unclear

digi**tal** [digiˈtaːl] **A** *adj* digital **B** *adv* digitally **Dig**i**talfernsehen** *nt* digital television **dig**i**talisieren** [digitaliˈziːrən] *past part* **dig**i**talisiert** *v/t* to digitalize **Dig**i**talisierung** *f* ⟨-, -en⟩ digitalization **Dig**i**talkamera** *f* digital camera **Dig**i**talrechner** *m* IT digital calculator **Dig**i**taltechnik** *f* IT digital technology **Dig**i**taluhr** *f* digital clock; (≈ *Armbanduhr*) digital watch

Dikta**t** [dɪkˈtaːt] *nt* ⟨-(e)s, -e⟩ dictation; **ein ~ schreiben** SCHOOL to do (a) dictation; **etw nach ~ schreiben** to write sth from dictation **Dikt**a**tor** [dɪkˈtaːtoːɐ] *m* ⟨-s, Diktatoren [-ˈtoːrən]⟩, **Dikt**a**torin** [-ˈtoː-rɪn] *f* ⟨-, -nen⟩ dictator **dikt**a**torisch** [dɪktaˈtoːrɪʃ] *adj* dictatorial **Dikt**a**tur** [dɪkta-ˈtuːɐ] *f* ⟨-, -en⟩ dictatorship **dikt**ie**ren** [dɪkˈtiːrən] *past part* **dikt**ie**rt** *v/t* to dictate

Dile**mma** [diˈlɛma] *nt* ⟨-s, -s *or* (*geh*) -ta [-ta]⟩ dilemma

Diletta**nt** [dileˈtant] *m* ⟨-en, -en⟩, **Dilett**a**ntin** [-ˈtantɪn] *f* ⟨-, -nen⟩ amateur **dilett**a**ntisch** [dileˈtantɪʃ] **A** *adj* amateurish **B** *adv* amateurishly

Dill [dɪl] *m* ⟨-(e)s, -e⟩ BOT, COOK dill

Dimensio**n** [dimɛnˈzioːn] *f* ⟨-, -en⟩ dimension

Dimmer [ˈdɪmɐ] *m* ⟨-s, -⟩ dimmer (switch)

DIN® [dɪn, diːn] *f* ⟨-, *no pl*⟩ *abbr of* Deutsche Industrie-Norm German Industrial Standard; **~ A4** A4

Ding [dɪŋ] *nt* ⟨-(e)s, -e *or* (*inf*) -er⟩ **1** thing; **guter ~e sein** (*elev*) to be in good spirits; **berufliche ~e** professional matters; **so wie die ~e liegen** as things are; **vor allen ~en** above all (things) **2** (*infml*) **das ist ein ~!** now there's a thing! (*infml*); **ein tolles ~!** great! (*infml*); **das war vielleicht ein ~** (*infml*) that was quite something (*infml*) **Dings** [dɪŋs] *nt* ⟨-, *no pl*⟩, **Dingsbums** [ˈdɪŋsbʊms] *nt* ⟨-, *no pl*⟩ (*infml*) (≈ *Sache*) whatsit (*infml*)

Dinkel [ˈdɪŋkl] *m* ⟨-s, -⟩ BOT spelt

Dinosau**rier** [dino-] *m* dinosaur

Dio**de** [diˈoːdə] *f* ⟨-, -n⟩ diode

Dio**xid** [diɔˈksiːt] *nt* ⟨-s, -e [-də]⟩ dioxide

Diö**zese** [diøˈtseːzə] *f* ⟨-, -n⟩ diocese

Dip [dɪp] *m* ⟨-s, -s⟩ (*Sauce*) dip

Diphte**rie** [dɪfteˈriː] *f* ⟨-, -n [-ˈriːən]⟩ diphtheria

Diphto**ng** [dɪfˈtɔŋ] *m* ⟨-s, -e⟩ diphthong

Diplo**m** [diˈploːm] *nt* ⟨-s, -e⟩ diploma **Dipl**o**marbeit** *f* dissertation (*submitted for a diploma*)

Diploma**t** [diploˈmaːt] *m* ⟨-en, -en⟩, **Diplom**a**tin** [-ˈmaːtɪn] *f* ⟨-, -nen⟩ diplomat **Diplom**a**tie** [diplomaˈtiː] *f* ⟨-, *no pl*⟩ diplomacy **diplom**a**tisch** [diploˈmaːtɪʃ] (POL, *fig*) **A** *adj* diplomatic **B** *adv* diplomatically; **sie hat sich nicht sehr ~ verhalten** she wasn't very diplomatic

diplomie**rt** [diploˈmiːɐt] *adj* qualified **Dipl**o**m-Ingenieur(in)** *m/(f)* qualified engineer **Dipl**o**m-Kauffrau** *f*, **Dipl**o**m--Kaufmann** *m* business school graduate

DIP-Schalter [ˈdɪp-] *m* IT dip switch

dir [diːɐ] *pers pr dat of* du to you

dire**kt** [diˈrɛkt] **A** *adj* **1** direct; **eine ~e Verbindung** (*mit Zug*) a through train; (*mit Flugzeug*) a direct flight **2** (≈ *genau*) *Antwort, Auskunft* clear **B** *adv* **1** (≈ *unmittelbar*) directly; **~ von/zu** straight from/to; **~ neben/unter** right next to/under; **~ übertragen** *or* **senden** to transmit live **2** (≈ *unverblümt*) bluntly; **jdm etw ~ ins Gesicht sagen** to tell sb sth (straight) to his face **3** (*infml* ≈ *geradezu*) really; **nicht ~** not exactly **Dir**e**ktflug** *m* direct flight **Direkti**o**n** [dirɛkˈtsioːn] *f* ⟨-, -en⟩ (≈ *Leitung*) management **Direkt**i**ve** *f* ⟨-, -n⟩ (*elev*) directive **Dir**e**ktkandidat(in)** *m/(f)* POL candidate seeking a direct mandate **Dir**e**ktmandat** *nt* POL direct mandate **Dir**e**ktor** [diˈrɛktoːɐ] *m* ⟨-s, Direktoren [-ˈtoːrən]⟩, **Dir**e**ktorin** [-ˈtoːrɪn] *f* ⟨-, -nen⟩ director; (*von Schule*) headmaster/-mistress (*esp Br*), principal (*esp US*) **Direkt**o**rium** [dirɛkˈtoːriʊm] *nt* ⟨-s, Direktorien [-riən]⟩ board of directors **Dir**e**ktübertragung** *f* (RADIO, TV) live transmission **Dir**e**ktverbindung** *f* RAIL through train; AVIAT direct flight **Dir**e**ktvertrieb** *m* direct marketing

Dirige**nt** [diriˈgɛnt] *m* ⟨-en, -en⟩, **Dirig**e**ntin** [-ˈgɛntɪn] *f* ⟨-, -nen⟩ MUS conductor **dirig**ie**ren** [diriˈgiːrən] *past part* **dirig**ie**rt** *v/t* **1** (*also v/i*, MUS) to conduct **2** (≈ *leiten*) *Verkehr etc* to direct

Dirndl ['dɪrndl] nt ⟨-s, -⟩ **1** (a. **Dirndl-kleid**) dirndl **2** (Aus ≈ Mädchen) girl
Dirne ['dɪrnə] f ⟨-, -n⟩ prostitute
Discjockey ['dɪskdʒɔke] m ⟨-s, -s⟩ disc jockey **Disco** ['dɪsko] f ⟨-, -s⟩ disco
Discountladen [dɪs'kaunt-] m discount shop
Diskette [dɪs'kɛtə] f ⟨-, -n⟩ disk **Diskettenlaufwerk** nt disk drive
Diskjockey m = Discjockey **Disko** f = Disco
Diskont [dɪs'kɔnt] m ⟨-s, -e⟩ FIN discount **diskontieren** [dɪskɔn'tiːrən] past part diskontiert v/t FIN to discount **Diskontsatz** m FIN discount rate (Br), bank rate (US)
Diskothek [dɪsko'teːk] f ⟨-, -en⟩ (≈ Tanzbar) discotheque
diskreditieren [dɪs-] past part diskreditiert v/t (elev) to discredit
Diskrepanz [dɪskre'pants] f ⟨-, -en⟩ discrepancy
diskret [dɪs'kreːt] **A** adj discreet; (≈ vertraulich) confidential **B** adv discreetly **Diskretion** [dɪskre'tsioːn] f ⟨-, no pl⟩ discretion; (≈ vertrauliche Behandlung) confidentiality; ~ **üben** to be discreet
diskriminieren [dɪskrimi'niːrən] past part diskriminiert v/t to discriminate against **diskriminierend** adj discriminatory **Diskriminierung** f ⟨-, -en⟩ discrimination
Diskurs [dɪs'kʊrs] m (elev) discourse
Diskus ['dɪskʊs] m ⟨-, -se or Disken ['dɪskn]⟩ discus
Diskussion [dɪskʊ'sioːn] f ⟨-, -en⟩ discussion; **zur ~ stehen** to be under discussion **Diskussionsbedarf** m need for discussion **Diskussionsleiter(in)** m/(f) moderator **Diskussionsrunde** f round of discussions; (≈ Personen) discussion group **Diskussionsteilnehmer(in)** m/(f) participant (in a discussion)
Diskuswerfen nt ⟨-s, no pl⟩ throwing the discus **Diskuswerfer(in)** m/(f) discus thrower
diskutabel [dɪsku'taːbl] adj worth discussing **diskutieren** [dɪsku'tiːrən] past part diskutiert v/t & v/i to discuss; **über etw** (acc) ~ to discuss sth; **darüber lässt sich** ~ that's debatable
disponieren [dɪspo'niːrən] past part disponiert v/i (elev) **1** (≈ verfügen) **über jdn** ~ to command sb's services (form); **über etw ~ können** (≈ zur Verfügung haben) to

have sth at one's disposal **2** (≈ planen) to make arrangements or plans
Disposition [dɪs-] f (elev) **zur ~ stehen** to be up for consideration
Disput [dɪs'puːt] m ⟨-(e)s, -e⟩ (elev) dispute
Disqualifikation [dɪs-] f disqualification **disqualifizieren** [dɪs-] past part disqualifiziert v/t to disqualify
dissen ['dɪsn] v/t (sl) to slag off (Br infml), to diss (esp US infml)
Dissertation [dɪsɛrta'tsioːn] f ⟨-, -en⟩ dissertation; (≈ Doktorarbeit) (doctoral) thesis
Dissident [dɪsi'dɛnt] m ⟨-en, -en⟩, **Dissidentin** [-'dɛntɪn] f ⟨-, -nen⟩ dissident
Dissonanz [dɪso'nants] f ⟨-, -en⟩ MUS dissonance; (fig) (note of) discord
Distanz [dɪs'tants] f ⟨-, -en⟩ distance; (≈ Zurückhaltung) reserve; ~ **halten** or **wahren** to keep one's distance; **auf ~ gehen** (fig) to distance oneself **distanzieren** [dɪstan'tsiːrən] past part distanziert v/r **sich von jdm/etw ~** to distance oneself from sb/sth **distanziert** [dɪstan'tsiːet] **A** adj Verhalten distant **B** adv ~ **wirken** to seem distant
Distel ['dɪstl] f ⟨-, -n⟩ thistle
Disziplin [dɪstsi'pliːn] f ⟨-, -en⟩ discipline; ~ **halten** (Klasse) to behave in a disciplined manner **disziplinarisch** [dɪstsipli'naːrɪʃ] **A** adj disciplinary **B** adv **jdn ~ bestrafen** to take disciplinary action against sb **Disziplinarstrafe** f punishment **Disziplinarverfahren** nt disciplinary proceedings pl **disziplinieren** [dɪstsipli'niːrən] past part diszipliniert v/t to discipline **diszipliniert** [dɪstsipli'niːet] **A** adj disciplined **B** adv in a disciplined manner **disziplinlos** adj undisciplined **Disziplinlosigkeit** f ⟨-, -en⟩ lack no pl of discipline
dito ['diːto] adv (COMM, hum) ditto
Diva ['diːva] f ⟨-, -s or Diven ['diːvn]⟩ star
Divergenz [dɪver'gɛnts] f ⟨-, -en, no pl⟩ divergence **divergieren** [dɪver'giːrən] past part divergiert v/i to diverge
divers [dɪ'vɛrs] adj attr various; „**Diverses**" "miscellaneous" **diversifizieren** [dɪverzifi'tsiːrən] past part diversifiziert v/t & v/i to diversify
Dividende [divi'dɛndə] f ⟨-, -n⟩ FIN dividend **dividieren** [divi'diːrən] past part dividiert v/t & v/i to divide (durch by) **Division** [divi'zioːn] f ⟨-, -en⟩ MAT, MIL division

DNS [deːˈɛnˈɛs] f ⟨-⟩ abbr of Desoxyribonu-
kleinsäure DNA **DNS-Code** m DNA code
doch [dɔx] **A** cj (≈ aber) but; **und ~ hat er
es getan** but he still did it **B** adv **1** (≈
trotzdem) anyway; **du weißt es ja ~ besser**
you always know better than I do anyway;
und ~, ... and yet ...; ja ~! of course!;
nein ~! of course not!; **also ~!** so it IS/so
he DID! etc **2** (als bejahende Antwort) yes I
do/it does etc; **hat es dir nicht gefallen?
— (~,) ~!** didn't you like it? — (oh) yes I
did! **3 komm ~ do come; lass ihn ~!** just
leave him!; **nicht ~!** don't (do that)!; **du
hast ~ nicht etwa ...?** you haven't ...,
have you?; **hier ist es ~ ganz nett** it's actually quite nice here; **Sie wissen ~, wie
das so ist** (well,) you know how it is, don't
you?
Docht [dɔxt] m ⟨-(e)s, -e⟩ wick
Dock [dɔk] nt ⟨-s, -s or -e⟩ dock
Dogge [ˈdɔɡə] f ⟨-, -n⟩ mastiff; **Deutsche
~** Great Dane
Dogma [ˈdɔɡma] nt ⟨-s, Dogmen [-mən]⟩
dogma **Dogmatiker** [dɔˈɡmaːtike] m ⟨-s,
-⟩, **Dogmatikerin** [-ərɪn] f ⟨-, -nen⟩
dogmatist **dogmatisch** [dɔˈɡmaːtɪʃ] adj
dogmatic
Dohle [ˈdoːlə] f ⟨-, -n⟩ ORN jackdaw
Doktor [ˈdɔktoːɐ] m ⟨-s, Doktoren [-ˈtoː-
rən]⟩, **Doktorin** [-ˈtoːrɪn, ˈdɔktorɪn] f ⟨-,
-nen⟩ (≈ Arzt) doctor; **sie ist ~** she has a
doctorate; **seinen ~ machen** to do a doctorate **Doktorand** [dɔktoˈrant] m ⟨-en,
-en [-dn]⟩, **Doktorandin** [-ˈrandɪn] f ⟨-,
-nen⟩ graduate student studying for a
doctorate **Doktorarbeit** f doctoral or
PhD thesis **Doktorprüfung** f examination for a/one's doctorate **Doktortitel**
m doctorate **Doktorvater** m UNIV supervisor
Doktrin [dɔkˈtriːn] f ⟨-, -en⟩ doctrine
Dokument [dokuˈmɛnt] nt ⟨-(e)s, -e⟩ document; (fig ≈ Zeugnis) record **Dokumentarfilm** m documentary (film) **dokumentarisch** [dokumɛnˈtaːrɪʃ] **A** adj documentary **B** adv **~ festhalten** to document sth **Dokumentation** [dokumɛn-
taˈtsioːn] f ⟨-, -en⟩ documentation **dokumentieren** [dokumɛnˈtiːrən] past part do-
kumentiert v/t to document sth **Doku-
mentvorlage** f IT template
Dolch [dɔlç] m ⟨-(e)s, -e⟩ dagger
Dolchstoß (esp fig) m stab (also fig)
Dole [ˈdoːlə] f (Swiss ≈ Gully) drain

Dollar [ˈdɔlar] m ⟨-(s), -s or (nach Zahlenangaben) -⟩ dollar; **hundert ~** a hundred dollars **Dollarkurs** m dollar rate
Dollarzeichen nt dollar sign
dolmetschen [ˈdɔlmɛtʃn] v/t & v/i to interpret; **jdm** or **für jdn ~** to interpret for sb
Dolmetscher [ˈdɔlmɛtʃe] m ⟨-s, -⟩,
Dolmetscherin [-ərɪn] f ⟨-, -nen⟩ interpreter
Dolomiten [doloˈmiːtn] pl GEOG **die ~** the
Dolomites pl
Dom [doːm] m ⟨-(e)s, -e⟩ cathedral
Domäne [doˈmɛːnə] f ⟨-, -n⟩ domain
dominant [domiˈnant] adj dominant **dominieren** [domiˈniːrən] past part domi-
niert **A** v/i to be (pre)dominant; (Mensch)
to dominate **B** v/t to dominate **dominierend** adj dominating
dominikanisch [dominiˈkaːnɪʃ] adj GEOG
die Dominikanische Republik the Domin-
ican Republic
Domino nt ⟨-s, -s⟩ (≈ Spiel) dominoes sg
Dominoeffekt m domino effect **Dominospiel** nt dominoes sg **Domino-
stein** m domino
Domizil [domiˈtsiːl] nt ⟨-s, -e⟩ domicile
(form)
Dompfaff [ˈdoːmpfaf] m ⟨-en or -s, -en⟩
ORN bullfinch
Dompteur [dɔmpˈtøːe] m ⟨-s, -e⟩,
Dompteurin [-ˈtørɪn] f ⟨-, -nen⟩ trainer;
(von Raubtieren) tamer
Donau [ˈdoːnau] f ⟨-⟩ **die ~** the (river)
Danube
Döner [ˈdøːne] m ⟨-s, -⟩ doner kebab **Dö-
nerbude** f (infml) doner kebab shop
Donner [ˈdɔne] m ⟨-s, (rare) -⟩ thunder no
indef art, no pl; (≈ Donnerschlag) clap of
thunder; **wie vom ~ gerührt** (fig infml)
thunderstruck **donnern** [ˈdɔnen] **A**
v/impers to thunder; **es donnerte in der
Ferne** there was (the sound of) thunder
in the distance **B** v/i aux haben or (bei Bewegung) sein to thunder; **gegen etw ~** (≈
prallen) to crash into sth **donnernd** adj
(fig) thunderous **Donnerschlag** m clap
of thunder
Donnerstag [ˈdɔnestaːk] m Thursday; →
Dienstag **donnerstags** [ˈdɔnestaːks]
adv on Thursdays
Donnerwetter nt (fig infml ≈ Schelte) row;
~! (infml: anerkennend) my word!; **(zum) ~!**
(infml: zornig) damn (it)! (infml)
doof [doːf] (infml) adj dumb (infml); **~ fra-**

D

gen to ask a dumb question **Doofmann** *m, pl* -männer (*infml*) blockhead (*infml*)

dopen ['dɔpn, 'doːpn] SPORTS **A** *v/t* to dope **B** *v/i & v/r* to take drugs; → gedopt

Doping ['dɔpɪŋ, 'doːpɪŋ] *nt* ⟨-s, -s⟩ SPORTS drug-taking; (*bei Pferden*) doping **Dopingkontrolle** *f* SPORTS drug(s) test **Dopingtest** *m* SPORTS drug(s) test **Dopingverdacht** *m* SPORTS **bei ihm besteht ~** he is suspected of having taken drugs

Doppel ['dɔpl] *nt* ⟨-s, -⟩ **1** (≈ *Duplikat*) duplicate (copy) **2** TENNIS *etc* doubles *sg* **Doppelagent(in)** *m/(f)* double agent **Doppelbett** *nt* double bed; (≈ *zwei Betten*) twin beds *pl* **Doppeldecker** [-dɛkɐ] *m* ⟨-s, -⟩ **1** AVIAT biplane **2** (*a.* **Doppeldeckerbus**) double-decker (bus) **doppeldeutig** [-dɔytɪç] *adj* ambiguous **Doppeldeutigkeit** *f* ⟨-, -en⟩ ambiguity **Doppelfehler** *m* TENNIS double fault **Doppelfenster** *nt* **~ haben** to have double glazing **Doppelfunktion** *f* dual function **Doppelgänger** [-gɛŋɐ] *m* ⟨-s, -⟩, **Doppelgängerin** [-ərɪn] *f* ⟨-, -nen⟩ double **Doppelhaus** *nt* semi (*Br infml*), duplex (house) (*US*) **Doppelhaushälfte** *f* semidetached house (*Br*), duplex (house) (*US*) **Doppelkinn** *nt* double chin **Doppelklick** *m* IT double click (*auf +acc* on) **doppelklicken** *v/i sep* IT to double-click (*auf +acc* on) **Doppelleben** *nt* double life **Doppelmoral** *f* double (moral) standard(s *pl*) **Doppelmord** *m* double murder **Doppelname** *m* (≈ *Nachname*) double-barrelled (*Br*) *or* double-barreled (*US*) name **Doppelpack** *m* twin pack **Doppelpass** *m* **1** FTBL one-two **2** (*für doppelte Staatsbürgerschaft*) second passport **Doppelpunkt** *m* colon **Doppelrolle** *f* THEAT double role; (*fig*) dual capacity **doppelseitig** [-zaɪtɪç] *adj* two-sided; *Lungenentzündung* double; **~e Anzeige** double page spread; **~e Lähmung** diplegia **Doppelsieg** *m* double victory **Doppelspiel** *nt* **1** TENNIS (game of) doubles *sg* **2** (*fig*) double game **Doppelstecker** *m* two-way adaptor **doppelstöckig** *adj Haus* two-storey (*Br*), two-story (*US*); *Bus* double-decker *attr*; **ein ~es Bett** bunk beds *pl* **Doppelstunde** *f esp* SCHOOL double period **doppelt** ['dɔplt] **A** *adj* double; *Staatsbürgerschaft* dual; **die ~e Freude**

double the pleasure; **~er Boden** (*von Koffer*) false bottom; **~e Moral** double standards *pl*; **ein ~es Spiel spielen** *or* **treiben** to play a double game **B** *adv* double; (≈ *zweimal*) twice; **~ so schön** twice as nice; **die Karte habe ich ~** I have two of these cards; **~ gemoppelt** (*infml*) saying the same thing twice over; **~ und dreifach** *sich entschuldigen* profusely; *prüfen* thoroughly; **~ (genäht) hält besser** (*prov*) ≈ better safe than sorry (*prov*) **Doppelte(s)** ['dɔpltə] *nt decl as adj* double; **um das ~ größer** twice as large; **das ~ bezahlen** to pay twice as much **Doppelverdiener(in)** *m/(f)* person with two incomes; (*pl ≈ Paar*) double-income couple **Doppelzentner** *m* 100 kilos **Doppelzimmer** *nt* double room

Dorf [dɔrf] *nt* ⟨-(e)s, ̈-er ['dœrfə]⟩ village; **auf dem ~(e)** (≈ *auf dem Land*) in the country **Dorfbewohner(in)** *m/(f)* villager **Dörfchen** ['dœrfçən] *nt* ⟨-s, -⟩ small village **dörflich** ['dœrflɪç] *adj* village *attr*; (≈ *ländlich*) rural **Dorfplatz** *m* village square **Dorftrottel** *m* (*infml*) village idiot

Dorn [dɔrn] *m* ⟨-(e)s, -en *or* (*inf*) -e *or* ̈-er ['dœrnə]⟩ **1** (BOT, *fig*) thorn; **das ist mir ein ~ im Auge** (*fig*) that is a thorn in my side (*esp Br*) **2** *pl* ⟨-e⟩ (≈ *Sporn*) spike; (*von Schnalle*) tongue **Dornenhecke** *f* thorn(y) hedge **dornenreich** *adj* thorny; (*fig*) fraught with difficulty **dornig** ['dɔrnɪç] *adj* thorny **Dornröschen** [-'røːsçən] *nt* Sleeping Beauty

dörren ['dœrən] *v/t & v/i* (*v/i: aux sein*) to dry **Dörrfleisch** *nt* dried meat **Dörrobst** *nt* dried fruit

Dorsch [dɔrʃ] *m* ⟨-(e)s, -e⟩ (≈ *Kabeljau*) cod (-fish)

dort [dɔrt] *adv* there; **~ zu Lande** = dortzulande **dortbehalten** *past part* dortbehalten *v/t sep irr* to keep there **dortbleiben** *v/i sep irr aux sein* to stay there **dorther** ['dɔrt'heːɐ, dɔrt'heːɐ, (*emph*) 'dɔrtheːɐ] *adv* from there **dorthin** ['dɔrt'hɪn, dɔrt'hɪn, (*emph*) 'dɔrthɪn] *adv* there **dorthinaus** ['dɔrthɪ'naus, dɔrthɪ'naus, (*emph*) 'dɔrthɪnaus] *adv* **frech bis ~** (*infml*) really cheeky (*Br*) *or* fresh (*US infml*) **dortig** ['dɔrtɪç] *adj* there (*nachgestellt*) **dortzulande** ['dɔrttsulandə] *adv* in that country

Dose ['doːzə] *f* ⟨-, -n⟩ **1** (≈ *Blechdose*) tin; (≈ *Konservendose, Bierdose*) can; (*für Schmuck,* *aus Holz)* box; **in ~n** *(Konserven)* canned **2** ELEC socket

dösen ['døːzn] *v/i (infml)* to doze

Dosenbier *nt* canned beer **Dosenmilch** *f* canned *or* tinned *(Br)* milk, condensed milk **Dosenöffner** *m* can-opener **Dosenpfand** *nt* deposit on drink cans

dosieren [do'ziːrən] *past part* **dosiert** *v/t Arznei* to measure into doses; *Menge* to measure out **Dosierung** *f* ⟨-, -en⟩ (≈ *Dosis)* dose **Dosis** ['doːzɪs] *f* ⟨-, **Dosen** ['doːzn]⟩ dose; **in kleinen Dosen** in small doses

Dossier [dɔ'sieː] *nt* ⟨-s, -s⟩ dossier

Dotcom ['dɔtkɔm] *f* ⟨-, -s⟩ (COMM *sl* ≈ *Internetfirma)* dotcom

dotieren [do'tiːrən] *past part* **dotiert** *v/t Posten* to remunerate *(mit* with); *Preis* to endow *(mit* with); **eine gut dotierte Stellung** a remunerative position **Dotierung** *f* ⟨-, -en⟩ endowment; *(von Posten)* remuneration

Dotter ['dɔtɐ] *m or nt* ⟨-s, -⟩ yolk **dottergelb** *adj* golden yellow

doubeln ['duːbln] **A** *v/t jdn* to stand in for; *Szene* to shoot with a stand-in **B** *v/i* to stand in; (≈ *als Double arbeiten)* to work as a stand-in **Double** ['duːbl] *nt* ⟨-s, -s⟩ FILM *etc* stand-in

down [daun] *adj pred (infml)* **~ sein** to be (feeling) down

downloaden ['daunloːdn] *v/t & v/i insep* IT to download

Downloadshop ['daunloːtʃɔp] *m* ⟨-s, -s⟩ download store

Downsyndrom ['daun-] *nt, no pl* MED Down's syndrome; **ein Kind mit ~** a Down's (syndrome) child

Dozent [do'tsɛnt] *m* ⟨-en, -en⟩, **Dozentin** [-'tsɛntɪn] *f* ⟨-, -nen⟩ lecturer *(für* in), (assistant) professor *(US) (für* of)

Drache ['draxə] *m* ⟨-n, -n⟩ MYTH dragon **Drachen** ['draxn] *m* ⟨-s, -⟩ **1** (≈ *Papierdrachen)* kite; *(SPORTS* ≈ *Fluggerät)* hang-glider; **einen ~ steigen lassen** to fly a kite **2** *(pej infml)* dragon *(infml)* **Drachenfliegen** *nt* ⟨-s, *no pl*⟩ SPORTS hang-gliding **Drachenflieger(in)** *m/(f)* SPORTS hang-glider

Dragee [dra'ʒeː] *nt* ⟨-s, -s⟩, **Dragée** [dra-'ʒeː] *nt* ⟨-s, -s⟩ dragee; (≈ *Bonbon)* sugar-coated chocolate sweet

Draht [draːt] *m* ⟨-(e)s, ⸚e ['drɛːtə]⟩ wire; **auf ~ sein** *(infml)* to be on the ball *(infml)*

Drahtbürste *f* wire brush **Drahtgitter** *nt* wire netting **Drahthaardackel** *m* wire-haired dachshund **drahtig** ['draːtɪç] *adj Haar, Mensch* wiry **drahtlos** *adj* wireless; *Telefon* cordless **Drahtschere** *f* wire cutters *pl* **Drahtseil** *nt* wire cable; **Nerven wie ~e** *(infml)* nerves of steel **Drahtseilakt** *m* balancing act **Drahtseilbahn** *f* cable railway **Drahtzaun** *m* wire fence **Drahtzieher** [-tsiːɐ] *m* ⟨-s, -⟩, **Drahtzieherin** [-ərɪn] *f* ⟨-, -nen⟩ *(fig)* wirepuller *(esp US)*

drakonisch [dra'koːnɪʃ] *adj* Draconian

drall [dral] *adj Mädchen, Arme* strapping; *Busen* ample

Drall [dral] *m* ⟨-(e)s, -e⟩ *(von Kugel, Ball)* spin; **einen ~ nach links haben** *(Auto)* to pull to the left

Drama ['draːma] *nt* ⟨-s, **Dramen** [-mən]⟩ drama **Dramatik** [dra'maːtɪk] *f* ⟨-, *no pl*⟩ drama **Dramatiker** [dra'maːtɪkɐ] *m* ⟨-s, -⟩, **Dramatikerin** [-ərɪn] *f* ⟨-, -nen⟩ dramatist **dramatisch** [dra'maːtɪʃ] **A** *adj* dramatic **B** *adv* dramatically **dramatisieren** [dramati'ziːrən] *past part* **dramatisiert** *v/t* to dramatize **Dramaturg** [dra-ma'tʊrk] *m* ⟨-en, -en [-gn]⟩, **Dramaturgin** [-'tʊrgɪn] *f* ⟨-, -nen⟩ literary manager **dramaturgisch** [drama'tʊrgɪʃ] *adj* dramatic

dran [dran] *adv (infml)* **1** (≈ *an der Reihe)* **jetzt bist du ~** it's your turn now; **(wenn er erwischt wird,) dann ist er ~** (if he gets caught) he'll be for it *(infml)* **2** **schlecht ~ sein** to be in a bad way; **gut ~ sein** to be well off; *(gesundheitlich)* to be well; **früh/spät ~ sein** to be early/late; **an den Gerüchten ist nichts ~** there's nothing in those rumours; → **daran dranbleiben** *v/i sep irr aux sein (infml: am Apparat)* to hang on; **an der Arbeit ~** to stick at one's work

Drang [draŋ] *m* ⟨-(e)s, ⸚e ['drɛŋə]⟩ (≈ *Antrieb)* urge, impulse; (≈ *Sehnsucht)* yearning *(nach* for)

drangeben *v/t sep irr (infml* ≈ *opfern)* to give up

Drängelei [drɛŋə'lai] *f* ⟨-, -en⟩ *(infml)* pushing; *(im Verkehr)* jostling; (≈ *Bettelei)* pestering **drängeln** ['drɛŋln] *(infml)* **A** *v/i* to push; *(im Verkehr)* to jostle **B** *v/t & v/i* (≈ *betteln)* to pester **C** *v/r* **sich nach vorne** *etc* **~** to push one's way to the front *etc*

drängen ['drɛŋən] **A** *v/i* to press; **darauf**

~, eine Antwort zu erhalten, auf Antwort ~ to press for an answer; **darauf** ~, **dass etw getan wird** to press for sth to be done; **die Zeit drängt** time is pressing; **es drängt nicht** it's not pressing **B** *v/t* **1** to push **2** (≈ *auffordern*) to urge **C** *v/r* (*Menge*) to throng; **sich nach vorn** ~ to push one's way to the front; → **gedrängt Drängen** *nt* ⟨-s, *no pl*⟩ urging; (≈ *Bitten*) requests *pl* **drängend** *adj* pressing **Drängler** *m* ⟨-s, -⟩, **Dränglerin** [-ərɪn] *f* ⟨-, -nen⟩ ⟨-s, -⟩ AUTO tailgater **drangsalieren** [draŋza'liːrən] *past part* drangsaliert *v/t* (≈ *plagen*) to pester; (≈ *unterdrücken*) to oppress

dranhalten *sep irr v/r* (*infml* ≈ *sich beeilen*) to get a move on (*infml*) **drankommen** *v/i sep irr aux sein* (*infml* ≈ *an die Reihe kommen*) to have one's turn **drankriegen** *v/t sep* (*infml*) **jdn** ~ to get sb (*infml*) **drannehmen** *v/t sep irr* (*infml*) *Schüler* to ask

drapieren [dra'piːrən] *past part* drapiert *v/t* to drape

drastisch ['drastɪʃ] **A** *adj* (≈ *derb*) drastic; (≈ *deutlich*) graphic **B** *adv* (≈ *energisch*) kürzen drastically; (≈ *deutlich*) explicitly; ~ **vorgehen** to take drastic measures; **sich** ~ **ausdrücken** to use strong language

drauf [drauf] *adv* (*infml*) ~ **und dran sein, etw zu tun** to be on the verge of doing sth; → **darauf, drauf sein Draufgänger** [-gɛŋə] *m* ⟨-s, -⟩, **Draufgängerin** [-ərɪn] *f* ⟨-, -nen⟩ daredevil; (≈ *Mann: bei Frauen*) predator **draufgängerisch** [-gɛŋərɪʃ] *adj* daring; (*negativ*) reckless **draufgehen** *v/i sep irr aux sein* (*infml* ≈ *sterben*) to bite the dust (*infml*); (*Geld*) to disappear **draufhaben** *v/t sep irr* (*infml*) Sprüche to come out with; **zeigen, was man drauf hat** to show what one is made of; **schwer was** ~ (*sl*) to know one's stuff (*infml*) **draufkriegen** *v/t sep* (*infml*) **eins** ~ to be told off; (≈ *geschlagen werden*) to be given a smack; (≈ *besiegt werden*) to be given a thrashing (*infml*) **drauflegen** *sep* (*infml*) **A** *v/t* **20 Euro** ~ to lay out an extra 20 euros **B** *v/i* (≈ *mehr bezahlen*) to pay more **drauflos** [drauf'loːs] *adv* (**nur**) **immer feste** *or* **munter** ~! (just) keep at it! **drauflosgehen** *v/i sep irr aux sein* (*infml*) (*auf ein Ziel*) to make straight for it; (*ohne Ziel*) to set off **drauflosreden** *v/i sep* (*infml*) to talk away **drauflosschlagen** *v/i sep*

irr (*infml*) to hit out **draufmachen** *v/t sep* (*infml*) **einen** ~ to make a night of it (*infml*) **drauf sein** *v/i irr aux sein* (*infml*) **schlecht/gut** ~ to be in a bad/good mood **draufsetzen** *v/t sep* (*fig infml*) **eins** *or* **einen** ~ to go one step further **draufzahlen** *v/t & v/i sep* (*infml*) → drauflegen

draußen ['drausn] *adv* outside; ~ **auf dem Lande/im Garten** out in the country/in the garden; **nach** ~ outside

Drechselbank *f, pl* -bänke wood (-turning) lathe **drechseln** ['drɛksln] *v/t* to turn (*on a wood lathe*) **Drechslerei** [drɛkslə'rai] *f* ⟨-, -en⟩ (≈ *Werkstatt*) (wood)-turner's workshop

Dreck [drɛk] *m* ⟨-(e)s, *no pl*⟩ dirt; (*esp ekelhaft*) filth; (*fig* ≈ *Schund*) rubbish; **mit** ~ **und Speck** (≈ *ungewaschen*) unwashed; **jdn wie den letzten** ~ **behandeln** (*infml*) to treat sb like dirt; **der letzte** ~ **sein** (*infml: Mensch*) to be the lowest of the low; ~ **am Stecken haben** (*fig*) to have a skeleton in the cupboard; **etw in den** ~ **ziehen** (*fig*) to drag sth through the mud; **sich einen** ~ **um jdn/etw kümmern** *or* **scheren** not to give a damn about sb/sth (*infml*) **Dreckarbeit** *f* (*infml*) dirty work **Dreckfinger** *pl* (*infml*) dirty fingers *pl* **dreckig** ['drɛkɪç] **A** *adj* dirty; (*stärker*) filthy **B** *adv* (*infml*) **es geht mir** ~ I'm in a bad way; (*finanziell*) I'm badly off **Dreckloch** *nt* (*pej*) hole (*infml*) **Drecksack** *m* (*pej infml*) dirty bastard (*sl*) **Drecksau** *f* (*vulg*) filthy swine (*infml*) **Dreckschwein** *nt* (*infml*) dirty pig (*infml*) **Dreckskerl** *m* (*infml*) dirty swine (*infml*) **Dreckspatz** *m* (*infml*) (≈ *Kind*) grubby kid

Dreh [dreː] *m* ⟨-s, -s *or* -e⟩ (≈ *List*) dodge; (≈ *Kunstgriff*) trick; **den** ~ **heraushaben, etw zu tun** to have got the knack of doing sth **Dreharbeiten** *pl* FILM shooting *sg* **Drehbank** *f, pl* -bänke lathe **Drehbuch** *nt* FILM (film) script **Drehbuchautor(in)** *m/(f)* scriptwriter **drehen** ['dreːən] **A** *v/t* to turn; *Zigaretten* to roll; *Film* to shoot; (*infml* ≈ *schaffen*) to fix (*infml*); **ein Ding** ~ (*sl*) to play a prank; (*Verbrecher*) to pull a job (*infml*); **wie man es auch dreht und wendet** no matter how you look at it **B** *v/i* to turn; (*Wind*) to change; **an etw** (*dat*) ~ to turn sth; **daran ist nichts zu** ~ (*fig*) there are no two ways about it **C** *v/r* **1** to turn (*um about*); (*sehr schnell: Kreisel*) to spin; (*Wind*) to change; **sich um**

etw ~ to revolve around sth; **mir dreht sich alles im Kopf** my head is spinning; **sich ~ und winden** (*fig*) to twist and turn **2** (≈ *betreffen*) **sich um etw ~** to concern sth; (*um zentrale Frage*) to centre (*Br*) or center (*US*) on sth; **es dreht sich darum, dass ...** the point is that ... **Dreher** ['dreːɐ] *m* ⟨-s, -⟩, **Dreherin** [-ərɪn] *f* ⟨-, -nen⟩ lathe operator **Dreherlaubnis** *f* FILM filming permission **Drehkreuz** *nt* turnstile **Drehmoment** *nt* torque **Drehorgel** *f* barrel organ **Drehort** *m*, *pl* -orte FILM location **Drehschalter** *m* rotary switch **Drehscheibe** *f* **1** RAIL turntable **2** (≈ *Töpferscheibe*) potter's wheel **Drehstrom** *m* three-phase current **Drehstuhl** *m* swivel chair **Drehtag** *m* FILM day of shooting **Drehtür** *f* revolving door **Drehung** ['dreːʊŋ] *f* ⟨-, -en⟩ turn; **eine ~ um 180°** a 180° turn **Drehzahl** *f* number of revolutions; (*pro Minute*) revs *pl* per minute **Drehzahlmesser** *m* ⟨-s, -⟩ rev counter

drei [draɪ] *num* three; **aller guten Dinge sind ~!** (*prov*) all good things come in threes!; (*nach zwei missglückten Versuchen*) third time lucky!; **sie sieht aus, als ob sie nicht bis ~ zählen könnte** (*infml*) she looks pretty empty-headed; → **vier Drei** [draɪ] *f* ⟨-, -en⟩ three **dreibeinig** *adj* three-legged **Dreibettzimmer** *nt* three-bed room **Drei-D-** [draɪ'deː] *in cpds* 3-D **dreidimensional** *adj* three-dimensional **Dreieck** ['draɪɛk] *nt* ⟨-s, -e⟩ triangle **dreieckig** *adj* triangular **Dreiecksverhältnis** *nt* (eternal) triangle **Dreieinigkeit** *f* Trinity **Dreierkonferenz** *f* TEL three-way calling **Dreierpack** *nt* three-pack **dreifach** ['draɪfax] **A** *adj* triple; **die ~e Menge** three times the amount **B** *adv* three times; → **vierfach Dreifache(s)** ['draɪfaxə] *nt decl as adj* **das ~** three times as much; **auf das ~ steigen** to treble **dreifarbig** *adj* three-coloured (*Br*), three-colored (*US*) **Dreifuß** *m* tripod **Dreigangschaltung** *f* three-speed gear **dreihundert** ['draɪ'hʊndɐt] *num* three hundred **Dreikäsehoch** [draɪ'kɛːzəhoːx] *m* ⟨-s, -s⟩ (*infml*) tiny tot (*infml*) **Dreiklang** *m* MUS triad **Dreikönigsfest** *nt* (feast of) Epiphany **dreimal** ['draɪmaːl] *adv* three times **Dreimeterbrett** *nt* three-metre (*Br*) or three-meter (*US*) board

dreinblicken *v/i sep* **traurig** *etc* ~ to look sad *etc* **dreinreden** *v/i sep* (*infml*) (≈ *dazwischenreden*) to interrupt **Dreirad** *nt* tricycle **Dreisatz** *m* MAT rule of three **Dreisprung** *m* triple jump **dreispurig** [-ʃpuːrɪç] *adj* MOT *Fahrbahn* three-lane *attr* **dreißig** ['draɪsɪç] *num* thirty; → **vierzig dreißigjährig** *adj* (≈ *dreißig Jahre alt*) thirty years old, thirty-year-old *attr*

dreist [draɪst] *adj* bold **dreistellig** *adj* three-digit *attr*, with three digits **Dreistigkeit** ['draɪstɪçkaɪt] *f* ⟨-, -en, *no pl*⟩ boldness

dreistufig *adj* **Rakete** three-stage *attr*, with three stages **Dreitagebart** *m* designer stubble **dreitägig** *adj* three-day *attr*, three-day-long **dreiteilig** *adj* **Kostüm** *etc* three-piece *attr* **drei viertel** ['draɪ 'fɪrtl] *adj*, *adv* → **viertel**; → **Viertel¹ Dreiviertel** ['draɪ'fɪrtl] *nt* three-quarters **Dreivierteljahr** *nt* nine months *pl* **Dreiviertelstunde** *f* three-quarters of an hour *no indef art* **Dreivierteltakt** [-'fɪrtl-] *m* three-four time **Dreiweg-** *in cpds* ELEC three-way **Dreiwegekatalysator** *m* AUTO three-way catalytic converter **dreiwöchig** [-vœçɪç] *adj attr* three-week **dreizehn** ['draɪtseːn] *num* thirteen; **jetzt schlägt's aber ~** (*infml*) that's a bit much; → **vierzehn Dreizimmerwohnung** *f* three-room flat (*Br*) or apartment

Dresche ['drɛʃə] *f* ⟨-, *no pl*⟩ (*infml*) thrashing **dreschen** ['drɛʃn] *pret* **drosch** [drɔʃ], *past part* **gedroschen** [gə'drɔʃn] *v/t* **1** *Korn* to thresh; (*infml*) *Phrasen* to bandy; **Skat ~** (*infml*) to play skat **2** (*infml* ≈ *prügeln*) to thrash

Dress [drɛs] *m* ⟨-es, -e, *or* (*Aus*) *f* -, -en⟩ SPORTS (sports) kit; (*für Fußball auch*) strip **dressieren** [drɛ'siːrən] *past part* **dressiert** *v/t* to train; **zu etw dressiert sein** to be trained to do sth **Dressing** ['drɛsɪŋ] *nt* ⟨-s, -s⟩ COOK dressing **Dressman** ['drɛsmən] *m* ⟨-s, Dressmen⟩ male model **Dressur** [drɛ'suːɐ] *f* ⟨-, -en⟩ training; (*für Dressurreiten*) dressage

dribbeln ['drɪbln] *v/i* to dribble **driften** ['drɪftn] *v/i aux sein* to drift **Drill** [drɪl] *m* ⟨-(e)s, *no pl*⟩ drill

Drillbohrer m drill **drillen** ['drɪlən] v/t & v/i to drill; **auf etw** (acc) **gedrillt sein** (fig infml) to be practised (Br) or practiced (US) at doing sth

Drilling ['drɪlɪŋ] m ⟨-s, -e⟩ triplet

drin [drɪn] adv **1** (infml) = darin **2** (≈ innen drin) in it; **er/es ist da ~** he/it is in there **3** (infml) **bis jetzt ist noch alles ~** everything is still quite open; **das ist doch nicht ~** (≈ geht nicht) that's not on (infml)

dringen ['drɪŋən] pret **drang** [draŋ], past part **gedrungen** [gə'drʊŋən] v/i **1** aux sein to penetrate; (fig: Nachricht) to get through (an or in +acc to); **an** or **in die Öffentlichkeit ~** to leak out **2** **auf etw** (acc) **~** to insist on sth **dringend** ['drɪŋənt] **A** adj (≈ eilig) urgent; (≈ nachdrücklich) strong; Gründe compelling **B** adv (≈ unbedingt) urgently; warnen, empfehlen strongly; **~ notwendig** urgently needed; **~ verdächtig** strongly suspected **dringlich** ['drɪŋlɪç] adj urgent **Dringlichkeit** f ⟨-, no pl⟩ urgency **Dringlichkeitsstufe** f priority; **~ 1** top priority

Drink [drɪŋk] m ⟨-s, -s⟩ drink

drinnen ['drɪnən] adv inside; **hier/dort ~** in here/there **drinstecken** v/i sep (infml) to be (contained); **da steckt eine Menge Geld/Arbeit** etc **drin** a lot of money/work etc has gone into it; **er steckt bis über die Ohren drin** he's up to his ears in it

dritt [drɪt] adv **wir kommen zu ~** three of us are coming together **Drittel** ['drɪtl] nt ⟨-s, -⟩ third; → Viertel¹ **dritteln** ['drɪtln] v/t to divide into three (parts) **drittens** ['drɪtns] adv thirdly **Dritte(r)** ['drɪtə] m/f(m) decl as adj third person/man/woman etc; (≈ Unbeteiligter) third party **dritte(r, s)** ['drɪtə] adj third; **Menschen ~r Klasse** third-class citizens; → vierte(r, s) **Dritte-Welt-** in cpds Third World **drittgrößte(r, s)** adj third-biggest **dritthöchste(r, s)** adj third-highest **drittklassig** adj third-rate (pej), third--class **drittletzte(r, s)** adj third from last **Drittmittel** pl FIN external funds pl **drittrangig** [-raŋɪç] adj third-rate

Droge ['droːgə] f ⟨-, -n⟩ drug **drogenabhängig** adj addicted to drugs; **er ist ~** he's a drug addict **Drogenabhängige(r)** m/f(m) decl as adj drug addict **Drogenabhängigkeit** f drug addiction no art **Drogenbekämpfung** f fight against drugs **Drogenberatung** f,

Drogenberatungsstelle f drugs advice centre (Br) or center (US) **Drogenfahnder** [-faːndɐ] m ⟨-s, -⟩, **Drogenfahnderin** [-ərɪn] f ⟨-, -nen⟩ drugs squad officer (Br), narcotics officer (US) **Drogenhandel** m drug trade **Drogenhändler(in)** m/(f) drug trafficker or dealer **Drogenkonsum** [-kɔnzuːm] m drug consumption **Drogenmissbrauch** m drug abuse no art **Drogensucht** f drug addiction **drogensüchtig** adj addicted to drugs; **er ist ~** he's a drug addict **Drogensüchtige(r)** m/f(m) decl as adj drug addict **Drogenszene** f drugs scene **Drogentote(r)** m/f(m) decl as adj **200 ~ pro Jahr** 200 drug deaths per year **Drogerie** [drogə'riː] f ⟨-, -n [-'riːən]⟩ chemist's (shop) (nondispensing), drugstore (US) **Drogist** [dro'gɪst] m ⟨-en, -en⟩, **Drogistin** [-'gɪstɪn] f ⟨-, -nen⟩ chemist, druggist (US)

Drohbrief m threatening letter **drohen** ['droːən] v/i to threaten (jdm sb); (Streik, Krieg) to be looming; (jdm) **mit etw ~** to threaten (sb with) sth; **jdm droht etw** sb is being threatened by sth; **es droht Gefahr** there is the threat of danger; **das Schiff drohte zu sinken** the ship was in danger of sinking **drohend** adj threatening; Gefahr, Krieg imminent

Drohne [dro:nə] f ⟨-, -n⟩ **1** drone; (fig pej also) parasite **2** MIL drone

dröhnen ['drøːnən] v/i **1** (Motor, Straßenlärm) to roar; (Donner) to rumble; (Lautsprecher, Stimme) to boom **2** (Raum etc) to resound; **mir dröhnt der Kopf** my head is ringing **dröhnend** adj Lärm, Applaus resounding; Stimme booming

Drohung ['droːʊŋ] f ⟨-, -en⟩ threat

drollig ['drɔlɪç] adj **1** funny **2** (≈ seltsam) odd

Dromedar [drome'daːɐ, 'dro:-] nt ⟨-s, -e⟩ dromedary

Drops [drɔps] m or nt ⟨-, - or -e⟩ fruit drop

Drossel ['drɔsl] f ⟨-, -n⟩ ORN thrush

drosseln ['drɔsln] v/t Motor to throttle; Heizung to turn down; Strom to reduce; Tempo, Produktion etc to cut down

drüben ['dryːbn] adv over there; (≈ auf der anderen Seite) on the other side; **nach ~** over there; **von ~** from over there

Druck¹ [drʊk] m ⟨-(e)s, ⸚e ['drʊkə]⟩ pressure; **unter ~ stehen** to be under pressure; **jdn unter ~ setzen** (fig) to put pressure on sb; **~ machen** (infml) to put the pressure on (infml); **durch einen ~ auf den Knopf** by pressing the button

Druck² m ⟨-(e)s, -e⟩ (≈ das Drucken) printing; (≈ Schriftart, Kunstdruck) print; **das Buch ist im ~** the book is being printed; **etw in ~ geben** to send sth to be printed **Druckausgleich** m pressure balance **Druckbuchstabe** m printed character; **in ~n schreiben** to print

Drückeberger ['drʏkəbɛrɡə] m ⟨-s, -⟩, **Drückebergerin** [-ərɪn] f ⟨-, -nen⟩ (pej infml) shirker; (≈ Feigling) coward

drucken ['drʊkn] v/t & v/i to print; → **gedruckt**

drücken ['drʏkn] **A** v/t **1** to press; Obst to squeeze; **jdn ~** (≈ umarmen) to hug sb; **jdn zur Seite ~** to push sb aside **2** (Schuhe etc) to pinch; **jdn im Magen ~** (Essen) to lie heavily on sb's stomach **3** (≈ verringern) to force down; Leistung, Niveau to lower; (infml) Stimmung to dampen **B** v/i to press; (Schuhe etc) to pinch; **„bitte ~"** "push"; **auf die Stimmung ~** to dampen one's mood; → **gedrückt C** v/r (≈ sich quetschen) to squeeze; (Schutz suchend) to huddle; (≈ kneifen) to shirk; (vor Militärdienst) to dodge; **sich vor etw** (dat) **~** to shirk sth; **sich (um etw) ~** to get out of sth **drückend** adj Last, Steuern heavy; Probleme serious; Hitze, Atmosphäre oppressive

Drucker ['drʊkɐ] m ⟨-s, -⟩ printer

Drücker ['drʏkɐ] m ⟨-s, -⟩ (≈ Knopf) (push) button; (von Klingel) push; **am ~ sein** or **sitzen** (fig infml) to be in a key position; **auf den letzten ~** (fig infml) at the last minute

Druckerei [drʊkə'raɪ] f ⟨-, -en⟩ printing works pl; (≈ Firma) printer's **Druckerschwärze** f printer's ink **Druckfehler** m misprint, typographical error **Druckkabine** f pressurized cabin **Druckknopf** m **1** SEWING press stud **2** TECH push button **Druckluft** f compressed air **Druckluftbremse** f air brake **Druckmesser** m ⟨-s, -⟩ pressure gauge **Druckmittel** nt (fig) means of exerting pressure **druckreif** adj ready for printing, passed for press; (fig) polished **Drucksache** f POST business letter; (≈ Werbematerial) circular; (als Portoklasse) printed matter **Druckschrift** f **in ~ schreiben** to print **Druckstelle** f (auf Pfirsich, Haut) bruise **Drucktaste** f push button **Druckverband** m MED pressure

bandage **Druckverlust** m TECH loss of pressure **Druckwasserreaktor** m pressurized water reactor **Druckwelle** f shock wave

drum [drʊm] adv (infml) (a)round; **~ (he)rum** all (a)round; **mit allem Drum und Dran** with all the bits and pieces (infml); Mahlzeit with all the trimmings pl; → **darum**

drunter ['drʊntɐ] adv under(neath); **~ und drüber** upside down; **es ging alles ~ und drüber** everything was upside down; → **darunter**

Drüse ['dryːzə] f ⟨-, -n⟩ gland **Drüsenfieber** nt glandular fever

Dschihad [dʒiˈhaːt] m ⟨-, nopl⟩ (≈ heiliger Krieg) jihad **Dschihadist** [dʒiˈhaːdɪst] m ⟨-en, -en⟩, **Dschihadistin** [-ˈdɪstɪn] f ⟨-, -nen⟩ (≈ Gotteskrieger) jihadi, jihadist

Dschungel ['dʒʊŋl] m ⟨-s, -⟩ jungle **Dschungelkrieg** m jungle warfare

Dschunke ['dʒʊŋkə] f ⟨-, -n⟩ NAUT junk

DTP [deːteːˈpeː] nt, abbr of Desktop-Publishing DTP

du [duː] pers pr, gen **deiner**, dat **dir**, acc **dich** you; **mit jdm auf Du und Du stehen** to be pals with sb; **mit jdm per du sein** to be on familiar terms with sb; **du bist es** it's you; **du Glücklicher!** lucky you; **du Idiot!** you idiot

dual [duˈaːl] adj dual **Dualsystem** nt MAT binary system

Dübel ['dyːbl] m ⟨-s, -⟩ Rawlplug® (Br) wall plug (Br) screw anchor (US)

dubios [duˈbios] adj (elev) dubious

Dublette [duˈblɛtə] f ⟨-, -n⟩ duplicate

ducken ['dʊkn] v/r to duck; (fig pej) to cringe **Duckmäuser** ['dʊkmɔʏzə] m ⟨-s, -⟩, **Duckmäuserin** [-ərɪn] f ⟨-, -nen⟩ (pej infml) moral coward

Dudelsack m bagpipes pl

Duell [duˈɛl] nt ⟨-s, -e⟩ duel (um over); **jdn zum ~ (heraus)fordern** to challenge sb to a duel **Duellant** [duɛˈlant] m ⟨-en, -en⟩, **Duellantin** [-ˈlantɪn] f ⟨-, -nen⟩ dueller **duellieren** [duɛˈliːrən] past part **duelliert** v/r to (fight a) duel

Duett [duˈɛt] nt ⟨-(e)s, -e⟩ (MUS, fig) duet; **im ~ singen** to sing a duet

Duft [dʊft] m ⟨-(e)s, ⁻e ['dʏftə]⟩ smell **dufte** ['dʊftə] adj, adv (dated infml) great (infml) **duften** ['dʊftn] v/i to smell; **nach etw ~** to smell of sth **duftend** adj attr Parfüm, Blumen etc fragrant **duftig** ['dʊftıç] *adj Kleid, Stoff* gossamery **Duftkissen** *nt* scented sachet **Duftmarke** *f* scent mark **Duftnote** *f* (*von Parfüm*) scent; (*von Mensch*) smell **Duftstoff** *m* scent; (*für Parfüm etc*) fragrance

dulden ['dʊldn] *v/t* to tolerate; **ich dulde das nicht** I won't tolerate that; **etw stillschweigend ~** to connive at sth **duldsam** ['dʊltzaːm] **A** *adj* tolerant (*gegenüber* of; (≈ *geduldig*) forbearing **B** *adv* tolerantly; (≈ *geduldig*) with forbearance **Duldsamkeit** *f* ⟨-, *no pl*⟩ tolerance; (≈ *Geduld*) forbearance **Duldung** *f* ⟨-, (*rare*) -en⟩ toleration

dumm [dʊm] **A** *adj*, *comp* ̈er ['dʏmɐ], *sup* ̈ste(r, s) ['dʏmstə] **1** stupid; **~es Zeug (reden)** (to talk) nonsense; **jdn für ~ verkaufen** (*infml*) to think sb is stupid; **das ist gar nicht (so) ~** that's not a bad idea; **jetzt wird's mir zu ~** I've had enough **2** (≈ *ärgerlich*) annoying; **es ist zu ~, dass er nicht kommen kann** it's too bad that he can't come; **so etwas Dummes** what a nuisance **B** *adv*, *comp* ̈er, *sup* am ̈sten **sich ~ anstellen** to behave stupidly; **sich ~ stellen** to act stupid; **~ fragen** to ask a silly question; **sich ~ und dämlich reden** (*infml*) to talk till one is blue in the face (*infml*); **jdm ~ kommen** to get funny with sb (*infml*); **das ist ~ gelaufen** (*infml*) that hasn't gone to plan; **~ gelaufen!** (*infml*) that's life! **Dumme(r)** ['dʊmə] *m/f(m) decl as adj* (*infml*) fool; **der/die ~ sein** to be left to carry the can (*infml*) **dummerweise** *adv* unfortunately; (≈ *aus Dummheit*) stupidly **Dummheit** *f* ⟨-, -en⟩ **1** *no pl* stupidity **2** (≈ *dumme Handlung*) stupid thing; **mach bloß keine ~en!** just don't do anything stupid **Dummkopf** *m* (*infml*) idiot **Dummschwätzer** *m* (*infml*) hot-air merchant, bullshitter (*infml*); **ein Dummschwätzer sein** to be full of hot air

dumpf [dʊmpf] *adj* **1** *Ton* muffled **2** *Geruch etc* musty **3** *Gefühl, Erinnerung* vague; *Schmerz* dull; (≈ *bedrückend*) gloomy **4** (≈ *stumpfsinnig*) dull **Dumpfbacke** *f* (*sl*) nerd (*infml*)

Dumpingpreis ['dampɪŋ-] *m* giveaway price

Düne ['dyːnə] *f* ⟨-, -n⟩ (sand) dune

Dung [dʊŋ] *m* ⟨-(e)s, *no pl*⟩ dung **Düngemittel** *nt* fertilizer **düngen** ['dʏŋən] *v/t* to fertilize **Dünger** ['dʏŋɐ] *m* ⟨-s, -⟩ fertilizer

dunkel ['dʊŋkl] **A** *adj* **1** dark; **im Dunkeln** in the dark; **im Dunkeln tappen** (*fig*) to grope (about) in the dark **2** (≈ *tief*) *Stimme, Ton* deep **3** (*pej* ≈ *zwielichtig*) shady (*infml*) **B** *adv* (≈ *in dunklen Farben*) dark colours (*Br*) *or* colors (*US*); **~ gefärbt sein** to be a dark colo(u)r; **sich ~ erinnern** to remember vaguely **Dunkel** ['dʊŋkl] *nt* ⟨-s, *no pl*⟩ darkness

Dünkel ['dʏŋkl] *m* ⟨-s, *no pl*⟩ (*pej elev*) conceit

dunkelblau *adj* dark blue **dunkelblond** *adj* light brown **dunkelbraun** *adj* dark brown **dunkelgrau** *adj* dark grey (*Br*), dark gray (*US*) **dunkelgrün** *adj* dark green **dunkelhaarig** *adj* dark-haired **dunkelhäutig** *adj* dark-skinned **Dunkelheit** *f* ⟨-, (*rare*) -en⟩ darkness; **bei Einbruch der ~** at nightfall **Dunkelkammer** *f* PHOT darkroom **dunkelrot** *adj* dark red **Dunkelziffer** *f* *estimated number of unreported/undetected cases*

dünn [dʏn] **A** *adj* thin; *Kaffee, Tee* weak; *Strümpfe* fine; **sich ~ machen** (*hum*) to breathe in; → **dünnmachen B** *adv* bevölkert sparsely; **~ gesät** (*fig*) few and far between **Dünndarm** *m* small intestine **Dünne** ['dʏnə] *f* ⟨-, *no pl*⟩ thinness **dünnflüssig** *adj* thin; *Honig* runny **dünnhäutig** *adj* thin-skinned **dünnmachen** *v/r sep* (*infml* ≈ *weglaufen*) to make oneself scarce **Dünnpfiff** *m* (*infml*) the runs (*infml*) **Dünnsäure** *f* dilute acid

Dunst [dʊnst] *m* ⟨-(e)s, ̈e ['dʏnstə]⟩ (≈ *leichter Nebel*) haze; (≈ *Dampf*) steam; **jdm blauen ~ vormachen** (*infml*) to throw dust in sb's eyes **Dunstabzugshaube** *f* extractor hood (*over a cooker*) **dünsten** ['dʏnstn] *v/t* to steam; *Obst* to stew **Dunstglocke** *f*, **Dunsthaube** *f* (≈ *Nebel*) haze; (≈ *Smog*) pall of smog **dunstig** ['dʊnstıç] *adj* hazy **Dunstkreis** *m* atmosphere; (*von Mensch*) society **Dunstwolke** *f* cloud of smog

Duo ['duːo] *nt* ⟨-s, -s⟩ duo

Duplikat [dupliˈkaːt] *nt* ⟨-(e)s, -e⟩ duplicate (copy) **duplizieren** [dupliˈtsiːrən] *past part* **dupliziert** *v/t* (*elev*) to duplicate

Dur [duːɐ] *nt* ⟨-, *no pl*⟩ MUS major; **in G-~** in G major

durch [dʊrç] **A** *prep +acc* **1** through; **~**

den Fluss waten to wade across the river; **~ die ganze Welt reisen** to travel all over the world **2** (≈ *mittels*) by; **Tod ~ Ertrinken** death by drowning; **Tod ~ Herzschlag** *etc* death from a heart attack *etc*; **neun (geteilt) ~ drei** nine divided by three; **~ Zufall** by chance **3** (≈ *aufgrund*) due to **B** *adv* **1** (≈ *hindurch*) through; **es ist 4 Uhr ~** it's gone 4 o'clock; **~ und ~** through and through; *überzeugt* completely; **~ und ~ nass** wet through **2** (cook *infml*) *Steak* well-done

durcharbeiten *sep* **A** *v/t Buch, Stoff etc* to work through **B** *v/i* to work through **C** *v/r* **sich durch etw ~** to work one's way through sth

durchatmen *v/i sep* to take deep breaths

durchaus [dʊrç'aus, 'dʊrç'aus, 'dʊrçaus] *adv* **1** (*bekräftigend*) quite; *korrekt, möglich* perfectly; *passen* perfectly well; **ich hätte ~ Zeit** I would have time; **es ist ~ anzunehmen, dass sie kommt** it's highly likely that she'll be coming **2** **~ nicht** (*als Verstärkung*) by no means; (*als Antwort*) not at all; (*stärker*) absolutely not; **das ist ~ kein Witz** that's no joke at all

durchbeißen *sep irr* **A** *v/t* (*in zwei Teile*) to bite through **B** *v/r* (*infml*) to struggle through; (*mit Erfolg*) to win through

durchbekommen *past part* **durchbekommen** *v/t sep irr* (*infml*) to get through

durchblättern ['dʊrçblɛtərn] *v/t sep Buch etc* to leaf through

Durchblick *m* (≈ *Ausblick*) view (*auf +acc* of); (*fig infml* ≈ *Überblick*) knowledge; **den ~ haben** (*infml*) to know what's what (*infml*) **durchblicken** *v/i sep* **1** (*lit*) to look through **2** (*fig*) **etw ~ lassen** to hint at sth **3** (*fig infml* ≈ *verstehen*) to understand; **blickst du da durch?** do you get it? (*infml*)

durchbluten *past part* **durchblutet** *v/t insep* to supply with blood **Durchblutung** *f* circulation (of the blood) (+*gen* to) **Durchblutungsstörung** *f* circulatory disturbance

durchbohren [dʊrç'boːrən] *past part* **durchbohrt** *v/t insep Wand, Brett* to drill through; **jdn mit Blicken ~** (*fig*) to look piercingly at sb; (*hasserfüllt*) to look daggers at sb **durchbohrend** *adj* piercing

durchboxen *sep* (*fig infml*) *v/r* to fight

one's way through

durchbraten *v/t & v/i sep irr* to cook through; → durchgebraten

durchbrechen[1] ['dʊrçbrɛçn] *sep irr* **A** *v/t* (*in zwei Teile*) to break (in two) **B** *v/i aux sein* (*in zwei Teile*) to break (in two)

durchbrechen[2] [dʊrç'brɛçn] *past part* **durchbrochen** [dʊrç'brɔxn] *v/t insep irr Schallmauer* (*fig*) to break; *Mauer etc* to break through

durchbrennen *v/i sep irr aux sein* (*Sicherung, Glühbirne*) to blow; (*infml* ≈ *davonlaufen*) to run away

durchbringen *sep irr* **A** *v/t* **1** (*durch Prüfung*) to get through; (*durch Krankheit*) to pull through; (≈ *für Unterhalt sorgen*) to provide for **2** *Geld* to get through **B** *v/r* to get by

Durchbruch *m* **1** (*von Blinddarm etc*) perforation; **zum ~ kommen** (*fig*) (*Gewohnheit etc*) to assert itself; (*Natur*) to reveal itself **2** (*fig*) breakthrough; **jdm zum ~ verhelfen** to help sb on the road to success **3** (≈ *Öffnung*) opening

durchdacht [dʊrç'daxt] *adj* **gut/schlecht ~** well/badly thought-out **durchdenken** [dʊrç'dɛŋkn] *past part* **durchdacht** [dʊrç'daxt] *v/t sep irr* to think through

durchdiskutieren *past part* **durchdiskutiert** *v/t sep* to talk through

durchdrehen *sep* **A** *v/t Fleisch etc* to mince **B** *v/i* (*infml: nervlich*) to crack up (*infml*); **ganz durchgedreht sein** (*infml*) to be really uptight (*infml*)

durchdringen[1] ['dʊrçdrɪŋən] *v/i sep irr aux sein* **1** (≈ *hindurchkommen*) to penetrate; (*Sonne*) to come through; **bis zu jdm ~** (*fig*) to get as far as sb **2** (≈ *sich durchsetzen*) to get through; **zu jdm ~** to get through to sb

durchdringen[2] [dʊrç'drɪŋən] *past part* **durchdrungen** [dʊrç'drʊŋən] *v/t insep irr Materie, Dunkelheit etc* to penetrate; (*Gefühl, Idee*) to pervade; → durchdrungen

durchdringend ['dʊrçdrɪŋənt] *adj* piercing; *Geruch* pungent

durchdrücken *v/t sep* **1** (*fig*) *Reformen etc* to push through **2** *Knie, Ellbogen etc* to straighten

durchdrungen [dʊrç'drʊŋən] *adj pred* imbued (*von* with); → durchdringen[2]

durcheinander [dʊrçai'nandə] **A** *adv* mixed up **B** *adj pred* **~ sein** (*infml*)

(*Mensch*) to be confused; (≈ *aufgeregt*) to be in a state (*infml*); (*Zimmer, Papier*) to be in a mess **Durcheinander** [dʊrçaiˈnandə, ˈdʊrçainandə] *nt* ⟨-s, *no pl*⟩ (≈ *Unordnung*) mess; (≈ *Wirrwarr*) confusion **durcheinanderbringen** *v/t sep irr* to muddle up; (≈ *verwirren*) *jdn* to confuse **durcheinanderessen** *v/t sep irr* **alles ~** to eat indiscriminately **durcheinandergeraten** *v/i sep irr aux sein* to get mixed up **durcheinanderreden** *v/i sep* to all speak at once **durcheinandertrinken** *v/t sep irr* **alles ~** to drink indiscriminately **durcheinanderwerfen** *v/t sep irr* (*fig infml* ≈ *verwechseln*) to mix up

durchfahren[1] [ˈdʊrçfaːrən] *v/i sep irr aux sein* **1** to go through **2** (≈ *nicht anhalten*) to go straight through; **die Nacht ~** to travel through the night

durchfahren[2] [dʊrçˈfaːrən] *past part* durchf**a**hren *v/t insep irr* to travel through; (*fig: Schreck etc*) to shoot through **Durchfahrt** *f* **1** (≈ *Durchreise*) way through; **auf der ~ sein** to be passing through **2** (≈ *Passage*) thoroughfare

Durchfall *m* MED diarrhoea *no art* (*Br*), diarrhea *no art* (*US*) **durchfallen** *v/i sep irr aux sein* **1** to fall through **2** (*infml* ≈ *nicht bestehen*) to fail; **jdn ~ lassen** to fail sb; **beim Publikum ~** to be a flop with the public **Durchfallquote** *f* SCHOOL *etc* failure rate

durchfeiern *v/i sep* to stay up all night celebrating

durchfinden *v/i & v/r sep irr* to find one's way through (*durch etw* sth); **ich finde (mich) hier nicht mehr durch** (*fig*) I am simply lost

durchfliegen[1] [ˈdʊrçfliːgn] *v/i sep irr aux sein* **1** (*mit Flugzeug*) to fly through; (*ohne Landung*) to fly nonstop **2** (*infml: durch Prüfung*) to fail (*durch etw, in etw dat* (in) sth)

durchfliegen[2] [dʊrçˈfliːgn] *past part* durchfl**o**gen [dʊrçˈfloːgn] *v/t insep irr* Luft, Wolken to fly through; Strecke to cover; (≈ *flüchtig lesen*) to skim through

durchfließen *v/i sep irr aux sein* to flow through

durchfluten [dʊrçˈfluːtn] *past part* durchfl**u**tet *v/t insep* (*elev*) (*Fluss*) to flow through; (*fig*) (*Licht, Sonne*) to flood; (*Wärme, Gefühl*) to flow *or* flood through

durchforschen *past part* durchf**o**rscht *v/t insep* Gegend to search

durchforsten [dʊrçˈfɔrstn] *past part* durchf**o**rstet *v/t insep* Wald to thin out; (*fig*) Bücher to go through

durchfragen *v/r sep* to ask one's way

Durchfuhr [ˈdʊrçfuːɐ] *f* ⟨-, -en⟩ transit

durchführbar *adj* feasible **Durchführbarkeit** [ˈdʊrçfyːɐbaːɐkait] *f* ⟨-, *no pl*⟩ feasibility

durchführen *sep* **A** *v/t* **1** (≈ *durchleiten*) to lead through; **jdn durch ein Haus ~** to show sb (a)round a house **2** (≈ *verwirklichen*) to carry out; Gesetz to implement; Test, Kurs to run; Reise to undertake; Wahl, Prüfung to hold **B** *v/i* to lead through; **unter etw** (*dat*) **~** to go under sth **Durchführung** *f* (≈ *das Verwirklichen*) carrying out; (*von Gesetz*) implementation; (*von Reise*) undertaking; (*von Kurs, Test*) running; (*von Wahl, Prüfung*) holding

durchfüttern *v/t sep* (*infml*) to feed **Durchgabe** *f* announcement; (*telefonisch*) message

Durchgang *m, pl* -gänge **1** (≈ *Weg*) way; (*schmal*) passage(way); **~ verboten!** no right of way **2** (*bei Arbeit,* PARL) stage **3** (*von Wahl, Sport*) round; (*beim Rennen*) heat **durchgängig** **A** *adj* universal **B** *adv* generally **Durchgangslager** *nt* transit camp **Durchgangsstraße** *f* through road **Durchgangsverkehr** *m* MOT through traffic

durchgeben *v/t sep irr* **1** (≈ *durchreichen*) to pass through **2** RADIO, TV Nachricht to announce; **jdm etw telefonisch ~** to let sb know sth by telephone

durchgebraten *adj* Fleisch *etc* well-done *attr*, well done *pred*; → durchbraten **durchgefroren** *adj* Mensch frozen stiff **durchgehen** *sep irr aux sein* **A** *v/i* **1** to go through; **bitte ~!** (*im Bus*) move right down (the bus) please! **2** (≈ *toleriert werden*) to be tolerated; **jdm etw ~ lassen** to let sb get away with sth **3** (*Pferd etc*) to bolt; (*infml* ≈ *sich davonmachen*) to run off; **seine Frau ist ihm durchgegangen** his wife has run off and left him **4** **mit jdm ~** (*Temperament, Nerven*) to get the better of sb **B** *v/t also aux haben* (≈ *durchsprechen etc*) to go through **durchgehend** **A** *adj* Straße straight; Zug direct **B** *adv* throughout; **~ geöffnet** open 24 hours

durchgeschwitzt [-gəʃvɪtst] *adj Mensch* bathed in sweat; *Kleidung* soaked in sweat

durchgreifen *v/i sep irr (fig)* to resort to drastic measures **durchgreifend** *adj Maßnahme* drastic; (≈ *weitreichend*) *Änderung* far-reaching

durchhalten *sep irr* **A** *v/t* (≈ *durchstehen*) *Kampf etc* to survive; *Streik* to see through; *Belastung* to (with)stand; SPORTS *Strecke* to stay; *Tempo* to keep up **B** *v/i* to stick it out (*infml*); **eisern ~** to hold out grimly **Durchhalteparole** *f* rallying call **Durchhaltevermögen** *nt, no pl* staying power

durchhängen *v/i sep irr aux haben or sein* to sag; (*fig infml*) (≈ *deprimiert sein*) to be down (in the mouth) (*infml*) **Durchhänger** *m* (*infml* ≈ *schlechte Phase*) bad patch

durchhauen *v/t sep irr or (inf) regular* (≈ *spalten*) to split

durchkämmen ['dʊrçkɛmən] *v/t sep* (≈ *absuchen*) to comb (through)

durchkämpfen *sep v/r* to fight one's way through; (*fig*) to struggle through

durchkommen *v/i sep irr aux sein* **1** to get through; (*Sonne etc*) to come through; (*Charakterzug*) to show through **2** (≈ *durchfahren*) to come through **3** (≈ *überleben*) to come through; **mit etw ~** *mit Forderungen etc* to succeed with sth; **damit kommt er bei mir nicht durch** he won't get away with that with me

durchkreuzen [dʊrç'krɔytsn] *past part* **durchkreuzt** *v/t insep (fig) Pläne etc* to thwart

durchkriechen *v/i sep irr aux sein* to crawl through

durchladen *v/t & v/i sep irr Gewehr* to reload

Durchlass ['dʊrçlas] *m* ⟨-es, *Durchlässe* [-lɛsə]⟩ (≈ *Durchgang*) passage; (*für Wasser*) duct **durchlassen** *v/t sep irr* (≈ *passieren lassen*) to allow through; *Licht, Wasser etc* to let through **durchlässig** *adj Material* permeable; (≈ *porös*) porous; *Grenze* open; **eine ~e Stelle** (*fig*) a leak

Durchlauf *m* **1** (≈ *das Durchlaufen*) flow **2** (TV, IT) run **3** SPORTS heat

durchlaufen¹ ['dʊrçlaufn] *sep irr* **A** *v/t Sohlen* to wear through **B** *v/i aux sein* (*Flüssigkeit*) to run through

durchlaufen² [dʊrç'laufn] *past part* **durchlaufen** *v/t insep irr Gebiet* to run

through; *Strecke* to cover; *Lehrzeit, Schule* to pass or go through; **es durchlief mich heiß** I felt hot all over

durchlaufend ['dʊrçlaufnt] *adj* continuous **Durchlauferhitzer** [-ɛhɪtsɐ] *m* ⟨-s, -⟩ continuous-flow water heater

durchleben [dʊrç'le:bn] *past part* **durchlebt** *v/t insep* to go through

durchleiten *v/t sep* to lead through

durchlesen *v/t sep irr* to read through

durchleuchten [dʊrç'lɔyçtn] *past part* **durchleuchtet** *v/t insep Patienten* to X-ray; (*fig*) *Angelegenheit etc* to investigate

durchliegen *sep irr v/t Matratze, Bett* to wear down (in the middle)

durchlöchern [dʊrç'lœçɐn] *past part* **durchlöchert** *v/t insep* to make holes in; (*fig*) to undermine completely

durchlüften *v/t & v/i sep* to air thoroughly

durchmachen *sep* **A** *v/t* **1** (≈ *erdulden*) to go through; *Krankheit* to have; *Operation, Entwicklung* to undergo; **sie hat viel durchgemacht** she has been through a lot **2** (*infml*) **eine ganze Nacht ~** (≈ *durchfeiern*) to make a night of it (*infml*) **B** *v/i* (*infml* ≈ *durchfeiern*) to keep going all night

Durchmarsch *m* march(ing) through **durchmarschieren** *past part* **durchmarschiert** *v/i sep aux sein* to march through

Durchmesser *m* ⟨-s, -⟩ diameter

durchmogeln *v/r sep* (*infml*) to wangle one's way through (*infml*)

durchmüssen *v/i sep irr* (*infml*) to have to go through

durchnässen [dʊrç'nɛsn] *past part* **durchnässt** *v/t insep* to soak; **völlig durchnässt** soaking wet

durchnehmen *v/t sep irr* SCHOOL to do (*infml*)

durchnummerieren *past part* **durchnummeriert** *v/t sep* to number consecutively

durchpeitschen *v/t sep* to flog; (*fig*) to rush through

durchqueren [dʊrç'kve:rən] *past part* **durchquert** *v/t insep* to cross

durchrasseln *v/i sep aux sein* (*infml*) to flunk (*infml*)

durchrechnen *v/t sep* to calculate

durchregnen *v/impers sep* **1** (≈ *durchkommen*) **hier regnet es durch** the rain is coming through here **2** **es hat die**

Nacht durchgeregnet it rained all night long

Durchreiche ['dʊrçraiçə] f ⟨-, -n⟩ (serving) hatch, pass-through (US)

Durchreise f journey through; **auf der ~ sein** to be passing through **durchreisen** [dʊrç'raizn] past part durchreist v/t insep to travel through

durchreißen sep irr v/t & v/i to tear in two

durchringen v/r sep irr **sich zu einem Entschluss ~** to force oneself to make a decision; **sich dazu ~, etw zu tun** to bring oneself to do sth

durchrosten v/i sep aux sein to rust through

durchrutschen v/i sep aux sein to slip through

durchrütteln v/t sep to shake about

Durchsage f message; (im Radio) announcement **durchsagen** v/t sep = durchgeben 2

durchsägen v/t sep to saw through

Durchsatz m IND, IT throughput

durchschaubar [dʊrç'ʃaubaːɐ] adj (fig) Hintergründe, Plan clear; **eine leicht ~e Lüge** a lie that is easy to see through; **schwer ~er Mensch** inscrutable person **durchschauen** past part durchschaut v/t insep jdn, Spiel to see through; Sachlage to see clearly; **du bist durchschaut!** I've/we've seen through you

durchscheinen v/i sep irr to shine through **durchscheinend** ['dʊrçʃainənt] adj transparent

durchscheuern v/t & v/r sep to wear through

durchschieben sep irr v/t to push through

durchschießen [dʊrç'ʃiːsn] past part durchschossen [dʊrç'ʃɔsn] v/t insep irr (mit Kugeln) to shoot through; **ein Gedanke durchschoss mich** a thought flashed through my mind

durchschimmern v/i sep to shimmer through

durchschlafen v/i sep irr to sleep through

Durchschlag m **1** (≈ Kopie) carbon (copy) **2** (≈ Küchengerät) sieve **durchschlagen** sep irr **A** v/t **etw ~** (≈ entzweischlagen) to chop through sth; cook to sieve sth **B** v/i **1** aux sein (≈ durchkommen) to come through; **bei ihm schlägt der Vater durch** you can see his father in him **2** aux sein (≈

Wirkung haben) to catch on; **auf etw** (acc) **~** to make one's/its mark on sth; **auf jdn ~** to rub off on sb **C** v/r to fight one's way through **durchschlagend** ['dʊrçʃlaːgnt] adj Sieg, Erfolg sweeping; Maßnahmen effective; Argument, Beweis conclusive; **eine ~e Wirkung haben** to be totally effective **Durchschlagpapier** nt copy paper; (≈ Kohlepapier) carbon paper **Durchschlagskraft** f (von Geschoss) penetration; (fig) (von Argument) decisiveness, conclusiveness

durchschleusen v/t sep (≈ durchschmuggeln) to smuggle through; **ein Schiff ~** to pass a ship through a lock

durchschlüpfen v/i sep aux sein to slip through

durchschmuggeln v/t sep to smuggle through

durchschneiden v/t sep irr to cut through; **etw mitten ~** to cut sth in two

Durchschnitt m average; **im ~** on average; **im ~ 100 km/h fahren** to average 100 kmph; **über/unter dem ~** above/below average **durchschnittlich** ['dʊrçʃnɪtlɪç] **A** adj average **B** adv on (an) average; **~ begabt/groß** etc of average ability/height etc **Durchschnittswert** m average value

Durchschrift f (carbon) copy

durchschwimmen [dʊrç'ʃvɪmən] past part durchschwommen [dʊrç'ʃvɔmən] v/t insep irr to swim through; Strecke to swim

durchsehen sep irr **A** v/i (≈ hindurchschauen) to look through **B** v/t **1** (≈ überprüfen) **etw ~** to look sth through **2** (durch etw hindurch) to see through

durchsetzen[1] ['dʊrçzɛtsn] sep **A** v/t Maßnahmen, Plan to carry through; Forderung to push through; Ziel to achieve; **etw bei jdm ~** to get sb to agree to sth; **seinen Willen (bei jdm) ~** to get one's (own) way (with sb) **B** v/r **1** (Mensch) to assert oneself; (Partei etc) to win through; **sich mit etw ~** to be successful with sth **2** (Neuheit) to be (generally) accepted

durchsetzen[2] [dʊrç'zɛtsn] past part durchsetzt v/t insep **etw mit etw ~** to intersperse sth with sth

Durchsetzung ['dʊrçzɛtsʊŋ] f ⟨-, no pl⟩ (von Maßnahmen, Plan) carrying through; (von Forderung) pushing through; (von Ziel) achievement

Durchsetzungsvermögen nt, no pl

ability to assert oneself

Durchseuchung [dʊrçˈzɔyçʊŋ] f ⟨-, -en⟩ spread of infection

Durchsicht f examination; **bei ~ der Bücher** on checking the books

durchsichtig [-zɪçtɪç] adj transparent

durchsickern v/i sep aux sein to trickle through; (fig) to leak out; **Informationen ~ lassen** to leak information

durchspielen v/t sep Szene to play through; Rolle to act through; (fig) to go through

durchsprechen sep irr v/t Problem to talk over

durchstarten sep ⒶA v/i (AUTO: beim Anfahren) to rev up ⒷB v/t Motor, Auto to rev (up)

durchstechen v/t sep irr Ohren to pierce

durchstecken v/t sep to put through

durchstehen [ˈdʊrçʃteːən] sep v/t irr Zeit, Prüfung to get through; Krankheit to pull through; Qualen to (with)stand; Situation to get through

durchstellen v/t sep to put through

durchstieren [ˈdʊrçʃtiːrən] v/t sep (Swiss ≈ durchdrücken) to push through

durchstöbern [dʊrçˈʃtøːbən] past part durchstöbert v/t insep to rummage through (nach for)

durchstoßen[1] [dʊrçˈʃtoːsn] past part durchstoßen v/t insep irr to break through

durchstoßen[2] [ˈdʊrçʃtoːsn] sep irr v/t etw **(durch etw) ~** to push sth through (sth)

durchstreichen v/t sep irr to cross out

durchstreifen [dʊrçˈʃtraifn] past part durchstreift v/t insep (elev) to roam or wander through

durchsuchen past part durchsucht v/t insep to search (nach for) **Durchsuchung** f ⟨-, -en⟩ search **Durchsuchungsbefehl** m search warrant

durchtrainieren past part durchtrainiert sep v/t to get fit; **(gut) durchtrainiert** Sportler completely fit

durchtrennen [ˈdʊrçtrɛnən] v/t sep Stoff to tear (through); (≈ schneiden) to cut (through); Nerv, Sehne to sever

durchtreten sep irr ⒶA v/t Pedal to step on ⒷB v/i (AUTO ≈ Gas geben) to step on the accelerator; (Radfahrer) to pedal (hard)

durchtrieben [dʊrçˈtriːbn] adj cunning

durchwachsen [dʊrçˈvaksn] adj ⒈1 Speck streaky; Schinken with fat running through (it) ⒉2 pred (hum infml ≈ mittelmäßig) so-so

(infml)

Durchwahl f TEL direct dialling **durchwählen** v/i sep to dial direct; **nach London ~** to dial London direct **Durchwahlnummer** f dialling code (Br), dial code (US); (in Firma) extension

durchwandern past part durchwandert v/t insep Gegend to walk through

durchweg [ˈdʊrçvɛk, dʊrçˈvɛk] adv (≈ ausnahmslos) without exception; (≈ in jeder Hinsicht) in every respect

durchweichen sep v/t Kleidung, jdn to soak; Boden, Karton to make soggy

durchwühlen [dʊrçˈvyːlən] past part durchwühlt insep v/t to rummage through

durchziehen[1] [ˈdʊrçtsiːən] sep irr ⒶA v/t ⒈1 to pull through ⒉2 (infml ≈ erledigen) to get through ⒷB v/i aux sein (≈ durchkommen) to pass through; (Truppe) to march through ⒸC v/r to run through (durch etw sth)

durchziehen[2] [dʊrçˈtsiːən] past part durchzogen [dʊrçˈtsoːgn] v/t insep irr (≈ durchwandern) to pass through; (fig: Thema) to run through; (Geruch) to fill

durchzucken [dʊrçˈtsʊkn] past part durchzuckt v/t insep (Blitz) to flash across; (fig: Gedanke) to flash through

Durchzug m, no pl (≈ Luftzug) draught (Br), draft (US); **~ machen** (zur Lüftung) to get the air moving

durchzwängen v/r sep to force one's way through

dürfen [ˈdʏrfn] pret durfte [ˈdʊrftə], past part gedurft or (bei modal aux vb) dürfen [gəˈdʊrft, ˈdʏrfn] v/i & modal v/aux ⒈1 etw **tun ~** to be allowed to do sth; **darf ich? — ja, Sie ~** may I? — yes, you may; **hier darf man nicht rauchen** smoking is prohibited here; **die Kinder ~ hier nicht spielen** the children aren't allowed to play here; **das darf doch nicht wahr sein!** that can't be true! ⒉2 **darf ich Sie bitten, das zu tun?** could I ask you to do that?; **was darf es sein?** can I help you?; (vom Gastgeber gesagt) what can I get you?; **ich darf wohl sagen, dass …** I think I can say that …; **man darf doch wohl fragen** one can ask, surely?; **das dürfte Emil sein** that must be Emil; **das dürfte reichen** that should be enough

dürftig [ˈdʏrftɪç] ⒶA adj ⒈1 (≈ ärmlich) wretched; Essen meagre (Br), meager (US) ⒉2 (pej ≈ unzureichend) Kenntnisse sketchy; Ersatz poor attr; Bekleidung skimpy ⒷB adv

(≈ *kümmerlich*) beleuchtet poorly; *gekleidet* scantily

dürr [dʏr] *adj* **1** (≈ *trocken*) dry; *Boden* arid **2** (*pej* ≈ *mager*) scrawny **3** (*fig* ≈ *knapp*) *Auskunft* meagre (*Br*), meager (*US*) **Dürre** ['dʏrə] *f* ⟨-, -n⟩ drought **Dürreperiode** *f* (period of) drought; (*fig*) barren period

Durst [dʊrst] *m* ⟨-(e)s, *no pl*⟩ thirst (*nach* for); **~ haben** to be thirsty; **~ bekommen** to get thirsty; **das macht ~** that makes you thirsty; **ein Glas über den ~ getrunken haben** (*infml*) to have had one too many (*infml*) **dürsten** ['dʏrstn] *v/t & v/impers* (*elev*) **es dürstet ihn nach ...** he thirsts for ... **durstig** ['dʊrstɪç] *adj* thirsty **durstlöschend** *adj* thirst-quenching **Durststrecke** *f* hard times *pl* **Durtonleiter** *f* major scale

Dusche ['dʊʃə] *f* ⟨-, -n⟩ shower; **unter der ~ sein** *or* **stehen** to be in the shower **duschen** ['dʊʃn] *v/i & v/r* to have a shower; (**sich**) **kalt ~** to have a cold shower **Duschgel** *nt* shower gel **Duschkabine** *f* shower (cubicle) **Duschvorhang** *m* shower curtain

Düse ['dyːzə] *f* ⟨-, -n⟩ nozzle

Dusel ['duːzl] *m* ⟨-s, *no pl*⟩ (*infml* ≈ *Glück*) luck; **~ haben** to be lucky

düsen ['dyːzn] *v/i aux sein* (*infml*) to dash; (*mit Flugzeug*) to jet **Düsenantrieb** *m* jet propulsion **Düsenflugzeug** *nt* jet **Düsenjäger** *m* MIL jet fighter **Düsentriebwerk** *nt* jet power-unit

Dussel ['dʊsl] *m* ⟨-s, -⟩ (*infml*) dope (*infml*) **duss(e)lig** ['dʊslɪç] (*infml*) *adj* stupid; **sich ~ verdienen** to make a killing (*infml*); **sich ~ arbeiten** to work like a horse

düster ['dyːstɐ] *adj* gloomy; *Miene, Stimmung* dark

Dutzend ['dʊtsnt] *nt* ⟨-s, -e [-də]⟩ dozen; **zwei/drei ~** two/three dozen; **~(e) Mal** dozens of times **dutzendfach** *adv* in dozens of ways **Dutzendware** *f* (*pej*) **~n** (cheap) mass-produced goods **dutzendweise** *adv* by the dozen

duzen ['duːtsn] *v/t* to address with the familiar "du"-form; **wir ~ uns** we use "du" (to each other)

DVD [deːfauˈdeː] *f* ⟨-, -s⟩ *abbr of* Digital Versatile Disc DVD **DVD-Brenner** *m* DVD recorder *or* writer **DVD-Player** [deːfauˈdeːplɐ] *m* ⟨-s, -⟩ DVD player **DVD-Rekorder, DVD-Recorder** *m* DVD recorder **DVD-Spieler** *m* DVD player

Dynamik [dyˈnaːmɪk] *f* ⟨-, *no pl*⟩ PHYS dynamics *sg*; (*fig*) dynamism **Dynamiker** [dyˈnaːmikɐ] *m* ⟨-s, -⟩, **Dynamikerin** [-ərɪn] *f* ⟨-, -nen⟩ go-getter **dynamisch** [dyˈnaːmɪʃ] **A** *adj* dynamic; *Renten* ≈ index-linked **B** *adv* (≈ *schwungvoll*) dynamically

Dynamit [dynaˈmiːt] *nt* ⟨-s, *no pl*⟩ dynamite

Dynamo [dyˈnaːmo, ˈdyːnamo] *m/(f)* ⟨-s, -s⟩ dynamo

Dynastie [dynasˈtiː] *f* ⟨-, -n [-ˈtiːən]⟩ dynasty

D-Zug ['deː-] *m* express train

E

E, e [eː] *nt* ⟨-, -⟩ E, e

Ebbe ['ɛbə] *f* ⟨-, -n⟩ low tide; **~ und Flut** the tides; **es ist ~** it's low tide; **in meinem Geldbeutel ist ~** my finances are at a pretty low ebb at the moment

eben ['eːbn] **A** *adj* (≈ *glatt*) smooth; (≈ *gleichmäßig*) even; (≈ *gleich hoch*) level; (≈ *flach*) flat **B** *adv* **1** (≈ *soeben*) just; **ich gehe ~ zur Bank** I'll just pop to (*Br*) *or* by (*US*) the bank (*infml*) **2** (**na**) **~!** exactly!; **das ist es ja ~!** that's just it!; **nicht ~ billig/viel** *etc* not exactly cheap/a lot *etc*; **das reicht so ~ aus** it's only just enough **3** (≈ *nun einmal, einfach*) just; **dann bleibst du ~ zu Hause** then you'll just have to stay at home **Ebenbild** *nt* image; **dein ~** the image of you; **das genaue ~ seines Vaters** the spitting image of his father **ebenbürtig** ['eːbnbʏrtɪç] *adj* (≈ *gleichwertig*) equal; *Gegner* evenly matched; **jdm an Kraft ~ sein** to be sb's equal in strength; **wir sind einander ~** we are equal(s) **Ebene** ['eːbənə] *f* ⟨-, -n⟩ (≈ *Tiefebene*) plain; (≈ *Hochebene*) plateau; MAT, PHYS plane; (*fig*) level; **auf höchster ~** (*fig*) at the highest level **ebenerdig** *adj* at ground level **ebenfalls** *adv* likewise; (*bei Verneinungen*) either; **danke, ~!** thank you, the same to you! **Ebenholz** *nt* ebony **ebenso** ['eːbnzoː] *adv* (≈ *genauso*) just as; (≈ *auch, ebenfalls*) as well; **ich mag sie ~ gern** I like her just as much; **~ gut** (just) as well; **~ oft**

just as often; **~ sehr** just as much

Eber ['e:bɐ] *m* ⟨-s, -⟩ boar

Eberesche *f* rowan

ebnen ['e:bnən] *v/t* to level (off); **jdm den Weg ~** *(fig)* to smooth the way for sb

Ebola ['e:bola] *nt* ⟨-s, *no pl*⟩ MED ebola

E-Book ['i:bʊk] *nt* ⟨-s, -s⟩ e-book

Echo ['ɛço] *nt* ⟨-s, -s⟩ echo; **ein lebhaftes ~ finden** *(fig)* to meet with a lively *or* positive response *(bei* from) **Echolot** ['ɛço-lo:t] *nt* NAUT echo sounder; AVIAT sonic altimeter

Echse ['ɛksə] *f* ⟨-, -n⟩ ZOOL lizard

echt [ɛçt] **A** *adj, adv* real; *Unterschrift, Geldschein* genuine; **das Gemälde war nicht ~** the painting was a forgery; **ein ~er Bayer** a real Bavarian **B** *adv* **1** (≈ *typisch)* typically **2** *(infml* ≈ *wirklich)* really; **der spinnt doch ~** he must be out of his mind **echtgolden** *adj Ring* real gold *pred* **Echtheit** *f* ⟨-, *no pl*⟩ genuineness **echtsilbern** *adj Ring* real silver *pred* **Echtzeit** *f* IT real time

Eckball *m* SPORTS corner; **einen ~ geben** to give a corner **Eckbank** *f, pl* -bänke corner seat **Eckdaten** *pl* key figures *pl* **Ecke** ['ɛkə] *f* ⟨-, -n⟩ **1** corner; (≈ *Kante)* edge; **Kantstraße ~ Goethestraße** at the corner of Kantstraße and Goethestraße; **er wohnt gleich um die ~** he lives just (a)round the corner; **an allen ~n und Enden sparen** to pinch and scrape *(infml)*; **jdn um die ~ bringen** *(infml)* to bump sb off *(infml)*; **~n und Kanten** *(fig)* rough edges **2** *(infml)* (≈ *Gegend)* corner; *(von Stadt)* area; **eine ganze ~ entfernt** quite a (long) way away **Eckfahne** *f* SPORTS corner flag **eckig** ['ɛkɪç] *adj* angular; *Tisch, Klammer* square; (≈ *spitz)* sharp **-eckig** *adj suf* (*fünf- und mehreckig*) **-cornered Ecklohn** *m* basic rate of pay **Eckpfeiler** *m* corner pillar; *(fig)* cornerstone **Eckpfosten** *m* corner post **Eckstoß** *m* SPORTS corner **Eckzahn** *m* canine tooth **Eckzins** *m* FIN base rate

E-Commerce ['i:'kɔmɛrs] *m* ⟨-⟩ e-commerce

Economyklasse [i'kɔnəmɪ-] *f* economy class

Ecstasy ['ɛkstəzi] *nt* ⟨-, *no pl*⟩ (≈ *Droge)* ecstasy

Ecuador [ekua'do:ɐ] *nt* ⟨-s⟩ Ecuador

Edamer (Käse) ['e:damɐ] *m* ⟨-s, -⟩ Edam (cheese)

edel ['e:dl] *adj* noble; (≈ *hochwertig)* precious; *Speisen, Wein* fine **Edelgas** *nt* rare gas **Edelkitsch** *m* (*iron)* pretentious rubbish **Edelmetall** *nt* precious metal **Edelstahl** *m* high-grade steel **Edelstein** *m* precious stone **Edelweiß** ['e:dl-vais] *nt* ⟨-(es), -e⟩ edelweiss

editieren [edi'ti:rən] *past part* **editiert** *v/t* to edit **Editor** ['ɛdito:ɐ] *m* ⟨-s, -en [-'to:-rən]⟩ IT editor

Edutainment [edu'te:nmənt] *nt* ⟨-s, *no pl*⟩ edutainment

EDV [e:de:'fau] *f* ⟨-⟩ *abbr of* **elektronische Datenverarbeitung** EDP **EDV-Anlage** *f* EDP system

EEG [e:e:'ge:] *nt* ⟨-, -s⟩ *abbr of* **Elektroenzephalogramm** EEG

Efeu ['e:fɔy] *m* ⟨-s, *no pl*⟩ ivy

Effeff [ɛf'ɛf, 'ɛf'ɛf, 'ɛfɛf] *nt* ⟨-, *no pl*⟩ *(infml)* **etw aus dem ~ können** to be able to do sth standing on one's head *(infml)*; **etw aus dem ~ kennen** to know sth inside out

Effekt [ɛ'fɛkt] *m* ⟨-(e)s, -e⟩ effect **Effekten** [ɛ'fɛktn] *pl* FIN stocks and bonds *pl* **Effektenbörse** *f* stock exchange **Effektenhandel** *m* stock dealing **Effektenmakler(in)** *m/(f)* stockbroker **Effektenmarkt** *m* stock market **Effekthascherei** [-haʃə'rai] *f* ⟨-, -en⟩ *(infml)* cheap showmanship **effektiv** [ɛfɛk'ti:f] **A** *adj* effective; (≈ *tatsächlich)* actual **B** *adv* (≈ *bestimmt)* actually **Effektivität** [ɛfɛktivi'tɛ:t] *f* ⟨-, *no pl*⟩ effectiveness **Effektivlohn** *m* actual wage **effektvoll** *adj* effective

effizient [ɛfi'tsiɛnt] **A** *adj* efficient **B** *adv* efficiently **Effizienz** [ɛfi'tsiɛnts] *f* ⟨-, -en⟩ efficiency

EG [e:'ge:] *f* ⟨-⟩ *abbr of* **Europäische Gemeinschaft** EC

egal [e'ga:l] *adj, adv pred* **das ist ~** that doesn't matter; **das ist mir ganz ~** it's all the same to me; (≈ *es kümmert mich nicht)* I don't care; **~ ob/wo/wie** no matter whether/where/how; **ihm ist alles ~** he doesn't care about anything

Egel ['e:gl] *m* ⟨-s, -⟩ ZOOL leech

Egge ['ɛgə] *f* ⟨-, -n⟩ AGR harrow

Ego ['e:go] *nt* ⟨-s, -s⟩ PSYCH ego **Egoismus** [ego'ɪsmʊs] *m* ⟨-, Egoismen [-mən]⟩ ego(t)ism **Egoist** [ego'ɪst] *m* ⟨-en, -en⟩, **Egoistin** [-'ɪstɪn] *f* ⟨-, -nen⟩ ego(t)ist **egoistisch** [ego'ɪstɪʃ] **A** *adj*

ego(t)istical **B** *adv* ego(t)istically **Egotrip** ['ego-] *m* (*infml*) ego trip (*infml*) **egozentrisch** [ego'tsɛntrɪʃ] *adj* egocentric

eh [eː] **A** *int* hey **B** *cj* = **ehe C** *adv* **1** (≈ *früher, damals*) **seit eh und je** for ages (*infml*); **wie eh und je** just as before **2** (≈ *sowieso*) anyway

ehe ['eːə] *cj* (≈ *bevor*) before

Ehe ['eːə] *f* ⟨-, -n⟩ marriage; **er versprach ihr die ~** he promised to marry her; **eine glückliche ~ führen** to have a happy marriage; **die ~ brechen** (*form*) to commit adultery; **sie hat drei Kinder aus erster ~** she has three children from her first marriage; **~ ohne Trauschein** common-law marriage **eheähnlich** *adj* (*form*) **in einer ~en Gemeinschaft leben** to cohabit (*form*) **Eheberater(in)** *m/(f)* marriage guidance counsellor (*Br*) or counselor (*US*) **Eheberatung** *f* (≈ *Stelle*) marriage guidance council **Ehebett** *nt* marital bed **ehebrechen** *v/i inf only* to commit adultery **Ehebrecher** *m* adulterer **Ehebrecherin** [-brɛçərɪn] *f* ⟨-, -nen⟩ adulteress **Ehebruch** *m* adultery **Ehefrau** *f* wife **Ehekrach** *m* marital row **Ehekrise** *f* marital crisis **Eheleute** *pl* (*form*) married couple **ehelich** ['eːəlɪç] *adj* marital; *Kind* legitimate

ehemalig ['eːəma:lɪç] *adj attr* former; **ein ~er Häftling** an ex-convict; **mein Ehemaliger/meine Ehemalige** (*hum infml*) my ex (*infml*) **ehemals** ['eːəmals] *adv* (*form*) formerly

Ehemann *m, pl* -männer husband **Ehepaar** *nt* (married) couple **Ehepartner(in)** *m/(f)* (≈ *Ehemann*) husband; (≈ *Ehefrau*) wife; **beide ~** both partners (in the marriage)

eher ['eːɐ] *adv* **1** (≈ *früher*) earlier; **je ~, desto lieber** the sooner the better **2** (≈ *lieber*) rather; (≈ *wahrscheinlicher*) more likely; (≈ *leichter*) more easily; **alles ~ als das!** anything but that!; **umso ~, als** (all) the more because **3** (≈ *vielmehr*) more; **er ist ~ faul als dumm** he's more lazy than stupid

Ehering *m* wedding ring **Eheschließung** *f* marriage ceremony **Ehestand** *m, no pl* matrimony

eheste(r, s) ['eːəstə] *adv* **am ~n** (≈ *am liebsten*) best of all; (≈ *am wahrscheinlichsten*) most likely; (≈ *am leichtesten*) the easiest; (≈ *zuerst*) first

Ehestreit *m* marital row **Ehevertrag** *m* prenuptial agreement

ehrbar *adj* (≈ *achtenswert*) respectable; (≈ *ehrenhaft*) honourable (*Br*), honorable (*US*); *Beruf* reputable **Ehre** ['eːrə] *f* ⟨-, -n⟩ honour (*Br*), honor (*US*); **jdm ~ machen** to do sb credit; **sich** (*dat*) **etw zur ~ anrechnen** to count sth an hono(u)r; **mit wem habe ich die ~?** (*iron, form*) with whom do I have the pleasure of speaking? (*form*); **es ist mir eine besondere ~, ...** (*form*) it is a great hono(u)r for me ...; **zu ~n** (+*gen*) in hono(u)r of **ehren** ['eːrən] *v/t* to honour (*Br*), to honor (*US*); **etw ehrt jdn** sth does sb credit; **Ihr Vertrauen ehrt mich** I am hono(u)red by your trust **Ehrenamt** *nt* honorary office **ehrenamtlich** **A** *adj* honorary; *Helfer, Tätigkeit* voluntary **B** *adv* in an honorary capacity **Ehrenbürger(in)** *m/(f)* honorary citizen; **er wurde zum ~ der Stadt ernannt** he was given the freedom of the city **Ehrendoktor(in)** *m/(f)* honorary doctor **Ehrengast** *m* guest of honour (*Br*) or honor (*US*) **ehrenhaft** *adj* honourable (*Br*), honorable (*US*) **Ehrenmal** *nt, pl* -male or -mäler memorial **Ehrenmann** *m, pl* -männer man of honour (*Br*) or honor (*US*) **Ehrenmitglied** *nt* honorary member **Ehrenplatz** *m* place of honour (*Br*) or honor (*US*) **Ehrenrechte** *pl* JUR civil rights *pl*; **bürgerliche ~** civil rights **Ehrenrettung** *f, no pl* retrieval of one's honour (*Br*) or honor (*US*) **Ehrenrunde** *f* SPORTS lap of honour (*Br*) or honor (*US*) **Ehrensache** *f* matter of honour (*Br*) or honor (*US*) **Ehrentitel** *m* honorary title **Ehrenwache** *f* guard of honour (*Br*) or honor (*US*) **ehrenwert** *adj* honourable (*Br*), honorable (*US*) **Ehrenwort** *nt, pl* -worte word of honour (*Br*) or honor (*US*); **(großes) ~!** (*infml*) cross my heart (and hope to die)! (*infml*) **ehrerbietig** ['eːɐbi:tɪç] *adj* respectful, deferential **Ehrfurcht** *f* great respect (*vor* +*dat* for); (≈ *fromme Scheu*) reverence (*vor* +*dat* for); **vor jdm ~ haben** to respect/revere sb; **~ gebietend** awe-inspiring **ehrfürchtig** [-fʏrçtɪç] *adj* reverent; *Distanz* respectful **Ehrgefühl** *nt* sense of honour (*Br*) or honor (*US*) **Ehrgeiz** *m* ambition **ehrgeizig** *adj* ambitious

ehrlich ['eːɐlɪç] **A** *adj* honest; *Absicht* sincere; **~ währt am längsten** (*prov*) honesty is the best policy (prov) **B** adv **1** ~ **verdientes Geld** hard-earned money; ~ **teilen** to share fairly; ~ **gesagt ...** quite frankly ...; **er meint es ~ mit uns** he is being honest with us **2** (≈ wirklich) honestly; **ich bin ~ begeistert** I'm really thrilled; ~! honestly! **Ehrlichkeit** f ⟨-, no pl⟩ honesty; (von Absicht) sincerity **ehrlos** adj dishonourable (Br), dishonorable (US) **Ehrung** ['eːrʊŋ] f ⟨-, -en⟩ honour (Br), honor (US) **ehrwürdig** ['eːɐvʏrdɪç] adj venerable

Ei [ai] nt ⟨-(e)s, -er⟩ **1** egg; **jdn wie ein rohes Ei behandeln** (fig) to handle sb with kid gloves; **wie auf Eiern gehen** (infml) to step gingerly; **sie gleichen sich wie ein Ei dem anderen** they are as alike as two peas (in a pod) **2** (sl) (≈ Hoden) **Eier** pl balls pl (sl)

Eibe ['aibə] f ⟨-, -n⟩ BOT yew

Eiche ['aiçə] f ⟨-, -n⟩ oak

Eichel ['aiçl] f ⟨-, -n⟩ **1** BOT acorn **2** ANAT glans **Eichelhäher** m jay

eichen v/t to calibrate

Eichenlaub nt oak leaves pl

Eichhörnchen nt, nt ⟨-s, -⟩ squirrel

Eichstrich m official calibration; (an Gläsern) line measure **Eichung** ['aiçʊŋ] f ⟨-, -en⟩ calibration

Eid [ait] m ⟨-(e)s, -e [-də]⟩ oath; **einen ~ ablegen** or **schwören** to take or swear an oath; **unter ~** under oath

Eidechse ['aidɛksə] f ZOOL lizard

eidesstattlich **A** adj **eine ~e Erklärung abgeben** to make a declaration in lieu of an oath **B** adv **eine ~ erklären** to declare sth in lieu of an oath **Eidgenosse** ['ait-] m, **Eidgenossin** f confederate; (≈ Schweizer Eidgenosse) Swiss citizen **Eidgenossenschaft** f confederation; **Schweizerische ~** Swiss Confederation **eidgenössisch** [-ɡənœsɪʃ] adj confederate; (≈ schweizerisch) Swiss **eidlich** ['aitlɪç] **A** adj **~e Erklärung** declaration under oath **B** adv under oath

Eidotter m or nt egg yolk **Eierbecher** m eggcup **Eierkocher** m egg boiler **Eierkopf** m (hum infml ≈ Intellektueller) egghead (infml), boffin (esp Br infml) **Eierlaufen** nt ⟨-s, no pl⟩ egg and spoon race **Eierlikör** m advocaat **Eierlöffel** m eggspoon **eiern** ['aiɐn] v/i (infml) to wobble **Eierschale** f eggshell **eierschalenfarben** [-farbn] adj off-white **Eierschwamm** m, **Eierschwammerl** nt

⟨-s, -⟩ (Aus, Swiss ≈ Pfifferling) chanterelle **Eierspeise** f egg dish **Eierstock** m ANAT ovary **Eieruhr** f egg timer

Eifer ['aifɐ] m ⟨-s, no pl⟩ (≈ Begeisterung) enthusiasm; (≈ Eifrigkeit) eagerness; **mit ~** enthusiastically; **im ~ des Gefechts** (fig infml) in the heat of the moment **Eifersucht** f jealousy (auf +acc of); **aus/vor ~** out of/for jealousy **eifersüchtig** adj jealous (auf +acc of)

eiförmig adj egg-shaped

eifrig ['aifrɪç] **A** adj eager; Leser, Sammler keen **B** adv üben religiously; **an die Arbeit gehen** enthusiastically; ~ **bemüht sein** to make a sincere effort

Eigelb nt ⟨-s, -e or (bei Zahlenangabe) -⟩ egg yolk

eigen ['aign] adj **1** own; (≈ selbstständig) separate; **Zimmer mit ~em Eingang** room with its own entrance; **sich** (dat) **etw zu ~ machen** (≈ zur Gewohnheit machen) to make a habit of sth **2** (≈ typisch) typical; **das ist ihm ~** that is typical of him **3** (≈ seltsam) strange **4** (≈ übergenau) fussy; **in Gelddingen ist er sehr ~** he is very particular about money matters **Eigenart** f (≈ Besonderheit) peculiarity; (≈ Eigenschaft) characteristic **eigenartig** **A** adj peculiar **B** adv peculiarly; ~ **aussehen** to look strange **eigenartigerweise** adv strangely or oddly enough **Eigenbedarf** m (von Mensch) personal use; (von Staat) domestic requirements pl **Eigenbeteiligung** f INSUR own share, excess (Br) **Eigenbrötler** ['aignbrøːtle] m ⟨-s, -⟩, **Eigenbrötlerin** [-ərɪn] f ⟨-, -nen⟩ (infml) loner; (≈ komischer Kauz) queer fish (infml) **Eigengewicht** nt (von Lkw etc) unladen weight; COMM net weight; SCI dead weight **eigenhändig** **A** adj Brief, Unterschrift etc in one's own hand; Übergabe personal **B** adv oneself **Eigenheim** nt one's own home **Eigenheit** ['aignhait] f ⟨-, -en⟩ = Eigenart **Eigeninitiative** f initiative of one's own **Eigenkapital** nt (von Person) personal capital; (von Firma) company capital **Eigenleben** nt, no pl one's own life **eigenmächtig** **A** adj (≈ selbstherrlich) high-handed; (≈ eigenverantwortlich) taken/done etc on one's own authority; (≈ unbefugt) unauthorized **B** adv high-handedly; (entirely) on one's own authority; without any authorization **Eigenname** m proper name **Eigennutz** [-nʊts] m

⟨-es, *no pl*⟩ self-interest **eigennützig** [-nʏtsɪç] *adj* selfish **eigens** ['aɪgns] *adv* (e)specially **Eigenschaft** ['aɪgnʃaft] *f* ⟨-, -en⟩ (≈ *Attribut*) quality; CHEM, PHYS *etc* property; (≈ *Merkmal*) characteristic; (≈ *Funktion*) capacity **Eigenschaftswort** *nt, pl* -wörter adjective **Eigensinn** *m, no pl* stubbornness **eigensinnig** *adj* stubborn **eigenständig** *adj* original; (≈ *unabhängig*) independent **Eigenständigkeit** [-ʃtɛndɪçkaɪt] *f* ⟨-, *no pl*⟩ originality; (≈ *Unabhängigkeit*) independence **eigentlich** ['aɪgntlɪç] ◻A *adj* (≈ *wirklich, tatsächlich*) real; *Wert* true; **im ~en Sinne des Wortes ...** in the original meaning of the word ... ◻B *adv* actually; (≈ *tatsächlich, wirklich*) really; **was willst du ~ hier?** what do you want here anyway?; **~ müsstest du das wissen** you should really know that **Eigentor** *nt* (SPORTS, *fig*) own goal; **ein ~ schießen** to score an own goal **Eigentum** ['aɪgntuːm] *nt* ⟨-s, *no pl*⟩ property **Eigentümer** ['aɪgntyːmɐ] *m* ⟨-s, -⟩, **Eigentümerin** [-ərɪn] *f* ⟨-, -nen⟩ owner **eigentümlich** ['aɪgntyːmlɪç] *adj* (≈ *sonderbar, seltsam*) strange **Eigentümlichkeit** *f* ⟨-, -en⟩ ◻1 (≈ *Besonderheit*) characteristic ◻2 (≈ *Eigenheit*) peculiarity **Eigentumsdelikt** *nt* JUR *offence against property* **Eigentumsrecht** *nt* right of ownership **Eigentumsverhältnisse** *pl* distribution *sg* of property **Eigentumswohnung** *f* owner-occupied flat (*Br*), ≈ condominium (*US*) **eigenverantwortlich** ◻A *adj* autonomous ◻B *adv* on one's own authority **Eigenverantwortung** *f* autonomy; **in ~** *entscheiden etc* on one's own responsibility **eigenwillig** *adj* with a mind of one's own; (≈ *eigensinnig*) self-willed; (≈ *unkonventionell*) unconventional **eignen** ['aɪgnən] *v/r* to be suitable (*für, zu* for, *als* as); **er würde sich nicht zum Lehrer ~** he wouldn't make a good teacher; → **geeignet Eignung** ['aɪgnʊŋ] *f* ⟨-, -en⟩ suitability; (≈ *Befähigung*) aptitude **Eignungstest** *m* aptitude test **Eilauftrag** *m* rush order **Eilbote** *m*, **Eilbotin** *f* messenger; **per** *or* **durch ~n** express **Eilbrief** *m* express letter **Eile** ['aɪlə] *f* ⟨-, *no pl*⟩ hurry; **in ~ sein** to be in a hurry; **damit hat es keine ~** it's not urgent; **in der ~** in the hurry; **nur keine ~!** don't rush!

Eileiter *m* ANAT Fallopian tube

eilen ['aɪlən] ◻A *v/i* ◻1 *aux sein* to rush, to hurry; **eile mit Weile** (*prov*) more haste less speed (*prov*) ◻2 (≈ *dringlich sein*) to be urgent; **eilt!** (*auf Briefen etc*) urgent ◻B *v/impers* **es eilt** it's urgent **eilends** ['aɪlənts] *adv* hurriedly **eilig** ['aɪlɪç] *adj* ◻1 (≈ *schnell*) hurried; **es ~ haben** to be in a hurry ◻2 (≈ *dringend*) urgent **Eilpaket** *nt* express parcel **Eilsendung** *f* express delivery; **~en** *pl* express mail **Eiltempo** *nt* **etw im ~ machen** to do sth in a real rush **Eimer** ['aɪmɐ] *m* ⟨-s, -⟩ bucket; (≈ *Mülleimer*) (rubbish) bin (*Br*), garbage can (*US*); **ein ~ (voll) Wasser** a bucket(ful) of water; **im ~ sein** (*infml*) to be up the spout (*Br infml*), to be down the drain (*US infml*) **eimerweise** *adv* by the bucket(ful)

ein[1] [aɪn] *adv* (*an Geräten*) **Ein/Aus** on/off; **~ und aus gehen** to come and go

ein[2], **eine**, **ein** ◻A *num* one; **~ Uhr** one (o'clock); **~ für alle Mal** once and for all; **~ und derselbe** one and the same; **er ist ihr Ein und Alles** he means everything to her; → **eins** ◻B *indef art* a; (*vor Vokalen*) an; → **eine(r, s)**

Einakter ['aɪnaktɐ] *m* ⟨-s, -⟩ THEAT one-act play

einander [aɪ'nandɐ] *pron* one another

einarbeiten *sep* ◻A *v/r* to get used to the work ◻B *v/t* ◻1 *jdn* to train ◻2 (≈ *einfügen*) to incorporate

einarmig *adj* one-armed; **~er Bandit** one-armed bandit

einäschern ['aɪnɛʃɐn] *v/t sep Leichnam* to cremate **Einäscherung** *f* ⟨-, -en⟩ (*von Leichnam*) cremation

einatmen *v/t & v/i sep* to breathe in

einäugig *adj* one-eyed

Einbahnstraße *f* one-way street

einbalsamieren *past part* **einbalsamiert** *v/t sep* to embalm

Einband *m, pl* -bände book cover

einbändig *adj* one-volume *attr*, in one volume

Einbau *m, pl* -bauten *no pl* (≈ *das Einbauen*) installation **einbauen** *v/t sep* to install; (*infml* ≈ *einfügen*) *Zitat etc* to work in; **eingebaut** built-in **Einbauküche** *f* (fully-)fitted kitchen **Einbaumöbel** *pl* fitted furniture **Einbauschrank** *m* fitted cupboard

einbegriffen ['aɪnbəgrɪfn] *adj* included **einbehalten** *past part* **einbehalten** *v/t sep irr* to keep back

einberufen *past part* **ei**nberufen *v/t sep irr Parlament* to summon; *Versammlung* to convene; MIL to call up, to draft (US) **Einberufung** *f* **1** (*einer Versammlung*) convention; (*des Parlaments*) summoning **2** MIL conscription **Einberufungsbescheid** *m*, **Einberufungsbefehl** *m* MIL call-up *or* draft (US) papers *pl*

einbetonieren *past part* **ei**nbetoniert *v/t sep* to cement in (*in +acc* -to)

einbetten *v/t sep* to embed (*in +acc* in); → **eingebettet**

Einbettzimmer *nt* single room

einbeziehen *past part* einbezogen *v/t sep irr* to include (*in +acc* in)

einbiegen *sep irr v/i aux sein* to turn (off) (*in +acc* into); **du musst hier links ~** you have to turn (off to the) left here

einbilden *v/t sep* **1** (≈ *sich vorstellen*) **sich** (*dat*) **etw ~** to imagine sth; **das bildest du dir nur ein** that's just your imagination; **bilde dir (doch) nichts ein!** don't kid yourself! (*infml*); **was bildest du dir eigentlich ein?** what's got (*Br*) *or* gotten (US) into you? **2** (≈ *stolz sein*) **sich** (*dat*) **viel auf etw** (*acc*) **~** to be conceited about sth; **darauf können Sie sich etwas ~!** that's something to be proud of!; **darauf brauchst du dir nichts einzubilden!** that's nothing to be proud of; → **eingebildet Einbildung** *f* **1** (≈ *Vorstellung*) imagination; (≈ *irrige Vorstellung*) illusion; **das ist alles nur ~** it's all in the mind **2** (≈ *Dünkel*) conceit **Einbildungskraft** *f, no pl* (powers *pl* of) imagination

einbinden *v/t sep irr Buch* to bind; (*fig* ≈ *einbeziehen*) to integrate

einbläuen [ˈainblɔyən] *v/t sep* (*infml*) **jdm etw ~** (*durch Schläge*) to beat sth into sb; (≈ *einschärfen*) to drum sth into sb

einblenden *sep FILM, TV, RADIO v/t* to insert; (*allmählich*) to fade in

Einblick *m* (*fig* ≈ *Kenntnis*) insight; **~ in etw** (*acc*) **gewinnen** to gain an insight into sth

einbrechen *sep irr* **A** *v/t Tür, Wand etc* to break down **B** *v/i* **1** *aux sein* (≈ *einstürzen*) to fall in **2** *aux sein or haben* (≈ *Einbruch verüben*) to break in; **bei mir ist eingebrochen worden** I've had a break-in **3** *aux sein* (*Nacht*) to set in **Einbrecher** *m* ⟨-s, -⟩, **Einbrecherin** [-ərɪn] *f* ⟨-, -nen⟩ burglar

einbringen *v/t sep irr* **1** PARL *Gesetz* to introduce **2** (≈ *Ertrag bringen*) *Geld, Nutzen* to bring in; *Ruhm* to bring; *Zinsen* to earn; **das bringt nichts ein** (*fig*) it's not worth it **3** (≈ *beteiligen*) **sich in etw** (*acc*) **~** to play a part in sth

einbrocken [ˈainbrɔkn] *v/t sep* **jdm/sich etwas ~** (*infml*) to land sb/oneself in it (*infml*)

Einbruch *m* **1** (≈ *Einbruchdiebstahl*) burglary (*in +acc* in); **der ~ in die Bank** the bank break-in **2** (*von Wasser*) penetration **3** **~ der Kurse/der Konjunktur** FIN stock exchange/economic crash **4** (*der Nacht*) fall; (*des Winters*) onset; **bei ~ der Nacht/Dämmerung** at nightfall/dusk **einbruchsicher** *adj* burglar-proof

einbürgern [ˈainbʏrgɐn] *sep* **A** *v/t Person* to naturalize **B** *v/r* (*Brauch, Fremdwort*) to become established **Einbürgerung** *f* ⟨-, -en⟩ (*von Menschen*) naturalization

Einbuße *f* loss (*an +dat* to) **einbüßen** *sep* **A** *v/t* to lose; (*durch eigene Schuld*) to forfeit **B** *v/i* **an Klarheit** (*dat*) **~** to lose some of its clarity

einchecken *v/t & v/i sep* to check in (*an +dat* at)

eincremen [ˈainkreːmən] *v/t sep* to put cream on

eindämmen *v/t sep Fluss* to dam; (*fig* ≈ *vermindern*) to check; (≈ *im Zaum halten*) to contain

eindecken *sep* **A** *v/r* **sich (mit etw) ~** to stock up (with sth) **B** *v/t* (*infml* ≈ *überhäufen*) to inundate; **mit Arbeit eingedeckt sein** to be snowed under with work

eindeutig [ˈaindɔytɪç] **A** *adj* clear; (≈ *nicht zweideutig*) unambiguous; *Witz* explicit **B** *adv* (≈ *klar*) clearly; (≈ *unmissverständlich*) unambiguously **Eindeutigkeit** *f* ⟨-, no pl⟩ clearness; (≈ *Unzweideutigkeit*) unambiguity

eindeutschen [ˈaindɔytʃn] *v/t sep* to Germanize

eindimensional *adj* one-dimensional

eindösen *v/i sep aux sein* (*infml*) to doze off

eindringen *v/i sep irr aux sein* **1** (≈ *einbrechen*) **in etw** (*acc*) **~** to force one's way into sth **2** (≈ *hineindringen*) **in etw** (*acc*) **~** to go into sth **3** (≈ *bestürmen*) **auf jdn ~** to go for sb (*with with*); (*mit Fragen, Bitten etc*) to besiege sb **eindringlich** **A** *adj* (≈ *nachdrücklich*) insistent; *Schilderung* vivid **B** *adv warnen* urgently **Eindringling** [ˈaindrɪŋlɪŋ] *m* ⟨-s, -e⟩ intruder

Eindruck m, pl -drücke impression; **den ~ erwecken, als ob** or **dass** ... to give the impression that ...; **ich habe den ~, dass** ... I have the impression that ...; **großen ~ auf jdn machen** to make a great impression on sb; **er will ~ (bei ihr) machen** he's out to impress (her) **eindrücken** sep v/t Fenster to break; Tür, Mauer to push down; (≈ einbeulen) to dent **eindrucksvoll** adj impressive
eine ['ainə]; → ein²; → eine(r, s)
einebnen v/t sep to level
eineiig ['ainaiɪç] adj Zwillinge identical
eineinhalb ['ainain'halp] num one and a half; → anderthalb
Eineltern(teil)familie f single-parent family
einengen ['ainɛŋən] v/t sep (lit) to constrict; (fig) Begriff, Freiheit to restrict; **jdn in seiner Freiheit ~** to curb sb's freedom
Einer ['aine] m ⟨-s, -⟩ ■ MAT unit ■ (≈ Ruderboot) single scull
eine(r, s) ['ainə] indef pr ■ one; (≈ jemand) somebody; **und das soll ~r glauben!** (infml) and we're/you're meant to believe that! ■ **~s** (a. **eins**) one thing; **~s sag ich dir** I'll tell you one thing
einerlei ['aine'lai] adj inv pred (≈ gleichgültig) all the same; **das ist mir ganz ~** it's all the same to me **Einerlei** ['aine'lai] nt ⟨-s, no pl⟩ monotony
einerseits ['ainezaits] adv **~ ... andererseits** ... on the one hand ... on the other hand ...
einfach ['ainfax] A adj simple; Fahrkarte, Fahrt one-way, single (Br); Essen plain; **das ist nicht so ~ zu verstehen** that is not so easy to understand B adv ■ (≈ schlicht) simply ■ (≈ nicht doppelt) once ■ (verstärkend ≈ geradezu) simply ■ (≈ ohne Weiteres) just **Einfachheit** f ⟨-, no pl⟩ simplicity; **der ~ halber** for the sake of simplicity
einfädeln sep A v/t ■ Nadel, Faden to thread (in +acc through) ■ (infml) Intrige, Plan etc to set up (infml) B v/r **sich in eine Verkehrskolonne ~** to filter into a stream of traffic
einfahren sep irr A v/i aux sein (Zug, Schiff) to come in (in +acc -to) B v/t ■ Fahrgestell to retract (in +acc -to) ■ Wagen to run in (Br), to break in (US) ■ Gewinne, Verluste to make **Einfahrt** f ■ no pl (≈ das Einfahren) entry (in +acc to); **Vorsicht bei (der) ~ des Zuges!** stand

well back, the train is arriving ■ (≈ Eingang) entrance; (≈ Toreinfahrt) entry; **„Einfahrt frei halten"** "keep clear"
Einfall m ■ (≈ Gedanke) idea ■ MIL invasion (in +acc of) **einfallen** v/i sep irr aux sein ■ (Gedanke) **jdm ~** to occur to sb; **jetzt fällt mir ein, wie/warum** ... I've just thought of how/why ...; **das fällt mir nicht im Traum ein!** I wouldn't dream of it!; **sich** (dat) **etw ~ lassen** to think of sth; **was fällt Ihnen ein!** what are you thinking of! ■ (≈ in Erinnerung kommen) **jdm ~** to come to sb; **es fällt mir jetzt nicht ein** I can't think of it at the moment ■ (≈ einstürzen) to collapse; → eingefallen ■ (≈ eindringen) **in ein Land ~** to invade a country ■ (Lichtstrahlen) to fall ■ (≈ mitreden) to join in **einfallslos** adj unimaginative **Einfallslosigkeit** f ⟨-, no pl⟩ unimaginativeness **einfallsreich** adj imaginative **Einfallsreichtum** m, no pl imaginativeness **Einfallswinkel** m PHYS angle of incidence
einfältig ['ainfɛltɪç] adj (≈ arglos) simple; (≈ dumm) simple(-minded) **Einfaltspinsel** ['ainfalts-] m (infml) simpleton
Einfamilienhaus nt single-family house
einfangen v/t sep irr to catch, to capture
einfarbig adj all one colour (Br) or color (US)
einfassen v/t sep Beet, Grab to border; Kleid to trim
einfetten v/t sep to grease; Haut, Gesicht to rub cream into
einfinden v/r sep irr to come; (≈ eintreffen) to arrive
einflechten v/t sep irr (fig: ins Gespräch etc) to introduce (in +acc in, into); **darf ich kurz ~, dass** ... I would just like to say that ...
einfliegen sep irr A v/t ■ Flugzeug to test-fly ■ Proviant, Truppen to fly in (in +acc -to) B v/i aux sein to fly in (in +acc -to)
einfließen v/i sep irr aux sein to flow in; **er ließ nebenbei ~, dass** ... he let it drop that ...
einflößen v/t sep **jdm etw ~** Medizin to give sb sth; Mut etc to instil (Br) or instill (US) sth into sb
Einflugschneise f AVIAT approach path
Einfluss m influence; **unter dem ~ von jdm/etw** under the influence of sb/sth; **~ auf jdn ausüben** to exert an influence on sb; **darauf habe ich keinen ~** I can't

influence that **Einflussbereich** m sphere of influence **Einflussnahme** [-naːmə] f ⟨-, (rare) -n⟩ exertion of influence **einflussreich** adj influential

einförmig adj uniform; (≈ eintönig) monotonous

einfrieren sep irr **A** v/i aux sein to freeze; (Wasserleitung) to freeze up **B** v/t to freeze; POL Beziehungen to suspend

einfügen sep **A** v/t to fit (in +acc into); IT to insert (in +acc in) **B** v/r to fit in (in +acc -to); (≈ sich anpassen) to adapt (in +acc to) **Einfügetaste** f IT insert key

einfühlen v/r sep **sich in jdn ~** to empathize with sb; **sich in etw** (acc) **~** to understand sth **einfühlsam** ['ainfyːlzaːm] **A** adj sensitive **B** adv sensitively **Einfühlungsvermögen** nt, no pl capacity for understanding, empathy

Einfuhr ['ainfuːɐ] f ⟨-, -en⟩ import; (≈ das Einführen) importing **Einfuhrartikel** m import **Einfuhrbeschränkung** f import restriction **einführen** sep v/t **1** (≈ hineinstecken) to insert (in +acc into) **2** (≈ bekannt machen) to introduce (in +acc into); COMM Firma, Artikel to establish; **jdn in sein Amt ~** to install sb (in office) **3** (als Neuerung) to introduce **4** COMM Waren to import **Einfuhrgenehmigung** f import permit **Einfuhrland** nt importing country **Einfuhrlizenz** f import licence (Br) or license (US) **Einführung** f introduction (in +acc to) **Einführungskurs** m UNIV etc introductory course **Einführungspreis** m introductory price **Einfuhrverbot** nt ban on imports

einfüllen v/t sep to pour in; **etw in Flaschen ~** to put sth into bottles, to bottle sth

Eingabe f **1** (form ≈ Gesuch) petition (an +acc to) **2** IT input **Eingabetaste** f IT enter key

Eingang m, pl -gänge **1** entrance (in +acc to); (≈ Zutritt, Aufnahme) entry; „**kein ~!**" "no entrance" **2** (COMM ≈ Wareneingang) delivery; (≈ Erhalt) receipt; **den ~** or **die Eingänge bearbeiten** to deal with the incoming mail **eingängig** adj Melodie, Spruch catchy **eingangs** ['aiŋaŋs] adv at the start **Eingangsdatum** nt date of receipt **Eingangsstempel** m COMM receipt stamp

eingeben v/t sep irr **1** (≈ verabreichen) to give **2** IT Text, Befehl to enter

eingebettet [-gəbɛtət] adj embedded; → einbetten

eingebildet adj **1** (≈ hochmütig) conceited **2** (≈ imaginär) imaginary; → einbilden

eingeboren adj (≈ einheimisch) native **Eingeborene(r)** ['aingəboːrənə] m/f(m) decl as adj neg! native

Eingebung ['aingeːbʊŋ] f ⟨-, -en⟩ inspiration

eingefallen adj Wangen hollow; Augen deep-set; → einfallen

eingefleischt [-gəflaiʃt] adj attr (≈ überzeugt) confirmed; (≈ unverbesserlich) dyed-in-the-wool; **~er Junggeselle** (hum) confirmed bachelor

eingehen sep irr aux sein **A** v/i **1** (Briefe, Waren etc) to arrive; (Spenden, Bewerbungen) to come in; **~de Post/Waren** incoming mail/goods; **eingegangene Post/Spenden** mail/donations received **2** (≈ sterben: Tiere, Pflanze) to die (an +dat of); (infml: Firma etc) to fold **3** **auf etw** (acc) **~** auf Frage, Punkt etc to go into sth; **auf jdn/etw ~** (≈ sich widmen) to give (one's) time and attention to sb/sth; **auf einen Vorschlag/Plan ~** (≈ zustimmen) to agree to a suggestion/plan **B** v/t (≈ abmachen) to enter into; Risiko to take; Wette to make **eingehend A** adj (≈ ausführlich) detailed; (≈ gründlich) thorough; Untersuchungen in-depth attr **B** adv (≈ ausführlich) in detail; (≈ gründlich) thoroughly

Eingemachte(s) ['aingəmaxtə] nt decl as adj bottled fruit/vegetables; (≈ Marmelade) preserves pl; **ans ~ gehen** (fig infml) to dig deep into one's reserves

eingemeinden ['aingəmaindn] past part **eingemeindet** v/t sep to incorporate (in +acc, nach into)

eingenommen ['aingənɔmən] adj **für jdn/etw ~ sein** to be taken with sb/sth; **gegen jdn/etw ~ sein** to be prejudiced against sb/sth; → einnehmen

eingeschlossen [-gəʃlɔsn] adj **1** (≈ umgeben) Grundstück, Haus etc enclosed **2** (≈ umzingelt) surrounded, encircled **3** **im Preis ~** included in the price; → einschließen

eingeschnappt [-gəʃnapt] adj (infml) cross; **~ sein** to be in a huff; → einschnappen

eingeschränkt [-gəʃrɛŋkt] adj (≈ eingeengt) restricted; **in ~en Verhältnissen leben** to live in straitened circumstances;

→ einschränken

eingeschrieben [-gəʃriːbn] *adj Brief* registered; → einschreiben

eingespielt [-gəʃpiːlt] *adj* **aufeinander ~ sein** to be used to one another; → einspielen

Eingeständnis *nt* admission, confession

eingestehen *past part* **ei**ngestanden *v/t sep irr* to admit

eingestellt ['aingəʃtɛlt] *adj* **links/rechts ~ sein** to have leanings to the left/right; **ich bin im Moment nicht auf Besuch ~** I'm not prepared for visitors; → einstellen

eingetragen [-gətraːgn] *adj Warenzeichen, Verein* registered; → eintragen

Eingeweide ['aingəvaidə] *nt* ⟨-s, -⟩ *usu pl* entrails *pl* **Eingeweidebruch** *m* MED hernia

eingewöhnen *past part* **ei**ngewöhnt *v/r sep* to settle down (in +dat in)

eingießen *v/t sep irr* (≈ einschenken) to pour (out)

eingleisig 🅰 *adj* single-track 🅱 *adv* **er denkt sehr ~** he's completely single--minded

eingliedern *sep* 🅰 *v/t Firma, Gebiet* to incorporate (+dat into, with); *jdn* to integrate (in +acc into) 🅱 *v/r* to fit in (in +acc -to, in) **Eingliederung** *f* (von Firma, Gebiet) incorporation; (von Behinderten, Straffälligen) integration

eingraben *sep irr* 🅰 *v/t Pfahl, Pflanze* to dig in (in +acc -to) 🅱 *v/r* to dig oneself in (auch MIL)

eingravieren *past part* **ei**ngraviert *v/t sep* to engrave (in +acc in)

eingreifen *v/i sep irr* (≈ einschreiten, MIL) to intervene; **in jds Rechte** (acc) **~** to intrude (up)on sb's rights; **Eingreifen** intervention **Eingreiftruppe** *f* strike force

eingrenzen *v/t sep* (lit) to enclose; (fig) *Problem* to delimit

Eingriff *m* 🔢 MED operation 🔢 (≈ Übergriff) intervention

Einhalt *m, no pl* **jdm/einer Sache ~ gebieten** to stop sb/sth **einhalten** *sep irr v/t* (≈ beachten) to keep; *Spielregeln* to follow; *Diät, Vertrag* to keep to; *Verpflichtungen* to carry out **Einhaltung** *f* (≈ Beachtung) keeping (+gen of); (von Spielregeln) following (+gen of); (von Diät, Vertrag) keeping (+gen to); (von Verpflichtungen) carrying out (+gen of)

einhämmern *sep v/t* **jdm etw ~** (fig) to hammer or drum sth into sb

einhandeln *v/t sep* to trade (gegen, für for); **sich** (dat) **etw ~** (infml) to get sth

einhändig *adj* one-handed

einhängen *sep* 🅰 *v/t Tür* to hang 🅱 *v/r* **sich bei jdm ~** to slip one's arm through sb's

einheimisch ['ainhaimiʃ] *adj Mensch, Tier, Pflanze* native; *Industrie* local **Einheimische(r)** ['ainhaimiʃə] *m/f(m) decl as adj* local

einheimsen ['ainhaimzn] *v/t sep* (infml) to collect

Einheit ['ainhait] *f* ⟨-, -en⟩ 🔢 (von Land etc) unity; **eine geschlossene ~ bilden** to form an integrated whole; **die (deutsche) ~** (German) unity 🔢 (MIL, SCI, TEL) unit **einheitlich** ['ainhaitlɪç] 🅰 *adj* (≈ gleich) the same, uniform; (≈ in sich geschlossen) unified 🅱 *adv* uniformly; **~ gekleidet** dressed alike **Einheitlichkeit** *f* ⟨-, no pl⟩ (≈ Gleichheit) uniformity; (≈ innere Geschlossenheit) unity **Einheitsbrei** *m* (pej infml) **es ist so ein ~** it's all so samey (infml) **Einheitspreis** *m* standard price

einheizen *sep v/i* **jdm (tüchtig) ~** (infml) (≈ die Meinung sagen) to haul sb over the coals; (≈ zu schaffen machen) to make things hot for sb

einhellig ['ainhɛlɪç] 🅰 *adj* unanimous 🅱 *adv* unanimously

einher- *pref* (≈ entlang) along; (≈ hin und her) up and down **einhergehen** *v/i sep irr aux sein* **mit etw ~** (fig) to be accompanied by sth

einholen *v/t sep* 🔢 (≈ einziehen) Boot, Netz to pull in; *Fahne, Segel* to lower 🔢 *Erlaubnis* to obtain; **bei jdm Rat ~** to obtain advice from sb 🔢 (≈ erreichen) Laufenden to catch up; *Vorsprung* to make up 🔢 (also v/i, dial) = einkaufen

Einhorn *nt* unicorn

einhüllen *sep v/t* to wrap (up); **in Nebel eingehüllt** shrouded in mist

einhundert ['ain'hʊndet] *num* (form) = hundert

einig ['ainɪç] *adj* 🔢 (≈ geeint) united 🔢 (≈ einer Meinung) agreed; **sich** (dat) **über etw** (acc) **~ werden** to agree on sth **einigen** ['ainɪgn] 🅰 *v/t* to unite 🅱 *v/r* to reach (an) agreement (über +acc about); **sich auf einen Kompromiss ~** to agree to a compromise

einige(r, s) ['ainɪgə] *indef pr* 🔢 *sg* (≈ etwas)

some; (≈ *ziemlich viel*) (quite) some; **nach ~r Zeit** after a while; **das wird ~s kosten** that will cost something; **dazu gehört schon ~r Mut** that takes some courage **2** *pl* some; (≈ *mehrere*) several; (≈ *ein paar*) a few, some; **~ Mal(e)** a few times; **an ~n Stellen** in some places; **in ~n Tagen** in a few days **einigermaßen** [ˈaɪnɪɡəˈmaːsn] *adv* (≈ *ziemlich*) rather; (*vor adj*) fairly; (≈ *ungefähr*) to some extent; **wie geht's dir? — ~** how are you? — all right

Einigkeit *f* ⟨-, *no pl*⟩ (≈ *Eintracht*) unity; (≈ *Übereinstimmung*) agreement; **in diesem Punkt herrschte ~** there was agreement on this point **Einigung** *f* ⟨-, -en⟩ **1** POL unification **2** (≈ *Übereinstimmung*) agreement; (JUR ≈ *Vergleich*) settlement; **über etw** (*acc*) **~ erzielen** to come to an agreement on sth

einjagen *v/t sep* **jdm einen Schrecken ~** to give sb a fright

einjährig *adj* one-year-old; *Pflanze* annual; *Amtszeit, Studium* one-year *attr*

einkalkulieren *past part* **einkalkuliert** *v/t sep* to reckon with; *Kosten* to include

Einkauf *m* **1** purchase; **Einkäufe machen** to go shopping; **sie packte ihre Einkäufe aus** she unpacked her shopping **2** *no pl* (COMM ≈ *Abteilung*) buying (department) **einkaufen** *sep* **A** *v/t* to buy **B** *v/i* to shop; COMM to buy; **~ gehen** to go shopping **Einkäufer(in)** *m/(f)* COMM buyer **Einkaufsabteilung** *f* purchasing department **Einkaufsbummel** *m* **einen ~ machen** to go on a shopping spree **Einkaufskorb** *m* shopping basket **Einkaufsliste** *f* shopping list **Einkaufstasche** *f* shopping bag **Einkaufswagen** *m* shopping trolley (*Br*) or cart (*US*) **Einkaufszentrum** *nt* shopping centre (*Br*) or center (*US*) **Einkaufszettel** *m* shopping list

einkehren *v/i sep aux sein* **1** (*in Gasthof*) to stop off (*in +dat* at) **2** (*Ruhe*) to come (*bei* to)

einkeilen *v/t sep* to hem in

einkerben *v/t sep* to notch; (≈ *schnitzen*) to cut **Einkerbung** *f* notch

einkesseln [ˈaɪnkɛsln] *v/t sep* to encircle

einklagen *v/t sep Schulden* to sue for (the recovery of)

einklammern *v/t sep* to put in brackets

Einklang *m* **1** MUS unison **2** (*fig*) harmony; **in ~ bringen** to bring into line; **im ~**

mit etw stehen to be in accord with sth

einkleiden *v/t sep Soldaten* to fit out (with a uniform); **sich neu ~** to buy oneself a new wardrobe

einklemmen *v/t sep* (≈ *quetschen*) to jam; *Finger etc* to catch

einkochen *sep v/t Gemüse* to preserve; *Marmelade* to make

Einkommen [ˈaɪnkɔmən] *nt* ⟨-s, -⟩ income **Einkommensgrenze** *f* income limit **Einkommensklasse** *f* income bracket **einkommensschwach** *adj* low-income *attr* **einkommensstark** *adj* high-income *attr* **Einkommen(s)steuer** *f* income tax **Einkommen(s)steuerbescheid** *m* income tax assessment **Einkommen(s)steuererklärung** *f* income tax return

Einkorn *nt* ⟨-(e)s, *no pl*⟩ (*Getreidesorte*) einkorn wheat

einkreisen *v/t sep* to surround; (*fig*) *Problem* to consider from all sides; POL to isolate

Einkünfte [ˈaɪnkʏnftə] *pl* income *sg*

einladen *v/t sep irr* **1** *Waren* to load (*in +acc* into) **2** *jdn* to invite; **jdn zu einer Party ~** to invite sb to a party; **jdn ins Kino ~** to ask sb to the cinema; **lass mal, ich lade dich ein** come on, this one's on me **einladend** *adj* inviting; *Speisen* appetizing **Einladung** *f* invitation

Einlage *f* **1** (≈ *Zahneinlage*) temporary filling **2** (≈ *Schuheinlage*) insole; (*zum Stützen*) (arch) support **3** (≈ *Zwischenspiel*) interlude **4** (FIN ≈ *Kapitaleinlage*) investment

einlagern *v/t sep* to store

Einlass [ˈaɪnlas] *m* ⟨-es, ⸚e [-lɛsə]⟩ *no pl* (≈ *Zutritt*) admission; **jdm ~ gewähren** to admit sb; **sich** (*dat*) **~ in etw** (*acc*) **verschaffen** to gain entry to sth **einlassen** *sep irr* **A** *v/t* **1** (≈ *eintreten lassen*) to let in **2** (≈ *einlaufen lassen*) *Wasser* to run (*in +acc* into) **B** *v/r* **sich auf etw** (*acc*) **~** to get involved in sth; **sich auf einen Kompromiss ~** to agree to a compromise; **darauf lasse ich mich nicht ein!** I don't want anything to do with it; **da habe ich mich aber auf etwas eingelassen!** I've let myself in for something there!; **sich mit jdm ~** (*pej*) to get involved with sb

Einlauf *m* **1** *no pl* (SPORTS: *am Ziel*) finish **2** MED enema **einlaufen** *sep irr* **A** *v/i aux sein* **1** (≈ *hineinlaufen*) to come in (*in +acc* -to); (*durchs Ziel*) to finish **2** (*Wasser*)

to run in (*in +acc* -to) **3** (*Stoff*) to shrink **B** *v/t Schuhe* to wear in **C** *v/r* SPORTS to warm up

einläuten *v/t sep* to ring in; SPORTS *Runde* to sound the bell for

einleben *v/r sep* to settle down (*in or an +dat* in)

Einlegearbeit *f* inlay work *no pl* **einlegen** *v/t sep* **1** (*in Holz etc*) to inlay **2** (≈ *hineintun*) to insert (*in +acc* in); *Film* to load (*in +acc* into) **3** AUTO *Gang* to engage **4** *Protest* to register; **ein gutes Wort für jdn ~** to put in a good word for sb (*bei* with) **5** COOK *Heringe, Gurken etc* to pickle **Einlegesohle** *f* insole

einleiten *sep v/t* **1** (≈ *in Gang setzen*) to initiate; *Schritte* to introduce; JUR *Verfahren* to institute; MED *Geburt* to induce **2** (≈ *beginnen*) to start **3** *Abwässer etc* to discharge (*in +acc* into) **einleitend A** *adj* introductory **B** *adv* **er sagte ~, dass ...** he said by way of introduction that ... **Einleitung** *f* **1** (≈ *Vorwort*) introduction **2** (≈ *das Einleiten*) initiation; (*von Schritten*) introduction; (*von Verfahren*) institution; (*von Geburt*) induction **3** (*von Abwässern*) discharge (*in +acc* into)

einlenken *v/i sep* (≈ *nachgeben*) to yield

einlesen *sep irr* **A** *v/r* **sich in ein Gebiet** *etc* **~** to get into a subject *etc* **B** *v/t Daten* to read in (*in +acc* -to)

einleuchten *v/i sep* to be clear (*jdm* to sb); **das will mir nicht ~** I just don't understand that **einleuchtend** *adj* reasonable

einliefern *v/t sep Waren* to deliver; **jdn ins Krankenhaus ~** to admit sb to hospital **Einlieferung** *f* (*ins Krankenhaus*) admission (*in +acc* to); (*ins Gefängnis*) committal (*in +acc* to) **Einlieferungsschein** *m* certificate of posting (*Br*) or mailing (*esp US*)

Einliegerwohnung *f* granny annexe (*Br*) or flat (*Br*), in-law apartment (*US*)

einloggen ['ainlɔgn] *v/r* IT to log in

einlösen *v/t sep Pfand* to redeem; *Scheck* to cash (in); (*fig*) *Versprechen* to keep

einmachen *v/t sep Obst* to preserve **Einmachglas** *nt* bottling jar

einmal ['ainmaːl] *adv* **1** (≈ *ein einziges Mal*) once; (≈ *erstens*) first of all, for a start; **~ sagt er dies, ~ das** sometimes he says one thing, sometimes another; **auf ~** (≈ *plötzlich*) suddenly; (≈ *zugleich*) at once; **~ und nie wieder** once and never again;

noch ~ again; **noch ~ so groß wie** as big again as; **~ ist keinmal** (*prov*) once doesn't count **2** (≈ *früher*) once; (≈ *in Zukunft*) one day; **waren Sie schon ~ in Rom?** have you ever been to Rome?; **es war ~ ...** once upon a time there was ...; **besuchen Sie mich doch ~!** come and visit me some time! **3** **nicht ~** not even; **auch ~** also, too; **wieder ~** again; **die Frauen sind nun ~ so** that's the way women are **Einmaleins** [ainmaːl'ains] *nt ⟨-, no pl⟩* (multiplication) tables *pl*; (*fig*) ABC, basics *pl*; **das kleine/große ~** (multiplication) tables up to/over ten **Einmalhandtuch** *nt* disposable towel **einmalig** ['ainmaːlɪç, (*emph*) 'ain'maːlɪç] *adj* **1** *Gelegenheit* unique **2** (≈ *nur einmal erforderlich*) single; *Zahlung* one-off *attr* **3** (*infml* ≈ *hervorragend*) fantastic

Einmarsch *m* (*in ein Land*) invasion (*in +acc* of) **einmarschieren** *past part* **einmarschiert** *v/i sep aux sein* to march in (*in +acc* -to)

Einmeterbrett [ain'meːte-] *nt* one-metre (*Br*) or one-meter (*US*) (diving) board

einmischen *v/r sep* to interfere (*in +acc* in) **Einmischung** *f* interference (*in +acc* in)

einmotorig *adj Flugzeug* single-engine(d)

einmotten ['ainmɔtn] *v/t sep* to mothball

einmünden *v/i sep Fluss* (*Fluss*) to flow in (*in +acc* -to); (*Straße*) to run in (*in +acc* -to); **in etw** (*acc*) **~** (*fig*) to end up in sth

einmütig ['ainmyːtɪç] **A** *adj* unanimous **B** *adv* unanimously **Einmütigkeit** *f ⟨-, no pl⟩* unanimity

Einnahme ['ainaːmə] *f ⟨-, -n⟩* **1** MIL seizure **2** (≈ *Ertrag*) receipt **Einnahmen** *pl* income *sg*; (≈ *Geschäftseinnahmen*) takings *pl*; (*eines Staates*) revenue *sg*; **~n und Ausgaben** income and expenditure **Einnahmequelle** *f* source of income; (*eines Staates*) source of revenue **einnehmen** *v/t sep irr* **1** *Geld* to take; (*Freiberufler*) to earn; *Steuern* to collect **2** (MIL ≈ *erobern*) to take **3** *Platz etc* to take (up) **4** *Mahlzeit, Arznei* to take **5** **jdn gegen sich ~** to set sb against oneself; → **eingenommen**

einnicken *v/i sep aux sein* (*infml*) to doze or nod off

einnisten *v/r sep* (*lit*) to nest; (*fig*) to park oneself (*bei* on)

einölen *v/t sep* to oil

einordnen *sep* **A** *v/t* **1** *Bücher etc* to (put

in) order; *Akten* to file **2** (≈ *klassifizieren*) to classify **B** v/r **1** (*in Gemeinschaft etc*) to fit in (*in +acc* -to) **2** AUTO **sich links/rechts ~** to get into the left/right lane

einpacken *sep* **A** v/t **1** (≈ *einwickeln*) to wrap (up) (*in +acc in*) **2** (≈ *hineintun*) to pack (*in +acc in*) **B** v/i to pack; **dann können wir ~** (*infml*) in that case we may as well pack it all in (*infml*)

einparken *v/t & v/i sep* (**in eine Parklücke**) **~** to get into a parking space **Einparkhilfe** *f* **elektronische Einparkhilfe** (electronic) parking sensor, park distance control system

einpassen *v/t sep* to fit in (*in +acc* -to)

Einpeitscher ['ainpaɪtʃɐ] *m* ⟨-s, -⟩, **Einpeitscherin** [-ərɪn] *f* ⟨-, -nen⟩ POL whip (*Br*), floor leader (*US*)

einpendeln *v/r sep* (*fig*) to settle down

einpennen *v/i sep aux sein* (*sl*) to drop off (*infml*)

Einpersonenhaushalt *m* single-person household

einpflanzen *v/t sep* to plant (*in +dat in*); MED to implant (*jdm in(to)* sb)

einphasig *adj* single-phase

einplanen *v/t sep* to plan (on); *Verluste* to allow for

einpolig ['ainpoːlɪç] *adj* single-pole

einprägen *sep* **A** v/t *Inschrift* to stamp; **sich** (*dat*) **etw ~** to remember sth; (≈ *auswendig lernen*) to memorize sth **B** v/r **sich jdm ~** to make an impression on sb **einprägsam** ['ainprɛːkzaːm] *adj* catchy

einprogrammieren *past part* **einprogrammiert** *v/t sep* *Daten* to feed in

einprügeln *sep v/i* (*infml*) **auf jdn ~** to lay into sb

einquartieren ['ainkvartiːrən] *past part* **einquartiert** *sep* **A** v/t to quarter **B** v/r to be quartered (*bei* with); (*Gäste*) to stop (*bei* with) (*infml*)

einquetschen *v/t sep* = einklemmen

Einrad *nt* unicycle

einrahmen *v/t sep* to frame

einrasten *v/t & v/i sep* (*v/i: aux sein*) to engage

einräumen *v/t sep* **1** *Wäsche, Bücher etc* to put away; *Wohnung, Zimmer* to arrange **2** (≈ *zugestehen*) to concede; *Recht* to give

einrechnen *v/t sep* to include

einreden *sep* **A** v/t **jdm etw ~** to talk sb into believing sth; **er will mir ~, dass ...** he wants me to believe that ...; **das re-**

dest du dir nur ein! you're only imagining it **B** v/i **auf jdn ~** to keep on and on at sb

einreiben *v/t sep irr* **er rieb sich** (*dat*) **das Gesicht mit Creme ein** he rubbed cream into his face

einreichen *v/t sep Antrag* to submit (*bei* to); JUR *Klage* to file

einreihen *sep v/r* **sich in etw** (*acc*) **~** to join sth **Einreiher** ['ainraiɐ] *m* ⟨-s, -⟩ (≈ *Anzug*) single-breasted suit

Einreise *f* entry (*in +acc into, to*); **bei der ~ in die Schweiz** when entering Switzerland **Einreisegenehmigung** *f* entry permit **einreisen** *v/i sep aux sein* to enter the country **Einreiseverbot** *nt* refusal of entry; **~ haben** to have been refused entry **Einreisevisum** *nt* entry visa

einreißen *sep irr* **A** v/t **1** *Papier, Stoff* to tear **2** *Gebäude, Zaun* to tear down **B** v/i *aux sein* (*Papier*) to tear; (*fig infml: Unsitte etc*) to catch on (*infml*)

einreiten *sep irr v/t Pferd* to break in

einrenken ['ainrɛŋkn] *sep* **A** v/t *Gelenk* to put back in place; (*fig infml*) to sort out **B** v/r (*fig infml*) to sort itself out

einrichten *sep* **A** v/t **1** (≈ *möblieren*) to furnish; (≈ *ausstatten*) to fit out **2** (≈ *eröffnen*) to set up; *Konto* to open **3** (*fig* ≈ *arrangieren*) to arrange; **das lässt sich ~** that can be arranged; **auf Tourismus eingerichtet sein** to be geared to tourism **B** v/r **1** (≈ *sich möblieren*) **sich ~** to furnish one's house/one's flat (*Br*) or apartment **2** (≈ *sich einstellen*) **sich auf etw** (*acc*) **~** to prepare oneself for sth **Einrichtung** *f* **1** (≈ *Wohnungseinrichtung*) furnishings *pl*; (≈ *Geschäftseinrichtung etc*) fittings *pl*; (≈ *Laboreinrichtung etc*) equipment *no pl* **2** (≈ *Eröffnung*) setting-up; (*von Konto*) opening **3** (*behördlich*) institution; (≈ *Schwimmbäder, Transportmittel etc*) facility **Einrichtungsgegenstand** *m* item of furniture; (≈ *Geschäftseinrichtung*) fixture

einrollen *v/r sep* to roll up

einrosten *v/i sep aux sein* to rust up; (*fig: Glieder*) to stiffen up

einrücken *sep* **A** v/t *Zeile* to indent **B** v/i *aux sein* MIL **1** (*in ein Land*) to move in (*in +acc* -to) **2** (≈ *eingezogen werden*) to report for duty

einrühren *v/t sep* to stir in (*in +acc* -to)

eins [ains] *num* one; **~ zu ~** SPORTS one all; **~ mit jdm sein** to be one with sb; (≈ *über-*

*einstimmen) to be in agreement with sb; **das ist doch alles ~** (*infml*) it's all one; **~ a** (*infml*) A 1 (*infml*), first-rate (*infml*); → **ein²**; → **eine(r, s)**; → **vier Eins** [ains] *f* ⟨-, -en⟩ one; SCHOOL *auch* A; **eine ~ schreiben/bekommen** to get an A or a one

einsacken *v/t sep* **1** (≈ *in Säcke füllen*) to put in sacks **2** (*infml*) (≈ *erbeuten*) to grab (*infml*); *Geld* to rake in (*infml*)

einsam ['ainzaːm] **A** *adj* **1** (≈ *allein*) lonely; (≈ *einzeln*) solitary **2** (≈ *abgelegen*) *Haus, Insel* secluded **3** (*infml*) **~e Klasse** or **Spitze** absolutely fantastic (*infml*) **B** *adv* **1** (≈ *allein*) lonely **2** (≈ *abgelegen*) isolated; **~ liegen** to be secluded **Einsamkeit** *f* ⟨-, no pl⟩ (≈ *Verlassenheit*) loneliness; (≈ *das Einzelnsein*) solitariness; **er liebt die ~** he likes solitude

einsammeln *v/t sep* to collect (in)

Einsatz *m* **1** (≈ *Einsatzteil*) inset **2** (≈ *Spieleinsatz*) stake; **den ~ erhöhen** to raise the stakes **3** MUS entry **4** (≈ *Verwendung*) use; *esp* MIL deployment; **im ~** in use; **unter ~ aller Kräfte** by making a supreme effort **5** (≈ *Aktion*) operation; **im ~** in action **6** (≈ *Hingabe*) commitment; **etw unter ~ seines Lebens tun** to risk one's life to do sth **Einsatzbefehl** *m* order to go into action **einsatzbereit** *adj* ready for use; MIL ready for action; *Rakete etc* operational **Einsatzleiter(in)** *m/(f)* head of operations **Einsatzort** *m* place of action; (*von Diplomat etc*) posting **Einsatzwagen** *m* (*von Polizei*) police car; (*von Feuerwehr*) fire engine

einscannen *v/t sep* to scan in

einschalten *sep* **A** *v/t* **1** *Licht, Radio, Gerät* to switch on; *Sender* to tune in to **2** **jdn ~** to call sb in **B** *v/r* to intervene; (≈ *teilnehmen*) to join in **Einschaltquote** *f* (RADIO, TV) viewing figures *pl*

einschärfen *v/t sep* **jdm etw ~** to impress sth (up)on sb

einschätzen *v/t sep* to assess; **falsch ~** to misjudge; **wie ich die Lage einschätze** as I see the situation **Einschätzung** *f* assessment; **nach meiner ~** in my estimation

einschenken *v/t sep* to pour (out)

einschicken *v/t sep* to send in (*an +acc* to)

einschieben *v/t sep irr* (≈ *einfügen*) to put in; **eine Pause ~** to have a break

einschießen *sep irr* **A** *v/t* **1** (≈ *zertrüm-*

mern) Fenster to shoot in; (*mit Ball etc*) to smash (in) **2** *Fußball* to kick in **B** *v/i* SPORTS to score; **er schoss zum 1:0 ein** he scored to make it 1-0

einschiffen *sep v/r* to embark

einschlafen *v/i sep irr aux sein* to fall asleep; (*Bein, Arm*) to go to sleep; (*euph* ≈ *sterben*) to pass away; (*fig: Gewohnheit*) to peter out; **ich kann nicht ~** I can't get to sleep **einschläfern** ['ainʃlɛːfɐn] *v/t sep* **1** (≈ *zum Schlafen bringen*) to send to sleep **2** (≈ *narkotisieren*) to give a soporific **3** (≈ *töten*) *Tier* to put down **einschläfernd** *adj* soporific; (≈ *langweilig*) monotonous

Einschlag *m* **1** (*von Geschoss*) impact; (*von Blitz*) striking **2** (AUTO: *des Lenkrads*) lock **3** **einen südländischen ~ haben** to have more than a hint of the Mediterranean about it/him *etc* **einschlagen** *sep irr* **A** *v/t* **1** *Nagel* to hammer in; *Pfahl* to drive in **2** (≈ *zertrümmern*) to smash (in); *Tür* to smash down; *Zähne* to knock out; **mit eingeschlagenem Schädel** with one's head bashed in (*infml*) **3** (≈ *einwickeln*) *Ware* to wrap up **4** AUTO *Räder* to turn **5** *Weg* to take; *Kurs* (*lit*) to follow; (*fig*) to pursue **B** *v/i* (**in etw** *acc*) **~** (*Geschoss, Blitz*) to strike (sth); **auf jdn/etw ~** to hit out at sb/sth; **gut ~** (*infml*) to be a big hit (*infml*) **einschlägig** ['ainʃlɛːgɪç] **A** *adj* appropriate **B** *adv* **er ist ~ vorbestraft** JUR he has a previous conviction for a similar offence (*Br*) or offense (*US*)

einschleichen *v/r sep irr* to creep in (*in +acc* -to); **sich in jds Vertrauen ~** (*fig*) to worm one's way into sb's confidence

einschleusen *v/t sep* to smuggle in (*in +acc, nach* -to)

einschließen *v/t sep irr* **1** (≈ *wegschließen*) to lock up (*in +acc in*) **2** (≈ *umgeben*) to surround **3** (*fig* ≈ *beinhalten*) to include; → **eingeschlossen einschließlich** ['ainʃliːslɪç] **A** *prep +gen* including **B** *adv* **vom 1. bis ~ 31. Oktober** from 1st to 31st October inclusive

einschmeicheln *v/r sep* **sich bei jdm ~** to ingratiate oneself with sb; **~de Stimme** silky voice

einschmieren *v/t sep* (*mit Fett*) to grease; (*mit Öl*) to oil; (*mit Creme*) to put cream on

einschmuggeln *v/t sep* to smuggle in (*in +acc* -to)

einschnappen *v/i sep aux sein* **1** (*Schloss, Tür*) to click shut **2** (*infml* ≈ *beleidigt sein*) to go into a huff (*infml*); → **eingeschnappt**

einschneiden *sep irr v/t Stoff, Papier* to cut **einschneidend** *adj* (*fig*) drastic; *Folgen* far-reaching

einschneien *v/i sep aux sein* **eingeschneit sein** to be snowed up

Einschnitt *m* cut; *MED* incision; (≈ *Zäsur*) break; (*im Leben*) decisive point

einschränken ['aɪnʃrɛŋkn] *sep* **A** *v/t* to reduce; *Recht* to restrict; *Wünsche* to moderate; *Behauptung* to qualify; **~d möchte ich sagen, dass …** I'd like to qualify that by saying …; **das Rauchen ~** to cut down on smoking **B** *v/r* (≈ *sparen*) to economize; → **eingeschränkt Einschränkung** *f* ⟨-, -en⟩ reduction; (*von Recht*) restriction; (*von Behauptung*) qualification; (≈ *Vorbehalt*) reservation

einschreiben *v/r sep irr* (*in Verein etc*) to enrol (*Br*), to enroll (*US*); *UNIV* to register; → **eingeschrieben Einschreiben** *nt* recorded delivery (*Br*) or certified (*US*) letter/parcel (*Br*) or package; **per ~ schicken** to send recorded delivery (*Br*) or certified mail (*US*) **Einschreibung** *f* enrolment (*Br*), enrollment (*US*); *UNIV* registration

einschreiten *v/i sep irr aux sein* to take action (*gegen* against); (≈ *dazwischentreten*) to intervene **Einschreiten** *nt* ⟨-s, *no pl*⟩ intervention

Einschub *m* insertion

einschüchtern ['aɪnʃʏçtɛn] *v/t sep* to intimidate **Einschüchterung** *f* ⟨-, -en⟩ intimidation

einschulen *v/t sep* **eingeschult werden** (*Kind*) to start school

Einschuss *m* (≈ *Einschussstelle*) bullet hole

einschweißen *v/t sep TECH* to weld in (*in* +*acc* -to); *Buch* to shrink-wrap

einschwenken *v/i sep aux sein* **links ~** *MIL* to wheel left; **auf etw** (*acc*) **~** (*fig*) to fall in with sth

einschwören *v/t sep irr* **jdn auf etw** (*acc*) **~** to swear sb to sth

einsehbar *adj* (≈ *verständlich*) understandable **einsehen** *sep irr* **A** *v/t* to see; **das sehe ich nicht ein** I don't see why; **das ist nicht einzusehen, warum …** it is incomprehensible why … **B** *v/i* **1** **in etw** (*acc*) **~** to see sth **2** (≈ *prüfen*) to look (*in* +*acc* at) **Einsehen** *nt* **ein ~ haben** to have some understanding (*mit, für* for); (≈ *Vernunft*) to see reason

einseifen ['aɪnzaɪfn] *v/t sep* to soap; (*infml* ≈ *betrügen*) to con (*infml*)

einseitig ['aɪnzaɪtɪç] **A** *adj* **1** on one side; *JUR, POL* unilateral; **~e Lähmung** paralysis of one side of the body **2** *Zuneigung, Ausbildung* one-sided; *Bericht* biased; *Ernährung* unbalanced **B** *adv* **1** (≈ *auf einer Seite*) on one side **2** (≈ *unausgewogen*) **sich ~ ernähren** to have an unbalanced diet; **etw ~ schildern** to portray sth one-sidedly

einsenden *v/t sep irr* to send in (*an* +*acc* to) **Einsender(in)** *m*(*f*) sender; (*bei Preisausschreiben*) competitor **Einsendeschluss** *m* closing date **Einsendung** *f, no pl* (≈ *das Einsenden*) submission

Einser ['aɪnze] *m* ⟨-s, -⟩ (*esp S Ger infml*) (*SCHOOL*) A (grade), one

einsetzen *sep* **A** *v/t* **1** (≈ *einfügen*) to put in (*in* +*acc* -to) **2** (≈ *ernennen*) to appoint; *Ausschuss* to set up; *Erben* to name **3** (≈ *verwenden*) to use; *Truppen, Polizei* to deploy; *Sonderzüge* to put on **4** (*beim Glücksspiel*) to stake **B** *v/i* (≈ *beginnen*) to start; *MUS* to come in **C** *v/r* **sich (voll) ~** to show (complete) commitment (*in* +*dat* to); **sich für jdn ~** to fight for sb; **sich für etw ~** to support sth

Einsicht *f* **1** (*in Akten, Bücher*) **~ in etw** (*acc*) **nehmen** to take a look at sth; **sie legte ihm die Akte zur ~ vor** she gave him the file to look at **2** (≈ *Vernunft*) sense; (≈ *Erkenntnis*) insight; (≈ *Verständnis*) understanding; **zur ~ kommen** to come to one's senses; **jdn zur ~ bringen** to bring sb to his/her senses **einsichtig** ['aɪnzɪçtɪç] *adj* (≈ *vernünftig*) reasonable; (≈ *verständnisvoll*) understanding **Einsichtnahme** [-naːmə] *f* ⟨-, -n⟩ (*form*) inspection

Einsiedler(in) *m*(*f*) hermit

einsilbig *adj* **1** monosyllabic **2** (*fig*) *Mensch* uncommunicative

einsinken *v/i sep irr aux sein* to sink in (*in* +*acc* or *dat* -to); (*Boden etc*) to subside

einsitzen *v/i sep irr* (*form*) to serve a prison sentence

einspannen *v/t sep* **1** (*in Schraubstock*) to clamp in (*in* +*acc* -to) **2** *Pferde* to harness **3** (*fig* ≈ *arbeiten lassen*) to rope in (*für etw* to do sth)

Einspänner *m* ⟨-s, -⟩ **1** one-horse carriage **2** (*Aus*) *black coffee served in a glass with whipped cream*

einsparen *v/t sep* to save; *Posten* to dispense with **Einsparung** *f* ⟨-, -en⟩ economy; (≈ *das Einsparen*) saving (*von* of); (*von Posten*) elimination

einspeisen *v/t sep* to feed in (*in +acc* -to)

einsperren *v/t sep* to lock in (*in +acc* or *dat* -to); (*ins Gefängnis*) to lock up

einspielen *sep* **A** *v/r* MUS, SPORTS to warm up; (*Regelung*) to work out; **sich auf-einander ~** to become attuned to one another; → **eingespielt** **B** *v/t* FILM, THEAT to bring in; *Kosten* to recover

Einsprache *f* (*Swiss*) = Einspruch

einsprachig *adj* monolingual

einspringen *v/i sep irr aux sein* (*infml* ≈ *aushelfen*) to stand in; (*mit Geld etc*) to help out

einspritzen *v/t sep* AUTO, MED to inject **Einspritzmotor** *m* AUTO fuel injection engine

Einspruch *m* objection (*auch* JUR); **~ ein-legen** ADMIN to file an objection; **gegen etw ~ erheben** to object to sth; **~ abge-lehnt!** JUR objection overruled!

einspurig [-ʃpuːrɪç] *adj* RAIL single-track; AUTO single-lane

einst [ainst] *adv* **1** (≈ *früher*) once **2** (*elev* ≈ *in Zukunft*) one day

einstampfen *v/t sep Papier* to pulp

Einstand *m* **1** **er hat seinen ~ gegeben** he celebrated starting his new job **2** (*Tennis*) deuce

einstecken *v/t sep* **1** (≈ *in etw stecken*) to put in (*in +acc* -to); *Gerät* to plug in **2** (*in die Tasche etc*) (**sich** *dat*) **etw ~** to take sth; **ich habe kein Geld eingesteckt** I haven't any money on me **3** (*infml*) *Kritik etc* to take; *Beleidigung* to swallow; *Geld, Profit* to pocket (*infml*)

einstehen *v/i sep irr aux sein* **für jdn ~** (≈ *sich verbürgen*) to vouch for sb; **für etw ~** (≈ *Ersatz leisten*) to make good sth

Einsteigekarte *f* AVIAT boarding pass

einsteigen *v/i sep irr aux sein* **1** (*in ein Fahrzeug etc*) to get in (*in +acc* -to); (*in Bus*) to get on (*in +acc* -to); **~!** RAIL *etc* all aboard! **2** (*in ein Haus etc*) to climb in (*in +acc* -to) **3** (*infml*) **in die Politik ~** to go into politics **Einsteiger** ['ainʃtaige] *m* ⟨-s, -⟩, **Einsteigerin** [-ərɪn] *f* ⟨-, -nen⟩ (*infml*) beginner; **ein Modell für PC-~** an entry-level PC

einstellbar *adj* adjustable **einstellen** *sep* **A** *v/t* **1** (≈ *hineinstellen*) to put in **2** (≈ *anstellen*) *Arbeitskräfte* to take on **3** (≈ *be-enden*) to stop; *Suche* to call off; MIL *Feuer*

to cease; JUR *Verfahren* to abandon; **die Ar-beit ~** (*Kommission etc*) to stop work; (≈ *in den Ausstand treten*) to withdraw one's la-bour (*Br*) or labor (*US*) **4** (≈ *regulieren*) to ad-just (*auf +acc* to); *Wecker* to set (*auf +acc* for); *Radio* to tune (in) (*auf +acc* to) **5** SPORTS *Rekord* to equal **B** *v/r* **1** (*Besucher etc, Folgen*) to appear; (*Fieber, Regen*) to set in **2** **sich auf jdn/etw ~** (≈ *sich richten nach*) to adapt oneself to sb/sth; (≈ *sich vor-bereiten auf*) to prepare oneself for sb/sth; → **eingestellt**

einstellig [-ʃtɛlɪç] *adj Zahl* single-digit

Einstellung *f* **1** (≈ *Anstellung*) employ-ment **2** (≈ *Beendigung*) stopping; MIL ces-sation; JUR abandonment **3** (≈ *Regulierung*) adjustment; (*von Wecker*) setting; (*von Radio*) tuning (in); (FILM ≈ *Szene*) take **4** (≈ *Gesinnung*) attitude; (*politisch etc*) views *pl*; **das ist doch keine ~!** what kind of atti-tude is that! **Einstellungsgespräch** *nt* interview **Einstellungsstopp** *m* halt in recruitment

einstempeln *v/i sep* (*bei Arbeitsantritt*) to clock in or on

Einstieg ['ainʃtiːk] *m* ⟨-(e)s, -e [-gə]⟩ *no pl* (≈ *das Einsteigen*) getting in; (*in Bus*) get-ting on **2** (*von Bahn, von Bus*) door **Ein-stiegsdroge** *f* starter drug

einstig ['ainstɪç] *adj attr* former

einstimmen *v/i sep* (*in ein Lied*) to join in; (*fig* ≈ *zustimmen*) to agree (*in +acc* to)

einstimmig *adj* **1** *Lied* for one voice **2** (≈ *einmütig*) unanimous **Einstimmigkeit** *f* ⟨-, -en⟩ unanimity

einstöckig *adj Haus* one-storey (*Br*), one--story (*US*)

einstöpseln *v/t sep* ELEC to plug in (*in +acc* -to)

einstreichen *v/t sep irr* (*infml*) *Geld, Ge-winn* to pocket (*infml*)

einstreuen *v/t sep* to sprinkle in (*in +acc* -to); (*fig*) *Bemerkung etc* to slip in (*in +acc* -to)

einströmen *v/i sep aux sein* to pour in (*in +acc* -to); **~de Kaltluft** a stream of cold air

einstudieren *past part* einstudiert *v/t sep Lied, Theaterstück* to rehearse

einstufen *v/t sep* to classify **einstufig** *adj* single-stage **Einstufung** *f* classifica-tion

einstündig ['ainʃtʏndɪç] *adj attr* one-hour

einstürmen *v/i sep aux sein* **auf jdn ~** MIL to storm sb; (*fig*) to assail sb; **mit Fragen**

E

auf jdn ~ to bombard sb with questions
Einsturz m collapse **einstürzen** v/i sep
aux sein to collapse; **auf jdn ~** (fig) to overwhelm sb **Einsturzgefahr** f danger of collapse
einstweilen ['ainst'vailən] adv in the meantime; (≈ vorläufig) temporarily **einstweilig** ['ainst'vailɪç] adj attr temporary; **~e Verfügung** JUR temporary injunction
eintägig adj attr one-day **Eintagsfliege** f ZOOL mayfly; (fig) nine-day wonder
eintauchen sep **A** v/t to dip (in +acc in, into); (völlig) to immerse (in +acc in) **B** v/i aux sein (Schwimmer) to dive in; (U-Boot) to dive
eintauschen v/t sep to exchange (gegen, für for)
eintausend ['ain'tauznt] num (form) = tausend
einteilen v/t sep **1** (≈ aufteilen) to divide (up) (in +acc into); Zeit, Arbeit to plan (out); Geld to budget **2** (≈ dienstlich verpflichten) to detail (zu for)
einteilig adj Badeanzug one-piece attr
Einteilung f **1** (≈ das Aufteilen) division; (von Zeit, Arbeit) planning; (von Geld) budgeting **2** (≈ dienstliche Verpflichtung) assignment
eintippen v/t sep to type in (in +acc -to)
eintönig ['aintø:nɪç] **A** adj monotonous **B** adv monotonously **Eintönigkeit** f ⟨-, no pl⟩ monotony
Eintopf m stew
Eintracht f, no pl harmony **einträchtig** **A** adj peaceable **B** adv peaceably
Eintrag ['aintra:k] m ⟨-(e)s, ⸚e [-tre:gə]⟩ (schriftlich) entry (in +acc in) **eintragen** sep irr **A** v/t to enter; (≈ amtlich registrieren) to register; **jdm Hass ~** to bring sb hatred; **→ eingetragen** **B** v/r to sign; (≈ sich vormerken lassen) to put one's name down; **er trug sich ins Gästebuch ein** he signed the visitors' book **einträglich** ['aintre:klɪç] adj profitable **Eintragung** ['aintra:gʊŋ] f ⟨-, -en⟩ entry (in +acc in)
eintreffen v/i sep irr aux sein **1** (≈ ankommen) to arrive **2** (fig ≈ Wirklichkeit werden) to come true
eintreiben v/t sep irr to collect; Schulden to recover
eintreten sep irr **A** v/i **1** aux sein (ins Zimmer etc) to go/come in (in +acc -to); (in Verein etc) to join (in etw (acc) sth); **in eine Firma ~** to join a firm; **in Verhandlungen ~**

(form) to enter into negotiations; **bitte treten Sie ein!** (form) (please) do come in **2** **auf jdn ~** to kick sb **3** aux sein (≈ sich ereignen) (Tod) to occur; (Zeitpunkt) to come; **bei Eintreten der Dunkelheit** at nightfall; **es ist eine Besserung eingetreten** there has been an improvement **4** aux sein **für jdn/etw ~** to stand up for sb/sth **B** v/t (≈ zertrümmern) to kick in
eintrichtern ['aintrɪçtɐn] (infml) **jdm etw ~** to drum sth into sb
Eintritt m **1** (≈ das Eintreten) entry (in (in)to); (in Verein etc) joining (in +acc of); **seit seinem ~ in die Armee** since joining the army **2** (≈ Eintrittsgeld) admission (in +acc to); **~ frei!** admission free; „**Eintritt verboten**" "no admittance" **3** (von Winter) onset; **der ~ des Todes** the moment when death occurs **Eintrittsgeld** nt entrance money **Eintrittskarte** f ticket (of admission) **Eintrittspreis** m admission charge
eintrüben v/r sep METEO to cloud over
eintrudeln v/i sep aux sein (infml) to drift in (infml)
einüben v/t sep to practise (Br), to practice (US); Rolle etc to rehearse
einverleiben ['ainfɛɐlaibn] past part **einverleibt** v/t sep and insep Gebiet, Land to annex (dat to)
Einvernahme f ⟨-, -n⟩ (esp Aus, Swiss) = Vernehmung **einvernehmen** past part **einvernommen** v/t insep irr (JUR: esp Aus, Swiss) = vernehmen **Einvernehmen** nt ⟨-s, -⟩ (≈ Eintracht) harmony; **in beiderseitigem ~** by mutual agreement **einvernehmlich** (form) **A** adj Regelung, Lösung consensual **B** adv consensually
einverstanden ['ainfɛɐʃtandn] adj **~!** agreed!; **~ sein** to agree; **mit jdm/etw ~ sein** to agree to sb/sth; (≈ übereinstimmen) to agree with sb/sth **Einverständnis** nt agreement; (≈ Zustimmung) consent; **in gegenseitigem ~** by mutual consent
Einwahl f (TEL: ins Internet) dial-up **einwählen** sep v/r TEL to dial in (in +acc -to); **sich in ein Telefonnetz ~** to dial into a telephone network; **sich ins Internet ~** to log onto the Internet **Einwahlknoten** m TEL, IT point of presence, POP
Einwand ['ainvant] m ⟨-(e)s, ⸚e [-vɛndə]⟩ objection; **einen ~ erheben** (form) to raise an objection
Einwanderer m, **Einwanderin** f immigrant **einwandern** v/i sep aux sein to im-

migrate **Einwanderung** f immigration (nach, in +acc to) **Einwanderungsland** nt immigration country

einwandfrei **A** adj **1** (≈ ohne Fehler) perfect; Benehmen impeccable **2** (≈ unzweifelhaft) indisputable **B** adv **1** (≈ fehlerlos) perfectly; sich verhalten impeccably **2** etw ~ beweisen to prove sth beyond doubt; es steht ~ fest, dass ... it is quite indisputable that ...

einwärts ['ainvɛrts] adv inwards

einwechseln v/t sep Geld to change (in +acc, gegen into)

Einwegflasche f non-returnable bottle **Einwegpfand** nt deposit on drink cans and disposable bottles **Einwegspritze** f disposable syringe

einweichen v/t sep to soak

einweihen v/t sep **1** (≈ eröffnen) to open (officially); (fig) to christen **2** jdn in etw (acc) ~ to initiate sb into sth; er ist eingeweiht he knows all about it **Einweihung** ['ainvaiʊŋ] f ⟨-, -en⟩ (official) opening

einweisen v/t sep irr **1** (in Krankenhaus etc) to admit (in +acc to) **2** (≈ in Arbeit unterweisen) jdn ~ to introduce sb to his/her job **3** AUTO to guide in (in +acc -to) **Einweisung** f **1** (in Krankenhaus etc) admission (in +acc in) **2** die ~ der neuen Mitarbeiter introducing new employees to their jobs

einwenden v/t sep irr **nichts gegen etw einzuwenden haben** to have no objection to sth; dagegen lässt sich ~, dass ... one objection to this is that ...

einwerfen sep irr v/t **1** Fensterscheibe etc to break **2** SPORTS Ball to throw in **3** Brief to post (Br), to mail (esp US); Münze to insert **4** (fig) Bemerkung to make; er warf ein, dass ... he made the point that ...

einwickeln v/t sep **1** (≈ einpacken) to wrap (up) **2** (infml ≈ überlisten) to fool (infml); (durch Schmeicheleien) to butter up (infml)

einwilligen ['ainvɪlɪɡn] v/i sep to consent (in +acc to) **Einwilligung** f ⟨-, -en⟩ consent (in +acc to)

einwirken v/i sep **auf jdn/etw ~** to have an effect on sb/sth; (≈ beeinflussen) to influence sb/sth; etw ~ lassen MED to let sth work in **Einwirkung** f influence; unter (der) ~ von Drogen etc under the influence of drugs etc

einwöchig [-vœçɪç] adj one-week attr

Einwohner ['ainvoːnɐ] m ⟨-s, -⟩, **Einwohnerin** [-ərɪn] f ⟨-, -nen⟩ inhabitant **Einwohnermeldeamt** nt residents' registration office; **sich beim ~ (an)melden** ≈ to register with the police **Einwohnerschaft** ['ainvoːnɐʃaft] f ⟨-, (rare) -en⟩ population **Einwohnerzahl** f population

Einwurf m **1** (von Münze) insertion; (von Brief) posting (Br), mailing (esp US) **2** SPORTS throw-in **3** (≈ Schlitz) slot **4** (fig) interjection; (≈ Einwand) objection

Einzahl f singular

einzahlen v/t sep to pay in; **Geld auf ein Konto ~** to pay money into an account **Einzahlung** f payment

einzäunen ['aintsɔynən] v/t sep to fence in

einzeichnen v/t sep to draw in; **ist der Ort eingezeichnet?** is the place marked?

Einzel ['aintsl] nt ⟨-s, -⟩ TENNIS singles sg **Einzelbeispiel** nt isolated or one-off example **Einzelbett** nt single bed **Einzelfall** m individual case; (≈ Sonderfall) isolated case **Einzelgänger** [-ɡɛŋɐ] m ⟨-s, -⟩, **Einzelgängerin** [-ərɪn] f ⟨-, -nen⟩ loner **Einzelhaft** f solitary confinement **Einzelhandel** m retail trade **Einzelhandelsgeschäft** nt retail shop **Einzelhandelspreis** m retail price **Einzelhändler(in)** m/(f) retailer, retail trader **Einzelhaus** nt detached house (Br), self-contained house (US) **Einzelheit** ['aintslhait] f ⟨-, -en⟩ detail; **auf ~en eingehen** to go into detail(s); etw in allen ~en schildern to describe sth in great detail **Einzelkämpfer(in)** m/(f) **1** MIL, SPORTS single or solo combatant **2** (fig) lone wolf, loner **Einzelkind** nt only child **Einzeller** ['aintsɛlɐ] m ⟨-s, -⟩ BIOL single-cell(ed) or unicellular organism **einzellig** [-tsɛlɪç] adj single-cell(ed) attr

einzeln ['aintsln] **A** adj **1** individual; (≈ getrennt) separate **2** (≈ alleinstehend) Haus single; ~ stehend solitary **3** (≈ einige) some; METEO Schauer scattered **B** adv (≈ separat) separately; (≈ nicht zusammen) individually; **wir kamen ~** we came separately **Einzelne(r)** ['aintslnɐ] m/f(m) decl as adj **ein ~r** an individual **Einzelne(s)** ['aintslnɐ] nt decl as adj ~s some; **jedes ~** each one; etw im ~n besprechen to discuss sth in detail; **bis ins ~** right down to the last detail **Einzelperson** f single person **Einzelpreis** m price, unit price (COMM) **Einzelstück** nt **ein schönes ~ a** beautiful piece; **~e verkaufen wir nicht** we don't sell them singly **Einzelteil** nt individual part; **etw in seine ~e zerlegen** to take sth to pieces **Einzelzelle** f single cell **Einzelzimmer** nt single room **einziehen** sep irr **A** v/t **1** Gummiband to thread; (Kopiergerät) Papier to take in **2** (≈ zurückziehen) Krallen, Antenne to retract; Bauch to pull in; Periskop to lower; **den Kopf ~** to duck (one's head) **3** MIL Personen to conscript, to draft (US); Fahrzeuge etc to requisition **4** (≈ kassieren) Steuern to collect; (fig) Erkundigungen to make (über +acc about) **5** (≈ aus dem Verkehr ziehen) Banknoten to withdraw (from circulation); Führerschein to take away **B** v/i aux sein **1** (in Wohnung, Haus) to move in; **ins Parlament ~** (Abgeordneter) to take one's seat (in parliament) **2** (≈ einkehren) to come (in +dat to); **Ruhe und Ordnung zogen wieder ein** law and order returned

einzig ['aintsɪç] **A** adj **1** attr only; **ich sehe nur eine ~e Möglichkeit** I can see only one (single) possibility; **kein ~es Mal** not once; **das Einzige** the only thing **2** pred (≈ einzigartig) unique; **es ist ~ in seiner Art** it is quite unique **B** adv (≈ allein) only; **die ~ mögliche Lösung** the only possible solution; **~ und allein** solely; **~ und allein deshalb hat er gewonnen** he owes his victory solely to that **einzigartig** adj unique; **die Landschaft war ~ schön** the scenery was astoundingly beautiful **Einzige(r)** ['aintsɪgə] m/f(m) decl as adj **der/die ~** the only one; **kein ~r wusste es** not a single person knew

Einzimmerwohnung f one-room flat (Br) or apartment

Einzug m **1** (in Haus etc) move (in +acc into) **2** (≈ Einmarsch) entry (in +acc into) **3** (von Steuern) collection **Einzugsbereich** m catchment area (Br), service area (US) **Einzugsermächtigung** f FIN direct debit instruction **Einzugsverfahren** nt FIN direct debit

Eis [ais] nt ⟨-es, -⟩ **1** no pl ice; **zu ~ gefrieren** to freeze; **das ~ brechen** (fig) to break the ice; **etw auf ~ legen** (fig infml) to put sth on ice **2** (≈ Speiseeis) ice (cream); **~ am Stiel** ice(d) lolly (Br), Popsicle® (US); → eislaufen **Eisbahn** f ice rink **Eisbär** m polar bear **Eisbecher** m sundae **Eisbein**

nt COOK knuckle of pork (boiled and served with sauerkraut) **Eisberg** m iceberg **Eisbergsalat** m iceberg lettuce **Eisbeutel** m ice pack

Eischnee ['ai-] m COOK beaten white of egg

Eiscreme f ice (cream) **Eisdiele** f ice-cream parlour (Br) or parlor (US)

Eisen ['aizn] nt ⟨-s, -, no pl⟩ iron; **~ verarbeitend** iron-processing; **zum alten ~ gehören** (fig) to be on the scrap heap; **man muss das ~ schmieden, solange es heiß ist** (prov) one must strike while the iron is hot (prov) **Eisenbahn** f railway (Br), railroad (US); (infml ≈ Zug) train **Eisenbahner** [-ba:ne] m ⟨-s, -⟩, **Eisenbahnerin** [-ərɪn] f ⟨-, -nen⟩ railway employee (Br), railroader (US) **Eisenbahnnetz** nt railway (Br) or railroad (US) network **Eisenbahnschiene** f railway (Br) or railroad (US) track **Eisenbahnstrecke** f railway line (Br), railroad (US) **Eisenbahnüberführung** f (railway (Br) or railroad (US)) footbridge **Eisenbahnunterführung** f railway (Br) or railroad (US) underpass **Eisenbahnwagen** m railway carriage (Br), railroad car (US) **Eisenerz** nt iron ore **eisenhaltig** adj **das Wasser ist ~** the water contains iron **Eisenhütte** f ironworks pl or sg **Eisenindustrie** f iron industry **Eisenmangel** m iron deficiency **Eisenoxid** nt ferric oxide **Eisenspäne** pl iron filings pl **Eisenträger** m iron girder **Eisenwaren** pl hardware sg **Eisenwarenhandlung** f hardware store **Eisenzeit** f, no pl HIST Iron Age **eisern** ['aizen] **A** adj **1** attr iron; **~e Gesundheit** iron constitution; **in etw** (dat) **~ sein/bleiben** to be/remain resolute about sth **2** attr (≈ unantastbar) Reserve emergency **B** adv resolutely; **er schwieg ~** he remained resolutely silent

Eiseskälte f icy cold **Eisfach** nt freezer compartment **eisfrei** adj ice-free attr, free of ice pred **eisgekühlt** adj chilled **Eisglätte** f black ice **Eishockey** nt ice hockey, hockey (US) **eisig** ['aizɪç] **A** adj Lächeln, Empfang frosty **B** adv (≈ abweisend) icily; **~ lächeln** to give a frosty smile **Eiskaffee** m iced coffee **eiskalt** **A** adj **1** icy-cold **2** (fig) icy; (≈ kalt und berechnend) cold-blooded; (≈ dreist) cool **B** adv **1** = eisig **2** (≈ kalt und berechnend) cold-blooded **Eiskappe** f icecap **Eiskunst-**

lauf m figure skating **Eiskunstläufer(in)** m/(f) figure skater **Eislauf** m ice-skating **eislaufen** v/i sep irr aux sein to ice-skate **Eisläufer(in)** m/(f) ice-skater **Eismeer** nt polar sea; **Nördliches/Südliches ~** Arctic/Antarctic Ocean **Eispickel** m ice axe (Br)

Eisprung ['ai-] m PHYSIOL ovulation no art **Eisrevue** f ice show **Eisriegel** m ice--cream bar **Eisschießen** nt ⟨-s, no pl⟩ curling **Eisschnelllauf** m speed skating **Eisscholle** f ice floe **Eisschrank** m refrigerator **Eis(sport)stadion** nt ice rink **Eistanz** m ice-dancing **Eistee** m iced tea **Eisverkäufer(in)** m/(f) ice-cream seller; (Mann auch) ice-cream man (infml) **Eiswein** m sweet wine made from grapes which have been exposed to frost **Eiswürfel** m ice cube **Eiszapfen** m icicle **Eiszeit** f Ice Age

eitel ['aitl] adj Mensch vain **Eitelkeit** f ⟨-, -en⟩ (von Mensch) vanity

Eiter ['aitɐ] m ⟨-s, no pl⟩ pus **Eiterbeule** f boil; (fig) canker **eiterig** ['aitəriç] adj Ausfluss purulent; Wunde festering **eitern** ['aiten] v/i to fester

Eiweiß ['aivais] nt ⟨-es, -e or -⟩ (egg) white; CHEM protein **eiweißarm** adj low in protein; **~e Kost** a low-protein diet **Eiweißmangel** m protein deficiency **eiweißreich** adj rich in protein; **~e Ernährung** high-protein diet

Eizelle f BIOL egg cell

Ejakulation [ejakula'tsio:n] f ⟨-, -en⟩ ejaculation

Ekel[1] ['e:kl] m ⟨-s, no pl⟩ disgust; (≈ Übelkeit) nausea; **~ erregend** disgusting; **diese Heuchelei ist mir ein ~** I find this hypocrisy nauseating

Ekel[2] nt ⟨-s, -⟩ (infml) obnoxious person **ekelerregend** adj disgusting **ekelhaft**, **ekelig** ['e:kəliç] adj, adv disgusting **ekeln** ['e:kln] **A** v/t +impers **es ekelt mich vor diesem Geruch** this smell is disgusting **B** v/r to be or feel disgusted; **sich vor etw** (dat) **~** to find sth disgusting

EKG [e:ka:'ge:] nt ⟨-s, -s⟩ abbr of Elektrokardiogramm ECG

Eklat [e'kla(:)] m ⟨-s, -s⟩ (elev) (≈ Aufsehen) sensation, stir; (≈ Zusammenstoß) row; **mit großem ~** causing a great stir or sensation **eklatant** [ekla'tant] adj Fall sensational; Verletzung flagrant

Ekstase [ɛk'sta:zə, ɛks'ta:zə] f ⟨-, -n⟩ ecstasy; **in ~ geraten** to go into ecstasies

Ekzem [ɛk'tse:m] nt ⟨-s, -e⟩ MED eczema

Elan [e'la:n, e'lã:] m ⟨-s, no pl⟩ zest

Elast(h)an [elas'ta:n] f elastane **elastisch** [e'lastiʃ] adj elastic; Binde elasticated **Elastizität** [elastitsi'tɛ:t] f ⟨-, (rare) -en⟩ elasticity

Elch [ɛlç] m ⟨-(e)s, -e⟩ elk, moose (esp US) **Elchtest** m (infml) (AUTO) high-speed swerve (to test a car's roadholding); (fig ≈ entscheidender Test) make-or-break test

Eldorado [ɛldo'ra:do] nt ⟨-s, -s⟩ eldorado

Elefant [ele'fant] m ⟨-en, -en⟩ elephant; **wie ein ~ im Porzellanladen** (infml) like a bull in a china shop (prov) **Elefantenbaby** nt (infml) baby elephant (also fig hum) **Elefantenhochzeit** f (COMM infml) mega-merger (infml)

elegant [ele'gant] **A** adj elegant **B** adv elegantly **Eleganz** [ele'gants] f ⟨-, no pl⟩ elegance

elektrifizieren [elɛktrifi'tsi:rən] past part elektrifiziert v/t to electrify **Elektrifizierung** f ⟨-, -en⟩ electrification **Elektrik** [e'lɛktrik] f ⟨-, -en⟩ (≈ Anlagen) electrical equipment **Elektriker** [e'lɛktrikɐ] m ⟨-s, -⟩, **Elektrikerin** [-ərɪn] f ⟨-, -nen⟩ electrician **elektrisch** [e'lɛktrɪʃ] **A** adj electric; Entladung, Feld electrical; **~e Geräte** electrical appliances; **~er Strom** electric current; **der ~e Stuhl** the electric chair **B** adv electrically; kochen, heizen with electricity **elektrisieren** [elɛktri'zi:rən] past part elektrisiert v/t to electrify **Elektrizität** [elɛktritsi'tɛ:t] f ⟨-, no pl⟩ electricity **Elektrizitätswerk** nt (electric) power station **Elektroantrieb** m electric drive **Elektroartikel** m electrical appliance **Elektroauto** nt electric car **Elektrobohrer** m electric or power drill **Elektrode** [elɛk'tro:də] f ⟨-, -n⟩ electrode **Elektroenzephalogramm** [elɛktroɛntsefalo'gram] nt, pl -gramme MED electroencephalogram, EEG **Elektrofahrrad** nt electric bike, e-bike **Elektrogerät** nt electrical appliance **Elektroherd** m electric cooker **Elektroingenieur(in)** m/(f) electrical engineer **Elektrokardiogramm** [elɛktrokardio'gram] nt, pl -gramme MED electrocardiogram, ECG **Elektrolyse** [elɛktro'ly:zə] f ⟨-, -n⟩ electrolysis **Elektromagnet** [elɛktroma'gne:t, e'lɛktro-] m electromagnet **elektromagnetisch** [elɛktroma'gne:tɪʃ, e'lɛktro-] adj electromagnetic **Elektromobil** *nt* ⟨-s, -e⟩ electric vehicle; (*für Senioren, Gehbehinderte*) mobility scooter **Elektromotor** *m* electric motor **Elektron** [e'lɛktrɔn, e'lɛktrɔn, elɛk'tro:n] *nt* ⟨-s, -en [elɛk'tro:nən]⟩ electron **Elektronenblitzgerät** *nt* PHOT electronic flash **Elektronenmikroskop** *nt* electron microscope **Elektronik** [elɛk'tro:nɪk] *f* ⟨-, -en⟩ electronics *sg*; (≈ *elektronische Teile*) electronics *pl* **elektronisch** [elɛk'tro:nɪʃ] **A** *adj* electronic; **~er Briefkasten** electronic mailbox **B** *adv* **~ gesteuert** electronically controlled **Elektroofen** *m* (≈ *Heizofen*) electric heater **Elektrorasierer** [-razi:rɐ] *m* ⟨-s, -⟩ electric shaver **Elektroschock** *m* MED electric shock **Elektroschockbehandlung** *f* electric shock treatment **elektrostatisch** [elɛktro'ʃta:tɪʃ] **A** *adj* electrostatic **B** *adv* electrostatically **Elektrotechnik** [elɛktro'tɛçnɪk, e'lɛktro-] *f* electrical engineering **Elektrotechniker(in)** [elɛktro'tɛçnikɐ, e'lɛktro-, -ərɪn] *m/(f)* electrician; (≈ *Ingenieur*) electrical engineer **Elektrotherapie** [elɛktrotera'pi:, e'lɛktro-] *f* MED electrotherapy

Element [ele'mɛnt] *nt* ⟨-(e)s, -e⟩ element; ELEC cell, battery; **kriminelle ~e** (*pej*) criminal elements; **in seinem ~ sein** to be in one's element **elementar** [elemɛn'ta:ɐ] *adj* elementary; (≈ *naturhaft*) Trieb elemental **Elementarteilchen** *nt* PHYS elementary particle

elend ['e:lɛnt] **A** *adj* (≈ *jämmerlich, pej* ≈ *gemein*) wretched; **mir ist ganz ~** I feel really awful (*infml*); **mir wird ganz ~, wenn ich daran denke** I feel quite ill when I think about it **B** *adv* (≈ *schlecht*) wretchedly; **sich ~ fühlen** to feel awful (*infml*) **Elend** ['e:lɛnt] *nt* ⟨-(e)s [-das]⟩ *no pl* (≈ *Unglück, Not*) misery; (≈ *Armut*) poverty; **ein Bild des ~s** a picture of misery; **jdn/sich (selbst) ins ~ stürzen** to plunge sb/oneself into misery/poverty; **es ist ein ~ mit ihm** (*infml*) he makes you want to weep (*infml*) **elendig(lich)** ['e:lɛndɪk(lɪç), (*emph*) e:'lɛndɪk(lɪç)] *adv* (*elev*) miserably; **~ zugrunde gehen** to come to a wretched end **Elendsviertel** *nt* slums *pl*

elf *num* eleven; → **vier**
Elf[1] [ɛlf] *f* ⟨-, -en⟩ SPORTS team, eleven
Elf[2] [ɛlf] *m* ⟨-en, -en⟩, **Elfe** ['ɛlfə] *f* ⟨-, -n⟩ elf

Elfenbein ['ɛlfnbain] *nt* ivory **elfenbeinern** **A** *adj* ivory **B** *adj* ivory-like **elfenbeinfarben** [-farbn] *adj* ivory-coloured (*Br*), ivory-colored (*US*) **Elfenbeinturm** *m* (*fig*) ivory tower

Elfmeter [ɛlf'me:tɐ] *m* FTBL penalty (kick); **einen ~ schießen** to take a penalty **Elfmeterschießen** *nt* ⟨-s, -⟩ FTBL penalty shoot-out; **durch ~ entschieden** decided on penalties

elfte(r, s) ['ɛlftə] *adj* eleventh; → **vierte(r, s)**

eliminieren [elimi'ni:rən] *past part* **eliminiert** *v/t* to eliminate

elitär [eli'tɛ:ɐ] **A** *adj* elitist **B** *adv* in an elitist fashion **Elite** [e'li:tə] *f* ⟨-, -n⟩ elite **Elitetruppe** *f* MIL elite troops *pl*

Elixier [eli'ksi:ɐ] *nt* ⟨-s, -e⟩ tonic

Ellbogen ['ɛlbo:gn] *m* = Ellenbogen **Elle** ['ɛlə] *f* ⟨-, -n⟩ ANAT ulna (*tech*) **Ellenbogen** ['ɛlənbo:gn] *m* elbow; **die ~ gebrauchen** (*fig*) to use one's elbows **Ellenbogenfreiheit** *f* (*fig*) elbow room **Ellenbogengesellschaft** *f* dog-eat-dog society **ellenlang** *adj* (*fig infml*) incredibly long (*infml*)

Ellipse [ɛ'lɪpsə] *f* ⟨-, -n⟩ MAT ellipse **elliptisch** [ɛ'lɪptɪʃ] *adj* MAT elliptic(al)

eloquent [elo'kvɛnt] (*elev*) **A** *adj* eloquent **B** *adv* eloquently

El Salvador [el'zalvado:ɐ] *nt* ⟨-s⟩ El Salvador

Elsass ['ɛlzas] *nt* ⟨- *or* -es⟩ **das ~** Alsace **elsässisch** ['ɛlzɛsɪʃ] *adj* Alsatian **Elsass-Lothringen** ['ɛlzas'lo:trɪŋən] *nt* Alsace-Lorraine

Elster ['ɛlstɐ] *f* ⟨-, -n⟩ magpie; **eine diebische ~ sein** (*fig*) to be a thief

elterlich ['ɛltɐlɪç] *adj* parental **Eltern** ['ɛltɐn] *pl* parents *pl*; **nicht von schlechten ~ sein** (*infml*) to be quite something (*infml*) **Elternabend** *m* SCHOOL parents' evening **Elternbeirat** *m* ≈ PTA, parent-teacher association **Elternhaus** *nt* (parental) home; **aus gutem ~ stammen** to come from a good home **elternlos** **A** *adj* orphaned **B** *adv* **~ aufwachsen** to grow up an orphan **Elternschaft** ['ɛltɐnʃaft] *f* ⟨-, -en⟩ parents *pl* **Elternsprechtag** *m* open day (for parents) **Elternteil** *m* parent **Elternzeit** *f* (extended) parental leave

Email [e'mai, e'ma:j] *nt* ⟨-s, -s⟩ enamel

E-Mail ['i:me:l] *f* ⟨-, -s⟩ IT E-mail, e-mail

E-Mail-Adresse ['i:meːl-] f IT E-mail or e-mail address

Emanze [e'mantsə] f ‹-, -n› (usu pej) women's libber (infml) **Emanzipation** [emantsipa'tsi̯oːn] f ‹-, -en› emancipation **emanzipatorisch** [emantsipa'toːrɪʃ] adj emancipatory **emanzipieren** [emantsi-'piːrən] past part **emanzipiert** **A** v/t to emancipate **B** v/r to emancipate oneself

Embargo [ɛm'bargo] nt ‹-s, -s› embargo

Embolie [ɛmboˈliː] f ‹-, -n [-'liːən]› MED embolism

Embryo ['ɛmbryo] m (Aus also nt) ‹-s, -s or -nen [-'oːnən]› embryo **embryonal** [ɛmbryo'naːl] adj attr (BIOL, fig) embryonic

emeritieren [emeri'tiːrən] past part **emeritiert** v/t **emeritierter Professor** emeritus professor

Emigrant [emi'grant] m ‹-en, -en›, **Emigrantin** [-'grantɪn] f ‹-, -nen› emigrant **Emigration** [emigra'tsi̯oːn] f ‹-, -en› emigration; **in die ~ gehen** to emigrate **emigrieren** [emi'griːrən] past part **emigriert** v/i aux sein to emigrate

eminent [emi'nɛnt] (elev) **A** adj Person eminent; **von ~er Bedeutung** of the utmost significance **B** adv eminently; **~ wichtig** of the utmost importance

Emirat [emi'raːt] nt ‹-(e)s, -e› emirate

Emission [emi'si̯oːn] f **1** FIN issue **2** PHYS emission

Emmentaler ['ɛməntaːlə] m ‹-s, -› (≈ Käse) Emment(h)aler

Emmer ['ɛmɐ] m ‹-s, no pl› (Getreidesorte) emmer wheat, farro

Emoji [ɪ'moːdʒi] nt ‹-s, -s› (≈ Emoticon) emoji

Emoticon [e'moːtikɔn] nt ‹-s, -s› IT, E-MAIL emoticon **Emotion** [emo'tsi̯oːn] f ‹-, -en› emotion **emotional** [emotsi̯o-'naːl] **A** adj emotional; Ausdrucksweise emotive **B** adv emotionally **emotionalisieren** [emotsi̯onali'ziːrən] past part **emotionalisiert** v/t to emotionalize **Emotionalität** f ‹-, -en› emotionality **emotionell** [emotsi̯o'nɛl] adj = emotional **emotionsfrei** adj, adv = emotionslos **emotionsgeladen** adj emotionally charged **emotionslos** **A** adj unemotional **B** adv unemotionally

Empfang [ɛm'pfaŋ] m ‹-(e)s, ⁝e [ɛm-'pfɛŋə]› reception; (von Brief, Ware etc) receipt; **einen ~ geben** to give or hold a reception; **etw in ~ nehmen** to receive sth;

COMM to take delivery of sth; **(zahlbar) nach/bei ~** (payable) on receipt (of) **empfangen** [ɛm'pfaŋən] pret **empfing** [ɛm'pfɪŋ], past part **empfangen** v/t to receive; (≈ begrüßen) to greet; (herzlich) to welcome **Empfänger** [ɛm'pfɛŋɐ] m ‹-s, -› RADIO receiver **Empfänger** [ɛm'pfɛŋɐ] m ‹-s, -›, **Empfängerin** [-ərɪn] f ‹-, -nen› recipient; (≈ Adressat) addressee **empfänglich** [ɛm'pfɛŋlɪç] adj (≈ aufnahmebereit) receptive (für to); (≈ anfällig) susceptible (für to) **Empfängnis** [ɛm'pfɛŋnɪs] f ‹-, -se› conception **empfängnisverhütend** adj contraceptive; **~e Mittel** pl contraceptives pl **Empfängnisverhütung** f contraception **Empfangsbereich** m (RADIO, TV) reception area **Empfangsbescheinigung** f (acknowledgment of) receipt **Empfangschef(in)** m/(f) (von Hotel) head porter **Empfangsdame** f receptionist

empfehlen [ɛm'pfeːlən] pret **empfahl** [ɛm'pfaːl], past part **empfohlen** [ɛm'pfoː-lən] **A** v/t to recommend; **(jdm) etw/jdn ~** to recommend sth/sb (to sb); → empfohlen **B** v/r **es empfiehlt sich, das zu tun** it is advisable to do that **empfehlenswert** adj to be recommended **Empfehlung** f ‹-, -en› recommendation; (≈ Referenz) reference; **auf ~ von** on the recommendation of **Empfehlungsschreiben** nt letter of recommendation

empfinden [ɛm'pfɪndən] pret **empfand** [ɛm'pfant], past part **empfunden** [ɛm-'pfʊndn] v/t to feel; **etw als kränkend ~** to find sth insulting; **viel/nichts für jdn ~** to feel a lot/nothing for sb **Empfinden** [ɛm'pfɪndn] nt ‹-s, no pl› feeling; **meinem ~ nach** to my mind **empfindlich** [ɛm'pfɪntlɪç] **A** adj **1** sensitive; Gesundheit, Stoff delicate; (≈ leicht reizbar) touchy (infml); **~e Stelle** sensitive spot; **gegen etw ~ sein** to be sensitive to sth **2** (≈ spürbar) Verlust, Strafe, Niederlage severe **B** **1** adv (≈ sensibel) sensitively; **~ reagieren** to be sensitive (auf +acc to) **2** (≈ spürbar) severely; **deine Kritik hat ihn ~ getroffen** your criticism cut him to the quick (esp Br) or bone (US); **es ist ~ kalt** it is bitterly cold **Empfindlichkeit** f ‹-, -en› sensitivity; (von Gesundheit, Stoff) delicateness; (≈ leichte Reizbarkeit) touchiness (infml) **empfindsam** [ɛm'pfɪntzaːm] adj Mensch, Seele, Musik sensitive; (≈ gefühlvoll) sentimental

Empfindung [ɛmˈpfɪndʊŋ] f ⟨-, -en⟩ feeling

empfohlen adj recommended; → **empfehlen**

emphatisch [ɛmˈfaːtɪʃ] (elev) **A** adj emphatic **B** adv emphatically

Empiriker [ɛmˈpiːrike] m ⟨-s, -⟩, **Empirikerin** [-ərɪn] f ⟨-, -nen⟩ empiricist **empirisch** [ɛmˈpiːrɪʃ] adj empirical

Empore [ɛmˈpoːrə] f ⟨-, -n⟩ ARCH gallery

empören [ɛmˈpøːrən] past part **empört** **A** v/t to fill with indignation; (stärker) to incense; → **empört** **B** v/r to be indignant (über +acc at); (stärker) to be incensed (über +acc at) **empörend** adj outrageous

emporkommen v/i sep irr aux sein (elev) to rise (up); (fig) (≈ aufkommen) to come to the fore **Emporkömmling** [ɛmˈpoːrˌkœmlɪŋ] m ⟨-s, -e⟩ (pej) upstart **emporragen** v/i sep aux haben or sein (elev) to tower (über +acc above)

empört [ɛmˈpøːrt] **A** adj outraged (über +acc at) **B** adv indignantly; → **empören** **Empörung** [ɛmˈpøːrʊŋ] f ⟨-, no pl⟩ (≈ Entrüstung) indignation (über +acc at)

emsig [ˈɛmzɪç] **A** adj busy; (≈ eifrig) eager **B** adv busily; (≈ eifrig) eagerly

Emu [ˈeːmu] m ⟨-s, -s⟩ emu

Emulsion [emʊlˈzioːn] f ⟨-, -en⟩ emulsion

E-Musik [ˈeː-] f serious music

Endabnehmer(in) m/(f) end buyer **Endabrechnung** f final account **Endbenutzer(in)** m/(f) end user **Endbetrag** m final amount **Ende** [ˈɛndə] nt ⟨-s, -n⟩ end; (≈ Ausgang) outcome; (≈ eines Films etc) ending; **~ Mai/der Woche** at the end of May/the week; **~ der Zwanzigerjahre** in the late twenties; **er ist ~ vierzig** he is in his late forties; **das ~ vom Lied** the final outcome; **Probleme ohne ~** endless problems; **letzten ~s** when all is said and done; (≈ am Ende) in the end; **damit muss es jetzt ein ~ haben** this must stop now; **das nimmt gar kein ~** (infml) there's no end to it; **ein böses ~ nehmen** to come to a bad end; **... und kein ~ ...** without end; **es ist noch ein gutes** or **ganzes ~** (infml) there's still quite a way to go (yet); **am ~** at the end; (≈ schließlich) in the end; (infml ≈ möglicherweise) perhaps; **am ~ sein** (fig) to be at the end of one's tether (Br) or rope (US); **mit etw am ~ sein** to have reached the end of sth; (Vorrat) to have run out of sth; **mei-**ne Geduld ist am ~** my patience is at an end; **zu ~** finished; **etw zu ~ bringen** or **führen** to finish (off) sth; **zu ~ gehen** to come to an end; (Vorräte) to run out; **~ gut, alles gut** (prov) all's well that ends well (prov) **Endeffekt** m **im ~** (infml) in the end **enden** [ˈɛndn] v/i to end; **es endete damit, dass ...** the outcome was that ...; **er endete im Gefängnis** he ended up in prison; **wie wird das noch mit ihm ~?** what will become of him?; **das wird böse ~!** no good will come of it! **Endergebnis** nt final result **Endgehalt** nt final salary **Endgerät** nt TEL etc terminal **endgültig** **A** adj final; Antwort definite **B** adv finally; **damit ist die Sache ~ entschieden** that settles the matter once and for all; **sie haben sich jetzt ~ getrennt** they've separated for good **Endgültigkeit** f, no pl finality **Endhaltestelle** f terminus, final stop (US)

Endivie [ɛnˈdiːviə] f ⟨-, -n⟩ endive

Endlager nt (für Atommüll etc) permanent (waste) disposal site **endlagern** v/t insep Atommüll etc to dispose of permanently **endlich** [ˈɛntlɪç] **A** adv finally; **na ~!** at (long) last!; **hör ~ damit auf!** will you stop that!; **~ kam er doch** he eventually came after all **B** adj MAT finite **endlos** **A** adj endless **B** adv forever; **ich musste ~ lange warten** I had to wait for ages (infml) **endogen** [ɛndoˈgeːn] adj endogenous **Endoskop** [ɛndoˈskoːp] nt ⟨-s, -e⟩ MED endoscope **Endoskopie** [ɛndoskoˈpiː] f ⟨-, -n [-ˈpiːən]⟩ MED endoscopy

Endphase f final stage(s pl) **Endprodukt** nt end product **Endrunde** f SPORTS finals pl **Endsilbe** f final syllable **Endspiel** nt SPORTS final; CHESS end game **Endspurt** m (SPORTS, fig) final spurt **Endstadium** nt final or (MED) terminal stage **Endstation** f RAIL etc terminus, terminal; (fig) end of the line **Endung** [ˈɛndʊŋ] f ⟨-, -en⟩ GRAM ending **Endverbraucher(in)** m/(f) end user

Energie [enɛrˈɡiː] f ⟨-, -n [-ˈɡiːən]⟩ energy; **~ sparend** energy-saving; **mit aller** or **ganzer ~** with all one's energy **Energiebedarf** m energy requirement **energiebewusst** adj energy-conscious **Energieeinsparung** f energy saving **energiegeladen** adj full of energy **Energiekrise** f energy crisis **energielos**

adj lacking in energy **Energielosigkeit** *f* ‹-, *no pl*› lack of energy **Energiepolitik** *f* energy policy **Energiequelle** *f* energy source **energiesparend** *adj* energy-saving **Energieverbrauch** *m* energy consumption **Energieverschwendung** *f* waste of energy **Energieversorgung** *f* supply of energy **Energiewirtschaft** *f* (≈ *Wirtschaftszweig*) energy industry

energisch [e'nɛrgɪʃ] **A** *adj* (≈ *voller Energie*) energetic; *Maßnahmen* firm; *Worte* strong; **~ werden** to assert oneself **B** *adv dementieren* strongly; *verteidigen* vigorously; **~ durchgreifen** to take firm action **Energydrink** ['ɛnɛrdʒidrɪŋk] *m* ‹-s, -s› energy drink

eng [ɛŋ] **A** *adj* **1** narrow; *Kleidung* tight; **im ~eren Sinne** in the narrow sense **2** (≈ *nah, dicht*) close; **eine Feier im ~sten Kreise** a small party for close friends **B** *adv* **~ anliegend** tight(-fitting); **~ zusammengedrängt sein** to be crowded together; **~ beschrieben** closely written; **~ nebeneinander** close together; **~ befreundet sein** to be close friends; **das darfst du nicht so ~ sehen** (*fig infml*) don't take it so seriously

Engagement [āgaʒə'māː] *nt* ‹-s, -s› **1** THEAT engagement **2** (≈ *politisches Engagement*) commitment (*für* to) **engagieren** [āga'ʒiːrən] *past part* **engagiert A** *v/t* to engage **B** *v/r* to be/become committed (*für* to) **engagiert** [āga'ʒiːet] *adj* committed

enganliegend *adj attr*; → **eng Enge** ['ɛŋə] *f* ‹-, -n› **1** *no pl* (*von Straße etc*) narrowness; (*von Kleid etc*) tightness **2** (≈ *Meerenge*) strait; (≈ *Engpass*) pass; **jdn in die ~ treiben** (*fig*) to drive sb into a corner

Engel ['ɛŋl] *m* ‹-s, -› angel **Engelsgeduld** *f* **sie hat eine ~** she has the patience of a saint

England ['ɛŋlant] *nt* ‹-s› England **Engländer** ['ɛŋlɛndɐ] *m* ‹-s, -› **1** Englishman; English boy; **die ~** *pl* the English, the Brits (*infml*); **er ist ~** he's English **2** TECH monkey wrench **Engländerin** ['ɛŋlɛndərɪn] *f* ‹-, -nen› Englishwoman; English girl **englisch** ['ɛŋlɪʃ] *adj* English; *Steak* rare; → **deutsch Englisch(e)** ['ɛŋlɪʃ] *nt* English; → **Deutsch Englischlehrer(in)** *m/(f)* English teacher **englischsprachig** *adj*

Gebiet English-speaking; *Zeitung* English-language *attr* **Englischunterricht** *m* **1** English lessons *pl* **2** (*das Unterrichten*) teaching of English; (*Privatunterricht*) English language tuition

engmaschig [-maʃɪç] *adj* close-meshed; (*fig*) close **Engpass** *m* (narrow) pass; (*fig*) bottleneck

en gros [ā 'gro] *adv* wholesale; (*fig*) en masse

engstirnig ['ɛŋʃtɪrnɪç] *adj* narrow-minded **Engstirnigkeit** *f* narrow-mindedness **Enkel** ['ɛŋkl] *m* ‹-s, -› grandson **Enkelin** ['ɛŋkəlɪn] *f* ‹-, -nen› granddaughter **Enkeltrick** *m* grandparent scam

Enklave [ɛn'klaːvə] *f* ‹-, -n› enclave **en masse** [ā 'mas] *adv* en masse

enorm [e'nɔrm] **A** *adj* (≈ *riesig*) enormous; (*infml* ≈ *herrlich, kolossal*) tremendous (*infml*) **B** *adv* (≈ *riesig*) enormously; (*infml* ≈ *herrlich, kolossal*) tremendously

en passant [ā pa'sā] *adv* en passant **Ensemble** [ā'sāːbl] *nt* ‹-s, -s› ensemble; (≈ *Besetzung*) cast

entarten [ɛnt'artn] *past part* **entartet** *v/i aux sein* to degenerate (*zu* into) **entartet** [ɛnt'artət] *adj* degenerate

entbehren [ɛnt'beːrən] *past part* **entbehrt** *v/t* (≈ *vermissen*) to miss; (≈ *zur Verfügung stellen*) to spare; (≈ *verzichten*) to do without; **wir können ihn heute nicht ~** we cannot spare him/it today **entbehrlich** [ɛnt'beːrlɪç] *adj* dispensable **Entbehrung** *f* ‹-, -en› privation

entbinden [ɛnt'bɪndn] *past part* **entbunden** [ɛnt'bʊndn] *irr* **A** *v/t* **1** *Frau* to deliver; **sie ist von einem Sohn entbunden worden** she has given birth to a son **2** (≈ *befreien*) to release (*von* from) **B** *v/i* (*Frau*) to give birth **Entbindung** *f* delivery; (*von Amt etc*) release **Entbindungsklinik** *f* maternity clinic **Entbindungsstation** *f* maternity ward

entblöden [ɛnt'bløːdn] *past part* **entblödet** *v/r* (*elev*) **sich nicht ~, etw zu tun** to have the effrontery to do sth

entblößen [ɛnt'bløːsn] *past part* **entblößt** *v/t* (*form*) *Körperteil* to bare; (*fig*) *sein Innenleben* to lay bare

entdecken [ɛnt'dɛkn] *past part* **entdeckt** *v/t* (≈ *finden*) to discover; (*in der Ferne, einer Menge*) to spot **Entdecker** [ɛnt'dɛkɐ] *m* ‹-s, -›, **Entdeckerin** [-ərɪn] *f* ‹-, -nen› discoverer **Entdeckung** *f* discovery

Ente [ˈɛntə] f ⟨-, -n⟩ duck; (PRESS infml) canard

entehren [ɛntˈeːrən] past part **entehrt** v/t to dishonour (Br), to dishonor (US); (≈ entwürdigen) to degrade; **~d** degrading

enteignen [ɛntˈaignən] past part **enteignet** v/t to expropriate; Besitzer to dispossess **Enteignung** f expropriation; (von Besitzer) dispossession

enteisen [ɛntˈaizn̩] past part **enteist** v/t to de-ice; Kühlschrank to defrost

Entenbraten m roast duck **Entenei** [-ai] nt duck's egg

Entente [ãˈtãːt(ə)] f ⟨-, -n⟩ POL entente

enterben [ɛntˈɛrbn̩] past part **enterbt** v/t to disinherit

Enterich [ˈɛntərɪç] m ⟨-s, -e⟩ drake

entern [ˈɛntɐn] v/t (≈ stürmen) Schiff, Haus to storm

Entertainer [ɛntɐˈteːnɐ] m ⟨-s, -⟩, **Entertainerin** [-ərɪn] f ⟨-, -nen⟩ entertainer

Enter-Taste [ˈɛntɐ-] f IT enter key

entfallen [ɛntˈfalən] past part **entfallen** v/i irr aux sein **1** (fig: aus dem Gedächtnis) **jdm ~** to slip sb's mind **2** (≈ wegfallen) to be dropped **3** **auf jdn/etw ~** (Geld, Kosten) to be allotted to sb/sth

entfalten [ɛntˈfaltn̩] past part **entfaltet A** v/t to unfold; (fig) Kräfte, Begabung to develop; Plan to set out **B** v/r (Blüte) to open; (fig) to develop; **hier kann ich mich nicht ~** I can't make full use of my abilities here **Entfaltung** f ⟨-, -en⟩ unfolding; (≈ Entwicklung) development; (eines Planes) setting out; **zur ~ kommen** to develop

entfernen [ɛntˈfɛrnən] past part **entfernt A** v/t to remove (von, aus from); IT to delete; **jdn aus der Schule ~** to expel sb from school **B** v/r **1** **sich (von** or **aus etw) ~** to go away (from sth); **sich von seinem Posten ~** to leave one's post **2** (fig: von jdm) to become estranged; (von Thema) to digress **entfernt** [ɛntˈfɛrnt] **A** adj Ort, Verwandter distant; (≈ abgelegen) remote; (≈ gering) Ähnlichkeit vague; **10 km ~ von** 10 km (away) from; **das Haus liegt 2 km ~** the house is 2 km away **B** adv remotely; **~ verwandt** distantly related; **nicht im Entferntesten!** not in the slightest! **Entfernung** f ⟨-, -en⟩ **1** distance; **aus kurzer ~ (schießen)** (to fire) at or from close range; **in acht Kilometer(n) ~** eight kilometres (Br) or kilometers (US) away **2** (≈ das Entfernen) removal **Ent-**

fernungsmesser m ⟨-s, -⟩ MIL, PHOT rangefinder

entfesseln [ɛntˈfɛsl̩n] past part **entfesselt** v/t (fig) to unleash **entfesselt** [ɛntˈfɛsl̩t] adj unleashed; Leidenschaft unbridled; Naturgewalten raging

entfetten [ɛntˈfɛtn̩] past part **entfettet** v/t to remove the grease from

entflammbar adj inflammable **entflammen** [ɛntˈflamən] past part **entflammt A** v/t (fig) to (a)rouse; Begeisterung to fire **B** v/i aux sein to burst into flames; (fig) (Zorn, Streit) to flare up

entflechten [ɛntˈflɛçtn̩] past part **entflochten** [ɛntˈflɔxtn̩] v/t irr Konzern, Kartell etc to break up

entfliehen [ɛntˈfliːən] past part **entflohen** [ɛntˈfloːən] v/i irr aux sein to escape (+dat or aus from)

entfolgen past part **entfolgt** v/i **jdm entfolgen** (auf Twitter®) to defollow sb, to unfollow sb

entfremden [ɛntˈfrɛmdn̩] past part **entfremdet A** v/t to alienate **B** v/r to become alienated (dat from) **Entfremdung** f ⟨-, -en⟩ estrangement; SOCIOL alienation

entfrosten [ɛntˈfrɔstn̩] past part **entfrostet** v/t to defrost **Entfroster** [ɛntˈfrɔstɐ] m ⟨-s, -⟩ defroster

entführen [ɛntˈfyːrən] past part **entführt** v/t jdn to kidnap; Flugzeug to hijack **Entführer(in)** m/(f) kidnapper; (von Flugzeug) hijacker **Entführung** f kidnapping; (von Flugzeug) hijacking

entgegen [ɛntˈɡeːɡn̩] **A** prep +dat contrary to; **~ allen Erwartungen** contrary to all expectation; **~ neuen Abenteuern ~!** on to new adventures! **entgegenbringen** v/t sep irr **jdm etw ~** (fig) Freundschaft etc to show sb for sb **entgegengehen** v/i +dat sep irr aux sein to go toward(s); **dem Ende ~** (Leben, Krieg) to draw to a close; **seinem Untergang ~** to be heading for disaster **entgegengesetzt** adj opposite; **einander ~e Interessen/Meinungen** etc opposing interests/views etc; → entgegensetzen **entgegenhalten** v/t +dat sep irr **jdm etw ~** (lit) to hold sth out toward(s) sb; **einer Sache ~, dass ...** (fig) to object to sth that ... **entgegenkommen** v/i +dat sep irr aux sein to come toward(s); (fig) to accommodate; **jdm auf halbem Wege ~** to meet sb halfway; **das kommt unseren Plänen sehr entgegen** that fits in very well with our plans **Entgegenkommen** *nt* (≈ *Gefälligkeit*) kindness; (≈ *Zugeständnis*) concession **entgegenkommend** *adj* **1** *Fahrzeug* oncoming **2** (*fig*) obliging **entgegenlaufen** *v/i +dat sep irr aux sein* to run toward(s) **entgegennehmen** *v/t sep irr* (≈ *empfangen*) to receive; (≈ *annehmen*) to accept **entgegensehen** *v/i sep irr* (*fig*) **einer Sache** (*dat*) ~ to await sth; (*freudig*) to look forward to sth; **einer Sache** ~ **müssen** to have to face sth **entgegensetzen** *v/t +dat sep* **etw einer Sache** ~ to set sth against sth; **dem habe ich entgegenzusetzen, dass …** against that I'd like to say that …; → entgegengesetzt **entgegenstellen** *sep* **A** *v/t +dat* = entgegensetzen **B** *v/r +dat* **sich jdm/einer Sache** ~ to oppose sb/sth **entgegentreten** *v/i +dat sep irr aux sein* to step up to; *einer Politik* to oppose; *Behauptungen* to counter; *einer Gefahr* to take steps against **entgegenwirken** *v/i +dat sep* to counteract

entgegnen [ɛntˈgeːgnən] *past part* **entgegnet** *v/t & v/i* to reply; (*kurz, barsch*) to retort (*auf +acc* to) **Entgegnung** *f* ⟨-, -en⟩ reply

entgehen [ɛntˈgeːən] *past part* **entgangen** [ɛntˈgaŋən] *v/i +dat irr aux sein* **1** (≈ *entkommen*) *Verfolgern* to elude; *Schicksal, der Gefahr, Strafe* to escape **2** (*fig* ≈ *nicht bemerkt werden*) **dieser Fehler ist mir entgangen** I failed to notice this mistake; **ihr entgeht nichts** she doesn't miss a thing; **sich** (*dat*) **etw** ~ **lassen** to miss sth

entgeistert [ɛntˈgaistet] *adj* thunderstruck

Entgelt [ɛntˈgɛlt] *nt* ⟨-(e)s, -e⟩ (*form*) **1** (≈ *Bezahlung*) remuneration (*form*); (≈ *Anerkennung*) reward **2** (≈ *Gebühr*) fee **entgiften** [ɛntˈgɪftn] *past part* **entgiftet** *v/t* to decontaminate; MED to detoxicate

entgleisen [ɛntˈglaizn] *past part* **entgleist** *v/i aux sein* **1** RAIL to be derailed **2** (*fig*: *Mensch*) to misbehave **Entgleisung** *f* ⟨-, -en⟩ derailment; (*fig*) faux pas

entgleiten [ɛntˈglaitn] *past part* **entglitten** [ɛntˈglɪtn] *v/i +dat irr aux sein* to slip; **jdm** ~ to slip from sb's grasp; (*fig*) to slip away from sb

entgräten [ɛntˈgrɛːtn] *past part* **entgrätet**

v/t Fisch to fillet

enthaaren [ɛntˈhaːrən] *past part* **enthaart** *v/t* to remove unwanted hair from **Enthaarungsmittel** *nt* depilatory

enthalten [ɛntˈhaltn] *past part* **enthalten** *irr* **A** *v/t* to contain; (**mit**) ~ **sein in** (*+dat*) to be included in **B** *v/r* **sich einer Sache** (*gen*) ~ (*elev*) to abstain from sth; **sich (der Stimme)** ~ to abstain **enthaltsam** [ɛntˈhaltzaːm] **A** *adj* abstemious; (*sexuell*) chaste **B** *adv* ~ **leben** to be abstinent; (≈ *sexuell*) to be celibate **Enthaltsamkeit** *f* ⟨-, *no pl*⟩ abstinence; (*sexuell*) chastity **Enthaltung** *f* abstinence; (≈ *Stimmenthaltung*) abstention

enthärten [ɛntˈhɛrtn] *past part* **enthärtet** *v/t Wasser* to soften

enthaupten [ɛntˈhauptn] *past part* **enthauptet** *v/t* to decapitate **Enthauptung** *f* ⟨-, -en⟩ decapitation

entheben [ɛntˈheːbn] *past part* **enthoben** [ɛntˈhoːbn] *v/t irr* **jdn einer Sache** (*gen*) ~ to relieve sb of sth

enthemmen [ɛntˈhɛmən] *past part* **enthemmt** *v/t & v/i* **jdn** ~ to make sb lose his inhibitions

enthüllen [ɛntˈhʏlən] *past part* **enthüllt** *v/t* to uncover; *Denkmal* to unveil; *Geheimnis* to reveal **Enthüllung** *f* ⟨-, -en⟩ uncovering; (*von Denkmal*) unveiling **Enthüllungsjournalismus** *m* investigative journalism **Enthüllungsplattform** *f* whistleblowing platform

Enthusiasmus [ɛntuˈziasmʊs] *m* ⟨-, *no pl*⟩ enthusiasm **enthusiastisch** [ɛntuˈziastɪʃ] **A** *adj* enthusiastic **B** *adv* enthusiastically

entjungfern [ɛntˈjʊŋfen] *past part* **entjungfert** *v/t* to deflower

entkalken [ɛntˈkalkn] *past part* **entkalkt** *v/t* to decalcify

entkernen [ɛntˈkɛrnən] *past part* **entkernt** *v/t Kernobst* to core; *Steinobst* to stone

entkoffeiniert [ɛntkɔfaiˈniːet] *adj* decaffeinated

entkommen [ɛntˈkɔmən] *past part* **entkommen** *v/i irr aux sein* to escape (*+dat*, *aus* from) **Entkommen** *nt* escape

entkorken [ɛntˈkɔrkn] *past part* **entkorkt** *v/t Flasche* to uncork

entkräften [ɛntˈkrɛftn] *past part* **entkräftet** *v/t* to weaken; (≈ *erschöpfen*) to exhaust; (*fig* ≈ *widerlegen*) to refute **Entkräftung** *f* ⟨-, -en⟩ weakening; (≈ *Erschöpfung*) exhaustion; (*fig* ≈ *Widerlegung*) refutation

entkrampfen [ɛntˈkrampfn̩] *past part* **entkrampft** *v/t (fig)* to relax; *Lage* to ease

entladen [ɛntˈlaːdn̩] *past part* **entladen** *irr*

A *v/t* to unload; *Batterie etc* to discharge

B *v/r (Gewitter)* to break; *(Schusswaffe)* to go off; *(Batterie etc)* to discharge; *(fig: Emotion)* to vent itself

entlang [ɛntˈlaŋ] **A** *prep +acc or +dat or (rare) +gen* along; **den Fluss ~** along the river **B** *adv* along; **hier ~** this way **entlanggehen** *v/t & v/i sep irr aux sein* to walk along

entlarven [ɛntˈlarfn̩] *past part* **entlarvt** *v/t (fig) Spion* to unmask; *Betrug etc* to uncover

entlassen [ɛntˈlasn̩] *past part* **entlassen** *v/t irr (≈ kündigen)* to dismiss; *(aus dem Krankenhaus)* to discharge; *(aus dem Gefängnis)* to release **Entlassung** *f ⟨-, -en⟩* dismissal; *(aus dem Krankenhaus)* discharge; *(aus dem Gefängnis)* release

entlasten [ɛntˈlastn̩] *past part* **entlastet** *v/t* to relieve; *Verkehr* to ease; *JUR Angeklagten* to exonerate; *COMM Vorstand* to approve the activities of **Entlastung** *f ⟨-, -en⟩* relief; *JUR* exoneration; *(COMM: von Vorstand)* approval; **zu seiner ~ führte der Angeklagte an, dass ...** in his defence *(Br)* or defense *(US)* the defendant stated that ... **Entlastungsmaterial** *nt JUR* evidence for the defence *(Br)* or defense *(US)* **Entlastungszeuge** *m*, **Entlastungszeugin** *f JUR* witness for the defence *(Br)* or defense *(US)* **Entlastungszug** *m* relief train

Entlaubung *f ⟨-, -en⟩* defoliation **Entlaubungsmittel** *nt* defoliant

entlaufen [ɛntˈlaufn̩] *past part* **entlaufen** *v/i irr aux sein* to run away *(+dat, von* from); **ein ~es Kind** a runaway child; **ein ~er Sträfling** an escaped convict; **„Hund ~"** "dog missing"

entledigen [ɛntˈleːdɪgn̩] *past part* **entledigt** *v/r (form)* **sich jds/einer Sache ~** to rid oneself of sb/sth; **sich seiner Kleidung ~** to remove one's clothes

entleeren [ɛntˈleːrən] *past part* **entleert** *v/t* to empty **Entleerung** *f* emptying

entlegen [ɛntˈleːgn̩] *adj* out-of-the-way

entlehnen [ɛntˈleːnən] *past part* **entlehnt** *v/t (fig)* to borrow *(+dat, von* from)

Entlein [ˈɛntlaɪn] *nt ⟨-s, -⟩* duckling

entlocken [ɛntˈlɔkn̩] *past part* **entlockt** *v/t* **jdm/einer Sache etw ~** to elicit sth from sb/sth

entlohnen [ɛntˈloːnən] *past part* **entlohnt** *v/t* to pay; *(fig)* to reward **Entlohnung** *f ⟨-, -en⟩* pay(ment); *(fig)* reward

entlüften [ɛntˈlʏftn̩] *past part* **entlüftet** *v/t* to ventilate; *Bremsen, Heizung* to bleed **Entlüftung** *f* ventilation; *(von Bremsen, Heizung)* bleeding

entmachten [ɛntˈmaxtn̩] *past part* **entmachtet** *v/t* to deprive of power **Entmachtung** *f ⟨-, -en⟩* deprivation of power

entmilitarisieren [ɛntmilitariˈziːrən] *past part* **entmilitarisiert** *v/t* to demilitarize **Entmilitarisierung** *f ⟨-, -en⟩* demilitarization

entmündigen [ɛntˈmʏndɪgn̩] *past part* **entmündigt** *v/t JUR* to (legally) incapacitate **Entmündigung** *f ⟨-, -en⟩* (legal) incapacitation

entmutigen [ɛntˈmuːtɪgn̩] *past part* **entmutigt** *v/t* to discourage; **sich nicht ~ lassen** not to be discouraged **Entmutigung** *f ⟨-, -en⟩* discouragement

Entnahme [ɛntˈnaːmə] *f ⟨-, -n⟩ (form)* removal; *(von Blut)* extraction; *(von Geld)* withdrawal **entnehmen** [ɛntˈneːmən] *past part* **entnommen** [ɛntˈnɔmən] *v/t irr* to take (from); *(fig ≈ erkennen)* to gather (from)

entnerven [ɛntˈnɛrfn̩] *past part* **entnervt** *v/t* to unnerve; **~d** unnerving; *(≈ nervtötend)* nerve-racking

entpolitisieren [ɛntpolitiˈziːrən] *past part* **entpolitisiert** *v/t* to depoliticize

entpuppen [ɛntˈpʊpn̩] *past part* **entpuppt** *v/r* **sich als Betrüger** *etc* **~** to turn out to be a cheat *etc*

entrahmen [ɛntˈraːmən] *past part* **entrahmt** *v/t Milch* to skim

enträtseln [ɛntˈrɛːtsl̩n] *past part* **enträtselt** *v/t* to solve; *Sinn* to work out; *Schrift* to decipher

entrechten [ɛntˈrɛçtn̩] *past part* **entrechtet** *v/t* **jdn ~** to deprive sb of his rights

entreißen [ɛntˈraɪsn̩] *past part* **entrissen** [ɛntˈrɪsn̩] *v/t irr* **jdm etw ~** to snatch sth (away) from sb

entrichten [ɛntˈrɪçtn̩] *past part* **entrichtet** *v/t (form)* to pay

entriegeln [ɛntˈriːgl̩n] *past part* **entriegelt** *v/t* to unbolt; *IT etc Tastatur* to unlock

entrinnen [ɛntˈrɪnən] *past part* **entronnen** [ɛntˈrɔnən] *v/i +dat irr aux sein (elev)* to escape from; **es gibt kein Entrinnen** there is no escape

entrosten [ɛntˈrɔstn̩] *past part* **entrostet** *v/t* to derust **Entroster** [ɛntˈrɔstɐ] *m* ⟨-s, -⟩ deruster

entrückt [ɛntˈrʏkt] *adj* (*elev*) (≈ *verzückt*) enraptured; (≈ *versunken*) lost in reverie

entrümpeln [ɛntˈrʏmpl̩n] *past part* **entrümpelt** *v/t* to clear out

entrüsten [ɛntˈrʏstn̩] *past part* **entrüstet** **A** *v/t* to outrage **B** *v/r* **sich ~ über** (+*acc*) to be outraged at **entrüstet** [ɛntˈrʏstət] **A** *adj* outraged **B** *adv* indignantly, outraged **Entrüstung** *f* indignation

entsaften [ɛntˈzaftn̩] *past part* **entsaftet** *v/t* to extract the juice from **Entsafter** [ɛntˈzaftɐ] *m* ⟨-s, -⟩ juice extractor

entsalzen [ɛntˈzaltsn̩] *past part* **entsalzt** *v/t irr* to desalinate

entschädigen [ɛntˈʃɛːdɪɡn̩] *past part* **entschädigt** *v/t* (**für** for) to compensate; (*für Dienste etc*) to reward; (*esp mit Geld*) to remunerate; (≈ *Kosten erstatten*) to reimburse **Entschädigung** *f* ⟨-, -en⟩ compensation; (*für Dienste*) reward; (*mit Geld*) remuneration; (≈ *Kostenerstattung*) reimbursement

entschärfen [ɛntˈʃɛrfn̩] *past part* **entschärft** *v/t Bombe, Krise* to defuse; *Argument* to neutralize

Entscheid [ɛntˈʃait] *m* ⟨-(e)s, -e [-də]⟩ (*Swiss form*) = **Entscheidung entscheiden** [ɛntˈʃaidn̩] *pret* **entschied** [ɛntˈʃiːt], *past part* **entschieden** [ɛntˈʃiːdn̩] **A** *v/t* to decide; **das Spiel ist entschieden** the game has been decided; **den Kampf für sich ~** to secure victory in the struggle; **es ist noch nichts entschieden** nothing has been decided (as) yet; → **entschieden** **B** *v/i* (**über** +*acc*) to decide (on); **darüber habe ich nicht zu ~** that is not for me to decide **C** *v/r* (*Mensch*) to decide; (*Angelegenheit*) to be decided; **sich für jdn/etw ~** to decide in favour (*Br*) or favor (*US*) of sb/sth; **sich gegen jdn/etw ~** to decide against sb/sth **entscheidend** **A** *adj* decisive; **die ~e Stimme** (*bei Wahlen etc*) the deciding vote; **das Entscheidende** the decisive factor **B** *adv schlagen, schwächen* decisively **Entscheidung** *f* decision **Entscheidungsfreiheit** *f* freedom to decide **Entscheidungskampf** *m* decisive encounter; SPORTS deciding round/game *etc* **Entscheidungsträger(in)** *m/(f)* de-

cision-maker **entschieden** [ɛntˈʃiːdn̩] **A** *past part* of **entscheiden** **B** *adj* **1** (≈ *entschlossen*) determined; *Befürworter* staunch; *Ablehnung* firm **2** *no pred* (≈ *eindeutig*) decided **C** *adv* **1** (≈ *strikt*) *ablehnen* firmly; *bekämpfen* resolutely; *zurückweisen* staunchly **2** (≈ *eindeutig*) definitely; **das geht ~ zu weit** that's definitely going too far **Entschiedenheit** *f* ⟨-, -en⟩ (≈ *Entschlossenheit*) determination; **etw mit aller ~ dementieren** to deny sth categorically

entschlacken [ɛntˈʃlakn̩] *past part* **entschlackt** *v/t* METAL to remove the slag from; MED *Körper* to purify

entschließen [ɛntˈʃliːsn̩] *pret* **entschloss** [ɛntˈʃlɔs], *past part* **entschlossen** [ɛntˈʃlɔsn̩] *v/r* to decide (**für**, **zu** on); **sich anders ~** to change one's mind; **zu allem entschlossen sein** to be ready for anything; → **entschlossen Entschließung** *f* resolution **entschlossen** [ɛntˈʃlɔsn̩] **A** *past part* of **entschließen** **B** *adj* determined; **ich bin fest ~** I am absolutely determined **C** *adv* resolutely; **kurz ~** without further ado **Entschlossenheit** *f* ⟨-, *no pl*⟩ determination **Entschluss** *m* (≈ *Entscheidung*) decision; **seinen ~ ändern** to change one's mind

entschlüsseln [ɛntˈʃlʏsl̩n] *past part* **entschlüsselt** *v/t* to decipher

entschlussfreudig *adj* decisive **Entschlusskraft** *f* decisiveness

entschuldbar [ɛntˈʃʊltbaːɐ] *adj* excusable **entschulden** [ɛntˈʃʊldn̩] *past part* **entschuldet** *v/t* to free of debt

entschuldigen [ɛntˈʃʊldɪɡn̩] *past part* **entschuldigt** **A** *v/t* to excuse; **das lässt sich nicht ~!** that is inexcusable!; **einen Schüler ~ lassen** *or* **~** to ask for a pupil to be excused; **ich bitte mich zu ~** I ask to be excused **B** *v/i* **~ Sie (bitte)!** (do *or* please) excuse me!, sorry!; (*bei Bitte, Frage etc*) excuse me (please), pardon me (*US*) **C** *v/r* **sich (bei jdm) ~** (≈ *um Verzeihung bitten*) to apologize (to sb); (≈ *sich abmelden*) to excuse oneself **Entschuldigung** *f* ⟨-, -en⟩ (≈ *Grund*) excuse; (≈ *Bitte um Entschuldigung*) apology; (SCHOOL ≈ *Brief*) note; **~!** excuse me!; **zu seiner ~ sagte er …** he said in his defence (*Br*) *or* defense (*US*) that …; **(jdn) um ~ bitten** to apologize (to sb)

Entschwefelungsanlage *f* desulphurization plant

entschwinden [ɛntˈʃvɪndn̩] *past part* **ent-**

schwunden [ɛnt'ʃvʊndn̩] v/i irr aux sein to vanish (+dat from, in +acc into)

entsetzen [ɛnt'zɛtsn̩] past part **entsetzt** **A** v/t to horrify **B** v/r **sich über jdn/etw ~** to be horrified at or by sb/sth; → entsetzt **Entsetzen** [ɛnt'zɛtsn̩] nt ⟨-s, no pl⟩ horror; (≈ Erschrecken) terror; **mit ~ sehen, dass ...** to be horrified/terrified to see that ... **Entsetzensschrei** m cry of horror **entsetzlich** [ɛnt'zɛtslɪç] **A** adj dreadful **B** adv **1** (≈ schrecklich) dreadfully **2** (infml ≈ sehr) awfully **entsetzt** [ɛnt'zɛtst] **A** adj horrified (über +acc at, by) **B** adv in horror; **jdn ~ anstarren** to give sb a horrified look; → entsetzen

entseuchen [ɛnt'zɔyçn̩] past part **entseucht** v/t to decontaminate **Entseuchung** f ⟨-, -en⟩ decontamination

entsichern [ɛnt'zɪçɐn] past part **entsichert** v/t **eine Pistole ~** to release the safety catch of a pistol

entsinnen [ɛnt'zɪnən] past part **entsonnen** [ɛnt'zɔnən] v/r irr to remember (einer Sache (gen), an etw (acc) sth; **wenn ich mich recht entsinne** if my memory serves me correctly

entsorgen [ɛnt'zɔrgn̩] past part **entsorgt** v/t Abfälle etc to dispose of **Entsorgung** f ⟨-, -en⟩ waste disposal

entspannen [ɛnt'ʃpanən] past part **entspannt** **A** v/t to relax; (fig) Lage to ease (up) **B** v/r to relax; (≈ ausruhen) to rest; (Lage etc) to ease **entspannt** [ɛnt'ʃpant] adj relaxed **Entspannung** f relaxation; (von Lage, FIN: an der Börse) easing(-up); POL easing of tension (+gen in), détente **Entspannungspolitik** f policy of détente **Entspannungsübungen** pl MED etc relaxation exercises pl

entsprechen [ɛnt'ʃprɛçn̩] past part **entsprochen** [ɛnt'ʃprɔxn̩] v/i +dat irr to correspond to; der Wahrheit to be in accordance with; Anforderungen to fulfil (Br), to fullfill (US); Erwartungen to live up to; einer Bitte etc to meet **entsprechend** **A** adj corresponding; (≈ zuständig) relevant; (≈ angemessen) appropriate **B** adv accordingly; (≈ ähnlich, gleich) correspondingly; **er wurde ~ bestraft** he was suitably punished **C** prep +dat in accordance with; **er wird seiner Leistung ~ bezahlt** he is paid according to output **Entsprechung** f ⟨-, -en⟩ (≈ Äquivalent) equivalent; (≈ Gegenstück) counterpart

entspringen [ɛnt'ʃprɪŋən] past part **entsprungen** [ɛnt'ʃprʊŋən] v/i irr aux sein (Fluss) to rise; (≈ sich herleiten von, +dat) to arise from

entstammen [ɛnt'ʃtamən] past part **entstammt** v/i +dat aux sein to come from

entstehen [ɛnt'ʃteːən] past part **entstanden** [ɛnt'ʃtandn̩] v/i irr aux sein to come into being; (≈ seinen Ursprung haben) to originate; (≈ sich entwickeln) to arise (aus, durch from); **im Entstehen begriffen sein** to be emerging **Entstehen** nt ⟨-s, no pl⟩, **Entstehung** f ⟨-, -en⟩ (≈ das Werden) genesis; (≈ das Hervorkommen) emergence; (≈ Ursprung) origin

entsteinen [ɛnt'ʃtainən] past part **entsteint** v/t to stone

entstellen [ɛnt'ʃtɛlən] past part **entstellt** v/t (≈ verunstalten) Gesicht to disfigure; (≈ verzerren) to distort

entstören [ɛnt'ʃtøːrən] past part **entstört** v/t Radio, Telefon to free from interference

enttarnen [ɛnt'tarnən] past part **enttarnt** v/t Spion to blow the cover of (infml); (fig ≈ entlarven) to expose **Enttarnung** f exposure

enttäuschen [ɛnt'tɔyʃn̩] past part **enttäuscht** **A** v/t to disappoint; **enttäuscht sein über** (+acc)/**von** to be disappointed at/by or in **B** v/i **unsere Mannschaft hat sehr enttäuscht** our team were very disappointing **Enttäuschung** f disappointment

entthronen [ɛnt'troːnən] past part **entthront** v/t to dethrone

entvölkern [ɛnt'vœlkɐn] past part **entvölkert** v/t to depopulate

entwaffnen [ɛnt'vafnən] past part **entwaffnet** v/t to disarm **entwaffnend** adj (fig) disarming

entwarnen [ɛnt'varnən] past part **entwarnt** v/i to sound the all-clear **Entwarnung** f sounding of the all-clear; (≈ Signal) all-clear

entwässern [ɛnt'vɛsɐn] past part **entwässert** v/t Keller to drain; Gewebe, Körper to dehydrate **Entwässerung** f drainage; CHEM dehydration **Entwässerungsanlage** f drainage system

entweder ['ɛntveːdɐ, ɛnt've:de] cj **~ ... oder ...** either ... or ...; **~ oder!** yes or no

entweichen [ɛnt'vaiçn̩] past part **entwichen** [ɛnt'vɪçn̩] v/i irr aux sein to escape (+dat, aus from)

entwenden [ɛnt'vɛndn] *past part* ent-
wendet *v/t* (*form*) **jdm etw/etw aus etw
~** to steal sth from sb/sth
entwerfen [ɛnt'vɛrfn] *past part* entworfen [ɛnt'vɔrfn] *v/t irr* **1** (≈ *gestalten*) to
sketch; *Modell etc* to design **2** (≈ *ausarbeiten*) *Gesetz* to draft; *Plan* to devise **3** (*fig*)
(≈ *darstellen*) *Bild* to depict
entwerten [ɛnt've:ɐtn] *past part* entwer-
tet *v/t* **1** (≈ *im Wert mindern*) to devalue
2 *Briefmarke, Fahrschein* to cancel **Ent-
werter** [ɛnt've:ɐte] *m* ⟨-s, -⟩ (ticket-)
cancelling (*Br*) or (ticket-)canceling (*US*) machine
entwickeln [ɛnt'vɪkln] *past part* entwickelt **A** *v/t* to develop; *Mut, Energie* to
show **B** *v/r* to develop (*zu* into); **sie hat
sich ganz schön entwickelt** (*infml*) she's
turned out really nicely **Entwickler** [ɛnt-
'vɪklɐ] *m* ⟨-s, -⟩ PHOT developer **Entwicklung** *f* ⟨-, -en⟩ development; PHOT
developing; **das Flugzeug ist noch in
der ~** the plane is still in the development
stage **Entwicklungsdienst** *m* voluntary service overseas (*Br*), VSO (*Br*), Peace
Corps (*US*) **entwicklungsfähig** *adj* capable of development **Ent-
wicklungshelfer(in)** *m/(f)* VSO worker
(*Br*), Peace Corps worker (*US*) **Entwicklungshilfe** *f* foreign aid **Ent-
wicklungskosten** *pl* development
costs *pl* **Entwicklungsland** *nt* developing country **Entwicklungsstadium** *nt*,
Entwicklungsstufe *f* stage of development; (*der Menschheit etc*) evolutionary
stage **Entwicklungszeit** *f* period of development; BIOL, PSYCH developmental period; PHOT developing time
entwirren [ɛnt'vɪrən] *past part* entwirrt *v/t*
to untangle
entwischen [ɛnt'vɪʃn] *past part* entwischt
v/i aux sein (*infml*) to get away (+*dat, aus*
from)
entwöhnen [ɛnt'vøːnən] *past part* ent-
wöhnt *v/t* to wean (+*dat, von* from)
entwürdigen [ɛnt'vʏrdɪgn] *past part* ent-
würdigt *v/t* to degrade **entwürdigend**
adj degrading **Entwürdigung** *f* degradation
Entwurf *m* **1** (≈ *Skizze, Abriss*) outline; (≈
Design) design; (ARCH, *fig*) blueprint **2**
(*von Plan, Gesetz etc*) draft (version); (PARL
≈ *Gesetzentwurf*) bill
entwurzeln [ɛnt'vʊrtsln] *past part* ent-

wurzelt *v/t* to uproot
entziehen [ɛnt'tsiːən] *past part* entzogen
[ɛnt'tsoːgn] *irr* **A** *v/t* to withdraw (+*dat*
from); CHEM to extract; **jdm die Rente
etc ~** to stop sb's pension *etc*; **dem Redner
das Wort ~** to ask the speaker to stop **B**
v/r **sich jdm/einer Sache ~** to evade sb/
sth; **sich seiner Verantwortung ~** to shirk
one's responsibilities; **sich den** *or* **jds Blicken ~** to be hidden from sight **Entzie-
hung** *f* withdrawal **Entziehungskur** *f*
(*für Drogenabhängige*) cure for drug addiction; (*für Alkoholiker*) cure for alcoholism
entziffern [ɛnt'tsɪfɐn] *past part* entziffert
v/t to decipher; *Geheimschrift, DNS-Struktur*
to decode
entzücken [ɛnt'tsʏkn] *past part* entzückt
v/t to delight **Entzücken** [ɛnt'tsʏkn] *nt*
⟨-s, *no pl*⟩ delight; **in ~ geraten** to go into
raptures **entzückend** *adj* delightful
Entzug *m*, *no pl* withdrawal; **er ist auf ~**
(MED *infml*) (*Drogenabhängiger*) he is being
treated for drug addiction; (*Alkoholiker*)
he is being dried out (*infml*) **Entzugser-
scheinung** *f* withdrawal symptom
entzünden [ɛnt'tsʏndn] *past part* entzündet **A** *v/t* *Feuer* to light; (*fig*) *Streit etc* to
spark off; *Hass* to inflame **B** *v/r* **1** (≈ *zu
brennen anfangen*) to catch fire, to ignite
(*esp* SCI, TECH); (*fig*) (*Streit*) to be sparked
off; (*Hass*) to be inflamed **2** MED to become inflamed; **entzündet** inflamed **entzündlich** [ɛnt'tsʏntlɪç] *adj* *Gase* inflammable **Entzündung** *f* MED inflammation
entzündungshemmend *adj* anti-in-
flammatory **Entzündungsherd** *m* focus of inflammation
entzwei [ɛnt'tsvai] *adj pred* in two (pieces);
(≈ *kaputt*) broken **entzweibrechen** *v/t &*
v/i sep irr (*v/i: aux sein*) to break in two **entzweien** [ɛnt'tsvaiən] *past part* entzweit
A *v/t* to turn against each other **B** *v/r*
sich (mit jdm) ~ to fall out (with sb)
Enzephalogramm [ɛntsefalo'gram] *nt, pl*
-gramme MED encephalogram
Enzian ['ɛntsiaːn] *m* ⟨-s, -e⟩ gentian
Enzyklopädie [ɛntsyklopɛ'diː] *f* ⟨-, -n
[-'diːən]⟩ encyclop(a)edia **enzyklopädisch** [ɛntsyklo'pɛːdɪʃ] *adj* encyclop(a)edic
Enzym [ɛn'tsyːm] *nt* ⟨-s, -e⟩ enzyme
Epidemie [epide'miː] *f* ⟨-, -n [-'miːən]⟩ epidemic **Epidemiologe** [epidemio'loːgə]
m ⟨-n, -n⟩, **Epidemiologin** [-'loːgɪn] *f*
⟨-, -nen⟩ epidemiologist **epidemisch**

[epiˈdeːmɪʃ] *adj* epidemic

Epik [ˈeːpɪk] *f* ⟨-, *no pl*⟩ epic poetry **Epiker** [ˈeːpɪke] *m* ⟨-s, -⟩, **Epikerin** [-ərɪn] *f* ⟨-, -nen⟩ epic poet

Epilation [epilaˈtsioːn] *f* ⟨-, -en⟩ hair removal, epilation

Epilepsie [epɪlɛˈpsiː] *f* ⟨-, -n [-ˈpsiːən]⟩ epilepsy **Epileptiker** [epiˈlɛptike] *m* ⟨-s, -⟩, **Epileptikerin** [-ərɪn] *f* ⟨-, -nen⟩ epileptic **epileptisch** [epiˈlɛptɪʃ] *adj* epileptic

epilieren [epiˈliːrən] *v/t* to epilate **Epiliergerät** [epiˈliːɐ-] *nt* epilator

Epilog [epiˈloːk] *m* ⟨-s, -e [-ɡə]⟩ epilogue

episch [ˈeːpɪʃ] *adj* (*lit, fig*) epic

Episode [epiˈzoːdə] *f* ⟨-, -n⟩ episode

Epizentrum [epiˈtsɛntrʊm] *nt* epicentre (*Br*), epicenter (*US*)

epochal [epɔˈxaːl] *adj* epochal **Epoche** [eˈpɔxə] *f* ⟨-, -n⟩ epoch **epochemachend** *adj* epoch-making

Epos [ˈeːpɔs] *nt* ⟨-, **Epen** [ˈeːpn]⟩ epic (poem)

er [eːɐ] *pers pr, gen* seiner, *dat* ihm, *acc* ihn he; (*von Dingen*) it; **wenn ich er wäre** if I were him; **er ist es** it's him

erachten [ɛɐˈaxtn] *past part* **erachtet** *v/t* (*elev*) **jdn/etw für** *or* **als etw ~** to consider sb/sth (to be) sth **Erachten** [ɛɐˈaxtn] *nt* ⟨-s, *no pl*⟩ **meines ~s** in my opinion

erarbeiten [ɛɐˈarbaitn] *past part* **erarbeitet** *v/t* Vermögen *etc* to work for; *Wissen etc* to acquire **Erarbeitung** [ɛɐˈarbaitʊŋ] *f* ⟨-, -en⟩ *usu sg* (*von Wissen*) acquisition

Erbanlage *f usu pl* hereditary factor(s *pl*) **erbarmen** [ɛɐˈbarmən] *past part* **erbarmt** **A** *v/t* **jdn ~** to arouse sb's pity; **das ist zum Erbarmen** it's pitiful **B** *v/r* +*gen* to have pity (on) **Erbarmen** [ɛɐˈbarmən] *nt* ⟨-s, *no pl*⟩ (≈ *Mitleid*) pity (*mit* on); (≈ *Gnade*) mercy (*mit* on); **kein ~ kennen** to show no mercy **erbarmenswert** *adj* pitiable **erbärmlich** [ɛɐˈbɛrmlɪç] **A** *adj* wretched **B** *adv* sich verhalten abominably; (*infml* ≈ furchtbar) frieren, wehtun terribly **erbarmungslos** **A** *adj* pitiless **B** *adv* pitilessly

erbauen [ɛɐˈbauən] *past part* **erbaut** *v/t* **1** (≈ *errichten*) to build **2** (*fig* ≈ *seelisch bereichern*) to uplift; **wir waren von der Nachricht nicht gerade erbaut** (*infml*) we weren't exactly delighted by the news **Erbauer** [ɛɐˈbaue] *m* ⟨-s, -⟩, **Erbauerin** [-ərɪn] *f* ⟨-, -nen⟩ builder

Erbe¹ [ˈɛrbə] *m* ⟨-n, -n⟩ heir; **jdn zum ~n einsetzen** to appoint sb as one's heir **Erbe²** *nt* ⟨-s, *no pl*⟩ inheritance; (*fig*) heritage **erben** [ˈɛrbn] *v/t* to inherit (*von* from) **Erbengemeinschaft** *f* community of heirs

erbetteln [ɛɐˈbɛtln] *past part* **erbettelt** *v/t* to get by begging

erbeuten [ɛɐˈbɔytn] *past part* **erbeutet** *v/t* (*Tier*) to carry off; (*Dieb*) to get away with; (*im Krieg*) to capture

Erbfaktor *m* BIOL (hereditary) factor **Erbfolge** *f* (line of) succession **Erbgut** *nt, no pl* BIOL genetic make-up **Erbin** [ˈɛrbɪn] *f* ⟨-, -nen⟩ heiress; → **Erbe¹**

erbitten [ɛɐˈbɪtn] *past part* **erbeten** [ɛɐˈbeːtn] *v/t irr* to ask for

erbittert [ɛɐˈbɪtet] **A** *adj* Widerstand, Gegner bitter **B** *adv* bitterly

Erbkrankheit [ˈɛrp-] *f* hereditary disease **erblassen** [ɛɐˈblasn] *past part* **erblasst** *v/i aux sein* to (turn) pale

Erblasser [ˈɛrplase] *m* ⟨-s, -⟩, **Erblasserin** [-ərɪn] *f* ⟨-, -nen⟩ person who leaves an inheritance **Erblast** *f* negative inheritance *or* heritage; (≈ *Probleme*) inherited problems *pl* **erblich** [ˈɛrplɪç] *adj* hereditary; **etw ist ~ bedingt** sth is an inherited condition

erblicken [ɛɐˈblɪkn] *past part* **erblickt** *v/t* (*elev*) to see; (≈ *erspähen*) to spot

erblinden [ɛɐˈblɪndn] *past part* **erblindet** *v/i aux sein* to go blind **Erblindung** *f* ⟨-, -en⟩ loss of sight

erblühen [ɛɐˈblyːən] *past part* **erblüht** *v/i aux sein* (*elev*) to bloom

Erbmasse *f* estate; BIOL genetic make-up **Erbonkel** *m* (*infml*) rich uncle

erbosen [ɛɐˈboːzn] *past part* **erbost** (*elev*) **A** *v/t* **erbost sein über** (+*acc*) to be infuriated at **B** *v/r* **sich ~ über** (+*acc*) to become furious *or* infuriated about

erbrechen [ɛɐˈbrɛçn] *past part* **erbrochen** [ɛɐˈbrɔxn] *v/t &v/i & v/r irr* (**sich**) **~** MED to vomit; **etw bis zum Erbrechen tun** (*fig*) to do sth ad nauseam

erbringen [ɛɐˈbrɪŋən] *past part* **erbracht** [ɛɐˈbraxt] *v/t irr* to produce

Erbrochene(s) [ɛɐˈbrɔxənə] *nt decl as adj, no pl* vomit

Erbschaft [ˈɛrpʃaft] *f* ⟨-, -en⟩ inheritance; **eine ~ machen** *or* **antreten** to come into an inheritance **Erbschaftssteuer** *f* death duties *pl*, inheritance tax (*Br*)

Erbse ['ɛrpsə] *f* ⟨-, -n⟩ pea **Erbsensuppe** *f* pea soup

Erbstück *nt* heirloom **Erbtante** *f* (*infml*) rich aunt **Erbteil** *nt or m* JUR (portion of an/the) inheritance

Erdachse ['eːɐt-] *f* earth's axis

erdacht [ɛɐ'daxt] *adj* Geschichte made-up **Erdanziehung** *f*, *no pl* gravitational pull of the earth **Erdapfel** *m* (*esp Aus*) potato **Erdatmosphäre** *f* earth's atmosphere **Erdbahn** *f* earth's orbit **Erdbeben** *nt* earthquake **Erdbebengebiet** *nt* earthquake area **erdbebensicher** *adj* Gebäude etc earthquake-proof **Erdbeere** *f* strawberry **Erdbestattung** *f* burial **Erdbewohner(in)** *m/(f)* inhabitant of the earth **Erdboden** *m* ground; **etw dem ~ gleichmachen** to raze sth to the ground; **vom ~ verschwinden** to disappear off the face of the earth **Erde** ['eːɐdə] *f* ⟨-, -n⟩ **1** (≈ Welt) earth, world; **auf der ganzen ~** all over the world **2** (≈ Boden) ground; **unter der ~** underground; **über der ~** above ground **3** (≈ Erdreich) soil, earth (auch CHEM) **4** (ELEC ≈ Erdung) earth, ground (US) **erden** ['eːɐdn] *v/t* ELEC to earth, to ground (US)

erdenklich [ɛɐ'dɛŋklɪç] *adj attr* conceivable; **alles Erdenkliche tun** to do everything conceivable

Erderwärmung *f* global warming **Erdgas** *nt* natural gas **Erdgeschichte** *f* geological history **Erdgeschoss** *nt*, **Erdgeschoß** (*Aus*) *nt* ground floor, first floor (US)

erdichten [ɛɐ'dɪçtn] *past part* erdichtet *v/t* to invent

erdig ['eːɐdɪç] *adj* earthy **Erdinnere(s)** ['eːɐtɪnərə] *nt decl as adj* bowels *pl* of the earth **Erdkreis** *m* globe **Erdkrümmung** *f* curvature of the earth **Erdkugel** *f* globe **Erdkunde** *f* geography **Erdleitung** *f* ELEC earth or ground (US) (connection); (≈ Kabel) underground wire **Erdnuss** *f* peanut **Erdnussbutter** *f* peanut butter **Erdoberfläche** *f* surface of the earth **Erdöl** ['eːɐtøːl] *nt* (mineral) oil; **~ exportierend** oil-exporting

erdolchen [ɛɐ'dɔlçn] *past part* erdolcht *v/t* to stab (to death)

Erdölleitung *f* oil pipeline **Erdreich** *nt* soil

erdreisten [ɛɐ'draɪstn] *past part* erdreistet *v/r* **sich ~, etw zu tun** to have the audacity to do sth

erdrosseln [ɛɐ'drɔsln] *past part* erdrosselt *v/t* to strangle

erdrücken [ɛɐ'drʏkn] *past part* erdrückt *v/t* to crush (to death); (fig ≈ überwältigen) to overwhelm

Erdrutsch *m* landslide **Erdrutschsieg** *m* landslide (victory) **Erdschicht** *f* layer (of the earth) **Erdstoß** *m* (seismic) shock **Erdteil** *m* continent

erdulden [ɛɐ'dʊldn] *past part* erduldet *v/t* to suffer

Erdumdrehung *f* rotation of the earth **Erdumkreisung** *f* (durch Satelliten) orbit (-ing) of the earth **Erdumlaufbahn** *f* earth orbit **Erdumrundung** *f* (durch Satelliten) orbit(ing) of the earth **Erdung** ['eːɐdʊŋ] *f* ⟨-, -en⟩ ELEC earth(ing), ground (-ing) (US)

ereifern [ɛɐ'aɪfɐn] *past part* ereifert *v/r* to get excited (über +acc about)

ereignen [ɛɐ'aɪgnən] *past part* ereignet *v/r* to occur **Ereignis** [ɛɐ'aɪgnɪs] *nt* ⟨-ses, -se⟩ event, occurrence; (≈ Vorfall) incident; (besonderes) occasion **ereignislos** *adj* uneventful **ereignisreich** *adj* eventful

Erektion [erɛk'tsioːn] *f* ⟨-, -en⟩ PHYSIOL erection

erfahren[1] [ɛɐ'faːrən] *past part* erfahren *irr* **A** *v/t* **1** Nachricht etc to find out; (≈ hören) to hear (von about, of) **2** (≈ erleben) to experience **B** *v/i* to hear (von about, of)

erfahren[2] [ɛɐ'faːrən] *adj* experienced **Erfahrung** *f* ⟨-, -en⟩ experience; **nach meiner ~** in my experience; **~en sammeln** to gain experience; **etw in ~ bringen** to learn sth; **ich habe die ~ gemacht, dass ...** I have found that ...; **mit dieser neuen Maschine haben wir nur gute ~en gemacht** we have found this new machine (to be) completely satisfactory; **durch ~ wird man klug** (prov) one learns by experience **Erfahrungsaustausch** *m* POL exchange of experiences **erfahrungsgemäß** *adv* **~ ist es ...** experience shows ...

erfassen [ɛɐ'fasn] *past part* erfasst *v/t* **1** (≈ mitreißen: Auto, Strömung) to catch; **Angst erfasste sie** she was seized by fear **2** (≈ begreifen) to grasp **3** (≈ registrieren) to record, to register; Daten to capture **Erfassung** *f* registration, recording; (von Daten) capture

erfinden [ɛɐ'fɪndn] *past part* erfunden

[ɛɛˈfʊndn] v/t irr to invent; **das hat sie glatt erfunden** she made it all up **Erfinder(in)** m/(f) inventor **erfinderisch** [ɛɛˈfɪndərɪʃ] adj inventive **Erfindung** f ⟨-, -en⟩ invention **erfindungsreich** adj = erfinderisch **Erfindungsreichtum** m ingenuity

Erfolg [ɛɛˈfɔlk] m ⟨-(e)s, -e -[-gə]⟩ success; (≈ Ergebnis, Folge) result; **mit ~** successfully; **ohne ~** unsuccessfully; **viel ~!** good luck!; **~ haben** to be successful; **keinen ~ haben** to be unsuccessful; **~ versprechend** promising; **ein voller ~** a great success

erfolgen [ɛɛˈfɔlgn] past part **erfolgt** v/i aux sein (form ≈ sich ergeben) to result; (≈ stattfinden) to take place; **nach erfolgter Zahlung** after payment has been made

erfolglos ◙ adj unsuccessful ◙ adv unsuccessfully **Erfolglosigkeit** f ⟨-, no pl⟩ lack of success **erfolgreich** ◙ adj successful ◙ adv successfully **Erfolgsaussicht** f prospect of success **Erfolgserlebnis** nt feeling of success **Erfolgskurs** m **auf ~ liegen** to be on course for success **Erfolgsquote** f success rate **Erfolgsrezept** nt recipe for success **erfolgversprechend** adj → Erfolg

erforderlich [ɛɛˈfɔrdəlɪç] adj necessary; **unbedingt ~** (absolutely) essential **erfordern** [ɛɛˈfɔrdɐn] past part **erfordert** v/t to require **Erfordernis** [ɛɛˈfɔrdənɪs] nt ⟨-ses, -se⟩ requirement

erforschen [ɛɛˈfɔrʃn] past part **erforscht** v/t to explore; Thema etc to research **Erforschung** f (von Thema) researching

erfragen [ɛɛˈfraːɡn] past part **erfragt** v/t Weg to ask; Einzelheiten etc to obtain

erfreuen [ɛɛˈfrɔʏən] past part **erfreut** ◙ v/t to please; **über jdn/etw erfreut sein** to be pleased about sb/sth ◙ v/r **sich an etw** (dat) **~** to enjoy sth **erfreulich** [ɛɛˈfrɔʏlɪç] adj pleasant; Besserung etc welcome; (≈ befriedigend) gratifying **erfreulicherweise** adv happily

erfrieren [ɛɛˈfriːrən] past part **erfroren** [ɛɛˈfroːrən] ◙ v/i irr aux sein to freeze to death; (Pflanzen) to be killed by frost; **erfrorene Glieder** frostbitten limbs ◙ v/t **sich** (dat) **die Füße ~** to suffer frostbite in one's feet **Erfrierung** f ⟨-, -en⟩ usu pl frostbite no pl

erfrischen [ɛɛˈfrɪʃn] past part **erfrischt** ◙

v/t to refresh ◙ v/i to be refreshing ◙ v/r to refresh oneself; (≈ sich waschen) to freshen up **erfrischend** ◙ adj refreshing ◙ adv refreshingly **Erfrischung** f ⟨-, -en⟩ refreshment **Erfrischungsgetränk** nt refreshment **Erfrischungsraum** m cafeteria **Erfrischungstuch** nt, pl -tücher refreshing towel

erfüllen [ɛɛˈfʏlən] past part **erfüllt** ◙ v/t ◨ Raum etc to fill; **Hass erfüllte ihn** he was filled with hate; **ein erfülltes Leben** a full life ◨ (≈ einhalten) to fulfil (Br), to fulfill (US); Soll to achieve; Zweck to serve ◙ v/r (Wunsch) to be fulfilled **Erfüllung** f fulfilment (Br), fulfillment (US); **in ~ gehen** to be fulfilled

ergänzen [ɛɛˈɡɛntsn] past part **ergänzt** v/t to supplement; (≈ vervollständigen) to complete; **seine Sammlung ~** to add to one's collection; **einander** or **sich ~** to complement one another **Ergänzung** f ⟨-, -en⟩ ◨ (≈ das Ergänzen) supplementing; (≈ Vervollständigung) completion ◨ (≈ Zusatz: zu Buch etc) supplement

Ergänzungsspieler(in) m/(f) FTBL squad player

ergattern [ɛɛˈɡatɐn] past part **ergattert** v/t (infml) to get hold of

ergeben[1] [ɛɛˈɡeːbn] past part **ergeben** irr ◙ v/t to yield; (≈ zum Ergebnis haben) to result in; Betrag, Summe to amount to ◙ v/r ◨ (≈ kapitulieren) to surrender (+dat to) ◨ (≈ sich hingeben) **sich einer Sache** (dat) **~** to give oneself up to sth ◨ (≈ folgen) to result (aus from) ◪ (≈ sich herausstellen) to come to light

ergeben[2] [ɛɛˈɡeːbn] adj (≈ treu) devoted; (≈ demütig) humble

Ergebnis [ɛɛˈɡeːpnɪs] nt ⟨-ses, -se⟩ result; **zu einem ~ kommen** to come to a conclusion **ergebnislos** ◙ adj unsuccessful ◙ adv **~ bleiben** to come to nothing

ergehen [ɛɛˈɡeːən] past part **ergangen** [ɛɛˈɡaŋən] irr ◙ v/i aux sein ◨ (form ≈ erlassen werden) to go out; (Einladung) to be sent ◨ (≈ erdulden) **etw über sich** (acc) **~ lassen** to let sth wash over one (Br), to let sth roll off one's back (US) ◙ v/impers aux sein **es ist ihm schlecht/gut ergangen** he fared badly/well ◙ v/r **sich in etw** (dat) **~** to indulge in sth

ergiebig [ɛɛˈɡiːbɪç] adj productive; Geschäft lucrative; (≈ sparsam im Verbrauch) economical

ergo ['ɛrɡo] *cj* therefore

ergonomisch [ɛrɡo'noːmɪʃ] **A** *adj* ergonomic **B** *adv* ergonomically

ergötzen [ɛɡ'ɡœtsn] *past part* ergötzt *v/r* **sich an etw** (*dat*) ~ to take delight in sth

ergreifen [ɛɡ'ɡraifn] *past part* ergriffen [ɛɡ'ɡrɪfn] *v/t irr* **1** (≈ *packen*) to seize **2** (*fig*) *Gelegenheit, Macht* to seize; *Beruf* to take up; *Maßnahmen* to take; **von Furcht ergriffen werden** to be seized with fear

ergreifend *adj* (*fig*) touching (*also iron*)

ergriffen [ɛɡ'ɡrɪfn] *adj* (*fig*) moved **Ergriffenheit** *f* ⟨-, *no pl*⟩ emotion

ergründen [ɛɡ'ɡrʏndn] *past part* ergründet *v/t* *Sinn etc* to fathom; *Ursache* to discover

Erguss *m* effusion; (≈ *Samenerguss*) ejaculation; (*fig*) outpouring

erhaben [ɛɡ'haːbn] **A** *adj* **1** *Druck* embossed **2** (*fig*) *Stil* lofty; *Anblick* sublime **3** (≈ *überlegen*) superior; **über etw** (*acc*) ~ **(sein)** (to be) above sth **B** *adv* ~ **lächeln** to smile in a superior way

Erhalt *m, no pl* receipt **erhalten** [ɛɡ'haltn] *past part* erhalten *irr* **A** *v/t* **1** (≈ *bekommen*) to get **2** (≈ *bewahren*) *Gebäude, Natur* to preserve; **jdn am Leben** ~ to keep sb alive; **er hat sich** (*dat*) **seinen Optimismus** ~ he kept up his optimism; **gut** ~ well preserved (*also hum infml*) **B** *v/r* (*Brauch etc*) to be preserved, to remain **erhältlich** [ɛɡ'hɛltlɪç] *adj* available; **schwer** ~ hard to come by **Erhaltung** *f* ⟨-, -en⟩ (≈ *Bewahrung*) preservation

erhängen [ɛɡ'hɛŋən] *past part* erhängt *v/t* to hang

erhärten [ɛɡ'hɛrtn] *past part* erhärtet **A** *v/t* to harden **B** *v/r* (*fig: Verdacht*) to harden

erhaschen [ɛɡ'haʃn] *past part* erhascht *v/t* to catch

erheben [ɛɡ'heːbn] *past part* erhoben [ɛɡ'hoːbn] *irr* **A** *v/t* **1** (≈ *hochheben*) to raise; **den Blick** ~ to look up **2** *Gebühren* to charge **B** *v/r* to rise; (*Wind etc*) to arise; (≈ *sich auflehnen*) to rise (up) (in revolt); **sich über andere** ~ to place oneself above others **erhebend** *adj* elevating; (≈ *erbaulich*) edifying **erheblich** [ɛɡ'heːplɪç] **A** *adj* considerable; (≈ *relevant*) relevant **B** *adv* considerably; *verletzen* severely **Erhebung** *f* **1** (≈ *Bodenerhebung*) elevation **2** (≈ *Aufstand*) uprising **3** (*von Gebühren*) levying **4** (≈ *Umfrage*) survey; **~en**

machen über (+*acc*) to make inquiries about *or* into

erheitern [ɛɡ'haitn] *past part* erheitert *v/t* to cheer (up) **Erheiterung** *f* ⟨-, -en⟩ amusement; **zur allgemeinen** ~ to the general amusement

erhellen [ɛɡ'hɛlən] *past part* erhellt **A** *v/t* to light up; *Geheimnis* to shed light on **B** *v/r* to brighten

erhitzen [ɛɡ'hɪtsn] *past part* erhitzt **A** *v/t* to heat (up) (*auf +acc* to); **die Gemüter** ~ to inflame passions **B** *v/r* to get hot; (*fig ≈ sich erregen*) to become heated (*an +dat* over); **die Gemüter erhitzten sich** feelings were running high

erhoffen [ɛɡ'hɔfn] *past part* erhofft *v/t* to hope for; **sich** (*dat*) **etw** ~ to hope for sth (*von* from)

erhöhen [ɛɡ'høːən] *past part* erhöht **A** *v/t* to raise; *Produktion* to increase; *Wirkung* to heighten; *Spannung* to increase; **erhöhte Temperatur haben** to have a temperature **B** *v/r* to rise, to increase **Erhöhung** *f* ⟨-, -en⟩ **1** (≈ *das Erhöhen*) raising; (*von Preis, Produktion*) increase; (*von Wirkung*) heightening; (*von Spannung*) intensification **2** (≈ *Lohnerhöhung*) rise (*Br*), raise (*US*)

erholen [ɛɡ'hoːlən] *past part* erholt *v/r* to recover (*von* from); **du siehst sehr erholt aus** you look very rested **erholsam** [ɛɡ'hoːlzaːm] *adj* restful **Erholung** *f* ⟨-, *no pl*⟩ recovery; (≈ *Entspannung*) relaxation; **sie braucht dringend** ~ she badly needs a break **erholungsbedürftig** *adj* in need of a rest **Erholungsgebiet** *nt* recreation area **Erholungpause** *f* break

erhören [ɛɡ'høːrən] *past part* erhört *v/t* to hear

erigiert [eri'ɡiːɐt] *adj* erect

Erika ['eːrika] *f* ⟨-, Eriken [-kn]⟩ BOT heather

erinnern [ɛɡ'ɪnen] *past part* erinnert **A** *v/t* **jdn an etw** (*acc*) ~ to remind sb of sth **B** *v/r* **sich an jdn/etw** ~ to remember sb/sth; **soviel ich mich** ~ **kann** as far as I remember **C** *v/i* ~ **an** (+*acc*) to be reminiscent of **Erinnerung** *f* ⟨-, -en⟩ memory; (≈ *Andenken*) memento; **zur** ~ **an** (+*acc*) in memory of; (*an Ereignis*) in commemoration of; **jdn in guter** ~ **behalten** to have pleasant memories of sb **Erinnerungen** *pl* LIT memoirs *pl*; **~en austauschen** to reminisce **Erinnerungsstück** *nt* keepsake (*an +acc* from)

erkalten [ɛɐˈkaltn̩] *past part* erkaltet *v/i aux sein* to cool (down *or* off), to go cold
erkälten [ɛɐˈkɛltn̩] *past part* erkältet *v/r* to catch a cold erkältet [ɛɐˈkɛltət] *adj* (stark) ~ sein to have a (bad) cold Erkältung *f* ⟨-, -en⟩ cold
erkämpfen [ɛɐˈkɛmpfn̩] *past part* erkämpft *v/t* to win; sich (*dat*) etw ~ to win sth; hart erkämpft hard-won
erkennbar *adj* recognizable; (≈ sichtbar) visible erkennen [ɛɐˈkɛnən] *past part* erkannt [ɛɐˈkant] *irr* **A** *v/t* to recognize (an +*dat* by); (≈ wahrnehmen) to see; jdn für schuldig ~ JUR to find sb guilty; jdm zu ~ geben, dass ... to give sb to understand that ...; sich zu ~ geben to reveal oneself (als to be); ~ lassen to show **B** *v/i* ~ auf (+*acc*) JUR auf Freispruch to grant; auf Strafe to impose; SPORTS auf Freistoß etc to award
erkenntlich [ɛɐˈkɛntlɪç] *adj* sich (für etw) ~ zeigen to show one's gratitude (for sth) Erkenntnis [ɛɐˈkɛntnɪs] *f* (≈ Wissen) knowledge *no pl*; (≈ das Erkennen) recognition; (≈ Einsicht) insight; zu der ~ gelangen, dass ... to come to the realization that ... Erkennung *f* recognition Erkennungsdienst *m* police records department erkennungsdienstlich *adv* jdn ~ behandeln to fingerprint and photograph sb Erkennungszeichen *nt* identification; (MIL ≈ Abzeichen) badge
Erker [ˈɛrkɐ] *m* ⟨-s, -⟩ bay Erkerfenster *nt* bay window
erklärbar *adj* explicable, explainable; schwer ~ hard to explain; nicht ~ inexplicable erklären [ɛɐˈklɛːrən] *past part* erklärt **A** *v/t* **1** (≈ erläutern) to explain (jdm etw sth to sb); ich kann mir nicht ~, warum ... I can't understand why ... **2** (≈ äußern) to declare (als to be); Rücktritt to announce; einem Staat den Krieg ~ to declare war on a country; jdn für schuldig ~ to pronounce sb guilty **B** *v/r* (Sache) to be explained; sich für/gegen jdn ~ to declare oneself for/against sb; → erklärt erklärend *adj* explanatory erklärlich [ɛɐˈklɛːlɪç] *adj* **1** = erklärbar **2** (≈ verständlich) understandable erklärt [ɛɐˈklɛːɐt] *adj attr* professed; → erklären erklärtermaßen [ɛɐˈklɛːɐtɐˈmaːsn̩] *adv* avowedly Erklärung *f* **1** explanation **2** (≈ Mitteilung) declaration; eine ~ abgeben to make a statement erklärungsbedürftig *adj*

in need of (an) explanation Erklärungsversuch *m* attempted explanation erklettern [ɛɐˈklɛtɐn] *past part* erklettert *v/t* to climb
erklingen [ɛɐˈklɪŋən] *past part* erklungen [ɛɐˈklʊŋən] *v/i irr aux sein* (elev) to ring out
erkranken [ɛɐˈkraŋkn̩] *past part* erkrankt *v/i aux sein* (≈ krank werden) to be taken ill (Br), to get sick (esp US) (an +*dat* with); (Organ, Pflanze, Tier) to become diseased (an +*dat* with); erkrankt sein (≈ krank sein) to be ill/diseased Erkrankung *f* ⟨-, -en⟩ illness; (von Organ, Pflanze, Tier) disease
erkunden [ɛɐˈkʊndn̩] *past part* erkundet *v/t esp* MIL to reconnoitre (Br), to reconnoiter (US); (≈ feststellen) to find out
erkundigen [ɛɐˈkʊndɪgn̩] *past part* erkundigt *v/r* sich ~ to inquire; sich nach jdm ~ to ask after (Br) or about sb; sich bei jdm (nach etw) ~ to ask sb (about sth); ich werde mich ~ I'll find out Erkundigung *f* ⟨-, -en⟩ inquiry Erkundung *f* ⟨-, -en⟩ MIL reconnaissance
erlahmen [ɛɐˈlaːmən] *past part* erlahmt *v/i aux sein* to tire; (fig: Eifer) to flag
erlangen [ɛɐˈlaŋən] *past part* erlangt *v/t* to achieve
Erlass [ɛɐˈlas] *m* ⟨-es, -e or (Aus) ⸚e [-ˈlɛsə]⟩ **1** (≈ Verfügung) decree; (der Regierung) enactment **2** (≈ das Erlassen) remission erlassen [ɛɐˈlasn̩] *past part* erlassen *v/t irr* **1** Verfügung to pass; Gesetz to enact **2** Strafe, Schulden etc to remit; Gebühren to waive; jdm etw ~ Schulden etc to release sb from sth
erlauben [ɛɐˈlaubn̩] *past part* erlaubt *v/t* **1** (≈ gestatten) to allow; jdm etw ~ to allow sb (to do) sth; es ist mir nicht erlaubt I am not allowed; ~ Sie? (form) may I?; ~ Sie mal! do you mind!; soweit es meine Zeit erlaubt (form) time permitting **2** sich (*dat*) etw ~ (≈ sich gönnen) to allow oneself sth; (≈ sich leisten) to afford sth; sich (*dat*) Frechheiten ~ to take liberties; was ~ Sie sich (eigentlich)! how dare you! Erlaubnis [ɛɐˈlaupnɪs] *f* ⟨-, (rare) -se⟩ permission; (≈ Schriftstück) permit
erläutern [ɛɐˈlɔytɐn] *past part* erläutert *v/t* to explain; etw anhand von Beispielen ~ to illustrate sth with examples Erläuterung *f* ⟨-, -en⟩ explanation
Erle [ˈɛrlə] *f* ⟨-, -n⟩ alder
erleben [ɛɐˈleːbn̩] *past part* erlebt *v/t* to experience; schwere Zeiten, Sturm to go

through; *Niederlage* to suffer; **im Ausland habe ich viel erlebt** I had an eventful time abroad; **etwas Angenehmes** *etc* ~ to have a pleasant *etc* experience; **das werde ich nicht mehr ~** I won't live to see that; **sie möchte mal etwas ~** she wants to have a good time; **na, der kann was ~!** (*infml*) he's going to be (in) for it! (*infml*) **Erlebnis** [ɛɐˈleːpnɪs] *nt* ⟨-ses, -se⟩ experience; (≈ *Abenteuer*) adventure **erlebnisreich** *adj* eventful

erledigen [ɛɐˈleːdɪɡn̩] *past part* **erledigt** **A** *v/t* **1** *Angelegenheit* to deal with; *Auftrag* to carry out; (≈ *beenden*) *Arbeit* to finish off; *Sache* to settle; **ich habe noch einiges zu ~** I've still got a few things to do; **er ist für mich erledigt** I'm finished with him; **das ist (damit) erledigt** that's settled; **schon erledigt!** I've already done it **2** (*infml*) (≈ *ermüden*) to wear out; (≈ *k.o. schlagen*) to knock out **B** *v/r* **das hat sich erledigt** that's all settled; **sich von selbst ~** to take care of itself **erledigt** [ɛɐˈleː-dɪçt] *adj* (*infml*) (≈ *erschöpft*) shattered (*Br infml*), all in (*infml*); (≈ *ruiniert*) finished **Erledigung** *f* ⟨-, -en⟩ (*einer Sache*) settlement; **einige ~en in der Stadt** a few things to do in town; **die ~ meiner Korrespondenz** dealing with my correspondence

erlegen [ɛɐˈleːɡn̩] *past part* **erlegt** *v/t* *Wild* to shoot

erleichtern [ɛɐˈlaɪçtɐn] *past part* **erleichtert** *v/t* to make easier; (*fig* ≈ *beruhigen, lindern*) to relieve; *Gewissen* to unburden; **jdm etw ~** to make sth easier for sb; **jdn um etw ~** (*hum*) to relieve sb of sth; **erleichtert aufatmen** to breathe a sigh of relief **Erleichterung** *f* ⟨-, -en⟩ (≈ *Beruhigung*) relief

erleiden [ɛɐˈlaɪdn̩] *past part* **erlitten** [ɛɐ-ˈlɪtn̩] *v/t irr* to suffer

erlernen [ɛɐˈlɛrnən] *past part* **erlernt** *v/t* to learn

erlesen [ɛɐˈleːzn̩] *adj* exquisite; **ein ~er Kreis** a select circle

erleuchten [ɛɐˈlɔyçtn̩] *past part* **erleuchtet** *v/t* to light (up), to illuminate; (*fig*) to enlighten; **hell erleuchtet** brightly lit **Erleuchtung** *f* ⟨-, -en⟩ (≈ *Eingebung*) inspiration

erliegen [ɛɐˈliːɡn̩] *past part* **erlegen** *v/i* +*dat irr aux sein* (*lit, fig*) to succumb to; *einem Irrtum* to be the victim of; **zum Erlie-**

gen kommen to come to a standstill **erlogen** [ɛɐˈloːɡn̩] *adj* not true *pred*; (≈ *erfunden*) made-up *attr*, made up *pred*; **das ist erstunken und ~** (*infml*) that's a rotten lie (*infml*)

Erlös [ɛɐˈløːs] *m* ⟨-es, -e [-zə]⟩ proceeds *pl* **erlöschen** [ɛɐˈlœʃn̩] *pret* **erlosch** [ɛɐˈlɔʃ], *past part* **erloschen** [ɛɐˈlɔʃn̩] *v/i aux sein* (*Feuer*) to go out; (*Gefühle*) to die; (*Vulkan*) to become extinct; (*Garantie*) to expire **erlösen** [ɛɐˈløːzn̩] *past part* **erlöst** *v/t* (≈ *retten*) to save (*aus, von* from); REL to redeem **Erlösung** *f* release; (≈ *Erleichterung*) relief; REL redemption

ermächtigen [ɛɐˈmɛçtɪɡn̩] *past part* **ermächtigt** *v/t* to authorize **ermächtigt** [ɛɐˈmɛçtɪçt] *adj* authorized **Ermächtigung** [ɛɐˈmɛçtɪɡʊŋ] *f* ⟨-, -en⟩ authorization

ermahnen [ɛɐˈmaːnən] *past part* **ermahnt** *v/t* to admonish; (*warnend*) to warn; JUR to caution **Ermahnung** *f* admonition; (*warnend*) warning; JUR caution

Ermangelung [ɛɐˈmaŋəlʊŋ] *f* ⟨-, *no pl*⟩ (*elev*) **in ~** +*gen* because of the lack of

ermäßigen [ɛɐˈmɛsɪɡn̩] *past part* **ermäßigt** *v/t* to reduce **ermäßigt** [ɛɐˈmɛːsɪçt] *adj* reduced; **zu ~en Preisen** at reduced prices **Ermäßigung** *f* ⟨-, -en⟩ reduction

ermessen [ɛɐˈmɛsn̩] *past part* **ermessen** *v/t irr* (≈ *einschätzen*) to gauge; (≈ *begreifen können*) to appreciate **Ermessen** [ɛɐ-ˈmɛsn̩] *nt* ⟨-s, *no pl*⟩ (≈ *Urteil*) judgement; (≈ *Gutdünken*) discretion; **nach meinem ~** in my estimation; **nach menschlichem ~** as far as anyone can judge **Ermessensfrage** *f* matter of discretion

ermitteln [ɛɐˈmɪtln̩] *past part* **ermittelt** **A** *v/t* to determine, to ascertain; *Person* to trace; *Tatsache* to establish **B** *v/i* to investigate; **gegen jdn ~** to investigate sb **Ermittler** *m* ⟨-s, -⟩, **Ermittlerin** [-ərɪn] *f* ⟨-, -nen⟩ investigator **Ermittlung** *f* ⟨-, -en⟩ *esp* JUR investigation; **~en anstellen** to make inquiries (*über* +*acc* about) **Ermittlungsverfahren** *nt* JUR preliminary proceedings *pl*

ermöglichen [ɛɐˈmøːklɪçn̩] *past part* **ermöglicht** *v/t* to facilitate; **jdm etw ~** to make sth possible for sb

ermorden [ɛɐˈmɔrdn̩] *past part* **ermordet** *v/t* to murder; (*esp aus politischen Gründen*) to assassinate **Ermordung** *f* ⟨-, -en⟩ murder; (*esp politisch*) assassination

ermüden [ɛɐˈmyːdn] *past part* **ermüdet** *v/t & v/i* to tire **ermüdend** *adj* tiring **Ermüdung** *f* ‹-, *(rare)* -en› fatigue

ermuntern [ɛɐˈmʊntɐn] *past part* **ermuntert** *v/t* (≈ *ermutigen*) to encourage (*jdn zu etw* sb to do sth)

ermutigen [ɛɐˈmuːtɪɡn] *past part* **ermutigt** *v/t* (≈ *ermuntern*) to encourage **Ermutigung** *f* ‹-, -en› encouragement

ernähren [ɛɐˈnɛːrən] *past part* **ernährt** **A** *v/t* to feed; (≈ *unterhalten*) to support; **gut ernährt** well-nourished **B** *v/r* to eat; **sich gesund ~** to have a healthy diet; **sich von etw ~** to live on sth **Ernährer** [ɛɐˈnɛːrɐ] *m* ‹-s, -›, **Ernährerin** [-ərɪn] *f* ‹-, -nen› breadwinner **Ernährung** *f* ‹-, no *pl*› (≈ *das Ernähren*) feeding; (≈ *Nahrung*) food; **falsche ~** the wrong diet **ernährungsbewusst** *adj* nutrition-conscious

ernennen [ɛɐˈnɛnən] *past part* **ernannt** [ɛɐˈnant] *v/t irr* to appoint **Ernennung** *f* appointment (*zu* as)

erneuerbar *adj* renewable **erneuern** [ɛɐˈnɔyɐn] *past part* **erneuert** *v/t* to renew; (≈ *auswechseln*) *Öl* to change; *Maschinenteile* to replace **Erneuerung** *f* renewal; (≈ *Auswechslung*) (*von Öl*) changing; (*von Maschinenteil*) replacement **erneuerungsbedürftig** *adj* in need of renewal; *Maschinenteil* in need of replacement **erneut** [ɛɐˈnɔyt] **A** *adj attr* renewed **B** *adv* (once) again

erniedrigen [ɛɐˈniːdrɪɡn] *past part* **erniedrigt** *v/t* (≈ *demütigen*) to humiliate; (≈ *herabsetzen*) to degrade **Erniedrigung** *f* ‹-, -en› humiliation; (≈ *Herabsetzung*) degradation; *mus* flattening

ernst [ɛrnst] **A** *adj* serious; (≈ *ernsthaft*) *Mensch* earnest; (≈ *feierlich*) solemn; **~e Absichten haben** (*infml*) to have honourable (*Br*) *or* honorable (*US*) intentions; **es ist nichts Ernstes** it's nothing serious **B** *adv* **es (mit etw) ~ meinen** to be serious (about sth); **~ gemeint** serious; **jdn/etw ~ nehmen** to take sb/sth seriously **Ernst** *m* ‹-(e)s, no *pl*› seriousness; (≈ *Ernsthaftigkeit*) earnestness; **im ~** seriously; **allen ~es** quite seriously; **das kann doch nicht dein ~ sein!** you can't be serious!; **mit etw ~ machen** to put sth into action; **damit wird es jetzt ~** now it's serious **Ernstfall** *m* **im ~** in case of emergency **ernstgemeint** [-ɡəmaint] *adj attr;* → **ernst gemeint ernsthaft A** *adj* serious **B** *adv* se-

riously **Ernsthaftigkeit** [ˈɛrnsthaftɪçkait] *f* ‹-, no *pl*› seriousness **ernstlich** [ˈɛrnstlɪç] **A** *adj* serious **B** *adv* **~ besorgt um** seriously concerned about

Ernte [ˈɛrntə] *f* ‹-, -n› **1** (≈ *das Ernten*) harvest(ing) **2** (≈ *Ertrag*) harvest (*an +dat* of); (*von Äpfeln,* fig) crop **Ernte(dank)fest** *nt* harvest festival **ernten** [ˈɛrntn] *v/t Getreide* to harvest; *Äpfel* to pick; (fig) to reap; *Undank, Spott* to get **Erntezeit** *f* harvest (time)

ernüchtern [ɛɐˈnʏçtɐn] *past part* **ernüchtert** *v/t* (fig) to bring down to earth; **~d** sobering **Ernüchterung** *f* ‹-, -en› (fig) disillusionment

Eroberer [ɛɐˈoːbərɐ] *m* ‹-s, -›, **Eroberin** [-ərɪn] *f* ‹-, -nen› conqueror **erobern** [ɛɐˈoːbɐn] *past part* **erobert** *v/t* to conquer; (fig) *Sympathie etc* to win **Eroberung** *f* ‹-, -en› conquest; **eine ~ machen** (fig infml) to make a conquest

eröffnen [ɛɐˈœfnən] *past part* **eröffnet** *v/t* **1** (≈ *beginnen*) to open **2** (*hum*) **jdm etw ~** to disclose sth to sb **Eröffnung** *f* **1** (≈ *Beginn*) opening; (*von Konkursverfahren*) institution **2** (*hum*) disclosure; **jdm eine ~ machen** to disclose sth to sb **Eröffnungsfeier** *f* opening ceremony **Eröffnungsrede** *f* opening speech *or* address

erogen [ero'ɡeːn] *adj* erogenous

erörtern [ɛɐˈœrtɐn] *past part* **erörtert** *v/t* to discuss (in detail)

Erosion [ero'zioːn] *f* ‹-, -en› erosion

Erotik [eˈroːtɪk] *f* ‹-, no *pl*› eroticism **erotisch** [eˈroːtɪʃ] *adj* erotic

erpicht [ɛɐˈpɪçt] *adj* **auf etw** (*acc*) **~ sein** to be keen (*Br*) *or* bent (*US*) on sth

erpressbar *adj* **~ sein** to be susceptible to blackmail **erpressen** [ɛɐˈprɛsn] *past part* **erpresst** *v/t Geld etc* to extort (*von* from); *jdn* to blackmail **Erpresser** [ɛɐˈprɛsɐ] *m* ‹-s, -›, **Erpresserin** [-ərɪn] *f* ‹-, -nen› blackmailer **Erpressung** *f* ‹-, -en› (*von Geld*) extortion; (*eines Menschen*) blackmail

erproben [ɛɐˈproːbn] *past part* **erprobt** *v/t* to test **erprobt** *adj* tried and tested; (≈ *erfahren*) experienced **Erprobung** [ɛɐˈproːbʊŋ] *f* ‹-, -en› *usu sg* testing

erraten [ɛɐˈraːtn] *past part* **erraten** *v/t irr* to guess

erregbar *adj* excitable **erregen** [ɛɐˈreːɡn] *past part* **erregt** **A** *v/t* **1** to excite; (≈ *erzürnen*) to infuriate **2** (≈ *hervorrufen*) to arouse; *Aufsehen, Heiterkeit* to cause; *Aufmerksamkeit* to attract **B** *v/r* to get excited (*über +acc* about); (≈ *sich ärgern*) to get annoyed (*über +acc* at) **Erreger** [ɛɛ-ˈreːɡɐ] *m* ⟨-s, -⟩ MED cause; (≈ *Bazillus etc*) pathogene *(tech)* **Erregung** *f* **1** *no pl* (≈ *Erzeugung*) arousing; *(von Aufsehen, Heiterkeit)* causing **2** (≈ *Zustand*) excitement; (≈ *Wut*) rage; **in ~ geraten** to get excited/into a rage

erreichbar *adj* reachable; (≈ *nicht weit*) within reach; *Ziel* attainable; **zu Fuß ~** within walking distance; **sind Sie zu Hause ~?** can I get in touch with you at home? **erreichen** [ɛɛˈraɪçn̩] *past part* erreicht *v/t* to reach; *Zug* to catch; *Absicht* to achieve; (≈ *einholen*) to catch up with; **wann kann ich Sie morgen ~?** when can I get in touch with you tomorrow?; **wir haben nichts erreicht** we achieved nothing

errichten [ɛɛˈrɪçtn̩] *past part* errichtet *v/t* to put up; *(fig ≈ gründen)* to establish

erringen [ɛɛˈrɪŋən] *past part* errungen [ɛɛˈrʊŋən] *v/t irr* to gain; **ein hart errungener Sieg** a hard-won victory

erröten [ɛɛˈrøːtn̩] *past part* errötet *v/i aux sein* to flush; *(esp aus Verlegenheit)* to blush **Errungenschaft** [ɛɛˈrʊŋənʃaft] *f* ⟨-, -en⟩ achievement

Ersatz [ɛɛˈzats] *m, no pl* substitute; *(für Altes)* replacement; **als ~ für jdn einspringen** to stand in for sb **Ersatzbank** *f, pl* -bänke SPORTS substitutes' bench **Ersatzdienst** *m* MIL alternative service **Ersatzdroge** *f* substitute drug **Ersatzkasse** *f* state health insurance scheme **ersatzlos** **A** *adj* **~e Streichung** *(von Stelle)* abolition **B** *adv* **etw ~ streichen** *Stelle* to abolish sth **Ersatzreifen** *m* AUTO spare tyre *(Br)* or tire *(US)* **Ersatzspieler(in)** *m*/*(f)* SPORTS substitute **Ersatzteil** *nt* spare (part)

ersaufen [ɛɛˈzaʊfn̩] *past part* ersoffen [ɛɛˈzɔfn̩] *v/i irr aux sein (infml)* (≈ *ertrinken*) to drown; (≈ *überschwemmt werden*, AUTO) to be flooded **ersäufen** [ɛɛˈzɔyfn̩] *past part* ersäuft *v/t* to drown

erschaffen [ɛɛˈʃafn̩] *pret* erschuf [ɛɛˈʃuːf], *past part* erschaffen *v/t* to create **Erschaffung** *f* creation

erscheinen [ɛɛˈʃaɪnən] *past part* erschienen [ɛɛˈʃiːnən] *v/i irr aux sein* to appear; *(Buch)* to come out; **es erscheint (mir)**

wünschenswert it seems desirable (to me) **Erscheinen** [ɛɛˈʃaɪnən] *nt* ⟨-s, *no pl*⟩ appearance; *(von Buch)* publication **Erscheinung** *f* ⟨-, -en⟩ **1** *no pl* (≈ *das Erscheinen*) appearance; **in ~ treten** *(Merkmale)* to appear; *(Gefühle)* to show themselves **2** (≈ *Alterserscheinung*) symptom **3** (≈ *Gestalt*) figure; **seiner äußeren ~ nach** judging by his appearance **4** (≈ *Geistererscheinung*) apparition **Erscheinungsform** *f* manifestation

erschießen [ɛɛˈʃiːsn̩] *past part* erschossen [ɛɛˈʃɔsn̩] *irr* **A** *v/t* to shoot (dead) **B** *v/r* to shoot oneself; → erschossen **Erschießung** *f* ⟨-, -en⟩ shooting; (JUR: *als Todesstrafe*) execution; **Tod durch ~** JUR death by firing squad **Erschießungskommando** *nt* firing squad

erschlaffen [ɛɛˈʃlafn̩] *past part* erschlafft *v/i aux sein* (≈ *ermüden*) to tire; (≈ *schlaff werden*) to go limp; *(Interesse, Eifer)* to wane

erschlagen¹ [ɛɛˈʃlaːɡn̩] *past part* erschlagen *v/t irr* to kill; **vom Blitz ~ werden** to be struck (dead) by lightning

erschlagen² [ɛɛˈʃlaːɡn̩] *adj* **~ sein** *(infml)* (≈ *todmüde*) to be worn out

erschließen [ɛɛˈʃliːsn̩] *past part* erschlossen [ɛɛˈʃlɔsn̩] *v/t irr Gebiet, Absatzmarkt* to develop

erschöpfen [ɛɛˈʃœpfn̩] *past part* erschöpft *v/t* to exhaust **erschöpfend** **A** *adj* **1** (≈ *ermüdend*) exhausting **2** (≈ *ausführlich*) exhaustive **B** *adv* exhaustively **Erschöpfung** *f* exhaustion; **bis zur ~ arbeiten** to work to the point of exhaustion **Erschöpfungszustand** *m* state of exhaustion *no pl*

erschossen [ɛɛˈʃɔsn̩] *adj (infml)* **(völlig) ~ sein** to be dead beat *(Br infml)*, to be beat *(esp US infml)*; → erschießen

erschrecken [ɛɛˈʃrɛkn̩] **A** *pret* erschreckte, *past part* erschreckt *v/t* to frighten; (≈ *bestürzen*) to startle **B** *pret* erschreckte *or* erschrak [ɛɛˈʃrɛktə, ɛɛˈʃraːk], *past part* erschreckt *or* erschrocken [ɛɛˈʃrɛkt, ɛɛˈʃrɔkn̩] *v/i & v/r* to be frightened (*vor +dat* by); (≈ *bestürzt sein*) to be startled **erschreckend** *adj* alarming; **~ aussehen** to look dreadful **erschrocken** [ɛɛˈʃrɔkn̩] *adj* frightened; (≈ *bestürzt*) startled **erschüttern** [ɛɛˈʃʏtɐn] *past part* erschüttert *v/t Gebäude, Vertrauen etc* to shake; **jdn in seinem Glauben ~** to shake sb's faith; **über etw** (*acc*) **erschüttert sein** to be shattered by sth (*infml*); **ihn kann nichts ~** he always keeps his cool (*infml*) **erschütternd** [ɛɐˈʃʏtərən] *past part* er**schüttert** *v/t* to make more difficult; **es kommt noch ~d hinzu, dass ...** to compound matters, ...

erschwinglich [ɛɐˈʃvɪŋlɪç] *adj* **das Haus ist für uns nicht ~** the house is not within our means

ersehen [ɛɐˈzeːən] *past part* er**sehen** *v/t irr* (*form*) **etw aus etw ~** to see sth from sth

ersehnt [ɛɐˈzeːnt] *adj* longed-for

ersetzbar *adj* replaceable **ersetzen** [ɛɐˈzɛtsn] *past part* er**setzt** *v/t* to replace

ersichtlich [ɛɐˈzɪçtlɪç] *adj* obvious; **ohne ~en Grund** for no apparent reason

ersinnen [ɛɐˈzɪnən] *past part* er**sonnen** [ɛɐˈzɔnən] *v/t irr* to devise; (≈ *erfinden*) to invent

ersparen [ɛɐˈʃpaːrən] *past part* er**spart** *v/t Kosten, Zeit* to save; **jdm/sich etw ~** to spare sb/oneself sth; **ihr blieb auch nichts erspart** she was spared nothing; **das Ersparte** the savings *pl* **Ersparnis** [ɛɐˈʃpaːrnɪs] *f* ⟨-, -se *or* (*Aus*) *nt* -ses, -se⟩ **◼** *no pl* (*an Zeit etc*) saving (*an +dat* of) **◻** *usu pl* savings *pl*

erst [eːɐst] *adv* **◼** first; (≈ *anfänglich*) at first; **mach ~ (ein)mal die Arbeit fertig** finish your work first **◻** (≈ *bloß*) only; (≈ *nicht früher als*) not until; **eben** *or* **gerade ~** just; **~ gestern** only yesterday; **~ jetzt** only just; **~ morgen** not until *or* before tomorrow; **~ später** not until later; **~ wenn** only if *or* when, not until **◼** **da fange ich ~ gar nicht an** I simply won't (bother to) begin; **das macht es ~ recht schlimm** that makes it even worse

erstarren [ɛɐˈʃtarən] *past part* er**starrt** *v/i aux sein* (*Finger*) to grow stiff; (*Flüssigkeit*) to solidify; (*Zement etc*) to set; (*Blut, Fett etc*) to congeal; (*fig*) (*Blut*) to run cold; (*Lächeln*) to freeze; (*vor Schrecken etc*) to be paralyzed (*vor +dat* with)

erstatten [ɛɐˈʃtatn] *past part* er**stattet** *v/t* **◼** *Unkosten* to refund **◻** (*form*) (**Straf)Anzeige gegen jdn ~** to report sb; **Bericht ~** to (give a) report (*über +acc* on) **Erstattung** *f* ⟨-, *no pl*⟩ (*von Unkosten*) refund

Erstaufführung *f* THEAT first performance, premiere **Erstaufnahmeein-**

richtung *f*, **Erstaufnahmezentrum** *nt* (*für Flüchtlinge*) reception centre (*Br*), reception center (*US*)

erstaunen [ɛɐˈʃtaunən] *past part* er**staunt** *v/t & v/i* to astonish **Erstaunen** [ɛɐˈʃtaunən] *nt* astonishment **erstaunlich** [ɛɐˈʃtaunlɪç] **◰** *adj* astonishing **◱** *adv* astonishingly **erstaunt** [ɛɐˈʃtaunt] **◰** *adj* astonished (*über +acc* about) **◱** *adv* in astonishment

Erstausgabe *f* first edition **erstbeste(r, s)** [ˈeːɐstˈbɛstə] *adj attr* **er hat das ~ Auto gekauft** he bought the first car he saw

erstechen [ɛɐˈʃtɛçn] *past part* er**stochen** [ɛɐˈʃtɔxn] *v/t irr* to stab to death

erstehen [ɛɐˈʃteːən] *past part* er**standen** [ɛɐˈʃtandn] *irr v/t* (*infml* ≈ *kaufen*) to buy

ersteigen [ɛɐˈʃtaign] *past part* er**stiegen** [ɛɐˈʃtiːgn] *v/t irr* to climb

ersteigern [ɛɐˈʃtaign] *past part* er**steigert** *v/t* to buy at an auction

erstellen [ɛɐˈʃtɛlən] *past part* er**stellt** *v/t* **◼** (≈ *bauen*) to construct **◻** *Liste etc* to draw up

erstens [ˈeːɐstns] *adv* first(ly) **Erste(r)** [ˈeːɐstə(r)] *m/f(m) decl as adj* first; **die drei ~n** the first three; **der ~ des Monats** the first (day) of the month; **vom nächsten ~n an** as of the first of next month; **er kam als ~r** he was the first to come **erste(r, s)** [ˈeːɐstə] *adj* first; **~r Stock, ~ Etage** first floor, second floor (*US*); **zum ~n Mal** for the first time; **~ Qualität** top quality; **Erste Hilfe** first aid; **an ~r Stelle** in the first place; **in ~r Linie** first and foremost; **→ vierte(r, s) Erste(s)** [ˈeːɐstə] *m/f(m) decl as adj* **das ~** the first thing; **als ~s** first of all

ersticken [ɛɐˈʃtɪkn] *past part* er**stickt** **◰** *v/t jdn* to suffocate; *Feuer* to smother; *Geräusche* to stifle; *Aufruhr etc* to suppress **◱** *v/i aux sein* to suffocate; (*Feuer*) to die; **an einer Gräte ~** to choke (to death) on a fish bone; **in der Arbeit ~** (*infml*) to be up to one's neck in work (*infml*) **Erstickung** *f* ⟨-, *no pl*⟩ suffocation

erstklassig **◰** *adj* first-class **◱** *adv spielen* excellently; **~ schmecken** to taste excellent **Erstkläss(l)er** [ˈeːɐstklɛs(l)ə] *m* ⟨-s, -⟩, **Erstkläss(l)erin** [-ərɪn] *f* ⟨-, -nen⟩ first-year pupil (*Br*), first-grader (*US*) **erstmalig** [ˈeːɐstmaːlɪç] **◰** *adj* first **◱** *adv* for the first time **erstmals** [ˈeːɐstmaːls] *adv* for the first time

erstreben [ɛɐˈʃtreːbn] *past part* **erstrebt** *v/t* to strive for **erstrebenswert** *adj* desirable

erstrecken [ɛɐˈʃtrɛkn] *past part* **erstreckt** *v/r* to extend (*auf, über +acc* over)

Erstschlag *m* (*mit Atomwaffen*) first strike **Erstsemester** *nt* first-year student **Erststimme** *f* first vote

ersuchen [ɛɐˈzuːxn] *past part* **ersucht** *v/t* (*form*) to request (*jdm um etw* sth of sb)

ertappen [ɛɐˈtapn] *past part* **ertappt** *v/t* to catch; **ich habe ihn dabei ertappt** I caught him at it

erteilen [ɛɐˈtailən] *past part* **erteilt** *v/t* to give; *Lizenz* to issue; **Unterricht ~** to teach

ertönen [ɛɐˈtøːnən] *past part* **ertönt** *v/i aux sein* (*elev*) to sound

Ertrag [ɛɐˈtraːk] *m* ⟨-(e)s, ⸚e [-ˈtrɛːɡə]⟩ (*von Acker*) yield; (≈ *Einnahmen*) proceeds *pl*; **~ abwerfen** to bring in a return **ertragen** [ɛɐˈtraːɡn] *past part* **ertragen** *v/t irr* to bear; **das ist nicht mehr zu ~** it's unbearable **erträglich** [ɛɐˈtrɛːklɪç] *adj* bearable

ertränken [ɛɐˈtrɛŋkn] *past part* **ertränkt** *v/t* to drown

erträumen [ɛɐˈtrɔymən] *past part* **erträumt** *v/t* to dream of; **sich** (*dat*) **etw ~** to dream of sth

ertrinken [ɛɐˈtrɪŋkn] *past part* **ertrunken** [ɛɐˈtrʊŋkn] *v/i irr aux sein* to drown **Ertrinken** [ɛɐˈtrɪŋkn] *nt* ⟨-s, *no pl*⟩ drowning

erübrigen [ɛɐˈyːbrɪɡn] *past part* **erübrigt** 🅰 *v/t Zeit, Geld* to spare 🅱 *v/r* to be superfluous

eruieren [eruˈiːrən] *past part* **eruiert** *v/t* (*form*) *Sachverhalt* to investigate

erwachen [ɛɐˈvaxn] *past part* **erwacht** *v/i aux sein* to awake; (*aus Ohnmacht etc*) to come to (*aus* from); (*fig: Gefühle*) to be aroused; **ein böses Erwachen** (*fig*) a rude awakening

erwachsen [ɛɐˈvaksn] *past part* **erwachsen** 🅰 *v/i irr aux sein* (*elev*) to arise; (*Vorteil, Kosten etc*) to result 🅱 *adj* grown-up, adult **Erwachsenenbildung** *f* adult education **Erwachsene(r)** [ɛɐˈvaksənə] *m/f(m) decl as adj* adult

erwägen [ɛɐˈvɛːɡn] *past part* **erwogen** [ɛɐˈvoːɡn] *v/t irr* to consider **Erwägung** *f* ⟨-, -en⟩ consideration; **etw in ~ ziehen** to consider sth

erwähnen [ɛɐˈvɛːnən] *past part* **erwähnt** *v/t* to mention **erwähnenswert** *adj* worth mentioning **Erwähnung** *f* ⟨-, -en⟩ mention (+*gen* of)

erwärmen [ɛɐˈvɛrmən] *past part* **erwärmt** 🅰 *v/t* to warm 🅱 *v/r* to warm up; **sich für jdn/etw ~** (*fig*) to take to sb/sth **Erwärmung** *f* ⟨-, -en⟩ warming; **globale ~** global warming

erwarten [ɛɐˈvartn] *past part* **erwartet** *v/t Gäste, Ereignis* to expect; **etw von jdm/etw ~** to expect sth from *or* of sb/sth; **ein Kind ~** to be expecting a child; **das war zu ~** that was to be expected; **sie kann den Sommer kaum noch ~** she can hardly wait for the summer; **es steht zu ~, dass** ... (*form*) it is to be expected that ... **Erwartung** *f* expectation; (≈ *Ungeduld*) anticipation; **den ~en gerecht werden** to come up to expectations; (≈ *Voraussetzung erfüllen*) to meet the requirements; **hinter den ~en zurückbleiben** not to come up to expectations **erwartungsgemäß** *adv* as expected **Erwartungshaltung** *f* expectations *pl* **erwartungsvoll** *adj* expectant

erwecken [ɛɐˈvɛkn] *past part* **erweckt** *v/t* (*fig*) *Hoffnungen, Zweifel* to raise; *Erinnerungen* to bring back

erweichen [ɛɐˈvaiçn] *past part* **erweicht** *v/t* to soften; **jds Herz ~** to touch sb's heart; **sich nicht ~ lassen** to be unmoved

erweisen [ɛɐˈvaizn] *irr* 🅰 *v/t* 1️⃣ (≈ *nachweisen*) to prove; **eine erwiesene Tatsache** a proven fact 2️⃣ **jdm einen Dienst ~** to do sb a service 🅱 *v/r* **sich als etw ~** to prove to be sth; **es hat sich erwiesen, dass** ... it turned out that ...

erweitern [ɛɐˈvaitən] *past part* **erweitert** *v/t & v/r* to widen; *Geschäft* to expand; MED to dilate; (*fig*) *Kenntnisse etc* to broaden **Erweiterung** *f* ⟨-, -en⟩ widening; (*von Geschäft*) expansion; MED dilation; (*fig*) (*von Kenntnissen etc*) broadening

Erwerb [ɛɐˈvɛrp] *m* ⟨-(e)s, -e [-bə]⟩ *no pl* acquisition; (≈ *Kauf*) purchase **erwerben** [ɛɐˈvɛrbn] *past part* **erworben** [ɛɐˈvɔrbn] *v/t irr* to acquire; *Vertrauen* to earn; *Titel, Pokal* to win; (*käuflich*) to purchase; **er hat sich** (*dat*) **große Verdienste um die Firma erworben** he has done great service for the firm **erwerbsfähig** *adj* (*form*) capable of gainful employment **Erwerbsleben** *nt* working life **erwerbslos** *adj* = **arbeitslos** **er-**

werbstätig adj (gainfully) employed **Erwerbstätige(r)** m/f(m) decl as adj person in gainful employment **Erwerbstätigkeit** f gainful employment **erwerbsunfähig** adj (form) incapable of gainful employment **Erwerbung** f acquisition

erwidern [ɛɛ'viːden] past part **erwidert** v/t **1** (≈ antworten) to reply (auf +acc to); **auf meine Frage erwiderte sie, dass ...** in reply to my question, she said that ... **2** Feuer, Besuch to return **Erwiderung** f ⟨-, -en⟩ (≈ Antwort) reply

erwirtschaften [ɛɛ'vɪrtʃaftn] past part **erwirtschaftet** v/t Gewinne ~ to make profits

erwischen [ɛɛ'vɪʃn] past part **erwischt** v/t (infml) (≈ erreichen, ertappen) to catch; **jdn beim Stehlen** ~ to catch sb stealing; **du darfst dich nicht** ~ **lassen** you mustn't get caught; **ihn hat's erwischt!** (verliebt) he's got it bad (infml); (krank) he's got it; (gestorben) he's had it (infml)

erwünscht [ɛɛ'vʊnʃt] adj Wirkung etc desired; Eigenschaft desirable; **du bist hier nicht ~!** you're not welcome here!

erwürgen [ɛɛ'vʏrgn] past part **erwürgt** v/t to strangle

Erz [eːts, ɛrts] nt ⟨-es, -e⟩ ore

erzählen [ɛɛ'tsɛːlən] past part **erzählt A** v/t **1** to tell; **jdm etw** ~ to tell sth to sb; **man erzählt sich, dass ...** people say that ...; **erzähl mal, was/wie ...** tell me/us what/how ...; **das kannst du einem anderen** ~ (infml) tell that to the marines (infml) **2** LIT to narrate; **~de Dichtung** narrative fiction **B** v/i **1** to tell (von about); **er kann gut** ~ he's a good storyteller **2** LIT to narrate **Erzähler** m ⟨-s, -⟩, **Erzählerin** [-ərɪn] f ⟨-, -nen⟩ narrator; (≈ Geschichtenerzähler) storyteller; (≈ Schriftsteller) narrative writer **Erzählung** f LIT story; (≈ Schilderung) account

Erzbergwerk nt ore mine **Erzbischof** m archbishop **Erzengel** m archangel **erzeugen** [ɛɛ'tsɔʏgn] past part **erzeugt** v/t CHEM, ELEC, PHYS to generate; COMM Produkt to manufacture; Wein etc to produce; (fig ≈ bewirken) to cause **Erzeuger** [ɛɛ'tsɔʏge] m ⟨-s, -⟩, **Erzeugerin** [-ərɪn] f ⟨-, -nen⟩ COMM manufacturer; (von Naturprodukten) producer **Erzeugerland** nt country of origin **Erzeugerpreis** m manufacturer's price **Erzeugnis** nt prod-

uct; AGR produce no indef art, no pl **Erzeugung** f CHEM, ELEC, PHYS generation **Erzfeind(in)** m/f(f) arch-enemy **Erzherzog** m archduke

erziehbar adj Kind educable; Tier trainable; **schwer** ~ Kind difficult; Hund difficult to train **erziehen** [ɛɛ'tsiːən] past part **erzogen** [ɛɛ'tsoːgn] v/t irr Kind to bring up; Tier to train; (≈ ausbilden) to educate; **ein gut/schlecht erzogenes Kind** a well--brought-up/badly-brought-up child **Erzieher** [ɛɛ'tsiːe] m ⟨-s, -⟩, **Erzieherin** [-ərɪn] f ⟨-, -nen⟩ educator; (in Kindergarten) nursery school teacher **erzieherisch** [ɛɛ'tsiːərɪʃ] adj educational **Erziehung** f, no pl upbringing; (≈ Ausbildung) education; (≈ das Erziehen) bringing up; (von Tieren) training; (≈ Manieren) (good) breeding **Erziehungsberatung** f educational guidance **erziehungsberechtigt** adj having parental authority **Erziehungsberechtigte(r)** [-bərɛçtɪçta] m/f(m) decl as adj parent or (legal) guardian **Erziehungsgeld** nt ≈ child benefit **Erziehungsurlaub** m parental leave **Erziehungswissenschaft** f education **erzielen** [ɛɛ'tsiːlən] past part **erzielt** v/t Erfolg, Ergebnis to achieve; Einigung to reach; Gewinn to make; Preis to fetch; SPORTS Tor, Punkte to score; Rekord to set

erzkonservativ adj ultraconservative **erzürnen** [ɛɛ'tsʏrnən] past part **erzürnt** v/t (elev) to anger

erzwingen [ɛɛ'tsvɪŋən] past part **erzwungen** [ɛɛ'tsvʊŋən] v/t irr to force; (gerichtlich) to enforce

es [ɛs] pers pr, gen seiner, dat ihm, acc es it; (auf männliches Wesen bezogen) (nom) he; (acc) him; (auf weibliches Wesen bezogen) (nom) she; (acc) her; **es ist kalt/8 Uhr/ Sonntag** it's cold/8 o'clock/Sunday; **ich hoffe es** I hope so; **es gefällt mir** I like it; **es klopft** there's a knock (at the door); **es regnet** it's raining; **es geschah ein Unglück** there was an accident; **es gibt viel Arbeit** there's a lot of work; **es kamen viele Leute** a lot of people came

Escape-Taste [ɛs'keːp-] f IT escape key **Esche** ['ɛʃə] f ⟨-, -n⟩ ash-tree; (≈ Holz) ash **Esel** ['eːzl] m ⟨-s, -⟩ donkey; (infml ≈ Dummkopf) (silly) ass; **ich ~!** silly (old) me!; **störrisch wie ein ~** as stubborn as a mule **Eselsbrücke** f (≈ Gedächtnishilfe) mnemonic **Eselsohr** nt (fig) dog-ear

Eskalation [ɛskalaˈtsioːn] f ‹-, -en› escalation **eskalieren** [ɛskaˈliːrən] past part eskaliert v/t & v/i to escalate

Eskapade [ɛskaˈpaːdə] f ‹-, -n› (fig) escapade

Eskimo [ˈɛskimo] m ‹-s, -s› Eskimo

Eskorte [ɛsˈkɔrtə] f ‹-, -n› MIL escort **eskortieren** [ɛskɔrˈtiːrən] past part eskortiert v/t to escort

Esoterik [ezoˈteːrɪk] f ‹-, no pl› esotericism **Esoteriker** [ezoˈteːrike] m ‹-s, -›, **Esoterikerin** [-ərɪn] f ‹-, -nen› esoteric **esoterisch** [ezoˈteːrɪʃ] adj esoteric

Espe [ˈɛspə] f ‹-, -n› aspen **Espenlaub** nt **zittern wie ~** to shake like a leaf

Esperanto [ɛspeˈranto] nt ‹-s, no pl› Esperanto

Espresso [ɛsˈprɛso] m ‹-(s), -s or Espressi [-si]› espresso

Esprit [ɛsˈpriː] m ‹-, no pl› wit; **ein Mann mit ~** a witty man

Essay [ˈɛsе, ɛˈseː] m or nt ‹-s, -s› LIT essay **essbar** adj edible; **nicht ~** inedible **Essecke** f eating area **essen** [ˈɛsn] pret **aß** [aːs], past part **gegessen** [ɡəˈɡɛsn] v/t & v/i to eat; **da isst es sich gut** the food is good there; **warm/kalt ~** to have a hot/cold meal; **sich satt ~** to eat one's fill; **~ Sie gern Äpfel?** do you like apples?; **beim Essen sein** to be in the middle of eating; **~ gehen** (auswärts) to eat out; **das Thema ist schon lange gegessen** (fig infml) the subject is dead and buried **Essen** [ˈɛsn] nt ‹-s, -› (≈ Mahlzeit) meal; (≈ Nahrung) food; (≈ Küche) cooking; (≈ Mittagessen) lunch; (≈ Abendessen) dinner; **das ~ kochen** (infml) to cook the meal; **jdn zum ~ einladen** to invite sb for a meal **Essen(s)marke** f meal voucher (Br) or ticket (US) **Essen(s)zeit** f mealtime

essentiell [ɛsɛnˈtsiɛl] adj = essenziell **Essenz** [ɛˈsɛnts] f ‹-, -en› essence **essenziell** [ɛsɛnˈtsiɛl] adj essential

Essig [ˈɛsɪç] m ‹-s, -e [-ɡə]› vinegar **Essiggurke** f (pickled) gherkin **Essigsäure** f acetic acid

Esskastanie f sweet chestnut **Esslöffel** m (für Suppe) soup spoon; (in Rezept) tablespoon **Essstäbchen** pl chopsticks pl **Essstörung** f usu pl eating disorder **Esstisch** m dining table **Esszimmer** nt dining room

Establishment [isˈtɛblɪʃmənt] nt ‹-s, -s› SOCIOL, PRESS establishment

Estland [ˈeːstlant, ˈɛst-] nt ‹-s› Est(h)onia

Estragon [ˈɛstragɔn] m ‹-s, no pl› tarragon

Estrich [ˈɛstrɪç] m ‹-s, -e› **1** stone floor **2** (Swiss ≈ Dachboden) attic

etablieren [etaˈbliːrən] past part etabliert v/r to establish oneself **etabliert** [etaˈbliːet] adj established **Etablissement** [etablɪsəˈmãː] nt ‹-s, -s› establishment

Etage [eˈtaːʒə] f ‹-, -n› floor; **in** or **auf der 2. ~** on the 2nd or 3rd (US) floor **Etagenbett** nt bunk bed **Etagenheizung** f heating system which covers one floor of a building

Etappe [eˈtapə] f ‹-, -n› stage **Etappensieg** m SPORTS stage win **etappenweise** adv stage by stage

Etat [eˈtaː] m ‹-s, -s› budget **Etatjahr** nt financial year **etatmäßig** adj ADMIN budgetary **Etatposten** m item in the budget

etepetete [eːtəpeˈteːtə] adj pred (infml) fussy

Ethik [ˈeːtɪk] f ‹-, -en› ethics pl; (≈ Fach) ethics sg **Ethikkommission** f ethics committee **Ethikunterricht** m SCHOOL (teaching of) ethics **ethisch** [ˈeːtɪʃ] adj ethical

ethnisch [ˈɛtnɪʃ] adj ethnic; **~e Säuberung** ethnic cleansing **Ethnologe** [ɛtnoˈloːɡə] m ‹-n, -n›, **Ethnologin** [-ˈloːɡɪn] f ‹-, -nen› ethnologist **Ethnologie** [ɛtnoloˈɡiː] f ‹-, -n [-ˈɡiːən]› ethnology

Ethos [ˈeːtɔs] nt ‹-, no pl› ethos; (≈ Berufsethos) professional ethics pl

E-Ticket [ˈeːtɪkət] nt ‹-s, -s› (≈ elektronisches Ticket) e-ticket

Etikett [etiˈkɛt] nt ‹-(e)s, -e› label **Etikette** [etiˈkɛtə] f ‹-, -n› etiquette **etikettieren** [etikɛˈtiːrən] past part etikettiert v/t to label

etliche(r, s) [ˈɛtlɪçə] indef pr **1** sg attr quite a lot of; **~ Mal** quite a few times **2 etliche** pl quite a few **3 etliches** sg (substantivisch) quite a lot

Etüde [eˈtyːdə] f ‹-, -n› MUS étude

Etui [ɛtˈviː, eˈtyiː] nt ‹-s, -s› case

etwa [ˈɛtva] adv **1** (≈ ungefähr) about; **~ so** more or less like this **2** (≈ zum Beispiel) for instance **3** **soll das ~ heißen, dass …?** is that supposed to mean …?; **willst du ~ schon gehen?** (surely) you don't want to go already!; **sind Sie ~ nicht einverstanden?** do you mean to say that you don't agree?; **ist das ~ wahr?** (surely) it's not true! **etwaig** ['ɛtvaɪç, ɛt'vaːɪç] *adj attr* possible; **bei ~en Beschwerden** in the event of (any) complaints

etwas ['ɛtvas] *indef pr* **1** (*substantivisch*) something; (*fragend, verneinend*) anything; (*Teil einer Menge*) some; any; **kannst du mir ~ (davon) leihen?** can you lend me some (of it)?; **~ anderes** something else; **aus ihm wird nie ~** (*infml*) he'll never become anything; **da ist ~ Wahres dran** there is some truth in that **2** (*adjektivisch*) some; **~ Salz?** some salt?; **~ Nettes** something nice **Etwas** ['ɛtvas] *nt* ‹-, *no pl*› something; **das gewisse ~** that certain something

Etymologie [etymolo'giː] *f* ‹-, -n [-'giːən]› etymology **etymologisch** [etymo'loːgɪʃ] *adj* etymological

Et-Zeichen ['ɛt-] *nt* ampersand

EU [eː'uː] *f* ‹-› *abbr of* Europäische Union EU

euch [ɔyç] *pers pr dat, acc of* **ihr** you; (*refl*) yourselves; **ein Freund von ~** a friend of yours; **setzt ~!** sit (yourselves (*infml*)) down!

Eucharistie [ɔyçarɪs'tiː] *f* ‹-, -n [-'tiːən]› ECCL Eucharist

euer ['ɔye] *poss pr* your; **viele Grüße, Euer Hans** best wishes, yours, Hans; **das sind eure Bücher** those are your books **euere(r, s)** ['ɔyerə] *poss pr* = **eure(r, s)**

Eukalyptus [ɔyka'lʏptʊs] *m* ‹-, Eukalypten [-tn]› (≈ *Baum*) eucalyptus (tree); (≈ *Öl*) eucalyptus oil

EU-Konvent [eː'uː-] *m* European Convention

Eule ['ɔylə] *f* ‹-, -n› owl

Eunuch [ɔy'nuːx] *m* ‹-en, -en› eunuch

euphemistisch [ɔyfe'mɪstɪʃ] **A** *adj* euphemistic **B** *adv* euphemistically

Euphorie [ɔyfo'riː] *f* ‹-, -n [-'riːən]› euphoria **euphorisch** [ɔy'foːrɪʃ] *adj* euphoric

EUR *abbr of* **Euro** EUR, euro

eure(r, s) ['ɔyrə] *poss pr* **1** (*substantivisch*) yours; **der/die/das ~** *or* **Eure** (*elev*) yours; **tut ihr das ~** *or* **Eure** (*elev*) you do your bit (*Br*) *or* part (*US*) **2** (*adjektivisch*) → **euer eurerseits** ['ɔyrə'zaɪts] *adv* for your part **euresgleichen** ['ɔyrəs'glaɪçn] *pron inv* people like you **euretwegen** ['ɔyrət-'veːgn] *adv* (≈ *wegen euch*) because of you **euretwillen** ['ɔyrət'vɪlən] *adv* **um ~** for your sake

Euro ['ɔyro] *m* ‹-, -› (≈ *Währung*) euro; **das kostet zehn ~** that's ten euros; **mit jedem ~ rechnen müssen** to have to count every penny **Euro-City-Zug** [-'sɪtɪ-] *m* European Inter-City train **Eurokrat** [ɔyro'kraːt] *m* ‹-en, -en›, **Eurokratin** [-'kraːtɪn] *f* ‹-, -nen› Eurocrat **Euroland** *nt* **1** *no pl* (*infml* ≈ *Eurozone*) Euroland (*infml*) **2** ‹-(e)s, ⁝er› (≈ *EU-Mitgliedsstaat*) euro country **Euronorm** *f* European standard **Europa** [ɔy'roːpa] *nt* ‹-s› Europe **Europacup** [-kap] *m* European cup **Europäer** [ɔyro'pɛːe] *m* ‹-s, -›, **Europäerin** [-ərɪn] *f* ‹-, -nen› European **europäisch** [ɔyro'pɛːɪʃ] *adj* European; **Europäischer Gerichtshof** European Court of Justice; **Europäische Union** European Union; **Europäische Zentralbank** European Central Bank **Europameister(in)** *m*/(*f*) SPORTS European champion; (≈ *Team, Land*) European champions *pl* **Europameisterschaft** *f* European championship **Europaparlament** *nt* European Parliament **Europapokal** *m* SPORTS European cup **Europapolitik** *f* policy toward(s) Europe **Europarat** *m* Council of Europe **europaweit** **A** *adj* Europe-wide **B** *adv* throughout Europe

Eurovision *f*, *no pl* Eurovision **Eurowährung** *f* eurocurrency **Eurozeichen** *nt* euro symbol **Eurozone** *f* euro zone

Euter ['ɔyte] *nt* ‹-s, -› udder

Euthanasie [ɔytana'ziː] *f* ‹-, *no pl*› euthanasia

evakuieren [evaku'iːrən] *past part* evakuiert *v/t* to evacuate **Evakuierung** *f* ‹-, -en› evacuation

evangelisch [evaŋ'geːlɪʃ] *adj* Protestant **Evangelist** [evaŋge'lɪst] *m* ‹-en, -en›, **Evangelistin** [-'lɪstɪn] *f* ‹-, -nen› evangelist **Evangelium** [evaŋ'geːliʊm] *nt* ‹-s, Evangelien [-liən]› Gospel; (*fig*) gospel

Eventualität [evɛntuali'tɛːt] *f* ‹-, -en› eventuality **eventuell** [evɛn'tuɛl] **A** *adj attr* possible **B** *adv* possibly; **~ rufe ich Sie später an** I may possibly call you later **Evolution** [evolu'tsioːn] *f* ‹-, -en› evolution

ewig ['eːvɪç] **A** *adj* eternal; *Eis, Schnee* perpetual; (*infml*) *Nörgelei etc* never-ending **B** *adv* for ever; **auf ~** for ever; **das dauert ja ~, bis ...** it'll take ages until ... (*infml*) **Ewigkeit** ['eːvɪçkaɪt] *f* ‹-, -en› eternity;

(infml) ages; **bis in alle ~** for ever; **es dauert eine ~, bis …** *(infml)* it'll take absolutely ages until … *(infml)*

Ex [ɛks] *m or f* ‹-, -› *(infml)* ex *(infml)*

exakt [ɛˈksakt] **A** *adj* exact **B** *adv* exactly; **~ arbeiten** to work accurately **Exaktheit** *f* ‹-, *no pl*› exactness

Examen [ɛˈksaːmən] *nt* ‹-s, - *or* Examina [-minaː]› exam; UNIV final examinations *pl*; **~ machen** to do one's exams *or* finals

exekutieren [ɛksekuˈtiːrən] *past part* exekutiert *v/t* to execute **Exekution** [ɛksekuˈtsioːn] *f* ‹-, -en› execution **Exekutive** [ɛksekuˈtiːvə] *f* ‹-, -n›, **Exekutivgewalt** *f* executive

Exempel [ɛˈksɛmpl] *nt* ‹-s, -› *(elev)* **die Probe aufs ~ machen** to put it to the test **Exemplar** [ɛksɛmˈplaːɐ] *nt* ‹-s, -e› specimen; (≈ *Buchexemplar, Zeitschriftenexemplar*) copy **exemplarisch** [ɛksɛmˈplaːrɪʃ] *adj* exemplary; **jdn ~ bestrafen** to punish sb as an example (to others)

exerzieren [ɛksɛrˈtsiːrən] *past part* exerziert *v/t & v/i* to drill

Exfrau *f* ex-wife **Exfreund(in)** *m/(f)* ex-boyfriend/girlfriend

Exhibitionist [ɛkshibitsioˈnɪst] *m* ‹-en, -en›, **Exhibitionistin** [-ˈnɪstɪn] *f* ‹-, -nen› exhibitionist

Exil [ɛˈksiːl] *nt* ‹-s, -e› exile; **im ~ leben** to live in exile

existent [ɛksɪsˈtɛnt] *adj* *(elev)* existing **Existenz** [ɛksɪsˈtɛnts] *f* ‹-, -en› existence; (≈ *Auskommen*) livelihood; **eine gescheiterte ~** *(infml)* a failure; **sich eine (neue) ~ aufbauen** to make a (new) life for oneself **Existenzangst** *f* PHIL angst; *(wirtschaftlich)* fear for one's livelihood **Existenzberechtigung** *f* right to exist **Existenzgrundlage** *f* basis of one's livelihood **Existenzgründung** *f* **1** establishing one's livelihood; ECON founding of a new business **2** (ECON ≈ *neu gegründete Firma*) start-up (business) **Existenzialismus** [ɛksɪstɛntsiaˈlɪsmʊs] *m* ‹-, *no pl*› existentialism **Existenzialist** [ɛksɪstɛntsiaˈlɪst] *m* ‹-en, -en›, **Existenzialistin** [-ˈlɪstɪn] *f* ‹-, -nen› existentialist **existenziell** [ɛksɪstɛnˈtsiɛl] *adj* *(elev)* existential; **von ~er Bedeutung** of vital significance **Existenzkampf** *m* struggle for survival **Existenzminimum** *nt* subsistence level; (≈ *Lohn*) minimal living wage **existieren** [ɛksɪsˈtiːrən] *past part* existiert *v/i* to

exist

exklusiv [ɛkskluˈziːf] *adj* exclusive **exklusive** [ɛkskluˈziːvə] *prep* +*gen* excluding **Exklusivität** [ɛkskluziviˈtɛːt] *f* ‹-, *no pl*› exclusiveness

Exkrement [ɛkskreˈmɛnt] *nt* ‹-(e)s, -e› *usu pl* *(elev)* excrement *no pl*

Exkursion [ɛkskʊrˈzioːn] *f* ‹-, -en› (study) trip

Exmann *m*, *pl* -männer ex-husband

Exmatrikulation [ɛksmatrikulaˈtsioːn] *f* ‹-, -en› UNIV being taken off the university register **exmatrikulieren** [ɛksmatrikuˈliːrən] *past part* exmatrikuliert *v/t* UNIV to take off the university register

Exodus [ˈɛksodʊs] *m* ‹-› (BIBLE, *fig*) exodus

Exorzist [ɛksɔrˈtsɪst] *m* ‹-en, -en›, **Exorzistin** [-ˈtsɪstɪn] *f* ‹-, -nen› exorcist

Exot [ɛˈksoːt] *m* ‹-en, -en›, **Exote** [ɛˈksoːtə] *m* ‹-n, -n›, **Exotin** [ɛˈksoːtɪn] *f* ‹-, -nen› exotic animal/plant *etc*; *(Mensch)* exotic foreigner **exotisch** [ɛˈksoːtɪʃ] *adj* exotic

Expander [ɛksˈpandɐ] *m* ‹-s, -› SPORTS chest expander **expandieren** [ɛkspanˈdiːrən] *past part* expandiert *v/i* to expand **Expansion** [ɛkspanˈzioːn] *f* ‹-, -en› PHYS, POL expansion

Expedition [ɛkspediˈtsioːn] *f* ‹-, -en› expedition

Experiment [ɛksperiˈmɛnt] *nt* ‹-(e)s, -e› experiment; **~e machen** to carry out experiments **Experimentalfilm** *m* experimental film **experimentell** [ɛksperimɛnˈtɛl] *adj* experimental **experimentieren** [ɛksperimɛnˈtiːrən] *past part* experimentiert *v/i* to experiment *(mit* with)

Experte [ɛksˈpɛrtə] *m* ‹-n, -n›, **Expertin** [-ˈpɛrtɪn] *f* ‹-, -nen› expert *(für* in) **Expertenkommission** *f* think tank **Expertenmeinung** *f* expert opinion

explizit [ɛkspliˈtsiːt] *(elev)* **A** *adj* explicit **B** *adv* explicitly

explodieren [ɛksploˈdiːrən] *past part* explodiert *v/i aux sein* to explode **Explosion** [ɛksploˈzioːn] *f* ‹-, -en› explosion; **etw zur ~ bringen** to detonate sth **explosionsartig A** *adj* explosive; *Wachstum* phenomenal **B** *adv* **das Gerücht verbreitete sich ~** the rumour (*Br*) or rumor (*US*) spread like wildfire **Explosionsgefahr** *f* danger of explosion **explosiv** [ɛksploˈziːf] *adj* explosive

Exponent [ɛkspoˈnɛnt] *m* ‹-en, -en› MAT

exponent
exponieren [ɛkspo'niːrən] *past part* exponiert *v/t* to expose
Export [ɛks'pɔrt] *m* ⟨-(e)s, -e⟩ export (*an* +*dat* of); (≈ *Exportwaren*) exports *pl* **Exportabteilung** *f* export department **Exportartikel** *m* export **Exporteur** [ɛkspɔr'tøːɐ] *m* ⟨-s, -e⟩, **Exporteurin** [-'tøːrɪn] *f* ⟨-, -nen⟩ exporter **Exportgeschäft** *nt* export business **Exporthandel** *m* export business **exportieren** *past part* exportiert *v/t & v/i* to export **Exportkauffrau** *f*, **Exportkaufmann** *m* exporter **Exportware** *f* export **Exportzoll** *m* export duty
Expressgut *nt* express goods *pl*
Expressionismus [ɛksprɛsio'nɪsmʊs] *m* ⟨-, *no pl*⟩ expressionism **Expressionist** [ɛksprɛsio'nɪst] *m* ⟨-en, -en⟩, **Expressionistin** [-'nɪstɪn] *f* ⟨-, -nen⟩ expressionist **expressionistisch** [ɛksprɛsio'nɪstɪʃ] *adj* expressionist *no adv*, expressionistic **expressiv** [ɛksprɛ'siːf] *adj* expressive
extern [ɛks'tɛrn] *adj* external **Externgespräch** *nt* TEL external call
extra ['ɛkstra] **A** *adj inv* (*infml*) extra **B** *adv* (e)specially; (≈ *gesondert*) separately; (≈ *zusätzlich*) extra; (*infml* ≈ *absichtlich*) on purpose **Extra** ['ɛkstra] *nt* ⟨-s, -s⟩ extra
extrahieren [ɛkstra'hiːrən] *past part* extrahiert *v/t* to extract **Extrakt** [ɛks'trakt] *m* ⟨-(e)s, -e⟩ extract
Extratour *f* (*fig infml*) special favour (*Br*) or favor (*US*) **extravagant** [ɛkstrava'gant] **A** *adj* extravagant **B** *adv* extravagantly **Extravaganz** [ɛkstrava'gants] *f* ⟨-, -en⟩ extravagance **extravertiert** [ɛkstraver'tiːet] *adj* PSYCH extrovert **Extrawurst** *f* (*infml*) **jdm eine ~ braten** to make an exception for sb
extrem [ɛks'treːm] **A** *adj* extreme **B** *adv* extremely; *sich verbessern, sich verschlechtern* radically **Extrem** [ɛks'treːm] *nt* ⟨-s, -e⟩ extreme **Extremfall** *m* extreme (case) **Extremismus** [ɛkstre'mɪsmʊs] *m* ⟨-, *Extremismen*⟩ extremism **Extremist** [ɛkstre'mɪst] *m* ⟨-en, -en⟩, **Extremistin** [-'mɪstɪn] *f* ⟨-, -nen⟩ extremist **extremistisch** [ɛkstre'mɪstɪʃ] *adj* extremist **Extremität** [ɛkstremi'tɛːt] *f* ⟨-, -en⟩ extremity **Extremsituation** *f* extreme situation **Extremsport** *m* extreme sport
extrovertiert [ɛkstrover'tiːet] *adj* PSYCH

extrovert
Exzellenz [ɛkstsɛ'lɛnts] *f* ⟨-, -en⟩ Excellency
exzentrisch [ɛks'tsɛntrɪʃ] *adj* eccentric
Exzess [ɛks'tsɛs] *m* ⟨-es, -e⟩ excess; **bis zum ~** excessively **exzessiv** [ɛkstsɛ'siːf] *adj* excessive
Eyeliner ['ailainɐ] *m* ⟨-s, -⟩ eyeliner
EZB [eːtsɛt'beː] *f*, *abbr of* **Europäische Zentralbank** ECB
E-Zigarette [eː-] *f* e-cigarette

F

F, f [ɛf] *nt* ⟨-, -⟩ F, f
Fabel ['faːbl] *f* ⟨-, -n⟩ fable **fabelhaft** **A** *adj* splendid **B** *adv* splendidly **Fabeltier** *nt* mythical creature **Fabelwesen** *nt* mythical creature
Fabrik [fa'briːk] *f* ⟨-, -en⟩ factory **Fabrikanlage** *f* factory premises *pl* **Fabrikant** [fabri'kant] *m* ⟨-en, -en⟩, **Fabrikantin** [-'kantɪn] *f* ⟨-, -nen⟩ (≈ *Fabrikbesitzer*) industrialist; (≈ *Hersteller*) manufacturer **Fabrikat** [fabri'kaːt] *nt* ⟨-(e)s, -e⟩ (≈ *Marke*) make; (≈ *Produkt*) product; (≈ *Ausführung*) model **Fabrikation** [fabrika'tsioːn] *f* ⟨-, -en⟩ manufacture **Fabrikationsfehler** *m* manufacturing fault **Fabrikgelände** *nt* factory site **Fabrikverkauf** *m* (≈ *Center*) factory outlet **fabrizieren** [fabri'tsiːrən] *past part* fabriziert *v/t* (*infml*) to make; *Alibi, Lügen* to concoct
Facette [fa'sɛta] *f* ⟨-, -n⟩ facet **facettenartig** *adj* facet(t)ed **Facettenauge** *nt* compound eye
Fach [fax] *nt* ⟨-(e)s, ⁻er ['fɛçɐ]⟩ **1** compartment; (*in Regal etc*) shelf; (*für Briefe etc*) pigeonhole **2** (≈ *Sachgebiet*) subject; (≈ *Gebiet*) field; (≈ *Handwerk*) trade; **ein Mann vom ~** an expert **Facharbeiter(in)** *m/(f)* skilled worker **Facharzt** *m*, **Fachärztin** *f* specialist (*für* in) **fachärztlich** *adj* specialist *attr*; *Behandlung* by a specialist **Fachausdruck** *m* technical term **Fachbereich** *m* (≈ *Fachgebiet*) (special) field; UNIV faculty **Fachbuch** *nt* reference book **Fachbuchhandlung** *f* specialist book-

shop

Fächer ['fɛçɐ] m ⟨-s, -⟩ fan; (fig) range **fächerförmig** ◮ adj fan-shaped ◲ adv like a fan **fächern** ['fɛçɐn] ◮ v/t to fan (out); (fig) to diversify; **gefächert** diverse ◲ v/r to fan out

Fachfrau f expert **Fachgebiet** nt (special) field **fachgerecht** ◮ adj expert; Ausbildung specialist attr ◲ adv expertly **Fachgeschäft** nt specialist shop, specialty store (US) **Fachhandel** m specialist shops pl, specialty stores pl (US) **Fachhochschule** f higher education institution **Fachidiot(in)** m/(f) (infml) person who can think of nothing but his/her subject **Fachjargon** m technical jargon **Fachkenntnisse** pl specialized knowledge

Fachkraft f qualified employee **Fachkräftemangel** m lack of qualified personnel

Fachkreise pl **in ~n** among experts **fachkundig** ◮ adj informed; (≈ fachmännisch) proficient ◲ adv **jdn ~ beraten** to give sb informed advice

Fachlehrer(in) m/(f) specialist subject teacher

fachlich ['faxlɪç] adj technical; Ausbildung specialist attr; (≈ beruflich) professional **Fachliteratur** f specialist literature **Fachmann** m, pl -leute or (rare) -männer expert

fachmännisch [-mɛnɪʃ] ◮ adj expert ◲ adv expertly; **~ ausgeführt** expertly done **Fachoberschule** f College of Further Education

Fachrichtung f subject area **Fachschule** f technical college **fachsimpeln** ['faxzɪmpln] v/i insep (infml) to talk shop

Fachsprache f technical terminology **Fachwelt** f experts pl **Fachwerkhaus** nt half-timbered house **Fachwissen** nt (specialized) knowledge of the/one's subject **Fachwort** nt, pl -wörter specialist term **Fachwörterbuch** nt specialist dictionary **Fachzeitschrift** f specialist journal; (für Berufe) trade journal

Fackel ['fakl] f ⟨-, -n⟩ torch **fackeln** ['fakln] v/i (infml) **nicht lange gefackelt!** no shillyshallying! (esp Br infml)

fad [faːt] adj pred (esp Aus, Swiss) = fade

fade ['faːdə] ◮ adj ◨ Geschmack insipid; Essen tasteless ◩ (fig ≈ langweilig) dull ◲ adv **~ schmecken** to have not much of a taste

Faden ['faːdn] m ⟨-s, ⸚ ['fɛːdn]⟩ thread; (an Marionetten) string; MED stitch; **den ~ verlieren** (fig) to lose the thread; **er hält alle Fäden (fest) in der Hand** he holds the reins; **keinen guten ~ an jdm/etw lassen** (infml) to tear sb/sth to shreds (infml) **Fadenkreuz** nt crosshair **Fadennudeln** pl vermicelli pl **fadenscheinig** [-ʃainɪç] adj (lit) threadbare; (fig) Argument flimsy; Ausrede transparent

fadisieren [fadiˈziːrən] past part fadisiert v/r (Aus) = langweilen

Fagott [faˈɡɔt] nt ⟨-(e)s, -e⟩ bassoon

fähig ['fɛːɪç] adj ◨ (≈ tüchtig) capable ◩ pred **(dazu) ~ sein, etw zu tun** to be capable of doing sth; **zu allem ~ sein** to be capable of anything **Fähigkeit** f ⟨-, -en⟩ (≈ Begabung) ability; (≈ praktisches Können) skill; **die ~ haben, etw zu tun** to be capable of doing sth

fahl [faːl] adj pale **Fahlheit** f ⟨-, no pl⟩ paleness

fahnden ['faːndn] v/i to search (nach for) **Fahnder** ['faːndɐ] m ⟨-s, -⟩, **Fahnderin** [-ərɪn] f ⟨-, -nen⟩ investigator **Fahndung** f ⟨-, -en⟩ search

Fahne ['faːnə] f ⟨-, -n⟩ ◨ flag; **etw auf seine ~ schreiben** (fig) to take up the cause of sth; **mit fliegenden ~n untergehen** to go down with all flags flying ◩ (infml) **eine ~ haben** to reek of alcohol ◪ TYPO galley (proof) **Fahnenflucht** f desertion **Fahnenmast** m, **Fahnenstange** f flagpole

Fahrausweis m ticket **Fahrbahn** f roadway; (≈ Fahrspur) lane **fahrbar** adj mobile; **~er Untersatz** (hum) wheels pl (hum)

Fähre ['fɛːrə] f ⟨-, -n⟩ ferry

Fahreigenschaft f usu pl handling characteristic; **der Wagen hat hervorragende ~en** the car handles excellently

fahren ['faːrən] pret **fuhr** [fuːɐ], past part **gefahren** [ɡəˈfaːrən] ◮ v/i (≈ sich fortbewegen) aux sein to go; (Autofahrer) to drive; (Zweiradfahrer) to ride; (Schiff) to sail; **mit dem Auto/Zug ~** to go by car/train; **mit dem Rad ~** to cycle; **mit dem Aufzug ~** to take the lift (Br), to ride the elevator (US); **links/rechts ~** to drive on the left/

right; **zweiter Klasse** ~ to travel second class; **gegen einen Baum** ~ to drive into a tree; **der Wagen fährt sehr ruhig** the car is very quiet **2** (≈ *verkehren*) *aux sein* ~ **da keine Züge?** don't any trains go there?; **der Bus fährt alle fünf Minuten** there's a bus every five minutes **3** **was ist (denn) in dich gefahren?** what's got into you?; **(mit jdm) gut** ~ to get on well (with sb); **(bei etw) gut/schlecht** ~ to do well/badly (with sth) **4** (≈ *streichen*) *aux sein* or *haben* **jdm/sich durchs Haar** ~ to run one's fingers through sb's/one's hair **B** *v/t* **1** *aux haben Auto, Bus, Zug etc* to drive; *Fahrrad, Motorrad* to ride **2** (≈ *benutzen: Straße, Strecke etc*) *aux sein* to take; **ich fahre lieber Autobahn** I prefer (driving on) motorways (*Br*) or freeways (*US*) **3** (≈ *befördern*) *aux haben* to take; (≈ *hierherfahren*) to bring; *Personen* to drive; **ich fahre dich nach Hause** I'll take you home **4** *Geschwindigkeit aux sein* to do; **in der Stadt darf man nur Tempo 50** ~ in town the speed limit is 50 km/h **C** *v/r* **mit diesem Wagen fährt es sich gut** it's good driving this car; **der neue Wagen fährt sich gut** the new car is nice to drive **fahrend** *adj* itinerant; *Zug, Auto* in motion

Fahrenheit ['faːrənhait] *no art* Fahrenheit **Fahrer** ['faːrɐ] *m* ⟨-s, -⟩, **Fahrerin** [-ərɪn] *f* ⟨-, -nen⟩ driver **Fahrerei** [faːrəˈrai] *f* ⟨-, -en⟩ driving **Fahrerflucht** *f* hit-and-run driving; ~ **begehen** to fail to stop after causing an accident **fahrerflüchtig** *adj* (*form*) hit-and-run *attr* **Fahrerhaus** *nt* (driver's) cab **Fahrerlaubnis** *f* (*form*) driving licence (*Br*), driver's license (*US*) **Fahrersitz** *m* driver's seat **Fahrgast** *m* passenger **Fahrgeld** *nt* fare **Fahrgemeinschaft** *f* carpool **Fahrgestell** *nt* AUTO chassis; AVIAT undercarriage (*esp Br*) **fahrig** ['faːrɪç] *adj* nervous; (≈ *unkonzentriert*) distracted

Fahrkarte *f* ticket **Fahrkartenautomat** *m* ticket machine **Fahrkartenkontrolle** *f* ticket inspection **Fahrkartenschalter** *m* ticket office **fahrlässig** ['faːrlɛsɪç] **A** *adj* negligent (*auch* JUR) **B** *adv* negligently; ~ **handeln** to be guilty of negligence **Fahrlässigkeit** *f* ⟨-, -en⟩ negligence (*auch* JUR) **Fahrlehrer(in)** *m/(f)* driving instructor **Fahrplan** *m* timetable (*esp Br*), schedule (*US*); (*fig*) schedule **fahrplanmäßig** **A** *adj* sched-

uled *attr, pred* **B** *adv* verkehren on schedule; **es verlief alles** ~ everything went according to schedule **Fahrpreis** *m* fare **Fahrpreisermäßigung** *f* fare reduction **Fahrprüfung** *f* driving test **Fahrrad** *nt* bike (*infml*) **Fahrradfahrer(in)** *m/(f)* cyclist **Fahrradtaxi** *nt* cycle cab **Fahrradweg** *m* cycle path **Fahrrinne** *f* NAUT shipping channel **Fahrschein** *m* ticket **Fahrscheinautomat** *m* ticket machine **Fahrschule** *f* driving school **Fahrschüler(in)** *m/(f)* (*bei Fahrschule*) learner (driver) (*Br*), student (driver) (*US*) **Fahrschullehrer(in)** *m/(f)* driving instructor **Fahrstuhl** *m* lift (*Br*), elevator (*US*) **Fahrstunde** *f* driving lesson **Fahrt** [faːɐt] *f* ⟨-, -en⟩ **1** journey; **nach zwei Stunden** ~ after travelling (*Br*) or traveling (*US*) for two hours; **gute ~!** safe journey! **2** **jdn in** ~ **bringen** to get sb going; **in** ~ **kommen** to get going **3** (≈ *Ausflug*) trip; **eine** ~ **machen** to go on a trip **4** NAUT voyage; (≈ *Überfahrt*) crossing **Fahrtdauer** *f* time for the journey

Fährte ['fɛːrtə] *f* ⟨-, -n⟩ tracks *pl*; (≈ *Witterung*) scent; (≈ *Spuren*) trail; **auf der richtigen/falschen** ~ **sein** (*fig*) to be on the right/wrong track

Fahrtenbuch *nt* (≈ *Kontrollbuch*) driver's log **Fahrtenschreiber** *m* tachograph (*Br*), trip recorder **Fahrtkosten** *pl* travelling (*Br*) or traveling (*US*) expenses *pl* **Fahrtrichtung** *f* direction of travel; **entgegen der** ~ facing backwards; **in** ~ facing the front **Fahrtrichtungsanzeiger** *m* AUTO indicator (*Br*), turn signal (*US*) **fahrtüchtig** *adj* fit to drive; *Wagen etc* roadworthy **Fahrtüchtigkeit** *f* fitness to drive; (*von Wagen etc*) roadworthiness **Fahrtunterbrechung** *f* break in the journey **Fahrtwind** *m* airstream **Fahrverbot** *nt* driving ban; **jdn mit** ~ **belegen** to ban sb from driving **Fahrwasser** *nt, no pl* **1** NAUT shipping channel **2** (*fig*) **in ein gefährliches** ~ **geraten** to get onto dangerous ground **Fahrweise** *f* **seine** ~ his driving **Fahrwerk** *nt* AVIAT undercarriage (*esp Br*); AUTO chassis **Fahrzeit** *f* = Fahrtdauer **Fahrzeug** *nt*, *pl* -zeuge vehicle; (≈ *Luftfahrzeug*) aircraft; (≈ *Wasserfahrzeug*) vessel **Fahrzeugbrief** *m* registration document **Fahrzeughalter(in)** *m/(f)* keeper of the vehicle **Fahrzeugpapiere** *pl* vehicle documents *pl*

Fahrzeugpark m (form) fleet
Faible ['fɛːbl] nt ⟨-s, -s⟩ (elev) liking
fair [fɛːɐ] **A** adj fair (gegen to) **B** adv fairly
Fairness ['fɛːɐnɛs] f ⟨-, no pl⟩ fairness
Fäkalien [fɛˈkaːliən] pl faeces pl (Br), feces pl (US)
Fakir ['faːkiːɐ] m ⟨-s, -e⟩ fakir
Fakt [fakt] nt or m ⟨-(e)s, -en⟩ fact
faktisch ['faktɪʃ] **A** adj attr actual **B** adv in actual fact **Faktor** ['faktoːɐ] m ⟨-s, Faktoren [-ˈtoːrən]⟩ factor
Fakultät [fakʊlˈtɛːt] f ⟨-, -en⟩ UNIV faculty
fakultativ [fakʊltaˈtiːf] adj (elev) optional
Falafel [faˈlafəl] f ⟨-, -n⟩ COOK falafel
Falke ['falkə] m ⟨-n, -n⟩ falcon; (fig) hawk
Fall¹ [fal] m ⟨-(e)s, ⸚e ['fɛlə]⟩ (≈ das Fallen) fall; (fig) (von Regierung) downfall; **zu ~ kommen** (lit elev) to fall; **über die Affäre ist er zu ~ gekommen** (fig) the affair was his downfall; **zu ~ bringen** (lit elev) Menschen to cause the downfall of; Regierung to bring down
Fall² m ⟨-(e)s, ⸚e ['fɛlə]⟩ **1** (≈ Umstand) **gesetzt den ~,** assuming (that); **für den ~, dass ich ...** in case I ...; **für alle Fälle** just in case; **auf jeden ~** at any rate; **auf keinen ~** on no account; **auf alle Fälle** in any case; **für solche Fälle** for such occasions; **im günstigsten/schlimmsten ~(e)** at best/worst **2** (≈ Sachverhalt, JUR, MED, GRAM) case; **klarer ~!** (infml) you bet! (infml); **ein hoffnungsloser ~** a hopeless case; **der erste/zweite/dritte/vierte ~** the nominative/genitive/dative/accusative case
Falle ['falə] f ⟨-, -n⟩ **1** trap; **~n legen** or **stellen** to set traps; **jdm in die ~ gehen** to walk or fall into sb's trap; **in der ~ sitzen** to be trapped **2** (infml ≈ Bett) bed
fallen ['falən] pret **fiel** [fiːl], past part **gefallen** [gəˈfalən] v/i aux sein **1** (≈ hinabfallen, umfallen) to fall; (Gegenstand) to drop; **etw ~ lassen** to drop sth; **über etw** (acc) **~** to trip over sth; **durch eine Prüfung** etc **~** to fail an exam etc; → fallen lassen **2** (≈ sinken) to drop; **im Kurs ~** to go down **3** to fall; **gefallen** killed in action **4** (Weihnachten, Datum etc) to fall (auf +acc on) **5** (Entscheidung) to be made; (Urteil) to be passed; (Schuss) to be fired; (SPORTS: Tor) to be scored **6** (≈ sein) **das fällt ihm leicht/schwer** he finds that easy/difficult
fällen ['fɛlən] v/t **1** (≈ umschlagen) to fell

2 (fig) Entscheidung to make; Urteil to pass
fallen lassen past part **fallen lassen** or (rare) **fallen gelassen** v/t irr **1** (≈ aufgeben) Plan to drop **2** (≈ äußern) Bemerkung to let drop; → fallen
fällig ['fɛlɪç] adj due pred; **längst ~** long overdue; **~ werden** to become due
Fallobst ['faloːpst] nt windfalls pl
Fallrückzieher m FTBL overhead kick
falls [fals] cj (≈ wenn) if; (≈ für den Fall, dass) in case; **~ möglich** if possible
Fallschirm m parachute
Fallschirmjäger(in) m/(f) MIL paratrooper **Fallschirmspringen** nt parachuting **Fallschirmspringer(in)** m/(f) parachutist **Fallstrick** m (fig) trap
Fallstudie f case study **Falltür** f trapdoor
falsch [falʃ] **A** adj **1** wrong; **wahr oder ~** true or false; **~er Alarm** false alarm; **Sie sind hier ~** you're in the wrong place **2** (≈ unecht) Zähne etc false; Pass etc forged; Geld counterfeit **3** **eine ~e Schlange** (infml) a snake-in-the-grass; **ein ~es Spiel (mit jdm) treiben** to play (sb) false **B** adv (≈ nicht richtig) wrongly; **alles ~ machen** to do everything wrong; **jdn ~ verstehen** to misunderstand sb; **jdn ~ informieren** to misinform sb; **die Uhr geht ~** the clock is wrong; **~ spielen** MUS to play off key; **~ verbunden sein** to have the wrong number; → falschliegen; → falschspielen **Falschaussage** f JUR (**uneidliche**) **~** false statement **fälschen** ['fɛlʃn] v/t to forge; COMM Bücher to falsify; **gefälscht** forged **Fälscher** ['fɛlʃɐ] m ⟨-s, -⟩, **Fälscherin** [-ərɪn] f ⟨-, -nen⟩ forger **Falschfahrer(in)** m/(f) ghost-driver (esp US infml), person driving the wrong way on the motorway **Falschgeld** nt counterfeit money **fälschlich** ['fɛlʃlɪç] **A** adj false **B** adv wrongly, falsely **fälschlicherweise** ['fɛlʃlɪçɐˈvaizə] adv wrongly, falsely **falschliegen** v/i sep irr (infml) to be wrong (bei, in +dat about, mit in) **Falschmeldung** f PRESS false report **Falschparker** [-parkɐ] m ⟨-s, -⟩, **Falschparkerin** [-ərɪn] m ⟨-, -nen⟩ parking offender **falschspielen** v/i sep CARDS etc to cheat **Falschspieler(in)** m/(f) CARDS cheat; (professionell) card-sharp(er) **Fälschung** ['fɛlʃʊŋ] f ⟨-, -en⟩ forgery **fälschungssicher** adj forgery-proof; **Fahrtenschreiber** tamper-proof

Faltblatt nt leaflet **Faltboot** nt collapsible boat **Falte** ['faltə] f ⟨-, -n⟩ **1** (in Stoff, Papier) fold; (≈ Bügelfalte) crease **2** (in Haut) wrinkle **falten** ['faltn] v/t & v/r to fold **Faltenrock** m pleated skirt **Falter** ['faltə] m ⟨-s, -⟩ (≈ Tagfalter) butterfly; (≈ Nachtfalter) moth **faltig** ['faltɪç] adj (≈ zerknittert) creased; Gesicht, Stirn, Haut wrinkled **Faltkarte** f folding map

Falz [falts] m ⟨-es, -e⟩ (≈ Kniff, Faltlinie) fold **familiär** [fami'liɛːɐ] adj **1** family attr **2** (≈ zwanglos) informal; (≈ freundschaftlich) close **Familie** [fa'miːliə] f ⟨-, -n⟩ family; ~ **Müller** the Müller family; **eine ~ gründen** to start a family; ~ **haben** (infml) to have a family; **es liegt in der ~** it runs in the family; **zur ~ gehören** to be one of the family **Familienangehörige(r)** m/f(m) decl as adj family member **Familienangelegenheit** m family matter; **dringende ~en** urgent family business no pl **Familienbetrieb** m family business **Familienfest** nt family party **Familienkreis** m family circle **Familienmitglied** nt member of the family **Familienname** m surname, family name (US) **Familienpackung** f family(-size) pack **Familienplanung** f family planning **Familienstand** m marital status **Familienunternehmen** nt family business **Familienvater** m father (of a family) **Familienverhältnisse** pl family background sg

Fan [fɛn] m ⟨-s, -s⟩ fan; FTBL auch supporter **Fanatiker** [fa'naːtike] m ⟨-s, -⟩, **Fanatikerin** [-ərɪn] f ⟨-, -nen⟩ fanatic **fanatisch** [fa'naːtɪʃ] **A** adj fanatical **B** adv fanatically **Fanatismus** [fana'tɪsmʊs] m ⟨-, no pl⟩ fanaticism

Fanfare [fan'faːrə] f ⟨-, -n⟩ MUS fanfare

Fang [faŋ] m ⟨-(e)s, ⸚ e ['fɛŋə]⟩ **1** no pl (≈ das Fangen) hunting; (≈ Fischen) fishing **2** no pl (≈ Beute) catch; **einen guten ~ machen** to make a good catch **3** usu pl (HUNT) (≈ Kralle) talon; (≈ Reißzahn) fang **Fangarm** m ZOOL tentacle **Fangemeinde** ['fɛn-] f fan club or community **fangen** ['faŋən] pret **fing** [fɪŋ], past part **gefangen** [gə'faŋən] **A** v/t to catch **B** v/i to catch **C** v/r (in einer Falle) to get caught **2** (≈ das Gleichgewicht wiederfinden) to steady oneself; (seelisch) to get on an even keel again **Fänger** ['fɛŋə] m ⟨-s,

-⟩, **Fängerin** [-ərɪn] f ⟨-, -nen⟩ SPORTS catcher **Fangfrage** f trick question **Fangquote** f (fishing) quota **Fangschaltung** f TEL interception circuit

Fanklub ['fɛn-] m fan club

Fantasie [fanta'ziː] f ⟨-, -n [-'ziːən]⟩ **1** no pl (≈ Einbildung) imagination; **seiner ~ freien Lauf lassen** to give free rein to one's imagination **2** usu pl (≈ Trugbild) fantasy **fantasielos** adj lacking in imagination **fantasiereich** adj, adv = fantasievoll **fantasieren** [fanta'ziːrən] past part fantasiert **A** v/i to fantasize (von about); MED to be delirious **B** v/t Geschichte to dream up **fantasievoll A** adj highly imaginative **B** adv reden, antworten imaginatively **Fantast** [fan'tast] m ⟨-en, -en⟩, **Fantastin** [-'tastɪn] f ⟨-, -nen⟩ dreamer, visionary **fantastisch** [fan'tastɪʃ] **A** adj fantastic **B** adv fantastically; ~ **klingen** to sound fantastic **Fantasyfilm** ['fɛntəziː-] m fantasy film

Farbaufnahme f colo(u)r photo(graph) **Farbbild** nt PHOT colo(u)r photo(graph) **Farbdisplay** nt IT colo(u)r display **Farbdruck** m, pl -drucke colo(u)r print **Farbdrucker** m colo(u)r printer **Farbe** ['farbə] f ⟨-, -n⟩ **1** colour (Br), color (US); **in ~** in colo(u)r **2** (≈ Malerfarbe) paint; (≈ Druckfarbe) ink **3** CARDS suit; ~ **bekennen** (fig) to nail one's colo(u)rs to the mast **farbecht** adj colourfast (Br), colorfast (US) **färben** ['fɛrbn] **A** v/t to colour (Br), to color (US); Stoff, Haar to dye; → **gefärbt B** v/r to change colo(u)r; **sich grün/blau etc** ~ to turn green/blue etc **farbenblind** adj colo(u)r-blind **Farbenblindheit** f colo(u)r-blindness **farbenfreudig**, **farbenfroh** adj colo(u)rful **farbenprächtig** adj gloriously colo(u)rful **Farbfernsehen** nt colo(u)r television **Farbfernsehgerät** nt colo(u)r television (set) **Farbfilm** m colo(u)r film **Farbfoto** nt colo(u)r photo(graph) **farbig** ['farbɪç] **A** adj coloured (Br), colored (US); (fig) Schilderung vivid **B** adv (≈ in Farbe) in a colo(u)r **Farbige(r)** ['farbɪgə] m/f(m) decl as adj coloured (Br) or colored (US) man/woman/person etc; **die ~n** colo(u)red people pl **Farbkasten** m paintbox **Farbkombination** f colo(u)r combination; (≈ Farbzusammenstellung) colo(u)r scheme **Farbkopierer** m colo(u)r copier **farblich** ['farplɪç] *adj* colo(u)r *attr* **farblos** *adj* colo(u)rless **Farbstift** *m* colo(u)red pen; (≈ *Buntstift*) crayon, colo(u)red pencil **Farbstoff** *m* (≈ *Lebensmittelfarbstoff*) (artificial) colo(u)ring; (≈ *Hautfarbstoff*) pigment; (*für Textilien etc*) dye **Farbton** *m, pl* -**töne** shade, hue; (≈ *Tönung*) tint **Färbung** ['fɛrbʊŋ] *f* ⟨-, -en⟩ colouring (*Br*), coloring (*US*); (≈ *Tönung*) tinge; (*fig*) slant

Farce ['farsə] *f* ⟨-, -n⟩ **1** (THEAT, *fig*) farce **2** COOK stuffing

Farm [farm] *f* ⟨-, -en⟩ farm **Farmer** ['farmɐ] *m* ⟨-s, -⟩, **Farmerin** [-ərɪn] *f* ⟨-, -nen⟩ farmer

Farn [farn] *m* ⟨-(e)s, -e⟩, **Farnkraut** *nt* fern

Fasan [fa'zaːn] *m* ⟨-s, -e *or* -en⟩ pheasant

faschieren [fa'ʃiːrən] *past part* **faschiert** *v/t* (*Aus* COOK) to mince; **Faschiertes** mince

Fasching ['faʃɪŋ] *m* ⟨-s, -e *or* -s⟩ carnival **Faschingszeit** *f* carnival period

Faschismus [fa'ʃɪsmʊs] *m* ⟨-, *no pl*⟩ fascism **Faschist** [fa'ʃɪst] *m* ⟨-en, -en⟩, **Faschistin** [-'ʃɪstɪn] *f* ⟨-, -nen⟩ fascist **faschistisch** [fa'ʃɪstɪʃ] *adj* fascist

faseln ['faːzln] *v/i* (*pej*) to drivel (*infml*) **Faser** ['faːzɐ] *f* ⟨-, -n⟩ fibre (*Br*), fiber (*US*) **faserig** ['faːzərɪç] *adj* fibrous; *Fleisch, Spargel* stringy (*pej*) **fasern** ['faːzɐn] *v/i* to fray **Faserschreiber** *m* (≈ *Stift*) felt-tip pen

Fass [fas] *nt* ⟨-es, ⸚er ['fɛsə]⟩ barrel; (≈ *kleines Bierfass*) keg; (*zum Gären, Einlegen*) vat; (*für Öl, Benzin, Chemikalien*) drum; **vom ~** *Bier* on draught (*Br*) *or* draft (*US*); **ein ~ oh**-**ne Boden** (*fig*) a bottomless pit; **das schlägt dem ~ den Boden aus** (*infml*) that beats everything!

Fassade [fa'saːdə] *f* ⟨-, -n⟩ façade

fassbar ['fasbaːe] *adj* comprehensible; **das ist doch nicht ~!** that's incomprehensible!

Fassbier *nt* draught (*Br*) *or* draft (*US*) beer **Fässchen** ['fɛsçən] *nt* ⟨-s, -⟩ cask

fassen ['fasn] **A** *v/t* **1** (≈ *ergreifen*) to take hold of; (*kräftig*) to grab; (≈ *festnehmen*) *Einbrecher etc* to apprehend (*form*); **jdn beim** *or* **am Arm ~** to take/grab sb by the arm; **fass!** seize! **2** (*fig*) *Entschluss* to make; *Mut* to take; **den Vorsatz ~, etw zu tun** to make a resolution to do sth **3** (≈ *begreifen*) to grasp; **es ist nicht zu ~** it's unbelievable **4** (≈ *enthalten*) to hold **5** (≈ *einfassen*) *Edelsteine* to set; *Bild* to frame; **in Worte ~** to put into words **B** *v/i* **1** (≈ *nicht abrutschen*) to grip; (*Zahnrad*) to bite **2** (≈ *greifen*) **an/in etw** (*acc*) **~** to feel sth; (≈ *berühren*) to touch sth **C** *v/r* (≈ *sich beherrschen*) to compose oneself; → **gefasst**

Fassette *etc* [fa'sɛtɛ] *f* ⟨-, -n⟩ = **Facette** *etc*

Fasson [fa'sõː] *f* ⟨-, -s⟩ (*von Kleidung*) style; (*von Frisur*) shape; **aus der ~ geraten** (*lit*) to go out of shape

Fassung ['fasʊŋ] *f* ⟨-, -en⟩ **1** (*von Juwelen*) setting; (*von Bild*) frame; ELEC holder **2** (≈ *Bearbeitung, Wortlaut*) version **3** *no pl* (≈ *Besonnenheit*) composure; **die ~ bewahren** to maintain one's composure; **die ~ ver**-**lieren** to lose one's composure; **jdn aus der ~ bringen** to throw sb (*infml*) **fassungslos** **A** *adj* stunned **B** *adv* in bewilderment **Fassungsvermögen** *nt* capacity

fast [fast] *adv* almost; **~ nie** hardly ever; **~ nichts** hardly anything

fasten ['fastn] *v/i* to fast **Fastenzeit** *f* period of fasting; ECCL Lent

Fast Food [fa:st'fu:d] *nt* ⟨-, *no pl*⟩ fast food

Fastnacht ['fastnaxt] *f, no pl* (≈ *Fasching*) *Shrovetide carnival* **Fasttag** *m* day of fasting

Faszination [fastsina'tsio:n] *f* ⟨-, -en⟩ fascination **faszinieren** [fastsi'ni:rən] *past part* **fasziniert** *v/t & v/i* to fascinate (*an +dat* about); **~d** fascinating

fatal [fa'ta:l] *adj* (*elev*) (≈ *verhängnisvoll*) fatal; (≈ *peinlich*) embarrassing

Fata Morgana ['fa:ta mɔr'ga:na] *f* ⟨- -, -s *or* Morganen [mɔr'ga:nən]⟩ mirage

fauchen ['fauxn] *v/t & v/i* to hiss

faul [faul] *adj* **1** (≈ *verfault*) bad; *Lebensmittel* off *pred* (*Br*), bad *pred*; *Eier, Obst, Holz* rotten; *Geschmack, Geruch, Wasser* foul **2** (≈ *verdächtig*) fishy (*infml*), suspicious; *Ausrede* flimsy; *Kompromiss* uneasy; **hier ist etwas ~** (*infml*) there's something fishy here (*infml*) **3** (≈ *träge*) lazy **faulen** ['faulən] *v/i aux sein or haben* to rot; (*Zahn*) to decay; (*Lebensmittel*) to go bad **faulenzen** ['faulɛntsn] *v/i* to laze around **Faulenzer** ['faulɛntsɐ] *m* ⟨-s, -⟩, **Faulenzerin** [-ərɪn] *f* ⟨-, -nen⟩ layabout **Faulheit** *f* ⟨-, *no pl*⟩ laziness **faulig** ['faulɪç] *adj* going bad; *Wasser* stale; *Geruch, Geschmack* foul **Fäulnis** ['fɔylnɪs] *f* ⟨-, *no pl*⟩ rot; (*von Zahn*) decay **fäulniserregend** *adj* putrefactive **Faulpelz** *m* (*infml*) lazybones *sg* (*infml*) **Faultier** *nt* sloth; (*infml* ≈ *Mensch*) lazybones *sg* (*infml*)

Fauna ['fauna] *f* ⟨-, **Faunen** ['faunən]⟩ fauna

Faust [faust] *f* ⟨-, **Fäuste** ['fɔʏstə]⟩ fist; **die (Hand zur) ~ ballen** to clench one's fist; **das passt wie die ~ aufs Auge** (≈ *passt nicht*) it's all wrong; (≈ *passt gut*) it's just the thing (*infml*); **auf eigene ~** (*fig*) on one's own initiative; *reisen* under one's own steam **Fäustchen** ['fɔʏstçən] *nt* ⟨-s, -⟩ **sich** (*dat*) **ins ~ lachen** to laugh up (*Br*) *or* in (*US*) one's sleeve **faustdick** (*infml*) **A** *adj* **eine ~e Lüge** a whopping (great) lie (*infml*) **B** *adv* **er hat es ~ hinter den Ohren** he's a sly one (*infml*); **~ auftragen** to lay it on thick (*infml*) **faustgroß** *adj* the size of a fist **Fausthandschuh** *m* mitt(en) **Faustregel** *f* rule of thumb **Faustschlag** *m* punch

Fauteuil [fo'tœj] *nt* ⟨-s, -s⟩ (*Aus* ≈ *Sessel*) armchair

favorisieren [favori'ziːrən] *past part* **favorisiert** *v/t* to favour (*Br*), to favor (*US*) **Favorit** [favo'riːt] *m* ⟨-en, -en⟩, **Favoritin** [-'riːtɪn] *f* ⟨-, -nen⟩ favourite (*Br*), favorite (*US*)

Fax [faks] *nt* ⟨-, -e⟩ fax **Faxabruf** *m* fax polling **faxen** ['faksn] *v/t* to fax

Faxen ['faksn] *pl* (*infml* ≈ *Alberei*) fooling around; **~ machen** to fool around **Faxgerät** *nt* fax machine **Faxnummer** *f* fax number

Fazit ['faːtsɪt] *nt* ⟨-s, -s *or* -e⟩ **das ~ war ...** on balance the result was ...; **das ~ ziehen** to take stock

FCKW [ɛftseːkaːveː] *m* ⟨-s, -s⟩ *abbr of* Fluorchlorkohlenwasserstoff CFC **FCKW-frei** [ɛftseːkaːveː-] *adj* CFC-free

Feber ['feːbɐ] *m* ⟨-s, -⟩ (*Aus*) February; → März **Februar** ['feːbruaːɐ] *m* ⟨-(s), -e⟩ February; → März

fechten ['fɛçtn] *pret* **focht** [fɔxt], *past part* **gefochten** [gə'fɔxtn] *v/i* SPORTS to fence; (*elev* ≈ *kämpfen*) to fight **Fechter** ['fɛçtɐ] *m* ⟨-s, -⟩, **Fechterin** [-ərɪn] *f* ⟨-, -nen⟩ fencer **Fechtsport** *m* fencing

Feder ['feːdɐ] *f* ⟨-, -n⟩ **1** feather; (≈ *lange Hutfeder*) plume; **~n lassen müssen** (*infml*) not to escape unscathed; **raus aus den ~n!** (*infml*) rise and shine! (*infml*) **2** TECH spring **Federball** *m* (≈ *Ball*) shuttlecock; (≈ *Spiel*) badminton **Federbett** *nt* continental quilt **federführend** *adj Behörde etc* in overall charge (*für* of) **Federge-**

wicht *nt* SPORTS featherweight (class) **Federhalter** *m* (dip) pen; (≈ *Füllfederhalter*) (fountain) pen **federleicht** *adj* light as a feather **Federlesen** *nt* ⟨-s, *no pl*⟩ **nicht viel ~s mit jdm/etw machen** to make short work of sb/sth **Federmäppchen** *nt* pencil case **federn** ['feːdɐn] **A** *v/i* **1** (*Eigenschaft*) to be springy **2** (≈ *zurückfedern*) to spring back; (*Springer, Turner*) to bounce **B** *v/t* to spring; *Auto* to fit with suspension **Federung** ['feːdəruŋ] *f* ⟨-, -en⟩ springs *pl*; AUTO *auch* suspension **Federvieh** *nt* poultry **Federweiße(r)** *m decl as adj* (*dial*) new wine

Fee [feː] *f* ⟨-, -n ['feːən]⟩ fairy

Feedback ['fiːdbɛk] *nt* ⟨-s, -s⟩, **Feed-back** *nt* ⟨-s, -s⟩ feedback

Fegefeuer ['feːgə-] *nt* **das ~** purgatory **fegen** ['feːgn] **A** *v/t* to sweep; (≈ *auffegen*) to sweep up **B** *v/i* **1** (≈ *ausfegen*) to sweep (up) **2** *aux sein* (*infml* ≈ *jagen*) to sweep

fehl [feːl] *adj* **~ am Platz(e)** out of place **Fehlanzeige** *f* (*infml*) dead loss (*infml*); **~!** wrong! **fehlbar** *adj* fallible; (*Swiss*) guilty **Fehlbesetzung** *f* miscasting **Fehlbestand** *m* deficiency **Fehlbetrag** *m* (*form*) deficit **Fehldiagnose** *f* wrong diagnosis **Fehleinschätzung** *f* misjudgement **fehlen** ['feːlən] **A** *v/i* **1** (≈ *mangeln*) to be lacking; (≈ *nicht vorhanden sein*) to be missing; (*in der Schule etc*) to be absent (*in +dat* from); **etwas fehlt** there's something missing; **jdm fehlt etw** sb lacks sth; (≈ *wird schmerzlich vermisst*) sb misses sth; **mir ~ 2 Euro Fahrgeld** I'm 2 euros short for my fare; **mir ~ die Worte** words fail me; **der/das hat mir gerade noch gefehlt!** (*infml*) he/that was all I needed (*iron*) **2** (≈ *los sein*) **fehlt dir (et)was?** is something the matter (with you)? **B** *v/impers* **es fehlt etw** *or* **an etw** (*dat*) there is a lack of sth; (*völlig*) there is no sth; **es fehlt jdm an etw** (*dat*) sb lacks sth; **wo fehlt es?** what's the trouble?; **es fehlte nicht viel und ich hätte ihn verprügelt** I almost hit him **C** *v/t* **weit gefehlt!** (*fig*) you're way out! (*infml*); (*ganz im Gegenteil*) far from it! **Fehlentscheidung** *f* wrong decision **Fehlentwicklung** *f* mistake; **~en vermeiden** to stop things taking a wrong turn **Fehler** ['feːlɐ] *m* ⟨-s, -⟩ **1** mistake; SPORTS fault; **einen ~ machen** to make a mistake **2** (≈ *Mangel*) fault; **das ist nicht mein ~** that's not my fault **fehlerfrei** adj perfect; Rechnung correct **fehlerhaft** adj MECH, TECH faulty; Ware substandard; Messung, Rechnung incorrect **fehlerlos** adj = fehlerfrei **Fehlermeldung** f IT error message **Fehlerquelle** f cause of the fault; (in Statistik) source of error **Fehlerquote** f error rate **Fehlersuche** f troubleshooting **Fehlgeburt** f miscarriage **Fehlgriff** m mistake; **einen ~ tun** to make a mistake **Fehlkonstruktion** f bad design; **der Stuhl ist eine ~** this chair is badly designed **Fehlleistung** f slip, mistake; **freudsche ~** Freudian slip **Fehlschlag** m (fig) failure **fehlschlagen** v/i sep irr aux sein to go wrong **Fehlschluss** m false conclusion **Fehlstart** m false start **Fehltritt** m (fig) (≈ Vergehen) slip; (≈ Affäre) indiscretion **Fehlurteil** nt miscarriage of justice **Fehlverhalten** nt inappropriate behaviour (Br) or behavior (US) **Fehlzeiten** pl working hours pl lost **Fehlzündung** f misfiring no pl; **eine ~ a** backfire

Feier ['faiɐ] f ⟨-, -n⟩ celebration; (≈ Party) party; (≈ Zeremonie) ceremony; **zur ~ des Tages** in honour (Br) or honor (US) of the occasion **Feierabend** m (≈ Arbeitsschluss) finishing time; **~ machen** to finish work; **nach ~** after work; **schönen ~!** have a nice evening! **feierlich** ['faiɐlɪç] adj (≈ ernsthaft) solemn; (≈ festlich) festive; (≈ förmlich) ceremonial **Feierlichkeit** f ⟨-, -en⟩ usu pl (≈ Veranstaltungen) celebrations pl **feiern** ['faiɐn] A v/t 1 Ereignis to celebrate; Party to hold; **das muss gefeiert werden!** that calls for a celebration 2 (≈ umjubeln) to fête; → gefeiert B v/i (≈ eine Feier abhalten) to celebrate **Feierstunde** f ceremony **Feiertag** m holiday

feige ['faigə] adj cowardly

Feige ['faigə] f ⟨-, -n⟩ fig **Feigenbaum** m fig tree **Feigenblatt** nt fig leaf **Feigheit** f ⟨-, no pl⟩ cowardice **Feigling** ['faiklɪŋ] m ⟨-s, -e⟩ coward

Feile ['failə] f ⟨-, -n⟩ file **feilen** ['failən] v/t & v/i to file

feilschen ['failʃn] v/i (pej) to haggle (um over)

fein [fain] A adj 1 (≈ nicht grob) fine; Humor delicate; Unterschied subtle 2 (≈ erlesen) excellent; Geschmack delicate; (≈ prima) great (infml); (iron) fine; **vom Feinsten sein** to be first-rate 3 (≈ scharf) Gehör, Gefühl acute 4 (≈ vornehm) refined; **dazu ist sie sich** (dat) **zu ~** that's beneath her B adv 1 (≈ nicht grob) finely 2 (≈ gut) ~ **säuberlich** (nice and) neat 3 (≈ elegant) **sie hat sich ~ gemacht** she's all dolled up (infml)

Feind [faint] m ⟨-(e)s, -e [-də]⟩, **Feindin** ['faindɪn] f ⟨-, -nen⟩ enemy; **sich** (dat) **~e schaffen** to make enemies **Feindbild** nt concept of an/the enemy **feindlich** ['faintlɪç] A adj 1 MIL enemy 2 (≈ feindselig) hostile B adv **jdm ~ gegenüberstehen** to be hostile to sb **Feindschaft** ['faintʃaft] f ⟨-, -en⟩ hostility **feindselig** adj hostile **Feindseligkeit** f ⟨-, -en⟩ hostility

feinfühlig [-fy:lɪç] adj sensitive; (≈ taktvoll) tactful **Feingefühl** nt, no pl sensitivity; (≈ Takt) tact(fulness) **Feingold** nt refined gold **Feinheit** f ⟨-, -en⟩ 1 (≈ Zartheit) fineness 2 (≈ Erlesenheit) excellence 3 (≈ Schärfe) keenness 4 (≈ Vornehmheit) refinement 5 **Feinheiten** pl niceties pl; (≈ Nuancen) subtleties pl **Feinkostgeschäft** nt delicatessen **Feinmechanik** f precision engineering **Feinschmecker** [-ʃmɛkɐ] m ⟨-s, -⟩, **Feinschmeckerin** [-ərɪn] f ⟨-, -nen⟩ gourmet; (fig) connoisseur **Feinsilber** nt refined silver **Feinstaub** m fine dust, fine particulates pl (tech) **Feinwäsche** f delicates pl **Feinwaschmittel** nt mild(-action) detergent

feist [faist] adj fat

Feld [fɛlt] nt ⟨-(e)s, -er [-də]⟩ field; (auf Spielbrett) square; (an Zielscheibe) ring; **gegen jdn/etw zu ~e ziehen** (fig) to crusade against sb/sth; **das ~ räumen** (fig) to bow out **Feldarbeit** f AGR work in the fields; SCI, SOCIOL fieldwork **Feldflasche** f canteen (MIL), water bottle **Feldforschung** f field work or research **Feldhase** m European hare **Feldherr(in)** m/(f) commander **Feldmaus** f field mouse **Feldsalat** m lamb's lettuce **Feldstecher** [-ʃtɛçɐ] m ⟨-s, -⟩ (pair of) binoculars **Feldversuch** m field test **Feld-Wald-und-Wiesen-** in cpds (infml) run-of-the-mill **Feldwebel** [fɛlt-ve:bl] m ⟨-s, -⟩, **Feldwebelin** [-bəlɪn] f ⟨-, -nen⟩ sergeant **Feldweg** m track across the fields **Feldzug** m campaign

Felge ['fɛlgə] f ⟨-, -n⟩ 1 TECH (wheel) rim 2 SPORTS circle **Felgenbremse** f calliper brake

Fell [fɛl] nt ⟨-(e)s, -e⟩ 1 fur; (von Schaf)

fleece; (von toten Tieren) skin **2** (fig infml ≈ Menschenhaut) skin; **ein dickes ~ haben** to be thick-skinned; **jdm das ~ über die Ohren ziehen** to pull the wool over sb's eyes **Fels** [fɛls] m ⟨-en, -en ['fɛlzn]⟩ rock; (≈ Klippe) cliff **Felsblock** m, pl -blöcke boulder **Felsen** ['fɛlzn] m ⟨-s, -⟩ rock; (≈ Klippe) cliff **felsenfest** **A** adj firm **B** adv **~ überzeugt sein** to be absolutely convinced **felsig** ['fɛlzɪç] adj rocky **Felsspalte** f crevice **Felswand** f rock face

feminin [femi'ni:n] adj feminine **Feminismus** [femi'nɪsmʊs] m ⟨-, Feminismen [-mən]⟩ feminism **Feminist** [femi'nɪst] m ⟨-en, -en⟩, **Feministin** [-'nɪstɪn] f ⟨-, -nen⟩ feminist **feministisch** [femi'nɪstɪʃ] adj feminist; **~ orientiert sein** to have feminist tendencies

Fenchel ['fɛnçl] m ⟨-s, no pl⟩ fennel **Fenster** ['fɛnstɐ] nt ⟨-s, -⟩ window (auch IT); **weg vom ~** (infml) out of the game (infml), finished **Fensterbank** f, pl -bänke, **Fensterbrett** nt windowsill, window ledge **Fensterglas** nt window glass **Fensterladen** m shutter **Fensterleder** nt chamois or shammy (leather) **fensterln** ['fɛnstɐln] v/i (S Ger, Aus) to climb through one's sweetheart's bedroom window **Fensterplatz** m window seat **Fensterputzer** [-pʊtsɐ] m ⟨-s, -⟩, **Fensterputzerin** [-ərɪn] f ⟨-, -nen⟩ window cleaner **Fensterrahmen** m window frame **Fensterscheibe** f window pane **Fensterumschlag** m window envelope

Ferien ['fe:riən] pl holidays pl (Br), vacation sg (US, UNIV); (≈ Parlamentsferien, JUR) recess sg; **die großen ~** the summer holidays (Br), the long vacation (US, UNIV); **~ machen** to have or take a holiday (Br) or vacation (US); **in die ~ fahren** to go on holiday (Br) or vacation (US) **Ferienanlage** f holiday resort (Br), vacation resort (US) **Feriendorf** nt holiday village **Ferienhaus** nt holiday home **Ferienjob** m holiday job (Br), vacation job (US) **Ferienkurs** m holiday (Br) or vacation (US) course **Ferienlager** nt holiday (Br) or vacation (US) camp **Ferienort** m, pl -orte holiday or vacation (US) resort **Ferienwohnung** f holiday flat (Br), vacation apartment (US) **Ferienzeit** f holiday period

Ferkel ['fɛrkl] nt ⟨-s, -⟩ piglet; (fig)

(unsauber) pig, mucky pup (Br infml); (unanständig) dirty pig (infml) **Fermentation** [fɛrmɛn'tsio:n] f ⟨-, -en⟩ fermentation **fermentieren** [fɛrmɛn'ti:rən] past part **fermentiert** v/t to ferment

fern [fɛrn] **A** adj **1** (räumlich) distant, far-away; **~ von hier** far away from here; **der Ferne Osten** the Far East **2** (zeitlich entfernt) far-off; **in nicht (all)zu ~er Zeit** in the not-too-distant future **B** prep +gen far (away) from **fernab** [fɛrn'ap] adv far away **Fernabfrage** f TEL remote control facility **Fernbedienung** f remote control **fernbleiben** v/i sep irr aux sein to stay away (+dat, von from) **Fernbleiben** nt ⟨-s, no pl⟩ absence (von from); (≈ Nichtteilnahme) non-attendance **Fernblick** m good view **Fernbus** m intercity bus **Ferne** ['fɛrnə] f ⟨-, -n⟩ **1** (räumlich) distance; **in der ~** in the distance; **aus der ~** from a distance **2** (≈ Zukunft) future; **in weiter ~ liegen** to be a long time off **ferner** ['fɛrnɐ] **A** adj further **B** adv further; **unter ~ liefen rangieren** (infml) to be among the also-rans **Fernfahrer(in)** m/(f) long-distance lorry (Br) or truck driver, trucker (US) **Fernflug** m long-distance or long-haul flight **Ferngespräch** nt trunk (Br) or long-distance call **ferngesteuert** [-gəʃtɔyet] adj remote-controlled **Fernglas** nt (pair of) binoculars pl **fernhalten** v/t & v/r irr to keep away **Fernlaster** m long-distance lorry (Br) or truck **Fernlastverkehr** m long-distance goods traffic **Fernlicht** nt AUTO full or high (esp US) beam **fernliegen** v/i irr (fig) **(jdm) ~** to be far from sb's mind; **es liegt mir fern, das zu tun** far be it from me to do that **Fernmeldesatellit** m communications satellite **Fernmeldetechnik** f telecommunications engineering; (≈ Telefontechnik) telephone engineering **fernmündlich** (form) **A** adj telephone attr **B** adv by telephone **Fernost** ['fɛrn'ɔst] no art **aus/in/nach ~** from/in/to the Far East **Fernreise** f long-haul journey **Fernrohr** nt telescope **Fernschreiben** nt telex

Fernsehansager(in) m/(f) television announcer **Fernsehansprache** f television speech **Fernsehantenne** f television or TV aerial or antenna **Fernsehapparat** m television or TV

set **fernsehen** v/i sep irr to watch television or TV **Fernsehen** nt ⟨-s, no pl⟩ television, TV, telly (Br infml); **vom ~ übertragen werden** to be televised; **im ~** on television etc **Fernseher** [-ze:ɐ] m ⟨-s, -⟩ (infml ≈ Gerät) television, TV, telly (Br infml) **Fernseher** [-ze:ɐ] m ⟨-s, -⟩, **Fernseherin** [-ərɪn] f ⟨-, -nen⟩ (infml ≈ Zuschauer) (television) viewer **Fernsehgebühr** f television or TV licence fee (Br) **Fernsehgerät** nt television or TV set **Fernsehkamera** f television or TV camera **Fernsehprogramm** nt **1** (≈ Sendung) programme (Br), program (US) **2** (≈ Fernsehzeitschrift) (television) program(me) guide, TV guide **Fernsehpublikum** nt viewers pl, viewing public **Fernsehsatellit** m TV satellite **Fernsehsender** m television transmitter **Fernsehsendung** f television programme (Br) or program (US) **Fernsehspiel** nt television play **Fernsehteilnehmer(in)** m/f(f) (form) television viewer **Fernsehübertragung** f television broadcast **Fernsehwerbung** f television advertising **Fernsehzeitschrift** f TV guide **Fernsehzuschauer(in)** m/f(f) (television) viewer
Fernsicht f clear view **Fernsprechnetz** nt telephone system **Fernsprechverkehr** m telephone traffic **fernstehen** v/i irr **jdm/einer Sache ~** to have no connection with sb/sth **Fernsteuerung** f remote control **Fernstraße** f trunk or major road, highway (US) **Fernstudium** nt correspondence degree course (with radio, TV etc), ≈ Open University course (Br) **Ferntourismus** m long-haul tourism **Fernverkehr** m long-distance traffic **Fernwärme** f district heating (tech) **Fernweh** [-ve:] nt ⟨-s, no pl⟩ wanderlust **Fernziel** nt long-term goal
Ferse ['fɛrzə] f ⟨-, -n⟩ heel; **jdm (dicht) auf den ~n sein** to be hard or close on sb's heels
fertig ['fɛrtɪç] **A** adj **1** (≈ vollendet) finished; (≈ ausgebildet) qualified; (≈ reif) Mensch, Charakter mature; **mit der Ausbildung ~ sein** to have completed one's training **2** (≈ zu Ende) finished; **mit etw ~ sein** to have finished sth; **mit jdm ~ sein** (fig) to be finished with sb; **mit**

jdm/etw ~ werden to cope with sb/sth **3** (≈ bereit) ready **4** (infml) (≈ erschöpft) shattered (Br infml), all in (infml); (≈ ruiniert) finished; (≈ erstaunt) knocked for six (Br infml) or for a loop (US infml); **mit den Nerven ~ sein** to be at the end of one's tether (Br) or rope (US) **B** adv **etw ~ kaufen** to buy sth ready-made; Essen to buy sth ready-prepared; **~ ausgebildet** fully qualified **Fertigbau** m, pl -bauten BUILD prefabricated building, prefab **fertig bringen**, **fertigbringen** v/t irr (≈ vollenden) to get done **fertigbringen** v/t sep irr (≈ imstande sein) to manage; (iron) to be capable of **fertigen** ['fɛrtɪɡn] v/t (form) to manufacture **Fertiggericht** nt ready--to-serve meal **Fertighaus** nt prefabricated house
Fertigkeit f ⟨-, -en⟩ skill
fertig machen, **fertigmachen** v/t **1** (≈ vollenden) to finish **2** (≈ bereit machen) to get ready; **sich ~** to get ready **fertigmachen** v/t (infml) **jdn ~** (≈ erledigen) to do for sb; (≈ ermüden) to take it out of sb; (≈ deprimieren) to get sb down; (≈ abkanzeln) to lay into sb (infml) **fertigstellen**, **fertig stellen** v/t to complete **Fertigstellung** f completion **Fertigung** ['fɛrtɪɡʊŋ] f ⟨-, -en⟩ production **Fertigungskosten** pl production costs pl
fesch [fɛʃ] adj **1** (esp Aus: infml) (≈ modisch) smart; (≈ hübsch) attractive **2** (Aus ≈ nett) nice; **sei ~!** (≈ sei brav) be good
Fessel ['fɛsl] f ⟨-, -n⟩ fetter, shackle; (≈ Kette) chain **fesseln** ['fɛsln] v/t **1** to tie (up), to bind; (mit Handschellen) to handcuff; (mit Ketten) to chain (up); **jdn ans Bett ~** (fig) to confine sb to (his/her) bed **2** (≈ faszinieren) to grip **fesselnd** adj gripping
fest [fɛst] **A** adj **1** (≈ hart) solid **2** (≈ stabil) solid; Schuhe tough, sturdy; COMM, FIN stable **3** (≈ entschlossen) firm; Plan firm, definite; **eine ~e Meinung von etw haben** to have definite views on sth **4** (≈ nicht locker) tight; Griff firm; (fig) Schlaf sound **5** (≈ ständig) regular; Freund(in) steady; Stellung, Mitarbeiter permanent **B** adv **1** (≈ kräftig) anpacken firmly; drücken tightly **2** (≈ nicht locker) anziehen, schließen tight; **die Handbremse ~ anziehen** to put the handbrake on firmly; **er hat schon ~ geschlafen** he was sound asleep **3** versprechen faithfully; zusagen definitely; **~ ent-**

schlossen sein to be absolutely determined **4** (≈ *dauerhaft*) permanently; **~ befreundet sein** to be on good friends; **~ angestellt** employed on a regular basis; **Geld ~ anlegen** to tie up money

Fest [fɛst] *nt* ⟨-(e)s, -e⟩ **1** (≈ *Feier*) celebration; (≈ *Party*) party **2** (*kirchlich*) feast, festival; (≈ *Weihnachtsfest*) Christmas; **frohes ~!** Merry *or* Happy (*esp Br*) Christmas!

Festakt *m* ceremony

festangestellt *adj* → fest

Festbeleuchtung *f* festive lighting *or* lights *pl*; (*infml: im Haus*) blazing lights *pl*

festbinden *v/t sep irr* to tie up; **jdn/etw an etw** (*dat*) **~** to tie sb/sth to sth

Festessen *nt* banquet

festfahren *v/r sep irr* (*fig*) to get bogged down **festfressen** *v/r sep irr* to seize up **Festgeld** *nt* FIN time deposit **festhalten** *sep irr* **A** *v/t* **1** (*mit den Händen*) to hold on to **2** (≈ *inhaftieren*) to hold, to detain **3** **etw schriftlich ~** to record sth **B** *v/r* **an etw** (*dat*) **~** to hold *or* stick (*infml*) to sth **C** *v/r* to hold on (*an +dat* to); **halt dich fest!** (*lit*) hold tight!

festhängen *v/i sep irr aux haben or sein* to be stuck (*an +dat* on, *in +dat* in)

festigen ['fɛstɪɡn] **A** *v/t* to strengthen; → **gefestigt** **B** *v/r* to become stronger **Festiger** ['fɛstɪɡɐ] *m* ⟨-s, -⟩ setting lotion **Festigkeit** ['fɛstɪçkait] *f* ⟨-, no pl⟩ (*von Material*) strength; (*fig*) steadfastness **Festigung** ['fɛstɪɡʊŋ] *f* ⟨-, -en⟩ strengthening

Festival ['fɛstɪval, 'fɛstaval] *nt* ⟨-s, -s⟩ festival

festklammern *sep* **A** *v/t* to clip on (*an +dat* to) **B** *v/r* to cling (*an +dat* to) **festklemmen** *sep* **A** *v/t* to wedge fast; (*mit Klammer*) to clip **Festkörper** *m* PHYS solid **Festland** *nt* (*nicht Insel*) mainland; (*nicht Meer*) dry land **festlegen** *sep* **A** *v/t* **1** (≈ *festsetzen*) to fix (*auf +acc, bei* for); *Regelung, Arbeitszeiten* to lay down **2** **jdn auf etw** (*acc*) **~** to tie sb (down) to sth **B** *v/r* **1** (≈ *sich verpflichten*) to commit oneself (*auf +acc* to) **2** (≈ *sich entschließen*) to decide (*auf +acc* on)

festlich ['fɛstlɪç] **A** *adj* festive; (≈ *feierlich*) solemn **B** *adv* geschmückt festively; **etw ~ begehen** to celebrate sth

festliegen *v/i sep irr* **1** (≈ *festgesetzt sein*) to have been fixed **2** (≈ *nicht weiterkönnen*) to be stuck **festmachen** *sep v/t* **1** (≈ be-

festigen*) to fix on (*an +dat* -to); (≈ *festbinden*) to fasten (*an +dat* (on)to); NAUT to moor **2** (≈ *vereinbaren*) to arrange **festnageln** *v/t sep* **1** *Gegenstand* to nail (down/up/on) **2** (*fig infml*) *jdn* to tie down (*auf +acc* to)

Festnahme [-naːmə] *f* ⟨-, -n⟩ arrest **festnehmen** *v/t sep irr* to arrest; **vorläufig ~** to take into custody; **Sie sind festgenommen** you are under arrest **Festnetz** *nt* TEL fixed-line network; (*a.* **Festnetzanschluss**) landline **Festplatte** *f* IT hard disk **Festplattenlaufwerk** *nt* hard disk drive **Festpreis** *m* COMM fixed price

Festrede *f* speech **Festredner(in)** *m/(f)* (main) speaker **Festsaal** *m* hall; (≈ *Speisesaal*) banqueting hall; (≈ *Tanzsaal*) ballroom **festschrauben** *v/t sep* to screw (*in/on/ down/up*) tight

festsetzen *sep* **A** *v/t* **1** (≈ *bestimmen*) to fix (*bei, auf +acc* at) **2** (≈ *inhaftieren*) to detain **B** *v/r* (*Staub, Schmutz*) to collect; (*Rost*) to get a foothold

Festsetzung *f* ⟨-, -en⟩ **1** fixing; (*von Frist*) setting **2** (≈ *Inhaftierung*) detention **festsitzen** *v/i sep irr* (≈ *klemmen, haften*) to be stuck

Festspeicher *m* IT read-only memory, ROM

Festspiele *pl* festival *sg*

feststehen *v/i sep irr* **1** (≈ *sicher sein*) to be certain; (≈ *unveränderlich sein*) to be definite; **so viel steht fest** this *or* so much is certain **feststehend** *adj attr* (≈ *bestimmt*) definite; *Redewendung* set; *Brauch* (well-)established **feststellen** *v/t sep* **1** MECH to lock (fast) **2** (≈ *ermitteln*) to ascertain, to find out; *Personalien, Sachverhalt* to establish; *Schaden* to assess **3** (≈ *erkennen*) to tell (*an +dat* from); *Fehler, Unterschied* to find, to detect; (≈ *bemerken*) to discover **4** (≈ *aussprechen*) to stress, to emphasize **Feststelltaste** *f* (*von Tastatur*) caps lock **Feststellung** *f* **1** (≈ *Ermittlung*) ascertainment; (*von Personalien, Sachverhalt*) establishment; (*von Schaden*) assessment **2** (≈ *Erkenntnis*) conclusion **3** (≈ *Wahrnehmung*) observation; **die ~ machen, dass ...** to realize that ... **4** (≈ *Bemerkung*) remark, comment

Festtag *m* **1** (≈ *Ehrentag*) special *or* red-letter day **2** (≈ *Feiertag*) holiday, feast (day) (ECCL)

Festung ['fɛstʊŋ] *f* ⟨-, -en⟩ fortress

festverzinslich *adj* fixed-interest *attr* **Festwertspeicher** *m* IT read-only memory **Festwoche** *f* festival week **Festzelt** *nt* carnival marquee

festziehen *v/t sep irr* to pull tight; *Schraube* to tighten (up) **Festzins** *m* fixed interest

Festzug *m* carnival procession **Feta** ['fe:ta] *m* ⟨-s, *no pl*⟩ (*Käse*) feta **Fete** ['fe:tə] *f* ⟨-, -n⟩ party **Fetisch** ['fe:tɪʃ] *m* ⟨-(e)s, -e⟩ fetish **Fetischismus** [feti'ʃɪsmʊs] *m* ⟨-, *no pl*⟩ fetishism **Fetischist** [feti'ʃɪst] *m* ⟨-en, -en⟩, **Fetischistin** [-'ʃɪstɪn] *f* ⟨-, -nen⟩ fetishist

fett [fɛt] **A** *adj* **1** *Speisen* fatty **2** (≈ *dick*) fat; TYPO bold **3** (≈ *üppig*) *Beute, Gewinn* fat **B** *adv* **1** ~ **essen** to eat fatty food **2** ~ **gedruckt** TYPO in bold(face) **Fett** [fɛt] *nt* ⟨-(e)s, -e⟩ fat; (*zum Schmieren*) grease; **tierische/pflanzliche** ~**e** animal/vegetable fats; ~ **ansetzen** to get fat; **sein** ~ **bekommen** (*infml*) to get what is coming to one (*infml*) **Fettabsaugung** [-apzaʊɡʊŋ] *f* ⟨-, -en⟩ MED liposuction **fettarm** **A** *adj Speisen* low-fat **B** *adv* ~ **essen** to eat foods which are low in fat **Fettauge** *nt* globule of fat **Fettbauch** *m* paunch **Fettcreme** *f* skin cream with oil **Fettdruck** *m, no pl* TYPO bold type **fetten** ['fɛtn] *v/t* to grease **Fettfilm** *m* greasy film **Fettfleck** *m* grease spot, greasy mark **fettfrei** *adj* fat-free; *Milch* non-fat; *Kost* non-fatty **fettgedruckt** *adj attr*; → **fett Fettgehalt** *m* fat content **fetthaltig** *adj* fatty **fettig** ['fɛtɪç] *adj* greasy **fettleibig** [-laibɪç] *adj* (*elev*) obese, corpulent **Fettleibigkeit** *f* ⟨-, *no pl*⟩ (*elev*) obesity, corpulence **fettlos** *adj* fat-free **Fettnäpfchen** [-nɛpfçən] *nt* ⟨-s, -⟩ (*infml*) **ins** ~ **treten** to put one's foot in it (*bei jdm* with sb) **Fettpolster** *nt* (*hum infml*) padding *no pl* **Fettsack** *m* (*infml*) fatso (*infml*) **Fettschicht** *f* layer of fat **Fettsucht** *f, no pl* MED obesity **fettsüchtig** *adj* MED obese **Fettwanst** [-vanst] *m* ⟨-(e)s, ⁓e [-vɛnstə]⟩ (*pej*) potbelly; (≈ *Mensch*) fatso (*infml*) **Fettzelle** *f* PHYSIOL fat cell, adipose cell (*tech*)

Fetzen ['fɛtsn] *m* ⟨-s, -⟩ (*abgerissen*) shred; (≈ *Stofffetzen, Papierfetzen*) scrap; (≈ *Kleidung*) rag; **..., dass die** ~ **fliegen** (*infml*) ... like crazy (*infml*)

feucht [fɔyçt] *adj* damp; (≈ *schlüpfrig*)

moist; (≈ *feuchtheiß*) *Klima* humid; *Hände* sweaty; *Tinte, Farbe* wet **feuchtfröhlich** *adj* (*hum*) merry, convivial **feuchtheiß** *adj* hot and damp, muggy **Feuchtigkeit** ['fɔyçtɪçkait] *f* ⟨-, *no pl*⟩ **1** dampness; (*von Klima*) humidity **2** (≈ *Flüssigkeit*) moisture; (≈ *Luftfeuchtigkeit*) humidity **Feuchtigkeitscreme** *f* moisturizer, moisturizing cream

feudal [fɔy'da:l] *adj* **1** POL, HIST feudal **2** (*infml* ≈ *prächtig*) plush (*infml*); *Mahlzeit* lavish **Feudalherrschaft** *f* feudalism **Feudalismus** [fɔyda'lɪsmʊs] *m* ⟨-, *no pl*⟩ feudalism **feudalistisch** [fɔyda'lɪstɪʃ] *adj* feudalistic

Feuer ['fɔyɐ] *nt* ⟨-s, -⟩ **1** fire; ~**!** fire!; ~ **legen** to start a fire; ~ **fangen** to catch fire; ~ **frei!** open fire!; **das** ~ **einstellen** to cease firing; **mit dem** ~ **spielen** (*fig*) to play with fire **2** (≈ *Funkfeuer*) beacon; (*von Leuchtturm*) light **3** (*für Zigarette etc*) light; **haben Sie** ~**?** do you have a light? **4** (≈ *Schwung*) passion; ~ **und Flamme sein** (*infml*) to be very enthusiastic (*für* about) **Feueralarm** *m* fire alarm **feuerbeständig** *adj* fire-resistant **Feuerbestattung** *f* cremation **Feuereifer** *m* zeal; **mit** ~ **diskutieren** to discuss with zest **feuerfest** *adj* fireproof; *Geschirr* heat-resistant **Feuergefahr** *f* fire hazard *or* risk **feuergefährlich** *adj* (highly) (in)flammable *or* combustible **Feuergefecht** *nt* gun fight, shoot-out (*infml*) **Feuerleiter** *f* (*am Haus*) fire escape **Feuerlöscher** [-lœʃɐ] *m* ⟨-s, -⟩ fire extinguisher **Feuermelder** [-mɛldɐ] *m* ⟨-s, -⟩ fire alarm **feuern** ['fɔyɐn] *v/t* **1** *Ofen* to light **2** (*infml* ≈ *werfen*) to fling (*infml*); FTBL *Ball* to slam (*infml*) **3** (*infml* ≈ *entlassen*) to fire (*infml*), to sack (*infml*) **Feuerpause** *f* break in the firing; (*vereinbart*) ceasefire **Feuerprobe** *f* (*fig*) **die** ~ **bestehen** to pass the (acid) test; **das war seine** ~ that was the acid test for him **feuerrot** *adj* fiery red **Feuerschutz** *m* **1** (≈ *Vorbeugung*) fire prevention **2** (MIL ≈ *Deckung*) covering fire **Feuerstein** *m* flint **Feuerstelle** *f* campfire site; (≈ *Herd*) fireplace **Feuertaufe** *f* baptism of fire **Feuertreppe** *f* fire escape **Feuertür** *f* fire door **Feuerwache** *f* fire station **Feuerwaffe** *f* firearm **Feuerwechsel** *m* exchange of fire **Feuerwehr** *f* fire brigade (*Br*), fire department (*US*); ~ **spielen** (*fig* ≈

Schlimmes verhindern) to act as a trouble-shooter **Feuerwehrauto** *nt* fire engine **Feuerwehrleute** *pl* firemen *pl*, fire-fighters *pl* **Feuerwehrmann** *m*, *pl* -leute *or* -männer fireman **Feuerwerk** *nt* fireworks *pl*; (*fig*) cavalcade **Feuerwerkskörper** *m* firework **Feuerzange** *f* fire tongs *pl* **Feuerzangenbowle** *f* red wine punch **Feuerzeug** *nt*, *pl* -zeuge (cigarette) lighter

Feuilleton [fœjə'tõː, 'fœjətõ] *nt* ⟨-s, -s⟩ PRESS feature section

feurig ['fɔyrɪç] *adj* fiery

Fiaker ['fiakɐ] *m* ⟨-s, -⟩ (*Aus*) **1** (≈ *Kutsche*) (hackney) cab **2** (≈ *Kutscher*) cab driver, cabby (*infml*)

Fiasko ['fiasko] *nt* ⟨-s, -s⟩ (*infml*) fiasco

Fibel ['fiːbl] *f* ⟨-, -n⟩ SCHOOL primer

Fiber ['fiːbɐ] *f* ⟨-, -n⟩ fibre (*Brit*), fiber (*US*)

Fichte ['fɪçtə] *f* ⟨-, -n⟩ BOT spruce **Fichtenzapfen** *m* spruce cone

ficken ['fɪkn̩] *v/t & v/i* (*vulg*) to fuck (*vulg*); **mit jdm ~** to fuck sb (*vulg*)

fidel [fi'deːl] *adj* jolly, merry

Fieber ['fiːbɐ] *nt* ⟨-s, (*rare*) -⟩ temperature; (*sehr hoch*) fever; **~ haben** to have a temperature; to be feverish; (**jdm**) **das ~ messen** to take sb's temperature **Fieberanfall** *m* bout of fever **fieberfrei** *adj* free of fever **fieberhaft** **A** *adj* feverish **B** *adv* feverishly **Fieberkurve** *f* temperature curve **Fiebermittel** *nt* anti-fever drug **fiebern** ['fiːbɐn] *v/i* **1** (*Kranker*) to have a temperature; (*schwer*) to be feverish **2** (*fig*) **nach etw ~** to long feverishly for sth; **vor Erregung** (*dat*) **~** to be in a fever of excitement **fiebersenkend** *adj* fever-reducing **Fieberthermometer** *nt* (clinical) thermometer

Fiedel ['fiːdl] *f* ⟨-, -n⟩ fiddle

fies [fiːs] (*infml*) **A** *adj* nasty, horrible **B** *adv* (≈ *gemein*) in a nasty way; **~ aussehen** to look horrible **Fiesling** ['fiːslɪŋ] *m* ⟨-s, -e⟩ (*infml*) bastard (*sl*)

Figur [fi'guːɐ] *f* ⟨-, -en⟩ **1** figure; (*infml* ≈ *Mensch*) character; **auf seine ~ achten** to watch one's figure **2** (≈ *Romanfigur etc*) character **figurativ** [figura'tiːf] **A** *adj* figurative **B** *adv* figuratively **figürlich** [fi-'gyːɐlɪç] *adj* figurative

Fiktion [fɪk'tsioːn] *f* ⟨-, -en⟩ fiction **fiktiv** [fɪk'tiːf] *adj* fictitious

Filet [fi'leː] *nt* ⟨-s, -s⟩ COOK fillet; (≈ *Rinderfilet*) fillet steak; (*zum Braten*) piece of sir-loin *or* tenderloin (*US*) **filetieren** [file'tiː-rən] *past part* filetiert *v/t* to fillet **Filetstück** *nt* COOK piece of sirloin *or* tender-loin (*US*)

Filiale [fi'lia:lə] *f* ⟨-, -n⟩ branch **Filialleiter(in)** *m*/(*f*) branch manager/manageress **Film** [fɪlm] *m* ⟨-(e)s, -e⟩ film; (≈ *Spielfilm auch*) movie (*esp US*); **in einen ~ gehen** to go and see a film; **zum ~ gehen** to go into films *or* movies (*esp US*) **Filmaufnahme** *f* (*Einzelszene*) shot, take; **~n** *pl* shooting **Filmbericht** *m* film report **Filmemacher(in)** *m*/(*f*) film-maker, movie-maker (*esp US*) **filmen** ['fɪlmən] *v/t & v/i* to film **Filmfestival** *nt*, **Filmfestspiele** *pl* film festival **Filmgeschäft** *nt* film industry, movie industry (*esp US*) **filmisch** ['fɪlmɪʃ] **A** *adj* cinematic **B** *adv* cinematically **Filmkamera** *f* film *or* movie (*esp US*) camera **Filmkritik** *f* (≈ *Artikel*) film *or* movie (*esp US*) review **Filmkunst** *f* cinematic art **Filmmusik** *f* film music, movie soundtrack (*esp US*) **Filmpreis** *m* film *or* movie (*esp US*) award **Filmproduzent(in)** *m*/(*f*) film *or* movie (*esp US*) producer **Filmregisseur(in)** *m*/(*f*) film *or* movie (*esp US*) director **Filmriss** *m* (*fig infml*) mental blackout (*infml*) **Filmschauspieler** *m* film *or* movie (*esp US*) actor **Filmschauspielerin** *f* film *or* movie (*esp US*) actress **Filmstar** *m* filmstar, movie star (*esp US*) **Filmstudio** *nt* film *or* movie (*esp US*) studio **Filmverleih** *m* film *or* movie (*esp US*) distributors pl

Filter ['fɪltɐ] *nt or m* ⟨-s, -⟩ filter; **eine Zigarette mit ~** a (filter-)tipped cigarette **Filterkaffee** *m* filter *or* drip (*US*) coffee **filtern** ['fɪltɐn] *v/t & v/i* to filter **Filterpapier** *nt* filter paper **Filtertüte** *f* filter bag **Filterung** ['fɪltərʊŋ] *f* ⟨-, -en⟩ filtering **Filterzigarette** *f* tipped *or* filter(-tipped) cigarette

Filtrat [fɪl'traːt] *nt* ⟨-(e)s, -e⟩ filtrate **filtrieren** [fɪl'triːrən] *past part* filtriert *v/t* to filter

Filz [fɪlts] *m* ⟨-es, -e⟩ **1** TEX felt; **grüner ~** green baize **2** (*infml*) (≈ *Korruption*) corruption; (*POL pej*) sleaze (*infml*) **filzen** ['fɪltsn̩] **A** *v/i* TEX to felt, to go felty **B** *v/t* (*infml*) (≈ *durchsuchen*) to search; (≈ *berauben*) to do over (*infml*) **Filzhut** *m* felt hat **Filzo-**

kratie [fɪltsokraˈtiː] *f* ‹-, -n [-ˈtiːən]› (POL *pej*) web of patronage and nepotism, spoils system (*US*) **Filzpantoffel** *m* (carpet) slipper **Filzschreiber, Filzstift** *m* felt(-tip) pen, felt-tip

Fimmel [ˈfɪml] *m* ‹-s, -› (*infml*) **1** (≈ *Tick*) mania **2** (≈ *Spleen*) obsession (*mit* about)

Finale [fiˈnaːlə] *nt* ‹-s, -s *or* -› MUS finale; SPORTS final, finals *pl* **Finalgegner** *m* SPORTS opponent in the final

Finanzamt *nt* tax office **Finanzbeamte(r)** *m decl as adj*, **Finanzbeamtin** *f* tax official **Finanzbehörde** *f* tax authority **Finanzbuchhalter(in)** *m/(f)* financial accountant **Finanzen** [fiˈnantsn] *pl* finances *pl* **finanziell** [finanˈtsi̯ɛl] **A** *adj* financial **B** *adv* financially **finanzierbar** *adj* **es ist nicht ~** it cannot be funded **finanzieren** [finanˈtsiːrən] *past part* **finanziert** *v/t* to finance, to fund **Finanzierung** *f* ‹-, -en› financing **Finanzierungsgesellschaft** *f* finance company **Finanzjahr** *nt* financial year **finanzkräftig** *adj* financially strong **Finanzkrise** *f* financial crisis **Finanzlage** *f* financial situation **Finanzmärkte** *pl* financial *or* finance markets *pl* **Finanzminister(in)** *m/(f)* ≈ Chancellor of the Exchequer (*Brit*), ≈ Treasury Secretary (*US*), finance minister **Finanzministerium** *nt* Ministry of Finance, Treasury (*Brit*), Treasury Department (*US*) **Finanzpolitik** *f* financial policy; (≈ *Wissenschaft, Disziplin*) politics of finance **finanzschwach** *adj* financially weak **finanzstark** *adj* financially strong **Finanzwelt** *f* financial world **Finanzwesen** *nt, no pl* financial system

finden [ˈfɪndn] *pret* **fand** [fant], *past part* **gefunden** [ɡəˈfʊndn] **A** *v/t* **1** to find; **es ließ sich niemand ~** there was nobody to be found; **etwas an jdm ~** to see something in sb; **nichts dabei ~** to think nothing of it; → **gefunden 2** (≈ *betrachten*) to think; **es kalt ~** to find it cold; **etw gut ~** to think (that) it's good; **jdn nett ~** to think (that) sb is nice; **wie findest du das?** what do you think? **B** *v/i* **er findet nicht nach Hause** he can't find his *or* the way home; **zu sich selbst ~** to sort oneself out **C** *v/i & v/i* (≈ *meinen*) to think; **~ Sie (das)?** do you think so?; **ich finde (das) nicht** I don't think so **D** *v/r* **1** (≈

zum Vorschein kommen) to be found; **das wird sich (alles) ~** it will (all) turn up; (≈ *sich herausstellen*) it'll all come out (*infml*) **2** (*Mensch* ≈ *zu sich finden*) to sort oneself out **3** (≈ *sich treffen*) (*lit*) to find each other; (*fig*) to meet **Finder** [ˈfɪndɐ] *m* ‹-s, -›, **Finderin** [-ərɪn] *f* ‹-, -nen› finder **Finderlohn** *m* reward for the finder **findig** [ˈfɪndɪç] *adj* resourceful

Finesse [fiˈnɛsə] *f* ‹-, -n› (≈ *Feinheit*) refinement *no pl*: (≈ *Kunstfertigkeit*) finesse; **mit allen ~n** with every refinement

Finger [ˈfɪŋɐ] *m* ‹-s, -› finger; **mit ~n auf jdn zeigen** (*fig*) to look askance at sb; **jdm eins auf die ~ geben** to give sb a rap across the knuckles; **(nimm/lass die) ~ weg!** (get/keep your) hands off!; **er hat überall seine ~ drin** (*infml*) he has a finger in every pie (*infml*); **die ~ von jdm/etw lassen** (*infml*) to keep away from sb/sth; **sich** (*dat*) **an etw** (*dat*) **die ~ verbrennen** to get one's fingers burned in sth; **jdm (scharf) auf die ~ sehen** to keep an eye *or* a close eye on sb; **sich** (*dat*) **etw aus den ~n saugen** to dream sth up; **keinen ~ krumm machen** (*infml*) not to lift a finger (*infml*); **jdn um den kleinen ~ wickeln** to twist sb (a)round one's little finger **Fingerabdruck** *m* fingerprint; **genetischer ~** genetic fingerprint **Fingerfertigkeit** *f* dexterity **Fingerfood** *nt* ‹-(s), *no pl*›, **Finger-Food** [ˈfɪŋɐfuːt] *nt* ‹-(s), *no pl*› finger food **Fingergelenk** *nt* finger joint **Fingerhakeln** [-haːkəln] *nt* ‹-s, *no pl*› finger-wrestling **Fingerhandschuh** *m* glove **Fingerhut** *m* **1** SEWING thimble **2** BOT foxglove **Fingerkuppe** *f* fingertip **fingern** [ˈfɪŋɐn] **A** *v/i* **an** *or* **mit etw** (*dat*) **~** to fiddle with sth; **nach etw ~** to fumble (around) for sth **B** *v/t* (≈ *manipulieren*) to fiddle (*infml*) **Fingernagel** *m* fingernail **Fingerspitze** *f* fingertip, tip of one's finger **Fingerspitzengefühl** *nt, no pl* (≈ *Einfühlungsgabe*) instinctive feel; (*im Umgang mit Menschen*) tact and sensitivity **Fingerzeig** [-tsaik] *m* ‹-s, -e [-ɡə]› hint; **etw als ~ Gottes/des Schicksals empfinden** to regard sth as a sign from God/as meant

fingieren [fɪŋˈɡiːrən] *past part* **fingiert** *v/t* (≈ *vortäuschen*) to fake; (≈ *erdichten*) to fabricate **fingiert** [fɪŋˈɡiːɐt] *adj* (≈ *vorgetäuscht*) bogus; (≈ *erfunden*) fictitious

Finish ['fɪnɪʃ] *nt* ⟨-s, -s⟩ **1** (≈ *Endverarbeitung*) finish **2** (SPORTS ≈ *Endspurt*) final spurt

finit [fi'niːt] *adj* GRAM finite

Fink [fɪŋk] *m* ⟨-en, -en⟩ finch

Finne¹ ['fɪnə] *f* ⟨-, -n⟩ (≈ *Rückenflosse*) fin

Finne² *m* ⟨-n, -n⟩ Finn, Finnish man/boy

Finnin ['fɪnɪn] *f* ⟨-, -nen⟩ Finn, Finnish woman/girl **finnisch** ['fɪnɪʃ] *adj* Finnish **Finnland** ['fɪnlant] *nt* ⟨-s⟩ Finland

Finnwal ['fɪnvaːl] *m* finback

finster ['fɪnstɐ] **A** *adj* **1** dark; **im Finstern** in the dark **2** (≈ *dubios*) shady **3** (≈ *mürrisch, düster*) grim **4** (≈ *unheimlich*) sinister **B** *adv* (≈ *mürrisch*) grimly; **es sieht ~ aus** (*fig*) things look bleak **Finsternis** ['fɪnstɐnɪs] *f* ⟨-, -se⟩ **1** darkness **2** ASTRON eclipse

Firewall ['faɪəwɔːl] *f* ⟨-, -s⟩ IT firewall

Firlefanz ['fɪrləfants] *m* ⟨-es, *no pl*⟩ (*infml*) **1** (≈ *Kram*) frippery **2** (≈ *Albernheit*) clowning *or* fooling around

firm [fɪrm] *adj pred* **in einem Fachgebiet ~ sein** to have a sound knowledge of an area

Firma ['fɪrma] *f* ⟨-, Firmen ['fɪrmən]⟩ company, firm; (≈ *Kleinbetrieb*) business

Firmament [fɪrma'mɛnt] *nt* ⟨-s, *no pl*⟩ (*liter*) heavens *pl* (*liter*)

Firmenchef(in) *m/(f)* head of the company, (company) president (*esp US*) **Firmeninhaber(in)** *m/(f)* owner of the company **Firmenleitung** *f* (company) management **Firmenname** *m* company name **Firmenregister** *nt* register of companies **Firmensitz** *m* company headquarters *sg or pl* **Firmenstempel** *m* company stamp **Firmenwagen** *m* company car **Firmenzeichen** *nt* trademark **firmieren** [fɪr'miːrən] *past part* firmiert *v/i* **als** *or* **mit ... ~** (COMM, *fig*) to trade under the name of ...

Firmung *f* ⟨-, -en⟩ REL confirmation

Firn [fɪrn] *m* ⟨-(e)s, -e⟩ névé, firn

Firnis ['fɪrnɪs] *m* ⟨-ses, -se⟩ (≈ *Ölfirnis*) oil; (≈ *Lackfirnis*) varnish

First [fɪrst] *m* ⟨-(e)s, -e⟩ (≈ *Dachfirst*) (roof) ridge

Fis [fɪs] *nt* ⟨-, -⟩, **fis** [fɪs] *nt* ⟨-, -⟩ MUS F sharp

Fisch [fɪʃ] *m* ⟨-(e)s, -e⟩ **1** fish; **~e/drei ~e fangen** to catch fish/three fish(es); **ein großer** *or* **dicker ~** (*fig infml*) a big fish; **ein kleiner ~** one of the small fry; **weder**

~ noch Fleisch neither fish nor fowl **2** ASTROL Pisces; **ein ~ sein** to be Pisces *or* a Piscean **fischarm** *adj Gewässer* low in fish **Fischbecken** *nt* fishpond **Fischbestand** *m* fish population **fischen** ['fɪʃn] *v/t & v/i* to fish; (**auf**) **Heringe ~** to fish for herring **Fischer** ['fɪʃɐ] *m* ⟨-s, -⟩, **Fischerin** [-ərɪn] *f* ⟨-, -nen⟩ fisherman/-woman **Fischerboot** *nt* fishing boat **Fischerdorf** *nt* fishing village **Fischerei** [fɪʃə'raɪ] *f* ⟨-, -en⟩ **1** (≈ *das Fangen*) fishing **2** (≈ *Fischereigewerbe*) fishing industry **Fischereigrenze** *f* fishing limit **Fischereihafen** *m* fishing port **Fischernetz** *nt* fishing net **Fischfang** *m, no pl* **vom ~ leben** to live by fishing **Fischfarm** *f* fish farm **Fischfilet** *nt* fish fillet **Fischfrikadelle** *f* fishcake **Fischfutter** *nt* fish food **Fischgeschäft** *nt* fishmonger's (shop) (*Br*), fish shop (*Br*) *or* dealer (*US*) **Fischgräte** *f* fish bone **Fischgrätenmuster** *nt* herringbone (pattern) **Fischhändler(in)** *m/(f)* fishmonger (*Br*), fish dealer (*US*) **Fischkutter** *m* fishing cutter **Fischmarkt** *m* fish market **Fischmehl** *nt* fish meal **Fischotter** *m* otter **fischreich** *adj Gewässer* rich in fish **Fischstäbchen** *nt* fish finger (*Br*), fish stick (*US*) **Fischsterben** *nt* death of fish **Fischsuppe** *f* COOK fish soup **Fischwirtschaft** *f* fishing industry **Fischzucht** *f* fish-farming

fiskalisch [fɪs'kaːlɪʃ] *adj* fiscal **Fiskus** ['fɪskʊs] *m* ⟨-, -se *or* Fisken ['fɪskn]⟩ (*fig* ≈ *Staat*) Treasury

Fisolen [fi'zoːlən] *pl* (*Aus*) green beans *pl*

Fistelstimme *f* falsetto (voice)

fit [fɪt] *adj* fit; **sich ~ halten/machen** to keep/get fit **Fitness** ['fɪtnɛs] *f* ⟨-, *no pl*⟩ physical fitness **Fitnessarmband** *nt* fitness band **Fitnesscenter** *nt* fitness centre (*Br*) *or* center (*US*) **Fitnesslehrer(in)** *m/(f)*, **Fitnesstrainer(in)** *m/(f)* fitness instructor

Fittich ['fɪtɪç] *m* ⟨-(e)s, -e⟩ **jdn unter seine ~e nehmen** (*hum*) to take sb under one's wing (*fig*)

fix [fɪks] **A** *adj* **1** (*infml*) (≈ *flink*) quick; (≈ *intelligent*) bright, smart **2** (*infml*) **~ und fertig sein** (≈ *nervös*) to be at the end of one's tether (*Br*) *or* rope (*US*); (≈ *erschöpft*) to be done in (*infml*), to be all in (*infml*); (*emotional*) to be shattered **3** (≈ *festste-*

hend) fixed; **~e Idee** obsession, idée fixe **B** *adv* (*infml* ≈ *schnell*) quickly; **das geht ganz ~** that won't take long at all

fixen ['fɪksn] *v/i* (*infml* ≈ *Drogen spritzen*) to fix (*infml*), to shoot (up) (*infml*) **Fixer** ['fɪksə] *m* ⟨-s, -⟩, **Fixerin** [-ərɪn] *f* ⟨-, -nen⟩ (*infml*) junkie (*infml*) **Fixerstube** *f* (*infml*) junkies' centre (*Br*) or center (*US*, *infml*)

fixieren [fɪ'ksiːrən] *past part* **fixiert** *v/t* **1** (≈ *anstarren*) **jdn/etw (mit seinen Augen) ~** to fix one's eyes on sb/sth **2** (≈ *festlegen*) to specify, to define; *Gehälter etc* to set (*auf +acc* for); (≈ *schriftlich niederlegen*) to record; **er ist zu stark auf seine Mutter fixiert** PSYCH he has a mother fixation **Fixierung** *f* ⟨-, -en⟩ PSYCH fixation

Fixing ['fɪksɪŋ] *nt* ⟨-s, *no pl*⟩ FIN fixing **Fixkosten** *pl* fixed costs *pl* **Fixpunkt** *m* fixed point **Fixstern** *m* fixed star

Fjord [fjɔrt] *m* ⟨-(e)s, -e [-də]⟩ fiord

FKK [ɛfkaː'kaː] *no art* ⟨-⟩ *abbr of* Freikörperkultur; **~-Anhänger(in) sein** to be a nudist or naturist **FKK-Strand** [ɛfka'kaː-] *m* nudist beach

flach [flax] **A** *adj* **1** flat; *Abhang* gentle; **auf dem ~en Land** in the middle of the country **2** (≈ *untief, oberflächlich*) shallow **B** *adv* **~ atmen** to take shallow breaths; **sich ~ hinlegen** to lie down **Flachbau** *m*, *pl* **-bauten** low building **Flachbildschirm** *m* TV flat screen **flachbrüstig** [-brʏstɪç] *adj* flat-chested **Flachdach** *nt* flat roof

Fläche ['flɛçə] *f* ⟨-, -n⟩ area; (≈ *Oberfläche*) surface **Flächenbrand** *m* extensive fire **flächendeckend** *adj* extensive **Flächeninhalt** *m* area **Flächenmaß** *nt* unit of square measure

flachfallen *v/i sep irr aux sein* (*infml*) not to come off; (*Regelung*) to end **Flachheit** *f* ⟨-, -en⟩ flatness; (≈ *Oberflächlichkeit*) shallowness **Flachland** *nt* lowland; (≈ *Tiefland*) plains *pl* **Flachmann** *m*, *pl* **-män-ner** (*infml*) hip flask

Flachs [flaks] *m* ⟨-es, *no pl*⟩ **1** BOT, TEX flax **2** (*infml* ≈ *Witzelei*) kidding (*infml*); (≈ *Bemerkung*) joke **flachsen** ['flaksn] *v/i* (*infml*) to kid around (*infml*)

flackern ['flakən] *v/i* to flicker

Fladen ['flaːdn] *m* ⟨-s, -⟩ **1** COOK round flat dough-cake **2** (*infml* ≈ *Kuhfladen*) cow-pat (*Br*), cow dung **Fladenbrot** *nt* unleavened bread

Flädlisuppe ['flɛːdli-] *f* (*Swiss*) pancake soup

Flagge ['flaɡə] *f* ⟨-, -n⟩ flag **flaggen** ['flaɡn] *v/i* to fly flags/a flag **Flaggschiff** ['flak-] *nt* flagship

Flair [flɛːɐ] *nt* or (*rare*) *m* ⟨-s, *no pl*⟩ (*elev*) aura; (*esp Swiss* ≈ *Gespür*) flair

Flak [flak] *f* ⟨-, -(s)⟩ **1** anti-aircraft gun **2** (≈ *Einheit*) anti-aircraft unit

Flakon [fla'kõː] *nt* or *m* ⟨-s, -s⟩ bottle, flacon

flambieren [flam'biːrən] *past part* **flambiert** *v/t* COOK to flambé

Flamingo [fla'mɪŋɡo] *m* ⟨-s, -s⟩ flamingo

flämisch ['flɛːmɪʃ] *adj* Flemish

Flamme ['flamə] *f* ⟨-, -n⟩ flame; **in ~n aufgehen** to go up in flames; **in (hellen) ~n stehen** to be ablaze; **etw auf kleiner ~ kochen** to cook sth on a low flame **Flammenmeer** *nt* sea of flames **Flammenwerfer** *m* flame-thrower

Flanell [fla'nɛl] *m* ⟨-s, -e⟩ flannel

Flanke ['flaŋkə] *f* ⟨-, -n⟩ **1** flank; (*von Bus etc*) side **2** SPORTS flank-vault; FTBL cross **flanken** ['flaŋkn] *v/i* FTBL to centre (*Br*), to center (*US*) **flankieren** [flaŋ'kiːrən] *past part* **flankiert** *v/t* to flank; **~de Maßnahmen** supporting measures

Flansch [flanʃ] *m* ⟨-(e)s, -e⟩ flange

flapsig ['flapsɪç] *adj* (*infml*) *Benehmen* cheeky (*Br*), fresh (*US*); *Bemerkung* offhand

Fläschchen ['flɛʃçən] *nt* ⟨-s, -⟩ bottle **Flasche** ['flaʃə] *f* ⟨-, -n⟩ **1** bottle; **mit der ~ aufziehen** to bottle-feed; **eine ~ Wein/Bier** *etc* a bottle of wine/beer *etc*; **aus der ~ trinken** to drink (straight) out of *or* from the bottle **2** (*infml* ≈ *Versager*) complete loser (*infml*) **Flaschenbier** *nt* bottled beer **flaschengrün** *adj* bottle-green **Flaschenhals** *m* neck of a bottle; (*fig*) bottleneck **Flaschenkind** *nt* bottle-fed baby **Flaschenöffner** *m* bottle opener **Flaschenpfand** *nt* deposit on bottles **Flaschenpost** *f* message in a/ the bottle **Flaschenwein** *m* bottled wine **Flaschenzug** *m* block and tackle

Flatrate ['flɛtreːt] *f* ⟨-, -s⟩ TEL flat rate **Flatrateparty** *f* (*infml*) all-you-can-drink party **Flatratesaufen** *nt* (*sl*) *consumption of unlimited alcohol on payment of cover charge*

flatterhaft *adj* fickle **flattern** ['flatən] *v/i bei Richtungsangabe aux sein* to flutter; (*Fahne, Segel*) to flap; (*Haar*) to stream

flau [flau] *adj* **1** *Wind* slack **2** *Geschmack*

insipid; *Stimmung* flat **3** (≈ *übel*) queasy; (*vor Hunger*) faint; **mir ist ~ (im Magen)** I feel queasy **4** COMM *Markt* slack

Flaum [flaʊm] *m* ⟨-(e)s, *no pl*⟩ (≈ *Flaumfedern, auf Obst*) down

flaumschig ['flaʊʃɪç] *adj* fleecy; (≈ *weich*) soft

Flausen ['flaʊzn] *pl* (*infml*) (≈ *Unsinn*) nonsense; (≈ *Illusionen*) fancy ideas *pl* (*infml*)

Flaute ['flaʊtə] *f* ⟨-, -n⟩ **1** METEO calm **2** (*fig*) (COMM) lull, slack period

Flechte ['flɛçtə] *f* ⟨-, -n⟩ BOT, MED lichen

flechten ['flɛçtn] *pret* **flocht** [flɔxt], *past part* **geflochten** [gə'flɔxtn] *v/t Haar* to plait (*Br*), to braid (*esp US*); *Kranz, Korb* to weave; *Seil* to make

Fleck [flɛk] *m* ⟨-(e)s, -e *or* -en⟩ **1** (≈ *Schmutzfleck*) stain **2** (≈ *Farbfleck*) splotch; (*auf Obst*) blemish **3** (≈ *Stelle*) spot, place; **sich nicht vom ~ rühren** not to move or budge (*infml*); **nicht vom ~ kommen** not to get any further; **vom ~ weg** right away **Fleckchen** ['flɛkçən] *nt* ⟨-s, -⟩ **ein schönes ~ (Erde)** a lovely little spot **fleckenlos** *adj* spotless **Fleckentferner** [-ɛntfɛrnɐ] *m* ⟨-s, -⟩ stain-remover **fleckig** ['flɛkɪç] *adj* marked; *Obst* blemished

Fledermaus ['fleːdɐ-] *f* bat

Flegel ['fleːgl] *m* ⟨-s, -⟩ **1** (≈ *Lümmel*) lout, yob (*Br infml*); (≈ *Kind*) brat (*infml*) **2** (≈ *Dreschflegel*) flail **Flegelalter** *nt* awkward adolescent phase **flegelhaft** *adj* uncouth **flegeln** ['fleːgln] *v/r* to loll, to sprawl

flehen ['fleːən] *v/i* (*elev*) to plead (**um** for, **zu** with) **flehentlich** ['fleːəntlɪç] **A** *adj* imploring, pleading **B** *adv* imploringly, pleadingly; **jdn ~ bitten** to plead with sb

Fleisch [flaɪʃ] *nt* ⟨-(e)s, *no pl*⟩ **1** (≈ *Gewebe*) flesh; **sich** (*dat or acc*) **ins eigene ~ schneiden** to cut off one's nose to spite one's face; **sein eigen ~ und Blut** (*elev*) his own flesh and blood; **jdm in ~ und Blut übergehen** to become second nature to sb **2** (≈ *Nahrungsmittel*) meat; (≈ *Fruchtfleisch*) flesh; **~ fressend** = fleischfressend; **~ verarbeitend** meat-processing **Fleischbrühe** *f* (≈ *Gericht*) bouillon; (≈ *Fond*) meat stock **Fleischer** ['flaɪʃɐ] *m* ⟨-s, -⟩, **Fleischerin** [-ərɪn] *f* ⟨-, -nen⟩ butcher **Fleischerei** [flaɪʃə'raɪ] *f* ⟨-, -en⟩ butcher's (shop) (*Br*), butcher (shop) (*US*) **fleischfarben** [-farbn] flesh-coloured (*Br*), flesh-colored (*US*) **fleischfressend**

adj carnivorous; **~e Tiere** carnivores, carnivorous animals **Fleischhauer(in)** *m/(f)* (*Aus*) butcher **Fleischhauerei** *f* (*Aus*) = Fleischerei **fleischig** ['flaɪʃɪç] *adj* fleshy **Fleischkäse** *m* meat loaf **Fleischkloß** *m* meatball **Fleischküchle** [-kyːçlə] *nt* (*S Ger*), **Fleischlaiberl** [-laɪbɐl] *nt* (*Aus*) (≈ *Frikadelle*) meatball **fleischlich** ['flaɪʃlɪç] *adj attr Speisen, Kost* meat **fleischlos** **A** *adj* (≈ *ohne Fleisch*) meatless; *Kost, Ernährung* vegetarian **B** *adv* **~ essen** to eat no meat **Fleischpflanzerl** [-pflantsɐl] *nt* ⟨-s, -n⟩ (*S Ger* ≈ *Frikadelle*) meatball **Fleischsalat** *m* diced meat salad with mayonnaise **Fleischtomate** *f* beef tomato **Fleischvergiftung** *f* food poisoning (*from meat*) **Fleischwolf** *m* mincer (*Br*), meat grinder (*esp US*); **jdn durch den ~ drehen** (*infml*) to put sb through the mill **Fleischwunde** *f* flesh wound **Fleischwurst** *f* pork sausage

Fleiß [flaɪs] *m* ⟨-(e)s, *no pl*⟩ diligence; (≈ *Beharrlichkeit*) application; (*als Charaktereigenschaft*) industriousness; **mit ~ kann es jeder zu etwas bringen** anybody can succeed if they work hard; **mit ~ bei der Sache sein** to work hard; **ohne ~ kein Preis** (*prov*) no pain, no gain **fleißig** ['flaɪsɪç] **A** *adj* **1** (≈ *arbeitsam*) hard-working *no adv*, industrious **2** (≈ *Fleiß zeigend*) diligent, painstaking **B** *adv* **~ studieren/arbeiten** to study/work hard

flektieren [flɛk'tiːrən] *past part* **flektiert** *v/t* to inflect (*form*); *Substantiv, Adjektiv* to decline; *Verb* to conjugate

flennen ['flɛnən] *v/i* (*pej infml*) to blub(ber) (*infml*)

fletschen ['flɛtʃn] *v/t* **die Zähne ~** to bare one's teeth

flexibel [flɛ'ksiːbl] **A** *adj* flexible **B** *adv* flexibly **Flexibilität** [flɛksibili'tɛːt] *f* ⟨-, *no pl*⟩ flexibility

Flexion [flɛ'ksioːn] *f* ⟨-, -en⟩ GRAM inflection

flicken ['flɪkn] *v/t* to mend; (*mit Flicken*) to patch **Flicken** ['flɪkn] *m* ⟨-s, -⟩ patch **Flickenteppich** *m* rag rug **Flickwerk** *nt* **die Reform war reinstes ~** the reform had been carried out piecemeal **Flickzeug** *nt, pl* **-zeuge** SEWING sewing kit; (*für Reifen*) (puncture) repair kit

Flieder ['fliːdɐ] *m* ⟨-s, -⟩ lilac

Fliege ['fliːgə] *f* ⟨-, -n⟩ **1** fly; **wie die ~n**

like flies; **er tut keiner ~ etwas zuleide** (fig) he wouldn't hurt a fly; **zwei ~n mit einer Klappe schlagen** (prov) to kill two birds with one stone (prov); **die ~ machen** (sl) to beat it (infml) **2** (≈ Schlips) bow tie
fliegen ['fliːgn] pret **flog** [floːk], past part **geflogen** [gə'floːgn] **A** v/i aux sein **1** to fly; **die Zeit fliegt** time flies; **auf jdn/etw ~** (infml) to be crazy about sb/sth (infml) **2** (infml) **von der Leiter ~** to fall off the ladder; **durchs Examen ~** to fail or flunk (infml) one's exam; **aus der Firma ~** to get the sack (infml); **von der Schule ~** to be chucked out of school (infml) **3 geflogen kommen** to come flying; **in den Papierkorb ~** to go into the wastepaper basket **B** v/t to fly **fliegend** adj attr flying; **~er Händler** travelling (Br) or traveling (US) hawker; **~er Teppich** flying carpet; **~e Hitze** hot flushes pl (Br) or flashes pl (US) **Fliegenfänger** m (≈ Klebestreifen) flypaper **Fliegengewicht** nt flyweight **Fliegengitter** nt fly screen **Fliegenklatsche** [-klatʃə] f ⟨-, -n⟩ fly swat **Fliegenpilz** m fly agaric **Flieger** ['fliːgɐ] m ⟨-s, -⟩ **1** (≈ Pilot) airman; (MIL: Rang) aircraftman (Br), airman basic (US) **2** (infml ≈ Flugzeug) plane **Fliegeralarm** m MIL air-raid warning **Fliegerangriff** m MIL air raid **Fliegerin** ['fliːgərɪn] f ⟨-, -nen⟩ (≈ Pilotin) airwoman **Fliegerjacke** f bomber jacket
fliehen ['fliːən] pret **floh** [floː], past part **geflohen** [gə'floːən] v/i aux sein to flee (vor +dat from); (≈ entkommen) to escape (aus from); **vor jdm ~** to flee from sb; **aus dem Lande ~** to flee the country **fliehend** adj Kinn receding; Stirn sloping **Fliese** ['fliːzə] f ⟨-, -n⟩ tile; **~n legen** to lay tiles **Fliesenleger** [-leːgɐ] m ⟨-s, -⟩, **Fliesenlegerin** [-ərɪn] f ⟨-, -nen⟩ tiler **Fließband** nt, pl -bänder conveyor belt; (als Einrichtung) assembly or production line; **am ~ arbeiten** to work on the assembly or production line **fließen** ['fliːsn] pret **floss** [flɔs], past part **geflossen** [gə'flɔsn] v/i aux sein to flow; (Tränen) to run; **es ist genug Blut geflossen** enough blood has been shed **fließend** **A** adj flowing; Leitungswasser running; Verkehr moving; Rede, Sprache fluent; Grenze, Übergang fluid **B** adv sprechen fluently **Fließheck** nt fastback
flimmerfrei adj OPT, PHOT flicker-free

flimmern ['flɪmɐn] v/i to shimmer; FILM, TV to flicker
flink [flɪŋk] **A** adj (≈ geschickt) nimble; (≈ schnell) quick **B** adv arbeiten quickly; springen nimbly; **ein bisschen ~!** (infml) get a move on! (infml)
Flinte ['flɪntə] f ⟨-, -n⟩ (≈ Schrotflinte) shotgun; **die ~ ins Korn werfen** (fig) to throw in the towel
Flipchart ['flɪptʃaːɐt] f ⟨-, -s⟩ flip chart
Flipper ['flɪpɐ] m ⟨-s, -⟩ pinball machine **flippern** ['flɪpɐn] v/i to play pinball
Flirt [flɪrt, fløːɐt, flœrt] m ⟨-s, -s⟩ (≈ Flirten) flirtation **flirten** ['flɪrtn, 'fløːɐtn, 'flœrtn] v/i to flirt
Flittchen ['flɪtçən] nt ⟨-s, -⟩ (pej infml) slut **Flitterwochen** ['flɪtɐ-] pl honeymoon sg; **in die ~ fahren/in den ~ sein** to go/be on one's honeymoon
flitzen ['flɪtsn] v/i aux sein (infml) **1** (≈ sich schnell bewegen) to dash **2** (≈ nackt rennen) to streak; **(das) Flitzen** streaking
floaten ['floːtn] v/t & v/i FIN to float; **~ (lassen)** to float
Flocke ['flɔkə] f ⟨-, -n⟩ flake; (≈ Schaumflocke) blob (of foam); (≈ Staubflocke) ball (of fluff) **flockig** ['flɔkɪç] adj (lit) fluffy; (fig) lively
Floh [floː] m ⟨-(e)s, ⁻e ['fløːə]⟩ ZOOL flea; **jdm einen ~ ins Ohr setzen** (infml) to put an idea into sb's head; **die Flöhe husten hören** (infml) to imagine things **Flohmarkt** m flea market **Flohzirkus** m flea circus
Flop [flɔp] m ⟨-s, -s⟩ flop (infml)
Flora ['floːra] f ⟨-, Floren ['floːran]⟩ flora
Florenz [flo'rɛnts] nt ⟨-' or -ens⟩ Florence
Florett [flo'rɛt] nt ⟨-(e)s, -e⟩ (≈ Waffe) foil **florieren** [flo'riːrən] past part **floriert** v/i to flourish **Florist** [flo'rɪst] m ⟨-en, -en⟩, **Floristin** [-'rɪstɪn] f ⟨-, -nen⟩ florist
Floskel ['flɔskl] f ⟨-, -n⟩ set phrase **floskelhaft** adj Stil, Rede cliché-ridden; Ausdrucksweise stereotyped
Floß [floːs] nt ⟨-es, ⁻e ['fløːsə]⟩ raft
Flosse ['flɔsə] f ⟨-, -n⟩ **1** (≈ Fischflosse) fin; (≈ Walflosse, Robbenflosse, Taucherflosse) flipper **2** (AVIAT, NAUT ≈ Leitwerk) fin
Floßfahrt f raft trip
Flöte ['fløːtə] f ⟨-, -n⟩ **1** pipe; (≈ Querflöte, Orgelflöte) flute; (≈ Blockflöte) recorder **2** (≈ Kelchglas) flute glass **flöten** ['fløːtn] **A** v/i MUS to play the flute; (≈ Blockflöte spielen) to play the recorder **B** v/t & v/i (Vogel, fig

infml) to warble **flöten gehen** *v/i aux sein* (*infml*) to go to the dogs (*infml*) **Flötenkessel** *m* whistling kettle **Flötist** [flø'tɪst] *m* ⟨-en, -en⟩, **Flötistin** [-'tɪstɪn] *f* ⟨-, -nen⟩ piper; (*von Querflöte*) flautist

flott [flɔt] **A** *adj* **1** (≈ *zügig*) *Fahrt* quick; *Tempo* brisk; *Bedienung* speedy (*infml*); (≈ *schwungvoll*) *Musik* lively **2** (≈ *chic*) smart **3** *pred* **wieder ~ sein** (*Schiff*) to be afloat again; (*Mensch: finanziell*) to be in funds again; (*Unternehmen*) to be back on its feet **B** *adv* **1** (≈ *zügig*) quickly, speedily; **ich komme ~ voran** I'm making speedy progress **2** (≈ *chic*) stylishly

Flotte ['flɔtə] *f* ⟨-, -n⟩ NAUT, AVIAT fleet **Flottenstützpunkt** *m* naval base

Flöz [fløːts] *nt* ⟨-es, -e⟩ MIN seam

Fluch [fluːx] *m* ⟨-(e)s, ⁻e ['flyːçə]⟩ curse **fluchen** ['fluːxn] *v/i* to curse (and swear); **auf** *or* **über jdn/etw ~** to curse sb/sth

Flucht [flʊxt] *f* ⟨-, -en⟩ **1** flight (*vor +dat* from); **die ~ ergreifen** to take flight; **auf der ~ sein** to be fleeing; (*Gesetzesbrecher*) to be on the run; **jdm zur ~ verhelfen** to help sb to escape **2** (≈ *Häuserflucht*) row; (≈ *Fluchtlinie*) alignment **fluchtartig A** *adj* hasty, hurried **B** *adv* hastily, hurriedly **Fluchtauto** *nt* escape car; (*von Gesetzesbrecher*) getaway car **flüchten** ['flʏçtn] *v/i aux sein* (≈ *davonlaufen*) to flee (*vor +dat* from); **vor der Wirklichkeit ~** to escape reality; **sich in (den) Alkohol ~** to take refuge in alcohol; **sich in Ausreden ~** to resort to excuses **Fluchtfahrzeug** *nt* escape vehicle; (*von Gesetzesbrecher*) getaway vehicle **Fluchtgefahr** *f* risk of escape, risk of an escape attempt **Fluchthelfer(in)** *m/(f)* escape helper **flüchtig** ['flʏçtɪç] **A** *adj* **1** (≈ *geflüchtet*) fugitive; **~ sein** to be still at large **2** (≈ *kurz*) fleeting, brief; *Gruß* brief **3** (≈ *oberflächlich*) cursory, sketchy **B** *adv* **1** (≈ *kurz*) fleetingly, briefly; **~ erwähnen** to mention in passing **2** (≈ *oberflächlich*) cursorily, superficially; **etw ~ lesen** to skim through sth; **jdn ~ kennen** to have met sb briefly **Flüchtigkeitsfehler** *m* careless mistake **Flüchtling** ['flʏçtlɪŋ] *m* ⟨-s, -e⟩ refugee **Flüchtlingsboot** *nt* refugee boat, boat carrying refugees **Flüchtlingslager** *nt* refugee camp **Flüchtlingsunterkunft** *f* refugee hostel **Fluchtursache** *f* reason to flee **Fluchtversuch** *m* escape attempt or

bid **Fluchtweg** *m* escape route

Flug [fluːk] *m* ⟨-(e)s, ⁻e ['flyːgə]⟩ flight; **im ~(e)** in the air; **wie im ~(e)** (*fig*) in a flash **Flugabwehr** *f* air defence (*Br*) or defense (*US*) **Flugabwehrrakete** *f* anti-aircraft missile **Flugangst** *f* fear of flying **Flugbahn** *f* flight path; (≈ *Kreisbahn*) orbit **Flugbegleiter(in)** *m/(f)* flight attendant **flugbereit** *adj* ready for takeoff **Flugblatt** *nt* leaflet **Flugdatenschreiber** *m* flight recorder **Flugdauer** *f* flying time

Flügel ['flyːgl] *m* ⟨-s, -⟩ **1** wing; (*von Hubschrauber, Ventilator*) blade; (≈ *Fensterflügel*) casement (*form*), side; (≈ *Lungenflügel*) lung; (≈ *Nasenflügel*) nostril; **einem Vogel/jdm die ~ stutzen** to clip a bird's/sb's wings **2** (≈ *Konzertflügel*) grand piano, grand (*infml*) **Flügelhorn** *nt* MUS flugelhorn **Flügelkampf** *m* POL factional dispute **Flügelspanne** *f* wing span **Flügelstürmer** *m* SPORTS wing forward **Flügeltür** *f* leaved door (*form*); (*mit zwei Flügeln*) double door

Flugente *f* COOK muscovy duck **Fluggast** *m* (*airline*) passenger

flügge ['flʏɡə] *adj* fully-fledged; **~ werden** (*lit*) to be able to fly; (*fig*) to leave the nest **Fluggepäck** *nt* baggage **Fluggesellschaft** *f* airline (company) **Flughafen** *m* airport; **auf dem ~** at the airport **Flughafenbus** *m* airport bus **Flughafensteuer** *f* airport tax **Flughöhe** *f* AVIAT altitude **Flugkapitän(in)** *m/(f)* captain (*of an/the aircraft*) **Flugkörper** *m* flying object **Fluglärm** *m* aircraft noise **Fluglehrer(in)** *m/(f)* flying instructor **Fluglinie** *f* (≈ *Fluggesellschaft*) airline (company) **Fluglotse** *m*, **Fluglotsin** *f* air-traffic or flight controller **Flugmeile** *f* air mile **Flugmodus** *m* TEL flight mode **Flugnummer** *f* flight number **Flugobjekt** *nt* **ein unbekanntes ~** an unidentified flying object **Flugpersonal** *nt* flight personnel *pl* **Flugplan** *m* flight schedule **Flugplatz** *m* airfield; (*größer*) airport **Flugpreis** *m* air fare **Flugreise** *f* flight **Flugrettungsdienst** *m* air rescue service **Flugroute** *f* air route **Flugschein** *m* **1** pilot's licence (*Br*) or license (*US*) **2** (≈ *Flugticket*) plane or air ticket **Flugschreiber** *m* flight recorder **Flugschrift** *f* pamphlet **Flugschüler(in)** *m/(f)* trainee pilot **Flugsicherheit** *f* air safety **Flug-**

sicherung f air traffic control **Flugsimulator** m flight simulator **Flugsteig** [-ʃtaik] m ⟨-(e)s, -e [-gə]⟩ gate **Flugstunde** f **1** flying hour; **zehn ~n entfernt** ten hours away by air **2** (≈ Unterricht) flying lesson **flugtauglich** adj Pilot fit to fly; Flugzeug airworthy **Flugticket** nt plane ticket **flugtüchtig** adj airworthy **fluguntauglich** adj Pilot unfit to fly; Flugzeug not airworthy **Flugunterbrechung** f stop **fluguntüchtig** adj not airworthy **Flugverbindung** f air connection **Flugverbot** nt flying ban **Flugverkehr** m air traffic **Flugzeit** f flying time **Flugzeug** nt, pl -zeuge aircraft, (aero)-plane (Br), (air)plane (US); **mit dem ~** by air or plane **Flugzeugabsturz** m plane crash **Flugzeugbesatzung** f air crew, plane crew **Flugzeugentführer(in)** m/(f) (aircraft) hijacker, skyjacker **Flugzeugentführung** f (aircraft) hijacking, skyjacking **Flugzeughalle** f (aircraft) hangar **Flugzeugträger** m aircraft carrier **Flugzeugunglück** nt plane crash **Flugziel** nt destination

Fluidum ['fluːidʊm] nt ⟨-s, Fluida [-da]⟩ (fig) aura; (von Städten, Orten) atmosphere

Fluktuation [flʊktuaˈtsioːn] f ⟨-, -en⟩ fluctuation (+gen in) **fluktuieren** [flʊktuˈiːrən] past part fluktuiert v/i to fluctuate

Flunder ['flʊndɐ] f ⟨-, -n⟩ flounder

flunkern ['flʊŋkɐn] (infml) **A** v/i to tell stories **B** v/t to make up

Fluor ['fluːoːɐ] nt ⟨-s, no pl⟩ fluorine; (≈ Fluorverbindung) fluoride **Fluorchlorkohlenwasserstoff** m chlorofluorocarbon **fluoreszieren** [fluɔrɛsˈtsiːrən] past part fluoresziert v/i to be luminous

Flur[1] [fluːɐ] m ⟨-(e)s, -e⟩ corridor; (≈ Hausflur) hall **Flurschaden** m damage to an agricultural area; (fig) damage

Fluse ['fluːzə] f ⟨-, -n⟩ bit of fluff; (≈ Wollfluse) bobble

Fluss [flʊs] m ⟨-es, ̈e ['flʏsə]⟩ **1** (≈ Gewässer) river; **am ~** by the river **2** (≈ Verlauf) flow; **etw kommt in ~** sth gets underway; **im ~ sein** (≈ sich verändern) to be in a state of flux **flussab(wärts)** [flʊsˈap(vɛrts)] adv downstream, downriver **flussaufwärts** [flʊsˈaufvɛrts] adv upstream, upriver **Flussbett** nt riverbed **Flüsschen** ['flʏsçən] nt ⟨-s, -⟩ little river **Flussdiagramm** nt flow chart or diagram **flüssig** ['flʏsɪç] **A** adj **1** (≈ nicht fest) liquid; Honig, Lack runny; (≈ geschmolzen) Metall molten **2** (≈ fließend) Stil, Spiel fluid **3** (≈ verfügbar) Geld available; **ich bin im Moment nicht ~** (infml) I'm out of funds at the moment **B** adv **1** **~ ernährt werden** to be fed on liquids **2** (≈ fließend) fluently; **~ lesen/schreiben** to read/write fluently **Flüssiggas** nt liquid gas **Flüssigkeit** f ⟨-, -en⟩ **1** (≈ flüssiger Stoff) liquid **2** no pl (von Metall etc) liquidity; (von Geldern) availability; (von Stil) fluidity **Flüssigkristall** m liquid crystal **Flüssigkristallanzeige** f liquid-crystal display **Flüssigseife** f liquid soap **Flusskrebs** m crayfish (Br), crawfish (US) **Flusslauf** m course of a/the river **Flussmündung** f river mouth; (von Gezeitenfluss) estuary **Flusspferd** nt hippopotamus

flüstern ['flʏstɐn] v/t & v/i to whisper **Flüsterpropaganda** f underground rumours (Br) or rumors (US) pl

Flut [fluːt] f ⟨-, -en⟩ **1** (≈ ansteigender Wasserstand) incoming or flood tide; (≈ angestiegener Wasserstand) high tide; **die ~ geht zurück** the tide has turned or started to go out **2** usu pl (≈ Wassermasse) waters pl **3** (fig ≈ Menge) flood **Flutkatastrophe** f flood disaster **Flutlicht** nt floodlight **Flutwelle** f tidal wave

Föderalismus [føderaˈlɪsmʊs] m ⟨-, no pl⟩ federalism **föderalistisch** [føderaˈlɪstɪʃ] adj federalist **Föderation** [føderaˈtsioːn] f ⟨-, -en⟩ federation **föderativ** [føderaˈtiːf] adj federal

Fohlen ['foːlən] nt ⟨-s, -⟩ foal

Föhn [føːn] m ⟨-(e)s, -e⟩ **1** (≈ Wind) foehn, föhn **2** (≈ Haartrockner) hairdryer **föhnen** ['føːnən] v/t to dry

Föhre ['føːrə] f ⟨-, -n⟩ Scots pine (tree)

Folge ['fɔlgə] f ⟨-, -n⟩ **1** (≈ Reihenfolge) order; (≈ Aufeinanderfolge) succession; MAT sequence; (≈ Fortsetzung) instalment (Br), installment (US); TV, RADIO episode; (≈ Serie) series **2** (≈ Ergebnis) consequence; (≈ unmittelbare Folge) result; (≈ Auswirkung) effect; **als ~ davon** as a result (of that); **dies hatte zur ~, dass ...** the consequence or result of this was that ...; **an den ~n eines Unfalls sterben** to die as a result of an accident **3** (form) **einem Befehl ~ leisten** to comply with an order **Folgeerscheinung** f result, consequence **Folgekosten** pl subsequent costs pl **folgen** ['fɔlgn] v/i aux sein to fol-

low; **auf etw** (acc) **~** to follow sth, to come after sth; **~ Sie mir** (**bitte**)**!** come with me please; **wie folgt** as follows; **können Sie mir ~?** (≈ verstehen) do you follow (me)?; **was folgt daraus für die Zukunft?** what are the consequences of this for the future? **folgend** adj following; **Folgendes** the following; **im Folgenden** in the following; **es handelt sich um Folgendes** it's like this; (schriftlich) it concerns the following **folgendermaßen** ['fɔlgndə-'maːsn] adv like this **folgenlos** adj without consequences; (≈ wirkungslos) ineffective **folgenreich** adj (≈ bedeutsam) momentous; (≈ folgenschwer) serious **folgenschwer** adj serious **folgerichtig** adj (logically) consistent **folgern** ['fɔlgən] v/t to conclude **Folgerung** ['fɔlgərʊŋ] f ⟨-, -en⟩ conclusion **Folgeschaden** m consequential damages **Folgezeit** f following period, period following **folglich** ['fɔlklɪç] adv, cj consequently, therefore **folgsam** ['fɔlkzaːm] adj obedient
Folie ['foːliə] f ⟨-, -n⟩ (≈ Plastikfolie) film; (für Projektor) transparency; (≈ Metallfolie, COOK) foil **Folienkartoffel** f COOK jacket (Br) or baked potato (baked in foil) **Folienschreiber** m marker pen (for overhead projector transparencies)
Folklore [fɔlk'loːrə, 'fɔlkloːrə] f ⟨-, no pl⟩ folklore; (≈ Volksmusik) folk music **folkloristisch** [fɔlklo'rɪstɪʃ] adj folkloric; **~e Musik** folk music
Folsäure ['foːl-] f, no pl CHEM folic acid
Folter ['fɔltɐ] f ⟨-, -n⟩ torture; **jdn auf die ~ spannen** (fig) to keep sb on tenterhooks **Folterbank** f, pl -bänke rack **Folterer** ['fɔltərɐ] m ⟨-s, -⟩, **Folterin** f ⟨-, -nen⟩ torturer **Folterinstrument** nt instrument of torture **Folterkammer** f torture chamber **foltern** ['fɔltɐn] **A** v/t to torture **B** v/i to use torture **Folterung** ['fɔltərʊŋ] f ⟨-, -en⟩ torture **Folterwerkzeug** nt instrument of torture
Fon [foːn] nt ⟨-s, -s⟩ phon
Fön® [føːn] m ⟨-(e)s, -e⟩ hairdryer
Fond [fõː] m ⟨-s, -s⟩ **1** (elev ≈ Wagenfond) back, rear **2** (COOK ≈ Fleischsaft) meat juices pl
Fonds [fõː] m ⟨-, -⟩ **1** (≈ Geldreserve) fund **2** (FIN ≈ Schuldverschreibung) government bond

Fondue [fõ'dyː] nt ⟨-s, -s or⟩ f ⟨-, -s⟩ fondue
fönen ['føːnən] v/t → **föhnen**
Fono- ['foːno-, fo:no-] = **Phono-**
Fontäne [fɔn'tɛːnə] f ⟨-, -n⟩ jet; (elev ≈ Springbrunnen) fountain
foppen ['fɔpn] v/t (infml) **jdn ~** to pull sb's leg (infml)
forcieren [fɔr'siːrən] past part **forciert** v/t to push; Tempo to force; Produktion to push or force up **forciert** [fɔr'siːɛt] adj forced
Förderband nt, pl -bänder conveyor belt **Förderer** ['fœrdərɐ] m ⟨-s, -⟩, **Förderin** [-ərɪn] f ⟨-, -nen⟩ sponsor; (≈ Gönner) patron **Förderkorb** m mine cage **Förderkurs** m SCHOOL special classes pl **förderlich** ['fœrdəlɪç] adj beneficial (+dat to) **Fördermittel** pl aid sg
fordern ['fɔrdɐn] v/t **1** (≈ verlangen) to demand **2** (fig ≈ kosten) Opfer to claim **3** (≈ herausfordern) to challenge
fördern ['fœrdɐn] v/t **1** (≈ unterstützen) to support; (≈ propagieren) to promote; (finanziell) Projekt to sponsor; jds Talent to encourage, to foster; Verdauung to aid; Appetit to stimulate **2** (≈ steigern) Wachstum to promote; Umsatz to boost, to increase **3** Bodenschätze to extract; Kohle, Erz to mine **Förderturm** m MIN winding tower; (auf Bohrstelle) derrick
Forderung ['fɔrdərʊŋ] f ⟨-, -en⟩ **1** (≈ Verlangen) demand (nach for); **~en an jdn stellen** to make demands on sb **2** (COMM ≈ Anspruch) claim (an +acc, gegen on, against) **3** (≈ Herausforderung) challenge
Förderung ['fœrdərʊŋ] f ⟨-, -en⟩ **1** (≈ Unterstützung) support; (finanziell) sponsorship; (von Talent) encouragement, fostering; (von Verdauung) aid (gen to) **2** (infml ≈ Förderungsbetrag) grant **3** (≈ Gewinnung) extraction
Forelle [fo'rɛlə] f ⟨-, -n⟩ trout
forensisch [fo'rɛnzɪʃ] adj forensic
Form [fɔrm] f ⟨-, -en⟩ **1** form; (≈ Gestalt, Umriss) shape; **in ~ eines Dreiecks** in the shape of a triangle; **aus der ~ geraten** to lose its shape; **feste ~ annehmen** (fig) to take shape **2** **Formen** pl (≈ Umgangsformen) manners pl; **die ~ wahren** to observe the proprieties; **in aller ~** formally **3** (≈ Kondition) form; **in ~ bleiben** to keep (oneself) fit or in condition; (Sportler) to keep in form **4** (≈ Gießform) mould (Br), mold (US); (≈ Kuchenform, Backform) baking

tin (Br) or pan (US) **formal** [fɔr'maːl] **A** adj formal **B** adv formally

Formaldehyd ['fɔrmaldehyːt, fɔrmalde-'hyːt] m ⟨-s, no pl⟩ formaldehyde

Formalie [fɔr'maːliə] f ⟨-, -n⟩ usu pl formality **formalistisch** [fɔrma'lɪstɪʃ] adj formalistic **Formalität** [fɔrmali'tɛːt] f ⟨-, -en⟩ formality

Format [fɔr'maːt] nt ⟨-(e)s, -e⟩ **1** size; (von Zeitung, Buch) format; **im ~ DIN A4** in A4 (format) **2** (≈ Rang) stature **3** (fig ≈ Niveau) class (infml), quality **formatieren** [fɔrma-'tiːrən] past part **formatiert** v/t & v/i it to format **Formatierung** f ⟨-, -en⟩ it formatting **Formation** [fɔrma'tsioːn] f ⟨-, -en⟩ formation; (≈ Gruppe) group **Formatvorlage** f it style (sheet)

Formblatt nt form

Formel ['fɔrml] f ⟨-, -n⟩ formula; (von Eid etc) wording; (≈ Floskel) set phrase **Formel-1-Rennen** [fɔrml'ains-] nt Formula-1 race

formell [fɔr'mɛl] **A** adj formal **B** adv (≈ offiziell) formally, officially

formen ['fɔrmən] v/t to form, to shape; Eisen to mould (Br), to mold (US) **Formfehler** m irregularity **formgerecht** adj correct, proper **formieren** [fɔr'miːrən] past part **formiert** v/r to form up **förmlich** ['fœrmlɪç] **A** adj **1** (≈ formell) formal **2** (≈ regelrecht) positive **B** adv **1** (≈ formell) formally **2** (≈ regelrecht) positively **Förmlichkeit** f ⟨-, -en⟩ **1** no pl (von Benehmen) formality **2** usu pl (≈ Äußerlichkeit) social convention **formlos** adj **1** (≈ ohne Form) shapeless **2** (≈ zwanglos) informal, casual **3** ADMIN Antrag unaccompanied by a form/any forms **Formsache** f matter of form **formschön** adj elegant, elegantly proportioned **Formschwäche** f poor form; **~n zeigen** to be on poor form **Formtief** nt loss of form; **sich in einem ~ befinden** to be badly off form

Formular [fɔrmu'laːɐ] nt ⟨-s, -e⟩ form **formulieren** [fɔrmu'liːrən] past part **formuliert** v/t to phrase, to formulate **Formulierung** f ⟨-, -en⟩ wording, formulation

Formung ['fɔrmʊŋ] f ⟨-, -en, no pl⟩ (≈ Formen) forming, shaping; (von Eisen) moulding (Br), molding (US) **formvollendet** adj perfect; Gedicht perfectly structured

forsch [fɔrʃ] **A** adj brash **B** adv brashly

forschen [fɔrʃn] v/i **1** (≈ suchen) to search (nach for) **2** (≈ Forschung betreiben) to research; **über etw** (acc) **~** to research into sth **forschend A** adj Blick searching **B** adv searchingly; **jdn ~ ansehen** to give sb a searching look **Forscher** ['fɔrʃɐ] m ⟨-s, -⟩, **Forscherin** [-ərɪn] f ⟨-, -nen⟩ **1** researcher; (in Naturwissenschaften) research scientist **2** (≈ Forschungsreisender) explorer

Forschheit f ⟨-, -en⟩ brashness

Forschung ['fɔrʃʊŋ] f ⟨-, -en⟩ research no pl; **~ und Lehre** research and teaching; **~ und Entwicklung** research and development, R&D **Forschungsauftrag** m research assignment **Forschungsgebiet** nt field of research **Forschungsprojekt** nt research project **Forschungsreise** f expedition **Forschungsreisende(r)** m/f(m) decl as adj explorer **Forschungssatellit** m research satellite **Forschungszentrum** nt research centre (Br) or center (US)

Forst [fɔrst] m ⟨-(e)s, -e(n)⟩ forest **Forstamt** nt forestry office **Förster** ['fœrstɐ] m ⟨-s, -⟩, **Försterin** [-ərɪn] f ⟨-, -nen⟩ forest warden **Forsthaus** nt forester's lodge **Forstrevier** nt forestry district **Forstschaden** m forest damage no pl **Forstwirtschaft** f forestry

Forsythie [fɔr'zyːtsiə, (Aus) fɔr'zyːtiə] f ⟨-, -n⟩ forsythia

fort [fɔrt] adv **1** (≈ weg) away; (≈ verschwunden) gone; **es war plötzlich ~** it suddenly disappeared; **er ist ~** he has left or gone; **von zu Hause ~** away from home **2** (≈ weiter) on; **und so ~** and so on, and so forth; **das ging immer so weiter und so ~ und so ~** (infml) that went on and on and on; **in einem ~** incessantly

Fort [foːɐ] nt ⟨-s, -s⟩ fort

Fortbestand m, no pl continuance; (von Institution) continued existence; (von Gattung etc) survival **fortbestehen** past part **fortbestanden** v/i sep irr to continue; (Institution) to continue in existence **fortbewegen** past part **fortbewegt** sep **A** v/t to move away **B** v/r to move **Fortbewegung** f, no pl locomotion **Fortbewegungsmittel** nt means sg of locomotion **fortbilden** v/t sep **jdn/sich ~** to continue sb's/one's education **Fortbildung** f, no pl further education; **berufliche ~** further vocational training

Fortbildungskurs m in-service training course **fortbleiben** v/i sep irr aux sein to stay away **Fortbleiben** nt ‹-s, no pl› absence **Fortdauer** f continuation **fortdauern** v/i sep to continue **fortdauernd** **A** adj continuing **B** adv constantly, continuously **fortfahren** sep v/i **1** aux sein (≈ abfahren) to leave, to go **2** aux haben or sein (≈ weitermachen) to continue; ~, **etw zu tun** to continue doing sth or to do sth **fortfallen** v/i sep irr aux sein to cease to exist, to be discontinued; (≈ abgeschafft werden) to be abolished **fortführen** v/t sep (≈ fortsetzen) to continue, to carry on **Fortführung** f continuation **Fortgang** m, no pl (≈ Verlauf) progress; **seinen ~ nehmen** to progress **fortgehen** v/i sep aux sein (≈ weggehen) to leave **fortgeschritten** adj advanced **Fortgeschrittene(r)** ['fɔrtgəʃrɪtnə] m/f(m) decl as adj advanced student **fortgesetzt** adj continual, constant; Betrug repeated; → fortsetzen **fortjagen** v/t sep Menschen to throw out (aus, von of); Tier, Kinder to chase out (aus, von of) **fortlaufen** v/i sep irr aux sein to run away **fortlaufend** **A** adj Handlung ongoing; Zahlungen regular; (≈ andauernd) continual **B** adv (≈ andauernd) continually; ~ **nummeriert** Geldscheine serially numbered; Seiten consecutively numbered **fortpflanzen** v/r sep to reproduce; (Schall, Wellen) to travel; (Gerücht) to spread **Fortpflanzung** f, no pl reproduction; (von Pflanzen) propagation **Fortpflanzungsorgan** nt reproductive organ **Fortpflanzungstrieb** m reproductive instinct **fortrennen** v/i sep irr aux sein to race off or away **Fortsatz** m ANAT process **fortschaffen** v/t sep to remove **fortschreiten** v/i sep irr aux sein to progress; (≈ weitergehen) to continue **fortschreitend** adj progressive; Alter advancing **Fortschritt** m advance; esp POL progress no pl; **gute ~e machen** to make good progress; ~e **in der Medizin** advances in medicine; **dem ~ dienen** to further progress **fortschrittlich** ['fɔrt-ʃrɪtlɪç] **A** adj progressive **B** adv progressively **fortschrittsfeindlich** adj anti-progressive **fortsetzen** sep **A** v/t to continue; → fortgesetzt **B** v/r (zeitlich) to continue; (räumlich) to extend **Fortsetzung** ['fɔrtzɛtsʊŋ] f ‹-, -en› **1** no

pl (≈ das Fortsetzen) continuation **2** RADIO, TV episode; (eines Romans) instalment (Br), installment (US); „**Fortsetzung folgt**" "to be continued"
Fortsetzungsroman m serialized novel **fortwährend** **A** adj no pred constant, continual **B** adv constantly, continually
Forum ['foːrʊm] nt ‹-s, Foren ['foːrən]› forum
fossil [fɔ'siːl] adj attr fossilized; Brennstoff fossil attr **Fossil** [fɔ'siːl] nt ‹-s, -ien [-liən]› fossil
Foto ['foːto] nt ‹-s, -s› photo(graph); **ein ~ machen** to take a photo(graph) **Fotoalbum** nt photograph album **Fotoapparat** m camera **Fotoautomat** m (für Passfotos) photo booth **Fotobombe** f photobomb **Fotobuch** nt photobook **Fotofinish** nt SPORTS photo finish **fotogen** [foto'geːn] adj photogenic **Fotograf** [foto'graːf] m ‹-en, -en›, **Fotografin** [-'graːfɪn] f ‹-, -nen› photographer **Fotografie** [fotogra'fiː] f ‹-, -n [-'fiːən]› photography; (≈ Bild) photo(graph) **fotografieren** [fotogra'fiːrən] past part fotografiert **A** v/t to photograph **B** v/i to take photos or photographs **fotografisch** [foto'graːfɪʃ] **A** adj photographic **B** adv photographically **Fotohandy** nt camera phone **Fotokopie** f photocopy **fotokopieren** [fotoko'piːrən] past part fotokopiert v/t insep to photocopy **Fotokopierer** m photocopier **Fotolabor** nt photo lab **Fotomodell** nt photographic model **Fotomontage** f photomontage **Fotosynthese** f → Photosynthese **Fototermin** m photo call
Fötus ['føːtʊs] m ‹- or -ses, Föten or -se› foetus (Br), fetus (US)
fotzen ['fɔtsn̩] v/t (Aus ≈ ohrfeigen) **jdn ~ to** give sb a smack on the ear
Foul [faul] nt ‹-s, -s› SPORTS foul **Foulelfmeter** ['faul-] m FTBL penalty (kick) **foulen** ['faulən] v/t & v/i SPORTS to foul **Foulspiel** ['faul-] nt SPORTS foul play
Foyer [foa'jeː] nt ‹-s, -s› foyer
FPÖ [ɛf'peː'øː] f ‹-› abbr of Freiheitliche Partei Österreichs
Fracht [fraxt] f ‹-, -en› freight no pl **Frachtbrief** m consignment note, waybill **Frachter** ['fraxtɐ] m ‹-s, -› freighter **Frachtflugzeug** nt cargo or freight plane **frachtfrei** adj, adv carriage paid or free **Frachtgut** nt (ordinary) freight

no pl **Frachtkosten** *pl* freight charges *pl* **Frachtraum** *m* hold; (≈ *Ladefähigkeit*) cargo space **Frachtschiff** *nt* cargo ship, freighter **Frachtverkehr** *m* goods traffic

Frack [frak] *m* ⟨-(e)s, -s *(inf)* or ÷e ['frɛkə]⟩ tails *pl*, tail coat

Fracking ['frɛkɪŋ] *nt* ⟨-s, *no pl*⟩ *(Herauslösen von Erdöl und Erdgas)* fracking, underground coal gasification

Frage ['fra:gə] *f* ⟨-, -n⟩ question; **jdm eine ~ stellen** to ask sb a question; **sind noch ~n?** are there any further questions?; **das steht außer ~** there's no question or doubt about it; **ohne ~** without question or doubt; **eine ~ des Geldes** a question or matter of money; **in ~ kommen/stellen**; → *infrage* **Fragebogen** *m* questionnaire; (≈ *Formular*) form **fragen** ['fra:gn̩] **A** *v/t & v/i* to ask; **nach jdm ~** to ask after sb; *(in Hotel etc)* to ask for sb; **nach dem Weg ~** to ask the way; **er fragte nicht danach, ob ...** he didn't bother or care whether ...; **wegen etw ~** to ask about sth; **frag nicht so dumm!** don't ask silly questions; **du fragst zu viel** you ask too many questions; **da fragst du mich zu viel** *(infml)* I really couldn't say; **man wird ja wohl noch ~ dürfen** *(infml)* I was only asking *(infml)*; **wenn ich (mal) ~ darf** if I may or might ask; **ohne lange zu ~** without asking a lot of questions; → *gefragt* **B** *v/r* to wonder; **das frage ich mich** I wonder; **es fragt sich, ob ...** it's debatable or questionable whether or if ...; **ich frage mich, wie/wo ...** I'd like to know how/where ... **fragend A** *adj Blick* questioning **B** *adv* **jdn ~ ansehen** to give sb a questioning look **Fragerei** [fra:gə'rai] *f* ⟨-, -en⟩ questions *pl* **Fragesatz** *m* GRAM interrogative sentence; (≈ *Nebensatz*) interrogative clause **Fragestellung** *f* **das ist eine falsche ~** the question is wrongly formulated **Fragestunde** *f* PARL question time *no art (Br)* **Fragewort** *nt, pl* -wörter interrogative (particle) **Fragezeichen** *nt* question mark **fraglich** ['fra:klɪç] *adj* **1** (≈ *zweifelhaft*) uncertain; (≈ *fragwürdig*) doubtful, questionable **2** *attr* (≈ *betreffend*) in question; *Angelegenheit* under discussion **fraglos** *adv* undoubtedly, unquestionably **Fragment** [frag'mɛnt] *nt* ⟨-(e)s, -e⟩ fragment **fragmentarisch** [fragmɛn'ta:rɪʃ]

adj fragmentary

fragwürdig *adj* dubious **Fragwürdigkeit** *f* ⟨-, -en⟩ dubious nature

Fraktion [frak'tsio:n] *f* ⟨-, -en⟩ **1** POL ≈ parliamentary or congressional *(US)* party; (≈ *Sondergruppe*) group, faction **2** CHEM fraction **Fraktionsführer(in)** *m/(f)* party whip, floor leader *(US)* **fraktionslos** *adj Abgeordneter* independent **Fraktionssitzung** *f* party meeting **Fraktionsvorsitzende(r)** *m/f(m)* decl as adj party whip, floor leader *(US)* **Fraktionszwang** *m* requirement to vote in accordance with party policy

Fraktur [frak'tu:ɐ] *f* ⟨-, -en⟩ **1** TYPO Gothic print; **(mit jdm) ~ reden** *(infml)* to be blunt (with sb) **2** MED fracture

Franken[1] ['fraŋkn̩] *nt* ⟨-s⟩ Franconia

Franken[2] *m* ⟨-s, -⟩ **(Schweizer) ~** (Swiss) franc

frankieren [fraŋ'ki:rən] *past part* **frankiert** *v/t* to stamp; *(mit Maschine)* to frank **franko** ['fraŋko] *adv* COMM carriage paid **Frankreich** ['fraŋkraiç] *nt* ⟨-s⟩ France

Franse ['franzə] *f* ⟨-, -n⟩ *(lose)* (loose) thread **fransen** ['franzn̩] *v/i* to fray (out)

Franzose [fran'tso:zə] *m* ⟨-n, -n⟩ Frenchman/French boy; **die ~n** the French **Französin** [fran'tsø:zɪn] *f* ⟨-, -nen⟩ Frenchwoman/French girl **französisch** [fran'tsø:zɪʃ] *adj* French; **die ~e Schweiz** French-speaking Switzerland; **~es Bett** double bed; → *deutsch*

Fräse ['frɛːzə] *f* ⟨-, -n⟩ (≈ *Werkzeug*) milling cutter; *(für Holz)* moulding *(Br)* or molding *(US)* cutter **fräsen** ['frɛːzn̩] *v/t* to mill; *Holz* to mould *(Br)*, to mold *(US)*

Fraß [fra:s] *m* ⟨-es, -e⟩ food; *(pej infml)* muck *(infml) no indef art*; **jdn den Kritikern zum ~ vorwerfen** to throw sb to the critics

Fratze ['fratsə] *f* ⟨-, -n⟩ **1** grotesque face **2** (≈ *Grimasse*) grimace; *(infml* ≈ *Gesicht)* face

Frau [frau] *f* ⟨-, -en⟩ **1** woman **2** (≈ *Ehefrau*) wife **3** (≈ *Anrede*) madam; *(mit Namen)* Mrs; *(für eine unverheiratete Frau)* Miss, Ms **Frauchen** ['frauçən] *nt* ⟨-s, -⟩ *(infml: von Hund)* mistress **Frauenarzt** *m*, **Frauenärztin** *f* gynaecologist *(Br)*, gynecologist *(US)* **Frauenberuf** *m* career for women **Frauenbewegung** *f* women's *(auch HIST)* or feminist movement **Frauenfeind** *m* misogynist **frauenfeind-**

lich *adj* anti-women *pred* **Frauenhaus** *nt* women's refuge **Frauenheilkunde** *f* gynaecology (*Br*), gynecology (*US*) **Frauenheld** *m* lady-killer **Frauenkrankheit** *f*, **Frauenleiden** *nt* gynaecological (*Br*) *or* gynecological (*US*) disorder **Frauenquote** *f* quota for women **Frauenrechtler** [-rɛçtlɐ] *m* ⟨-s, -⟩, **Frauenrechtlerin** [-ərɪn] *f* ⟨-, -nen⟩ feminist **Frauenzeitschrift** *f* women's magazine **Fräulein** ['frɔylain] *nt* ⟨-s, - *or* (*inf*) -s⟩ (*dated*) **1** young lady **2** (≈ *Anrede*) Miss **3** (≈ *Verkäuferin*) assistant; (≈ *Kellnerin*) waitress; **~!** Miss! **fraulich** ['fraulɪç] *adj* feminine; (≈ *reif*) womanly *no adv*

Freak ['friːk] *m* ⟨-s, -s⟩ (*infml*) freak (*infml*) **freakig** ['friːkɪç] *adj* (*infml*) freaky (*infml*) **frech** [frɛç] **A** *adj* **1** (≈ *unverschämt*) cheeky (*esp Br*), fresh *pred* (*esp US*); *Lüge* bare-faced *no adv* **2** (≈ *herausfordernd*) *Kleidung, Texte etc* saucy (*infml*) **B** *adv lachen* impudently; *anlügen* brazenly **Frechdachs** *m* (*infml*) cheeky monkey (*Br*), smart aleck **Frechheit** *f* ⟨-, -en, *no pl*⟩ impudence; **die ~ haben** *or* **besitzen, ... zu ...** to have the cheek (*esp Br*) *or* impudence to ...

Fregatte [freˈɡatə] *f* ⟨-, -n⟩ frigate **frei** [frai] **A** *adj* **1** free; **~ von etw** free of sth; **die Straße ~ machen** to clear the road; **ich bin so ~** (*form*) may I?; **jdm ~e Hand lassen** to give sb free rein; **aus ~en Stücken** of one's own free will; **~er Zutritt** unrestricted access **2** **~er Beruf** independent profession; **~er Mitarbeiter** freelancer; **die ~e Wirtschaft** private enterprise; **Mittwoch ist ~** Wednesday is a holiday; **Eintritt ~** admission free **3** (≈ *unbesetzt*) *Zimmer, Toilette* vacant; **ist dieser Platz noch ~?** is anyone sitting here?, is this seat free?; **„frei"** (*an Taxi*) "for hire"; (*an Toilettentür*) "vacant"; **„Zimmer ~"** "vacancies"; **haben Sie noch etwas ~?** (*in Hotel*) do you have any vacancies?; **einen Platz für jdn ~ lassen** to keep a seat for sb **B** *adv* **1** (≈ *ungehindert*) freely; *sprechen* openly; **~ beweglich** free-moving; **~ erfunden** purely fictional; **der Verbrecher läuft immer noch ~ herum** the criminal is still at large; **~ laufend** *Hunde, Katzen* feral; *Huhn* free-range; **Eier von ~ laufenden Hühnern** free-range eggs; **~ stehen** (*Haus*) to stand by itself; (≈ *leer stehen*) to stand empty; **ein ~ stehendes Gebäude**

a free-standing building; **~ nach** based on **2** (≈ *ohne Hilfsmittel*) unaided, without help; **~ sprechen** to speak without notes **Freibad** *nt* open-air (swimming) pool **freibekommen** *past part* **freibekommen** *v/t sep irr* **1** (≈ *befreien*) **jdn ~** to get sb freed *or* released **2** **einen Tag ~** to get a day off **Freiberufler** [-bəruːflɐ] *m* ⟨-s, -⟩, **Freiberuflerin** [-ərɪn] *f* ⟨-, -nen⟩ freelancer **freiberuflich** **A** *adj* freelance **B** *adv* **~ arbeiten** to work freelance **Freibetrag** *m* tax allowance **Freibier** *nt* free beer

Freiburg ['fraibʊrk] *nt* ⟨-s⟩ (*in der Schweiz: Kanton, Stadt*) Fribourg

Freier ['fraiɐ] *m* ⟨-s, -⟩ (*infml: von Dirne*) (prostitute's) client, john (*US infml*)

Freie(s) ['fraiə] *nt decl as adj* **im ~n** in the open (air); **im ~n übernachten** to sleep out in the open **Freiexemplar** *nt* free copy **Freigabe** *f* release; (*von Wechselkursen*) lifting of control (+*gen* on); (*von Straße, Strecke*) opening **Freigang** *m, pl* -gänge (*von Strafgefangenen*) day release **freigeben** *sep irr* **A** *v/t* to release (*an* +*acc* to); *Wechselkurse* to decontrol; *Straße, Strecke, Flugbahn* to open; *Film* to pass; **jdm den Weg ~** to let sb past *or* by **B** *v/i* **jdm ~** to give sb a holiday (*Br*), to give sb vacation (*US*); **jdm zwei Tage ~** to give sb two days off **freigebig** ['fraiɡeːbɪç] *adj* generous **Freigebigkeit** *f* ⟨-, *no pl*⟩ generosity **Freigepäck** *nt* baggage allowance **Freigrenze** *f* (*bei Steuer*) tax exemption limit **freihaben** *v/i sep irr* to have a holiday (*Br*), to have vacation (*US*); **ich habe heute frei** I have today off **Freihafen** *m* free port **frei halten** *irr v/t* **1** (≈ *nicht besetzen*) to keep free **2** (≈ *reservieren*) to keep **Freihandelszone** *f* free trade area **freihändig** *adj, adv Zeichnung* freehand; *Radfahren* with no hands **Freiheit** ['fraihait] *f* ⟨-, -en⟩ freedom *no pl*; (≈ *persönliche Freiheit als politisches Ideal*) liberty; **in ~** (*dat*) **sein** to be free; **in ~ leben** (*Tier*) to live in the wild; **dichterische ~** poetic licence (*Br*) *or* license (*US*); **sich** (*dat*) **zu viele ~en erlauben** to take too many liberties **freiheitlich** ['fraihaitlɪç] *adj* liberal; *Demokratie* free; **die ~-demokratische Grundordnung** the free democratic constitutional structure **Freiheitsberaubung** *f* ⟨-, -en⟩ JUR wrongful deprivation of personal liberty **Freiheitsbewe-**

gung *f* liberation movement **Freiheitsentzug** *m* imprisonment **Freiheitskampf** *m* fight for freedom **Freiheitskämpfer(in)** *m/(f)* freedom fighter **Freiheitsstatue** *f* Statue of Liberty **Freiheitsstrafe** *f* prison sentence **freiheraus** [fraihɛˈraus] *adv* candidly, frankly **Freikarte** *f* free or complimentary ticket **freikaufen** *v/t sep* **jdn/sich ~** to buy sb's/one's freedom **Freiklettern** *nt* ⟨-s, no pl⟩ free climbing **freikommen** *v/i sep irr aux sein* (≈ entkommen) to get out (aus of) **Freikörperkultur** *f, no pl* nudism, naturism **Freilandhaltung** *f, no pl* **Eier/Hühner aus ~** free-range eggs/ chickens **freilassen** *v/t sep irr* to set free, to free **Freilassung** *f* ⟨-, -en⟩ release **freilegen** *v/t sep* to expose; *Ruinen* to uncover; (fig) to lay bare **freilich** [ˈfrailɪç] *adv* **1** (≈ allerdings) admittedly **2** (≈ selbstverständlich) of course **Freilichtbühne** *f* open-air theatre (Br) or theater (US) **frei machen** *v/r* **1** (≈ freie Zeit einplanen) to arrange to be free **2** (≈ sich entkleiden) to take one's clothes off **freimachen** *v/t sep Brief* to stamp **Freimaurer** *m* Mason, Freemason **Freimaurerloge** *f* Masonic Lodge **Freimut** *m, no pl* frankness **freimütig** [ˈfraimyːtɪç] **A** *adj* frank **B** *adv* frankly **freinehmen** *v/t sep irr* **einen Tag ~** to take a day off **Freiraum** *m* (fig) freedom *no art, no pl* (zu for) **freischaffend** *adj attr* freelance **Freischaffende(r)** [-ʃafndə] *m/f(m) decl as adj* freelancer **freischalten** *v/t sep TEL Leitung* to clear; *Handy* to connect, to enable **Freischärler** [-ʃɛːɐlɐ] *m* ⟨-s, -⟩, **Freischärlerin** [-ərɪn] *f* ⟨-, -nen⟩ guerrilla **freischwimmen** *v/r sep irr SPORTS to pass a test by swimming for 15 minutes* **freisetzen** *v/t sep* to release; (euph) Arbeitskräfte to make redundant, (vorübergehend) to lay off **freispielen** *sep SPORTS* **A** *v/r* to get into space **B** *v/t* **jdn ~** to play sb clear, to create space for sb **Freisprechanlage** *f* hands-free (headset); (im Auto) hands-free (car kit) **freisprechen** *v/t sep irr Angeklagten* to acquit; **jdn von einer Schuld ~** JUR to find sb not guilty; **jdn von einem Verdacht ~** to clear sb of suspicion **Freispruch** *m* acquittal **Freistaat** *m* free state **freistehen** *v/i sep irr* (≈ überlassen sein) **es steht jdm frei, etw zu tun** sb is free or at liberty

to do sth; **das steht Ihnen völlig frei** that is completely up to you; → **frei freistellen** *v/t sep* (≈ anheimstellen) **jdm etw ~** to leave sth (up) to sb **Freistil** *m* freestyle **Freistoß** *m* FTBL free kick (für to, for) **Freistunde** *f* free hour; SCHOOL free period

Freitag [ˈfraitaːk] *m* Friday; → Dienstag **freitags** [ˈfraitaːks] *adv* on Fridays, on a Friday **Freitagsgebet** *nt* Friday prayers *pl*

Freitod *m* suicide; **den ~ wählen** to decide to put an end to one's life **Freitreppe** *f* (flight of) steps (+gen leading up to) **Freiumschlag** *m* stamped addressed envelope, s.a.e. **Freiwild** *nt* (fig) fair game **freiwillig** **A** *adj* voluntary; (≈ freigestellt) Unterricht optional **B** *adv* voluntarily; **sich ~ melden** to volunteer (zu, für for) **Freiwillige(r)** [-vɪlɪɡə] *m/f(m) decl as adj* volunteer **Freiwilligkeit** *f* voluntary nature, voluntariness **Freizeichen** *nt* TEL ringing tone **Freizeit** *f* spare or leisure time **Freizeitangebot** *nt* leisure activity **Freizeitausgleich** *m* time off in lieu (Br), time off instead of pay (US) **Freizeitbeschäftigung** *f* leisure pursuit or activity **Freizeitdroge** *f* recreational drug **Freizeitgestaltung** *f* organization of one's leisure time **Freizeitpark** *m* amusement park **Freizeitverhalten** *nt* recreational behaviour (Br) or behavior (US), recreational patterns *pl* **freizügig** **A** *adj* **1** (≈ reichlich) liberal **2** (in moralischer Hinsicht) permissive **B** *adv* **1** (≈ reichlich) freely, liberally **2** (≈ moralisch locker) **~ gekleidet** provocatively dressed **Freizügigkeit** [-tsyːɡɪçkait] *f* ⟨-, no pl⟩ **1** (≈ Großzügigkeit) liberality **2** (in moralischer Hinsicht) permissiveness **3** (≈ Beweglichkeit) freedom of movement

fremd [frɛmt] *adj* **1** (≈ andern gehörig) someone else's; *Bank, Firma* different; **ohne ~e Hilfe** without help from anyone else/outside; **~es Eigentum** someone else's property **2** (≈ fremdländisch) foreign **3** (≈ andersartig, unvertraut) strange; **jdm ~ sein** (≈ unbekannt) to be unknown to sb; (≈ unverständlich) to be alien to sb; **ich bin hier ~** I'm a stranger here; **sich** *or* **einander** (dat) **~ werden** to grow apart; **sich ~ fühlen** to feel like a stranger; **~ tun** to be reserved **Fremdarbeiter(in)** *m/(f) usu neg!* foreign worker **fremdartig** *adj*

strange; (≈ *exotisch*) exotic
fremdenfeindlich *adj* hostile to
strangers; (≈ *ausländerfeindlich*) hostile to
foreigners, xenophobic
Fremdenfeindlichkeit *f* xenophobia
Fremdenführer(in) *m/(f)* (tourist)
guide **Fremdenhass** *m* xenophobia
Fremdenlegion *f* Foreign Legion
Fremdenverkehr *m* tourism *no def art*
Fremdenverkehrsamt *nt* tourist office **Fremde(r)** ['frɛmdə] *m/f(m) decl as
adj* (≈ *Unbekannter*) stranger; (≈ *Ausländer*)
foreigner; (≈ *Tourist*) visitor **fremdgehen**
v/i sep irr aux sein (*infml*) to be unfaithful
Fremdkörper *m* foreign body; (*fig*) alien element **fremdschämen** *v/r sep*
sich für jdn/etw ~ to feel embarrassed
for sb/about sth **Fremdsprache** *f* foreign language **Fremdsprachenkor-
respondent(in)** *m/(f)*, **Fremdspra-
chensekretär(in)** *m/(f)* bilingual secretary **Fremdsprachenunterricht** *m*
language teaching **fremdsprachig** *adj*
in a foreign language **fremd-
sprachlich** *adj* foreign; **~er Unterricht**
language teaching **Fremdwort** *nt, pl*
-wörter borrowed *or* foreign word
frenetisch [fre'neːtɪʃ] 🅰 *adj* frenetic,
frenzied; *Beifall* wild 🅱 *adv* wildly
frequentieren [frekvɛn'tiːrən] *past part*
frequentiert *v/t* (*elev*) to frequent **Frequenz** [fre'kvɛnts] *f* ‹-, -en› 🔢 (≈ *Häufigkeit*) frequency; MED (*pulse*) rate 🔢 (≈ *Stärke*) numbers *pl*; (≈ *Verkehrsdichte*) volume of
traffic **Frequenzbereich** *m* RADIO frequency range
Fressalien [frɛ'saːliən] *pl* (*infml*) grub *sg* (*sfl*)
Fresse ['frɛsə] *f* ‹-, -n› (*vulg*) (≈ *Mund*) trap
(*infml*), gob (*infml*); (≈ *Gesicht*) mug (*infml*);
die ~ halten to shut one's trap (*infml*)
fressen ['frɛsn] *pret* **fraß** [fraːs], *past part*
gefressen [gə'frɛsn] 🅰 *v/i* to feed, to
eat; (*sl: Menschen*) to eat; (*gierig*) to guzzle
(*infml*) 🅱 *v/t* 🔢 to eat; (≈ *sich ernähren
von*) to feed *or* live on; (*sl* ≈ *gierig essen*)
to guzzle (*infml*) 🔢 **Kilometer ~** to burn
up the kilometres (*Br*) *or* kilometers (*US*);
ich habe dich zum Fressen gern (*infml*)
you're good enough to eat (*infml*); **jdn/
etw gefressen haben** (*infml*) to have had
one's fill of sb/sth 🔢 (≈ *verbrauchen*) to
eat *or* gobble up; *Zeit* to take up 🄲 *v/r* (≈
sich bohren) to eat one's way (*in +acc* into,
durch through) **Fressen** *nt* ‹-s, *no pl*›

food; (*sl*) grub (*sfl*); (*sl* ≈ *Schmaus*) blow-out
(*infml*) **Fresssucht** *f* (*infml*) gluttony;
(*krankhaft*) craving for food
Frettchen ['frɛtçən] *nt* ‹-s, -› ferret
Freude ['frɔydə] *f* ‹-, -n, *no pl*› pleasure;
(*innig*) joy (*über +acc* at); **~ an etw** (*dat*) **haben** to get *or* derive pleasure from sth; **~
am Leben haben** to enjoy life; **vor ~** with
joy; **es ist mir eine ~, zu …** it's a real
pleasure for me to …; **jdm ~ machen** to
give sb pleasure; **jdm eine ~ machen** to
make sb happy; **zu meiner großen ~** to
my great delight; **aus ~ an der Sache**
for the love of it **Freudenfest** *nt* celebration **Freudensprung** *m* **einen ~
machen** to jump for joy **freudestrah-
lend** *adj, adv* beaming with delight **freudig** ['frɔydɪç] 🅰 *adj* 🔢 (≈ *froh gestimmt*)
joyful; (≈ *begeistert*) enthusiastic 🔢 (≈ *beglü-
ckend*) happy; **eine ~e Nachricht** some
good news; **ein ~es Ereignis** (*euph*) a happy event (*euph*) 🅱 *adv* happily, joyfully; **~
überrascht sein** to be pleasantly surprised
freuen ['frɔyən] 🅰 *v/r* 🔢 (≈ *froh sein*) to
be glad *or* pleased (*über +acc* about); **sich
riesig ~** (*infml*) to be delighted (*über +acc*
about); **sich für jdn ~** to be glad *or*
pleased for sb 🔢 **sich auf jdn/etw ~** to
look forward to seeing sb/to sth 🅱 *v/t
+impers* to please; **es freut mich, dass …**
I'm pleased *or* glad that …; **das freut
mich** I'm really pleased
Freund [frɔynt] *m* ‹-(e)s, -e [-də]› 🔢
friend; (≈ *Liebhaber*) boyfriend 🔢 (*fig*) (≈ *Anhänger*) lover; **ein ~ der Kunst** an art-
-lover; **ich bin kein ~ von so etwas** I'm
not one for that sort of thing **Freundeskreis** *m* circle of friends; **etw im engsten
~ feiern** to celebrate sth with one's closest friends **Freundin** ['frɔyndɪn] *f* ‹-,
-nen› 🔢 friend; (≈ *Liebhaberin*) girlfriend
🔢 (*fig* ≈ *Anhängerin*) → Freund 2 **freundlich** ['frɔyntlɪç] 🅰 *adj* 🔢 (≈ *wohlgesinnt*)
friendly *no adv*; **bitte recht ~!** say cheese!
(*infml*), smile please!; **mit ~en Grüßen**
(with) best wishes 🔢 (≈ *liebenswürdig*) kind
(*zu* to); **würden Sie bitte so ~ sein und
das tun?** would you be so kind *or* good
as to do that? 🔢 (≈ *ansprechend*) *Aussehen,
Wetter etc* pleasant; *Farben* cheerful 🅱 *adv*
bitten, fragen nicely; **jdn ~ behandeln** to
be friendly toward(s) sb **freundlicherweise** ['frɔyntlɪçə'vaizə] *adv* kindly
Freundlichkeit *f* ‹-, -en› 🔢 *no pl* (≈

Wohlgesonnenheit) friendliness; (≈ *Liebenswürdigkeit*) kindness **2** (≈ *Gefälligkeit*) kindness, favour (*Br*), favor (*US*); (≈ *freundliche Bemerkung*) kind remark **Freundschaft** ['frɔyntʃaft] *f* ⟨-, -en⟩ friendship; **mit jdm ~ schließen** to make *or* become friends with sb; **da hört die ~ auf** (*infml*) friendship doesn't go that far **freundschaftlich** ['frɔyntʃaftlɪç] **A** *adj* friendly *no adv* **B** *adv* **jdm ~ verbunden sein** to be friends with sb; **jdm ~ gesinnt sein** to feel friendly toward(s) sb **Freundschaftspreis** *m* (special) price for a friend **Freundschaftsspiel** *nt* SPORTS friendly game *or* match, friendly (*infml*)
Frieden ['friːdn] *m* ⟨-s, -⟩ peace; **im ~** in peacetime; **~ schließen** to make one's peace; POL to conclude (*form*) *or* make peace; **sozialer ~** social harmony; **jdn in ~ lassen** to leave sb in peace; **um des lieben ~s willen** (*infml*) for the sake of peace and quiet **Friedensappell** *m* call for peace **Friedensbewegung** *f* peace movement **Friedensinitiative** *f* peace initiative **Friedenskonferenz** *f* peace conference **Friedensnobelpreis** *m* Nobel peace prize **Friedenstaube** *f* dove of peace **Friedenstruppen** *pl* peacekeeping forces *pl* **Friedensverhandlungen** *pl* peace negotiations *pl* **Friedensvertrag** *m* peace treaty **friedfertig** ['friːtfɛrtɪç] *adj Mensch* peaceable **Friedhof** ['friːthoːf] *m* (≈ *Kirchhof*) graveyard; (≈ *Stadtfriedhof etc*) cemetery **friedlich** ['friːtlɪç] **A** *adj* peaceful; (≈ *friedfertig*) *Mensch* peaceable **B** *adv* (≈ *in Frieden*) peacefully; **~ sterben** to die peacefully **friedliebend** *adj* peace-loving
frieren ['friːrən] *pret* **fror** [froːɐ], *past part* **gefroren** [ɡəˈfroːrən] **A** *v/i* **1** *auch v/t impers* ≈ *sich kalt fühlen*) to be cold; **ich friere, mich friert** I'm cold **2** *aux sein* (≈ *gefrieren*) to freeze **B** *v/i impers* **heute Nacht hat es gefroren** it was below freezing last night
Fries [friːs] *m* ⟨-es, -e [-zə]⟩ ARCH, TEX frieze
friesisch ['friːzɪʃ] *adj* Fri(e)sian; → **deutsch**
frigid [fri'giːt], **frigide** [fri'giːdə] *adj* frigid **Frigidität** [frigidi'tɛːt] *f* ⟨-, no *pl*⟩ frigidity
Frikadelle [frika'dɛlə] *f* ⟨-, -n⟩ COOK rissole

Frikassee [frika'seː] *nt* ⟨-s, -s⟩ COOK fricassee
Frisbee® ['frɪsbi] *nt* ⟨-, -s⟩ Frisbee®; **~ spielen** to play Frisbee® **Frisbeescheibe®** ['frɪsbi-] *f* Frisbee®
frisch [frɪʃ] **A** *adj* **1** (≈ *neu*) fresh; *Kleidung* clean; (≈ *feucht*) *Farbe* wet; **~es Obst** fresh fruit; **~e Eier** new-laid (*Br*) *or* freshly-laid eggs; **sich ~ machen** to freshen up; **mit ~en Kräften** with renewed vigour (*Br*) *or* vigor (*US*); **~e Luft schöpfen** to get some fresh air **2** (≈ *munter*) *Wesen, Art* bright, cheery; *Farbe* cheerful; *Gesichtsfarbe* fresh; **~ und munter sein** (*infml*) to be bright and lively **3** (≈ *kühl*) cool, chilly; **es weht ein ~er Wind** (*lit*) there's a fresh wind **B** *adv* (≈ *neu*) freshly; **Bier ~ vom Fass** beer (straight) from the tap; **~ gestrichen** newly *or* freshly painted; (*auf Schild*) wet paint; **~ gebacken** (*infml*) *Ehepaar* newly-wed; *Diplom-Ingenieur etc* newly-qualified; **das Bett ~ beziehen** to change the bed **Frische** ['frɪʃə] *f* ⟨-, no *pl*⟩ (*von Wesen*) brightness, cheeriness; (*von Farbe*) cheerfulness; (≈ *gesundes Aussehen*) freshness; **in alter ~** (*infml*) as always **Frischei** *nt* new-laid (*Br*) *or* freshly-laid egg **Frischfisch** *m* fresh fish **Frischfleisch** *nt* fresh meat **Frischhaltefolie** *f* cling-film **Frischkäse** *m* cream cheese **Frischluft** *f* fresh air **Frischmilch** *f* fresh milk **Frischzelle** *f* MED live cell **Frischzellentherapie** *f* MED cellular *or* live-cell therapy
Friseur [fri'zøːɐ] *m* ⟨-s, -e⟩, **Friseurin** [fri'zøːrɪn] [-'zøːrɪn] *f* ⟨-, -nen⟩ hairdresser; (≈ *Geschäft*) hairdresser's **Friseursalon** [fri'zøːɐ-] *m* hairdressing salon **Friseuse** [fri'zøːzə] *f* ⟨-, -n⟩ (female) hairdresser **frisieren** [fri'ziːrən] *past part* **frisiert** **A** *v/t* **1** (≈ *kämmen*) **jdn ~** to do sb's hair **2** (*infml* ≈ *abändern*) *Abrechnung* to fiddle; *Bericht* to doctor (*infml*); **die Bilanzen ~** to cook the books (*infml*) **3** (*infml*) *Auto, Motor* to soup up (*infml*) **B** *v/r* to do one's hair
Frist [frɪst] *f* ⟨-, -en⟩ **1** (≈ *Zeitraum*) period; **innerhalb kürzester ~** without delay **2** (≈ *Zeitpunkt*) deadline (*zu* for); (*bei Rechnung*) last date for payment **3** (≈ *Aufschub*) extension, period of grace **fristen** ['frɪstn] *v/t* **sein Leben** *or* **Dasein ~** to eke out an existence **fristgemäß**, **fristgerecht** *adj, adv* within the period stipulated; **fristgerecht kündigen** to give proper notice

fristlos *adj, adv* without notice
Frisur [fri'zu:ɐ] *f* ⟨-, -en⟩ hairstyle
Frittatensuppe [fri'ta:tn-] *f* (*Aus*) pancake soup
Fritten ['frɪtn] *pl* (*infml*) chips *pl* (*Br*), fries *pl* (*esp US infml*) **Frittenbude** *f* (*infml*) chip shop (*Br*), ≈ hotdog stand **Fritteuse** [fri-'tø:zə] *f* ⟨-, -n⟩ chip pan (*Br*), deep-fat fryer **frittieren** [fri'ti:rən] *past part* **frittiert** *v/t* to (deep-)fry
frivol [fri'vo:l] *adj* (≈ *leichtfertig*) frivolous; (≈ *anzüglich*) *Witz, Bemerkung* suggestive **Frivolität** [frivoli'tɛ:t] *f* ⟨-, -en⟩ **1** *no pl* (≈ *Leichtfertigkeit*) frivolity **2** (≈ *Bemerkung*) risqué remark
froh [fro:] *adj* happy; (≈ *dankbar, erfreut*) glad, pleased; (**darüber**) **~ sein, dass ...** to be glad or pleased that ... **fröhlich** ['frø:lɪç] **A** *adj* happy, cheerful **B** *adv* (≈ *unbekümmert*) merrily **Fröhlichkeit** *f* ⟨-, *no pl*⟩ happiness; (≈ *gesellige Stimmung*) merriment
fromm [frɔm] *adj, comp* ⁼**er** *or* -**er** ['frœmə], *sup* ⁼**ste(r, s)** ['frœmstə] (≈ *gläubig*) religious; (≈ *scheinheilig*) pious, sanctimonious; **das ist ja wohl nur ein ~er Wunsch** that's just a pipe dream
frönen ['frø:nən] *v/i +dat* (*elev*) to indulge in
Fronleichnam [fro:n'laiçna:m] *no art* ⟨-(e)s, *no pl*⟩ (the Feast of) Corpus Christi
Front [frɔnt] *f* ⟨-, -en⟩ front; **~ gegen jdn/ etw machen** to make a stand against sb/ sth **frontal** [frɔn'ta:l] **A** *adj no pred Angriff* frontal; *Zusammenstoß* head-on **B** *adv angreifen* MIL from the front; (*fig*) head-on; *zusammenstoßen* head-on **Frontalzusammenstoß** *m* head-on collision **Frontantrieb** *m* AUTO front-wheel drive **Frontlader** [-la:dɐ] *m* ⟨-s, -⟩ (≈ *Waschmaschine*) front loader
Frosch [frɔʃ] *m* ⟨-(e)s, ⁼e ['frœʃə]⟩ frog; (≈ *Feuerwerkskörper*) (fire)cracker; **einen ~ im Hals haben** (*infml*) to have a frog in one's throat **Froschlaich** *m* frogspawn **Froschmann** *m, pl* -**männer** frogman **Froschschenkel** *m* frog's leg
Frost [frɔst] *m* ⟨-(e)s, ⁼e ['frœstə]⟩ frost; **~ vertragen (können)** to be able to stand (the) frost **frostbeständig** *adj* frost-resistant **Frostbeule** *f* chilblain **frösteln** ['frœstln] **A** *v/i* to shiver **B** *v/t +impers* **es fröstelte mich** I shivered **frostig** ['frɔstiç] **A** *adj* frosty **B** *adv* **jdn ~ empfangen** to

give sb a frosty reception **Frostschaden** *m* frost damage **Frostschutzmittel** *nt* AUTO antifreeze **Frottee** [frɔ'te:] *nt or m* ⟨-s, -s⟩ terry towelling (*Br*), terry-cloth toweling (*US*) **Frotteehandtuch** *nt* (terry) towel (*Br*), terry-cloth towel (*US*) **frottieren** [frɔ'ti:rən] *past part* **frottiert** *v/t Haut* to rub; *jdn, sich* to rub down
Frucht [frʊxt] *f* ⟨-, ⁼e ['frʏçtə]⟩ fruit *no pl*: (≈ *Getreide*) crops *pl*; **Früchte** (≈ *Obst*) fruit *sg*; **Früchte tragen** to bear fruit **fruchtbar** *adj* **1** fertile **2** (*fig* ≈ *viel schaffend*) prolific **3** (*fig* ≈ *nutzbringend*) fruitful **Fruchtbarkeit** ['frʊxtba:ɐkait] *f* ⟨-, *no pl*⟩ **1** fertility **2** (*fig* ≈ *Nutzen*) fruitfulness **Fruchtbecher** *m* fruit sundae; BOT cupule (*tech*), cup **fruchten** ['frʊxtn] *v/i* to bear fruit; **nichts ~** to be fruitless **Früchtetee** *m* fruit tea **fruchtig** ['frʊxtiç] *adj* fruity **Fruchtkapsel** *f* BOT capsule **fruchtlos** *adj* (*fig*) fruitless **Fruchtsaft** *m* fruit juice **Fruchtwasser** *nt, no pl* PHYSIOL amniotic fluid **Fruchtzucker** *m* fructose
früh [fry:] **A** *adj* early; **am ~en Morgen** early in the morning, in the early morning; **der ~e Goethe** the young Goethe **B** *adv* **1** early; (≈ *in jungen Jahren*) young; (*in Entwicklung*) early on; **von ~ auf** from an early age; **von ~ bis spät** from morning till night; **zu ~ starten** to start too soon **2** **morgen ~** tomorrow morning; **heute ~** this morning **Frühaufsteher** [-aufʃte:ɐ] *m* ⟨-s, -⟩, **Frühaufsteherin** [-ərɪn] *f* ⟨-, -nen⟩ early riser, early bird (*infml*) **Frühbucher** *m* ⟨-s, -⟩, **Frühbucherin** *f* ⟨-, -nen⟩ early booker **Frühbucherrabatt** *m* early booking discount **früher** ['fry:ɐ] **A** *adj* **1** earlier **2** (≈ *ehemalig*) former; (≈ *vorherig*) *Besitzer* previous **B** *adv* earlier; **~ oder später** sooner or later; **ich habe ihn ~ mal gekannt** I used to know him; **~ war alles besser** things were better in the old days; **genau wie ~** just as it/he *etc* used to be; **Erinnerungen an ~** memories of times gone by; **ich kenne ihn von ~** I've known him some time; **meine Freunde von ~** my old friends **Früherkennung** *f* MED early diagnosis **frühestens** ['fry:əstns] *adv* at the earliest **früheste(r, s)** ['fry:əstə] *adj* earliest **Frühgeburt** *f* premature birth; (≈ *Kind*) premature baby **Frühjahr** *nt*

F

spring **Frühjahrsmüdigkeit** f spring-time lethargy **Frühjahrsputz** m spring-cleaning **Frühling** ['fry:lɪŋ] m ⟨-, -e⟩ spring; **im ~** in spring **Frühlingsanfang** m first day of spring **frühlingshaft** adj springlike **Frühlingsrolle** f cook spring roll **Frühlingszwiebel** f spring onion (Br), green onion (US) **frühmorgens** adv early in the morning **Frühnebel** m early morning mist **frühreif** adj precocious **Frührentner(in)** m/(f) person who has retired early **Frühschicht** f early shift **Frühschoppen** [-ʃɔpn] m ⟨-s, -⟩ morning or (mittags) lunchtime drinking **Frühsport** m early morning exercise **Frühstück** nt ⟨-s, -e⟩ breakfast; **was isst du zum ~?** what do you have for breakfast? **frühstücken** ['fry:-ʃtʏkn] insep **A** v/i to have breakfast, to breakfast **B** v/t to breakfast on **Frühstücksbüfett** nt breakfast buffet **Frühstücksfernsehen** nt breakfast television **Frühstückspause** f morning or coffee break **Frühstücksraum** m breakfast room **Frühwarnsystem** nt early warning system **frühzeitig** adj, adv early

Fruktose [frʊk'to:zə] f ⟨-, no pl⟩ fructose **fruktosefrei** adj fructose-free **Fruktoseunverträglichkeit** f fructose intolerance

Frust [frʊst] m ⟨-(e)s, no pl⟩ (infml) frustration no art **Frustessen** nt (infml) comfort eating **Frustkauf** m (infml) retail therapy no pl (infml) **Frustration** [frʊstra'tsioːn] f ⟨-, -en⟩ frustration **frustrieren** [frʊs'triː-rən] past part frustriert v/t to frustrate

Fuchs [fʊks] m ⟨-es, ⁼e ['fʏksə]⟩ **1** (≈ Tier) fox; **er ist ein schlauer ~** (infml) he's a cunning old devil (infml) or fox (infml) **2** (≈ Pferd) chestnut **Fuchsbau** m, pl -baue fox's den **fuchsen** ['fʊksn] v/t (infml) to annoy

Fuchsie ['fʊksiə] f ⟨-, -n⟩ bot fuchsia **fuchsig** ['fʊksɪç] adj (infml ≈ wütend) mad (infml) **Füchsin** ['fʏksɪn] f ⟨-, -nen⟩ vixen **Fuchsjagd** f fox-hunting; (≈ einzelne Jagd) fox hunt **Fuchspelz** m fox fur **fuchsrot** adj Fell red; Pferd chestnut; Haar ginger **Fuchsschwanz** m **1** fox's tail **2** (tech ≈ Säge) handsaw **fuchsteufelswild** adj (infml) hopping mad (infml)

Fuchtel ['fʊxtl] f ⟨-, -n⟩ (fig infml) **unter jds** (dat) **~** under sb's thumb **fuchteln**

['fʊxtln] v/i (infml) (**mit den Händen**) **~** to wave one's hands about (infml)

Fudschijama [fʊdʒiˈjaːma] m ⟨-s⟩ Fujiyama

Fug [fuːk] m (elev) **mit ~ und Recht** with complete justification

Fuge ['fuːgə] f ⟨-, -n⟩ **1** joint; (≈ Ritze) gap, crack; **die Welt ist aus den ~n geraten** (elev) the world is out of joint (liter) **2** mus fugue **fugen** ['fuːgn] v/t to joint

fügen ['fyːgn] **A** v/t (≈ einfügen) to put, to place; **der Zufall fügte es, dass …** fate decreed that … **B** v/r (≈ sich unterordnen) to be obedient, to obey; **sich dem Schicksal ~** to accept one's fate **fügsam** ['fyːk-zaːm] adj obedient **Fügung** ['fyːgʊŋ] f ⟨-, -en⟩ (≈ Bestimmung) chance, stroke of fate; **eine glückliche ~** a stroke of good fortune

fühlbar adj (≈ spürbar) perceptible; (≈ beträchtlich) marked **fühlen** ['fyːlən] **A** v/t & v/i to feel; Puls to take **B** v/r to feel; **sich verantwortlich ~** to feel responsible; **wie ~ Sie sich?** how are you feeling?, how do you feel? **Fühler** ['fyːle] m ⟨-s, -⟩ zool feeler, antenna; **seine ~ ausstrecken** (fig infml) to put out feelers (nach towards) **Fühlung** ['fyːlʊŋ] f ⟨-, -en⟩ contact; **mit jdm in ~ bleiben** to remain or stay in contact or touch with sb

Fuhre ['fuːrə] f ⟨-, -n⟩ (≈ Ladung) load **führen** ['fyːrən] **A** v/t **1** (≈ geleiten) to take; (≈ vorangehen, -fahren) to lead; **er führte uns durch das Schloss** he showed us (a)round the castle **2** (≈ leiten) Betrieb etc to run; Gruppe etc to lead, to head **3** **was führt Sie zu mir?** (form) what brings you to me?; **ein Land ins Chaos ~** to reduce a country to chaos **4** Kraftfahrzeug to drive; Flugzeug to fly; Kran to operate **5** (≈ transportieren) to carry; (≈ haben) Namen, Titel to have **6** (≈ im Angebot haben) to stock **B** v/i **1** (≈ in Führung liegen) to lead; **die Mannschaft führt mit 10 Punkten Vorsprung** the team has a lead of or is leading by 10 points **2** (≈ verlaufen) (Straße) to go; (Kabel etc) to run; (Spur) to lead **3** (≈ als Ergebnis haben) **zu etw ~** to lead to sth, to result in sth; **das führt zu nichts** that will come to nothing **führend** adj leading attr **Führer** ['fyːre] m ⟨-s, -⟩ (≈ Buch) guide **Führer** ['fyːre] m ⟨-s, -⟩, **Führerin** [-ərɪn] f ⟨-, -nen⟩ **1** (≈ Leiter) leader; (≈ Oberhaupt) head **2** (≈ Fremden-

führer) guide **3** (*form* ≈ *Lenker*) driver; (*von Flugzeug*) pilot; (*von Kran*) operator **Führerausweis** *m* (*Swiss*) = **Führerschein Führerhaus** *nt* cab **Führerschein** *m* (*für Auto*) driving licence (*Br*), driver's license (*US*); **den ~ machen** AUTO to learn to drive; (≈ *die Prüfung ablegen*) to take one's (driving) test; **jdm den ~ entziehen** to disqualify sb from driving

Fuhrpark *m* fleet (of vehicles)

Führung ['fy:rʊŋ] *f* ⟨-, -en⟩ **1** *no pl* guidance, direction; (*von Partei, Expedition etc*) leadership; MIL command; (*eines Unternehmens etc*) management **2** *no pl* (≈ *die Führer*) leaders *pl*, leadership *sg*; MIL commanders *pl*; (*eines Unternehmens etc*) directors *pl* **3** (≈ *Besichtigung*) guided tour (*durch* of) **4** *no pl* (≈ *Vorsprung*) lead; **in ~ gehen/liegen** to go into/be in the lead **5** *no pl* (≈ *Betragen*) conduct **6** MECH guide, guideway **Führungsaufgabe** *f* executive duty **Führungskraft** *f* executive **Führungsriege** *f* leadership; (*von Firma*) management team **Führungsschwäche** *f* weak leadership **Führungsspitze** *f* (*eines Unternehmens etc*) top management **Führungsstärke** *f* strong leadership **Führungsstil** *m* style of leadership; COMM *auch* management style **Führungszeugnis** *nt* → polizeilich

Fuhrunternehmen *nt* haulage business **Fuhrunternehmer(in)** *m*/(*f*) haulier (*Br*), haulage contractor **Fuhrwerk** *nt* wagon; (≈ *Pferdefuhrwerk*) horse and cart

Fülle ['fʏlə] *f* ⟨-, *no pl*⟩ **1** (≈ *Körpermasse*) portliness **2** (≈ *Stärke*) fullness; **eine ~ von Fragen** a whole host of questions; **in ~** in abundance **füllen** ['fʏlən] **A** *v/t* to fill; COOK to stuff; **etw in Flaschen ~** to bottle sth; **etw in Säcke ~** to put sth into sacks; → **gefüllt B** *v/r* to fill up **Füller** ['fʏlɐ] *m* ⟨-s, -⟩, **Füllfederhalter** *m* fountain pen **füllig** ['fʏlɪç] *adj Mensch* portly; *Figur* generous **Füllung** ['fʏlʊŋ] *f* ⟨-, -en⟩ filling; (≈ *Fleischfüllung etc*) stuffing; (*von Pralinen*) centre (*Br*), center (*US*) **Füllwort** *nt*, *pl* -wörter filler (word)

fummeln ['fʊmln] *v/i* (*infml*) to fiddle; (≈ *hantieren*) to fumble; (*erotisch*) to pet, to grope (*infml*)

Fund [fʊnt] *m* ⟨-(e)s, -e [-də]⟩ find; (≈ *das Entdecken*) discovery; **einen ~ machen** to make a find

Fundament [fʊnda'mɛnt] *nt* ⟨-(e)s, -e⟩ foundation (*usu pl*) **fundamental** [fʊndamɛn'ta:l] **A** *adj* fundamental **B** *adv* fundamentally **Fundamentalismus** [fʊndamɛnta'lɪsmʊs] *m* ⟨-, *no pl*⟩ fundamentalism **Fundamentalist** [fʊndamɛnta'lɪst] *m* ⟨-en, -en⟩, **Fundamentalistin** [-'lɪstɪn] *f* ⟨-, -nen⟩ fundamentalist **fundamentalistisch** [fʊndamɛnta'lɪstɪʃ] *adj* fundamentalist

Fundbüro *nt* lost property office (*Br*), lost and found (*US*) **Fundgrube** *f* (*fig*) treasure trove

fundieren [fʊn'di:rən] *past part* **fundiert** *v/t* (*fig*) to back up **fundiert** [fʊn'di:ət] *adj* sound; **schlecht ~** unsound

fündig ['fʏndɪç] *adj* **~ werden** (*fig*) to strike it lucky **Fundort** *m*, *pl* -orte **der ~ von etw** (the place) where sth was found **Fundstelle** *f* = Fundort

fünf [fʏnf] *num* five; **seine ~ Sinne beieinanderhaben** to have all one's wits about one; → **vier Fünf** [fʏnf] *f* ⟨-, -en⟩ five **Fünfeck** *nt* ⟨-s, -e⟩ pentagon **fünfeckig** *adj* pentagonal, five-cornered **fünffach** ['fʏnffax] *adj* fivefold; → **vierfach Fünfgangschaltung** *f* five-speed gears *pl* **fünfhundert** ['fʏnf'hʊndɐt] *num* five hundred **Fünfjahresplan** *m* five--year plan **fünfjährig** *adj Amtszeit etc* five-year; *Kind* five-year-old; → **vierjährig Fünfkampf** *m* SPORTS pentathlon **Fünfling** ['fʏnflɪŋ] *m* ⟨-s, -e⟩ quintuplet **fünfmal** ['fʏnfma:l] *adv* five times **Fünfprozentklausel** *f* five-percent rule **fünftägig** *adj* five-day *attr* **fünftausend** ['fʏnf'tauznt] *num* five thousand **Fünftel** ['fʏnftl] *nt* ⟨-s, -⟩ fifth; → **Viertel**[1] **fünftens** ['fʏnftns] *adv* fifth(ly) **fünfte(r, s)** ['fʏnftə] *adj* fifth; → **vierte(r, s) fünfzehn** ['fʏnftse:n] *num* fifteen **fünfzig** ['fʏnftsɪç] *num* fifty; → **vierzig Fünfziger** ['fʏnftsɪgɐ] *m* ⟨-s, -⟩ (*infml*) (≈ *Fünfzigeuroschein*) fifty-euro note (*Br*) or bill (*US*); (≈ *Fünfzigcentstück*) fifty-cent piece **fünfzigjährig** *adj Person* fifty-year-old *attr*

fungieren [fʊŋ'gi:rən] *past part* **fungiert** *v/i* to function (*als* as a)

Funk [fʊŋk] *m* ⟨-s, *no pl*⟩ radio; **per ~** by radio

Fünkchen ['fʏŋkçən] *nt* ⟨-s, -⟩ **ein ~ Wahrheit** a grain of truth **Funke** ['fʊŋkə] *m* ⟨-ns, -n⟩ **1** spark; **~n sprühen** to spark, to emit sparks; **arbeiten, dass die ~n flie-**

gen or **sprühen** (infml) to work like crazy (infml) **2** (von Hoffnung) gleam, glimmer **funkeln** ['fʊŋkln] v/i (Augen) (vor Freude) to twinkle; (vor Zorn) to glitter **funkelnagelneu** ['fʊŋkl'na:gl'nɔy] adj (infml) brand-new

funken ['fʊŋkn] **A** v/t Signal to radio; **SOS ~** to send out an SOS **B** v/i impers **endlich hat es bei ihm gefunkt** (infml) it finally clicked (with him) (infml)

Funken ['fʊŋkn] m ⟨-s, -⟩ = Funke

Funker ['fʊŋke] m ⟨-s, -⟩, **Funkerin** [-ərin] f ⟨-, -nen⟩ radio or wireless operator **Funkgerät** nt (≈ Sprechfunkgerät) radio set, walkie-talkie **Funkhaus** nt broadcasting centre (Br) or center (US) **Funkkontakt** m radio contact **Funkloch** nt TEL dead spot **Funkruf** m TEL (radio) paging **Funksprechgerät** nt radio telephone; (tragbar) walkie-talkie **Funksprechverkehr** m radiotelephony **Funkspruch** m (≈ Mitteilung) radio message **Funkstation** f radio station **Funkstille** f radio silence; (fig) silence **Funkstreife** f police radio patrol **Funktelefon** nt radio telephone

Funktion [fʊŋk'tsioːn] f ⟨-, -en⟩ function no pl: (≈ Tätigkeit) functioning; (≈ Amt) office; (≈ Stellung) position; **in ~ sein** to be in operation **Funktionär** [fʊŋktsio'nɛːɐ] m ⟨-s, -e⟩, **Funktionärin** [-'nɛːrin] f ⟨-, -nen⟩ functionary **funktionell** [fʊŋktsio-'nɛl] adj functional **funktionieren** [fʊŋk-tsio'niːrən] past part funktioniert v/i to work **funktionsfähig** adj able to work; Maschine in working order **Funktions-kleidung** f functional clothes pl, functional wear **Funktionsleiste** f IT toolbar **Funktionsstörung** f MED malfunction **Funktionstaste** f IT function key

Funkturm m radio tower **Funkuhr** f radio-controlled clock **Funkverbindung** f radio contact **Funkverkehr** m radio communication or traffic

für [fyːɐ] prep +acc for; **~ mich** for me; (≈ meiner Ansicht nach) in my opinion or view; **~ zwei arbeiten** (fig) to do the work of two people; **~ einen Deutschen ...** for a German ...; **sich ~ etw entscheiden** to decide in favo(u)r of sth; **das hat was ~ sich** it's not a bad thing; **~ jdn einspringen** to stand in for sb; **Tag ~ Tag** day after day; **Schritt ~ Schritt** step by step; **etw ~ sich behalten** to keep sth to oneself **Für**

['fyːɐ] nt **das ~ und Wider** the pros and cons pl

Furche ['fʊrçə] f ⟨-, -n⟩ furrow; (≈ Wagenspur) rut

Furcht [fʊrçt] f ⟨-, no pl⟩ fear; **aus ~ vor jdm/etw** for fear of sb/sth; **~ vor jdm/ etw haben** to fear sb/sth; **jdm ~ einflößen** to frighten or scare sb; **~ erregend** terrifying **furchtbar** **A** adj terrible, awful; **ich habe einen ~en Hunger** I'm terribly hungry (infml) **B** adv terribly (infml), awfully (infml) **fürchten** ['fʏrçtn] **A** v/t **jdn/etw ~** to be afraid of sb/sth, to fear sb/sth; **das Schlimmste ~** to fear the worst; → **gefürchtet** **B** v/r to be afraid (vor +dat of) **C** v/i **um jds Leben ~** to fear for sb's life; **zum Fürchten aussehen** to look frightening or terrifying; **jdn das Fürchten lehren** to put the fear of God into sb **fürchterlich** ['fʏrçtəlɪç] adj, adv = furchtbar **furchterregend** adj terrifying **furchtlos** adj fearless **Furchtlosigkeit** f ⟨-, no pl⟩ fearlessness **furchtsam** ['fʊrçtzaːm] adj timorous

füreinander [fyːɐai'nandɐ] adv for each other, for one another

Furie ['fuːriə] f ⟨-, -n⟩ MYTH fury; (fig) hellcat (esp Br), termagant **furios** [fu'rioːs] adj high-energy, dynamic

Furnier [fʊr'niːɐ] nt ⟨-s, -e⟩ veneer

Furore [fu'roːrə] f ⟨- or nt -s, no pl⟩ sensation; **~ machen** (infml) to cause a sensation

Fürsorge f, no pl **1** (≈ Betreuung) care; (≈ Sozialfürsorge) welfare **2** (infml ≈ Sozialamt) welfare services pl **3** (infml ≈ Sozialunterstützung) social security (Br), welfare (US); **von der ~ leben** to live on social security (Br) or welfare (US) **fürsorglich** ['fyːɐzɔrk-lɪç] adj caring **Fürsprache** f recommendation; **auf ~ von jdm** on sb's recommendation **Fürsprecher(in)** m/(f) advocate

Fürst [fʏrst] m ⟨-en, -en⟩ prince; (≈ Herrscher) ruler **Fürstentum** ['fʏrstntuːm] nt ⟨-s, -tümer [-tyːmɐ]⟩ principality **fürstlich** ['fʏrstlɪç] **A** adj princely no adv **B** adv **jdn ~ bewirten** to entertain sb right royally; **jdn ~ belohnen** to reward sb handsomely; **~ leben** to live like a king or lord

Furunkel [fu'rʊŋkl] nt or m ⟨-s, -⟩ boil

Fürwort nt, pl -wörter GRAM pronoun

Furz [fʊrts] m ⟨-(e)s, ⁼e ['fʏrtsə]⟩ (infml) fart (infml) **furzen** ['fʊrtsn] v/i (infml) to fart

(infml)

Fusel ['fu:zl] m ⟨-s, -⟩ (pej) rotgut (infml), hooch (esp US infml)

Fusion [fu'zio:n] f ⟨-, -en⟩ amalgamation; (von Unternehmen) merger; (von Atomkernen, Zellen) fusion **fusionieren** [fuzio'ni:rən] past part **fusioniert** v/t & v/i to amalgamate; (Unternehmen) to merge

Fuß [fu:s] m ⟨-es, ⸚e ['fy:sə]⟩ **1** foot; **zu ~** on or by foot; **er ist gut/schlecht zu ~** he is steady/not so steady on his feet; **das Publikum lag ihr zu Füßen** she had the audience at her feet; **kalte Füße bekommen** to get cold feet; **bei ~!** heel!; **jdn mit Füßen treten** (fig) to walk all over sb; **etw mit Füßen treten** (fig) to treat sth with contempt; **(festen) ~ fassen** to gain a foothold; (≈ sich niederlassen) to settle down; **auf eigenen Füßen stehen** (fig) to stand on one's own two feet; **jdn auf freien ~ setzen** to release sb, to set sb free **2** (von Gegenstand) base; (≈ Tisch-, Stuhlbein) leg; **auf schwachen Füßen stehen** to be built on sand **3** POETRY foot **4** pl - (Längenmaß) foot; **12 ~ lang** 12 foot or feet long **Fußabdruck** m footprint; **digitaler ~** digital footprint; **ökologischer ~** carbon footprint **Fußangel** f (lit) mantrap; (fig) catch, trap **Fußbad** nt foot bath **Fußball** m **1** no pl; (≈ Fußballspiel) football (esp Br), soccer **2** (≈ Ball) football (esp Br), soccer ball **Fußballer** [-bale] m ⟨-s, -⟩, **Fußballerin** [-ərɪn] f ⟨-, -nen⟩ (infml) footballer (esp Br), soccer player **Fußball-Länderspiel** nt international football (esp Br) or soccer match **Fußballmannschaft** f football (esp Br) or soccer team **Fußballplatz** m football pitch (esp Br), soccer field (US) **Fußballspieler(in)** m/(f) football (esp Br) or soccer player **Fußballstadion** nt football (esp Br) or soccer (US) stadium **Fußballstar** m football (esp Br) or soccer star **Fußballverein** m football (esp Br) or soccer club **Fußballweltmeister** m World Cup holders pl **Fußballweltmeisterschaft** f World Cup **Fußboden** m floor **Fußbodenbelag** m floor covering **Fußbodenheizung** f (under)floor heating **Fußbremse** f foot brake

Fussel ['fʊsl] f ⟨-, -n or m -s, -⟩ fluff no pl; **ein(e) ~** a bit of fluff **fusseln** ['fʊsln] v/i to give off fluff

fußen ['fu:sn] v/i to rest (auf +dat on)

Fußende nt (von Bett) foot **Fußfessel** f **~n** pl shackles pl; **elektronische ~** electronic tag **Fußgänger** [-gɛŋe] m ⟨-s, -⟩, **Fußgängerin** [-ərɪn] f ⟨-, -nen⟩ pedestrian **Fußgängerairbag** m pedestrian airbag **Fußgängerüberweg** m pedestrian crossing (Br), crosswalk (US) **Fußgängerunterführung** f underpass, pedestrian subway (Br) **Fußgängerzone** f pedestrian precinct or zone **Fußgelenk** nt ankle **Fußmarsch** m walk; MIL march **Fußmatte** f doormat **Fußnote** f footnote **Fußpflege** f chiropody **Fußpfleger(in)** m/(f) chiropodist **Fußpilz** m MED athlete's foot **Fußsohle** f sole of the foot **Fußspur** f footprint **Fußstapfe** f, **Fußstapfen** m footprint; **in jds** (acc) **~n treten** (fig) to follow in sb's footsteps **Fußstütze** f footrest **Fußtritt** m footstep; (≈ Stoß) kick; **einen ~ bekommen** (fig) to be kicked out (infml) **Fußweg** m **1** (≈ Pfad) footpath **2** (≈ Entfernung) **es sind nur 15 Minuten ~** it's only 15 minutes' walk

Futon ['fu:tɔn] m ⟨-s, -s⟩ (japanische Matratze) futon

Futter ['fʊte] nt ⟨-s, -⟩ **1** no pl (animal) food or feed; (esp für Kühe, Pferde etc) fodder **2** (≈ Kleiderfutter) lining **Futteral** [fʊtə'ra:l] nt ⟨-s, -e⟩ case **futtern** ['fʊten] (hum infml) **A** v/i to stuff oneself (infml) **B** v/t to scoff (Br infml), to scarf or chow (US infml) **füttern** ['fʏten] v/t **1** to feed; „Füttern verboten" "do not feed the animals" **2** Kleidungsstück to line **Futternapf** m bowl **Futterneid** m (fig) green-eyed monster (hum), jealousy **Fütterung** ['fʏtərʊŋ] f ⟨-, -en⟩ feeding

Futur [fu'tu:e] nt ⟨-(e)s, -e⟩ GRAM future (tense) **futuristisch** [futu'rɪstɪʃ] adj (≈ zukunftsweisend) futuristic **Futurologie** [futurolo'gi:] f ⟨-, no pl⟩ futurology

G

G, g [ge:] *nt* ⟨-, -⟩ G, g

Gabe ['ga:bə] *f* ⟨-, -n⟩ (≈ *Begabung*) gift

Gabel ['ga:bl] *f* ⟨-, -n⟩ fork; (≈ *Heugabel, Mistgabel*) pitchfork; TEL rest, cradle **gabeln** ['ga:bln] *v/r* to fork **Gabelstapler** [-ʃta:plɐ] *m* ⟨-s, -⟩ fork-lift truck **Gabelung** *f* ⟨-, -en⟩ fork

Gabentisch *m* table for Christmas or birthday presents

Gabun [ga'bu:n] *nt* ⟨-s⟩ Gabon

gackern ['gaken] *v/i* to cackle

gaffen ['gafn] *v/i* to gape (*nach* at) **Gaffer** ['gafɐ] *m* ⟨-s, -⟩, **Gafferin** [-ərɪn] *f* ⟨-, -nen⟩ gaper

Gag [gɛ(:)k] *m* ⟨-s, -s⟩ (≈ *Filmgag*) gag; (≈ *Werbegag*) gimmick; (≈ *Witz*) joke; (*infml* ≈ *Spaß*) laugh

Gage ['ga:ʒə] *f* ⟨-, -n⟩ *esp* THEAT fee; (≈ *regelmäßige Gage*) salary

gähnen ['gɛ:nən] *v/i* to yawn; **~de Leere** total emptiness; **ein ~des Loch** a gaping hole

Gala ['gala, 'ga:la] *f* ⟨-, -s⟩ formal *or* evening *or* gala dress; MIL full *or* ceremonial *or* gala dress **Galaabend** *m* gala evening **Galaempfang** *m* formal reception

galaktisch [ga'laktɪʃ] *adj* galactic

galant [ga'lant] (*dated*) **A** *adj* gallant **B** *adv* gallantly

Galauniform *f* MIL full dress uniform **Galavorstellung** *f* THEAT gala performance

Galaxis [ga'laksɪs] *f* ⟨-, Galaxien [gala-'ksi:ən] ASTRON galaxy; (≈ *Milchstraße*) Galaxy, Milky Way

Galeere [ga'le:rə] *f* ⟨-, -n⟩ galley

Galerie [galə'ri:] *f* ⟨-, -n [-'ri:ən]⟩ gallery; **auf der ~** in the gallery

Galgen ['galgn] *m* ⟨-s, -⟩ gallows *pl*, gibbet; FILM boom **Galgenfrist** *f* (*infml*) reprieve **Galgenhumor** *m* gallows humour (*Br*) *or* humor (*US*)

Galionsfigur *f* figurehead

gälisch ['gɛ:lɪʃ] *adj* Gaelic

Galle ['galə] *f* ⟨-, -n⟩ (ANAT ≈ *Organ*) gall bladder; (≈ *Flüssigkeit*) bile; BOT, VET gall; (*fig* ≈ *Bosheit*) virulence; **bitter wie ~** bitter as gall; **jdm kommt die ~ hoch** sb's blood

begins to boil **Gallenblase** *f* gall bladder **Gallenkolik** *f* gallstone colic **Gallenstein** *m* gallstone

Gallier ['galiɐ] *m* ⟨-s, -⟩, **Gallierin** [-iərɪn] *f* ⟨-, -nen⟩ Gaul **gallisch** ['galɪʃ] *adj* Gallic

Gallone [ga'lo:nə] *f* ⟨-, -n⟩ gallon

Galopp [ga'lɔp] *m* ⟨-s, -s *or* -e⟩ gallop; **im ~** (*lit*) at a gallop; (*fig*) at top speed; **langsamer ~** canter **galoppieren** [galɔ'pi:rən] *past part* **galoppiert** *v/i aux haben or sein* to gallop; **~de Inflation** galloping inflation

Gamasche [ga'maʃə] *f* ⟨-, -n⟩ gaiter; (≈ *Wickelgamasche*) puttee

Gambe ['gambə] *f* ⟨-, -n⟩ viola da gamba **Gameboy®** ['ge:mbɔy] *m* ⟨-(s), -s⟩ Gameboy® **Gameshow** ['ge:mʃo:] *f* game show

Gammastrahlen ['gama-] *pl* gamma rays *pl*

Gammelfleisch *nt* (*infml*) dodgy meat (*infml*) **gammelig** [ga'mma:lɪç] *adj* (*infml*) Lebensmittel old; Kleidung tatty (*infml*) **gammeln** ['gamln] *v/i* (*infml*) to loaf around (*infml*) **Gammler** ['gamlɐ] *m* ⟨-s, -⟩, **Gammlerin** [-ərɪn] *f* ⟨-, -nen⟩ long--haired layabout (*Br*) or bum (*infml*)

Gamsbart *m, m* tuft of hair from a chamois worn as a hat decoration, shaving brush (*hum infml*) **Gamsbock** *m, m* chamois buck **Gämse** ['gɛmzə] *f* ⟨-, -n⟩ chamois

gang [gaŋ] *adj* **~ und gäbe sein** to be quite usual

Gang [gaŋ] *m* ⟨-(e)s, ⸚e ['gɛŋə]⟩ **1** *no pl*: (≈ *Gangart*) walk, gait **2** (≈ *Besorgung*) errand; (≈ *Spaziergang*) walk; **einen ~ zur Bank machen** to pay a visit to the bank **3** *no pl* (≈ *Ablauf*) course; **der ~ der Ereignisse/der Dinge** the course of events/things; **seinen (gewohnten) ~ gehen** (*fig*) to run its usual course; **etw in ~ bringen** *or* **setzen** to get *or* set sth going; **etw in ~ halten** to keep sth going; **in ~ kommen** to get going; **in ~ sein** to be going; (*fig*) to be under way; **in vollem ~** in full swing; **es ist etwas im ~(e)** (*infml*) something's up (*infml*) **4** (≈ *Arbeitsgang*) operation; (*eines Essens*) course; **ein Essen mit vier Gängen** a four-course meal **5** (≈ *Verbindungsgang*) passage(way); (*in Gebäuden*) corridor; (≈ *Hausflur*) hallway; (*zwischen Sitzreihen*) aisle **6** MECH gear; **den ersten ~ einlegen** to engage first (gear); **in die Gänge kom-**

men (fig) to get started or going **Gangart** f walk; (von Pferd) gait, pace; **eine harte ~** (fig) a tough stance or line **gangbar** adj (lit) Weg, Brücke etc passable; (fig) Lösung, Weg practicable

gängeln ['gɛŋln] v/t (fig) **jdn ~** to treat sb like a child; (Mutter) to keep sb tied to one's apron strings

gängig ['gɛŋɪç] adj (≈ üblich) common; (≈ aktuell) current

Gangschaltung f gears pl

Gangster ['gɛŋstɐ, 'gaŋstɐ] m ⟨-s, -⟩ gangster **Gangsterbande** ['gɛŋstɐ-, 'gaŋstɐ-] f gang of criminals **Gangstermethoden** ['gɛŋstɐ-, 'gaŋstɐ-] pl strong-arm tactics pl

Gangway ['gɛŋweː] f ⟨-, -s⟩ NAUT gangway; AVIAT steps pl

Ganove [ga'noːvə] m ⟨-n, -n⟩ (infml) crook; (hum ≈ listiger Kerl) sly old fox

Gans [gans] f ⟨-, ⁻e ['gɛnzə]⟩ goose; **wie die Gänse schnattern** to cackle away **Gänseblümchen** [-blyːmçən] nt ⟨-s, -⟩ daisy **Gänsebraten** m roast goose **Gänsefüßchen** [-fyːsçən] pl (infml) inverted commas pl (Br), quotation marks pl **Gänsehaut** f (fig) goose pimples pl or flesh (Br), goose bumps pl; **eine ~ bekommen** or **kriegen** (infml) to get goose pimples etc **Gänseleberpastete** f pâté de foie gras, goose-liver pâté **Gänsemarsch** m **im ~** in single or Indian file **Gänserich** ['gɛnzərɪç] m ⟨-s, -e⟩ gander

ganz [gants] **A** adj **1** whole, entire; (≈ vollständig) complete; **~ England/London** the whole of England/London (Br), all (of) England/London; **die ~e Zeit** all the time, the whole time; **sein ~es Geld** all his money; **seine ~e Kraft** all his strength; **ein ~er Mann** a real man; **im (Großen und) Ganzen** on the whole **2** (infml ≈ unbeschädigt) intact; **etw wieder ~ machen** to mend sth **B** adv (≈ völlig) quite; (≈ vollständig) completely; (≈ ziemlich) quite; (≈ sehr) really; (≈ genau) exactly, just; **~ hinten/vorn** right at the back/front; **nicht ~** not quite; **~ gewiss!** most certainly, absolutely; **ein ~ billiger Trick** a really cheap trick; **~ allein** all alone; **~ wie Sie meinen** just as you think (best); **~ und gar** completely, utterly; **~ und gar nicht** not at all; **ein ~ klein wenig** just a little or tiny bit; **das mag ich ~ besonders gerne** I'm particularly or especially fond of that **Ganze(s)** ['gantsə] nt

decl as adj whole; **etw als ~s sehen** to see sth as a whole; **das ~ kostet ...** altogether it costs ...; **aufs ~ gehen** (infml) to go all out; **es geht ums ~** everything's at stake **Ganzheit** f ⟨-, (rare) -en⟩ (≈ Einheit) unity; (≈ Vollständigkeit) entirety; **in seiner ~** in its entirety **ganzheitlich** ['gantshaitlıç] adj (≈ umfassend einheitlich) integral; Lernen integrated; Medizin holistic **ganzjährig** adj, adv all (the) year round **Ganzkörperscanner** m (am Flughafen) full-body scanner **gänzlich** ['gɛntslıç] adv completely, totally **ganzseitig** [-zai-tıç] adj Anzeige etc full-page **ganztägig** adj all-day; Arbeit, Stelle full-time; **~ geöffnet** open all day **ganztags** ['gantstaːks] adv arbeiten full-time **Ganztagsbeschäftigung** f full-time occupation **Ganztagsschule** f all-day school

gar [gaːɐ] **A** adv **~ keines** none at all or whatsoever; **~ nichts** nothing at all or whatsoever; **~ nicht schlecht** not bad at all **B** adj Speise done pred, cooked

Garage [ga'raːʒə] f ⟨-, -n⟩ garage

Garant [ga'rant] m ⟨-en, -en⟩, **Garantin** [-'rantın] f ⟨-, -nen⟩ guarantor **Garantie** [garan'tiː] f ⟨-, -n [-'tiːən]⟩ guarantee; (auf Auto) warranty; **die Uhr hat ein Jahr ~** the watch is guaranteed for a year; **unter ~** under guarantee **garantieren** [garan-'tiːrən] past part garantiert **A** v/t to guarantee (jdm etw sb sth) **B** v/i to give a guarantee; **für etw ~** to guarantee sth **garantiert** [garan'tiːɐt] adv guaranteed; (infml) I bet (infml); **er kommt ~ nicht** I bet he won't come (infml) **Garantieschein** m guarantee, certificate of guarantee (form); (für Auto) warranty

Garbe ['garbə] f ⟨-, -n⟩ (≈ Korngarbe) sheaf **Garde** ['gardə] f ⟨-, -n⟩ guard; **die alte/ junge ~** (fig) the old/young guard **Garderobe** [gardə'roːbə] f ⟨-, -n⟩ **1** (≈ Kleiderbestand) wardrobe (Br) **2** (≈ Kleiderablage) hall stand; (im Theater, Kino etc) cloakroom (Br), checkroom (US) **3** (THEAT ≈ Umkleideraum) dressing room **Garderobenfrau** f cloakroom (Br) or checkroom (US) attendant **Garderobenmarke** f cloakroom (Br) or checkroom (US) ticket **Garderobenständer** m hat stand (Br), hat tree (US)

Gardine [gar'diːnə] f ⟨-, -n⟩ curtain (Br), drape (US); (≈ Scheibengardine) net (Br) or café (US) curtain **Gardinenpredigt** f (infml) talking-to; **jdm eine ~ halten** to give sb a talking-to **Gardinenstange** f curtain rail; (zum Ziehen) curtain rod

garen ['gaːrən] cook v/t & v/i to cook; (auf kleiner Flamme) to simmer

gären ['gɛːrən] pret **gor** or **gärte**, past part **gegoren** or **gegärt** v/i aux haben or sein to ferment; **in ihm gärt es** he is in a state of inner turmoil

Garn [garn] nt ⟨-(e)s, -e⟩ thread; **ein ~ spinnen** (fig) to spin a yarn

Garnele [gar'neːlə] f ⟨-, -n⟩ zool shrimp prawn (bes Br)

garnieren [gar'niːrən] past part **garniert** v/t to decorate; Gericht Reden etc to garnish

Garnison [garni'zoːn] f ⟨-, -en⟩ mil garrison

Garnitur [garni'tuːɐ] f ⟨-, -en⟩ **1** (≈ Satz) set; **die erste ~** (fig) the pick of the bunch; **erste/zweite ~ sein** to be first-rate or first--class/second-rate **2** (≈ Besatz) trimming

Garten ['gartn] m ⟨-s, ⁻ ['gɛrtn]⟩ garden; (≈ Obstgarten) orchard; **botanischer ~** botanic(al) gardens pl **Gartenarbeit** f gardening no pl **Gartenbau** m, no pl horticulture **Gartengerät** nt gardening tool or implement **Gartenhaus** nt summer house **Gartenlokal** nt beer garden; (≈ Restaurant) garden café **Gartenmöbel** pl garden furniture **Gartenschere** f secateurs pl (Br), pruning shears pl; (≈ Heckenschere) shears pl **Gartenzaun** m garden fence **Gartenzwerg** m garden gnome

Gärtner ['gɛrtnɐ] m ⟨-s, -⟩, **Gärtnerin** [-ərɪn] f ⟨-, -nen⟩ gardener **Gärtnerei** [gɛrtnə'rai] f ⟨-, -en⟩ **1** market garden (Br), truck farm (US) **2** no pl (≈ Gartenarbeit) gardening **gärtnern** ['gɛrtnen] v/i to garden

Gärung ['gɛːrʊŋ] f ⟨-, -en⟩ fermentation

Garzeit ['gaːɐ-] f cooking time

Gas [gaːs] nt ⟨-es, -e [-zə]⟩ gas; (AUTO ≈ Gaspedal) accelerator, gas pedal (esp US); **~ geben** AUTO to accelerate; (auf höhere Touren bringen) to rev up **Gasbehälter** m gas holder, gasometer **Gasexplosion** f gas explosion **Gasfeuerzeug** nt gas lighter **Gasflasche** f bottle of gas, gas canister **gasförmig** adj gaseous, gasiform **Gashahn** m gas tap **Gasheizung** f gas (central) heating **Gasherd** m gas cooker **Gaskammer** f gas chamber **Gaskocher** m camping stove **Gaslei-**

-tung f (≈ Rohr) gas pipe; (≈ Hauptrohr) gas main **Gasmann** m, pl -männer gasman **Gasmaske** f gas mask **Gasometer** [gazo'meːte] m gasometer **Gaspedal** nt AUTO accelerator (pedal), gas pedal (esp US) **Gasrohr** nt gas pipe; (≈ Hauptrohr) gas main

Gasse ['gasə] f ⟨-, -n⟩ lane; (≈ Durchgang) alley(way) **Gassenjunge** m (pej) street urchin **Gassi** ['gasi] adv (infml) **~ gehen** to go walkies (Br infml), to go for a walk

Gast [gast] m ⟨-es, ⁻e ['gɛstə]⟩ guest; (≈ Tourist) visitor; (in einer Gaststätte) customer; **wir haben heute Abend Gäste** we're having company this evening; **bei jdm zu ~ sein** to be sb's guest(s) **Gastarbeiter(in)** m/(f) often neg! immigrant or foreign worker **Gastdozent(in)** m/(f) visiting or guest lecturer **Gästebett** nt spare or guest bed **Gästebuch** nt visitors' book **Gästehandtuch** nt guest towel **Gästehaus** nt guest house **Gästeliste** f guest list **Gäste-WC** nt guest toilet **Gästezimmer** nt guest or spare room **gastfreundlich** adj hospitable **Gastfreundlichkeit** f ⟨-, no pl⟩, **Gastfreundschaft** f ⟨-, no pl⟩ hospitality **gastgebend** adj attr Land, Theater host attr; Mannschaft home attr **Gastgeber** m host **Gastgeberin** f hostess **Gastgeschenk** nt present (given by a guest) **Gasthaus** nt, **Gasthof** m inn **Gasthörer(in)** m/(f) UNIV observer, auditor (US) **gastieren** [gas'tiːrən] past part **gastiert** v/i to guest **Gastland** nt host country **gastlich** adj hospitable **Gastlichkeit** f ⟨-, no pl⟩ hospitality **Gastrecht** nt right to hospitality

Gastritis [gas'triːtɪs] f ⟨-, Gastritiden [-'tiːdn]⟩ gastritis

Gastronom [gastro'noːm] m ⟨-en, -en⟩, **Gastronomin** [-'noːmɪn] f ⟨-, -nen⟩ (≈ Gastwirt) restaurateur; (≈ Koch) cuisinier, cordon bleu cook (esp Br) **Gastronomie** [gastrono'miː] f ⟨-, no pl⟩ (form ≈ Gaststättengewerbe) catering trade; (elev ≈ Kochkunst) gastronomy **gastronomisch** [gastro-'noːmɪʃ] adj gastronomic

Gastspiel nt THEAT guest performance; SPORTS away match **Gaststätte** f (≈ Restaurant) restaurant; (≈ Trinklokal) pub (Br), bar **Gaststättengewerbe** nt catering trade **Gaststube** f lounge **Gasturbine** f gas turbine

Gastwirt m (Besitzer) restaurant owner or proprietor; (Pächter) restaurant manager; (von Kneipe) landlord **Gastwirtin** f (Besitzerin) restaurant owner or proprietress; (Pächterin) restaurant manageress; (von Kneipe) landlady **Gastwirtschaft** f = Gaststätte

Gasuhr f gas meter **Gasvergiftung** f gas poisoning **Gasversorgung** f (≈ System) gas supply (+gen to) **Gaswerk** nt gasworks sg or pl **Gaszähler** m gas meter

Gatte ['gatə] m ⟨-n, -n⟩ (form) husband, spouse (form)

Gatter ['gatə] nt ⟨-s, -⟩ (≈ Tür) gate; (≈ Zaun) fence; (≈ Rost) grating, grid

Gattin ['gatɪn] f ⟨-, -nen⟩ (form) wife, spouse (form)

Gattung ['gatʊŋ] f ⟨-, -en⟩ BIOL genus; LIT, MUS, ART genre; (fig ≈ Sorte) type, kind **Gattungsbegriff** m generic concept

GAU [gau] m ⟨-(s)⟩ abbr of größter anzunehmender Unfall MCA, maximum credible accident; (fig infml) worst-case scenario

Gaudi ['gaudi] nt ⟨-s or (S Ger, Aus) f -, no pl⟩ (infml) fun

Gaukler ['gauklə] m ⟨-s, -⟩, **Gauklerin** [-ərɪn] f ⟨-, -nen⟩ (liter) travelling (Br) or traveling (US) entertainer; (fig) storyteller

Gaul [gaul] m ⟨-(e)s, Gäule ['gɔylə]⟩ (pej) nag, hack

Gaumen ['gaumən] m ⟨-s, -⟩ palate

Gauner ['gaunə] m ⟨-s, -⟩ rogue, scoundrel; (≈ Betrüger) crook; (infml ≈ gerissener Kerl) cunning devil (infml) **Gaunerin** ['gaunərɪn] f ⟨-, -nen⟩ rascal; (≈ Betrügerin) crook **Gaunersprache** f underworld jargon

Gazastreifen ['ga:za:-] m Gaza Strip

Gaze ['ga:zə] f ⟨-, -n⟩ gauze

Gazelle [ga'tsɛlə] f ⟨-, -n⟩ gazelle

geartet [gə'a:ɛtət] adj **gutmütig ~ sein** to be good-natured; **freundlich ~ sein** to have a friendly nature

Geäst [gə'ɛst] nt ⟨-(e)s, no pl⟩ branches pl

Gebäck [gə'bɛk] nt ⟨-(e)s, -e⟩ (≈ Kekse) biscuits pl (Br), cookies pl (US); (≈ süße Teilchen) pastries pl

Gebälk [gə'bɛlk] nt ⟨-(e)s, -e⟩ timbers pl

geballt [gə'balt] adj (≈ konzentriert) concentrated; **die Probleme treten jetzt ~ auf** the problems are piling up now; → **ballen**

Gebärde [gə'bɛ:ɛdə] f ⟨-, -n⟩ gesture **gebärden** [gə'bɛ:ɛdn] past part **gebärdet** v/r to behave **Gebärdensprache** f gestures pl; (≈ Zeichensprache) sign language

Gebaren [gə'ba:rən] nt ⟨-s, no pl⟩ behaviour (Br), behavior (US); (COMM ≈ Geschäftsgebaren) conduct

gebären [gə'bɛ:rən] pres **gebärt** or (geh) **gebiert** [gə'bi:ɐt], pret **gebar** [gə'ba:ɐ], past part **geboren** [gə'bo:rən] **A** v/t to give birth to; **geboren werden** to be born; **wo sind Sie geboren?** where were you born?; → **geboren B** v/i to give birth **Gebärmutter** f, pl -mütter ANAT womb, uterus **Gebärmutterhals** m cervix **Gebärmutterkrebs** m cervical cancer

Gebarung f ⟨-, -en⟩ (Aus COMM ≈ Geschäftsgebaren) conduct

Gebäude [gə'bɔydə] nt ⟨-s, -⟩ building; (fig ≈ Gefüge) structure **Gebäudekomplex** m building complex

gebaut [gə'baut] adj built; **gut ~ sein** to be well-built; → **bauen**

Gebell [gə'bɛl] nt ⟨-s, no pl⟩ barking

geben ['ge:bn] pret **gab** [ga:p], past part **gegeben** [gə'ge:bn] **A** v/t **1** to give; **was darf ich Ihnen ~?** what can I get you?; **~ Sie mir bitte zwei Flaschen Bier** I'd like two bottles of beer, please; **~ Sie mir bitte Herrn Lang** TEL can I speak to Mr Lang please?; **ich gäbe viel darum, zu …** I'd give a lot to …; **gibs ihm (tüchtig)!** (infml) let him have it! (infml); **das Buch hat mir viel gegeben** I got a lot out of the book; → **gegeben 2** (≈ übergeben) **ein Auto in Reparatur ~** to have a car repaired; **ein Kind in Pflege ~** to put a child in care **3** (≈ veranstalten) Konzert, Fest to give; **was wird heute im Theater gegeben?** what's on at the theatre (Br) or theater (US) today? **4** (≈ unterrichten) to teach; **er gibt Nachhilfeunterricht** he does tutoring **5** **viel/nicht viel auf etw (acc) ~** to set great/little store by sth; **ich gebe nicht viel auf seinen Rat** I don't think much of his advice; **etw von sich ~ Laut, Worte, Flüche** to utter; Meinung to express **B** v/i **1** CARDS to deal; **wer gibt?** whose turn is it to deal? **2** (SPORTS ≈ Aufschlag haben) to serve **C** v/i impers **es gibt** there is; (+pl) there are; **gibt es einen Gott?** is there a God?; **es wird noch Ärger ~** there'll be trouble (yet); **was gibt's zum Mittagessen?** what's for lunch?; **es gibt gleich Mittagessen!** it's nearly time for lunch!; **was gibt's?** what's the matter?, what is it?; **das gibt's doch nicht!** I don't believe it!; **das hat es ja noch nie gegeben!** it's unbelievable!; **so was gibt's bei uns nicht!** (*infml*) that's just not on! (*infml*); **gleich gibt's was!** (*infml*) there's going to be trouble! **◨** *v/r* **sich ~** (≈ *nachlassen, Regen*) to ease off; (*Schmerzen*) to ease; (*Begeisterung*) to cool; (*freches Benehmen*) to lessen; (≈ *sich erledigen*) to sort itself out; (≈ *aufhören*) to stop; **das wird sich schon ~** it'll all work out; **nach außen gab er sich heiter** outwardly he seemed quite cheerful **Geber** ['ɡeːbɐ] *m* ⟨-s, -⟩, **Geberin** [-ərɪn] *f* ⟨-, -nen⟩ giver; CARDS dealer **Gebet** [ɡə'beːt] *nt* ⟨-(e)s, -e⟩ prayer; **jdn ins ~ nehmen** (*fig*) to take sb to task; (*iron: bei Polizeiverhör etc*) to put pressure on sb **Gebetbuch** *nt* prayer book

gebeugt [ɡə'bɔʏkt] *adj* Haltung stooped; *Kopf* bowed; **~** (≈ *Ding*) thing; **Gebiet** [ɡə'biːt] *nt* ⟨-(e)s, -e⟩ **◨** area, region; (≈ *Staatsgebiet*) territory **◪** (*fig* ≈ *Fach*) field; (≈ *Teilgebiet*) branch; **auf diesem ~ in** this field **gebieten** [ɡə'biːtn] *pret* **gebot** [ɡə'boːt], *past part* **geboten** [ɡə'boːtn] (*elev*) **◭** *v/t* (≈ *verlangen*) to demand; **jdm etw ~** to command sb to do sth **◮** *v/i* **über etw** (*acc*) **~ über** *Geld etc* to have sth at one's disposal; → geboten **Gebietsanspruch** *m* territorial claim **gebietsweise** *adv* in some areas **Gebilde** [ɡə'bɪldə] *nt* ⟨-s, -⟩ (≈ *Ding*) thing; (≈ *Gegenstand*) object; (≈ *Bauwerk*) construction

gebildet [ɡə'bɪldət] *adj* educated; (≈ *gelehrt*) learned; (≈ *kultiviert*) cultured; → bilden **Gebinde** [ɡə'bɪndə] *nt* ⟨-s, -⟩ (≈ *Blumengebinde*) arrangement; (≈ *Blumenkranz*) wreath **Gebirge** [ɡə'bɪrɡə] *nt* ⟨-s, -⟩ mountains *pl*, mountain range **gebirgig** [ɡə'bɪrɡɪç] *adj* mountainous **Gebirgskette** *f* mountain range **Gebirgslandschaft** *f* (≈ *Gegend*) mountainous region; (≈ *Ausblick*) mountain scenery **Gebirgszug** *m* mountain range **Gebiss** [ɡə'bɪs] *nt* ⟨-es, -e⟩ (≈ *die Zähne*) (set of) teeth *pl*; (≈ *künstliches Gebiss*) dentures *pl* **Gebläse** [ɡə'blɛːzə] *nt* ⟨-s, -⟩ blower **geblümt** [ɡə'blyːmt] *adj* flowered **Geblüt** [ɡə'blyːt] *nt* ⟨-(e)s, *no pl*⟩ (*elev*) (≈ *Abstammung*) descent; (*fig* ≈ *Blut*) blood;

von edlem ~ of noble blood **gebongt** [ɡə'bɔŋt] *adj* (*infml*) **das ist ~** okey-doke (*infml*) **geboren** [ɡə'boːrən] *adj* born; **er ist blind ~** he was born blind; **~er Engländer sein** to be English by birth; **er ist der ~e Erfinder** he's a born inventor; **Hanna Schmidt ~e Müller** Hanna Schmidt, née Müller **geborgen** [ɡə'bɔrɡn] *adj* **sich ~ fühlen** to feel secure **Geborgenheit** *f* ⟨-, *no pl*⟩ security **Gebot** [ɡə'boːt] *nt* ⟨-(e)s, -e⟩ **◨** (≈ *Gesetz*) law; (≈ *Vorschrift*) rule; BIBLE commandment **◪** (*elev* ≈ *Erfordernis*) requirement; **das ~ der Stunde** the needs of the moment **◭** (COMM: *bei Auktionen*) bid **geboten** [ɡə'boːtn] *adj* (*elev*) (≈ *ratsam*) advisable; (≈ *notwendig*) necessary; (≈ *dringend geboten*) imperative; → bieten, gebieten **Gebotsschild** *nt*, *pl* -schilder sign giving orders

gebrannt [ɡə'brant] *adj* **~e Mandeln** *pl* burnt (*Br*) *or* baked (*US*) almonds *pl*; **~er Ton** fired clay; **~es Kind scheut das Feuer** (*prov*) once bitten, twice shy (*prov*) **Gebrauch** [ɡə'braux] *m* ⟨-(e)s, Gebräuche [ɡə'brɔʏçə]⟩ (≈ *Benutzung*) use; (*eines Wortes*) usage; (≈ *Anwendung*) application; (≈ *Brauch*) custom; **von etw ~ machen** to make use of sth; **in ~ sein** to be in use **gebrauchen** [ɡə'brauxn] *past part* **gebraucht** *v/t* (≈ *benutzen*) to use; (≈ *anwenden*) to apply; **sich zu etw ~ lassen** to be useful for sth; (≈ *missbrauchen*) to be used as sth; **nicht mehr zu ~ sein** to be useless; **er/das ist zu nichts zu ~** he's/that's absolutely useless; **das kann ich gut ~** I can really use that; **ich könnte ein neues Kleid ~** I could use a new dress **gebräuchlich** [ɡə'brɔʏçlɪç] *adj* (≈ *verbreitet*) common; (≈ *gewöhnlich*) usual, customary **Gebrauchsanweisung** *f* (*für Arznei*) directions *pl*; (*für Geräte etc*) instructions *pl* (for use) **Gebrauchsartikel** *m* article for everyday use; (*pl: esp* COMM) basic consumer goods *pl* **Gebrauchsgegenstand** *m* commodity; (≈ *Werkzeug, Küchengerät*) utensil **Gebrauchsgut** *nt usu pl* consumer item **Gebrauchsmuster** *nt* registered pattern *or* design **gebraucht** [ɡə'brauxt] **◭** *adj* second-hand; *Verpackung* used **◮** *adv* **etw ~ kaufen** to buy sth second-hand; → brauchen **Gebrauchtwagen** *m* used *or* second-hand

car **Gebr<u>au</u>chtwagenhändler(in)**
m/(f) used *or* second-hand car dealer
gebr<u>äu</u>nt [gəˈbrɔynt] *adj* (≈ *braun gebrannt*) (sun-)tanned; → **bräunen**
Gebr<u>e</u>chen [gəˈbrɛçn] *nt* ⟨-s, -⟩ (*elev*) affliction **gebr<u>e</u>chlich** [gəˈbrɛçlɪç] *adj* frail;
(≈ *altersschwach*) infirm **gebr<u>o</u>chen** [gə-
ˈbrɔxn] **A** *adj* broken; **~e Zahl** MAT fraction; **mit ~em Herzen** broken-hearted **B**
adv **~ Deutsch sprechen** to speak broken
German
Gebr<u>ü</u>der [gəˈbryːdɐ] *pl* COMM Brothers
pl; **~ Müller** Müller Brothers
Gebr<u>ü</u>ll [gəˈbrʏl] *nt* ⟨-(e)s, *no pl*⟩ (*von Löwe*)
roar; (*von Mensch*) yelling
geb<u>ü</u>ckt [gəˈbʏkt] **A** *adj* **eine ~e Haltung**
a stoop **B** *adv* **~ gehen** to stoop; → **bücken**
Geb<u>ü</u>hr [gəˈbyːɐ] *f* ⟨-, -en⟩ **1** charge; (≈
Postgebühr) postage *no pl*; (≈ *Studiengebühr*)
fees *pl*; (≈ *Vermittlungsgebühr*) commission;
(≈ *Straßenbenutzungsgebühr*) toll; **~en erheben** to make a charge; **~ (be)zahlt Empfänger** postage to be paid by addressee
2 (≈ *Angemessenheit*) **nach ~** suitably,
properly; **über ~** excessively **gebühren**
[gəˈbyːrən] *past part* gebührt (*elev*) **A** *v/i*
das gebührt ihm (≈ *steht ihm zu*) it is his
(just) due; (≈ *gehört sich für ihn*) it befits
him **B** *v/r* to be proper; **wie es sich gebührt** as is proper **gebührend A** *adj*
(≈ *verdient*) due; (≈ *angemessen*) suitable;
(≈ *geziemend*) proper **B** *adv* duly, suitably;
etw ~ feiern to celebrate sth in a fitting
manner **Gebühreneinheit** *f* TEL (tariff)
unit **Gebührenerhöhung** *f* increase
in charges **gebührenfrei** **A** *adj* free
of charge; *Telefonnummer* Freefone® (*Br*),
toll-free (*US*) **B** *adv* free of charge **Ge-
bührenordnung** *f* scale of charges
gebührenpflichtig [-pflɪçtɪç] **A** *adj*
subject to a charge; *Autobahnbenutzung*
subject to a toll; **~e Verwarnung** JUR fine;
~e Autobahn toll road (*Br*), turnpike (*US*)
B *adv* **jdn ~ verwarnen** to fine sb
gebunden [gəˈbʊndn] *adj* tied (*an +acc*
to); (*durch Verpflichtungen etc*) tied down;
Kapital tied up; LING, PHYS, CHEM bound;
Buch cased, hardback; *Wärme* latent; MUS
legato; **vertraglich ~ sein** to be bound
by contract
Geburt [gəˈbuːɐt] *f* ⟨-, -en⟩ birth; **von ~**
by birth; **von ~ an** from birth; **bei der ~
sterben** (*Mutter*) to die in childbirth; (*Kind*)

to die at birth; **das war eine schwere ~!**
(*fig infml*) that took some doing (*infml*) **Ge-
burtendefizit** *nt* birth deficit **Geburtenkontrolle** *f*, **Geburtenregelung**
f birth control **Geburtenrate** *f* birthrate
Geburtenrückgang *m* drop in the
birthrate **geburtenschwach** *adj Jahrgang* with a low birthrate **geburten-
stark** *adj Jahrgang* with a high birthrate
Geburtenüberschuss *m* excess of
births over deaths **Geburtenziffer** *f*
birthrate **gebürtig** [gəˈbʏrtɪç] *adj* **~er
Londoner sein** to have been born in London **Geburtsanzeige** *f* birth announcement **Geburtsdatum** *nt* date of birth
Geburtshaus *nt* **das ~ Kleists** the
house where Kleist was born **Geburts-
helfer(in)** *m/(f)* (MED ≈ *Arzt*) obstetrician;
(≈ *Hebamme*) midwife **Geburtsjahr** *nt*
year of birth **Geburtsname** *m* birth
name; (*von Frau auch*) maiden name **Geburtsort** *m*, *pl* -orte birthplace **Geburtstag** *m* birthday; (*auf Formularen*)
date of birth; **jdm zum ~ gratulieren** to
wish sb (a) happy birthday; **heute habe
ich ~** it's my birthday today **Geburtstagsfeier** *f* birthday party **Geburts-
tagskind** *nt* birthday boy/girl **Geburtsurkunde** *f* birth certificate
Gebüsch [gəˈbʏʃ] *nt* ⟨-(e)s, -e⟩ bushes *pl*;
(≈ *Unterholz*) undergrowth, brush
gedacht [gəˈdaxt] *adj* Linie, Fall imaginary
Gedächtnis [gəˈdɛçtnɪs] *nt* ⟨-ses, -se⟩
memory; **etw aus dem ~ hersagen** to recite sth from memory; **jdm im ~ bleiben**
to stick in sb's mind; **etw im ~ behalten**
to remember sth **Gedächtnislücke** *f*
gap in one's memory **Gedächtnis-
schwund** *m* amnesia
gedämpft [gəˈdɛmpft] *adj* **1** (≈ *vermindert*)
Geräusch muffled; *Farben, Stimmung* muted;
Optimismus cautious; *Licht, Freude* subdued;
mit ~er Stimme in a low voice **2** COOK
steamed; → **dämpfen**
Gedanke [gəˈdaŋkə] *m* ⟨-ns, -n⟩ thought
(*über +acc* on, about); (≈ *Idee, Plan*) idea;
(≈ *Konzept*) concept; **der bloße ~ an …**
the mere thought of …; **in ~n vertieft
sein** to be deep in thought; **jdn auf andere ~n bringen** to take sb's mind off
things; **sich** (*dat*) **über etw** (*acc*) **~n machen** to think about sth; (≈ *sich sorgen*) to
worry about sth; **etw ganz in ~n** (*dat*)
tun to do sth (quite) without thinking;

jds ~n lesen to read sb's mind or thoughts; **auf dumme ~n kommen** (infml) to get up to mischief; **mit dem ~n spielen, etw zu tun** to toy with the idea of doing sth **Gedankenaustausch** m POL exchange of ideas **gedankenlos** adj (≈ unüberlegt) unthinking; (≈ zerstreut) absent-minded; (≈ rücksichtslos) thoughtless **Gedankenlosigkeit** f ⟨-, -en⟩ (≈ Unüberlegtheit) lack of thought; (≈ Zerstreutheit) absent-mindedness; (≈ Rücksichtslosigkeit) thoughtlessness **Gedankenspiel** nt intellectual game; (als psychologische Taktik) mind game **Gedankenstrich** m dash **Gedankenübertragung** f telepathy **gedanklich** [gə'daŋklɪç] adj intellectual; (≈ vorgestellt) imaginary **Gedeck** [gə'dɛk] nt ⟨-(e)s, -e⟩ **1** (≈ Tischgedeck) cover; **ein ~ auflegen** to lay (Br) or set a place **2** (≈ Menü) set meal, table d'hôte **3** (im Nachtklub) cover charge **gedeckt** [gə'dɛkt] adj Farben muted; Tisch set or laid (Br) for a meal; → decken **Gedeih** [gə'dai] m **auf ~ und Verderb** for better or (for) worse **gedeihen** [gə-'daiən] pret **gedieh** [gə'di:], past part **gediehen** [gə'di:ən] v/i aux sein to thrive; (elev ≈ sich entwickeln) to develop; (fig ≈ vorankommen) to make progress **gedenken** [gə'dɛŋkn] pret **gedachte** [gə-'daxtə], past part **gedacht** [gə'daxt] v/i +gen irr **1** (elev) (≈ denken an) to remember **2** (≈ feiern) to commemorate **Gedenken** [gə'dɛŋkn] nt ⟨-s, no pl⟩ memory (an +acc of); **zum** or **im ~ an jdn** in memory of sb **Gedenkfeier** f commemoration **Gedenkminute** f minute's silence **Gedenkmünze** f commemorative coin **Gedenkstätte** f memorial **Gedenkstunde** f hour of commemoration **Gedenktafel** f plaque **Gedenktag** m commemoration day **Gedicht** [gə'dɪçt] nt ⟨-(e)s, -e⟩ poem; **der Nachtisch ist ein ~** (infml) the dessert is sheer poetry **Gedichtband** m, pl **-bände** book of poems or poetry **gediegen** [gə'di:gn] adj **1** Metall pure **2** (von guter Qualität) high-quality; (≈ geschmackvoll) tasteful; (≈ rechtschaffen) upright; Kenntnisse sound **gedopt** [gə'ndɔpt] adj **er war ~** he had taken drugs; → dopen **Gedränge** [gə'drɛŋə] nt ⟨-s, no pl⟩ (≈ Menschenmenge) crowd, crush; (≈ Drängeln) jos-

tling; RUGBY scrum(mage); **ins ~ kommen** (fig) to get into a fix (infml) **Gedrängel** [gə'drɛŋl] nt ⟨-s, no pl⟩ (infml) (≈ Drängeln) shoving (infml) **gedrängt** [gə'drɛŋt] **A** adj packed; (fig) Stil terse **B** adv **~ voll** packed full; **~ stehen** to be crowded together; → drängen **gedruckt** [gə'drʊkt] adj printed; **lügen wie ~** (infml) to lie right, left and centre (Br infml) or center (US infml); → drucken **gedrückt** [gə'drʏkt] adj Stimmung depressed; **~er Stimmung sein** to feel depressed; → drücken **gedrungen** [gə'drʊŋən] adj Gestalt stocky **Geduld** [gə'dʊlt] f ⟨-, no pl⟩ patience; **mit jdm/etw ~ haben** to be patient with sb/sth; **ich verliere die ~** my patience is wearing thin **gedulden** [gə'dʊldn] past part **geduldet** v/r to be patient **geduldig** [gə'dʊldɪç] **A** adj patient **B** adv patiently **Geduldsprobe** f **das war eine harte ~** it was enough to try anyone's patience **geehrt** [gə'e:ət] adj honoured (Br), honored (US); **sehr ~e Damen und Herren** Ladies and Gentlemen; (in Briefen) Dear Sir or Madam; → ehren **geeignet** [gə'aignət] adj (≈ passend) suitable; (≈ richtig) right; **er ist zu dieser Arbeit nicht ~** he's not suited to this work; **er wäre zum Lehrer gut ~** he would make a good teacher; → eignen **Gefahr** [gə'faːɐ] f ⟨-, -en⟩ **1** danger (für to, for); (≈ Bedrohung) threat (für to, for); **in ~ sein** to be in danger; (≈ bedroht) to be threatened; **außer ~** out of danger; **sich einer ~ aussetzen** to put oneself in danger **2** (≈ Risiko) risk (für to, for); **auf eigene ~** at one's own risk or (stärker) peril; **auf die ~ hin, etw zu tun** at the risk of doing sth; **~ laufen, etw zu tun** to run the risk of doing sth **gefährden** [gə-'fɛːɐdn] past part **gefährdet** v/t to endanger; (≈ bedrohen) to threaten; (≈ aufs Spiel setzen) to put at risk **Gefährder** m ⟨-s, -⟩, **Gefährderin** f ⟨-, -nen⟩ dangerous militant; (≈ Terrorist a.) potential terrorist **gefährdet** [gə'fɛːɐdət] adj Tierart endangered; Ehe, Bevölkerungsgruppe, Gebiet at risk pred **Gefährdung** f ⟨-, -en⟩ **1** (≈ das Gefährden) endangering; (≈ das Riskieren) risking **2** (≈ Gefahr) danger (+gen to) **Gefahrenherd** m danger area **Gefahrenzulage** f danger money **gefährlich** [gə'fɛːɐlɪç] **A** adj dangerous **B** adv dangerously **Gefährlichkeit** f ⟨-, no pl⟩ dangerousness **gefahrlos** **A** adj safe; (≈ harmlos) harmless **B** adv safely; (≈ harmlos) harmlessly

Gefährte [gəˈfɛːɐtə] m ⟨-n, -n⟩, **Gefährtin** [gəˈfɛːtɪn] f ⟨-, -nen⟩ (elev) companion

Gefälle [gəˈfɛlə] nt ⟨-s, -⟩ **1** (von Fluss) drop, fall; (von Land, Straße) slope; (≈ Neigungsgrad) gradient; **ein ~ von 10%** a gradient of 10% **2** (fig ≈ Unterschied) difference; **das Nord-Süd-~** the North-South divide

gefallen [gəˈfalən] pret **gefiel** [gəˈfiːl], past part **gefallen** [gəˈfalən] v/i to please (jdm sb); **es gefällt mir (gut)** I like it (very much or a lot); **das gefällt mir gar nicht** I don't like it at all; **das gefällt mir schon besser** (infml) that's more like it (infml); **er gefällt mir gar nicht** (infml: gesundheitlich) I don't like the look of him (infml); **sich** (dat) **etw ~ lassen** (≈ dulden) to put up with sth

Gefallen[1] [gəˈfalən] nt ⟨-s, no pl⟩ (elev) pleasure; **an etw** (dat) **~ finden** to get pleasure from sth

Gefallen[2] m ⟨-s, -⟩ favour (Br), favor (US); **jdn um einen ~ bitten** to ask sb a favo(u)r; **jdm einen ~ tun** to do sb a favo(u)r

Gefallene(r) [gəˈfalənə] m/f(m) decl as adj soldier killed in action

gefällig [gəˈfɛlɪç] adj **1** (≈ hilfsbereit) obliging; **jdm ~ sein** to oblige sb **2** (≈ ansprechend) pleasing; (≈ freundlich) pleasant **3 Zigarette ~?** (form) would you care for a cigarette? **Gefälligkeit** f **1** (≈ Gefallen) favour (Br), favor (US); **jdm eine ~ erweisen** to do sb a favo(u)r **2** no pl **etw aus ~ tun** to do sth out of the kindness of one's heart **gefälligst** [gəˈfɛlɪçst] adv (infml) kindly; **sei ~ still!** kindly keep your mouth shut! (infml)

Gefangenenlager nt prison camp **Gefangene(r)** [gəˈfaŋənə] m/f(m) decl as adj captive; (≈ Sträfling, fig) prisoner **gefangen halten** v/t irr to hold prisoner; Geiseln to hold; Tiere to keep in captivity; (fig) to captivate **Gefangennahme** [-naːmə] f ⟨-, -n⟩ capture; (≈ Verhaftung) arrest **gefangen nehmen** v/t irr to take captive; (≈ verhaften) to arrest; MIL to take prisoner; (fig) to captivate **Gefangenschaft** [gəˈfaŋənʃaft] f ⟨-, -en⟩ captivity; **in ~ geraten** to be taken prisoner **Gefängnis** [gəˈfɛŋnɪs] nt ⟨-ses, -se⟩ prison, jail; (≈ Gefängnisstrafe) imprison-

ment; **zwei Jahre ~ bekommen** to get two years in prison **Gefängnisstrafe** f prison sentence; **eine ~ von zehn Jahren** ten years' imprisonment **Gefängniswärter(in)** m/(f) warder (Br), prison officer or guard **Gefängniszelle** f prison cell

gefärbt [gəˈfɛrpt] adj dyed; Lebensmittel artificially coloured (Br) or colored (US); **konservativ ~ sein** to have a conservative bias; → färben

Gefasel [gəˈfaːzl] nt ⟨-s, no pl⟩ (pej) drivel (infml)

Gefäß [gəˈfɛːs] nt ⟨-es, -e⟩ vessel (auch ANAT, BOT); (≈ Behälter) receptacle

gefasst [gəˈfast] **A** adj (≈ ruhig) composed, calm; Stimme calm; **sich auf etw** (acc) **~ machen** to prepare oneself for sth; **er kann sich auf etwas ~ machen** (infml) I'll give him something to think about (infml) **B** adv (≈ beherrscht) calmly; → fassen

Gefecht [gəˈfɛçt] nt ⟨-(e)s, -e⟩ battle; **jdn außer ~ setzen** to put sb out of action; **im Eifer des ~s** (fig) in the heat of the moment **gefechtsbereit** adj ready for battle; (≈ einsatzfähig) (fully) operational **Gefechtskopf** m warhead

gefeiert [gəˈfaiɐt] adj celebrated; → feiern

gefeit [gəˈfait] adj **gegen etw ~ sein** to be immune to sth

gefestigt [gəˈfɛstɪçt] adj established; Charakter steady; → festigen

Gefieder [gəˈfiːdɐ] nt ⟨-s, -⟩ plumage **gefiedert** [gəˈfiːdɐt] adj feathered; Blatt pinnate

Geflecht [gəˈflɛçt] nt ⟨-(e)s, -e⟩ network; (≈ Gewebe) weave; (≈ Rohrgeflecht) wickerwork

gefleckt [gəˈflɛkt] adj spotted; Vogel speckled; Haut blotchy

Geflügel [gəˈflyːgl] nt ⟨-s, no pl⟩ poultry no pl **Geflügelfleisch** nt poultry **Geflügelpest** f bird flu, avian influenza **Geflügelschere** f poultry shears pl **geflügelt** [gəˈflyːglt] adj winged; **~e Worte** standard quotations **Geflügelzucht** f poultry farming

Geflüster [gəˈflʏstɐ] nt ⟨-s, no pl⟩ whispering

Gefolge [gəˈfɔlgə] nt ⟨-s, -⟩ retinue, entourage; (≈ Trauergefolge) cortege; (fig) wake; **im ~** in the wake (+gen of) **Ge-**

folgschaft [gə'fɔlkʃaft] *f* ⟨-, -en⟩ **1** (≈ *die Anhänger*) following **2** (≈ *Treue*) allegiance **Gefolgsmann** *m, pl* -leute *or* -männer follower

gefragt [gə'fraːkt] *adj Waren, Sänger etc* in demand *pred;* → **fragen**

gefräßig [gə'frɛːsɪç] *adj* gluttonous; *(fig elev)* voracious **Gefräßigkeit** *f* ⟨-, *no pl*⟩ gluttony; *(fig elev)* voracity

Gefreite(r) [gə'fraitə] *m/f(m) decl as adj* MIL private; AVIAT aircraftman first class *(Br)*, airman first class *(US)*

gefreut [gə'frɔyt] *adj (Swiss ≈ angenehm)* pleasant

Gefrierbeutel *m* freezer bag **Gefrierbrand** *m* freezer burn **gefrieren** *past part* **gefroren** *v/i irr aux sein* to freeze **Gefrierfach** *nt* freezer compartment, icebox *(esp US)* **gefriergetrocknet** [-gətrɔknət] *adj* freeze-dried **Gefrierkost** *f* frozen food **Gefrierpunkt** *m* freezing point; *(von Thermometer)* zero; **auf dem ~ stehen** to be at freezing point/zero **Gefrierschrank** *m* (upright) freezer **Gefriertruhe** *f* freezer

Gefüge [gə'fyːgə] *nt* ⟨-s, -⟩ structure **gefügig** [gə'fyːgɪç] *adj* (≈ *willfährig*) submissive; (≈ *gehorsam*) obedient; **jdn ~ machen** to make sb bend to one's will **Gefühl** [gə'fyːl] *nt* ⟨-(e)s, -e⟩ feeling; (≈ *Emotionalität*) sentiment; **etw im ~ haben** to have a feel for sth; **ich habe das ~, dass ...** I have the feeling that ...; **jds ~e verletzen** to hurt sb's feelings; **ein ~ für Gerechtigkeit** a sense of justice **gefühllos** *adj* insensitive; (≈ *mitleidlos*) callous; *Glieder* numb **Gefühllosigkeit** *f* ⟨-, -en⟩ insensitivity; (≈ *Mitleidlosigkeit*) callousness; *(von Gliedern)* numbness **gefühlsarm** *adj* unemotional **Gefühlsausbruch** *m* emotional outburst **gefühlsbedingt** *adj* emotional **gefühlsbetont** *adj* emotional **Gefühlsduselei** [-duːzə'lai] *f* ⟨-, -en⟩ *(pej)* mawkishness **Gefühlslage** *f* emotional state **Gefühlsleben** *nt* emotional life **gefühlsmäßig** **A** *adj* instinctive **B** *adv* instinctively **Gefühlsmensch** *m* emotional person **Gefühlssache** *f* matter of feeling **gefühlvoll** *adj* **1** (≈ *empfindsam*) sensitive; (≈ *ausdrucksvoll*) expressive **2** (≈ *liebevoll*) loving **B** *adv* with feeling; (≈ *ausdrucksvoll*) expressively **gefüllt** [gə'fʏlt] *adj Paprikaschoten etc* stuf-

fed; *Brieftasche* full; **~e Pralinen** chocolates with soft centres *(Br)*, candies with soft centers *(US);* → **füllen**

gefunden [gə'fʊndn] *adj* **das war ein ~es Fressen für ihn** that was handing it to him on a plate

gefürchtet [gə'fʏrçtət] *adj* dreaded *usu attr;* → **fürchten**

gegeben [gə'geːbn] *adj* given; **bei der ~en Situation** given this situation; **etw als ~ voraussetzen** to assume sth; **zu ~er Zeit** in due course **gegebenenfalls** [gə'geːbnən'fals] *adv* should the situation arise; (≈ *wenn nötig*) if need be; (≈ *eventuell*) possibly; ADMIN if applicable **Gegebenheit** [gə'geːbnhait] *f* ⟨-, -en⟩ *usu pl* (actual) fact; (≈ *Realität*) actuality; (≈ *Zustand*) condition; **sich mit den ~en abfinden** to come to terms with the facts as they are

gegen ['geːgn] *prep +acc* **1** (≈ *wider*) against; **X ~ Y** SPORTS, JUR X versus Y; **haben Sie ein Mittel ~ Schnupfen?** do you have anything for colds?; **etwas/nichts ~ jdn/etw haben** to have something/nothing against sb/sth **2** (≈ *in Richtung auf*) towards, toward *(US);* (≈ *nach*) to; **~ einen Baum rennen** to run into a tree **3** (≈ *ungefähr*) round about, around; **~ 5 Uhr** around 5 o'clock **4** (≈ *gegenüber*) towards, to; **sie ist immer fair ~ mich gewesen** she's always been fair to me **5** (≈ *im Austausch für*) for; **~ bar** for cash; **~ Quittung** against a receipt **6** (≈ *verglichen mit*) compared with **Gegenangebot** *nt* counteroffer **Gegenangriff** *m* counterattack **Gegenanzeige** *f* MED contraindication **Gegenargument** *nt* counterargument **Gegenbeispiel** *nt* counterexample **Gegenbeweis** *m* counterevidence *no indef art, no pl;* **den ~ zu etw antreten** to produce evidence to counter sth

Gegend ['geːgnt] *f* ⟨-, -en [-dn]⟩ area; (≈ *geografisches Gebiet*) region; **hier in der ~** (a)round here

Gegendarstellung *f* reply **gegeneinander** [geːgnai'nandə] *adv* against each other *or* one another **gegeneinanderprallen** *v/i aux sein* to collide **gegeneinanderstellen** *v/t (fig)* to compare

Gegenfahrbahn *f* oncoming lane **Gegenfrage** *f* counterquestion **Gegengewicht** *nt* counterbalance **Gegengift** *nt*

antidote (*gegen* to) **Gegenkandidat(in)** *m*/(*f*) rival candidate **Gegenleistung** *f* service in return; **als ~ für etw** in return for sth **Gegenlicht** *nt* **bei ~ Auto fahren** to drive with the light in one's eyes; **etw bei** *or* **im ~ aufnehmen** PHOT to take a backlit photo(graph) of sth **Gegenliebe** *f* (*fig* ≈ *Zustimmung*) approval **Gegenmaßnahme** *f* countermeasure **Gegenmittel** *nt* MED antidote (*gegen* to) **Gegenoffensive** *f* counteroffensive **Gegenpol** *m* counterpole; (*fig*) antithesis (*zu* of, to) **Gegenprobe** *f* crosscheck **Gegenrichtung** *f* opposite direction **Gegensatz** *m* contrast; (≈ *Gegenteil*) opposite; (≈ *Unvereinbarkeit*) conflict; **Gegensätze** (≈ *Meinungsverschiedenheiten*) differences *pl*; **im ~ zu** unlike, in contrast to; **einen krassen ~ zu etw bilden** to contrast sharply with sth; **im ~ zu etw stehen** to conflict with sth **gegensätzlich** ['geːgnzɛtslɪç] **A** *adj* (≈ *konträr*) contrasting; (≈ *widersprüchlich*) opposing; (≈ *unterschiedlich*) different; (≈ *unvereinbar*) conflicting **B** *adv* **sie verhalten sich völlig ~** they behave in totally different ways **Gegenschlag** *m* MIL reprisal; (*fig*) retaliation *no pl*; **zum ~ ausholen** to prepare to retaliate **Gegenseite** *f* other side **gegenseitig** ['geːgnzaitɪç] **A** *adj* mutual **B** *adv* each other, one another; **sich ~ ausschließen** to be mutually exclusive **Gegenseitigkeit** *f* ⟨-, *no pl*⟩ mutuality; **ein Vertrag auf ~** a reciprocal treaty; **das beruht auf ~** the feeling is mutual **Gegenspieler(in)** *m*/(*f*) opponent; LIT antagonist **Gegensprechanlage** *f* (two-way) intercom **Gegenstand** *m* (≈ *Ding*) object, thing; (ECON ≈ *Artikel*) article; (≈ *Thema*) subject; **~ des Gespötts** object of ridicule **gegenständlich** ['geːgnʃtɛntlɪç] *adj* concrete; ART representational; (≈ *anschaulich*) graphic(al) **gegenstandslos** *adj* (≈ *überflüssig*) redundant, unnecessary; (≈ *grundlos*) unfounded; (≈ *hinfällig*) irrelevant; ART abstract **gegensteuern** *v/i sep* AUTO to steer in the opposite direction; (*fig*) to take countermeasures **Gegenstimme** *f* PARL vote against; **der Antrag wurde ohne ~n angenommen** the motion was carried unanimously **Gegenstück** *nt* opposite; (≈ *passendes Gegenstück*) counterpart

Gegenteil *nt*, *no pl* opposite (*von* of); **im ~!** on the contrary!; **ganz im ~** quite the reverse; **ins ~ umschlagen** to swing to the other extreme **gegenteilig** **A** *adj* Ansicht, Wirkung opposite, contrary; **eine ~e Meinung** a contrary opinion **B** *adv* **sich ~ entscheiden** to come to a different decision

Gegentor *nt* (*esp* FTBL, SPORTS) **ein ~ hinnehmen müssen** to concede a goal; **ein ~ erzielen** to score

gegenüber [geːgn'yːbɐ] **A** *prep +dat* **1** (*örtlich*) opposite; **er saß mir genau ~** he sat directly opposite me **2** (≈ *zu*) to; (≈ *in Bezug auf*) with regard to, as regards; (≈ *angesichts, vor*) in the face of; (≈ *im Vergleich zu*) compared with; **mir ~ hat er das nicht geäußert** he didn't say that to me **B** *adv* opposite; **der Park ~** the park opposite **Gegenüber** [geːgn'yːbɐ] *nt* ⟨-s, -⟩ (*bei Kampf*) opponent; (*bei Diskussion*) opposite number; **mein ~ am Tisch** the person (sitting) opposite me at (the) table **gegenüberliegen** *v/i +dat sep irr* to be opposite, to face; **sich** (*dat*) **~** to face each other **gegenüberliegend** *adj attr* opposite **gegenübersehen** *v/r +dat sep irr* **sich einer Aufgabe ~** to be faced with a task **gegenüberstehen** *v/i +dat sep irr* to be opposite, to face; **jdm** to stand opposite; **jdm feindlich ~** to have a hostile attitude toward(s) sb **gegenüberstellen** *v/t sep* (≈ *konfrontieren mit*) to confront (+*dat* with); (*fig* ≈ *vergleichen*) to compare (+*dat* with) **Gegenüberstellung** *f* confrontation; (*fig* ≈ *Vergleich*) comparison **gegenübertreten** *v/i sep irr aux sein* **jdm ~** to face sb

Gegenverkehr *m* oncoming traffic **Gegenvorschlag** *m* counterproposal **Gegenwart** ['geːgnvart] *f* ⟨-, *no pl*⟩ **1** present; **die Literatur der ~** contemporary literature **2** (≈ *Anwesenheit*) presence; **in ~ +gen** in the presence of **gegenwärtig** ['geːgnvɛrtɪç, geːgn'vɛrtɪç] **A** *adj* **1** *attr* (≈ *jetzig*) present; **der ~e Preis** the current price **2** (*elev* ≈ *anwesend*) present *pred* **B** *adv* (≈ *augenblicklich*) at present **gegenwartsnah** *adj* relevant (to the present) **Gegenwehr** *f* resistance **Gegenwert** *m* equivalent **Gegenwind** *m* headwind **gegenzeichnen** *v/t sep* to countersign **Gegenzug** *m* countermove; **im ~ zu etw** as a countermove to sth

gegliedert [gə'gliːdet] *adj* jointed; (*fig*) structured; (≈ *organisiert*) organized; → **gliedern**

Gegner ['geːgnɐ] *m* ⟨-s, -⟩, **Gegnerin** [-ərɪn] *f* ⟨-, -nen⟩ opponent; (≈ *Rivale*) rival; (≈ *Feind*) enemy; **ein ~ der Todesstrafe sein** to be against capital punishment

gegnerisch ['geːgnərɪʃ] *adj attr* opposing; (MIL ≈ *feindlich*) enemy *attr*

Gehabe [gə'haːbə] *nt* ⟨-s, *no pl*⟩ (*infml*) affected behaviour (*Br*) *or* behavior (*US*)

Gehackte(s) [gə'haktə] *nt decl as adj* mince (*Br*), ground meat (*US*)

Gehalt¹ [gə'halt] *m* ⟨-(e)s, -e⟩ **1** (≈ *Anteil*) content **2** (*fig*) (≈ *Inhalt*) content; (≈ *Substanz*) substance

Gehalt² *nt or* (*Aus*) *m* ⟨-(e)s, ⸚er [gə'hɛltə]⟩ salary

gehalten [gə'haltn] *adj* **~ sein, etw zu tun** (*form*) to be required to do sth

gehaltlos *adj* (*fig*) empty; (≈ *oberflächlich*) shallow

Gehaltsabrechnung *f* salary statement **Gehaltsanspruch** *m* salary claim **Gehaltsempfänger(in)** *m/(f)* salary-earner; **~ sein** to receive a salary **Gehaltserhöhung** *f* salary increase; (*regelmäßig*) increment **Gehaltsforderung** *f* salary claim **Gehaltsfortzahlung** *f* continued payment of salary **Gehaltsliste** *f* payroll **Gehaltszulage** *f* (≈ *Gehaltserhöhung*) salary increase; (≈ *Extrazulage*) salary bonus

gehaltvoll *adj Speise* nourishing; (*fig*) rich in content

gehandicapt [gə'hɛndikɛpt] *adj* handicapped (*durch* by)

geharnischt [gə'haːrnɪʃt] *adj Brief, Abfuhr etc* strong; *Antwort* sharp, sharply-worded

gehässig [gə'hɛsɪç] **A** *adj* spiteful **B** *adv* spitefully **Gehässigkeit** *f* ⟨-, -en⟩ spite (-fulness); **jdm ~en sagen** to be spiteful to sb

gehäuft [gə'hɔyft] **A** *adj Löffel* heaped **B** *adv* in large numbers; → **häufen**

Gehäuse [gə'hɔyzə] *nt* ⟨-s, -⟩ **1** (*von Gerät*) case; (≈ *Lautsprechergehäuse*) box; (≈ *Radiogehäuse*) cabinet **2** (≈ *Schneckengehäuse*) shell **3** (≈ *Obstgehäuse*) core

gehbehindert ['geːbəhɪndet] *adj* unable to walk properly **Gehbehinderte(r)** ['geːbəhɪndetə] *m/f(m) decl as adj* person who has difficulty walking

Gehbock *m* walking frame

Gehege [gə'heːgə] *nt* ⟨-s, -⟩ reserve; (*im Zoo*) enclosure; (≈ *Wildgehege*) preserve; **jdm ins ~ kommen** (*fig infml*) to get under sb's feet (*infml*)

geheim [gə'haim] **A** *adj* secret; **seine ~sten Gedanken** his innermost thoughts; **streng ~** top secret; **im Geheimen** in secret, secretly **B** *adv* secretly; **~ abstimmen** to vote by secret ballot **Geheimagent(in)** *m/(f)* secret agent **Geheimakte** *f* classified document **Geheimdienst** *m* secret service **Geheimfach** *nt* secret compartment; (≈ *Schublade*) secret drawer **geheim halten** *v/t irr* **etw (vor jdm) ~** to keep sth a secret (from sb) **Geheimhaltung** *f, no pl* secrecy **Geheimkonto** *nt* private *or* secret account **Geheimnis** [gə'haimnɪs] *nt* ⟨-ses, -se⟩ secret; (*rätselhaft*) mystery; **ein offenes ~** an open secret **Geheimniskrämerei** [-krɛːməˈrai] *f* ⟨-, -en⟩ (*infml*) secretiveness **Geheimnisträger(in)** *m/(f)* bearer of secrets **geheimnisvoll** *adj* mysterious; **~ tun** to be mysterious **Geheimnummer** *f* secret number (*auch* TEL); (≈ *PIN*) PIN (number) **Geheimpolizei** *f* secret police **Geheimtipp** *m* (personal) tip **Geheimtür** *f* secret door **Geheimzahl** *f* PIN (number)

gehemmt [gə'hɛmt] *adj Mensch* inhibited; *Benehmen* self-conscious; → **hemmen**

gehen ['geːən] *aux sein pret* **ging** [gɪŋ], *past part* **gegangen** [gə'gaŋən] **A** *v/i* **1** to go; **~ wir!** let's go!; **schwimmen/tanzen ~** to go swimming/dancing; **schlafen ~** to go to bed **2** (≈ *zu Fuß gehen*) to walk; **das Kind lernt ~** the baby is learning to walk; **am Stock ~** to walk with a stick; **er ging im Zimmer auf und ab** he walked up and down the room **3** (*mit Präposition*) **er ging an den Tisch** he went to the table; **sie gingen auf den Berg** they went up the mountain; **sie ging auf die Straße** she went out into the street; **das Fenster geht auf den Hof** the window overlooks the yard; **diese Tür geht auf den Balkon** this door leads onto the balcony; **das Bier geht auf mich** (*infml*) the beer's on me; **sie ging aus dem Zimmer** she went out of the room; **er ging bis zur Straße** he went as far as the street; **das geht gegen meine Überzeugung** it's against my principles; **geh mal in die Küche** go into the kitchen; **in die Industrie/Politik ~** to go into industry/politics; **in diesen Saal ~ 300 Leute** this hall holds 300 people; **in die Tausende ~** to run into (the) thousands; **in sich** (acc) **~** to stop and think; **mit jdm ~** to go with sb; (≈ befreundet sein) to go out with sb; **er ging nach München** he went to Munich; **über die Straße ~** to cross the road; **nichts geht über** (+acc) ... there's nothing to beat ...; **unter Menschen ~** to mix with people; **zur Post ~** to go to the post office; **zur Schule ~** to go to school; **zum Militär ~** to join the army; **zum Theater ~** to go on the stage **4** (≈ funktionieren) to work; (Auto, Uhr) to go; **die Uhr geht falsch/richtig** the clock is wrong/right; **so geht das** this is the way to do it **5** (≈ florieren, Geschäft) to do well; (≈ verkauft werden) to sell; **wie ~ die Geschäfte?** how's business? **6** (≈ dauern) to go on; **wie lange geht das denn noch?** how much longer is it going to go on? **7** (≈ aufgehen, Hefeteig) to rise **8** (≈ betreffen) **das Buch ging um ...** the book was about ...; **die Wette geht um 100 Euro** the bet is for 100 euros **9** (≈ möglich, gut sein) to be all right, to be OK (infml); **Montag geht** Monday's all right; **das geht doch nicht** that's not on (Br) or not OK (infml) **B** v/t **er ging eine Meile** he walked a mile; **ich gehe immer diesen Weg** I always go this way **C** v/i impers **1** (≈ ergehen) **wie geht es Ihnen?** how are you?; (zu Patient) how are you feeling?; **wie geht's?** how are things?; (bei Arbeit etc) how's it going?; **danke, es geht** (infml) all right or not too bad (infml), thanks; **es geht ihm gut/schlecht** he's fine/not well; **sonst geht's dir gut?** (iron) are you sure you're feeling all right? (iron); **mir ist es genauso gegangen** it was just the same for me; **lass es dir gut ~** take care of yourself **2** (≈ möglich sein) **es geht** it is possible; (≈ funktioniert) it works; **geht es?** (ohne Hilfe) can you manage?; **es geht nicht** (≈ ist nicht möglich) it's impossible; (≈ kommt nicht infrage) it's not on; **so geht es nicht** that's not the way to do it; (entrüstet) it just won't do; **morgen geht es nicht** tomorrow's no good **3** **es geht das Gerücht** the rumour (Br) or rumor (US) is going (a)round; **es geht auf 9 Uhr** it is approaching 9 o'clock; **worum geht's denn?** what's it about?; **es geht um Leben und Tod** it's a matter of life and death; **es geht um**

meinen Ruf my reputation is at stake; **darum geht es mir nicht** (≈ habe ich nicht gemeint) that's not my point; (≈ spielt keine Rolle für mich) that doesn't matter to me; **wenn es nach mir ginge ...** if it were or was up to me ... **Gehen** nt ⟨-s, no pl⟩ walking **gehen lassen** past part **gehen lassen** or (rare) **gehen gelassen** irr v/r (≈ sich nicht beherrschen) to lose control of oneself **Geher** ['geːɐ] m ⟨-s, -⟩, **Geherin** [-ərɪn] f ⟨-, -nen⟩ SPORTS walker

gehetzt [ɡə'hɛtst] adj harassed; → hetzen

geheuer [ɡə'hɔyɐ] adj **nicht ~** (≈ beängstigend) scary (infml); (≈ spukhaft) eerie, creepy (infml); (≈ verdächtig) dubious; (≈ unwohl) uneasy; **mir ist es hier nicht ~** this place gives me the creeps (infml)

Geheul [ɡə'hɔyl] nt ⟨-(e)s, no pl⟩ howling

Gehhilfe m ⟨-, -n⟩ (Gestell etc) walking aid **Gehilfe** [ɡə'hɪlfə] m ⟨-n, -n⟩, **Gehilfin** [-'hɪlfɪn] f ⟨-, -nen⟩ **1** (≈ kaufmännischer Gehilfe) trainee **2** JUR accomplice

Gehirn [ɡə'hɪrn] nt ⟨-(e)s, -e⟩ brain; (≈ Geist) mind **Gehirnblutung** f brain haemorrhage (Br) or hemorrhage (US) **Gehirnerschütterung** f concussion **Gehirnhautentzündung** f MED meningitis **Gehirnschlag** m stroke **Gehirnschwund** m atrophy of the brain **Gehirntod** m MED brain death **Gehirntumor** m MED brain tumour (Br) or tumor (US) **Gehirnwäsche** f brainwashing no pl; **jdn einer ~ unterziehen** to brainwash sb

gehoben [ɡə'hoːbn] adj Sprache elevated; (≈ anspruchsvoll) sophisticated; Stellung senior; Stimmung elated; **~er Dienst** professional and executive levels of the civil service

Gehöft [ɡə'hœft, ɡə'høːft] nt ⟨-(e)s, -e⟩ farm(stead)

Gehör [ɡə'høːɐ] nt ⟨-(e)s, -e⟩ **1** (≈ Hörvermögen) hearing; MUS ear; **nach dem ~ singen/spielen** to sing/play by ear; **absolutes ~** perfect pitch **2** **jdm kein ~ schenken** not to listen to sb; **sich** (dat) **~ verschaffen** to obtain a hearing; (≈ Aufmerksamkeit) to gain attention

gehorchen [ɡə'hɔrçn] past part **gehorcht** v/i to obey (jdm sb)

gehören [ɡə'høːrən] past part **gehört** **A** v/i **1** **jdm ~** (≈ jds Eigentum sein) to belong to sb, to be sb's; **das Haus gehört ihm** he owns the house; **das gehört nicht hierher** (*Gegenstand*) it doesn't go here; (*Vorschlag*) it is irrelevant here; **das gehört nicht zum Thema** that is off the point; **er gehört ins Bett** he should be in bed **2** ~ **zu** (≈ *zählen zu*) to be amongst, to be one of; (≈ *Bestandteil sein von*) to be part of; (≈ *Mitglied sein von*) to belong to; **zur Familie** ~ to be one of the family; **dazu gehört Mut** that takes courage; **dazu gehört nicht viel** it doesn't take much **B** *v/r* to be (right and) proper; **das gehört sich einfach nicht** that's just not done

gehörig [gəˈhøːrɪç] **A** *adj* **1** (*elev*) **jdm/zu etw** ~ belonging to sb/sth **2** *attr* (≈ *gebührend*) proper; (*infml* ≈ *beträchtlich*) good *attr*; **eine ~e Tracht Prügel** a good thrashing **B** *adv* (*infml* ≈ *ordentlich*) ausschimpfen severely; **jdn** ~ **verprügeln** to give sb a good beating; **da hast du dich** ~ **getäuscht!** you're badly mistaken

gehörlos *adj* (*form*) deaf **Gehörlose(r)** [gəˈhøːˌeloːzə] *m/f(m) decl as adj* (*form*) deaf person

gehorsam [gəˈhoːzaːm] **A** *adj* obedient **B** *adv* obediently **Gehorsam** [gəˈhoːˌezaːm] *m* ⟨-s, *no pl*⟩ obedience; **jdm den** ~ **verweigern** to refuse to obey sb

Gehörschutz *m* ear protection **Gehörsinn** *m* sense of hearing **Gehörsturz** *m* (*temporary*) loss of hearing

Gehsteig [-ˌʃtaik] *m* ⟨-(e)s, -e [-gə]⟩ pavement (*Brit*), sidewalk (*US*) **Gehversuch** *m* attempt at walking **Gehwagen** *m* walking frame **Gehweg** *m* footpath

Geier [ˈgaiɐ] *m* ⟨-s, -⟩ vulture; **weiß der** ~! (*infml*) God knows!

geifern [ˈgaifɐn] *v/i* **gegen jdn/etw** ~ to revile sb/sth

Geige [ˈgaigə] *f* ⟨-, -n⟩ violin, fiddle (*infml*); **die erste/zweite** ~ **spielen** (*lit*) to play first/second violin; (*fig*) to call the tune/play second fiddle **geigen** [ˈgaign] **A** *v/i* to play the violin, to (play the) fiddle (*infml*) **B** *v/t Lied* to play on a/the violin or fiddle (*infml*) **Geigenbauer** *m, pl* -, **Geigenbauerin** *f, pl* -nen violin-maker **Geigenbogen** *m* violin bow **Geigenkasten** *m* violin case **Geiger** [ˈgaigɐ] *m* ⟨-s, -⟩, **Geigerin** [-ərɪn] *f* ⟨-, -nen⟩ violinist, fiddler (*infml*)

Geigerzähler *m* Geiger counter

geil [gail] **A** *adj* **1** horny; (*pej* ≈ *lüstern*) lecherous; **auf jdn** ~ **sein** to be lusting af-

ter sb **2** (*sl* ≈ *prima*) brilliant (*infml*), wicked (*sl*) **B** *adv* (*sl* ≈ *prima*) spielen, tanzen brilliantly; ~ **aussehen** to look cool (*infml*)

Geisel [ˈgaizl] *f* ⟨-, -n⟩ hostage; **jdn als** ~ **nehmen** to take sb hostage; ~**n stellen** to produce hostages **Geiseldrama** *nt* hostage crisis **Geiselnahme** [-naːmə] *f* ⟨-, -n⟩ hostage-taking **Geiselnehmer** *m* ⟨-s, -⟩, **Geiselnehmerin** [-ərɪn] *f* ⟨-, -nen⟩ hostage-taker

Geiß [gais] *f* ⟨-, -en⟩ (*S Ger, Aus, Swiss* ≈ *Ziege*) (nanny-)goat **Geißbock** *m* (*S Ger, Aus, Swiss* ≈ *Ziegenbock*) billy goat

Geißel [ˈgaisl] *f* ⟨-, -n⟩ scourge; (≈ *Peitsche*) whip **geißeln** [ˈgaisln] *v/t* **1** (≈ *peitschen*) to whip **2** (*fig* ≈ *anprangern*) to castigate

Geist [gaist] *m* ⟨-(e)s, -er⟩ **1** (≈ *Seele*) spirit; (≈ *Gespenst*) ghost; ~ **und Körper** mind and body; **seinen** ~ **aufgeben** to give up the ghost; **der Heilige** ~ the Holy Ghost *or* Spirit; **gute/böse** ~**er** good/evil spirits; **von allen guten** ~**ern verlassen sein** (*infml*) to have taken leave of one's senses (*infml*); **jdm auf den** ~ **gehen** (*infml*) to get on sb's nerves **2** *no pl*: (≈ *Intellekt*) intellect, mind; (*fig* ≈ *Denker, Genie*) mind; **das geht über meinen** ~ (*infml*) that's beyond me (*infml*); **hier scheiden sich die** ~**er** this is the parting of the ways **3** *no pl* (≈ *Wesen, Sinn, Gesinnung*) spirit; **in jds** (*dat*) ~ **handeln** to act in the spirit of sb **4** *no pl* (≈ *Vorstellung*) mind; **etw im** ~(**e**) **vor sich** (*dat*) **sehen** to see sth in one's mind's eye; **im** ~**e bin ich bei euch** I am with you in spirit **Geisterbahn** *f* ghost train **Geisterfahrer(in)** *m/f(m)* (*infml*) ghost-driver (*US infml*), *person driving the wrong way on the motorway* **geisterhaft** *adj* ghostly *no adv*; (≈ *übernatürlich*) supernatural **Geisterhand** *f* **wie von** ~ as if by magic **Geisterhaus** *nt* (≈ *Spukhaus*) haunted house **Geisterstadt** *f* ghost town **Geisterstunde** *f* witching hour **geistesabwesend** **A** *adj* absent-minded **B** *adv* absent-mindedly; **jdn** ~ **ansehen** to give sb an absent-minded look **Geistesabwesenheit** *f* absent-mindedness **Geistesblitz** *m* brainwave (*Brit*), brainstorm (*US*) **Geistesgegenwart** *f* presence of mind **geistesgegenwärtig** **A** *adj* quick-witted **B** *adv* quick-wittedly **geistesgestört** *adj* mentally disturbed *or* (*stärker*) deranged **Geistesgestörte(r)** *m/f(m) decl* *as adj* mentally disturbed *or* deranged person **geisteskrank** *adj* mentally ill **Geisteskranke(r)** *m/f(m) decl as adj* mentally ill person **Geisteskrankheit** *f* mental illness; (≈ *Wahnsinn*) insanity **Geisteswissenschaft** *f* arts subject; **die ~en** the arts; (*als Studium*) the humanities **Geisteswissenschaftler(in)** *m/(f)* arts scholar; (≈ *Student*) arts student **geisteswissenschaftlich** *adj Fach, Fakultät* arts *attr* **Geisteszustand** *m* mental condition; **jdn auf seinen ~ untersuchen** to give sb a psychiatric examination **geistig** ['gaɪstɪç] **A** *adj* **1** (≈ *unkörperlich*) spiritual **2** (≈ *intellektuell*) intellectual; PSYCH mental; **~er Diebstahl** plagiarism *no pl*; **~es Eigentum** intellectual property **3** (≈ *imaginär*) **etw vor seinem ~en Auge sehen** to see sth in one's mind's eye **B** *adv* (≈ *intellektuell*) intellectually; MED mentally; **~ behindert/zurückgeblieben sein** *neg!* to have learning difficulties **geistlich** ['gaɪstlɪç] *adj* spiritual; (≈ *religiös*) religious; (≈ *kirchlich*) ecclesiastical **Geistliche** ['gaɪstlɪçə] *f decl as adj* woman priest; (*von Freikirchen*) woman minister **Geistliche(r)** ['gaɪstlɪçə] *m decl as adj* clergyman; (≈ *Priester*) priest; (≈ *Pastor, von Freikirchen*) minister **Geistlichkeit** *f* ⟨-, *no pl*⟩ clergy; (≈ *Priester*) priesthood **geistlos** *adj* (≈ *dumm*) stupid; (≈ *einfallslos*) unimaginative; (≈ *trivial*) inane **Geistlosigkeit** *f* ⟨-, -en⟩ **1** *no pl* (≈ *Dummheit*) stupidity; (≈ *Einfallslosigkeit*) unimaginativeness; (≈ *Trivialität*) inanity **2** (≈ *geistlose Äußerung*) inane remark **geistreich** *adj* (≈ *witzig*) witty; (≈ *klug*) intelligent; (≈ *einfallsreich*) ingenious; (≈ *schlagfertig*) quick-witted **geisttötend** *adj* soul-destroying

Geiz [gaɪts] *m* ⟨-es, *no pl*⟩ meanness (*esp Br*), stinginess (*infml*) **geizen** ['gaɪtsn] *v/i* to be mean (*esp Br*) *or* stingy (*infml*); (*mit Worten, Zeit*) to be sparing; **mit etw ~** to be mean *etc* with sth **Geizhals** *m* miser **geizig** ['gaɪtsɪç] *adj* mean (*esp Br*), stingy (*infml*) **Geizkragen** *m* (*infml*) skinflint

Gejammer [gə'jamɐ] *nt* ⟨-s, *no pl*⟩ moaning (and groaning)

Gekicher [gə'kɪçɐ] *nt* ⟨-s, *no pl*⟩ giggling; (*spöttisch*) sniggering, snickering

Gekläff [gə'klɛf] *nt* ⟨-(e)s, *no pl*⟩ yapping (*also fig pej*)

Geklapper [gə'klapɐ] *nt* ⟨-s, *no pl*⟩ clatter(-ing)

Geklirr [gə'klɪr] *nt* ⟨-(e)s, *no pl*⟩ clinking; (*von Fensterscheiben*) rattling

geknickt [gə'knɪkt] *adj* (*infml*) dejected; → **knicken**

gekonnt [gə'kɔnt] **A** *adj* masterly **B** *adv* in a masterly fashion

Gekritzel [gə'krɪtsl] *nt* ⟨-s, *no pl*⟩ scribbling, scrawling

gekühlt [gə'ky:lt] **A** *adj Getränke* chilled **B** *adv* **etw ~ servieren** to serve sth chilled; → **kühlen**

gekünstelt [gə'kʏnstlt] **A** *adj* artificial **B** *adv* affectedly; **er spricht sehr ~** his speech is very affected

Gel [ge:l] *nt* ⟨-s, -e⟩ gel

Gelaber [gə'la:bɐ] *nt* ⟨-s, *no pl*⟩ (*infml*) jabbering (*infml*), prattling (*infml*)

Gelächter [gə'lɛçtɐ] *nt* ⟨-s, -⟩ laughter; **in ~ ausbrechen** to burst into laughter

geladen [gə'la:dn] *adj* loaded; (PHYS, *fig*) *Atmosphäre* charged; (*infml* ≈ *wütend*) (hopping) (*infml*) mad; **mit Spannung ~** charged with tension

Gelage [gə'la:gə] *nt* ⟨-s, -⟩ feast, banquet; (≈ *Zechgelage*) carouse

gelagert [gə'la:gɐt] *adj* **ähnlich ~** similar; **in anders ~en Fällen** in different cases; **anders ~ sein** to be different; → **lagern**

gelähmt [gə'lɛ:mt] *adj* paralysed; **er ist an beiden Beinen ~** he is paralysed in both legs; **vor Angst wie ~ sein** to be petrified

Gelände [gə'lɛndə] *nt* ⟨-s, -⟩ **1** (≈ *Land*) open country; (MIL ≈ *Terrain*) ground; **offenes ~** open country; **schwieriges ~** difficult terrain **2** (≈ *Gebiet*) area **3** (≈ *Schulgelände etc*) grounds *pl*; (≈ *Baugelände*) site **Geländefahrzeug** *nt* cross-country vehicle **geländegängig** *adj Fahrzeug* suitable for cross-country driving **Geländer** [gə'lɛndɐ] *nt* ⟨-s, -⟩ railing(s *pl*); (≈ *Treppengeländer*) banister(s *pl*) **Geländewagen** *m* cross-country vehicle **gelangen** [gə'laŋən] *past part* **gelangt** *v/i aux sein* **an/auf etw** (*acc*)/**zu etw ~** to reach sth; (≈ *erwerben*) to acquire sth; **zum Ziel ~** to reach one's goal; **in jds Besitz** (*acc*) **~** to come into sb's possession; **in die falschen Hände ~** to fall into the wrong hands; **zu Ruhm ~** to acquire fame; **an die Macht ~** to come to power **gelangweilt** [gə'laŋvaɪlt] **A** *adj* bored **B** *adv* **die Zuschauer saßen ~ da** the audience sat there looking bored; → **langweilen**

G

gelassen [gə'lasn] **A** *adj* calm **B** *adv* calmly **Gelassenheit** *f* ⟨-, *no pl*⟩ calmness

Gelatine [ʒela'ti:nə] *f* ⟨-, *no pl*⟩ gelatine

geläufig [gə'lɔyfɪç] *adj* (≈ *üblich*) common; (≈ *vertraut*) familiar; **das ist mir nicht ~** I'm not familiar with that **Geläufigkeit** *f* ⟨-, *no pl*⟩ (≈ *Häufigkeit*) frequency; (≈ *Leichtigkeit*) ease

gelaunt [gə'launt] *adj pred* **gut/schlecht ~** in a good/bad mood; **wie ist er ~?** what sort of mood is he in?

gelb [gɛlp] *adj* yellow; (*bei Verkehrsampel*) amber; **Gelbe Karte** FTBL yellow card; **die Gelben Seiten®** the Yellow Pages®; **~ vor Neid** green with envy **Gelb** [gɛlp] *nt* ⟨-s, - *or* (*inf*) -s⟩ yellow; (*von Verkehrsampel*) amber; **die Ampel stand auf ~** the lights were (at) amber **Gelbe(s)** ['gɛlbə] *nt decl as adj* (*vom Ei*) yolk; **das ist nicht gerade das ~ vom Ei** (*infml*) it's not exactly brilliant **gelblich** ['gɛlplɪç] *adj* yellowish; *Gesichtsfarbe* sallow **Gelbsucht** *f* jaundice **gelbsüchtig** *adj* jaundiced

Geld [gɛlt] *nt* ⟨-(e)s, -er [-də]⟩ **1** *no pl* money; **bares ~** cash; **zu ~ machen** to sell off; *Aktien* to cash in; **(mit etw) ~ machen** (*infml*) to make money (from sth); **um ~ spielen** to play for money; **im ~ schwimmen** (*infml*) to be rolling in it (*infml*); **er hat ~ wie Heu** (*infml*) he's got stacks of money (*infml*); **mit ~ um sich werfen** (*infml*) to chuck one's money around (*infml*); **sie/das ist nicht mit ~ zu bezahlen** (*infml*) she/that is priceless **2** **Gelder** *pl* (≈ *Geldsummen*) money; **öffentliche ~er** public funds *pl* **Geldangelegenheit** *f* financial matter **Geldanlage** *f* (financial) investment **Geldautomat** *m* cash machine, ATM **Geldbetrag** *m* amount or sum (of money) **Geldbeutel** *m* wallet, billfold (US) **Geldbörse** *f* wallet, billfold (US); (*für Münzen*) purse (Br), wallet (US) **Geldbuße** *f* JUR fine; **eine hohe ~** a heavy fine **Geldeinwurf** *m* (≈ *Schlitz*) slot **Geldentwertung** *f* (≈ *Inflation*) currency depreciation; (≈ *Abwertung*) currency devaluation **Geldgeber(in)** *m/(f)* financial backer; (*esp* RADIO, TV) sponsor **Geldgeschäft** *nt* financial transaction **Geldgeschenk** *nt* gift of money **Geldgier** *f* avarice **geldgierig** *adj* avaricious **Geldinstitut** *nt* financial institution **Geldmangel** *m* lack of money

Geldmarkt *m* money market **Geldmenge** *f* money supply **Geldmittel** *pl* funds *pl* **Geldnot** *f* (≈ *Geldmangel*) lack of money; (≈ *Geldschwierigkeiten*) financial difficulties *pl* **Geldpolitik** *f* financial policy **Geldquelle** *f* source of income **Geldschein** *m* banknote (*esp Br*), bill (US) **Geldschrank** *m* safe **Geldsorgen** *pl* financial or money worries *pl* **Geldspende** *f* donation **Geldspielautomat** *m* slot machine **Geldstrafe** *f* fine; **jdn zu einer ~ verurteilen** to fine sb **Geldstück** *nt* coin **Geldverlegenheit** *f* financial embarrassment *no pl*; **in ~ sein** to be short of money **Geldverschwendung** *f* waste of money **Geldwaschanlage** *f* money-laundering outfit **Geldwäsche** *f* money laundering **Geldwechsel** *m* exchange of money; **„Geldwechsel"** "bureau de change" (Br), "exchange counter" (US) **Geldwert** *m* cash value; (FIN ≈ *Kaufkraft*) (currency) value

Gelee [ʒe'le:] *m or nt* ⟨-s, -s⟩ jelly

gelegen [gə'le:gn] **A** *adj* **1** (≈ *befindlich*) *Haus, Ort* situated **2** (≈ *passend*) opportune; **zu ~er Zeit** at a convenient time **3** *pred* (≈ *wichtig*) **mir ist viel daran ~** it matters a great deal to me **B** *adv* **es kommt mir sehr ~** it comes just at the right time **Gelegenheit** [gə'le:gnhait] *f* ⟨-, -en⟩ **1** opportunity; **bei passender ~** when the opportunity arises; **bei der ersten (besten) ~** at the first opportunity **2** (≈ *Anlass*) occasion; **bei dieser ~** on this occasion **Gelegenheitsarbeit** *f* casual work *no pl* **Gelegenheitsarbeiter(in)** *m/(f)* casual labourer (Br) or laborer (US) **Gelegenheitsjob** *m* casual job **Gelegenheitskauf** *m* bargain **gelegentlich** [gə'le:gntlɪç] **A** *adj attr* occasional **B** *adv* (≈ *manchmal*) occasionally; (≈ *bei Gelegenheit*) some time (or other)

gelehrig [gə'le:rɪç] *adj* quick and eager to learn **gelehrt** [gə'le:ət] *adj* *Mensch* learned, erudite; → **lehren Gelehrte(r)** [gə'le:ətə] *m/f(m) decl as adj* scholar

Geleise [gə'laizə] *nt* ⟨-s, -⟩ (*elev, Aus*) = **Gleis**

Geleit [gə'lait] *nt* ⟨-(e)s, -e⟩ MIL, NAUT escort; **freies** or **sicheres ~** safe-conduct; **jdm das ~ geben** to escort sb **Geleitschutz** *m* escort

Gelenk [gəˈlɛŋk] nt ⟨-(e)s, -e⟩ joint; (≈ *Kettengelenk*) link **Gelenkbus** m articulated bus **Gelenkentzündung** f arthritis **gelenkig** [gəˈlɛŋkɪç] adj agile; (≈ *geschmeidig*) supple **Gelenkigkeit** f ⟨-, no pl⟩ agility; (≈ *Geschmeidigkeit*) suppleness

gelernt [gəˈlɛrnt] adj trained; *Arbeiter* skilled; → lernen

geliebt adj dear; → lieben **Geliebte** [gəˈliːptə] f decl as adj sweetheart; (≈ *Mätresse*) mistress **Geliebte(r)** [gəˈliːptə] m decl as adj sweetheart; (≈ *Liebhaber*) lover

geliefert [gəˈliːfet] adj **~ sein** (*infml*) to have had it (*infml*); **jetzt sind wir ~** that's the end (*infml*); → liefern

gelieren [ʒeˈliːrən] past part **geliert** v/i to gel **Geliermittel** nt gelling agent **Gelierzucker** m preserving sugar

gelinde [gəˈlɪndə] adv **~ gesagt** to put it mildly

gelingen [gəˈlɪŋən] pret **gelang** [gəˈlaŋ], past part **gelungen** [gəˈlʊŋən] v/i aux sein (≈ *glücken*) to succeed; (≈ *erfolgreich sein*) to be successful; **es gelang ihm, das zu tun** he succeeded in doing it; **es gelang ihm nicht, das zu tun** he failed to do it; **das Bild ist ihr gut gelungen** her picture turned out well; → gelungen **Gelingen** [gəˈlɪŋən] nt ⟨-s, no pl⟩ (≈ *Glück*) success

gellend adj piercing

geloben [gəˈloːbn] past part **gelobt** v/t (*elev*) to vow; **das Gelobte Land** BIBLE the Promised Land **Gelöbnis** [gəˈløːpnɪs] nt ⟨-ses, -se⟩ (*elev*) vow; **ein ~ ablegen** to take a vow

gelt [gɛlt] int (*S Ger, Aus*) right

gelten [ˈgɛltn] pret **galt** [galt], past part **gegolten** [gəˈgɔltn] **A** v/i **1** (≈ *gültig sein*) to be valid; (*Gesetz*) to be in force; **die Wette gilt!** the bet's on!; **was ich sage, gilt!** what I say goes!; **das gilt nicht!** that doesn't count!; (≈ *ist nicht erlaubt*) that's not allowed! **2** (+dat ≈ *bestimmt sein für*) to be meant for **3** (≈ *zutreffen*) **das Gleiche gilt auch für ihn** the same goes for him too **4** **~ als** (*rare*) to be regarded as; **es gilt als sicher, dass …** it seems certain that …; **~ lassen** to accept; **das lasse ich ~!** I accept that! **B** v/t & v/i impers (*elev*) **es gilt, … zu …** it is necessary to … **C** v/t (≈ *wert sein*) to be worth **geltend** adj attr Preise, Tarife current; *Gesetz* in force; *Meinung etc* prevailing; **~ machen** (*form*) to assert; **~es Recht sein** to be the law of the land **Geltung** [ˈgɛltʊŋ] f ⟨-, -en⟩ (≈ *Gültigkeit*) validity; (≈ *Wert*) value, worth; (≈ *Einfluss*) influence; (≈ *Ansehen*) prestige; **an ~ verlieren** to lose prestige; **einer Sache** (*dat*) **~ verschaffen** to enforce sth; **zur ~ kommen** to show to advantage; (*durch Kontrast*) to be set off **Geltungsbedürfnis** nt, no pl need for admiration **geltungsbedürftig** adj desperate for admiration **Geltungsdauer** f (*einer Fahrkarte etc*) period of validity

Gelübde [gəˈlypdə] nt ⟨-s, -⟩ vow

gelungen [gəˈlʊŋən] adj attr **1** (≈ *geglückt*) successful **2** (*infml* ≈ *drollig*) priceless (*infml*); → gelingen

Gelüst [gəˈlyst] nt ⟨-(e)s, -e⟩ desire; (≈ *Sucht*) craving (*auf +acc, nach* for)

gemächlich [gəˈmɛːçlɪç] **A** adj leisurely; *Mensch* unhurried **B** adv leisurely

gemacht [gəˈmaxt] adj made; **für etw ~ sein** to be made for sth; **ein ~er Mann sein** to be made; → machen

Gemahl [gəˈmaːl] m ⟨-s, -e⟩ (*form*) spouse (*old, form*), husband **Gemahlin** [gəˈmaː-lɪn] f ⟨-, -nen⟩ (*form*) spouse (*old, form*), wife

Gemälde [gəˈmɛːldə] nt ⟨-s, -⟩ painting **Gemäldegalerie** f picture gallery

gemäß [gəˈmɛːs] **A** prep +dat in accordance with; **~ § 209** under § 209 **B** adj appropriate (+dat to)

gemäßigt [gəˈmɛːsɪçt] adj moderate; *Klima* temperate; → mäßigen

Gemäuer [gəˈmɔyɐ] nt ⟨-s, -⟩ (*elev*) walls pl; (≈ *Ruine*) ruins pl

gemein [gəˈmain] **A** adj **1** pred no comp (≈ *gemeinsam*) **etw ~ mit jdm/etw haben** to have sth in common with sb/sth; **nichts mit jdm ~ haben wollen** to want nothing to do with sb; **das ist beiden ~** it is common to both of them **2** attr no comp (≈ *üblich*) common; **das ~e Volk** the common people **3** (≈ *niederträchtig*) mean; *Lüge* contemptible; **das war ~ von dir!** that was mean of you **B** adv behandeln meanly; *betrügen* despicably; **das hat ~ wehgetan** it hurt terribly

Gemeinde [gəˈmaində] f ⟨-, -n⟩ **1** (≈ *Kommune*) municipality; (≈ *Gemeindebewohner*) community **2** (≈ *Pfarrgemeinde*) parish; (*beim Gottesdienst*) congregation

Gemeinderat[1] m local council

Gemeinderat[2] m, **Gemeinderätin** f

local councillor (Brit), councilman/-woman (US) **Gemeindewahl** f local election
gemeingefährlich adj dangerous to the public; **ein ~er Verbrecher** a dangerous criminal **Gemeingut** nt, no pl common property
Gemeinheit f ⟨-, -en⟩ **1** no pl (≈ Niedertracht) nastiness **2** (≈ Tat) dirty trick; **das war eine ~** (≈ Bemerkung) that was a mean thing to say
gemeinhin [gəˈmaɪnhɪn] adv generally **Gemeinkosten** pl overheads pl **gemeinnützig** adj of benefit to the public pred; (≈ wohltätig) charitable **Gemeinplatz** m commonplace **gemeinsam** [gəˈmaɪnzaːm] **A** adj common; Konto, Nutzung joint; Freund mutual; **sie haben vieles ~** they have a great deal in common; **der Gemeinsame Markt** the Common Market; **mit jdm ~e Sache machen** to make common cause with sb **B** adv together; **etw ~ haben** to have sth in common **Gemeinsamkeit** f ⟨-, -en⟩ (≈ gemeinsame Interessen etc) common ground no pl **Gemeinschaft** [gəˈmaɪnʃaft] f ⟨-, -en⟩ community; (≈ Gruppe) group; **in ~ mit** jointly or together with **gemeinschaftlich** [gəˈmaɪnʃaftlɪç] adj = gemeinsam **Gemeinschaftsantenne** f block or party aerial (Brit) or antenna (esp US) **Gemeinschaftsarbeit** f teamwork **Gemeinschaftskunde** f social studies pl **Gemeinschaftspraxis** f joint practice **Gemeinschaftsproduktion** f RADIO, TV, FILM co-production **Gemeinschaftswährung** f common or single currency; (in EU) single European currency **Gemeinsinn** m, no pl public spirit **Gemeinwesen** nt community; (≈ Staat) polity **Gemeinwohl** nt public welfare; **das dient dem ~** it is in the public interest
Gemenge [gəˈmɛŋə] nt ⟨-s, -⟩ (≈ Gewühl) bustle
Gemetzel [gəˈmɛtsl] nt ⟨-s, -⟩ bloodbath
gemieden [gəˈmiːdn]; → **meiden**
Gemisch [gəˈmɪʃ] nt ⟨-(e)s, -e⟩ mixture (aus of) **gemischt** [gəˈmɪʃt] adj mixed; **mit ~en Gefühlen** with mixed feelings; **~es Doppel** SPORTS mixed doubles pl; → **mischen**
Gemse [ˈgɛmzə] f ⟨-, -n⟩; → **Gämse**
Gemurmel [gəˈmʊrml] nt ⟨-s, no pl⟩ murmuring
Gemüse [gəˈmyːzə] nt ⟨-s, (rare) -⟩ vegeta-

bles pl; **ein ~** a vegetable **Gemüse(an)-bau** m, no pl vegetable-growing **Gemüsebanane** f plantain **Gemüsebeilage** f vegetables pl **Gemüsebrühe** f vegetable broth; (≈ Brühwürfel) vegetable stock **Gemüseeintopf** m vegetable stew **Gemüsegarten** m vegetable or kitchen garden **Gemüsehändler(in)** m/(f) greengrocer (esp Brit), vegetable salesman/saleswoman (US) **Gemüsesuppe** f vegetable soup **Gemüsezwiebel** f Spanish onion
gemustert [gəˈmʊstɐt] adj patterned; → **mustern**
Gemüt [gəˈmyːt] nt ⟨-(e)s, -er⟩ (≈ Geist) mind; (≈ Charakter) nature, disposition; (≈ Seele) soul; (≈ Gefühl) feeling; **sich** (dat) **etw zu ~e führen** (hum infml) Glas Wein, Speise, Buch etc to indulge in sth **gemütlich** [gəˈmyːtlɪç] **A** adj **1** (≈ behaglich) comfortable; (≈ freundlich) friendly no adv; (≈ zwanglos) informal; Beisammensein etc cosy (Brit), cozy (US); **wir verbrachten einen ~en Abend** we spent a very pleasant evening **2** Mensch pleasant; (≈ gelassen) easy-going no adv **3** (≈ gemächlich) leisurely **B** adv **1** (≈ behaglich) leisurely; einrichten comfortably; **es sich ~ machen** to make oneself comfortable **2** (≈ gemächlich) leisurely **Gemütlichkeit** f ⟨-, no pl⟩ **1** (≈ Behaglichkeit) comfort; (≈ Freundlichkeit) friendliness; (≈ Zwanglosigkeit) informality; (≈ Intimität) cosiness (Brit), coziness (US) **2** (von Mensch) pleasantness; (≈ Gelassenheit) easy-going nature **3** (≈ Gemächlichkeit) leisureliness; **in aller ~** at one's leisure **Gemütsart** f disposition, nature **Gemütsbewegung** f emotion **gemütskrank** adj emotionally disturbed **Gemütskrankheit** f emotional disorder **Gemütslage** f mood; **je nach ~** as the mood takes me/him etc **Gemütsmensch** m good-natured, phlegmatic person **Gemütsruhe** f calmness; **in aller ~** (infml) (as) cool as a cucumber (infml); (≈ gemächlich) at a leisurely pace; (≈ aufreizend langsam) as if there were all the time in the world **Gemütszustand** m frame or state of mind
Gen [geːn] nt ⟨-s, -e⟩ gene **Gen-** in cpds genetic; (≈ genmanipuliert) genetically modified or engineered
genau [gəˈnaʊ] **A** adj exact; **Genaueres** further details pl; **man weiß nichts Ge-**

naues über ihn no-one knows anything definite about him **B** *adv* ~! *(infml)* exactly!, precisely!; ~ **dasselbe** just *or* exactly the same; ~ **in der Mitte** right in the middle; **etw** ~ **wissen** to know sth for certain; **etw** ~ **nehmen** to take sth seriously; ~ **genommen** strictly speaking; **er nimmt es sehr** ~ he's very particular *(mit etw about sth)*; **~estens, aufs Genaueste** (right) down to the last (little) detail; ~ **entgegengesetzt** diametrically opposed **Genauigkeit** *f* ⟨-, *no pl*⟩ *(≈ Exaktheit)* exactness; *(≈ Richtigkeit)* accuracy; *(≈ Präzision)* precision; *(≈ Sorgfalt)* meticulousness **genauso** [gə'nauzoː] *adv (vor Adjektiv)* just as; *(alleinstehend)* just *or* exactly the same **Genbank** *f, pl* -banken gene bank

Gendarm [ʒanˈdarm, ʒãˈdarm] *m* ⟨-en, -en⟩ *(Aus)* policeman **Gendatei** *f* DNA profile

genehm [gəˈneːm] *adj (elev)* acceptable **genehmigen** [gəˈneːmɪɡn] *past part* **genehmigt** *v/t* to approve; *(≈ erlauben)* to sanction; *Aufenthalt* to authorize; *(≈ zugestehen)* to grant; **sich** *(dat)* **etw** ~ to indulge in sth **Genehmigung** *f* ⟨-, -en⟩ *(≈ Erlaubnis)* approval; *(≈ Lizenz)* licence *(Br)*, license *(US)*; *(≈ Berechtigungsschein)* permit; **mit freundlicher** ~ **von** by kind permission of

geneigt [gəˈnaikt] *adj (elev) Publikum* willing; ~ **sein, etw zu tun** to be inclined to do sth; → *neigen*

General [genəˈraːl] *m* ⟨-(e)s, -e *or* ⸚e [-ˈrɛːlə]⟩, **Generalin** [-ˈraːlɪn] *f* ⟨-, -nen⟩ general **Generalamnestie** *f* general amnesty **Generaldirektor(in)** *m/f(f)* chairman/-woman, president *(US)*, CEO **Generalleutnant** *m* MIL lieutenant-general *(Br)*, lieutenant general *(US)*; AVIAT air marshal *(Br)*, lieutenant general *(US)* **Generalmajor(in)** *m/f(f)* MIL major-general *(Br)*, major general *(US)*; AVIAT air vice marshal *(Br)*, major general *(US)* **Generalprobe** *f* (THEAT, *fig)* dress rehearsal; MUS final rehearsal **Generalsekretär(in)** *m/f(f)* secretary-general **Generalstab** *m* general staff **generalstabsmäßig** *adv* planen with military precision **Generalstreik** *m* general strike **generalüberholen** *past part* generalüberholt *v/t inf, past part only* **etw** ~ to give sth a general overhaul **Generalvertretung** *f* sole agency

Generation [ɡenəraˈtsioːn] *f* ⟨-, -en⟩ generation **Generationenvertrag** *m* ECON system whereby old people receive a pension from contributions being made by current working population **Generationskonflikt** *m* generation gap **Generator** [ɡenəˈraːtoːɐ] *m* ⟨-s, Generatoren [-ˈtoːrən]⟩ generator

generell [ɡenəˈrɛl] **A** *adj* general **B** *adv* in general; *(≈ normalerweise)* normally **generieren** [ɡenəˈriːrən] *past part* **generiert** *v/t* to generate

genesen [ɡəˈneːzn] *pret* **genas** [ɡəˈnaːs], *past part* **genesen** [ɡəˈneːzn] *v/i aux sein (elev)* to convalesce **Genesung** [ɡəˈneːzʊŋ] *f* ⟨-, *(rare)* -en⟩ convalescence

Genetik [ɡeˈneːtɪk] *f* ⟨-, *no pl*⟩ genetics *sg* **Genetiker** [ɡeˈneːtikɐ] *m* ⟨-s, -⟩, **Genetikerin** [-ərɪn] *f* ⟨-, -nen⟩ geneticist **genetisch** [ɡeˈneːtɪʃ] **A** *adj* genetic; *Vater* biological **B** *adv* genetically

Genf [ɡɛnf] *nt* ⟨-s⟩ Geneva **Genfer** [ˈɡɛnfɐ] *adj attr* Genevan; **der** ~ See Lake Geneva; ~ **Konvention** Geneva Convention

Genfood [ˈɡeːnfuːt] *nt* ⟨-, -(s)⟩ GM foods *pl* **Genforscher(in)** *m/f(f)* genetic researcher **Genforschung** *f* genetic research **genial** [ɡeˈniaːl] *adj* brilliant; *(≈ erfinderisch)* ingenious; **ein ~es Werk** a work of genius; **das war ein ~e Idee** that idea was a stroke of genius **Genialität** [ɡeniaːliˈtɛːt] *f* ⟨-, *no pl*⟩ genius; *(von Idee, Lösung etc)* brilliance; *(≈ Erfindungsreichtum)* ingenuity

Genick [ɡəˈnɪk] *nt* ⟨-(e)s, -e⟩ neck; **sich** *(dat)* **das** ~ **brechen** to break one's neck; *(fig)* to kill oneself **Genickschuss** *m* shot in the neck

Genie [ʒeˈniː] *nt* ⟨-s, -s⟩ genius **genieren** [ʒeˈniːrən] *past part* **geniert** **A** *v/r* to be embarrassed; ~ **Sie sich nicht!** don't be shy!; **ich geniere mich, das zu sagen** I don't like to say it **B** *v/t* **jdn** ~ *(≈ peinlich berühren)* to embarrass sb; **das geniert mich wenig!** that doesn't bother me

genießbar *adj (≈ essbar)* edible; *(≈ trinkbar)* drinkable **genießen** [ɡəˈniːsn] *pret* **genoss** [ɡəˈnɔs], *past part* **genossen** [ɡəˈnɔsn] *v/t* **1** *(≈ sich erfreuen an)* to enjoy; **er ist heute nicht zu** ~ *(infml)* he is unbearable today **2** *(≈ essen)* to eat; *(≈ trinken)* to drink; **kaum zu** ~ scarcely edible **Genießer** [ɡəˈniːsɐ] *m* ⟨-s, -⟩, **Genieße-**

rin [-ərın] f ⟨-, -nen⟩ connoisseur; (≈ Fein-schmecker) gourmet

Genitalbereich m genital area **Genita-lien** [geni'ta:liən] pl genitals pl, genitalia pl (form)

Genitiv ['ge:niti:f] m ⟨-s, -e [-və]⟩ genitive; **im ~** in the genitive

Genmais m GM maize **Genmanipula-tion** f genetic manipulation **genmani-puliert** [-manipuli:et] adj genetically engineered or modified

Genom [ge'no:m] nt ⟨-s, -e⟩ genome

Genosse [gə'nɔsə] m ⟨-n, -n⟩, **Genossin** [-'nɔsın] f ⟨-, -nen⟩ comrade; (pej ≈ Kum-pan) pal (infml) **Genossenschaft** [gə-'nɔsnʃaft] f ⟨-, -en⟩ cooperative **ge-nossenschaftlich** [-ʃaftlıç] adj coopera-tive

genötigt [gə'nø:tıçt] adj **sich ~ sehen, etw zu tun** to feel (oneself) obliged to do sth

Genozid [geno'tsi:t] m or nt ⟨-(e)s, -e or -ien [-də, -diən]⟩ (elev) genocide

Genre ['ʒã:rə] nt ⟨-s, -s⟩ genre

Gentechnik f genetic engineering **gen-technikfrei** adj Lebensmittel etc GM-free **gentechnisch** ▲ adj Fortschritte etc in genetic engineering ▣ adv manipulieren genetically; produzieren by means of ge-netic engineering; **~ veränderte Organis-men** genetically manipulated organisms **Gentest** m DNA test **Gentherapie** f gene therapy

gentrifizieren [gɛntrıfi'tsi:rən] past part gentrifiziert v/t Gegend to gentrify

Genua ['ge:nua] nt ⟨-s⟩ Genoa

genug [gə'nu:k] adv enough; **~ davon** enough of that; **(von etw) ~ haben** to have enough (of sth); (≈ einer Sache über-drüssig sein) to have had enough (of sth) **Genüge** [gə'ny:gə] f ⟨-, no pl⟩ **zur ~** enough **genügen** [gə'ny:gn] past part genügt v/i ▯ (≈ ausreichen) to be enough or sufficient (+dat for); **das genügt (mir)** that's enough or sufficient (for me) ▢ (+dat) den Anforderungen to satisfy; jds Wün-schen to fulfil (Br), to fulfill (US) **genügend** ▲ adj ▯ inv (≈ ausreichend) enough, sufficient ▢ (≈ befriedigend) satis-factory ▣ adv (≈ reichlich) enough **ge-nügsam** [gə'ny:kza:m] ▲ adj undemand-ing ▣ adv leben modestly; **sich ~ ernäh-ren** to have a simple diet **Genugtuung** [gə'nu:ktuʊŋ] f ⟨-, (rare) -en⟩ satisfaction

(über +acc at); **ich hörte mit ~, dass ...** it gave me great satisfaction to hear that ...

Genus ['ge:nʊs, 'gɛnʊs] nt ⟨-, Genera ['ge:nera, 'gɛnera]⟩ BIOL genus; GRAM gen-der

Genuss [gə'nʊs] m ⟨-es, ⸚e [gə'nʏsə]⟩ ▯ no pl (≈ das Zusichnehmen) consumption; (von Drogen) use; (von Tabak) smoking; **nach dem ~ der Pilze** after eating the mushrooms ▢ (≈ Vergnügen) pleasure; **etw mit ~ essen** to eat sth with relish ▣ no pl (≈ Nutznießung) **in den ~ von etw kommen** to enjoy sth; von Rente etc to be in receipt of sth **genüsslich** [gə-'nʏslıç] adv with pleasure **Genussmittel** nt semi-luxury foods and tobacco **ge-nusssüchtig** adj pleasure-seeking

Geografie, Geographie [geogra'fi:] f ⟨-, no pl⟩ geography **geografisch, geo-graphisch** [geo'gra:fıʃ] adj no pred geo-graphic(al)

Geologe [geo'lo:gə] m ⟨-n, -n⟩, **Geolo-gin** [-'lo:gın] f ⟨-, -nen⟩ geologist **Geolo-gie** [geolo'gi:] f ⟨-, no pl⟩ geology **geo-logisch** [geo'lo:gıʃ] adj no pred geological

Geometrie [geome'tri:] f ⟨-, no pl⟩ geom-etry **geometrisch** [geo'me:trıʃ] adj geo-metric

Geophysik f geophysics sg

geopolitisch adj no pred geopolitical

geordnet [gə'ɔrdnət] adj Zustände well-or-dered; **in ~en Verhältnissen leben** to live a well-ordered life; → ordnen

Gepäck [gə'pɛk] nt ⟨-(e)s, no pl⟩ luggage no pl (Br), baggage no pl **Gepäckabferti-gung** f (≈ Vorgang) (am Bahnhof) luggage processing (Br), baggage processing; (am Flughafen) checking-in of luggage (Br), checking-in of baggage; (≈ Stelle) (am Bahn-hof) luggage office (Br), baggage office; (am Flughafen) luggage check-in (Br), bag-gage check-in **Gepäckabgabe** f lug-gage drop-off (Br), baggage drop-off **Ge-päckanhänger** m luggage label (Br), baggage label **Gepäckannahme** f (≈ Vorgang) checking-in of luggage (Br), checking-in of baggage; (a. Gepäckan-nahmestelle) (am Bahnhof) (zur Beförde-rung) luggage (Br) or baggage office; (zur Aufbewahrung) left-luggage office (Br), baggage office **Gepäckaufbewahrung** f (a. Gepäck-aufbewahrungsstelle) left-luggage office (Br), baggage checkroom (US) **Gepäckausgabe** f (a. **Gepäckausgabestelle**) (am Bahnhof) luggage office (Br), baggage office; (am Flughafen) luggage reclaim (Br), baggage reclaim **Gepäckband** nt, pl -bänder luggage conveyor (Br), baggage conveyor **Gepäckermittlung** f luggage tracing (Br), baggage tracing **Gepäckgurt** m luggage strap (Br), baggage strap **Gepäckkontrolle** f luggage control or check (Br), baggage control or check **Gepäcknetz** nt luggage rack (Br), baggage rack **Gepäckschein** m luggage ticket (Br), baggage ticket **Gepäckstück** nt piece or item of luggage etc (Br), piece or item of baggage **Gepäckträger** m (am Fahrrad) carrier **Gepäckträger(in)** m/(f) porter **Gepäckwaage** f luggage scales pl

Gepard ['ge:part] m ‹-s, -e [-də]› cheetah

gepfeffert [gəˈpfɛfət] adj (infml) (≈ hoch) Preise steep; (≈ schwierig) Fragen tough; (≈ hart) Kritik biting; → **pfeffern**

gepflegt [gəˈpfleːkt] **A** adj **1** (≈ nicht vernachlässigt) well-looked-after; Äußeres well-groomed; → **pflegen** **2** (≈ kultiviert) civilized; Atmosphäre sophisticated; Sprache, Stil cultured; Umgangsformen refined; (≈ angenehm) Abend pleasant **3** (≈ erstklassig) Speisen, Weine excellent **B** adv (≈ kultiviert) sich ~ unterhalten to have a civilized conversation; sehr ~ wohnen to live in style

Gepflogenheit [gəˈpfloːɡnhait] f ‹-, -en› (elev) (≈ Gewohnheit) habit; (≈ Verfahrensweise) practice; (≈ Brauch) custom, tradition

Geplänkel [gəˈplɛŋkl] nt ‹-s, -› skirmish; (fig) squabble

Geplapper [gəˈplapɐ] nt ‹-s, no pl› babbling

Gepolter [gəˈpɔltɐ] nt ‹-s, no pl› (≈ Krach) din; (an Tür etc) banging

gepunktet [gəˈpʊŋktət] adj Linie dotted; Stoff, Kleid spotted

gequält [gəˈkvɛːlt] adj Lächeln forced; Miene pained; Stimme strained; → **quälen**

Gequassel [gəˈkvasl] nt ‹-s, no pl› (pej infml) chattering

gerade [gəˈraːdə] **A** adj straight; Zahl even; (≈ aufrecht) Haltung upright **B** adv **1** just; wo Sie ~ da sind just while you're here; er wollte ~ aufstehen he was just about to get up; ~ erst only just; ~ noch only just; ~ noch zur rechten Zeit just in time; ~ deshalb that's just why; **das ist es ja ~!** that's just it! **2** (≈ speziell) especially; ~, weil ... just because ...; **sie ist nicht ~ eine Schönheit** she's not exactly a beauty; **warum ~ das?** why that of all things?; **warum ~ heute?** why today of all days?; **warum ~ ich?** why me of all people? **Gerade** [gəˈraːdə] f ‹-n, -n› **1** MAT straight line **2** (SPORTS, von Rennbahn) straight; (Boxen) straight left/right **geradeaus** [gəraːdəˈʔaus] adv straight ahead **geradeheraus** [gəraːdəhɛˈraus] adv (infml) frankly; ~ gesagt quite frankly

gerädert [gəˈrɛːdet] adj (infml) **sich wie ~ fühlen** to be or feel (absolutely) whacked (infml)

geradestehen v/i sep irr aux haben or sein **für jdn/etw ~** (fig) to be answerable for sb/sth **geradezu** [gəˈraːdətsuː, gəraːdəˈtsuː] adv (≈ beinahe) virtually; (≈ wirklich) really; **das ist ja ~ lächerlich!** that is absolutely ridiculous! **geradlinig** [-liːnɪç] adj straight; Entwicklung etc linear

gerammelt [gəˈramlt] adv ~ **voll** (infml) chock-a-block (infml); → **rammeln**

Gerangel [gəˈraŋl] nt ‹-s, no pl› (≈ Balgerei) scrapping; (fig ≈ zäher Kampf) wrangling

Geranie [geˈraːniə] f ‹-, -n› geranium

Gerät [gəˈrɛːt] nt ‹-(e)s, -e› piece of equipment; (≈ Vorrichtung) device; (≈ Apparat) gadget; (≈ elektrisches Gerät) appliance; (≈ Radiogerät, Fernsehgerät, Telefon) set; (≈ Messgerät) instrument; (≈ Werkzeug) tool; (≈ Turngerät) piece of apparatus

geraten [gəˈraːtn] pret **geriet** [gəˈriːt], past part **geraten** [gəˈraːtn] v/i aux sein **1** **an jdn ~** to come across sb; **an etw (acc) ~** to come by sth; **an den Richtigen/Falschen ~** to come to the right/wrong person; **in Bewegung ~** to begin to move; **ins Stocken ~** to come to a halt; **in Brand ~** to catch fire; **in Angst/Schwierigkeiten ~** to get scared/into difficulties; **aus der Form ~** to lose one's shape **2** (≈ sich entwickeln) to turn out; **ihm gerät einfach alles** everything he does turns out well; **nach jdm ~** to take after sb

Geräteschuppen m tool shed **Geräteturnen** nt apparatus gymnastics no pl **Geratewohl** nt **aufs ~** on the off-chance; (auswählen etc) at random

geraum [gəˈraum] adj attr **vor ~er Zeit** some time ago; **seit ~er Zeit** for some time **geräumig** [gəˈrɔymɪç] adj spacious, roomy

Geräusch [gəˈrɔyʃ] *nt* ⟨-(e)s, -e⟩ sound; (*esp unangenehm*) noise **geräuscharm** *adj* quiet **geräuschlos** **A** *adj* silent **B** *adv* silently, without a sound **Geräuschpegel** *m* sound level **geräuschvoll** **A** *adj* (≈ *laut*) loud; (≈ *lärmend*) noisy **B** *adv* (≈ *laut*) loudly; (≈ *lärmend*) noisily

gerben [ˈgɛrbn] *v/t* to tan

Gerbera [ˈgɛrbəra] *f* ⟨-, -(s)⟩ BOT gerbera

gerecht [gəˈrɛçt] **A** *adj* just; ~ **gegen jdn sein** to be fair or just to sb; **jdm/einer Sache ~ werden** to do justice to sb/sth **B** *adv* fairly; (≈ *rechtgemäß*) justly **gerechterweise** [gəˈrɛçtɐˈvaizə] *adv* to be fair **gerechtfertigt** [gəˈrɛçtfɛrtɪçt] *adj* justified **Gerechtigkeit** [gəˈrɛçtɪçkait] *f* ⟨-, no pl⟩ justice; (≈ *Unparteilichkeit*) fairness

Gerede [gəˈreːdə] *nt* ⟨-s, no pl⟩ talk; (≈ *Klatsch*) gossip(ing); **ins ~ kommen** to get oneself talked about

geregelt [gəˈreːglt] *adj* regular; *Leben* well-ordered; → **regeln**

gereizt [gəˈraitst] *adj* (≈ *verärgert*) irritated; (≈ *reizbar*) irritable, touchy; (≈ *nervös*) edgy; → **reizen Gereiztheit** *f* ⟨-, no pl⟩ (≈ *Verärgertheit*) irritation; (≈ *Reizbarkeit*) irritability, touchiness; (≈ *Nervosität*) edginess

Geriatrie [geriaˈtriː] *f* ⟨-, no pl⟩ geriatrics *sg*

Gericht[1] [gəˈrɪçt] *nt* ⟨-(e)s, -e⟩ (≈ *Speise*) dish

Gericht[2] *nt* ⟨-(e)s, -e⟩ **1** (≈ *Behörde*) court (of justice); (≈ *Gebäude*) court(house), law courts *pl*; (≈ *die Richter*) court, bench; **vor ~ aussagen** to testify in court; **vor ~ stehen** to stand trial; **mit etw vor ~ gehen** to take legal action about sth **2** **das Jüngste ~** the Last Judgement; **über jdn zu ~ sitzen** (*fig*) to sit in judgement on sb; **mit jdm (scharf) ins ~ gehen** (*fig*) to judge sb harshly **gerichtlich** [gəˈrɪçtlɪç] **A** *adj attr* judicial; ~**e Schritte gegen jdn einleiten** to initiate legal proceedings against sb **B** *adv* ~ **gegen jdn vorgehen** to take legal action against sb; ~ **angeordnet** ordered by the courts **Gerichtsbarkeit** [gəˈrɪçtsbaːɐkait] *f* ⟨-, -en⟩ jurisdiction **Gerichtsbeschluss** *m* court decision **Gerichtshof** *m* court (of justice), law court; **Oberster ~** Supreme Court (of Justice) **Gerichtskosten** *pl* court costs *pl* **Gerichtsmedizin** *f* forensic medicine **Gerichtsmediziner(in)** *m/f* forensic doc-

tor **Gerichtssaal** *m* courtroom **Gerichtsschreiber(in)** *m/f* clerk of the court (*Br*), registrar (*US*) **Gerichtsstand** *m* (*form*) court of jurisdiction **Gerichtsverfahren** *nt* court or legal proceedings *pl* **Gerichtsverhandlung** *f* trial; (*zivil*) hearing **Gerichtsvollzieher** [-fɔltsiːɐ] *m* ⟨-s, -⟩, **Gerichtsvollzieherin** [-ərɪn] *f* ⟨-, -nen⟩ bailiff **Gerichtsweg** *m* **auf dem ~** through the courts

gering [gəˈrɪŋ] **A** *adj* **1** (≈ *niedrig*) low; *Menge, Vorrat, Betrag, Entfernung* small; *Wert* little *attr*; (≈ *kurz*) *Zeit, Entfernung* short **2** (≈ *unerheblich*) slight; *Chance* slim; *Rolle* minor; **das ist meine ~ste Sorge** that's the least of my worries; **nicht das Geringste** nothing at all; **nicht im Geringsten** not in the least or slightest **3** (≈ *unzulänglich*) *Kenntnisse* poor **B** *adv* (≈ *abschätzig*) ~ **von jdm sprechen** to speak badly of sb **geringfügig** [-fyːgɪç] **A** *adj* (≈ *unwichtig*) insignificant; *Unterschied* slight; *Verletzung* minor; *Betrag* small; ~**e Beschäftigung** part-time employment **B** *adv* slightly **gering schätzen** *v/t* (≈ *verachten*) to think little of; *Erfolg, menschliches Leben* to place little value on; (≈ *missachten*) *Gefahr* to disregard **geringschätzig** [-ʃɛtsɪç] **A** *adj* contemptuous **B** *adv* contemptuously **Geringschätzung** *f, no pl* (≈ *Ablehnung*) disdain; (≈ *schlechte Meinung*) low opinion (*für, +gen* of)

gerinnen [gəˈrɪnən] *pret* **gerann** [gəˈran], *past part* **geronnen** [gəˈrɔnən] *v/i aux sein* to coagulate; (*Blut*) to clot; (*Milch*) to curdle **Gerinnsel** [gəˈrɪnzl] *nt* ⟨-s, -⟩ (≈ *Blutgerinnsel*) clot **Gerinnung** *f* ⟨-, -en⟩ coagulation

Gerippe [gəˈrɪpə] *nt* ⟨-s, -⟩ skeleton **gerippt** [gəˈrɪpt] *adj* ribbed *no adv*

gerissen [gəˈrɪsn] *adj* cunning **Gerissenheit** *f* ⟨-, no pl⟩ cunning

Germ [gɛrm] *m or f* ⟨-, no pl⟩ (*Aus*) baker's yeast

Germane [gɛrˈmaːnə] *m* ⟨-n, -n⟩, **Germanin** [-ˈmaːnɪn] *f* ⟨-, -nen⟩ Teuton **germanisch** [gɛrˈmaːnɪʃ] *adj* Germanic **Germanist** [gɛrmaˈnɪst] *m* ⟨-en, -en⟩, **Germanistin** [-ˈnɪstɪn] *f* ⟨-, -nen⟩ Germanist **Germanistik** [gɛrmaˈnɪstɪk] *f* ⟨-, no pl⟩ German (studies *pl*)

Germknödel *m* (*S Ger, Aus*) yeast dumpling filled with plum jam and poppy seeds *sprinkled on top*

gern [gɛrn], **gerne** ['gɛrnə] *adv, comp* lieber, *sup* am liebsten (≈ *freudig*) with pleasure; (≈ *bereitwillig*) with pleasure, willingly; **(aber) ~!** of course!; **ja, ~!** (yes) please; **kommst du mit? — ja, ~** are you coming too? — oh yes, I'd like to; **~ geschehen!** you're welcome! (*esp US*), not at all!; **etw ~ tun** to like doing sth *or* to do sth (*esp US*); **etw ~ sehen** to like sth; **das wird nicht ~ gesehen** that's frowned (up)on; **ein ~ gesehener Gast** a welcome visitor; **das glaube ich ~** I can well believe it; **ich hätte** *or* **möchte ~ ...** I would like ...; **wie hätten Sies (denn) ~?** how would you like it?; → **gernhaben gernegroß Gernegroß** ['gɛrnəgroːs] *m* ⟨-, -e⟩ (*hum*) **er war schon immer ein kleiner ~** he always did like to act big (*infml*) **gernhaben** *v/t sep irr* to like; **er kann mich mal ~!** (*infml*) he can go to hell! (*infml*), screw him (*sl*)

Geröll [gə'rœl] *nt* ⟨-(e)s, -e⟩ detritus *no pl*; (*im Gebirge*) scree *no pl*; (*größeres*) boulders *pl*

Gerste ['gɛrstə] *f* ⟨-, -n⟩ barley **Gerstenkorn** *nt, pl* -körner **1** barleycorn **2** MED stye

Gerte ['gɛrtə] *f* ⟨-, -n⟩ switch **gertenschlank** *adj* slim and willowy

Geruch [gə'rʊx] *m* ⟨-(e)s, ˝e [gə'rʏçə]⟩ smell, odour (*Br*), odor (*US*) (*nach of*); (*unangenehm*) stench (*nach of*); (≈ *Duft*) fragrance, perfume (*nach of*) **geruchlos** *adj* odourless (*Br*), odorless (*US*) **geruchsempfindlich** *adj* sensitive to smell **Geruchsnerv** *m* olfactory nerve **Geruchssinn** *m, no pl* sense of smell

Gerücht [gə'rʏçt] *nt* ⟨-(e)s, -e⟩ rumour (*Br*), rumor (*US*); **es geht das ~, dass ...** there's a rumo(u)r (going (a)round) that ...

geruhsam [gə'ruːzaːm] **A** *adj* peaceful; *Spaziergang etc* leisurely **B** *adv* leisurely

Gerümpel [gə'rʏmpl] *nt* ⟨-s, *no pl*⟩ junk

Gerundium [ge'rʊndiʊm] *nt* ⟨-s, Gerundien [-diən]⟩ gerund

Gerüst [gə'rʏst] *nt* ⟨-(e)s, -e⟩ scaffolding *no pl*; (≈ *Gestell*) trestle; (*fig* ≈ *Gerippe*) framework (*zu of*)

gerüttelt [gə'rʏtlt] **A** *adj* **ein ~es Maß von** *or* **an etw** (*dat*) a fair amount of sth **B** *adv* ≈ **voll** jam-packed (*infml*)

gesalzen [gə'zaltsn] *adj* (*fig infml*) *Preis* steep; → **salzen**

gesammelt [gə'zamlt] *adj* *Kraft* collective;

Werke collected; → **sammeln**

gesamt [gə'zamt] *adj attr* whole, entire; **die ~en Kosten** the total costs **Gesamtausgabe** *f* complete edition **Gesamtbetrag** *m* total (amount) **Gesamteindruck** *m* general impression **Gesamteinkommen** *nt* total income **Gesamtergebnis** *nt* overall result **Gesamtheit** *f* ⟨-, *no pl*⟩ totality; **die ~ der ...** all the ...; (≈ *die Summe*) the totality of ...; **die ~ (der Bevölkerung)** the population (as a whole) **Gesamthochschule** *f* ≈ polytechnic (*Br*), ≈ college **Gesamtkosten** *pl* total costs *pl* **Gesamtnote** *f* SCHOOL overall mark (*Br*) *or* grade (*US*) **Gesamtschule** *f* comprehensive school **Gesamtsumme** *f* total amount **Gesamtwerk** *nt* complete works *pl* **Gesamtwert** *m* total value **Gesamtwertung** *f* SPORTS overall placings *pl* **Gesamtzahl** *f* total number

Gesandte(r) [gə'zantə] *m decl as adj*, **Gesandtin** [gə'zantɪn] *f* ⟨-, -nen⟩ envoy, legate **Gesandtschaft** [gə'zantʃaft] *f* ⟨-, -en⟩ legation

Gesang [gə'zaŋ] *m* ⟨-(e)s, ˝e [gə'zɛŋə]⟩ **1** (≈ *Lied*) song **2** *no pl* (≈ *das Singen*) singing **Gesangbuch** *nt* ECCL hymnbook

Gesäß [gə'zɛːs] *nt* ⟨-es, -e⟩ seat, bottom **Gesäßbacke** *f* buttock, cheek **Gesäßtasche** *f* back pocket

Geschäft [gə'ʃɛft] *nt* ⟨-(e)s, -e⟩ **1** (≈ *Gewerbe, Handel*) business *no pl*; (≈ *Geschäftsabschluss*) (business) deal *or* transaction; **~ ist ~** business is business; **wie geht das ~?** how's business?; **mit jdm ~e machen** to do business with sb; **ein gutes/schlechtes ~ machen** to make a good/bad deal; **dabei hat er ein ~ gemacht** he made a profit by it **2** (≈ *Firma*) business; (≈ *Laden*) shop (*Br*), store; (*infml* ≈ *Büro*) office; **im ~** at work, in the office; (≈ *im Laden*) in the shop **Geschäftemacher(in)** *m/f(f)* (*pej*) profiteer **geschäftig** [gə'ʃɛftɪç] *adj* (≈ *betriebsam*) busy; **~es Treiben** hustle and bustle **Geschäftigkeit** *f* ⟨-, *no pl*⟩ busyness; (≈ *geschäftiges Treiben*) (hustle and) bustle **geschäftlich** [gə'ʃɛftlɪç] **A** *adj* business *attr* **B** *adv* (≈ *in Geschäften*) on business; (≈ *wegen Geschäften*) because of business; **sie hat morgen ~ in Berlin zu tun** she has to be in Berlin on business tomorrow; **~ verreist** away on business **Geschäftsabschluss** *m* business deal **Ge-**

schäftsadresse f business address Geschäftsbedingungen pl terms pl of business Geschäftsbereich m PARL responsibilities pl; **Minister ohne ~** minister without portfolio Geschäftsbericht m report; (einer Gesellschaft) company report Geschäftsbeziehungen pl business connections pl (zu with) Geschäftsessen nt business lunch/dinner geschäftsfähig adj JUR capable of contracting (form), competent (form) Geschäftsfähigkeit f JUR (legal) competence Geschäftsfrau f businesswoman Geschäftsfreund(in) m/(f) business associate geschäftsführend adj attr executive; (≈ stellvertretend) acting Geschäftsführer(in) m/(f) (von Laden) manager/manageress; (von Unternehmen) managing director, CEO; (von Verein) secretary Geschäftsführung f management Geschäftsinhaber(in) m/(f) owner (of a business); (von Laden, Restaurant) proprietor/proprietress Geschäftsjahr nt financial year Geschäftskosten pl business expenses pl; **das geht alles auf ~** it's all on expenses Geschäftslage f (≈ Wirtschaftslage) business situation Geschäftsleitung f management Geschäftsmann m, pl -leute businessman geschäftsmäßig adj, adv businesslike Geschäftsordnung f standing orders pl; **eine Frage zur ~** a question on a point of order Geschäftspartner(in) m/(f) business partner; (≈ Geschäftsfreund) business associate Geschäftsreise f business trip; **auf ~ sein** to be on a business trip geschäftsschädigend adj bad for business Geschäftsschädigung f ⟨-, -en⟩ conduct no art injurious to the interests of the company (form) Geschäftsschluss m close of business; (von Läden) closing time; **nach ~** out of office or working hours/after closing time Geschäftssitz m place of business Geschäftsstelle f offices pl Geschäftsstraße f shopping street Geschäftsstunden pl office or working hours pl; (von Läden) opening hours pl geschäftstüchtig adj business-minded Geschäftsverbindung f business connection Geschäftsverkehr m business no art Geschäftszeiten pl business hours pl; (von Büros) office hours pl

geschehen [ɡəˈʃeːən] pret geschah [ɡə-

'ʃaː], past part geschehen [ɡəˈʃeːən] v/i aux sein to happen (jdm to sb); **es wird ihm nichts ~** nothing will happen to him; **das geschieht ihm (ganz) recht** it serves him right; **er wusste nicht, wie ihm geschah** he didn't know what was going on; **was soll mit ihm/damit ~?** what is to be done with him/it?; **es muss etwas ~** something must be done Geschehen [ɡəˈʃeːən] nt ⟨-s,⟩ (rare) ⟨-⟩ events pl Geschehnis [ɡəˈʃeːnɪs] nt ⟨-ses, -se⟩ (elev) event

gescheit [ɡəˈʃait] adj clever; Mensch, Idee bright; (≈ vernünftig) sensible

Geschenk [ɡəˈʃɛŋk] nt ⟨-(e)s, -e⟩ present, gift; **jdm ein ~ machen** to give sb a present; **jdm etw zum ~ machen** to give sb sth (as a present); **ein ~ seiner Mutter** a present from his mother Geschenkartikel m gift Geschenkgutschein m gift voucher Geschenkpackung f gift pack or box Geschenkpapier nt wrapping paper; **etw in ~ einwickeln** to giftwrap sth

Geschichte [ɡəˈʃɪçtə] f ⟨-, -n⟩ **1** no pl (≈ Historie) history; **~ machen** to make history **2** (≈ Erzählung) story; **~n erzählen** to tell stories **3** (infml ≈ Sache) affair, business no pl; **die ganze ~** the whole business; **eine schöne ~!** (iron) a fine how-do-you-do! (infml) geschichtlich [ɡəˈʃɪçtlɪç] **A** adj (≈ historisch) historical; (≈ bedeutungsvoll) historic **B** adv historically Geschichtsbuch nt history book Geschichtsforscher(in) m/(f) historian Geschichtskenntnis f knowledge of history no pl Geschichtslehrer(in) m/(f) history teacher Geschichtsschreibung f historiography geschichtsträchtig adj Ort, Stadt steeped in history; Ereignis historic Geschichtsunterricht f history lessons pl

Geschick[1] [ɡəˈʃɪk] nt ⟨-(e)s, -e⟩ (elev) (≈ Schicksal) fate

Geschick[2] nt ⟨-s, no pl⟩ (≈ Geschicklichkeit) skill Geschicklichkeit [ɡəˈʃɪklɪçkait] f ⟨-, no pl⟩ skill, skilfulness (Br), skillfulness (US); (≈ Beweglichkeit) agility geschickt [ɡəˈʃɪkt] **A** adj skilful (Br), skillful (US); (≈ beweglich) agile **B** adv (≈ clever) cleverly; **~ agieren** to be clever Geschicktheit f ⟨-, no pl⟩ = Geschicklichkeit

geschieden [ɡəˈʃiːdn] adj divorced

Geschirr [ɡəˈʃɪr] nt ⟨-(e)s, -e⟩ **1** no pl

crockery (Br), tableware; (≈ Küchengeschirr) pots and pans pl, kitchenware; (≈ Teller etc) china; (zu einer Mahlzeit benutzt) dishes pl; **(das) ~ (ab)spülen** to wash up **2** (von Zugtieren) harness **Geschirrschrank** m china cupboard (Br) or cabinet (US) **Geschirrspülen** nt ⟨-s, no pl⟩ washing-up **Geschirrspüler** m, **Geschirrspülmaschine** f dishwasher **Geschirrspülmittel** nt washing-up liquid (Br), dishwashing liquid (US) **Geschirrtuch** nt, pl -tücher tea towel (Br), dishtowel (US)

Geschlecht [gə'ʃlɛçt] nt ⟨-(e)s, -er⟩ sex; GRAM gender; **das andere ~** the opposite sex **geschlechtlich** [gə'ʃlɛçtlɪç] **A** adj sexual **B** adv **mit jdm ~ verkehren** to have sexual intercourse with sb **Geschlechtsakt** m sex(ual) act **Geschlechtsgenosse** m, **Geschlechtsgenossin** f person of the same sex; **jds ~n** those or people of the same sex as sb **Geschlechtshormon** nt sex hormone **geschlechtskrank** adj suffering from a sexually transmitted disease **Geschlechtskrankheit** f sexually transmitted disease **Geschlechtsleben** nt sex life **geschlechtslos** adj asexual (auch BIOL), sexless **Geschlechtsmerkmal** nt sex(ual) characteristic **geschlechtsneutral** adj gender neutral **Geschlechtsorgan** nt sex(ual) organ **geschlechtsreif** adj sexually mature **Geschlechtsteil** nt genitals pl **Geschlechtstrieb** m sex(ual) drive **Geschlechtsumwandlung** f sex change **Geschlechtsverkehr** m sexual intercourse **Geschlechtswort** nt, pl -wörter GRAM article

geschliffen [gə'ʃlɪfn] adj Manieren, Ausdrucksweise polished

geschlossen [gə'ʃlɔsn] **A** adj closed; (≈ vereint) united, unified; **in sich** (dat) **~** self-contained; Systeme closed; **ein ~es Ganzes** a unified whole; **~e Gesellschaft** closed society; (≈ Fest) private party **B** adv **~ für etw sein/stimmen** to be/vote unanimously in favour (Br) or favor (US) of sth; **~ hinter jdm stehen** to stand solidly behind sb **Geschlossenheit** f ⟨-, no pl⟩ unity

Geschmack [gə'ʃmak] m ⟨-(e)s, ⸚e or (hum, inf) ⸚er [gə'ʃmɛkə, gə'ʃmɛkɐ]⟩ taste no pl: (≈ Geschmackssinn) sense of taste;

je nach ~ to one's own taste; **an etw** (dat) **~ finden** to acquire a taste for sth; **auf den ~ kommen** to acquire a taste for it; **sie hat einen guten ~** (fig) she has good taste; **für meinen ~** for my taste; **das ist nicht nach meinem ~** that's not to my taste; **über ~ lässt sich (nicht) streiten** (prov) there's no accounting for taste(s) (prov) **geschmacklich** [gə'ʃmaklɪç] adj as regards taste **geschmacklos** adj tasteless **Geschmacklosigkeit** f ⟨-, -en⟩ **1** no pl tastelessness, lack of taste **2** (≈ Bemerkung) remark in bad taste; **das ist eine ~!** that is the most appalling bad taste! **Geschmacksfrage** f question of (good) taste **Geschmacksrichtung** f taste **Geschmackssache** f matter of taste; **das ist ~** it's (all) a matter of taste **Geschmackssinn** m, no pl sense of taste **Geschmacksverirrung** f **unter ~ leiden** (iron) to have no taste **Geschmacksverstärker** m CHEM, COOK flavour (Br) or flavor (US) enhancer **geschmackvoll** **A** adj tasteful **B** adv tastefully

geschmeidig [gə'ʃmaidɪç] adj Leder, Haut, Bewegung supple; Fell sleek; Handtuch, Haar soft

Geschnatter [gə'ʃnatɐ] nt ⟨-s, no pl⟩ (lit) cackle, cackling; (fig) jabber, jabbering

Geschöpf [gə'ʃœpf] nt ⟨-(e)s, -e⟩ (≈ Lebewesen) creature

Geschoss¹ [gə'ʃɔs] nt ⟨-es, -e⟩ **Geschoß**² (Aus) nt ⟨-es, -e⟩ projectile (form); (≈ Rakete etc auch) missile

Geschoss² nt ⟨-es, -e⟩, **Geschoß**² (Aus) nt ⟨-es, -e⟩ (≈ Stockwerk) floor, storey (Br), story (US)

Geschrei [gə'ʃrai] nt ⟨-s, no pl⟩ shouts pl, shouting; (von Babys, Popfans) screams pl, screaming; **viel ~ um etw machen** to make a big fuss about sth

Geschütz [gə'ʃʏts] nt ⟨-es, -e⟩ gun; **schweres ~** heavy artillery; **schweres ~ auffahren** (fig) to bring up one's big guns **geschützt** [gə'ʃʏtst] adj Winkel, Ecke sheltered; Pflanze, Tier protected; → schützen

Geschwader [gə'ʃvaːdɐ] nt ⟨-s, -⟩ squadron

Geschwafel [gə'ʃvaːfl] nt ⟨-s, no pl⟩ (infml) waffle (Br infml), blather (infml)

Geschwätz [gə'ʃvɛts] nt ⟨-es, no pl⟩ (pej) prattle; (≈ Klatsch) gossip **geschwätzig** [gə'ʃvɛtsɪç] adj garrulous; (≈ klatschsüchtig)

gossipy **Geschwätzigkeit** f ⟨-, no pl⟩ garrulousness; (≈ *Klatschsucht*) constant gossiping

geschweige [gə'ʃvaigə] cj ~ **(denn)** let alone, never mind

Geschwindigkeit [gə'ʃvɪndɪçkait] f ⟨-, -en⟩ speed; **mit einer ~ von ...** at a speed of ...; **mit höchster ~** at top speed **Geschwindigkeitsbegrenzung** f ⟨-, -en⟩, **Geschwindigkeitsbeschränkung** f speed limit **Geschwindigkeitsüberschreitung** [-y:bɐʃraitʊŋ] f ⟨-, -en⟩ speeding

Geschwister [gə'ʃvɪstɐ] pl brothers and sisters pl, siblings pl; **haben Sie noch ~?** do you have any brothers or sisters? **geschwisterlich** [gə'ʃvɪstɐlɪç] **A** adj brotherly/sisterly **B** adv in a brotherly/sisterly way **Geschwisterpaar** nt brother and sister pl

geschwollen [gə'ʃvɔlən] (pej) **A** adj pompous **B** adv pompously

Geschworenenbank f, pl -bänke jury box; (≈ *die Geschworenen*) jury **Geschworenengericht** nt = Schwurgericht **Geschworene(r)** [gə'ʃvo:rənə] m/f(m) decl as adj juror; **die ~n** the jury sg or pl

Geschwulst [gə'ʃvʊlst] f ⟨-, ⸚e [gə-'ʃvʏlstə]⟩ growth

geschwungen adj curved; **~e Klammer** TYPO curly bracket

Geschwür [gə'ʃvy:ɐ] nt ⟨-s, -e⟩ ulcer; (≈ *Furunkel*) boil

gesegnet [gə'ze:gnət] adj (elev) **mit etw ~ sein** to be blessed with sth

Geselchte(s) [gə'zɛlçtə] nt decl as adj (S Ger, Aus) salted and smoked meat

Geselle [gə'zɛlə] m ⟨-n, -n⟩ (≈ *Handwerksgeselle*) journeyman **gesellen** [gə'zɛlən] past part gesellt v/r **sich zu jdm ~** to join sb **gesellig** [gə'zɛlɪç] adj sociable; Tier gregarious; **~es Beisammensein** social gathering **Geselligkeit** f ⟨-, -en, no pl⟩ sociability, conviviality; (von Tieren) gregariousness; **die ~ lieben** to be sociable **Gesellin** [gə'zɛlɪn] f ⟨-, -nen⟩ (≈ *Handwerksgesellin*) journeyman

Gesellschaft [gə'zɛlʃaft] f ⟨-, -en⟩ **1** SOCIOL society; **die ~ verändern** to change society **2** (≈ *Vereinigung*) society; COMM company **3** (≈ *Abendgesellschaft*) party; **eine erlesene ~** a select group of people **4** (≈ *Begleitung*) company; **da be-** findest du dich in guter ~ then you're in good company; **jdm ~ leisten** to keep sb company **Gesellschafter** [gə'zɛlʃaftɐ] m ⟨-s, -⟩, **Gesellschafterin** [-ərɪn] f ⟨-, -nen⟩ (COMM ≈ *Teilhaber*) shareholder; (≈ *Partner*) partner **gesellschaftlich** [gə-'zɛlʃaftlɪç] adj social **Gesellschaftsanzug** m formal dress **gesellschaftsfähig** adj socially acceptable **Gesellschaftsform** f social system **Gesellschaftsordnung** f social system **gesellschaftspolitisch** adj sociopolitical **Gesellschaftsschicht** f social stratum **Gesellschaftsspiel** nt party game **Gesellschaftssystem** nt social system **Gesellschaftstanz** m ballroom dance

gesettelt adj (sl ≈ *sesshaft, etabliert*) settled

Gesetz [gə'zɛts] nt ⟨-es, -e⟩ law; (≈ *Gesetzbuch*) statute book; (PARL ≈ *Vorlage*) bill; (nach Verabschiedung) act; **nach dem ~** under the law (über +acc on); **vor dem ~** in (the eyes of the) law; **ein ungeschriebenes ~** an unwritten rule **Gesetzblatt** nt law gazette **Gesetzbuch** nt statute book **Gesetzentwurf** m (draft) bill **Gesetzesänderung** f change in the law **Gesetzesbrecher** m ⟨-s, -⟩, **Gesetzesbrecherin** [-ərɪn] f ⟨-, -nen⟩ law-breaker **Gesetzeskraft** f the force of law; **~ erlangen** to become law; **~ haben** to be law **Gesetzeslage** f legal position **gesetzestreu** adj Person law-abiding **gesetzgebend** adj attr legislative; **die ~e Gewalt** the legislature **Gesetzgeber** m legislative body **Gesetzgebung** [-ge:bʊŋ] f ⟨-, -en⟩ legislation no pl **gesetzlich** [gə'zɛtslɪç] **A** adj Verpflichtung legal; Feiertag statutory **B** adv legally **gesetzlos** adj lawless **gesetzmäßig** adj (≈ *gesetzlich*) legal; (≈ *rechtmäßig*) lawful

gesetzt [gə'zɛtst] **A** adj (≈ *reif*) sedate, sober; **ein Herr im ~en Alter** a man of mature years; → setzen **B** cj ~ **den Fall, ...** assuming (that) ...

gesetzwidrig **A** adj illegal; (unrechtmäßig) unlawful **B** adv illegally; (≈ *unrechtmäßig*) unlawfully

gesichert [gə'zɪçɐt] adj Existenz secure; Fakten definite; → sichern

Gesicht [gə'zɪçt] nt ⟨-(e)s, -er⟩ face; **ein trauriges/wütendes ~ machen** to look sad/angry; **ein langes ~ machen** to make a long face; **jdm ins ~ sehen** to look sb in the face; **den Tatsachen ins ~ sehen** to face facts; **jdm etw ins ~ sagen** to tell sb sth to his face; **sein wahres ~ zeigen** to show (oneself in) one's true colours (*Br*) *or* colors (*US*); **jdm wie aus dem ~ geschnitten sein** to be the spitting image of sb; **das ~ verlieren** to lose face; **das ~ wahren** to save face; **das gibt der Sache ein neues ~** that puts a different complexion on the matter *or* on things; **etw aus dem ~ verlieren** to lose sight of sth; **jdn/etw zu ~ bekommen** to set eyes on sb/sth **Gesichtsausdruck** *m* (facial) expression **Gesichtscreme** *f* face cream **Gesichtsfarbe** *f* complexion **Gesichtskreis** *m* **1** (*dated*) (≈ *Umkreis*) field of vision; **jdn aus dem ~ verlieren** to lose sight of sb **2** (*fig*) horizons *pl*, outlook **Gesichtsmaske** *f* face mask **Gesichtsmuskel** *m* facial muscle **Gesichtspackung** *f* face pack **Gesichtspunkt** *m* (≈ *Betrachtungsweise*) point of view, standpoint; (≈ *Einzelheit*) point **Gesichtsverlust** *m* loss of face **Gesichtszüge** *pl* features *pl*

Gesindel [gəˈzɪndl] *nt* ⟨-s, *no pl*⟩ (*pej*) riffraff *pl*

gesinnt [gəˈzɪnt] *adj usu pred* **jdm freundlich/feindlich ~ sein** to be friendly/hostile to(wards) sb; **sozial ~ sein** to be socially minded **Gesinnung** [gəˈzɪnʊŋ] *f* ⟨-, -en⟩ (≈ *Charakter*) cast of mind; (≈ *Ansichten*) views *pl*, way of thinking; **eine liberale ~** liberal-mindedness; **seiner ~ treu bleiben** to remain loyal to one's basic convictions **Gesinnungsgenosse** *m*, **Gesinnungsgenossin** *f* like-minded person **gesinnungslos** (*pej*) *adj* unprincipled **Gesinnungswandel** *m*, **Gesinnungswechsel** *m* conversion

gesittet [gəˈzɪtət] *adj* **1** (≈ *wohlerzogen*) well-mannered **2** (≈ *kultiviert*) civilized

Gesöff [gəˈzœf] *nt* ⟨-(e)s, -e⟩ (*infml*) muck (*infml*)

gesondert [gəˈzɔndɐt] **A** *adj* separate **B** *adv* separately

gesonnen [gəˈzɔnən] *adj* **~ sein, etw zu tun** to be of a mind to do sth

gespalten [gəˈʃpaltn] *adj* Bewusstsein split; Zunge forked; Gesellschaft divided; **die Meinungen sind ~** opinions are divided

Gespann [gəˈʃpan] *nt* ⟨-(e)s, -e⟩ **1** (≈ *Zugtiere*) team **2** (≈ *Pferdegespann*) horse and cart; **ein gutes ~ abgeben** to make a

good team **gespannt** [gəˈʃpant] **A** *adj* **1** Seil taut **2** (*fig*) tense; (≈ *neugierig*) curious; **ich bin ~, wie er darauf reagiert** I wonder how he'll react to that; **da bin ich aber ~!** I'm looking forward to that; (*iron*) (oh really?) that I'd like to see! **B** *adv* intently; **~ zuhören/zusehen** to be engrossed with what's going on; → **spannen Gespanntheit** *f* ⟨-, *no pl*⟩ tension; (≈ *Neugierde*) eager anticipation

Gespenst [gəˈʃpɛnst] *nt* ⟨-(e)s, -er⟩ ghost; (*fig* ≈ *Gefahr*) spectre (*Br*), specter (*US*) **gespensterhaft** *adj* ghostly *no adv*; (*fig*) eerie, eery **gespenstisch** [gəˈʃpɛnstɪʃ] *adj, adv* **1** = gespensterhaft **2** (*fig* ≈ *bizarr, unheimlich*) eerie, eery

gespielt [gəˈʃpiːlt] *adj* feigned

Gespött [gəˈʃpœt] *nt* ⟨-(e)s, *no pl*⟩ mockery; (≈ *Gegenstand des Spotts*) laughing stock; **zum ~ werden** to become a laughing stock

Gespräch [gəˈʃprɛːç] *nt* ⟨-(e)s, -e⟩ **1** (≈ *Unterhaltung*) conversation; (≈ *Diskussion*) discussion; (≈ *Dialog*) dialogue (*Br*), dialog (*US*); **~e** POL talks; **das ~ auf etw** (*acc*) **bringen** to steer the conversation *or* (*a*)round to sth; **im ~ sein** to be being talked about; **mit jdm ins ~ kommen** to get into conversation with sb; (*fig*) to establish a dialogue (*Br*) *or* dialog (*US*) with sb **2** (TEL ≈ *Anruf*) (telephone) call; **ein ~ für dich** a call for you **gesprächig** [gəˈʃprɛːçɪç] *adj* talkative; (≈ *mitteilsam*) communicative **gesprächsbereit** *adj esp* POL ready to talk **Gesprächsbereitschaft** *f esp* POL readiness to talk **Gesprächsgegenstand** *m* topic **Gesprächsguthaben** *nt* (TEL: *von Prepaidhandy*) credit minutes *pl* **Gesprächspartner(in)** *m/(f)* interlocutor (*form*); **mein ~ bei den Verhandlungen** my opposite number at the talks; **wer war dein ~?** who did you talk with? **Gesprächsrunde** *f* discussion(s *pl*); POL round of talks **Gesprächsstoff** *m* topics *pl*

gespreizt [gəˈʃpraɪtst] *adj* (*fig*) affected; → **spreizen**

gesprenkelt [gəˈʃprɛŋklt] *adj* speckled; → **sprenkeln**

Gespür [gəˈʃpyːɐ] *nt* ⟨-s, *no pl*⟩ feel(ing)

Gestalt [gəˈʃtalt] *f* ⟨-, -en⟩ **1** form; **in ~ von** (*fig*) in the form of; (**feste**) **~ annehmen** to take shape **2** (≈ *Wuchs*) build **3** (≈ *Person*) figure; (*pej* ≈ *Mensch*) character

gestalten [gə'ʃtaltn̩] *past part* **gestaltet** **A** *v/t Text, Wohnung* to lay out; *Programm, Abend* to arrange; *Freizeit* to organize; *Zukunft, Gesellschaft, Politik* to shape **B** *v/r* (≈ *werden*) to become; (≈ *sich entwickeln*) to turn (*zu* into); **sich schwierig ~** (*Verhandlungen etc*) to run into difficulties **gestalterisch** [gə'ʃtaltərɪʃ] *adj* creative **Gestaltung** *f* ⟨-, -en⟩ (≈ *das Gestalten*) shaping, forming (*zu* into); (*von Wohnung*) layout; (*von Abend, Programm*) arrangement; (*von Freizeit*) structuring

gestanden *adj attr Fachmann etc* experienced; **ein ~er Mann** a mature and experienced man **geständig** [gə'ʃtɛndɪç] *adj* **~ sein** to have confessed **Geständnis** [gə'ʃtɛntnɪs] *nt* ⟨-ses, -se⟩ confession; **ein ~ ablegen** to make a confession; **jdm ein ~ machen** to make a confession to sb

Gestank [gə'ʃtaŋk] *m* ⟨-(e)s, *no pl*⟩ stink

gestatten [gə'ʃtatn̩] *past part* **gestattet** **A** *v/t* to allow; **jdm etw ~** to allow sb sth **B** *v/i* **~ Sie, dass ich …?** may I …?, would you mind if I …?; **wenn Sie ~ …** with your permission …

Geste ['gɛstə, 'geːstə] *f* ⟨-, -n⟩ gesture

Gesteck [gə'ʃtɛk] *nt* ⟨-(e)s, -e⟩ flower arrangement

gestehen [gə'ʃteːən] *pret* **gestand** [gə'ʃtant], *past part* **gestanden** [gə'ʃtandn̩] *v/t & v/i* to confess (*jdm etw* sth to sb); **offen gestanden …** to be frank …

Gestein [gə'ʃtain] *nt* ⟨-(e)s, -e⟩ rock(s *pl*); (≈ *Schicht*) rock stratum

Gestell [gə'ʃtɛl] *nt* ⟨-(e)s, -e⟩ stand; (≈ *Regal*) shelf; (≈ *Ablage*) rack; (≈ *Rahmen, Brillengestell*) frame; (*auf Böcken*) trestle

gestelzt [gə'ʃtɛltst] *adj* stilted

gestern ['gɛstɐn] *adv* yesterday; **~ Abend** yesterday evening; (*spät*) last night; **die Zeitung von ~** yesterday's paper; **er ist nicht von ~** (*infml*) he wasn't born yesterday

Gestik ['gɛstɪk, 'geːstɪk] *f* ⟨-, *no pl*⟩ gestures *pl* **gestikulieren** [gɛstiku'liːrən] *past part* **gestikuliert** *v/i* to gesticulate

gestimmt [gə'ʃtɪmt] *adj* **froh ~** in a cheerful mood; → **stimmen**

Gestirn [gə'ʃtɪrn] *nt* ⟨-(e)s, -e⟩ heavenly body

Gestöber [gə'ʃtøːbɐ] *nt* ⟨-s, -⟩ (*leicht*) snow flurry; (*stark*) snowstorm

gestochen [gə'ʃtɔxn̩] **A** *adj Handschrift* clear, neat **B** *adv* **~ scharfe Fotos** needle-sharp photographs; **wie ~ schreiben** to write clearly

gestohlen [gə'ʃtoːlən] *adj* **der/das kann mir ~ bleiben** (*infml*) he/it can go hang (*infml*)

gestört [gə'ʃtøːɐt] *adj* disturbed; **geistig ~ sein** to be (mentally) disturbed; → **stören**

Gestotter [gə'ʃtɔtɐ] *nt* ⟨-s, *no pl*⟩ stuttering, stammering

gestreift [gə'ʃtraift] *adj* striped; → **streifen**

gestrichen [gə'ʃtrɪçn̩] **A** *adj* **ein ~er Teelöffel voll** a level teaspoon(ful) **B** *adv* **~ voll** level; (≈ *sehr voll*) full to the brim

gestrig ['gɛstrɪç] *adj attr* yesterday's; **unser ~es Gespräch** our conversation (of) yesterday

Gestrüpp [gə'ʃtrʏp] *nt* ⟨-(e)s, -e⟩ undergrowth; (*fig*) jungle

gestuft [gə'ʃtuːft] *adj* (≈ *in Stufen*) terraced; *Haarschnitt* layered; (*zeitlich*) staggered; → **stufen**

Gestüt [gə'ʃtyːt] *nt* ⟨-(e)s, -e⟩ stud

Gesuch [gə'zuːx] *nt* ⟨-(e)s, -e⟩ petition (*auf +acc, um* for); (≈ *Antrag*) application (*auf +acc, um* for) **gesucht** [gə'zuːxt] *adj* (≈ *begehrt*) sought after; **sehr ~** (very) much sought after; → **suchen**

gesund [gə'zʊnt] **A** *adj, comp* **-er** *or* **⸚er** [gə'zʏndə], *sup* **-este(r, s)** *or* **⸚este(r, s)** [gə'zʏndəstə] healthy; **wieder ~ werden** to get better; **Äpfel sind ~** apples are good for you; **bleib ~!** look after yourself **B** *adv, comp* **⸚er** *or* **-er**, *sup* **am ⸚esten** *or* **-esten ~ leben** to have a healthy lifestyle; **sich ~ ernähren** to have a healthy diet; **~ essen** to eat healthily; **jdn ~ pflegen** to nurse sb back to health **Gesundheit** *f* ⟨-, *no pl*⟩ health; (≈ *Zuträglichkeit*) healthiness; **bei guter ~** in good health; **~!** bless you; **auf Ihre ~!** your (very good) health **gesundheitlich** [gə'zʊnthaitlɪç] **A** *adj* **~e Schäden** damage to one's health; **sein ~er Zustand** (the state of) his health; **aus ~en Gründen** for health reasons **B** *adv* **wie geht es Ihnen ~?** how is your health? **Gesundheitsamt** *nt* public health department **Gesundheitsapostel** *m* (*iron*) health freak (*infml*) **gesundheitsbewusst** *adj* health-conscious **Gesundheitsdienst** *m* health service **Gesundheitsfarm** *f* health farm **gesundheitshalber** *adv* for health reasons **Gesundheitskarte** *f* health insurance card **Gesundheitsminister(in)** m/(f) health minister, Health Secretary (Br), Secretary of Health (US) **Gesundheitspolitik** f health policy **gesundheitsschädlich** adj unhealthy **Gesundheitswesen**, nt, no pl health service **Gesundheitszeugnis** nt certificate of health **Gesundheitszustand** m, no pl state of health **gesundschreiben** v/t sep irr **jdn ~** to certify sb (as) fit **gesundschrumpfen** sep **A** v/t (fig) to streamline **B** v/r to be streamlined **gesundstoßen** v/r sep irr (sl) to line one's pockets (infml) **Gesundung** [gəˈzʊndʊŋ] f ⟨-, no pl⟩ recovery; (≈ Genesung) convalescence, recuperation

getan [gəˈtaːn] adj **nach ~er Arbeit** when the day's work is done

getigert [gəˈtiːgɐt] adj (mit Streifen) striped; **~e Katze** tabby (cat)

getönt [gəˈtøːnt] adj Glas, Brille tinted; → **tönen**

Getöse [gəˈtøːzə] nt ⟨-s, no pl⟩ din; (von Auto, Beifall etc) roar

Getränk [gəˈtrɛŋk] nt ⟨-(e)s, -e⟩ drink **Getränkeautomat** m drinks (Br) or beverage (US) machine **Getränkekarte** f (in Café) list of beverages; (in Restaurant) wine list **Getränkemarkt** m drinks cash-and--carry (Br), beverage store (US)

getrauen [gəˈtraʊən] past part **getraut** v/r to dare; **getraust du dich das?** (infml) do you dare do that?

Getreide [gəˈtraɪdə] nt ⟨-s, -⟩ grain **Getreide(an)bau** m, no pl cultivation of grain or cereals **Getreideflocke** f usu pl cereal **Getreidesilo** nt or m, **Getreidespeicher** m silo

getrennt [gəˈtrɛnt] **A** adj separate **B** adv **~ wohnen** not to live together; **~ leben** to live apart; → **trennen**

getreu [gəˈtrɔy] **A** adj (≈ entsprechend) faithful, true no adv **B** prep +dat true to

Getriebe [gəˈtriːbə] nt ⟨-s, -⟩ **1** TECH gears pl; (≈ Getriebekasten) gearbox **2** (≈ lebhaftes Treiben) bustle **Getriebeschaden** m gearbox trouble no indef art

getrost [gəˈtroːst] adv confidently; **du kannst dich ~ auf ihn verlassen** you need have no fears about relying on him

getrübt [gəˈtryːpt] adj **ein ~es Verhältnis zu jdm haben** to have an unhappy relationship with sb; → **trüben**

Getto [ˈgɛto] nt ⟨-s, -s⟩ ghetto **Gettoblaster** [-blaːstɐ] m ⟨-s, -⟩ (infml) ghetto blaster (infml), boom box (esp US infml)

Getue [gəˈtuːə] nt ⟨-s, no pl⟩ (pej) to-do (infml)

geübt [gəˈyːpt] adj Auge, Ohr practised (Br), practiced (US); Fahrer etc proficient; **~ sein** to be experienced; → **üben**

Gewächs [gəˈvɛks] nt ⟨-es, -e⟩ **1** (≈ Pflanze) plant **2** MED growth **gewachsen** [gəˈvaksn] adj **1** (≈ von allein entstanden) evolved **2 jdm ~ sein** to be a match for sb; **einer Sache** (dat) **~ sein** to be up to sth **Gewächshaus** nt greenhouse; (≈ Treibhaus) hothouse

gewagt [gəˈvaːkt] adj **1** (≈ kühn) daring; (≈ gefährlich) risky **2** (≈ anzüglich) risqué; → **wagen**

gewählt [gəˈvɛːlt] **A** adj Sprache elegant **B** adv **sich ~ ausdrücken** to express oneself elegantly; → **wählen**

Gewähr [gəˈvɛːɐ] f ⟨-, no pl⟩ guarantee; **keine ~ für etw bieten** to offer no guarantee for sth; **die Angabe erfolgt ohne ~** this information is supplied without liability; **für etw ~ leisten** to guarantee sth **gewähren** [gəˈvɛːrən] past part **gewährt** v/t to grant; Rabatt, Schutz to give; **jdn ~ lassen** (elev) not to stop sb **gewährleisten** [gəˈvɛːɐlaɪstn] past part **gewährleistet** v/t insep (≈ sicherstellen) to ensure (jdm etw sb sth); (≈ garantieren) to guarantee (jdm etw sb sth)

Gewahrsam [gəˈvaːɐzaːm] m ⟨-s, no pl⟩ **1** (≈ Verwahrung) safekeeping; **etw in ~ nehmen** to take sth into safekeeping **2** (≈ Haft) custody

Gewährung f, no pl granting; (von Rabatt) giving; (von Schutz) affording

Gewalt [gəˈvalt] f ⟨-, -en⟩ **1** (≈ Macht) power; **die gesetzgebende/richterliche ~** the legislature/judiciary; **elterliche ~** parental authority; **jdn/etw in seine ~ bringen** to bring sb/sth under one's control; **jdn in seiner ~ haben** to have sb in one's power; **in jds ~** (dat) **sein** or **stehen** to be in sb's power; **die ~ über etw** (acc) **verlieren** to lose control of sth **2** no pl (≈ Zwang, Heftigkeit) force; (≈ Gewalttätigkeit) violence; **~ anwenden** to use force; **höhere ~** acts/an act of God; **mit ~** by force; **mit aller ~** (infml) for all one is worth **Gewaltakt** m act of violence **Ge-**

G

waltanwendung f use of force **gewaltbereit** adj ready to use violence **Gewaltenteilung** f separation of powers **gewaltfrei** adj, adv = gewaltlos **Gewaltherrschaft** f, no pl tyranny **gewaltig** [gə'valtıç] **A** adj **1** (≈ heftig) Sturm etc violent **2** (≈ riesig) colossal; Anblick tremendous; Stimme powerful; Summe huge **B** adv (infml ≈ sehr) enormously; **sich ~ irren** to be very much mistaken **gewaltlos** **A** adj non-violent **B** adv (≈ ohne Gewaltanwendung) without violence **Gewaltlosigkeit** f ⟨-, no pl⟩ non-violence **gewaltsam** [gə'valtza:m] **A** adj forcible; Tod violent **B** adv forcibly, by force **Gewalttat** f act of violence **Gewalttäter(in)** m/(f) violent criminal **gewalttätig** adj violent **Gewalttätigkeit** f, no pl: (≈ Brutalität) violence; (≈ Handlung) act of violence **Gewaltverbrechen** nt crime of violence

Gewand [gə'vant] nt ⟨-(e)s, ⸚er [gə'vɛn-də]⟩ **1** (elev ≈ Kleidungsstück) garment; (weites, langes) robe, gown **2** (Aus ≈ Kleidung) clothes pl

gewandt [gə'vant] **A** adj skilful (Br), skillful (US); (körperlich) nimble; (≈ geschickt) deft; Auftreten, Stil elegant **B** adv elegantly **Gewässer** [gə'vɛsə] nt ⟨-s, -⟩ stretch of water

Gewebe [gə've:bə] nt ⟨-s, -⟩ (≈ Stoff) fabric, material; (≈ Gewebeart) weave; BIOL tissue; (fig) web **Gewebeprobe** f MED tissue sample

Gewehr [gə've:ɐ] nt ⟨-(e)s, -e⟩ (≈ Flinte) rifle; (≈ Schrotbüchse) shotgun **Gewehrlauf** m (von Flinte) rifle barrel; (von Schrotbüchse) barrel of a shotgun

Geweih [gə'vai] nt ⟨-(e)s, -e⟩ antlers pl; **das ~** the antlers

Gewerbe [gə'vɛrbə] nt ⟨-s, -⟩ trade; **ein ~ ausüben** to practise (Br) or practice (US) a trade **Gewerbeaufsicht** f ≈ health and safety control **Gewerbebetrieb** m commercial enterprise **Gewerbegebiet** nt industrial area; (eigens angelegt) trading estate (esp Br) **Gewerbeschein** m trading licence (Br) or license (US) **Gewerbesteuer** f trade tax **Gewerbetreibende(r)** [-traibndə] m/f(m) decl as adj trader **gewerblich** [gə'vɛrplıç] **A** adj commercial; Genossenschaft trade attr; (≈ industriell) industrial **B** adv ~ **genutzt** used for commercial purposes **ge-**

werbsmäßig **A** adj professional **B** adv professionally, for gain **Gewerkschaft** [gə'vɛrkʃaft] f ⟨-, -en⟩ (trade or trades or labor (US)) union **Gewerkschafter** [gə'vɛrkʃaftə] m ⟨-s, -⟩, **Gewerkschafterin** [-ərɪn] f ⟨-, -nen⟩ trade or labor (US) unionist **gewerkschaftlich** [gə'vɛrkʃaftlıç] **A** adj (trade or labor (US)) union attr; **~er Vertrauensmann** (im Betrieb) shop steward (esp Br) **B** adv ~ **organisierter Arbeiter** union member; **~ tätig sein** to be active in the union **Gewerkschaftsbund** m, pl -bünde federation of trade or labor (US) unions, ≈ Trades Union Congress (Br), ≈ Federation of Labor (US) **Gewerkschaftsführer(in)** m/(f) (trade or labor (US)) union leader

Gewicht [gə'vıçt] nt ⟨-(e)s, -e⟩ weight; **dieser Stein hat ein ~ von 100 kg** this rock weighs 100 kg; **spezifisches ~** specific gravity; **~ haben** (lit) to be heavy; (fig) to carry weight; **ins ~ fallen** to be crucial; **nicht ins ~ fallen** to be of no consequence; **auf etw** (acc) **~ legen** to set (great) store by sth **gewichten** [gə'vıçtn] past part **gewichtet** v/t STATISTICS to weight; (fig) to evaluate **Gewichtheben** nt ⟨-s, no pl⟩ SPORTS weightlifting **Gewichtheber** [-he:bə] m ⟨-s, -⟩, **Gewichtheberin** [-ərɪn] f ⟨-, -nen⟩ weightlifter **gewichtig** [gə'vıçtıç] adj (fig) weighty **Gewichtsklasse** f SPORTS weight (category) **Gewichtsverlust** m weight loss **Gewichtszunahme** f increase in weight

gewieft [gə'vi:ft] adj (infml) crafty (in +dat at)

gewillt [gə'vɪlt] adj ~ **sein, etw zu tun** to be willing to do sth

Gewimmel [gə'vɪml] nt ⟨-s, no pl⟩ swarm; (≈ Menge) crush

Gewinde [gə'vɪndə] nt ⟨-s, -⟩ TECH thread **Gewinn** [gə'vɪn] m ⟨-(e)s, -e⟩ **1** (≈ Ertrag) profit; **~ abwerfen** or **bringen** to make a profit; **~ bringend** = gewinnbringend; **etw mit ~ verkaufen** to sell sth at a profit **2** (≈ Preis) prize; (bei Wetten) winnings pl **3** no pl (fig ≈ Vorteil) gain **Gewinnanteil** m COMM dividend **Gewinnausschüttung** f ⟨-, -en⟩ prize draw **Gewinnbeteiligung** f **1** IND profit-sharing **2** (≈ Dividende) dividend **gewinnbringend** **A** adj (lit, fig) profitable

B *adv* profitably; **~ wirtschaften** to make a profit **Gewinnchance** *f* chance of winning; **~n** *(beim Wetten)* odds **gewinnen** [gə'vɪnən] *pret* **gewann** [gə'van], *past part* **gewonnen** [gə'vɔnən] **A** *v/t* **1** to win; **jdn (für etw) ~** to win sb over (to sth); **Zeit ~** to gain time; **was ist damit gewonnen?** what good is that? **2** *(≈ erzeugen)* to produce, to obtain; *Erze etc* to mine, to extract; *(aus Altmaterial)* to reclaim **B** *v/i* **1** *(≈ Sieger sein)* to win *(bei, in +dat* at) **2** *(≈ profitieren)* to gain; **an Bedeutung ~** to gain (in) importance; **an Geschwindigkeit ~** to pick up *or* gain speed **gewinnend** *adj (fig)* winning, winsome **Gewinner** [gə'vɪnɐ] *m* ⟨-s, -⟩, **Gewinnerin** [-ərɪn] *f* ⟨-, -nen⟩ winner **Gewinnmaximierung** *f* maximization of profit(s) **Gewinnschwelle** *f* ECON breakeven point **Gewinnspanne** *f* profit margin **Gewinnspiel** *nt* competition; TV game show **Gewinnung** [gə'vɪnʊŋ] *f* ⟨-, *(rare)* -en⟩ *(von Kohle, Öl)* extraction; *(von Energie, Plutonium)* production **Gewinnwarnung** *f* COMM profit warning **Gewinnzahl** *f* winning number **Gewinnzone** *f* **in der ~ sein** to be in profit; **in die ~ kommen** to move into profit **Gewirr** [gə'vɪr] *nt* ⟨-(e)s, *no pl*⟩ tangle; *(fig ≈ Durcheinander)* jumble; *(von Straßen)* maze **gewiss** [gə'vɪs] **A** *adj* certain *(+gen* of); **ich bin dessen ~** *(elev)* I'm certain of it; **nichts Gewisses** nothing certain; **in ~em Maße** to some *or* a certain extent **B** *adv (elev)* certainly; **eins ist (ganz) ~** one thing is certain; **(ja) ~!** certainly, sure *(esp US)*; **(aber) ~ (doch)**! (but) of course **Gewissen** [gə'vɪsn] *nt* ⟨-s, *no pl*⟩ conscience; **ein schlechtes ~** a guilty conscience; **jdn/etw auf dem ~ haben** to have sb/sth on one's conscience; **jdm ins ~ reden** to have a serious talk with sb **gewissenhaft** **A** *adj* conscientious **B** *adv* conscientiously **Gewissenhaftigkeit** [gə'vɪsnhaftɪçkaɪt] *f* ⟨-, *no pl*⟩ conscientiousness **gewissenlos** *adj* unscrupulous; *(≈ verantwortungslos)* irresponsible **Gewissenlosigkeit** *f* ⟨-, *no pl*⟩ unscrupulousness; *(≈ Verantwortungslosigkeit)* irresponsibility **Gewissensbisse** *pl* pangs *pl* of conscience; **~ bekommen** to get a guilty conscience **Gewissensentscheidung** *f* question of conscience **Gewissensfrage** *f* matter of conscience **Gewissenskonflikt** *m* moral conflict

gewissermaßen [gə'vɪsɐ'maːsn] *adv (≈ sozusagen)* so to speak **Gewissheit** *f* ⟨-, -en⟩ certainty; **mit ~** with certainty **Gewitter** [gə'vɪtɐ] *nt* ⟨-s, -⟩ thunderstorm; *(fig)* storm **Gewitterfront** *f* METEO storm front **gewittern** [gə'vɪtɐn] *past part* **gewittert** *v/i impers* **es gewittert** it's thundering **Gewitterschauer** *m* thundery shower **Gewitterwolke** *f* thundercloud; *(fig infml)* storm cloud **gewittrig** [gə'vɪtrɪç] *adj* thundery **gewitzt** [gə'vɪtst] *adj* crafty, cunning **gewogen** *adj (elev)* well-disposed *(+dat* towards) **gewöhnen** [gə'vøːnən] *past part* **gewöhnt** **A** *v/t* **jdn an etw** *(acc)* **~** to accustom sb to sth; **an jdn/etw gewöhnt sein** to be used to sb/sth; **daran gewöhnt sein, etw zu tun** to be used to doing sth; **das bin ich gewöhnt** I'm used to it **B** *v/r* **sich an jdn/etw ~** to get used to sb/sth **Gewohnheit** [gə'voːnhaɪt] *f* ⟨-, -en⟩ habit; **aus (lauter) ~** from (sheer) force of habit; **die ~ haben, etw zu tun** to have a habit of doing sth; **sich** *(dat)* **etw zur ~ machen** to make a habit of sth **gewohnheitsmäßig** *adj* habitual **Gewohnheitsmensch** *m* creature of habit **Gewohnheitssache** *f* question of habit **Gewohnheitstäter(in)** *m/(f)* habitual *or* persistent offender **Gewohnheitstier** *nt* **der Mensch ist ein ~** *(infml)* man is a creature of habit **gewöhnlich** [gə'vøːnlɪç] **A** *adj* **1** *attr (≈ üblich)* usual; *(≈ normal)* normal; *(≈ durchschnittlich)* ordinary; *(≈ alltäglich)* everyday **2** *(pej ≈ ordinär)* common **B** *adv* normally; **wie ~** as usual **gewohnt** [gə'voːnt] *adj* usual; **etw ~ sein** to be used to sth **Gewöhnung** [gə'vøːnʊŋ] *f* ⟨-, *no pl*⟩ *(≈ das Sichgewöhnen)* habituation *(an +acc* to); *(≈ das Angewöhnen)* training *(an +acc* in); *(≈ Sucht)* habit, addiction **gewöhnungsbedürftig** *adj* **die neue Software ist ~** the new software takes some time to get used to **Gewölbe** [gə'vœlbə] *nt* ⟨-s, -⟩ vault **gewölbt** [gə'vœlpt] *adj Stirn* domed; *Decke* vaulted; → **wölben** **gewollt** [gə'vɔlt] *adj* **1** *(≈ gekünstelt)* forced **2** *(≈ erwünscht)* desired; → **wollen²** **Gewühl** [gə'vyːl] *nt* ⟨-(e)s, *no pl*⟩ *(≈ Gedränge)* crowd, throng; *(≈ Verkehrsgewühl)* cha-

os, snarl-up (*Br infml*)
gewunden [gəˈvʊndn] *adj Weg, Fluss etc* winding; *Erklärung* tortuous
Gewürz [gəˈvʏrts] *nt* ⟨-es, -e⟩ spice; (≈ *Pfeffer, Salz*) condiment **Gewürzbord** *nt* spice rack **Gewürzgurke** *f* pickled gherkin **Gewürzmischung** *f* mixed herbs *pl*; (≈ *Gewürzsalz*) herbal salt **Gewürznelke** *f* clove
Geysir [ˈgaizɪr] *m* ⟨-s, -e⟩ geyser
gezackt [gəˈtsakt] *adj Fels* jagged; → **zacken**
gezahnt [gəˈtsaːnt], **gezähnt** [gəˈtsɛːnt] *adj auch* BOT serrated; TECH cogged; *Briefmarke* perforated
gezeichnet [gəˈtsaiçnət] *adj* marked; **vom Tode ~ sein** to have the mark of death on one; → **zeichnen**
Gezeiten [gəˈtsaitn] *pl* tides *pl* **Gezeitenkraftwerk** *nt* tidal power plant **Gezeitenwechsel** *m* turn of the tide
gezielt [gəˈtsiːlt] **A** *adj* purposeful; *Schuss* well-aimed; *Frage, Maßnahme etc* specific; *Indiskretion* deliberate **B** *adv vorgehen* directly; *planen* specifically; **~ schießen** to shoot to kill; **er hat sehr ~ gefragt** he asked very specific questions; → **zielen**
geziert [gəˈtsiːet] **A** *adj* affected **B** *adv* affectedly; → **zieren**
gezwungen [gəˈtsvʊŋən] **A** *adj* (≈ *nicht entspannt*) forced; *Atmosphäre* strained; *Stil, Benehmen* stiff **B** *adv* stiffly; **~ lachen** to give a forced *or* strained laugh **gezwungenermaßen** [gəˈtsvʊŋəneˈmaːsn] *adv* of necessity; **etw ~ tun** to be forced to do sth
Ghana [ˈgaːna] *nt* ⟨-s⟩ Ghana
Ghetto [ˈgɛto] *nt* ⟨-s, -s⟩ ghetto
Gicht [gɪçt] *f* ⟨-, -en, *no pl*⟩ MED, BOT gout
Giebel [ˈgiːbl] *m* ⟨-s, -⟩ gable **Giebeldach** *nt* gabled roof
Gier [giːɐ] *f* ⟨-, *no pl*⟩ greed (*nach* for) **gierig** [ˈgiːrɪç] **A** *adj* greedy; (*nach Geld*) avaricious; **~ nach etw sein** to be greedy for sth **B** *adv* greedily
gießen [ˈgiːsn] *pret* **goss** [gɔs] *past part* **gegossen** [gəˈgɔsn] **A** *v/t* **1** *Flüssigkeit* to pour; *Pflanzen* to water **2** *Glas* to found (*zu* (in)to); *Metall* to cast (*zu* into) **B** *v/i impers* to pour; **es gießt in Strömen** it's pouring down **Gießerei** [giːsəˈrai] *f* ⟨-, -en⟩ (≈ *Werkstatt*) foundry **Gießkanne** *f* watering can
Gift [gɪft] *nt* ⟨-(e)s, -e⟩ poison; (≈ *Bakteri-*

engift) toxin; (*fig* ≈ *Bosheit*) venom; **darauf kannst du ~ nehmen** (*infml*) you can bet your life on that (*infml*) **Giftfass** *nt* toxic waste drum **giftfrei** *adj* non-toxic **Giftgas** *nt* poison gas **Giftgaswolke** *f* cloud of poison gas **giftgrün** *adj* bilious green **giftig** [ˈgɪftɪç] *adj* **1** (≈ *Gift enthaltend*) poisonous; *Chemikalien* toxic **2** (*fig*) (≈ *boshaft, hasserfüllt*) venomous **Giftmischer** [-mɪʃe] *m* ⟨-s, -⟩, **Giftmischerin** [-ərɪn] *f* ⟨-, -nen⟩ (*fig*) troublemaker, stirrer (*infml*); (*hum* ≈ *Apotheker*) chemist **Giftmord** *m* poisoning **Giftmüll** *m* toxic waste **Giftpilz** *m* poisonous toadstool **Giftschlange** *f* poisonous snake **Giftstoff** *m* poisonous substance **Giftzahn** *m* fang
Gigabyte [ˈgiga-] *nt* IT gigabyte
Gigaliner [ˈgigalaine] *m* ⟨-s, -⟩ long combination vehicle, longer heavier vehicle, road train
Gigant [giˈgant] *m* ⟨-en, -en⟩, **Gigantin** [-ˈgantin] *f* ⟨-, -en⟩ giant **gigantisch** [giˈgantɪʃ] *adj* gigantic
Gilde [ˈgɪldə] *f* ⟨-, -n⟩ guild
Gin [dʒɪn] *m* ⟨-s, -s⟩ gin; **~ Tonic** gin and tonic
Ginseng [ˈgɪnzɛŋ, ˈʒɪnzɛŋ] *m* ⟨-s, -s⟩ BOT ginseng **Ginsengwurzel** [ˈgɪnzɛŋ-, ˈʒɪnzɛŋ-] *f* BOT ginseng root
Ginster [ˈgɪnstɐ] *m* ⟨-s, -⟩ BOT broom; (≈ *Stechginster*) gorse
Gipfel [ˈgɪpfl] *m* ⟨-s, -⟩ **1** (≈ *Bergspitze*) peak **2** (*fig* ≈ *Höhepunkt*) height; **das ist der ~!** (*infml*) that's the limit **3** (≈ *Gipfelkonferenz*) summit **Gipfelkonferenz** *f* POL summit conference **gipfeln** [ˈgɪpfln] *v/i* to culminate (*in* +*dat* in) **Gipfelpunkt** *m* (*lit*) zenith; (*fig*) high point **Gipfeltreffen** *nt* POL summit (meeting)
Gips [gɪps] *m* ⟨-es, -e⟩ plaster **Gipsabdruck** *m* plaster cast **Gipsbein** *nt* (*infml*) leg in a cast **Gipsverband** *m* MED plaster cast
Giraffe [giˈrafə] *f* ⟨-, -n⟩ giraffe
Girlande [gɪrˈlandə] *f* ⟨-, -n⟩ garland (*aus* of)
Girokonto *nt* current account **Giroverkehr** *m* giro system; (≈ *Girogeschäft*) giro transfer (business)
Gischt [gɪʃt] *m* ⟨-(e)s, -e *or* f -, -en⟩ spray
Gitarre [giˈtarə] *f* ⟨-, -n⟩ guitar **Gitarrist** [gitaˈrɪst] *m* ⟨-en, -en⟩, **Gitarristin** [-ˈrɪstɪn] *f* ⟨-, -nen⟩ guitarist

Gitter ['gɪtɐ] *nt* ⟨-s, -⟩ bars *pl*; *(vor Türen, Schaufenstern)* grille; *(für Gewächse etc)* lattice, trellis; (≈ *feines Drahtgitter)* (wire-)mesh; ELEC, GEOG grid; **hinter ~n** *(fig infml)* behind bars **Gitterfenster** *nt* barred window **Gitternetz** *nt* GEOG grid **Gitterrost** *m* grid, grating **Gitterstab** *m* bar

Glace ['glaːsə] *f* ⟨-, -n⟩ *(Swiss)* ice (cream) **Glacéhandschuh** [gla'seː-] *m* kid glove; **jdn mit ~en anfassen** *(fig)* to handle sb with kid gloves

Gladiator [gla'diaːtoːɐ] *m* ⟨-s, Gladiatoren [-'toːrən]⟩ gladiator **Gladiole** [gla'dioːlə] *f* ⟨-, -n⟩ BOT gladiolus **glamourös** [glamu'røːs] *adj* glamorous

Glanz [glants] *m* ⟨-es, no pl⟩ gleam; (≈ *Funkeln)* sparkle, glitter; *(von Haaren, Seide)* sheen; *(von Farbe)* gloss; *(fig, von Ruhm, Erfolg)* glory; (≈ *Pracht)* splendour *(Br)*, splendor *(US)* **Glanzabzug** *m* PHOT glossy print **glänzen** ['glɛntsn] *v/i* to shine; (≈ *glitzern)* to glisten; (≈ *funkeln)* to sparkle **glänzend** *adj* shining; (≈ *strahlend)* radiant; (≈ *blendend)* dazzling; (≈ *glitzernd)* glistening; (≈ *funkelnd)* sparkling, glittering; *Papier* glossy, shiny; *(fig)* brilliant; (≈ *erstklassig)* marvellous *(Br)*, marvelous *(US)* **B** *adv* (≈ *sehr gut)* brilliantly; **wir haben uns ~ amüsiert** we had a great time *(infml)*; **mir geht es ~** I'm just fine **Glanzlack** *m* gloss (paint) **Glanzleistung** *f* brilliant achievement **Glanzlicht** *nt* (ART, *fig)* highlight **glanzlos** *adj* dull; *Lack, Oberfläche* matt **Glanznummer** *f* big number, pièce de résistance **Glanzpapier** *nt* glossy paper **Glanzstück** *nt* pièce de résistance **glanzvoll** *adj (fig)* brilliant; (≈ *prachtvoll)* glittering **Glanzzeit** *f* heyday

Glas [glaːs] *nt* ⟨-es, ⸚er ['glɛːzə]⟩ *(als Maßangabe)* -⟩ **1** glass; (≈ *Konservenglas)* jar **2** (≈ *Brillenglas)* lens *sg* **Glasbläser(in)** *m/(f)* glass-blower **Glascontainer** *m* bottle bank **Glaser** ['glaːzɐ] *m* ⟨-s, -⟩, **Glaserin** [-ərɪn] *f* ⟨-, -nen⟩ glazier **Glaserei** [glaːzə'raɪ] *f* ⟨-, -en⟩ (≈ *Werkstatt)* glazier's workshop **gläsern** ['glɛːzɐn] *adj* glass; *(fig ≈ durchschaubar)* transparent **Glasfaser** *f* fibreglass *(Br)*, fiberglass *(US)* **Glasfaserkabel** *nt* optical fibre *(Br)* or fiber *(US)* cable **Glasfiber** *f* glass fibre *(Br)* or fiber *(US)* **Glasfiberstab** *m* SPORTS glass fibre *(Br)* or fiber *(US)* pole **Glashaus** *nt* **wer (selbst) im ~ sitzt, soll nicht mit Steinen werfen** *(prov)* people who live in glass houses shouldn't throw stones *(prov)* **glasieren** [gla'ziːrən] *past part* **glasiert** *v/t* to glaze; *Kuchen* to ice *(Br)*, to frost *(esp US)* **glasig** ['glaːzɪç] *adj Blick* glassy; COOK *Kartoffeln* waxy; *Speck, Zwiebeln* transparent **Glaskeramikkochfeld** *nt* glass hob **glasklar** *adj (lit)* clear as glass; *(fig)* crystal-clear **Glasmalerei** *f* glass painting **Glasnudel** *f* fine Chinese noodle **Glasperle** *f* glass bead **Glasreiniger** *m* (≈ *Reinigungsmittel)* glass cleaner **Glasscheibe** *f* sheet of glass; *(von Fenster)* pane of glass **Glasscherbe** *f* fragment of glass; **~n** broken glass **Glassplitter** *m* splinter of glass **Glasur** [gla'zuːɐ] *f* ⟨-, -en⟩ glaze; METAL enamel; (≈ *Zuckerguss)* icing *(Br)*, frosting *(esp US)*

glatt [glat] **A** *adj, comp* -er *or* ⸚er ['glɛtə], *sup* -este(r, s) *or* ⸚este(r, s) ['glɛtəstə] **1** (≈ *eben)*, smooth; *Haar* straight; MED *Bruch* clean; *Stoff* (≈ *faltenlos)* uncreased **2** (≈ *schlüpfrig)* slippery **3** *(fig)* Landung, Ablauf smooth **B** *adv, comp* -er *or* ⸚er, *sup* am -esten *or* ⸚esten **1** (≈ *eben)* bügeln, hobeln (till) smooth; *polieren* highly; **~ rasiert** *Mann, Kinn* clean-shaven **2** (≈ *problemlos)* smoothly **3** *(infml ≈ einfach)* completely; *leugnen, ablehnen* flatly; *vergessen* clean; **das ist doch ~ gelogen** that's a downright lie **Glätte** ['glɛtə] *f* ⟨-, no pl⟩ **1** (≈ *Ebenheit)* smoothness **2** (≈ *Schlüpfrigkeit)* slipperiness **Glatteis** *nt* ice; **„Vorsicht ~!"** "danger, black ice"; **jdn aufs ~ führen** *(fig)* to take sb for a ride **Glatteisgefahr** *f* danger of black ice **glätten** ['glɛtn] **A** *v/t* (≈ *glatt machen)* to smooth out; *(esp Swiss ≈ bügeln)* to iron; *(fig ≈ stilistisch glätten)* to polish up **B** *v/r* to smooth out; *(Meer, fig)* to subside **glattgehen** *v/i irr aux sein* to go smoothly **glattweg** ['glatvɛk] *adv (infml)* simply, just like that *(infml)* **Glatze** ['glatsə] *f* ⟨-, -n⟩ bald head; **eine ~ bekommen/haben** to go/be bald **Glatzkopf** *m* bald head; *(infml ≈ Mann mit Glatze)* baldie *(infml)* **glatzköpfig** *adj* bald(-headed)

Glaube ['glaʊbə] *m* ⟨-ns, no pl⟩ faith *(an +acc* in); (≈ *Überzeugung)* belief *(an +acc* in); **in gutem ~n** in good faith; **den ~n an jdn/etw verlieren** to lose faith in sb/sth; **jdm ~n schenken** to believe sb **glauben** ['glaʊbn] *v/t & v/i* to believe *(an +acc* in); (≈ *meinen, vermuten)* to think;

jdm ~ to believe sb; **das glaube ich dir gerne/nicht** I quite/don't believe you; **d(a)ran ~ müssen** (*infml* ≈ *sterben*) to cop it (*Br infml*), to bite the dust (*US infml*); **das glaubst du doch selbst nicht!** you can't be serious; **wers glaubt, wird selig** (*iron*) a likely story (*iron*); **wer hätte das je geglaubt!** who would have thought it?; **es ist nicht** *or* **kaum zu ~** it's unbelievable; **ich glaube, ja** I think so; **ich glaube, nein** I don't think so **Glaubensbekenntnis** *nt* creed **Glaubensfreiheit** *f* freedom of worship, religious freedom **Glaubensgemeinschaft** *f* religious sect; (*christliche auch*) denomination **Glaubensrichtung** *f* (religious) persuasion, religious orientation **glaubhaft** 🅰 *adj* credible; (≈ *einleuchtend*) plausible; **(jdm) etw ~ machen** to substantiate sth (to sb) 🅱 *adv* credibly **gläubig** ['glɔybɪç] *adj* Katholik etc devout **Gläubige(r)** ['glɔybɪgə] *m/f(m)* decl as adj believer; **die ~n** the faithful **Gläubiger** ['glɔybɪgɐ] *m* ⟨-s, -⟩, **Gläubigerin** ['glɔybɪgərɪn] *f* ⟨-, -nen⟩ COMM creditor **glaubwürdig** *adj* credible **Glaubwürdigkeit** *f* ⟨-, no pl⟩ credibility

gleich [glaɪç] 🅰 *adj* 🔟 (≈ *identisch*) same; **der/die/das ~e ... wie** the same ... as; **es ist genau das Gleiche** it's exactly the same; **es ist mir (alles** *or* **ganz) ~** it's all the same to me; **Gleiches mit Gleichem vergelten** to pay sb back in kind; **ganz ~ wer/was** *etc* no matter who/what *etc* 🔢 (≈ *gleichwertig*) equal; **zu ~en Teilen** in equal parts; **zwei mal zwei (ist) ~ vier** two twos are four; **jdm (an etw** *dat*) **~ sein** to be sb's equal (in sth) 🅱 *adv* 🔟 (≈ *ohne Unterschied*) equally; (≈ *auf gleiche Weise*) alike, the same; **~ gekleidet** dressed alike; **sie sind ~ groß/alt** they are the same size/age 🔢 (*räumlich*) right, just; **~ hinter dem Haus** just behind the house 🔠 (*zeitlich* ≈ *sofort*) immediately; (≈ *bald*) in a minute; **ich komme ~** I'm just coming; **ich komme ~ wieder** I'll be right back; **es muss nicht ~ sein** there's no hurry; **es ist ~ drei Uhr** it's almost three o'clock; **~ danach** straight afterwards; **das habe ich mir ~ gedacht** I thought that straight away; **warum nicht ~ so?** why didn't you say/do that in the first place?; **wann machst du das?** — **~!** when are you going to do it? — right away; **bis ~!** see

you later! **gleichaltrig** *adj* (of) the same age **gleichartig** 🅰 *adj* of the same kind (+*dat* as); (≈ *ähnlich*) similar (+*dat* to) 🅱 *adj* in the same way; similarly **gleichauf** ['glaɪç'auf] *adv esp* SPORTS equal **gleichbedeutend** *adj* synonymous (*mit* with); (≈ *so gut wie*) tantamount (*mit* to) **Gleichbehandlung** *f* equal treatment **gleichberechtigt** *adj* **~ sein** to have equal rights **Gleichberechtigung** *f* equal rights *sg or pl*, equality (+*gen* for) **gleich bleiben** *v/i irr aux sein* to stay the same; **das bleibt sich gleich** it doesn't matter **gleichbleibend** *adj* Kurs constant; Temperatur steady; **~ gute Qualität** consistent(ly) good quality **gleichen** ['glaɪçn] *pret* glich [glɪç], *past part* geglichen [gə'glɪçn] *v/i* **jdm/einer Sache ~** to be like sb/sth; **sich ~** to be alike; **jdm an Schönheit ~** to equal sb in beauty **gleichermaßen** ['glaɪçə'maːsn] *adv* equally **gleichfalls** *adv* (≈ *ebenfalls*) likewise; (≈ *auch*) also; **danke ~!** thank you, (and) the same to you **gleichfarbig** *adj* (of) the same colour (*Br*) *or* color (*US*) **gleichförmig** *adj* uniform **Gleichförmigkeit** ['glaɪçfœrmɪçkaɪt] *f* ⟨-, no pl⟩ uniformity **gleichgeschlechtlich** *adj* 🔟 (≈ *homosexuell*) homosexual 🔢 BIOL, ZOOL of the same sex, same-sex *attr*; BOT homogamous **Gleichgewicht** *nt, no pl* (*lit*) balance; (≈ *seelisches Gleichgewicht*) equilibrium; **das ~ verlieren, aus dem ~ kommen** to lose one's balance *or* equilibrium (*also fig*); **jdn aus dem ~ bringen** to throw sb off balance; **das ~ der Kräfte** the balance of power **Gleichgewichtsstörung** *f* impaired balance **gleichgültig** *adj* indifferent (*gegen* to, towards); (≈ *uninteressiert*) apathetic (*gegenüber, gegen* towards); (≈ *unwesentlich*) unimportant; **~, was er tut** no matter what he does; **es ist mir ~, was er tut** I don't care what he does **Gleichgültigkeit** *f* indifference (*gegen* to, towards) **Gleichheit** *f* ⟨-, -en, no pl⟩ (≈ *gleiche Stellung*) equality; (≈ *Übereinstimmung*) correspondence **Gleichheitszeichen** *nt* MAT equals sign **gleichkommen** *v/i* +*dat sep irr aux sein* 🔟 (≈ *die gleiche Leistung etc erreichen*) to equal (*an* +*dat* for), to match (*an* +*dat* for, in) 🔢 (≈ *gleichbedeutend sein mit*) to amount to **gleichlautend** *adj* identical **gleichmäßig** 🅰 *adj* regular; Proportionen symmetrical 🅱 *adv* 🔟 (≈

regelmäßig) regularly **2** (≈ *in gleicher Stärke*) evenly **Gleichmäßigkeit** *f* regularity; (*von Proportionen*) symmetry **Gleichmut** *m* equanimity, serenity, composure **gleichmütig** [-my:tɪç] *adj* serene, composed; *Stimme* calm **gleichnamig** [-na:-mɪç] *adj* of the same name **Gleichnis** ['glaiçnɪs] *nt* ⟨-ses, -se⟩ LIT simile; (≈ *Allegorie*) allegory; BIBLE parable **gleichrangig** [-raŋɪç] *adj Beamte etc* equal in rank (*mit* to); *Probleme etc* equally important **Gleichrichter** *m* ELEC rectifier **gleichsam** ['glaiçza:m] *adv* (*elev*) as it were **Gleichschritt** *m, no pl* MIL marching in step; **im ~, marsch!** forward march! **gleichseitig** [-zaitɪç] *adj Dreieck* equilateral **gleichsetzen** *v/t sep* (≈ *als dasselbe ansehen*) to equate (*mit* with); (≈ *als gleichwertig ansehen*) to treat as equivalent (*mit* to) **Gleichsetzung** *f* ⟨-, -en⟩ **die ~ der Arbeiter mit den Angestellten** treating workers as equivalent to office employees **Gleichstand** *m, no pl* SPORTS **den ~ erzielen** to draw level **gleichstellen** *v/t sep* **1** (*rechtlich etc*) to treat as equal **2** = gleichsetzen **Gleichstellung** *f* (*rechtlich etc*) equality (+*gen* of, for), equal status (+*gen* of, for) **Gleichstrom** *m* ELEC direct current, DC **gleichtun** *v/t +impers sep irr* **es jdm ~** to equal sb **Gleichung** ['glaiçʊŋ] *f* ⟨-, -en⟩ equation **gleichwertig** [-ve:ɐtɪç] *adj* of the same value; *Leistung, Qualität* equal (+*dat* to); *Gegner* evenly matched **gleichzeitig** **A** *adj* simultaneous **B** *adv* at the same time **gleichziehen** *v/i sep irr* (*infml*) to catch up (*mit* with) **Gleis** [glais] *nt* ⟨-es, -e [-zə]⟩ RAIL line, track, rails *pl*; (≈ *einzelne Schiene*) rail; (≈ *Bahnsteig*) platform; (*fig*) rut; **~ 6** platform or track (*US*) 6; **aus dem ~ kommen** (*fig*) to go off the rails (*Br infml*), to get off the track (*US infml*) **gleiten** ['glaitn] *pret* **glitt** [glɪt], *past part* **geglitten** [gə'glɪtn] *v/i aux sein* to glide; (*Hand*) to slide; **ein Lächeln glitt über ihr Gesicht** a smile flickered across her face; **sein Auge über etw** (*acc*) **~ lassen** to cast an eye over sth **gleitend** *adj* **~e Löhne** or **Lohnskala** sliding wage scale; **~e Arbeitszeit** flex(i)time; **~er Übergang** gradual transition **Gleitflug** *m* glide **Gleitflugzeug** *nt* glider **Gleitklausel** *f* COMM escalator clause **Gleitkomma** *nt* floating point **Gleitmittel**

nt MED lubricant **Gleitschirm** *m* paraglider **Gleitschirmfliegen** *nt* ⟨-s, *no pl*⟩ paragliding **Gleitschirmflieger(in)** *m/(f)* paraglider **Gleitsegeln** *nt, no pl* hang-gliding **Gleitsegler** *m* (*Fluggerät*) hang-glider **Gleitsegler(in)** *m/(f)* hang-glider **Gleitsichtbrille** *f* varifocals *pl* **Gleitsichtgläser** *pl* varifocals *pl*, multifocals *pl* **Gleittag** *m* flexiday **Gleitzeit** *f* flex(i)time

Gletscher ['glɛtʃɐ] *m* ⟨-s, -⟩ glacier **Gletscherspalte** *f* crevasse

Glied [gli:t] *nt* ⟨-(e)s, -er [-de]⟩ **1** (≈ *Körperteil*) limb; (≈ *Fingerglied, Zehenglied*) joint; **an allen ~ern zittern** to be shaking all over **2** (≈ *Penis*) penis, organ **3** (≈ *Kettenglied, fig*) link **gliedern** ['gli:dɐn] **A** *v/t* **1** (≈ *ordnen*) to structure **2** (≈ *unterteilen*) to (sub)divide (*in* +*acc* into); → **gegliedert** **B** *v/r* (≈ *zerfallen in*) **sich ~ in** (+*acc*) to (sub)divide into; (≈ *bestehen aus*) to consist of **Gliederreißen** *nt* ⟨-s, *no pl*⟩ rheumatic pains *pl* **Gliederung** ['gli:dərʊŋ] *f* ⟨-, -en⟩ (≈ *Aufbau*) structure; (≈ *Unterteilung, von Organisation*) subdivision **Gliedmaßen** *pl* limbs *pl* **Gliedstaat** *m* member or constituent state

glimmen ['glɪmən] *pret* **glomm** or (*rare*) **glimmte** [glɔm, 'glɪmtə], *past part* **geglommen** or (*rare*) **geglimmt** [gə'glɔmən, gə'glɪmt] *v/i* to glow **Glimmer** ['glɪmɐ] *m* ⟨-s, -⟩ MIN mica **Glimmstängel** *m* (*dated infml*) fag (*Br infml*), cigarette, butt (*US infml*)

glimpflich ['glɪmpflɪç] **A** *adj* (≈ *mild*) mild, light; *Folgen* negligible **B** *adv* bestrafen mildly; **~ davonkommen** to get off lightly; **mit jdm ~ umgehen** to treat sb leniently; **~ ablaufen** to pass (off) without serious consequences

glitschig ['glɪtʃɪç] *adj* (*infml*) slippy (*infml*) **glitzern** ['glɪtsɐn] *v/i* to glitter; (*Stern auch*) to twinkle

global [glo'ba:l] **A** *adj* **1** (≈ *weltweit*) global; **~e Erwärmung** global warming **2** (≈ *pauschal*) general **B** *adv* (≈ *weltweit*) world-wide **globalisieren** [globali'zi:rən] *past part* **globalisiert** *v/t* to globalize **Globalisierung** *f* ⟨-, *no pl*⟩ globalization **Globalisierungsgegner(in)** *m/(f)* anti-globalization protester, antiglobalist **Globetrotter** ['glo:bətrɔtɐ, 'glo:ptrɔtɐ] *m* ⟨-s, -⟩, **Globetrotterin** [-ərɪn] *f* ⟨-, -nen⟩ globetrotter

Globuli ['glo:buli] *pl* MED globuli *pl*
Globus ['glo:bus] *m* ‹- *or* -ses, **Glo**ben *or* -se› globe
Glöckchen ['glœkçən] *nt* ‹-s, -› (little) bell **Glocke** ['glɔkə] *f* ‹-, -n› bell; **etw an die große ~ hängen** (*infml*) to shout sth from the rooftops **Glockenblume** *f* bellflower, campanula **glockenförmig** *adj* bell-shaped **Glockengeläut** *nt* (peal of) bells *pl* **Glockenrock** *m* flared skirt **Glockenschlag** *m* stroke (of a/the bell); **es ist mit dem ~ 6 Uhr** on the stroke it will be 6 o'clock; **auf den ~** on the stroke of eight/nine *etc*; (≈ *genau pünktlich*) on the dot **Glockenspiel** *nt* (*in Turm*) chimes *pl*; (≈ *Instrument*) glockenspiel **Glockenturm** *m* belfry **Glöckner** ['glœknɐ] *m* ‹-s, -›, **Glöcknerin** [-ərɪn] *f* ‹-, -nen› bell-ringer
Gloria ['glo:ria] *nt* ‹-s, -s› ECCL gloria, Gloria **glorifizieren** [glorifi'tsi:rən] *past part* glorifiziert *v/t* to glorify **glorios** [glo-'rio:s] *adj* glorious **glorreich** ['glo:ɐ̯-] **A** *adj* glorious **B** *adv* ~ **siegen** to have a glorious victory
Glossar [glɔ'sa:ɐ̯] *nt* ‹-s, -e› glossary **Glosse** ['glɔsə] *f* ‹-, -n› PRESS *etc* commentary **Glossen** *pl* (*infml*) snide *or* sneering comments
Glotzauge *nt* (*usu pl*: *infml*) goggle eye (*infml*); **~n machen** to gawp **Glotze** ['glɔtsə] *f* ‹-, -n› (*infml* ≈ *Fernseher*) goggle-box (*Br infml*), boob tube (*US infml*) **glotzen** ['glɔtsn̩] *v/i* (*pej infml*) to gawp (*auf +acc* at)
Glück [glʏk] *nt* ‹-(e)s, (*rare*) -e› **1** luck; **~/kein ~ haben** to be lucky/unlucky; **auf gut ~** (≈ *aufs Geratewohl*) on the off chance; (≈ *unvorbereitet*) trusting to luck; (≈ *wahllos*) at random; **ein ~, dass ... it** is/was lucky that ...; **du hast ~ im Unglück gehabt** it could have been a great deal worse (for you); **viel ~ (bei ...)!** good luck (with ...)!; **~ bei Frauen haben** to be successful with women; **jdm zum Geburtstag ~ wünschen** to wish sb (a) happy birthday; **zum ~** luckily; **mehr ~ als Verstand haben** to have more luck than brains; **sein ~ machen** to make one's fortune; **sein ~ versuchen** to try one's luck; **er kann von ~ sagen, dass ...** he can count himself lucky that ... **2** (≈ *Freude*) happiness

Glucke ['glʊkə] *f* ‹-, -n› (≈ *Bruthenne*) broody hen; (*mit Jungen*) mother hen **glucken** ['glʊkn̩] *v/i* (≈ *brüten*) to brood; (≈ *brüten wollen*) to go broody; (*fig infml*) to sit around
glücken ['glʏkn̩] *v/i aux sein* to be a success; **ihm glückt alles/nichts** everything/nothing he does is a success; **geglückt** successful; *Überraschung* real; **es wollte nicht ~** it wouldn't go right
gluckern ['glʊkɐn] *v/i* to glug
glücklich ['glʏklɪç] **A** *adj* **1** (≈ *erfolgreich*) lucky; **er kann sich ~ schätzen(, dass ...)** he can count himself lucky (that ...) **2** (≈ *froh*) happy; **~ machen** to bring happiness; **jdn ~ machen** to make sb happy **B** *adv* **1** (≈ *mit Glück*) by *or* through luck **2** (≈ *froh*) happily **glücklicherweise** ['glʏklɪçɐ'vaizə] *adv* luckily **glücklos** *adj* hapless **Glücksbringer** [-brɪŋɐ] *m* ‹-s, -› lucky charm **glückselig** [glʏk'ze:lɪç] *adj* blissfully happy, blissful **Glückseligkeit** *f* bliss **Glücksfall** *m* stroke of luck **Glücksfee** *f* (*fig hum*) good fairy, fairy godmother **Glücksgefühl** *nt* feeling of happiness **Glücksgöttin** *f* goddess of luck **Glückspilz** *m* lucky devil (*infml*) **Glückssache** *f* **das ist ~** it's a matter of luck **Glücksspiel** *nt* game of chance **Glücksspieler(in)** *m/(f)* gambler **Glückssträhne** *f* lucky streak; **eine ~ haben** to be on a lucky streak **glückstrahlend** *adj* beaming with happiness **Glückstreffer** *m* stroke of luck; (*beim Schießen*, FTBL) fluke (*infml*) **Glückszahl** *f* lucky number **Glückwunsch** *m* congratulations *pl* (*zu* on); **herzlichen ~** congratulations; **herzlichen ~ zum Geburtstag!** happy birthday **Glückwunschkarte** *f* greetings card
Glühbirne *f* (electric) light bulb **glühen** ['gly:ən] *v/i* to glow **glühend** **A** *adj* glowing; (≈ *heiß glühend*) *Metall* red-hot; *Hitze* blazing; (*fig* ≈ *leidenschaftlich*) ardent; *Hass* burning **B** *adv* ~ **heiß** scorching; **jdn ~ verehren** to worship sb **Glühlampe** *f* (*form*) electric light bulb **Glühwein** *m* mulled wine, glogg (*US*) **Glühwürmchen** [-vʏrmçən] *nt* glow-worm; (*fliegend*) firefly
Glukose [glu'ko:zə] *f* ‹-, -n› glucose
Glut [glu:t] *f* ‹-, -en› (≈ *glühende Masse, Kohle*) embers *pl*; (≈ *Tabaksglut*) burning ash; (≈ *Hitze*) heat

Gluten [glu'te:n] *nt* ⟨-, *no pl*⟩ gluten **glutenfrei** *adj Lebensmittel* gluten-free **glutenhaltig** *adj Lebensmittel* gluten-containing, containing gluten *pred*
Gluthitze *f* sweltering heat
Glyzerin [glytse'ri:n] *nt* ⟨-s, *no pl*⟩ CHEM glycerin(e)
Gnade ['gna:də] *f* ⟨-, -n⟩ mercy; (≈ *Gunst*) favour (*Brit*), favor (*US*); (≈ *Verzeihung*) pardon; **um ~ bitten** to ask for mercy; **~ vor Recht ergehen lassen** to temper justice with mercy **Gnadenbrot** *nt, no pl* **jdm das ~ geben** to keep sb in his/her old age **Gnadenfrist** *f* (temporary) reprieve; **eine ~ von 24 Stunden** a 24 hour(s') reprieve, 24 hours' grace **Gnadengesuch** *nt* plea for clemency **gnadenlos** **A** *adj* merciless **B** *adv* mercilessly **Gnadenstoß** *m* coup de grâce **gnädig** ['gnɛ:dɪç] **A** *adj* (≈ *barmherzig*) merciful; (≈ *gunstvoll, herablassend*) gracious; *Strafe* lenient; **~e Frau** (*form*) madam, ma'am **B** *adv* (≈ *milde*) urteilen leniently; (≈ *herablassend*) lächeln graciously; **es ~ machen** to be lenient
Gnom [gno:m] *m* ⟨-en, -en⟩ gnome
Gnu [gnu:] *nt* ⟨-s, -s⟩ ZOOL gnu
Gobelin [gobə'lɛ̃:] *m* ⟨-s, -s⟩ tapestry, Gobelin
Gokart ['go:ka:ɐt] *m* ⟨-(s), -s⟩ go-cart
Gold [gɔlt] *nt* ⟨-(e)s [-dəs]⟩ *no pl* gold; **nicht mit ~ zu bezahlen sein** to be worth one's weight in gold; **es ist nicht alles ~, was glänzt** (*prov*) all that glitters is not gold (*prov*) **Goldader** *f* vein of gold **Goldbarren** *m* gold ingot **Goldbarsch** *m* (≈ *Rotbarsch*) redfish **golden** ['gɔldn] **A** *adj attr* golden; (≈ *aus Gold*) gold; **die ~e Mitte wählen** to strike a happy medium; **~e Hochzeit** golden wedding (anniversary) **B** *adv* like gold **Goldfisch** *m* goldfish **goldgelb** *adj* golden brown **Goldgräber** [-grɛ:bɐ] *m* ⟨-s, -⟩, **Goldgräberin** [-ərɪn] *f* ⟨-, -nen⟩ gold-digger **Goldgrube** *f* gold mine **Goldhamster** *m* (golden) hamster **goldig** ['gɔldɪç] *adj* (*fig infml*) sweet **Goldklumpen** *m* gold nugget **Goldküste** *f* GEOG Gold Coast **Goldmedaille** *f* gold medal **Goldmedaillengewinner(in)** *m/(f)* gold medallist (*Brit*) *or* medalist (*US*) **Goldmine** *f* gold mine **Goldmünze** *f* gold coin **Goldpreis** *m* gold price

Goldrand *m* gold edge **Goldrausch** *m* gold fever **Goldregen** *m* BOT laburnum **Goldreserve** *f* FIN gold reserves *pl* **goldrichtig** (*infml*) **A** *adj* absolutely right **B** *adv* exactly right; **sich verhalten** perfectly **Goldschmied(in)** *m/(f)* goldsmith **Goldschnitt** *m, no pl* gilt edging **Goldstück** *nt* piece of gold; (≈ *Münze*) gold coin; (*fig infml*) treasure **Goldsucher(in)** *m/(f)* gold-hunter **Goldwaage** *f* **jedes Wort auf die ~ legen** to weigh one's words **Goldwährung** *f* gold standard **Goldzahn** *m* gold tooth
Golf[1] [gɔlf] *m* ⟨-(e)s, -e⟩ (≈ *Meerbusen*) gulf; **der (Persische) ~** the (Persian) Gulf
Golf[2] *nt* ⟨-s, *no pl*⟩ SPORTS golf **Golfer** ['gɔlfɐ] *m* ⟨-s, -⟩, **Golferin** [-ərɪn] *f* ⟨-, -nen⟩ (*infml*) golfer **Golfklub** *m* golf club
Golfkrieg *m* Gulf War
Golfplatz *m* golf course **Golfschläger** *m* golf club **Golfspiel** *nt* **das ~** golf **Golfspieler(in)** *m/(f)* golfer **Golfstaaten** *pl* **die ~** the Gulf States *pl* **Golfstrom** *m, no pl* GEOG Gulf Stream
Gondel ['gɔndl] *f* ⟨-, -n⟩ gondola
Gong [gɔŋ] *m* ⟨-s, -s⟩ gong; (*bei Boxkampf etc*) bell **gongen** ['gɔŋən] **A** *v/i impers* **es hat gegongt** the gong has gone *or* sounded **B** *v/i* to ring *or* sound the gong **Gongschlag** *m* stroke of the gong
gönnen ['gœnən] *v/t* **jdm etw ~** not to (be)grudge sb sth; **jdm etw nicht ~** to (be)grudge sb sth; **sich** (*dat*) **etw ~** to allow oneself sth; **das sei ihm gegönnt** I don't (be)grudge him that **Gönner** ['gœnɐ] *m* ⟨-s, -⟩, **Gönnerin** [-ərɪn] *f* ⟨-, -nen⟩ patron **gönnerhaft** (*pej*) **A** *adj* patronizing **B** *adv* patronizingly **Gönnermiene** *f* (*pej*) patronizing air
Gonorrhö(e) [gonɔ'rø:(e)] *f* ⟨-, -en [-'rø:ən]⟩ MED gonorrhoea (*Brit*), gonorrhea (*US*)
googeln® ['gu:gəln] *v/t* to google
Göre ['gø:rə] *f* ⟨-, -n⟩ (≈ *kleines Mädchen*) little miss
Gorgonzola [gɔrgɔn'tso:la] *m* ⟨-s, -s⟩ gorgonzola (cheese)
Gorilla [go'rɪla] *m* ⟨-s, -s⟩ gorilla
Gosche ['gɔʃə] *f* ⟨-, -n⟩ (*pej*) gob (*sl*), mouth
Goschen ['gɔʃn] *f* ⟨-, -⟩ (*S Ger, Aus: pej*) ≈ Gosche
Gosse ['gɔsə] *f* ⟨-, -n⟩ gutter; **in der ~ lan-**

den to end up in the gutter

Gotik ['goːtɪk] f ‹-, no pl› ART Gothic (style); (≈ *Epoche*) Gothic period **gotisch** ['goːtɪʃ] adj Gothic

Gott [gɔt] m ‹-es, ⸚er ['gœtə]› **1** god; (als *Name*) God; **der liebe ~** the good Lord; **er ist ihr ~** she worships him like a god; **ein Anblick** or **Bild für die Götter** (hum infml) a sight for sore eyes; **das wissen die Götter** (infml) God (only) knows; **er hat ~ weiß was erzählt** (infml) he said God knows what (infml); **ich bin weiß ~ nicht prüde, aber ...** God knows I'm no prude but ...; **dann mach es eben in ~es Namen** just do it then; **leider ~es** unfortunately **2** (in *Ausrufen*) **grüß ~!** (esp S Ger, Aus) hello, good morning/afternoon/evening; **ach (du lieber) ~!** (infml) oh Lord! (infml); **mein ~!** (my) God!; **großer ~!** good Lord!; **um ~es willen!** for God's sake!; **~ sei Dank!** thank God! **Götterspeise** f COOK jelly (Brit), Jell-O® (US) **Gottesdienst** m ECCL service **Gotteshaus** nt place of worship **Gotteskrieger(in)** m/(f) religious terrorist **Gotteslästerer** [-lɛstərə] m ‹-s, -›, **Gotteslästerin** [-ərɪn] f ‹-, -nen› blasphemer **gotteslästerlich** **A** adj blasphemous **B** adv blasphemously **Gotteslästerung** f ‹-, -en› blasphemy **Gottesmutter** f, no pl REL Mother of God **Gottheit** ['gɔthait] f ‹-, -en› **1** no pl (≈ *Göttlichkeit*) divinity **2** (esp *heidnisch*) deity **Göttin** ['gœtɪn] f ‹-, -nen› goddess **göttlich** ['gœtlɪç] adj divine **gottlob** [gɔt'loːp] int thank God **gottlos** adj godless; (≈ *verwerflich*) ungodly **Gottvater** m, no pl God the Father **gottverdammt** adj attr (infml) goddamn(ed) (infml) **gottverlassen** adj godforsaken **Gottvertrauen** nt faith in God **Götze** ['gœtsə] m ‹-n, -n› idol **Götzenbild** nt idol, graven image (BIBLE)

Gouda ['gauda] m ‹-s, -s› (Käse) gouda

Gourmet [gʊr'mɛ, -'meː] m ‹-s, -s› gourmet

Gouverneur [guvɛr'nøːe] m ‹-s, -e›, **Gouverneurin** [-'nøːrɪn] f ‹-, -nen› governor

Grab [graːp] nt ‹-(e)s, ⸚er ['grɛːbə]› grave; (≈ *Gruft*) tomb; **er würde sich im ~e umdrehen, wenn ...** he would turn in his grave if ...; **du bringst mich noch ins ~!** you'll be the death of me yet (infml); **mit einem Bein im ~e stehen** (fig) to have

one foot in the grave; **sich** (dat) **selbst sein eigenes ~ graben** (fig) to dig one's own grave

graben ['graːbn] pret **grub** [gruːp], past part **gegraben** [gə'graːbn] **A** v/t to dig **B** v/i to dig; **nach Gold/Erz ~** to dig for gold/ore **C** v/r **sich in etw** (acc) **~** (Zähne, *Krallen*) to sink into sth; **sich durch etw ~** to dig one's way through sth **Graben** ['graːbn] m ‹-s, ⸚ ['grɛːbn]› ditch; MIL trench; (≈ *Burggraben*) moat **Grabenkrieg** m MIL trench warfare no pl, no indef art

Gräberfeld nt cemetery **Grabgewölbe** nt vault; (von *Kirche, Dom*) crypt **Grabinschrift** f epitaph **Grabkammer** f burial chamber **Grabmal** nt, pl -mäler or (geh) -male monument; (≈ *Grabstein*) gravestone **Grabrede** f funeral oration **Grabschändung** f defilement of graves **Grabstätte** f grave; (≈ *Gruft*) tomb **Grabstein** m gravestone

Grabung f ‹-, -en› ARCHEOL excavation

Gracht [graxt] f ‹-, -en› canal

Grad [graːt] m ‹-(e)s, -e [-də]› (SCI, UNIV, *fig*) degree; MIL rank; **4 ~ Kälte** 4 degrees below freezing; **20 ~ Celsius** 20 (degrees) centigrade; **ein Verwandter zweiten/dritten ~es** a relative once/twice removed; **Verbrennungen ersten/zweiten ~es** MED first-/second-degree burns; **bis zu einem gewissen ~** up to a certain point; **in hohem ~** to a great extent; **im höchsten ~** extremely **Gradeinteilung** f calibration **Gradmesser** m ‹-s, -› (fig) gauge (+gen, *für of*) **graduell** [gra'duɛl] **A** adj (≈ *allmählich*) gradual; (≈ *gering*) slight **B** adv (≈ *geringfügig*) slightly; (≈ *allmählich*) gradually **graduieren** [gradu'iːrən] past part **graduiert** **A** v/t **1** (≈ in *Grade einteilen*) to calibrate **2** UNIV **graduierter Ingenieur** engineering graduate **B** v/i UNIV to graduate **Graduierte(r)** [gradu'iːrtə] m/f(m) decl as adj graduate

Graf [graːf] m ‹-en, -en› count; (britischer *Graf*) earl

Graffiti [gra'fiːti] nt ‹-s, -s› graffiti

Grafik ['graːfɪk] f ‹-, -en› **1** no pl ART graphic arts pl; (≈ *Technik*) graphics sg **2** (ART ≈ *Darstellung*) graphic; (≈ *Druck*) print; (≈ *Schaubild*) illustration; (≈ technisches *Schaubild*) diagram **Grafiker** ['graːfike] m ‹-s, -›, **Grafikerin** [-ərɪn] f ‹-, -nen› graphic artist; (≈ *Illustrator*) illustrator; (≈

Gestalter) (graphic) designer **grafikfähig** *adj* IT ~ **sein** to be able to do graphics **Grafikkarte** *f* IT graphics card **Grafikmodus** *m* IT graphics mode
Gräfin ['grɛːfɪn] *f* ⟨-, -nen⟩ countess
grafisch ['graːfɪʃ] *adj* graphic
Grafit [graˈfiːt] *m* ⟨-s, -e⟩ graphite
Grafschaft ['graːfʃaft] *f* ⟨-, -en⟩ earldom; ADMIN county
Gram [graːm] *m* ⟨-(e)s, *no pl*⟩ (*elev*) grief, sorrow **grämen** ['grɛːmən] *v/r* **sich über jdn/etw** ~ to grieve over sb/sth
Gramm [gram] *nt* ⟨-s, -e *or* (*nach Zahlenangabe*) -⟩ gram(me); **100 ~ Mehl** 100 gram(me)s of flour
Grammatik [graˈmatɪk] *f* ⟨-, -en⟩ grammar **grammatikalisch** [gramatiˈkaːlɪʃ], **grammatisch** [graˈmatɪʃ] ◳ *adj* grammatical ◲ *adv* grammatically
Grammel ['graml] *f* ⟨-, -n⟩ (*S Ger, Aus*) = **Griebe**
Grammofon [gramoˈfoːn] *nt* ⟨-s, -e⟩ gramophone
Granatapfel *m* pomegranate
Granate [graˈnaːtə] *f* ⟨-, -n⟩ (MIL ≈ *Geschoss*) shell; (≈ *Handgranate*) grenade **Granatsplitter** *m* shell/grenade splinter **Granatwerfer** *m* mortar
grandios [granˈdiːos] *adj* magnificent; (*hum*) fantastic (*infml*)
Granit [graˈniːt] *m* ⟨-s, -e⟩ granite
Grant [grant] *m* ⟨-, *no pl*⟩ (*infml: S Ger, Aus*) **einen ~ haben** to be cross (*wegen* about, *auf jdn* at sb) **granteln** ['grantln] *v/i* (*infml: S Ger, Aus*) ◳ (≈ *schlechte Laune haben*) to be grumpy ◲ (≈ *meckern*) to grumble **grantig** ['grantɪç] (*infml*) *adj* grumpy **Grantler** ['grantlɐ] *m* ⟨-s, -⟩, **Grantlerin** [-ərɪn] *f* ⟨-, -nen⟩ (*S Ger, Aus infml, Aus*) (old) grouch
Granulat [granuˈlaːt] *nt* ⟨-(e)s, -e⟩ granules *pl*
Grapefruit ['greːpfruːt] *f* ⟨-, -s⟩ grapefruit **Grapefruitsaft** ['greːpfruːtzaft] *nt* grapefruit juice
Graphik *etc* = **Grafik**
Gras [graːs] *nt* ⟨-es, ⸚er ['grɛːzə]⟩ grass; **ins ~ beißen** (*infml*) to bite the dust (*infml*); **das ~ wachsen hören** to be highly perceptive; (≈ *zu viel hineindeuten*) to read too much into things; **über etw** (*acc*) ~ **wachsen lassen** (*fig*) to let the dust settle on sth **grasbedeckt** *adj* grassy **Grasbüschel** *nt* tuft of grass **grasen**

['graːzn] *v/i* to graze **Grasfläche** *f* grassland; (≈ *Rasen*) patch of grass **grasgrün** *adj* grass-green **Grashalm** *m* blade of grass **Grashüpfer** *m* (*infml*) grasshopper **grasig** ['graːzɪç] *adj* grassy **Grasnarbe** *f* turf **Grassamen** *m* grass seed
grassieren [graˈsiːrən] *past part* **grassiert** *v/i* to be rife
grässlich ['grɛslɪç] ◳ *adj* ◳ hideous ◲ (≈ *unangenehm*) dreadful; *Mensch* horrible ◲ *adv* ◳ (≈ *schrecklich*) horribly ◲ (*infml* ≈ *äußerst*) dreadfully
Grat [graːt] *m* ⟨-(e)s, -e⟩ (≈ *Berggrat*) ridge; TECH burr; ARCH hip (*of roof*)
Gräte ['grɛːtə] *f* ⟨-, -n⟩ (fish) bone
Gratifikation [gratifikaˈtsioːn] *f* ⟨-, -en⟩ bonus
gratinieren [gratiˈniːrən] *past part* **gratiniert** *v/t* COOK to brown (the top of)
gratis ['graːtɪs] *adv* free; COMM free (of charge) **Gratisprobe** *f* free sample
Grätsche ['grɛːtʃə] *f* ⟨-, -n⟩ SPORTS straddle **grätschen** ['grɛːtʃn] ◳ *v/i aux sein* to do a straddle (vault) ◲ *v/t Beine* to straddle
Gratulant [gratuˈlant] *m* ⟨-en, -en⟩, **Gratulantin** [-ˈlantɪn] *f* ⟨-, -nen⟩ well-wisher **Gratulation** [gratulaˈtsioːn] *f* ⟨-, -en⟩ congratulations *pl* **gratulieren** [gratuˈliːrən] *past part* **gratuliert** *v/i* **jdm (zu einer Sache)** ~ to congratulate sb (on sth); **jdm zum Geburtstag** ~ to wish sb many happy returns (of the day); **(ich) gratuliere!** congratulations!
Gratwanderung *f* (*lit*) ridge walk; (*fig*) tightrope walk
grau [grau] ◳ *adj* grey (*Br*), gray (*US*); (≈ *trostlos*) gloomy; **~ werden** (*infml*) to go grey (*Br*) *or* gray (*US*); **er malte die Lage ~ in ~** (*fig*) he painted a gloomy picture of the situation; **der ~e Alltag** the daily grind ◲ *adv anstreichen* grey (*Br*), gray (*US*); *sich kleiden* in grey (*Br*) *or* gray (*US*); **~ meliert** *Haar* greying (*Br*), graying (*US*) **Graubrot** *nt* bread made from more than one kind of flour
Graubünden [grauˈbʏndn] *nt* ⟨-s⟩ GEOG the Grisons
Gräuel ['grɔʏəl] *m* ⟨-s, -, *no pl*⟩ (≈ *Abscheu*) horror; (≈ *Gräueltat*) atrocity; **es ist mir ein ~** I loathe it; **es ist mir ein ~, das zu tun** I loathe doing that **Gräuelmärchen** *nt* horror story **Gräueltat** *f* atrocity
grauen *v/i impers* **es graut mir vor etw**

(dat) I dread sth; **mir graut vor ihm** I'm terrified of him **Grauen** ['grauən] nt ⟨-s, no pl⟩ horror (vor +dat of) **grauenerregend** adj atrocious **grauenhaft**, **grauenvoll** adj atrocious; Schmerz terrible

grauhaarig adj grey-haired (Br), gray--haired (US)

gräulich[1] ['grɔylɪç] adj = grässlich

gräulich[2] adj (≈ Farbe) greyish (Br), grayish (US)

Graupel ['graupl] f ⟨-, -n⟩ (small) hailstone **graupelig** ['graupəlɪç] adj Schauer of soft hail

Graupen ['graupən] pl pearl barley sg

Graus [graus] m ⟨-es, [-zəs]⟩ no pl horror **grausam** ['grauza:m] **A** adj **1** (≈ gefühllos) cruel (gegen, zu to) **2** (infml) terrible **B** adv **1** (≈ auf schreckliche Weise) cruelly; **sich ~ für etw rächen** to take (a) cruel revenge for sth **2** (infml ≈ furchtbar) terribly **Grausamkeit** f ⟨-, -en⟩ **1** no pl cruelty **2** (≈ grausame Tat) (act of) cruelty; (stärker) atrocity

Grauschleier m (von Wäsche) grey(ness) (Br), gray(ness) (US); (fig) veil

grausen ['grauzn] v/i impers **mir graust vor der Prüfung** I am dreading the exam **grausig** ['grauzɪç] adj, adv = grauenhaft **Grauton** m, pl -**töne** grey colour (Br), gray color (US) **Grauwal** m grey (Br) or gray (US) whale **Grauzone** f (fig) grey (Br) or gray (US) area

Graveur [gra'vøːɐ] m ⟨-s, -e⟩, **Graveurin** [-'vøːrɪn] f ⟨-, -nen⟩ engraver **gravieren** [gra'viːrən] past part **graviert** v/t to engrave **gravierend** adj serious **Gravierung** [gra'viːrʊŋ] f ⟨-, -en⟩ engraving **Gravitation** [gravita'tsioːn] f ⟨-, no pl⟩ gravitational pull **Gravur** [gra'vuːɐ] f ⟨-, -en⟩ engraving

graziös [gra'tsiøːs] **A** adj graceful; (≈ lieblich) charming **B** adv gracefully

Greencard ['griːnkaːɛd] f ⟨-, -s⟩, **Green Card** f ⟨- -, - -s⟩ green card

greifbar adj (≈ konkret) tangible; (≈ erhältlich) available; **~ nahe** within reach **greifen** ['graifn] pret **griff** [grɪf], past part **gegriffen** [gə'grɪfn] **A** v/t (≈ packen) to take hold of; (≈ grapschen) to seize, to grab; **diese Zahl ist zu hoch/zu niedrig gegriffen** (fig) this figure is too high/low; **zum Greifen nahe sein** (Sieg) to be within reach; **aus dem Leben gegriffen** taken from life **B** v/i **1** (≈ fassen) **hinter sich**

(acc) **~** to reach behind one; **um sich ~** (fig) to spread; **in etw** (acc) **~** to put one's hand into sth; **zu etw ~** zu Pistole to reach for sth; zu Methoden to turn to sth **2** (≈ einrasten) to grip; (fig) (≈ wirksam werden) to take effect; (≈ zum Ziel/Erfolg führen) to achieve its ends; (≈ zutreffen) (Gesetz) to apply **Greifer** ['graifɐ] m ⟨-s, -⟩ TECH grab **Greifvogel** m bird of prey **Greifzange** f (pair of) tongs pl

Greis [grais] m ⟨-es, -e [-zə]⟩ old man **Greisenalter** nt extreme old age **greisenhaft** adj aged attr **Greisin** ['graizɪn] f ⟨-, -nen⟩ old lady

grell [grɛl] **A** adj Schrei, Ton shrill; Licht, Sonne dazzling; Farbe garish **B** adv (≈ sehr hell) scheinen brightly; (≈ schrill) shrilly; **~ erleuchtet** dazzlingly bright

Gremium ['greːmiʊm] nt ⟨-s, Gremien ['greːmiən]⟩ body; (≈ Ausschuss) committee

Grenzbereich m border zone; (fig) limits pl; **im ~ liegen** (fig) to be at the limits **Grenzbewohner(in)** m/(f) inhabitant of the/a border zone **Grenze** ['grɛntsə] f ⟨-, -n⟩ border; (zwischen Grundstücken) boundary; (fig: zwischen Begriffen) dividing line; (fig ≈ Schranke) limits pl; **die ~ zu Österreich** the Austrian border; **über die ~ gehen** to cross the border; **(bis) zur äußersten ~ gehen** (fig) to go as far as one can; **einer Sache** (dat) **~n setzen** to set a limit or limits to sth; **seine ~n kennen** to know one's limitations; **sich in ~n halten** (fig) to be limited; **die oberste/unterste ~** (fig) the upper/lower limit **grenzen** ['grɛntsn] v/i **an etw** (acc) **~** to border on sth **grenzenlos** adj boundless **Grenzfall** m borderline case **Grenzfluss** m river forming a/the border or frontier **Grenzgänger** [-gɛŋɐ] m ⟨-s, -⟩, **Grenzgängerin** [-ərɪn] f ⟨-, -nen⟩ (≈ Arbeiter) international commuter (across a local border); (≈ heimlicher Grenzgänger) illegal border crosser **Grenzgebiet** nt border zone; (fig) border(ing) area **Grenzkonflikt** m border dispute **Grenzkontrolle** f border control **Grenzlinie** f border; SPORTS line **Grenzposten** m border guard **Grenzschutz** m **1** no pl protection of the border(s) **2** (≈ Truppen) border guard(s) **Grenzstadt** f border town **Grenzstein** m boundary stone **Grenzübergang** m (≈ Stelle) border crossing(-point)

grenzüberschreitend *adj attr* COMM, JUR cross-border **Grenzübertritt** *m* crossing of the border **Grenzverkehr** *m* border traffic **Grenzverlauf** *m* boundary line *(between countries)* **Grenzwert** *m* limit **Grenzzaun** *m* border fence **Grenzzwischenfall** *m* border incident

Greuel ['grɔyəl] *m* ⟨-s, -⟩; → **Gräuel**
greulich ['grɔylıç] *adj, adv* → **gräulich**[1]

Griebe ['griːbə] *f* ⟨-, -n⟩ ≈ crackling *no indef art, no pl* (*Brit*), ≈ cracklings *pl* (*US*)

Grieche ['griːçə] *m* ⟨-n, -n⟩, **Griechin** ['griːçın] *f* ⟨-, -nen⟩ Greek; **zum ~n gehen** to go to a/the Greek restaurant **Griechenland** ['griːçnlant] *nt* ⟨-s⟩ Greece **griechisch** ['griːçıʃ] *adj* Greek; **~-römisch** Graeco-Roman, Greco-Roman (*esp US*); → **deutsch**

Griesgram ['griːsgraːm] *m* ⟨-(e)s, -e⟩ grouch (*infml*) **griesgrämig** ['griːsgrɛːmıç] *adj* grumpy

Grieß [griːs] *m* ⟨-es, -e⟩ semolina **Grießbrei** *m* semolina **Grießklößchen** [-kløːsçən] *nt* ⟨-s, -⟩ semolina dumpling **Grießnockerl** *nt* ⟨-s, -(n)⟩ (*S Ger, Aus* COOK) semolina dumpling

Griff [grıf] *m* ⟨-(e)s, -e⟩ **1** **der ~ nach etw** reaching for sth; **der ~ nach der Macht** the bid for power **2** (≈ *Handgriff*) grip, grasp; (*beim Ringen*) hold; (*beim Turnen*) grip; **mit festem ~** firmly; **jdn/etw im ~ haben** (*fig*) to have sb/sth under control; **jdn/etw in den ~ bekommen** (*fig*) to gain control of sb/sth; (*geistig*) to get a grasp of sth; **einen guten ~ tun** to make a wise choice **3** (≈ *Stiel, Knauf*) handle; (≈ *Pistolengriff*) butt **griffbereit** *adj* handy; **etw ~ halten** to keep sth handy

Griffel ['grıfl] *m* ⟨-s, -⟩ slate pencil; BOT style

griffig ['grıfıç] *adj* Boden, Fahrbahn etc that has a good grip; Rad, Sohle, Profil that grips well; (*fig*) Slogan pithy

Grill [grıl] *m* ⟨-s, -s⟩ grill **Grillabend** *m* barbecue or BBQ night

Grille ['grılə] *f* ⟨-, -n⟩ ZOOL cricket

grillen ['grılən] *v/t* to grill **Grillfest** *nt* barbecue party **Grillkohle** *f* charcoal **Grillparty** *f* barbecue **Grillstube** *f* grillroom

Grimasse [grı'masə] *f* ⟨-, -n⟩ grimace; **~n schneiden** to grimace

grimmig ['grımıç] **A** *adj* **1** (≈ *zornig*) furious; *Gegner* fierce; *Miene, Humor* grim **2** (≈ *heftig*) *Kälte, Spott etc* severe **B** *adv* furiously, grimly; **~ lächeln** to smile grimly

grinsen ['grınzn] *v/i* to grin **Grinsen** *nt* ⟨-s, *no pl*⟩ grin

grippal [grı'paːl] *adj* MED **~er Infekt** influenza infection **Grippe** ['grıpə] *f* ⟨-, -n⟩ flu **grippekrank** *adj* down with or having the flu **Grippekranke(r)** *m/f(m)* decl as *adj* flu sufferer **Grippe(schutz)impfung** *f* influenza vaccination **Grippevirus** *nt* or *m* flu virus **Grippewelle** *f* wave of flu

Grips [grıps] *m* ⟨-es, -e⟩ (*infml*) brains *pl* (*infml*)

grob [groːp] **A** *adj, comp* **~er** ['grøːbe], *sup* **~ste(r, s)** ['grøːpstə] **1** (≈ *nicht fein*) coarse; *Arbeit* dirty *attr* **2** (≈ *ungefähr*) rough; **in ~en Umrissen** roughly **3** (≈ *schlimm, groß*) gross (*auch* JUR); **ein ~er Fehler** a bad mistake; **wir sind aus dem Gröbsten heraus** we're out of the woods (now); **~e Fahrlässigkeit** gross negligence **4** (≈ *brutal, derb*) rough; (*fig* ≈ *derb*) coarse; *Antwort* rude; (≈ *unhöflich*) ill-mannered; **~ gegen jdn werden** to become offensive (towards sb) **B** *adv, comp* **~er**, *sup* **am ~sten** **1** (≈ *nicht fein*) coarsely **2** (≈ *ungefähr*) **~ geschätzt** approximately, roughly; **etw ~ umreißen** to give a rough idea of sth **3** (≈ *schlimm*) **~ fahrlässig handeln** to commit an act of gross negligence **4** (≈ *brutal*) roughly; (≈ *unhöflich*) rudely **Grobheit** *f* ⟨-, -en⟩ **1** (≈ *Beschimpfung*) foul language *no pl* **2** (*von Material*) coarseness **Grobian** ['groːbiaːn] *m* ⟨-(e)s, -e⟩ brute **grobkörnig** *adj* coarse-grained **grobmaschig** [-maʃıç] *adj* large-meshed; (≈ *grob gestrickt*) loose-knit *attr* **grobschlächtig** [-ʃlɛçtıç] *adj* coarse; *Mensch* heavily built; (*fig*) unrefined

Grog [grɔk] *m* ⟨-s, -s⟩ grog

groggy ['grɔgi] *adj pred* (*infml* ≈ *erschöpft*) all-in (*infml*)

grölen ['grøːlən] *v/t & v/i* (*pej*) to bawl; **~de Menge** raucous crowd

Groll [grɔl] *m* ⟨-(e)s, *no pl*⟩ (≈ *Zorn*) anger; (≈ *Erbitterung*) resentment **grollen** ['grɔlən] *v/i* (*elev*) **1** (≈ *dröhnen*) to rumble **2** (≈ *böse sein*) (jdm) **~** to be annoyed (with sb)

Grönland ['grøːnlant] *nt* ⟨-s⟩ Greenland **grooven** ['gruːvn] *v/i* (MUS *sl*) **das groovt** it's grooving

Gros [groː] *nt* ⟨-, - [groːs]⟩ (≈ *Mehrzahl*) major part

Groschen ['grɔʃn] *m* ⟨-s, -⟩ **1** (HIST, *Aus*) groschen **2** (*fig*) penny, cent (*US*); **der ~ ist gefallen** (*hum infml*) the penny has dropped (*infml*) **Groschenroman** *m* (*pej*) cheap *or* dime-store (*US*) novel

groß [groːs] **A** *adj, comp* ⁼er ['grøːsə], *sup* ⁼te(r, s) ['grøːstə] **1** big; *Fläche, Raum auch Packung etc* large; TYPO *Buchstabe* capital; **die Wiese ist 10 Hektar ~** the field measures 10 hectares; **~es Geld** notes *pl* (*Br*), bills *pl* (*US*); **im Großen und Ganzen** by and large **2** (≈ *hochgewachsen*) tall; **wie ~ bist du?** how tall are you?; **du bist ~ geworden** you've grown **3** (≈ *älter*) *Bruder, Schwester* big; **mit etw ~ geworden sein** to have grown up with sth **4** (≈ *wichtig, bedeutend*) great; *Katastrophe* terrible; *Summe* large; *Geschwindigkeit* high; **er hat Großes geleistet** he has achieved great things; **~en Durst haben** to be very thirsty; **ich bin kein ~er Redner** (*infml*) I'm no great speaker; **jds ~e Stunde** sb's big moment; **eine größere Summe** a biggish sum; **~e Worte** big words **5** (*in Eigennamen*) Great; **Friedrich der Große** Frederick the Great **B** *adv, comp* ⁼er, *sup* am ⁼ten **~ gewachsen** tall; **~ gemustert** with a large print; **~ daherreden** (*infml*) to talk big (*infml*); **~ einkaufen gehen** to go on a spending spree; **~ feiern** to have a big celebration; **~ aufgemacht** elaborately dressed; **~ angelegt** large-scale; **~ und breit** (*fig infml*) at great length; **jdn ~ anblicken** to give sb a hard stare; **~ in Mode sein** to be all the rage (*infml*); **ganz ~ rauskommen** (*infml*) to make the big time (*infml*) **Großabnehmer(in)** *m/(f)* COMM bulk purchaser **Großaktionär(in)** *m/(f)* major shareholder **großartig A** *adj* wonderful; *Erfolg* tremendous **B** *adv* wonderfully **Großaufnahme** *f* PHOT, FILM close-up **Großbaustelle** *f* construction site **Großbetrieb** *m* large concern **Großbildschirm** *m* large screen **Großbrand** *m* major *or* big fire **Großbritannien** [groːsbriˈtaniən] *nt* (Great) Britain **Großbuchstabe** *m* capital (letter), upper case letter (TYPO) **Größe** ['grøːsə] *f* ⟨-, -n⟩ **1** **er hat ~ 48** he takes *or* is size 48 **2** *no pl* (≈ *Körpergröße*) height; MAT, PHYS quantity; **eine unbekannte ~** an unknown quantity **3** *no pl* (≈ *Ausmaß*)

extent; (≈ *Bedeutsamkeit*) significance **4** (≈ *bedeutender Mensch*) important figure **Großeinkauf** *m* bulk purchase **Großeinsatz** *m* **~ der Feuerwehr/Polizei** *etc* large-scale operation by the fire brigade/police *etc* **Großeltern** *pl* grandparents *pl* **Großenkel** *m* great-grandchild; (≈ *Junge*) great-grandson **Großenkelin** *f* great-granddaughter **Größenordnung** *f* scale; (≈ *Größe*) magnitude; MAT order (of magnitude) **großenteils** ['groːsn-ˈtaɪls] *adv* mostly **Größenunterschied** *m* difference in size; (*im Wuchs*) difference in height **Größenverhältnis** *nt* proportions *pl* (+*gen* between); (≈ *Maßstab*) scale; **im ~ 1:100** on the scale 1:100 **Größenwahn(sinn)** *m* megalomania **größenwahnsinnig** *adj* megalomaniac(al) **Großfahndung** *f* large-scale manhunt **Großfamilie** *f* extended family **großflächig** *adj* extensive; *Gemälde, Muster etc* covering a large area **Großformat** *nt* large size **großformatig** [-fɔrmaːtɪç] *adj* large-size **großgewachsen** *adj* tall **Großgrundbesitzer(in)** *m/(f)* big landowner **Großhandel** *m* wholesale trade; **etw im ~ kaufen** to buy sth wholesale **Großhandelskaufmann** *m* wholesaler **Großhandelspreis** *m* wholesale price **Großhändler(in)** *m/(f)* wholesaler **Großhandlung** *f* wholesale business **großherzig** *adj* generous, magnanimous **Großherzog** *m* grand duke **Großhirn** *nt* cerebrum **Grossist** [grɔˈsɪst] *m* ⟨-en, -en⟩, **Grossistin** [-ˈsɪstɪn] *f* ⟨-, -nen⟩ wholesaler **Großkapitalist(in)** *m/(f)* big capitalist **Großkaufmann** *m* wholesale merchant **großkotzig** ['groːskɔtsɪç] (*pej infml*) *adj* swanky (*infml*) **Großküche** *f* canteen kitchen **Großkunde** *m*, **Großkundin** *f* COMM major client **Großkundgebung** *f* mass rally **Großmacht** *f* POL great power **Großmarkt** *m* hypermarket (*Br*), large supermarket **Großmaul** *nt* (*pej infml*) bigmouth (*infml*) **Großmut** *f* ⟨-, *no pl*⟩ magnanimity **großmütig** [-myːtɪç] **A** *adj* magnanimous **B** *adv* magnanimously **Großmutter** *f* grandmother **Großonkel** *m* great-uncle **Großraum** *m* (*einer Stadt*) **der ~ München** the Munich area **Großraumbüro** *nt* open-plan office **großräumig** [-rɔymɪç] **A** *adj* **1** (≈ *mit großen Räumen*) with large rooms; **~ sein** to have large rooms **2** (≈ *mit viel Platz, geräumig*) roomy **3** (≈ *über große Flächen*) extensive **B** *adv* **Ortskundige sollten den Bereich ~ umfahren** local drivers should find an alternative route well away from the area **Großrechner** *m* mainframe (computer) **Großreinemachen** [-rainəmaxn] *nt* ⟨-s, *no pl*⟩ ≈ spring-cleaning **groß schreiben** *v/t irr* **groß geschrieben werden** (*fig infml*) to be stressed **großschreiben** *v/t sep irr* **ein Wort ~** to write a word with a capital/in capitals **Großschreibung** *f* capitalization **großsprecherisch** [-ʃpreçərɪʃ] *adj* (*pej*) boastful **großspurig** [-ʃpuːrɪç] (*pej*) **A** *adj* flashy (*infml*) **B** *adv* **~ reden** to speak flamboyantly; **sich ~ benehmen** to be flashy **Großstadt** *f* city **Großstädter(in)** *m/(f)* city dweller **großstädtisch** *adj* big-city *attr* **Großstadtmensch** *m* city dweller **Großtante** *f* great-aunt **Großtat** *f* great feat; **eine medizinische ~** a great medical feat **Großteil** *m* large part; **zum ~** in the main **größtenteils** [ˈgrøːstn̩ˈtails] *adv* in the main **größte(r, s)** *sup*; → **groß größtmöglich** *adj attr* greatest possible **großtun** *sep irr* (*pej*) **A** *v/i* to show off **B** *v/r* **sich mit etw ~** to boast about sth **Großvater** *m* grandfather **Großveranstaltung** *f* big event; (≈ *Großkundgebung*) mass rally **Großverdiener(in)** *m/(f)* big earner **Großwetterlage** *f* general weather situation; **die politische ~** the general political climate **Großwild** *nt* big game **großziehen** *v/t sep irr* to raise; *Tier* to rear **großzügig A** *adj* generous; (≈ *weiträumig*) spacious **B** *adv* generously; (≈ *spendabel*) magnanimously; **~ gerechnet** at a generous estimate **Großzügigkeit** [-tsy:gɪçkait] *f* ⟨-, *no pl*⟩ generosity; (≈ *Weiträumigkeit*) spaciousness

grotesk [groˈtɛsk] *adj* grotesque **Grotte** [ˈgrɔtə] *f* ⟨-, -n⟩ (≈ *Höhle*) grotto **grottig** [ˈgrɔtɪç] *adj* (*infml*) lousy (*infml*) **Grübchen** [ˈgryːpçən] *nt* ⟨-s, -⟩ dimple **Grube** [ˈgruːbə] *f* ⟨-, -n⟩ pit; (*klein*) hole; MIN mine **Grübelei** [gryːbəˈlai] *f* ⟨-, -en⟩ brooding *no pl* **grübeln** [ˈgryːbl̩n] *v/i* to brood (*über +acc* about, over) **Grubenunglück** *nt* mining accident *or* disaster

Grübler [ˈgryːblɐ] *m* ⟨-s, -⟩, **Grüblerin** [-ərɪn] *f* ⟨-, -nen⟩ brooder **grüblerisch** [ˈgryːblərɪʃ] *adj* pensive **grüezi** [ˈgryːɛtsi] *int* (*Swiss*) hello, hi (*infml*) **Gruft** [grʊft] *f* ⟨-, ⸚e [ˈgrʏftə]⟩ tomb, vault; (*in Kirchen*) crypt **Grufti** [ˈgrʊfti] *m* ⟨-s, -s⟩ **1** (*infml* ≈ *älterer Mensch*) old fogey (*infml*) **2** (*sl* ≈ *Okkultist*) ≈ goth **grün** [gryːn] **A** *adj* green; **~er Salat** lettuce; **ein ~er Junge** (*infml*) a greenhorn (*infml*); **~es Licht (für etw) geben/haben** (*fig*) to give/have got the green light (for sth); **im ~en Bereich** (*fig*) all clear; **vom ~en Tisch aus** from a bureaucratic ivory tower; **~e Minna** (*infml*) Black Maria (*Br infml*), paddy wagon (*US infml*); **Grüner Punkt** symbol for recyclable packaging; **die ~e Tonne** container for recyclable waste; **~e Welle** phased traffic lights; **auf keinen ~en Zweig kommen** (*fig infml*) to get nowhere; **die beiden sind sich gar nicht ~** (*infml*) there's no love lost between them **B** *adv* **gekleidet** (in) green; *streichen* green; **sich ~ und gelb ärgern** (*infml*) to be furious; **jdn ~ und blau schlagen** (*infml*) to beat sb black and blue **Grün** [gryːn] *nt* ⟨-s, - *or* (*infml* -s)⟩ green; (≈ *Grünflächen*) green spaces *pl*; **die Ampel steht auf ~** the light is (at (*Brit*)) green; **das ist dasselbe in ~** (*infml*) it's (one and) the same (thing) **Grünanlage** *f* green space

Grund [grʊnt] *m* ⟨-(e)s, ⸚e [ˈgrʏndə]⟩ **1** *no pl* (≈ *Erdboden*) ground; **~ und Boden** land; **in ~ und Boden** (*fig*) *sich blamieren, schämen* utterly; *verdammen* outright **2** *no pl* (*von Gefäßen*) bottom; (≈ *Meeresgrund*) (sea)bed **3** *no pl* (≈ *Fundament*) foundation(s *pl*); **von ~ auf** completely; *ändern* fundamentally; *neu gebaut* from scratch; **den ~ zu etw legen** to lay the foundations of *or* for sth; **einer Sache** (*dat*) **auf den ~ gehen** (*fig*) to get to the bottom of sth; **im ~e seines Herzens** in one's heart of hearts; **im ~e (genommen)** basically **4** (≈ *Ursache*) reason; **aus gesundheitlichen** *etc* **Gründen** for health *etc* reasons; **einen ~ zum Feiern haben** to have good cause for (a) celebration; **jdm ~ (zu etw) geben** to give sb good reason (for sth); **aus diesem ~** for this reason; **mit gutem ~** with good reason; **aus Gründen** *+gen* for reasons of; **auf ~ = aufgrund;** **zu ~e = zugrunde grundanständig**

adj thoroughly decent **Grundanstrich** *m* first coat **Grundausbildung** *f* MIL basic training **Grundausstattung** *f* basic equipment **Grundbedeutung** *f* LING primary *or* basic meaning **Grundbegriff** *m* basic concept **Grundbesitz** *m* land **Grundbesitzer(in)** *m/(f)* landowner **Grundbuch** *nt* land register **grundehrlich** *adj* thoroughly honest **gründen** ['grʏndn] **A** *v/t* to found; *Argument etc* to base (*auf +acc* on); *Geschäft* to set up; **gegründet 1857** founded in 1857; **eine Familie ~** to get married (and have a family) **B** *v/r* **sich auf etw** (*acc*) **~** to be based on sth **Gründer** ['grʏndɐ] *m* ⟨-s, -⟩, **Gründerin** [-ərɪn] *f* ⟨-, -nen⟩ founder **grundfalsch** *adj* utterly wrong **Grundfarbe** *f* primary colour (*Br*) *or* color (*US*) **Grundform** *f* basic form **Grundgebühr** *f* basic charge **Grundgedanke** *m* basic idea **Grundgesetz** *nt* **das ~** the (German) Constitution **grundieren** [grʊn'diːrən] *past part* **grundiert** *v/t* to undercoat **Grundierfarbe** *f* undercoat **Grundierung** *f* ⟨-, -en⟩ (≈ *Farbe*) undercoat **Grundkapital** *nt* share capital; (≈ *Anfangskapital*) initial capital **Grundkenntnisse** *pl* basic knowledge (*in +dat* of), basics *pl* **Grundkurs** *m* SCHOOL, UNIV basic course **Grundlage** *f* basis; **auf der ~ von** *or +gen* on the basis of; **jeder ~ entbehren** to be completely unfounded **grundlegend** **A** *adj* fundamental (*für* to); *Textbuch* standard **B** *adv* fundamentally **gründlich** ['grʏntlɪç] **A** *adj* thorough; *Arbeit* painstaking **B** *adv* thoroughly; **jdm ~ die Meinung sagen** to give sb a real piece of one's mind; **da haben Sie sich ~ getäuscht** you're completely mistaken there **Gründlichkeit** *f* ⟨-, *no pl*⟩ thoroughness **Grundlinie** *f* MAT, SPORTS baseline **Grundlohn** *m* basic pay **grundlos** **A** *adj* (*fig* ≈ *unbegründet*) unfounded **B** *adv* (*fig*) without reason **Grundmauer** *f* foundation wall **Grundnahrungsmittel** *nt* basic food (-stuff) **Gründonnerstag** [gryːn'dɔnɛstaːk] *m* Maundy Thursday **Grundprinzip** *nt* basic principle **Grundrechenart** *f* basic arithmetical

operation **Grundrecht** *nt* basic *or* fundamental right **Grundregel** *f* basic rule; (*fürs Leben etc*) maxim **Grundriss** *m* (*von Gebäude*) ground *or* floor plan; (≈ *Abriss*) outline, sketch **Grundsatz** *m* principle **Grundsatzentscheidung** *f* decision of general principle **grundsätzlich** ['grʊntzɛtslɪç] **A** *adj* fundamental; *Verbot* absolute; *Frage* of principle **B** *adv* (≈ *im Prinzip*) in principle; (≈ *aus Prinzip*) on principle; **das ist ~ verboten** it is absolutely forbidden **Grundschule** *f* primary (*Br*) *or* elementary school **Grundschüler(in)** *m/(f)* primary (*Br*) *or* elementary(-school) pupil **Grundstein** *m* foundation stone; **den ~ zu etw legen** (*fig*) to lay the foundations of *or* for sth **Grundsteuer** *f* (local) property tax **Grundstock** *m* basis, foundation **Grundstoff** *m* basic material; (≈ *Rohstoff*) raw material; CHEM element **Grundstück** *nt* plot (of land); (*bebaut*) property; (≈ *Anwesen*) estate **Grundstückspreis** *m* land price **Grundstudium** *nt* UNIV basic course **Grundstufe** *f* first stage; SCHOOL ≈ junior (*Br*) *or* grade (*US*) school **Grundton** *m*, *pl* **-töne** (MUS, *eines Akkords*) root; (*einer Tonleiter*) tonic keynote **Grundübel** *nt* basic *or* fundamental evil; (≈ *Nachteil*) basic problem **Gründung** *f* ⟨-, -en⟩ founding; (*von Geschäft*) setting up; **die ~ einer Familie** getting married (and having a family) **grundverkehrt** *adj* completely wrong **grundverschieden** *adj* totally different **Grundwasser** *nt*, *no pl* ground water **Grundwasserspiegel** *m* water table **Grundwehrdienst** *m* national (*Br*) *or* selective (*US*) service **Grundwissen** *nt* basic knowledge (*in +dat* of) **Grundwortschatz** *m* basic vocabulary **Grundzug** *m* essential feature **Grüne(r)** ['gryːnə] *m/f(m) decl as adj* POL Green; **die ~n** the Greens **Grüne(s)** ['gryːnə] *nt decl as adj* (≈ *Farbe*) green; (≈ *Gemüse*) greens *pl*; **ins ~ fahren** to go to the country **Grünfläche** *f* green space **Grünfutter** *nt* green fodder **Grüngürtel** *m* green belt **Grünkohl** *m* (curly) kale **grünlich** ['gryːnlɪç] *adj* greenish **Grünschnabel** *m* (*infml*) (little) whippersnapper (*infml*); (≈ *Neuling*) greenhorn (*infml*) **Grünspan** *m*, *no pl* verdigris **Grünspecht** *m* green woodpecker **Grünstreifen** *m* central reservation

(*Br*), median (strip) (*US, Austral*); (*am Straßenrand*) grass verge

grunzen ['grʊntsn] *v/t & v/i* to grunt

Grünzeug *nt, no pl* greens *pl*

Gruppe ['grʊpə] *f* ⟨-, -n⟩ group **Gruppenarbeit** *f* teamwork **Gruppenbild** *nt* group portrait **Gruppenführer(in)** *m/(f)* group leader; MIL squad leader **Gruppenreise** *f* group travel *no pl* **Gruppensex** *m* group sex **Gruppentherapie** *f* group therapy **Gruppenunterricht** *m* group learning **gruppenweise** *adv* in groups **gruppieren** [grʊ'piːrən] *past part* **gruppiert** **A** *v/t* to group **B** *v/r* to form a group/groups **Gruppierung** *f* ⟨-, -en⟩ grouping; (≈ *Gruppe*) group; POL faction

Gruselfilm *m* horror film **gruselig** ['gruːzəlɪç] *adj* horrifying; *Geschichte, Film* spine-chilling **gruseln** ['gruːzln] **A** *v/t & v/i impers* **mich** *or* **mir gruselt auf Friedhöfen** cemeteries give me the creeps **B** *v/r* **sie gruselt sich vor Schlangen** snakes give her the creeps

Gruß [gruːs] *m* ⟨-es, ⸚e ['gryːsə]⟩ **1** greeting; (≈ *Grußgeste*, MIL) salute; **viele Grüße** best wishes (*an* +*acc* to); **sag ihm einen schönen ~** say hello to him (from me) **2** (*als Briefformel*) **mit besten Grüßen** yours; **mit freundlichen Grüßen** (*bei Anrede Mr/Mrs/Miss X*) Yours sincerely, Yours truly (*esp US*); (*bei Anrede Sir(s)/Madam*) Yours faithfully, Yours truly (*esp US*) **grüßen** ['gryːsn] **A** *v/t* to greet; MIL to salute; **grüß dich!** (*infml*) hi! (*infml*); **Otto lässt dich (schön) ~** Otto sends his regards; **ich soll Sie von ihm ~** he sends his regards *etc*; **grüß deine Mutter von mir!** give my regards to your mother **B** *v/i* to say hello; MIL to salute; **Otto lässt ~** Otto sends his regards; → *Gott* **Grußformel** *f* form of greeting; (*am Briefanfang*) salutation; (*am Briefende*) complimentary close **Grußwort** *nt, pl* -worte greeting

Grütze ['grʏtsə] *f* ⟨-, -n⟩ **1** (≈ *Brei*) gruel; **rote ~** *type of red fruit jelly* **2** *no pl* (*infml* ≈ *Verstand*) brains *pl* (*infml*)

gschamig ['kʃaːmɪç] *adj* (*Aus infml*) bashful

Guacamole [gwaka'moːlə] *f* ⟨-, -s⟩ (*Avocadocreme*) guacamole

gucken ['gʊkn] **A** *v/i* (≈ *sehen*) to look (*zu* at); (≈ *hervorschauen*) to peep (*aus* out of); **lass mal ~!** let's have a look **B** *v/t* (*infml*) **Fernsehen ~** to watch television

Guckloch *nt* peephole

Guerilla *m* ⟨-(s), -s⟩ (≈ *Guerillakämpfer*) guerilla **Guerillakrieg** *m* guerilla war

Gugelhupf ['guːglhʊpf] *m* ⟨-s, -e⟩ (*S Ger, Aus*), **Gugelhopf** ['guːglhɔpf] *m* ⟨-s, -e⟩ (*Swiss*) (COOK) gugelhupf

Guillotine [gɪljo'tiːnə, gijo'tiːnə] *f* ⟨-, -n⟩ guillotine

Guinea [gi'neːa] *nt* ⟨-s⟩ GEOG Guinea

Gulasch ['guːlaʃ, 'gʊlaʃ] *nt* or *m* ⟨-(e)s, -e *or* -s⟩ goulash **Gulaschsuppe** *f* goulash soup

Gülle ['gʏlə] *f* ⟨-, *no pl*⟩ (*S Ger, Swiss*) liquid manure

Gully ['gʊli] *m* or *nt* ⟨-s, -s⟩ drain

gültig ['gʏltɪç] *adj* valid; **~ werden** to become valid; (*Gesetz, Vertrag*) to come into force **Gültigkeit** *f* ⟨-, *no pl*⟩ validity; (*von Gesetz*) legal force

Gummi ['gʊmi] *nt* or *m* ⟨-s, -s⟩ (≈ *Material*) rubber; (≈ *Gummiarabikum*) gum; (≈ *Radiergummi*) rubber (*Br*), eraser; (≈ *Gummiband*) rubber band; (*in Kleidung etc*) elastic; (*infml* ≈ *Kondom*) rubber (*esp US infml*), Durex® **gummiartig** **A** *adj* rubbery **B** *adv* like rubber **Gummiband** *nt, pl* -bänder rubber band; (*in Kleidung*) elastic **Gummibärchen** [-bɛːɐçən] *nt* ⟨-s, -⟩ ≈ jelly baby (*Br*), gummi bear **Gummibaum** *m* rubber plant **Gummiboot** *nt* rubber dinghy **Gummierung** *f* ⟨-, -en⟩ (≈ *gummierte Fläche*) gum **Gummihandschuh** *m* rubber glove **Gummiknüppel** *m* rubber truncheon **Gummiparagraf**, **Gummiparagraph** *m* (*infml*) ambiguous clause **Gummireifen** *m* rubber tyre (*Br*) *or* tire (*US*) **Gummisohle** *f* rubber sole **Gummistiefel** *m* rubber boot, wellington (boot) (*Br*) **Gummistrumpf** *m* elastic stocking **Gummizelle** *f* padded cell **Gummizug** *m* (piece of) elastic

Gunst [gʊnst] *f* ⟨-, *no pl*⟩ favour (*Br*), favor (*US*); **zu meinen/deinen ~en** in my/your favo(u)r; **zu ~en** = zugunsten **günstig** ['gʏnstɪç] **A** *adj* favourable (*Br*), favorable (*US*); (*zeitlich*) convenient; **bei ~er Witterung** weather permitting; **im ~sten Fall(e)** with luck **B** *adv* kaufen, verkaufen for a good price; **die Stadt liegt ~ (für)** the town is well situated (for) **günstigenfalls** *adv* at best **günstigstenfalls** *adv* at the very best **Günstling** ['gʏnstlɪŋ] *m* ⟨-s, -e⟩ (*pej*) favourite (*Br*), favorite (*US*)

Gurgel ['gʊrgl] f ⟨-, -n⟩ throat; (≈ *Schlund*) gullet; **jdm die ~ zuschnüren** to strangle sb **gurgeln** ['gʊrgln] v/i (≈ *den Rachen spülen*) to gargle

Gurke ['gʊrkə] f ⟨-, -n⟩ cucumber; (≈ *Essiggurke*) gherkin; **saure ~n** pickled gherkins **Gurkensalat** m cucumber salad

gurren ['gʊrən] v/i to coo

Gurt [gʊrt] m ⟨-(e)s, -e⟩ belt; (≈ *Riemen*) strap

Gürtel ['gʏrtl] m ⟨-s, -⟩ belt; (≈ *Absperrkette*) cordon; **den ~ enger schnallen** to tighten one's belt **Gürtellinie** f waist; **ein Schlag unter die ~** (*lit*) a blow below the belt **Gürtelreifen** m radial (tyre (*Br*) or tire (*US*)) **Gürtelrose** f MED shingles *sg* or *pl* **Gürtelschnalle** f belt buckle **Gürteltasche** f belt bag **Gürteltier** nt armadillo

Gurtpflicht f, no pl, **Gurtzwang** m, no pl **es besteht ~** the wearing of seat belts is compulsory

Guru ['gu:ru] m ⟨-s, -s⟩ guru

Guss [gʊs] m ⟨-es, ⁼e ['gʏsə]⟩ ◼ METAL no pl: (≈ *das Gießen*) casting; (≈ *Gussstück*) cast; **(wie) aus einem ~** (*fig*) a unified whole ◼ (≈ *Strahl*) stream; (*infml* ≈ *Regenguss*) downpour **Gusseisen** nt cast iron **gusseisern** adj cast-iron **Gussform** f mould (*Br*), mold (*US*)

gut [gu:t] ◼ adj, comp **besser** ['bɛsɐ], sup **beste(r, s)** ['bɛstə] good; **das ist ~ gegen Husten** it's good for coughs; **wozu ist das ~?** (*infml*) what's that for?; **würden Sie so ~ sein und ...** would you be good enough to ...; **dafür ist er sich zu ~** he wouldn't stoop to that sort of thing; **sind die Bilder ~ geworden?** did the pictures turn out all right?; **es wird alles wieder ~!** everything will be all right; **wie ~, dass ...** it's good that ...; **lass mal ~ sein!** (≈ *ist genug*) that's enough; (≈ *ist erledigt*) let it leave it; **jetzt ist aber ~!** (*infml*) that's enough; **~e Besserung!** get well soon; **schon ~!** (it's) all right; **du bist ~!** (*infml*) you're a fine one! ◼ adv, comp **besser**, sup am **besten** well; **~ schmecken/riechen** to taste/smell good; **du hast es ~!** you've got it made; **das kann ~ sein** that may well be; **so ~ ~ wie nichts** next to nothing; **es dauert ~(e) drei Stunden** it lasts a good three hours; **~ aussehend** good-looking; **~ bezahlt** Person, Job highly-paid; **~ gehend** flourishing; **~ gelaunt**

cheerful; **~ gemeint** well-meaning, well-meant; **~ verdienend** with a good salary; **~ und gern** easily; **mach's ~!** (*infml*) cheers! (*Br*); (*stärker*) take care

Gut [gu:t] nt ⟨-(e)s, ⁼er ['gy:tɐ]⟩ ◼ (≈ *Eigentum*) property; (≈ *Besitztum*) possession ◼ (≈ *Ware*) item; **Güter** goods ◼ (≈ *Landgut*) estate

Gutachten ['gu:taxtn] nt ⟨-s, -⟩ report **Gutachter** ['gu:taxtɐ] m ⟨-s, -⟩, **Gutachterin** [-ərɪn] f ⟨-, -nen⟩ expert; (JUR: *in Prozess*) expert witness **gutartig** adj Kind, Hund etc good-natured; Geschwulst benign **gutaussehend** adj → gut **gutbürgerlich** adj solid middle-class; Küche good plain **Gutdünken** ['gu:tdʏŋkn] nt ⟨-s, no pl⟩ discretion; **nach (eigenem) ~** as one sees fit

Güte ['gy:tə] f ⟨-, no pl⟩ ◼ goodness; **ein Vorschlag zur ~** a suggestion; **ach du liebe ~!** (*infml*) oh my goodness! ◼ (*einer Ware*) quality **Güteklasse** f COMM grade **Gutenachtkuss** [gu:tə'naxt-] m goodnight kiss

Güterbahnhof m freight depot **Gütergemeinschaft** f JUR community of property **Gütertrennung** f JUR separation of property **Güterverkehr** m freight traffic **Güterwagen** m RAIL freight car **Güterzug** m freight train

Gute(s) ['gu:tə] nt decl as adj **~s tun** to do good; **alles ~!** all the best!; **des ~n zu viel tun** to overdo things; **das ~ daran** the good thing about it; **das ~ im Menschen** the good in man; **im ~n** sich trennen amicably

Gütesiegel nt COMM stamp of quality **Gütezeichen** nt mark of quality

gut gehen irr aux sein ◼ v/i impers **es geht ihm gut** he is doing well; (≈ *er ist gesund*) he is well ◼ v/i to go (off) well; **das ist noch einmal gut gegangen** it turned out all right; **das konnte ja nicht ~** it was bound to go wrong **gutgehend** adj attr; → gut **gutgläubig** adj trusting **Gutgläubigkeit** f trusting nature **Guthaben** ['gu:tha:bn] nt ⟨-s, -⟩ (FIN ≈ *Bankguthaben*) credit **gutheißen** ['gu:thaisn] v/t sep irr to approve of; (≈ *genehmigen*) to approve **gutherzig** adj kind-hearted **gütig** ['gy:tɪç] adj kind; (≈ *edelmütig*) generous

gütlich ['gy:tlɪç] ◼ adj amicable ◼ adv amicably; **sich ~ einigen** to come to an

amicable agreement
gutmachen v/t sep Fehler to put right; Schaden to make good **gutmütig** ['guːtmyːtɪç] adj good-natured **Gutmütigkeit** f ⟨-, no pl⟩ good nature
Gutsbesitzer(in) m/(f) lord/lady of the manor; (als Klasse) landowner
Gutschein m voucher **gutschreiben** ['guːtʃraibn] v/t sep irr to credit (+dat to) **Gutschrift** f (≈ Bescheinigung) credit note; (≈ Betrag) credit (item)
Gutsherr m squire **Gutsherrin** f lady of the manor **Gutshof** m estate **Gutsverwalter(in)** m/(f) steward
guttun v/i irr jdm ~ to do sb good; das tut gut that's good **gutunterrichtet** adj attr; → unterrichtet **gutwillig** adj willing; (≈ entgegenkommend) obliging; (≈ wohlwollend) well-meaning **Gutwilligkeit** ['guːtvɪlɪçkait] f ⟨-, no pl⟩ willingness; (≈ Entgegenkommen) obliging ways pl; (≈ Wohlwollen) well-meaningness
GVO abbr of genetisch veränderte Organismen GMO
gymnasial [gʏmnaˈziaːl] adj attr die ~e Oberstufe ≈ the sixth form (Br), ≈ the twelfth grade (US) **Gymnasiast** [gʏmnaˈziast] m ⟨-en, -en⟩, **Gymnasiastin** [-ˈziastɪn] f ⟨-, -nen⟩ ≈ grammar school pupil (Br), ≈ high school student (US) **Gymnasium** [gʏmˈnaːziʊm] nt ⟨-s, Gymnasien [-ziən]⟩ SCHOOL ≈ grammar school (Br), ≈ high school (US)
Gymnastik [gʏmˈnastɪk] f ⟨-, no pl⟩ keep-fit exercises pl; (≈ Turnen) gymnastics sg **Gymnastikanzug** m leotard **Gymnastikball** m exercise ball **Gymnastiklehrer(in)** m/(f) gymnastics teacher **gymnastisch** [gʏmˈnastɪʃ] adj gymnastic
Gynäkologe [gʏnɛkoˈloːgə] m ⟨-n, -n⟩, **Gynäkologin** [-ˈloːgɪn] f ⟨-, -nen⟩ gynaecologist (Br), gynecologist (US) **Gynäkologie** [gʏnɛkoloˈgiː] f ⟨-, no pl⟩ gynaecology (Br), gynecology (US) **gynäkologisch** [gʏnɛkoˈloːgɪʃ] adj gynaecological (Br), gynecological (US)
Gyros ['gyːros] nt ⟨-, no pl⟩ ≈ doner kebab

H, h [haː] nt ⟨-, -⟩ H, h
Haar [haːɐ] nt ⟨-(e)s, -e⟩ hair; **sich** (dat) **die ~e schneiden lassen** to get one's hair cut; **jdm kein ~ krümmen** not to harm a hair on sb's head; **darüber lass dir keine grauen ~e wachsen** don't worry your head about it; **sie gleichen sich** (dat) **aufs ~** they are the spitting image of each other; **das ist an den ~en herbeigezogen** that's rather far-fetched; **an jdm/etw kein gutes ~ lassen** to pull sb/ sth to pieces; **sich** (dat) **in die ~e geraten** to quarrel; **um kein ~ besser** not a bit better; **um ein ~** very nearly **Haarausfall** m hair loss **haaren** ['haːrən] v/i (Tier) to moult (Br), to molt (US); (Pelz etc) to shed (hair) **Haaresbreite** ['haːrəsbraitə] f inv **(nur) um ~** very nearly; verfehlen by a hair's breadth **Haarfarbe** f hair colour (Br) or color (US) **Haarfestiger** m (hair) setting lotion **Haargel** nt hair gel **haargenau** ◪ adj exact; Übereinstimmung total ◪ adv exactly **Haargummi** nt hair band; (aus Stoff) scrunchie **haarig** ['haːrɪç] adj hairy **Haarklammer** f (≈ Klemme) hairgrip (Br), bobby pin (US); (≈ Spange) hair slide (Br), barrette (US) **haarklein** (infml) ◪ adj Beschreibung detailed ◪ adv in great detail **Haarnadelkurve** f hairpin bend **Haarpflege** f hair care **Haarriss** m hairline crack **haarscharf** ◪ adj Beschreibung exact; Beobachtung very close ◪ adv treffen exactly; folgern precisely **Haarschleife** f hair ribbon **Haarschnitt** m haircut **Haarspalterei** [-ʃpaltəˈrai] f ⟨-, -en⟩ splitting hairs no indef art, no pl **Haarspange** f hair slide (Br), barrette (US) **Haarspliss** m split ends pl **Haarspray** nt or m hairspray **Haarspülung** f (hair) conditioner **haarsträubend** [-ʃtrɔybnt] adj hair-raising; (≈ empörend) shocking; Frechheit incredible **Haarteil** nt hairpiece **Haartönung** f tinting **Haartrockner** [-trɔknɐ] m ⟨-s, -⟩ hairdryer **Haarwäsche** f washing one's hair no art **Haarwaschmittel** nt shampoo **Haarwasser** nt, pl -wässer hair lotion **Haarwuchs** m growth of hair

Hab [haːp] *nt* ~ **und Gut** possessions, worldly goods *all pl* **Habe** ['haːbə] *f* ⟨-, *no pl*⟩ *(elev)* belongings *pl* **haben** ['haːbn] *pres* **hat** [hat], *pret* **hatte** ['hatə], *past part* **gehabt** [gə'haːpt] **A** *v/aux* **ich habe/hatte gerufen** I have/had called; **du hättest den Brief früher schreiben können** you could have written the letter earlier **B** *v/t* **1** to have; **wir ~ ein Haus/Auto** we've got a house/car; **sie hatte blaue Augen** she had blue eyes; **er hat eine große Nase** he's got a big nose; **was möchten Sie ~?** what would you like?; **da hast du 10 Euro** there's 10 euros; **wie hätten Sie es gern?** how would you like it?; **Schule/Unterricht ~** to have school/lessons; **heute ~ wir 10°** it's 10° today; **wie viel Uhr ~ wir?** what's the time?; **was für ein Datum ~ wir heute?** what's today's date?; **Zeit ~, etw zu tun** to have the time to do sth; **was hat er denn?** what's the matter with him?; **hast du was?** is something the matter?; **ich habe nichts** I'm all right; **ein Meter hat 100 cm** there are 100 cm in a metre *(Br)* or meter *(US)* **2** *(mit Präposition)* **das hat er/sie/es so an sich** *(dat)* that's just the way he/she/it is; **es am Herzen ~** *(infml)* to have heart trouble; **das hat etwas für sich** there's something to be said for that; **etwas gegen jdn/etw ~** to have something against sb/sth; **es in den Beinen ~** *(infml ≈ leiden)* to have trouble with one's legs; **das hat es in sich** *(infml) (≈ schwierig)* that's a tough one; **etwas mit jdm ~** *(euph)* to have a thing with sb *(infml)*; **etwas von etw ~** *(infml)* to get something out of sth; **das hast du jetzt davon!** now see what's happened!; **das hat er von seinem Leichtsinn** that's what comes of his foolishness; **nichts von etw ~** to get nothing out of sth; **sie hat viel von ihrem Vater** she's very like her father **3** **es gut/bequem ~** to have it good/easy; **es schlecht ~** to have a bad time; **er hat es nicht leicht mit ihr** he has a hard time with her; **nichts mehr zu essen ~** to have nothing left to eat; **du hast zu gehorchen** you have to obey; **etw ist zu ~** *(≈ erhältlich)* sth is to be had; **jd ist zu ~** *(≈ nicht verheiratet)* sb is single; *(sexuell)* sb is available; **für etw zu ~ sein** to be ready for sth; **ich hab's!** *(infml)* I've got it!; **wie gehabt** as before **C** *v/impers* **damit hat es**

noch Zeit it can wait; **und damit hat es sich** *(infml)* and that's that **D** *v/r* **sich ~** *(≈ sich anstellen, infml)* to make a fuss **Haben** ['haːbn] *nt* ⟨-s, *no pl*⟩ credit **Habenichts** ['haːbənɪçts] *m* ⟨-(es), -e⟩ have-not **Habenseite** *f* credit side **Habgier** *f* greed **habgierig** *adj* greedy

Habicht ['haːbɪçt] *m* ⟨-s, -e⟩ hawk

Habilitation [habilitaˈtsi̯oːn] *f* ⟨-, -en⟩ postdoctoral lecturing qualification **habilitieren** [habiliˈtiːrən] *past part* **habilitiert** *v/r* to qualify as a professor

Habitat [habiˈtaːt] *nt* ⟨-s, -e⟩ ZOOL habitat **Habseligkeiten** ['haːpzeːlɪçkaitn] *pl* belongings *pl*

Habsucht ['haːpzʊxt] *f* greed, acquisitiveness **habsüchtig** ['haːpzʏçtɪç] *adj* greedy, acquisitive

Hachse ['haksə] *f* ⟨-, -n⟩ COOK leg (joint); *(S Ger infml) (≈ Fuß)* foot; *(≈ Bein)* leg

Hackbraten *m* meat loaf

Hacke[1] ['hakə] *f* ⟨-, -n⟩ *(dial, MIL ≈ Absatz)* heel; **die ~n zusammenschlagen** MIL to click one's heels

Hacke[2] *f* ⟨-, -n⟩ *(≈ Pickel)* pickaxe *(Br)*, pickax *(US)*; *(≈ Gartenhacke)* hoe **hacken** ['hakn] **A** *v/t* **1** *(≈ zerkleinern)* to chop **2** *Erdreich* to hoe **3** *(mit spitzem Gegenstand) Loch* to hack; *(Vogel)* to peck **B** *v/i* **1** *(mit dem Schnabel)* to peck; *(mit spitzem Gegenstand)* to hack; **nach jdm/etw ~** to peck at sth/sb **2** IT to hack *(in +acc into)*

Hacken ['hakn] *m* ⟨-s, -⟩ *(≈ Ferse)* heel **Hacker** ['hakɐ, 'hɛkɐ] *m* ⟨-s, -⟩, **Hackerin** [-ərɪn] *f* ⟨-, -nen⟩ IT hacker **Hackfleisch** *nt* mince *(Br)*, ground meat *(US)*; **aus jdm ~ machen** *(infml)* to make mincemeat of sb *(infml)*; *(≈ verprügeln)* to beat sb up **Hackordnung** *f* pecking order **Hackschnitzel** *pl* woodchips *pl* **Hackschnitzelheizung** *f* woodchip heating **Hacksteak** *nt* beefburger, hamburger

Hafen ['haːfn] *m* ⟨-s, ⸚ ['hɛːfn]⟩ harbour *(Br)*, harbor *(US)*; *(≈ Handelshafen)* port; *(≈ Jachthafen)* marina; *(≈ Heimathafen)* docks *pl* **Hafenarbeiter(in)** *m/(f)* dockworker **Hafenrundfahrt** *f* (boat-)trip round the harbo(u)r **Hafenstadt** *f* port

Hafer ['haːfɐ] *m* ⟨-s, -⟩ oats *pl*; **ihn sticht der ~** *(infml)* he's feeling his oats *(infml)* **Haferbrei** *m* porridge **Haferflocken** *pl* rolled oats *pl*

Haferl ['haːfɐl] *nt* ⟨-s, -⟩, **Häferl** ['hɛːfɐl]

nt ⟨-s, -⟩ *(Aus ≈ große Tasse)* mug
Haferschleim *m* gruel
Haft [haft] *f* ⟨-, *no pl*⟩ *(vor dem Prozess)* custody; *(≈ Haftstrafe)* imprisonment; *(politisch)* detention; **sich in ~ befinden** to be in custody/prison/detention; **in ~ nehmen** to take into custody **Haftanstalt** *f* detention centre *(Brit)* or center *(US)* **haftbar** *adj (für jdn)* legally responsible; *(für etw)* (legally) liable; **jdn für etw ~ machen** to make sb liable for sth **Haftbefehl** *m* warrant; **einen ~ gegen jdn ausstellen** to issue a warrant for sb's arrest
haften¹ ['haftn] *v/i* JUR **für jdn ~** to be (legally) responsible for sb; **für etw ~** to be (legally) liable for sth
haften² *v/i* **1** *(≈ kleben)* to stick *(an +dat* to); **an jdm ~** *(fig: Makel etc)* to stick to sb **2** *(Erinnerung)* to stick (in one's mind); *(Blick)* to become fixed **haften bleiben** *v/i irr aux sein* to stick *(an or auf +dat* to)
Häftling ['hɛftlɪŋ] *m* ⟨-s, -e⟩ prisoner
Haftnotiz *f* Post-it® **Haftpflicht** *f* *(legal)* liability **haftpflichtig** [-pflɪçtɪç] *adj* liable **haftpflichtversichert** [-fɛɐzɪçɐt] *adj* **~ sein** to have personal or public *(US)* liability insurance; *(Autofahrer)* ≈ to have third-party insurance **Haftpflichtversicherung** *f* personal or public *(US)* liability insurance *no indef art; (von Autofahrer)* ≈ third-party insurance **Haftstrafe** *f* prison sentence **Haftung** ['haftʊŋ] *f* ⟨-, -en⟩ **1** JUR *(legal)* liability; *(für Personen)* (legal) responsibility **2** (TECH, PHYS, *von Reifen)* adhesion **Hafturlaub** *m* parole
Hagebutte ['haːɡəbʊtə] *f* ⟨-, -n⟩ rose hip
Hagel ['haːɡl] *m* ⟨-s, *no pl*⟩ hail; *(von Vorwürfen)* stream **Hagelkorn** *nt, pl* -körner hailstone **hageln** ['haːɡln] *v/i impers* **es hagelt** it's hailing
hager ['haːɡɐ] *adj* gaunt
Häher ['hɛːɐ] *m* ⟨-s, -⟩ jay
Hahn [haːn] *m* ⟨-(e)s, ᵉe ['hɛːnə]⟩ **1** *(≈ Vogel)* cock; **~ im Korb sein** *(≈ Mann unter Frauen)* to be cock of the walk; **danach kräht kein ~ mehr** *(infml)* no one cares two hoots about that any more *(infml)* **2** *pl also* -en TECH tap, faucet *(US)* **3** *(≈ Abzug)* trigger **Hähnchen** ['hɛːnçən] *nt* ⟨-s, -⟩ chicken **Hähnchenflügel** *m* chicken wing **Hahnenfuß** *m* BOT buttercup
Hai [hai] *m* ⟨-(e)s, -e⟩ **Haifisch** *m* shark

Häkchen ['hɛːkçən] *nt* ⟨-s, -⟩ **1** SEWING (small) hook **2** *(≈ Zeichen)* tick *(Brit)*, check *(US); (auf Buchstaben)* accent
Häkelarbeit *f* crochet (work) *no indef art; (≈ Gegenstand)* piece of crochet (work) **häkeln** ['hɛːkln] *v/t & v/i* to crochet **Häkelnadel** *f* crochet hook
haken ['haːkn] **A** *v/i* **es hakt** *(fig)* there are sticking points **B** *v/t (≈ befestigen)* to hook *(an +acc* to) **Haken** ['haːkn] *m* ⟨-s, -⟩ **1** hook; **~ und Öse** hook and eye **2** *(infml ≈ Schwierigkeit)* snag; **die Sache hat einen ~** there's a snag **Hakenkreuz** *nt* swastika **Hakennase** *f* hooked nose
halal [haˈlaːl] *adj (vom Islam erlaubt)* halal
halb [halp] **A** *adj* **1** half; **ein ~er Meter** half a metre *(Brit)* or meter *(US)*; **eine ~e Stunde** half an hour; **auf ~em Wege, auf ~er Strecke** *(lit)* halfway; *(fig)* halfway through; **zum ~en Preis** (at) half price **2** MUS **eine ~e Note** a minim *(Brit)*, a half-note *(US)*; **ein ~er Ton** a semitone **3** *inv* **~ zehn** half past nine; **um fünf Minuten nach ~** at twenty-five to; **~ Deutschland/London** half of Germany/London **4** *(≈ stückhaft)* **~e Arbeit leisten** to do a bad job; **die ~e Wahrheit** part of the truth; **mit ~em Ohr** with half an ear; **keine ~en Sachen machen** not to do things by halves **5** *(infml ≈ großer Teil)* **die ~e Stadt/Welt** half the town/world **B** *adv* half; **~ links** SPORTS (at) inside left; **~ rechts** SPORTS (at) inside right; **~ voll** half-full; **~ verdaut** half-digested; **~ so gut** half as good; **das ist ~ so schlimm** it's not as bad as all that; *(Zukünftiges)* that won't be too bad; **~ fertig** half-finished; IND semi-finished; **~ nackt** half-naked; **~ tot** *(lit)* half dead; **~ lachend, ~ weinend** half laughing, half crying; **mit jdm ~e--~e machen** *(infml)* to go 50/50 with sb **halbamtlich** *adj* semi-official **halbautomatisch** *adj* semi-automatic **halbbitter** *adj Schokolade* semi-sweet **Halbblut** *nt (≈ Mensch)* half-caste; *(≈ Tier)* crossbreed **Halbblüter** [-blyːtɐ] *m* ⟨-s, -⟩ crossbreed **Halbbruder** *m* half-brother **Halbe** ['halbə] *f decl as adj (esp S Ger)* = **Halbe(r) Halbedelstein** *m* semi-precious stone **Halbe(r)** ['halbə] *m decl as adj* half a litre *(Brit)* or liter *(US)* (of beer) **halbfertig** *adj attr;* → **halb halbfest** *adj attr Zustand, Materie* semi-solid **halbfett** *adj* **1** TYPO secondary bold **2**

H

Lebensmittel medium-fat **Halbfinale** nt
semi-final **Halbgott** m demigod
halbherzig 🅰 adj half-hearted 🅱 adv
half-heartedly **halbieren** [hal'biːrən] past
part halbiert v/t to halve; (≈ in zwei schneiden) to cut in half; **eine Zahl ~** to divide a
number by two **Halbinsel** f peninsula
Halbjahr nt half-year, six months; **im
ersten/zweiten ~** in the first/last six
months of the year **Halbjahresbilanz**
f half-yearly figures pl
Halbjahreszeugnis nt SCHOOL half-yearly report **halbjährig** adj attr Kind
six-month-old; Lehrgang etc six-month
halbjährlich adj half-yearly, six-monthly **Halbkreis** m semicircle **Halbkugel**
f hemisphere **halblang** adj Kleid, Rock
mid-calf length; **nun mach mal ~!** (infml)
now wait a minute! **Halbleiter** m PHYS
semiconductor **halbmast** ['halpmast]
adv at half-mast; **~ flaggen** to fly flags/a
flag at half-mast **Halbmesser** m ⟨-s, -⟩
radius **Halbmond** m half-moon; (≈ Symbol) crescent; **bei ~** when there is a half-
-moon **halbnackt** adj attr; → halb
Halbpension f half-board
Halbschatten m half shadow
Halbschlaf m light sleep; **im ~ sein** to
be half asleep **Halbschuh** m shoe
Halbschwester f half-sister
halbseiden adj (lit) fifty per cent (Br) or
percent (US) silk; (fig) Dame fast; (≈ zweifelhaft) dubious; **~es Milieu, ~e Kreise** demimonde **halbseitig** [-zaitiç] 🅰 adj Anzeige
etc half-page; **~e Lähmung** one-sided paralysis 🅱 adv **~ gelähmt** paralyzed on
one side **Halbstarke(r)** m decl as adj
young hooligan **halbstündig** [-ʃtʏndiç]
adj attr half-hour attr, lasting half an hour
halbstündlich 🅰 adj half-hourly 🅱 adv
every half an hour, half-hourly
halbtags ['halptaːks] adv (≈ morgens) in
the mornings; (≈ nachmittags) in the afternoons; (in Bezug auf Angestellte) part-time
Halbtagsbeschäftigung f half-day job
Halbtagskraft f worker employed for
half-days only
Halbton m, pl **-töne** MUS semitone
halbtrocken adj Wein medium-dry
halbvoll adj attr; → halb
halbwegs ['halp'veːks] adv partly; **gut** reasonably; annehmbar halfway
Halbwelt f demimonde
Halbwert(s)zeit f PHYS half-life

Halbwissen nt (pej) superficial knowledge
Halbzeit f (SPORTS) (≈ Hälfte) half; (≈ Pause)
half-time
Halbzeitstand m half-time score
Halde ['haldə] f ⟨-, -n⟩ (MIN ≈ Abbauhalde)
slag heap; (fig) mountain; **etw auf ~ legen**
Ware, Vorräte to stockpile sth; Pläne etc to
shelve sth
Halfpipe ['haːfpaip] f ⟨-, -s⟩ SPORTS half-
-pipe
Hälfte ['hɛlftə] f ⟨-, -n⟩ 🔳 half; **die ~ der
Kinder** half the children; **Rentner zahlen
die ~** pensioners pay half price; **um die
~ mehr** half as much again; **um die ~
steigen** to increase by half; **um die ~ größer** half as big again; **es ist zur ~ fertig**
is half finished; **meine bessere ~** (hum
infml) my better half (hum infml) 🔳 (≈ Mitte:
einer Fläche) middle; **auf der ~ des Weges**
halfway
Halfter[1] ['halftə] m or nt ⟨-s, -⟩ (für Tiere)
halter
Halfter[2] f ⟨-, -n or nt -s, -⟩ (≈ Pistolenhalfter) holster
Hall [hal] m ⟨-(e)s, -e⟩ echo
Halle ['halə] f ⟨-, -n⟩ hall; (≈ Hotelhalle)
lobby; (≈ Sporthalle) (sports) hall, gym
(-nasium); (≈ Schwimmhalle) indoor swimming pool
halleluja [hale'luːja] int halleluja(h)
hallen ['halən] v/i to echo
Hallenbad nt indoor swimming pool
Hallenturnier nt SPORTS indoor tournament
hallo [ha'loː, 'halo] int hello
Halloumi [ha'luːmi] m ⟨-s, -s⟩ (Käse) halloumi
Halluzination [halutsinaˈtsioːn] f ⟨-, -en⟩
hallucination **halluzinieren** [halutsiˈniːrən] past part halluziniert v/i to hallucinate
Halm [halm] m ⟨-(e)s, -e⟩ stalk; (≈ Grashalm) blade of grass; (≈ Strohhalm) straw
Halogen [haloˈgeːn] nt ⟨-s, -e⟩ halogen
Halogen(glüh)lampe f halogen lamp
Halogenscheinwerfer m halogen
headlamp
Hals [hals] m ⟨-es, ¨e ['hɛlzə]⟩ 🔳 neck; **jdm
um den ~ fallen** to fling one's arms
(a)round sb's neck; **sich jdm an den ~
werfen** (fig infml) to throw oneself at sb;
sich (dat) **den ~ brechen** (infml) to break
one's neck; **~ über Kopf** in a rush; **jdn
am ~ haben** (infml) to be saddled with

sb (infml) **2** (≈ Kehle) throat; **sie hat es am or im ~** (infml) she has a sore throat; **aus vollem ~(e)** at the top of one's voice; **aus vollem ~(e) lachen** to roar with laughter; **es hängt mir zum ~ heraus** (infml) I'm sick and tired of it; **sie hat es in den falschen ~ bekommen** (infml ≈ falsch verstehen) she took it wrongly; **er kann den ~ nicht voll (genug) kriegen** (fig infml) he is never satisfied **Halsabschneider(in)** m/(f) (pej infml) shark (infml) **Halsband** nt, pl -bänder (≈ Hundehalsband) collar; (≈ Schmuck) necklace **halsbrecherisch** ['halsbrɛçərɪʃ] adj dangerous; Tempo breakneck **Halsentzündung** f sore throat **Halskette** f necklace **Hals-Nasen- -Ohren-Arzt** m, **Hals-Nasen-Ohren- -Ärztin** f ear, nose and throat specialist **Halsschlagader** f carotid (artery) **Halsschmerzen** pl sore throat sg **halsstarrig** [-ʃtarɪç] adj obstinate **Halstuch** nt, pl -tücher scarf **Hals- und Beinbruch** int good luck **Halsweh** [-ve:] nt ⟨-s, no pl⟩ sore throat **halt**[1] [halt] int stop **halt**[2] adv (dial) → eben B3 **Halt** [halt] m ⟨-(e)s, -e⟩ **1** (für Festigkeit) hold; (≈ Stütze) support; **jdm/einer Sache ~ geben** to support sb/sth; **keinen ~ haben** to have no hold/support; **ohne inneren ~** insecure **2** (elev ≈ Anhalten) stop; **~ machen** = haltmachen **haltbar** adj **1** **~ sein** (Lebensmittel) to keep (well); **etw ~ machen** to preserve sth; **~ bis 6.11.** use by 6 Nov **2** (≈ widerstandsfähig) durable; Stoff hard-wearing; Beziehung long-lasting **3** Behauptung tenable; Zustand, Lage tolerable; **diese Position ist nicht mehr ~** this position can't be maintained any longer **4** sports stoppable **Haltbarkeit** ['haltba:ekait] f ⟨-, no pl⟩ **1** (von Lebensmitteln) **eine längere ~ haben** to keep longer **2** (≈ Widerstandsfähigkeit) durability **3** (von Behauptung) tenability **Haltbarkeitsdatum** nt best-before date, use-by date **Haltbarkeitsdauer** f length of time for which food may be kept; **eine kurze/lange ~ haben** to be/ not to be perishable **Haltebucht** f MOT lay-by, rest stop (US) **Haltegriff** m **1** handle; (in Bus) strap; (an Badewanne) handrail **2** sports hold **halten** ['haltn] pret **hielt** [hi:lt], past part

gehalten [gə'haltn] **A** v/t **1** (≈ festhalten) to hold; **etw gegen das Licht ~** to hold sth up to the light **2** (≈ tragen) **die drei Pfeiler ~ die Brücke** the three piers support the bridge **3** (≈ aufhalten) to hold; sports to save; **die Wärme/Feuchtigkeit ~** to retain heat/moisture; **ich konnte es gerade noch ~** I just managed to grab hold of it; **haltet den Dieb!** stop thief!; **sie ist nicht zu ~** (fig) there's no holding her back; **es hält mich hier nichts mehr** there's nothing to keep me here any more **4** (≈ behalten) Rekord to hold; Position to hold (on to) **5** (≈ besitzen) Haustier to keep; Auto to run; **sich** (dat) **eine Geliebte ~** to keep a mistress **6** (≈ erfüllen) to keep; **ein Versprechen ~** to keep a promise **7** (≈ aufrechterhalten) Niveau to keep up; Tempo, Temperatur to maintain; Kurs to keep to; **das Gleichgewicht ~** to keep one's balance; **(mit jdm) Verbindung ~** to keep in touch (with sb); **Abstand ~!** keep your distance!; **etw sauber ~** to keep sth clean; **viel Sport hält schlank** doing a lot of sport keeps you slim **8** (≈ handhaben) **das kannst du (so) ~, wie du willst** that's entirely up to you; **wir ~ es mit den Abrechnungen anders** we deal with invoices in a different way **9** (≈ veranstalten) Fest to give; Rede to make; **Selbstgespräche ~** to talk to oneself; Unterricht ~ to teach; **Mittagsschlaf ~** to have an afternoon nap **10** (≈ einschätzen) **jdn/etw für etw ~** to think sb/sth sth; **etw für angebracht ~** to think sth appropriate; **wofür ~ Sie mich?** what do you take me for?; **das halte ich nicht für möglich** I don't think that is possible; **etw von jdm/etw ~** to think sth of sb/sth; **nicht viel von jdm/ etw ~** not to think much of sb/sth; **ich halte nichts davon, das zu tun** I'm not in favour (Br) or favor (US) of (doing) that; **viel auf etw** (acc) **~** to consider sth very important **B** v/i **1** (≈ festhalten) to hold; (≈ haften bleiben) to stick; sports to make a save **2** (≈ haltbar sein) to last; (Konserven) to keep; (Frisur) to hold; (Stoff) to be hard- -wearing; **Rosen ~ länger, wenn ...** roses last longer if ... **3** (≈ anhalten) to stop; **zum Halten bringen** to bring to a standstill; **auf sich** (acc) **~** (≈ auf sein Äußeres achten) to take a pride in oneself; (≈ selbstbewusst sein) to be self-confident; **an sich** (acc) **~** (≈ sich beherrschen) to control oneself; **zu jdm ~** (≈ *beistehen*) to stand by sb **C** *v/r* **1** (≈ *sich festhalten*) to hold on (*an* +*dat* to) (*to the*) left; **sich (nach) links ~** to keep (to the) left; **sich nach Westen ~** to keep going westwards; **ich halte mich an die alte Methode** I'll stick to the old method; **sich an ein Versprechen ~** to keep a promise; **sich an die Tatsachen ~** to keep to the facts **3** (≈ *sich nicht verändern, Lebensmittel, Blumen*) to keep; (*Wetter*) to last; (*Geruch, Rauch*) to linger; (*Preise*) to hold **4** (≈ *seine Position behaupten*) to hold on; (*in Kampf*) to hold out; **sich gut ~** (*in Prüfung, Spiel etc*) to do well **5** **sich an jdn ~** (≈ *sich richten nach*) to follow sb; **ich halte mich lieber an den Wein** I'd rather stick to wine; **er hält sich für besonders klug** he thinks he's very clever **Halter** ['haltɐ] *m* ⟨-s, -⟩ **1** (≈ *Halterung*) holder **2** (≈ *Sockenhalter*) garter; (≈ *Strumpfhalter, Hüfthalter*) suspender (*Br*) *or* garter (*US*) belt **Halter** ['haltɐ] *m* ⟨-s, -⟩, **Halterin** [-ərɪn] *f* ⟨-, -nen⟩ JUR owner **Halterung** ['haltərʊŋ] *f* ⟨-, -en⟩ mounting; (*für Regal etc*) support **Halteschild** *nt, pl* -schilder stop sign **Haltestelle** *f* stop **Halteverbot** *nt* (≈ *Stelle*) no-stopping zone; **hier ist ~** there's no stopping here **Halteverbot(s)schild** *nt, pl* -schilder no-stopping sign **haltlos** *adj* (≈ *schwach*) insecure; (≈ *hemmungslos*) unrestrained; (≈ *unbegründet*) groundless **haltmachen** *v/i sep* to stop; **vor nichts ~** (*fig*) to stop at nothing; **vor niemandem ~** (*fig*) to spare no-one **Haltung** ['haltʊŋ] *f* ⟨-, -en⟩ **1** (≈ *Körperhaltung*) posture; (≈ *Stellung*) position; **~ annehmen** *esp* MIL to stand to attention **2** (*fig* ≈ *Einstellung*) attitude **3** *no pl* (≈ *Beherrschtheit*) composure; **~ bewahren** to keep one's composure **4** *no pl* (*von Tieren, Fahrzeugen*) keeping **Halunke** [ha'lʊŋkə] *m* ⟨-n, -n⟩ scoundrel; (*hum*) rascal **Hämatom** [hɛma'toːm] *nt* ⟨-s, -e⟩ haematoma (*Br*), hematoma (*US*) **Hamburger** ['hambʊrgɐ] *m* ⟨-s, -⟩ COOK hamburger **hamburgisch** ['hambʊrgɪʃ] *adj* Hamburg *attr* **hämisch** ['hɛːmɪʃ] **A** *adj* malicious **B** *adv* maliciously **Hammel** ['haml] *m* ⟨-s, - *or* (*rare*) ⸚ ['hɛml]⟩ **1** ZOOL wether **2** *no pl* COOK mutton **Hammelfleisch** *nt* mutton

Hammelkeule *f* COOK leg of mutton **Hammer** ['hamɐ] *m* ⟨-s, ⸚ ['hɛmɐ]⟩ hammer; **unter den ~ kommen** to come under the hammer **hämmern** ['hɛmɐn] **A** *v/i* to hammer; (*mit den Fäusten etc*) to pound **B** *v/t* to hammer; *Blech etc* to beat **Hammerwerfen** *nt* ⟨-s, *no pl*⟩ SPORTS hammer(-throwing) **Hammerwerfer(in)** *m/(f)* SPORTS hammer-thrower **Hammondorgel** ['hɛmənd-] *f* electric organ **Hämoglobin** [hɛmoglo'biːn] *nt* ⟨-s, *no pl*⟩ haemoglobin (*Br*), hemoglobin (*US*) **Hämophilie** [hɛmofi'liː] *f* ⟨-, -n [-'liːən]⟩ haemophilia (*Br*), hemophilia (*US*) **Hämorrhoiden** [hɛmɔro'iːdən] *pl*, **Hämorriden** [hɛmɔr'iːdən] *pl* piles *pl*, haemorrhoids *pl* (*Br*), hemorrhoids *pl* (*US*) **Hampelmann** *m, pl* -männer jumping jack; **jdn zu einem ~ machen** (*infml*) to walk all over sb **Hamster** ['hamstɐ] *m* ⟨-s, -⟩ hamster **Hamsterkauf** *m* panic buying *no pl*; **Hamsterkäufe machen** to buy in order to hoard; (*bei Knappheit*) to panic-buy **hamstern** ['hamstɐn] *v/t & v/i* (≈ *ansammeln*) to hoard **Hand** [hant] *gen* **Hand,** *pl* **Hände** ['hɛndə] *f* **1** hand; **jdm die ~ geben** to give sb one's hand; **Hände hoch!** (put your) hands up!; **~ aufs Herz** hand on heart; **~ breit** = **Handbreit 2** SPORTS *no pl* (*infml* ≈ *Handspiel*) handball **3** (*mit Adjektiv*) **ein Auto aus erster ~** a car which has had one previous owner; **etw aus erster ~ wissen** to have first-hand knowledge of sth; **in festen Händen sein** (*fig*) to be spoken for; **bei etw eine glückliche ~ haben** to be lucky with sth; **in guten Händen sein** to be in good hands; **mit leeren Händen** empty-handed; **letzte ~ an etw** (*acc*) **legen** to put the finishing touches to sth; **linker ~, zur linken ~** on the left-hand side; **aus** *or* **von privater ~** privately; **das Geld mit vollen Händen ausgeben** to spend money hand over fist (*infml*); **aus zweiter ~** second hand **4** (*mit Präposition*) **jdn an die** *or* **bei der ~ nehmen** to take sb by the hand; **an ~ von** *or* +*gen* = **anhand**; **das liegt auf der ~** (*infml*) that's obvious; **aus der ~ zeichnen** freehand; **jdm etw aus der ~ nehmen** to take sth from sb; **etw aus der ~ geben** to let sth out of one's hands; **mit etw schnell bei der ~ sein** (*infml*) to be ready with sth; **~ in** ~ hand in hand; **etw in der ~ haben** to have sth; **etw gegen jdn in der ~ haben** to have sth on sb; **etw in die ~ nehmen** to pick sth up; (*fig*) to take sth in hand; **(bei etw) mit ~ anlegen** to lend a hand (with sth); **sich mit Händen und Füßen gegen etw wehren** to fight sth tooth and nail; **um jds ~ bitten** *or* **anhalten** to ask for sb's hand (in marriage); **unter der ~** (*fig*) on the quiet; **von ~ geschrieben** handwritten; **die Arbeit ging ihr leicht von der ~** she found the work easy; **etw lässt sich nicht von der ~ weisen** sth is undeniable; **von der ~ in den Mund leben** to live from hand to mouth; **zur ~ sein** to be at hand; **etw zur ~ haben** to have sth to hand; **jdm zur ~ gehen** to lend sb a (helping) hand; **zu Händen von jdm** for the attention of sb **5** (*mit Verb*) **darauf gaben sie sich die ~** they shook hands on it; **eine ~ wäscht die andere** you scratch my back, I'll scratch yours; **die Hände überm Kopf zusammenschlagen** to throw up one's hands in horror; **alle Hände voll zu tun haben** to have one's hands full; **~ und Fuß haben** to make sense; **die ~ für jdn ins Feuer legen** to vouch for sb **Handarbeit** *f* **1** work done by hand; (*Gegenstand*) handmade article; **etw in ~ herstellen** to produce sth by hand **2** (≈ *Nähen, Sticken etc*) needlework *no pl*; **diese Tischdecke ist ~** this tablecloth is handmade **3** (*kunsthandwerklich*) handicraft *no pl*; **eine ~** a piece of handicraft work **Handball** *m*, *no pl* (≈ *Spiel*) handball **Handballer** [-balɐ] *m* ⟨-s, -⟩, **Handballerin** [-ərɪn] *f* ⟨-, -nen⟩ handball player **Handbetrieb** *m* hand operation; **mit ~** hand-operated **Handbewegung** *f* sweep of the hand; (≈ *Geste, Zeichen*) gesture **Handbohrer** *m* gimlet **Handbohrmaschine** *f* (hand) drill **Handbreit** *f* **eine ~** ≈ six inches **Handbremse** *f* handbrake (*Brit*), parking brake (*US*) **Handbuch** *nt* handbook; (*technisch*) manual **Händchen** ['hɛntçən] *nt* ⟨-s, -⟩ **~ halten** (*infml*) to hold hands; **für etw ein ~ haben** (*infml*) to be good at sth **Händedruck** *m*, *pl* -drücke handshake

Handel ['handl] *m* ⟨-s, *no pl*⟩ **1** (≈ *das Handeln*) trade; (*esp mit illegaler Ware*) traffic; **~**

mit etw trade in sth **2** (≈ *Warenmarkt*) market; **im ~ sein** to be on the market; **etw aus dem ~ ziehen** to take sth off the market; **(mit jdm) ~ (be)treiben** to trade (with sb); **~ treibend** trading **3** (≈ *Abmachung*) deal

Handelmeter *m* penalty for a handball **handeln** ['handln] **A** *v/i* **1** (≈ *Handel treiben*) to trade; **er handelt mit Gemüse** he's in the vegetable trade; **er handelt mit Drogen** he traffics in drugs **2** (≈ *feilschen*) to haggle (*um* over); **ich lasse schon mit mir ~** (*in Bezug auf Preis*) I'm open to persuasion; (*in Bezug auf Preis*) I'm open to offers **3** (≈ *tätig werden*) to act **4** (≈ *zum Thema haben*) **von etw ~, über etw** (*acc*) **~** to deal with sth **B** *v/r impers* **1** **es handelt sich hier um ein Verbrechen** it's a crime we are dealing with here; **bei dem Festgenommenen handelt es sich um X** the person arrested is X **2** (≈ *betreffen*) **sich um etw ~** to be about sth **C** *v/t* (≈ *verkaufen*) to sell (*für* at, for); (*an der Börse*) to quote (*mit* at) **Handeln** *nt* ⟨-s, *no pl*⟩ **1** (≈ *Feilschen*) bargaining, haggling **2** (≈ *das Handeltreiben*) trading **3** (≈ *Verhalten*) behaviour (*Brit*), behavior (*US*) **4** (≈ *das Tätigwerden*) action **Handelsabkommen** *nt* trade agreement **Handelsbank** *f*, *pl* -banken merchant bank **Handelsbeziehungen** *pl* trade relations *pl* **Handelsbilanz** *f* balance of trade; **aktive/passive ~** balance of trade surplus/deficit **Handelsdefizit** *nt* trade deficit **handelseinig** *adj pred* **~ werden/sein** to agree terms **Handelsembargo** *nt* trade embargo **Handelsflotte** *f* merchant fleet **Handelsgesellschaft** *f* commercial company **Handelsgesetz** *nt* commercial law **Handelsgut** *nt* commodity **Handelshafen** *m* trading port **Handelskammer** *f* chamber of commerce **Handelsklasse** *f* grade; **Heringe der ~ 1** grade 1 herring **Handelsmarine** *f* merchant navy **Handelsmarke** *f* trade name **Handelsname** *m* trade name **Handelsniederlassung** *f* branch (of a trading organization) **Handelspartner(in)** *m/(f)* trading partner **Handelspolitik** *f* trade policy **Handelsrecht** *nt* commercial law *no def art, no pl* **Handelsregister** *nt* register of companies **Handelsreisende(r)**

m/f(m) decl as adj commercial traveller (Br) or traveler (US) **Handelsschiff** *nt* trading ship **Handelsschifffahrt** *f* merchant shipping *no def art* **Handelsschranke** *f usu pl* trade barrier **Handelsschule** *f* commercial school *or* college **Handelsspanne** *f* profit margin **handelsüblich** *adj* usual (in the trade or in commerce); *Ware* standard **Handelsverkehr** *m* trade **Handelsvertreter(in)** *m/(f)* commercial traveller (Br) *or* traveler (US) **Handelsvertretung** *f* trade mission **Handelsware** *f* commodity **Handelszentrum** *nt* trading centre (Br) *or* center (US) **Handelszweig** *m* branch **handeltreibend** *adj attr* trading **händeringend** ['hɛndərɪŋənt] *adv* wringing one's hands; *(fig)* um etw bitten imploringly **Händetrockner** [-trɔknə] *m* ⟨-s, -⟩ hand drier **Handfeger** [-fe:gɐ] *m* ⟨-s, -⟩ hand brush **handfest** *adj* **1** *Essen* substantial **2** *(fig)* Schlägerei violent; *Skandal* huge; *Argument* well-founded; *Beweis* solid; *Lüge* flagrant, blatant **Handfeuerwaffe** *f* handgun **Handfläche** *f* palm (of the/ one's hand) **Handfunkgerät** *nt* walkie-talkie **handgearbeitet** *adj* handmade **Handgelenk** *nt* wrist; aus dem ~ *(fig infml)* (≈ ohne Mühe) effortlessly; (≈ improvisiert) off the cuff **handgemacht** *adj* handmade **Handgemenge** *nt* scuffle **Handgepäck** *nt* hand luggage *no pl or* baggage *no pl* **handgeschrieben** *adj* handwritten **handgestrickt** [-gə-ʃtrɪkt] *adj* hand-knitted; *(fig)* homespun **Handgranate** *f* hand grenade **handgreiflich** ['hantgraɪflɪç] *adj* Streit violent; ~ **werden** to become violent **Handgreiflichkeit** *f* ⟨-, -en⟩ usu pl violence *no pl* **Handgriff** *m* **1** (≈ Bewegung) movement; **keinen ~ tun** not to lift a finger; **mit einem ~ öffnen** with one flick of the wrist; **mit ein paar ~en** in next to no time **2** (≈ Gegenstand) handle **Handhabe** ['hantha:bə] *f (fig)* **ich habe gegen ihn keine ~** I have no hold on him **handhaben** *v/t insep* to handle; *Gesetz* to implement **Handhabung** ['hantha:buŋ] *f* ⟨-, -en⟩ handling; (von Gesetz) implementation **Handheld** ['hɛnthɛlt] *nt or m* ⟨-s, -s⟩ **1** IT handheld (computer) **2** PHOT handheld camera **Handheld-PC** ['hɛnthɛlt-] *m*

handheld PC **Handicap** ['hɛndikɛp], **Handikap** ['hɛndikɛp] *nt* ⟨-s, -s⟩ handicap **Handkarren** *m* handcart **Handkoffer** *m* (small) suitcase **Handkuss** *m* kiss on the hand; **mit ~** *(fig infml)* with pleasure **Handlanger** ['hantlaŋɐ] *m* ⟨-s, -⟩, **Handlangerin** [-ərɪn] *f* ⟨-, -nen⟩ *(fig)* dogsbody (Br infml), drudge (US); *(pej ≈ Gehilfe)* henchman **Händler** ['hɛndlɐ] *m* ⟨-s, -⟩, **Händlerin** [-ərɪn] *f* ⟨-, -nen⟩ trader; (≈ Autohändler) dealer; (≈ Ladenbesitzer) shopkeeper (Br), store owner (US) **Händlerrabatt** *m* trade discount **handlich** ['hantlɪç] *adj* Gerät, Format handy; *Gepäckstück* manageable; *Auto* manoeuvrable (Br), maneuverable (US) **Handlung** ['handluŋ] *f* ⟨-, -en⟩ action; (≈ Tat, Akt) act; (≈ Handlungsablauf) plot; **der Ort der ~** the scene of the action **Handlungsbedarf** *m* need for action **Handlungsbevollmächtigte(r)** *m/f(m) decl as adj* authorized agent **handlungsfähig** *adj* Regierung capable of acting; JUR authorized to act; **eine ~e Mehrheit** a working majority **Handlungsfähigkeit** *f* (von Regierung) ability to act; JUR power to act **Handlungsspielraum** *m* scope (of action) **handlungsunfähig** *adj* Regierung incapable of acting; JUR without power to act **Handlungsvollmacht** *f* proxy **Handlungsweise** *f* conduct *no pl* **Handout, Hand-out** ['hɛntaut] *nt* ⟨-s, -s⟩ handout **Handpflege** *f* care of one's hands **Handpuppe** *f* glove (Br) or hand (US) puppet **Handreichung** ['hantraɪçuŋ] *f* ⟨-, -en⟩ (≈ Hilfe) helping hand *no pl*; (≈ Handzettel) handout **Handrücken** *m* back of the/one's hand **Handschelle** *f usu pl* handcuff; **jdm ~n anlegen** to handcuff sb **Handschlag** *m* **1** (≈ Händedruck) handshake; **per ~** with a handshake **2** **keinen ~ tun** not to do a stroke (of work) **Handschrift** *f* **1** handwriting; **etw trägt jds ~** *(fig)* sth bears sb's (trade)-mark **2** (≈ Text) manuscript **handschriftlich** **A** *adj* handwritten **B** *adv* korrigieren by hand **Handschuh** *m* glove; (≈ Fausthandschuh) mitten, mitt *(infml)* **Handschuhfach** *nt* AUTO glove compartment **Handspiel** *nt, no pl* SPORTS handball **Handstand** *m* SPORTS handstand **Handstreich** *m* **in** *or* **durch einen ~** in a surprise coup **Handtasche** *f* handbag (*Brit*), purse (*US*) **Handtuch** *nt*, *pl* -tücher towel; **das ~ werfen** to throw in the towel **Handtuchautomat** *m* towel dispenser **Handtuchhalter** *m* towel rail (*Brit*) *or* rack (*US*) **Handumdrehen** *nt* (*fig*) **im ~** in the twinkling of an eye **handverlesen** *adj Obst etc* hand-graded; (*fig*) hand-picked **Handwagen** *m* handcart **Handwaschbecken** *nt* wash-hand basin **Handwäsche** *f* washing by hand; (≈ *Wäschestücke*) hand wash

Handwerk *nt* trade; (≈ *Kunsthandwerk*) craft; **sein ~ verstehen** (*fig*) to know one's job; **jdm ins ~ pfuschen** (*fig*) to tread on sb's toes; **jdm das ~ legen** (*fig*) to put a stop to sb's game (*infml*) *or* to sb **Handwerker** ['hantvɛrkɐ] *m* ⟨-s, -⟩, **Handwerkerin** [-ərɪn] *f* ⟨-, -nen⟩ tradesman/-woman, (skilled) manual worker; (≈ *Kunsthandwerker*) craftsman/-woman **handwerklich** ['hantvɛrklɪç] *adj Ausbildung* as a manual worker/craftsman/craftswoman; **~er Beruf** skilled trade; **~es Können** craftsmanship; **~e Fähigkeiten** manual skills **Handwerksberuf** *m* skilled trade **Handwerksbetrieb** *m* workshop **Handwerkskammer** *f* trade corporation **Handwerksmeister(in)** *m/(f)* master craftsman/-woman **Handwerkszeug** *nt*, *no pl* tools *pl*; (*fig*) tools *pl* of the trade, equipment **Handwurzel** *f* ANAT carpus **Handy** ['hɛndi] *nt* ⟨-s, -s⟩ TEL mobile (phone), cell phone (*US*) **Handynummer** ['hɛndi-] *f* TEL mobile (phone) number, cell phone number (*US*) **Handzeichen** *nt* signal; (*bei Abstimmung*) show of hands **Handzettel** *m* handout, leaflet

hanebüchen ['haːnəbyːçn] *adj* (*elev*) outrageous

Hanf [hanf] *m* ⟨-(e)s, *no pl*⟩ hemp

Hang [haŋ] *m* ⟨-(e)s, ⸚e ['hɛŋə]⟩ **1** (≈ *Abhang*) slope **2** *no pl* (≈ *Neigung*) tendency **Hängebauch** *m* drooping belly (*infml*) **Hängebrücke** *f* suspension bridge **Hängebrust** *f*, **Hängebusen** *m* (*pej*) sagging breasts *pl* **Hängematte** *f* hammock **hängen** ['hɛŋən] **A** *v/i*, *pret* **hing** [hɪŋ], *past part* **gehangen** [gə'haŋən] *aux* **haben** *or* (*S Ger, Aus, Sw*) **sein 1** to hang;

die Vorhänge ~ schief the curtains don't hang straight; **ihre Haare ~ bis auf die Schultern** her hair comes down to her shoulders; **das Bild hängt an der Wand** the picture is hanging on the wall; **mit ~den Schultern** with drooping shoulders; **den Kopf ~ lassen** (*fig*) to be downcast; **eine Gefahr hängt über uns** danger is hanging over us **2** (≈ *festhängen*) to be caught (*an +dat* on); (≈ *kleben*) to be stuck (*an +dat* to); **ihre Blicke hingen an dem Sänger** her eyes were fixed on the singer **3** (≈ *sich aufhalten*, *infml*) to hang around (*infml*); **sie hängt ständig in Discos** she hangs around discos **4** (*gefühlsmäßig*) **an jdm/etw ~** (≈ *lieben*) to love sb/sth; **ich hänge am Leben** I love life; **es hängt an ihm, ob …** it depends on him whether … **B** *v/t*, *pret* **hängte** *or* **hing**, *past part* **gehängt** *or* **gehangen** (≈ *aufhängen*, *henken*) to hang; **das Bild an die Wand ~** to hang the picture on the wall **C** *v/r* **sich an etw** (*acc*) **~** (≈ *sich festhalten*) to hang on to sth; (≈ *sich festsetzen*) to stick to sth; (*gefühlsmäßig*) to be fixated on sth; **sich an jdn ~** (≈ *anschließen*) to tag on to sb (*infml*); (*gefühlsmäßig*) to become attached to sb; (≈ *verfolgen*) to go after sb **Hängen** *nt* ⟨-s, *no pl*⟩ **mit ~ und Würgen** (*infml*) by the skin of one's teeth **hängen bleiben** *v/i irr aux* **sein** (≈ *sich verfangen*) to get caught (*an +dat* on); (≈ *nicht durch-*, *weiterkommen*) not to get through; (≈ *sich aufhalten*) to stay on; (≈ *haften bleiben*) to get stuck (*in*, *an +dat* on); **der Verdacht ist an ihm hängen geblieben** suspicion rested on him **hängen lassen** *past part* **hängen lassen** *or* (*rare*) **gelassen** *irr* **A** *v/t* **1** (≈ *vergessen*) to leave behind **2** (*infml* ≈ *im Stich lassen*) to let down **B** *v/r* to let oneself go; **lass dich nicht so hängen!** don't let yourself go like this! **Hängeschrank** *m* wall cupboard

Hannover [ha'noːfɐ] *nt* ⟨-s⟩ Hanover **Hansaplast®** [hanza'plast, 'hanza-] *nt* ⟨-(e)s, *no pl*⟩ (sticking) plaster **Hanse** ['hanzə] *f* ⟨-, *no pl*⟩ HIST Hanseatic League **hanseatisch** [hanze'aːtɪʃ] *adj* Hanseatic **hänseln** ['hɛnzln] *v/t* to tease **Hansestadt** *f* Hansa *or* Hanseatic town **Hanswurst** [hans'vʊrst, 'hans-] *m* ⟨-(e)s, -e *or* (*hum*) ⸚e⟩ clown **Hantel** ['hantl] *f* ⟨-, -n⟩ SPORTS dumbbell

hantieren [han'ti:rən] *past part* hant**ie**rt *v/i* **1** (≈ *arbeiten*) to be busy **2** (≈ *umgehen mit*) **mit etw ~** to handle sth **3** (≈ *herumhantieren*) to tinker about (*an +dat* with, on)

hapern ['ha:pen] *v/i impers* (*infml*) **es hapert an etw** (*dat*) (≈ *fehlt*) there is a shortage of sth; **es hapert bei jdm mit etw** (≈ *fehlt*) sb is short of sth

Häppchen ['hɛpçən] *nt* ⟨-s, -⟩ morsel; (≈ *Appetithappen*) titbit (*Br*), tidbit (*US*) **häppchenweise** *adv* (*infml*) bit by bit **Happen** ['hapn] *m* ⟨-s, -⟩ (*infml*) mouthful; (≈ *kleine Mahlzeit*) bite **happig** ['hapɪç] *adj* (*infml*) steep (*infml*)

Happy End ['hɛpɪ'ɛnt] *nt* ⟨-s, -s⟩, **Happyend** *nt* ⟨-s, -s⟩ happy ending

Harass ['haras] *m* ⟨-es, -e⟩ (*Swiss* ≈ *Kasten, Kiste*) crate

Härchen ['hɛ:çən] *nt* ⟨-s, -⟩ little hair

Hardcover ['ha:edkave] *nt* ⟨-s, -s⟩ hardcover **Hardliner** ['ha:edlaɪne] *m* ⟨-s, -⟩, **Hardlinerin** [-ərɪn] *f* ⟨-, -nen⟩ POL hardliner **Hardware** ['ha:edwɛ:e] *f* ⟨-, -s⟩ IT hardware

Harem ['ha:rɛm] *m* ⟨-s, -s⟩ harem

Harfe ['harfə] *f* ⟨-, -n⟩ harp **Harfenist** [harfə'nɪst] *m* ⟨-en, -en⟩, **Harfenistin** [-'nɪstɪn] *f* ⟨-, -nen⟩ harpist

Harke ['harkə] *f* ⟨-, -n⟩ rake; **jdm zeigen, was eine ~ ist** (*fig infml*) to show sb what's what (*infml*) **harken** ['harkn] *v/t & v/i* to rake

harmlos *adj* harmless; *Kurve* easy **Harmlosigkeit** *f* ⟨-, *no pl*⟩ harmlessness **Harmonie** [harmo'ni:] *f* ⟨-, -n [-'ni:ən]⟩ harmony **harmonieren** [harmo'ni:rən] *past part* harmon**ie**rt *v/i* to harmonize **Harmonika** [har'mo:nika] *f* ⟨-, -s *or* Harmoniken⟩ harmonica; (≈ *Ziehharmonika*) accordion **harmonisch** [har'mo:nɪʃ] *adj* MUS harmonic; (≈ *wohlklingend*) harmonious; **sie leben ~ zusammen** they live together in harmony **harmonisieren** [harmoni'zi:rən] *past part* harmonis**ie**rt *v/t* to harmonize **Harmonisierung** *f* ⟨-, -en⟩ harmonization

Harn [harn] *m* ⟨-(e)s, -e⟩ urine; **~ lassen** to urinate **Harnblase** *f* bladder **Harnleiter** *m* ureter **Harnröhre** *f* urethra

Harpune [har'pu:nə] *f* ⟨-, -n⟩ harpoon **harsch** [harʃ] *adj* (≈ *barsch*) harsh **hart** [hart] **A** *adj, comp* **̈er** ['hɛrtə], *sup*

̈este(r, s) ['hɛrtəstə] **1** hard; *Ei* hard-boiled **2** (≈ *scharf*) *Konturen, Formen* sharp; *Klang, Ton* harsh **3** (≈ *rau*) *Spiel* rough; (*fig*) *Getränke* strong; *Droge* hard; *Porno* hard-core **4** (≈ *streng, robust*) tough; *Strafe, Kritik* severe; **~ bleiben** to stand firm; **es geht ~ auf ~** it's a tough fight **B** *adv, comp* **̈er**, *sup* **am ̈esten hart**; **~ gefroren** frozen solid *pred*; **~ gekocht** *Ei* hard-boiled; **~ klingen** (*Sprache*) to sound hard; (*Bemerkung*) to sound harsh; **etw trifft jdn ~** sth hits sb hard; **~ spielen** SPORTS to play rough; **~ durchgreifen** to take tough action; **jdn ~ anfassen** to be hard on sb; **das ist ~ an der Grenze der Legalität** that's on the very limits of legality; **~ am Wind (segeln)** NAUT (to sail) close to the wind **Härte** ['hɛrtə] *f* ⟨-, -n⟩ hardness; (*von Aufprall*) violence; (≈ *Härtegrad*) degree (of hardness); (*von Konturen, Formen*) sharpness; (*von Klang, Akzent*) harshness; (*von Spiel*) roughness *no pl*; (*von Währung*) stability; (*von Strafe, Kritik*) severity; **soziale ~n** social hardships; **das ist die ~** (*sl* ≈ *Zumutung*) that's a bit much (*infml*) **Härtefall** *m* case of hardship; (*infml* ≈ *Mensch*) hardship case **härten** ['hɛrtn] *v/t* to harden; *Stahl* to temper **Härtetest** *m* endurance test; (*fig*) acid test **Hartfaserplatte** *f* hardboard, fiberboard (*US*) **Hartgummi** *m or nt* hard rubber **hartherzig** *adj* hard-hearted **Hartherzigkeit** [-hɛrtsɪçkaɪt] *f* ⟨-, *no pl*⟩ hard-heartedness **Hartholz** *nt* hardwood **Hartkäse** *m* hard cheese **hartnäckig** ['hartnɛkɪç] **A** *adj* stubborn; *Lügner, Husten* persistent **B** *adv* (≈ *beharrlich*) persistently; (≈ *stur*) stubbornly **Hartnäckigkeit** *f* ⟨-, *no pl*⟩ stubbornness; (≈ *Beharrlichkeit*) doggedness **Hartweizengrieß** *m* semolina

Harz[1] [ha:ets] *nt* ⟨-es, -e⟩ resin

Harz[2] *m* ⟨-es⟩ GEOG Harz Mountains *pl* **harzig** ['ha:etsɪç] *adj* *Holz, Geschmack* resinous

Hasch [haʃ] *nt* ⟨-(s), *no pl*⟩ (*infml*) hash (*infml*)

Haschee [ha'ʃe:] *nt* ⟨-s, -s⟩ COOK hash **Häschen** ['hɛ:sçən] *nt* ⟨-s, -⟩ **1** young hare **2** (*infml* ≈ *Kaninchen*) bunny (*infml*) **3** (≈ *Kosename*) sweetheart **Hascherl** ['haʃel] *nt* ⟨-s, -(n)⟩ (*Aus infml*) poor soul **Haschisch** ['haʃɪʃ] *nt or m* ⟨-(s), *no pl*⟩ hashish

Hase ['haːzə] *m* ⟨-n, -n⟩ hare; **falscher ~** COOK meat loaf; **sehen, wie der ~ läuft** *(fig infml)* to see which way the wind blows; **alter ~** *(fig infml)* old hand; **da liegt der ~ im Pfeffer** *(infml)* that's the crux of the matter

Haselnuss *f* hazelnut

Hasenpfeffer *m* COOK ≈ jugged hare **hasenrein** *adj* **jd/etw ist nicht (ganz) ~** *(infml)* sb/sth is not (quite) above board

Hasenscharte *f* MED harelip

Hashtag ['hɛʃtɛk] *m or nt* ⟨-s, -s⟩ IT hashtag

Häsin ['hɛːzɪn] *f* ⟨-, -nen⟩ female hare

Hass [has] *m* ⟨-es, *no pl*⟩ hatred *(auf +acc, gegen* of); **Liebe und ~** love and hate; **einen ~ (auf jdn) haben** *(infml)* to be really sore *(with* sb) *(infml)* **hassen** ['hasn] *v/t & v/i* to hate **hassenswert** *adj* hateful **hässlich** ['hɛslɪç] **A** *adj* **1** (≈ *scheußlich*) ugly **2** (≈ *gemein, unerfreulich*) nasty **B** *adv* **1** (≈ *gemein*) **sich ~ benehmen** to be nasty **2** (≈ *nicht schön*) hideously **Hässlichkeit** *f* ⟨-, -en⟩ **1** *no pl* (≈ *Scheußlichkeit*) ugliness **2** (≈ *Gemeinheit*) nastiness **Hassliebe** *f* love-hate relationship *(für* with) **Hassprediger** *m* hate preacher

Hast [hast] *f* ⟨-, *no pl*⟩ haste **hasten** ['hastn] *v/i aux sein (elev)* to hasten *(form)* **hastig** ['hastıç] **A** *adj* hasty **B** *adv* hastily; **nicht so ~!** not so fast!

hätscheln ['hɛtʃln] *v/t* (≈ *zu weich behandeln)* to pamper

hatschen ['haːtʃn] *v/i aux sein (Aus infml)* (≈ *mühsam gehen*) to trudge along; (≈ *hinken*) to hobble

hatschi [ha'tʃiː, 'hatʃi] *int* atishoo *(Br)*, achoo

Hattrick ['hɛttrɪk] *m* SPORTS hat-trick; *(fig)* masterstroke

Haube ['haubə] *f* ⟨-, -n⟩ **1** (≈ *Kopfbedeckung)* bonnet; *(von Krankenschwester etc)* cap; **unter die ~ kommen** *(hum)* to get married **2** *(allgemein* ≈ *Bedeckung)* cover; (≈ *Trockenhaube)* (hair) dryer, drying hood *(US)*; (≈ *Motorhaube)* bonnet *(Br)*, hood *(US)*

Hauch [haux] *m* ⟨-(e)s, -e⟩ **1** *(elev* ≈ *Atem)* breath; (≈ *Luftzug)* breeze **2** (≈ *Andeutung)* hint **hauchdünn** *adj* extremely thin; *Scheiben* wafer-thin; *(fig) Mehrheit* extremely narrow; *Sieg* extremely close **hauchen** ['hauxn] *v/t & v/i* to breathe

Haue ['hauə] *f* ⟨-, -n⟩ **1** *(S Ger, Aus)* (≈ *Pickel)* pickaxe *(Br)*, pickax *(US)*; (≈ *Gartenhacke)*

hoe **2** *no pl (infml* ≈ *Prügel)* **~ kriegen** to get a good hiding *(infml)* **hauen** ['hauən] *pret* **haute** ['hautə], *past part* **gehauen** *or (dial)* **gehaut** [gə'hauən, gə'haut] **A** *v/t* **1** *pret also* **hieb** [hiːp] *(infml* ≈ *schlagen)* to hit **2** (≈ *meißeln) Statue* to carve **3** *(dial* ≈ *zerhacken) Holz* to chop (up) **B** *v/i, pret also* **hieb** [hiːp] *(infml* ≈ *schlagen)* to hit; **jdm auf die Schulter ~** to slap sb on the shoulder **C** *v/r (infml* ≈ *sich prügeln)* to scrap **Hauer** ['hauə] *m* ⟨-s, -⟩ ZOOL tusk

Häufchen ['hɔyfçən] *nt* ⟨-s, -⟩ small heap; **ein ~ Unglück** a picture of misery **Haufen** ['haufn] *m* ⟨-s, -⟩ **1** heap; **jdn/ein Tier über den ~ fahren** *etc (infml)* to knock sb/an animal down; **jdn über den ~ schießen** *(infml)* to shoot sb down; **etw** *(acc)* **über den ~ werfen** *(infml)* (≈ *verwerfen)* to throw or chuck *(infml)* sth out; (≈ *durchkreuzen)* to mess sth up *(infml)*; **der Hund hat da einen ~ gemacht** the dog has made a mess there *(infml)* **2** *(infml* ≈ *große Menge)* load *(infml)*; **ein ~ Unsinn** a load of (old) rubbish *(infml)*; **ein ~ Zeit** loads of time *(infml)*; **ich hab noch einen ~ zu tun** I still have loads to do *(infml)* **3** (≈ *Schar)* crowd **häufen** ['hɔyfn] **A** *v/t* to pile up; (≈ *sammeln)* to accumulate; → **gehäuft B** *v/r* (≈ *sich ansammeln)* to mount up; (≈ *zahlreicher werden)* to occur increasingly often **haufenweise** *adv* (≈ *in Haufen)* in heaps; **etw ~ haben** to have heaps of sth *(infml)* **Haufenwolke** *f* cumulus (cloud) **häufig** ['hɔyfɪç] **A** *adj* frequent **B** *adv* often **Häufigkeit** *f* ⟨-, -en⟩ frequency **Häufung** ['hɔyfʊŋ] *f* ⟨-, -en⟩ **1** *(fig* ≈ *das Anhäufen)* accumulation **2** (≈ *das Sichhäufen)* increasing number

Haupt [haupt] *nt* ⟨-(e)s, Häupter ['hɔyptɐ]⟩ head; **eine Reform an ~ und Gliedern** a total reform **Hauptaktionär(in)** *m/(f)* main shareholder **Hauptakzent** *m* **1** LING primary accent or stress **2** *(fig)* main emphasis **hauptamtlich** **A** *adj* full-time; **~e Tätigkeit** full-time office **B** *adv* (on a) full-time (basis); **~ tätig sein** to work full-time **Hauptanschluss** *m* TEL main extension **Hauptarbeit** *f* main (part of the) work **Hauptattraktion** *f* main attraction **Hauptaufgabe** *f* main *od* chief task **Hauptaugenmerk** *f* **sein ~ auf etw** *(acc)* **richten** to focus one's attention on sth **Hauptausgang** *m* main exit **Haupt-**

bahnhof *m* main station **hauptberuflich** **A** *adj* full-time; **~e Tätigkeit** main occupation **B** *adv* full-time; **~ tätig sein** to be employed full-time **Hauptbeschäftigung** *f* main occupation **Hauptbetrieb** *m* **1** (≈ *Zentralbetrieb*) headquarters *sg or pl* **2** (≈ *geschäftigste Zeit*) peak period; (≈ *Hauptverkehrszeit*) rush hour **Hauptbuch** *nt* COMM ledger **Hauptdarsteller** *m* leading man **Hauptdarstellerin** *f* leading lady **Haupteingang** *m* main entrance **Häuptelsalat** ['hɔyptl-] *m* (*Aus*) lettuce **Hauptfach** *nt* SCHOOL, UNIV main subject, major (*US*); **etw im ~ studieren** to study sth as one's main subject, to major in sth (*US*) **Hauptfeld** *nt* (*bei Rennen*) (main) pack **Hauptfeldwebel(in)** *m/(f)* sergeant major **Hauptfigur** *f* central figure **Hauptgericht** *nt* main course **Hauptgeschäftsstelle** *f* head office, headquarters *sg or pl* **Hauptgeschäftszeit** *f* peak (shopping) period **Hauptgewicht** *nt* (*fig*) main emphasis **Hauptgewinn** *m* first prize **Hauptgrund** *m* main *or* principal reason **Haupthahn** *m* mains cock, mains tap (*Br*) **Hauptlast** *f* main load, major part of the load; (*fig*) main burden **Hauptleitung** *f* mains *pl* **Häuptling** ['hɔyptlɪŋ] *m* ⟨-s, -e⟩ chief (-tain); (*fig, infml* ≈ *Boss*) chief (*infml*) **Hauptmahlzeit** *f* main meal **Hauptmann** *m, pl* -leute MIL captain; AVIAT flight lieutenant (*Br*), captain (*US*) **Hauptmenü** *nt* IT main menu **Hauptmieter(in)** *m/(f)* main tenant **Hauptnahrungsmittel** *nt* staple food **Hauptperson** *f* central figure **Hauptpostamt** *nt* main post office **Hauptquartier** *nt* headquarters *sg or pl* **Hauptreisezeit** *f* peak travelling (*Br*) *or* traveling (*US*) time(s *pl*) **Hauptrolle** *f* FILM, THEAT leading role, lead; **die ~ spielen** (*fig*) to be all-important; (≈ *wichtigste Person sein*) to play the main role **Hauptsache** *f* main thing; **in der ~** in the main; **~, du bist glücklich** the main thing is that you're happy **hauptsächlich** **A** *adv* mainly **B** *adj* main **Hauptsaison** *f* peak season; **~ haben** to have its/their peak season **Hauptsatz** *m* (GRAM, *übergeordnet*) main clause **Hauptschlagader** *f* aorta **Hauptschulabschluss** *m* **den ~ haben** ≈ to have completed secondary

school *or* junior high (school) (*US*) **Hauptschuldige(r)** *m/f(m)* decl as adj person mainly to blame *or* at fault, main offender (*esp* JUR) **Hauptschule** *f* ≈ secondary school, ≈ junior high (school) (*US*) **Hauptschüler(in)** *m/(f)* ≈ secondary school *or* junior high (school) (*US*) pupil **Hauptspeicher** *m* IT main memory **Hauptstadt** *f* capital (city) **hauptstädtisch** *adj* metropolitan **Hauptstraße** *f* main road; (*im Stadtzentrum etc*) main street **Hauptstudium** *nt* UNIV main course (of studies) **Haupttitel** *m* main part **Haupttreffer** *m* top prize, jackpot (*infml*) **Haupttribüne** *f* main stand **Hauptverkehrsstraße** *f* (*in Stadt*) main street; (≈ *Durchgangsstraße*) main thoroughfare **Hauptverkehrszeit** *f* peak traffic times *pl*; (*in Stadt*) rush hour **Hauptversammlung** *f* general meeting **Hauptwäsche** *f*, **Hauptwaschgang** *m* main wash **Hauptwohnsitz** *m* main place of residence **Hauptwort** *nt, pl* -wörter GRAM noun **Hauptzeuge** *m*, **Hauptzeugin** *f* principal witness **hau ruck** ['hau 'rʊk] *int* heave-ho **Hauruckverfahren** *nt* **etw im ~ tun** to do sth in a great hurry **Haus** [haus] *gen* Haus, *pl* Häuser ['hɔyze] *nt* house; **mit jdm ~ an ~ wohnen** to live next door to sb; **~ und Hof verlieren** to lose the roof over one's head; **aus dem ~ sein** to be away from home; **außer ~ essen** to eat out; **im ~e meiner Schwester** at my sister's (house); **ins ~ stehen** (*fig*) to be on the way; **jdn nach ~e bringen** to take sb home; **bei jdm zu ~e** in sb's house; **bei uns zu ~e** at home; **sich wie zu ~e fühlen** to feel at home; **fühl dich wie zu ~e!** make yourself at home!; **er ist nicht im ~e** (≈ *in der Firma*) he's not in; **ein Freund des ~es** a friend of the family; **aus gutem/bürgerlichem ~(e)** from a good/middle-class family; **von ~e aus** (≈ *ursprünglich*) originally; (≈ *von Natur aus*) naturally; **das ~ Windsor** the House of Windsor; **vor vollem ~ spielen** THEAT to play to a full house; **Hohes ~!** PARL ≈ honourable (*Br*) *or* honorable (*US*) members (of the House)! **Hausapotheke** *f* medicine cupboard **Hausarbeit** *f* **1** housework *no pl* **2** SCHOOL homework *no indef art, no pl*, piece of homework, assignment (*esp US*) **Hausarrest** *m* (*im Internat*) detention; JUR house arrest; **~ haben** to be in detention/under house arrest **Hausarzt** m, **Hausärztin** f GP; (von Anstalt) resident doctor **Hausaufgabe** f SCHOOL homework sg, no indef art; **seine ~n machen** to do one's homework **hausbacken** ['hausbakn] adj (fig) homespun, homely (US) **Hausbau** m, no pl (≈ das Bauen) building of a/the house **Hausbesetzer** [-bazetsə] m ⟨-s, -⟩, **Hausbesetzerin** [-ərɪn] f ⟨-, -nen⟩ squatter **Hausbesetzung** f squatting **Hausbesitzer(in)** m/(f) house-owner; (≈ Hauswirt) landlord/landlady **Hausbesuch** m home visit **Hausbewohner(in)** m/(f) (house) occupant **Hausboot** nt houseboat **Häuschen** ['hɔʏsçən] nt ⟨-s, -⟩ (fig infml) **ganz aus dem ~ sein vor …** to be out of one's mind with … (infml); **ganz aus dem ~ geraten** to go berserk (infml) **Hausdetektiv(in)** m/(f) house detective; (von Kaufhaus) store detective **Hauseigentümer(in)** m/(f) homeowner **Hauseingang** m (house) entrance **Häusel** ['hɔʏsl] nt ⟨-s, -⟩ (Aus infml ≈ Toilette) smallest room (Br hum infml), bathroom (US) **hausen** ['hauzn] v/i **1** (≈ wohnen) to live **2** (≈ wüten) (übel or schlimm) **~** to wreak havoc **Häuserblock** m, pl -blocks or (rare) -blöcke block (of houses) **Häuserflucht** f row of houses **Häuserreihe** f row of houses; (aneinandergebaut) terrace **Hausflur** m (entrance) hall, hallway **Hausfrau** f housewife **Hausfriedensbruch** m JUR trespass (in sb's house) **hausgemacht** adj home-made; (fig) Problem etc of one's own making **Hausgemeinschaft** f household (community) **Haushalt** ['haushalt] m ⟨-(e)s, -e⟩ **1** household; (≈ Haushaltsführung) housekeeping; **den ~ führen** to run the household; **jdm den ~ führen** to keep house for sb **2** (≈ Etat) budget **haushalten** ['haushaltn] v/i sep irr **mit etw ~** mit Geld, Zeit to be economical with sth **Haushälter** ['haushɛltə] m ⟨-s, -⟩, **Haushälterin** [-ərɪn] f ⟨-, -nen⟩ housekeeper **Haushaltsartikel** m household item **Haushaltsdebatte** f PARL budget debate **Haushaltsdefizit** nt POL budget deficit **Haushaltsentwurf** m POL draft budget, budget proposals pl **Haushaltsführung** f housekeeping **Haushaltsgeld** nt housekeeping money **Haushaltshil-**

fe f domestic or home help **Haushaltsjahr** nt POL, ECON financial year **Haushaltswaren** pl household goods pl **Haushaltungsvorstand** m (form) head of the household **Hausherr** m head of the household; (≈ Gastgeber, SPORTS) host **Hausherrin** f lady of the house; (≈ Gastgeberin) hostess **haushoch** A adj (as) high as a house/houses; (fig) Sieg crushing; **der haushohe Favorit** the hot favourite (Br infml) or favorite (US infml) B adv **~ gewinnen** to win hands down; **jdm ~ überlegen sein** to be head and shoulders above sb **hausieren** [hau'ziːrən] past part hausiert v/i to hawk (mit etw sth); **mit etw ~ gehen** (fig) mit Plänen etc to hawk sth about **Hausierer** [hau'ziːrə] m ⟨-s, -⟩, **Hausiererin** [-ərɪn] f ⟨-, -nen⟩ hawker, peddler **Hauskatze** f domestic cat **Hauskauf** m house-buying no art, house purchase **Häusl** [hɔʏsl] nt ⟨-s, -⟩ = **Häusel häuslich** ['hɔʏslɪç] A adj domestic; Pflege home attr; (≈ das Zuhause liebend) home-loving B adv **sich ~ niederlassen** to make oneself at home; **sich ~ einrichten** to settle in **Häuslichkeit** f ⟨-, no pl⟩ domesticity **Hausmacherart** f **Wurst** etc **nach ~** home-made-style sausage etc **Hausmacherkost** f home cooking **Hausmann** m, pl -männer househusband **Hausmannskost** f plain cooking or fare; (fig) plain fare **Hausmeister** m caretaker **Hausmittel** nt household remedy **Hausmüll** m domestic refuse **Hausmusik** f music at home, family music **Hausnummer** f house number **Hausordnung** f house rules pl or regulations pl **Hausputz** m house cleaning **Hausrat** m, no pl household equipment **Hausratversicherung** f (household) contents insurance **Haussammlung** f house-to-house or door-to-door collection **Hausschlüssel** m front-door key **Hausschuh** m slipper **Hausse** ['(h)oːs(ə)] f ⟨-, -n⟩ ECON boom (an +dat in)

Haussegen m **bei ihnen hängt der ~ schief** (hum) they're a bit short on domestic bliss (infml) **Hausstand** m household; **einen ~ gründen** to set up house **Haussuchung** [-zuːxʊŋ] f ⟨-, -en⟩ house search **Haussuchungsbefehl** m search warrant **Haustier** nt pet **Haustierversicherung** f pet insurance, animal health insurance **Haustür** f front door **Hausverbot** nt **jdm ~ erteilen** to ban sb from the house **Hausverwalter(in)** m/(f) (house) supervisor **Hausverwaltung** f property management **Hauswart** [-vart] m ⟨-(e)s, -e⟩, **Hauswartin** f ⟨-, -nen⟩ caretaker, janitor **Hauswirt** m landlord **Hauswirtin** f landlady **Hauswirtschaft** f **1** (≈ Haushaltsführung) housekeeping **2** SCHOOL home economics sg **Hauswurfsendung** f (house-to-house) circular **Haut** [haut] f ⟨-, Häute ['hɔytə]⟩ skin; (≈ Schale von Obst etc) peel; **nass bis auf die ~** soaked to the skin; **nur ~ und Knochen sein** to be nothing but skin and bone(s); **mit ~ und Haar(en)** (infml) completely; **in seiner ~ möchte ich nicht stecken** I wouldn't like to be in his shoes; **ihm ist nicht wohl in seiner ~** (infml) he feels uneasy; **sich auf die faule ~ legen** (infml) to sit back and do nothing **Hautarzt** m, **Hautärztin** f dermatologist **Hautausschlag** m (skin) rash **Häutchen** ['hɔytçən] nt ⟨-s, -⟩ (auf Flüssigkeit) skin; ANAT, BOT membrane; (an Fingernägeln) cuticle **häuten** ['hɔytn] **A** v/t Tiere to skin **B** v/r (Tier) to shed its skin **hauteng** adj skintight **Hautevolee** [(h)o:tvo'le:] f ⟨-, no pl⟩ upper crust **Hautfarbe** f skin colour (Br) or color (US) **hautfarben** [-farbn] adj flesh-coloured (Br), flesh-colored (US) **Hautkrankheit** f skin disease **Hautkrebs** m MED skin cancer **hautnah** **A** adj **1** (≈ sehr eng, infml) (very) close **2** (fig infml) Problem that affects us/him etc directly; Darstellung deeply affecting **B** adv **~ in Kontakt mit jdm/etw kommen** to come into (very) close contact with sb/sth; **etw ~ erleben** to experience sth at close quarters **Hautpflege** f skin care **hautschonend** adj kind to the skin **Hauttransplantation** f skin graft

Havarie [hava'ri:] f ⟨-, -n [-'ri:ən]⟩ (≈ Unfall) accident; (≈ Schaden) damage no indef art, no pl

Hawaii [ha'vaii, ha'vai] nt ⟨-s⟩ Hawaii **Haxe** ['haksə] f ⟨-, -n⟩; → **Hachse**

H-Bombe ['ha:-] f H-bomb

he [he:] int hey; (fragend) eh

Hebamme ['he:pamə, 'he:bamə] f ⟨-, -n⟩ midwife

Hebebühne f hydraulic ramp

Hebel ['he:bl] m ⟨-s, -⟩ (≈ Griff) lever; (fig) leverage; **alle ~ in Bewegung setzen** (infml) to move heaven and earth; **am längeren ~ sitzen** (infml) to have the whip hand

heben ['he:bn] pret **hob** [ho:p], past part **gehoben** [gə'ho:bn] **A** v/t **1** to lift; **er hebt gern einen** (infml) he likes a drink; → **gehoben 2** (≈ verbessern) to heighten; Ertrag to increase; Stimmung to improve; **jds Stimmung ~** to cheer sb up **B** v/r to rise; (Nebel, Deckel) to lift; **da hob sich seine Stimmung** that cheered him up **C** v/i SPORTS to do weightlifting **Heber** ['he:bɐ] m ⟨-s, -⟩ TECH (hydraulic) jack

hebräisch [he'brɛ:ɪʃ] adj Hebrew

Hebriden [he'bri:dn] pl **die ~** the Hebrides pl

Hebung ['he:buŋ] f ⟨-, -en⟩ **1** (von Schatz, Wrack etc) recovery, raising **2** no pl (fig ≈ Verbesserung) improvement

hecheln ['hɛçln] v/i (≈ keuchen) to pant

Hecht [hɛçt] m ⟨-(e)s, -e⟩ ZOOL pike; **er ist (wie) ein ~ im Karpfenteich** (fig ≈ sorgt für Unruhe) he's a stirrer (infml) **hechten** ['hɛçtn] v/i aux sein (infml) to dive; (beim Turnen) to do a forward dive

Heck [hɛk] nt ⟨-(e)s, -e⟩ pl also -s NAUT stern; AVIAT tail; AUTO rear

Hecke ['hɛka] f ⟨-, -n⟩ hedge **Heckenrose** f dog rose **Heckenschere** f hedge clippers pl **Heckenschütze** m, **Heckenschützin** f sniper

Heckklappe f AUTO tailgate **hecklastig** [-lastɪç] adj tail-heavy **Heckscheibe** f AUTO rear windscreen (Br) or windshield (US) **Heckscheibenheizung** f rear windscreen (Br) or windshield (US) heater **Heckscheibenwischer** m rear windscreen (Br) or windshield (US) wiper **Hecktür** f AUTO tailgate

Heer [he:ɐ] nt ⟨-(e)s, -e⟩ army

Hefe ['he:fə] f ⟨-, -n⟩ yeast **Hefegebäck** nt yeast-risen pastry **Hefeteig** m yeast dough

Heft[1] nt ⟨-(e)s, -e⟩ **1** (≈ Schreibheft) exercise book **2** (≈ Zeitschrift) magazine; (≈ Comicheft) comic; (≈ Nummer) issue

Heft[2] [hɛft] nt ⟨-(e)s, -e⟩ (von Messer) handle; (von Schwert) hilt; **das ~ in der Hand haben** (fig) to hold the reins; **das ~ aus**

der Hand geben (fig) to hand over control **Heftchen** ['hɛftçən] nt ⟨-s, -⟩ **1** (pej ≈ Comicheftchen) rag (pej infml) **2** (≈ Briefmarkenheftchen) book of stamps **heften** ['hɛftn̩] **A** v/t **1** (≈ nähen) Saum, Naht to tack (up); Buch to sew; (≈ klammern) to clip (an +acc to); (mit Heftmaschine) to staple (an +acc to) **2** (≈ befestigen) to pin, to fix **B** v/r **1** (Blick, Augen) **sich auf jdn/etw ~** to fix onto sb/sth **2** **sich an jdn ~** to latch on to sb; **sich an jds Fersen ~** (fig) (≈ jdn verfolgen) to dog sb's heels **Hefter** ['hɛftɐ] m ⟨-s, -⟩ **1** (loose-leaf) file **2** (≈ Heftapparat) stapler

heftig ['hɛftɪç] **A** adj (≈ stark) violent; Fieber, Frost, Erkältung severe; Schmerz, Abneigung Sehnsucht intense; Widerstand vehement; Regen heavy; Wind, Ton fierce; Worte violent; **~ werden** to fly into a passion **B** adv regnen, zuschlagen hard; kritisieren severely; schütteln vigorously; schimpfen vehemently; verliebt passionately; **sich ~ streiten** to have a violent argument **Heftigkeit** f, no pl (≈ Stärke) violence; (von Frost) severity; (von Schmerz, Abneigung) intensity; (von Widerstand) vehemence; (von Wind) ferocity; (von Regen) heaviness **Heftklammer** f staple **Heftmaschine** f stapler **Heftpflaster** nt (sticking) plaster **Heftzwecke** f drawing pin (Br), thumb tack (US)

Hegemonie [hegemo'ni:] f ⟨-, -n [-'ni:ən]⟩ hegemony **hegen** ['he:gn̩] v/t **1** (≈ pflegen) to care for; **jdn ~ und pflegen** to lavish care and attention on sb **2** Hass, Verdacht to harbour (Br), to harbor (US); Misstrauen to feel; Zweifel to entertain; Wunsch to cherish; **ich hege den starken Verdacht, dass …** I have a strong suspicion that … **Hehl** [he:l] nt or m **kein** or **keinen ~ aus etw machen** to make no secret of sth **Hehler** ['he:lɐ] m ⟨-s, -⟩, **Hehlerin** [-ərɪn] f ⟨-, -nen⟩ receiver (of stolen goods) **Hehlerei** [he:lə'raɪ] f ⟨-, -en⟩ receiving (stolen goods) **Heide¹** ['haɪdə] f ⟨-, -n⟩ moor; (≈ Heideland) moorland **Heide²** ['haɪdə] m ⟨-n, -n⟩, **Heidin** ['haɪdɪn] f ⟨-, -nen⟩ heathen **Heidekraut** nt heather **Heideland** nt moorland **Heidelbeere** f bilberry, blueberry (esp US)

Heidenangst f **eine ~ vor etw** (dat) **haben** (infml) to be scared stiff of sth (infml) **Heidenlärm** m (infml) unholy din (infml) **Heidenspaß** m (infml) terrific fun **heidnisch** ['haɪdnɪʃ] adj heathen **heikel** ['haɪkl] adj **1** (≈ schwierig) tricky **2** (dial, in Bezug auf Essen) fussy **heil** [haɪl] **A** adj **1** (≈ unverletzt) Mensch unhurt; Glieder unbroken; Haut undamaged; **wieder ~ werden** (≈ wieder gesund) to get better again; (Wunde) to heal up; (Knochen) to mend; **mit ~er Haut davonkommen** to escape unscathed **2** (infml ≈ ganz) intact; **die ~e Welt** an ideal world **B** adv (≈ unverletzt) all in one piece **Heil** [haɪl] **A** nt ⟨-s, no pl⟩ **1** (≈ Wohlergehen) wellbeing **2** (ECCL, fig) salvation; **sein ~ in etw** (dat) **suchen** to seek one's salvation in sth **B** int Ski **~!** good skiing! **Heiland** ['haɪlant] m ⟨-(e)s, -e [-də]⟩ Saviour (Br), Savior (US) **Heilanstalt** f neg! nursing home; (für Sucht- oder Geisteskranke) home **heilbar** adj curable **Heilbutt** m halibut **heilen** ['haɪlən] **A** v/i aux sein (Wunde, Bruch) to heal (up); (Entzündung) to clear up **B** v/t Kranke to cure; Wunde to heal; **jdn von etw ~** to cure sb of sth **heilfroh** adj pred (infml) really glad **heilig** ['haɪlɪç] adj **1** holy; **jdm ~ sein** to be sacred to sb; **der ~e Augustinus** Saint Augustine; **Heiliger Abend** Christmas Eve; **der Heilige Geist** the Holy Spirit; **das Heilige Land** the Holy Land; **die Heilige Schrift** the Holy Scriptures pl **2** (fig ≈ ernst) Eid, Pflicht sacred; **~e Kuh** sacred cow **Heiligabend** [haɪlɪç'aːbnt] m Christmas Eve **Heiligenschein** m halo **Heilige(r)** ['haɪlɪgə] m/f(m) decl as adj saint **Heiligkeit** f ⟨-, no pl⟩ holiness **heiligsprechen** v/t sep irr to canonize **Heiligtum** ['haɪlɪçtuːm] nt ⟨-s, -tümer [-tyːmɐ]⟩ (≈ Stätte) shrine; (≈ Gegenstand) (holy) relic; **jds ~ sein** (infml) to be sacrosanct to sb **Heilkraft** f healing power **heilkräftig** adj Pflanze, Tee medicinal **Heilkraut** nt usu pl medicinal herb **heillos** adj unholy (infml); Schreck terrible, frightful; **die Partei war ~ zerstritten** the party was hopelessly divided **Heilmethode** f cure **Heilmittel** nt remedy; (≈ Medikament) medicine **Heilpflanze** f medicinal plant **Heilpraktiker** m ⟨-s, -⟩, **Heilprakti-**

kerin [-ərın] f ⟨-, -nen⟩ non-medical practitioner **heilsam** ['haɪlza:m] adj (fig ≈ förderlich) salutary **Heilsarmee** f Salvation Army **Heilung** ['haɪlʊŋ] f ⟨-, (rare) -en⟩ healing; (von Kranken) curing; (≈ das Gesundwerden) cure

heim [haɪm] adv home **Heim** [haɪm] nt ⟨-(e)s, -e⟩ home; (≈ Obdachlosenheim) hostel; (≈ Studentenwohnheim) hall of residence, dormitory (US) **Heimarbeit** f IND homework no indef art, outwork no indef art **Heimarbeiter(in)** m/(f) IND homeworker

Heimat ['haɪma:t] f ⟨-, -en⟩ home **Heimatanschrift** f home address **Heimatfilm** m sentimental film in idealized regional setting **Heimatkunde** f SCHOOL local history **Heimatland** nt native country **heimatlich** ['haɪma:tlıç] adj native; Bräuche local; Gefühle nostalgic; Klänge of home **heimatlos** adj homeless **Heimatlose(r)** ['haɪma:tlo:zə] m/f(m) decl as adj homeless person; **die ~n** the homeless **Heimatmuseum** nt museum of local history **Heimatstadt** f home town **Heimatvertriebene(r)** m/f(m) decl as adj displaced person, expellee **Heimbewohner(in)** m/(f) resident (of a/ the home) **heimbringen** v/t sep irr (≈ nach Hause bringen) to bring home; (≈ heimbegleiten) to take home **Heimchen** ['haɪmçən] nt ⟨-s, -⟩ ZOOL house cricket; **~ (am Herd)** (pej ≈ Hausfrau) housewife **heimelig** ['haɪməlıç] adj cosy (Brit), cozy (US) **heimfahren** v/t & v/i sep irr (v/i:aux sein) to drive home **Heimfahrt** f journey home; NAUT voyage home **heimfinden** v/i sep irr to find one's way home **heimisch** ['haɪmıʃ] adj **1** (≈ einheimisch) indigenous (in +acc to); (≈ national) domestic; (≈ regional) regional **2** (≈ vertraut) familiar; **sich ~ fühlen** to feel at home; **~ werden** to settle in (an, in +dat to) **Heimkehr** ['haɪmke:ɐ] f ⟨-, no pl⟩ homecoming **heimkehren** v/i sep aux sein to return home (aus from) **heimkommen** v/i sep irr aux sein to come home **Heimleiter(in)** m/(f) head of a/the home/hostel **heimlich** ['haɪmlıç] **A** adj secret; Bewegungen furtive **B** adv secretly; lachen inwardly; **sich ~ entfernen** to steal away; **~, still und leise** (infml) quietly, on the quiet **Heimlichkeit** f ⟨-, -en⟩ secrecy; (≈ Geheimnis) secret **Heimlichtuer**

[-tu:ɐ] m ⟨-s, -⟩, **Heimlichtuerin** [-ərın] f ⟨-, -nen⟩ secretive person **Heimlichtuerei** f secretiveness

Heimniederlage f SPORTS home defeat **Heimreise** f journey home; NAUT voyage home **heimreisen** v/i sep aux sein to travel home **Heimservice** [-zø:ɐvıs, -zœrvıs] m home delivery service **Heimsieg** m SPORTS home win or victory **Heimspiel** nt SPORTS home match or game **heimsuchen** ['haɪmzu:xn] v/t sep to strike; (für längere Zeit) to plague; (Krankheit) to afflict; (Schicksal) to overtake; (infml ≈ besuchen) to descend on (infml); **von Krieg heimgesucht** war-torn **Heimtrainer** m exercise machine; (≈ Fahrrad) exercise bike

Heimtücke f, no pl insidiousness; (≈ Boshaftigkeit) maliciousness **heimtückisch** **A** adj insidious; (≈ boshaft) malicious **B** adv überfallen, verraten treacherously

Heimvorteil m (SPORTS, fig) home advantage **heimwärts** ['haɪmvɛrts] adv (≈ nach Hause zu) home; **~ ziehen** to go homewards **Heimweg** m way home; **sich auf den ~ machen** to set out for home **Heimweh** [-ve:] nt ⟨-s, no pl⟩ homesickness no art; **~ haben** to be homesick (nach for) **Heimwerker** [-vɛrkɐ] m ⟨-s, -⟩, **Heimwerkerin** [-ərın] f ⟨-, -nen⟩ do-it-yourself or DIY enthusiast **heimzahlen** v/t sep **jdm etw ~** to pay sb back for sth

Heini ['haɪni] m ⟨-s, -s⟩ (infml) guy (infml); (≈ Dummkopf) fool

Heirat ['haɪra:t] f ⟨-, -en⟩ marriage **heiraten** ['haɪra:tn] **A** v/t to marry **B** v/i to get married **Heiratsantrag** m proposal (of marriage); **jdm einen ~ machen** to propose to sb **Heiratsanzeige** f (≈ Bekanntgabe) announcement of a forthcoming marriage **Heiratsschwindler(in)** m/(f) person who makes a marriage proposal under false pretences **Heiratsurkunde** f marriage certificate

heiser **A** adj hoarse **B** adv **sich ~ schreien/reden** to shout/talk oneself hoarse **Heiserkeit** f ⟨-, no pl⟩ hoarseness

heiß **A** adj **1** hot; **jdm ist/wird ~** sb is/is getting hot; **etw ~ machen** to heat sth up **2** (≈ heftig) heated; Wunsch burning **3** (≈ aufreizend, gefährlich) **jdn ~ machen** (infml) to turn sb on (infml); **ein ~es Eisen** a hot potato **4** (infml) **~er Draht** hotline; **~e**

Spur firm lead; **~ sein** (≈ *brünstig*) to be on heat **B** *adv* **1** **etw ~ trinken** to drink sth hot; **~ baden** to have a hot bath; **~ duschen** to take a hot shower; **~ laufen** (*Motor*) to overheat; (*Telefonleitungen*) to buzz **2** (≈ *heftig*) **~ ersehnt** much longed for; **~ geliebt** dearly beloved; **es ging ~ her** things got heated; **~ umkämpft** fiercely fought over; *Markt* fiercely contested; **~ umstritten** *Frage* hotly debated; *Künstler etc* highly controversial

heißen ['haɪsn] *pret* **hieß** [hiːs], *past part* **geheißen** [gə'haɪsn] **A** *v/t* (≈ *nennen*) to call; **jdn willkommen ~** to bid sb welcome **B** *v/i* **1** to be called (*Br*) or named; **wie ~ Sie?** what are you called?, what's your name?; **ich heiße Müller** I'm called or my name is Müller; **wie heißt das?** what is that called? **2** (≈ *bestimmte Bedeutung haben*) to mean; **was heißt „gut" auf Englisch?** what is the English (word) for "gut"?; **ich weiß, was es heißt, allein zu sein** I know what it means to be alone **3** **das heißt** that is; (≈ *in anderen Worten*) that is to say **C** *v/i impers* **1** **es heißt, dass ...** (≈ *es gibt Rede*) they say that ... **2** (≈ *zu lesen sein*) **in der Bibel heißt es, dass ...** the Bible says that ...; **nun heißt es handeln** now it's time to act

heißgeliebt *adj* → heiß **Heißhunger** *m* ravenous appetite; **etw mit ~ essen** to eat sth ravenously **heißlaufen** *v/i sep irr aux sein*; → heiß **Heißluft** *f* hot air **Heißluftballon** *m* hot-air balloon **Heißluftherd** *m* fan-assisted oven **heißumkämpft** [-ʊmkɛmpft] *adj attr*; → heiß

heiter ['haɪtɐ] *adj* (≈ *fröhlich*) cheerful; (≈ *amüsant*) amusing; (≈ *hell, klar*) bright; *Wetter* fine; METEO fair; **das kann ja ~ werden!** (*iron*) that sounds great (*iron*); **aus ~em Himmel** (*fig*) out of the blue **Heiterkeit** *f* ⟨-, no pl⟩ (≈ *Fröhlichkeit*) cheerfulness; (≈ *heitere Stimmung*) merriment; **allgemeine ~ hervorrufen** to cause general amusement

heizen ['haɪtsn] **A** *v/i* (≈ *die Heizung anhaben*) to have the/one's heating on; **mit Strom etc ~** to use electricity *etc* for heating **B** *v/t* (≈ *warm machen*) to heat; (≈ *verbrennen*) to burn **Heizkessel** *m* boiler **Heizkissen** *nt* electric heat pad **Heizkörper** *m* (≈ *Gerät*) heater; (*von Zentralheizung*) radiator; (≈ *Element*) heating element

Heizkosten *pl* heating costs *pl* **Heizkraft** *f* heating power **Heizlüfter** [-lʏftɐ] *m* ⟨-s, -⟩ fan heater **Heizöl** *nt* fuel oil **Heizung** ['haɪtsʊŋ] *f* ⟨-, -en⟩ heating

Hektar [hɛk'taːɐ, 'hɛktaːɐ] *nt* or *m* ⟨-s, -e⟩ hectare

Hektik ['hɛktɪk] *f* ⟨-, no pl⟩ (≈ *Hast*) hectic rush; (*von Großstadt etc*) hustle and bustle; (*von Leben etc*) hectic pace; **nur keine ~** take it easy **hektisch** ['hɛktɪʃ] **A** *adj* hectic; *Arbeiten* frantic **B** *adv* hectically; **es geht ~ zu** things are hectic; **nur mal nicht so ~** take it easy

Hektoliter [hɛkto'liːtɐ, 'hɛkto-] *m* or *nt* hectolitre (*Br*), hectoliter (*US*)

Held [hɛlt] *m* ⟨-en, -en [-dn]⟩ hero **heldenhaft** **A** *adj* heroic **B** *adv* heroically **Heldenmut** *m* heroic courage **Heldentat** *f* heroic deed **Heldentum** ['hɛldntuːm] *nt* ⟨-s, no pl⟩ heroism **Heldin** ['hɛldɪn] *f* ⟨-, -nen⟩ heroine

helfen ['hɛlfn] *pret* **half** [half], *past part* **geholfen** [gə'hɔlfn] *v/i* to help (*jdm* sb); **jdm bei etw ~** to help sb with sth; **ihm ist nicht zu ~** he is beyond help; **ich kann mir nicht ~, ich muss einfach** I can't help doing it; **er weiß sich** (*dat*) **zu ~** he is very resourceful; **man muss sich** (*dat*) **nur zu ~ wissen** (*prov*) you just have to use your head; **er weiß sich** (*dat*) **nicht mehr zu ~** he is at his wits' end; **es hilft nichts** it's no use; **das hilft mir wenig** that's not much help to me; **was hilft's?** what's the use?; **diese Arznei hilft gegen Kopfweh** this medicine helps to relieve headaches **Helfer** ['hɛlfɐ] *m* ⟨-s, -⟩, **Helferin** [-ərɪn] *f* ⟨-, -nen⟩ helper; (≈ *Mitarbeiter*) assistant; (*von Verbrecher*) accomplice; **ein ~ in der Not** a friend in need **Helfershelfer(in)** *m/f(f)* accomplice

Helgoland ['hɛlgolant] *nt* ⟨-s⟩ Heligoland **Helikopter** [heli'kɔptɐ] *m* ⟨-s, -⟩ helicopter **Helikoptereltern** *pl* helicopter parents *pl* **Helikoptermutter** *f* helicopter mum (*Br infml*), helicopter mom (*US infml*)

Helium ['heːliʊm] *nt* ⟨-s, no pl⟩ helium

hell [hɛl] **A** *adj* **1** (*optisch*) light; *Licht* bright; *Kleidungsstück* light-coloured (*Br*), light-colored (*US*); *Haar, Teint* fair; **es wird ~** it's getting light; **~es Bier** ≈ lager (*esp Br*) **2** (*akustisch*) *Ton* high(-pitched) **3** (*infml* ≈ *klug*) *Junge* bright **4** *attr* (≈ *stark, groß*) great; *Verzweiflung, Unsinn* sheer, utter; *Neid* pure; **seine ~e Freude an etw** (*dat*)

haben to find great joy in sth **B** _adv_ **1** (≈ _licht_) brightly **2 von etw ~ begeistert sein** to be very enthusiastic about sth **hellauf** ['hɛl'auf] _adv_ completely; **~ begeistert sein** to be wildly enthusiastic **hellblau** _adj_ light blue **hellblond** _adj_ very fair, blonde **helle** ['hɛlə] _adj pred_ (_infml_) bright

Heller ['hɛlɐ] _m_ ⟨-s, -⟩ HIST heller; **das ist keinen ~ wert** that isn't worth a brass farthing (_Br_), that's worth nothing; **auf ~ und Pfennig** (down) to the penny (_esp Br_)

Helle(s) ['hɛlə] _nt decl as adj_ (≈ _Bier_) ≈ lager (_esp Br_) **hellgrün** _adj_ light green **hellhörig** _adj_ ARCH poorly soundproofed; **~ sein** (fig: _Mensch_) to have sharp ears **Helligkeit** _f_ ⟨-, _no pl_⟩ lightness; (_von Licht_) brightness; (_von Haar, Teint_) fairness **Helligkeitsregler** _m_ brightness control **helllicht** ['hɛlːɪçt] _adj_ **am ~en Tage** in broad daylight **hellrot** _adj_ bright red **hellsehen** _v/i inf only_ **~ können** to be clairvoyant **Hellseher** [-zeːɐ] _m_ ⟨-s, -⟩, **Hellseherin** [-ərɪn] _f_ ⟨-, -nen⟩ clairvoyant **hellwach** _adj_ (_lit_) wide-awake; (_fig_) alert

Helm [hɛlm] _m_ ⟨-(e)s, -e⟩ helmet **Helmkamera** _f_ activity camera **Helmpflicht** _f_ compulsory wearing of helmets

Hemd [hɛmt] _nt_ ⟨-(e)s, -en [-dn]⟩ (≈ _Oberhemd_) shirt; (≈ _Unterhemd_) vest (_Br_), undershirt (_US_); **jdn bis aufs ~ ausziehen** (fig _infml_) to fleece sb (_infml_) **Hemdsärmel** _m_ shirtsleeve; **in ~n** in one's shirtsleeves **hemdsärmelig** _adj_ shirt-sleeved; (fig _infml_) casual

Hemisphäre [hemi'sfɛːrə] _f_ hemisphere **hemmen** ['hɛmən] _v/t Entwicklung_ to hinder; (≈ _verlangsamen_) to slow down; _Wasserlauf_ to stem; PSYCH to inhibit; (≈ _gehemmt_ **Hemmnis** ['hɛmnɪs] _nt_ ⟨-ses, -se⟩ hindrance, impediment (_für_ to) **Hemmschuh** _m_ brake shoe; (fig) hindrance (_für_ to) **Hemmschwelle** _f_ inhibition level; **eine ~ überwinden** to overcome one's inhibitions **Hemmung** ['hɛmʊŋ] _f_ ⟨-, -en⟩ **1** PSYCH inhibition; (≈ _Bedenken_) scruple; **keine ~en kennen** to have no inhibitions; **nur keine ~en** don't feel inhibited **2** (_von Entwicklung_) hindering **hemmungslos** **A** _adj_ (≈ _rückhaltlos_) unrestrained; (≈ _skrupellos_) unscrupulous **B** _adv jubeln, weinen_ without restraint; _sich_

hingeben wantonly **Hemmungslosigkeit** _f_ ⟨-, -en⟩ (≈ _Rückhaltlosigkeit_) lack _no pl_ of restraint; (≈ _Skrupellosigkeit_) unscrupulousness _no pl_

Hendl ['hɛndl] _nt_ ⟨-s, -(n)⟩ (_S Ger, Aus_) chicken

Hengst [hɛŋst] _m_ ⟨-(e)s, -e⟩ stallion **Henkel** ['hɛŋkl] _m_ ⟨-s, -⟩ handle **Henker** ['hɛŋkɐ] _m_ ⟨-s, -⟩ hangman; (≈ _Scharfrichter_) executioner

Henna ['hɛna] _f_ ⟨- _or nt_ -s⟩, _no pl_⟩ henna **Henne** ['hɛnə] _f_ ⟨-, -n⟩ hen

Hepatitis [hepa'tiːtɪs] _f_ ⟨-, Hepatitiden [-ti'tiːdn]⟩ hepatitis

her [heːɐ] _adv_ **von der Kirche ~** from the church; **~ zu mir!** come here (to me); **von weit ~** from a long way off _or_ away; **~ mit dem Geld!** hand over your money!; **~ damit!** give me that; **von der Idee ~** as for the idea; **vom finanziellen Standpunkt ~** from the financial point of view; **ich kenne ihn von früher ~** I know him from before

herab [hɛ'rap] _adv_ down; **die Treppe ~** down the stairs **herabblicken** _v/i sep_ to look down (_auf +acc_ on) **herablassen** _sep irr_ **A** _v/t_ to let down **B** _v/r_ to lower oneself; **sich zu etw ~** to deign to do sth **herablassend** **A** _adj_ condescending **B** _adv_ condescendingly **herabmindern** _v/t sep_ (≈ _schlecht machen_) to belittle **herabsehen** _v/i sep irr_ to look down (_auf +acc_ on) **herabsetzen** _v/t sep_ to reduce; _Niveau_ to lower; _Fähigkeiten, jdn_ to belittle; **zu stark herabgesetzten Preisen** at greatly reduced prices **Herabsetzung** [-zɛtsʊŋ] _f_ ⟨-, -en⟩ reduction; (_von Niveau_) lowering; (_von Fähigkeiten_) belittling; (≈ _Kränkung_) slight **herabsteigen** _v/i sep irr aux sein_ to descend **herabwürdigen** _sep_ **A** _v/t_ to belittle **B** _v/r_ to degrade oneself **Herabwürdigung** _f_ belittling, disparagement

Heraldik [he'raldɪk] _f_ ⟨-, _no pl_⟩ heraldry **heran** [hɛ'ran] _adv_ **bis an etw** (_acc_) **~ close** to sth, right by sth; (_mit Bewegungsverb_) right up to sth **heranbilden** _v/t sep_ to train (up) **heranführen** _sep v/t jdn_ to lead up; **jdn an etw** (_acc_) **~** to set about sb; **an etw ~** (fig) _an Problem, Aufgabe_ to tackle _or_ approach sth **her-**

H

ankommen *v/i sep irr aux sein* **1** *(räumlich, zeitlich)* to approach *(an etw (acc)* sth) **2** *(≈ erreichen)* **an den Chef kommt man nicht heran** you can't get hold of the boss **3** *(≈ grenzen an)* **an etw** *(acc)* **~** to verge on sth **heranmachen** *v/r sep (infml)* **sich an etw** *(acc)* **~** to get down to sth; **sich an jdn ~** to approach sb; *an Mädchen* to chat sb up *(esp Br infml)*, to flirt with sb **herannahen** *v/i sep aux sein (elev)* to approach **heranpirschen** *v/r sep* **sich an jdn/etw ~** to stalk up on sb/sth **heranreichen** *v/i sep* **an jdn/etw ~** *(lit) (Mensch)* to reach sb/sth; *(Weg, Gelände etc)* to reach (up to) sth; *(fig ≈ sich messen können mit)* to come near sb/sth **heranreifen** *v/i sep aux sein (elev) (Obst)* to ripen; *(fig) (Jugendliche)* to mature; *(Plan, Entschluss, Idee)* to mature, to ripen **heranrücken** *v/i sep aux sein (≈ sich nähern)* to approach *(an etw (acc)* sth); *(≈ dicht aufrücken)* to move nearer *(an +acc* to) **heranschleichen** *v/i & v/r sep irr* to creep up *(an etw (acc)* to sth, *an jdn* on sb) **herantragen** *v/t sep irr* **etw an jdn ~** *(fig)* to take sth to sb, to go to sb with sth **herantreten** *v/i sep aux sein (lit)* to move up *(an +acc* to); **näher ~** to move nearer; **an jdn ~** *(fig)* to confront sb; **mit etw an jdn ~** *(≈ sich wenden an)* to approach sb with sth **heranwachsen** *v/i sep irr aux sein (elev)* to grow; *(Kind)* to grow up **Heranwachsende(r)** *m/f(m) decl as adj* JUR adolescent **heranwagen** *v/r sep* **sich an etw** *(acc)* **~** *(lit)* to venture near sth, to dare to go near sth; *(fig)* to venture to tackle sth **heranziehen** *sep irr v/t* **1** *(≈ zu Hilfe holen)* to call in; *Literatur* to consult **2** *(≈ einsetzen) Arbeitskräfte* to bring in **herauf** [hɛˈrauf] **A** *adv* up; **von unten ~** up from below **B** *prep +acc* up; **den Berg/die Treppe ~** up the mountain/stairs **heraufbeschwören** *past part* heraufbeschworen *v/t sep irr* **1** *(≈ wachrufen)* to evoke **2** *(≈ herbeiführen)* to cause **heraufbringen** *v/t sep irr* to bring up **heraufkommen** *v/i sep irr aux sein* to come up **heraufsetzen** *sep v/t Preise etc* to increase **heraufsteigen** *v/i sep irr aux sein (≈ heraufklettern)* to climb up **heraufziehen** *sep irr* **A** *v/t* to pull up **B** *v/i aux sein (Gewitter, Unheil etc)* to approach **heraus** [hɛˈraus] *adv* out; **~ da!** *(infml)* get out of there!; **~ mit ihm** *(infml)* get him

out!; **~ damit!** *(infml) (≈ gib her)* hand it over!; *(≈ heraus mit der Sprache!)* out with it! *(infml)*; **zum Fenster ~** out of the window **herausarbeiten** *sep v/t (aus Stein, Holz)* to carve *(aus* out of); *(fig)* to bring out **herausbekommen** *past part* herausbekommen *v/t sep irr* **1** *Fleck, Nagel etc* to get out *(aus* of) **2** *Ursache, Geheimnis* to find out *(aus jdm* from sb) **3** *Wechselgeld* to get back **herausboxen** *v/t sep (infml) jdn* to bail out *(infml)* **herausbringen** *v/t sep irr* **1** = herausbekommen **2** *(auf den Markt bringen)* to bring out; **jdn/etw ganz groß ~** to launch sb/sth in a big way **3** *(≈ hervorbringen) Worte* to utter **herausfahren** *sep irr* **A** *v/i aux sein* (**aus** of) to come out; *(Zug)* to pull out **B** *v/t* SPORTS **eine gute Zeit ~** to make good time **herausfallen** *v/i sep irr* to fall out *(aus* of); *(fig, aus Liste etc)* to drop out *(aus* of) **herausfinden** *sep irr* **A** *v/t* to find out **B** *v/i & v/r* to find one's way out *(aus* of) **Herausforderer** [hɛˈrausfɔrdərɐ] *m* ⟨-s, -⟩, **Herausforderin** [-ərɪn] *f* ⟨-, -nen⟩ challenger **herausfordern** [hɛˈrausfɔrdən] *sep* **A** *v/t* to challenge *(zu* to); *(≈ provozieren)* to provoke *(zu etw* to do sth); *Kritik, Protest* to invite; *Gefahr* to court; **das Schicksal ~** to tempt fate **B** *v/i* **zu etw ~** *(≈ provozieren)* to invite sth **herausfordernd** **A** *adj* provocative; *Haltung, Blick* challenging **B** *adv (≈ aggressiv)* provocatively; *(≈ lockend)* invitingly **Herausforderung** *f* challenge; *(≈ Provokation)* provocation **Herausgabe** *f* **1** *(≈ Rückgabe)* return **2** *(von Buch etc)* publication **herausgeben** *sep irr* **A** *v/t* **1** *(≈ zurückgeben)* to return, to hand back **2** *(≈ veröffentlichen, erlassen)* to issue; *Buch, Zeitung* to publish; *(≈ bearbeiten)* to edit **3** *(≈ Wechselgeld geben) Betrag* to give in or as change **B** *v/i (≈ Wechselgeld geben)* to give change *(auf +acc* for); **können Sie (mir) ~?** can you give me change? **Herausgeber(in)** *m/f(f) (≈ Verleger)* publisher; *(≈ Redakteur)* editor **herausgehen** *v/i sep irr aux sein (aus* of) to go out; *(Fleck)* to come out; **aus sich ~** *(fig)* to come out of one's shell *(fig)* **heraushaben** *v/t sep irr (infml ≈ begriffen haben)* to have got *(infml)*; *(≈ gelöst haben)* to have solved **heraushalten** *sep irr* **A** *v/t (≈ nicht verwickeln)* to keep out *(aus* of) **B** *v/r* to keep out of it; **sich aus etw ~** to keep out of sth **herausholen** *v/t sep*

1 (*lit*) to get out (*aus* of) **2** *Vorteil* to gain; *Vorsprung, Sieg* to achieve; *Gewinn* to make; *Herstellungskosten* to recoup; **alles aus sich ~** to get the best from oneself **3** (≈ *herauspauken*) to get off the hook (*infml*) **heraushören** *v/t sep* to hear; (≈ *fühlen*) to sense (*aus* in) **herauskommen** *v/i sep irr aux sein* **1** to come out (*aus* of); **er kam aus dem Staunen nicht heraus** he couldn't get over his astonishment; **er kam aus dem Lachen nicht heraus** he couldn't stop laughing **2** (*aus bestimmter Lage*) to get out (*aus* of); **aus seinen Schwierigkeiten ~** to get over one's difficulties **3** (≈ *auf den Markt kommen*) to come out; (*Gesetz*) to come into force; **ganz groß ~** (*infml*) to make a big splash (*infml*) **4** (≈ *Resultat haben*) **bei etw ~** to come out of sth; **und was soll dabei ~?** and what is that supposed to achieve?; **es kommt auf dasselbe heraus** it comes (down) to the same thing **herauskriegen** *v/t sep* (*infml*) = herausbekommen **herauslassen** *v/t sep irr* to let out (*aus* of) **herauslesen** *v/t sep irr* (≈ *erkennen*) to gather (*aus* from) **herauslocken** *v/t sep* (**aus** of) to entice out; **etw aus jdm ~** to get sth out of sb; **jdn aus seiner Reserve ~** to draw sb out of his shell **herausnehmbar** *adj* removable **herausnehmen** *v/t sep irr* **1** (≈ *entfernen*) to take out (*aus* of); **sich** (*dat*) **die Mandeln ~ lassen** to have one's tonsils out **2** (*infml* ≈ *sich erlauben*) **es sich** (*dat*) **~, etw zu tun** to have the nerve to do sth (*infml*); **sich** (*dat*) **Freiheiten ~** to take liberties **herausragen** *v/i sep* = hervorragen **herausreden** *v/r sep* to talk one's way out of it (*infml*) **herausreißen** *v/t sep irr* **1** (*lit*) (**aus** of) to tear out; **jdn aus etw ~** *aus Umgebung* to tear sb away from sth; *aus Schlaf* to startle sb out of sth **2** (*infml: aus Schwierigkeiten*) **jdn ~** to get sb out of it (*infml*) **herausrücken** *sep* **A** *v/t* (*infml* ≈ *hergeben*) *Geld* to cough up (*infml*); *Beute, Gegenstand* to hand over **B** *v/i aus sein* (*infml*) **1** (≈ *hergeben*) **mit etw ~** *mit Geld* to cough sth up (*infml*); *mit Beute* to hand sth over **2** (≈ *aussprechen*) **mit etw ~** to come out with sth; **mit der Sprache ~** to come out with it **herausrutschen** *v/i sep aux sein* to slip out (*aus* of); **das ist mir nur so herausgerutscht** it just slipped out somehow **herausschlagen** *v/t sep*

irr **1** (*lit*) to knock out (*aus* of) **2** (*infml* ≈ *erreichen*) *Geld* to make; *Gewinn, Vorteil* to get; *Zeit* to gain **herausschneiden** *v/t sep irr* to cut out (*aus* of) **herausschreien** *v/t sep irr* to shout out **heraus sein** *v/i irr aux sein* (*infml*) to be out; (≈ *bekannt sein*) to be known; **aus dem Schlimmsten ~** to have got past the worst (part); (*bei Krise, Krankheit*) to be over the worst **herausspringen** *v/i sep irr aux sein* (**aus** of) **1** (*lit*) to jump out **2** (≈ *sich lösen*) to come out **3** (*infml*) **dabei springt nichts heraus** there's nothing to be got out of it **herausstellen** *sep* **A** *v/t* **1** (*lit*) to put outside **2** (*fig* ≈ *hervorheben*) to emphasize; *jdn* to give prominence to **B** *v/r* (*Wahrheit*) to come to light; **sich als falsch ~** to prove (to be) wrong; **es stellte sich heraus, dass …** it emerged that … **heraussuchen** *v/t sep* to pick out **herauswachsen** *v/i sep irr aux sein* to grow out (*aus* of) **herauswagen** *v/r sep* to dare to come out (*aus* of) **herauswinden** *v/r sep irr* (*fig*) to wriggle out of it **herauswirtschaften** *v/t sep* to make (*aus* out of) **herausziehen** *sep irr v/t* to pull out (*aus* of)

herb [hɛrp] *adj* **1** *Geruch Geschmack* sharp; *Wein* dry **2** *Enttäuschung etc* bitter; *Wahrheit* cruel **3** (≈ *streng*) *Züge, Gesicht* severe, harsh; *Art, Charakter* dour **4** *Worte, Kritik* harsh **Herbarium** [hɛrˈbaːriʊm] *nt⟨-s, Herbarien* [-ˈbaːriən]⟩ herbarium, herbary **herbei** [hɛɐˈbai] *adv* (*elev*) here **herbeieilen** *v/i sep aux sein* (*elev*) to hurry *or* rush over **herbeiführen** *v/t sep* (≈ *bewirken*) to bring about; (≈ *verursachen*) to cause **herbeischaffen** *v/t sep* to bring; *Geld* to get; *Beweise* to produce **herbeisehnen** *v/t sep* to long for **herbeiströmen** *v/i sep aux sein* (*elev*) to come in (their) crowds **herbeiwünschen** *v/t sep* (**sich** *dat*) **etw ~** to long for sth **herbekommen** *past part* **herbekommen** *v/t sep irr* (*infml*) to get **herbemühen** *past part* **herbemüht** *sep* (*elev*) **A** *v/t* **jdn ~** to trouble sb to come here **B** *v/r* to take the trouble to come here **Herberge** [ˈhɛrbɛrɡə] *f* ⟨-, -n⟩ **1** *no pl* (≈

Unterkunft) **lodging** *no indef art* **2** (≈ *Jugendherberge*) (**youth**) **hostel**
Herbergsmutter *f, pl* **-mütter**, **Herbergsvater** *m* (youth hostel) **warden**
herbestellen *past part* **herbestellt** *v/t sep* to ask to come
Herbheit *f* ⟨-, *no pl*⟩ **1** (*von Geruch, Geschmack*) **sharpness**; (*von Wein*) **dryness 2** (*von Enttäuschung*) **bitterness 3** (≈ *Strenge*) (*von Gesicht, Zügen*) **severity, harshness**; (*von Art, Charakter*) **dourness 4** (*von Worten, Kritik*) **harshness**
Herbizid [hɛrbi'tsiːt] *nt* ⟨-(e)s, -e [-də]⟩ **herbicide**
herbringen *v/t sep irr* to **bring** (here); → **hergebracht**
Herbst [hɛrpst] *m* ⟨-(e)s, -e⟩ **autumn, fall** (*US*); **im ~** in autumn, in the fall (*US*) **Herbstanfang** *m* beginning of autumn *or* fall (*US*) **Herbstferien** *pl* autumn **holiday(s** *pl*) (*esp Br*) *or* **vacation** (*US*) **herbstlich** ['hɛrpstlɪç] **A** *adj* autumn *attr*; (≈ *wie im Herbst*) autumnal; **das Wetter wird schon ~** autumn *or* fall (*US*) is in the air **B** *adv* ~ **kühles Wetter** cool autumn *or* fall (*US*) weather **Herbstzeitlose** ['hɛrpsttsaitloːzə] *f decl as adj* **meadow saffron**
Herd [heːrt] *m* ⟨-(e)s, -e [-də]⟩ **1** (≈ *Küchenherd*) **cooker, stove 2** MED **focus**; (GEOL: *von Erdbeben*) **epicentre** (*Br*), **epicenter** (*US*)
Herde ['heːrdə] *f* ⟨-, -n⟩ (*lit*) **herd**; (*von Schafen, fig elev* ≈ *Gemeinde*) **flock Herdentier** *nt* gregarious animal **Herdentrieb** *m* herd instinct
Herdplatte *f* (*von Elektroherd*) **hotplate**
herein [hɛ'rain] *adv* in; **herein!** come in!; **hier ~!** in here!; **von (dr)außen ~** from outside **hereinbekommen** *past part* **hereinbekommen** *v/t sep irr* (*infml*) *Waren* to get in; *Radiosender* to get; *Unkosten etc* to recover **hereinbitten** *v/t sep irr* to ask (to come) in **hereinbrechen** *v/i sep irr aux sein* (*Wasser, Flut*) to gush in; **über jdn/etw ~** to descend upon sb/sth **hereinbringen** *v/t sep irr* **1** to bring in **2** (*infml* ≈ *wettmachen*) to make good **hereinfahren** *v/t & v/i sep irr* to drive in **hereinfallen** *v/i sep irr aux sein* (*infml*) to fall for it (*infml*); (≈ *betrogen werden*) to be had (*infml*); **auf jdn/etw ~** to be taken in by sb/sth **hereinführen** *v/t sep* to show in **hereinholen** *v/t sep* to bring in (*in +acc* -to)

hereinkommen *v/i sep irr aux sein* to come in (*in +acc* -to) **hereinlassen** *v/t sep irr* to let in (*in +acc* -to) **hereinlegen** *v/t sep* (*infml*) **jdn ~** (≈ *betrügen*) to take sb for a ride (*infml*); (≈ *anführen*) to take sb in **hereinplatzen** *v/i sep aux sein* (*infml*) to burst in (*in +acc* -to) **hereinregnen** *v/i impers* **es regnet herein** the rain is coming in **hereinschneien** *sep v/i aux sein* (*infml*) to drop in (*infml*) **hereinströmen** *v/i sep aux sein* to pour in (*in +acc* -to)
herfahren *sep irr* **A** *v/i aux sein* to come *or* get here; **hinter jdm ~** to drive *or* (*mit Rad*) ride (along) behind sb **B** *v/t* to drive here **Herfahrt** *f* journey here; **auf der ~** on the way here **herfallen** *v/i sep irr aux sein* **über jdn ~** to attack sb; (≈ *kritisieren*) to pull sb to pieces; **über etw** (*acc*) **~** *über Essbares etc* to pounce upon sth **herfinden** *v/i sep irr* to find one's way here **herführen** *v/t sep* **was führt Sie her?** what brings you here? **Hergang** *m, pl* (*rare*) **-gänge** course; **der ~ des Unfalls** the way the accident happened **hergeben** *sep irr* **A** *v/t* (≈ *weggeben*) to give away; (≈ *aushändigen*) to hand over; (≈ *zurückgeben*) to give back; **wenig ~** (*infml*) not to be much use; **seinen Namen für etw ~** to lend one's name to sth **B** *v/r* **sich zu** *or* **für etw ~** to be (a) party to sth **hergebracht** *adj* (≈ *traditionell*) traditional; → **herbringen hergehen** *sep irr aux sein* **A** *v/i* **neben jdm ~** to walk (along) beside sb **B** *v/i impers* (*infml*) (≈ *zugehen*) **es ging heiß her** things got heated (*infml*); **hier geht es hoch her** there's plenty going on here **hergehören** *past part* **hergehört** *v/i sep* to belong here **herhaben** *v/t sep irr* (*infml*) **wo hat er das her?** where did he get that from? **herhalten** *sep irr v/i* to suffer (for it); **für etw ~** to pay for sth; **als Entschuldigung für etw ~** to be used as an excuse for sth **herholen** *v/t sep* (*infml*) to fetch; **weit hergeholt sein** (*fig*) to be far-fetched **herhören** *v/i sep* (*infml*) to listen; **alle mal ~!** everybody listen (to me)
Hering ['heːrɪŋ] *m* ⟨-s, -e⟩ **1** herring **2** (≈ *Zeltpflock*) (tent) peg
herkommen *v/i sep irr aux sein* to come here; (≈ *sich nähern*) to come; (≈ *herstammen*) to come from; **komm her!** come here!; **von jdm/etw ~** (≈ *stammen*) to come from sb/sth **herkömmlich** ['heːə-

kœmlɪç] *adj* conventional **Herkunft** ['hɛːʀkʊnft] *f* ⟨-, ⁼e [-kʏnftə]⟩ origin; (*soziale*) background; **er ist britischer ~** (*gen*) he is of British descent **Herkunftsland** *nt* COMM country of origin **herlaufen** *v/i sep irr aux sein* to come running; **hinter jdm ~** to run after sb **herleiten** *sep v/t* (≈ *folgern*) to derive (*aus* from) **hermachen** *sep* (*infml*) **A** *v/r* **sich über etw** (*acc*) **~ über Arbeit, Essen** to get stuck into sth (*infml*); *über Eigentum* to pounce (up)on sth; **sich über jdn ~** to lay into sb (*infml*) **B** *v/t* **viel ~** to look impressive
Hermelin¹ [hɛrməˈliːn] *nt* ⟨-s, -e⟩ ZOOL ermine
Hermelin² *m* ⟨-s, -e⟩ (≈ *Pelz*) ermine
hermetisch [hɛrˈmeːtɪʃ] **A** *adj* hermetic **B** *adv* **~ abgeriegelt** completely sealed off
hernehmen *v/t sep irr* (≈ *beschaffen*) to get; **wo soll ich das ~?** where am I supposed to get that from?
Heroin [heroˈiːn] *nt* ⟨-s, *no pl*⟩ heroin **heroinabhängig, heroinsüchtig** *adj* addicted to heroin **Heroinabhängige(r), Heroinsüchtige(r)** *m/f(m) decl as adj* heroin addict
heroisch [heˈroːɪʃ] (*elev*) **A** *adj* heroic **B** *adv* heroically
Herpes ['hɛrpɛs] *m* ⟨-, *no pl*⟩ MED herpes
Herr [hɛr] *m* ⟨-(e)n, -en⟩ **1** (≈ *Gebieter*) lord, master; (≈ *Herrscher*) ruler (*über +acc* of); **sein eigener ~ sein** to be one's own master; **~ einer Sache** (*gen*) **werden** to get sth under control; **~ der Lage sein** to be master of the situation **2** (≈ *Gott*) Lord **3** (≈ *Mann*) gentleman; **4x100-m-Staffel der ~en** men's 4 x 100m relay; „**Herren**" (≈ *Toilette*) "gents" **4** (*vor Eigennamen*) Mr; (**mein**) **~!** sir!; **~ Professor Schmidt** Professor Schmidt; **~ Doktor** doctor; **~ Präsident** Mr President; **sehr geehrter ~ Bell** (*in Brief*) Dear Mr Bell; **sehr geehrte ~en** (*in Brief*) Dear Sirs (*Br*), to whom it may concern (*US*) **Herrchen** ['hɛrçən] *nt* ⟨-s, -⟩ (*infml: von Hund*) master
Herreise *f* journey here
Herrenausstatter [-ausˌʃtatɐ] *m* ⟨-s, -⟩, **Herrenausstatterin** [-ərɪn] *f* ⟨-, -nen⟩ gents' outfitter **Herrenbekleidung** *f* menswear **Herrendoppel** *nt* TENNIS *etc* men's doubles *sg* **Herreneinzel** *nt* TENNIS *etc* men's singles *sg* **Herrenfahrrad** *nt* man's bicycle *or* bike

(*infml*) **Herrenfriseur(in)** *m/f(f)* men's hairdresser, barber **herrenlos** *adj* abandoned; *Hund etc* stray **Herrenmode** *f* men's fashion **Herrenschneider(in)** *m/f(f)* gentlemen's tailor **Herrentoilette** *f* men's toilet *or* restroom (*US*), gents *sg*
Herrgott *m* **der ~** God, the Lord (God); **~ noch mal!** (*infml*) damn it all! (*infml*) **Herrgottsfrühe** *f* **in aller ~** (*infml*) at the crack of dawn
herrichten *v/t sep* **1** (≈ *vorbereiten*) to get ready (*+dat*, *für* for); *Tisch* to set **2** (≈ *ausbessern*) to do up (*infml*)
herrisch ['hɛrɪʃ] *adj* imperious
herrlich ['hɛrlɪç] **A** *adj* marvellous (*Br*), marvelous (*US*); *Kleid* gorgeous, lovely; **das ist ja ~** (*iron*) that's great **B** *adv* **wir haben uns ~ amüsiert** we had a marvel(l)ous time; **~ schmecken** to taste absolutely delicious **Herrlichkeit** *f* ⟨-, -en, *no pl*⟩ (≈ *Pracht*) magnificence
Herrschaft ['hɛrʃaft] *f* ⟨-, -en⟩ **1** *no pl* (≈ *Macht*) power; (≈ *Staatsgewalt*) rule; **unter der ~** under the rule (*+gen*, *von* of) **2** *no pl* (≈ *Kontrolle*) control **3** **die ~en** (≈ *Damen und Herren*) the ladies and gentlemen; (**meine**) **~en!** ladies and gentlemen! **herrschaftlich** ['hɛrʃaftlɪç] *adj* (≈ *vornehm*) grand **herrschen** ['hɛrʃn] **A** *v/i* **1** (≈ *Macht haben*) to rule; (*König*) to reign; (*fig*) (*Mensch*) to dominate **2** (≈ *vorherrschen*) to prevail; (*Betriebsamkeit*) to be prevalent; (*Nebel, Kälte*) to be predominant; (*Krankheit, Not*) to be rampant; (*Meinung*) to predominate; **überall herrschte Freude** there was joy everywhere; **hier herrscht Ordnung** things are orderly (a)round here **B** *v/i impers* **es herrschte Schweigen** silence reigned; **es herrscht Ungewissheit darüber, ob …** there is uncertainty about whether … **herrschend** *adj Partei, Klasse* ruling; *König* reigning; *Bedingungen* prevailing; *Mode* current **Herrscher** ['hɛrʃɐ] *m* ⟨-s, -⟩, **Herrscherin** [-ərɪn] *f* ⟨-, -nen⟩ ruler **Herrschsucht** *f*, *no pl* domineeringness **herrschsüchtig** *adj* domineering
herrühren *v/i sep* **von etw ~** to be due to sth **hersagen** *v/t sep* to recite **hersehen** *v/i sep irr* (≈ *hierhersehen*) to look here; **hinter jdm ~** to follow sb with one's eyes **her sein** *v/i irr aux sein* **1** (*zeitlich*) **das ist schon 5 Jahre her** that was 5 years ago **2** **hinter jdm/etw ~** to be after sb/sth

H

herstellen v/t sep **1** (≈ erzeugen) to produce; (esp industriell) to manufacture; **in Deutschland hergestellt** made in Germany **2** (≈ zustande bringen) to establish; TEL Verbindung to make **Hersteller** ['heːʃtɛlɐ] m ⟨-s, -⟩, **Herstellerin** [-ərɪn] f ⟨-, -nen⟩ (≈ Produzent) manufacturer **Herstellung** f **1** (≈ Erzeugung) production; (esp industriell) manufacture **2** (≈ das Zustandebringen) establishment **Herstellungskosten** pl manufacturing costs pl **Herstellungsland** nt country of manufacture

Hertz [hɛrts] nt ⟨-, -⟩ PHYS, RADIO hertz

herüber [hɛˈryːbɐ] adv over here; (über Fluss, Grenze etc) across; **da ~** over/across there **herüberbringen** v/t sep irr to bring over/across (über etw (acc) sth) **herüberkommen** v/i sep irr aux sein to come over/across (über etw (acc) sth); (infml: zu Nachbarn) to pop round (Br infml), to call round **herübersehen** v/i sep irr to look over (über etw (acc) sth); **zu jdm ~** to look over/across to sb

herum [hɛˈrʊm] adv **1** um ... **~** (a)round; **links/rechts ~** (a)round to the left/right; **oben/unten ~ fahren** to take the top/lower road **2** (≈ ungefähr) **um ... ~** (Mengenangabe) about, around; (Zeitangabe) (at) about or around; → herum sein **herumalbern** v/i sep (infml) to fool around **herumärgern** v/r sep (infml) **sich mit jdm/etw ~** to keep struggling with sb/sth **herumballern** v/i sep to fire in all directions or all over the place **herumbekommen** past part **herumbekommen** v/t sep irr (infml) jdn to talk round (esp Br) or around (esp US) **herumbringen** v/t sep irr (infml) Zeit to get through **herumdrehen** sep **A** v/t Schlüssel to turn; (≈ wenden) to turn (over) **B** v/r to turn (a)round; (im Liegen) to turn over **herumfahren** sep irr v/i aux sein **1** (≈ umherfahren) to go or (mit Auto) drive (a)round; **in der Stadt ~** to go/drive (a)round the town **2** (≈ um etw herumfahren) to go or (mit Auto) drive (a)round **herumführen** sep **A** v/t to lead (a)round (um etw sth); (bei Besichtigung) to show (a)round; **jdn in einer Stadt ~** to show sb (a)round a town **B** v/i **um etw ~** to go (a)round sth **herumgehen** v/i sep irr aux sein (infml) **1** (≈ um etw herumgehen) to walk (a)round (um etw sth) **2** (≈ ziellos

umhergehen) to wander (a)round (in etw (dat) sth); **es ging ihm im Kopf herum** it went round and round in his head **3** (≈ herumgereicht werden) to be passed (a)round; (≈ weitererzählt werden) to go (a)round (in etw (dat) sth); **etw ~ lassen** to circulate sth **4** (zeitlich ≈ vorbeigehen) to pass **herumhängen** v/i sep irr (infml) **1** (≈ sich lümmeln) to loll around **2** (≈ ständig zu finden sein) to hang out (infml) **herumirren** v/i sep aux sein to wander (a)round **herumkommandieren** past part **herumkommandiert** sep (infml) v/t to order about **herumkommen** v/i sep irr aux sein (infml) **1** (um eine Ecke etc) to come (a)round (um etw sth) **2** (≈ herumkönnen) to get (a)round (um etw sth) **3** (≈ vermeiden können) **um etw ~** to get out of sth; **wir kommen um die Tatsache nicht herum, dass ...** we cannot get away from the fact that ... **4** (≈ reisen) to get (a)round (in etw (dat) sth) **herumkriegen** v/t sep (infml) = **herumbekommen herumlaufen** v/i sep irr aux sein (infml) to run (a)round (um etw sth); **so kannst du doch nicht ~** (fig infml) you can't go (a)round (looking) like that **herumliegen** v/i sep irr (infml) to lie (a)round (um etw sth) **herumlungern** v/i sep aux haben or sein (infml) to hang (a)round **herumreden** v/i sep (infml) to talk away; **um etw ~** (ausweichend) to talk around sth **herumreichen** v/t sep (≈ herumgeben) to pass (a)round **herumreisen** v/i sep aux sein to travel (a)round **herumreiten** v/i sep irr (fig infml) **auf etw ~** to keep on about sth **herumschlagen** v/r sep irr (infml) **sich mit jdm ~** (lit) to fight with sb; (fig) to fight a running battle with sb; **sich mit etw ~** (fig) to keep struggling with sth **herumschreien** v/i sep irr (infml) to shout out loud **herum sein** v/i irr aux sein (infml) **1** (≈ vorüber sein) to be past **2** (≈ in jds Nähe sein) **um jdn ~** to be around sb **herumsprechen** v/r sep irr to get (a)round **herumstehen** v/i sep irr aux haben or sein **1** (Sachen) to be lying around **2** (Menschen) to stand (a)round (um jdn/ etw sb/sth) **herumstöbern** v/i sep (infml ≈ suchen) to rummage around **herumstreiten** v/r sep irr to squabble **herumtreiben** v/r sep irr (infml) to hang (a)round (in +dat in) (infml) **Her-**

umtreiber(in) m/(f) (pej) tramp; (≈ Streuner) vagabond **herumwerfen** sep irr **A** v/t (≈ achtlos werfen) to throw around (in etw (dat) sth) **B** v/i (infml) **mit Geld** etc ~ to throw one's money etc around **herumzeigen** v/t sep to show (a)round **herumzicken** v/i sep (infml) to be a pain **herumziehen** v/i sep irr aux sein (≈ von Ort zu Ort ziehen) to move around

herunter [hɛ'rʊntə] adv down; ~! get down!; **da/hier** ~ down there/here; **vom Berg** ~ down the mountain; **bis ins Tal** ~ down into the valley **herunterbekommen** past part herunterbekommen v/t sep irr = herunterkriegen **herunterdrücken** v/t sep Hebel, Pedal to press down **herunterfahren** sep irr **A** v/i aux sein to go down **B** v/t to bring down; IT to shut down **herunterfallen** v/i sep irr aux sein to fall down; **von etw** ~ to fall off sth **heruntergehen** v/i sep irr aux sein to go down; **von etw** ~ (infml) to get off sth; **auf etw** (acc) ~ (Preise) to go down to sth; (Geschwindigkeit) to slow down to sth; **mit den Preisen** ~ to lower one's prices **heruntergekommen** adj Haus dilapidated; Stadt run-down; Mensch down-at--heel **herunterhandeln** v/t sep (infml) Preis to beat down; **jdn (auf etw** acc) ~ to knock sb down (to sth) **herunterhauen** v/t sep irr (infml) **jdm eine** ~ to slap sb on the side of the head **herunterholen** v/t sep to fetch down; (infml) Flugzeug to bring down **herunterklappen** v/t sep to turn down; Sitz to fold down **herunterkommen** v/i sep irr aux sein **1** to come down; (infml ≈ herunterkönnen) to get down **2** (fig infml ≈ verfallen) (Stadt, Firma) to go downhill; (Wirtschaft) to go to rack and ruin; (gesundheitlich) to become run-down **3** (fig infml ≈ wegkommen) **vom Alkohol** ~ to kick the habit (infml) **herunterkriegen** v/t sep (infml) to get down; (≈ abmachen können) to get off **herunterladen** v/t sep irr IT to download (auf +acc onto) **herunterleiern** [hɛ'rʊntəlaiən] v/t sep (infml) to reel off **heruntermachen** v/t sep (infml) **1** (≈ schlechtmachen) to run down **2** (≈ zurechtweisen) to tell off **herunterputzen** v/t sep (infml) **jdn** ~ to give sb an earful (infml) **herunterreichen** sep **A** v/t to pass down

B v/i to reach down **herunterschrauben** v/t sep (fig) Ansprüche to lower **heruntersehen** v/i sep irr to look down; **auf jdn** ~ (fig) to look down on sb **herunter sein** v/i sep irr aux sein (infml) to be down; **mit den Nerven** ~ (infml) to be at the end of one's tether (Br) or rope (US) **herunterspielen** v/t sep (infml ≈ verharmlosen) to play down **herunterwirtschaften** v/t sep (infml) to bring to the brink of ruin **herunterziehen** sep irr v/t (≈ nach unter ziehen) to pull down

hervor [hɛɐ'foːɐ] adv **aus etw** ~ out of sth; **hinter dem Tisch** ~ out from behind the table **hervorbringen** v/t sep irr (≈ entstehen lassen) to produce; Worte to utter **hervorgehen** v/i sep irr aux sein **1** (≈ sich ergeben) to follow; **daraus geht hervor, dass** ... from this it follows that ... **2** **als Sieger** ~ to emerge victorious; **aus etw** ~ to come out of sth **hervorheben** v/t sep irr to emphasize **hervorholen** v/t sep to bring out **hervorragen** v/i sep **1** (Felsen, Stein etc) to jut out **2** (fig ≈ sich auszeichnen) to stand out **hervorragend A** adj (fig ≈ ausgezeichnet) excellent **B** adv very well; **etw** ~ **beschreiben** to give an excellent description of sth; ~ **schmecken** to taste exquisite **hervorrufen** v/t sep irr (≈ bewirken) to cause; Bewunderung to arouse; Eindruck to create **hervorstechen** v/i sep irr aux sein to stand out **hervortreten** v/i sep irr aux sein **1** (≈ heraustreten) to step out, to emerge; (Backenknochen) to protrude; (Adern) to bulge **2** (≈ sichtbar werden) to stand out; (fig) to become evident **hervortun** v/r sep irr to distinguish oneself; (infml ≈ sich wichtigtun) to show off (mit etw sth)

herwagen v/r sep to dare to come **Herweg** m, no pl way here; **auf dem** ~ on the way here

Herz [hɛrts] gen **Herzens**, pl **Herzen** nt heart; (≈ Spielkartenfarbe) hearts pl; **sein** ~ **schlug höher** his heart leapt; **im** ~ **en der Stadt** in the heart of the city; **im Grund meines** ~**ens** in my heart of hearts; **ein** ~ **und eine Seele sein** to be the best of friends; **mit ganzem** ~**en** wholeheartedly; **jdm von ganzem** ~**en danken** to thank sb with all one's heart; **ein gutes** ~ **haben** (fig) to have a good heart; **schweren** ~**ens** with a heavy heart; **aus**

tiefstem ~en from the bottom of one's heart; **es liegt mir am ~en** I am very concerned about it; **dieser Hund ist mir ans ~ gewachsen** I have become attached to this dog; **ich lege es dir ans ~, das zu tun** I would ask you particularly to do that; **etw auf dem ~en haben** to have sth on one's mind; **jdn auf ~ und Nieren prüfen** to examine sb very thoroughly; **er hat sie in sein ~ geschlossen** he has grown fond of her; **ohne ~** heartless; **es wurde ihr leichter ums ~** she felt relieved; **von ~en** with all one's heart; **etw von ~en gern tun** to love doing sth; **jdn von ~en gernhaben** to love sb dearly; **sich** (dat) **etw vom ~en reden** to get sth off one's chest; **sich** (dat) **etw zu ~en nehmen** to take sth to heart; **alles, was das ~ begehrt** everything one's heart desires; **jds ~ brechen** to break sb's heart; **hast du denn (gar) kein ~?** how can you be so heartless? **Herzanfall** m heart attack **Herzass** nt ace of hearts **Herzbeschwerden** pl heart trouble sg **Herzchirurg(in)** m/(f) heart surgeon **herzeigen** v/t sep to show; **zeig (mal) her!** let's see

Herzensbrecher m ⟨-s, -⟩, **Herzensbrecherin** [-ərɪn] f ⟨-, -nen⟩ (fig infml) heartbreaker **herzensgut** adj good-hearted **Herzenslust** f **nach ~** to one's heart's content **Herzenswunsch** m dearest wish **herzerfrischend** adj refreshing **herzergreifend** adj heart-rending **herzerweichend** [-ɛevaiçnt] adj heart-rending **Herzfehler** m heart defect **Herzflattern** nt ⟨-s, no pl⟩ palpitations pl (of the heart) **Herzflimmern** nt ⟨-s, no pl⟩ heart flutter **herzförmig** adj heart-shaped **Herzgegend** f, no pl cardiac region **herzhaft** adj **1** (≈ kräftig) hearty; Geschmack strong **2** (≈ nahrhaft) Essen substantial

herziehen sep irr **A** v/t **jdn/etw hinter sich** (dat) **~** to pull sb/sth (along) behind one **B** v/i aux sein **1** **vor jdm ~** to march along in front of sb **2** also aux haben **über jdn/etw ~** (infml) to knock sb/sth (infml) **herzig** ['hɛrtsɪç] adj sweet **Herzinfarkt** m heart attack **Herzkammer** f ventricle **Herzklappe** f cardiac valve **Herzklappenfehler** m valvular heart defect **Herzklopfen** nt ⟨-s, no pl⟩ **ich hatte/bekam ~** my heart was/started

pounding; **mit ~** with a pounding heart **herzkrank** adj **~ sein/werden** to have/ get a heart condition **Herzkranzgefäß** nt usu pl coronary (blood) vessel **Herz-Kreislauf-Erkrankung** f cardiovascular disease or condition **herzlich** ['hɛrtslɪç] **A** adj Empfang etc warm; Bitte sincere; **mit ~en Grüßen** kind regards; **~en Dank!** many thanks; **~es Beileid!** you have my sincere sympathy **B** adv (≈ freundlich) warmly; sich bedanken sincerely; **jdm ~ gratulieren** to congratulate and wish sb all the best; **~ schlecht** pretty awful; **~ wenig** precious little; **~ gern!** with the greatest of pleasure! **Herzlichkeit** f ⟨-, no pl⟩ (von Empfang) warmth **herzlos** adj heartless **Herzlosigkeit** f ⟨-, no pl⟩ heartlessness no pl **Herz-Lungen-Maschine** f heart-lung machine **Herzmassage** f heart massage **Herzmittel** nt cardiac drug

Herzog ['hɛrtso:k] m ⟨-s, ⸚e or (rare) -e⟩ [ˈhɛrsøːɡə, -tsoːɡə]⟩ duke **Herzogin** ['hɛrtsoːɡɪn] f ⟨-, -nen⟩ duchess **Herzogtum** ['hɛrtsoːktuːm] nt ⟨-s, -tümer [-tyːmɐ]⟩ duchy

Herzoperation f heart operation **Herzrhythmus** m heart rhythm **Herzrhythmusstörung** f palpitations pl **Herzschlag** m **1** (einzelner) heartbeat **2** (≈ Herzstillstand) heart failure no indef art, no pl **Herzschrittmacher** m pacemaker **Herzschwäche** f a weak heart **Herzstillstand** m cardiac arrest **Herzstück** nt (fig elev) heart **Herzversagen** nt heart failure **herzzerreißend** **A** adj heartbreaking **B** adv **~ weinen** to weep distressingly

Hesse ['hɛsə] m ⟨-n, -n⟩, **Hessin** ['hɛsɪn] f ⟨-, -nen⟩ Hessian **Hessen** ['hɛsn] nt ⟨-s⟩ Hesse **hessisch** ['hɛsɪʃ] adj Hessian

Hete ['heːtə] f ⟨-, -n⟩ (sl ≈ Heterosexuelle(r)) hetero (infml); **er ist eine ~** he's straight (infml)

hetero ['heːtero, 'hɛtero, he'teːro] adj pred (infml) hetero (infml), straight (infml) **heterogen** [hetero'geːn] adj (elev) heterogeneous **Heterosexualität** [hetero-] f heterosexuality **heterosexuell** [hetero-] adj heterosexual **Heterosexuelle(r)** [heteroːˈksuɛlə] m/f(m) decl as adj heterosexual

Hetz [hɛts] f ⟨-, (rare) -en⟩ (Aus infml) laugh (infml); **aus** or **zur ~** for a laugh **Hetze** ['hɛtsə] f ⟨-, -n⟩ **1** no pl (≈ Hast)

(mad) rush **2** no pl (pej ≈ Aufreizung) rabble-rousing propaganda **hetzen** ['hɛtsn̩] **A** v/t **1** (≈ jagen) to hound; **die Hunde auf jdn/etw ~** to set the dogs on(to) sb/sth **2** (infml ≈ antreiben) to rush **B** v/i **1** (≈ sich beeilen) to rush; **hetz nicht so** don't be in such a rush **2** (pej ≈ Hass schüren) to agitate; **gegen jdn/etw ~** to stir up hatred against sb/sth; → **gehetzt Hetzjagd** f (lit, fig) hounding (auf +acc of) **Hetzkampagne** f malicious campaign

Heu [hɔy] nt ⟨-(e)s, no pl⟩ hay

Heuchelei [hɔyça'lai] f ⟨-, -en⟩ hypocrisy **heucheln** ['hɔyçl̩n] **A** v/i to be a hypocrite **B** v/t Mitleid etc to feign **Heuchler** ['hɔyçle] m ⟨-s, -⟩, **Heuchlerin** [-ərɪn] f ⟨-, -nen⟩ hypocrite **heuchlerisch** ['hɔyçlərɪʃ] adj hypocritical

heuer ['hɔye] adv (S Ger, Aus, Swiss) this year

Heuer ['hɔye] f ⟨-, -n⟩ NAUT pay **heuern** ['hɔyen] v/t to hire

heulen ['hɔylən] v/i **1** (infml ≈ weinen) to bawl (infml), to wail; (vor Schmerz) to scream; (vor Wut) to howl; **es ist einfach zum Heulen** it's enough to make you weep **2** (Motor) to roar; (Tiere) to howl; (Sirene) to wail **Heulsuse** ['hɔylzu:zə] f ⟨-, -n⟩ crybaby (infml)

heurig ['hɔyrɪç] adj attr (S Ger, Aus) this year's **Heurige(r)** ['hɔyrɪgə] m decl as adj (esp Aus) new wine

Heuschnupfen m hay fever **Heuschrecke** ['hɔyʃrɛkə] f ⟨-, -n⟩ grasshopper; (in heißen Ländern) locust

heute ['hɔytə] adv today; **~ Morgen** this morning; **~ Abend** this evening, tonight; **bis ~** (≈ bisher) to this day; **~ in einer Woche** a week today, today week; **~ vor acht Tagen** a week ago today; **die Zeitung von ~** today's paper; **von ~ auf morgen** overnight; **die Frau von ~** today's women; **die Jugend von ~** the young people of today **heutig** ['hɔytɪç] adj attr today's; (≈ gegenwärtig) contemporary; **am ~en Abend** this evening; **unser ~es Schreiben** COMM our letter of today('s date); **bis zum ~en Tage** to date, to this day **heutzutage** ['hɔyttsuːtaːgə] adv nowadays

Hexe ['hɛksə] f ⟨-, -n⟩ witch; (infml ≈ altes Weib) old hag **hexen** ['hɛksn̩] v/i to practise (Br) or practice (US) witchcraft; **ich kann doch nicht ~** (infml) I can't work miracles **Hexenjagd** f witch-hunt

Hexenkessel m (fig) pandemonium no art **Hexenmeister** m sorcerer **Hexenprozess** m witch trial **Hexenschuss** m MED lumbago **Hexenverfolgung** f witch-hunt **Hexerei** [hɛksə'rai] f ⟨-, -en⟩ witchcraft no pl; (von Zaubertricks) magic no pl

Hibiskus [hi'bɪskʊs] m ⟨-, Hibisken [-kn̩]⟩ hibiscus

Hickhack ['hɪkhak] m or nt ⟨-s, -s⟩ squabbling no pl

Hieb [hi:p] m ⟨-(e)s, -e [-bə]⟩ **1** blow; **auf einen ~** (infml) in one go **2** Hiebe pl (dated ≈ Prügel) hiding **3** (fig) dig, cutting remark **hiebfest** adj **hieb- und stichfest** (fig) watertight

hier [hiːɐ] adv (räumlich) here; **das Haus ~** this house; **dieser ~** this one (here); **~ entlang** along here; **~ oben/unten** up/down here; **~ spricht Dr. Müller** TEL this is Dr Müller (speaking); **von ~ aus** from here; **~ und da** (zeitlich) (every) now and then; **das steht mir bis ~** (infml) I've had it up to here (with it) (infml) **hieran** ['hiː'ran, hiː'ran, (emph) 'hiːran] adv **wenn ich ~ denke** when I think of or about this; **~ erkenne ich es** I recognize it by this

Hierarchie [hierar'çiː] f ⟨-, -n [-'çiːən]⟩ hierarchy **hierarchisch** [hie'rarçɪʃ] **A** adj hierarchic(al) **B** adv hierarchically

hierauf ['hiː'rauf, hiː'rauf, (emph) 'hiːrauf] adv on this; (≈ daraufhin) hereupon **hieraus** ['hiː'raus, hiː'raus, (emph) 'hiːraus] adv out of this, from here; **~ folgt, dass ...** from this it follows that ... **hierbei** ['hiːə-'bai, hiːə'bai, (emph) 'hiːəbai] adv **1** (lit ≈ währenddessen) doing this **2** (fig) (≈ bei dieser Gelegenheit) on this occasion; (≈ in diesem Zusammenhang) in this connection **hierbleiben** v/i sep irr aux sein to stay here **hierdurch** ['hiːə'dʊrç, hiːə'dʊrç, (emph) 'hiːədʊrç] adv **1** (lit) through here **2** (fig) through this **hierfür** ['hiːə'fyːɐ, hiːə'fyːɐ, (emph) 'hiːəfyːɐ] adv for this **hierher** ['hiːə'heːɐ, hiːə'heːɐ, (emph) 'hiːəheːɐ] adv here; **(komm) ~!** come here; **bis ~** (örtlich) up to here; (zeitlich) up to now **hierherbringen** v/t sep irr to bring (over) here **hierher gehören** v/i to belong here; (fig ≈ relevant sein) to be relevant **hierhin** ['hiːə'hɪn, hiːə'hɪn, (emph) 'hiːəhɪn] adv here **hierin** ['hiː'rɪn, hiː'rɪn, (emph) 'hiːrɪn] adv in this **hierlassen** v/t sep irr to leave here **hiermit** ['hiːə'mɪt,

hi:e'mɪt, (emph) 'hi:emɪt] adv with this; ~
erkläre ich ... (form) I hereby declare ...
(form); ~ **wird bescheinigt, dass ...** this
is to certify that ...
Hieroglyphe [hiero'gly:fə] f ⟨-, -n⟩ hiero-
glyphic
Hiersein nt **während meines ~s** during
my stay **hierüber** ['hi:'ry:bɐ, hi:'ry:bɐ,
(emph) 'hi:ry:bɐ] adv **1** (lit) over this or
here **2** (fig) about this; ~ **ärgere ich mich**
this makes me angry **hierum** ['hi:'rʊm,
hi:'rʊm, (emph) 'hi:rʊm] adv **1** (lit) (a)round
this or here **2** (fig) about this **hierunter**
['hi:'rʊntɐ, hi:'rʊntɐ, (emph) 'hi:rʊntɐ] adv
1 (lit) under this or here **2** (fig) by this
or that; ~ **fallen auch die Sonntage** this
includes Sundays **hiervon** ['hi:e'fɔn, hi:e-
'fɔn, (emph) 'hi:efɔn] adv (lit) from this; ~
habe ich nichts gewusst I knew nothing
about this; ~ **abgesehen** apart from this
hierzu ['hi:e'tsu:, hi:e'tsu:, (emph) 'hi:et-
su:] adv **1** (= dafür) for this **2** (= außerdem)
in addition to this; (= zu diesem Punkt)
about this **hierzulande** ['hi:etsulandə]
adv in these parts
hiesig ['hi:zɪç] adj attr local; **meine ~en**
Verwandten my relatives here
hieven ['hi:fn, 'hi:vn] v/t to heave
Hi-Fi-Anlage ['haifi-] f hi-fi system
high [haɪ] adj pred (infml) high (infml)
Highlife ['hailaif] nt ⟨-s, no pl⟩ high life;
~ **machen** (infml) to live it up (infml)
Highlight ['hailait] nt ⟨-s, -s⟩ highlight
highlighten ['hailaitn] v/t insep IT Text-
passagen etc to highlight **High Society**
['haiso'saiiti] f ⟨-, no pl⟩ high society
Hightech [hai'tɛk] nt ⟨-, no pl⟩ high tech
Hightechindustrie f high-tech industry
Hilfe ['hɪlfə] f ⟨-, -n, no pl⟩ help; (finanzielle)
aid, assistance; (für Notleidende) relief; **um**
~ **rufen** to call for help; **jdm zu ~ kom-**
men to come to sb's aid; **jdm ~ leisten**
to help sb; ~ **suchend** Mensch seeking
help; Blick imploring; **ohne ~** (= selbstständig) unaided; **etw zu ~ nehmen** to use
sth; **mit ~ =** mithilfe **Hilfefunktion** f
IT help function **Hilfeleistung** f assistance **Hilferuf** m call for help
Hilfestellung f support **Hilfetaste** f
IT help key **hilflos 🅱** adj helpless 🅱
adv helplessly **Hilflosigkeit** f ⟨-, no pl⟩
helplessness **hilfreich** adj helpful, useful
Hilfsaktion f relief action

Hilfsarbeiter(in) m/(f) labourer (Br), laborer (US); (in Fabrik) unskilled worker
hilfsbedürftig adj in need of help; (≈
Not leidend) needy, in need pred
hilfsbereit adj helpful, ready to help
pred **Hilfsbereitschaft** f helpfulness,
readiness to help **Hilfsdienst** m emergency service; (bei Katastrophenfall) (emergency) relief service **Hilfsfonds** m relief
fund **Hilfskraft** f assistant; (≈ Aushilfe)
temporary worker; **wissenschaftliche ~**
research assistant **Hilfsmittel** nt aid
Hilfsorganisation f relief organization
Hilfsprogramm nt **1** (zur Hungerhilfe
etc) relief programme (Br) or program (US)
2 IT utility program **Hilfssheriff** [-ʃɛrɪf]
m ⟨-s, -s⟩ deputy sheriff **Hilfsverb** nt
auxiliary or helping (US) verb **Hilfswerk**
nt relief organization
Himalaja [hi'ma:laja, hima'la:ja] m ⟨-(s)⟩
der ~ the Himalayas pl
Himbeere ['hɪmbe:rə] f raspberry
Himbeergeist m, no pl (white) raspberry brandy **Himbeersaft** m raspberry
juice
Himmel ['hɪml] m ⟨-s,⟩ (poet) ⟨-⟩ **1** sky;
am ~ in the sky; **jdn/etw in den ~ loben**
to praise sb/sth to the skies **2** (REL ≈ Himmelreich) heaven; **im ~** in heaven; **in den ~**
kommen to go to heaven; **der ~ auf Er-**
den heaven on earth; **(das) weiß der ~!**
(infml) God (only) knows; **das schreit**
zum ~ it's a scandal; **es stinkt zum ~**
(infml) it stinks to high heaven (infml);
(ach) du lieber ~! (infml) good Heavens!;
um(s) ~s willen (infml) for Heaven's sake
(infml) **Himmelbett** nt four-poster (bed)
himmelblau adj sky-blue
Himmelfahrt f **1** REL **Christi ~** the Ascension of Christ; **Mariä ~** the Assumption
of the Virgin Mary **2** (no art ≈ Feiertag) Ascension   Day
Himmelfahrtskommando nt (MIL
infml) suicide squad or (Unternehmung) mission **Himmelreich** nt, no pl REL Kingdom of Heaven **himmelschreiend** adj
Unrecht scandalous; Verhältnisse appalling
Himmelskörper m heavenly body
Himmelsrichtung f direction; **die vier**
~en the four points of the compass
himmelweit (fig infml) 🅰 adj **ein ~er**
Unterschied a world of difference 🅱 adv
~ **voneinander entfernt** (fig) poles apart
himmlisch ['hɪmlɪʃ] 🅰 adj heavenly 🅱

H

adv schmecken heavenly; *bequem* wonderfully; **~ schön** just heavenly

hin [hɪn] *adv* **1** *(räumlich)* **bis zum Haus ~** up to the house; **geh doch ~ zu ihr!** go to her; **nach außen ~** *(fig)* outwardly; **bis zu diesem Punkt ~** up to this point **2** **~ und her** to and fro; *(≈ hin und zurück)* there and back; **etw ~ und her überlegen** to weigh sth up; **nach langem Hin und Her** eventually; **~ und zurück** there and back; **einmal London ~ und zurück** a return *or* round trip ticket *(esp US)* to London; **~ und wieder** (every) now and then **3** *(zeitlich)* **noch weit ~** a long way off; **über die Jahre ~** over the years **4** *(fig)* **auf meine Bitte ~** at my request; **auf meinen Anruf ~** on account of my phone call; **auf seinen Rat ~** on his advice; **etw auf etw** *(acc)* **~ prüfen** to check sth for sth; → hin sein

hinab [hɪ'nap] *adv, pref* = hinunter

hinarbeiten *v/i sep* **auf etw** *(acc)* **~ auf ein Ziel** to work toward(s) sth

hinauf [hɪ'nauf] *adv* up; **den Berg ~** up the mountain **hinaufarbeiten** *v/r sep* to work one's way up **hinaufblicken** *v/i sep* to look up **hinaufbringen** *v/t sep irr* to take up **hinaufgehen** *v/i sep irr aux sein* to go up **hinaufsteigen** *v/i sep irr aux sein* to climb up

hinaus [hɪ'naus] *adv* **1** *(räumlich)* out; **~ (mit dir)!** (get) out!; **aus dem** *or* **zum Fenster ~** out of the window **2** *(zeitlich)* **auf Jahre ~** for years to come **3** *(fig)* **über** (+acc) **~** over and above; **darüber ~** over and above this; → hinaus sein **hinausbegleiten** *past part* **hinausbegleitet** *v/t sep* to see out *(aus of)* **hinausfliegen** *sep irr v/i aux sein* **(aus of) 1** *(≈ fortfliegen)* to fly out **2** *(infml ≈ hinausgeworfen werden)* to get kicked out *(infml)* **hinausgehen** *sep irr aux sein v/i* **1** *(≈ nach draußen gehen)* to go out(side) **2** **auf etw** *(acc)* **~** *(Tür, Zimmer)* to open onto sth **3** *(fig ≈ überschreiten)* **über etw** *(acc)* **~** to go beyond sth; **über seine Befugnisse ~** to overstep one's authority **hinauslaufen** *v/i sep irr aux sein* **(aus of) 1** *(lit)* to run out **2** *(fig)* **auf etw** *(acc)* **~** to amount to sth; **es läuft auf dasselbe hinaus** it comes to the same thing **hinauslehnen** *v/r sep* to lean out *(aus of)*; **sich zum Fenster ~** to lean out of the window **hinausschmeißen** *v/t sep irr* *(infml)* to kick out *(infml)* *(aus of)* **hinaus sein** *v/i irr aux sein* *(fig)* **über etw**

(acc) **~** to be past sth **hinaussteigen** *v/i sep irr aux sein* to climb out *(aus of)* **hinausstürmen** *v/i sep aux sein* to storm out *(aus of)* **hinausstürzen** *sep* **(aus of)** *v/i aux sein* *(≈ hinauseilen)* to rush out **hinauswachsen** *v/i sep irr aux sein* **über etw** *(acc)* **~** *(fig)* to outgrow sth; **er wuchs über sich selbst hinaus** he surpassed himself **hinauswagen** *v/r sep* to venture out *(aus of)* **hinauswerfen** *v/t sep irr* *(infml)* *(≈ entfernen)* to chuck out *(infml)* *(aus of)*; **das ist hinausgeworfenes Geld** it's money down the drain **hinauswollen** *v/i sep* to want to go *or* get out *(aus of)*; **worauf willst du hinaus?** *(fig)* what are you getting at?; **hoch ~** to aim high **hinauszögern** *sep* **A** *v/t* to delay **B** *v/r* to be delayed

hinbekommen *past part* **hinbekommen** *v/t sep irr* *(infml)* = hinkriegen **hinbiegen** *v/t sep irr* *(fig infml)* *(≈ in Ordnung bringen)* to arrange; *(≈ deichseln)* to wangle *(infml)*; **das werden wir schon ~** we'll sort it out somehow **Hinblick** *m* **im ~ auf** (+acc) *(≈ angesichts)* in view of; *(≈ mit Bezug auf)* with regard to **hinbringen** *v/t sep irr* **1** *jdn, etw* to take there **2** = hinkriegen **hindenken** *v/i sep irr* **wo denkst du hin?** whatever are you thinking of!

hinderlich ['hɪndɐlɪç] *adj* **~ sein** to be in the way; **einer Sache** *(dat)* **~ sein** to be a hindrance to sth **hindern** ['hɪndɐn] **A** *v/t* **1** *Fortschritte* to impede; *jdn* to hinder *(bei in)* **2** *(≈ abhalten von)* to prevent *(an +dat from)*; to stop **B** *v/r* *(≈ stören)* to be a hindrance *(bei to)* **Hindernis** ['hɪndɐnɪs] *nt* ⟨-ses, -se⟩ **1** obstacle; *(≈ Behinderung)* hindrance; **eine Reise mit ~sen** a journey full of hitches **2** *(SPORTS ≈ Hürde)* hurdle **Hindernislauf** *m* ATHLETICS, **Hindernisrennen** *nt* steeplechase **Hinderung** *f* ⟨-, -en⟩ **1** *(≈ Behinderung)* hindrance **2** *(≈ Störung)* obstruction **Hinderungsgrund** *m* obstacle

hindeuten *v/i sep* to point *(auf +acc, zu at)* **Hindu** ['hɪndu] *m* ⟨-(s), -(s)⟩ Hindu **Hinduismus** [hɪndu'ɪsmʊs] *m* ⟨-, no pl⟩ Hinduism **hinduistisch** [hɪndu'ɪstɪʃ] *adj* Hindu

hindurch [hɪn'dʊrç] *adv* through; **dort ~** through there; **mitten ~** straight through; **das ganze Jahr ~** throughout the year; **den ganzen Tag ~** all day (long)

hinein [hɪ'naɪn] *adv* in; **da ~** in there; **in etw** *(acc)* **~** into sth; **bis tief in die Nacht ~** far into the night **hineinbekommen** *past part* hineinbekommen *v/t sep irr (infml)* to get in *(in +acc -to)* **hineindenken** *v/r sep irr* **sich in jdn ~** to put oneself in sb's position **hineingehen** *v/i sep irr aux sein* (≈ *hineinpassen*) to go in *(in +acc -to)*; **in den Bus gehen 50 Leute hinein** the bus holds 50 people **hineingeraten** *past part* hineingeraten *v/i sep irr aux sein* **in etw** *(acc)* **~** to get into sth **hineingucken** *v/i sep (infml)* to look in *(in +acc -to)* **hineinklettern** *v/i sep aux sein* to climb in *(in +acc -to)* **hineinknien** *v/r sep (fig infml)* **sich in etw** *(acc)* **~** to get into sth *(infml)* **hineinkriegen** *v/t sep (infml)* to get in *(in +acc -to)* **hineinpassen** *v/i sep* **in etw** *(acc)* **~** to fit into sth; *(fig)* to fit in with sth **hineinplatzen** *v/i sep aux sein (fig infml)* to burst in *(in +acc -to)* **hineinreden** *v/i sep (lit* ≈ *unterbrechen)* to interrupt *(jdm sb)*; **jdm in seine Angelegenheiten ~** to meddle in sb's affairs **hineinregnen** *v/i impers sep* **es regnet (ins Zimmer) hinein** (the) rain is coming in(to) the room **hineinspielen** *v/i sep (≈ beeinflussen)* to have a part to play *(in +acc in)* **hineinstecken** *v/t sep* to put in *(in +acc -to)*; **Geld/Arbeit etc in etw** *(acc)* **~** to put money/some work *etc* into sth **hineinsteigern** *v/r sep* to get worked up; **sich in seine Wut ~** to work oneself up into a rage **hineinströmen** *v/i sep aux sein* to flood in *(in +acc -to)* **hineinstürzen** *sep* **A** *v/i aux sein* to plunge in *(in +acc -to)*; (≈ *hineineilen*) to rush in *(in +acc -to)* **B** *v/r* **sich in die Arbeit ~** to throw oneself into one's work **hineinversetzen** *past part* hineinversetzt *v/r sep* **sich in jdn** *or* **in jds Lage ~** to put oneself in sb's position **hineinziehen** *sep irr v/t* to pull in *(in +acc -to)*; **jdn in einen Streit ~** to drag sb into a quarrel **hinfahren** *sep irr* **A** *v/i aux sein* to go there **B** *v/t* to drive there **Hinfahrt** *f* journey there; RAIL outward journey **hinfallen** *v/i sep irr aux sein* to fall (down) **hinfällig** *adj* **1** *Mensch* frail **2** *(fig* ≈ *ungültig)* invalid **hinfinden** *v/i sep irr (infml)* to find one's way there **hinfliegen** *v/i sep irr aux sein* to fly there **Hinflug** *m* outward flight **hinführen** *sep* **A** *v/t* **jdn zu etw ~** *(fig)* to lead sb to sth **B** *v/i* to

lead there; **wo soll das ~?** *(fig)* where is this leading to?

Hingabe *f, no pl (fig)* (≈ *Begeisterung*) dedication; (≈ *Selbstlosigkeit*) devotion; **mit ~ singen** to sing with abandon **hingeben** *sep irr* **A** *v/t* to give up; *Leben* to sacrifice **B** *v/r* **sich einer Sache** *(dat)* **~** *der Arbeit* to devote oneself to sth; *dem Laster, der Verzweiflung* to abandon oneself to sth; **sich einer Illusion ~** to labour *(Br)* or labor *(US)* under an illusion **hingebungsvoll** **A** *adj* (≈ *selbstlos*) devoted; (≈ *begeistert*) abandoned **B** *adv* (≈ *selbstlos*) devotedly; (≈ *begeistert*) with abandon; *lauschen* raptly **hingegen** [hɪn'geːɡn̩] *cj (elev)* however **hingehen** *v/i sep irr aux sein* **1** (≈ *dorthin gehen*) to go (there); **wo gehst du hin?** where are you going?; **wo geht es hier hin?** where does this go? **2** *(Zeit)* to pass **3** *(fig* ≈ *tragbar sein)* **das geht gerade noch hin** that will just about do **hingehören** *past part* hingehört *v/i sep* to belong; **wo gehört das hin?** where does this belong? **hingerissen** **A** *adj* enraptured; **hin- und hergerissen sein** to be torn *(zwischen between)* **B** *adv* with rapt attention; → **hinreißen Hingucker** [-ɡʊkɐ] *m* ⟨-s, -⟩ *(infml)* (≈ *Mensch*) looker *(infml)*; (≈ *Sache*) eye-catcher *(infml)* **hinhalten** *v/t sep irr* **1** (≈ *entgegenstrecken*) to hold out *(jdm to sb)* **2** *(fig)* *jdn* to put off **Hinhaltetaktik** *f* delaying tactics *pl* **hinhauen** *sep irr (infml)* **A** *v/t* **1** (≈ *nachlässig machen*) to knock off *(infml)* **2** (≈ *hinwerfen*) to slam down **B** *v/i* **1** (≈ *zuschlagen*) to hit hard **2** (≈ *gut gehen*) **es hat hingehauen** I/we *etc* just managed it; **das wird schon ~** it will be OK *(infml)* **3** (≈ *klappen*) to work **C** *v/r (infml* ≈ *sich schlafen legen)* to crash out *(infml)* **hinhören** *v/i sep* to listen **hinken** ['hɪŋkn̩] *v/i* **1** to limp **2** *(fig) (Beispiel)* to be inappropriate; *(Vergleich)* to be misleading **hinknien** *v/i & v/r sep* to kneel (down) **hinkommen** *v/i sep irr aux sein* **1** (≈ *an einen Ort hinkommen)* **(da) ~** to get there; **wie komme ich zu dir hin?** how do I get to your place? **2** (≈ *an bestimmten Platz gehören*) to go; **wo kämen wir denn hin, wenn …** *(infml)* where would we be if … **3** (≈ *auskommen*) to manage; **wir kommen (damit) hin** we will manage **4** *(infml* ≈ *stimmen*) to be right **hinkriegen** *v/t sep (infml* ≈ *fertigbringen*) to manage; **das**

hast du gut hingekriegt you've made a nice job of it **hinlangen** *v/i sep* (*infml* ≈ *zupacken*) to grab him/her/it *etc*; (≈ *zuschlagen*) to take a (good) swipe (*infml*); (≈ *sich bedienen*) to help oneself to a lot **hinlänglich** ['hɪnlɛŋlɪç] **A** *adj* (≈ *ausreichend*) adequate **B** *adv* (≈ *ausreichend*) adequately; (≈ *zu Genüge*) sufficiently **hinlegen** *sep* **A** *v/t* **1** (≈ *hintun*) to put down; *Zettel* to leave (*jdm* for sb); (*infml* ≈ *bezahlen müssen*) to fork out (*infml*) **2** (*infml* ≈ *glänzend darbieten*) to perform **B** *v/r* to lie down **hinnehmen** *v/t sep irr* (≈ *ertragen*) to take; *Beleidigung* to swallow; **etw als selbstverständlich ~** to take sth for granted **hinreichend** **A** *adj* (≈ *ausreichend*) adequate; (≈ *genug*) sufficient; (≈ *reichlich*) ample; **keine ~en Beweise** insufficient evidence **B** *adv* informieren adequately **Hinreise** *f* outward journey **hinreißen** *v/t sep irr* (*fig*) **1** (≈ *begeistern*) to thrill; → **hingerissen 2** (≈ *überwältigen*) **jdn zu etw ~** to force sb into sth; **sich ~ lassen** to let oneself be carried away **hinreißend** *adj* fantastic; *Anblick* enchanting; *Schönheit* captivating **hinrichten** *v/t sep* to execute **Hinrichtung** *f* execution **hinschauen** *v/i sep* (*dial*) = hinsehen **hinschmeißen** *v/t sep irr* (*infml*) (≈ *hinwerfen*) to fling down (*infml*); (*fig* ≈ *aufgeben*) *Arbeit etc* to chuck in (*infml*) **hinschreiben** *sep irr v/t* to write; (≈ *flüchtig niederschreiben*) to scribble down (*infml*) **hinsehen** *v/i sep irr* to look; **bei genauerem Hinsehen** on looking more carefully **hin sein** *v/i irr aux sein* (*infml*) **1** (≈ *kaputt sein*) to have had it **2** (≈ *erschöpft sein*) to be exhausted **3** (≈ *verloren sein*) to be lost **4** (≈ *begeistert sein*) **(von etw) hin (und weg) sein** to be mad about sth **hinsetzen** *sep* **A** *v/t* to put or set down; *Kind* to sit down **B** *v/r* (*lit*) to sit down **Hinsicht** *f, no pl* **in dieser ~** in this respect; **in gewisser ~** in some respects; **in finanzieller ~** financially **hinsichtlich** ['hɪnzɪçtlɪç] *prep* +*gen* (≈ *bezüglich*) with regard to; (≈ *in Anbetracht*) in view of **Hinspiel** *nt* SPORTS first leg **hinstellen** *sep* **A** *v/t* **1** (≈ *niederstellen*) to put down; (*an bestimmte Stelle*) to put **2** (≈ *auslegen*) **jdn/etw als jdn/etw ~** (≈ *bezeichnen*) to make sb/sth out to be sb/sth **B** *v/r* to stand; (*Fahrer*) to park; **sich vor jdn** or

jdm ~ to stand in front of sb **hintanstellen** [hɪnt'an-] *v/t sep* (≈ *zurückstellen*) to put last; (≈ *vernachlässigen*) to neglect **hinten** ['hɪntn] *adv* **1** behind; **von ~** from the back; **~ im Buch** at the back of the book; **sich ~ anstellen** to join the end of the queue (*Br*) or line (*US*); **von ~ anfangen** to begin from the end; **~ im Auto/Bus** in the back of the car/bus; **ein Blick nach ~** a look behind; **nach ~** to the back; *fallen, ziehen* backwards; **das Auto da ~** the car back there **2** (*fig*) **~ und vorn** *betrügen* left, right and centre (*Br*) or center (*US*); **das stimmt ~ und vorn nicht** that is absolutely untrue; **das reicht ~ und vorn nicht** that's nowhere near enough **hintenherum** ['hɪntnhɛ'rʊm] *adv* (≈ *von der hinteren Seite*) from the back; (≈ *auf Umwegen*) in a roundabout way; (≈ *illegal*) under the counter **hinter** ['hɪntɐ] *prep* (*mit Bewegungsverben*) +*acc* **1** (*räumlich*) behind; **~ jdm/etw her** behind sb/sth; **~ etw** (*acc*) **kommen** (*fig* ≈ *herausfinden*) to get to the bottom of sth; **sich ~ jdn stellen** (*lit*) to stand behind sb; (*fig*) to support sb; **jdn weit ~ sich** (*dat*) **lassen** to leave sb far behind **2** (+*dat* ≈ *nach*) after; **vier Kilometer ~ der Grenze** four kilometres (*Br*) or kilometers (*US*) beyond the border **3** **etw ~ sich** (*dat*) **haben** (≈ *überstanden haben*) to have got sth over (and done) with; *Krankheit, Zeit* to have been through sth; **sie hat viel ~ sich** she has been through a lot; **das Schlimmste haben wir ~ uns** we are over the worst; **etw ~ sich** (*acc*) **bringen** to get sth over (and done) with **Hinterachse** *f* rear axle **Hinterausgang** *m* back exit **Hinterbänkler** [-bɛŋkle] *m* ⟨-s, -⟩, **Hinterbänklerin** [-ərɪn] *f* ⟨-, -nen⟩ (POL *pej*) backbencher **Hinterbein** *nt* hind leg; **sich auf die ~e stellen** or **setzen** (*fig infml* ≈ *sich anstrengen*) to pull one's socks up (*infml*) **Hinterbliebene(r)** [hɪntɐ'bliːb(ə)nə] *m/f(m) decl as adj* surviving dependent; **die ~n** the bereaved family **hintereinander** [hɪnteai'nande] *adv* (*räumlich*) one behind the other; (≈ *in Reihenfolge*) one after the other; **~ hereinkommen** to come in one by one; **zwei Tage ~** two days running; **dreimal ~** three times in a row **Hintereingang** *m* rear entrance **hintere(r, s)** ['hɪntərə] adj back; (von Gebäude auch) rear; **die Hinteren** those at the back; **am ~n Ende** at the far end **hinterfragen** past part hinterfragt v/t insep to question **Hintergedanke** m ulterior motive **hintergehen** past part hintergangen v/t insep irr to deceive **Hintergrund** m background; **im ~** in the background; **im ~ bleiben/stehen** to stay/be in the background; **in den ~ treten** (fig) to be pushed into the background **hintergründig** ['hɪntɐɡrʏndɪç] adj cryptic **Hintergrundinformation** f usu pl background information no pl (über +acc about, on) **Hintergrundprogramm** nt IT background program **Hinterhalt** m ambush; **jdn aus dem ~ überfallen** to ambush sb; **im ~ lauern** or **liegen** to lie in wait or (esp MIL) ambush **hinterhältig** ['hɪntɐhɛltɪç] **A** adj devious **B** adv in an underhand way, deviously **hinterher** [hɪntɐ'heːɐ, 'hɪntɐheːɐ] adv (räumlich) behind; (zeitlich) afterwards **hinterherfahren** v/i sep irr aux sein to drive behind (jdm sb) **hinterherlaufen** v/i sep irr aux sein to run behind (jdm sb); **jdm ~** (fig infml) to run after sb **hinterher sein** v/i sep irr aux sein (infml) (lit ≈ verfolgen) to be after (jdm sb); **~, dass ...** to see to it that ... **Hinterhof** m back yard **Hinterkopf** m back of one's head; **etw im ~ haben** (infml) to have sth in the back of one's mind **Hinterland** nt hinterland **hinterlassen** past part hinterlassen v/t insep irr to leave **Hinterlassenschaft** [hɪntɐ-'lasn̩ʃaft] f ⟨-, -en⟩ estate; (fig) legacy **hinterlegen** past part hinterlegt v/t insep **1** (≈ verwahren lassen) to deposit **2** (≈ als Pfand hinterlegen) to leave **Hinterlegung** [hɪntɐ'leːɡʊŋ] f ⟨-, -en⟩ deposit **Hinterlist** f **1** (≈ Tücke) craftiness **2** (≈ Trick, List) ruse **hinterlistig** **A** adj (≈ tückisch) crafty; (≈ betrügerisch) deceitful **B** adv (≈ tückisch) cunningly; (≈ betrügerisch) deceitfully **Hintermann** m, pl -männer person behind; (≈ Auto) car behind; **die Hintermänner des Skandals** the men behind the scandal **Hintern** ['hɪntɐn] m ⟨-s, -⟩ (infml) backside (infml); **sich auf den ~ setzen** (≈ eifrig arbeiten) to buckle down to work; **jdm in den ~ kriechen** to suck up to sb **Hinterrad** nt rear wheel **Hinterradantrieb** m rear wheel drive

hinterrücks ['hɪntɐrʏks] adv from behind; (fig ≈ heimtückisch) behind sb's back **Hinterseite** f back **hinterste(r, s)** ['hɪntəstə] adj very back; (≈ entlegenste) remotest; **die Hintersten** those at the very back; **das ~ Ende** the very end or (von Saal) back **Hinterteil** nt (infml) backside (infml) **Hintertreffen** nt **im ~ sein** to be at a disadvantage; **ins ~ geraten** to fall behind **hintertreiben** past part hintertrieben v/t insep irr (fig) to foil; Gesetz to block **Hintertreppe** f back stairs pl **Hintertür** f back door; (fig infml ≈ Ausweg) loophole; **durch die ~** (fig) through the back door **hinterziehen** past part hinterzogen v/t insep irr Steuern to evade **Hinterziehung** f (von Steuern) evasion **Hinterzimmer** nt back room

hintreten v/i sep irr aux sein **vor jdn ~** to go up to sb **hintun** v/t sep irr (infml) to put; **ich weiß nicht, wo ich ihn ~ soll** (fig) I can't (quite) place him

hinüber [hɪ'nyːbɐ] adv over; (über Grenze, Fluss auch) across; **quer ~** right across; → hinüber sein **hinüberführen** sep v/i (≈ verlaufen: Straße, Brücke) to go across (über etw (acc) sth) **hinübergehen** v/i sep irr aux sein to go across; (zu jdm) to go over (über etw (acc) sth) **hinüberretten** sep v/t to bring to safety; (fig) Tradition to keep alive **hinüber sein** v/i irr aux sein (infml ≈ verdorben sein) to be off; (≈ kaputt, tot sein) to have had it (infml); (≈ ruiniert sein) to be done for (infml) **hinüberwechseln** v/i sep aux haben or sein to change over (zu, in +acc to)

Hin- und Rückfahrt f return journey **Hin- und Rückflug** m return flight **Hin- und Rückweg** m round trip **hinunter** [hɪ'nʊntɐ] adv down; **ins Tal ~** down into the valley **hinunterfließen** v/i sep irr aux sein to flow down **hinuntergehen** v/i sep irr aux sein to go down **hinunterschlucken** v/t sep to swallow (down) **hinunterstürzen** sep **A** v/i aux sein **1** (≈ hinunterfallen) to tumble down **2** (≈ eilig hinunterlaufen) to rush down **B** v/t jdn to throw down **C** v/r to throw oneself down **hinunterwerfen** v/t sep irr to throw down

hinweg [hɪn'vɛk] adv **1** **über jdn/etw ~** over sb or sb's head/sth **2** (zeitlich) **über eine Zeit ~** over a period of time **Hinweg** m way there; **auf dem ~** on the way there

hinweggehen v/i sep irr aux sein **über etw** (acc) ~ to pass over sth **hinwegkommen** v/i sep irr aux sein (fig) **über etw** (acc) ~ (≈ verwinden) to get over sth **hinwegsehen** v/i sep irr **über jdn/ etw** ~ (lit) to see over sb or sb's head/ sth; (fig) (≈ ignorieren) to ignore sb/sth; (≈ unbeachtet lassen) to overlook sb/sth **hinwegsetzen** v/r sep (fig) **sich über etw** (acc) ~ (≈ nicht beachten) to disregard sth; (≈ überwinden) to overcome sth **hinwegtäuschen** v/t sep **jdn über etw** (acc) ~ to mislead sb about sth; **darüber ~, dass ...** to hide the fact that ...

Hinweis ['hɪnvaɪs] m ⟨-es, -e [-zə]⟩ **1** (≈ Rat) piece of advice; (≈ Bemerkung) comment; (amtlich) notice; **~e für den Benutzer** notes for the user **2** (≈ Anhaltspunkt) indication; (esp von Polizei) clue **hinweisen** sep irr **A** v/t **jdn auf etw** (acc) ~ to point sth out to sb **B** v/i **auf jdn/etw** ~ to point to sb/sth; (≈ verweisen) to refer to sb/sth; **darauf ~, dass ...** to point out that ... **Hinweisschild** nt, pl -schilder sign

hinwerfen sep irr v/t **1** to throw down; (≈ fallen lassen) to drop; **jdm etw** ~ to throw sth to sb; **eine hingeworfene Bemerkung** a casual remark **2** (infml ≈ aufgeben) Arbeit to give up **hinwirken** v/i sep **auf etw** (acc) ~ to work toward(s) sth **hinwollen** v/i sep (infml) to want to go **hinziehen** sep irr **A** v/t **1** (≈ zu sich ziehen) to draw (zu towards) **2** (fig ≈ in die Länge ziehen) to draw out **B** v/i aux sein to move (über +acc across, zu towards) **C** v/r **1** (≈ lange dauern) to drag on; (≈ sich verzögern) to be delayed **2** (≈ sich erstrecken) to stretch **hinzielen** v/i sep **auf etw** (acc) ~ to aim at sth; (Pläne etc) to be aimed at sth

hinzu [hɪn'tsuː] adv ~ **kommt noch, dass ich ...** moreover I ... **hinzufügen** v/t sep to add (+dat to); (≈ beilegen) to enclose **hinzukommen** v/i sep irr aux sein **zu etw** ~ to be added to sth; **es kommt noch hinzu, dass ...** there is also the fact that ... **hinzutun** v/t sep irr (infml) to add **hinzuzählen** v/t sep to add **hinzuziehen** v/t sep irr to consult

Hiobsbotschaft f bad tidings pl

Hippie ['hɪpi] m ⟨-s, -s⟩ hippie

Hipsters ['hɪpstɐs] pl (≈ Hüfthose) hipsters pl, hiphuggers pl (US)

Hirn [hɪrn] nt ⟨-(e)s, -e⟩ **1** ANAT brain **2** (infml) (≈ Kopf) head; (≈ Verstand) brains pl, mind; **sich** (dat) **das** ~ **zermartern** to rack one's brain(s) **3** COOK brains pl **Hirngespinst** [-gəʃpɪnst] nt ⟨-(e)s, -e⟩ fantasy **Hirnhaut** f ANAT meninges pl **Hirnhautentzündung** f MED meningitis **hirnlos** adj brainless **hirnrissig** adj hare-brained **Hirntod** m MED brain death **hirntot** adj braindead **Hirntumor** m brain tumour (Br) or tumor (US) **hirnverbrannt** [-vɛɐbrant] adj hare-brained

Hirsch [hɪrʃ] m ⟨-es, -e⟩ (≈ Rothirsch) red deer; (männlich) stag; COOK venison **Hirschjagd** f stag hunt **Hirschkalb** nt (male) fawn **Hirschkeule** f haunch of venison **Hirschkuh** f hind **Hirschleder** nt buckskin

Hirse ['hɪrzə] f ⟨-, -n⟩ millet

Hirt [hɪrt] m ⟨-en, -en⟩ herdsman; (≈ Schafhirt) shepherd **Hirtin** ['hɪrtɪn] f ⟨-, -nen⟩ herdswoman; (≈ Schafhirtin) shepherdess

hissen ['hɪsn] v/t to hoist

Histamin [hɪsta'miːn] nt ⟨-s, no pl⟩ histamine

Historiker [hɪs'toːrike] m ⟨-s, -⟩, **Historikerin** [-ərɪn] f ⟨-, -nen⟩ historian **historisch** [hɪs'toːrɪʃ] **A** adj historical; Gestalt, Ereignis historic **B** adv historically; **das ist** ~ **belegt** there is historical evidence for this

Hit [hɪt] m ⟨-s, -s⟩ (MUS, IT, fig infml) hit **Hitliste** f charts pl **Hitparade** f hit parade; **in der** ~ MUS in the charts

Hitze ['hɪtsə] f ⟨-, -n⟩ **1** heat **2** (fig) passion; **in der** ~ **des Gefecht(e)s** (fig) in the heat of the moment **hitzebeständig** adj heat-resistant **hitzeempfindlich** adj sensitive to heat **Hitzefrei** nt ~ **haben** to have time off from school on account of excessively hot weather **Hitzeperiode** f hot spell **Hitze(schutz)schild** m, pl -schilde heat shield **Hitzewelle** f heat wave **hitzig** ['hɪtsɪç] adj (≈ aufbrausend) Mensch hot-headed; (≈ leidenschaftlich) passionate; ~ **werden** (Debatte) to grow heated **Hitzschlag** m MED heatstroke

HIV-negativ [haːiːˈfaʊ-] adj HIV-negative **HIV-positiv** adj HIV-positive **HIV-Virus** nt HIV-virus

H-Milch ['haː-] f long-life milk

HNO-Arzt [haːɛnˈoː-] m, **HNO-Ärztin** f

ENT specialist

Hobby ['hɔbi] *nt* ⟨-s, -s⟩ hobby **Hobbyfotograf(in)** *m(f)* amateur photographer **Hobbyraum** *m* workroom **Hobel** ['hoːbl] *m* ⟨-s, -⟩ TECH plane **Hobelbank** *f, pl* -bänke carpenter's *or* joiner's bench **hobeln** ['hoːbln] *v/t & v/i* TECH to plane; **wo gehobelt wird, da fallen Späne** (*prov*) you can't make an omelette without breaking eggs (*prov*) **Hobelspan** *m* shaving

hoch [hoːx] **A** *adj, attr* hohe(r, s) ['hoːə], *comp* höher ['høːə], *sup* "ste(r, s) ['høːçstə] high; *Baum, Mast* tall; *Summe* large; *Strafe* heavy; *Schaden* extensive; **hohe Verluste** heavy losses; **in hohem Maße verdächtig** highly suspicious; **in hohem Maße gefährdet** in grave danger; **mit hoher Wahrscheinlichkeit** in all probability; **das hohe C** MUS top C; **das ist mir zu ~** (*fig infml*) that's (well) above (*esp Br*) *or* over my head; **ein hohes Tier** (*fig infml*) a big fish (*infml*); **das Hohe Haus** PARL the House **B** *adv, comp* höher, *sup* am "sten **1** (≈ *oben*) high; **~ oben** high up; **zwei Treppen ~ wohnen** to live two floors up; **er sah zu uns ~** (*infml*) he looked up to us; MAT **7 ~ 3** 7 to the power of 3 **2** (≈ *sehr*) *angesehen, entwickelt* highly; *zufrieden, erfreut* very; **~ beglückt** = hochbeglückt **3** **~ begabt** = hochbegabt; **~ empfindlich** = hochempfindlich; **~ qualifiziert** highly qualified; **das rechne ich ihm ~ an** (I think) that is very much to his credit; **~ gewinnen** to win handsomely; **~ hinauswollen** to be ambitious; **wenn es ~ kommt** (*infml*) at (the) most; **~ schätzen** (≈ *verehren*) to respect highly; **~ verlieren** to lose heavily; **die Polizei rückte an, 50 Mann ~** (*infml*) the police arrived, 50 strong; **~! cheers!; ~ und heilig versprechen** to promise faithfully **Hoch** [hoːx] *nt* ⟨-s, -s⟩ **1** (≈ *Ruf*) **ein (dreifaches) ~ für** *or* **auf jdn ausbringen** to give three cheers for sb **2** (METEO, *fig*) high **Hochachtung** *f* deep respect; **bei aller ~ vor jdm/etw** with (the greatest) respect for sb/sth **hochachtungsvoll** *adv* (*Briefschluss*) (*bei Anrede mit Sir/Madam*) yours faithfully (*Br*), sincerely yours (*US*); (*bei Anrede mit Namen*) yours sincerely (*Br*), sincerely yours (*US*) **Hochadel** *m* high nobility **hochaktuell** *adj* highly topical **Hochaltar** *m* high altar **hochanständig** *adj* very decent **hoch-**

arbeiten *v/r sep* to work one's way up **hochauflösend** *adj* IT, TV high-resolution **Hochbahn** *f* elevated railway (*Br*) *or* railroad (*US*), el (*US infml*) **Hochbau** *m, no pl* structural engineering **hochbegabt** *adj attr* highly gifted *or* talented **Hochbegabte(r)** *m/f(m) decl as adj* gifted person *or* child **hochbeglückt** *adj attr* highly delighted **hochbetagt** *adj* aged *attr*, advanced in years **Hochbetrieb** *m* (*in Geschäft etc*) peak period; (≈ *Hochsaison*) high season **hochbringen** *v/t sep irr* (*infml*) **1** (≈ *nach oben bringen*) to bring *or* take up **2** (*infml* ≈ *hochheben können*) to (manage to) get up **Hochburg** *f* (*fig*) stronghold **hochdeutsch** *adj* standard *or* High German **Hochdeutsch(e)** *nt* standard *or* High German **Hochdruck** *m, no pl* METEO high pressure; MED high blood pressure; **mit ~ arbeiten** to work at full stretch **Hochdruckgebiet** *nt* METEO high-pressure area **Hochebene** *f* plateau **hochempfindlich** *adj* TECH highly sensitive; *Film* fast; *Stoff* very delicate **hochfahren** *sep irr* **A** *v/i aux sein* **1** (≈ *nach oben fahren*) to go up; (*in Auto*) to drive *or* go up **2** (*erschreckt*) to start (up) **B** *v/t* to take up; TECH to start up; *Computer* to boot up; (*fig*) *Produktion* to increase **hochfahrend** *adj* (≈ *überheblich*) arrogant **Hochfinanz** *f* high finance **hochfliegen** *v/i irr aux sein* to fly up; (≈ *in die Luft geschleudert werden*) to be thrown up **hochfliegend** *adj Pläne* ambitious **Hochform** *f* top form **Hochformat** *nt* vertical format **Hochfrequenz** *f* ELEC high frequency **Hochgarage** *f* multistorey car park (*Br*), multistory parking garage (*US*) **Hochgebirge** *nt* high mountains *pl* **hochgehen** *v/i sep irr aux sein* **1** (≈ *hinaufgehen*) to go up **2** (*infml* ≈ *explodieren*) to blow up; (*Bombe*) to go off; **etw ~ lassen** to blow sth up **3** (*infml* ≈ *wütend werden*) to go through the roof **4** (*infml* ≈ *gefasst werden*) to get nabbed (*infml*); **jdn ~ lassen** to bust sb (*infml*) **hochgeistig** *adj* highly intellectual **Hochgenuss** *m* special treat; (≈ *großes Vergnügen*) great pleasure **Hochgeschwindigkeitszug** *m* high-speed train **hochgesteckt** [-gə-ʃtɛkt] *adj* (*fig*) *Ziele* ambitious **hochgestellt** [-gəʃtɛlt] *adj attr Ziffer* superscript, superior **hochgestochen** *adj* (*pej infml*) highbrow; *Stil* pompous; (≈ *eingebildet*) stuck-up (*infml*) **hochgewachsen** *adj* tall **hochgezüchtet** [-gətsʏçtət] *adj* (*usu pej*) *Motor* souped-up (*infml*); *Tiere, Pflanzen* overbred **Hochglanz** *m* high polish *or* shine; PHOT gloss **Hochglanzpapier** *nt* high gloss paper **hochgradig** [-graːdɪç] **A** *adj no pred* extreme; (*infml*) *Unsinn etc* absolute, utter **B** *adv* extremely **hochhalten** *v/t sep irr* **1** (≈ *in die Höhe halten*) to hold up **2** (≈ *in Ehren halten*) to uphold **Hochhaus** *nt* high-rise building **hochheben** *v/t sep irr Hand, Arm* to lift, to raise; *Kind, Last* to lift up **hochinteressant** *adj* very *or* most interesting **hochkant** ['hoːxkant] *adv* **1** (*lit*) on end; ~ **stellen** to put on end **2** (*fig infml*: *a.* **hochkantig**) ~ **hinausfliegen** to be chucked out (*infml*) **hochkarätig** *adj* **1** *Gold* high-carat **2** (*fig*) top-class **hochklappen** *v/t sep Tisch, Stuhl* to fold up; *Sitz* to tip up; *Deckel* to lift (up) **hochkommen** *v/i sep irr aux sein* to come up; (≈ *aufstehen können*) to (manage to) get up; (*infml*: *beruflich*) to come up in the world **Hochkonjunktur** *f* boom **hochkonzentriert** *adj Säure* highly concentrated **hochkrempeln** *v/t sep* to roll up **hochkriegen** *v/t sep* (*infml*) = hochbekommen **hochladen** *v/t sep irr* IT to upload **Hochland** *nt* highland **hochleben** *v/i sep jdn* ~ **lassen** to give three cheers for sb; **er lebe hoch!** three cheers (for him)! **Hochleistung** *f* first-class performance **Hochleistungssport** *m* top-class sport **Hochleistungssportler(in)** *m/(f)* top athlete **hochmodern** [-mɔdɛrn] *adj* very modern **Hochmoor** *nt* moor **Hochmut** *m* arrogance **hochmütig** ['hoːxmyːtɪç] *adj* arrogant **hochnäsig** ['hoːxnɛːzɪç] (*infml*) *adj* snooty (*infml*) **hochnehmen** *v/t sep irr* **1** (≈ *heben*) to lift; *Kind, Hund* to pick *or* lift up **2** (*infml* ≈ *necken*) *jdn* ~ to pull sb's leg **3** (*infml* ≈ *verhaften*) to pick up (*infml*) **Hochofen** *m* blast furnace **hochprozentig** *adj alkoholische Getränke* high-proof **hochqualifiziert** *adj attr*; → hoch **hochrechnen** *sep* **A** *v/t* to project **B** *v/i* to make a projection **Hochrechnung** *f* projection **Hochruf** *m* cheer **Hochsaison** *f* high season **hochschlagen** *sep irr v/t Kragen* to turn up **hochschnellen** *v/i sep aux sein* to leap up **Hochschulabschluss** *m* de-

gree **Hochschulabsolvent(in)** *m/(f)* graduate **Hochschul(aus)bildung** *f* university education **Hochschule** *f* college; (≈ *Universität*) university; **Technische ~** technical college **Hochschüler(in)** *m/(f)* student **Hochschullehrer(in)** *m/(f)* college/university teacher, lecturer (*Br*) **hochschwanger** *adj* well advanced in pregnancy **Hochsee** *f* high sea **Hochseefischerei** *f* deep-sea fishing **Hochseeschifffahrt** *f* deep-sea shipping **hochsehen** *v/i sep irr* to look up **hochsensibel** *adj* highly sensitive **Hochsicherheitstrakt** *m* high-security wing **Hochsitz** *m* HUNT (raised) hide **Hochsommer** *m* midsummer *no art* **hochsommerlich** *adj* very summery **Hochspannung** *f* (ELEC, *fig*) high tension; „**Vorsicht ~**" "danger - high voltage" **Hochspannungsleitung** *f* high-tension line **Hochspannungsmast** *m* pylon **hochspielen** *v/t sep* (*fig*) to play up; **etw (künstlich) ~** to blow sth (up) out of all proportion **Hochsprache** *f* standard language **hochspringen** *v/i sep irr aux sein* to jump up **Hochspringer(in)** *m/(f)* high jumper **Hochsprung** *m* (≈ *Disziplin*) high jump

höchst [høːçst] *adv* (≈ *überaus*) extremely, most **Höchstalter** [høːçst-] *nt* maximum age

Hochstapelei [hoːxʃtaːpəˈlai] *f* ⟨-, -en⟩ JUR fraud **Hochstapler** ['hoːxʃtaːple] *m* ⟨-s, -⟩, **Hochstaplerin** [-ərɪn] *f* ⟨-, -nen⟩ confidence trickster

Höchstbetrag *m* maximum amount **höchstenfalls** ['høːçstnfals] *adv* at (the) most **höchstens** ['høːçstns] *adv* not more than; (≈ *bestenfalls*) at the most, at best **höchste(r, s)** ['høːçstə] **A** *adj* highest; *Baum, Mast* tallest; *Summe* largest; *Strafe* heaviest; *Not, Gefahr, Wichtigkeit* utmost, greatest; **im ~n Grade/Maße** extremely; **im ~n Fall(e)** at the most; ~ **Zeit** *or* **Eisenbahn** (*infml*) high time; **aufs Höchste erfreut** *etc* highly *or* greatly *or* tremendously (*infml*) pleased *etc*; **die ~ Instanz** the supreme court of appeal **B** *adv* **am ~n** highest; *verehren* most (of all); *begabt* most; *besteuert* (the) most heavily **Höchstfall** *m* **im ~** (≈ *nicht mehr als*) not more than; (≈ *bestenfalls*) at the most, at best **Höchstform** *f* SPORTS top form **Höchstgebot** *nt* highest bid **Höchstgeschwindig-**

keit f top or maximum speed; **zulässige ~** speed limit H**ö**chstgrenze f upper limit H**ö**chstleistung f best performance; (bei Produktion) maximum output H**ö**chstmaß nt maximum amount (an +dat of) höchstpers**ö**nlich ['hø:çstpɛr-'zøːnlıç] adv personally H**ö**chstpreis m top or maximum price H**ö**chststand m highest level H**ö**chststrafe f maximum penalty

H**o**chstuhl m highchair
höchstwahrsch**ei**nlich ['hø:çstva:e-'ʃainlıç] adv most probably or likely H**ö**chstwert m maximum value höchstzulässig adj attr maximum (permissible)

H**o**chtechnologie f high technology H**o**chtemperaturreaktor m high temperature reactor H**o**chtour f **auf ~en arbeiten** (Maschinen) to run at full speed; (Fabrik etc) to work at full steam; **etw auf ~en bringen** Motor to rev up to full speed; Produktion, Kampagne to get sth into full swing h**o**chtourig [-tuː-rıç] **A** adj Motor high-revving **B** adv **~ fahren** to drive at high revs h**o**chtrabend (pej) adj pompous h**o**ch treiben v/t irr **1** (≈ hinauftreiben) to drive up **2** (fig) Preise, Kosten to force up H**o**ch- und T**ie**fbau m, no pl structural and civil engineering H**o**chverrat m high treason H**o**chwasser nt, pl -wasser **1** (≈ von Flut) high tide **2** (≈ in Flüssen, Seen) high water; (≈ Überschwemmung) flood; **~ haben** (Fluss) to be in flood h**o**chwerfen v/t sep irr to throw up h**o**chwertig [-veːɐtıç] adj high-quality; Nahrungsmittel highly nutritious H**o**chwild nt big game H**o**chzahl f exponent

H**o**chzeit ['hɔxtsait] f ⟨-, -en⟩ wedding; **etw zur ~ geschenkt bekommen** to get sth as a wedding present; **silberne ~** silver wedding (anniversary) H**o**chzeitskleid nt wedding dress H**o**chzeitsnacht f wedding night H**o**chzeitsreise f honeymoon H**o**chzeitstag m wedding day; (≈ Jahrestag) wedding anniversary

h**o**chziehen sep irr **A** v/t **1** Gegenstand to pull up **2** (infml ≈ bauen) to throw up (infml) **B** v/r to pull oneself up

H**o**cke ['hɔkə] f ⟨-, -n⟩ squatting position; (≈ Übung) squat; **in die ~ gehen** to squat (down) h**o**cken ['hɔkn] v/i to squat, to crouch; (infml ≈ sitzen) to sit H**o**cker

['hɔkə] m ⟨-s, -⟩ (≈ Stuhl) stool; **jdn vom ~ hauen** (fig infml) to bowl sb over (infml) H**ö**cker ['hœkɐ] m ⟨-s, -⟩ hump; (auf Schnabel) knob

Hockey ['hɔki, 'hɔke] nt ⟨-s, no pl⟩ hockey (Br), field hockey (US) H**o**ckeyschläger m (field (US)) hockey stick H**o**ckeyspieler(in) m/(f) (field (US)) hockey player

H**o**den ['hoːdn] m ⟨-s, -⟩ testicle H**o**densack m scrotum

Hof [hoːf] m ⟨-(e)s, ⸚e ['hø:fə]⟩ **1** (≈ Platz) yard; (≈ Innenhof) courtyard; (≈ Schulhof) playground **2** (≈ Bauernhof) farm **3** (≈ Fürstenhof) court; **~ halten** to hold court **4** (um Sonne, Mond) halo

h**o**ffen ['hɔfn] **A** v/i to hope; **auf jdn ~** to set one's hopes on sb; **auf etw** (acc) **~** to hope for sth; **ich will nicht ~, dass er das macht** I hope he doesn't do that **B** v/t to hope for; **~ wir das Beste!** let's hope for the best!; **ich hoffe es** I hope so; **das will ich (doch wohl) ~** I should hope so h**o**ffentlich ['hɔfntlıç] adv hopefully; **hoffentlich!** I hope so; **~ nicht** I/we hope not H**o**ffnung ['hɔfnʊŋ] f ⟨-, -en⟩ hope; **sich** (dat) **~en machen** to have hopes; **sich** (dat) **keine ~en machen** not to hold out any hopes; **mach dir keine ~(en)!** I wouldn't even think about it; **jdm ~en machen** to raise sb's hopes; **jdm auf etw** (acc) **~en machen** to lead sb to expect sth; **die ~ aufgeben** to abandon hope h**o**ffnungslos **A** adj hopeless **B** adv hopelessly H**o**ffnungslosigkeit f ⟨-, no pl⟩ hopelessness; (≈ Verzweiflung) despair H**o**ffnungsschimmer m glimmer of hope H**o**ffnungsträger(in) m/(f) person on whom hopes are pinned h**o**ffnungsvoll **A** adj hopeful; (≈ viel versprechend) promising **B** adv full of hope

H**o**fhund m watchdog
hof**ie**ren [ho'fiːrən] past part hof**ie**rt v/t (dated) to court

höflich ['høːflıç] **A** adj polite; (≈ zuvorkommend) courteous **B** adv politely H**ö**flichkeit f ⟨-, -en⟩ **1** no pl politeness; (≈ Zuvorkommenheit) courteousness **2** (≈ höfliche Bemerkung) compliment H**ö**flichkeitsbesuch m courtesy visit

h**o**he adj → hoch
H**ö**he ['høːə] f ⟨-, -n⟩ **1** height; **an ~ gewinnen** AVIAT to gain height, to climb; **in einer ~ von** at a height of; **in die ~ ge-**

hen (fig: Preise etc) to go up **2** (≈ Anhöhe) hill; (≈ Gipfel) top, summit; **sich nicht auf der ~ fühlen** (gesundheitlich) to feel below par; (leistungsfähig) not to be up to scratch; **das ist doch die ~!** (fig infml) that's the limit! **3** (≈ Ausmaß, Größe) level; (von Summe, Gewinn, Verlust) size, amount; (von Schaden) extent; **ein Betrag in ~ von** an amount of; **bis zu einer ~ von** up to a maximum of **4** (MUS: von Stimme) pitch; RADIO treble no pl

Hoheit ['ho:hait] f ⟨-, -en⟩ **1** no pl (≈ Staatshoheit) sovereignty (über +acc over) **2** (als Anrede) Highness **hoheitlich** ['ho:haitlɪç] adj sovereign **Hoheitsgebiet** nt sovereign territory **Hoheitsgewalt** f (national) jurisdiction **Hoheitsgewässer** pl territorial waters pl **Hoheitsrecht** nt usu pl sovereign jurisdiction or rights pl

Höhenangst f fear of heights **Höhenflug** m high-altitude flight; **geistiger ~** intellectual flight (of fancy) **Höhenkrankheit** f MED altitude sickness **Höhenlage** f altitude **Höhenmesser** m ⟨-s, -⟩ AVIAT altimeter **Höhensonne®** f (≈ Lampe) sunray lamp **Höhenunterschied** m difference in altitude **Höhenzug** m mountain range **Höhepunkt** m highest point; (von Tag, Leben) high spot; (von Veranstaltung) highlight; (von Karriere etc) height, peak; (eines Stücks ≈ Orgasmus) climax; **den ~ erreichen** to reach a or its/one's climax; (Krankheit) to reach or come to a crisis **höher** ['hø:ɐ] **A** adj higher; **~e Schule** secondary school, high school (esp US); **~e Gewalt** an act of God; **in ~em Maße** to a greater extent **B** adv higher; **ihre Herzen schlugen ~** their hearts beat faster

hohe(r, s) adj → hoch

höhergestellt adj attr higher, more senior **höherschrauben** v/t sep (fig) to increase; Preise to force or push up **höherstufen** v/t sep Person to upgrade

hohl [ho:l] adj hollow; **in der ~en Hand** in the hollow of one's hand **Höhle** ['hø:lə] f ⟨-, -n⟩ cave; (fig ≈ schlechte Wohnung) hovel **Höhlenbewohner(in)** m/(f) cave dweller, troglodyte **Höhlenforscher(in)** m/(f) cave explorer **Höhlenforschung** f speleology **Höhlenmensch** m caveman **Hohlheit** f ⟨-, no pl⟩ hollowness **Hohlkörper** m hollow

body **Hohlkreuz** nt MED hollow back **Hohlmaß** nt measure of capacity **Hohlraum** m hollow space; BUILD cavity **Höhlung** ['hø:lʊŋ] f ⟨-, -en⟩ hollow

Hohn [ho:n] m ⟨-(e)s, no pl⟩ scorn, derision; **nur ~ und Spott ernten** to get nothing but scorn and derision; **das ist der reine** or **reinste ~** it's an utter mockery **höhnen** ['hø:nən] v/i to jeer, to sneer (über +acc at) **Hohngelächter** nt scornful or derisive laughter **höhnisch** ['hø:nɪʃ] **A** adj scornful, sneering **B** adv scornfully; **~ grinsen** to sneer

Hokuspokus [ho:kʊs'po:kʊs] m ⟨-, no pl⟩ (≈ Zauberformel) hey presto; (fig ≈ Täuschung) hocus-pocus (infml)

Holdinggesellschaft f COMM holding company

holen ['ho:lən] v/t **1** (≈ holen gehen) to fetch, to get; **jdn ~ lassen** to send for sb **2** (≈ abholen) to fetch, to pick up **3** (≈ kaufen) to get, to pick up (infml) **4** (≈ sich ziehen) Krankheit to catch, to get; **sonst wirst du dir etwas ~** or you'll catch something; **sich** (dat) **eine Erkältung ~** to catch a cold **5** **sich** (dat) **etw ~** to get (oneself) sth; **bei ihm ist nichts zu ~** (infml) you etc won't get anything out of him

Holland ['hɔlant] nt ⟨-s⟩ Holland, the Netherlands pl **Holländer** ['hɔlɛndɐ] m ⟨-s, -⟩ Dutchman; **die ~** the Dutch (people) **Holländerin** ['hɔlɛndərɪn] f ⟨-, -nen⟩ Dutchwoman, Dutch girl **holländisch** ['hɔlɛndɪʃ] adj Dutch

Hölle ['hœlə] f ⟨-, (rare) -n⟩ hell; **in der ~** in hell; **die ~ auf Erden** hell on earth; **zur ~ mit...** to hell with ... (infml); **in die ~ kommen** to go to hell; **ich werde ihm die ~ heiß machen** (infml) I'll give him hell (infml); **er machte ihr das Leben zur ~** he made her life (a) hell (infml) **Höllenangst** f (infml) terrible fear; **eine ~ haben** to be scared stiff (infml) **Höller** ['hɔlɐ] m ⟨-s, -⟩ (Aus ≈ Holunderbeeren) elderberries pl

höllisch ['hœlɪʃ] **A** adj **1** attr (≈ die Hölle betreffend) infernal, of hell **2** (infml ≈ außerordentlich) dreadful, hellish (infml); **eine ~e Angst haben** to be scared stiff (infml) **B** adv (infml) like hell (infml), hellishly (infml) **Holm** [hɔlm] m ⟨-(e)s, -e⟩ (von Barren) bar **Holocaust** ['ho:lokaust, holo'kaust, 'hɔlək-ɔːst] m ⟨-(s), -(s)⟩ holocaust **Holografie** [hologra'fi:] f ⟨-, -n [-'fi:ən]⟩

holography **Hologramm** [holoˈɡram] *nt*, *pl* -gramme hologram

holperig [ˈhɔlpərɪç] *adj* **1** *Weg* bumpy **2** *Rede* stumbling **holpern** [ˈhɔlpen] *v/i* to bump, to jolt

Holunder [hoˈlʊndɐ] *m* ⟨-s, -⟩ elder; (≈ *Früchte*) elderberries *pl* **Holunderbeere** *f* elderberry

Holz [hɔlts] *nt* ⟨-es, ⸚er [ˈhœltsə]⟩ wood; (*esp zum Bauen*) timber, lumber (*esp US*); **aus ~** made of wood, wooden; **~ fällen** to fell trees; **~ verarbeitend** wood-processing; **aus hartem** *or* **härterem ~ geschnitzt sein** (*fig*) to be made of stern *or* sterner stuff; **aus demselben ~ geschnitzt sein** (*fig*) to be cast in the same mould (*Br*) *or* mold (*US*) **Holzbearbeitung** *f* woodworking; (*im Sägewerk*) timber processing **Holzbein** *nt* wooden leg **Holzbläser(in)** *m/(f)* woodwind player **Holzboden** *m* (≈ *Fußboden*) wooden floor **hölzern** [ˈhœltsɐn] **A** *adj* wooden **B** *adv* (*fig*) woodenly, stiffly **Holzfäller** [-fɛlɐ] *m* ⟨-s, -⟩, **Holzfällerin** [-ərɪn] *f* ⟨-, -nen⟩ woodcutter, lumberjack (*esp US*) **Holzfaserplatte** *f* (*wood*) fibreboard (*Br*) *or* fiberboard (*US*) **holzfrei** *adj* *Papier* wood-free **Holzhacker(in)** *m/(f)* (*esp Aus*) woodcutter, lumberjack (*esp US*) **Holzhammer** *m* mallet; **jdm etw mit dem ~ beibringen** to hammer sth into sb (*infml*) **Holzhaus** *nt* wooden *or* timber house **holzig** [ˈhɔltsɪç] *adj* woody **Holzklotz** *m* block of wood, log **Holzkohle** *f* charcoal **Holzkopf** *m* (*fig infml*) blockhead (*infml*) **Holzschnitt** *m* wood engraving **Holzschnitzer(in)** *m/(f)* wood carver **Holzschuh** *m* wooden shoe, clog **Holzschutzmittel** *nt* wood preservative **Holzstich** *m* wood engraving **Holzstoß** *m* pile of wood **Holztäfelung** *f* wood(en) panelling (*Br*) *or* paneling (*US*) **Holzweg** *m* **auf dem ~ sein** (*fig infml*) to be on the wrong track (*infml*) **Holzwolle** *f* wood-wool **Holzwurm** *m* woodworm

Homebanking [ˈhoːmbɛŋkɪŋ] *nt* ⟨-, no *pl*⟩ home banking **Homepage** [ˈhoːmpeːdʒ] *f* ⟨-, -s⟩ (IT, *im Internet*) home page **Homeshopping** [ˈhoːmʃɔpɪŋ] *nt* home shopping **Hometrainer** [ˈhoːmtreːnɐ] *m* ⟨-s, -⟩ = Heimtrainer

Homo [ˈhoːmo] *m* ⟨-s, -s⟩ (*dated infml*) ho-mo (*dated infml*), queer (*infml*) **Homo--Ehe, Homoehe** *f* (*infml*) gay marriage **homogen** [homoˈɡeːn] *adj* homogeneous **homogenisieren** [homoɡeniˈziːrən] *past part* homogenisiert *v/t* to homogenize

Homöopath [homøoˈpaːt] *m* ⟨-en, -en⟩, **Homöopathin** [-ˈpaːtɪn] *f* ⟨-, -nen⟩ homoeopath **Homöopathie** [homøopaˈtiː] *f* ⟨-, no *pl*⟩ homoeopathy **homöopathisch** [homøoˈpaːtɪʃ] *adj* homoeopathic

Homosexualität [homozɛksualiˈtɛːt] *f* homosexuality **homosexuell** [homozɛ-ˈksuɛl] *adj* homosexual **Homosexuelle(r)** *m/f(m)* *decl as adj* homosexual

Honduras [hɔnˈduːras] *nt* ⟨-⟩ Honduras **Hongkong** [ˈhɔŋkɔŋ] *nt* ⟨-s⟩ Hong Kong **Honig** [ˈhoːnɪç] *m* ⟨-s, no *pl*⟩ honey **Honigbiene** *f* honeybee **Honigkuchen** *m* honey cake **Honiglecken** *nt* ⟨-s, no *pl*⟩ (*fig*) **das ist kein ~** it's no picnic **Honigmelone** *f* honeydew melon **honigsüß** *adj* as sweet as honey; (*fig*) *Worte, Ton* honeyed; *Lächeln* sickly sweet

Honorar [honoˈraːɐ] *nt* ⟨-s, -e⟩ fee; (≈ *Autorenhonorar*) royalty **Honoratioren** [honoraˈtsɪoːrən] *pl* dignitaries **honorieren** [honoˈriːrən] *past part* honoriert *v/t* **1** (≈ *bezahlen*) to pay; FIN *Wechsel, Scheck* to honour (*Br*), to honor (*US*), to meet **2** (≈ *belohnen*) *Bemühungen* to reward

honoris causa [hoˈnoːrɪs ˈkauza] *adv* **Dr. ~** honorary doctor

Hooligan [ˈhuːlɪɡən] *m* ⟨-s, -s⟩ hooligan **Hopfen** [ˈhɔpfn̩] *m* ⟨-s, -⟩ BOT hop; (*beim Brauen*) hops *pl*; **bei** *or* **an ihm ist ~ und Malz verloren** (*infml*) he's a hopeless case **hopp** [hɔp] *int* quick; **mach mal ein bisschen ~!** (*infml*) chop, chop! (*infml*) **hoppeln** [ˈhɔpln̩] *v/i aux sein* (*Hase*) to lollop **hoppla** [ˈhɔpla] *int* whoops, oops **hops** [hɔps] *adj pred* (*infml*) **~ sein** (≈ *verloren*) to be lost; (*Geld*) to be down the drain (*infml*) **hopsen** [ˈhɔpsn̩] *v/i aux sein* (*infml*) (≈ *hüpfen*) to hop; (≈ *springen*) to jump **hopsgehen** *v/i sep irr aux sein* (*infml* ≈ *verloren gehen*) to get lost; (*infml* ≈ *sterben*) to croak (*infml*) **hopsnehmen** *v/t sep irr* **jdn ~** (*infml* ≈ *verhaften*) to nab sb (*infml*)

hörbar *adj* audible **hörbehindert** *adj* partially deaf, with impaired hearing **Hörbuch** *nt* talking book **horchen** [ˈhɔrçn̩] *v/i* to listen (+*dat, auf*

+*acc* to); (*heimlich*) to eavesdrop **Horcher** ['hɔrçɐ] *m* ⟨-s, -⟩, **Horcherin** [-ərɪn] *f* ⟨-, -nen⟩ eavesdropper

Horde ['hɔrdə] *f* ⟨-, -n⟩ horde

hören ['høːrən] *v/t & v/i* **1** to hear; **ich höre dich nicht** I can't hear you; **schwer ~** to be hard of hearing; **du hörst wohl schwer!** (*infml*) you must be deaf!; **hört, hört!** (*Zustimmung*) hear! hear!; **das lässt sich ~** (*fig*) that doesn't sound bad; **na ~ Sie mal!** wait a minute!; **von etw/jdm ~** to hear of sth/from sb; **Sie werden noch von mir ~** (*infml ≈ Drohung*) you'll be hearing from me; **nie gehört!** (*infml*) never heard of him/it *etc*; **nichts von sich ~ lassen** not to get in touch; **ich lasse von mir ~** I'll be in touch **2** (*≈ sich nach etw richten*) to listen, to pay attention; (*≈ gehorchen*) to obey, to listen; **auf jdn/etw ~** to listen to *or* heed sb/sth **Hörensagen** *nt* **vom ~** from *or* by hearsay **Hörer** ['høːrɐ] *m* ⟨-s, -⟩ TEL receiver **Hörer** ['høːrɐ] *m* ⟨-s, -⟩, **Hörerin** [-ərɪn] *f* ⟨-, -nen⟩ RADIO listener; UNIV student (attending lectures) **Hörerschaft** ['høːrɐʃaft] *f* ⟨-, (*rare*) -en⟩ RADIO listeners *pl*, audience; UNIV number of students (attending a lecture) **Hörfehler** *m* MED hearing defect; **das war ein ~** I/he *etc* misheard it **Hörgerät** *nt*, **Hörhilfe** *f* hearing aid **hörgeschädigt** *adj* partially deaf, with impaired hearing **hörig** ['høːrɪç] *adj* dependent (+*dat* on); **jdm (sexuell) ~ sein** to be (sexually) dependent on sb **Hörigkeit** *f* ⟨-, *no pl*⟩ dependence; (*sexuell*) sexual dependence

Horizont [hori'tsɔnt] *m* ⟨-(e)s, -e⟩ horizon; **am ~** on the horizon; **das geht über meinen ~** (*fig*) that is beyond me **horizontal** [horitsɔn'taːl] **A** *adj* horizontal **B** *adv* horizontally **Horizontale** [horitsɔn'taːlə] *f* ⟨-(n), -n⟩ MAT horizontal (line)

Hormon [hɔr'moːn] *nt* ⟨-s, -e⟩ hormone **hormonal** [hɔrmo'naːl] **A** *adj* hormone *attr*, hormonal **B** *adv* *behandeln* with hormones; *gesteuert* by hormones; **~ bedingt sein** to be caused by hormones **Hormonbehandlung** *f* hormone treatment

Hörmuschel *f* TEL earpiece

Horn [hɔrn] *nt* ⟨-(e)s, ⸚er ['hœrnə]⟩ **1** horn; **sich** (*dat*) **die Hörner abstoßen** (*infml*) to sow one's wild oats; **jdm Hörner aufsetzen** (*infml*) to cuckold sb **2** MUS horn; MIL bugle; **ins gleiche ~ blasen** to

chime in **Hornbrille** *f* horn-rimmed glasses *pl* **Hörnchen** ['hœrnçən] *nt* ⟨-s, -⟩ **1** (*≈ Gebäck*) croissant **2** ZOOL squirrel **Hörner** *pl* auditory nerve **Hornhaut** *f* callus; (*des Auges*) cornea **Hornisse** [hɔr'nɪsə] *f* ⟨-, -n⟩ hornet **Hornist** [hɔr'nɪst] *m* ⟨-en, -en⟩, **Hornistin** [-'nɪstɪn] *f* ⟨-, -nen⟩ horn player; MIL bugler

Horoskop [horo'skoːp] *nt* ⟨-s, -e⟩ horoscope

horrend [hɔ'rɛnt] *adj* horrendous **Hörrohr** *nt* **1** ear trumpet **2** MED stethoscope

Horror ['hɔrɔːɐ] *m* ⟨-s, *no pl*⟩ horror (*vor* +*dat* of) **Horrorfilm** *m* horror film **Horrorszenario** *nt* horror scenario **Horrortrip** *m* (*infml*) horror trip (*infml*) **Hörsaal** *m* UNIV lecture theatre (*Br*) *or* theater (*US*) **Hörspiel** *nt* RADIO radio play

Horst [hɔrst] *m* ⟨-(e)s, -e⟩ (*≈ Nest*) nest; (*Adlerhorst*) eyrie

Hörsturz *m* hearing loss

Hort [hɔrt] *m* ⟨-(e)s, -e⟩ **1** (*elev ≈ Zufluchtsstätte*) refuge, shelter; **ein ~ der Freiheit** a stronghold of liberty **2** (*≈ Kinderhort*) ≈ after-school club (*Br*), ≈ after-school daycare (*US*) **horten** ['hɔrtn] *v/t* to hoard; *Rohstoffe etc* to stockpile

Hortensie [hɔr'tɛnziə] *f* ⟨-, -n⟩ hydrangea **Hörweite** *f* hearing range; **in/außer ~** within/out of hearing *or* earshot

Höschen ['høːsçən] *nt* ⟨-s, -⟩ (*≈ Unterhose*) (pair of) panties *pl* **Hose** ['hoːzə] *f* ⟨-, -n⟩ trousers *pl* (*esp Br*), pants *pl* (*esp US*); **eine ~** a pair of trousers *etc*; **die ~n anhaben** (*fig infml*) to wear the trousers (*Br*) *or* pants (*infml*); **sich** (*dat*) **in die ~n machen** (*lit*) to dirty oneself; (*fig infml*) to shit oneself (*sl*); **in die ~ gehen** (*infml*) to be a complete flop (*infml*); **tote ~** (*infml*) nothing doing (*infml*) **Hosenanzug** *m* trouser suit (*Br*), pantsuit (*US*) **Hosenbein** *nt* trouser (*esp Br*) *or* pant (*esp US*) leg **Hosenboden** *m* seat (of trousers (*esp Br*) *or* pants (*esp US*)); **sich auf den ~ setzen** (*infml*) (*≈ arbeiten*) to get stuck in (*infml*) **Hosenbund** *m*, *pl* -bünde waistband **Hosenschlitz** *m* flies *pl*, fly **Hosentasche** *f* trouser pocket (*Br*), pant(s) *or* trousers pocket (*US*) **Hosenträger** *pl* (pair of) braces *pl* (*Br*) *or* suspenders *pl* (*US*)

Hospiz [hɔs'piːts] *nt* ⟨-es, -e⟩ hospice

Host [hoːst] *m* ⟨-s, -s⟩ IT host

Hostess ['hɔstɛs, hɔs'tɛs] f ⟨-, -en⟩ hostess
Hostie ['hɔstiə] f ⟨-, -n⟩ ECCL host, consecrated wafer
Hotdog ['hɔt'dɔk] nt or m ⟨-s, -s⟩, **Hot Dog** nt or m ⟨-s, -s⟩ COOK hot dog
Hotel [ho'tɛl] nt ⟨-s, -s⟩ hotel **Hotelboy** [-bɔy] m ⟨-s, -s⟩ bellboy (US), bellhop (US) **Hotelfach** nt, no pl hotel management **Hotelfachschule** f college of hotel management **Hotelführer** m hotel guide **Hotelportier** m hotel porter **Hotelzimmer** nt hotel room
Hotkey ['hɔtkiː] m ⟨-s, -s⟩ IT hot key **Hotline** ['hɔtlaɪn] f ⟨-, -s⟩ helpline
Hub [huːp] m ⟨-(e)s, ⸚e ['hyːbə]⟩ TECH **1** (≈ Kolbenhub) (piston) stroke **2** (≈ Leistung) lifting or hoisting capacity
Hubbel ['hʊbl] m ⟨-s, -⟩ (infml) bump
hüben ['hyːbn] adv ~ **und drüben** on both sides
Hubraum m AUTO cubic capacity
hübsch [hypʃ] **A** adj pretty; Geschenk lovely, delightful; (infml ≈ nett) lovely, nice; **ein ~es Sümmchen** (infml) a tidy sum **B** adv **1** (≈ nett) einrichten, sich kleiden nicely; ~ **aussehen** to look pretty **2** (infml) ~ **artig** nice and good; **das wirst du ~ bleiben lassen!** don't you dare
Hubschrauber ['huːpʃraubɐ] m ⟨-s, -⟩ helicopter **Hubschrauberlandeplatz** m heliport
Hucke ['hʊkə] f ⟨-, -n⟩ (infml) **jdm die ~ vollhauen** to give sb a good thrashing (infml); **jdm die ~ volllügen** to tell sb a pack of lies **huckepack** ['hʊkəpak] adv piggy-back **Huckepackverkehr** m RAIL piggy-back transport (US), motorail service
hudeln ['huːdln] v/i (esp S Ger, Aus: infml) to work sloppily
Huf [huːf] m ⟨-(e)s, -e⟩ hoof **Hufeisen** nt horseshoe **hufeisenförmig** adj horseshoe-shaped **Hüferl** ['hyːfɐl] nt ⟨-s, -⟩ (Aus COOK: von Rind) haunch **Huflattich** m ⟨-s, -e⟩ BOT coltsfoot **Hufschmied(in)** m/(f) blacksmith
Hüftbein nt hipbone **Hüfte** ['hyftə] f ⟨-, -n⟩ hip; (von Tieren) haunch **Hüftgelenk** nt hip joint **Hüfthalter** m girdle **hüfthoch** adj Pflanzen etc waist-high; Wasser etc waist-deep; **wir standen ~ im Schlamm** we stood up to the waist in mud **Hüftier** nt hoofed animal **Hüftknochen** m hipbone **Hüftleiden**

nt hip trouble
Hügel ['hyːgl] m ⟨-s, -⟩ hill; (≈ Erdhaufen) mound **hügelig** ['hyːgəlɪç] adj hilly
Huhn [huːn] nt ⟨-(e)s, ⸚er ['hyːnə]⟩ **1** chicken; **da lachen ja die Hühner** (infml) what a joke **2** (fig infml) **ein verrücktes ~** a strange or odd character; **ein dummes ~** a silly goose **Hühnchen** ['hyːnçən] nt ⟨-s, -⟩ (young) chicken, pullet; (≈ Brathühnchen) (roast) chicken; **mit jdm ein ~ zu rupfen haben** (infml) to have a bone to pick with sb (infml) **Hühnerauge** nt MED corn **Hühnerbrust** f COOK chicken breast **Hühnerei** [-ai] nt hen's egg **Hühnerfarm** f chicken farm **Hühnerfrikassee** [-frikase:] nt ⟨-s, -s⟩ chicken fricassee **Hühnerfutter** nt chicken feed **Hühnerhof** m chicken run **Hühnerklein** [-klain] nt ⟨-s, no pl⟩ COOK chicken trimmings pl **Hühnerleiter** f chicken ladder **Hühnerstall** m henhouse, chicken coop **Hühnerzucht** f chicken breeding or farming
hui [hui] int whoosh
huldigen ['hʊldɪɡn] v/i +dat (liter) **1** einem Künstler, Lehrmeister etc to pay homage to **2** einer Ansicht to subscribe to; einem Glauben etc to embrace; einem Laster to indulge in **Huldigung** f ⟨-, -en⟩ (liter ≈ Verehrung, Beifall) homage; **jdm seine ~ darbringen** to pay homage to sb
Hülle ['hʏlə] f ⟨-, -n⟩ **1** cover; (für Ausweiskarten etc) holder, case; **die sterbliche ~** the mortal remains pl **2** **in ~ und Fülle** in abundance; **Whisky/Frauen etc in ~ und Fülle** whisky/women etc galore **hüllen** ['hʏlən] v/t (elev) to wrap; **in Dunkel gehüllt** shrouded in darkness; **sich in Schweigen ~** to remain silent
Hülse ['hʏlzə] f ⟨-, -n⟩ **1** (≈ Schale) hull, husk; (≈ Schote) pod **2** (≈ Etui, Kapsel) case; (von Geschoss) case **Hülsenfrucht** f usu pl pulse
human [hu'maːn] **A** adj humane **B** adv humanely **Humanismus** [huma'nɪsmʊs] m ⟨-, no pl⟩ humanism **Humanist** [huma'nɪst] m ⟨-en, -en⟩, **Humanistin** [-'nɪstɪn] f ⟨-, -nen⟩ humanist; (≈ Altsprachler) classicist **humanistisch** [huma'nɪstɪʃ] adj humanist(ic); (≈ altsprachlich) classical; **~e Bildung** classical education **humanitär** [humani'tɛːɐ] adj humanitarian **Humanität** [humani'tɛːt] f ⟨-, no pl⟩ humaneness, humanity **Humankapital** nt

ECON human resources *pl*, human capital **Humanmedizin** *f* (human) medicine **Humbug** ['humbʊk] *m* ⟨-s, *no pl*⟩ (*infml*) humbug (*infml*)

Hummel ['huml] *f* ⟨-, -n⟩ bumblebee

Hummer ['humɐ] *m* ⟨-s, -⟩ lobster

Hummus ['humʊs] *nt* ⟨-, *no pl*⟩ (≈ *Kichererbsenbrei*) hummus

Humor [hu'moːɐ] *m* ⟨-s, (*rare*) -e⟩ humour (*Br*), humor (*US*); **er hat keinen (Sinn für) ~** he has no sense of humo(u)r; **sie nahm die Bemerkung mit ~ auf** she took the remark in good humo(u)r **Humorist** [humo'rɪst] *m* ⟨-en, -en⟩, **Humoristin** [-'rɪstɪn] *f* ⟨-, -nen⟩ humorist; (≈ *Komiker*) comedian **humoristisch** [humo'rɪstɪʃ] *adj* humorous **humorlos** *adj* humourless (*Br*), humorless (*US*) **Humorlosigkeit** *f* ⟨-, *no pl*⟩ humourlessness (*Br*), humorlessness (*US*) **humorvoll** ◼A *adj* humorous, amusing ◼B *adv* humorously, amusingly

humpeln ['humpln] *v/i aux sein* to hobble **Humpen** ['humpn] *m* ⟨-s, -⟩ tankard, mug; (*aus Ton*) stein

Humus ['huːmʊs] *m* ⟨-, *no pl*⟩ humus **Humusboden** *m*, **Humuserde** *f* humus soil

Hund [hʊnt] *m* ⟨-(e)s, -e [-də]⟩ dog; (*esp Jagdhund*) hound; **junger ~** puppy, pup; **wie ~ und Katze leben** to live like cat and dog; **er ist bekannt wie ein bunter ~** (*infml*) everybody knows him; **da liegt der ~ begraben** (*infml*) (so) that's what is/was behind it all; (*Haken, Problem etc*) that's the problem; **er ist ein armer ~** he's a poor soul; **auf den ~ kommen** (*infml*) to go to the dogs (*infml*); **vor die ~e gehen** (*infml*) to go to the dogs (*infml*); (≈ *sterben*) to die; **du gemeiner ~** (*infml*) you rotten bastard (*sl*); **du gerissener ~** (*infml*) you crafty devil (*infml*); **kein ~** (*infml*) not a (damn (*infml*)) soul; **schlafende ~e soll man nicht wecken** (*prov*) let sleeping dogs lie (*prov*) **hundeelend** *adj* (*infml*) **mir ist ~** I feel lousy (*infml*) **Hundeführer(in)** *m/(f)* dog handler **Hundefutter** *nt* dog food **Hundehalsband** *nt* dog collar **Hundehalter(in)** *m/(f)* (*form*) dog owner **Hundehütte** *f* (dog) kennel **hundekalt** *adj* (*infml*) freezing cold **Hundekuchen** *m* dog biscuit **Hundeleine** *f* dog lead (*Br*) or leash **Hundemarke** *f* dog licence (*Br*) or li-

cense (*US*) disc, dog tag (*US*) **hundemüde** *adj pred adv* (*infml*) dog--tired **Hunderasse** *f* breed (of dog)

hundert ['hʊndɐt] *num a or* one hundred **Hundert** *nt* ⟨-s, -e⟩ hundred; **~e von Menschen** hundreds of people; **zu ~en** by the hundred **Hunderter** ['hʊndɐtɐ] *m* ⟨-s, -⟩ ◼1 (*von Zahl*) (the) hundred ◼2 (≈ *Geldschein*) hundred(-euro/-pound/-dollar *etc* note (*Br*) or bill (*US*)) **hundertfach** ◼A *adj* hundredfold ◼B *adv* a hundred times **hundertjährig** *adj attr* (one-) hundred-year-old **hundertmal** *adv* a hundred times **Hundertmeterlauf** *m* SPORTS **der/ein ~** the/a 100 metres (*Br*) or meters (*US*) *sg* **hundertpro** *adv* (*infml*) definitely; **bist du dir sicher? — ~ are you sure? — I'm positive **hundertprozentig** ◼A *adj* (a or one) hundred per cent (*Br*) or percent (*US*); *Alkohol* pure ◼B *adv* one hundred per cent (*Br*) or percent (*US*); **Sie haben ~ recht** you're absolutely right; **das weiß ich ~** that's a fact **hundertstel** ['hʊndɐtstl] *adj* hundredth; **eine ~ Sekunde** a hundredth of a second **Hundertstel** ['hʊndɐtstl] *nt* ⟨-s, -⟩ hundredth **Hundertstelsekunde** *f* hundredth of a second **hundertste(r, s)** ['hʊndɐtsta] *adj* hundredth **hunderttausend** *num* a *or* one hundred thousand

Hundesalon *m* dog parlour (*Br*) or parlor (*US*) **Hundeschlitten** *m* dog sled(ge) or sleigh **Hundeschnauze** *f* nose, snout **Hundestaffel** *f* dog branch **Hundesteuer** *f* dog licence (*Br*) or license (*US*) fee **Hündin** ['hʏndɪn] *f* ⟨-, -nen⟩ bitch **hündisch** ['hʏndɪʃ] *adj* (*fig*) sycophantic **hundsgemein** ['hʊntsɡə-'main] (*infml*) ◼A *adj* shabby; (≈ *schwierig*) fiendishly difficult ◼B *adv* **es tut ~ weh** it hurts like hell (*infml*) **Hundstage** ['hʊnts-] *pl* dog days *pl*

Hüne ['hyːnə] *m* ⟨-n, -n⟩ giant

Hunger ['hʊŋɐ] *m* ⟨-s, *no pl*⟩ hunger (*nach* for); (≈ *Hungersnot*) famine; (*nach Sonne etc*) yearning; **~ bekommen/haben** to get/be hungry; **~ auf etw** (*acc*) **haben** to feel like (eating) sth; **~ leiden** (*elev*) to go hungry, to starve; **ich sterbe vor ~** (*infml*) I'm starving (*infml*) **Hungerkur** *f* starvation diet **Hungerlohn** *m* starvation wages *pl*; (*fig also*) pittance **Hungermodel** *nt* zero size model, stick insect model

hungern ['hʊŋən] **A** v/i **1** (≈ Hunger leiden) to go hungry, to starve **2** (≈ fasten) to go without food **B** v/r **sich zu Tode ~** to starve oneself to death **hungernd** adj no comp hungry, starving **Hungersnot** f famine **Hungerstreik** m hunger strike **Hungertod** m death from starvation; **den ~ sterben** to die of hunger or starvation **Hungertuch** nt **am ~ nagen** (fig) to be starving **hungrig** ['hʊŋrɪç] adj hungry (nach for); **~ nach etw** or **auf etw** (acc) **sein** to feel like (eating) sth

Hupe ['huːpə] f ⟨-, -n⟩ horn **hupen** ['huːpn] v/i to sound or hoot the horn

Hüpfburg ['hʏpf-] f bouncy castle® **hüpfen** ['hʏpfn] v/i aux sein to hop; (Ball) to bounce

Hupton m, pl -töne sound of a horn **Hupzeichen** nt AUTO hoot

Hürde ['hʏrdə] f ⟨-, -n⟩ hurdle; **eine ~ nehmen** to clear a hurdle **Hürdenlauf** m (≈ Sportart) hurdling; (≈ Wettkampf) hurdles pl or sg **Hürdenläufer(in)** m/(f) hurdler

Hure ['huːrə] f ⟨-, -n⟩ whore **Hurenbock** m (vulg) whoremonger **Hurensohn** m (vulg) bastard (sl), son of a bitch (sl)

hurra [hʊ'raː, 'hʊra] int hurray, hurrah **Hurraruf** m cheer

Hurrikan ['hʊrikan, 'harɪkən] m ⟨-s, -e or (bei engl. Aussprache) -s⟩ hurricane

husch [hʊʃ] int **1** (aufscheuchend) shoo **2** (≈ schnell) quick; **er macht seine Arbeit immer ~ ~** (infml) he always whizzes through his work (infml) **huschen** ['hʊʃn] v/i aux sein to dart; (Lächeln) to flash, to flit; (Licht) to flash

hüsteln ['hyːstln] v/i to cough slightly **husten** ['huːstn] **A** v/i to cough; **auf etw** (acc) **~** (infml) not to give a damn for sth (infml) **B** v/t to cough; Blut to cough (up); **denen werde ich was ~** (infml) I'll tell them where they can get off (infml) **Husten** ['huːstn] m ⟨-s, no pl⟩ cough; **~ haben** to have a cough **Hustenanfall** m coughing fit **Hustenbonbon** m or nt cough sweet (Br) or drop **Hustenmittel** nt cough medicine **Hustenreiz** m tickle in one's throat **Hustensaft** m cough syrup or mixture **hustenstillend** adj cough-relieving **Hustentropfen** pl cough drops pl

Hut¹ [huːt] m ⟨-(e)s, ⁻e ['hyːtə]⟩ hat; (von Pilz) cap; **den ~ aufsetzen/abnehmen** to put on/take off one's hat; **~ ab!** I take my hat off to him/you etc; **das kannst du dir an den ~ stecken!** (infml) you can keep it (infml); **unter einen ~ bringen** to reconcile; Termine to fit in; **den** or **seinen ~ nehmen (müssen)** (infml) to (have to) go; **das ist doch ein alter ~!** (infml) that's old hat! (infml); **eins auf den ~ kriegen** (infml) to get an earful (infml); **damit habe ich nichts am ~** (infml) I don't want to have anything to do with that

Hut² f ⟨-, no pl⟩ **1** (elev) **in meiner ~** in my keeping; (Kinder) in my care **2** **auf der ~ sein** to be on one's guard (vor +dat against) **hüten** ['hyːtn] **A** v/t to look after, to mind; **das Bett ~** to stay in bed **B** v/r to (be on one's) guard (vor +dat against); **ich werde mich ~!** not likely!; **ich werde mich ~, ihm das zu erzählen** there's no chance of me telling him that **Hüter** ['hyːtɐ] m ⟨-s, -⟩, **Hüterin** [-ərɪn] f ⟨-, -nen⟩ guardian, custodian; (≈ Viehhüter) herdsman; **die ~ der Ordnung** (hum) the custodians of the law

Hutgeschäft nt hat shop, hatter's (shop); (für Damen auch) milliner's (shop) **Hutmacher(in)** m/(f) hat maker **Hutschachtel** f hatbox

Hütte ['hʏtə] f ⟨-, -n⟩ **1** hut; (hum ≈ Haus) humble abode; (≈ Holzhütte, Blockhütte) cabin **2** (TECH ≈ Hüttenwerk) iron and steel works pl or sg **Hüttenindustrie** f iron and steel industry **Hüttenkäse** m cottage cheese

hutzelig ['hʊtsəlɪç] adj Mensch wizened **Hutzelmännchen** nt gnome **Hyaluronsäure** [hyalu'roːn-] f hyaluronic acid

Hyäne ['hyɛːnə] f ⟨-, -n⟩ hyena; (fig) wildcat

Hyazinthe [hya'tsɪntə] f ⟨-, -n⟩ hyacinth

hybrid [hy'briːt] adj BIOL, LING hybrid **Hybride** [hy'briːdə] f ⟨-, -n or m -n, -n⟩ BIOL hybrid

Hydrant [hy'drant] m ⟨-en, -en⟩ hydrant **Hydrat** [hy'draːt] nt ⟨-(e)s, -e⟩ hydrate **Hydraulik** [hy'draulɪk] f ⟨-, no pl⟩ hydraulics sg; (≈ Antrieb) hydraulics pl **hydraulisch** [hy'draulɪʃ] **A** adj hydraulic **B** adv hydraulically **Hydrokultur** [hydro-, 'hyːdro-] f BOT hydroponics sg **Hydrolyse** [hydro'lyːzə] f ⟨-, -n⟩ CHEM hydrolysis **Hydrotherapie** f MED hydrotherapy

Hygiene [hy'gie:nə] *f* ⟨-, *no pl*⟩ hygiene
hygienisch [hy'gie:nɪʃ] **A** *adj* hygienic
B *adv* hygienically
Hymne ['hʏmnə] *f* ⟨-, -n⟩ hymn; (≈ *Nationalhymne*) (national) anthem
Hype [haip] *m* ⟨-s, -s⟩ (≈ *Werbung, Täuschung*) hype *no pl*
hyperaktiv [hypeak'ti:f] *adj* hyperactive
Hyperbel [hy'pɛrbl] *f* ⟨-, -n⟩ MAT hyperbola; (*Rhetorik*) hyperbole **Hyperlink** ['haipɐlɪŋk] *m or nt* ⟨-s, -s⟩ IT hyperlink **hypermodern** [hy:pe-] *adj* (*infml*) ultramodern **Hypertext** ['haipɐ-] *m, no pl* IT hypertext
Hypnose [hʏp'no:zə] *f* ⟨-, -n⟩ hypnosis; **unter ~ stehen** to be under hypnosis **hypnotisch** [hʏp'no:tɪʃ] *adj* hypnotic **Hypnotiseur** [hʏpnoti'zø:ɐ] *m* ⟨-s, -e⟩, **Hypnotiseurin** [-'zø:rɪn] *f* ⟨-, -nen⟩ hypnotist **hypnotisieren** [hʏpnoti'zi:-rən] *past part* **hypnotisiert** *v/t* to hypnotize
Hypochonder [hypo'xɔnde, hypɔ-] *m* ⟨-s, -⟩ hypochondriac
Hypotenuse [hypote'nu:zə] *f* ⟨-, -n⟩ MAT hypotenuse
Hypothek [hypo'te:k] *f* ⟨-, -en⟩ mortgage; **eine ~ aufnehmen** to raise a mortgage; **etw mit einer ~ belasten** to mortgage sth **Hypothekenbank** *f, pl* -banken *bank specializing in mortgages* **Hypothekenbrief** *m* mortgage deed *or* certificate **hypothekenfrei** *adj* unmortgaged **Hypothekenschuld** *f* mortgage debt **Hypothekenschuldner(in)** *m/(f)* mortgagor, mortgager **Hypothekenzinsen** *pl* mortgage interest
Hypothese [hypo'te:zə] *f* hypothesis **hypothetisch** [hypo'te:tɪʃ] **A** *adj* hypothetical **B** *adv* hypothetically
Hysterie [hʏste'ri:] *f* ⟨-, -n [-'ri:ən]⟩ hysteria **hysterisch** [hʏs'te:rɪʃ] *adj* hysterical; **einen ~en Anfall bekommen** (*fig*) to go into *or* have hysterics

I, i [i:] *nt* I, i
i [i:] *int* (*infml*) ugh (*infml*)
IBAN ['i:ban] *f* ⟨-, *no pl*⟩ *abbr of International Bank Account Number* IBAN
iberisch [i'be:rɪʃ] *adj* Iberian
ich [ɪç] *pers pr, gen* meiner, *dat* mir, *acc* mich I; **immer ~!** (it's) always me!; **~ Idiot!** what an idiot I am!; **wer hat den Schlüssel? — ~ nicht!** who's got the key? — not me!; **~ selbst** I myself; **wer hat gerufen? — ~!** who called? — (it was) me, I did!; **~ bin's!** it's me! **Ich** [ɪç] *nt* ⟨-(s), -(s)⟩ self; PSYCH ego; **mein anderes** *or* **zweites ~** (≈ *selbst*) my other self; (≈ *andere Person*) my alter ego **Ichform** *f* first person
Icon ['aikn, 'aikɔn] *nt* ⟨-s, -s⟩ IT icon
ideal [ide'a:l] *adj* ideal **Ideal** [ide'a:l] *nt* ⟨-s, -e⟩ ideal **idealerweise** [ide'ale'vai-zə] *adv* ideally **Idealfall** *m* ideal case; **im ~** ideally **idealisieren** [ideali'zi:rən] *past part* **idealisiert** *v/t* to idealize **Idealismus** [idea'lɪsmʊs] *m* ⟨-, *no pl*⟩ idealism **Idealist** [idea'lɪst] *m* ⟨-en, -en⟩, **Idealistin** [-'lɪstɪn] *f* ⟨-, -nen⟩ idealist **idealistisch** [idea'lɪstɪʃ] *adj* idealistic **Idealvorstellung** *f* ideal
Idee [i'de:] *f* ⟨-, -n [i'de:ən]⟩ **1** idea; **wie kommst du denn auf DIE ~?** whatever gave you that idea?; **ich kam auf die ~, sie zu fragen** I hit on the idea of asking her **2** (≈ *ein wenig*) shade, trifle; **eine ~ Salz** a hint of salt **ideell** [ide'ɛl] *adj* Wert, Ziele non-material; *Unterstützung* spiritual **ideenreich** *adj* (≈ *einfallsreich*) full of ideas; (≈ *fantasiereich*) imaginative, full of imagination
Identifikation [idɛntifika'tsio:n] *f* ⟨-, -en⟩ identification **identifizieren** [idɛntifi-'tsi:rən] *past part* **identifiziert** **A** *v/t* to identify **B** *v/r* **sich ~ mit** to identify (oneself) with **Identifizierung** *f* ⟨-, -en⟩ identification
identisch [i'dɛntɪʃ] *adj* identical (*mit* with) **Identität** [idɛnti'tɛ:t] *f* ⟨-, -en⟩ identity **Identitätsdiebstahl** *m* identity theft **Identitätskrise** *f* identity crisis **Identitätsnachweis** *m* proof of identity

Ideologe [ideo'lo:gə] *m* ⟨-n, -n⟩, **Ideologin** [-'lo:gɪn] *f* ⟨-, -nen⟩ ideologist **Ideologie** [ideolo'gi:] *f* ⟨-, -n [-'gi:ən]⟩ ideology **ideologisch** [ideo'lo:gɪʃ] ◼**A** *adj* ideological ◼**B** *adv* ideologically

Idiom [i'dio:m] *nt* ⟨-s, -e⟩ idiom **idiomatisch** [idio'ma:tɪʃ] ◼**A** *adj* idiomatic ◼**B** *adv* idiomatically

Idiot [i'dio:t] *m* ⟨-en, -en⟩, **Idiotin** [i'dio:tɪn] *f* ⟨-, -nen⟩ idiot **Idiotenhügel** *m* (*hum infml*) nursery *or* beginners' slope **idiotensicher** (*infml*) ◼**A** *adj* foolproof *no adv* ◼**B** *adv* ~ **gestaltet sein** to be designed to be foolproof **Idiotie** [idio'ti:] *f* ⟨-, -n [-'ti:ən]⟩ idiocy; (*infml*) lunacy **idiotisch** [i'dio:tɪʃ] *adj* idiotic

Idol [i'do:l] *nt* ⟨-s, -e⟩ idol

Idyll [i'dʏl] *nt* ⟨-s, -e⟩ idyll; (≈ *Gegend*) idyllic place *or* spot **Idylle** [i'dʏlə] *f* ⟨-, -n⟩ idyll **idyllisch** [i'dʏlɪʃ] ◼**A** *adj* idyllic ◼**B** *adv* idyllically

Igel [ˈiːgl] *m* ⟨-s, -⟩ zool hedgehog

igitt(igitt) [i'gɪt(i'gɪt)] *int* (*infml*) ugh! (*infml*)

Iglu [ˈiːglu] *m or nt* ⟨-s, -s⟩ igloo

ignorant [ɪgno'rant] *adj* ignorant **Ignoranz** [ɪgno'rants] *f* ⟨-, *no pl*⟩ ignorance **ignorieren** [ɪgno'riːrən] *past part* ignoriert *v/t* to ignore

ihm [iːm] *pers pr dat of* er, es (*bei Personen*) to him; (*bei Tieren und Dingen*) to it; (*nach Präpositionen*) him/it; **ich gab es** ~ I gave it (to) him; **ich gab** ~ **den Brief** I gave him the letter, I gave the letter to him; **ein Freund von** ~ a friend of his, one of his friends

ihn [iːn] *pers pr acc of* er him; (*bei Tieren und Dingen*) it

ihnen [ˈiːnən] *pers pr dat of* sie to them; (*nach Präpositionen*) them; → ihm

Ihnen [ˈiːnən] *pers pr dat of* Sie to you; (*nach Präpositionen*) you; → ihm

ihr [iːɐ] ◼**A** *pers pr* ◼**1** *gen* euer, *dat* euch, *acc* euch 2nd person pl *nom* you ◼**2** *dat of* sie (*bei Personen*) to her; (*bei Tieren und Dingen*) to it; (*nach Präpositionen*) her/it; → ihm ◼**B** *poss pr* ◼**1** (*einer Person*) her; (*eines Tiers, Dinges*) its ◼**2** (*von mehreren*) their

Ihr [iːɐ] *poss pr* *sg and pl* your; ~ **Franz Müller** (*Briefschluss*) yours, Franz Müller

ihrerseits [ˈiːrɐˈzaits] *adv* (*einer Person*) for her part; (*bei mehreren*) for their part **Ihrerseits** [ˈiːrɐˈzaits] *adv* for your part **ihresgleichen** [ˈiːrəsˈglaiçn] *pron inv*

(*von einer Person*) people like her; (*von mehreren*) people like them **Ihresgleichen** [ˈiːrəsˈglaiçn] *pron inv* people like you **ihretwegen** [ˈiːrətˈveːgn], **ihretwillen** [ˈiːrətˈvɪlən] *adv* (*sing*) because of her; (*pl*) because of them **Ihretwegen** [ˈiːrətˈveːgn], **Ihretwillen** [ˈiːrətˈvɪlən] *adv* because of you

Ikone [iˈkoːnə] *f* ⟨-, -n⟩ (*also fig*) icon

illegal [ɪleˈɡaːl, ˈɪl-] ◼**A** *adj* illegal ◼**B** *adv* illegally; **sich** ~ **betätigen** to engage in illegal activities **Illegalität** [ɪlegali'tɛːt, ˈɪl-] *f* ⟨-, -en⟩ illegality **illegitim** [ɪlegiˈtiːm, ˈɪl-] *adj* illegitimate

Illusion [ɪluˈzioːn] *f* ⟨-, -en⟩ illusion; **sich** (*dat*) **~en machen** to delude oneself; **darüber macht er sich keine ~en** he doesn't have any illusions about it **illusorisch** [ɪluˈzoːrɪʃ] *adj* illusory

Illustration [ɪlʊstraˈtsioːn] *f* ⟨-, -en⟩ illustration; **zur ~ von etw** as an illustration of sth **illustrativ** [ɪlʊstraˈtiːf] ◼**A** *adj* (≈ *anschaulich*) illustrative ◼**B** *adv* (≈ *anschaulich*) vividly **illustrieren** [ɪlʊsˈtriːrən] *past part* illustriert *v/t* to illustrate (*jdm etw* sth for sb) **Illustrierte** [ɪlʊsˈtriːrtə] *f decl as adj* magazine

Iltis [ˈɪltɪs] *m* ⟨-ses, -se⟩ polecat

im [ɪm] *prep* in the; **im Bett** in bed; **im letzten/nächsten Jahr** last/next year; **etw im Liegen tun** to do sth lying down

Image [ˈɪmɪtʃ] *nt* ⟨-(s), -s⟩ image **Imagekampagne** *f* image-building campaign **Imagepflege** *f* image building

imaginär [imagiˈnɛːɐ] *adj* imaginary

Imam [iˈmaːm] *m* ⟨-(s), -s *or* -e⟩ (≈ *islamischer Gelehrter*) imam

Imbiss [ˈɪmbɪs] *m* ⟨-es, -e⟩ snack **Imbisshalle** *f* snack bar **Imbissstube** *f* café; (*in Kaufhaus etc*) cafeteria

Imitation [imitaˈtsioːn] *f* ⟨-, -en⟩ imitation **imitieren** [imiˈtiːrən] *past part* imitiert *v/t* to imitate

Imker [ˈɪmkɐ] *m* ⟨-s, -⟩, **Imkerin** [-ərɪn] *f* ⟨-, -nen⟩ beekeeper **Imkerei** [ɪmkəˈrai] *f* ⟨-, *no pl*⟩ beekeeping

immateriell [ɪmateˈriɛl, ˈɪm-] *adj* Vermögenswerte immaterial

Immatrikulation [ɪmatrikulaˈtsioːn] *f* ⟨-, -en⟩ matriculation (*form*) **immatrikulieren** [ɪmatrikuˈliːrən] *past part* immatrikuliert ◼**A** *v/t* to register (*at university*) (*an +dat* at) ◼**B** *v/r* to matriculate (*form*)

immens [ɪˈmɛns] **A** adj immense, huge **B** adv immensely

immer [ˈɪmɐ] adv **1** always; **schon ~** always; **für ~** for ever, for always; **~ diese Probleme!** all these problems!; **~, wenn** ... whenever ..., every time that ...; **~ geradeaus gehen** to keep going straight on; **~ (schön) mit der Ruhe** (infml) take it easy; **noch ~** still; **~ noch nicht** still not (yet); **~ wieder** again and again; **etw ~ wieder tun** to keep on doing sth; **wie ~** as usual **2** (+comp) **~ besser** better and better; **~ häufiger** more and more often; **~ mehr** more and more **3** **wer (auch) ~** whoever; **wie (auch) ~** however; **wann (auch) ~** whenever; **wo (auch) ~** wherever; **was (auch) ~** whatever **immergrün** [ˈɪmɐgryːn] adj attr evergreen **immerhin** [ˈɪmɐˈhɪn] adv all the same, anyhow, at any rate; (≈ wenigstens) at least; (≈ schließlich) after all

Immigrant [ɪmiˈɡrant] m ⟨-en, -en⟩, **Immigrantin** [-ˈɡrantɪn] f ⟨-, -nen⟩ immigrant **Immigration** [ɪmiɡraˈtsioːn] f ⟨-, -en⟩ immigration **immigrieren** [ɪmiˈɡriːrən] past part **immigriert** v/i aux sein to immigrate

Immissionsschutz m air pollution control

immobil [ɪmoˈbiːl, ˈɪm-] adj immoveable **Immobilie** [ɪmoˈbiːliə] f ⟨-, -n⟩ **1** **eine ~** a property **2** **Immobilien** pl real estate sg; (in Zeitungsannoncen) property sg **Immobilienmakler(in)** m/(f) (real) estate agent (Br), Realtor® (US)

immun [ɪˈmuːn] adj immune (gegen to) **immunisieren** [ɪmuniˈziːrən] past part **immunisiert** v/t (form) to immunize (gegen against) **Immunität** [ɪmuniˈtɛːt] f ⟨-, (rare) -en⟩ immunity **Immunologe** [ɪmunoˈloːɡə] m ⟨-n, -n⟩, **Immunologin** [-ˈloːɡɪn] f ⟨-, -nen⟩ immunologist **Immunschwäche** f immunodeficiency **Immunschwächekrankheit** f immune deficiency disease or syndrome **Immunsystem** nt immune system **Immuntherapie** f MED immunotherapy **Imperativ** [ˈɪmperatiːf] m ⟨-s, -e [-və]⟩ imperative **Imperfekt** [ˈɪmpɛrfɛkt] nt GRAM imperfect (tense) **Imperialismus** [ɪmperiaˈlɪsmʊs] m ⟨-, no pl⟩ imperialism **imperialistisch** [ɪmperiaˈlɪstɪʃ] adj imperialistic **Imperium** [ɪm-ˈpeːriʊm] nt ⟨-s, Imperien [-riən]⟩ (≈ Gebiet) empire

impfen [ˈɪmpfn] v/t to vaccinate **Impfpass** m vaccination card **Impfschein** m certificate of vaccination **Impfschutz** m protection given by vaccination **Impfstoff** m vaccine, serum **Impfung** f ⟨-, -en⟩ vaccination

Implantat [ɪmplanˈtaːt] nt ⟨-(e)s, -e⟩ implant **Implantation** [ɪmplantaˈtsioːn] f ⟨-, -en⟩ MED implantation **implantieren** [ɪmplanˈtiːrən] past part **implantiert** v/t to implant

implementieren [ɪmplemɛnˈtiːrən] past part **implementiert** v/t (elev) to implement **Implikation** f implication **implizieren** [ɪmpliˈtsiːrən] past part **impliziert** v/t to imply **implizit** [ɪmpliˈtsiːt] adv (elev) by implication

implodieren [ɪmploˈdiːrən] past part **implodiert** v/i aux sein to implode **Implosion** [ɪmploˈzioːn] f ⟨-, -en⟩ implosion

imponieren [ɪmpoˈniːrən] past part impo-**niert** v/i to impress (jdm sb) **imponierend** adj impressive **Imponiergehabe** nt (fig pej) exhibitionism

Import [ɪmˈpɔrt] m ⟨-(e)s, -e⟩ import **Importbeschränkung** f import quota **Importeur** [ɪmpɔrˈtøːɐ] m ⟨-s, -e⟩, **Importeurin** [-ˈtøːrɪn] f ⟨-, -nen⟩ importer **importieren** [ɪmpɔrˈtiːrən] past part importiert v/t to import **Importland** nt importing country **Importlizenz** f import licence (Br) or license (US) **Importzoll** m import duty or tariff

imposant [ɪmpoˈzant] adj imposing; Leistung impressive

impotent [ˈɪmpotɛnt, ɪmpoˈtɛnt] adj impotent **Impotenz** [ˈɪmpotɛnts, ɪmpoˈtɛnts] f ⟨-, no pl⟩ impotence

imprägnieren [ɪmprɛˈɡniːrən] past part **imprägniert** v/t to impregnate; (≈ wasserdicht machen) to (water)proof

Impression [ɪmprɛˈsioːn] f impression (über +acc of) **Impressionismus** [ɪmprɛsioˈnɪsmʊs] m ⟨-, no pl⟩ impressionism **Impressionist** [ɪmprɛsioˈnɪst] m ⟨-en, -en⟩, **Impressionistin** [-ˈnɪstɪn] f ⟨-, -nen⟩ impressionist **impressionistisch** [ɪmprɛsioˈnɪstɪʃ] adj impressionistic **Impressum** [ɪmˈprɛsʊm] nt ⟨-s, Impressen [-sn]⟩ imprint

Improvisation [ɪmprovizaˈtsioːn] f ⟨-, -en⟩ improvisation **improvisieren** [ɪmprovi'zi:rən] *past part* improvis**ie**rt *v/t & v/i* to improvise

Impu**ls** [ɪm'pʊls] *m* ⟨-es, -e⟩ impulse; **etw aus einem ~ heraus tun** to do sth on impulse **impuls**i**v** [ɪmpʊl'zi:f] **A** *adj* impulsive **B** *adv* impulsively

imsta**nde** [ɪm'ʃtandə] *adj pred* **~ sein, etw zu tun** (≈ *fähig*) to be capable of doing sth

in [ɪn] **A** *prep* **1** (*räumlich*) (*wo? +dat*) in; (*wohin? +acc*) in, into; **in der Schweiz** in Switzerland; **in die Schweiz** to Switzerland; **in die Schule/Kirche gehen** to go to school/church; **er ist in der Schule/Kirche** he's at *or* in school/church; **er ging ins Konzert** he went to the concert **2** (*zeitlich: wann? +dat*) in; **in diesem Jahr** (*laufendes Jahr*) this year; **heute in zwei Wochen** two weeks today **3** **das ist in Englisch** it's in English; **ins Englische übersetzen** to translate into English; **sie hat es in sich** (*dat*) (*infml*) she's quite a girl; → **im** **B** *adj pred* (*infml*) **in sein** to be in (*infml*)

inaktiv *adj* inactive; *Mitglied* non-active

inakzeptabel *adj* unacceptable

Inanspruchnahme [ɪn'anʃprʊxna:mə] *f* ⟨-, -n⟩ (*form*) **1** (≈ *Beanspruchung*) demands *pl*, claims *pl* (+*gen* on) **2** (*von Einrichtungen etc*) utilization

Inbegriff ['ɪnbəgrɪf] *m, no pl* perfect example, embodiment; **sie war der ~ der Schönheit** she was beauty personified **inbegriffen** ['ɪnbəgrɪfn] *adj pred* included; **die Mehrwertsteuer ist im Preis ~** the price is inclusive of VAT

Inbetriebnahme [ɪnbə'tri:pna:mə] *f* ⟨-, -n⟩ commissioning; (*von Gebäude, U-Bahn etc*) inauguration

Inbrunst ['ɪnbrʊnst] *f, no pl* fervour (*Br*), fervor (*US*) **inbrünstig** ['ɪnbrʏnstɪç] **A** *adj* fervent, ardent **B** *adv* fervently, ardently

Inbusschlüssel® ['ɪnbʊs-] *m* TECH Allen key®

inde**m** [ɪn'de:m] *cj* **1** (≈ *während*) while **2** (≈ *dadurch, dass*) **~ man etw macht** by doing sth

Inder ['ɪndɐ] *m* ⟨-s, -⟩, **Inderin** [-ərɪn] *f* ⟨-, -nen⟩ Indian; **zum ~ gehen** to go to an/the Indian restaurant

indessen [ɪn'dɛsn] *adv* **1** (*zeitlich*) meanwhile, (in the) meantime **2** (*adversativ*) however

Index ['ɪndɛks] *m* ⟨-(es), -e *or* Indizes ['ɪn-

ditse:s]⟩ *index* **index**ie**ren** [ɪndɛ'ksi:rən] *past part* index**ie**rt *v/t & v/i* to index

Indianer [ɪn'dia:nɐ] *m* ⟨-s, -⟩, **Indiane**r**in** [-ərɪn] *f* ⟨-, -nen⟩ American Indian, Native American; (*in Western*) (Red) Indian **indi**a**nisch** [ɪn'dia:nɪʃ] *adj* American Indian, Native American; (*in Western*) (Red) Indian

Indien ['ɪndiən] *nt* ⟨-s⟩ India

Indikation [ɪndika'tsio:n] *f* ⟨-, -en⟩ MED indication **Indikativ** ['ɪndikati:f] *m* ⟨-s, -e [-və]⟩ GRAM indicative **Indikator** [ɪndi'ka:to:ɐ] *m* ⟨-s, Indikatoren [-'to:rən]⟩ indicator

indirekt ['ɪndirɛkt, ɪndi'rɛkt] **A** *adj* indirect; **~e Rede** indirect *or* reported speech **B** *adv* indirectly

indisch ['ɪndɪʃ] *adj* Indian; **der Indische Ozean** the Indian Ocean

indiskret [ɪndɪs'kre:t, 'ɪn-] *adj* indiscreet **Indiskretion** [ɪndɪskre'tsio:n, 'ɪn-] *f* indiscretion

indiskutabel [ɪndɪsku'ta:bl, 'ɪn-] *adj* out of the question

Individualismus [ɪndividua'lɪsmʊs] *m* ⟨-, *no pl*⟩ individualism **Individualist** [ɪndividua'lɪst] *m* ⟨-en, -en⟩, **Individualistin** [-'lɪstɪn] *f* ⟨-, -nen⟩ individualist **Individualität** [ɪndividuali'tɛ:t] *f* ⟨-, -en, *no pl*⟩ individuality **Individualverkehr** [ɪndivi'dua:l-] *m* MOT private transport **individuell** [ɪndivi'duɛl] **A** *adj* individual **B** *adv* individually; **etw ~ gestalten** to give sth a personal note; **es ist ~ verschieden** it differs from person to person **Individuum** [ɪndi'vi:duʊm] *nt* ⟨-s, Individuen [-duən]⟩ individual

Indiz [ɪn'di:ts] *nt* ⟨-es, -ien [-tsiən]⟩ **1** JUR clue; (*als Beweismittel*) piece of circumstantial evidence **2** (≈ *Anzeichen*) sign (*für* of) **Indizienbeweis** *m* circumstantial evidence *no pl* **indizieren** [ɪndi'tsi:rən] *past part* indizi**e**rt *v/t* MED to indicate; *IT* to index

Indochina ['ɪndo'çi:na] *nt* Indochina **Indonesien** [ɪndo'ne:ziən] *nt* ⟨-s⟩ Indonesia **Indonesier** [ɪndo'ne:ziɐ] *m* ⟨-s, -⟩, **Indon**e**sierin** [-ərɪn] *f* ⟨-, -nen⟩ Indonesian **indon**e**sisch** [ɪndo'ne:zɪʃ] *adj* Indonesian

indossieren [ɪndɔ'si:rən] *past part* indossi**e**rt *v/t* COMM to endorse

Induktionsherd [ɪndʊk'tsio:ns-] *m* induction hob, induction stove top

industrialisie**ren** [ɪndʊstriali'zi:rən] *past*

part **industrialisiert** *v/t* to industrialize **Industrialisierung** *f* ‹-, -en› industrialization **Industrie** [ɪndʊsˈtriː] *f* ‹-, -n [-ˈtriːən]› industry; **in der ~ arbeiten** to work in industry **Industrieabfälle** *pl* industrial waste **Industrieanlage** *f* industrial plant *or* works *pl* **Industriegebiet** *nt* industrial area; (≈ *Gewerbegebiet*) industrial estate **Industriegelände** *nt* industrial site **Industriegewerkschaft** *f* industrial union **Industriekauffrau** *f*, **Industriekaufmann** *m* industrial clerk **Industrieland** *nt* industrialized country **industriell** [ɪndʊstriˈɛl] **A** *adj* industrial **B** *adv* industrially **Industrielle(r)** [ɪndʊstriˈɛlə] *m/f(m) decl as adj* industrialist **Industriemüll** *m* industrial waste **Industriestaat** *m* industrial nation **Industriestadt** *f* industrial town **Industrie- und Handelskammer** *f* chamber of commerce **Industriezweig** *m* branch of industry

ineffektiv [ɪnɛfɛkˈtiːf, ˈɪn-] *adj* ineffective, ineffectual

ineinander [ɪnaɪˈnandɐ] *adv sein, liegen etc* in(side) one another *or* each other; **~ übergehen** to merge (into one another *or* each other); **sich ~ verlieben** to fall in love (with each other) **ineinanderfließen** *v/i sep irr aux sein* to merge **ineinandergreifen** *v/i sep irr* (*lit*) to interlock; (*fig: Ereignisse etc*) to overlap **ineinanderschieben** *v/t & v/r sep irr* to telescope

infam [ɪnˈfaːm] *adj* infamous

Infanterie [ɪnfantəˈriː, ˈɪn-] *f* ‹-, -n [-ˈriːən]› infantry

infantil [ɪnfanˈtiːl] *adj* infantile

Infarkt [ɪnˈfarkt] *m* ‹-(e)s, -e› MED infarct (*tech*); (≈ *Herzinfarkt*) coronary (thrombosis)

Infektion [ɪnfɛkˈtsioːn] *f* ‹-, -en› infection **Infektionsgefahr** *f* danger of infection **Infektionsherd** *m* focus of infection **Infektionskrankheit** *f* infectious disease **Infektionsrisiko** *nt* risk of infection **infektiös** [ɪnfɛkˈtsiøːs] *adj* infectious

Inferno [ɪnˈfɛrno] *nt* ‹-s, *no pl*› inferno

Infinitiv [ˈɪnfiniːtiːf] *m* ‹-s, -e [-və]› infinitive

infizieren [ɪnfiˈtsiːrən] *past part* **infiziert** **A** *v/t* to infect **B** *v/r* to get infected (*bei* by)

in flagranti [ɪn flaˈɡranti] *adv* in the act **Inflation** [ɪnflaˈtsioːn] *f* ‹-, -en› inflation

inflationär [ɪnflatsioˈnɛːɐ] *adj* inflationary; (*fig*) over-extensive **Inflationsrate** *f* rate of inflation

inflexibel [ɪnflɛˈksiːbl, ˈɪn-] *adj* inflexible

Info [ˈɪnfo] *f* ‹-, -s› (*infml* ≈ *Information*) info (*infml*)

infolge [ɪnˈfɔlɡə] *prep +gen* as a result of **infolgedessen** [ɪnfɔlɡəˈdɛsn] *adv* consequently, as a result

Infomaterial *nt* (*infml*) info (*infml*) **Informant** [ɪnfɔrˈmant] ‹-en, -en› *m* ‹-en, -en›, **Informantin** [-ərɪn] *f* ‹-, -nen› (≈ *Denunziant*) informer **Informatik** [ɪnfɔrˈmaːtɪk] *f* ‹-, *no pl*› informatics *sg*; (≈ *Schulfach*) computer studies *pl* **Informatiker** [ɪnfɔrˈmaːtikɐ] *m* ‹-s, -›, **Informatikerin** [-ərɪn] *f* ‹-, -nen› computer *or* information scientist

Information [ɪnfɔrmaˈtsioːn] *f* **1** information *no pl* (*über +acc* about, on); **eine ~** (a piece of) information; **~en weitergeben** to pass on information; **zu Ihrer ~** for your information **2** (≈ *Stelle*) information desk **Informationsaustausch** *m* exchange of information **Informationsgesellschaft** *f* information society **Informationsmaterial** *nt* information **Informationsquelle** *f* source of information **Informationssicherheit** *f* information security, infosec (*infml*) **Informationsstand** *m* **1** information stand **2** *no pl* (≈ *Wissensstand*) level of information **Informationstechnik** *f* **Informationstechnologie** *f* information technology **Informationszentrum** *nt* information centre (*Br*) *or* center (*US*) **informativ** [ɪnfɔrmaˈtiːf] *adj* informative **informell** [ɪnfɔrˈmɛl, ˈɪn-] **A** *adj* informal **B** *adv* informally

informieren [ɪnfɔrˈmiːrən] *past part* **informiert** **A** *v/t* to inform (*über +acc*, *von* about, of); **da bist du falsch informiert** you've been misinformed **B** *v/r* to find out, to inform oneself (*über +acc* about)

Infoschalter [ˈɪnfo-] *m* information desk **Infostand** [ˈɪnfo-] *m* (*infml*) information stand **Infotainment** [ɪnfoˈteːnmənt] *nt* ‹-s, *no pl*› infotainment **Infotelefon** *nt* information line

infrage [ɪnˈfraːɡə], **in Frage** *adv* **~ kommen** to be possible; **~ kommend** possible; *Bewerber* worth considering; **das kommt (überhaupt) nicht ~!** that's (quite) out of the question!; **etw ~ stellen** to question

sth, to call sth into question
infrarot *adj* infrared **Infraschall** *m* infrasonic waves *pl* **Infrastruktur** *f* infrastructure

Infusion [ɪnfu'zioːn] *f* infusion

Ingenieur [ɪnʒe'nøːɐ] *m* ‹-s, -e›, **Ingenieurin** [-'nøːrɪn] *f* ‹-, -nen› engineer

Ingwer ['ɪŋvɐ] *m* ‹-s, -› ginger

Inhaber ['ɪnhaːbɐ] *m* ‹-s, -›, **Inhaberin** [-ərɪn] *f* ‹-, -nen› owner; *(von Konto, Rekord)* holder; *(von Scheck, Pass)* bearer

inhaftieren [ɪnhaf'tiːrən] *past part* **inhaftiert** *v/t* to take into custody **Inhaftierung** *f* ‹-, -en› *(≈ das Inhaftieren)* arrest; *(≈ Haft)* imprisonment

inhalieren [ɪnha'liːrən] *past part* **inhaliert** *v/t & v/i* (MED, *infml*) to inhale

Inhalt *m* **1** contents *pl* **2** (MAT ≈ *Flächeninhalt*) area; *(≈ Rauminhalt)* volume **inhaltlich** ['ɪnhaltlɪç] *adj, adv* as regards content **Inhaltsangabe** *f* summary **inhaltslos** *adj* empty; *Buch, Vortrag* lacking in content **Inhaltsverzeichnis** *nt* list or table of contents

inhuman [ɪnhu'maːn, 'ɪn-] *adj* inhuman; *(≈ unbarmherzig)* inhumane

Initiale [ini'tsiaːlə] *f* ‹-, -n› *(elev)* initial

initiativ [initsia'tiːf] *adj* **~ werden** to take the initiative **Initiativbewerbung** *f* unsolicited job application **Initiative** [initsia'tiːvə] *f* ‹-, -n› initiative; **aus eigener ~** on one's own initiative; **die ~ ergreifen** to take the initiative; **auf jds ~** *(acc)* **hin** on sb's initiative **Initiator** [ini'tsiaːtoːɐ]‹-s, **Initiatoren** [-'toːrən]› *m*, **Initiatorin** [-'toːrɪn] *f* ‹-, -nen› *(elev)* initiator **initiieren** [initsi'iːrən] *past part* **initiiert** *v/t* *(elev)* to initiate

Injektion [ɪnjɛk'tsioːn] *f* ‹-, -en› injection **Injektionsspritze** *f* hypodermic (syringe) **injizieren** [ɪnji'tsiːrən] *past part* **injiziert** *v/t* *(form)* to inject *(jdm etw* sb with sth)

Inkasso [ɪn'kaso] *nt* ‹-s, -s *or* (Aus) **Inkassi** [-si]› FIN collection

Inklusion [ɪnklu'zioːn] *f* ‹-, *no pl*› *(im Bildungswesen)* inclusion

inklusive [ɪnklu'ziːvə] *prep* +gen inclusive of

inkognito [ɪn'kɔɡnito] *adv* incognito

inkompatibel [ɪnkɔmpa'tiːbl, 'ɪn-] *adj* incompatible

inkompetent [ɪnkɔmpe'tɛnt, 'ɪn-] *adj* incompetent **Inkompetenz** [ɪnkɔmpe-

'tɛnts, 'ɪn-] *f* incompetence

inkontinent ['ɪnkɔntinɛnt] *adj* MED incontinent **Inkontinenz** ['ɪnkɔntinɛnts] *f* ‹-, -en› MED incontinence

inkorrekt [ɪnkɔ'rɛkt, 'ɪn-] **A** *adj* incorrect **B** *adv* incorrectly; *gekleidet* inappropriately

Inkubationszeit [ɪnkuba'tsioːns-] *f* incubation period

Inland *nt, no pl* **1** *(als Staatsgebiet)* home; **im In- und Ausland** at home and abroad **2** *(≈ Inneres eines Landes)* inland; **im ~** inland **inländisch** ['ɪnlɛndɪʃ] *adj* domestic; GEOG inland **Inlandsflug** *m* domestic or internal flight **Inlandsmarkt** *m* home or domestic market **Inlandsporto** *nt* inland postage

Inliner ['ɪnlaine] *pl* = Inlineskates **inlinern** ['ɪnlainen] *v/i* to inline-skate **Inlineskater** ['ɪnlainskeːtɐ] *m* ‹-s, -›, **Inlineskaterin** [-skeːtərɪn] *f* ‹-, -nen› in-line skater **Inlineskates** ['ɪnlainskeːts] *pl* in-line skates *pl*

inmitten [ɪn'mɪtn] *prep* +gen in the middle or midst of

innehaben ['ɪnəhaːbn] *v/t sep irr* *(form)* to hold **innehalten** ['ɪnəhaltn] *sep irr v/i* to pause

innen ['ɪnən] *adv* inside; **nach ~** inwards; **von ~** from (the) inside **Innenansicht** *f* interior view **Innenarchitekt(in)** *m/(f)* interior designer **Innenarchitektur** *f* interior design **Innenaufnahme** *f* indoor photo (-graph); FILM indoor shot or take **Innenausstattung** *f* interior décor *no pl* **Innenbahn** *f* SPORTS inside lane **Innendienst** *m* office duty; **im ~ sein** to work in the office **Inneneinrichtung** *f* (interior) furnishings *pl* **Innenfläche** *f* *(≈ innere Fläche)* inside; *(der Hand)* palm **Innenhof** *m* inner courtyard **Innenleben** *nt, no pl* *(infml: seelisch)* inner life **Innenminister(in)** *m/(f)* minister of the interior; *(in GB)* Home Secretary; *(in den USA)* Secretary of the Interior **Innenministerium** *nt* ministry of the interior; *(in GB)* Home Office; *(in den USA)* Department of the Interior **Innenpolitik** *f* domestic policy; *(≈ innere Angelegenheiten)* home or domestic affairs *pl* **innenpolitisch** *adj* domestic, internal; *Sprecher* on domestic policy **Innenraum** *m* **1** **Innenräume** inner rooms *pl* **2** *no pl* room inside; *(von Wagen)* interior **Innenseite** f inside **Innenspiegel** m AUTO interior mirror **Innenstadt** f town centre (Br) or center (US); (einer Großstadt) city centre (Br) or center (US) **Innenstadtmaut** f congestion charge **Innentasche** f inside pocket **Innentemperatur** f inside temperature; (in einem Gebäude) indoor temperature

innerbetrieblich adj in-house **Innereien** [ɪnəˈraɪən] pl innards pl **innere(r, s)** [ˈɪnərə] adj inner; (≈ im Körper befindlich, inländisch) internal; **die ~n Angelegenheiten eines Landes** the home or domestic affairs of a country; **im innersten Herzen** in one's heart of hearts; **vor meinem ~n Auge** in my mind's eye **Innere(s)** [ˈɪnərə] nt decl as adj inside; (von Kirche, Wagen) interior; (≈ Mitte) middle, centre (Br), center (US); **ins ~ des Landes** into the heart of the country **innerhalb** [ˈɪnəhalp] **A** prep +gen **1** (örtlich) inside, within **2** (zeitlich) within **B** adv inside; (eines Landes) inland **innerlich** [ˈɪnəlɪç] **A** adj **1** (≈ körperlich) internal **2** (≈ geistig, seelisch) inward, inner no adv **B** adv **1** (≈ im Körper) internally **2** (≈ gemütsmäßig) inwardly, inside; **~ lachen** to laugh inwardly or to oneself **innerparteilich** adj within the party **innerstaatlich** adj domestic, internal **innerstädtisch** adj urban, inner-city attr **innerste(r, s)** [ˈɪnəstə] adj innermost, inmost **Innerste(s)** [ˈɪnəstə] nt decl as adj (lit) innermost part, heart; (fig) heart; **bis ins ~ getroffen** deeply hurt **innert** [ˈɪnet] prep +gen or +dat (Swiss) within, inside (of) **innewohnen** [ˈɪnə-] v/i +dat sep to be inherent in **innig** [ˈɪnɪç] **A** adj Grüße, Beileid heartfelt; Freundschaft intimate; **mein ~ster Wunsch** my dearest wish **B** adv deeply, profoundly; **jdn ~ lieben** to love sb dearly **Innovation** [ɪnovaˈtsɪoːn] f ⟨-, -en⟩ innovation **innovativ** [ɪnovaˈtiːf] **A** adj innovative **B** adv innovatively **Innung** [ˈɪnʊŋ] f ⟨-, -en⟩ (trade) guild **inoffiziell** [ˈɪnʔɔfiˈtsɪɛl, ˈɪn-] **A** adj unofficial **B** adv unofficially **inopportun** [ˈɪnʔɔpɔrˈtuːn, ˈɪn-] adj inopportune **in petto** [ɪn ˈpɛto]; → petto **in puncto** [ɪn ˈpʊŋkto]; → puncto **Input** [ˈɪnpʊt] m or nt ⟨-s, -s⟩ input

Inquisition [ɪnkviziˈtsɪoːn] f ⟨-, -en⟩ Inquisition

Insasse [ˈɪnsasə] m ⟨-n, -n⟩, **Insassin** [ˈɪnsasɪn] f ⟨-, -nen⟩ (von Fahrzeug) passenger; (von Anstalt) inmate **insbesondere** [ɪnsbəˈzɔndərə] adv particularly, in particular **Inschrift** f inscription **Insekt** [ɪnˈzɛkt] nt ⟨-(e)s, -en⟩ insect **Insektenbekämpfungsmittel** nt insecticide **Insektenschutzmittel** nt insect repellent **Insektenspray** nt insect spray **Insektenstich** m insect bite; (von Bienen, Wespen) (insect) sting **Insektizid** [ɪnzɛktiˈtsiːt] nt ⟨-s, -e [-də]⟩ (form) insecticide **Insel** [ˈɪnzl] f ⟨-, -n⟩ island; **die Britischen ~n** the British Isles **Inselbewohner(in)** m/(f) islander **Inselgruppe** f group of islands **Inselstaat** m island state **Inselvolk** nt island nation or race or people **Inselwelt** f island world **Inserat** [ɪnzeˈraːt] nt ⟨-(e)s, -e⟩ advertisement **Inserent** [ɪnzeˈrɛnt] m ⟨-en, -en⟩, **Inserentin** [-ˈrɛntɪn] f ⟨-, -nen⟩ advertiser **inserieren** [ɪnzeˈriːrən] past part inseriert v/t & v/i to advertise **insgeheim** [ɪnsɡəˈhaim, ˈɪns-] adv secretly **insgesamt** [ɪnsɡəˈzamt, ˈɪns-] adv altogether; (≈ im Großen und Ganzen) all in all; **ein Verdienst von ~ 2.000 Euro** earnings totalling (Br) or totaling (US) 2,000 euros **Insider** [ˈɪnsaide] m ⟨-s, -⟩, **Insiderin** [-ərɪn] f ⟨-, -nen⟩ insider **Insiderwissen** nt inside knowledge **insofern** [ɪnzoˈfɛrn, ɪnˈzoːfɛrn, ˈɪn-] adv in this respect; **~ als** in so far as **insolvent** [ɪnzɔlˈvɛnt, ˈɪn-] adj COMM insolvent **Insolvenz** [ɪnzɔlˈvɛnts, ˈɪn-] f ⟨-, -en⟩ COMM insolvency **insoweit** [ɪnˈzoːvait, ɪnzoːˈvait, ˈɪn-] adv, cj = insofern **in spe** [ɪn ˈspeː] adj (infml) to be **Inspekteur** [ɪnspɛkˈtøːe] m ⟨-s, -e⟩, **Inspekteurin** [ɪnspɛkˈtøːein] f ⟨-, -nen⟩ MIL Chief of Staff **Inspektion** [ɪnspɛkˈtsɪoːn] f ⟨-, -en⟩ inspection; AUTO service **Inspektor** [ɪnˈspɛktoːe] m ⟨-s, Inspektoren** [-ˈtoːrən]⟩, **Inspektorin** [-ˈtoːrɪn] f ⟨-, -nen⟩ inspector **Inspiration** [ɪnspiraˈtsɪoːn] f ⟨-, -en⟩ inspiration **inspirieren** [ɪnspiˈriːrən] past part inspiriert v/t to inspire; **sich von etw ~ lassen** to get one's inspiration from sth

inspizieren [ɪnspi'tsiːrən] *past part* inspiziert *v/t* to inspect
instabil [ɪnsta'biːl, 'ɪn-] *adj* unstable **Instabilität** *f* instability
Installateur [ɪnstalaˈtøːɐ] *m* ⟨-s, -e⟩, **Installateurin** [-ˈtøːrɪn] *f* ⟨-, -nen⟩ plumber; (≈ *Elektroinstallateur*) electrician; (≈ *Gasinstallateur*) gas fitter **Installation** [ɪnstalaˈtsioːn] *f* ⟨-, -en⟩ installation **installieren** [ɪnstaˈliːrən] *past part* installiert Ⓐ *v/t* to install Ⓑ *v/r* to install oneself
instand [ɪnˈʃtant] *adj* **etw ~ halten** to maintain sth; **etw ~ setzen** to get sth into working order **Instandhaltung** *f* maintenance **Instandsetzung** [ɪnˈʃtantzɛtsʊŋ] *f* ⟨-, -en⟩ (*von Gerät*) overhaul; (*von Gebäude*) restoration; (≈ *Reparatur*) repair
Instanz [ɪnˈstants] *f* ⟨-, -en⟩ **1** (≈ *Behörde*) authority **2** JUR court; **Verhandlung in erster/letzter ~** first/final court case; **er ging durch alle ~en** he went through all the courts
Instinkt [ɪnˈstɪŋkt] *m* ⟨-(e)s, -e⟩ instinct; **aus ~** instinctively **instinktiv** [ɪnstɪŋkˈtiːf] Ⓐ *adj* instinctive Ⓑ *adv* instinctively **instinktlos** *adj Bemerkung* insensitive
Institut [ɪnstiˈtuːt] *nt* ⟨-(e)s, -e⟩ institute **Institution** [ɪnstituˈtsioːn] *f* ⟨-, -en⟩ institution **institutionell** [ɪnstitutsioˈnɛl] *adj* institutional
instruieren [ɪnstruˈiːrən] *past part* instruiert *v/t* to instruct; (*über Plan etc*) to brief **Instruktion** [ɪnstrʊkˈtsioːn] *f* ⟨-, -en⟩ instruction
Instrument [ɪnstruˈmɛnt] *nt* ⟨-(e)s, -e⟩ instrument **instrumental** [ɪnstrumɛnˈtaːl] *adj* MUS instrumental **Instrumentarium** [ɪnstrumɛnˈtaːriʊm] *nt* ⟨-s, Instrumentarien [-ˈtaːriən] (*lit*) equipment, instruments *pl*; MUS instruments *pl*; (*fig*) apparatus **Instrumentenbrett** *nt* instrument panel **Instrumententafel** *f* control panel
Insuffizienz ['ɪnzʊfitsiɛnts] *f* ⟨-, -en⟩ insufficiency
Insulaner [ɪnzuˈlaːnɐ] *m* ⟨-s, -⟩, **Insulanerin** [-ərɪn] *f* ⟨-, -en⟩ (*usu hum*) islander **Insulin®** [ɪnzuˈliːn] *nt* ⟨-s, *no pl*⟩ insulin
inszenieren [ɪnstseˈniːrən] *past part* inszeniert *v/t* **1** THEAT to direct; (RADIO, TV) to produce **2** (*fig*) to stage-manage; **einen Streit ~** to start an argument **Inszenierung** *f* ⟨-, -en⟩ production
intakt [ɪnˈtakt] *adj* intact

integer [ɪnˈteːgɐ] (*elev*) *adj* **~ sein** to be full of integrity
integral [ɪnteˈgraːl] *adj attr* integral **Integral** [ɪnteˈgraːl] *nt* ⟨-s, -e⟩ integral **Integralrechnung** *f* integral calculus
Integration [ɪntegraˈtsioːn] *f* ⟨-, -en⟩ integration **Integrationsklasse** *f* integrated class **Integrationskurs** *m* German course for immigrants **Integrationspolitik** *f* integration policy **integrationswillig** *adj* **integrationswillig sein** to be willing to integrate **integrieren** [ɪnteˈgriːrən] *past part* integriert *v/t* to integrate; **integrierte Gesamtschule** ≈ comprehensive (school) (*Br*), ≈ high school (*US*) **Integrität** [ɪntegriˈtɛːt] *f* ⟨-, *no pl*⟩ (*elev*) integrity
Intellekt [ɪntɛˈlɛkt] *m* ⟨-(e)s, *no pl*⟩ intellect **intellektuell** [ɪntɛlɛkˈtuɛl] *adj* intellectual **Intellektuelle(r)** [ɪntɛlɛkˈtuɛlə] *m/f(m) decl as adj* intellectual
intelligent [ɪntɛliˈɡɛnt] Ⓐ *adj* intelligent Ⓑ *adv* cleverly, ingeniously; *sich verhalten* intelligently **Intelligenz** [ɪntɛliˈɡɛnts] *f* ⟨-, -en⟩ intelligence; (≈ *Personengruppe*) intelligentsia *pl*; **künstliche ~** artificial intelligence **Intelligenzquotient** *m* intelligence quotient, IQ **Intelligenztest** *m* intelligence test
Intendant [ɪntɛnˈdant] *m* ⟨-en, -en⟩, **Intendantin** [-ˈdantɪn] *f* ⟨-, -nen⟩ director; THEAT theatre (*Br*) or theater (*US*) manager
Intensität [ɪntɛnziˈtɛːt] *f* ⟨-, (*rare*) -en⟩ intensity **intensiv** [ɪntɛnˈziːf] Ⓐ *adj* intensive; *Beziehungen* deep, very close; *Farbe, Geruch, Geschmack, Blick* intense Ⓑ *adv* **jdn ~ beobachten** to watch sb intently; **sich ~ bemühen** to try hard; **~ nach etw schmecken** to taste strongly of sth **intensivieren** [ɪntɛnziˈviːrən] *past part* intensiviert *v/t* to intensify **Intensivierung** *f* ⟨-, -en⟩ intensification **Intensivkurs** *m* intensive course **Intensivstation** *f* intensive care unit
Intention [ɪntɛnˈtsioːn] *f* ⟨-, -en⟩ intention, intent
interaktiv Ⓐ *adj* interactive Ⓑ *adv* interactively; **~ gestaltet** designed for interactive use **Intercity(zug)** *m* intercity (train) **interdisziplinär** [ɪntɛdɪstsipliˈnɛːɐ] *adj* interdisciplinary
interessant [ɪntərɛˈsant] Ⓐ *adj* interesting; **zu diesem Preis ist das nicht ~ für uns** COMM we are not interested at that

price **B** *adv* ~ **klingen** to sound interesting; ~ **erzählen** to tell interesting stories **interessanterweise** [ɪntarɛˈsantəˈvaizə] *adv* interestingly enough **Interesse** [ɪntaˈrɛsə] *nt* ⟨-s, -n⟩ interest; ~ **an jdm/etw haben** to be interested in sb/sth; **im ~** +*gen* in the interests of; **es liegt in Ihrem eigenen ~** it's in your own interest(s); **die ~n eines Staates wahrnehmen** to look after the interests of a state **interessehalber** *adv* out of interest **interesselos** *adj* indifferent **Interessengebiet** *nt* field of interest **Interessengemeinschaft** *f* group of people sharing interests; ECON syndicate **Interessent** [ɪntarɛˈsɛnt] *m* ⟨-en, -en⟩, **Interessentin** [-ˈsɛntɪn] *f* ⟨-, -nen⟩ interested person *or* party (*form*); (≈ *Bewerber*) applicant **Interessenvertretung** *f* representation of interests; (≈ *Personen*) group representing one's interests **interessieren** [ɪntarɛˈsiːrən] *past part* **interessiert** **A** *v/t* to interest (*für, an* +*dat* in); **das interessiert mich (gar) nicht!** I'm not (the least *or* slightest bit) interested **B** *v/r* to be interested (*für* in) **interessiert** [ɪntarɛˈsiːɐt] **A** *adj* interested (*an* +*dat* in); **vielseitig ~ sein** to have a wide range of interests; **politisch ~** interested in politics **B** *adv* with interest; **sich an etw** (*dat*) ~ **zeigen** to show an interest in sth **Interface** [ˈɪntɐfeːs] *nt* ⟨-, -s⟩ IT interface **Interimsregierung** [ˈɪntarɪms-] *f* caretaker *or* provisional government **Interjektion** [ɪntajɛkˈtsjoːn] *f* ⟨-, -en⟩ interjection **interkontinental** [ɪntəkɔntinɛnˈtaːl] *adj* intercontinental **Interkontinentalrakete** [ɪntəkɔntinɛnˈtaːl-] *f* intercontinental missile **interkulturell** *adj* intercultural **Intermezzo** [ɪntɐˈmɛtso] *nt* ⟨-s, -s *or* Intermezzi [-tsi]⟩ MUS intermezzo; (*fig*) interlude **intern** [ɪnˈtɛrn] **A** *adj* internal **B** *adv* internally **Internat** [ɪntɐˈnaːt] *nt* ⟨-(e)s, -e⟩ boarding school **international** [ɪntɛnatsjoˈnaːl] **A** *adj* international **B** *adv* internationally **Internationale** [ɪntɛnatsjoˈnaːlə] *f* ⟨-, -n⟩ Internationale **internationalisieren** [ɪntɛnatsjonaliˈziːrən] *past part* **internationalisiert** *v/t* to internationalize **Internationalisierung** *f* internationalization **Internatsschüler(in)** *m/(f)* boarder

Internet [ˈɪntenɛt] *nt* ⟨-, *no pl*⟩ IT Internet; **im ~ surfen** to surf the Internet **Internetadresse** *f* Internet address **Internetanschluss** *m* Internet connection **Internetauktion** *f* online auction **Internetcafé** *nt* Internet café **Internethandel** *m* Internet trading, e-commerce **Internetnutzer(in)** *m/(f)* Internet user **Internetprovider** *m* Internet provider **Internetseite** *f* web page **Internetzugang** *m*, **Internetzugriff** *m* Internet access **internieren** [ɪnteˈniːrən] *past part* **interniert** *v/t* to intern **Internierung** *f* ⟨-, -en⟩ internment **Internierungslager** *nt* internment camp **Internist** [ɪnteˈnɪst] *m* ⟨-en, -en⟩, **Internistin** [-ˈnɪstɪn] *f* ⟨-, -nen⟩ internist **Interpol** [ˈɪntepoːl] *f* ⟨-⟩ Interpol **Interpret** [ɪnteˈpreːt] *m* ⟨-en, -en⟩, **Interpretin** [-ˈpreːtɪn] *f* ⟨-, -nen⟩ interpreter (*of music, art etc*); **Lieder verschiedener ~en** songs by various singers **Interpretation** [ɪntepretaˈtsjoːn] *f* ⟨-, -en⟩ interpretation **interpretieren** [ɪntepreˈtiːrən] *past part* **interpretiert** *v/t* to interpret **Interpunktion** *f* punctuation **Interrogativpronomen** [ɪnterogaˈtiːf-] *nt* interrogative pronoun **Intervall** [ɪnteˈval] *nt* ⟨-s, -e⟩ interval (*auch* MUS) **Intervallschaltung** *f* interval switch **intervenieren** [ɪnteveˈniːrən] *past part* **interveniert** *v/i* to intervene **Intervention** [ɪntevɛnˈtsjoːn] *f* ⟨-, -en⟩ intervention **Interview** [ˈɪntevjuː, ɪnteˈvjuː] *nt* ⟨-s, -s⟩ interview **interviewen** [ɪnteˈvjuːən, ˈɪnte-] *past part* **interviewt** *v/t* to interview (*jdn zu etw* sb about sth) **Interviewer** [ˈɪntevjuːe, ɪnteˈvjuːe] *m* ⟨-s, -⟩, **Interviewerin** [-ərɪn] *f* ⟨-, -nen⟩ interviewer **intim** [ɪnˈtiːm] *adj* intimate; **ein ~er Kenner von etw sein** to have an intimate knowledge of sth **Intimbereich** *m* **1** ANAT genital area **2** (*fig*) = Intimsphäre **Intimität** [ɪntimiˈtɛːt] *f* ⟨-, -en⟩ intimacy; **~en austauschen** to kiss and pet **Intimpartner(in)** *m/(f)* (*form*) sexual partner **Intimsphäre** *f* private life; **jds ~ verletzen** to invade sb's privacy **Intimverkehr** *m* intimacy; **~ mit jdm haben** to be intimate with sb **intolerant** [ɪntoleˈrant, ˈɪn-] *adj* intolerant

Intoleranz [ɪntoleˈrants, ˈɪn-] f intolerance

Intranet [ˈɪntranɛt] nt ⟨-s, -s⟩ IT Intranet

intransitiv adj intransitive

intravenös [ɪntraveˈnøːs] adj intravenous

Intrigant [ɪntriˈɡant] m ⟨-en, -en⟩, **Intrigantin** [-ˈɡantɪn] f ⟨-, -nen⟩ schemer **Intrige** [ɪnˈtriːɡə] f ⟨-, -n⟩ scheme **intrigieren** [ɪntriˈɡiːrən] past part **intrigiert** v/i to intrigue, to scheme

introvertiert [ɪntrovɛrˈtiːet] adj introverted

Intuition [ɪntuiˈtsioːn] f ⟨-, -en⟩ intuition **intuitiv** [ɪntuiˈtiːf] **A** adj intuitive **B** adv intuitively

intus [ˈɪntʊs] adj (infml) **etw ~ haben** (≈ wissen) to get or have got (Br) sth into one's head (infml); Essen, Alkohol to have sth down (infml) or inside one (infml)

Invalide [ɪnvaˈliːdə] m ⟨-n, -n⟩, **Invalidin** [-ˈliːdɪn] f ⟨-, -nen⟩ disabled person, invalid **Invalidität** [ɪnvalidiˈtɛːt] f ⟨-, no pl⟩ disability

Invasion [ɪnvaˈzioːn] f ⟨-, -en⟩ invasion

Inventar [ɪnvɛnˈtaːe] nt ⟨-s, -e⟩ **1** (≈ Verzeichnis) inventory; COMM assets and liabilities pl; **das ~ aufnehmen** to do the inventory **2** (≈ Einrichtung) fittings pl (Br), equipment; (≈ Maschinen) equipment no pl, plant no pl; **er gehört schon zum ~** (fig) he's part of the furniture

Inventur [ɪnvɛnˈtuːe] f ⟨-, -en⟩ stocktaking; **~ machen** to stocktake

investieren [ɪnvɛsˈtiːrən] past part **investiert** v/t & v/i to invest **Investition** [ɪnvɛstiˈtsioːn] f ⟨-, -en⟩ investment **Investitionsgut** nt usu pl item of capital expenditure; **Investitionsgüter** capital goods pl **Investment** [ɪnˈvɛstmənt] nt ⟨-s, -s⟩ investment **Investmentbank** f, pl **-banken** investment bank **Investmentfonds** m investment fund **Investmentgesellschaft** f investment trust **Investor** [ɪnˈvɛstoːe] m ⟨-s, -en [-ˈtoːrən]⟩, **Investorin** [-ˈtoːrɪn] f ⟨-, -nen⟩ investor

In-vitro-Fertilisation [ɪnˈviːtrofɛrtilizatsioːn] f ⟨-, -en⟩ in vitro fertilization

involvieren [ɪnvɔlˈviːrən] past part **involviert** v/t to involve

inwendig [ˈɪnvɛndɪç] adv (infml) **jdn/etw in- und auswendig kennen** to know sb/ sth inside out

inwiefern [ɪnviˈfɛrn], **inwieweit** [ɪnvi-ˈvait] adv (im Satz) to what extent; (alleinstehend) in what way

Inzest [ˈɪntsɛst] m ⟨-(e)s, -e⟩ incest no pl **inzestuös** [ɪntsɛstuˈøːs] adj incestuous

Inzucht f inbreeding

inzwischen [ɪnˈtsvɪʃn] adv (in the) meantime, meanwhile; **er hat sich ~ verändert** he's changed since (then)

Ion [ioːn, ˈiːɔn] nt ⟨-s, -en [ˈioːnən]⟩ ion

i-Punkt [ˈiː-] m dot on the i

Irak [iˈraːk, ˈiːrak] m ⟨-s⟩ **(der) ~** Iraq **Iraker** [iˈraːke] m ⟨-s, -⟩, **Irakerin** [-ərɪn] f ⟨-, -nen⟩ Iraqi **irakisch** [iˈraːkɪʃ] adj Iraqi **Iran** [iˈraːn] m ⟨-s⟩ **(der) ~** Iran **Iraner** [iˈraːne] m ⟨-s, -⟩, **Iranerin** [-ərɪn] f ⟨-, -nen⟩ Iranian **iranisch** [iˈraːnɪʃ] adj Iranian

irdisch [ˈɪrdɪʃ] adj earthly no adv

Ire [ˈiːrə] m ⟨-n, -n⟩ Irishman; Irish boy; **die ~n** the Irish

irgend [ˈɪrɡnt] **A** adv at all; **wenn ~ möglich** if it's at all possible **B** with indef pr **~ so ein Tier** some animal **irgendein** [ˈɪrɡntˈain] indef pr some; (fragend, verneinend) any; **ich will nicht ~ Buch** I don't want just any (old (infml)) book; **haben Sie noch ~en Wunsch?** is there anything else you would like? **irgendeine(r, s)** [ˈɪrɡntˈainə] indef pr (nominal) (bei Personen) somebody, someone; (bei Dingen) something; (fragend, verneinend) anybody; anything **irgendetwas** [ˈɪrɡntˈɛtvas] indef pr something; (fragend, verneinend) anything **irgendjemand** [ˈɪrɡntˈjeːmant] indef pr somebody; (fragend, verneinend) anybody; **ich bin nicht ~** I'm not just anybody **irgendwann** [ˈɪrɡntˈvan] adv some time **irgendwas** [ˈɪrɡntˈvas] indef pr (infml) → irgendetwas **irgendwelche(r, s)** [ˈɪrɡntˈvɛlçə] indef pr some; (fragend, verneinend) any **irgendwer** [ˈɪrɡntˈveːe] indef pr (infml) → irgendjemand **irgendwie** [ˈɪrɡntˈviː] adv somehow (or other); **ist es ~ möglich?** is it at all possible?; **kannst du dir das ~ vorstellen?** can you possibly imagine it? **irgendwo** [ˈɪrɡntˈvoː] adv somewhere (or other), someplace (esp US infml); (fragend, verneinend) anywhere, any place (esp US infml) **irgendwoher** [ˈɪrɡntvoˈheːe] adv from somewhere (or other), from someplace (esp US infml); (fragend, verneinend) from anywhere or any place (esp US infml) **irgendwohin** [ˈɪrɡntvoˈhɪn] adv somewhere (or other), some-

place (esp US infml); (fragend, verneinend) anywhere, any place (esp US infml)

Irin ['iːrɪn] f ‹-, -nen› Irishwoman; Irish girl; **sie ist ~** she is Irish

Iris ['iːrɪs] f ‹-, - or (Opt auch) Iriden [i-'riːdn]› iris

irisch ['iːrɪʃ] adj Irish

Irisdiagnostik f iridology **Irisscanner** m iris scanner

Irland ['ɪrlant] nt ‹-s› Ireland; (≈ Republik Irland) Eire

irländisch ['ɪrlɛndɪʃ] adj Irish

Ironie [iro'niː] f ‹-, (rare) -n [-'niːən]› irony

ironisch [i'roːnɪʃ] **A** adj ironic, ironical **B** adv ironically

irrational [ɪratsio'naːl, 'ɪr-] **A** adj irrational **B** adv irrationally **Irrationalität** [ɪratsionali'tɛːt, 'ɪr-] f irrationality

irre ['ɪrə] **A** adj **1** (≈ geistesgestört) mad; **~s Zeug reden** (fig) to say crazy things **2** pred (≈ verwirrt) confused **3** (dated infml) Party, Hut wild (infml) **B** adv (dated infml ≈ sehr) incredibly (infml); **~ gut** brilliant (infml) **Irre** ['ɪrə] f ‹-, no pl› **jdn in die ~ führen** to lead sb astray

irreal ['ɪreaːl, ɪre'aːl] adj unreal

irreführen v/t sep to mislead; **sich ~ lassen** to be misled **irreführend** adj misleading

irrelevant [ɪrele'vant, 'ɪr-] adj irrelevant (für for, to)

irremachen v/t sep to confuse, to muddle **irren** ['ɪrən] **A** v/i **1** (≈ sich täuschen) to be mistaken or wrong; **Irren ist menschlich** (prov) to err is human (prov) **2** aux sein (≈ umherschweifen) to wander **B** v/r to be mistaken or wrong; **sich in jdm ~** to be mistaken or wrong about sb; **wenn ich mich nicht irre ...** if I'm not mistaken ...

irreparabel [ɪrepa'raːbl, 'ɪr-] adj irreparable

Irre(r) ['ɪrə] m/f(m) decl as adj lunatic

Irrfahrt f wandering **Irrgarten** m maze, labyrinth **Irrglaube(n)** m heresy; (≈ irrige Ansicht) mistaken belief **irrig** ['ɪrɪç] adj incorrect **irrigerweise** ['ɪrɪɡə'vaizə] adv wrongly

Irritation [ɪrita'tsioːn] f ‹-, -en› irritation **irritieren** [ɪri'tiːrən] past part irritiert v/t (≈ verwirren) to confuse; (≈ ärgern) to irritate

Irrsinn m, no pl madness **irrsinnig** **A** adj crazy, insane; (infml ≈ stark) terrific;

wie ein Irrsinniger like a madman **B** adv like crazy (infml); **~ viel** a hell of a lot (infml) **Irrtum** ['ɪrtuːm] m ‹-s, -tümer [-tyːmɐ]› mistake; **ein ~ von ihm** a mistake on his part; **im ~ sein** to be wrong; **~ vorbehalten!** COMM errors excepted

irrtümlich ['ɪrtyːmlɪç] **A** adj attr erroneous **B** adv irrationally (≈ aus Versehen) by mistake **irrtümlicherweise** ['ɪrtyːmlɪçɐ-'vaizə] adv erroneously; (≈ aus Versehen) by mistake **Irrweg** m (fig) **auf dem ~ sein** to be on the wrong track; **auf ~e geraten** to go astray

IS [iː'ɛs] m ‹-, no pl› abbr of Islamischer Staat IS

Ischias ['ɪʃias, 'ɪsçias] m or nt ‹-, no pl› sciatica **Ischiasnerv** m sciatic nerve

ISDN-Anlage [iːɛsdeː'ɛn-] f TEL ISDN connection **ISDN-Netz** [iːɛsdeː'ɛn-] nt TEL ISDN network

Islam [ɪs'laːm, 'ɪslam] m ‹-s, no pl› Islam **islamisch** [ɪs'laːmɪʃ] adj Islamic **Islamisierung** [ɪslami'ziːrʊŋ] f ‹-, -en› Islamization

Island ['iːslant] nt ‹-s› Iceland **Isländer** ['iːslɛndɐ] m ‹-s, -›, **Isländerin** [-ərɪn] f ‹-, -nen› Icelander **isländisch** ['iːslɛndɪʃ] adj Icelandic

Isolation [izola'tsioːn] f ‹-, -en› **1** isolation **2** ELEC etc insulation **Isolationshaft** f solitary confinement **Isolierband** nt, pl -bänder insulating tape, friction tape (US) **isolieren** [izo'liːrən] past part isoliert **A** v/t **1** to isolate; **völlig isoliert leben** to live in complete isolation **2** elektrische Leitungen, Fenster to insulate **B** v/r to isolate oneself **Isolierkanne** f Thermos® flask, vacuum flask **Isolierstation** f isolation ward **Isoliertheit** [izo'liːɐthait] f ‹-, -en› isolatedness **Isolierung** f ‹-, -en› = Isolation

Isomatte ['iːzo-] f foam mattress

Isotop [izo'toːp] nt ‹-s, -e› isotope

Israel ['ɪsraeːl, 'ɪsraɛl] nt ‹-s› Israel **Israeli** [ɪsra'eːli] m ‹-(s), -s›, **Israeli** f ‹-, -s› Israeli **israelisch** [ɪsra'eːlɪʃ] adj Israeli

Istbestand ['ɪst-] m (≈ Geld) cash in hand; (≈ Waren) actual stock **Istzustand** m actual state or status

Italien [i'taːliən] nt ‹-s› Italy **Italiener** [ita'liːnɐ] m ‹-s, -›, **Italienerin** [-ərɪn] f ‹-, -nen› Italian; **zum ~ gehen** to go to an/the Italian restaurant **italienisch** [ita-'liːnɪʃ] adj Italian

i-Tüpfelchen ['iː-] *nt* dot (on the/an i); **bis aufs ~** *(fig)* (right) down to the last (little) detail

J

J, j [jɔt, *(Aus)* jeː] *nt* J, j
ja [jaː] *adv* yes; *(bei Trauung)* I do; **ich glaube ja** (yes,) I think so; **wenn ja** if so; **ich habe gekündigt — ja?** I've quit — really?; **ja, bitte?** yes?; **aber ja!** but of course; **ach ja!** oh yes; **sei ja vorsichtig!** be careful; **vergessen Sie es JA nicht!** don't forget, whatever you do!; **sie ist ja erst fünf** (after all) she's only five; **das ist ja richtig, aber ...** that's (certainly) right, but ...; **da kommt er ja** there he is; **das ist es ja** that's just it; **das sag ich ja!** that's just what I say; **Sie wissen ja, dass ...** as you know ...; **das ist ja fürchterlich** that's (just) terrible; **du rufst mich doch an, ja?** you'll give me a call, won't you? **Ja** [jaː] *nt* ⟨-s, -(s)⟩ yes; **mit Ja antworten/stimmen** to answer/vote yes
Jacht [jaxt] *f* ⟨-, -en⟩ yacht
Jacke ['jakə] *f* ⟨-, -n⟩ jacket, coat *(esp US)*; *(≈ Wolljacke)* cardigan; **das ist ~ wie Hose** *(infml)* it's six of one and half a dozen of the other *(infml)*
Jacketkrone ['dʒɛkɪt-] *f* jacket crown
Jackett [ʒa'kɛt] *nt* ⟨-s, -s⟩ jacket, coat *(esp US)*
Jackpot ['dʒɛkpɔt] *m* ⟨-s, -s⟩ *(im Lotto etc)* rollover jackpot
Jade ['jaːdə] *m or f* ⟨-, *no pl*⟩ jade
Jagd [jaːkt] *f* ⟨-, -en [-dn]⟩ hunt; *(≈ das Jagen)* hunting; *(fig)* chase *(nach* after); **auf die ~ (nach etw) gehen** to go hunting (for sth); **die ~ nach Geld** the pursuit of money **Jagdgebiet** *nt* hunting ground **Jagdgewehr** *nt* hunting rifle **Jagdhund** *m* hunting dog **Jagdhütte** *f* hunting lodge **Jagdrevier** *nt* shoot **Jagdschein** *m* hunting licence *(Br)* or license *(US)* **Jagdschloss** *nt* hunting lodge **Jagdverbot** *nt* ban on hunting **Jagdwild** *nt* game **Jagdzeit** *f* hunting or shooting season **jagen** ['jaːgn] Ⓐ *v/t* 1 to hunt 2 *(≈ hetzen)* to chase; **jdn in die**

Flucht ~ to put sb to flight; **jdn aus dem Haus ~** to drive sb out of the house; **mit diesem Essen kannst du mich ~** *(infml)* I wouldn't eat this if you paid me Ⓑ *v/i* 1 to hunt 2 *aux sein (≈ rasen)* to race; **nach etw ~** to chase after sth **Jäger** ['jɛːgɐ] *m* ⟨-s, -⟩ 1 hunter, huntsman 2 *(≈ Jagdflugzeug)* fighter (plane) **Jägerei** [jɛːgə'raɪ] *f* ⟨-, *no pl*⟩ hunting **Jägerin** ['jɛːgərɪn] *f* ⟨-, -nen⟩ huntress, huntswoman **Jägerschnitzel** *nt* veal or pork cutlet with mushrooms and peppers
Jaguar ['jaːgua:ɐ] *m* ⟨-s, -e⟩ jaguar
jäh [jɛː] Ⓐ *adj* 1 *(≈ plötzlich)* sudden 2 *(≈ steil)* sheer Ⓑ *adv* 1 *(≈ plötzlich)* suddenly; **enden** abruptly 2 *(≈ steil)* steeply
Jahr [jaːɐ] *nt* ⟨-(e)s, -e⟩ year; **ein halbes ~** six months *sg or pl*; **ein drei viertel ~** nine months *sg or pl*; **im ~(e) 1066** in (the year) 1066; **die sechziger ~e** the sixties *sg or pl*; **alle ~e** every year; **alle ~e wieder** year after year; **pro ~** a year; **noch nach ~en** years later; **nach ~ und Tag** after (many) years; **mit den ~en** over the years; **zwischen den ~en** *(infml)* between Christmas and New Year; **er ist zehn ~e (alt)** he is ten years old; **Personen über 18 ~e** people over (the age of) 18; **in die ~e kommen** *(infml)* to be getting on (in years); **in den besten ~en sein** to be in the prime of one's life; **mit den ~en** as one gets older **jahraus** [jaːɐ'aus] *adv* **~, jahrein** year in, year out **Jahrbuch** *nt* yearbook; *(≈ Kalender)* almanac **jahrelang** ['jaːrəlaŋ] Ⓐ *adj attr* years of Ⓑ *adv* for years **jähren** ['jɛːrən] *v/r* **heute jährt sich der Tag, an dem ...** it's a year ago today that ... **Jahresabschluss** *m* COMM annual accounts *pl* **Jahresanfang** *m*, **Jahresbeginn** *m* beginning of the year **Jahresbeitrag** *m* annual subscription **Jahresbericht** *m* annual report **Jahresdurchschnitt** *m* annual or yearly average **Jahreseinkommen** *nt* annual income **Jahresende** *nt* end of the year **Jahreshauptversammlung** *f* COMM annual general meeting, AGM **Jahresring** *m* *(eines Baumes)* annual ring **Jahresrückblick** *m* review of the year's events **Jahrestag** *m* anniversary **Jahreswechsel** *m* new year **Jahreszahl** *f* date, year **Jahreszeit** *f* season **Jahrgang** *m*, *pl* -gänge 1 year; **sie ist ~ 2008** she was born in 2008; **er ist mein**

~ we were born in the same year **2** (*von Wein*) vintage **Jahrhundert** [ja:ɐ'hʊndɐt] *nt* century **jahrhundertealt** *adj* centuries-old **jahrhundertelang** **A** *adj* centuries of **B** *adv* for centuries **Jahrhundertwende** *f* turn of the century **jährlich** ['jɛːɐlɪç] **A** *adj* annual, yearly **B** *adv* every year; COMM per annum; **zweimal ~** twice a year **Jahrmarkt** *m* (fun-)fair **Jahrtausend** [ja:ɐ'tauznt] *nt* millennium **Jahrtausendwende** *f* millennium **Jahrzehnt** [ja:ɐ'tseːnt] *nt* ⟨-(e)s, -e⟩ decade **jahrzehntelang** [ja:ɐ'tseːntə-] **A** *adj* decades of; **eine ~e Entwicklung** a development lasting decades **B** *adv* for decades

Jähzorn *m* violent temper **jähzornig** *adj* irascible; (≈ *erregt*) furious

Jakobsmuschel ['ja:kɔps-] *f* scallop

Jalousie [ʒalu'zi:] *f* ⟨-, -n [-'zi:ən]⟩ venetian blind

Jalta ['jalta] *nt* ⟨-s⟩ Yalta

Jamaika [ja'maika] *nt* ⟨-s⟩ Jamaica

Jammer ['jamɐ] *m* ⟨-s, *no pl*⟩ (≈ *Elend*) misery; **es wäre ein ~, wenn ...** (*infml*) it would be a crying shame if ... (*infml*) **Jammerlappen** *m* (*sl*) wet (*infml*) **jämmerlich** ['jɛmɐlɪç] **A** *adj* pitiful; (*infml*) *Entschuldigung etc* pathetic (*infml*); *Feigling* terrible **B** *adv sterben etc* pitifully; *versagen* miserably **jammern** ['jamɐn] *v/i* to wail (*über +acc* over) **jammerschade** *adj* **es ist ~** (*infml*) it's a terrible pity

Janker ['jaŋkɐ] *m* ⟨-s, -⟩ (*esp Aus*) Tyrolean jacket; (≈ *Strickjacke*) cardigan

Jänner ['jɛnɐ] *m* ⟨-s, -⟩ (*Aus, Swiss*) January

Januar ['janua:ɐ] *m* ⟨-(s), -e⟩ January; → **März**

Japan ['ja:pan] *nt* ⟨-s⟩ Japan **Japaner** [ja'pa:nɐ] *m* ⟨-s, -⟩, **Japanerin** [-ərɪn] *f* ⟨-, -nen⟩ Japanese (man/woman) **japanisch** [ja'pa:nɪʃ] *adj* Japanese

japsen *v/i* (*infml*) to pant

Jargon [ʒar'gõ:] *m* ⟨-s, -s⟩ jargon

Jasager ['ja:za:gɐ] *m* ⟨-s, -⟩ yes man **Jasagerin** ['ja:za:gərɪn] *f* ⟨-, -nen⟩ yes woman

Jasmin [jas'mi:n] *m* ⟨-s, -e⟩ jasmine

Jastimme ['ja:-] *f* vote in favour (*Br*) or favor (*US*) (of)

jäten ['jɛːtn] *v/t & v/i* to weed

Jauche ['jauxə] *f* ⟨-, *no pl*⟩ liquid manure **Jauchegrube** *f* cesspool; AGR liquid manure pit

jauchzen ['jauxtsn] *v/i* (*elev*) to rejoice (*li-ter*)

jaulen ['jaulən] *v/i* to howl; (*lit*) to yowl

Jause ['jauzə] *f* ⟨-, -n⟩ (*Aus*) break (for a snack); (≈ *Proviant*) snack

jausnen ['jausnən] *v/i* (*Aus*) to stop for a snack; (*auf Arbeit*) to have a tea (*Br*) or coffee (*esp US*) break

Java ['ja:va] *nt* ⟨-s⟩ Java **javanisch** [ja'va:nɪʃ] *adj* Javanese

jawohl [ja'vo:l] *adv*, *adv* yes; MIL yes, sir; NAUT aye, aye, sir

Jawort ['ja:-] *nt*, *pl* -worte **jdm das ~ geben** to say yes to sb; (*bei Trauung*) to say "I do"

Jazz [dʒɛs, jats] *m* ⟨-, *no pl*⟩ jazz **Jazzband** ['dʒɛs-, 'jats-] *f*, *pl* -bands jazz band **Jazzkeller** ['dʒɛs-, 'jats-] *m* jazz club

je [je:] **A** *adv* **1** (≈ *jemals*) ever **2** (≈ *jeweils*) every, each; **für je drei Stück zahlst du einen Euro** you pay one euro for (every) three; **ich gebe euch je zwei Äpfel** I'll give you two apples each **B** *cj* **1** **je eher, desto besser** the sooner the better; **je länger, je lieber** the longer the better **2** **je nach** according to, depending on; **je nachdem** it all depends

Jeans [dʒi:nz] *pl* jeans *pl* **Jeansanzug** *m* denim suit **Jeanshose** ['dʒi:nz-] *f* = **Jeans** **Jeansjacke** ['dʒi:nz-] *f* denim jacket **Jeansstoff** *m* denim

jedenfalls ['je:dn'fals] *adv* in any case; (≈ *zumindest*) at least

jede(r, s) ['je:də] *indef pr* **1** (*adjektivisch*) (≈ *einzeln*) each; (*esp von zweien*) either; (≈ *jeder von allen*) every; (≈ *jeder beliebige*) any; **~s Mal** every time **2** (*substantivisch*) (≈ *einzeln*) each (one); (≈ *jeder von allen*) everyone; (≈ *jeder Beliebige*) anyone; **~r von uns** each (one)/every one/any one of us; **~r Zweite** every other or second one; **~r für sich** everyone for himself; **das kann ~r** anyone can do that; **das kann nicht ~r** not everyone can do that **jedermann** ['je:dɐman] *indef pr* everyone, everybody; (≈ *jeder Beliebige auch*) anyone, anybody; **das ist nicht ~s Sache** it's not everyone's cup of tea (*infml*) **jederzeit** ['je:də'tsait] *adv* at any time

jedoch [je'dɔx] *cj*, *adv* however

jegliche(r, s) ['je:klɪçə] *indef pr* (*adjektivisch*) any; (*substantivisch*) each (one)

jeher ['je:heːɐ, 'je:'heːɐ] *adv* **von** or **seit ~** always

jein [jain] *adv* (*hum*) yes and no

jemals ['je:maːls] *adv* ever

jemand ['je:mant] *indef pr* somebody; (*bei Fragen, Negation*) anybody; ~ **Neues** somebody new; ~ **anders** somebody else

Jemen ['je:mən] *m* ⟨-s⟩ **der** ~ Yemen

jene(r, s) ['je:nə] *dem pron* (*elev*) **1** (*adjektivisch*) that; (*pl*) those; **in** ~**r Zeit** at that time, in those times **2** (*substantivisch*) that one; (*pl*) those (ones)

jenseits ['je:nzaits, 'jɛn-] **A** *prep* +*gen* on the other side of; **2 km** ~ **der Grenze** 2 kms beyond the border **B** *adv* ~ **von** on the other side of **Jenseits** ['je:nzaits, 'jɛn-] *nt* ⟨-, *no pl*⟩ hereafter, next world

Jeside [je'zi:də] *m* ⟨-n, -n⟩, **Jesidin** [-'zi:dɪn] *f* ⟨-, -nen⟩ Yazidi **jesidisch** *adj* Yazidi

Jesuit [je'zuiːt] *m* ⟨-en, -en⟩ Jesuit

Jesus ['je:zʊs] *m, gen* **Jesu**, *dat* - *or* **Jesu** ['je:zu], *acc* - *or* **Jesum** ['je:zʊm] Jesus; ~ **Christus** Jesus Christ

Jet [dʒɛt] *m* ⟨-(s), -s⟩ (*infml*) jet **Jetlag** ['jʒɛtlɛg] *m* ⟨-s, -s⟩ jetlag

Jeton [ʒə'tõː] *m* ⟨-s, -s⟩ chip

Jetset ['dʒɛtsɛt] *m* ⟨-s, (*rare*) -s⟩ (*infml*) jet set **jetten** ['dʒɛtn] *v/i aux sein* (*infml*) to jet (*infml*)

jetzig ['jɛtsɪç] *adj attr* present *attr*, current; **in der** ~**en Zeit** in present times **jetzt** [jɛtst] *adv* now; **bis** ~ so far; ~ **gleich** right now; ~ **noch?** (what) now?; ~ **oder nie!** (it's) now or never! **Jetzt** [jɛtst] *nt* ⟨-, *no pl*⟩ (*elev*) present

jeweilig ['je:vailɪç] *adj attr* respective; (≈ *vorherrschend*) prevailing; **die** ~**e Regierung** the government of the day **jeweils** ['je:vails] *adv* at a time, at any one time; (≈ *jedes Mal*) each time; ~ **am Monatsletzten** on the last day of each month

jiddisch ['jɪdɪʃ] *adj* Yiddish

Job [dʒɔp] *m* ⟨-s, -s⟩ (*infml*) job **jobben** ['dʒɔbn] *v/i* (*infml*) to work **Jobsharing** [-ʃɛːrɪŋ] *nt* ⟨-s, *no pl*⟩ job sharing **Jobsuche** ['dʒɔp-] *f, no pl* job hunting; **auf** ~ **sein** to be looking for a job

Joch [jɔx] *nt* ⟨-(e)s, -e⟩ yoke **Jochbein** *nt* cheekbone

Jockey ['dʒɔki] *m* ⟨-s, -s⟩ jockey

Jod [joːt] *nt* ⟨-(e)s [-dəs]⟩ *no pl* iodine **jodeln** ['joːdln] *v/t & v/i* to yodel **jodiert** [jo'diːrt] *adj* ~**es Speisesalz** iodized table salt **Jodsalz** *nt* iodized salt

Joga ['joːga] *m or nt* ⟨-(s), *no pl*⟩ yoga

joggen ['dʒɔgn] *v/i aux haben or* (*bei Richtungsangabe*) *sein* to jog **Jogger** ['dʒɔgɐ] *m* ⟨-s, -⟩, **Joggerin** [-ərɪn] *f* ⟨-, -nen⟩ jogger **Jogging** ['dʒɔgɪŋ] *nt* ⟨-, *no pl*⟩ jogging **Jogginganzug** *m* jogging suit

Jog(h)urt ['joːgʊrt] *m or nt* ⟨-(s), -(s)⟩ yog(h)urt **Jog(h)urtbereiter** [-bəraitɐ] *m* ⟨-s, -s⟩ yog(h)urt maker

Johannisbeere *f* **Rote** ~ redcurrant; **Schwarze** ~ blackcurrant **Johanniskraut** *nt, no pl* St. John's wort

johlen ['joːlən] *v/i* to howl

Joint [dʒɔynt] *m* ⟨-s, -s⟩ (*infml*) joint (*infml*)

Joint Venture [dʒɔynt 'vɛntʃə] *nt* ⟨- -s, - -s⟩ COMM joint venture

Jo-Jo [jo'jo, 'joː'joː] *nt* ⟨-s, -s⟩ yo-yo **Jo-Jo-Effekt** *m* yo-yo effect

Joker ['joːke, 'dʒoːke] *m* ⟨-s, -⟩ CARDS joker; (*fig*) trump card

Jongleur [ʒõ'gløːɐ, ʒɔŋ'løːɐ] *m* ⟨-s, -e⟩, **Jongleurin** [-'gløːrɪn, -'løːrɪn] *f* ⟨-, -nen⟩ juggler **jonglieren** [ʒõ'gliːrən, ʒɔŋ'liːrən] *past part* **jongliert** *v/i* (*lit, fig*) to juggle

Jordanien [jɔr'daːniən] *nt* ⟨-s⟩ Jordan **Jordanier** [jɔr'daːnie] *m* ⟨-s, -⟩, **Jordanierin** [-ərɪn] *f* ⟨-, -nen⟩ Jordanian (man/woman) **jordanisch** [jɔr'daːnɪʃ] *adj* Jordanian

Joule [dʒuːl] *nt* ⟨-(s), -⟩ joule

Journal [ʒʊr'naːl] *nt* ⟨-s, -e⟩ COMM daybook **Journalismus** [ʒʊrna'lɪsmʊs] *m* ⟨-, *no pl*⟩ journalism **Journalist** [ʒʊrna-'lɪst] *m* ⟨-en, -en⟩, **Journalistin** [-'lɪstɪn] *f* ⟨-, -nen⟩ journalist **journalistisch** [ʒʊrna'lɪstɪʃ] **A** *adj* journalistic **B** *adv* ~ **arbeiten** to work as a journalist; **etw** ~ **aufbereiten** to edit sth for journalistic purposes

jovial [jo'viaːl] **A** *adj* jovial **B** *adv* jovially **Jovialität** [joviali'tɛːt] *f* ⟨-, *no pl*⟩ joviality

Joystick ['dʒɔystɪk] *m* ⟨-s, -s⟩ IT joystick

Jubel ['juːbl] *m* ⟨-s, *no pl*⟩ jubilation; (≈ *Jubelrufe*) cheering; ~, **Trubel, Heiterkeit** laughter and merriment **jubeln** ['juːbln] *v/i* to cheer **Jubilar** [jubi'laːɐ] *m* ⟨-s, -e⟩, **Jubilarin** [-'laːrɪn] *f* ⟨-, -nen⟩ *person celebrating an anniversary* **Jubiläum** [jubi-'lɛːʊm] *nt* ⟨-s, Jubiläen [-'lɛːən]⟩ jubilee; (≈ *Jahrestag*) anniversary **Jubiläumsfeier** *f* jubilee/anniversary celebrations *pl*

jucken ['jʊkn] **A** *v/t & v/i* to itch; **es juckt mich am Rücken** my back itches; **es juckt mich, das zu tun** (*infml*) I'm itching to do it *(infml)*; **das juckt mich doch nicht** *(infml)* I don't care **B** *v/r* (≈ *kratzen*) to scratch **Juckreiz** *m* itching

Jude ['ju:də] *m* ⟨-n, -n⟩ Jew, Jewish man, Jewish boy; **er ist ~** he's Jewish **judenfeindlich** *adj* anti-Semitic **Judentum** ['ju:dntu:m] *nt* ⟨-s, *no pl*⟩ **1** (≈ *Judaismus*) Judaism **2** (≈ *Gesamtheit der Juden*) Jews *pl* **Judenverfolgung** *f* HIST persecution of (the) Jews **Jüdin** ['jy:dɪn] *f* ⟨-, -nen⟩ Jew, Jewish woman, Jewish girl; **sie ist ~** she's Jewish **jüdisch** ['jy:dɪʃ] *adj* Jewish

Judo *nt* ⟨-s, *no pl*⟩ judo

Jugend ['ju:gnt] *f* ⟨-, *no pl*⟩ youth; **von ~ an** *or* **auf** from one's youth; **die ~ von heute** young people *or* the youth of today **Jugendalter** *nt* adolescence **Jugendamt** *nt* youth welfare department **Jugendarbeit** *f, no pl* (≈ *Jugendfürsorge*) youth work **Jugendarbeitslosigkeit** *f* youth unemployment **Jugendarrest** *m* JUR detention **Jugendbande** *f* gang of youths **Jugendbuch** *nt* book for young people **jugendfrei** *adj* suitable for young people; *Film* U(-certificate) *(Br)*, G *(US)* **Jugendfreund(in)** *m/(f)* friend of one's youth **jugendgefährdend** *adj* liable to corrupt the young **Jugendgericht** *nt* juvenile court **Jugendgruppe** *f* youth group **Jugendherberge** *f* youth hostel **Jugendherbergsausweis** *m* youth hostelling card *(Br)*, youth hostel ID *(US)* **Jugendhilfe** *f* ADMIN help for young people **Jugendjahre** *pl* days *pl* of one's youth **Jugendklub** *m* youth club **Jugendkriminalität** *f* juvenile delinquency **jugendlich** ['ju:gntlɪç] **A** *adj* (≈ *jung*) young; (≈ *jung wirkend*) youthful; **ein ~er Täter** a young offender; **~er Leichtsinn** youthful frivolity **B** *adv* youthfully; **sich ~ geben** to appear youthful **Jugendliche(r)** ['ju:gntlɪçə] *m/f(m) decl as adj* adolescent; *(männlich auch)* youth **Jugendlichkeit** *f* ⟨-, *no pl*⟩ youthfulness **Jugendliebe** *f* **1** young love **2** (≈ *Geliebter*) love of one's youth **Jugendmannschaft** *f* youth team **Jugendpflege** *f* youth welfare **Jugendrecht** *nt* law relating to young persons **Jugendrichter(in)** *m/(f)* JUR magistrate *(in a juvenile court)* **Jugendschutz** *m* protection of children and young people **Jugendstil** *m, no pl* ART Art Nouveau **Jugendstrafe** *f* detention *no art* in a young offenders'

(Br) or juvenile correction *(US)* institution **Jugendsünde** *f* youthful misdeed **Jugendtraum** *m* youthful dream **Jugendzeit** *f* youth, younger days *pl* **Jugendzentrum** *nt* youth centre *(Br)* or center *(US)*

Jugoslawien [jugo'sla:viən] *nt* ⟨-s⟩ HIST Yugoslavia **jugoslawisch** [jugo'sla:vɪʃ] *adj* HIST Yugoslav(ian)

Juli ['ju:li] *m* ⟨-(s), -s⟩ July; → **März**

Jumbo(jet) ['jʊmbo(dʒet)] *m* jumbo (jet)

jung [jʊŋ] *adj, comp* ⁼**er** ['jYŋɐ], *sup* ⁼**ste(r, s)** ['jYŋstə] young; **Jung und Alt** (both) young and old; **von ~ auf** from one's youth; **~ aussehen** to look young; **~ sterben** to die young **Junge** ['jʊŋə] *m* ⟨-n, -n *or (dated inf)* -ns *or (inf)* Jungs [jʊŋs]⟩ boy; **Junge, Junge!** *(infml)* boy oh boy *(infml)*; **alter ~** *(infml)* my old pal *(infml)* **jungenhaft** *adj* boyish **Jungenschule** *f* boys' school **Jungenstreich** *m* boyish prank **Junge(r)** *m/f(m) decl as adj (infml)* **die ~n** the young ones **jünger** ['jYŋɐ] *adj* **1** younger; **Holbein der Jüngere** Holbein the Younger **2** *Geschichte etc* recent; **sie sieht ~ aus, als sie ist** she looks younger than she is, she doesn't look her age

Jünger ['jYŋɐ] *m* ⟨-s, -⟩ (BIBLE, *fig*) disciple **Jüngerin** ['jYŋərɪn] *f* ⟨-, -nen⟩ *(fig)* disciple

Junge(s) ['jʊŋə] *nt decl as adj* ZOOL young one; *(von Hund)* pup(py); *(von Katze)* kitten; *(von Wolf, Löwe, Bär)* cub; *(von Vogel)* young bird; **die ~n** the young **Jungfer** ['jʊŋfɐ] *f* ⟨-, -n⟩ **eine alte ~** an old maid **Jungfernfahrt** *f* maiden voyage **Jungfernflug** *m* maiden flight **Jungfernhäutchen** *nt* ANAT hymen (ANAT) **Jungfrau** *f* virgin; ASTRON, ASTROL Virgo *no art*; **ich bin ~** I am a virgin; ASTROL I am (a) Virgo **jungfräulich** ['jʊŋfrɔylɪç] *adj* virgin **Jungfräulichkeit** *f* ⟨-, *no pl*⟩ virginity **Junggeselle** *m* bachelor **Junggesellenabschied** *m* stag night *(Br)*, stag party *(Br)*, bachelor party *(US)* **Junggesellenbude** *f (infml)* bachelor pad *(infml)* **Junggesellendasein** *nt* bachelor's life **Junggesellenzeit** *f* bachelor days *pl* **Junggesellin** *f* single woman **Junggesellinnenabschied** *m* hen night *(Br)*, hen party *(Br)*, bachelorette party *(US)* **Junglehrer(in)** *m/(f)* student teacher **Jüngling** ['jʏŋlɪŋ] m ⟨-s, -e⟩ (liter, hum) youth **Jüngste(r, s)** ['jʏŋstə] adj **1** youngest **2** Werk, Ereignis latest, (most) recent; Zeit, Vergangenheit recent; **in der ~n Zeit** recently; **das Jüngste Gericht** the Last Judgement; **der Jüngste Tag** Doomsday, the Day of Judgement; **sie ist auch nicht mehr die Jüngste** she's no (spring) chicken (infml) **Jungtier** nt young animal **Jungunternehmer(in)** m/(f) young entrepreneur, young businessman/-woman **Jungverheiratete(r)** [-fɛɐhaiʁatətə] m/f(m) decl as adj newly-wed **Jungwähler(in)** m/(f) young voter

Juni ['ju:ni] m ⟨-(s), -s⟩ June; → März

junior ['ju:nioːɐ] adj **Franz Schulz ~** Franz Schulz junior **Junior** ['ju:nioːɐ] m ⟨-s, Junioren [ju:ˈnioːʁən]⟩ **1** junior **2** (a. **Juniorchef**) son of the boss **Juniorchef** m boss's son, son of the boss **Juniorin** [ju:-ˈnioːʁɪn] f ⟨-, -nen⟩ SPORTS junior **Juniorpass** m RAIL ≈ young person's railcard (Br), ≈ youth railroad pass (US)

Junkfood ['dʒaŋkfuːd] nt ⟨-s, -s⟩ (infml) junk food **Junkie** ['dʒaŋki] m ⟨-s, -s⟩ (infml) junkie (infml) **Junkmail** ['dʒaŋk-meːl] f junk mail

Junta ['xʊnta, 'jʊnta] f ⟨-, Junten [-tn]⟩ POL junta

Jupe [ʒyːp] m ⟨-s, -s⟩ (Swiss) skirt

Jura no art UNIV law

jurassisch [ju'ʁasɪʃ] adj GEOL Jurassic

Jurist [ju'ʁɪst] m ⟨-en, -en⟩, **Juristin** [-ˈʁɪstɪn] f ⟨-, -nen⟩ jurist; (≈ Student) law student **Juristendeutsch** nt legalese (pej), legal jargon **juristisch** [ju'ʁɪstɪʃ] **A** adj legal; **die ~e Fakultät** the Faculty of Law **B** adv legally; **etw ~ betrachten** to consider the legal aspects of sth **Juror** ['juːroːɐ] m ⟨-s, Juroren [-'roːʁən]⟩, **Jurorin** [-ˈroːʁɪn] f ⟨-, -nen⟩ member of the jury **Jury** [ʒyˈriː, ˈʒyːri] f ⟨-, -s⟩ jury sg or pl

Jus [juːs] nt ⟨-, no pl⟩ (esp Aus, Swiss) = Jura

justieren [jʊsˈtiːʁən] past part **justiert** v/t to adjust; TYPO, IT to justify **Justierung** f ⟨-, -en⟩ adjustment; TYPO, IT justification

Justiz [jʊsˈtiːts] f ⟨-, no pl⟩ (als Prinzip) justice; (als Institution) judiciary; (≈ die Gerichte) courts pl **Justizbeamte(r)** m decl as adj, **Justizbeamtin** f judicial officer **Justizbehörde** f legal authority **Justizirrtum** m miscarriage of justice, judicial error (esp US) **Justizminister(in)** m/(f) minister of justice, justice minister **Jus-**

tizministerium nt ministry of justice, ≈ Department of Justice (US)

Jute ['juːtə] f ⟨-, no pl⟩ jute

Juwel [ju'veːl] m or nt ⟨-s, -en⟩ jewel; **~en** (≈ Schmuck) jewellery (Br), jewelry (US) **Juwelier** [juve'liːɐ] m ⟨-s, -e⟩, **Juwelierin** [-'liːʁɪn] f ⟨-, -nen⟩ jeweller (Br), jeweler (US); (≈ Geschäft) jewel(l)er's (shop) **Juweliergeschäft** nt jeweller's (Br) or jeweler's (US) (shop)

Jux [jʊks] m ⟨-es, -e⟩ (infml) **etw aus ~ tun** to do sth as a joke; **sich** (dat) **einen ~ aus etw machen** to make a joke (out) of sth **juxen** ['jʊksn] v/i (infml) to joke

K, k [kaː] nt ⟨-, -⟩ K, k

Kabarett [kaba'ʁɛt, 'kabaʁɛt, -re] nt ⟨-s, -e or -s⟩ cabaret; (≈ Darbietung) cabaret (show); **ein politisches ~** a satirical political revue **Kabarettist** [kabaʁɛ'tɪst] m ⟨-en, -en⟩, **Kabarettistin** [-'tɪstɪn] f ⟨-, -nen⟩ cabaret artist

kabbeln ['kabln] v/i & v/r (infml) to bicker

Kabel ['kaːbl] nt ⟨-s, -⟩ ELEC wire; (≈ Telefonkabel) cord; (≈ Stromleitung) cable **Kabelanschluss** m TV cable connection **Kabelfernsehen** nt cable television **Kabeljau** ['kaːbljau] m ⟨-s, -e or -s⟩ cod **Kabelkanal** m TV cable channel

Kabine [ka'biːnə] f ⟨-, -n⟩ (≈ Umkleidekabine, Duschkabine) cubicle; NAUT, AVIAT cabin

Kabinett [kabi'nɛt] nt ⟨-s, -e⟩ POL cabinet **Kabinettsbeschluss** m cabinet decision **Kabinettsumbildung** f cabinet reshuffle

Kabis ['kaːbɪs] m ⟨-, no pl⟩ (Swiss) = Kohl

Kabrio(lett) ['kaːbrio/lɛt], (Aus, S Ger) kabrio'leː] nt ⟨-s, -s⟩ AUTO convertible

Kachel ['kaxl] f ⟨-, -n⟩ (glazed) tile; **etw mit ~n auslegen** to tile sth **kacheln** ['kaxln] v/t to tile **Kachelofen** m tiled stove

Kacke ['kakə] f ⟨-, no pl⟩ (vulg) crap (sl), shit (sl); **so 'ne ~** shit (sl) **kacken** ['kakn] v/i (vulg) to crap (sl)

Kadaver [ka'daːve] m ⟨-s, -⟩ carcass

Kader ['kaːde] m ⟨-s, -⟩ MIL, POL cadre;

SPORTS squad
Kadett [ka'dɛt] m ⟨-en, -en⟩, **Kadettin** [-ɪn] f ⟨-, -nen⟩ MIL cadet
Kadi ['ka:di] m ⟨-s, -s⟩ (dated infml) **jdn vor den ~ schleppen** to take sb to court
Kadmium ['katmiʊm] nt ⟨-s, no pl⟩ cadmium
Käfer ['kɛ:fɐ] m ⟨-s, -⟩ beetle
Kaff [kaf] nt ⟨-s, -s or -e⟩ (infml) dump (infml)
Kaffee ['kafe, ka'fe:] m ⟨-s, -s⟩ coffee; **zwei ~, bitte!** two coffees, please; **~ kochen** to make coffee; **das ist kalter ~** (infml) that's old hat (infml); **~ und Kuchen** coffee and cakes, ≈ afternoon tea (Br) **Kaffeeautomat** m coffee machine or dispenser **Kaffeebohne** f coffee bean **Kaffeehaus** nt café **Kaffeekanne** f coffeepot **Kaffeekapsel** f coffee capsule, coffee pod **Kaffeekapselmaschine** f coffee capsule machine **Kaffeeklatsch** m, no pl (infml) coffee klatsch (US), ≈ coffee morning (Br) **Kaffeelöffel** m coffee spoon **Kaffeemaschine** f coffee machine **Kaffeemühle** f coffee grinder **Kaffeepad** [-pɛt] nt ⟨-s, -s⟩ coffee pod, coffee pad **Kaffeepause** f coffee break **Kaffeesahne** f (coffee) cream **Kaffeesatz** m coffee grounds pl **Kaffeeservice** [-zɛrviːs] nt coffee set **Kaffeetasse** f coffee cup
Käfig ['kɛ:fɪç] m ⟨-s, -e [-gə]⟩ cage
kahl [ka:l] adj bald; (≈ kahl geschoren) shaved; Wand, Raum, Baum bare; Landschaft barren; **eine ~e Stelle** a bald patch; **~ werden** (Mensch) to go bald; (Baum) to lose its leaves **Kahlheit** f ⟨-, no pl⟩ baldness; (von Wand, Raum, Baum) bareness; (von Landschaft) barrenness **Kahlkopf** m bald head; (≈ Mensch) bald person; **ein ~ sein** to be bald **kahlköpfig** adj baldheaded **Kahlschlag** m **1** deforestation **2** (infml ≈ Abriss) demolition
Kahn [ka:n] m ⟨-(e)s, ⸚e ['kɛ:nə]⟩ **1** (small) boat; (≈ Stechkahn) punt; **~ fahren** to go boating/punting **2** (≈ Lastschiff) barge **Kahnfahrt** f row; (in Stechkahn) punt
Kai [kai] m ⟨-s, -e or -s⟩ quay **Kaimauer** f quay wall
Kairo ['kairo] nt ⟨-s⟩ Cairo
Kaiser ['kaizɐ] m ⟨-s, -⟩ emperor; **der deutsche ~** the Kaiser **Kaiserin** ['kaizɐrɪn] f ⟨-, -nen⟩ empress **Kaiserkrone** f

imperial crown **kaiserlich** ['kaizɐlɪç] adj imperial **Kaiserreich** nt empire **Kaiserschmarren** m, **Kaiserschmarrn** [-ʃmarn] m ⟨-s, -⟩ (S Ger, Aus) sugared, cut-up pancake with raisins **Kaiserschnitt** m Caesarean (section)
Kajak ['ka:jak] m or nt ⟨-s, -s⟩ kayak **Kajakfahren** nt kayaking
Kajalstift [ka'ja:l-] m kohl eye pencil
Kajüte [ka'jy:tə] f ⟨-, -n⟩ cabin
Kakadu ['kakadu] m ⟨-s, -s⟩ cockatoo
Kakao [ka'ka:o, ka'kau] m ⟨-s, -s⟩ cocoa; **jdn durch den ~ ziehen** (infml) (≈ veralbern) to make fun of sb **Kakaobohne** f cocoa bean **Kakaopulver** nt cocoa powder
Kakerlak ['ka:kɐlak] m ⟨-s or -en, -en⟩, **Kakerlake** [kakɐ'la:kə] f ⟨-, -n⟩ cockroach
kaki ['ka:ki] adj inv khaki
Kaktee [kak'te:] f ⟨-, -n [-'te:ən]⟩, **Kaktus** ['kaktʊs] m ⟨-, Kakteen [-'te:ən]⟩ ⟨or (inf) -se⟩ cactus
Kalauer ['ka:lauɐ] m ⟨-s, -⟩ corny joke; (≈ Wortspiel) corny pun
Kalb [kalp] nt ⟨-(e)s, ⸚er ['kɛlbɐ]⟩ calf **kalben** ['kalbn] v/i to calve **Kalbfleisch** nt veal **Kalbsbraten** m roast veal **Kalbsfell** nt (≈ Fell) calfskin **Kalbshaxe** f COOK knuckle of veal **Kalbsleder** nt calfskin **Kalbsschnitzel** nt veal cutlet
Kaleidoskop [kalaido'sko:p] nt ⟨-s, -e⟩ kaleidoscope
Kalender [ka'lɛndɐ] m ⟨-s, -⟩ calendar; (≈ Terminkalender) diary **Kalenderjahr** nt calendar year
Kali ['ka:li] nt ⟨-s, -s⟩ potash
Kaliber [ka'li:bɐ] nt ⟨-s, -⟩ calibre (Br), caliber (US)
Kalifornien [kali'fɔrniən] nt ⟨-s⟩ California
Kalium ['ka:liʊm] nt ⟨-s, no pl⟩ potassium
Kalk [kalk] m ⟨-(e)s, -e⟩ lime; (zum Tünchen) whitewash; ANAT calcium; **gebrannter ~** quicklime **Kalkboden** m chalky soil **kalken** ['kalkn] v/t (≈ tünchen) to whitewash **Kalkgrube** f lime pit **kalkhaltig** adj Boden chalky; Wasser hard **Kalkmangel** m MED calcium deficiency **Kalkstein** m limestone
Kalkulation [kalkula'tsioːn] f ⟨-, -en⟩ calculation **kalkulierbar** adj calculable **kalkulieren** [kalku'liːrən] past part kalkuliert v/t to calculate

Kalorie [kalo'ri:] f ⟨-, -n [-'ri:ən]⟩ calorie
kalorienarm ■ adj low-calorie ■ adv
sich ~ ernähren to have a low-calorie diet; **~ essen** to eat low-calorie food **kalorienreich** adj high-calorie; **sich ~ ernähren** to have a high-calorie diet
kalt [kalt] ■ adj, comp ˵er ['kɛltə], sup ˵este(r, s) ['kɛltəstə] cold; **mir ist/wird ~** I am/I'm getting cold; **jdm die ~e Schulter zeigen** to give sb the cold shoulder; **~es Grausen überkam mich** my blood ran cold; **der Kalte Krieg** the Cold War ■ adv, comp ˵er, sup am ˵esten **~ duschen** to take a cold shower; **etw ~ stellen** to put sth to chill; **~ gepresst** Öl cold-pressed; **da kann ich nur ~ lächeln** (infml) that makes me laugh; **jdn ~ erwischen** to shock sb **kaltbleiben** v/i sep irr aux sein (fig) to remain unmoved **Kaltblüter** [-bly:tə] m ⟨-s, -⟩ ZOOL cold-blooded animal **kaltblütig** [-bly:tɪç] ■ adj (fig) cold-blooded; (≈ gelassen) cool ■ adv cold-bloodedly **Kaltblütigkeit** f ⟨-, no pl⟩ (fig) cold-bloodedness; (≈ Gelassenheit) cool(ness) **Kälte** ['kɛltə] f ⟨-, no pl⟩ **1** (von Wetter etc) cold; (≈ Kälteperiode) cold spell; **fünf Grad ~** five degrees below freezing **2** (fig) coldness, coolness **kältebeständig** adj cold-resistant **Kälteeinbruch** m (sudden) cold spell; (für kurze Zeit) cold snap **kälteempfindlich** adj sensitive to cold **Kältegefühl** nt feeling of cold(ness) **Kälteperiode** f cold spell **Kältetechnik** f refrigeration technology **Kältetod** m **den ~ sterben** to freeze to death **kälteunempfindlich** adj insensitive to cold **Kältewelle** f cold spell **Kaltfront** f METEO cold front **kaltgepresst** [-ɡəprɛst] adj → kalt **kaltherzig** adj cold-hearted **Kaltherzigkeit** [-hɛrtsɪçkait] f ⟨-, no pl⟩ cold-heartedness **kaltlassen** v/t sep irr (fig) **jdn ~** to leave sb cold **Kaltluft** f METEO cold air **kaltmachen** v/t sep (sl) to do in (infml) **Kaltmiete** f rent exclusive of heating **kaltschnäuzig** [-ʃnɔytsɪç] (infml) ■ adj (≈ gefühllos) callous; (≈ unverschämt) insolent ■ adv (≈ gefühllos) callously; (≈ unverschämt) insolently **Kaltstart** m AUTO, IT cold start
Kalzium ['kaltsium] nt ⟨-s, no pl⟩ calcium
Kambodscha [kam'bɔdʒa] nt ⟨-s⟩ Cambodia **Kambodschaner** [kambɔ'dʒaːnɐ] m ⟨-s, -⟩, **Kambodschanerin** [-ərɪn] f

⟨-, -nen⟩ Cambodian (man/woman) **kambodschanisch** [kambɔ'dʒaːnɪʃ] adj Cambodian
Kamel [ka'meːl] nt ⟨-(e)s, -e⟩ camel; **ich ~!** (infml) silly me!
Kamelle [ka'mɛlə] f ⟨-, -n⟩ usu pl (infml) **das sind doch alte** or **olle ~n** that's old hat (infml)
Kamera ['kaməra, 'kaːməra] f ⟨-, -s⟩ camera
Kamerad [kamə'raːt] m ⟨-en, -en [-dn]⟩, **Kameradin** [-'raːdɪn] f ⟨-, -nen⟩ MIL etc comrade; (≈ Gefährte) companion **Kameradschaft** [kamə'raːtʃaft] f ⟨-, -en⟩ camaraderie **kameradschaftlich** [kamə'raːtʃaftlɪç] adj comradely
Kamerafrau f camerawoman **Kameraführung** f camera work **Kameramann** m, pl -männer cameraman
Kamerun ['kaməruːn] nt ⟨-s⟩ the Cameroons pl
Kamikaze [kami'kaːtsə, kami'kaːzə] m ⟨-, -⟩ kamikaze **Kamikazeflieger(in)** m/(f) kamikaze pilot
Kamille [ka'mɪlə] f ⟨-, -n⟩ camomile **Kamillentee** m camomile tea
Kamin [ka'miːn] m or (dial) nt ⟨-s, -e⟩ **1** (≈ Schornstein) chimney; (≈ Abzugsschacht) flue **2** (≈ Feuerstelle) fireplace; **wir saßen am ~** we sat by or in front of the fire **Kaminsims** m or nt mantelpiece
Kamm [kam] m ⟨-(e)s, ˵e ['kɛmə]⟩ **1** comb; **alle/alles über einen ~ scheren** (fig) to lump everyone/everything together **2** (≈ Gebirgskamm) crest **kämmen** ['kɛmən] ■ v/t to comb ■ v/r to comb one's hair
Kammer ['kamɐ] f ⟨-, -n⟩ **1** PARL chamber; (≈ Ärztekammer etc) professional association **2** (≈ Zimmer) (small) room **Kammerdiener** m valet **Kammerjäger(in)** m/(f) (≈ Schädlingsbekämpfer) pest controller (Br), exterminator (US) **Kammermusik** f chamber music **Kammerorchester** nt chamber orchestra **Kammerzofe** f chambermaid
Kammgarn nt worsted **Kammmuschel** f scallop
Kampagne [kam'panjə] f ⟨-, -n⟩ campaign
Kampf [kampf] m ⟨-(e)s, ˵e ['kɛmpfə]⟩ fight (um for); (MIL ≈ Gefecht) battle; (≈ Boxkampf) fight; **jdm/einer Sache den ~ an-**

K

sagen (fig) to declare war on sb/sth; **die Kämpfe einstellen** to stop fighting; **der ~ ums Dasein** the struggle for existence; **der ~ um die Macht** the battle for power; **ein ~ auf Leben und Tod** a fight to the death **Kampfabstimmung** f vote **Kampfansage** f declaration of war **Kampfanzug** m MIL etc battle dress no art, battle uniform **Kampfausbildung** f MIL combat training **kampfbereit** adj ready for battle **kämpfen** ['kɛmpfn] **A** v/i to fight (um, für for); **gegen etw ~** to fight (against) sth; **mit dem Tode ~** to fight for one's life; **mit den Tränen ~** to fight back one's tears; **ich hatte mit schweren Problemen zu ~** I had difficult problems to contend with; **ich habe lange mit mir ~ müssen, ehe ...** I had a long battle with myself before ... **B** v/t (usu fig) Kampf to fight

Kampfer ['kampfɐ] m ⟨-s, no pl⟩ camphor **Kämpfer** ['kɛmpfɐ] m ⟨-s, -⟩, **Kämpferin** [-ərɪn] f ⟨-, -nen⟩ fighter **kämpferisch** ['kɛmpfərɪʃ] **A** adj aggressive **B** adv aggressively; **sich ~ einsetzen** to fight hard **Kampfflugzeug** nt fighter (plane) **Kampfgeist** m, no pl fighting spirit **Kampfhandlung** f usu pl clash usu pl **Kampfhubschrauber** m helicopter gunship **Kampfhund** m fighting dog **kampflos** **A** adj peaceful; Sieg uncontested **B** adv peacefully, without a fight; **sich ~ ergeben** to surrender without a fight **kampflustig** adj belligerent **Kampfrichter(in)** m/(f) SPORTS referee **Kampfsport** m martial art **Kampfstoff** m weapon **kampfunfähig** adj MIL unfit for action; Boxer unfit to fight; **einen Panzer ~ machen** to put a tank out of action

kampieren [kam'piːrən] past part kampiert v/i to camp (out)

Kanada ['kanada] nt ⟨-s⟩ Canada **Kanadier** [ka'naːdiɐ] m ⟨-s, -⟩ SPORTS Canadian canoe **Kanadier** [ka'naːdiɐ] m ⟨-s, -⟩, **Kanadierin** [-ərɪn] f ⟨-, -nen⟩ Canadian **kanadisch** [ka'naːdɪʃ] adj Canadian **Kanal** [ka'naːl] m ⟨-s, Kanäle [ka'nɛːlə]⟩ **1** (≈ Schifffahrtsweg) canal; (≈ Wasserlauf) channel; (für Abwässer) sewer **2** RADIO, TV channel **Kanaldeckel** m drain cover **Kanalinseln** pl **die ~** (im Ärmelkanal) the Channel Islands pl **Kanalisation** [kanaliza'tsioːn] f ⟨-, -en⟩ **1** (für Abwässer)

sewerage system **2** (von Flusslauf) canalization **kanalisieren** [kanali'ziːrən] past part kanalisiert v/t Fluss to canalize; (fig) Energie to channel; Gebiet to install sewers in **Kanaltunnel** m Channel Tunnel

Kanarienvogel [ka'naːriən-] m canary **Kanarische Inseln** [ka'naːrɪʃə] pl Canary Islands pl

Kandare [kan'daːrə] f ⟨-, -n⟩ (curb) bit; **jdn an die ~ nehmen** (fig) to take sb in hand

Kandidat [kandi'daːt] m ⟨-en, -en⟩, **Kandidatin** [-'daːtɪn] f ⟨-, -nen⟩ candidate **Kandidatur** [kandida'tuːɐ] f ⟨-, -en⟩ candidacy **kandidieren** [kandi'diːrən] past part kandidiert v/i POL to stand, to run (für for); **für das Amt des Präsidenten ~** to run for president

kandiert [kan'diːɐt] adj Frucht candied **Kandis(zucker)** ['kandɪs-] m ⟨-, no pl⟩ rock candy

Känguru ['kɛŋguru] nt ⟨-s, -s⟩ kangaroo **Kaninchen** [ka'niːnçən] nt ⟨-s, -⟩ rabbit **Kaninchenstall** m rabbit hutch **Kanister** [ka'nɪstɐ] m ⟨-s, -⟩ can; (≈ Blechkanister) jerry can

Kännchen ['kɛnçən] nt ⟨-s, -⟩ (für Milch) jug; (für Kaffee) pot; **ein ~ Kaffee** a pot of coffee **Kanne** ['kanə] f ⟨-, -n⟩ can; (≈ Teekanne, Kaffeekanne) pot; (≈ Gießkanne) watering can

Kannibale [kani'baːlə] m ⟨-n, -n⟩, **Kannibalin** [-'baːlɪn] f ⟨-, -nen⟩ cannibal **Kannibalismus** [kaniba'lɪsmʊs] m ⟨-, no pl⟩ cannibalism

Kanon ['kaːnɔn] m ⟨-s, -s⟩ canon **Kanone** [ka'noːnə] f ⟨-, -n⟩ **1** gun; HIST cannon; (sl ≈ Pistole) shooter (infml) **2** (fig infml ≈ Könner) ace (infml) **3** (infml) **das ist unter aller ~** that defies description

Kantate [kan'taːtə] f ⟨-, -n⟩ MUS cantata **Kante** ['kantə] f ⟨-, -n⟩ edge; (≈ Rand) border; **Geld auf die hohe ~ legen** (infml) to put money away **kantig** ['kantɪç] adj Holz edged; Gesicht angular

Kantine [kan'tiːnə] f ⟨-, -n⟩ canteen **Kantinenessen** nt canteen food

Kanton [kan'toːn] m ⟨-s, -e⟩ canton **kantonal** [kanto'naːl] adj cantonal

Kanu ['kaːnu] nt ⟨-s, -s⟩ canoe **Kanüle** [ka'nyːlə] f ⟨-, -n⟩ MED cannula **Kanute** [ka'nuːtə] m ⟨-n, -n⟩, **Kanutin** [-'nuːtɪn] f ⟨-, -nen⟩ canoeist

Kanzel ['kantsl] f ⟨-, -n⟩ **1** pulpit **2** AVIAT

cockpit
Kanzlei [kants'lai] f ⟨-, -en⟩ (≈ *Dienststelle*) office; (≈ *Büro eines Rechtsanwalts, Notars etc*) chambers pl
Kanzler ['kantslɐ] m ⟨-s, -⟩, **Kanzlerin** [-ərɪn] f ⟨-, -nen⟩ **1** (≈ *Regierungschef*) chancellor **2** UNIV vice chancellor **Kanzleramt** nt (≈ *Gebäude*) chancellory; (≈ *Posten*) chancellorship **Kanzlerkandidat(in)** m/(f) candidate for the position of chancellor
Kap [kap] nt ⟨-s, -s⟩ cape; **~ der Guten Hoffnung** Cape of Good Hope; **~ Hoorn** Cape Horn
Kapazität [kapatsi'tɛːt] f ⟨-, -en⟩ capacity; (*fig* ≈ *Experte*) expert
Kapelle [ka'pɛlə] f ⟨-, -n⟩ **1** (≈ *kleine Kirche etc*) chapel **2** MUS orchestra
Kaper ['kaːpɐ] f ⟨-, -n⟩ BOT, COOK caper
kapern ['kaːpɐn] v/t NAUT *Schiff* to seize; (≈ *mit Beschlag belegen*) to collar (*infml*)
kapieren [ka'piːrən] past part **kapiert** (*infml*) **A** v/t to get (*infml*) **B** v/i to get it (*infml*); **kapiert?** got it? (*infml*)
kapital [kapi'taːl] adj **1** HUNT *Hirsch* royal **2** (≈ *grundlegend*) *Missverständnis etc* major
Kapital [kapi'taːl] nt ⟨-s, -e *or* -ien [-liən]⟩ **1** FIN capital *no pl*; (≈ *angelegtes Kapital*) capital investments pl **2** (*fig*) asset; **aus etw ~ schlagen** to capitalize on sth **Kapitalanlage** f capital investment **Kapitalertrag(s)steuer** f capital gains tax **Kapitalflucht** f flight of capital **kapitalisieren** [kapitali'ziːrən] past part **kapitalisiert** v/t to capitalize **Kapitalisierung** f ⟨-, -en⟩ capitalization **Kapitalismus** [kapita'lɪsmʊs] m ⟨-, *no pl*⟩ capitalism **Kapitalist** [kapita'lɪst] m ⟨-en, -en⟩, **Kapitalistin** [-'lɪstɪn] f ⟨-, -nen⟩ capitalist **kapitalistisch** [kapita'lɪstɪʃ] adj capitalist **kapitalkräftig** adj financially strong **Kapitalmarkt** m capital market **Kapitalverbrechen** nt serious crime; (*mit Todesstrafe*) capital crime
Kapitän [kapi'tɛːn] m ⟨-s, -e⟩, **Kapitänin** [-'tɛːnɪn] f ⟨-, -nen⟩ captain **Kapitänleutnant** m lieutenant commander
Kapitel [ka'pɪtl] nt ⟨-s, -⟩ chapter; **das ist ein anderes ~** that's another story
Kapitell [kapi'tɛl] nt ⟨-s, -e⟩ capital
Kapitulation [kapitula'tsioːn] f ⟨-, -en⟩ capitulation (*vor +dat* to, in the face of)
kapitulieren [kapitu'liːrən] past part **kapituliert** v/i (≈ *sich ergeben*) to surrender;

(*fig* ≈ *aufgeben*) to give up (*vor +dat* in the face of)
Kaplan [ka'plaːn] m ⟨-s, Kapläne [ka'plɛːnə]⟩ (*in Pfarrei*) curate
Kappe ['kapə] f ⟨-, -n⟩ cap; **das geht auf meine ~** (*infml*) (≈ *ich bezahle*) that's on me; (≈ *ich übernehme die Verantwortung*) that's my responsibility
kappen ['kapn] v/t NAUT *Leine* to cut; (*fig infml*) *Finanzmittel* to cut (back)
Käppi ['kɛpi] nt ⟨-s, -s⟩ cap
Kapriole [kapri'oːlə] f ⟨-, -n⟩ capriole; (*fig*) caper
Kapsel ['kapsl] f ⟨-, -n⟩ (≈ *Etui*) container; BOT, PHARM, SPACE *etc* capsule **Kapselheber** m ⟨-s, -⟩ bottle opener
kaputt [ka'pʊt] adj (*infml*) broken; (≈ *erschöpft*) *Mensch* shattered (*Br infml*); *Ehe* broken; *Gesundheit* ruined; *Nerven* shattered; *Firma* bust *pred* (*infml*); **mein ~es Bein** my bad leg; (*gebrochen*) my broken leg; **ein ~er Typ** a wreck (*infml*) **kaputt fahren** v/t irr (*infml*) (≈ *überfahren*) to run over; *Auto* to run into the ground; (*durch Unfall*) to smash (up) **kaputtgehen** v/i sep irr aux sein (*infml*) to break; (*Ehe*) to break up (*an +dat* because of); (*Gesundheit, Nerven*) to be ruined; (*Firma*) to go bust (*infml*); (*Kleidung*) to come to pieces **kaputtkriegen** v/t sep (*infml*) **das Auto ist nicht kaputtzukriegen** this car just goes on for ever **kaputtlachen** v/r sep (*infml*) to die laughing (*infml*) **kaputt machen kaputtmachen** sep (*infml*) **A** v/t to ruin; *Zerbrechliches* to break, to smash; (≈ *erschöpfen*) jdn to wear out **B** v/r **sich ~** (*fig*) to wear oneself out
Kapuze [ka'puːtsə] f ⟨-, -n⟩ hood; (≈ *Mönchskapuze*) cowl **Kapuzenjacke** f hooded jacket **Kapuzenpulli** f hooded jumper or sweater
Karabiner [kara'biːnɐ] m ⟨-s, -⟩ **1** (≈ *Gewehr*) carbine **2** (*a.* **Karabinerhaken**) karabiner
Karacho [ka'raxo] nt ⟨-s, *no pl*⟩ **mit ~** (*infml*) at full tilt
Karaffe [ka'rafə] f ⟨-, -n⟩ carafe; (*mit Stöpsel*) decanter
Karambolage [karambo'laːʒə] f ⟨-, -n⟩ AUTO collision; (*Billard*) cannon
Karamell [kara'mɛl] m ⟨-s, *no pl*⟩ caramel *no pl* **Karamelle** [kara'mɛlə] f ⟨-, -n⟩ caramel (toffee)
Karaoke [kara'oːke] nt ⟨-s, *no pl*⟩ karaoke

Karat [ka'ra:t] *nt* ⟨-(e)s, -e *or* (*bei Zahlenangabe*) -⟩ carat

Karate *nt* ⟨-(s), *no pl*⟩ karate

Karawane [kara'va:nə] *f* ⟨-, -n⟩ caravan

Kardanwelle [kar'da:n-] *f* prop(eller) shaft

Kardinal [kardi'na:l] *m* ⟨-s, Kardinäle [-'nɛ:lə]⟩ ECCL cardinal **Kardinalfehler** *m* cardinal error **Kardinalfrage** *f* (*elev*) cardinal *or* crucial question **Kardinalzahl** *f* cardinal (number)

Kardiologe [kardio'lo:gə] *m* ⟨-n, -n⟩, **Kardiologin** [-'lo:gɪn] *f* ⟨-, -nen⟩ cardiologist **kardiologisch** [kardio'lo:gɪʃ] *adj* cardiological

Karenztag *m* unpaid day of sick leave **Karenzzeit** *f* waiting period

Karfiol [kar'fio:l] *m* ⟨-s, *no pl*⟩ (*Aus*) cauliflower

Karfreitag [ka:ɐ'fraita:k] *m* Good Friday

karg [kark] **A** *adj* **1** (≈ *spärlich*) meagre (*Br*), meager (*US*); *Boden* barren **2** (≈ *geizig*) mean, sparing **B** *adv* (≈ *knapp*) **~ ausfallen/bemessen sein** to be meagre (*Br*) *or* meager (*US*); **etw ~ bemessen** to be stingy with sth (*infml*) **Kargheit** ['karkhait] *f* ⟨-, *no pl*⟩ meagreness (*Br*), meagerness (*US*); (*von Boden*) barrenness **kärglich** ['kɛrklɪç] *adj* meagre (*Br*), meager (*US*), sparse; *Mahl* frugal

Kargo ['kargo] *m* ⟨-s, -s⟩ cargo

Karibik [ka'ri:bɪk] *f* ⟨-⟩ **die ~** the Caribbean **karibisch** [ka'ri:bɪʃ] *adj* Caribbean; **die Karibischen Inseln** the Caribbean Islands

kariert [ka'ri:ɐt] *adj Stoff, Muster* checked, checkered (*esp US*); *Papier* squared

Karies ['ka:riɛs] *f* ⟨-, *no pl*⟩ caries

Karikatur [karika'tu:ɐ] *f* ⟨-, -en⟩ caricature **Karikaturist** [karikatu'rɪst] *m* ⟨-en, -en⟩, **Karikaturistin** [-'rɪstɪn] *f* ⟨-, -nen⟩ cartoonist **karikieren** [kari'ki:rən] *past part* **karikiert** *v/t* to caricature

karitativ [karita'ti:f] **A** *adj* charitable **B** *adv* **~ tätig sein** to do charitable work

Karma ['karma] *nt* ⟨-s, *no pl*⟩ karma

Karneval ['karnəval] *m* ⟨-s, -e *or* -s⟩ carnival **Karnevalszug** *m* carnival procession

Kärnten ['kɛrntn] *nt* ⟨-s⟩ Carinthia

Karo ['ka:ro] *nt* ⟨-s, -s⟩ **1** (≈ *Quadrat*) square; (*Muster*) check **2** (CARDS, *einzelne Karte*) diamond *no pl* (≈ *Spielkartenfarbe*) diamonds *pl* **Karoass** *nt* ace of diamonds **Karomuster** *nt* checked *or* checkered

(*esp US*) pattern

Karosse [ka'rɔsə] *f* ⟨-, -n⟩ (*fig* ≈ *großes Auto*) limousine

Karosserie [karɔsə'ri:] *f* ⟨-, -n [-'ri:ən]⟩ bodywork

Karotte [ka'rɔtə] *f* ⟨-, -n⟩ carrot

Karpfen ['karpfn] *m* ⟨-s, -⟩ carp

Karre ['karə] *f* ⟨-, -n⟩ **1** = **Karren 2** (*infml* ≈ *klappriges Auto*) (old) crate (*infml*)

Karree [ka're:] *nt* ⟨-s, -s⟩ **1** (≈ *Viereck*) rectangle; (≈ *Quadrat*) square **2** (≈ *Häuserblock*) block; **einmal ums ~ gehen** to walk round the block

karren ['karən] *v/t* to cart **Karren** ['karən] *m* ⟨-s, -⟩ **1** (≈ *Wagen*) cart; (*esp für Baustelle*) (wheel)barrow; **ein ~ voll Obst** a cartload of fruit **2** (*fig infml*) **den ~ in den Dreck fahren** to get things in a mess; **den ~ wieder flottmachen** to get things sorted out

Karriere [ka'rie:rə] *f* ⟨-, -n⟩ (≈ *Laufbahn*) career; **~ machen** to make a career for oneself **Karrierefrau** *f* career woman **Karriereleiter** *f* career ladder; **die ~ erklimmen** to rise up the ladder **Karrieremacher(in)** *m/(f)* careerist

Karte ['kartə] *f* ⟨-, -n⟩ card; (≈ *Fahrkarte, Eintrittskarte*) ticket; (≈ *Landkarte*) map; (≈ *Speisekarte*) menu; (≈ *Weinkarte*) wine list; (≈ *Spielkarte*) (playing) card; **alles auf eine ~ setzen** (*fig*) to put all one's eggs in one basket (*prov*); **gute ~n haben** to have a good hand; (*fig*) to be in a strong position

Kartei [kar'tai] *f* ⟨-, -en⟩ card index **Karteikarte** *f* index card **Karteikasten** *m* file-card box

Kartell [kar'tɛl] *nt* ⟨-s, -e⟩ **1** COMM cartel **2** (≈ *Interessenvereinigung*) alliance; (*pej*) cartel **Kartellamt** *nt* ≈ Monopolies and Mergers Commission (*Br*), anti-trust commission (*esp US*)

Kartenhaus *nt* house of cards **Karteninhaber(in)** *m/(f)* cardholder **Kartenspiel** *nt* **1** (≈ *das Spielen*) card-playing; (≈ *ein Spiel*) card game **2** (≈ *Karten*) pack (of cards) **Kartentelefon** *nt* cardphone **Kartenverkauf** *m* sale of tickets; (≈ *Stelle*) box office **Kartenvorverkauf** *m* advance sale of tickets; (≈ *Stelle*) advance booking office

Kartoffel [kar'tɔfl] *f* ⟨-, -n⟩ potato; **jdn fallen lassen wie eine heiße ~** (*infml*) to drop sb like a hot potato **Kartoffelbrei** *m* mashed potatoes *pl* **Kartoffelchips**

pl potato crisps *pl* (*Br*), potato chips *pl* (*US*)
Kartoffelgratin [-gra'tɛ̃ː] *nt* COOK gratiné(e) potatoes *pl* **Kartoffelkäfer** *m* Colorado beetle **Kartoffelkloß** *nt*, **Kartoffelknödel** *m* (*esp S Ger, Aus* COOK) potato dumpling **Kartoffelpuffer** *m* fried grated potato cakes **Kartoffelpüree** *nt* mashed potatoes *pl* **Kartoffelsalat** *m* potato salad **Kartoffelschalen** *pl* (*abgeschält*) potato peel *sg*; COOK potato skins *pl* **Kartoffelschäler** [-ʃɛːlɐ] *m* <-s, -> potato peeler **Kartoffelstock** *m* (*Swiss* COOK) mashed potatoes *pl* **Kartoffelsuppe** *f* potato soup
Kartografie [kartogra'fiː] *f* <-, *no pl*> cartography
Karton [kar'tɔŋ, kar'tõː, kar'toːn] *m* <-s, -s> **1** (≈ *Pappe*) cardboard **2** (≈ *Schachtel*) cardboard box **kartonieren** [karto'niːrən] *past part* **kartoniert** *v/t Bücher* to bind in board; **kartoniert** paperback
Karussell [karʊ'sɛl] *nt* <-s, -s *or* -e> merry-go-round, carousel; **~ fahren** to have a ride on the merry-go-round *etc*
Karwoche ['kaːɐ-] *f* ECCL Holy Week
karzinogen [kartsino'geːn] *adj* carcinogenic **Karzinom** [kartsi'noːm] *nt* <-s, -e> MED carcinoma, malignant growth
Kasachstan [kazaxs'taːn] *nt* <-s> Kazakhstan
kaschieren [ka'ʃiːrən] *past part* **kaschiert** *v/t* (*fig* ≈ *überdecken*) to conceal
Kaschmir ['kaʃmiːɐ] *m* <-s, -e> TEX cashmere
Käse ['kɛːzə] *m* <-s, -> **1** cheese **2** (*infml* ≈ *Unsinn*) twaddle (*infml*) **Käseauflauf** *m* COOK cheese soufflé **Käseblatt** *nt* (*infml*) local rag (*infml*) **Käsebrot** *nt* bread and cheese **Käsebrötchen** *nt* cheese roll **Käsegebäck** *nt* cheese savouries *pl* (*Br*) *or* savories *pl* (*US*) **Käseglocke** *f* cheese cover; (*fig*) dome **Käsekuchen** *m* cheesecake
Kaserne [ka'zɛrnə] *f* <-, -n> barracks *pl* **Käsestange** *f* cheese straw (*Br*), cheese stick (*US*) **käseweiß** *adj* (*infml*) white (as a ghost) **käsig** ['kɛːzɪç] *adj* (*fig infml*) *Haut* pasty; (*vor Schreck*) pale
Kasino [ka'ziːno] *nt* <-s, -s> **1** (≈ *Spielbank*) casino **2** (≈ *Offizierskasino*) (officers') mess
Kaskoversicherung ['kasko-] *f* (AUTO ≈ *Teilkaskoversicherung*) ≈ third party, fire and theft insurance; (≈ *Vollkaskoversiche-*

rung) fully comprehensive insurance
Kasper ['kaspɐ] *m* <-s, -> **1** (*im Puppenspiel*) Punch (*esp Br*) **2** (*infml*) clown (*infml*) **Kasperletheater** *nt* Punch and Judy (show) (*esp Br*), puppet show
Kaspisches Meer ['kaspɪʃəs] *nt* Caspian Sea
Kassa ['kasa] *f* <-, Kassen ['kasn]> (*Aus*) = Kasse **Kassageschäft** *nt* COMM cash transaction; ST EX spot transaction
Kasse ['kasə] *f* <-, -n> **1** (≈ *Zahlstelle*) cash desk (*Br*) *or* point, cash register (*US*); THEAT *etc* box office; (*in Bank*) bank counter; (*in Supermarkt*) checkout; **an der ~** (*in Geschäft*) at the desk (*esp Br*), at the (checkout) counter (*esp US*) **2** (≈ *Geldkasten*) cash box; (*in Läden*) cash register; (*bei Spielen*) kitty; (*in einer Spielbank*) bank; **die ~n klingeln** the money is really rolling in **3** (≈ *Bargeld*) cash; **gegen ~** for cash; **bei ~ sein** (*infml*) to be in the money (*infml*); **knapp bei ~ sein** (*infml*) to be short of cash; **jdn zur ~ bitten** to ask sb to pay up **4** (*infml* ≈ *Sparkasse*) (savings) bank **5** = Krankenkasse
Kasseler ['kasələ] *nt* <-s, -> *lightly smoked pork loin*
Kassenarzt *m*, **Kassenärztin** *f* ≈ National Health general practitioner (*Br*) **Kassenbeleg** *m* sales receipt *or* check (*US*) **Kassenbestand** *m* cash balance, cash in hand **Kassenbon** *m* sales slip **Kassenbrille** *f* (*pej infml*) NHS specs *pl* (*Br infml*), standard-issue glasses *pl* **Kassenpatient(in)** *m*/(*f*) ≈ National Health patient (*Br*) **Kassenprüfung** *f* audit **Kassenschlager** *m* (*infml*) (THEAT *etc*) box-office hit; (*Ware*) big seller **Kassensturz** *m* **~ machen** to check one's finances; COMM to cash up (*Br*), to count up the earnings (*US*) **Kassenwart** [-vart] *m* <-s, -e>, **Kassenwartin** [-vartin] *f* <-, -nen> treasurer **Kassenzettel** *m* sales slip
Kasserolle [kasə'rɔlə] *f* <-, -n> saucepan; (*mit Henkeln*) casserole
Kassette [ka'sɛtə] *f* <-, -n> **1** (≈ *Kästchen*) case **2** (*für Bücher*) slipcase; (≈ *Tonbandkassette*) cassette **Kassettendeck** *nt* cassette deck **Kassettenrekorder** *m* cassette recorder
kassieren [ka'siːrən] *past part* **kassiert** **A** *v/t* **1** *Gelder etc* to collect (up); (*infml*) *Abfindung, Finderlohn* to pick up (*infml*) **2** (*infml*

K

≈ *wegnehmen*) to take away **3** (*infml* ≈ *verhaften*) to nab (*infml*) **B** *v/i* **bei jdm ~** to collect money from sb; **darf ich ~, bitte?** would you like to pay now? **Kassierer** [ka'si:rɐ] *m* ⟨-s, -⟩, **Kassiererin** [-ərɪn] *f* ⟨-, -nen⟩ cashier; (≈ *Bankkassierer*) clerk

Kastagnette [kastan'jɛtə] *f* ⟨-, -n⟩ castanet

Kastanie [kas'ta:niə] *f* ⟨-, -n⟩ chestnut **Kastanienbaum** *m* chestnut tree **kastanienbraun** *adj* maroon; *Pferd, Haar* chestnut

Kästchen ['kɛstçən] *nt* ⟨-s, -⟩ **1** (≈ *kleiner Kasten*) small box; (*für Schmuck*) casket **2** (*auf kariertem Papier*) square

Kaste ['kastə] *f* ⟨-, -n⟩ caste

Kasten ['kastn] *m* ⟨-s, ¨ ['kɛstn]⟩ **1** box; (≈ *Kiste*) crate; (≈ *Truhe*) chest; (*Aus* ≈ *Schrank*) cupboard; (≈ *Briefkasten*) postbox (*Brit*), letter box (*Brit*), mailbox (*US*) **2** (*infml*) (≈ *alter Wagen*) crate (*infml*); (≈ *Fernsehapparat etc*) box (*infml*) **3** (*infml*) **sie hat viel auf dem ~** she's brainy (*infml*)

Kastilien [kas'ti:liən] *nt* ⟨-s⟩ Castille

Kastration [kastra'tsio:n] *f* ⟨-, -en⟩ castration **kastrieren** [kas'tri:rən] *past part* **kastriert** *v/t* (*lit, fig*) to castrate

Kasus ['ka:zʊs] *m* ⟨-, - ['ka:zu:s]⟩ GRAM case

Kat [kat] *m* ⟨-s, -s⟩ AUTO *abbr of* Katalysator cat

Katalog [kata'lo:k] *m* ⟨-(e)s, -e [-gə]⟩ catalogue (*Brit*), catalog (*US*)

Katalysator [kataly'za:to:ɐ] *m* ⟨-s, Katalysatoren [-'to:rən]⟩ catalyst; AUTO catalytic converter **Katalysatorauto** *nt* car fitted with a catalytic converter

Katamaran [katama'ra:n] *m* ⟨-s, -e⟩ catamaran

Katapult [kata'pʊlt] *nt or m* ⟨-(e)s, -e⟩ catapult **katapultieren** [katapʊl'ti:rən] *past part* **katapultiert** *v/t* to catapult

Katarrh [ka'tar] *m* ⟨-s, -e⟩, **Katarr** *m* ⟨-s, -e⟩ catarrh

Katasteramt [ka'taste-] *nt* land registry

katastrophal [katastro'fa:l] **A** *adj* disastrous **B** *adv* disastrously; **sich ~ auswirken** to have catastrophic effects **Katastrophe** [katas'tro:fə] *f* ⟨-, -n⟩ disaster **Katastrophenabwehr** *f* disaster prevention **Katastrophenalarm** *m* emergency alert **Katastrophengebiet** *nt* disaster area **Katastrophenschutz** *m* disaster control; (*im Voraus*) disaster prevention

Kategorie [katego'ri:] *f* ⟨-, -n [-'ri:ən]⟩ category **kategorisch** [kate'go:rɪʃ] **A** *adj* categorical **B** *adv* categorically; **ich weigerte mich ~** I refused outright **kategorisieren** [kategori'zi:rən] *past part* **kategorisiert** *v/t* to categorize

Kater ['ka:te] *m* ⟨-s, -⟩ **1** tom(cat) **2** (*nach Alkoholgenuss*) hangover **Katerstimmung** *f* depression

Kathedrale [kate'dra:lə] *f* ⟨-, -n⟩ cathedral

Katheter [ka'te:te] *m* ⟨-s, -⟩ MED catheter

Kathode [ka'to:də] *f* ⟨-, -n⟩ PHYS cathode

Katholik [kato'li:k] *m* ⟨-en, -en⟩, **Katholikin** [-'li:kɪn] *f* ⟨-, -nen⟩ (Roman) Catholic **katholisch** [ka'to:lɪʃ] *adj* (Roman) Catholic **Katholizismus** [katoli'tsɪsmʊs] *m* ⟨-, *no pl*⟩ (Roman) Catholicism

katzbuckeln ['katsbʊkln] *v/i* (*pej infml*) to grovel **Kätzchen** ['kɛtsçən] *nt* ⟨-s, -⟩ **1** kitten **2** BOT catkin **Katze** ['katsə] *f* ⟨-, -n⟩ cat; **meine Arbeit war für die Katz** (*fig*) my work was a waste of time; **Katz und Maus mit jdm spielen** to play cat and mouse with sb; **wie die ~ um den heißen Brei herumschleichen** to beat about the bush; **die ~ im Sack kaufen** to buy a pig in a poke (*prov*) **Katzenjammer** *m* (*infml*) **1** (≈ *Kater*) hangover **2** (≈ *jämmerliche Stimmung*) depression, the blues *pl* (*infml*) **Katzenklo** *nt* (*infml*) cat litter tray (*Brit*) or box (*US*) **Katzensprung** *m* (*infml*) stone's throw **Katzenstreu** *f* cat litter **Katzentür** *f* cat flap **Katz-und-Maus-Spiel** *nt* cat-and-mouse game

Kauderwelsch ['kaudɐvɛlʃ] *nt* ⟨-(s), *no pl*⟩ (*pej*) (≈ *Fachsprache*) jargon; (*unverständlich*) gibberish

kauen ['kauən] **A** *v/t* to chew; *Nägel* to bite **B** *v/i* to chew; **an etw** (*dat*) **~** to chew (on) sth; **an den Nägeln ~** to bite one's nails

kauern ['kauen] *v/i & v/r* to crouch (down); (*ängstlich*) to cower

Kauf [kauf] *m* ⟨-(e)s, Käufe ['kɔyfə]⟩ (≈ *das Kaufen*) buying *no pl*; (≈ *das Gekaufte*) buy; **das war ein günstiger ~** that was a good buy; **etw zum ~ anbieten** to offer sth for sale; **etw in ~ nehmen** (*fig*) to accept sth **Kaufangebot** *nt* ECON bid **kaufen** ['kaufn] **A** *v/t* **1** (*a.* **sich** (*dat*) **kaufen**) to buy; **dafür kann ich mir nichts ~** (*iron*) what use is that to me! **2** **sich** (*dat*) **jdn ~**

(*infml*) to give sb a piece of one's mind (*infml*); (*tätlich*) to fix sb (*infml*) **B** *v/i* to buy; (≈ *Einkäufe machen*) to shop **Käufer** ['kɔyfɐ] *m* ⟨-s, -⟩, **Käuferin** [-ərɪn] *f* ⟨-, -nen⟩ buyer; (≈ *Kunde*) customer **Kauffrau** *f* businesswoman **Kaufhaus** *nt* department store **Kaufkraft** *f* (*von Geld*) purchasing power; (*vom Käufer*) spending power **kaufkräftig** *adj* ~e **Kunden** customers with money to spend **käuflich** ['kɔyflɪç] **A** *adj* **1** (≈ *zu kaufen*) for sale; ~e **Liebe** (*elev*) prostitution; **Freundschaft ist nicht** ~ friendship cannot be bought **2** (*fig* ≈ *bestechlich*) venal; **ich bin nicht** ~ you cannot buy me! **B** *adv* **etw** ~ **erwerben** (*form*) to purchase sth **Kaufmann** *m*, *pl* **-leute 1** (≈ *Geschäftsmann*) businessman; (≈ *Händler*) trader **2** (≈ *Einzelhandelskaufmann*) small shopkeeper, grocer; **zum** ~ **gehen** to go to the grocer's **kaufmännisch** [-mɛnɪʃ] **A** *adj* commercial; ~er **Angestellter** office worker **B** *adv* **sie ist** ~ **tätig** she is a businesswoman **Kaufpreis** *m* purchase price **Kaufvertrag** *m* bill of sale **Kaufzwang** *m* obligation to buy; **ohne** ~ without obligation **Kaugummi** *m or nt* chewing gum **Kaukasus** ['kaukazʊs] *m* ⟨-⟩ **der** ~ (the) Caucasus

Kaulquappe ['kaul-] *f* tadpole

kaum [kaum] **A** *adv* (≈ *noch nicht einmal*) hardly, scarcely; ~ **jemand** hardly anyone; **es ist** ~ **zu glauben, wie ...** it's hardly believable *or* to be believed how ...; **wohl** ~, **ich glaube** ~ I hardly think so **B** *cj* hardly, scarcely ... ~ **dass wir das Meer erreicht hatten** ... no sooner had we reached the sea than ...

kausal [kau'zaːl] *adj* causal **Kausalität** [kauzali'tɛːt] *f* ⟨-, -en⟩ causality **Kausalsatz** *m* causal clause **Kausalzusammenhang** *m* causal connection

Kaution [kau'tsioːn] *f* ⟨-, -en⟩ **1** JUR bail; ~ **stellen** to stand bail; **gegen** ~ on bail **2** COMM security **3** (*für Miete*) deposit; **zwei Monatsmieten** ~ two months' deposit

Kautschuk ['kautʃʊk] *m* ⟨-s, -e⟩ (India) rubber

Kauz [kauts] *m* ⟨-es, **Käuze** ['kɔytsə]⟩ **1** screech owl **2** (≈ *Sonderling*) **ein komischer** ~ an odd bird **kauzig** ['kautsɪç] *adj* odd

Kavalier [kava'liːɐ] *m* ⟨-s, -e⟩ (≈ *galanter Mann*) gentleman **Kavaliersdelikt** *nt*

trivial offence (*Br*) *or* offense (*US*) **Kavallerie** [kavalə'riː] *f* ⟨-, -n [-'riːən]⟩ MIL cavalry

Kaviar ['kaːviar] *m* ⟨-s, -e⟩ caviar

Kebab [ke'baːp, ke'bap] *m* ⟨-(s), -s⟩ kebab **keck** [kɛk] *adj* (≈ *frech*) cheeky (*Br*), fresh (*US*) **Keckheit** *f* ⟨-, -en⟩ (≈ *Frechheit*) cheekiness (*Br*), impudence

Kefir ['keːfɪr, 'keːfiːɐ] *m* ⟨-s, *no pl*⟩ kefir, *milk product similar to yoghurt*

Kegel ['keːgl] *m* ⟨-s, -⟩ **1** (≈ *Spielfigur*) skittle; (*bei Bowling*) pin **2** (*Geometrie*) cone **Kegelbahn** *f* skittle alley; (*automatisch*) bowling alley **kegelförmig** **A** *adj* conical **B** *adv* conically **Kegelklub** *m* skittles club; (*für Bowling*) bowling club **Kegelkugel** *f* bowl **kegeln** ['keːgln] *v/i* to play skittles; (*bei Bowling*) to play bowls

Kehle ['keːlə] *f* ⟨-, -n⟩ (≈ *Gurgel*) throat; **er hat das in die falsche** ~ **bekommen** (*fig*) he took it the wrong way; **aus voller** ~ at the top of one's voice **Kehlkopf** *m* larynx **Kehlkopfentzündung** *f* laryngitis **Kehlkopfkrebs** *m* cancer of the throat **Kehllaut** *m* guttural (sound)

Kehrbesen *m* broom **Kehrblech** *nt* (*S Ger*) shovel

Kehre ['keːrə] *f* ⟨-, -n⟩ **1** (*sharp*) bend **2** (≈ *Turnübung*) rear vault

kehren[1] ['keːrən] **A** *v/t* **1** (≈ *drehen*) to turn; **in sich** (*acc*) **gekehrt** (≈ *versunken*) pensive; (≈ *verschlossen*) introspective **2** (≈ *kümmern*) to bother; **was kehrt mich das?** what do I care about that? **B** *v/r* **1** (≈ *sich drehen*) to turn **2** (≈ *sich kümmern*) **er kehrt sich nicht daran, was die Leute sagen** he doesn't care what people say **C** *v/i* to turn (round); (*Wind*) to turn

kehren[2] *v/t & v/i* (*esp S Ger* ≈ *fegen*) to sweep **Kehricht** ['keːrɪçt] *m or nt* ⟨-s, *no pl*⟩ **1** (*old, form*) sweepings *pl* **2** (*S Ger, Swiss* ≈ *Müll*) rubbish (*Br*), trash (*US*)

Kehrreim *m* chorus

Kehrschaufel *f* shovel

Kehrseite *f* (*von Münze*) reverse; (*fig* ≈ *Nachteil*) drawback; (*fig* ≈ *Schattenseite*) other side; **die** ~ **der Medaille** the other side of the coin **kehrtmachen** *v/i sep* to turn round; (≈ *zurückgehen*) to turn back; MIL to about-turn **Kehrtwende** *f*, **Kehrtwendung** *f* about-turn

keifen ['kaifn] *v/i* to bicker

Keil [kail] *m* ⟨-(e)s, -e⟩ wedge

Keile ['kailə] *pl* (*infml*) thrashing; ~ **be-**

K

kommen to get or to be given a thrashing
keilen ['kailən] v/r (dial infml ≈ sich prügeln) to fight
Keiler ['kaile] m ⟨-s, -⟩ wild boar
Keilerei [kailə'rai] f ⟨-, -en⟩ (infml) punch-up (infml)
keilförmig ◭ adj wedge-shaped ◳ adv **sich ~ zuspitzen** to form a wedge **Keilriemen** m drive belt; AUTO fan belt
Keim [kaim] m ⟨-(e)s, -e⟩ ◧ (≈ kleiner Trieb) shoot ◨ (≈ Embryo, fig) embryo, germ; (≈ Krankheitskeim) germ; **etw im ~ ersticken** to nip sth in the bud ◳ (fig) seed usu pl; **den ~ zu etw legen** to sow the seeds of sth **keimen** ['kaimən] v/i ◧ (Saat) to germinate; (Pflanzen) to put out shoots ◨ (Verdacht) to be aroused **keimfrei** adj germ-free, free of germs pred; MED sterile; **~ machen** to sterilize **Keimling** ['kaimlɪŋ] m ⟨-s, -e⟩ ◧ (≈ Embryo) embryo ◨ (≈ Keimpflanze) shoot **keimtötend** adj germicidal; **~es Mittel** germicide **Keimzelle** f germ cell; (fig) nucleus
kein [kain], **keine** ['kainə], **kein** indef pr ◧ no; **ich sehe da ~en Unterschied** I don't see any difference; **sie hatte ~e Chance** she didn't have a or any chance; **~e schlechte Idee** not a bad idea; **~ bisschen** not a bit; **~ einziges Mal** not a single time; **in ~ster Weise** not in the least ◨ (≈ nicht einmal) less than; **~e Stunde/drei Monate** less than an hour/three months; **~e 5 Euro** under 5 euros **keine(r, s)** ['kainə] indef pr (≈ niemand) nobody, no-one; (von Gegenstand) none; **es war ~r da** there was nobody there; (Gegenstand) there wasn't one there; **ich habe ~s** I haven't got one; **~r von uns** none of us; **~s der (beiden) Kinder** neither of the children **keinerlei** ['kainə'lai] adj attr inv no ... what(so)ever or at all; **dafür gibt es ~ Beweise** there's no proof of it what(so)ever **keinesfalls** ['kainəs'fals] adv under no circumstances; **das bedeutet jedoch ~, dass ...** however, in no way does this mean that ... **keineswegs** ['kainəs-'ve:ks] adv not at all; (als Antwort) not in the least **keinmal** ['kainma:l] adv never once, not once
Keks [ke:ks] m ⟨-es, -e or (Aus) nt ⟨-, -⟩ biscuit (Br), cookie (US); **jdm auf den ~ gehen** (infml) to get on sb's nerves
Kelch [kɛlç] m ⟨-(e)s, -e⟩ ◧ (≈ Trinkglas) goblet; ECCL chalice ◨ BOT calyx

Kelchglas nt goblet
Kelle ['kɛlə] f ⟨-, -n⟩ ◧ (≈ Suppenkelle etc) ladle ◨ (≈ Maurerkelle) trowel ◳ (≈ Signalstab) signalling (Br) or signaling (US) disc
Keller ['kɛle] m ⟨-s, -⟩ cellar; (≈ Geschoss) basement; **im ~ sein** (fig) to be at rock-bottom **Kellerassel** f ⟨-, -n⟩ woodlouse **Kellerei** [kɛlə'rai] f ⟨-, -en⟩ (≈ Weinkellerei) wine producer's; (≈ Lagerraum) cellar(s pl) **Kellergeschoss** nt, **Kellergeschoß** (Aus) nt basement **Kellerlokal** nt cellar bar **Kellermeister(in)** m/(f) (in Kloster) cellarer **Kellerwohnung** f basement flat (Br) or apartment
Kellner ['kɛlne] m ⟨-s, -⟩ waiter **Kellnerin** ['kɛlnərɪn] f ⟨-, -nen⟩ waitress **kellnern** ['kɛlnen] v/i (infml) to work as a waiter/waitress, to wait on tables (US)
Kelte ['kɛltə] m ⟨-n, -n⟩, **Keltin** ['kɛltɪn] f ⟨-, -nen⟩ Celt
Kelter ['kɛltə] f ⟨-, -n⟩ winepress; (≈ Obstkelter) press **keltern** ['kɛlten] v/t Trauben, Wein to press
keltisch ['kɛltɪʃ] adj Celtic
Kenia ['ke:nia] nt ⟨-s⟩ Kenya
kennen ['kɛnən] pret **kannte** ['kantə], past part **gekannt** [gə'kant] v/t to know; **er kennt keine Müdigkeit** he never gets tired; **so was ~ wir hier nicht!** we don't have that sort of thing here; **~ Sie sich schon?** do you know each other (already)?; **das ~ wir (schon)** (iron) we know all about that; **kennst du mich noch?** do you remember me?; **wie ich ihn kenne ...** if I know him (at all) ...; **da kennt er gar nichts** (infml) (≈ hat keine Hemmungen) he has no scruples whatsoever; (≈ ihm ist alles egal) he doesn't give a damn (infml) **kennenlernen** v/t sep, **kennen lernen** v/t to get to know; (≈ zum ersten Mal treffen) to meet; **sich ~** to get to know each other; to meet each other; **ich freue mich, Sie kennenzulernen** (form) (I am) pleased to meet you; **der soll mich noch ~** (infml) he'll have me to reckon with (infml) **Kenner** ['kɛne] m ⟨-s, -⟩, **Kennerin** [-ərɪn] f ⟨-, -nen⟩ ◧ (≈ Sachverständiger) expert (von, +gen on or in), authority (von, +gen on) ◨ (≈ Weinkenner etc) connoisseur **Kennerblick** m expert's eye **kennerhaft** adj like a connoisseur; **mit ~em Blick** with the eye of an expert **Kennermiene** f **mit ~ betrachtete er ...** he looked at ... like a connoisseur

kenntlich ['kɛntlɪç] *adj* (≈ *zu erkennen*) recognizable (*an +dat* by); (≈ *deutlich*) clear; **etw ~ machen** to identify sth (clearly) **Kenntnis** ['kɛntnɪs] *f* ⟨-, -se⟩ **1** (≈ *Wissen*) knowledge *no pl*; **über ~se von etw verfügen** to know about sth **2** *no pl* (*form*) **etw zur ~ nehmen** to note sth; **jdn von etw in ~ setzen** to inform sb about sth; **das entzieht sich meiner ~** I have no knowledge of it **Kenntnisnahme** [-naːmə] *f* ⟨-, *no pl*⟩ (*form*) **zur ~ an ...** for the attention of ... **Kennwort** *nt, pl* -wörter (≈ *Chiffre*) codename; (≈ *Losungswort*) password, codeword **Kennzeichen** *nt* **1** AUTO number plate (*Br*), license plate (*US*); AVIAT markings *pl*; **amtliches ~** registration number (*Br*), license number (*US*) **2** (≈ *Markierung*) mark; **unveränderliche ~** distinguishing marks **3** (≈ *Eigenart*) (typical) characteristic (*für*, *+gen* of); (*für Qualität*) hallmark; (≈ *Erkennungszeichen*) mark, sign **kennzeichnen** *v/t insep* **1** (≈ *markieren*) to mark; (*durch Etikett*) to label **2** (≈ *charakterisieren*) to characterize **Kennziffer** *f* (*code*) number; COMM reference number; (*bei Zeitungsinserat*) box number

kentern ['kɛntən] *v/i aux sein* (*Schiff*) to capsize

Keramik [ke'raːmɪk] *f* ⟨-, -en⟩ **1** *no pl* ART ceramics *pl*; (*als Gebrauchsgegenstände*) pottery **2** (≈ *Kunstgegenstand*) ceramic; (≈ *Gebrauchsgegenstand*) piece of pottery **keramisch** [ke'raːmɪʃ] *adj* ceramic

Kerbe ['kɛrbə] *f* ⟨-, -n⟩ notch; (*kleiner*) nick; **in dieselbe ~ hauen** (*fig infml*) to take the same line

Kerbel ['kɛrbl] *m* ⟨-s, *no pl*⟩ chervil

kerben ['kɛrbn] *v/t* Inschrift, Namen to carve **Kerbholz** *nt* (*fig infml*) **etwas auf dem ~ haben** to have done something wrong

Kerker ['kɛrkɐ] *m* ⟨-s, -⟩ **1** HIST dungeon (*esp* HIST), prison; (≈ *Strafe*) imprisonment **2** (*Aus*) = Zuchthaus

Kerl [kɛrl] *m* ⟨-s, -e *or* -s⟩ (*infml*) guy (*infml*); (*pej*) character; **du gemeiner ~!** you mean thing (*infml*); **ein ganzer ~** a real man

Kern [kɛrn] *m* ⟨-(e)s, -e⟩ (*von Obst*) pip; (*von Steinobst*) stone; (≈ *Nusskern*) kernel; PHYS, BIOL nucleus; (*fig*) (*von Problem, Sache*) heart; (*von Gruppe*) core; **in ihr steckt ein guter ~** there's some good in her somewhere; **der harte ~** (*fig*) the hard core **Kernarbeitszeit** *f* core time

Kernbrennstab *m* nuclear fuel rod **Kernbrennstoff** *m* nuclear fuel **Kernenergie** *f* nuclear energy **Kernexplosion** *f* nuclear explosion **Kernfach** *nt* SCHOOL core subject **Kernfamilie** *f* SOCIOL nuclear family **Kernforscher(in)** *m/(f)* nuclear scientist **Kernforschung** *f* nuclear research **Kernfrage** *f* central issue **Kernfusion** *f* nuclear fusion **Kerngedanke** *m* central idea **Kerngehäuse** *nt* core **Kerngeschäft** *nt* ECON core (business) activity **kerngesund** *adj* completely fit; (*fig*) Firma, Land very healthy **kernig** ['kɛrnɪç] *adj* (*fig*) Ausspruch pithy; (≈ *urwüchsig*) earthy; (≈ *kraftvoll*) robust **Kernkraft** *f* ⟨-, *no pl*⟩ nuclear power **Kernkraftgegner(in)** *m/(f)* opponent of nuclear power **Kernkraftwerk** *nt* nuclear power station **kernlos** *adj* seedless **Kernobst** *nt* pomes *pl* (*tech*) **Kernphysik** *f* nuclear physics *sg* **Kernphysiker(in)** *m/(f)* nuclear physicist **Kernpunkt** *m* central point **Kernreaktor** *m* nuclear reactor **Kernschmelze** *f* meltdown **Kernseife** *f* washing soap **Kernspaltung** *f* nuclear fission **Kernspin-Tomograf** ['kɛrnspɪn-] *m* MRI scanner **Kernspintomografie** *f* magnetic resonance imaging **Kernstück** *nt* (*fig*) centrepiece (*Br*), centerpiece (*US*); (*von Theorie etc*) crucial part **Kerntechnik** *f* nuclear technology **Kernwaffe** *f* nuclear weapon **kernwaffenfrei** *adj* nuclear-free **Kernwaffenversuch** *m* nuclear (weapons) test **Kernzeit** *f* core time

Kerosin [kero'ziːn] *nt* ⟨-s, -e⟩ kerosene

Kerze ['kɛrtsə] *f* ⟨-, -n⟩ **1** candle **2** AUTO plug **3** (*Turnen*) shoulder-stand **kerzengerade** *adj* perfectly straight **Kerzenhalter** *m* candlestick **Kerzenleuchter** *m* candlestick **Kerzenlicht** *nt, no pl* candlelight **Kerzenständer** *m* candlestick; (*für mehrere Kerzen*) candelabra

Kescher ['kɛʃɐ] *m* ⟨-s, -⟩ landing net

kess [kɛs] *adj* (≈ *flott*) saucy; (≈ *vorwitzig*) cheeky (*Br*), fresh (*US*); (≈ *frech*) impudent

Kessel ['kɛsl] *m* ⟨-s, -⟩ **1** (≈ *Teekessel*) kettle; (≈ *Kochkessel*) pot; (*für offenes Feuer*) cauldron; (≈ *Dampfkessel*) boiler **2** MIL encircled area **Kesselpauke** *f* kettle drum **Kesselstein** *m* scale **Kesseltreiben** *nt*

(fig) witch-hunt

Ketchup ['kɛtʃap] *m or nt* ⟨-(s), -s⟩, **Ketschup** ['kɛtʃap] *m or nt* ⟨-(s), -s⟩ ketchup

Kette ['kɛtə] *f* ⟨-, -n⟩ chain; *(fig)* line; *(von Unfällen etc)* string; **eine ~ von Ereignissen** a chain of events **ketten** ['kɛtn] *v/t* to chain *(an +acc* to); **sich an jdn/etw ~** *(fig)* to tie oneself to sb/sth **Kettenbrief** *m* chain letter **Kettenfahrzeug** *nt* tracked vehicle **Kettenglied** *nt* (chain-) link **Kettenraucher(in)** *m/(f)* chain--smoker **Kettenreaktion** *f* chain reaction

Ketzer ['kɛtsɐ] *m* ⟨-s, -⟩, **Ketzerin** [-ərɪn] *f* ⟨-, -nen⟩ (ECCL, *fig*) heretic **Ketzerei** [kɛtsə'raɪ] *f* ⟨-, no pl⟩ heresy **ketzerisch** ['kɛtsərɪʃ] *adj* heretical

keuchen ['kɔʏçn] *v/i* (≈ *schwer atmen*) to pant; *(Asthmatiker etc)* to wheeze **Keuchhusten** *m* whooping cough

Keule ['kɔʏlə] *f* ⟨-, -n⟩ club; SPORTS (Indian) club; COOK leg

keusch [kɔʏʃ] *adj* chaste **Keuschheit** *f* ⟨-, no pl⟩ chastity **Keuschheitsgürtel** *m* chastity belt

Keyboard ['kiːbɔːɛd] *nt* ⟨-s, -s⟩ MUS keyboard **Keyboardspieler(in)** ['kiːbɔːɛd-] *m/(f)* MUS keyboards player

Kfz [kaɛf'tsɛt] *nt* ⟨-(s), -(s)⟩ *(form)* abbr of Kraftfahrzeug motor vehicle **Kfz-Kennzeichen** [kaɛf'tsɛt-] *nt* (vehicle) registration **Kfz-Steuer** [kaɛf'tsɛt-] *f* motor vehicle tax, road tax *(Br)* **Kfz-Versicherung** [kaɛf'tsɛt-] *f* car insurance

khaki ['kaːki] *adj inv* khaki

Kibbuz [kɪ'buːts] *m* ⟨-, Kibbuzim *or* -e [kibu'tsiːm]⟩ kibbutz

Kiberer ['kiːbərə] *m* ⟨-s, -⟩ *(Aus infml* ≈ *Polizist)* copper *(infml)*

Kichererbse *f* chickpea **kichern** ['kɪçɐn] *v/i* to giggle

Kick [kɪk] *m* ⟨-(s), -s⟩ *(fig infml* ≈ *Nervenkitzel)* kick *(infml)* **Kickboard®** ['kɪkbɔːɛt] *nt* ⟨-s, -s⟩ micro-scooter **Kickboxen** *nt* kick boxing **kicken** ['kɪkn] (FTBL *infml*) **Ⓐ** *v/t* to kick **Ⓑ** *v/i* to play football *(Br)* or soccer **Kicker** ['kɪkɐ] *m* ⟨-s, -⟩, **Kickerin** [-ərɪn] *f* ⟨-, -nen⟩ (FTBL *infml*) player

Kid [kɪt] *nt* ⟨-s, -s⟩ *usu pl* (infml ≈ *Jugendlicher)* kid *(infml)*

kidnappen ['kɪtnɛpn] *v/t insep* to kidnap **Kidnapper** ['kɪtnɛpə] *m* ⟨-s, -⟩, **Kidnapperin** [-ərɪn] *f* ⟨-, -nen⟩ kidnapper

Kiebitz ['kiːbɪts] *m* ⟨-es, -e⟩ ORN lapwing; (CARDS *infml*) kibitzer

Kiefer¹ ['kiːfɐ] *f* ⟨-, -n⟩ pine (tree); (≈ *Holz*) pine(wood)

Kiefer² *m* ⟨-s, -⟩ jaw; (≈ *Kieferknochen*) jawbone **Kieferbruch** *m* broken *or* fractured jaw **Kieferchirurg(in)** *m/(f)* oral surgeon **Kieferhöhle** *f* ANAT maxillary sinus

Kiefernzapfen *m* pine cone **Kieferorthopäde** *m*, **Kieferorthopädin** *f* orthodontist

Kieker ['kiːkɐ] *m* ⟨-s, -⟩ **jdn auf dem ~ haben** *(infml)* to have it in for sb *(infml)*

Kiel [kiːl] *m* ⟨-(e)s, -e⟩ (≈ *Schiffskiel*) keel **Kielwasser** *nt* wake; **in jds ~** *(dat)* **segeln** *(fig)* to follow in sb's wake

Kieme ['kiːmə] *f* ⟨-, -n⟩ gill

Kies [kiːs] *m* ⟨-es, -e⟩ gravel

Kiesel ['kiːzl] *m* ⟨-s, -⟩ pebble **Kieselerde** *f* silica **Kieselsäure** *f* CHEM silicic acid; (≈ *Siliziumdioxyd*) silica **Kieselstein** *m* pebble **Kieselstrand** *m* pebble beach **Kiesgrube** *f* gravel pit

Kiez [kiːts] *m* ⟨-es, -e⟩ *(dial)* **Ⅱ** (≈ *Stadtgegend*) district **Ⅻ** *(infml* ≈ *Bordellgegend)* red-light district

kiffen ['kɪfn] *v/i (infml)* to smoke pot *(infml)* **Kiffer** ['kɪfɐ] *m* ⟨-s, -⟩, **Kifferin** [-ərɪn] *f* ⟨-, -nen⟩ *(infml)* pot-smoker *(infml)*

killen ['kɪlən] *(sl)* **Ⓐ** *v/t* to bump off *(infml)* **Ⓑ** *v/i* to kill **Killer** ['kɪlɐ] *m* ⟨-s, -⟩, **Killerin** [-ərɪn] *f* ⟨-, -nen⟩ *(infml)* killer; *(gedungener)* hit man/woman **Killerspiel** *nt (infml)* killer game

Kilo ['kiːlo] *nt* ⟨-s, -s *or (bei Zahlenangabe)* -⟩ kilo **Kilobyte** *nt* kilobyte **Kilogramm** [kilo'gram] *nt* kilogram(me) **Kilohertz** [kilo'hɛrts, 'kilo-] *nt* kilohertz **Kilojoule** *nt* kilojoule **Kilokalorie** *f* kilocalorie **Kilometer** [kilo'meːtɐ] *m* kilometre *(Br)*, kilometer *(US)* **Kilometerbegrenzung** *f (bei Mietwagen)* mileage limit **Kilometergeld** *nt* mileage (allowance) **kilometerlang** **Ⓐ** *adj* miles long **Ⓑ** *adv* for miles (and miles) **Kilometerpauschale** *f* mileage allowance (against tax) **Kilometerstand** *m* mileage **Kilometerzähler** *m* mileage indicator **Kilowatt** [kilo'wat, 'kilo-] *nt* kilowatt **Kilowattstunde** *f* kilowatt hour

Kimme ['kɪmə] *f* ⟨-, -n⟩ *(von Gewehr)* back sight

Kimono ['kiːmono, ki'moːno, 'kimono] *m*

⟨-s, -s⟩ kimono

Kind [kɪnt] *nt* ⟨-(e)s, -er [-də]⟩ child, kid (*infml*); (≈ *Kleinkind*) baby; **ein ~ erwarten** to be expecting a baby; **ein ~ bekommen** to have a baby; **von ~ an hat er ...** since he was a child he has ...; **sich freuen wie ein ~** to be as pleased as Punch; **das weiß doch jedes ~!** any five-year-old would tell you that!; **mit ~ und Kegel** (*hum infml*) with the whole family; **das ~ mit dem Bade ausschütten** (*prov*) to throw out the baby with the bathwater (*prov*) **Kinderarbeit** *f* child labour (*Br*) *or* labor (*US*) **Kinderarzt** *m*, **Kinderärztin** *f* paediatrician (*Br*), pediatrician (*US*) **Kinderbeihilfe** *f* (*Aus*) *benefit paid for having children* **Kinderbekleidung** *f* children's wear **Kinderbetreuung** *f* childcare **Kinderbett** *nt* cot **Kinderbuch** *nt* children's book **Kinderchor** *m* children's choir **Kinderdorf** *nt* children's village **Kinderei** [kɪndə'raɪ] *f* ⟨-, -en⟩ childishness *no pl* **Kindererziehung** *f* bringing up of children; (*durch Schule*) education of children **Kinderfahrkarte** *f* child's ticket **Kinderfahrrad** *nt* child's bicycle **kinderfeindlich** *adj* anti-child; **eine ~e Gesellschaft** a society hostile to children **Kinderfernsehen** *nt* children's television **Kinderfest** *nt* children's party **Kinderfreibetrag** *m* child allowance **kinderfreundlich** *adj Mensch* fond of children; *Gesellschaft* child-orientated **Kindergarten** *m* ≈ nursery school, ≈ kindergarten **Kindergärtner(in)** *m/(f)* ≈ nursery-school teacher **Kindergeld** *nt benefit paid for having children* **Kinderheilkunde** *f* paediatrics *sg* (*Br*), pediatrics *sg* (*US*) **Kinderheim** *nt* children's home **Kinderhort** [-hɔrt] *m* ⟨-(e)s, -e⟩ day-nursery (*Br*), daycare centre (*Br*) *or* center (*US*) **Kinderkleidung** *f* children's clothes *pl* **Kinderkram** *m* (*infml*) kids' stuff (*infml*) **Kinderkrankheit** *f* childhood illness; (*fig*) teething troubles *pl* **Kinderkrippe** *f* = Kinderhort **Kinderlähmung** *f* polio **kinderleicht** **A** *adj* dead easy (*infml*) **B** *adv* easily **kinderlieb** *adj* fond of children **Kinderlied** *nt* nursery rhyme **kinderlos** *adj* childless **Kindermädchen** *f* nanny **Kindermord** *m* child murder; JUR infan-

ticide **Kinderpfleger(in)** *m/(f)* paediatric (*Br*) *or* pediatric (*US*) nurse **Kinderpornografie** *f* child pornography **Kinderprostitution** *f* child prostitution **kinderreich** *adj* with many children; *Familie* large **Kinderreim** *m* nursery rhyme **Kinderschänder** [-ʃɛndɐ] *m* ⟨-s, -⟩, **Kinderschänderin** [-ərɪn] *f* ⟨-, -nen⟩ ⟨-s, -⟩ child molester **Kinderschar** *f* swarm of children **Kinderschuh** *m* child's shoe; **etw steckt noch in den ~en** (*fig*) sth is still in its infancy **Kinderschutz** *m* protection of children **Kinderschutzbund** *m, pl* -bünde child protection agency, ≈ NSPCC (*Br*) **kindersicher** **A** *adj* childproof **B** *adv aufbewahren* out of reach of children **Kindersicherung** *f* AUTO child lock **Kindersitz** *m* child's seat; (*im Auto*) child seat **Kinderspiel** *nt* children's game; (*fig*) child's play *no art* **Kinderspielplatz** *m* children's playground **Kinderspielzeug** *nt* (children's) toys *pl* **Kinderstation** *f* children's ward **Kindersterblichkeit** *f* infant mortality **Kinderstube** *f* (*fig*) upbringing **Kindertagesstätte** *f* day nursery (*Br*), daycare centre (*Br*) *or* center (*US*) **Kinderteller** *m* (*in Restaurant*) children's portion **Kindervers** *m* nursery rhyme **Kinderwagen** *m* pram (*Br*), baby carriage (*US*); (≈ *Sportwagen*) pushchair (*Br*), (baby)stroller (*esp US*) **Kinderzimmer** *nt* child's/children's room **Kindesalter** *nt* childhood **Kindesbeine** *pl* **von ~n an** from childhood **Kindesmissbrauch** *m,* **Kindesmisshandlung** *f* child abuse **kindgemäß** **A** *adj* suitable for children/a child **B** *adv* appropriately for children/a child **kindgerecht** *adj* suitable for children/a child **Kindheit** *f* ⟨-, -en⟩ childhood; (≈ *früheste Kindheit*) infancy **Kindheitstraum** *m* childhood dream **kindisch** ['kɪndɪʃ] (*pej*) **A** *adj* childish **B** *adv* childishly; **sich ~ über etw** (*acc*) **freuen** to be as pleased as Punch about sth **kindlich** ['kɪndlɪç] **A** *adj* childlike **B** *adv* like a child **Kindskopf** *m* (*infml*) big kid (*infml*) **Kindstod** *m* **plötzlicher ~** cot death (*Br*), crib death (*US*)

Kinetik [ki'ne:tɪk] *f* ⟨-, *no pl*⟩ kinetics *sg* **kinetisch** [ki'ne:tɪʃ] *adj* kinetic

Kinkerlitzchen ['kɪŋkəlɪtsçən] *pl* (*infml*) knick-knacks *pl* (*infml*)

Kinn [kɪn] nt ⟨-(e)s, -e⟩ chin **Kinnhaken** m hook to the chin **Kinnlade** [-laːdə] f ⟨-, -n⟩ jaw(-bone)

Kino ['kiːno] nt ⟨-s, -s⟩ cinema; **ins ~ gehen** to go to the cinema **Kinobesucher(in)** m/(f) cinemagoer (Br), moviegoer (US) **Kinocenter** nt cinema complex **Kinogänger** [-gɛŋə] m ⟨-s, -⟩, **Kinogängerin** [-ərɪn] f ⟨-, -nen⟩ cinemagoer (Br), moviegoer (US) **Kinohit** m blockbuster

Kiosk ['kiːɔsk, kiɔsk] m ⟨-(e)s, -e⟩ kiosk

Kipferl ['kɪpfəl] nt ⟨-s, -n⟩ (S Ger, Aus) croissant

Kippe ['kɪpə] f ⟨-, -n⟩ **1** SPORTS spring **2** **auf der ~ stehen** (Gegenstand) to be balanced precariously; **es steht auf der ~, ob ...** (fig) it's touch and go whether ... **3** (infml) (≈ Zigarettenstummel) cigarette stub; (≈ Zigarette) fag (Br infml), butt (US infml) **4** (≈ Müllkippe) tip **kippen** ['kɪpn] **A** v/t **1** Behälter to tilt; (fig ≈ umstoßen) Urteil to overturn; Regierung to topple **2** (≈ schütten) to tip **B** v/i aux sein to tip over; (Fahrzeug) to overturn **Kippfenster** nt tilt window **Kippschalter** m toggle switch

Kirche ['kɪrçə] f ⟨-, -n⟩ church; **zur ~ gehen** to go to church; **die ~ im Dorf lassen** (fig) not to get carried away **Kirchenbank** f, pl -bänke (church) pew **Kirchenchor** m church choir **Kirchendiener(in)** m/(f) sexton **Kirchenglocke** f church bell **Kirchenlied** nt hymn **Kirchenmaus** f **arm wie eine ~** poor as a church mouse **Kirchensteuer** f church tax **Kirchentag** m Church congress **Kirchgänger** [-gɛŋə] m ⟨-s, -⟩, **Kirchgängerin** [-ərɪn] f ⟨-, -nen⟩ churchgoer **Kirchhof** m churchyard; (≈ Friedhof) graveyard **kirchlich** ['kɪrçlɪç] adj church attr; Zustimmung by the church; Gebot ecclesiastical; **sich ~ trauen lassen** to get married in church **Kirchturm** m church steeple **Kirchturmspitze** f church spire **Kirchweih** [-vaɪ] f ⟨-, -en⟩ fair

Kirgisien [kɪr'giːziən] nt ⟨-s⟩ Kirghizia

Kirmes ['kɪrmɛs, 'kɪrməs] f ⟨-, -sen⟩ (dial) fair

Kirschbaum m cherry tree; (≈ Holz) cherry (wood) **Kirsche** ['kɪrʃə] f ⟨-, -n⟩ cherry; **mit ihm ist nicht gut ~n essen** (fig) it's best not to tangle with him **Kirschkern**

m cherry stone **Kirschkuchen** m cherry cake **Kirschlikör** m cherry brandy **kirschrot** adj cherry(-red) **Kirschtomate** f cherry tomato **Kirschtorte** f cherry gateau (Br) or cake (US); **Schwarzwälder ~** Black Forest gateau (Br) or cake (US) **Kirschwasser** nt kirsch

Kirtag ['kɪrtaːk] m (Aus) fair

Kissen ['kɪsn] nt ⟨-s, -⟩ cushion; (≈ Kopfkissen) pillow **Kissenbezug** m cushion cover; (von Kopfkissen) pillow case **Kissenschlacht** f pillow fight

Kiste ['kɪstə] f ⟨-, -n⟩ **1** box; (für Wein etc) case; (≈ Lattenkiste) crate; (≈ Truhe) chest **2** (infml) (≈ Auto) crate (infml); (≈ Fernsehen) box (infml)

Kita [kiːta] f ⟨-, -s⟩; → **Kindertagesstätte**

Kitchenette [kɪtʃə'nɛt] f ⟨-, -s⟩ kitchenette

Kitsch [kɪtʃ] m ⟨-es, no pl⟩ kitsch **kitschig** ['kɪtʃɪç] adj kitschy

Kitt [kɪt] m ⟨-(e)s, -e⟩ (≈ Fensterkitt) putty; (für Porzellan etc) cement

Kittchen ['kɪtçən] nt ⟨-s, -⟩ (infml) clink (infml)

Kittel ['kɪtl] m ⟨-s, -⟩ **1** (≈ Arbeitskittel) overall; (von Arzt etc) (white) coat **2** (Aus ≈ Damenrock) skirt

kitten ['kɪtn] v/t to cement; Fenster to putty; (fig) to patch up

Kitz [kɪts] nt ⟨-es, -e⟩ (≈ Rehkitz) fawn; (≈ Ziegenkitz) kid

Kitzel ['kɪtsl] m ⟨-s, -⟩ tickle; (fig) thrill **kitzelig** ['kɪtsəlɪç] adj ticklish **kitzeln** ['kɪtsln] v/t & v/i to tickle v/t +impers **es kitzelt mich, das zu tun** I'm itching to do it **Kitzler** ['kɪtslɐ] m ⟨-s, -⟩ ANAT clitoris

Kiwi[1] ['kiːvi] f ⟨-, -s⟩ (≈ Frucht) kiwi

Kiwi[2] m ⟨-s, -s⟩ ORN kiwi

Klacks [klaks] m ⟨-es, -e⟩ (infml) **1** (von Kartoffelbrei, Sahne etc) dollop (infml) **2** (fig) **das ist ein ~** (≈ einfach) that's a piece of cake (infml); **500 Euro sind für ihn ein ~** 500 euros is peanuts to him (infml)

klaffen ['klafn] v/i to gape; **zwischen uns beiden klafft ein Abgrund** (fig) we are poles apart

kläffen ['klɛfn] v/i to yap

Klage ['klaːgə] f ⟨-, -n⟩ **1** (≈ Beschwerde) complaint; **über jdn/etw ~ führen** to lodge a complaint about sb/sth; **~n (über jdn/etw) vorbringen** to make complaints (about sb/sth) **2** (≈ Äußerung von Trauer) lament(ation) (um, über +acc for) **3** JUR action; (≈ *Klageschrift*) charge; **eine ~ gegen jdn erheben** to institute proceedings against sb; **eine ~ auf etw** (acc) an action for sth **Klagelaut** *m* plaintive cry **Klagelied** *nt* lament **Klagemauer** *f* **die ~** the Wailing Wall **klagen** ['kla:gn] **A** *v/i* **1** (≈ *jammern*) to moan **2** (≈ *trauern*) to lament (*um jdn/etw* sb/sth), to wail **3** (≈ *sich beklagen*) to complain; **über etw** (acc) **~** to complain about sth; **ich kann nicht ~** (*infml*) mustn't grumble (*infml*) **4** JUR to sue (*auf +acc* for) **B** *v/t* **jdm sein Leid ~** to pour out one's sorrow to sb **Kläger** ['klɛ:gɐ] *m* ⟨-s, -⟩, **Klägerin** [-ərɪn] *f* ⟨-, -nen⟩ JUR plaintiff **Klageschrift** *f* JUR charge; (*bei Scheidung*) petition **kläglich** ['klɛ:klɪç] **A** *adj* pitiful; *Niederlage* pathetic; *Rest* miserable **B** *adv* scheitern miserably; *betteln* pitifully; **~ versagen** to fail miserably **klaglos** *adv* **etw ~ hinnehmen** to accept sth without complaint

Klamauk [kla'mauk] *m* ⟨-s, *no pl*⟩ (*infml*) (≈ *Alberei*) horseplay; **~ machen** (≈ *albern*) to fool about

klamm [klam] *adj* **1** (≈ *steif vor Kälte*) numb **2** (≈ *feucht*) damp

Klammer ['klamɐ] *f* ⟨-, -n⟩ **1** (≈ *Wäscheklammer*) peg; (≈ *Hosenklammer*) clip; (≈ *Büroklammer*) paperclip; (≈ *Heftklammer*) staple **2** (≈ *Zahnklammer*) brace **3** (*in Text*) bracket; **~ auf/zu** open/close brackets; **in ~n** in brackets; **runde/eckige/spitze ~n** round/square/pointed brackets; **geschweifte ~n** braces **Klammeraffe** *m* (TYPO, *infml*) at-sign, "@" **klammern** ['klamɐn] **A** *v/t Wäsche* to peg; *Papier etc* to staple; TECH to clamp **B** *v/r* **sich an jdn/etw ~** to cling to sb/sth

klammheimlich (*infml*) **A** *adj* clandestine **B** *adv* on the quiet

Klamotte [kla'mɔtə] *f* ⟨-, -n⟩ **1** (*infml* ≈ *Kleider*) **Klamotten** *pl* gear *sg* (*infml*) **2** (*pej* ≈ *Theaterstück, Film*) rubbishy old play/ film *etc*

Klang [klaŋ] *m* ⟨-(e)s, ⁼e ['klɛŋə]⟩ sound; (≈ *Tonqualität*) tone; **Klänge** *pl* (≈ *Musik*) sounds **Klangfarbe** *f* tone colour (*Br*) or color (*US*) **klanglos** *adj* toneless **klangtreu** *adj Wiedergabe* faithful; *Ton* true **Klangtreue** *f* fidelity **klangvoll** *adj Stimme* sonorous; *Melodie* tuneful; (*fig*) *Name* fine-sounding

Klappbett *nt* folding bed **Klappe** ['klapə] *f* ⟨-, -n⟩ **1** flap; (*an Lastwagen*) tailgate;

(*seitlich*) side-gate; (≈ *Klappdeckel*) (hinged) lid; FILM clapperboard **2** (≈ *Hosenklappe, an Tasche*) flap; (≈ *Augenklappe*) patch **3** (≈ *Fliegenklappe*) (fly) swat **4** (≈ *Herzklappe*) valve **5** (*infml* ≈ *Mund*) trap (*infml*); **die ~ halten** to shut one's trap (*infml*); **eine große ~ haben** to have a big mouth (*infml*) **klappen** ['klapn] **A** *v/t* **etw nach oben/unten ~** *Sitz, Bett* to fold sth up/down; *Kragen* to turn sth up/down; **etw nach vorn/hinten ~** *Sitz* to tip sth forward/back **B** *v/i* (*fig infml*) (≈ *gelingen*) to work; (≈ *gut gehen*) to work (out); **wenn das mal klappt** if that works out; **hat es mit dem Job geklappt?** did you get the job OK (*infml*)?; **mit dem Flug hat alles geklappt** the flight went all right **Klappentext** *m* TYPO blurb

Klapper ['klapɐ] *f* ⟨-, -n⟩ rattle **klappern** ['klapɐn] *v/i* to clatter; (*Fenster*) to rattle; **er klapperte vor Angst mit den Zähnen** his teeth were chattering with fear **Klapperschlange** *f* ZOOL rattlesnake; (*fig*) rattletrap

Klappfahrrad *nt* folding bicycle **Klapphandy** *nt* clamshell phone, flip phone (*esp US*) **Klappmesser** *nt* flick knife (*Br*), switchblade (*US*) **Klapprad** *nt* folding bicycle or bike (*infml*)

klapprig ['klaprɪç] *adj* rickety; (*fig infml*) *Mensch* shaky

Klappsitz *m* folding seat **Klappstuhl** *m* folding chair **Klapptisch** *m* folding table **Klaps** [klaps] *m* ⟨-es, -e⟩ (≈ *Schlag*) smack **Klapsmühle** *f* (*pej infml*) nut house (*infml*)

klar [kla:ɐ] **A** *adj* clear; (≈ *fertig*) ready; **~ zum Einsatz** MIL ready for action; **ein ~er Fall von …** (*infml*) a clear case of …; **das ist doch ~!** (*infml*) of course; **alles ~?** everything all right or OK? (*infml*); **jetzt ist** or **wird mir alles ~!** now I understand; **bei ~em Verstand sein** to be in full possession of one's faculties; **sich** (*dat*) **über etw** (*acc*) **im Klaren sein** to be aware of sth; **sich** (*dat*) **darüber im Klaren sein, dass …** to realize that … **B** *adv* clearly; **~ denkend** clear-thinking; **na ~!** (*infml*) of course!; **jdm etw ~ und deutlich sagen** to tell sb sth straight (*infml*); **~ auf der Hand liegen** to be perfectly obvious **Kläranlage** *f* sewage plant; (*von Fabrik*) purification plant **klären** ['klɛ:rən] **A** *v/t* to clear; *Wasser* to purify; *Abwasser* to treat; *Sachlage* to clarify; *Frage* to settle **B** *v/i*

SPORTS to clear (the ball) **C** v/r (Wasser) to clear; (Wetter) to clear up; (Sachlage) to become clear; (Frage) to be settled **Klare(r)** ['klaːrə] m decl as adj (infml) schnapps **klargehen** v/i sep irr aux sein (infml) to be OK (infml) **Klärgrube** f cesspit **Klarheit** f ⟨-, -en⟩ clarity; **sich** (dat) **~ über etw** (acc) **verschaffen** to get clear about sth; **über Sachlage** to clarify sth

Klarinette [klari'nɛtə] f ⟨-, -n⟩ clarinet **Klarinettist** [klarinɛ'tɪst] m ⟨-en, -en⟩, **Klarinettistin** [-'tɪstɪn] f ⟨-, -nen⟩ clarinettist

klarkommen v/i sep irr aux sein (infml) to manage; **mit jdm/etw ~** to be able to cope with sb/sth **klarmachen** sep v/t to make clear; Schiff to get ready; Flugzeug to clear; **jdm etw ~** to make sth clear to sb **Klärschlamm** m sludge **Klarsichtfolie** f clear film **Klarsichtpackung** f see-through pack **klarspülen** v/t & v/i sep to rinse **klarstellen** v/t sep (≈ klären) to clear up; (≈ klarmachen) to make clear **Klarstellung** f clarification **Klartext** m **im ~** (fig infml) in plain English; **mit jdm ~ reden** (fig infml) to give sb a piece of one's mind **Klärung** ['klɛːrʊŋ] f ⟨-, -en⟩ purification; (fig) clarification **klar werden** irr aux sein v/i **jdm wird etw klar** sth becomes clear to sb; **sich** (dat) (**über etw** acc) **~** to get (sth) clear in one's mind **Klärwerk** nt sewage treatment works pl

klasse ['klasə] (infml) **A** adj great (infml) **B** adv brilliantly **Klasse** ['klasə] f ⟨-, -n⟩ class; (≈ Spielklasse) league; (≈ Güteklasse) grade; **ein Fahrschein zweiter ~** a second-class ticket; **das ist große ~!** (infml) that's great! (infml) **Klassenarbeit** f (written) class test **Klassenbeste(r)** m/f(m) decl as adj best pupil (in the class) **Klassenbuch** nt (class-)register **Klassenfahrt** f SCHOOL class trip **Klassenkamerad(in)** m/f(f) classmate **Klassenkampf** m class struggle **Klassenlehrer(in)** m/f(f) class teacher **klassenlos** adj Gesellschaft classless **Klassensprecher(in)** m/f(f) SCHOOL class representative, ≈ form captain (Br) **Klassentreffen** nt SCHOOL class reunion **Klassenunterschied** m class difference **Klassenzimmer** nt classroom **klassifizieren** [klasifi'tsiːrən] past part klassifiziert v/t to classify **Klassifizierung** f ⟨-, -en⟩ classification

Klassik ['klasɪk] f ⟨-, no pl⟩ classical period; (infml ≈ klassische Musik/Literatur) classical music/literature **Klassiker** ['klasɪke] m ⟨-s, -⟩, **Klassikerin** [-ərɪn] f ⟨-, -nen⟩ classic; **ein ~ des Jazz** a jazz classic **klassisch** ['klasɪʃ] **A** adj **1** (≈ die Klassik betreffend) classical **2** (≈ typisch, vorbildlich) classic **B** adv classically **Klassizismus** [klasi'tsɪsmʊs] m ⟨-, no pl⟩ classicism **klassizistisch** [klasi'tsɪstɪʃ] adj classical

Klasslehrer(in) m/f(f) (S Ger, Aus) = Klassenlehrer(in)

Klatsch [klatʃ] m ⟨-(e)s, -e⟩ **1** (Geräusch) splash **2** no pl (pej infml ≈ Tratsch) gossip **Klatschbase** f (pej infml) gossip **klatschen** ['klatʃn] **A** v/i **1** (≈ Geräusch machen) to clap; **in die Hände ~** to clap one's hands **2** aux sein (≈ aufschlagen) to go smack; (Flüssigkeiten) to splash **3** (pej infml) (≈ tratschen) to gossip **B** v/t **1** (≈ schlagen) to clap; **jdm Beifall ~** to applaud sb **2** (≈ knallen) to smack; (≈ werfen) to throw **Klatschmohn** m (corn) poppy **klatschnass** adj (infml) sopping wet (infml) **Klatschspalte** f (PRESS infml) gossip column

Klaue ['klauə] f ⟨-, -n⟩ claw; (≈ Hand) talons pl (pej infml); (≈ Schrift) scrawl (pej); **in den ~n der Verbrecher** etc in the clutches of the criminals etc **klauen** ['klauən] (infml) **A** v/t to pinch (infml) (jdm etw sth from sb) **B** v/i to steal

Klausel ['klauzl] f ⟨-, -n⟩ clause; (≈ Vorbehalt) proviso

Klaustrophobie [klaustrofo'biː] f ⟨-, -n [-'biːən]⟩ PSYCH claustrophobia

Klausur [klau'zuːe] f ⟨-, -en⟩ (UNIV: a. **Klausurarbeit**) exam

Klaviatur [klavia'tuːe] f ⟨-, -en⟩ keyboard **Klavier** [kla'viːe] nt ⟨-s, -e⟩ piano; **~ spielen** to play the piano **Klavierbegleitung** f piano accompaniment **Klavierkonzert** nt (≈ Musik) piano concerto; (≈ Vorstellung) piano recital **Klavierlehrer(in)** m/f(f) piano teacher **Klavierspieler(in)** m/f(f) pianist **Klavierstimmer(in)** [-ʃtɪme] m ⟨-s, -⟩, **Klavierstimmerin** [-ərɪn] f ⟨-, -nen⟩ piano tuner **Klavierstunde** f piano lesson

Klebeband nt, pl -bänder adhesive tape **Klebefolie** f adhesive film; (für Lebensmittel) clingfilm **kleben** ['kleːbn] **A** v/i (≈ festkleben) to stick; **an etw** (dat) **~** (lit) to stick to sth **B** v/t to stick; **jdm eine ~**

(*infml*) to belt sb (one) (*infml*) **Kleber** ['kle:bɐ] *m* ⟨-s, -⟩ (*infml* ≈ *Klebstoff*) glue **Klebestift** *m* glue stick **klebrig** ['kle:brɪç] *adj* sticky; (≈ *klebfähig*) adhesive **Klebstoff** *m* adhesive **Klebstreifen** *m* adhesive tape

kleckern ['klɛkɐn] **A** *v/t* to spill **B** *v/i* (≈ *Kleckse machen*) to make a mess; (≈ *tropfen*) to spill; **nicht ~, sondern klotzen** (*infml*) to do things in a big way (*infml*) **kleckerweise** ['klɛkɐvaizə] *adv* in dribs and drabs

Klecks [klɛks] *m* ⟨-es, -e⟩ (≈ *Tintenklecks*) (ink)blot; (≈ *Farbklecks*) blob; (≈ *Fleck*) stain **klecksen** ['klɛksn] *v/i* to make blots/a blot

Klee [kle:] *m* ⟨-s, *no pl*⟩ clover; **jdn über den grünen ~ loben** to praise sb to the skies **Kleeblatt** *nt* cloverleaf; **vierblättriges ~** four-leaf clover

Kleid [klait] *nt* ⟨-(e)s, -er [-dɐ]⟩ **1** (≈ *Damenkleid*) dress **2** (≈ *Kleidung*) **Kleider** *pl* clothes *pl*, clothing *sg* (*esp* COMM); **~er machen Leute** (*prov*) fine feathers make fine birds (*prov*) **kleiden** ['klaidn] **A** *v/r* to dress; **gut gekleidet sein** to be well dressed **B** *v/t* (*elev*) **1** (≈ *mit Kleidern versehen*) to clothe, to dress; **etw in schöne Worte ~** to dress sth up in fancy words **2** (≈ *jdm stehen*) **jdn ~** to suit sb **Kleiderbügel** *m* coat hanger **Kleiderbürste** *f* clothes brush **Kleiderhaken** *m* coat hook **Kleiderschrank** *m* wardrobe **Kleidung** ['klaidʊŋ] *f* ⟨-, *no pl*⟩ clothes *pl*, clothing (*esp* COMM) **Kleidungsstück** *nt* garment

Kleie ['klaiə] *f* ⟨-, *no pl*⟩ bran

klein [klain] **A** *adj* small; *Finger* little; **die Kleinen Antillen** *etc* the lesser Antilles *etc*; **haben Sie es nicht ~er?** do you not have anything smaller?; **ein ~ bisschen** *or* **wenig** a little (bit); **ein ~es Bier** a small beer; ≈ half a pint (*Br*); **~es Geld** small change; **mein ~er Bruder** my little brother; **als ich (noch) ~ war** when I was little; **sich ~ machen** (≈ *sich bücken*) to bend down low; **ganz ~ werden** (*infml*) to look humiliated *or* deflated; **im Kleinen** in miniature; **bis ins Kleinste** right down to the smallest detail; **von ~ an** *or* **auf** (≈ *von Kindheit an*) from his childhood; **der ~e Mann** the man in the street; **ein ~er Gauner** a petty crook; **sein Vater war (ein) ~er Beamter** his father was a minor civil servant **B** *adv* small; **~ gedruckt** in small

print; **~ gemustert** small-patterned; **~ kariert** *Stoff* finely checked; **~ anfangen** to start off in a small way; **~ beigeben** (*infml*) to give in; **etw ~ halten** *Kosten* to keep sth down **Kleinaktionär(in)** *m/(f)* small shareholder **Kleinanzeige** *f* classified advertisement **Kleinarbeit** *f* detailed work; **in mühseliger ~** with painstaking attention to detail **Kleinasien** *nt* Asia Minor **Kleinauto** *nt* small car **Kleinbetrieb** *m* small business **Kleinbildkamera** *f* 35mm camera **Kleinbuchstabe** *m* small letter **Kleinbürger(in)** *m/(f)* petty bourgeois **kleinbürgerlich** *adj* lower middle-class **Kleinbus** *m* minibus **Kleine(r)** ['klainə] *m/f(m)* *decl as adj* little one *or* child; (≈ *Junge*) little boy; (≈ *Mädchen*) little girl; (≈ *Säugling*) baby; **unser ~r** (≈ *Jüngster*) our youngest (child); **die Katze mit ihren ~n** the cat with its kittens *or* babies (*infml*) **Kleinfamilie** *f* SOCIOL nuclear family **Kleingedruckte(s)** [-gədrʊktə] *nt decl as adj* small print **Kleingeist** *m* (*pej*) small-minded person **Kleingeld** *nt* (small) change; **das nötige ~ haben** (*fig*) to have the necessary wherewithal (*infml*) **Kleingewerbe** *nt* small business **Kleinhirn** *nt* ANAT cerebellum **Kleinholz** *nt*, *no pl* firewood; **~ aus jdm machen** (*infml*) to make mincemeat out of sb (*infml*) **Kleinigkeit** ['klainɪçkait] *f* ⟨-, -en⟩ little *or* small thing; (≈ *Bagatelle*) trifle; (≈ *Einzelheit*) minor detail; **eine ~ essen** to have a bite to eat; **jdm eine ~ schenken** to give sb a little something; **wegen jeder ~** for the slightest reason; **das wird eine ~ dauern** it will take a little while **kleinkariert** *adj* (*fig*) small-time (*infml*); **~ denken** to think small **Kleinkind** *nt* small child, toddler (*infml*) **Kleinkram** *m* (*infml*) odds and ends *pl*; (≈ *Trivialitäten*) trivialities *pl* **kleinkriegen** *v/t sep* (*infml*) (≈ *gefügig machen*) to bring into line (*infml*); (*körperlich*) to tire out; **er ist einfach nicht kleinzukriegen** he just won't be beaten; **unser altes Auto ist einfach nicht kleinzukriegen** our old car just goes on for ever **Kleinkunst** *f* cabaret **Kleinkunstbühne** *f* cabaret **kleinlaut** **A** *adj* subdued, meek **B** *adv fragen* meekly; **~ um Verzeihung bitten** to apologize rather sheepishly **kleinlich** ['klainlɪç] *adj* petty; (≈ *knauserig*) mean (*esp Br*), stingy (*infml*); (≈ *engstirnig*) narrow-minded **klein**

machen v/t **1** (≈ zerkleinern) to chop up **2** (infml) Geld (≈ wechseln) to change **Kleinod** ['klaino:t] nt ⟨-(e)s, -ien or -e [-'o:diən, -də]⟩ gem **klein schneiden** v/t irr to cut up small **kleinschreiben** v/t sep irr **ein Wort ~** to write a word without a capital **Kleinstaat** m small state **Kleinstadt** f small town **kleinstädtisch** adj provincial (pej) **kleinstmöglich** adj smallest possible **Kleintier** nt small animal **Kleintierpraxis** f small animal (veterinary) practice **Kleinvieh** nt **~ macht auch Mist** (prov) every little helps **Kleinwagen** m small car **kleinwüchsig** [-vy:ksɪç] adj (elev) small

Kleister ['klaistɐ] m ⟨-s, -⟩ (≈ Klebstoff) paste **kleistern** ['klaistɐn] v/t (≈ kleben) to paste

Klementine [klemɛn'ti:nə] f ⟨-, -n⟩ clementine

Klemmbrett nt clipboard **Klemme** ['klɛmə] f ⟨-, -n⟩ **1** (≈ Haarklemme, für Papiere etc) clip; ELEC crocodile clip **2** (fig infml) **in der ~ sitzen** or **sein** to be in a jam (infml); **jdm aus der ~ helfen** to help sb out of a jam (infml) **klemmen** ['klɛmən] **A** v/t Draht etc to clamp; **sich** (dat) **den Finger in etw** (dat) **~** to catch one's finger in sth; **sich** (dat) **etw unter den Arm ~** to stick sth under one's arm **B** v/r to catch oneself (in +dat in); **sich hinter etw** (acc) **~** (infml) to get stuck into sth (infml) **C** v/i (Tür, Schloss etc) to stick **Klemmlampe** f clamp-on lamp

Klempner ['klɛmpnɐ] m ⟨-s, -⟩, **Klempnerin** [-ərɪn] f ⟨-, -nen⟩ plumber **Klempnerei** [klɛmpnə'rai] f ⟨-, -en⟩ (≈ Werkstatt) plumber's workshop

Kleptomane [klɛpto'ma:nə] m ⟨-n, -n⟩, **Kleptomanin** [-'ma:nɪn] f ⟨-, -nen⟩ kleptomaniac

Klerus ['kle:rʊs] m ⟨-, no pl⟩ clergy

Klette ['klɛtə] f ⟨-, -n⟩ BOT burdock; (≈ Blütenkopf) bur(r); **sich wie eine ~ an jdn hängen** to cling to sb like a limpet

Kletterer ['klɛtərɐ] m ⟨-s, -⟩, **Kletterin** [-ərɪn] f ⟨-, -nen⟩ climber **Klettergarten** m climbing garden **Klettergerüst** nt climbing frame **Kletterhalle** f indoor climbing centre (Br) or center (US) **klettern** ['klɛtɐn] v/i aux sein to climb; (mühsam) to clamber **Kletterpflanze** f climbing plant **Kletterrose** f climbing rose

Kletterschuh m climbing shoe **Kletterstange** f climbing pole **Klettersteig** m SPORTS via ferrata **Kletterwand** f climbing wall

Klettverschluss® ['klɛt-] m Velcro® fastener

Klick [klɪk] m ⟨-s, -s⟩ IT click **klicken** ['klɪkn] v/i to click

Klient [kli'ɛnt] m ⟨-en, -en⟩, **Klientin** [-'ɛntɪn] f ⟨-, -nen⟩ client **Klientel** [kliɛn-'te:l] f ⟨-, -en⟩ clients pl

Kliff [klɪf] nt ⟨-(e)s, -e⟩ cliff

Klima ['kli:ma] nt ⟨-s, -s or Klimate [kli-'ma:tə]⟩ climate **Klimaanlage** f air conditioning (system); **mit ~** air-conditioned **Klimaflüchtling** m environmental migrant, climate refugee **Klimaforscher(in)** m/(f) climatologist **Klimagipfel** m (infml) climate conference or summit **Klimakatastrophe** f climatic disaster **Klimaschutz** m climate protection **Klimaschutzabkommen** nt agreement on climate change **klimatisch** [kli-'ma:tɪʃ] adj no pred climatic; **~ bedingt sein** (Wachstum) to be dependent on the climate; (Krankheit) to be caused by climatic conditions **klimatisieren** [klimati'zi:rən] past part **klimatisiert** v/t to air-condition **Klimaveränderung** f, **Klimawechsel** m (lit, fig) climate change, change in the climate

Klimbim [klɪm'bɪm] m ⟨-s, no pl⟩ (infml) odds and ends pl; (≈ Umstände) fuss (and bother)

Klimmzug m SPORTS pull-up

klimpern ['klɪmpɐn] v/i to tinkle; (≈ stümperhaft klimpern) to plonk away (infml)

Klinge ['klɪŋə] f ⟨-, -n⟩ blade

Klingel ['klɪŋl] f ⟨-, -n⟩ bell **Klingelbeutel** m collection bag **Klingelknopf** m bell button or push **klingeln** ['klɪŋln] v/i to ring; **es hat geklingelt** (Telefon) the phone just rang; (an Tür) somebody just rang the doorbell **Klingelton** m TEL ring tone, ringtone **klingen** ['klɪŋən] pret **klang** [klaŋ], past part **geklungen** [gə'klʊŋən] v/i to sound; (Glocke) to ring; (Glas) to clink; **nach etw ~** to sound like sth

Klinik ['kli:nɪk] f ⟨-, -en⟩ clinic **Klinikum** ['kli:nikʊm] nt ⟨-s, Klinika or Kliniken [-ka, -kn]⟩ UNIV medical centre (Br) or center (US) **klinisch** ['kli:nɪʃ] adj clinical; **~ tot** clinically dead

Klinke ['klɪŋkə] f ⟨-, -n⟩ (≈ Türklinke) (door) handle

Klinker ['klɪŋke] m ⟨-s, -⟩ (≈ Ziegelstein) clinker brick

klipp [klɪp] adv ~ **und klar** clearly, plainly; (≈ offen) frankly

Klippe ['klɪpə] f ⟨-, -n⟩ (≈ Felsklippe) cliff; (im Meer) rock; (fig) hurdle **Klippenküste** f rocky coast **klippenreich** adj rocky **Klippenspringen** nt sports cliff diving

klirren ['klɪrən] v/i to clink; (Fensterscheiben) to rattle; (Waffen) to clash; (Ketten) to jangle; **~de Kälte** crisp cold

Klischee [kli'ʃeː] nt ⟨-s, -s⟩ (fig) cliché **klischeehaft** ◰ adj (fig) stereotyped ◱ adv stereotypically **Klischeevorstellung** f cliché, stereotype

Klitoris ['kliːtɔrɪs] f ⟨-, - or Klitorides [kliˈtoːrideːs]⟩ clitoris

klitschnass adj (infml) drenched

klitzeklein ['klɪtsə'klaɪn] adj (infml) tiny

Klo [kloː] nt ⟨-s, -s⟩ (infml) loo (Br infml), john (US infml)

Kloake [klo'aːkə] f ⟨-, -n⟩ sewer; (fig) cesspool

klobig ['kloːbɪç] adj hefty (infml), bulky; Schuhe clumpy; Benehmen boorish

Klobrille f (infml) toilet or loo (Br infml) seat **Klobürste** f (infml) toilet brush

Klon [kloːn] m ⟨-s, -e⟩ clone **klonen** ['kloːnən] v/t & v/i to clone

klönen ['kløːnən] v/i (infml) to (have a) chat

Klopapier nt (infml) toilet or loo (Br infml) paper

klopfen ['klɔpfn̩] ◰ v/t to knock; Fleisch, Teppich to beat ◱ v/i to knock; (Herz) to beat; (vor Aufregung) to pound; (Puls) to throb; **es hat geklopft** there's someone knocking at the door **Klopfer** ['klɔpfe] m ⟨-s, -⟩ (≈ Türklopfer) (door) knocker; (≈ Fleischklopfer) (meat) mallet; (≈ Teppichklopfer) carpet beater

Klöppel ['klœpl] m ⟨-s, -⟩ (≈ Glockenklöppel) clapper; (≈ Spitzenklöppel) bobbin **klöppeln** ['klœpln] v/i to make (pillow) lace

Klops [klɔps] m ⟨-es, -e⟩ cook meatball

Kloschüssel f (infml) loo (Br infml) or toilet bowl, lavatory pan (Br) **Klosett** [klo'zɛt] nt ⟨-s, -e or -s⟩ toilet **Klosettbrille** f toilet seat **Klosettpapier** nt toilet paper

Kloß [kloːs] m ⟨-es, ⸚e ['kløːsə]⟩ dumpling;

(≈ Fleischkloß) meatball; (≈ Bulette) rissole; **einen ~ im Hals haben** (fig) to have a lump in one's throat

Kloster ['kloːste] nt ⟨-s, ⸚ ['kløːste]⟩ (≈ Mönchskloster) monastery; (≈ Nonnenkloster) convent

Klotz [klɔts] m ⟨-es, ⸚e ['klœtsə]⟩ ⟨or (inf) ⸚er ['klœtse]⟩ (≈ Holzklotz) block (of wood); (pej ≈ Betonklotz) concrete block; **jdm ein ~ am Bein sein** to be a hindrance to sb **Klötzchen** ['klœtsçən] nt ⟨-s, -⟩ (building) block **klotzen** ['klɔtsn̩] v/i (sl) (≈ hart arbeiten) to slog (away) (infml) **klotzig** ['klɔtsɪç] (infml) ◰ adj huge ◱ adv (≈ klobig) massively; **~ wirken** to seem bulky

Klub [klʊp] m ⟨-s, -s⟩ club **Klubhaus** nt clubhouse **Klubjacke** f blazer **Kluburlaub** m club holiday

Kluft [klʊft] f ⟨-, ⸚e ['klʏftə]⟩ ◳ (≈ Erdspalte) cleft; (≈ Abgrund) chasm ◲ (fig) gulf, gap ◵ no pl (infml ≈ Kleidung) gear (infml)

klug [kluːk] adj, comp ⸚er ['klyːge], sup ⸚ste(r, s) ['klyːkstə] clever; (≈ vernünftig) Rat wise, sound; Überlegung prudent; **ein ~er Kopf** a capable person; **ich werde daraus nicht ~** I cannot make head or tail (Br) or heads or tails (US) of it; **aus ihm werde ich nicht ~** I can't make him out; **der Klügere gibt nach** (prov) discretion is the better part of valour (Br) or valor (US, prov) **klugerweise** ['kluːgeˈvaɪzə] adv (very) wisely **Klugheit** f ⟨-, no pl⟩ cleverness; (≈ Vernünftigkeit: von Rat) wisdom, soundness **Klugscheißer** m ⟨-s, -⟩, **Klugscheißerin** [-ərɪn] f ⟨-, -nen⟩ (infml) smart aleck (infml), smart-ass (esp US sl)

klumpen ['klʊmpn̩] v/i (Sauce) to go lumpy **Klumpen** ['klʊmpn̩] m ⟨-s, -⟩ lump; (≈ Blutklumpen) clot; **~ bilden** (Mehl etc) to go lumpy; (Blut) to clot **Klumpfuß** m club foot **klumpig** ['klʊmpɪç] adj lumpy

Klüngel ['klʏŋl] m ⟨-s, -⟩ (infml ≈ Clique) clique **Klüngelwirtschaft** f (infml) nepotism no pl

knabbern ['knaben] v/t & v/i to nibble; **daran wirst du noch zu ~ haben** (fig infml) it will really give you something to think about

Knabe ['knaːbə] m ⟨-n, -n⟩ (liter) boy, lad (esp Br infml) **Knabenchor** m boys' choir **knabenhaft** adj boyish

Knackarsch ['knak-] m (sl) pert bum

K

(infml), bubble butt (US sl) **Knäckebrot** ['knɛkə-] nt crispbread **knacken** ['knakn] **A** v/t **1** Nüsse to crack **2** (infml) Auto to break into; Geldschrank Rätsel, Code to crack; Tabu to break **B** v/i **1** (≈ brechen) to crack, to snap; (Holz ≈ knistern) to crackle; **an etw** (dat) **zu ~ haben** (infml) to have sth to think about **2** (infml ≈ schlafen) to sleep **Knacker** ['knakɐ] m ⟨-s, -⟩ **1** = Knackwurst **2** (pej infml) **alter ~** old fog(e)y (infml) **Knacki** ['knaki] m ⟨-s, -s⟩ (infml ≈ Knastbruder) jailbird (infml) **knackig** ['knakɪç] adj crisp; Salat, Gemüse crunchy; (infml) Mädchen tasty (infml); Figur sexy **Knackpunkt** m (infml) crunch (infml) **Knacks** [knaks] m ⟨-es, -e⟩ **1** crack **2** (infml) **der Fernseher hat einen ~** there is something wrong with the television; **er hat einen ~ weg** he's a bit screwy (infml) **Knackwurst** f type of frankfurter

Knall [knal] m ⟨-(e)s, -e⟩ bang; (mit Peitsche) crack; (bei Tür) slam; **~ auf Fall** (infml) all of a sudden; **einen ~ haben** (infml) to be crazy (infml) **Knallbonbon** nt (Christmas) cracker **knallbunt** adj (infml) brightly coloured (Br) or colored (US) **knallen** ['knalən] **A** v/i **1** (≈ krachen) to bang; (≈ explodieren) to explode; (Schuss) to ring out; (Peitsche) to crack; (Tür etc) to slam; **die Korken ~ lassen** (fig) to pop a cork **2** (infml: Sonne) to beat down **B** v/t to bang; Tür to slam; Peitsche to crack; **jdm eine ~** (infml) to belt sb (one) (infml) **knalleng** adj (infml) skintight **Knaller** ['knalɐ] m ⟨-s, -⟩ (infml) **1** (≈ Knallkörper) banger (Br), firecracker (esp US) **2** (fig ≈ Sensation) sensation **Knallerbse** f toy torpedo **knallgelb** adj (infml) bright yellow **knallhart** (infml) **A** adj Film brutal; Job, Wettbewerb really tough; Schlag really hard **B** adv brutally **knallig** ['knalɪç] (infml) **A** adj Farben loud **B** adv ≈ **gelb** gaudy yellow; **~ bunt** gaudy **Knallkopf** m (infml) fathead (infml) **Knallkörper** m firecracker **knallrot** adj (infml) bright red **knallvoll** adj **1** (≈ total überfüllt) jam-packed (infml) **2** (≈ völlig betrunken) completely plastered (infml), paralytic (Br infml)

knapp [knap] **A** adj **1** Vorräte, Geld scarce; Gehalt low **2** Mehrheit, Sieg narrow; Kleidungsstück etc (≈ eng) tight; Bikini scanty **3** (≈ nicht ganz) almost; **ein ~es Pfund Mehl** just under a pound of flour; **seit ei-**

nem **~en Jahr** for almost a year **4** (≈ kurz und präzis) Stil, Worte concise **5** (≈ gerade so eben) just; **mit ~er Not** only just **B** adv **mein Geld/meine Zeit ist ~ bemessen** I am short of money/time; **wir haben ~ verloren/gewonnen** we only just lost/won; **aber nicht zu ~** (infml) and how!; **~ zwei Wochen** not quite two weeks **Knappheit** f ⟨-, no pl⟩ shortage

knapsen ['knapsn] v/i (infml) to scrimp (mit, an +dat on); **an etw** (dat) **zu ~ haben** to have a rough time getting over sth **Knarre** ['knarə] f ⟨-, -n⟩ (sl ≈ Gewehr) shooter (infml) **knarren** ['knarən] v/i to creak **Knast** m ⟨-(e)s, ⸚e or -e ['knɛstə]⟩ (infml) clink (infml), can (US sl)

knatschig ['knaːtʃɪç] adj (infml) (≈ verärgert) miffed (infml); (≈ schlecht gelaunt) grumpy (infml)

knattern ['knatɐn] v/i (Motorrad) to roar; (Maschinengewehr) to rattle **Knäuel** ['knɔyəl] m or nt ⟨-s, -⟩ ball; (wirres) tangle; (von Menschen) group **Knauf** [knauf] m ⟨-(e)s, Knäufe ['knɔyfə]⟩ (≈ Türknauf) knob; (von Schwert etc) pommel **Knauser** ['knauzɐ] m ⟨-s, -⟩, **Knauserin** [-ərɪn] f ⟨-, -nen⟩ (infml) scrooge (infml) **Knauserei** [knauzə'rai] f ⟨-, no pl⟩ (infml) meanness (esp Br) **knauserig** ['knauzərɪç] adj (infml) mean (esp Br) **knausern** ['knauzɐn] v/i (infml) to be mean (esp Br) (mit with)

knautschen ['knautʃn] v/t & v/i (infml) to crumple (up) **Knautschzone** f AUTO crumple zone

Knebel ['kneːbl] m ⟨-s, -⟩ gag **knebeln** ['kneːbln] v/t jdn, Presse to gag **Knebelvertrag** m oppressive contract

Knecht [knɛçt] m ⟨-(e)s, -e⟩ servant; (beim Bauern) farm worker **Knechtschaft** ['knɛçtʃaft] f ⟨-, -en⟩ slavery

kneifen ['knaifn] pret **kniff** [knɪf], past part **gekniffen** [gə'knɪfn] **A** v/t to pinch; **jdn in den Arm ~** to pinch sb's arm **B** v/i **1** (≈ zwicken) to pinch **2** (infml) (≈ ausweichen) to back out (vor +dat of) **Kneifzange** f pliers pl; (kleine) pincers pl; **eine ~** (a pair of) pliers/pincers

Kneipe ['knaipə] f ⟨-, -n⟩ (infml ≈ Lokal) pub (Br), bar **Kneipenbummel** m pub crawl (Br), bar hop (US)

Knete ['kneːtə] f ⟨-, no pl⟩ (dated sl ≈ Geld) dough (infml) **kneten** ['kneːtn] v/t Teig to knead; Ton to work; (≈ formen) to form

Knetgummi *m or nt* Plasticine® **Knetmasse** *f* modelling (*Br*) *or* modeling (*US*) clay

Knick [knɪk] *m* ⟨-(e)s, -e *or* -s⟩ **1** (≈ *Falte*) crease; (≈ *Biegung*) (sharp) bend; **einen ~ machen** to bend sharply **2** (*fig: in Karriere etc*) downturn **knicken** ['knɪkn] **A** *v/i aux sein* to snap **B** *v/t* to snap; *Papier* to fold; „**nicht ~!**" "do not bend *or* fold"; → **geknickt**

knickerig ['knɪkərɪç] *adj* (*infml*) stingy (*infml*) **Knickerigkeit** *f* ⟨-, *no pl*⟩ (*infml*) stinginess (*infml*)

Knicks [knɪks] *m* ⟨-es, -e⟩ bob; (*tiefer*) curts(e)y; **einen ~ machen** to curts(e)y (*vor +dat* to) **knicksen** ['knɪksn] *v/i* to curts(e)y (*vor +dat* to)

Knie [kniː] *nt* ⟨-s, -⟩ **1** knee; **auf ~n** on one's knees; **jdn auf ~n bitten** to go down on bended knees to sb (and beg); **in die ~ gehen** to kneel; (*fig*) to be brought to one's knees; **jdn in die ~ zwingen** to bring sb to his/her knees; **jdn übers ~ legen** (*infml*) to put sb across one's knee; **etw übers ~ brechen** (*fig*) to rush (at) sth **2** (≈ *Flussknie*) sharp bend; TECH elbow **Knieairbag** *m* knee airbag **Kniebeuge** *f* SPORTS knee bend; **in die ~ gehen** to bend one's knees **kniefrei** *adj* Rock above the knee **Kniegelenk** *nt* knee joint **Kniekehle** *f* back of the knee **knielang** *adj* knee-length **knien** [kniːn, 'kniːən] **A** *v/i* to kneel; **im Knien** on one's knees, kneeling **B** *v/r* to kneel (down); **sich in die Arbeit ~** (*fig*) to get down to one's work **Kniescheibe** *f* kneecap **Knieschoner** *m*, **Knieschützer** [-ʃʏtsə] *m* ⟨-s, -⟩ kneeguard **Kniestrumpf** *m* knee sock **knietief** *adj* knee-deep

Kniff [knɪf] *m* ⟨-(e)s, -e⟩ (*infml*) trick **knipsen** ['knɪpsn] **A** *v/t* **1** Fahrschein to punch **2** (PHOT *infml*) to snap (*infml*) **B** *v/i* (PHOT *infml*) to take pictures

Knirps [knɪrps] *m* ⟨-es, -e⟩ (≈ *Junge*) whippersnapper; (*pej*) squirt

knirschen ['knɪrʃn] *v/i* to crunch; (*Getriebe*) to grind; **mit den Zähnen ~** to grind one's teeth

knistern ['knɪstən] *v/i* (*Feuer*) to crackle; (*Papier, Seide*) to rustle

Knitterfalte *f* crease, wrinkle (*esp US*) **knitterfrei** *adj* Stoff, Kleid non-crease **knittern** ['knɪtən] *v/t & v/i* to crease

Knobelbecher *m* dice cup **knobeln** ['knoːbln] *v/i* **1** (≈ *würfeln*) to play dice **2** (≈ *nachdenken*) to puzzle (*an +dat* over)

Knoblauch ['knoːplaux, 'knoːblaux, 'knɔplaux, 'knɔblaux] *m*, *no pl* garlic **Knoblauchbrot** *nt* garlic bread **Knoblauchbutter** *f* garlic butter **Knoblauchpresse** *f* garlic press **Knoblauchzehe** *f* clove of garlic

Knöchel ['knœçl] *m* ⟨-s, -⟩ (≈ *Fußknöchel*) ankle; (≈ *Fingerknöchel*) knuckle

Knochen ['knɔxn] *m* ⟨-s, -⟩ bone; **er ist bis auf die ~ abgemagert** he is just (a bag of) skin and bones; **ihr steckt die Angst in den ~** (*infml*) she's scared stiff (*infml*); **der Schreck fuhr ihr in die ~** she was paralyzed with shock; **nass bis auf die ~** (*infml*) soaked to the skin **Knochenarbeit** *f* hard graft (*infml*) **Knochenbau** *m, no pl* bone structure **Knochenbruch** *m* fracture **Knochengerüst** *nt* skeleton **knochenhart** (*infml*) *adj* rock-hard; (*fig*) Job, Kerl really tough **Knochenmark** *nt* bone marrow **Knochenmehl** *nt* bone meal **knochentrocken** (*infml*) *adj* bone-dry (*infml*); (*fig*) Humor etc very dry **knöchern** ['knœçən] *adj* bone attr, of bone **knochig** ['knɔxɪç] *adj* bony

Knödel ['knøːdl] *m* ⟨-s, -⟩ dumpling

Knöllchen ['knœlçən] *nt* ⟨-s, -⟩ (*infml* ≈ *Strafzettel*) (parking) ticket **Knolle** ['knɔlə] *f* ⟨-, -n⟩ BOT nodule, tubercule; (*von Kartoffel*) tuber **Knollen** ['knɔlən] *m* ⟨-s, -⟩ (≈ *Klumpen*) lump

Knopf [knɔpf] *m* ⟨-(e)s, ⸚e ['knœpfə]⟩ button; (*an Tür*) knob **Knopfdruck** *m, no pl* **auf ~** at the touch of a button; (*fig*) at the flick of a switch **Knopfloch** *nt* buttonhole **Knopfzelle** *f* round cell battery

Knorpel ['knɔrpl] *m* ⟨-s, -⟩ ANAT, ZOOL cartilage; COOK gristle **knorpelig** ['knɔrpəlɪç] *adj* ANAT cartilaginous; Fleisch gristly **Knorren** ['knɔrən] *m* ⟨-s, -⟩ (*im Holz*) knot **knorrig** ['knɔrɪç] *adj* Baum gnarled; Holz knotty

Knospe ['knɔspə] *f* ⟨-, -n⟩ bud; **~n treiben** to bud

knoten ['knoːtn] *v/t* Seil etc to (tie into a) knot **Knoten** ['knoːtn] *m* ⟨-s, -⟩ **1** knot; (MED ≈ *Geschwulst*) lump; PHYS, BOT node; (*fig* ≈ *Verwicklung*) plot **2** NAUT knot **3** (≈ *Haarknoten*) bun **4** = Knotenpunkt **Knotenpunkt** *m* (MOT, RAIL) junction; (*fig*) centre (*Br*), center (*US*) **Knöterich**

['knøːtərɪç] *m* ⟨-s, -e⟩ knotgrass **kn<u>o</u>tig** ['knoːtɪç] *adj* knotty, full of knots; *Äste, Hände* gnarled
Know-how ['noːhau, noːˈhau] *nt* ⟨-s, *no pl*⟩ know-how
Kn<u>u</u>bbel ['knʊbl] *m* ⟨-s, -⟩ (*infml*) lump
kn<u>u</u>ddelig ['knʊdəlɪç] *adj* (*infml* ≈ *niedlich*) cuddly **kn<u>u</u>ddeln** ['knʊdln] *v/t* (*dial*) to kiss and cuddle
kn<u>ü</u>llen ['knʏlən] *v/t* to crumple **Knüller** ['knʏle] *m* ⟨-s, -⟩ (*infml*) sensation; PRESS scoop
kn<u>ü</u>pfen ['knʏpfn] **A** *v/t Knoten* to tie; *Band* to knot, to tie (up); *Teppich* to knot; *Netz* to mesh; *Freundschaft* to form; **etw an etw** (*acc*) **~** (*lit*) to tie sth to sth; (*fig*) *Bedingungen* to attach sth to sth; *Hoffnungen* to pin sth on sth; **Kontakte ~ (zu** or **mit)** to establish contact (with) **B** *v/r* **sich an etw** (*acc*) **~** to be linked to sth
Kn<u>ü</u>ppel ['knʏpl] *m* ⟨-s, -⟩ **1** (≈ *Stock*) stick; (≈ *Waffe*) cudgel, club; (≈ *Polizeiknüppel*) truncheon; **jdm (einen) ~ zwischen die Beine werfen** (*fig*) to put a spoke in sb's wheel (*Br*) **2** AVIAT joystick; AUTO gear stick (*Br*), gearshift (*US*) **kn<u>ü</u>ppeln** ['knʏpln] **A** *v/i* to use one's truncheon **B** *v/t* to club
kn<u>u</u>rren ['knʊrən] *v/i* (*Hund etc*) to growl; (*wütend*) to snarl; (*Magen*) to rumble; (*fig* ≈ *sich beklagen*) to groan (*über +acc* about)
kn<u>u</u>rrig ['knʊrɪç] *adj* grumpy
kn<u>u</u>spern ['knʊspen] *v/t & v/i* to crunch; **etwas zum Knuspern** something to nibble
kn<u>u</u>sprig ['knʊsprɪç] *adj* crisp; **~ braun** *Hähnchen* crispy brown
kn<u>u</u>tschen ['knuːtʃn] (*infml*) **A** *v/t* to smooch with (*infml*) **B** *v/i & v/r* to smooch (*infml*) **Kn<u>u</u>tschfleck** *m* (*infml*) lovebite (*infml*)
k. o. [kaːˈoː] *adj pred* SPORTS knocked out; (*fig infml*) whacked (*infml*); **jdn ~ schlagen** to knock sb out **K. o.** [kaːˈoː] *m* ⟨-(s), -s⟩ knockout, K.O.; **Sieg durch ~** victory by a knockout
Ko<u>a</u>la [koˈaːla] *m* ⟨-s, -⟩, **Ko<u>a</u>labär** *m* koala (bear)
koal<u>ie</u>ren [koaˈliːrən] *past part* **koal<u>ie</u>rt** *v/i esp* POL to form a coalition (*mit* with) **Ko<u>a</u>lition** [koaliˈtsi̯oːn] *f* ⟨-, -en⟩ *esp* POL coalition **Koal<u>i</u>tionsgespräch** *nt* coalition talks *pl* **Koal<u>i</u>tionspartner(in)** *m/(f)* coalition partner
Kob<u>a</u>lt ['koːbalt] *nt* ⟨-s, *no pl*⟩ cobalt **ko-**

baltbl<u>a</u>u *adj* cobalt blue
K<u>o</u>bold ['koːbɔlt] *m* ⟨-(e)s, -e [-də]⟩ goblin
K<u>o</u>bra ['koːbra] *f* ⟨-, -s⟩ cobra
K<u>o</u>ch [kɔx] *m* ⟨-s, ⸚e ['kœçə]⟩, **K<u>ö</u>chin** ['kœçɪn] *f* ⟨-, -nen⟩ cook; (*von Restaurant etc*) chef; **viele Köche verderben den Brei** (*prov*) too many cooks spoil the broth (*prov*) **K<u>o</u>chanleitung** *f* cooking instructions *pl* **K<u>o</u>chbeutel** *m* **Reis im ~** boil-in-the-bag rice **K<u>o</u>chbuch** *nt* cookery book **k<u>o</u>checht** *adj* TEX *Farbe* fast at 100°; *Wäsche etc* suitable for boiling **k<u>ö</u>cheln** ['kœçln] *v/i* to simmer **k<u>o</u>chen** ['kɔxn] **A** *v/i* **1** (*Flüssigkeit*) to boil; **etw zum Kochen bringen** to bring sth to the boil; **er kochte vor Wut** (*infml*) he was boiling with rage **2** (≈ *Speisen zubereiten*) to cook; (≈ *als Koch fungieren*) to do the cooking; **er kocht gut** he's a good cook **B** *v/t* **1** *Flüssigkeit, Wäsche* to boil; **etw auf kleiner Flamme ~** to simmer sth over a low heat **2** (≈ *zubereiten*) *Essen* to cook; *Kaffee, Tee* to make **C** *v/i impers* (*fig*) to be boiling; **es kocht in ihr** she is boiling with rage **k<u>o</u>chend** *adj* boiling; **~ heiß sein** to be boiling hot; (*Suppe etc*) to be piping hot **K<u>o</u>cher** ['kɔxe] *m* ⟨-s, -⟩ (≈ *Herd*) cooker; (≈ *Campingkocher*) (Primus®) stove
K<u>ö</u>cher ['kœçe] *m* ⟨-s, -⟩ (*für Pfeile*) quiver
K<u>o</u>chfeld *nt* ceramic hob **k<u>o</u>chfest** *adj* TEX = kochecht **K<u>o</u>chgelegenheit** *f* cooking facilities *pl* **K<u>o</u>chherd** *m* cooker **K<u>ö</u>chin** *f* → Koch **K<u>o</u>chkunst** *f* culinary art **K<u>o</u>chlöffel** *m* cooking spoon **K<u>o</u>chnische** *f* kitchenette **K<u>o</u>chplatte** *f* (≈ *Herdplatte*) hotplate **K<u>o</u>chrezept** *nt* recipe **K<u>o</u>chsalz** *nt* CHEM sodium chloride; COOK cooking salt **K<u>o</u>chtopf** *m* (cooking) pot; (*mit Stiel*) saucepan **K<u>o</u>chwäsche** *f* washing that can be boiled
K<u>o</u>de [koːt, ˈkoːdə] *m* ⟨-s, -s⟩ code
K<u>ö</u>der ['køːde] *m* ⟨-s, -⟩ bait **k<u>ö</u>dern** ['køːden] *v/t* (*lit*) to lure; (*fig*) to tempt; **jdn für etw ~** to rope sb into sth (*infml*); **sich von jdm/etw nicht ~ lassen** not to be tempted by sb/sth
K<u>o</u>dex ['koːdɛks] *m* ⟨- or -es, -e or Kodices or Kodizes ['koːditseːs]⟩ codex; (*fig*) (moral) code
kod<u>ie</u>ren *etc* = codieren *etc*
Koeffiz<u>ie</u>nt [koɛfiˈtsi̯ɛnt] *m* ⟨-en, -en⟩ co-efficient

Koexistenz [ˈkoːɛksɪstɛnts, koɛksɪsˈtɛnts] f, no pl coexistence

Koffein [kɔˈfeːiːn] nt ⟨-s, no pl⟩ caffeine **koffeinfrei** adj decaffeinated **koffeinhaltig** adj caffeinated, containing caffeine

Koffer [ˈkɔfɐ] m ⟨-s, -⟩ (suit)case; (≈ Schrankkoffer) trunk; **die ~ packen** to pack one's bags **Kofferanhänger** m luggage label **Kofferkuli** m (luggage) trolley (Brit), cart (US) **Kofferradio** nt portable radio **Kofferraum** m AUTO boot (Brit), trunk (US); (≈ Volumen) luggage space

Kognak [ˈkɔnjak] m ⟨-s, -s or -e⟩ brandy

Kohl [koːl] m ⟨-(e)s, -e⟩ **1** cabbage; **das macht den ~ auch nicht fett** (infml) that's not much help **2** (infml ≈ Unsinn) nonsense

Kohldampf m, no pl (infml) **~ haben** to be starving

Kohle [ˈkoːlə] f ⟨-, -n⟩ **1** coal; **glühende ~n** (lit) (glowing) embers; **(wie) auf (heißen) ~n sitzen** to be like a cat on a hot tin roof; **die ~n aus dem Feuer holen** (fig) to pull the chestnuts out of the fire **2** (≈ Verkohltes, Holzkohle) charcoal **3** TECH carbon **4** (infml ≈ Geld) dough (infml) **Kohlefilter** m charcoal filter **Kohlehydrat** nt carbohydrate **Kohlekraftwerk** nt coal-fired power station **Kohlenbergwerk** nt coal mine **Kohlendioxid** nt carbon dioxide **Kohlenherd** m range **Kohlenmonoxid** nt carbon monoxide **Kohlenpott** m (infml ≈ Ruhrgebiet) Ruhr (basin or valley) **Kohlenrevier** nt coal-mining area **Kohlensäure** f **1** CHEM carbonic acid **2** (in Getränken) fizz (infml) **kohlensäurehaltig** adj Getränke carbonated **Kohlenstoff** m carbon **Kohlenwasserstoff** m hydrocarbon **Kohlepapier** nt carbon paper **Kohlestift** m ART piece of charcoal **Kohlezeichnung** f charcoal drawing

Kohlkopf m cabbage **Kohlmeise** f great tit **kohlrabenschwarz** adj Haar jet black; Nacht pitch-black **Kohlrabi** [koːlˈraːbi] m ⟨-s, -⟩ kohlrabi **Kohlroulade** f COOK stuffed cabbage leaves pl **Kohlrübe** f BOT swede (Brit), rutabaga (US) **Kohlsprosse** f (Aus) (Brussels) sprout **Kohlweißling** [-vaislɪŋ] m ⟨-s, -e⟩ cabbage white (butterfly)

Koitus [ˈkoːitʊs] m ⟨-, -se or - [ˈkoːituːs]⟩ coitus

Koje [ˈkoːjə] f ⟨-, -n⟩ esp NAUT bunk, berth; **sich in die ~ hauen** (infml) to hit the sack (infml)

Kojote [koˈjoːtə] m ⟨-n, -n⟩ coyote

Kokain [kokaˈiːn] nt ⟨-s, no pl⟩ cocaine **kokainsüchtig** adj addicted to cocaine

kokett [koˈkɛt] adj coquettish **Koketterie** [kokɛtəˈriː] f ⟨-, -n [-ˈriːən]⟩ coquetry **kokettieren** [kokɛˈtiːrən] past part kokettiert v/i to flirt

Kokon [koˈkõː] m ⟨-s, -s⟩ ZOOL cocoon

Kokosfett nt coconut oil **Kokosflocken** pl desiccated coconut **Kokosmilch** f coconut milk **Kokosnuss** f coconut **Kokospalme** f coconut palm or tree **Kokosraspeln** pl desiccated coconut

Koks[1] [koːks] m ⟨-es, -e⟩ coke

Koks[2] m or nt ⟨-es, no pl⟩ (infml ≈ Kokain) coke (infml)

Kolben [ˈkɔlbn] m ⟨-s, -⟩ **1** (≈ Gewehrkolben) butt; (TECH ≈ Pumpenkolben) piston; (CHEM ≈ Destillierkolben) retort **2** (≈ Maiskolben) cob **Kolbenfresser** m ⟨-s, -⟩ (infml) piston seizure **Kolbenhub** m AUTO piston stroke

Kolibakterien [ˈkoːli-] pl E.coli pl

Kolibri [ˈkoːlibri] m ⟨-s, -s⟩ humming bird

Kolik [ˈkoːlɪk] f ⟨-, -en⟩ colic

kollabieren [kɔlaˈbiːrən] past part kollabiert v/i aux sein to collapse

Kollaborateur [kɔlaboraˈtøːɐ] m ⟨-s, -e⟩, **Kollaborateurin** [-ˈtøːrɪn] f ⟨-, -nen⟩ POL collaborator **Kollaboration** [kɔlaboraˈtsioːn] f ⟨-, -en⟩ collaboration **kollaborieren** past part kollaboriert v/i to collaborate

Kollaps [ˈkɔlaps, kɔˈlaps] m ⟨-es, -e⟩ collapse; **einen ~ erleiden** to collapse

Kollateralschaden m collateral damage no pl

Kolleg [kɔˈleːk] nt ⟨-s, -s or -ien [-ɡiən]⟩ **1** (UNIV ≈ Vorlesung) lecture **2** SCHOOL college

Kollege [kɔˈleːɡə] m ⟨-n, -n⟩, **Kollegin** [-ˈleːɡɪn] f ⟨-, -nen⟩ colleague **kollegial** [kɔleˈɡiaːl] **A** adj **das war nicht sehr ~ von ihm** that wasn't what you would expect from a colleague **B** adv loyally; **sich ~ verhalten** to be a good colleague

Kollegium [kɔˈleːɡiʊm] nt ⟨-s, Kollegien [-ɡiən]⟩ (≈ Lehrerkollegium etc) staff; (≈ Ausschuss) working party

Kollegmappe f document case

Kollekte [kɔˈlɛktə] f ⟨-, -n⟩ ECCL collection

Kollektion [kɔlɛk'tsioːn] f ⟨-, -en⟩ collection; (*also* FASHION ≈ *Sortiment*) range **kollektiv** [kɔlɛk'tiːf] **A** *adj* collective **B** *adv* collectively **Kollektiv** [kɔlɛk'tiːf] *nt* ⟨-s, -e [-və]⟩ collective **Kollektivschuld** f collective guilt **Kollektor** [kɔ'lɛktoːɐ] *m* ⟨-s, Kollektoren [-'toːrən]⟩ ELEC collector; (≈ *Sonnenkollektor*) solar collector

Koller ['kɔlɐ] *m* ⟨-s, -⟩ (*infml*) (≈ *Anfall*) funny mood; (≈ *Wutanfall*) rage; **einen ~ bekommen** to fly into a rage

kollidieren [kɔli'diːrən] *past part* **kollidiert** *v/i* (*elev*) *aux sein* (*Fahrzeuge*) to collide

Kollier [kɔ'lieː] *nt* ⟨-s, -s⟩ necklet

Kollision [kɔli'zioːn] f ⟨-, -en⟩ (*elev*) (≈ *Zusammenstoß*) collision; (≈ *Streit*) conflict, clash **Kollisionskurs** *m* NAUT, AVIAT collision course; **auf ~ gehen** (*fig*) to be heading for trouble

Kollokation [kɔloka'tsioːn] f ⟨-, -en⟩ LING collocation

Kolloquium [kɔ'loːkviʊm, kɔ'lɔkviʊm] *nt* ⟨-s, Kolloquien [-kviən]⟩ colloquium

Köln [kœln] *nt* ⟨-s⟩ Cologne **Kölner** ['kœlnɐ] *adj attr* Cologne; **der ~ Dom** Cologne Cathedral **kölnisch** ['kœlnɪʃ] *adj* Cologne *attr*; **er spricht Kölnisch** he speaks (the) Cologne dialect **Kölnischwasser** *nt, no pl* eau de Cologne

Kolonialherrschaft f colonial rule **Kolonialismus** [kolonia'lɪsmʊs] *m* ⟨-, *no pl*⟩ colonialism **Kolonialmacht** f colonial power **Kolonialzeit** f colonial times *pl* **Kolonie** [kolo'niː] f ⟨-, -n [-'niːən]⟩ colony; (≈ *Ferienkolonie*) camp **Kolonisation** [koloniza'tsioːn] f ⟨-, *no pl*⟩ (*von Land*) colonization **kolonisieren** [koloni'ziːrən] *past part* **kolonisiert** *v/t Land* to colonize

Kolonne [ko'lɔnə] f ⟨-, -n⟩ column; *esp* MIL convoy; (≈ *Arbeitskolonne*) gang; **~ fahren** to drive in (a) convoy

Koloratur [kolora'tuːɐ] f ⟨-, -en⟩ coloratura

kolorieren [kolo'riːrən] *past part* **koloriert** *v/t* to colour (*Br*), to color (*US*) **Kolorit** [kolo'riːt] *nt* ⟨-(e)s, -e⟩ ART colouring (*Br*), coloring (*US*); MUS (tone) colour (*Br*) or color (*US*); (LIT, *fig*) atmosphere

Koloss [ko'lɔs] *m* ⟨-es, -e⟩ colossus **kolossal** [kolɔ'saːl] **A** *adj* colossal; *Glück* tremendous; *Dummheit* crass **B** *adv* (*infml*) tremendously, enormously **Kolossalgemälde** *nt* (*infml*) spectacular painting **Kolosseum** [kolɔ'seːʊm] *nt* ⟨-s, *no pl*⟩

das ~ the Colosseum

kölsch [kœlʃ] *adj* = **kölnisch Kölsch** [kœlʃ] *nt* ⟨-, -⟩ **1** (≈ *Bier*) ≈ (strong) lager **2** (≈ *Dialekt*) **er spricht ~** he speaks (the) Cologne dialect

kolumbianisch [kolʊm'biaːnɪʃ] *adj* Colombian **Kolumbien** [ko'lʊmbiən] *nt* ⟨-s⟩ Colombia

Kolumne [ko'lʊmnə] f ⟨-, -n⟩ TYPO, PRESS column

Koma ['koːma] *nt* ⟨-s, -s *or* -ta [-ta]⟩ MED coma; **im ~ liegen** to be in a coma

Kombi ['kɔmbi] *m* ⟨-s, -s⟩ AUTO estate (car) (*Br*), station wagon (*esp US*) **Kombination** [kɔmbina'tsioːn] f ⟨-, -en⟩ **1** combination; (SPORTS ≈ *Zusammenspiel*) concerted move, (piece of) teamwork; **nordische ~** SKI Nordic combination **2** (≈ *Schlussfolgerung*) deduction **3** (≈ *Kleidung*) suit, ensemble **Kombinationsgabe** f powers *pl* of deduction **kombinieren** [kɔmbi'niːrən] *past part* **kombiniert** **A** *v/t* to combine **B** *v/i* (≈ *folgern*) to deduce; **ich kombiniere:** ... **I** conclude: ... **Kombiwagen** *m* estate (car) (*Br*), station wagon (*esp US*) **Kombizange** f combination pliers *pl*

Kombüse [kɔm'byːzə] f ⟨-, -n⟩ NAUT galley

Komet [ko'meːt] *m* ⟨-en, -en⟩ comet **kometenhaft** *adj* (*fig*) *Karriere* meteoric; *Aufschwung* rapid

Komfort [kɔm'foːɐ] *m* ⟨-s, *no pl*⟩ (*von Hotel etc*) luxury; (*von Möbel etc*) comfort; (*von Wohnung*) amenities *pl*, mod cons *pl* (*Br infml*); **ein Auto mit allem ~** a luxury car **komfortabel** [kɔmfɔr'taːbl] **A** *adj* (≈ *mit Komfort ausgestattet*) luxurious, luxury *attr*; *Wohnung* well-appointed; (≈ *bequem*) *Sessel, Bett* comfortable; (≈ *praktisch*) *Bedienung* convenient **B** *adv* (≈ *bequem*) comfortably; (≈ *mit viel Komfort*) luxuriously

Komik ['koːmɪk] f ⟨-, *no pl*⟩ (≈ *das Komische*) comic; (≈ *komische Wirkung*) comic effect **Komiker** ['koːmɪkɐ] *m* ⟨-s, -⟩, **Komikerin** [-ərɪn] f ⟨-, -nen⟩ comedian; (*fig also*) joker (*infml*); **Sie ~** you must be joking **komisch** ['koːmɪʃ] **A** *adj* funny; THEAT *Rolle, Oper* comic; **das Komische daran** the funny thing about it; **mir ist/wird so ~** (*infml*) I feel funny; **er war so ~ zu mir** he acted so strangely towards (*Br*) or toward (*US*) me **B** *adv* strangely; *riechen, schmecken, sich fühlen* strange; **jdm ~ vorkommen** to seem strange to sb **komischerweise** ['kɔːmɪʃə'vaɪzə] *adv* funnily enough

Komitee [komi'teː] *nt* ⟨-s, -s⟩ committee

Komma ['kɔma] *nt* ⟨-s, -s *or* -ta [-ta]⟩ comma; MAT decimal point; **fünf ~ drei** five point three

Kommandant [kɔman'dant] *m* ⟨-en, -en⟩, **Kommandantin** [-'dantɪn] *f* ⟨-, -nen⟩ MIL commanding officer; NAUT captain **Kommandeur** [kɔman'døːɐ] *m* ⟨-s, -e⟩, **Kommandeurin** [-'døːrɪn] *f* ⟨-, -nen⟩ commander **kommandieren** [kɔman'diːrən] *past part* **kommandiert** **A** *v/t* **1** (≈ befehligen) to command **2** (≈ befehlen) **jdn an einen Ort ~** to order sb to a place; **sich von jdm ~ lassen** to let oneself be ordered about by sb **B** *v/i* **1** (≈ Befehlsgewalt haben) to be in command; **~der General** commanding general **2** (≈ Befehle geben) to command; **er kommandiert gern** he likes ordering people about

Kommanditgesellschaft [kɔman'diːt-] *f* COMM ≈ limited partnership

Kommando [kɔ'mando] *nt* ⟨-s, -s⟩ command; **der Hund gehorcht auf ~** the dog obeys on command; **das ~ führen** to be in *or* have command (**über** +*acc* of) **Kommandobrücke** *f* NAUT bridge **Kommandokapsel** *f* SPACE command module **Kommandoraum** *m* control room

kommen ['kɔmən] *aux sein pret* **kam** [kaːm], *past part* **gekommen** [gə'kɔmən] **A** *v/i* **1** to come; **ich komme (schon)** I'm (just) coming; **er wird gleich ~** he'll be here right away; **wann soll der Zug ~?** when's the train due?; **da kann ja jeder ~ und sagen ...** anybody could come along and say ...; **das Baby kam zu früh** the baby arrived early; **nach Hause ~** (≈ ankommen) to get home; (≈ zurückkehren) to come home; **von der Arbeit ~** to get home from work; **ins Gefängnis ~** to go to prison; **in die Schule ~** to start school **2** (≈ hingehören) to go; **das Buch kommt ins oberste Fach** the book goes on the top shelf; **das kommt unter „Sonstiges"** that comes under "miscellaneous"; **das Lied kommt als Nächstes** that song is next; **ich komme zuerst an die Reihe** I'm first; **jetzt muss bald die Grenze ~** we should soon be at the border; **das Schlimmste kommt noch** the worst is yet to come **3** (≈ gelangen) to get; (*mit*

Hand *etc*) to reach; **durch den Zoll ~** to get through customs; **in das Alter ~, wo ... to reach the age when ... 4** TV, RADIO, THEAT *etc* to be on; **was kommt im Fernsehen?** what's on TV? **5** (≈ geschehen, sich zutragen) to happen; **egal, was kommt** whatever happens; **komme, was da wolle** come what may; **das musste ja so ~** it had to happen; **das kommt davon, dass ...** that's because ...; **das kommt davon!** see what happens? **6** (≈ geraten) **in Bewegung ~** to start moving; **zum Stillstand ~** to come to a halt *or* standstill **7** (*infml* ≈ einen Orgasmus haben) to come (*sl*) **8** (*mit Dativ*) **ihm kamen Zweifel** he started to have doubts; **jdm ~ die Tränen** tears come to sb's eyes; **mir kommt eine Idee** I've just had a thought; **du kommst mir gerade recht** (*iron*) you're just what I need; **das kommt mir gerade recht** that's just fine; **jdm frech ~** to be cheeky (*Br*) *or* fresh (*US*) (*mit Verb*) **9** **da kommt ein Vogel geflogen** there's a bird; **jdn besuchen ~** to come and see sb; **jdn ~ sehen** to see sb coming; **ich habe es ja ~ sehen** I saw it coming; **jdn ~ lassen** to send for sb; **etw ~ lassen** Taxi to order sth **10** (*mit Präposition*) **auf etw** (*acc*) ~ (≈ sich erinnern) to think of sth; **auf eine Idee ~** to get an idea; **wie kommst du darauf?** what makes you think that?; **darauf bin ich nicht gekommen** I didn't think of that; **auf ihn lasse ich nichts ~** (*infml*) I won't hear a word against him; **hinter etw** (*acc*) ~ (≈ herausfinden) to find sth out, to find out sth; **eine innere Frage ~** to have a question; **damit kann ich ihm nicht ~** (*mit Entschuldigung*) I can't give him that; (*mit Bitte*) I can't ask him that; **um etw ~** (≈ verlieren) to lose sth; **um Essen, Schlaf ~** to go without sth; **zu etw ~** (≈ Zeit finden für) to get round to sth; (≈ erhalten) to come by sth; (≈ erben) to come into sth; **zu einem Entschluss ~** to come to a conclusion; **zu nichts ~** (*zeitlich*) not to get (a)round to anything; (≈ erreichen) to achieve nothing; **zu sich ~** (≈ Bewusstsein wiedererlangen) to come round; (≈ aufwachen) to come to one's senses **B** *v/i impers* **so weit kommt es (noch)** that'll be the day (*infml*); **ich wusste, dass es so ~ würde** I knew that would happen; **wie kommt es, dass du ...?** how come you ...? (*infml*); **es kam zum Streit** there was a quarrel;

und so kam es, dass ... and that is how it came about that ... **Kommen** *nt* ⟨-s, *no pl*⟩ coming; **etw ist im ~** sth is on the way in; **jd ist im ~** sb is on his/her way up **kommend** *adj* coming; *Ereignisse* future; **(am) ~en Montag** next Monday; **in den ~en Jahren** in the years to come; **er ist der ~e Mann in der Partei** he is the rising star in the party

Kommentar [kɔmɛn'taːɐ] *m* ⟨-s, -e⟩ comment; PRESS commentary; **kein ~!** no comment **kommentarlos** [-loːs] *adv* without comment **Kommentator** [kɔmɛn'taːtoːɐ] *m* ⟨-s, Kommentatoren [-'toːrən]⟩, **Kommentatorin** [-'toːrɪn] *f* ⟨-, -nen⟩ commentator **kommentieren** [kɔmɛn'tiːrən] *past part* **kommentiert** *v/t* PRESS *etc* to comment on

Kommerz [kɔ'mɛrts] *m* ⟨-es, *no pl*⟩ (*pej*) commercialism; **nur auf ~ aus sein** to have purely commercial interests, to be out for profit **Kommerzialisierung** *f* ⟨-, -en⟩ commercialization **kommerziell** [kɔmɛr'tsiɛl] **A** *adj* commercial **B** *adv* commercially

Kommilitone [kɔmili'toːnə] *m* ⟨-n, -n⟩, **Kommilitonin** [-'toːnɪn] *f* ⟨-, -nen⟩ fellow student

Kommissar [kɔmɪ'saːɐ] *m* ⟨-s, -e⟩, **Kommissarin** [-'saːrɪn] *f* ⟨-, -nen⟩ ADMIN commissioner; (≈ *Polizeikommissar*) inspector

kommissarisch [kɔmɪ'saːrɪʃ] **A** *adj* temporary **B** *adv* temporarily

Kommission [kɔmɪ'sioːn] *f* ⟨-, -en⟩ **1** (≈ *Ausschuss*) committee; (*zur Untersuchung*) commission **2** COMM commission; **etw in ~ nehmen** to take sth on commission

Kommode [kɔ'moːdə] *f* ⟨-, -n⟩ chest of drawers

kommunal [kɔmu'naːl] *adj* local; (≈ *städtisch*) municipal **Kommunalabgaben** *pl* local rates and taxes *pl* **Kommunalpolitik** *f* local government politics *sg* or *pl* **Kommunalpolitiker(in)** *m/(f)* local politician **Kommunalwahlen** *pl* local (government) elections *pl* **Kommune** [kɔ'muːnə] *f* ⟨-, -n⟩ **1** local authority district **2** (≈ *Wohngemeinschaft*) commune

Kommunikation [kɔmunika'tsioːn] *f* ⟨-, -en⟩ communication **Kommunikationsmittel** *nt* means *sg* of communication **Kommunikationsschwierigkeiten** *pl* communication difficulties *pl*

Kommunikationssystem *nt* communications system **Kommunikationswissenschaften** *pl* communication studies *pl* **kommunikativ** [kɔmunika'tiːf] *adj* communicative **Kommunikee** [kɔmuni'keː] *nt* ⟨-s, -s⟩ communiqué

Kommunion [kɔmu'nioːn] *f* ⟨-, -en⟩ ECCL (Holy) Communion

Kommuniqué [kɔmyni'keː, kɔmuni'keː] *nt* ⟨-s, -s⟩ communiqué

Kommunismus [kɔmu'nɪsmʊs] *m* ⟨-, *no pl*⟩ communism **Kommunist** [kɔmu'nɪst] *m* ⟨-en, -en⟩, **Kommunistin** [-'nɪstɪn] *f* ⟨-, -nen⟩ Communist **kommunistisch** [kɔmu'nɪstɪʃ] *adj* communist

kommunizieren [kɔmuni'tsiːrən] *past part* **kommuniziert** *v/i* to communicate

Komödiant [komø'diant] *m* ⟨-en, -en⟩, **Komödiantin** [-'diantɪn] *f* ⟨-, -nen⟩ **1** (*old*) actor/actress **2** (*fig*) play-actor **Komödie** [ko'møːdiə] *f* ⟨-, -n⟩ comedy; **~ spielen** (*fig*) to put on an act

Kompagnon [kɔmpan'jõː, 'kɔmpanjõ] *m* ⟨-s, -s⟩ COMM partner, associate; (*iron*) pal (*infml*)

kompakt [kɔm'pakt] *adj* compact **Kompaktkamera** *f* compact camera

Kompanie [kɔmpa'niː] *f* ⟨-, -n [-'niːən]⟩ MIL company

Komparativ ['kɔmparatiːf] *m* ⟨-s, -e [-və]⟩ GRAM comparative

Komparse [kɔm'parzə] *m* ⟨-n, -n⟩, **Komparsin** [-'parzɪn] *f* ⟨-, -nen⟩ FILM extra; THEAT supernumerary

Kompass ['kɔmpas] *m* ⟨-es, -e⟩ compass **Kompassnadel** *f* compass needle

kompatibel [kɔmpa'tiːbl] *adj* compatible **Kompatibilität** [kɔmpatibili'tɛːt] *f* ⟨-, -en⟩ compatibility

Kompensation [kɔmpɛnza'tsioːn] *f* ⟨-, -en⟩ compensation **kompensieren** [kɔmpɛn'ziːrən] *past part* **kompensiert** *v/t* to compensate for

kompetent [kɔmpe'tɛnt] **A** *adj* competent **B** *adv* competently **Kompetenz** [kɔmpe'tɛnts] *f* ⟨-, -en⟩ (area of) competence; **da hat er ganz eindeutig seine ~en überschritten** he has quite clearly exceeded his authority here **Kompetenzbereich** *m* area of competence **Kompetenzstreitigkeiten** *pl* dispute over respective areas of responsibility

komplementär [kɔmplemɛn'tɛːɐ] *adj* complementary **Komplementärfarbe**

f complementary colour (*Br*) or color (*US*)
komplett [kɔm'plɛt] **A** *adj* complete **B**
adv completely **komplettieren** [kɔmplɛ-
'tiːrən] *past part* **komplettiert** *v/t* (*elev*) to
complete

komplex [kɔm'plɛks] *adj* complex **Komplex** [kɔm'plɛks] *m* ⟨-es, -e⟩ (≈ *Gebäudekomplex*, PSYCH) complex; (≈ *Themenkomplex*) issues **Komplexität** [kɔmplɛksi'tɛːt] *f* ⟨-, *no pl*⟩ complexity

Komplikation [kɔmplika'tsioːn] *f* ⟨-, -en⟩ complication

Kompliment [kɔmpli'mɛnt] *nt* ⟨-(e)s, -e⟩ compliment; **jdm ~e machen** to compliment sb (*wegen* on)

Komplize [kɔm'pliːtsə] *m* ⟨-n, -n⟩, **Komplizin** [-'pliːtsɪn] *f* ⟨-, -nen⟩ accomplice

komplizieren [kɔmpli'tsiːrən] *past part* **kompliziert** *v/t* to complicate **kompliziert** [kɔmpli'tsiːet] *adj* complicated; MED *Bruch* compound **Kompliziertheit** *f* ⟨-, *no pl*⟩ complexity

Komplott [kɔm'plɔt] *nt* ⟨-(e)s, -e⟩ plot, conspiracy; **ein ~ schmieden** to hatch a plot

Komponente [kɔmpo'nɛntə] *f* ⟨-, -n⟩ component

komponieren [kɔmpo'niːrən] *past part* **komponiert** *v/t & v/i* to compose **Komponist** [kɔmpo'nɪst] *m* ⟨-en, -en⟩, **Komponistin** [-'nɪstɪn] *f* ⟨-, -nen⟩ composer **Komposition** [kɔmpozi'tsioːn] *f* ⟨-, -en⟩ composition

Kompost [kɔm'pɔst, 'kɔmpɔst] *m* ⟨-(e)s, -e⟩ compost **kompostieren** [kɔmpɔs'tiːrən] *past part* **kompostiert** *v/t* to compost

Kompott [kɔm'pɔt] *nt* ⟨-(e)s, -e⟩ stewed fruit, compote

Kompresse [kɔm'prɛsə] *f* ⟨-, -n⟩ compress **Kompression** [kɔmprɛ'sioːn] *f* ⟨-, -en⟩ compression **Kompressionsprogramm** *nt* IT compression program **Kompressor** [kɔm'prɛsoːɐ] *m* ⟨-s, Kompressoren** [-'soːrən]⟩ compressor **komprimieren** [kɔmpri'miːrən] *past part* **komprimiert** *v/t* to compress; (*fig*) to condense

Kompromiss [kɔmpro'mɪs] *m* ⟨-es, -e⟩ compromise; **einen ~ schließen** to (make a) compromise **kompromissbereit** *adj* willing to compromise **Kompromissbereitschaft** *f* willingness to compromise **kompromissfähig** *adj* able to compromise **kompromisslos** *adj* un-

compromising **Kompromissvorschlag** *m* compromise proposal **kompromittieren** [kɔmprɔmɪ'tiːrən] *past part* **kompromittiert** **A** *v/t* to compromise **B** *v/r* to compromise oneself

Kondensat [kɔndɛn'zaːt] *nt* ⟨-(e)s, -e⟩ condensate; (*fig*) distillation, condensation **Kondensation** [kɔndɛnza'tsioːn] *f* ⟨-, -en⟩ condensation **Kondensator** [kɔndɛn'zaːtoːɐ] *m* ⟨-s, Kondensatoren** [-'toːrən]⟩ AUTO, CHEM condenser; ELEC *auch* capacitor **kondensieren** [kɔndɛn'ziːrən] *past part* **kondensiert** *v/t & v/i* to condense **Kondensmilch** *f* evaporated milk **Kondensstreifen** *m* AVIAT vapour (*Br*) or vapor (*US*) trail **Kondenswasser** *nt* condensation

Kondition [kɔndi'tsioːn] *f* ⟨-, -en⟩ condition; (≈ *Durchhaltevermögen*) stamina; **er hat überhaupt keine ~** he is completely unfit; (*fig*) he has absolutely no stamina **Konditionalsatz** *m* conditional clause **konditionieren** [kɔnditsio'niːrən] *past part* **konditioniert** *v/t* to condition **Konditionsschwäche** *f* lack *no pl* of fitness **konditionsstark** *adj* very fit **Konditionstraining** *nt* fitness training

Konditor [kɔn'diːtoːɐ] *m* ⟨-s, Konditoren** [-'toːrən]⟩, **Konditorin** [-'toːrɪn] *f* ⟨-, -nen⟩ pastry cook (*Br*), confectioner (*US*) **Konditorei** *f* ⟨-, -en⟩ cake shop (*Br*), confectioner's shop (*US*); (*mit Café*) café

Kondolenzbuch *nt* book of condolence **Kondolenzschreiben** *nt* (≈ *Kondolenzbrief*) letter of condolence **kondolieren** [kɔndo'liːrən] *past part* **kondoliert** *v/i* (**jdm**) ~ to offer one's condolences (to sb)

Kondom [kɔn'doːm] *m* or *nt* ⟨-s, -e⟩ condom

Kondukteur [kɔndʊk'tøːɐ] *m* ⟨-s, -e⟩ (*Swiss*) conductor **Kondukteurin** [kɔndʊk'tøːrɪn] *f* ⟨-, -nen⟩ (*Swiss*) conductress

Konfekt [kɔn'fɛkt] *nt* ⟨-(e)s, -e⟩ confectionery

Konfektion [kɔnfɛk'tsioːn] *f* ⟨-, -en⟩ (≈ *Bekleidung*) ready-to-wear clothes *pl* or clothing (*Br*) **Konfektionsgröße** *f* (clothing) size **Konfektionsware** *f* ready-to-wear clothing

Konferenz [kɔnfe'rɛnts] *f* ⟨-, -en⟩ conference; (≈ *Besprechung*) meeting **Konferenzdolmetscher(in)** *m/(f)* conference interpreter **Konferenzraum** *m* conference room **Konferenzschaltung** *f* (RA-

K

DIO, TV) (television/radio) linkup **Konferenzteilnehmer(in)** *m/(f)* person attending a conference/meeting **konferieren** [kɔnfeˈriːrən] *past part* konferiert *v/i* to confer (*über +acc* on *or* about), to have *or* hold a conference (*über +acc* on *or* about) **Konfession** [kɔnfɛˈsioːn] *f* ⟨-, -en⟩ (religious) denomination **konfessionell** [kɔnfɛsioˈnɛl] *adj* denominational **konfessionslos** *adj* nondenominational **Konfessionsschule** *f* denominational school

Konfetti [kɔnˈfɛti] *nt* ⟨-s, *no pl*⟩ confetti

Konfiguration [kɔnfiguraˈtsioːn] *f* ⟨-, -en⟩ configuration **konfigurieren** [kɔnfiguˈriːrən] *past part* konfiguriert *v/t* to configure

Konfirmand [kɔnfɪrˈmant] *m* ⟨-en, -en [-dn]⟩, **Konfirmandin** [-ˈmandɪn] *f* ⟨-, -nen⟩ ECCL confirmand **Konfirmation** [kɔnfɪrmaˈtsioːn] *f* ⟨-, -en⟩ ECCL confirmation **konfirmieren** [kɔnfɪrˈmiːrən] *past part* konfirmiert *v/t* ECCL to confirm

Konfiserie [kõfizaˈriː] *f* ⟨-, -n [-ˈriːən]⟩ (*Swiss ≈ Konfekt*) confectionery

konfiszieren [kɔnfɪsˈtsiːrən] *past part* konfisziert *v/t* to confiscate

Konfitüre [kɔnfiˈtyːrə] *f* ⟨-, -n⟩ jam

Konflikt [kɔnˈflɪkt] *m* ⟨-s, -e⟩ conflict; **mit etw in ~ geraten** to come into conflict with sth **konfliktgeladen** *adj* conflict--ridden; *Situation* explosive **konfliktscheu** *adj* ~ **sein** to be afraid of conflict **Konfliktstoff** *m* cause for conflict

konform [kɔnˈfɔrm] **A** *adj Ansichten etc* concurring **B** *adv* **mit jdm/etw ~ gehen** to agree with sb/sth (*in +dat* about) **Konformismus** [kɔnfɔrˈmɪsmʊs] *m* ⟨-, *no pl*⟩ conformism **Konformist** [kɔnfɔrˈmɪst] *m* ⟨-s, -⟩, **Konformistin** [-ərɪn] *f* ⟨-, -nen⟩ (*pej*) conformist **konformistisch** [kɔnfɔrˈmɪstɪʃ] *adj* conformist, conforming

Konfrontation [kɔnfrɔntaˈtsioːn] *f* ⟨-, -en⟩ confrontation **Konfrontationskurs** *m* **auf ~ gehen** to be heading for a confrontation **konfrontieren** [kɔnfrɔnˈtiːrən] *past part* konfrontiert *v/t* to confront (*mit* with)

konfus [kɔnˈfuːs] *adj* confused **Konfusion** *f* ⟨-, -en⟩ confusion

Konglomerat [kɔnglomeˈraːt, kɔŋ-] *nt* ⟨-(e)s, -e⟩ (≈ *Ansammlung*) conglomeration

Kongo [ˈkɔŋɡo] *m* ⟨-(s)⟩ Congo **kongole-**

sisch [kɔŋɡoˈleːzɪʃ] *adj* Congolese

Kongress [kɔnˈɡrɛs, kɔŋ-] *m* ⟨-es, -e⟩ **1** POL congress; (*fachlich*) convention **2** (*in USA*) Congress **Kongresshalle** *f* congress *or* conference hall **Kongressteilnehmer(in)** *m/(f)* person attending a congress *or* conference **Kongresszentrum** *nt* congress *or* conference centre (*Br*) *or* center (*US*)

kongruent [kɔŋɡruˈɛnt, kɔŋ-] *adj* MAT congruent; (*elev*) *Ansichten* concurring **Kongruenz** [kɔŋɡruˈɛnts, kɔŋ-] *f* ⟨-, -en⟩ MAT congruence; (*elev: von Ansichten*) concurrence

Konifere [koniˈfeːrə] *f* ⟨-, -n⟩ conifer

König [ˈkøːnɪç] *m* ⟨-s, -e [-ɡə]⟩ king **Königin** [ˈkøːnɪɡɪn] *f* ⟨-, -nen⟩ *also* ZOOL queen **Königinmutter** *f, pl* -mütter queen mother **Königinpastete** *f* vol-au-vent **königlich** [ˈkøːnɪklɪç] **A** *adj* royal; *Gehalt* princely; **Seine Königliche Hoheit** His Royal Highness **B** *adv* **1** (*infml*) **sich ~ amüsieren** to have the time of one's life (*infml*) **2** (≈ *fürstlich*) *bewirten* like royalty; *belohnen* richly **Königreich** *nt* kingdom **Königshaus** *nt* royal dynasty **Königtum** [ˈkøːnɪçtuːm] *nt* ⟨-s, -tümer [-tyːmɐ]⟩ **1** *no pl* kingship **2** (≈ *Reich*) kingdom

Konjugation [kɔnjuɡaˈtsioːn] *f* ⟨-, -en⟩ conjugation **konjugieren** [kɔnjuˈɡiːrən] *past part* konjugiert *v/t* to conjugate

Konjunktion [kɔnjʊŋkˈtsioːn] *f* ⟨-, -en⟩ conjunction

Konjunktiv [ˈkɔnjʊŋktɪf] *m* ⟨-s, -e [-və]⟩ GRAM subjunctive **Konjunktivsatz** *m* GRAM subjunctive clause

Konjunktur [kɔnjʊŋkˈtuːɐ] *f* ⟨-, -en⟩ economic situation, economy; (≈ *Hochkonjunktur*) boom **Konjunkturabschwächung** *f*, **Konjunkturabschwung** *m* economic downturn **Konjunkturaufschwung** *m* economic upturn **konjunkturbedingt** *adj* influenced by *or* due to economic factors **Konjunkturbelebung** *f* business revival; (≈ *aktives Beleben der Konjunktur*) stimulation of the economy **konjunkturell** [kɔnjʊŋktuˈrɛl] **A** *adj* economic **B** *adv* economically; **~ bedingt** caused by economic factors **Konjunkturflaute** *f* economic slowdown **Konjunkturklima** *nt* economic *or* business climate **Konjunkturpolitik** *f* economic (stabilization) policy **Konjunkturrückgang** *m* slowdown in the economy **Konjunkturschwäche** f weakness in the economy

konkav [kɔn'kaːf, kɔŋ-] adj concave

konkret [kɔn'kreːt, kɔŋ-] adj concrete; **ich kann dir nichts Konkretes sagen** I can't tell you anything concrete; **drück dich etwas ~er aus** would you put that in rather more concrete terms **konkretisieren** [kɔnkreti'ziːrən, kɔŋ-] past part **konkretisiert** v/t to put in concrete form or terms

Konkubine [kɔnku'biːnə, kɔŋ-] f ⟨-, -n⟩ concubine

Konkurrent [kɔnkʊ'rɛnt, kɔŋ-] m ⟨-en, -en⟩, **Konkurrentin** [-'rɛntɪn] f ⟨-, -nen⟩ rival; COMM auch competitor **Konkurrenz** [kɔnkʊ'rɛnts, kɔŋ-] f ⟨-, -en⟩ (≈ Wettbewerb) competition; (≈ Konkurrenzbetrieb) competitors pl; (≈ Gesamtheit der Konkurrenten) competition; **jdm ~ machen** to compete with sb; **zur ~ (über)gehen** to go over to the competition **konkurrenzfähig** adj competitive **Konkurrenzkampf** m competition **konkurrenzlos** adj without competition **konkurrieren** [kɔnkʊ'riːrən, kɔŋ-] past part **konkurriert** v/i to compete

Konkurs [kɔn'kʊrs, kɔŋ-] m ⟨-es, -e⟩ bankruptcy; **in ~ gehen** to go bankrupt; **~ machen** (infml) to go bust (infml) **Konkursmasse** f bankrupt's estate **Konkursverfahren** nt bankruptcy proceedings pl **Konkursverwalter(in)** m/(f) receiver; (von Gläubigern bevollmächtigt) trustee

können ['kœnən] pret **konnte** ['kɔntə], past part **gekonnt** or (bei modal aux vb) **können** [gə'kɔnt, 'kœnən] v/t & v/i & modal v/aux **■** (≈ vermögen) to be able to; **ich kann das machen** I can do it, I am able to do it; **ich kann das nicht machen** I cannot or can't do it, I am not able to do it; **morgen kann ich nicht** I can't (manage) tomorrow; **das hättest du gleich sagen ~** you could have said that straight away; **ich kann nicht mehr** I can't go on; (ertragen) I can't take any more; (essen) I can't manage any more; **so schnell er konnte** as fast as he could or was able to **■** (≈ beherrschen) Sprache to (be able to) speak; Schach to be able to play; lesen, schwimmen etc to be able to, to know how to; **was du alles kannst!** the things you can do!; **ich kann gut Englisch** he speaks English well; **er kann nicht schwimmen** he can't swim;

→ **gekonnt ■** (≈ dürfen) to be allowed to; **kann ich jetzt gehen?** can I go now?; **könnte ich ...?** could I ...?; **er kann mich (mal)** (infml) he can go to hell (infml) **■** **Sie könnten recht haben** you could or might or may be right; **er kann jeden Augenblick kommen** he could or might or may come any minute; **das kann nicht sein** that can't be true; **es kann sein, dass er dabei war** he could or might or may have been there; **kann sein** maybe, could be; **ich kann nichts dafür** it's not my fault **Können** nt ⟨-s, no pl⟩ ability, skill **Könner** ['kœnɐ] m ⟨-s, -⟩, **Könnerin** [-ərɪn] f ⟨-, -nen⟩ expert

Konsekutivsatz m consecutive clause **Konsens** [kɔn'zɛns] m ⟨-es, -e [-zə]⟩ agreement

konsequent [kɔnze'kvɛnt] **■** adj consistent **■** adv befolgen strictly; ablehnen emphatically; eintreten für rigorously; argumentieren consistently; **~ handeln** to be consistent; **wir werden ~ durchgreifen** we will take rigorous action **konsequenterweise** adv to be consistent **Konsequenz** [kɔnze'kvɛnts] f ⟨-, -en⟩ consequence; **die ~en tragen** to take the consequences; **(aus etw) die ~en ziehen** to come to the obvious conclusion

konservativ [kɔnzɛrva'tiːf, 'kɔnzɛrvatiːf] **■** adj conservative; (Br POL) Conservative, Tory **■** adv conservatively **Konservative(r)** [kɔnzɛrva'tiːvə] m/f(m) decl as adj conservative; (Br POL) Conservative, Tory **Konservatorium** [kɔnzɛrva'toːriʊm] nt ⟨-s, Konservatorien [-riən]⟩ conservatory **Konserve** [kɔn'zɛrvə] f ⟨-, -n⟩ preserved food; (in Dosen) tinned (Br) or canned food; (≈ Konservendose) tin (Br), can; (MED ≈ Blutkonserve etc) stored blood etc; blood bottle; (≈ Tonkonserve) recorded music **Konservenbüchse** f, **Konservendose** f tin (Br), can **konservieren** [kɔnzɛr'viːrən] past part **konserviert** v/t to preserve **Konservierung** f ⟨-, no pl⟩ preservation **Konservierungsmittel** nt preservative

konsistent [kɔnzɪs'tɛnt] **■** adj **■** (fest) Masse solid **■** Politik consistent **■** adv behaupten consistently **Konsistenz** [kɔnzɪs'tɛnts] f ⟨-, -en⟩ consistency; (von Gewebe) texture

konsolidieren [kɔnzɔli'diːrən] past part **konsolidiert** v/t & v/r to consolidate **Konsolidierung** f ⟨-, -en⟩ consolidation

Konsonant [kɔnzo'nant] *m* ⟨-en, -en⟩ consonant

Konsortium [kɔn'zɔrtsiʊm] *nt* ⟨-s, Konsortien [-tsiən]⟩ COMM consortium

Konspiration [kɔnspira'tsioːn] *f* ⟨-, -en⟩ conspiracy, plot **konspirativ** [kɔnspira-'tiːf] *adj* conspiratorial; **~e Wohnung** safe house

konstant [kɔn'stant] **A** *adj* constant **B** *adv* gut, hoch consistently **Konstante** [kɔn'stantə] *f* ⟨-(n), -n⟩ constant

Konstellation [kɔnstɛla'tsioːn] *f* ⟨-, -en⟩ constellation

konstituieren [kɔnstitu'iːrən] *past part* **konstituiert** *v/t* to constitute, to set up; **~de Versammlung** constituent assembly **Konstituierung** [kɔnstitu'iːrʊŋ] *f* ⟨-, -en⟩ (≈ Gründung) constitution **Konstitution** [kɔnstitu'tsioːn] *f* ⟨-, -en⟩ constitution **konstitutionell** [kɔnstitutsio'nɛl] *adj* constitutional

konstruieren [kɔnstru'iːrən] *past part* **konstruiert** *v/t* to construct; **ein konstruierter Fall** a hypothetical case **Konstrukteur** [kɔnstrʊk'tøːɐ] *m* ⟨-s, -e⟩, **Konstrukteurin** [-'tøːrɪn] *f* ⟨-, -nen⟩ designer **Konstruktion** [kɔnstrʊk'tsioːn] *f* ⟨-, -en⟩ construction **Konstruktionsbüro** *nt* drawing office **Konstruktionsfehler** *m* (im Entwurf) design fault; (im Aufbau) structural defect **konstruktiv** [kɔnstrʊk-'tiːf] **A** *adj* constructive **B** *adv* constructively

Konsul ['kɔnzʊl] *m* ⟨-s, -n⟩, **Konsulin** [-lɪn] *f* ⟨-, -nen⟩ consul **Konsulat** [kɔnzu'laːt] *nt* ⟨-(e)s, -e⟩ consulate **Konsultation** [kɔnzʊlta'tsioːn] *f* ⟨-, -en⟩ (form) consultation **konsultieren** [kɔnzʊl'tiːrən] *past part* **konsultiert** *v/t* (form) to consult

Konsum [kɔn'zuːm] *m* ⟨-s, no pl⟩ (≈ Verbrauch) consumption **Konsumartikel** [kɔn'zuːm-] *m* consumer item **Konsument** [kɔnzu'mɛnt] *m* ⟨-en, -en⟩, **Konsumentin** [-'mɛntɪn] *f* ⟨-, -nen⟩ consumer **Konsumgesellschaft** *f* consumer society **Konsumgut** *nt* usu pl consumer item; **Konsumgüter** *pl* consumer goods *pl* **konsumieren** [kɔnzu'miːrən] *past part* **konsumiert** *v/t* to consume **Konsumverzicht** *m* non-consumption

Kontakt [kɔn'takt] *m* ⟨-(e)s, -e⟩ contact; **mit jdm/etw in ~ kommen** to come into contact with sb/sth; **mit jdm ~ aufneh-**

men to get in contact or touch with sb **Kontaktadresse** *f* **er hinterließ eine ~** he left behind an address where he could be contacted **Kontaktanzeige** *f* personal ad **kontaktarm** *adj* **er ist ~** he lacks contact with other people **Kontaktarmut** *f* lack of human contact **Kontaktfrau** *f* (≈ Agentin) contact **kontaktfreudig** *adj* sociable, outgoing **Kontaktlinse** *f* contact lens **Kontaktmangel** *m* lack of contact **Kontaktmann** *m*, *pl* **-männer** (≈ Agent) contact **Kontaktperson** *f* contact **kontaktscheu** *adj* shy

Kontamination [kɔntamina'tsioːn] *f* ⟨-, -en⟩ contamination **kontaminieren** [kɔntami'niːrən] *past part* **kontaminiert** *v/i* to contaminate

Konter ['kɔntɐ] *m* ⟨-s, -⟩ (Boxen) counter (-punch); (Ballspiele) counterattack, break **Konterangriff** *m* counterattack

Konterfei ['kɔntɐfai, kɔntɐ'fai] *nt* ⟨-s, -s or -e⟩ (old, hum) likeness, portrait **konterkarieren** [kɔnteka'riːrən] *past part* **konterkariert** *v/t* to counteract; Aussage to contradict **kontern** ['kɔntɐn] *v/t & v/i* to counter **Konterrevolution** *f* counter-revolution

Kontext ['kɔntɛkst] *m* context

Kontinent ['kɔntinɛnt, kɔnti'nɛnt] *m* ⟨-(e)s, -e⟩ continent **kontinental** [kɔntinɛn'taːl] *adj* continental **Kontinentaleuropa** *nt* the Continent

Kontingent [kɔntɪŋ'gɛnt] *nt* ⟨-(e)s, -e⟩ contingent; COMM quota, share

kontinuierlich [kɔntinu'iːlɪç] **A** *adj* continuous **B** *adv* continuously **Kontinuität** [kɔntinui'tɛːt] *f* ⟨-, no pl⟩ continuity

Konto ['kɔnto] *nt* ⟨-s, Konten or Konti ['kɔntn, 'kɔnti]⟩ account; **auf meinem ~** in my account; **das geht auf mein ~** (infml) (≈ ich bin schuldig) I am to blame for this **Kontoauszug** *m* (bank) statement **Kontoauszugsdrucker** *m* statement printer **Kontobewegung** *f* transaction **kontoführend** *adj* Bank where an account is held **Kontoführungsgebühr** *f* bank charge **Kontoinhaber(in)** *m/(f)* account holder **Kontokorrent** ['kɔntoko'rɛnt] *nt* ⟨-s, -e⟩ current account, cheque account (Brit), checking account (US) **Kontonummer** *f* account number **Kontostand** *m* balance

kontra ['kɔntra] *prep +acc* against; JUR versus **Kontra** ['kɔntra] *nt* ⟨-s, -s⟩ CARDS double; **jdm ~ geben** *(fig)* to contradict sb **Kontrabass** *m* double bass **Kontrahent** [kɔntra'hɛnt] *m* ⟨-en, -en⟩, **Kontrahentin** [-'hɛntɪn] *f* ⟨-, -nen⟩ (≈ *Gegner*) adversary **Kontraindikation** [kɔntra-, 'kɔntra-] *f* MED contraindication

Kontraktion [kɔntrak'tsi̯oːn] *f* ⟨-, -en⟩ MED contraction

kontraproduktiv *adj* counterproductive **Kontrapunkt** *m* MUS counterpoint **konträr** [kɔn'trɛːɐ] *adj* (*elev*) *Meinungen* contrary, opposite

Kontrast [kɔn'trast] *m* ⟨-(e)s, -e⟩ contrast **kontrastarm** *adj* ~ **sein** to be lacking in contrast **Kontrastbrei** *m* MED barium meal **kontrastieren** [kɔntras'tiːrən] *past part* kontrastiert *v/i* to contrast **Kontrastmittel** *nt* MED contrast medium **Kontrastprogramm** *nt* alternative programme (*Br*) *or* program (*US*) **kontrastreich** *adj* ~ **sein** to be full of contrast

Kontrollabschnitt *m* COMM counterfoil, stub **Kontrolle** [kɔn'trɔlə] *f* ⟨-, -n⟩ **1** control; **über etw die ~ verlieren** to lose control of sth; **jdn unter ~ haben** to have sb under control; **der Brand geriet außer ~** the fire got out of control **2** (≈ *Nachprüfung*) check (+*gen* on); (≈ *Aufsicht*) supervision; **jdn/etw einer ~ unterziehen** to check sb/sth; **~n durchführen** to carry out checks **3** (≈ *Stelle*) () checkpoint **Kontrolleur** [kɔntrɔ'løːɐ] *m* ⟨-s, -e⟩, **Kontrolleurin** [-'løːrɪn] *f* ⟨-, -nen⟩ inspector **Kontrollgang** *m*, *pl* -**gänge** (inspection) round **kontrollierbar** *adj* controllable **kontrollieren** [kɔntrɔ'liːrən] *past part* kontrolliert *v/t* **1** to control **2** (≈ *nachprüfen*) to check; (≈ *Aufsicht haben über*) to supervise; **jdn/etw nach etw ~** to check sb/ sth for sth; **Gemüse aus kontrolliert biologischem Anbau** organically grown vegetables; **staatlich kontrolliert** state-controlled **Kontrolllampe** *f* pilot lamp; (AUTO: *für Ölstand*) warning light **Kontrollpunkt** *m* checkpoint **Kontrollturm** *m* control tower **Kontrollzentrum** *nt* control centre (*Br*) *or* center (*US*)

kontrovers [kɔntro'vɛrs] **A** *adj* controversial **B** *adv* (**etw**) **~ diskutieren** to have a controversial discussion (about sth) **Kontroverse** [kɔntro'vɛrzə] *f* ⟨-, -n⟩ controversy

Kontur [kɔn'tuːɐ] *f* ⟨-, -en⟩ outline, contour; **~en annehmen** to take shape

Konvent [kɔn'vɛnt] *m* ⟨-(e)s, -e⟩ **1** (≈ *Versammlung*) convention **2** (≈ *Kloster*) convent; (≈ *Mönchskonvent*) monastery **Konvention** [kɔnvɛn'tsi̯oːn] *f* ⟨-, -en⟩ convention **Konventionalstrafe** [kɔnvɛntsi̯o-'naːl-] *f* penalty (for breach of contract) **konventionell** [kɔnvɛntsi̯o'nɛl] **A** *adj* conventional **B** *adv* conventionally

Konvergenz [kɔnvɛr'gɛnts] *f* ⟨-, -en⟩ convergence

Konversation [kɔnvɛrza'tsi̯oːn] *f* ⟨-, -en⟩ conversation **Konversationslexikon** *nt* encyclopaedia (*Br*), encyclopedia (*US*)

Konversion [kɔnvɛr'zi̯oːn] *f* ⟨-, -en⟩ conversion **konvertieren** [kɔnvɛr'tiːrən] *past part* konvertiert *v/t* to convert (*in +acc* to) **konvex** [kɔn'vɛks] **A** *adj* convex **B** *adv* convexly

Konvoi ['kɔnvɔy, kɔn'vɔy] *m* ⟨-s, -s⟩ convoy

Konzentrat [kɔntsɛn'traːt] *nt* ⟨-(e)s, -e⟩ concentrate **Konzentration** [kɔntsɛntra-'tsi̯oːn] *f* ⟨-, -en⟩ concentration (*auf +acc* on) **Konzentrationsfähigkeit** *f* powers *pl* of concentration **Konzentrationslager** *nt* concentration camp **Konzentrationsschwäche** *f* weak *or* poor concentration **konzentrieren** [kɔntsɛn-'triːrən] *past part* konzentriert *v/t & v/r* to concentrate (*auf +acc* on) **konzentriert** [kɔntsɛn'triːɐt] **A** *adj* concentrated **B** *adv arbeiten* intently; *nachdenken* intensely **konzentrisch** [kɔn'tsɛntrɪʃ] **A** *adj* concentric **B** *adv* concentrically

Konzept [kɔn'tsɛpt] *nt* ⟨-(e)s, -e⟩ (≈ *Rohentwurf*) draft; (≈ *Plan, Programm* ≈ *Plan*) plan; (≈ *Vorstellung*) concept; **jdn aus dem ~ bringen** to put sb off (*esp Br*); (*infml: aus dem Gleichgewicht*) to upset sb; **aus dem ~ geraten** to lose one's thread; **jdm das ~ verderben** to spoil sb's plans **Konzeption** [kɔntsɛp'tsi̯oːn] *f* ⟨-, -en⟩ **1** MED conception **2** (*elev*) (≈ *Gedankengang*) idea **Konzeptpapier** *nt* rough paper

Konzern [kɔn'tsɛrn] *m* ⟨-s, -e⟩ combine **Konzert** [kɔn'tsɛrt] *nt* ⟨-(e)s, -e⟩ concert **Konzerthalle** *f* concert hall **konzertiert** [kɔntsɛr'tiːɐt] *adj* **~e Aktion** FIN, POL concerted action **Konzertsaal** *m* concert hall, auditorium

Konzession [kɔntsɛ'sioːn] f ⟨-, -en⟩ **1** (≈ *Gewerbeerlaubnis*) concession, licence (*Brt*), license (*US*) **2** (≈ *Zugeständnis*) concession (*an +acc* to) **Konzessivsatz** m GRAM concessive clause

Konzil [kɔn'tsiːl] nt ⟨-s, -e *or* -ien [-liən]⟩ council

konziliant [kɔntsi'liant] **A** adj (≈ *versöhnlich*) conciliatory; (≈ *entgegenkommend*) generous **B** adv **sich ~ geben** to be conciliatory

konzipieren [kɔntsi'piːrən] past part **konzipiert** v/t to conceive

Kooperation [koopera'tsioːn] f ⟨-, -en⟩ cooperation **Kooperationspartner(in)** m/(f) cooperative partner, joint venture partner **kooperativ** [koopera'tiːf] **A** adj cooperative **B** adv cooperatively **Kooperative** [koopera'tiːvə] f ⟨-, -n⟩ ECON cooperative **kooperieren** [koope'riːrən] past part **kooperiert** v/i to cooperate

Koordinate [koɔrdi'naːtə] f ⟨-, -n⟩ MAT coordinate **Koordinatenkreuz** nt, **Koordinatensystem** nt coordinate system **Koordination** [koɔrdina'tsioːn] f ⟨-, -en⟩ coordination **Koordinator** [koɔrdi'naːtoːɐ] m ⟨-s, Koordinatoren [-'toːrən]⟩, **Koordinatorin** [-'toːrɪn] f ⟨-, -nen⟩ coordinator **koordinieren** [koɔrdi'niːrən] past part **koordiniert** v/t to coordinate **Koordinierung** f ⟨-, -en⟩ coordination

Kopf [kɔpf] gen **Kopf(e)s**, pl **Köpfe** ['kœpfə] m ⟨-(e)s, ⸚e ['kœpfə]⟩ **1** head; (≈ *Sinn*) head, mind; (≈ *Denker*) thinker; (≈ *leitende Persönlichkeit*) leader; (≈ *Bandenführer*) brains sg; **~ oder Zahl?** heads or tails?; **~ hoch!** chin up!; **von ~ bis Fuß** from head to foot; **ein kluger ~** an intelligent person; **die besten Köpfe** the best brains; **seinen eigenen ~ haben** (*infml*) to have a mind of one's own **2** (*mit Präposition*) **~ an ~** SPORTS neck and neck; **jdm Beleidigungen an den ~ werfen** (*infml*) to hurl insults at sb; **sich** (*dat*) **an den ~ fassen** (*verständnislos*) to be left speechless; **auf dem ~ stehen** to stand on one's head; **sie ist nicht auf den ~ gefallen** she's no fool; **etw auf den ~ stellen** to turn sth upside down; **jdm etw auf den ~ zusagen** to tell sb sth to his/her face; **der Gedanke will mir nicht aus dem ~** I can't get the thought out of my head; **sich** (*dat*) **etw**

aus dem ~ schlagen to put sth out of one's mind; **sich** (*dat*) **etw durch den ~ gehen lassen** to think about sth; **etw im ~ haben** to have sth in one's head; **nichts als Fußball im ~ haben** to think of nothing but football; **andere Dinge im ~ haben** to have other things on one's mind; **er ist nicht ganz richtig im ~** (*infml*) he is not quite right in the head (*infml*); **das hältst du ja im ~ nicht aus!** (*infml*) it's absolutely incredible! (*infml*); **es will mir nicht in den ~** I can't figure it out; **sie hat es sich** (*dat*) **in den ~ gesetzt, das zu tun** she's dead set on doing it; **mit dem ~ durch die Wand wollen** (*infml*) to be hell-bent on getting one's own way(, regardless); **es muss ja nicht immer alles nach deinem ~ gehen** you can't have things your own way all the time; **5 Euro pro ~** 5 euros each; **das Einkommen pro ~** the per capita income; **jdm über den ~ wachsen** (*lit*) to outgrow sb; (*fig*) (*Sorgen etc*) to be more than sb can cope with; **ich war wie vor den ~ geschlagen** I was dumbfounded; (**jdm**) **zu ~(e) steigen** to go to sb's head; **3** (*mit Verb*) **einen kühlen ~ behalten** to keep a cool head; **seinen ~ durchsetzen** to get one's own way; **den ~ hängen lassen** (*fig*) to be despondent; **den ~ für jdn/etw hinhalten** (*infml*) to take the rap for sb/sth (*infml*); **für etw ~ und Kragen riskieren** to risk one's neck for sth; **ich weiß schon gar nicht mehr, wo mir der ~ steht** I don't know if I'm coming or going; **jdm den ~ verdrehen** to turn sb's head; **den ~ nicht verlieren** not to lose one's head; **jdm den ~ waschen** (*fig infml*) to give sb a telling-off; **sich** (*dat*) **über etw** (*acc*) **den ~ zerbrechen** to rack one's brains over sth **Kopf-an-Kopf-Rennen** nt neck-and-neck race **Kopfbahnhof** m terminal (station) **Kopfball** m FTBL header **Kopfballtor** nt FTBL headed goal **Kopfbedeckung** f headgear **Köpfchen** ['kœpfçən] nt ⟨-s, -⟩ **~ haben** to be brainy (*infml*) **köpfen** ['kœpfn] v/t **1** jdn to behead; (*hum*) *Flasche Wein* to crack (open); **ein Ei ~** to cut the top off an egg **2** FTBL to head **Kopfende** nt head **Kopfgeld** nt bounty (*on sb's head*) **Kopfgeldjäger** m bounty hunter **kopfgesteuert** adj *Person, Handeln etc* rational **Kopfhaut** f scalp **Kopfhörer**

m headphone **Kopfjäger(in)** *m/(f)* head-hunter **Kopfkamera** *f* head-mounted camera **Kopfkissen** *nt* pillow **Kopfkissenbezug** *m* pillow case *or* slip **kopflastig** [-lastıç] *adj* top-heavy **Kopflaus** *f* head louse **Köpfler** ['kœpflɐ] *m* ⟨-s, -⟩ *(Aus ≈ Kopfsprung, Kopfball)* header **kopflos A** *adj (fig)* in a panic; *(lit)* headless **B** *adv* ~ **handeln/reagieren** to lose one's head **Kopfprämie** *f* reward **Kopfrechnen** *nt* mental arithmetic **Kopfsalat** *m* lettuce **kopfscheu** *adj* timid, shy; **jdn ~ machen** to intimidate sb **Kopfschmerzen** *pl* headache; ~ **haben** to have a headache; **sich** *(dat)* **wegen etw ~ machen** *(fig)* to worry about sth **Kopfschmerztablette** *f* headache tablet **Kopfschuss** *m* shot in the head **Kopfschütteln** *nt* ⟨-s, no pl⟩ **mit einem ~** with a shake of one's head **kopfschüttelnd** *adj, adv* shaking one's head **Kopfschutz** *m (≈ Kopfschützer)* headguard **Kopfsprung** *m* dive; **einen ~ machen** to dive (headfirst) **Kopfstand** *m* headstand; **einen ~ machen** to stand on one's head **Kopfsteinpflaster** *nt* cobblestones *pl* **Kopfsteuer** *f* poll tax **Kopfstütze** *f* headrest; AUTO head restraint **Kopftuch** *nt, pl* -tücher (head)scarf **kopfüber** *adv* headfirst **Kopfverletzung** *f* head injury **Kopfweh** [-ve:] *nt* ⟨-s, no pl⟩ headache; ~ **haben** to have a headache **Kopfwunde** *f* head wound **Kopfzerbrechen** *nt* ⟨-s, no pl⟩ **jdm ~ machen** to be a headache for sb *(infml)* **Kopie** [ko'pi:, *(Aus)* 'ko:piə] *f* ⟨-, -n [-'pi:ən, *(Aus)* -piən]⟩ copy; *(≈ Ablichtung)* photocopy; PHOT print; *(fig)* carbon copy **kopieren** [ko'pi:rən] *past part* **kopiert** *v/t* to copy; *(≈ nachahmen)* to imitate; *(≈ ablichten)* to photocopy **Kopierer** [ko'pi:re] *m* ⟨-s, -⟩ copier **Kopiergerät** *nt* photocopier **Kopierstift** *m* indelible pencil **Kopilot(in)** ['ko:-] *m/(f)* copilot **Koppel** *f* ⟨-, -n⟩ **1** *(≈ Weide)* paddock **2** *(≈ Pferdekoppel)* string **koppeln** ['kɔpln] *v/t (≈ verbinden)* to couple *(etw an etw acc* sth to sth); *Raumschiffe* to link up; *Ziele* to combine **Kopp(e)lung** ['kɔp(ə)lʊŋ] *f* ⟨-, -en⟩ *(≈ Verbindung)* coupling; *(von Raumschiffen)* linkup **Koproduktion** ['ko:-] *f* coproduction **Koproduzent(in)** ['ko:-] *m/(f)* copro-ducer

Koralle [ko'ralə] *f* ⟨-, -n⟩ coral **Korallenriff** *nt* coral reef **korallenrot** *adj* coral(-red) **Koran** [ko'ra:n, 'ko:ra(:)n] *m* ⟨-s, no pl⟩ Koran **Koranschule** *f* Koranic school **Korb** [kɔrp] *m* ⟨-(e)s, ⸚e ['kœrbə]⟩ **1** basket **2** *(≈ Korbgeflecht)* wicker **3** *(infml)* **einen ~ bekommen** to be turned down; **jdm einen ~ geben** to turn sb down **Korbball** *m* basketball **Korbblütler** [-bly:tle] *m* ⟨-s, -⟩ BOT composite (flower) **Körbchen** ['kœrpçən] *nt* ⟨-s, -⟩ **1** *(von Hund)* basket **2** *(von Büstenhalter)* cup **Korbflasche** *f* demijohn **Korbmacher(in)** *m/(f)* basket maker **Korbsessel** *m* wicker(work) *or* basket(work) chair **Kord** *etc* [kɔrt] *m* ⟨-(e)s, -e [-də]⟩ = **Cord** *etc* **Kordel** ['kɔrdl] *f* ⟨-, -n⟩ cord **Kordhose** *f* corduroy trousers *pl (esp Br) or* pants *pl (esp US)*, cords *pl (infml)* **Kordjacke** *f* cord(uroy) jacket **Kordjeans** *f or pl* cord(uroy) jeans *pl* **Korea** [ko're:a] *nt* ⟨-s⟩ Korea **Koreaner** [kore'a:ne] *m* ⟨-s, -⟩, **Koreanerin** [-ərın] *f* ⟨-, -nen⟩ Korean **koreanisch** [kore'a:nıʃ] *adj* Korean **Korfu** ['kɔrfu, kɔr'fu:] *nt* ⟨-s⟩ Corfu **Koriander** [ko'riande] *m* ⟨-s, no pl⟩ coriander **Korinthe** [ko'rıntə] *f* ⟨-, -n⟩ currant **Kork** [kɔrk] *m* ⟨-(e)s, -e⟩ BOT cork **Korkeiche** *f* cork oak *or* tree **Korken** ['kɔrkn] *m* ⟨-s, -⟩ cork; *(aus Plastik)* stopper **Korkenzieher** [-tsi:e] *m* ⟨-s, -⟩ corkscrew **korkig** ['kɔrkıç] *adj* corky **Kormoran** [kɔrmo'ra:n] *m* ⟨-s, -e⟩ cormorant **Korn**[1] [kɔrn] *nt* ⟨-(e)s, ⸚er ['kœrne]⟩ **1** *(≈ Samenkorn)* seed, grain; *(≈ Pfefferkorn)* corn; *(≈ Salzkorn, Sandkorn,* TECH*)* grain; *(≈ Hagelkorn)* stone **2** *no pl (≈ Getreide)* grain, corn *(Br)* **Korn**[2] *m* ⟨-(e)s, - *or* -s⟩ *(≈ Kornbranntwein)* corn schnapps **Korn**[3] *nt* ⟨-(e)s, -e⟩ *(am Gewehr)* front sight, bead; **jdn aufs ~ nehmen** *(fig)* to start keeping tabs on sb **Kornblume** *f* cornflower **Körnchen** ['kœrnçən] *nt* ⟨-s, -⟩ small grain, granule; **ein ~ Wahrheit** a grain of truth **Körnerfresser** *m* ⟨-s, -⟩, **Körnerfresserin** *f* ⟨-, -nen⟩ *(infml)* health food freak *(infml)* **Körnerfutter** *nt* grain *or* corn *(Br) (for*

K

animal feeding) **Kornfeld** *nt* cornfield (*Br*), grain field **körnig** ['kœrnɪç] *adj* granular, grainy **Kornkammer** *f* granary **Körper** ['kœrpɐ] *m* ⟨-s, -⟩ body; **~ und Geist** mind and body; **am ganzen ~ zittern** to tremble all over **Körperbau** *m*, *no pl* physique, build **körperbehindert** [-bəhɪndɐt] *adj* physically disabled **Körperbehinderte(r)** *m/f(m)* decl as adj physically disabled person **Körperbehinderung** *f* (physical) disability **Körpergeruch** *m* body odour (*Br*) or odor (*US*), BO (*infml*) **Körpergewicht** *nt* weight **Körpergröße** *f* height **Körperhaltung** *f* posture, bearing **Körperkamera** *f* body cam **Körperkontakt** *m* physical or bodily contact **körperlich** ['kœrpəlɪç] **A** *adj* physical; (≈ *stofflich*) material; **~e Arbeit** manual work **B** *adv* physically **Körperpflege** *f* personal hygiene **Körperscanner** *m* (*am Flughafen*) body scanner **Körperschaft** ['kœrpəʃaft] *f* ⟨-, -en⟩ corporation, (corporate) body; **gesetzgebende ~** legislative body **Körperschaft(s)steuer** *f* corporation tax **Körpersprache** *f* body language **Körperteil** *m* part of the body **Körpertemperatur** *f* body temperature **Körperverletzung** *f* JUR physical injury

Korporal [kɔrpoˈraːl] *m* ⟨-s, -e or Korporäle [-ˈrɛːlə]⟩, **Korporalin** [-ˈraːlɪn] *f* ⟨-, -nen⟩ corporal **Korps** [koːɐ] *nt* ⟨-, - [koːɐ(s), koːɐs]⟩ MIL corps **korpulent** [kɔrpuˈlɛnt] *adj* corpulent **Korpus** *nt* ⟨-, Korpora ['kɔrpora]⟩ LING corpus

korrekt [kɔˈrɛkt] **A** *adj* correct; **politisch ~** politically correct **B** *adv* correctly; *gekleidet* appropriately; *darstellen* accurately **Korrektheit** *f* ⟨-, *no pl*⟩ correctness; **politische ~** political correctness **Korrektor** [kɔˈrɛktoːɐ] *m* ⟨-s, Korrektoren [-ˈtoːrən]⟩, **Korrektorin** [-ˈtoːrɪn] *f* ⟨-, -nen⟩ TYPO proofreader **Korrektur** [kɔrɛkˈtuːɐ] *f* ⟨-, -en⟩ correction; TYPO proofreading; **~ lesen** to proofread (*bei etw* sth) **Korrekturfahne** *f* galley (proof) **Korrekturflüssigkeit** *f* correction fluid, White-Out® (*US*) **Korrekturzeichen** *nt* proofreader's mark

Korrespondent [kɔrɛspɔnˈdɛnt] *m* ⟨-en, -en⟩, **Korrespondentin** [-ˈdɛntɪn] *f* ⟨-, -nen⟩ correspondent **Korrespondenz** [kɔrɛspɔnˈdɛnts] *f* ⟨-, -en⟩ correspondence

korrespondieren [kɔrɛspɔnˈdiːrən] *past part* **korrespondiert** *v/i* to correspond **Korridor** ['kɔridoːɐ] *m* ⟨-s, -e⟩ corridor; (≈ *Flur*) hall

korrigieren [kɔriˈɡiːrən] *past part* **korrigiert** *v/t* to correct; *Meinung* to change **korrodieren** [kɔroˈdiːrən] *past part* **korrodiert** *v/t & v/i* to corrode **Korrosion** [kɔroˈzioːn] *f* ⟨-, -en⟩ corrosion **korrosionsbeständig** *adj* corrosion-resistant **Korrosionsschutz** *m* corrosion prevention

korrumpieren [kɔrʊmˈpiːrən] *past part* **korrumpiert** *v/t* to corrupt **korrupt** [kɔˈrʊpt] *adj* corrupt **Korruptheit** *f* ⟨-, *no pl*⟩ corruptness **Korruption** [kɔrʊpˈtsioːn] *f* ⟨-, *no pl*⟩ corruption

Korse ['kɔrzə] *m* ⟨-n, -n⟩, **Korsin** ['kɔrzɪn] *f* ⟨-, -nen⟩ Corsican

Korsett [kɔrˈzɛt] *nt* ⟨-s, -s or -e⟩ corset **Korsika** ['kɔrzika] *nt* ⟨-s⟩ Corsica **korsisch** ['kɔrzɪʃ] *adj* Corsican

Korso ['kɔrzo] *m* ⟨-s, -s⟩ (≈ *Umzug*) parade, procession

Kortison [kɔrtiˈzoːn] *nt* ⟨-s, -e⟩ MED cortisone

Koryphäe [koryˈfɛːə] *f* ⟨-, -n⟩ genius; (*auf einem Gebiet*) eminent authority

koscher ['koːʃɐ] *adj* kosher

Kosename *m* pet name **Kosewort** *nt*, *pl* -wörter or -worte term of endearment

K.-o.-Sieg [kaːˈoː-] *m* knockout victory **Kosinus** ['koːzinʊs] *m* MAT cosine **Kosmetik** [kɔsˈmeːtik] *f* ⟨-, *no pl*⟩ beauty culture; (≈ *Kosmetika*, *fig*) cosmetics *pl* **Kosmetiker** [kɔsˈmeːtikɐ] *m* ⟨-s, -⟩, **Kosmetikerin** [-ərɪn] *f* ⟨-, -nen⟩ beautician, cosmetician **Kosmetikkoffer** *m* vanity case **Kosmetiksalon** beauty parlour (*Br*) or parlor (*US*) **Kosmetiktuch** *nt*, *pl* -tücher paper tissue **kosmetisch** [kɔsˈmeːtiʃ] **A** *adj* cosmetic **B** *adv behandeln* cosmetically

kosmisch ['kɔsmɪʃ] *adj* cosmic **Kosmonaut** [kɔsmoˈnaut] *m* ⟨-en, -en⟩, **Kosmonautin** [-ˈnautɪn] *f* ⟨-, -nen⟩ cosmonaut **kosmopolitisch** [kɔsmopoˈliːtɪʃ] *adj* cosmopolitan **Kosmos** ['kɔsmɔs] *m* ⟨-, *no pl*⟩ cosmos

Kosovare [kɔsoˈvaːrə] *m* ⟨-n, -n⟩ Kosovar **Kosovarin** [kɔsoˈvaːrɪn] *f* ⟨-, -nen⟩ Kosovar (woman/girl) **Kosovo** ['kɔsovo] *nt* ⟨-s⟩ GEOG (**der**) **~** Kosovo

Kost [kɔst] *f* ⟨-, *no pl*⟩ **1** (≈ *Nahrung*) fare;

vegetarische ~ vegetarian diet ☕ **~ und Logis** board and lodging
kostbar *adj* (≈ *wertvoll*) valuable, precious; (≈ *luxuriös*) luxurious, sumptuous **Kostbarkeit** ['kɔstbaːɛkait] *f* ⟨-, -en⟩ (≈ *Gegenstand*) precious object; (≈ *Leckerbissen*) delicacy
kosten[1] ['kɔstn] *v/t* ☕ to cost; **was kostet das?** how much *or* what does it cost?; **kostes, was es wolle** whatever the cost; **jdn sein Leben/den Sieg ~** to cost sb his life/the victory ☕ (≈ *in Anspruch nehmen*) *Zeit, Geduld etc* to take
kosten[2] *v/t & v/i* (≈ *probieren*) to taste; **von etw ~** to taste *or* try sth
Kosten ['kɔstn] *pl* cost(s); (≈ *Unkosten*) expenses *pl*; **die ~ tragen** to bear the cost(s *pl*); **auf ~ von** *or* **+gen** (*fig*) at the expense of; **auf seine ~ kommen** to cover one's expenses; (*fig*) to get one's money's worth **kostenbewusst** *adj* cost-conscious **Kostenbewusstsein** *nt* cost-consciousness, cost-awareness **Kostendämpfung** *f* ⟨-, -en⟩ curbing cost expansion **kostendeckend** ⟨A⟩ *adj* **~e Preise** prices that cover one's costs ⟨B⟩ *adv* cost-effectively; **~ arbeiten** to cover one's costs **Kostendeckung** *f* cost-effectiveness **kostengünstig** ⟨A⟩ *adj* economical ⟨B⟩ *adv* produzieren economically **kostenintensiv** *adj* ECON cost-intensive **kostenlos** *adj, adv* free (of charge) **Kosten-Nutzen-Analyse** *f* cost-benefit analysis **kostenpflichtig** [-pflɪçtɪç] *adj* liable to pay costs; **eine Klage ~ abweisen** to dismiss a case with costs **Kostenrechnung** *f* calculation of costs **Kostensenkung** *f* reduction in costs **kostensparend** *adj* cost-saving **Kostensteigerung** *f* increase in costs **Kostenstelle** *f* cost centre (*Brit*) *or* center (*US*) **Kostenträger(in)** *m/(f)* (**der**) **~ sein** to bear the cost **Kostenvoranschlag** *m* (costs) estimate
köstlich ['kœstlɪç] ⟨A⟩ *adj* ☕ *Wein, Speise* exquisite ☕ (≈ *amüsant*) priceless ⟨B⟩ *adv* ☕ (≈ *gut*) *schmecken* delicious ☕ **sich ~ amüsieren** to have a great time **Köstlichkeit** *f* ⟨-, -en⟩ (≈ *köstliche Sache*) treat; **eine kulinarische ~** a culinary delicacy **Kostprobe** *f* (*von Wein, Käse etc*) taste; (*fig*) sample
kostspielig [-ʃpiːlɪç] *adj* costly
Kostüm [kɔs'tyːm] *nt* ⟨-s, -e⟩ ☕ THEAT cos-

tume ☕ (≈ *Maskenkostüm*) fancy dress ☕ (≈ *Damenkostüm*) suit **Kostümball** *m* fancy-dress ball **Kostümbildner** [-bɪltnɐ] *m* ⟨-s, -⟩, **Kostümbildnerin** [-ərɪn] *f* ⟨-, -nen⟩ costume designer **kostümieren** [kɔsty'miːrən] *past part* **kostümiert** *v/r* to dress up **Kostümprobe** *f* THEAT dress rehearsal
Kot [koːt] *m* ⟨-(e)s, *no pl*⟩ (*form*) excrement
Kotelett ['kɔtlɛt, kɔt'lɛt] *nt* ⟨-(e)s, -s *or* (*rare*) -e⟩ chop
Kotelette [kotə'lɛtə] *f* ⟨-, -n⟩ *usu pl* sideburn
Köter ['køːtɐ] *m* ⟨-s, -⟩ (*pej*) damn dog (*infml*)
Kotflügel *m* AUTO wing
Kotzbrocken *m* ⟨-s, -⟩ (*sl* ≈ *unausstehlicher Mensch*) bastard
kotzen ['kɔtsn] *v/i* (*sl*) to throw up (*infml*), to puke (*sl*); **das ist zum Kotzen** it makes you sick **kotzübel** *adj* (*infml*) **mir ist ~** I feel like throwing up (*infml*)
Krabbe ['krabə] *f* ⟨-, -n⟩ ZOOL crab; (≈ *Garnele*) shrimp, prawn (*bes Brit*)
krabbeln ['krabln] *v/i aux sein* to crawl
Krabbencocktail *m* prawn cocktail
Krach [krax] *m* ⟨-(e)s, ⸚e ['krɛçə]⟩ ☕ *no pl* (≈ *Lärm*) noise, din; **~ machen** to make a noise *or* din ☕ (*infml* ≈ *Streit*) row (*infml*) (*um* about); **mit jdm ~ haben** to have a row with sb (*infml*); **~ schlagen** to make a fuss **krachen** ['kraxn] ⟨A⟩ *v/i* ☕ to crash; (*Holz*) to creak; (*Schuss*) to ring out; **gleich kracht's** (*infml*) there's going to be trouble; **es hat gekracht** (*infml*: *Zusammenstoß*) there's been a crash ☕ *aux sein* (*infml*) (≈ *brechen*) to break; (*Eis*) to crack ⟨B⟩ *v/r* (*infml*) to have a row (*infml*) **Kracher** ['kraxɐ] *m* ⟨-s, -⟩ banger (*Brit*), firecracker (*US*) **Kracherl** ['kraxɐl] *nt* ⟨-s, -n⟩ (*Aus* ≈ *Limonade, Sprudel*) (*fizzy*) pop **Krachmacher(in)** *m/(f)* (*infml*) (*lit*) noisy person; (*fig*) troublemaker
krächzen ['krɛçtsn] *v/i* to croak
Kräcker ['krɛkɐ] *m* ⟨-s, -⟩ (≈ *Keks*) cracker
kraft [kraft] *prep +gen* (*form*) **~ meines Amtes** by virtue of my office
Kraft [kraft] *f* ⟨-, ⸚e ['krɛftə]⟩ ☕ (*körperlich, sittlich*) strength *no pl*; (*geistig*) powers *pl*; (*von Stimme*) power; (≈ *Energie*) energy, energies *pl*; **die Kräfte (mit jdm) messen** to try one's strength (against sb); (*fig*) to pit oneself against sb; **mit letzter ~** with one's last ounce of strength; **das geht**

über meine **Kräfte** it's too much for me; **ich bin am Ende meiner ~** I can't take any more; **mit aller ~** with all one's might; **aus eigener ~** by oneself; **nach (besten) Kräften** to the best of one's ability; **wieder zu Kräften kommen** to regain one's strength; **die treibende ~** (fig) the driving force; **volle ~ voraus!** NAUT full speed ahead **2** no pl (JUR ≈ Geltung) force; **in ~ sein/treten** to be in/come into force; **außer ~ sein** to be no longer in force **3** (≈ Arbeitskraft) employee, worker; (≈ Haushaltskraft) domestic help **Kraftakt** m strongman act; (fig) show of strength **Kraftanstrengung** f exertion **Kraftaufwand** m effort **Kraftausdruck** m, pl -ausdrücke swearword **Kraftbrühe** f beef tea **Kräfteverhältnis** nt POL balance of power; (von Mannschaften etc) relative strength **Kraftfahrer(in)** m/(f) (form) driver **Kraftfahrzeug** nt motor vehicle **Kraftfahrzeugbrief** m (vehicle) registration document **Kraftfahrzeugkennzeichen** nt (vehicle) registration **Kraftfahrzeugmechaniker(in)** m/(f) motor mechanic **Kraftfahrzeugschein** m (vehicle) registration document **Kraftfahrzeugsteuer** f motor vehicle tax, road tax (Br) **Kraftfahrzeugversicherung** f car insurance **Kraftfeld** nt PHYS force field **kräftig** ['krɛftɪç] **A** adj strong; Pflanze healthy; Schlag hard; Händedruck firm; Essen nourishing; **eine ~e Tracht Prügel** a good beating **B** adv gebaut strongly, powerfully; zuschlagen, drücken hard; lachen heartily; fluchen violently! **etw ~ schütteln** to give sth a good shake; **jdn ~ verprügeln** to give sb a thorough beating; **die Preise sind ~ gestiegen** prices have really gone up **kräftigen** ['krɛftɪɡn] v/t to strengthen **kraftlos** adj (≈ schwach) weak; (≈ machtlos) powerless **Kraftlosigkeit** f ⟨-, no pl⟩ weakness **Kraftprobe** f test of strength **Kraftprotz** m (infml) muscle man (infml) **Kraftstoff** m fuel **Kraftstoffverbrauch** m fuel consumption **kraftstrotzend** adj vigorous **Krafttraining** nt power training **kraftvoll** **A** adj Stimme powerful **B** adv

powerfully **Kraftwagen** m motor vehicle **Kraftwerk** nt power station

Kragen ['kraːɡn] m ⟨-s, - or (S Ger, Sw auch) ⸚ ['krɛːɡn]⟩ collar; **jdn beim ~ packen** to grab sb by the collar; (fig infml) to collar sb; **mir platzte der ~** (infml) I blew my top (infml); **jetzt geht's ihm an den ~** (infml) he's (in) for it now (infml) **Kragenweite** f (lit) collar size; **das ist nicht meine ~** (fig infml) that's not my cup of tea (infml)

Krähe ['krɛːə] f ⟨-, -n⟩ crow **krähen** ['krɛːən] v/i to crow **Krähenfüße** pl (an den Augen) crow's feet pl

Krake ['kraːkə] m ⟨-n, -n⟩ octopus; MYTH Kraken

krakeelen [kra'keːlən] past part **krakeelt** v/i (infml) to make a racket (infml)

Krakel ['kraːkl] m ⟨-s, -⟩ (infml) scrawl, scribble **Krakelei** [kraːkə'lai] f ⟨-, -en⟩ (infml) scrawl, scribble **krak(e)lig** ['kraːk(ə)lɪç] adj scrawly **krakeln** ['kraːkln] v/t & v/i to scrawl, to scribble

Kralle ['kralə] f ⟨-, -n⟩ claw; (≈ Parkkralle) wheel clamp (Br), Denver boot (US); **jdn/etw in seinen ~n haben** (fig infml) to have sb/sth in one's clutches **krallen** ['kralən] v/r **sich an jdn/etw ~** to cling to sb/sth

Kram [kraːm] m ⟨-(e)s, no pl⟩ (infml) (≈ Gerümpel) junk; (≈ Zeug) stuff (infml); (≈ Angelegenheit) business; **das passt mir nicht in den ~** it's a confounded nuisance **kramen** ['kraːmən] **A** v/i (≈ wühlen) to rummage about (in +dat in, nach for) **B** v/t **etw aus etw ~** to fish sth out of sth **Kramladen** m (pej infml) junk shop

Krampf [krampf] m ⟨-(e)s, ⸚e ['krɛmpfə]⟩ **1** (≈ Zustand) cramp; (≈ Zuckung) spasm; (wiederholt) convulsion(s pl); (≈ Anfall, Lachkrampf) fit **2** no pl (infml) (≈ Getue) palaver (infml); (≈ Unsinn) nonsense **Krampfader** f varicose vein **krampfartig** **A** adj convulsive **B** adv convulsively **krampfhaft** **A** adj Zuckung convulsive; (infml ≈ verzweifelt) desperate; Lachen forced no adv **B** adv **sich ~ bemühen** to try desperately hard; **sich ~ an etw** (dat) **festhalten** to cling desperately to sth **krampflösend** adj antispasmodic (tech)

Krampus ['krampʊs] m ⟨-⟩ (Aus) companion of St Nicholas

Kran [kraːn] m ⟨-(e)s, ⸚e ['krɛːnə] ⟨or -e⟩ **1** crane **2** (dial ≈ Hahn) tap (esp Br), faucet (US) **Kranführer(in)** m/(f) crane driver or

operator
Kranich ['kraːnɪç] *m* ⟨-s, -e⟩ ORN crane
krank [kraŋk] *adj, comp* ⁼er ['krɛŋkə], *sup*
⁼ste(r, s) ['krɛŋkstə] (≈ *nicht gesund*) ill *usu*
pred, sick (*also fig*); (≈ *leidend*) invalid; *Organ*
diseased; *Zahn, Bein* bad; ~ **werden** to fall
ill *or* sick; **schwer** ~ seriously ill; **du**
machst mich ~! (*infml*) you get on my
nerves! (*infml*) **kränkeln** ['krɛŋkln] *v/i* to
be ailing **kranken** ['kraŋkn] *v/i* to suffer
(*an* +*dat* from) **kränken** ['krɛŋkn] *v/t* **jdn**
~ to hurt sb('s feelings); **sie war sehr ge-**
kränkt she was very hurt
Krankenbesuch *m* visit (to a sick person); (*von Arzt*) (sick) call **Krankenbett**
nt sickbed **Krankengeld** *nt* sickness
benefit; (*von Firma*) sick pay
Krankengymnast [-ɡʏmnast] *m* ⟨-en,
-en⟩, **Krankengymnastin** [-ɡʏmnastɪn]
f ⟨-, -nen⟩ physiotherapist
Krankengymnastik *f* physiotherapy
Krankenhaus *nt* hospital
Krankenhausaufenthalt *m* stay in
hospital **krankenhausreif** *adj* **jdn** ~
schlagen to beat the hell out of sb (*infml*)
Krankenkasse *f*, **Krankenkassa** (*Aus*)
f medical insurance company
Krankenpflege *f* nursing
Krankenpfleger *m* orderly; (*mit Schwes-*
ternausbildung) male nurse
Krankenschein *m* medical insurance
record card **Krankenschwester** *f*
nurse **Krankenversicherung** *f* medical insurance **Krankenwagen** *m* ambulance **krankfeiern** *v/i sep* (*infml*) to take
a sickie (*infml*) **krankhaft** *adj* ▪ diseased;
Aussehen sickly ▪ (*seelisch*) pathological
Krankheit *f* ⟨-, -en⟩ illness; (*von Pflan-*
zen) disease; **wegen** ~ due to illness; **nach**
langer ~ after a long illness; **während/**
seit meiner ~ during/since my illness
Krankheitsbild *nt* symptoms *pl*
Krankheitserreger *m* pathogen
kranklachen *v/r* (*infml*) to kill oneself
(laughing) (*infml*) **kränklich** ['krɛŋklɪç]
adj sickly **krankmelden** *v/r sep* (*telefo-*
nisch) to phone in sick; *esp* MIL to report
sick **Krankmeldung** *f* notification of illness **krankschreiben** *v/t sep irr* **jdn** ~ to
give sb a medical certificate; *esp* MIL to put
sb on the sick list **Kränkung** ['krɛŋkʊŋ] *f*
⟨-, -en⟩ insult
Kranz [krants] *m* ⟨-es, ⁼e ['krɛntsə]⟩ ▪
wreath ▪ (≈ *kreisförmig Angeordnetes*) ring,

circle **Kränzchen** ['krɛntsçən] *nt* ⟨-s, -⟩
(*fig* ≈ *Kaffeekränzchen*) coffee circle
Krapfen ['krapfn] *m* ⟨-s, -⟩ (*dial* COOK) ≈
doughnut (*Br*), ≈ donut (*US*)
krass [kras] ▪ *adj* ▪ (≈ *auffallend*) glaring;
Unterschied Fall extreme; *Ungerechtigkeit,*
Lüge blatant; *Außenseiter* rank ▪ (*sl* ≈ *toll*)
wicked (*sl*) ▪ *adv sich ausdrücken* crudely;
schildern garishly; *kontrastieren* sharply; ~
gesagt to put it bluntly
Krater ['kraːte] *m* ⟨-s, -⟩ crater **Krater-**
landschaft *f* crater(ed) landscape
Kratzbürste *f* wire brush; (*infml*) prickly
character **kratzbürstig** [-bʏrstɪç] *adj*
(*infml*) prickly **Krätze** ['krɛtsə] *f* ⟨-, *no pl*⟩
MED scabies **kratzen** ['kratsn] ▪ *v/t* ▪
to scratch; (≈ *abkratzen*) to scrape (*von* off)
▪ (*infml* ≈ *stören*) to bother; **das kratzt**
mich nicht (*infml*) I couldn't care less
(about that) ▪ *v/i* to scratch; **es kratzt**
(mir) im Hals my throat feels rough; **an**
etw (*dat*) ~ (*fig*) to scratch away at sth
▪ *v/r* to scratch oneself **Kratzer** ['kratsə]
m ⟨-s, -⟩ (≈ *Schramme*) scratch **kratzfest**
adj non-scratch *attr*, scratchproof **kratzig**
['kratsɪç] *adj* (*infml*) scratchy (*infml*)
Kratzwunde *f* scratch
Kraul [kraul] *nt* ⟨-(s), *no pl*⟩ (*Schwimmen*)
crawl
kraulen[1] ['kraulən] *aux haben or sein* SWIM-
MING ▪ *v/i* to do the crawl ▪ *v/t* **er hat** *or*
ist 100 m gekrault he did a 100m crawl
kraulen[2] *v/t* to fondle
kraus [kraus] *adj* crinkly; *Haar* frizzy; *Stirn*
wrinkled; (*fig* ≈ *verworren*) muddled, confused **Krause** ['krauzə] *f* ⟨-, -n⟩ ▪ (≈ *Hals-*
krause) ruff; (*an Ärmeln etc*) ruffle, frill ▪
(*infml* ≈ *Frisur*) frizzy hair **kräuseln**
['krɔyzln] ▪ *v/t Haar* to make frizzy; SEW-
ING to gather; TEX to crimp; *Stirn* to knit;
Nase to screw up; *Wasseroberfläche* to ruffle
▪ *v/r* (*Haare*) to go frizzy; (*Stirn, Nase*) to
wrinkle up **Krauskopf** *m* (≈ *Mensch*)
curly-head **krausziehen** [krausziehen]
v/t sep irr **die Stirn** ~ to knit one's brow;
(*missbilligend*) to frown
Kraut [kraut] *nt* ⟨-(e)s, Kräuter ['krɔyte]⟩ ▪
herb; **dagegen ist kein** ~ **gewachsen** (*fig*)
there is no remedy for that; **wie** ~ **und**
Rüben durcheinanderliegen (*infml*) to lie
(around) all over the place ▪ *no pl*
(≈ *Sauerkraut*) sauerkraut; (*S Ger, Aus* ≈
(*Weiß*)*kohl*) cabbage **Kräuterbutter** *f*
herb butter **Kräuteressig** *m* aromatic

vinegar **Kräuterkäse** *m* herb cheese **Kräuterlikör** *m* herbal liqueur **Kräutertee** *m* herb(al) tea **Krautkopf** *m* (*S Ger, Aus*) cabbage **Krautsalat** *m* ≈ coleslaw **Krautwickel** *m* (*S Ger, Aus*: COOK) stuffed cabbage leaves *pl*

Krawall [kra'val] *m* ⟨-s, -e⟩ (≈ *Aufruhr*) riot; (*infml*) (≈ *Lärm*) racket (*infml*); **~ machen** (*infml*) to make a racket (*infml*); (*a.* **Krawall schlagen** ≈ *sich beschweren*) to kick up a fuss **Krawallbruder** *m* (*infml*) hooligan; (≈ *Krakeeler*) rowdy (*infml*)

Krawatte [kra'vatə] *f* ⟨-, -n⟩ tie, necktie (*esp US*)

kraxeln ['kraksln] *v/i aux sein* (*esp S Ger, Aus*) to clamber (up)

Kreatin [krea'ti:n] *nt* ⟨-(s), *no pl*⟩ MED creatine

Kreation [krea'tsio:n] *f* ⟨-, -en⟩ FASHION *etc* creation **kreativ** [krea'ti:f] **A** *adj* creative **B** *adv* creatively; **~ begabt** creative **Kreativität** [kreativi'tɛ:t] *f* ⟨-, *no pl*⟩ creativity **Kreatur** [krea'tu:ɐ] *f* ⟨-, -en⟩ **1** creature **2** *no pl* (≈ *alle Lebewesen*) **die ~** all creation

Krebs [kre:ps] *m* ⟨-es, -e⟩ **1** (≈ *Taschenkrebs*) crab; (≈ *Flusskrebs*) crayfish, crawfish (*US*); **rot wie ein ~** red as a lobster **2** ASTROL Cancer **3** MED cancer; **~ erregend** *or* **auslösend** carcinogenic **krebsen** ['kre:psn] *v/i* (*infml* ≈ *sich abmühen*) to struggle **krebserregend** *adj* carcinogenic **krebsfördernd** *adj* cancer-inducing; **~ wirken** to increase the risk of (getting) cancer **Krebsforschung** *f* cancer research **Krebsgeschwür** *nt* MED cancerous ulcer; (*fig*) cancer **Krebsklinik** *f* cancer clinic **krebskrank** *adj* suffering from cancer; **~ sein** to have cancer **Krebskranke(r)** *m/f(m) decl as adj* cancer victim; (≈ *Patient*) cancer patient **krebsrot** *adj* red as a lobster **Krebstiere** *pl* crustaceans *pl*, crustacea *pl* **Krebsvorsorgeuntersuchung** *f* cancer checkup

Kredit [kre'di:t] *m* ⟨-(e)s, -e⟩ credit; **auf ~** on credit; **~ haben** (*fig*) to have standing **Kreditanstalt** *f* credit institution **Kreditaufnahme** *f* borrowing **Kreditbrief** *m* letter of credit **kreditfähig** *adj* creditworthy **Kreditgeber(in)** *m/(f)* creditor **Kreditgeschäft** *nt* credit transaction **Kredithai** *m* (*infml*) loan shark (*infml*) **kreditieren** [kredi'ti:rən] *past part* **kreditiert** *v/t* **jdm einen Betrag ~** to cred-

it sb with an amount **Kreditinstitut** *nt* bank **Kreditkarte** *f* credit card **Kreditlimit** *nt* credit limit **Kreditnehmer** *m* ⟨-s, -⟩, **Kreditnehmerin** *f* ⟨-, -nen⟩ borrower **Kreditpolitik** *f* lending policy **Kreditrahmen** *m* credit range **Kreditwirtschaft** *f*, *no pl* banking industry **kreditwürdig** *adj* creditworthy **Kreditwürdigkeit** *f* creditworthiness

Kreide ['kraidə] *f* ⟨-, -n⟩ chalk; **bei jdm in der ~ stehen** to be in debt to sb **kreidebleich** *adj* (as) white as a sheet **Kreidefelsen** *m* chalk cliff **kreideweiß** *adj* = **kreidebleich Kreidezeichnung** *f* chalk drawing

kreieren [kre'i:rən] *past part* **kreiert** *v/t* to create

Kreis [krais] *m* ⟨-es, -e [-zə]⟩ **1** circle; **(weite) ~e ziehen** (*fig*) to have (wide) repercussions; **sich im ~ bewegen** (*fig*) to go (a)round in circles; **der ~ schließt sich** (*fig*) we've *etc* come full circle; **weite ~e der Bevölkerung** wide sections of the population; **im ~e seiner Familie** with his family; **eine Feier im kleinen ~e** a celebration for a few close friends and relatives; **das kommt in den besten ~en vor** that happens even in the best of circles **2** (ELEC ≈ *Stromkreis*) circuit **3** (≈ *Stadtkreis, Landkreis*) district **Kreisbahn** *f* ASTRON, SPACE orbit **Kreisbewegung** *f* rotation, circular motion

kreischen ['kraiʃn] *v/i* to screech

Kreisdiagramm *nt* pie chart **Kreisel** ['kraizl] *m* ⟨-s, -⟩ (≈ *Spielzeug*) (spinning) top; (*infml: im Verkehr*) roundabout (*Br*), traffic circle (*US*), rotary (*US*) **kreisen** ['kraizn] *v/i aux sein or haben* to circle (*um* (a)round, *über* +*dat* over); (*Satellit, Planet*) to orbit (*um etw* sth); (*fig: Gedanken*) to revolve (*um* around); **die Arme ~ lassen** to swing one's arms around (in a circle) **kreisförmig** **A** *adj* circular **B** *adv* **sich ~ bewegen** to move in a circle; **~ angelegt** arranged in a circle **Kreislauf** *m* circulation; (*der Natur*) cycle **Kreislaufkollaps** *m* circulatory collapse **Kreislaufstörungen** *pl* circulatory trouble *sg* **Kreissäge** *f* circular saw **Kreißsaal** *m* delivery room **Kreisstadt** *f* district town, ≈ county town (*Br*) **Kreisumfang** *m* circumference (of a/the circle) **Kreisverkehr** *m* roundabout (*Br*), traffic circle (*US*), rotary (*US*)

Kreiswehrersatzamt nt district recruiting office

Krematorium [krema'to:riʊm] nt ⟨-s, Krematorien [-riən]⟩ crematorium

Krempe ['krɛmpə] f ⟨-, -n⟩ (≈ Hutkrempe) brim

Krempel ['krɛmpl] m ⟨-s, no pl⟩ (infml) (≈ Sachen) stuff (infml); (≈ wertloses Zeug) junk

Kren [kre:n] m ⟨-s, no pl⟩ (Aus) horseradish

krepieren [kre'pi:rən] past part **krepiert** v/i aux sein **1** (≈ platzen) to explode **2** (infml) (≈ sterben) to croak (it) (infml)

Krepp [krɛp] m ⟨-s, -e or -s⟩ crepe **Krepppapier** nt crepe paper **Kreppsohle** f crepe sole

Kresse ['krɛsə] f ⟨-, no pl⟩ cress

Kreta ['kre:ta] nt ⟨-s⟩ Crete **kretisch** ['kre:tɪʃ] adj Cretan

kreuz [krɔyts] adv ~ **und quer** all over; ~ **und quer durch die Gegend** all over the place **Kreuz** [krɔyts] nt ⟨-es, -e⟩ **1** cross; (als Anhänger etc) crucifix; **es ist ein ~ mit ihm/damit** he's/it's an awful problem **2** ANAT small of the back; **ich habe Schmerzen im ~** I've got (a) backache **3** MUS sharp **4** (≈ Autobahnkreuz) intersection **5** (CARDS ≈ Farbe) clubs pl **Kreuzband** [-bant] nt, pl -bänder ANAT cruciate ligament **Kreuzbein** nt ANAT sacrum; (von Tieren) rump-bone **kreuzen** ['krɔytsn̩] **A** v/t to cross **B** v/r to cross; (Interessen) to clash; **die Briefe haben sich gekreuzt** the letters crossed in the post (Br) or mail

Kreuzer ['krɔytsɐ] m ⟨-s, -⟩ NAUT cruiser **Kreuzfahrt** f NAUT cruise; **eine ~ machen** to go on a cruise **Kreuzfeuer** nt crossfire; **ins ~ (der Kritik) geraten** (fig) to come under fire (from all sides) **Kreuzgang** m, pl -gänge cloister **kreuzigen** ['krɔytsɪgn̩] v/t to crucify **Kreuzigung** ['krɔytsɪgʊŋ] f ⟨-, -en⟩ crucifixion **Kreuzkümmel** m cumin **Kreuzotter** f ZOOL adder, viper **Kreuzschlitzschraubenzieher** m Phillips® screwdriver **Kreuzschlüssel** m wheel brace **Kreuzung** ['krɔytsʊŋ] f ⟨-, -en⟩ **1** (≈ Straßenkreuzung) crossroads sg **2** (≈ das Kreuzen) crossing **3** (≈ Rasse) hybrid; (≈ Tiere) cross, crossbreed **Kreuzverhör** nt cross-examination; **jdn ins ~ nehmen** to cross-examine sb **Kreuzweg** m crossroads sg **kreuzweise** adv crosswise; **du kannst mich ~!** (infml) (you can) get stuffed! (Br infml), you can kiss my ass! (US sl)

Kreuzworträtsel nt crossword puzzle **Kreuzzug** m crusade

Krevette [kre'vɛta] f ⟨-, -n⟩ shrimp

kribbelig ['krɪbəlɪç] adj (infml) edgy (infml) **kribbeln** ['krɪbln̩] **A** v/t (≈ kitzeln) to tickle; (≈ jucken) to make itch **B** v/i (≈ jucken) to itch; (≈ prickeln) to tingle; **es kribbelt mir in den Fingern, etw zu tun** (infml) I'm itching to do sth

kriechen ['kri:çn̩] pret **kroch** [krɔx], past part **gekrochen** [gə'krɔxn̩] v/i aux sein to creep, to crawl; (fig: Zeit) to creep by; (fig ≈ unterwürfig sein) to grovel (vor +dat before), to crawl (vor +dat to); **auf allen vieren ~** to crawl on all fours **Kriecher** m ⟨-s, -⟩, **Kriecherin** f ⟨-, -nen⟩ (infml) groveller (Br), groveler (US), crawler (Br infml) **kriecherisch** ['kri:çərɪʃ] (infml) adj grovelling (Br), groveling (US) **Kriechspur** f crawler lane **Kriechtier** nt ZOOL reptile **Krieg** [kri:k] m ⟨-(e)s, -e [-gə]⟩ war; **einer Partei etc den ~ erklären** (fig) to declare war on a party etc; **~ führen (mit or gegen)** to wage war (on); **~ führend** warring; **sich im ~ befinden (mit)** to be at war (with)

kriegen ['kri:gn̩] v/t (infml) to get; Zug auch to catch; **sie kriegt ein Kind** she's going to have a baby; **dann kriege ich zu viel** then it gets too much for me

Krieger ['kri:gɐ] m ⟨-s, -⟩, **Kriegerin** [-ərɪn] f ⟨-, -nen⟩ warrior **Kriegerdenkmal** nt war memorial **kriegerisch** ['kri:gərɪʃ] adj warlike no adv; Haltung belligerent; **~e Auseinandersetzung** military conflict **kriegführend** adj warring **Kriegführung** f warfare no art **Kriegsausbruch** m outbreak of war; **es kam zum ~** war broke out **kriegsbedingt** adj caused by (the) war **Kriegsbeginn** m start of the war **Kriegsbeil** nt tomahawk; **das ~ begraben** (fig) to bury the hatchet **Kriegsbemalung** f war paint **Kriegsberichterstatter(in)** m/(f) war correspondent **Kriegsbeschädigte(r)** m/f(m) decl as adj war-disabled person **Kriegsdienst** m military service **Kriegsdienstverweigerer** [-fɛɐvaigə-rə] m ⟨-s, -⟩, **Kriegsdienstverweigerin** [-ərɪn] f ⟨-, -nen⟩ conscientious objector **Kriegsende** nt end of the war **Kriegserklärung** f declaration of war **Kriegsfall** m (eventuality of a) war; **dann träte der ~ ein** then war would break out

K

Kriegsfilm m war film **Kriegsfreiwillige(r)** m/f(m) decl as adj (wartime) volunteer **Kriegsfuß** m (infml) **mit jdm auf ~ stehen** to be at odds with sb **Kriegsgebiet** nt war zone **Kriegsgefahr** f danger of war **Kriegsgefangene(r)** m/f(m) decl as adj prisoner of war, P.O.W. **Kriegsgefangenschaft** f captivity; **in ~ sein** to be a prisoner of war **Kriegsgegner(in)** m/(f) opponent of a/the war; (≈ Pazifist) pacifist **Kriegsgericht** nt (wartime) court martial; **jdn vor ein ~ stellen** to court-martial sb **Kriegsherr(in)** m/(f) warlord **Kriegskamerad(in)** m/(f) fellow soldier **Kriegsopfer** nt war victim **Kriegsrecht** nt conventions of war pl; MIL martial law **Kriegsschauplatz** m theatre (Br) or theater (US) of war **Kriegsschiff** nt warship **Kriegsspiel** nt war game **Kriegsspielzeug** nt war toy **Kriegstreiber** m ⟨-s, -⟩, **Kriegstreiberin** f ⟨-, -nen⟩ (pej) warmonger **Kriegsverbrechen** nt war crime **Kriegsverbrecher(in)** m/(f) war criminal **Kriegsversehrte(r)** m/f(m) decl as adj war-disabled person **Kriegszeit** f wartime; **in ~en** in times of war **Kriegszustand** m state of war; **im ~** at war **Krim** [krɪm] f ⟨-⟩ **die ~** the Crimea
Krimi [ˈkriːmi] m ⟨-s, -s⟩ (infml) (crime) thriller; (rätselhaft) whodunnit (infml) **Kriminalfilm** m crime film, crime movie (esp US); (rätselhaft) murder mystery **kriminalisieren** [kriminaliˈziːrən] past part **kriminalisiert** v/t to criminalize **Kriminalist** [kriminaˈlɪst] m ⟨-en, -en⟩, **Kriminalistin** [-ˈlɪstɪn] f ⟨-, -nen⟩ criminologist **Kriminalistik** [kriminaˈlɪstɪk] f ⟨-, no pl⟩ criminology **kriminalistisch** [kriminaˈlɪstɪʃ] adj criminological **Kriminalität** [kriminaliˈtɛːt] f ⟨-, no pl⟩ crime; (≈ Ziffer) crime rate **Kriminalkommissar(in)** m/(f) detective superintendent **Kriminalpolizei** f criminal investigation department **Kriminalpolizist(in)** m/(f) detective **Kriminalroman** m (crime) thriller **kriminell** [krimiˈnɛl] adj criminal; **~ werden** to become a criminal; **~e Energie** criminal resolve **Kriminelle(r)** [krimiˈnɛlə] m/f(m) decl as adj criminal
Krimskrams [ˈkrɪmskrams] m ⟨-es, no pl⟩ (infml) odds and ends pl
Kringel [ˈkrɪŋl] m ⟨-s, -⟩ (der Schrift) squiggle **kringelig** [ˈkrɪŋəlɪç] adj crinkly

Kripo [ˈkriːpo, ˈkrɪpo] f ⟨-, -s⟩ (infml) **die ~** the cops pl (infml)
Krippe [ˈkrɪpə] f ⟨-, -n⟩ **1** (≈ Futterkrippe) (hay)rack **2** (≈ Weihnachtskrippe) crib; BIBLE crib, manger **3** (≈ Kinderhort) crèche (Br), daycare centre (Br) or center (US) **Krippenspiel** nt nativity play **Krippentod** m cot death (Br), crib death (US)
Krise [ˈkriːzə] f ⟨-, -n⟩ crisis; **er hatte eine schwere ~** he was going through a difficult crisis; **die ~ kriegen** (infml) to go crazy (infml) **kriseln** [ˈkriːzln] v/i impers (infml) **es kriselt** trouble is brewing **krisenanfällig** adj crisis-prone **krisenfest** adj stable **Krisengebiet** nt crisis area **Krisenherd** m flash point, trouble spot **Krisenmanagement** nt crisis management **Krisenplan** m contingency plan **Krisenregion** f trouble spot **krisensicher** adj stable **Krisensituation** f crisis (situation) **Krisensitzung** f emergency session **Krisenstab** m crisis committee **Krisenstimmung** f crisis mood, mood of crisis
Kristall¹ [krɪsˈtal] m ⟨-s, -e⟩ crystal
Kristall² nt ⟨-s, no pl⟩ (≈ Kristallglas) crystal (glass); (≈ Kristallwaren) crystalware **Kristallglas** nt crystal glass **kristallisieren** [krɪstaliˈziːrən] past part **kristallisiert** v/i & v/r to crystallize **kristallklar** adj crystal-clear **Kristallleuchter** m crystal chandelier
Kriterium [kriˈteːriʊm] nt ⟨-s, Kriterien [-riən]⟩ criterion
Kritik [kriˈtiːk] f ⟨-, -en⟩ **1** no pl criticism (an +dat of); **an jdm/etw ~ üben** to criticize sb/sth; **unter aller ~ sein** (infml) to be beneath contempt **2** (≈ Rezension) review **Kritiker** [ˈkriːtikɐ] m ⟨-s, -⟩, **Kritikerin** [-ərɪn] f ⟨-, -nen⟩ critic **kritikfähig** adj able to criticize **kritiklos** adj uncritical; **etw ~ hinnehmen** to accept sth without criticism **Kritikpunkt** m point of criticism **kritisch** [ˈkriːtɪʃ] **A** adj critical **B** adv sich äußern critically; **die Lage ~ beurteilen** to make a critical appraisal of the situation; **jdm ~ gegenüberstehen** to be critical of sb **kritisieren** [kritiˈziːrən] past part **kritisiert** v/t & v/i to criticize **kritteln** [ˈkrɪtln] v/i to find fault (an +dat, über +acc with)
Kritzelei [krɪtsəˈlai] f ⟨-, -en⟩ scribble **kritzeln** [ˈkrɪtsln] v/t & v/i to scribble, to

K

scrawl
Kroate [kro'a:tə] *m* ⟨-n, -n⟩, **Kroatin** [-'a:tɪn] *f* ⟨-, -nen⟩ Croat, Croatian **Kroatien** [kro'a:tsiən] *nt* ⟨-s⟩ Croatia **kroatisch** [kro'a:tɪʃ] *adj* Croat, Croatian
Krokant [kro'kant] *m* ⟨-s, *no pl*⟩ COOK cracknel
Krokette [kro'kɛtə] *f* ⟨-, -n⟩ COOK croquette
Krokodil [kroko'di:l] *nt* ⟨-s, -e⟩ crocodile **Krokodilleder** *nt* crocodile skin **Krokodilstränen** *pl* crocodile tears *pl*
Krokus ['kro:kʊs] *m* ⟨-, - *or* -se⟩ crocus
Krone ['kro:nə] *f* ⟨-, -n⟩ **1** crown; **die ~ der Schöpfung** the pride of creation; **das setzt doch allem die ~ auf** (*infml*) that beats everything; **einen in der ~ haben** (*infml*) to be tipsy **2** (≈ *Währungseinheit*) () crown; (*in Dänemark, Norwegen*) krone; (*in Schweden, Island*) krona **krönen** ['krø:nən] *v/t* to crown; **jdn zum König ~** to crown sb king; **von Erfolg gekrönt sein** to be crowned with success **Kronerbe** *m* heir to the crown **Kronerbin** *f* heiress to the crown **Kronjuwelen** *pl* crown jewels *pl* **Kronkolonie** *f* crown colony **Kronkorken** *m* crown cap **Kronleuchter** *m* chandelier **Kronprinz** *m* crown prince; (*in Großbritannien auch*) Prince of Wales **Kronprinzessin** *f* crown princess **Krönung** ['krø:nʊŋ] *f* ⟨-, -en⟩ coronation; (*fig, von Veranstaltung*) high point **Kronzeuge** ['kro:n-] *m*, **Kronzeugin** *f* JUR **als ~ auftreten** to turn King's/Queen's evidence (*Br*) or State's evidence (*US*); (≈ *Hauptzeuge sein*) to appear as principal witness
Kropf [krɔpf] *m* ⟨-(e)s, ¨e ['krœpfə]⟩ **1** (*von Vogel*) crop **2** MED goitre (*Br*), goiter (*US*)
kross [krɔs] (*N Ger*) **A** *adj* crisp **B** *adv* backen, braten until crisp
Kröte ['krø:tə] *f* ⟨-, -n⟩ ZOOL toad
Krücke ['krʏkə] *f* ⟨-, -n⟩ crutch; **an ~n** (*dat*) **gehen** to walk on crutches
Krug [kru:k] *m* ⟨-(e)s, ¨e ['kry:gə]⟩ (≈ *Milchkrug etc*) jug; (≈ *Bierkrug*) (beer) mug
Krümel ['kry:ml] *m* ⟨-s, -⟩ (≈ *Brotkrümel etc*) crumb **krümelig** ['kry:məlɪç] *adj* crumbly **krümeln** ['kry:mln] *v/t & v/i* to crumble
krumm [krʊm] **A** *adj* **1** crooked; *Beine* bandy; *Rücken* hunched; **etw ~ biegen** to bend sth; **sich ~ und schief lachen** (*infml*) to fall about laughing (*infml*) **2** (*infml* ≈ *unehrlich*) **ein ~es Ding drehen** (*sl*) to do

something crooked; **etw auf die ~e Tour versuchen** to try to wangle sth (*infml*) **B** *adv* **~ stehen/sitzen** to slouch; **~ gehen** to walk with a stoop; **~ gewachsen** crooked; **keinen Finger ~ machen** (*infml*) not to lift a finger **krümmen** ['krʏmən] **A** *v/t* to bend; **gekrümmte Oberfläche** curved surface **B** *v/r* to bend; (*Fluss*) to wind; (*Straße*) to curve; **sich vor Schmerzen** (*dat*) **~** to double up with pain **krummlachen** *v/r* (*infml*) to double up with laughter **krummnehmen** *v/t sep irr* (*infml*) **(jdm) etw ~** to take offence (*Br*) or offense (*US*) at sth **Krümmung** ['krʏmʊŋ] *f* ⟨-, -en⟩ (*von Weg, Fluss*) turn; MAT, MED curvature; OPT curvature
Krüppel ['krʏpl] *m* ⟨-s, -⟩ cripple; **jdn zum ~ machen** to cripple sb
Kruste ['krʊstə] *f* ⟨-, -n⟩ crust; (*von Schweinebraten*) crackling; (*von Braten*) crisped outside **Krustentier** *nt* crustacean **krustig** ['krʊstɪç] *adj* crusty
Krux [krʊks] *f* ⟨-, *no pl*⟩ (≈ *Schwierigkeit*) trouble, problem; **die ~ bei der Sache ist, …** the trouble or problem (with that) is …
Kruzifix ['kru:tsifɪks, krutsi'fɪks] *nt* ⟨-es, -e⟩ crucifix
kryptisch ['krʏptɪʃ] *adj Bemerkung* cryptic
Kryptogramm *nt, pl* -gramme cryptogram
Kuba ['ku:ba] *nt* ⟨-s⟩ Cuba **Kubaner** [ku'ba:nɐ] *m* ⟨-s, -⟩, **Kubanerin** [-ərɪn] *f* ⟨-, -nen⟩ Cuban **kubanisch** [ku'ba:nɪʃ] *adj* Cuban
Kübel ['ky:bl] *m* ⟨-s, -⟩ bucket; (*für Pflanzen*) tub; **es regnet wie aus ~n** it's bucketing down (*Br*), it's coming down in buckets (*US*) **Kübelpflanze** *f* container plant
Kubik [ku'bi:k] *nt* ⟨-, -⟩ (AUTO *infml* ≈ *Hubraum*) cc **Kubikmeter** *m or nt* cubic metre (*Br*) or meter (*US*) **Kubikwurzel** *f* cube root **Kubikzahl** *f* cube number **Kubikzentimeter** *m or nt* cubic centimetre (*Br*) or centimeter (*US*) **kubisch** ['ku:bɪʃ] *adj* cubic(al) **Kubismus** [ku'bɪsmʊs] *m* ⟨-, *no pl*⟩ ART cubism
Küche ['kʏçə] *f* ⟨-, -n⟩ **1** kitchen; (*klein*) kitchenette **2** (≈ *Kochkunst*) **chinesische ~** Chinese cooking **3** (≈ *Speisen*) dishes *pl*, food; **warme/kalte ~** hot/cold food
Kuchen ['ku:xn] *m* ⟨-s, -⟩ cake; (*mit Obst gedeckt*) (fruit) flan
Küchenchef(in) *m/(f)* chef

K

Kuchenform f cake tin (Br) or pan (US) **Kuchengabel** f pastry fork **Küchengerät** nt kitchen utensil; (elektrisch) kitchen appliance **Küchenherd** m cooker (Br), range (US) **Küchenhilfe** f kitchen help **Küchenmaschine** f food processor **Küchenmesser** nt kitchen knife **Küchenpersonal** nt kitchen staff **Küchenschabe** f ZOOL cockroach **Küchenschrank** m (kitchen) cupboard **Kuchenteig** m cake mixture; (≈ Hefeteig) dough **Kuchenteller** m cake plate **Küchentisch** m kitchen table **Küchentuch** nt, pl -tücher kitchen towel **Kuckuck** ['kʊkʊk] m ⟨-s, -e⟩ **1** cuckoo **2** (infml ≈ Siegel des Gerichtsvollziehers) bailiff's seal (for distraint of goods) **3** (infml) **zum ~ (noch mal)!** hell's bells! (infml); **(das) weiß der ~** heaven (only) knows (infml) **Kuckucksuhr** f cuckoo clock

Kuddelmuddel ['kʊdlmʊdl] m or nt ⟨-s, no pl⟩ (infml) muddle

Kufe ['kuːfə] f ⟨-, -n⟩ (von Schlitten etc) runner; (von Flugzeug) skid

Küfer ['kyːfɐ] m ⟨-s, -⟩, **Küferin** [-ərɪn] f ⟨-, -nen⟩ cellarman/-woman; (S Ger, Swiss ≈ Böttcher) cooper

Kugel ['kuːgl] f ⟨-, -n⟩ ball; (geometrische Figur) sphere; (≈ Erdkugel) globe; (≈ Kegelkugel) bowl; (≈ Gewehrkugel) bullet; (für Luftgewehr) pellet; (≈ Kanonenkugel) (cannon)ball; (SPORTS ≈ Stoßkugel) shot; **eine ruhige ~ schieben** (infml) to have a cushy number (infml) **Kugelblitz** m METEO ball lightning **kugelförmig** adj spherical **Kugelhagel** m hail of bullets **Kugelkopf** m golf ball **Kugellager** nt ball bearing **kugeln** ['kuːgln] **A** v/i aux sein (≈ rollen, fallen) to roll **B** v/r to roll (around); **sich (vor Lachen) ~** (infml) to double up (laughing) **kugelrund** adj as round as a ball **Kugelschreiber** m ballpoint (pen), Biro® (Br) **kugelsicher** adj bullet-proof **Kugelstoßen** nt ⟨-s, no pl⟩ shot-putting **Kugelstoßer** [-ʃtoːsɐ] m ⟨-s, -⟩, **Kugelstoßerin** [-ərɪn] f ⟨-, -nen⟩ shot-putter

Kuh [kuː] f ⟨-, ⸚e ['kyːə]⟩ cow; **heilige ~** sacred cow **Kuhdorf** nt (pej infml) one-horse town (infml) **Kuhfladen** m cowpat **Kuhglocke** f cowbell **Kuhhandel** m (pej infml) horse-trading no pl (infml) **Kuhhaut** f cowhide; **das geht auf keine ~** (infml) that is absolutely staggering **kühl** [kyːl] **A** adj cool; **mir wird etwas ~** I'm getting rather chilly; **einen ~en Kopf bewahren** to keep a cool head **B** adv **etw ~ lagern** to store sth in a cool place; **„kühl servieren"** "serve chilled" **Kühlaggregat** nt refrigeration unit **Kühlanlage** f refrigeration plant **Kühlbecken** nt (für Brennelemente) cooling pond **Kühlbox** f cooler

Kuhle ['kuːlə] f ⟨-, -n⟩ (N Ger) hollow; (≈ Grube) pit

Kühle ['kyːlə] f ⟨-, no pl⟩ coolness **kühlen** ['kyːlən] **A** v/t to cool; (auf Eis) to chill; → **gekühlt B** v/i to be cooling **Kühler** ['kyːlɐ] m ⟨-s, -⟩ TECH cooler; AUTO radiator; (infml ≈ Kühlerhaube) bonnet (Br), hood (US) **Kühlerfigur** f AUTO radiator mascot (Br), hood ornament (US) **Kühlerhaube** f AUTO bonnet (Br), hood (US) **Kühlfach** nt freezer compartment (Br), deep freeze **Kühlhaus** nt cold storage depot **Kühlmittel** nt TECH coolant **Kühlraum** m cold storage room **Kühlregal** nt refrigerated display unit **Kühlschrank** m fridge (Br), refrigerator **Kühltasche** f cold bag **Kühltheke** f refrigerated display unit **Kühltruhe** f (chest) freezer **Kühlturm** m TECH cooling tower **Kühlung** ['kyːlʊŋ] f ⟨-, no pl⟩ cooling; **zur ~ des Motors** to cool the engine **Kühlwasser** nt coolant; AUTO radiator water **Kuhmilch** f cow's milk **Kuhmist** m cow dung

kühn [kyːn] **A** adj bold **B** adv boldly **Kühnheit** f ⟨-, -en, no pl⟩ boldness

k. u. k. ['kaːʊntˈkaː] (Aus HIST) abbr of kaiserlich und königlich imperial and royal **Küken** ['kyːkn] nt ⟨-s, -⟩ (≈ Huhn) chick; (infml ≈ jüngste Person) baby

Kukuruz ['kʊkʊrʊts, 'kuːkurʊts] m ⟨-(es), no pl⟩ (Aus) maize, corn

kulant [ku'lant] **A** adj accommodating; Bedingungen fair **B** adv accommodatingly **Kulanz** [ku'lants] f ⟨-, no pl⟩ **aus ~** as a courtesy

Kuli ['kuːli] m ⟨-s, -s⟩ **1** (≈ Lastträger) coolie **2** (infml ≈ Kugelschreiber) ballpoint (pen), Biro® (Br)

kulinarisch [kuli'naːrɪʃ] adj culinary **Kulisse** [ku'lɪsə] f ⟨-, -n⟩ scenery no pl; (an den Seiten) wing; (≈ Hintergrund) backdrop; **hinter den ~n** (fig) behind the scenes

kullern ['kʊlɐn] v/t & v/i vi: aux sein (infml) to roll

Kult [kʊlt] m ⟨-(e)s, -e⟩ cult; (≈ Verehrung)

worship; **einen ~ mit jdm/etw treiben** to make a cult out of sb/sth **Kultfigur** f cult figure **Kultfilm** m cult film **kultig** ['kʊltɪç] adj (sl) cult attr, culty (sl) **kultivieren** [kʊlti'viːrən] past part kultiviert v/t to cultivate **kultiviert** [kʊlti'viːɐt] **A** adj cultivated, refined **B** adv speisen, sich einrichten stylishly; sich ausdrücken in a refined manner **Kultstätte** f place of worship **Kultur** [kʊl'tuːɐ] f ⟨-, -en⟩ **1** no pl culture; **er hat keine ~** he is uncultured **2** (≈ Lebensform) civilization **Kulturangebot** nt programme (Br) or program (US) of cultural events; **Münchens vielfältiges ~** Munich's rich and varied cultural life **Kulturbanause** m, **Kulturbanausin** f (infml) philistine **Kulturbetrieb** m (infml) culture industry **Kulturbeutel** m sponge or toilet bag (Br), washbag **kulturell** [kʊltu'rɛl] **A** adj cultural **B** adv culturally **Kulturerbe** nt cultural heritage **Kulturgeschichte** f history of civilization **kulturgeschichtlich** adj historico-cultural **Kulturhauptstadt** f cultural capital **Kulturhoheit** f independence in matters of education and culture **Kulturkreis** m culture group or area **Kulturkritik** f critique of (our) culture **kulturlos** adj lacking culture **Kulturminister(in)** m/(f) minister of education and the arts **Kulturpflanze** f cultivated plant **Kulturpolitik** f cultural and educational policy **kulturpolitisch** adj politico-cultural **Kulturprogramm** nt cultural programme (Br) or program (US) **Kulturrevolution** f cultural revolution **Kulturschock** m culture shock **Kultursprache** f language of the civilized world **Kulturstätte** f place of cultural interest **Kulturvolk** nt civilized people sg **Kulturzentrum** nt **1** (≈ Stadt) cultural centre (Br) or center (US) **2** (≈ Anlage) arts centre (Br) or center (US) **Kultusminister(in)** m/(f) minister of education and the arts **Kultusministerium** nt ministry of education and the arts **Kümmel** ['kʏml] m ⟨-s, -⟩ **1** no pl (≈ Gewürz) caraway (seed) **2** (infml ≈ Schnaps) kümmel **Kummer** ['kʊmɐ] m ⟨-s, no pl⟩ (≈ Betrübtheit) sorrow; (≈ Ärger) problems pl; **jdm ~ machen** to cause sb worry; **wir sind (an) ~ gewöhnt** (infml) it happens all the time

kümmerlich ['kʏmɐlɪç] **A** adj **1** (≈ armselig) miserable; Lohn, Mahlzeit paltry **2** (≈ schwächlich) puny; Vegetation stunted **B** adv sich entwickeln poorly; **sich ~ ernähren** to live on a meagre (Br) or meager (US) diet **kümmern A** v/t to concern; **was kümmert mich das?** what's that to me? **B** v/r **sich um jdn/etw ~** to look after sb/sth; **sich darum ~, dass …** to see to it that …; **er kümmert sich nicht darum, was die Leute denken** he doesn't care (about) what people think

Kumpan [kʊm'paːn] m ⟨-s, -e⟩, **Kumpanin** [-ɪn] f ⟨-, -nen⟩ (dated infml) pal (infml) **Kumpel** ['kʊmpl] m ⟨-s, - or (inf) -s or (Aus) -n⟩ **1** (MIN ≈ Bergmann) miner **2** (infml ≈ Kamerad) pal (infml) **kumpelhaft** [-haft] adj (infml) pally (infml)

kündbar adj Vertrag terminable; Anleihe redeemable; **Beamte sind nicht ohne Weiteres ~** civil servants cannot be dismissed just like that

Kunde ['kʊndə] m ⟨-n, -n⟩, **Kundin** [-dɪn] f ⟨-, -nen⟩ customer **Kundenberatung** f customer advisory service **Kundendienst** m customer service; (≈ Abteilung) service department **Kundenfang** m (pej) **auf ~ sein** to be touting for customers **Kundenkarte** f loyalty card; (von Bank) bank card **Kundenkreditkarte** f charge card **Kundenkreis** m customers pl, clientele **kundenorientiert** adj customer-oriented **Kundenservice** [-zøːɐvɪs, -zœrvɪs] m customer service

Kundgebung ['kʊntgeːbʊŋ] f ⟨-, -en⟩ POL rally

kundig ['kʊndɪç] adj (elev) knowledgeable; (≈ sachkundig) expert

kündigen ['kʏndɪɡŋ] **A** v/t Abonnement, Mitgliedschaft to cancel; **jdm die Wohnung ~** to give sb notice to quit his/her flat (Br) or to vacate his/her apartment (US); **die Stellung ~** to hand in one's notice; **jdm die Stellung ~** to give sb his/her notice; **jdm die Freundschaft ~** to break off a friendship with sb **B** v/i (Arbeitnehmer) to hand in one's notice; (Mieter) to give in one's notice; **jdm ~** (Arbeitgeber) to give sb his/her notice; (Vermieter) to give sb notice to quit (Br) or to vacate his apartment (US) **Kündigung** ['kʏndɪɡʊŋ] f ⟨-, -en⟩ (≈ Mitteilung) (von Vermieter) notice to quit (Br) or to vacate one's apartment (US); (von Mie-

ter, Stellung) notice; *(von Vertrag)* termination; *(von Mitgliedschaft, Abonnement)* (letter of) cancellation; **ich drohte (dem Chef) mit der ~** I threatened to hand in my notice (to my boss); **Vertrag mit vierteljährlicher ~** contract with three months' notice on either side **Kündigungsfrist** *f* period of notice **Kündigungsgrund** *m* grounds *pl* for giving notice **Kündigungsschreiben** *nt* written notice; *(von Arbeitgeber)* letter of dismissal **Kündigungsschutz** *m* protection against wrongful dismissal

Kundin *f* → Kunde **Kundschaft** ['kʊntʃaft] *f* ‹-, -en› customers *pl*

kundschaften ['kʊntʃaftn] *v/i insep* MIL to reconnoitre *(Br)*, to reconnoiter *(US)* **Kundschafter** ['kʊntʃaftɐ] *m* ‹-s, -›, **Kundschafterin** [-ərɪn] *f* ‹-, -nen› spy; MIL scout **kundtun** ['kʊnttuːn] *v/t sep irr (elev)* to make known

künftig ['kʏnftɪç] **A** *adj* future; **meine ~e Frau** my wife-to-be **B** *adv* in future

Kungelei [kʊŋə'lai] *f* ‹-, -en› *(infml)* scheming

Kunst [kʊnst] *f* ‹-, ⸚e ['kʏnstə]› **1** art; **die schönen Künste** fine art *sg*, the fine arts **2** *(≈ Fertigkeit)* art, skill; **die ~ besteht darin, ...** the art is in ...; **ärztliche ~** medical skill; **das ist keine ~!** it's a piece of cake *(infml)*; **das ist die ganze ~** that's all there is to it **3** *(infml)* **das ist eine brotlose ~** there's no money in that; **was macht die ~?** how are things? **Kunstakademie** *f* art college **Kunstausstellung** *f* art exhibition **Kunstbanause** *m*, **Kunstbanausin** *f* *(pej)* philistine **Kunstdruck** *m, pl* -drucke art print **Kunstdünger** *m* chemical fertilizer **Kunstfaser** *f* synthetic fibre *(Br)* or fiber *(US)* **Kunstfehler** *m* professional error; *(weniger ernst)* slip **kunstfertig** *(elev)* **A** *adj* skilful *(Br)*, skillful *(US)* **B** *adv* skilfully *(Br)*, skillfully *(US)* **Kunstflug** *m* aerobatics *sg*, stunt flying **Kunstfreund(in)** *m/(f)* art lover **Kunstgegenstand** *m* objet d'art; *(Gemälde)* work of art **kunstgemäß**, **kunstgerecht** **A** *adj* *(≈ fachmännisch)* proficient **B** *adv* proficiently **Kunstgeschichte** *f* history of art **Kunstgewerbe** *nt* arts and crafts *pl* **kunstgewerblich** *adj* ~**e Gegenstände** craft objects **Kunstgriff** *m* trick

Kunsthandel *m* art trade **Kunsthändler(in)** *m/(f)* art dealer **Kunsthandwerk** *nt* craft industry **Kunstherz** *nt* artificial heart **Kunsthistoriker(in)** *m/(f)* art historian **Kunsthochschule** *f* art college **Kunstleder** *nt* imitation leather **Künstler** ['kʏnstlɐ] *m* ‹-s, -›, **Künstlerin** [-ərɪn] *f* ‹-, -nen› **1** artist; *(≈ Unterhaltungskünstler)* artiste; **bildender ~** visual artist **2** *(≈ Könner)* genius *(in +dat* at*)* **künstlerisch** ['kʏnstlərɪʃ] **A** *adj* artistic **B** *adv* artistically **Künstlername** *m* pseudonym **Künstlerpech** *nt* *(infml)* hard luck **Künstlerviertel** *nt* artists' quarter **künstlich** ['kʏnstlɪç] **A** *adj* artificial; *Zähne, Fingernägel* false; *Faserstoffe* synthetic; ~**e Intelligenz** artificial intelligence **B** *adv* **1** artificially **2** **jdn ~ ernähren** MED to feed sb artificially **Kunstliebhaber(in)** *m/(f)* art lover **Kunstmaler(in)** *m/(f)* artist, painter **Kunstpause** *f* *(als Spannungsmoment)* dramatic pause, pause for effect; *(iron: beim Stocken)* awkward pause **Kunstraub** *m* art theft **Kunstsammlung** *f* art collection **Kunstschätze** *pl* art treasures *pl* **Kunstseide** *f* artificial silk **Kunstspringen** *nt* diving **Kunststoff** *m* man-made material **Kunststoffflasche** *f* plastic bottle **Kunststück** *nt* trick; **das ist kein ~** *(fig)* there's nothing to it; *(≈ keine große Leistung)* that's nothing to write home about **Kunstturnen** *nt* gymnastics *sg* **kunstvoll** **A** *adj* artistic; *(≈ kompliziert)* elaborate **B** *adv* elaborately **Kunstwerk** *nt* work of art

kunterbunt ['kʊntɐbʊnt] *adj Sammlung etc* motley *attr; Programm* varied; *Leben* chequered *(Br)*, checkered *(US)*; **~ durcheinander** all jumbled up

Kupfer ['kʊpfɐ] *nt* ‹-s, *no pl*› copper **Kupferdraht** *m* copper wire **Kupfergeld** *nt* coppers *pl* **kupferrot** *adj* copper-red **Kupferstich** *m* copperplate (engraving)

Kupon [ku'põː] *m* ‹-s, -s› = Coupon **Kuppe** ['kʊpə] *f* ‹-, -n› *(≈ Bergkuppe)* (rounded) hilltop; *(≈ Fingerkuppe)* tip **Kuppel** ['kʊpl] *f* ‹-, -n› dome **Kuppelei** [kʊpə'lai] *f* ‹-, *no pl*› JUR procuring **kuppeln** ['kʊpln] **A** *v/t* = koppeln **B** *v/i* **1** AUTO to operate the clutch **2** *(infml ≈*

Paare zusammenführen) to match-make **Kuppler** ['kʊplɐ] *m* ⟨-s, -⟩, **Kupplerin** [-ərɪn] *f* ⟨-, -nen⟩ matchmaker (*+gen* for); JUR procurer/procuress **Kupplung** ['kʊplʊŋ] *f* ⟨-, -en⟩ **1** TECH coupling; AUTO *etc* clutch **2** (≈ *das Koppeln*) coupling **Kupplungspedal** *nt* clutch pedal

Kur [kuːɐ] *f* ⟨-, -en⟩ (*in Badeort*) (health) cure; (≈ *Haarkur etc*) treatment *no pl*; (≈ *Schlankheitskur*) diet; **in ~ fahren** to go to a spa; **eine ~ machen** to take a cure; (≈ *Schlankheitskur*) to diet

Kür [kyːɐ] *f* ⟨-, -en⟩ SPORTS free section **Kuraufenthalt** *m* stay at a spa **Kurbad** *nt* spa

Kurbel ['kʊrbl] *f* ⟨-, -n⟩ crank; (*an Rollläden etc*) winder **Kurbelwelle** *f* crankshaft **Kürbis** ['kʏrbɪs] *m* ⟨-ses, -se⟩ pumpkin **Kurde** ['kʊrdə] *m* ⟨-n, -n⟩, **Kurdin** [-dɪn] *f* ⟨-, -nen⟩ Kurd **kurdisch** ['kʊrdɪʃ] *adj* Kurdish **Kurdistan** ['kʊrdɪstaːn, ˌkʊrdɪs-tan] *nt* ⟨-s⟩ Kurdistan

Kurfürst *m* Elector, electoral prince **Kurgast** *m* (*Patient*) patient at a spa; (*Tourist*) visitor to a spa

Kurie ['kuːriə] *f* ⟨-, *no pl*⟩ ECCL Curia **Kurier** [ku'riːɐ] *m* ⟨-s, -e⟩, **Kurierin** [-'riːrɪn] *f* ⟨-, -nen⟩ courier; HIST messenger **Kurierdienst** *m* courier service **kurieren** [ku'riːrən] *past part* **kuriert** *v/t* to cure (*von* of)

kurios [ku'rioːs] *adj* (≈ *merkwürdig*) strange, curious **Kuriosität** [kuriozi'tɛːt] *f* ⟨-, -en⟩ **1** (*Gegenstand*) curio(sity) **2** (≈ *Eigenart*) peculiarity

Kurort *m* spa **Kurpark** *m* spa gardens *pl* **Kurpfuscher(in)** *m/(f)* (*pej infml*) quack (doctor)

Kurs [kʊrs] *m* ⟨-es, -e [-zə]⟩ **1** course; (POL ≈ *Richtung*) line; **~ nehmen auf** (*+acc*) to set course for; **den ~ ändern** to change (one's) course **2** (FIN ≈ *Wechselkurs*) exchange rate; (≈ *Aktienkurs*) price; **zum ~ von** at the rate of; **hoch im ~ stehen** (*Aktien*) to be high; (*fig*) to be popular (*bei* with) **3** (≈ *Lehrgang*) course (*in +dat, für* in) **Kursänderung** *f* change of course **Kursanstieg** *m* ST EX rise in (market) prices **Kursbuch** *nt* RAIL (railway) timetable

Kürschner ['kʏrʃnɐ] *m* ⟨-s, -⟩, **Kürschnerin** [-ərɪn] *f* ⟨-, -nen⟩ furrier

Kurseinbruch *m* FIN sudden fall in prices **Kurseinbuße** *f* decrease in value

Kursentwicklung *f* FIN price trend **Kurserholung** *f* FIN rally in prices **Kursgewinn** *m* profit (on the stock exchange market) **kursieren** [kʊr'ziːrən] *past part* **kursiert** *v/i aux haben or sein* to circulate **Kursindex** *m* ST EX stock exchange index

kursiv [kʊr'ziːf] **A** *adj* italic **B** *adv* in italics

Kurskorrektur *f* course correction **Kursleiter(in)** *m/(f)* course tutor (*esp Br*) **Kursnotierung** *f* quotation **Kursrückgang** *m* fall in prices **Kursschwankung** *f* fluctuation in exchange rates; ST EX fluctuation in market rates **Kursverlust** *m* FIN loss (on the stock exchange) **Kurswagen** *m* RAIL through coach **Kurswechsel** *m* change of direction

Kurtaxe *f* visitors' tax (at spa)

Kurve ['kʊrvə, 'kʊrfə] *f* ⟨-, -n⟩ curve; (≈ *Straßenkurve*) bend; (*an Kreuzung*) corner; **die Straße macht eine ~** the road bends; **die ~ kratzen** (*infml* ≈ *schnell weggehen*) to make tracks (*infml*) **kurven** ['kʊrvn, 'kʊrfn] *v/i aux sein* to circle; **durch Italien ~** (*infml*) to drive around Italy **kurvenreich** *adj Strecke* winding; „**kurvenreiche Strecke**" "(series of) bends"

kurz [kʊrts] **A** *adj, comp* **~er** ['kʏrtsə], *sup* **~este(r, s)** ['kʏrtsəstə] short; *Blick, Folge* quick; *etw* **kürzer machen** to make sth shorter; **ich will es ~ machen** I'll make it brief; **den Kürzeren ziehen** (*fig infml*) to come off worst **B** *adv, comp* **~er**, *sup* **am ~esten** **1** **eine Sache ~ abtun** to dismiss sth out of hand; **zu ~ kommen** to come off badly; **~ entschlossen** without a moment's hesitation; **~ gesagt** in a nutshell; **sich ~ fassen** to be brief; **~ gefasst** concise; **~ und bündig** concisely, tersely (*pej*); **~ und gut** in a word; **~ und schmerzlos** (*infml*) short and sweet; *etw* **~ und klein hauen** to smash sth to pieces **2** (≈ *für eine kurze Zeit*) briefly; **ich bleibe nur ~** I'll only stay for a short while; **ich muss mal ~ weg** I'll just have to go for a moment; **~ bevor/nachdem** shortly before/after; **über ~ oder lang** sooner or later; **(bis) vor Kurzem** (until) recently **Kurzarbeit** *f* short time **kurzarbeiten** *v/i sep* to be on short time **Kurzarbeiter(in)** *m/(f)* short-time worker **kurzärmelig** *adj* short-sleeved

kurzatmig [-ˈaːtmɪç] adj MED short of breath **Kurzbericht** m brief report; (≈ Zusammenfassung) summary **Kurzbesuch** m brief or flying visit **Kürze** [ˈkʏrtsə] f ‹-, -n, no pl› shortness; (fig) (≈ Bündigkeit) brevity, conciseness; **in ~** (≈ bald) shortly; **in aller ~** very briefly; **in der ~ liegt die Würze** (prov) brevity is the soul of wit **Kürzel** [ˈkʏrtsl] nt ‹-s, -› (≈ stenografisches Zeichen) shorthand symbol; (≈ Abkürzung) abbreviation **kürzen** [ˈkʏrtsn] v/t to shorten; Gehalt, Ausgaben to cut (back) **Kurze(r)** [ˈkʊrtsə] m decl as adj (infml) ◼ (≈ Schnaps) short ◼ (≈ Kurzschluss) short (circuit) **kurzerhand** [ˈkʊrtseˈhant] adv without further ado; entlassen on the spot; **etw ~ ablehnen** to reject sth out of hand **kurzfassen** v/r sep irr to be brief **Kurzfassung** f abridged version **Kurzfilm** m short (film) **kurzfristig** [-frɪstɪç] ◻ adj short-term; Wettervorhersage short-range ◼ adv (≈ auf kurze Sicht) for the short term; (≈ für kurze Zeit) for a short time; **~ seine Pläne ändern** to change one's plans at short notice **Kurzgeschichte** f short story **Kurzhaardackel** m short-haired dachshund **kurzhaarig** adj short-haired **kurzhalten** v/t sep irr **jdn ~** to keep sb short **Kurzhantel** f dumbbell **Kurzinformation** f information summary no pl; (≈ Blatt) information sheet **kurzlebig** [-leːbɪç] adj short-lived **kürzlich** [ˈkʏrtslɪç] ◻ adv recently; **erst ~** only or just recently ◼ adj recent **Kurzmeldung** f newsflash **Kurznachricht** f ◼ (≈ Information) **Kurznachrichten** pl the news headlines pl ◼ (≈ SMS) text message **Kurzparker** [-parkɐ] m ‹-s, -› „nur für ~" "short-stay (Br) or short-term parking only" **Kurzparkzone** f short-stay (Br) or short-term parking zone **kurzschließen** sep irr ◻ v/t to short-circuit ◼ v/r (≈ in Verbindung treten) to get in contact (mit with) **Kurzschluss** m ◼ ELEC short circuit ◼ (fig: a. **Kurzschlusshandlung**) rash action **Kurzschlussreaktion** f knee-jerk reaction **kurzsichtig** [-zɪçtɪç] ◻ adj short-sighted ◼ adv short-sightedly **Kurzsichtigkeit** f ‹-, no pl› short-sightedness **Kurzstrecke** f short distance; (in Laufwettbewerb) sprint distance **Kurzstreckenflugzeug** nt short-haul aircraft **Kurzstreckenrakete** f short-range missile **Kurztrip** m (infml) short holiday **kurzum** [kʊrtsˈʊm, ˈkʊrtsˈʊm] adv in short **Kürzung** [ˈkʏrtsʊŋ] f ‹-, -en› shortening; (von Gehältern etc) cut (+gen in) **Kurzurlaub** m short holiday (esp Br) or vacation (US), MIL short leave **Kurzwahl** f TEL one-touch dialling (Br) or dialing (US), speed dial **Kurzwahlspeicher** m TEL speed-dial number memory **Kurzwaren** pl haberdashery (Br), notions pl (US) **kurzweilig** [-vailɪç] adj entertaining **Kurzwelle** f RADIO short wave **Kurzzeitgedächtnis** nt short-term memory **kurzzeitig** ◻ adj (≈ für kurze Zeit) short, brief ◼ adv for a short time, briefly **Kurzzeitspeicher** m short-term memory

kuschelig [ˈkʊʃəlɪç] (infml) adj cosy (Br), cozy (US) **kuscheln** [ˈkʊʃln] ◼ v/i to cuddle (mit with) ◼ v/r **sich an jdn ~** to snuggle up to sb; **sich in etw** (acc) **~** to snuggle up in sth **Kuschelrock** m (MUS infml) soft rock **Kuschelsex** m loving sex **Kuscheltier** nt cuddly toy **kuschen** [ˈkʊʃn] v/i (Hund etc) to get down; (fig) to knuckle under
Kusine [kuˈziːnə] f ‹-, -n› cousin **Kuss** [kʊs] m ‹-es, ⁻e [ˈkʏsə]› kiss **Küsschen** [ˈkʏsçən] nt ‹-s, -› little kiss, peck **küssen** [ˈkʏsn] ◼ v/t & v/i to kiss ◼ v/r to kiss (each other) **Kusshand** f **jdm eine ~ zuwerfen** to blow sb a kiss
Küste [ˈkʏstə] f ‹-, -n› coast; (≈ Ufer) shore **Küstengebiet** nt coastal area **Küstengewässer** pl coastal waters pl **Küstenschifffahrt** f coastal shipping **Küstenwache** f, **Küstenwacht** f coastguard
Kutsche [ˈkʊtʃə] f ‹-, -n› coach; (infml ≈ Auto) jalopy (infml) **Kutscher** [ˈkʊtʃɐ] m ‹-s, -›, **Kutscherin** [-ərɪn] f ‹-, -nen› coachman, driver **kutschieren** [kʊˈtʃiːrən] past part kutschiert ◻ v/i aux sein to drive ◼ v/t to drive; **jdn im Auto durch die Gegend ~** to drive sb around
Kutte [ˈkʊtə] f ‹-, -n› habit
Kuttel [ˈkʊtl] f ‹-, -n› usu pl (S Ger, Aus, Swiss) entrails pl
Kutter [ˈkʊtɐ] m ‹-s, -› NAUT cutter
Kuvert [kuˈveːɐ, kuˈvɛːɐ, kuˈvɛrt] nt ‹-s, -s or (bei dt. Aussprache) -(e)s, -e› (≈ Briefkuvert) envelope
Kuwait [kuˈvait, ˈkuːvait] nt ‹-s› Kuwait

kuwaitisch [ku'vaitɪʃ, 'ku:vaitɪʃ] *adj* Kuwaiti

Kybernetik [kybɛr'ne:tɪk] *f* ⟨-, *no pl*⟩ cybernetics *sg* **kybernetisch** [kybɛr'ne:tɪʃ] *adj* cybernetic

kyrillisch [ky'rɪlɪʃ] *adj* Cyrillic

L

L, l [ɛl] *nt* ⟨-, -⟩ L, l

Label ['le:bl] *nt* ⟨-s, -⟩ label

labern ['la:bɛn] (*infml*) **A** *v/i* to prattle (on or away) (*infml*) **B** *v/t* to talk

labil [la'bi:l] *adj* unstable; *Gesundheit* delicate; *Kreislauf* poor **Labilität** [labili'tɛ:t] *f* ⟨-, *no pl*⟩ instability

Labor [la'bo:ɐ] *nt* ⟨-s, -s *or* -e⟩ laboratory **Laborant** [labo'rant] *m* ⟨-en, -en⟩, **Laborantin** [-'rantɪn] *f* ⟨-, -nen⟩ lab(-oratory) technician

Labrador [labra'do:ɐ] *m* ⟨-s, -e⟩ ZOOL labrador

Labyrinth [laby'rɪnt] *nt* ⟨-(e)s, -e⟩ labyrinth

Lachanfall *m* laughing fit

Lache[1] ['laxə, 'la:xə] *f* ⟨-, -n⟩ (≈ *Pfütze*) puddle

Lache[2] ['laxə] *f* ⟨-, -n⟩ (*infml*) laugh **lächeln** ['lɛçln] *v/i* to smile; **freundlich ~** to give a friendly smile **Lächeln** *nt* ⟨-s, *no pl*⟩ smile **lachen** ['laxn] **A** *v/i* to laugh (*über +acc* at); **jdn zum Lachen bringen** to make sb laugh; **zum Lachen sein** (≈ *lustig*) to be hilarious; (≈ *lächerlich*) to be laughable; **mir ist nicht zum Lachen (zumute)** I'm in no laughing mood; **dass ich nicht lache!** (*infml*) don't make me laugh! (*infml*); **du hast gut ~!** it's all right for you to laugh! (*infml*); **wer zuletzt lacht, lacht am besten** (*prov*) he who laughs last, laughs longest (*prov*); **ihm lachte das Glück** fortune smiled on him **B** *v/t* **da gibt es gar nichts zu ~** that's nothing to laugh about; **was gibt es denn da zu ~?** what's so funny about that?; **er hat bei seiner Frau nichts zu ~** (*infml*) he has a hard time of it with his wife; **das wäre doch gelacht** it would be ridiculous **Lachen** *nt* ⟨-s, *no pl*⟩ laughter; (≈ *Art des Lachens*)

laugh **Lacher** ['laxɐ] *m* ⟨-s, -⟩ **1** **die ~ auf seiner Seite haben** to have the last laugh **2** (*infml* ≈ *Lache*) laugh **Lacherfolg** *m* **ein ~ sein** to make everybody laugh **lächerlich** ['lɛçɐlɪç] *adj* **1** ridiculous; (≈ *komisch*) comical; **jdn/etw ~ machen** to make sb/sth look silly; **jdn/sich ~ machen** to make a fool of sb/oneself; **etw ins Lächerliche ziehen** to make fun of sth **2** (≈ *geringfügig*) *Anlass* trivial; *Preis* ridiculously low **Lächerlichkeit** *f* ⟨-, -en⟩ **1** *no pl* absurdity; **jdn der ~ preisgeben** to make a laughing stock of sb **2** (≈ *Geringfügigkeit*) triviality **Lachgas** *nt* laughing gas **lachhaft** *adj* ridiculous **Lachkrampf** *m* **einen ~ bekommen** to go (off) into fits of laughter

Lachs [laks] *m* ⟨-es, -e⟩ salmon **lachsfarben** [-farbn] *adj* salmon pink **Lachsforelle** *f* salmon *or* sea trout **Lachsschinken** *m* smoked, rolled fillet of ham

Lack [lak] *m* ⟨-(e)s, -e⟩ varnish; (≈ *Autolack*) paint; (*für Lackarbeiten*) lacquer **Lackarbeit** *f* lacquerwork **Lackfarbe** *f* gloss paint **lackieren** [la'ki:rən] *past part* **lackiert** *v/t* & *v/i Holz* to varnish; *Fingernägel auch* to paint; *Auto* to spray **Lackierer** [la'ki:rɐ] *m* ⟨-s, -⟩, **Lackiererin** [-ərɪn] *f* ⟨-, -nen⟩ varnisher; (*von Autos*) sprayer **Lackiererei** [laki:rə'rai] *f* ⟨-, -en⟩ (≈ *Autolackiererei*) paint shop **Lackierung** *f* ⟨-, -en⟩ (*von Auto*) paintwork; (≈ *Holzlackierung*) varnish; (*für Lackarbeiten*) lacquer **Lackleder** *nt* patent leather **Lackmuspapier** ['lakmʊs-] *nt* litmus paper

ladbar *adj* IT loadable **Ladefläche** *f* load area **Ladegerät** *nt* battery charger **Ladehemmung** *f* **das Gewehr hat ~** the gun is jammed **Ladekabel** *nt* charging cable

laden[1] ['la:dn] *pret* **lud** [lu:t], *past part* **geladen** [gə'la:dn] **A** *v/t* to load; (≈ *wieder aufladen*) *Batterie, Akku* to recharge; PHYS to charge; **der Lkw hat zu viel geladen** the lorry is overloaded; **Verantwortung auf sich** (*acc*) **~** to saddle oneself with responsibility; → **geladen** **B** *v/i* **1** to load (up) **2** PHYS to charge

laden[2] *pret* **lud** [lu:t], *past part* **geladen** [gə'la:dn] *v/t* **1** (*liter* ≈ *einladen*) to invite; **nur für geladene Gäste** by invitation only **2** (*form: vor Gericht*) to summon

Laden[1] ['laːdn] m ⟨-s, ∷ ['lɛːdn]⟩ (≈ Geschäft) shop (esp Br), store (US); **der ~ läuft** (infml) business is good; **den ~ schmeißen** (infml) to run the show; **den (ganzen) ~ hinschmeißen** (infml) to chuck the whole thing in (infml)

Laden[2] m ⟨-s, ∷ or -⟩ (≈ Fensterladen) shutter

Ladendieb(in) m/(f) shoplifter **Ladendiebstahl** m shoplifting **Ladenhüter** m non-seller **Ladenkette** f chain of shops (esp Br) or stores **Ladenpreis** m shop (esp Br) or store (US) price **Ladenschluss** m **um fünf Uhr ist ~** the shops (esp Br) or stores (US) shut at five o'clock **Ladenschlusszeit** f (shop (esp Br) or store (US)) closing time **Ladentisch** m shop counter; **über den/unter dem ~** over/under the counter

Ladeplatz m loading bay **Laderampe** f loading ramp **Laderaum** m load room; AVIAT, NAUT hold **Ladestation** f (für Elektrofahrzeug) charging station, charging point **Ladezeit** f (für Elektrofahrzeug) charging time

lädieren [lɛ'diːrən] past part **lädiert** v/t to damage; Körperteil to injure; **sein lädiertes Image** his tarnished image

Ladung ['laːdʊŋ] f ⟨-, -en⟩ 🔢 load; (von Sprengstoff) charge; **eine geballte ~ von Schimpfwörtern** a whole torrent of abuse 🔢 (≈ Vorladung) summons sg

Lage ['laːgə] f ⟨-, -n⟩ 🔢 (≈ geografische Lage) situation; **in günstiger ~** well-situated; **eine gute/ruhige ~ haben** to be in a good/quiet location 🔢 (≈ Art des Liegens) position 🔢 (≈ Situation) situation; **in der ~ sein, etw zu tun** (befähigt sein) to be able to do sth; **dazu bin ich nicht in der ~** I'm not in a position to do that; **nach ~ der Dinge** as things stand 🔢 (≈ Schicht) layer 🔢 (≈ Runde) round **Lagebericht** m report; MIL situation report

Lagenschwimmen nt SPORTS individual medley **Lagenstaffel** f SPORTS medley relay; (≈ Mannschaft) medley relay team **Lageplan** m ground plan

Lager ['laːgɐ] nt ⟨-s, -⟩ 🔢 (≈ Unterkunft) camp; **sein ~ aufschlagen** to set up camp 🔢 (fig) (≈ Partei) camp; **ins andere ~ überwechseln** to change camps 🔢 pl also Läger ['lɛːgɐ] (≈ Vorratsraum) store(room); (von Laden) stockroom; (≈ Lagerhalle) warehouse; **am ~ sein** to be in stock; **etw auf**

~ haben to have sth in stock; (fig) Witz etc to have sth on tap (infml) 🔢 TECH bearing **Lagerfeuer** nt campfire **Lagergebühr** f, **Lagergeld** nt storage charge **Lagerhalle** f warehouse **Lagerhaus** nt warehouse **Lagerleben** nt camp life **Lagerleiter(in)** m/(f) camp commander; (in Ferienlager etc) camp leader **lagern** ['laːgɐn] 🅰 v/t 🔢 (≈ aufbewahren) to store; **kühl ~!** keep in a cool place 🔢 (≈ hinlegen) jdn to lay down; Bein etc to rest; **das Bein hoch ~** to put one's leg up; → **gelagert** 🅱 v/i 🔢 (Waren etc) to be stored 🔢 (Truppen etc) to camp, to be encamped **Lagerraum** m storeroom; (in Geschäft) stockroom **Lagerstätte** f GEOL deposit **Lagerung** ['laːgərʊŋ] f ⟨-, -en⟩ storage

Lagune [la'guːnə] f ⟨-, -n⟩ lagoon

lahm [laːm] adj 🔢 (≈ gelähmt) lame; **er ist auf dem linken Bein ~** he is lame in his left leg 🔢 (infml ≈ langweilig) dreary; Ausrede lame; Geschäftsgang slow **Lahmarsch** m (infml) slowcoach (Br infml), slowpoke (US infml) **lahmarschig** [-arʃɪç] adj (infml) bloody (Br infml) or damn (infml) slow **lahmen** ['laːmən] v/i to be lame (auf +dat in) **lähmen** ['lɛːmən] v/t to paralyze; Verhandlungen, Verkehr to hold up; → **gelähmt lahmlegen** v/t sep Verkehr to bring to a standstill; Stromversorgung to paralyze **Lähmung** ['lɛːmʊŋ] f ⟨-, -en⟩ (lit) paralysis; (fig) immobilization

Laib [laip] m ⟨-(e)s, -e [-bə]⟩ (esp S Ger) loaf **Laibchen** ['laɪbçən] nt ⟨-s, -⟩, **Laiberl** ['laɪbɐl] nt ⟨-s, -⟩ (Aus) (≈ Teiggebäck) round loaf; (≈ Fleischspeise) ≈ (ham)burger **Laich** [laɪç] m ⟨-(e)s, -e⟩ spawn **laichen** ['laɪçn] v/i to spawn

Laie ['laɪə] m ⟨-n, -n⟩ layman **Laiendarsteller(in)** m/(f) amateur actor/actress **laienhaft** 🅰 adj Arbeit amateurish 🅱 adv spielen amateurishly

Lakai [la'kaɪ] m ⟨-en, -en⟩ lackey

Lake ['laːkə] f ⟨-, -n⟩ brine

Laken ['laːkn] nt ⟨-s, -⟩ sheet

lakonisch [la'koːnɪʃ] 🅰 adj laconic 🅱 adv laconically

Lakritz [la'krɪts] m ⟨-es, -e⟩ (dial), **Lakritze** [la'krɪtsə] f ⟨-, -n⟩ liquorice (Br), licorice

Laktose [lak'toːzə] f ⟨-, no pl⟩ lactose **laktosefrei** adj dairy-free, lactose-free **Laktoseintoleranz** f, **Laktoseunverträglichkeit** f lactose intolerance

lallen ['lalən] *v/t & v/i* to babble
Lama¹ ['lɑːma] *nt* ⟨-s, -s⟩ ZOOL llama
Lama² *m* ⟨-(s), -s⟩ REL lama
Lamelle [la'mɛlə] *f* ⟨-, -n⟩ **1** BIOL lamella
2 (*von Jalousien*) slat
lamentieren [lamɛn'tiːrən] *past part* lamentiert *v/i* to moan, to complain
Lametta [la'mɛta] *nt* ⟨-s, *no pl*⟩ lametta
Laminat [lami'naːt] *nt* ⟨-s, -e⟩ laminate
Lamm [lam] *nt* ⟨-(e)s, ⸚er ['lɛmə]⟩ lamb
Lammbraten *m* roast lamb **Lammfell**
nt lambskin **Lammfleisch** *nt* lamb
lammfromm *adj Miene* innocent
Lampe ['lampə] *f* ⟨-, -n⟩ light; (≈ *Stehlampe, Tischlampe*) lamp; (≈ *Glühlampe*) bulb
Lampenfieber *nt* stage fright
Lampenschirm *m* lampshade **Lampion** [lam'piõː, lam'piɔŋ] *m* ⟨-s, -s⟩ Chinese lantern
lancieren [lã'siːrən] *past part* lanciert *v/t Produkt* to launch; *Nachricht* to put out
Land [lant] *nt* ⟨-(e)s, ⸚er ['lɛndɐ]⟩ **1** (≈ *Gelände, Festland*) land; (≈ *Landschaft*) country, landscape; **an ~ gehen** to go ashore; **etw an ~ ziehen** to pull sth ashore; **einen Auftrag an ~ ziehen** (*infml*) to land an order; **~ in Sicht!** land ahoy!; **bei uns zu ~e** in our country **2** (≈ *ländliches Gebiet*) country; **auf dem ~(e)** in the country **3** (≈ *Staat*) country; (≈ *Bundesland*) (*in BRD*) Land, state; (*in Österreich*) province **Landammann** *m* (*Swiss*) *highest official in a Swiss canton*
Landarbeiter(in) *m/(f)* agricultural worker **Landarzt** *m*, **Landärztin** *f* country doctor **Landbesitz** *m* landholding **Landbesitzer(in)** *m/(f)* landowner **Landbevölkerung** *f* rural population
Landeanflug *m* approach **Landebahn** *f* runway **Landebrücke** *f* jetty **Landeerlaubnis** *f* permission to land **Landefähre** *f* SPACE landing module **landen** ['landn] **A** *v/i aux sein* to land; (*infml*) (≈ *enden*) to land up; **weich ~** to make a soft landing **B** *v/t* to land
Landenge *f* isthmus
Landepiste *f* landing strip **Landeplatz** *m* (*für Flugzeuge*) landing strip; (*für Schiffe*) landing place **Landerecht** *nt* AVIAT landing rights *pl*
Ländereien [lɛndə'raiən] *pl* estates *pl*
Länderkampf *m* SPORTS international contest; (≈ *Länderspiel*) international (match) **Länderspiel** *nt* international (match) **Landesebene** *f* **auf ~** at state

level **Landesgrenze** *f* (*von Staat*) national boundary; (*von Bundesland*) state *or* (*Aus*) provincial boundary **Landeshauptfrau** *f*, **Landeshauptmann** *m* (*Aus*) *head of the government of a province* **Landesinnere(s)** *nt decl as adj* interior **Landeskunde** *f* knowledge of the/a country **Landesregierung** *f* government of a Land; (*Aus*) provincial government **Landessprache** *f* national language **Landesteil** *m* region **landesüblich** *adj* customary **Landesverrat** *m* treason **Landesverteidigung** *f* national defence (*Br*) *or* defense (*US*) **Landeswährung** *f* national *or* local currency **Landeszentralbank** *f*, *pl* -banken State Central Bank
Landeverbot *nt* **~ erhalten** to be refused permission to land
Landflucht *f* migration from the land **Landfriedensbruch** *m* JUR breach of the peace **Landgang** *m*, *pl* -gänge shore leave **Landgericht** *nt* district court **landgestützt** [-ɡəʃtʏtst] *adj Raketen* land-based **Landgut** *nt* estate **Landhaus** *nt* country house **Landkarte** *f* map **Landklima** *nt* continental climate **Landkreis** *m* administrative district **landläufig** **A** *adj* popular; **entgegen der ~en Meinung** contrary to popular opinion **B** *adv* commonly **Landleben** *nt* country life **ländlich** ['lɛntlɪç] *adj* rural; *Tanz* country *attr*, folk *attr* **Landluft** *f* country air **Landmine** *f* land mine **Landplage** *f* plague; (*fig infml*) pest
Landrat¹ *m* (*Swiss*) *cantonal parliament* **Landrat**² *m*, **Landrätin** *f* (*Ger*) *head of the administration of a Landkreis* **Landratte** *f* (*hum*) landlubber **Landregen** *m* steady rain **Landschaft** ['lantʃaft] *f* ⟨-, -en⟩ scenery *no pl*; (≈ *ländliche Gegend*) countryside; (*Gemälde, fig*) landscape; **die politische ~** the political scene **landschaftlich** ['lantʃaftlɪç] *adj Schönheiten etc* scenic; *Besonderheiten* regional **Landschaftsbild** *nt* view; (*Gemälde*) landscape (painting); (*Fotografie*) landscape (photograph) **Landschaftsgärtner(in)** *m/(f)* landscape gardener **Landschaftsschutz** *m* protection of the countryside **Landschaftsschutzgebiet** *nt* nature

L

reserve **Landsitz** m country seat
Landsmann m, pl **-leute**,
Landsmännin [-mɛnɪn] f ⟨-, -nen⟩ compatriot **Landstraße** f country road
Landstreicher [-ʃtraiçɐ] m ⟨-s, -⟩,
Landstreicherin [-ərɪn] f ⟨-, -nen⟩
(pej) tramp **Landstreitkräfte** pl land
forces pl **Landstrich** m area **Landtag**
m Landtag (state parliament)
Landtagswahlen pl German regional
elections pl

Landung [ˈlandʊŋ] f ⟨-, -en⟩ landing
Landungsbrücke f jetty
Landungssteg m landing stage
Landurlaub m shore leave
Landvermessung f land surveying
Landweg m **auf dem ~** by land
Landwein m homegrown wine
Landwirt(in) m/(f) farmer
Landwirtschaft f agriculture; (Betrieb)
farm; **~ betreiben** to farm
landwirtschaftlich adj agricultural
Landzunge f spit (of land), promontory
lang [laŋ] **A** adj, comp ⸚er [ˈlɛŋɐ], sup
⸚ste(r, s) [ˈlɛŋstə] **1** long; **vor ~er Zeit** a
long time ago **2** (infml ≈ groß) Mensch tall
B adv, comp ⸚er, sup am ⸚sten **der ~ er-
wartete Regen** the long-awaited rain; **~
gehegt** Wunsch long-cherished; **~ gestreckt** long; **zwei Stunden ~** for two
hours; **mein ganzes Leben ~** all my life
langärmelig adj long-sleeved
langatmig [-aːtmɪç] **A** adj long-winded
B adv in a long-winded way **lange**
[ˈlaŋə] adv, comp ⸚er [ˈlɛŋɐ], sup am längsten [ˈlɛŋstn] **1** (zeitlich) a long time; **wie ~
bist du schon hier?** how long have you
been here (for)?; **es ist noch gar nicht ~
her, dass ...** it's not long since we ...; **je
länger, je lieber** the more the better;
(zeitlich) the longer the better **2** (infml ≈
längst) **noch ~ nicht** not by any means
Länge [ˈlɛŋə] f ⟨-, -n⟩ **1** length; (infml:
von Mensch) height; **eine ~ von 10 Metern
haben** to be 10 metres (Br) or meters (US)
long; **der ~ nach hinfallen** to fall flat; **in
die ~ schießen** to shoot up; **etw in die
~ ziehen** to drag sth out (infml); **sich in
die ~ ziehen** to go on and on; **(jdm) um
~n voraus sein** (fig) to be streets ahead
(of sb) **2** GEOG longitude **3** (in Buch)
long-drawn-out passage; (in Film) long-
-drawn-out scene **langen** [ˈlaŋən] (dial
infml) **A** v/i **1** (≈ sich erstrecken, greifen) to

reach (nach for, in +acc in, into) **2** (≈ fassen) to touch (an etw (acc) sth) **3** (≈ ausreichen) to be enough; **mir langt es** I've had
enough; **das Geld langt nicht** there isn't
enough money **B** v/t (≈ reichen) **jdm etw
~** to give sb sth; **jdm eine ~** to give sb
a clip on the ear (infml) **Längengrad**
m degree of longitude; (a. **Längen-
kreis**) meridian **Längenmaß** nt measure of length **längerfristig** [-frɪstɪç] **A**
adj longer-term **B** adv in the longer term
Langeweile [ˈlaŋəvailə, laŋəˈvailə] f, gen -
or langen **Weile** [ˈlaŋənvailə], dat - or langer **Weile** [ˈlaŋəvailə] no pl boredom; **~
haben** to be bored
langfristig [-frɪstɪç] **A** adj long-term **B**
adv in the long term **langgehen** sep
irr, aux sein **A** v/i **1** (Weg etc) **wo geht's
hier lang?** where does this (road etc) go?
2 **sie weiß, wo es langgeht** she knows
what's what **B** v/t to go along
langgestreckt adj long **langhaarig**
adj long-haired **Langhantel** f barbell
langjährig adj Freundschaft, Gewohnheit
long-standing; Erfahrung many years of;
Mitarbeiter of many years' standing
Langlauf m SKI cross-country (skiing)
Langläufer(in) m/(f) SKI cross-country
skier **langlebig** [-leːbɪç] adj long-lasting;
Gerücht persistent; Mensch, Tier long-lived
länglich [ˈlɛŋlɪç] adj long **Langmut**
[ˈlaŋmuːt] f ⟨-, no pl⟩ forbearance
langmütig [ˈlaŋmyːtɪç] adj forbearing
längs [lɛŋs] **A** adv lengthways; **~ gestreift** Stoff with lengthways stripes **B**
prep +gen along; **~ des Flusses** along the
river **Längsachse** f longitudinal axis
langsam [ˈlaŋzaːm] **A** adj slow **B** adv
slowly; **~, aber sicher** slowly but surely;
es wird ~ Zeit, dass ... it's high time that
...; **ich muss jetzt ~ gehen** I must be getting on my way; **~ reicht es mir** I've just
about had enough **Langsamkeit** f ⟨-,
no pl⟩ slowness
Langschläfer [-ʃlɛːfɐ] m ⟨-s, -⟩,
Langschläferin [-ərɪn] f ⟨-, -nen⟩ late-
-riser **längsgestreift** adj → längs
Langspielplatte f long-playing record
längst [lɛŋst] adv (≈ schon lange) for a long
time; (≈ vor langer Zeit) a long time ago; **als
wir ankamen, war der Zug ~ weg** when
we arrived the train had long since gone
längstens [ˈlɛŋstns] adv **1** (≈ höchstens)
at the most **2** (≈ spätestens) at the latest

längste(r, s) ['lɛŋstə] *sup*; → **lang**
Langstreckenflugzeug *nt* long-range
aircraft **Langstreckenlauf** *m* (*Disziplin*)
long-distance running; (*Wettkampf*) long-
-distance race **Langstreckenrakete** *f*
long-range missile
Languste [laŋ'gʊstə] *f* ⟨-, -n⟩ crayfish,
crawfish (*US*)
langweilen ['laŋvailən] *insep* **A** *v/t* to
bore **B** *v/r* to be bored; **sich zu Tode ~**
to be bored to death; → **gelangweilt**
Langweiler ['laŋvailɐ] *m* ⟨-s, -⟩,
Langweilerin [-ərɪn] *f* ⟨-, -nen⟩ bore;
(≈ *langsamer Mensch*) slowcoach (*Br infml*),
slowpoke (*US infml*) **langweilig** ['laŋvai-
lɪç] *adj* boring
Langwelle *f* long wave **langwierig**
['laŋviːrɪç] **A** *adj* long **B** *adv* over a long
period **Langzeitarbeitslose(r)** *m/f(m)*
decl as adj **die ~n** the long-term unemployed **Langzeitarbeitslosigkeit** *f*
long-term unemployment
Langzeitgedächtnis *nt* long-term
memory
Lanolin [lano'liːn] *nt* ⟨-s, *no pl*⟩ lanolin
Lanze ['lantsə] *f* ⟨-, -n⟩ (≈ *Waffe*) lance
La Ola [la'oːla] *f* ⟨-, -s⟩, **La-Ola-Welle**
[la'oːla] *f* SPORTS Mexican wave
Laos ['laːɔs] *nt* ⟨-'⟩ Laos **laotisch** [la'oːtɪʃ]
adj Laotian
lapidar [lapi'daːɐ] **A** *adj* succinct **B** *adv*
succinctly
Lappalie [la'paːliə] *f* ⟨-, -n⟩ trifle
Lappe ['lapə] *m* ⟨-n, -n⟩, **Lappin** ['lapɪn]
f ⟨-, -nen⟩ Lapp, Lapplander
Lappen ['lapn] *m* ⟨-, -⟩ (≈ *Stück Stoff*)
cloth; (≈ *Waschlappen*) face cloth (*Br*), wash-
cloth (*US*); **jdm durch die ~ gehen** (*infml*)
to slip through sb's fingers
läppern ['lɛpɐn] *v/r impers* (*infml*) **es läp-
pert sich** it (all) mounts up
läppisch ['lɛpɪʃ] *adj* silly
Lappland ['laplant] *nt* ⟨-s⟩ Lapland
Lapsus ['lapsʊs] *m* ⟨-, - ['lapsuːs]⟩ mistake;
(*gesellschaftlich*) faux pas
Laptop ['lɛptɔp] *m* ⟨-s, -s⟩ IT laptop
Lärche ['lɛrçə] *f* ⟨-, -n⟩ larch
Lärm [lɛrm] *m* ⟨-(e)s, *no pl*⟩ noise; (≈ *Aufsehen*) fuss; **~ schlagen** (*fig*) to kick up a
fuss; **viel ~ um jdn/etw machen** to make
a big fuss about sb/sth **Lärmbekämp-
fung** *f* noise abatement **Lärmbelästi-
gung** *f* noise pollution **lärmen** ['lɛrmən]
v/i to make a noise; **~d** noisy **Lärm-**

schutz *m* noise prevention **Lärm-
schutzwall** *m*, **Lärmschutzwand** *f*
sound barrier
Larve ['larfə] *f* ⟨-, -n⟩ (≈ *Tierlarve*) larva
Lasagne [la'zanjə] *f* ⟨-, -n⟩ lasagne *sg*
lasch [laʃ] (*infml*) **A** *adj Gesetz, Kontrolle, Eltern* lax; *Vorgehen* feeble **B** *adv* (≈ *nicht
streng*) in a lax way; *vorgehen* feebly
Lasche ['laʃə] *f* ⟨-, -n⟩ (≈ *Schlaufe*) loop; (≈
Schuhlasche) tongue; TECH splicing plate
Laser ['leːzɐ] *m* ⟨-s, -⟩ laser **Laserchirurgie** *f* laser surgery **Laserdrucker** *m*
TYPO laser (printer) **Laserpistole** *f* laser
gun; (*bei Geschwindigkeitskontrollen*) radar
gun **Laserstrahl** *m* laser beam **Laser-
technik** *f*, *no pl* laser technology **Laser-
waffe** *f* laser weapon
lasieren [la'ziːrən] *past part* **lasiert** *v/t Bild,
Holz* to varnish; *Glas* to glaze
lassen ['lasn] *pret* **ließ** [liːs], *past part* **gelassen** [gə'lasn] **A** *modal v/aux, past part*
lassen **1** (≈ *veranlassen*) **etw tun ~** to have
sth done; **jdm mitteilen ~, dass ...** to let
sb know that ...; **er lässt Ihnen mitteilen,
dass ...** he wants you to know that ...; **jdn
rufen or kommen ~** to send for sb **2** (≈
zulassen) **warum hast du das Licht brennen ~?** why did you leave the light on?;
jdn warten ~ to keep sb waiting **3** (≈ *erlauben*) to let; **jdn etw sehen ~** to let sb
see sth; **ich lasse mich nicht zwingen** I
won't be coerced; **lass mich machen!**
let me do it!; **lass das sein!** don't (do
it)!; (≈ *hör auf*) stop it!; **das Fenster lässt
sich leicht öffnen** the window opens easily; **das Wort lässt sich nicht übersetzen**
the word can't be translated; **das lässt
sich machen** that can be done; **daraus
lässt sich schließen, dass ...** one can conclude from this that ... **4** (*im Imperativ*)
lass uns gehen! let's go!; **lass es dir gut
gehen!** take care of yourself!; **lass ihn
nur kommen!** just let him come! **B** *v/t*
1 (≈ *unterlassen*) to stop; (≈ *momentan aufhören*) to leave; **lass das!** don't do it!; (≈
hör auf) stop that!; **~ wir das!** let's leave
it!; **er kann das Trinken nicht ~** he can't
stop drinking **2** (≈ *belassen*) to leave; **jdn
allein ~** to leave sb alone; **lass mich
(los)!** let me go!; **lass mich (in Ruhe)!**
leave me alone!; **das muss man ihr ~** (≈
zugestehen) you've got to give her that;
etw ~, wie es ist to leave sth (just) as it is
C *v/i* **von jdm/etw ~** (≈ *ablassen*) to give

L

sb/sth up; **lass mal, ich mach das schon** leave it, I'll do it

lässig ['lɛsɪç] **A** adj (≈ ungezwungen) casual; (≈ nachlässig) careless; (infml ≈ gekonnt) cool (infml) **B** adv (≈ ungezwungen) casually; (infml ≈ leicht) easily

Lasso ['laso] m or nt ⟨-s, -s⟩ lasso

Last [last] f ⟨-, -en⟩ **1** load; (≈ Gewicht) weight **2** (fig ≈ Bürde) burden; **jdm zur ~ fallen/werden** to be/become a burden on sb; **die ~ des Amtes** the weight of office; **jdm etw zur ~ legen** to accuse sb of sth; **das geht zu ~en der Sicherheit im Lande** that is detrimental to national security **3** **Lasten** pl (≈ Kosten) costs; (des Steuerzahlers) charges **lasten** ['lastn] v/i to weigh heavily (auf +dat on); **auf ihm lastet die ganze Verantwortung** all the responsibility rests on him **Lastenaufzug** m hoist

Laster[1] ['laste] m ⟨-s, -⟩ (infml ≈ Lastwagen) truck

Laster[2] nt ⟨-s, -⟩ (≈ Untugend) vice **lasterhaft** adj depraved **lästerlich** ['lɛstɐlɪç] adj malicious; (≈ gotteslästerlich) blasphemous **lästern** ['lɛstɐn] v/i to bitch (infml); **über jdn/etw ~** to bitch about sb/sth (infml)

lästig ['lɛstɪç] adj tiresome; Husten etc troublesome; **jdm ~ sein** to bother sb; **etw als ~ empfinden** to think sth is annoying

Lastkahn m barge **Lastkraftwagen** m (form) heavy goods vehicle

Last-Minute-Angebot m late deal **Last-Minute-Flug** m standby flight **Lastschiff** nt freighter **Lastschrift** f debit; (Eintrag) debit entry **Lastschriftverfahren** nt direct debit **Lastwagen** m truck **Lastwagenfahrer(in)** m/(f) truck driver **Lastzug** m truck-trailer (US), juggernaut (Br infml)

Lasur [la'zu:ɐ] f ⟨-, -en⟩ (auf Holz) varnish; (auf Glas) glaze

Latein [la'taɪn] nt ⟨-s⟩ Latin; **mit seinem ~ am Ende sein** to be stumped (infml) **Lateinamerika** nt Latin America **Lateinamerikaner(in)** m/(f) Latin American **lateinamerikanisch** adj Latin-American **lateinisch** [la'taɪnɪʃ] adj Latin

latent [la'tɛnt] adj latent

Laterne [la'tɛrnə] f ⟨-, -n⟩ lantern; (≈ Straßenlaterne) streetlight **Laternenpfahl** m lamppost

Latino [la'ti:no] m ⟨-s, -s⟩ Latin American, Latino (esp US) **Latinum** [la'ti:nʊm] nt ⟨-s, no pl⟩ **kleines/großes ~** basic/advanced Latin exam

latschen ['la:tʃn] v/i aux sein (infml) to wander **Latschen** ['la:tʃn] m ⟨-s, -⟩ (infml ≈ Hausschuh) slipper; (pej ≈ Schuh) worn-out shoe

Latte ['latə] f ⟨-, -n⟩ **1** (≈ schmales Brett) slat **2** SPORTS bar; FTBL (cross)bar **3** (infml ≈ Liste) **eine (ganze) ~ von Vorstrafen** a whole string of previous convictions **Lattenrost** m duckboards pl; (in Bett) slatted frame **Lattenschuss** m FTBL shot against the bar **Lattenzaun** m wooden fence

Latz [lats] m ⟨-es, ⁀e ['lɛtsə]⟩ ⟨or (Aus) -e⟩ (≈ Lätzchen) bib; (≈ Hosenlatz) (front) flap; **jdm eins vor den ~ knallen** (infml) to sock sb one (infml) **Lätzchen** ['lɛtsçən] nt ⟨-s, -⟩ bib **Latzhose** f (pair of) dungarees pl (Br) or overalls pl (US)

lau [lau] **A** adj **1** (≈ mild) Wind mild **2** (≈ lauwarm) tepid; (fig) lukewarm **B** adv (≈ mild) wehen gently

Laub [laup] nt ⟨-(e)s [-bəs]⟩ no pl leaves pl **Laubbaum** m deciduous tree **Laubbläser** m leaf blower

Laube ['laubə] f ⟨-, -n⟩ **1** (≈ Gartenhäuschen) summerhouse **2** (≈ Gang) arbour (Br), arbor (US), pergola

Laubfrosch m (European) tree frog **Laubsäge** f fret saw **Laubsauger** m leaf vacuum, garden vacuum **Laubwald** m deciduous wood or (größer) forest

Lauch [laux] m ⟨-(e)s, -e⟩ (esp S Ger ≈ Porree) leek

Laudatio [lau'da:tsio] f ⟨-, Laudationes [lauda'tsio:ne:s]⟩ eulogy

Lauer ['lauə] f ⟨-, no pl⟩ **auf der ~ sein** or **liegen** to lie in wait **lauern** ['lauɐn] v/i to lurk, to lie in wait (auf +acc for)

Lauf [lauf] m ⟨-(e)s, Läufe ['lɔyfə]⟩ **1** (≈ schneller Schritt) run; SPORTS race **2** (≈ Verlauf) course; **im ~e der Zeit** in the course of time; **seiner Fantasie freien ~ lassen** to give free rein to one's imagination; **den Dingen ihren ~ lassen** to let things take their course; **das ist der ~ der Dinge** that's the way things go **3** (≈ Gang, Arbeit) running, operation **4** (≈ Flusslauf) course **5** (≈ Gewehrlauf) barrel **Laufbahn** f career **Laufband** nt, pl -bänder (in Flughafen etc) travelator (Br), moving sidewalk

(US); (≈ Sportgerät) treadmill **laufen** ['laufn] pret **lief** [li:f], past part **gelaufen** [gə'laufn] **A** v/i aux sein **1** (≈ rennen) to run; (infml) (≈ gehen) to go; (≈ zu Fuß gehen) to walk; **das Laufen lernen** to learn to walk **2** (≈ fließen) to run **3** (Wasserhahn) to leak; (Wunde) to weep **4** (≈ in Betrieb sein) to run; (Uhr) to go; (≈ funktionieren) to work; **ein Programm ~ lassen** IT to run a program **5** (≈ gezeigt werden, Film, Stück) to be on; **etw läuft gut/schlecht** sth is going well/badly; **die Sache ist gelaufen** (infml) it's in the bag (infml) **B** v/t **1** aux haben or sein SPORTS Rekordzeit to run; Rekord to set **2** aux sein (≈ zu Fuß gehen) to walk; (schnell) to run **C** v/r **sich warm ~** to warm up; **sich müde ~** to tire oneself out **laufend A** adj attr (≈ ständig) regular; (≈ regelmäßig) Monat, Jahr current; **~e Nummer** serial number; (von Konto) number; **jdn auf dem Laufenden halten** to keep sb up-to-date or informed; **mit etw auf dem Laufenden sein** to be up-to-date on sth **B** adv continually **laufen lassen** past part **laufen lassen** or (rare) **laufen gelassen** v/t irr (infml) **jdn ~** to let sb go **Läufer** ['lɔyfɐ] m ⟨-s, -⟩ **1** CHESS bishop **2** (Teppich) rug **Läufer** ['lɔyfɐ] m ⟨-s, -⟩, **Läuferin** [-ərɪn] f ⟨-, -nen⟩ SPORTS runner **Lauferei** [laufə'rai] f ⟨-, -en⟩ (infml) running about no pl **Lauffeuer** nt **sich wie ein ~ verbreiten** to spread like wildfire **läufig** ['lɔyfɪç] adj in heat **Laufkundschaft** f occasional customers pl **Laufmasche** f ladder (Br), run **Laufpass** m **jdm den ~ geben** (infml) to give sb his marching orders (infml) **Laufschritt** m trot; **im ~** MIL at the double **Laufschuh** m (infml) walking shoe **Laufstall** m playpen; (für Tiere) pen **Laufsteg** m catwalk **Laufwerk** nt IT drive **Laufzeit** f **1** (von Vertrag) term; (von Kredit) period **2** (von Maschine ≈ Betriebszeit) running time **Lauge** ['laugə] f ⟨-, -n⟩ CHEM lye; (≈ Seifenlauge) soapy water **Laugenbrezel** f pretzel **Lauheit** ['lauhait] f ⟨-, no pl⟩ (von Wind, Abend) mildness **Laune** ['launə] f ⟨-, -n⟩ **1** (≈ Stimmung) mood; (je) **nach (Lust und) ~** just as the mood takes one; **gute/schlechte ~ haben** to be in a good/bad mood **2** (≈ Grille, Einfall) whim; **etw aus einer ~ heraus tun** to

do sth on a whim **launenhaft**, **launisch** ['launɪʃ] adj moody; (≈ unberechenbar) capricious; Wetter changeable **Laus** [laus] f ⟨-, Läuse ['lɔyzə]⟩ louse; **ihm ist (wohl) eine ~ über die Leber gelaufen** (infml) something's eating at him (infml) **Lauschangriff** m bugging operation (gegen on) **lauschen** ['lauʃn] v/i **1** (elev) to listen (+dat, auf +acc to) **2** (≈ heimlich zuhören) to eavesdrop **lausen** ['lauzn] v/t to delouse; **ich glaub, mich laust der Affe!** (infml) well I'll be blowed! (Br infml) **lausig** ['lauzɪç] (infml) **A** adj lousy (infml); Kälte freezing **B** adv awfully **laut**[1] [laut] **A** adj loud; (≈ lärmend) noisy; **er wird immer gleich ~** he always gets obstreperous; **etw ~ werden lassen** (≈ bekannt) to make sth known **B** adv loudly; **~ auflachen** to laugh out loud; **~ nachdenken** to think aloud; **das kannst du aber ~ sagen** (fig infml) you can say that again **laut**[2] prep +gen or +dat (elev) according to **Laut** [laut] m ⟨-(e)s, -e⟩ sound **lauten** ['lautn] v/i to be; (Rede) to go; (Schriftstück) to read; **auf den Namen ... ~** (Pass) to be in the name of ... **läuten** ['lɔytn] v/t & v/i to ring; (Wecker) to go (off); **es hat geläutet** the bell rang; **er hat davon (etwas) ~ hören** (infml) he has heard something about it **lauter**[1] ['lautɐ] adj inv (≈ nur) nothing but; **~ Unsinn** pure nonsense; **vor ~ Rauch kann man nichts sehen** you can't see anything for all the smoke **lauter**[2] adj (elev ≈ aufrichtig) honourable (Br), honorable (US); **~er Wettbewerb** fair competition **lauthals** ['lauthals] adv at the top of one's voice **lautlos A** adj silent **B** adv silently **Lautmalerei** f onomatopoeia **lautmalerisch** adj onomatopoeic **Lautschrift** f phonetics pl **Lautsprecher** m (loud)speaker **Lautsprecheranlage** f öffentliche ~ PA system **lautstark A** adj loud; Protest vociferous **B** adv loudly; protestieren auch vociferously **Lautstärke** f **1** loudness **2** RADIO, TV etc volume **Lautstärkeregler** m RADIO, TV volume control **lauwarm** adj slightly warm; Flüssigkeit lukewarm; (fig) lukewarm **Lava** ['la:va] f ⟨-, Laven ['la:vn]⟩ lava **Lavabo** ['la:vabo] nt ⟨-(s), -s⟩ (Swiss) washbasin

L

Lavendel [laˈvɛndl] *m* ⟨-s, -⟩ lavender
Lawine [laˈviːnə] *f* ⟨-, -n⟩ avalanche **lawinenartig** *adj* like an avalanche; **~ anwachsen** to snowball **Lawinengefahr** *f* danger of avalanches **lawinensicher** *adv gebaut* to withstand avalanches **Lawinenwarnung** *f* avalanche warning
lax [laks] **A** *adj* lax **B** *adv* laxly **Laxheit** *f* ⟨-, *no pl*⟩ laxity
Layout *nt* ⟨-s, -s⟩, **Lay-out** [ˈleːaut] *nt* ⟨-s, -s⟩ layout **Layouter** [ˈleːautɐ] *m* ⟨-s, -⟩, **Layouterin** [-ərɪn] *f* ⟨-, -nen⟩ designer
Lazarett [latsaˈrɛt] *nt* ⟨-(e)s, -e⟩ (MIL, *in Kaserne etc*) sickbay; (≈ *Krankenhaus*) hospital
LCD-Anzeige *f* LCD display
Leadsänger(in) [ˈliːd-] *m/(f)* lead singer
leasen [ˈliːzn] *v/t* COMM to lease **Leasing** [ˈliːzɪŋ] *nt* ⟨-s, -s⟩ COMM leasing
leben [ˈleːbn] **A** *v/i* to live; (≈ *am Leben sein*) to be alive; **er lebt noch** he is still alive; **er lebt nicht mehr** he is no longer alive; **von etw ~** to live on sth; **wie geht es dir?** — **man lebt (so)** (*infml*) how are you? — surviving; **genug zu ~ haben** to have enough to live on; **~ und ~ lassen** to live and let live; **allein ~** to live alone **B** *v/t* to live **Leben** [ˈleːbn] *nt* ⟨-s, -⟩ life; **das ~** life; **am ~ bleiben** to stay alive; **solange ich am ~ bin** as long as I live; **jdm das ~ retten** to save sb's life; **es geht um ~ und Tod** it's a matter of life and death; **mit dem ~ davonkommen** to escape with one's life; **etw ins ~ rufen** to bring sth into being; **ums ~ kommen** to die; **sich** (*dat*) **das ~ nehmen** to take one's (own) life; **etw für sein ~ gern tun** to love doing sth; **ein ~ lang** one's whole life (long); **nie im ~!** never!; **ein Film nach dem ~** a film from real life; **das ~ geht weiter** life goes on; **~ in etw** (*acc*) **bringen** (*infml*) to liven sth up **lebend** *adj* live *attr*, alive *pred*; *Sprache* living **Lebendgewicht** *nt* live weight **lebendig** [leˈbɛndɪç] **A** *adj* **1** (≈ *nicht tot*) live *attr*, alive *pred*; *Wesen* living; **bei ~em Leibe** alive **2** (*fig* ≈ *lebhaft*) lively *no adv*; *Darstellung* vivid **B** *adv* (≈ *lebend*) alive; (*fig* ≈ *lebhaft*) vividly **Lebendigkeit** *f* ⟨-⟩ liveliness **Lebensabend** *m* old age **Lebensabschnitt** *m* phase in *or* of one's life **Lebensalter** *nt* age **Lebensarbeitszeit** *f* working life **Lebensart** *f*, *no pl* **1** (≈ *Lebensweise*) way of life **2** (≈ *Manieren*) man-

ners *pl*; (≈ *Stil*) style **Lebensauffassung** *f* attitude to life **Lebensaufgabe** *f* life's work **Lebensbedingungen** *pl* living conditions *pl* **lebensbedrohend**, **lebensbedrohlich** *adj* life-threatening **Lebensberechtigung** *f* right to exist **Lebensbereich** *m* area of life **Lebensdauer** *f* life(span); (*von Maschine*) life **Lebensende** *nt* end (of sb's/one's life); **bis an ihr ~** till the day she died **Lebenserfahrung** *f* experience of life **lebenserhaltend** *adj* life-preserving; *Geräte* life-support *attr* **Lebenserinnerungen** *pl* memoirs *pl* **Lebenserwartung** *f* life expectancy **lebensfähig** *adj* viable **Lebensfähigkeit** *f* viability **Lebensfreude** *f* joie de vivre **lebensfroh** *adj* merry **Lebensführung** *f* lifestyle **Lebensgefahr** *f* (mortal) danger; „**Lebensgefahr!**" "danger!"; **er schwebt in ~** his life is in danger; (*Patient*) he is in a critical condition; **außer ~ sein** to be out of danger **lebensgefährlich** **A** *adj* highly dangerous; *Krankheit, Verletzung* critical **B** *adv verletzt* critically **Lebensgefährte** *m*, **Lebensgefährtin** *f* partner **Lebensgefühl** *nt*, *no pl* awareness of life, feeling of being alive; **ein ganz neues ~ haben** to feel (like) a different person **Lebensgemeinschaft** *f* long-term relationship; **eingetragene ~** registered partnership **Lebensgeschichte** *f* life story, life history **lebensgroß** *adj*, *adv* life-size **Lebensgröße** *f* life-size; **etw in ~ malen** to paint sth life-size **Lebensgrundlage** *f* (basis for one's livelihood **Lebenshaltung** *f* **1** (≈ *Unterhaltskosten*) cost of living **2** (≈ *Lebensführung*) lifestyle **Lebenshaltungsindex** *m* cost-of-living index **Lebenshaltungskosten** *pl* cost of living *sg* **Lebensjahr** *nt* year of (one's) life; **nach Vollendung des 18. ~es** on attaining the age of 18 **Lebenskraft** *f* vitality **Lebenslage** *f* situation **lebenslang** *adj Freundschaft* lifelong; *Haft* life *attr*, for life **lebenslänglich** **A** *adj Rente, Strafe* for life; **sie hat ~ bekommen** (*infml*) she got life (*infml*) **B** *adv* for life **Lebenslauf** *m* life; (*bei Bewerbungen*) curriculum vitae (*Br*), résumé (*US*) **Lebenslust** *f* zest for life **lebenslustig** *adj* in love with life **Lebensmittel** *pl* food *sg* **Lebensmittelchemie** *f* food chemistry **Lebens-**

L

mittelgeschäft *nt* grocer's (shop) **Lebensmittelvergiftung** *f* food poisoning **lebensmüde** *adj* weary of life; **ich bin doch nicht ~!** (*infml* ≈ *verrückt*) I'm not completely mad! (*infml*) **lebensnotwendig** *adj* essential **Lebenspartner(in)** *m/(f)* long-term partner **Lebenspartnerschaft** *f* long-term relationship; **eingetragene ~** registered *or* civil (*Br*) partnership **Lebensqualität** *f* quality of life **Lebensretter(in)** *m/(f)* rescuer **Lebensstandard** *m* standard of living **Lebensstil** *m* lifestyle **Lebensumstände** *pl* circumstances *pl* **lebensunfähig** *adj* Lebewesen, System nonviable **Lebensunterhalt** *m* seinen ~ **verdienen** to earn one's living; **für jds ~ sorgen** to support sb **lebensverlängernd** *adj* Maßnahme life-prolonging **Lebensversicherung** *f* life insurance **Lebenswandel** *m* way of life **Lebensweise** *f* way of life **Lebensweisheit** *f* maxim; (≈ *Lebenserfahrung*) wisdom **Lebenswerk** *nt* life's work **lebenswert** *adj* worth living **lebenswichtig** *adj* essential; *Organ* vital **Lebenswille** *m* will to live **Lebenszeichen** *nt* sign of life **Lebenszeit** *f* life (-time); **auf ~** for life

Leber ['leːbɐ] *f* ⟨-, -n⟩ liver; **frei** *or* **frisch von der ~ weg reden** (*infml*) to speak out **Leberfleck** *m* mole **Leberkäse** *m*, *no pl* ≈ meat loaf **Leberknödel** *m* liver dumpling **Leberkrebs** *m* cancer of the liver **Leberpastete** *f* liver pâté **Lebertran** *m* cod-liver oil **Leberwurst** *f* liver sausage

Lebewesen *nt* living thing **Lebewohl** [leːbəˈvoːl] *nt* ⟨-s, *no pl*⟩ (*liter*) farewell (*liter*); **jdm ~ sagen** to bid sb farewell **lebhaft** 🅰 *adj* lively *no adv*; *Gespräch* animated; COMM *Geschäfte, Nachfrage* brisk; *Erinnerung* vivid; *Farbe* bright 🅱 *adv* reagieren strongly; **~ diskutieren** to have a lively discussion; **das Geschäft geht ~** business is brisk; **ich kann mir ~ vorstellen, dass ... I can (very) well imagine that ... Lebhaftigkeit** ['leːphaftɪçkaɪt] *f* ⟨-, *no pl*⟩ liveliness; (*von Erinnerung*) vividness; (*von Farbe*) brightness

Lebkuchen *m* gingerbread

leblos *adj* lifeless; **~er Gegenstand** inanimate object **Lebzeiten** *pl* **zu jds ~ in** sb's lifetime; (≈ *Zeit*) in sb's day

lechzen ['lɛçtsn̩] *v/i* to pant; **nach etw ~** to thirst for sth

leck [lɛk] *adj* leaky; **~ sein** to leak **Leck** [lɛk] *nt* ⟨-(e)s, -s⟩ leak

lecken¹ ['lɛkn̩] *v/i* (≈ *undicht sein*) to leak

lecken² *v/t & v/i* to lick; **an jdm/etw ~** to lick sb/sth

lecker ['lɛkɐ] 🅰 *adj* Speisen delicious 🅱 *adv* zubereitet deliciously; **~ schmecken** to taste delicious **Leckerbissen** *m* (*Speise*) delicacy, titbit (*Br*), tidbit (*US*) **Leckerei** *f* ⟨-, -en⟩ 🄸 (≈ *Leckerbissen*) delicacy, titbit (*Br*), tidbit (*US*) 🄸 (≈ *Süßigkeit*) dainty

Leder ['leːdɐ] *nt* ⟨-s, -⟩ leather; **zäh wie ~** as tough as old boots (*Br infml*), as tough as shoe leather (*US*) **Ledergarnitur** *f* leather-upholstered suite **Lederhose** *f* leather trousers *pl* (*esp Br*) *or* pants *pl* (*esp US*); (*kurz*) lederhosen *pl* **Lederjacke** *f* leather jacket **Ledermantel** *m* leather coat **ledern** ['leːdɐn] *adj* 🄸 leather 🄸 (≈ *zäh*) leathery **Lederwaren** *pl* leather goods *pl*

ledig ['leːdɪç] *adj* (≈ *unverheiratet*) single **Ledige(r)** ['leːdɪɡə] *m/f(m)* decl as adj single person

lediglich ['leːdɪklɪç] *adv* merely

leer [leːɐ] 🅰 *adj* empty; *Blick* blank; **mit ~en Händen** (*fig*) empty-handed 🅱 *adv* **etw ~ machen** to empty sth; **(wie) ~ gefegt** *Straßen* deserted; **etw ~ trinken** to empty sth; **~ stehen** to stand empty; **~ stehend** empty **Leere** ['leːrə] *f* ⟨-, *no pl*⟩ emptiness **leeren** ['leːrən] *v/t & v/r* to empty **Leergewicht** *nt* unladen weight; (*von Behälter*) empty weight **Leergut** *nt* empties *pl* **Leerlauf** *m* AUTO neutral; (*von Fahrrad*) freewheel; **im ~ fahren** to coast **leerlaufen** *v/i sep irr aux sein* 🄸 (*Fass etc*) to run dry 🄸 (*Motor*) to idle; (*Maschine*) to run idle **Leertaste** *f* space-bar **Leerung** ['leːrʊŋ] *f* ⟨-, -en⟩ emptying; **nächste ~ 18 Uhr** (*an Briefkasten*) next collection (*Br*) *or* pickup (*US*) 6 p.m. **Leerzeichen** *nt* IT blank *or* space (*character*) **Leerzeile** *f* TYPO blank line; **zwei ~n lassen** to leave two lines free *or* blank, to leave two empty lines

legal [leˈɡaːl] 🅰 *adj* legal 🅱 *adv* legally **legalisieren** [leɡaliˈziːrən] *past part* legalisiert *v/t* to legalize **Legalisierung** *f* legalization **Legalität** [leɡaliˈtɛːt] *f* ⟨-, *no pl*⟩ legality; **(etwas) außerhalb der ~** (*euph*) (slightly) outside the law

Legasthenie [leɡasteˈniː] *f* ⟨-, -n [-ˈniːən]⟩

L

dyslexia **Legastheniker** [legas'te:nɪke] m ⟨-s, -⟩, **Legasthenikerin** [-ərɪn] f ⟨-, -nen⟩ dyslexic

Legebatterie f hen battery **Legehenne** f laying hen **legen** ['le:gn] **A** v/t **1** (≈ lagern) to lay down; (mit adv) to lay **2** (≈ verlegen) to lay; Bomben to plant; **Feuer ~** to start a fire **B** v/t & v/i (Huhn) to lay **C** v/r **1** (≈ hinlegen) to lie down (auf +acc on); **sich in die Sonne ~** to lie in the sun; **sich auf die Seite ~** to lie on one's side **2** (≈ abnehmen) (Lärm) to die down; (Rauch, Nebel) to clear; (Zorn, Nervosität) to wear off

legendär [legɛn'dɛːɐ] adj legendary **Legende** [le'gɛndə] f ⟨-, -n⟩ legend

leger [le'ʒeːɐ, le'ʒɛːɐ] **A** adj Kleidung, Ausdruck Typ casual; Atmosphäre relaxed **B** adv casually; sich ausdrücken informally

Leggin(g)s ['lɛgɪŋs] pl leggings pl

legieren [le'giːrən] past part **legiert** v/t Metall to alloy **Legierung** [le'giːrʊŋ] f ⟨-, -en⟩ alloy; (Verfahren) alloying

Legion [le'gioːn] f ⟨-, -en⟩ legion **Legionär** [legio'nɛːɐ] m ⟨-s, -e⟩ legionary, legionnaire

Legislative [legɪslaˈtiːvə] f ⟨-, -n⟩ legislature **Legislaturperiode** f parliamentary term (Br), legislative period (US)

legitim [legi'tiːm] adj legitimate **Legitimation** [legitimaˈtsioːn] f ⟨-, -en⟩ identification; (≈ Berechtigung) authorization **legitimieren** [legitiˈmiːrən] past part **legitimiert** **A** v/t to legitimize; (≈ berechtigen) to entitle; (≈ Erlaubnis geben) to authorize **B** v/r (≈ sich ausweisen) to identify oneself **Legitimierung** [legitiˈmiːrʊŋ] f legitimization; (≈ Berechtigung) justification **Legitimität** [legitimiˈtɛːt] f ⟨-, no pl⟩ legitimacy

Leguan [leːguˈaːn, 'leːguaːn] m ⟨-s, -e⟩ iguana

Lehm [leːm] m ⟨-(e)s, -e⟩ loam; (≈ Ton) clay **Lehmboden** m clay soil **lehmig** ['leːmɪç] adj loamy; (≈ tonartig) claylike

Lehne ['leːnə] f ⟨-, -n⟩ (≈ Armlehne) arm (-rest); (≈ Rückenlehne) back (rest) **lehnen** ['leːnən] **A** v/t & v/r to lean (an +acc against) **B** v/i to be leaning (an +dat against) **Lehnstuhl** m easy chair **Lehnwort** nt, pl -wörter LING loan word

Lehramt nt das **~** the teaching profession; (≈ Lehrerposten) teaching post (esp Br) or position **Lehrauftrag** m UNIV **einen ~ für etw haben** to give lectures

on sth **Lehrbeauftragte(r)** m/f(m) decl as adj UNIV **~ für etw sein** to give lectures on sth **Lehrbuch** nt textbook **Lehre** ['leːrə] f ⟨-, -n⟩ **1** (≈ das Lehren) teaching **2** (von Christus etc) teachings pl; (≈ Lehrmeinung) doctrine **3** (≈ negative Erfahrung) lesson; (einer Fabel) moral; **jdm eine ~ erteilen** to teach sb a lesson; **lass dir das eine ~ sein** let that be a lesson to you! **4** (≈ Berufslehre) apprenticeship; (in nicht handwerklichem Beruf) training; **eine ~ machen** to train; (in Handwerk) to do an apprenticeship **lehren** ['leːrən] v/t & v/i to teach; → **gelehrt Lehrer** ['leːrɐ] m ⟨-s, -⟩, **Lehrerin** [-ərɪn] f ⟨-, -nen⟩ teacher; (≈ Fahrlehrer etc) instructor/instructress **Lehrerausbildung** f teacher training **Lehrerkollegium** nt (teaching) staff **Lehrerzimmer** nt staff (esp Br) or teachers' room **Lehrfach** nt subject **Lehrgang** m, pl -gänge course (für in) **Lehrgeld** nt **~ für etw zahlen müssen** (fig) to pay dearly for sth **Lehrjahr** nt year as an apprentice **Lehrkörper** m (form) teaching staff **Lehrkraft** f (form) teacher **Lehrling** ['leːrlɪŋ] m ⟨-s, -e⟩ apprentice; (in nicht handwerklichem Beruf) trainee **Lehrmeister(in)** m/f(f) master **Lehrmethode** f teaching method **Lehrmittel** nt teaching aid **Lehrplan** m (teaching) curriculum; (für ein Schuljahr) syllabus **lehrreich** adj (≈ informativ) instructive; Erfahrung educational **Lehrsatz** m MAT, PHIL theorem; ECCL dogma **Lehrstelle** f position as an apprentice/a trainee **Lehrstoff** m subject; (eines Jahres) syllabus **Lehrstuhl** m UNIV chair (für of) **Lehrtochter** f (Swiss) apprentice **Lehrveranstaltung** f (UNIV ≈ Vorlesung) lecture; (≈ Seminar) seminar **Lehrzeit** f apprenticeship

Leib [laɪp] m ⟨-(e)s, -er [-bə]⟩ (≈ Körper) body; **mit ~ und Seele** heart and soul; wünschen with all one's heart; **mit ~ und Seele dabei sein** to put one's heart and soul into it; **etw am eigenen ~(e) erfahren** to experience sth for oneself; **am ganzen ~(e) zittern** to be shaking all over; **halt ihn mir vom ~** keep him away from me **Leibchen** ['laɪbçən] nt ⟨-s, -⟩ (Aus, Swiss), **Leiberl** ['laɪbəl] nt ⟨-s, -⟩ (Aus) (≈ Unterhemd) vest (Br), undershirt (US); (≈ T--Shirt) T-shirt; (≈ Trikot) shirt, jersey **Leibeskraft** f **aus Leibeskräften schreien** etc to shout etc with all one's might (and main)

Leibesübung f ~en (Schulfach) physical education no pl **Leibgericht** nt favourite (Br) or favorite (US) meal **leibhaftig** [laip-'haftɪç, 'laiphaftɪç] **A** adj personified; **die ~e Güte** etc goodness etc personified **B** adv in person **leiblich** ['laiplɪç] adj **1** (≈ körperlich) physical, bodily; **für das ~e Wohl sorgen** to take care of our/their etc bodily needs **2** Mutter, Vater natural; Kind by birth; Bruder, Schwester full **Leibschmerzen** pl (old, dial) stomach pains pl **Leibwache** f bodyguard **Leibwächter(in)** m/(f) bodyguard

Leiche ['laiçə] f ⟨-, -n⟩ corpse; **er geht über ~n** (infml) he'd stop at nothing; **nur über meine ~!** (infml) over my dead body! **Leichenbestatter(in)** m/(f) ⟨-s, -⟩ undertaker, mortician (US) **leichenblass** adj deathly pale **Leichenhalle** f, **Leichenhaus** nt mortuary **Leichenschau** f postmortem (examination) **Leichenschauhaus** nt morgue **Leichenstarre** f rigor mortis no art **Leichenwagen** m hearse **Leichnam** ['laiçnaːm] m ⟨-s, -e⟩ (form) body

leicht [laiçt] **A** adj (≈ nicht schwer) light; Koffer lightweight; (≈ geringfügig) slight; JUR Vergehen etc petty; (≈ einfach) easy; **mit ~er Hand** (fig) effortlessly; **mit dem werden wir (ein) ~es Spiel haben** he'll be no problem **B** adv **1** (≈ einfach) easily; **es sich** (dat) **(bei etw) ~ machen** not to make much of an effort (with sth); **man hat's nicht ~** (infml) it's a hard life; **~ zu beantworten** easy to answer; **das ist ~er gesagt als getan** that's easier said than done; **du hast ~ reden** it's all very well for you; → leicht machen etc **2** (≈ schnell) easily; **er wird ~ böse** etc he is quick to get angry etc; **~ zerbrechlich** very fragile; **~ verderblich** highly perishable; **das ist ~ möglich** that's quite possible; **~ entzündlich** Brennstoff etc highly (in)flammable; **das passiert mir so ~ nicht wieder** I won't let that happen again in a hurry (infml) **3** (≈ schwach) regnen not hard; **~ bekleidet sein** to be scantily clad; **~ gekleidet sein** to be (dressed) in light clothes; **~ gewürzt/gesalzen** lightly seasoned/salted **Leichtathlet(in)** m/(f) (track and field) athlete **Leichtathletik** f (track and field) athletics sg **leichtfallen** v/i sep irr aux sein to be easy (jdm for sb) **leichtfertig** **A** adj thoughtless **B** adv thoughtlessly; **~ handeln** to act without thinking **Leichtfertigkeit** f thoughtlessness **Leichtgewicht** nt lightweight **leichtgläubig** adj credulous; (≈ leicht zu täuschen) gullible **Leichtgläubigkeit** f credulity; (≈ Arglosigkeit) gullibility **leichthin** ['laiçthɪn] adv lightly **Leichtigkeit** ['laiçtɪçkait] f ⟨-, no pl⟩ **1** (≈ Mühelosigkeit) ease; **mit ~** with no trouble (at all) **2** (≈ Unbekümmertheit) light-heartedness **leichtlebig** [-leːbɪç] adj happy-go-lucky **leicht machen** v/t, **leichtmachen** v/t sep (jdm) etw ~ to make sth easy (for sb); **sich** (dat) **etw ~** to make things easy for oneself with sth; (≈ nicht gewissenhaft sein) to take it easy with sth **Leichtmetall** nt light metal **leichtnehmen** v/t sep irr etw ~ (≈ nicht ernsthaft behandeln) to take sth lightly; (≈ sich keine Sorgen machen) not to worry about sth **Leichtsinn** m (≈ unvorsichtige Haltung) foolishness; (≈ Sorglosigkeit) thoughtlessness; **sträflicher ~** criminal negligence **leichtsinnig** **A** adj foolish; (≈ unüberlegt) thoughtless **B** adv handeln thoughtlessly; **~ mit etw umgehen** to be careless with sth **Leichtverletzte(r)** m/f(m) decl as adj **die ~n** the slightly injured **Leichtwasserreaktor** m light water reactor

leid [lait] adj pred (≈ überdrüssig) **jdn/etw ~ sein** to be tired of sb/sth **Leid** [lait] nt ⟨-(e)s [-dəs]⟩ no pl **1** (≈ Kummer) sorrow, grief no indef art; (≈ Schaden) harm; **viel ~ erfahren** to suffer a great deal; **jdm sein ~ klagen** to tell sb one's troubles; **zu ~e** = zuleide **2** (Swiss ≈ Begräbnis) funeral **3** (Swiss ≈ Trauerkleidung) mourning **leiden** ['laidn] pret litt [lɪt], past part gelitten [gə'lɪtn] **A** v/t **1** (≈ ertragen müssen) to suffer **2** jdn/etw ~ to like sb/sth **B** v/i to suffer (an +dat, unter +dat from) **Leiden** ['laidn] nt ⟨-s, -⟩ **1** suffering **2** (≈ Krankheit) illness **leidend** adj (≈ kränklich) ailing; (infml) Miene long-suffering **Leidenschaft** ['laidnʃaft] f ⟨-, -en⟩ passion; **ich koche mit großer ~** cooking is a great passion of mine **leidenschaftlich** ['laidnʃaftlɪç] **A** adj passionate **B** adv passionately; **etw ~ gern tun** to be mad about doing sth (infml) **leidenschaftslos** **A** adj dispassionate **B** adv dispassionately **Leidensgefährte** m, **Leidensgefährtin** f fellow-sufferer **Leidensgeschichte** f tale of woe; **die**

~ (Christi) BIBLE Christ's Passion **Leidensweg** *m* life of suffering; **seinen ~ gehen** to bear one's cross **leider** ['laidɐ] *adv* unfortunately **leidgeprüft** [-gəpryːft] *adj* sorely afflicted **leidig** ['laidɪç] *adj attr* tiresome **leidlich** ['laitlɪç] **A** *adj* reasonable **B** *adv* reasonably; **wie geht's? — danke, ~!** how are you? — not too bad, thanks **Leidtragende(r)** ['laittraːɡndə] *m/f(m) decl as adj* **1** (≈ *Hinterbliebener*) **die ~n** the bereaved **2** (≈ *Benachteiligter*) **der/die ~** the one to suffer **leidtun** *v/i sep irr* **etw tut jdm leid** sb is sorry about or for sth; **tut mir leid!** (I'm) sorry!; **es tut uns leid, Ihnen mitteilen zu müssen ...** we regret to have to inform you ...; **er/sie tut mir leid** I'm sorry for him/her, I pity him/her; **das wird dir noch ~** you'll be sorry **Leierkasten** *m* barrel organ **Leierkastenfrau** *f*, **Leierkastenmann** *m, pl* -männer organ-grinder **Leiharbeit** *f, no pl* subcontracted work **Leiharbeiter(in)** *m/f(m)* subcontracted worker **Leihbibliothek** *f*, **Leihbücherei** *f* lending library **leihen** ['laiən] *pret* **lieh** [liː], *past part* **geliehen** [ɡə'liːən] *v/t* to lend; (≈ *entleihen*) to borrow; (≈ *mieten*) to hire **Leihgabe** *f* loan **Leihgebühr** *f* hire or rental charge; (*für Buch*) lending charge **Leihhaus** *nt* pawnshop **Leihmutter** *f, pl* -mütter surrogate mother **Leihwagen** *m* hire(d) car (*Br*), rental (car) (*US*) **leihweise** *adv* on loan **Leim** [laim] *m* ⟨-(e)s, -e⟩ glue; **jdm auf den ~ gehen** *or* **kriechen** (*infml*) to be taken in by sb; **aus dem ~ gehen** (*infml*) (*Sache*) to fall apart **leimen** ['laimən] *v/t* (≈ *kleben*) to glue (together); **jdn ~** (*infml*) to take sb for a ride (*infml*); **der Geleimte** the mug (*infml*) **Lein** [lain] *m* ⟨-(e)s, -e⟩ flax **Leine** ['lainə] *f* ⟨-, -n⟩ cord; (≈ *Schnur*) string; (≈ *Angelleine, Wäscheleine*) line; (≈ *Hundeleine*) leash **leinen** ['lainən] *adj* linen; (*grob*) canvas; *Bucheinband* cloth **Leinen** ['lainən] *nt* ⟨-s, -⟩ linen; (*grob*) canvas; (*als Bucheinband*) cloth **Leinsamen** *m* linseed **Leinwand** *f* ⟨-, *no pl*⟩ canvas; (*für Dias*) screen **leise** ['laizə] **A** *adj* **1** quiet; *Stimme* soft; **... sagte er mit ~r Stimme** ... he said in a low voice **2** (≈ *gering*) slight; *Schlaf, Regen, Wind* light; **nicht die ~ste Ahnung haben** not to have the slightest idea **B** *adv* (≈

nicht laut) quietly; **das Radio (etwas) ~r stellen** to turn the radio down (slightly); **sprich doch ~r!** keep your voice down a bit **Leiste** ['laistə] *f* ⟨-, -n⟩ (≈ *Holzleiste etc*) strip (of wood *etc*); (≈ *Zierleiste*) trim; (≈ *Umrandung*) border **leisten** ['laistn] *v/t* **1** (≈ *erreichen*) to achieve; *Arbeit* to do; (*Maschine*) to manage; (≈ *ableisten*) *Wehrdienst etc* to complete; **etwas ~** (*Mensch*) (≈ *arbeiten*) to do something; (≈ *vollbringen*) to achieve something; (*Maschine*) to be quite good; (*Auto, Motor etc*) to be quite powerful; **gute Arbeit ~** to do a good job; **jdm Hilfe ~** to give sb some help; **jdm gute Dienste ~** (*Gegenstand*) to serve sb well; (*Mensch*) to be useful to sb **2** (≈ *sich erlauben*) **sich** (*dat*) **etw ~** to allow oneself sth; (≈ *sich gönnen*) to treat oneself to sth; **sich** (*dat*) **etw ~ können** (*finanziell*) to be able to afford sth; **er hat sich tolle Sachen geleistet** he got up to the craziest things **Leistenbruch** *m* MED hernia **Leistengegend** *f* groin **Leistung** ['laistʊŋ] *f* ⟨-, -en⟩ **1** (≈ *Geleistetes*) performance; (*großartige, gute*) achievement; (≈ *Ergebnis*) result(s); (≈ *geleistete Arbeit*) work *no pl*; **eine große ~ vollbringen** to achieve a great success; **das ist keine besondere ~** that's nothing special; **seine schulischen ~en haben nachgelassen** his school work has deteriorated; **schwache ~!** that's not very good **2** (≈ *Leistungsfähigkeit*) capacity; (*von Motor*) power **3** (≈ *Zahlung*) payment **4** (≈ *Dienstleistung*) service **Leistungsdruck** *m, no pl* pressure (to do well) **leistungsfähig** *adj* (≈ *konkurrenzfähig*) competitive; (≈ *produktiv*) efficient; *Motor* powerful; *Maschine* productive; FIN solvent **Leistungsfähigkeit** *f* (≈ *Konkurrenzfähigkeit*) competitiveness; (≈ *Produktivität*) efficiency; (*von Motor*) power(fulness); (*von Maschine*) capacity; FIN ability to pay, solvency; **das übersteigt meine ~** that's beyond my capabilities **leistungsgerecht** *adj Bezahlung* preformance-related **Leistungsgesellschaft** *f* meritocracy, achievement-orientated society (*pej*) **Leistungsgrenze** *f* upper limit **Leistungskontrolle** *f* SCHOOL, UNIV assessment; (*in der Fabrik*) productivity check **Leistungskurs** *m advanced course in specialist subjects*

leistungsorientiert adj Gesellschaft competitive; Lohn performance-related **Leistungsprämie** f productivity bonus **Leistungsprinzip** nt achievement principle **leistungsschwach** adj (≈ nicht konkurrenzfähig) uncompetitive; (≈ nicht produktiv) inefficient, unproductive; Motor low-powered; Maschine low-performance **Leistungssport** m competitive sport **leistungsstark** adj (≈ konkurrenzfähig) highly competitive; (≈ produktiv) highly efficient or productive; Motor very powerful; Maschine highly productive **Leistungssteigerung** f increase in performance **Leistungstest** m SCHOOL achievement test; TECH performance test **Leistungsträger(in)** m/(f) **1** SPORTS key player **2** (von Sozialleistungen etc) service provider **Leistungsvermögen** nt capabilities pl **Leistungszuschlag** m productivity bonus

Leitartikel m leader (Br), editorial **Leitartikler** [-artɪkle, -artɪklɐ] m ⟨-s, -⟩, **Leitartiklerin** [-ərɪn] f ⟨-, -nen⟩ leader writer (Br), editorial writer **Leitbild** nt model **leiten** ['laitn] v/t **1** to lead; (fig) Leser, Schüler etc to guide; Verkehr to route; Gas, Wasser to conduct; (≈ umleiten) to divert **2** (≈ verantwortlich sein für) to be in charge of; Partei, Diskussion to lead; (als Vorsitzender) to chair; Theater, Orchester to run **3** PHYS Wärme, Licht to conduct **leitend** adj leading; Idee central; Position managerial; PHYS conductive; **~e(r) Angestellte(r)** executive **Leiter** ['laite] f ⟨-, -n⟩ ladder; (≈ Stehleiter) steps pl

Leiter m ⟨-s, -⟩, **Leiterin** [-ərɪn] f ⟨-, -nen⟩ leader; (von Hotel, Geschäft) manager/manageress; (≈ Abteilungsleiter, in Firma) head; (von Schule) head (esp Br), principal (esp US); (von Orchester, Chor etc) director **Leiterplatte** f IT circuit board **Leiterwagen** m handcart **Leitfaden** m (Fachbuch) introduction; (≈ Gebrauchsanleitung) manual **leitfähig** adj PHYS conductive **Leitfigur** f (≈ Vorbild) (role) model **Leitgedanke** m central idea **Leitidee** f central idea **Leitmotiv** nt (LIT, fig) leitmotif **Leitplanke** f crash barrier **Leitsatz** m basic principle **Leitspruch** m motto **Leitstelle** f headquarters pl; (≈ Funkleitstelle) control centre (Br) or center (US) **Leitung** ['laitʊŋ] f ⟨-, -en⟩ **1** no pl (von Men-

schen, Organisationen) running; (von Partei, Regierung) leadership; (von Betrieb) management; (von Schule) headship (esp Br), principalship (esp US); **unter der ~ von jdm** MUS conducted by sb **2** (≈ die Leitenden) leaders pl; (eines Betriebes etc) management sg or pl **3** (für Gas, Wasser bis zum Haus) main; (im Haus) pipe; (≈ Draht) wire; (dicker) cable; (TEL ≈ Verbindung) line; **eine lange ~ haben** (hum infml) to be slow on the uptake **Leitungsmast** m ELEC (electricity) pylon **Leitungswasser** nt tap water **Leitwährung** f reserve currency **Leitwerk** nt AVIAT tail unit **Leitzins** m base rate

Lektion [lɛkˈtsioːn] f ⟨-, -en⟩ lesson; **jdm eine ~ erteilen** (fig) to teach sb a lesson **Lektor** ['lɛktoːɐ] m ⟨-s, Lektoren [-'toːrən]⟩, **Lektorin** [-'toːrɪn] f ⟨-, -nen⟩ UNIV foreign language assistant; (≈ Verlagslektor) editor **Lektüre** [lɛkˈtyːrə] f ⟨-, -n, no pl⟩: (≈ das Lesen) reading; (≈ Lesestoff) reading matter

Lemming ['lɛmɪŋ] m ⟨-s, -e⟩ lemming **Lende** ['lɛndə] f ⟨-, -n⟩ ANAT, COOK loin **Lendengegend** f lumbar region **Lendenschurz** m loincloth **Lendenstück** nt piece of loin **Lendenwirbel** m lumbar vertebra

lenkbar adj TECH steerable; Rakete guided **lenken** ['lɛŋkn] **A** v/t **1** (≈ leiten) to direct; Sprache, Presse etc to influence **2** (≈ steuern) Auto etc to steer **3** (fig) Schritte, Gedanken, Blick to direct (auf +acc to); jds Aufmerksamkeit, Blicke to draw (auf +acc to); Gespräch to steer **B** v/i (≈ steuern) to steer **Lenker** ['lɛŋke] m ⟨-s, -⟩ (≈ Fahrradlenker etc) handlebars pl **Lenkrad** nt (steering) wheel **Lenksäule** f steering column **Lenkstange** f (von Fahrrad etc) handlebars pl **Lenkung** ['lɛŋkʊŋ] f ⟨-, -en⟩ TECH steering

Lenz [lɛnts] m ⟨-es, -e⟩ (liter ≈ Frühling) spring(time)

Leopard [leo'part] m ⟨-en, -en [-dn]⟩ leopard

Lepra ['leːpra] f ⟨-, no pl⟩ leprosy **Lerche** ['lɛrçə] f ⟨-, -n⟩ lark

lernbar adj learnable **lernbehindert** [-bəhɪndet] adj with learning difficulties **Lernbehinderte(r)** m/f(m) decl as adj child/person etc with learning difficulties **Lerneffekt** m pedagogical benefit **lernen** ['lɛrnən] **A** v/t to learn; **lesen/**

schwimmen etc ~ to learn to read/swim etc; **jdn lieben/schätzen** ~ to come to love/appreciate sb; **das will gelernt sein** it's a question of practice; → **gelernt** ☒ v/i to learn; (≈ arbeiten) to study; **von ihm kannst du noch (was) ~!** he could teach you a thing or two **Lernende(r)** ['lɛrnən-də] m/f(m) decl as adj, **Lerner** ['lɛrne] m ⟨-s, -⟩, **Lernerin** [-ərɪn] f ⟨-, -nen⟩ learner **Lernerfolg** m learning success **lernfähig** adj capable of learning **Lernmittel** pl schoolbooks and equipment pl **Lernprogramm** nt (IT, für Software) tutorial program; (didaktisches Programm) learning program **Lernprozess** m learning process **lernwillig** adj willing to learn **Lernziel** nt learning goal

Lesart f version **lesbar** ☒ adj (≈ leserlich) legible; IT readable ☒ adv (≈ leserlich) legibly

Lesbe ['lɛsbə] f ⟨-, -n⟩ (infml) lesbian **Lesbierin** ['lɛsbiərɪn] f ⟨-, -nen⟩ lesbian **lesbisch** ['lɛsbɪʃ] adj lesbian

Lese ['le:zə] f ⟨-, -n⟩ (≈ Ernte) harvest

Lesebrille f reading glasses pl **Lesebuch** nt reader **Lesekopf** m IT read head **Leselampe** f reading lamp

lesen¹ ['le:zn] pret **las** [la:s], past part **gelesen** [gə'le:zn] v/t & v/i ☒ to read; **die Schrift ist kaum zu ~** the writing is scarcely legible; **etw in jds Augen** (dat) **~ to** see sth in sb's eyes ☒ UNIV to lecture

lesen² pret **las** [la:s], past part **gelesen** [gə-'le:zn] v/t Trauben, Beeren to pick; Ähren to glean; Erbsen etc to sort

lesenswert adj worth reading **Leser** ['le:ze] m ⟨-s, -⟩, **Leserin** [-ərɪn] f ⟨-, -nen⟩ reader **Leseratte** f (infml) bookworm (infml) **Leserbrief** m (reader's) letter; **„Leserbriefe"** "letters to the editor" **leserlich** ['le:zəlɪç] ☒ adj legible ☒ adv legibly **Leserschaft** ['le:zəʃaft] f ⟨-, -en⟩ readership **Lesesaal** m reading room **Lesespeicher** m IT read-only memory, ROM **Lesezeichen** nt bookmark(er) **Lesung** ['le:zʊŋ] f ⟨-, -en⟩ reading

Lethargie [letar'gi:] f ⟨-, -n [-'gi:ən]⟩ lethargy

Lette ['lɛtə] m ⟨-n, -n⟩, **Lettin** ['lɛtɪn] f ⟨-, -nen⟩ Lett, Latvian **lettisch** ['lɛtɪʃ] adj Lettish, Latvian **Lettland** ['lɛtlant] nt ⟨-s⟩ Latvia

Letzt [lɛtst] f **zu guter ~** in the end **letztendlich** ['lɛtst'ɛntlɪç] adv at (long) last; (≈

letzten Endes) at the end of the day **Letzte(r)** ['lɛtstə] m/f(m) decl as adj **der ~ des Monats** the last (day) of the month; **~(r) werden** to be last; **als ~(r) (an)kommen** to be the last to arrive; **er wäre der ~, dem ich ...** he would be the last person I'd ... **letzte(r, s)** ['lɛtstə] adj ☒ last; **auf dem ~n Platz liegen** to be (lying) last; **mein ~s Geld** the last of my money; **das ~ Mal** (the) last time; **zum ~n Mal** (for) the last time; **in ~r Zeit** recently; **der Letzte Wille** the last will and testament ☒ (≈ neueste) Mode etc latest ☒ (≈ schlechtester) **das ist der ~ Schund** or **Dreck** that's absolute trash; **jdn wie den ~n Dreck behandeln** to treat sb like dirt **Letzte(s)** ['lɛtstə] nt decl as adj last thing; **sein ~s (her)geben** to give one's all; **das ist ja das ~!** (infml) that really is the limit; **bis aufs ~** completely, totally; **bis ins ~** (right) down to the last detail **letztgenannt** adj last-named **letztlich** ['lɛtstlɪç] adv in the end; **das ist ~ egal** it comes down to the same thing in the end **letztmals** ['lɛtstma:ls] adv for the last time

Leuchtanzeige f illuminated display **Leuchtdiode** f light-emitting diode **Leuchte** ['lɔʏçtə] f ⟨-, -n⟩ light; (infml: Mensch) genius **leuchten** ['lɔʏçtn] v/i (Licht) to shine; (Feuer, Zifferblatt) to glow; (≈ aufleuchten) to flash; **mit einer Lampe in/auf etw** (acc) **~** to shine a lamp into/onto sth **leuchtend** ☒ adj shining; Farbe bright; **etw in den ~sten Farben schildern** to paint sth in glowing colours (Br) or colors (US); **ein ~es Vorbild** a shining example ☒ adv rot, gelb bright **Leuchter** ['lɔʏçtə] m ⟨-s, -⟩ (≈ Kerzenleuchter) candlestick; (≈ Kronleuchter) chandelier **Leuchtfarbe** f fluorescent colour (Br) or color (US); (≈ Anstrichfarbe) fluorescent paint **Leuchtfeuer** nt navigational light **Leuchtpistole** f flare pistol **Leuchtrakete** f signal rocket **Leuchtreklame** f neon sign **Leuchtstift** m highlighter **Leuchtturm** m lighthouse

leugnen ['lɔʏgnən] ☒ v/t to deny; **~, etw getan zu haben** to deny having done sth; **es ist nicht zu ~, dass ...** it cannot be denied that ... ☒ v/i to deny everything

Leukämie [lɔʏkɛ'mi:] f ⟨-, -n [-'mi:ən]⟩ leukaemia (Br), leukemia (US)

Leumund ['lɔʏmʊnt] m ⟨-(e)s [-dəs]⟩ no pl

reputation, name **Leumundszeugnis**
nt character reference

Leute ['lɔytə] pl people pl; **alle ~** everybody; **vor allen ~n** in front of everybody; **was sollen denn die ~ davon denken?** what will people think?; **etw unter die ~ bringen** (infml) Gerücht to spread sth around; Geld to spend sth; **dafür brauchen wir mehr ~** we need more people for that

Leutnant ['lɔytnant] m ⟨-s, -s or -e⟩ second lieutenant; (bei der Luftwaffe) pilot officer (Br), second lieutenant (US); **~ zur See** acting sublieutenant (Br), ensign (US)

Leviten [le'vi:tn] pl **jdm die ~ lesen** (infml) to haul sb over the coals

lexikalisch [lɛksi'ka:lɪʃ] adj lexical **Lexikograf** [lɛksiko'gra:f] m ⟨-en, -en⟩, **Lexikografin** [-'gra:fɪn] f ⟨-, -nen⟩ lexicographer **Lexikon** ['lɛksikɔn] nt ⟨-s, Lexika [-ka]⟩ encyclopedia; (≈ Wörterbuch) dictionary, lexicon

Libanese [liba'ne:zə] m ⟨-n, -n⟩, **Libanesin** [-'ne:zɪn] f ⟨-, -nen⟩ Lebanese **libanesisch** [liba'ne:zɪʃ] adj Lebanese **Libanon** ['li:banɔn] m ⟨-(s)⟩ **der ~** the Lebanon

Libelle [li'bɛlə] f ⟨-, -n⟩ ZOOL dragonfly

liberal [libe'ra:l] adj liberal **Liberale(r)** [libe'ra:lə] m/f(m) decl as adj POL Liberal **liberalisieren** [liberali'zi:rən] past part liberalisiert v/t to liberalize **Liberalisierung** f ⟨-, -en⟩ liberalization

Liberia [li'be:ria] nt ⟨-s⟩ GEOG Liberia

Libero ['li:bero] m ⟨-s, -s⟩ FTBL sweeper

Libido [li'bi:do, 'li:bido] f ⟨-, no pl⟩ PSYCH libido

Libretto [li'brɛto] nt ⟨-s, -s or Libretti [-ti]⟩ libretto

Libyen ['li:byən] nt ⟨-s⟩ Libya **Libyer** ['li:-byə] m ⟨-s, -⟩, **Libyerin** [-ərɪn] f ⟨-, -nen⟩ Libyan **libysch** ['li:byʃ] adj Libyan

licht [lɪçt] adj **1** (≈ hell) light **2** Wald, Haar sparse **Licht** [lɪçt] nt ⟨-(e)s, -er or (rare) -e, no pl⟩ light; **~ machen** (≈ anschalten) to switch or put on a light; **etw gegen das ~ halten** to hold sth up to the light; **bei ~e besehen** (fig) in the cold light of day; **das ~ der Welt erblicken** (elev) to (first) see the light of day; **etw ans ~ bringen** to bring sth out into the open; **ans ~ kommen** to come to light; **jdn hinters ~ führen** to pull the wool over sb's eyes; **ein schiefes/schlechtes ~ auf jdn/etw werfen** to show sb/sth in the wrong/a

bad light **Lichtbild** nt (≈ Dia) slide; (form ≈ Foto) photograph **Lichtbildervortrag** m illustrated lecture **Lichtblick** m (fig) ray of hope **lichtdurchlässig** adj pervious to light; Stoff that lets the light through **lichtecht** adj non-fade **lichtempfindlich** adj sensitive to light **Lichtempfindlichkeit** f sensitivity to light; PHOT film speed

lichten¹ ['lɪçtn] **A** v/t Wald to thin (out) **B** v/r to thin (out); (Nebel, Wolken) to lift; (Bestände) to go down

lichten² v/t Anker to weigh

Lichterkette f (an Weihnachtsbaum) fairy lights pl **lichterloh** ['lɪçtɐ'lo:] adv **~ brennen** (lit) to be ablaze **Lichtgeschwindigkeit** f the speed of light **Lichthupe** f AUTO flash (of the headlights) **Lichtjahr** nt light year **Lichtmangel** m lack of light **Lichtmaschine** f (für Gleichstrom) dynamo; (für Drehstrom) alternator **Lichtquelle** f source of light **Lichtschalter** m light switch **Lichtschein** m gleam of light **lichtscheu** adj averse to light; (fig) Gesindel shady **Lichtschranke** f photoelectric barrier **Lichtschutzfaktor** m protection factor **Lichtstrahl** m ray of light; (fig) ray of sunshine **lichtundurchlässig** adj opaque **Lichtung** ['lɪçtʊŋ] f ⟨-, -en⟩ clearing **Lichtverhältnisse** pl lighting conditions pl

Lid [li:t] nt ⟨-(e)s, -er [-də]⟩ eyelid **Lidschatten** m eye shadow **Lidstrich** m eyeliner

lieb [li:p] **A** adj **1** (≈ liebenswürdig, hilfsbereit) kind; (≈ nett, reizend) nice; (≈ niedlich) sweet; (≈ artig) Kind good; **~e Grüße an deine Eltern** give my best wishes to your parents; **würdest du (bitte) so ~ sein und das Fenster aufmachen?** would you do me a favour (Br) or favor (US) and open the window?; **sich bei jdm ~ Kind machen** (pej) to suck up to sb (infml) **2** (≈ angenehm) **es wäre mir ~, wenn ...** I'd like it if ...; **es wäre ihm ~er** he would prefer it; **→ lieber; → liebste(r, s) 3** (≈ geliebt, in Briefanrede) dear; **der ~e Gott** the Good Lord; **~er Gott** (Anrede) dear God or Lord; **(mein) Liebes** (my) love; **er ist mir ~ und teuer** he's very dear to me; **~ gewor-**

den well-loved; **den ~en langen Tag** (*infml*) the whole livelong day; **das ~e Geld!** the money, the money!; **(ach) du ~er Himmel!** (*infml*) good heavens *or* Lord! **4** **~ste(r, s)** favourite (*Br*), favorite (*US*); **sie ist mir die Liebste von allen** she is my favo(u)rite **B** *adv* **1** (≈ *liebenswürdig*) *danken, grüßen* sweetly, nicely; **jdm ~ schreiben** to write a sweet letter to sb; **sich ~ um jdn kümmern** to be very kind to sb **2** (≈ *artig*) nicely **liebäugeln** ['liːpɔyɡln] *v/i insep* **mit etw ~** to have one's eye on sth **Liebe** ['liːbə] *f* ⟨-, -n⟩ **1** love (*zu jdm, für jdn* for *or* of sb, *zu etw* of sth); **etw mit viel ~ tun** to do sth with loving care; **bei aller ~** with the best will in the world; **~ macht blind** (*prov*) love is blind (*prov*) **2** (≈ *Sex*) sex; **eine Nacht der ~** a night of love **3** (≈ *Geliebte(r)*) love, darling **Liebelei** [liːbə'lai] *f* ⟨-, -en⟩ (*infml*) flirtation, affair **lieben** ['liːbn] **A** *v/t* to love; (*als Liebesakt*) to make love (*jdn* to sb); **etw nicht ~** not to like sth; **sich ~** to love one another *or* each other; (*euph*) to make love; → **geliebt B** *v/i* to love **Liebende(r)** ['liːbndə] *m/f(m) decl as adj* lover **liebenswert** *adj* lovable **liebenswürdig** *adj* kind; (≈ *liebenswert*) charming **Liebenswürdigkeit** *f* ⟨-, -en⟩ (≈ *Höflichkeit*) politeness; (≈ *Freundlichkeit*) kindness **lieber** ['liːbə] *adv* (*vorzugsweise*) rather, sooner; **das tue ich ~ I** would *or* I'd rather do that; **ich trinke ~ Wein als Bier** I prefer wine to beer; **bleibe ~ im Bett** you had *or* you'd better stay in bed; **sollen wir gehen? — ~ nicht!** should we go? — better not **Liebe(r)** ['liːbə] *m/f(m) decl as adj* dear; **meine ~n** my dears **Liebesabenteuer** *nt* amorous adventure **Liebesbeziehung** *f* (sexual) relationship **Liebesbrief** *m* love letter **Liebeserklärung** *f* declaration of love **Liebesgeschichte** *f* LIT love story **Liebesheirat** *f* love match **Liebeskummer** *m* lovesickness; **~ haben** to be lovesick **Liebesleben** *nt* love life **Liebeslied** *nt* love song **Liebespaar** *nt* lovers *pl* **Liebesroman** *m* romantic novel **Liebesschloss** *nt* love lock **liebevoll** **A** *adj* loving; *Umarmung* affectionate **B** *adv* lovingly; *umarmen* affectionately **lieb gewinnen** *v/t irr* to grow fond of **liebgeworden** *adj attr*; → **lieb lieb haben** *v/t irr* **liebhaben** *v/t sep irr* to love;

(*weniger stark*) to be (very) fond of **Liebhaber** [-haːbɐ] *m* ⟨-s, -⟩, **Liebhaberin** [-ərɪn] *f* ⟨-, -nen⟩ **1** lover **2** (≈ *Interessent*) enthusiast; (≈ *Sammler*) collector; **ein ~ von etw** a lover of sth; **das ist ein Wein für ~** that is a wine for connoisseurs **Liebhaberei** [-haːbə'rai] *f* ⟨-, -en⟩ (*fig* ≈ *Hobby*) hobby **liebkosen** [liːp'koːzn] *past part* **liebkost** *v/t insep* (*liter*) to caress, to fondle **Liebkosung** *f* ⟨-, -en⟩ (*liter*) caress **lieblich** ['liːplɪç] *adj* lovely, delightful; *Wein* sweet **Liebling** ['liːplɪŋ] *m* ⟨-s, -e⟩ darling; (≈ *bevorzugter Mensch*) favourite (*Br*), favorite (*US*) **Lieblings-** *in cpds* favourite (*Br*), favorite (*US*) **lieblos** *adj Eltern* unloving; *Behandlung* unkind; *Benehmen* inconsiderate **Liebschaft** ['liːpʃaft] *f* ⟨-, -en⟩ affair **Liebste(r)** ['liːpstə] *m/f(m) decl as adj* sweetheart **liebste(r, s)** ['liːpstə] *adv* **am ~n** best; **am ~n hätte ich ...** what I'd like most would be (to have) ...; **am ~n gehe ich ins Kino** best of all I like going to the cinema; **das würde ich am ~n tun** that's what I'd like to do best

Liechtenstein ['lɪçtnʃtain] *nt* ⟨-s⟩ Liechtenstein

Lied [liːt] *nt* ⟨-(e)s, -er [-dɐ]⟩ song; **es ist immer das alte ~** (*infml*) it's always the same old story (*infml*); **davon kann ich ein ~ singen** I could tell you a thing or two about that (*infml*) **Liederbuch** *nt* songbook

liederlich ['liːdəlɪç] **A** *adj* (≈ *schlampig*) slovenly *attr, pred*; (≈ *unmoralisch*) dissolute **B** *adv* (≈ *schlampig*) sloppily

Liedermacher(in) *m/(f)* singer-songwriter

Lieferant [liːfə'rant] *m* ⟨-en, -en⟩, **Lieferantin** [-'rantɪn] *f* ⟨-, -nen⟩ supplier; (≈ *Auslieferer*) deliveryman/-woman **lieferbar** *adj* (≈ *vorrätig*) available; **die Ware ist sofort ~** the article can be supplied/delivered at once **Lieferfirma** *f* supplier; (≈ *Zusteller*) delivery firm **Lieferfrist** *f* delivery period **liefern** ['liːfɐn] **A** *v/t* **1** *Waren* to supply; (≈ *zustellen*) to deliver (*an +acc* to) **2** *Beweise, Informationen* to provide; *Ergebnis* to produce; **jdm einen Vorwand ~** to give sb an excuse; → **geliefert B** *v/i* to supply; (≈ *zustellen*) to deliver **Lieferschein** *m* delivery note **Liefertermin** *m* delivery date **Lieferung** ['liːfərʊŋ] *f* ⟨-, -en⟩ (≈ *Versand*) delivery; (≈ *Versorgung*) supply; **bei ~ zu bezahlen** paya-

L

ble on delivery **Liefervertrag** *m* contract of sale **Lieferwagen** *m* delivery van *or* truck (US); (offen) pick-up **Lieferzeit** *f* delivery period, lead time (COMM) **Liege** ['liːɡə] *f* ⟨-, -n⟩ couch; (≈ Campingliege) camp bed (Br), cot (US); (für Garten) lounger (Br), lounge chair (US) **liegen** ['liːɡn] *pret* **lag** [laːɡ], *past part* **gelegen** [ɡə'leːɡn] *aux* haben *or* (S Ger, Aus, Sw) sein *v/i* **1** to lie; **im Bett/Krankenhaus ~** to be in bed/hospital; **die Stadt lag in dichtem Nebel** thick fog hung over the town; **der Schnee bleibt nicht ~** the snow isn't lying (esp Br) *or* sticking (US); **etw ~ lassen** to leave sth (there) **2** (≈ sich befinden) to be; **die Preise ~ zwischen 60 und 80 Euro** the prices are between 60 and 80 euros; **so, wie die Dinge jetzt ~** as things stand at the moment; **damit liegst du (gold)richtig** (infml) you're (dead (infml)) right there; **nach Süden ~** to face south; **in Führung ~** to be in the lead; **die Verantwortung/Schuld dafür liegt bei ihm** the responsibility/blame for that lies with him; **das liegt ganz bei dir** that is completely up to you **3** (≈ passen) **das liegt mir nicht** it doesn't suit me; (Beruf) it doesn't appeal to me **4** **es liegt mir viel daran** (≈ ist mir wichtig) that matters a lot to me; **es liegt mir wenig/nichts daran** that doesn't matter much/at all to me; **es liegt mir viel an ihm** he is very important to me; **woran liegt es?** why is that?; **das liegt daran, dass …** that is because… **liegen bleiben** *v/i irr aux* sein **1** (≈ nicht aufstehen) to remain lying (down); (im Bett) **~** to stay in bed **2** (≈ vergessen werden) to get left behind **3** (≈ nicht ausgeführt werden) not to get done **4** (Schnee) to lie (esp Br), to stick (US) **liegen lassen** *past part* **liegen lassen** *or* (rare) **liegen gelassen** *v/t irr* (≈ nicht erledigen) to leave; (≈ vergessen) to leave (behind) **Liegerad** *nt* recumbent (bicycle) **Liegesitz** *m* reclining seat; (auf Boot) couchette **Liegestuhl** *m* (mit Holzgestell) deck chair; (mit Metallgestell) lounger (Br), lounge chair (US) **Liegestütz** [-ʃtʏts] *m* ⟨-es, -e⟩ SPORTS press-up (Br), push-up (US) **Liegewagen** *m* RAIL couchette coach (Br) *or* car (esp US)

Lift [lɪft] *m* ⟨-(e)s, -e *or* -s⟩ (≈ Personenlift) lift (Br), elevator (esp US); (≈ Güterlift) lift (Br), hoist **Liftboy** ['lɪftbɔy] *m* ⟨-s, -s⟩ liftboy (Br), elevator boy (US) **liften** ['lɪftn] *v/t*

to lift; **sich** (dat) **das Gesicht ~ lassen** to have a face-lift

Liga ['liːɡa] *f* ⟨-, Ligen [-ɡn]⟩ league

light [laɪt] *adj pred inv* light; **Limo ~** diet lemonade, low-calorie lemonade

Likör [li'køːɐ] *m* ⟨-s, -e⟩ liqueur

lila ['liːla] *adj inv* purple

Lilie ['liːliə] *f* ⟨-, -n⟩ lily

Liliputaner [lilipu'taːnɐ] *m* ⟨-s, -⟩, **Liliputanerin** [-ərɪn] *f* ⟨-, -nen⟩ midget

Limette [li'mɛta] *f* ⟨-, -n⟩ sweet lime

limitieren [limi'tiːrən] *past part* **limitiert** *v/t* to limit

Limonade [limo'naːdə] *f* ⟨-, -n⟩ lemonade

Limone [li'moːnə] *f* ⟨-, -n⟩ lime

Limousine [limu'ziːnə] *f* ⟨-, -n⟩ saloon (Br), sedan (US)

Linde ['lɪndə] *f* ⟨-, -n⟩ (≈ Baum) linden *or* lime (tree); (≈ Holz) limewood **Lindenblütentee** *m* lime blossom tea **lindern** ['lɪndɐn] *v/t* to ease **Linderung** ['lɪndərʊŋ] *f* ⟨-, -en⟩ easing

lindgrün *adj* lime green

Lineal [line'aːl] *nt* ⟨-s, -e⟩ ruler

linear [line'aːɐ] *adj* linear

Linguist [lɪŋ'ɡʊɪst] *m* ⟨-en, -en⟩, **Linguistin** [-'ɡʊɪstɪn] *f* ⟨-, -nen⟩ linguist **Linguistik** [lɪŋ'ɡʊɪstɪk] *f* ⟨-, no pl⟩ linguistics *sg* **linguistisch** [lɪŋ'ɡʊɪstɪʃ] *adj* linguistic

Linie ['liːniə] *f* ⟨-, -n⟩ **1** line; **sich in einer ~ aufstellen** to line up; **auf der gleichen ~** along the same lines; **auf der ganzen ~** (fig) all along the line; **auf die (schlanke) ~ achten** to watch one's figure **2** (≈ Verkehrsverbindung) route; **fahren Sie mit der ~ 2** take the (number) 2 **Linienblatt** *nt* ruled (esp Br) *or* lined sheet (placed under writing paper) **Linienbus** *m* public service bus **Liniendienst** *m* regular service; AVIAT scheduled service **Linienflug** *m* scheduled flight **Linienmaschine** *f* **mit einer ~** on a scheduled flight **Linienrichter(in)** *m/(f)* linesman/-woman; TENNIS line judge **linientreu** *adj* **~ sein** to follow *or* toe the party line **liniieren** [li'niːrən] *past part* **liniiert**, **linieren** [li'niːrən] *past part* **liniert** *v/t* to rule (esp Br) *or* draw lines on; **lini(i)ert** lined

link [lɪŋk] (infml) *adj* Typ underhanded, double-crossing; Masche, Tour dirty; **ein ganz ~er Hund** (pej) a nasty piece of work (pej infml)

Link [lɪŋk] *m* ⟨-s, -s⟩ INTERNET link

Linke ['lɪŋkə] *f decl as adj* **1** (Hand) left

hand; (*Seite*) left(-hand) side; (*Boxen*) left; **zur ~n (des Königs) saß ...** to the left (of the king) sat ... **2** POL **die ~** the Left **linken** ['lɪŋkn̩] *v/t* (*infml* ≈ *hereinlegen*) to con (*infml*)

Linke(r) ['lɪŋkə] *m/f(m) decl as adj* POL left--winger **linke(r, s)** ['lɪŋkə] *adj attr* left; *Rand, Spur etc* left(-hand); POL left-wing; **die ~ Seite** the left(-hand) side; (*von Stoff*) the wrong side; **zwei ~ Hände haben** (*infml*) to have two left hands (*infml*)

linkisch ['lɪŋkɪʃ] **A** *adj* clumsy **B** *adv* clumsily

links [lɪŋks] **A** *adv* **1** on the left; *abbiegen* (to the) left; **nach ~** (to the) left; **von ~** from the left; **von etw** (to the or on the) left of sth; **~ von jdm** to or on sb's left; **weiter ~** further to the left; **jdn ~ liegen lassen** (*fig infml*) to ignore sb; **mit ~** (*infml*) just like that **2** (≈ *verkehrt*) *tragen* wrong side out; **~ stricken** to purl **B** *prep +gen* on or to the left of **Linksabbieger** [-apbiːgɐ] *m* ⟨-s, -⟩ motorist/car *etc* turning left **Linksaußen** [-'ausn̩] *m* ⟨-, -⟩ FTBL outside left **linksbündig** **A** *adj* TYPO ranged left **B** *adv* flush left **Linksextremist(in)** *m/f(f)* left-wing extremist **Linkshänder** [-hɛndɐ] *m* ⟨-s, -⟩, **Linkshänderin** [-ərɪn] *f* ⟨-, -nen⟩ left--hander, left-handed person; **~ sein** to be left-handed **linkshändig** *adj, adv* left--handed **Linkskurve** *f* left-hand bend **linksradikal** *adj* POL radically left-wing **linksrheinisch** *adj, adv* to or on the left of the Rhine **Linksverkehr** *m, no pl* driving on the left *no def art*; **in Großbritannien ist ~** they drive on the left in Britain **Linoleum** [li'noːleʊm] *nt* ⟨-s, *no pl*⟩ linoleum, lino **Linolschnitt** [li'noːl-] *m* ART linocut **Linse** ['lɪnzə] *f* ⟨-, -n⟩ **1** BOT, COOK lentil **2** OPT lens

Lippe ['lɪpə] *f* ⟨-, -n⟩ lip; **das bringe ich nicht über die ~n** I can't bring myself to say it; **er brachte kein Wort über die ~n** he couldn't say a word **Lippenbekenntnis** *nt* lip service **Lippenstift** *m* lipstick

Liquid ['lɪkvɪt] *nt* ⟨-s, -s⟩ (*für E-Zigaretten*) e-liquid, e-juice

Liquidation [likvidaˈtsioːn] *f* ⟨-, -en⟩ **1** liquidation **2** (≈ *Rechnung*) account **liquide** [liˈkviːdə] *adj* ECON *Geld, Mittel* liquid; *Firma* solvent **liquidieren** [likviˈdiːrən]

past part **liquidiert** *v/t* **1** *Geschäft* to put into liquidation; *Betrag* to charge **2** *Firma* to liquidate; *jdn* to eliminate

lispeln ['lɪspln̩] *v/t & v/i* to lisp; (≈ *flüstern*) to whisper

Lissabon ['lɪsabɔn, lɪsaˈbɔn] *nt* ⟨-s⟩ Lisbon

List [lɪst] *f* ⟨-, -en⟩ (≈ *Täuschung*) cunning; (≈ *trickreicher Plan*) ruse

Liste ['lɪstə] *f* ⟨-, -n⟩ list; (≈ *Wählerliste*) register **Listenpreis** *m* list price

listig ['lɪstɪç] **A** *adj* cunning **B** *adv* cunningly

Litauen ['liːtauən, 'lɪtauən] *nt* ⟨-s⟩ Lithuania **litauisch** ['liːtauɪʃ, 'lɪtauɪʃ] *adj* Lithuanian

Liter ['liːtɐ, 'lɪtɐ] *m or nt* ⟨-s, -⟩ litre (*Br*), liter (*US*)

literarisch [litəˈraːrɪʃ] *adj* literary; **~ interessiert** interested in literature **Literaturangabe** *f* bibliographical reference; **~n** (≈ *Bibliografie*) bibliography **Literaturgeschichte** *f* history of literature **Literaturkritik** *f* literary criticism **Literaturkritiker(in)** *m/f(f)* literary critic **Literaturwissenschaft** *f* literary studies *pl* **Literaturwissenschaftler(in)** *m/f(f)* literature specialist

Literflasche *f* litre (*Br*) or liter (*US*) bottle **literweise** *adv* (*lit*) by the litre (*Br*) or liter (*US*)

Litfaßsäule ['lɪtfas-] *f* advertisement pillar

Lithografie [litograˈfiː] *f* ⟨-, -n [-ˈfiːən]⟩ **1** (*Verfahren*) lithography **2** (*Druck*) lithograph

Litschi ['lɪtʃi] *f* ⟨-, -s⟩ lychee, litchi **Liturgie** [litʊrˈgiː] *f* ⟨-, -n [-ˈgiːən]⟩ liturgy **Litze** ['lɪtsə] *f* ⟨-, -n⟩ braid; ELEC flex

live [laɪf] *adj pred, adv* (RADIO, TV) live **Livemitschnitt** ['laɪfmɪtʃnɪt] *m* live recording **Livemusik** [laɪf-] *f* live music **Livesendung** [laɪf-] *f* live broadcast **Liveübertragung** [laɪf-] *f* live transmission

Lizenz [liˈtsɛnts] *f* ⟨-, -en⟩ licence (*Br*), license (*US*); **etw in ~ herstellen** to manufacture sth under licence (*Br*) or license (*US*) **Lizenzausgabe** *f* licensed edition **Lizenzgeber(in)** *m/f(f)* licenser; (*Behörde*) licensing authority **Lizenzgebühr** *f* licence (*Br*) or license (*US*) fee; (*im Verlagswesen*) royalty **Lizenzinhaber(in)** *m/f(f)* licensee **Lizenznehmer** *m* ⟨-s, -⟩, **Lizenznehmerin** [-ərɪn] *f* ⟨-, -nen⟩ licensee

Lkw *m* ⟨-(s), -(s)⟩, **LKW** ['ɛlkaːveː, ɛlkaːˈveː] *m* ⟨-(s), -(s)⟩ = Lastkraftwagen **Lkw-Fahrer(in)** *m/(f)* lorry (*Br*) *or* truck (*US*) driver **Lkw-Maut** ['ɛlkaːveː-, ɛlkaːˈveː-] *f* lorry (*Br*) *or* truck (*US*) toll

Lob [loːp] *nt* ⟨-(e)s [-bəs]⟩ *no pl* praise; **(viel) ~ für etw bekommen** to be (highly) praised for sth

Lobby ['lɔbi] *f* ⟨-, -s⟩ lobby **Lobbyist** [lɔbiˈɪst] *m* ⟨-en, -en⟩, **Lobbyistin** [-ˈɪstɪn] *f* ⟨-, -nen⟩ lobbyist

loben ['loːbn] *v/t* to praise; **jdn/etw ~d erwähnen** to commend sb/sth; **das lob ich mir** that's what I like (to see/hear *etc*) **lobenswert** *adj* laudable **löblich** ['løːplɪç] *adj* commendable **Loblied** *nt* song of praise; **ein ~ auf jdn/etw anstimmen** *or* **singen** (*fig*) to sing sb's praises/the praises of sth **Lobrede** *f* eulogy; **eine ~ auf jdn halten** (*lit*) to make a speech in sb's honour (*Br*) *or* honor (*US*); (*fig*) to eulogize sb

Loch [lɔx] *nt* ⟨-(e)s, ⁺er ['lœçə]⟩ hole; (*in Reifen*) puncture; (*fig infml* ≈ *elende Wohnung*) dump (*infml*); (*infml* ≈ *Gefängnis*) clink (*infml*); **jdm ein ~** *or* **Löcher in den Bauch fragen** (*infml*) to pester sb to death (with all one's questions) (*infml*); **ein großes ~ in jds (Geld)beutel** (*acc*) **reißen** (*infml*) to make a big hole in sb's pocket **lochen** ['lɔxn] *v/t* to punch holes/a hole in; (≈ *perforieren*) to perforate; *Fahrkarte* to punch **Locher** ['lɔxɐ] *m* ⟨-s, -⟩ (≈ *Gerät*) punch **löcherig** ['lœçərɪç] *adj* full of holes **löchern** ['lœçɐn] *v/t* (*infml*) to pester (to death) with questions (*infml*) **Lochkarte** *f* punch card **Lochstreifen** *m* (punched) paper tape **Lochung** ['lɔxʊŋ] *f* ⟨-, -en⟩ punching; (≈ *Perforation*) perforation

Locke ['lɔkə] *f* ⟨-, -n⟩ (*Haar*) curl; **~n haben** to have curly hair

locken¹ ['lɔkn] *v/t* & *v/r Haar* to curl; **gelockt** *Haar* curly; *Mensch* curly-haired

locken² *v/t* **1** *Tier* to lure **2** *jdn* to tempt; **das Angebot lockt mich sehr** I'm very tempted by the offer **lockend** *adj* tempting

Lockenkopf *m* curly hairstyle; (*Mensch*) curly-head **Lockenstab** *m* (electric) curling tongs *pl* (*Br*), (electric) curling iron (*US*) **Lockenwickler** [-vɪklə] *m* ⟨-s, -⟩ (hair) curler

locker ['lɔkə] **A** *adj* loose; *Kuchen* light; (≈ *nicht gespannt*) slack; *Haltung* relaxed; (*infml* ≈ *unkompliziert*) laid-back (*infml*); **eine ~e**

Hand haben (*fig* ≈ *schnell zuschlagen*) to be quick to hit out **B** *adv* (≈ *nicht stramm*) loosely; **bei ihm sitzt das Messer ~** he'd pull a knife at the slightest excuse; **etw ~ sehen** to be relaxed about sth; **das mache ich ganz ~** (*infml*) I can do it just like that (*infml*) **lockerlassen** *v/i sep irr* (*infml*) **nicht ~** not to let up **lockermachen** *v/t sep* (*infml*) *Geld* to shell out (*infml*) **lockern** ['lɔkɐn] **A** *v/t* **1** (≈ *locker machen*) to loosen; *Boden* to break up; *Griff* to relax; *Seil* to slacken **2** (≈ *entspannen*) *Muskeln* to loosen up; (*fig*) *Vorschriften, Atmosphäre* to relax **B** *v/r* to work itself loose; (*Verkrampfung*) to ease off; (*Atmosphäre*) to become more relaxed **Lockerung** ['lɔkərʊŋ] *f* ⟨-, -en⟩ **1** loosening; (*von Griff*) relaxation, loosening; (*von Seil*) slackening **2** (*von Muskeln*) loosening up; (*von Atmosphäre*) relaxation **Lockerungsübung** *f* loosening-up exercise

lockig ['lɔkɪç] *adj Haar* curly

Lockmittel *nt* lure **Lockruf** *m* call **Lockung** ['lɔkʊŋ] *f* ⟨-, -en⟩ lure; (≈ *Versuchung*) temptation **Lockvogel** *m* decoy (bird); (*fig*) decoy **Lockvogelangebot** *nt* inducement

Lodenmantel *m* loden (coat)

lodern ['loːdɐn] *v/i* to blaze

Löffel ['lœfl] *m* ⟨-s, -⟩ spoon; (*als Maßangabe*) spoonful; **den ~ abgeben** (*infml*) to kick the bucket (*infml*); **ein paar hinter die ~ kriegen** (*infml*) to get a clip (a)round the ear **Löffelbagger** *m* excavator **Löffelbiskuit** *m or nt* sponge finger, ladyfinger (*US*) **löffeln** ['lœfln] *v/t* to spoon **löffelweise** *adv* by the spoonful

Logarithmentafel *f* log table **Logarithmus** [logaˈrɪtmʊs] ⟨-, Logarithmen [-mən]⟩ *m* logarithm, log **Logbuch** *nt* log(book) **Loge** ['loːʒə] *f* ⟨-, -n⟩ **1** THEAT box **2** (≈ *Freimaurerloge*) lodge

Logik ['loːgɪk] *f* ⟨-, *no pl*⟩ logic **logisch** ['loːgɪʃ] **A** *adj* logical; **gehst du auch hin? — ~** are you going too? — of course **B** *adv* logically; **~ denken** to think logically **logischerweise** ['loːgɪʃə'vaɪzə] *adv* logically **Logistik** [loˈgɪstɪk] *f* ⟨-, *no pl*⟩ logistics *sg* **Logistikzentrum** *nt* logistics centre (*Br*), logistics center (*US*) **logistisch** [loˈgɪstɪʃ] *adj* logistic

Logo ['loːgo] *nt* ⟨-(s), -s⟩ (≈ *Firmenlogo*) logo

Logopäde [logo'pɛːdə] *m* ⟨-n, -n⟩, **Logopädin** [-'pɛːdɪn] *f* ⟨-, -nen⟩ speech therapist **Logopädie** [logopɛ'diː] *f* ⟨-, no *pl*⟩ speech therapy

Lohn [loːn] *m* ⟨-(e)s, ⸚e ['løːnə]⟩ **1** wage(s *pl*), pay *no pl*, no indef art; **2% mehr ~ verlangen** to demand a 2% pay rise (*Br*) or pay raise (*US*) **2** (*fig*) (≈ *Belohnung*) reward; (≈ *Strafe*) punishment; **als** or **zum ~ für ...** as a reward/punishment for ... **Lohnabhängige(r)** *m*/*f*(*m*) *decl as adj* wage earner **Lohnabschluss** *m* wage or pay agreement **Lohnarbeit** *f* labour (*Br*), labor (*US*) **Lohnausgleich** *m* **bei vollem ~** with full pay **Lohnbuchhalter(in)** *m*/(*f*) wages clerk (*Br*), pay clerk **Lohnbuchhaltung** *f* wages accounting; (≈ *Büro*) wages office (*Br*), pay(roll) office **Lohnbüro** *nt* wages office (*Br*), pay(roll) office **Lohnempfänger(in)** *m*/(*f*) wage earner **lohnen** ['loːnən] **A** *v*/*i* & *v*/*r* to be worth it or worthwhile; **es lohnt (sich), etw zu tun** it is worth(-while) doing sth; **die Mühe lohnt sich** it is worth the effort; **das lohnt sich nicht für mich** it's not worth my while **B** *v*/*t* **1** (≈ *es wert sein*) to be worth **2** (≈ *danken*) **jdm etw ~** to reward sb for sth

löhnen ['løːnən] *v*/*t* & *v*/*i* (*infml*) to shell out (*infml*)

lohnend *adj* rewarding; (≈ *nutzbringend*) worthwhile; (≈ *einträglich*) profitable **lohnenswert** *adj* worthwhile **Lohnerhöhung** *f* (wage or pay) rise (*Br*), (wage or pay) raise (*US*) **Lohnforderung** *f* wage demand or claim **Lohnfortzahlung** *f* continued payment of wages **Lohngruppe** *f* wage group **Lohnkosten** *pl* wage costs *pl* (*Br*), labor costs *pl* (*US*) **Lohnkürzung** *f* wage or pay cut **Lohnliste** *f* payroll **Lohnnebenkosten** *pl* additional wage costs *pl* (*Br*) or labor costs *pl* (*US*) **Lohnniveau** *nt* wage level **Lohnpolitik** *f* pay policy **Lohnrunde** *f* pay round **Lohnsteuer** *f* income tax (*paid on earned income*) **Lohnsteuerjahresausgleich** *m* annual adjustment of income tax **Lohnsteuerkarte** *f* (income) tax card **Lohnstreifen** *m* pay slip **Lohntüte** *f* pay packet **Lohnverzicht** *m* ~ **üben** to take a cut in wages or pay **Loipe** ['lɔypə] *f* ⟨-, -n⟩ cross-country ski run

Lok [lɔk] *f* ⟨-, -s⟩ engine

lokal [lo'kaːl] *adj* (≈ *örtlich*) local **Lokal** [lo'kaːl] *nt* ⟨-s, -e⟩ (≈ *Gaststätte*) pub (*esp Br*), bar; (≈ *Restaurant*) restaurant **Lokalfernsehen** *nt* local television **lokalisieren** [lokali'ziːrən] *past part* **lokalisiert** *v*/*t* **1** (≈ *Ort feststellen*) to locate **2** MED to localize **Lokalkolorit** *nt* local colour (*Br*) or color (*US*) **Lokalmatador** *m* ⟨-s, -e⟩, **Lokalmatadorin** *f* ⟨-, -nen⟩ local hero/heroine **Lokalnachrichten** *pl* local news *sg* **Lokalpatriotismus** *m* local patriotism **Lokalsender** *m* local radio/TV station **Lokalteil** *m* local section **Lokaltermin** *m* JUR visit to the scene of the crime **Lokalverbot** *nt* ban; ~ **haben** to be barred from a pub (*esp Br*) or bar **Lokalzeitung** *f* local (news)paper

Lokführer(in) *m*/(*f*) engine driver **Lokomotive** [lokomo'tiːvə, lokomi'tiːfə] *f* ⟨-, -n⟩ locomotive, (railway) engine **Lokomotivführer(in)** *m*/(*f*) engine driver

Lolli ['lɔli] *m* ⟨-(s), -s⟩ (*infml*) lollipop, lolly (*esp Br*)

Lombard ['lɔmbart] *m* or *nt* ⟨-(e)s, -e [-də]⟩ FIN loan on security **Lombardsatz** *m* rate for loans on security

London ['lɔndɔn] *nt* ⟨-s⟩ London **Londoner** ['lɔndɔnə] *adj attr* London

Lorbeer ['lɔrbeːɐ] *m* ⟨-s, -en⟩ **1** (*lit: Gewächs*) laurel; (*als Gewürz*) bay leaf **2** (*fig*) **sich auf seinen ~en ausruhen** (*infml*) to rest on one's laurels; **damit kannst du keine ~en ernten** that's no great achievement **Lorbeerblatt** *nt* bay leaf **Lorbeerkranz** *m* laurel wreath

Lore ['loːrə] *f* ⟨-, -n⟩ RAIL truck; (≈ *Kipplore*) tipper

los [loːs] **A** *adj pred* **1** (≈ *nicht befestigt*) loose **2** (≈ *frei*) **jdn/etw ~ sein** (*infml*) to be rid of sb/sth; **ich bin mein ganzes Geld ~** (*infml*) I'm cleaned out (*infml*) **3** (*infml*) **es ist nichts ~** (≈ *geschieht*) there's nothing going on; **mit jdm ist nichts (mehr) ~** (*infml*) sb isn't up to much (any more); **was ist denn hier/da ~?** what's going on here/there (then)?; **was ist ~?** what's up?; **wo ist denn hier was ~?** where's the action here (*infml*)? **B** *adv* **1** (*Aufforderung*) **~!** come on!; **nichts wie ~!** let's get going **2** (≈ *weg*) **wir wollen früh ~** we want to leave early

Los [loːs] *nt* ⟨-es, -e [-zə]⟩ **1** (*für Entscheidung*) lot; (*in der Lotterie, auf Jahrmarkt*

etc) ticket; **das große ~ gewinnen** *or* **ziehen** (*lit, fig*) to hit the jackpot; **etw durch das ~ entscheiden** to decide sth by drawing lots **2** *no pl* (≈ *Schicksal*) lot

lösbar *adj* soluble

losbinden *v/t sep irr* to untie (*von* from)

losbrechen *sep irr* **A** *v/t* to break off **B** *v/i aux sein* (*Gelächter etc*) to break out; (*Sturm, Gewitter*) to break

Löschblatt *nt* sheet of blotting paper **löschen** ['lœʃn] **A** *v/t* **1** *Feuer, Kerze* to put out; *Licht* to turn out *or* off; *Durst* to quench; *Tonband etc* to erase; IT *Speicher* to clear; *Festplatte* to wipe; *Daten, Information* to delete **2** NAUT *Ladung* to unload **B** *v/i* (*Feuerwehr etc*) to put out a/the fire

Löschfahrzeug *nt* fire engine **Löschmannschaft** *f* team of firefighters **Löschpapier** *nt* (piece of) blotting paper **Löschtaste** ['lœʃun] *f* ⟨-, -en⟩ **1** (IT: *von Daten*) deletion **2** (NAUT: *von Ladung*) unloading

lose ['loːzə] *adj* loose; *Seil* slack; **etw ~ verkaufen** to sell sth loose

Lösegeld *nt* ransom (money)

loseisen *sep* (*infml*) **A** *v/t* to get *or* prise away (*bei* from) **B** *v/r* to get away (*bei* from); (*von Verpflichtung etc*) to get out (*von* of)

losen ['loːzn] *v/i* to draw lots (*um* for)

lösen ['løːzn] **A** *v/t* **1** (≈ *abtrennen*) to remove (*von* from); *Knoten, Fesseln* to undo; *Handbremse* to let off; *Husten, Krampf* to ease; *Muskeln* to loosen up; (≈ *lockern*) to loosen **2** (≈ *klären*) *Aufgabe, Problem* to solve; *Konflikt* to resolve **3** (≈ *annullieren*) *Vertrag* to cancel; *Verlobung* to break off; *Ehe* to dissolve **4** (≈ *kaufen*) *Karte* to buy **B** *v/r* **1** (≈ *sich losmachen*) to detach oneself (*von* from); (≈ *sich ablösen*) to come off (*von etw* sth); (*Knoten*) to come undone; (*Schuss*) to go off; (*Husten, Krampf, Spannung*) to ease; (*Atmosphäre*) to relax; (*Muskeln*) to loosen up; (≈ *sich lockern*) to (be-)come loose; **sich von jdm ~** to break away from sb (*auch* SPORTS) **2** (≈ *sich aufklären*) to be solved **3** (≈ *zergehen*) to dissolve

Losentscheid *m* drawing (of) lots; **durch ~** by drawing lots

losfahren *v/i sep irr aux sein* (≈ *abfahren*) to set off; (*Auto*) to drive off **losgehen** *v/i sep irr aux sein* **1** (≈ *weggehen*) to set off;

(*Schuss, Bombe etc*) to go off; (**mit dem Messer**) **auf jdn ~** to go for sb (with a knife) **2** (*infml* ≈ *anfangen*) to start; **gleich geht's los** it's just about to start; **jetzt geht's los!** here we go!; (*Vorstellung*) it's starting!; (*Rennen*) they're off! **loshaben** *v/t sep irr* (*infml*) **etwas/nichts ~** to be pretty clever (*infml*)/pretty stupid (*infml*) **loskaufen** *sep v/t* to buy out; *Entführten* to ransom **loskommen** *v/i sep irr aux sein* to get away (*von* from); (≈ *sich befreien*) to free oneself; **von einer Sucht ~** to get free of an addiction **loslachen** *v/i sep* to burst out laughing **loslassen** *v/t sep irr* to let go of; **der Gedanke lässt mich nicht mehr los** I can't get the thought out of my mind; **die Hunde auf jdn ~** to put *or* set the dogs on(to) sb **loslegen** *v/i sep* (*infml*) to get going

löslich ['løːslɪç] *adj* soluble; **~er Kaffee** instant coffee

loslösen *sep* **A** *v/t* to remove (*von* from); (≈ *lockern*) to loosen **B** *v/r* to detach oneself (*von* from); **sich von jdm ~** to break away from sb **losmachen** *sep v/t* (≈ *befreien*) to free; (≈ *losbinden*) to untie

Losnummer *f* ticket number

losreißen *v/r sep irr* **sich (von etw) ~** (*Hund etc*) to break loose (from sth); (*fig*) to tear oneself away (from sth) **lossagen** *v/r sep* **sich von etw ~** to renounce sth; **sich von jdm ~** to dissociate oneself from *or* break with sb **losschießen** *v/i sep irr* (≈ *zu schießen anfangen*) to open fire; **schieß los!** (*fig infml*) fire away! (*infml*) **losschlagen** *sep irr* **A** *v/i* to hit out; MIL to (launch one's) attack; **aufeinander ~** to go for one another *or* each other **B** *v/t* (*infml* ≈ *verkaufen*) to get rid of **losschrauben** *v/t sep* to unscrew

Losung ['loːzʊŋ] *f* ⟨-, -en⟩ **1** (≈ *Devise*) motto **2** (≈ *Kennwort*) password

Lösung ['løːzʊŋ] *f* ⟨-, -en⟩ solution; (*eines Konfliktes*) resolving; (*einer Verlobung*) breaking off; (*einer Verbindung*) severance; (*einer Ehe*) dissolving **Lösungsmittel** *nt* solvent **Lösungswort** *nt, pl* -wörter answer

loswerden *v/t sep irr aux sein* to get rid of; *Geld* (*beim Spiel etc*) to lose; (≈ *ausgeben*) to spend **losziehen** *v/i sep irr aux sein* **1** (≈ *aufbrechen*) to set out *or* off (*in* +acc, *nach* for) **2** **gegen jdn/etw ~** (*infml*) to lay into sb/sth (*infml*)

Lot [lo:t] *nt* ⟨-(e)s, -e⟩ (≈ *Senkblei*) plumb line; NAUT sounding line; MAT perpendicular; **die Sache ist wieder im ~** things have been straightened out

löten ['lø:tn] *v/t & v/i* to solder

Lothringen ['lo:trɪŋən] *nt* ⟨-s⟩ Lorraine **lothringisch** ['lo:trɪŋɪʃ] *adj* of Lorraine, Lorrainese

Lotion [lo'tsio:n] *f* ⟨-, -en⟩ lotion

Lötkolben *m* soldering iron **Lötlampe** *f* blowlamp **Lötmetall** *nt* solder

lotrecht *adj* perpendicular

Lotse ['lo:tsə] *m* ⟨-n, -n⟩, **Lotsin** [-tsɪn] *f* ⟨-, -nen⟩ NAUT pilot; (≈ *Fluglotse*) air-traffic or flight controller; (*fig*) guide **lotsen** ['lo:tsn] *v/t* to guide; **jdn irgendwohin ~** (*infml*) to drag sb somewhere (*infml*)

Lotterie [lɔtə'ri:] *f* ⟨-, -n [-'ri:ən]⟩ lottery; (≈ *Tombola*) raffle **Lotteriegewinn** *m* lottery/raffle prize or (*Geld*) winnings *pl* **Lotterielos** *nt* lottery/raffle ticket **Lotto** ['lɔto] *nt* ⟨-s, -s⟩ lottery, ≈ National Lottery (*Brit*); (**im**) **~ spielen** to do (*Brit*) or play the lottery **Lottogewinn** *m* lottery win; (*Geld*) lottery winnings *pl* **Lottoschein** *m* lottery coupon **Lottozahlen** *pl* winning lottery numbers *pl*

Löwe ['lø:və] *m* ⟨-n, -n⟩ lion; **der ~** ASTROL Leo; **~ sein** to be (a) Leo **Löwenanteil** *m* (*infml*) lion's share **Löwenmähne** *f* (*fig*) flowing mane **Löwenmaul** *nt*, **Löwenmäulchen** [-mɔylçən] *nt* ⟨-s, -⟩ snapdragon, antirrhinum **Löwenzahn** *m* dandelion **Löwin** ['lø:vɪn] *f* ⟨-, -nen⟩ lioness

loyal [loa'ja:l] **A** *adj* loyal **B** *adv* loyally; **sich jdm gegenüber ~ verhalten** to be loyal to(wards) sb **Loyalität** [loajali:'tɛ:t] *f* ⟨-, -en⟩ loyalty (*jdm gegenüber* to sb)

Luchs [lʊks] *m* ⟨-es, -e⟩ lynx; **Augen wie ein ~ haben** (*infml*) to have eyes like a hawk

Lücke ['lʏkə] *f* ⟨-, -n⟩ gap; (*auf Formularen etc*) space; **~n (im Wissen) haben** to have gaps in one's knowledge **Lückenbüßer** [-by:sə] *m* ⟨-s, -⟩, **Lückenbüßerin** [-ərɪn] *f* ⟨-, -nen⟩ (*infml*) stopgap **lückenhaft** **A** *adj* full of gaps; *Versorgung* deficient **B** *adv* sich erinnern vaguely; *informieren* sketchily **lückenlos** **A** *adj* complete; *Überwachung* thorough; *Kenntnisse* perfect **B** *adv* completely **Lückentest** *m*, **Lückentext** *m* SCHOOL completion test

(*Brit*), fill-in-the-gaps test

Luder ['lu:dɐ] *nt* ⟨-s, -⟩ (*infml*) minx; **armes/dummes ~** poor/stupid creature

Luft [lʊft] *f* ⟨-, (*liter*) ̈e ['lʏftə]⟩ **1** air *no pl*; **dicke ~** (*infml*) a bad atmosphere; **an** *or* **in die/der (frischen) ~** in the fresh air; (**frische**) **~ schnappen** (*infml*) to get some fresh air; **die ~ ist rein** (*infml*) the coast is clear; **aus der ~** from the air; **die ~ ist raus** (*fig infml*) the fizz has gone; **jdn an die (frische) ~ setzen** (*infml*) to show sb the door; **etw in die ~ jagen** (*infml*) to blow sth up; **er geht gleich in die ~** (*fig*) he's about to blow his top; **es liegt etwas in der ~** there's something in the air; **in der ~ hängen** (*Sache*) to be (very much) up in the air; **die Behauptung ist aus der ~ gegriffen** this statement is (a) pure invention; **jdn wie ~ behandeln** to treat sb as though he/she just didn't exist; **er ist ~ für mich** I'm not speaking to him **2** (≈ *Atem*) breath; **nach ~ schnappen** to gasp for breath; **die ~ anhalten** (*lit*) to hold one's breath; **nun halt mal die ~ an!** (*infml*) (≈ *rede nicht*) hold your tongue!; (≈ *übertreibe nicht*) come on! (*infml*); **keine ~ mehr kriegen** not to be able to breathe; **tief ~ holen** to take a deep breath; **mir blieb vor Schreck/Schmerz die ~ weg** I was breathless with shock/pain; **seinem Herzen ~ machen** (*fig*) to get everything off one's chest; **seinem Zorn ~ machen** to give vent to one's anger **3** (*fig* ≈ *Spielraum, Platz*) space, room **Luftabwehr** *f* MIL anti-aircraft defence (*Brit*) or defense (*US*) **Luftabwehrrakete** *f* anti-aircraft missile **Luftangriff** *m* air raid (*auf +acc* on) **Luftaufnahme** *f* aerial photo(graph) **Luftballon** *m* balloon **Luftbild** *nt* aerial picture **Luftblase** *f* air bubble **Luftbrücke** *f* airlift **Lüftchen** ['lʏftçən] *nt* ⟨-s, -⟩ breeze **luftdicht** **A** *adj* airtight *no adv* **B** *adv* **die Ware ist ~ verpackt** the article is in airtight packaging **Luftdruck** *m, no pl* air pressure **lüften** ['lʏftn] **A** *v/t* **1** to air; (*systematisch*) to ventilate **2** (≈ *hochheben*) to raise; **das Geheimnis war gelüftet** the secret was out **B** *v/i* (≈ *Luft hereinlassen*) to let some air in **Luftfahrt** *f* aeronautics *sg*; (*mit Flugzeugen*) aviation *no art* **Luftfahrtgesellschaft** *f* airline (company) **Luftfeuchtigkeit** *f* (atmospheric) humidity **Luftfilter** *nt or m* air filter

L

Luftflotte f air fleet **Luftfracht** f air freight **Luftfrachtbrief** m air consignment note (Br) **luftgekühlt** adj air-cooled **luftgestützt** [-gəʃtʏtst] adj Flugkörper air-launched **luftgetrocknet** [-gətrɔknət] adj air-dried **Luftgewehr** nt air rifle, air gun **Lufthoheit** f air sovereignty **luftig** ['lʊftɪç] adj Zimmer airy; Kleidung light **Luftkampf** m air battle **Luftkissenboot** nt, **Luftkissenfahrzeug** nt hovercraft **Luftkrieg** m aerial warfare **Luftkühlung** f air-cooling **Luftkurort** m (climatic) health resort **Luftlandetruppe** f airborne troops pl **luftleer** adj (völlig) ~ **sein** to be a vacuum; **~er Raum** vacuum **Luftlinie** f **200 km** etc ~ 200 km etc as the crow flies **Luftloch** nt air hole; AVIAT air pocket **Luftmatratze** f air bed (Br), Lilo® (Br), air mattress (esp US) **Luftpirat(in)** m/(f) (aircraft) hijacker, skyjacker (esp US) **Luftpolster** nt air cushion **Luftpost** f airmail; **mit ~** by airmail **Luftpumpe** f pneumatic pump; (für Fahrrad) (bicycle) pump **Luftraum** m airspace **Luftrettungsdienst** m air rescue service **Luftröhre** f ANAT windpipe, trachea **Luftschacht** m ventilation shaft **Luftschiff** nt airship **Luftschlacht** f air battle **Luftschlange** f (paper) streamer **Luftschloss** nt (fig) castle in the air **Luftschutzbunker** m, **Luftschutzkeller** m air-raid shelter **Luftspiegelung** f mirage **Luftsprung** m **vor Freude einen ~ machen** to jump for joy **Luftstreitkräfte** pl air force sg **Luftstrom** m stream of air **Luftstützpunkt** m air base **Lüftung** ['lʏftʊŋ] f ⟨-, -en⟩ airing; (systematisch) ventilation **Lüftungsschacht** m ventilation shaft **Luftveränderung** f change of air **Luftverkehr** m air traffic **Luftverschmutzung** f air pollution **Luftwaffe** f MIL air force; **die (deutsche) ~** the Luftwaffe **Luftwaffenstützpunkt** m air-force base **Luftweg** m (≈ Flugweg) air route; (≈ Atemweg) respiratory tract; **etw auf dem ~ befördern** to transport sth by air **Luftzug** m (mild) breeze; (in Gebäude) draught (Br), draft (US)

Lüge ['ly:gə] f ⟨-, -n⟩ lie, falsehood; **das ist alles ~** that's all lies; **jdn/etw ~n strafen**

to give the lie to sb/sth **lügen** ['ly:gn] pret **log** [lo:k], past part **gelogen** [gə'lo:gn] **A** v/i to lie; **wie gedruckt ~** (infml) to lie like mad (infml) **B** v/t **das ist gelogen!** that's a lie! **Lügendetektor** m lie detector **Lügengeschichte** f pack of lies **Lügenmärchen** nt tall story **Lügner** ['ly:gne] m ⟨-s, -⟩, **Lügnerin** [-ərɪn] f ⟨-, -nen⟩ liar **lügnerisch** ['ly:gnərɪʃ] adj Mensch, Worte untruthful

Luke ['lu:kə] f ⟨-, -n⟩ hatch; (≈ Dachluke) skylight

lukrativ [lukra'ti:f] adj lucrative

Lümmel ['lʏml] m ⟨-s, -⟩ (pej) oaf; **du ~, du** you rogue you **lümmelhaft** (pej) adj ill-mannered **lümmeln** ['lʏmln] v/r (infml) to sprawl; (≈ sich hinlümmeln) to flop down

Lump [lʊmp] m ⟨-en, -en⟩ (pej) rogue **lumpen** ['lʊmpn] v/t (infml) **sich nicht ~ lassen** to splash out (infml) **Lumpen** ['lʊmpn] m ⟨-s, -⟩ rag **Lumpenpack** nt (pej infml) riffraff pl (pej) **Lumpensammler** m (≈ Lumpenhändler) rag-and-bone man **lumpig** ['lʊmpɪç] adj **1** Kleidung ragged, tattered **2** Gesinnung, Tat shabby **3** attr (infml ≈ geringfügig) measly (infml)

Lunchpaket ['lantʃ-] nt lunchbox, packed lunch

Lunge ['lʊŋə] f ⟨-, -n⟩ lungs pl; (≈ Lungenflügel) lung; **sich** (dat) **die ~ aus dem Hals schreien** (infml) to yell till one is blue in the face (infml) **Lungenbraten** m (Aus) loin roast (Br), porterhouse (steak) **Lungenentzündung** f pneumonia **Lungenflügel** m lung **lungenkrank** adj **~ sein** to have a lung disease **Lungenkrebs** m lung cancer **Lungenzug** m deep drag (infml)

Lunte ['lʊntə] f ⟨-, -n⟩ **~ riechen** (≈ Verdacht schöpfen) to smell a rat (infml)

Lupe ['lu:pə] f ⟨-, -n⟩ magnifying glass; **jdn/etw unter die ~ nehmen** (infml ≈ prüfen) to examine sb/sth closely **lupenrein** adj flawless; Englisch perfect; **das Geschäft war nicht ganz ~** the deal wouldn't stand close scrutiny or wasn't quite all above board

Lupine [lu'pi:nə] f ⟨-, -n⟩ lupin

Lurch [lʊrç] m ⟨-(e)s, -e⟩ amphibian

Lust [lʊst] f ⟨-, ⁻e ['lʏsta]⟩ **1** no pl (≈ Freude) pleasure, joy; **da kann einem die (ganze)** or **alle ~ vergehen, da vergeht einem**

L

die ganze ~ it puts you off; **jdm die ~ an etw** (dat) **nehmen** to take all the fun out of sth for sb **2** no pl (≈ Neigung) inclination; **zu etw ~ haben** to feel like sth; **ich habe ~, das zu tun** I'd like to do that; (≈ bin dazu aufgelegt) I feel like doing that; **ich habe jetzt keine ~** I'm not in the mood just now; **hast du ~?** how about it?; **auf etw** (acc) **~ haben** to feel like sth; **ganz** or **je nach ~ und Laune** (infml) just depending on how I/you etc feel **3** (≈ sinnliche Begierde) desire **lustbetont** adj pleasure-orientated; Beziehung, Mensch sensual

Lüsterklemme ['lystə-] f ELEC connector **Lustgewinn** m pleasure **lustig** ['lʊstɪç] adj (≈ munter) merry; (≈ humorvoll) funny, amusing; **das kann ja ~ werden!** (iron) that's going to be fun (iron); **sich über jdn/etw ~ machen** to make fun of sb/sth **Lustigkeit** f ⟨-, no pl⟩ (≈ Munterkeit) merriness (dated); (von Mensch) joviality; (von Geschichte) funniness **Lüstling** ['lʏstlɪŋ] m ⟨-s, -e⟩ lecher **lustlos** **A** adj unenthusiastic; FIN Börse slack **B** adv unenthusiastically **Lustmörder(in)** m/(f) sex killer **Lustobjekt** nt sex object **Lustprinzip** nt PSYCH pleasure principle **Lustspiel** nt comedy **lustvoll** **A** adj full of relish **B** adv with relish

lutschen ['lʊtʃn] v/t & v/i to suck (an etw (dat) sth) **Lutscher** ['lʊtʃɐ] m ⟨-s, -⟩ lollipop **Lutschtablette** f lozenge

Luxemburg ['lʊksmbʊrk] nt ⟨-s⟩ Luxembourg

luxuriös [lʊksu'riøːs] **A** adj luxurious; **ein ~es Leben** a life of luxury **B** adv luxuriously **Luxus** ['lʊksʊs] m ⟨-, no pl⟩ luxury; (pej ≈ Überfluss) extravagance; **den ~ lieben** to love luxury **Luxusartikel** m luxury article; (pl) luxury goods pl **Luxusausführung** f de luxe model **Luxusdampfer** m luxury cruise ship **Luxushotel** nt luxury hotel **Luxusklasse** f, no pl **der ~** de luxe attr, luxury attr

Luzern [lu'tsɛrn] nt ⟨-s⟩ Lucerne

Lychee ['lɪtʃi] f ⟨-, -s⟩ lychee, litchi

Lymphdrüse ['lʏmf-] f lymph(atic) gland **Lymphe** ['lʏmfə] f ⟨-, -n⟩ lymph **Lymphknoten** ['lʏmf-] m lymph node

lynchen ['lʏnçn, 'lɪnçn] v/t (lit) to lynch; (fig) to kill **Lynchjustiz** f lynch law **Lynchmord** m lynching

Lyrik ['lyːrɪk] f ⟨-, no pl⟩ lyric poetry or verse **Lyriker** ['lyːrɪkɐ] m ⟨-s, -⟩, **Lyrikerin** [-ərɪn] f ⟨-, -nen⟩ lyric poet **lyrisch** ['lyːrɪʃ] **A** adj lyrical; Dichtung lyric **B** adv lyrically

M

M, m [ɛm] nt ⟨-, -⟩ M, m

M.A. [ɛm'aː] UNIV abbr of Magister Artium MA, M.A. (US)

Machart f make; (≈ Stil) style **machbar** adj feasible **Machbarkeitsstudie** f feasibility study **Mache** ['maxə] f ⟨-, -n⟩ (infml) **1** (≈ Vortäuschung) sham **2 etw in der ~ haben** (infml) to be working on sth; **in der ~ sein** (infml) to be in the making **machen** ['maxn] **A** v/t **1** (≈ tun) to do; **ich mache das schon** (≈ bringe das in Ordnung) I'll see to that; (≈ erledige das) I'll do that; **er macht, was er will** he does what he likes; **das lässt sich ~** that can be done; **(da ist) nichts zu ~** (≈ geht nicht) (there's) nothing to be done; (≈ kommt nicht infrage) nothing doing; **das lässt er nicht mit sich ~** he won't stand for that; **was machst du da?** what are you doing (there)?; **was macht die Arbeit?** how's the work going?; **was macht dein Bruder (beruflich)?** what does your brother do (for a living)?; **was macht dein Bruder?** (≈ wie geht es ihm?) how's your brother doing?; **mach's gut!** all the best!; → gemacht **2** (≈ anfertigen) to make; **aus Holz gemacht** made of wood; **sich/jdm etw ~ lassen** to have sth made for oneself/sb **3** (≈ verursachen) Schwierigkeiten to make (jdm for sb); Mühe, Schmerzen to cause (jdm for sb); **jdm Angst ~** to make sb afraid; **jdm Hoffnung ~** to give sb hope; **mach, dass er gesund wird!** make him better!; **etw leer ~** to empty sth; **etw kürzer ~** to shorten sth; **jdn alt/jung ~** (≈ aussehen lassen) to make sb look old/young; **er macht es sich** (dat) **nicht leicht** he doesn't make it easy for himself **4** (infml ≈ ergeben) to make; Summe, Preis to be; **drei und fünf macht acht** three and five makes eight; **was macht das (alles zusam-**

men)**? how much is that altogether? **5** (≈ *ordnen, säubern*) to do; **die Küche muss mal wieder gemacht werden** (≈ *gereinigt, gestrichen*) the kitchen needs doing again; **das Bett ~** to make the bed **6** **etwas aus sich ~** to make something of oneself; **jdn/ etw zu etw ~** (≈ *verwandeln in*) to turn sb/ sth into sth; **jdn zum Wortführer ~** to make sb spokesman; **macht nichts!** it doesn't matter!; **der Regen macht mir nichts** I don't mind the rain; **die Kälte macht dem Motor nichts** the cold doesn't hurt the engine; **sich** (*dat*) **viel aus jdm/etw ~** to like sb/sth; **sich** (*dat*) **wenig aus jdm/etw ~** not to be very keen on (*esp Br*) or thrilled with (*esp US*) sb/sth; **mach dir nichts draus!** don't let it bother you! **B** *v/i* **1** **lass ihn nur ~** (≈ *hindre ihn nicht*) just let him do it; (≈ *verlass dich auf ihn*) just leave it to him; **lass mich mal ~** let me do it; (≈ *ich bringe das in Ordnung*) let me see to that; **das Kleid macht schlank** that dress makes you look slim **2** (≈ *sich beeilen, infml*) to get a move on (*infml*); **ich mach ja schon!** I'm being as quick as I can!; **mach, dass du hier verschwindest!** (you just) get out of here! **3** (*infml*) **jetzt macht sie auf große Dame** she's playing the grand lady now; **sie macht auf gebildet** she's doing her cultured bit (*infml*); **er macht in Politik** he's in politics **C** *v/r* **1** (≈ *sich entwickeln*) to come on **2** **sich an etw** (*acc*) **~** to get down to sth; **sich zum Fürsprecher ~** to make oneself spokesman; **sich bei jdm beliebt ~** (*infml*) to make oneself popular with sb **Machenschaften** ['maxnʃaftn] *pl* wheelings and dealings *pl*, machinations *pl* **Macher** ['maxɐ] *m* ⟨-s, -⟩, **Macherin** [-ərɪn] *f* ⟨-, -nen⟩ (*infml*) man/woman of action

Machete [ma'xeːtə, ma'tʃeːtə] *f* ⟨-, -n⟩ machete

Macho ['matʃo] *m* ⟨-s, -s⟩ macho (*infml*)

Macht [maxt] *f* ⟨-, ⸚e ['mɛçtə]⟩ *no pl* power; **die ~ der Gewohnheit** the force of habit; **alles, was in unserer ~ steht** everything (with)in our power; **mit aller ~** with all one's might; **die ~ ergreifen/erringen** to seize/gain power; **an die ~ kommen** to come to power; **jdn an die ~ bringen** to bring sb to power; **an der ~ sein/bleiben** to be/remain in power; **die ~ übernehmen** to assume power **Machtapparat**

m POL machinery of power **Machtbereich** *m* sphere of control **machtbesessen** *adj* power-crazed **Machtergreifung** *f* ⟨-, -en⟩ seizure of power **Machterhalt** *m* retention of power **Machthaber** [-haːbɐ] *m* ⟨-s, -⟩, **Machthaberin** [-ərɪn] *f* ⟨-, -nen⟩ ruler; (*pej*) dictator **mächtig** **A** *adj* (≈ *einflussreich*) powerful; (≈ *sehr groß*) mighty; (*infml* ≈ *enorm*) Hunger, Durst terrific (*infml*); **~e Angst haben** (*infml*) to be scared stiff (*infml*) **B** *adv* (*infml* ≈ *sehr*) terrifically (*infml*); **sich beeilen** like mad (*infml*); **sich ~ anstrengen** to make a terrific effort (*infml*); **darüber hat sie sich ~ geärgert** she got really angry about it **Machtkampf** *m* power struggle **machtlos** *adj* powerless; (≈ *hilflos*) helpless **Machtlosigkeit** *f* ⟨-, *no pl*⟩ powerlessness; (≈ *Hilflosigkeit*) helplessness **Machtmissbrauch** *m* abuse of power **Machtpolitik** *f* power politics *pl* **Machtprobe** *f* trial of strength **Machtübernahme** *f* takeover (*durch* by) **Machtverhältnisse** *pl* balance *sg* of power **Machtverlust** *m* loss of power **machtvoll** **A** *adj* powerful **B** *adv* powerfully; *eingreifen* decisively **Machtwechsel** *m* changeover of power **Machtwort** *nt, pl* -worte **ein ~ sprechen** to exercise one's authority

Machwerk *nt* (*pej*) sorry effort; **das ist ein ~ des Teufels** that is the work of the devil

Macke ['makə] *f* ⟨-, -n⟩ (*infml*) **1** (≈ *Tick, Knall*) quirk; **eine ~ haben** (*infml*) to be cracked (*infml*) **2** (≈ *Fehler, Schadstelle*) fault

Mädchen ['mɛːtçən] *nt* ⟨-s, -⟩ girl; **ein ~ für alles** (*infml*) a dogsbody (*Br infml*), a gofer **mädchenhaft** **A** *adj* girlish **B** *adv aussehen* like a (young) girl **Mädchenname** *m* **1** (*Vorname*) girl's name **2** (*von verheirateter Frau*) maiden name

Made ['maːdə] *f* ⟨-, -n⟩ maggot; **wie die ~ im Speck leben** (*infml*) to live in clover

Mädel ['mɛːdl] *nt* ⟨-s, -(s)⟩ (*dial*) lass (*dial*), girl

madig ['maːdɪç] *adj* maggoty

madigmachen *v/t sep* (*infml*) **jdm etw ~** to put sb off sth

Madl ['maːdl] *nt* ⟨-s, -n⟩ (*Aus*) lass (*dial*), girl; → **Mädchen**

Madonna [ma'dɔna] *f* ⟨-, Madonnen [-'dɔnən]⟩ Madonna

Mafia ['mafia] *f* ⟨-, *no pl*⟩ Mafia **Mafioso** [ma'fioːzo] *m* ⟨-, Mafiosi [-zi]⟩ mafioso

M

Magazin [maga'tsi:n] nt ⟨-s, -e⟩ **1** (≈ *Lager*) storeroom; (≈ *Bibliotheksmagazin*) stockroom **2** (*am Gewehr*) magazine **3** (≈ *Zeitschrift*) magazine

Magd [ma:kt] f ⟨-, ⸚e ['mɛːkdə]⟩ (*old*) (≈ *Dienstmagd*) maid; (≈ *Landarbeiterin*) farm girl

Magen ['ma:gn] m ⟨-s, ⸚ ['mɛ:gn]⟩ ⟨*or* -⟩ stomach; **auf nüchternen ~** on an empty stomach; **etw liegt jdm (schwer) im ~** (*infml*) sth lies heavily on sb's stomach; (*fig*) sth preys on sb's mind; **sich** (*dat*) **den ~ verderben** to get an upset stomach **Magenbeschwerden** pl stomach or tummy (*infml*) trouble sg **Magenbitter** m bitters pl **Magen-Darm-Katarrh** m gastroenteritis **Magengegend** f stomach region **Magengeschwür** nt stomach ulcer **Magengrube** f pit of the stomach **Magenkrampf** m stomach cramp **Magenkrebs** m cancer of the stomach **Magenleiden** nt stomach disorder **Magenschleimhaut** f stomach lining **Magenschleimhautentzündung** f gastritis **Magenschmerzen** pl stomachache sg **Magensonde** f stomach probe **Magenverstimmung** f upset stomach, stomach upset

mager ['ma:gɐ] **A** adj **1** (≈ *fettarm*) *Fleisch* lean; *Kost* low-fat **2** (≈ *dünn*) thin, skinny (*infml*); (≈ *abgemagert*) emaciated; TYPO *Druck* roman **3** (≈ *dürftig*) meagre (*Br*), meager (*US*); *Ergebnis* poor **B** adv (≈ *fettarm*) **~ essen** to be on a low-fat diet; **~ kochen** to cook low-fat meals **Magermilch** f skimmed milk **Magerquark** [-kvark] m low-fat cottage cheese (*US*) or curd cheese **Magersucht** f MED anorexia **magersüchtig** adj MED anorexic

Magie [ma'gi:] f ⟨-, *no pl*⟩ magic **Magier** ['ma:giɐ] m ⟨-s, -e⟩, **Magierin** [-ərɪn] f ⟨-, -nen⟩ magician **magisch** ['ma:gɪʃ] adj magic(al); **von jdm/etw ~ angezogen werden** to be attracted to sb/sth as if by magic

Magister [ma'gɪstɐ] m ⟨-s, -⟩ ~ **(Artium)** UNIV M.A., Master of Arts

Magistrat [magɪs'tra:t] m ⟨-(e)s, -e⟩ municipal authorities pl

Magnesium [ma'gne:ziʊm] nt ⟨-s, *no pl*⟩ magnesium

Magnet [ma'gne:t] m ⟨-s *or* -en, -e(n)⟩ magnet **Magnetbahn** f magnetic railway **Magnetband** nt, pl -bänder magnetic tape **magnetisch** [ma'gne:tɪʃ] adj magnetic; **von etw ~ angezogen werden** (*fig*) to be drawn to sth like a magnet **Magnetismus** [magne'tɪsmʊs] m ⟨-, *no pl*⟩ magnetism **Magnetkarte** f magnetic card **Magnetnadel** f magnetic needle **Magnetstreifen** m magnetic strip

Magnolie [mag'no:liə] f ⟨-, -n⟩ magnolia

Mahagoni [maha'go:ni] nt ⟨-s, *no pl*⟩ mahogany

Mähdrescher m combine (harvester) **mähen** ['mɛ:ən] v/t *Gras* to cut; *Getreide* to reap; *Rasen* to mow

Mahl [ma:l] nt ⟨-(e)s, -e *or* ⸚er ['mɛ:lə]⟩ (*liter*) meal, repast (*form*); (≈ *Gastmahl*) banquet

mahlen ['ma:lən] pret **mahlte** ['ma:ltə], past part **gemahlen** [gə'ma:lən] v/t & v/i to grind

Mahlzeit f meal; **(prost) ~!** (*iron infml*) that's just great (*infml*)

Mahnbescheid m, **Mahnbrief** m reminder

Mähne ['mɛ:nə] f ⟨-, -n⟩ mane

mahnen ['ma:nən] **A** v/t **1** (≈ *erinnern*) to remind (*wegen, an +acc* of); (*warnend*) to admonish (*wegen, an +acc* on account of) **2** (≈ *auffordern*) **jdn zur Eile/Geduld ~** to urge sb to hurry/be patient **B** v/i **1** (*wegen Schulden etc*) to send a reminder **2 zur Eile/Geduld ~** to urge haste/patience **Mahnmal** nt memorial **Mahnschreiben** nt reminder **Mahnung** ['ma:nʊŋ] f ⟨-, -en⟩ **1** (≈ *Ermahnung*) exhortation; (*warnend*) admonition **2** (≈ *warnende Erinnerung* ≈ *Mahnbrief*) reminder **Mahnverfahren** nt collection proceedings pl

Mai [mai] m ⟨-(e)s *or* - *or* (*poet*) -en, -e⟩ May; **der Erste ~** May Day; → *März* **Maibaum** m maypole **Maifeiertag** m (*form*) May Day *no art* **Maiglöckchen** nt lily of the valley **Maikäfer** m cockchafer

Mail [me:l] f ⟨-, -s⟩ IT e-mail; **eine ~ an jdn schicken** to e-mail sb **Mailbox** ['me:lbɔks] f IT mailbox **mailen** ['me:ln] v/t & v/i IT to e-mail **Mailing** ['me:lɪŋ, 'meɪlɪŋ] nt ⟨-s, -s⟩ mailing

Mais [mais] m ⟨-es, *no pl*⟩ maize, (Indian) corn (*esp US*) **Maisflocken** pl cornflakes pl **Maiskolben** m corn cob; (*Gericht*) corn on the cob **Maismehl** nt maize or corn (*esp US*) meal

Maisonette [mɛzɔ'nɛt-] f ⟨-, -s⟩, **Maiso-**

nette-Wohnung f maisonette, duplex (apartment) (US)

Maisstärke f cornflour (Br), cornstarch (US)

Majestät [majɛsˈtɛːt] f ⟨-, -en⟩ (Titel) Majesty; **Seine/Ihre ~** His/Her Majesty **majestätisch** [majɛsˈtɛːtɪʃ] **A** adj majestic **B** adv majestically

Majo ['maːjo] f ⟨-, -s⟩ (infml ≈ Mayonnaise) mayo (infml) **Majonäse** [majoˈnɛːzə] f ⟨-, -n⟩ mayonnaise

Major [maˈjoːɐ] m ⟨-s, -e⟩, **Majorin** [maˈjoːrɪn] f ⟨-, -nen⟩ MIL major

Majoran ['majoraːn, ˈmaˈjoran] m ⟨-s, -e⟩ marjoram

Majorität [majoriˈtɛːt] f ⟨-, -en⟩ majority

makaber [maˈkaːbɐ] adj macabre; Witz, Geschichte sick

Makel ['maːkl] m ⟨-s, -⟩ **1** (≈ Schandfleck) stigma **2** (≈ Fehler) blemish; (von Charakter, bei Waren) flaw **makellos** **A** adj Reinheit spotless; Charakter unimpeachable; Figur perfect; Kleidung, Haare immaculate; Alibi watertight; Englisch, Deutsch flawless **B** adv rein spotlessly; **~ gekleidet sein** to be impeccably dressed; **~ weiß** spotless white **mäkeln** ['mɛːkln] v/i (infml) (≈ nörgeln) to carp (an +dat at)

Make-up [meːkˈap] nt ⟨-s, -s⟩ make-up

Makkaroni [makaˈroːni] pl macaroni sg

Makler ['maːkle] m ⟨-s, -⟩, **Maklerin** [-ərɪn] f ⟨-, -nen⟩ broker; (≈ Grundstücksmakler) estate agent (Br), real-estate agent (US) **Maklergebühr** f brokerage

Makrele [maˈkreːlə] f ⟨-, -n⟩ mackerel

Makro ['makro] nt ⟨-s, -s⟩ IT macro **makrobiotisch** [-ˈbioːtɪʃ] adj macrobiotic **Makrokosmos** m macrocosm

mal¹ [maːl] adv MAT times; **zwei ~ zwei** MAT two times two

mal² adv (infml) = einmal

Mal¹ [maːl] nt ⟨-(e)s, -e or (poet) ¨er ['mɛːlə]⟩ **1** (≈ Fleck) mark **2** SPORTS base; (≈ Malfeld) touch

Mal² nt ⟨-(e)s, -e⟩ time; **nur das eine ~** just (the) once; **das eine oder andere ~** now and then or again; **kein einziges ~** not once; **ein für alle ~(e)** once and for all; **das vorige ~** the time before; **beim ersten ~(e)** the first time; **zum ersten/ letzten ~** etc ~ for the first/last etc time; **zu wiederholten ~en** time and again; **von ~ zu ~** each or every time; **für dieses ~** for now; **mit einem ~(e)** all at once

Malaise [maˈlɛːzə] f or (Swiss) nt ⟨-, -n⟩ malaise

Malaria [maˈlaːria] f ⟨-, no pl⟩ malaria

Malaysia [maˈlaizia] nt ⟨-s⟩ Malaysia **malaysisch** [maˈlaizɪʃ] adj Malaysian

Malediven [maleˈdiːvn] pl Maldives pl, Maldive Islands pl

malen ['maːlən] v/t & v/i to paint; (≈ zeichnen) to draw; **etw rosig/schwarz** etc ~ (fig) to paint a rosy/black etc picture of sth **Maler** ['maːle] m ⟨-s, -⟩, **Malerin** [-ərɪn] f ⟨-, -nen⟩ painter; (≈ Kunstmaler auch) artist **Malerei** [maləˈrai] f ⟨-, -en⟩ **1** no pl: (≈ Malkunst) art **2** (≈ Bild) painting **Malerfarbe** f paint **malerisch** ['maːlərɪʃ] adj **1** Talent as a painter **2** (≈ pittoresk) picturesque

Malheur [maˈløːɐ] nt ⟨-s, -s or -e⟩ mishap

Malkasten m paintbox

Mallorca [maˈjɔrka, maˈlɔrka] nt ⟨-s⟩ Majorca, Mallorca

malnehmen v/t & v/i sep irr to multiply (mit by)

Maloche [maˈlɔxə, maˈloːxə] f ⟨-, no pl⟩ (infml) hard work **malochen** [maˈlɔxn, maˈloːxn] past part **malocht** v/i (infml) to work hard

malträtieren [maltrɛˈtiːrən] past part **malträtiert** v/t to ill-treat, to maltreat

Malve ['malvə] f ⟨-, -n⟩ BOT mallow; (≈ Stockrose) hollyhock

Malz [malts] nt ⟨-es, no pl⟩ malt **Malzbier** nt malt beer, ≈ stout (Br) **Malzbonbon** nt or m malt lozenge **Malzkaffee** m coffee substitute made from barley malt

Mama ['mama] f ⟨-, -s⟩ (infml) mummy (Br), mommy (US)

Mammografie [mamograˈfiː] f ⟨-, -n [-ˈfiːən]⟩ mammography

Mammut ['mamʊt, ˈmamuːt] nt ⟨-s, -s or -e⟩ mammoth **Mammutbaum** m sequoia, giant redwood **Mammutprogramm** nt huge programme (Br) or program (US); (lange dauernd) marathon programme (Br) or program (US) **Mammutprozess** m marathon trial

mampfen ['mampfn] v/t & v/i (infml) to munch

man [man] indef pr, dat **einem**, acc **einen** **1** you, one; (≈ ich) one; (≈ wir) we; **~ kann nie wissen** you or one can never tell; **das tut ~ nicht** that's not done **2** (≈ jemand) somebody, someone; **~ hat mir erklärt,**

dass ... it was explained to me that ... **3** (≈ *die Leute*) they *pl*, people *pl*; **früher glaubte ~, dass** ... people used to believe that ...

Management ['mɛnɛdʒmənt] *nt* ⟨-s, -s⟩ management **managen** ['mɛnɛdʒn̩] *v/t* (*infml*) to manage **Manager** ['mɛnɛdʒɐ] *m* ⟨-s, -⟩, **Managerin** [-ərɪn] *f* ⟨-, -nen⟩ manager **Managertyp** *m* management *or* executive type

manch [manç] *indef pr* **1** *inv* many a; **~ eine(r)** many a person **2** (*adjektivisch*) **~e(r, s)** quite a few +*pl*, many a +*sg*; (*pl* ≈ *einige*) some +*pl*; **~er, der** ... many a person who ... **3** (*substantivisch*) **~e(r)** a good many people *pl*; (*pl* ≈ *einige*) some (people); **~er lernt's nie** some people never learn; **in ~em hat er recht** he's right about a lot of/some things **mancherlei** ['mançɐ-'lai] *adj inv* (*adjektivisch*) various, a number of; (*substantivisch*) various things *pl*, a number of things **manchmal** ['mançma:l] *adv* sometimes

Mandant [man'dant] *m* ⟨-en, -en⟩, **Mandantin** [-'dantɪn] *f* ⟨-, -nen⟩ JUR client **Mandarine** [manda'ri:nə] *f* ⟨-, -n⟩ mandarin (orange), tangerine **Mandat** [man'da:t] *nt* ⟨-(e)s, -e⟩ mandate; (*von Anwalt*) brief; (PARL ≈ *Abgeordnetensitz*) seat; **sein ~ niederlegen** PARL to resign one's seat **Mandatar** [manda'ta:ɐ] *m* ⟨-s, -e⟩, **Mandatarin** [-rɪn] *f* ⟨-, -nen⟩ (*Aus*) member of parliament, representative

Mandel ['mandl̩] *f* ⟨-, -n⟩ **1** almond **2** ANAT tonsil **Mandelbaum** *m* almond tree **Mandelentzündung** *f* tonsillitis **Mandoline** [mando'li:nə] *f* ⟨-, -n⟩ mandolin

Manege [ma'ne:ʒə] *f* ⟨-, -n⟩ ring, arena **Mangan** [maŋ'ga:n] *nt* ⟨-s, *no pl*⟩ manganese **Mangel**[1] ['maŋəl] *f* ⟨-, -n⟩ mangle; (≈ *Heißmangel*) rotary iron; **durch die ~ drehen** (*fig infml*) to put through it (*infml*); **jdn in die ~ nehmen** (*fig infml*) to give sb a going-over (*infml*)

Mangel[2] *m* ⟨-s, ⁻ ['mɛŋl̩]⟩ **1** (≈ *Fehler*) fault; (≈ *Unzulänglichkeit*) shortcoming; (≈ *Charaktermangel*) flaw **2** *no pl* (≈ *das Fehlen*) lack (*an* +*dat* of); (≈ *Knappheit*) shortage (*an* +*dat* of); MED deficiency (*an* +*dat* of); **wegen ~s an Beweisen** for lack of evidence; **~ an etw** (*dat*) **haben** to lack sth

Mangelerscheinung *f* MED deficiency symptom; **eine ~ sein** (*fig*) to be in short supply (*bei* with) **mangelhaft** **A** *adj* (≈ *schlecht*) poor; *Informationen, Interesse* insufficient; (≈ *fehlerhaft*) *Sprachkenntnisse, Ware* faulty; (*Schulnote*) poor **B** *adv* poorly; **er spricht nur ~ Englisch** he doesn't speak English very well **Mängelhaftung** *f* JUR liability for faults **mangeln**[1] ['maŋl̩n] *v/t Wäsche* to (put through the) mangle; (≈ *heiß mangeln*) to iron

mangeln[2] **A** *v/i impers* **es mangelt an etw** (*dat*) there is a lack of sth; **es mangelt jdm an etw** (*dat*) sb lacks sth; **~des Selbstvertrauen** *etc* a lack of self-confidence *etc* **B** *v/i* **etw mangelt jdm/einer Sache** sb/sth lacks sth **mangels** ['maŋls] *prep* +*gen* (*form*) for lack of **Mangelware** *f* scarce commodity; **~ sein** (*fig*) to be a rare thing; (*Ärzte, gute Lehrer etc*) not to grow on trees

Mango ['maŋgo] *f* ⟨-, -s *or* -nen [-'go:-nən]⟩ mango

Manie [ma'ni:] *f* ⟨-, -n [-'ni:ən]⟩ mania **Manier** [ma'ni:ɐ] *f* ⟨-, -n⟩ **1** *no pl* (≈ *Art und Weise*) manner; (*eines Künstlers etc*) style **2 Manieren** *pl* (≈ *Umgangsformen*) manners; **was sind das für ~en?** (*infml*) that's no way to behave **manierlich** [ma'ni:ɐ-lɪç] *adj* **1** *Kind* well-mannered; *Benehmen* good **2** (*infml* ≈ *einigermaßen gut*) reasonable

Manifest [mani'fɛst] *nt* ⟨-(e)s, -e⟩ manifesto

Maniküre [mani'ky:rə] *f* ⟨-, -n⟩ (≈ *Handpflege*) manicure **maniküren** [mani'ky:-rən] *past part* **manikürt** *v/t* to manicure

Manipulation [manipula'tsio:n] *f* ⟨-, -en⟩ manipulation **manipulieren** [manipu'li:-rən] *past part* **manipuliert** *v/t* to manipulate

manisch ['ma:nɪʃ] *adj* manic; **~-depressiv** manic-depressive

Manko ['maŋko] *nt* ⟨-s, -s⟩ **1** (COMM ≈ *Fehlbetrag*) deficit; **~ machen** (*infml: bei Verkauf*) to make a loss **2** (*fig* ≈ *Nachteil*) shortcoming

Mann [man] *m* ⟨-(e)s, ⁻er ['mɛnɐ]⟩ **1** man; **etw an den ~ bringen** (*infml*) to get rid of sth; **seinen ~ stehen** to hold one's own; **pro ~** per head; **ein Gespräch von ~ zu ~** a man-to-man talk **2** (≈ *Ehemann*) husband; **~ und Frau werden** to become man and wife **3** (infml: als Interjektion) (my) God (infml); **mach schnell, ~!** hurry up, man!; **~, oh ~!** oh boy! (infml) **Männchen** ['mɛnçən] nt ⟨-s, -⟩ **1** little man; (≈ Zwerg) man(n)ikin; **~ malen** ≈ to doodle **2** BIOL male; (≈ Vogelmännchen) male, cock **3** **~ machen** (Hund) to (sit up and) beg **Manndeckung** f SPORTS man-to-man marking, one-on-one defense (US)

Mannequin [manə'kɛ̃ː, 'manəkɛ̃] nt ⟨-s, -s⟩ (fashion) model

Männerberuf m male profession **Männerchor** m male-voice choir **Männerfang** m **auf ~ ausgehen** to go looking for a man **Männerfreundschaft** f friendship between men **Männersache** f (Angelegenheit) man's business; (Arbeit) job for a man; **Fußball war früher ~** football used to be a male preserve **Mannesalter** nt manhood no art; **im besten ~ sein** to be in one's prime **mannigfach** ['manɪçfax] adj attr manifold **mannigfaltig** ['manɪçfaltɪç] adj diverse **männlich** ['mɛnlɪç] adj male; Wort, Auftreten masculine **Männlichkeit** f ⟨-, no pl⟩ (fig) manliness; (von Auftreten) masculinity **Mannloch** nt TECH manhole **Mannschaft** ['manʃaft] f ⟨-, -en⟩ team; NAUT, AVIAT crew **Mannschaftsgeist** m team spirit **Mannschaftskapitän** m SPORTS (team) captain, skipper (infml) **Mannschaftsraum** m SPORTS team quarters pl; NAUT crew's quarters pl **mannshoch** adj as high as a man; **der Schnee liegt ~** the snow is six feet deep **mannstoll** adj (pej) man-mad (esp Br infml) **Mannweib** nt (pej) mannish woman **Manometer** [mano'meːtɐ] nt ⟨-s, -⟩ TECH pressure gauge; **~!** (infml) wow! (infml) **Manöver** [ma'nøːvɐ] nt ⟨-s, -⟩ manoeuvre (Br), maneuver (US) **Manöverkritik** f (fig) postmortem **manövrieren** [manø'vriː-rən] past part **manövriert** v/t & v/i to manoeuvre (Br), to maneuver (US) **manövrierfähig** adj manoeuvrable (Br), maneuverable (US); (fig) flexible **manövrierunfähig** adj disabled

Mansarde [man'zardə] f ⟨-, -n⟩ garret; (Boden) attic

Manschette [man'ʃɛtə] f ⟨-, -n⟩ **1** (≈ Ärmelaufschlag) cuff **2** **~n haben** (infml) to be scared stupid (infml) **Manschettenknopf** m cufflink

Mantel ['mantl] m ⟨-s, ⸚ ['mɛntl]⟩ coat; (≈

Umhang) cloak **Manteltarifvertrag** m IND general agreement on conditions of employment

Mantra ['mantra] nt ⟨-(s), -s⟩ mantra

manuell [ma'nuɛl] **A** adj manual **B** adv manually **Manuskript** [manu'skrɪpt] nt ⟨-(e)s, -e⟩ manuscript; RADIO, FILM, TV script

Mappe ['mapə] f ⟨-, -n⟩ (≈ Aktenhefter) file; (≈ Aktentasche) briefcase; (≈ Schulmappe) (school) bag; (≈ Bleistiftmappe) pencil case **Marathonlauf** m marathon **Marathonläufer(in)** m/(f) marathon runner

Märchen ['mɛːɐçən] nt ⟨-s, -⟩ fairy tale; (infml) tall story **Märchenbuch** nt book of fairy tales **Märchenerzähler(in)** m/(f) teller of fairy tales; (fig) storyteller **märchenhaft** **A** adj fairy-tale attr, fabulous; (fig) fabulous **B** adv reich fabulously; singen beautifully; **~ schön** incredibly beautiful **Märchenprinz** m Prince Charming **Märchenprinzessin** f fairy-tale princess

Marder ['mardɐ] m ⟨-s, -⟩ marten

Margarine [marga'riːnə, (Aus) -'riːn] f ⟨-, -n⟩ margarine

Marge ['marʒə] f ⟨-, -n⟩ COMM margin

Mariä Himmelfahrt f Assumption **Marienkäfer** m ladybird (Br), ladybug (US)

Marihuana [mari'huaːna] nt ⟨-s, no pl⟩ marijuana

Marille [ma'rɪlə] f ⟨-, -n⟩ (Aus) apricot

Marinade [mari'naːdə] f ⟨-, -n⟩ COOK marinade

Marine [ma'riːnə] f ⟨-, -n⟩ navy **marineblau** adj navy-blue **Marineoffizier** m naval officer

marinieren [mari'niːrən] past part **mariniert** v/t Fisch, Fleisch to marinate

Marionette [mario'nɛta] f ⟨-, -n⟩ marionette; (fig) puppet **Marionettenregierung** f puppet government **Marionettenspieler(in)** m/(f) puppeteer **Marionettentheater** nt puppet theatre (Br) or theater (US)

maritim [mari'tiːm] adj maritime

Mark[1] [mark] nt ⟨-(e)s, no pl⟩ (≈ Knochenmark) marrow; (≈ Fruchtfleisch) purée; **bis ins ~** (fig) to the core; **es geht mir durch ~ und Bein** (infml) it goes right through me

Mark[2] f ⟨-, - or (hum) ⸚er ['mɛrkə]⟩ HIST mark; **Deutsche ~** Deutschmark

markant [mar'kant] adj (≈ ausgeprägt)

clear-cut; *Schriftzüge* clearly defined; *Persönlichkeit* striking

Marke ['markə] *f* ⟨-, -n⟩ **1** (*bei Genussmitteln*) brand; (*bei Industriegütern*) make **2** (≈ *Briefmarke*) stamp; (≈ *Essenmarke*) voucher; (≈ *Rabattmarke*) (trading) stamp; (≈ *Lebensmittelmarke*) coupon **3** (≈ *Markenzeichen*) trademark **4** (≈ *Rekordmarke*) record; (≈ *Wasserstandsmarke*) watermark; (≈ *Stand, Niveau*) level **Markenartikel** *m* proprietary article **Markenbutter** *f* nonblended butter, best quality butter **Markenname** *m* brand *or* proprietary name **Markenpiraterie** *f* brand name piracy **Markenschutz** *m* protection of trademarks **Markenware** *f* proprietary goods *pl*

Marker ['markɐ] *m* ⟨-s, -(s)⟩ (≈ *Markierstift*) highlighter

Marketing ['markətɪŋ] *nt* ⟨-s, *no pl*⟩ marketing

markieren [mar'kiːrən] *past part* **markiert** *v/t* to mark; (*infml* ≈ *vortäuschen*) to play; **den starken Mann ~** to play the strong man **Markierstift** *m* highlighter **Markierung** *f* ⟨-, -en⟩ marking; (≈ *Zeichen*) mark **markig** ['markɪç] *adj Spruch, Worte* pithy

Markise [mar'kiːzə] *f* ⟨-, -n⟩ awning

Markklößchen *nt* COOK bone marrow dumpling **Markknochen** *m* COOK marrowbone

Markt [markt] *m* ⟨-(e)s, ⸚e ['mɛrktə]⟩ **1** market; (≈ *Jahrmarkt*) fair; (≈ *Warenverkehr*) trade; **auf dem** *or* **am ~** on the market; **auf den ~ kommen** to come on the market **2** (≈ *Marktplatz*) marketplace **Marktanalyse** *f* market analysis **Marktanteil** *m* market share **marktbeherrschend** *adj* **~ sein** to control *or* dominate the market **Marktbude** *f* market stall **Marktchance** *f usu pl* sales opportunity **Marktforscher(in)** *m/(f)* market researcher **Marktforschung** *f* market research **Marktfrau** *f* (woman) stallholder **Marktführer(in)** *m/(f)* market leader **marktgerecht** *adj* in line with *or* geared to market requirements **Markthalle** *f* covered market **Marktlage** *f* state of the market **Marktlücke** *f* gap in the market; **in eine ~ stoßen** to fill a gap in the market **Marktplatz** *m* market square **Marktsegment** *nt* market seg-

ment *or* sector **Marktstudie** *f* market survey **Markttag** *m* market day **marktüblich** *adj Preis* current; **zu ~en Konditionen** at usual market terms **Marktwert** *m* market value **Marktwirtschaft** *f* market economy

Marmelade [marmə'laːdə] *f* ⟨-, -n⟩ jam (*Br*), jelly (*US*)

Marmor ['marmoːɐ] *m* ⟨-s, -e⟩ marble **marmorieren** [marmo'riːrən] *past part* **marmoriert** *v/t* to marble **Marmorkuchen** *m* marble cake **marmorn** ['marmɔrn, 'marmoːɐn] *adj* marble

Marokkaner [marɔ'kaːne] *m* ⟨-s, -⟩, **Marokkanerin** [-ərɪn] *f* ⟨-, -nen⟩ Moroccan **marokkanisch** [marɔ'kaːnɪʃ] *adj* Moroccan **Marokko** [ma'rɔko] *nt* ⟨-s⟩ Morocco

Marone[1] [ma'roːna] *f* ⟨-, -n⟩, **Maroni** [ma'roːni] *f* ⟨-, -⟩ (*sweet or* Spanish) chestnut

Marone[2] *f* ⟨-, -n⟩ (≈ *Pilz*) chestnut boletus **Marotte** [ma'rɔtə] *f* ⟨-, -n⟩ quirk

Mars [mars] *m* ⟨-, *no pl*⟩ MYTH, ASTRON Mars

marsch [marʃ] *int* **1** MIL march **2** **~ ins Bett!** (*infml*) off to bed with you at the double! (*infml*) **Marsch** [marʃ] *m* ⟨-(e)s, ⸚e ['mɛrʃə]⟩ march; (≈ *Wanderung*) hike; **einen ~ machen** to go on a march/hike; **jdm den ~ blasen** (*infml*) to give sb a rocket (*infml*) **Marschbefehl** *m* MIL marching orders *pl* **marschbereit** *adj* ready to move **Marschflugkörper** *m* cruise missile **Marschgepäck** *nt* pack **marschieren** [mar'ʃiːrən] *past part* **marschiert** *v/i aux sein* to march; (*fig*) to march off **Marschkolonne** *f* column **Marschmusik** *f* military marches *pl* **Marschrichtung** *f*, **Marschroute** *f* (*lit*) route of march; (*fig*) line of approach **Marschverpflegung** *f* rations *pl*; MIL field rations *pl*

martern ['martɐn] *v/t* (*liter*) to torture, to torment **Marterpfahl** *m* stake

Martinshorn ['martiːns-] *nt* siren

Märtyrer ['mɛrtyre] *m* ⟨-s, -⟩, **Märtyrerin** [-ərɪn] *f* ⟨-, -nen⟩ martyr

Marxismus [mar'ksɪsmʊs] *m* ⟨-, *no pl*⟩ Marxism **Marxist** [mar'ksɪst] *m* ⟨-en, -en⟩, **Marxistin** [-'ksɪstɪn] *f* ⟨-, -nen⟩ Marxist **marxistisch** [mar'ksɪstɪʃ] *adj* Marxist

März [mɛrts] *m* ⟨-(es) *or* (*poet*) -en, -e⟩

March; **im ~** in March; **im Monat ~** in the month of March; **heute ist der zweite ~** today is March the second *or* March second (*US*); (*geschrieben*) today is 2nd March *or* March 2nd; **Berlin, den 4. ~ 2018** (*in Brief*) Berlin, March 4th, 2018, Berlin, 4th March 2018; **am Mittwoch, dem** *or* **den 4. ~** on Wednesday the 4th of March; **im Laufe des ~** during March; **Anfang/Ende ~** at the beginning/end of March

Marzipan [martsi'paːn, 'martsipaːn] *nt* ⟨-s, -e⟩ marzipan

Masche ['maʃə] *f* ⟨-, -n⟩ **1** (≈ *Strickmasche*) stitch; **die ~n eines Netzes** the mesh *sg* of a net; **durch die ~n des Gesetzes schlüpfen** to slip through a loophole in the law **2** (*infml*) (≈ *Trick*) trick; (≈ *Eigenart*) fad; **die ~ raushaben** to know how to do it; **das ist seine neueste ~** that's his latest (fad *or* craze) **Maschendraht** *m* wire netting

Maschine [ma'ʃiːnə] *f* ⟨-, -n⟩ machine; (≈ *Motor*) engine; (≈ *Flugzeug*) plane; (≈ *Schreibmaschine*) typewriter; (*infml* ≈ *Motorrad*) bike; **etw in der ~ waschen** to machine-wash sth; **etw auf** *or* **mit der ~ schreiben** to type sth; **~ schreiben** to type **maschinell** [maʃi'nɛl] **A** *adj* Herstellung mechanical, machine *attr*; Anlage, Übersetzung machine *attr* **B** *adv* mechanically **Maschinenbau** *m*, *no pl* mechanical engineering **Maschinenbauer** *m* -, **Maschinenbauerin** *f*, *pl* -nen, **Maschinenbauingenieur(in)** mechanical engineer **Maschinenfabrik** *f* engineering works *sg* or *pl* **maschinengeschrieben** *adj* typewritten **Maschinengewehr** *nt* machine gun **maschinenlesbar** *adj* machine-readable **Maschinenöl** *nt* lubricating oil **Maschinenpark** *m* plant **Maschinenpistole** *f* submachine gun **Maschinenraum** *m* plant room; NAUT engine room **Maschinenschaden** *m* mechanical fault; AVIAT *etc* engine fault **Maschinenschlosser(in)** *m*/(*f*) machine fitter **Maschinenstürmer** *m* Luddite

Maser ['maːzɐ] *f* ⟨-, -n⟩ vein **maserig** ['maːzərɪç] *adj* grained

Masern ['maːzɐn] *pl* measles *sg*; **die ~ haben** to have (the) measles

Maserung ['maːzərʊŋ] *f* ⟨-, -en⟩ grain

Maske ['maskə] *f* ⟨-, -n⟩ **1** mask; **die ~ fallen lassen** (*fig*) to throw off one's mask **2** (THEAT ≈ *Aufmachung*) make-up

Maskenball *m* masked ball **Maskenbildner** [-bɪltnɐ] *m* ⟨-s, -⟩, **Maskenbildnerin** [-ərɪn] *f* ⟨-, -nen⟩ make-up artist **Maskerade** [maskə'raːdə] *f* ⟨-, -n⟩ costume **maskieren** [mas'kiːrən] *past part* **maskiert** **A** *v/t* **1** (≈ *verkleiden*) to dress up **2** (≈ *verbergen*) to disguise **B** *v/r* to dress up; (≈ *sich unkenntlich machen*) to disguise oneself **maskiert** [mas'kiːɐt] *adj* masked **Maskierung** *f* ⟨-, -en⟩ (≈ *Verkleidung*) fancy-dress costume; (*von Spion etc*) disguise

Maskottchen [mas'kɔtçən] *nt* ⟨-s, -⟩ (lucky) mascot

maskulin [masku'liːn] *adj* masculine **Maskulinum** ['maskuliːnʊm] *nt* ⟨-s, Maskulina [-na]⟩ masculine noun

Masochismus [mazɔ'xɪsmʊs] *m* ⟨-, *no pl*⟩ masochism **Masochist** [mazɔ'xɪst] *m* ⟨-en, -en⟩, **Masochistin** [-'xɪstɪn] *f* ⟨-, -nen⟩ masochist **masochistisch** [mazɔ'xɪstɪʃ] *adj* masochistic

Maß¹ [maːs] *nt* ⟨-es, -e⟩ **1** (≈ *Maßeinheit*) measure (für of); (≈ *Zollstock*) rule; (≈ *Bandmaß*) tape measure; **~e und Gewichte** weights and measures; **das ~ aller Dinge** (*fig*) the measure of all things; **mit zweierlei ~ messen** (*fig*) to operate a double standard; **das ~ ist voll** (*fig*) enough's enough; **in reichem ~(e)** abundantly **2** (≈ *Abmessung*) measurement; **sich** (*dat*) **etw nach ~ anfertigen lassen** to have sth made to measure; **bei jdm ~ nehmen** to take sb's measurements; **Hemden nach ~** shirts made to measure, custom-made shirts **3** (≈ *Ausmaß*) extent; **ein gewisses ~ an von …** a certain degree of …; **in hohem ~(e)** to a high degree; **in vollem ~e** fully; **in höchstem ~e** extremely **4** (≈ *Mäßigung*) moderation; **~ halten = maßhalten**; **in** *or* **mit ~en** in moderation; **ohne ~ und Ziel** immoderately

Maß² *f* ⟨-, -⟩ (*S Ger, Aus*) litre (*Br*) *or* liter (*US*) (tankard) of beer

Massage [ma'saːʒə] *f* ⟨-, -n⟩ massage **Massageöl** *nt* massage oil **Massagesalon** *m* (*euph*) massage parlour (*Br*) *or* parlor (*US*)

Massaker [ma'saːkɐ] *nt* ⟨-s, -⟩ massacre **massakrieren** [masa'kriːrən] *past part* **massakriert** *v/t* (*dated infml*) to massacre

Maßangabe *f* measurement **Maßanzug** *m* made-to-measure *or* custom-made suit **Maßarbeit** *f* (*infml*) **das war ~** that was a neat bit of work

Masse ['masə] f ⟨-, -n⟩ **1** (≈ *Stoff*) mass; COOK mixture **2** (≈ *große Menge*) heaps pl (infml); (von Besuchern etc) host; **die (breite) ~ der Bevölkerung** the bulk of the population; **eine ganze ~** (infml) a lot **3** (≈ *Menschenmenge*) crowd

Maßeinheit f unit of measurement

Massenandrang m crush **Massenarbeitslosigkeit** f mass unemployment **Massenartikel** m mass-produced article **Massendemonstration** f mass demonstration **Massenentlassung** f mass redundancy **Massenfabrikation** f, **Massenfertigung** f mass production **Massenflucht** f mass exodus **Massengrab** nt mass grave **massenhaft** adv on a huge scale; *kommen, austreten* in droves **Massenkarambolage** f pile-up (infml) **Massenmedien** pl mass media pl **Massenmord** m mass murder **Massenmörder(in)** m/(f) mass murderer **Massenproduktion** f mass production **Massenvernichtungswaffe** f weapon of mass destruction **Massenware** f mass-produced article **massenweise** adv = massenhaft

Masseur [ma'søːɐ] m ⟨-s, -e⟩ masseur **Masseurin** [ma'søːrɪn] f ⟨-, -nen⟩ masseuse **Masseuse** [ma'søːzə] f ⟨-, -n⟩ masseuse

Maßgabe f (form) stipulation; **mit der ~, dass …** with the proviso that …, on (the) condition that …; **nach ~** (+gen) according to **maßgebend** adj *Einfluss* decisive; *Meinung* definitive; *Fachmann* authoritative; (≈ *zuständig*) competent **maßgeblich** **A** adj *Einfluss* decisive; *Person* leading; **~en Anteil an etw** (dat) **haben** to make a major contribution to sth **B** adv decisively; **~ an etw** (dat) **beteiligt sein** to play a substantial role in sth **maßgeschneidert** [-gəʃnaidet] adj *Anzug* made-to-measure, custom-made; (fig) *Lösung, Produkte* tailor-made **Maßhalteappell** m appeal for moderation **maßhalten** v/i sep irr to be moderate

massieren[1] [ma'siːrən] past part **massiert** v/t *Körper, Haut* to massage

massieren[2] past part **massiert** v/t *Truppen* to mass

massig ['masɪç] **A** adj massive, huge **B**

adv (infml) **~ Arbeit/Geld** etc masses of work/money etc (infml)

mäßig ['mɛːsɪç] **A** adj (≈ *bescheiden*) moderate; *Schulnote* etc mediocre **B** adv (≈ *nicht viel*) moderately; **~ essen** to eat with moderation **mäßigen** ['mɛːsɪgn̩] **A** v/t *Anforderungen* to moderate; *Zorn* to curb; → **gemäßigt B** v/r to restrain oneself; **sich im Ton ~** to moderate one's tone **Mäßigung** f ⟨-, no pl⟩ restraint

massiv [ma'siːf] **A** adj **1** (≈ *stabil*) solid **2** (≈ *heftig*) *Beleidigung* gross; *Drohung, Kritik* serious; *Anschuldigung* severe; *Protest* strong **B** adv gebaut massively; *protestieren* strongly; *verstärken* greatly; *behindern* severely; **sich ~ verschlechtern** to deteriorate sharply **Massiv** [ma'siːf] nt ⟨-s, -e [-və]⟩ GEOL massif

Maßkrug m litre (Br) or liter (US) beer mug; (≈ *Steinkrug*) stein **maßlos** **A** adj extreme; (im *Essen* etc) immoderate **B** adv (≈ *äußerst*) extremely; *übertreiben* grossly; **er raucht/trinkt ~** he smokes/drinks to excess **Maßlosigkeit** f ⟨-, -en⟩ extremeness; (im *Essen* etc) lack of moderation **Maßnahme** [-naːmə] f ⟨-, -n⟩ measure; **~n gegen jdn/etw treffen** or **ergreifen** to take measures against sb/sth **maßregeln** v/t insep (≈ *zurechtweisen*) to reprimand, to rebuke; (≈ *bestrafen*) to discipline **Maßregelung** f (≈ *Rüge*) reprimand, rebuke; (von *Beamten*) disciplinary action **Maßschneider(in)** m/(f) bespoke or custom (US) tailor **Maßstab** m **1** (≈ *Kartenmaßstab, Ausmaß*) scale; **im ~ 1:1000** on a scale of 1:1000; **Klimaverschiebungen im großen ~** large-scale climate changes **2** (fig ≈ *Kriterium*) standard; **für jdn als ~ dienen** to serve as a model for sb **maßstab(s)gerecht** adj, adv (true) to scale **maßvoll** **A** adj moderate **B** adv moderately

Mast[1] [mast] m ⟨-(e)s, -en or -e⟩ mast; (≈ *Stange*) pole; ELEC pylon

Mast[2] f ⟨-, -en⟩ (≈ *das Mästen*) fattening; (≈ *Futter*) feed **mästen** ['mɛstn̩] **A** v/t to fatten **B** v/r (infml) to stuff (infml) oneself

Master ['maː stɐ] ⟨-s, -⟩ master's (degree) **Masterabschluss** m master's (degree) **Masterarbeit** f master's thesis

Masturbation [mastʊrba'tsɪoːn] f ⟨-, -en⟩ masturbation **masturbieren** [mastʊr-'biːrən] past part **masturbiert** v/t & v/i to masturbate

Match [mɛtʃ] *nt or (Swiss) m* ⟨-(e)s, -e(s)⟩ match **Matchball** [mɛtʃ-] *m* TENNIS match point

Material [mate'ria:l] *nt* ⟨-s, -ien [-liən]⟩ material; (≈ *Baumaterial, Gerät*) materials *pl* **Materialfehler** *m* material defect **Materialismus** [materia'lɪsmʊs] *m* ⟨-, *no pl*⟩ materialism **Materialist** [materia-'lɪst] *m* ⟨-en, -en⟩, **Materialistin** [-'lɪs-tɪn] *f* ⟨-, -nen⟩ materialist **materialistisch** [materia'lɪstɪʃ] *adj* materialistic **Materialkosten** *pl* cost of materials *sg* **Materie** [ma'te:riə] *f* ⟨-, -n, *no pl*⟩ matter *no art*; (≈ *Stoff, Thema*) subject matter *no indef art* **materiell** [mate'riɛl] **A** *adj* material; (≈ *gewinnsüchtig*) materialistic **B** *adv* (≈ *finanziell*) financially; **~ eingestellt sein** (*pej*) to be materialistic

Mathe ['matə] *f* ⟨-, *no pl*⟩ (SCHOOL *infml*) maths *sg* (*Br infml*), math (*US infml*) **Mathematik** [matema'ti:k] *f* ⟨-, *no pl*⟩ mathematics *sg no art* **Mathematiker** [mate-'ma:tike] *m* ⟨-s, -⟩, **Mathematikerin** [-ərɪn] *f* ⟨-, -nen⟩ mathematician **mathematisch** [mate'ma:tɪʃ] *adj* mathematical **Matinee** [mati'ne:] *f* ⟨-, -n [-'ne:ən]⟩ matinée

Matratze [ma'tratsə] *f* ⟨-, -n⟩ mattress **Matriarchat** [matriar'ça:t] *nt* ⟨-(e)s, -e⟩ matriarchy **Matrix** ['ma:trɪks] *f* ⟨Matrizes *or* Matrices *or* Matrizen [ma'tri:tse:s, ma'trɪtsn]⟩ matrix **Matrose** [ma'tro:zə] *m* ⟨-n, -n⟩, **Matrosin** [-'tro:zɪn] *f* sailor; (*als Rang*) ordinary seaman **Matrosenanzug** *m* sailor suit

Matsch [matʃ] *m* ⟨-(e)s, *no pl*⟩ (*infml*) mush; (≈ *Schlamm*) mud; (≈ *Schneematsch*) slush **matschig** ['matʃɪç] *adj* (*infml*) *Obst* mushy; *Weg* muddy; *Schnee* slushy

matt [mat] **A** *adj* **1** (≈ *schwach*) *Kranker* weak; *Glieder* weary **2** (≈ *glanzlos*) *Metall, Farbe* dull; *Foto* mat(t); (≈ *trübe*) *Licht* dim; *Glühbirne* pearl **3** CHESS (check)mate; **jdn ~ setzen** to checkmate sb **B** *adv* **1** (≈ *schwach*) weakly **2** **~ glänzend** dull **Matt** [mat] *nt* ⟨-s, -s⟩ CHESS (check)mate

Matte¹ ['matə] *f* ⟨-, -n⟩ mat; **auf der ~ stehen** (*infml* ≈ *bereit sein*) to be there and ready for action

Matte² *f* ⟨-, -n⟩ (*Swiss*) alpine meadow

Mattheit *f* ⟨-, *no pl*⟩ (≈ *Schwäche*) weakness; (*von Gliedern*) weariness **Mattlack** *m* dull *or* mat(t) lacquer **Mattscheibe** *f* **1** (*infml* ≈ *Fernseher*) telly (*Br infml*), tube

(*US infml*) **2** (*infml*) **eine ~ haben/kriegen** (≈ *nicht klar denken können*) to have/get a mental block

Matura [ma'tu:ra] *f* ⟨-, *no pl*⟩ (*Aus, Swiss*) → Abitur **Maturand** [matu'rant] *m* ⟨-en, -en [-dn]⟩, **Maturandin** [-'randɪn] *f* ⟨-, -nen⟩ (*Swiss*) → Abiturient(in)

maturieren [matu'ri:rən] *past part* **maturiert** *v/i* (*Aus* ≈ *Abitur machen*) to take one's school-leaving exam (*Br*), to graduate (from high school) (*US*)

Mätzchen ['mɛtsçən] *nt* ⟨-s, -⟩ (*infml*) antic; **~ machen** to fool around (*infml*)

Mauer ['maue] *f* ⟨-, -n⟩ wall **mauern** ['mauen] **A** *v/i* **1** (≈ *Maurerarbeit machen*) to build, to lay bricks **2** CARDS to hold back; (*fig*) to stonewall **B** *v/t* to build **Mauerwerk** *nt* (≈ *Steinmauer*) stonework; (≈ *Ziegelmauer*) brickwork

Maul [maul] *nt* ⟨-(e)s, Mäuler ['mɔylɐ]⟩ mouth; (*infml: von Menschen*) gob (*Br infml*), trap (*esp US sl*); **ein großes ~ haben** (*infml*) to be a bigmouth (*infml*); **den Leuten aufs ~ schauen** (*infml*) to listen to what people really say; **halt's ~!** (*vulg*) shut your face (*sl*) **maulen** ['maulən] *v/i* (*infml*) to moan **Maulesel** *m* mule **maulfaul** *adj* (*infml*) uncommunicative **Maulheld(in)** *m/(f)* (*pej*) show-off **Maulkorb** *m* muzzle; **jdm einen ~ umhängen** to muzzle sb **Maultier** *nt* mule **Maul- und Klauenseuche** *f* VET foot-and-mouth disease (*Br*), hoof-and-mouth disease (*US*) **Maulwurf** ['maulvʊrf] *m* ⟨-(e)s, Maulwürfe [-vyrfə]⟩ mole **Maulwurfshaufen** *m* molehill

Maurer ['maure] *m* ⟨-s, -⟩, **Maurerin** [-ərɪn] *f* ⟨-, -nen⟩ bricklayer

Maus [maus] *f* ⟨-, Mäuse ['mɔyzə]⟩ mouse (*auch* IT); **eine graue ~** (*fig infml*) a mouse (*infml*)

Mauschelei [mauʃə'lai] *f* ⟨-, -en⟩ (*infml* ≈ *Korruption*) swindle **mauscheln** ['mauʃln] *v/t & v/i* (≈ *manipulieren*) to fiddle (*infml*)

mäuschenstill ['mɔysçən'ʃtɪl] *adj* dead quiet **Mausefalle** *f* mousetrap **Mauseloch** *nt* mousehole **mausen** ['mauzn] *v/i* to catch mice

Mauser ['mauze] *f* ⟨-, *no pl*⟩ ORN moult (*Br*), molt (*US*); **in der ~ sein** to be moulting (*Br*) *or* molting (*US*) **mausern** ['mauzen] *v/r* ORN to moult (*Br*), to molt (*US*)

mausetot ['mauzə'to:t] *adj* (*infml*) stone-dead **Mausklick** *m* IT mouse click; **per ~** by clicking the mouse **Mausmatte** *f*,

Mauspad [-pɛt] *nt* ⟨-s, -s⟩ IT mouse mat *or* pad **Maustaste** *f* IT mouse button

Maut [maut] *f* ⟨-, -en⟩ toll **Mautschranke** *f* toll barrier (*Br*), turnpike (*US*) **Mautstraße** *f* toll road, turnpike (*US*)

maximal [maksi'ma:l] **A** *adj* maximum **B** *adv* (≈ höchstens) at most **Maxime** [ma-'ksi:mə] *f* ⟨-, -n⟩ LIT, PHIL maxim **maximieren** [maksi'mi:rən] *past part* maximiert *v/t* to maximize **Maximum** ['maksimʊm] *nt* ⟨-s, Maxima [-ma]⟩ maximum (*an +dat* of)

Mayonnaise [majɔ'nɛ:zə] *f* ⟨-, -n⟩ mayonnaise

Mazedonien [matse'do:niən] *nt* ⟨-s⟩ Macedonia

Mäzen [mɛ'tse:n] *m* ⟨-s, -e⟩, **Mäzenin** [-'tse:nɪn] *f* ⟨-, -nen⟩ patron

Mechanik [me'ça:nɪk] *f* ⟨-, no pl⟩ PHYS mechanics *sg* **Mechaniker** [me'ça:nike] *m* ⟨-s, -⟩, **Mechanikerin** [-ərɪn] *f* ⟨-, -nen⟩ mechanic **mechanisch** [me'ça:-nɪʃ] **A** *adj* mechanical **B** *adv* mechanically **Mechanismus** [meça'nɪsmʊs] *m* ⟨-, Mechanismen [-mən]⟩ mechanism

Mechatronik [meça'tro:nɪk] *f* ⟨-, no pl⟩ mechatronics *sg* **Mechatroniker** [meça-'tro:nɪke] *m* ⟨-s, -⟩, **Mechatronikerin** *f* ⟨-, -nen⟩ mechatronic(s) engineer *or* technician

Meckerei [mɛkə'rai] *f* ⟨-, -en⟩ (*infml*) grumbling **Meckerer** ['mɛkəre] *m* ⟨-s, -⟩, **Meckerin** [-ərɪn] *f* ⟨-, -nen⟩ (*infml*) grumbler **meckern** ['mɛkɐn] *v/i* (*Ziege*) to bleat; (*infml: Mensch*) to moan; **über jdn/etw** (*acc*) ~ (*infml*) to moan about sb/sth

Mecklenburg-Vorpommern ['me:klənbʊrkfo:ɛpɔmen, 'mɛklənbʊrk-] *nt* Mecklenburg-West Pomerania

Medaille [me'daljə] *f* ⟨-, -n⟩ medal **Medaillon** [medal'jõ:] *nt* ⟨-s, -s⟩ **1** (≈ Bildchen) medallion; (≈ Schmuckkapsel) locket **2** COOK médaillon

Mediathek [media'te:k] *f* ⟨-, -en⟩ multimedia centre (*Br*) *or* center (*US*) **Medien** ['me:diən] *pl* media *pl* **Medienberater(in)** *m*/(*f*) press adviser **Mediengesellschaft** *f* media society **Medienlandschaft** *f, no pl* media landscape **Medienpädagogik** *f* media education **Medienpolitik** *f* (mass) media policy **medienwirksam** **A** *adj* **eine ~e Kampagne** a campaign geared toward(s) the

media **B** *adv* **etw ~ präsentieren** to gear sth toward(s) the media

Medikament [medika'mɛnt] *nt* ⟨-(e)s, -e⟩ medicine **medikamentenabhängig** *adj* ~ **sein** to be addicted to medical drugs **Medikamentenmissbrauch** *m* drug abuse

Mediothek [medio'te:k] *f* ⟨-, -en⟩ multimedia centre (*Br*) *or* center (*US*)

Meditation [medita'tsio:n] *f* ⟨-, -en⟩ meditation **meditieren** [medi'ti:rən] *past part* meditiert *v/i* to meditate

Medium ['me:diʊm] *nt* ⟨-s, Medien [-diən]⟩ medium

Medizin [medi'tsi:n] *f* ⟨-, -en⟩ medicine **Medizinball** *m* SPORTS medicine ball **Mediziner** [medi'tsi:ne] *m* ⟨-s, -⟩, **Medizinerin** [-ərɪn] *f* ⟨-, -nen⟩ doctor; UNIV medic (*infml*) **medizinisch** [medi'tsi:nɪʃ] **A** *adj* **1** (≈ ärztlich) medical; **~e Fakultät** faculty of medicine; **~-technische Assistentin**, **~-technischer Assistent** medical technician **2** Kräuter, Bäder medicinal; Shampoo medicated **B** *adv* medically; **jdn ~ behandeln** to treat sb (medically); **~ wirksame Kräuter** medicinal herbs **Medizinmann** *m, pl* -männer medicine man

Meer [me:ɐ] *nt* ⟨-(e)s, -e⟩ sea; (≈ Weltmeer) ocean; **am ~(e)** by the sea; **ans ~ fahren** to go to the sea(side) **Meerbusen** *m* gulf, bay **Meerenge** *f* straits *pl*, strait **Meeresboden** *m* seabed **Meeresfisch** *m* saltwater fish **Meeresfrüchte** *pl* seafood *sg* **Meeresgrund** *m* seabed, bottom of the sea **Meeresklima** *nt* maritime climate **Meereskunde** *f* oceanography **Meeresspiegel** *m* sea level; **über/unter dem ~** above/below sea level **Meeresufer** *nt* coast **Meereswindpark** *m* offshore wind farm **Meerjungfrau** *f* mermaid **Meerrettich** *m* horseradish **Meersalz** *nt* sea salt **Meerschweinchen** [-ʃvainçən] *nt* ⟨-s, -⟩ guinea pig **Meerwasser** *nt* sea water

Meeting ['mi:tɪŋ] *nt* ⟨-s, -s⟩ meeting

Megabit ['me:ga-] *nt* megabit **Megabyte** *nt* megabyte **Megafon** [mega'fo:n] *nt* ⟨-s, -e⟩ megaphone **Megahertz** *nt* megahertz **Megahit** *m* huge *or* smash (*infml*) hit, megahit **Megaphon** *nt* = Megafon **Megatonne** *f* megaton **Megawatt** *nt* ⟨-s, -⟩ megawatt

Mehl [me:l] *nt* ⟨-(e)s, -e⟩ flour; (gröber)

meal; (≈ *Pulver*) powder **mehlig** ['me:lıç] *adj Äpfel, Kartoffeln* mealy **Mehlschwitze** *f* COOK roux **Mehlspeise** *f* **1** (≈ *Gericht*) flummery **2** (*Aus*) (≈ *Nachspeise*) dessert; (≈ *Kuchen*) pastry **Mehltau** *m* BOT mildew

mehr [me:ɐ] **A** *indef pr inv* more **B** *adv* **1** more; **immer ~** more and more; **~ oder weniger** more or less **2** **ich habe kein Geld ~** I haven't *or* I don't have any more money; **du bist doch kein Kind ~!** you're no longer a child!; **es besteht keine Hoffnung ~** there's no hope left; **kein Wort ~!** not another word!; **es war niemand ~ da** there was no-one left; **nicht ~** not any longer, no longer; **nicht ~ lange** not much longer; **nichts ~** nothing more; **nie ~** never again **Mehrarbeit** *f* extra work **Mehraufwand** *m* additional expenditure **Mehrausgabe** *f* additional expense(s *pl*) **mehrbändig** *adj* in several volumes **Mehrbedarf** *m* greater need (*an +dat* of, for); COMM increased demand (*an +dat* for) **Mehrbelastung** *f* excess load; (*fig*) additional burden **Mehrbereichsöl** *nt* AUTO multigrade oil **mehrdeutig** [-dɔytıç] **A** *adj* ambiguous **B** *adv* ambiguously **Mehrdeutigkeit** *f* ⟨-, -en⟩ ambiguity **Mehreinnahme** *f* additional revenue **mehrere** ['me:rərə] *indef pr* several **mehrfach** ['me:ɐfax] **A** *adj* multiple; (≈ *wiederholt*) repeated; **ein ~er Millionär** a multimillionaire **B** *adv* (≈ *öfter*) many times; (≈ *wiederholt*) repeatedly **Mehrfache(s)** ['me:ɐfaxə] *nt decl as adj* **das ~** *or* **ein ~s des Kostenvoranschlags** several times the estimated cost **Mehrfachsteckdose** *f* ELEC multiple socket **Mehrfachstecker** *m* ELEC multiple adaptor **Mehrfahrtenkarte** *f* multi--journey ticket **Mehrfamilienhaus** *nt* house for several families **mehrfarbig** *adj* multicoloured (*Brit*), multicolored (*US*) **Mehrheit** *f* ⟨-, -en, *no pl*⟩ majority; **die absolute ~** an absolute majority; **die ~ haben/gewinnen** to have/win *or* gain a majority; **mit zwei Stimmen ~** with a majority of two (votes) **mehrheitlich** [-haitlıç] *adv* **wir sind ~ der Ansicht, dass ...** the majority of us think(s) that ... **Mehrheitsbeschluss** *m* majority decision **mehrheitsfähig** *adj* capable of winning a majority **Mehrheitswahlrecht** *nt* first-past-the-post system **mehrjährig** *adj attr* of several years

Mehrkosten *pl* additional costs *pl* **mehrmalig** ['me:ɐma:lıç] *adj attr* repeated **mehrmals** ['me:ɐma:ls] *adv* several times **Mehrparteiensystem** *nt* multi-party system **Mehrplatzrechner** *m* IT multi-user system **mehrsilbig** *adj* polysyllabic **mehrsprachig** *adj Person, Wörterbuch* multilingual; **~ aufwachsen** to grow up multilingual **mehrstellig** *adj attr Zahl, Betrag* multidigit **mehrstimmig** *adj* MUS for several voices; **~ singen** to sing in harmony **mehrstöckig** *adj* multistorey (*Brit*), multistory (*US*) **mehrstufig** *adj* multistage **mehrstündig** [-ʃtʏndıç] *adj attr Verhandlungen* lasting several hours **mehrtägig** *adj attr Konferenz* lasting several days; **nach ~er Abwesenheit** after several days' absence **Mehrverbrauch** *m* additional consumption **Mehrwegflasche** *f* returnable bottle **Mehrwegverpackung** *f* reusable packaging **Mehrwert** *m* ECON added value **Mehrwertsteuer** *f* value added tax **mehrwöchig** [-vœçıç] *adj attr* lasting several weeks; *Abwesenheit* of several weeks **Mehrzahl** *f, no pl* **1** GRAM plural **2** (≈ *Mehrheit*) majority **Mehrzweckhalle** *f* multipurpose room

meiden ['maidn] *pret* **mied** [mi:t], *past part* **gemieden** [gə'mi:dn] *v/t* to avoid

Meile ['mailə] *f* ⟨-, -n⟩ mile **Meilenstein** *m* milestone **meilenweit** *adv* for miles; **~ entfernt** miles away

Meiler ['maile] *m* ⟨-s, -⟩ (≈ *Kohlenmeiler*) charcoal kiln; (≈ *Atommeiler*) (atomic) pile

mein [main] *poss pr* my

Meineid ['mainait] *m* perjury *no indef art*; **einen ~ leisten** to perjure oneself

meinen ['mainən] **A** *v/i* (≈ *denken*) to think; **wie Sie ~!** as you wish; **wenn du meinst!** if you like **B** *v/t* **1** (≈ *der Ansicht sein*) to think; **was ~ Sie dazu?** what do you think *or* say?; **~ Sie das im Ernst?** are you serious about that?; **das will ich ~!** I quite agree! **2** (≈ *beabsichtigen*) to mean; (*infml* ≈ *sagen*) to say; **wie ~ Sie das?** what do you mean?; (*drohend*) (just) what do you mean by that?; **so war es nicht gemeint** it wasn't meant like that; **sie meint es gut** she means well

meine(r, s) ['mainə] *poss pr* (*substantivisch*) mine; **das Meine** (*elev*) mine; (≈ *Besitz*) what is mine; **die Meinen** (*elev* ≈ *Familie*) my people, my family **meinerseits** ['mainezaits]

M

adv as far as I'm concerned; **ganz ~**! the pleasure's (all) mine **meinesgleichen** ['mainəs'glaiçn] *pron inv* (≈ *meiner Art*) people like me *or* myself; (≈ *gleichrangig*) my own kind **meinetwegen** ['mainət've:gn] *adv* **1** (≈ *wegen mir*) because of me; (≈ *mir zuliebe*) for my sake **2** (≈ *von mir aus*) as far as I'm concerned; **~**! if you like **meinetwillen** ['mainət'vilən] *adv* **um ~** (≈ *mir zuliebe*) for my sake; (≈ *wegen mir*) on my account **meins** [mains] *poss pr* mine **Meinung** ['mainʊŋ] *f* ⟨-, -en⟩ opinion; **nach meiner ~, meiner ~ nach** in my opinion; **ich bin der ~, dass ...** I'm of the opinion that ...; **eine hohe ~ von jdm/etw haben** to think highly of sb/sth; **einer ~ sein** to share the same opinion; **ganz meine ~**! I completely agree!; **jdm die ~ sagen** (*infml*) to give sb a piece of one's mind (*infml*) **Meinungsaustausch** *m* exchange of views (*über* +acc on, about) **Meinungsbildung** *f* formation of opinion **Meinungsforscher(in)** *m/(f)* (opinion) pollster **Meinungsforschung** *f* (public) opinion polling **Meinungsfreiheit** *f* freedom of speech **Meinungsumfrage** *f* (public) opinion poll **Meinungsverschiedenheit** *f* difference of opinion
Meise ['maizə] *f* ⟨-, -n⟩ tit
Meißel ['maisl] *m* ⟨-s, -⟩ chisel **meißeln** ['maisln] *v/t & v/i* to chisel
Meißener ['maisənə] *adj* **~ Porzellan** Dresden *or* Meissen china
meist [maist] *adv* = meistens **meistbietend** *adj* highest bidding; **~ versteigern** to sell to the highest bidder **meisten** ['maistn] **am ~** *adv* the most; **am ~ bekannt** best known **meistens** ['maistns] *adv* mostly
Meister ['maistə] *m* ⟨-s, -⟩ (≈ *Handwerksmeister*) master (craftsman); (*in Fabrik*) foreman; SPORTS champion; (*Mannschaft*) champions *pl*; **seinen ~ machen** to take one's master craftsman's diploma
meiste(r, s) ['maistə] *indef pr* **1** (*adjektivisch*) **die ~n Leute** most people **2** (*substantivisch*) **die ~n** most people; **die ~n (von ihnen)** most (of them); **das ~** most of it
Meisterbrief *m* master craftsman's diploma **meisterhaft** **A** *adj* masterly **B** *adv* brilliantly **Meisterin** ['maistərin] *f* ⟨-, -nen⟩ (≈ *Handwerksmeisterin*) master

craftswoman; (*in Fabrik*) forewoman; SPORTS champion **Meisterleistung** *f* masterly performance; (*iron*) brilliant achievement **meistern** ['maistern] *v/t* to master; *Schwierigkeiten* to overcome **Meisterprüfung** *f* examination for master craftsman's diploma **Meisterschaft** ['maistəʃaft] *f* ⟨-, -en⟩ **1** SPORTS championship; (*Veranstaltung*) championships *pl* **2** *no pl* (≈ *Können*) mastery **Meisterstück** *nt* (*von Handwerker*) work done to qualify as master craftsman; (*fig*) masterpiece; (≈ *geniale Tat*) master stroke **Meisterwerk** *nt* masterpiece
Meistgebot *nt* highest bid **meistgefragt** *adj attr* most in demand **meistgekauft** [-gəkauft] *adj attr* best-selling
Mekka ['mɛka] *nt* ⟨-s⟩ Mecca
Melancholie [melaŋko'li:] *f* ⟨-, -n [-'li:ən]⟩ melancholy **melancholisch** [me-laŋ'ko:lɪʃ] *adj* melancholy
Melange [me'lã:ʒə] *f* ⟨-, -n⟩ (*Aus* ≈ *Milchkaffee*) coffee with milk
Melanom [mela'no:m] *nt* ⟨-s, -e⟩ MED melanoma
Melanzani [melan'tsa:ni] *f* ⟨-, -⟩ (*Aus*) aubergine
Melasse [me'lasə] *f* ⟨-, -n⟩ molasses
Meldeamt *nt* registration office **Meldebehörde** *f* registration authorities *pl* **Meldefrist** *f* registration period **melden** ['mɛldn] **A** *v/t* **1** (≈ *anzeigen, berichten*) **eine Geburt (der Behörde** *dat*) **~** to notify the authorities of a birth; **wie soeben gemeldet wird** (RADIO, TV) according to reports just coming in; **(bei jdm) nichts zu ~ haben** (*infml*) to have no say **2** (≈ *ankündigen*) to announce; **wen darf ich ~?** who(m) shall I say (is here)? **B** *v/r* **1** (≈ *antreten*) to report (*zu* for); **sich zum Dienst ~** to report for work; **sich zu** *or* **für etw ~** *esp* MIL to volunteer for sth; (*für Arbeitsplatz*) to apply for sth; **sich auf eine Anzeige ~** to answer an advertisement **2** (*durch Handaufheben*) to put one's hand up **3** (*esp* TEL ≈ *antworten*) to answer; **es meldet sich niemand** there's no answer **4** (≈ *von sich hören lassen*) to get in touch (*bei* with); **melde dich wieder** keep in touch
Meldepflicht *f* **1** (*beim Ordnungsamt*) compulsory registration (*when moving house*); **polizeiliche ~** obligation to register with the police **2** **~ des Arztes** the doctor's obligation to notify the authori-

ties (of people with certain contagious diseases) **meldepflichtig** [-pflɪçtɪç] adj Krankheit notifiable **Meldung** ['mɛldʊŋ] f ⟨-, -en⟩ **1** (≈ Mitteilung) announcement **2** PRESS, RADIO, TV report (über +acc on, about); **~en vom Sport** sports news sg **3** (dienstlich, bei Polizei) report; **(eine) ~ machen** to make a report

meliert [me'liːɐt] adj Haar greying (Br), graying (US)

melken ['mɛlkn] pres **melkt** [mɛlkt], pret **melkte** ['mɛlktə], past part **gemolken** [gə-'mɔlkn] v/t **1** Kuh, Ziege etc to milk **2** (fig infml) to fleece (infml)

Melodie [melo'diː] f ⟨-, -n [-'diːən]⟩ melody **melodiös** [melo'diøːs] (elev) adj melodious **melodisch** [me'loːdɪʃ] adj melodic **melodramatisch** [melodra'maːtɪʃ] adj melodramatic (also fig)

Melone [me'loːnə] f ⟨-, -n⟩ **1** melon **2** (Hut) bowler (Br), derby (US)

Membran(e) [mɛm'braːn(ə)] f ⟨-, -en⟩ **1** ANAT membrane **2** PHYS, TECH diaphragm

Memme ['mɛmə] f ⟨-, -n⟩ (infml) sissy (infml)

Memo ['meːmo] nt ⟨-s, -s⟩ memo **Memoiren** [me'moaːrən] pl memoirs pl

Memorystick ['mɛmərɪstɪk] m IT memory stick

Menge ['mɛŋə] f ⟨-, -n⟩ **1** (≈ Quantum) quantity **2** (infml) **eine ~** a lot, lots (infml); **eine ~ Zeit/Häuser** a lot of time/houses; **jede ~** loads pl (infml); **eine ganze ~** quite a lot **3** (≈ Menschenmenge) crowd; (pej ≈ Pöbel) mob **4** MAT set

mengen ['mɛŋən] **A** v/t (elev) to mix (unter +acc with) **B** v/r to mingle (unter +acc with)

Mengenangabe f quantity **Mengenlehre** f MAT set theory **Mengenrabatt** m bulk discount

Menorca [me'nɔrka] nt ⟨-s⟩ Minorca

Mensa ['mɛnza] f ⟨-, Mensen [-zn]⟩ UNIV canteen, refectory (Br)

Mensch [mɛnʃ] m ⟨-en, -en⟩ **1** (≈ Person) person, man/woman; **es war kein ~ da** there was nobody there; **als ~** as a person; **das konnte kein ~ ahnen!** no-one (on earth) could have foreseen that! **2** (als Gattung) **der ~** man; **die ~en** man sg, human beings pl; **~ bleiben** (infml) to stay human; **ich bin auch nur ein ~!** I'm only human **3** (≈ die Menschheit) **die ~en** mankind, man; **alle ~en** everyone **4**

(infml: als Interjektion) hey; **~, da habe ich mich aber getäuscht** boy, was I wrong! (infml) **Menschenaffe** m ape **Menschenauflauf** m crowd (of people) **menschenfeindlich** adj Mensch misanthropic; Landschaft etc inhospitable; Politik, Gesellschaft inhumane **Menschenfresser** m ⟨-s, -⟩, **Menschenfresserin** f ⟨-, -nen⟩ (infml) (≈ Kannibale) cannibal; (≈ Raubtier) man-eater **menschenfreundlich** adj Mensch philanthropic, benevolent; Gegend hospitable; Politik, Gesellschaft humane **Menschenführung** f leadership **Menschengedenken** nt **der kälteste Winter seit ~** the coldest winter in living memory **Menschenhand** f human hand; **von ~ geschaffen** fashioned by the hand of man **Menschenhandel** m slave trade; JUR trafficking (in human beings) **Menschenjagd** f **eine ~** a manhunt **Menschenkenner(in)** m/(f) judge of character **Menschenkenntnis** f, no pl knowledge of human nature **Menschenkette** f human chain **Menschenleben** nt human life; **Verluste an ~** loss of human life **menschenleer** adj deserted **Menschenmenge** f crowd (of people) **menschenmöglich** adj humanly possible; **das Menschenmögliche tun** to do all that is humanly possible **Menschenrecht** nt human right **menschenscheu** adj afraid of people **Menschenseele** f human soul; **keine ~** (fig) not a (living) soul **Menschenskind** int heavens above **menschenunwürdig** **A** adj beneath human dignity; Behausung unfit for human habitation **B** adv behandeln inhumanely; hausen, unterbringen under inhuman conditions **menschenverachtend** adj inhuman **Menschenverstand** m **gesunder ~** common sense **Menschenwürde** f human dignity no art **menschenwürdig** **A** adj Behandlung humane; Lebensbedingungen fit for human beings; Unterkunft fit for human habitation **B** adv behandeln humanely; wohnen in decent conditions **Menschheit** f ⟨-, no pl⟩ **die ~** mankind, humanity **menschlich** ['mɛnʃlɪç] **A** adj **1** human **2** (≈ human) Behandlung etc humane **B** adv **1** (≈ human) humanely **2** (infml ≈ zivi-

lisiert) decently **Menschlichkeit** *f* ⟨-, *no pl*⟩ humanity *no art*; **aus reiner ~** on purely humanitarian grounds; **Verbrechen gegen die ~** crimes against humanity

Menstruation [mɛnstrua'tsio:n] *f* ⟨-, -en⟩ menstruation **menstruieren** [mɛnstru'i:rən] *past part* **menstruiert** *v/i* to menstruate

Mentalität [mɛntali'tɛ:t] *f* ⟨-, -en⟩ mentality

Menthol [mɛn'to:l] *nt* ⟨-s, -e⟩ menthol

Mentor ['mɛnto:ɐ] *m*⟨-s, -en [-'to:rən]⟩, **Mentorin** [-'to:rɪn] *f* ⟨-, -nen⟩ **1** (*dated*) mentor **2** SCHOOL ≈ tutor

Menü [me'ny:] *nt* ⟨-s, -s⟩ **1** (≈ *Tagesmenü*) set meal, table d'hôte (*form*) **2** IT menu **Menübefehl** *m* IT menu command **menügesteuert** [-gəʃtɔyet] *adj* menu-driven **Menüleiste** *f* menu bar **Menüzeile** *f* menu line

Meridian [meri'dia:n] *m* ⟨-s, -e⟩ ASTRON, GEOG meridian

merkbar **A** *adj* (≈ *wahrnehmbar*) noticeable **B** *adv* noticeably **Merkblatt** *nt* leaflet **merken** ['mɛrkn] *v/t* **1** (≈ *wahrnehmen*) to notice; (≈ *spüren*) to feel; (≈ *erkennen*) to realize; **davon habe ich nichts gemerkt** I didn't notice anything; **du merkst auch alles!** (*iron*) nothing escapes you, does it? **2** (≈ *im Gedächtnis behalten*) to remember; **sich** (*dat*) **jdn/etw ~** to remember sb/sth; **das werde ich mir ~!** I won't forget that; **merk dir das!** mark my words! **merklich** ['mɛrklɪç] **A** *adj* noticeable **B** *adv* noticeably **Merkmal** ['mɛrkma:l] *nt* ⟨-s, -e⟩ characteristic **Merkspruch** *m* mnemonic (*form*)

Merkur [mɛr'ku:ɐ] *m* ⟨-s, *no pl*⟩ ASTRON Mercury

merkwürdig ['mɛrkvʏrdɪç] **A** *adj* strange **B** *adv* strangely; **~ riechen** to have a strange smell **Merkwürdigkeit** *f* ⟨-, -en⟩ **1** *no pl* (≈ *Seltsamkeit*) strangeness **2** (≈ *Eigentümlichkeit*) peculiarity **Merkzettel** *m* (reminder) note

messbar **A** *adj* measurable **B** *adv* measurably **Messbecher** *m* COOK measuring jug **Messdaten** *pl* readings *pl*

Messe[1] ['mɛsə] *f* ⟨-, -n⟩ ECCL, MUS mass

Messe[2] *f* ⟨-, -n⟩ (trade) fair

Messe[3] *f* ⟨-, -n⟩ NAUT, MIL mess

Messegelände *nt* exhibition centre (*Br*) *or* center (*US*) **Messehalle** *f* fair pavilion **messen** ['mɛsn] *pret* **maß** [ma:s], *past part* **gemessen** [gə'mɛsn] **A** *v/t* to measure; **jds Blutdruck ~** to take sb's blood pressure; **er misst 1,90 m** he is 1.90 m tall; **seine Kräfte mit jdm ~** to match one's strength against sb's **B** *v/i* to measure **C** *v/r* **sich mit jdm ~** (*elev: im Wettkampf*) to compete with sb; **sich mit jdm/etw nicht ~ können** to be no match for sb/sth

Messer ['mɛsɐ] *nt* ⟨-s, -⟩ knife; **unters ~ kommen** (MED *infml*) to go under the knife; **jdm das ~ an die Kehle setzen** to hold a knife to sb's throat; **damit würden wir ihn ans ~ liefern** (*fig*) that would be putting his head on the block; **ein Kampf bis aufs ~** (*fig*) a fight to the finish; **auf des ~s Schneide stehen** (*fig*) to be on a razor's edge **messerscharf** *adj* razor-sharp; *Folgerung* clear-cut **Messerstecherei** [-ʃtɛçə'rai] *f* ⟨-, -en⟩ stabbing, knife fight

Messfühler *m* probe; METEO gauge **Messgerät** *nt* (*für Öl, Druck etc*) measuring instrument

Messias [mɛ'si:as] *m* ⟨-, -se⟩ Messiah

Messie ['mɛsi] *m* ⟨-s, -s⟩ (*infml*) messy person

Messing ['mɛsɪŋ] *nt* ⟨-s, *no pl*⟩ brass **Messingschild** *nt*, *pl* -schilder brass plate

Messinstrument *nt* gauge **Messlatte** *f* measuring stick; (*fig* ≈ *Maßstab*) threshold **Messstab** *m* (AUTO ≈ *Ölmessstab etc*) dipstick **Messtechnik** *f* measurement technology **Messtischblatt** *nt* ordnance survey map **Messung** ['mɛsʊŋ] *f* ⟨-, -en⟩ **1** (≈ *das Messen*) measuring **2** (≈ *Messergebnis*) measurement **Messwert** *m* measurement

Metall [me'tal] *nt* ⟨-s, -e⟩ metal; **~ verarbeitend** metal-processing *attr*, metal-working *attr* **Metallarbeiter(in)** *m*/(*f*) metalworker **metallen** [me'talən] **A** *adj* metal; (*elev*) *Klang, Stimme* metallic **B** *adv* **glänzen** metallically; **~ klingen** to sound tinny **metallhaltig** *adj* metalliferous **metallic** [me'talɪk] *adj* metallic **Metallindustrie** *f*, *no pl* metal industry **Metallurgie** [metalʊr'gi:] *f* ⟨-, *no pl*⟩ metallurgy **metallverarbeitend** *adj* → Metall **Metallverarbeitung** *f* metal processing

Metamorphose [metamɔr'fo:zə] *f* ⟨-, -n⟩ metamorphosis

Metapher [me'tafe] *f* ⟨-, -n⟩ metaphor

Metastase [metaˈstaːzə] f ⟨-, -n⟩ metastasis

Meteor [meteˈoːɐ, ˈmeːteoːɐ] m or nt ⟨-s, -e [-ˈoːrə]⟩ meteor **Meteorit** [meteoˈriːt] m ⟨-en, -en⟩ meteorite **Meteorologe** [meteoroˈloːgə] m ⟨-n, -n⟩, **Meteorologin** [-ˈloːgɪn] f ⟨-, -nen⟩ meteorologist; (im Wetterdienst) weather forecaster **Meteorologie** [meteoroloˈgiː] f ⟨-, no pl⟩ meteorology **meteorologisch** [meteoroˈloːgɪʃ] adj meteorological

Meter [ˈmeːtɐ] m or nt ⟨-s, -⟩ metre (Br), meter (US) **meterhoch** adj metres (Br) or meters (US) high **meterlang** adj metres (Br) or meters (US) long **Metermaß** nt (≈ Bandmaß) tape measure **Meterstab** m metre rule (Br), meter rule (US) **Meterware** f TEX piece goods **meterweise** adv by the metre (Br) or meter (US)

Methadon [metaˈdoːn] nt ⟨-s, no pl⟩ methadone

Methangas nt methane

Methode [meˈtoːdə] f ⟨-, -n⟩ **1** method **2** **Methoden** pl (≈ Sitten) behaviour (Br), behavior (US) **methodisch** [meˈtoːdɪʃ] **A** adj methodical **B** adv methodically

Methodist [metoˈdɪst] m ⟨-en, -en⟩, **Methodistin** [-ˈdɪstɪn] f ⟨-, -nen⟩ Methodist **Methylalkohol** [meˈtyːl-] m methyl alcohol

Metier [meˈtieː] nt ⟨-s, -s⟩ job, profession; **sich auf sein ~ verstehen** to be good at one's job

Metrik [ˈmeːtrɪk] f ⟨-, -en⟩ POETRY, MUS metrics sg **metrisch** [ˈmeːtrɪʃ] adj metric **Metronom** [metroˈnoːm] nt ⟨-s, -e⟩ MUS metronome

Metropole [metroˈpoːlə] f ⟨-, -n⟩ (≈ Zentrum) centre (Br), center (US)

metrosexuell [ˈmeːtrozɛksuɛl] adj metrosexual

Mettwurst [ˈmɛt-] f (smoked) pork/beef sausage

Metzelei [mɛtsəˈlai] f ⟨-, -en⟩ butchery **metzeln** [ˈmɛtsln] v/t to slaughter **Metzger** [ˈmɛtsɡɐ] m ⟨-s, -⟩, **Metzgerin** [-ərɪn] f ⟨-, -nen⟩ butcher **Metzgerei** [mɛtsɡəˈrai] f ⟨-, -en⟩ butcher's (shop)

Meute [ˈmɔytə] f ⟨-, -n⟩ pack (of hounds); (fig pej) mob **Meuterei** [mɔytəˈrai] f ⟨-, -en⟩ mutiny **meutern** [ˈmɔytɐn] v/i to mutiny

Mexikaner [mɛksiˈkaːnɐ] m ⟨-s, -⟩, **Mexikanerin** [-ərɪn] f ⟨-, -nen⟩ Mexican **mexikanisch** [mɛksiˈkaːnɪʃ] adj Mexican **Mexiko** [ˈmɛksiko] nt ⟨-s⟩ Mexico

miau [miˈau] int miaow (Br), meow **miauen** [miˈauən] past part **miaut** v/i to meow

mich [mɪç] **A** pers pr me **B** refl pr myself

mick(e)rig [ˈmɪk(ə)rɪç] adj (infml) pathetic

Miederhöschen [-høːsçən] nt panty girdle **Miederwaren** pl corsetry sg

Mief [miːf] m ⟨-s, no pl⟩ (infml) fug; (muffig) stale air; (≈ Gestank) stink

Miene [ˈmiːnə] f ⟨-, -n⟩ expression; **eine finstere ~ machen** to look grim

mies [miːs] (infml) **A** adj rotten (infml); Qualität poor **B** adv badly **Miesepeter** [ˈmiːzəpeːtɐ] m ⟨-s, -⟩ (infml) grouch (infml) **miesmachen** v/t sep (infml) to run down **Miesmacher(in)** m/(f) (infml) killjoy

Miesmuschel f mussel

Mietauto nt hire(d) car **Miete** [ˈmiːtə] f ⟨-, -n⟩ (für Wohnung) rent; (für Gegenstände) rental; **zur ~ wohnen** to live in rented accommodation **mieten** [ˈmiːtn] v/t to rent; Boot, Auto to rent, to hire (esp Br) **Mieter** [ˈmiːtɐ] m ⟨-s, -⟩, **Mieterin** [-ərɪn] f ⟨-, -nen⟩ tenant; (≈ Untermieter) lodger **Mieterhöhung** f rent increase **Mieterschaft** [ˈmiːtɐʃaft] f ⟨-, -en⟩ tenants pl **Mieterschutz** m rent control **mietfrei** adj, adv rent-free **Mietpreis** m rent; (für Sachen) rental (fee or rate (US)) **Mietrückstände** pl rent arrears pl **Miethaus** nt block of (rented) flats (Br), apartment house (US) **Mietverhältnis** nt tenancy **Mietvertrag** m lease; (von Auto) rental agreement **Mietwagen** m hire(d) car (Br), rental (car) (US) **Mietwohnung** f rented flat (Br) or apartment **Mieze** [ˈmiːtsə] f ⟨-, -n⟩ (infml ≈ Katze) pussy(-cat) (infml)

Migräne [miˈɡrɛːnə] f ⟨-, no pl⟩ migraine **Migrant** [miˈɡrant] m ⟨-, -nen⟩, **Migrantin** [-ɪn] f ⟨-, -nen⟩ migrant **Migration** [migraˈtsioːn] f ⟨-, -en⟩ migration **Migrationshintergrund** m immigration background; **mit ~** from an immigration background

Mikrobe [miˈkroːbə] f ⟨-, -n⟩ microbe

Mikrochip m microchip **Mikroelektronik** f microelectronics sg **Mikrofaser** f microfibre (Br), microfiber (US) **Mikrofon** [mikroˈfoːn, ˈmiːkrofoːn] nt ⟨-s, -e⟩

microphone **Mikrokosmos** m microcosm **Mikrokredit** m microcredit **Mikroorganismus** m microorganism **Mikrophon** nt = Mikrofon **Mikroprozessor** m microprocessor **Mikroskop** [mikro'sko:p] nt ⟨-s, -e⟩ microscope **mikroskopisch** [mikro'sko:pɪʃ] **A** adj microscopic **B** adv **etw ~ untersuchen** to examine sth under the microscope; **~ klein** (fig) microscopically small **Mikrowelle** f microwave **mikrowellengeeignet** adj microwave-safe **Mikrowellenherd** m microwave (oven)

Milbe ['mɪlbə] f ⟨-, -n⟩ mite

Milch [mɪlç] f ⟨-, no pl⟩ milk **Milchdrüse** f mammary gland **Milchflasche** f milk bottle **Milchgeschäft** nt dairy **Milchglas** nt frosted glass **milchig** ['mɪlçɪç] adj milky; **~ trüb** opaque **Milchkaffee** m milky coffee **Milchkanne** f milk can; (größer) (milk) churn **Milchkuh** f milk cow **Milchladen** m dairy **Milchmädchenrechnung** f (infml) naïve fallacy **Milchmixgetränk** nt milk shake **Milchprodukt** nt milk product **Milchpulver** nt powdered milk **Milchreis** m round-grain rice; (als Gericht) rice pudding **Milchschäumer** m ⟨-s, -⟩ (milk) frother **Milchshake** [-ʃeːk] m ⟨-s, -s⟩ milk shake **Milchstraße** f Milky Way **Milchtüte** f milk carton **Milchzahn** m milk tooth **Milchzuckerunverträglichkeit** f lactose intolerance

mild [mɪlt], **milde** ['mɪldə] **A** adj Wetter, Käse, Zigarette mild; (≈ nachsichtig) lenient **B** adv mildly; (≈ nachsichtig) leniently; **~e gesagt** to put it mildly; **~ schmecken** to taste mild **Milde** ['mɪldə] f ⟨-, no pl⟩ mildness; (≈ Nachsichtigkeit) leniency; **~ walten lassen** to be lenient **mildern** ['mɪldɐn] **A** v/t (elev) Schmerz to soothe; Kälte to alleviate; Angst to calm; Strafe, Urteil to mitigate; Konflikt, Problem to reduce; Ausdrucksweise to moderate; **~de Umstände** JUR mitigating circumstances **B** v/r (Wetter) to become milder; (Schmerz) to ease **Milderung** ['mɪldərʊŋ] f ⟨-, no pl⟩ (von Schmerz) easing, soothing; (von Ausdruck, Strafe) moderation

Milieu [mi'liø:] nt ⟨-s, -s⟩ (≈ Umwelt) environment; (≈ Lokalkolorit) atmosphere **milieugeschädigt** [-gəʃɛːdɪçt], **milieuge-**

stört adj maladjusted (due to adverse social factors)

militant [mili'tant] adj militant **Militanz** [mili'tants] f ⟨-, no pl⟩ militancy

Militär [mili'tɛːɐ] nt ⟨-s, no pl⟩ military pl; **beim ~ sein** (infml) to be in the forces; **zum ~ gehen** to join the army **Militärarzt** m, **Militärärztin** f army doctor; (≈ Offizier) medical officer **Militärdienst** m military service; **(seinen) ~ ableisten** to do national service **Militärgericht** nt military court **militärisch** [mili'tɛːrɪʃ] adj military **Militarismus** [milita'rɪsmʊs] m ⟨-, no pl⟩ militarism **militaristisch** [milita'rɪstɪʃ] adj militaristic **Military** ['mɪlɪtərɪ] f ⟨-, -s⟩ SPORTS three-day event **Militärzeit** f army days pl **Miliz** [mi'liːts] f ⟨-, -en⟩ militia

Milliardär [mɪliar'dɛːɐ] m ⟨-s, -e⟩, **Milliardärin** [-'dɛːrɪn] f ⟨-, -nen⟩ billionaire **Milliarde** [mɪ'liardə] f ⟨-, -n⟩ thousand millions (Br), billion (US)

Millibar nt millibar **Milligramm** nt milligram(me) **Milliliter** m millilitre (Br), milliliter (US) **Millimeter** m or nt millimetre (Br), millimeter (US) **Millimeterpapier** nt graph paper

Million [mɪ'lioːn] f ⟨-, -en⟩ million; **zwei ~en Einwohner** two million inhabitants; **~en Mal** a million times **Millionär** [mɪlio'nɛːɐ] m ⟨-s, -e⟩ millionaire **Millionärin** [mɪlio'nɛːrɪn] f ⟨-, -nen⟩ millionairess **millionenfach** adj millionfold **Millionengeschäft** nt multi-million-pound/dollar etc industry **Millionenstadt** f town with over a million inhabitants **Millionstel** [mɪ'lioːnstl] nt ⟨-s, -⟩ millionth part

Milz [mɪlts] f ⟨-, -en⟩ spleen **Milzbrand** m MED, VET anthrax

mimen ['miːmən] v/t **er mimt den Kranken** (infml) he's pretending to be sick

Mimose [mi'moːzə] f ⟨-, -n⟩ mimosa; **empfindlich wie eine ~ sein** to be oversensitive **mimosenhaft** adj (fig) oversensitive

Minarett [mina'rɛt] nt ⟨-s, -e or -s⟩ minaret

minder ['mɪndɐ] adv less; **mehr oder ~** more or less **minderbegabt** adj less gifted **Mindereinnahmen** pl decrease sg in receipts **mindere(r, s)** adj attr lesser; Güte, Qualität inferior **Minderheit** f ⟨-, -en⟩ minority

Minderheitsregierung f minority government **minderjährig** [-jɛːrɪç] adj who is (still) a minor **Minderjährige(r)** [-jɛːrɪɡə] m/f(m) decl as adj minor **Minderjährigkeit** [-jɛːrɪçkait] f ⟨-, no pl⟩ minority **mindern** ['mɪndɛn] **A** v/t Ansehen to diminish; Rechte to erode; (von Vergnügen) to lessen; Risiko, Chancen to reduce **B** v/r (Ansehen, Wert) to diminish; (Vergnügen) to lessen **Minderung** ['mɪndərʊŋ] f ⟨-, -en⟩ (≈ Herabsetzung) diminishing no indef art; (von Wert) reduction (+gen in); (von Vergnügen) lessening **minderwertig** [-veːɐtɪç] adj inferior **Minderwertigkeit** f inferiority **Minderwertigkeitskomplex** m inferiority complex **Minderzahl** f minority; **in der ~ sein** to be in the minority

Mindestalter nt minimum age **mindestens** ['mɪndəstns] adv at least **mindeste(r, s)** ['mɪndəstə] adj attr least, slightest; **nicht die ~ Angst** not the slightest trace of fear; **das Mindeste** the (very) least; **nicht im Mindesten** not in the least **Mindestgebot** nt (bei Auktionen) reserve price **Mindestlohn** m minimum wage **Mindestmaß** nt minimum

Mine ['miːnə] f ⟨-, -n⟩ **1** MIN, MIL mine **2** (≈ Bleistiftmine) lead; (≈ Kugelschreibermine) refill **Minenfeld** nt MIL minefield **Minensuchboot** nt minesweeper

Mineral [mine'raːl] nt ⟨-s, -e or -ien [-li-ən]⟩ **1** mineral **2** no pl (Aus, Swiss) mineral water **Mineralbad** nt mineral bath; (≈ Ort) spa; (≈ Schwimmbad) swimming pool fed from a mineral spring **Mineralöl** nt (mineral) oil **Mineralquelle** f mineral spring **Mineralwasser** nt mineral water **Mini** ['mɪni] m ⟨-s, -s⟩ (infml ≈ Minirock) mini **Miniatur** [minia'tuːɐ] f ⟨-, -en⟩ miniature **Minibar** f (im Hotel etc) minibar **Minibus** m minibus **Minidisc, Minidisk** [-dɪsk] f ⟨-, -s⟩ (≈ Tonträger) Minidisc®; IT minidisk **Minigolf** nt crazy golf (Br), putt-putt golf (US) **Minijob** m minijob **minimal** [mini'maːl] **A** adj minimal; Gewinn, Chance very small; Gehalt very low; **mit ~er Anstrengung** with a minimum of effort **B** adv (≈ wenigstens) at least **minimieren** [mini'miːrən] past part minimiert v/t to minimize **Minimum** ['miː-nimʊm] nt ⟨-s, Minima [-ma]⟩ minimum (an +dat of) **Minirock** m miniskirt **Minister** [mi'nɪstɐ] m ⟨-s, -⟩, **Ministerin** [-ərɪn] f ⟨-, -nen⟩ POL minister (Br) (für of), secretary (für for) **Ministerium** [minɪs-'teːriʊm] nt ⟨-s, Ministerien [-riən]⟩ ministry (Br), department **Ministerkonferenz** f conference of ministers **Ministerpräsident(in)** m/(f) prime minister; (eines Bundeslandes) leader of a Federal German state **Ministerrat** m council of ministers

Ministrant [minɪs'trant] m ⟨-en, -en⟩, **Ministrantin** [-'trantɪn] f ⟨-, -nen⟩ ECCL server

Minnesang m minnesong **Minnesänger** m ⟨-s, -⟩ minnesinger

minus ['miːnʊs] **A** prep +gen minus **B** adv minus; **~ 10 Grad** minus 10 degrees; **~ machen** (infml) to make a loss **Minus** ['miː-nʊs] nt ⟨-, -⟩ (≈ Fehlbetrag) deficit; (auf Konto) overdraft; (fig ≈ Nachteil) bad point **Minuspol** m negative pole **Minuspunkt** m minus point; **ein ~ für jdn sein** to count against sb **Minustemperatur** f temperature below freezing **Minuszeichen** nt minus sign

Minute [mi'nuːtə] f ⟨-, -n⟩ minute; **auf die ~ (genau)** (right) on the dot; **in letzter ~** at the last minute **minutenlang** **A** adj attr several minutes of **B** adv for several minutes **Minutenzeiger** m minute hand

minutiös [minu'tsiøːs], **minuziös** [minu-'tsiøːs] (elev) **A** adj meticulous; Fragen detailed **B** adv meticulously; erklären in great detail

Minze ['mɪntsə] f ⟨-, -n⟩ BOT mint

mir [miːɐ] pers pr to me; (nach Präpositionen) me; **ein Freund von ~** a friend of mine; **von ~ aus!** (infml) I don't mind; **du bist ~ vielleicht einer!** (infml) you're a right one, you are! (infml)

Mirabelle [mira'bɛlə] f ⟨-, -n⟩ mirabelle

Mischbatterie f mixer tap **Mischehe** f mixed marriage **mischen** ['mɪʃn] **A** v/t to mix; Karten to shuffle; → **gemischt** **B** v/r (≈ sich vermengen) to mix; **sich unter jdn/etw ~** to mix with sb/sth; **sich in etw** (acc) **~** to meddle in sth **C** v/i CARDS to shuffle **Mischgemüse** nt mixed vegetables pl **Mischling** ['mɪʃlɪŋ] m ⟨-s, -e⟩ **1** (Mensch) mixed race person **2** ZOOL half-breed **Mischmasch** ['mɪʃmaʃ] m ⟨-(e)s, -e⟩ (infml) mishmash (aus of) **Mischmaschine** f cement-mixer **Mischpult** nt (RADIO, TV) mixing desk;

M

(von Band) sound mixer **Mischung** ['mɪ-ʃʊŋ] f ⟨-, -en⟩ **1** (≈ das Mischen) mixing **2** (≈ Gemischtes) mixture; (von Tee etc) blend **Mischungsverhältnis** nt ratio (of a mixture) **Mischwald** m mixed (deciduous and coniferous) woodland

miserabel [mizə'raːbl] (infml) **A** adj lousy (infml); Gesundheit miserable; Gefühl ghastly; Benehmen dreadful; Qualität poor **B** adv dreadfully; **~ schmecken** to taste lousy (infml) **Misere** [mi'zeːrə] f ⟨-, -n⟩ (von Wirtschaft etc) plight; **jdn aus einer ~ herausholen** to get sb out of trouble **Mispel** ['mɪspl] f ⟨-, -n⟩ medlar (tree)

missachten [mɪs'axtn, 'mɪs-] past part missachtet v/t insep **1** (≈ ignorieren) Warnung to ignore; Gesetz to flout **2** (≈ gering schätzen) jdn to despise **Missachtung** f **1** (≈ Ignorieren) disregard (gen for); (von Gesetz) flouting (gen of) **2** (≈ Geringschätzung) disrespect (+gen for) **Missbildung** f deformity **missbilligen** [mɪs'bɪlɪɡn] past part missbilligt v/t insep to disapprove of **missbilligend A** adj disapproving **B** adv disapprovingly **Missbilligung** f disapproval **Missbrauch** ['mɪsbraux] m abuse; (von Notbremse, Kreditkarte) improper use **missbrauchen** [mɪs'brauxn] past part missbraucht v/t insep Vertrauen to abuse; (elev ≈ vergewaltigen) to assault; **jdn für** or **zu etw ~** to use sb for sth **missbräuchlich** ['mɪsbrɔyçlɪç] **A** adj incorrect **B** adv incorrectly **missdeuten** [mɪs'dɔytn] past part missdeutet v/t insep to misinterpret

missen ['mɪsn] v/t (elev) to do without; Erfahrung to miss

Misserfolg m failure **Missernte** f crop failure **missfallen** [mɪs'falən] past part missfallen v/i +dat insep irr to displease; **es missfällt mir, wie er ... I** dislike the way he ... **Missfallen** nt ⟨-s, no pl⟩ displeasure (über +acc at) **Missfallensäußerung** f expression of disapproval **Missfallenskundgebung** f demonstration of disapproval **missgebildet** ['mɪsɡəbɪldət] adj deformed **Missgeburt** f deformed person/animal; (fig infml) failure **Missgeschick** nt mishap; (≈ Unglück) misfortune **missglücken** [mɪs'ɡlʏkn] past part missglückt v/i insep aux sein to fail; **das ist ihr missglückt** she failed; **der Kuchen ist (mir) missglückt** the cake

didn't turn out **missgönnen** [mɪs'ɡœnən] past part missgönnt v/t insep **jdm etw ~** to (be)grudge sb sth **Missgriff** m mistake **Missgunst** f enviousness (gegenüber of) **missgünstig** **A** adj envious (auf +acc of) **B** adv enviously **misshandeln** [mɪs'handln] past part misshandelt v/t insep to ill-treat **Misshandlung** f ill-treatment

Mission [mɪ'sioːn] f ⟨-, -en⟩ mission; (≈ Gruppe) delegation **Missionar** [mɪsio-'naːɐ] m ⟨-s, -e⟩, **Missionarin** [-'naːrɪn] f ⟨-, -nen⟩ missionary **missionarisch** [mɪsio'naːrɪʃ] adj missionary

Missklang m discord **Misskredit** [-kre-'diːt] m, no pl discredit; **jdn/etw in ~ bringen** to discredit sb/sth **misslich** ['mɪslɪç] adj (elev) Lage awkward **missliebig** ['mɪsliːbɪç] adj unpopular **misslingen** [mɪs'lɪŋən] pret misslang [mɪs'laŋ], past part misslungen [mɪs'lʊŋən] v/i insep aux sein = missglücken **missmutig** ['mɪsmuːtɪç] **A** adj sullen, morose; (≈ unzufrieden) discontented; Äußerung disgruntled **B** adv sullenly, morosely; (≈ unzufrieden) discontentedly; sagen disgruntledly

missraten[1] [mɪs'raːtn] past part missraten v/i insep irr aux sein to go wrong; (Kind) to become wayward; **der Kuchen ist (mir) ~** the cake didn't turn out

missraten[2] [mɪs'raːtn] adj Kind wayward **Missstand** m disgrace no pl, deplorable state of affairs no pl; (≈ Ungerechtigkeit) abuse **Missstimmung** f **1** (≈ Uneinigkeit) discord **2** (≈ Missmut) ill feeling no indef art **misstrauen** [mɪs'trauən] past part misstraut v/i +dat insep to mistrust **Misstrauen** ['mɪstrauən] nt ⟨-s, no pl⟩ mistrust, distrust (gegenüber of); **einer Sache ~ entgegenbringen** to mistrust sth **Misstrauensantrag** m PARL motion of no confidence **Misstrauensvotum** nt PARL vote of no confidence **misstrauisch** ['mɪstrauɪʃ] **A** adj mistrustful; (≈ argwöhnisch) suspicious **B** adv sceptically (Br), skeptically (US) **Missverhältnis** nt discrepancy **missverständlich** ['mɪsfɛɐʃtɛntlɪç] **A** adj unclear; **~e Ausdrücke** expressions which could be misunderstood **B** adv unclearly; **ich habe mich ~ ausgedrückt I** didn't express myself clearly **Missverständnis** nt misunderstanding **missverstehen** ['mɪsfɛɐʃteːən] past part

missverstanden v/t insep irr to misunderstand; **Sie dürfen mich nicht ~** please do not misunderstand me
Misswahl f beauty contest
Misswirtschaft f maladministration
Mist [mɪst] m ⟨-es, no pl⟩ (≈ Kuhmist etc) dung; (≈ Dünger) manure; (infml) (≈ Unsinn) rubbish (esp Br); **~!** blast! (infml); **da hat er ~ gebaut** he really messed that up (infml); **mach keinen ~!** don't be a fool!
Mistel ['mɪstl] f ⟨-, -n⟩ mistletoe no pl
Mistgabel f pitchfork (used for shifting manure) **Misthaufen** m manure heap **Mistkäfer** m dung beetle **Mistkerl** m (infml) dirty or rotten pig (infml) **Mistkübel** m (Aus) dirty or rotten pig (infml), rubbish bin (Br), garbage can (US) **Miststück** nt (infml), **Mistvieh** nt (infml) (≈ Mann) bastard (sl); (≈ Frau) bitch (sl) **Mistwetter** nt (infml) lousy weather
mit [mɪt] **A** prep +dat with; **~ der Bahn/dem Bus** by train/bus; **~ Bleistift schreiben** to write in pencil; **~ dem nächsten Bus kommen** to come on the next bus; **~ achtzehn Jahren** at (the age of) eighteen; **~ 1 Sekunde Vorsprung gewinnen** to win by 1 second; **~ 80 km/h** at 80 km/h; **~ 4:2 gewinnen** to win 4-2; **du ~ deinen dummen Ideen** (infml) you and your stupid ideas **B** adv **er war ~ dabei** he went or came too; **er ist ~ der Beste der Gruppe** he is one of the best in the group; **etw ~ in Betracht ziehen** to consider sth as well
Mitarbeit f cooperation; **~ bei** or **an etw** (dat) work on sth; **unter ~ von** in collaboration with **mitarbeiten** v/i sep to cooperate (bei on); (bei Projekt etc) to collaborate; **an** or **bei etw ~** to work on sth **Mitarbeiter(in)** m/(f) (≈ Betriebsangehöriger) employee; (≈ Kollege) colleague; (an Projekt etc) collaborator; **freier ~** freelance **Mitarbeiterstab** m staff
mitbekommen past part **mitbekommen** v/t sep irr (infml) (≈ verstehen) to get (infml); (≈ bemerken) to realize; **hast du das noch nicht ~?** (≈ erfahren) you mean you didn't know that?
mitbenutzen past part **mitbenutzt** v/t sep to share (the use of)
Mitbesitzer(in) m/(f) co-owner
mitbestimmen past part **mitbestimmt** sep v/i to have a say (bei in) **Mitbestimmung** f co-determination,

participation (bei in); **~ am Arbeitsplatz** worker participation
Mitbewerber(in) m/(f) (fellow) competitor; (für Stelle) (fellow) applicant
Mitbewohner(in) m/(f) (fellow) occupant
mitbringen v/t sep irr **1** Geschenk etc to bring; Freund, Begleiter to bring along; **jdm etw ~** to bring sth for sb; **jdm etw von** or **aus der Stadt ~** to bring sb sth back from town; **was sollen wir der Gastgeberin ~?** what should we take our hostess?; **etw in die Ehe ~** to have sth when one gets married **2** (fig) Befähigung etc to have **Mitbringsel** ['mɪtbrɪŋzl] nt ⟨-s, -⟩ (Geschenk) small present; (Andenken) souvenir
Mitbürger(in) m/(f) fellow citizen
mitdürfen v/i sep irr **wir durften nicht mit** we weren't allowed to go along
miteinander [mɪtai'nandɐ] adv with each other; (≈ gemeinsam) together; **alle ~!** all together **Miteinander** [mɪtai'nandɐ] nt ⟨-s, no pl⟩ cooperation
miterleben past part **miterlebt** v/t sep to experience; (im Fernsehen) to watch
Mitesser [-ɛsɐ] m ⟨-s, -⟩ blackhead
mitfahren v/i sep irr aux sein to go (with sb); **sie fährt mit** she is going too; (mit jdm) **~** to go with sb; **kann ich (mit Ihnen) ~?** can you give me a lift or a ride (esp US)? **Mitfahrer(in)** m/(f) fellow passenger **Mitfahrgelegenheit** f lift
mitfühlen v/i sep **mit jdm ~** to feel for sb **mitfühlend** **A** adj sympathetic **B** adv sympathetically
mitführen v/t sep Papiere, Waffen etc to carry (with one)
mitgeben v/t sep irr **jdm etw ~** to give sb sth to take with them
Mitgefühl nt sympathy
mitgehen v/i sep irr aux sein **1** (≈ mit anderen gehen) to go too; **mit jdm ~** to go with sb; **gehen Sie mit?** are you going (too)? **2** (fig: Publikum etc) to respond (favourably (Br) or favorably (US)) (mit to) **3** (infml) **etw ~ lassen** to steal sth
Mitgift ['mɪtgɪft] f ⟨-, -en⟩ dowry **Mitgiftjäger** m (infml) dowry-hunter (Br), fortune-hunter
Mitglied ['mɪtgliːt] nt member (+gen, bei, in +dat of) **Mitgliederversammlung** f general meeting **Mitgliedsausweis** m membership card **Mitgliedsbeitrag**

m membership fee, membership dues *pl* **Mitgliedschaft** ['mɪtgliːtʃaft] *f* ‹-, -en› membership state **Mitgliedsstaat** *m* member state

mithalten *v/i sep irr* (≈ *bei Tempo etc*) (**mit** with) to keep up; (*bei Versteigerung*) to stay in the bidding

mithelfen *v/i sep irr* to help **mithilfe, mit Hilfe** [mɪt'hɪlfə] *prep +gen* with the help (*+gen* of) **Mithilfe** *f* assistance, aid

mithören *sep v/t* to listen to (too); *Gespräch* to overhear; (*heimlich*) to listen in on; **ich habe alles mitgehört** I heard everything

Mitinhaber(in) *m/f(m)* joint owner

mitkommen *v/i sep irr aux sein* **1** to come along (*mit* with); **kommst du auch mit?** are you coming too?; **ich kann nicht ~ I** can't come **2** (*infml*) (≈ *mithalten*) to keep up; (≈ *verstehen*) to follow; **da komme ich nicht mit** that's beyond me

mitkriegen *v/t sep* (*infml*) = mitbekommen

Mitläufer(in) *m/f(m)* (POL, *pej*) fellow traveller (*Br*) *or* traveler (*US*)

Mitlaut *m* consonant

Mitleid *nt, no pl* pity (*mit* for); (≈ *Mitgefühl*) sympathy (*mit* with, for); **~ erregend** pitiful **Mitleidenschaft** *f* **jdn/etw in ~ ziehen** to affect sb/sth (detrimentally) **mitleiderregend** *adj* pitiful **mitleidig** ['mɪtlaidɪç] *adj* pitying; (≈ *mitfühlend*) sympathetic

mitmachen *v/t & v/i sep* **1** (≈ *teilnehmen*) *Spiel* to join in; *Reise* to go on; *Kurs* to do; *Mode* to follow; *Wettbewerb* to take part in; (**bei**) **etw ~** to join in sth; **er macht alles mit** he always joins in (all the fun); **da mache ich nicht mit** (≈ *ohne mich*) count me out!; **das mache ich nicht mehr mit** (*infml*) I've had quite enough (of that) **2** (≈ *erleben*) to live through; (≈ *erleiden*) to go through; **sie hat viel mitgemacht** she has been through a lot in her time

Mitmensch *m* fellow man *or* creature

mitmischen *v/i sep* (*infml*) (≈ *sich beteiligen*) to be involved (*in +dat, bei* in)

mitnehmen *v/t sep irr* **1** to take (with one); (≈ *ausleihen*) to borrow; (≈ *kaufen*) to take; **jdn (im Auto) ~** to give sb a lift *or* ride (*esp US*) **2** (≈ *erschöpfen*) *jdn* to exhaust; **mitgenommen aussehen** to look the worse for wear **3** (*infml*) *Sehenswürdigkeit* to take in

mitreden *sep* **A** *v/i* (≈ *mitbestimmen*) to have a say (*bei* in); **da kann er nicht ~** he wouldn't know anything about that **B** *v/t* **Sie haben hier nichts mitzureden** this is none of your concern

Mitreisende(r) *m/f(m) decl as adj* fellow passenger

mitreißen *v/t sep irr* (*Fluss, Lawine*) to sweep away; (*Fahrzeug*) to carry along; **sich ~ lassen** (*fig*) to allow oneself to be carried away **mitreißend** *adj Rhythmus, Enthusiasmus* infectious; *Reden, Musik* rousing; *Film, Fußballspiel* thrilling

mitsamt [mɪt'zamt] *prep +dat* together with

mitschicken *v/t sep* (*in Brief etc*) to enclose

mitschneiden *v/t sep irr* to record **Mitschnitt** *m* recording

mitschreiben *v/i sep irr* to take notes **Mitschuld** *f* **ihn trifft eine ~** a share of the blame falls on him; (*an Verbrechen*) he is implicated (*an +dat* in) **mitschuldig** *adj* (*an Verbrechen*) implicated (*an +dat* in); (*an Unfall*) partly responsible (*an +dat* for) **Mitschuldige(r)** *m/f(m) decl as adj* accomplice; (≈ *Helfershelfer*) accessory

Mitschüler(in) *m/f(m)* school-friend; (*in derselben Klasse*) classmate

mitsingen *sep irr* **A** *v/t* to join in (singing) **B** *v/i* to join in the singing

mitspielen *v/i sep* **1** (≈ *auch spielen*) to play too; (*in Mannschaft etc*) to play (*bei* in); **in einem Film ~** to be in a film **2** (*fig infml*) (≈ *mitmachen*) to play along (*infml*); (≈ *sich beteiligen*) to be involved in; **wenn das Wetter mitspielt** if the weather's OK (*infml*) **3** (≈ *Schaden zufügen*) **er hat ihr übel** *or* **hart mitgespielt** he has treated her badly **Mitspieler(in)** *m/f(m)* SPORTS player; THEAT member of the cast

Mitsprache *f* a say **Mitspracherecht** *nt* **jdm ein ~ einräumen** to allow *or* grant sb a say (*bei* in)

Mittag ['mɪtaːk] *m* ‹-(e)s, -e› **1** midday; **gestern/heute ~** at midday yesterday/today; **zu ~ essen** to have lunch *or* dinner **2** (*infml: Pause*) lunch hour, lunch-break; **~ machen** to take one's lunch hour *or* lunch-break **Mittagessen** *nt* lunch **mittags** *adv* at lunchtime; (**um**) **12 Uhr ~** at 12 noon, at 12 o'clock midday **Mittagspause** *f* lunch hour

Mittagsruhe f period of quiet (after lunch) **Mittagsschlaf** m afternoon nap **Mittagszeit** f lunchtime; **in der ~** at lunchtime

Mittäter(in) m/(f) accomplice **Mittäterschaft** f complicity

Mitte ['mɪtə] f ‹-, -n› **1** middle; (von Kreis, Stadt) centre (Br), center (US); **~ August** in the middle of August; **er ist ~ vierzig** he's in his mid-forties **2** POL centre (Br), center (US); **rechts/links von der ~** right/left of centre (Br) or center (US) **3** (von Gruppe) **einer aus unserer ~** one of us; **in unserer ~** in our midst

mitteilen sep v/t **jdm etw ~** to tell sb sth; (≈ bekannt geben) to announce sth to sb **mitteilsam** ['mɪttaɪlzaːm] adj communicative **Mitteilung** f (≈ Bekanntgabe) announcement; (≈ Benachrichtigung) notification; (an Mitarbeiter etc) memo

Mittel ['mɪtl] nt ‹-s, -› **1** (≈ Durchschnitt) average **2** (≈ Mittel zum Zweck, Transportmittel etc) means sg; (≈ Methode) way; **und Wege finden** to find ways and means; **~ zum Zweck** a means to an end; **als letztes** or **äußerstes ~** as a last resort; **ihm ist jedes ~ recht** he will do anything (to achieve his ends); **etw mit allen ~n verhindern** to do one's utmost to prevent sth **3** pl (≈ Geldmittel) resources pl **4** (≈ Medizin) medicine; (≈ Putzmittel) cleaning agent; **welches ~ nimmst du?** what do you use?; **das beste ~ gegen etw** the best cure for sth **Mittelalter** nt Middle Ages pl **mittelalterlich** [-altelɪç] adj medieval **Mittelamerika** nt Central America (and the Caribbean) **mittelamerikanisch** adj Central American **mittelbar** A adj indirect B adv indirectly **mitteldeutsch** adj GEOG, LING Central German **Mittelding** nt (≈ Mischung) cross (zwischen +dat, aus between) **Mitteleuropa** nt Central Europe **Mitteleuropäer(in)** m/(f) Central European **mitteleuropäisch** adj Central European; **~e Zeit** Central European Time **Mittelfeld** nt SPORTS midfield **Mittelfinger** m middle finger **mittelfristig** [-frɪstɪç] A adj Finanzplanung, Kredite medium-term B adv in the medium term **Mittelgebirge** nt low mountain range **Mittelgewicht** nt middleweight **mittelgroß** adj medium-sized **Mittelklasse** f **1** COMM middle of the

market; **ein Wagen der ~** a mid-range car **2** SOCIOL middle classes pl **Mittelklassewagen** m mid-range car **Mittellinie** f centre (Br) or center (US) line **mittellos** adj without means; (≈ arm) impoverished **Mittelmaß** nt mediocrity no adj; **~ sein** to be average **mittelmäßig** A adj mediocre B adv begabt, gebildet moderately; ausgestattet modestly **Mittelmäßigkeit** f mediocrity **Mittelmeer** nt Mediterranean (Sea) **Mittelmeerraum** m Mediterranean (region), Med (infml) **Mittelohrentzündung** f inflammation of the middle ear **Mittelpunkt** m centre (Br), center (US); (fig: visuell) focal point; **er muss immer im ~ stehen** he always has to be the centre (Br) or center (US) of attention **mittels** ['mɪtls] prep +gen or +dat (elev) by means of **Mittelschicht** f SOCIOL middle class **Mittelschule** f (Swiss ≈ Fachoberschule) ≈ College of Further Education **Mittelsmann** m, pl -männer or -leute intermediary **Mittelstand** m middle classes pl **mittelständisch** [-ʃtɛndɪʃ] adj middle-class; Betrieb medium-sized **Mittelstreckenrakete** f intermediate-range or medium-range missile **Mittelstreifen** m central reservation (Br), median (strip) (US) **Mittelstufe** f SCHOOL middle school (Br), junior high (US) **Mittelstürmer(in)** m/(f) SPORTS centre-forward (Br), center-forward (US) **Mittelweg** m middle course; **der goldene ~** the happy medium; **einen ~ gehen** to steer a middle course **Mittelwelle** f RADIO medium wave (-band) **mitten** ['mɪtn] adv **~ an etw** (dat)/**in etw** (dat) (right) in the middle of sth; **~ durch etw** (right) through the middle of sth; **~ in der Luft** in mid-air; **~ im Leben** in the middle of life; **~ unter uns** (right) in our midst **mittendrin** [mɪtn-'drɪn] adv (right) in the middle of it **mittendurch** [mɪtn'dʊrç] adv (right) through the middle **Mitternacht** f midnight no art **mitternächtlich** adj attr midnight **mittlere(r, s)** ['mɪtlərə] adj attr **1** middle; **der Mittlere Osten** the Middle East **2** (≈ den Mittelwert bildend) medium; (≈ durchschnittlich) average; MAT mean; (≈ von mittlerer Größe) Betrieb medium-sized; **~n Alters** middle-aged; **~ Reife** SCHOOL first public examination in secondary *school*, ≈ GCSEs *pl* (*Br*) **mittlerweile** ['mɪtlə'vaɪlə] *adv* in the meantime **Mittsommer** ['mɪtzɔmə] *m* midsummer **Mittsommernacht** *f* Midsummer's Night **Mittwoch** ['mɪtvɔx] *m* ⟨-s, -e⟩ Wednesday; → Dienstag **mittwochs** ['mɪtvɔxs] *adv* on Wednesdays; → dienstags

mitunter [mɪt'ʊntɐ] *adv* from time to time

mitverantwortlich *adj* jointly responsible *pred* **Mitverantwortung** *f* share of the responsibility

mitverdienen *past part* **mitverdient** *v/i sep* to (go out to) work as well

mitwirken *v/i sep* to play a part (*an +dat*, *bei* in); (≈ *beteiligt sein*) to be involved (*an +dat*, *bei* in); (*Schauspieler, Diskussionsteilnehmer*) to take part (*an +dat*, *bei* in); (*in Film*) to appear (*an +dat* in) **Mitwirkende(r)** [-vɪrkndə] *m/f(m) decl as adj* participant (*an +dat*, *bei* in); (≈ *Mitspieler*) performer (*an +dat*, *bei* in); (≈ *Schauspieler*) actor (*an +dat*, *bei* in); **die ~n** THEAT the cast *pl* **Mitwirkung** *f* (≈ *Beteiligung*) involvement (*an +dat*, *bei* in); (*an Buch, Film*) collaboration (*an +dat*, *bei* on); (*an Projekt*) participation (*an +dat*, *bei* in); (*von Schauspieler*) appearance (*an +dat*, *bei* in); **unter ~ von** with the assistance of

Mitwisser [-vɪsɐ] *m* ⟨-s, -⟩, **Mitwisserin** [-ərɪn] *f* ⟨-, -nen⟩ JUR accessory (+*gen* to); **~ sein** to know about it

mitzählen *v/t & v/i sep* to count; *Betrag* to count in

Mix [mɪks] *m* ⟨-, -e⟩ mixture **Mixbecher** *m* (cocktail) shaker **mixen** ['mɪksn] *v/t* to mix **Mixer** ['mɪksɐ] *m* ⟨-s, -⟩ (≈ *Küchenmixer*) blender; (≈ *Rührmaschine*) mixer **Mixer** ['mɪksɐ] *m* ⟨-s, -⟩, **Mixerin** [-ərɪn] *f* ⟨-, -nen⟩ **1** (≈ *Barmixer*) cocktail waiter/waitress **2** FILM, RADIO, TV mixer **Mixtur** [mɪks'tuːɐ] *f* ⟨-, -en⟩ mixture

MMS [ɛmɛm'ɛs] *m* ⟨-, -⟩ *abbr of* Multimedia Messaging Service MMS, picture messaging **MMS-Handy** [ɛmɛm'ɛs-] *f* TEL MMS-enabled mobile *or* cell phone (*US*)

Mob [mɔp] *m* ⟨-s, *no pl*⟩ (*pej*) mob **mobben** ['mɔbn] *v/t* to bully (at work) **Mobbing** ['mɔbɪŋ] *nt* ⟨-s, *no pl*⟩ workplace bullying

Möbel ['møːbl] *nt* ⟨-s, -⟩ (≈ *Möbelstück*) piece of furniture; **~** *pl* furniture *sg* **Möbelpacker** [-pakɐ] *m* ⟨-s, -⟩, **Möbelpa-**

ckerin [-ərɪn] *f* ⟨-, -nen⟩ furniture packer **Möbelschreiner(in)** *m/(f)* cabinet--maker **Möbelspedition** *f* removal firm (*Br*), moving company (*US*) **Möbelstück** *nt* piece of furniture **Möbelwagen** *m* removal van (*Br*), moving van (*US*)

mobil [mo'biːl] *adj* **1** mobile; (≈ *mitnehmbar*) portable; **~ machen** MIL to mobilize **2** (*infml* ≈ *munter*) lively **Mobilfunk** *m* cellular radio **Mobilfunknetz** *nt* cellular network

Mobiliar [mobi'liaːɐ] *nt* ⟨-s, *no pl*⟩ furnishings *pl*

mobilisieren [mobili'ziːrən] *past part* **mobilisiert** *v/t* to mobilize; COMM *Kapital* to make liquid **Mobilität** [mobili'tɛːt] *f* ⟨-, *no pl*⟩ mobility **Mobilmachung** [mo-'biːlmaxʊŋ] *f* ⟨-, -en⟩ MIL mobilization **Mobiltelefon** *nt* mobile phone

möblieren [mø'bliːrən] *past part* **möbliert** *v/t* to furnish; **neu ~** to refurnish; **möbliert wohnen** to live in furnished accommodation

Möchtegern- ['mœçtəgɛrn-] *in cpds* (*iron*) would-be

modal [mo'daːl] *adj* GRAM modal **Modalität** [modali'tɛːt] *f* ⟨-, -en⟩ *usu pl* (*von Vertrag etc*) arrangement; (*von Verfahren*) procedure **Modalverb** *nt* modal verb

Mode ['moːdə] *f* ⟨-, -n⟩ fashion; **~ sein** to be fashionable; **in ~/aus der ~ kommen** to come into/go out of fashion **modebewusst** *adj* fashion-conscious **Modedesigner(in)** *m/(f)* fashion designer **Modekrankheit** *f* fashionable complaint

Model ['mɔdl] *nt* ⟨-s, -s⟩ FASHION model **Modell** [mo'dɛl] *nt* ⟨-s, -e⟩ model; **zu etw ~ stehen** to be the model for sth; **jdm ~ stehen/sitzen** to sit for sb **Modelleisenbahn** *f* model railway (*esp Br*) *or* railroad (*US*); (*als Spielzeug*) train set **Modellflugzeug** *nt* model aeroplane (*Br*) *or* airplane (*US*) **modellieren** [modɛ-'liːrən] *past part* **modelliert** *v/t & v/i* to model **modeln** ['mɔdln] *v/i* FASHION to model

Modem ['moːdɛm] *nt* ⟨-s, -e⟩ modem **Modenschau** *f* fashion show

moderat [mode'raːt] **A** *adj* moderate, reasonable **B** *adv* moderately **Moderation** [modera'tsioːn] *f* ⟨-, -en⟩ (RADIO, TV) presentation **Moderator** [mode'raːtoːɐ] *m* ⟨-s, Moderatoren [-'toːrən]⟩, **Moderatorin** [-'toːrɪn] *f* ⟨-, -nen⟩ presenter

moderieren [mode'riːrən] *past part* **moderiert** *v/t & v/i* (RADIO, TV) to present
moderig ['moːdərɪç] *adj* Geruch musty
modern[1] ['moːdɐn] *v/i aux sein or haben* to rot
modern[2] [moˈdɛrn] **A** *adj* modern *no adv*; (≈ *modisch*) fashionable; **~ werden** to come into fashion **B** *adv sich kleiden* fashionably; *denken* open-mindedly; **~ wohnen** to live in modern housing **Moderne** [moˈdɛrnə] *f* ⟨-, *no pl*⟩ (*elev*) modern age **modernisieren** [modɛrniˈziːrən] *past part* **modernisiert** *v/t* to modernize **Modernisierung** *f* modernization **Modesalon** *m* fashion house **Modeschmuck** *m* costume jewellery (*Br*) or jewelry (*US*) **Modeschöpfer(in)** *m/(f)* fashion designer **Modewort** *nt, pl* -wörter in-word, buzz word **Modezeichner(in)** *m/(f)* fashion illustrator **Modezeitschrift** *f* fashion magazine
Modifikation [modifikaˈtsioːn] *f* ⟨-, -en⟩ modification **modifizieren** [modifiˈtsiːrən] *past part* **modifiziert** *v/t* to modify
modisch ['moːdɪʃ] **A** *adj* stylish **B** *adv* fashionably, stylishly **Modistin** [moˈdɪstɪn] *f* ⟨-, -nen⟩ milliner
Modul [moˈduːl] *nt* ⟨-s, -e⟩ IT module **modular** [moduˈlaːɐ] **A** *adj* modular **B** *adv* of modules **Modulation** [modulaˈtsioːn] *f* ⟨-, -en⟩ modulation
Modus ['moːdʊs, 'mɔdʊs] *m* ⟨-, **Modi** ['moːdi, 'mɔdi]⟩ **1** way; **~ Vivendi** (*elev*) modus vivendi **2** GRAM mood **3** IT mode
Mofa ['moːfa] *nt* ⟨-s, -s⟩ small moped
mogeln ['moːgln] *v/i* to cheat **Mogelpackung** *f* misleading packaging; (*fig*) sham
mögen ['møːgn] *pret* **mochte** ['mɔxtə], *past part* **gemocht** [gəˈmɔxt] **A** *v/t* to like; **sie mag das (gern)** she (really) likes that; **was möchten Sie, bitte?** what would you like?; (*Verkäufer*) what can I do for you? **B** *v/i* (≈ *etw tun mögen*) to like to; **ich mag nicht mehr** I've had enough; (≈ *bin am Ende*) I can't take any more; **ich möchte lieber in die Stadt** I would prefer to go into town **C** *past part* **mögen** *modal v/aux* **1** (*Wunsch*) to like to +*inf*; **möchten Sie etwas essen?** would you like something to eat?; **wir möchten (gern) etwas trinken** we would like something to drink; **ich möchte dazu nichts sagen** I don't want to say anything about that **2** (*einschränkend*) **man möchte meinen, dass** ... you would think that ...; **ich möchte fast sagen** ... I would almost say ... **3** (*elev: Einräumung*) **es mag wohl sein, dass er recht hat, aber** ... he may well be right, but ...; **mag kommen was da will** come what may **4** (*Vermutung*) **sie mag/mochte etwa zwanzig sein** she must be/ have been about twenty
Mogler ['moːglɐ] *m* ⟨-s, -⟩, **Moglerin** [-ərɪn] *f* ⟨-, -nen⟩ cheat
möglich ['møːklɪç] *adj* **1** possible; **alles Mögliche** everything you can think of; **er tat sein Möglichstes** he did his utmost; **so bald wie ~** as soon as possible; **das ist doch nicht ~!** that's impossible **2** (*attr* ≈ *eventuell*) *Kunden* potential, possible **möglicherweise** ['møːklɪçɐˈvaɪzə] *adv* possibly **Möglichkeit** *f* ⟨-, -en⟩ **1** possibility; **es besteht die ~, dass** ... there is a possibility that ...; **ist denn das die ~?** (*infml*) it's impossible! **2** (≈ *Aussicht*) chance; (≈ *Gelegenheit*) opportunity; **das Land der unbegrenzten ~en** the land of unlimited opportunity **möglichst** ['møːklɪçst] *adv* **~ genau/schnell/oft** as accurately/quickly/ often as possible
Mohn [moːn] *m* ⟨-(e)s, -e⟩ poppy; (≈ *Mohnsamen*) poppy seed **Mohnblume** *f* poppy
Möhre ['møːrə] *f* ⟨-, -n⟩, **Mohrrübe** *f* carrot
mokieren [moˈkiːrən] *past part* **mokiert** *v/r* to sneer (*über +acc* at)
Mokka ['mɔka] *m* ⟨-s, -s⟩ mocha
Molch [mɔlç] *m* ⟨-(e)s, -e⟩ salamander; (≈ *Wassermolch*) newt
Molekül [moleˈkyːl] *nt* ⟨-s, -e⟩ molecule **molekular** [molekuˈlaːɐ] *adj* molecular
Molke ['mɔlkə] *f* ⟨-, *no pl*⟩ (*dial*) whey **Molkerei** [mɔlkəˈraɪ] *f* ⟨-, -en⟩ dairy **Molkereibutter** *f* blended butter **Molkereiprodukt** *nt* dairy product
Moll [mɔl] *nt* ⟨-, -⟩ MUS minor (key); **a-~** A minor
mollig ['mɔlɪç] (*infml*) *adj* **1** cosy (*Br*), cozy (*US*); (≈ *warm, behaglich*) snug **2** (≈ *rundlich*) plump
Molltonleiter *f* minor scale
Molotowcocktail ['moːlotɔf-] *m* Molotov cocktail
Moment[1] [moˈmɛnt] *m* ⟨-(e)s, -e⟩ moment; **jeden ~** any time *or* minute; **einen ~, bitte** one moment please; **~ mal!** just a minute!; **im ~** at the moment

M

Moment² *nt* ⟨-(e)s, -e⟩ **1** (≈ *Bestandteil*) element **2** (≈ *Umstand*) fact; (≈ *Faktor*) factor **3** PHYS momentum

momentan [momɛn'taːn] **A** *adj* **1** (≈ *vorübergehend*) momentary **2** (≈ *augenblicklich*) present *attr* **B** *adv* **1** (≈ *vorübergehend*) for a moment **2** (≈ *augenblicklich*) at the moment

Monarch [mo'narç] *m* ⟨-en, -en⟩, **Monarchin** [-'narçɪn] *f* ⟨-, -nen⟩ monarch **Monarchie** [monar'çiː] *f* ⟨-, -n [-'çiːən]⟩ monarchy

Monat ['moːnat] *m* ⟨-(e)s, -e⟩ month; **der ~ Mai** the month of May; **sie ist im sechsten ~ (schwanger)** she's five months pregnant; **was verdient er im ~?** how much does he earn a month?; **am 12. dieses ~s** on the 12th (of this month); **auf ~e hinaus** months ahead **monatelang** **A** *adj attr Verhandlungen, Kämpfe* which go on for months; **nach ~em Warten** after waiting for months; **mit ~er Verspätung** months late **B** *adv* for months **monatlich** ['moːnatlɪç] **A** *adj* monthly **B** *adv* every month **Monatsanfang** *m* beginning of the month **Monatsende** *nt* end of the month **Monatsgehalt** *nt* monthly salary; **ein ~** one month's salary **Monatskarte** *f* monthly season ticket **Monatsrate** *f* monthly instalment (*Br*) *or* installment (*US*)

Mönch [mœnç] *m* ⟨-(e)s, -e⟩ monk

Mond [moːnt] *m* ⟨-(e)s, -e [-də]⟩ moon; **auf dem ~ leben** (*infml*) to be behind the times

mondän [mɔn'dɛːn] *adj* chic

Mondaufgang *m* moonrise **Mondfinsternis** *f* eclipse of the moon, lunar eclipse **mondhell** *adj* moonlit **Mondlandefähre** *f* SPACE lunar module **Mondlandung** *f* moon landing **Mondlicht** *nt* moonlight **Mondschein** *m* moonlight **Mondsichel** *f* crescent moon **Mondsonde** *f* SPACE lunar probe **Mondumlaufbahn** *f* SPACE lunar orbit **Monduntergang** *m* moonset

monetär [mone'tɛːɐ] *adj* monetary **Monetarismus** [moneta'rɪsmʊs] *m* ⟨-, no *pl*⟩ ECON monetarism

Mongole [mɔŋ'goːlə] *m* ⟨-n, -n⟩, **Mongolin** [-'goːlɪn] *f* ⟨-, -nen⟩ Mongolian **Mongolei** [mɔŋgo'lai] *f* ⟨-⟩ **die ~** Mongolia; **die Innere/Äußere ~** Inner/Outer Mongolia **mongolisch** [mɔŋ'goːlɪʃ] *adj*

Mongolian Mongolismus [mɔŋgo'lɪsmʊs] *m* ⟨-, no *pl*⟩ *dated, neg!* mongolism **mongoloid** [mɔŋgolo'iːt] *adj* Mongol; *dated, neg!* MED mongoloid

monieren [mo'niːrən] *past part* **moniert** *v/t* to complain about

Monitor ['moːnitoːɐ] *m* ⟨-s, -e *or* Monitoren [-'toːrən]⟩ monitor

monochrom [mono'kroːm] *adj* monochrome **monogam** [mono'gaːm] **A** *adj* monogamous **B** *adv* **leben** monogamously **Monogamie** [monoga'miː] *f* ⟨-, no *pl*⟩ monogamy **Monografie** [monogra'fiː] *f* ⟨-, -n [-'fiːən]⟩ monograph **Monogramm** [mono'gram] *nt, pl* -gramme monogram **Monolog** [mono'loːk] *m* ⟨-(e)s, -e [-gə]⟩ monologue; (≈ *Selbstgespräch*) soliloquy **Monopol** [mono'poːl] *nt* ⟨-s, -e⟩ monopoly (*auf +acc, für* on) **monopolisieren** [monopoli'ziːrən] *past part* **monopolisiert** *v/t* (*lit, fig*) to monopolize **Monopolstellung** *f* monopoly **monoton** [mono'toːn] **A** *adj* monotonous **B** *adv* monotonously **Monotonie** [monoto'niː] *f* ⟨-, -n [-'niːən]⟩ monotony

Monster ['mɔnstɐ], **Monstrum** ['mɔnstrʊm] *nt* ⟨-s, Monstren [-trən]⟩ (≈ *Ungeheuer*) monster; (*infml* ≈ *schweres Möbel*) hulking great piece of furniture (*infml*)

Monsun [mɔn'zuːn] *m* ⟨-s, -e⟩ monsoon

Montag ['moːntaːk] *m* Monday; → Dienstag

Montage [mɔn'taːʒə] *f* ⟨-, -n⟩ **1** (TECH ≈ *Aufstellung*) installation; (*von Gerüst*) erection; (≈ *Zusammenbau*) assembly; **auf ~** (*dat*) **sein** to be away on a job **2** ART montage; FILM editing **Montageband** *nt, pl* -bänder assembly line **Montagehalle** *f* assembly shop

montags ['moːntaːks] *adv* on Mondays; → dienstags

Monteur [mɔn'tøːɐ] *m* ⟨-s, -e⟩, **Monteurin** [-'tøːrɪn] *f* ⟨-, -nen⟩ TECH fitter **montieren** [mɔn'tiːrən] *past part* **montiert** *v/t* TECH to install; (≈ *zusammenbauen*) to assemble; (≈ *befestigen*) *Bauteil* to fit (*auf +acc, an +acc* to); *Dachantenne* to put up

Monument [monu'mɛnt] *nt* ⟨-(e)s, -e⟩ monument **monumental** [monumɛn'taːl] *adj* monumental

Moor [moːɐ] *nt* ⟨-(e)s, -e⟩ bog; (≈ *Hochmoor*) moor **Moorbad** *nt* mud bath **Moorboden** *m* marshy soil **Moorhuhn** *nt* grouse **moorig** ['moːrɪç] *adj*

boggy
Moos [moːs] nt ⟨-es, -e⟩ moss
Moped ['moːpɛt, 'moːpeːt] nt ⟨-s, -s⟩ moped
Mopp [mɔp] m ⟨-s, -s⟩ mop
Mops [mɔps] m ⟨-es, ⸚e ['mœpsə]⟩ **1** (Hund) pug (dog) **2** **Möpse** pl (sl ≈ Busen) tits pl (sl)
Moral [mo'raːl] f ⟨-, no pl⟩ **1** (≈ Sittlichkeit) morals pl; **die ~ sinkt** moral standards are declining; **eine doppelte ~** double standards pl; **~ predigen** to moralize (jdm to sb) **2** (≈ Lehre) moral; **und die ~ von der Geschicht':** ... and the moral of this story is ... **3** (≈ Ethik) ethics pl **4** (≈ Disziplin) morale **moralisch** [mo'raːlɪʃ] **A** adj moral **B** adv morally **Moralist** [mora'lɪst] m ⟨-en, -en⟩, **Moralistin** [-'lɪstɪn] f ⟨-, -nen⟩ moralist **Moralpredigt** f sermon; **jdm eine ~ halten** to give sb a sermon
Moräne [mo'rɛːnə] f ⟨-, -n⟩ GEOL moraine
Morast [mo'rast] m ⟨-(e)s, -e or Moräste [mo'rɛstə]⟩ mire
Moratorium [mora'toːriʊm] nt ⟨-s, Moratorien [-riən]⟩ moratorium
Morchel ['mɔrçl] f ⟨-, -n⟩ BOT morel
Mord [mɔrt] m ⟨-(e)s, -e [-də]⟩ murder, homicide (US) (an +dat of); (an Politiker etc) assassination (an +dat of) **Mordanschlag** m assassination attempt (auf +acc on); **einen ~ auf jdn verüben** to try to assassinate sb; (erfolgreich) to assassinate sb **Morddrohung** f murder or death threat **morden** ['mɔrdn] v/t & v/i (liter) to murder, to kill **Mörder** ['mœrdɐ] m ⟨-s, -⟩, **Mörderin** [-ərɪn] f ⟨-, -nen⟩ murderer (auch JUR), killer; (≈ Attentäter) assassin **mörderisch** ['mœrdərɪʃ] **A** adj (lit) Anschlag murderous; (fig) (≈ schrecklich) dreadful; Konkurrenzkampf cutthroat **B** adv (infml) (≈ entsetzlich) dreadfully; stinken like hell (infml); wehtun like crazy (infml) **Mordfall** m murder or homicide (US) (case) **Mordinstrument** nt murder weapon **Mordkommission** f murder squad, homicide squad (US) **Mordsgeld** nt (infml) fantastic amount of money **Mordskerl** m (infml) hell of a guy (infml) **mordsmäßig** ['mɔrtsmɛːsɪç] adj incredible; **ich habe einen ~en Hunger** I could eat a horse (infml) **Mordswut** f (infml) **eine ~ im Bauch haben** to be in a hell of a temper (infml) **Mordverdacht** m suspicion of murder; **unter ~** (dat) **stehen** to be suspected of murder **Mordwaffe** f murder weapon
morgen ['mɔrgn] adv tomorrow; **~ früh/Abend** tomorrow morning/evening, **a** week (from) tomorrow; **~ um diese** or **dieselbe Zeit** this time tomorrow; **bis ~!** see you tomorrow
Morgen[1] ['mɔrgn] m ⟨-s, -⟩ morning; **am ~** in the morning; **gestern ~** yesterday morning; **heute ~** this morning; **guten ~!** good morning
Morgen[2] m ⟨-s, -⟩ MEASURE ≈ acre
Morgendämmerung f dawn, daybreak **morgendlich** ['mɔrgntlɪç] **A** adj morning attr; **die ~e Stille** the quiet of the early morning **B** adv **es war ~ kühl** it was cool as it often is in the morning **Morgenessen** nt (Swiss ≈ Frühstück) breakfast **Morgengrauen** [-grauən] nt ⟨-s, -⟩ dawn **Morgenmantel** m dressing gown **Morgenrock** m housecoat **Morgenrot** nt ⟨-s, no pl⟩ sunrise; (fig) dawn(ing) **morgens** ['mɔrgns] adv in the morning; **(um) drei Uhr ~** at three o'clock in the morning; **von ~ bis abends** from morning to night **Morgenstunde** f morning hour; **bis in die frühen ~n** into the early hours **morgig** ['mɔrgɪç] adj attr tomorrow's; **der ~e Tag** tomorrow
Morphium ['mɔrfiʊm] nt ⟨-s, no pl⟩ morphine
morsch [mɔrʃ] adj rotten; Knochen brittle
Morsealphabet ['mɔrzə-] nt Morse (code); **im ~** in Morse (code)
Mörser ['mœrzɐ] m ⟨-s, -⟩ mortar (auch MIL)
Morsezeichen ['mɔrzə-] nt Morse signal
Mörtel ['mœrtl] m ⟨-s, -⟩ (zum Mauern) mortar; (≈ Putz) stucco
Mosaik [moza'iːk] nt ⟨-s, -e(n)⟩ (lit, fig) mosaic
Moschee [mɔ'ʃeː] f ⟨-, -n [-'ʃeːən]⟩ mosque
Moschus ['mɔʃʊs] m ⟨-, no pl⟩ musk
Mosel ['moːzl] f ⟨-⟩ GEOG Moselle
mosern ['moːzɐn] v/i (infml) to gripe (infml)
Moskau ['mɔskau] nt ⟨-s⟩ Moscow
Moskito [mɔs'kiːto] m ⟨-s, -s⟩ mosquito
Moslem ['mɔslɛm] m ⟨-s, -s⟩, **Moslemin** [mɔs'leːmɪn] f ⟨-, -nen⟩ Moslem **moslemisch** [mɔs'leːmɪʃ] adj attr Moslem
Most [mɔst] m ⟨-(e)s, -e, no pl⟩ (unfermented) fruit juice; (für Wein) must

Motel [moˈtɛl] nt ⟨-s, -s⟩ motel
Motiv [moˈtiːf] nt ⟨-s, -e [-və]⟩ **1** motive; **aus welchem ~ heraus?** for what motive? **2** ART, LIT subject; (≈ Leitmotiv, MUS) motif **Motivation** [motivaˈtsioːn] f ⟨-, -en⟩ motivation **motivieren** [motiˈviːrən] past part motiviert v/t **1** Mitarbeiter to motivate; **politisch motiviert** politically motivated **2** (≈ begründen) **etw (jdm gegenüber) ~** to give (sb) reasons for sth
Motor [ˈmoːtɔr, moˈtoːɐ] m ⟨-s, -en [-ˈtoːrən]⟩ motor; (von Fahrzeug) engine **Motorboot** nt motorboat **Motorenöl** nt engine oil **Motorhaube** f bonnet (Br), hood (US) **motorisieren** [motoriˈziːrən] past part motorisiert v/t to motorize **Motoröl** nt engine oil **Motorrad** [ˈmoːtɔrraːt, moˈtoːˌraːt] nt motorbike **Motorradfahrer(in)** m/(f) motorcyclist **Motorsäge** f power saw **Motorschaden** m engine trouble no pl **Motorsport** m motor sport
Motte [ˈmɔtə] f ⟨-, -n⟩ moth **Mottenkugel** f mothball
Motto [ˈmɔto] nt ⟨-s, -s⟩ (≈ Wahlspruch) motto
motzen [ˈmɔtsn] v/i (infml) to beef (infml)
Mountainbike [ˈmauntɪnbaik] nt ⟨-s, -s⟩ mountain bike
Möwe [ˈmøːvə] f ⟨-, -n⟩ seagull
MP3 [ɛmpeˈdraɪ] nt ⟨-⟩ IT MP3 **MP3-Player** [ɛmpeˈdraɪˌpleːɐ] m ⟨-s, -⟩ MP3 player
Mücke [ˈmʏkə] f ⟨-, -n⟩ (≈ Insekt) mosquito, midge (Br); **aus einer ~ einen Elefanten machen** (infml) to make a mountain out of a molehill
Mucken [ˈmʊkn] pl (infml) moods pl; **(seine) ~ haben** to be moody; (Sache) to be temperamental
Mückenstich m mosquito bite, midge bite (Br)
Mucks [mʊks] m ⟨-es, -e⟩ (infml) sound; **keinen ~ sagen** not to make a sound; **ohne einen ~** (≈ widerspruchslos) without a murmur **mucksmäuschenstill** [-mɔysçən-] adj, adv (infml) (as) quiet as a mouse
müde [ˈmyːdə] **A** adj tired; **einer Sache** (gen) **~ sein** to be tired of sth **B** adv **1** (≈ erschöpft) **sich ~ reden** to tire oneself out talking **2** (≈ gelangweilt) **~ lächeln** to give a weary smile **Müdigkeit** [ˈmyːdɪkkait] f ⟨-, no pl⟩ (≈ Schlafbedürfnis) tiredness; (≈ Schläfrigkeit) sleepiness; **nur keine ~ vorschützen!** (infml) don't (you) tell me

you're tired
Muffe [ˈmʊfə] f ⟨-, -n⟩ TECH sleeve
Muffel [ˈmʊfl] m ⟨-s, -⟩ (infml ≈ Mensch) grouch (infml), griper (infml) **muffelig** [ˈmʊfəlɪç] (infml) adj grumpy
Muffensausen [ˈmʊfnzauzn] nt (infml) **~ kriegen/haben** to get/be scared stiff (infml) **muffig** [ˈmʊfɪç] adj **1** Geruch, Zimmer musty **2** (infml) Gesicht grumpy
Mühe [ˈmyːə] f ⟨-, -n⟩ trouble; **nur mit ~** only just; **mit Müh und Not** (infml) with great difficulty; **mit jdm/etw seine ~ haben** to have a great deal of trouble with sb/sth; **er hat sich** (dat) **große ~ gegeben** he has taken a lot of trouble; **gib dir keine ~!** (≈ hör auf) don't bother; **sich** (dat) **die ~ machen, etw zu tun** to take the trouble to do sth; **wenn es Ihnen keine ~ macht** if it isn't too much trouble; **verlorene ~** a waste of effort **mühelos A** adj effortless **B** adv effortlessly **mühevoll A** adj laborious; Leben arduous **B** adv with difficulty; **~ verdientes Geld** hard-earned money
Mühle [ˈmyːlə] f ⟨-, -n⟩ **1** mill **2** (fig) (≈ Routine) treadmill; **die ~n der Justiz** the wheels of justice **3** (≈ Mühlespiel) nine men's morris (esp Br) **Mühlrad** nt millwheel **Mühlstein** m millstone
mühsam [ˈmyːzaːm] **A** adj arduous **B** adv with difficulty; **~ verdientes Geld** hard-earned money **mühselig** [ˈmyːzeːlɪç] adj arduous
Mulch [mʊlç] m ⟨-(e)s, -e⟩ AGR mulch
Mulde [ˈmʊldə] f ⟨-, -n⟩ (≈ Geländesenkung) hollow
Mull [mʊl] m ⟨-(e)s, -e⟩ (≈ Gewebe) muslin; MED gauze
Müll [mʏl] m ⟨-(e)s, no pl⟩ rubbish, garbage (esp US); (≈ Industriemüll) waste **Müllabfuhr** f refuse or garbage (US) collection **Müllablageplatz** m dump **Müllbeutel** m bin liner (Br), garbage bag (US)
Mullbinde f gauze bandage
Müllcontainer m rubbish skip, dumpster® (US) **Mülldeponie** f waste disposal site (form), sanitary (land)fill (US form) **Mülleimer** m rubbish bin (Br), garbage can (US) **Müllentsorgung** f waste disposal
Müller [ˈmʏle] m ⟨-s, -⟩, **Müllerin** [-ərɪn] f ⟨-, -nen⟩ miller
Müllkippe f rubbish or garbage (US) dump **Müllmann** m, pl -männer or

-leute (*infml*) dustman (*Br*), garbage man (*US*) **Müllschlucker** *m* refuse chute **Mülltonne** *f* dustbin (*Br*), trash can (*US*) **Mülltrennung** *f* waste separation **Mülltüte** *f* bin liner (*Br*), trash-can liner (*US*) **Müllverbrennungsanlage** *f* incinerating plant **Müllverwertung** *f* refuse utilization **Müllwagen** *m* dust-cart (*Br*), garbage truck (*US*)

mulmig ['mʊlmɪç] *adj* (*infml* ≈ *bedenklich*) uncomfortable; **mir war ~ zumute** (*lit*) I felt queasy; (*fig*) I had butterflies (in my tummy) (*infml*)

Multi ['mʊlti] *m* ⟨-s, -s⟩ (*infml*) multinational (organization) **multikulturell** *adj* multicultural **multilateral** 🅰 *adj* multilateral 🅱 *adv* multilaterally **Multimedia** [mʊlti'meːdia] *pl* multimedia *pl* **multimediafähig** *adj* PC capable of multimedia **multimedial** [mʊltime'diaːl] *adj* multimedia *attr* **Multimillionär(in)** *m(f)* multimillionaire **multinational** *adj* multinational **multipel** [mʊl'tiːpl] *adj* multiple; **multiple Sklerose** multiple sclerosis **Multiplex-Kino** ['mʊltiplɛks-] *nt* multiplex (cinema) **Multiplikation** [mʊltiplika'tsioːn] *f* ⟨-, -en⟩ multiplication **Multiplikator**[1] [mʊltipli'kaːtoːɐ] *m* ⟨-s, Multiplikatoren [-'toːrən]⟩ MAT multiplier **Multiplikator**[2] [mʊltipli'kaːtoːɐ] *m* ⟨-s, Multiplikatoren [-'toːrən]⟩, **Multiplikatorin** [-'toːrɪn] *f* ⟨-, -nen⟩ (*fig*) disseminator **multiplizieren** [mʊltipli'tsiːrən] *past part* multipliziert *v/t* to multiply (*mit* by) **Multivitaminsaft** *m* multivitamin juice **Mumie** ['muːmiə] *f* ⟨-, -n⟩ mummy **mumifizieren** [mumifi'tsiːrən] *past part* mumifiziert *v/t* to mummify

Mumm [mʊm] *m* ⟨-s, *no pl*⟩ (*infml*) 🚺 (≈ *Kraft*) strength 🚹 (≈ *Mut*) guts *pl* (*infml*)

Mumps [mʊmps] *m or* (*inf*) *f* ⟨-, *no pl*⟩ (the) mumps *sg*

München ['mʏnçən] *nt* ⟨-s⟩ Munich

Mund [mʊnt] *m* ⟨-(e)s, ⸚er *or* (*rare*) -e *or* ⸚e ['mʏndə, -də, 'mʏndə]⟩ mouth; **~ aufmachen** to open one's mouth; (*fig* ≈ *seine Meinung sagen*) to speak up; **jdm den ~ verbieten** to order sb to be quiet; **halt den ~!** shut up! (*infml*); **jdm den ~ stopfen** (*infml*) to shut sb up (*infml*); **in aller ~e sein** to be on everyone's lips; **Sie nehmen mir das Wort aus dem ~(e)** you've taken the (very) words out of my mouth; **sie ist nicht auf den ~ gefallen** (*infml*) she's never at a loss for words; **den ~ (zu) voll nehmen** (*infml*) to talk (too) big (*infml*) **Mundart** *f* dialect **mundartlich** ['mʊntaːʔetlɪç] *adj* dialect(al)

Mündel ['mʏndl] *nt or* (*Jur*) *m* ⟨-s, -⟩ ward **mündelsicher** ST EX 🅰 *adj* ≈ gilt-edged *no adv* 🅱 *adv* **anlegen** in secure gilt-edged investments

münden ['mʏndn] *v/i aux sein or haben* (*Fluss*) to flow (*in* +*acc* into); (*Straße, Gang*) to lead (*in* +*acc*, *auf* +*acc* into)

mundfaul *adj* (*infml*) too lazy to say much **Mundgeruch** *m* bad breath **Mundharmonika** *f* mouth organ

mündig ['mʏndɪç] *adj* of age; (*fig*) mature; **~ werden** to come of age

mündlich ['mʏntlɪç] 🅰 *adj* verbal; *Prüfung, Leistung* oral; **~e Verhandlung** JUR hearing 🅱 *adv* testen orally; *besprechen* personally; **alles Weitere ~!** I'll tell you the rest when I see you **Mundpflege** *f* oral hygiene *no art* **Mundpropaganda** *f* verbal propaganda **Mundschutz** *m* mask (over one's mouth) **Mundspray** *m or nt* mouth spray, oral spray **Mundstück** *nt* (*von Pfeife, Blasinstrument*) mouthpiece; (*von Zigarette*) tip **mundtot** *adj* (*infml*) **jdn ~ machen** to silence sb **Mündung** ['mʏndʊŋ] *f* ⟨-, -en⟩ (*von Fluss, Rohr*) mouth; (≈ *Trichtermündung*) estuary; (≈ *Gewehrmündung*) muzzle **Mundwasser** *nt* mouthwash **Mundwerk** *nt* (*infml*) **ein böses ~ haben** to have a vicious tongue (in one's head); **ein loses ~ haben** to have a big mouth (*infml*); **ein großes ~ haben** to talk big (*infml*) **Mundwinkel** *m* corner of one's mouth **Mund-zu-Mund-Beatmung** *f* mouth-to-mouth resuscitation

Munition [muni'tsioːn] *f* ⟨-, -en⟩ ammunition

munkeln ['mʊŋkln] *v/t & v/i* **es wird gemunkelt, dass …** it's rumoured (*Br*) or rumored (*US*) that …

Münster ['mʏnstɐ] *nt* ⟨-s, -⟩ minster, cathedral

munter ['mʊntɐ] 🅰 *adj* 🚺 (≈ *lebhaft*) lively *no adv*; *Farben* bright; (≈ *fröhlich*) cheerful; **~ werden** to liven up 🚹 (≈ *wach*) awake 🅱 *adv* (≈ *unbekümmert*) blithely; **~ drauflosreden** to prattle away merrily **Munterkeit** *f* ⟨-, *no pl*⟩ (≈ *Lebhaftigkeit*) liveliness; (≈ *Fröhlichkeit*) cheerfulness

Muntermacher m (MED infml) pick-me-up (infml)

Münzanstalt f mint **Münzautomat** m slot machine **Münze** ['mʏntsə] f ⟨-, -n⟩ **1** (≈ Geldstück) coin **2** (≈ Münzanstalt) mint **münzen** ['mʏntsn] v/t to mint; **das war auf ihn gemünzt** (fig) that was aimed at him **Münzfernsprecher** m (form) pay phone **Münzsammlung** f coin collection **Münzspielautomat** m slot machine **Münztankstelle** f coin-operated petrol (Br) or gas (US) station **Münztelefon** nt pay phone **Münzwechsler** [-vɛkslɐ] m ⟨-s, -⟩ change machine

mürbe ['mʏrbə] adj crumbly; (≈ zerbröckelnd) crumbling; Holz rotten; **jdn ~ machen** to wear sb down **Mürbeteig** m short(-crust) pastry

Murks [mʊrks] m ⟨-es, no pl⟩ (infml) ~ **machen** to bungle things (infml); **das ist ~!** that's a botch-up (infml)

Murmel ['mʊrml] f ⟨-, -n⟩ marble **murmeln** ['mʊrmln] v/t & v/i to murmur; (undeutlich) to mumble **Murmeltier** nt marmot

murren ['mʊrən] v/i to grumble (über +acc about) **mürrisch** ['mʏrɪʃ] adj (≈ abweisend) sullen; (≈ schlecht gelaunt) grumpy

Mus [muːs] nt or m ⟨-es, -e⟩ mush; (≈ Apfelmus) puree

Muschel ['mʊʃl] f ⟨-, -n⟩ **1** mussel (auch COOK); (Schale) shell **2** (TEL ≈ Sprechmuschel) mouthpiece; (≈ Hörmuschel) ear piece

Muscleshirt nt ['maslʃœrt, -ʃøːɐt] muscle shirt

Museum [muˈzeːʊm] nt ⟨-s, Museen [-ˈzeːən]⟩ museum

Musical ['mjuːzikl] nt ⟨-s, -s⟩ musical **Musik** [muˈziːk] f ⟨-, -en⟩ music; **die ~ lieben** to love music **musikalisch** [muziˈkaːlɪʃ] **A** adj musical **B** adv begabt musically **Musikant** [muziˈkant] m ⟨-en, -en⟩, **Musikantin** [-ɪn] f ⟨-, -nen⟩ musician **Musikautomat** m (≈ Musikbox) jukebox **Musikbegleitung** f musical accompaniment **Musikbox** f jukebox **Musiker** ['muːzikɐ] m ⟨-s, -⟩, **Musikerin** [-ərɪn] f ⟨-, -nen⟩ musician **Musikhochschule** f college of music **Musikinstrument** nt musical instrument **Musikkapelle** f band **Musikkassette** f music cassette **Musikliebhaber(in)** m/(f) music-lover **Musikrichtung** f kind of music, musical genre **Musiksaal** m

music room **Musikschule** f music school **Musiksendung** f music programme (Br) or program (US) **Musikstück** nt piece of music **Musikstunde** f music lesson **Musikunterricht** m music lessons pl; SCHOOL music

musisch ['muːzɪʃ] **A** adj Fächer (fine) arts attr; Begabung for the arts; Veranlagung artistic **B** adv ~ **begabt/interessiert** gifted/interested in the (fine) arts; ~ **veranlagt** artistically inclined

musizieren [muziˈtsiːrən] past part **musiziert** v/i to play a musical instrument

Muskat [mʊsˈkaːt, ˈmʊskat] m ⟨-(e)s, -e⟩ nutmeg **Muskatnuss** f nutmeg

Muskel ['mʊskl] m ⟨-s, -n⟩ muscle; **seine ~n spielen lassen** to flex one's muscles **Muskelfaser** f muscle fibre (Br) or fiber (US) **Muskelkater** m aching muscles pl; ~ **haben** to be stiff **Muskelkraft** f physical strength **Muskelkrampf** m muscle cramp no indef art **Muskelprotz** m (infml) muscleman **Muskelriss** m torn muscle **Muskelschwund** m muscular atrophy **Muskelzerrung** f pulled muscle **Muskulatur** [mʊskulaˈtuːɐ] f ⟨-, -en⟩ muscular system **muskulös** [mʊskuˈløːs] adj muscular; ~ **gebaut sein** to have a muscular build

Müsli ['myːsli] nt ⟨-(s), -s⟩ muesli **Muslim** ['mʊslɪm] m ⟨-s, -s⟩ Moslem **Muslime** [mʊsˈliːmə] f ⟨-, -n⟩ Moslem **muslimisch** [mʊsˈliːmɪʃ] adj ⟨-, -n⟩ Muslim

Muss [mʊs] nt ⟨-, no pl⟩ **es ist ein/kein ~** it's/it's not a must

Muße ['muːsə] f ⟨-, no pl⟩ leisure

Mussehe f (infml) shotgun wedding (infml)

müssen ['mʏsn] **A** modal v/aux, pret **musste** ['mʊstə], past part **müssen** **1** (Zwang) to have to; (Notwendigkeit) to need to; **muss er?** does he have to?; **ich muss jetzt gehen** I must be going now; **muss das (denn) sein?** is that (really) necessary?; **das musste (ja so) kommen** that had to happen **2** (≈ sollen) **das müsstest du eigentlich wissen** you ought to know that, you should know that **3** (Vermutung) **es muss geregnet haben** it must have rained; **er müsste schon da sein** he should be there by now; **so muss es gewesen sein** that's how it must have been **4** (Wunsch) **(viel) Geld müsste man haben!** if only I were rich! **B** v/i, pret **musste**

['mʊstə], *past part* ge**mu**sst [gə'mʊst] (*infml* ≈ *austreten müssen*) **ich muss mal** I need to go to the loo (*Br infml*) or bathroom (*esp US*) **Mu**ßestunde *f* hour of leisure **mü**ßig ['my:sɪç] *adj* (≈ *untätig*) idle; *Leben* of leisure; (≈ *unnütz*) futile

Muster ['mʊstɐ] *nt* ⟨-s, -⟩ **1** (≈ *Vorlage*) pattern; (*für Brief, Bewerbung etc*) specimen **2** (≈ *Probestück*) sample; **~ ohne Wert** sample of no commercial value **3** (*fig* ≈ *Vorbild*) model (*an* +*dat* of) **Mu**sterbeispiel *nt* classic example **Mu**sterexemplar *nt* fine specimen **mu**stergültig *adj* exemplary; **sich ~ be-nehmen** to be a model of good behaviour (*Br*) or behavior (*US*) **mu**sterhaft **A** *adj* exemplary **B** *adv* exemplarily **mu**stern ['mʊstɐn] *v/t* **1** (≈ *betrachten*) to scrutinize; **jdn von oben bis unten ~** to look sb up and down **2** (*MIL: für Wehrdienst*) **jdn ~** to give sb his/her medical **3** TEX → ge**mu**stert **Mu**sterpackung *f* sample pack **Mu**sterprozess *m* test case **Mu**sterschüler(in) *m/(f)* model pupil; (*fig*) star pupil **Mu**sterung *f* ⟨-, -en⟩ **1** (≈ *Muster*) pattern **2** (*MIL, von Rekruten*) medical examination for military service

Mut [mu:t] *m* ⟨-(e)s, *no pl*⟩ courage (*zu* +*dat* for); (≈ *Zuversicht*) heart; **~ fassen** to pluck up courage; **nur ~!** cheer up!; **den ~ ver-lieren** to lose heart; **wieder ~ bekommen** to take heart; **jdm ~ machen** to encour-age sb; **mit dem ~ der Verzweiflung** with the courage born of desperation; **zu ~e =** zumute

Mutation [muta'tsio:n] *f* ⟨-, -en⟩ muta-tion **mu**tieren [mu'ti:rən] *past part* mu-tiert *v/i* to mutate

mutig ['mu:tɪç] **A** *adj* courageous **B** *adv* courageously **mu**tlos *adj* (≈ *niedergeschla-gen*) discouraged *no adv*, disheartened *no adv*; (≈ *bedrückt*) despondent, dejected **Mu**tlosigkeit *f* ⟨-, *no pl*⟩ (≈ *Niedergeschla-genheit*) discouragement; (≈ *Bedrücktheit*) despondency, dejection

mutmaßen ['mu:tma:sn] *v/t & v/i insep* to conjecture **mu**tmaßlich ['mu:tma:slɪç] *adj attr Vater* presumed; *Täter, Terrorist* sus-pected **Mu**tmaßung ['mu:tma:sʊŋ] *f* ⟨-, -en⟩ conjecture

Mutprobe *f* test of courage

Mutter¹ ['mʊtɐ] *f* ⟨-, ∸ ['mʏtɐ]⟩ mother; **sie ist ~ von drei Kindern** she's a mother of three

Mutter² *f* ⟨-, -n⟩ TECH nut **Mu**ttererde *f* topsoil **Mu**ttergesellschaft *f* COMM parent company **Mu**ttergottes [mʊtɐ'gɔtəs] *f* ⟨-, *no pl*⟩ Mother of God; (*Abbild*) Madonna **Mu**tterinstinkt *m* maternal instinct **Mu**tterkuchen *m* ANAT placenta **Mu**tterland *nt* mother country **müt-terlich** ['mʏtɐlɪç] **A** *adj* maternal; **die ~en Pflichten** one's duties as a mother **B** *adv* like a mother; **jdn ~ umsorgen** to mother sb **mü**tterlicher**seits** *adv* on his/her *etc* mother's side; **sein Großvater ~** his maternal grandfather **Mu**tterliebe *f* motherly love **Mu**ttermal *nt, pl* -male birthmark **Mu**ttermilch *f* mother's milk **Mu**ttermund *m* ANAT cervix **Mu**tterschaft ['mʊtɐʃaft] *f* ⟨-, *no pl*⟩ motherhood; (*nach Entbindung*) maternity **Mu**tterschaftsgeld *nt* maternity pay (*esp Br*) **Mu**tterschaftsurlaub *m* ma-ternity leave **Mu**tterschiff *nt* SPACE mother ship **Mu**tterschutz *m* legal pro-tection of expectant and nursing mothers **mu**tterseelenallein *adj, adv* all alone **Mu**ttersöhnchen [-zø:nçən] *nt* ⟨-s, -⟩ (*pej*) mummy's boy (*Br*), mommy's boy (*US*) **Mu**ttersprache *f* native language, mother tongue **Mu**ttersprachler [-ʃpraxlɐ] *m* ⟨-s, -⟩, **Mu**ttersprachlerin [-ərɪn] *f* ⟨-, -nen⟩ native speaker **Mu**ttertag *m* Mother's Day **Mu**tterwitz *m* natural wit **Mu**tti ['mʊti] *f* ⟨-, -s⟩ (*infml*) mummy (*Br infml*), mommy (*US infml*)

mutwillig ['mu:tvɪlɪç] **A** *adj* (≈ *böswillig*) malicious **B** *adv zerstören etc* wilfully

Mütze ['mʏtsə] *f* ⟨-, -n⟩ cap; (≈ *Pudelmütze*) hat

Myrrhe ['mʏrə] *f* ⟨-, -n⟩, **Myrre** ['mʏrə] *f* ⟨-, -n⟩ myrrh

mysteriös [mʏste'riø:s] **A** *adj* mysterious **B** *adv* mysteriously **Mystik** ['mʏstɪk] *f* ⟨-, *no pl*⟩ mysticism *no art* **mystisch** ['mʏstɪʃ] *adj* mystic(al); (*fig* ≈ *geheimnisvoll*) mysteri-ous

mythisch ['my:tɪʃ] *adj* mythical **Mytho-logie** [mytolo'gi:] *f* ⟨-, -n [-'gi:ən]⟩ my-thology **mythologisch** [myto'lo:gɪʃ] *adj* mythologic(al) **Mythos** ['my:tɔs] *m* ⟨-, Mythen ['my:tn]⟩ myth

N

N, n [ɛn] *nt* ⟨-, -⟩ N, n; **n-te** nth
na [na] *int* (*infml*) **na, kommst du mit?** well, are you coming?; **na du?** hey, you!; **na ja** well; **na gut** all right; **na also!, na eben!** (well,) there you are (then)!; **na, endlich!** about time!; **na (na)!** now, now!; **na warte!** just you wait!; **na so was!** well, I never!; **na und?** so what?
Nabe ['naːbə] *f* ⟨-, -n⟩ hub
Nabel ['naːbl] *m* ⟨-s, -⟩ ANAT navel; **der ~ der Welt** (*fig*) the hub of the universe **na-belfrei** A *adj* **~es T-Shirt** crop top B *adv* **~ gehen** to wear a crop top **Nabel-schnur** *f* ANAT umbilical cord
nach [naːx] A *prep* +*dat* **1** (*örtlich*) **ich nahm den Zug ~ Mailand** (≈ *bis*) I took the train to Milan; (≈ *in Richtung*) I took the Milan train; **er ist schon ~ London abgefah-ren** he has already left for London; **~ Os-ten** eastward(s); **~ links/rechts** (to the) left/right; **~ hinten/vorn** to the back/front **2** (*zeitlich, Reihenfolge*) after; **fünf (Minu-ten) ~ drei** five (minutes) past *or* after (*US*) three; **~ zehn Minuten war sie wie-der da** she was back ten minutes later; **die dritte Straße ~ dem Rathaus** the third road after the town hall; **(bitte) ~ Ih-nen!** after you! **3** (≈ *laut, entsprechend*) ac-cording to; (≈ *im Einklang mit*) in accord-ance with; **~ Artikel 142c** under article 142c; **etw ~ Gewicht kaufen** to buy sth by weight; **die Uhr ~ dem Radio stellen** to put a clock right by the radio; **ihrer Sprache ~ (zu urteilen)** judging by her language; **~ allem, was ich gehört habe** from what I've heard B *adv* (*zeitlich*) **~ und ~** little by little; **~ wie vor** still
nachahmen ['naːxaːmən] *v/t sep* to imi-tate; (≈ *kopieren*) to copy **Nachahmung** ['naːxaːmʊŋ] *f* ⟨-, -en⟩ imitation; (≈ *Kopie*) copy
Nachbar ['naxbaːɐ] *m* ⟨-n *or* -s, -n⟩, **Nachbarin** [-rɪn] *f* ⟨-, -nen⟩ neighbour (*Brit*), neighbor (*US*) **Nachbarhaus** *nt* house next door **Nachbarland** *nt* neighbouring (*Brit*) *or* neighboring (*US*) country **nachbarlich** ['naxbaːɐlɪç] *adj* (≈ *freundlich*) neighbourly no *adv* (*Brit*), neigh-borly no *adv* (*US*); (≈ *benachbart*) neigh-bo(u)ring no *adv* **Nachbarschaft** ['nax-baːɐʃaft] *f* ⟨-, no *pl*⟩ (≈ *Gegend*) neighbour-hood (*Brit*), neighborhood (*US*); (≈ *Nachbarn*) neighbo(u)rs *pl*; (≈ *Nähe*) vicinity
Nachbeben *nt* aftershock
nachbehandeln *past part* **nachbehan-delt** *v/t sep* MED **jdn ~** to give sb follow--up treatment **Nachbehandlung** *f* MED follow-up treatment no *indef art*
nachbessern *sep* A *v/t Lackierung* to re-touch; *Gesetz* to amend; *Angebot* to im-prove B *v/i* to make improvements **Nachbesserung** *f* ⟨-, -en⟩ (*von Gesetz*) amendment; **~en vornehmen** to make improvements
nachbestellen *past part* **nachbestellt** *v/t sep* to order some more; COMM to reorder **Nachbestellung** *f* repeat order (*gen* for)
nachbeten *v/t sep* (*infml*) to repeat par-rot-fashion
nachbezahlen *past part* **nachbezahlt** *sep v/t* to pay; (*später*) to pay later; **Steuern ~** to pay back-tax
Nachbildung *f* copy; (*exakt*) reproduc-tion
nachdatieren *past part* **nachdatiert** *v/t sep* to postdate
nachdem [naːxˈdeːm] *cj* **1** (*zeitlich*) after **2** (*S Ger* ≈ *da, weil*) since
nachdenken *v/i sep irr* to think (*über* +*acc* about); **denk mal scharf nach!** think care-fully! **Nachdenken** *nt* thought; **nach langem ~** after (giving the matter) consid-erable thought **nachdenklich** ['naːx-dɛŋklɪç] *adj Mensch, Miene* thoughtful; *Worte* thought-provoking; **jdn ~ stimmen** *or* **ma-chen** to set sb thinking
Nachdruck *m, pl* **-drucke** **1** no *pl* (≈ *Beto-nung*) stress; **einer Sache** (*dat*) **~ verleihen** to lend weight to sth; **mit ~** vigorously; **etw mit ~ sagen** to say sth emphatically **2** (≈ *das Nachgedruckte*) reprint **nachdru-cken** *v/t sep* to reprint **nachdrücklich** ['naːxdrʏklɪç] A *adj* emphatic B *adv* firmly; **jdn ~ warnen** to give sb a firm warning
nacheifern *v/i sep* **jdm/einer Sache ~** to emulate sb/sth
nacheinander [naːxai̯ˈnandɐ] *adv* one af-ter another; **zweimal ~** twice in a row; **kurz ~** shortly after each other
nachempfinden *past part* **nachempf-funden** *v/t sep irr Stimmung* to feel; (≈

nachvollziehen) to understand; **das kann ich ihr ~** I can understand how she feels
n<u>a</u>cherzählen *past part* **n<u>a</u>cherzählt** *v/t sep* to retell **N<u>a</u>cherzählung** *f* retelling; SCHOOL (story) reproduction
N<u>a</u>chfahr ['naːxfaːɐ] *m* ⟨-en, -en⟩, **N<u>a</u>chfahrin** [-faːrɪn] *f* ⟨-, -nen⟩ (*liter*) descendant
n<u>a</u>chfahren *v/i sep irr aux sein* **jdm ~** to follow sb
n<u>a</u>chfeiern *v/t & v/i sep* (≈ *später feiern*) to celebrate later
N<u>a</u>chfolge *f, no pl* succession; **jds ~ antreten** to succeed sb **n<u>a</u>chfolgen** *v/i sep aux sein* **jdm ~** to follow sb; **jdm im Amt ~** to succeed sb in office **n<u>a</u>chfolgend** *adj* following **N<u>a</u>chfolgeorganisation** *f* successor organization **N<u>a</u>chfolger** ['naːxfɔlɡɐ] *m* ⟨-s, -⟩, **N<u>a</u>chfolgerin** [-ərɪn] *f* ⟨-, -nen⟩ (*im Amt etc*) successor
n<u>a</u>chforschen *v/i sep* to try to find out; (*polizeilich etc*) to carry out an investigation (+*dat* into) **N<u>a</u>chforschung** *f* enquiry; (*polizeilich etc*) investigation; **~en anstellen** to make inquiries
N<u>a</u>chfrage *f* **1** COMM demand (*nach, in* +*dat* for); **danach besteht keine ~** there is no demand for it **2** (≈ *Erkundigung*) inquiry; **danke der ~** (*infml*) nice of you to ask **n<u>a</u>chfragen** *v/i sep* to ask, to inquire
n<u>a</u>chfühlen *v/t sep* = nachempfinden
n<u>a</u>chfüllen *v/t sep leeres Glas etc* to refill; *halb leeres Glas* to top up (*Br*) or off (*US*)
n<u>a</u>chgeben *sep irr v/i/t* **1** (*Boden*) to give way (+*dat* to); (≈ *federn*) to give; (*fig*) (*Mensch*) to give in (+*dat* to) **2** (COMM, *Preise, Kurse*) to drop
N<u>a</u>chgebühr *f* excess (postage)
n<u>a</u>chgehen *v/i sep irr aux sein* **1** (+*dat* ≈ *hinterhergehen*) to follow; **jdm** to go after **2** (*Uhr*) to be slow **3** (+*dat* ≈ *ausüben*) *Beruf* to practise (*Br*), to practice (*US*); *Studium, Interesse etc* to pursue; *Geschäften* to go about; **seiner Arbeit ~** to do one's job **4** (+*dat* ≈ *erforschen*) to investigate
n<u>a</u>chgemacht *adj Gold, Leder etc* imitation; *Geld* counterfeit; → nachmachen
N<u>a</u>chgeschmack *m* aftertaste
n<u>a</u>chgiebig ['naːxɡiːbɪç] *adj Material* pliable; *Boden, Mensch, Haltung* soft; (≈ *entgegenkommend*) accommodating; **sie behandelt die Kinder zu ~** she's too soft with the children **N<u>a</u>chgiebigkeit** *f* ⟨-, *no*

pl⟩ (*von Material*) pliability; (*von Boden, Mensch, Haltung*) softness; (≈ *Entgegenkommen*) compliance
n<u>a</u>chhaken *v/i sep* (*infml*) to dig deeper
n<u>a</u>chhallen *v/i sep* to reverberate
n<u>a</u>chhaltig ['naːxhaltɪç] **A** *adj* lasting; *Wachstum* sustained; **~e Nutzung** (*von Energie, Rohstoffen etc*) sustainable use **B** *adv* **1** (≈ *mit langer Wirkung*) with lasting effect; **etw ~ beeinflussen** to have a profound effect on sth **2** (≈ *ökologisch bewusst*) with a view to sustainability **N<u>a</u>chhaltigkeit** *f* ⟨-, *no pl*⟩ sustainability
nachh<u>au</u>se [naːˈhauzə] *adv* home **Nachh<u>au</u>seweg** *m* way home
n<u>a</u>chhelfen *v/i sep irr* to help; **jdm ~** to help sb; **sie hat ihrer Schönheit etwas nachgeholfen** she has given nature a helping hand; **jds Gedächtnis** (*dat*) **~** to jog sb's memory
nachh<u>e</u>r [naːxˈheːɐ, ˈnaːx-] *adv* (≈ *danach*) afterwards; (≈ *später*) later; **bis ~** see you later!
N<u>a</u>chhilfe *f* SCHOOL private coaching or tuition or tutoring (*US*) **N<u>a</u>chhilfelehrer(in)** *m/(f)* private tutor **N<u>a</u>chhilfestunde** *f* private lesson **N<u>a</u>chhilfeunterricht** *m* private tuition or tutoring (*US*)
Nachhin<u>ei</u>n ['naːxhɪnain] *adv* **im ~** afterwards; (*rückblickend*) in retrospect
N<u>a</u>chholbedarf *m* **einen ~ an etw** (*dat*) **haben** to have a lot to catch up on in the way of sth **n<u>a</u>chholen** *v/t sep* **1** (≈ *aufholen*) *Versäumtes* to make up; **den Schulabschluss ~** to sit one's school exams as an adult **2** **jdn ~** (≈ *nachkommen lassen*) to get sb to join one
n<u>a</u>chjagen *v/i +dat sep aux sein* to chase (after)
n<u>a</u>chkaufen *v/t sep* to buy later; **kann man diese Knöpfe auch ~?** is it possible to buy replacements for these buttons?
n<u>a</u>chklingen *v/i sep irr aux sein* (*Ton, Echo*) to go on sounding; (*Worte, Erinnerung*) to linger
N<u>a</u>chkomme ['naːxkɔmə] *m* ⟨-n, -n⟩ descendant **n<u>a</u>chkommen** *v/i sep irr aux sein* **1** (≈ *später kommen*) to come (on) later; **jdm ~** to follow sb; **wir kommen gleich nach** we'll follow in just a couple of minutes **2** (≈ *Schritt halten*) to keep up **3** (+*dat* ≈ *erfüllen*) *seiner Pflicht* to carry out; *einer Anordnung, einem Wunsch* to comply with

N

Nachkriegsdeutschland *nt* post-war Germany

nachladen *v/t & v/i sep irr* to reload

Nachlass ['naːxlas] *m* ⟨-es, -e *or* -lässe [-lɛsə]⟩ **1** (≈ *Preisnachlass*) discount *(auf +acc* on) **2** (≈ *Erbschaft*) estate **nachlassen** *sep irr* **A** *v/t Preis, Summe* to reduce; **10% vom Preis ~** to give a 10% discount **B** *v/i* to decrease; *(Regen, Hitze)* to ease off; *(Leistung, Geschäfte)* to drop off; *(Preise)* to fall; **nicht ~!** keep it up!; **er hat in letzter Zeit sehr nachgelassen** he hasn't been nearly as good recently; **sobald die Kälte nachlässt** as soon as it gets a bit warmer **nachlässig** ['naːxlɛsɪç] **A** *adj* careless; (≈ *unachtsam*) thoughtless **B** *adv* carelessly; (≈ *unachtsam*) thoughtlessly **Nachlässigkeit** *f* ⟨-, -en⟩ carelessness; (≈ *Unachtsamkeit*) thoughtlessness

nachlaufen *v/i +dat sep irr aux sein* **jdm/ einer Sache ~** to run after sb/sth

nachlesen *v/t sep irr (in einem Buch)* to read; (≈ *nachschlagen*) to look up; (≈ *nachprüfen*) to check up; **man kann das in der Bibel ~** it says so in the Bible

nachliefern *sep v/t* (≈ *später liefern*) to deliver at a later date; *(fig) Begründung etc* to give later; **könnten Sie noch 25 Stück ~?** could you deliver another 25?

nachlösen *sep* **A** *v/i* to pay on the train; *(zur Weiterfahrt)* to pay the extra **B** *v/t Fahrkarte* to buy on the train

nachmachen *v/t sep* **1** (≈ *nachahmen*) to copy; (≈ *nachäffen*) to mimic; **sie macht mir alles nach** she copies everything I do; **das soll erst mal einer ~!** I'd like to see anyone else do that! **2** (≈ *fälschen*) to forge; (≈ *imitieren*) to copy; → **nachgemacht**

nachmessen *sep irr* **A** *v/t* to measure again; (≈ *prüfen*) to check **B** *v/i* to check

Nachmieter(in) *m/(f)* next tenant; **wir müssen einen ~ finden** we have to find someone to take over the apartment *etc*

Nachmittag ['naːxmɪtaːk] *m* afternoon; **am ~** in the afternoon; **gestern/heute ~** yesterday/this afternoon **nachmittags** ['naːxmɪtaːks] *adv* in the afternoon; **dienstags ~** every Tuesday afternoon

Nachnahme ['naːxnaːmə] *f* ⟨-, -n⟩ cash *or* collect *(US)* on delivery, COD; **etw per ~ schicken** to send sth COD

Nachname *m* surname; **wie heißt du mit ~n?** what is your surname?

Nachporto *nt* excess (postage)

nachprüfbar *adj* verifiable **nachprüfen** *sep* **A** *v/t Tatsachen* to verify **B** *v/i* to check **Nachprüfung** *f* **1** *(von Tatsachen)* check *(+gen* on) **2** (≈ *nochmalige Prüfung)* re-examination; *(Termin)* resit

nachrechnen *v/t & v/i sep* to check

Nachrede *f* **üble ~** JUR defamation of character

nachreichen *v/t sep* to hand in later

nachreisen *v/i sep aux sein* **jdm ~** to follow sb

Nachricht ['naːxrɪçt] *f* ⟨-, -en⟩ (≈ *Mitteilung*) message; (≈ *Meldung)* (piece of) news *sg*; **die ~en** the news *sg*; **das sind aber schlechte ~en** that's bad news; **~ erhalten, dass ...** to receive (the) news that ...; **wir geben Ihnen ~** we'll let you know **Nachrichtenagentur** *f* news agency **Nachrichtendienst** *m* **1** RADIO, TV news service **2** POL, MIL intelligence (service) **Nachrichtenmagazin** *nt* news magazine **Nachrichtensender** *m* news station; TV *auch* news channel **Nachrichtensperre** *f* news blackout **Nachrichtensprecher(in)** *m/(f)* newsreader **Nachrichtentechnik** *f* telecommunications *sg*

nachrücken *v/i sep aux sein* to move up; *(auf Posten)* to succeed *(auf +acc* to); MIL to advance **Nachrücker** ['naːxrʏkɐ] *m* ⟨-s, -⟩, **Nachrückerin** [-ərɪn] *f* ⟨-, -nen⟩ successor

Nachruf *m* obituary **nachrufen** *v/t & v/i +dat sep irr* to shout after

nachrüsten *sep* **A** *v/i* MIL to deploy new arms; (≈ *modernisieren*) to modernize **B** *v/t Kraftwerk etc* to modernize **Nachrüstung** *f* **1** MIL deployment of new arms **2** TECH modernization

nachsagen *v/t sep* **1** (≈ *wiederholen*) to repeat; **jdm alles ~** to repeat everything sb says **2** (≈ *behaupten*) **jdm etw ~** to attribute sth to sb; **man kann ihr nichts ~** you can't say anything against her; **ihm wird nachgesagt, dass ...** it's said that he ...

Nachsaison *f* off season

nachsalzen *v/i sep irr* to add more salt

Nachsatz *m* (≈ *Nachschrift)* postscript; (≈ *Nachtrag)* afterthought

nachschauen *v/t & v/i sep (esp dial)* = **nachsehen**

nachschenken *v/t & v/i sep* **jdm etw ~** to top sb up *(Br)* or off *(US)* with sth

nachschicken v/t sep to forward
Nachschlag m (infml) second helping
nachschlagen sep irr **A** v/t Zitat, Wort
to look up **B** v/i (in Lexikon) to look **Nachschlagewerk** nt reference book
Nachschlüssel m duplicate key; (≈ Dietrich) skeleton key
Nachschub m MIL supplies pl (an +dat
of); (Material) reinforcements pl
nachsehen sep irr **A** v/i **1** jdm ~ to follow sb with one's eyes; (≈ hinterherschauen)
to gaze after sb/sth **2** (≈ gucken) to look
and see; (≈ nachschlagen) to (have a) look
B v/t **1** to (have a) look at; (≈ prüfen) to
check; (≈ nachschlagen) to look up **2** (≈ verzeihen) jdm etw ~ to forgive sb (for) sth
Nachsehen nt das ~ haben to be left
standing; (≈ nichts bekommen) to be left
empty-handed
nachsenden v/t sep irr to forward
Nachsicht ['naːxzɪçt] f ⟨-, no pl⟩ (≈ Milde)
leniency; (≈ Geduld) forbearance; **er kennt
keine ~** he knows no mercy; **~ üben** to be
lenient; **mit jdm keine ~ haben** to make
no allowances for sb **nachsichtig** ['naːx-
zɪçtɪç], **nachsichtsvoll** **A** adj (≈ milde)
lenient; (≈ geduldig) forbearing (gegen, mit
with) **B** adv leniently; **jdn ~ behandeln**
to be lenient with sb
Nachsilbe f suffix
nachsitzen v/i sep irr SCHOOL ~ (**müssen**)
to be kept in; **jdn ~ lassen** to keep sb in
Nachsommer m Indian summer
Nachsorge f MED aftercare
Nachspann ['naːxʃpan] m ⟨-s, -e⟩ credits
pl
Nachspeise f dessert; **als ~** for dessert
Nachspiel nt THEAT epilogue (Br), epilog
(US); (fig) sequel; **das wird noch ein (unangenehmes) ~ haben** that will have (unpleasant) consequences; **ein gerichtliches
~ haben** to have legal repercussions
nachspielen sep **A** v/t to play **B** v/i
SPORTS to play stoppage time (Br) or overtime (US); (wegen Verletzungen) to play injury time (Br) or injury overtime (US); **der
Schiedsrichter ließ ~** the referee allowed
stoppage time/injury time (Br), the referee
allowed (injury) overtime (US) **Nach-
spielzeit** f SPORTS stoppage time; (wegen
Verletzungen) injury time
nachspionieren past part **nachspio-
niert** v/i sep (infml) **jdm ~** to spy on sb
nachsprechen v/t sep irr to repeat; **jdm**

etw ~ to repeat sth after sb
nächstbeste(r, s) ['nɛːçst'bəstə] adj attr
der ~ Zug/Job the first train/job that
comes along
nachstehen v/i sep irr **keinem ~** to be
second to none (in +dat in); **jdm in nichts
~** to be sb's equal in every way **nachste-
hend** **A** adj attr following; **im Nachste-
henden** below, in the following **B** adv (≈
weiter unten) below
nachstellen sep **A** v/t **1** (TECH ≈ neu einstellen) to adjust **2** **eine Szene ~** to recreate a scene **B** v/i **jdm ~** to follow sb; (≈
aufdringlich umwerben) to pester sb
Nächstenliebe f brotherly love; (≈ Barm-
herzigkeit) compassion **nächstens**
['nɛːçstns] adv (≈ das nächste Mal) (the) next
time; (≈ bald einmal) some time soon
Nächste(r) ['nɛːçstə] m/f(m) decl as adj
1 next one; **der ~, bitte** next please **2**
(fig ≈ Mitmensch) neighbour (Br), neighbor
(US); **jeder ist sich selbst der ~** (prov) charity begins at home (prov) **nächste(r, s)**
['nɛːçstə] adj **1** (≈ nächstgelegen) nearest;
in ~r Nähe in the immediate vicinity;
aus ~r Nähe from close by; sehen, betrachten at close quarters; schießen at close
range **2** (zeitlich) next; **~s Mal** next time;
am ~n Morgen/Tag(e) (the) next morn-
ing/day; **bei ~r Gelegenheit** at the earliest
opportunity; **in den ~n Jahren** in the next
few years; **in ~r Zeit** some time soon **3**
Angehörige closest; **die ~n Verwandten**
the immediate family; **der ~ Angehörige**
the next of kin **Nächste(s)** ['nɛːçstə] nt
decl as adj **das ~** the next thing; (≈ das Erste) the first thing; **als ~s** next/first
nächstgelegen adj attr nearest
nächstliegend ['nɛːçstliːgnt] adj attr
(lit) nearest; (fig) most obvious; **das
Nächstliegende** the most obvious thing
(to do)
nachsuchen v/i sep (form ≈ beantragen)
um etw ~ to request sth (bei jdm of sb)
Nacht [naxt] f ⟨-, ⸚e ['nɛçtə]⟩ night; **heute
~** tonight; (≈ letzte Nacht) last night; **in der
~** at night; **in der ~ zum Dienstag** during
Monday night; **über ~** overnight; **die ~
zum Tage machen** to stay up all night
(working etc); **eines ~s** one night; **letzte
~** last night; **die ganze ~ (lang)** all night
long; **gute ~!** good night!; **bei ~ und Nebel** (infml) at dead of night **Nachtarbeit**
f night-work **nachtblind** adj nightblind

N

Nachtcreme f night cream
Nachtdienst m (von Person) night duty; (von Apotheke) all-night service
Nachteil ['naːxtail] m ⟨-(e)s, -e⟩ disadvantage; **im ~ sein** to be at a disadvantage (jdm gegenüber with sb); **er hat sich zu seinem ~ verändert** he has changed for the worse; **das soll nicht Ihr ~ sein** you won't lose by it; **zu jds ~** to sb's disadvantage **nachteilig** ['naːxtailɪç] **A** adj (≈ ungünstig) disadvantageous; (≈ schädlich) detrimental **B** adv behandeln unfavourably (Br), unfavorably (US); **sich ~ auf etw** (acc) **auswirken** to have a detrimental effect on sth
nächtelang ['nɛçtəlaŋ] adv for nights (on end) **Nachtessen** nt (S Ger, Swiss) supper **Nachteule** f (fig infml) night owl **Nachtfalter** m moth **Nachtflug** m night flight **Nachtfrost** m night frost **Nachthemd** nt (für Damen) nightdress; (für Herren) nightshirt
Nachtigall ['naxtɪgal] f ⟨-, -en⟩ nightingale
Nachtisch m dessert
Nachtklub m night club **Nachtleben** nt night life **nächtlich** ['nɛçtlɪç] adj attr (≈ jede Nacht) nightly; **zu ~er Stunde** at a late hour **Nachtlokal** nt night club **Nachtmahl** nt (S Ger, Aus) supper **Nachtmensch** m night person **Nachtportier** m night porter **Nachtquartier** nt **ein ~** a place to sleep **Nachtrag** ['naːxtraːk] m ⟨-(e)s, Nachträge [-trɛːgə]⟩ postscript; (zu einem Buch) supplement **nachtragen** v/t sep irr **1** jdm etw ~ (fig) to hold sth against sb **2** (≈ hinzufügen) to add **nachtragend** adj unforgiving; **er war nicht ~** he didn't bear a grudge **nachträglich** ['naːxtrɛːklɪç] **A** adj (≈ zusätzlich) additional; (≈ später) later; (≈ verspätet) belated **B** adv (≈ zusätzlich) additionally; (≈ später) later; (≈ verspätet) belatedly **Nachtragshaushalt** m POL supplementary budget
nachtrauern v/i +dat sep to mourn
Nachtruhe f night's rest **nachts** [naxts] adv at night; **dienstags ~** (on) Tuesday nights **Nachtschicht** f night shift **nachtschlafend** adj **bei** or **zu ~er Zeit** in the middle of the night **Nachtschwärmer(in)** m/f(f) (hum) night owl **Nachtschwester** f night nurse **Nachtspeicherofen** m storage heater

nachtsüber ['naxtsyːbe] adv by night **Nachttisch** m bedside table **Nachttischlampe** f bedside lamp **Nachttopf** m chamber pot **Nachttresor** m night safe (Br), night depository (US) **Nacht-und-Nebel-Aktion** f cloak-and-dagger operation **Nachtvogel** m nocturnal bird **Nachtwache** f night watch; (im Krankenhaus) night duty **Nachtwächter(in)** m/(f) (in Betrieben etc) night watchman **Nachtzeit** f night-time **Nachtzug** m night train
nachvollziehen past part **nachvollzogen** v/t sep irr to understand
Nachwahl f POL ≈ by-election
Nachwehen pl after-pains pl; (fig) painful aftermath sg
Nachweis ['naːxvais] m ⟨-es, -e⟩ (≈ Beweis) proof (+gen, für, über +acc of); (≈ Zeugnis) certificate; **als** or **zum ~** as proof; **den ~ für etw erbringen** to furnish proof of sth **nachweisbar** adj (≈ beweisbar) provable; Fehler demonstrable; TECH, CHEM detectable **nachweisen** ['naːxvaizn] v/t sep irr (≈ beweisen) to prove; TECH, MED to detect; **die Polizei konnte ihm nichts ~** the police could not prove anything against him **nachweislich** ['naːxvaislɪç] **A** adj provable; Fehler demonstrable **B** adv falsch demonstrably; **er war ~ in London** it can be proved (Br) or proven that he was in London
Nachwelt f **die ~** posterity
nachwirken v/i sep to continue to have an effect **Nachwirkung** f aftereffect; (fig) consequence
Nachwort nt, pl -worte epilogue (Br), epilog (US)
Nachwuchs m **1** (fig ≈ junge Kräfte) young people pl; **es mangelt an ~** there's a lack of young blood; **der wissenschaftliche ~** the new generation of academics **2** (hum ≈ Nachkommen) offspring pl
nachzahlen v/t & v/i sep to pay extra; (≈ später zahlen) to pay later
nachzählen v/t & v/i sep to check
nachzeichnen v/t sep Linie, Umriss to go over
nachziehen sep irr **A** v/t **1** Linie, Umriss to go over; Lippen to paint in; Augenbrauen to pencil in **2** Schraube to tighten (up) **B** v/i **1** aux sein (+dat ≈ folgen) to follow **2** (infml ≈ gleichtun) to follow suit

Nachzügler ['naːxtsyːklɐ] *m* ⟨-s, -⟩, **Nachzüglerin** [-ərɪn] *f* ⟨-, -nen⟩ latecomer, late arrival (*also fig*)

Nacken ['nakn] *m* ⟨-s, -⟩ (nape of the) neck; **jdn im ~ haben** (*infml*) to have sb after one; **jdm im ~ sitzen** (*infml*) to breathe down sb's neck **Nackenrolle** *f* bolster

nackt [nakt] **A** *adj* naked, nude (*esp* ART); *Haut, Wand Tatsachen, Zahlen* bare **B** *adv baden, schlafen* in the nude **Nacktbaden** *nt* ⟨-s, *no pl*⟩ nude bathing **Nacktbadestrand** *m* nudist beach **Nacktheit** *f* ⟨-, *no pl*⟩ nakedness; (≈ *Kahlheit*) bareness **Nacktkultur** *f* nudism **Nacktschnecke** *f* slug

Nadel ['naːdl] *f* ⟨-, -n⟩ needle; (*von Plattenspieler*) stylus; (≈ *Stecknadel, Haarnadel*) pin; **nach einer ~ im Heuhaufen suchen** (*fig*) to look for a needle in a haystack **Nadelbaum** *m* conifer **Nadeldrucker** *m* dot--matrix printer **nadeln** ['naːdln] *v/i* (*Baum*) to shed (its needles) **Nadelöhr** *nt* eye of a needle; (*fig*) narrow passage **Nadelstich** *m* prick **Nadelstreifen** *pl* pinstripes *pl* **Nadelstreifenanzug** *m* pinstripe(d) suit **Nadelwald** *m* coniferous forest

Nagel ['naːgl] *m* ⟨-s, ⸚ ['nɛːgl]⟩ nail; **sich** (*dat*) **etw unter den ~ reißen** (*infml*) to swipe sth (*infml*); **etw an den ~ hängen** (*fig*) to chuck sth in (*infml*); **den ~ auf den Kopf treffen** (*fig*) to hit the nail on the head; **Nägel mit Köpfen machen** (*infml*) to do the job properly **Nagelbürste** *f* nailbrush **Nagelfeile** *f* nailfile **Nagelfolie** *f* nail wrap **Nagelhaut** *f* cuticle **Nagellack** *m* nail varnish **Nagellackentferner** [-ɛntfɛrnɐ] *m* ⟨-s, -⟩ nail varnish remover **nageln** ['naːgln] *v/t* to nail (*an* +acc, *auf* (on)to) **nagelneu** *adj* (*infml*) brand new **Nagelprobe** *f* (*fig*) acid test **Nagelschere** *f* (pair of) nail scissors *pl* **Nagelverlängerung** *f* nail extension

nagen ['naːgn] **A** *v/i* to gnaw (*an* +dat at); (≈ *knabbern*) to nibble (*an* +dat at) **B** *v/t* to gnaw **nagend** *adj Hunger* gnawing; *Zweifel* nagging **Nager** ['naːgɐ] *m* ⟨-s, -⟩, **Nagetier** *nt* rodent

nah [naː] *adj, adv* = **nahe Nahaufnahme** *f* PHOT close-up **nahe** ['naːə] **A** *adj, comp* **näher** ['nɛːɐ], *sup* **nächste(r, s)** ['nɛːçstə] **1** near *pred*, close *pred*, nearby;

der Nahe Osten the Middle East; **von Nahem** at close quarters **2** (≈ *eng*) *Freund, Beziehung etc* close; **~ Verwandte** close relatives **B** *adv, comp* **näher**, *sup* **am nächsten 1** near, close; **~ an** near to; **~ beieinander** close together; **~ liegend** (*fig*) = **naheliegend**; **~ vor** right in front of; **von nah und fern** from near and far; **jdm zu ~ treten** (*fig*) to offend sb; **~ bevorstehend** approaching **2** (≈ *eng*) closely; **~ verwandt** closely-related **C** *prep* +dat near (to), close to; **dem Wahnsinn ~ sein** to be on the verge of madness **Nähe** ['nɛːə] *f* ⟨-, *no pl*⟩ **1** (*örtlich*) nearness, closeness; (≈ *Umgebung*) vicinity, neighbourhood (*Br*), neighborhood (*US*); **in unmittelbarer ~** (+gen) right next to; **aus der ~** from close to **2** (*zeitlich, emotional etc*) closeness **nahebringen** *v/t* +dat sep irr (*fig*) **jdm etw ~** to bring sth home to sb **nahegehen** *v/i* +dat sep irr aux sein (*fig*) to upset **nahekommen** *v/i* +dat sep irr aux sein (*fig*) **jdm/einer Sache ~** (≈ *fast gleichen*) to come close to sb/sth; **sich ~** to become close **nahelegen** *v/t* sep (*fig*) **jdm etw ~** to suggest sth to sb; **jdm ~, etw zu tun** to advise sb to do sth **naheliegen** *v/i* sep irr (*fig*) to suggest itself; **der Verdacht liegt nahe, dass …** it seems reasonable to suspect that … **naheliegend** *adj Gedanke, Lösung* which suggests itself; *Vermutung* natural **nahen** ['naːən] *v/i* & *v/r* aux sein (*liter*) to approach (*jdm/einer Sache* sb/sth)

nähen ['nɛːən] **A** *v/t* to sew; *Kleid* to make; *Wunde* to stitch (up) **B** *v/i* to sew

näher ['nɛːɐ] **A** *adj* **1** closer; **jdm/einer Sache ~** closer to sb/sth; **die ~e Umgebung** the immediate vicinity **2** (≈ *genauer*) *Einzelheiten* further *attr* **B** *adv* **1** closer; **bitte treten Sie ~** just step up! **2** (≈ *genauer*) more closely; *besprechen* in more detail; **jdn/etw ~ kennenlernen** to get to know sb/sth better; **ich kenne ihn nicht ~** I don't know him well **Nähere(s)** ['nɛːərə] *nt decl as adj* details *pl*; **~s erfahren Sie von …** further details from … **Naherholungsgebiet** *nt* recreational area (*close to a town*) **näherkommen** *v/i sep irr aux sein* (*fig*) **jdm ~** to get closer to sb **nähern** ['nɛːɐn] *v/r* **sich** (*jdm/einer Sache*) **~** to approach (sb/sth) **nahestehen** *v/i* +dat sep irr (*fig*) to be close to; POL to sympathize with; **sich ~** to be close nahezu ['naːəˈtsuː] adv nearly

Nähgarn nt (sewing) thread

Nahkampf m MIL close combat

Nähkästchen nt sewing box; **aus dem ~ plaudern** (infml) to give away private details Nähmaschine f sewing machine Nähnadel f needle

Nahost [naːˈɔst] m **in/aus ~** in/from the Middle East **nahöstlich** [naːˈœstlɪç] adj attr Middle East(ern)

Nährboden m (lit) fertile soil; (fig) breeding-ground **nähren** ['nɛːrən] (elev) **A** v/t to feed; (fig ≈ haben) Hoffnungen, Zweifel to nurture; **er sieht gut genährt aus** he looks well-fed **B** v/r to feed oneself; (Tiere) to feed **nahrhaft** adj Kost nourishing Nährstoff m usu pl nutrient Nahrung ['naːrʊŋ] f ⟨-, no pl⟩ food; **geistige ~** intellectual stimulation; **einer Sache** (dat) **(neue) ~ geben** to help to nourish sth Nahrungsaufnahme f eating, ingestion (of food) (form); **die ~ verweigern** to refuse food or sustenance Nahrungsergänzungsmittel nt dietary supplement, food supplement, nutritional supplement Nahrungskette f BIOL food chain Nahrungsmittel nt food(stuff) Nahrungsquelle f source of food Nährwert m nutritional value

Nähseide f silk thread

Naht [naːt] f ⟨-, ⁺e ['nɛːtə]⟩ seam; MED stitches pl; **aus allen Nähten platzen** to be bursting at the seams **nahtlos** adj (lit) seamless; (fig) Übergang smooth; **sich ~ in etw** (acc) **einfügen** to fit right in with sth

Nahverkehr m local traffic; **der öffentliche ~** local public transport Nahverkehrsmittel pl means pl of local transport Nahverkehrszug m local train Nähzeug nt, pl -zeuge sewing kit

naiv [naˈiːf] **A** adj naive **B** adv naively Naivität [naivitɛːt] f ⟨-, no pl⟩ naivety

Name ['naːmə] m ⟨-ns, -n⟩ name; **dem ~n nach** by name; **auf jds ~n** (acc) in sb's name; **er nannte seinen ~n** he gave his name; **einen ~n haben** (fig) to have a name; **sich** (dat) **(mit etw) einen ~n machen** to make a name for oneself (with sth); **die Sache beim ~n nennen** (fig) to call a spade a spade; **im ~n** (+gen) on behalf of; **im ~n des Volkes** in the name of the people **namens** ['naːməns] adv (≈ mit Namen) by the name of, called Namens-

schild nt, pl -schilder nameplate Namensschwester f namesake Namenstag m Saint's day Namensvetter m namesake **namentlich** ['naːməntlɪç] **A** adj by name; **~e Abstimmung** roll call vote **B** adv **1** (≈ insbesondere) (e)specially **2** (≈ mit Namen) by name **namhaft** adj **1** (≈ bekannt) famous; **~ machen** (form) to identify **2** (≈ beträchtlich) considerable

Namibia [naˈmiːbia] nt ⟨-s⟩ Namibia **Namibier** [-ɐin] f ⟨-, -nen⟩ Namibian **namibisch** [naˈmiːbɪʃ] adj Namibian

nämlich ['nɛːmlɪç] adv (≈ und zwar) namely; (geschrieben) viz; (≈ genauer gesagt) to be exact

Nanotechnologie ['naːno-] f nanotechnology

nanu [naˈnuː] int well I never; **~, wer ist das denn?** hello (hello), who's this?

Napf [napf] m ⟨-(e)s, ⁺e ['nɛpfə]⟩ bowl

Nappa(leder) ['napa-] nt ⟨-(s), -s⟩ nappa leather

Narbe ['narbə] f ⟨-, -n⟩ scar **narbig** ['narbɪç] adj scarred

Narkose [narˈkoːzə] f ⟨-, -n⟩ anaesthesia (Br), anesthesia (US); **unter ~** under an(a)esthetic Narkosearzt m, Narkoseärztin f anaesthetist (Br), anesthesiologist (US) **narkotisch** [narˈkoːtɪʃ] adj narcotic **narkotisieren** [narkotiˈziːrən] past part narkotisiert v/t to drug

Narr [nar] m ⟨-en, -en⟩, **Närrin** ['nɛrɪn] f ⟨-, -nen⟩ fool; (≈ Teilnehmer am Karneval) carnival reveller (Br) or reveler (US); **jdn zum ~en halten** to make a fool of sb Narrenhaus nt madhouse **narrensicher** adj, adv foolproof Narrheit f ⟨-, -en⟩ **1** no pl folly **2** (≈ dumme Tat) stupid thing to do **närrisch** ['nɛrɪʃ] adj foolish; (≈ verrückt) mad; **die ~en Tage** Fasching and the period leading up to it; **ganz ~ auf jdn/etw sein** (infml) to be crazy about sb/sth (infml)

Narzisse [narˈtsɪsə] f ⟨-, -n⟩ narcissus Narzissmus [narˈtsɪsmʊs] m ⟨-, no pl⟩ narcissism **narzisstisch** [narˈtsɪstɪʃ] adj narcissistic

nasal [naˈzaːl] adj nasal Nasallaut m nasal (sound)

naschen ['naʃn] **A** v/i to eat sweet things; **an etw** (dat) **~** to pinch (Br) or snitch (esp US) a bit of sth (infml) **B** v/t to nibble; **hast du was zum Naschen?** have you got

something for my sweet tooth?
naschhaft adj fond of sweet things
Naschkatze f (infml) guzzler (infml)
Nase ['naːzə] f ⟨-, -n⟩ nose; **sich** (dat) **die ~ putzen** (≈ sich schnäuzen) to blow one's nose; (**immer**) **der ~ nachgehen** (infml) to follow one's nose; **eine gute ~ für etw haben** (infml) to have a good nose for sth; **jdm etw unter die ~ reiben** (infml) to rub sb's nose in sth (infml); **die ~ rümpfen** to turn up one's nose (über +acc at); **jdm auf der ~ herumtanzen** (infml) to act up with sb (infml); **ich sah es ihm an der ~ an** (infml) I could see it written all over his face (infml); **der Zug fuhr ihm vor der ~ weg** (infml) he missed the train by seconds; **die ~ vollhaben** (infml) to be fed up (infml); **jdn an der ~ herumführen** to give sb the runaround (infml); (als Scherz) to pull sb's leg; **jdm etw auf die ~ binden** (infml) to tell sb all about sth **näselnd** adj Stimme, Ton nasal **Nasenbluten** nt ⟨-s, no pl⟩ ~ **haben** to have a nosebleed **Nasenflügel** m side of the nose **Nasenhöhle** f nasal cavity **Nasenloch** nt nostril **Nasenschleimhaut** f mucous membrane (of the nose) **Nasenspitze** f tip of the/sb's nose **Nasenspray** m or nt nasal spray **Nasentropfen** pl nose drops pl **naseweis** ['naːzəvais] adj cheeky (Brit), fresh (US); (≈ vorlaut) forward; (≈ neugierig) nosy (infml)
Nashorn ['naːshɔrn] nt rhinoceros
nass [nas] adj, comp **nasser** or **nässer** ['nɛsɐ] sup **nasseste(r, s)** or **nässeste(r, s)** wet; **etw ~ machen** to wet sth; **durch und durch ~** wet through **Nässe** ['nɛsə] f ⟨-, no pl⟩ wetness; **„vor ~ schützen"** "keep dry"; **vor ~ triefen** to be dripping wet **nässen** ['nɛsn] v/i (Wunde) to weep **nasskalt** adj cold and damp **Nassrasur** f **eine ~** a wet shave **Nasszelle** f wet cell **Nastuch** ['naːstuːx] nt, pl -tücher (esp Swiss) handkerchief
Natel® ['naːtel] nt ⟨-s, -s⟩ (Swiss) mobile (phone)
Nation [na'tsioːn] f ⟨-, -en⟩ nation **national** [natsio'naːl] adj national **Nationalelf** f national (football) team **Nationalfeiertag** m national holiday **Nationalflagge** f national flag **Nationalgericht** nt national dish **Nationalheld** m national hero **Nationalheldin** f nation-

al heroine **Nationalhymne** f national anthem **Nationalismus** [natsiona'lismʊs] m ⟨-, no pl⟩ nationalism **Nationalist** [natsiona'list] m ⟨-en, -en⟩, **Nationalistin** [-'listɪn] f ⟨-, -nen⟩ nationalist **nationalistisch** [natsiona'listɪʃ] adj nationalist, nationalistic (usu pej) **Nationalität** [natsionali'tɛːt] f ⟨-, -en⟩ nationality **Nationalitätskennzeichen** nt nationality sticker or (aus Metall) plate **Nationalmannschaft** f national team **Nationalpark** m national park
Nationalrat[1] m (Gremium) (Swiss) National Council; (Aus) National Assembly
Nationalrat[2] m, **Nationalrätin** f (Swiss) member of the National Council, ≈ MP; (Aus) deputy of the National Assembly, ≈ MP **Nationalsozialismus** m National Socialism **Nationalsozialist(in)** m/(f) National Socialist **nationalsozialistisch** adj National Socialist **Nationalspieler(in)** m/(f) international (footballer etc)
NATO f ⟨-⟩, **Nato** ['naːto] f ⟨-⟩ **die ~** NATO
Natrium ['naːtriʊm] nt ⟨-s, no pl⟩ sodium **Natron** ['naːtrɔn] nt ⟨-s, no pl⟩ bicarbonate of soda
Natter ['natɐ] f ⟨-, -n⟩ adder; (fig) snake
Natur [na'tuːɐ] f ⟨-, -en, no pl⟩ nature; **in der freien ~** in the open countryside; **sie sind von ~ so gewachsen** they grew that way naturally; **ich bin von ~ (aus) schüchtern** I am shy by nature; **sein Haar ist von ~ aus blond** his hair is naturally blond; **nach der ~ zeichnen/malen** to draw/paint from nature; **die menschliche ~** human nature; **es liegt in der ~ der Sache** it is in the nature of things; **das geht gegen meine ~** it goes against the grain **Naturalien** [natu'raːliən] pl natural produce; **in ~ bezahlen** to pay in kind **naturalisieren** [naturali'ziːrən] past part **naturalisiert** v/t JUR to naturalize **Naturalismus** [natura'lɪsmʊs] m ⟨-, no pl⟩ naturalism **naturalistisch** [natura'lɪstɪʃ] adj naturalistic **naturbelassen** adj Lebensmittel, Material natural **Naturell** [natu'rɛl] nt ⟨-s, -e⟩ temperament **Naturereignis** nt (impressive) natural phenomenon **Naturfaser** f natural fibre (Brit) or fiber (US) **Naturforscher(in)** m/(f) natural scientist **Naturfreund(in)** m/(f) nature-lover **naturgegeben** adj natural **naturge-**

mäß *adv* naturally **Naturgesetz** *nt* law of nature **naturgetreu** *adj Darstellung* lifelike; (≈ *in Lebensgröße*) life-size; **etw ~ wiedergeben** to reproduce sth true to life **Naturgewalt** *f usu pl* element **Naturheilkunde** *f* nature healing **Naturheilverfahren** *nt* natural cure **Naturkatastrophe** *f* natural disaster **Naturkosmetik** *f* natural cosmetics *pl* **Naturkost** *f* health food(s *pl*) **Naturkostladen** *m* health-food shop **Naturlandschaft** *f* natural landscape **natürlich** [na'ty:ɐlɪç] **A** *adj* natural; **eines ~en Todes sterben** to die of natural causes **B** *adv* naturally; **~!** naturally!, of course! **Natürlichkeit** *f* ⟨-, *no pl*⟩ naturalness **Naturpark** *m* ≈ national park **Naturprodukt** *nt* natural product; **~e** *pl* natural produce *sg* **naturrein** *adj* natural **Naturschutz** *m* conservation; **unter (strengem) ~ stehen** (*Pflanze, Tier*) to be a protected species **Naturschützer** [-ʃvtse] *m* ⟨-s, -⟩, **Naturschützerin** [-ərɪn] *f* ⟨-, -nen⟩ conservationist **Naturschutzgebiet** *nt* conservation area **Naturtalent** *nt* **sie ist ein ~** she is a natural **naturtrüb** *adj Saft* (naturally) cloudy **naturverbunden** *adj* nature-loving **Naturvolk** *nt* primitive people **Naturwissenschaft** *f* natural sciences *pl*; (*Zweig*) natural science **Naturwissenschaftler(in)** *m/(f)* (natural) scientist **naturwissenschaftlich** **A** *adj* scientific **B** *adv* scientifically **Naturwunder** *nt* miracle of nature **Naturzustand** *m* natural state

nautisch ['nautɪʃ] *adj* navigational **Navelorange** ['na:vl-] *f* navel orange **Navigation** [naviga'tsio:n] *f* ⟨-, *no pl*⟩ navigation **Navigationsgerät** *nt* navigation system **Navigator** [navi'ga:to:ɐ] *f* ⟨-s, Navigatoren [-'to:rən]⟩, **Navigatorin** [-'to:rɪn] *f* ⟨-, -nen⟩ AVIAT navigator **navigieren** [navi'gi:rən] *past part* **navigiert** *v/t & v/i* to navigate

Nazi ['na:tsi] *m* ⟨-s, -s⟩ Nazi **Naziregime** *nt* Nazi regime **Nazismus** [na'tsɪsmʊs] *m* ⟨-, Nazismen [-mən]⟩ (*pej* ≈ *Nationalsozialismus*) Nazism **nazistisch** [na'tsɪstɪʃ] (*pej*) *adj* Nazi **Naziverbrechen** *nt* Nazi crime **Neandertaler** [ne'andeta:le] *m* ⟨-s, -⟩ Neanderthal man

Neapel [ne'a:pl] *nt* ⟨-s⟩ Naples

Nebel ['ne:bl] *m* ⟨-s, -⟩ mist; (*dichter*) fog; (*fig*) mist, haze **Nebelbank** *f*, *pl* -bänke

fog bank **nebelhaft** *adj* (*fig*) vague **Nebelhorn** *nt* NAUT foghorn **nebelig** ['ne:bəlɪç] *adj* misty; (*bei dichterem Nebel*) foggy **Nebelleuchte** *f* AUTO rear fog light **Nebelscheinwerfer** *m* AUTO fog lamp **Nebelschlussleuchte** *f* AUTO rear fog light

neben ['ne:bn] *prep* **1** (*örtlich*) beside, next to; **er ging ~ ihr** he walked beside her **2** (≈ *außer*) apart from, aside from (*esp US*); **~ anderen Dingen** along with or amongst other things **3** (≈ *verglichen mit*) compared with **nebenamtlich** **A** *adj Tätigkeit* secondary **B** *adv* as a second job **nebenan** [ne:bn'an] *adv* next door **Nebenanschluss** *m* TEL extension **Nebenausgabe** *f* incidental expense; **~n** incidentals *pl* **Nebenausgang** *m* side exit **nebenbei** [ne:bn'bai] *adv* **1** (≈ *außerdem*) in addition **2** (≈ *beiläufig*) incidentally; **~ bemerkt** by the way **Nebenbemerkung** *f* aside **Nebenberuf** *m* second job, sideline **nebenberuflich** **A** *adj* extra **B** *adv* as a second job **Nebenbeschäftigung** *f* (≈ *Zweitberuf*) second job, sideline **Nebenbuhler** *m* ⟨-s, -⟩, **Nebenbuhlerin** *f* ⟨-, -nen⟩ rival **Nebendarsteller(in)** *m/(f)* supporting actor/actress **Nebeneffekt** *m* side effect **nebeneinander** [ne:bnai'nande] *adv* **1** (*räumlich*) side by side **2** (*zeitlich*) simultaneously **nebeneinandersitzen** *v/i sep irr* to sit side by side **nebeneinanderstellen** *v/t sep* to place or put side by side; (*fig* ≈ *vergleichen*) to compare **Nebeneingang** *m* side entrance **Nebeneinkünfte** *pl*, **Nebeneinnahmen** *pl* additional income **Nebenerscheinung** *f* (*von Medikament*) side effect; (*von Tourismus etc*) knock-on effect **Nebenfach** *nt* SCHOOL, UNIV subsidiary (subject), minor (*US*) **Nebenfigur** *f* minor character **Nebenfluss** *m* tributary **Nebengebäude** *nt* (≈ *Zusatzgebäude*) annex, outbuilding; (≈ *Nachbargebäude*) neighbouring (*Br*) or neighboring (*US*) building **Nebengeräusch** *nt* RADIO, TEL interference **Nebenhaus** *nt* house next door **nebenher** [ne:bn'he:ɐ] *adv* **1** (≈ *zusätzlich*) in addition **2** (≈ *gleichzeitig*) at the same time **Nebenjob** *m* (*infml*) second job, sideline **Nebenkosten** *pl* additional costs *pl* **Nebenprodukt** *nt* by-product **Nebenraum** *m* (*benachbart*) adjoining room **Nebenrolle** *f* supporting role; (*fig*) minor role **Nebensache** f minor matter; **das ist (für mich) ~** that's not the point (as far as I'm concerned) **nebensächlich** *adj* minor, trivial **Nebensaison** f low season **Nebensatz** m GRAM subordinate clause **Nebenstelle** f TEL extension; COMM branch **Nebenstraße** f (*in der Stadt*) side street; (≈ *Landstraße*) minor road **Nebenverdienst** m secondary income **Nebenwirkung** f side effect **Nebenzimmer** nt next room

neblig ['neːblɪç] *adj* = nebelig

nebulös [nebuˈløːs] *adj* vague

Necessaire [nesɛˈsɛːɐ] nt ⟨-s, -s⟩ (≈ *Kulturbeutel*) toilet bag (*Br*), washbag (*US*); (*zur Nagelpflege*) manicure case

necken ['nɛkn] *v/t* to tease **neckisch** ['nɛkɪʃ] *adj* (≈ *scherzhaft*) teasing; *Einfall* amusing; *Spielchen* mischievous

nee [neː] *adv* (*infml*) no, nope (*infml*)

Neffe ['nɛfə] m ⟨-n, -n⟩ nephew

Negation [negaˈtsioːn] f ⟨-, -en⟩ negation **negativ** ['neːɡatiːf, neɡaˈtiːf] **A** *adj* negative **B** *adv* (≈ *ablehnend*) **antworten** negatively; **ich beurteile seine Arbeit sehr ~** I have a very negative view of his work; **die Untersuchung verlief ~** the examination proved negative; **sich ~ auf etw** (*acc*) **auswirken** to be detrimental to sth **Negativ** ['neːɡatiːf, neɡaˈtiːf] nt ⟨-s, -e [-və]⟩ PHOT negative **Negativbeispiel** nt negative example **Negativliste** f **1** black list **2** PHARM drug exclusion list

Neger ['neːɡɐ] m ⟨-s, -⟩ *neg!* Negro (*pej*) **Negerin** ['neːɡərɪn] f ⟨-, -nen⟩ *neg!* Negro woman (*pej*)

negieren [neˈɡiːrən] *past part* **negiert** *v/t* (≈ *verneinen*) *Satz* to negate; (≈ *bestreiten*) *Tatsache* to deny

Negligé [negliˈʒeː] nt ⟨-s, -s⟩, **Negligee** nt ⟨-s, -s⟩ negligee

nehmen ['neːmən] *pret* **nahm** [naːm], *past part* **genommen** [ɡəˈnɔmən] *v/t & v/i* to take; *Schmerz* to take away; (≈ *versperren*) *Blick, Sicht* to block; (≈ *berechnen*) to charge; (≈ *auswählen*) *Essen* to have; **etw an sich** (*acc*) **~** (≈ *aufbewahren*) to take care or charge of sth; (≈ *sich aneignen*) to take sth (for oneself); **jdm etw ~** to take sth (away) from sb; **er ließ es sich** (*dat*) **nicht ~, mich persönlich hinauszubegleiten** he insisted on showing me out himself; **diesen Erfolg lasse ich mir nicht ~** I won't be robbed of this success; **sie ~ sich**

(*dat*) **nichts** (*infml*) one's as good as the other; **~ Sie sich doch bitte!** please help yourself; **man nehme ...** COOK take ...; **sich** (*dat*) **einen Anwalt ~** to get a lawyer; **wie viel ~ Sie dafür?** how much will you take for it?; **jdn zu sich ~** to take sb in; **jdn ~, wie er ist** to take sb as he is; **etw auf sich** (*acc*) **~** to take sth upon oneself; **etw zu sich ~** to take sth; **wie man's nimmt** (*infml*) depending on your point of view

Neid [nait] m ⟨-(e)s [-dəs]⟩ *no pl* envy (*auf +acc* of); **aus ~** out of envy; **nur kein ~!** don't be envious!; **grün (und gelb) vor ~** (*infml*) green with envy; **das muss ihm der ~ lassen** (*infml*) you have to say that much for him; **vor ~ platzen** (*infml*) to die of envy **neiden** ['naidn] *v/t* **jdm etw ~** to envy sb (for) sth **neiderfüllt** [-ɛɐˈfʏlt] *adj Blick* filled with envy **Neidhammel** m (*infml*) envious person **neidisch** ['naidɪʃ] **A** *adj* jealous, envious; **auf jdn/etw ~ sein** to be jealous of sb/sth **B** *adv* enviously **neidlos** **A** *adj* ungrudging, without envy **B** *adv* graciously

Neige ['naigə] f ⟨-, *no pl*⟩ (*elev* ≈ *Ende*) **zur ~ gehen** to draw to an end **neigen** ['naign] **A** *v/t* (≈ *beugen*) *Kopf, Körper* to bend; (*zum Gruß*) to bow; (≈ *kippen*) *Glas* to tip **B** *v/r* to bend; (*Ebene*) to slope; (*Gebäude etc*) to lean; (*Schiff*) to list **C** *v/i* **zu etw ~** to tend toward(s) sth; (≈ *für etw anfällig sein*) to be susceptible to sth; **zu der Ansicht ~, dass ...** to tend toward(s) the view that ...; → *geneigt* **Neigetechnik** f, *no pl* RAIL tilting technology **Neigung** ['naiɡʊŋ] f ⟨-, -en⟩ **1** (≈ *Gefälle*) incline; (≈ *Schräglage*) tilt; (*von Schiff*) list **2** (≈ *Tendenz*, MED ≈ *Anfälligkeit*) proneness, tendency; (≈ *Veranlagung*) leaning *usu pl*; (≈ *Hang, Lust*) inclination **3** (≈ *Zuneigung*) affection

nein [nain] *adv* no; **da sage ich nicht Nein** I wouldn't say no to that; **~, so was!** well I never! **Nein** [nain] nt ⟨-s, *no pl*⟩ no; **bei seinem ~ bleiben** to stick to one's refusal **Nektar** ['nɛktar] m ⟨-s, *no pl*⟩ nectar **Nektarine** [nɛktaˈriːnə] f ⟨-, -n⟩ nectarine

Nelke ['nɛlkə] f ⟨-, -n⟩ **1** pink; (*gefüllt*) carnation **2** (*Gewürz*) clove

nennen ['nɛnən] *pret* **nannte** ['nantə], *past part* **genannt** [ɡəˈnant] **A** *v/t* **1** (≈ *bezeichnen*) to call; **jdn nach jdm ~** to name sb after (*Br*) or for (*US*) sb; **das nennst du**

schön? you call that beautiful? **2** (≈ *angeben*) to name; *Beispiel, Grund* to give; (≈ *erwähnen*) to mention **B** *v/r* to call oneself; **und so was nennt sich Liebe** (*infml*) and they call that love **nennenswert** *adj* considerable, not inconsiderable; **nicht ~** not worth mentioning **Nenner** ['nɛnɐ] *m* ⟨-s, -⟩ MAT denominator; **kleinster gemeinsamer ~** lowest common denominator; **etw auf einen (gemeinsamen) ~ bringen** to reduce sth to a common denominator **Nennung** ['nɛnʊŋ] *f* ⟨-, -en⟩ (≈ *das Nennen*) naming **Nennwert** *m* FIN nominal value; **zum ~** at par; **über/unter dem ~** above/below par

Neofaschismus ['ne:o-] *m* neo-fascism **Neon** ['ne:ɔn] *nt* ⟨-s, *no pl*⟩ neon **Neonazi** ['ne:ona:tsi] *m* neo-Nazi **Neonlicht** *nt* neon light **Neonröhre** *f* neon tube

Neopren® [neo'pre:n] *nt* ⟨-s, *no pl*⟩ neoprene®

neppen ['nɛpn] *v/t* (*infml*) to rip off (*infml*) **Nepplokal** *nt* (*infml*) clip joint (*infml*) **Nerv** [nɛrf] *m* ⟨-s *or* -en, -en⟩ nerve; **(leicht) die ~en verlieren** to lose one's nerve easily; **er hat trotz allem die ~en behalten** in spite of everything he kept his cool (*infml*); **die ~en sind (mit) ihm durchgegangen** he lost his cool (*infml*); **der hat (vielleicht) ~en!** (*infml*) he's got a nerve! (*infml*); **er hat ~en wie Drahtseile** he has nerves of steel; **es geht** *or* **fällt mir auf die ~en** (*infml*) it gets on my nerves; **das kostet ~en** it's a strain on the nerves **nerven** ['nɛrfn] (*infml*) **A** *v/t* **jdn (mit etw) ~** to get on sb's nerves (with sth); **genervt sein** (≈ *nervös sein*) to be worked up; (≈ *gereizt sein*) to be irritated **B** *v/i* **das nervt** it gets on your nerves; **du nervst!** (*infml*) you're bugging me! (*infml*) **Nervenarzt** *m*, **Nervenärztin** *f* neurologist **nervenaufreibend** *adj* nerve-racking **Nervenbelastung** *f* strain on the nerves **Nervenbündel** *nt* (*fig infml*) bag of nerves (*infml*) **Nervengas** *nt* MIL nerve gas **Nervengift** *nt* neurotoxin **Nervenheilanstalt** *f* psychiatric hospital **Nervenheilkunde** *f* neurology **Nervenkitzel** *m* (*fig*) thrill **Nervenklinik** *f* psychiatric clinic **nervenkrank** *adj* (*geistig*) mentally ill; (*körperlich*) suffering from a nervous disease **Nervenkrankheit** *f* (*geistig*) men-

tal illness; (*körperlich*) nervous disease **Nervenkrieg** *m* (*fig*) war of nerves **Nervenprobe** *f* trial **Nervensache** *f* (*infml*) question of nerves **Nervensäge** *f* (*infml*) pain (in the neck) (*infml*) **nervenstark** *adj Mensch* with strong nerves; **er ist ~** he has strong nerves **Nervenstärke** *f* strong nerves *pl* **Nervensystem** *nt* nervous system **Nervenzentrum** *nt* (*fig*) nerve centre (*Br*) *or* center (*US*) **Nervenzusammenbruch** *m* nervous breakdown **nervig** ['nɛrfɪç, 'nɛrvɪç] *adj* (*infml* ≈ *irritierend*) irritating **nervlich** ['nɛrflɪç] *adj Belastung* nervous; **~ bedingt** nervous **nervös** [nɛr'vøːs] *adj* nervous; **jdn ~ machen** to make sb nervous; (≈ *ärgern*) to get on sb's nerves **Nervosität** [nɛrvozi'tɛːt] *f* ⟨-, *no pl*⟩ nervousness **nervtötend** ['nɛrf-] (*infml*) *adj* nerve-racking; *Arbeit* soul-destroying **Nerz** [nɛrts] *m* ⟨-es, -e⟩ mink **Nerzmantel** *m* mink coat

Nessel ['nɛsl] *f* ⟨-, -n⟩ BOT nettle; **sich in die ~n setzen** (*infml*) to put oneself in a spot (*infml*)

Nessessär *nt* ⟨-s, -s⟩; → Necessaire

Nest [nɛst] *nt* ⟨-(e)s, -er⟩ **1** nest; **da hat er sich ins gemachte ~ gesetzt** (*infml*) he's got it made (*infml*) **2** (*fig infml* ≈ *Bett*) bed **3** (*pej infml: Ort*) (*schäbig*) dump (*infml*); (*klein*) little place **Nestbeschmutzer** [-bəʃmʊtsɐ] *m* ⟨-s, -⟩, **Nestbeschmutzerin** [-ərɪn] *f* ⟨-, -nen⟩ (*pej*) denigrator of one's family/country **Nesthäkchen** *nt* baby of the family **Nestwärme** *f* (*fig*) happy home life

Netiquette [nɛti'kɛt(ə)] *f* ⟨-, *no pl*⟩ INTERNET netiquette

nett [nɛt] **A** *adj* nice; **sei so ~ und räum auf!** would you mind clearing up?; **~, dass Sie gekommen sind!** nice of you to come **B** *adv* nicely, nice; **wir haben uns ~ unterhalten** we had a nice chat; **~ aussehen** to be nice-looking **netterweise** ['nɛtə-'vaizə] *adv* kindly **Nettigkeit** ['nɛtɪçkait] *f* ⟨-, -en⟩ **1** *no pl* (≈ *nette Art*) kindness **2** **Nettigkeiten** *pl* (≈ *nette Worte*) kind words, nice things

netto ['nɛto] *adv* COMM net **Nettoeinkommen** *nt* net income **Nettogehalt** *nt* net salary **Nettogewicht** *nt* net weight

Nettolohn *m* take-home pay **Nettopreis** *m* net price **Nettoverdienst** *m* net income *sg*

Netz [nɛts] *nt* ⟨-es, -e⟩ **1** net; (≈ *Spinnennetz*) web; (≈ *Gepäcknetz*) (luggage) rack; **ins ~ gehen** FTBL to go into the (back of the) net; **jdm ins ~ gehen** (*fig*) to fall into sb's trap **2** (≈ *System*) network; (≈ *Stromnetz*) mains *sg or pl*; (≈ *Überlandnetz*) (national) grid; IT network; **das soziale ~** the social security net; **ans ~ gehen** (*Kraftwerk*) to be connected to the grid **3** (≈ *Internet*) **das ~** the Net **Netzanschluss** *m* ELEC mains connection **Netzball** *m* TENNIS etc net ball **Netzbetreiber** *m* TEL network operator **Netzhaut** *f* retina **Netzhautentzündung** *f* retinitis **Netzhemd** *nt* string vest (*Br*), mesh undershirt (*US*) **Netzroller** *f* TENNIS, VOLLEYBALL etc net cord **Netzspannung** *f* mains voltage **Netzstecker** *m* mains plug **Netzstrümpfe** *pl* fishnet stockings *pl* **Netzteil** *nt* mains adaptor **Netzwerk** *nt* network **Netzzugang** *m* IT, TEL network access

neu [nɔy] **A** *adj* new; (≈ *frisch gewaschen*) clean; **die ~(e)ste Mode** the latest fashion; **die ~esten Nachrichten** the latest news; **die ~eren Sprachen** modern languages; **ein ganz ~er Wagen** a brand-new car; **das ist mir ~!** that's new(s) to me; **seit Neu(e)stem** recently; **aufs Neue** (*elev*) afresh, anew; **der/die Neue** the newcomer; **weißt du schon das Neu(e)ste?** have you heard the latest (news)?; **was gibt's Neues?** (*infml*) what's new?; **von Neuem** (≈ *von vorn*) afresh; (≈ *wieder*) again **B** *adv* **~ anfangen** to start all over (again); **sich/jdn ~ einkleiden** to buy oneself/sb a new set of clothes; **~ geschaffen** newly created; **Mitarbeiter ~ einstellen** to hire new employees; **~ bearbeiten** to revise; **ein Zimmer ~ einrichten** to refurnish a room; **~ ordnen** to reorganize; **die Rollen ~ besetzen** to recast the roles; **~ gewählt** newly elected; **~ eröffnet** newly-opened; **~ vermählt** newly married **Neuanfang** *m* new beginning **neuartig** *adj* new; **ein ~es Wörterbuch** a new type of dictionary **Neuauflage** *f* reprint; (*mit Verbesserungen*) new edition **Neubau** *m*, *pl* -bauten new house/building **Neubaugebiet** *nt* development area **Neubausiedlung** *f* new housing estate **Neu-**

bauwohnung *f* newly-built apartment **Neubearbeitung** *f* revised edition; (≈ *das Neubearbeiten*) revision **Neubeginn** *m* new beginning(s *pl*) **Neuentdeckung** *f* rediscovery **Neuentwicklung** *f* new development **neuerdings** ['nɔyɐ'dɪŋs] *adv* recently **Neuerscheinung** *f* (*Buch*) new or recent publication; (*CD*) new release **Neuerung** ['nɔyərʊŋ] *f* ⟨-, -en⟩ innovation; (≈ *Reform*) reform **neuestens** ['nɔyəstns] *adv* lately **Neufundland** [nɔy'fʊntlant] *nt* ⟨-s⟩ Newfoundland **neugeboren** *adj* newborn; **sich wie ~ fühlen** to feel (like) a new man/woman **Neugeborene(s)** [-gəbo:rənə] *nt decl as adj* newborn child **neugeschaffen** *adj attr*; → neu, **Neugier(de)** ['nɔygi:e(də)] *f* ⟨-, *no pl*⟩ curiosity (*auf +acc* about) **neugierig** ['nɔygi:erɪç] *adj* curious (*auf +acc* about); (*pej*) nosy (*infml*); (≈ *gespannt*) curious to know; *Blick* inquisitive; **jdn ~ machen** to excite or arouse sb's curiosity; **ich bin ~, ob** I wonder if **neugriechisch** *adj* Modern Greek **Neuguinea** [nɔygi'ne:a] *nt* New Guinea **Neuheit** ['nɔyhait] *f* ⟨-, -en⟩ **1** *no pl* (≈ *das Neusein*) novelty **2** (≈ *neue Sache*) innovation, new thing/idea **Neuigkeit** ['nɔyiçkait] *f* ⟨-, -en⟩ **1** (piece of) news **2** (≈ *das Neusein*) novelty **Neujahr** ['nɔyja:e, nɔy'ja:e] *nt* New Year **Neujahrstag** *m* New Year's Day **Neuland** *nt*, *no pl* (*fig*) new ground; **~ betreten** to break new ground **neulich** ['nɔylɪç] *adv* recently; **~ abends** the other evening **Neuling** ['nɔylɪŋ] *m* ⟨-s, -e⟩ newcomer **neumodisch** (*pej*) *adj* new-fangled (*pej*); **sich ~ ausdrücken** to use new-fangled words **Neumond** *m* new moon

neun [nɔyn] *num* nine; **alle ~(e)!** (*beim Kegeln*) strike!; → vier **Neun** [nɔyn] *f* ⟨-, -en⟩ nine **neunhundert** ['nɔyn'hʊndet] *num* nine hundred **neunmal** ['nɔynma:l] *adv* nine times **Neuntel** ['nɔyntl] *nt* ⟨-s, -⟩ ninth; → Viertel[1] **neuntens** ['nɔyntns] *adv* ninth(ly), in the ninth place **neunte(r, s)** ['nɔyntə] *adj* ninth; → vierte(r, s) **neunzehn** ['nɔyntse:n] *num* nineteen **neunzehnte(r, s)** ['nɔyntse:ntə] *adj* nineteenth; → vierte(r, s) **neunzig** ['nɔyntsɪç] *num* ninety; → vierzig **Neunziger** ['nɔyntsɪgɐ] *m* ⟨-s, -⟩, **Neunzigerin** [-ərɪn] *f* ⟨-, -nen⟩ (*Mensch*) ninety-year-old

N

Neuordnung f reorganization; (≈ Reform) reform **Neuphilologie** f modern languages sg or pl

Neuralgie [nɔyral'giː] f ⟨-, -n [-'giːən]⟩ neuralgia **neuralgisch** [nɔy'ralgɪʃ] adj neuralgic; **ein ~er Punkt** a trouble area

Neuregelung f revision **neureich** adj nouveau riche **Neureiche(r)** m/f(m) decl as adj nouveau riche

Neurochirurgie [nɔyro-] f neurosurgery **Neurologe** [nɔyro'loːgə] m ⟨-n, -n⟩, **Neurologin** [-'loːgɪn] f ⟨-, -nen⟩ neurologist **Neurologie** [nɔyrolo'giː] f ⟨-, -n [-'giːən]⟩ neurology **neurologisch** [nɔyro'loːgɪʃ] adj neurological **Neurose** [nɔy'roːzə] f ⟨-, -n⟩ neurosis **Neurotiker** [nɔy'roːtike] m ⟨-s, -⟩, **Neurotikerin** [-ərɪn] f ⟨-, -nen⟩ neurotic **neurotisch** [nɔy'roːtɪʃ] adj neurotic

Neuschnee m fresh snow **Neuseeland** [nɔy'zeːlant] nt ⟨-s⟩ New Zealand **Neuseeländer** [nɔy'zeːlɛndɐ] m ⟨-s, -⟩, **Neuseeländerin** [-ərɪn] f ⟨-, -nen⟩ New Zealander **neuseeländisch** [nɔy'zeːlɛndɪʃ] adj New Zealand **neusprachlich** adj modern language attr; **~es Gymnasium** ≈ grammar school (Br), ≈ high school (esp US, Scot, stressing modern languages) **Neustart** m IT restart, reboot

neutral [nɔy'traːl] adj neutral **neutralisieren** [nɔytrali'ziːrən] past part neutralisiert v/t to neutralize **Neutralität** [nɔytrali'tɛːt] f ⟨-, no pl⟩ neutrality

Neutron ['nɔytrɔn] nt ⟨-s, -en [-'troːnən]⟩ neutron **Neutronenbombe** f neutron bomb

Neutrum ['nɔytrʊm] nt ⟨-s, Neutra or Neutren [-tra, -trən]⟩ (GRAM, fig) neuter

neuvermählt [-fɛɐmɛːlt] adj newly married **Neuwagen** m new car **Neuwahl** f POL new election; **es gab vorgezogene ~en** the elections were brought forward **Neuwert** m value when new **neuwertig** adj as new **Neuzeit** f modern era, modern times pl **neuzeitlich** adj modern

nicht [nɪçt] adv not; **~ leitend** non-conducting; **~ rostend** rustproof; Stahl stainless; **~ amtlich** unofficial; **~ öffentlich** not open to the public, private; **er raucht ~** (augenblicklich) he isn't smoking; (gewöhnlich) he doesn't smoke; **~ (ein)mal** not even; **~ berühren!** do not touch; **~ rauchen!** no smoking; **~!** don't!, no!; **~**

doch! stop it!, don't!; **bitte ~!** please don't; **er kommt, ~ (wahr)?** he's coming, isn't he or is he not (esp Br)?; **er kommt ~, ~ wahr?** he isn't coming, is he?; **was ich ~ alles durchmachen muss!** the things I have to go through! **nichtamtlich** adj → nicht **Nichtangriffspakt** m non-aggression pact **Nichtbeachtung** f non--observance

Nichte ['nɪçtə] f ⟨-, -n⟩ niece

Nichteinhaltung f non-compliance (+gen with) **Nichteinmischung** f POL non-intervention **Nichtgefallen** nt **bei ~ (zurück)** if not satisfied (return) **nichtig** ['nɪçtɪç] adj **1** (JUR ≈ ungültig) invalid; **etw für ~ erklären** to declare sth invalid **2** (≈ unbedeutend) trifling; Versuch vain; Drohung empty **Nichtigkeit** f ⟨-, -en⟩ (JUR ≈ Ungültigkeit) invalidity **Nichtmitglied** nt non-member **nichtöffentlich** adj attr; → nicht **Nichtraucher(in)** m/f(f) non-smoker; **ich bin ~** I don't smoke **Nichtraucherzone** f no-smoking area **nichts** [nɪçts] indef pr inv nothing; **ich weiß ~** I know nothing, I don't know anything; **~ als** nothing but; **~ anderes als** not … anything but or except; **~ ahnend** unsuspecting; **~ sagend** meaningless; **~ zu danken!** don't mention it; **das ist ~ für mich** that's not my thing (infml); **~ zu machen** nothing doing (infml); **ich weiß ~ Genaues** I don't know any details; **er ist zu ~ zu gebrauchen** he's useless **Nichts** [nɪçts] nt ⟨-, no pl⟩ PHIL nothingness; (≈ Leere) emptiness; (≈ Kleinigkeit) trifle; **vor dem ~ stehen** to be left with nothing **nichtsahnend** adj → nichts **Nichtschwimmer(in)** m/f(f) non-swimmer **Nichtschwimmerbecken** nt pool for non-swimmers **nichtsdestotrotz** [nɪçtsdɛsto'trɔts] adv nonetheless **nichtsdestoweniger** [nɪçtsdɛsto've:nɪgə] adv nevertheless **Nichtsesshafte(r)** ['nɪçtsɛshaftə] m/f(m) decl as adj (form) person of no fixed abode (form) **Nichtskönner(in)** m/f(f) washout (infml) **Nichtsnutz** ['nɪçtsnʊts] m ⟨-es, -e⟩ good-for-nothing **nichtsnutzig** ['nɪçtsnʊtsɪç] adj useless; (≈ unartig) good-for--nothing **nichtssagend** adj meaningless **nichtstaatlich** adj non-governmental **Nichtstuer** ['nɪçtstuːɐ] m ⟨-s, -⟩, **Nichtstuerin** [-ərɪn] f ⟨-, -nen⟩ idler, loafer **Nichtstun** ['nıçtstuːn] *nt* idleness; (≈ *Muße*) leisure **Nichtverbreitung** *f* (*von Kernwaffen etc*) non-proliferation **Nichtvorhandensein** *nt* absence **Nichtwissen** *nt* ignorance (*um* about) **Nichtzutreffende(s)** [-tsuːtrɛfndə] *nt decl as adj* **~s (bitte) streichen!** (please) delete as applicable

Nickel ['nıkl] *nt* ⟨-s, *no pl*⟩ nickel **Nickelbrille** *f* metal-rimmed glasses *pl*

nicken ['nıkn] *v/i* to nod; **mit dem Kopf ~** to nod one's head **Nickerchen** ['nıkəçən] *nt* ⟨-s, -⟩ (*infml*) snooze (*infml*)

Nidel ['niːdl] *m or f* ⟨*m*⟩ -s or (*f*) -, *no pl*⟩ (*Swiss* ≈ *Sahne*) cream

nie [niː] *adv* never; **~ und nimmer** never ever; **~ wieder** never again

nieder ['niːdɐ] **A** *adj attr* **1** *Instinkt, Motiv* low, base; *Arbeit* menial; *Kulturstufe* primitive **2** (≈ *weniger bedeutend*) lower; *Geburt, Herkunft* lowly **B** *adv* down; **auf und ~** up and down; **~ mit dem Kaiser!** down with the Kaiser! **niederbrennen** *v/t & v/i sep irr* to burn down **niederbrüllen** *v/t sep Redner* to shout down **niederdeutsch** *adj* **1** GEOG North German **2** LING Low German **Niedergang** *m*, *pl* -gänge (*fig* ≈ *Verfall*) decline, fall **niedergehen** *v/i sep irr aux sein* to descend; (*Bomben, Regen*) to fall; (*Gewitter*) to break **niedergeschlagen** *adj* dejected; → niedergeschlagen **niederknien** *v/i sep aux sein* to kneel down **Niederlage** *f* defeat **Niederlande** ['niːdɐlandə] *pl* **die ~** the Netherlands *sg or pl* **Niederländer** ['niːdɐlɛndɐ] *m* ⟨-s, -⟩ Dutchman; **die ~** the Dutch **Niederländerin** ['niːdɐlɛndərɪn] *f* ⟨-, -nen⟩ Dutchwoman **niederländisch** ['niːdɐlɛndɪʃ] *adj* Dutch, Netherlands **niederlassen** *v/r sep irr* **1** (≈ *sich setzen*) to sit down; (≈ *sich niederlegen*) to lie down; (*Vögel*) to land **2** (≈ *Wohnsitz nehmen*) to settle (down); **sich als Arzt/Rechtsanwalt ~** to set up (a practice) as a doctor/lawyer **Niederlassung** [-lasʊŋ] *f* ⟨-, -en⟩ **1** *no pl* (≈ *das Niederlassen*) settling, settlement; (*eines Arztes etc*) establishment **2** (≈ *Siedlung*) settlement **3** COMM registered office; (≈ *Zweigstelle*) branch **niederlegen** *sep* **A** *v/t* **1** (≈ *hinlegen*) to lay or put down; *Blumen* to lay; *Waffen* to lay down **2** (≈ *aufgeben*) *Amt* to resign (from); **die Arbeit ~** (≈ *streiken*) to down tools **3** (≈ *schriftlich festlegen*) to write down **B** *v/r* to lie down

Niederlegung [-leːgʊŋ] *f* ⟨-, -en⟩ **1** (*von Waffen*) laying down **2** (*von Amt*) resignation (from) **niedermachen** *v/t sep* **1** (≈ *töten*) to massacre **2** (*fig* ≈ *heftig kritisieren*) to run down **Niederösterreich** *nt* Lower Austria **niederreißen** *v/t sep irr* to pull down; (*fig*) *Schranken* to tear down **Niederrhein** *m* Lower Rhine **niederrheinisch** *adj* lower Rhine **Niedersachsen** *nt* Lower Saxony **niedersächsisch** *adj* of Lower Saxony **Niederschlag** *m* METEO precipitation (*form*); CHEM precipitate; (≈ *Bodensatz*) sediment, dregs *pl*; **radioaktiver ~** (radioactive) fallout; **für morgen sind heftige Niederschläge gemeldet** tomorrow there will be heavy rain/hail/snow **niederschlagen** *sep irr* **A** *v/t jdn* to knock down; *Aufstand* to suppress; *Augen, Blick* to lower; → niedergeschlagen **B** *v/r* (*Flüssigkeit*) to condense; CHEM to precipitate; **sich in etw** (*dat*) **~** (*Erfahrungen etc*) to find expression in sth **niederschlagsreich** *adj Wetter* very rainy/snowy **niederschmettern** *v/t sep* to smash down; (*fig*) to shatter **niederschmetternd** *adj* shattering **niederschreiben** *v/t sep irr* to write down **Niederschrift** *f* notes *pl*; (≈ *Protokoll*) minutes *pl*; JUR record **Niederspannung** *f* ELEC low voltage **niederstechen** *v/t sep irr* to stab **Niedertracht** ['niːdɐtraxt] *f* ⟨-, *no pl*⟩ despicableness; (*als Rache*) malice; (≈ *niederträchtige Tat*) despicable act **niederträchtig** ['niːdɐtrɛçtıç] *adj* despicable; (≈ *rachsüchtig*) malicious **Niederträchtigkeit** *f* ⟨-, -en, *no pl*⟩ = Niedertracht **niederwerfen** *sep irr* **A** *v/t* to throw down; *Aufstand* to suppress **B** *v/r* to throw oneself down

niedlich ['niːtlıç] *adj* cute

niedrig ['niːdrıç] **A** *adj* low; *Herkunft, Geburt* low(ly) **B** *adv* low; **etw ~er berechnen** to charge less for sth; **etw ~ einstufen** to give sth a low classification; **jdn ~ einschätzen** to have a low opinion of sb **Niedriglohn** *m* low wages *pl* **Niedriglohnland** *nt* low-wage country **Niedrigwasser** *nt*, *pl* -wasser NAUT low tide

niemals ['niːmaːls] *adv* never

niemand ['niːmant] *indef pr* nobody; **~ anders kam** nobody else came; **herein kam ~ anders als der Kanzler selbst** in came none other than the Chancellor himself; **er hat es ~(em) gesagt** he hasn't told anyone, he has told no-one **Niemand** ['niːmant] *m* ⟨-s, *no pl*⟩ **er ist ein ~** he's a nobody **Niemandsland** *nt* no-man's-land

Niere ['niːrə] *f* ⟨-, -n⟩ kidney; **künstliche ~** kidney machine; **es geht mir an die ~n** (*infml*) it gets me down (*infml*) **Nierenbecken** *nt* pelvis of the kidney **Nierenentzündung** *f* nephritis (*tech*) **nierenförmig** *adj* kidney-shaped **Nierenkrankheit** *f*, **Nierenleiden** *nt* kidney disease **Nierenschale** *f* kidney dish **Nierenschützer** [-ʃʏtsə] *m* ⟨-s, -⟩ kidney belt **Nierenspender(in)** *m/(f)* kidney donor **Nierenstein** *m* kidney stone **Nierentransplantation** *f* kidney transplant

nieseln ['niːzln] *v/i impers* to drizzle **Nieselregen** *m* drizzle

niesen ['niːzn] *v/i* to sneeze **Niespulver** *nt* sneezing powder

Niet [niːt] *m* ⟨-(e)s, -e (*spec*)⟩, **Niete¹** ['niːtə] *f* ⟨-, -n⟩ rivet; (*auf Kleidung*) stud **Niete²** *f* ⟨-, -n⟩ (≈ *Los*) blank; (*infml* ≈ *Mensch*) dead loss (*infml*)

nieten ['niːtn] *v/t* to rivet **Nietenhose** *f* (pair of) studded jeans *pl* **niet- und nagelfest** ['niːtʊnt'naːgl̩fɛst] *adj* (*infml*) nailed *or* screwed down

nigelnagelneu ['niːgl'naːgl'nɔy] *adj* (*infml*) brand spanking new (*infml*) **Nigeria** [ni'geːria] *nt* ⟨-s⟩ Nigeria **nigerianisch** [nigeri'aːnɪʃ] *adj* Nigerian

Nihilismus [nihi'lɪsmʊs] *m* ⟨-, *no pl*⟩ nihilism **Nihilist** [nihi'lɪst] *m* ⟨-en, -en⟩, **Nihilistin** [-'lɪstɪn] *f* ⟨-, -nen⟩ nihilist **nihilistisch** [nihi'lɪstɪʃ] *adj* nihilistic

Nikab ['nɪkap] *m* ⟨-s, -s⟩ (*Schleier muslimischer Frauen*) niqab

Nikolaus ['nɪkolaus, 'niːkolaus] *m* ⟨-, -e *or* (*hum inf*) Nikoläuse [-lɔyzə]⟩ St Nicholas; (≈ *Nikolaustag*) St Nicholas' Day

Nikotin [niko'tiːn] *nt* ⟨-s, *no pl*⟩ nicotine **nikotinarm** *adj* low-nicotine **nikotinfrei** *adj* nicotine-free **Nikotinpflaster** *nt* nicotine patch

Nil [niːl] *m* ⟨-s⟩ Nile **Nilpferd** *nt* hippopotamus

Nimbus ['nɪmbʊs] *m* ⟨-, -se⟩ (≈ *Heiligenschein*) halo; (*fig*) aura

Nimmersatt ['nɪmezat] *m* ⟨-(e)s, -e⟩ glutton; **ein ~ sein** to be insatiable **Nimmerwiedersehen** *nt* (*infml*) **auf ~!** I never want to see you again; **auf ~ verschwinden** to disappear never to be seen again

Nippel ['nɪpl] *m* ⟨-s, -⟩ **1** TECH nipple **2** (*infml* ≈ *Brustwarze*) nipple

nippen ['nɪpn] *v/t & v/i* **am** *or* **vom Wein ~** to sip (at) the wine

Nippes ['nɪpəs] *pl* ornaments *pl*, knick-knacks *pl*

nirgends ['nɪrgnts], **nirgendwo** ['nɪrgnt'voː] *adv* nowhere, not … anywhere **nirgendwohin** ['nɪrgntvo'hɪn] *adv* nowhere, not … anywhere

Nische ['niːʃə] *f* ⟨-, -n⟩ niche; (≈ *Kochnische etc*) recess

nisten ['nɪstn] *v/i* to nest **Nistkasten** *m* nest(ing) box **Nistplatz** *m* nesting place

Nitrat [ni'traːt] *nt* ⟨-(e)s, -e⟩ nitrate **Nitroglyzerin** *nt* nitroglycerine

Niveau [ni'voː] *nt* ⟨-s, -s⟩ level; **diese Schule hat ein hohes ~** this school has high standards; **unter ~** below par; **unter meinem ~** beneath me; **~/kein ~ haben** to be of a high/low standard; (*Mensch*) to be cultured/not at all cultured; **ein Hotel mit ~** a hotel with class **niveaulos** *adj* Film etc mediocre; Unterhaltung mindless

Nixe ['nɪksə] *f* ⟨-, -n⟩ water nymph

Nizza ['nɪtsa] *nt* ⟨-s⟩ Nice

N.N. *abbr of* nomen nescio N.N., name unkown

nobel ['noːbl] **A** *adj* (≈ *edelmütig*) noble; (*infml* ≈ *großzügig*) lavish; (≈ *elegant*) posh (*infml*) **B** *adv* (≈ *edelmütig*) nobly; (≈ *großzügig*) generously; **~ wohnen** to live in posh surroundings **Nobelherberge** *f* (*infml*) posh hotel (*infml*)

Nobelpreis [no'bɛl-] *m* Nobel prize **Nobelpreisträger(in)** *m/(f)* Nobel prizewinner

Nobelviertel *nt* (*infml, usu iron*) posh *or* upmarket (*US*) area

noch [nɔx] **A** *adv* **1** still; **~ nicht** not yet; **immer ~, ~ immer** still; **~ nie** never; **ich möchte gerne ~ bleiben** I'd like to stay on longer; **das kann ~ passieren** that might still happen; **er wird ~ kommen** he'll come (yet); **ich habe ihn ~ vor zwei Tagen gesehen** I saw him only two days ago; **er ist ~ am selben Tag gestorben** he died the very same day; **ich tue das ~ heute** *or* **heute ~** I'll do it today; **gerade ~** (*only*) just **2** (≈ *außerdem, zusätzlich*) **wer war ~ da?** who else was there?; **(gibt es) ~ etwas?** (is there) anything else?; **~**

etwas **Fleisch** some more meat; **~ ein Bier** another beer; **~ einmal** *or* **mal** (once) again, once more **3** *(bei Vergleichen)* even, still; **das ist ~ viel wichtiger als …** that is far more important still than …; **und wenn du auch ~ so bittest …** however much you ask … **B** *cj (weder … noch …)* nor **nochmalig** ['nɔxmaːlɪç] *adj attr* renewed **nochmals** ['nɔxmaːls] *adv* again
Nockenwelle ['nɔkn-] *f* camshaft
Nockerl ['nɔkel] *nt* ⟨-s, -n⟩ *usu pl (Aus* COOK) dumpling; **Salzburger ~n** *type of sweet whipped pudding eaten hot*
nölen ['nøːlən] *v/i (infml)* to whine
Nomade [no'maːdə] *m* ⟨-n, -n⟩, **Nomadin** [no'maːdɪn] *f* ⟨-, -nen⟩ nomad **Nomadenvolk** *nt* nomadic tribe or people **nomadisch** [no'maːdɪʃ] *adj* nomadic
Nominallohn *m* nominal wages *pl*
Nominativ ['nominatiːf] *m* ⟨-s, -e [-və]⟩ nominative **nominell** [nomi'nɛl] *adj, adv* in name only **nominieren** [nomi'niːrən] *past part* **nominiert** *v/t* to nominate **Nominierung** [nomi'niːrʊŋ] *f* nomination
No-Name-Produkt ['noːneːm-] *nt* ECON own-label *or* house-brand (*US*) product
Nonne ['nɔnə] *f* ⟨-, -n⟩ nun **Nonnenkloster** *nt* convent
Nonsens ['nɔnzɛns] *m* ⟨-(es), no pl⟩ nonsense
nonstop [nɔn'ʃtɔp, -'stɔp] *adv* non-stop **Nonstop-Flug** *m* **Nonstopflug** *m* non-stop flight
Noppe ['nɔpə] *f* ⟨-, -n⟩ (≈ *Gumminoppe*) nipple, knob
Nordafrika *nt* North Africa **Nordamerika** *nt* North America **Nordatlantik** *m* North Atlantic **Nordatlantikpakt** *m* North Atlantic Treaty **norddeutsch** *adj* North German **Norddeutschland** *nt* North(ern) Germany **Norden** ['nɔrdn] *m* ⟨-s, no pl⟩ north; *(von Land)* North; **aus dem ~** from the north; **im ~ des Landes** in the north of the country **Nordeuropa** *nt* Northern Europe **Nordic Walking** [ˌnɔrdɪk-'wɔːkɪŋ] *nt* Nordic Walking **nordirisch** *adj* Northern Irish **Nordirland** *nt* Northern Ireland **nordisch** ['nɔrdɪʃ] *adj Wälder* northern; *Völker, Sprache* Nordic; SKI nordic; **~e Kombination** SKI nordic combined **Nordkap** *nt* North Cape **Nordkorea** *nt* North Korea **nördlich** ['nœrtlɪç] **A** *adj* northern; *Wind, Richtung* northerly *adv* (to

the) north; **~ von Köln (gelegen)** north of Cologne **B** *prep +gen* (to the) north of **Nordlicht** *nt* northern lights *pl*, aurora borealis; *(fig hum: Mensch)* Northerner **Nordosten** *m* north-east; *(von Land)* North East **nordöstlich** **A** *adj Gegend* northeastern; *Wind* northeast(erly) **B** *adv* (to the) north-east **Nord-Ostsee-Kanal** *m* Kiel Canal **Nordpol** *m* North Pole **Nordrhein-Westfalen** ['nɔrtrainvɛst-'faːlən] *nt* North Rhine-Westphalia **Nordsee** ['nɔrtzeː] *f* North Sea **Nord-Süd-Gefälle** ['nɔrt'zyːt-] *nt* north-south divide **Nordwand** *f (von Berg)* north face **nordwärts** ['nɔrtvɛrts] *adv* north(wards) **Nordwesten** *m* north-west; *(von Land)* North West **nordwestlich** **A** *adj Gegend* north-western; *Wind* north-west(erly) **B** *adv* (to the) north-west **Nordwind** *m* north wind
Nörgelei [nœrgə'lai] *f* ⟨-, -en⟩ moaning; *(≈ Krittelei)* nit-picking *(infml)* **nörgeln** ['nœrgln] *v/i* to moan; *(≈ kritteln)* to niggle *(an +dat, über +acc* about) **Nörgler** ['nœrgle] *m* ⟨-s, -⟩, **Nörglerin** [-ərɪn] *f* ⟨-, -nen⟩ grumbler, moaner; *(≈ Krittler)* niggler, nit-picker *(infml)*
Norm [nɔrm] *f* ⟨-, -en⟩ norm; **die ~ sein** to be (considered) normal **normal** [nɔr-'maːl] **A** *adj* normal; *Format, Maß* standard; **bist du noch ~?** *(infml)* have you gone mad? **B** *adv* normally; **er ist ~ groß** his height is normal; **benimm dich ganz ~** act naturally **Normalbenzin** *nt* regular (petrol (*Br*) *or* gas (*US*)) **Normalbürger(in)** *m/(f)* average citizen **normalerweise** [nɔr'maːle'vaizə] *adv* normally **Normalfall** *m* **im ~** normally, usually **Normalgewicht** *nt* normal weight; *(genormt)* standard weight **normalisieren** [nɔrmali'ziːrən] *past part* **normalisiert** **A** *v/t* to normalize **B** *v/r* to get back to normal **Normalisierung** *f* ⟨-, -en⟩ normalization **Normalität** [nɔrmali'tɛːt] *f* ⟨-, -en⟩ normality **Normalverbraucher(in)** *m/(f)* average consumer; **Otto ~** *(infml)* the man in the street **Normalzustand** *m* normal state **normen** ['nɔrmən] *v/t* to standardize
Norwegen ['nɔrveːgn] *nt* ⟨-s⟩ Norway **Norweger** ['nɔrveːge] *m* ⟨-s, -⟩, **Norwegerin** [-ərɪn] *f* ⟨-, -nen⟩ Norwegian **norwegisch** ['nɔrveːgɪʃ] *adj* Norwegian

N

Nostalgie [nɔstalˈgiː] f ‹-, no pl› nostalgia
nostalgisch [nɔsˈtalgɪʃ] adj nostalgic
Not [noːt] f ‹-, ⸚e [ˈnøːtə]› **1** no pl (≈ Elend)
need(iness), poverty; **aus ~** out of poverty;
~ leiden to suffer deprivation; **~ leidend**
Bevölkerung, Land impoverished; Wirtschaft
ailing; **~ macht erfinderisch** (prov) necessity is the mother of invention (prov) **2** (≈
Bedrängnis) distress no pl, affliction; (≈ Problem) problem; **in seiner ~** in his hour of
need; **in ~ sein** to be in distress; **wenn
~ am Mann ist** in an emergency; **in
höchster ~ sein** to be in dire straits **3**
no pl (≈ Sorge, Mühe) difficulty; **er hat seine
liebe ~ mit ihr** he really has problems
with her **4** (≈ Notwendigkeit) necessity; **ohne ~** without good cause; **zur ~** if necessary; (≈ gerade noch) just about; **aus der ~
eine Tugend machen** to make a virtue
(out) of necessity
Notar [noˈtaːɐ] m ‹-s, -e›, **Notarin**
[-ˈtaːrɪn] f ‹-, -nen› notary public **Notari-
at** [notaˈriaːt] nt ‹-(e)s, -e› notary's office
notariell [notaˈriɛl] JUR **A** adj notarial
B adv **~ beglaubigt** legally certified
Notarzt m, **Notärztin** f emergency doctor **Notaufnahme** f casualty (unit) (Br),
emergency room (US) **Notausgang** m
emergency exit **Notbehelf** m stopgap
(measure) **Notbremse** f emergency
brake; **die ~ ziehen** (lit) to pull the emergency brake; (fig) to put the brakes on
Notbremsung f emergency stop **Notdienst** m **~ haben** (Apotheke) to be open
24 hours; (Arzt etc) to be on call **notdürftig** [ˈnoːtdʏrftɪç] **A** adj (≈ behelfsmäßig)
makeshift no adv; Kleidung scanty **B** adv
bekleidet scantily; reparieren in a makeshift
way; versorgen poorly
Note [ˈnoːtə] f ‹-, -n› **1** MUS, POL note **2**
SCHOOL, SPORTS mark **3** (≈ Banknote)
(bank)note, bill (US) **4** no pl (≈ Eigenart)
note; (in Bezug auf Atmosphäre) tone, character; (in Bezug auf Einrichtung, Kleidung)
touch
Notebook [ˈnoːtbʊk] m or nt ‹-s, -s› notebook (computer)
Notenbank f, pl -banken issuing bank
Notenblatt nt sheet of music **Noten-
durchschnitt** m SCHOOL average mark
or grade (esp US) **Notenständer** m music stand
Notepad [ˈnoːtpɛt] nt ‹-s, -s› IT notepad
Notfall m emergency; **im ~** if necessary;

bei einem ~ in case of emergency **notfalls** [ˈnoːtfals] adv if necessary **notgedrungen** [ˈnoːtgədrʊŋən] adv of necessity; **ich muss mich ~ dazu bereit erklären**
I'm forced to agree **Notgroschen** m
nest egg
notieren [noˈtiːrən] past part notiert **A**
v/t & v/i **1** (≈ Notizen machen) to note down;
ich notiere (mir) den Namen I'll make a
note of the name **2** (ST EX ≈ festlegen) to
quote (mit at) **B** v/i (ST EX ≈ wert sein) to
be quoted (auf +acc at) **Notierung** f ‹-,
-en› ST EX quotation
nötig [ˈnøːtɪç] **A** adj necessary; **wenn ~** if
necessary; **etw ~ haben** to need sth; **er
hat das natürlich nicht ~** (iron) but, of
course, he's different; **das habe ich nicht
~!** I don't need that; **das Nötigste** the
(bare) necessities **B** adv (≈ dringend) **etwas
~ brauchen** to need something urgently
nötigen [ˈnøːtɪgn] v/t (≈ zwingen) to force,
to compel; JUR to coerce; (≈ auffordern) to
urge; **sich ~ lassen** to need prompting
Nötigung [ˈnøːtɪgʊŋ] f ‹-, -en› (≈ Zwang)
compulsion; JUR coercion; **sexuelle ~** sexual assault
Notiz [noˈtiːts] f ‹-, -en› **1** (≈ Vermerk)
note; (≈ Zeitungsnotiz) item; **sich** (dat) **~en
machen** to make notes **2** **~ nehmen
von** to take notice of; **keine ~ nehmen
von** to ignore **Notizblock** m, pl -blöcke
notepad **Notizbuch** nt notebook
Notlage f crisis; (≈ Elend) plight **notlan-
den** [ˈnoːtlandn] pret notlandete, past part
notgelandet [ˈnoːtgəlandət] v/i aux sein to
make an emergency landing **Notlandung** f emergency landing **notleidend**
adj → Not **Notlösung** f compromise solution; (provisorisch) temporary solution
Notlüge f white lie **Notoperation** f
emergency operation
notorisch [noˈtoːrɪʃ] adj **1** (≈ gewohnheitsmäßig) habitual **2** (≈ allbekannt) notorious
Notruf m (TEL, Nummer) emergency number **Notrufnummer** f emergency number **Notrufsäule** f emergency telephone **Notrutsche** f AVIAT escape chute
notschlachten [ˈnoːtʃlaxtn] pret not-
schlachtete, past part notgeschlachtet
[ˈnoːtgəʃlaxtət] v/t to put down **Notsitz**
m foldaway or tip-up seat **Notstand** m
crisis; POL state of emergency; JUR emergency; **den ~ ausrufen** to declare a state
of emergency **Notstandsgebiet** nt

(*wirtschaftlich*) deprived area; (*bei Katastrophen*) disaster area **Notstandsgesetze** *pl* POL emergency laws *pl* **Notstromaggregat** *nt* emergency power generator **Notunterkunft** *f* emergency accommodation **Notwehr** ['noːtveːɐ] *f*, *no pl* self-defence (*Br*), self-defense (*US*); **in** *or* **aus ~** in self-defence (*Br*) *or* self-defense (*US*) **notwendig** ['noːtvɛndɪç, noːt'vɛndɪç] *adj* necessary; **ich habe alles Notwendige erledigt** I've done everything (that's) necessary **notwendigerweise** ['noːtvɛndɪgə-'vaizə] *adv* of necessity, necessarily **Notwendigkeit** *f* ⟨-, -en⟩ necessity

Nougat ['nuːgat] *m or nt* ⟨-s, -s⟩ nougat **Novelle** [no'vɛlə] *f* ⟨-, -n⟩ **1** novella **2** POL amendment **November** [no'vɛmbɐ] *m* ⟨-(s), -⟩ November; → **März** **Novize** [no'viːtsə] *m* ⟨-n, -n⟩ *f* ⟨-, -n⟩, **Novizin** [-'viːtsɪn] *f* ⟨-, -nen⟩ novice **Novum** ['noːvʊm] *nt* ⟨-s, **Nova** [-va]⟩ novelty **NRW** [ɛnɐ'veː] *abbr of* **Nordrhein-Westfalen** **NS-Verbrechen** [ɛn'ɛs-] *nt* Nazi crime **Nu** [nuː] *m* **im Nu** in no time **Nuance** ['nỹãːsə] *f* ⟨-, -n⟩ (≈ *kleiner Unterschied*) nuance; (≈ *Kleinigkeit*) shade; **um eine ~ zu laut** a shade too loud **Nubuk** ['nuːbʊk, 'nuːbʊk] *nt* ⟨-(s), *no pl*⟩, **Nubukleder** *nt* nubuk **nüchtern** ['nʏçtɐn] **A** *adj* **1** (*ohne Essen*) **mit ~em/auf ~en Magen** with/on an empty stomach **2** (≈ *nicht betrunken*) sober; **wieder ~ werden** to sober up **3** (≈ *sachlich, vernünftig*) down-to-earth *no adv*, rational; *Tatsachen* bare, plain **B** *adv* (≈ *sachlich*) unemotionally **Nudel** ['nuːdl] *f* ⟨-, -n⟩ *usu pl* **1** (*als Beilage*) pasta *no pl*; (*als Suppeneinlage*) noodle **2** (*infml: Mensch*) (*dick*) dumpling (*infml*); (*komisch*) character **Nudelsalat** *m* pasta salad **Nudist** [nu'dɪst] *m* ⟨-en, -en⟩, **Nudistin** [-'dɪstɪn] *f* ⟨-, -nen⟩ nudist **Nugat** ['nuːgat] *m or nt* ⟨-s, -s⟩ nougat **nuklear** [nukle'aːɐ] *adj attr* nuclear **null** [nʊl] *num* zero; (*infml* ≈ *kein*) zero (*infml*); TEL O (*Br*), zero; SPORTS nil; TENNIS love; **~ Komma eins** (nought) point one; **es steht ~ zu ~** there's no score; **das Spiel wurde ~ zu ~ beendet** the game was a goalless (*Br*) *or* no-score draw; **eins**

zu ~ one-nil; **~ und nichtig** JUR null and void; **Temperaturen unter ~** sub-zero temperatures; **in ~ Komma nichts** (*infml*) in less than no time **Null** [nʊl] *f* ⟨-, -en⟩ **1** (*Zahl*) nought, naught (*US*), zero **2** (*infml: Mensch*) dead loss (*infml*) **nullachtfünfzehn** [nʊlaxt'fʏnftseːn] *adj inv* (*infml*) run-of-the-mill (*infml*) **Nulldiät** *f* starvation diet **Nulllösung** *f* POL zero option **Nullnummer** *f* (*von Zeitung etc*) pilot **Nullpunkt** *m* zero; **auf den ~ sinken, den ~ erreichen** to hit rock-bottom **Nullrunde** *f* **in diesem Jahr gab es eine ~ für Beamte** there has been no pay increase this year for civil servants **Nullsummenspiel** *nt* zero-sum game **Nulltarif** *m* (*für Verkehrsmittel*) free travel; (≈ *freier Eintritt*) free admission; **zum ~** (*hum*) free of charge **Nullwachstum** *nt* POL zero growth **numerisch** [nu'meːrɪʃ] *adj* numeric(al) **Nummer** ['nʊmɐ] *f* ⟨-, -n⟩ number; (≈ *Größe*) size; (*infml: Mensch*) character; (*infml* ≈ *Koitus*) screw (*sl*); **er hat** *or* **schiebt eine ruhige ~** (*infml*) he's onto a cushy number (*infml*); **auf ~ sicher gehen** (*infml*) to play (it) safe; **dieses Geschäft ist eine ~ zu groß für ihn** this business is out of his league **nummerieren** [nʊmə'riːrən] *past part* **nummeriert** *v/t* to number **Nummerierung** *f* ⟨-, -en⟩ numbering **Nummernblock** *m* (*auf Tastatur*) numeric keypad **Nummerngirl** [-gœrl] *nt* ⟨-s, -s⟩ ring card girl **Nummernkonto** *nt* FIN numbered account **Nummernschild** *nt* AUTO number plate (*Br*), license plate (*US*) **Nummernspeicher** *m* TEL memory **nun** [nuːn] *adv* **1** (≈ *jetzt*) now; **was ~?** what now?; **er will ~ mal nicht** he simply doesn't want to; **das ist ~ (ein)mal so** that's just the way things are; **~ ja** well yes; **~ gut** (well) all right; **~ erst recht!** just for that (I'll do it)! **2** (*Aufforderung*) come on **3** (*bei Fragen*) well; **~? well? nur** [nuːɐ] *adv* only; **alle, ~ ich nicht** everyone except me; **nicht ~ ..., sondern auch** not only ... but also; **alles, ~ das nicht!** anything but that!; **ich hab das ~ so gesagt** I was just talking; **was hat er ~?** what on earth is the matter with him? (*infml*); **wenn er ~ (erst) käme** if only he would come; **geh ~!** just go; **~ zu!** go on; **Sie brauchen es ~ zu sagen** just say

(the word)

Nürnberg ['nʏrnbɛrk] *nt* ⟨-s⟩ Nuremberg

nuscheln ['nʊʃln] *v/t & v/i* (*infml*) to mutter

Nuss [nʊs] *f* ⟨-, ⁼e (['nʏsə]⟩ **1** nut; **eine harte ~ zu knacken haben** (*fig*) to have a tough nut to crack **2** (*infml*: *Mensch*) **eine doofe ~** a stupid clown (*infml*) **Nussbaum** *m* (*Baum*) walnut tree; (*Holz*) walnut **Nussknacker** *m* nutcracker **Nussschale** *f* nutshell; (*fig*: *Boot*) cockleshell

Nüster ['nʏstɐ] *f* ⟨-, -n⟩ nostril

Nut [nuːt] *f* ⟨-, -en (*spec*)⟩, **Nute** ['nuːtə] *f* ⟨-, -n⟩ groove

Nutte ['nʊtə] *f* ⟨-, -n⟩ (*infml*) tart (*infml*)

nutzbar *adj* us(e)able; *Boden* productive; *Bodenschätze* exploitable; **~ machen** to make us(e)able; *Sonnenenergie* to harness; *Bodenschätze* to exploit **nutzbringend 🅐** *adj* profitable **🅑** *adv* profitably; **etw ~ anwenden** to use sth profitably **nütze** ['nʏtsə] *adj pred* **zu etw ~ sein** to be useful for sth; **zu nichts ~ sein** to be no use for anything **nutzen** ['nʊtsn] **🅐** *v/i* to be of use, to be useful (*jdm zu etw* to sb for sth); **es nutzt nichts** it's no use; **da nutzt alles nichts** there's nothing to be done; **das nutzt (mir/dir) nichts** that won't help (me/you) **🅑** *v/t* to make use of, to use; *Gelegenheit* to take advantage of; *Bodenschätze, Energien* to use **Nutzen** ['nʊtsn] *m* ⟨-s, -⟩ **1** use; (≈ *Nützlichkeit*) usefulness; **jdm von ~ sein** to be useful to sb **2** (≈ *Vorteil*) advantage, benefit; (≈ *Gewinn*) profit; **aus etw ~ ziehen** to reap the benefits of sth **nützen** ['nʏtsn] *v/t & v/i* = nutzen **Nutzer** ['nʊtsɐ] *m* ⟨-s, -⟩, **Nutzerin** [-ərɪn] *f* ⟨-, -nen⟩ user **Nutzfahrzeug** *nt* farm/military *etc* vehicle; COMM commercial vehicle **Nutzfläche** *f* us(e)able floor space; **(landwirtschaftliche) ~** AGR (agriculturally) productive land **Nutzholz** *nt* (utilizable) timber **Nutzlast** *f* payload **nützlich** ['nʏtslɪç] *adj* useful; **sich ~ machen** to make oneself useful **Nützlichkeit** *f* ⟨-, no pl⟩ usefulness **nutzlos** *adj* **1** useless; (≈ *vergeblich*) futile *attr*, in vain *pred* **2** (≈ *unnötig*) needless **Nutzlosigkeit** *f* ⟨-, no pl⟩ uselessness; (≈ *Vergeblichkeit*) futility **Nutznießer** ['nʊtsniːsɐ] *m* ⟨-s, -⟩, **Nutznießerin** [-ərɪn] *f* ⟨-, -nen⟩ beneficiary; JUR usufructuary **Nutzung** ['nʊtsʊŋ] *f* ⟨-, -en⟩ use; (≈ *das Ausnutzen*) ex-

ploitation; **jdm etw zur ~ überlassen** to give sb the use of sth

Nylon® ['naɪlɔn] *nt* ⟨-(s), no pl⟩ nylon

Nymphe ['nʏmfə] *f* ⟨-, -n⟩ MYTH nymph; (*fig*) sylph **Nymphomanin** [nʏmfo'maːnɪn] *f* ⟨-, -nen⟩ nymphomaniac

O, o [oː] *nt* ⟨-, -⟩ O, o

o *int* oh

Oase [o'aːzə] *f* ⟨-, -n⟩ oasis; (*fig*) haven

ob [ɔp] *cj* **1** (*indirekte Frage*) if, whether; **ob reich, ob arm** whether rich or poor; **ob er (wohl) morgen kommt?** I wonder if he'll come tomorrow? **2** **und ob** (*infml*) you bet (*infml*); **als ob** as if; **(so) tun als ob** (*infml*) to pretend

Obacht ['oːbaxt] *f* ⟨-, no pl⟩ **~ geben auf** (+*acc*) (≈ *aufmerken*) to pay attention to; (≈ *bewachen*) to keep an eye on

ÖBB *abbr of* Österreichische Bundesbahnen Austrian Railways

Obdach ['ɔpdax] *nt, no pl* (*elev*) shelter **obdachlos** *adj* homeless; **~ werden** to be made homeless **Obdachlosenasyl** *nt* hostel for the homeless **Obdachlose(r)** ['ɔpdaxloːzə] *m/f(m)* *decl as adj* homeless person; **die ~n** the homeless **Obdachlosigkeit** *f* ⟨-, no pl⟩ homelessness

Obduktion [ɔpdʊk'tsɪoːn] *f* ⟨-, -en⟩ postmortem (examination) **obduzieren** [ɔpdu'tsiːrən] *past part* **obduziert** *v/t* to carry out a postmortem on

O-Beine ['oː-] *pl* (*infml*) bow legs *pl* **o-beinig** ['oː-] *adj* bow-legged

Obelisk [obə'lɪsk] *m* ⟨-en, -en⟩ obelisk

oben ['oːbn] *adv* **1** (≈ *am oberen Ende*) at the top; (*im Hause*) upstairs; (≈ *in der Höhe*) up; **rechts ~** (**in der Ecke**) in the top right-hand corner; **der ist ~ nicht ganz richtig** (*infml*) he's not quite right up top (*infml*); **~ ohne gehen** (*infml*) to be topless; **ganz ~** right at the top; **hier/dort ~** up here/ there; **hoch ~** high (up) above; **~ auf dem Berg** on top of the mountain; **~ am Himmel** up in the sky; **~ im Norden** up (in the) north; **nach ~** up, upwards;

(im Hause) upstairs; **der Weg nach ~** *(fig)* the road to the top; **von ~ bis unten** from top to bottom; *(von Mensch)* from top to toe; **jdn von ~ bis unten mustern** to look sb up and down; **jdn von ~ herab behandeln** to be condescending to sb; **weiter ~** further up; **der Befehl kommt von ~** it's orders from above **2** (≈ *vorher*) above; **siehe ~** see above; **~ erwähnt** *attr* above--mentioned **Oben-ohne-** *in cpds* topless **Ober** ['oːbɐ] *m* ⟨-s, -⟩ (≈ *Kellner*) waiter; **Herr ~!** waiter!

Oberarm *m* upper arm **Oberarzt** *m*, **Oberärztin** *f* senior physician; (≈ *Vertreter des Chefarztes*) assistant medical director **Oberaufsicht** *f* supervision; **die ~ führen** to be in *or* have overall control (*über* +*acc* of) **Oberbefehl** *m* MIL supreme command **Oberbegriff** *m* generic term **Oberbürgermeister** *m* Lord Mayor **Oberbürgermeisterin** *f* mayoress **Oberdeck** *nt* upper deck **obere(r, s)** ['oːbərə] *adj attr* upper; → **oberste(r, s) Oberfläche** *f* surface; TECH, MAT surface area; **an der ~ schwimmen** to float **oberflächlich** [-flɛçlɪç] **A** *adj* superficial; **~e Verletzung** surface wound; **bei ~er Betrachtung** at a quick glance; **nach ~er Schätzung** at a rough estimate **B** *adv* superficially; **etw (nur) ~ kennen** to have (only) a superficial knowledge of sth **Obergeschoss** *nt*, **Obergeschoß** (*Aus*) *nt* upper floor; *(bei zwei Stockwerken)* top floor **Obergrenze** *f* upper limit **oberhalb** ['oːbəhalp] **A** *prep* +*gen* above **B** *adv* above; **weiter ~** further up **Oberhand** *f* *(fig)* upper hand; **die ~ über jdn/ etw gewinnen** to gain the upper hand over sb/sth, to get the better of sb/sth **Oberhaupt** *nt* (≈ *Repräsentant*) head; (≈ *Anführer*) leader **Oberhaus** *nt* POL upper house; *(in GB)* House of Lords **Oberhemd** *nt* shirt

Oberin ['oːbərɪn] *f* ⟨-, -nen⟩ **1** *(im Krankenhaus)* matron **2** ECCL Mother Superior **oberirdisch** *adj*, *adv* above ground **Oberkellnerin** *f* head waitress **Oberkiefer** *m* upper jaw **Oberkommando** *nt* (≈ *Oberbefehl*) Supreme Command **Oberkörper** *m* upper part of the body; **den ~ frei machen** to strip to the waist **Oberlauf** *m* upper reaches *pl* **Oberleder** *nt* (leather) uppers *pl* **Oberleitung** *f* **1** (≈ *Führung*) direction **2** ELEC overhead

cable **Oberlippe** *f* upper lip **oberrheinisch** *adj* upper Rhine

Obers ['oːbɐs] *nt* ⟨-, *no pl*⟩ *(Aus)* cream **Oberschenkel** *m* thigh **Oberschenkelhalsbruch** *m* femoral neck fracture **Oberschicht** *f* top layer; SOCIOL upper strata *(of society) pl* **Oberschwester** *f* senior nursing officer **Oberseite** *f* top (side) **Oberst** ['oːbɐst] *m* ⟨-en, -e(n)⟩ **1** *(Heer)* colonel **2** *(Luftwaffe)* group captain *(Br)*, colonel *(US)* **Oberstaatsanwalt** *m*, **Oberstaatsanwältin** *f* public prosecutor, procurator fiscal *(Scot)*, district attorney *(US)* **oberste(r, s)** ['oːbɐstə] *adj* **1** *Stockwerk, Schicht* uppermost, very top **2** *Gebot, Prinzip* supreme; *Dienstgrad* highest, most senior; **Oberster Gerichtshof** supreme court **Oberstufe** *f* upper school **Oberteil** *nt or m* upper part, top **Oberwasser** *nt (fig infml)* **~ haben** to feel better **Oberweite** *f* bust measurement **obgleich** [ɔpˈɡlaɪç] *cj* although

Obhut ['ɔphuːt] *f* ⟨-, *no pl*⟩ *(elev)* (≈ *Aufsicht*) care; (≈ *Verwahrung*) keeping; **jdn in ~ nehmen** to take care of sb; **unter jds ~ sein** *(dat)* to be in sb's care **obige(r, s)** ['oːbɪɡə] *adj attr* above

Objekt [ɔpˈjɛkt] *nt* ⟨-(e)s, -e⟩ object; *(*COMM ≈ *Grundstück etc)* property; PHOT subject **objektiv** [ɔpjɛkˈtiːf] **A** *adj* objective **B** *adv* objectively **Objektiv** [ɔpjɛkˈtiːf] *nt* ⟨-s, -e [-və]⟩ *(object)* lens **Objektivität** [ɔpjɛktiviˈtɛːt] *f* ⟨-, *no pl*⟩ objectivity **Objektschutz** *m* protection of property **Objektträger** *m* slide

Oblate [oˈblaːtə] *f* ⟨-, -n⟩ wafer; ECCL host **Obligation** [ɔbliɡaˈtsi̯oːn] *f* ⟨-, -en⟩ *also* FIN obligation **obligatorisch** [ɔbliɡaˈtoːrɪʃ] *adj* obligatory; *Fächer* compulsory **Oboe** [oˈboːə] *f* ⟨-, -n⟩ oboe **Oboist** [obo'ɪst] *m* ⟨-en, -en⟩, **Oboistin** [-'ɪstɪn] *f* ⟨-, -nen⟩ oboist

Obrigkeit ['oːbrɪçkaɪt] *f* ⟨-, -en⟩ authority; **die ~** the authorities *pl*

Observatorium [ɔpzɛrvaˈtoːri̯ʊm] *nt* ⟨-s, Observatorien [-ri̯ən]⟩ observatory **observieren** [ɔpzɛrˈviːrən] *past part* observiert *v/t (form)* to observe

obskur [ɔpsˈkuːɐ] *adj* obscure; (≈ *verdächtig*) suspect

Obst [oːpst] *nt* ⟨-(e)s, *no pl*⟩ fruit **Obstbau** *m*, *no pl* fruit-growing **Obstbaum** *m* fruit tree **Obstgarten** *m* orchard **Obstkuchen** *m* fruit flan; *(gedeckt)* fruit tart

O

Obstler ['o:pstle] *m* ⟨-s, -⟩ (*dial*) fruit schnapps **Obstsaft** *m* fruit juice **Obstsalat** *m* fruit salad **Obsttorte** *f* fruit flan; (*gedeckt*) fruit tart **Obstwasser** *nt*, *pl* -wässer fruit schnapps

obszön [ɔps'tsøːn] *adj* obscene **Obszönität** [ɔpstsøni'tɛːt] *f* ⟨-, -sen⟩ obscenity

obwohl [ɔp'voːl] *cj* although

Occasion [ɔkas'jõː] *f* ⟨-, -sen⟩ (*Swiss*) (≈ *Gelegenheitskauf*) (second-hand) bargain; (≈ *Gebrauchtwagen*) second-hand car

Ochs [ɔks] *m* ⟨-en, -en⟩, **Ochse** ['ɔksə] *m* ⟨-n, -n⟩ **1** ox **2** (*infml* ≈ *Dummkopf*) dope (*infml*) **Ochsenschwanzsuppe** ['ɔksn-] *f* oxtail soup

Ocker ['ɔkɐ] *m or nt* ⟨-s, -⟩ ochre (*Brit*), ocher (*US*)

Ode ['oːdə] *f* ⟨-, -n⟩ ode

öde ['øːdə] *adj* **1** (≈ *verlassen*) deserted; (≈ *unbewohnt*) desolate; (≈ *unbebaut*) waste **2** (*fig* ≈ *fade*) dull; *Dasein* dreary; (*infml* ≈ *langweilig*) grim (*infml*)

Ödem [ø'deːm] *nt* ⟨-s, -e⟩ oedema, edema

oder ['oːdɐ] *cj* or; ~ **so** (*am Satzende*) or something; **so war's doch, ~** (*etwa*) **nicht?** that was what happened, wasn't it?; **lassen wir es so, ~?** let's leave it at that, OK?

Ödipuskomplex ['øːdipʊs-] *m* Oedipus complex

Ofen ['oːfn] *m* ⟨-s, ⁀ ['øːfn]⟩ **1** (≈ *Heizofen*) heater; (≈ *Kohleofen*) stove; **jetzt ist der ~ aus** (*infml*) that's it (*infml*) **2** (≈ *Herd, Backofen*) oven **3** TECH furnace; (≈ *Brennofen*) kiln **Ofenkartoffel** *f* baked potato **Ofenrohr** *nt* stovepipe

offen ['ɔfn] **A** *adj* **1** open; *Flamme, Licht* naked; *Haare* loose; *Rechnung* outstanding; **~er Wein** wine by the carafe/glass; **auf ~er Strecke** (*Straße*) on the open road; **Tag der ~en Tür** open day; **ein ~es Wort mit jdm reden** to have a frank talk with sb **2** (≈ *frei*) *Stelle* vacant; **~e Stellen** vacancies **B** *adv* openly; (≈ *freimütig*) candidly; (≈ *deutlich*) clearly; **~ gestanden** *or* **gesagt** quite honestly; **seine Meinung ~ sagen** to speak one's mind; **die Haare ~ tragen** to wear one's hair loose *or* down **offenbar A** *adj* obvious; **~ werden** to become obvious **B** *adv* (≈ *vermutlich*) apparently; **da haben Sie sich ~ geirrt** you seem to have made a mistake **offenbaren** [ɔfn'baːrən] *insep past part* offenbart *or* (*old*) geoffenbart [ɔfn'baːʔet, gəɔfn'baːʔet] **A** *v/t* to reveal

B *v/r* (≈ *erweisen*) to show *or* reveal itself/oneself **Offenbarung** [ɔfn'baːrʊŋ] *f* ⟨-, -en⟩ revelation **Offenbarungseid** *m* JUR oath of disclosure; **den ~ leisten** (*lit*) to swear an oath of disclosure; (*fig*) to admit defeat **offen bleiben, offenbleiben** (*fig*) *v/i sep irr aux sein* **alle offengebliebenen Probleme** all remaining problems **offen halten, offenhalten** (*fig*) *v/t sep irr* to keep open **Offenheit** *f* ⟨-, *no pl*⟩ (**gegenüber** about) openness, candour (*Brit*), candor (*US*); **in aller** *or* **schöner ~** quite openly **offenkundig A** *adj* obvious; *Beweise* clear **B** *adv* blatantly **offenlassen, offen lassen** *v/t sep irr* to leave open **offenlegen** *v/t sep* (*fig*) to disclose **offensichtlich** ['ɔfnzɪçtlɪç, ɔfn'zɪçtlɪç] **A** *adj* obvious **B** *adv* obviously

offensiv A *adj* offensive **B** *adv* offensively **Offensive** *f* ⟨-, -n⟩ offensive; **in die ~ gehen** to take the offensive

offen stehen *v/i irr* (*Tür, Fenster*) to be open **offenstehen** *v/i sep irr* (*fig*) **1** (COMM: *Rechnung*) to be outstanding **2** **jdm ~** (*fig* ≈ *zugänglich sein*) to be open to sb; **es steht ihr offen, sich uns anzuschließen** she's free to join us

öffentlich A *adj* public; **die ~e Meinung/Moral** public opinion/morality; **die ~e Ordnung** law and order; **~es Recht** JUR public law; **~e Schule** state school, public school (*US*); **der ~e Dienst** the civil service **B** *adv* publicly; **sich ~ äußern** to voice one's opinion in public; **etw ~ bekannt machen** to make sth public **Öffentlichkeit** *f* ⟨-, *no pl*⟩ (≈ *Allgemeinheit*) (general) public; **in** *or* **vor aller ~** in public; **unter Ausschluss der ~** in secret *or* private; JUR in camera; **mit etw an die ~ treten** to bring sth to public attention; **im Licht der ~ stehen** to be in the public eye **Öffentlichkeitsarbeit** *f* public relations work **öffentlich-rechtlich** ['œfntlɪç'rɛçtlɪç] *adj attr* (under) public law; **~er Rundfunk** ≈ public-service broadcasting

Offerte [ɔ'fɛːrtə] *f* ⟨-, -n⟩ COMM offer

offiziell [ɔfi'tsiɛl] **A** *adj* official **B** *adv* officially

Offizier [ɔfi'tsiːɐ] *m* ⟨-s, -e⟩, **Offizierin** [-'tsiːrɪn] *f* ⟨-, -nen⟩ officer

offline ['ɔflain] *adv* IT off line **Offlinebetrieb** ['ɔflain-] *m* IT off-line mode

öffnen ['œfnən] **A** v/t & v/i to open **B** v/r to open; (≈ weiter werden) to open out; **sich jdm ~** to confide in sb **Öffner** ['œfnɐ] m ⟨-s, -⟩ opener **Öffnung** ['œfnʊŋ] f ⟨-, -en⟩ opening **Öffnungszeiten** pl hours pl of business

Offsetdruck ['ɔfsɛt-] m, pl -drucke offset (printing)

oft [ɔft] adv, comp ⁻er ['œftɐ], (rare) sup am ⁻esten ['œftəstn] often; (≈ in kurzen Abständen) frequently; **des Öfteren** quite often **öfter(s)** ['œftɐ(s)] adv (every) once in a while; (≈ wiederholt) from time to time

oh [oː] int oh

Ohm [oːm] nt ⟨-(s), -⟩ ohm

ohne ['oːnə] **A** prep +acc without; **~ mich!** count me out!; **er ist nicht ~** (infml) he's not bad (infml); **~ Mehrwertsteuer** excluding VAT; **ich hätte das ~ Weiteres getan** I'd have done it without a second thought; **er hat den Brief ~ Weiteres unterschrieben** he signed the letter just like that; **das lässt sich ~ Weiteres arrangieren** that can easily be arranged **B** cj **~ zu zögern** without hesitating **ohnegleichen** ['oːnə'glaiçn] adj inv unparalleled; **seine Frechheit ist ~** I've never known anybody have such a nerve **ohnehin** ['oːnə'hɪn] adv anyway; **es ist ~ schon spät** it's late enough as it is

Ohnmacht ['oːnmaxt] f ⟨-, -en⟩ **1** MED faint; **in ~ fallen** to faint **2** (≈ Machtlosigkeit) powerlessness **ohnmächtig** ['oːnmɛçtɪç] **A** adj **1** (≈ bewusstlos) unconscious; **~ werden** to faint **2** (≈ machtlos) powerless; **~e Wut** impotent rage **B** adv **~ zusehen** to look on helplessly

Ohr [oːɐ] nt ⟨-(e)s, -en⟩ ear; **auf taube/offene ~en stoßen** to fall on deaf/sympathetic ears; **ein offenes ~ für jdn haben** to be ready to listen to sb; **mir klingen die ~en** my ears are burning; **jdm die ~en volljammern** (infml) to keep (going) on at sb; **ganz ~ sein** (hum) to be all ears; **sich aufs ~ legen** or **hauen** (infml) to turn in (infml); **jdm die ~en lang ziehen** (infml) to tweak sb's ear(s); **ein paar hinter die ~en kriegen** (infml) to get a smack on the ear; **schreib es dir hinter die ~en** (infml) has that sunk in? (infml); **jdm (mit etw) in den ~en liegen** to badger sb (about sth); **jdn übers ~ hauen** to take sb for a ride (infml); **bis über beide ~en**

verliebt sein to be head over heels in love; **viel um die ~en haben** (infml) to have a lot on (one's plate) (infml); **es ist mir zu ~en gekommen** it has come to my ears (form)

Öhr [øːɐ] nt ⟨-(e)s, -e⟩ eye

Ohrenarzt m, **Ohrenärztin** f ear specialist **ohrenbetäubend** adj (fig) deafening **Ohrensausen** nt ⟨-s, no pl⟩ MED buzzing in one's ears **Ohrenschmalz** nt earwax **Ohrenschmerzen** pl earache **Ohrenschützer** pl earmuffs pl **Ohrenzeuge** m, **Ohrenzeugin** f earwitness **Ohrfeige** ['oːɐfaigə] f ⟨-, -n⟩ slap (on or round (Br) the face); (als Strafe) smack on the ear; **eine ~ bekommen** to get a slap round (Br) or in (US) the face **ohrfeigen** ['oːɐfaign] v/t insep **jdn ~** to slap or hit sb; (als Strafe) to give sb a smack on the ear **Ohrläppchen** [-lɛpçən] nt ⟨-s, -⟩ (ear)lobe **Ohrmuschel** f (outer) ear **Ohrring** m earring **Ohrstecker** m stud earring **Ohrstöpsel** m earplug **Ohrwurm** m ZOOL earwig; **der Schlager ist ein richtiger ~** (infml) that's a really catchy record (infml)

oje [o'jeː] int oh dear

Okkupation [ɔkupa'tsioːn] f ⟨-, -en⟩ occupation

Ökobauer ['øːko-] m ⟨-n, -n⟩, **Ökobäuerin** f ⟨-, -nen⟩ (infml) ecologically-minded farmer **Ökoladen** m wholefood shop **Ökologe** [øko'loːgə] m ⟨-n, -n⟩, **Ökologin** [-'loːgɪn] f ⟨-, -nen⟩ ecologist **Ökologie** [økolo'giː] f ⟨-, no pl⟩ ecology **ökologisch** [øko'loːgɪʃ] **A** adj ecological, environmental **B** adv ecologically; **anbauen** organically **Ökonom** [øko'noːm] m ⟨-en, -en⟩, **Ökonomin** [-ɪn] f ⟨-, -nen⟩ economist **Ökonomie** [økono'miː] f ⟨-, -n⟩ **1** economy **2** no pl (≈ Wirtschaftswissenschaft) economics sg **ökonomisch** [øko'noːmɪʃ] **A** adj **1** economic **2** (≈ sparsam) economic(al) **B** adv economically; **~ wirtschaften** to be economical **Ökopapier** ['øːko-] nt recycled paper **Ökosiegel** nt eco-label **Ökosphäre** f ecosphere **Ökosteuer** f ecotax, green tax (infml) **Ökosystem** nt ecosystem

Oktaeder [ɔkta'eːdɐ] nt ⟨-s, -⟩ octahedron **Oktanzahl** [ɔk'taː-] f octane number **Oktave** [ɔk'taːvə] f ⟨-, -n⟩ octave

Oktober [ɔk'toːbɐ] m ⟨-(s), -⟩ October; → **März Oktoberfest** nt Munich beer festi-

val

ökumenisch [øku'me:nɪʃ] *adj* ecumenical **Öl** [ø:l] *nt* ⟨-(e)s, -e⟩ oil; **in Öl malen** to paint in oils; **Öl auf die Wogen gießen** (*prov*) to pour oil on troubled waters **Ölbild** *nt* oil painting

Oldie ['o:ldi] *m* ⟨-s, -s⟩ (*infml* ≈ *Schlager*) (golden) oldie (*infml*) **Oldtimer** ['o:ldtaimɐ] *m* ⟨-s, -⟩ (≈ *Auto*) veteran car

Oleander [ole'andɐ] *m* ⟨-s, -⟩ oleander **Ölembargo** *nt* oil embargo **ölen** ['ø:lən] *v/t* to oil; **wie geölt** (*infml*) like clockwork (*infml*) **Ölexport** *m* oil exports *pl* **Ölfarbe** *f* oil-based paint; ART oil (paint *or* colour (*Br*) *or* color (*US*)) **Ölfeld** *nt* oil field **Ölfilm** *m* film of oil **Ölförderland** *nt* oil-producing country **Ölförderung** *f* oil production **Ölgemälde** *nt* oil painting **Ölheizung** *f* oil-fired central heating **ölig** ['ø:lɪç] *adj* oily

oliv [o'li:f] *adj pred* olive(-green) **Olive** [o'li:və] *f* ⟨-, -n⟩ olive **Olivenbaum** *m* olive tree **Olivenhain** *m* olive grove **Olivenöl** *nt* olive oil **olivgrün** *adj* olive-green

Ölkanne *f*, **Ölkännchen** *nt* oil can **Ölkrise** *f* oil crisis **Öllieferant(in)** *m/(f)* oil producer **Ölmessstab** *m* AUTO dipstick **Ölmühle** *f* oil mill **Ölofen** *m* oil heater **Ölplattform** *f* oil rig **Ölpreis** *m* oil price **Ölquelle** *f* oil well **Ölsardine** *f* sardine **Ölschicht** *f* layer of oil **Ölstand** *m* oil level **Ölstandsanzeiger** *m* oil pressure gauge **Öltanker** *m* oil tanker **Ölteppich** *m* oil slick **Ölverbrauch** *m* oil consumption **Ölvorkommen** *nt* oil deposit **Ölwanne** *f* AUTO sump (*Br*), oil pan (*US*) **Ölwechsel** *m* oil change

Olymp [o'lʏmp] *m* ⟨-s⟩ (*Berg*) Mount Olympus **Olympiade** [olʏm'pia:də] *f* ⟨-, -n⟩ (≈ *Olympische Spiele*) Olympic Games *pl* **Olympiamannschaft** *f* Olympic team **Olympiasieger(in)** *m/(f)* Olympic champion **Olympiastadion** *nt* Olympic stadium **Olympiateilnehmer(in)** *m/(f)* participant in the Olympic Games **olympisch** [o'lʏmpɪʃ] *adj* **1** (≈ *den Olymp betreffend*) Olympian (*also fig*) **2** (≈ *die Olympiade betreffend*) Olympic; **die Olympischen Spiele** the Olympic Games

Ölzeug *nt* oilskins *pl*

Oma ['o:ma] *f* ⟨-, -s⟩ (*infml*) granny (*infml*) **Ombudsfrau** ['ɔmbʊts-] *f* ombudswoman

Ombudsmann ['ɔmbʊts-] *m, pl* **-män-** ner ombudsman

Omelett [ɔm(ə)'lɛt] *nt* ⟨-(e)s, -e *or* -s⟩ omelette

Omen ['o:mən] *nt* ⟨-s, - *or* Omina ['o:mina]⟩ omen

ominös [omi'nø:s] (*elev*) **A** *adj* ominous, sinister **B** *adv* ominously

Omnibus ['ɔmnibʊs] *m* bus **Omnibusbahnhof** *m* bus station; **zentraler Omnibusbahnhof** main bus station

onanieren [ona'ni:rən] *past part* onaniert *v/i* to masturbate

Onkel ['ɔŋkl] *m* ⟨-s, -⟩ uncle

Onkologe [ɔŋko'lo:gə] *m* ⟨-n, -n⟩, **Onkologin** [-'lo:gɪn] *f* ⟨-, -nen⟩ oncologist **Onkologie** [ɔŋkolo'gi:] *f* ⟨-, *no pl*⟩ MED oncology

online ['ɔnlain] *adj* IT online **Online-Anbieter** *m* online (service) provider **Onlinebanking** [-bɛŋkɪŋ] *nt* ⟨-s⟩ online *or* Internet banking **Onlinebetrieb** *m* online mode **Onlinedatenbank** *f, pl* **-banken** online database **Onlinedienst** *m* online service **Onlinereservierung** *f* online reservation, online booking **Onlineservice** [-zø:evɪs, -zœrvɪs] *m* online service **Onlineshop** *m* online store

Opa ['o:pa] *m* ⟨-s, -s⟩ (*infml*) grandpa (*infml*); (*fig pej*) old grandpa (*infml*)

Opal [o'pa:l] *m* ⟨-s, -e⟩ opal

Open Air ['o:pn'ɛɐ] *nt* ⟨-s, -s⟩, **Open--Air-Festival** ['o:pn'ɛɐ-] *nt* open-air festival **Open-Air-Konzert** ['o:pn'ɛɐ-] *nt* open-air concert

Oper ['o:pɐ] *f* ⟨-, -n⟩ opera

Operation [opəra'tsio:n] *f* ⟨-, -en⟩ operation **Operationssaal** *m* operating theatre (*Br*) *or* room (*US*) **Operationsschwester** *f* theatre sister (*Br*), operating room nurse (*US*) **operativ** [opəra'ti:f] **A** *adj* MED operative, surgical; MIL, ECON strategic, operational **B** *adv* MED surgically **Operator** ['ɔpəre:tɐ, ɔpə'ra:to:ɐ] *m* ⟨-s, -s, *or* (*bei dt. Aussprache*) Operatoren [-'to:rən]⟩, **Operatorin** [-'to:rɪn] *f* ⟨-, -nen⟩ (*computer*) operator

Operette [opə'rɛtə] *f* ⟨-, -n⟩ operetta **operieren** [opə'ri:rən] *past part* operiert **A** *v/t* to operate on; **jdn am Magen ~** to operate on sb's stomach **B** *v/i* to operate; **sich ~ lassen** to have an operation **Opernball** *m* opera ball **Opernführer**

m (≈ *Buch*) opera guide **Opernglas** *nt* opera glasses *pl* **Opernhaus** *nt* opera house **Opernsänger(in)** *m/(f)* opera singer

Opfer [ˈɔpfe] *nt* ⟨-s, -⟩ **1** (≈ *Opfergabe*) sacrifice; **jdm etw als ~ darbringen** to offer sth as a sacrifice to sb; **ein ~ bringen** to make a sacrifice **2** (≈ *Geschädigte*) victim; **jdm/einer Sache zum ~ fallen** to be (the) victim of sb/sth; **das Erdbeben forderte viele ~** the earthquake claimed many victims **opferbereit** *adj* ready or willing to make sacrifices **Opfergabe** *f* offering **opfern** [ˈɔpfen] **A** *v/t* **1** (≈ *als Opfer darbringen*) to sacrifice **2** (*fig* ≈ *aufgeben*) to give up **B** *v/i* to make a sacrifice **C** *v/r* **sich** or **sein Leben für jdn/etw ~** to sacrifice oneself or one's life for sb/sth **Opferstock** *m* offertory box **Opferung** [ˈɔpfərʊŋ] *f* ⟨-, -en⟩ (≈ *das Opfern*) sacrifice

Opium [ˈoːpiʊm] *nt* ⟨-s, *no pl*⟩ opium **Opiumhöhle** *f* opium den

Opponent [ɔpoˈnɛnt] *m* ⟨-en, -en⟩, **Opponentin** [-ˈnɛntɪn] *f* ⟨-, -nen⟩ opponent **opponieren** [ɔpoˈniːrən] *past part* **opponiert** *v/i* **to oppose** (*gegen jdn/etw* sb/sth)

opportun [ɔpɔrˈtuːn] *adj* (*elev*) opportune **Opportunismus** [ɔpɔrtuˈnɪsmʊs] *m* ⟨-, *no pl*⟩ opportunism **Opportunist** [ɔpɔrtuˈnɪst] *m* ⟨-en, -en⟩, **Opportunistin** [-ˈnɪstɪn] *f* ⟨-, -nen⟩ opportunist **opportunistisch** [ɔpɔrtuˈnɪstɪʃ] *adj* opportunistic, opportunist

Opposition [ɔpoziˈtsɪoːn] *f* ⟨-, -en⟩ opposition; **in die ~ gehen** POL to go into opposition **Oppositionsführer(in)** *m/(f)* POL opposition leader **Oppositionspartei** *f* POL opposition, opposition party **optieren** [ɔpˈtiːrən] *past part* **optiert** *v/i* (*form*) **~ für** to opt for

Optik [ˈɔptɪk] *f* ⟨-, -en⟩ **1** *no pl* PHYS optics **2** (≈ *Linsensystem*) lens system **3** (≈ *Sehweise*) point of view; **das ist eine Frage der ~** (*fig*) it depends on your point of view **Optiker** [ˈɔptike] *m* ⟨-s, -⟩, **Optikerin** [-ərɪn] *f* ⟨-, -nen⟩ optician

optimal [ɔptiˈmaːl] **A** *adj* optimal, optimum *attr* **B** *adv* perfectly; **etw ~ nutzen** to put sth to the best possible use **optimieren** [ɔptiˈmiːrən] *past part* **optimiert** *v/t* to optimize **Optimismus** [ɔptiˈmɪsmʊs] *m* ⟨-, *no pl*⟩ optimism **Optimist** [ɔptiˈmɪst] *m* ⟨-en, -en⟩, **Optimistin** [-ˈmɪst-

ɪn] *f* ⟨-, -nen⟩ optimist **optimistisch** [ɔptiˈmɪstɪʃ] **A** *adj* optimistic **B** *adv* optimistically; **etw ~ sehen** to be optimistic about sth **Optimum** [ˈɔptimʊm] *nt* ⟨-s, Optima [-ma]⟩ optimum

Option [ɔpˈtsɪoːn] *f* ⟨-, -en⟩ option **Optionshandel** *m* options trading

optisch [ˈɔptɪʃ] **A** *adj* visual; **~e Täuschung** optical illusion **B** *adv* (≈ *vom Eindruck her*) optically, visually

opulent [opuˈlɛnt] (*elev*) *adj* Kostüme, Geldsumme lavish; Mahl sumptuous

Opus [ˈoːpʊs, ˈɔpʊs] *nt* ⟨-, Opera [ˈoːpəra]⟩ work; MUS opus; (≈ *Gesamtwerk*) (complete) works *pl*

Orakel [oˈraːkl] *nt* ⟨-s, -⟩ oracle **orakeln** [oˈraːkln] *past part* **orakelt** *v/i* (*über die Zukunft*) to prophesy

oral [oˈraːl] **A** *adj* oral **B** *adv* orally **Oralsex** *m* oral sex

orange [oˈrãːʒə] *adj inv* orange **Orange** [oˈrãːʒə] *f* ⟨-, -n⟩ (*Frucht*) orange **Orangeade** [orãˈʒaːdə] *f* ⟨-, -n⟩ orangeade (*esp Br*), orange juice **Orangeat** [orãˈʒaːt] *nt* ⟨-s, -e⟩ candied (orange) peel **Orangenhaut** *f*, *no pl* MED orange-peel skin **Orangensaft** *m* orange juice

Orang-Utan [ˈoːraŋˈʔuːtan] *m* ⟨-s, -s⟩ orang-utan

Orchester [ɔrˈkɛstɐ, (*old*) ɔrˈçɛstɐ] *nt* ⟨-s, -⟩ orchestra **Orchestergraben** *m* orchestra pit

Orchidee [ɔrçiˈdeː(ə)] *f* ⟨-, -n [-ˈdeːən]⟩ orchid

Orden [ˈɔrdn] *m* ⟨-s, -⟩ **1** (*Gemeinschaft*) (holy) order **2** (≈ *Ehrenzeichen*) decoration; MIL medal; **einen ~ bekommen** to be decorated **Ordensbruder** *m* ECCL monk **Ordensschwester** *f* nun; (≈ *Krankenschwester*) (nursing) sister

ordentlich [ˈɔrdntlɪç] **A** *adj* **1** Mensch, Zimmer tidy **2** (≈ *ordnungsgemäß*) **~es Gericht** court of law; **~es Mitglied** full member **3** (≈ *anständig*) respectable **4** (*infml* ≈ *tüchtig*) **ein ~es Frühstück** a proper breakfast; **eine ~e Tracht Prügel** a proper hiding (*infml*) **5** (≈ *annehmbar*) Preis, Leistung reasonable **B** *adv* **1** (≈ *geordnet*) neatly **2** (≈ *ordnungsgemäß*) regeln correctly; (≈ *anständig*) sich benehmen appropriately; aufhängen properly **3** (*infml* ≈ *tüchtig*) **~ essen** to eat (really) well; **jdn ~ verprügeln** to give sb a real beating; **es hat ~ geregnet** it really rained; **~ Geld verdienen** to

O

make a pile of money (*infml*)
Order [ˈɔrdɐ] *f* ⟨-, -s *or* -n⟩ order **ordern** [ˈɔrdɐn] *v/t* COMM to order
Ordinalzahl [ɔrdiˈnaːl-] *f* ordinal number
ordinär [ɔrdiˈnɛːɐ] *adj* **1** (≈ *gemein*) vulgar **2** (≈ *alltäglich*) ordinary
Ordinariat [ɔrdinaˈriaːt] *nt* ⟨-(e)s, -e⟩ UNIV chair **Ordinarius** [ɔrdiˈnaːriʊs] *m* ⟨-, Ordinarien [-riən]⟩ UNIV professor (*für* of)
Ordination [ɔrdinaˈtsioːn] *f* ⟨-, -en⟩ **1** ECCL ordination **2** (*Aus*) (≈ *Arztpraxis*) (doctor's) practice; (≈ *Sprechstunde*) consultation (hour), surgery (*Br*)
ordnen [ˈɔrdnən] *v/t Gedanken, Material* to organize; *Sammlung* to sort out; *Finanzen, Privatleben* to put in order; (≈ *sortieren*) to order; → **geordnet Order** [ˈɔrdnə] *m* ⟨-s, -⟩ (≈ *Aktenordner*) folder (*auch* IT)
Ordner [ˈɔrdnə] *m* ⟨-s, -⟩, **Ordnerin** [-ərin] *f* ⟨-, -nen⟩ steward **Ordnung** [ˈɔrdnʊŋ] *f* ⟨-, -en⟩ order; **~ halten** to keep things tidy; **für ~ sorgen** to put things in order; **etw in ~ halten** to keep sth in order; **etw in ~ bringen** (≈ *reparieren*) to fix sth; (≈ *herrichten*) to put sth in order; (≈ *bereinigen*) to clear sth up; **(das ist) in ~!** (*infml*) (that's) OK! (*infml*); **geht in ~** (*infml*) sure (*infml*); **der ist in ~** (*infml*) he's OK (*infml*); **da ist etwas nicht in ~** there's something wrong there; **jdn zur ~ rufen** to call sb to order; **jdn zur ~ anhalten** to tell sb to be tidy; **~ muss sein!** we must have order!; **ich frage nur der ~ halber** I'm only asking as a matter of form; **das war ein Skandal erster ~** (*infml*) that was a scandal of first order **Ordnungsamt** *nt* ≈ town clerk's office **ordnungsgemäß** **A** *adj* according to the regulations, proper **B** *adv* correctly **ordnungshalber** *adv* as a matter of form **Ordnungshüter(in)** *m/(f)* (*hum*) custodian of the law (*hum*) **ordnungsliebend** *adj* tidy, tidy-minded **Ordnungsstrafe** *f* fine; **jdn mit einer ~ belegen** to fine sb **ordnungswidrig** **A** *adj* irregular; *Parken* illegal **B** *adv parken* illegally **Ordnungswidrigkeit** *f* infringement **Ordnungszahl** *f* MAT ordinal number
Oregano [oˈreːgano] *m* ⟨-, *no pl*⟩ BOT oregano
Organ [ɔrˈgaːn] *nt* ⟨-s, -e⟩ **1** organ; (*infml* ≈ *Stimme*) voice **2** **die ausführenden ~e** the executors **Organbank** *f, pl* -banken

MED organ bank **Organentnahme** *f* MED organ removal **Organhandel** *m* trade in transplant organs
Organisation [ɔrganizaˈtsioːn] *f* ⟨-, -en⟩ organization **Organisationstalent** *nt* talent for organization; **er ist ein ~** he has a talent for organization **Organisator** [ɔrganiˈzaːtoːɐ] *m* ⟨-s, Organisatoren [-ˈtoːrən]⟩, **Organisatorin** [-ˈtoːrin] *f* ⟨-, -nen⟩ organizer **organisatorisch** [ɔrganizaˈtoːrɪʃ] *adj* organizational; **er ist ein ~es Talent** he has a talent for organization
organisch [ɔrˈgaːnɪʃ] **A** *adj* organic; *Leiden* physical **B** *adv* MED organically, physically
organisieren [ɔrganiˈziːrən] *past part* organisiert **A** *v/t & v/i* to organize; **etw neu ~** to reorganize sth **B** *v/r* to organize
Organismus [ɔrgaˈnɪsmʊs] *m* ⟨-, Organismen [-mən]⟩ organism
Organist [ɔrgaˈnɪst] *m* ⟨-en, -en⟩, **Organistin** [-ɪn] *f* ⟨-, -nen⟩ MUS organist
Organizer [ˈɔrgənaizɐ] *m* ⟨-s -⟩ IT organizer
Organspende *f* organ donation **Organspender(in)** *m/(f)* donor (*of an organ*) **Organspenderausweis** *m* donor card **Organverpflanzung** *f* transplant (-ation) (*of organs*)
Orgasmus [ɔrˈgasmʊs] *m* ⟨-, Orgasmen [-mən]⟩ orgasm
Orgel [ˈɔrgl] *f* ⟨-, -n⟩ MUS organ **Orgelkonzert** *nt* organ recital; (≈ *Werk*) organ concerto **Orgelmusik** *f* organ music
Orgie [ˈɔrgiə] *f* ⟨-, -n⟩ orgy
Orient [ˈoːriɛnt, oˈriɛnt] *m* ⟨-s, *no pl*⟩ **1** (*liter* ≈ *der Osten*) Orient **2** (≈ *arabische Welt*) ≈ Middle East; **der Vordere ~** the Near East **orientalisch** [oriɛnˈtaːlɪʃ] *adj* Middle Eastern
orientieren [oriɛnˈtiːrən] *past part* orientiert **A** *v/t* **1** (≈ *unterrichten*) **jdn ~** to put sb in the picture (*über +acc* about) **2** (≈ *ausrichten*) to orientate (*nach, auf +acc* to, towards); **links orientiert sein** to tend to the left **B** *v/r* **1** (≈ *sich unterrichten*) to inform oneself (*über +acc* about, on) **2** (≈ *sich zurechtfinden*) to orientate oneself (*an +dat, nach* by) **3** (≈ *sich ausrichten*) to be orientated (*nach, an +dat* towards); **sich nach Norden ~** to bear north **Orientierung** *f* ⟨-, -en⟩ **1** (≈ *Unterrichtung*) infor-

mation; **zu Ihrer ~** for your information **2**
(≈ *das Zurechtfinden, Ausrichtung*) orientation; **die ~ verlieren** to lose one's bearings **Orientierungssinn** *m, no pl* sense
of direction **Orientierungsstufe** *f*
SCHOOL *mixed ability class(es) intended
to foster the particular talents of each pupil*
Orientteppich *m* Oriental carpet
Origano [o'ri:gano] *m* ⟨-, *no pl*⟩ BOT oregano
original [origi'na:l] *adj* original **Original**
[origi'na:l] *nt* ⟨-s, -e⟩ **1** original **2**
(*Mensch*) character **Originalfassung** *f*
original (version); **in der englischen ~** in
the original English **originalgetreu**
adj true to the original **Originalität** [ori-
ginali'tɛ:t] *f* ⟨-, *no pl*⟩ **1** (≈ *Echtheit*) authenticity **2** (≈ *Urtümlichkeit*) originality **Origi-
nalton** *m, pl* -töne **(im) ~ Merkel** (*fig*) in
Merkel's own words **Originalverpa-
ckung** *f* original packaging
originell [origi'nɛl] *adj* Idee original; (≈
geistreich) witty
Orkan [ɔr'ka:n] *m* ⟨-(e)s, -e⟩ **1** hurricane
2 (*fig*) storm **orkanartig** *adj* Wind gale-
-force **Orkanstärke** *f* hurricane force
Orkantief *nt* hurricane-force depression
or cyclone *or* low
Ornament [ɔrna'mɛnt] *nt* ⟨-(e)s, -e⟩ decoration, ornament **ornamental** [ɔrnamɛn-
'ta:l] *adj* ornamental
Ornithologe [ɔrnito'lo:gə] *m* ⟨-n, -n⟩,
Ornithologin [-'lo:gɪn] *f* ⟨-, -nen⟩ ornithologist
Ort¹ [ɔrt] *m* ⟨-(e)s, -e⟩ **1** (≈ *Stelle*) place; **~
der Handlung** THEAT scene of the action;
an ~ und Stelle on the spot **2** (≈ *Ortschaft*)
place; (≈ *Dorf*) village; (≈ *Stadt*) town; **er ist
im ganzen ~ bekannt** the whole village/
town *etc* knows him; **das beste Hotel am
~** the best hotel in town
Ort² *m* ⟨-(e)s, ⁼er ['œrtɐ]⟩ MIN coal face;
vor ~ at the (coal) face; (*fig*) on the spot
Örtchen ['œrtçən] *nt* ⟨-s, -⟩ (≈ *kleiner Ort*)
small place; **das (stille) ~** (*infml*) the smallest room (*infml*) **orten** ['ɔrtn] *v/t* to locate
orthodox [ɔrto'dɔks] **A** *adj* orthodox **B**
adv (≈ *starr*) denken conventionally
Orthografie [ɔrtogra'fi:] *f* ⟨-, -n [-'fi:ən]⟩
orthography **orthografisch** [ɔrto'gra:fɪʃ]
A *adj* orthographic(al) **B** *adv* orthograph-
ically; **er schreibt nicht immer ~ richtig**
his spelling is not always correct

Orthopäde [ɔrto'pɛ:də] *m* ⟨-n, -n⟩, **Or-
thopädin** [-'pɛ:dɪn] *f* ⟨-, -nen⟩ orthopaedic (*Br*) *or* orthopedic (*US*) specialist **Or-
thopädie** [ɔrtopɛ'di:] *f* ⟨-, *no pl*⟩ **1** (≈ *Wissenschaft*) orthopaedics *pl* (*Br*), orthopedics
pl (*US*) **2** (*infml* ≈ *Abteilung*) orthopaedic (*Br*)
or orthopedic (*US*) department **orthopädisch** [ɔrto'pɛ:dɪʃ] *adj* orthopaedic (*Br*), orthopedic (*US*)
örtlich ['œrtlɪç] **A** *adj* local **B** *adv* locally;
das ist ~ verschieden it varies from place
to place; **jdn ~ betäuben** to give sb a local anaesthetic (*Br*) *or* anesthetic (*US*) **Ört-
lichkeit** *f* ⟨-, -en⟩ locality; **sich mit den
~en vertraut machen** to get to know
the place **Ortsausgang** *m* way out of
the village/town **Ortsbus** *m* local bus
Ortschaft ['ɔrtʃaft] *f* ⟨-, -en⟩ village;
(*größer*) town; **geschlossene ~** built-up area **Ortseingang** *m* way into the village/
town **ortsfremd** *adj* non-local; **ich bin
hier ~** I'm a stranger here
ortsgebunden *adj* local; (≈ *stationär*)
stationary; *Person* tied to the locality
Ortsgespräch *nt* TEL local call
ortskundig *adj* **nehmen Sie sich einen
~en Führer** get a guide who knows his
way around **Ortsname** *m* place name
Ortsnetz *nt* TEL local (telephone) exchange area **Ortsnetzkennzahl** *f* TEL
dialling code (*Br*), area code (*US*)
Ortsschild *nt* place name sign
ortsüblich *adj* local; **~e Mieten** standard local rents; **das ist hier ~** it is usual
here **Ortsverkehr** *m* local traffic
Ortszeit *f* local time **Ortung** ['ɔrtʊŋ] *f*
⟨-, -en⟩ locating
öS *abbr of* österreichischer Schilling Austrian schilling
O-Saft ['o:-] *m* (*infml*) orange juice, O-J (*US
infml*)
Öse ['ø:zə] *f* ⟨-, -n⟩ loop; (*an Kleidung*) eye
Osmose [ɔs'mo:zə] *f* ⟨-, *no pl*⟩ osmosis
Ossi ['ɔsi] *m* ⟨-s, -s⟩ (*infml*) East German
Ost- *in cpds* East **Ostalgie** [ɔstal'gi:] *f*⟨ -,
no pl⟩ (*infml*) nostalgia for the former
GDR **ostdeutsch** *adj* East German
Ostdeutsche(r) *m/f(m)* decl as adj East
German **Ostdeutschland** *nt* GEOG East
(-ern) Germany **Osten** ['ɔstn] *m* ⟨-s, *no
pl*⟩ east; (*von Land*) East; **der Ferne ~** the
Far East; **der Nahe** *or* **Mittlere ~** the Mid-
dle East; **aus dem ~** from the east; **im ~
des Landes** in the east of the country

O

Osteoporose [ɔsteopoˈroːzə] f ⟨-, no pl⟩
MED osteoporosis

Osterei nt Easter egg **Osterferien** pl
Easter holidays pl **Osterfest** nt Easter
Osterglocke f daffodil **Osterhase** m
Easter bunny **österlich** [ˈøːstəlɪç] adj
Easter **Ostermontag** [ˈoːsteˈmoːntaːk]
m Easter Monday **Ostern** [ˈoːstən] nt ⟨-,
-⟩ Easter; **frohe ~!** Happy Easter!; **zu ~**
at Easter

Österreich [ˈøːstəraiç] nt ⟨-s⟩ Austria **Ös-**
terreicher [-əraiçɐ] m ⟨-s, -⟩, **Öster-**
reicherin [-ərɪn] f ⟨-, -nen⟩ Austrian **ös-**
terreichisch [ˈøːstəraiçɪʃ] adj Austrian

Ostersonntag [ˈoːsteˈzɔntaːk] m Easter
Sunday

Osterweiterung [ˈɔst-] f ⟨von NATO, EU⟩
eastward expansion

Osterwoche [ˈoːste-] f Easter week

Osteuropa nt East(ern) Europe
Osteuropäer(in) m/(f) East(ern) European **osteuropäisch** adj East(ern) European **östlich** [ˈœstlɪç] **A** adj Richtung, Winde
easterly; Gebiete eastern **B** adv **~ von**
Hamburg (to the) east of Hamburg **C** prep
+gen (to the) east of **Ostpreußen** nt East
Prussia

Östrogen [œstroˈgeːn] nt ⟨-s, -e⟩ oestrogen (Br), estrogen (US)

Ostsee [ˈɔstzeː] f **die ~** the Baltic (Sea)
ostwärts [-vɛrts] adv eastwards
Ostwind m east wind

Oszillograf [ɔstsiloˈgraːf] m ⟨-en, -en⟩ os-
cillograph

Otter¹ [ˈɔtɐ] m ⟨-s, -⟩ otter

Otter² f ⟨-, -n⟩ viper

outen [ˈautn̩] (infml) **A** v/t (als Homosexuel-
len) to out (infml); (als Trinker, Spitzel etc) to
expose **B** v/r (als Homosexueller) to come
out (infml)

outsourcen [ˈautsɔːrsn̩] v/t & v/i sep to
outsource **Outsourcing** [ˈautsɔːrsɪŋ] nt
⟨-s, no pl⟩ outsourcing

Ouvertüre [uvɛrˈtyːrə] f ⟨-, -n⟩ overture

oval [oˈvaːl] adj oval

Ovation [ovaˈtsioːn] f ⟨-, -en⟩ ovation (für
jdn/etw for sb/sth); **stehende ~en** standing
ovations

Overheadfolie [ˈoːvɛhɛt-] f transparency
Overheadprojektor m overhead projector

ÖVP [øːfauˈpeː] f ⟨-⟩ abbr of Österreichische Volkspartei

Ovulation [ovulaˈtsioːn] f ⟨-, -en⟩ ovulation

Oxid [ɔˈksiːt] nt ⟨-(e)s, -e⟩, **Oxyd** [ɔˈksyːt]
nt ⟨-(e)s, -e [-də]⟩ oxide **Oxidation** [ɔksi-
daˈtsioːn] f ⟨-, -en⟩, **Oxydation** [ɔksyda-
ˈtsioːn] f ⟨-, -en⟩ oxidation **oxidieren**
[ɔksiˈdiːrən] past part oxidiert, **oxydieren**
[ɔksyˈdiːrən] past part oxydiert v/t & v/i to
oxidize

Ozean [ˈoːtseaːn, otseˈaːn] m ⟨-s, -e⟩
ocean **ozeanisch** [otseˈaːnɪʃ] adj Klima
oceanic **Ozeanografie** [otseanograˈfiː] f
⟨-, no pl⟩ oceanography

Ozelot [ˈoːtselɔt, ˈɔtselɔt] m ⟨-s, -e⟩ ocelot

Ozon [oˈtsoːn] nt or (inf) m ⟨-s, no pl⟩
ozone

Ozonalarm m ozone warning **Ozonge-**
halt m ozone content **Ozonhülle** f
ozone layer **Ozonkonzentration** f
ozone concentration **Ozonloch** nt hole
in the ozone layer **Ozonschicht** f ozone
layer **Ozonschild** m, no pl ozone shield
Ozonwert m ozone level

P

P, p [peː] nt ⟨-, -⟩ P, p

paar [paːe] adj inv **ein ~** a few; (≈ zwei oder
drei auch) a couple of; **ein ~ Mal(e)** a few
times; a couple of times **Paar** [paːe] nt
⟨-s, -e⟩ pair; (≈ Mann und Frau auch) couple; **ein ~ Schuhe** a pair of shoes **paaren**
[ˈpaːrən] v/r (Tiere) to mate; (fig) to be combined **Paarhufer** [-huːfe] m ZOOL cloven-
-hoofed animal **Paarlauf** m pairs pl **Paa-**
rung [ˈpaːrʊŋ] f ⟨-, -en⟩ (≈ Kopulation)
mating **paarweise** adv in pairs

Pacht [paxt] f ⟨-, -en⟩ lease; (Entgelt) rent;
etw zur ~ haben to have sth on lease
pachten [ˈpaxtn̩] v/t to lease; **du hast**
das Sofa doch nicht für dich gepachtet
(infml) don't hog the sofa (infml) **Pächter**
[ˈpɛçte] m ⟨-s, -⟩, **Pächterin** [-ərɪn] f ⟨-,
-nen⟩ tenant, leaseholder
Pachtvertrag m lease

Pack¹ [pak] m ⟨-(e)s, -e or ¨e [ˈpɛkə]⟩ (von
Zeitungen, Büchern) stack; (zusammengeschnürt) bundle

Pack² nt ⟨-s, no pl⟩ (pej) rabble pl (pej)

Päckchen [ˈpɛkçən] nt ⟨-s, -⟩ package;

POST small packet; (≈ *Packung*) packet, pack; **ein ~ Zigaretten** a packet or pack (*esp US*) of cigarettes **Packeis** *nt* ice **packen** ['pakn] **A** *v/t* **1** *Koffer* to pack; *Paket* to make up; **Sachen in ein Paket ~** to make things up into a parcel **2** (≈ *fassen*) to grab (hold of); (*Gefühle*) to grip; **von der Leidenschaft gepackt** in the grip of passion **3** (*infml* ≈ *schaffen*) to manage; **du packst das schon** you'll manage it OK **B** *v/i* **1** (≈ *den Koffer packen*) to pack **2** (*fig* ≈ *mitreißen*) (*Aus* ≈ *Schachtel*, *Paket*) packet; **packend A** *adj* (≈ *mitreißend*) gripping, riveting **B** *adv* **der Roman ist ~ erzählt** the novel is or makes exciting reading **Packerl** ['pakɐl] *nt* ⟨-s, -n⟩ (*Aus* ≈ *Schachtel*, *Paket*) packet; (*für flüssige Lebensmittel*) carton **Packesel** *m* packmule; (*fig*) packhorse **Packpapier** *nt* brown paper **Packstation** *f* self-service parcel delivery and dispatch station **Packung** ['pakʊŋ] *f* ⟨-, -en⟩ **1** (≈ *Schachtel*) packet; (*von Pralinen*) box; **eine ~ Zigaretten** a packet or pack (*esp US*) of cigarettes **2** MED compress; (*Kosmetik*) face pack **Packungsbeilage** *f* package insert; (*bei Medikamenten*) patient information leaflet

Pädagoge [pɛda'goːgə] *m* ⟨-n, -n⟩, **Pädagogin** [-'goːgɪn] *f* ⟨-, -nen⟩ educationalist **Pädagogik** [pɛda'goːgɪk] *f* ⟨-, no pl⟩ educational theory **pädagogisch** [pɛda-'goːgɪʃ] **A** *adj* educational; **~e Hochschule** college of education; **seine ~en Fähigkeiten** his teaching ability **B** *adv* educationally; **~ falsch** wrong from an educational point of view

Paddel ['padl] *nt* ⟨-s, -⟩ paddle **Paddelboot** *nt* canoe **paddeln** ['padln] *v/i aux sein or haben* to paddle; (*als Sport*) to canoe

Pädiatrie [pɛdia'triː] *f* ⟨-, no pl⟩ paediatrics *sg* (*Br*), pediatrics *sg* (*US*) **Pädophile(r)** [pɛdo'fiːlə] *m/f(m) decl as adj* paedophile (*Br*), pedophile (*US*)

paffen ['pafn] (*infml*) **A** *v/i* **1** (≈ *heftig rauchen*) to puff away **2** (≈ *nicht inhalieren*) to puff **B** *v/t* to puff (away) at

Page ['paːʒə] *m* ⟨-n, -n⟩ (≈ *Hotelpage*) bellboy, bellhop (*US*) **Pagenkopf** *m* page-boy (hairstyle or haircut)

Paket [pa'keːt] *nt* ⟨-s, -e⟩ (≈ *Bündel*) pile; (*zusammengeschnürt*) bundle; (≈ *Packung*)

packet; POST parcel; (*fig: von Angeboten*) package **Paketannahme** *f* parcels office; (≈ *Schalter*) parcels counter **Paketbombe** *f* parcel bomb **Paketkarte** *f* dispatch form **Paketpost** *f* parcel post **Paketschalter** *m* parcels counter **Paketschnur** *f* parcel string, twine **Paketzusteller** *m* ⟨-s, -⟩ parcel delivery service

Pakistan ['paːkɪstaːn] *nt* ⟨-s⟩ Pakistan **Pakistaner** [pakɪs'taːnɐ] *m* ⟨-s, -⟩, **Pakistanerin** [-ərɪn] *f* ⟨-, -nen⟩, **Pakistani** [pakɪs'taːni] *m* ⟨-(s), -(s) or f* -⟩ Pakistani **pakistanisch** [pakɪs'taːnɪʃ] *adj* Pakistani

Pakt [pakt] *m* ⟨-(e)s, -e⟩ pact

Palais [pa'lɛː] *nt* ⟨-, -⟩ palace

Palast [pa'last] *m* ⟨-(e)s, Paläste [pa'lɛstə]⟩ palace

Palästina [palɛ'stiːna] *nt* ⟨-s⟩ Palestine **Palästinenser** [palɛsti'nɛnzɐ] *m* ⟨-s, -⟩, **Palästinenserin** [-ərɪn] *f* ⟨-, -nen⟩ Palestinian **palästinensisch** [palɛsti'nɛnzɪʃ] *adj* Palestinian

Palatschinke [pala'tʃɪŋkə] *f* ⟨-, -n⟩ (*Aus*) stuffed pancake

Palaver [pa'laːvɐ] *nt* ⟨-s, -⟩ palaver (*infml*) **palavern** [pa'laːvɐn] *past part* **palavert** *v/i* (*infml*) to palaver (*infml*)

Palette [pa'lɛtə] *f* ⟨-, -n⟩ **1** (*Malerei*) palette; (*fig*) range **2** (≈ *Stapelplatte*) pallet

paletti [pa'lɛti] *adv* (*infml*) OK (*infml*)

Palisade [pali'zaːdə] *f* ⟨-, -n⟩ palisade

Palme ['palmə] *f* ⟨-, -n⟩ palm; **jdn auf die ~ bringen** (*infml*) to make sb see red (*infml*)

Palmsonntag *m* Palm Sunday

Palmtop ['paːmtɔp] *m* ⟨-s, -s⟩ palmtop

Pampe ['pampə] *f* ⟨-, no pl⟩ paste; (*pej*) mush (*infml*)

Pampelmuse [pampl'muːzə] *f* ⟨-, -n⟩ grapefruit

Pampers® ['pɛmpɐs] *pl* (disposable) nappies *pl* (*Br*) or diapers *pl* (*US*)

Pamphlet [pam'fleːt] *nt* ⟨-(e)s, -e⟩ lampoon

pampig ['pampɪç] (*infml*) *adj* **1** (≈ *breiig*) gooey (*infml*); *Kartoffeln* soggy **2** (≈ *frech*) stroppy (*Br infml*), bad-tempered; **jdm ~ kommen** to be stroppy (*Br infml*) or bad-tempered with sb

Panama ['panama, 'paːnama] *nt* ⟨-s, -s⟩ Panama **Panamakanal** *m, no pl* Panama Canal

Panda ['panda] *m* ⟨-s, -s ['panda]⟩, **Pandabär** *m* panda

P

Pandemie [pandeˈmiː] f ⟨-, -n [-ˈmiːən]⟩ MED pandemic

Paneel [paˈneːl] nt ⟨-s, -e⟩ (form) (einzeln) panel; (≈ Täfelung) panelling (Br), paneling (US)

Panflöte [ˈpaːn-] f panpipes pl, Pan's pipes pl

panieren [paˈniːrən] past part paniert v/t to bread **Paniermehl** nt breadcrumbs pl

Panik [ˈpaːnɪk] f ⟨-, -en⟩ panic; (eine) ~ brach aus panic broke out or spread; in ~ geraten to panic; jdn in ~ versetzen to throw sb into a state of panic; nur keine ~! don't panic! **Panikkauf** m COMM panic buying **Panikmache** f (infml) panicmongering (Br), inciting panic **Panikstimmung** f state of panic **panisch** [ˈpaːnɪʃ] **A** adj no pred panic-stricken; ~e Angst terror; sie hat ~e Angst vor Schlangen she's terrified of snakes **B** adv in panic, frantically; ~ reagieren to panic

Panne [ˈpanə] f ⟨-, -n⟩ **1** (≈ technische Störung) hitch (infml), breakdown; (≈ Reifenpanne) puncture, flat (tyre (Br) or tire (US)); mein Auto hatte eine ~ my car broke down **2** (fig infml) slip (bei etw with sth); mit jdm/etw eine ~ erleben to have (a bit of) trouble with sb/sth; uns ist eine ~ passiert we've slipped up **Pannendienst** m, **Pannenhilfe** f breakdown service

Panorama [panoˈraːma] nt ⟨-s, Panoramen [-mən]⟩ panorama

panschen [ˈpanʃən] v/t to adulterate; (≈ verdünnen) to water down

Panther m ⟨-s, -⟩, **Panter** [ˈpantɐ] m ⟨-s, -⟩ panther

Pantoffel [panˈtɔfl] m ⟨-s, -n⟩ slipper; unterm ~ stehen (infml) to be henpecked (infml)

Pantomime¹ [pantoˈmiːmə] f ⟨-, -n⟩ mime

Pantomime² [pantoˈmiːmə] m ⟨-n, -n⟩, **Pantomimin** [-ˈmiːmɪn] f ⟨-, -nen⟩ mime **pantomimisch** [pantoˈmiːmɪʃ] adj, adv in mime

pantschen [ˈpantʃən] v/t & v/i = panschen

Panzer [ˈpantsɐ] m ⟨-s, -⟩ **1** MIL tank **2** (HIST ≈ Rüstung) armour no indef art (Br), armor no indef art (US), suit of armo(u)r **3** (von Schildkröte, Insekt) shell **4** (fig) shield **Panzerabwehr** f anti-tank defence (Br) or defense (US); (Truppe) anti-tank unit **Panzerfaust** f bazooka **Panzerglas**

nt bulletproof glass **panzern** [ˈpantsɐn] v/t to armour-plate (Br), to armor-plate (US); **gepanzerte Fahrzeuge** armoured (Br) or armored (US) vehicles **Panzerschrank** m safe

Papa [ˈpapa] m ⟨-s, -s⟩ (infml) daddy (infml)

Papagei [papaˈgai, ˈpapagai] m ⟨-s, -en⟩ parrot **Papageientaucher** m puffin

Papamobil [papamoˈbiːl] nt ⟨-s, -e⟩ (infml) Popemobile (infml)

Paparazzo [papaˈratso] m ⟨-s, Paparazzi [-tsi]⟩ (infml) paparazzo

Papaya [paˈpaːja] f ⟨-, -s⟩ papaya

Papier [paˈpiːɐ] nt ⟨-s, -e⟩ **1** no pl paper; ein Blatt ~ a sheet of paper; etw zu ~ bringen to put sth down on paper **2** Papiere pl (identity) papers pl; (≈ Urkunden) documents pl; er hatte keine ~e bei sich he had no means of identification on him; seine ~e bekommen (≈ entlassen werden) to get one's cards **3** (FIN ≈ Wertpapier) security **Papiereinzug** m paper feed **Papierfabrik** f paper mill **Papiergeld** nt paper money **Papierkorb** m (waste)paper basket **Papierkrieg** m (infml) einen ~ (mit jdm) führen to go through a lot of red tape (with sb) **Papiertaschentuch** nt paper hankie, tissue **Papiertiger** m (fig) paper tiger **Papiertonne** f paper recycling bin **Papiertüte** f paper bag **Papiervorschub** m paper feed **Papierwaren** pl stationery no pl **Papierwarengeschäft** nt stationer's (shop) **Papierzufuhr** f (von Drucker) paper tray

Pappbecher m paper cup **Pappdeckel** m (thin) cardboard **Pappe** [ˈpapə] f ⟨-, -n⟩ (≈ Pappdeckel) cardboard; dieser linke Haken war nicht von ~ (infml) that was a mean left hook

Pappel [ˈpapl] f ⟨-, -n⟩ poplar

päppeln [ˈpɛpln] v/t (infml) to nourish

pappig [ˈpapɪç] adj (infml) sticky; Brot doughy **Pappkarton** m (≈ Schachtel) cardboard box **Pappmaschee** [ˈpapmaʃeː] nt ⟨-s, -s⟩, **Pappmaché** [ˈpapmaʃeː] nt ⟨-s, -s⟩ papier-mâché **Pappschachtel** f cardboard box **Pappteller** m paper plate

Paprika [ˈpaprika, ˈpaːprika] m ⟨-s, -(s), no pl⟩: (≈ Gewürz) paprika; (≈ Paprikaschote) pepper **Paprikaschote** f pepper; gefüllte ~n stuffed peppers

Papst [paːpst] m ⟨-(e)s, ⸚e [ˈpɛːpstə]⟩ pope **päpstlich** [ˈpɛːpstlɪç] adj papal

Papua ['pa:pua, pa'pu:a] m ⟨-(s), -(s) or f -, -s⟩ Papuan **Papua-Neuguinea** ['pa:-puanɔygi'ne:a] nt ⟨-s⟩ Papua New Guinea
Parabel [pa'ra:bl] f ⟨-, -n⟩ **1** LIT parable **2** MAT parabola
Parabolantenne [para'bo:l-] f satellite dish **Parabolspiegel** m parabolic reflector
Parade [pa'ra:də] f ⟨-, -n⟩ parade **Paradebeispiel** nt prime example
Paradeiser [para'daizɐ] m ⟨-s, -⟩ (Aus) tomato
Paradies [para'di:s] nt ⟨-es, -e [-zə]⟩ paradise; **das ~ auf Erden** heaven on earth **paradiesisch** [para'di:zɪʃ] adj (fig) heavenly
paradox [para'dɔks] adj paradoxical **Paradox** [para'dɔks] nt ⟨-es, -e⟩ paradox **paradoxerweise** [para'dɔksɐ'vaizə] adv paradoxically
Paraffin [para'fi:n] nt ⟨-s, -e⟩ (≈ Paraffinöl) (liquid) paraffin
Paragraf [para'gra:f] m ⟨-en, -en⟩ JUR section; (≈ Abschnitt) paragraph
parallel [para'le:l] adj parallel; **~ schalten** ELEC to connect in parallel **Parallele** [para'le:lə] f ⟨-, -n⟩ (lit) parallel (line); (fig) parallel; **eine ~ zu etw ziehen** (lit) to draw a line parallel to sth; (fig) to draw a parallel to sth **Parallelogramm** [paralelo'gram] nt ⟨-s, -e⟩ parallelogram
Paralympics [para'lympɪks] pl **Paralympics** pl **Paralytiker** [para'ly:tikɐ] m ⟨-s, -⟩, **Paralytikerin** [-ərɪn] f ⟨-, -nen⟩ MED paralytic **paralytisch** [para'ly:tɪʃ] adj paralytic
Parameter [pa'ra:metɐ] m ⟨-s, -⟩ parameter
paramilitärisch ['pa:ra-] adj paramilitary **paranoid** [parano'i:t] adj paranoid **Paranuss** ['para-] f BOT Brazil nut **paraphieren** [para'fi:rən] past part **paraphiert** v/t POL to initial
Parapsychologie ['pa:ra-] f parapsychology
Parasit [para'zi:t] m ⟨-en, -en⟩ (BIOL, fig) parasite **parasitär** [parazi'tɛ:ɐ], **parasitisch** [para'zi:tɪʃ] adj parasitic(al)
parat [pa'ra:t] adj Antwort, Beispiel etc ready; Werkzeug etc handy; **halte dich ~** be ready; **er hatte immer eine Ausrede ~** he always had an excuse ready
Pärchen ['pɛːçən] nt ⟨-s, -⟩ (courting) couple **pärchenweise** adv in pairs

Parcours [par'ku:ɐ] m ⟨-, - [-'ku:ɐ(s), -'ku:ɐs]⟩ SPORTS showjumping course; (Sportart) showjumping; (≈ Rennstrecke) course
pardon [par'dõ:] int sorry **Pardon** [par'dõ:] m or nt ⟨-s, no pl⟩ **1** pardon; **jdn um ~ bitten** to ask sb's pardon **2** (infml) **kein ~ kennen** to be ruthless
Parfüm [par'fy:m] nt ⟨-s, -e or -s⟩ perfume **parfümieren** [parfy'mi:rən] past part **parfümiert** v/t to perfume
parieren [pa'ri:rən] past part **pariert** **A** v/t (SPORTS, fig) to parry **B** v/i to obey; **aufs Wort ~** to jump to it
Pariser m ⟨-s, -⟩ **1** Parisian **2** (infml ≈ Kondom) French letter (infml) **Pariserin** [pa'ri:zərɪn] f ⟨-, -nen⟩ Parisienne
Parität [pari'tɛ:t] f ⟨-, -en⟩ parity **paritätisch** [pari'tɛ:tɪʃ] **A** adj equal; **~e Mitbestimmung** equal representation **B** adv equally
Park [park] m ⟨-s, -s⟩ park
Parka ['parka] m ⟨-(s), -s or f -, -s⟩ parka
Parkanlage f park **Parkausweis** m parking permit **Parkbank** f, pl -bänke park bench **Parkbucht** f parking bay **Parkdeck** nt parking level **parken** ['parkn] v/t & v/i to park; **ein ~des Auto** a parked car; **„Parken verboten!"** "No Parking"
Parkett [par'kɛt] nt ⟨-s, -e⟩ **1** (≈ Fußboden) parquet (flooring); **ein Zimmer mit ~ auslegen** to lay parquet (flooring) in a room; **auf dem internationalen ~** in international circles **2** (≈ Tanzfläche) (dance) floor; **eine tolle Nummer aufs ~ legen** (infml) to put on a great show **3** THEAT stalls pl, parquet (US) **Parkett(fuß)boden** m parquet floor
Parkgebühr f parking fee **Parkhaus** nt multi-storey (Br) or multi-story (US) car park **parkieren** [par'ki:rən] past part **parkiert** v/t & v/i (Swiss) = parken
parkinsonsche Krankheit ['pa:ekin-zənʃə-] f Parkinson's disease
Parkkralle f wheel clamp (Br), Denver boot (US) **Parklicht** nt parking light **Parklücke** f parking space **Parkplatz** m car park, parking lot (esp US); (für Einzelwagen) (parking) space (Br) or spot (US) **Parkscheibe** f parking disc **Parkschein** m car-parking ticket **Parkscheinautomat** m MOT ticket machine (for parking) **Parksünder(in)** m/(f)

P

parking offender (*Br*), illegal parker **Parkuhr** *f* parking meter **Parkverbot** *nt* parking ban; **im ~ stehen** to be parked illegally **Parkwächter(in)** *m/f(f)* (*auf Parkplatz*) car-park attendant; (*von Anlagen*) park keeper

Parlament [parla'mɛnt] *nt* ⟨-(e)s, -e⟩ parliament **Parlamentarier** [parlamɛn'taːriə] *m* ⟨-s, -⟩, **Parlamentarierin** [-iərɪn] *f* ⟨-, -nen⟩ parliamentarian **parlamentarisch** [parlamɛn'taːrɪʃ] *adj* parliamentary; **~ vertreten sein** to be represented in parliament **Parlamentsausschuss** *m* parliamentary committee **Parlamentsbeschluss** *m* vote of parliament **Parlamentsferien** *pl* recess **Parlamentsmitglied** *nt* member of parliament **Parlamentswahl** *f usu pl* parliamentary election(s *pl*)

Parmaschinken ['parma-] *m* Parma ham **Parmesan(käse)** [parme'zaːn-] *m* ⟨-s, *no pl*⟩ Parmesan (cheese)

Parodie [paro'diː] *f* ⟨-, -n [-'diːən]⟩ parody (*auf +acc* on, *zu* of) **parodieren** [paro'diːrən] *past part* **parodiert** *v/t* to parody

Parodontose [parodɔn'toːzə] *f* ⟨-, -n⟩ periodontosis (*tech*)

Parole [pa'roːlə] *f* ⟨-, -n⟩ **1** MIL password **2** (*fig* ≈ *Wahlspruch*) motto; POL slogan

Paroli [pa'roːli] *nt* **jdm ~ bieten** (*elev*) to defy sb

Parsing ['paːsɪŋ] *nt* ⟨-s⟩ IT parsing

Partei [par'tai] *f* ⟨-, -en⟩ **1** POL, JUR party **2** (*fig*) **für jdn ~ ergreifen** to take sb's side; **gegen jdn ~ ergreifen** to take sides against sb **3** (*im Mietshaus*) tenant **Parteibasis** *f* (party) rank and file, grassroots (members) *pl* **Parteibuch** *nt* party membership book **Parteichef(in)** *m/f(f)* party leader **Parteiführer(in)** *m/f(f)* party leader **Parteiführung** *f* leadership of a party; (*Vorstand*) party leaders *pl* **Parteigenosse** *m*, **Parteigenossin** *f* party member **parteiisch** [par'taiɪʃ] **A** *adj* biased (*Br*), biassed **B** *adv* **~ urteilen** to be biased (in one's judgement) **Parteilichkeit** *f* ⟨-, *no pl*⟩ partiality **Parteilinie** *f* party line **parteilos** *adj Abgeordneter* independent **Parteilose(r)** [par'tailoːzə] *m/f(m) decl as adj* independent **Parteimitglied** *nt* party member **Parteinahme** [-naːmə] *f* ⟨-, -n⟩ partisanship **parteipolitisch** *adj* party political **Partei-**

programm *nt* (party) manifesto, (party) program (*US*) **Parteitag** *m* party conference *or* convention (*esp US*) **Parteivorsitzende(r)** *m/f(m) decl as adj* party leader **Parteivorstand** *m* party executive

parterre [par'tɛr] *adv* on the ground (*esp Br*) *or* first (*US*) floor **Parterre** [par'tɛr(ə)] *nt* ⟨-s, -s⟩ (*von Gebäude*) ground floor (*esp Br*), first floor (*US*)

Partie [par'tiː] *f* ⟨-, -n [-'tiːən]⟩ **1** (≈ *Teil*, THEAT, MUS) part **2** SPORTS game; **eine ~ Schach spielen** to play a game of chess; **eine gute/schlechte ~ liefern** to give a good/bad performance **3** COMM lot **4** (*infml*) **eine gute ~ (für jdn) sein** to be a good catch (for sb) (*infml*); **eine gute ~ machen** to marry (into) money **5** **mit von der ~ sein** to be in on it; **da bin ich mit von der ~** count me in

partiell [par'tsiɛl] *adj* partial

Partikel [par'tiːkl, par'tɪkl] *f* ⟨-, -n⟩ GRAM, PHYS particle

Partisan [parti'zaːn] *m* ⟨-s *or* -en, -en⟩, **Partisanin** [-'zaːnɪn] *f* ⟨-, -nen⟩ partisan

Partitur [parti'tuːe] *f* ⟨-, -en [-'tuːrən]⟩ MUS score

Partizip [parti'tsiːp] *nt* ⟨-s, -ien [-piən]⟩ GRAM participle; **~ Präsens** present participle; **~ Perfekt** past participle

Partner ['partnɐ] *m* ⟨-s, -⟩, **Partnerin** [-ərɪn] *f* ⟨-, -nen⟩ partner **Partnerlook** [-lʊk] *m* matching clothes *pl* **Partnerschaft** ['partnɐʃaft] *f* ⟨-, -en⟩ partnership **partnerschaftlich** ['partnɐʃaftlɪç] **A** *adj* **~es Verhältnis** (relationship based on) partnership; **~e Zusammenarbeit** working together as partners **B** *adv* **~ zusammenarbeiten** to work in partnership **Partnerstadt** *f* twin town (*Br*), sister city (*US*) **Partnersuche** *f* finding the right partner; **auf ~ sein** to be looking for a partner **Partnervermittlung** *f* dating agency

Party ['paːeti] *f* ⟨-, -s⟩ party; **auf einer ~** at a party; **auf eine ~ gehen** to go to a party **Partymeile** *f* nightlife district; (*bei einmaliger Gelegenheit*) party zone **Partymuffel** *m* party pooper **Partyraum** *m* party room **Partyservice** [-zøːevis, -zœrvis] *m* party catering service **Partyzelt** *nt* party tent, marquee

Parzelle [par'tsɛlə] *f* ⟨-, -n⟩ plot

Pascha ['paʃa] *m* ⟨-s, -s⟩ pasha

Pass [pas] *m* ⟨-es, ⸚e ['pɛsə]⟩ **1** passport

2 (*im Gebirge etc*) pass **3** SPORTS pass
passabel [pa'saːbl] **A** *adj* passable **B** *adv*
reasonably well; **schmecken** passable; **mir
geht's ganz ~** I'm all right
Passage [pa'saːʒə] *f* ⟨-, -n⟩ passage; (≈ *La-
denstraße*) arcade
Passagier [pasa'ʒiːɐ] *m* ⟨-s, -e⟩, **Passa-
gierin** [-'ʒiːrɪn] *f* ⟨-, -nen⟩ passenger
Passagierdampfer *m* passenger
steamer **Passagierflugzeug** *nt* passenger aircraft, airliner **Passagierliste** *f*
passenger list
Passamt *nt* passport office
Passant [pa'sant] *m* ⟨-en, -en⟩, **Pas-
santin** [-'santɪn] *f* ⟨-, -nen⟩ passer-by
Passat [pa'aːt] *m* ⟨-(e)s, -e⟩, **Passatwind**
m trade wind
Passbild *nt* passport photo(graph)
Passbildautomat *m* photo booth
passé [pa'seː], **passee** *adj pred* passé; **die
Sache ist längst ~** that's all in the past
passen[1] [pasn] *v/i* **1** to fit **2** (≈ *harmonieren*) **zu etw ~** to go with sth; (*im Ton*) to
match sth; **zu jdm ~** (*Mensch*) to suit sb;
das Rot passt da nicht the red is all
wrong there; **ins Bild ~** to fit the picture
3 (≈ *genehm sein*) to suit; **er passt mir
(einfach) nicht** I (just) don't like him;
Sonntag passt uns nicht/gut Sunday is
no good for us/suits us fine; **das passt
mir gar nicht** (≈ *gefällt mir nicht*) I don't
like that at all; **das könnte dir so ~!**
(*infml*) you'd like that, wouldn't you?
passen[2] *v/i* (CARDS, *fig*) to pass; **(ich) passe!** (I) pass!
passend *adj* **1** (*in Größe, Form*) **gut/
schlecht ~** well-/ill-fitting **2** (*in Farbe, Stil*)
matching **3** (≈ *genehm*) *Zeit, Termin* convenient **4** (≈ *angemessen*) *Benehmen, Kleidung* suitable, appropriate; *Wort* right,
proper; **bei jeder ~en und unpassenden
Gelegenheit** at every opportunity, whether appropriate or not **5** *Geld* exact; **haben
Sie es ~?** have you got the right money?
Passepartout [paspar'tuː] *m or nt* ⟨-s, -s⟩
passe-partout
Passform *f* fit
Passfoto *nt* passport photo(graph)
passierbar *adj Brücke* passable; *Fluss* negotiable **passieren** [pa'siːrən] *past part
passiert* **A** *v/i aux sein* **1** (≈ *sich ereignen*)
to happen (*mit* to); **was ist denn passiert?**
what's the matter?; **es wird dir schon
nichts ~** nothing is going to happen to

you; **es ist ein Unfall passiert** there has
been an accident; **so was ist mir noch
nie passiert!** that's never happened to
me before!; (*empört*) I've never known anything like it! **2** (≈ *durchgehen*) to pass;
(*Gesetz*) to be passed **B** *v/t* **1** (≈ *vorbeigehen
an*) to pass; **die Grenze ~** to cross (over)
2 COOK to strain **Passierschein** *m* pass
Passion [pa'sioːn] *f* ⟨-, -en⟩ passion;
(*religiös*) Passion **passioniert** [pasio'niːɐt]
adj enthusiastic **Passionsfrucht** *f* passion fruit **Passionsspiel** *nt* Passion play
passiv ['pasiːf, pa'siːf] *adj* passive; **~es Mitglied** non-active member; **~es Rauchen**
passive smoking **Passiv** ['pasiːf] *nt* ⟨-s,
-e [-və]⟩ GRAM passive (voice) **Passiva**
[pa'siːva] *pl*, **Passiven** [-vn] *pl* COMM liabilities *pl* **Passivität** [pasivi'tɛːt] *f* ⟨-, no
pl⟩ passivity **Passivposten** *m* COMM
debit entry **Passivrauchen** *nt* passive
smoking
Passkontrolle *f* passport control; **~!**
(your) passports please! **Passstraße** *f*
(mountain) pass
Passus ['pasʊs] *m* ⟨-, - ['pasuːs]⟩ passage
Passwort *nt*, *pl* -wörter IT password
Passwortschutz *m* password protection
Paste ['pastə] *f* ⟨-, -n⟩ paste
Pastell [pas'tɛl] *nt* ⟨-s, -e⟩ pastel **Pastellfarbe** *f* pastel (crayon); (*Farbton*) pastel (shade) **Pastellstift** *m* pastel (crayon)
Pastellton *m*, *pl* -töne pastel shade
Pastetchen [pas'teːtçən] *nt* ⟨-s, -⟩ vol-au-
-vent **Pastete** [pas'teːtə] *f* ⟨-, -n⟩ **1** (≈
Schüsselpastete) pie **2** (≈ *Leberpastete etc*)
pâté
pasteurisieren [pastøri'ziːrən] *past part
pasteurisiert* *v/t* to pasteurize
Pastille [pas'tɪlə] *f* ⟨-, -n⟩ pastille
Pastor ['pastoːɐ, pas'toːɐ] *m* ⟨-s, Pastoren
[-'toːrən]⟩, **Pastorin** [-'toːrɪn] *f* ⟨-, -nen⟩;
→ Pfarrer
Patchworkfamilie ['pɛtʃvøːɐk-] *f* patchwork family
Pate ['paːtə] *m* ⟨-n, -n⟩ (≈ *Taufzeuge*) godfather; (≈ *Mafiaboss*) godfather; **bei etw ~
gestanden haben** (*fig*) to be the force behind sth **Patenkind** *nt* godchild **Patenonkel** *m* godfather **Patenschaft**
['paːtnʃaft] *f* ⟨-, -en⟩ godparenthood **Patensohn** *m* godson **Patenstadt** *f* twin
(-ned) town (*Br*), sister city (*US*)
patent [pa'tɛnt] *adj* ingenious; **ein ~er**

Kerl a great guy/girl (*infml*)
Patent [pa'tɛnt] *nt* ‹-(e)s, -e› patent (*für etw* for sth, *auf etw* on sth); **etw zum ~ anmelden** to apply for a patent on *or* for sth
Patentamt *nt* Patent Office
Patentante *f* godmother
patentieren [patɛn'tiːrən] *past part* **patentiert** *v/t* to patent; **sich** (*dat*) **etw ~ lassen** to have sth patented **Patentlösung** *f* (*fig*) easy answer
Patentochter *f* goddaughter
Patentrezept *nt* (*fig*) = Patentlösung
Patentschutz *m* protection by (letters) patent
Pater ['paːtɐ] *m* ‹-s, - *or* **Patres** ['paːtreːs]› ECCL Father
pathetisch [pa'teːtɪʃ] **A** *adj* emotional **B** *adv* dramatically
Pathologe [pato'loːɡə] *m* ‹-n, -n›, **Pathologin** [-'loːɡɪn] *f* ‹-, -nen› pathologist **Pathologie** [patolo'ɡiː] *f* ‹-, -n [-'ɡiːən]› pathology **pathologisch** [pato:'ɡɪʃ] (MED, *fig*) *adj* pathological **Pathos** ['paːtɔs] *nt* ‹-, *no pl*› emotiveness; **mit viel ~ in der Stimme** in a voice charged with emotion
Patience [pa'siãːs] *f* ‹-, -n› patience *no pl*; **~n legen** to play patience
Patient [pa'tsiɛnt] *m* ‹-en, -en›, **Patientin** [-'tsiɛntɪn] *f* ‹-, -nen› patient
Patin ['paːtɪn] *f* ‹-, -nen› godmother
Patina ['paːtina] *f* ‹-, *no pl*› patina
Patriarch [patri'arç] *m* ‹-en, -en› patriarch **patriarchalisch** [patriar'çaːlɪʃ] *adj* patriarchal **Patriarchat** [patriar'çaːt] *nt* ‹-(e)s, -e› patriarchy
Patriot [patri'oːt] *m* ‹-en, -en›, **Patriotin** [-'oːtɪn] *f* ‹-, -nen› patriot **patriotisch** [patri'oːtɪʃ] **A** *adj* patriotic **B** *adv* reden, denken patriotically **Patriotismus** [patrio'tɪsmʊs] *m* ‹-, *no pl*› patriotism
Patrone [pa'troːnə] *f* ‹-, -n› (MIL, *von Füller, von Drucker*) cartridge
Patrouille [pa'trʊljə] *f* ‹-, -n› patrol; **(auf) ~ gehen** to patrol **patrouillieren** [patrʊl'jiːrən] *past part* **patrouilliert** *v/i* to patrol
Patsche ['patʃə] *f* ‹-, -n› (*infml*) **in der ~ sitzen** *or* **stecken** to be in a jam (*infml*); **jdm aus der ~ helfen** to get sb out of a jam (*infml*) **patschen** ['patʃn] *v/i* (*mit Flüssigkeit*) to splash **patschnass** [patʃ'nas] *adj* (*infml*) soaking wet
Patt [pat] *nt* ‹-s, -s› stalemate

patzen ['patsn] *v/i* (*infml*) to slip up **Patzer** ['patsɐ] *m* ‹-s, -› (*infml* ≈ *Fehler*) slip **patzig** ['patsɪç] (*infml*) *adj* snotty (*infml*)
Pauke ['paʊkə] *f* ‹-, -n› MUS kettledrum; **mit ~n und Trompeten durchfallen** (*infml*) to fail miserably; **auf die ~ hauen** (*infml*) (≈ *angeben*) to brag; (≈ *feiern*) to paint the town red **pauken** ['paʊkn] **A** *v/i* (*infml* ≈ *lernen*) to swot (*Br infml*), to cram (*infml*) **B** *v/t* to study up on **Paukenschlag** *m* drum beat; **wie ein ~** (*fig*) like a thunderbolt **Pauker** ['paʊkɐ] *m* ‹-s, -›, **Paukerin** [-ərɪn] *f* ‹-, -nen› **1** (*infml* ≈ *Paukenspieler*) timpanist **2** (SCHOOL, *infml* ≈ *Lehrer*) teacher **Paukerei** [paʊkə'raɪ] *f* ‹-, -en› (SCHOOL, *infml*) swotting (*Br infml*), cramming (*infml*) **Paukist** [paʊ'kɪst] *m* ‹-en, -en›, **Paukistin** [-'kɪstɪn] *f* ‹-, -nen› timpanist
pausbäckig ['paʊsbɛkɪç] *adj* chubby-cheeked
pauschal [paʊ'ʃaːl] **A** *adj* **1** (≈ *einheitlich*) flat-rate *attr only* **2** (*fig*) Urteil sweeping **B** *adv* **1** (≈ *nicht spezifiziert*) at a flat rate; **die Gebühren werden ~ bezahlt** the charges are paid in a lump sum **2** (≈ *nicht differenziert*) abwerten categorically **Pauschalbetrag** [paʊ'ʃaːl-] *m* lump sum; (≈ *Preis*) inclusive price **Pauschale** [paʊ'ʃaːlə] *f* ‹-, -n› (≈ *Einheitspreis*) flat rate; (≈ *vorläufig geschätzter Betrag*) estimated amount **Pauschalgebühr** [paʊ'ʃaːl-] *f* (≈ *Einheitsgebühr*) flat rate (charge) **Pauschalreise** *f* package holiday (*esp Br*) *or* tour **Pauschalsumme** *f* lump sum **Pauschaltarif** *m* flat rate **Pauschalurlaub** *m* package holiday **Pauschalurteil** *nt* sweeping statement **Pauschbetrag** ['paʊʃ-] *m* flat rate
Pause *f* ‹-, -n› (≈ *Unterbrechung*) break; (≈ *Rast*) rest; (≈ *das Innehalten*) pause; THEAT interval; SCHOOL break, recess (*US*); **(eine) ~ machen** (≈ *sich entspannen*) to have a break; (≈ *rasten*) to rest; (≈ *innehalten*) to pause; **ohne ~ arbeiten** to work nonstop; **die große ~** SCHOOL (the) break (*Br*), recess (*US*); (*in Grundschule*) playtime **Pausenbrot** *nt* something to eat at break **Pausenclown** *m* (*infml*) **ich bin doch hier nicht der ~!** I'm not going to play the clown **Pausenfüller** *m* stopgap **pausenlos** **A** *adj no pred* nonstop **B** *adv* continuously; **er arbeitet ~** he works nonstop **pausieren** [paʊ'ziːrən] *past part*

paus**ie**rt *v/i* to (take a) break

Pavian ['pa:via:n] *m* ⟨-s, -e⟩ baboon

Pavillon ['pavɪljõ:] *m* ⟨-s, -s⟩ pavilion

Pay-TV ['pe:ti:vi:] *nt* ⟨*no pl*⟩ pay TV

Pazifik [pa'tsi:fɪk, 'pa:tsifɪk] *m* ⟨-s⟩ Pacific pazi**fisch** [pa'tsi:fɪʃ] *adj* Pacific; **der Pazifische Ozean** the Pacific (Ocean) **Pazifismus** [patsi'fɪsmʊs] *m* ⟨-, *no pl*⟩ pacifism **Pazifist** [patsi'fɪst] *m* ⟨-en, -en⟩, **Pazifistin** [-'fɪstɪn] *f* ⟨-, -nen⟩ pacifist pazi**fistisch** [patsi'fɪstɪʃ] *adj* pacifist

PC [pe:'tse:] *m* ⟨-s, -s⟩ PC **PC-Benutzer(in)** *m/f/(f)* PC user

Pech [pɛç] *nt* ⟨-(e)s, -e⟩ **1** (*Stoff*) pitch; **die beiden halten zusammen wie ~ und Schwefel** (*infml*) the two are as thick as thieves (*Br*) *or* are inseparable **2** *no pl* (*infml* ≈ *Missgeschick*) bad luck; **bei etw ~ haben** to be unlucky in *or* with sth; **~ gehabt!** tough! (*infml*); **sie ist vom ~ verfolgt** bad luck follows her around **pech(raben)schwarz** *adj* (*infml*) pitch--black; *Haar* jet-black **Pechsträhne** *f* (*infml*) run of bad luck **Pechvogel** *m* (*infml*) unlucky person

Pedal [pe'da:l] *nt* ⟨-s, -e⟩ pedal

Pedant [pe'dant] *m* ⟨-en, -en⟩, **Pedantin** [-'dantɪn] *f* ⟨-, -nen⟩ pedant **Pedanterie** [pedantə'ri:] *f* ⟨-, -n [-'ri:ən]⟩ pedantry pe**dantisch** [pe'dantɪʃ] **A** *adj* pedantic **B** *adv* pedantically

Peddigrohr [pɛdɪç-] *nt* cane

Pediküre [pedi'ky:rə] *f* ⟨-, -n⟩ **1** *no pl* (≈ *Fußpflege*) pedicure **2** (≈ *Fußpflegerin*) chiropodist

Peeling ['pi:lɪŋ] *nt* ⟨-s, -s⟩ (*Hautpflege*) exfoliation, peeling; (*Mittel fürs Gesicht*) facial scrub, face scrub; (*Mittel für Körper*) body scrub **Peelingcreme** *f* body scrub; (*für Gesicht*) face scrub

Peepshow ['pi:pʃo:] *f* peep show

Pegel ['pe:gl] *m* ⟨-s, -⟩ (*in Flüssen, Meer*) water depth gauge **Pegelstand** *m* water level

Pegida [pe'gi:da] *f* ⟨-, *no pl*⟩ *abbr* of Patriotische Europäer gegen die Islamisierung des Abendlandes Pegida (*German anti-islamic movement*)

peilen ['paɪlən] *v/t Wassertiefe* to sound; *U--Boot, Sender* to get a fix on; (≈ *entdecken*) to detect; **die Lage ~** (*infml*) to see how the land lies; **über den Daumen gepeilt** (*infml*) at a rough estimate

peinigen ['paɪnɪgn] *v/t* to torture; (*fig*) to torment **peinlich** ['paɪnlɪç] **A** *adj* **1** (≈ *unangenehm*) (*painfully*) embarrassing; *Überraschung* nasty; **es war ihm ~(, dass ...)** he was embarrassed (because ...); **es ist mir sehr ~, aber ich muss es Ihnen einmal sagen** I don't know how to put it, but you really ought to know; **das ist mir ja so ~** I feel awful about it **2** (≈ *gewissenhaft*) meticulous; *Sparsamkeit* careful **B** *adv* **1** (≈ *unangenehm*) **~ berührt sein** (*hum*) to be profoundly shocked (*iron*); **~ wirken** to be embarrassing **2** (≈ *gründlich*) painstakingly; *sauber* meticulously; **der Koffer wurde ~ genau untersucht** the case was gone through very thoroughly **Peinlichkeit** *f* ⟨-, -en⟩ (≈ *Unangenehmheit*) awkwardness

Peitsche ['paɪtʃə] *f* ⟨-, -n⟩ whip **peitschen** ['paɪtʃn] *v/t & v/i* to whip; (*fig*) to lash

Pekinese [peki'ne:zə] *m* ⟨-n, -n⟩ pekinese

Pelargonie [pelar'go:niə] *f* ⟨-, -n⟩ BOT pelargonium

Pelikan ['pe:lika:n, peli'ka:n] *m* ⟨-s, -e⟩ pelican

Pelle ['pɛlə] *f* ⟨-, -n⟩ (*infml*) skin; (*abgeschält*) peel; **er geht mir nicht von der ~** (*infml*) he won't stop pestering me **pellen** ['pɛlən] (*infml*) **A** *v/t Kartoffeln, Wurst* to skin, to peel; *Ei* to take the shell off **B** *v/r* (*Körperhaut*) to peel **Pellkartoffeln** *pl* potatoes *pl* boiled in their jackets

Pelz [pɛlts] *m* ⟨-es, -e⟩ fur **pelzig** ['pɛltsɪç] *adj* furry **Pelzmantel** *m* fur coat **Pelztierzucht** *f* fur farming **Pelzwaren** *pl* furs *pl*

Penalty ['pɛnltɪ] *m* ⟨-(s), -s⟩ SPORTS penalty

Pendant [pã'dã:] *nt* ⟨-s, -s⟩ counterpart

Pendel ['pɛndl] *nt* ⟨-s, -⟩ pendulum **pendeln** ['pɛndln] *v/i* **1** (≈ *schwingen*) to swing (to and fro) **2** *aux sein* (*Zug, Fähre etc*) to shuttle; (*Mensch*) to commute **Pendeltür** *f* swing door **Pendelverkehr** *m* shuttle service; (≈ *Berufsverkehr*) commuter traffic **Pendler** ['pɛndlɐ] *m* ⟨-s, -⟩, **Pendlerin** [-ərɪn] *f* ⟨-, -nen⟩ commuter

penetrant [pene'trant] *adj* **1** *Gestank* penetrating, overpowering; **das schmeckt ~ nach Knoblauch** you can't taste anything for garlic **2** (*fig* ≈ *aufdringlich*) insistent; **ein ~er Kerl** a nuisance **Penetranz** [pene-

P

'trants] f ⟨-, no pl⟩ (von Geruch) pungency; (fig ≈ Aufdringlichkeit) pushiness **Penetration** [penetra'tsio:n] f ⟨-, -en⟩ penetration **penetrieren** [pene'tri:rən] past part **penetriert** v/t to penetrate

penibel [pe'ni:bl] adj (≈ gründlich, genau) precise

Penis ['pe:nɪs] m ⟨-, -se or **Penes** ['pe:ne:s]⟩ penis

Penizillin [penɪtsɪ'li:n] nt ⟨-s, -e⟩ penicillin

Pennbruder ['pɛn-] m (infml) tramp **Penne** ['pɛnə] f ⟨-, -n⟩ (SCHOOL infml) school **pennen** ['pɛnən] v/i (infml ≈ schlafen) to sleep **Penner** ['pɛnɐ] m ⟨-s, -⟩, **Pennerin** [-ərɪn] f ⟨-, -nen⟩ (infml) **1** tramp, bum (infml) **2** (≈ Blödmann) plonker (infml)

Pension [pã'zio:n, pã'sio:n, pɛn'zio:n] f ⟨-, -en⟩ **1** (≈ Fremdenheim) guesthouse **2** no pl (≈ Verpflegung) board; **halbe/volle ~** half/full board **3** (≈ Ruhegehalt) pension **4** no pl (≈ Ruhestand) retirement; **in ~ gehen** to retire; **in ~ sein** to be retired **Pensionär** [pãzio'nɛ:ɐ, pãsio'nɛ:ɐ, pɛnzio'nɛ:ɐ] m ⟨-s, -e⟩, **Pensionärin** [-'nɛ:rɪn] f ⟨-, -nen⟩ (Pension beziehend) pensioner; (im Ruhestand befindlich) retired person **pensionieren** [pãzio'ni:rən, pãsio'ni:rən, pɛnsio'ni:rən] past part **pensioniert** v/t to pension off; **sich ~ lassen** to retire **Pensionierung** f ⟨-, -en⟩ pensioning-off; (≈ Ruhestand) retirement **Pensionsalter** nt retirement age **Pensionsanspruch** m right to a pension **pensionsberechtigt** adj entitled to a pension **Pensionsgast** m paying guest

Pensum ['pɛnzʊm] nt ⟨-s, **Pensa** or **Pensen** [-za, -sn]⟩ workload; **tägliches ~** daily quota

Pentium® ['pɛntsiʊm] m ⟨-(s), -s⟩ IT Pentium® PC

Peperoni [pepe'ro:ni] pl chillies pl (Br), chilies pl

peppig ['pɛpɪç] (infml) adj Musik, Show lively

per [pɛr] prep (≈ mittels, durch) by; **mit jdm ~ du sein** (infml) to be on first-name terms with sb

Perestroika [peres'trɔyka] f ⟨-, no pl⟩ POL perestroika

perfekt [pɛr'fɛkt] **A** adj **1** (≈ vollkommen) perfect **2** pred (≈ abgemacht) settled; **etw ~ machen** to settle sth; **der Vertrag ist ~** the contract is all settled **B** adv (≈ sehr

gut) perfectly; **~ Englisch sprechen** to speak perfect English **Perfekt** ['pɛrfɛkt] nt ⟨-s, -e⟩ perfect (tense) **Perfektion** [pɛrfɛk'tsio:n] f ⟨-, no pl⟩ perfection; **etw (bis) zur ~ entwickeln** Ausreden etc to get sth down to a fine art **perfektionieren** [pɛrfɛktsio'ni:rən] past part **perfektioniert** v/t to perfect **Perfektionist** [pɛrfɛktsio'nɪst] m ⟨-en, -en⟩, **Perfektionistin** [-'nɪstɪn] f ⟨-, -nen⟩ perfectionist

perforieren [pɛrfo'ri:rən] past part **perforiert** v/t to perforate

Pergament [pɛrga'mɛnt] nt ⟨-(e)s, -e⟩ **1** parchment **2** (a. **Pergamentpapier**) greaseproof paper

Pergola ['pɛrgola] f ⟨-, **Pergolen** [-lən]⟩ arbour (Br), arbor (US)

Periode [pe'rio:də] f ⟨-, -n⟩ period; ELEC cycle; **0,33 ~** 0.33 recurring **periodisch** [pe'rio:dɪʃ] **A** adj periodic(al); (≈ regelmäßig) regular **B** adv periodically

Peripherie [perife'ri:] f ⟨-, -n [-'ri:ən]⟩ periphery; (von Stadt) outskirts pl **Peripheriegerät** nt peripheral

Periskop [peri'sko:p] nt ⟨-s, -e⟩ periscope

Perle ['pɛrlə] f ⟨-, -n⟩ pearl; (≈ Glasperle, Wasserperle, Schweißperle) bead **perlen** ['pɛrlən] v/i (≈ sprudeln) to bubble; (Champagner) to fizz; (≈ fallen, rollen) to trickle; **der Schweiß perlte ihm von der Stirn** beads of sweat were running down his forehead **Perlenkette** f string of pearls **Perlentaucher(in)** m/(f) pearl diver **Perlhuhn** nt guinea fowl **Perlmutt** ['pɛrlmʊt, pɛrl'mʊt] nt ⟨-s, no pl⟩, **Perlmutter** ['pɛrlmʊtɐ, pɛrl'mʊtɐ] f ⟨- no pl or nt -s, no pl⟩ mother-of-pearl **Perlwein** m sparkling wine

permanent [pɛrma'nɛnt] **A** adj permanent **B** adv constantly

perplex [pɛr'plɛks] adj dumbfounded

Perron ['pɛrõ:] m ⟨-s, -s⟩ (Swiss RAIL) platform

Perser¹ ['pɛrzɐ] m ⟨-s, -⟩ (infml) (≈ Teppich) Persian carpet; (≈ Brücke) Persian rug **Perser²** ['pɛrzɐ] m ⟨-s, -⟩, **Perserin** [-ərɪn] f ⟨-, -nen⟩ Persian **Persianer** [pɛr'zia:nɐ] m ⟨-s, -⟩ Persian lamb

Persilschein [pɛr'zi:l-] m (hum infml) clean bill of health (infml); **jdm einen ~ ausstellen** (hum infml) to absolve sb of all responsibility

persisch ['pɛrzɪʃ] adj Persian; **Persischer Golf** Persian Gulf

Perso [ˈpɛrzo] m ⟨-s, -s⟩ (infml: Personalausweis) ID card

Person [pɛrˈzoːn] f ⟨-, -en⟩ person; LIT, THEAT character; **~en** people; **pro ~** per person; **ich für meine ~** ... I for my part ...; **jdn zur ~ vernehmen** JUR to question sb concerning his identity; **Angaben zur ~ machen** to give one's personal details; **sie ist die Geduld in ~** she's patience personified; **das Verb steht in der ersten ~ Plural** the verb is in the first person plural

Personal [pɛrzoˈnaːl] nt ⟨-s, no pl⟩ personnel **Personalabbau** m, no pl staff cuts pl **Personalabteilung** f personnel (department) **Personalausweis** m identity card **Personalbestand** m number of staff **Personalchef(in)** m/(f) personnel manager **Personal Computer** m personal computer **Personalkosten** pl personnel costs pl **Personalleiter(in)** m/(f) personnel manager **Personalplanung** f staff planning **Personalpronomen** nt personal pronoun **personell** [pɛrzoˈnɛl] **A** adj staff attr, personnel attr; Konsequenzen for staff **B** adv **die Abteilung wird ~ aufgestockt** more staff will be taken on in the department **Personenaufzug** m (passenger) lift (Br), elevator (US) **Personenbeschreibung** f (personal) description **personenbezogen** adj Daten personal **Personengesellschaft** f partnership **Personenkreis** m group of people **Personenkult** m personality cult **Personenschaden** m injury to persons; **es gab keine Personenschäden** no-one was injured **Personenschutz** m personal security **Personenverkehr** m passenger services pl **Personenwaage** f scales pl **Personenwagen** m AUTO car, automobile (US) **Personenzug** m (Gegensatz: Schnellzug) slow train; (Gegensatz: Güterzug) passenger train **personifizieren** [pɛrzonifiˈtsiːrən] past part **personifiziert** v/t to personify **Personifizierung** f ⟨-, -en⟩ personification **persönlich** [pɛrˈzøːnlɪç] **A** adj personal; Atmosphäre friendly; **~es Fürwort** personal pronoun **B** adv personally; (auf Briefen) private (and confidential); **etw ~ nehmen** to take sth personally **Persönlichkeit** f ⟨-, -en⟩ personality; **~en des öffentlichen Lebens** public figures

Perspektive [pɛrspɛkˈtiːvə] f ⟨-, -n⟩ ART, OPT perspective; (≈ Blickpunkt) angle; (≈ Gesichtspunkt) point of view; (fig ≈ Zukunftsausblick) prospects pl; **das eröffnet ganz neue ~n für uns** that opens new horizons for us **perspektivisch** [pɛrspɛkˈtiːvɪʃ] adj perspective attr; **die Zeichnung ist nicht ~** the drawing is not in perspective **perspektivlos** adj without prospects

Peru [peˈruː] nt ⟨-s⟩ Peru **Peruaner** [peˈruaːnɐ] m ⟨-s, -⟩, **Peruanerin** [-ərɪn] f ⟨-, -nen⟩ Peruvian **peruanisch** [peˈruaːnɪʃ] adj Peruvian

Perücke [peˈrʏkə] f ⟨-, -n⟩ wig

pervers [pɛrˈvɛrs] adj perverted **Perversion** [pɛrvɛrˈzioːn] f ⟨-, -en⟩ perversion **Perversität** [pɛrvɛrziˈtɛːt] f ⟨-, -en⟩ perversion **pervertieren** [pɛrvɛrˈtiːrən] past part **pervertiert** v/t to pervert

Pessar [pɛˈsaːɐ] nt ⟨-s, -e⟩ pessary; (zur Empfängnisverhütung) diaphragm

Pessimismus [pɛsiˈmɪsmʊs] m ⟨-, no pl⟩ pessimism **Pessimist** [pɛsiˈmɪst] m ⟨-en, -en⟩, **Pessimistin** [-ˈmɪstɪn] f ⟨-, -nen⟩ pessimist **pessimistisch** [pɛsiˈmɪstɪʃ] adj pessimistic

Pest [pɛst] f ⟨-, no pl⟩ plague; **jdn/etw wie die ~ hassen** (infml) to loathe (and detest) sb/sth; **jdn wie die ~ meiden** (infml) to avoid sb like the plague; **wie die ~ stinken** (infml) to stink to high heaven (infml) **Pestizid** [pɛstiˈtsiːt] nt ⟨-(e)s, -e [-də]⟩ pesticide

Petersilie [peteˈziːliə] f ⟨-, -n⟩ parsley

PET-Flasche [ˈpɛt-] f PET bottle

Petition [petiˈtsioːn] f ⟨-, -en⟩ petition

Petrochemie [petroçeˈmiː, ˈpeːtro-] f petrochemistry **petrochemisch** adj petrochemical **Petrodollar** m petrodollar **Petroleum** [peˈtroːleʊm] nt ⟨-s, no pl⟩ paraffin (oil) (Br), kerosene (esp US) **Petroleumlampe** f paraffin (Br) or kerosene (esp US) lamp

Petting [ˈpɛtɪŋ] nt ⟨-s, -s⟩ petting

petto [ˈpɛto] adv **etw in ~ haben** (infml) to have sth up one's sleeve (infml)

petzen [ˈpɛtsn] (infml) **A** v/t **der petzt alles** he always tells **B** v/i to tell tales (bei to) **Petzer** [ˈpɛtsə] m ⟨-s, -⟩, **Petzerin** [-ərɪn] f ⟨-, -nen⟩ (SCHOOL infml) snitch (infml)

Pfad [pfaːt] m ⟨-(e)s, -e [-də]⟩ also IT path **Pfadfinder** m (Boy) Scout **Pfadfinderin** f Girl Guide (Br), Girl Scout (US)

Pfahl [pfaːl] m ⟨-s, ⸚e [ˈpfɛːlə]⟩ post; (≈ Brückenpfahl) pile; (≈ Marterpfahl) stake **Pfahl-**

bau m, pl -bauten building on stilts
Pfalz [pfalts] f ⟨-, -en⟩ **1** no pl (≈ *Rheinpfalz*) Rhineland or Lower Palatinate **2** no pl (≈ *Oberpfalz*) Upper Palatinate **pfälzisch** ['pfɛltsɪʃ] adj Palatine
Pfand [pfant] nt ⟨-(e)s, ⁻er ['pfɛndə]⟩ security; (*beim Pfänderspiel*) forfeit; (≈ *Verpackungspfand*) deposit; **ich gebe mein Wort als ~** I pledge my word; **auf dem Glas ist ~** there's a deposit on the glass **pfändbar** adj JUR distrainable (*form*)
Pfandbrief m (*von Bank, Regierung*) bond **pfänden** ['pfɛndn̩] v/t JUR to impound; *Konto, Gehalt* to seize; **jdn ~** to impound some of sb's possessions **Pfänderspiel** nt (game of) forfeits **Pfandflasche** f returnable bottle **Pfandleihe** f (≈ *Pfandhaus*) pawnshop **Pfandleiher** [-laiɐ] m ⟨-s, -⟩, **Pfandleiherin** [-ərɪn] f ⟨-, -nen⟩ pawnbroker **Pfandschein** m pawn ticket **Pfändung** ['pfɛndʊŋ] f ⟨-, -en⟩ seizure
Pfanne ['pfanə] f ⟨-, -n⟩ COOK pan; ANAT socket; **jdn in die ~ hauen** (*infml*) to do the dirty on sb (*infml*); (≈ *vernichtend schlagen*) to wipe the floor with sb (*infml*); **etwas auf der ~ haben** (*infml: geistig*) to have it up there (*infml*) **Pfannengericht** nt COOK fry-up **Pfannkuchen** m (≈ *Eierpfannkuchen*) pancake; (≈ *Berliner*) ≈ (jam) doughnut (*Br*) or donut (*US*)
Pfarrei [pfa'rai] f ⟨-, -en⟩ (≈ *Gemeinde*) parish **Pfarrer** ['pfarɐ] m ⟨-s, -⟩, **Pfarrerin** [-ərɪn] f ⟨-, -nen⟩ parish priest; (*von Freikirchen*) minister **Pfarrgemeinde** f parish **Pfarrkirche** f parish church
Pfau [pfau] m ⟨-(e)s or -en, -en⟩ peacock
Pfeffer ['pfɛfɐ] m ⟨-s, -⟩ pepper **Pfeffergurke** f gherkin **Pfefferkorn** nt, pl -körner peppercorn **Pfefferkuchen** m gingerbread **Pfefferminz** ['pfɛfɐmɪnts, -'mɪnts] nt ⟨-es, -(e)⟩, **Pfefferminzbonbon** nt or m peppermint **Pfefferminze** ['pfɛfɐmɪntsə, -'mɪntsə] f ⟨-, no pl⟩ peppermint **Pfeffermühle** f pepper mill **pfeffern** ['pfɛfɐn] v/t **1** COOK to season with pepper; (*fig*) to pepper; → **gepfeffert 2** (*infml*) **jdm eine ~** to clout sb one (*Br infml*) **Pfefferstreuer** m pepper pot
Pfeife ['pfaifə] f ⟨-, -n⟩ **1** whistle; (≈ *Orgelpfeife*) pipe; **nach jds ~ tanzen** to dance to sb's tune **2** (*zum Rauchen*) pipe **3** (*infml* ≈ *Versager*) wash-out (*infml*) **pfeifen** ['pfaifn̩]

pret **pfiff** [pfɪf], *past part* **gepfiffen** [gə'pfɪfn̩] **A** v/i to whistle; **ich pfeife auf seine Meinung** (*infml*) I couldn't care less about what he thinks **B** v/t to whistle; MUS to pipe; (SPORTS *infml*) *Spiel* to ref (*infml*); *Abseits, Foul* to give **Pfeifer** ['pfaifɐ] m ⟨-s, -⟩, **Pfeiferin** [-ərɪn] f ⟨-, -nen⟩ piper **Pfeifkessel** m whistling kettle **Pfeifkonzert** nt barrage or hail of catcalls or whistles
Pfeil [pfail] m ⟨-s, -e⟩ arrow; (≈ *Wurfpfeil*) dart; **~ und Bogen** bow and arrow
Pfeiler ['pfailɐ] m ⟨-s, -⟩ pillar; (*von Hängebrücke*) pylon; (≈ *Stützpfeiler*) buttress
pfeilförmig adj V-shaped **pfeilgerade** adj as straight as a die; **eine ~ Linie** a dead straight line **Pfeilspitze** f arrowhead **Pfeiltaste** f IT arrow key
Pfennig ['pfɛnɪç] m ⟨-s, -e [-gə]⟩ ⟨or (*nach Zahlenangabe*) -⟩ HIST pfennig, *one hundredth of a mark*; **er hat keinen ~ (Geld)** he hasn't got a penny to his name; **es ist keinen ~ wert** (*fig*) it's not worth a thing or a red cent (*US*); **mit dem** or **jedem ~ rechnen müssen** (*fig*) to have to watch every penny **Pfennigabsatz** m stiletto heel **Pfennigfuchser** [-fʊksɐ] m ⟨-s, -⟩, **Pfennigfuchserin** [-ərɪn] f ⟨-, -nen⟩ (*infml*) miser (*infml*)
Pferch [pfɛrç] m ⟨-es, -e⟩ fold **pferchen** ['pfɛrçn̩] v/t to cram
Pferd [pfeːɐt] nt ⟨-(e)s, -e [-də]⟩ horse; CHESS knight; **zu ~(e)** on horseback; **aufs falsche ~ setzen** to back the wrong horse; **wie ein ~ arbeiten** or **schuften** (*infml*) to work like a Trojan; **keine zehn ~e brächten mich dahin** (*infml*) wild horses couldn't drag me there; **mit ihm kann man ~e stehlen** (*infml*) he's a great sport (*infml*); **er ist unser bestes ~ im Stall** he's our best man **Pferdefliege** f horsefly **Pferdefuhrwerk** nt horse and cart **Pferdegebiss** nt horsey teeth **Pferdekoppel** f paddock **Pferderennbahn** f race course **Pferderennen** nt (*Sportart*) (horse) racing; (*einzelnes Rennen*) (horse) race **Pferdeschwanz** m horse's tail; (*Frisur*) ponytail **Pferdesport** m equestrian sport **Pferdestall** m stable **Pferdestärke** f horse power no pl, hp abbr **Pferdezucht** f horse breeding; (≈ *Gestüt*) stud farm
Pfiff [pfɪf] m ⟨-s, -e⟩ **1** whistle **2** (≈ *Reiz*) style; **der Soße fehlt noch der letzte ~**

the sauce still needs that extra something; **eine Inneneinrichtung mit ~** a stylish interior

Pfifferling ['pfɪfɐlɪŋ] m ⟨-, -e⟩ chanterelle; **keinen ~ wert** (infml) not worth a thing

pfiffig ['pfɪfɪç] **A** adj smart **B** adv cleverly

Pfingsten ['pfɪŋstn] nt ⟨-, -⟩ Whitsun (Br), Pentecost **Pfingstmontag** m Whit Monday (Br), Pentecost Monday (US) **Pfingstrose** f peony **Pfingstsonntag** m Whit Sunday (Br), Pentecost **Pfingstwoche** f Whit week (Br), the week of the Pentecost holiday (US)

Pfirsich ['pfɪrzɪç] m ⟨-s, -e⟩ peach **Pfirsichblüte** f peach blossom

Pflanz [pflants] m ⟨-, no pl⟩ (Aus infml ≈ Betrug) con (infml) **Pflanze** ['pflantsə] f ⟨-, -n⟩ **1** (≈ Gewächs) plant; **~n fressend** herbivorous **2** (infml: Mensch) **sie ist eine seltsame ~** she is a strange fish (infml) **pflanzen** ['pflantsn] v/t **1** to plant **2** (Aus infml ≈ auf den Arm nehmen) **jdn ~** to take the mickey out of sb (infml) **Pflanzenfaser** f plant fibre (Br) or fiber (US) **Pflanzenfett** nt vegetable fat **pflanzenfressend** adj attr herbivorous **Pflanzenfresser** m herbivore **Pflanzenkunde** f, **Pflanzenlehre** f, no pl botany **Pflanzenmargarine** f vegetable margarine **Pflanzenöl** nt vegetable oil **Pflanzenschutzmittel** nt pesticide **pflanzlich** ['pflantslɪç] **A** adj Fette, Nahrung vegetable attr; Organismen plant attr **B** adv **sich rein ~ ernähren** to eat no animal products; (Tier) to be a herbivore **Pflanzung** ['pflantsʊŋ] f ⟨-, -en⟩ (≈ Plantage) plantation

Pflaster ['pflastɐ] nt ⟨-s, -⟩ **1** (≈ Heftpflaster) (sticking) plaster (Br), adhesive tape (US) **2** (≈ Straßenpflaster) (road) surface; **ein gefährliches ~** (infml) a dangerous place **pflastern** ['pflastɐn] v/t Straße, Hof to surface; (mit Steinplatten) to pave; **eine Straße neu ~** to resurface a road **Pflasterstein** m paving stone

Pflaume ['pflaʊmə] f ⟨-, -n⟩ **1** plum; **getrocknete ~** prune **2** (infml: Mensch) dope (infml) **Pflaumenbaum** m plum tree **Pflaumenkuchen** m plum tart **Pflaumenmus** nt plum jam

Pflege ['pfle:gə] f ⟨-, no pl⟩ care; (von Beziehungen) cultivation; (von Maschinen, Gebäuden) maintenance; **jdn/etw in ~ nehmen** to look after sb/sth; **jdn/etw in ~ geben** to have sb/sth looked after; **ein Kind in ~ nehmen** to foster a child; **ein Kind in ~ geben** to have a child fostered; **der Garten braucht viel ~** the garden needs a lot of care and attention **pflegebedürftig** adj in need of care (and attention) **Pflegeberuf** m caring profession **Pflegedienst** m home nursing service **Pflegeeltern** pl foster parents pl **Pflegefall** m **sie ist ein ~** she needs constant care **Pflegegeld** nt (für Pflegekinder) boarding-out allowance; (für Kranke) attendance allowance **Pflegeheim** nt nursing home **Pflegekind** nt foster child **Pflegekosten** pl nursing fees pl **Pflegekostenversicherung** f private nursing insurance **pflegeleicht** adj easy-care **Pflegemutter** f, pl -mütter foster mother **pflegen** ['pfle:gn] **A** v/t to look after; Beziehungen to cultivate; Maschinen, Gebäude to maintain; → **gepflegt B** v/i (≈ gewöhnlich tun) to be in the habit (zu of); **sie pflegte zu sagen** she used to say; **wie man zu sagen pflegt** as they say **C** v/r (≈ sein Äußeres pflegen) to care about one's appearance **Pfleger** ['pfle:gɐ] m ⟨-s, -⟩ (im Krankenhaus) orderly; (voll qualifiziert) (male) nurse **Pflegerin** ['pfle:gərɪn] f ⟨-, -nen⟩ nurse **Pflegesohn** m foster son **Pflegestation** f nursing ward **Pflegetochter** f foster daughter **Pflegevater** m foster father **Pflegeversicherung** f nursing care insurance **pfleglich** ['pfle:klɪç] **A** adj careful **B** adv behandeln carefully, with care

Pflicht [pflɪçt] f ⟨-, -en⟩ **1** (≈ Verpflichtung) duty (zu to); **Rechte und ~en** rights and responsibilities; **jdn in die ~ nehmen** to remind sb of his duty; **die ~ ruft** duty calls; **ich habe es mir zur ~ gemacht** I've taken it upon myself; **das ist ~** you have to do that, it's compulsory **2** SPORTS compulsory section **pflichtbewusst** adj conscientious **Pflichtbewusstsein** nt sense of duty **Pflichterfüllung** f fulfilment (Br) or fulfillment (US) of one's duty **Pflichtfach** nt compulsory subject **Pflichtgefühl** nt sense of duty **pflichtgemäß** **A** adj dutiful **B** adv dutifully **Pflichtübung** f compulsory exercise **pflichtversichert** [-fɛɐzɪçɐt] adj compulsorily insured **Pflichtversicherte(r)** m/f(m) decl as adj compulsorily insured person **Pflichtversicherung** f compulsory insurance

Pflock [pflɔk] m ⟨-(e)s, ⸚e ['pflœkə]⟩ peg; (für Tiere) stake

pflücken ['pflʏkn] v/t to pick **Pflücker** ['pflʏkɐ] m ⟨-s, -⟩, **Pflückerin** [-ərɪn] f ⟨-, -nen⟩ picker

Pflug [pfluːk] m ⟨-es, ⸚e ['pflyːɡə]⟩ plough (Br), plow (US) **pflügen** ['pflyːɡn] v/t & v/i to plough (Br), to plow (US)

Pforte ['pfɔrtə] f ⟨-, -n⟩ (≈ Tor) gate **Pförtner** ['pfœrtnɐ] m ⟨-s, -⟩, **Pförtnerin** [-ərɪn] f ⟨-, -nen⟩ porter; (von Fabrik) gateman/-woman; (von Behörde) doorman/-woman

Pfosten ['pfɔstn] m ⟨-s, -⟩ post; (≈ Fensterpfosten) (window) jamb; (≈ Türpfosten) doorpost; FTBL (goal)post

Pfote ['pfoːtə] f ⟨-, -n⟩ paw; **sich** (dat) **die ~n verbrennen** (infml) to burn one's fingers

Pfropf [pfrɔpf] m ⟨-(e)s, -e or ⸚e ['pfrœpfə]⟩ (≈ Stöpsel) stopper; (≈ Kork) cork; (von Fass) bung; (MED ≈ Blutpfropf) (blood) clot; (verstopfend) blockage **pfropfen** ['pfrɔpfn] v/t ◨ Flasche to bung, to stop up ◪ (infml ≈ hineinzwängen) to cram; **gepfropft voll** jam-packed (infml) **Pfropfen** ['pfrɔpfn] m ⟨-s, -⟩ = Pfropf

pfui [pfui] int (Ekel) ugh; (zu Hunden) oy; (Buhruf) boo; **~ Teufel** (infml) ugh

Pfund [pfʊnt] nt ⟨-(e)s, -e [-də]⟩ ⟨or (nach Zahlenangabe) -⟩ ◨ (≈ Gewicht) pound; **drei ~ Äpfel** three pounds of apples ◪ (≈ Währungseinheit) pound; **in ~** in pounds **Pfundskerl** m (infml) great guy (infml) **pfundweise** adv by the pound

Pfusch [pfʊʃ] m ⟨-(e)s, no pl⟩ ◨ (infml) = Pfuscherei ◪ (Aus ≈ Schwarzarbeit) moonlighting (infml) **pfuschen** ['pfʊʃn] v/i ◨ (≈ schlecht arbeiten) to bungle; (≈ einen Fehler machen) to slip up ◪ SCHOOL to cheat ◫ (Aus ≈ schwarzarbeiten) to moonlight (infml) **Pfuscher** ['pfʊʃɐ] m ⟨-s, -⟩ (infml), **Pfuscherin** [-ərɪn] f ⟨-, -nen⟩ (infml) bungler **Pfuscherei** [pfʊʃə'rai] f ⟨-, -en⟩ (≈ das Pfuschen) bungling no pl; (≈ gepfuschte Arbeit) botch-up (infml)

Pfütze ['pfʏtsə] f ⟨-, -n⟩ puddle

Phallus ['falʊs] m ⟨-, -se or Phalli or Phallen ['fali, 'falən]⟩ phallus **Phallussymbol** nt phallic symbol

Phänomen [fɛno'meːn] nt ⟨-s, -e⟩ phe-

nomenon **phänomenal** [fɛnome'naːl] ◮ adj phenomenal ◭ adv phenomenally (well)

Phantasie [fanta'ziː] f ⟨-, -n [-'ziːən]⟩ = Fantasie **phantastisch** [fan'tastɪʃ] adj, adv = fantastisch

Phantom [fan'toːm] nt ⟨-s, -e⟩ (≈ Trugbild) phantom **Phantombild** nt Identikit® (picture), Photofit® (picture)

Pharmaindustrie ['farma-] f pharmaceuticals industry **Pharmakologe** [farmako'loːɡə] m ⟨-n, -n⟩, **Pharmakologin** [-'loːɡɪn] f ⟨-, -nen⟩ pharmacologist **Pharmakologie** [farmakolo'ɡiː] f ⟨-, no pl⟩ pharmacology **pharmakologisch** [farmako'loːɡɪʃ] adj pharmacological **Pharmaunternehmen** nt pharmaceuticals company **Pharmazeut** [farma'tsɔyt] m ⟨-en, -en⟩, **Pharmazeutin** [-'tsɔytɪn] f ⟨-, -nen⟩ pharmacist, druggist (US) **pharmazeutisch** [farma'tsɔytɪʃ] adj pharmaceutical **Pharmazie** [farma'tsiː] f ⟨-, no pl⟩ pharmacy, pharmaceutics sg

Phase ['faːzə] f ⟨-, -n⟩ phase

Philatelie [filate'liː] f ⟨-, no pl⟩ philately **Philatelist** [filate'lɪst] m ⟨-en, -en⟩, **Philatelistin** [-'lɪstɪn] f ⟨-, -nen⟩ philatelist

Philharmonie [fɪlharmo'niː, fiːlharmo'niː] f ⟨-, -n [-'niːən]⟩ (≈ Orchester) philharmonic (orchestra); (≈ Konzertsaal) philharmonic hall **Philharmoniker** [fɪlhar'moːnike, fiːlhar'moːnikɐ] m ⟨-s, -⟩, **Philharmonikerin** [-ərɪn] f ⟨-, -nen⟩ (≈ Musiker) member of a philharmonic orchestra

Philippinen [fɪlɪ'piːnən] pl Philippines pl **philippinisch** [fɪlɪ'piːnɪʃ] adj Filipino

Philologe [filo'loːɡə] m ⟨-n, -n⟩, **Philologin** [-'loːɡɪn] f ⟨-, -nen⟩ philologist **Philologie** [filolo'ɡiː] f ⟨-, no pl⟩ philology **philologisch** [filo'loːɡɪʃ] adj philological

Philosoph [filo'zoːf] m ⟨-en, -en⟩, **Philosophin** [-'zoːfɪn] f ⟨-, -nen⟩ philosopher **Philosophie** [filozo'fiː] f ⟨-, -n [-'fiːən]⟩ philosophy **philosophieren** [filozo'fiːrən] past part philosophiert v/i to philosophize (über +acc about) **philosophisch** [filo'zoːfɪʃ] ◮ adj philosophical ◭ adv philosophically

Phishing ['fɪʃɪŋ] nt ⟨-s, no pl⟩ (≈ Identitätsdiebstahl im Internet) phishing

Phlegma ['flɛɡma] nt ⟨-s, no pl⟩ apathy **Phlegmatiker** [flɛ'ɡmaːtikɐ] m ⟨-s, -⟩,

Phlegmatikerin [-ərɪn] *f* ⟨-, -nen⟩ apathetic person **phlegmatisch** [flɛˈgmaːtɪʃ] **A** *adj* apathetic **B** *adv* apathetically

Phobie [foˈbiː] *f* ⟨-, -n [-ˈbiːən]⟩ phobia (*vor* +*dat* about)

Phon [foːn] *nt* ⟨-s, -s⟩ phon **Phonetik** [foˈneːtɪk] *f* ⟨-, *no pl*⟩ phonetics *sg* **phonetisch** [foˈneːtɪʃ] *adj* phonetic; **~e Schrift** phonetic transcription **Phonotypist** [fonotyˈpɪst] *m* ⟨-en, -en⟩, **Phonotypistin** [-ˈpɪstɪn] *f* ⟨-, -nen⟩ audiotypist **Phonstärke** *f* decibel

Phosphat [fɔsˈfaːt] *nt* ⟨-(e)s, -e⟩ phosphate **phosphatfrei** *adj* phosphate-free **phosphathaltig** *adj* containing phosphates **Phosphor** [ˈfɔsfɔɐ] *m* ⟨-s, *no pl*⟩ phosphorus **phosphoreszieren** [fɔsfɔrɛsˈtsiːrən] *past part* **phosphoresziert** *v/i* to phosphoresce

Photo [ˈfoːto] *nt* ⟨-s, -s⟩ = Foto **Photosynthese** [fotozynˈteːzə, ˈfoːtozynteːzə] *f* photosynthesis **Photozelle** *f* photoelectric cell

Phrase [ˈfraːzə] *f* ⟨-, -n⟩ phrase; (*pej*) empty phrase; **abgedroschene ~** cliché, hackneyed phrase (*Br*); **~n dreschen** (*infml*) to churn out one cliché after another **Phrasendrescher** *m* ⟨-s, -⟩, **Phrasendrescherin** *f* ⟨-, -nen⟩ (*pej*) windbag (*infml*) **phrasenhaft** *adj* empty, hollow

pH-Wert [peːˈhaː-] *m* pH value

Physik [fyˈziːk] *f* ⟨-, *no pl*⟩ physics *sg* **physikalisch** [fyziˈkaːlɪʃ] **A** *adj* physical **B** *adv* physically **Physiker** [ˈfyːzike] *m* ⟨-s, -⟩, **Physikerin** [-ərɪn] *f* ⟨-, -nen⟩ physicist **Physiksaal** *m* physics lab **Physikum** [ˈfyːzikʊm] *nt* ⟨-s, *no pl*⟩ UNIV *preliminary examination in medicine* **physiologisch** [fyzioˈloːgɪʃ] **A** *adj* physiological **B** *adv* physiologically **Physiotherapeut(in)** [fyzioteraˈpɔyt] *m/(f)* physiotherapist **Physiotherapie** [fyzioteraˈpiː] *f* physiotherapy **physisch** [ˈfyːzɪʃ] **A** *adj* physical **B** *adv* physically

Pianist [piaˈnɪst] *m* ⟨-en, -en⟩, **Pianistin** [-ˈnɪstɪn] *f* ⟨-, -nen⟩ pianist

Piccolo [ˈpɪkolo] *m* ⟨-s, -s⟩ **1** (*a.* **Piccoloflasche**) quarter bottle of champagne **2** (MUS: *a.* **Piccoloflöte**) piccolo

picheln [ˈpɪçln] *v/i* (*infml*) to booze (*infml*)

Pichelsteiner [ˈpɪçlʃtaine] *m* ⟨-s, *no pl*⟩, **Pichelsteiner Topf** *m*, *no pl* COOK meat and vegetable stew

Pick [pɪk] *m* ⟨-(e)s, *no pl*⟩ (*Aus* ≈ Klebstoff)

glue

Pickel [ˈpɪkl] *m* ⟨-s, -⟩ **1** spot **2** (≈ *Spitzhacke*) pick(axe) (*Br*), pick(ax) (*US*); (≈ *Eispickel*) ice axe (*Br*), ice ax (*US*) **pick(e)lig** [ˈpɪk(ə)lɪç] *adj* spotty

picken [ˈpɪkn] *v/t & v/i* **1** to peck (*nach* at) **2** (*Aus* ≈ *kleben*) to stick

Pickerl [ˈpɪkɐl] *nt* ⟨-s, -n⟩ (*Aus*) **1** (≈ *Aufkleber*) sticker **2** (≈ *Autobahnvignette*) motorway (*Br*) or tollway (*US*) permit (*in the form of a windscreen sticker*)

Picknick [ˈpɪknɪk] *nt* ⟨-s, -s *or* -e⟩ picnic; **~ machen** to have a picnic **picknicken** [ˈpɪknɪkn] *v/i* to (have a) picnic **Picknickkorb** *m* picnic basket; (*größer*) picnic hamper

picobello [piːkoˈbɛlo] *adv* (*infml*) **~ gekleidet** immaculately dressed; **~ sauber** absolutely spotless

Piefke [ˈpiːfkə] *m* ⟨-s, -s⟩ (*Aus pej* ≈ *Deutscher*) Kraut (*pej*)

pieken [ˈpiːkn] *v/t & v/i* (*infml*) to prick **piekfein** [ˈpiːkˈfain] (*infml*) *adj* posh (*infml*); **~ eingerichtet sein** to have classy furnishings

piepen [ˈpiːpn] *v/i* (*Vogel*) to cheep; (*Maus*) to squeak; (*Funkgerät etc*) to bleep; **bei dir piept's wohl!** (*infml*) are you off your rocker? (*infml*); **es war zum Piepen!** (*infml*) it was a scream! (*infml*) **Piepser** [ˈpiːpse] *m* ⟨-s, -⟩ (*infml*, TEL) bleeper **Piepton** *m* bleep

Pier [piːɐ] *m* ⟨-s, -s *or* -e, *or* f -, -s⟩ jetty

piercen [ˈpiːɐsn] *v/t* to pierce; **sich** (*dat*) **die Zunge ~ lassen** to get one's tongue pierced **Piercing** [ˈpiːɐsɪŋ] *nt* ⟨-s, s⟩ **1** *no pl* body piercing **2** (*Körperschmuck*) piece of body jewellery (*Br*) or jewelry (*US*)

piesacken [ˈpiːzakn] *v/t* (*infml* ≈ *quälen*) to torment

Pietät [pieˈtɛːt] *f* ⟨-, *no pl*⟩ (≈ *Ehrfurcht*) reverence *no pl*; (≈ *Achtung*) respect **pietätlos** *adj* irreverent; (≈ *ohne Achtung*) lacking in respect

Pigment [pɪgˈmɛnt] *nt* ⟨-(e)s, -e⟩ pigment

Pik *nt* ⟨-s, -⟩ (CARDS) () *no pl* (*Farbe*) spades *pl*

pikant [piˈkant] *adj* piquant; **~ gewürzt** well-seasoned

Pike [ˈpiːkə] *f* ⟨-, -n⟩ pike; **etw von der ~ auf lernen** (*fig*) to learn sth starting from the bottom

pikiert [piˈkiːɐt] (*infml*) *adj* put out; **sie machte ein ~es Gesicht** she looked put out

Pikkolo ['pɪkolo] *m* ⟨-s, -s⟩ = Piccolo

Piktogramm [pɪkto'gram] *nt, pl* -gramme pictogram

Pilates [pɪ'la:tɛs] *nt* ⟨-, *no pl*⟩ pilates

Pilger ['pɪlɡɐ] *m* ⟨-s, -⟩, **Pilgerin** [-ərɪn] *f* ⟨-, -nen⟩ pilgrim **Pilgerfahrt** *f* pilgrimage **pilgern** ['pɪlɡɐn] *v/i aux sein* to make a pilgrimage; (*infml ≈ gehen*) to make one's way

Pille ['pɪlə] *f* ⟨-, -n⟩ pill; **sie nimmt die ~** she's on the pill; **das war eine bittere ~ für ihn** (*fig*) that was a bitter pill for him (to swallow)

Pilot [pi'lo:t] *m* ⟨-en, -en⟩, **Pilotin** [-'lo:tɪn] *f* ⟨-, -nen⟩ pilot **Pilotfilm** *m* pilot film **Pilotprojekt** *nt* pilot scheme

Pils [pɪls] *nt* ⟨-, -⟩, **Pilsner** ['pɪlzne] *nt* ⟨-s, -⟩ Pils

Pilz [pɪlts] *m* ⟨-es, -e⟩ **1** fungus; (*giftig*) toadstool; (*essbar*) mushroom; **~e sammeln** to go mushroom-picking; **wie ~e aus dem Boden schießen** to spring up like mushrooms **2** (*≈ Hautpilz*) fungal skin infection **Pilzkrankheit** *f* fungal disease **Pilzvergiftung** *f* fungus poisoning

Pin [pɪn] *m* ⟨-s, -s⟩ (*von Stecker*) pin

pingelig ['pɪŋəlɪç] *adj* (*infml*) finicky (*infml*)

Pinguin ['pɪŋɡuiːn] *m* ⟨-s, -e⟩ penguin

Pinie ['pi:niə] *f* ⟨-, -n⟩ pine

pink [pɪŋk] *adj* shocking pink

Pinkel ['pɪŋkl] *m* ⟨-s, -⟩ (*infml*) **ein feiner ~** a swell, His Highness (*infml*) **pinkeln** ['pɪŋkln] *v/i* (*infml*) to pee (*infml*)

Pinnwand [pɪn-] *f* (notice) board

Pinscher ['pɪnʃe] *m* ⟨-s, -⟩ pinscher

Pinsel ['pɪnzl] *m* ⟨-s, -⟩ brush **pinseln** ['pɪnzln] *v/t & v/i* (*infml ≈ streichen*) to paint (*auch* MED); (*pej ≈ malen*) to daub

Pinzette [pɪn'tsɛta] *f* ⟨-, -n⟩ (pair of) tweezers *pl*

Pionier [pio'ni:e] *m* ⟨-s, -e⟩, **Pionierin** [-'ni:ərɪn] *f* ⟨-, -nen⟩ **1** MIL sapper **2** (*fig*) pioneer **Pionierarbeit** *f, no pl* pioneering work **Pioniergeist** *m, no pl* pioneering spirit

Pipeline ['paiplain] *f* ⟨-, -s⟩ pipeline

Pipette [pi'pɛta] *f* ⟨-, -n⟩ pipette

Pipi [pi'pi:] *nt or m* ⟨-s, -s⟩ (*baby talk*) wee (-wee) (*baby talk*); **~ machen** to do a wee (-wee)

Pirat [pi'ra:t] *m* ⟨-en, -en⟩, **Piratin** [-'ra:tɪn] *f* ⟨-, -nen⟩ pirate **Piratenschiff** *nt* pirate ship **Piratensender** *m* pirate

radio station **Piraterie** [piratə'ri:] *f* ⟨-, -n [-'ri:ən]⟩ (*lit, fig*) piracy

Pirsch [pɪrʃ] *f* ⟨-, *no pl*⟩ stalk; **auf (die) ~ gehen** to go stalking

PISA-Studie ['pi:za-] *f* SCHOOL PISA study

pissen ['pɪsn] *v/i* (*vulg*) to (take a) piss (*sl*); (*sl ≈ regnen*) to pour down (*infml*)

Pistazie [pɪs'ta:tsiə] *f* ⟨-, -n⟩ pistachio

Piste ['pɪsta] *f* ⟨-, -n⟩ SKI piste; (*≈ Rennbahn*) track; AVIAT runway

Pistole [pɪs'to:lə] *f* ⟨-, -n⟩ pistol; **jdm die ~ auf die Brust setzen** (*fig*) to hold a pistol to sb's head; **wie aus der ~ geschossen** (*fig*) like a shot (*infml*)

Pit-Bull-Terrier ['pɪtbul-] *m* pit bull terrier

pittoresk [pɪto'rɛsk] *adj* picturesque

Pixel ['pɪksl] *nt* ⟨-s, -s⟩ IT pixel

Pizza ['pɪtsa] *f* ⟨-, -s *or* Pizzen ['pɪtsn]⟩ pizza **Pizzabäcker(in)** *m/(f)* pizza chef **Pizzagewürz** *nt* pizza spice **Pizzeria** [pɪtsə'ri:a] *f* ⟨-, -s *or* Pizzerien [-'ri:ən]⟩ pizzeria

Pjöngjang [pjœŋ'jaŋ] *nt* ⟨-s⟩ Pyongyang

Pkw ['pe:ka:ve:, pe:ka:'ve:] *m* ⟨-s, -s⟩ car

Placebo [pla'tse:bo] *nt* ⟨-s, -s⟩ placebo

Plackerei [plakə'rai] *f* ⟨-, -en⟩ (*infml*) grind (*infml*)

plädieren [plɛ'di:rən] *past part* **plädiert** *v/i* to plead (*für, auf +acc* for) **Plädoyer** [plɛdoa'je:] *nt* ⟨-s, -s⟩ JUR summation (*US*), summing up; (*fig*) plea

Plafond [pla'fõ:] *m* ⟨-s, -s⟩ (*esp S Ger, Swiss: also fig*) ceiling

Plage ['pla:ɡə] *f* ⟨-, -n⟩ **1** plague **2** (*fig ≈ Mühe*) nuisance; **sie hat ihre ~ mit ihm** he's a trial for her **plagen** ['pla:ɡn] *v/t* to plague; **ein geplagter Mann** a harassed man **B** *v/r* **1** (*≈ leiden*) to be troubled (*mit* by) **2** (*≈ sich abrackern*) to slave away (*infml*)

Plagiat [pla'gia:t] *nt* ⟨-(e)s, -e⟩ **1** (*≈ geistiger Diebstahl*) plagiarism **2** (*Buch, Film etc*) book/film *etc* resulting from plagiarism; **dieses Buch ist ein ~** this book is plagiarism **plagiieren** [plagi'i:rən] *past part* **plagiiert** *v/t & v/i* to plagiarize

Plakat [pla'ka:t] *nt* ⟨-(e)s, -e⟩ (*an Litfaßsäulen etc*) poster; (*aus Pappe*) placard **plakatieren** [plaka'ti:rən] *past part* **plakatiert** *v/t* to placard; (*fig*) to broadcast **Plakatwerbung** *f* poster advertising

Plakette [pla'kɛta] *f* ⟨-, -n⟩ (*≈ Abzeichen*) badge

Plan[1] [plaːn] *m* ⟨-(e)s, ⸚e ['plɛːnə]⟩ **1** plan; **wir haben den ~, ...** we're planning to ... **2** (≈ *Stadtplan*) (street) map; (≈ *Bauplan*) plan; (≈ *Zeittafel*) schedule

Plan[2] *m* ⟨-(e)s, ⸚e ['plɛːnə]⟩ **auf den ~ treten** (*fig*) to arrive *or* come on the scene; **jdn auf den ~ rufen** (*fig*) to bring sb into the arena

Plane ['plaːnə] *f* ⟨-, -n⟩ tarpaulin; (≈ *Schutzdach*) canopy

planen ['plaːnən] *v/t & v/i* to plan **Planer** ['plaːnɐ] *m* ⟨-s, -⟩, **Planerin** [-ərɪn] *f* ⟨-, -nen⟩ planner

Planet [pla'neːt] *m* ⟨-en, -en⟩ planet **planetarisch** [plane'taːrɪʃ] *adj* planetary **Planetarium** [plane'taːriʊm] *nt* ⟨-s, Planetarien [-riən]⟩ planetarium

Planfeststellungsverfahren *nt* BUILD planning permission hearings *pl*

planieren [pla'niːrən] *past part* **planiert** *v/t Boden* to level (off); *Werkstück* to planish **Planierraupe** *f* bulldozer

Planke ['plaŋkə] *f* ⟨-, -n⟩ plank; (≈ *Leitplanke*) crash barrier

Plänkelei [plɛŋkə'lai] *f* ⟨-, -en⟩ (*fig*) squabble **plänkeln** ['plɛŋkln] *v/i* (*fig*) to squabble

Plankton ['plaŋktɔn] *nt* ⟨-s, *no pl*⟩ plankton

planlos **A** *adj* unmethodical; (≈ *ziellos*) random **B** *adv umherirren* aimlessly; *vorgehen* without any clear direction **Planlosigkeit** *f* ⟨-, *no pl*⟩ lack of planning **planmäßig** **A** *adj* (≈ *wie geplant*) as planned; (≈ *pünktlich*) on schedule; **~e Ankunft/Abfahrt** scheduled time of arrival/departure **B** *adv* **1** (≈ *systematisch*) systematically **2** (≈ *fahrplanmäßig*) on schedule

Planschbecken *nt* paddling pool (*Br*), wading pool (*US*) **planschen** ['planʃn] *v/i* to splash around

Planspiel *nt* experimental game; MIL map exercise

Planstelle *f* post

Plantage [plan'taːʒə] *f* ⟨-, -n⟩ plantation

Planung ['plaːnʊŋ] *f* ⟨-, -en⟩ planning; **diese Straße ist noch in ~** this road is still being planned **Planwirtschaft** *f* planned economy

Plappermaul *nt* (*infml*) (≈ *Mund*) big mouth (*infml*); (≈ *Schwätzer*) windbag (*infml*) **plappern** ['plapɐn] *v/i* to chatter; (≈ *Geheimnis verraten*) to blab (*infml*)

plärren ['plɛrən] *v/t & v/i* (*infml* ≈ *weinen*) to howl; (*Radio*) to blare (out); (≈ *schreien*) to yell

Plasma ['plasma] *nt* ⟨-s, Plasmen [-mən]⟩ plasma

Plastik[1] ['plastɪk] *nt* ⟨-s, *no pl*⟩ (≈ *Kunststoff*) plastic

Plastik[2] *f* ⟨-, -en⟩ (≈ *Skulptur*) sculpture **Plastikbeutel** *m* plastic bag **Plastikflasche** *f* plastic bottle **Plastikfolie** *f* plastic film **Plastikgeld** *nt* (*infml*) plastic money **Plastiksack** *m* (large) plastic bag **Plastiksprengstoff** *m* plastic explosive **Plastiktüte** *f* plastic bag **plastisch** ['plastɪʃ] **A** *adj* **1** (≈ *dreidimensional*) three-dimensional, 3-D; (*fig: anschaulich*) vivid **2** ART plastic; **die ~e Kunst** plastic art **3** MED *Chirurgie* plastic **B** *adv* **1** (≈ *räumlich*) three-dimensionally **2** (*fig: anschaulich*) **etw ~ schildern** to give a graphic description of sth; **das kann ich mir ~ vorstellen** I can just imagine it **Platane** [pla'taːnə] *f* ⟨-, -n⟩ plane tree

Plateau [pla'toː] *nt* ⟨-s, -s⟩ **1** plateau **2** (*von Schuh*) platform **Plateausohle** [pla-'toː-] *f* platform sole

Platin ['plaːtiːn, pla'tiːn] *nt* ⟨-s, *no pl*⟩ platinum

Platine [pla'tiːnə] *f* ⟨-, -n⟩ IT circuit board **platonisch** [pla'toːnɪʃ] *adj* Platonic; (≈ *nicht sexuell*) platonic

platschen ['platʃn] *v/i* (*infml*) to splash **plätschern** ['plɛtʃɐn] *v/i* (*Bach*) to babble; (*Brunnen*) to splash; (*Regen*) to patter

platt [plat] **A** *adj* **1** (= *flach*) flat; **einen Platten haben** (*infml*) to have a flat tyre (*Br*) *or* tire (*US*) **2** (*infml* ≈ *verblüfft*) **~ sein** to be flabbergasted (*infml*) **B** *adv walzen* flat; **etw ~ drücken** to press sth flat **Platt** [plat] *nt* ⟨-(s), *no pl*⟩ (*infml*) Low German, Plattdeutsch **plattdeutsch** *adj* Low German **Platte** ['platə] *f* ⟨-, -n⟩ **1** (= *Holzplatte*) piece of wood, board; (*zur Wandverkleidung*) panel; (≈ *Glasplatte/Metallplatte/Plastikplatte*) piece of glass/metal/plastic; (≈ *Steinplatte*) slab; (≈ *Kachel, Fliese*) tile; (≈ *Grabplatte*) gravestone; (≈ *Herdplatte*) hotplate; (≈ *Tischplatte*) (table) top; PHOT plate; (≈ *Gedenktafel*) plaque; IT disk **2** (≈ *Schallplatte*) record **3** (*infml*) (≈ *Glatze*) bald head **plätten** ['plɛtn] *v/t* (*dial*) to iron **Plattenbau** *m, pl* -bauten large panel system building **Plattenlaufwerk** *nt* IT disk drive **Plattensammlung** *f* record collection **Plattenspieler** *m* record

P

player **Plattenteller** m turntable **Plattfisch** m flatfish **Plattform** f platform; (fig ≈ Grundlage) basis **Plattfuß** m flat foot **Plattheit** f ‹-, -en› **1** no pl (≈ Flachheit) flatness **2** usu pl (≈ Redensart etc) platitude, cliché **Plättli** ['plɛtli] nt ‹-, -› (Swiss ≈ Fliese, Kachel) tile **plattmachen** v/t sep (infml) to level; (≈ töten) to do in (infml) **Plattnektarine** f flat nectarine **Plattpfirsich** m flat peach **Platz** [plats] m ‹-es, ⸚e ['plɛtsə]› **1** (≈ freier Raum) room; **~ für jdn/etw schaffen** to make room for sb/sth; **~ einnehmen** to take up room; **~ raubend** = platzraubend; **~ sparend** = platzsparend; **jdm den (ganzen) ~ wegnehmen** to take up all the room; **jdm ~ machen** to make room for sb; (≈ vorbeigehen lassen) to make way for sb (also fig); **~ machen** to get out of the way (infml); **mach mal ein bisschen ~** make a bit of room **2** (≈ Sitzplatz) seat; **~ nehmen** to take a seat; **ist hier noch ein ~ frei?** is it okay to sit here?; **dieser ~ ist belegt** or **besetzt** this seat's taken; **~!** (zum Hund) (lie) down! **3** (≈ Stelle, Standort) place; **das Buch steht nicht an seinem ~** the book isn't in (its) place; **etw (wieder) an seinen ~ stellen** to put sth (back) in (its) place; **fehl** or **nicht am ~(e) sein** to be out of place; **auf die Plätze, fertig, los!** (beim Sport) on your marks, get set, go!; **den ersten ~ einnehmen** (fig) to take first place; **auf ~ zwei** in second place **4** (≈ umbaute Fläche) square **5** (≈ Sportplatz) playing field; FTBL pitch; (≈ Tennisplatz) court; (≈ Golfplatz) (golf) course; **einen Spieler vom ~ verweisen** to send a player off (Br), to eject a player (US); **auf gegnerischem ~** away; **auf eigenem ~** at home **6** (≈ Ort) town, place; **das erste Hotel am ~(e)** the best hotel in town **Platzangst** f (infml ≈ Beklemmung) claustrophobia **Platzanweiser** [-anvaizɐ] m ‹-s, -› usher **Platzanweiserin** [-anvaizərɪn] f ‹-, -nen› usherette

Plätzchen ['plɛtsçən] nt ‹-s, -› (Gebäck) biscuit (Br), cookie (US)

platzen ['platsn̩] v/i aux sein **1** (≈ aufreißen) to burst; (Naht, Haut) to split; (≈ explodieren) to explode; (≈ einen Riss bekommen) to crack; **mir ist unterwegs ein Reifen geplatzt** I had a blowout on the way (infml); **ins Zimmer ~** (infml) to burst into the room; **jdm ins Haus ~** (infml) to descend

on sb; (**vor Wut/Ungeduld**) **~** (infml) to be bursting (with rage/impatience) **2** (infml ≈ scheitern) (Plan, Vertrag) to fall through; (Freundschaft, Koalition) to break up; (Wechsel) to bounce (infml); **die Verlobung ist geplatzt** the engagement is (all) off; **etw ~ lassen** Plan, Vertrag to make sth fall through; Verlobung to break sth off; Koalition to break sth up

Platzhalter m place marker **Platzhirsch** m dominant male **platzieren** [pla'tsiːrən] past part **platziert** **A** v/t **1** to put, to place; TENNIS to seed **2** (≈ zielen) Ball to place; Schlag to land **B** v/r **1** (infml ≈ sich setzen etc) to plant oneself (infml) **2** SPORTS to be placed; **der Läufer konnte sich gut ~** the runner was well-placed **Platzierung** f ‹-, -en› (bei Rennen) order; TENNIS seeding; (≈ Platz) place **Platzkarte** f RAIL seat reservation (ticket) **Platzmangel** m, no pl shortage of space **Platzpatrone** f blank (cartridge) **platzraubend** adj space-consuming **Platzregen** m cloudburst **platzsparend** adj space-saving attr; bauen, unterbringen (in order) to save space **Platzverweis** m sending-off (Br), ejection (US) **Platzwart** [-vart] m ‹-s, -e› **Platzwartin** [-vartɪn] f ‹-, -nen› SPORTS groundsman **Platzwunde** f cut

Plauderei [plaudə'rai] f ‹-, -en› chat **Plauderer** ['plaudərɐ] m ‹-s, -›, **Plauderin** [-ərɪn] f ‹-, -nen› conversationalist **plaudern** ['plaudɐn] v/i to chat (über +acc, von about); (≈ verraten) to talk

plausibel [plau'ziːbl] **A** adj Erklärung plausible **B** adv plausibly; **jdm etw ~ machen** to explain sth to sb

Play-back ['plɛːbɛk] nt ‹-s, -s›, **Playback** nt ‹-s, -s› (≈ Band) (bei Musikaufnahme) backing track; **~ singen** to mime **Playboy** ['plɛːbɔy] m ‹-s, -s› playboy **Playgirl** ['plɛːgœrl] nt ‹-s, -s› playgirl **Plazenta** [pla'tsɛnta] f ‹-, -s or Plazenten [-'tsɛntn]› placenta **plazieren** [pla'tsiːrən] v/t → platzieren **Plebiszit** [plebɪs'tsiːt] nt ‹-(e)s, -e› plebiscite

pleite ['plaitə] adj pred adv (infml) Mensch broke (infml) **Pleite** ['plaitə] f ‹-, -n› (infml) bankruptcy; (fig) flop (infml); **~ machen** to go bankrupt **pleitegehen** v/i sep irr aux sein (infml) to go bust

Plenarsaal m chamber **Plenarsitzung**

f plenary session **Plenum** ['ple:nʊm] *nt* ⟨-s, Plena [-na]⟩ plenum

Pleuelstange ['plɔʏəl-] *f* connecting rod

Plissee [plɪ'se:] *nt* ⟨-s, -s⟩ pleats *pl* **Plisseerock** *m* pleated skirt **plissieren** [plɪ'si:rən] *past part* plissiert *v/t* to pleat

Plombe ['plɔmbə] *f* ⟨-, -n⟩ ◼ (≈ *Siegel*) lead seal ◼ (≈ *Zahnplombe*) filling **plombieren** [plɔm'bi:rən] *past part* plombiert *v/t* ◼ (≈ *versiegeln*) to seal ◼ *Zahn* to fill

Plotter ['plɔtə] *m* ⟨-s, -⟩ IT plotter

plötzlich ['plœtslɪç] ◼ *adj* sudden ◼ *adv* suddenly; **aber ein bisschen ~!** (*infml*) (and) make it snappy! (*infml*) **Plötzlichkeit** *f* ⟨-, *no pl*⟩ suddenness

plump [plʊmp] ◼ *adj* *Figur* ungainly *no adv*; *Ausdruck* clumsy; *Benehmen* crass; *Lüge, Trick* obvious ◼ *adv* *sich bewegen* awkwardly; *sich ausdrücken* clumsily **Plumpheit** *f* ⟨-, -en⟩ (*von Figur*) ungainliness; (*von Ausdruck*) clumsiness; (*von Benehmen*) crassness; (*von Lüge, Trick*) obviousness

plumps [plʊmps] *int* bang; (*lauter*) crash **Plumps** [plʊmps] *m* ⟨-es, -e⟩ (*infml*) (≈ *Fall*) fall; (*Geräusch*) bump **plumpsen** ['plʊmpsn] *v/i aux sein* (*infml*) (≈ *fallen*) to tumble

plumpvertraulich *adj* overly chummy (*infml*)

Plunder ['plʊndə] *m* ⟨-s, *no pl*⟩ junk

Plünderer ['plʏndərə] *m* ⟨-s, -⟩, **Plünderin** [-ərɪn] *f* ⟨-nen⟩ looter, plunderer **plündern** ['plʏndɐn] *v/t & v/i* to loot; (≈ *ausrauben*) to raid **Plünderung** *f* ⟨-, -en⟩ looting

Plural ['plu:ra:l] *m* ⟨-s, -e⟩ plural; **im ~ stehen** to be (in the) plural **Pluralismus** [plura'lɪsmʊs] *m* ⟨-, *no pl*⟩ pluralism **pluralistisch** [plura'lɪstɪʃ] *adj* pluralistic (*form*)

plus [plʊs] ◼ *prep* +*gen* plus ◼ *adv* plus; **bei ~ 5 Grad** at 5 degrees (above freezing); **~ minus 10** plus or minus 10 **Plus** [plʊs] *nt* ⟨-, -⟩ ◼ (≈ *Pluszeichen*) plus (sign) ◼ (*esp* COMM ≈ *Zuwachs*) increase; (≈ *Gewinn*) profit; (≈ *Überschuss*) surplus ◼ (*fig* ≈ *Vorteil*) advantage; **das ist ein ~ für dich** that's a point in your favour (*Br*) or favor (*US*)

Plüsch [plyʃ, ply:ʃ] *m* ⟨-(e)s, -e⟩ plush **Plüschtier** *nt* ≈ soft toy

Pluspol *m* ELEC positive pole **Pluspunkt** *m* SPORTS point; (*fig*) advantage **Plusquamperfekt** ['plʊskvampɛrfɛkt] *nt*

pluperfect **Pluszeichen** *nt* plus sign

Pluto ['plu:to] *m* ⟨-s⟩ ASTRON Pluto

Plutonium [plu'to:niʊm] *nt* ⟨-s, *no pl*⟩ plutonium

Pneu [pnɔʏ] *m* ⟨-s, -s⟩ (*esp Swiss*) tyre (*Br*), tire (*US*) **pneumatisch** [pnɔʏ'ma:tɪʃ] ◼ *adj* pneumatic ◼ *adv* pneumatically

Po [po:] *m* ⟨-s, -s⟩ (*infml*) bottom

Pöbel ['pø:bl] *m* ⟨-s, *no pl*⟩ rabble **pöbelhaft** *adj* uncouth, vulgar **pöbeln** ['pø:bln] *v/i* to swear

pochen ['pɔxn] *v/i* to knock; (*Herz*) to pound; **auf etw** (*acc*) **~** (*fig*) to insist on sth

Pocke ['pɔkə] *f* ⟨-, -n⟩ ◼ pock ◼ **Pocken** *pl* smallpox **Pockennarbe** *f* pockmark **Pocken(schutz)impfung** *f* smallpox vaccination

Podest [po'dɛst] *nt or m* ⟨-(e)s, -e⟩ pedestal; (≈ *Podium*) platform

Podium ['po:diʊm] *nt* ⟨-s, Podien [-diən]⟩ platform; (*des Dirigenten*) podium **Podiumsdiskussion** *f* panel discussion

Poesie [poe'zi:] *f* ⟨-, -n [-'zi:ən]⟩ poetry **Poesiealbum** *nt* autograph book **Poetik** [po'e:tɪk] *f* ⟨-, -en⟩ poetics *sg* **poetisch** [po'e:tɪʃ] ◼ *adj* poetic ◼ *adv* poetically

Pogrom [po'gro:m] *nt or m* ⟨-s, -e⟩ pogrom

Pointe ['poɛ̃:tə] *f* ⟨-, -n⟩ (*eines Witzes*) punch line; (*einer Geschichte*) point **pointiert** [poɛ̃'ti:ɐt] ◼ *adj* pithy ◼ *adv* pithily

Pokal [po'ka:l] *m* ⟨-s, -e⟩ (*zum Trinken*) goblet; SPORTS cup **Pokalfinale** *nt* cup final **Pokalrunde** *f* round (of the cup) **Pokalsieger(in)** *m/f(pl)* cup winners *pl* **Pokalspiel** *nt* cup tie

Pökelfleisch *nt* salt meat **pökeln** ['pø:kln] *v/t Fleisch* to salt

Poker ['po:ke] *nt* ⟨-s, *no pl*⟩ poker **pokern** ['po:kɐn] *v/i* to play poker; (*fig*) to gamble; **hoch ~** (*fig*) to take a big risk

Pol [po:l] *m* ⟨-s, -e⟩ pole; **der ruhende ~** (*fig*) the calming influence **polar** [po'la:ɐ] *adj* polar **Polareis** *nt* polar ice **polarisieren** [polari'zi:rən] *past part* polarisiert *v/t & v/r* to polarize **Polarisierung** *f* ⟨-, -en⟩ polarization **Polarkreis** *m* **nördlicher/südlicher ~** Arctic/Antarctic circle **Polarmeer** *nt* **Nördliches/Südliches ~** Arctic/Antarctic Ocean

Polaroidkamera® [polaro'i:t-, pola'rɔʏt-] *f* Polaroid® camera

Polarstern *m* Pole Star

P

Pole ['po:lə] *m* ⟨-n, -n⟩ Pole
Polemik [po'le:mɪk] *f* ⟨-, -en⟩ polemics *sg* (*gegen* against) **Polemiker** [po'le:mike] *m* ⟨-s, -⟩, **Polemikerin** [-ərɪn] *f* ⟨-, -nen⟩ controversialist, polemicist **polemisch** [po'le:mɪʃ] *adj* polemic(al) **polemisieren** [polemi'zi:rən] *past part* **polemisiert** *v/i* to polemicize; **~ gegen** to inveigh against
Polen ['po:lən] *nt* ⟨-s⟩ Poland
Polenta [po'lɛnta] *f* ⟨-, -s *or* Polenten [-'lɛntn]⟩ COOK polenta
Police [po'li:sə] *f* ⟨-, -n⟩ (insurance) policy
polieren [po'li:rən] *past part* **poliert** *v/t* to polish
Poliklinik ['po:li-] *f* clinic (*for outpatients only*)
Polin ['po:lɪn] *f* ⟨-, -nen⟩ Pole
Polio ['po:lio] *f* ⟨-, *no pl*⟩ polio
Politbüro [po'lɪt-] *nt* Politburo
Politesse [poli'tɛsə] *f* ⟨-, -n⟩ (woman) traffic warden
Politik [poli'ti:k] *f* ⟨-, -en⟩ **1** *no pl* politics *sg*; (≈ *politischer Standpunkt*) politics *pl*; **in die ~ gehen** to go into politics **2** (≈ *bestimmte Politik*) policy; **eine ~ verfolgen** to pursue a policy **Politiker** [po'li:tike] *m* ⟨-s, -⟩, **Politikerin** [-ərɪn] *f* ⟨-, -nen⟩ politician **politisch** [po'li:tɪʃ] **A** *adj* political **B** *adv* politically; **sich ~ betätigen** to be involved in politics; **~ interessiert sein** to be interested in politics **politisieren** [politi'zi:rən] *past part* **politisiert** **A** *v/i* to politicize **B** *v/t* to politicize; *jdn* to make politically aware **Politologe** [polito'lo:-gə] *m* ⟨-n, -n⟩, **Politologin** [-'lo:gɪn] *f* ⟨-, -nen⟩ political scientist **Politologie** [politolo'gi:] *f* ⟨-, *no pl*⟩ political science
Politur [poli'tu:ɐ] *f* ⟨-, -en⟩ polish
Polizei [poli'tsai] *f* ⟨-, -en⟩ police *pl*; **zur ~ gehen** to go to the police; **er ist bei der ~** he's in the police (force) **Polizeiaufgebot** *nt* police presence **Polizeiauto** *nt* police car **Polizeibeamte(r)** *m decl as adj*, **Polizeibeamtin** *f* police official; (≈ *Polizist*) police officer **Polizeidienststelle** *f* (*form*) police station **Polizeieinsatz** *m* police action *or* intervention **Polizeifunk** *m* police radio **Polizeikette** *f* police cordon **Polizeiknüppel** *m* truncheon **Polizeikontrolle** *f* police check; (≈ *Kontrollpunkt*) police checkpoint **polizeilich** [poli'tsailɪç] **A** *adj* police *attr*; **~es Führungszeugnis** *certificate issued by the police, stating that the holder*

has no criminal record **B** *adv* ermittelt werden by the police; **überwacht werden** to be under police surveillance; **sie wird ~ gesucht** the police are looking for her; **sich ~ melden** to register with the police **Polizeirevier** *nt* **1** (≈ *Polizeiwache*) police station **2** (*Bezirk*) (police) district, precinct (*US*) **Polizeischutz** *m* police protection **Polizeistaat** *m* police state **Polizeistreife** *f* police patrol **Polizeistunde** *f* closing time **Polizeiwache** *f* police station **Polizist** [poli'tsɪst] *m* ⟨-en, -en⟩ policeman **Polizistin** [poli'tsɪstɪn] *f* ⟨-, -nen⟩ policewoman
Pollen ['pɔlən] *m* ⟨-s, -⟩ pollen **Pollenflug** *m* pollen count **Pollenwarnung** *f* pollen warning
polnisch ['pɔlnɪʃ] *adj* Polish
Polo ['po:lo] *nt* ⟨-s, -s⟩ polo **Polohemd** *nt* sports shirt
Polster ['pɔlste] *nt or* (*Aus*) *m* ⟨-s, -⟩ **1** cushion; (≈ *Polsterung*) upholstery *no pl* **2** (*fig*) (≈ *Fettpolster*) flab *no pl* (*infml*); (≈ *Reserve*) reserve **Polstergarnitur** *f* three-piece suite **Polstermöbel** *pl* upholstered furniture *sg* **polstern** ['pɔlsten] *v/t* to upholster; *Kleidung* to pad; **sie ist gut gepolstert** she's well-padded **Polstersessel** *m* armchair, easy chair **Polsterung** ['pɔlstərʊŋ] *f* ⟨-, -en⟩ (≈ *Polster*) upholstery
Polterabend *m party on the eve of a wedding, at which old crockery is smashed to bring good luck* **Poltergeist** *m* poltergeist **poltern** ['pɔlten] *v/i* **1** (≈ *Krach machen*) to crash about; **es fiel ~d zu Boden** it crashed to the floor **2** (*infml* ≈ *schimpfen*) to rant (and rave) **3** (*infml* ≈ *Polterabend feiern*) *to celebrate on the eve of a wedding*
Polyacryl [polya'kry:l] *nt* **1** CHEM polyacrylics *sg* **2** TEX acrylics *sg* **Polyamid®** [polya'mi:t] *nt* ⟨-(e)s, -e [-də]⟩ polyamide **Polyester** [poly'ɛste] *m* ⟨-s, -⟩ polyester **polygam** [poly'ga:m] *adj* polygamous **Polygamie** [polyga'mi:] *f* ⟨-, *no pl*⟩ polygamy **Polynesien** [poly'ne:ziən] *nt* ⟨-s⟩ Polynesia **polynesisch** [poly'ne:zɪʃ] *adj* Polynesian
Polyp [po'ly:p] *m* ⟨-en, -en⟩ **1** ZOOL polyp **2** MED **~en** adenoids
Polytechnikum [poly'tɛçnikʊm] *nt* polytechnic

Pomade [po'ma:də] f ⟨-, -n⟩ hair cream

Pomelo ['pɔmǝlo] f ⟨-, -s⟩ (Frucht) pomelo

Pommern ['pɔmǝn] nt ⟨-s⟩ Pomerania

Pommes ['pɔmǝs] pl (infml) chips pl (Br), (French) fries pl **Pommesbude** f (infml) fast food stand **Pommes frites** [pɔm 'frit] pl chips pl (Br), French fries pl

Pomp [pɔmp] m ⟨-(e)s, no pl⟩ pomp **pompös** [pɔm'pø:s] **A** adj grandiose **B** adv grandiosely

Pontius ['pɔntsiʊs] m **von ~ zu Pilatus** from one place to another

Pony¹ ['pɔni] nt ⟨-s, -s⟩ pony

Pony² m ⟨-s, -s⟩ (Frisur) fringe (Br), bangs pl (US)

Pool [pu:l] m ⟨-s, -s⟩ swimming pool

Poolbillard ['pu:l-] nt ⟨-s, no pl⟩ pool

Pop [pɔp] m ⟨-s, no pl⟩ MUS pop; ART pop art

Popcorn ['pɔpkɔːn] nt ⟨-s, no pl⟩ popcorn

Popel ['po:pl] m ⟨-s, -⟩ (infml) (≈ Nasenpopel) bogey (Br infml), booger (US infml) **popelig** ['po:pǝlɪç] (infml) adj 🏊 (≈ knauserig) stingy (infml); **~e zwei Euro** a lousy two euros (infml) 🏊 (≈ dürftig) crummy (infml)

Popeline [popǝ'li:nǝ] f ⟨-, -⟩ poplin

popeln ['po:pln] v/i (infml) **(in der Nase) ~** to pick one's nose

Popgruppe f pop group **Popkonzert** nt pop concert **Popmusik** f pop music

Popo [po'po:] m ⟨-s, -s⟩ (infml) bottom

poppig ['pɔpɪç] adj Kleidung loud and trendy; Farben bright and cheerful

Popsänger(in) m/(f) pop singer **Popstar** m pop star **Popszene** f pop scene

populär [popu'lɛːɐ] adj popular (bei with) **Popularität** [populari'tɛːt] f ⟨-, no pl⟩ popularity **populistisch** [popu'lɪstɪʃ] **A** adj populist **B** adv in a populist way

Pore ['po:rǝ] f ⟨-, -n⟩ pore

Porno ['pɔrno] m ⟨-s, -s⟩ (infml) (infml) **Pornofilm** m porn movie **Pornografie** [pɔrnogra'fi:] f ⟨-, -n [-'fi:ǝn]⟩ pornography **pornografisch** [pɔrno'gra:fɪʃ] adj pornographic **Pornoheft** nt porn magazine

porös [po'rø:s] adj (≈ durchlässig) porous; (≈ brüchig) Leder perished

Porree ['pɔre] m ⟨-s, -s⟩ leek

Port [pɔrt] m ⟨-s, -s⟩ IT port

Portal [pɔr'taːl] nt ⟨-s, -e⟩ portal

Portemonnaie [pɔrtmɔ'ne:, pɔrtmɔ'nɛ:] nt ⟨-s, -s⟩ purse

Portier [pɔr'tie:] m ⟨-s, -s⟩ = Pförtner

Portion [pɔr'tsio:n] f ⟨-, -en⟩ (beim Essen) portion, helping; **eine halbe ~** (fig infml) a half pint (infml); **er besitzt eine gehörige ~ Mut** he's got a fair amount of courage

Portmonee [pɔrtmɔ'ne:, pɔrtmɔ'nɛ:] nt ⟨-s, -s⟩ purse

Porto ['pɔrto] nt ⟨-s, -s or Porti [-ti]⟩ postage no pl (für on, for) **portofrei** adj, adv postage paid **Portokasse** f ≈ petty cash (for postal expenses)

Porträt [pɔr'trɛ:] nt ⟨-s, -s⟩ portrait **porträtieren** [pɔrtrɛ'ti:rǝn] past part porträtiert v/t (fig) to portray; **jdn ~** to paint sb's portrait

Portugal ['pɔrtugal] nt ⟨-s⟩ Portugal **Portugiese** [pɔrtu'giːzǝ] m ⟨-n, -n⟩, **Portugiesin** [-'giːzɪn] f ⟨-, -nen⟩ Portuguese **portugiesisch** [pɔrtu'giːzɪʃ] adj Portuguese

Portwein ['pɔrt-] m port

Porzellan [pɔrtsɛ'laːn] nt ⟨-s, -e⟩ china

Posaune [po'zaʊnǝ] f ⟨-, -n⟩ trombone; (fig) trumpet **Posaunist** [pozaʊ'nɪst] m ⟨-en, -en⟩, **Posaunistin** [-'nɪstɪn] f ⟨-, -nen⟩ trombonist

Pose ['po:zǝ] f ⟨-, -n⟩ pose **posieren** [po'ziːrǝn] past part posiert v/i to pose **Position** [pozi'tsio:n] f ⟨-, -en⟩ position; (COMM ≈ Posten einer Liste) item **positionieren** [pozitsio'niːrǝn] past part positioniert v/t to position **Positionierung** f ⟨-, -en⟩ positioning

positiv ['po:ziti:f, pozi'ti:f] **A** adj positive; **eine ~e Antwort** an affirmative (answer) **B** adv positively; **~ denken** to think positively; **~ zu etw stehen** to be in favour (Br) or favor (US) of sth

Positur [pozi'tuːɐ] f ⟨-, -en⟩ posture; **sich in ~ setzen/stellen** to take up a posture

Posse ['pɔsǝ] f ⟨-, -n⟩ farce

possessiv ['pɔsɛsi:f, pɔsɛ'si:f] adj possessive **Possessivpronomen** ['pɔsɛsi:f-, pɔsɛ'si:f-] nt possessive pronoun

possierlich [pɔ'si:ɐlɪç] adj comical

Post [pɔst] f ⟨-, -en⟩ post (Br), mail; **die ~®** the Post Office; **etw mit der ~ schicken** to send sth by mail; **mit gleicher ~** by the same post (Br), in the same mail (US); **mit getrennter ~** under separate cover **postalisch** [pɔs'taːlɪʃ] **A** adj postal **B** adv by mail (Br) **Postamt** nt post office **Postanschrift** f postal address **Postanweisung** f ≈ money order (Br)

Postausgang *m* outgoing mail; INTERNET out mail **Postbank** *f* Post Office Savings Bank **Postbeamte(r)** *m decl as adj*, **Postbeamtin** *f* post office official **Postbote** *m* postman, mailman (US) **Postbotin** *f* postwoman, mailwoman (US) **Postdienst** *m* postal service, the mail (US) **Posteingang** *m* incoming mail **Posten** ['pɔstn] *m* ⟨-s, -⟩ **1** (≈ Anstellung) position **2** (MIL ≈ Wachmann) guard; (≈ Stelle) post; **~ stehen** to stand guard **3** (fig) **auf dem ~ sein** (≈ aufpassen) to be awake; (≈ gesund sein) to be fit; **nicht ganz auf dem ~ sein** to be (a bit) under the weather **4** (≈ Streikposten) picket **5** (COMM ≈ Warenmenge) quantity **6** (COMM: im Etat) item **Poster** ['pɔste] *nt* ⟨-s, -(s)⟩ poster

Postfach *nt* PO box **Postfachnummer** *f* (PO or post office) box number **postfrisch** *adj Briefmarke* mint **Postgeheimnis** *nt* secrecy of the post (Br) or mail **Postgirokonto** *nt* Post Office Giro account (Br), state-owned bank account (US) **Posthorn** *nt* post horn **posthum** [pɔst'huːm, pɔs'tuːm] *adj, adv* = postum **postieren** [pɔs'tiːrən] *past part* **postiert A** *v/t* to post, to station **B** *v/r* to position oneself

Postkarte *f* postcard **postlagernd** *adj, adv* poste restante (Br), general delivery (US) **Postleitzahl** *f* post(al) code, zip code (US) **Postler** ['pɔstle] *m* ⟨-s, -⟩, **Postlerin** [-ərɪn] *f* ⟨-, -nen⟩, **Pöstler** ['pœstle] *m* ⟨-s, -⟩, **Pöstlerin** [-ərɪn] *f* ⟨-, -nen⟩ (Swiss infml) post office worker **postmodern** [pɔstmo'dɛrn] *adj* postmodern **Postomat** [pɔsto'maːt] *m* ⟨-en, -en⟩ (Swiss) cash machine, ATM **Postskript** [pɔst'skrɪpt] *nt* ⟨-(e)s, -e⟩ postscript, PS

Postsparbuch *nt* Post Office savings book **Poststempel** *m* postmark; **Datum des ~s** date as postmark **Postulat** [pɔstu'laːt] *nt* ⟨-(e)s, -e⟩ (≈ Annahme) postulate **postulieren** [pɔstu'liːrən] *past part* **postuliert** *v/t* to postulate **postum** [pɔs'tuːm] **A** *adj* posthumous **B** *adv* posthumously **postwendend** *adv* by return mail; (fig) straight away **Postwertzeichen** *nt* (form) postage stamp (form) **Postwurfsendung** *f* direct-mail advertising

potent [po'tɛnt] *adj* **1** (sexuell) potent **2** (≈ stark) Gegner, Waffe powerful **3** (≈ zahlungskräftig) financially powerful **Potential** [potɛn'tsiaːl] *nt* ⟨-s, -e⟩ = **Potenzial potentiell** [potɛn'tsiɛl] *adj, adv* = potenziell **Potenz** [po'tɛnts] *f* ⟨-, -en⟩ **1** MED potency; (fig) power **2** MAT power; **zweite ~** square; **dritte ~** cube **Potenzial** [potɛn'tsiaːl] *nt* ⟨-s, -e⟩ potential **potenziell A** *adj* potential **B** *adv* potentially **Potpourri** ['pɔtpuri] *nt* ⟨-s, -s⟩ potpourri (aus +dat of) **Pott** [pɔt] *m* ⟨-(e)s, ⸚e ['pœtə]⟩ (infml) pot; (≈ Schiff) ship **potthässlich** (infml) *adj* ugly as sin **Pottwal** *m* sperm whale **Poulet** [pu'leː] *nt* ⟨-s, -s⟩ (Swiss) chicken **Powerfrau** ['paue-] *f* (infml) high-powered career woman **Powidl** ['poːvidl] *m* ⟨-, no pl⟩ (Aus ≈ Pflaumenmus) plum jam **Präambel** [prɛ'ambl] *f* ⟨-, -n⟩ preamble (+gen to) **Pracht** [praxt] *f* ⟨-, no pl⟩ splendour (Br), splendor (US); **es ist eine wahre ~** it's (really) fantastic **Prachtbau** *m*, *pl* -bauten magnificent building **Prachtexemplar** *nt* prime specimen; (fig: Mensch) fine specimen **prächtig** ['prɛçtɪç] **A** *adj* (≈ prunkvoll) splendid; (≈ großartig) marvellous (esp Br), marvelous (US) **B** *adv* **1** (≈ prunkvoll) magnificently **2** (≈ großartig) marvellously (esp Br), marvelously (US) **Prachtkerl** *m* (infml) great guy (infml) **Prachtstraße** *f* boulevard **Prachtstück** *nt* = Prachtexemplar **prachtvoll** *adj, adv* = prächtig

prädestinieren [prɛdɛsti'niːrən] *past part* **prädestiniert** *v/t* to predestine (für for) **Prädikat** [prɛdi'kaːt] *nt* ⟨-(e)s, -e⟩ **1** GRAM predicate **2** (≈ Bewertung) **Wein mit ~** special quality wine **Prädikatswein** *m* top quality wine **Präfix** [prɛ'fiks, 'prɛːfiks] *nt* ⟨-es, -e⟩ prefix **Prag** [praːk] *nt* ⟨-s⟩ Prague **prägen** ['prɛːgn] *v/t* **1** Münzen to mint; Leder, Papier, Metall to emboss; (≈ erfinden) Wörter to coin **2** (≈ formen) Charakter to shape; (Erfahrungen) jdn to leave its/their mark on; **ein vom Leid geprägtes Gesicht** a face marked by suffering **3** (≈ kennzeichnen) to characterize **PR-Agentur** [peː'ɛr-] *f* PR agency **Pragmatiker** [pra'gmaːtike] *m* ⟨-s, -⟩, **Pragmatikerin** [-ərɪn] *f* ⟨-, -nen⟩ pragmatist **pragmatisch** [pra'gma:tɪʃ] **A** *adj* pragmatic **B** *adv* pragmatically

prägnant [prɛ'gnant] **A** *adj Worte* succinct; *Beispiel* striking **B** *adv* succinctly **Prägnanz** [prɛ'gnants] *f* ⟨-, *no pl*⟩ succinctness

Prägung ['prɛ:gʊŋ] *f* ⟨-, -en⟩ **1** (*auf Münzen*) strike; (*auf Leder, Metall, Papier*) embossing **2** (≈ *Eigenart*) character; **Kommunismus sowjetischer ~** soviet-style communism

prähistorisch *adj* prehistoric

prahlen ['pra:lən] *v/i* to boast (*mit* about) **Prahlerei** [pra:lə'rai] *f* ⟨-, -en⟩ (≈ *Großsprecherei*) boasting *no pl*; (≈ *das Zurschaustellen*) showing-off; **~en** boasts **prahlerisch** ['pra:lərɪʃ] **A** *adj* (≈ *großsprecherisch*) boastful, bragging *attr*; (≈ *großtuerisch*) flashy (*infml*) **B** *adv* boastfully; **~ reden** to brag

Praktik ['praktɪk] *f* ⟨-, -en⟩ (≈ *Methode*) procedure; (*usu pl* ≈ *Kniff*) practice **praktikabel** [prakti'ka:bl] *adj* practicable **Praktikant** [prakti'kant] *m* ⟨-en, -en⟩, **Praktikantin** [-'kantɪn] *f* ⟨-, -nen⟩ *student doing a period of practical training* **Praktikum** ['praktikʊm] *nt* ⟨-s, Praktika [-ka]⟩ (*period of*) practical training **praktisch** ['praktɪʃ] **A** *adj* practical; **~er Arzt** general practitioner; **~es Beispiel** concrete example **B** *adv* (≈ *in der Praxis*) in practice; (≈ *so gut wie*) practically **praktizieren** [prakti'tsi:rən] *past part* praktiziert *v/i* to practise (*Br*), to practice (*US*); **sie praktiziert als Ärztin** she is a practising (*Br*) *or* practicing (*US*) doctor

Praline [pra'li:nə] *f* ⟨-, -n⟩ chocolate, chocolate candy (*US*)

prall [pral] **A** *adj Sack, Brieftasche* bulging; *Segel* full; *Tomaten* firm; *Euter* swollen; *Brüste, Hintern* well-rounded; *Arme, Schenkel* big strong *attr*; *Sonne* blazing **B** *adv* **~ gefüllt** *Tasche, Kasse etc* full to bursting **Prall** [pral] *m* ⟨-(e)s, -e⟩ collision (*gegen* with) **prallen** ['pralən] *v/i aux sein* **gegen etw ~** to collide with sth; (*Ball*) to bounce against sth; **die Sonne prallte auf die Fenster** the sun beat down on the windows **prallvoll** *adj* full to bursting; *Brieftasche* bulging

Prämie ['prɛ:miə] *f* ⟨-, -n⟩ premium; (≈ *Belohnung*) bonus; (≈ *Preis*) prize **prämienbegünstigt** [-bəgʏnstɪçt] *adj* carrying a premium **prämieren** [prɛ'mi:rən] *past*

part **prämiert** *v/t* (≈ *auszeichnen*) to give an award; (≈ *belohnen*) to give a bonus; **der prämierte Film** the award-winning film

Prämisse [prɛ'mɪsə] *f* ⟨-, -n⟩ premise

pränatal [prɛna'ta:l] *adj attr Diagnostik* prenatal; *Untersuchung* antenatal, prenatal (*esp US*)

Pranger ['praŋɐ] *m* ⟨-s, -⟩ stocks *pl*; **jdn/ etw an den ~ stellen** (*fig*) to pillory sb/sth **Pranke** ['praŋkə] *f* ⟨-, -n⟩ paw

Präparat [prɛpa'ra:t] *nt* ⟨-(e)s, -e⟩ preparation; (*für Mikroskop*) slide preparation **präparieren** [prɛpa'ri:rən] *past part* **präpariert** *v/t* **1** (≈ *konservieren*) to preserve; *Tier* to prepare **2** (MED ≈ *zerlegen*) to dissect **3** (*elev* ≈ *vorbereiten*) to prepare

Präposition [prɛpozi'tsio:n] *f* ⟨-, -en⟩ preposition

Prärie [prɛ'ri:] *f* ⟨-, -n [-'ri:ən]⟩ prairie

Präsens ['prɛ:zɛns] *nt* ⟨-, Präsenzien [prɛ'zɛntsiən]⟩ present (tense) **präsent** [prɛ'zɛnt] *adj* (≈ *anwesend*) present; (≈ *geistig rege*) alert; **etw ~ haben** to have sth at hand **präsentabel** [prɛzɛn'ta:bl] *adj* presentable **Präsentation** [prɛzɛnta'tsio:n] *f* ⟨-, -en⟩ presentation **präsentieren** [prɛzɛn'ti:rən] *past part* **präsentiert** *v/t* to present; **jdm etw ~** to present sb with sth **Präsentkorb** *m* gift basket; (*mit Lebensmitteln*) (food) hamper **Präsenz** [prɛ'zɛnts] *f* ⟨-, *no pl*⟩ (*elev*) presence **Präsenzdiener(in)** *m/(f)* (*Aus*) conscript (*Br*), draftee (*US*) **Präsenzdienst** *m* (*Aus*) military service

Präservativ [prɛzɛrva'ti:f] *nt* ⟨-s, -e [-və]⟩ condom

Präsident [prɛzi'dɛnt] *m* ⟨-en, -en⟩, **Präsidentin** [-'dɛntɪn] *f* ⟨-, -nen⟩ president **Präsidentschaft** [prɛzi'dɛntʃaft] *f* ⟨-, -en⟩ presidency **Präsidentschaftskandidat(in)** *m/(f)* presidential candidate

Präsidium [prɛ'zi:diʊm] *nt* ⟨-s, Präsidien [-diən]⟩ (≈ *Vorsitz*) presidency; (≈ *Führungsgruppe*) committee; (≈ *Polizeipräsidium*) (police) headquarters *pl*

prasseln ['prasln] *v/i* **1** *aux sein* to clatter; (*Regen*) to drum; (*fig: Vorwürfe*) to rain down **2** (*Feuer*) to crackle

prassen ['prasn] *v/i* (≈ *schlemmen*) to feast; (≈ *in Luxus leben*) to live the high life

Präteritum [prɛ'te:ritʊm] *nt* ⟨-s, Präterita [-ta]⟩ preterite

P

Prävention [prɛvɛnˈtsioːn] *f* ⟨-, -en⟩ prevention (*gegen* of) **präventiv** [prɛvɛnˈtiːf] **A** *adj* prevent(at)ive **B** *adv* prevent(at)ively; **etw ~ bekämpfen** to use prevent(at)ive measures against sth **Präventivkrieg** *m* prevent(at)ive war **Präventivmedizin** *f* prevent(at)ive medicine **Präventivschlag** *m* MIL pre-emptive strike

Praxis [ˈpraksɪs] *f* ⟨-, Praxen [ˈpraksn]⟩ **1** *no pl* practice; (≈ *Erfahrung*) experience; **in der ~** in practice; **etw in die ~ umsetzen** to put sth into practice; **ein Beispiel aus der ~** an example from real life **2** (*eines Arztes, Rechtsanwalts*) practice; (≈ *Behandlungsräume*) surgery (*Br*), doctor's office (*US*); (≈ *Anwaltsbüro*) office **3** (≈ *Sprechstunde*) consultation (hour), surgery (*Br*) **praxisorientiert** [-ɔriɛntiːet] *adj* Ausbildung practically orientated

Präzedenzfall *m* precedent

präzis(e) [prɛˈtsiːz(ə)] **A** *adj* precise **B** *adv* precisely; **sie arbeitet sehr ~** her work is very precise **Präzision** [prɛtsiˈzioːn] *f* ⟨-, *no pl*⟩ precision

predigen [ˈpreːdɪɡn] **A** *v/t* REL to preach **B** *v/i* to give a sermon **Prediger** [ˈpreːdɪɡe] *m* ⟨-s, -⟩, **Predigerin** [-ərɪn] *f* ⟨-, -nen⟩ preacher **Predigt** [ˈpreːdɪçt] *f* ⟨-, -en⟩ sermon

Preis [prais] *m* ⟨-es, -e⟩ **1** price (*für* of); **etw unter ~ verkaufen** to sell sth off cheap; **zum halben ~** half-price; **um jeden ~** (*fig*) at all costs; **ich gehe um keinen ~ hier weg** (*fig*) I'm not leaving here at any price **2** (*bei Wettbewerben*) prize; (≈ *Auszeichnung*) award **3** (≈ *Belohnung*) reward; **einen ~ auf jds Kopf aussetzen** to put a price on sb's head **Preisabsprache** *f* price-fixing *no pl* **Preisänderung** *f* price change **Preisanstieg** *m* rise in prices **Preisausschreiben** *nt* competition **preisbewusst** *adj* price-conscious; **~ einkaufen** to shop around **Preisbindung** *f* price fixing

Preiselbeere [ˈpraizl-] *f* cranberry

preisen [ˈpraizn] *pret* **pries** [priːs], *past part* **gepriesen** [ɡəˈpriːzn] *v/t* (*elev*) to extol, to praise; **sich glücklich ~** to consider *or* count oneself lucky

Preisentwicklung *f* price trend **Preiserhöhung** *f* price increase **Preisfrage** *f* **1** question of price **2** (*beim Preisausschreiben*) prize question; (*infml* ≈ *schwierige Frage*) big question

preisgeben *v/t sep irr* (*elev*) **1** (≈ *ausliefern*) to expose **2** (≈ *aufgeben*) to abandon **3** (≈ *verraten*) to betray

Preisgefälle *nt* price gap **Preisgefüge** *nt* price structure **preisgekrönt** [-ɡəˈkrøːnt] *adj* award-winning **Preisgericht** *nt* jury **preisgünstig** *adj* inexpensive; **etw ~ bekommen** to get sth at a low price **Preisklasse** *f* price range **Preiskrieg** *m* price war **Preislage** *f* price range; **in der mittleren ~** in the medium-priced range **Preis-Leistungs-Verhältnis** *nt* cost-effectiveness **preislich** [ˈpraislɪç] *adj* price *attr*, in price; **~ vergleichbar** similarly priced **Preisliste** *f* price list **Preisnachlass** *m* price reduction **Preisrichter(in)** *m(f)* judge (*in a competition*) **Preisschild** *nt* price tag **Preissenkung** *f* price cut **Preissturz** *m* sudden drop in prices **Preisträger(in)** *m(f)* prizewinner **Preistreiberei** [-traibəˈrai] *f* ⟨-, -en⟩ forcing up of prices; (≈ *Wucher*) profiteering **Preisvergleich** *m* price comparison; **einen ~ machen** to shop around **Preisvergleichsportal** *nt* (*im Internet*) price comparison website **Preisverleihung** *f* presentation (of prizes) **preiswert** **A** *adj* good value *pred*; **ein (sehr) ~es Angebot** a (real) bargain; **ein ~es Kleid** a dress which is good value (for money) **B** *adv* inexpensively

prekär [preˈkɛːe] *adj* (≈ *peinlich*) awkward; (≈ *schwierig*) precarious

prellen [ˈprɛlən] **A** *v/t* **1** Körperteil to bruise; (≈ *anschlagen*) to hit **2** (*fig infml* ≈ *betrügen*) to swindle **B** *v/r* to bruise oneself **Prellung** [ˈprɛlʊŋ] *f* ⟨-, -en⟩ bruise

Premier [prəˈmieː, prə-] *m* ⟨-s, -s⟩ premier **Premiere** [prəˈmieːrə, pre-, -ˈmiːrə] *f* ⟨-, -n⟩ premiere **Premierminister(in)** [prəˈmieː-, pre-] *m(f)* prime minister

Prepaidhandy [ˈpriːpeːt-] *nt* prepaid mobile (phone) (*Br*) *or* cell phone (*US*) **Prepaidkarte** [ˈpriːpeːt-] *f* (*im Handy*) prepaid card

preschen [ˈprɛʃn] *v/i aux sein* (*infml*) to tear

Presse [ˈprɛsə] *f* ⟨-, -n⟩ **1** (≈ *Druckmaschine*) press; **frisch aus der ~** hot from the press **2** (≈ *Zeitungen*) press; **eine gute/schlechte ~ haben** to get a good/bad press; **von der ~ sein** to be (a member of the) press **Presseagentur** *f* press agency **Presseausweis** *m* press card

Pressebericht m press report **Presseerklärung** f statement to the press; *(schriftlich)* press release **Pressefotograf(in)** m/(f) press photographer **Pressefreiheit** f freedom of the press **Pressekonferenz** f press conference **Pressemeldung** f press report **pressen** ['prɛsn] v/t to press; Obst, Saft to squeeze; *(fig ≈ zwingen)* to force *(in +acc, zu into)*; **frisch gepresster Orangensaft** freshly squeezed orange juice **Pressesprecher(in)** m/(f) press officer **pressieren** [prɛˈsiːrən] past part **pressiert** *(S Ger, Aus, Swiss)* **A** v/i to be in a hurry **B** v/i impers **es pressiert** it's urgent **Pressluft** f compressed air **Pressluftbohrer** m pneumatic drill **Presslufthammer** m pneumatic hammer **Prestige** [prɛsˈtiːʒə] nt ⟨-s, no pl⟩ prestige **Preuße** ['prɔysə] m ⟨-n, -n⟩, **Preußin** [-sɪn] f ⟨-, -nen⟩ Prussian **Preußen** ['prɔysn] nt ⟨-s⟩ Prussia **preußisch** ['prɔysɪʃ] adj Prussian

prickeln ['prɪkln] v/i *(≈ kribbeln)* to tingle; *(≈ kitzeln)* to tickle **prickelnd** adj *(≈ kribbelnd)* tingling; *(≈ kitzelnd)* tickling; *(fig ≈ erregend)* Gefühl tingling

Priester ['priːstə] m ⟨-s, -⟩ priest **Priesterin** ['priːstərɪn] f ⟨-, -nen⟩ (woman) priest; HIST priestess **Priesterschaft** ['priːstəʃaft] f ⟨-, -en⟩ priesthood **Priesterweihe** f ordination (to the priesthood)

prima ['priːma] **A** adj inv **1** *(infml)* fantastic *(infml)*, great no adv *(infml)* **2** COMM first-class **B** adv *(infml ≈ sehr gut)* fantastically **Primadonna** [primaˈdɔna] f ⟨-, Primadonnen [-ˈdɔnən]⟩ prima donna **Primar** [priˈmaːɐ] m ⟨-s, -e⟩, **Primarius** [priˈmaːriʊs] m ⟨-, Primarien [-riən]⟩, **Primaria** [priˈmaːria] f ⟨-, Primariae [-riɛ:]⟩ *(Aus ≈ Chefarzt)* senior consultant **primär** [priˈmɛːɐ] **A** adj primary **B** adv primarily **Primararzt** m, **Primarärztin** f *(Aus)* = Primar **Primärenergie** f primary energy **Primarschule** [priˈmaːɐ-] f *(Swiss)* primary or junior school **Primat** m ⟨-en, -en⟩ ZOOL primate

Primel ['priːml] f ⟨-, -n⟩ *(≈ Waldprimel)* (wild) primrose; *(≈ farbige Gartenprimel)* primula

primitiv [primiˈtiːf] **A** adj primitive **B** adv primitively **Primitivität** [primitiviˈtɛːt] f

⟨-, -en⟩ primitiveness **Primzahl** ['priːm-] f prime (number) **Printmedium** ['prɪntmeːdiʊm] nt usu pl printed medium

Prinz [prɪnts] m ⟨-en, -en⟩ prince **Prinzessin** [prɪnˈtsɛsɪn] f ⟨-, -nen⟩ princess **Prinzgemahl** m prince consort

Prinzip [prɪnˈtsiːp] nt ⟨-s, -ien [-piən]⟩ *(or (rare) -e)* principle; **aus ~** on principle; **im ~** in principle; **er ist ein Mann mit ~ien** he is a man of principle **prinzipiell** [prɪntsiˈpiɛl] **A** adj *(≈ im Prinzip)* in principle; *(≈ aus Prinzip)* on principle **B** adv möglich theoretically; dafür/dagegen sein basically; **~ bin ich einverstanden** I agree in principle; **das tue ich ~ nicht** I won't do that on principle **Prinzipienfrage** f matter of principle **Prinzipienreiter(in)** m/(f) *(pej)* stickler for one's principles

Priorität [prioriˈtɛːt] f ⟨-, -en⟩ priority; **~en setzen** to establish one's priorities **Prioritätsaktie** f ST EX preference share **Prise** ['priːzə] f ⟨-, -n⟩ **1** *(≈ kleine Menge)* pinch; **eine ~ Salz** a pinch of salt; **eine ~ Humor** a touch of humour *(Br)* or humor *(US)* **2** NAUT prize

Prisma ['prɪsma] nt ⟨-s, Prismen [-mən]⟩ prism

privat [priˈvaːt] **A** adj private; **aus ~er Hand** from private individuals **B** adv privately; **~ ist der Chef sehr freundlich** the boss is very friendly out(side) of work; **~ ist er ganz anders** he's quite different socially; **ich sagte es ihm ganz ~** I told him in private; **~ versichert sein** to be privately insured; **~ behandelt werden** to have private treatment **Privatadresse** f private or home address **Privatangelegenheit** f private matter **Privatbesitz** m private property; **viele Gemälde sind in ~** many paintings are privately owned **Privatdetektiv(in)** m/(f) private investigator **Privateigentum** nt private property **Privatfernsehen** nt commercial television **Privatgespräch** nt private conversation or talk; *(am Telefon)* private call **privatisieren** [privatiˈziːrən] past part **privatisiert** v/t to privatize **Privatisierung** f ⟨-, -en⟩ privatization **Privatleben** nt private life **Privatpatient(in)** m/(f) private patient **Privatsache** f private matter; **das ist meine ~** that's my own business **Privatschule** f

P

private school **Privatunterricht** m private tuition **Privatversicherung** f private insurance **Privatwirtschaft** f private industry

Privileg [privi'le:k] nt ⟨-(e)s, -gien or -e [-giən, -gə]⟩ privilege **privilegieren** [privile'gi:rən] past part **privilegiert** v/t to favour (Brit), to favor (US); **steuerlich privilegiert sein** to enjoy tax privileges

pro [pro:] prep per; **~ Tag/Stunde** a or per day/hour; **~ Jahr** a or per year; **~ Person** per person; **~ Stück** each **Pro** [pro:] nt **(das) ~ und (das) Kontra** the pros and cons pl

Probe ['pro:bə] f ⟨-, -n⟩ **1** (≈ Prüfung) test; **er ist auf ~ angestellt** he's employed for a probationary period; **ein Auto ~ fahren** to test-drive a car; **jdn/etw auf die ~ stellen** to put sb/sth to the test; **zur ~** to try out **2** THEAT, MUS rehearsal **3** (≈ Teststück, Beispiel) sample **Probebohrung** f test drill, probe **Probeexemplar** nt specimen (copy) **Probefahrt** f test drive **probehalber** adv for a test **Probejahr** nt probationary year **proben** ['pro:bn] v/t & v/i to rehearse **Probenummer** f trial copy **Probestück** nt sample, specimen **probeweise** adv on a trial basis **Probezeit** f probationary or trial period **probieren** [pro'bi:rən] past part **probiert** v/t to try; **lass (es) mich mal ~!** let me have a try! (Brit) **B** v/i **1** (≈ versuchen) to try; **Probieren geht über Studieren** (prov) the proof of the pudding is in the eating (prov) **2** (≈ kosten) to have a taste; **probier mal** try some

Problem [pro'ble:m] nt ⟨-s, -e⟩ problem **Problematik** [proble'ma:tɪk] f ⟨-, -en⟩ **1** (≈ Schwierigkeit) problem (+gen with) **2** (≈ Fragwürdigkeit) problematic nature **problematisch** [proble'ma:tɪʃ] adj problematic; (≈ fragwürdig) questionable **Problembewusstsein** nt appreciation of the difficulties **Problemkind** nt problem child **problemlos** **A** adj trouble-free, problem-free **B** adv without any problems; **~ ablaufen** to go smoothly

Produkt [pro'dʊkt] nt ⟨-(e)s, -e⟩ product; **landwirtschaftliche ~e** agricultural produce no pl; **ein ~ seiner Fantasie** a figment of his imagination **Produktion** [prodʊk'tsio:n] f ⟨-, -en⟩ production **Produktionsanlagen** pl production plant **Produktionskosten** pl production

costs pl **Produktionsmittel** pl means of production pl **Produktionsrückgang** m drop in production **Produktionsstätte** f production centre (Brit) or center (US) **Produktionssteigerung** f increase in production **produktiv** [prodʊk'ti:f] adj productive **Produktivität** [prodʊktivi'tɛ:t] f ⟨-, -en⟩ productivity **Produktpalette** f product spectrum **Produzent** [produ'tsɛnt] m ⟨-en, -en⟩, **Produzentin** [-'tsɛntɪn] f ⟨-, -nen⟩ producer **produzieren** [produ'tsi:rən] past part **produziert** **A** v/t **1** (also v/i) to produce **2** (infml ≈ hervorbringen) Lärm to make; Entschuldigung to come up with (infml) **B** v/r (pej) to show off

profan [pro'fa:n] adj (≈ weltlich) secular; (≈ gewöhnlich) mundane **Professionalität** [profesionali'tɛ:t] f ⟨-, no pl⟩ professionalism **professionell** [profesio'nɛl] **A** adj professional **B** adv professionally **Professor** [pro'fɛso:ɐ] m ⟨-s, Professoren [-'so:rən]⟩, **Professorin** [-'so:rɪn] f ⟨-, -nen⟩ **1** (≈ Hochschulprofessor) professor **2** (Aus, S Ger ≈ Gymnasiallehrer) teacher **Professur** [profɛ'su:ɐ] f ⟨-, -en⟩ chair (für in, of) **Profi** ['pro:fi] m ⟨-s, -s⟩ (infml) pro (infml)

Profil [pro'fi:l] nt ⟨-s, -e⟩ **1** profile; (fig ≈ Ansehen) image; **im ~** in profile; **~ haben** (fig) to have a (distinctive) image **2** (von Reifen) tread **profilieren** [profi'li:rən] past part **profiliert** v/r (≈ sich ein Image geben) to create a distinctive image for oneself; (≈ Besonderes leisten) to distinguish oneself **profiliert** [profi'li:ɐt] adj (fig ≈ scharf umrissen) clear-cut no adv; (fig ≈ hervorstechend) distinctive; **ein ~er Politiker** a politician who has made his mark **Profilneurose** f (hum) image neurosis **Profilsohle** f treaded sole

Profisport m professional sport (Brit) or sports pl (US)

Profit [pro'fi:t, pro'fɪt] m ⟨-(e)s, -e⟩ profit; **~ aus etw schlagen** (lit) to make a profit from sth; (fig) to profit from sth; **~ machen** to make a profit; **ohne/mit ~ arbeiten** to work unprofitably/profitably **profitabel** [profi'ta:bl] adj profitable **profitieren** [profi'ti:rən] past part **profitiert** v/t & v/i to profit (von from, by); **dabei kann ich nur ~** I only stand to gain from it **Profitmaximierung** f maximization of profit(s)

pro forma [pro 'fɔrma] *adv* as a matter of form **Pro-forma-Rechnung** [pro'fɔrma-] *f* pro forma invoice

profund [pro'funt] *adj* (*elev*) profound, deep

Prognose [pro'gnoːzə] *f* ⟨-, -n⟩ prognosis; (≈ *Wetterprognose*) forecast **prognostizieren** [prognɔsti'tsiːrən] *past part* prognostiziert *v/t* to predict, to prognosticate (*form*)

Programm [pro'gram] *nt* ⟨-s, -e⟩ ◨ programme (*Br*), program (*US*); (≈ *Tagesordnung*) agenda; (TV ≈ *Sender*) channel; (≈ *Sendefolge*) program(me)s *pl*; (≈ *gedrucktes TV--Programm*) TV guide; (≈ *Sortiment*) range; **auf dem ~ stehen** to be on the program(me)/agenda; **ein volles ~ haben** to have a full schedule ◧ IT program **programmatisch** [progra'maːtɪʃ] *adj* programmatic **programmgemäß** *adj, adv* according to plan or programme (*Br*) or program (*US*) **Programmhinweis** *m* (RADIO, TV) programme (*Br*) or program (*US*) announcement **programmierbar** *adj* programmable **programmieren** [progra'miːrən] *past part* programmiert *v/t* (*also v/i*) to programme (*Br*), to program (*US*); IT to program; (*fig*:) **auf etw** (*acc*) **programmiert sein** (*fig*) to be conditioned to sth **Programmierer** [progra'miːrɐ] *m* ⟨-s, -⟩, **Programmiererin** [-ərɪn] *f* ⟨-, -nen⟩ programmer (*Br*), programer (*US*) **Programmiersprache** *f* programming (*Br*) or programing (*US*) language **Programmierung** [progra'miːruŋ] *f* ⟨-, -en⟩ programming (*Br*), programing (*US*) **Programmkino** *nt* arts or repertory (*US*) cinema **Programmpunkt** *m* item on the agenda **Programmzeitschrift** *f* TV guide

Progression [progrɛ'sioːn] *f* ⟨-, -en⟩ progression **progressiv** [progrɛ'siːf] ◮ *adj* progressive ◭ *adv* (≈ *fortschrittlich*) progressively

Progymnasium ['proː-] *nt* (*Swiss*) secondary school (*for pupils up to 16*)

Projekt [pro'jɛkt] *nt* ⟨-(e)s, -e⟩ project **projektieren** [projɛk'tiːrən] *past part* projektiert *v/t* (≈ *entwerfen, planen*) to project **Projektion** [projɛk'tsioːn] *f* ⟨-, -en⟩ projection **Projektleiter(in)** *m/(f)* project leader **Projektor** [pro'jɛktoːɐ] *m* ⟨-s, Projektoren [-'toːrən]⟩ projector **projizieren** [proji'tsiːrən] *past part* proji-

ziert *v/t* to project

Proklamation [proklama'tsioːn] *f* ⟨-, -en⟩ proclamation **proklamieren** [prokla-'miːrən] *past part* proklamiert *v/t* to proclaim

Pro-Kopf-Einkommen *nt* per capita income **Pro-Kopf-Verbrauch** *m* per capita consumption

Prokura [pro'kuːra] *f* ⟨-, Prokuren [-rən]⟩ (*form*) procuration (*form*) **Prokurist** [proku'rɪst] *m* ⟨-en, -en⟩, **Prokuristin** [-'rɪstɪn] *f* ⟨-, -nen⟩ holder of a general power of attorney

Prolet [pro'leːt] *m* ⟨-en, -en⟩, **Proletin** [-'leːtɪn] *f* ⟨-, -nen⟩ (*pej*) prole (*esp Br pej infml*) **Proletariat** [proleta'riaːt] *nt* ⟨-(e)s, *no pl*⟩ proletariat **Proletarier** [prole'taːriɐ] *m* ⟨-s, -⟩, **Proletarierin** [-iərɪn] *f* ⟨-, -nen⟩ proletarian **proletarisch** [prole-'taːrɪʃ] *adj* proletarian **proletenhaft** *adj* (*pej*) plebeian (*pej*)

Prolog [pro'loːk] *m* ⟨-(e)s, -e [-gə]⟩ prologue (*Br*), prolog (*US*)

prolongieren [prolɔŋ'giːrən] *past part* prolongiert *v/t* to prolong

Promenade [promə'naːdə] *f* ⟨-, -n⟩ (≈ *Spazierweg*) promenade

Promi ['proːmi] *m* ⟨-s, -s or f -, -s⟩ (*infml*) VIP

Promille [pro'mɪlə] *nt* ⟨-(s), -⟩ (*infml* ≈ *Alkoholspiegel*) alcohol level; **er hat zu viel ~ (im Blut)** he has too much alcohol in his blood **Promillegrenze** *f* legal (alcohol) limit

prominent [promi'nɛnt] *adj* prominent **Prominente(r)** [promi'nɛntə] *m/f(m)* *decl as adj* prominent figure, VIP **Prominenz** [promi'nɛnts] *f* ⟨-⟩ VIPs *pl*, prominent figures *pl*

promisk [pro'mɪsk] *adj* promiscuous **Promiskuität** [promɪskui'tɛːt] *f* ⟨-, *no pl*⟩ promiscuity

Promotion [promo'tsioːn] *f* ⟨-, -en⟩ UNIV doctorate **promovieren** [promo'viːrən] *past part* promoviert *v/i* to do a doctorate (*über +acc* in)

prompt [prɔmpt] ◮ *adj* prompt ◭ *adv* promptly

Pronomen [pro'noːmən] *nt* ⟨-s, - or Pronomina [-mina]⟩ pronoun

Propaganda [propa'ganda] *f* ⟨-, *no pl*⟩ propaganda **Propagandafeldzug** *m* propaganda campaign; (≈ *Werbefeldzug*) publicity campaign **propagandistisch**

P

[propagan'dıstıʃ] *adj* propagandist(ic); **etw ~ ausnutzen** to use sth as propaganda **propagieren** [propa'giːrən] *past part* propagiert *v/t* to propagate

Propangas *nt, no pl* propane gas

Propeller [pro'pɛlɐ] *m* ⟨-s, -⟩ propeller **Propellermaschine** *f* propeller-driven plane

Prophet [pro'feːt] *m* ⟨-en, -en⟩ prophet **Prophetin** [pro'feːtın] *f* ⟨-, -nen⟩ prophetess **prophetisch** [pro'feːtıʃ] *adj* prophetic **prophezeien** [profe'tsaiən] *past part* prophezeit *v/t* to prophesy **Prophezeiung** *f* ⟨-, -en⟩ prophecy

prophylaktisch [profy'laktıʃ] **A** *adj* preventative **B** *adv* as a preventative measure **Prophylaxe** [profy'laksə] *f* ⟨-, -n⟩ prophylaxis

Proportion [propɔr'tsioːn] *f* ⟨-, -en⟩ proportion **proportional** [propɔrtsio'naːl] **A** *adj* proportional; **umgekehrt ~** MAT in inverse proportion **B** *adv* proportionally **Proportionalschrift** *f* proportionally spaced font **proportioniert** [propɔrtsio'niːɐt] *adj* proportioned **Proporz** [pro'pɔrts] *m* ⟨-es, -e⟩ proportional representation *no art*

Prorektor ['proːrɛktoːɐ, proː'rɛktoːɐ](**in**) *m/f(in)* UNIV deputy vice chancellor

Prosa ['proːza] *f* ⟨-, no pl⟩ prose **prosaisch** [pro'zaːıʃ] **A** *adj* prosaic **B** *adv* (≈ *nüchtern*) prosaically

prosit ['proːzıt] *int* your health; **~ Neujahr!** Happy New Year! **Prosit** ['proːzıt] *nt* ⟨-s, -s⟩ toast; **auf jdn ein ~ ausbringen** to toast sb

Prospekt [pro'spɛkt] *m* ⟨-(e)s, -e⟩ (≈ *Reklameschrift*) brochure (+*gen* about); (≈ *Werbezettel*) leaflet; (≈ *Verzeichnis*) catalogue (*Br*), catalog (*US*)

prost [proːst] *int* cheers; **na denn ~!** (*iron infml*) that's just great (*infml*); **~ Neujahr!** (*infml*) Happy New Year!

Prostata ['prɔstata] *f* ⟨-, no pl⟩ prostate gland

prostituieren [prostitu'iːrən] *past part* prostituiert *v/r* to prostitute oneself **Prostituierte(r)** [prostitu'iːɐtə] *m/f(m) decl as adj* prostitute **Prostitution** [prostitu'tsioːn] *f* ⟨-, -en⟩ prostitution

Protagonist [protago'nıst] *m* ⟨-en, -en⟩, **Protagonistin** [-ın] *f* ⟨-, -nen⟩ protagonist

Protein [prote'iːn] *nt* ⟨-s, -e⟩ protein

Protektion [protɛk'tsioːn] *f* ⟨-, -en⟩ (≈ *Schutz*) protection; (≈ *Begünstigung*) patronage **Protektionismus** [protɛktsio'nısmʊs] *m* ⟨-, no pl⟩ ECON protectionism **protektionistisch** [protɛktsio'nıstıʃ] *adj* protectionist **Protektorat** [protɛkto'raːt] *nt* ⟨-(e)s, -e⟩ (≈ *Schirmherrschaft*) patronage; (≈ *Schutzgebiet*) protectorate

Protest [pro'tɛst] *m* ⟨-(e)s, -e⟩ protest; **(gegen etw) ~ einlegen** to register a protest (about sth); **unter ~** protesting; (*gezwungen*) under protest **Protestant** [protɛs'tant] *m* ⟨-en, -en⟩, **Protestantin** [-'tantın] *f* ⟨-, -nen⟩ Protestant **protestantisch** [protɛs'tantıʃ] *adj* Protestant **protestieren** [protɛs'tiːrən] *past part* protestiert *v/i* to protest **Protestkundgebung** *f* (protest) rally **Protestmarsch** *m* protest march **Protestwähler(in)** *m/f(f)* protest voter

Prothese [pro'teːzə] *f* ⟨-, -n⟩ artificial limb *or* (*Gelenk*) joint; (≈ *Gebiss*) set of dentures

Protokoll [proto'kɔl] *nt* ⟨-s, -e⟩ **1** (≈ *Niederschrift*) record; (≈ *Bericht*) report; (*von Sitzung*) minutes *pl*; (*bei Polizei*) statement; (*bei Gericht*) transcript; **(das) ~ führen** (*bei Sitzung*) to take the minutes; **etw zu ~ geben** to have sth put on record; (*bei Polizei*) to say sth in one's statement; **etw zu ~ nehmen** to take sth down **2** *no pl* (*diplomatisch*) protocol **3** (≈ *Strafzettel*) ticket **protokollarisch** [protokɔ'laːrıʃ] *adj* **1** (≈ *protokolliert*) on record; (*in Sitzung*) minuted **2** (≈ *zeremoniell*) **~e Vorschriften** rules of protocol **protokollieren** [protokɔ'liːrən] *past part* protokolliert **A** *v/i* (*bei Sitzung*) to take the minutes (down); (*bei Polizei*) to take a/the statement (down) **B** *v/t* to take down; *Sitzung* to minute; *Unfall, Verbrechen* to take (down) statements about; *Vorgang* to keep a record of

Proton ['proːtɔn] *nt* ⟨-s, Protonen [pro'toːnən]⟩ proton

Prototyp ['proːtotyːp] *m* prototype

protzen ['prɔtsn] *v/i* (*infml*) to show off; **mit etw ~** to show sth off **protzig** ['prɔtsıç] (*infml*) *adj* showy (*infml*)

Proviant [pro'viant] *m* ⟨-s, (*rare*) -e⟩ provisions *pl*; (≈ *Reiseproviant*) food for the journey

Provider [pro'vaide] *m* ⟨-s, -⟩ IT provider

Provinz [pro'vınts] *f* ⟨-, -en⟩ province; (*im Gegensatz zur Stadt*) provinces *pl* (*also pej*);

das ist finsterste ~ (*pej*) it's so provincial **provinziell** [provɪn'tsiɛl] *adj* provincial **Provinzler** [pro'vɪntslɐ] *m* ⟨-s, -⟩, **Provinzlerin** [pro'vɪntslerɪn] [-ərɪn] *f* ⟨-, -nen⟩ (*pej*) provincial **Provinznest** *nt* (*pej infml*) provincial backwater, hick town (*US infml*)

Provision [provi'zio:n] *f* ⟨-, -en⟩ commission; **auf ~** on commission **Provisionsbasis** *f*, *no pl* commission basis

provisorisch [provi'zo:rɪʃ] **A** *adj* provisional; **~e Regierung** caretaker government; **Straßen mit ~em Belag** roads with a temporary surface **B** *adv* temporarily; **ich habe den Stuhl ~ repariert** I've fixed the chair up for the time being **Provisorium** [provi'zo:rium] *nt* ⟨-s, Provisorien [-riən]⟩ stopgap

Provokateur [provaka'tø:ɐ] *m* ⟨-s, -e⟩, **Provokateurin** [provaka'tø:ɛɪn] [-'tø:rɪn] *f* ⟨-, -nen⟩ troublemaker; POL agent provocateur **Provokation** [provaka'tsio:n] *f* ⟨-, -en⟩ provocation **provozieren** [provo'tsi:rən] *past part* **provoziert** *v/t & v/i* to provoke

Prozedur [protse'du:ɐ] *f* ⟨-, -en⟩ **1** (≈ *Vorgang*) procedure **2** (*pej*) carry-on (*infml*); **die ~ beim Zahnarzt** the ordeal at the dentist's

Prozent [pro'tsɛnt] *nt* ⟨-(e)s, -e or (*nach Zahlenangaben*) -⟩ per cent *no pl* (*Br*), percent *no pl* (*US*); **wie viel ~?** what percentage?; **zu zehn ~** at ten per cent (*Br*) or percent (*US*); **zu hohen ~en** at a high percentage; **~e bekommen** (≈ *Rabatt*) to get a discount **Prozentpunkt** *m* point **Prozentrechnung** *f* percentage calculation **Prozentsatz** *m* percentage **prozentual** [protsɛn'tua:l] **A** *adj* percentage *attr*; **~er Anteil** percentage **B** *adv* **sich an einem Geschäft ~ beteiligen** to have a percentage (share) in a business; **~ gut abschneiden** to get a good percentage **Prozentzeichen** *nt* percent sign

Prozess [pro'tsɛs] *m* ⟨-es, -e⟩ **1** (≈ *Strafprozess*) trial (*wegen* for; *um* in the matter of); **einen ~ gewinnen/verlieren** to win/ lose a case; **gegen jdn einen ~ anstrengen** to institute legal proceedings against sb; **jdm den ~ machen** (*infml*) to take sb to court; **mit jdm/etw kurzen ~ machen** (*fig infml*) to make short work of sb/sth (*infml*) **2** (≈ *Vorgang*) process **prozessieren** [protsɛ'si:rən] *past part* **prozessiert**

v/i to go to court; **gegen jdn ~** to bring an action against sb **Prozession** [protse-'sio:n] *f* ⟨-, -en⟩ procession **Prozesskosten** *pl* legal costs *pl*

Prozessor [pro'tsɛso:ɐ] *m* ⟨-s, Prozessoren [-'so:rən]⟩ IT processor

prüde ['pry:də] *adj* prudish **Prüderie** [pry:də'ri:] *f* ⟨-, *no pl*⟩ prudishness

prüfen ['pry:fn] *v/t* **1** (*also v/i*, SCHOOL, UNIV) to examine, to test; **jdn in etw** (*dat*) **~** to examine sb in sth; **schriftlich geprüft werden** to have a written examination; **ein staatlich geprüfter Dolmetscher** a state-certified interpreter **2** (≈ *überprüfen*) to check (*auf* +*acc* for); *Lebensmittel* to inspect; **wir werden die Beschwerde ~** we'll look into the complaint **3** (≈ *erwägen*) to consider; **etw nochmals ~** to reconsider sth **4** (≈ *mustern*) to scrutinize; **ein ~der Blick** a searching look **Prüfer** ['pry:fɐ] *m* ⟨-s, -⟩, **Prüferin** [-ərɪn] *f* ⟨-, -nen⟩ examiner; (≈ *Wirtschaftsprüfer*) inspector **Prüfling** ['pry:flɪŋ] *m* ⟨-s, -e⟩ examinee **Prüfstand** *m* test bed; **auf dem ~ stehen** to be being tested **Prüfstein** *m* (*fig*) touchstone (*für* of, for) **Prüfung** ['pry:fʊŋ] *f* ⟨-, -en⟩ **1** SCHOOL, UNIV exam; **eine ~ machen** to take or do an exam **2** (≈ *Überprüfung*) checking *no indef art*; (≈ *Untersuchung*) examination; (*von Geschäftsbüchern*) audit; (*von Lebensmitteln, Wein*) testing *no indef art*; **jdn/etw einer ~ unterziehen** to subject sb/sth to an examination; **nach ~ Ihrer Beschwerde** after looking into your complaint **3** (≈ *Erwägung*) consideration **Prüfungsangst** *f* exam nerves *pl* **Prüfungsaufgabe** *f* exam(ination) question **Prüfungsausschuss** *m* board of examiners **Prüfungskommission** *f* board of examiners **Prüfverfahren** *nt* test procedure

Prügel ['pry:gl] *m* ⟨-s, -⟩ **1** *pl also* -n (≈ *Stock*) club **2** *pl* (*infml* ≈ *Schläge*) beating; **~ bekommen** to get a beating **Prügelei** [pry:gə'lai] *f* ⟨-, -en⟩ (*infml*) fight **Prügelknabe** *m* (*fig*) whipping boy **prügeln** ['pry:gln] **A** *v/t & v/i* to beat **B** *v/r* to fight; **sich mit jdm ~** to fight sb; **sich um etw** (*acc*) **~** to fight over sth **Prügelstrafe** *f* corporal punishment

Prunk [prʊŋk] *m* ⟨-s, *no pl*⟩ (≈ *Pracht*) splendour (*Br*), splendor (*US*) **Prunkbau** *m*, *pl* -bauten magnificent building **Prunksaal** *m* sumptuous room

Prunkstück *nt* showpiece **prunkvoll** *adj* splendid

prusten ['pru:stn̩] *v/i* (*infml*) to snort; **vor Lachen ~** to snort with laughter

PS [pe:'ɛs] *nt* ⟨-, -⟩ hp

Psalm [psalm] *m* ⟨-s, -en⟩ psalm

pseudo- ['psɔydo] *in cpds* pseudo **Pseudonym** [psɔydo'ny:m] *nt* ⟨-s, -e⟩ pseudonym

pst [pst] *int* psst; (≈ *Ruhe!*) sh

Psyche ['psy:çə] *f* ⟨-, -n⟩ psyche **Psychiater** [psy'çia:tɐ] *m* ⟨-s, -⟩, **Psychiaterin** [-ərɪn] *f* ⟨-, -nen⟩ psychiatrist **Psychiatrie** [psyçia'tri:] *f* ⟨-, -n [-'tri:ən]⟩ psychiatry **psychiatrisch** [psy'çia:trɪʃ] *adj* psychiatric; **~ behandelt werden** to be under psychiatric treatment **psychisch** ['psy:çɪʃ] **A** *adj Belastung* emotional; *Phänomen, Erscheinung* psychic; *Vorgänge* psychological; **~e Erkrankung** mental illness **B** *adv abnorm* psychologically; *gestört* mentally; **~ belastet sein** to be under psychological pressure **Psychoanalyse** [psyço-] *f* psychoanalysis **Psychoanalytiker(in)** [psyço-] *m/(f)* psychoanalyst **Psychodrama** ['psy:ço-] *nt* psychodrama **Psychogramm** [psyço-] *nt, pl* -gramme profile (*also fig*) **Psychologe** [psyço'lo:gə] *m* ⟨-n, -n⟩, **Psychologin** [-'lo:gɪn] *f* ⟨-, -nen⟩ psychologist **Psychologie** [psyçolo'gi:] *f* ⟨-, *no pl*⟩ psychology **psychologisch** [psyço'lo:gɪʃ] **A** *adj* psychological **B** *adv* psychologically **Psychopath** [psyço'pa:t] *m* ⟨-en, -en⟩, **Psychopathin** [-'pa:tɪn] *f* ⟨-, -nen⟩ psychopath **Psychopharmakon** [psyço'farmakɔn] *nt* ⟨-s, -pharmaka [-ka]⟩ *usu pl* psychiatric drug **Psychose** [psy'ço:zə] *f* ⟨-, -n⟩ psychosis **psychosomatisch** [psyçozo'ma:tɪʃ] **A** *adj* psychosomatic **B** *adv* psychosomatically **Psychoterror** ['psy:ço-] *m* psychological terror **Psychotherapeut(in)** [psyço-] *m/(f)* psychotherapist **Psychotherapie** [psyço-] *f* psychotherapy **Psychothriller** ['psy:ço-] *m* psychological thriller **psychotisch** [psy'ço:tɪʃ] *adj* psychotic

pubertär [pubɛr'tɛ:ɐ] *adj* adolescent **Pubertät** [pubɛr'tɛ:t] *f* ⟨-, *no pl*⟩ puberty **pubertieren** [pubɛr'ti:rən] *past part* pubertiert *v/i* to reach puberty

Publicity [pa'blɪsɪti] *f* ⟨-, *no pl*⟩ publicity **publik** [pu'bli:k] *adj pred* **~ werden** to become public knowledge; **etw ~ machen** to make sth public **Publikation** [publika'tsio:n] *f* ⟨-, -en⟩ publication **Publikum** ['pu:blikʊm] *nt* ⟨-s, *no pl*⟩ public; (≈ *Zuschauer, Zuhörer*) audience; (≈ *Leser*) readers *pl*; SPORTS crowd **Publikumserfolg** *m* success with the public **Publikumsmagnet** *m* crowd puller **publikumswirksam** **A** *adj* **~ sein** to have public appeal **B** *adv* **ein Stück ~ inszenieren** to produce a play with a view to public appeal **publizieren** [publi'tsi:rən] *past part* publiziert *v/t & v/i* **A** (≈ *veröffentlichen*) to publish **B** (≈ *publik machen*) to publicize **Publizist** [publi'tsɪst] *m* ⟨-en, -en⟩, **Publizistin** [-ɪn] *f* ⟨-, -nen⟩ publicist; (≈ *Journalist*) journalist **Publizistik** [publi'tsɪstɪk] *f* ⟨-, *no pl*⟩ journalism

Pudding ['pʊdɪŋ] *m* ⟨-s, -s⟩ thick custard-based dessert often tasting of vanilla, chocolate etc **Puddingpulver** *nt* custard powder

Pudel ['pu:dl̩] *m* ⟨-s, -⟩ poodle **Pudelmütze** *f* bobble cap **pudelwohl** *adj* (*infml*) **sich ~ fühlen** to feel completely contented

Puder ['pu:dɐ] *m or* (*inf*) *nt* ⟨-s, -⟩ powder **Puderdose** *f* (*für Gesichtspuder*) (powder) compact **pudern** ['pu:dɐn] **A** *v/t* to powder **B** *v/r* (≈ *Puder auftragen*) to powder oneself **Puderzucker** *m* icing sugar

Puff[1] [pʊf] *m* ⟨-(e)s, ⸚e ['pʏfə]⟩ **A** (≈ *Stoß*) thump; (*in die Seite*) prod **B** (*Geräusch*) phut (*infml*)

Puff[2] *m or nt* ⟨-s, -s⟩ (*infml*) brothel

Puffärmel *m* puff(ed) sleeve

puffen ['pʊfn̩] *v/t* to hit; (*in die Seite*) to prod **Puffer** ['pʊfɐ] *m* ⟨-s, -⟩ **A** RAIL, IT buffer **B** (COOK ≈ *Kartoffelpuffer*) potato fritter **Pufferstaat** *m* buffer state **Pufferzone** *f* buffer zone

Puffreis *m* puffed rice

Pull-down-Menü [pʊl'daun-] *nt* pull-down menu

Pulle ['pʊlə] *f* ⟨-, -n⟩ (*infml*) bottle; **volle ~ fahren/arbeiten** (*infml*) to drive/work flat out (*esp Br*)

Pulli ['pʊli] *m* ⟨-s, -s⟩ (*infml*), **Pullover** [pʊ'lo:vɐ] *m* ⟨-s, -⟩ jumper (*Br*), sweater **Pullunder** [pʊ'lʊndɐ, pʊl'ʊndɐ] *m* ⟨-s, -⟩ tank top

Puls [pʊls] *m* ⟨-es, -e [-zə]⟩ pulse; **jdm den ~ fühlen** (*lit*) to feel sb's pulse; (*fig*) to take sb's pulse **Pulsader** *f* artery; **sich** (*dat*) **die ~(n) aufschneiden** to slash one's wrists **pulsieren** [pʊlˈziːrən] *past part* **pulsiert** *v/i* to pulsate **Pulsschlag** *m* pulse beat; *(fig)* pulse; *(≈ das Pulsieren)* throbbing, pulsation

Pult [pʊlt] *nt* ⟨-(e)s, -e⟩ desk

Pulver ['pʊlfɐ, -vɐ] *nt* ⟨-s, -⟩ powder; **sein ~ verschossen haben** *(fig)* to have shot one's bolt **Pulverfass** *nt* powder keg; **(wie) auf einem ~ sitzen** *(fig)* to be sitting on (top of) a volcano **pulverig** ['pʊlfərɪç, -vərɪç] *adj* powdery *no adv* **pulverisieren** [pʊlveriˈziːrən] *past part* **pulverisiert** *v/t* to pulverize **Pulverkaffee** *m* instant coffee **Pulverschnee** *m* powder snow

Puma ['puːma] *m* ⟨-s, -s⟩ puma

pummelig ['pʊməlɪç] *adj (infml)* chubby

Pump [pʊmp] *m* ⟨-(e)s, no pl⟩ *(infml)* credit; **etw auf ~ kaufen** to buy sth on credit **Pumpe** ['pʊmpə] *f* ⟨-, -n⟩ **1** pump **2** *(infml ≈ Herz)* ticker *(infml)* **pumpen** ['pʊmpn] *v/t* **1** *(mit Pumpe)* to pump **2** *(infml ≈ entleihen)* to borrow; *(≈ verleihen)* to lend

Pumpernickel ['pʊmpɐnɪkl] *m* ⟨-s, -⟩ pumpernickel

Pumps [pœmps] *m* ⟨-, -⟩ pump

puncto ['pʊŋkto] *prep +gen* **in ~** with regard to

Punk [paŋk] *m* ⟨-s, no pl⟩ punk **Punker** ['paŋkɐ] *m* ⟨-s, -⟩, **Punkerin** ['paŋkərɪn] *f* ⟨-, -nen⟩ punk

Punkt [pʊŋkt] *m* ⟨-(e)s, -e⟩ **1** point; **~ 12 Uhr** at 12 o'clock on the dot; **bis zu einem gewissen ~** up to a certain point; **nach ~en siegen/führen** to win/lead on points; **in diesem ~** on this point; **etw auf den ~ bringen** to get to the heart of sth **2** *(≈ Satzzeichen)* full stop *(Br)*, period *(esp US)*; *(auf dem i, von Punktlinie,* IT*)* dot; **nun mach aber mal einen ~!** *(infml)* come off it! *(infml)* **Pünktchen** ['pʏŋktçən] *nt* ⟨-s, -⟩ little dot **punkten** ['pʊŋktn] *v/i* SPORTS to score (points); *(fig ≈ Erfolg haben)* to score a hit; → **gepunktet punktgleich** **A** *adj* SPORTS level *(mit* with*)* **B** *adv* **die beiden Mannschaften liegen ~** the two teams are even; **der Boxkampf ging ~ aus** the fight ended in a draw *or* was a draw **punktieren** [pʊŋkˈtiːrən] *past part* **punktiert** *v/t* **1** MED to aspirate **2** *(mit Punkten versehen)* to dot; **punktierte Linie** dotted line **Punktlandung** *f* precision landing **pünktlich** ['pʏŋktlɪç] **A** *adj* punctual **B** *adv* on time **Pünktlichkeit** *f* ⟨-, no pl⟩ punctuality

Punktniederlage *f* defeat on points **Punktrichter(in)** *m/(f)* judge **Punktsieg** *m* win on points **Punktspiel** *nt* league game, game decided on points **punktuell** [pʊŋkˈtuɛl] **A** *adj* **Streik** selective; *Zusammenarbeit* on certain points; **~e Verkehrskontrollen** spot checks on traffic **B** *adv* **kritisieren** in a few points

Punsch [pʊnʃ] *m* ⟨-es, -e⟩ (hot) punch

Pupille [puˈpɪlə] *f* ⟨-, -n⟩ pupil

Puppe ['pʊpə] *f* ⟨-, -n⟩ **1** doll; *(≈ Marionette)* puppet; *(≈ Schaufensterpuppe)* dummy; *(infml ≈ Mädchen)* doll *(infml)*; **die ~n tanzen lassen** *(infml)* to live it up *(infml)*; **bis in die ~n schlafen** *(infml)* to sleep to all hours **2** ZOOL pupa **Puppenhaus** *nt* doll's house *(Br)*, dollhouse *(US)* **Puppenspiel** *nt* puppet show **Puppenspieler(in)** *m/(f)* puppeteer **Puppenstube** *f* doll's house *(Br)*, dollhouse *(US)* **Puppentheater** *nt* puppet theatre *(Br)* or theater *(US)* **Puppenwagen** *m* doll's pram *(Br)*, toy baby carriage *(US)*

pur [puːɐ] **A** *adj* *(≈ rein)* pure; *(≈ unverdünnt)* neat; *(≈ bloß, völlig)* sheer; **~er Unsinn** absolute nonsense; **~er Zufall** sheer coincidence; **Whisky ~** straight whisky **B** *adv* **anwenden** pure; **trinken** straight

Püree [pyˈreː] *nt* ⟨-s, -s⟩ puree **pürieren** [pyˈriːrən] *past part* **püriert** *v/t* to puree **Pürierstab** *m* masher

Puritaner [puriˈtaːnɐ] *m* ⟨-s, -⟩, **Puritanerin** [-ərɪn] *f* ⟨-, -nen⟩ Puritan **puritanisch** [puriˈtaːnɪʃ] *adj* HIST Puritan; *(pej)* puritanical

Purpur ['pʊrpʊr] *m* ⟨-s, no pl⟩ crimson **purpurrot** *adj* crimson (red)

Purzelbaum ['pʊrtslbaʊm] *m* somersault; **einen ~ schlagen** to turn a somersault **purzeln** ['pʊrtsln] *v/i aux sein* to tumble **puschen, pushen** ['pʊʃn] *v/t (infml)* to push **Push-up-BH** ['pʊʃap-] *m* push-up bra

Pusselarbeit ['ʁʊsl-] *f (infml)* fiddly *or* finicky work **pusseln** ['pʊsln] *v/i (infml ≈ herumbasteln)* to fiddle around *(an etw (dat)* with sth*)*

Puste ['puːstə] *f* ⟨-, no pl⟩ *(infml)* puff *(infml)*; **außer ~ geraten** to get out of breath; **außer ~ sein** to be out of puff *(infml)* **Pusteblume** *f (infml)* dandelion

P

clock **Pustekuchen** *int* (*infml*) fiddle-sticks (*dated infml*); **(ja) ~!** (*infml*) no chance! (*infml*)

Pustel ['pʊstl] *f* ⟨-, -n⟩ (≈ *Pickel*) spot; MED pustule

pusten ['puːstn] *v/i* (*infml*) to puff

Pute ['puːtə] *f* ⟨-, -n⟩ turkey (hen); **dumme ~** (*infml*) silly goose (*infml*) **Putenschnitzel** *nt* COOK turkey breast in breadcrumbs **Puter** ['puːtɐ] *m* ⟨-s, -⟩ turkey (cock) **puterrot** *adj* scarlet, bright red; **~ werden** to go bright red

Putsch [pʊtʃ] *m* ⟨-(e)s, -e⟩ putsch **putschen** ['pʊtʃn] *v/i* to rebel **Putschist** [pʊ'tʃɪst] *m* ⟨-en, -en⟩, **Putschistin** [-'tʃɪstɪn] *f* ⟨-, -nen⟩ rebel **Putschversuch** *m* attempted coup (d'état)

Putte ['pʊtə] *f* ⟨-, -n⟩ ART cherub

Putz [pʊts] *m* ⟨-es, *no pl*⟩ **1** BUILD plaster; (≈ *Rauputz*) roughcast **2** **auf den ~ hauen** (*infml*) (≈ *angeben*) to show off; (≈ *ausgelassen feiern*) to have a rave-up (*infml*) **Putzdienst** *m* cleaning duty; (≈ *Dienstleistung*) cleaning service; **~ haben** to be on cleaning duty **putzen** ['pʊtsn] **A** *v/t* (≈ *säubern*) to clean; (≈ *polieren*) to polish; (≈ *wischen*) to wipe; **Fenster ~** to clean the windows; **~ gehen** to work as a cleaner **B** *v/r* (≈ *sich säubern*) to wash oneself **Putzfimmel** *m*, *no pl* (*infml*) **einen ~ haben** to be a cleaning maniac **Putzfrau** *f* cleaner **putzig** ['pʊtsɪç] (*infml*) *adj* (≈ *komisch*) funny; (≈ *niedlich*) cute **Putzkolonne** *f* team of cleaners **Putzlappen** *m* cloth **Putzmittel** *nt* (*zum Scheuern*) cleanser; (*zum Polieren*) polish **putzmunter** ['pʊts'mʊntɐ] *adj* (*infml*) full of beans (*Br infml*), lively **Putztuch** *nt*, *pl* **-tücher** (≈ *Staubtuch*) duster; (≈ *Wischlappen*) cloth **Putzzeug** *nt* cleaning things *pl*

Puzzle ['pazl, 'pasl] *nt* ⟨-s, -s⟩ jigsaw (puzzle)

Pygmäe [pʏ'gmɛːə] *m* ⟨-n, -n⟩, **Pygmäin** [pʏ'gmɛːɪn] *f* ⟨-, -nen⟩ Pygmy

Pyjama [py'dʒaːma, py'ʒaːma, pi'dʒaːma, pi'ʒaːma] *m* ⟨-s, -s⟩ pair of pyjamas (*Br*) or pajamas (*US*) *sg*

Pyramide [pyra'miːdə] *f* ⟨-, -n⟩ pyramid **pyramidenförmig** *adj* pyramid-shaped *no adv*

Pyrenäen [pyre'nɛːən] *pl* **die ~** the Pyrenees *pl* **Pyrenäenhalbinsel** *f* Iberian Peninsula

Pyromane [pyro'maːnə] *m* ⟨-n, -n⟩, **Pyromanin** [-'maːnɪn] *f* ⟨-, -nen⟩ pyromaniac **Pyrotechnik** [pyro'tɛçnɪk] *f* pyrotechnics *sg* **pyrotechnisch** [pyro'tɛçnɪʃ] *adj* pyrotechnic

Python ['pyːtɔn] *m* ⟨-s, -s⟩ python

Q, q [kuː] *nt* ⟨-, -⟩ Q, q

Quacksalber ['kvakzalbɐ] *m* ⟨-s, -⟩, **Quacksalberin** [-ərɪn] *f* ⟨-, -nen⟩ (*pej*) quack (doctor) **Quacksalberei** [kvakzalbə'rai] *f* ⟨-, -en⟩ quackery

Quadrat [kva'draːt] *nt* ⟨-(e)s, -e⟩ **1** *no pl* (*Fläche*) square; **drei Meter im ~** three metres (*Br*) or meters (*US*) square **2** *no pl* (*Potenz*) square; **vier zum ~** four squared **quadratisch** [kva'draːtɪʃ] *adj* Form square; MAT *Gleichung* quadratic **Quadratkilometer** *m* square kilometre (*Br*) or kilometer (*US*) **Quadratmeter** *m* or *nt* square metre (*Br*) or meter (*US*) **Quadratur** [kvadra'tuːɐ] *f* ⟨-, -en⟩ quadrature; **die ~ des Kreises** the squaring of the circle **Quadratwurzel** *f* square root **Quadratzahl** *f* square number **quadrieren** [kva'driːrən] *past part* quadriert *v/t* Zahl to square

Quai [kɛː, keː] *m* or *nt* ⟨-s, -s⟩ **1** quay **2** (*Swiss*) (*an Fluss*) riverside road; (*an See*) lakeside road

quaken ['kvaːkn] *v/i* (*Frosch*) to croak; (*Ente*) to quack

quäken ['kvɛːkn] *v/t & v/i* (*infml*) to screech **Quäker** ['kvɛːkɐ] *m* ⟨-s, -⟩, **Quäkerin** [-ərɪn] *f* ⟨-, -nen⟩ Quaker

Qual [kvaːl] *f* ⟨-, -en⟩ agony; **~en leiden** to suffer agonies; **unter großen ~en sterben** to die in agony; **die letzten Monate waren für mich eine (einzige) ~** the last few months have been sheer agony for me; **er machte ihr das Leben zur ~** he made her life a misery **quälen** ['kvɛːlən] **A** *v/t* to torment; (*mit Bitten etc*) to pester; **jdn zu Tode ~** to torture sb to death; → **gequält B** *v/r* **1** (*seelisch*) to torture oneself; (≈ *leiden*) to suffer **2** (≈ *sich abmühen*) to struggle **quälend** *adj* agonizing **Quä-**

lerei [kvɛːləˈraɪ] f ⟨-, -en⟩ (≈ *Grausamkeit*) torture *no pl*; (≈ *seelische Belastung*) agony; **das ist doch eine ~ für das Tier** that is cruel to the animal **Quälgeist** m (*infml*) pest (*infml*)

Quali [ˈkvaːli] f ⟨-, -s⟩, *abbr* of **Qualifikation** (SPORTS *infml*) qualification; (≈ *Runde*) qualifying round **Qualifikation** [kvalifika'tsioːn] f ⟨-, -en⟩ qualification; (≈ *Ausscheidungswettkampf*) qualifying round **qualifizieren** [kvalifiˈtsiːrən] *past part* **qualifiziert** v/r to qualify **qualifiziert** [kvalifiˈtsiːɐt] *adj* ◫ *Arbeiter* qualified; *Arbeit* expert ◨ POL *Mehrheit* requisite **Qualifizierung** f ◫ qualification ◨ (≈ *Einordnung*) classification

Qualität [kvaliˈtɛːt] f ⟨-, -en⟩ quality **qualitativ** [kvalitaˈtiːf] 🅐 *adj* qualitative 🅑 *adv* qualitatively; **~ hochwertige Produkte** high-quality products **Qualitätsarbeit** f quality work **Qualitätskontrolle** f quality check **Qualitätsware** f quality goods *pl* **Qualitätswein** m *wine of certified origin and quality*

Qualle [ˈkvalə] f ⟨-, -n⟩ jellyfish

Qualm [kvalm] m ⟨-(e)s, *no pl*⟩ (thick or dense) smoke **qualmen** [ˈkvalmən] v/i ◫ (*Feuer*) to give off smoke; **es qualmt aus dem Schornstein** clouds of smoke are coming from the chimney ◨ (*infml: Mensch*) to smoke **qualmig** [ˈkvalmɪç] *adj* smoky

qualvoll 🅐 *adj* painful; *Gedanke* agonizing; *Anblick* harrowing 🅑 *adv* **~ sterben** to die an agonizing death

Quantenphysik [ˈkvantn-] f quantum physics *sg* **Quantensprung** m quantum leap **Quantentheorie** f quantum theory **quantifizieren** [kvantifiˈtsiːrən] *past part* **quantifiziert** v/t to quantify **Quantität** [kvantiˈtɛːt] f ⟨-, -en⟩ quantity **quantitativ** [kvantitaˈtiːf] 🅐 *adj* quantitative 🅑 *adv* quantitatively **Quantum** [ˈkvantʊm] nt ⟨-s, Quanten [-tn]⟩ (≈ *Menge*) quantum; (≈ *Anteil*) quota (*an* +*dat* of)

Quarantäne [karanˈtɛːnə] f ⟨-, -n⟩ quarantine; **unter ~ stellen** to put in quarantine; **unter ~ stehen** to be in quarantine **Quark** [kvark] m ⟨-s, *no pl*⟩ ◫ (≈ *Käse*) quark ◨ (*infml* ≈ *Unsinn*) rubbish (*Br*), nonsense **Quartal** [kvarˈtaːl] nt ⟨-s, -e⟩ quarter **Quartal(s)säufer(in)** m/(f) (*infml*) periodic heavy drinker **quartal(s)weise** 🅐 *adj* quarterly 🅑 *adv* quarterly **Quartett**

[kvarˈtɛt] nt ⟨-(e)s, -e⟩ ◫ MUS quartet ◨ (CARDS ≈ *Spiel*) ≈ happy families; (≈ *Karten*) set of four cards

Quartier [kvarˈtiːɐ] nt ⟨-s, -e⟩ ◫ (≈ *Unterkunft*) accommodation (*Br*), accommodations *pl* (*US*) ◨ MIL quarters *pl*

Quarz [kvarts] m ⟨-es, -e⟩ quartz **Quarzuhr** f quartz clock; (≈ *Armbanduhr*) quartz watch

quasi [ˈkvaːzi] 🅐 *adv* virtually 🅑 *pref* quasi **Quasselei** [kvasəˈlaɪ] f ⟨-, -en⟩ (*infml*) gabbing (*infml*) **quasseln** [ˈkvasln] v/t & v/i to blather (*infml*)

Quaste [ˈkvastə] f ⟨-, -n⟩ (≈ *Troddel*) tassel; (*von Pinsel*) bristles *pl*

Quatsch [kvatʃ] m ⟨-es, *no pl*⟩ (*infml*) nonsense; **ohne ~!** (≈ *ehrlich*) no kidding! (*infml*); **so ein ~!** what (a load of) nonsense (*Br*); **lass den ~** cut it out! (*infml*); **~ machen** to mess about (*infml*); **mach damit keinen ~** don't do anything stupid with it **quatschen** [ˈkvatʃn] (*infml*) 🅐 v/t & v/i (≈ *dummes Zeug reden*) to gab (away) (*infml*), to blather (*infml*) 🅑 v/i ◫ (≈ *plaudern*) to blather (*infml*) ◨ (≈ *etw ausplaudern*) to squeal (*infml*) **Quatschkopf** m (*pej infml*) (≈ *Schwätzer*) windbag (*infml*); (≈ *Dummkopf*) fool

Quecksilber [ˈkvɛkzɪlbɐ] nt mercury

Quelle [ˈkvɛlə] f ⟨-, -n⟩ ◫ spring; (≈ *Erdölquelle*) well ◨ (*fig*) (≈ *Ursprung, Informant*) source; (*für Waren*) supplier; **die ~ allen Übels** the root of all evil; **aus zuverlässiger ~** from a reliable source; **an der ~ sitzen** (*fig*) to be well-placed **quellen** [ˈkvɛlən] v/i, *pret* **quoll** [kvɔl], *past part* **gequollen** [ɡəˈkvɔlən] *aux sein* ◫ (≈ *herausfließen*) to pour (*aus* out of) ◨ (*Erbsen*) to swell; **lassen Sie die Bohnen über Nacht ~** leave the beans to soak overnight **Quellenangabe** f reference **Quellensteuer** f ECON tax at source **Quellwasser** nt spring water

Quengelei [kvɛŋəˈlaɪ] f ⟨-, -en⟩ (*infml*) whining **quengelig** [ˈkvɛŋəlɪç] *adj* whining **quengeln** [ˈkvɛŋln] v/i (*infml*) to whine

quer [kveːɐ] *adv* (≈ *schräg*) crossways, diagonally; (≈ *rechtwinklig*) at right angles; **~ gestreift** horizontally striped; **er legte sich ~ aufs Bett** he lay down across the bed; **~ über etw** (*acc*) **gehen** to cross sth **Querdenker(in)** m/(f) open-minded thinker **Quere** [ˈkveːrə] f ⟨-, *no pl*⟩ **jdm**

in die ~ kommen (≈ *begegnen*) to cross sb's path; *(also fig ≈ in den Weg geraten)* to get in sb's way
Querele [kveˈreːlə] *f* ⟨-, -n⟩ *usu pl (elev)* dispute
querfeldein [kveːefɛltˈain] *adv* across country **Querfeldeinrennen** *nt* cross--country; *(Motorradrennen)* motocross **Querflöte** *f* (transverse) flute **Querformat** *nt* landscape format **quergestreift** *adj attr;* → quer **Querlatte** *f* crossbar **querlegen** *v/r sep (fig infml)* to be awkward **Querpass** *m* cross **Querschläger** *m* ricochet (shot) **Querschnitt** *m* cross section **querschnitt(s)gelähmt** *adj* paraplegic **Querschnitt(s)gelähmte(r)** [-ɡəlɛːmtə] *m/f(m) decl as adj* paraplegic **Querschnitt(s)lähmung** *f* paraplegia **querstellen** *v/r sep (fig infml)* to be awkward **Querstraße** *f* (≈ *Nebenstraße*) side street; (≈ *Abzweigung*) turning **Querstreifen** *m* horizontal stripe **Quersumme** *f* MAT sum of digits (of a number) **Quertreiber(in)** *m/f(f) (infml)* troublemaker **Querulant** [kveruˈlant] *m* ⟨-en, -en⟩, **Querulantin** [-ˈlantɪn] *f* ⟨-, -nen⟩ grumbler **Querverweis** *m* cross--reference
quetschen [ˈkvɛtʃn] **A** *v/t* (≈ *drücken*) to squash; *(aus einer Tube)* to squeeze; **etw in etw** *(acc)* **~** to squeeze sth into sth **B** *v/r* (≈ *sich zwängen*) to squeeze (oneself) **Quetschung** [ˈkvɛtʃʊŋ] *f* ⟨-, -en⟩, **Quetschwunde** *f* MED bruise
Quiche [kiːʃ] *f* ⟨-, -s⟩ COOK quiche
quicklebendig [ˈkvɪk-] *adj (infml)* lively
quieken [ˈkviːkən] *v/i* to squeal **quietschen** [ˈkviːtʃn] *v/i* to squeak; *(Reifen, Mensch)* to squeal; *Bremsen* to screech **quietschvergnügt** *adj (infml)* happy as a sandboy
Quintett [kvɪnˈtɛt] *nt* ⟨-(e)s, -e⟩ quintet
Quirl [kvɪrl] *m* ⟨-s, -e⟩ COOK whisk, beater **quirlig** [ˈkvɪrlɪç] *adj Mensch, Stadt* lively, exuberant
quitt [kvɪt] *adj* **~ sein (mit jdm)** to be quits (with sb); **jdn/etw ~ sein** *(dial)* to be rid of sb/sth
Quitte [ˈkvɪtə] *f* ⟨-, -n⟩ quince
quittieren [kvɪˈtiːrən] *past part* **quittiert** **A** *v/t* **1** (≈ *bestätigen*) to give a receipt for; **lassen Sie sich** *(dat)* **die Rechnung ~** get a receipt for the bill **2** (≈ *beantworten*) to counter *(mit* with) **3** (≈ *verlassen*)

Dienst to quit **B** *v/i* (≈ *bestätigen*) to sign
Quittung [ˈkvɪtʊŋ] *f* ⟨-, -en⟩ **1** receipt; **gegen ~** on production of a receipt; **jdm eine ~ für etw ausstellen** to give sb a receipt for sth **2** *(fig)* **die ~ für etw bekommen** *or* **erhalten** to pay the penalty for sth **Quittungsblock** *m, pl* -blöcke receipt book
Quiz [kvɪs] *nt* ⟨-, -⟩ quiz **Quizfrage** *f* quiz question **Quizmaster** [ˈkvɪsmaːstɐ] *m* ⟨-s, -⟩, **Quizmasterin** [-ərɪn] *f* ⟨-, -nen⟩ quizmaster **Quizsendung** *f* quiz show; *(mit Spielen)* gameshow
Quote [ˈkvoːtə] *f* ⟨-, -n⟩ (≈ *Anteilsziffer*) proportion; (≈ *Rate*) rate; TV *etc* ratings *pl* **Quotenregelung** *f* quota system **Quotient** [kvoˈtsiɛnt] *m* ⟨-en, -en⟩ quotient

R

R, r [ɛr] *nt* ⟨-, -⟩ R, r
Rabatt [raˈbat] *m* ⟨-(e)s, -e⟩ discount *(auf* on) **Rabattaktion** *nt* sale
Rabauke [raˈbaukə] *m* ⟨-n, -n⟩ *(infml)* hooligan
Rabbi [ˈrabi] *m* ⟨-(s), -s *or* Rabbinen [raˈbiːnən]⟩ rabbi **Rabbiner** [raˈbiːnɐ] *m* ⟨-s, -⟩, **Rabbinerin** [-ərɪn] *f* ⟨-, -en⟩ rabbi
Rabe [ˈraːbə] *m* ⟨-n, -n⟩ raven **Rabeneltern** *pl (infml)* bad parents *pl* **Rabenmutter** *f, pl* -mütter *(infml)* bad mother **rabenschwarz** *adj Nacht* pitch-black; *Haare* jet-black; *(fig) Humor* black **Rabenvater** *m (infml)* bad father
rabiat [raˈbiaːt] **A** *adj Kerl* violent; *Umgangston* aggressive; *Methoden, Konkurrenz* ruthless **B** *adv* (≈ *rücksichtslos*) roughly; *vorgehen* ruthlessly; (≈ *aggressiv*) violently
Rache [ˈraxə] *f* ⟨-, *no pl*⟩ revenge; **~ schwören** to swear vengeance; **(an jdm) ~ nehmen** *or* **üben** to take revenge (on *or* upon sb); **etw aus ~ tun** to do sth in revenge; **~ ist süß** *(prov)* revenge is sweet *(prov)* **Racheakt** *m* act of revenge *or* vengeance
Rachen [ˈraxn] *m* ⟨-s, -⟩ throat; *(von großen Tieren)* jaws *pl; (fig)* jaws *pl,* abyss;

jdm etw in den ~ werfen (*infml*) to shove sth down sb's throat (*infml*)

rächen ['rɛçn] **A** *v/t jdn, Untat* to avenge (*etw an jdm* sth on sb) **B** *v/r* (*Mensch*) to get one's revenge (*an jdm für etw* on sb for sth); **deine Faulheit wird sich ~** you'll pay for being so lazy

Rachitis [ra'xi:tɪs] *f* ⟨-, Rachitiden [raxi'ti:dn]⟩ rickets **rachitisch** [ra'xi:tɪʃ] *adj Kind* with rickets

Rachsucht *f* vindictiveness **rachsüchtig** *adj* vindictive

Racker ['rakɐ] *m* ⟨-s, -⟩ (*infml: Kind*) rascal (*infml*) **rackern** ['rakɐn] *v/i & v/r* (*infml*) to slave (away) (*infml*)

Rad [ra:t] *nt* ⟨-(e)s, ⸚er ['rɛ:dɐ]⟩ **1** wheel; **ein ~ schlagen** SPORTS to do a cartwheel; **nur ein ~ im Getriebe sein** (*fig*) to be only a cog in the works; **unter die Räder kommen** (*infml*) to get into bad ways; **das fünfte ~ am Wagen sein** (*infml*) to be in the way **2** (≈ *Fahrrad*) bicycle, bike (*infml*); **~ fahren** to cycle; (*pej infml* ≈ *kriechen*) to suck up (*infml*)

Radar [ra'da:ɐ, 'ra:da:ɐ] *m or nt* ⟨-s, -e⟩ radar **Radarfalle** *f* speed trap **Radarkontrolle** *f* radar speed check **Radarschirm** *m* radar screen, radarscope **Radarstation** *f* radar station **Radarüberwachung** *f* radar monitoring

Radau [ra'dau] *m* ⟨-s, *no pl*⟩ (*infml*) racket (*infml*); **~ machen** to kick up a row; (≈ *Unruhe stiften*) to cause trouble; (≈ *Lärm machen*) to make a racket

Raddampfer *m* paddle steamer

radebrechen ['ra:dəbrɛçn] *insep v/t* **Englisch/Deutsch ~** to speak broken English/German

radeln ['ra:dln] *v/i aux sein* (*infml*) to cycle **Rädelsführer(in)** ['rɛ:dls-] *m/(f)* ringleader

radfahren ['ra:tfa:rən] *v/i sep irr aux sein;* → **Rad Radfahrer(in)** *m/(f)* **1** cyclist **2** (*pej infml*) crawler (*Br infml*), brown-noser (*esp US sl*) **Radfahrweg** *m* cycleway; (*in der Stadt*) cycle lane **Radgabel** *f* fork **Radhelm** *m* cycle helmet

Radi ['ra:di] *m* ⟨s, -⟩ (*S Ger, Aus*) white radish

radial [ra'dia:l] **A** *adj* radial **B** *adv* radially **Radiator** [ra'dia:to:ɐ] *m* ⟨-s, Radiatoren [-'to:rən]⟩ radiator

radieren [ra'di:rən] *past part* radiert *v/t & v/i* **1** (*mit Radiergummi*) to erase **2** ART to

etch **Radiergummi** *m* rubber (*Br*), eraser (*esp US, form*) **Radierung** [ra'di:rʊŋ] *f* ⟨-, -en⟩ ART etching

Radieschen [ra'di:sçən] *nt* ⟨-s, -⟩ radish

radikal [radi'ka:l] **A** *adj* radical **B** *adv* radically; *verneinen* categorically; **etw ~ ablehnen** to refuse sth flatly; **~ gegen etw vorgehen** to take radical steps against sth **Radikale(r)** [radi'ka:lə] *m/f(m) decl as adj* radical **radikalisieren** [radikali'zi:rən] *past part* radikalisiert *v/t* to radicalize **Radikalisierung** *f* ⟨-, -en⟩ radicalization **Radikalismus** [radika'lɪsmʊs] *m* ⟨-, *no pl*⟩ POL radicalism **Radikalkur** *f* (*infml*) drastic remedy

Radio ['ra:dio] *nt or* (*Swiss, S Ger also*) *m* ⟨-s, -s⟩ radio; **~ hören** to listen to the radio; **im ~** on the radio **radioaktiv** [radioak'ti:f] *adj* radioactive; **~er Niederschlag** (radioactive) fallout; **~ verseucht** contaminated with radioactivity **Radioaktivität** [radioaktivi'tɛ:t] *f* radioactivity **Radioapparat** *m* radio (set) **Radiografie** [radiogra'fi:] *f* ⟨-, -n [-'fi:ən]⟩ radiography **Radiologe** [radio'lo:gə] *m* ⟨-n, -n⟩, **Radiologin** [-'lo:gɪn] *f* ⟨-, -nen⟩ MED radiologist **Radiologie** [radiolo'gi:] *f* ⟨-, *no pl*⟩ MED radiology **radiologisch** [radio'lo:gɪʃ] *adj* radiological **Radiorekorder** *m* radio recorder **Radiosender** *m* (≈ *Rundfunkanstalt*) radio station **Radiotherapie** *f* radiotherapy **Radiowecker** *m* radio alarm (clock)

Radium ['ra:diʊm] *nt* ⟨-, *no pl*⟩ radium

Radius ['ra:diʊs] *m* ⟨-, Radien [-diən]⟩ radius

Radkappe *f* hubcap **Radlager** *nt* wheel bearing **Radler** ['ra:dlɐ] *m* ⟨-s, -⟩, **Radlerin** [-ərɪn] *f* ⟨-, -nen⟩ (*infml*) cyclist **Radrennbahn** *f* cycle (racing) track **Radrennen** *nt* cycle race **Radrennsport** *m* cycle racing **Radsport** *m* cycling **Radsportler(in)** *m/(f)* cyclist **Radtour** *f* bike ride; (*länger*) cycling tour **Radwandern** *nt* cycling tours *pl* **Radwechsel** *m* wheel change **Radweg** *m* cycleway

raffen ['rafn] *v/t* **1** **er will immer nur (Geld) ~** he's always after money; **etw an sich** (*acc*) **~** to grab sth **2** *Stoff* to gather **3** (*zeitlich*) to shorten **4** (*sl* ≈ *verstehen*) to get (*infml*) **Raffgier** ['rafgi:ɐ] *f* greed, avarice

Raffinade [rafi'na:də] *f* ⟨-, -n⟩ (*Zucker*) refined sugar **Raffinerie** [rafinə'riː] f ⟨-, -n [-'riːən]⟩ refinery **Raffinesse** [rafi'nɛsə] f ⟨-, -n⟩ **1** (≈ Feinheit) refinement **2** (≈ Schlauheit) cunning no pl **raffinieren** [rafi'niːrən] past part **raffiniert** v/t to refine **raffiniert** [rafi'niːet] adj **1** Zucker, Öl refined **2** Methoden sophisticated; (infml) Kleidung stylish **3** (≈ schlau) clever; (≈ durchtrieben) crafty

Rafting ['raːftɪŋ] nt ⟨-, no pl⟩ SPORTS (white-water) rafting

Rage ['raːʒə] f ⟨-, no pl⟩ (≈ Wut) rage; **jdn in ~ bringen** to infuriate sb

ragen ['raːgn] v/i to rise, to loom

Ragout [ra'guː] nt ⟨-s, -s⟩ ragout

Rahm [raːm] m ⟨-(e)s, no pl⟩ (S Ger, Aus) cream

rahmen ['raːmən] v/t to frame; Dias to mount **Rahmen** ['raːmən] m ⟨-s, -⟩ **1** frame **2** (fig) framework; (≈ Atmosphäre) setting; (≈ Größe) scale; **den ~ für etw bilden** to provide a backdrop for sth; **im ~** within the framework (+gen of); **im ~ des Möglichen** within the bounds of possibility; **sich im ~ halten** to keep within the limits; **aus dem ~ fallen** to be strikingly different; **musst du denn immer aus dem ~ fallen!** do you always have to show yourself up?; **den ~ von etw sprengen** to go beyond the scope of sth; **in größerem/kleinerem ~** on a large/small scale **Rahmenbedingung** f basic condition **Rahmenvertrag** m IND general agreement

rahmig ['raːmɪç] adj (dial) creamy **Rahmspinat** m creamed spinach (with sour cream)

räkeln ['rɛːkln] v/r = rekeln

Rakete [ra'keːtə] f ⟨-, -n⟩ rocket; MIL auch missile **Raketenabschussbasis** f MIL missile base; SPACE launch site (Br) **Raketenabwehr** f antimissile defence (Br) or defense (US) **Raketenstützpunkt** m missile base **Raketenwerfer** m rocket launcher

Rallye ['rali, 'rɛli] f ⟨-, -s⟩ rally **Rallyefahrer(in)** m/(f) rally driver

RAM [ram] nt ⟨-s, -s⟩ IT RAM

Ramadan [rama'daːn] m ⟨-(s), -e⟩ Ramadan

rammeln ['ramln] **A** v/t → gerammelt **B** v/i HUNT to mate; (sl) to do it (infml)

rammen ['ramən] v/t to ram

Rampe ['rampə] f ⟨-, -n⟩ **1** ramp **2** THEAT

forestage **Rampenlicht** nt THEAT footlights pl; (fig) limelight

ramponieren [rampo'niːrən] past part **ramponiert** v/t (infml) to ruin; Möbel to bash about (infml)

Ramsch [ramʃ] m ⟨-(e)s, no pl⟩ (infml) junk

ran [ran] int (infml) come on (infml); **~ an die Arbeit!** down to work; → heran

Rand [rant] m ⟨-es, ⸚er ['rɛndə]⟩ **1** edge; (von Gefäß, Tasse) top, rim; (von Abgrund) brink; **voll bis zum ~** full to the brim; **am ~e** erwähnen in passing; interessieren marginally; miterleben from the sidelines; **am ~e des Wahnsinns** on the verge of madness; **am ~e eines Krieges** on the brink of war; **am ~e der Gesellschaft** on the fringes of society **2** (≈ Umrandung) border; (≈ Brillenrand) rim; (von Hut) brim; (≈ Buchrand) margin; **etw an den ~ schreiben** to write sth in the margin **3** (≈ Schmutzrand) ring; (um Augen) circle **4** (fig) **sie waren außer ~ und Band** they were going wild; **zu ~e** = zurande

Randale [ran'daːlə] f ⟨-, no pl⟩ rioting; **~ machen** to riot **randalieren** [randa'liːrən] past part **randaliert** v/i to rampage (about); **~de Studenten** rioting students **Randalierer** [randa'liːrɐ] m ⟨-s, -⟩, **Randaliererin** [-ərɪn] f ⟨-, -nen⟩ hooligan

Randbemerkung f (schriftlich: auf Seite) note in the margin; (mündlich, fig) (passing) comment **Randerscheinung** f marginal matter **Randfigur** f minor figure **Randgruppe** f fringe group **randlos** **A** adj Brille rimless **B** adv IT drucken without margins **randvoll** adj Glas full to the brim; Behälter full to the top; (fig) Programm packed

Rang [raŋ] m ⟨-(e)s, ⸚e ['rɛŋə]⟩ **1** MIL rank; (in Firma, gesellschaftlich, in Wettbewerb) place; **alles, was ~ und Namen hat** everybody who is anybody; **jdm den ~ streitig machen** (fig) to challenge sb's position; **jdm den ~ ablaufen** (fig) to outstrip sb; **ein Künstler/Wissenschaftler von ~** an artist/scientist of standing; **von hohem ~** high-class **2** THEAT circle; **erster/zweiter ~** dress/upper circle, first/second circle (US) **3** **Ränge** pl (SPORTS ≈ Tribünenränge) stands pl

rangehen ['rangeːən] v/i sep irr aux sein (infml) to get stuck in (infml); **geh ran!** go on!

Rangelei [raŋə'lai] f ⟨-, -en⟩ (infml) = Ge-

rangel **rangeln** ['raŋln] (*infml*) *v/i* to scrap; (*um Posten*) to wrangle (*um* for)
Rangfolge *f* order of rank (*esp* MIL) or standing; (*in Sport, Wettbewerb*) order of placing; (*von Prioritäten etc*) order of importance **ranghoch** *adj* senior; MIL high-ranking **Rangierbahnhof** [rãˈʒiːe-] *m* marshalling (*Br*) or marshaling (*US*) yard **rangieren** [rãˈʒiːrən] *past part* **rangiert** **A** *v/t* RAIL to shunt (*Br*), to switch (*US*) **B** *v/i* (*infml* ≈ *Rang einnehmen*) to rank; **an erster/letzter Stelle ~** to come first/last **Rangliste** *f* (SPORTS, *fig*) (results) table **rangmäßig** **A** *adj* according to rank **B** *adv* höher in rank **Rangordnung** *f* hierarchy; MIL (order of) ranks
ranhalten ['ranhaltn] *v/r sep irr* (*infml*) **1** (≈ *sich beeilen*) to get a move on (*infml*) **2** (≈ *schnell zugreifen*) to get stuck in (*infml*)
Ranke ['raŋkə] *f* ⟨-, -n⟩ tendril; (*von Erdbeeren*) stalk **ranken** ['raŋkn] *v/r* **sich um etw ~** to entwine itself around sth
rankommen ['rankɔmən] *v/i sep irr aux sein* (*infml*) **an etw** (*acc*) **~** to get at sth; → **herankommen ranlassen** ['ranlasn] *v/t sep irr* (*infml*) **jdn ~** (*an eine Aufgabe etc*) to let sb have a try **rannehmen** ['ranneː-mən] *v/t sep irr* (*infml*) **1** (≈ *fordern*) **jdn ~** to put sb through his/her paces **2** (≈ *aufrufen*) *Schüler* to pick on
Ranzen ['rantsn] *m* ⟨-s, -⟩ (≈ *Schulranzen*) satchel
ranzig ['rantsɪç] *adj* rancid
Rap [rɛp] *m* ⟨-(s), -s⟩ MUS rap
rapid(e) [raˈpiːd(ə)] **A** *adj* rapid **B** *adv* rapidly
Rappe ['rapə] *m* ⟨-n, -n⟩ black horse
Rappel ['rapl] *m* ⟨-s, -⟩ (*infml* ≈ *Fimmel*) craze; **einen ~ kriegen** to go completely crazy; (≈ *Wutanfall*) to throw a fit
rappen ['rɛpn] *v/i* MUS to rap
Rappen ['rapn] *m* ⟨-s, -⟩ (*Swiss*) centime
Rapper ['rɛpe] *m* ⟨-s, -⟩, **Rapperin** [-ərɪn] *f* ⟨-, -nen⟩ MUS rapper
Rapport [raˈpɔrt] *m* ⟨-(e)s, -e⟩ report; **sich zum ~ melden** to report
Raps [raps] *m* ⟨-es, -e⟩ BOT rape **Rapsöl** *nt* rape(seed) oil
rar [raːe] *adj* rare; **sich ~ machen** = rarmachen **Rarität** [rariˈtɛːt] *f* ⟨-, -en⟩ rarity **rarmachen** ['raːemaxn] *v/r sep* (*infml*, *infml*) to make oneself scarce
rasant [raˈzant] **A** *adj Tempo* terrific, lightning *attr* (*infml*); *Auto* fast; *Karriere* meteor-

ic; *Wachstum* rapid **B** *adv* **1** (≈ *sehr schnell*) fast **2** (≈ *stürmisch*) dramatically
rasch [raʃ] **A** *adj* **1** (≈ *schnell*) quick; *Tempo* great **2** (≈ *übereilt*) rash **B** *adv* (≈ *schnell*) quickly; **~ machen** to hurry (up)
rascheln ['raʃln] *v/i* to rustle
rasen ['raːzn] *v/i* **1** (≈ *wüten*) to rave; (*Sturm*) to rage; **er raste vor Wut** he was mad with rage **2** *aux sein* (≈ *sich schnell bewegen*) to race; **ras doch nicht so!** (*infml*) don't go so fast!
Rasen ['raːzn] *m* ⟨-s, -⟩ lawn, grass *no indef art, no pl*; (*von Sportplatz*) turf
rasend **A** *adj* **1** (≈ *enorm*) terrific; *Beifall* rapturous; *Eifersucht* burning; **~e Kopfschmerzen** a splitting headache **2** (≈ *wütend*) furious; **er macht mich noch ~** he'll drive me crazy (*infml*) **B** *adv* (*infml*) terrifically; *schnell* incredibly; *wehtun* like mad (*infml*); *verliebt sein* madly (*infml*)
Rasenmäher [-mɛːe] *m* ⟨-s, -⟩ *m* lawn mower **Rasenplatz** *m* FTBL *etc* field; TENNIS grass court **Rasensprenger** [-ʃprɛŋe] *m* ⟨-s, -⟩ (lawn) sprinkler
Raser ['raːze] *m* ⟨-s, -⟩, **Raserin** [-ərɪn] *f* ⟨-, -nen⟩ (*infml*) speed maniac (*esp Br infml*), speed demon (*US infml*) **Raserei** [razə'rai] *f* ⟨-, -en⟩ **1** (≈ *Wut*) fury **2** (*infml* ≈ *schnelles Fahren, Gehen*) mad rush
Rasierapparat *m* razor; (*elektrisch auch*) shaver **Rasiercreme** *f* shaving cream **rasieren** [raˈziːrən] *past part* **rasiert** **A** *v/t Haare* to shave; **sich ~ lassen** to get a shave; **sie rasiert sich** (*dat*) **die Beine** she shaves her legs **B** *v/r* to (have a) shave **Rasierer** [raˈziːre] *m* ⟨-s, -⟩ (*infml*) (electric) razor *or* shaver **Rasierklinge** *f* razor blade **Rasiermesser** *nt* (open) razor **Rasierpinsel** *m* shaving brush **Rasierschaum** *m* shaving foam **Rasierseife** *f* shaving soap **Rasierwasser** *nt, pl* -wasser *or* -wässer aftershave (lotion) **Rasierzeug** *nt, pl* -zeuge shaving things *pl*
Räson [rɛˈzõː] *f* ⟨-, no pl⟩ **jdn zur ~ bringen** to make sb listen to reason; **zur ~ kommen** to see reason
Raspel ['raspl] *f* ⟨-, -n⟩ COOK grater **raspeln** ['raspln] *v/t* to grate; *Holz* to rasp
Rasse ['rasə] *f* ⟨-, -n⟩ (≈ *Menschenrasse*) race; (≈ *Tierrasse*) breed **Rassehund** *m* pedigree dog
Rassel ['rasl] *f* ⟨-, -n⟩ rattle **rasseln** ['rasln] *v/i* **1** (≈ *Geräusch erzeugen*) to rattle

⬛ *aux sein* (*infml*) **durch eine Prüfung ~ to** flunk an exam (*infml*)

Rassendiskriminierung *f* racial discrimination **Rassenhass** *m* race hatred **Rassenkonflikt** *m* racial conflict **Rassenkrawall** *m* race riot **Rassenpolitik** *f* racial policy **Rassenschranke** *f* racial barrier; (*Farbige betreffend*) colour (*Br*) *or* color (*US*) bar **Rassentrennung** *f* racial segregation **Rassenunruhen** *pl* racial disturbances *pl* **rassig** ['rasɪç] *adj* Pferd, Auto sleek; *Gesichtszüge* striking; *Südländer* fiery **rassisch** ['rasɪʃ] *adj* racial **Rassismus** [ra'sɪsmʊs] *m* <-, *no pl*> racism **Rassist** [ra-'sɪst] *m* <-en, -en>, **Rassistin** [-'sɪstɪn] *f* <-, -nen> racist **rassistisch** [ra'sɪstɪʃ] *adj* racist

Rast [rast] *f* <-, -en> rest; **~ machen to** stop (for a rest) **Raste** ['rastə] *f* <-, -n> notch **rasten** ['rastn] *v/i* to rest **Raster** ['rastɐ] *nt* <-s, -> (PHOT ≈ *Gitter*) screen; TV raster; (*fig*) framework **Rasterfahndung** *f* computer search **Rasthaus** *nt* (travellers' (*Br*) *or* travelers' (*US*)) inn; (*an Autobahn: a.* **Rasthof**) service area (*including motel*) **rastlos** **A** *adj* (≈ *unruhig*) restless; (≈ *unermüdlich*) tireless **B** *adv* tirelessly **Rastplatz** *m* resting place; (*an Autostraßen*) picnic area **Raststätte** *f* MOT service area

Rasur [ra'zuːɐ] *f* <-, -en> shave; (≈ *das Rasieren*) shaving

Rat[1] [raːt] *m* <-(e)s> **⬛** *pl* **Ratschläge** ['raːt-ʃlɛːgə] (≈ *Empfehlung*) advice *no pl*; **jdm einen ~ geben** to give sb a piece of advice; **jdm den ~ geben, etw zu tun** to advise sb to do sth; **jdn um ~ fragen** to ask sb's advice; **sich ~ suchend an jdn wenden** to turn to sb for advice; **auf jds ~** (*acc*) (**hin**) on *or* following sb's advice; **zu ~e** = zurate **⬛** *no pl* (≈ *Abhilfe*) **~ (für etw) wissen** to know what to do (about sth); **sie wusste sich** (*dat*) **keinen ~ mehr** she was at her wits' end **⬛** *pl* **Räte** ['rɛːtə] (≈ *Körperschaft*) council

Rat[2] *m* <-(e)s, ¨e>, **Rätin** ['rɛːtɪn] *f* <-, -nen> (≈ *Titel*) Councillor (*Br*), Councilor (*US*) **Rate** ['raːtə] *f* <-, -n> **⬛** (≈ *Geldbetrag*) instalment (*Br*), installment (*US*); **auf ~n kaufen** to buy on hire purchase (*Br*) *or* on the installment plan (*US*); **in ~n zahlen** to pay in instal(l)ments **⬛** (≈ *Verhältnis*) rate

raten ['raːtn] *pret* **riet** [riːt], *past part* **geraten** [gə'raːtn] *v/t & v/i* **⬛** (≈ *Ratschläge geben*) to advise; **jdm ~ to** advise sb; (**jdm**) **zu etw ~ to** recommend sth (to sb); **das würde ich dir nicht ~** I wouldn't advise it; **was** *or* **wozu ~ Sie mir?** what do you advise? **⬛** (≈ *erraten*) to guess; *Kreuzworträtsel etc* to solve; **rate mal!** (have a) guess; **dreimal darfst du ~** I'll give you three guesses (*also iron*)

Ratenkauf *m* (≈ *Kaufart*) HP (*Br infml*), the installment plan (*US*) **ratenweise** *adv* in instalments (*Br*) *or* installments (*US*) **Ratenzahlung** *f* payment by instalments (*Br*) *or* installments (*US*)

Ratespiel *nt* guessing game; TV quiz **Ratgeber** *m* (*Buch etc*) guide **Rathaus** *nt* town hall; (*einer Großstadt*) city hall **ratifizieren** [ratifi'tsiːrən] *past part* **ratifiziert** *v/t* to ratify **Ratifizierung** *f* <-, -en> ratification

Ration [ra'tsioːn] *f* <-, -en> ration **rational** [ratsio'naːl] **A** *adj* rational **B** *adv* rationally **rationalisieren** [ratsionali'ziː-rən] *past part* **rationalisiert** *v/t & v/i* to rationalize **Rationalisierung** *f* <-, -en> rationalization **Rationalisierungsmaßnahme** *f* rationalization measure **rationell** [ratsio'nɛl] **A** *adj* Methode etc efficient **B** *adv* efficiently **rationieren** [ratsio'niːrən] *past part* **rationiert** *v/t* to ration

ratlos **A** *adj* helpless; **ich bin völlig ~(, was ich tun soll)** I just don't know what to do **B** *adv* helplessly; **einer Sache** (*dat*) **~ gegenüberstehen** to be at a loss when faced with sth **Ratlosigkeit** *f* <-, *no pl*> helplessness

rätoromanisch [rɛtoro'maːnɪʃ] *adj* Rhaetian; *Sprache* Rhaeto-Romanic

ratsam ['raːtzaːm] *adj* advisable **Ratschlag** *m* piece of advice; **Ratschläge** advice; **drei Ratschläge** three pieces of advice

Rätsel ['rɛːtsl] *nt* <-s, -> riddle; (≈ *Kreuzworträtsel*) crossword (puzzle); (≈ *Silbenrätsel, Bilderrätsel etc*) puzzle; **vor einem ~ stehen** to be baffled; **es ist mir ein ~, wie ...** it's a mystery to me how ... **rätselhaft** *adj* mysterious; **auf ~e Weise** mysteriously **Rätselheft** *nt* puzzle book **rätseln** ['rɛːtsln] *v/i* to puzzle (over sth) **Rätselraten** *nt* <-s, *no pl*> guessing game; (≈ *Rätseln*) guessing

Ratte ['ratə] f ⟨-, -n⟩ rat
Rattenfänger(in) m/(f) rat-catcher; **der ~ von Hameln** the Pied Piper of Hamelin **Rattengift** nt rat poison
rattern ['ratern] v/i to rattle; (Maschinengewehr) to chatter
ratzfatz ['rats'fats] adv (infml: sehr schnell) in no time, in a flash
rau [rau] adj **1** rough; Ton, Behandlung harsh; **er ist ~, aber herzlich** he's a rough diamond **2** Hals, Kehle sore; Stimme husky; (≈ heiser) hoarse **3** (≈ streng) Wetter inclement; Wind, Luft raw; See rough; Klima, Winter harsh; **(die) ~e Wirklichkeit** harsh reality **4** (infml) **in ~en Mengen** galore (infml)
Raub [raup] m ⟨-(e)s [-bəs]⟩ no pl **1** (≈ das Rauben) robbery; (≈ Diebstahl) theft **2** (≈ Entführung) abduction **3** (≈ Beute) booty, spoils pl **Raubbau** m, no pl overexploitation (of natural resources); **~ an etw** (dat) **treiben** to overexploit sth; **mit seiner Gesundheit ~ treiben** to ruin one's health **Raubdruck** m, pl -drucke pirate(d) copy **rauben** ['raubn] v/t (≈ wegnehmen) to steal; (≈ entführen) to abduct; **jdm etw ~** to rob sb of sth; **jdm den Schlaf ~** to rob sb of his/her sleep; **jdm den Atem ~** to take sb's breath away **Räuber** ['rɔybɐ] m ⟨-s, -⟩, **Räuberin** [-ərɪn] f ⟨-, -nen⟩ robber; (≈ Wegelagerer) highwayman **räuberisch** ['rɔybərɪʃ] adj rapacious; **~e Erpressung** JUR armed robbery; **in ~er Absicht** with intent to rob **Raubfisch** m predatory fish **Raubkatze** f (predatory) big cat **Raubkopie** f pirate(d) copy **Raubmord** m robbery with murder **Raubmörder(in)** m/(f) robber and murderer **Raubtier** nt predator, beast of prey **Raubüberfall** m robbery **Raubvogel** m bird of prey **Raubzug** m series sg of robberies; (≈ Plünderung) raid (auf +acc on)
Rauch [raux] m ⟨-(e)s, no pl⟩ smoke; **sich in ~ auflösen** (fig) to go up in smoke **Rauchbombe** f smoke bomb **rauchen** ['rauxn] v/t & v/i to smoke; **„Rauchen verboten"** "no smoking"; **sich** (dat) **das Rauchen abgewöhnen** to give up smoking; **viel** or **stark ~** to be a heavy smoker **Raucher** ['rauxɐ] m ⟨-s, -⟩, **Raucherin** [-ərɪn] f ⟨-, -nen⟩ smoker **Raucherabteil** nt smoking compartment **Raucherecke** f smokers' corner **Raucherhusten** m smoker's cough **Räu-**

cherkerze ['rɔyçe-] f incense cone **Räucherlachs** ['rɔyçe-] m smoked salmon **Räuchermännchen** ['rɔyçe-] nt wooden figure containing an incense cone **räuchern** ['rɔyçɐn] v/t to smoke **Räucherschinken** m smoked ham **Räucherstäbchen** nt joss stick **Raucherzone** f smoking area **Rauchfahne** f trail of smoke **Rauchfleisch** nt smoked meat **rauchfrei** adj Zone smokeless **rauchig** ['rauxɪç] adj smoky **rauchlos** adj smokeless **Rauchmelder** m smoke alarm **Rauchschwaden** pl drifts pl of smoke **Rauchsignal** nt smoke signal **Rauchverbot** nt smoking ban; **hier herrscht ~** smoking is not allowed here **Rauchvergiftung** f fume poisoning **Rauchwaren**[1] pl tobacco (products pl) **Rauchwaren**[2] pl (≈ Pelze) furs pl **Rauchwolke** f cloud of smoke **Rauchzeichen** nt smoke signal
Räude ['rɔydə] f ⟨-, -n⟩ VET mange **räudig** ['rɔydɪç] adj mangy
rauf [rauf] adv (infml) → **herauf**; → **hinauf**
Raufasertapete f woodchip paper
Raufbold ['raufbɔlt] m ⟨-(e)s, -e [-də]⟩ (dated) ruffian, roughneck **raufen** ['raufn] **A** v/t **sich** (dat) **die Haare ~** to tear (at) one's hair **B** v/i & v/r to scrap; **sich um etw ~** to fight over sth **Rauferei** [raufə-'rai] f ⟨-, -en⟩ scrap
rauh [rau] adj → **rau**
Rauhaardackel m wire-haired dachshund **rauhaarig** adj coarse-haired **Rauheit** ['rauhait] f ⟨-, no pl⟩ roughness; (von Hals, Kehle) soreness; (von Stimme) huskiness; (≈ Heiserkeit) hoarseness; (von Wind, Luft) rawness; (von Klima, Winter) harshness **Raum** [raum] m ⟨-(e)s, Räume ['rɔymə]⟩ **1** no pl (≈ Platz) room, space; **~ sparend** space-saving attr; **bauen** to save space; **auf engstem ~ leben** to live in a very confined space **2** (≈ Spielraum) scope **3** (≈ Zimmer) room **4** (≈ Gebiet, Bereich) area; (größer) region; (fig) sphere **5** no pl PHYS, SPACE space no art **Raumanzug** m spacesuit
räumen ['rɔymən] v/t **1** (≈ verlassen) Gebäude, Posten to vacate; (MIL: Truppen) to withdraw from **2** (≈ leeren) Gebäude, Straße to clear (von of) **3** (≈ woanders hinbringen) to shift; (≈ entfernen) Schnee, Schutt to clear (away); Minen to clear

Raumfähre f space shuttle **Raumfahrt** f space travel no art or flight no art **Raumfahrttechnik** f space technology **Räumfahrzeug** nt bulldozer; (für Schnee) snow-clearer

Raumflug m space flight **Raumforschung** f space research **Raumgestaltung** f interior design **Rauminhalt** m volume **Raumkapsel** f space capsule **Raumklima** nt indoor climate, room temperature and air quality **räumlich** ['rɔymlɪç] **A** adj **1** (≈ den Raum betreffend) spatial; **~e Verhältnisse** physical conditions; **~e Entfernung** physical distance **2** (≈ dreidimensional) three-dimensional **B** adv **1** (≈ platzmäßig) **~ beschränkt sein** to have very little room **2** (≈ dreidimensional) **~ sehen** to see in three dimensions **Räumlichkeit** f ⟨-, -en⟩ (≈ Zimmer) room; **~en** pl premises pl **Raummaß** nt unit of volume **Raumpfleger(in)** m/f(f) cleaner **Raumschiff** nt spaceship **Raumsonde** f space probe **raumsparend** adj → Raum **Raumstation** f space station

Räumung ['rɔymʊŋ] f ⟨-, -en⟩ clearing; (von Gebäude, Posten) vacation; (von Lager) clearance **Räumungsklage** f action for eviction **Räumungsverkauf** m clearance sale

raunen ['raunən] v/t & v/i (liter) to whisper **raunzen** ['rauntsən] v/i (Aus ≈ nörgeln) to moan

Raupe ['raupə] f ⟨-, -n⟩ caterpillar **Raupenfahrzeug** nt caterpillar® (vehicle) **Raupenkette** f caterpillar® track

Rauputz m roughcast **Raureif** m hoarfrost

raus [raus] adv (infml) **~!** (get) out!; → heraus; → hinaus

Rausch [rauʃ] m ⟨-(e)s, Räusche ['rɔyʃə]⟩ (≈ Trunkenheit) intoxication; (≈ Drogenrausch) high (infml); **sich** (dat) **einen ~ antrinken** to get drunk; **seinen ~ ausschlafen** to sleep it off **rauschen** ['rauʃn] v/i (Wasser) to roar; (sanft) to murmur; (Baum, Wald) to rustle; (Wind) to murmur; (Lautsprecher etc) to hiss **rauschend** adj Fest grand; Beifall, Erfolg resounding **Rauschgift** nt drug, narcotic; (≈ Drogen) drugs pl; **~ nehmen** to take drugs **Rauschgiftdezernat** nt narcotics or drug squad **Rauschgifthandel** m drug trafficking **Rauschgifthändler(in)** m/f(f) drug traf-

ficker **rauschgiftsüchtig** adj drug-addicted; **er ist ~** he's addicted to drugs **Rauschgiftsüchtige(r)** m/f(m) decl as adj drug addict

rausfliegen ['rausfliːgn] v/i sep irr aux sein (infml) to be chucked out (infml) **räuspern** ['rɔyspen] v/r to clear one's throat

rausreißen ['rausraisn] v/t sep irr (infml) **jdn ~** to save sb **rausschmeißen** ['rausʃmaisn] v/t sep irr (infml) to chuck out (infml); Geld to chuck away (infml) **Rausschmeißer** ['rausʃmaise] m ⟨-s, -⟩, **Rausschmeißerin** [-ərɪn] f ⟨-, -nen⟩ (infml) bouncer **Rausschmiss** ['rausʃmɪs] m (infml) booting out (infml)

Raute ['rautə] f ⟨-, -n⟩ MAT rhombus **rautenförmig** adj rhomboid

Ravioli [ravi'oːli] pl ravioli sg

Razzia ['ratsia] f ⟨-, Razzien [-tsiən]⟩ raid (gegen on)

Re [reː] nt ⟨-s, -s⟩ CARDS redouble

Reagenzglas nt CHEM test tube

reagieren [rea'giːrən] past part reagiert v/i to react (auf +acc to; mit with) **Reaktion** [reak'tsioːn] f ⟨-, -en⟩ reaction (auf +acc to) **reaktionär** [reaktsio'nɛːe] (POL pej) adj reactionary **Reaktionsfähigkeit** f ability to react; CHEM, PHYSIOL reactivity **reaktionsschnell** adj with fast reactions; **~ sein** to have fast reactions **Reaktionszeit** f reaction time

reaktivieren [reakti'viːrən] past part reaktiviert v/t SCI to reactivate; (fig) to revive **Reaktor** [re'aktoːe] m ⟨-s, Reaktoren [-'toːrən]⟩ reactor **Reaktorblock** m, pl -blöcke reactor block **Reaktorkern** m reactor core **Reaktorsicherheit** f reactor safety **Reaktorunglück** nt nuclear disaster

real [re'aːl] **A** adj real; (≈ wirklichkeitsbezogen) realistic **B** adv sinken, steigen actually **Realeinkommen** nt real income **realisierbar** adj Idee, Projekt feasible **realisieren** [reali'ziːrən] past part realisiert v/t **1** Pläne, Ideen to carry out **2** (≈ erkennen) to realize **Realismus** [rea'lɪsmʊs] m ⟨-, no pl⟩ realism **Realist** [rea'lɪst] m ⟨-en, -en⟩, **Realistin** [-'lɪstɪn] f ⟨-, -nen⟩ realist **realistisch** [rea'lɪstɪʃ] **A** adj realistic **B** adv realistically **Realität** [reali'tɛːt] f ⟨-, -en⟩ reality **Realitätssinn** m sense of realism **Reality-TV** [ri'ɛlititiːviː] nt reality TV **Reallohn** m real wages pl **Realpoli-**

tik *f* political realism, Realpolitik **realpolitisch** *adj* pragmatic **Realsatire** *f* real-life satire **Realschule** *f* ≈ secondary school, ≈ secondary modern school (*Br*)
Rebe ['reːbə] *f* ⟨-, -n⟩ (≈ *Ranke*) shoot; (≈ *Weinstock*) vine
Rebell [re'bɛl] *m* ⟨-en, -en⟩, **Rebellin** [-'bɛlɪn] *f* ⟨-, -nen⟩ rebel **rebellieren** [rebɛ'liːrən] *past part* **rebelliert** *v/i* to rebel **Rebellion** [rebɛ'lioːn] *f* ⟨-, -en⟩ rebellion **rebellisch** [re'bɛlɪʃ] *adj* rebellious
Rebhuhn ['reːp-, 'rɛp-] *nt* (common) partridge **Rebstock** ['reːp-] *m* vine
Rechaud [re'ʃoː] *m* or *nt* ⟨-s, -s⟩ hotplate; (*für Fondue*) spirit burner (*Br*), ethanol burner (*US*)
Rechen ['rɛçn] *m* ⟨-s, -⟩ (≈ *Harke*) rake **Rechenart** *f* **die vier ~en** the four arithmetical operations **Rechenaufgabe** *f* sum (*esp Br*), (arithmetical) problem **Rechenfehler** *m* miscalculation **Rechenmaschine** *f* adding machine **Rechenschaft** ['rɛçnʃaft] *f* ⟨-, no pl⟩ account; **jdm über etw** (*acc*) **~ ablegen** to account to sb for sth; **jdm ~ schuldig sein** to have to account to sb; **jdn (für etw) zur ~ ziehen** to call sb to account (for *or* over sth) **Rechenschaftsbericht** *m* report **Rechenschieber** *m* slide rule **Rechenzentrum** *nt* computer centre (*Br*) *or* center (*US*)
Recherche [re'ʃɛrʃə, rə-] *f* ⟨-, -n⟩ investigation **recherchieren** [reʃɛr'ʃiːrən, rə-] *past part* **recherchiert** *v/t & v/i* to investigate
rechnen ['rɛçnən] **A** *v/t* **1** (≈ *addieren etc*) to work out; **rund gerechnet** in round figures **2** (≈ *einstufen*) to count; **jdn zu etw ~** to count sb among sth **3** (≈ *veranschlagen*) to estimate; **wir hatten nur drei Tage gerechnet** we were only reckoning on three days; **das ist zu hoch/niedrig gerechnet** that's too high/low (an estimate) **B** *v/i* **1** (≈ *addieren etc*) to do a calculation/calculations; *esp* SCHOOL to do sums (*esp Br*) or adding; **falsch ~** to make a mistake (in one's calculations); **gut/schlecht ~ können** to be good/bad at arithmetic; *esp* SCHOOL to be good/bad at sums (*esp Br*) or adding; **mit Variablen/Zahlen ~** to do (the) calculations using variables/numbers **2** (≈ *sich verlassen*) **auf jdn/etw ~** to count on sb/sth **3** **mit jdm/etw ~** to reckon with sb/sth; **es wird damit gerechnet,** dass ... it is reckoned that ...; **damit hatte ich nicht gerechnet** I wasn't expecting that; **mit dem Schlimmsten ~** to be prepared for the worst **C** *v/r* to pay off; **etw rechnet sich nicht** sth is not economical **Rechnen** ['rɛçnən] *nt* ⟨-s, no pl⟩ arithmetic **Rechner** ['rɛçnɐ] *m* ⟨-s, -⟩ (≈ *Elektronenrechner*) computer; (≈ *Taschenrechner*) calculator **rechnergesteuert** [-gəʃtɔyɐt] *adj* computer-controlled **rechnergestützt** [-gəʃtʏtst] *adj* computer-aided **rechnerisch** *adj* arithmetical; POL *Mehrheit* numerical **Rechnung** ['rɛçnʊŋ] *f* ⟨-, -en⟩ **1** (≈ *Berechnung*) calculation; (*als Aufgabe*) sum; **die ~ geht nicht auf** (*lit*) the sum doesn't work out; (*fig*) it won't work (out) **2** (≈ *schriftliche Kostenforderung*) bill (*Br*), check (*US*); (*esp von Firma*) invoice; **das geht auf meine ~** this one's on me; **auf ~ kaufen** to buy on account; **auf eigene ~** on one's own account; **(jdm) etw in ~ stellen** to charge (sb) for sth; **aber er hatte die ~ ohne den Wirt gemacht** (*infml*) but there was one thing he hadn't reckoned with **Rechnungsbetrag** *m* (total) amount of a bill (*Br*) or check (*US*)/an invoice/account **Rechnungsjahr** *nt* financial or fiscal year **Rechnungspreis** *m* invoice price **Rechnungsprüfung** *f* audit
recht [rɛçt] **A** *adj* **1** (≈ *richtig*) right; **es soll mir ~ sein, mir soll's ~ sein** (*infml*) it's OK (*infml*) by me; **ganz ~!** quite right; **alles, was ~ ist** (*empört*) there is a limit; **hier geht es nicht mit ~en Dingen zu** there's something not right here; **nach dem Rechten sehen** to see that everything's OK (*infml*) **2** **~ haben** to be right; **er hat ~ bekommen** he was right; **~ behalten** to be right; **jdm ~ geben** to agree with sb, to admit that sb is right **B** *adv* **1** (≈ *richtig*) properly; (≈ *wirklich*) really; **verstehen Sie mich ~** don't get me wrong (*infml*); **wenn ich Sie ~ verstehe** if I understand you rightly; **das geschieht ihm ~** it serves him right; **jetzt mache ich es erst ~** now I'm definitely going to do it; **gehe ich ~ in der Annahme, dass ...?** am I right in assuming that ...?; **man kann ihm nichts ~ machen** you can't do anything right for him; **~ daran tun, zu ...** to be right to ... **2** (≈ *ziemlich, ganz*) quite; **~ viel** quite a lot **Recht** [rɛçt] *nt* ⟨-(e)s, -e⟩ **1** (≈ *Rechtsordnung*) law; (≈ *Gerechtig*-

keit) justice; **~ sprechen** to administer justice; **nach geltendem ~** in law; **nach englischem ~** under *or* according to English law; **von ~s wegen** legally; *(infml ≈ eigentlich)* by rights *(infml)* **2** *(≈ Anspruch)* right *(auf +acc* to, *zu* to); **zu seinem ~ kommen** *(lit)* to gain one's rights; *(fig)* to come into one's own; **gleiches ~ für alle!** equal rights for all!; **mit** *or* **zu ~** rightly; **im ~ sein** to be in the right; **das ist mein gutes ~** it's my right; **mit welchem ~?** by what right? **3** **~ haben** *etc;* → recht

Rechte ['rɛçtə] *f decl as adj* **1** *(Hand)* right hand; *(Seite)* right(-hand) side; BOXING right **2** POL **die ~** the Right **Rechteck** *nt* ⟨-s, -e⟩ rectangle **rechteckig** *adj* rectangular **rechte(r, s)** ['rɛçtə] *adj attr* **1** right; **auf der ~n Seite** on the right-hand side **2** **ein ~r Winkel** a right angle **3** *(≈ konservativ)* right-wing, rightist

rechtfertigen ['rɛçtfɛrtɪɡn] *insep* **A** *v/t* to justify **B** *v/r* to justify oneself **Rechtfertigung** ['rɛçtfɛrtɪɡʊŋ] *f* ⟨-, -en⟩ justification; **etw zur ~ vorbringen** to say sth to justify oneself **rechthaberisch** ['rɛçtha:bərɪʃ] *adj* know-all *attr (Br infml)*, know-it-all *attr (US infml)* **rechtlich** ['rɛçtlɪç] **A** *adj (≈ gesetzlich)* legal **B** *adv (≈ gesetzlich)* legally; **~ zulässig** permissible in law; **jdn ~ belangen** to take legal action against sb **rechtlos** *adj* **1** without rights **2** *Zustand* lawless **rechtmäßig** **A** *adj (≈ legitim)* legitimate; *(≈ dem Gesetz entsprechend)* legal **B** *adv* legally; **jdm ~ zustehen** to belong to sb legally **Rechtmäßigkeit** ['rɛçtmɛ:sɪçkaɪt] *f* ⟨-, no pl⟩ *(≈ Legitimität)* legitimacy; *(≈ Legalität)* legality

rechts [rɛçts] **A** *adv* on the right; **nach ~** (to the) right; **von ~** from the right; **~ von etw** (on *or* to the) right of sth; **~ von jdm** to sb's right; **~ stricken** to knit (plain) **B** *prep* *+gen* on the right of **Rechtsabbieger** *m* ⟨-s, -⟩ motorist/car *etc* turning right **Rechtsanspruch** *m* legal right **Rechtsanwalt** *m*, **Rechtsanwältin** *f* lawyer, attorney *(US)* **Rechtsaußen** [-'aʊsn] *m* ⟨-, -⟩ FTBL outside-right; (POL *infml)* extreme right-winger **Rechtsbehelf** *m* legal remedy **Rechtsbeistand** *m* legal advice; *(Mensch)* legal adviser **Rechtsberater(in)** *m/(f)* legal adviser

Rechtsberatung *f* **1** legal advice **2** *(a. Rechtsberatungsstelle)* ≈ citizens' advice bureau *(Br)*, ≈ ACLU *(US)* **Rechtsbeugung** *f* perversion of the course of justice **Rechtsbrecher** *m* ⟨-s, -⟩, **Rechtsbrecherin** *f* ⟨-, -nen⟩ lawbreaker **Rechtsbruch** *m* breach *or* infringement of the law

rechtsbündig TYPO **A** *adj* right-aligned **B** *adv* aligned right

rechtschaffen ['rɛçtʃafn] *adj (≈ ehrlich)* honest **Rechtschaffenheit** *f* ⟨-, no pl⟩ honesty, uprightness **rechtschreiben** ['rɛçtʃraɪbn] *v/i inf only* to spell **Rechtschreibfehler** *m* spelling mistake **Rechtschreibkontrolle** *f*, **Rechtschreibprüfung** *f* IT spell check; *(≈ Programm)* spellchecker **Rechtschreibprogramm** *nt* IT spellchecker **Rechtschreibreform** *f* spelling reform **Rechtschreibung** *f* spelling **Rechtsextremist(in)** *m/(f)* right-wing extremist

Rechtsfrage *f* legal question *or* issue **Rechtsgeschäft** *nt* legal transaction **rechtsgültig** *adj* legally valid, legal **Rechtshänder** [-hɛndə] *m* ⟨-s, -⟩, **Rechtshänderin** [-ərɪn] *f* ⟨-, -nen⟩ right-handed person, right-hander; **~ sein** to be right-handed **rechtshändig** [-hɛndɪç] *adj, adv* right-handed **Rechtskraft** *f, no pl (von Gesetz, Urteil)* legal force, force of law; *(von Vertrag etc)* legal validity **rechtskräftig** **A** *adj* having the force of law; *Urteil* final; *Vertrag* legally valid **B** *adv* **~ verurteilt sein** to be issued with a final sentence **Rechtskurve** *f* right-hand bend **Rechtslage** *f* legal position **Rechtsmittel** *nt* means *sg* of legal redress; **~ einlegen** to lodge an appeal **Rechtsordnung** *f* **die ~** the law **Rechtspflege** *f* administration of justice **Rechtsprechung** ['rɛçtʃprɛçʊŋ] *f* ⟨-, -en⟩ *(≈ Rechtspflege)* administration of justice; *(≈ Gerichtsbarkeit)* jurisdiction **rechtsradikal** *adj* radical right-wing **rechtsrheinisch** *adj* on the right of the Rhine

Rechtssache *f* legal matter; *(≈ Fall)* case **Rechtsschutz** *m* legal protection **Rechtsschutzversicherung** *f* legal costs insurance **Rechtssicherheit** *f, no pl* legal certainty; **~ schaffen** to create legal certainty **Rechtsspruch** *m* verdict **Rechtsstaat** *m* state under the rule of law **rechtsstaatlich** *adj* of a state under the rule of law **Rechtsstreit** *m* lawsuit **Rechtssystem** *nt* judicial system **Rechtsunsicherheit** *f* legal uncertainty **rechtsverbindlich** *adj* legally binding

Rechtsverkehr *m* driving on the right *no def art*; **in Deutschland ist ~** in Germany they drive on the right

Rechtsweg *m* legal action; **den ~ beschreiten** to take legal action; **der ~ ist ausgeschlossen** ≈ the judges' decision is final **rechtswidrig** **A** *adj* illegal **B** *adv* illegally **Rechtswidrigkeit** *f* **1** *no pl* illegality **2** (*Handlung*) illegal act

rechtwinklig *adj* right-angled

rechtzeitig **A** *adj* (≈ *früh genug*) timely; (≈ *pünktlich*) punctual **B** *adv* (≈ *früh genug*) in (good) time; (≈ *pünktlich*) on time

Reck [rɛk] *nt* ⟨-(e)s, -e⟩ SPORTS horizontal bar **recken** ['rɛkn] **A** *v/t* **den Kopf** *or* **Hals ~** to crane one's neck; **die Arme in die Höhe ~** to raise one's arms in the air **B** *v/r* to stretch (oneself)

Recorder [re'kɔrdɐ] *m* ⟨-s, -⟩; → Rekorder

recycelbar, recyclebar [riː'saɪkəlbaːɐ] *adj* recyclable **recyceln** [riː'saɪkln] *past part* recycelt [riː'saɪklt] *v/t* to recycle **Recycling** [riː'saɪklɪŋ] *nt* ⟨-s, *no pl*⟩ recycling **Recyclinghof** *m* transfer facility for recyclable waste **Recyclingpapier** *nt* recycled paper

Redakteur [redak'tøːɐ] *m* ⟨-s, -e⟩, **Redakteurin** [-'tøːrɪn] *f* ⟨-, -nen⟩ editor **Redaktion** [redak'tsioːn] *f* ⟨-, -en⟩ **1** (≈ *das Redigieren*) editing **2** (≈ *Personal*) editorial staff **3** (≈ *Büro*) editorial office(s) **redaktionell** [redaktsio'nɛl] **A** *adj* editorial **B** *adv* überarbeiten editorially; **etw ~ bearbeiten** to edit sth

Rede ['reːdə] *f* ⟨-, -n⟩ **1** speech; (≈ *Ansprache*) address; **eine ~ halten** to make a speech; **direkte/indirekte ~** direct/indirect speech *or* discourse (*US*) **2** (≈ *Äußerungen, Worte*) words *pl*, language *no pl*; **große ~n führen** to talk big (*infml*); **das ist nicht der ~ wert** it's not worth mentioning **3** (≈ *Gespräch*) conversation; **aber davon war doch nie die ~** but no-one was ever talking about that; **davon kann keine ~ sein** it's out of the question **4** (≈ *Rechenschaft*)

(*jdm*) **~ (und Antwort) stehen** to justify oneself (to sb); **jdn zur ~ stellen** to take sb to task **Redefreiheit** *f* freedom of speech **redegewandt** *adj* eloquent **Redegewandtheit** *f* eloquence **reden** ['reːdn] **A** *v/i* (≈ *sprechen*) to talk, to speak; **so lasse ich nicht mit mir ~!** I won't be spoken to like that!; **mit jdm über jdn/etw ~** to talk to sb about sb/sth; (*viel*) **von sich ~ machen** to become (very much) a talking point; **du hast gut ~!** it's all very well for you (to talk); **ich habe mit Ihnen zu ~!** I would like a word with you; **darüber lässt sich ~** that's a possibility; **er lässt mit sich ~** (≈ *gesprächsbereit*) he's open to discussion; **schlecht von jdm ~** to speak ill of sb **B** *v/t* (≈ *sagen*) to talk; **Worte** to say; **sich** (*dat*) **etw vom Herzen ~** to get sth off one's chest; **Schlechtes über jdn ~** to say bad things about sb **C** *v/r* **sich heiser ~** to talk oneself hoarse; **sich in Wut ~** to talk oneself into a fury **Redensart** *f* (≈ *Phrase*) cliché; (≈ *Redewendung*) expression; (≈ *Sprichwort*) saying **Redeverbot** *nt* ban on speaking; **jdm ~ erteilen** to ban sb from speaking **Redewendung** *f* idiom

redigieren [redi'giːrən] *past part* redigiert *v/t* to edit

redlich ['reːtlɪç] **A** *adj* honest **B** *adv* (≈ *ehrlich*) honestly; **~ (mit jdm) teilen** to share (things) equally (with sb) **Redlichkeit** *f* ⟨-, *no pl*⟩ honesty

Redner ['reːdnɐ] *m* ⟨-s, -⟩, **Rednerin** [-ərɪn] *f* ⟨-, -nen⟩ speaker; (≈ *Rhetoriker*) orator **Rednerpult** *nt* lectern **redselig** ['reːtzeːlɪç] *adj* talkative

reduzieren [redu'tsiːrən] *past part* reduziert **A** *v/t* to reduce (*auf* +acc to) **B** *v/r* to decrease **Reduzierung** *f* ⟨-, -en⟩ reduction

Reede ['reːdə] *f* ⟨-, -n⟩ NAUT roads *pl* **Reeder** ['reːdɐ] *m* ⟨-s, -⟩, **Reederin** [-ərɪn] *f* ⟨-, -en⟩ shipowner **Reederei** [reːdə'raɪ] *f* ⟨-, -en⟩ shipping company

reell [re'ɛl] *adj* **1** (≈ *ehrlich*) honest, on the level (*infml*); COMM **Geschäft, Firma** sound; **Preis** fair **2** (≈ *echt*) **Chance** real

Reetdach *nt* thatched roof

Referat [refe'raːt] *nt* ⟨-(e)s, -e⟩ **1** UNIV seminar paper; SCHOOL project; (≈ *Vortrag*) paper **2** (ADMIN ≈ *Ressort*) department **Referendar** [referɛn'daːɐ] *m* ⟨-s, -e⟩, **Referendarin** [-'daːrɪn] *f* ⟨-, -nen⟩ trainee (in

R

civil service); (≈ *Studienreferendar*) student teacher; (≈ *Gerichtsreferendar*) articled clerk (*Br*), legal intern (*US*) **Referendariat** [referɛnda'riaːt] *nt* ⟨-(e)s, -e⟩ *probationary training period* **Referendum** [refe'rɛndʊm] *nt* ⟨-s, Referenden *or* Referenda [-dn, -da]⟩ referendum **Referent** [refe-'rɛnt] *m* ⟨-en, -en⟩, **Referentin** [-'rɛntɪn] *f* ⟨-, -nen⟩ (≈ *Sachbearbeiter*) expert; (≈ *Redner*) speaker **Referenz** [refe'rɛnts] *f* ⟨-, -en⟩ reference; **jdn als ~ angeben** to give sb as a referee **Referenzkurs** *m* ECON reference rate **referieren** [refe'riːrən] *past part* **referiert** *v/i* to (give a) report (*über +acc* on)

reflektieren [reflɛk'tiːrən] *past part* **reflektiert** ⚊ *v/t* ⯈ (*widerspiegeln*) to reflect ⯈ (*überdenken*) to reflect on ⯈ *v/i* ⯈ PHYS to reflect ⯈ (≈ *nachdenken*) to reflect (*über +acc* (up)on) **Reflektor** [re'flɛktoːɐ] *m* ⟨-s, Reflektoren [-'toːrən]⟩ reflector **Reflex** [re'flɛks] *m* ⟨-es, -e⟩ ⯈ PHYS reflection ⯈ PHYSIOL reflex **Reflexbewegung** *f* reflex action **reflexiv** [reflɛ'ksiːf] *adj* GRAM reflexive **Reflexivpronomen** *nt* reflexive pronoun **Reflexzonenmassage** *f* reflexology

Reform [re'fɔrm] *f* ⟨-, -en⟩ reform **reformbedürftig** *adj* in need of reform **Reformhaus** *nt* health-food shop **reformieren** [refɔr'miːrən] *past part* **reformiert** *v/t* to reform **reformiert** [refɔr-'miːet] *adj* ECCL Reformed; (*Swiss*) Protestant **Reformkost** *f* health food **Reformkurs** *m* policy of reform **Reformstau** *m* POL reform bottleneck **Refrain** [rə'frɛ̃ː, re-] *m* ⟨-s, -s⟩ MUS chorus **Regal** [re'gaːl] *nt* ⟨-s, -e⟩ (≈ *Bord*) shelves *pl* **Regalwand** *f* wall unit; (≈ *Regale*) wall-to-wall shelving **Regatta** [re'gata] *f* ⟨-, Regatten [-tn]⟩ regatta **rege** ['reːgə] *adj* ⯈ (≈ *betriebsam*) busy; *Handel* flourishing; **ein ~s Treiben** a hustle and bustle ⯈ (≈ *lebhaft*) lively; *Fantasie* vivid **Regel** ['reːgl] *f* ⟨-, -n⟩ ⯈ (≈ *Norm*) rule; (≈ *Verordnung*) regulation; **nach allen ~n der Kunst** (*fig*) thoroughly ⯈ (≈ *Gewohnheit*) habit; **sich** (*dat*) **etw zur ~ machen** to make a habit of sth; **zur ~ werden** to become a habit ⯈ (≈ *Monatsblutung*) period **Regelarbeitszeit** *f* core working hours *pl* **regelbar** *adj* (≈ *steuerbar*) adjust-

able **Regelblutung** *f* (monthly) period **Regelfall** *m* rule; **im ~** as a rule **regelmäßig** ⚊ *adj* regular; ⯈ *adv* regularly; **das Herz schlägt ~** the heartbeat is normal; **~ spazieren gehen** to take regular walks; **er kommt ~ zu spät** he's always late **Regelmäßigkeit** ['reːglmɛːsɪçkait] *f* ⟨-, *no pl*⟩ regularity **regeln** ['reːgln] ⚊ *v/t* ⯈ (≈ *regulieren*) *Prozess, Temperatur* to regulate; *Verkehr* to control; → **geregelt** ⯈ (≈ *erledigen*) to see to; *Problem etc* to sort out; *Nachlass* to settle; *Finanzen* to put in order; **das werde ich schon ~** I'll see to it; **gesetzlich geregelt sein** to be laid down by law ⯈ *v/r* to sort itself out **regelrecht** ⚊ *adj* real; *Betrug etc* downright ⯈ *adv* really; *unverschämt* downright; (≈ *buchstäblich*) literally **Regelung** ['reːgəlʊŋ] *f* ⟨-, -en⟩ ⯈ (≈ *Regulierung*) regulation ⯈ (≈ *Erledigung*) settling ⯈ (≈ *Abmachung*) arrangement; (≈ *Bestimmung*) ruling; **gesetzliche ~en** legal *or* statutory regulations **Regelwerk** *nt* rules (and regulations) *pl*, set of rules **regelwidrig** *adj* against the rules; **~es Verhalten im Verkehr** breaking the traffic regulations **Regelwidrigkeit** *f* irregularity

regen ['reːgn] ⚊ *v/t* (≈ *bewegen*) to move; **keinen Finger (mehr) ~** (*fig*) not to lift a finger (any more) ⯈ *v/r* to stir; **er kann sich kaum ~** he is hardly able to move **Regen** ['reːgn] *m* ⟨-s, -⟩ rain; (*fig: von Schimpfwörtern etc*) shower; **ein warmer ~** (*fig*) a windfall; **jdn im ~ stehen lassen** (*fig*) to leave sb out in the cold; **vom ~ in die Traufe kommen** (*prov*) to jump out of the frying pan into the fire (*prov*) **regenarm** *adj Jahreszeit, Gegend* dry **Regenbogen** *m* rainbow **Regenbogenfamilie** *f* rainbow family **Regenbogenfarben** *pl* colours *pl* (*Br*) *or* colors *pl* (*US*) of the rainbow **Regenbogenforelle** *f* rainbow trout **Regenbogenpresse** *f* trashy (*infml*) magazines *pl* **Regeneration** [regenera'tsioːn] *f* regeneration **regenerieren** [regene'riːrən] *past part* **regeneriert** ⚊ *v/r* BIOL to regenerate; (*fig*) to revitalize oneself/itself ⯈ *v/t* to regenerate

Regenfall *m usu pl* (fall of) rain; **heftige Regenfälle** heavy rain **Regenguss** *m* downpour **Regenmantel** *m* raincoat, mac (*Br infml*) **regenreich** *adj Jahreszeit, Region* rainy, wet **Regenrinne** *f* gutter

Regenschauer m shower (of rain) **Regenschirm** m umbrella **Regensensor** m AUTO rain sensor

Regent [re'gɛnt] m ⟨-en, -en⟩, **Regentin** [-'gɛntɪn] f ⟨-, -nen⟩ sovereign; (≈ Stellvertreter) regent

Regentag m rainy day **Regentonne** f rain barrel **Regentropfen** m raindrop **Regenwald** m GEOG rain forest **Regenwasser** nt, no pl rainwater **Regenwetter** nt rainy weather **Regenwolke** f rain cloud **Regenwurm** m earthworm **Regenzeit** f rainy season

Reggae ['rɛgɛ] m ⟨-(s), no pl⟩ reggae

Regie [re'ʒiː] f ⟨-, no pl⟩ **1** (≈ künstlerische Leitung) direction; THEAT, RADIO, TV production; **die ~ führen** to direct/produce sth; (fig) to be in charge of sth; **unter der ~ von** directed/produced by **2** (≈ Verwaltung) management; **unter jds ~** (dat) under sb's control **Regieanweisung** f (stage) direction **Regieassistent(in)** m/(f) assistant director; THEAT, RADIO, TV auch assistant producer

regieren [re'giːrən] past part **regiert** **A** v/i (≈ herrschen) to rule; (fig) to reign **B** v/t Staat to rule (over); GRAM to govern; **SPD-regierte Länder** states governed by the SPD **Regierung** [re'giːrʊŋ] f ⟨-, -en⟩ government; (von Monarch) reign; **an die ~ kommen** to come to power; **jdn an die ~ bringen** to put sb into power **Regierungsbezirk** m ≈ region (Br), ≈ county (US) **Regierungschef(in)** m/(f) head of a/the government **Regierungserklärung** f inaugural speech; (in GB) King's/Queen's Speech **regierungsfeindlich** adj anti-government no adv **Regierungsform** f form of government **Regierungkrise** f government(al) crisis **Regierungssitz** m seat of government **Regierungssprecher(in)** m/(f) government spokesperson **Regierungsumbildung** f cabinet reshuffle **Regierungswechsel** m change of government

Regime [re'ʒiːm] nt ⟨-s, -s⟩ (pej) regime **Regimegegner(in)** m/(f) opponent of the regime **Regimekritiker(in)** m/(f) critic of the regime

Regiment [regi'mɛnt] nt ⟨-(e)s, -e or (Einheit) -er⟩ MIL regiment

Region [re'gioːn] f ⟨-, -en⟩ region **regional** [regio'naːl] **A** adj regional **B** adv regionally; **~ verschieden sein** to vary from one region to another **Regionalbahn** f RAIL local railway (Br) or railroad (US) **Regionalverkehr** m regional transport or transportation (esp US) **Regionalzug** m local train

Regisseur [reʒɪˈsøːɐ] m ⟨-s, -e⟩, **Regisseurin** [-ˈsøːrɪn] f ⟨-, -nen⟩ director; THEAT, TV producer

Register [re'gɪstɐ] nt ⟨-s, -⟩ **1** (≈ amtliche Liste) register **2** (≈ Stichwortverzeichnis) index **3** MUS register; (von Orgel) stop; **alle ~ ziehen** (fig) to pull out all the stops **Registerkarte** f (von Aktenschrank) divider; IT tab **Registertonne** f NAUT register ton **registrieren** [regɪs'triːrən] past part **registriert** v/t **1** (≈ erfassen) to register **2** (≈ feststellen) to note **Registrierkasse** f cash register **Registrierung** f ⟨-, -en⟩ registration

reglementieren [reglemɛn'tiːrən] past part **reglementiert** v/t to regulate; **staatlich reglementiert** state-regulated

Regler ['reːglɐ] m ⟨-s, -⟩ regulator; (an Fernseher etc) control; (von Fernsteuerung) control(ler)

reglos ['reːkloːs] adj, adv motionless

regnen ['reːgnən] v/t & v/impers to rain; **es regnet Proteste** protests are pouring in; **es regnete Vorwürfe** reproaches hailed down **regnerisch** ['reːgnərɪʃ] adj rainy

Regress [re'grɛs] m ⟨-es, -e⟩ JUR recourse; **~ anmelden** to seek recourse **regresspflichtig** [-pflɪçtɪç] adj liable for compensation

regsam ['reːkzaːm] adj active; **geistig ~** mentally active

regulär [regu'lɛːɐ] adj (≈ üblich) normal; (≈ vorschriftsmäßig) proper; Arbeitszeit normal; **die ~e Spielzeit** SPORTS normal time **regulierbar** adj regul(at)able, adjustable **regulieren** [regu'liːrən] past part **reguliert** v/t (≈ einstellen) to regulate; (≈ nachstellen) to adjust **Regulierung** f ⟨-, -en⟩ regulation; (≈ Nachstellung) adjustment **Regulierungsbehörde** f regulatory body

Regung ['reːgʊŋ] f ⟨-, -en⟩ (≈ Bewegung) movement; (des Gewissens etc) stirring; **ohne jede ~** without a flicker (of emotion) **regungslos** adj, adv motionless

Reh [reː] nt ⟨-s, -e⟩ deer; (im Gegensatz zu Hirsch etc) roe deer

Reha ['reːha] f ⟨-, -s⟩ (infml) rehab; **auf Re-**

R

ha sein to be in rehab; **auf Reha gehen** to go into rehab

Rehabilitation [rehabilita'tsi̯oːn] *f* rehabilitation; *(von Ruf, Ehre)* vindication **Rehabilitationsklinik** *f* rehabilitation clinic **rehabilitieren** [rehabili'tiːrən] *past part* **rehabilitiert** A *v/t* to rehabilitate B *v/r* to rehabilitate oneself

Rehaklinik *f (infml)* rehab clinic

Rehbock *m* roebuck **Rehbraten** *m* roast venison **Rehkeule** *f* COOK haunch of venison **Rehrücken** *m* COOK saddle of venison

Reibach ['raibax] *m* ⟨-s, *no pl*⟩ *(infml)* **einen ~ machen** *(infml)* to make a killing *(infml)*

Reibe ['raibə] *f* ⟨-, -n⟩ COOK grater **Reibekuchen** *m* (COOK *dial*) ≈ potato fritter **reiben** ['raibn] *pret* **rieb** [riːp], *past part* **gerieben** [gə'riːbn] A *v/t* **1** (≈ *frottieren*) to rub; **sich** *(dat)* **die Augen ~** to rub one's eyes **2** (≈ *zerkleinern*) to grate B *v/i* **1 an etw** *(dat)* **~** to rub sth **2** (≈ *zerkleinern*) to grate C *v/r* to rub oneself *(an +dat* on, against); (≈ *sich verletzen*) to scrape oneself *(an +dat* on) **Reiberei** [raibə'rai] *f* ⟨-, -en⟩ *usu pl (infml)* friction *no pl;* **(kleinere) ~en** (short) periods of friction **Reibung** ['raibʊŋ] *f* ⟨-, -en⟩ **1** (≈ *das Reiben*) rubbing; PHYS friction **2** *(fig)* friction *no pl* **reibungslos** A *adj* frictionless; *(fig infml)* trouble-free B *adv* (≈ *problemlos*) smoothly; **~ verlaufen** to go off smoothly **reich** [raiç] A *adj* rich; (≈ *vielfältig*) copious; *Auswahl* wide; **in ~em Maße vorhanden sein** to abound B *adv* (≈ *reichlich*) richly; **jdn ~ belohnen** to reward sb well; **~ illustriert** richly illustrated **Reich** [raiç] *nt* ⟨-(e)s, -e⟩ **1** (≈ *Imperium*) empire; (≈ *Königreich*) realm; **das Dritte ~** the Third Reich **2** (≈ *Gebiet*) realm; **das ~ der Tiere** the animal kingdom; **das ist mein ~** *(fig)* that is my domain **reichen** ['raiçn] A *v/i* **1** (≈ *sich erstrecken*) to reach *(bis zu etw* sth); **der Garten reicht bis ans Ufer** the garden stretches right down to the riverbank; **so weit ~ meine Fähigkeiten nicht** my skills are not that wide-ranging **2** (≈ *langen*) to be enough; **der Zucker reicht nicht** there won't be enough sugar; **reicht das Licht zum Lesen?** is there enough light to read by?; **mir reicht's** *(infml)* (≈ *habe die Nase voll*) I've had enough *(infml)*; **jetzt reicht's**

(mir aber)! that's the last straw! B *v/t* (≈ *entgegenhalten*) to hand; (≈ *anbieten*) to serve; **jdm die Hand ~** to hold out one's hand to sb **reichhaltig** *adj* extensive; *Auswahl* wide, large; *Essen* rich; *Programm* varied **reichlich** ['raiçliç] A *adj* ample, large; *Vorrat* plentiful; *Portion* generous; *Zeit, Geld, Platz* plenty of; *Belohnung* ample B *adv* **1** *belohnen* amply; *verdienen* richly; **jdn ~ beschenken** to give sb lots of presents; **~ Trinkgeld geben** to tip generously; **~ Zeit/Geld haben** to have plenty of *or* ample time/money; **~ vorhanden sein** to abound **2** *(infml* ≈ *ziemlich)* pretty **Reichstag** *m* Parliament **Reichtum** ['raiçtuːm] *m* ⟨-s, Reichtümer [-tyːme]⟩ **1** wealth *no pl;* (≈ *Besitz*) riches *pl;* **zu ~ kommen** to become rich **2** *(fig* ≈ *Fülle)* wealth *(an +dat* of); **der ~ an Fischen** the abundance of fish **Reichweite** *f* range; (≈ *greifbare Nähe*) reach; *(fig* ≈ *Einflussbereich)* scope; **außer ~** out of range; *(fig)* out of reach

reif [raif] *adj Früchte* ripe; *Mensch* mature; **in ~(er)em Alter** in one's mature(r) years; **die Zeit ist ~** the time is ripe; **eine ~e Leistung** *(infml)* a brilliant achievement; **für etw ~ sein** *(infml)* to be ready for sth **Reif**[1] [raif] *m* ⟨-(e)s, *no pl*⟩ (≈ *Raureif*) hoarfrost

Reif[2] [raif] *m* ⟨-(e)s, -e⟩ (≈ *Stirnreif*) circlet; (≈ *Armreif*) bangle

Reife ['raifə] *f* ⟨-, *no pl*⟩ (≈ *das Reifen*) ripening; (≈ *das Reifsein*) ripeness; *(fig)* maturity **reifen** *v/i aux sein (Obst)* to ripen; *(Mensch)* to mature

Reifen ['raifn] *m* ⟨-s, -⟩ tyre *(Br),* tire *(US); (von Fass)* hoop **Reifendruck** *m, pl* -drücke tyre *(Br)* or tire *(US)* pressure **Reifenpanne** *f* puncture *(Br),* flat *(infml); (geplatzt auch)* blowout *(infml)* **Reifenwechsel** *m* tyre *(Br)* or tire *(US)* change

Reifeprüfung *f* SCHOOL → Abitur **Reifezeugnis** *nt* SCHOOL *Abitur certificate,* ≈ A Level certificate *(Br),* ≈ high school diploma *(US)*

Reifglätte *f* MOT slippery frost

reiflich ['raifliç] A *adj* thorough; **nach ~er Überlegung** after careful consideration B *adv* **sich** *(dat)* **etw ~ überlegen** to consider sth carefully

Reigen ['raign] *m* ⟨-s, -⟩ round dance; *(fig elev)* round; **den ~ eröffnen** *(fig elev)* to lead off; **ein bunter ~ von Melodien** a varied selection of melodies

Reihe ['raiə] f ‹-, -n› **1** row; **sich in einer ~ aufstellen** to line up; **aus der ~ tanzen** (fig infml) to be different; (≈ gegen Konventionen verstoßen) to step out of line; **in den eigenen ~n** within our/their etc own ranks; **er ist an der ~** it's his turn; **der ~ nach** in order, in turn; **außer der ~** out of order; (≈ zusätzlich) out of the usual way of things **2** (≈ Serie) series sg **3** (≈ unbestimmte Anzahl) number; **eine ganze ~ (von)** a whole lot (of) **4** (infml ≈ Ordnung) **aus der ~ kommen** (≈ in Unordnung geraten) to get out of order; **jdn aus der ~ bringen** to confuse sb; **in die ~ bringen** to put in order; **etw auf die ~ kriegen** (infml) to handle sth **reihen** ['raiən] **A** v/t **Perlen auf eine Schnur ~** to string beads (on a thread) **B** v/r **etw reiht sich an etw** (acc) sth follows (after) sth **Reihenfolge** f order; (≈ notwendige Aufeinanderfolge) sequence; **alphabetische ~** alphabetical order **Reihenhaus** nt terraced house (Br), town house (esp US) **Reihenuntersuchung** f mass screening **reihenweise** adv **1** (≈ in Reihen) in rows **2** (fig ≈ in großer Anzahl) by the dozen **Reiher** ['raiə] m ‹-s, -› heron **reihum** [rai'ʊm] adv round; **etw ~ gehen lassen** to pass sth round **Reim** [raim] m ‹-(e)s, -e› rhyme; **sich** (dat) **einen ~ auf etw** (acc) **machen** (infml) to make sense of sth **reimen** ['raimən] **A** v/t to rhyme (auf +acc, mit with) **B** v/i to make up rhymes **C** v/r to rhyme (auf +acc, mit with)

rein¹ [rain] adv (infml) = herein, hinein
rein² **A** adj **1** pure; (≈ völlig) sheer; Wahrheit plain; Gewissen clear; **das ist die ~ste Freude/der ~ste Hohn** etc it's sheer joy/mockery etc; **er ist der ~ste Künstler** he's a real artist **2** (≈ sauber) clean; Haut clear; **etw ~ machen** to clean sth; **etw ins Reine schreiben** to write out a fair copy of sth; **etw ins Reine bringen** to clear sth up; **mit etw im Reinen sein** to have got sth straightened out **B** adv **1** (≈ ausschließlich) purely **2** (infml ≈ völlig) absolutely; **~ gar nichts** absolutely nothing **Rein** [rain] f ‹-, -en› (S Ger, Aus) casserole (dish)
reinbeißen v/t sep irr (infml) to bite into (in +acc); **zum Reinbeißen aussehen** to look scrumptious

Reindl ['raindl] nt ‹-s, -n› (S Ger, Aus) (small) casserole (dish)
Reineclaude [rɛːnəˈkloːdə] f ‹-, -n› greengage
Reinemachefrau f cleaner
Reinerlös m net profit(s pl)
Reinfall m (infml) disaster (infml)
Reingewicht nt net(t) weight **Reingewinn** m net(t) profit **Reinhaltung** f keeping clean **Reinheit** f ‹-, no pl› purity; (≈ Sauberkeit) cleanness; (von Haut) clearness **reinigen** ['rainɪgn] v/t to clean; **etw chemisch ~** to dry-clean sth; **ein ~des Gewitter** (fig infml) a row which clears the air **Reiniger** ['rainɪgɐ] m ‹-s, -› cleaner **Reinigung** ['rainɪgʊŋ] f ‹-, -en› **1** cleaning (≈ chemische Reinigung) (Anstalt) (dry) cleaner's **Reinigungsmilch** f cleansing milk **Reinigungsmittel** nt cleansing agent
Reinkarnation [rɛɪnkarnaˈtsioːn] f reincarnation
Reinkultur f BIOL pure culture; **Kitsch in ~** (infml) pure unadulterated kitsch
reinlegen ['rainleːgn] v/t sep (infml) = hereinlegen, hineinlegen
reinlich ['rainlɪç] adj **1** cleanly **2** (≈ ordentlich) tidy **Reinlichkeit** f ‹-, no pl› cleanliness; (≈ Ordentlichkeit) tidiness **reinrassig** adj pure-blooded; Tier thoroughbred **Reinschrift** f (Geschriebenes) fair copy; **etw in ~ schreiben** to write out a fair copy of sth **reinseiden** adj pure silk **reinstressen** v/r sep (infml) **sich reinstressen** to push oneself
Reis m ‹-es, -e [-zə]› rice
Reise ['raizə] f ‹-, -n› journey, trip; (≈ Schiffsreise, SPACE) voyage; (≈ Geschäftsreise) trip; **eine ~ machen** to go on a journey; **auf ~n sein** to be away (travelling (Br) or traveling (US)); **er ist viel auf ~n** he does a lot of travelling (Br) or traveling (US); **wohin geht die ~?** where are you off to?; **gute ~!** have a good journey! **Reisendenken** nt souvenir **Reiseapotheke** f first-aid kit **Reisebegleiter(in)** m/(f) travelling (Br) or traveling (US) companion; (≈ Reiseleiter) courier **Reisebekanntschaft** f acquaintance made while travelling (Br) or traveling (US) **Reisebericht** m report or account of one's journey; (Buch) travel story; (Film) travelogue (Br), travelog (US) **Reisebeschreibung** f description of one's travels; FILM travelogue (Br), trav-

R

elog (US) **Reisebüro** nt travel agency **Reisebus** m coach (Br), bus (US) **reisefertig** adj ready (to go or leave) **Reisefieber** nt (fig) travel nerves pl **Reiseführer** m (Buch) guidebook **Reiseführer(in)** m/f(f) tour guide **Reisegepäck** nt luggage (Br), baggage **Reisegepäckversicherung** f luggage insurance (Br), baggage insurance **Reisegeschwindigkeit** f cruising speed **Reisegesellschaft** f (tourist) party; (infml ≈ Veranstalter) tour operator **Reisegruppe** f tourist group or party **Reisehinweis** m travel information **Reisekissen** nt travel pillow **Reisekosten** pl travelling (Br) or traveling (US) expenses pl **Reisekrankheit** f travel sickness **Reiseleiter(in)** m/f(f) tour guide **Reiselust** f wanderlust **reiselustig** adj fond of travel or travelling (Br) or traveling (US) **reisen** ['raizn] v/i aux sein to travel; **in den Urlaub ~** to go away on holiday (Br) or vacation (US) **Reisende(r)** ['raizndə] m/f(m) decl as adj traveller (Br), traveler (US); (≈ Fahrgast) passenger **Reisepass** m passport **Reiseprospekt** m travel brochure **Reiseproviant** m food for the journey **Reiseroute** f route, itinerary **Reiserücktritts(kosten)-versicherung** f travel cancellation insurance **Reiseruf** m personal message **Reisetasche** f holdall **Reisethrombose** f deep vein thrombosis, DVT **Reiseunterlagen** pl travel documents pl **Reiseveranstalter(in)** m/f(f) tour operator **Reiseverkehr** m holiday (Br) or vacation (US) traffic **Reiseversicherung** f travel insurance **Reisewarnung** f (des Auswärtigen Amtes) travel warning; **eine Reisewarnung herausgeben** to issue a travel warning **Reisewecker** m travelling (Br) or traveling (US) alarm clock **Reisewetterbericht** m holiday (Br) or travel weather forecast **Reisezeit** f (≈ Saison) holiday (Br) or vacation (US) season; (≈ Fahrzeit) travel time **Reiseziel** nt destination **Reisfeld** nt paddy field **Reisig** ['raiziç] nt ‹-s, no pl› brushwood **Reiskocher** m rice cooker **Reiskorn** nt, pl -körner grain of rice **Reispapier** nt ART, COOK rice paper **Reißaus** [rais'aus] m **~ nehmen** (infml) to clear off or out (infml) **Reißbrett** ['rais-] nt drawing board **reißen** ['raisn] pret riss [ris], past part gerissen [gə'risn] **A** v/t **1** to

tear, to rip; (≈ mitreißen, zerren) to pull, to drag; **jdn zu Boden ~** to pull or drag sb to the ground; **jdm etw aus der Hand ~** to snatch sth out of sb's hand; **jdn aus dem Schlaf/seinen Träumen ~** to wake sb from his sleep/dreams; **jdn in den Tod ~** to claim sb's life; (Flutwelle, Lawine) to sweep sb to his/her death; **hin und her gerissen werden/sein** (fig) to be torn; **etw an sich** (acc) **~** to seize sth **2** (SPORTS, Gewichtheben) to snatch; (Hochsprung) to knock down **3** (≈ töten) to kill **4**; → gerissen **B** v/i **1** aux sein to tear; (≈ Risse bekommen) to crack; **mir ist die Kette gerissen** my chain has broken; **da riss mir die Geduld** then my patience gave out; **wenn alle Stricke ~** (fig infml) if all else fails **2** (≈ zerren) to pull, to tug (an +dat at) **3** (Hochsprung) to knock the bar off **C** v/r (infml) **sich um jdn/etw ~** to scramble to get sb/sth **reißend** adj Fluss raging; Schmerzen searing; Verkauf, Absatz massive **Reißer** ['raisɐ] m ‹-s, -› (infml) (THEAT, Film, Buch) thriller; (Ware) big seller **reißerisch** ['raisərif] adj Bericht, Titel sensational **reißfest** adj tear-proof **Reißleine** f ripcord **Reißnagel** m drawing pin (Br), thumbtack (US) **Reißverschluss** m zip (fastener) (Br), zipper (US); **den ~ an etw** (dat) **zumachen** to zip sth up; **den ~ an etw** (dat) **aufmachen** to unzip sth **Reißwolf** m shredder **Reißzahn** m fang **Reißzwecke** f drawing pin (Br), thumbtack (US)

reiten ['raitn] pret ritt [rit], past part geritten [gə'ritn] **A** v/i aux sein to ride; **auf etw** (dat) **~** to ride (on) sth **B** v/t to ride; **Schritt/Trab/Galopp ~** to ride at a walk/trot/gallop **Reiter** ['raitɐ] m ‹-s, -› (an Waage) rider; (≈ Karteireiter) index tab **Reiter** ['raitɐ] m ‹-s, -›, **Reiterin** [-ərɪn] f ‹-, -nen› rider **Reithose** f riding breeches pl; HUNT, SPORTS jodhpurs pl **Reitkunst** f horsemanship **Reitpeitsche** f riding whip **Reitpferd** nt mount **Reitsattel** m (riding) saddle **Reitschule** f riding school **Reitsport** m (horse-)riding **Reitstall** m riding stable **Reitstiefel** m riding boot **Reitturnier** nt horse show; (Geländereiten) point-to-point **Reitunterricht** m riding lessons pl **Reitweg** m bridle path

Reiz [raits] m ‹-es, -e› **1** PHYSIOL stimulus **2** (≈ Verlockung) attraction, appeal; (≈ Zau-

ber) charm; **(auf jdn) einen ~ ausüben** to have great attraction (for sb); **diese Idee hat auch ihren ~** this idea also has its attractions; **den ~ verlieren** to lose all one's/its charm; **weibliche ~e** feminine charms **reizbar** *adj* (≈ *empfindlich*) touchy (*infml*); (≈ *erregbar*) irritable **Reizbarkeit** ['raitsbaːɛkait] *f* ⟨-, *no pl*⟩ (≈ *Empfindlichkeit*) touchiness (*infml*); (≈ *Erregbarkeit*) irritability **reizen** ['raitsn] **A** *v/t* **1** PHYSIOL to irritate; (≈ *stimulieren*) to stimulate **2** (≈ *verlocken*) to appeal to; **es würde mich ja sehr ~, ...** I'd love to ...; **Ihr Angebot reizt mich sehr** I find your offer very tempting; **was reizt Sie daran?** what do you like about it? **3** (≈ *ärgern*) to annoy; *Tier* to tease; (≈ *herausfordern*) to provoke; **jdn bis aufs Blut ~** to push sb to breaking point; → **gereizt B** *v/i* **1** MED to irritate; (≈ *stimulieren*) to stimulate **2** CARDS to bid; **hoch ~** to make a high bid **reizend A** *adj* charming; **das ist ja ~** (*iron*) (that's) charming **B** *adv* einrichten attractively; **~ aussehen** to look charming **Reizhusten** *m* chesty (*Br*) or deep (*US*) cough; (*nervös*) nervous cough **Reizklima** *nt* bracing climate; (*fig*) charged atmosphere **reizlos** *adj* dull, uninspiring **Reizschwelle** *f* PHYSIOL stimulus or absolute threshold **Reizthema** *nt* controversial issue **Reizüberflutung** *f* overstimulation **Reizung** ['raitsʊŋ] *f* ⟨-, -en⟩ MED stimulation; (*krankhaft*) irritation **reizvoll** *adj* delightful; *Aufgabe* attractive **Reizwäsche** *f* (*infml*) sexy underwear **Reizwort** *nt*, *pl* -wörter emotive word

rekapitulieren [rekapituˈliːrən] *past part* rekapitul**iert** *v/t* to recapitulate

rekeln ['reːkln] *v/r* (*infml*) (≈ *sich herumlümmeln*) to loll around; (≈ *sich strecken*) to stretch

Reklamation [reklamaˈtsioːn] *f* ⟨-, -en⟩ query; (≈ *Beschwerde*) complaint **Reklame** [reˈklaːmə] *f* ⟨-, -n⟩ **1** advertising; **~ für jdn/etw machen** to advertise sb/sth **2** (≈ *Einzelwerbung*) advertisement; *esp* TV, RADIO commercial **Reklameschild** *nt*, *pl* -schilder advertising sign

reklamieren [reklaˈmiːrən] *past part* reklam**iert** **A** *v/i* (≈ *Einspruch erheben*) to complain; **bei jdm wegen etw ~** to complain to sb about sth **B** *v/t* **1** (≈ *bemängeln*) to complain about (*etw bei jdm* sth to sb) **2** (≈ *in Anspruch nehmen*) to claim;

jdn/etw für sich **~** to lay claim to sb/sth **rekonstruieren** [rekɔnstruˈiːrən] *past part* rekonstru**iert** *v/t* to reconstruct **Rekonstruktion** [rekɔnstrʊkˈtsioːn] *f* reconstruction

Rekord [reˈkɔrt] *m* ⟨-s, -e [-də]⟩ record; **einen ~ aufstellen** to set a record **Rekorder** [reˈkɔrdɐ] *m* ⟨-s, -⟩ (cassette) recorder **Rekordgewinn** *m* COMM record profit **Rekordinhaber(in)** *m/(f)* record holder **Rekordverlust** *m* COMM record losses *pl* **Rekordzeit** *f* record time

Rekrut [reˈkruːt] *m* ⟨-en, -en⟩, **Rekrutin** [-ˈkruːtɪn] *f* ⟨-, -nen⟩ MIL recruit **rekrutieren** [rekruˈtiːrən] *past part* rekrut**iert** **A** *v/t* to recruit **B** *v/r* (*fig*) **sich ~ aus** to be recruited from

Rektor ['rɛktoːɐ] *m* ⟨-s, Rektoren [-ˈtoːrən]⟩, **Rektorin** [-ˈtoːrɪn, 'rɛktorɪn] *f* ⟨-, -nen⟩ SCHOOL head teacher, principal (*esp US*); UNIV vice chancellor (*Br*), rector (*US*); (*von Fachhochschule*) principal **Rektorat** [rɛktoˈraːt] *nt* ⟨-(e)s, -e⟩ (SCHOOL ≈ *Amt, Amtszeit*) headship, principalship (*esp US*); (≈ *Zimmer*) head teacher's study, principal's room (*esp US*); UNIV vice chancellorship (*Br*), rectorship (*US*); vice chancellor's (*Br*) or rector's (*US*) office

Relais [rəˈlɛː] *nt* ⟨-, - [rəˈlɛː(s), rəˈlɛːs]⟩ ELEC relay

Relation [relaˈtsioːn] *f* ⟨-, -en⟩ relation; **in einer/keiner ~ zu etw stehen** to bear some/no relation to sth **relational** [relatsioˈnaːl] *adj* IT relational **relativ** [relaˈtiːf] **A** *adj* relative **B** *adv* relatively **relativieren** [relatiˈviːrən] *past part* relativ**iert** (*elev*) *v/t Behauptung etc* to qualify **Relativität** [relativiˈtɛːt] *f* ⟨-, *no pl*⟩ relativity **Relativitätstheorie** *f* theory of relativity **Relativpronomen** *nt* relative pronoun **Relativsatz** *m* relative clause

relaxen [riˈlɛksn] *v/i* (*infml*) to take it easy (*infml*) **relaxt** [riˈlɛkst] *adj* (*infml*) laid-back (*infml*)

relevant [releˈvant] *adj* relevant **Relevanz** [releˈvants] *f* ⟨-, *no pl*⟩ relevance **Relief** [reliˈɛf] *nt* ⟨-s, -s *or* -e⟩ relief **Religion** [reliˈgioːn] *f* ⟨-, -en⟩ religion; (*Schulfach*) religious instruction *or* education **Religionsfreiheit** *f* freedom of worship **Religionsunterricht** *m* religious education *or* instruction; SCHOOL RE *or* RI lesson **Religionszugehörig-**

R

keit f religious affiliation, religion **religiös** [reli'giø:s] adj religious

Relikt [re'lɪkt] nt ⟨-(e)s, -e⟩ relic

Reling ['re:lɪŋ] f ⟨-, -s or -e⟩ NAUT (deck) rail

Reliquie [re'li:kviə] f ⟨-, -n⟩ relic

Remake ['ri:me:k] nt ⟨-s, -s⟩ remake

Reminiszenz [reminɪs'tsɛnts] f ⟨-, -en⟩ (elev ≈ Erinnerung) memory (an +acc of)

remis [rə'mi:] adj inv drawn; **~ spielen** to draw **Remis** [rə'mi:] nt ⟨- [rə'mi:(s)]⟩ ⟨- or -en [rə'mi:s, rə'mi:zn]⟩ CHESS, SPORTS draw

Remittende [remɪ'tɛndə] f ⟨-, -n⟩ COMM return

Remmidemmi ['rɛmɪ'dɛmi] nt ⟨-s, no pl⟩ (infml) (≈ Krach) rumpus (infml); (≈ Trubel) to-do (infml)

Remoulade [remu'la:də] f ⟨-, -n⟩, **Remouladensoße** f COOK remoulade

rempeln ['rɛmpln] v/t (infml) to barge (jdn into sb) (infml); (≈ foulen) to push

Ren [rɛn, re:n] nt ⟨-s, -e or -s ['re:nə, rɛns]⟩ reindeer

Renaissance [rənɛ'sã:s] f ⟨-, -en⟩ **1** HIST renaissance **2** (fig also) revival

Rendezvous [rãde'vu:, 'rã:devu] nt ⟨-, - [-'vu:(s), -'vu:s]⟩ rendezvous, date (infml); SPACE rendezvous

Rendite [rɛn'di:tə] f ⟨-, -n⟩ FIN yield, return on capital

Reneklode [re:nə'klo:də] f ⟨-, -n⟩ greengage

renitent [reni'tɛnt] adj defiant **Renitenz** [reni'tɛnts] f ⟨-, -en⟩ defiance

Rennbahn f (race)track **Rennboot** nt powerboat **rennen** ['rɛnən] pret **rannte** ['rantə], past part **gerannt** [gə'rant] **A** v/i aux sein to run; **um die Wette ~** to have a race; **er rannte mit dem Kopf gegen ...** he bumped his head against ... **B** v/t aux haben or sein SPORTS to run; **jdn zu Boden ~** to knock sb over **Rennen** ['rɛnən] nt ⟨-s, -⟩ race; **totes ~** dead heat; **gut im ~ liegen** to be well-placed; **das ~ machen** to win (the race) **Renner** ['rɛnɐ] m ⟨-s, -⟩ (infml ≈ Verkaufsschlager) winner **Rennerei** [rɛnə'rai] f ⟨-, -en⟩ (infml) running around; (≈ Hetze) mad chase (infml) **Rennfahrer(in)** m/(f) (≈ Radrennfahrer) racing cyclist; (≈ Motorradrennfahrer) racing motorcyclist; (≈ Autorennfahrer) racing driver **Rennpferd** nt racehorse **Rennrad** nt racing bicycle **Rennsport** m racing **Rennstall** m (Tiere, Zucht) stable

Rennstrecke f (≈ Rennbahn) (race)track; (≈ zu laufende Strecke) course, distance **Rennwagen** m racing car

Renommee [renɔ'me:] nt ⟨-s, -s⟩ reputation, name **renommiert** [renɔ'mi:ɐt] adj famous (wegen for)

renovieren [reno'vi:rən] past part **renoviert** v/t to renovate; (≈ tapezieren etc) to redecorate **Renovierung** f ⟨-, -en⟩ renovation

rentabel [rɛn'ta:bl] **A** adj profitable **B** adv profitably; **~ wirtschaften** to show a profit **Rentabilität** [rɛntabili'tɛ:t] f ⟨-, -en⟩ profitability

Rente ['rɛntə] f ⟨-, -n⟩ pension; (aus Versicherung) annuity; (aus Vermögen) income; **in ~ gehen** to start drawing one's pension; **in ~ sein** to be on a pension **Rentenalter** nt retirement age **Rentenanspruch** m pension entitlement **Rentenbeitrag** m pension contribution **Rentenempfänger(in)** m/(f) pensioner **Rentenfonds** m fixed-income fund **Rentenmarkt** m market in fixed-interest securities **Rentenreform** f reform of pensions **Rentenversicherung** f pension scheme (Br), retirement plan (US)

Rentier ['rɛnti:ɐ, 're:nti:ɐ] nt ZOOL reindeer

rentieren [rɛn'ti:rən] past part **rentiert** v/r to be worthwhile; **das rentiert sich nicht** it's not worth it

Rentner ['rɛntnɐ] m ⟨-s, -⟩, **Rentnerin** [-ərɪn] f ⟨-, -nen⟩ pensioner

Reorganisation [reɔrganiza'tsio:n] f reorganization **reorganisieren** [reɔrgani-'zi:rən] past part **reorganisiert** v/t to reorganize

reparabel [repa'ra:bl] adj repairable **Reparatur** [repara'tu:ɐ] f ⟨-, -en⟩ repair; **~en am Auto** car repairs; **in ~ sein** to be paired; **etw in ~ geben** to have sth repaired **reparaturanfällig** adj prone to break down **Reparaturarbeiten** pl repairs pl, repair work no pl **reparaturbedürftig** adj in need of repair **Reparaturkosten** pl repair costs pl **Reparaturwerkstatt** f workshop; (≈ Autowerkstatt) garage, auto repair shop (US) **reparieren** [repa'ri:rən] past part **repariert** v/t to repair

repatriieren [repatri'i:rən] past part **repatriiert** v/t to repatriate

R

Repertoire [repɛr'toaːe] nt ⟨-s, -s⟩ repertoire

Report [re'pɔrt] m ⟨-(e)s, -e⟩ report **Reportage** [repɔr'taːʒə] f ⟨-, -n⟩ report **Reporter** [re'pɔrtɐ] m ⟨-s, -⟩, **Reporterin** [-ərɪn] f ⟨-, -nen⟩ reporter

Repräsentant [reprɛzɛn'tant] m ⟨-en, -en⟩, **Repräsentantin** [-'tantɪn] f ⟨-, -nen⟩ representative **Repräsentantenhaus** nt (US POL) House of Representatives **Repräsentation** [reprɛzɛnta-'tsioːn] f (≈ Vertretung) representation **repräsentativ** [reprɛzɛnta'tiːf] **A** adj **1** (≈ typisch) representative (für of) **2** Haus, Auto prestigious; Erscheinung presentable **B** adv bauen prestigiously **repräsentieren** [reprɛzɛn'tiːrən] past part **repräsentiert** v/t to represent

Repressalie [reprɛ'saːliə] f ⟨-, -n⟩ reprisal **Repression** [reprɛ'sioːn] f ⟨-, -en⟩ repression

Reproduktion [reprodʊk'tsioːn] f reproduction **reproduzieren** [reprodu'tsiːrən] past part **reproduziert** v/t to reproduce

Reptil [rɛp'tiːl] nt ⟨-s, -ien [-liən]⟩ reptile **Republik** [repu'bliːk] f ⟨-, -en⟩ republic; **die ~ Österreich** the Republic of Austria **Republikaner** [republi'kaːnɐ] m ⟨-s, -⟩, **Republikanerin** [-ərɪn] f ⟨-, -nen⟩ republican; POL Republican **republikanisch** [republi'kaːnɪʃ] adj republican

Reputation [reputa'tsioːn] f ⟨-, no pl⟩ (good) reputation

Requiem ['reːkviɛm] nt ⟨-s, -s or (Aus) Requien [-viən]⟩ requiem

Requisit [rekvi'ziːt] nt ⟨-s, -en⟩ equipment no pl; **~en** THEAT props

resch [rɛʃ] adj (Aus) (≈ knusprig) Brötchen etc crispy; (fig ≈ lebhaft) Frau dynamic

Reservat [rezɛr'vaːt] nt ⟨-(e)s, -e⟩ **1** (≈ Naturschutzgebiet) reserve **2** (für Indianer, Ureinwohner etc) reservation **Reserve** [re-'zɛrvə] f ⟨-, -n⟩ **1** (≈ Vorrat) reserve(s pl) (an +dat of); (≈ angespartes Geld) savings pl; MIL, SPORTS reserves pl; **(noch) etw/jdn in ~ haben** to have sth/sb (still) in reserve **2** (≈ Zurückhaltung) reserve; (≈ Bedenken) reservation; **jdn aus der ~ locken** to bring sb out of his/her shell **Reservebank** f, pl -bänke SPORTS substitutes or reserves bench **Reservefonds** m reserve fund **Reservekanister** m spare can **Reserverad** nt spare (wheel) **Reservespieler(in)** m/(f) SPORTS reserve

reservieren [rezɛr'viːrən] past part **reserviert** v/t to reserve **reserviert** [rezɛr'viːɐt] adj Platz, Mensch reserved **Reservierung** f ⟨-, -en⟩ reservation **Reservist** [rezɛr-'vɪst] m ⟨-en, -en⟩, **Reservistin** [rezɛr-'vɪstɪn] [-ɪn] f ⟨-, -nen⟩ reservist **Reservoir** [rezɛr'voaːɐ] nt ⟨-s, -e⟩ reservoir

Reset-Taste [ri:'sɛt-] f IT reset key

Residenz [rezi'dɛnts] f ⟨-, -en⟩ (≈ Wohnung) residence **residieren** [rezi'diːrən] past part **residiert** v/i to reside

Resignation [rezɪgna'tsioːn] f ⟨-, no pl⟩ (elev) resignation **resignieren** [rezi'gniːrən] past part **resigniert** v/i to give up; **resigniert** resigned

resistent [rezɪs'tɛnt] adj resistant (gegen to) **Resistenz** [rezɪs'tɛnts] f ⟨-, -en⟩ resistance (gegen to)

Reskription [reskrip'tsioːn] f ⟨-, -en⟩ treasury bond

resolut [rezo'luːt] **A** adj resolute **B** adv resolutely **Resolution** [rezolu'tsioːn] f ⟨-, -en⟩ (POL ≈ Beschluss) resolution

Resonanz [rezo'nants] f ⟨-, -en⟩ **1** resonance **2** (fig) response (auf +acc to); **große ~ finden** to get a good response

resozialisieren [rezotsiali'ziːrən] past part **resozialisiert** v/t to rehabilitate

Respekt [re'spɛkt, rɛs'pɛkt] m ⟨-s, no pl⟩ (≈ Achtung) respect; **jdm ~ einflößen** to command respect from sb; **bei allem ~** with all due respect; **vor jdm/etw ~ haben** (Achtung) to have respect for sb/sth; (Angst) to be afraid of sb/sth; **sich** (dat) **~ verschaffen** to make oneself respected **respektabel** [respɛk'taːbl, rɛs-] adj respectable **respektieren** [respɛk'tiːrən, rɛs-] past part **respektiert** v/t to respect **respektlos** adj disrespectful **respektvoll** **A** adj respectful **B** adv respectfully

Ressentiment [rɛsãtiˈmãː, rə-] nt ⟨-s, -s⟩ resentment no pl (gegen towards)

Ressort [rɛ'soːɐ] nt ⟨-s, -s⟩ department **Ressource** [rɛ'sʊrsə] f ⟨-, -n⟩ resource

Rest [rɛst] m ⟨-(e)s, -e⟩ **1** rest; **die ~e einer Kirche** the remains of a church; **der letzte ~** the last bit; **der ~ ist für Sie** (beim Bezahlen) keep the change; **jdm/einer Sache den ~ geben** (infml) to finish sb/sth off **2** **Reste** pl (≈ Essensreste) leftovers pl **3** (≈ Stoffrest) remnant **Restalkohol** m, no pl residual alcohol

Restaurant [rɛstoˈrãː] nt ⟨-s, -s⟩ restaurant

R

restaurieren [rɛstauˈriːrən, rɛs-] *past part* **restauriert** *v/t* to restore **Restaurierung** *f* ⟨-, -en⟩ restoration
Restbestand *m* remaining stock; *(fig)* remnant **Restbetrag** *m* balance **restlich** [ˈrɛstlɪç] *adj* remaining, rest of the ...; **die ~e Welt** the rest of the world **restlos** **A** *adj* complete **B** *adv* completely; **ich war ~ begeistert** I was completely bowled over *(infml)* **Restmüll** *m* residual waste **Restposten** *m* COMM remaining stock
restriktiv [rɛstrɪkˈtiːf, rɛs-] *(elev)* **A** *adj* restrictive **B** *adv* restrictively
Restrisiko *nt* residual risk
Resultat [rezʊlˈtaːt] *nt* ⟨-(e)s, -e⟩ result **resultieren** [rezʊlˈtiːrən] *past part* **resultiert** *v/i (elev)* to result *(in +dat* in); **aus etw ~** to result from sth
Resümee [rezyˈmeː] *nt* ⟨-s, -s⟩ *(elev)* résumé **resümieren** [rezyˈmiːrən] *past part* **resümiert** *v/t & v/i (elev)* to summarize
Retorte [reˈtɔrtə] *f* ⟨-, -n⟩ CHEM retort; **aus der ~** *(fig infml)* synthetic **Retortenbaby** *nt* test-tube baby
Retoure [reˈtuːrə] *f* ⟨-, -n⟩ COMM return **Retourkutsche** [reˈtuːɐ-] *f (infml) (Worte)* retort; *(Handlung)* retribution
Retrospektive [retrospɛkˈtiːvə] *f* ⟨-, -n⟩ retrospective **Retrovirus** [retroˈviːrʊs] *nt or m* retrovirus
retten [ˈrɛtn] **A** *v/t* to save; *(≈ befreien)* to rescue; **jdn vor etw ~** to save sb from sth; **jdm das Leben ~** to save sb's life; **ein ~der Gedanke** a bright idea that saved the situation; **bist du noch zu ~?** *(infml)* are you out of your mind? *(infml)* **B** *v/r* **sich vor jdm/etw ~** to escape (from) sb/sth; **sich vor etw nicht mehr ~ können** *(fig)* to be swamped with sth; **rette sich, wer kann!** (it's) every man for himself! **Retter** [ˈrɛtɐ] *m* ⟨-s, -⟩, **Retterin** [-ərɪn] *f* ⟨-, -nen⟩ *(aus Notlage)* rescuer; **der ~ des Unternehmens** the saviour *(Br)* or savior *(US)* of the business
Rettich [ˈrɛtɪç] *m* ⟨-s, -e⟩ radish
Rettung [ˈrɛtʊŋ] *f* ⟨-, -en⟩ **1** *(aus Notlage)* rescue; *(≈ Erhaltung)* saving; **das war meine ~** that saved me; **das war meine letzte ~** that was my last hope; *(≈ hat mich gerettet)* that was my salvation **2** *(≈ Rettungsdienst)* rescue service; *(≈ Krankenwagen)* ambulance **Rettungsaktion** *f* rescue operation **Rettungsanker** *m* sheet

anchor; *(fig)* anchor **Rettungsboot** *nt* lifeboat **Rettungsdienst** *m* rescue service **Rettungsgasse** *f* emergency lane; **eine ~ bilden** to clear a path for emergency vehicles **Rettungshubschrauber** *m* rescue helicopter **rettungslos** **A** *adj* beyond saving; *Lage* irretrievable; *Verlust* irrecoverable **B** *adv* verloren irretrievably **Rettungsmannschaft** *f* rescue party **Rettungspaket** *nt* *(für Wirtschaft)* rescue package, bail-out package **Rettungsplan** *m* rescue plan **Rettungsring** *m* life belt; *(hum ≈ Bauch)* spare tyre *(Br hum)*, spare tire *(US hum)* **Rettungssanitäter(in)** *m/(f)* paramedic **Rettungsschirm** *m* POL rescue package **Rettungsschwimmer(in)** *m/(f)* lifesaver; *(an Strand, Pool)* lifeguard **Rettungswagen** *m* ambulance **Rettungsweg** *m* emergency exit **Rettungsweste** *f* life vest
retuschieren [retuˈʃiːrən] *past part* **retuschiert** *v/t* PHOT to retouch
Reue [ˈrɔyə] *f* ⟨-, no pl⟩ remorse *(über +acc* at, about)*, repentance *(auch* REL*) (über +acc* of)* **reuevoll**, **reumütig** [ˈrɔymyːtɪç] **A** *adj (≈ voller Reue)* remorseful, repentant; *Sünder* contrite, penitent **B** *adv* gestehen, bekennen full of remorse
Reuse [ˈrɔyzə] *f* ⟨-, -n⟩ fish trap
Revanche [reˈvãːʃ(ə)] *f* ⟨-, -n⟩ revenge *(für* for)*; *(≈ Revanchepartie)* return match *(Br)*, rematch *(US)* **revanchieren** [revãˈʃiːrən] *past part* **revanchiert** *v/r* **1** *(≈ sich rächen)* to get one's revenge *(bei jdm für etw on sb for sth)* **2** *(≈ sich erkenntlich zeigen)* to reciprocate; **sich bei jdm für eine Einladung ~** to return sb's invitation **Revanchismus** [revãˈʃɪsmʊs] *m* ⟨-, no pl⟩ revanchism **Revanchist** [revãˈʃɪst] *m* ⟨-s, -⟩, **Revanchistin** [revãˈʃɪstɪn] [-ɪn] *f* ⟨-, -nen⟩ revanchist **revanchistisch** [revãˈʃɪstɪʃ] *adj* revanchist
Revers [reˈveːɐ, reˈvɛːɐ, rəˈ-] *nt or (Aus) m* ⟨-, - [-ɐ(s), -əs]⟩ *(an Kleidung)* lapel
revidieren [reviˈdiːrən] *past part* **revidiert** *v/t* to revise
Revier [reˈviːɐ] *nt* ⟨-s, -e⟩ **1** *(≈ Polizeidienststelle)* (police) station; *(≈ Dienstbereich)* beat, district; *(von Prostituierter)* patch *(infml)* **2** (ZOOL *≈ Gebiet)* territory **3** (HUNT *≈ Jagdrevier)* hunting ground **4** (MIN *≈ Kohlenrevier)* coalfields *pl*
Revision [reviˈzioːn] *f* ⟨-, -en⟩ **1** *(von Mei-*

nung etc) revision **2** (COMM ≈ *Prüfung*) audit **3** (JUR ≈ *Urteilsanfechtung*) appeal (*an +acc* to); ~ **einlegen** to lodge an appeal **revisionistisch** [revizio'nıstıʃ] *adj* POL revisionist **Revisor** [re'vi:zoːɐ] *m* ⟨-s, Revisoren [-'zo:rən]⟩, **Revisorin** [-'zo:rın] *f* ⟨-, -nen⟩ COMM auditor

Revolte [re'vɔltə] *f* ⟨-, -n⟩ revolt **revoltieren** [revɔl'ti:rən] *past part* revoltiert *v/i* to revolt, to rebel (*gegen* against); (*fig: Magen*) to rebel

Revolution [revolu'tsio:n] *f* ⟨-, -en⟩ revolution **revolutionär** [revolutsio'nɛːɐ] *adj* revolutionary **Revolutionär** [revolutsio-'nɛːɐ] *m* ⟨-s, -e⟩, **Revolutionärin** [-'nɛː-rın] *f* ⟨-, -nen⟩ revolutionary **revolutionieren** [revolutsio'ni:rən] *past part* revolutioniert *v/t* to revolutionize **Revoluzzer** [revo'lʊtsɐ] *m* ⟨-s, -⟩, **Revoluzzerin** [-ərın] *f* ⟨-, -nen⟩ (*pej*) would-be revolutionary

Revolver [re'vɔlvɐ] *m* ⟨-s, -⟩ revolver **Revolverheld(in)** *m/(f)* (*pej*) gunslinger **Revue** [rə'vy:] *f* ⟨-, -n [-'vy:ən]⟩ THEAT revue; **etw ~ passieren lassen** (*fig*) to let sth parade before one

Rezensent [retsɛn'zɛnt] *m* ⟨-en, -en⟩, **Rezensentin** [-'zɛntın] *f* ⟨-, -nen⟩ reviewer **rezensieren** [retsɛn'zi:rən] *past part* rezensiert *v/t* to review **Rezension** [retsɛn'zio:n] *f* ⟨-, -en⟩ review

Rezept [re'tsɛpt] *nt* ⟨-(e)s, -e⟩ **1** MED prescription; **auf ~** on prescription **2** (COOK, *fig* ≈ *Anleitung*) recipe (*zu* for) **rezeptfrei** **A** *adj* available without prescription **B** *adv* without a prescription **Rezeptgebühr** *f* prescription charge **Rezeption** [retsɛp'tsio:n] *f* ⟨-, -en⟩ (*von Hotel* ≈ *Empfang*) reception

Rezeptpflicht *f* **der ~ unterliegen** to be available only on prescription **rezeptpflichtig** [-pflıçtıç] *adj* available only on prescription **Rezession** [retsɛ'sio:n] *f* ⟨-, -en⟩ ECON recession

reziprok [retsi'pro:k] *adj* reciprocal **rezitieren** [retsi'ti:rən] *past part* rezitiert *v/t & v/i* to recite

R-Gespräch ['ɛr-] *nt* reverse charge call (*Brit*), collect call (*US*)

Rhabarber [ra'barbɐ] *m* ⟨-s, *no pl*⟩ rhubarb **Rhein** [raın] *m* ⟨-s⟩ Rhine **rheinab(wärts)** [raın'ap(vɛrts)] *adv* down the Rhine **rheinauf(wärts)** [raın'auf-

(vɛrts)] *adv* up the Rhine **rheinisch** ['raı-nıʃ] *adj attr* Rhenish **Rheinländer** ['raın-lɛndɐ] *m* ⟨-s, -⟩, **Rheinländerin** [-ərın] *f* ⟨-, -nen⟩ Rhinelander **rheinländisch** ['raınlɛndıʃ] *adj* Rhineland **Rheinland-Pfalz** ['raınlant'pfalts] *nt* Rhineland-Palatinate **Rheinwein** *m* Rhine wine; (*weißer auch*) hock

Rhesusaffe ['re:zʊs-] *m* rhesus monkey **Rhesusfaktor** *m* MED rhesus *or* Rh factor

Rhetorik [re'to:rık] *f* ⟨-, -en⟩ rhetoric **rhetorisch** [re'to:rıʃ] *adj* rhetorical

Rheuma ['rɔyma] *nt* ⟨-s, *no pl*⟩ rheumatism **rheumatisch** [rɔy'ma:tıʃ] *adj* rheumatic; **~ bedingte Schmerzen** rheumatic pains **Rheumatismus** [rɔyma'tısmʊs] *m* ⟨-, Rheumatismen [-mən]⟩ rheumatism

Rhinozeros [ri'no:tserɔs] *nt* ⟨-(ses), -se⟩ rhinoceros, rhino (*infml*)

Rhododendron [rodo'dɛndrɔn] *m or nt* ⟨-s, Rhododendren [-drən]⟩ rhododendron

Rhombus ['rɔmbʊs] *m* ⟨-, Rhomben [-bn]⟩ rhombus

rhythmisch ['rʏtmıʃ] *adj* rhythmic(al) **Rhythmus** ['rʏtmʊs] *m* ⟨-, Rhythmen [-mən]⟩ rhythm

Ribisel ['ri:bi:zl] *f* ⟨-, -n⟩ (*Aus* ≈ *Johannisbeere*) (*rot*) redcurrant; (*schwarz*) blackcurrant

richten ['rıçtn] **A** *v/t* **1** (≈ *lenken*) to direct (*auf +acc* towards) **2** (≈ *ausrichten*) **etw nach jdm/etw ~** to suit *or* fit sth to sb/sth; *Verhalten* to orientate sth to sb/sth **3** (≈ *adressieren*) to address (*an +acc* to); *Kritik, Vorwurf* to direct (*gegen* at, against) **4** (≈ *reparieren*) to fix; (≈ *einstellen*) to set **B** *v/r* **1** (≈ *sich hinwenden*) to be directed (*auf +acc* towards, *gegen* at) **2** (≈ *sich wenden*) to consult (*an jdn* sb); (*Vorwurf etc*) to be directed (*gegen* at) **3** (≈ *sich anpassen*) to follow (*nach jdm/etw* sb/sth); **sich nach den Vorschriften ~** to go by the rules; **sich nach jds Wünschen ~** to comply with sb's wishes; **ich richte mich nach dir** I'll fit in with you; **sich nach der Wettervorhersage ~** to go by the weather forecast **4** (≈ *abhängen von*) to depend (*nach* on) **5** (*esp S Ger* ≈ *sich zurechtmachen*) to get ready **C** *v/i* (*liter* ≈ *urteilen*) to pass judgement (*über +acc* on) **Richter** ['rıçtɐ] *m* ⟨-s, -⟩, **Richterin** [-ərın] *f* ⟨-, -nen⟩ judge **richterlich** ['rıçtɐlıç] *adj attr* judi-

R

cial

Richterskala ['rɪçtɐ-] *f* GEOL Richter scale
Richterspruch *m* **1** JUR ≈ judgement **2** SPORTS judges' decision
Richtfest *nt* topping-out ceremony
Richtfunk *m* directional radio
Richtgeschwindigkeit *f* recommended speed
richtig ['rɪçtɪç] **A** *adj* **1** right *no comp*; (≈ *zutreffend*) correct, right; **nicht ganz ~ (im Kopf) sein** (*infml*) to be not quite right (in the head) (*infml*); **bin ich hier ~ bei Müller?** (*infml*) is this right for the Müllers? **2** (≈ *wirklich, echt*) real; **der ~e Vater** the real father **B** *adv* (≈ *korrekt*) right; *passen, funktionieren* properly, correctly; **~ gehend** *Uhr, Waage* accurate; **die Uhr geht ~** the clock is right or correct; **das ist doch Paul!** — **ach ja, ~** that's Paul — oh yes, so it is **Richtige(r)** ['rɪçtɪgə] *m/f(m) decl as adj* right person, right man/woman *etc*; **du bist mir der ~!** (*iron*) you're a fine one (*infml*); **sechs ~ im Lotto** six right in the lottery **Richtige(s)** ['rɪçtɪgə] *nt decl as adj* right thing; **das ist das ~** that's right; **ich habe nichts ~s gegessen** I haven't had a proper meal; **ich habe noch nicht das ~ gefunden** I haven't found anything suitable **richtiggehend** *adj attr* (*infml* ≈ *regelrecht*) real, proper; → **richtig**
Richtigkeit *f* ⟨-, *no pl*⟩ correctness
richtigstellen *v/t sep* to correct
Richtigstellung *f* correction
Richtlinie *f* guideline **Richtpreis** *m* **(unverbindlicher) ~** recommended price
Richtung ['rɪçtʊŋ] *f* ⟨-, -en⟩ **1** direction; **in ~ Hamburg** towards (*Br*) or toward (*US*) Hamburg; **in ~ Süden** in a southerly direction; **der Zug ~ Hamburg** the Hamburg train; **eine neue ~ bekommen** to take a new turn; **ein Schritt in die richtige ~** a step in the right direction; **irgendetwas in dieser ~** something along those lines **2** (≈ *Tendenz*) trend; (≈ *die Vertreter einer Richtung*) movement; (≈ *Denkrichtung*) school of thought **Richtungskampf** *m* POL factional dispute **richtungslos** *adj* lacking a sense of direction **Richtungsstreit** *m* POL factional dispute **Richtungswechsel** *m* change of direction **richtung(s)weisend** *adj* **~ sein** to point the way (ahead)
riechen ['riːçn] *pret* **roch** [rɔx], *past part* **gerochen** [gə'rɔxn] **A** *v/t* to smell; **ich**

kann das nicht ~ (*infml*) I can't stand the smell of it; (*fig* ≈ *nicht leiden*) I can't stand it; **jdn nicht ~ können** (*infml*) not to be able to stand sb; **das konnte ich doch nicht ~!** (*infml*) how was I (supposed) to know? **B** *v/i* (≈ *Geruchssinn haben*) **Hunde können gut ~** dogs have a good sense of smell **2** (≈ *bestimmten Geruch haben*) to smell; **gut/schlecht ~** to smell good/bad; **nach etw ~** to smell of sth; **aus dem Mund ~** to have bad breath; **das riecht nach Betrug/Verrat** (*fig infml*) that smacks of deceit/treachery **3** (≈ *schnüffeln*) to sniff; **an jdm/etw ~** to sniff (at) sb/sth **C** *v/impers* to smell; **es riecht nach Gas** there's a smell of gas **Riecher** ['riːçɐ] *m* ⟨-s, -⟩ (*infml*) **einen ~ (für etw) haben** to have a nose (for sth)
Ried [riːt] *nt* ⟨-s, -e [-də]⟩ (≈ *Schilf*) reeds *pl*
Riege ['riːgə] *f* ⟨-, -n⟩ team
Riegel ['riːgl] *m* ⟨-s, -⟩ **1** (≈ *Verschluss*) bolt; **einer Sache** (*dat*) **einen ~ vorschieben** (*fig*) to put a stop to sth **2** (≈ *Schokoladenriegel, Seifenstück*) bar
Riemen¹ ['riːmən] *m* ⟨-s, -⟩ (≈ *Treibriemen, Gürtel*) belt; (*an Gepäck*) strap; **den ~ enger schnallen** (*fig*) to tighten one's belt; **sich am ~ reißen** (*fig infml*) to get a grip on oneself
Riemen² *m* ⟨-s, -⟩ SPORTS oar; **sich in die ~ legen** to put one's back into it
Riese ['riːzə] *m* ⟨-n, -n⟩ giant; (*sl* ≈ *Geldschein*) big one (*infml*)
rieseln ['riːzln] *v/i aux sein* (*Wasser, Sand*) to trickle; (*Regen*) to drizzle; (*Schnee*) to flutter down; (*Staub*) to fall down; **der Kalk rieselt von der Wand** lime is crumbling off the wall
Riesenerfolg *m* gigantic success; THEAT, FILM smash hit **Riesengebirge** *nt* GEOG Sudeten Mountains *pl* **riesengroß, riesenhaft** *adj* ≈ riesig **Riesenhunger** *m* (*infml*) enormous appetite **Riesenrad** *nt* big wheel, Ferris wheel **Riesenschlange** *f* boa **Riesenschritt** *m* giant step **Riesenslalom** *m* giant slalom **riesig** ['riːzɪç] **A** *adj* **1** enormous, huge; *Spaß* tremendous **2** (*infml* ≈ *toll*) fantastic (*infml*) **B** *adv* (*infml* ≈ *sehr, überaus*) incredibly
Riff¹ [rɪf] *nt* ⟨-(e)s, -e⟩ (≈ *Felsklippe*) reef
Riff² *m* ⟨-(e)s, -s⟩ MUS riff
rigoros [rigo'roːs] **A** *adj* rigorous **B** *adv* *ablehnen* rigorously; *kürzen* drastically
Rigorosum [rigo'roːzʊm] *nt* ⟨-s, Rigorosa

or (Aus) Rig**o**r**o**sen [-za, -zn]⟩ UNIV (doctoral *or* PhD) viva *(Br) or* oral
Rikscha ['rɪkʃa] f ⟨-, -s⟩ rickshaw
Rille ['rɪlə] f ⟨-, -n⟩ groove; *(in Säule)* flute
Rind [rɪnt] nt ⟨-(e)s, -er [-de]⟩ **1** (≈ *Tier)* cow; (≈ *Bulle)* bull; **~er** cattle *pl* **2** *(infml* ≈ *Rindfleisch)* beef
Rinde ['rɪndə] f ⟨-, -n⟩ (≈ *Baumrinde)* bark; (≈ *Brotrinde)* crust; (≈ *Käserinde)* rind
Rinderbraten m *(roh)* joint of beef; *(gebraten)* roast beef *no indef art* **Rinderfilet** nt fillet of beef **Rinderherde** f herd of cattle **Rinderlende** f beef tenderloin **Rinderseuche** f epidemic cattle disease; (≈ *BSE)* mad cow disease **Rinderwahn(sinn)** m mad cow disease **Rinderzucht** f cattle farming **Rindfleisch** nt beef **Rindsleder** nt cowhide **Rindsuppe** f *(Aus)* consommé **Rindvieh** nt, *pl* Rindviecher *(infml* ≈ *Idiot)* ass *(infml)*
Ring [rɪŋ] m ⟨-(e)s, -e⟩ ring; *(von Menschen)* circle; (≈ *Ringstraße)* ring road; **~e** *(Turnen)* rings **Ringbuch** nt ring binder **Ringbucheinlage** f loose-leaf pad **Ringelblume** f marigold **ringeln** ['rɪŋln] **A** v/t *(Pflanze)* to (en)twine **B** v/r to curl **Ringelnatter** f grass snake **Ringelschwanz** m *(infml)* curly tail **Ringelspiel** nt *(Aus)* merry-go-round
ringen ['rɪŋən] *pret* rang [raŋ], *past part* gerungen [gə'rʊŋən] **A** v/t **die Hände ~** to wring one's hands **B** v/i **1** (≈ *kämpfen)* to wrestle *(mit* with); **mit den Tränen ~** to struggle to keep back one's tears **2** (≈ *streben)* **nach** *or* **um etw ~** to struggle for sth **Ringen** ['rɪŋən] nt ⟨-s, *no pl*⟩ SPORTS wrestling; *(fig)* struggle **Ringer** ['rɪŋɐ] m ⟨-s, -⟩, **Ringerin** [-ərɪn] f ⟨-, -nen⟩ wrestler
Ringfahndung f dragnet **Ringfinger** m ring finger **ringförmig** **A** *adj* ring-like **B** *adv* in a ring *or* circle **Ringhefter** m ring binder **Ringkampf** m fight; SPORTS wrestling match **Ringkämpfer(in)** m/(f) wrestler **Ringordner** m ring binder **Ringrichter(in)** m/(f) SPORTS referee **rings** [rɪŋs] *adv* (all) around **ringsherum** ['rɪŋshɛ'rʊm] *adv* all (the way) around **Ringstraße** f ring road **ringsum** ['rɪŋs'ʊm] *adv* (all) around **ringsumher** ['rɪŋsʊm'he:ɐ] *adv* around
Rinne ['rɪnə] f ⟨-, -n⟩ (≈ *Rille)* groove; (≈

Furche, Abflussrinne) channel; (≈ *Dachrinne* ≈ *Rinnstein)* gutter **rinnen** ['rɪnən] *pret* rann [ran], *past part* geronnen [gə'rɔnən] v/i *aux sein* (≈ *fließen)* to run **Rinnsal** ['rɪnza:l] nt ⟨-(e)s, -e⟩ rivulet **Rinnstein** m (≈ *Gosse)* gutter
Rippchen ['rɪpçən] nt ⟨-s, -⟩ COOK *slightly cured pork rib* **Rippe** ['rɪpə] f ⟨-, -n⟩ **1** rib; **er hat nichts auf den ~n** *(infml)* he's just skin and bone(s) **2** *(von Heizkörper etc)* fin **Rippenbruch** m broken *or* fractured rib **Rippenfell** nt pleura **Rippenfellentzündung** f pleurisy **Rippenshirt** [-ʃœrt, -ʃøːɛt] nt ⟨-s, -s⟩ ribbed shirt **Rippenstück** nt COOK *joint of meat including ribs*
Risiko ['riːziko] nt ⟨-s, -s *or* Risiken *or (Aus)* Risken ['riːzikn, 'rɪskn]⟩ risk; **auf eigenes ~** at one's own risk; **die Sache ist ohne ~** there's no risk involved **Risikobereitschaft** f readiness to take risks **Risikofaktor** m risk factor **risikofreudig** *adj* prepared to take risks **Risikogeburt** f MED high-risk birth **Risikogruppe** f (high-)risk group **Risikokapital** nt FIN risk *or* venture capital **risikoreich** *adj* risky, high-risk *attr* **Risikostaat** m state of concern
riskant [rɪs'kant] *adj* risky **riskieren** [rɪs-'kiːrən] *past part* riskiert v/t to risk; **etwas/nichts ~** to take risks/no risks; **sein Geld ~** to put one's money at risk
Risotto [ri'zɔto] m *or* nt ⟨-(s), -s⟩ risotto
Rispe ['rɪspə] f ⟨-, -n⟩ BOT panicle
Riss [rɪs] m ⟨-es, -e⟩ *(in Stoff, Papier etc)* tear, rip; *(in Erde)* fissure; (≈ *Sprung: in Wand, Behälter etc)* crack; (≈ *Hautriss)* chap; *(fig* ≈ *Kluft)* rift, split **rissig** ['rɪsɪç] *adj* Boden, Leder cracked; Haut, Hände, Lippen chapped **Risswunde** f laceration
Ritt [rɪt] m ⟨-(e)s, -e⟩ ride
Ritter ['rɪtɐ] m ⟨-s, -⟩ *(im Mittelalter)* knight; *(fig, hum* ≈ *Kämpfer)* champion; **jdn zum ~ schlagen** to knight sb **ritterlich** ['rɪtɐlɪç] *adj (lit)* knightly; *(fig)* chivalrous **Ritterorden** m order of knights **Ritterrüstung** f knight's armour *(Br) or* armor *(US)* **Rittersporn** m, *pl* -sporne BOT larkspur, delphinium **Ritterstand** m knighthood
rittlings ['rɪtlɪŋs] *adv* astride *(auf etw (dat)* sth)
Ritual [ri'tuaːl] nt ⟨-s, -e *or* -ien [-liən]⟩ ritual **rituell** [ri'tuɛl] *adj* ritual **Ritus**

R

['ri:tʊs] *m* ⟨-, Riten [-tn]⟩ rite; *(fig)* ritual
Ritze ['rɪtsə] *f* ⟨-, -n⟩ crack; *(≈ Fuge)* gap
Ritzel ['rɪtsl] *nt* ⟨-s, -⟩ TECH pinion
ritzen ['rɪtsn] *v/t* to scratch
Rivale [ri'va:lə] *m* ⟨-n, -n⟩, **Rivalin** [ri'va:lɪn] *f* ⟨-, -nen⟩ rival **rivalisieren** [rivali'zi:rən] *past part* rivalis**ie**rt *v/i* **mit jdm (um etw) ~** to compete with sb (for sth) **Rivalität** [rivali'tɛ:t] *f* ⟨-, -en⟩ rivalry
Riviera [ri'vie:ra] *f* ⟨-⟩ Riviera
Rizinus ['ri:tsinʊs] *m* ⟨-, - *or* -se⟩ *(a.* **Rizinusöl**) castor oil
Robbe ['rɔbə] *f* ⟨-, -n⟩ seal **robben** ['rɔbn] *v/i aux sein* MIL to crawl
Robbenjagd *f* sealing, seal hunting
Robe ['ro:bə] *f* ⟨-, -n⟩ 1 *(≈ Abendkleid)* evening gown 2 *(≈ Amtstracht)* robes *pl*
Roboter ['rɔbɔte] *m* ⟨-s, -⟩ robot **Robotertechnik** *f* robotics *sg or pl*
robust [ro'bʊst] *adj* robust; *Material* tough **Robustheit** *f* ⟨-, no pl⟩ robustness; *(von Material)* toughness
röcheln ['rœçln] *v/i* to groan; *(Sterbender)* to give the death rattle
Rochen ['rɔxn] *m* ⟨-s, -⟩ ray
Rock[1] [rɔk] *m* ⟨-(e)s, ⸚e ['rœkə]⟩ *(≈ Damenrock)* skirt; *(Swiss ≈ Kleid)* dress
Rock[2] *m* ⟨-s, no pl⟩ MUS rock **Rockband** [-bɛnt] *f, pl* -**bands** rock band **rocken** ['rɔkn] *v/i* MUS to rock **rockig** ['rɔkɪç] *adj Musik* which sounds like (hard) rock **Rockkonzert** *nt* rock concert **Rockmusik** *f* rock music
Rocksaum *m* hem of a/the skirt
Rockstar *m* rock star
Rodel ['ro:dl] *m* ⟨-s, -⟩ *(S Ger, Aus)* f ⟨-, -n⟩ toboggan **Rodelbahn** *f* toboggan run **rodeln** ['ro:dln] *v/i aux sein or haben* to toboggan **Rodelschlitten** *m* toboggan
roden ['ro:dn] *v/t Wald, Land* to clear
Rodler ['ro:dle] *m* ⟨-s, -⟩, **Rodlerin** [-ərɪn] *f* ⟨-, -nen⟩ tobogganer; *esp* SPORTS tobogganist
Rodung ['ro:dʊŋ] *f* ⟨-, -en⟩ clearing
Rogen ['ro:gn] *m* ⟨-s, -⟩ roe
Roggen ['rɔgn] *m* ⟨-s, no pl⟩ rye **Roggenbrot** *nt* rye bread
roh [ro:] **A** *adj* 1 *(≈ ungekocht)* raw 2 *(≈ unbearbeitet) Bretter, Stein etc* rough; *Diamant* uncut; *Metall* crude 3 *(≈ brutal)* rough; **~e Gewalt** brute force **B** *adv* 1 *(≈ ungekocht)* raw 2 *(≈ grob)* roughly 3 *(≈ brutal)* brutally **Rohbau** *m, pl* -**bauten** shell (of a/the building) **Rohdiamant**

m rough *or* uncut diamond **Roheisen** *nt* pig iron **Rohentwurf** *m* rough draft **Rohgewinn** *m* gross profit **Rohheit** ['ro:hait] *f* ⟨-, -en⟩ 1 *no pl (Eigenschaft)* roughness; *(≈ Brutalität)* brutality 2 *(Tat)* brutality **Rohkost** *f* raw fruit and vegetables *pl* **Rohleder** *nt* untanned leather, rawhide *(US)* **Rohling** ['ro:lɪŋ] *m* ⟨-s, -e⟩ 1 *(≈ Grobian)* brute 2 TECH blank; **CD-~** blank CD **Rohmaterial** *nt* raw material **Rohöl** *nt* crude oil
Rohr [ro:ɐ] *nt* ⟨-(e)s, -e⟩ 1 *(≈ Schilfrohr)* reed; *(für Stühle etc)* cane, wicker *no pl* 2 TECH pipe; *(≈ Geschützrohr)* (gun) barrel; **aus allen ~en feuern** *(lit)* to fire with all its guns; *(fig)* to use all one's fire power; **volles ~** *(infml)* flat out *(Br)*, at full speed 3 *(S Ger, Aus ≈ Backröhre)* oven **Rohrbruch** *m* burst pipe **Röhrchen** ['rø:ɐçən] *nt* ⟨-s, -⟩ tube; *(infml: zur Alkoholkontrolle)* Breathalyzer®; **ins ~ blasen** *(infml)* to be breathalyzed **Röhre** ['rø:rə] *f* ⟨-, -n⟩ 1 *(≈ Backröhre)* oven; **in die ~ gucken** *(infml)* to be left out 2 *(≈ Neonröhre)* (neon) tube; *(≈ Elektronenröhre)* valve *(Br)*, tube *(US)*; *(≈ Fernsehröhre)* tube 3 *(≈ Hohlkörper)* tube **röhren** ['rø:rən] *v/i* HUNT to bell; *(Motorrad)* to roar **röhrenförmig** *adj* tubular **Rohrgeflecht** *nt* wickerwork, basketwork **Rohrleitung** *f* conduit **Rohrmöbel** *pl* cane *(esp Br)* or wicker furniture *sg* **Rohrpost** *f* pneumatic dispatch system **Rohrstock** *m* cane **Rohrzange** *f* pipe wrench **Rohrzucker** *m* cane sugar
Rohseide *f* wild silk **Rohstoff** *m* raw material **rohstoffarm** *adj Land* lacking in raw materials **rohstoffreich** *adj Land* rich in raw materials **Rohzustand** *m* natural state *or* condition
Rollator [rɔ'la:to:ɐ] *m* ⟨-s, -en [-'to:rən]⟩ rollator
Rollbahn *f* AVIAT taxiway; *(≈ Start-, Landebahn)* runway **Rolle** ['rɔlə] *f* ⟨-, -n⟩ 1 *(≈ Zusammengerolltes)* roll; *(≈ Garnrolle)* reel; **eine ~ Toilettenpapier** a toilet roll 2 *(≈ Walze)* roller; *(an Möbeln)* caster, castor; **von der ~ sein** *(fig infml)* to have lost it *(infml)* 3 SPORTS roll 4 *(THEAT, FILM, fig)* role, part; SOCIOL role; **bei** *or* **in etw** *(dat)* **eine ~ spielen** to play a part in sth; **es spielt keine ~, (ob)** … it doesn't matter (whether) …; **bei ihm spielt Geld keine ~** with him money is no object; **aus der**

~ **fallen** (*fig*) to do/say the wrong thing **rollen** ['rɔlən] **A** *v/i aux sein* to roll; (*Flugzeug*) to taxi; **etw ins Rollen bringen** (*fig*) to set *or* start sth rolling **B** *v/t* to roll; *Teig* to roll out **Rollenbesetzung** *f* THEAT, FILM casting **Rollenlager** *nt* roller bearings *pl* **Rollenspiel** *nt* role play **Rollentausch** *m* exchange of roles **Roller** ['rɔlɐ] *m* ⟨-s, -⟩ (≈ *Motorroller, für Kinder*) scooter **Rollfeld** *nt* runway **Rollgeld** *nt* freight charge **rollig** ['rɔlɪç] *adj* (*infml*) *Katze* on (*Br*) *or* in heat **Rollkoffer** *m* trolley case (*Br*), rolling suitcase, roller (*US*) **Rollkommando** *nt* raiding party **Rollkragen** *m* polo neck **Rollkragenpullover** *m* polo-neck sweater **Rollladen** *m* (*an Fenster, Tür etc*) (roller) shutters *pl* **Rollmops** *m* rollmops **Rollo** ['rɔlo, rɔ'lo:] *nt* ⟨-s, -s⟩ (roller) blind **Rollschuh** *m* roller skate; ~ **laufen** to roller-skate **Rollschuhlaufen** *nt* ⟨-s, *no pl*⟩ roller-skating **Rollschuhläufer(in)** *m/f(f)* roller skater **Rollsplitt** *m* loose chippings *pl* **Rollstuhl** *m* wheelchair **Rollstuhlfahrer(in)** *m/f(f)* wheelchair user **Rolltreppe** *f* escalator

Rom [ro:m] *nt* ⟨-s⟩ Rome

ROM [rɔm] *nt* ⟨-s, -s⟩ IT ROM

Roma ['ro:ma] *pl* Romanies *pl*

Roman [ro'ma:n] *m* ⟨-s, -e⟩ novel **Romanheld** *m* hero of a/the novel **Romanheldin** *f* heroine of a/the novel **Romanik** [ro'ma:nɪk] *f* ⟨-, *no pl*⟩ ARCH, ART Romanesque period **romanisch** [ro'ma:nɪʃ] *adj Volk, Sprache* Romance; ART, ARCH Romanesque **Romanist** [roma'nɪst] *m* ⟨-en, -en⟩, **Romanistin** [-'nɪstɪn] *f* ⟨-, -nen⟩ UNIV student of *or* (*Wissenschaftler*) expert on Romance languages and literature **Romanistik** [roma'nɪstɪk] *f* ⟨-, *no pl*⟩ UNIV Romance languages and literature

Romantik [ro'mantɪk] *f* ⟨-, *no pl*⟩ **1** LIT, ART, MUS Romanticism; (*Epoche*) Romantic period **2** (*fig*) romance **Romantiker** [ro'mantikɐ] *m* ⟨-s, -⟩, **Romantikerin** [-ərɪn] *f* ⟨-, -nen⟩ LIT, ART, MUS Romantic; (*fig*) romantic **romantisch** [ro'mantɪʃ] **A** *adj* romantic; LIT *etc* Romantic **B** *adv* romantically **Romanze** [ro'mantsə] *f* ⟨-, -n⟩ romance

Römer ['rø:mɐ] *m* ⟨-s, -⟩, **Römerin** [-ərɪn] *f* ⟨-, -nen⟩ Roman **Römertopf®**

m COOK clay casserole dish **römisch** ['rø:mɪʃ] *adj* Roman **römisch-katholisch** ['rø:mɪʃka'to:lɪʃ] *adj* Roman Catholic

Rommé [rɔ'me:, 'rɔme] *nt* ⟨-s, -s⟩, **Rommee** *nt* ⟨-s, -s⟩ rummy

röntgen ['rœntgn] *v/t* to X-ray **Röntgenaufnahme** *f* X-ray (plate) **Röntgenbild** *nt* X-ray **Röntgenologe** [rœntgeno'lo:gə] *m* ⟨-n, -n⟩, **Röntgenologin** [-'lo:gɪn] *f* ⟨-, -nen⟩ radiologist **Röntgenologie** [rœntgenolo'gi:] *f* ⟨-, *no pl*⟩ radiology **Röntgenstrahlen** *pl* X-rays *pl* **Röntgenuntersuchung** *f* X-ray examination

rosa ['ro:za] *adj inv* pink; **in ~(rotem) Licht** in a rosy light

Röschen ['rø:sçən] *nt* ⟨-s, -⟩ (little) rose; (*von Brokkoli, Blumenkohl*) floret; (*von Rosenkohl*) sprout **Rose** ['ro:zə] *f* ⟨-, -n⟩ (*Blume*) rose

rosé [ro'ze:] *adj inv* pink **Rosé** [ro'ze:] *m* ⟨-s, -s⟩ rosé (wine)

Rosengarten *m* rose garden **Rosenholz** *nt* rosewood **Rosenkohl** *m* Brussel(s) sprouts *pl* **Rosenkranz** *m* ECCL rosary **Rosenkrieg** *m* messy divorce **Rosenmontag** *m* Monday preceding Ash Wednesday **Rosenstrauch** *m* rosebush

Rosette [ro'zɛtə] *f* ⟨-, -n⟩ rosette

Roséwein *m* rosé wine

rosig ['ro:zɪç] *adj* rosy

Rosine [ro'zi:nə] *f* ⟨-, -n⟩ raisin; **(große) ~n im Kopf haben** (*infml*) to have big ideas; **sich** (*dat*) **die ~n (aus dem Kuchen) herauspicken** (*infml*) to take the pick of the bunch

Rosmarin ['ro:smari:n, ro:sma'ri:n] *m* ⟨-s, *no pl*⟩ rosemary

Ross [rɔs] *nt* ⟨-es, -e *or* (*S Ger, Aus, Sw*) Rösser ['rœsɐ]⟩ (*S Ger, Aus, Swiss*) horse; **~ und Reiter nennen** (*fig elev*) to name names; **auf dem hohen ~ sitzen** (*fig*) to be on one's high horse **Rosshaar** *nt* horsehair **Rosskastanie** *f* horse chestnut **Rosskur** *f* (*hum*) kill-or-cure remedy

Rost¹ [rɔst] *m* ⟨-(e)s, *no pl*⟩ rust; **~ ansetzen** to start to rust

Rost² *m* ⟨-(e)s, -e⟩ (≈ *Ofenrost*) grill; (≈ *Gitterrost*) grating, grille **Rostbraten** *m* COOK ≈ roast **Rostbratwurst** *f* barbecue sausage **rostbraun** *adj* russet; *Haar* auburn

rosten ['rɔstn] *v/i aux sein or haben* to rust **rösten** [(*S Ger*) 'rø:stn, (*N Ger*) 'rœstn] *v/t* to roast; *Brot* to toast

Rostfleck *m* patch of rust **rostfrei** *adj Stahl* stainless

röstfrisch [(*N Ger*) 'rœst-], (*S Ger*) 'rø:st-] *adj Kaffee* freshly roasted **Rösti** [(*S Ger, Swiss*) 'rø:sti], (*N Ger*) 'rœsti] *pl fried grated potatoes*

rostig ['rɔstɪç] *adj* rusty

Röstkartoffeln [(*N Ger*) 'rœst-], (*S Ger*) 'rø:st-] *pl* sauté potatoes *pl*

Rostschutz *m* antirust protection **Rostschutzfarbe** *f* antirust paint **Rostschutzmittel** *nt* rustproofer

rot [ro:t] **A** *adj, comp* röter ['rø:tɐ], *sup* röteste(r, s) ['rø:təstə] red; **Rote Karte** FTBL red card; **das Rote Kreuz** the Red Cross; **der Rote Halbmond** the Red Crescent; **das Rote Meer** the Red Sea; **~e Zahlen schreiben** to be in the red; **~ werden** to blush, to go red **B** *adv, comp* röter, *sup* am rötesten **1** *anmalen* red; *anstreichen* in red; **sich** (*dat*) **etw ~ (im Kalender) anstreichen** (*infml*) to make sth a red-letter day **2** *glühen, leuchten* a bright red; **~ glühend** *Metall* red-hot **Rot** [ro:t] *nt* ⟨-s, -s *or* -⟩ **bei ~** at red; **die Ampel stand auf ~** the lights were (at) red

Rotation [rota'tsio:n] *f* ⟨-, -en⟩ rotation

Rotbarsch *m* rosefish **rotblond** *adj Haar* sandy; *Mann* sandy-haired; *Frau* strawberry blonde **rotbraun** *adj* reddish brown **Röte** ['rø:tə] *f* ⟨-, no *pl*⟩ redness, red **Röteln** ['rø:tln] *pl* German measles *sg* **röten** ['rø:tn] **A** *v/t* to make red; **gerötete Augen** red eyes **B** *v/r* to turn *or* become red **rotglühend** *adj* → **rot rotgrün** *adj* red-green; **die ~e Koalition** the Red-Green coalition **rothaarig** *adj* red-haired

rotieren [ro'ti:rən] *past part* rotiert *v/i* to rotate; **am Rotieren sein** (*infml*) to be in a flap (*infml*)

Rotkäppchen [-kɛpçən] *nt* ⟨-s, no *pl*⟩ LIT Little Red Riding Hood **Rotkehlchen** [-ke:lçən] *nt* ⟨-s, -⟩ robin **Rotkohl** *m*, **Rotkraut** *nt* (*S Ger, Aus*) red cabbage **rötlich** ['rø:tlɪç] *adj* reddish **Rotlicht** *nt* red light **Rotlichtviertel** *nt* red-light district **rotsehen** ['ro:tze:ən] *v/i sep irr* (*infml*) to see red (*infml*) **Rotstift** *m* red pencil; **den ~ ansetzen** (*fig*) to cut back drastically **Rottanne** *f* Norway spruce

Rottweiler ['rɔtvaile] *m* ⟨-s, -⟩ Rottweiler

Rötung ['rø:tʊŋ] *f* ⟨-, -en⟩ reddening

Rotwein *m* red wine **Rotwild** *nt* red deer

Rotz [rɔts] *m* ⟨-es, *no pl*⟩ (*infml*) snot (*infml*) **rotzfrech** (*infml*) *adj* cocky (*infml*) **Rotznase** *f* **1** (*infml*) snotty nose (*infml*) **2** (*infml* ≈ *Kind*) snotty-nosed brat (*infml*)

Rouge [ru:ʒ] *nt* ⟨-s, -s⟩ blusher

Roulade [ru'la:də] *f* ⟨-, -n⟩ COOK ≈ beef olive

Rouleau [ru'lo:] *nt* ⟨-s, -s⟩ (roller) blind

Roulette [ru'lɛt] *nt* ⟨-, -s⟩, **Roulett** [ru'lɛt] *nt* ⟨-(e)s, -e *or* -s⟩ roulette

Route ['ru:tə] *f* ⟨-, -n⟩ route **Routenplaner** *m* route planner

Routine [ru'ti:nə] *f* ⟨-, -n⟩ (≈ *Erfahrung*) experience; (≈ *Gewohnheit*) routine **Routineangelegenheit** *f* routine matter **routinemäßig** *adj* routine; **das wird ~ überprüft** it's checked as a matter of routine **Routinesache** *f* routine matter **routiniert** [ruti'ni:ɐt] **A** *adj* experienced **B** *adv* expertly

Rowdy ['raudi] *m* ⟨-s, -s⟩ hooligan; (*zerstörerisch*) vandal; (*lärmend*) rowdy (type)

Rubbelkarte *f*, **Rubbellos** *nt* scratch card **rubbeln** ['rʊbln] *v/t & v/i* to rub; *Los* to scratch

Rübe ['ry:bə] *f* ⟨-, -n⟩ **1** turnip; **Gelbe ~** carrot; **Rote ~** beetroot (*Br*), beet (*US*) **2** (*infml* ≈ *Kopf*) nut (*infml*) **Rübensaft** *m*, **Rübenkraut** *nt* sugar beet syrup **Rübenzucker** *m* beet sugar

rüber- ['ry:bɐ-] *in cpds* (*infml*) → herüber-, hinüber-

Rubin [ru'bi:n] *m* ⟨-s, -e⟩ ruby

Rubrik [ru'bri:k] *f* ⟨-, -en⟩ **1** (≈ *Kategorie*) category **2** (≈ *Zeitungsrubrik*) section

Ruck [rʊk] *m* ⟨-(e)s, -e⟩ jerk; POL swing; **auf einen** *or* **mit einem ~** in one go; **sich** (*dat*) **einen ~ geben** (*infml*) to make an effort

Rückantwort ['rʊk-] *f* reply, answer **ruckartig** **A** *adj* jerky **B** *adv* jerkily; **er stand ~ auf** he shot to his feet **rückbestätigen** ['rʊk-] *v/t past part* rückbestätigt *sep inf past part only* to reconfirm **Rückblende** *f* flashback **Rückblick** *m* look back (*auf +acc* at); **im ~ auf etw** (*acc*) looking back on sth **rückblickend** *adv* in retrospect **rückdatieren** ['rʊkda-ti:rən] *past part* rückdatiert *v/t sep inf, past part only* to backdate

rücken ['rʊkn] **A** *v/i aux sein* to move; (≈

Platz machen) to move up *or* (*zur Seite auch*) over; **näher ~** to move closer; **an jds Stelle** (*acc*) **~** to take sb's place; **in weite Ferne ~** to recede into the distance **B** *v/t* to move

Rücken ['rʏkn] *m* ⟨-s, -⟩ back; (≈ *Nasenrücken*) ridge; (≈ *Bergrücken*) crest; (≈ *Buchrücken*) spine; **mit dem ~ zur Wand stehen** (*fig*) to have one's back to the wall; **hinter jds ~** (*dat*) (*fig*) behind sb's back; **jdm/einer Sache den ~ kehren** to turn one's back on sb/sth; **jdm in den ~ fallen** (*fig*) to stab sb in the back; **jdm den ~ decken** (*fig infml*) to back sb up (*infml*); **jdm den ~ stärken** (*fig infml*) to give sb encouragement **Rückendeckung** *f* (*fig*) backing **Rückenflosse** *f* dorsal fin **rückenfrei** *adj Kleid* backless, low-backed **Rückenlage** *f* supine position; **er schläft in ~** he sleeps on his back **Rückenlehne** *f* back (rest) **Rückenmark** *nt* spinal cord **Rückenschmerzen** *pl* backache, back pain **rückenschwimmen** ['rʏknʃvɪmən] *v/i sep inf only* to swim on one's back **Rückenschwimmen** *nt* backstroke **Rückenwind** *m* tailwind **Rückenwirbel** *m* dorsal vertebra

rückerstatten ['rʏkɛɐʃtatn] *past part* rückerstattet *v/t sep inf, past part only* to refund; *Ausgaben* to reimburse **Rückerstattung** *f* refund; (*von Ausgaben*) reimbursement **Rückfahrkarte** *f* return ticket (*Br*), round-trip ticket (*US*) **Rückfahrt** *f* return journey **Rückfall** *m* relapse; JUR repetition of an/the offence (*Br*) *or* offense (*US*) **rückfällig** *adj* **~ werden** MED to have a relapse; (*fig*) to relapse; JUR to lapse back into crime **Rückflug** *m* return flight **Rückfrage** *f* question; **auf ~ wurde uns erklärt ...** when we queried this, we were told ... **rückfragen** ['rʏkfraːgn] *v/i sep inf, past part only* to check **Rückführung** *f* (*von Menschen*) repatriation, return **Rückgabe** *f* return **Rückgang** *m*, *pl* -gänge fall, drop (+*gen* in) **rückgängig** *adj* **~ machen** (≈ *widerrufen*) to undo; *Bestellung, Termin* to cancel; *Entscheidung* to go back on; *Verlobung* to call off **Rückgewinnung** *f* recovery; (*von Land, Gebiet*) reclamation **Rückgrat** ['rʏkɡraːt] *nt* ⟨-(e)s, -e⟩ spine, backbone **Rückhalt** *m* **1** (≈ *Unterstützung*) support **2** (≈ *Einschränkung*) **ohne ~** without reservation **rückhaltlos** **A** *adj* complete **B** *adv*

completely; **sich ~ zu etw bekennen** to proclaim one's total allegiance to sth **Rückhand** *f* SPORTS backhand **Rückkauf** *m* repurchase **Rückkaufsrecht** *nt* right of repurchase **Rückkehr** ['rʏkkeːɐ] *f* ⟨-, *no pl*⟩ return; **bei seiner ~** on his return **Rücklage** *f* (FIN ≈ *Reserve*) reserve, reserves *pl* **rückläufig** *adj* declining; *Tendenz* downward **Rücklicht** *nt* tail-light, rear light **rücklings** ['rʏklɪŋs] *adv* (≈ *rückwärts*) backwards; (≈ *von hinten*) from behind; (≈ *auf dem Rücken*) on one's back **Rückmeldung** *f* UNIV re-registration **Rücknahme** [-naːmə] *f* ⟨-, -n⟩ taking back **Rückporto** *nt* return postage **Rückreise** *f* return journey **Rückreiseverkehr** *m* homebound traffic **Rückruf** *m* **1** (*am Telefon*) **Herr X hat angerufen und bittet um ~** Mr X called and asked you to call (him) back **2** (*von Botschafter, Waren*) recall

Rucksack ['rʊkzak] *m* rucksack **Rucksacktourist(in)** *m(f)* backpacker **Rückschau** *f* **~ halten** to reminisce, to reflect **Rückschein** *m* recorded delivery slip **Rückschlag** *m* (*fig*) setback; (*bei Patient*) relapse **Rückschluss** *m* conclusion; **Rückschlüsse ziehen** to draw one's own conclusions (*aus* from) **Rückschritt** *m* (*fig*) step backwards **rückschrittlich** ['rʏkʃrɪtlɪç] *adj* reactionary; *Entwicklung* retrograde **Rückseite** *f* back; (*von Buchseite, Münze*) reverse; (*von Zeitung*) back page; **siehe ~** see over(leaf) **Rücksendung** *f* return

Rücksicht ['rʏkzɪçt] *f* ⟨-, -en⟩ (≈ *Nachsicht*) consideration; **aus** *or* **mit ~ auf jdn/etw** out of consideration for sb/sth; **ohne ~ auf jdn/etw** with no consideration for sb/sth; **ohne ~ auf Verluste** (*infml*) regardless; **auf jdn/etw ~ nehmen** to show consideration for sb/sth **Rücksichtnahme** [-naːmə] *f* ⟨-, *no pl*⟩ consideration **rücksichtslos** **A** *adj* **1** inconsiderate; (*im Verkehr*) reckless **2** (≈ *unbarmherzig*) ruthless **B** *adv* **1** (≈ *ohne Nachsicht*) inconsiderately **2** (≈ *schonungslos*) ruthlessly **Rücksichtslosigkeit** *f* ⟨-, -en, *no pl*⟩ lack of consideration; (≈ *Unbarmherzigkeit*) ruthlessness **rücksichtsvoll** **A** *adj* considerate, thoughtful (*gegenüber, gegen* towards); **B** *adv* considerately, thoughtfully

Rücksitz *m* (*von Fahrrad, Motorrad*) pillion; (*von Auto*) back seat **Rückspiegel** *m*

R

AUTO rear(-view) mirror; (außen) outside mirror **Rückspiel** nt SPORTS return match (Brit), rematch (US) **Rücksprache** f consultation; **nach ~ mit Herrn Müller ...** after consulting Mr Müller ... **Rückstand** ['rʏkʃtant] m **1** (≈ Überrest) remains pl; (≈ Bodensatz) residue **2** (≈ Verzug) delay; (bei Aufträgen) backlog; **im ~ sein** to be behind; **mit 0:2 (Toren) im ~ sein** to be 2-0 down; **seinen ~ aufholen** to catch up **rückständig** ['rʏkʃtɛndɪç] adj **1** (≈ überfällig) Betrag overdue **2** (≈ zurückgeblieben) backward **Rückständigkeit** f ‹-, no pl› backwardness **Rückstau** m (von Wasser) backwater; (von Autos) tailback **Rückstrahler** m ‹-s, -› reflector **Rücktaste** f (an Tastatur) backspace key **Rücktritt** m **1** (≈ Amtsniederlegung) resignation; (von König) abdication **2** (JUR: von Vertrag) withdrawal (von from) **Rücktrittbremse** f backpedal brake **Rücktrittsangebot** nt offer of resignation **Rücktrittsdrohung** f threat to resign; (von König) threat to abdicate **Rücktrittsrecht** nt right of withdrawal **rückübersetzen** ['rʏkyːbɛzɛtsn] past part **rückübersetzt** v/t sep inf, past part only to translate back into the original language **Rückumschlag** m reply-paid or business reply (US) envelope; **adressierter und frankierter ~** stamped addressed envelope **Rückvergütung** f refund **rückversichern** ['rʏkfɛɐzɪçɐn] past part **rückversichert** sep inf, past part only **A** v/t & v/i to reinsure **B** v/r to check (up or back) **Rückversicherung** f reinsurance **Rückwand** f back wall; (von Möbelstück etc) back **rückwärtig** ['rʏkvɛrtɪç] adj back **rückwärts** ['rʏkvɛrts] adv backwards; **Rolle ~** backward roll; **Salto ~** back somersault; **~ einparken** to reverse into a parking space **Rückwärtsgang** m, pl -gänge AUTO reverse gear; **den ~ einlegen** to change (Brit) or shift (US) into reverse **Rückweg** m way back; **den ~ antreten** to set off back

ruckweise ['rʊkvaɪzə] adv jerkily **rückwirkend** ['rʏkvɪrknt] adj JUR retrospective; Lohnerhöhung backdated **Rückwirkung** f repercussion **rückzahlbar** adj repayable **Rückzahlung** f repayment **Rückzieher** ['rʏktsiːɐ] m ‹-s, -› (infml) **einen ~ machen** to back down **ruck, zuck** ['rʊk'tsʊk] adv in a flash; **das geht ~** it won't take a second

Rückzug m MIL retreat; (fig) withdrawal **Rucola** ['rukola] m ‹-, no pl› (Salatsorte) rocket (Brit), arugula (US) **rüde** ['ryːdə] **A** adj impolite; Antwort curt; Methoden crude **B** adv rudely **Rüde** ['ryːdə] m ‹-n, -n› (≈ Männchen) male **Rudel** ['ruːdl] nt ‹-s, -› (von Hunden, Wölfen) pack; (von Hirschen) herd **Ruder** ['ruːdɐ] nt ‹-s, -› (von Ruderboot) oar; (NAUT, AVIAT ≈ Steuerruder) rudder; (fig ≈ Führung) helm; **das ~ fest in der Hand haben** (fig) to be in control of the situation; **am ~ sein** to be at the helm; **ans ~ kommen** to take over (at) the helm; **das ~ herumreißen** (fig) to change tack **Ruderboot** nt rowing boat (Brit), rowboat (US) **Ruderer** ['ruːdərɐ] m ‹-s, -› oarsman **Rudergerät** nt rowing machine **Ruderin** ['ruːdərɪn] f ‹-, -nen› oarswoman **rudern** ['ruːdɐn] v/t & v/i aux haben or sein to row **Ruderregatta** f rowing regatta **Rudersport** m rowing no def art **rudimentär** [rudimɛn'tɛːɐ] adj rudimentary

Ruf [ruːf] m ‹-(e)s, -e› **1** call (nach for); (lauter) shout; (≈ Schrei) cry **2** (≈ Ansehen) reputation; **einen guten ~ haben** (elev) to enjoy a good reputation; **eine Firma von ~** a firm with a good reputation; **jdn/etw in schlechten ~ bringen** to give sb/sth a bad name **3** (UNIV ≈ Berufung) offer of a chair **4** (≈ Fernruf) telephone number; **„Ruf: 2785"** "Tel 2785" **rufen** ['ruːfn] pret **rief** [riːf], past part **gerufen** [gə'ruːfn] **A** v/i to call; (≈ laut rufen) to shout; **um Hilfe ~** to call for help; **die Arbeit ruft** my/your etc work is waiting; **nach jdm/etw ~** to call for sb/sth **B** v/t (≈ laut sagen) **1** to call; (≈ ausrufen) to cry; (≈ laut rufen) to shout; **sich** (dat) **etw in Erinnerung ~** to recall sth **2** (≈ kommen lassen) to send for; Arzt, Polizei, Taxi to call; **jdn zu sich ~** to send for sb; **jdn zu Hilfe ~** to call on sb to help; **du kommst wie gerufen** you're just the man/woman I wanted

Rüffel ['rʏfl] m ‹-s, -› (infml) telling-off (infml)

Rufmord m character assassination **Rufmordkampagne** f smear campaign **Rufname** m forename (by which one is generally known) **Rufnummer** f telephone number **Rufnummernanzeige** f TEL caller ID display **Rufnummernspeicher** m (von Telefon) memory **Ruf-**

umleitung f TEL call diversion **Rufweite** f **in ~** within earshot; **außer ~** out of earshot **Rufzeichen** nt TEL call sign; (von Telefon) ringing tone

Rugby ['rakbi] nt ⟨-, no pl⟩ rugby

Rüge ['ry:gə] f ⟨-, -n⟩ (≈ Verweis) reprimand; **jdm eine ~ erteilen** to reprimand sb (für, wegen for) **rügen** ['ry:gn] v/t (form) jdn to reprimand (wegen, für for); etw to reprehend

Ruhe ['ru:ə] f ⟨-, no pl⟩ **1** (≈ Stille) quiet; **~!** quiet!, silence!; **~ verschaffen** to get quiet; **~ halten** to keep quiet; **~ und Frieden** peace and quiet; **die ~ vor dem Sturm** (fig) the calm before the storm **2** (≈ Frieden) peace; **in ~ und Frieden leben** to live a quiet life; **~ und Ordnung** law and order; **lass mich in ~!** leave me in peace; **jdm keine ~ lassen** or **gönnen** (Mensch) not to give sb any peace; **keine ~ geben** to keep on and on; **das lässt ihm keine ~** he can't stop thinking about it; **zur ~ kommen** to get some peace; (≈ solide werden) to settle down **3** (≈ Erholung) rest; **angenehme ~!** sleep well!; **sich zur ~ setzen** to retire **4** (≈ Gelassenheit) calm(ness); **die ~ weghaben** (infml) to be unflappable (infml); **~ bewahren** to keep calm; **jdn aus der ~ bringen** to throw sb (infml); **sich nicht aus der ~ bringen lassen** not to (let oneself) get worked up; **in aller ~** calmly; **immer mit der ~** (infml) don't panic **ruhelos** adj restless **ruhen** ['ru:ən] v/i **1** (≈ ausruhen) to rest; **nicht (eher) ~, bis ...** (fig) not to rest until ... **2** (≈ stillstehen) to stop; (Maschinen) to stand idle; (Verkehr) to be at a standstill; (≈ unterbrochen sein: Verfahren, Verhandlung) to be suspended **3** (≈ tot und begraben sein) to be buried; **„hier ruht ..."** "here lies ..."; **„ruhe in Frieden!"** "Rest in Peace" **ruhend** adj resting; Kapital dormant; Verkehr stationary **ruhen lassen** v/t, past part **ruhen lassen** or (rare) **ruhen gelassen** irr Vergangenheit, Angelegenheit to let rest **Ruhepause** f break; **eine ~ einlegen** to take a break **Ruhestand** m retirement; **im ~ sein** or **leben** to be retired; **in den ~ treten** to retire; **jdn in den ~ versetzen** to retire sb **Ruhestätte** f resting place **Ruhestörer(in)** m/(f) disturber of the peace **Ruhestörung** f JUR disturbance of the peace **Ruhetag** m day off; (von Geschäft etc) closing day; **„Mitt-**

woch ~" "closed (on) Wednesdays" **ruhig** ['ru:ɪç] **A** adj (≈ still) quiet; Wetter, Meer calm; (≈ geruhsam) quiet; (≈ ohne Störung) Verlauf smooth; (≈ gelassen) calm; (≈ sicher) Hand steady; **seid ~!** be quiet!; **nur ~ (Blut)!** keep calm **B** adv **1** (≈ still) sitzen, dastehen still **2** (infml) **du kannst ~ hier bleiben** feel free to stay here; **ihr könnt ~ gehen, ich passe schon auf** you just go and I'll look after things; **wir können ~ darüber sprechen** we can talk about it if you want **3** (≈ beruhigt) schlafen peacefully; **du kannst ~ ins Kino gehen** go ahead, go to the cinema

Ruhm [ru:m] m ⟨-(e)s, no pl⟩ glory; (≈ Berühmtheit) fame; (≈ Lob) praise **rühmen** ['ry:mən] **A** v/t (≈ preisen) to praise **B** v/r **sich einer Sache** (gen) **~** (≈ prahlen) to boast about sth; (≈ stolz sein) to pride oneself on sth **rühmlich** ['ry:mlɪç] adj praiseworthy; Ausnahme notable

Ruhr f ⟨-, no pl⟩ (Krankheit) dysentery

Rührei ['ry:eaɪ] nt scrambled egg **rühren** ['ry:rən] **A** v/i **1** (≈ umrühren) to stir **2 von etw ~** to stem from sth; **das rührt daher, dass ...** that is because ... **B** v/t **1** (≈ umrühren) to stir **2** (≈ bewegen) to move; **er rührte keinen Finger, um mir zu helfen** (infml) he didn't lift a finger to help me (infml); **das kann mich nicht ~!** that leaves me cold; **sie war äußerst gerührt** she was extremely moved **C** v/r (≈ sich bewegen) to stir; (Körperteil) to move; **kein Lüftchen rührte sich** the air was still **rührend** **A** adj touching **B** adv **sie kümmert sich ~ um das Kind** it's touching how she looks after the child

Ruhrgebiet ['ru:e-] nt, no pl Ruhr (area) **rührig** ['ry:rɪç] adj active **Rührkuchen** m stirred cake **Ruhrpott** ['ru:e-] m, no pl (infml) Ruhr (Basin or Valley) **rührselig** adj (pej) tear-jerking (pej infml); Person weepy; Stimmung sentimental **Rührseligkeit** f, no pl sentimentality **Rührteig** m sponge mixture **Rührung** ['ry:rʊŋ] f ⟨-, no pl⟩ emotion

Ruin [ru'i:n] m ⟨-s, no pl⟩ ruin; **jdn in den ~ treiben** to ruin sb **Ruine** [ru'i:nə] f ⟨-, -n⟩ ruin **ruinieren** [rui'ni:rən] past part **ruiniert** v/t to ruin

rülpsen ['rʏlpsn] v/i to belch; **das Rülpsen** belching **Rülpser** ['rʏlpsɐ] m ⟨-s, -⟩

R

(*infml*) belch

Rum [rʊm, (*S Ger, Aus also*) ruːm] *m* ⟨-s, -s⟩ rum

Rumäne [ruˈmɛːnə] *m* ⟨-n, -n⟩, **Rumänin** [-ˈmɛːnɪn] *f* ⟨-, -nen⟩ Romanian **Rumänien** [ruˈmɛːniən] *nt* ⟨-s⟩ Romania **rumänisch** [ruˈmɛːnɪʃ] *adj* Romanian

rumhängen *v/i sep irr aux haben or sein* (*infml*) to hang around (*in +dat* in)

Rummel [ˈrʊml] *m* ⟨-s, *no pl*⟩ **1** (*infml*) (≈ *Betrieb*) (hustle and) bustle; (≈ *Getöse*) racket (*infml*); (≈ *Aufheben*) fuss (*infml*); **großen um jdn/etw machen** *or* **veranstalten** to make a great fuss about sb/sth (*infml*) **2** (≈ *Rummelplatz*) fair **Rummelplatz** *m* (*infml*) fairground

rumoren [ruˈmoːrən] *past part* **rumort** **A** *v/i* to make a noise; (*Magen*) to rumble **B** *v/impers* **es rumort in meinem Magen** *or* **Bauch** my stomach's rumbling

Rumpelkammer *f* (*infml*) junk room (*infml*) **rumpeln** [ˈrʊmpln] *v/i* (≈ *Geräusch machen*) to rumble

Rumpf [rʊmpf] *m* ⟨-(e)s, ːe /ˈrʏmpfə/⟩ trunk; (*von Statue*) torso; (*von Schiff*) hull; (*von Flugzeug*) fuselage

rümpfen [ˈrʏmpfn] *v/t* **die Nase** to turn up one's nose (*über +acc* at)

Rumpsteak [ˈrʊmpsteːk] *nt* rump steak **Rumtopf** *m* rumpot (*soft fruit in rum*)

rund [rʊnt] **A** *adj* round; **~e 50 Jahre/500 Euro** a good 50 years/500 euros; **~er Tisch** round table **B** *adv* **1** (≈ *herum*) (a)round; **~ um** right (a)round; **~ um die Uhr** right (a)round the clock **2** (≈ *ungefähr*) (round) about; **~ gerechnet 200** call it 200 **Rundblick** *m* panorama **Rundbrief** *m* circular **Runde** [ˈrʊndə] *f* ⟨-, -n⟩ **1** (≈ *Gesellschaft*) company; (*von Teilnehmern*) circle **2** (≈ *Rundgang*) walk; (*von Briefträger etc*) round; **die/seine ~ machen** to do the/one's rounds; **das Gerücht machte die ~** the rumour (*Br*) *or* rumor (*US*) went around; **eine ~ machen** to go for a walk **3** *sports* round; (*bei Rennen*) lap; **über die ~n kommen** to pull through **4** (*von Getränken*) round; **eine ~ spendieren** *or* **schmeißen** (*infml*) to buy a round (*Br*) **runden** [ˈrʊndn] **A** *v/t* Lippen to round; **nach oben/unten ~** MAT to round up/down **B** *v/r* (*lit* ≈ *rund werden*) to become round; (*fig* ≈ *konkrete Formen annehmen*) to take shape **runderneuern** [ˈrʊntɛɐ̯nɔyən] *past part* **runderneuert** *v/t sep inf*,

past part only to remould (*Br*), to remold (*US*); **runderneuerte Reifen** remo(u)lds **Rundfahrt** *f* tour; **eine ~ machen** to go on a tour **Rundfrage** *f* survey (*an +acc, unter +dat* of) **Rundfunk** *m* broadcasting; (≈ *Hörfunk*) radio; **im ~** on the radio **Rundfunkanstalt** *f* (*form*) broadcasting corporation **Rundfunkgebühr** *f* radio licence (*Br*) *or* license (*US*) fee **Rundfunkgerät** *nt* radio **Rundfunksender** *m* **1** (≈ *Sendeanlage*) radio transmitter **2** (≈ *Sendeanstalt*) radio station **Rundfunksendung** *f* radio programme (*Br*) *or* program (*US*) **Rundfunksprecher(in)** *m/(f)* radio announcer **Rundgang** *m, pl* **-gänge** (≈ *Spaziergang*) walk; (*zur Besichtigung*) tour (*durch of*) **rundgehen** [ˈrʊntgeːən] *v/i sep irr* (*infml*) **jetzt geht's rund** this is where the fun starts (*infml*); **es geht rund im Büro** there's a lot (going) on at the office **rundheraus** [ˈrʊnthɛˈraʊs] *adv* straight out; **~ gesagt** frankly **rundherum** [ˈrʊnthɛˈrʊm] *adv* all around; (*fig infml ≈ völlig*) totally **rundlich** [ˈrʊntlɪç] *adj* Mensch plump; Form roundish **Rundreise** *f* tour **Rundschreiben** *nt* circular **rundum** [ˈrʊntˈʊm] *adv* all around; (*fig*) completely **Rundung** [ˈrʊndʊŋ] *f* ⟨-, -en⟩ curve **rundweg** [ˈrʊntˈvɛk] *adv* = rundheraus

Rune [ˈruːnə] *f* ⟨-, -n⟩ rune

runter [ˈrʊntɐ] *adv* (*infml*) = herunter, hinunter

Runzel [ˈrʊntsl] *f* ⟨-, -n⟩ wrinkle; (*auf Stirn auch*) line **runzelig** [ˈrʊntsəlɪç] *adj* wrinkled **runzeln** [ˈrʊntsln] *v/t* Stirn to wrinkle; Brauen to knit

Rüpel [ˈryːpl] *m* ⟨-s, -⟩ lout **rüpelhaft** *adj* loutish

rupfen [ˈrʊpfn] *v/t* Geflügel to pluck; Unkraut to pull up

ruppig [ˈrʊpɪç] **A** *adj* (≈ *grob*) rough; Antwort gruff **B** *adv* behandeln gruffly; **~ antworten** to give a gruff answer

Rüsche [ˈryːʃə] *f* ⟨-, -n⟩ ruche

Ruß [ruːs] *m* ⟨-es, *no pl*⟩ soot; (*von Kerze*) smoke

Russe [ˈrʊsə] *m* ⟨-n, -n⟩ Russian

Rüssel [ˈrʏsl] *m* ⟨-s, -⟩ snout; (*von Elefant*) trunk

rußen [ˈruːsn] *v/i* (Öllampe, Kerze) to smoke; (*Ofen*) to produce soot **Rußflocke** *f* soot particle **rußig** [ˈruːsɪç] *adj* sooty

R

Russin ['rʊsɪn] *f* ⟨-, -nen⟩ Russian **russisch** ['rʊsɪʃ] *adj* Russian; **~es Roulette** Russian roulette; **~e Eier** COOK egg(s) mayonnaise **Russland** ['rʊslant] *nt* ⟨-s⟩ Russia

rüsten ['rʏstn] **A** *v/i* MIL to arm; **zum Krieg/Kampf ~** to arm for war/battle; **gut/schlecht gerüstet sein** to be well/badly armed; *(fig)* to be well/badly prepared **B** *v/r* to prepare *(zu* for)

rüstig ['rʏstɪç] *adj* sprightly

rustikal [rʊsti'kaːl] *adj Möbel* rustic; *Speisen* country-style

Rüstung ['rʏstʊŋ] *f* ⟨-, -en⟩ **1** (≈ *das Rüsten)* armament; (≈ *Waffen)* arms *pl,* weapons *pl* **2** (≈ *Ritterrüstung)* armour *(Br),* armor *(US)* **Rüstungsausgaben** *pl* defence *(Br)* or defense *(US)* spending *sg* **Rüstungsbegrenzung** *f* arms limitation **Rüstungsindustrie** *f* armaments industry **Rüstungskontrolle** *f* arms control

Rüstzeug *nt, no pl* **1** (≈ *Handwerkszeug)* tools *pl* **2** *(fig)* skills *pl*

Rute ['ruːtə] *f* ⟨-, -n⟩ **1** (≈ *Gerte)* switch; *(zum Züchtigen)* rod **2** (≈ *Wünschelrute)* divining rod; (≈ *Angelrute)* fishing rod

Rutsch [rʊtʃ] *m* ⟨-es, -e⟩ slip, fall; (≈ *Erdrutsch)* landslide; *(fig)* (POL) shift, swing; FIN slide, fall; **guten ~!** *(infml)* have a good New Year!; **in einem ~** in one go **Rutschbahn** *f,* **Rutsche** ['rʊtʃə] *f* ⟨-, -n⟩ MECH chute; (≈ *Kinderrutschbahn)* slide **rutschen** ['rʊtʃn] *v/i aux sein* **1** (≈ *gleiten)* to slide; (≈ *ausrutschen)* to slip; AUTO to skid; **ins Rutschen kommen** to start to slip **2** *(infml* ≈ *rücken)* to move up *(infml)* **rutschfest** *adj* nonslip **rutschig** ['rʊtʃɪç] *adj* slippery

rütteln ['rʏtln] **A** *v/t* to shake; → **gerüttelt B** *v/i* to shake; *(Fahrzeug)* to jolt; **an etw** *(dat)* **~ an Tür, Fenster etc** to rattle (at) sth; *(fig) an Grundsätzen etc* to call sth into question; **daran ist nicht zu ~** *(infml)* there's no doubt about that

S, s [ɛs] *nt* ⟨-, -⟩ S, s

Saal [zaːl] *m* ⟨-(e)s, Säle ['zɛːlə]⟩ hall

Saar [zaːɐ] *f* ⟨-⟩ Saar **Saarland** *nt* ⟨-s⟩ Saarland **saarländisch** ['zaːɐlɛndɪʃ] *adj* (of the) Saarland

Saat [zaːt] *f* ⟨-, -en⟩ **1** (≈ *das Säen)* sowing **2** (≈ *Samen)* seed(s *pl*) **Saatgut** *nt, no pl* seed(s *pl*) **Saatkartoffel** *f* seed potato **Saatzeit** *f* sowing time

Sabbat ['zabat] *m* ⟨-s, -e⟩ Sabbath

sabbern ['zabɐn] *v/i (infml)* to slobber

Säbel ['zɛːbl] *m* ⟨-s, -⟩ sabre *(Br),* saber *(US)* **Säbelrasseln** *nt* ⟨-s, *no pl*⟩ sabre-rattling *(Br),* saber-rattling *(US)*

Sabotage [zabo'taːʒə] *f* ⟨-, -n⟩ sabotage *(an +dat* of) **Sabotageakt** *m* act of sabotage **Saboteur** [zabo'tøːɐ] *m* ⟨-s, -e⟩, **Saboteurin** [-'tøːrɪn] *f* ⟨-, -nen⟩ saboteur **sabotieren** [zabo'tiːrən] *past part* **sabotiert** *v/t* to sabotage

Sa(c)charin [zaxa'riːn] *nt* ⟨-s, *no pl*⟩ saccharin

Sachbearbeiter(in) *m/(f)* specialist; (≈ *Beamter)* official in charge *(für* of) **Sachbereich** *m* (specialist) area **Sachbeschädigung** *f* damage to property **sachbezogen** *adj Fragen, Angaben* relevant **Sachbuch** *nt* nonfiction book **sachdienlich** *adj Hinweise* useful **Sache** ['zaxə] *f* ⟨-, -n⟩ **1** thing; (≈ *Gegenstand)* object **2** **Sachen** *pl (infml* ≈ *Zeug)* things *pl;* JUR property; **seine ~n packen** to pack ones bags **3** (≈ *Angelegenheit)* matter; (≈ *Fall)* case; (≈ *Vorfall)* business; (≈ *Anliegen)* cause; (≈ *Aufgabe)* job; **es ist ~ der Polizei, das zu tun** it's up to the police to do that; **das ist eine ganz tolle ~** it's really fantastic; **ich habe mir die ~ anders vorgestellt** I had imagined things differently; **das ist meine/seine ~** that's my/his affair; **er macht seine ~ gut** he's doing very well; *(beruflich)* he's doing a good job; **das ist so eine ~** *(infml)* it's a bit tricky; **solche ~n liegen mir nicht** I don't like things like that; **mach keine ~n!** *(infml)* don't be silly!; **was machst du bloß für ~n!** *(infml)* the things you do!; **zur ~ kommen** to come to the point;

das tut nichts zur ~ that doesn't matter; **bei der ~ sein** to be on the ball (*infml*); **sie war nicht bei der ~** her mind was elsewhere; **jdm sagen, was ~ ist** (*infml*) to tell sb what's what **4** (≈ *Tempo*) **mit 60/100 ~n** (*infml*) at 60/100 **Sachgebiet** *nt* subject area **sachgemäß, sachgerecht** **A** *adj* proper; **bei ~er Anwendung** if used properly **B** *adv* properly **Sachkenntnis** *f* (*in Bezug auf Wissensgebiet*) knowledge of the/one's subject; (*in Bezug auf Sachlage*) knowledge of the facts **sachkundig** *adj* (well-)informed; *Beratung* expert **Sachlage** *f* situation **sachlich** ['zaxlɪç] **A** *adj* (≈ *faktisch*) factual; *Grund* practical; (≈ *sachbezogen*) *Frage, Wissen* relevant; (≈ *objektiv*) *Kritik* objective; (≈ *nüchtern*) matter-of-fact **B** *adv* (≈ *faktisch*) unzutreffend factually; (≈ *objektiv*) objectively **sächlich** ['zɛçlɪç] *adj* GRAM neuter **Sachregister** *nt* subject index **Sachschaden** *m* damage (to property); **es entstand ~ in Höhe von ...** there was damage amounting to ...

Sachse ['zaksə] *m* ⟨-n, -n⟩, **Sächsin** ['zɛksɪn] *f* ⟨-, -nen⟩ Saxon **Sachsen** ['zaksn] *nt* ⟨-s⟩ Saxony **Sachsen-Anhalt** ['zaksn'anhalt] *nt* ⟨-s⟩ Saxony-Anhalt **sächsisch** ['zɛksɪʃ] *adj* Saxon **sacht(e)** ['zaxt(ə)] **A** *adj* (≈ *leise*) soft; (≈ *sanft*) gentle; (≈ *vorsichtig*) careful; (≈ *allmählich*) gentle **B** *adv* softly, gently; (≈ *vorsichtig*) carefully **Sachverhalt** [-fɛəhalt] *m* ⟨-(e)s, -e⟩ facts *pl* (of the case) **Sachverstand** *m* expertise **Sachverständige(r)** [-fɛɛʃtɛndɪɡə] *m/f(m)* *decl as adj* expert; JUR expert witness **Sachwert** *m* real *or* intrinsic value; **~e** *pl* material assets *pl* **Sachzwang** *m* practical constraint

Sack [zak] *m* ⟨-(e)s, ⸚e ['zɛkə]⟩ **1** sack; (*aus Papier, Plastik*) bag; **mit ~ und Pack** (*infml*) with bag and baggage **2** (*vulg* ≈ *Hoden*) balls *pl* (*sl*) **3** (*infml* ≈ *Kerl, Bursche*) bastard (*sl*) **Sackbahnhof** *m* terminus **sacken** *v/i aux sein* to sink; (≈ *durchhängen*) to sag **Sackgasse** *f* dead end, cul-de-sac (*esp Br*); (*fig*) dead end; **in einer ~ stecken** (*fig*) to be (stuck) up a blind alley; (*mit Bemühungen etc*) to have come to a dead end **Sackhüpfen** *nt* ⟨-s, *no pl*⟩ sack race **Sackkarre** *f* barrow **Sadismus** [za'dɪsmʊs] *m* ⟨-, Sadismen [-mən]⟩ *no pl* sadism **Sadist** [za'dɪst] *m*

⟨-en, -en⟩, **Sadistin** [-dɪstɪn] *f* ⟨-, -nen⟩ sadist **sadistisch** [za'dɪstɪʃ] **A** *adj* sadistic **B** *adv* sadistically **säen** ['zɛːən] *v/t & v/i* to sow; **dünn gesät** (*fig*) thin on the ground **Safari** [za'faːri] *f* ⟨-, -s⟩ safari **Safaripark** *m* safari park **Safe** [zeːf] *m or nt* ⟨-s, -s⟩ safe **Safer Sex** ['zeːfɛ'zɛks] *m* ⟨- -(es), *no pl*⟩ safe sex **Safran** ['zafraːn, 'zafran] *m* ⟨-s, -e⟩ saffron **Saft** [zaft] *m* ⟨-(e)s, ⸚e ['zɛftə]⟩ juice; (≈ *Pflanzensaft*) sap; (≈ *Flüssigkeit*) liquid; **ohne ~ und Kraft** (*fig*) wishy-washy (*infml*) **saftig** ['zaftɪç] *adj* **1** *Obst, Fleisch* juicy; *Wiese, Grün* lush **2** (*infml*) *Rechnung, Strafe, Ohrfeige* hefty (*infml*) **Saftladen** *m* (*pej infml*) dump (*pej infml*) **Saftsack** *m* (*infml*) stupid bastard (*sl*) **Saga** ['zaːɡa] *f* ⟨-, -s⟩ saga **Sage** ['zaːɡə] *f* ⟨-, -n⟩ legend **Säge** ['zɛːɡə] *f* ⟨-, -n⟩ **1** (*Werkzeug*) saw **2** (*Aus* ≈ *Sägewerk*) sawmill **Sägeblatt** *nt* saw blade **Sägefisch** *m* sawfish **Sägemehl** *nt* sawdust **Sägemesser** *nt* serrated knife

sagen ['zaːɡn] *v/t* **1** to say; **wie gesagt** as I say; **was ~ Sie dazu?** what do you think about it?; **was Sie nicht ~!** you don't say!; **das kann man wohl ~!** you can say that again!; **wie man so sagt** as the saying goes; **das ist nicht gesagt** that's by no means certain; **leichter gesagt als getan** easier said than done; **gesagt, getan** no sooner said than done; **jdm etw ~** to say sth to sb, to tell sb sth; **wem ~ Sie das!** you don't need to tell ME that! **2** (≈ *bedeuten*) to mean; **das hat nichts zu ~** that doesn't mean anything; **sagt dir der Name etwas?** does the name mean anything to you?; **ich will damit nicht ~, dass ...** I don't mean to imply that ...; **sein Gesicht sagte alles** it was written all over his face **3** (≈ *befehlen*) to tell; **jdm ~, er solle etw tun** to tell sb to do sth; **du hast hier (gar) nichts zu ~** you're not the boss; **hat er im Betrieb etwas zu ~?** does he have a say in the firm?; **das Sagen haben** to be the boss **4** **ich habe mir ~ lassen, ...** (≈ *ausrichten lassen*) I've been told ...; **lass dir von mir gesagt sein, ...** let me tell you ...; **er lässt sich** (*dat*) **nichts ~** he won't be told; **im Vertrauen gesagt** in confidence; **unter uns gesagt** between you and me; **genauer ge-**

sagt to put it more precisely; **sag das nicht!** (*infml*) don't you be so sure!; **sage und schreibe 800 Euro** 800 euros, would you believe it; **sag mal, willst du nicht endlich Schluss machen?** come on, isn't it time to stop?

sägen [ˈzɛːɡn] *v/t & v/i* to saw

sagenhaft *adj* legendary; *Summe* fabulous; (*infml* ≈ *hervorragend*) fantastic (*infml*)

Sägespäne *pl* wood shavings *pl* **Sägewerk** *nt* sawmill

Sahara [zaˈhaːra, ˈzaːhara] *f* ⟨-⟩ Sahara (Desert)

Sahne [ˈzaːnə] *f* ⟨-, no *pl*⟩ cream; (**aller**)**erste ~ sein** (*infml*) to be top-notch (*infml*) **Sahnebonbon** *m or nt* toffee **Sahnequark** [-kvark] *m* creamy quark **Sahnetorte** *f* cream gateau **sahnig** [ˈzaːnɪç] *adj* creamy; **etw ~ schlagen** to beat sth until creamy

Saison [sɛˈzõː, zɛˈzɔŋ, (*Aus*) zɛˈzoːn] *f* ⟨-, -s or (*Aus*) -en [-ˈzoːnən]⟩ season **Saisonarbeit** *f* seasonal work **Saisonarbeiter(in)** *m/(f)* seasonal worker **saisonbedingt** *adj* seasonal **saisonbereinigt** [-bəraɪnɪçt] *adj Zahlen etc* seasonally adjusted

Saite [ˈzaɪtə] *f* ⟨-, -n⟩ MUS string; **andere ~n aufziehen** (*infml*) to get tough **Saiteninstrument** *nt* string(ed) instrument

Sakko [ˈzako] *m or nt* ⟨-s, -s⟩ sports jacket (*esp Br*), sport coat (*US*)

sakral [zaˈkraːl] *adj* sacred **Sakrament** [zakraˈmɛnt] *nt* ⟨-(e)s, -e⟩ sacrament **Sakrileg** [zakriˈleːk] *nt* ⟨-s, -e [-ɡə]⟩ (*elev*) sacrilege **Sakristei** [zakrɪsˈtaɪ] *f* ⟨-, -en⟩ sacristy

säkular [zɛkuˈlaːɐ] *adj* (≈ *weltlich*) secular **Salafismus** [zalaˈfɪsmʊs] *m* ⟨-, no *pl*⟩ Salafism **Salafist** [zalaˈfɪst] *m* ⟨-en, -en⟩, **Salafistin** [-ˈfɪstɪn] *f* ⟨-, -nen⟩ Salafist **salafistisch** [zalaˈfɪstɪʃ] *adj* Salafist

Salamander [zalaˈmandɐ] *m* ⟨-s, -⟩ salamander

Salami [zaˈlaːmi] *f* ⟨-, -s⟩ salami **Salamitaktik** *f* (*infml*) policy of small steps

Salär [zaˈlɛːɐ] *nt* ⟨-s, -e⟩ (*Swiss*) salary

Salat [zaˈlaːt] *m* ⟨-(e)s, -e⟩ **1** (≈ *Kopfsalat*) lettuce **2** (≈ *Gericht*) salad; **da haben wir den ~!** (*infml*) now we're in a fine mess **Salatbar** *f* salad bar **Salatbesteck** *nt* salad servers *pl* **Salatbüfett** *nt* salad bar **Salatgurke** *f* cucumber **Salatkopf** *m* (head of) lettuce **Salatöl** *nt* salad oil

Salatplatte *f* salad **Salatschüssel** *f* salad bowl **Salatsoße** *f* salad dressing **Salattheke** *f* salad bar

Salbe [ˈzalbə] *f* ⟨-, -n⟩ ointment

Salbei [ˈzalbai, zalˈbai] *m* ⟨-s or *f* -, no *pl*⟩ sage

salbungsvoll [ˈzalbʊŋs-] *adj* (*pej*) *Worte, Ton* unctuous (*pej*)

Saldo [ˈzaldo] *m* ⟨-s, -s or *Saldi* or *Salden* [-di, -dn]⟩ FIN balance; **per saldo** on balance

Salmiak [zalˈmiak, ˈzalmiak] *m or nt* ⟨-s, no *pl*⟩ sal ammoniac **Salmiakgeist** *m, no pl* (liquid) ammonia

Salmonellen [zalmoˈnɛlən] *pl* salmonellae *pl* **Salmonellenvergiftung** *f* salmonella (poisoning)

Salon [saˈlõː, zaˈlɔŋ, (*Aus*) zaˈloːn] *m* ⟨-s, -s⟩ **1** (≈ *Gesellschaftszimmer*) drawing room; NAUT saloon **2** (≈ *Friseursalon, Modesalon etc*) salon **salonfähig** *adj* (*iron*) socially acceptable; *Aussehen* presentable

salopp [zaˈlɔp] **A** *adj* **1** (≈ *nachlässig*) sloppy, slovenly; *Manieren* slovenly; *Sprache* slangy **2** (≈ *ungezwungen*) casual **B** *adv sich kleiden, sich ausdrücken* casually

Salpeter [zalˈpeːtɐ] *m* ⟨-s, no *pl*⟩ saltpetre (*Br*), saltpeter (*US*), nitre (*Br*), niter (*US*) **Salpetersäure** *f* nitric acid

Salto [ˈzalto] *m* ⟨-s, -s or *Salti* [-ti]⟩ somersault

Salut [zaˈluːt] *m* ⟨-(e)s, -e⟩ MIL salute; **~ schießen** to fire a salute **salutieren** [zalʊˈtiːrən] *past part* **salutiert** *v/t & v/i* MIL to salute

Salve [ˈzalvə] *f* ⟨-, -n⟩ salvo, volley; (≈ *Ehrensalve*) salute

Salz [zalts] *nt* ⟨-es, -e⟩ salt **salzarm** **A** *adj* COOK low-salt **B** *adv* **~ essen** to eat low-salt food; **~ kochen** to use very little salt in one's cooking **Salzbergwerk** *nt* salt mine **salzen** [ˈzaltsn] *past part* **gesalzen** [ɡəˈzaltsn] *v/t* to salt; → **gesalzen** **salzfrei** *adj* salt-free **Salzgebäck** *nt* savoury (*Br*) or savory (*US*) biscuits *pl* **Salzgurke** *f* pickled gherkin, pickle (*US*) **salzhaltig** *adj Luft, Wasser* salty **Salzhering** *m* salted herring **salzig** [ˈzaltsɪç] *adj Speise, Wasser* salty **Salzkartoffeln** *pl* boiled potatoes *pl* **Salzkorn** *nt, pl* -körner grain of salt **salzlos** *adj* salt-free **Salzlösung** *f* saline solution **Salzsäule** *f* **zur ~ erstarren** (*fig*) to stand as though rooted to the spot

S

Salzsäure f hydrochloric acid **Salzsee** m salt lake **Salzstange** f pretzel stick **Salzstreuer** [-ʃtrɔyɐ] m ⟨-s, -⟩ saltcellar (Brit), salt shaker (US) **Salzwasser** nt, no pl salt water

Samariter [zamaˈriːtɐ] m ⟨-s, -⟩ BIBLE Samaritan

Sambia [ˈzambia] nt ⟨-s⟩ Zambia **sambisch** [ˈzambɪʃ] adj Zambian

Samen [ˈzaːmən] m ⟨-s, -⟩ **1** (BOT, fig) seed **2** (≈ Menschensamen, Tiersamen) sperm **Samenbank** f, pl -banken sperm bank **Samenerguss** m ejaculation **Samenkorn** nt, pl -körner seed **Samenspender** m sperm donor

sämig [ˈzɛːmɪç] adj Soße thick

Sammelalbum nt (collector's) album **Sammelband** [-bant] m, pl -bände anthology **Sammelbecken** nt collecting tank; (fig) melting pot (von for) **Sammelbestellung** f joint order **Sammelbüchse** f collecting tin **Sammelfahrschein** m, **Sammelkarte** f (für mehrere Fahrten) multi-journey ticket; (für mehrere Personen) group ticket **Sammelmappe** f folder **sammeln** [ˈzamln] **A** v/t to collect; Pilze etc to pick; Truppen to assemble **B** v/r **1** (≈ zusammenkommen) to gather; (≈ sich anhäufen: Wasser etc) to accumulate **2** (≈ sich konzentrieren) to collect oneself; → gesammelt **C** v/i to collect (für for) **Sammelsurium** [zamlˈzuːriʊm] nt ⟨-s, Sammelsurien [-riən]⟩ conglomeration **Sammler** [ˈzamlɐ] m ⟨-s, -⟩, **Sammlerin** [-ərɪn] f ⟨-, -nen⟩ collector **Sammlung** [ˈzamlʊŋ] f ⟨-, -en⟩ **1** collection **2** (fig ≈ Konzentration) composure

Samstag [ˈzamstaːk] m Saturday; → Dienstag **samstags** [ˈzamstaːks] adv on Saturdays

samt [zamt] **A** prep +dat along or together with **B** adv ~ **und sonders** the whole lot (of them/us/you), the whole bunch (infml) **Samt** [zamt] m ⟨-(e)s, -e⟩ velvet **samtartig** adj velvety **Samthandschuh** m velvet glove; **jdn mit ~en anfassen** (infml) to handle sb with kid gloves (infml)

sämtlich [ˈzɛmtlɪç] **A** adj (≈ alle) all; (≈ vollständig) complete; **Schillers ~e Werke** the complete works of Schiller; **~e Anwesenden** all those present **B** adv all

Sanatorium [zanaˈtoːriʊm] nt ⟨-s, Sanatorien [-riən]⟩ sanatorium (Brit), sanitarium (US)

Sand [zant] m ⟨-(e)s, -e [-də]⟩ sand; **das/die gibt's wie ~ am Meer** (infml) there are heaps of them (infml); **jdm ~ in die Augen streuen** (fig) to throw dust (Brit) or dirt (US) in sb's eyes; **im ~e verlaufen** (infml) to come to nothing; **etw in den ~ setzen** (infml) Projekt to blow sth (infml); Geld to squander sth

Sandale [zanˈdaːlə] f ⟨-, -n⟩ sandal

Sandbank f, pl -bänke sandbank **Sanddorn** m, pl -dorne BOT sea buckthorn **Sandgrube** f sandpit (Brit), sandbox (US); GOLF bunker **sandig** [ˈzandɪç] adj sandy **Sandkasten** m sandpit (Brit), sandbox (US); MIL sand table **Sandkorn** nt, pl -körner grain of sand **Sandpapier** nt sandpaper **Sandplatz** m TENNIS clay court **Sandsack** m sandbag; (Boxen) punchbag (Brit), punching bag (US) **Sandstein** m sandstone **Sandstrahl** m jet of sand **sandstrahlen** past part **gesandstrahlt** or (spec) **sandgestrahlt** v/t & v/i to sandblast **Sandstrahlgebläse** nt sandblasting equipment no indef art, no pl **Sandstrand** m sandy beach **Sandsturm** m sandstorm **Sanduhr** f hourglass; (≈ Eieruhr) egg timer

sanft [zanft] **A** adj gentle; Haut soft; Tod peaceful; **mit ~er Gewalt** gently but firmly; **mit ~er Hand** with a gentle hand **B** adv softly; hinweisen gently; ~ **mit jdm umgehen** to be gentle with sb; **er ist ~ entschlafen** he passed away peacefully **Sanftheit** f ⟨-, no pl⟩ gentleness; (von Haut) softness

Sang [zaŋ] m ⟨-(e)s, ̈e [ˈzɛŋə]⟩ **mit ~ und Klang** (fig iron) durchfallen catastrophically **Sänger** [ˈzɛŋɐ] m ⟨-s, -⟩, **Sängerin** [-ərɪn] f ⟨-, -nen⟩ singer

Sangria [zaŋˈgriːa, ˈzaŋgria] f ⟨-, -s⟩ sangria

sang- und klanglos adv (infml) without any ado; **sie ist ~ verschwunden** she just simply disappeared

sanieren [zaˈniːrən] past part **saniert** **A** v/t **1** Gebäude to renovate; Stadtteil to redevelop; Fluss to clean up **2** ECON to put (back) on its feet, to rehabilitate; Haushalt to turn (a)round **B** v/r (Industrie) to put itself (back) in good shape **Sanierung** f ⟨-, -en⟩ **1** (von Gebäude) renovation; (von Stadtteil) redevelopment; (von Fluss) cleaning-up **2** ECON rehabilitation **Sanie̲rungsgebiet** nt redevelopment area **Sanie̲rungskosten** pl redevelopment costs pl

sanitär [zani'tɛːɐ] adj no pred sanitary; **~e Anlagen** sanitation (facilities), sanitary facilities

Sanitäter [zani'tɛːte] m ⟨-s, -⟩, **Sanitäterin** [-ərɪn] f ⟨-, -nen⟩ first-aid attendant; MIL (medical) orderly; (in Krankenwagen) ambulanceman/-woman

Sankt [zaŋkt] adj inv saint; REL St , Saint

Sanktion [zaŋk'tsioːn] f ⟨-, -en⟩ sanction **sanktionieren** [zaŋktsio'niːrən] past part **sanktioniert** v/t to sanction

Saphir [ˈzaːfɪr, ˈzaːfiːɐ, zaˈfiːɐ] m ⟨-s, -e⟩ sapphire

Sardelle [zar'dɛlə] f ⟨-, -n⟩ anchovy

Sardine [zar'diːnə] f ⟨-, -n⟩ sardine **Sardi̲nenbüchse** f sardine tin; **wie in einer ~** (fig infml) like sardines (infml)

Sardinien [zar'diːniən] nt ⟨-s⟩ Sardinia

Sarg [zark] m ⟨-(e)s, ⸚e ['zɛːrgə]⟩ coffin, casket (US) **Sa̲rgdeckel** m coffin lid, casket lid (US)

Sarin [za'riːn] nt ⟨-s, no pl⟩ CHEM sarin

Sarkasmus [zar'kasmʊs] m ⟨-, Sarkasmen [-mən]⟩ no pl sarcasm **sarka̲stisch** [zar'kastɪʃ] **A** adj sarcastic **B** adv sarcastically

Sarkom [zar'koːm] nt ⟨-s, -e⟩ MED sarcoma

Sarkophag [zarko'faːk] m ⟨-(e)s, -e [-gə]⟩ sarcophagus

SARS [zaːes] nt ⟨-⟩ abbr of severe acute respiratory syndrome SARS

Satan ['zaːtan] m ⟨-s, -e⟩ Satan **sata̲nisch** [za'taːnɪʃ] adj satanic **Satanismus** [zata'nɪsmʊs] m ⟨-, no pl⟩ Satanism

Satellit [zatɛ'liːt] m ⟨-en, -en⟩ satellite **Satelli̲tenantenne** f TV satellite dish **Satelli̲tenbild** nt TV satellite picture **Satelli̲tenfernsehen** nt satellite television **Satelli̲tenfoto** nt satellite picture **Satelli̲tenschüssel** f (TV infml) satellite dish **Satelli̲tensender** m satellite (TV) station **Satelli̲tenstadt** f satellite town **Satelli̲tenübertragung** f (RADIO, TV) satellite transmission

Satin [za'tɛ̃ː] m ⟨-s, -s⟩ satin

Satire [za'tiːrə] f ⟨-, -n⟩ satire (auf +acc on) **Satiriker** [za'tiːrike] m ⟨-s, -⟩, **Satirikerin** [-ərɪn] f ⟨-, -nen⟩ satirist **sati̲risch** [za'tiːrɪʃ] **A** adj satirical **B** adv satirically

satt [zat] adj **1** (≈ gesättigt) Mensch full (up); **~ sein** to have had enough (to eat), to be full (up) (infml); **~ werden** to have enough to eat; **sich (an etw** dat) **~ essen** to eat one's fill (of sth) **2** (≈ kräftig, voll) Farben, Klang rich; (infml) Mehrheit comfortable **3** (infml ≈ im Überfluss) **... ~ ... galore**

Sattel ['zatl] m ⟨-s, ⸚ ['zɛtl]⟩ saddle; **fest im ~ sitzen** (fig) to be firmly in the saddle **Sa̲tteldach** nt saddle roof **sa̲ttelfest** adj **~ sein** (Reiter) to have a good seat; **in etw** (dat) **~ sein** (fig) to have a firm grasp of sth **sa̲tteln** ['zatln] v/t Pferd to saddle (up) **Sa̲ttelschlepper** m articulated lorry (Br), semitrailer (US) **Sa̲tteltasche** f saddlebag

sa̲tthaben v/t sep irr **jdn/etw ~** to be fed up with sb/sth (infml) **Sa̲ttheit** f ⟨-, no pl⟩ **1** (Gefühl) full feeling **2** (von Farben, Klang) richness **sa̲tthören** v/r sep irr **sie konnte sich an der Musik nicht ~** she could not get enough of the music **sättigen** ['zɛtɪgn] **A** v/t **1** Hunger, Neugier to satisfy; jdn to make replete; (≈ ernähren) to feed **2** COMM, CHEM to saturate **B** v/i to be filling **sättigend** adj Essen filling **Sättigung** f ⟨-, -en⟩ **1** (elev ≈ Sattsein) repletion **2** CHEM saturation **Sättigungsgrad** m degree of saturation **Sättigungspunkt** m saturation point

Sattler ['zatle] m ⟨-s, -⟩, **Sattlerin** [-ərɪn] f ⟨-, -nen⟩ saddler; (≈ Polsterer) upholsterer

sattsam ['zatzaːm] adv amply; bekannt sufficiently **sa̲ttsehen** v/r sep irr **er konnte sich an ihr nicht ~** he could not see enough of her

Saturn [za'tʊrn] m ⟨-s⟩ ASTRON Saturn

Satz [zats] m ⟨-es, ⸚e ['zɛtsə]⟩ **1** sentence; (≈ Teilsatz) clause; (≈ Lehrsatz) proposition; MAT theorem; **mitten im ~** in mid-sentence **2** (TYPO) (≈ das Setzen) setting; (≈ das Gesetzte) type no pl; **in ~ gehen** to go for setting **3** (MUS ≈ Abschnitt) movement **4** (≈ Bodensatz) dregs pl; (≈ Kaffeesatz) grounds pl; (≈ Teesatz) leaves pl **5** (≈ Zusammengehöriges) set; (≈ Tarifsatz) charge; (≈ Zinssatz) rate **6** (≈ Sprung) leap; **einen ~ machen** to leap **Sa̲tzball** m SPORTS set point **Sa̲tzbau** m, no pl sentence construction **Sa̲tzteil** m part of a/the sentence

Satzung ['zatsʊŋ] f ⟨-, -en⟩ constitution; (von Verein) rules pl

Sa̲tzzeichen nt punctuation mark

Sau [zau] f ⟨-, **Säue** ['zɔyə] or (Hunt) -en⟩ **1** sow; (infml ≈ Schwein) pig **2** (infml) **du ~!** you dirty swine! (infml); **dumme ~** stupid cow (infml); **die ~ rauslassen** to let it all hang out (infml); **wie eine gesengte ~** like a maniac (infml); **jdn zur ~ machen** to bawl sb out (infml); **unter aller ~** bloody (Br) or goddamn awful (infml)

sauber ['zaubɐ] **A** adj **1** clean; **~ sein** (Hund etc) to be house-trained; (Kind) to be (potty-)trained **2** (≈ ordentlich) neat, tidy **B** adv **1** (≈ rein) **etw ~ putzen** to clean sth **2** (≈ sorgfältig) very thoroughly **Sauberkeit** f ⟨-, no pl⟩ **1** (≈ Hygiene, Ordentlichkeit) cleanliness; (≈ Reinheit) (von Wasser, Luft etc) cleanness; (von Tönen) accuracy **2** (≈ Anständigkeit) honesty; (im Sport) fair play **säuberlich** ['zɔybɐlɪç] **A** adj neat and tidy **B** adv neatly; **trennen** clearly **sauber machen** v/t to clean **Saubermann** m, pl **-männer** (fig infml, in Politik etc) squeaky-clean man (infml); **die Saubermänner** the squeaky-clean brigade (infml) **säubern** ['zɔybɐn] v/t **1** (≈ reinigen) to clean **2** (fig euph) Partei to purge (von of); MIL Gegend to clear (von of) **Säuberung** f ⟨-, -en⟩ **1** (≈ Reinigung) cleaning **2** (fig: von Partei) purging; (von Gegend) clearing; (POL: Aktion) purge

saublöd adj (infml) bloody (Br) or damn stupid (infml) **Saubohne** f broad bean **Sauce** ['zo:sə] f ⟨-, -n⟩ sauce; (≈ Bratensoße) gravy

Saudi ['zaudi, za'u:di] m ⟨-(s), -(s) or f -, -s⟩ Saudi **Saudi-Arabien** ['zaudia'ra:biən] nt Saudi Arabia **saudi-arabisch** adj Saudi attr, Saudi Arabian **saudisch** ['zaudɪʃ] adj Saudi attr, Saudi Arabian

saudumm (infml) adj damn stupid (infml) **sauer** ['zauɐ] **A** adj **1** (≈ nicht süß) sour; Wein acid(ic); Gurke, Hering pickled; Sahne soured **2** (≈ verdorben) off pred (Br), bad; Milch sour; **~ werden** to go off (Br) or sour **3** CHEM acid(ic); **saurer Regen** acid rain **4** (infml ≈ schlecht gelaunt) mad (infml), cross; **eine ~e Miene machen** to look annoyed **B** adv **1** (≈ mühselig) **das habe ich mir ~ erworben** I got that the hard way; **mein ~ erspartes Geld** money I had painstakingly saved **2** (infml ≈ übel gelaunt) **~ reagieren** to get annoyed **Sauerampfer** [-ampfɐ] m ⟨-s, -⟩ sorrel **Sauerbraten** m braised beef (marinaded in vinegar), sauerbraten (US)

Sauerei [zauə'rai] f ⟨-, -en⟩ (infml) **1** (≈ Gemeinheit) **das ist eine ~!, so eine ~!** it's a downright disgrace **2** (≈ Dreck, Unordnung) mess

Sauerkirsche f sour cherry **Sauerkraut** nt sauerkraut **säuerlich** ['zɔyɐlɪç] adj sour **Sauermilch** f sour milk **Sauerrahm** m thick sour(ed) cream **Sauerstoff** m, no pl oxygen **Sauerstoffflasche** f oxygen cylinder or (kleiner) bottle **Sauerstoffgerät** nt breathing apparatus; (MED) (für künstliche Beatmung) respirator; (für Erste Hilfe) resuscitator **Sauerstoffmangel** m lack of oxygen; (akut) oxygen deficiency **Sauerstoffmaske** f oxygen mask **Sauerstoffzelt** nt oxygen tent **Sauerteig** m sour dough

saufen ['zaufn] pret **soff** [zɔf], past part **gesoffen** [gə'zɔfn] v/t & v/i **1** (Tiere) to drink **2** (infml: Mensch) to booze (infml) **Säufer** ['zɔyfɐ] m ⟨-s, -⟩, **Säuferin** [-ərɪn] f ⟨-, -nen⟩ (infml) boozer (infml) **Sauferei** [zaufə'rai] f ⟨-, -en⟩ (infml) **1** (≈ Trinkgelage) booze-up (infml) **2** no pl (≈ Trunksucht) boozing (infml) **Saufgelage** nt (pej infml) drinking bout or binge, booze-up (infml)

saugen ['zaugn] pret **sog** or **saugte** [zo:k, 'zaukto], past part **gesogen** or **gesaugt** [gə'zo:gn, gə'zaukt] v/t & v/i to suck; **an etw** (dat) **~** to suck sth **säugen** ['zɔygn] v/t to suckle **Sauger** ['zaugɐ] m ⟨-s, -⟩ (auf Flasche) teat (Br), nipple (US) **Säugetier** nt mammal **saugfähig** adj absorbent **Säugling** ['zɔyklɪŋ] m ⟨-s, -e⟩ baby, infant **Säuglingsalter** nt babyhood **Säuglingspflege** f babycare **Säuglingssterblichkeit** f infant mortality

Sauhaufen m (infml) bunch of slobs **saukalt** adj (infml) damn cold (infml) **Saukerl** m (infml) bastard (sl)

Säule ['zɔylə] f ⟨-, -n⟩ column; (fig ≈ Stütze) pillar **Säulendiagramm** nt bar chart, histogram **Säulengang** m, pl -gänge colonnade **Säulenhalle** f columned hall

Saum [zaum] m ⟨-(e)s, **Säume** ['zɔymə]⟩ (≈ Stoffumschlag) hem; (≈ Naht) seam

saumäßig ['zaumɛ:sɪç] (infml) adj lousy (infml); (zur Verstärkung) hell of a (infml)

säumen ['zɔymən] v/t SEWING to hem; (fig elev) to line

säumig ['zɔymɪç] adj (elev) Schuldner defaulting

Sauna ['zauna] f ⟨-, -s or **Saunen** [-nən]⟩ sauna

Säure ['zɔyrə] f ⟨-, -n⟩ acid; (≈ *saurer Geschmack*) sourness; (*von Wein, Bonbons*) acidity **Saure-Gurken-Zeit** f bad time; (*in den Medien*) silly season (Br), off season (US) **säurehaltig** adj acidic

Saurier ['zaurie] m ⟨-s, -⟩ dinosaur

Saus [zaus] m **in ~ und Braus leben** to live like a king **säuseln** ['zɔyzln] v/i (*Wind*) to murmur; (*Mensch*) to purr; **mit ~der Stimme** in a purring voice **sausen** ['zauzn] v/i ◼ (*Ohren*) to buzz; (*Wind*) to whistle; (*Sturm*) to roar ◼ *aux sein* (*Geschoss*) to whistle ◼ *aux sein* (infml: *Mensch*) to tear (infml); (*Fahrzeug*) to roar; **durch eine Prüfung ~** to fail *or* flunk (infml) an exam

Saustall m (infml) (*unordentlich*) pigsty (esp Br infml); (*chaotisch*) mess **Sauwetter** nt (infml) damn awful weather (infml) **sauwohl** adj pred (infml) **ich fühle mich ~** I feel really good

Savanne [za'vanə] f ⟨-, -n⟩ savanna(h)

Saxofon [zakso'foːn, 'zaksofoːn] nt ⟨-(e)s, -e⟩ saxophone, sax (infml) **Saxofonist** [zaksofo'nɪst] m ⟨-en, -en⟩, **Saxofonistin** [-'nɪstɪn] f ⟨-, -nen⟩ saxophonist

S-Bahn® ['ɛs-] f, abbr of Stadtbahn

SBB® [ɛsbe:'be:] f ⟨-⟩ abbr of Schweizerische Bundesbahnen

Scampi ['skampi] pl scampi pl

scannen ['skɛnən] v/t to scan **Scanner** ['skɛnɐ] m ⟨-s, -⟩ scanner

Schabe ['ʃaːbə] f ⟨-, -n⟩ cockroach **schaben** ['ʃaːbn] v/t to scrape **Schaber** ['ʃaːbɐ] m ⟨-s, -⟩ scraper

Schabernack ['ʃaːbɐnak] m ⟨-(e)s, -e⟩ practical joke

schäbig ['ʃɛːbɪç] ◘ adj ◼ (≈ *unansehnlich*) shabby ◼ (≈ *niederträchtig*) mean; (≈ *geizig*) stingy (infml) ◙ adv ◼ **~ aussehen** to look shabby ◼ (≈ *gemein*) **jdn ~ behandeln** to treat sb shabbily

Schablone [ʃa'bloːnə] f ⟨-, -n⟩ stencil; (≈ *Muster*) template; **in ~n denken** to think in a stereotyped way

Schach [ʃax] nt ⟨-s, no pl⟩ chess; (≈ *Stellung im Spiel*) check; **~ (und) matt** checkmate; **im ~ stehen** *or* **sein** to be in check; **jdn in ~ halten** (fig) to keep sb in check; (*mit Pistole etc*) to cover sb **Schachbrett** nt chessboard **schachbrettartig** adj chequered (Br), checkered (US) **Schachcomputer** m chess computer

schachern ['ʃaxɐn] v/i (pej) **um etw ~** to haggle over sth

Schachfigur f chesspiece; (fig) pawn **schachmatt** adj (lit) (check)mated; (fig ≈ *erschöpft*) exhausted; **jdn ~ setzen** (lit) to (check)mate sb; (fig) to snooker sb (infml) **Schachspiel** nt (≈ *Spiel*) game of chess; (≈ *Brett und Figuren*) chess set **Schachspieler(in)** m(f) chess player

Schacht [ʃaxt] m ⟨-(e)s, ⸚e ['ʃɛçtə]⟩ shaft; (≈ *Kanalisationsschacht*) drain

Schachtel ['ʃaxtl] f ⟨-, -n⟩ ◼ box; (≈ *Zigarettenschachtel*) packet; **eine ~ Pralinen** a box of chocolates ◼ (infml ≈ *Frau*) **alte ~** old bag (infml)

schächten ['ʃɛçtn] v/t to slaughter according to religious rites

Schachzug m (fig) move

schade ['ʃaːdə] adj pred (**das ist aber**) **~!** what a pity *or* shame; **es ist ~ um jdn/etw** it's a pity *or* shame about sb/sth; **sich** (dat) **für etw zu ~ sein** to consider oneself too good for sth

Schädel ['ʃɛːdl] m ⟨-s, -⟩ skull; **jdm den ~ einschlagen** to beat sb's skull in **Schädelbruch** m fractured skull

schaden ['ʃaːdn] v/i +dat to damage; *einem Menschen* to harm, to hurt; *jds Ruf* to damage; **das/Rauchen schadet Ihrer Gesundheit/Ihnen** that/smoking is bad for your health/you; **das schadet nichts** it does no harm; (≈ *macht nichts*) that doesn't matter; **das kann nicht(s) ~** that won't do any harm

Schaden ['ʃaːdn] m ⟨-s, ⸚ ['ʃɛːdn]⟩ ◼ (≈ *Beschädigung*) damage (an +dat to); (≈ *Personenschaden*) injury; (≈ *Verlust*) loss; (≈ *Unheil, Leid*) harm; **einen ~ verursachen** to cause damage; **zu ~ kommen** to suffer; (*physisch*) to be hurt *or* injured; **jdm ~ zufügen** to harm sb; **einer Sache** (dat) **~ zufügen** to damage sth ◼ (≈ *Defekt*) fault; (≈ *körperlicher Mangel*) defect; **Schäden aufweisen** to be defective; (*Organ*) to be damaged **Schadenersatz** m = Schadensersatz **Schadenfreiheitsrabatt** m no-claims bonus **Schadenfreude** f gloating **schadenfroh** ◘ adj gloating ◙ adv with malicious delight; *sagen* gloatingly **Schadensersatz** m damages pl, compensation; **jdn auf ~ verklagen** to sue sb for damages *etc*; **~ leisten** to pay damages *etc*

schadensersatzpflichtig [-pflɪçtɪç] adj liable for damages *etc*

Schadensfall m **im ~** in the event of

damage

schadhaft adj no adv faulty, defective; (≈ beschädigt) damaged

schädigen ['ʃɛːdɪɡn] v/t to damage; jdn to hurt, to harm

Schädigung f ⟨-, -en⟩ damage; (von Menschen) hurt, harm

schädlich ['ʃɛːtlɪç] adj harmful; Wirkung damaging; ~ für etw sein to be damaging to sth

Schädlichkeit f ⟨-, no pl⟩ harmfulness

Schädling ['ʃɛːtlɪŋ] m ⟨-s, -e⟩ pest

Schädlingsbekämpfung f pest control no art **Schädlingsbekämpfungsmittel** nt pesticide

schadlos adj **1** sich an jdm/etw ~ halten to take advantage of sb/sth **2** etw ~ überstehen to survive sth unharmed

Schadsoftware f IT malicious software, malware **Schadstoff** m harmful substance **schadstoffarm** adj ~ sein to contain a low level of harmful substances; ein ~es Auto a clean-air car **Schadstoffausstoß** m noxious emission; (von Auto) exhaust emission **schadstoffbelastet** adj polluted **Schadstoffbelastung** f (von Umwelt) pollution **schadstofffrei** adj ~ sein to contain no harmful substances **Schadstoffklasse** f AUTO emissions class **Schadstoffplakette** f AUTO emissions sticker

Schaf [ʃaːf] nt ⟨-(e)s, -e⟩ sheep; (infml ≈ Dummkopf) dope (infml) **Schafbock** m ram **Schäfchen** ['ʃɛːfçən] nt ⟨-s, -⟩ lamb, little sheep; **sein ~ ins Trockene bringen** (prov) to look after number one (infml) **Schäfchenwolken** pl cotton wool clouds pl **Schäfer** ['ʃɛːfɐ] m ⟨-s, -⟩ shepherd **Schäferhund** m Alsatian (dog) (Br), German shepherd (dog) **Schäferin** ['ʃɛːfərɪn] f ⟨-, -nen⟩ shepherdess **Schäferfell** nt sheepskin

schaffen¹ ['ʃafn] pret schuf [ʃuːf], past part geschaffen [ɡəˈʃafn] v/t (≈ hervorbringen) to create; **dafür ist er wie geschaffen** he's just made for it; **Probleme ~** to create problems; **Klarheit ~** to provide clarification

schaffen² **A** v/t **1** (≈ bewältigen) Aufgabe, Hürde, Portion etc to manage; Prüfung to pass; **wir haben's geschafft** we've managed it; (≈ Arbeit erledigt) we've done it; (≈ gut angekommen) we've made it **2** (infml ≈ überwältigen) jdn to see off (infml); **das hat**

mich geschafft it took it out of me; (nervlich) it got on top of me; **geschafft sein** to be exhausted **3** (≈ bringen) to put sth in sth; **wie sollen wir das in den Keller ~?** how will we manage to get that into the cellar? **B** v/i **1** (≈ tun) to do; **sich** (dat) **an etw** (dat) **zu ~ machen** to fiddle around with sth **2** (≈ zusetzen) **jdm** (schwer) **zu ~ machen** to cause sb (a lot of) trouble **3** (S Ger ≈ arbeiten) to work **Schaffen** nt ⟨-s, no pl⟩ **sein künstlerisches ~** his artistic creations pl **Schaffenskraft** f creativity

Schaffleisch nt mutton

Schaffner ['ʃafnɐ] m ⟨-s, -⟩, **Schaffnerin** [-ərɪn] f ⟨-, -nen⟩ (im Bus) conductor/conductress; (im Zug) guard (Br), conductor (US); (≈ Fahrkartenkontrolleur) ticket inspector

Schaffung ['ʃafʊŋ] f ⟨-, -en⟩ creation

Schafherde f flock of sheep

Schafott [ʃaˈfɔt] nt ⟨-(e)s, -e⟩ scaffold

Schafskäse m sheep's milk cheese **Schafsmilch** f sheep's milk

Schaft [ʃaft] m ⟨-(e)s, ⸚e ['ʃɛftə]⟩ shaft; (von Stiefel) leg **Schaftstiefel** pl high boots pl; MIL jackboots pl

Schafwolle f sheep's wool **Schafzucht** f sheep breeding no art

Schakal [ʃaˈkaːl] m ⟨-s, -e⟩ jackal

schäkern ['ʃɛːkɐn] v/i to flirt; (≈ necken) to play around

schal [ʃaːl] adj Getränk flat; Geschmack stale

Schal [ʃaːl] m ⟨-s, -s or -e⟩ scarf; (≈ Umschlagtuch) shawl

Schale¹ ['ʃaːlə] f ⟨-, -n⟩ bowl; (flach, zum Servieren etc) dish; (von Waage) pan

Schale² f ⟨-, -n⟩ (von Obst) skin; (abgeschält) peel no pl; (von Nuss, Ei, Muschel) shell; (von Getreide) husk, hull; **sich in ~ werfen** (infml) to get dressed up

schälen ['ʃɛːlən] **A** v/t to peel; Tomate, Mandel to skin; Erbsen, Eier, Nüsse to shell; Getreide to husk **B** v/r to peel

Schalk [ʃalk] m ⟨-(e)s, ⸚e ['ʃɛlkə]⟩ joker; **ihm sitzt der ~ im Nacken** he's in a devilish mood

Schall [ʃal] m ⟨-s, -e or ⸚e ['ʃɛlə]⟩ sound **Schalldämmung** f soundproofing **schalldämpfend** adj Wirkung sound-muffling; Material soundproofing **Schalldämpfer** m sound absorber; (von Auto) silencer (Br), muffler (US); (von Gewehr etc) silencer **schalldicht** **A** adj soundproof **B** *adv* ~ **abgeschlossen** fully soundproofed **schallen** [ˈʃalən] *v/i* to sound; (*Stimme, Glocke*) to ring (out); (≈ *widerhallen*) to resound **schallend** *adj Beifall, Ohrfeige* resounding; *Gelächter* ringing; ~ **lachen** to roar with laughter **Schallgeschwindigkeit** *f* speed of sound **Schallgrenze** *f* sound barrier **Schallmauer** *f* sound barrier **Schallplatte** *f* record **Schallwelle** *f* sound wave

Schalotte [ʃaˈlɔtə] *f* ⟨-, -n⟩ shallot

Schaltbild *nt* circuit *or* wiring diagram **schalten** [ˈʃaltn] **A** *v/t* **1** *Gerät* to switch, to turn; **etw auf „2" ~** to turn *or* switch sth to "2" **2** *Anzeige* to place **B** *v/i* **1** (*Gerät, Ampel*) to switch (*auf +acc* to); AUTO to change (*esp Br*) *or* shift (*US*) gear; **in den 2. Gang ~** to change (*esp Br*) *or* shift (*US*) into 2nd gear **2** (*fig* ≈ *handeln*) ~ **und walten** to bustle around; **jdn frei ~ und walten lassen** to give sb a free hand **3** (*infml*) (≈ *begreifen*) to get it (*infml*) **Schalter** [ˈʃaltɐ] *m* ⟨-s, -⟩ **1** ELEC *etc* switch **2** (*in Post, Bank, Amt*) counter; (*im Bahnhof*) ticket window **Schalterdienst** *m* counter duty **Schalterhalle** *f* (*in Post*) hall; (*im Bahnhof*) ticket hall **Schalterstunden** *pl* hours *pl* of business **Schaltfläche** *f* IT button **Schaltgetriebe** *nt* manual transmission, stick shift (*US*) **Schalthebel** *m* switch lever; AUTO gear lever (*Br*), gear shift (*US*); **an den ~n der Macht sitzen** to hold the reins of power **Schaltjahr** *nt* leap year **Schaltknüppel** *m* AUTO gear lever (*Br*), gear shift (*US*); AVIAT joystick **Schaltkreis** *m* TECH (switching) circuit **Schaltplan** *m* circuit *or* wiring diagram **Schaltpult** *nt* control desk **Schalttag** *m* leap day **Schaltung** [ˈʃaltʊŋ] *f* ⟨-, -en⟩ switching; ELEC wiring; AUTO gear change (*Br*), gearshift (*US*)

Scham [ʃaːm] *f* ⟨-, *no pl*⟩ shame; **aus falscher ~** from a false sense of shame; **ohne ~** unashamedly **schämen** [ˈʃɛːmən] *v/r* to be ashamed; **du solltest dich ~!** you ought to be ashamed of yourself!; **sich einer Sache** (*gen*) *or* **für etw ~** to be ashamed of sth; **sich für jdn ~** to be ashamed for sb; **schäme dich!** shame on you! **Schamfrist** *f* decent interval **Schamhaar** *nt* pubic hair **Schamlippen** *pl* labia *pl* **schamlos** *adj* shameless;

Lüge brazen **Schamlosigkeit** *f* ⟨-, -en⟩ shamelessness **Schamröte** *f* flush of shame; **die ~ stieg ihr ins Gesicht** her face flushed with shame

Schande [ˈʃandə] *f* ⟨-, *no pl*⟩ disgrace; **das ist eine (wahre) ~!** this is a(n absolute) disgrace!; **jdm ~ machen** to be a disgrace to sb **schänden** [ˈʃɛndn] *v/t* to violate; *Sabbat etc* to desecrate; *Ansehen* to dishonour (*Br*), to dishonor (*US*) **Schandfleck** *m* blot (*in +dat* on) **schändlich** [ˈʃɛndlɪç] **A** *adj* shameful **B** *adv* shamefully; *behandeln* disgracefully **Schandtat** *f* scandalous deed; (*hum*) escapade; **zu jeder ~ bereit sein** (*infml*) to be always ready for mischief **Schändung** [ˈʃɛndʊŋ] *f* ⟨-, -en⟩ violation; (*von Sabbat*) desecration; (*von Ansehen*) dishonouring (*Br*), dishonoring (*US*)

Schänke [ˈʃɛŋkə] *f* ⟨-, -n⟩ inn **Schankkonzession** *f* licence (*of publican*) (*Br*), excise license (*US*) **Schankstube** *f* (public) bar (*esp Br*), saloon (*US dated*) **Schanktisch** *m* bar

Schanze [ˈʃantsə] *f* ⟨-, -n⟩ SPORTS (ski) jump

Schar [ʃaːɐ] *f* ⟨-, -en⟩ crowd; (*von Vögeln*) flock; **die Fans verließen das Stadion in (hellen) ~en** the fans left the stadium in droves **scharen** [ˈʃaːrən] **A** *v/t* **Menschen um sich ~** to gather people around one **B** *v/r* **sich um jdn/etw ~** to gather around sb/sth **scharenweise** *adv* (*in Bezug auf Menschen*) in droves

scharf [ʃarf] **A** *adj*, *comp* ̈er [ˈʃɛrfə], *sup* ̈ste(r, s) [ˈʃɛrfstə] **1** sharp; *Wind, Kälte* biting; *Luft, Frost* keen; **ein Messer ~ machen** to sharpen a knife; **mit ~em Blick** (*fig*) with penetrating insight **2** (≈ *stark gewürzt*) hot; *Geruch, Geschmack* pungent; (≈ *ätzend*) *Waschmittel, Lösung* caustic **3** (≈ *streng*) *Maßnahmen* severe; (*infml*) *Prüfung, Lehrer* tough; *Bewachung* close; *Hund* fierce; *Kritik* harsh; *Protest* strong; *Auseinandersetzung* bitter **4** (≈ *echt*) *Munition, Schuss* live **5** (*infml* ≈ *geil*) randy (*Br infml*), horny (*infml*); **auf jdn/etw ~ sein** (*infml*) to fancy sb/sth (*infml*) **B** *adv*, *comp* ̈er, *sup* am ̈sten **1** (≈ *intensiv*) ~ **nach etw riechen** to smell strongly of sth; ~ **würzen** to season highly **2** (≈ *heftig*) *kritisieren* sharply; *ablehnen* amantly; *protestieren* emphatically **3** (≈ *präzise*) *bewachen, zuhören* closely; ~ **beobachten** to be very observant; ~ **aufpassen** to pay close attention; ~ **nachdenken** to have a good think **4** (≈ *genau*) **etw ~ einstellen** *Bild etc* to bring sth into focus; *Sender* to tune sth in (properly); **~ sehen/hören** to have sharp eyes/ears **5** (≈ *abrupt*) **bremsen** hard **6** (≈ *hart*) **~ durchgreifen** to take decisive action; **etw ~ bekämpfen** to take strong measures against sth **7** MIL **~ schießen** to shoot with live ammunition **Scharfblick** *m* (*fig*) keen insight **Schärfe** ['ʃɛrfə] *f* ⟨-, -n⟩ **1** sharpness; (*von Wind, Frost*) keenness **2** (*von Essen*) spiciness; (*von Geruch, Geschmack*) pungency **3** (≈ *Strenge*) severity; (*von Kritik*) harshness; (*von Protest*) strength; (*von Auseinandersetzung*) bitterness **schärfen** ['ʃɛrfn] *v/t* to sharpen **scharfmachen** *v/t sep* (*infml*) (≈ *aufstacheln*) to stir up; (≈ *aufreizen*) to turn on (*infml*) **Scharfmacher(in)** *m/(f)* (*infml*) rabble-rouser **Scharfrichter** *m* executioner **Scharfschütze** *m* marksman **Scharfschützin** *f* markswoman **Scharfsinn** *m* astuteness **scharfsinnig** **A** *adj* astute **B** *adv* astutely

Scharia [ʃaˈriːa] *f* ⟨-, *no pl*⟩ (≈ *islamisches Gesetz*) sharia law

Scharlach ['ʃarlax] *m* ⟨-s, *no pl*⟩ **1** (*Farbe*) scarlet **2** (≈ *Scharlachfieber*) scarlet fever **scharlachrot** *adj* scarlet (red)

Scharlatan ['ʃarlatan] *m* ⟨-s, -e⟩ charlatan **Scharnier** [ʃarˈniːɐ] *nt* ⟨-s, -e⟩ hinge **Schärpe** ['ʃɛrpə] *f* ⟨-, -n⟩ sash **scharren** ['ʃarən] *v/t & v/i* to scrape; (*Pferd, Hund*) to paw; (*Huhn*) to scratch; **mit den Füßen ~** to shuffle one's feet

Scharte ['ʃartə] *f* ⟨-, -n⟩ nick

Schaschlik ['ʃaʃlɪk] *nt* ⟨-s, -s⟩ (shish) kebab

schassen ['ʃasn] *v/t* (*infml*) to chuck out (*infml*)

Schatten ['ʃatn] *m* ⟨-s, -⟩ shadow; (≈ *schattige Stelle*) shade; **40 Grad im ~** 40 degrees in the shade; **in jds ~** (*dat*) **stehen** (*fig*) to be in sb's shadow; **jdn/etw in den ~ stellen** (*fig*) to put sb/sth in the shade; **nur noch ein ~ (seiner selbst) sein** to be (only) a shadow of one's former self **Schattenboxen** *nt* shadow-boxing **Schattendasein** *nt* shadowy existence **schattenhaft** **A** *adj* shadowy **B** *adv* erkennen vaguely; *sichtbar* barely **Schattenkabinett** *nt* POL shadow cabinet **Schattenmorelle** [-mɔrɛlə] *f* ⟨-, -n⟩ morello cherry **schattenreich** *adj* shady

Schattenriss *m* silhouette **Schattenseite** *f* shady side; (*fig* ≈ *Nachteil*) drawback **Schattenwirtschaft** *f* black economy **schattieren** [ʃaˈtiːrən] *past part* **schattiert** *v/t* to shade **Schattierung** *f* ⟨-, -en⟩ shade; (≈ *das Schattieren*) shading; (≈ *in allen ~* (*fig*) of every shade **schattig** ['ʃatɪç] *adj* shady

Schatulle [ʃaˈtʊlə] *f* ⟨-, -n⟩ casket

Schatz [ʃats] *m* ⟨-es, ⸚e ['ʃɛtsə]⟩ **1** treasure; **du bist ein ~!** (*infml*) you're a (real) treasure or gem! **2** (≈ *Liebling*) sweetheart **Schatzamt** *nt* Treasury

Schätzchen ['ʃɛtsçən] *nt* ⟨-s, -⟩ darling **schätzen** ['ʃɛtsn] *v/t* **1** (≈ *veranschlagen*) to estimate; *Gemälde etc* to value, to appraise; (≈ *annehmen*) to reckon; **wie alt ~ Sie mich denn?** how old do you reckon I am then? **2** (≈ *würdigen*) to value; **jdn ~** to think highly of sb; **etw zu ~ wissen** to appreciate sth; **sich glücklich ~** to consider oneself lucky **Schätzung** ['ʃɛtsʊŋ] *f* ⟨-, -en⟩ estimate; (*von Wertgegenstand*) valuation **schätzungsweise** *adv* (≈ *ungefähr*) approximately; (≈ *so schätze ich*) I reckon **Schätzwert** *m* estimated value

Schau [ʃau] *f* ⟨-, -en⟩ **1** (≈ *Vorführung*) show; (≈ *Ausstellung*) display, exhibition; **etw zur ~ stellen** (≈ *ausstellen*) to put sth on show; (*fig*) to make a show of sth; (≈ *protzen mit*) to show off sth **2** (*infml*) **eine ~ abziehen** to put on a display; **das ist nur ~** it's only show; **jdm die ~ stehlen** to steal the show from sb **Schaubild** *nt* diagram; (≈ *Kurve*) graph

Schauder ['ʃaudɐ] *m* ⟨-s, -⟩ shudder **schauderhaft** *adj* terrible **schaudern** ['ʃaudɐn] *v/i* to shudder; **mit Schaudern** with a shudder

schauen ['ʃauən] *v/i* to look; **auf etw** (*acc*) **~** to look at sth; **um sich ~** to look around (one); **da schaust du aber!** there, see!; **da schau her!** (*S Ger infml*) well, well!; **schau, dass du ...** see or mind (that) you ...

Schauer ['ʃauɐ] *m* ⟨-s, -⟩ **1** (≈ *Regenschauer*) shower **2** = Schauder **Schauergeschichte** *f* horror story **schauerlich** ['ʃauɐlɪç] *adj* horrible; (≈ *gruselig*) eerie **schauern** ['ʃauɐn] *v/i* (≈ *schaudern*) to shudder

Schaufel ['ʃaufl] *f* ⟨-, -n⟩ shovel; (*kleiner: für Mehl, Zucker*) scoop; (*von Wasserrad, Tur-*

bine) vane **schaufeln** ['ʃaufln] *v/t & v/i* to shovel; *Grab, Grube* to dig

Schaufenster *nt* shop window **Schaufensterauslage** *f* window display **Schaufensterbummel** *m* window-shopping expedition; **einen ~ machen** to go window-shopping **Schaufensterpuppe** *f* display dummy

Schaugeschäft *nt* show business **Schaukampf** *m* exhibition fight **Schaukasten** *m* showcase

Schaukel ['ʃaukl] *f* ⟨-, -n⟩ swing **schaukeln** ['ʃaukln] **A** *v/i* **1** (*mit Schaukel*) to swing; (*im Schaukelstuhl*) to rock **2** (≈ *sich hin und her bewegen*) to sway (back and forth); (*Schiff*) to pitch and toss **B** *v/t* to rock; **wir werden die Sache schon ~** (*infml*) we'll manage it **Schaukelpferd** *nt* rocking horse **Schaukelstuhl** *m* rocking chair

Schaulaufen *nt* ⟨-s, *no pl*⟩ exhibition skating; (*Veranstaltung*) skating display **schaulustig** *adj* curious **Schaulustige** [-lʊstɪgə] *pl decl as adj* (curious) onlookers *pl*

Schaum [ʃaum] *m* ⟨-s, Schäume ['ʃɔymə]⟩ foam, froth; (≈ *Seifenschaum*) lather; (*zum Feuerlöschen*) foam; (*von Bier*) head, froth; **~ vor dem Mund haben** to foam at the mouth **Schaumbad** *nt* bubble or foam bath **schäumen** ['ʃɔymən] *v/i* to foam, to froth; (*Seife, Waschmittel*) to lather (up); (*Limonade, Wein*) to bubble **Schaumfestiger** *m* mousse **Schaumgummi** *nt or m* foam rubber **schaumig** ['ʃaumɪç] *adj* foamy, frothy; **ein Ei ~ schlagen** to beat an egg until frothy **Schaumkrone** *f* whitecap **Schaumschläger(in)** *m/f(f)* (*fig infml*) man/woman full of hot air (*infml*) **Schaumstoff** *m* foam material **Schaumwein** *m* sparkling wine

Schauplatz *m* scene; **am ~ sein** to be at the scene **Schauprozess** *m* show trial

schaurig ['ʃaurɪç] *adj* gruesome

Schauspiel *nt* THEAT drama, play; (*fig*) spectacle **Schauspieler** *m* actor; (*fig*) (play-)actor **Schauspielerin** *f* actress; (*fig*) (play-)actress **schauspielerisch** *adj* acting *attr*; *Talent* for acting **schauspielern** ['ʃauʃpiːlɐn] *v/i insep* to act; (*fig*) to (play-)act **Schauspielhaus** *nt* playhouse **Schauspielschule** *f* drama school

Schausteller ['ʃauʃtɛlɐ] *m* ⟨-s, -⟩, **Schau-**

stellerin [-ərɪn] *f* ⟨-, -nen⟩ showman

Scheck [ʃɛk] *m* ⟨-s, -s *or* (*rare*) -e⟩ cheque (*Br*), check (*US*); **mit (einem)** *or* **per ~ bezahlen** to pay by cheque *etc* **Scheckbetrug** *m* cheque (*Br*) or check (*US*) fraud **Scheckheft** *nt* chequebook (*Br*), checkbook (*US*)

scheckig ['ʃɛkɪç] *adj* spotted; *Pferd* dappled

Scheckkarte *f* cheque card (*Br*), check card (*US*)

scheel [ʃeːl] **A** *adj* (≈ *abschätzig*) disparaging; **ein ~er Blick** a dirty look **B** *adv* **jdn ~ ansehen** to give sb a dirty look; (≈ *abschätzig*) to look askance at sb

Scheffel ['ʃɛfl] *m* ⟨-s, -⟩ **sein Licht unter den ~ stellen** (*infml*) to hide one's light under a bushel **scheffeln** ['ʃɛfln] *v/t Geld* to rake in (*infml*)

Scheibe ['ʃaibə] *f* ⟨-, -n⟩ **1** disc (*esp Br*), disk; (≈ *Schießscheibe*) target; (*Eishockey*) puck; (≈ *Wählscheibe*) dial; (≈ *Töpferscheibe*) wheel **2** (≈ *abgeschnittene Scheibe*) slice; **etw in ~n schneiden** to slice sth (up) **3** (≈ *Glasscheibe*) (window)pane; (≈ *Fenster*) window **Scheibenbremse** *f* disc (*esp Br*) or disk brake **Scheibenwaschanlage** *f* windscreen (*Br*) or windshield (*US*) washers *pl* **Scheibenwischer** *m* windscreen (*Br*) or windshield (*US*) wiper

Scheich [ʃaiç] *m* ⟨-s, -e⟩ sheik(h) **Scheichtum** ['ʃaiçtuːm] *nt* ⟨-s, Scheichtümer [-tyːmə]⟩ sheik(h)dom

Scheide ['ʃaidə] *f* ⟨-, -n⟩ sheath; (≈ *Vagina*) vagina **scheiden** ['ʃaidn] *pret* **schied** [ʃiːt], *past part* **geschieden** [gə'ʃiːdn] **A** *v/t* **1** (≈ *auflösen*) *Ehe* to dissolve; *Eheleute* to divorce; **sich ~ lassen** to get divorced; → **geschieden** **2** (*elev* ≈ *trennen*) to separate **B** *v/r* (*Wege*) to divide; (*Meinungen*) to diverge **Scheideweg** *m* (*fig*) **am ~ stehen** to be at a crossroads **Scheidung** ['ʃaidʊŋ] *f* ⟨-, -en⟩ **1** (≈ *das Scheiden*) separation **2** (≈ *Ehescheidung*) divorce; **in ~ leben** to be in the middle of divorce proceedings; **die ~ einreichen** to file a petition for divorce **Scheidungsgrund** *m* grounds *pl* for divorce

Schein[1] [ʃain] *m* ⟨-s, *no pl*⟩ **1** (≈ *Licht*) light; (*matt*) glow **2** (≈ *Anschein*) appearances *pl*; **~ und Sein** appearance and reality; **der ~ trügt** appearances are deceptive; **den ~ wahren** to keep up appearances; **etw nur zum ~ tun** only to pretend to do sth

S

Schein[2] *m* ⟨-s, -e⟩ (≈ *Geldschein*) note, bill (*US*); (≈ *Bescheinigung*) certificate; **~e machen** UNIV to get credits

Scheinasylant(in) *m(f)* (*often pej*) bogus asylum-seeker **scheinbar A** *adj* apparent, seeming **B** *adv* apparently, seemingly **Scheinehe** *f* sham marriage **scheinen** ['ʃaɪnən] *pret* **schien** [ʃiːn], *past part* **geschienen** [gə'ʃiːnən] *v/i* **1** (≈ *leuchten*) to shine **2** (*also v/impers* ≈ *den Anschein geben*) to seem, to appear; **mir scheint, (dass) …** it seems to me that … **Scheingefecht** *nt* sham fight **Scheingeschäft** *nt* fictitious *or* artificial transaction **scheinheilig** *adj* hypocritical **Scheinheiligkeit** *f* hypocrisy; (≈ *vorgetäuschte Arglosigkeit*) feigned innocence **scheintot** *adj* seemingly dead; (*fig*) *Mensch, Partei* on one's/its last legs **Scheinwerfer** *m* (*zum Beleuchten*) floodlight; (*im Theater*) spotlight; (≈ *Suchscheinwerfer*) searchlight; AUTO (head)light **Scheinwerferlicht** *nt* floodlight(ing); (*im Theater*) spotlight; (*fig*) limelight

Scheiß [ʃaɪs] *m* ⟨-, *no pl*⟩ (*sl*) shit (*sl*), crap (*sl*); **~ machen** (≈ *herumalbern*) to mess around (*infml*) **Scheißdreck** *m* (*vulg* ≈ *Kot*) shit (*sl*), crap (*sl*); **wegen jedem ~** about every effing (*sl*) *or* bloody (*Br infml*) little thing; **das geht dich einen ~ an** it's none of your effing (*sl*) *or* bloody (*Br infml*) business **Scheiße** ['ʃaɪsə] *f* ⟨-, *no pl*⟩ (*vulg*) shit (*sl*); **in der ~ sitzen** (*infml*) to be up shit creek (*sl*); **~ bauen** (*infml*) to screw up (*sl*) **scheißegal** ['ʃaɪse'gaːl] *adj* (*infml*) **das ist mir doch ~!** I don't give a shit (*sl*) *or* a damn (*infml*) **scheißen** ['ʃaɪsn] *pret* **schiss** [ʃɪs], *past part* **geschissen** [gə'ʃɪsn] *v/i* (*vulg*) to shit (*sl*), to crap (*sl*); **auf jdn/etw ~** (*acc*) (*fig sl*) not to give a shit about sb/sth (*sl*) **Scheißhaus** *nt* (*sl*) shithouse (*sl*) **Scheißkerl** *m* (*infml*) bastard (*sl*)

Scheit [ʃaɪt] *m* ⟨-(e)s, -e *or* (*Aus, Sw*) -er⟩ piece of wood

Scheitel ['ʃaɪtl] *m* ⟨-s, -⟩ (≈ *Haarscheitel*) parting (*Brit*), part (*US*); **vom ~ bis zur Sohle** (*fig*) through and through **scheiteln** ['ʃaɪtln] *v/t* to part **Scheitelpunkt** *m* vertex

Scheiterhaufen ['ʃaɪte-] *m* (funeral) pyre; (HIST: *zur Hinrichtung*) stake **scheitern** ['ʃaɪten] *v/i aux sein* to fail; (*Verhandlungen, Ehe*) to break down

Scheitern ['ʃaɪten] *nt* ⟨-s, *no pl*⟩ failure; (*von Verhandlungen, Ehe*) breakdown; **zum ~ verurteilt** doomed to failure

Schelle ['ʃɛlə] *f* ⟨-, -n⟩ **1** bell **2** TECH clamp **3** (≈ *Handschelle*) handcuff **Schellfisch** ['ʃɛl-] *m* haddock **schelmisch** ['ʃɛlmɪʃ] *adj Blick, Lächeln* mischievous

Schelte ['ʃɛltə] *f* ⟨-, -n⟩ scolding; (≈ *Kritik*) attack **schelten** ['ʃɛltn] *pret* **schalt** [ʃalt], *past part* **gescholten** [gə'ʃɔltn] *v/t* to scold

Schema ['ʃeːma] *nt* ⟨-s, Schemen *or* -ta [-mən, -ta]⟩ scheme; (≈ *Darstellung*) diagram; (≈ *Vorlage*) plan; (≈ *Muster*) pattern; **nach ~ F** in the same (old) way **schematisch** [ʃe'maːtɪʃ] **A** *adj* schematic **B** *adv* **etw ~ darstellen** to show sth schematically; **~ vorgehen** to work methodically

Schemel ['ʃeːml] *m* ⟨-s, -⟩ stool **schemenhaft** *adj* shadowy; *Erinnerungen* hazy

Schengenraum ['ʃɛŋən-] *m* Schengen Area

Schenke ['ʃɛŋkə] *f* ⟨-, -n⟩ inn **Schenkel** ['ʃɛŋkl] *m* ⟨-s, -⟩ **1** (ANAT ≈ *Oberschenkel*) thigh; (≈ *Unterschenkel*) lower leg **2** (MAT: *von Winkel*) side **Schenkelhalsbruch** *m* fracture of the neck of the femur **schenken** ['ʃɛŋkn] *v/t* **1** (≈ *Geschenk geben*) **jdm etw ~** to give sb sth *or* give sth to sb (as a present *or* gift); **etw geschenkt bekommen** to get sth as a present *or* gift; **das ist (fast) geschenkt!** (*infml* ≈ *billig*) that's a giveaway (*infml*); **jdm seine Aufmerksamkeit ~** to give sb one's attention **2** (≈ *erlassen*) **jdm etw ~** to let sb off sth; **deine Komplimente kannst du dir ~!** you can keep your compliments (*infml*) **Schenkung** ['ʃɛŋkʊŋ] *f* ⟨-, -en⟩ JUR gift **Schenkungsurkunde** *f* deed of gift

Scherbe ['ʃɛrbə] *f* ⟨-, -n⟩ fragment; (≈ *Glasscherbe*) broken piece of glass; **in ~n gehen** to shatter; (*fig*) to go to pieces **Schere** ['ʃeːrə] *f* ⟨-, -n⟩ **1** (*Werkzeug*) (*klein*) scissors *pl*; (*groß*) shears *pl*; **eine ~** a pair of scissors/shears **2** ZOOL pincer **scheren**[1] ['ʃeːrən] *pret* **schor** [ʃoːɐ], *past part* **geschoren** [gə'ʃoːrən] *v/t* to clip; *Schaf* to shear

scheren[2] *v/t & v/r* (≈ *kümmern*) **sich nicht um jdn/etw ~** not to care about sb/sth; **was schert mich das?** what do I care (about that)?

Scherenschnitt *m* silhouette

Schererei [ʃeːrəˈraɪ] *f* ⟨-, -en⟩ *usu pl* (*infml*) trouble *no pl*

Scherflein [ˈʃɛrflaɪn] *nt* ⟨-s, *no pl*⟩ **sein ~ (zu etw) beitragen** (*Geld*) to pay one's bit (towards sth); (*fig*) to do one's bit (for sth) (*infml*)

Schermaus [ˈʃeːemaʊs] *f* (*Swiss* ≈ *Maulwurf*) mole

Scherz [ʃɛrts] *m* ⟨-es, -e⟩ joke; **aus** *or* **zum ~** as a joke; **im ~** in jest; **mach keine ~e!** (*infml*) you're joking!; **~ beiseite!** joking aside **Scherzartikel** *m usu pl* joke (article) **scherzen** [ˈʃɛrtsn] *v/i* to joke, to jest; **mit jdm/etw ist nicht zu ~** one can't trifle with sb/sth **Scherzfrage** *f* riddle **scherzhaft** *adj* jocular; *Angelegenheit* joking; **etw ~ meinen** to mean sth as a joke

scheu [ʃɔy] *adj* (≈ *schüchtern*) shy; (≈ *zaghaft*) *Versuche* cautious **Scheu** [ʃɔy] *f* ⟨-, *no pl*⟩ fear (*vor* +*dat* of); (≈ *Schüchternheit*) shyness; (*von Reh, Tier*) timidity; (≈ *Hemmung*) inhibition **scheuchen** [ˈʃɔyçn] *v/t* to shoo (away); (≈ *verscheuchen*) to scare off **scheuen** [ˈʃɔyən] **A** *v/t Kosten, Arbeit* to shy away from; *Menschen, Licht* to shun; **weder Mühe noch Kosten ~** to spare neither trouble nor expense **B** *v/r* **sich vor etw** (*dat*) **~** (≈ *Angst haben*) to be afraid of sth; (≈ *zurückschrecken*) to shy away from sth **C** *v/i* (*Pferd etc*) to shy (*vor* +*dat* at)

Scheuerlappen *m* floorcloth **scheuern** [ˈʃɔyen] **A** *v/t & v/i* **1** (≈ *putzen*) to scour; (*mit Bürste*) to scrub **2** (≈ *reiben*) to chafe **B** *v/t* (*infml*) **jdm eine ~** to smack sb (one) (*infml*)

Scheuklappe *f* blinker (*Br*), blinder (*US*)

Scheune [ˈʃɔynə] *f* ⟨-, -n⟩ barn

Scheusal [ˈʃɔyzaːl] *nt* ⟨-s, -e *or* (*inf*) Scheusäler [-zɛːle]⟩ monster

scheußlich [ˈʃɔyslɪç] *adj* dreadful; (≈ *abstoßend hässlich*) hideous; **~ schmecken** to taste terrible

Schi [ʃiː] *m* ⟨-s, -er [ˈʃiːɐ]⟩ ⟨*or* -⟩ = Ski

Schicht [ʃɪçt] *f* ⟨-, -en⟩ **1** (≈ *Lage*) layer; (≈ *dünne Schicht*) film; (≈ *Farbschicht*) coat; **breite ~en der Bevölkerung** large sections of the population **2** (≈ *Arbeitsabschnitt*) shift; **er muss ~ arbeiten** he has to work shifts **Schichtarbeit** *f* shiftwork **Schichtarbeiter(in)** *m/(f)* shiftworker **schichten** [ˈʃɪçtn] *v/t* to layer; *Holz* to stack **Schichtwechsel** *m* change of shifts

schick [ʃɪk] *adj, adv* = chic **Schick** [ʃɪk] *m* ⟨-s, *no pl*⟩ style

schicken [ˈʃɪkn] **A** *v/t & v/i* to send; (**jdm**) **etw ~** to send sth (to sb), to send (sb) sth **B** *v/r impers* (≈ *sich ziemen*) to be fitting

Schickeria [ʃɪkəˈriːa] *f* ⟨-, *no pl*⟩ (*iron*) in-crowd (*infml*)

Schicksal [ˈʃɪkzaːl] *nt* ⟨-s, -e⟩ fate; (**das ist**) **~** (*infml*) that's life; **jdn seinem ~ überlassen** to abandon sb to his fate **schicksalhaft** *adj* fateful **Schicksalsschlag** *m* great misfortune

Schiebedach *nt* sunroof **Schiebefenster** *nt* sliding window **schieben** [ˈʃiːbn] *pret* **schob** [ʃoːp], *past part* **geschoben** [gəˈʃoːbn] **A** *v/t* **1** (≈ *bewegen*) to push; **etw von sich** (*dat*) **~** (*fig*) *Schuld* to reject sth; **etw vor sich her ~** (*fig*) to put sth off; **die Schuld auf jdn ~** to put the blame on sb; **die Verantwortung auf jdn ~** to place the responsibility at sb's door **2** (*infml* ≈ *handeln mit*) to traffic in; *Drogen* to push (*infml*) **B** *v/i* **1** (≈ *schubsen*) to push **2** (*infml*) **mit etw ~** to traffic in sth; **mit Drogen ~** to push drugs (*infml*) **Schiebetür** *f* sliding door **Schiebung** [ˈʃiːbʊŋ] *f* ⟨-, -en⟩ (≈ *Begünstigung*) string-pulling *no pl*; SPORTS rigging; **das war doch ~** that was a fix

schiech [ʃiːç] *adj* (*Aus* ≈ *hässlich*) ugly

Schiedsgericht *nt* court of arbitration **Schiedsrichter(in)** *m/(f)* arbitrator, arbiter; (*Fußball, Boxen*) referee; (*Tennis*) umpire; (≈ *Preisrichter*) judge **schiedsrichtern** [ˈʃiːtsrɪçtɐn] *v/i insep* (*infml*) to arbitrate/referee/umpire/judge **Schiedsspruch** *m* (arbitral) award **Schiedsstelle** *f* arbitration service

schief [ʃiːf] **A** *adj* crooked, not straight *pred*; *Winkel* oblique; *Bild* distorted; **~e Ebene** PHYS inclined plane **B** *adv* (≈ *schräg*) *halten, wachsen* crooked; **das Bild hängt ~** the picture is crooked *or* isn't straight; **jdn ~ ansehen** (*fig*) to look askance at sb

Schiefer [ˈʃiːfe] *m* ⟨-s, -⟩ (*Gesteinsart*) slate **Schieferdach** *nt* slate roof **schiefergrau** *adj* slate-grey (*Br*), slate-gray (*US*) **Schiefertafel** *f* slate

schiefgehen *v/i sep irr aux sein* to go wrong **schiefgewickelt** *adj* (*infml*) on the wrong track; **da bist du ~** you're in for a surprise there (*infml*) **schieflachen**

S

v/r sep (infml) to kill oneself (laughing) *(infml)* **schiefliegen** *v/i sep irr (infml)* to be wrong

schielen ['ʃiːlən] *v/i* to squint, to be cross-eyed; **auf einem Auge ~** to have a squint in one eye; **nach jdm/etw ~** *(infml)* to look at sb/sth out of the corner of one's eye; *(begehrlich)* to look sb/sth up and down; *(heimlich)* to sneak a look at sb/sth

Schienbein ['ʃiːnbain] *nt* shin; (≈ *Schienbeinknochen*) shinbone **Schiene** ['ʃiːnə] *f* ⟨-, -n⟩ **1** rail; MED splint **2 Schienen** *pl* RAIL track *sg*, rails *pl*; **aus den ~n springen** to leave the rails **schienen** ['ʃiːnən] *v/t* to splint **Schienenersatzverkehr** *m* RAIL alternative transport *(when trains or trams are not running)* **Schienenfahrzeug** *nt* track vehicle **Schienennetz** *nt* RAIL rail network

schier [ʃiːɐ] *adj* (≈ *rein*) pure; *(fig)* sheer **Schießbefehl** *m* order to fire *or* shoot **Schießbude** *f* shooting gallery **schießen** ['ʃiːsn] *pret* **schoss** [ʃɔs], *past part* **geschossen** [gə'ʃɔsn] **A** *v/t* to shoot; *Kugel, Rakete* to fire; FTBL *etc* to kick; *Tor* to score **B** *v/i* **1** *(mit Waffe, Ball)* to shoot; **auf jdn/ etw ~** to shoot at sb/sth; **aufs Tor ~** to shoot at goal; **das ist zum Schießen** *(infml)* that's a scream *(infml)* **2** *aux sein* (≈ *in die Höhe schießen*) to shoot up; *(Flüssigkeit)* to shoot; (≈ *spritzen*) to spurt; **er ist** *or* **kam um die Ecke geschossen** he shot (a)round the corner **Schießerei** [ʃiːsəˈrai] *f* ⟨-, -en⟩ shoot-out; (≈ *das Schießen*) shooting **Schießplatz** *m* (shooting *or* firing) range **Schießpulver** *nt* gunpowder **Schießscheibe** *f* target **Schießstand** *m* shooting range; (≈ *Schießbude*) shooting gallery

Schiff [ʃɪf] *nt* ⟨-(e)s, -e⟩ **1** ship **2** (ARCH) *(≈ Mittelschiff)* nave; (≈ *Seitenschiff*) aisle **schiffbar** *adj Gewässer* navigable **Schiffbau** *m, no pl* shipbuilding **Schiffbruch ~ erleiden** *(lit)* to be shipwrecked; *(fig)* to fail **schiffbrüchig** *adj* shipwrecked **Schiffchen** ['ʃɪfçən] *nt* ⟨-s, -⟩ **1** little boat **2** MIL forage cap **Schiffeversenken** *nt* ⟨-⟩ (≈ *Spiel*) battleships *sg* **Schifffahrt** *f* shipping; (≈ *Schifffahrtskunde*) navigation **Schifffahrtsgesellschaft** *f* shipping company **Schifffahrtsstraße** *f*, **Schifffahrtsweg** *m* (≈ *Kanal*) waterway; (≈ *Schifffahrtslinie*) shipping route

Schiffschaukel *f* swingboat **Schiffsjunge** *m* ship's boy **Schiffsladung** *f* shipload **Schiffsrumpf** *m* hull **Schiffsverkehr** *m* shipping

Schiit [ʃiˈiːt] *m* ⟨-en, -en⟩, **Schiitin** [-ˈiːtin] *f* ⟨-, -nen⟩ Shiite **schiitisch** [ʃiˈiːtɪʃ] *adj* Shiite

Schikane [ʃiˈkaːnə] *f* ⟨-, -n⟩ **1** harassment *no pl*; *(von Mitschülern)* bullying *no pl* **2 mit allen ~n** *(infml)* with all the trimmings **schikanieren** [ʃikaˈniːrən] *past part* **schikaniert** *v/t* to harass; *Mitschüler* to bully **Schikoree** ['ʃikore] *f* ⟨- *or m* -s, *no pl*⟩ chicory

Schild[1] [ʃɪlt] *m* ⟨-(e)s, -e [-də]⟩ shield; *(von Schildkröte)* shell; **etwas im ~e führen** *(fig)* to be up to something

Schild[2] *nt* ⟨-(e)s, -er [-də]⟩ sign; (≈ *Wegweiser*) signpost; (≈ *Namensschild*) nameplate; (≈ *Preisschild*) ticket; (≈ *Etikett*) label; (≈ *Plakette*) badge; (≈ *Plakat*) placard; *(an Haus)* plaque

Schildbürgerstreich *m* foolish act **Schilddrüse** *f* thyroid gland

schildern ['ʃɪldɐn] *v/t Ereignisse* to describe; (≈ *skizzieren*) to outline **Schilderung** ['ʃɪldərʊŋ] *f* ⟨-, -en⟩ (≈ *Beschreibung*) description; (≈ *Bericht*) account **Schildkröte** *f* (≈ *Landschildkröte*) tortoise; (≈ *Wasserschildkröte*) turtle **Schildkrötensuppe** *f* turtle soup **Schildlaus** *f* scale insect

Schilf [ʃɪlf] *nt* ⟨-(e)s, -e⟩ reed; (≈ *mit Schilf bewachsene Fläche*) reeds *pl*

schillern ['ʃɪlɐn] *v/i* to shimmer **schillernd** *adj Farben* shimmering; *(fig) Charakter* enigmatic

Schilling ['ʃɪlɪŋ] *m* ⟨-s, - *or (bei Geldstücken)* -e⟩ shilling; *(Aus)* schilling

Schimmel[1] ['ʃɪml] *m* ⟨-s, -⟩ (≈ *Pferd*) grey *(Br)*, gray *(US)* **Schimmel**[2] *m* ⟨-s, *no pl*⟩ *(auf Nahrungsmitteln)* mould *(Br)*, mold *(US)*; *(auf Leder etc)* mildew **schimmelig** ['ʃɪmǝlɪç] *adj Nahrungsmittel* mouldy *(Br)*, moldy *(US)*; *Leder etc* mildewy **schimmeln** ['ʃɪmln] *v/i aux sein or haben (Nahrungsmittel)* to go mouldy *(Br) or* moldy *(US)*; *(Leder etc)* to go mildewy **Schimmelpilz** *m* mould *(Br)*, mold *(US)*

Schimmer ['ʃɪmɐ] *m* ⟨-s, *no pl*⟩ glimmer; *(von Metall)* gleam; *(im Haar)* sheen; **keinen (blassen) ~ von etw haben** *(infml)* not to have the faintest idea about sth *(infml)*

schimmern ['ʃɪmɐn] *v/i* to glimmer; (*Metall*) to gleam

Schimpanse [ʃɪm'panzə] *m* ⟨-n, -n⟩, **Schimpansin** [-'panzɪn] *f* ⟨-, -nen⟩ chimpanzee, chimp (*infml*)

schimpfen ['ʃɪmpfn] *v/i* to get angry; (≈ *sich beklagen*) to moan; (≈ *fluchen*) to curse; **mit jdm ~** to tell sb off; **auf** *or* **über jdn/ etw ~** to curse (about *or* at) sb/sth **Schimpfwort** *nt, pl* -wörter swearword

Schindel ['ʃɪndl] *f* ⟨-, -n⟩ shingle

schinden ['ʃɪndn] *pret* **schindete** *or* (*rare*) **schund** ['ʃɪndətə, ʃʊnt], *past part* **ge-schunden** [gə'ʃʊndn] **A** *v/t* **1** (≈ *quälen*) to maltreat; (≈ *ausbeuten*) to overwork, to drive hard; **jdn zu Tode ~** to work sb to death **2** (*infml* ≈ *herausschlagen*) *Arbeits-stunden* to pile up; **Zeit ~** to play for time; **(bei jdm) Eindruck ~** to make a good im-pression (on sb) **B** *v/r* (≈ *hart arbeiten*) to struggle; (≈ *sich quälen*) to strain **Schindluder** ['ʃɪntluːdɐ] *nt* (*infml*) **mit etw ~ treiben** to misuse sth; **mit Gesund-heit** to abuse sth

Schinken ['ʃɪŋkn] *m* ⟨-s, -⟩ **1** ham **2** (*pej infml*) (≈ *großes Buch*) tome; (≈ *großes Bild*) great daub (*pej infml*) **Schinkenspeck** *m* bacon **Schinkenwurst** *f* ham sausage

Schippe ['ʃɪpə] *f* ⟨-, -n⟩ shovel; **jdn auf die ~ nehmen** (*fig infml*) to pull sb's leg (*infml*)

Schirm [ʃɪrm] *m* ⟨-(e)s, -e⟩ **1** (≈ *Regen-schirm*) umbrella; (≈ *Sonnenschirm*) sun-shade; (*von Pilz*) cap **2** (≈ *Mützenschirm*) peak **3** (≈ *Lampenschirm*) shade **Schirmherr(in)** *m/(f)* patron **Schirmherrschaft** *f* patronage **Schirmmütze** *f* peaked cap **Schirmständer** *m* umbrella stand

Schiss [ʃɪs] *m* ⟨-es, *no pl*⟩ (*sl*) **(fürchterli-chen) ~ haben** to be scared to death (*vor +dat* of) (*infml*); **~ kriegen** to get scar-ed

schizophren [ʃitso'freːn, sçi-] *adj* MED schizophrenic **Schizophrenie** [ʃitsofre-'niː, sçi-] *f* ⟨-, *no pl*⟩ MED schizophrenia

Schlacht [ʃlaxt] *f* ⟨-, -en⟩ battle **schlachten** ['ʃlaxtn] *v/t* to slaughter **Schlachtenbummler** *m* ⟨-s, -⟩, **Schlachtenbummlerin** *f* ⟨-, -nen⟩ (SPORTS *infml*) away supporter **Schlachter** ['ʃlaxtɐ] *m* ⟨-s, -⟩, **Schlachterin** [-ərɪn] *f* ⟨-, -nen⟩ (*esp N Ger*), **Schlächter** ['ʃlɛçtɐ] *m* ⟨-s, -⟩,

Schlachterin [-ərɪn] *f* ⟨-, -nen⟩ (*dial, fig*) butcher **Schlachterei** [ʃlaxtə'rai] *f* ⟨-, -en⟩ (*esp N Ger*) butcher's (shop) **Schlachtfeld** *nt* battlefield **Schlachtfest** *nt* country feast to eat up meat from freshly slaughtered pigs **Schlachthaus** *nt*, **Schlachthof** *m* slaughterhouse **Schlachtplan** *m* battle plan; (*für Feldzug*) campaign plan; (*fig*) plan of action **Schlachtvieh** *nt, no pl* animals *pl* for slaughter

Schlacke ['ʃlakə] *f* ⟨-, -n⟩ (≈ *Verbrennungs-rückstand*) clinker *no pl*

schlackern ['ʃlakɐn] *v/i* (*infml*) to tremble; (*Kleidung*) to hang loosely

Schlaf [ʃlaːf] *m* ⟨-(e)s, *no pl*⟩ sleep; **einen leichten/tiefen ~ haben** to be a light/ deep sleeper; **jdn um seinen ~ bringen** to keep sb awake; **im ~ reden** to talk in one's sleep; **es fällt mir nicht im ~(e) ein, das zu tun** I wouldn't dream of doing that; **das kann er (wie) im ~** (*fig infml*) he can do that in his sleep **Schlafanzug** *m* pyjamas *pl* (*Br*), pajamas *pl* (*US*)

Schlafdefizit *nt* sleep deficit

Schläfe ['ʃlɛːfə] *f* ⟨-, -n⟩ temple

schlafen ['ʃlaːfn] *pret* **schlief** [ʃliːf], *past part* **geschlafen** [gə'ʃlaːfn] *v/i* to sleep; (*infml* ≈ *nicht aufpassen*) to be asleep; **~ ge-hen** to go to bed; **schläfst du schon?** are you asleep?; **schlaf gut** sleep well; **bei jdm ~** to stay overnight with sb; **mit jdm ~** (*euph*) to sleep with sb

Schläfenlocke *f* sidelock **Schlafenszeit** *f* bedtime **Schläfer** ['ʃlɛː-fe] *m* ⟨-s, -⟩, **Schläferin** [-ərɪn] *f* ⟨-, -nen⟩ **1** sleeper; (*fig*) dozy person (*infml*) **2** (≈ *Terrorist in Wartestellung*) sleeper

schlaff [ʃlaf] *adj* limp; (≈ *locker*) *Seil* slack; *Haut, Muskeln* flabby; (≈ *energielos*) listless

Schlafgelegenheit *f* place to sleep **Schlaflied** *nt* lullaby **schlaflos** *adj* sleepless; **~ liegen** to lie awake **Schlaf-losigkeit** *f* ⟨-, *no pl*⟩ sleeplessness, in-somnia **Schlafmittel** *nt* sleeping drug; (*fig iron*) soporific **Schlafraum** *m* dormi-tory, dorm (*infml*) **schläfrig** ['ʃlɛːfrɪç] *adj* sleepy **Schläfrigkeit** *f* ⟨-, *no pl*⟩ sleepi-ness **Schlafsaal** *m* dormitory **Schlaf-sack** *m* sleeping bag **Schlafstadt** *f* dor-mitory town **Schlafstörung** *f* sleepless-ness, insomnia **Schlaftablette** *f* sleep-ing pill **schlaftrunken** (*elev*) *adj* drowsy **Schlafwagen** *m* sleeping car **schlaf-**

S

wandeln v/i insep aux sein or haben to sleepwalk **Schlafwandler** [-vandlə] m ⟨-s, -⟩, **Schlafwandlerin** [-ərɪn] f ⟨-, -nen⟩ sleepwalker **Schlafzimmer** nt bedroom

Schlag [ʃlaːk] m ⟨-(e)s, ⸚e [ˈʃlɛːgə]⟩ **1** blow (gegen against); (mit der Handfläche) smack, slap; (≈ Handkantenschlag) chop (infml); (≈ Ohrfeige) cuff; (≈ Glockenschlag) chime; (≈ Gehirnschlag, Schlaganfall) stroke; (≈ Herzschlag, Pulsschlag) beat; (≈ Donnerschlag) clap; (≈ Stromschlag) shock; (≈ Militärschlag) strike; **zum entscheidenden ~ ausholen** (fig) to strike the decisive blow; **~ auf ~** (fig) one after the other; **jdm einen schweren ~ versetzen** (fig) to deal a severe blow to sb; **ein ~ ins Gesicht** a slap in the face; **ein ~ ins Wasser** (infml) a letdown (infml); **auf einen ~** (infml) all at once; **wie vom ~ gerührt** or **getroffen sein** to be flabbergasted (infml) **2** (infml ≈ Wesensart) type (of person etc); **vom alten ~** of the old school **3** (Aus ≈ Schlagsahne) cream **4** (≈ Hosenschlag) flare; **eine Hose mit ~** flares pl (infml) **Schlagabtausch** m (Boxen) exchange of blows; (fig) (verbal) exchange **Schlagader** f artery **Schlaganfall** m stroke **schlagartig** **A** adj sudden **B** adv suddenly **Schlagbaum** m barrier **Schlagbohrer** m hammer drill **schlagen** [ˈʃlaːgn] pret **schlug** [ʃluːk], past part **geschlagen** [gəˈʃlaːgn] **A** v/t & v/i **1** to hit; (≈ hauen) to beat; (mit der flachen Hand) to slap, to smack; (mit der Faust) to punch; (mit Hammer, Pickel etc) Loch to knock; **jdn bewusstlos ~** to knock sb out; (mit vielen Schlägen) to beat sb unconscious; **jdm ins Gesicht ~** to hit/slap/punch sb in the face; **na ja, ehe ich mich ~ lasse!** (hum infml) I suppose you could twist my arm (hum infml) **2** (≈ läuten) to chime; **Stunde** to strike; **eine geschlagene Stunde** a full hour **3** v/t **1** (≈ besiegen) to beat; **sich geschlagen geben** to admit defeat **2** COOK to beat; (mit Schneebesen) to whisk; **Sahne** to whip **C** v/i **1** (Herz, Puls) to beat; (heftig) to pound **2** aux sein (≈ auftreffen) **mit dem Kopf auf/gegen etw** (acc) **~** to hit one's head on/against sth **3** (Regen) to beat; (Wellen) to pound; (Blitz) to strike (in etw acc sth) **4** aux sein or haben (Flammen) to shoot out (aus of); (Rauch) to pour out (aus of) **5** aux sein (infml ≈ ähneln) **er schlägt sehr nach seinem Vater**

he takes after his father a lot **D** v/r (≈ sich prügeln) to fight; **sich um etw ~** to fight over sth; **sich auf jds Seite** (acc) **~** to side with sb; (≈ die Fronten wechseln) to go over to sb **Schlager** [ˈʃlaːgɐ] m ⟨-s, -⟩ **1** MUS pop song; (erfolgreich) hit (song) **2** (≈ Erfolg) hit; (≈ Verkaufsschlager) bestseller **Schläger** [ˈʃlɛːgɐ] m ⟨-s, -⟩ (≈ Tennisschläger, Federballschläger) racquet (Br), racket (US); (≈ Hockeyschläger, Eishockeyschläger) stick; (≈ Golfschläger) club; (≈ Baseballschläger, Tischtennisschläger) bat **Schläger** [ˈʃlɛːgɐ] m ⟨-s, -⟩, **Schlägerin** [-ərɪn] f ⟨-, -nen⟩ (≈ Raufbold) thug **Schlägerei** [ʃlɛːgəˈrai] f ⟨-, -en⟩ brawl **Schlagermusik** f pop music **Schlagersänger(in)** m/(f) pop singer **schlagfertig** **A** adj Antwort quick and clever; **er ist ein ~er Mensch** he is always ready with a quick (-witted) reply **B** adv **~ antworten** to be quick with an answer **Schlagfertigkeit** f, no pl (von Mensch) quick-wittedness; (von Antwort) cleverness **Schlaghose** f flares pl (infml) **Schlaginstrument** nt percussion instrument **schlagkräftig** adj Boxer, Argumente powerful **Schlagloch** nt pothole **Schlagmann** m, pl -männer (Rudern) stroke; (Baseball) batter **Schlagobers** [ˈʃlaːkoːbɐs] nt ⟨-, -⟩ (Aus) (whipping) cream; (geschlagen) whipped cream **Schlagring** m **1** knuckle-duster **2** MUS plectrum **Schlagsahne** f (whipping) cream; (geschlagen) whipped cream **Schlagseite** f NAUT list; **~ haben** NAUT to be listing; (hum infml ≈ betrunken sein) to be three sheets to the wind (infml) **Schlagstock** m (form) baton **Schlagwort** nt **1** pl -wörter (≈ Stichwort) headword **2** pl -worte (≈ Parole) slogan **Schlagzeile** f headline; **~n machen** (infml) to hit the headlines **Schlagzeug** nt, pl -zeuge drums pl; (in Orchester) percussion no pl **Schlagzeuger** [-tsɔygɐ] m ⟨-s, -⟩, **Schlagzeugerin** [-ərɪn] f ⟨-, -nen⟩ drummer; (in Orchester) percussionist

Schlamassel [ʃlaˈmasl] m or nt ⟨-s, -⟩ (infml) (≈ Durcheinander) mix-up; (≈ missliche Lage) mess (infml)

Schlamm [ʃlam] m ⟨-(e)s, -e or ⸚e [ˈʃlɛmə]⟩ mud **schlammig** [ˈʃlamɪç] adj muddy **Schlammschlacht** f (infml) mud bath

Schlampe [ˈʃlampə] f ⟨-, -n⟩ (pej infml)

slut (*infml*) **schlampen** [ˈʃlampn] *v/i* (*infml*) to be sloppy (in one's work) **Schlamperei** [ʃlampəˈrai] *f* ⟨-, -en⟩ (*infml*) sloppiness; (≈ *schlechte Arbeit*) sloppy work **schlampig** [ˈʃlampɪç] **A** *adj* sloppy; (≈ *unordentlich*) untidy **B** *adv* (≈ *nachlässig*) carelessly; (≈ *ungepflegt*) slovenly

Schlange [ˈʃlaŋə] *f* ⟨-, -n⟩ **1** snake; **eine falsche ~** a snake in the grass **2** (≈ *Menschenschlange, Autoschlange*) queue (*Br*), line (*US*); **~ stehen** to queue (up) (*Br*), to stand in line (*US*) **3** TECH coil **schlängeln** [ˈʃlɛŋln] *v/r* (*Weg, Menschenmenge*) to wind (its way); (*Fluss auch*) to meander; **eine geschlängelte Linie** a wavy line **Schlangenbiss** *m* snakebite **Schlangengift** *nt* snake venom **Schlangenhaut** *f* snake's skin; (≈ *Leder*) snakeskin **Schlangenleder** *nt* snakeskin **Schlangenlinie** *f* wavy line; **(in) ~n fahren** to swerve about

schlank [ʃlaŋk] *adj* **1** slim; **~ werden** to slim; **ihr Kleid macht sie ~** her dress makes her look slim **2** (*fig* ≈ *effektiv*) lean **Schlankheit** *f* ⟨-, *no pl*⟩ slimness **Schlankheitskur** *f* diet; MED course of slimming treatment; **eine ~ machen** to be on a diet

schlapp [ʃlap] *adj* (*infml*) (≈ *erschöpft*) worn-out; (≈ *energielos*) listless; (*nach Krankheit etc*) run-down **Schlappe** [ˈʃlapə] *f* ⟨-, -n⟩ (*infml*) setback; *esp* SPORTS defeat; **eine ~ einstecken (müssen)** to suffer a setback/defeat **schlappmachen** *v/i sep* (*infml*) to wilt; (≈ *ohnmächtig werden*) to collapse **Schlappschwanz** *m* (*pej infml*) wimp (*infml*)

schlau [ʃlau] **A** *adj* smart; (≈ *gerissen*) cunning; **ein ~er Bursche** a crafty devil (*infml*); **ich werde nicht ~ aus ihm/dieser Sache** I can't make him/it out **B** *adv* cleverly **Schlauch** [ʃlaux] *m* ⟨-(e)s, Schläuche [ˈʃlɔyçə]⟩ hose; MED tube; (≈ *Fahrradschlauch, Autoschlauch*) (inner) tube; **auf dem ~ stehen** (*infml*) (≈ *nicht begreifen*) not to have a clue (*infml*); (≈ *nicht weiterkommen*) to be stuck (*infml*) **Schlauchboot** *nt* rubber dinghy **schlauchen** [ˈʃlauxn] (*infml*) **A** *v/t jdn* (*Reise, Arbeit etc*) to wear out **B** *v/i* (*infml* ≈ *Kraft kosten*) to take it out of you/one *etc* (*infml*); **das schlaucht echt!** it really takes it out of you (*infml*) **Schlauchschal** *m* loop *or* infinity scarf

Schlaufe [ˈʃlaufə] *f* ⟨-, -n⟩ loop; (≈ *Aufhänger*) hanger

Schlauheit [ˈʃlauhait] *f* ⟨-, -en⟩ **1** *no pl* cleverness; (*von Mensch, Idee auch*) shrewdness; (≈ *Gerissenheit*) cunning **2** (≈ *Bemerkung*) clever remark **schlaumachen** *v/r sep* (*infml*) **sich über etw** (*acc*) **~** to inform oneself about sth **Schlaumeier** [-maiɐ] *m* ⟨-s, -⟩ smart aleck (*infml*)

schlecht [ʃlɛçt] **A** *adj* **1** bad; *Gesundheit* poor; **sich zum Schlechten wenden** to take a turn for the worse; **nur Schlechtes von jdm** *or* **über jdn sagen** not to have a good word for sb; **jdm ist (es) ~** sb feels ill; **~ aussehen** to look bad; **mit jdm/etw sieht es ~ aus** sb/sth looks in a bad way **2** *pred* (≈ *ungenießbar*) off *pred* (*Br*), bad; **~ werden** to go off (*Br*) *or* bad **B** *adv* badly; *lernen* with difficulty; **~ über jdn sprechen/von jdm denken** to speak/think ill of sb; **~ gelaunt** bad-tempered; **heute geht es ~** today is not very convenient; **er ist ~ zu verstehen** he is hard to understand; **ich kann sie ~ sehen** I can't see her very well; **auf jdn/etw ~ zu sprechen sein** not to have a good word to say for sb/sth **schlechterdings** [ˈʃlɛçtɐdɪŋs] *adv* (≈ *völlig*) absolutely; (≈ *nahezu*) virtually **schlecht gehen** *v/i*, **schlechtgehen** *v/impers sep irr aux sein* **es geht jdm schlecht** sb is in a bad way; (*finanziell*) sb is doing badly **schlechthin** [ʃlɛçtˈhɪn] *adv* (≈ *vollkommen*) quite; (≈ *als solches, in seiner Gesamtheit*) per se **Schlechtigkeit** [ˈʃlɛçtɪçkait] *f* ⟨-, -en⟩ **1** *no pl* badness **2** (≈ *schlechte Tat*) misdeed **schlechtmachen** *v/t sep* (≈ *herabsetzen*) to denigrate **Schlechtwettergeld** *nt* bad-weather pay

schlecken [ˈʃlɛkn] (*Aus, S Ger*) *v/t & v/i* = lecken²

Schlehe [ˈʃleːə] *f* ⟨-, -n⟩ sloe

schleichen [ˈʃlaiçn] *pret* **schlich** [ʃlɪç], *past part* **geschlichen** [gəˈʃlɪçn] **A** *v/i aux sein* to creep; (*Fahrzeug, Zeit*) to crawl **B** *v/r* **1** (≈ *leise gehen*) to creep; **sich in jds Vertrauen** (*acc*) **~** to worm one's way into sb's confidence **2** (*S Ger, Aus* ≈ *weggehen*) to go away; **schleich dich!** get lost! (*infml*) **schleichend** *adj attr* creeping; *Krankheit, Gift* insidious **Schleichweg** *m* secret path; **auf ~en** (*fig*) on the quiet **Schleie** [ˈʃlaiə] *f* ⟨-, -n⟩ ZOOL tench **Schleier** [ˈʃlaiɐ] *m* ⟨-s, -⟩ veil **Schleier-**

S

eule f barn owl **schleierhaft** adj (infml) baffling; **es ist mir völlig ~** it's a complete mystery to me

Schleife ['ʃlaifə] f ⟨-, -n⟩ **1** loop; (≈ Straßenschleife) twisty bend **2** (von Band) bow; (≈ Fliege) bow tie; (≈ Kranzschleife) ribbon

schleifen¹ ['ʃlaifn] **A** v/t to drag; **jdn vor Gericht ~** (fig) to drag sb into court **B** v/i **1** aux sein or haben to trail, to drag **2** (≈ reiben) to rub; **die Kupplung ~ lassen** AUTO to slip the clutch; **die Zügel ~ lassen** to slacken the reins

schleifen² pret **schliff** [ʃlɪf], past part **geschliffen** [gə'ʃlɪfn] v/t Messer to sharpen; Werkstück, Linse to grind; Parkett to sand; Glas to cut; → **geschliffen** **Schleifmaschine** f grinding machine **Schleifpapier** nt abrasive paper **Schleifstein** m grinding stone, grindstone

Schleim [ʃlaim] m ⟨-(e)s, -e⟩ **1** slime; MED mucus; (in Atemorganen) phlegm **2** COOK gruel **Schleimer** ['ʃlaimɐ] m ⟨-s, -⟩, **Schleimerin** [-ərɪn] f ⟨-, -nen⟩ (infml) crawler (infml) **Schleimhaut** f mucous membrane **schleimig** ['ʃlaimɪç] adj slimy; MED mucous **schleimlösend** adj expectorant

schlemmen ['ʃlɛmən] v/i (≈ üppig essen) to feast; (≈ üppig leben) to live it up **Schlemmer** ['ʃlɛmɐ] m ⟨-s, -⟩, **Schlemmerin** [-ərɪn] f ⟨-, -nen⟩ bon vivant

schlendern ['ʃlɛndɐn] v/i aux sein to stroll **Schlendrian** ['ʃlɛndriaːn] m ⟨-(e)s, no pl⟩ (infml) casualness; (≈ Trott) rut

schlenkern ['ʃlɛŋkɐn] v/t & v/i to swing, to dangle; **mit den Armen ~** to swing or dangle one's arms

Schleppe ['ʃlɛpə] f ⟨-, -n⟩ (von Kleid) train **schleppen** ['ʃlɛpn] **A** v/t (≈ tragen) Gepäck to lug; (≈ zerren) to drag; Auto to tow; Flüchtlinge to smuggle **B** v/r to drag oneself; (Verhandlungen etc) to drag on **schleppend** adj Gang shuffling; Bedienung, Geschäft sluggish; **nur ~ vorankommen** to progress very slowly **Schlepper** ['ʃlɛpɐ] m ⟨-s, -⟩, **Schlepperin** [-ərɪn] f ⟨-, -nen⟩ **1** (sl: für Lokal) tout **2** (≈ Fluchthelfer) people smuggler **Schleppkahn** m (canal) barge **Schlepplift** m ski tow **Schleppnetz** nt trawl (net) **Schlepptau** nt NAUT tow rope; **jdn ins ~ nehmen** to take sb in tow

Schlesien ['ʃleːziən] nt ⟨-s⟩ Silesia **Schlesier** ['ʃleːziɐ] m ⟨-s, -⟩, **Schlesierin** [-iərɪn] f ⟨-, -nen⟩ Silesian **schlesisch** ['ʃleːzɪʃ] adj Silesian

Schleswig-Holstein ['ʃleːsvɪç'hɔlʃtain] nt ⟨-s⟩ Schleswig-Holstein

Schleuder ['ʃlɔydɐ] f ⟨-, -n⟩ **1** (Waffe) sling; (≈ Wurfmaschine) catapult **2** (≈ Zentrifuge) centrifuge; (für Honig) extractor; (≈ Wäscheschleuder) spin-dryer **Schleudergefahr** f MOT risk of skidding; **„Achtung ~"** "slippery road ahead" **schleudern** ['ʃlɔydɐn] **A** v/t & v/i **1** (≈ werfen) to hurl **2** TECH to centrifuge; Honig to extract; Wäsche to spin-dry **B** v/i aux sein or haben AUTO to skid; **ins Schleudern geraten** to go into a skid; (fig infml) to run into trouble **Schleuderpreis** m giveaway price **Schleudersitz** m AVIAT ejector seat; (fig) hot seat

schleunigst ['ʃlɔynɪçst] adv straight away; **verschwinde, aber ~!** beat it, on the double!

Schleuse ['ʃlɔyzə] f ⟨-, -n⟩ (für Schiffe) lock; (zur Regulierung des Wasserlaufs) sluice; **die ~n öffnen** (fig) to open the floodgates **schleusen** ['ʃlɔyzn] v/t Schiffe to pass through a lock; Wasser to channel; (langsam) Menschen to filter; Antrag to channel; (fig: heimlich) Flüchtlinge to smuggle **Schleuser** m ⟨-s, -⟩, **Schleuserin** f ⟨-, -nen⟩ people smuggler or trafficker

Schlich [ʃlɪç] m ⟨-(e)s, -e⟩ usu pl ruse; **jdm auf die ~e kommen** to catch on to sb

schlicht [ʃlɪçt] **A** adj simple; **~ und einfach** plain and simple **B** adv **1** (≈ einfach) simply **2** (≈ glattweg) erfunden simply; vergessen completely

schlichten ['ʃlɪçtn] v/t Streit (≈ beilegen) to settle **B** v/i to mediate, to arbitrate (esp IND) **Schlichter** ['ʃlɪçtɐ] m ⟨-s, -⟩, **Schlichterin** [-ərɪn] f ⟨-, -nen⟩ mediator; IND arbitrator

Schlichtheit f ⟨-, no pl⟩ simplicity **Schlichtung** ['ʃlɪçtʊŋ] f ⟨-, -en⟩ (≈ Vermittlung) mediation, arbitration (esp IND); (≈ Beilegung) settlement

schlichtweg ['ʃlɪçt'vɛk] adv → **schlechthin**

Schlick [ʃlɪk] m ⟨-(e)s, -e⟩ silt, ooze; (≈ Ölschlick) slick

Schliere ['ʃliːrə] f ⟨-, -n⟩ streak

Schließe ['ʃliːsə] f ⟨-, -n⟩ fastening **schließen** ['ʃliːsn] pret **schloss** [ʃlɔs], past *part* **geschlossen** [gə'ʃlɔsn] **A** *v/t* **1** (≈ *zumachen, beenden*) to close; (≈ *Betrieb einstellen*) to close down **2** (≈ *eingehen*) *Vertrag* to conclude; *Frieden* to make; *Bündnis* to enter into; *Freundschaft* to form **B** *v/r* (≈ *zugehen*) to close **C** *v/i* **1** (≈ *zugehen, enden*) to close; (≈ *Betrieb einstellen*) to close down; „**geschlossen**" "closed" **2** (≈ *schlussfolgern*) to infer; **auf etw** (*acc*) **~ lassen** to indicate sth; → geschlossen **Schließfach** *nt* locker; **schließlich** ['ʃliːslɪç] *adv* (≈ *endlich*) in the end, eventually; (≈ *immerhin*) after all **Schließung** ['ʃliːsʊŋ] *f* ⟨-, -en⟩ (≈ *das Schließen*) closing; (≈ *Betriebseinstellung*) closure

Schliff [ʃlɪf] *m* ⟨-(e)s, -e⟩ (*von Glas, Edelstein*) cut; (*fig* ≈ *Umgangsformen*) polish; **jdm den letzten ~ geben** (*fig*) to perfect sb

schlimm [ʃlɪm] **A** *adj* bad; *Krankheit, Wunde* nasty; *Nachricht* awful; **es gibt Schlimmere als ihn** there are worse than him; **das finde ich nicht ~** I don't find that so bad; **eine ~e Zeit** bad times *pl*; **das ist halb so ~!** that's not so bad!; **wenn es nichts Schlimmeres ist!** if that's all it is!; **es gibt Schlimmeres** it could be worse; **im ~sten Fall** if (the) worst comes to (the) worst **B** *adv zurichten* horribly; **wenn es ganz ~ kommt** if things get really bad; **es steht ~ (um ihn)** things aren't looking too good (for him) **schlimmstenfalls** ['ʃlɪmstn̩fals] *adv* at (the) worst

Schlinge ['ʃlɪŋə] *f* ⟨-, -n⟩ loop; (*an Galgen*) noose; (MED ≈ *Armbinde*) sling; (≈ *Falle*) snare

Schlingel ['ʃlɪŋl̩] *m* ⟨-s, -⟩ rascal

schlingen[1] ['ʃlɪŋən] *pret* **schlang** [ʃlaŋ], *past part* **geschlungen** [gə'ʃlʊŋən] (*elev*) **A** *v/t* (≈ *binden*) *Knoten* to tie; (≈ *umbinden*) *Schal etc* to wrap (*um* +*acc* around) **B** *v/r* **sich um etw ~** to coil (itself) around sth

schlingen[2] *pret* **schlang** [ʃlaŋ], *past part* **geschlungen** [gə'ʃlʊŋən] *v/i* to gobble

schlingern ['ʃlɪŋɐn] *v/i* (*Schiff*) to roll; **ins Schlingern geraten** AUTO *etc* to go into a skid

Schlips [ʃlɪps] *m* ⟨-es, -e⟩ tie, necktie (US)

schlitteln ['ʃlɪtl̩n] *v/i aux sein or haben* (*Swiss*) to toboggan **Schlitten** ['ʃlɪtn̩] *m* ⟨-s, -⟩ **1** sledge, sled; (≈ *Pferdeschlitten*) sleigh; (≈ *Rodelschlitten*) toboggan; (≈ *Rennschlitten*) bobsleigh; **mit jdm ~ fahren** (*infml*) to bawl sb out (*infml*) **2** (*infml* ≈ *Auto*) big car **Schlittenfahrt** *f* sledge ride; (*mit Rodelschlitten*) toboggan ride; (*mit Pferdeschlitten etc*) sleigh ride **schlittern** ['ʃlɪtɐn] *v/i aux sein* (≈ *ausrutschen*) to slip; (*Wagen*) to skid; (*fig*) to slide, to stumble; **in den Konkurs ~** to slide into bankruptcy **Schlittschuh** *m* (ice) skate; **~ laufen** to (ice)skate **Schlittschuhlaufen** *nt* ⟨-s, *no pl*⟩ (ice-)skating **Schlittschuhläufer(in)** *m(f)* (ice-)skater

Schlitz [ʃlɪts] *m* ⟨-es, -e⟩ slit; (≈ *Einwurfschlitz*) slot; (≈ *Hosenschlitz*) fly, flies *pl* (*Br*) **Schlitzauge** *nt* slant eye **schlitzäugig** *adj* slant-eyed **schlitzen** ['ʃlɪtsn̩] *v/t* to slit **Schlitzohr** *nt* (*fig*) sly fox

Schlögel ['ʃløːgl̩] *m* ⟨-s, -⟩ (*S Ger, Aus* COOK ≈ *Keule*) leg

Schloss [ʃlɔs] *nt* ⟨-es, ⸚er [ˈʃlœsə]⟩ **1** (≈ *Gebäude*) castle; (≈ *Palast*) palace; (≈ *großes Herrschaftshaus*) mansion **2** (≈ *Türschloss etc*) lock; (≈ *Vorhängeschloss*) padlock; **hinter ~ und Riegel sitzen/bringen** to be/put behind bars

Schlosser ['ʃlɔsɐ] *m* ⟨-s, -⟩, **Schlosserin** [-ərɪn] *f* ⟨-, -nen⟩ locksmith

Schlot [ʃloːt] *m* ⟨-(e)s, -e *or* (*rare*) ⸚e ['ʃløːtə]⟩ (≈ *Schornstein*) chimney (stack); **rauchen wie ein ~** (*infml*) to smoke like a chimney (*infml*)

schlottern ['ʃlɔtɐn] *v/i* **1** (**vor** with) (≈ *zittern*) to shiver; (*vor Angst*) to tremble; **ihm schlotterten die Knie** his knees were knocking **2** (*Kleider*) to hang loose

Schlucht [ʃlʊxt] *f* ⟨-, -en⟩ gorge

schluchzen ['ʃlʊxtsn̩] *v/t & v/i* to sob

Schluck [ʃlʊk] *m* ⟨-(e)s, -e *or* (*rare*) ⸚e ['ʃlʏkə]⟩ drink; (≈ *ein bisschen*) drop; (≈ *das Schlucken*) swallow; (*großer*) gulp; (*kleiner*) sip; **einen ~ aus der Flasche nehmen** to take a drink from the bottle **Schluckauf** ['ʃlʊkauf] *m* ⟨-s, *no pl*⟩ hiccups *pl*; **einen ~ haben** to have the hiccups **schlucken** ['ʃlʊkn̩] **A** *v/t* **1** to swallow; **Pillen ~** (*sl*) to pop pills (*infml*) **2** (COMM, *infml* ≈ *absorbieren*) to swallow up; *Benzin, Öl* to guzzle **B** *v/i* to swallow; **daran hatte er schwer zu ~** (*fig*) he found that difficult to swallow **Schlucker** ['ʃlʊkɐ] *m* ⟨-s, -⟩ (*infml*) **armer ~** poor devil **Schluckimpfung** *f* oral vaccination

schlud(e)rig ['ʃluːd(ə)rɪç] (*infml*) **A** *adj* Ar-

S

beit sloppy **B** *adv* sloppily **schludern** ['ʃluːdɐn] (*infml*) **A** *v/t* to skimp **B** *v/i* to do sloppy work **Schludrigkeit** *f* ⟨-, -en⟩ (*infml*) sloppiness

schlummern ['ʃlʊmɐn] *v/i* (*elev*) to slumber (*liter*)

Schlund [ʃlʊnt] *m* ⟨-(e)s, ÷e ['ʃlʏndə]⟩ ANAT pharynx; (*fig liter*) maw (*liter*)

schlüpfen ['ʃlʏpfn] *v/i aux sein* to slip; (*Küken*) to hatch (out) **Schlüpfer** ['ʃlʏpfɐ] *m* ⟨-s, -⟩ panties *pl*, knickers *pl* (*Br*) **Schlupfloch** *nt* hole, gap; (≈ *Versteck*) hideout; (*fig*) loophole **schlüpfrig** ['ʃlʏpfrɪç] *adj* **1** slippery **2** (*fig*) *Bemerkung* suggestive

schlurfen ['ʃlʊrfn] *v/i aux sein* to shuffle **schlürfen** ['ʃlʏrfn] *v/t & v/i* to slurp

Schluss [ʃlʊs] *m* ⟨-es, ÷e ['ʃlʏsə]⟩ **1** *no pl* (≈ *Ende*) end; **~ damit!** stop it!; **nun ist aber ~!** that's enough now!; **bis zum ~ bleiben** to stay to the end; **~ machen** (*infml*) (≈ *aufhören*) to finish; (≈ *zumachen*) to close; (≈ *Selbstmord begehen*) to end it all; (≈ *Freundschaft beenden*) to break it off; **ich muss ~ machen** (*am Telefon*) I'll have to go now **2** (≈ *Folgerung*) conclusion; **zu dem ~ kommen, dass ...** to come to the conclusion that ... **Schlussabrechnung** *f* final statement **Schlussakkord** *m* final chord

Schlüssel ['ʃlʏsl] *m* ⟨-s, -⟩ key (*zu* to); TECH spanner (*Br*), wrench; (≈ *Verteilungsschlüssel*) ratio (of distribution); MUS clef **Schlüsselbein** *nt* collarbone **Schlüsselblume** *f* cowslip **Schlüsselbund** *m or nt*, *pl* -bunde bunch of keys **Schlüsseldienst** *m* key cutting service **Schlüsselerlebnis** *nt* PSYCH crucial experience **Schlüsselfigur** *f* key figure **Schlüsselkind** *nt* (*infml*) latchkey kid (*infml*) **Schlüsselloch** *nt* keyhole **Schlüsselposition** *f* key position

schlussfolgern *v/i insep* to conclude **Schlussfolgerung** *f* conclusion **Schlussformel** *f* (*in Brief*) complimentary close **schlüssig** ['ʃlʏsɪç] **A** *adj Beweis* conclusive; *Konzept* logical **B** *adv begründen* conclusively **Schlusslicht** *nt* tail-light; (*infml: bei Rennen etc*) back marker; **~ der Tabelle sein** to be bottom of the table **Schlussnotierung** *f* ST EX closing quotation **Schlusspfiff** *m* final whistle **Schlussstrich** *m* (*fig*) **einen ~ unter etw** (*acc*) **ziehen** to consider sth finished

Schlussverkauf *m* (end-of-season) sale (*Br*), season close-out sale (*US*)

Schmach [ʃmaːx] *f* ⟨-, *no pl*⟩ (*elev*) disgrace **schmachten** ['ʃmaxtn] *v/i* (*elev* ≈ *leiden*) to languish **schmächtig** ['ʃmɛçtɪç] *adj* slight

schmackhaft *adj* (≈ *wohlschmeckend*) tasty; **jdm etw ~ machen** (*fig*) to make sth palatable to sb

schmähen ['ʃmɛːən] *v/t* (*elev*) to abuse **schmählich** ['ʃmɛːlɪç] (*elev*) **A** *adj* ignominious; (≈ *demütigend*) humiliating **B** *adv* shamefully; *versagen* miserably

schmal [ʃmaːl] *adj*, *comp* -er or ÷er ['ʃmɛːlə], *sup* -ste(r, s) or ÷ste(r, s) ['ʃmɛːlstə], *adv sup* **am -sten** or ÷**sten** **1** narrow; *Hüfte, Taille* slender, narrow; *Lippen* thin **2** (*fig* ≈ *karg*) meagre (*Br*), meager (*US*) **schmälern** ['ʃmɛːlɐn] *v/t* to diminish **Schmalfilm** *m* cine film (*Br*), movie film (*US*) **Schmalspur** *f* RAIL narrow gauge **Schmalspur-** *in cpds* (*pej*) small-time

Schmalz[1] [ʃmalts] *nt* ⟨-es, -e⟩ **1** fat; (≈ *Schweineschmalz*) lard; (≈ *Bratenschmalz*) dripping (*Br*), drippings *pl* (*US*) **2** (≈ *Ohrenschmalz*) earwax

Schmalz[2] *m* ⟨-es, *no pl*⟩ (*pej infml*) schmaltz (*infml*) **schmalzig** ['ʃmaltsɪç] (*pej infml*) *adj* schmaltzy (*infml*)

Schmankerl ['ʃmaŋkɐl] *nt* ⟨-s, -n⟩ (*S Ger, Aus* ≈ *Speise*) delicacy

schmarotzen [ʃmaˈrɔtsn] *past part* **schmarotzt** *v/i* to sponge, to scrounge (*bei* off); BIOL to be parasitic (*bei* on) **Schmarotzer** [ʃmaˈrɔtsɐ] *m* ⟨-s, -⟩ BIOL parasite **Schmarotzer** [ʃmaˈrɔtsə] *m* ⟨-s, -⟩, **Schmarotzerin** [-ərɪn] *f* ⟨-, -nen⟩ (*fig*) sponger

Schmarr(e)n ['ʃmar(ə)n] *m* ⟨-s, -⟩ **1** (*S Ger, Aus*: COOK) *pancake cut up into small pieces* **2** (*infml* ≈ *Quatsch*) rubbish (*Br*)

schmatzen ['ʃmatsn] *v/i* (*beim Essen*) to eat noisily, to smack (*US*)

schmecken ['ʃmɛkn] **A** *v/i* to taste (*nach* of); (≈ *gut schmecken*) to be good, to taste good; **ihm schmeckt es** (≈ *gut finden*) he likes it; (≈ *Appetit haben*) he likes his food; **das schmeckt ihm nicht** he doesn't like it; **nach etw ~** (*fig*) to smack of sth; **das schmeckt nach nichts** it's tasteless; **schmeckt es (Ihnen)?** do you like it?; **es sich** (*dat*) **~ lassen** to tuck in; **sich** (*dat*) **etw ~ lassen** to tuck into sth **B** *v/t* to taste

Schmeichelei [ʃmaiçəˈlai] *f* ⟨-, -en⟩ flattery **schmeichelhaft** adj flattering **schmeicheln** ['ʃmaiçln] v/i **1** jdm ~ to flatter sb **2** (≈ verschönen) to flatter; **das Bild ist aber geschmeichelt!** the picture is very flattering **Schmeichler** ['ʃmaiçle] m ⟨-s, -⟩, **Schmeichlerin** [-ərɪn] f ⟨-, -nen⟩ flatterer; (≈ Kriecher) sycophant **schmeichlerisch** ['ʃmaiçlərɪʃ] adj flattering

schmeißen ['ʃmaisn] pret **schmiss** [ʃmɪs], past part **geschmissen** [gə'ʃmɪsn] (infml) **A** v/t **1** (≈ werfen) to sling (infml), to chuck (infml) **2** (infml) **eine Party ~** to throw a party; **den Laden ~** to run the (whole) show **3** (≈ aufgeben) to chuck in (infml) **B** v/i (≈ werfen) to throw; **mit Steinen ~** to throw stones **Schmeißfliege** f bluebottle

Schmelze ['ʃmɛltsə] f ⟨-, -n⟩ **1** METAL, GEOL melt **2** (≈ Schmelzen) melting **3** (≈ Schmelzhütte) smelting plant **schmelzen** ['ʃmɛltsn] pret **schmolz** [ʃmɔlts], past part **geschmolzen** [gə'ʃmɔltsn] **A** v/i aux sein to melt; (Reaktorkern) to melt down **B** v/t to melt; Erz to smelt **Schmelzkäse** m cheese spread **Schmelzofen** m melting furnace; (für Erze) smelting furnace **Schmelzpunkt** m melting point **Schmelztiegel** m melting pot **Schmelzwasser** nt, pl -wasser melted snow and ice; GEOG, PHYS meltwater

Schmerz [ʃmɛrts] m ⟨-es, -en⟩ pain pl rare; (≈ Kummer) grief no pl; **~en haben** to be in pain; **wo haben Sie ~en?** where does it hurt?; **jdm ~en bereiten** to cause sb pain; **unter ~en** while in pain; (fig) regretfully **schmerzempfindlich** adj Mensch sensitive to pain **schmerzen** ['ʃmɛrtsn] v/t & v/i to hurt; **es schmerzt** it hurts; **eine ~de Stelle** a painful spot **Schmerzensgeld** nt JUR damages pl **schmerzfrei** adj free of pain; Operation painless **Schmerzgrenze** f pain barrier **schmerzhaft** adj painful **schmerzlindernd** adj pain-relieving, analgesic (MED) **schmerzlos** adj painless **Schmerzmittel** nt painkiller **schmerzstillend** adj pain-killing, analgesic (MED); **~es Mittel** painkiller **Schmerztablette** f painkiller **schmerzverzerrt** [-fɛtsɛrt] adj Gesicht distorted with pain **schmerzvoll** adj painful

Schmetterball m smash

Schmetterling ['ʃmɛtelɪŋ] m ⟨-s, -e⟩ butterfly **schmettern** ['ʃmɛten] v/t **1** (≈ schleudern) to smash **2** Lied, Arie to bellow out

Schmied [ʃmiːt] m ⟨-(e)s, -e [-də]⟩, **Schmiedin** ['ʃmiːdɪn] f ⟨-, -nen⟩ (black)smith **Schmiede** ['ʃmiːdə] f ⟨-, -n⟩ forge **Schmiedeeisen** nt wrought iron **schmiedeeisern** adj wrought-iron **schmieden** ['ʃmiːdn] v/t to forge (zu into); (≈ ersinnen) Plan, Komplott to hatch **schmiegen** ['ʃmiːgn] v/r **sich an jdn ~** to cuddle up to sb **schmiegsam** ['ʃmiːkzaːm] adj supple; Stoff soft; (fig ≈ anpassungsfähig) adaptable

Schmiere ['ʃmiːrə] f ⟨-, -n⟩ **1** (infml) grease; (≈ Salbe) ointment **2** (infml) **~ stehen** to be the look-out **schmieren** ['ʃmiːrən] v/t **1** (≈ streichen) to smear; Butter, Aufstrich to spread; Brot (mit Butter) to butter; Salbe to rub in (in +acc -to); (≈ einfetten) to grease; TECH to lubricate; **sie schmierte sich ein Brot** she made herself a sandwich; **es geht** or **läuft wie geschmiert** it's going like clockwork; **jdm eine ~** (infml) to smack sb one (infml) **2** (pej ≈ schreiben) to scrawl; (≈ malen) to daub **3** (infml ≈ bestechen) **jdn ~** to grease sb's palm (infml) **Schmiererei** [ʃmiːrə'rai] f ⟨-, -en⟩ (pej infml) (≈ Geschriebenes) scrawl; (≈ Parolen etc) graffiti pl; (≈ Malerei) daubing **Schmierfett** nt (lubricating) grease **Schmierfink** m (pej) **1** (≈ Autor, Journalist) hack; (≈ Skandaljournalist) muckraker (infml) **2** (≈ Schüler) messy writer **Schmiergeld** nt bribe **Schmierheft** nt notebook **schmierig** ['ʃmiːrɪç] adj greasy; (fig ≈ unanständig) filthy; (≈ schleimig) smarmy (Br infml) **Schmiermittel** nt lubricant **Schmieröl** nt lubricating oil **Schmierpapier** nt jotting paper (Br), scratch paper (US) **Schmierseife** f soft soap

Schminke ['ʃmɪŋkə] f ⟨-, -n⟩ make-up **schminken** ['ʃmɪŋkn] **A** v/t to make up; **sich** (dat) **die Lippen/Augen ~** to put on lipstick/eye make-up **B** v/r to put on make-up

schmirgeln ['ʃmɪrgln] v/t & v/i to sand **Schmirgelpapier** nt sandpaper

Schmöker ['ʃmøːke] m ⟨-s, -⟩ book (of light literature); (dick) tome **schmökern** ['ʃmøːken] (infml) v/i to bury oneself in a book/magazine etc

S

schmollen ['ʃmɔlən] v/i to pout; (≈ gekränkt sein) to sulk **Schmollmund** m pout; **einen ~ machen** to pout

Schmorbraten m pot roast **schmoren** ['ʃmoːrən] **A** v/t to braise **B** v/i COOK to braise; (infml ≈ schwitzen) to roast; **jdn (im eigenen Saft) ~ lassen** to leave sb to stew (in his/her own juice)

Schmuck [ʃmʊk] m ⟨-(e)s, (rare) -e⟩ **1** (≈ Schmuckstücke) jewellery (Br) no pl, jewelry (US) no pl **2** (≈ Verzierung) decoration; (fig) embellishment **schmücken** ['ʃmʏkn] v/t to decorate; Rede to embellish **B** v/r **sich mit etw ~** to adorn oneself with sth **schmucklos** adj plain; Einrichtung, Stil simple **Schmuckstück** nt (≈ Ring etc) piece of jewellery; (fig ≈ Prachtstück) gem

schmuddelig ['ʃmʊdəlɪç] adj messy; (≈ schmierig) filthy

Schmuggel ['ʃmʊɡl] m ⟨-s, no pl⟩ smuggling; **~ treiben** to smuggle **Schmuggelei** [ʃmʊɡə'lai] f ⟨-, -en⟩ smuggling no pl **schmuggeln** ['ʃmʊɡln] v/t & v/i (lit, fig) to smuggle; **mit etw ~** to smuggle sth **Schmuggelware** f smuggled goods pl **Schmuggler** ['ʃmʊɡlɐ] m ⟨-s, -⟩, **Schmugglerin** [-ərɪn] f ⟨-, -nen⟩ smuggler

schmunzeln ['ʃmʊntsln] v/i to smile **Schmunzeln** nt ⟨-s, no pl⟩ smile

schmusen ['ʃmuːzn] v/i (infml) (≈ zärtlich sein) to cuddle; **mit jdm ~** to cuddle sb **schmusig** ['ʃmuːzɪç] adj (infml) smoochy (infml)

Schmutz [ʃmʊts] m ⟨-es, no pl⟩ **1** dirt **2** (fig) filth; **jdn/etw in den ~ ziehen** to drag sb/sth through the mud **schmutzen** ['ʃmʊtsn] v/i to get dirty **Schmutzfink** m (infml) (≈ unsauberer Mensch) slob (infml); (≈ Kind) mucky pup (Br infml), messy thing (esp US infml); (fig) (≈ Mann) dirty old man **Schmutzfleck** m dirty mark **Schmutzfracht** f dirty cargo **schmutzig** ['ʃmʊtsɪç] adj dirty; **sich ~ machen** to get oneself dirty

Schnabel ['ʃnaːbl] m ⟨-s, ⸚ ['ʃnɛːbl]⟩ **1** (≈ Vogelschnabel) beak, bill **2** (von Kanne) spout **3** (infml ≈ Mund) mouth; **halt den ~!** shut your mouth! (infml)

schnacken ['ʃnakn] v/i (N Ger) to chat **Schnake** ['ʃnaːkə] f ⟨-, -n⟩ **1** (infml ≈ Stechmücke) gnat, midge (Br) **2** (≈ Weberknecht) daddy-longlegs

Schnalle ['ʃnalə] f ⟨-, -n⟩ **1** (≈ Schuhschnalle, Gürtelschnalle) buckle **2** (an Handtasche) clasp **schnallen** ['ʃnalən] v/t **1** (≈ befestigen) to strap; Gürtel to fasten **2** (infml ≈ begreifen) **etw ~** to catch on to sth

Schnäppchen ['ʃnɛpçən] nt ⟨-s, -⟩ bargain; **ein ~ machen** to get a bargain **Schnäppchenpreis** m (infml) bargain price **schnappen** ['ʃnapn] **A** v/i **nach jdm/etw ~** to snap at sb/sth; (≈ greifen) to snatch at sb/sth; **die Tür schnappt ins Schloss** the door clicks shut **B** v/t (infml) **1** (≈ ergreifen) to grab; **sich** (dat) **jdn/etw ~** to grab sb/sth (infml) **2** (≈ fangen) to catch **Schnappschuss** m (≈ Foto) snap (-shot)

Schnaps [ʃnaps] m ⟨-es, ⸚e ['ʃnɛpsə]⟩ (≈ klarer Schnaps) schnapps; (infml) (≈ Branntwein) spirits pl **Schnapsbrennerei** f (Gebäude) distillery **Schnapsidee** f (infml) crazy idea

schnarchen ['ʃnarçn] v/i to snore

schnattern ['ʃnatɐn] v/i (Gans) to gabble; (Ente) to quack; (infml ≈ schwatzen) to natter (infml)

schnauben ['ʃnaubn] pret **schnaubte** or (old) **schnob** ['ʃnauptə, ʃnoːp], past part **geschnaubt** or (old) **geschnoben** [ɡə'ʃnaupt, ɡə'ʃnoːbn] v/i **1** (Tier) to snort **2** **vor Wut ~** to snort with rage

schnaufen ['ʃnaufn] v/i (≈ schwer atmen) to wheeze; (≈ keuchen) to puff **Schnauferl** ['ʃnaufɐl] nt ⟨-s, - or (Aus) -n⟩ (hum ≈ Oldtimer) veteran car

Schnauz [ʃnauts] m ⟨-es, Schnäuze⟩ (Swiss), **Schnauzbart** m moustache (Br), mustache (US) **Schnauze** ['ʃnautsə] f ⟨-, -n⟩ **1** (von Tier) snout **2** (infml ≈ Mund) gob (Br infml), trap (infml); **(halt die) ~!** shut your trap! (infml); **jdm die ~ einschlagen** or **polieren** to smash sb's face in (sl); **die ~ (gestrichen) vollhaben** to be fed up (to the back teeth) (infml); **eine große ~ haben** to have a big mouth **schnäuzen** ['ʃnɔytsn] v/t & v/r **sich ~**, **(sich) die Nase ~** to blow one's nose **Schnauzer** ['ʃnautsɐ] m ⟨-s, -⟩ (≈ Hundeart) schnauzer

Schnecke ['ʃnɛkə] f ⟨-, -n⟩ **1** (ZOOL, fig) snail; (≈ Nacktschnecke) slug; COOK escargot; **jdn zur ~ machen** (infml) to bawl sb out (infml) **2** (COOK: Gebäck) ≈ Chelsea bun **Schneckenhaus** nt snail shell **Schneckenpost** f (infml) snail mail *(infml)* **Schneckentempo** *nt (infml)* **im ~ at a snail's pace**

Schnee [ʃne:] *m* ⟨-s, *no pl*⟩ **1** snow; **das ist ~ von gestern** *(infml)* that's old hat **2** (≈ *Eischnee)* whisked egg white; **Eiweiß zu ~ schlagen** to whisk the egg white(s) till stiff **3** *(infml ≈ Heroin, Kokain)* snow *(sl)* **Schneeball** *m* snowball **Schneeballprinzip** *nt* snowball effect **Schneeballschlacht** *f* snowball fight **Schneeballsystem** *nt* accumulative process **schneebedeckt** *adj* snow-covered **Schneebesen** *m* cook whisk **schneeblind** *adj* snow-blind **Schneebrille** *f* snow goggles *pl* **Schneedecke** *f* blanket or covering of snow **Schneefall** *m* snowfall, fall of snow **Schneeflocke** *f* snowflake **schneefrei** *adj* Gebiet free of snow **Schneegestöber** *nt (leicht)* snow flurry; *(stark)* snowstorm **Schneeglätte** *f* hard-packed snow *no pl* **Schneeglöckchen** *nt* snowdrop **Schneegrenze** *f* snow line **Schneekette** *f* AUTO snow chain **Schneemann** *m, pl* -männer snowman **Schneematsch** *m* slush **Schneepflug** *m* TECH, SKI snowplough *(Br)*, snowplow *(US)* **Schneeregen** *m* sleet **Schneeschaufel** *f* snow shovel, snowpusher *(US)* **Schneeschmelze** *f* thaw **Schneeschuh** *m* snowshoe; *(dated* SKI*)* ski **Schneesturm** *m* snowstorm; *(stärker)* blizzard **Schneetreiben** *nt* driving snow **Schneeverhältnisse** *pl* snow conditions *pl* **Schneeverwehung** *f* snowdrift **Schneewehe** *f* snowdrift **schneeweiß** *adj* snow-white; *Hände* lily-white **Schneewittchen** [-ˈvɪtçən] *nt* ⟨-s, *no pl*⟩ Snow White

Schneid [ʃnait] *m* ⟨-(e)s [-dəs]⟩ ⟨(*S Ger, Aus*) *f* -, *no pl*⟩ *(infml)* guts *pl (infml)* **Schneidbrenner** *m* TECH cutting torch **Schneide** [ˈʃnaidə] *f* ⟨-, -n⟩ *(sharp or cutting)* edge; *(von Messer)* blade **schneiden** [ˈʃnaidn] *pret* **schnitt** [ʃnɪt], *past part* **geschnitten** [gəˈʃnɪtn] **A** *v/i* to cut **B** *v/t* **1** to cut; (≈ *klein schneiden) Gemüse etc* to chop; SPORTS *Ball* to slice; MAT to intersect with; *(Weg)* to cross; **jdn ~** *(beim Überholen)* to cut in on sb; (≈ *ignorieren)* to cut sb dead *(Br)* or off **2** *Film, Tonband* to edit **3** *(fig ≈ meiden)* to cut **C** *v/r* **1** *(Mensch)* to cut oneself; **sich in den Finger ~** to cut one's finger **2** *(infml ≈ sich täuschen)* **da hat er sich aber geschnitten!** he's

made a big mistake **3** *(Linien, Straßen etc)* to intersect **schneidend** *adj* biting; *Ton* piercing **Schneider** [ˈʃnaide] *m* ⟨-s, -⟩ *(Gerät)* cutter; **aus dem ~ sein** *(fig)* to be out of the woods **Schneider** [ˈʃnaide] *m* ⟨-s, -⟩, **Schneiderin** [ˈʃnaidərɪn] *f* ⟨-, -nen⟩ tailor; ≈ *Damenschneider* dressmaker **Schneiderei** [ʃnaidəˈrai] *f* ⟨-, -en⟩ (≈ *Werkstatt)* tailor's **schneidern** [ˈʃnaiden] **A** *v/i (beruflich)* to be a tailor; *(als Hobby)* to do dressmaking **B** *v/t* to make **Schneidersitz** *m* **im ~ sitzen** to sit cross-legged **Schneidezahn** *m* incisor **schneidig** [ˈʃnaidɪç] *adj Mensch* dashing; *Musik, Rede* rousing; *Tempo* fast

schneien [ˈʃnaiən] **A** *v/impers* to snow **B** *v/t +impers* **es schneite Konfetti** confetti rained down **C** *v/i aux sein (fig)* to rain down; **jdm ins Haus ~** *(infml) (Besuch)* to drop in on sb; *(Rechnung, Brief)* to arrive in the post

Schneise [ˈʃnaizə] *f* ⟨-, -n⟩ break; (≈ *Waldschneise)* lane

schnell [ʃnɛl] **A** *adj* quick; *Auto, Zug, Strecke* fast; *Hilfe* speedy **B** *adv* quick; *arbeiten, handeln* fast; **nicht so ~!** not so fast!; **das geht ~** *(grundsätzlich)* it doesn't take long; **das ging ~** that was quick; **mach ~/~er!** hurry up!; **das ging alles viel zu ~** it all happened much too quickly or fast; **das werden wir ~ erledigt haben** we'll soon have that finished; **sie wird ~ böse** she loses her temper quickly; **das werde ich so ~ nicht wieder tun** I won't do that again in a hurry **Schnellboot** *nt* speedboat **Schnelle** [ˈʃnɛlə] *f* ⟨-, -n⟩ **1** *no pl* (≈ *Schnelligkeit)* speed; **etw auf die ~ machen** to do sth quickly or in a rush **2** (≈ *Stromschnelle)* rapids *pl* **schnellen** [ˈʃnɛlən] *v/i aux sein* to shoot; **in die Höhe ~** to shoot up **Schnellhefter** *m* spring folder **Schnelligkeit** [ˈʃnɛlɪçkait] *f* ⟨-, -en⟩ speed; *(von Hilfe)* speediness **Schnellimbiss** *m* **1** *(Essen)* (quick) snack **2** *(Raum)* snack bar **Schnellkochtopf** *m* (≈ *Dampfkochtopf)* pressure cooker **schnelllebig** [-le:bɪç] *adj Zeit* fast-moving **Schnellreinigung** *f* express cleaning service **schnellstens** [ˈʃnɛlstns] *adv* as quickly as possible **Schnellstraße** *f* expressway **Schnellzug** *m* fast train

Schnepfe [ˈʃnɛpfə] *f* ⟨-, -n⟩ snipe; *(pej infml)* silly cow *(infml)*

schneuzen [ˈʃnɔytsn] *v/t & v/r* → **schnäu-**

S

zen
Schnippchen ['ʃnɪpçən] *nt* ⟨-s, -⟩ *(infml)*
jdm ein ~ schlagen to play a trick on sb
schnippen ['ʃnɪpn] *v/i* **mit den Fingern
~** to snap one's fingers **schnippisch**
['ʃnɪpɪʃ] **A** *adj* saucy **B** *adv* saucily
Schnipsel ['ʃnɪpsl] *m or nt* ⟨-s, -⟩ *(infml)*
scrap; (≈ *Papierschnipsel*) scrap of paper
Schnitt [ʃnɪt] *m* ⟨-(e)s, -e⟩ **1** cut; *(von Gesicht)* shape; MED incision; (≈ *Schnittmuster*)
pattern **2** FILM editing *no pl* **3** (MAT) (≈ *Schnittpunkt*) (point of) intersection; (≈ *Schnittfläche*) section; *(infml ≈ Durchschnitt)*
average; **im ~** on average
Schnittblumen *pl* cut flowers *pl*
Schnitte ['ʃnɪtə] *f* ⟨-, -n⟩ slice; *(belegt)*
open sandwich; *(zusammengeklappt)* sandwich **schnittig** ['ʃnɪtɪç] *adj* smart
Schnittlauch *m, no pl* chives *pl*
Schnittmuster *nt* SEWING (paper) pattern **Schnittpunkt** *m* intersection
Schnittstelle *f* cut; (IT, *fig)* interface
Schnittwinkel *m* angle of intersection
Schnittwunde *f* cut; *(tief)* gash
Schnitzel[1] ['ʃnɪtsl] *nt or m* ⟨-s, -⟩ (≈ *Papierschnitzel*) bit of paper; (≈ *Holzschnitzel*) shaving
Schnitzel[2] *nt* ⟨-s, -⟩ COOK veal/pork cutlet
Schnitzeljagd *f* paper chase
schnitzeln ['ʃnɪtsln] *v/t Gemüse* to shred
schnitzen ['ʃnɪtsn] *v/t & v/i* to carve
Schnitzer ['ʃnɪtsɐ] *m* ⟨-s, -⟩ *(infml) (in Benehmen)* blunder; (≈ *Fehler)* howler *(Br
infml)*, blooper *(US infml)* **Schnitzer**
['ʃnɪtsɐ] *m* ⟨-s, -⟩, **Schnitzerin** ['ʃnɪtsɐrɪn]
f ⟨-, -nen⟩ woodcarver **Schnitzerei**
[ʃnɪtsə'rai] *f* ⟨-, -en⟩ (wood)carving
schnodd(e)rig ['ʃnɔd(ə)rɪç] *adj (infml)
Mensch, Bemerkung* brash
schnöde ['ʃnøːdə] *adj* (≈ *niederträchtig)*
despicable; *Ton* contemptuous; **~s Geld**
filthy lucre
Schnorchel ['ʃnɔrçl] *m* ⟨-s, -⟩ snorkel
schnorcheln ['ʃnɔrçln] *v/i* to go snorkelling *(Br)* or snorkeling *(US)*
Schnörkel ['ʃnœrkl] *m* ⟨-s, -⟩ flourish; *(an
Möbeln, Säulen)* scroll; *(fig ≈ Unterschrift)*
squiggle *(hum)*
schnorren ['ʃnɔrən] *v/t & v/i (infml)* to
scrounge *(infml) (bei* from) **Schnorrer**
['ʃnɔrɐ] *m* ⟨-s, -⟩, **Schnorrerin** [-ərɪn] *f*
⟨-, -nen⟩ *(infml)* scrounger *(infml)*
Schnösel ['ʃnøːzl] *m* ⟨-s, -⟩ *(infml)* snotty
(-nosed) little upstart *(infml)* **schnöselig**

['ʃnøːzəlɪç] *(infml) adj Benehmen* snotty
(infml)
schnuckelig ['ʃnʊkəlɪç] *adj (infml* ≈ *gemütlich)* snug, cosy; (≈ *niedlich)* cute
schnüffeln ['ʃnʏfln] **A** *v/i* **1** to sniff; **an
etw** *(dat)* **~** to sniff (at) sth **2** *(fig infml* ≈ *spionieren)* to snoop around *(infml)* **B** *v/t*
to sniff **Schnüffler** ['ʃnʏflɐ] *m* ⟨-s, -⟩,
Schnüfflerin [-ərɪn] *f* ⟨-, -nen⟩ *(infml)*
(fig) snooper *(infml)*; (≈ *Detektiv)* private
eye *(infml)*
Schnuller ['ʃnʊlɐ] *m* ⟨-s, -⟩ *(infml)* dummy
(Br), pacifier *(US)*
Schnulze ['ʃnʊltsə] *f* ⟨-, -n⟩ *(infml)*
schmaltzy film/book/song *(infml)*
schnulzig ['ʃnʊltsɪç] *(infml) adj* slushy
(infml)
Schnupfen ['ʃnʊpfn] *m* ⟨-s, -⟩ cold;
(einen) ~ bekommen to catch a cold
Schnupftabak *m* snuff
schnuppe ['ʃnʊpə] *adj pred (infml)* **jdm ~
sein** to be all the same to sb
Schnupperkurs *m (infml)* taster course
schnuppern ['ʃnʊpɐn] **A** *v/i* to sniff;
an etw *(dat)* **~** to sniff (at) sth **B** *v/t* to
sniff; *(fig)* *Atmosphäre etc* to sample
Schnur [ʃnuːr] *f* ⟨-, ⸚e* ['ʃnyːrə]⟩ (≈ *Bindfaden)* string; (≈ *Kordel)* cord **Schnürchen**
['ʃnyːrçən] *nt* ⟨-s, -⟩ **es läuft alles wie
am ~** everything's going like clockwork
schnüren ['ʃnyːrən] *v/t Paket* to tie up;
Schuhe to lace (up) **schnurgerade** *adj*
(dead) straight **Schnürl** ['ʃnyːrl] *nt* ⟨-s,
-⟩ *(Aus)* (piece of) string **schnurlos** *adj*
cordless **Schnürlregen** ['ʃnyːrl-] *m
(Aus)* pouring rain **Schnürlsamt**
['ʃnyːrl-] *m (Aus)* corduroy
Schnurrbart *m* moustache *(Br)*, mustache
(US) **schnurren** ['ʃnʊrən] *v/i (Katze)* to
purr; *(Spinnrad etc)* to hum
Schnürschuh *m* lace-up shoe **Schnürsenkel** *m* shoelace **schnurstracks**
['ʃnuːɐ'ʃtraks] *adv* straight
schnurz(egal) [ʃnʊrts-] *adj (infml)* **das ist
ihm ~** he couldn't give a damn (about
it) *(infml)*
Schoa ['ʃoːa] *f* ⟨-, *no pl)* (≈ *Holocaust)* shoah
Schock *m* ⟨-(e)s, -s⟩ shock; **unter ~ stehen** to be in a (state of) shock **schocken**
['ʃɔkn] *v/t (infml)* to shock **schockieren**
[ʃɔ'kiːrən] *past part* **schockiert** *v/t & v/i* to
shock; *(stärker)* to scandalize; **~d** shocking;
schockiert sein to be shocked *(über +acc*
at)

schofel [ˈʃoːfl̩], **schofelig** [ˈʃoːfəlɪç] (infml) adj Behandlung rotten no adv (infml); Geschenk miserable

Schöffe [ˈʃœfə] m ⟨-n, -n⟩, **Schöffin** [ˈʃœfɪn] f ⟨-, -nen⟩ ≈ juror **Schöffengericht** nt court (with jury)

Schokolade [ʃokoˈlaːdə] f ⟨-, -n⟩ chocolate **Schokoriegel** [ˈʃoko-] m chocolate bar

Scholle¹ [ˈʃɔlə] f ⟨-, -n⟩ (Fisch) plaice

Scholle² f ⟨-, -n⟩ (≈ Eisscholle) (ice) floe; (≈ Erdscholle) clod (of earth)

schon [ʃoːn] adv **1** already; **er ist ~ hier!** he's (already) here!; **es ist ~ 11 Uhr** it's (already) 11 o'clock; **das habe ich dir doch ~ hundertmal gesagt** I've told you that a hundred times; **~ damals** even then; **~ im 13. Jahrhundert** as early as the 13th century; **~ am nächsten Tag** the very next day; **ich bin ~ lange fertig** I've been ready for ages; **~ immer** always; **ich habe das ~ mal gehört** I've heard that before; **warst du ~ (ein)mal dort?** have you ever been there? **2** (≈ bereits) ever; **warst du ~ dort?** have you ever been there (yet)?; (≈ je) have you (ever) been there?; **ist er ~ hier?** is he here yet?; **musst du ~ gehen?** must you go so soon?; **wie lange wartest du ~?** how long have you been waiting? **3** (≈ bloß) just; **allein ~ der Gedanke, dass …** just the thought that …; **wenn ich das ~ sehe!** if I even see that! **4** (≈ bestimmt) all right; **du wirst ~ sehen** you'll see (all right); **das wirst du ~ noch lernen** you'll learn that one day **5** **das ist ~ möglich** that's quite possible; **hör ~ auf damit!** will you stop that!; **nun sag ~!** come on, tell me/us etc!; **mach ~!** get a move on! (infml); **ja ~, aber …** (infml) yes (well), but …; **was machst das ~, wenn …** what does it matter if …; **~ gut!** okay! (infml); **ich verstehe ~** I understand; **ich weiß ~** I know

schön [ʃøːn] **A** adj **1** beautiful; Mann handsome **2** (≈ nett, angenehm) good; Gelegenheit great; (infml ≈ gut) nice; **die ~en Künste** the fine arts; **eines ~en Tages** one fine day; **~e Ferien!** have a good holiday (esp Br) or vacation (US); **zu ~, um wahr zu sein** (infml) too good to be true; **na ~** fine, okay; **~ und gut, aber …** that's all very well but … **3** (iron) Unordnung fine; Überraschung lovely; **du bist mir ein ~er Freund** a fine friend you are; **das wä-re ja noch ~er** (infml) that's (just) too much! **4** (≈ beträchtlich) Erfolg great; **eine ganz ~e Leistung** quite an achievement; **eine ganz ~e Menge** quite a lot **B** adv **1** (≈ gut) well; schreiben beautifully; **sich ~ anziehen** to get dressed up; **~ weich/warm/stark** nice and soft/warm/strong; **schlaf ~** sleep well; **erhole dich ~** have a good rest **2** (infml) (≈ brav, lieb) nicely; (≈ sehr, ziemlich) really; **sei ~ brav** be a good boy/girl; **ganz ~ teuer/kalt** pretty expensive/cold; **ganz ~ lange** quite a while

Schonbezug m (für Matratzen) mattress cover; (für Möbel) loose cover; (für Autositz) seat cover

Schöne [ˈʃøːnə] f decl as adj (liter, hum ≈ Mädchen) beauty

schonen [ˈʃoːnən] **A** v/t Gesundheit to look after; Ressourcen to conserve; Umwelt to protect; jds Nerven to spare; Gegner to be easy on; Bremsen, Batterie to go easy on; **er muss den Arm noch ~** he still has to be careful with his arm **B** v/r to look after oneself; **er schont sich für das nächste Rennen** he's saving himself for the next race

schönen [ˈʃøːnən] v/t Zahlen to dress up

schonend **A** adj gentle; (≈ rücksichtsvoll) considerate; Waschmittel mild **B** adv **jdm etw ~ beibringen** to break sth to sb gently; **etw ~ behandeln** to treat sth with care

Schönfärberei f (fig) glossing things over **Schöngeist** m aesthete **schöngeistig** adj aesthetic; **~e Literatur** belletristic literature **Schönheit** f ⟨-, -en⟩ beauty **Schönheitschirurgie** f cosmetic surgery **Schönheitsfarm** f beauty farm **Schönheitsfehler** m blemish; (von Gegenstand) flaw **Schönheitskönigin** f beauty queen **Schönheitsoperation** f cosmetic surgery **Schönheitspflege** f beauty care **Schönheitswettbewerb** m beauty contest

Schonkost f light diet; (≈ Spezialdiät) special diet

schön machen, schönmachen sep **A** v/t Kind to dress up; Wohnung to decorate **B** v/r to get dressed up; (≈ sich schminken) to make (oneself) up **Schönschrift** f, no pl **in ~** in one's best (hand)-writing

Schonung [ˈʃoːnʊŋ] f ⟨-, -en⟩ **1** (≈ Wald-

S

bestand) (protected) forest plantation area **2** no pl (≈ das Schonen) (von Ressourcen) saving; (von Umwelt) protection; **zur ~ meiner Gefühle** to spare my feelings **3** no pl (≈ Nachsicht) mercy **schonungslos A** adj ruthless; Wahrheit blunt; Offenheit brutal; Kritik savage **B** adv ruthlessly **Schonzeit** f close season; (fig) honeymoon period

Schopf [ʃɔpf] m ⟨-(e)s, ̈-e [ˈʃœpfə]⟩ **1** (shock of) hair; **eine Gelegenheit beim ~ ergreifen** to seize an opportunity with both hands **2** (Aus ≈ Schuppen) shed

schöpfen [ˈʃœpfn] v/t **1** (also v/i) (**aus** from) Wasser to scoop; Suppe to ladle **2** Kraft to summon up; Hoffnung to find; **Hoffnung** etc **aus etw ~** to draw hope etc from sth **3** (also v/i ≈ schaffen) Kunstwerk to create; neuen Ausdruck to coin **Schöpfer** [ˈʃœpfɐ] m ⟨-s, -⟩, **Schöpferin** [-ərɪn] f ⟨-, -nen⟩ creator; (≈ Gott) Creator **schöpferisch** [ˈʃœpfərɪʃ] **A** adj creative **B** adv creatively; **sie ist ~ veranlagt** she is creative; (≈ künstlerisch) she is artistic **Schöpfkelle** f, **Schöpflöffel** m ladle **Schöpfung** [ˈʃœpfʊŋ] f ⟨-, -en⟩ creation

Schorf [ʃɔrf] m ⟨-(e)s, -e⟩ crust; (≈ Wundschorf) scab

Schorle [ˈʃɔrlə] f ⟨-, -n or⟩ nt ⟨-s, -s⟩ spritzer

Schornstein [ˈʃɔrnʃtain] m chimney; (von Schiff, Lokomotive) funnel, (smoke)stack **Schornsteinfeger** [-feːgɐ] m ⟨-s, -⟩, **Schornsteinfegerin** [-ərɪn] f ⟨-, -nen⟩ chimney sweep

Schoß [ʃoːs] m ⟨-es, ̈-e [ˈʃøːsə]⟩ m **1** lap; **die Hände in den ~ legen** (fig) to sit back (and take it easy) **2** (liter) (≈ Mutterleib) womb; **im ~e der Familie** in the bosom of one's family **Schoßhund** m lapdog

Schössling [ˈʃœslɪŋ] m ⟨-s, -e⟩ вот shoot

Schote [ˈʃoːtə] f ⟨-, -n⟩ вот pod

Schotte [ˈʃɔtə] m ⟨-n, -n⟩ Scot **Schottenmuster** nt tartan **Schottenrock** m (≈ Kilt) kilt

Schotter [ˈʃɔtɐ] m ⟨-s, -⟩ gravel; (im Straßenbau) (road) metal; RAIL ballast

Schottin [ˈʃɔtɪn] f ⟨-, -nen⟩ Scot **schottisch** [ˈʃɔtɪʃ] adj Scottish **Schottland** [ˈʃɔtlant] nt ⟨-s⟩ Scotland

schraffieren [ʃraˈfiːrən] past part schraffiert v/t to hatch **Schraffierung** f ⟨-, -en⟩ hatching

schräg [ʃrɛːk] **A** adj **1** (≈ schief, geneigt) sloping; Kante bevelled (Br), beveled (US)

2 (infml) (≈ verdächtig) fishy (infml) **B** adv (≈ geneigt) at an angle; (≈ krumm) slanting; gestreift diagonally; **~ gegenüber** diagonally opposite; **den Kopf ~ halten** to hold one's head at an angle; **jdn ~ ansehen** (fig) to look askance at sb **Schrägbank** f, pl **-bänke** sports incline bench **Schräge** [ˈʃrɛːgə] f ⟨-, -n⟩ (≈ schräge Fläche) slope; (≈ schräge Kante) bevel; (im Zimmer) sloping ceiling **Schrägkante** f bevelled (Br) or beveled (US) edge **Schrägstrich** m oblique

Schramme [ˈʃramə] f ⟨-, -n⟩ scratch **schrammen** [ˈʃramən] v/t to scratch

Schrank [ʃraŋk] m ⟨-(e)s, ̈-e [ˈʃrɛŋkə]⟩ cupboard (Br), closet (US); (≈ Kleiderschrank) wardrobe (Br), closet (US)

Schranke [ˈʃraŋkə] f ⟨-, -n⟩ barrier; (fig) (≈ Grenze) limit; **sich in ~n halten** to keep within reasonable limits **schrankenlos** adj (fig) unbounded, boundless; Forderungen unrestrained **Schrankenwärter(in)** m/(f) attendant (at level crossing)

schrankfertig adj Wäsche washed and ironed **Schrankkoffer** m clothes trunk **Schrankwand** f wall unit

Schraubdeckel m screw(-on) lid **Schraube** [ˈʃraubə] f ⟨-, -n⟩ screw; **bei ihr ist eine ~ locker** (infml) she's got a screw loose (infml) **schrauben** [ˈʃraubn] v/t & v/i to screw; **etw in die Höhe ~** (fig) Preise to push sth up; Ansprüche to raise **Schraubendreher** m screwdriver **Schraubenmutter** f, pl **-muttern** nut **Schraubenschlüssel** m spanner (Br), wrench (US) **Schraubenzieher** [-tsiːɐ] m ⟨-s, -⟩ screwdriver **Schraubstock** m vice **Schraubverschluss** m screw top

Schrebergarten [ˈʃreːbɐ-] m allotment (Br), garden plot

Schreck [ʃrɛk] m ⟨-s, (rare) -e⟩ fright; **vor ~** in fright; zittern with fright; **einen ~(en) bekommen** to get a fright; **mit dem ~(en) davonkommen** to get off with no more than a fright; **ach du ~!** (infml) blast! (infml) **schrecken** [ˈʃrɛkn] pret schreckte [ˈʃrɛktə], past part geschreckt [gəˈʃrɛkt] **A** v/t (≈ ängstigen) to frighten; (stärker) to terrify; **jdn aus dem Schlaf ~** to startle sb out of his sleep **B** v/r (Aus) to get a fright **Schrecken** [ˈʃrɛkn] m ⟨-s, -⟩ **1** = Schreck **2** (≈ Entsetzen) terror; **jdn in Angst und ~ versetzen** to frighten

and terrify sb **schreckensblass,
schreckensbleich** *adj* as white as a
sheet **Schreckensnachricht** *f* terrible
news *no pl* **Schreckgespenst** *nt* nightmare **schreckhaft** *adj* easily startled
schrecklich ['ʃrɛklɪç] **A** *adj* terrible **B**
adv **1** (≈ *entsetzlich*) horribly; **~ schimpfen**
to swear dreadfully **2** (*infml* ≈ *sehr*) terribly; **~ viel** an awful lot (of); **~ wenig** very
little **Schreckschuss** *m* warning shot
Schrecksekunde *f* moment of shock
Schredder ['ʃrɛdɐ] *m* ⟨-s, -⟩ shredder
Schrei [ʃraɪ] *m* ⟨-(e)s, -e⟩ cry; (*brüllender*)
yell; (*gellender*) scream; (*kreischender*)
shriek; **ein ~ der Entrüstung** an (indignant) outcry; **der letzte ~** (*infml*) the latest
thing
Schreibblock *m, pl* -blöcke *or* -blocks
(writing) pad **schreiben** ['ʃraɪbn] *pret*
schrieb [ʃriːp], *past part* **geschrieben** [gə-
'ʃriːbn] **A** *v/t* **1** *mit jdm* **Klassenarbeit** to
do; **schwarze/rote Zahlen ~** COMM to be
in the black/red; **wo steht das geschrieben?** where does it say that? **2** (*orthografisch*) to spell; **wie schreibt man das?** how
do you spell that? **B** *v/i* to write; **jdm ~** to
write to sb, to write sb (*US*); **an einem Roman** *etc* **~** to be working on *or* writing a
novel *etc* **C** *v/r* **1** (≈ *korrespondieren*) to
write (to each other) **2** (≈ *geschrieben werden*) to be spelt (*esp Br*) *or* spelled; **wie
schreibt er sich?** how does he spell his
name? **Schreiben** ['ʃraɪbn] *nt* ⟨-s, -⟩ (≈
Mitteilung) communication (*form*); (≈ *Brief*)
letter **Schreiber** ['ʃraɪbɐ] *m* ⟨-s, -⟩ (*infml*
≈ *Schreibgerät*) **keinen ~ haben** to have
nothing to write with **Schreiber** ['ʃraɪbɐ]
m ⟨-s, -⟩, **Schreiberin** [-ərɪn] *f* ⟨-, -nen⟩
writer; (≈ *Gerichtsschreiber*) clerk/clerkess;
(*pej* ≈ *Schriftsteller*) scribbler **schreibfaul**
adj lazy (about letter writing) **Schreibfehler** *m* (spelling) mistake; (*aus Flüchtig-
keit*) slip of the pen **schreibgeschützt**
adj IT write-protected **Schreibheft** *nt* exercise book **Schreibkraft** *f* typist
Schreibmaschine *f* typewriter; **mit
der ~ geschrieben** typewritten **Schreib-
maschinenpapier** *nt* typing paper
Schreibschutz *m* IT write protection
Schreibtisch *m* desk **Schreibtischlampe** *m* desk lamp **Schreibtischtä-
ter(in)** *m/f(*) mastermind behind the
scenes (of a/the crime) **Schreibung**
['ʃraɪbʊŋ] *f* ⟨-, -en⟩ spelling; **falsche ~** mis-

spelling **Schreibwaren** *pl* stationery *sg*
Schreibwarenhändler(in) *m/f(*) stationer **Schreibwarenhandlung** *f* stationer's (shop) **Schreibweise** *f* (≈ *Stil*)
style; (≈ *Rechtschreibung*) spelling
schreien ['ʃraɪən] *pret* **schrie** [ʃriː], *past
part* **geschrie(e)n** [gə'ʃriː(ə)n] **A** *v/i* to
shout; (*gellend*) to scream; (*kreischend*) to
shriek; (≈ *brüllen*) to yell; (≈ *weinen: Kind*)
to howl; **es war zum Schreien** (*infml*) it
was a scream (*infml*) **B** *v/r* **sich heiser ~**
to shout oneself hoarse **Schreihals** *m*
(*infml*) (≈ *Baby*) bawler (*infml*); (≈ *Unruhestif-
ter*) noisy troublemaker
Schrein [ʃraɪn] *m* ⟨-(e)s, -e⟩ (*elev*) shrine
Schreiner ['ʃraɪnɐ] *m* ⟨-s, -⟩, **Schreine-
rin** [-ərɪn] *f* ⟨-, -nen⟩ (*esp S Ger*) carpenter
schreiten ['ʃraɪtn] *pret* **schritt** [ʃrɪt], *past
part* **geschritten** [gə'ʃrɪtn] *v/i aux sein* (*elev*)
(≈ *schnell gehen*) to stride; (≈ *feierlich gehen*)
to walk; (≈ *stolzieren*) to strut; **zu etw ~** (*fig*)
to get down to sth; **zur Abstimmung ~** to
proceed to a vote
Schrift [ʃrɪft] *f* ⟨-, -en⟩ **1** writing; TYPO
type **2** (≈ *Schriftstück*) document **3** (≈ *Broschüre*) leaflet; (≈ *kürzere Abhandlung*) paper; **die (Heilige) ~** the (Holy) Scriptures
pl **Schriftart** *f* TYPO typeface
Schriftbild *nt* script **Schriftdeutsch**
nt written German; (*nicht Dialekt*) standard
German **Schriftführer(in)** *m/f(*) secretary **Schriftgrad** *m* type size
schriftlich ['ʃrɪftlɪç] **A** *adj* written; **in
~er Form** in writing; **die ~e Prüfung** the
written exam **B** *adv* in writing; **etw ~ festhalten** to put sth down in writing; **das
kann ich Ihnen ~ geben** (*fig infml*) I can
tell you that for free (*infml*) **Schriftsatz**
m **1** JUR legal document **2** TYPO form(e)
Schriftsetzer(in) *m/f(*) typesetter
Schriftsprache *f* written language; (≈
nicht Dialekt) standard language
Schriftsteller [-ʃtɛlɐ] *m* ⟨-s, -⟩ author
Schriftstellerin [-ʃtɛlərɪn] *f* ⟨-, -nen⟩
author(ess) **schriftstellerisch** [-ʃtɛlərɪʃ]
A *adj Arbeit, Talent* literary **B** *adv* **~ tätig
sein** to write; **er ist ~ begabt** he has tal-
ent as a writer **Schriftstück** *nt* paper;
JUR document **Schriftverkehr** *m*,
Schriftwechsel *m* correspondence
schrill [ʃrɪl] **A** *adj Ton, Stimme* shrill; *Farbe,
Outfit* garish **B** *adv* shrilly; *gekleidet* loudly
Schritt [ʃrɪt] *m* ⟨-(e)s, -e⟩ **1** step (*zu* to-
wards); (*weit ausholend*) stride; (*hörbar*)

S

footstep; (≈ *Gang*) walk; (≈ *Tempo*) pace; **einen ~ machen** to take a step; **den ersten ~ tun** (*fig*) to make the first move; **~e gegen jdn/etw unternehmen** to take steps against sb/sth; **auf ~ und Tritt** wherever one goes; **~ für ~** step by step; **~ halten** to keep up **2** (≈ *Schrittgeschwindigkeit*) walking pace; **„Schritt fahren"** "dead slow" (*Br*), "slow" **3** (≈ *Hosenschritt*) crotch **Schrittmacher** *m* MED pacemaker **Schrittmacher(in)** *m/f* SPORTS pacemaker (*esp Br*), pacer **Schritttempo** *nt* walking speed **schrittweise** **A** *adv* gradually **B** *adj* gradual

schroff [ʃrɔf] **A** *adj* (≈ *barsch*) curt; (≈ *krass*) abrupt; (≈ *steil, jäh*) precipitous **B** *adv* **1** (≈ *barsch*) curtly **2** (≈ *steil*) steeply

schröpfen ['ʃrœpfn] *v/t* **jdn ~** (*fig*) to rip sb off (*infml*)

Schrot [ʃroːt] *m or nt* ⟨-(e)s, -e⟩ **1** grain; (≈ *Weizenschrot*) ≈ wholemeal (*Br*), ≈ whole-wheat (*US*); **vom alten ~ und Korn** (*fig*) of the old school **2** HUNT shot **Schrotflinte** *f* shotgun **Schrotkugel** *f* pellet **Schrotladung** *f* round of shot

Schrott [ʃrɔt] *m* ⟨-(e)s, no *pl*⟩ scrap metal; (*fig*) rubbish (*Br*), garbage **Schrotthändler(in)** *m/f* scrap dealer or merchant **Schrotthaufen** *m* (*lit*) scrap heap; (*fig* ≈ *Auto*) pile of scrap **Schrottplatz** *m* scrap yard **schrottreif** *adj* ready for the scrap heap **Schrottwert** *m* scrap value

schrubben ['ʃrʊbn] *v/t & v/i* to scrub **Schrubber** ['ʃrʊbɐ] *m* ⟨-s, -⟩ (long-handled) scrubbing (*Br*) or scrub (*US*) brush

Schrulle ['ʃrʊlə] *f* ⟨-, -n⟩ quirk **schrullig** ['ʃrʊlɪç] *adj* odd

schrump(e)lig ['ʃrʊmp(ə)lɪç] *adj* (*infml*) wrinkled

schrumpfen ['ʃrʊmpfn] *v/i aux sein* to shrink; (*Leber, Niere*) to atrophy; (*Muskeln*) to waste, to atrophy; (*Exporte, Interesse*) to dwindle; (*Industriezweig*) to decline **Schrumpfung** ['ʃrʊmpfʊŋ] *f* ⟨-, -en⟩ shrinking; (≈ *Raumverlust*) shrinkage; MED atrophy(ing); (*von Exporten*) dwindling, diminution; (*von Industriezweig etc*) decline

Schub [ʃuːp] *m* ⟨-(e)s, ːe ['ʃyːbə]⟩ **1** (≈ *Stoß*) push, shove **2** PHYS thrust; (*fig* ≈ *Impuls*) impetus **3** (≈ *Anzahl*) batch **Schubfach** *nt* drawer **Schubkarre** *f* wheelbarrow **Schubkraft** *f* PHYS thrust **Schublade** ['ʃuːplaːdə] *f* ⟨-, -n⟩ drawer; (*fig*) pi-

geonhole, compartment

Schubs [ʃʊps] *m* ⟨-es, -e⟩ (*infml*) shove (*infml*), push **schubsen** ['ʃʊpsn] *v/t & v/i* (*infml*) to shove (*infml*), to push

schüchtern ['ʃʏçtɐn] **A** *adj* shy **B** *adv* shyly **Schüchternheit** *f* ⟨-, no *pl*⟩ shyness

Schuft [ʃʊft] *m* ⟨-(e)s, -e⟩ heel (*infml*) **schuften** ['ʃʊftn] *v/i* (*infml*) to slave away **Schufterei** [ʃʊftəˈraɪ] *f* ⟨-, -en⟩ (*infml*) graft (*infml*)

Schuh [ʃuː] *m* ⟨-(e)s, -e⟩ shoe; **jdm etw in die ~e schieben** (*infml*) to put the blame for sth on sb **Schuhbürste** *f* shoe brush **Schuhcreme** *f* shoe polish **Schuhgröße** *f* shoe size **Schuhlöffel** *m* shoehorn **Schuhmacher(in)** *m/f* shoemaker; (≈ *Flickschuster*) cobbler **Schuhnummer** *f* (*infml*) shoe size **Schuhputzer** [-pʊtsə] *m* ⟨-s, -⟩, **Schuhputzerin** [-ərɪn] *f* ⟨-, -nen⟩ bootblack, shoeshine boy/girl (*US*) **Schuhsohle** *f* sole (of a/one's shoe) **Schuhwerk** *nt, no pl* footwear

Schulabgänger [-apɡɛŋɐ] *m* ⟨-s, -⟩, **Schulabgängerin** [-ərɪn] *f* ⟨-, -nen⟩ school-leaver (*Br*), graduate (*US*) **Schulabschluss** *m* school-leaving qualification, ≈ high school diploma (*US*) **Schulalter** *nt* school age; **im ~** of school age **Schularbeit** *f* **1** *usu pl*, **Schulaufgaben** *pl* homework *no pl* **2** (*Aus*) test **Schulausflug** *m* school trip, field trip (*US*) **Schulbank** *f, pl* -bänke school desk; **die ~ drücken** (*infml*) to go to school **Schulbeispiel** *nt* (*fig*) classic example (*für* of) **Schulbesuch** *m* school attendance **Schulbildung** *f* (school) education **Schulbuch** *nt* schoolbook **Schulbus** *m* school bus

schuld [ʃʊlt] *adj pred* **~ sein** to be to blame (*an* +*dat* for); **er war ~ an dem Streit** the argument was his fault; **du bist selbst ~** that's your own fault **Schuld** [ʃʊlt] *f* ⟨-, -en [-dn]⟩ **1** *no pl* (≈ *Verantwortlichkeit*) **~ haben** to be to blame (*an* +*dat* for); **du hast selbst ~** that's your own fault; **die ~ auf sich** (*acc*) **nehmen** to take the blame; **jdm die ~ geben** to blame sb; **das ist meine/deine ~** that is my/your fault; **durch meine/deine ~** because of me/you; **jdm ~ geben** to blame sb **2** *no pl* (≈ *Schuldgefühl*) guilt; (≈ *Unrecht*) wrong; **ich bin mir keiner ~ bewusst** I'm not aware of having done anything wrong **3**

(≈ *Zahlungsverpflichtung*) debt; **~en machen** to run up debts; **~en haben** to be in debt **schuldbewusst** *adj Mensch* feeling guilty; *Gesicht* guilty **schulden** ['ʃʊldn] *v/t* to owe; **das schulde ich ihm** I owe it to him; **jdm Dank ~** to owe sb a debt of gratitude **Schuldenberg** *m* mountain of debts **schuldenfrei** *adj* free of debt(s); *Besitz* unmortgaged **Schuldenlast** *f* debts *pl* **schuldfähig** *adj* JUR criminally responsible **Schuldfrage** *f* question of guilt **Schuldgefühl** *nt* sense *no pl or* feeling of guilt **schuldhaft** JUR **A** *adj* culpable **B** *adv* culpably **Schuldienst** *m* (school)teaching *no art*; **im ~ (tätig) sein** to be a teacher **schuldig** ['ʃʊldɪç] *adj* **1** guilty; (≈ *verantwortlich*) to blame *pred* (*an* +*dat* for); **einer Sache** (*gen*) **~ sein** to be guilty of sth; **jdn ~ sprechen** to find sb guilty; **sich ~ bekennen** to admit one's guilt; JUR to plead guilty **2** (≈ *verpflichtet*) **jdm etw** (*acc*) **~ sein** to owe sb sth; **was bin ich Ihnen ~?** how much do I owe you? **Schuldige(r)** ['ʃʊldɪɡə] *m/f(m) decl as adj* guilty person; (*zivilrechtlich*) guilty party **Schuldirektor(in)** *m/(f)* headteacher (*esp Br*), principal **schuldlos** *adj* (*an Verbrechen*) innocent (*an* +*dat* of); (*an Unglück etc*) blameless **Schuldner** ['ʃʊldnɐ] *m* ⟨-s, -⟩, **Schuldnerin** [-ərɪn] *f* ⟨-, -nen⟩ debtor **Schuldschein** *m* IOU **Schuldspruch** *m* verdict of guilty **schuldunfähig** *adj* JUR not criminally responsible **Schule** ['ʃuːlə] *f* ⟨-, -n⟩ school; **in die** *or* **zur ~ gehen** to go to school; **in der ~** at school; **die ~ ist aus** school is over; **~ machen** to become the accepted thing; **aus der ~ plaudern** to tell tales **schulen** ['ʃuːlən] *v/t* to train **Schulenglisch** *nt* **mein ~** the English I learned at school **Schüler** ['ʃyːlɐ] *m* ⟨-s, -⟩, **Schülerin** [-ərɪn] *f* ⟨-, -nen⟩ schoolboy/-girl; (*einer bestimmten Schule*) pupil; (≈ *Jünger*) follower **Schüleraustausch** *m* school exchange **Schülerausweis** *m* (school) student card **Schülerlotse** *m*, **Schülerlotsin** *f* lollipop man/lady (*Br infml*), crossing guard (*US*) **Schülerschaft** ['ʃyːlɐʃaft] *f* ⟨-, -en⟩ pupils *pl* **Schulfach** *nt* school subject **Schulferien** *pl* school holidays *pl* (*Br*) *or* vacation (*US*) **schulfrei** *adj* **die**

Kinder haben morgen ~ the children don't have to go to school tomorrow **Schulfreund(in)** *m/(f)* schoolfriend **Schulgelände** *nt* school grounds *pl* **Schulgeld** *nt* school fees *pl* **Schulheft** *nt* exercise book **Schulhof** *m* school playground, schoolyard **schulisch** ['ʃuː-lɪʃ] *adj Leistungen* at school; *Bildung* school *attr* **Schuljahr** *nt* school year; (≈ *Klasse*) year **Schuljunge** *m* schoolboy **Schulkamerad(in)** *m/(f)* schoolfriend **Schulkind** *nt* schoolchild **Schulklasse** *f* (school) class **Schulleiter** *m* headmaster, principal **Schulleiterin** *f* headmistress, principal **Schulmädchen** *nt* schoolgirl **Schulmedizin** *f* orthodox medicine **Schulmeinung** *f* received opinion **Schulpflicht** *f* **es besteht ~** school attendance is compulsory **schulpflichtig** [-pflɪçtɪç] *adj Kind* required to attend school; **im ~en Alter** of school age **Schulpolitik** *f* education policy **Schulranzen** *m* (school) satchel **Schulrat** *m*, **Schulrätin** *f* schools inspector (*Br*), ≈ school board superintendent (*US*) **Schulschiff** *nt* training ship **Schulschluss** *m, no pl* end of school; (*vor den Ferien*) end of term; **kurz nach ~** just after school finishes **Schulstunde** *f* (school) period **Schulsystem** *nt* school system **Schultasche** *f* schoolbag **Schulter** ['ʃʊltɐ] *f* ⟨-, -n⟩ shoulder; **jdm auf die ~ klopfen** to give sb a slap on the back; (*lobend*) to pat sb on the back; **~ an ~** (≈ *dicht gedrängt*) shoulder to shoulder; (≈ *solidarisch*) side by side; **die** *or* **mit den ~n zucken** to shrug one's shoulders; **etw auf die leichte ~ nehmen** to take sth lightly **Schulterblatt** *nt* shoulder blade **Schultergelenk** *nt* shoulder joint **schulterlang** *adj* shoulder-length **schultern** ['ʃʊltɐn] *v/t* to shoulder **Schulterschluss** *m, no pl* solidarity **Schulung** ['ʃuːlʊŋ] *f* ⟨-, -en⟩ (≈ *Ausbildung*) training; POL political instruction **Schuluniform** *f* school uniform **Schulunterricht** *m* school lessons *pl* **Schulweg** *m* way to school **Schulwesen** *nt* school system **Schulzeit** *f* (≈ *Schuljahre*) school days *pl* **Schulzeugnis** *nt* school report **schummeln** ['ʃʊmln] *v/i* (*infml*) to cheat **schumm(e)rig** ['ʃʊm(ə)rɪç] *adj Beleuchtung* dim

S

Schund [ʃʊnt] *m* ⟨-(e)s [-dəs]⟩ *no pl* (*pej*) trash, rubbish (*Br*)

schunkeln [ˈʃʊŋkln] *v/i* to link arms and sway from side to side

Schuppe [ˈʃʊpə] *f* ⟨-, -n⟩ **1** scale; **es fiel mir wie ~n von den Augen** the scales fell from my eyes **2 Schuppen** *pl* (≈ *Kopfschuppen*) dandruff *sg* **schuppen** [ˈʃʊpn] **A** *v/t Fische* to scale **B** *v/r* to flake

Schuppen [ˈʃʊpn] *m* ⟨-s, -⟩ **1** shed **2** (*infml*) (≈ *übles Lokal*) dive (*infml*)

Schur [ʃuːɐ] *f* ⟨-, -en⟩ (≈ *das Scheren*) shearing

schüren [ˈʃyːrən] *v/t* **1** *Feuer, Glut* to rake **2** (*fig*) to stir up; *Zorn, Hass* to fan the flames of

schürfen [ˈʃyrfn] **A** *v/i* MIN to prospect (*nach* for); **tief ~** (*fig*) to dig deep **B** *v/t Bodenschätze* to mine **C** *v/r* to graze oneself; **sich am Knie ~** to graze one's knee **Schürfwunde** *f* graze

Schürhaken *m* poker

Schurke [ˈʃʊrkə] *m* ⟨-n, -n⟩, **Schurkin** [ˈʃʊrkɪn] *f* ⟨-, -nen⟩ (*dated*) villain **Schurkenstaat** *m* POL rogue state or nation

Schurwolle [ˈʃuːɐ-] *f* virgin wool

Schürze [ˈʃyrtsə] *f* ⟨-, -n⟩ apron; (≈ *Kittelschürze*) overall **Schürzenjäger** *m* (*infml*) philanderer

Schuss [ʃʊs] *m* ⟨-es, ⸚e [ˈʃʏsə]⟩ **1** shot; (≈ *Schuss Munition*) round; **einen ~ auf jdn/etw abgeben** to fire a shot at sb/sth; **weit (ab) vom ~ sein** (*fig infml*) to be miles from where the action is (*infml*); **der ~ ging nach hinten los** it backfired **2** FTBL kick; (*esp zum Tor*) shot **3** (≈ *Spritzer*) dash; (*von Humor etc*) touch **4** (*infml: mit Rauschgift*) shot; (**sich** *dat*) **einen ~ setzen** to shoot up (*infml*) **5** (*infml*) **in ~ sein/kommen** to be in/get into (good) shape **Schussbereich** *m* (firing) range

Schussel [ˈʃʊsl] *m* ⟨-s, - (*inf*) or *f* -, -n⟩ (*infml*) dolt (*infml*); (*zerstreut*) scatterbrain (*infml*)

Schüssel [ˈʃʏsl] *f* ⟨-, -n⟩ bowl; (≈ *Satellitenschüssel*) dish; (≈ *Waschschüssel*) basin

schusselig [ˈʃʊsəlɪç] *adj* (≈ *zerstreut*) scatterbrained (*infml*)

Schusslinie *f* firing line **Schussverletzung** *f* bullet wound **Schusswaffe** *f* firearm **Schusswechsel** *m* exchange of shots **Schussweite** *f* range (of fire); **in/außer**

~ **within/out of range Schusswunde** *f* bullet wound

Schuster [ˈʃuːstɐ] *m* ⟨-s, -⟩, **Schusterin** [-ərɪn] *f* ⟨-, -nen⟩ shoemaker; (≈ *Flickschuster*) cobbler

Schutt [ʃʊt] *m* ⟨-(e)s, *no pl*⟩ (≈ *Trümmer*) rubble; GEOL debris; „**Schutt abladen verboten**" "no tipping" (*Br*), "no dumping" (*US*); **in ~ und Asche liegen** to be in ruins **Schuttabladeplatz** *m* dump

Schüttelfrost *m* MED shivering fit **schütteln** [ˈʃʏtln] **A** *v/t* to shake; (≈ *rütteln*) to shake about; **den Kopf ~** to shake one's head **B** *v/r* (*vor Kälte*) to shiver (*vor* with); (*vor Ekel*) to shudder (*vor* with, in) **Schütteltrauma** *nt* MED shaken baby syndrome

schütten [ˈʃʏtn] **A** *v/t* to tip; *Flüssigkeiten* to pour; (≈ *verschütten*) to spill **B** *v/impers* (*infml*) **es schüttet** it's pouring (with rain) **schütter** [ˈʃʏtə] *adj Haar* thin

Schutthaufen *m* pile of rubble **Schüttstein** *m* (*Swiss* ≈ *Spülbecken*) sink

Schutz [ʃʊts] *m* ⟨-es, *no pl*⟩ protection (*vor* +*dat, gegen* against, from); (*esp* MIL ≈ *Deckung*) cover; **im ~e der Nacht** under cover of night; **jdn in ~ nehmen** (*fig*) to take sb's part **Schutzanzug** *m* protective clothing *no indef art, no pl* **schutzbedürftig** *adj* in need of protection **Schutzblech** *nt* mudguard **Schutzbrille** *f* protective goggles *pl*

Schütze [ˈʃʏtsə] *m* ⟨-n, -n⟩ **1** marksman; (≈ *Schießsportler*) rifleman; (FTBL ≈ *Torschütze*) scorer **2** ASTROL Sagittarius *no art*; **sie ist ~** she's Sagittarius

schützen [ˈʃʏtsn] **A** *v/t* to protect (*vor* +*dat, gegen* from, against); (*esp* MIL ≈ *Deckung geben*) to cover; **vor Hitze/Sonnenlicht ~!** keep away from heat/sunlight; **vor Nässe ~!** keep dry; → **geschützt B** *v/r* to protect oneself (*vor* +*dat, gegen* from, against) **schützend A** *adj* protective; **ein ~es Dach** (*gegen Wetter*) a shelter; **seine ~e Hand über jdn halten** to take sb under one's wing **B** *adv* protectively **Schutzengel** *m* guardian angel **Schützenhilfe** *f* (*fig*) support; **jdm ~ geben** to back sb up

Schützenverein *m* shooting club **Schutzfilm** *m* protective layer *or* coating **Schutzfolie** *f* protective film **Schutzgebiet** *nt* POL protectorate **Schutzgebühr** *f* (token) fee

Schutzgeld nt protection money
Schutzhaft f JUR protective custody;
POL preventive detention
Schutzheilige(r) m/f(m) decl as adj patron saint **Schutzhelm** m safety helmet
Schutzherr m patron **Schutzherrin** f patron, patroness **Schutzhülle** f protective cover; (≈ Buchumschlag) dust cover
Schutzimpfung f vaccination, inoculation
Schützin ['ʃytsɪn] f ⟨-, -nen⟩ markswoman; (≈ Schießsportlerin) riflewoman; (≈ Torschützin) scorer
Schutzkleidung f protective clothing
Schützling ['ʃytslɪŋ] m ⟨-s, -e⟩ protégé; (esp Kind) charge **schutzlos** ▢**A** adj (≈ wehrlos) defenceless (Br), defenseless (US) ▢**B** adv **jdm ~ ausgeliefert sein** to be at the mercy of sb **Schutzmacht** f POL protecting power **Schutzmann** m, pl -leute policeman **Schutzmaske** f (protective) mask **Schutzmaßnahme** f precaution; (vorbeugend) preventive measure
Schutzpatron m, **Schutzpatronin** f patron saint **Schutzraum** m shelter
Schutzschicht f protective layer; (≈ Überzug) protective coating
Schutztruppe f protection force; HIST colonial army **Schutzumschlag** m dust cover **Schutzwall** m protective wall (gegen to keep out)
schwabbelig ['ʃvabəlɪç] adj (infml) Körperteil flabby; Gelee wobbly
Schwabe ['ʃva:bə] m ⟨-n, -n⟩, **Schwäbin** ['ʃvɛːbɪn] f ⟨-, -nen⟩ Swabian **Schwaben** ['ʃva:bn] nt ⟨-s⟩ Swabia **schwäbisch** ['ʃvɛːbɪʃ] adj Swabian; **die Schwäbische Alb** the Swabian mountains pl
schwach [ʃvax] ▢**A** adj, comp ‖er ['ʃvɛçə], sup ‖ste(r, s) ['ʃvɛçstə] weak; Gesundheit, Gehör poor; Hoffnung faint; Licht dim; Wind light; COMM Nachfrage slack; **das ist ein ~es Bild** (infml) or **eine ~e Leistung** (infml) that's a poor show (infml); **ein ~er Trost** cold comfort; **auf ~en Beinen** or **Füßen stehen** (fig) to be on shaky ground; (Theorie) to be shaky; **schwächer werden** to grow weaker; (Stimme) to grow fainter; (Licht) to (grow) dim; (Ton) to fade ▢**B** adv, comp ‖er, sup am ‖sten weakly; (≈ spärlich) besucht poorly; **~ bevölkert** sparsely populated; **~ radioaktiv** with low-level radioactivity **Schwäche** ['ʃvɛçə] f ⟨-, -n⟩ weakness; (von Stimme) feebleness; (von Licht)

dimness; (von Wind) lightness **Schwächeanfall** m sudden feeling of weakness **schwächeln** ['ʃvɛçln] v/i (infml) to weaken slightly; **der Dollar schwächelt** the dollar is showing signs of weakness **schwächen** ['ʃvɛçn] v/t to weaken **Schwachkopf** m (infml) dimwit (infml) **schwächlich** ['ʃvɛçlɪç] adj weakly **Schwächling** ['ʃvɛçlɪŋ] m ⟨-s, -e⟩ weakling **schwachmachen** v/t sep (infml) **jdn ~** to soften sb up; **mach mich nicht schwach!** don't say that! (infml) **Schwachpunkt** m weak point **Schwachsinn** m MED mental deficiency; (fig infml) (≈ unsinnige Tat) idiocy no indef art; (≈ Quatsch) rubbish (Br infml), garbage **schwachsinnig** adj MED mentally deficient; (fig infml) idiotic **Schwachstelle** f weak point **Schwachstrom** m ELEC low-voltage current **Schwächung** ['ʃvɛçʊŋ] f ⟨-, -en⟩ weakening
Schwaden ['ʃva:dn] m ⟨-s, -⟩ usu pl (≈ Dunst) cloud
schwafeln ['ʃva:fln] (pej infml) ▢**A** v/i to drivel (on) (infml); (in einer Prüfung) to waffle (infml) ▢**B** v/t **dummes Zeug ~** to talk drivel (infml) **Schwafler** ['ʃva:fle] m ⟨-s, -⟩, **Schwaflerin** [-ərɪn] f ⟨-, -nen⟩ (pej infml) windbag (infml)
Schwager ['ʃva:ge] m ⟨-s, ‖ ['ʃvɛːge]⟩ brother-in-law **Schwägerin** ['ʃvɛːgərɪn] f ⟨-, -nen⟩ sister-in-law
Schwalbe ['ʃvalbə] f ⟨-, -n⟩ swallow; **eine ~ machen** (FTBL sl) to take a dive; **eine ~ macht noch keinen Sommer** (prov) one swallow doesn't make a summer (prov)
Schwall [ʃval] m ⟨-(e)s, -e⟩ flood
Schwamm [ʃvam] m ⟨-(e)s, ‖e ['ʃvɛmə]⟩ ▢**1** sponge; **~ drüber!** (infml) (let's) forget it! ▢**2** (dial ≈ Pilz) fungus; (essbar) mushroom; (giftig) toadstool ▢**3** (≈ Hausschwamm) dry rot **Schwammerl** ['ʃvamel] nt ⟨-s, -(n)⟩ (esp Aus ≈ Pilz) fungus; (essbar) mushroom; (giftig) toadstool **schwammig** ['ʃvamɪç] ▢**A** adj ▢**1** (lit) spongy ▢**2** (fig) Gesicht, Hände puffy; (≈ vage) Begriff woolly ▢**B** adv (≈ vage) vaguely
Schwan [ʃva:n] m ⟨-(e)s, ‖e ['ʃvɛːnə]⟩ swan **schwanen** ['ʃva:nən] v/impers **ihm schwante etwas** he sensed something might happen; **mir schwant nichts Gutes** I don't like it **Schwanengesang** m (fig) swan song
schwanger ['ʃvaŋe] adj pregnant

S

Schwangere ['ʃvaŋərə] *f decl as adj* pregnant woman **schwängern** ['ʃvɛŋɐn] *v/t* to make pregnant **Schwangerschaft** ['ʃvaŋɐʃaft] *f* ⟨-, -en⟩ pregnancy **Schwangerschaftsabbruch** *m* termination of pregnancy **Schwangerschaftstest** *m* pregnancy test

Schwank [ʃvaŋk] *m* ⟨-(e)s, ⁔e ['ʃvɛŋkə]⟩ THEAT farce; **ein ~ aus der Jugendzeit** (*hum*) a tale of one's youthful exploits **schwanken** ['ʃvaŋkn] *v/i* **1** (≈ *wanken*) to sway; (*Schiff*) (*auf und ab*) to pitch; (*seitwärts*) to roll; (*Angaben*) to vary; PHYS, MAT to fluctuate; **ins Schwanken kommen** (*Preise, Kurs, Temperatur etc*) to start to fluctuate; (*Überzeugung etc*) to begin to waver **2** (≈ *wechseln*) to alternate; (≈ *zögern*) to hesitate; **~, ob** to hesitate as to whether **schwankend** *adj* **1** (≈ *wankend*) swaying; *Gang* rolling; *Schritt* unsteady **2** (≈ *unschlüssig*) uncertain; (≈ *zögernd*) hesitant; (≈ *unbeständig*) unsteady **Schwankung** ['ʃvaŋkʊŋ] *f* ⟨-, -en⟩ (*von Preisen, Temperatur etc*) fluctuation (*+gen* in); **seelische ~en** mental ups and downs (*infml*) **Schwankungsbereich** *m* range

Schwanz [ʃvants] *m* ⟨-es, ⁔e ['ʃvɛntsə]⟩ **1** tail; (*infml: von Zug*) (tail) end; **das Pferd** *or* **den Gaul beim** *or* **am ~ aufzäumen** to do things back to front **2** (*sl* ≈ *Penis*) prick (*sl*) **schwänzen** ['ʃvɛntsn] (*infml*) **A** *v/t Stunde, Vorlesung* to skip (*infml*); *Schule* to play truant (*esp Br*) *or* hooky (*esp US infml*) from **B** *v/i* to play truant (*esp Br infml*) *or* hooky (*esp US infml*) **Schwanzflosse** *f* tail fin

schwappen ['ʃvapn] *v/i* **1** (*Flüssigkeit*) to slosh around **2** *aux sein* (≈ *überschwappen*) to splash; (*fig*) to spill

Schwarm [ʃvarm] *m* ⟨-(e)s, ⁔e ['ʃvɛrmə]⟩ **1** swarm **2** (*infml* ≈ *Angebeteter*) idol; (≈ *Vorliebe*) passion **schwärmen** ['ʃvɛrmən] *v/i* **1** *aux sein* to swarm **2** (≈ *begeistert reden*) to enthuse (*von* about); **für jdn/etw ~** to be crazy about sb/sth (*infml*); **ins Schwärmen geraten** to go into raptures **Schwärmer** ['ʃvɛrmɐ] *m* ⟨-s, -⟩, **Schwärmerin** [-ərɪn] *f* ⟨-, -nen⟩ (≈ *Begeisterter*) enthusiast; (≈ *Fantast*) dreamer **Schwärmerei** [ʃvɛrmə-'rai] *f* ⟨-, -en⟩ (≈ *Begeisterung*) enthusiasm; (≈ *Leidenschaft*) passion; (≈ *Verzückung*) rapture **schwärmerisch** ['ʃvɛrmərɪʃ] *adj* (≈ *begeistert*) enthusiastic; (≈ *verliebt*) infatuated

schwarmfinanzieren *past part* schwarmfinanziert *v/t insep* to crowdfund **Schwarte** ['ʃvartə] *f* ⟨-, -n⟩ **1** (≈ *Speckschwarte*) rind **2** (*infml*) (≈ *Buch*) tome (*hum*); (≈ *Gemälde*) daub(ing) (*pej*)

schwarz [ʃvarts] **A** *adj, comp* ⁔er ['ʃvɛrtsə], *sup* ⁔este(r, s) ['ʃvɛrtsəstə] **1** black; **~er Humor** black humour (*Br*) *or* humor (*US*); **~e Liste** blacklist; **~e Magie** black magic; **das Schwarze Meer** the Black Sea; **das ~e Schaf (in der Familie)** the black sheep (of the family); **etw ~ auf weiß haben** to have sth in black and white; **in den ~en Zahlen sein, ~e Zahlen schreiben** COMM to be in the black; **sich ~ ärgern** to get extremely annoyed; **da kannst du warten, bis du ~ wirst** (*infml*) you can wait till the cows come home (*infml*) **2** (*infml* ≈ *ungesetzlich*) illicit; **der ~e Markt** the black market; **~es Konto** secret account **B** *adv, comp* ⁔er, *sup* am ⁔esten **1** black; *einrichten, sich kleiden* in black **2** (≈ *illegal*) *erwerben* illegally; **etw ~ verdienen** to earn sth on the side (*infml*) **Schwarz** [ʃvarts] *nt* ⟨-, *no pl inv*⟩ black; **in ~ gehen** to wear black **Schwarzarbeit** *f* illicit work; (*nach Feierabend*) moonlighting (*infml*) **schwarzarbeiten** *v/i sep* to do illicit work; (*nach Feierabend*) to moonlight (*infml*) **Schwarzarbeiter(in)** *m/(f)* person doing illicit work; (*nach Feierabend*) moonlighter (*infml*) **schwarzbraun** *adj* dark brown **Schwarzbrot** *nt* (*braun*) brown rye bread; (*schwarz, wie Pumpernickel*) black bread **Schwarze** ['ʃvartsə] *f decl as adj* black woman/girl **Schwärze** ['ʃvɛrtsə] *f* ⟨-, -n⟩ **1** *no pl*: (≈ *Dunkelheit*) blackness **2** (≈ *Druckerschwärze*) printer's ink **schwärzen** ['ʃvɛrtsn] *v/t & v/r* to blacken **Schwarze(r)** ['ʃvartsə] *m decl as adj* black **Schwarze(s)** ['ʃvartsə] *nt decl as adj* black; (*auf Zielscheibe*) bull's-eye; **das kleine ~** (*infml*) one's/a little black dress; **ins ~ treffen** to score a bull's-eye **schwarzfahren** *v/i sep irr aux sein* (*ohne zu zahlen*) to travel without paying **Schwarzfahrer(in)** *m/(f)* fare dodger (*infml*) **Schwarzgeld** *nt* illegal earnings *pl* **schwarzhaarig** *adj* black-haired **Schwarzhandel** *m, no pl* black market; (≈ *Tätigkeit*) black marketeering; **im ~** on the black market **Schwarzhändler(in)** *m/(f)* black marketeer **schwärzlich**

['ʃvɛrtslɪç] *adj* blackish; *Haut* dusky **schwarz malen** *v/i* to be pessimistic **Schwarzmalerei** *f* pessimism **Schwarzmarkt** *m* black market **Schwarzpulver** *nt* black (gun)powder **schwarz sehen** *irr v/i* to be pessimistic **schwarzsehen** *v/i sep irr* TV to watch TV without a licence (*Br*) *or* license (*US*) **Schwarztee** *m* black tea **Schwarzwald** *m* Black Forest **Schwarzwälder** [-vɛldɐ] *adj attr* Black Forest; **~ Kirschtorte** Black Forest gateau (*Br*) *or* cake (*US*) **schwarz-weiß**, **schwarzweiß** *adj* black and white **Schwarz-Weiß-Foto** *nt* black-and-white (photo) **Schwarzwild** *nt* wild boars *pl* **Schwarzwurzel** *f* COOK salsify

Schwatz [ʃvats] *m* ⟨-es, -e⟩ (*infml*) chat **schwatzen** ['ʃvatsn] ◪ *v/i* to talk; (*pej*) (*unaufhörlich*) to chatter; (≈ *klatschen*) to gossip ◳ *v/t* to talk; **dummes Zeug ~** to talk a lot of rubbish (*esp Br infml*) **schwätzen** ['ʃvɛtsn] *v/t & v/i* (*S Ger, Aus*) = schwatzen **Schwätzer** ['ʃvɛtsɐ] *m* ⟨-s, -⟩, **Schwätzerin** [-ərɪn] *f* ⟨-, -nen⟩ (*pej*) chatterbox (*infml*); (≈ *Schwafler*) windbag (*infml*); (≈ *Klatschmaul*) gossip **Schwätzerei** [ʃvɛtsə'rai] *f* ⟨-, -en⟩ (*pej*) (≈ *Gerede*) chatter; (≈ *Klatsch*) gossip **schwatzhaft** *adj* (≈ *geschwätzig*) talkative, garrulous; (≈ *klatschsüchtig*) gossipy

Schwebe ['ʃveːbə] *f* ⟨-, no pl⟩ **in der ~ sein** (*fig*) to be in the balance; JUR to be pending **Schwebebahn** *f* suspension railway **Schwebebalken** *m* SPORTS beam **schweben** ['ʃveːbn] *v/i* ◧ (*Nebel, Rauch*) to hang; (*Wolke*) to float; **etw schwebt jdm vor Augen** (*fig*) sb has sth in mind; **in großer Gefahr ~** to be in great danger ◨ *aux sein* (≈ *durch die Luft gleiten*) to float; (≈ *hochschweben*) to soar; (≈ *niederschweben*) to float down; (≈ *sich leichtfüßig bewegen*) to glide **schwebend** *adj* TECH, CHEM suspended; (*fig*) *Fragen etc* unresolved; JUR *Verfahren* pending **Schwede** ['ʃveːdə] *m* ⟨-n, -n⟩, **Schwedin** ['ʃveːdɪn] *f* ⟨-, -nen⟩ Swede **Schweden** ['ʃveːdn] *nt* ⟨-s⟩ Sweden **schwedisch** ['ʃveːdɪʃ] *adj* Swedish; **hinter ~en Gardinen** (*infml*) behind bars **Schwefel** ['ʃveːfl] *m* ⟨-s, no pl⟩ sulphur (*Br*), sulfur (*US*) **schwefelhaltig** *adj* containing sulphur (*Br*) *or* sulfur (*US*) **Schwefelsäure** *f* sulphuric (*Br*) *or* sulfuric (*US*) acid

schweflig ['ʃveːflɪç] *adj* sulphurous (*Br*), sulfurous (*US*) **Schweif** [ʃvaif] *m* ⟨-(e)s, -e⟩ *also* ASTRON tail **schweifen** ['ʃvaifn] *v/i aux sein* to roam; **seinen Blick ~ lassen** to let one's eyes wander (*über etw* (*acc*) over sth) **Schweigegeld** *nt* hush money **Schweigemarsch** *m* silent march (of protest) **Schweigeminute** *f* one minute('s) silence **schweigen** ['ʃvaign] *pret* **schwieg** [ʃviːk], *past part* **geschwiegen** [gə'ʃviːgn] *v/i* to be silent; **kannst du ~?** can you keep a secret?; **zu etw ~** to make no reply to sth; **ganz zu ~ von ...** to say nothing of ... **Schweigen** *nt* ⟨-s, no pl⟩ silence; **jdn zum ~ bringen** to silence sb (*also euph*) **schweigend** ◪ *adj* silent ◳ *adv* in silence; **~ über etw** (*acc*) **hinweggehen** to pass over sth in silence **Schweigepflicht** *f* pledge of secrecy; **die ärztliche ~** medical confidentiality **schweigsam** ['ʃvaikzaːm] *adj* silent; (*als Charaktereigenschaft*) taciturn; (≈ *verschwiegen*) discreet

Schwein [ʃvain] *nt* ⟨-s, -e⟩ ◧ pig, hog (*US*); (*Fleisch*) pork ◨ (*infml: Mensch*) pig (*infml*), swine; **ein armes/faules ~** a poor/lazy bastard (*sl*); **kein ~** nobody ◪ *no pl* (*infml* ≈ *Glück*) **~ haben** to be lucky **Schweinebauch** *m* COOK belly of pork **Schweinebraten** *m* joint of pork; (*gekocht*) roast pork **Schweinefleisch** *nt* pork **Schweinegeld** *nt* (*infml*) **ein ~** a packet (*Br infml*), a fistful (*US infml*) **Schweinehund** *m* (*infml*) bastard (*sl*) **Schweinepest** *f* VET swine fever **Schweinerei** [ʃvainə'rai] *f* ⟨-, -en⟩ (*infml*) ◧ *no pl* mess ◨ (≈ *Skandal*) scandal; (≈ *Gemeinheit*) dirty trick (*infml*); (**so eine**) **~!** what a dirty trick! (*infml*); (≈ *unzüchtige Handlung*) indecent act; **~en machen** to do dirty things **Schweinestall** *m* pigsty, pigpen (*esp US*) **Schweinezucht** *f* pig-breeding; (*Hof*) pig farm **schweinisch** ['ʃvainɪʃ] (*infml*) *adj Benehmen* piggish (*infml*); *Witz* dirty **Schweinkram** *m* (*infml*) dirt, filth **Schweinshaxe** *f* (*S Ger* COOK) knuckle of pork **Schweinsleder** *nt* pigskin **Schweiß** [ʃvais] *m* ⟨-es, no pl⟩ sweat **Schweißausbruch** *m* sweating *no indef art, no pl* **schweißbedeckt** *adj* covered in sweat **Schweißbrenner** *m* TECH welding torch **Schweißdrüse** *f* ANAT sweat gland **schweißen** ['ʃvaisn] *v/t & v/i* TECH to weld **Schweißer** ['ʃvaisɐ] *m*

⟨-s, -⟩, **Schweißerin** [-ərɪn] f ⟨-, -nen⟩ TECH welder **schweißgebadet** [-gəba:-dət] adj bathed in sweat **Schweißge-ruch** m smell of sweat **schweißig** [ˈʃvai-sɪç] adj sweaty **Schweißnaht** f TECH weld **schweißnass** adj sweaty **Schweißperle** f bead of perspiration **Schweißstelle** f weld **schweißtrei-bend** adj Tätigkeit that makes one sweat **Schweißtropfen** m drop of sweat **schweißüberströmt** [-y:bəʃtrø:mt] adj streaming with sweat

Schweiz [ʃvaits] f ⟨-⟩ **die ~** Switzerland; **die deutsche/französische/italienische ~** German/French/Italian-speaking Switzerland **Schweizer** [ˈʃvaitsɐ] adj attr Swiss; **~ Käse** Swiss cheese **Schweizer** [ˈʃvaitsɐ] m ⟨-s, -⟩, **Schweizerin** [-ərɪn] f ⟨-, -nen⟩ Swiss **schweizerdeutsch** adj Swiss--German **schweizerisch** [ˈʃvaitsərɪʃ] adj Swiss **Schweizermesser** nt Swiss army knife

Schwelbrand m smouldering (Br) or smoldering (US) fire **schwelen** [ˈʃve:lən] v/i to smoulder (Br), to smolder (US)

schwelgen [ˈʃvɛlgn] v/i to indulge oneself (in +dat in); **in Erinnerungen ~** to indulge in reminiscences

Schwelle [ˈʃvɛlə] f ⟨-, -n⟩ ◼ threshold; **an der ~ des Todes** at death's door ◼ RAIL sleeper (Br), cross-tie (US) **schwellen** [ˈʃvɛlən] ◮ v/i, pret schwoll [ʃvɔl], past part geschwollen [gəˈʃvɔlən] aux sein to swell; → **geschwollen** ◳ v/t (elev) Segel to swell (out) **Schwellenangst** f PSYCH fear of entering a place; (fig) fear of embarking on something new **Schwellenland** nt fast-developing nation **Schwellung** [ˈʃvɛlʊŋ] f ⟨-, -en⟩ swelling

Schwemme [ˈʃvɛmə] f ⟨-, -n⟩ ◼ (für Tiere) watering place ◳ (≈ Überfluss) glut (an +dat of) ◲ (≈ Kneipe) bar **schwemmen** [ˈʃvɛmən] v/t (≈ treiben) Sand etc to wash; **etw an(s) Land ~** to wash sth ashore

Schwengel [ˈʃvɛŋl] m ⟨-s, -⟩ (≈ Glocken-schwengel) clapper; (≈ Pumpenschwengel) handle

Schwenk [ʃvɛŋk] m ⟨-(e)s, -s⟩ (≈ Drehung) wheel; FILM pan; (fig) about-turn **Schwenkarm** m swivel arm **schwenkbar** adj swivelling (Br), swivel-ing (US) **schwenken** [ˈʃvɛŋkn] ◮ v/t ◼ (≈ schwingen) to wave; (≈ herumfuchteln mit) to brandish ◳ Lampe etc to swivel;

Kran to swing; Kamera to pan ◲ COOK Kar-toffeln, Nudeln to toss ◳ v/i aux sein to swing; (Kolonne von Soldaten, Autos etc) to wheel; (Geschütz) to traverse; (Kamera) to pan **Schwenkung** [ˈʃvɛŋkʊŋ] f ⟨-, -en⟩ swing; MIL wheel; (von Kran) swing; (von Ka-mera) pan(ning)

schwer [ʃve:ɐ] ◭ adj ◼ heavy; (≈ massiv) Fahrzeug, Maschine powerful; **ein 10 kg ~er Sack** a sack weighing 10 kgs ◳ (≈ ernst) serious, grave; Zeit, Schicksal hard; Leiden, Strafe severe; **~e Verluste** heavy losses; **das war ein ~er Schlag für ihn** it was a hard blow for him ◲ (≈ hart, anstren-gend) hard; Geburt difficult ◳ adv ◼ bela-den, bewaffnet heavily; **~ auf jdm/etw lie-gen/lasten** to lie/weigh heavily on sb/sth ◳ arbeiten hard; bestrafen severely; **~ ver-dientes Geld** hard-earned money; **es mit jdm ~ haben** to have a hard time with sb ◲ (≈ ernstlich) seriously; behindert severely; kränken deeply; **~ beschädigt** severely dis-abled; **~ erkältet sein** to have a bad cold; **~ verunglücken** to have a serious acci-dent ◳ (≈ nicht einfach) **~ zu sehen/sagen** hard to see/say; **~ hören** to be hard of hearing; **ein ~ erziehbares Kind** a malad-justed child; **~ verdaulich** indigestible; **~ verständlich** difficult to understand ◵ (infml ≈ sehr) really; **da musste ich ~ auf-passen** I really had to watch out **Schwerarbeit** f heavy labour (Br) or la-bor (US) **Schwerarbeiter(in)** m/(f) la-bourer (Br), laborer (US) **Schwerathletik** f weightlifting sports, boxing, wrestling etc **Schwerbehinderte(r)** m/f(m) decl as adj severely disabled person **schwer-beschädigt** adj severely disabled **Schwere** [ˈʃve:rə] f ⟨-, no pl⟩ ◼ heaviness ◳ (≈ Ernsthaftigkeit, von Krankheit) serious-ness ◲ (≈ Schwierigkeit) difficulty **schwe-relos** adj weightless **Schwerelosig-keit** f ⟨-, no pl⟩ weightlessness **schwer-erziehbar** adj attr; → schwer **schwer-fallen** v/i sep irr aux sein to be difficult (jdm for sb) **schwerfällig** ◭ adj (≈ unbe-holfen) Gang heavy (in one's movements); (≈ langsam) Verstand slow; Stil ponderous ◳ adv heavily; sprechen ponderously; sich bewegen with difficulty **Schwergewicht** nt ◼ (SPORTS, fig) heavyweight ◳ (≈ Nach-druck) stress **schwerhörig** adj hard of hearing **Schwerhörigkeit** f hardness of hearing **Schwerindustrie** f heavy industry **Schwerkraft** f, no pl gravity **schwerlich** ['ʃveːɐlɪç] adv hardly **schwer machen** v/t **1** jdm das Leben ~ to make life difficult for sb **2** es jdm/ sich ~ to make it or things difficultfor sb/oneself **Schwermetall** nt heavy metal **Schwermut** ['ʃveːɐmuːt] f ‹-, no pl› melancholy **schwermütig** ['ʃveːɐmyːtɪç] adj melancholy **schwernehmen** v/t sep irr **etw** ~ to take sth hard **Schwerpunkt** m PHYS centre (Br) or center (US) of gravity; (fig) (≈ Zentrum) centre (Br), center (US); (≈ Hauptgewicht) main emphasis or stress; ~e setzen to set priorities **schwerreich** adj (infml) stinking rich (infml)

Schwert [ʃveːɐt] nt ‹-(e)s, -er› sword **Schwertfisch** m swordfish **Schwertlilie** f BOT iris

schwertun v/r sep irr (infml) sich (dat) mit or bei etw ~ to make a big deal of sth (infml) **Schwerverbrecher(in)** m/(f) criminal, felon (esp JUR) **schwerverdaulich** adj attr; → schwer **Schwerverkehr** m heavy goods traffic **Schwerverletzte(r)** m/f(m) decl as adj serious casualty **schwerwiegend** adj (fig) Fehler, Mängel, Folgen serious

Schwester ['ʃvɛstɐ] f ‹-, -n› sister; (≈ Krankenschwester) nurse; (≈ Ordensschwester) nun **Schwesterfirma** f sister company **schwesterlich** ['ʃvɛstɐlɪç] adj sisterly **Schwesternheim** nt nurses' home **Schwesternhelfer(in)** m/(f) nursing auxiliary (Br) or assistant (US) **Schwesterschiff** nt sister ship

Schwiegereltern pl parents-in-law pl **Schwiegermutter** f, pl -mütter mother-in-law **Schwiegersohn** m son-in-law **Schwiegertochter** f daughter-in-law **Schwiegervater** m father-in-law **Schwiele** ['ʃviːlə] f ‹-, -n› callus; (≈ Vernarbung) welt **schwielig** ['ʃviːlɪç] adj Hände callused

schwierig ['ʃviːrɪç] **A** adj difficult **B** adv ~ zu übersetzen difficult to translate **Schwierigkeit** f ‹-, -en› difficulty; in ~en geraten to get into difficulties; jdm ~en machen to make trouble for sb; jdn in ~en (acc) bringen to create difficulties for sb **Schwierigkeitsgrad** m degree of difficulty

Schwimmbad nt swimming pool; (≈ Hallenbad) swimming baths pl **Schwimmbecken** nt (swimming) pool

schwimmen ['ʃvɪmən] pret schwamm [ʃvam], past part geschwommen [gə'ʃvɔmən] aux sein **A** v/i **1** also aux haben to swim; in Fett (dat) ~ to be swimming in fat; im Geld ~ to be rolling in it (infml) **2** (fig ≈ unsicher sein) to be at sea **B** v/t also aux haben SPORTS to swim **Schwimmen** nt ‹-s, no pl› swimming; ins ~ geraten (fig) to begin to flounder **Schwimmer** ['ʃvɪmɐ] m ‹-s, -› TECH etc float **Schwimmer** ['ʃvɪmɐ] m ‹-s, -›, **Schwimmerin** [-ərɪn] f ‹-, -nen› swimmer **Schwimmflosse** f fin **Schwimmhaut** f ORN web **Schwimmlehrer(in)** m/(f) swimming instructor **Schwimmnudel** f aqua noodle, swim noodle, water noodle, water log **Schwimmvogel** m water bird **Schwimmweste** f life jacket

Schwindel ['ʃvɪndl] m ‹-s, no pl› **1** (≈ Gleichgewichtsstörung) dizziness; ~ erregend = schwindelerregend **2** (≈ Lüge) lie; (≈ Betrug) swindle, fraud **3** (infml ≈ Kram) der ganze ~ the whole (kit and) caboodle (infml) **Schwindelanfall** m dizzy turn **Schwindelei** [ʃvɪndə'lai] f ‹-, -en› (infml) (≈ leichte Lüge) fib (infml); (≈ leichter Betrug) swindle **schwindelerregend** adj Höhe dizzy; Tempo dizzying; (infml) Preise astronomical **schwindelfrei** adj Wendy ist nicht ~ Wendy can't stand heights; sie ist völlig ~ she has a good head for heights **schwindelig** ['ʃvɪndəlɪç] adj dizzy; mir ist or ich bin ~ I feel dizzy **schwindeln** ['ʃvɪndln] **A** v/i (infml ≈ lügen) to fib (infml) **B** v/t (infml) das ist alles geschwindelt it's all lies

schwinden ['ʃvɪndn] pret schwand [ʃvant], past part geschwunden [gə'ʃvʊndn] v/i aux sein (≈ abnehmen) to dwindle; (Schönheit) to fade; (Ton) to fade (away); (Erinnerung) to fade away; (Kräfte) to fail; sein Mut schwand his courage failed him

Schwindler ['ʃvɪndlɐ] m ‹-s, -›, **Schwindlerin** [-ərɪn] f ‹-, -nen› swindler; (≈ Hochstapler) con man; (≈ Lügner) liar, fraud **schwindlerisch** ['ʃvɪndlərɪʃ] adj fraudulent **schwindlig** ['ʃvɪndlɪç] adj = schwindelig

schwingen ['ʃvɪŋən] pret schwang [ʃvaŋ], past part geschwungen [gə'ʃvʊŋən] **A** v/t Schläger to swing; (drohend) Stock etc to brandish; Fahne to wave; → geschwun-

S

gen **B** *v/r* **sich auf etw** (acc) **~** to leap onto sth; **sich über etw** (acc) **~** to vault across sth **C** *v/i* to swing; (≈ vibrieren, Saite) to vibrate **Schwingtür** *f* swing door **Schwingung** ['ʃvɪŋʊŋ] *f* ⟨-, -en⟩ vibration

Schwips [ʃvɪps] *m* ⟨-es, -e⟩ (infml) **einen (kleinen) ~ haben** to be (slightly) tipsy

schwirren ['ʃvɪrən] *v/i aux sein* to whizz (Br), to whiz; (Fliegen etc) to buzz; **mir schwirrt der Kopf** my head is buzzing

Schwitze ['ʃvɪtsə] *f* ⟨-, -n⟩ COOK roux

schwitzen ['ʃvɪtsn] *v/i* to sweat *v/r* **sich nass ~** to get drenched in sweat **Schwitzen** *nt* ⟨-s, no pl⟩ sweating; **ins ~ kommen** to break out in a sweat; (fig) to get into a sweat

schwofen ['ʃvoːfn] *v/i* (infml) to dance

schwören ['ʃvøːrən] *pret* **schwor** [ʃvoːɐ], *past part* **geschworen** [gə'ʃvoːrən] **A** *v/t* to swear; **ich hätte geschworen, dass ...** I could have sworn that ...; **jdm/sich etw ~** to swear sth to sb/oneself **B** *v/i* to swear; **auf jdn/etw ~** (fig) to swear by sb/sth

schwul [ʃvuːl] *adj* gay, queer (pej infml)

schwül [ʃvyːl] *adj* Wetter, Tag etc sultry, muggy **Schwüle** ['ʃvyːlə] *f* ⟨-, no pl⟩ sultriness

Schwule(r) ['ʃvuːlə] *m/f(m)* decl as adj gay **Schwulenszene** *f* gay scene

Schwulität [ʃvuli'tɛːt] *f* ⟨-, -en⟩ (infml) trouble no indef art, difficulty; **in ~en geraten** to get in a fix (infml)

Schwulst [ʃvʊlst] *m* ⟨-(e)s, no pl⟩ (pej) bombast **schwülstig** ['ʃvʏlstɪç] (pej) *adj* bombastic

Schwund [ʃvʊnt] *m* ⟨-(e)s [-dəs]⟩ no pl **1** (≈ Abnahme) decrease (+gen in) **2** (von Material) shrinkage **3** MED atrophy

Schwung [ʃvʊŋ] *m* ⟨-(e)s, ⸚e ['ʃvʏŋə]⟩ **1** swing; (≈ Sprung) leap **2** no pl (lit ≈ Antrieb) momentum; (fig ≈ Elan) verve; **in ~ kommen** (lit) to gain momentum; (fig) to get going; **jdn/etw in ~ bringen** to get sb/sth going; **in ~ sein** (lit) to be going at full speed; (fig) to be in full swing **3** no pl (infml ≈ Menge) stack **schwunghaft** **A** *adj* Handel flourishing **B** *adv* **sich ~ entwickeln** to grow hand over fist **schwungvoll** **A** *adj* **1** Linie, Handschrift sweeping **2** (≈ mitreißend) Rede lively **B** *adv* (≈ mit Schwung) energetically; werfen powerfully

Schwur [ʃvuːɐ] *m* ⟨-(e)s, ⸚e ['ʃvyːrə]⟩ (≈ Eid) oath; (≈ Gelübde) vow **Schwurgericht** *nt* court with a jury

Science-Fiction ['saɪəns'fikʃn], **Scienceefiction** *f* ⟨-, -s⟩ science fiction, sci-fi (infml)

scrollen ['skrɔlən] *v/t & v/i* IT to scroll

sechs [zɛks] *num* six; → vier **Sechseck** *nt* ⟨-s, -e⟩ hexagon **sechseckig** *adj* hexagonal **Sechserpack** [-pak] *m* ⟨-s, -s⟩ six-pack **sechshundert** *num* six hundred **sechsmal** *adv* six times **Sechstagerennen** *nt* six-day (bicycle) race **sechstägig** *adj* six-day **sechstausend** *num* six thousand **Sechstel** ['zɛkstl] *nt* ⟨-s, -⟩ sixth; → Viertel[1] **sechste(r, s)** ['zɛkstə] *adj* sixth; **den ~n Sinn haben** to have a sixth sense (for sth); → vierte(r, s) **sechzehn** ['zɛçtseːn] *num* sixteen **sechzig** ['zɛçtsɪç] *num* sixty; → vierzig

Secondhandladen *m* second-hand shop

See[1] [zeː] *f* ⟨-, -n ['zeːən]⟩ sea; **an der ~** by the sea; **an die ~ fahren** to go to the sea(-side); **auf hoher ~** on the high seas; **auf ~ sein** at sea; **in ~ stechen** to put to sea

See[2] *m* ⟨-s, -n⟩ lake

Seeaal *m* ZOOL conger (eel) **Seebad** *nt* (≈ Kurort) seaside resort **Seebär** *m* (hum infml) seadog (infml) **Seebeben** *nt* seaquake **See-Elefant** *m* sea elephant **Seefahrer(in)** *m/f(f)* seafarer **Seefahrt** *f* **1** (≈ Fahrt) (sea) voyage; (≈ Vergnügungsseefahrt) cruise **2** (≈ Schifffahrt) seafaring no art **Seefisch** *m* saltwater fish **Seefischerei** *f* sea fishing **Seefrachtbrief** *m* COMM bill of lading **Seegang** [-gaŋ] *m, no pl* swell; **starker** or **hoher ~** heavy or rough seas **seegestützt** [-gəʃtʏtst] *adj* MIL sea-based **Seehafen** *m* seaport **Seehund** *m* seal **seekrank** *adj* seasick; **Paul wird leicht ~** Paul is a bad sailor **Seekrankheit** *f* seasickness **Seekrieg** *m* naval war **Seelachs** *m* COOK pollack

Seele ['zeːlə] *f* ⟨-, -n⟩ soul; (≈ Herzstück) life and soul; **von ganzer ~** with all one's heart (and soul); **jdm aus der ~ sprechen** to express exactly what sb feels; **das liegt mir auf der ~** it weighs heavily on my mind; **sich** (dat) **etw von der ~ reden** to get sth off one's chest; **das tut mir in der ~ weh** I am deeply distressed; **eine ~ von Mensch** an absolute dear **Seelenheil** *nt* spiritual salvation; (fig) spiritual welfare **Seelenleben** *nt* inner life **see-lenlos** *adj* soulless **Seelenruhe** *f* calmness; **in aller ~** calmly; (≈ *kaltblütig*) as cool as ice **seelenruhig** **A** *adj* calm; (≈ *kaltblütig*) as cool as ice **B** *adv* calmly; (≈ *kaltblütig*) callously **seelenverwandt** *adj* congenial (*liter*); **sie waren ~** they were kindred spirits **Seelenzustand** *m* psychological state

Seelilie *f* sea lily

seelisch ['zeːlɪʃ] **A** *adj* REL spiritual; (≈ *geistig*) *Gleichgewicht* mental; *Schaden* psychological; *Erschütterung* emotional **B** *adv* psychologically; **~ krank** mentally ill

Seelöwe *m* sea lion

Seelsorge ['zeːlzɔrɡə] *f*, *no pl* spiritual welfare **Seelsorger** [-zɔrɡɐ] *m* ⟨-s, -⟩, **Seelsorgerin** [-ərɪn] *f* ⟨-, -nen⟩ pastor

Seeluft *f* sea air **Seemacht** *f* naval or maritime power **Seemann** *m*, *pl* -leute sailor **seemännisch** [-mɛnɪʃ] *adj* nautical **Seemannsgarn** *nt*, *no pl* (*infml*) sailor's yarn **Seemeile** *f* sea mile **Seemöwe** *f* seagull

Seengebiet ['zeːən-] *nt* lakeland district

Seenot *f*, *no pl* distress; **in ~ geraten** to get into distress **Seeotter** *m* sea otter, **Seepferd(chen)** [-pfeːɐt(çən)] *nt* ⟨-s, -⟩ sea horse **Seeräuber(in)** *m*/*(f)* pirate **Seeräuberei** *f* piracy **Seereise** *f* (sea) voyage; (≈ *Kreuzfahrt*) cruise **Seerose** *f* water lily **Seeschifffahrt** *f* maritime shipping **Seeschlacht** *f* sea battle **Seestern** *m* ZOOL starfish **Seestreitkräfte** *pl* naval forces *pl* **Seetang** *m* seaweed **Seeteufel** *m* ZOOL monkfish **seetüchtig** *adj* seaworthy **seeuntüchtig** *adj* unseaworthy **Seeverkehr** *m* maritime traffic **Seevogel** *m* sea bird **Seeweg** *m* sea route; **auf dem ~ reisen** to go by sea **Seezunge** *f* sole

Segel ['zeːɡl] *nt* ⟨-s, -⟩ sail; **die ~ setzen** to set the sails **Segelboot** *nt* sailing boat (*Br*), sailboat (*US*) **segelfliegen** *v/i* inf only to glide **Segelfliegen** *nt* ⟨-s, *no pl*⟩ gliding **Segelflieger(in)** *m*/*(f)* glider pilot **Segelflug** *m*, *no pl*: (≈ *Segelfliegerei*) gliding; (≈ *Flug*) glider flight **Segelflugzeug** *nt* glider **Segeljacht** *f* (sailing) yacht, sailboat (*US*) **Segelklub** *m* sailing club **segeln** ['zeːɡln] **A** *v/t* & *v/i* aux haben or sein to sail; **~ gehen** to go for a sail **B** *v/i* aux sein (*infml*) **durch eine Prüfung ~** to fail an exam **Segeln** *nt* ⟨-s, *no pl*⟩ sail-

ing **Segelregatta** *f* sailing or yachting regatta **Segelschiff** *nt* sailing ship **Segelsport** *m* sailing *no art* **Segeltuch** *nt*, *pl* -tuche canvas

Segen ['zeːɡn] *m* ⟨-s, -⟩ blessing; **es ist ein ~, dass …** it is a blessing that …; **er hat meinen ~** he has my blessing; **~ bringend** beneficent

Segler ['zeːɡlɐ] *m* ⟨-s, -⟩, **Seglerin** [-ərɪn] *f* ⟨-, -nen⟩ (≈ *Segelsportler*) yachtsman/-woman, sailor

Segment [zɛˈɡmɛnt] *nt* ⟨-(e)s, -e⟩ segment **segnen** ['zeːɡnən] *v/t* REL to bless; → **gesegnet Segnung** *f* ⟨-, -en⟩ REL blessing

Segway® ['zɛɡveː] *m* ⟨-s, -s⟩ (*einachsiger Einpersonentransporter*) Segway®

sehbehindert *adj* partially sighted **sehen** ['zeːən] *pret* **sah** [zaː], *past part* **gesehen** [ɡəˈzeːən] **A** *v/t* to see; (≈ *ansehen*) to look at; **gut zu ~ sein** to be clearly visible; **schlecht zu ~ sein** to be difficult to see; **da gibt es nichts zu ~** there is nothing to see; **darf ich das mal ~?** can I have a look at that?; **jdn/etw zu ~ bekommen** to get to see sb/sth; **etw in jdm ~** to see sb as sth; **ich kann den Mantel nicht mehr ~** (≈ *nicht mehr ertragen*) I can't stand the sight of that coat any more; **sich ~ lassen** to put in an appearance; **er lässt sich kaum noch bei uns ~** he hardly ever comes to see us now; **also, wir ~ uns morgen** right, I'll see you tomorrow; **da sieht man es mal wieder!** that's typical!; **du siehst das/ihn nicht richtig** you've got it/him wrong; **rein menschlich gesehen** from a purely personal point of view **B** *v/r* **sich getäuscht ~** to see oneself deceived; **sich gezwungen ~, zu …** to find oneself obliged to … **C** *v/i* to see; **er sieht gut/schlecht** he can/cannot see very well; **siehe oben/unten** see above/below; **siehst du (wohl)!, siehste!** (*infml*) you see!; **~ Sie mal!** look!; **lass mal ~** let me see, let me have a look; **Sie sind beschäftigt, wie ich sehe** I can see you're busy; **mal ~!** (*infml*) we'll see; **auf etw** (*acc*) **~** (≈ *hinsehen*) to look at sth; (≈ *achten*) to consider sth important; **darauf ~, dass …** to make sure (that) …; **nach jdm ~** (≈ *betreuen*) to look after sb; (≈ *besuchen*) to go to see sb; **nach der Post ~** to see if there are any letters **Sehen** *nt* ⟨-s, *no pl*⟩ seeing; (≈ *Sehkraft*) sight; **ich kenne ihn nur vom ~** I only know him by sight

S

sehenswert adj worth seeing **Sehens-würdigkeit** [-ˈvʏrdɪçkait] f ⟨-, -en⟩ sight **Sehfehler** m visual defect **Sehkraft** f, no pl (eye)sight

Sehne [ˈzeːnə] f ⟨-, -n⟩ **1** ANAT tendon **2** (≈ Bogensehne) string

sehnen [ˈzeːnən] v/r **sich nach jdm/etw ~** to long for sb/sth

Sehnenzerrung f pulled tendon

Sehnerv m optic nerve

sehnlich [ˈzeːnlɪç] **A** adj Wunsch ardent; Erwartung eager **B** adv hoffen, wünschen ardently **Sehnsucht** [ˈzeːnzʊxt] f longing (nach for) **sehnsüchtig** **A** adj longing; Wunsch etc ardent **B** adv hoffen ardently; **~ auf etw** (acc) **warten** to long for sth

sehr [zeːɐ] adv, comp **mehr** [meːɐ], sup am **meisten** [ˈmaistn] **1** (mit adj, adv) very; **er ist ~ dagegen** he is very much against it; **es geht ihm ~ viel besser** he is very much better **2** (mit vb) very much, a lot; **so ~** so much; **wie ~** how much; **sich ~ anstrengen** to try very hard; **regnet es ~?** is it raining a lot?; **freust du dich darauf?** — **ja, ~** are you looking forward to it? — yes, very much; **zu ~** too much

Sehschwäche f poor eyesight **Sehstörung** f visual defect **Sehtest** m eye test **Sehvermögen** nt powers pl of vision

seicht [zaiçt] adj shallow

Seide [ˈzaidə] f ⟨-, -n⟩ silk **seiden** [ˈzaidn] adj attr (≈ aus Seide) silk **Seidenpapier** nt tissue paper **Seidenraupe** f silkworm **seidenweich** adj soft as silk **seidig** [ˈzaidɪç] adj (≈ wie Seide) silky

Seife [ˈzaifə] f ⟨-, -n⟩ soap **Seifenblase** f soap bubble; (fig) bubble **Seifenlauge** f (soap)suds pl **Seifenoper** f (infml) soap (opera) **Seifenpulver** nt soap powder **Seifenschale** f soap dish **Seifenschaum** m lather **seifig** [ˈzaifɪç] adj soapy

seihen [ˈzaiən] v/t (≈ sieben) to sieve

Seil [zail] nt ⟨-(e)s, -e⟩ rope; (≈ Hochseil) tightrope, high wire **Seilbahn** f cable railway **seilspringen** v/i sep aux sein, usu inf or past part to skip **Seiltanz** m tightrope act **Seiltänzer(in)** m/(f) tightrope walker

sein¹ [zain] pres **ist** [ɪst], pret **war** [vaːɐ], past part **gewesen** [ɡəˈveːzn] aux sein **A** v/i **1** to be; **sei/seid so nett und ...** be so kind as to ...; **das wäre gut** that would be a good thing; **es wäre schön gewesen** it

would have been nice; **er ist Lehrer** he is a teacher; **wenn ich Sie wäre** if I were or was you; **er war es nicht** it wasn't him; **das kann schon ~** that may well be; **ist da jemand?** is (there) anybody there?; **er ist aus Genf** he comes from Geneva; **wo warst du so lange?** where have you been all this time? **2** **was ist?** what's the matter?, what's up (infml); **das kann nicht ~** that can't be (true); **wie wäre es mit ...?** how about ...?; **mir ist kalt** I'm cold **B** v/aux to have; **er ist geschlagen worden** he has been beaten

sein² poss pr (adjektivisch) (bei Männern) his; (bei Dingen, Abstrakta) its; (bei Mädchen) her; (bei Tieren) its, his/her; (bei Ländern, Städten) its, her; (auf „man“ bezüglich) one's, his (US), your; **jeder hat ~e Probleme** everybody has their problems

Sein [zain] nt ⟨-s, no pl⟩ being no art; (≈ Existenz auch) existence no art; **~ und Schein** appearance and reality

seine(r, s) [ˈzainə] poss pr (substantivisch) his; **er hat das Seine getan** (elev) he did his bit; **jedem das Seine** each to his own (Br), to each his own; **die Seinen** (elev) his family **seinerseits** [ˈzainəˈzaits] adv (≈ von ihm) on his part; (≈ er selbst) for his part **seinerzeit** [ˈzainetsait] adv at that time **seinesgleichen** [ˈzainəsˈɡlaiçn] pron inv (gleichgestellt) his equals pl; (auf „man“ bezüglich) one's or his (US) equals; (gleichartig) his kind pl; of one's own kind; (pej) the likes of him pl **seinetwegen** [ˈzainətˈveːɡn] adv **1** (≈ wegen ihm) because of him; (≈ ihm zuliebe) for his sake; (≈ für ihn) on his behalf **2** (≈ von ihm aus) as far as he is concerned **seinetwillen** [ˈzainətˈvilən] adv **um ~** for his sake

sein lassen past part **sein lassen** v/t irr **etw ~** (≈ aufhören) to stop sth/doing sth; (≈ nicht tun) to leave sth; **lass das sein!** stop that!

seismisch [ˈzaismɪʃ] adj seismic **Seismograf** [zaismoˈɡraːf] m ⟨-en, -en⟩ seismograph **Seismologe** [zaismoˈloːɡə] m ⟨-n, -n⟩, **Seismologin** [-ˈloːɡɪn] f ⟨-, -nen⟩ seismologist

seit [zait] **A** prep +dat since; (in Bezug auf Zeitdauer) for, in (esp US); **~ wann?** since when?; **~ Jahren** for years; **wir warten schon ~ zwei Stunden** we've been waiting (for) two hours; **~ etwa einer Woche** since about a week ago, for about a week

B *cj* since **seitdem** [zait'de:m] **A** *adv* since then **B** *cj* since

Seite ['zaitə] *f* ⟨-, -n⟩ **1** side; **~ an ~** side by side; **zur ~ gehen** *or* **treten** to step aside; **jdm zur ~ stehen** *(fig)* to stand by sb's side; **das Recht ist auf ihrer ~** she has right on her side; **etw auf die ~ legen** to put sth aside; **jdn zur ~ nehmen** to take sb aside; **auf der einen ~...**, **auf der anderen (~) ...** on the one hand ..., on the other (hand) ...; **sich von seiner besten ~ zeigen** to show oneself at one's best; **von allen ~n** from all sides; **auf ~n** +*gen* = **aufseiten**; **von ~n** +*gen* = **vonseiten** **2** (≈ *Buchseite etc*) page **Seitenairbag** *m* AUTO side-impact airbag **Seitenansicht** *f* side view; TECH side elevation **Seitenaufprallschutz** *m* AUTO side impact protection system **Seitenausgang** *m* side exit **Seitenblick** *m* sidelong glance; **mit einem ~ auf** (+*acc*) *(fig)* with one eye on **Seiteneingang** *m* side entrance **Seitenflügel** *m* side wing; *(von Altar)* wing **Seitenhieb** *m (fig)* sideswipe **seitenlang** *adj* several pages long **Seitenlinie** *f* **1** RAIL branch line **2** FTBL *etc* touchline *(Br)*, sideline **seitens** ['zaitns] *prep* +*gen (form)* on the part of **Seitenspiegel** *m* AUTO wing mirror **Seitensprung** *m (fig)* bit on the side *(infml)* *no pl* **Seitenstechen** *nt, no pl* stitch; **~ haben/bekommen** to have/get a stitch **Seitenstraße** *f* side street **Seitenstreifen** *m* verge; *(der Autobahn)* hard shoulder *(Br)*, shoulder *(US)* **seitenverkehrt** *adj, adv* the wrong way round **Seitenwechsel** *m* SPORTS changeover **Seitenwind** *m* crosswind **Seitenzahl** *f* **1** page number **2** (≈ *Gesamtzahl*) number of pages

seither [zait'he:ɐ] *adv* since then **seitlich** ['zaitlɪç] **A** *adj* lateral *(esp* SCI, TECH*)*, side *attr* **B** *adv* at the side; (≈ *von der Seite*) from the side; **~ von** at the side of

Sekret [ze'kre:t] *nt* ⟨-(e)s, -e⟩ PHYSIOL secretion

Sekretär [zekre'tɛ:ɐ] *m* ⟨-s, -e⟩ (≈ *Schreibschrank*) bureau *(Br)*, secretary desk *(US)*

Sekretärin [zekre'tɛ:rɪn] *f* ⟨-, -nen⟩ secretary **Sekretariat** [zekreta'ria:t] *nt* ⟨-(e)s, -e⟩ office

Sekt [zɛkt] *m* ⟨-(e)s, -e⟩ sparkling wine, champagne

Sekte ['zɛktə] *f* ⟨-, -n⟩ sect **Sektglas** *nt* champagne glass **Sektierer** [zɛk'ti:rɐ] *m* ⟨-s, -⟩, **Sektiererin** [-ərɪn] *f* ⟨-, -nen⟩ sectarian **sektiererisch** [zɛk'ti:rərɪʃ] *adj* sectarian

Sektion [zɛk'tsio:n] *f* ⟨-, -en⟩ section; (≈ *Abteilung*) department **Sektor** ['zɛkto:ɐ] *m* ⟨-s, Sektoren [-'to:rən]⟩ sector; (≈ *Sachgebiet*) field

Sektschale *f* champagne glass **sekundär** [zekʊn'dɛ:ɐ] *adj* secondary **Sekundärliteratur** *f* secondary literature **Sekundarschule** *f (Swiss)* secondary school **Sekundarstufe** *f* secondary or high *(esp US)* school level

Sekunde [ze'kʊndə] *f* ⟨-, -n⟩ second; **auf die ~ genau** to the second **Sekundenkleber** *m* superglue®, instant glue **sekundenschnell** *adj* Reaktion, Entscheidung split-second *attr*; Antwort quick-fire *attr* **Sekundenzeiger** *m* second hand

selber ['zɛlbɐ] *dem pron* = selbst **I** **Selbermachen** *nt* ⟨-s, *no pl*⟩ **Möbel zum ~** do-it-yourself furniture **selbst** [zɛlpst] **A** *dem pron* **1** **ich ~** I myself; **er ~** he himself; **sie ist die Güte/Tugend ~** she's kindness/virtue itself **2** (≈ *ohne Hilfe*) by oneself/himself/yourself *etc*; **das regelt sich alles von ~** it'll sort itself out (by itself); **er kam ganz von ~** he came of his own accord **B** *adv* **1** (≈ *eigen*) **~ ernannt** self-appointed; *(in Bezug auf Titel)* self-styled; **~ gebacken** home-baked, home-made; **~ gebaut** home-made; Haus self-built; **~ gemacht** home-made; **~ verdientes Geld** money one has earned oneself **2** (≈ *sogar*) even; **~ Gott** even God (himself); **~ wenn** even if **Selbstachtung** *f* self-respect **selbstständig** *etc* ['zɛlpʃtɛndɪç] *adj, adv* = selbstständig *etc* **Selbstanzeige** *f* **1** *(steuerlich)* voluntary declaration **2** **~ erstatten** to come forward oneself **Selbstbedienung** *f* self-service **Selbstbefriedigung** *f* masturbation **Selbstbeherrschung** *f* self-control; **die ~ wahren/verlieren** to keep/lose one's self-control **Selbstbestätigung** *f* self-affirmation **Selbstbestimmungsrecht** *nt* right of self-determination **Selbstbeteiligung** *f* INSUR (percentage) excess **Selbstbetrug** *m* self-deception **selbstbewusst** **A** *adj* (≈ *selbstsicher*)

S

self-assured **B** *adv* self-confidently **Selbstbewusstsein** *nt* self-confidence **Selbstbildnis** *nt* self-portrait **Selbstdisziplin** *f* self-discipline **Selbsterhaltungstrieb** *m* survival instinct **Selbsterkenntnis** *f* self-knowledge **selbstgebacken** *adj* → selbst **selbstgefällig** **A** *adj* self-satisfied **B** *adv* smugly **Selbstgefälligkeit** *f* smugness, complacency **selbstgemacht** *adj* home-made **selbstgerecht** **A** *adj* self-righteous **B** *adv* self-righteously **Selbstgerechtigkeit** *f* self-righteousness **Selbstgespräch** *nt* ~e führen to talk to oneself **selbstherrlich** (*pej*) **A** *adj* (≈ *eigenwillig*) high-handed; (≈ *selbstgefällig*) arrogant **B** *adv* (≈ *eigenwillig*) high-handedly; (≈ *selbstgefällig*) arrogantly **Selbsthilfe** *f* self-help; zur ~ greifen to take matters into one's own hands **Selbsthilfegruppe** *f* self-help group **selbstklebend** *adj* self-adhesive **Selbstkosten** *pl* ECON prime costs *pl* **Selbstkostenpreis** *m* cost price; zum ~ at cost **Selbstkritik** *f* self-criticism **selbstkritisch** **A** *adj* self-critical **B** *adv* self-critically **Selbstläufer** *m* (*infml* ≈ *eigenständiger Erfolg*) sure-fire success (*infml*) **Selbstlaut** *m* vowel **selbstlos** **A** *adj* selfless **B** *adv* selflessly **Selbstlosigkeit** *f* ‹-, no pl› selflessness **Selbstmitleid** *nt* self-pity **Selbstmord** *m* suicide **Selbstmordanschlag** *m* suicide attack **Selbstmordattentäter(in)** *m/(f)* suicide attacker *or* bomber **Selbstmörder(in)** *m/(f)* suicide **selbstmörderisch** *adj* suicidal; in ~er Absicht intending to commit suicide **selbstmordgefährdet** *adj* suicidal **Selbstmordversuch** *m* attempted suicide **Selbstporträt** *nt* self-portrait **Selbstschutz** *m* self-protection **selbstsicher** **A** *adj* self-assured **B** *adv* self-confidently **Selbstsicherheit** *f* self-assurance **selbstständig** [ˈzɛlpʃtɛndɪç] *adj* **A** *adj* independent; ~ sein (*beruflich*) to be self-employed; sich ~ machen (*beruflich*) to set up on one's own; (*hum*) to go off on its own **B** *adv* independently; das entscheidet er ~ he decides that on his own **Selbstständige(r)** [ˈzɛlpʃtɛndɪɡə] *m/f(m)* *decl as adj* self-employed person **Selbstständigkeit** *f* ‹-,

no pl› independence; (*beruflich*) self-employment **Selbststudium** *nt* private study **Selbstsucht** *f, no pl* egoism **selbstsüchtig** *adj* egoistic **selbsttätig** **A** *adj* **1** (≈ *automatisch*) automatic **2** (≈ *eigenständig*) independent **B** *adv* (≈ *automatisch*) automatically **Selbsttäuschung** *f* self-deception **Selbsttest** *m* (*von Maschine*) self-test **selbstverdient** *adj* → selbst **selbstvergessen** *adj* absent-minded; *Blick* faraway **Selbstverpflegung** *f* self-catering **selbstverschuldet** [-fɛʃʊldət] *adj* *Unfälle, Notlagen* for which one is oneself responsible; der Unfall war ~ the accident was his/her own fault **Selbstversorger** *m* ‹-s, -›, **Selbstversorgerin** [-ərɪn] *f* ‹-, -nen› **1** ~ sein to be self-sufficient **2** (*im Urlaub etc*) sb who is self-catering (*Br*); **Appartements für** ~ self-catering apartments (*Br*), condominiums (*US*) **selbstverständlich** **A** *adj* *Freundlichkeit* natural; *Wahrheit* self-evident; das ist doch ~! that goes without saying; das ist keineswegs ~ it cannot be taken for granted **B** *adv* of course **Selbstverständlichkeit** [-fɛʃtɛntlɪçkait] *f* ‹-, -en› das war doch eine ~, dass wir … it was only natural that we …; etw für eine ~ halten to take sth as a matter of course **Selbstverteidigung** *f* self-defence (*Br*), self-defense (*US*) **Selbstvertrauen** *nt* self-confidence **Selbstverwaltung** *f* self-administration **Selbstwahrnehmung** *f* self-perception **Selbstwertgefühl** *nt* self-esteem **selbstzufrieden** **A** *adj* self-satisfied **B** *adv* complacently, smugly **Selbstzweck** *m* end in itself **selchen** [ˈzɛlçn] *v/t & v/i* (*S Ger, Aus*) *Fleisch* to smoke **Selektion** [zelɛkˈtsi̯oːn] *f* ‹-, -en› selection **selektiv** [zelɛkˈtiːf] **A** *adj* selective **B** *adv* selectively **Selfie** [ˈzɛlfi] *nt* ‹-s, -s› (*Foto*) selfie **Selfiestange** *f*, **Selfiestick** *m* selfie stick **selig** [ˈzeːlɪç] *adj* **1** REL blessed **2** (≈ *überglücklich*) overjoyed; *Lächeln* blissful **Seligkeit** *f* ‹-, -en› **1** no pl REL salvation **2** (≈ *Glück*) (supreme) happiness, bliss **Sellerie** [ˈzɛləri:] *m* ‹-s, -(s) or f -, -› celeriac; (≈ *Stangensellerie*) celery **selten** [ˈzɛltn] **A** *adj* rare **B** *adv* (≈ *nicht* *oft*) rarely **Seltenheit** *f* ⟨-, -en⟩ rarity **Seltenheitswert** *m* rarity value

Selter(s)wasser ['zɛltɐ(s)-] *nt, pl* -wässer soda (water)

seltsam ['zɛltzaːm] *adj* strange **seltsamerweise** ['zɛltzaːmɐ'vaɪzə] *adv* strangely enough

Semantik [ze'mantɪk] *f* ⟨-, *no pl*⟩ semantics *sg* **semantisch** [ze'mantɪʃ] *adj* semantic

Semester [ze'mɛstɐ] *nt* ⟨-s, -⟩ UNIV semester (*esp US*), term (*of a half-year's duration*); **im 7./8. ~ sein** to be in one's 4th year **Semesterferien** *pl* vacation *sg*

Semifinale ['zeːmi-] *nt* SPORTS semifinal(s)

Semikolon [zemi'koːlɔn] *nt* ⟨-s, -s *or* Semikola [-la]⟩ semicolon

Seminar [zemi'naːɐ] *nt* ⟨-s, -e *or* (*Aus*) -rien [-iən]⟩ **1** UNIV department; (≈ *Seminarübung*) seminar **2** (≈ *Priesterseminar*) seminary **3** (≈ *Lehrerseminar*) teacher training college

Semit [ze'miːt] *m* ⟨-en, -en⟩, **Semitin** [-'miːtɪn] *f* ⟨-, -nen⟩ Semite **semitisch** [ze'miːtɪʃ] *adj* Semitic

Semmel ['zɛml] *f* ⟨-, -n⟩ (*dial*) roll **Semmelknödel** *m* (*S Ger, Aus*) bread dumpling

sempern ['zɛmpɐn] *v/i* (*Aus* ≈ *nörgeln*) to moan

Senat [ze'naːt] *m* ⟨-(e)s, -e⟩ **1** POL, UNIV senate **2** JUR Supreme Court **Senator** [ze'naːtoːɐ] *m* ⟨-s, Senatoren [-'toːrən]⟩, **Senatorin** [-'toːrɪn] *f* ⟨-, -nen⟩ senator

Sendebereich *m* transmission range **Sendefolge** *f* **1** (≈ *Sendung in Fortsetzungen*) series *sg* **2** (≈ *Programmfolge*) programmes *pl* (*Br*), programs *pl* (*US*) **Sendemast** *m* radio *or* transmitter mast, broadcasting tower (*US*)

senden[1] ['zɛndn] *pret* **sandte** *or* **sendete** ['zantə, 'zɛndətə], *past part* **gesandt** *or* **gesendet** [gə'zant, gə'zɛndət] **A** *v/t* to send (*an* +*acc* to) **B** *v/i* **nach jdm ~** to send for sb

senden[2] *v/t & v/i* (RADIO, TV) to broadcast; *Signal etc* to transmit **Sendepause** *f* interval **Sender** ['zɛndɐ] *m* ⟨-s, -⟩ transmitter; RADIO station; TV channel (*esp Br*), station (*esp US*) **Senderaum** *m* studio **Sendereihe** *f* (radio/television) series **Sendeschluss** *m* (RADIO, TV) close-down **Sendezeit** *f* broadcasting time; **in der besten ~** in prime time **Sendung** ['zɛn-

dʊŋ] *f* ⟨-, -en⟩ **1** *no pl* (≈ *das Senden*) sending **2** (≈ *Postsendung*) letter; (≈ *Paket*) parcel; COMM consignment **3** TV programme (*Br*), program (*US*); RADIO broadcast; **auf ~ sein** to be on the air

Senegal *nt* ⟨-s⟩ Senegal **Senegalese** [zenega'leːzə] *m* ⟨-n, -n⟩, **Senegalesin** [-'leːzɪn] *f* ⟨-, -nen⟩ Senegalese

Senf [zɛnf] *m* ⟨-(e)s, -e⟩ mustard; **seinen ~ dazugeben** (*infml*) to have one's say **Senfgas** *nt* CHEM mustard gas **Senfgurke** *f* gherkin pickled with mustard seeds **Senfkorn** *nt, pl* -körner mustard seed

sengen ['zɛŋən] **A** *v/t* to singe **B** *v/i* to scorch

senil [ze'niːl] *adj* (*pej*) senile **Senilität** [zenili'tɛːt] *f* ⟨-, *no pl*⟩ senility

Senior ['zeːnioːɐ] *m* ⟨-s, Senioren [ze'nioːrən]⟩, **Seniorin** [ze'nioːrɪn] *f* ⟨-, -nen⟩ **1** (*a.* **Seniorchef(in)**) boss **2** SPORTS senior player; **die ~en** the seniors **3** Senioren *pl* senior citizens *pl* **seniorengerecht** *adj* (suitable) for the elderly; **~e Wohnungen** housing for the elderly **Seniorenpass** *m* senior citizen's travel pass **Senioren(wohn)heim** *nt* old people's home

Senkblei *nt* plumb line; (≈ *Gewicht*) plummet **senken** ['zɛŋkn] **A** *v/t* to lower; *Kopf* to bow; **den Blick ~** to lower one's gaze **B** *v/r* to sink; (*Haus, Boden*) to subside; (*Stimme*) to drop **senkrecht** ['zɛŋkrɛçt] **A** *adj* vertical; MAT perpendicular; (*in Kreuzworträtsel*) down **B** *adv* vertically, perpendicularly; *aufsteigen* straight up **Senkrechte** ['zɛŋkrɛçtə] *f decl as adj* vertical; MAT perpendicular **Senkrechtstarter** *m* AVIAT vertical takeoff aircraft **Senkrechtstarter(in)** *m/(f)* (*fig infml*) whiz(z) kid (*infml*) **Senkung** ['zɛŋkʊŋ] *f* ⟨-, -en⟩ **1** lowering **2** (≈ *Vertiefung*) hollow **3** MED = Blutsenkung

Sennerei [zɛnə'raɪ] *f* ⟨-, -en⟩ (*S Ger, Aus*) Alpine dairy

Sensation [zɛnza'tsioːn] *f* ⟨-, -en⟩ sensation **sensationell** [zɛnzatsio'nɛl] *adj* sensational **Sensationsblatt** *nt* sensational paper **Sensationslust** *f* desire for sensation **sensationslüstern** *adj* sensation-seeking **Sensationsnachricht** *f* sensational news *sg* **Sensationspresse** *f* sensational papers *pl*

Sense ['zɛnzə] *f* ⟨-, -n⟩ **1** scythe **2** (*infml*)

S

jetzt/dann ist ~! that's the end!
sensibel [zɛn'ziːbl̩] **A** *adj* sensitive **B** *adv* sensitively **sensibilisieren** [zɛnzibiliˈziːrən] *past part* **sensibilisiert** *v/t* to sensitize **Sensibilität** [zɛnzibiliˈtɛːt] *f* ⟨-, *no pl*⟩ sensitivity **Sensor** ['zɛnzoːɐ] *m* ⟨-s, **Sensoren** [-'zoːrən]⟩ sensor
sentimental [zɛntimɛn'taːl] *adj* sentimental **Sentimentalität** [zɛntimɛntaliˈtɛːt] *f* ⟨-, -en⟩ sentimentality
separat [zepaˈraːt] **A** *adj* separate; *Wohnung* self-contained **B** *adv* separately
September [zɛpˈtɛmbɐ] *m* ⟨-(s), -⟩ September; → **März**
Sequenz [zeˈkvɛnts] *f* ⟨-, -en⟩ sequence
Serbe ['zɛrbə] *m* ⟨-n, -n⟩, **Serbin** ['zɛrbɪn] *f* ⟨-, -nen⟩ Serb, Serbian **Serbien** ['zɛrbiən] *nt* ⟨-s⟩ Serbia **serbisch** ['zɛrbɪʃ] *adj* Serb, Serbian
Serenade [zereˈnaːdə] *f* ⟨-, -n⟩ serenade
Serie ['zeːriə] *f* ⟨-, -n⟩ series *sg*; **13 Siege in ~** 13 wins in a row; **in ~ gehen** to go into production; **in ~ hergestellt werden** to be mass-produced **seriell** [zeˈriɛl] *adj* *Herstellung* series *attr*; IT serial **Serienbrief** *m* IT mail-merge letter **serienmäßig** **A** *adj* *Autos* production *attr*; *Ausstattung* standard; *Herstellung* series *attr* **B** *adv* *herstellen* in series **Serienmörder(in)** *m/(f)* serial killer **serienweise** [-vaizə] *adv* *produzieren* in series; (*infml ≈ in Mengen*) wholesale **seriös** [zeˈriøːs] *adj* serious; (*≈ anständig*) respectable; *Firma* reputable; **~ auftreten** to appear respectable **Seriosität** [zerioziˈtɛːt] *f* ⟨-, *no pl*⟩ seriousness; (*≈ Anständigkeit*) respectability; (*von Firma*) integrity
Serpentine [zɛrpɛnˈtiːnə] *f* ⟨-, -n⟩ winding road, zigzag
Serum ['zeːrʊm] *nt* ⟨-s, **Seren** or **Sera** ['zeːrən, 'zeːra]⟩ serum
Server ['zœrvɐ] *m* ⟨-s, -⟩ IT server
Service¹ [zɛr'viːs] *nt* ⟨-(s), - [-'viːs(əs), -'viːs(ə)]⟩ (*≈ Essgeschirr*) dinner service; (*≈ Kaffee-/Teeservice*) coffee/tea service; (*≈ Gläserservice*) set
Service² ['søːɛvɪs, 'zœrvɪs] *m* or *nt* ⟨-, -s⟩ COMM service; SPORTS service, serve **servieren** [zɛrˈviːrən] *past part* **serviert** **A** *v/t* to serve; (*infml ≈ anbieten*) to serve up (*infml*) (*jdm* for sb) **B** *v/i* to serve **Serviererin** [zɛrˈviːrərɪn] *f* ⟨-, -nen⟩ waitress **Serviertochter** *f* (*Swiss*) waitress **Serviette** [zɛrˈviɛtə] *f* ⟨-, -n⟩ napkin
Servobremse ['zɛrvo-] *f* power brake

Servolenkung *f* power steering
servus ['zɛrvʊs] *int* (S Ger, Aus) (*beim Treffen*) hello; (*beim Abschied*) cheerio (Br *infml*), see ya (*esp US infml*)
Sesam ['zeːzam] *m* ⟨-s, -s⟩ sesame
Sessel ['zɛsl̩] *m* ⟨-s, -⟩ easy chair; (*≈ Polstersessel*) armchair; (Aus ≈ Stuhl) chair **Sessellift** *m* chairlift **sesshaft** *adj* settled; (*≈ ansässig*) resident; **~ werden** to settle down
Set¹ [zɛt, sɛt] *m* or *nt* ⟨-s, -s⟩ **1** (TENNIS ≈ *Satz*) set **2** (*≈ Deckchen*) place mat **Set²** *m* ⟨-(s), -s⟩ TV, FILM set
Setter ['zɛtɐ] *m* ⟨-s, -⟩ setter
Setup ['sɛtap] *nt* ⟨-s, -s⟩ IT setup **Setupprogramm** *nt* IT setup program **setzen** ['zɛtsn̩] **A** *v/t* **1** (*≈ hintun*) to put, to set; (*≈ sitzen lassen*) to sit, to place, to put; **jdn an Land ~** to put sb ashore; **etw in die Zeitung ~** to put sth in the paper; **sich** (*dat*) **etw in den Kopf ~** (*infml*) to take sth into one's head; **seine Hoffnung in jdn/etw ~** to put one's hopes in sb/sth **2** NAUT *Segel* to set; TYPO to set **3** *Preis, Summe* to put (*auf +acc* on); **Geld auf ein Pferd ~** to put money on a horse (*≈ schreiben*) *Komma, Punkt* to put **5** (*≈ bestimmen*) *Ziel, Preis etc* to set; **jdm eine Frist ~** to set sb a deadline **6** (*≈ einstufen*) *Sportler* to place; TENNIS to seed; **der an Nummer eins gesetzte Spieler** TENNIS the top seed **7**; → **gesetzt B** *v/r* **1** (*≈ Platz nehmen*) to sit down; **sich ins Auto ~** to get into the car; **sich zu jdm ~** to sit with sb; **bitte ~ Sie sich** please take a seat **2** (*Kaffee, Tee, Lösung*) to settle **C** *v/i* (*bei Wetten*) to bet; **auf ein Pferd ~** to bet on a horse **Setzer** ['zɛtsɐ] *m* ⟨-s, -⟩, **Setzerin** [-ərɪn] *f* ⟨-, -nen⟩ TYPO typesetter **Setzerei** [zɛtsəˈrai] *f* ⟨-, -en⟩ (*≈ Firma*) typesetter's
Seuche ['zɔyçə] *f* ⟨-, -n⟩ epidemic; (*fig pej*) scourge **Seuchenbekämpfung** *f* epidemic control **Seuchengebiet** *nt* epidemic area **Seuchengefahr** *f* danger of epidemic
seufzen ['zɔyftsn̩] *v/t & v/i* to sigh **Seufzer** ['zɔyftsɐ] *m* ⟨-s, -⟩ sigh
Sex [zɛks] *m* ⟨-(es), *no pl*⟩ sex **Sex-Appeal** [-əˈpiːl] *m* ⟨-s, *no pl*⟩ sex appeal **Sexbombe** *f* (*infml*) sex bomb (*infml*) **Sexfilm** *m* sex film **Sexismus** [zɛˈksɪsmʊs] *m* ⟨-, **Sexismen** [-mən]⟩ sexism **Sexist** [zɛˈksɪst] *m* ⟨-en, -en⟩, **Sexistin** [-ˈksɪstɪn] *f* ⟨-, -nen⟩ sexist **sexistisch**

[zɛˈksɪstɪʃ] *adj* sexist
Sextett [zɛksˈtɛt] *nt* ⟨-(e)s, -e⟩ MUS sextet(te)

Sextourismus *m* sex tourism **Sexualerziehung** *f* sex education **Sexualität** [zɛksualiˈtɛːt] *f* ⟨-, no pl⟩ sexuality **Sexualkunde** *f* SCHOOL sex education **Sexualleben** *nt* sex life **Sexualpartner(in)** *m/(f)* sexual partner **Sexualstraftäter(in)** *m/(f)* sex offender **Sexualverbrechen** *nt* sex(ual) offence (*Br*) or offense (*US*) **sexuell** [zɛˈksuɛl] *adj* sexual **B** *adv* sexually **sexy** [ˈzɛksi] *adj inv* (*infml*) sexy (*infml*)

Seychellen [zeˈʃɛlən] *pl* GEOG Seychelles *pl*

sezieren [zeˈtsiːrən] *past part* **seziert** *v/t & v/i* (*lit, fig*) to dissect

s-förmig [ˈɛs-], **S-förmig** *adj* S-shaped
sfr *abbr of* Schweizer Franken sfr
Shampoo [ˈʃampuː, ˈʃampoː] *nt* ⟨-s, -s⟩ shampoo

Shareware [ˈʃɛːvɛːɐ] *f* ⟨-, no pl⟩ IT shareware

Sherry [ˈʃɛri] *m* ⟨-s, -s⟩ sherry
Shetlandinseln *pl* Shetland Islands *pl*
Shift-Taste [ˈʃɪft-] *f* IT shift key
Shisha [ˈʃiːʃa] *f* ⟨-, -s⟩ (≈ *Wasserpfeife*) shisha

shoppen [ˈʃɔpn] *v/i* (*infml*) to shop; **~ gehen** to go shopping **Shopping** [ˈʃɔpɪŋ] *nt* ⟨-s, no pl⟩ shopping **Shoppingcenter** [ˈʃɔpɪŋsɛntɐ] *nt* ⟨-s, -⟩ shopping centre (*Br*) or center (*US*)

Shorts [ʃoːɐts, ʃɔrts] *pl* (pair of) shorts *pl*
Show [ʃoː] *f* ⟨-, -s⟩ show; **eine ~ abziehen** (*infml*) to put on a show (*infml*) **Showeinlage** [ˈʃoː-] *f* entertainment section **Showgeschäft** [ˈʃoː-] *nt* show business **Showmaster** [ˈʃoːmaːstɐ] *m* ⟨-s, -⟩, **Showmasterin** [-ərɪn] *f* ⟨-, -nen⟩ compère, emcee (*US*)

Shuttlebus [ˈʃatlbʊs] *m* shuttle bus
siamesisch [ziaˈmeːzɪʃ] *adj* **~e Zwillinge** Siamese twins
Sibirien [ziˈbiːriən] *nt* ⟨-s⟩ Siberia **sibirisch** [ziˈbiːrɪʃ] *adj* Siberian

sich [zɪç] *refl pr* **1** (*acc*) oneself; (*3rd person sg*) himself; herself; itself; (*Höflichkeitsform sing*) yourself; (*Höflichkeitsform pl*) yourselves; (*3rd person pl*) themselves; **nur an ~** (*acc*) **denken** to think only of oneself **2** (*dat*) to oneself; (*3rd person sg*) to himself; to herself; to itself;

(*Höflichkeitsform sing*) to yourself; (*Höflichkeitsform pl*) to yourselves; (*3rd person pl*) to themselves; **~** (*dat*) **die Haare waschen** to wash one's hair **3** (≈ *einander*) each other

Sichel [ˈzɪçl] *f* ⟨-, -n⟩ sickle; (≈ *Mondsichel*) crescent

sicher [ˈzɪçɐ] **A** *adj* **1** (≈ *gewiss*) certain; (**sich** *dat*) **einer Sache** (*gen*) **~ sein** to be sure of sth **2** (≈ *gefahrlos*) safe; (≈ *geborgen*) secure; **vor jdm/etw ~ sein** to be safe from sb/sth; **~ ist ~** you can't be too sure **3** (≈ *zuverlässig*) reliable; (≈ *fest*) Gefühl, Zusage definite; Einkommen steady; Stellung secure **4** (≈ *selbstbewusst*) (self-)confident **B** *adv* **1** fahren, aufbewahren etc safely **2** (≈ *selbstbewusst*) **~ auftreten** to give an impression of (self-)confidence **3** (≈ *natürlich*) of course; **~!** sure (*esp US*) **4** (≈ *bestimmt*) **das wolltest du ~ nicht sagen** surely you didn't mean that; **du hast dich ~ verrechnet** you must have counted wrong; **das ist ganz ~ das Beste** it's quite certainly the best; **das hat er ~ vergessen** I'm sure he's forgotten it **sichergehen** *v/i sep irr aux sein* to be sure **Sicherheit** *f* ⟨-, -en⟩ **1** *no pl* (≈ *Gewissheit*) certainty; **das ist mit ~ richtig** that is definitely right; **das lässt sich nicht mit ~ sagen** that cannot be said with any degree of certainty **2** *no pl* (≈ *Schutz*) safety; (*als Aufgabe von Sicherheitsbeamten etc*) security; **die öffentliche ~** public safety; **innere ~** internal security; **jdn/etw in ~ bringen** to get sb/sth to safety; **~ im Straßenverkehr** road safety; **~ in ~ sein** to be safe **3** *no pl* (≈ *Selbstsicherheit*) (self-)confidence **4** COMM, FIN security; (≈ *Pfand*) surety; **~ leisten** COMM, FIN to offer security; JUR to stand bail **Sicherheitsabstand** *m* safe distance **Sicherheitsbeamte(r)** *m decl as adj*, **Sicherheitsbeamtin** *f* security officer **Sicherheitsbestimmungen** *pl* safety regulations *pl* **Sicherheitsglas** *nt* safety glass **Sicherheitsgurt** *m* seat belt **sicherheitshalber** *adv* to be on the safe side **Sicherheitskopie** *f* IT backup copy **Sicherheitskräfte** *pl* security forces *pl* **Sicherheitslücke** *f* security gap **Sicherheitsmaßnahme** *f* safety precaution; POL *etc* security measure **Sicherheitsnadel** *f* safety pin **Sicherheitsrat** *m* security council

S

Sicherheitsrisiko *nt* security risk
Sicherheitsstandard *m* standard of security **sicherlich** ['zɪçɐlɪç] *adv* = sicher II 3, 4 **sichern** ['zɪçɐn] **A** *v/t* **1** to safeguard; (≈ *absichern*) to protect; (≈ *sicher machen*) *Wagen, Unfallstelle* to secure; IT *Daten* to save; **eine Feuerwaffe ~** to put the safety catch of a firearm on **2** **jdm/sich etw ~** to secure sth for sb/oneself **B** *v/r* to protect oneself **sicherstellen** *v/t sep* **1** *Waffen, Drogen* to take possession of; *Beweismittel* to secure **2** (≈ *garantieren*) to guarantee **Sicherung** ['zɪçərʊŋ] *f* ⟨-, -en⟩ **1** *no pl* (≈ *das Sichern*) safeguarding; (≈ *Absicherung*) protection **2** (≈ *Schutz*) safeguard **3** ELEC fuse; (*von Waffe*) safety catch **Sicherungskopie** *f* IT backup copy **Sicherungsverwahrung** *f* JUR preventive detention
Sicht [zɪçt] *f* ⟨-, *no pl*⟩ **1** (≈ *Sehweite*) visibility; **in ~ sein/kommen** to be in/come into sight; **aus meiner ~** (*fig*) as I see it; **aus heutiger ~** from today's perspective; **auf lange/kurze ~** (*fig*) in the long/short term **2** (≈ *Ausblick*) view **3** COMM **auf** *or* **bei ~** at sight **sichtbar** **A** *adj* visible; **~ werden** (*fig*) to become apparent **B** *adv altern* visibly; *sich verändern* noticeably **sichten** ['zɪçtn] *v/t* **1** (≈ *erblicken*) to sight **2** (≈ *durchsehen*) to look through **Sichtgerät** *nt* monitor; IT VDU **sichtlich** ['zɪçtlɪç] **A** *adj* obvious **B** *adv* obviously; *beeindruckt* visibly **Sichtverhältnisse** *pl* visibility *sg* **Sichtvermerk** *m* endorsement; (*im Pass*) visa stamp **Sichtweite** *f* visibility *no art*; **außer ~** out of sight
sickern ['zɪkɐn] *v/i aux sein* to seep; (*fig*) to leak out
sie [ziː] *pers pr 3rd person* **1** (*sing*) *gen* **ihrer** ['iːrɐ], *dat* **ihr** [iːɐ], *acc* **sie** (*nom*) she; (*acc*) her; (*von Dingen*) it; **~ ist es** it's her; **wer hat das gemacht? — ~** who did that? — she did *or* her! **2** *pl, gen* **ihrer** ['iːrɐ], *dat* **ihnen** ['iːnən], *acc* **sie** (*nom*) they; (*acc*) them; **~ sind es** it's them
Sie [ziː] **A** *pers pr 2nd person sg or pl with 3rd person pl vb gen* **Ihrer** ['iːrɐ], *dat* **Ihnen** ['iːnən], *acc* **Sie** you **B** *nt* ⟨-s, *no pl*⟩ polite *or* "Sie" form of address; **jdn mit ~ anreden** to use the polite form of address to sb
Sieb [ziːp] *nt* ⟨-(e)s, -e [-bə]⟩ sieve; (≈ *Teesieb*) strainer; (≈ *Gemüsesieb*) colander; **ein Gedächtnis wie ein ~ haben** to have a

memory like a sieve
sieben¹ ['ziːbn] *v/t* to pass through a sieve; COOK to sieve
sieben² *num* seven; → **vier Sieben** ['ziːbn] *f* ⟨-, - *or* -en⟩ seven **siebenhundert** ['ziːbn'hʊndɐt] *num* seven hundred **siebenjährig** *adj* seven-year-old **Siebensachen** *pl* (*infml*) belongings *pl*, things *pl* **siebentausend** ['ziːbn'tauznt] *num* seven thousand **Siebtel** ['ziːptl] *nt* ⟨-s, -⟩ seventh **siebte(r, s)** ['ziːptə] *adj* seventh; → **vierte(r, s) siebzehn** ['ziːptseːn] *num* seventeen; **Siebzehn und Vier** CARDS pontoon **siebzig** ['ziːptsɪç] *num* seventy; → **vierzig**
Siechtum ['ziːçtuːm] *nt* ⟨-s, *no pl*⟩ (*liter*) infirmity; (*fig: von Wirtschaft etc*) ailing state
sieden ['ziːdn] *pret* **siedete** *or* **sott** ['ziːdətə, zɔt], *past part* **gesiedet** *or* **gesotten** [gə'ziːdət, gə'zɔtn] *v/i* to boil; **~d heiß** boiling hot **Siedepunkt** *m* (PHYS, *fig*) boiling point
Siedler ['ziːdlɐ] *m* ⟨-s, -⟩, **Siedlerin** [-ərɪn] *f* ⟨-, -nen⟩ settler **Siedlung** ['ziːdlʊŋ] *f* ⟨-, -en⟩ **1** (≈ *Ansiedlung*) settlement **2** (≈ *Wohnsiedlung*) housing estate (*Br*) *or* development (*US*)
Sieg [ziːk] *m* ⟨-(e)s, -e [-gə]⟩ victory (*über +acc* over)
Siegel ['ziːgl] *nt* ⟨-s, -⟩ seal; **unter dem ~ der Verschwiegenheit** under the seal of secrecy **Siegellack** *m* sealing wax **Siegelring** *m* signet ring
siegen ['ziːgn] *v/i* to be victorious; (*in Wettkampf*) to win; **über jdn/etw ~** (*fig*) to triumph over sb/sth; (*in Wettkampf*) to beat sb/sth **Sieger** ['ziːgɐ] *m* ⟨-s, -⟩, **Siegerin** [-ərɪn] *f* ⟨-, -nen⟩ victor; (*in Wettkampf*) winner **Siegerehrung** *f* SPORTS presentation ceremony **Siegermacht** *f usu pl* POL victorious power **Siegerpodest** *nt* SPORTS winners' podium *or* rostrum **siegesbewusst** *adj* confident of victory **siegessicher** **A** *adj* certain of victory **B** *adv* confidently **Siegeszug** *m* triumphal march **siegreich** *adj* triumphant; (*in Wettkampf*) winning *attr*, successful
siezen ['ziːtsn] *v/t* **jdn/sich ~** to address sb/each other as "Sie"
Siff [zɪf] *m* ⟨-s, *no pl*⟩ (*sl*) (≈ *Dreck*) filth; (≈ *Zustand*) mess
Sightseeing ['zaɪtziːɪŋ] *nt* ⟨-s, -s⟩ sightseeing **Sightseeingbus** *m* sightseeing bus

Signal [zɪˈɡnaːl] *nt* ⟨-s, -e⟩ signal **Signalanlage** *f* signals *pl* **signalisieren** [zɪɡnaliˈziːrən] *past part* **signalisiert** *v/t* to signal

Signatur [zɪɡnaˈtuːɐ̯] *f* ⟨-, -en⟩ **1** signature **2** (≈ *Bibliothekssignatur*) shelf mark **signieren** [zɪˈɡniːrən] *past part* **signiert** *v/t* to sign

Silbe [ˈzɪlbə] *f* ⟨-, -n⟩ syllable; **er hat es mit keiner ~ erwähnt** he didn't say a word about it **Silbentrennung** *f* syllabification; TYPO, IT hyphenation

Silber [ˈzɪlbɐ] *nt* ⟨-s, *no pl*⟩ silver **Silberbesteck** *nt* silver(ware) **Silberblick** *m* (*infml*) squint **Silberfischchen** [-fɪʃçən] *nt* ⟨-s, -⟩ silverfish **Silbergeld** *nt* silver **Silberhochzeit** *f* silver wedding (anniversary) **Silbermedaille** *f* silver medal **silbern** [ˈzɪlbɐn] *adj* silver; (*liter*) *Stimme, Haare* silvery (*liter*); **~e Hochzeit** silver wedding (anniversary) **Silberstreifen** *m* (*fig*) **es zeichnete sich ein Silberstreif(en) am Horizont ab** you/they *etc* could see light at the end of the tunnel **Silbertanne** *f* noble fir **silbrig** [ˈzɪlbrɪç] **A** *adj* silvery **B** *adv* **~ schimmern/glänzen** to shimmer/gleam like silver

Silhouette [ziˈlu̯ɛtə] *f* ⟨-, -n⟩ silhouette **Silikon** [ziliˈkoːn] *nt* ⟨-s, -e⟩ silicone **Silizium** [ziˈliːtsi̯ʊm] *nt* ⟨-s, *no pl*⟩ silicon **Silo** [ˈziːlo] *m* ⟨-s, -s⟩ silo

Silvester [zɪlˈvɛstɐ] *m or nt* ⟨-s, -⟩ New Year's Eve, Hogmanay (*esp Scot*)

Simbabwe [zɪmˈbapvə] *nt* ⟨-s⟩ Zimbabwe **SIM-Karte** [ˈzɪm-] *f* TEL SIM card

simpel [ˈzɪmpl] *adj* simple; (≈ *vereinfacht*) simplistic

Sims [zɪms] *m or nt* ⟨-es, -e [-zə]⟩ (≈ *Fenstersims*) (window)sill; (≈ *Gesims*) ledge; (≈ *Kaminsims*) mantelpiece

simsen [ˈzɪmzn] *v/t & v/i* (TEL: *infml*) to text **Simulant** [zimuˈlant] *m* ⟨-en, -en⟩, **Simulantin** [-ˈlantɪn] *f* ⟨-, -nen⟩ malingerer **Simulation** [zimulaˈtsi̯oːn] *f* ⟨-, -en⟩ simulation **Simulator** [zimuˈlaːtoːɐ̯] *m* ⟨-s, Simulatoren [-ˈtoːrən]⟩ SCI simulator **simulieren** [zimuˈliːrən] *past part* **simuliert** **A** *v/i* (≈ *sich krank stellen*) to feign illness **B** *v/t* **1** SCI, TECH to simulate **2** (≈ *vorgeben*) *Krankheit* to feign

simultan [zimʊlˈtaːn] **A** *adj* simultaneous **B** *adv* simultaneously **Simultandolmetscher(in)** *m/(f)* simultaneous interpreter

Sinfonie [zɪnfoˈniː] *f* ⟨-, -n [-ˈniːən]⟩ symphony **Sinfonieorchester** *nt* symphony orchestra **sinfonisch** [zɪnˈfoːnɪʃ] *adj* symphonic

singen [ˈzɪŋən] *pret* **sang** [zaŋ], *past part* **gesungen** [ɡəˈzʊŋən] **A** *v/i* **1** (*lit, fig*) to sing **2** (*infml* ≈ *gestehen*) to squeal (*infml*) **B** *v/t* to sing

Single[1] [ˈsɪŋɡl] *f* ⟨-, -(s)⟩ (≈ *CD*) single **Single**[2] *m* ⟨-s, -s⟩ (≈ *Alleinlebender*) single **Singular** [ˈzɪŋɡulaːɐ̯] *m* ⟨-s, -e⟩ GRAM singular

Singvogel *m* songbird

sinken [ˈzɪŋkn] *pret* **sank** [zaŋk], *past part* **gesunken** [ɡəˈzʊŋkn] *v/i aux sein* **1** to sink; **den Kopf ~ lassen** to let one's head drop **2** (*Boden*) to subside **3** (*Wasserspiegel, Temperatur, Preise etc*) to fall **4** (≈ *schwinden*) to diminish; **den Mut ~ lassen** to lose courage; **in jds Achtung** (*dat*) **~** to go down in sb's estimation **Sinkflug** *m* AVIAT descent

Sinn [zɪn] *m* ⟨-(e)s, -e⟩ **1** (≈ *Wahrnehmungsfähigkeit*) sense **2** **Sinne** *pl* (≈ *Bewusstsein*) senses *pl*; **er war von ~en** he was out of his mind; **wie von ~en** like one demented; **bist du noch bei ~en?** have you taken leave of your senses? **3** (≈ *Gedanken*) mind; **das will mir einfach nicht in den ~** I just can't understand it; **jdm durch den ~ gehen** to occur to sb; **etw im ~ haben** to have sth in mind; **mit etw nichts im ~ haben** to want nothing to do with sth **4** (≈ *Verständnis*) feeling; **~ für Gerechtigkeit** *etc* **haben** to have a sense of justice *etc* **5** (≈ *Geist*) spirit; **im ~e des Gesetzes** according to the spirit of the law; **das ist nicht in seinem ~e** that is not what he himself would have wished; **das wäre nicht im ~e unserer Kunden** it would not be in the interests of our customers **6** (≈ *Zweck*) point; **das ist nicht der ~ der Sache** that is not the point; **der ~ des Lebens** the meaning of life; **das hat keinen ~** there is no point in that **7** (≈ *Bedeutung*) meaning; **im übertragenen ~** in the figurative sense; **das macht keinen/wenig ~** that makes no/little sense **Sinnbild** *nt* symbol **sinnbildlich** *adj* symbolic(al) **sinnen** [ˈzɪnən] *pret* **sann** [zan], *past part* **gesonnen** [ɡəˈzɔnən] (≈ *planen*) **auf etw** (*acc*) **~** to think of sth; **auf Abhilfe ~** to think up a remedy; → **ge-**

sonnen **sinnentstellend** *adj* ~ **sein** to distort the meaning **Sinnesorgan** *nt* sense organ **Sinnestäuschung** *f* hallucination **Sinneswandel** *m* change of mind **sinnfällig** *adj Beispiel, Symbol* manifest, obvious **sinngemäß** *adv* etw ~ **wiedergeben** to give the gist of sth **sinnieren** [zɪ'niːrən] *past part* sinn**iert** *v/i* to brood (*über* +*acc* over) **sinnlich** ['zɪnlɪç] *adj* **1** *Empfindung, Eindrücke* sensory **2** (≈ sinnenfroh) sensuous; (≈ erotisch) sensual **Sinnlichkeit** *f* ⟨-, *no pl*⟩ (≈ Erotik) sensuality **sinnlos** **A** *adj* **1** (≈ unsinnig) meaningless; *Verhalten, Töten* senseless **2** (≈ zwecklos) futile; **das ist völlig** ~ there's no sense in that **B** *adv* **1** *zerstören, morden* senselessly **2** (≈ äußerst) ~ **betrunken** blind drunk **Sinnlosigkeit** *f* ⟨-, -en⟩ (≈ Unsinnigkeit) meaninglessness; (*von Verhalten*) senselessness; (≈ Zwecklosigkeit) futility **sinnvoll** **A** *adj* **1** *Satz* meaningful **2** (*fig*) (≈ vernünftig) sensible; (≈ nützlich) useful **B** *adv* **sein Geld** ~ **anlegen** to invest one's money sensibly

Sintflut ['zɪntfluːt] *f* BIBLE Flood **sintflutartig** *adj* ~**e Regenfälle** torrential rain

Sinto ['zɪnto] *m* ⟨-, Sinti ['zɪnti]⟩ *usu pl* Sinto (gypsy); **Sinti und Roma** Sinti and Romanies

Sinus ['ziːnʊs] *m* ⟨-, -se *or* - [-nuːs]⟩ **1** MAT sine **2** ANAT sinus

Siphon ['ziːfõ, zi'fõː, zi'foːn] *m* ⟨-s, -s⟩ siphon

Sippe ['zɪpə] *f* ⟨-, -n⟩ (extended) family; (*infml* ≈ Verwandtschaft) clan (*infml*) **Sippschaft** ['zɪpʃaft] *f* ⟨-, -en⟩ (*pej infml*) tribe (*infml*)

Sirene [zi'reːnə] *f* ⟨-, -n⟩ siren

Sirup ['ziːrʊp] *m* ⟨-s, -e⟩ syrup

Sitte ['zɪtə] *f* ⟨-, -n⟩ **1** (≈ Brauch) custom; (≈ Mode) practice; ~**n und Gebräuche** customs and traditions **2** *usu pl* (≈ gutes Benehmen) manners *pl*; (≈ Sittlichkeit) morals *pl* **Sittenpolizei** *f* vice squad **sittenwidrig** *adj* (*form*) immoral **Sittich** ['zɪtɪç] *m* ⟨-s, -e⟩ parakeet **sittlich** ['zɪtlɪç] *adj* moral **Sittlichkeit** *f* ⟨-, *no pl*⟩ morality **Sittlichkeitsverbrechen** *nt* sex crime **Sittlichkeitsverbrecher(in)** *m/(f)* sex offender

Situation [zitua'tsioːn] *f* ⟨-, -en⟩ situation **Situationskomik** *f* situation comedy,

sitcom (*infml*)

situiert [zitu'iːɐt] *adj* **gut** ~ well-off

Sitz [zɪts] *m* ⟨-es, -e⟩ **1** seat; (≈ Wohnsitz) residence; (*von Firma*) headquarters *pl* **2** *no pl* (*von Kleidungsstück*) sit; **einen guten** ~ **haben** to sit well **Sitzbank** *f, pl* -bänke bench **Sitzblockade** *f* sit-in **Sitzecke** *f* corner seating unit **sitzen** ['zɪtsn] *pret* saß [zaːs], *past part* gesessen [gə'zɛsn] *v/i* aux haben *or* (*Aus, S Ger, Sw*) sein **1** to sit; **hier sitzt man sehr bequem** it's very comfortable sitting here; **etw im Sitzen tun** to do sth sitting down; **beim Frühstück** ~ to be having breakfast; **über einer Arbeit** ~ to sit over a piece of work; **locker** ~ to be loose; **deine Krawatte sitzt nicht richtig** your tie isn't straight **2** (≈ seinen Sitz haben) to sit; (*Firma*) to have its headquarters **3** (*infml* ≈ im Gefängnis sitzen) to do time (*infml*), to be inside (*infml*) **4** (≈ im Gedächtnis sitzen) to have sunk in **5** (*infml* ≈ treffen) to hit home; **das saß!** that hit home **sitzen bleiben** *v/i irr* aux sein (*infml*) **1** (≈ nicht aufstehen) to remain seated **2** SCHOOL to have to repeat a year **3** **auf einer Ware** ~ to be left with a product **sitzen lassen** *past part* sitzen lassen *or* (*rare*) sitzen gelassen *v/t irr* (*infml*) **jdn** ~ (≈ im Stich lassen) to leave sb in the lurch **Sitzgelegenheit** *f* seats *pl* **Sitzheizung** *f* AUTO seat heating **Sitzkissen** *nt* (floor) cushion **Sitzordnung** *f* seating plan **Sitzplatz** *m* seat **Sitzung** ['zɪtsʊŋ] *f* ⟨-, -en⟩ (≈ Konferenz) meeting; (≈ Gerichtsverhandlung) session; (≈ Parlamentssitzung) sitting

Sizilien [zi'tsiːliən] *nt* ⟨-s⟩ Sicily

Skala ['skaːla] *f* ⟨-, Skalen ['skaːlən]⟩ ⟨*or* -s⟩ scale

Skalpell [skal'pɛl] *nt* ⟨-s, -e⟩ scalpel **skalpieren** [skal'piːrən] *past part* skalpiert *v/t* to scalp

Skandal [skan'daːl] *m* ⟨-s, -e⟩ scandal **skandalös** [skanda'løːs] *adj* scandalous

Skandinavien [skandi'naːviən] *nt* ⟨-s⟩ Scandinavia **Skandinavier** [skandi'naːvie] *m* ⟨-s, -⟩, **Skandinavierin** [-iərɪn] *f* ⟨-, -nen⟩ Scandinavian **skandinavisch** [skandi'naːvɪʃ] *adj* Scandinavian

Skateboard ['skeːtbɔːɐd] *nt* ⟨-s, -s⟩ skateboard

Skelett [ske'lɛt] *nt* ⟨-(e)s, -e⟩ skeleton

Skepsis ['skɛpsɪs] *f* ⟨-, *no pl*⟩ scepticism (*Br*), skepticism (*US*) **Skeptiker** ['skɛptike]

m ⟨-s, -⟩, **Skeptikerin** [-ərɪn] *f* ⟨-,-nen⟩ sceptic (*Br*), skeptic (*US*) **skeptisch** ['skɛptɪʃ] **A** *adj* sceptical (*Br*), skeptical (*US*) **B** *adv* sceptically (*Br*), skeptically (*US*)

Sketch [skɛtʃ] *m* ⟨-(es), -e(s)⟩ ART, THEAT sketch

Ski [ʃiː] *m* ⟨-s, - *or* -er ['ʃiːə]⟩ ski; **~ fahren** to ski **Skianzug** *m* ski suit **Skiausrüstung** *f* skiing gear **Skibrille** *f* ski goggles *pl* **Skifahren** *nt* skiing **Skifahrer(in)** *m*/(*f*) skier **Skigebiet** *nt* ski(ing) area **Skigymnastik** *f* skiing exercises *pl* **Skihose** *f* (pair of) ski pants *pl* **Skikurs** *m* skiing course **Skilauf** *m* skiing **Skiläufer(in)** *m*/(*f*) skier **Skilehrer(in)** *m*(*f*) ski instructor **Skilift** *m* ski lift

Skinhead ['skɪnhɛt] *m* ⟨-s, -s⟩ skinhead **Skipass** *m* ski pass **Skipiste** *f* ski run **Skischuh** *m* ski boot **Skischule** *f* ski school **Skisport** *m* skiing **Skispringen** *nt* ski jumping **Skistock** *m* ski stick

Skizze ['skɪtsə] *f* ⟨-, -n⟩ sketch; (*fig ≈ Grundriss*) outline **skizzieren** [skɪ'tsiːrən] *past part* **skizziert** *v/t* to sketch; (*fig*) Plan *etc* to outline

Sklave ['sklaːvə, 'sklaːfə] *m* ⟨-n, -n⟩, **Sklavin** ['sklaːvɪn, 'sklaːfɪn] *f* ⟨-, -nen⟩ slave **Sklavenhandel** *m* slave trade **Sklaventreiber(in)** *m*/(*f*) slave-driver **Sklaverei** [sklaːvə'rai, sklaːfə'rai] *f* ⟨-, *no pl*⟩ slavery *no art* **sklavisch** ['sklaːvɪʃ, 'sklaːfɪʃ] **A** *adj* slavish **B** *adv* slavishly

Sklerose [skle'roːzə] *f* ⟨-, -n⟩ sclerosis

Skonto ['skɔnto] *nt or m* ⟨-s, -s *or* **Skonti** [-ti]⟩ cash discount

Skorpion [skɔr'pioːn] *m* ⟨-s, -e⟩ ZOOL scorpion; ASTROL Scorpio

Skrupel ['skruːpl] *m* ⟨-s, -⟩ *usu pl* scruple; **keine ~ kennen** to have no scruples **skrupellos** **A** *adj* unscrupulous **B** *adv* unscrupulously **Skrupellosigkeit** *f* ⟨-, *no pl*⟩ unscrupulousness

Skulptur [skʊlp'tuːɐ] *f* ⟨-, -en⟩ sculpture **S-Kurve** ['ɛs-] *f* S-bend

skypen® ['skaipən] *v/i* INTERNET to skype **Slalom** ['slaːlɔm] *m* ⟨-s, -s⟩ slalom **Slang** [slɛŋ] *m* ⟨-s, *no pl*⟩ slang **Slawe** ['slaːvə] *m* ⟨-n, -n⟩, **Slawin** ['slaːvɪn] *f* ⟨-, -nen⟩ Slav **slawisch** ['slaːvɪʃ] *adj* Slavonic, Slavic

Slip [slɪp] *m* ⟨-s, -s⟩ (pair of) briefs *pl* **Slipeinlage** *f* panty liner **Slipper** ['slɪpɐ] *m* ⟨-s, -⟩ slip-on shoe **Slogan** ['sloːgn] *m* ⟨-s, -s⟩ slogan

Slowake [slo'vaːkə] *m* ⟨-n, -n⟩, **Slowakin** [-'vaːkɪn] *f* ⟨-, -nen⟩ Slovak **Slowakei** [slova'kai] *f* ⟨-⟩ **die ~** Slovakia **slowakisch** [slo'vaːkɪʃ] *adj* Slovakian, Slovak

Slowene [slo've:nə] *m* ⟨-n, -n⟩, **Slowenin** [-'ve:nɪn] *f* ⟨-, -nen⟩ Slovene **Slowenien** [slo've:niən] *nt* ⟨-s⟩ Slovenia **slowenisch** [slo've:nɪʃ] *adj* Slovenian, Slovene

Slum [slam] *m* ⟨-s, -s⟩ slum

Smaragd [sma'rakt] *m* ⟨-(e)s, -e [-də]⟩ emerald

Smartphone ['sma:tfoːn] *nt* ⟨-s, -s⟩ smartphone

Smiley ['smaili] *nt* ⟨-s, -s⟩ IT smiley **Smog** [smɔk] *m* ⟨-(s), -s⟩ smog **Smogalarm** *m* smog alert

Smoking ['smoːkɪŋ] *m* ⟨-s, -s⟩ dinner jacket (*esp Br*), tuxedo (*esp US*)

SMS [ɛsɛm'ɛs] *f* ⟨-, -⟩ *abbr of* Short Message Service SMS **SMS-Nachricht** [ɛsɛm'ɛs-] *f* text message

Snack [snɛk] *m* ⟨-s, -s⟩ snack (meal)

Snob [snɔp] *m* ⟨-s, -s⟩ snob **Snobismus** [sno'bɪsmʊs] *m* ⟨-, **Snobismen** [-mən]⟩ *no pl* snobbishness **snobistisch** [sno'bɪstɪʃ] *adj* snobbish

Snowboard ['snoːboːɐt] *nt* ⟨-s, -s⟩ snowboard

so [zoː] **A** *adv* **1** (*mit adj, adv*) so; (*mit vb ≈ so sehr*) so much; **so groß** *etc* so big *etc*; **so groß** *etc* **wie ...** as big *etc* as ... **2** (*≈ auf diese Weise*) like this/that, this/that way; **mach es nicht so, sondern so** don't do it like this but like that; **so ist sie nun einmal** that's the way she is; **sei doch nicht so** don't be like that; **so ist es nicht gewesen** that's not how it was; **so oder so** either way; **das habe ich nur so gesagt** I didn't really mean it; **so genannt** = sogenannt **3** (*infml ≈ umsonst*) for nothing **4** **so mancher** quite a few people *pl*; **so ein Idiot!** what an idiot!; **na so was!** well I never!; **so einer wie ich/er** somebody like me/him **B** *cj* **so dass** so that **C** *int* so; (*≈ wirklich*) oh, really; (*abschließend*) well, right; **so, so!** well, well

sobald [zo'balt] *cj* as soon as

Socke ['zɔkə] *f* ⟨-, -n⟩ sock; **sich auf die ~n machen** (*infml*) to get going (*infml*)

Sockel ['zɔkl] *m* ⟨-s, -⟩ base; (*von Statue*) plinth, pedestal; ELEC socket

Soda ['zoːda] *f* ⟨-, *no pl or nt* -s, *no pl*⟩ soda

sodass [zo'das] *cj* so that

Sodawasser *nt*, *pl* -wässer soda water

Sodbrennen ['zoːtbrɛnən] *nt* ⟨-s, *no pl*⟩ heartburn

soeben [zoˈeːbn] *adv* just (this moment); ~ **erschienen** just published

Sofa ['zoːfa] *nt* ⟨-s, -s⟩ sofa

sofern [zoˈfɛrn] *cj* provided (that); ~ ... **nicht** if ... not

sofort [zoˈfɔrt] *adv* immediately; **(ich) komme ~!** (I'm) just coming!; *(Kellner etc)* I'll be right with you **Sofortbildkamera** *f* Polaroid® camera **sofortig** [zoˈfɔrtɪç] *adj* immediate **Sofortmaßnahme** *f* immediate measure

Softeis ['zɔftais] *nt* soft ice cream **Softie** ['zɔfti] *m* ⟨-s, -s⟩ *(infml)* caring type **Software** ['zɔftwɛːɐ] *f* ⟨-, -s⟩ IT software **Softwareentwickler(in)** ['zɔftwɛːɐ-] *m/(f)* software developer **Softwarepaket** ['zɔftwɛːɐ-] *nt* software package

Sog [zoːk] *m* ⟨-(e)s, -e [-gə]⟩ suction; *(von Strudel)* vortex

sogar [zoˈgaːɐ] *adv* even

sogenannt ['zoːgənant] *adj attr* (≈ *angeblich*) so-called

Sohle ['zoːlə] *f* ⟨-, -n⟩ **1** (≈ *Fußsohle etc*) sole; (≈ *Einlage*) insole **2** (≈ *Boden*) bottom **sohlen** ['zoːlən] *v/t* to sole

Sohn [zoːn] *m* ⟨-(e)s, ⁻e ['zøːnə]⟩ son

Soja ['zoːja] *f* ⟨-, Sojen ['zoːjən]⟩ soya *(esp Br)*, soy **Sojabohne** *f* soya bean *(esp Br)*, soybean **Sojabohnenkeime** *pl* bean sprouts *pl* **Sojamilch** *f* soya *(esp Br)* or soy milk **Sojasoße** *f* soya *(esp Br)* or soy sauce **Sojasprossen** *pl* bean sprouts *pl*

solange [zoˈlaŋə] *cj* as or so long as

Solaranlage *f* (≈ *Kraftwerk*) solar power plant **Solarenergie** *f* solar energy **Solarium** [zoˈlaːriʊm] *nt* ⟨-s, Solarien [-riən]⟩ solarium **Solarstrom** *m, no pl* solar electricity **Solarzelle** *f* solar cell

solch [zɔlç] *adj inv*, **solche(r, s)** ['zɔlçə] *adj* such; **~es Glück** such luck; **wir haben ~e Angst** we're so afraid; **der Mensch als ~er** man as such

Sold [zɔlt] *m* ⟨-(e)s [-dəs]⟩ *no pl* MIL pay **Soldat** [zɔlˈdaːt] *m* ⟨-en, -en⟩, **Soldatin** [-ˈdaːtɪn] *f* ⟨-, -nen⟩ soldier **Söldner** ['zœldnɐ] *m* ⟨-s, -⟩, **Söldnerin** [-ərɪn] *f* ⟨-, -nen⟩ mercenary

Solei ['zoːlai] *nt* pickled egg

Solidargemeinschaft *f* (mutually) supportive society; (≈ *Beitragszahler*) contributors *pl* **solidarisch** [zoliˈdaːrɪʃ] **A** *adj* showing solidarity; **sich mit jdm ~ erklä-**

ren to declare one's solidarity with sb **B** *adv* ~ **mit jdm handeln** to act in solidarity with sb **solidarisieren** [zolidariˈziːrən] *past part* solidarisiert *v/r* **sich ~ mit** to show (one's) solidarity with **Solidarität** [zolidariˈtɛːt] *f* ⟨-, *no pl*⟩ solidarity; ~ **üben** to show solidarity **Solidaritätszuschlag** *m* FIN solidarity surcharge on income tax *(for the reconstruction of eastern Germany)*

solide [zoˈliːdə] **A** *adj* solid; *Arbeit, Wissen* sound; *Mensch, Leben* respectable; *Preise* reasonable **B** *adv* **1** (≈ *stabil*) ~ **gebaut** solidly built **2** (≈ *gründlich*) arbeiten thoroughly

Solist [zoˈlɪst] *m* ⟨-en, -en⟩, **Solistin** [-ˈlɪstɪn] *f* ⟨-, -nen⟩ MUS soloist

Soll [zɔl] *nt* ⟨-(s), -(s)⟩ (≈ *Schuld*) debit; ~ **und Haben** debit and credit **sollen** ['zɔlən] **A** *v/aux, pret* **sollte** ['zɔltə], *past part* **sollen 1** *(Verpflichtung)* **was soll ich/er tun?** what should I/he do?; **du weißt, dass du das nicht tun sollst** you know that you're not supposed to do that; **er weiß nicht, was er tun soll** he doesn't know what to do; **sie sagte ihm, er solle draußen warten** she told him (that he was) to wait outside; **es soll nicht wieder vorkommen** it won't happen again; **er soll reinkommen** tell him to come in; **der soll nur kommen!** just let him come!; **niemand soll sagen, dass ...** let no-one say that ...; **ich soll Ihnen sagen, dass ...** I've been asked to tell you that ... **2** *(konjunktivisch)* **das hättest du nicht tun ~** you shouldn't have done that **3** *(konditional)* **sollte das passieren, ...** if that should happen ..., should that happen ... **4** *(Vermutung)* to be supposed or meant to; **sie soll krank sein** apparently she's ill **5** (≈ *können*) **so etwas soll es geben** these things happen; **man sollte glauben, dass ...** you would think that ... **B** *v/i, pret* **sollte** ['zɔltə], *past part* **gesollt** [gəˈzɔlt] **was soll das?** what's all this?; (≈ *warum denn das*) what's that for?; **was soll's!** *(infml)* what the hell! *(infml)*; **was soll ich dort?** what would I do there? **C** *v/t, pret* **sollte** ['zɔltə], *past part* **gesollt** [gəˈzɔlt] **das sollst/solltest du nicht** you shouldn't do that **Sollseite** *f* FIN debit side

solo ['zoːlo] *adv* MUS solo; *(fig infml)* on one's own **Solo** ['zoːlo] *nt* ⟨-s, Soli ['zoːli]⟩ solo **Solotänzer(in)** *m/(f)* solo dancer;

(*im Ballett*) principal dancer
solvent [zɔl'vɛnt] *adj* FIN solvent
Somalia [zo'maːlia] *nt* ⟨-s⟩ Somalia **somalisch** [zo'maːlɪʃ] *adj* Somali
somit [zo'mɪt, 'zoːmɪt] *adv* consequently, therefore
Sommer ['zɔmɐ] *m* ⟨-s, -⟩ summer; **im ~** in (the) summer; **im nächsten ~** next summer **Sommeranfang** *m* beginning of summer **Sommerfahrplan** *m* summer timetable **Sommerferien** *pl* summer holidays *pl* (*Br*) *or* vacation (*US*); JUR, PARL summer recess **Sommerfest** *nt* summer party **Sommerkleid** *nt* **1** (*Kleidungsstück*) summer dress **2** (≈ *Sommerfell*) summer coat **Sommerkleidung** *f* summer clothing; *esp* COMM summerwear **sommerlich** ['zɔmɐlɪç] **A** *adj* summery **B** *adv* **es ist ~ warm** it's as warm as it is in summer; **~ gekleidet sein** to be in summer clothes **Sommerloch** *nt* (*infml*) silly season (*Br*), off season (*US*) **Sommerolympiade** *f* Summer Olympics *pl* **Sommerpause** *f* summer break; JUR, PARL summer recess **Sommerreifen** *m* normal tyre (*Br*) *or* tire (*US*) **Sommerschlussverkauf** *m* summer sale **Sommersemester** *nt* UNIV summer semester, ≈ summer term (*Br*) **Sommersonnenwende** *f* summer solstice **Sommerspiele** *pl* **die Olympischen ~** the Summer Olympics, the Summer Olympic Games **Sommersprosse** *f* freckle **Sommerzeit** *f* summer time *no art*
Sonate [zo'naːtə] *f* ⟨-, -n⟩ sonata
Sonde ['zɔndə] *f* ⟨-, -n⟩ SPACE, MED probe; METEO sonde
Sonderangebot *nt* special offer; **im ~ sein** to be on special offer **Sonderausgabe** *f* **1** special edition **2** **Sonderausgaben** *pl* FIN additional *or* extra expenses *pl* **sonderbar** *adj* strange **sonderbarerweise** ['zɔndɐbaːrə'vaɪzə] *adv* strangely enough **Sonderbeauftragte(r)** *m*/*f(m)* *decl as adj* POL special emissary **Sonderfall** *m* special case; (≈ *Ausnahme*) exception **sondergleichen** ['zɔndɐ'glaɪçn] *adj inv* **eine Geschmacklosigkeit ~** the height of bad taste; **mit einer Arroganz ~** with unparalleled arrogance **sonderlich** ['zɔndɐlɪç] **A** *adj attr* particular, especial **B** *adv* particularly, especially

Sondermüll *m* hazardous waste **sondern** ['zɔndɐn] *cj* but; **nicht nur ..., ~ auch** not only ... but also **Sonderschicht** *f* special shift; (*zusätzlich*) extra shift **Sonderschule** *f* special school **Sonderwünsche** *pl* special requests *pl* **Sonderzeichen** *nt* IT special character **Sonderzug** *m* special train
sondieren [zɔn'diːrən] *past part* sondiert **A** *v/t* to sound out; **die Lage ~** to find out how the land lies **B** *v/i* **~, ob ...** to try to sound out whether ... **Sondierungsgespräch** *nt* exploratory talk
Sonett [zo'nɛt] *nt* ⟨-(e)s, -e⟩ sonnet
Sonnabend ['zɔnaːbnt] *m* Saturday; → Dienstag **sonnabends** ['zɔnaːbnts] *adv* on Saturdays, on a Saturday; → dienstags
Sonne ['zɔnə] *f* ⟨-, -n⟩ sun; **an** *or* **in die ~ gehen** to go out in the sun(shine) **sonnen** ['zɔnən] *v/r* to sun oneself; **sich in etw** (*dat*) **~** (*fig*) to bask in sth **Sonnenanbeter** *m* ⟨-s, -⟩, **Sonnenanbeterin** [-ərɪn] *f* ⟨-, -nen⟩ sun worshipper **Sonnenaufgang** *m* sunrise **Sonnenbad** *nt* sunbathing *no pl*; **ein ~ nehmen** to sunbathe **sonnenbaden** *v/i sep inf, past part only* to sunbathe **Sonnenbank** *f*, *pl* -bänke sun bed **Sonnenblume** *f* sunflower **Sonnenblumenöl** *nt* sunflower oil **Sonnenbrand** *m* sunburn *no art* **Sonnenbrille** *f* (pair of) sunglasses *pl* **Sonnencreme** *f* suntan cream **Sonnenenergie** *f* solar energy **Sonnenfinsternis** *f* solar eclipse **Sonnenhut** *m* sunhat **Sonnenkollektor** *m* solar panel **Sonnenkraftwerk** *nt* solar power station **Sonnenlicht** *nt* sunlight **Sonnenöl** *nt* suntan oil **Sonnenrollo** *nt* sun blind **Sonnenschein** *m* sunshine; **bei ~** in the sunshine **Sonnenschirm** *m* sunshade **Sonnenschutzfaktor** *m* protection factor **Sonnenschutzmittel** *nt* sunscreen **Sonnenstich** *m* sunstroke *no art* **Sonnenstrahl** *m* ray of sunshine; (*esp* ASTRON, PHYS) sun ray **Sonnenstudio** *nt* tanning salon (*esp US*) *or* studio **Sonnensystem** *nt* solar system **Sonnenuhr** *f* sundial **Sonnenuntergang** *m* sunset **Sonnenwende** *f* solstice **sonnig** ['zɔnɪç] *adj* sunny

S

Sonntag ['zɔntaːk] *m* Sunday; → Dienstag **sonntäglich** ['zɔntɛːklɪç] *adj* Sunday
attr **sonntags** ['zɔntaːks] *adv* on Sundays,
on a Sunday; → dienstags
Sonntagsarbeit *f* Sunday working
Sonntagsfahrer(in) *m/(f)* (*pej*) Sunday
driver **Sonntagszeitung** *f* Sunday paper **sonn- und feiertags** ['zɔnunt'faie-
taːks] *adv* on Sundays and public holidays
sonst [zɔnst] **A** *adv* **1** (≈ außerdem) else;
(*mit n*) other; ~ **noch Fragen?** any other
questions?; **wer/wie** *etc* (**denn**) ~? who/
how *etc* else?; ~ **niemand** nobody else;
er und ~ keiner nobody else but he; ~
wann (*infml*) some other time; **er denkt,
er ist ~ wer** (*infml*) he thinks he's somebody special; ~ **noch etwas?** is that all?,
anything else?; ~ **wie** (*infml*) (in) some other way; ~ **wo** (*infml*) somewhere else; ~
wohin (*infml*) somewhere else **2** (≈ an-
dernfalls, im Übrigen) otherwise; **wie geht's
~?** how are things otherwise? **3** (≈ gewöhnlich) usually; **genau wie** ~ the same
as usual; **alles war wie** ~ everything was
as it always used to be **B** *cj* otherwise,
or (else) **sonstig** ['zɔnstɪç] *adj attr* other
sooft [zo'ɔft] *cj* whenever
Sopran [zo'praːn] *m* ⟨-s, -e⟩ soprano **So-
pranistin** [zopra'nɪstɪn] *f* ⟨-, -nen⟩ soprano
Sorbet [zɔr'beː] *m* or *nt* ⟨-s, -s⟩ COOK sorbet
Sorge ['zɔrgə] *f* ⟨-, -n⟩ worry; (≈ Ärger)
trouble; **keine ~!** (*infml*) don't (you) worry!; ~**n haben** to have problems; **deine
~n möchte ich haben!** (*infml*) you think
you've got problems!; **jdm ~n machen**
or **bereiten** (≈ Kummer bereiten) to cause
sb a lot of worry; (≈ beunruhigen) to worry
sb; **es macht mir ~n, dass …** it worries
me that …; **sich** (*dat*) ~**n machen** to worry; **lassen Sie das meine ~ sein** let me
worry about that; **das ist nicht meine ~**
that's not my problem
Sorgeberechtigte(r) [-bərɛçtɪçtə]
m/f(m) decl as adj person having custody
sorgen ['zɔrgn] **A** *v/r* to worry; **sich ~
um** to be worried about **B** *v/i* ~ **für** (≈ sich
kümmern um) to take care of; (≈ vorsorgen
für) to provide for; (≈ herbeischaffen) to provide; **für Aufsehen ~** to cause a sensation;
dafür ist gesorgt that's taken care of
sorgenfrei *adj* carefree; ~ **leben** to live
a carefree life **Sorgenkind** *nt* (*infml*)

problem child **Sorgerecht** *nt* JUR custody **Sorgfalt** ['zɔrkfalt] *f* ⟨-, *no pl*⟩ care; **ohne ~ arbeiten** to work carelessly
sorgfältig ['zɔrkfɛltɪç] **A** *adj* careful **B**
adv carefully **sorglos** **A** *adj* (≈ unbekümmert) carefree; (≈ nachlässig) careless **B**
adv in a carefree way; carelessly
Sorglosigkeit *f* ⟨-, *no pl*⟩ (≈ Unbekümmertheit) carefreeness; (≈ Leichtfertigkeit)
carelessness **sorgsam** ['zɔrkzaːm] **A** *adj*
careful **B** *adv* carefully
Sorte ['zɔrtə] *f* ⟨-, -n⟩ **1** sort, type; (≈ Klasse) grade; (≈ Marke) brand **2** FIN *usu pl* foreign currency **sortieren** [zɔr'tiːrən] *past
part* sortiert *v/t* to sort **Sortiment**
[zɔrti'mɛnt] *nt* ⟨-(e)s, -e⟩ **1** assortment; (≈
Sammlung) collection **2** (≈ Buchhandel) retail book trade
SOS [ɛsoː'ɛs] *nt* ⟨-, -⟩ SOS; ~ **funken** to put
out an SOS
sosehr [zo'zeːɐ] *cj* however much
Soße ['zoːsə] *f* ⟨-, -n⟩ sauce; (≈ Bratensoße)
gravy
Souffleur [zu'fløːɐ] *m* ⟨-s, -e⟩, **Soufffleu-
se** [zu'fløːzə] *f* ⟨-, -n⟩ THEAT prompter
soufflieren [zu'fliːrən] *past part* souf-
fliert *v/t & v/i* THEAT to prompt
Soundkarte ['saunt-] *f* IT sound card
soundso ['zoːʊntzoː] *adv* ~ **lange** for such
and such a time; ~ **groß** of such and such
a size; ~ **viele** so and so many
Soundtrack ['saunttrɛk] *m* ⟨-s, -s⟩ (*infml*)
soundtrack
Souvenir [zuvə'niːɐ] *nt* ⟨-s, -s⟩ souvenir
souverän [zuvə'rɛːn] **A** *adj* sovereign *no
adv*; (≈ überlegen) (most) superior *no adv*;
Sieg commanding **B** *adv* (≈ überlegen)
handhaben supremely well; **etw ~ meistern** to resolve sth masterfully **Souveränität** [zuvərɛni'tɛːt] *f* ⟨-, *no pl*⟩ sovereignty;
(*fig* ≈ Überlegenheit) superiority
soviel [zo'fiːl] **A** *adv* ~ **viel** **B** *cj* as *or* so
far as; ~ **ich weiß, nicht!** not as *or* so far
as I know
soweit [zo'vait] **A** *adv* → **weit** **B** *cj* as *or*
so far as; (≈ insofern) in so far as
sowenig [zo'veːnɪç] *cj* however little; ~
ich auch … however little I …
sowie [zo'viː] *cj* **1** (≈ sobald) as soon as **2**
(≈ und auch) as well as **sowieso** [zovi'zoː]
adv anyway, anyhow
sowjetisch [zɔ'vjɛtɪʃ, zɔ'vjeːtɪʃ] *adj* HIST Soviet **Sowjetunion** *f* HIST Soviet Union
sowohl [zo'voːl] *cj* ~ … **als** *or* **wie** (**auch**)

both … and, … as well as

sozial [zoˈtsiaːl] **A** *adj* social; **die ~en Be-rufe** the caring professions; **~e Medien** social media; **~er Wohnungsbau** ≈ council (*Br*) *or* public (*US*) housing; **~e Markt-wirtschaft** social market economy **B** *adv* **~ eingestellt sein** to be public-spirited; **~ denken** to be socially minded **Sozial-abbau** *m, no pl* cuts *pl* in social services **Sozialabgaben** *pl* social security (*Br*) *or* social welfare (*US*) contributions *pl* **Sozialamt** *nt* social security (*Br*) *or* social welfare (*US*) office **Sozialarbeit** *f* social work **Sozialarbeiter(in)** *m*/(*f*) social worker **Sozialdemokrat(in)** *m*/(*f*) social democrat **sozialdemokratisch** *adj* social democratic **Sozialeinrichtungen** *pl* social facilities *pl* **Sozialexperte** *m*, **Sozialexpertin** *f* social affairs expert **Sozialfall** *m* hardship case **Sozialhilfe** *f* income support (*Br*), welfare (*aid*) (*US*) **So-zialhilfeempfänger(in)** *m*/(*f*) person receiving income support (*Br*) *or* welfare (*aid*) (*US*) **sozialisieren** [zotsiali'ziːrən] *past part* **sozialisiert** *v/t* to socialize; (POL ≈ *verstaatlichen*) to nationalize **Sozia-lismus** [zotsiaˈlɪsmʊs] *m* ⟨-, Sozialismen [-mən]⟩ socialism **Sozialist** [zotsiaˈlɪst] *m* ⟨-en, -en⟩, **Sozialistin** [-ˈlɪstɪn] *f* ⟨-, -nen⟩ socialist **sozialistisch** [zotsiaˈlɪstɪʃ] *adj* socialist **Sozialkunde** *f* SCHOOL social studies *pl* **Sozialleistungen** *pl* em-ployers' contribution (*sometimes including pension scheme payments*) **Sozialpartner** *pl* unions and management *pl* **Sozial-plan** *m* redundancy payments scheme **Sozialpolitik** *f* social policy **sozialpo-litisch** *adj* socio-political **Sozialstaat** *m* welfare state **Sozialversicherung** *f* national insurance (*Br*), social security (*US*) **Sozialwohnung** *f* state-subsidized apartment, ≈ council flat (*Br*) **Soziologe** [zotsioˈloːɡə] *m* ⟨-n, -n⟩, **Soziologin** [-ˈloːɡɪn] *f* ⟨-, -nen⟩ sociologist **Soziolo-gie** [zotsioloˈɡiː] *f* ⟨-, no pl⟩ sociology **so-ziologisch** [zotsioˈloːɡɪʃ] *adj* sociological **Soziussitz** *m* pillion (seat)

sozusagen [zoːtsuˈzaːɡn, ˈzoːtsuzaːɡn] *adv* so to speak

Spachtel [ˈʃpaxtl] *m* ⟨-s, - *or* f -, -n⟩ (*Werk-zeug*) spatula **spachteln** [ˈʃpaxtln] **A** *v/t* *Mauerfugen, Ritzen* to fill (in), to smooth over **B** *v/i* (*infml* ≈ *essen*) to tuck in (*infml*), to dig in (*US infml*)

Spagat [ʃpaˈɡaːt] *m or nt* ⟨-(e)s, -e⟩ (*lit*) splits *pl*; (*fig*) balancing act; **~ machen** to do the splits

Spaghetti [ʃpaˈɡɛti, sp-] *pl*, **Spagetti** *pl* spaghetti *sg*

spähen [ˈʃpɛːən] *v/i* to peer; **nach jdm/etw ~** to look out for sb/sth

Spalier [ʃpaˈliːɐ] *nt* ⟨-s, -e⟩ **1** trellis **2** (*von Menschen*) row; (*zur Ehrenbezeigung*) guard of honour (*Br*), honor guard (*US*); **~ stehen** to form a guard of honour (*Br*) *or* honor guard (*US*)

Spalt [ʃpalt] *m* ⟨-(e)s, -e⟩ **1** (≈ *Öffnung*) gap; (≈ *Riss*) crack **2** (*fig* ≈ *Kluft*) split **spaltbar** *adj* PHYS *Material* fissile **Spalte** [ˈʃpaltə] *f* ⟨-, -n⟩ **1** *esp* GEOL fissure; (≈ *Fels-spalte*) crevice; (≈ *Gletscherspalte*) crevasse **2** TYPO, PRESS column **spalten** [ˈʃpaltn] *past part also* **gespalten** [ɡəˈʃpaltn] *v/t* to split; → **gespalten Spaltung** [ˈʃpaltʊŋ] *f* ⟨-, -en⟩ splitting; (*in Partei etc*) split

Spam [spɛm] *m* ⟨-s, -s⟩ IT spam **Spamfil-ter** *m* spam filter **spammen** [ˈspɛmən] *v/i* to spam **Spamming** [ˈspɛmɪŋ] *nt* ⟨-s, no pl⟩ spamming

Span [ʃpaːn] *m* ⟨-(e)s, ̈e [ˈʃpɛːnə]⟩ shaving; (≈ *Metallspan*) filing

Spanferkel *nt* sucking pig

Spange [ˈʃpaŋə] *f* ⟨-, -n⟩ clasp; (≈ *Haar-spange*) hair slide (*Br*), barrette (*US*); (≈ *Schuhspange*) strap; (≈ *Schnalle*) buckle; (≈ *Armspange*) bracelet

Spaniel [ˈʃpaːniəl] *m* ⟨-s, -s⟩ spaniel

Spanien [ˈʃpaːniən] *nt* ⟨-s⟩ Spain **Spanier** [ˈʃpaːniɐ] *m* ⟨-s, -⟩, **Spanierin** [-iərɪn] *f* ⟨-, -nen⟩ Spaniard **spanisch** [ˈʃpaːnɪʃ] *adj* Spanish; **~e Wand** (folding) screen; **das kommt mir ~ vor** (*infml*) that seems odd to me

Spann [ʃpan] *m* ⟨-(e)s, -e⟩ instep **Spannbetttuch** *nt* fitted sheet **Spanne** [ˈʃpanə] *f* ⟨-, -n⟩ (*elev* ≈ *Zeitspan-ne*) while; (≈ *Verdienstspanne*) margin **spannen** [ˈʃpanən] **A** *v/t* *Saite, Seil* to tighten; *Bogen* to draw; *Muskeln* to tense, to flex; *Gewehr* to cock; *Werkstück* to clamp; *Wäscheleine* to put up; *Netz* to stretch; → **gespannt B** *v/r* (*Haut*) to become taut; (*Muskeln*) to tense; **sich über etw** (*acc*) **~** (*Brücke*) to span sth **C** *v/i* (*Kleidung*) to be (too) tight; (*Haut*) to be taut **spannend** *adj* exciting; (*stärker*) thrilling; **mach's nicht so ~!** (*infml*) don't keep me/us in suspense **Spanner** [ˈʃpanə] *m* ⟨-s, -⟩

(infml ≈ Voyeur) Peeping Tom **Spannkraft** *f (von Muskel)* tone; *(fig)* vigour *(Br)*, vigor *(US)* **Spannung** ['ʃpanʊŋ] *f* ⟨-, -en⟩ **1** *no pl (von Seil, Muskel etc)* tautness; MECH stress **2** ELEC voltage; **unter ~ stehen** to be live **3** *no pl (fig)* excitement; *(≈ Spannungsgeladenheit)* suspense; **etw mit ~ erwarten** to await sth full of suspense **4** *no pl (nervlich)* tension **5** *usu pl (≈ Feindseligkeit)* tension *no pl* **Spannungsgebiet** *nt* POL flash point **Spannungsmesser** *m* ⟨-s, -⟩ ELEC voltmeter **Spannungsprüfer** *m* voltage detector **Spannweite** *f* MAT range; ARCH span; *(AVIAT, von Vogelflügeln)* (wing)span **Spanplatte** *f* chipboard **Sparbuch** *nt* savings book **Spardose** *f* piggy bank **Spareinlage** *f* savings deposit **sparen** ['ʃpaːrən] **A** *v/t* to save; **keine Kosten/Mühe ~** to spare no expense/effort; **spar dir deine guten Ratschläge!** *(infml)* you can keep your advice! **B** *v/i* to save; *(≈ sparsam sein)* to economize; **an etw** *(dat)* **~** to be sparing with sth; *(≈ mit etw Haus halten)* to economize on sth; **bei etw ~** to save on sth; **auf etw** *(acc)* **~** to save up for sth **Sparer** ['ʃpaːrɐ] *m* ⟨-s, -⟩, **Sparerin** [-ərɪn] *f* ⟨-, -nen⟩ *(bei Bank etc)* saver **Sparflamme** *f* **auf ~** *(fig infml)* just ticking over *(Br infml)* or coming along *(US)* **Spargel** ['ʃpargl] *m* ⟨-s, - *or (Sw)* *f* -, -n⟩ asparagus **Spargelcremesuppe** *f* cream of asparagus soup **Sparguthaben** *nt* savings account **Sparkasse** *f* savings bank **Sparkonto** *nt* savings account **Sparkurs** *m* economy drive *(Br)*, budget *(US)*; **einen strikten ~ einhalten** to be on a strict economy drive *(Br)* or budget *(US)* **spärlich** ['ʃpɛːlɪç] **A** *adj* sparse; *Einkünfte, Kenntnisse* sketchy; *Beleuchtung* poor; *Kleidung* scanty; *Mahl* meagre *(Br)*, meager *(US)* **B** *adv bevölkert, eingerichtet* sparsely; *beleuchtet* poorly; **~ bekleidet** scantily clad or dressed **Sparmaßnahme** *f* economy *(Br)* or budgeting *(US)* measure **Sparpaket** *nt* savings package; POL package of austerity measures **Sparprämie** *f* savings premium **Sparring** ['ʃparɪŋ, 'ʃp-] *nt* ⟨-s, *no pl*⟩ *(Boxen)* sparring **sparsam** ['ʃpaːeza:m] **A** *adj Mensch*

thrifty; *(≈ wirtschaftlich)* Motor, Verbrauch economical **B** *adv leben, essen* economically; *verwenden* sparingly; **mit etw ~ umgehen** to be economical with sth **Sparsamkeit** *f* ⟨-, *no pl*⟩ thrift; *(≈ sparsames Haushalten)* economizing **Sparschwein** *nt* piggy bank

spartanisch [ʃparˈtaːnɪʃ, ʃp-] *adj* spartan; **~ leben** to lead a spartan life **Sparte** ['ʃpartə] *f* ⟨-, -n⟩ *(≈ Branche)* line of business; *(≈ Teilgebiet)* area

Spass [ʃpas] *m* ⟨-es, ̈-e ['ʃpɛsə]⟩ *(Aus)* = **Spaß**

Spaß [ʃpaːs] *m* ⟨-es, ̈-e ['ʃpɛːsə]⟩ *(≈ Vergnügen)* fun; *(≈ Scherz)* joke; *(≈ Streich)* prank; **~ beiseite** joking apart; **viel ~!** have fun! *(also iron)*; **an etw** *(dat)* **~ haben** to enjoy sth; **wenn's dir ~ macht** if it turns you on *(infml)*; **~/keinen ~ machen** to be fun/no fun; **(nur so,) aus ~** (just) for fun; **etw im ~ sagen** to say sth as a joke; **da hört der ~ auf** that's going beyond a joke; **er versteht keinen ~** he has no sense of humour *(Br)* or humor *(US)*; **da verstehe ich keinen ~!** I won't stand for any nonsense; **das war ein teurer ~** *(infml)* that was an expensive business *(infml)* **Spaßbad** *nt* leisure pool **Spaßbremse** *f* *(infml)* party pooper *(infml)*, spoilsport *(infml)*, killjoy *(infml)* **spaßeshalber** *adv* for fun **spaßhaft**, **spaßig** ['ʃpaːsɪç] *adj* funny **Spaßverderber** [-fɛɐdɛrbə] *m* ⟨-s, -⟩, **Spaßverderberin** [-ərɪn] *f* ⟨-, -nen⟩ spoilsport **Spaßvogel** *m* joker

Spastiker ['ʃpastike, 'ʃp-] *m* ⟨-s, -⟩, **Spastikerin** [-ərɪn] *f* ⟨-, -nen⟩ *neg!* spastic **spastisch** ['ʃpastɪʃ, 'ʃp-] *adj* spastic; **~ gelähmt** suffering from spastic paralysis **spät** [ʃpɛːt] **A** *adj* late; **am ~en Nachmittag** in the late afternoon **B** *adv* late; **~ in der Nacht** late at night; **wie ~ ist es?** what's the time?; **zu ~** too late; **wir sind ~ dran** we're late

Spaten ['ʃpaːtn] *m* ⟨-s, -⟩ spade

später ['ʃpɛːte] **A** *adj* later; *(≈ zukünftig)* future **B** *adv* later (on); **~ als** later than; **an ~ denken** to think of the future; **bis ~!** see you later! **spätestens** ['ʃpɛːtəstns] *adv* at the latest **Spätfolge** *f usu pl* late effect **Spätherbst** *m* late autumn, late fall *(US)* **Spätlese** *f* late vintage **Spätschaden** *m usu pl* long-term damage **Spätschicht** *f* late shift **Spätsommer** *m* late summer

Spatz [ʃpats] *m* ⟨-en, -en⟩ sparrow **Spatzenhirn** *nt* (*pej*) birdbrain (*infml*)
spazieren [ʃpa'tsiːrən] *past part* spaziert *v/i aux sein* to stroll; **wir waren ~** we went for a stroll **spazieren fahren** *irr* **A** *v/i aux sein* to go for a ride **B** *v/t jdn ~* to take sb for a drive **spazieren gehen** *v/i irr aux sein* to go for a walk **Spazierfahrt** *f* ride; **eine ~ machen** to go for a ride **Spaziergang** *m, pl* -gänge walk; **einen ~ machen** to go for a walk **Spaziergänger** [-gɛŋɐ] *m* ⟨-s, -⟩, **Spaziergängerin** *f* ⟨-, -nen⟩ stroller **Spazierstock** *m* walking stick
SPD [ɛspeː'deː] *f* ⟨-⟩ *abbr of* Sozialdemokratische Partei Deutschlands
Specht [ʃpɛçt] *m* ⟨-(e)s, -e⟩ woodpecker
Speck [ʃpɛk] *m* ⟨-(e)s, -e⟩ bacon; (*infml: bei Mensch*) flab (*infml*); **mit ~ fängt man Mäuse** (*prov*) you have to use a sprat to catch a mackerel (*prov*) **speckig** ['ʃpɛkɪç] *adj* Kleidung, Haar greasy **Speckscheibe** *f* (*bacon*) rasher **Speckschwarte** *f* bacon rind
Spediteur [ʃpedi'tøːɐ] *m* ⟨-s, -e⟩, **Spediteurin** [-'tøːrɪn] *f* ⟨-, -nen⟩ haulier (*Br*), hauler (*US*); (*≈ Umzugsfirma*) furniture remover **Spedition** [ʃpedi'tsioːn] *f* ⟨-, -en⟩ **1** (*≈ das Spedieren*) transporting **2** (*≈ Firma*) haulier (*Br*), hauler (*US*); (*≈ Umzugsfirma*) furniture remover
Speer [ʃpeːɐ] *m* ⟨-(e)s, -e⟩ spear; SPORTS javelin **Speerwerfen** *nt* ⟨-s, *no pl*⟩ SPORTS **das ~** the javelin
Speiche ['ʃpaɪçə] *f* ⟨-, -n⟩ **1** spoke **2** ANAT radius
Speichel ['ʃpaɪçl] *m* ⟨-s, *no pl*⟩ saliva
Speicher ['ʃpaɪçɐ] *m* ⟨-s, -⟩ (*≈ Lagerhaus*) storehouse; (*im Haus*) loft, attic; (*≈ Wasserspeicher*) tank; IT memory, store **Speicherchip** *m* IT memory chip **Speicherdichte** *f* IT storage density **Speicherkapazität** *f* storage capacity; IT memory capacity **speichern** ['ʃpaɪçɐn] *v/t* to store; (*≈ abspeichern*) to save **Speicherofen** *m* storage heater **Speicherplatte** *f* IT storage disk **Speicherplatz** *m* IT storage space **Speicherung** ['ʃpaɪçərʊŋ] *f* ⟨-, -en⟩ storage **Speicherverwaltung** *f* IT memory management
speien ['ʃpaɪən] *pret* spie [ʃpiː], *past part* gespie(e)n [gə'ʃpiː(ə)n] **A** *v/t* to spit; Lava, Feuer to spew (forth); Wasser to spout; (*≈ erbrechen*) to vomit **B** *v/i* (*≈ sich übergeben*) to vomit

Speise ['ʃpaɪzə] *f* ⟨-, -n⟩ (*≈ Gericht*) dish; **~n und Getränke** meals and beverages; **kalte und warme ~n** hot and cold meals **Speiseeis** *nt* ice cream **Speisekammer** *f* pantry **Speisekarte** *f* menu **speisen** ['ʃpaɪzn] **A** *v/i* (*elev*) to eat **B** *v/t* **1** (*elev ≈ essen*) to eat **2** TECH to feed **Speiseplan** *m* menu plan; **auf dem ~ stehen** to be on the menu **Speiseröhre** *f* ANAT gullet **Speisesaal** *m* dining hall; (*in Hotel etc*) dining room **Speisewagen** *m* RAIL dining or restaurant car
Spektakel [ʃpɛk'taːkl] *m* ⟨-s, -⟩ (*infml*) rumpus (*infml*); (*≈ Aufregung*) palaver (*infml*) **spektakulär** [ʃpɛktaku'lɛːɐ, sp-] *adj* spectacular
Spektrum ['ʃpɛktrʊm, 'sp-] *nt* ⟨-s, Spektren *or* Spektra [-trən, -tra]⟩ spectrum
Spekulant [ʃpeku'lant] *m* ⟨-en, -en⟩, **Spekulantin** [-'lantɪn] *f* ⟨-, -nen⟩ speculator **Spekulation** [ʃpekula'tsioːn] *f* ⟨-, -en⟩ speculation; **~en anstellen** to speculate **Spekulationsgewinn** *m* speculative profit **Spekulationsobjekt** *nt* object of speculation
Spekulatius [ʃpeku'laːtsiʊs] *m* ⟨-, -⟩ spiced biscuit (*Br*) *or* cookie (*US*)
spekulativ [ʃpekula'tiːf, sp-] *adj* speculative **spekulieren** [ʃpeku'liːrən] *past part* spekuliert *v/i* to speculate; **auf etw** (*acc*) **~** (*infml*) to have hopes of sth
Spelunke [ʃpe'lʊŋkə] *f* ⟨-, -n⟩ (*pej infml*) dive (*infml*)
spendabel [ʃpɛn'daːbl] *adj* (*infml*) generous **Spende** ['ʃpɛndə] *f* ⟨-, -n⟩ donation; (*≈ Beitrag*) contribution **spenden** ['ʃpɛndn] *v/t* to donate, to give; (*≈ beitragen*) Geld to contribute; Schatten to offer; Trost to give **Spendenaffäre** *f* donations scandal **Spendenkonto** *nt* donations account **Spender** ['ʃpɛndɐ] *m* ⟨-s, -⟩ (*≈ Seifenspender etc*) dispenser **Spender** ['ʃpɛndɐ] *m* ⟨-s, -⟩, **Spenderin** [-ərɪn] *f* ⟨-, -nen⟩ donator; (*≈ Beitragsleistender*) contributor; MED donor **Spenderherz** *nt* donor heart **spendieren** [ʃpɛn'diːrən] *past part* spendiert *v/t* to buy (*jdm etw* sb sth, sth for sb)
Spengler ['ʃpɛŋlɐ] *m* ⟨-s, -⟩, **Spenglerin** [-ərɪn] *f* ⟨-, -nen⟩ (*S Ger, Aus ≈ Klempner*) plumber
Sperling ['ʃpɛrlɪŋ] *m* ⟨-s, -e⟩ sparrow

S

Sperma ['ʃpɛrma, 'sp-] *nt* ⟨-s, Spermen *or* -ta [-mən, -ta]⟩ sperm

sperrangelweit ['ʃpɛr'aŋl'vait] *adv* (*infml*) **~ offen** wide open **Sperre** ['ʃpɛrə] *f* ⟨-, -n⟩ **1** barrier; (≈ *Polizeisperre*) roadblock; TECH locking device **2** (≈ *Verbot*) ban; (≈ *Blockierung*) blockade; COMM embargo **3** PSYCH mental block **sperren** ['ʃpɛrən] **A** *v/t* **1** (≈ *schließen*) to close; TECH to lock **2** COMM *Konto, Gelder* to block; *Scheck, Kreditkarte* to stop; IT *Daten, Zugriff* to lock; **jdm den Strom/das Telefon ~** to disconnect sb's electricity/telephone **3** (SPORTS ≈ *ausschließen*) to ban **4** (≈ *einschließen*) **jdn in etw** (*acc*) **~** to shut sb in sth **5** TYPO to space out **B** *v/r* **sich (gegen etw) ~** to ba(u)lk (at sth) **Sperrfrist** *f* waiting period (*auch* JUR) **Sperrgebiet** *nt* prohibited area *or* zone **Sperrholz** *nt* plywood **sperrig** ['ʃpɛrɪç] *adj* bulky; (≈ *unhandlich*) unwieldy **Sperrkonto** *nt* blocked account **Sperrmüll** *m* bulky refuse **Sperrstunde** *f* closing time **Sperrung** ['ʃpɛrʊŋ] *f* ⟨-, -en⟩ (≈ *Schließung*) closing; TECH locking; (*von Konto*) blocking

Spesen ['ʃpe:zn] *pl* expenses *pl*; **auf ~ reisen** to travel on expenses

Spezi[1] ['ʃpe:tsi] *m* ⟨-s, -s⟩ (*S Ger, Aus infml*) pal (*infml*)

Spezi®[2] *nt* ⟨-s, -s⟩ (*Getränk*) cola and orangeade

Spezialausbildung *f* specialized training **Spezialeffekt** *m* special effect **Spezialfall** *m* special case **Spezialgebiet** *nt* special field **spezialisieren** [ʃpetsiali-'zi:rən] *past part* spezialisiert *v/r* **sich (auf etw** *acc*) **~** to specialize (in sth) **Spezialisierung** *f* ⟨-, -en⟩ specialization **Spezialist** [ʃpetsia'lɪst] *m* ⟨-en, -en⟩, **Spezialistin** [-'lɪstɪn] *f* ⟨-, -nen⟩ specialist (*für* in) **Spezialität** [ʃpetsiali'tɛːt] *f* ⟨-, -en⟩ speciality (*Br*), specialty (*US*) **speziell** [ʃpe'tsiɛl] **A** *adj* special **B** *adv* (e)specially **Spezifikation** [ʃpetsifika'tsioːn, sp-] *f* ⟨-, -en⟩ specification **spezifisch** [ʃpe'tsi:fɪʃ, sp-] **A** *adj* specific **B** *adv* specifically **spezifizieren** [ʃpetsifi'tsi:rən, sp-] *past part* spezifiziert *v/t* to specify

Sphäre ['sfɛːrə] *f* ⟨-, -n⟩ (*lit, fig*) sphere

spicken ['ʃpɪkn] **A** *v/t* COOK *Braten* to baste; **mit Zitaten gespickt** peppered with quotations (*esp Br*) **B** *v/i* (SCHOOL *infml*) to copy (*bei* off, from) **Spickzettel** *m* crib (*Br*), cheat sheet (*US*)

Spiegel ['ʃpi:gl] *m* ⟨-s, -⟩ **1** mirror **2** (≈ *Wasserspiegel etc*) level **Spiegelbild** *nt* (*lit, fig*) reflection; (≈ *seitenverkehrtes Bild*) mirror image **Spiegelei** ['ʃpi:glai] *nt* fried egg **spiegelfrei** *adj* Brille, Bildschirm etc nonreflecting **spiegelglatt** *adj* Fahrbahn, Meer etc glassy **spiegeln** ['ʃpi:gln] **A** *v/i* (≈ *reflektieren*) to reflect (the light); (≈ *glitzern*) to shine **B** *v/t* to reflect **C** *v/r* to be reflected **Spiegelreflexkamera** *f* reflex camera **Spiegelschrift** *f* mirror writing **Spiegelung** ['ʃpi:gəlʊŋ] *f* ⟨-, -en⟩ reflection; (≈ *Luftspiegelung*) mirage

Spiel [ʃpi:l] *nt* ⟨-(e)s, -e⟩ **1** game; (≈ *Wettkampfspiel*) match; (THEAT ≈ *Stück*) play; **ein ~ spielen** to play a game **2** CARDS deck, pack; (*Satz*) set **3** TECH (free) play; (≈ *Spielraum*) clearance **4** (*fig*) **leichtes ~ haben** to have an easy job of it; **das ~ ist aus** the game's up; **die Finger im ~ haben** to have a hand in it; **jdn/etw aus dem ~ lassen** to leave sb/sth out of it; **etw aufs ~ setzen** to put sth at stake; **auf dem ~(e) stehen** to be at stake; **sein ~ mit jdm treiben** to play games with sb **Spielautomat** *m* gambling *or* gaming machine; (*zum Geldgewinnen*) fruit machine **Spielball** *m* (*Tennis*) game point; (*Billard*) cue ball; (*fig*) plaything **Spielbank** *f, pl* -banken casino **spielen** ['ʃpi:lən] **A** *v/t* to play; **Klavier/Flöte ~** to play the piano/the flute; **den Beleidigten ~** to act all offended; **was wird hier gespielt?** (*infml*) what's going on here? **B** *v/i* to play; (*Schauspieler*) to act; (*beim Glücksspiel*) to gamble; **seine Beziehungen ~ lassen** to bring one's connections into play; → gespielt **spielend** **A** *adj* playing **B** *adv* easily **Spieler** ['ʃpi:lɐ] *m* ⟨-s, -⟩, **Spielerin** [-ərɪn] *f* ⟨-, -nen⟩ player; (≈ *Glücksspieler*) gambler **Spielerei** [ʃpi:lə-'rai] *f* ⟨-, *no pl*⟩ (≈ *das Spielen*) playing; (*beim Glücksspiel*) gambling; (≈ *das Herumspielen*) playing around; (≈ *Kinderspiel*) child's play *no art* **spielerisch** ['ʃpi:lərɪʃ] *adj* **1** (≈ *verspielt*) playful **2** SPORTS playing; THEAT acting; **~es Können** playing/acting ability **Spielfeld** *nt* field; (*Tennis, Basketball*) court **Spielfigur** *f* piece **Spielfilm** *m* feature film **Spielgeld** *nt* (≈ *unechtes Geld*) play money **Spielhalle** *f* amusement arcade (*Br*), arcade **Spielhölle** *f* gambling den **Spielkamerad(in)** *m*/(*f*) playmate **Spielkarte** f playing card **Spielkasino** nt (gambling) casino **Spielklasse** f division **Spielkonsole** f game(s) console **Spielleiter(in)** m/f(≈ Regisseur) director **Spielmacher(in)** m/f(≈ Regisseur) key player **Spielplan** m THEAT, FILM programme (Brit), program (US) **Spielplatz** m (für Kinder) playground **Spielraum** m room to move; (fig) scope; (zeitlich) time; (bei Planung etc) leeway; TECH (free) play **Spielregel** f rule of the game **Spielsachen** pl toys pl **Spielschuld** f gambling debt **Spielshow** f game show **Spielstand** m score **Spieltisch** m games table; (beim Glücksspiel) gaming or gambling table **Spieluhr** f music box **Spielverderber** [-fɛɐdɛrbə] m ⟨-s, -⟩, **Spielverderberin** [-ərɪn] f ⟨-, -nen⟩ spoilsport **Spielverlauf** m play **Spielwaren** pl toys pl **Spielwarengeschäft** nt, **Spielwarenhandlung** f toy shop (esp Brit) or store (esp US) **Spielzeit** f ① (≈ Saison) season ② (≈ Spieldauer) playing time **Spielzeug** nt, pl -zeuge toys pl; (einzelnes) toy **Spielzeugeisenbahn** f (toy) train set **Spieß** [ʃpiːs] m ⟨-es, -e⟩ (≈ Stich- und Wurfwaffe) spear; (≈ Bratspieß) spit; (kleiner) skewer; **den ~ umdrehen** (fig) to turn the tables **Spießbürger(in)** m/f(pej) (petit) bourgeois **spießbürgerlich** (pej) adj (petit) bourgeois **spießen** [ˈʃpiːsn] v/t **etw auf etw** (acc) **~** (auf Pfahl etc) to impale sth on sth; (auf Gabel etc) to skewer sth on sth; (auf Nadel) to pin sth on sth **Spießer** [ˈʃpiːsɐ] m ⟨-s, -⟩, **Spießerin** [-ərɪn] f ⟨-, -nen⟩ (pej) = Spießbürger(in) **spießig** [ˈʃpiːsɪç] adj, adv (pej) = spießbürgerlich **Spießrute** f **~n laufen** (fig) to run the gauntlet

Spikes [ʃpaɪks, sp-] pl spikes pl **Spinat** [ʃpiˈnaːt] m ⟨-(e)s, no pl⟩ spinach **Spind** [ʃpɪnt] m or nt ⟨-(e)s, -e [-də]⟩ MIL, SPORTS locker **Spindel** [ˈʃpɪndl] f ⟨-, -n⟩ spindle **Spinne** [ˈʃpɪnə] f ⟨-, -n⟩ spider **spinnen** [ˈʃpɪnən] pret **spann** [ʃpan], past part **gesponnen** [ɡəˈʃpɔnən] A v/t to spin B v/i (infml) (≈ leicht verrückt sein) to be crazy; (≈ Unsinn reden) to talk garbage (infml); **spinnst du?** you must be crazy! **Spinnennetz** nt cobweb, spider's web **Spinner** [ˈʃpɪnɐ] m ⟨-s, -⟩, **Spinnerin** [-ərɪn] f ⟨-, -nen⟩ ① TEX spinner ② (infml) nutcase (infml) **Spinnerei**

[ʃpɪnəˈraɪ] f ⟨-, -en⟩ ① (≈ Spinnwerkstatt) spinning mill ② (infml) crazy behaviour (Brit) or behavior (US) no pl; (≈ Unsinn) garbage (infml) **Spinngewebe** nt cobweb, spider's web **Spinnrad** nt spinning wheel

Spion [ʃpioːn] m ⟨-s, -e⟩ (infml) (≈ Guckloch) spyhole **Spion** [ʃpioːn] m ⟨-s, -e⟩, **Spionin** [ˈʃpioːnɪn] f ⟨-, -nen⟩ spy **Spionage** [ʃpioˈnaːʒə] f ⟨-, no pl⟩ spying, espionage **Spionageabwehr** f counterintelligence or counterespionage (service) **Spionagesatellit** m spy satellite **spionieren** [ʃpioˈniːrən] past part **spioniert** v/i to spy; (fig infml ≈ nachforschen) to snoop around (infml)

Spirale [ʃpiˈraːlə] f ⟨-, -n⟩ spiral; MED coil **Spiritismus** [ʃpiriˈtɪsmʊs, sp-] m ⟨-, no pl⟩ spiritualism **spiritistisch** [ʃpiriˈtɪstɪʃ, sp-] adj **~e Sitzung** seance **Spirituosen** [ʃpiriˈtuoːzn, sp-] pl spirits pl **Spiritus** m ⟨-, no pl⟩ [ˈʃpiːrɪtʊs] (≈ Alkohol) spirit

Spital [ʃpiˈtaːl] nt ⟨-s, Spitäler [-ˈtɛːlɐ]⟩ (Aus, Swiss ≈ Krankenhaus) hospital

spitz [ʃpɪts] A adj ① pointed; (≈ nicht stumpf) Bleistift, Nadel etc sharp; MAT Winkel acute; **~e Klammern** angle brackets ② (≈ gehässig) barbed; Zunge sharp B adv (≈ spitzzüngig) kontern, antworten sharply **Spitz** [ʃpɪts] m ⟨-es, -e⟩ (Hunderasse) spitz **Spitzbart** m goatee **Spitze** [ˈʃpɪtsə] f ⟨-, -n⟩ ① top; (≈ von Kinn) point; (≈ Schuhspitze) toe; (≈ Fingerspitze, Nasenspitze) tip; (≈ Haarspitze) end; **etw auf die ~ treiben** to carry sth to extremes ② (≈ vorderes Ende) front; (≈ Tabellenspitze) top; **an der ~ stehen** to be at the head; (auf Tabelle) to be (at the) top (of the table); **an der ~ liegen** (SPORTS, fig) to be in the lead ③ (fig ≈ Sticheleí) dig (esp Brit), cut (US) ④ (Gewebe) lace ⑤ (infml ≈ prima) great (infml); **das war einsame ~!** that was really great! (infml) **Spitzel** [ˈʃpɪtsl] m ⟨-s, -⟩ (≈ Informant) informer; (≈ Spion) informer; (≈ Schnüffler) snooper; (≈ Polizeispitzel) police informer **spitzen** [ˈʃpɪtsn] v/t Bleistift to sharpen; Lippen to purse; (zum Küssen) to pucker (up); Ohren to prick up **Spitzengehalt** nt top salary **Spitzengeschwindigkeit** f top speed **Spitzenhöschen** [-høːsçən] nt lace panties pl **Spitzenkandidat(in)** m/f(in) top candidate **Spitzenklasse** f top class; **ein Auto** etc **der ~** a top-class car etc

Spitzenleistung f top performance; (fig ≈ ausgezeichnete Leistung) top-class performance **Spitzenlohn** m top wage(s pl) **Spitzenposition** f leading or top position **Spitzenreiter** m (Ware) top seller; (Film, Stück etc) hit; (≈ Schlager) number one **Spitzensportler(in)** m/(f) top(-class) sportsman/-woman **Spitzenstellung** f leading position **Spitzentechnologie** f state-of-the-art technology **Spitzenverdiener(in)** m/(f) top earner **Spitzenverkehrszeit** f peak period **Spitzer** ['ʃpɪtsɐ] m ⟨-s, -⟩ (infml) (pencil) sharpener **spitzfindig** adj over(ly)-subtle **Spitzfindigkeit** ['ʃpɪtsfɪndɪçkaɪt] f ⟨-, -en⟩ over-subtlety; (≈ Haarspalterei) nitpicking no pl (infml) **Spitzhacke** f pickaxe (Br), pickax (US) **Spitzname** m nickname **spitzwinklig** adj MAT Dreieck acute-angled

Spleen [ʃpliːn] m ⟨-s, -s⟩ (infml) (≈ Idee) crazy idea (infml); (≈ Fimmel) obsession

Spliss [ʃplɪs] m ⟨-es, -e⟩ 🔢 (dial ≈ Splitter) splinter 🔢 no pl (≈ gespaltene Haarspitzen) split ends pl

Splitt [ʃplɪt] m ⟨-(e)s, -e⟩ stone chippings pl; (≈ Streumittel) grit **Splitter** ['ʃplɪtɐ] m ⟨-s, -⟩ splinter **Splittergruppe** f POL splinter group **splitternackt** adj stark-naked

SPÖ [ɛsˈpeːˈʔøː] f ⟨-⟩ abbr of Sozialdemokratische Partei Österreichs

Spoiler ['ʃpɔylɐ, 'sp-] m ⟨-s, -⟩ spoiler **sponsern** ['ʃpɔnsɐn, 'sp-] v/t to sponsor **Sponsor** ['ʃpɔnzɐ, 'sp-] m ⟨-s, Sponsoren [-'zoːrən]⟩, **Sponsorin** [-'zoːrɪn] f ⟨-, -nen⟩ sponsor

spontan [ʃpɔnˈtaːn, sp-] 🅰 adj spontaneous 🅱 adv spontaneously **Spontaneität** [ʃpɔntaneiˈtɛːt, sp-] f ⟨-, no pl⟩ spontaneity **sporadisch** [ʃpoˈraːdɪʃ, sp-] 🅰 adj sporadic 🅱 adv sporadically

Sport [ʃpɔrt] m ⟨-(e)s, (rare) -e⟩ sport; **treiben Sie ~?** do you do any sport? **Sportart** f (kind of) sport **Sportarzt** m, **Sportärztin** f sports physician **sportbegeistert** adj keen on sport, sports-mad (Br infml), crazy about sports (US infml) **Sportbeutel** m gym sack **Sportfest** nt sports festival **Sportgeschäft** nt sports shop (Br), sports store (US) **Sporthalle** f sports hall **Sportkleidung** f sportswear **Sportler** ['ʃpɔrtlɐ] m ⟨-s, -⟩ sportsman **Sportlerin**

['ʃpɔrtlərɪn] f ⟨-, -nen⟩ sportswoman **sportlich** ['ʃpɔrtlɪç] 🅰 adj 🔢 sporting; Mensch, Auto sporty; (≈ durchtrainiert) athletic 🔢 Kleidung casual; (≈ sportlich-schick) smart but casual 🅱 adv 🔢 **sich ~ betätigen** to do sport 🔢 (≈ leger) casually; **~ gekleidet** casually dressed **Sportmedizin** f sports medicine **Sportnachrichten** pl sports news with sg vb **Sportplatz** m sports field; (in der Schule) playing field(s pl) **Sportreporter(in)** m/(f) sports reporter **Sportschuh** m casual shoe **Sportsfreund(in)** m/(f) (fig infml) pal (infml) **Sportskanone** f (infml) sporting ace (infml) **Sporttasche** f sports bag **Sportunfall** m sporting accident **Sportveranstaltung** f sporting event **Sportverein** m sports club **Sportwagen** m sports car; (für Kind) pushchair (Br), (baby) stroller (US) **Sportzeug** nt (infml) sports gear

Spott [ʃpɔt] m ⟨-(e)s, no pl⟩ mockery; **seinen ~ mit jdm treiben** to make fun of sb **spottbillig** adj (infml) dirt-cheap (infml) **Spöttelei** [ʃpœtəˈlaɪ] f ⟨-, -en⟩ (≈ das Spotten) mocking; (≈ ironische Bemerkung) mocking remark **spötteln** ['ʃpœtln] v/i to mock (über jdn/etw sb/sth) **spotten** ['ʃpɔtn] v/i (≈ sich lustig machen) to mock; **über jdn/etw ~** to mock sb/sth; **das spottet jeder Beschreibung** that simply defies description **Spötter** ['ʃpœtɐ] m ⟨-s, -⟩, **Spötterin** [-ərɪn] f ⟨-, -nen⟩ mocker; (≈ satirischer Mensch) satirist **spöttisch** ['ʃpœtɪʃ] 🅰 adj mocking 🅱 adv mockingly **Spottpreis** m ridiculously low price

sprachbegabt adj linguistically talented **Sprache** ['ʃpraːxə] f ⟨-, -n⟩ language; (≈ das Sprechen) speech; (≈ Fähigkeit, zu sprechen) power of speech; **in französischer** etc **~** in French etc; **mit der ~ herausrücken** to come out with it; **die ~ auf etw** (acc) **bringen** to bring the conversation (a)round to sth; **zur ~ kommen** to be brought up; **etw zur ~ bringen** to bring sth up; **mir blieb die ~ weg** I was speechless **Sprachenschule** f language school **Spracherkennung** f IT speech recognition **Sprachfehler** m speech impediment **Sprachführer** m phrase book **Sprachgebrauch** m (linguistic) usage **Sprachgefühl** nt feeling for language **sprachgesteuert** [-gəʃtɔyɐt] adj IT voice-activated **sprachgewandt** adj articulate, fluent **Sprachkenntnisse** *pl* knowledge *sg* of languages/the language/ a language; **mit englischen ~n** with a knowledge of English **Sprachkurs** *m* language course **Sprachlabor** *nt* language laboratory **Sprachlehre** *f* grammar **sprachlich** ['ʃpraːxlɪç] **A** *adj* linguistic; *Schwierigkeiten* language *attr*; *Fehler* grammatical **B** *adv* linguistically; **~ falsch/richtig** grammatically incorrect/correct **sprachlos** *adj* speechless **Sprachlosigkeit** *f* ‹-, *no pl*› speechlessness **Sprachrohr** *nt* (*fig*) mouthpiece **Sprachunterricht** *m* language teaching **Sprachwissenschaft** *f* linguistics *sg*; (≈ *Philologie*) philology; **vergleichende ~en** comparative linguistics/philology **Sprachwissenschaftler(in)** *m/(f)* linguist; (≈ *Philologe*) philologist **sprachwissenschaftlich** **A** *adj* linguistic **B** *adv* linguistically

Spray [ʃpreː, spreː] *m or nt* ‹-s, -s› spray **Spraydose** ['ʃpreː-, 'spreː-] *f* aerosol (can) **sprayen** ['ʃpreːən, 'sp-] *v/t & v/i* to spray **Sprayer** ['ʃpreːɐ, 'sp-] *m* ‹-s, -›, **Sprayerin** [-ərɪn] *f* ‹-, -nen› sprayer

Sprechanlage *f* intercom **Sprechblase** *f* balloon **sprechen** ['ʃprɛçn] *pret* **sprach** [ʃpraːx], *past part* **gesprochen** [gə'ʃprɔxn] **A** *v/i* to speak; (≈ *reden*) to talk; **viel ~** to talk a lot; **nicht gut auf jdn/etw zu ~ sein** not to have a good thing to say about sb/sth; **mit jdm ~** to speak *or* talk to sb; **mit wem spreche ich?** to whom am I speaking, please?; **auf jdn/etw zu ~ kommen** to get to talking about sb/sth; **es spricht für jdn/etw(, dass ...)** it says something for sb/sth (that ...); **das spricht für sich (selbst)** that speaks for itself; **es spricht vieles dafür/ dagegen** there's a lot to be said for/ against it; **ganz allgemein gesprochen** generally speaking **B** *v/t* **1** *Sprache* to speak; (≈ *aufsagen*) *Gebet* to say; **~ Sie Japanisch?** do you speak Japanese? **2** *Urteil* to pronounce **3** **kann ich bitte Herrn Kurz ~?** may I speak to Mr Kurz, please?; **er ist nicht zu ~** he can't see anybody; **kann ich Sie kurz ~?** can I have a quick word?; **wir ~ uns noch!** you haven't heard the last of this! **sprechend** *adj* *Augen, Gebärde* eloquent **Sprecher** ['ʃprɛçɐ] *m* ‹-s, -›, **Sprecherin** [-ərɪn] *f* ‹-, -nen› speaker; (≈ *Nachrichtensprecher*)

newscaster; (≈ *Ansager*) announcer; (≈ *Wortführer*) spokesperson **Sprechfunk** *m* radiotelephone system **Sprechfunkgerät** *nt* radiotelephone; (*tragbar auch*) walkie-talkie **Sprechstunde** *f* consultation (hour); (*von Arzt*) surgery (*Br*), consultation (*US*) **Sprechstundenhilfe** *f* *often neg!* (doctor's) receptionist **Sprechtaste** *f* "talk" button **Sprechweise** *f* way of speaking **Sprechzimmer** *nt* consulting room

spreizen ['ʃpraitsn] **A** *v/t* to spread; → **gespreizt** **B** *v/r* (≈ *sich sträuben*) to kick up (*infml*) **Spreizfuß** *m* splayfoot

sprengen ['ʃprɛŋən] *v/t* **1** (*mit Sprengstoff*) to blow up; *Fels* to blast; **etw in die Luft ~** to blow sth up **2** *Tresor* to break open; *Fesseln* to burst; *Versammlung* to break up; (*Spiel)bank* to break **3** (≈ *bespritzen*) to sprinkle; *Beete, Rasen* to water **Sprengkopf** *m* warhead **Sprengkörper** *m* explosive device **Sprengkraft** *f* explosive force **Sprengladung** *f* explosive charge **Sprengsatz** *m* explosive device **Sprengstoff** *m* explosive; (*fig*) dynamite **Sprengstoffanschlag** *m* bomb attack **Sprengstoffgürtel** *m* suicide belt **Sprengstoffweste** *f* suicide vest **Sprengung** ['ʃprɛŋʊŋ] *f* ‹-, -en› blowing-up; (*von Felsen*) blasting

sprenkeln ['ʃprɛŋkln] *v/t* *Farbe* to sprinkle spots of; → **gesprenkelt**

Spreu [ʃprɔy] *f* ‹-, *no pl*› chaff; **die ~ vom Weizen trennen** *or* **sondern** (*fig*) to separate the wheat from the chaff

Sprichwort *nt, pl* -wörter proverb **sprichwörtlich** *adj* (*lit, fig*) proverbial

sprießen ['ʃpriːsn] *pret* **spross** *or* **sprießte** [ʃprɔs, 'ʃpriːstə], *past part* **gesprossen** [gə'ʃprɔsn] *v/i aux sein* (*aus der Erde*) to come up; (*Knospen, Blätter*) to shoot

Springbrunnen *m* fountain **springen** ['ʃprɪŋən] *pret* **sprang** [ʃpraŋ], *past part* **gesprungen** [gə'ʃprʊŋən] *v/i aux sein* **1** to jump; (*esp mit Schwung*) to leap; (*beim Stabhochsprung*) to vault **2** **etw ~ lassen** (*infml*) to fork out for sth (*infml*); *Runde* to stand sth; *Geld* to fork out sth (*infml*) **3** (*Glas, Porzellan*) to break; (≈ *Risse bekommen*) to crack **springend** *adj* **der ~e Punkt** the crucial point **Springer** ['ʃprɪŋɐ] *m* ‹-s, -› CHESS knight **Springer** ['ʃprɪŋɐ] *m* ‹-s, -›, **Springerin** [-ərɪn] *f* ‹-, -nen› **1**

S

jumper; (≈ *Stabhochspringer*) vaulter **2** IND stand-in **Springerstiefel** *pl* Doc Martens® (boots) *pl* **Springflut** *f* spring tide **Springreiten** *nt* ⟨-s, *no pl*⟩ show jumping **Springrollo** *nt* roller blind **Springseil** *nt* skipping-rope (*Br*), jump rope (*US*)

Sprinkler [ˈʃprɪŋklɐ] *m* ⟨-s, -⟩ sprinkler **Sprinkleranlage** *f* sprinkler system

Sprint [ʃprɪnt] *m* ⟨-s, -s⟩ sprint **sprinten** [ˈʃprɪntn̩] *v/t & v/i aux sein* to sprint

Sprit [ʃprɪt] *m* ⟨-(e)s, -e⟩ (*infml* ≈ *Benzin*) gas (*infml*)

Spritze [ˈʃprɪtsə] *f* ⟨-, -n⟩ syringe; (≈ *Injektion*) injection; **eine ~ bekommen** to have an injection **spritzen** [ˈʃprɪtsn̩] **A** *v/t* **1** to spray; (≈ *verspritzen*) *Wasser etc* to splash **2** (≈ *injizieren*) to inject; (≈ *eine Injektion geben*) to give injections/an injection; **sich** (*dat*) **Heroin ~** to inject (oneself with) heroin **B** *v/i aux haben or sein* to spray; (*heißes Fett*) to spit **Spritzer** [ˈʃprɪtsɐ] *m* ⟨-s, -⟩ splash **Spritzfahrt** *f* (*infml*) spin (*infml*); **eine ~ machen** to go for a spin (*infml*) **spritzig** [ˈʃprɪtsɪç] *adj Wein* tangy; *Auto, Aufführung* lively; (≈ *witzig*) witty **Spritzpistole** *f* spray gun

spröde [ˈʃprøːdə] *adj* brittle; *Haut* rough; (≈ *abweisend*) *Mensch* aloof; *Worte* offhand; *Charme* austere

Sprosse [ˈʃprɔsə] *f* ⟨-, -n⟩ rung **Sprossenfenster** *nt* lattice window **Sprossenwand** *f* SPORTS wall bars *pl* **Sprössling** [ˈʃprœslɪŋ] *m* ⟨-s, -e⟩ shoot; (*fig hum*) offspring *pl*

Sprotte [ˈʃprɔtə] *f* ⟨-, -n⟩ sprat

Spruch [ʃprʊx] *m* ⟨-(e)s, ⸚e [ˈʃprʏçə]⟩ saying; (≈ *Wahlspruch*) motto; **Sprüche klopfen** (*infml*) to talk posh (*infml*); (≈ *angeben*) to talk big (*infml*) **2** (≈ *Richterspruch*) judgement; (≈ *Schiedsspruch*) ruling **Spruchband** [-bant] *nt, pl* -bänder banner **spruchreif** *adj* (*infml*) **die Sache ist noch nicht ~** it's not definite yet so we'd better not talk about it

Sprudel [ˈʃpruːdl̩] *m* ⟨-s, -⟩ mineral water; (≈ *süßer Sprudel*) fizzy drink **Sprudelbad** *nt* whirlpool (bath) **sprudeln** [ˈʃpruːdl̩n] *v/i* to bubble; (*Sekt, Limonade*) to fizz; (*fig:*) **sprudelnd** *adj* (*lit*) *Getränke* fizzy; *Quelle* bubbling; (*fig*) *Witz* bubbly

Sprühdose *f* spray (can) **sprühen** [ˈʃpryːən] **A** *v/i* **1** *aux haben or sein* to spray; (*Funken*) to fly **2** (*fig*) (*vor Witz, Ideen*

etc) to bubble over (*vor +dat* with); (*Augen*) (*vor Freude etc*) to sparkle (*vor +dat* with); (*vor Zorn etc*) to flash (*vor +dat* with) **B** *v/t* to spray **Sprühregen** *m* fine rain

Sprung [ʃprʊŋ] *m* ⟨-(e)s, ⸚e [ˈʃprʏŋə]⟩ **1** jump; (*schwungvoll*) leap; (≈ *Satz*) bound; (*von Raubtier*) pounce; (≈ *Stabhochsprung*) vault; (*Wassersport*) dive; **einen ~ machen** to jump; **damit kann man keine großen Sprünge machen** (*infml*) you can't exactly live it up on that (*infml*); **jdm auf die Sprünge helfen** to give sb a (helping) hand **2** (*infml* ≈ *kurze Strecke*) stone's throw (*infml*); **auf einen ~ bei jdm vorbeikommen** to drop in to see sb (*infml*) **3** (≈ *Riss*) crack; **einen ~ haben** to be cracked **Sprungbrett** *nt* (*lit, fig*) springboard **Sprungfeder** *f* spring **sprunghaft** **A** *adj* **1** *Mensch* volatile **2** (≈ *rapide*) rapid **B** *adv ansteigen* by leaps and bounds **Sprungschanze** *f* SKI ski jump **Sprungturm** *m* diving platform

Spucke [ˈʃpʊkə] *f* ⟨-, *no pl*⟩ (*infml*) spit; **da bleibt einem die ~ weg!** (*infml*) it's flabbergasting (*infml*) **spucken** [ˈʃpʊkn̩] **A** *v/t* to spit; (*infml* ≈ *erbrechen*) to throw up (*infml*); *Lava* to spew (out) **B** *v/i* to spit; **in die Hände ~** (*lit*) to spit on one's hands; (*fig*) to roll up one's sleeves

spuken [ˈʃpuːkn̩] *v/i* to haunt; **hier spukt es** this place is haunted

Spülbecken *nt* sink

Spule [ˈʃpuːlə] *f* ⟨-, -n⟩ spool; IND bobbin; ELEC coil

Spüle [ˈʃpyːlə] *f* ⟨-, -n⟩ sink

spulen [ˈʃpuːlən] *v/t* to spool (*auch* IT)

spülen [ˈʃpyːlən] **A** *v/t* **1** (≈ *ausspülen*) *Mund* to rinse; *Wunde* to wash; *Darm* to irrigate; (≈ *abwaschen*) *Geschirr* to wash up **2** (*Wellen etc*) to wash; **etw an Land ~** to wash sth ashore **B** *v/i* (*Waschmaschine*) to rinse; (≈ *Geschirr spülen*) to wash up; (*auf der Toilette*) to flush; **du spülst und ich trockne ab** you wash and I'll dry **Spüllappen** *m* dishcloth **Spülmaschine** *f* (automatic) dishwasher **spülmaschinenfest** *adj* dishwasher-proof **Spülmittel** *nt* washing-up liquid **Spülschüssel** *f* washing-up bowl **Spülung** [ˈʃpyːlʊŋ] *f* ⟨-, -en⟩ rinsing; (≈ *Wasserspülung*) flush; (≈ *Haarspülung*) conditioner; (MED ≈ *Darmspülung*) irrigation

Spund [ʃpʊnt] *m* ⟨-(e)s, ⸚e [ˈʃpʏndə]⟩ stopper; (*Holztechnik*) tongue

Spur [ʃpuːɐ] f ⟨-, -en⟩ **1** (≈ *Abdruck im Boden etc*) track; (≈ *hinterlassenes Zeichen*) trace; (≈ *Bremsspur*) skidmarks pl; (≈ *Blutspur etc, Fährte*) trail; **von den Tätern fehlt jede ~** there is no clue as to the whereabouts of the persons responsible; **auf der richtigen/falschen ~ sein** to be on the right/wrong track; **jdm auf die ~ kommen** to get onto sb; **~en hinterlassen** (fig) to leave one's/its mark **2** (fig ≈ *kleine Menge*) trace; (von Talent etc) scrap; **von Anstand keine ~** (infml) no decency at all; **keine ~!** (infml) not at all **3** (≈ *Fahrbahn*) lane **4** IT track

spürbar A adj noticeable, perceptible **B** adv noticeably, perceptibly

spuren [ˈʃpuːɐ̯ən] v/i (infml) to obey; (≈ *sich fügen*) to toe the line

spüren [ˈʃpyːɐ̯ən] v/t to feel; **davon ist nichts zu ~** there is no sign of it; **etw zu ~ bekommen** (lit) to feel sth; (fig) to feel the (full) force of sth

Spurenelement nt trace element **Spurensicherung** f securing of evidence **Spürhund** m tracker dog; (infml: *Mensch*) sleuth

spurlos adj, adv without trace; **das ist nicht ~ an ihm vorübergegangen** it left its mark on him **Spurrille** f MOT rut **Spürsinn** m, no pl (HUNT, fig) nose; (fig ≈ *Gefühl*) feel

Spurt [ʃpʊrt] m ⟨-s, -s or -e⟩ spurt; **zum ~ ansetzen** to make a final spurt **spurten** [ˈʃpʊrtn̩] v/i aux sein SPORTS to spurt; (infml ≈ *rennen*) to sprint, to dash

Spurwechsel m MOT lane change **Spurweite** f RAIL gauge; AUTO track

Squash [skvɔʃ] nt ⟨-, no pl⟩ squash

Staat [ʃtaːt] m ⟨-(e)s, -en⟩ **1** state; (≈ *Land*) country; **die ~en** (infml) the States (infml); **von ~s wegen** on a governmental level **2** (≈ *Ameisenstaat etc*) colony **3** (fig) (≈ *Pracht*) pomp; (≈ *Kleidung, Schmuck*) finery; **~ machen (mit etw)** to make a show (of sth); **damit ist kein ~ zu machen** that's nothing to write home about (infml) **Staatenbund** m, pl -bünde confederation (of states) **Staatengemeinschaft** f community of states **staatenlos** adj stateless **Staatenlose(r)** [ˈʃtaːtn̩loːzə] m/f(m) decl as adj stateless person **staatlich** [ˈʃtaːtlɪç] **A** adj state attr; (≈ *staatlich geführt*) state-run **B** adv by the state; **~ geprüft** state-certified **Staatsakt** m state occasion

Staatsaktion f major operation **Staatsangehörige(r)** m/f(m) decl as adj national **Staatsangehörigkeit** [-aŋɡəhøːrɪçkaɪt] f ⟨-, -en⟩ nationality **Staatsanleihe** f government bond **Staatsanwalt** m, **Staatsanwältin** f district attorney (US), public prosecutor (esp Br) **Staatsausgaben** pl public expenditure sg **Staatsbeamte(r)** m decl as adj, **Staatsbeamtin** f public servant **Staatsbegräbnis** nt state funeral **Staatsbesuch** m state visit **Staatsbürger(in)** m/f(f) citizen **staatsbürgerlich** adj attr Pflicht civic; *Rechte* civil **Staatsbürgerschaft** f nationality; **doppelte ~** dual nationality **Staatschef(in)** m/f(f) head of state **Staatsdienst** m civil service **staatseigen** adj state-owned **Staatsempfang** m state reception **Staatsexamen** nt university degree required for the teaching profession **Staatsfeind(in)** m/f(f) enemy of the state **staatsfeindlich** adj hostile to the state **Staatsform** f type of state **Staatsgeheimnis** nt state secret **Staatsgrenze** f state frontier or border **Staatshaushalt** m national budget **Staatshoheit** f sovereignty **Staatskosten** pl public expenses pl; **auf ~** at the public expense **Staatsmann** m, pl -männer statesman **staatsmännisch** [-mɛnɪʃ] **A** adj statesmanlike **B** adv in a statesmanlike manner **Staatsoberhaupt** nt head of state **Staatspräsident(in)** m/f(f) president **Staatsschuld** f FIN national debt **Staatssekretär(in)** m/f(f) (≈ *Beamter*) ≈ permanent secretary (Br), ≈ undersecretary (US) **Staatsstreich** m coup (d'état) **Staatstrauer** f national mourning **Staatsverbrechen** nt political crime; (fig) major crime **Staatsverschuldung** f national debt

Stab [ʃtaːp] m ⟨-(e)s, ̈-e [ˈʃtɛːbə]⟩ **1** rod; (≈ *Gitterstab*) bar; (≈ *Dirigentenstab, für Staffellauf etc*) baton; (für *Stabhochsprung*) pole; (≈ *Zauberstab*) wand; **den ~ über jdn brechen** (fig) to condemn sb **2** (≈ *Mitarbeiterstab*, MIL) staff; (von *Experten*) panel; (MIL ≈ *Hauptquartier*) headquarters sg or pl **Stäbchen** [ˈʃtɛːpçən] nt ⟨-s, -⟩ (≈ *Essstäbchen*) chopstick **Stabhochspringer(in)** m/f(f) pole-vaulter **Stabhochsprung** m pole vault

stabil [ʃtaˈbiːl, st-] adj Möbel sturdy; *Wäh-*

rung, Beziehung stable; *Gesundheit* sound **stabilisieren** [ʃtabiliˈziːrən, st-] *past part* **stabilisiert** *v/t & v/r* to stabilize **Stabilität** [ʃtabiliˈtɛːt, st-] *f* ⟨-, *no pl*⟩ stability **Stabilitätspolitik** *f* policy of stability

Stablampe *f* (electric) torch (*Br*), flashlight

Stachel [ˈʃtaxl] *m* ⟨-s, -n⟩ (*von Rosen etc*) thorn; (*von Kakteen, Igel*) spine; (*auf Stacheldraht*) barb; (≈ *Giftstachel: von Bienen etc*) sting **Stachelbeere** *f* gooseberry **Stacheldraht** *m* barbed wire **Stacheldrahtzaun** *m* barbed-wire fence **stachelig** [ˈʃtaxəlɪç] *adj Rosen etc* thorny; *Kaktus etc* spiny; (≈ *sich stachelig anfühlend*) prickly; *Kinn, Bart* bristly **Stachelschwein** *nt* porcupine

Stadel [ˈʃtaːdl] *m* ⟨-s, -⟩ (*S Ger, Aus, Swiss*) barn

Stadion [ˈʃtaːdiɔn] *nt* ⟨-s, Stadien [-diən]⟩ stadium

Stadium [ˈʃtaːdiʊm] *nt* ⟨-s, Stadien [-diən]⟩ stage

Stadt [ʃtat] *f* ⟨-, ⸚e [ˈʃtɛːtə, ˈʃtɛtə]⟩ **1** town; (≈ *Großstadt*) city; **die ~ Paris** the city of Paris; **in die ~ gehen** to go into town **2** (≈ *Stadtverwaltung*) council **stadtauswärts** *adv* out of town **Stadtautobahn** *f* urban motorway (*Br*) *or* freeway (*US*) **Stadtbad** *nt* municipal swimming pool **Stadtbahn** *f* suburban railway (*Br*), city railroad (*US*) **Stadtbücherei** *f* public library **Stadtbummel** *m* stroll through town **Städtchen** [ˈʃtɛːtçən, ˈʃtɛtçən] *nt* ⟨-s, -⟩ small town **Städtebau** *m, no pl* urban development **stadteinwärts** *adv* into town **Städtepartnerschaft** *f* town twinning (*Br*), sister city agreement (*US*) **Städter** [ˈʃtɛːtɐ, ˈʃtɛtɐ] *m* ⟨-s, -⟩, **Städterin** [-ərɪn] *f* ⟨-, -nen⟩ town resident; (≈ *Großstädter*) city resident **Städtereise** *f* city break **Städtetour** *f* city break; **deutsche ~** tour of German cities **Stadtführer** *m* (*Buch*) city guide **Stadtführung** *f* city sightseeing tour **Stadthalle** *f* municipal hall **städtisch** [ˈʃtɛːtɪʃ, ˈʃtɛtɪʃ] *adj* municipal, town *attr*; (≈ *einer Großstadt auch*) city *attr*; (≈ *nach Art einer Stadt*) urban **Stadtkern** *m* town/city centre (*Br*) *or* center (*US*) **Stadtmauer** *f* city wall **Stadtmitte** *f* town/city centre (*Br*) *or* center (*US*) **Stadtplan** *m* (street) map (of a/the town/city) **Stadtplanung** *f* town planning **Stadtpolizei** *f* (*Aus,* Swiss) urban police (force) **Stadtpräsident(in)** *m(f)* (*Swiss* ≈ *Bürgermeister*) mayor/mayoress **Stadtrand** *m* outskirts *pl* (of a/the town/city) **Stadtrat**[1] *m* (town/city) council **Stadtrat**[2] *m*, **Stadträtin** *f* (town/city) councillor (*Br*) *or* councilor (*US*) **Stadtrundfahrt** *f* **eine ~ machen** to go on a (sightseeing) tour of a/the town/city **Stadtstreicher** [-ʃtraɪçɐ] *m* ⟨-s, -⟩, **Stadtstreicherin** [-ərɪn] *f* ⟨-, -nen⟩ (town/city) tramp **Stadtteil** *m* district **Stadtverwaltung** *f* (town/city) council **Stadtviertel** *nt* district, part of town/city **Stadtzentrum** *nt* town/city centre (*Br*) *or* center (*US*)

Staffel [ˈʃtafl] *f* ⟨-, -n⟩ **1** (≈ *Formation*) echelon; (AVIAT ≈ *Einheit*) squadron **2** SPORTS relay (race); (≈ *Mannschaft*) relay team; (*fig*) relay; **~ laufen** to run in a relay (race) **Staffelei** [ʃtafəˈlaɪ] *f* ⟨-, -en⟩ easel **Staffellauf** *m* relay (race) **staffeln** [ˈʃtafln] *v/t Gehälter, Tarife* to grade; *Anfangszeiten* to stagger **Staffelung** [ˈʃtafəlʊŋ] *f* ⟨-, -en⟩ (*von Gehältern, Tarifen*) grading; (*von Zeiten*) staggering

Stagnation [ʃtagnaˈtsioːn, st-] *f* ⟨-, -en⟩ stagnation **stagnieren** [ʃtaˈgniːrən, st-] *past part* **stagniert** *v/i* to stagnate

Stahl [ʃtaːl] *m* ⟨-(e)s, -e *or* Stähle [ˈʃtɛːlə]⟩ steel; **Nerven wie ~** nerves of steel **Stahlbeton** *m* reinforced concrete **stahlblau** *adj* steel-blue **stählern** [ˈʃtɛːlɐn] *adj* steel; (*fig*) *Wille* of iron, iron *attr*; *Nerven* of steel; *Blick* steely **Stahlhelm** *m* MIL steel helmet **Stahlrohr** *nt* tubular steel; (*Stück*) steel tube **Stahlträger** *m* steel girder **Stahlwolle** *f* steel wool

Stalagmit [ʃtalaˈgmiːt, ʃt-, -mɪt] *m* ⟨-en *or* -s, -en⟩ stalagmite **Stalaktit** [ʃtalakˈtiːt, ʃt-, -tɪt] *m* ⟨-en *or* -s, -en⟩ stalactite

stalinistisch [ʃtaliˈnɪstɪʃ, ʃt-] *adj* Stalinist **stalken** [ˈʃtɔːkən] *v/t* (≈ *belästigen*) to stalk; (*im Netz suchen*) to look online for **Stalker** [ˈʃtɔːkɐ] *m* ⟨-s, -⟩, **Stalkerin** [-ərɪn] *f* ⟨-, -nen⟩ stalker **Stalking** [ˈʃtɔːkɪŋ] *nt* ⟨-(s), *no pl*⟩ stalking

Stall [ʃtal] *m* ⟨-(e)s, ⸚e [ˈʃtɛlə]⟩ stable; (≈ *Kuhstall*) cowshed; (≈ *Schweinestall*) (pig)sty, (pig)pen (*US*)

Stamm [ʃtam] *m* ⟨-(e)s, ⸚e [ˈʃtɛmə]⟩ **1** (≈ *Baumstamm*) trunk **2** LING stem **3** (≈ *Volksstamm*) tribe **4** (≈ *Kunden*) regular customers *pl*; (*von Mannschaft*) regular team members *pl*; (≈ *Arbeiter*) permanent workforce; (≈ *Angestellte*) permanent staff *pl*; **ein fester ~ von Kunden** regular customers **Stammaktie** *f* ST EX ordinary share **Stammbaum** *m* family tree; (*von Zuchttieren*) pedigree **Stammbuch** *nt* book recording family events with some legal documents

stammeln ['ʃtamln] *v/t & v/i* to stammer **stammen** ['ʃtamən] *v/i* to come (**von**, **aus** from); (*zeitlich*) to date (**von**, **aus** from) **Stammform** *f* base form **Stammgast** *m* regular **Stammhalter** *m* son and heir **stämmig** ['ʃtɛmɪç] *adj* (≈ *gedrungen*) stocky; (≈ *kräftig*) sturdy **Stammkapital** *nt* FIN ordinary share (*Br*) or common stock (*US*) capital **Stammkneipe** *f* (*infml*) local (*Br infml*), local bar **Stammkunde** *m*, **Stammkundin** *f* regular (customer) **Stammkundschaft** *f* regulars *pl* **Stammplatz** *m* usual seat **Stammsitz** *m* (*von Firma*) headquarters *sg* or *pl*; (*von Geschlecht*) ancestral seat; (*im Theater etc*) regular seat **Stammtisch** *m* (≈ *Tisch in Gasthaus*) table reserved for the regulars; (≈ *Stammtischrunde*) group of regulars **Stammwähler(in)** *m/(f)* POL staunch supporter **Stammzelle** *f* stem cell; **embryonale ~n** embryonic stem cells

stampfen ['ʃtampfən] **A** *v/i* **1** (≈ *laut auftreten*) to stamp; **mit dem Fuß ~** to stamp one's foot **2** *aux haben or sein* (*Schiff*) to pitch, to toss **B** *v/t* **1** (≈ *festtrampeln*) *Lehm, Sand* to stamp; *Trauben* to press **2** (*mit Stampfer*) to mash

Stand [ʃtant] *m* ⟨-(e)s, ⸚e ['ʃtɛndə]⟩ **1** *no pl* (≈ *das Stehen*) standing position; **aus dem ~** from a standing position; **ein Sprung aus dem ~** a standing jump; **bei jdm einen schweren ~ haben** (*fig*) to have a hard time with sb **2** (≈ *Marktstand etc*) stand; (≈ *Taxistand*) rank **3** *no pl* (≈ *Lage*) state; (≈ *Zählerstand etc*) reading; (≈ *Kontostand*) balance; (SPORTS ≈ *Spielstand*) score; **beim jetzigen ~ der Dinge** the way things stand at the moment; **der neueste ~ der Forschung** the latest developments in research; **auf dem neuesten ~ der Technik sein** (*Gerät*) to be state-of-the-art technology; **außer ~e** = außerstande; **im ~e** = imstande; **in ~** = instand; **zu ~e** = zustande **4** (≈ *soziale Stellung*) status; (≈ *Klasse*) class; (≈ *Beruf*) profession

Standard ['ʃtandart, 'st-] *m* ⟨-s, -s⟩ standard **standardisieren** [ʃtandardi'ziːrən, st-] *past part* standardisiert *v/t* to standardize **Standardisierung** *f* ⟨-, -en⟩ standardization

Stand-by-Betrieb *m* IT stand-by **Stand-by-Ticket** *nt* AVIAT stand-by ticket

Ständer ['ʃtɛndɐ] *m* ⟨-s, -⟩ stand; (*infml* ≈ *Erektion*) hard-on (*sl*)

Ständerat *m* (*Swiss* PARL) upper chamber **Standesamt** *nt* registry office (*Br*) **standesamtlich** **A** *adj* **~e Trauung** civil wedding **B** *adv* **sich ~ trauen lassen** to get married in a registry office (*Br*), to have a civil wedding **Standesbeamte(r)** *m decl as adj*, **Standesbeamtin** *f* registrar **standesgemäß** **A** *adj* befitting one's rank **B** *adv* in a manner befitting one's rank **Standesunterschied** *m* class difference **standfest** *adj* stable; (*fig*) steadfast **standhaft** **A** *adj* steadfast **B** *adv* **er weigerte sich ~** he steadfastly refused **Standhaftigkeit** ['ʃtanthaftɪçkaɪt] *f* ⟨-, no pl⟩ steadfastness **standhalten** ['ʃtanthaltn] *v/i sep irr* (*Mensch*) to stand firm; (*Brücke etc*) to hold; **jdm ~** to stand up to sb; **einer Prüfung ~** to stand up to close examination **ständig** ['ʃtɛndɪç] **A** *adj* **1** (≈ *dauernd*) permanent **2** (≈ *unaufhörlich*) constant **B** *adv* (≈ *andauernd*) constantly; **sie beklagt sich ~** she's always complaining; **sie ist ~ krank** she's always ill **Standl** ['ʃtandl] *nt* ⟨-s, -⟩ ⟨-s, -n⟩ (*Aus* ≈ *Verkaufsstand*) stand **Standleitung** *f* TEL direct line **Standlicht** *nt* sidelights *pl*; **mit ~ fahren** to drive on sidelights **Standort** *m, pl* -orte location; (*von Schiff etc*) position; (*von Industriebetrieb*) site **Standpunkt** *m* (≈ *Meinung*) point of view; **auf dem ~ stehen, dass ...** to take the view that ... **Standspur** *f* AUTO hard shoulder (*Br*), shoulder (*US*) **Standuhr** *f* grandfather clock

Stange ['ʃtaŋə] *f* ⟨-, -n⟩ **1** pole; (≈ *Querstab*) bar; (≈ *Gardinenstange*) rod; (≈ *Vogelstange*) perch **2** **ein Anzug von der ~** a suit off the peg (*Br*) or rack (*US*); **jdn bei der ~ halten** (*infml*) to keep sb; **bei der ~ bleiben** (*infml*) to stick at it (*infml*); **jdm die ~ halten** (*infml*) to stand up for sb; **eine (schöne) ~ Geld** (*infml*) a tidy sum (*infml*) **Stängel** ['ʃtɛŋl] *m* ⟨-s, -⟩ stem **Stangenbohne** *f* runner (*Br*) or pole

S

(US) bean **Stangenbrot** nt French bread; (≈ Laib) French loaf **Stangensellerie** m or f celery

stänkern ['ʃtɛŋkən] v/i (infml ≈ Unfrieden stiften) to stir things up (infml)

Stanniolpapier nt silver paper

Stanze ['ʃtantsə] f ⟨-, -n⟩ (für Prägestempel) die; (≈ Lochstanze) punch **stanzen** ['ʃtantsn] v/t to press; (≈ prägen) to stamp; Löcher to punch

Stapel ['ʃtaːpl̩] m ⟨-s, -⟩ **1** (≈ Haufen) stack **2** NAUT stocks pl; **vom ~ laufen** to be launched; **vom ~ lassen** to launch; (fig) to come out with (infml) **Stapelbox** f stacking box **Stapellauf** m NAUT launching **stapeln** ['ʃtaːpl̩n] v/t to stack; (≈ lagern) to store **B** v/r to pile up **Stapelverarbeitung** f IT batch processing **stapelweise** adv in piles

stapfen ['ʃtapfn̩] v/i aux sein to trudge

Star¹ ['ʃtaːɐ] m ⟨-s, -⟩ (≈ Haufen) starling

Star² ['ʃtaːɐ] m ⟨-(e)s, -e⟩ MED **grauer ~** cataract; **grüner ~** glaucoma

Star³ ['ʃtaːɐ, staːɐ] m ⟨-s, -s⟩ FILM etc star **Starbesetzung** ['ʃtaːɐ-, 'staːɐ-] f star cast

Starenkasten m (AUTO infml ≈ Überwachungsanlage) speed camera

Stargage f top fee **Stargast** m star guest

stark [ʃtark] **A** adj, comp ̈er ['ʃtɛrkɐ], sup ̈ste(r, s) ['ʃtɛrkstə] **1** strong; **sich für etw ~ machen** (infml) to stand up for sth; **das ist seine ~e Seite** that is his strong point; **das ist ~** or **ein ~es Stück!** (infml) that's a bit much! **2** (≈ dick) thick **3** (≈ heftig) Schmerzen, Kälte intense; Frost severe; Regen, Verkehr, Raucher, Trinker heavy; Sturm violent; Erkältung bad; Wind, Eindruck strong; Beifall loud; Fieber high **4** (≈ leistungsfähig) Motor powerful **5** (≈ zahlreich) Nachfrage great; **zehn Mann ~** ten strong; **300 Seiten ~** 300 pages long **6** (infml ≈ hervorragend) Leistung great (infml) **B** adv, comp ̈er ['ʃtɛrkɐ], sup am ̈sten (mit vb) a lot; (mit adj, ptp) very; applaudieren loudly; pressen hard; regnen heavily; vergrößert, verkleinert greatly; beschädigt, entzündet etc badly; bluten profusely; **~ wirkend** Medikament potent; **~ gewürzt** highly spiced **Starkbier** nt strong beer

Stärke¹ ['ʃtɛrkɐ] f ⟨-, -n⟩ **1** strength **2** (≈ Dicke) thickness **3** (≈ Heftigkeit) (von Strömung, Wind) strength; (von Schmerzen) intensity; (von Regen, Verkehr) heaviness; (von Sturm) violence **4** (≈ Leistungsfähigkeit) (von Motor) power **5** (≈ Anzahl) size; (von Nachfrage) level

Stärke² f ⟨-, -n⟩ CHEM starch **Stärkemehl** nt COOK ≈ cornflour (Br), ≈ cornstarch (US)

stärken ['ʃtɛrkn̩] **A** v/t **1** (≈ kräftigen) to strengthen; Gesundheit to improve **2** Wäsche to starch **B** v/i to be fortifying; **~des Mittel** tonic **C** v/r to fortify oneself **Starkstrom** m ELEC heavy current **Stärkung** ['ʃtɛrkʊŋ] f ⟨-, -en⟩ **1** strengthening **2** (≈ Erfrischung) refreshment **Stärkungsmittel** nt MED tonic

starr [ʃtar] **A** adj **1** stiff; (≈ unbeweglich) rigid; **~ vor Frost** stiff with frost **2** (≈ bewegt) Blick fixed **3** (≈ regungslos) paralyzed; **~ vor Schrecken** paralyzed with fear **4** (≈ nicht flexibel) inflexible **B** adv **jdn ~ ansehen** to stare at sb; **~ an etw** (dat) **festhalten** to cling to sth **Starre** ['ʃtarə] f ⟨-, no pl⟩ stiffness **starren** ['ʃtarən] v/i **1** (≈ starr blicken) to stare (auf +acc at); **vor sich** (acc) **hin ~** to stare straight ahead **2** **vor Dreck ~** to be covered with dirt; (Kleidung) to be stiff with dirt **Starrheit** f ⟨-, no pl⟩ **1** (von Gegenstand) rigidity **2** (≈ Sturheit) inflexibility **starrköpfig** **A** adj stubborn **B** adv stubbornly **Starrsinn** m, no pl stubbornness **starrsinnig** **A** adj stubborn **B** adv stubbornly

Start [ʃtart] m ⟨-s, -s⟩ **1** start **2** (≈ Startlinie) start(ing line); (bei Autorennen) (starting) grid **3** AVIAT takeoff; (≈ Raketenstart) launch **Startbahn** f AVIAT runway **Startblock** m, pl -blöcke SPORTS starting block **starten** ['ʃtartn̩] **A** v/i aux sein to start; AVIAT to take off; (≈ zum Start antreten) to take part **B** v/t to start; Satelliten, Rakete to launch; **den Computer neu ~** to restart the computer **Starter** ['ʃtartɐ] m ⟨-s, -⟩ AUTO starter **Starterlaubnis** f AVIAT clearance for takeoff **Starthilfe** f (fig) initial aid; **jdm ~ geben** to help sb get off the ground **Starthilfekabel** nt jump leads pl (Br), jumper cables pl (US) **Startkapital** nt starting capital **startklar** adj AVIAT clear(ed) for takeoff; (SPORTS, fig) ready to start **Startschuss** m SPORTS starting signal; (fig) signal (zu for); **den ~ geben** to fire the (starting) pistol; (fig) to give the go-ahead **Startseite**

f (im Internet) start page **Startverbot** nt AVIAT ban on takeoff; SPORTS ban

Statik ['ʃta:tɪk, 'st-] f ⟨-, no pl⟩ **1** SCI statics sg **2** BUILD structural engineering **Statiker** ['ʃta:tike, 'st-] m ⟨-s, -⟩, **Statikerin** [-ərɪn] f ⟨-, -nen⟩ TECH structural engineer

Station [ʃta'tsio:n] f ⟨-, -en⟩ **1** station; (≈ Haltestelle) stop; (fig: von Leben) phase; **~ machen** to stop off **2** (≈ Krankenstation) ward **stationär** [ʃtatsio'nɛ:ɐ] **A** adj stationary; MED Behandlung inpatient attr; **~er Patient** inpatient **B** adv **jdn ~ behandeln** to treat sb in hospital or as an inpatient **stationieren** [ʃtatsio'ni:rən] past part stationiert v/t Truppen to station; Atomwaffen etc to deploy **Stationierung** f ⟨-, -en⟩ (von Truppen) stationing; (von Atomwaffen etc) deployment **Stationsarzt** m, **Stationsärztin** f ward doctor **Stationsschwester** f senior nurse (in a ward)

statisch ['ʃta:tɪʃ, 'st-] **A** adj static **B** adv **meine Haare haben sich ~ aufgeladen** my hair is full of static electricity

Statist [ʃta'tɪst] m ⟨-en, -en⟩, **Statistin** [-'tɪstɪn] f ⟨-, -nen⟩ FILM extra; (fig) cipher **Statistik** [ʃta'tɪstɪk] f ⟨-, -en⟩ statistics sg **Statistiker** [ʃta'tɪstɪke] m ⟨-s, -⟩, **Statistikerin** [-ərɪn] f ⟨-, -nen⟩ statistician **statistisch** [ʃta'tɪstɪʃ] adj statistical; **~ gesehen** statistically

Stativ [ʃta'ti:f] nt ⟨-s, -e [-və]⟩ tripod

statt [ʃtat] **A** prep +gen or (inf) +dat instead of; **an Kindes ~ annehmen** JUR to adopt **B** cj instead of **stattdessen** adv instead **Stätte** ['ʃtɛtə] f ⟨-, -n⟩ place

stattfinden ['ʃtatfɪndn] v/i sep irr to take place **stattgeben** ['ʃtatge:bn] v/i +dat sep irr (form) to grant **statthaft** ['ʃtathaft] adj pred permitted **stattlich** ['ʃtatlɪç] adj **1** (≈ ansehnlich) Gebäude, Anwesen magnificent; Bursche strapping; Erscheinung imposing **2** (≈ umfangreich) Sammlung impressive; Familie large; (≈ beträchtlich) handsome

Statue ['ʃta:tuə, 'st-] f ⟨-, -n⟩ statue **Statur** [ʃta'tu:ɐ] f ⟨-, -en⟩ build **Status** ['ʃta:tʊs, 'st-] m ⟨-, - [-tu:s]⟩ status; **~ quo** status quo **Statussymbol** nt status symbol **Statuszeile** f IT status line **Stau** [ʃtau] m ⟨-(e)s, -e or -s⟩ (≈ Wasserstauung) build-up; (≈ Verkehrsstauung) traffic jam; **ein ~ von 3 km** a 3km tailback (Br), a 3km backup (of traffic) (US)

Staub [ʃtaup] m ⟨-(e)s, -e or Stäube [-bə, 'ʃtɔybə]⟩ dust; **~ saugen** to vacuum, to hoover® (Br); **~ wischen** to dust; **sich aus dem ~(e) machen** (infml) to clear off (infml)

Staubecken nt reservoir

staubig ['ʃtaubɪç] adj dusty **Staublappen** m duster **staubsaugen** ['ʃtaupzaugn] past part **staubgesaugt** ['ʃtaupgəzaukt] v/i insep to vacuum, to hoover® (Br) **Staubsauger** m vacuum cleaner, Hoover® (Br) **Staubschicht** f layer of dust **Staubtuch** nt, pl -tücher duster **Staubwolke** f cloud of dust

Staudamm m dam

Staude ['ʃtaudə] f ⟨-, -n⟩ HORT herbaceous perennial (plant); (≈ Busch) shrub

stauen ['ʃtauən] **A** v/t Wasser, Fluss to dam (up); Blut to stop the flow of **B** v/r (≈ sich anhäufen) to pile up; (Verkehr, Wasser, fig) to build up; (Blut) to accumulate

staunen ['ʃtaunən] v/i to be astonished (über +acc at); **da kann man nur noch ~** it's just amazing; **da staunst du, was?** (infml) you didn't expect that, did you! **Staunen** nt ⟨-s, no pl⟩ astonishment (über +acc at); **jdn in ~ versetzen** to amaze sb **staunenswert** adj astonishing

Stausee m reservoir **Stauung** ['ʃtauʊŋ] f ⟨-, -en⟩ **1** (≈ Stockung) pile-up; (in Lieferungen, Post etc) hold-up; (von Menschen) jam; (von Verkehr) tailback (Br), backup (US) **2** (von Wasser) build-up (of water) **Stauwarnung** f warning of traffic congestion

Steak [ste:k, ʃte:k] nt ⟨-s, -s⟩ steak **stechen** ['ʃtɛçn] pret **stach** [ʃta:x], past part **gestochen** [gə'ʃtɔxn] **A** v/i **1** (Dorn, Stachel etc) to prick; (Wespe, Biene) to sting; (Mücken, Moskitos) to bite; (mit Messer etc) to (make a) stab (nach at); (Sonne) to beat down; (mit Stechkarte) (bei Ankunft) to clock in; (bei Weggang) to clock out **2** CARDS to trump **B** v/t **1** (Dorn, Stachel etc) to prick; (Wespe, Biene) to sting; (Mücken, Moskitos) to bite; (mit Messer etc) to stab; Löcher to pierce **2** CARDS to trump **3** Spargel, Torf, Rasen to cut **4** (≈ gravieren) to engrave; → **gestochen** **C** v/r to prick oneself (an +dat on, mit with); **sich** (acc or dat) **in den Finger ~** to prick one's finger **Stechen** nt ⟨-s, -⟩ **1** SPORTS play-off; (bei Springreiten) jump-off **2** (≈ Schmerz) sharp pain **stechend** adj piercing; Sonne scorching; Schmerz sharp; Geruch pungent **Stechkarte** f clocking-in card **Stechmücke** f gnat, midge (Br) **Stechpalme** f holly **Stechuhr** f time clock

Steckbrief m "wanted" poster; (fig) personal description **steckbrieflich** adv ~ **gesucht werden** to be wanted **Steckdose** f ELEC (wall) socket **stecken** ['ʃtɛkn] **A** v/i **1** (≈ festsitzen) to be stuck; (Nadel, Splitter etc) to be (sticking); **der Stecker steckt in der Dose** the plug is in the socket; **der Schlüssel steckt** the key is in the lock **2** (≈ verborgen sein) to be (hiding); **wo steckt er?** where has he got to?; **darin steckt viel Mühe** a lot of work has gone into that; **zeigen, was in einem steckt** to show what one is made of **3** (≈ strotzen vor) **voll** or **voller Fehler/Nadeln** ~ to be full of mistakes/pins **4** (≈ verwickelt sein in) **in Schwierigkeiten** ~ to be in difficulties; **in einer Krise** ~ to be in the throes of a crisis **B** v/t **1** (≈ hineinstecken) to put; **jdn ins Bett** ~ (infml) to put sb to bed (infml) **2** SEWING to pin **3** (infml ≈ investieren) Geld, Mühe to put (in +acc into); Zeit to devote (in +acc to) **4** (sl ≈ aufgeben) to jack in (Br infml), to chuck (infml) **5** **jdm etw** ~ (infml) to tell sb sth **Stecken** ['ʃtɛkn] m ⟨-s, -⟩ stick **stecken bleiben** v/i irr aux sein to stick fast; (Kugel) to be lodged; (in der Rede) to falter **stecken lassen** past part **stecken lassen** or (rare) **stecken gelassen** v/t irr to leave; **den Schlüssel** ~ to leave the key in the lock **Steckenpferd** nt hobbyhorse **Stecker** ['ʃtɛke] m ⟨-s, -⟩ ELEC plug **Steckkarte** f IT expansion card **Stecknadel** f pin; **etw mit ~n befestigen** to pin sth (an +dat to); **eine** ~ **im Heuhaufen suchen** (fig) to look for a needle in a haystack **Steckplatz** m IT (expansion) slot **Steckrübe** f swede (Br), rutabaga (US) **Steckschloss** nt bicycle lock

Steg [ʃteːk] m ⟨-(e)s, -e [-gə]⟩ **1** (≈ Brücke) footbridge; (≈ Landungssteg) landing stage **2** (≈ Brillensteg) bridge

Stegreif ['ʃteːkraif] m **aus dem** ~ **spielen** THEAT to improvise; **eine Rede aus dem** ~ **halten** to make an impromptu speech **Stehaufmännchen** ['ʃteːʔauf-] nt (Spielzeug) tumbler; **er ist ein richtiges** ~ he always bounces back **stehen** ['ʃteːən] pret **stand** [ʃtant], past part **gestanden** [gə-'ʃtandn] aux **haben** or (S Ger, Aus, Sw) **sein**

A v/i **1** to stand; (≈ warten) to wait; **fest/sicher** ~ to stand firm(ly)/securely; (Mensch) to have a firm/safe foothold; **vor der Tür stand ein Fremder** there was a stranger (standing) at the door; **ich kann nicht mehr** ~ I can't stay on my feet any longer; **mit jdm/etw** ~ **und fallen** to depend on sb/sth; **sein Hemd steht vor Dreck** (infml) his shirt is stiff with dirt **2** (≈ sich befinden) to be; **die Vase steht auf dem Tisch** the vase is on the table; **meine alte Schule steht noch** my old school is still standing; **unter Schock** ~ to be in a state of shock; **unter Drogen/Alkohol** ~ to be under the influence of drugs/alcohol; **vor einer Entscheidung** ~ to be faced with a decision; **ich tue, was in meinen Kräften steht** I'll do everything I can **3** (≈ geschrieben, gedruckt sein) to be; **was steht da/in dem Brief?** what does it/ the letter say?; **es stand im "Kurier"** it was in the "Courier" **4** (≈ angehalten haben) to have stopped; **meine Uhr steht** my watch has stopped; **der ganze Verkehr steht** traffic is at a complete standstill **5** (≈ bewertet werden, Währung) to be (auf +dat at); **wie steht das Pfund?** what's the exchange rate for the pound?; **das Pfund steht auf EUR 1,12** the pound stands at EUR 1.12 **6** (≈ in bestimmter Position sein, Rekord) to stand (auf +dat at); **der Zeiger steht auf 4 Uhr** the clock says 4 (o'clock); **wie steht das Spiel?** what is the score?; **es steht 2:1 für München** the score is or it is 2-1 to Munich **7** (≈ passen zu) **jdm** ~ to suit sb **8** (grammatikalisch) **nach "in" steht der Akkusativ oder der Dativ** "in" takes the accusative or the dative **9**; → **gestanden 10 die Sache steht** (infml) the whole business is settled; **es steht mir bis hier** (infml) I've had it up to here with it (infml); **für etw** ~ to stand for sth; **auf jdn/etw** ~ (infml) to be mad about sb/sth (infml); **zu jdm** ~ to stand by sb; **zu seinem Versprechen** ~ to stand by one's promise; **wie** ~ **Sie dazu?** what are your views on that? **B** v/t **Posten** ~ to stand guard; **Wache** ~ to mount watch **C** v/r **sich gut/schlecht** ~ to be well/badly off; **sich mit jdm gut/schlecht** ~ to get on well/badly with sb **D** v/impers **wie steht's?** how are or how's things?; **wie steht es damit?** how about it?; **es steht schlecht/gut um jdn** (gesundheitlich, finanziell) sb is doing badly/well **St<u>e</u>hen** nt ⟨-s, no pl⟩ **1** standing; **etw im ~ tun** to do sth standing up **2** (≈ Halt) stop, standstill; **zum ~ kommen** to stop **st<u>e</u>hen bleiben** v/i irr aux sein **1** (≈ anhalten) to stop; (≈ nicht weitergehen) to stay; (Zeit) to stand still; **~!** stop!; MIL halt! **2** (≈ unverändert bleiben) to be left (in); **soll das so ~?** should that stay as it is? **st<u>e</u>hend** adj attr Fahrzeug stationary; Gewässer stagnant; **~e Redensart** stock phrase **st<u>e</u>hen lassen** past part **stehen lassen** or (rare) **stehen gelassen** v/t irr to leave; **alles stehen und liegen lassen** to drop everything; (Flüchtlinge etc) to leave everything behind; **jdn einfach ~** to leave sb standing (there); **sich** (dat) **einen Bart ~** to grow a beard **St<u>e</u>himbiss** m stand-up snack bar **St<u>e</u>hkneipe** f stand-up bar **St<u>e</u>hlampe** f standard lamp

st<u>e</u>hlen ['ʃteːlən] pret **st<u>a</u>hl** [ʃtaːl], past part **gest<u>o</u>hlen** [gə'ʃtoːlən] **A** v/t & v/i to steal; **jdm die Zeit ~** to waste sb's time **B** v/r to steal; **sich aus der Verantwortung ~** to evade one's responsibility; → gestohlen

St<u>e</u>hparty f buffet party **St<u>e</u>hplatz** m **ich bekam nur noch einen ~** I had to stand; **Stehplätze** standing room sg **St<u>e</u>hvermögen** nt staying power

Steiermark ['ʃtaiɐmark] f ⟨-⟩ Styria

steif [ʃtaif] **A** adj **1** stiff; Penis hard; **sich ~ (wie ein Brett) machen** to go rigid **2** (≈ förmlich) stiff; Empfang, Begrüßung, Abend formal **B** adv **das Eiweiß ~ schlagen** to beat the egg white until stiff; **sie behauptete ~ und fest, dass …** she insisted that …; **etw ~ und fest glauben** to be convinced of sth **steifen** ['ʃtaifn] v/t to stiffen; Wäsche to starch **Steifheit** f ⟨-, no pl⟩ stiffness

Steigbügel m stirrup **Steigeisen** nt climbing iron usu pl; (Bergsteigen) crampon **steigen** ['ʃtaign] pret **stieg** [ʃtiːk], past part **gestiegen** [gə'ʃtiːgn] aux sein **A** v/i **1** (≈ klettern) to climb; **auf einen Berg ~** to climb (up) a mountain; **aufs Pferd ~** to get on(to) the/one's horse; **aus dem Zug/Bus ~** to get off the train/bus **2** (≈ sich aufwärtsbewegen) to rise; (Flugzeug, Straße) to climb; (≈ sich erhöhen) (Preis, Fieber) to go up; (≈ zunehmen) (Chancen etc) to increase; **Drachen ~ lassen** to fly kites; **in jds Achtung** (dat) **~** to rise in sb's esti-

mation **3** (Aus ≈ treten) to step **4** (infml ≈ stattfinden) **steigt die Demo oder nicht?** is the demo on or not? **B** v/t Treppen, Stufen to climb (up)

steigern ['ʃtaign] **A** v/t **1** (≈ erhöhen) to increase (auf +acc to, um bei); Übel, Zorn to aggravate; Leistung to improve **2** GRAM Adjektiv to compare **B** v/i to bid (um for) **C** v/r (≈ sich erhöhen) to increase; (≈ sich verbessern) to improve **Steigerung** ['ʃtaigərʊŋ] f ⟨-, -en⟩ **1** (≈ das Steigern) increase (+gen in); (≈ Verbesserung) improvement **2** GRAM comparative **steigerungsfähig** adj improvable

Steigung ['ʃtaigʊŋ] f ⟨-, -en⟩ (≈ Hang) slope; (von Hang, Straße, MAT) gradient (Br), grade (esp US)

steil [ʃtail] **A** adj **1** Abhang, Treppe, Anstieg steep; **eine ~e Karriere** (fig) a rapid rise **2** SPORTS **~e Vorlage, ~er Pass** through ball **B** adv steeply **Steilhang** m steep slope **Steilheit** f, no pl steepness **Steilküste** f steep coast; (≈ Klippen) cliffs pl **Steilpass** m SPORTS through ball **Steilwand** f steep face

Stein [ʃtain] m ⟨-(e)s, -e⟩ stone; (in Uhr) jewel; (≈ Spielstein) piece; (≈ Ziegelstein) brick; **mir fällt ein ~ vom Herzen!** (fig) that's a load off my mind!; **bei jdm einen ~ im Brett haben** (fig infml) to be well in with sb (infml); **ein Herz aus ~** (fig) a heart of stone; **~ und Bein schwören** (fig infml) to swear to God (infml) **Steinadler** m golden eagle **Steinbock** m **1** ZOOL ibex **2** ASTROL Capricorn **Steinbruch** m quarry **steinern** [ʃtainɐn] adj stone; (fig) stony **Steinfrucht** f stone fruit **Steingarten** m rockery **Steingut** nt, no pl stoneware **steinhart** adj (as) hard as a rock **steinig** ['ʃtainɪç] adj stony **steinigen** ['ʃtainign] v/t to stone **Steinkohle** f hard coal **Steinkrug** m (≈ Kanne) stoneware jug **Steinmetz** [-mɛts] m ⟨-en, -en⟩, **Steinmetzin** [-mɛtsɪn] f ⟨-, -nen⟩ stonemason **Steinobst** nt stone fruit **Steinpilz** m boletus edulis (tech) **steinreich** adj (infml) stinking rich (Br infml) **Steinschlag** m rockfall; „Achtung ~" "danger falling stones" **Steinwurf** m (fig) stone's throw **Steinzeit** f Stone Age **steinzeitlich** adj Stone Age attr

Steiß [ʃtais] m ⟨-es, -e⟩ ANAT coccyx; (hum infml) tail (infml) **Steißbein** nt ANAT coccyx **Steißlage** f MED breech presentation

S

Stellage [ʃtɛˈlaːʒə] f ⟨-, -n⟩ (≈ Gestell) rack, frame **Stelle** [ˈʃtɛlə] f ⟨-, -n⟩ **1** place; (in Tabelle, Hierarchie) position; (in Text, Musikstück) passage; **an erster ~** in the first place; **eine schwache ~** a weak spot; **auf der ~ treten** (lit) to mark time; (fig) not to make any progress; **auf der ~** (fig ≈ sofort) on the spot; kommen, gehen straight away; **nicht von der ~ kommen** not to make any progress; **sich nicht von der ~ rühren** or **bewegen** to refuse to budge (infml); **zur ~ sein** to be on the spot; (≈ bereit, etw zu tun) to be at hand **2** (≈ Zeitpunkt) point; **an passender ~** at an appropriate moment **3** MAT figure; (hinter Komma) place **4** **an ~ von** in place of; **ich möchte jetzt nicht an seiner ~ sein** I wouldn't like to be in his position now; **an deiner ~ würde ich …** if I were you I would …; → anstelle **5** (≈ Posten) job; **eine freie** or **offene ~** a vacancy **6** (≈ Dienststelle) office; (≈ Behörde) authority; **da bist du bei mir/uns an der richtigen ~!** (infml) you've come to the right place **stellen** [ˈʃtɛlən] **A** v/t **1** (≈ hinstellen) to put; (≈ an bestimmten Platz legen) to place; **auf sich** (acc) **selbst** or **allein gestellt sein** (fig) to have to fend for oneself **2** (≈ anordnen, arrangieren) to arrange; **gestellt** Bild, Foto posed; **die Szene war gestellt** they posed for the scene; **eine gestellte Pose** a pose **3** (≈ erstellen) (jdm) **eine Diagnose ~** to make a diagnosis (for sb) **4** (≈ einstellen) to set (auf +acc at); **das Radio lauter/leiser ~** to turn the radio up/down **5** (finanziell) **gut/besser/schlecht sein** to be well/better/badly off **6** (≈ erwischen) to catch **7** Aufgabe, Thema to set (jdm sb); Frage to put (jdm, an jdn vor sb); Antrag, Forderung to make; **jdn vor ein Problem/eine Aufgabe** etc **~** to confront sb with a problem/task etc **B** v/r **1** (≈ sich hinstellen) to (go and) stand (an +acc at, by); (≈ sich aufstellen, sich einordnen) to position oneself; (≈ sich aufrecht hinstellen) to stand up; **sich auf den Standpunkt ~, …** to take the view …; **sich gegen jdn/etw ~** (fig) to oppose sb/sth; **sich hinter jdn/etw ~** (fig) to support or back sb/sth **2** (fig ≈ sich verhalten) **sich positiv/anders zu etw ~** to have a positive/different attitude toward(s) sth; **wie stellst du dich zu …?** what do you think of …?; **sich gut mit jdm ~** to put oneself on good terms with

sb **3** (infml: finanziell) **sich gut/schlecht ~** to be well/badly off **4** (≈ sich ausliefern) to give oneself up (jdm to sb); **sich den Fragen der Journalisten ~** to be prepared to answer reporters' questions; **sich einer Herausforderung ~** to take up a challenge **5** (≈ sich verstellen) **sich krank/schlafend** etc **~** to pretend to be ill/asleep etc **6** (fig ≈ entstehen) to arise (für for); **es stellt sich die Frage, ob …** the question arises whether … **Stellenabbau** m staff cuts pl or reductions pl **Stellenangebot** nt job offer; **„Stellenangebote"** "vacancies" **Stellenanzeige** f, **Stellenausschreibung** f job advertisement **Stellenbeschreibung** f job description **Stelleneinsparung** f usu pl job cut **Stellengesuch** nt advertisement seeking employment; **„Stellengesuche"** "situations wanted" (Br), "employment wanted" **Stellenmarkt** m job market; (in Zeitung) appointments section **Stellenvermittlung** f employment bureau **stellenweise** adv in places **Stellenwert** m MAT place value; (fig) status; **einen hohen ~ haben** to play an important role **Stellplatz** m (für Auto) parking space **Stellschraube** f TECH adjusting screw **Stellung** [ˈʃtɛlʊŋ] f ⟨-, -en⟩ position; **die ~ halten** MIL to hold one's position; (hum) to hold the fort; **~ beziehen** (fig) to declare one's position; **zu etw ~ nehmen** or **beziehen** to comment on sth; **gesellschaftliche ~** social status; **bei jdm in ~ sein** to be in sb's employment **Stellungnahme** [-naːmə] f ⟨-, -n⟩ statement (zu on); **eine ~ zu etw abgeben** to make a statement on sth **Stellungssuche** f search for employment; **auf ~ sein** to be looking for employment **Stellungswechsel** m change of job **stellvertretend** **A** adj (von Amts wegen) deputy attr; (≈ vorübergehend) acting attr **B** adv **~ für jdn** for sb; (Rechtsanwalt) on behalf of sb; **~ für jdn handeln** to be utilize for sb **Stellvertreter(in)** m/(f) (acting) representative; (von Amts wegen) deputy; (von Arzt) locum **Stellvertretung** f (≈ Stellvertreter) representative; (von Amts wegen) deputy; (von Arzt) locum; **die ~ für jdn übernehmen** to represent sb; (von Amts wegen) to stand in for sb **Stellwerk** nt RAIL signal box (Br), signal or switch tower (US)

Stelze [ˈʃtɛltsə] f ⟨-, -n⟩ **1** stilt **2** ORN wagtail

Stemmbogen m SKI stem turn **Stemmeisen** nt crowbar **stemmen** [ˈʃtɛmən] **A** v/t **1** (≈ stützen) to press **2** (≈ hochstemmen) to lift (above one's head) **3** (infml) (bewältigen) to manage **B** v/r **sich gegen etw ~** to brace oneself against sth; (fig) to oppose sth

Stempel [ˈʃtɛmpl] m ⟨-s, -⟩ **1** stamp; (≈ Poststempel) postmark; (≈ Viehstempel) brand; (auf Silber, Gold) hallmark; **jdm/einer Sache** (dat) **seinen ~ aufdrücken** (fig) to make one's mark on sth **2** (TECH) (≈ Prägestempel) die **3** BOT pistil **Stempelkarte** f punch card **Stempelkissen** nt ink pad **stempeln** [ˈʃtɛmpln] **A** v/t to stamp; Brief to postmark; Briefmarke to frank; **jdn zum Lügner/Verbrecher ~** (fig) to brand sb (as) a liar/criminal **B** v/i (infml) **1** **~ gehen** (≈ arbeitslos sein) to be on the dole (Br infml), to be on welfare (US) **2** (≈ Stempeluhr betätigen) (beim Hereinkommen) to clock in; (beim Hinausgehen) to clock out **Stempeluhr** f time clock

Stengel m → Stängel

Steno [ˈʃteno] f ⟨-, no pl⟩ (infml) shorthand **Stenografie** [ʃtenograˈfiː] f ⟨-, no pl⟩ shorthand **stenografieren** [ʃtenograˈfiːrən] past part **stenografiert** **A** v/t to take down in shorthand **B** v/i to take shorthand; **können Sie ~?** can you take shorthand? **Stenogramm** [ʃtenoˈgram] nt, pl -gramme text in shorthand; **ein ~ aufnehmen** to take shorthand **Stenotypist** [ʃtenotyˈpɪst] m ⟨-en, -en⟩, **Stenotypistin** [-ˈpɪstɪn] f ⟨-, -nen⟩ shorthand typist

Stent [ʃtɛnt] m ⟨-s, -s⟩ MED stent **Steppdecke** f quilt **Steppe** [ˈʃtɛpə] f ⟨-, -n⟩ steppe **steppen**¹ [ˈʃtɛpn] v/t & v/i to (machine)stitch; wattierten Stoff to quilt **steppen**² [ˈʃtɛpn, ˈstɛp-] v/i to tap-dance **Stepper** [ˈʃtɛpɐ, ˈstɛp-] m SPORTS step machine **Steppjacke** f quilted jacket **Stepptanz** [ˈʃtɛp-, ˈstɛp-] m tap dance

Sterbebett nt deathbed; **auf dem ~ liegen** to be on one's deathbed **Sterbefall** m death **Sterbehilfe** f (≈ Euthanasie) euthanasia **sterben** [ˈʃtɛrbn] pret starb [ʃtarp], past part **gestorben** [gəˈʃtɔrbn] v/t & v/i aux sein to die; **eines natürlichen/ge-**

waltsamen Todes ~ to die a natural/violent death; **an einer Krankheit/Verletzung ~** to die of an illness/from an injury; **daran wirst du nicht ~!** (hum) it won't kill you!; **vor Angst/Durst/Hunger ~** to die of fright/thirst/hunger; **gestorben sein** to be dead; (fig: Projekt) to be over and done with; **er ist für mich gestorben** (fig infml) he doesn't exist as far as I'm concerned **Sterben** nt ⟨-s, no pl⟩ death; **im ~ liegen** to be dying **Sterbeurkunde** f death certificate **sterblich** [ˈʃtɛrplɪç] adj mortal; **jds ~e Hülle** sb's mortal remains pl **Sterbliche(r)** [ˈʃtɛrplɪçə] m/f(m) decl as adj mortal **Sterblichkeit** f ⟨-, no pl⟩ mortality

stereo [ˈʃtere.o, ˈst-] adv (in) stereo **Stereoanlage** f stereo (infml) **Stereogerät** nt stereo unit **Stereoskop** [ʃtereoˈskoːp, st-] nt ⟨-s, -e⟩ stereoscope **Stereoturm** m hi-fi stack **stereotyp** [ʃtereoˈtyːp, st-] adj (fig) stereotyped, stereotypical

steril [ʃteˈriːl, st-] adj sterile **Sterilisation** [ʃteriliˈatsioːn, st-] f ⟨-, -en⟩ sterilization **sterilisieren** [ʃteriliˈziːrən, st-] past part **sterilisiert** v/t to sterilize

Stern [ʃtɛrn] m ⟨-(e)s, -e⟩ star; **in den ~en (geschrieben) stehen** (fig) to be (written) in the stars; **das steht (noch) in den ~en** (fig) it's in the lap of the gods; **unter einem guten** or **glücklichen ~ stehen** to be blessed with good fortune; **unter einem unglücklichen ~ stehen** to be ill-fated; **ein Hotel mit drei ~en** a three-star hotel **Sternbild** nt ASTRON constellation; ASTROL sign (of the zodiac) **Sternchen** [ˈʃtɛrnçən] nt ⟨-s, -⟩ **1** TYPO asterisk **2** FILM starlet **Sternenbanner** nt Stars and Stripes sg **sternenbedeckt** adj starry **Sternenhimmel** m starry sky **Sternfrucht** f star fruit **sternhagelvoll** [ˈʃtɛrnˈhaːglˈfɔl] adj (infml) roaring drunk (infml) **sternklar** adj Himmel, Nacht starry attr, starlit **Sternkunde** f astronomy **Sternmarsch** m POL protest march with marchers converging on assembly point from different directions **Sternschnuppe** [-ʃnʊpə] f ⟨-, -n⟩ shooting star **Sternsinger** pl carol singers pl **Sternstunde** f great moment; **das war meine ~** that was a great moment in my life **Sternwarte** f observatory

S

Sternzeichen *nt* ASTROL sign of the zodiac; **im ~ der Jungfrau** under the sign of Virgo

Steroid [ʃtero'iːt] *nt* ⟨-(e)s, -e [-də]⟩ steroid

stet [ʃteːt] *adj attr* constant; **~er Tropfen höhlt den Stein** (*prov*) constant dripping wears away the stone

Stethoskop [ʃteto'skoːp, st-] *nt* ⟨-s, -e⟩ stethoscope

stetig ['ʃteːtɪç] **A** *adj* steady; **~es Meckern** constant moaning **B** *adv* steadily **stets** [ʃteːts] *adv* always

Steuer¹ ['ʃtɔyɐ] *nt* ⟨-s, -⟩ NAUT helm; AUTO (steering) wheel; AVIAT controls *pl*; **am ~ sein** (*fig*) to be at the helm; **am ~ sitzen** *or* **sein** AUTO to be at the wheel, to drive; AVIAT to be at the controls; **das ~ übernehmen** to take over; **das ~ fest in der Hand haben** (*fig*) to be firmly in control

Steuer² *f* ⟨-, -n⟩ (≈ *Abgabe*) tax; (*an Gemeinde*) council tax (*Br*), local tax (*US*); (*von Firmen*) rates *pl* (*Br*), corporate property tax (*US*); **~n** tax; **~n zahlen** to pay tax; **Gewinn vor/nach ~n** pre-/after-tax profit **Steueraufkommen** *nt* tax revenue **steuerbar** *adj* (≈ *versteuerbar*) taxable **Steuerbeamte(r)** *m decl as adj*, **Steuerbeamtin** *f* tax officer **steuerbegünstigt** [-bəɡʏnstɪçt] *adj* tax-deductible; *Waren* taxed at a lower rate **Steuerbelastung** *f* tax burden **Steuerberater(in)** *m/(f)* tax consultant **Steuerbescheid** *m* tax assessment **Steuerbord** ['ʃtɔyɐbɔrt] *nt* ⟨-s, *no pl*⟩ NAUT starboard **Steuereinnahmen** *pl* revenue from taxation **Steuerentlastung** *f*, **Steuerermäßigung** *f* tax relief **Steuererhöhung** *f* tax increase **Steuererklärung** *f* tax return **Steuerflucht** *f* tax evasion (*by leaving the country*) **Steuerflüchtling** *m* tax exile **Steuerfrau** *f* (*Rudersport*) cox (-swain) **steuerfrei** *adj* tax-free **Steuerfreibetrag** *m* tax-exempt income **Steuergelder** *pl* taxes *pl* **Steuergerät** *nt* tuner-amplifier **Steuerhinterziehung** *f* tax evasion **Steuerjahr** *nt* tax year **Steuerklasse** *f* tax bracket **Steuerknüppel** *m* control column **steuerlich** ['ʃtɔyɐlɪç] **A** *adj* tax *attr*; **~e Belastung** tax burden **B** *adv* **es ist ~ günstiger ...** for tax purposes it is better ...; **~ abzugsfähig** tax-deductible **Steuermann** *m*, *pl* -männer *or* -leute helmsman; (*als Rang*) (first) mate; (*Rudersport*) cox(swain); **Zweier**

mit/ohne ~ coxed/coxless pairs **Steuermarke** *f* revenue stamp **steuermindernd** **A** *adj* tax-reducing **B** *adv* **sich ~ auswirken** to have the effect of reducing tax **Steuermittel** *pl* tax revenue(s *pl*) **steuern** ['ʃtɔyɐn] **A** *v/t* **1** to steer; *Flugzeug* to pilot; (*fig*) *Wirtschaft, Politik* to run; IT to control **2** (≈ *regulieren*) to control **B** *v/i aux sein* to head; AUTO to drive; NAUT to make for, to steer **Steueroase** *f*, **Steuerparadies** *nt* tax haven **Steuerpflicht** *f* liability to tax; **der ~ unterliegen** to be liable to tax **steuerpflichtig** [-pflɪçtɪç] *adj* taxable **Steuerpflichtige(r)** [-pflɪçtɪɡə] *m/f(m) decl as adj* taxpayer **Steuerpolitik** *f* tax *or* taxation policy **Steuerprüfer(in)** *m/(f)* tax inspector, tax auditor (*esp US*) **Steuerrad** *nt* AVIAT control wheel; AUTO (steering) wheel **Steuerreform** *f* tax reform **Steuersatz** *m* rate of taxation **Steuerschuld** *f* tax(es *pl*) owing *no indef art* **Steuersenkung** *f* tax cut **Steuersünder(in)** *m/(f)* tax evader **Steuerung** ['ʃtɔyərʊŋ] *f* ⟨-, -en⟩ **1** *no pl* (≈ *das Steuern*) steering; (*von Flugzeug*) piloting; (*fig*) (*von Politik, Wirtschaft*) running; IT control; (≈ *Regulierung*) regulation; (≈ *Bekämpfung*) control **2** (≈ *Steuervorrichtung*) (AVIAT) controls *pl*; TECH steering apparatus; (*elektronisch*) control **Steuerveranlagung** *f* tax assessment **Steuervergünstigung** *f* tax relief **Steuerzahler(in)** *m/(f)* taxpayer **Steuerzeichen** *nt* IT control character

Steward ['stjuːɐt, 'ʃt-] *m* ⟨-s, -s⟩ NAUT, AVIAT steward **Stewardess** ['stjuːɐdɛs, stjuːɐ'dɛs, ʃt-] *f* ⟨-, -en⟩ stewardess

Stich [ʃtɪç] *m* ⟨-(e)s, -e⟩ **1** (≈ *Insektenstich*) sting; (≈ *Mückenstich*) bite; (≈ *Nadelstich*) prick; (≈ *Messerstich*) stab **2** (≈ *Stichwunde*) (*von Messer etc*) stab wound **3** (≈ *stechender Schmerz*) stabbing pain; (≈ *Seitenstich*) stitch **4** SEWING stitch **5** (≈ *Kupferstich, Stahlstich*) engraving **6** (≈ *Schattierung*) tinge (*in +acc* of); (≈ *Tendenz*) hint (*in +acc* of); **ein ~ ins Rote** a tinge of red **7** CARDS trick **8** **jdn im ~ lassen** to let sb down; (≈ *verlassen*) to abandon sb; **etw im ~ lassen** to abandon sth **Stichel** ['ʃtɪçl] *m* ⟨-s, -⟩ ART gouge **Stichelei** [ʃtɪçə'laɪ] *f* ⟨-, -en⟩ (*pej infml*) snide (*infml*) *or* sneering remark **sticheln** ['ʃtɪçln] *v/i* (*pej infml*) to make snide remarks (*infml*); **gegen jdn ~** to make digs (*Br*) *or* pokes (*US*) at sb

Stichflamme f tongue of flame
stichhaltig ▲ adj valid; *Beweis* conclusive; **sein Alibi ist nicht ~** his alibi doesn't hold water ▱ adv conclusively **Stichling** ['ʃtɪçlɪŋ] m ⟨-s, -e⟩ ZOOL stickleback **Stichprobe** f spot check; SOCIOL (random) sample survey; **~n machen** to carry out spot checks; SOCIOL to carry out a (random) sample survey **Stichsäge** f fret saw **Stichtag** m qualifying date **Stichwaffe** f stabbing weapon **Stichwahl** f POL final ballot, runoff (US) **Stichwort** nt ▮ pl -wörter (*in Nachschlagewerken*) headword ▱ pl -worte (THEAT, *fig*) cue **Stichwortkatalog** m classified catalogue (*Br*) *or* catalog (*US*) **Stichwortverzeichnis** nt index **Stichwunde** f stab wound
Stick [stɪk] m ⟨-s, -s⟩ (≈ *USB-Stick*) stick; **etw auf Stick speichern** to save sth to *or* on a stick
sticken ['ʃtɪkn] v/t & v/i to embroider **Sticker** ['ʃtɪkɐ, 'st-] m ⟨-s, -⟩ (*infml* ≈ *Aufkleber*) sticker **Stickerei** [ʃtɪkə'raɪ] f ⟨-, -en⟩ embroidery **Stickgarn** nt embroidery thread **stickig** ['ʃtɪkɪç] adj *Luft, Zimmer* stuffy; *Klima* sticky; (*fig*) *Atmosphäre* oppressive **Sticknadel** f embroidery needle **Stickoxid** ['ʃtɪkʔɔksiːt] nt nitric oxide **Stickstoff** ['ʃtɪkʃtɔf] m nitrogen
Stiefbruder ['ʃtiːf-] m stepbrother **Stiefel** ['ʃtiːfl] m ⟨-s, -⟩ boot **Stiefelette** [ʃtiːfə'lɛtə] f ⟨-, -n⟩ (≈ *Frauenstiefelette*) bootee; (≈ *Männerstiefelette*) half-boot **Stiefelknecht** m bootjack
Stiefeltern ['ʃtiːf-] pl step-parents pl **Stiefkind** nt stepchild; (*fig*) poor cousin **Stiefmutter** f, pl -mütter stepmother **Stiefmütterchen** [-mʏtɛçən] nt ⟨-s, -⟩ BOT pansy **stiefmütterlich** adv (*fig*) **jdn/etw ~ behandeln** to pay little attention to sb/sth **Stiefschwester** f stepsister **Stiefsohn** m stepson **Stieftochter** f stepdaughter **Stiefvater** m stepfather
Stiege ['ʃtiːgə] f ⟨-, -n⟩ (≈ *schmale Treppe*) (narrow) flight of stairs
Stieglitz ['ʃtiːglɪts] m ⟨-es, -e⟩ goldfinch
Stiel [ʃtiːl] m ⟨-(e)s, -e⟩ (≈ *Griff*) handle; (≈ *Pfeifenstiel, Glasstiel, Blütenstiel*) stem; (≈ *Stängel*) stalk; (≈ *Blattstiel*) leafstalk **Stielaugen** pl (*fig infml*) **~ machen** to gawp **Stielglas** nt stemmed glass
stier [ʃtiːɐ] ▲ adj *Blick* vacant ▱ adv staring vacantly

Stier [ʃtiːɐ] m ⟨-(e)s, -e⟩ ▮ bull; (≈ *junger Stier*) bullock; **den ~ bei den Hörnern packen** *or* **fassen** (*prov*) to take the bull by the horns (*prov*) ▱ ASTROL Taurus *no art*; **ich bin (ein) ~** I'm a Taurus
stieren ['ʃtiːrən] v/i to stare (*auf +acc* at)
Stierkampf m bullfight **Stierkampfarena** f bullring **Stierkämpfer(in)** m/(f) bullfighter
Stift¹ [ʃtɪft] m ⟨-(e)s, -e⟩ ▮ (≈ *Metallstift*) pin; (≈ *Holzstift*) peg; (≈ *Nagel*) tack ▱ (≈ *Bleistift*) pencil; (≈ *Buntstift*) crayon; (≈ *Filzstift*) felt-tipped pen; (≈ *Kugelschreiber*) ballpoint (pen) ▰ (*infml* ≈ *Lehrling*) apprentice (boy)
Stift² nt ⟨-(e)s, -e⟩ (≈ *Domstift*) cathedral chapter; (≈ *Theologiestift*) seminary
stiften ['ʃtɪftn] v/t ▮ (≈ *gründen*) to found; (≈ *spenden, spendieren*) to donate; *Preis, Stipendium etc* to endow ▱ *Verwirrung, Unfrieden, Unheil* to cause; *Frieden* to bring about **Stifter** ['ʃtɪftɐ] m ⟨-s, -⟩, **Stifterin** [-ərɪn] f ⟨-, -nen⟩ (≈ *Gründer*) founder; (≈ *Spender*) donator **Stiftung** ['ʃtɪftʊŋ] f ⟨-, -en⟩ foundation; (≈ *Schenkung*) donation; (*Stipendium etc*) endowment
Stiftzahn m post crown
Stigma ['ʃtɪgma, st-] nt ⟨-s, -ta [-ta]⟩ stigma
Stil [ʃtiːl, stiːl] m ⟨-(e)s, -e⟩ style; (≈ *Eigenart*) way; **im großen ~** in a big way; **... alten ~s** old-style ...; **das ist schlechter ~** (*fig*) that is bad form **Stilblüte** f (*hum*) stylistic howler (*Br infml*) or blooper (*US infml*) **Stilbruch** m stylistic incongruity; (*in Roman etc*) abrupt change in style **Stilebene** f style level **stilisieren** [ʃtili'ziːrən, st-] past part stilisiert v/t to stylize **Stilistik** [ʃti'lɪstɪk, st-] f ⟨-, -en⟩ LIT stylistics sg; (≈ *Handbuch*) guide to good style **stilistisch** [ʃti'lɪstɪʃ, st-] adj stylistic; **etw ~ ändern/verbessern** to change/improve the style of sth
still [ʃtɪl] ▲ adj ▮ (≈ *ruhig*) quiet; *Gebet, Vorwurf, Beobachter* silent; **~ werden** to go quiet; **um ihn/darum ist es ~ geworden** you don't hear anything about him/it any more; **in ~em Gedenken** in silent tribute; **im Stillen** without saying anything; **ich dachte mir im Stillen** I thought to myself; **sei doch ~!** be quiet! ▱ (≈ *unbewegt*) *Luft* still; *See* calm; (≈ *ohne Kohlensäure*) *Mineralwasser* still; **der Stille Ozean** the Pacific (Ocean); **~e Wasser sind tief** (*prov*) still waters run deep (*prov*) ▰ (≈ *heimlich*)

S

secret; **im Stillen** in secret **4** COMM *Teilhaber* sleeping (*Br*), silent (*US*); *Reserven, Rücklagen* secret **B** *adv* **1** (≈ *leise*) quietly; *leiden in silence; auseinandergehen, weggehen silently;* **~ lächeln** to give a quiet smile; **ganz ~ und leise** *erledigen* discreetly **2** (≈ *unbewegt*) still; **~ halten** to keep still; **~ sitzen** to sit still **Stille** ['ʃtɪlə] *f* ⟨-, *no pl*⟩ **1** (≈ *Ruhe*) quiet(ness); (≈ *Schweigen*) silence; **in aller ~** quietly **2** (≈ *Unbewegtheit*) calm(-ness); (*der Luft*) stillness **3** (≈ *Heimlichkeit*) secrecy; **in aller ~** secretly **stillen** ['ʃtɪlən] **A** *v/t* **1** (≈ *zum Stillstand bringen*) *Tränen* to stop; *Schmerzen* to ease; *Blutung* to staunch **2** (≈ *befriedigen*) to satisfy; *Durst* to quench **3** *Säugling* to breast-feed **B** *v/i* to breast-feed **Stillhalteabkommen** *nt* (FIN, *fig*) moratorium **stillhalten** *v/i sep irr* (*fig*) to keep quiet **Stillleben** *nt* still life **stilllegen** *v/t sep* to close down **Stilllegung** [-le:ɡʊŋ] *f* ⟨-, -en⟩ closure **stillos** *adj* lacking in style; (≈ *fehl am Platze*) incongruous **Stillosigkeit** *f* ⟨-, -en⟩ lack of style *no pl*
stillschweigen *v/i sep irr* to remain silent **Stillschweigen** *nt* silence; **jdm ~ auferlegen** to swear sb to silence; **beide Seiten haben ~ vereinbart** both sides have agreed not to say anything **stillschweigend** **A** *adj* silent; *Einverständnis* tacit **B** *adv* tacitly; **über etw** (*acc*) **~ hinweggehen** to pass over sth in silence; **etw ~ hinnehmen** to accept sth silently **stillsitzen** *v/i sep irr aux sein or haben* to sit still **Stillstand** *m* standstill; (*vorübergehend*) interruption; (*in Entwicklung*) halt; **zum ~ kommen** to come to a standstill; (*Maschine, Motor, Herz, Blutung*) to stop; (*Entwicklung*) to come to a halt; **etw zum ~ bringen** to bring sth to a standstill; *Maschine, Motor, Blutung* to stop sth; *Entwicklung* to bring sth to a halt **stillstehen** *v/i sep irr aux sein or haben* **1** to be at a standstill; (*Fabrik, Maschine*) to be idle; (*Herz*) to have stopped **2** (≈ *stehen bleiben*) to stop; (*Maschine*) to stop working
Stilmittel *nt* stylistic device **Stilmöbel** *pl* period furniture *sg* **Stilrichtung** *f* style **stilvoll** **A** *adj* stylish **B** *adv* stylishly **Stilwörterbuch** *nt* dictionary of correct usage
Stimmabgabe *f* voting **Stimmband** [-bant] *nt*, *pl* -bänder *usu pl* vocal chord

stimmberechtigt *adj* entitled to vote **Stimmbruch** *m* = **Stimmwechsel** **Stimmbürger(in)** *m/(f)* (*Swiss*) voter **Stimme** ['ʃtɪmə] *f* ⟨-, -n⟩ **1** (*lit, fig*) voice; (MUS ≈ *Part*) part; **mit leiser/lauter ~** in a soft/loud voice; **die ~n mehren sich, die ... there** is a growing number of people calling for ...; **der ~ des Gewissens folgen** to act according to one's conscience **2** (≈ *Wahlstimme*) vote; **eine ~ haben** to have the vote; (≈ *Mitspracherecht*) to have a say; **keine ~ haben** not to be entitled to vote; (≈ *Mitspracherecht*) to have no say; **seine ~ abgeben** to cast one's vote **stimmen** ['ʃtɪmən] **A** *v/i* **1** (≈ *richtig sein*) to be right; **stimmt es, dass ...?** is it true that ...?; **das stimmt** that's right; **das stimmt nicht** that's not right, that's wrong; **hier stimmt was nicht!** there's something wrong here; **stimmt so!** keep the change **2** (≈ *zusammenpassen*) to go (together) **3** (≈ *wählen*) to vote; **für/gegen jdn/etw ~** to vote for/against sb/sth **B** *v/t* *Instrument* to tune; **jdn froh/traurig ~** to make sb (feel) cheerful/sad; → **gestimmt** **Stimmenfang** *m* (*infml*) canvassing; **auf ~ sein/gehen** to be/go canvassing **Stimmengleichheit** *f* tie **Stimmenmehrheit** *f* majority (of votes) **Stimmenthaltung** *f* abstention **Stimmgabel** *f* tuning fork **stimmhaft** LING **A** *adj* voiced **B** *adv* **~ ausgesprochen werden** to be voiced **stimmig** ['ʃtɪmɪç] *adj* *Argumente* coherent **Stimmlage** *f* MUS voice, register **stimmlos** LING **A** *adj* voiceless **B** *adv* **~ ausgesprochen werden** not to be voiced **Stimmrecht** *nt* right to vote **Stimmung** ['ʃtɪmʊŋ] *f* ⟨-, -en⟩ **1** mood; (≈ *Atmosphäre*) atmosphere; (*unter den Arbeitern*) morale; **in (guter) ~** in a good mood; **in schlechter ~** in a bad mood; **in ~ kommen** to liven up; **für ~ sorgen** to make sure there is a good atmosphere **2** (≈ *Meinung*) opinion; **~ gegen/für jdn/etw machen** to stir up (public) opinion against/in favour (*Br*) or favor (*US*) of sb/sth **Stimmungsmache** *f*, *no pl* (*pej*) cheap propaganda **stimmungsvoll** *adj* *Bild* idyllic; *Atmosphäre* tremendous; *Beschreibung* atmospheric **Stimmungswandel** *m* change of atmosphere; POL change in (public) opinion **Stimmwechsel** *m* **er ist im ~** his voice is breaking **Stimmzettel** *m* ballot paper

Stimulation [ʃtimulaˈtsioːn, st-] f ⟨-, -en⟩ stimulation **stimulieren** [ʃtimuˈliːrən, st-] past part stimul**ie**rt v/t to stimulate

Stinkbombe f stink bomb **Stinkefinger** m (infml) **jdm den ~ zeigen** to give sb the finger (infml) or the bird (US infml) **stinken** [ˈʃtɪŋkn̩] pret st**a**nk [ʃtaŋk], past part gest**u**nken [ɡəˈʃtʊŋkn̩] v/i **1** to stink (nach of); **wie die Pest ~** (infml) to stink to high heaven (infml) **2** (fig infml) **er stinkt nach Geld** he's stinking rich (infml); **das stinkt zum Himmel** it's an absolute scandal; **an der Sache stinkt etwas** there's something fishy about it (infml); **mir stinkt's (gewaltig)!** (infml) I'm fed up to the back teeth (with it) (Br infml) or to the back of my throat (with it) (US infml) **stinkf**aul adj (infml) bone idle (Br infml) **stinkig** [ˈʃtɪŋkɪç] adj (infml) stinking (infml); (≈ verärgert) pissed off (sl) **stinklangweilig** adj (infml) deadly boring **stinknormal** adj (infml) boringly normal **stinkreich** adj (infml) stinking rich (Br infml), rolling in it (infml) **stinksauer** adj (sl) pissed off (infml) **Stinkstiefel** m (infml unangenehmer Mensch) cocky bastard **Stinktier** nt skunk **Stinkwut** f (infml) **eine ~ (auf jdn) haben** to be livid (with sb)

Stipendium [ʃtiˈpɛndiʊm] nt ⟨-s, Stipendien [-diən]⟩ (als Auszeichnung etc erhalten) scholarship; (zur allgemeinen Unterstützung des Studiums) grant

Stippvisite [ˈʃtɪp-] f (infml) flying visit **Stirn** [ʃtɪrn] f ⟨-, -en⟩ forehead; **die ~ runzeln** to wrinkle one's brow; **es steht ihm auf der ~ geschrieben** it is written all over his face; **die ~ haben, zu ...** to have the effrontery to ...; **jdm/einer Sache die ~ bieten** (elev) to defy sb/sth **Stirnband** [-bant] nt, pl **-bänder** headband **Stirnhöhle** f frontal sinus **Stirnhöhlenkatarrh** m sinusitis **Stirnrunzeln** nt ⟨-s, no pl⟩ frown **stöbern** [ˈʃtøːbən] v/i to rummage (in +dat in, durch through)

stochern [ˈʃtɔxən] v/i to poke (in +dat at); (im Essen) to pick (in +dat at); **sich (dat) in den Zähnen ~** to pick one's teeth

Stock [ʃtɔk] m ⟨-(e)s, ⸚e [ˈʃtœkə]⟩ **1** stick; (≈ Rohrstock) cane; (≈ Taktstock) baton; (≈ Zeigestock) pointer; (≈ Billardstock) cue; **am ~ gehen** to walk with (the aid of) a stick;

(fig infml) to be in a bad way **2** (Pflanze) (≈ Rebstock) vine; (≈ Blumenstock) pot plant **3** pl - (≈ Stockwerk) floor; **im ersten ~** on the first floor (Br), on the second floor (US) **stockbesoffen** (infml) adj dead drunk (infml) **stockdunkel** adj (infml) pitch-dark **stocken** [ˈʃtɔkn̩] v/i (Herz, Puls) to skip a beat; (Worte) to falter; (≈ nicht vorangehen) (Arbeit, Entwicklung) to make no progress; (Unterhaltung) to flag; (Verhandlungen) to grind to a halt; (Geschäfte) to stagnate; (Verkehr) to be held up; **ihm stockte der Atem** he caught his breath; **ihre Stimme stockte** she or her voice faltered **stockend** adj faltering; Verkehr stop-go; **der Verkehr kam nur ~ voran** traffic was stop and go **Stockente** f mallard **Stockerl** [ˈʃtɔkɐl] nt ⟨-s, -n⟩ (Aus ≈ Hocker) stool **Stockfisch** m dried cod; (pej: Mensch) stick-in-the-mud (pej infml)

Stockholm [ˈʃtɔkhɔlm] nt ⟨-s⟩ Stockholm **stockkonservativ** adj (infml) archconservative **stocknüchtern** adj (infml) stone-cold sober (infml) **stocksauer** adj (infml) pissed off (infml) **Stockschirm** m stick umbrella **stocktaub** adj (infml) as deaf as a post **Stockung** [ˈʃtɔkʊŋ] f ⟨-, -en⟩ **1** (≈ vorübergehender Stillstand) interruption (+gen, in +dat in); (≈ Verkehrsstockung) congestion **2** (von Verhandlungen) breakdown (+gen of, in); (von Geschäften) slackening off (+gen in) **Stockwerk** nt floor; **im 5. ~** on the 5th (Br) or 6th (US) floor **Stockzahn** m (Aus) molar (tooth)

Stoff [ʃtɔf] m ⟨-(e)s, -e⟩ **1** material; (als Materialart) cloth **2** no pl: (≈ Materie) matter **3** (≈ Substanz, CHEM) substance; **tierische ~e** animal substance; **pflanzliche ~e** vegetable matter **4** (≈ Thema) subject (matter); (≈ Diskussionsstoff) topic; **~ für ein** or **zu einem Buch sammeln** to collect material for a book **5** (infml ≈ Rauschgift) dope (infml)

Stoffel [ˈʃtɔfl̩] m ⟨-s, -⟩ (pej infml) lout (infml)

stofflich [ˈʃtɔflɪç] adj **1** PHIL, CHEM material **2** (≈ den Inhalt betreffend) as regards subject matter **Stoffpuppe** f rag doll **Stoffrest** m remnant **Stofftier** nt soft toy **Stoffwechsel** m metabolism **Stoffwechselkrankheit** f metabolic disease

stöhnen [ˈʃtøːnən] v/i to groan; **~d** with a groan

S

stoisch ['ʃtoːɪʃ, st-] *adj* PHIL Stoic; *(fig)* stoic(al)

Stollen ['ʃtɔlən] *m* ⟨-s, -⟩ **1** MIN, MIL gallery **2** COOK stollen **3** (≈ Schuhstollen) stud

stolpern ['ʃtɔlpɐn] *v/i aux sein* to stumble (über +acc over); *(fig ≈ zu Fall kommen)* to come unstuck *(esp Br infml)*; **jdn zum Stolpern bringen** *(lit)* to trip sb up; *(fig)* to be sb's downfall **Stolperstein** *m (fig)* stumbling block

stolz [ʃtɔlts] **A** *adj* **1** proud (auf +acc of); **darauf kannst du ~ sein** that's something to be proud of **2** (≈ imposant) Bauwerk, Schiff majestic; *(iron ≈ stattlich)* Preis princely **B** *adv* proudly **Stolz** [ʃtɔlts] *m* ⟨-es, *no pl*⟩ pride; **sein Garten ist sein ganzer ~** his garden is his pride and joy **stolzieren** [ʃtɔl'tsiːrən] *past part* stolziert *v/i aux sein* to strut; *(hochmütig)* to stalk

stopfen ['ʃtɔpfn] **A** *v/t* **1** (≈ ausstopfen, füllen) to stuff; Pfeife, Loch to fill; **jdm den Mund ~** *(infml)* to silence sb **2** (≈ ausbessern) to mend; *(fig)* Haushaltslöcher etc to plug **B** *v/i* **1** (Speisen) (≈ verstopfen) to cause constipation; (≈ sättigen) to be filling **2** (≈ flicken) to darn **Stopfgarn** *nt* darning cotton or thread

stopp [ʃtɔp] *int* stop **Stopp** [ʃtɔp] *m* ⟨-s, -s⟩ stop; (≈ Lohnstopp) freeze

Stoppel ['ʃtɔpl] *f* ⟨-, -n⟩ stubble **Stoppelbart** *m* stubbly beard **Stoppelfeld** *nt* stubble field **stopp(e)lig** ['ʃtɔp(ə)lɪç] *adj* stubbly

stoppen ['ʃtɔpn] **A** *v/t* **1** (≈ anhalten) to stop **2** (≈ Zeit abnehmen) to time **B** *v/i* (≈ anhalten) to stop **Stoppschild** *nt*, *pl* -schilder stop sign **Stoppstraße** *f road with stop signs*, stop street *(US)* **Stoppuhr** *f* stopwatch

Stöpsel ['ʃtœpsl] *m* ⟨-s, -⟩ plug; (≈ Pfropfen) stopper; (≈ Korken) cork

Stör [ʃtøːɐ] *m* ⟨-(e)s, -e⟩ ZOOL sturgeon **Störaktion** *f* disruptive action *no pl* **störanfällig** *adj* Technik, Kraftwerk susceptible to faults; Gerät, Verkehrsmittel liable to break down; *(fig)* Verhältnis shaky

Storch [ʃtɔrç] *m* ⟨-(e)s, -̈e ['ʃtœrçə]⟩ stork

stören ['ʃtøːrən] **A** *v/t* **1** (≈ beeinträchtigen) to disturb; Verhältnis, Harmonie to spoil; Rundfunkempfang to interfere with; *(absichtlich)* to jam; **jds Pläne ~** to interfere with sb's plans; → gestört **2** Prozess, Feier to disrupt **3** (≈ unangenehm berühren) to disturb; **was mich an ihm/daran stört** what I don't like about him/it; **entschuldigen Sie, wenn ich Sie störe** I'm sorry if I'm disturbing you; **stört es Sie, wenn ich rauche?** do you mind if I smoke?; **das stört mich nicht** that doesn't bother me; **sie lässt sich durch nichts ~** she doesn't let anything bother her **B** *v/r* **sich an etw** *(dat)* **~** to be bothered about sth **C** *v/i* (≈ lästig sein) to get in the way; (≈ unterbrechen) to interrupt; (≈ Belästigung darstellen) to be disturbing; **bitte nicht ~!** please do not disturb!; **störe ich?** am I disturbing you?; **etw als ~d empfinden** to find sth bothersome; **eine ~de Begleiterscheinung** a troublesome side effect **Störenfried** [-friːt] *m* ⟨-(e)s, -e [-də]⟩, **Störer** ['ʃtøːrɐ] *m* ⟨-s, -⟩, **Störerin** [-ərɪn] *f* ⟨-, -nen⟩ troublemaker **Störfaktor** *m* source of friction, disruptive factor **Störfall** *m (in Kernkraftwerk etc)* malfunction, accident **Störmanöver** *nt* disruptive action

stornieren [ʃtɔr'niːrən] *past part* storniert *v/t & v/i* COMM Auftrag, Flug to cancel; Buchungsfehler to reverse **Stornierung** *f* (COMM, von Auftrag) cancellation; (von Buchung) reversal **Storno** ['ʃtɔrno] *m or nt* ⟨-s, Storni [-ni]⟩ (COMM) (von Buchungsfehler) reversal; (von Auftrag) cancellation

störrisch ['ʃtœrɪʃ] *adj* obstinate; Kind, Haare unmanageable; Pferd refractory; **sich ~ verhalten** to act stubborn

Störsender *m* RADIO jamming transmitter **Störung** ['ʃtøːrʊŋ] *f* ⟨-, -en⟩ **1** disturbance **2** (von Ablauf, Verhandlungen etc) disruption **3** (≈ Verkehrsstörung) hold-up **4** TECH fault **5** RADIO interference; *(absichtlich)* jamming; **atmosphärische ~en** atmospherics *pl* **6** MED disorder **störungsfrei** *adj* trouble-free; RADIO free from interference **Störungsstelle** *f* TEL faults service

Story ['stɔːri, 'stɔri] *f* ⟨-, -s⟩ story

Stoß [ʃtoːs] *m* ⟨-es, -̈e ['ʃtøːsə]⟩ **1** push; *(leicht)* poke; *(mit Faust)* punch; *(mit Fuß)* kick; *(mit Ellbogen)* nudge; (≈ Dolchstoß etc) stab; *(Fechten)* thrust; (≈ Schwimmstoß) stroke; (≈ Atemstoß) gasp; **sich** *(dat)* **einen ~ geben** to pluck up courage **2** (≈ Anprall) impact; (≈ Erdstoß) tremor **3** (≈ Stapel) pile, stack **Stoßdämpfer** *m* AUTO shock absorber **stoßen** ['ʃtoːsn] *pret* **stieß** [ʃtiːs], *past part* **gestoßen** [ɡə'ʃtoːsn] **A** *v/t* **1** (≈ einen Stoß versetzen) to push; *(leicht)* to poke; (*mit Faust*) to punch; (*mit Fuß*) to kick; (*mit Ellbogen*) to nudge; (≈ *stechen*) *Dolch* to thrust; **jdn von sich ~** to push sb away; (*fig*) to cast sb aside **2** (≈ *werfen*) to push; SPORTS *Kugel* to put **3** (≈ *zerkleinern*) *Zimt, Pfeffer* to pound **B** *v/r* to bump or bang oneself; **sich an etw** (*dat*) **~** (*lit*) to bump *etc* oneself on sth; (*fig*) to take exception to sth **C** *v/i* **1** *aux sein* (≈ *treffen, prallen*) to run into (*also fig*); **gegen etw ~** to run into sth; **zu jdm ~** to meet up with sb; **auf jdn ~** to bump into sb; **auf etw** (*acc*) **~** (*Straße*) to lead into or onto sth; (*Schiff*) to hit sth; (*fig* ≈ *entdecken*) to come upon sth; **auf Erdöl ~** to strike oil; **auf Widerstand ~** to meet with resistance **2** (*Gewichtheben*) to jerk **stoßfest** *adj* shockproof **Stoßseufzer** *m* deep sigh **Stoßstange** *f* AUTO bumper **Stoßzahn** *m* tusk **Stoßzeit** *f* (*im Verkehr*) rush hour; (*in Geschäft etc*) peak period

Stotterer ['ʃtɔtərɐ] *m* ⟨-s, -⟩, **Stotterin** [-ərɪn] *f* ⟨-, -nen⟩ stutterer **stottern** ['ʃtɔtɐn] *v/t & v/i* to stutter; (*Motor*) to splutter; **ins Stottern kommen** to start stuttering

Stövchen ['ʃtøːfçən] *nt* ⟨-s, -⟩ (teapot *etc*) warmer

Strafanstalt *f* prison **Strafantrag** *m* action, legal proceedings *pl*; **~ stellen** to institute legal proceedings **Strafanzeige** *f* **~ gegen jdn erstatten** to bring a charge against sb **Strafarbeit** *f* SCHOOL punishment; (*schriftlich*) lines *pl* **Strafbank** *f, pl* -bänke SPORTS penalty bench **strafbar** *adj Vergehen* punishable; **~e Handlung** punishable offence (*Br*) or offense (*US*); **sich ~ machen** to commit an offence (*Br*) or offense (*US*) **Strafbefehl** *m* JUR order of summary punishment **Strafe** ['ʃtraːfə] *f* ⟨-, -n⟩ punishment; JUR, SPORTS penalty; (≈ *Geldstrafe*) fine; (≈ *Gefängnisstrafe*) sentence; **es ist bei ~ verboten, ...** it is a punishable offence (*Br*) or offense (*US*) ...; **unter ~ stehen** to be a punishable offence (*Br*) or offense (*US*); **eine ~ von drei Jahren Gefängnis** a three-year prison sentence; **100 Dollar ~ zahlen** to pay a 100 dollar fine; **zur ~** as a punishment; **seine gerechte ~ bekommen** to get one's just deserts **strafen** ['ʃtraːfn] *v/t* to punish; **mit etw gestraft sein** to be cursed with sth **strafend** *adj attr* punitive; *Blick, Worte* reproachful; **jdn**

~ ansehen to give sb a reproachful look **Straferlass** *m* remission (of sentence) **straff** [ʃtraf] **A** *adj Seil* taut; *Haut* smooth; *Busen* firm; (≈ *straff sitzend*) *Hose etc* tight; (*fig* ≈ *streng*) *Disziplin, Politik* strict **B** *adv* (≈ *stramm*) tightly; (≈ *streng*) *reglementieren* strictly; **~ sitzen** to fit tightly **straffällig** *adj* **~ werden** to commit a criminal offence (*Br*) or offense (*US*) **Straffällige(r)** ['ʃtraːfɛlɪɡə] *m/f(m)* *decl as adj* offender

straffen ['ʃtrafn] **A** *v/t* to tighten; (≈ *raffen*) *Handlung, Darstellung* to tighten up; **die Zügel ~** (*fig*) to tighten the reins **B** *v/r* to tighten; (*Haut*) to become smooth **straffrei** *adj, adv* not subject to prosecution; **~ bleiben** or **ausgehen** to go unpunished **Straffreiheit** *f* immunity from prosecution **Strafgebühr** *f* surcharge **Strafgefangene(r)** *m/f(m)* *decl as adj* detainee, prisoner **Strafgericht** *nt* criminal court; **ein ~ abhalten** to hold a trial **Strafgesetz** *nt* criminal law **Strafgesetzbuch** *nt* Penal Code **Strafkammer** *f* division for criminal matters (of a court) **sträflich** ['ʃtrɛːflɪç] **A** *adj* criminal **B** *adv* *vernachlässigen etc* criminally **Sträfling** ['ʃtrɛːflɪŋ] *m* ⟨-s, -e⟩ prisoner **Strafmandat** *nt* ticket **Strafmaß** *nt* sentence **strafmildernd** *adj* extenuating **Strafprozess** *m* criminal proceedings *pl* **Strafprozessordnung** *f* code of criminal procedure **Strafpunkt** *m* SPORTS penalty point **Strafraum** *m* SPORTS penalty area or (FTBL *auch*) box **Strafrecht** *nt* criminal law **strafrechtlich** **A** *adj* criminal **B** *adv* **jdn/etw ~ verfolgen** to prosecute sb/sth **Strafregister** *nt* police records *pl*; (*hum infml*) record; **er hat ein langes ~** he has a long (criminal) record **Strafschuss** *m* SPORTS penalty (shot) **Strafstoß** *m* FTBL *etc* penalty (kick) **Straftat** *f* criminal offence (*Br*) or offense (*US*) **Straftäter(in)** *m/f(f)* offender **Strafverfahren** *nt* criminal proceedings *pl* **strafversetzen** *past part* **strafversetzt** *v/t insep Beamte* to transfer for disciplinary reasons **Strafverteidiger(in)** *m/f(f)* defence (*Br*) or defense (*US*) counsel or lawyer **Strafvollzug** *m* penal system; **offener ~** non-confinement **Strafvollzugsanstalt** *f* (*form*) penal institution **Strafzettel** *m* JUR ticket

Strahl [ʃtraːl] *m* ⟨-(e)s, -en⟩ **1** ray; (≈ *Son-*

nenstrahl) shaft of light; (≈ *Radiostrahl, Laserstrahl etc)* beam **2** (≈ *Wasserstrahl)* jet **strahlen** ['ʃtraːlən] *v/i* **1** *(Sonne, Licht etc)* to shine; *(Sender)* to beam; (≈ *glühen)* to glow *(vor +dat* with); *(radioaktiv)* to give off radioactivity **2** (≈ *leuchten)* to gleam; *(fig) (Gesicht)* to beam; *(Augen)* to shine; **das ganze Haus strahlte vor Sauberkeit** the whole house was sparkling clean; **er strahlte vor Freude** he was beaming with happiness **Strahlenbehandlung** *f* MED ray treatment **Strahlenbelastung** *f* radiation **strahlend** *adj* radiant; *Wetter, Tag* glorious; *Farben* brilliant; **mit ~em Gesicht** with a beaming face; **es war ein ~ schöner Tag** it was a glorious day **Strahlendosis** *f* dose of radiation **strahlenförmig** *adj* radial; **sich ~ ausbreiten** to radiate out **strahlengeschädigt** [-ɡəʃɛːdɪçt] *adj* suffering from radiation damage **Strahlenkrankheit** *f* radiation sickness **Strahlenschäden** *pl* radiation injuries *pl* **Strahlenschutz** *m* radiation protection **Strahlentherapie** *f* radiotherapy **Strahlentod** *m* death through radiation **strahlenverseucht** [-fɛɛzɔyçt] *adj* contaminated (with radiation) **Strahlung** ['ʃtraːlʊŋ] *f* ‹-, -en› radiation **strahlungsarm** *adj* Monitor low-radiation

Strähnchen ['ʃtrɛːnçən] *nt* ‹-s, -› streak **Strähne** ['ʃtrɛːnə] *f* ‹-, -n› (≈ *Haarsträhne)* strand **strähnig** ['ʃtrɛːnɪç] *adj* Haar straggly

stramm [ʃtram] **A** *adj* (≈ *straff)* tight; *Haltung* erect; *Mädchen, Junge* strapping; *Beine* sturdy; *Brust* firm; *(infml) Tempo* brisk; (≈ *überzeugt)* staunch; **~e Haltung annehmen** to stand to attention **B** *adv* binden tightly; **~ sitzen** to be tight; **~ arbeiten** *(infml)* to work hard; **~ marschieren** *(infml)* to march hard; **~ konservativ** *(infml)* staunchly conservative **strammstehen** *v/i sep irr* (MIL *infml)* to stand to attention

Strampelhöschen [-høːsçən] *nt* rompers *pl* **strampeln** ['ʃtrampln] *v/i* **1** *(mit Beinen)* to flail about; *(Baby)* to thrash about **2** *aux sein (infml ≈ Rad fahren)* to pedal **3** *(infml ≈ sich abrackern)* to (sweat and) slave

Strand [ʃtrant] *m* ‹-(e)s, ⸚e ['ʃtrɛndə]› (≈ *Meeresstrand)* beach; (≈ *Seeufer)* shore; **am ~** (≈ *am Meer)* on the beach; (≈ *am Seeufer)* on the shore **Strandbad** *nt* (seawater) swimming pool; (≈ *Badeort)* bathing resort

Strandbekleidung *f* beachwear **stranden** ['ʃtrandn] *v/i aux sein* to be stranded; *(fig)* to fail **Strandgut** *nt, no pl (lit, fig)* flotsam and jetsam **Strandkorb** *m* wicker beach chair with a hood **Strandläufer** *m* ORN sandpiper **Strandliege** *f* beach lounger *(Br)*, beach lounge chair *(US)* **Strandmuschel** *f* beach shelter **Strandpromenade** *f* promenade

Strang [ʃtraŋ] *m* ‹-(e)s, ⸚e ['ʃtrɛŋə]› (≈ *Nervenstrang, Muskelstrang)* cord; (≈ *DNA-Strang)* strand; (≈ *Wollstrang)* hank; **der Tod durch den ~** death by hanging; **am gleichen ~ ziehen** *(fig)* to pull together; **über die Stränge schlagen** *(infml)* to run wild *(infml)* **strangulieren** [ʃtraŋguˈliːrən, st-] *past part* **stranguliert** *v/t* to strangle

Strapaze [ʃtraˈpaːtsə] *f* ‹-, -n› strain **strapazieren** [ʃtrapaˈtsiːrən] *past part* **strapaziert** **A** *v/t* to be a strain on; *Schuhe, Kleidung* to be hard on; *Nerven* to strain; *Geduld* to try **B** *v/r* to tax oneself **strapazierfähig** *adj* Schuhe, Kleidung, Material hard-wearing; *(fig infml)* Nerven strong **strapaziös** [ʃtrapaˈtsiøːs] *adj* exhausting

Straps [ʃtraps] *m* ‹-es, -e› suspender belt *(Br)*, garter belt *(US)*

Straßburg ['ʃtraːsbʊrk] *nt* ‹-s› Strasbourg **Straße** ['ʃtraːsə] *f* ‹-, -n› **1** road; *(in Stadt, Dorf)* street; (≈ *kleine Landstraße)* lane; **an der ~** by the roadside; **auf die ~ gehen** *(lit)* to go out on the street; *(als Demonstrant)* to take to the streets; *(als Prostituierte)* to go on the streets; **auf die ~ gesetzt werden** *(infml)* to be turned out (onto the streets); *(als Arbeiter)* to be sacked *(Br infml)*; **über die ~ gehen** to cross (the road/street); **etw über die ~ verkaufen** to sell sth to take away *(Br)* or to take out *(US)*; **das Geld liegt nicht auf der ~** money doesn't grow on trees; **der Mann auf der ~** *(fig)* the man in the street **2** (≈ *Meerenge)* strait(s *pl)*; **die ~ von Dover** *etc* the Straits of Dover *etc* **3** *(TECH ≈ Fertigungsstraße)* (production) line **Straßenarbeiten** *pl* roadworks *pl* **Straßenarbeiter(in)** *m/(f)* roadworker **Straßenbahn** *f* (≈ *Wagen)* tram *(esp Br)*, streetcar *(US)*; (≈ *Netz)* tramway(s) *(esp Br)*, streetcar system *(US)*; **mit der ~** by tram *(esp Br)* or streetcar *(US)* **Straßenbahnhaltestelle** *f* tram *(esp Br)* or streetcar *(US)* stop **Straßenbahnlinie** *f* tramline *(esp Br)*, streetcar line (US) **Straßenbahnwagen** m tram (esp Br), streetcar (US) **Straßenbau** m, no pl road construction **Straßenbauarbeiten** pl roadworks pl **Straßenbelag** m road surface **Straßenbeleuchtung** f street lighting **Straßenbenutzungsgebühr** f (road) toll **Straßencafé** nt pavement café (Br), sidewalk café (US) **Straßenfeger** [-feːgɐ] m ⟨-s, -⟩, **Straßenfegerin** [-ərɪn] f ⟨-, -nen⟩ road sweeper **Straßenfest** nt street party **Straßenführung** f route **Straßenglätte** f slippery road surface **Straßengraben** m ditch **Straßenjunge** m (pej) street urchin **Straßenkampf** m street fighting no pl; **ein ~** a street fight or battle **Straßenkarte** f road map **Straßenkehrer** [-keːrɐ] m ⟨-s, -⟩, **Straßenkehrerin** [-ərɪn] f ⟨-, -nen⟩ road sweeper **Straßenkreuzer** m (infml) limo (infml) **Straßenkreuzung** f crossroads sg or pl, intersection (US) **Straßenlage** f AUTO road holding **Straßenlaterne** f streetlamp **Straßenmädchen** nt prostitute **Straßenmusikant(in)** m/(f) street musician **Straßennetz** nt road network **Straßenrand** m roadside **Straßenreinigung** f street cleaning **Straßenschild** nt, pl -schilder street sign **Straßenschlacht** f street battle **Straßensperre** f roadblock **Straßenstrich** m (infml) walking the streets; (Gegend) red--light district **Straßentransport** m road transport or haulage; **im ~** by road **Straßenverhältnisse** pl road conditions pl **Straßenverkauf** m street trading; (≈ Außerhausverkauf) takeaway (Br) or takeout (US) sales pl **Straßenverkehr** m traffic **Straßenverkehrsordnung** f ≈ Highway Code (Br), traffic rules and regulations pl **Straßenverzeichnis** nt street directory **Straßenzustand** m road conditions pl **Straßenzustandsbericht** m road report

Stratege [ʃtraˈteːɡə, st-] m ⟨-n, -n⟩, **Strategin** [-ˈteːɡɪn] f ⟨-, -nen⟩ strategist **Strategie** [ʃtrateˈɡiː, st-] f ⟨-, -n [-ˈɡiːən]⟩ strategy **strategisch** [ʃtraˈteːɡɪʃ, st-] **A** adj strategic **B** adv strategically **Stratosphäre** [ʃtratoˈsfɛːrə, st-] f, no pl stratosphere

sträuben [ˈʃtrɔʏbn̩] **A** v/r **1** (Haare, Fell) to stand on end; (Gefieder) to become ruffled; **da ~ sich einem die Haare** it's enough to

make your hair stand on end **2** (fig) to resist (gegen etw sth) **B** v/t Gefieder to ruffle **Strauch** [ʃtraux] m ⟨-(e)s, Sträucher [ˈʃtrɔʏçɐ]⟩ bush **Strauchtomate** f vine--ripened tomato **Strauchwerk** nt, no pl (≈ Gebüsch) bushes pl; (≈ Gestrüpp) undergrowth

Strauß¹ [ʃtraus] m ⟨-es, -e⟩ ostrich; **wie der Vogel ~** like an ostrich

Strauß² m ⟨-es, Sträuße [ˈʃtrɔʏsə]⟩ bunch; (≈ Blumenstrauß) bunch of flowers

strawanzen [ʃtraˈvantsn̩] v/i (Aus ≈ sich herumtreiben) to hang around (infml)

Streamer [ˈstriːmɐ] m ⟨-s, -⟩ IT streamer **Strebe** [ˈʃtreːbə] f ⟨-, -n⟩ brace; (≈ Deckenstrebe) joist **streben** [ˈʃtreːbn̩] v/i (elev) **1** (≈ sich bemühen) to strive (nach, an +acc, zu for); (SCHOOL pej) to swot (infml); **danach ~, etw zu tun** to strive to do sth; **in die Ferne ~** to be drawn to distant parts **2** aux sein (≈ sich bewegen) **nach** or **zu etw ~** to make one's way to sth **Streben** [ˈʃtreːbn̩] nt ⟨-s, no pl⟩ (≈ Drängen) striving (nach for); (nach Ruhm, Geld) aspiration (nach to); (≈ Bemühen) efforts pl **Strebepfeiler** m buttress **Streber** [ˈʃtreːbɐ] m ⟨-s, -⟩, **Streberin** [-ərɪn] f ⟨-, -nen⟩ (pej infml) pushy person; SCHOOL swot (Br infml), grind (US infml) **strebsam** [ˈʃtreːpzaːm] adj assiduous

Strecke [ˈʃtrɛkə] f ⟨-, -n⟩ **1** (≈ Entfernung zwischen zwei Punkten, SPORTS) distance; MAT line (between two points); **eine ~ zurücklegen** to cover a distance **2** (≈ Abschnitt) (von Straße, Fluss) stretch; (von Bahnlinie) section **3** (≈ Weg, Route, Flugstrecke) route; (≈ Straße) road; (≈ Bahnlinie) track; (fig ≈ Passage) passage; **auf** or **an der ~ Paris-Brüssel** on the way from Paris to Brussels; **auf freier** or **offener ~** esp RAIL on the open line; **auf weite ~n (hin)** for long stretches; **auf der ~ bleiben** (bei Rennen) to drop out of the running; (in Konkurrenzkampf) to fall by the wayside **4** (HUNT ≈ Jagdbeute) kill; **zur ~ bringen** to kill; (fig) Verbrecher to hunt down **strecken** [ˈʃtrɛkn̩] **A** v/t **1** Arme, Beine to stretch; Hals to crane **2** (infml) Vorräte, Geld to eke out; Arbeit to drag out (infml); Essen, Suppe to make go further; (≈ verdünnen) to thin down, to dilute **B** v/r (≈ sich recken) to stretch **2** (≈ sich hinziehen) to drag on **Streckenabschnitt** m RAIL track section **Streckenführung** f RAIL route

Streckennetz *nt* rail network **streckenweise** *adv* in parts **Streckverband** *m* MED *bandage used in traction*

Streetball ['stri:tbɔ:l] *m* ⟨-s, *no pl*⟩ streetball **Streetworker** ['stri:tvɔ:eke, -vœrke] *m* ⟨-s, -⟩, **Streetworkerin** [-ərɪn] *f* ⟨-, -nen⟩ outreach worker

Streich [ʃtraiç] *m* ⟨-(e)s, -e⟩ (≈ *Schabernack*) prank, trick; **jdm einen ~ spielen** (*lit*) to play a trick on sb; (*fig: Gedächtnis etc*) to play tricks on sb

Streicheleinheiten *pl* (≈ *Zärtlichkeit*) tender loving care *sg* **streicheln** ['ʃtraiçln] *v/t & v/i* to stroke; (≈ *liebkosen*) to caress **Streichelzoo** *m* petting zoo **streichen** ['ʃtraiçn] *pret* **strich** [ʃtrɪç], *past part* **gestrichen** [gə'ʃtrɪçn] **A** *v/t* **1** (*mit der Hand*) to stroke; **etw glatt ~** to smooth sth (out) **2** (≈ *auftragen*) *Butter, Marmelade etc* to spread; *Salbe, Farbe etc* to apply **3** (≈ *anstreichen: mit Farbe*) to paint; **frisch gestrichen!** wet (*Br*) *or* fresh (*US*) paint **4** (≈ *tilgen*) *Zeile, Satz* to delete; *Auftrag, Plan etc* to cancel; *Schulden* to write off; *Zuschuss, Gelder, Arbeitsplätze etc* to cut; **jdn/etw von** *or* **aus der Liste ~** to take sb/sth off the list **5** NAUT *Segel, Flagge, Ruder* to strike **6**; → **gestrichen B** *v/i* **1** (≈ *über etw hinfahren*) to stroke; **mit der Hand über etw ~** to stroke sth (with one's hand) **2** *aux sein* (≈ *streifen*) to brush past (*an +dat* sth); (*Wind*) to waft; **um/durch etw ~** (≈ *herumstreichen*) to prowl around/through sth **3** (≈ *malen*) to paint **Streicher** ['ʃtraiçe] *pl* MUS strings *pl* **Streichholz** *nt* match **Streichholzschachtel** *f* matchbox **Streichinstrument** *nt* string(ed) instrument; **die ~e** the strings **Streichkäse** *m* cheese spread **Streichorchester** *nt* string orchestra **Streichquartett** *nt* string quartet **Streichquintett** *nt* string quintet **Streichung** ['ʃtraiçʊŋ] *f* ⟨-, -en⟩ (*von Zeile, Satz*) deletion; (≈ *Kürzung*) cut; (*von Auftrag, Plan etc*) cancellation; (*von Schulden*) writing off; (*von Zuschüssen, Arbeitsplätzen etc*) cutting **Streichwurst** *f* ≈ meat paste

Streife ['ʃtraifə] *f* ⟨-, -n⟩ (≈ *Patrouille*) patrol; **auf ~ gehen/sein** to go/be on patrol **streifen** ['ʃtraifn] **A** *v/t* **1** (≈ *flüchtig berühren*) to touch, to brush (against); (*Kugel*) to graze; (*Auto*) to scrape; **jdn mit einem Blick ~** to glance fleetingly at sb **2** (*fig* ≈ *flüchtig erwähnen*) to touch (up)on **3** **die Butter vom Messer ~** to scrape the butter off the knife; **den Ring vom Finger ~** to slip the ring off one's finger; **sich** (*dat*) **die Handschuhe über die Finger ~** to pull on one's gloves **B** *v/i* (*elev*) **1** *aux sein* (≈ *wandern*) to roam **2** *aux sein* **sie ließ ihren Blick über die Menge ~** she scanned the crowd **Streifen** ['ʃtraifn] *m* ⟨-s, -⟩ **1** strip; (≈ *Speckstreifen*) rasher **2** (≈ *Strich*) stripe; (≈ *Farbstreifen*) streak; (≈ *Lochstreifen, Klebestreifen etc*) tape **3** FILM film **Streifendienst** *m* patrol duty **Streifenpolizist(in)** *m(f)* policeman/-woman on patrol **Streifenwagen** *m* patrol car **Streifschuss** *m* graze **Streifzug** *m* raid; (≈ *Bummel*) expedition

Streik [ʃtraik] *m* ⟨-(e)s, -s *or* (*rare*) -e⟩ strike; **zum ~ aufrufen** to call a strike; **in (den) ~ treten** to go on strike **Streikaufruf** *m* strike call **Streikbrecher** [-brɛçe] *m* ⟨-s, -⟩, **Streikbrecherin** [-ərɪn] *f* ⟨-, -nen⟩ strikebreaker, scab (*pej*) **streiken** ['ʃtraikn] *v/i* to strike; (*hum infml*) (≈ *nicht funktionieren*) to pack up (*infml*); (*Magen*) to protest; (*Gedächtnis*) to fail; **da streike ich** (*infml*) I refuse! **Streikende(r)** ['ʃtraikndə] *m/f(m)* *decl as adj* striker **Streikgeld** *nt* strike pay **Streikkasse** *f* strike fund **Streikposten** *m* picket

Streit [ʃtrait] *m* ⟨-(e)s, -e⟩ argument (*um, über +acc* about, over); (*leichter*) quarrel, squabble; (≈ *Auseinandersetzung*) dispute; **~ haben** to be arguing; **wegen einer Sache ~ bekommen** to get into an argument over sth **streitbar** *adj* (≈ *streitlustig*) pugnacious **streiten** ['ʃtraitn] *pret* **stritt** [ʃtrɪt], *past part* **gestritten** [gə'ʃtrɪtn] **A** *v/i* (≈ *eine Auseinandersetzung haben*) to argue (*um, über +acc* about, over); (*leichter*) to quarrel; **darüber lässt sich ~** that's a debatable point **B** *v/r* to argue; (*leichter*) to quarrel; **wir wollen uns deswegen nicht ~!** don't let's fall out over that! **Streiterei** [ʃtraitə'rai] *f* ⟨-, -en⟩ (*infml*) arguing *no pl*; **eine ~** an argument **Streitfall** *m* dispute, conflict; JUR case **Streitfrage** *f* dispute **Streitgespräch** *nt* debate **streitig** ['ʃtraitɪç] *adj* **jdm das Recht auf etw** (*acc*) **~ machen** to dispute sb's right to sth **Streitigkeiten** *pl* quarrels *pl* **Streitkräfte** *pl* forces *pl* **Streitmacht** *f* armed forces *pl* **Streitpunkt** *m* contentious issue **streitsüchtig** *adj* quarrelsome

Streitwert *m* JUR amount in dispute
Strelitzie [ʃtreˈliːtsiə] *f* ⟨-, -n⟩ BOT bird of paradise (flower)
streng [ʃtrɛŋ] **A** *adj* **1** strict; *Maßnahmen* stringent; *Bestrafung, Richter* severe; *Anforderungen* rigorous; *Ausdruck, Blick, Gesicht* stern; *Stillschweigen* absolute; *Kritik, Urteil* harsh **2** *Geruch, Geschmack* pungent; *Frost, Winter* severe **3** *Katholik, Moslem etc* strict **B** *adv* **1** (≈ *unnachgiebig*) *befolgen, einhalten* strictly; *tadeln, bestrafen* severely; *vertraulich* strictly; **~ genommen** (≈ *eigentlich*) actually; **~ gegen jdn/etw vorgehen** to deal severely with sb/sth; **~ geheim** top secret; **~(stens) verboten!** strictly prohibited **2** (≈ *intensiv*) **~ riechen/schmecken** to have a pungent smell/taste **Strenge** [ˈʃtrɛŋə] *f* ⟨-, *no pl*⟩ **1** strictness; (*von Regel, Maßnahmen*) stringency; (*von Bestrafung, Richter*) severity; (*von Ausdruck, Blick*) sternness; (*von Kritik, Urteil*) harshness **2** (*von Geruch, Geschmack*) pungency; (*von Frost, Winter*) severity
strenggenommen *adv* → streng
strenggläubig *adj* strict
Stress [ʃtrɛs, st-] *m* ⟨-es, -e⟩ stress; **(voll) im ~ sein** to be under (a lot of) stress
Stressball *m* stress ball **stressen** [ˈʃtrɛsn] *v/t* to put under stress; **gestresst sein** to be under stress **stressfrei** *adj* stress-free **stressgeplagt** [-gəplaːkt] *adj* under stress; **~e Manager** highly stressed executives **stressig** [ˈʃtrɛsɪç] *adj* (*infml*) stressful **Stresstest** *m* stress test
Stretchhose [ˈstrɛtʃ-] *f* stretch trousers *pl* **Stretchlimousine** *f* stretch limousine
Streu [ʃtrɔy] *f* ⟨-, *no pl*⟩ straw; (*aus Sägespänen*) sawdust **streuen** [ˈʃtrɔyən] **A** *v/t* to scatter; *Dünger, Sand* to spread; *Gewürze, Zucker etc* to sprinkle; *Straße etc* (*mit Sand*) to grit; (*mit Salz*) to salt **B** *v/i* (≈ *Streumittel anwenden*) to grit; to put down salt **Streuer** [ˈʃtrɔyə] *m* ⟨-s, -⟩ shaker; (≈ *Salzstreuer*) cellar; (≈ *Pfefferstreuer*) pot **Streufahrzeug** *nt* gritter
streunen [ˈʃtrɔynən] *v/i* to roam about; (*Hund, Katze*) to stray; **durch etw/in etw** (*dat*) **~** to roam through/around sth
Streusalz *nt* salt (*for icy roads*) **Streusand** *m* sand; (*für Straße*) grit
Streuselkuchen *m* thin sponge cake with crumble topping
Strich [ʃtrɪç] *m* ⟨-(e)s, -e⟩ **1** line; (≈ *Querstrich*) dash; (≈ *Schrägstrich*) oblique; (≈ *Pin-*

selstrich) stroke; (*von Land*) stretch; **jdm einen ~ durch die Rechnung machen** to thwart sb's plans; **einen ~** (**unter etw** *acc*) **ziehen** (*fig*) to forget sth; **unterm ~** at the final count **2** (*von Teppich, Samt*) pile; (*von Gewebe*) nap; (*von Fell, Haar*) direction of growth; **es geht** (**mir**) **gegen den ~** (*infml*) it goes against the grain; **nach ~ und Faden** (*infml*) thoroughly **3** (MUS ≈ *Bogenstrich*) stroke **4** (*infml*) (≈ *Prostitution*) prostitution *no art*; (≈ *Bordellgegend*) red-light district; **auf den ~ gehen** to be on the game (*Br infml*), to be a prostitute **Strichcode** *m* bar code (*Br*), universal product code (*US*) **stricheln** [ˈʃtrɪçln] *v/t* to sketch in; (≈ *schraffieren*) to hatch; **eine gestrichelte Linie** a broken line **Strichjunge** *m* (*infml*) rent boy (*Br*), boy prostitute **Strichkode** *m* = Strichcode **Strichliste** *f* tally; **eine ~ führen** to keep a tally **Strichmädchen** *nt* (*infml*) hooker (*esp US infml*) **Strichpunkt** *m* semicolon **strichweise** *adv also* METEO here and there; **~ Regen** rain in places
Strick [ʃtrɪk] *m* ⟨-(e)s, -e⟩ rope; **jdm aus etw einen ~ drehen** to use sth against sb; **am gleichen** *or* **an einem ~ ziehen** (*fig*) to pull together
stricken [ˈʃtrɪkn] *v/t & v/i* to knit; (*fig*) to construct; **an etw** (*dat*) **~** to work on sth **Strickjacke** *f* cardigan **Strickkleid** *nt* knitted dress **Strickleiter** *f* rope ladder **Strickmaschine** *f* knitting machine **Strickmuster** *nt* (*lit*) knitting pattern; (*fig*) pattern **Stricknadel** *f* knitting needle **Strickwaren** *pl* knitwear *sg* **Strickzeug** *nt, no pl* knitting
striegeln [ˈʃtriːgln] *v/t Tier* to curry(comb) **Strieme** [ˈʃtriːmə] *f* ⟨-, -n⟩, **Striemen** [ˈʃtriːmən] *m* ⟨-s, -⟩ weal
strikt [ʃtrɪkt, st-] **A** *adj* strict; *Ablehnung* categorical **B** *adv* strictly; *ablehnen* categorically; **~ gegen etw sein** to be totally opposed to sth
String [strɪŋ] *m* ⟨-s, -s⟩ **Stringtanga** [ˈstrɪŋtaŋga] *m* ⟨-s, -s⟩ G-string, thong
Strip [ʃtrɪp, st-] *m* ⟨-s, -s⟩ (*infml*) strip(tease) **Strippe** [ˈʃtrɪpə] *f* ⟨-, -n⟩ (*infml*) **1** (≈ *Bindfaden*) string; **die ~n ziehen** (*fig*) to pull the strings **2** (≈ *Telefonleitung*) phone; **an der ~ hängen** to be on the phone; **jdn an der ~ haben** to have sb on the line **strippen** [ˈʃtrɪpn, 'st-] *v/i* to strip
Strippenzieher [ˈʃtrɪpantsiːe] *m* ⟨-s, -⟩,

S

Strippenzieherin [-ərın] *f* ⟨-, -nen⟩ (*infml*) **er war der ~** he was the one pulling the strings

Stripper ['ʃtrıpɐ, 'st-] *m* ⟨-s, -⟩, **Stripperin** [-ərın] *f* ⟨-, -nen⟩ (*infml*) stripper **Striptease** ['ʃtrıpti:s, 'st-] *m or nt* ⟨-, *no pl*⟩ striptease **Stripteasetänzer(in)** ['ʃtrıpti:s-, st-] *m*/(*f*) stripper

strittig ['ʃtrıtıç] *adj* contentious; **noch ~** still in dispute

Stroboskoplampe *f* strobe light

Stroh [ʃtro:] *nt* ⟨-(e)s, *no pl*⟩ straw; (≈ *Dachstroh*) thatch **Strohballen** *m* bale of straw **strohblond** *adj Mensch* flaxen-haired; *Haare* flaxen **Strohblume** *f* strawflower **Strohdach** *nt* thatched roof **strohdumm** *adj* thick (*infml*) **Strohfeuer** *nt* **ein ~ sein** (*fig*) to be a passing fancy **Strohfrau** *f* (*fig*) front woman **Strohhalm** *m* straw; **sich an einen ~ klammern** to clutch at straws **Strohhut** *m* straw hat **Strohmann** *m*, *pl* -männer (*fig*) front man **Strohwitwe** *f* grass widow **Strohwitwer** *m* grass widower

Strolch [ʃtrɔlç] *m* ⟨-(e)s, -e⟩ (*dated*) rascal **Strolchenfahrt** *f* (*Swiss*) joyride

Strom [ʃtro:m] *m* ⟨-(e)s, ⸚e ['ʃtrø:mə]⟩ **1** (*large*) river; (≈ *Strömung*) current; (*von Schweiß, Blut*) river; (*von Besuchern, Flüchen etc*) stream; **ein reißender ~** a raging torrent; **es regnet in Strömen** it's pouring (with rain); **der Wein floss in Strömen** the wine flowed like water; **mit dem/gegen den ~ schwimmen** (*fig*) to swim *or* go with/against the tide **2** ELEC current; (≈ *Elektrizität*) electricity; **unter ~ stehen** (*lit*) to be live; (*fig*) to be high (*infml*) **stromabwärts** [ʃtro:m'apvɛrts] *adv* downstream **Stromanschluss** *m* **~ haben** to be connected to the electricity mains **stromauf(wärts)** [ʃtro:m'auf-(vɛrts)] *adv* upstream **Stromausfall** *m* power failure **strömen** ['ʃtrø:mən] *v/i aux sein* to stream; (*Gas*) to flow; (*Menschen*) to pour (*in* into, *aus* out of); **bei ~dem Regen** in (the) pouring rain **Stromkabel** *nt* electric cable **Stromkreis** *m* (electrical) circuit **Stromleitung** *f* electric cables *pl* **stromlinienförmig** *adj* streamlined **Strompreis** *m* electricity price **Stromschnelle** *f* rapids *pl* **Stromsperre** *f* power cut **Stromstärke** *f* strength of the/an electric current **Strömung** ['ʃtrø:mʊŋ] *f* ⟨-, -en⟩ current **Stromverbrauch** *m* electricity consumption **Stromversorger(in)** *m*/(*f*) electricity supplier **Stromversorgung** *f* electricity supply **Stromzähler** *m* electricity meter

Strontium ['ʃtrɔntsiʊm, 'st-] *nt* ⟨-s, *no pl*⟩ strontium

Strophe ['ʃtro:fə] *f* ⟨-, -n⟩ verse

strotzen ['ʃtrɔtsn] *v/i* to be full (*von, vor* +*dat* of); (*von Kraft, Gesundheit*) to be bursting (*von* with); **von Schmutz ~** to be covered with dirt

Strudel ['ʃtru:dl] *m* ⟨-s, -⟩ **1** whirlpool **2** COOK strudel

Struktur [ʃtrʊk'tu:ɐ, st-] *f* ⟨-, -en⟩ structure; (*von Stoff etc*) texture; (≈ *Webart*) weave **Strukturanalyse** *f* structural analysis **strukturell** [ʃtrʊktu'rɛl, st-] **A** *adj* structural **B** *adv* **~ bedingt** structurally **strukturieren** [ʃtrʊktu'ri:rən, st-] *past part* strukturiert *v/t* to structure **Strukturierung** *f* ⟨-, -en⟩ structuring **Strukturkrise** *f* structural crisis **strukturschwach** *adj* lacking in infrastructure **Strukturschwäche** *f* lack of infrastructure **Strukturwandel** *m* structural change (+*gen* in)

Strumpf [ʃtrʊmpf] *m* ⟨-(e)s, ⸚e 'ʃtrʏmpfə]⟩ sock; (≈ *Damenstrumpf*) stocking; **ein Paar Strümpfe** a pair of socks/stockings **Strumpfband** [-bant] *nt*, *pl* -bänder garter **Strumpfhalter** *m* suspender (*Br*), garter (*US*) **Strumpfhose** *f* tights *pl* (*Br*), pantyhose (*US*); **eine ~** a pair of tights (*Br*), a pantyhose (*US*) **Strumpfmaske** *f* stocking mask **Strumpfwaren** *pl* hosiery *sg*

Strunk [ʃtrʊŋk] *m* ⟨-(e)s, ⸚e ['ʃtrʏŋkə]⟩ stalk

struppig ['ʃtrʊpıç] *adj* unkempt; *Tier* shaggy

Stube ['ʃtu:bə] *f* ⟨-, -n⟩ (*dated*) room; (*dial* ≈ *Wohnzimmer*) lounge; (*in Kaserne*) barrack room (*Br*), quarters **Stubenfliege** *f* (common) housefly **Stubenhocker** [-hɔ-kə] *m* ⟨-s, -⟩, **Stubenhockerin** [-ərın] *f* ⟨-, -nen⟩ (*pej infml*) stay-at-home **stubenrein** *adj Katze, Hund* house-trained; (*hum*) *Witz* clean

Stuck [ʃtʊk] *m* ⟨-(e)s, *no pl*⟩ stucco; (*zur Zimmerverzierung*) moulding (*Br*), molding (*US*)

Stück [ʃtʏk] *nt* ⟨-(e)s, -e *or* (*nach Zahlenangaben*) -⟩ **1** piece; (*von Vieh, Wild*) head;

(*von Zucker*) lump; (≈ *Seifenstück*) bar; (≈ *abgegrenztes Land*) plot; **ich nehme fünf ~** I'll take five; **drei Euro das ~** three euros each; **im** *or* **am ~** in one piece; **aus einem ~** in one piece **2** (*von Buch, Rede, Reise etc*) part; (*von Straße etc*) stretch; **~ für ~** (≈ *einen Teil um den andern*) bit by bit; **etw in ~e schlagen** to smash sth to pieces; **ich komme ein ~ (des Weges) mit** I'll come part of the way with you **3** **ein gutes ~ weiterkommen** to make considerable progress; **das ist (doch) ein starkes ~!** (*infml*) that's a bit much (*infml*); **große ~e auf etw** (*acc*) **halten** to be very proud of sth; **aus freien ~en** of one's own free will **4** (≈ *Bühnenstück*) play; (≈ *Musikstück*) piece **Stückarbeit** *f* piecework **Stuckdecke** *f* stucco(ed) ceiling **stückeln** ['ʃtʏkl̩n] *v/t* to patch **Stückelung** *f* ⟨-, -en⟩ (≈ *Aufteilung*) splitting up; (*von Geld, Aktien*) denomination **Stückgut** *nt* **etw als ~ schicken** to send sth as a parcel (*Br*) *or* package **Stücklohn** *m* piece(work) rate **Stückpreis** *m* unit price **Stückwerk** *nt, no pl* unfinished work; **~ sein/bleiben** to be/remain unfinished **Stückzahl** *f* number of pieces **Student** [ʃtuˈdɛnt] *m* ⟨-en, -en⟩ student; (*Aus* ≈ *Schüler*) schoolboy; (*einer bestimmten Schule*) pupil **Studentenausweis** *m* student (ID) card **Studentenfutter** *nt* nuts and raisins *pl* **Studentenheim** *nt* hall of residence (*Br*), dormitory (*US*) **Studentenschaft** [ʃtuˈdɛntn̩ʃaft] *f* ⟨-, -en⟩ students *pl* **Studentenwerk** *nt* student administration **Studentenwohnheim** *nt* hall of residence (*Br*), dormitory (*US*) **Studentin** [ʃtuˈdɛntɪn] *f* ⟨-, -nen⟩ student; (*Aus* ≈ *Schülerin*) schoolgirl; (*einer bestimmten Schule*) pupil **studentisch** [ʃtuˈdɛntɪʃ] *adj attr* student *attr*; **~e Hilfskraft** student assistant **Studie** [ˈʃtuːdiə] *f* ⟨-, -n⟩ study (*über +acc* of); (≈ *Abhandlung*) essay (*über +acc* on) **Studienabbrecher** *m* ⟨-s, -⟩, **Studienabbrecherin** [-ərɪn] *f* ⟨-, -nen⟩ dropout **Studienanfänger(in)** *m/f(f)* first year (student), freshman (*US*), fresher (*Br*) **Studienberatung** *f* course guidance service **Studienfach** *nt* subject **Studienfahrt** *f* study trip; SCHOOL educational trip **Studiengang** *m, pl* -gänge course of studies **Studiengebühren** *pl* tuition fees *pl* **Studienjahr** *nt* academic year **Studienplatz**

m university/college place **Studienrat** *m*, **Studienrätin** *f* teacher at a secondary school **Studienreferendar(in)** *m/f(f)* student teacher **Studienreise** *f* study trip; SCHOOL educational trip **Studienzeit** *f* **1** student days *pl* **2** (≈ *Dauer*) duration of a/one's course of study **studieren** [ʃtuˈdiːrən] *past part* **studiert** **A** *v/i* to study; (≈ *Student sein*) to be a student; **ich studiere an der Universität Bonn** I am (a student) at Bonn University; **wo haben Sie studiert?** what university/college did you go to? **B** *v/t* to study; (≈ *genau betrachten*) to scrutinize **Studio** [ˈʃtuːdio] *nt* ⟨-s, -s⟩ studio **Studium** [ˈʃtuːdiʊm] *nt* ⟨-s, Studien [-diən]⟩ study; (≈ *Hochschulstudium*) studies *pl*; **das ~ hat fünf Jahre gedauert** the course (of study) lasted five years; **während seines ~s** while he is/was *etc* a student; **er ist noch im ~** he is still a student; **seine Studien zu etw machen** to study sth **Stufe** [ˈʃtuːfə] *f* ⟨-, -n⟩ **1** step; (*im Haar*) layer; (*von Rakete*) stage **2** (*fig*) (≈ *Phase*) stage; (≈ *Niveau*) level; (≈ *Rang*) grade; (GRAM ≈ *Steigerungsstufe*) degree; **eine ~ höher als ...** a step up from ...; **mit jdm auf gleicher ~ stehen** to be on a level with sb **stufen** [ˈʃtuːfn̩] *v/t Schüler, Preise, Gehälter* to grade; *Haare* to layer; *Land etc* to terrace; → **gestuft Stufenbarren** *m* asymmetric bar **stufenförmig** **A** *adj* (*lit*) stepped; *Landschaft* terraced; (*fig*) gradual **B** *adv* (*lit*) in steps; *angelegt* in terraces; (*fig*) in stages **Stufenheck** *nt* **ein Auto mit ~** a saloon car **Stufenleiter** *f* (*fig*) ladder (*+gen* to) **stufenlos** *adj Schaltung, Regelung* infinitely variable; (*fig* ≈ *gleitend*) smooth **stufenweise** **A** *adv* step by step **B** *adj attr* gradual **Stuhl** [ʃtuːl] *m* ⟨-(e)s, ⁼e [ˈʃtyːlə]⟩ **1** chair; **zwischen zwei Stühlen sitzen** (*fig*) to fall between two stools; **ich wäre fast vom ~ gefallen** (*infml*) I nearly fell off my chair (*infml*); **der Heilige** *or* **Päpstliche ~** the Holy *or* Papal See **2** (≈ *Stuhlgang*) bowel movement; (≈ *Kot*) stool **Stuhlgang** [-gaŋ] *m, no pl* bowel movement; **regelmäßig ~ haben** to have regular bowels **Stuhllehne** *f* back of a chair **Stulle** [ˈʃtʊlə] *f* ⟨-, -n⟩ (*N Ger*) slice of bread and butter; (≈ *Doppelstulle*) sandwich **stülpen** [ˈʃtʏlpn̩] *v/t* **etw auf/über etw** (acc) ~ to put sth on/over sth; **etw nach innen/außen** ~ to turn sth to the inside/outside; **sich** (dat) **den Hut auf den Kopf** ~ to put on one's hat

stumm [ʃtʊm] **A** adj **1** dumb **2** (≈ schweigend) mute; Anklage, Blick, Gebet silent **3** GRAM mute **B** adv (≈ schweigend) silently

Stummel ['ʃtʊml] m ⟨-s, -⟩ (≈ Zigarettenstummel) end; (≈ Kerzenstummel) stub; (von Gliedmaßen, Zahn) stump

Stummfilm m silent film

Stümper ['ʃtʏmpɐ] m ⟨-s, -⟩, **Stümperin** [-ərɪn] f ⟨-, -nen⟩ (pej) **1** amateur **2** (≈ Pfuscher) bungler **Stümperei** [ʃtʏmpə'raɪ] f ⟨-, -en⟩ (pej) **1** amateur work **2** (≈ Pfuscherei) bungling; (≈ stümperhafte Arbeit) botched job (infml) **stümperhaft** (pej) **A** adj (≈ nicht fachmännisch) amateurish **B** adv ausführen, malen crudely; arbeiten poorly

stumpf [ʃtʊmpf] **A** adj **1** Messer blunt **2** (fig) Haar, Farbe, Mensch dull; Blick, Sinne dulled **3** MAT Winkel obtuse; Kegel etc truncated **B** adv ansehen dully **Stumpf** [ʃtʊmpf] m ⟨-(e)s, ⸚e ['ʃtʏmpfə]⟩ stump; (≈ Bleistiftstumpf) stub; **etw mit ~ und Stiel ausrotten** to eradicate sth root and branch **Stumpfheit** f ⟨-, no pl⟩ bluntness; (fig) dullness **Stumpfsinn** m, no pl mindlessness; (≈ Langweiligkeit) monotony **stumpfsinnig** adj mindless; (≈ langweilig) monotonous **stumpfwinklig** adj MAT obtuse

Stunde ['ʃtʊndə] f ⟨-, -n⟩ **1** hour; **eine halbe ~** half an hour; **von ~ zu ~** hourly; **130 Kilometer in der ~** 130 kilometres (Br) or kilometers (US) per or an hour **2** (≈ Augenblick, Zeitpunkt) time; **zu später ~** at a late hour; **zur ~** at present; **bis zur ~** as yet; **seine ~ hat geschlagen** (fig) his hour has come; **die ~ der Entscheidung/Wahrheit** the moment of decision/truth **3** (≈ Unterricht) lesson; **~n geben/nehmen** to give/have or take lessons **stunden** ['ʃtʊndn] v/t to give sb time to pay sth **Stundengeschwindigkeit** f speed per hour **Stundenkilometer** pl kilometres pl (Br) or kilometers pl (US) per or an hour **stundenlang A** adj lasting several hours; **nach ~em Warten** after hours of waiting **B** adv for hours **Stundenlohn** m hourly wage **Stundenplan** m SCHOOL timetable **stundenweise** adv (≈ pro Stunde) by

the hour; (≈ stündlich) every hour **Stundenzeiger** m hour hand **stündlich** ['ʃtʏntlɪç] **A** adj hourly **B** adv every hour

Stunk [ʃtʊŋk] m ⟨-s, no pl⟩ (infml) stink (infml); **~ machen** to kick up a stink (infml) **Stunt** [stant] m ⟨-s, -s⟩ stunt **Stuntman** ['stantman] m ⟨-s, Stuntmen [-mən]⟩ stunt man **Stuntwoman** ['stantvʊmən] f ⟨-, Stuntwomen [-vɪmɪn]⟩ stunt woman

stupid [ʃtu'piːt, st-], **stupide** [ʃtu'piːdə, st-] adj (elev) mindless

Stups [ʃtʊps] m ⟨-es, -e⟩ nudge **stupsen** ['ʃtʊpsn] v/t to nudge **Stupsnase** f snub nose

stur [ʃtuːɐ] **A** adj pig-headed; **sich ~ stellen** (infml) to dig one's heels in **B** adv beharren, bestehen stubbornly; **er fuhr ~ geradeaus** he just carried straight on **Sturheit** f ⟨-, no pl⟩ pig-headedness

Sturm [ʃtʊrm] m ⟨-(e)s, ⸚e ['ʃtʏrmə]⟩ **1** storm; **ein ~ im Wasserglas** (fig) a storm in a teacup (Br), a tempest in a teapot (US); **~ läuten** to keep one's finger on the doorbell; (≈ Alarm schlagen) to ring the alarm bell; **ein ~ der Begeisterung/ Entrüstung** a wave of enthusiasm/indignation **2** (≈ Angriff) attack (auf on); (SPORTS ≈ Stürmerreihe) forward line; **etw im ~ nehmen** to take sth by storm; **gegen etw ~ laufen** (fig) to be up in arms against sth **stürmen** ['ʃtʏrmən] **A** v/i **1** (Meer) to rage; (Wind auch) to blow; MIL to attack (gegen etw sth) **2** (SPORTS ≈ als Stürmer spielen) to play forward; (≈ angreifen) to attack **3** aux sein (≈ rennen) to storm **B** v/impers es stürmt it's blowing a gale **C** v/t to storm; Bank etc to make a run on **Stürmer** ['ʃtʏrmɐ] m ⟨-s, -⟩, **Stürmerin** [-ərɪn] f ⟨-, -nen⟩ SPORTS forward; FTBL auch striker **Sturmflut** f storm tide **stürmisch** ['ʃtʏrmɪʃ] adj **1** Meer, Überfahrt rough; Wetter, Tag blustery; (mit Regen) stormy **2** (fig) tempestuous; (≈ aufregend) Zeit stormy; Entwicklung rapid; Liebhaber passionate; Jubel, Beifall tumultuous; **nicht so ~ take it easy Sturmschaden** m storm damage no pl **Sturmtief** nt METEO deep depression **Sturmwarnung** f gale warning

Sturz [ʃtʊrts] m ⟨-es, ⸚e ['ʃtʏrtsə]⟩ **1** fall **2** (in Temperatur, Preis) drop; (von Börsenkurs) slump **3** (von Regierung, Minister) fall; (durch Coup, von König) overthrow **4** ARCH

lintel **stürzen** [ˈʃtʏrtsn̩] **A** v/i aux sein **1** (≈ fallen, abgesetzt werden) to fall; **ins Wasser ~** to plunge into the water; **er ist schwer gestürzt** he had a heavy fall **2** (≈ rennen) to rush; **sie kam ins Zimmer gestürzt** she burst into the room **B** v/t **1** (≈ werfen) to fling; **jdn ins Unglück ~** to bring disaster to sb; **jdn/etw in eine Krise ~** to plunge sb/sth into a crisis **2** (≈ kippen) to turn upside down; Pudding to turn out; **„nicht ~!"** "this side up" **3** (≈ absetzen) Regierung, Minister to bring down; (durch Coup) to overthrow; König to depose **C** v/r **sich auf jdn/ etw ~** to pounce on sb/sth; auf Essen to fall on sth; auf den Feind to attack sb/sth; **sich ins Wasser ~** to fling oneself into the water; **sich in Schulden ~** to plunge into debt; **sich ins Unglück ~** to plunge headlong into disaster; **sich ins Vergnügen ~** to fling oneself into a round of pleasure; **sich in Unkosten ~** to go to great expense **Sturzflug** m (nose) dive **Sturzhelm** m crash helmet
Stuss [ʃtʊs] m ‹-es, no pl› (infml) nonsense
Stute [ˈʃtuːtə] f ‹-, -n› mare
Stutz [ʃtʊts] m ‹-es, Stütze or (nach Zahlenangabe) - [ˈʃtʏtsə]› (Swiss) **1** (infml ≈ Franken) (Swiss) franc **2** (≈ Abhang) slope
Stützbalken m beam; (in Decke) joist; (quer) crossbeam **Stütze** [ˈʃtʏtsə] f ‹-, -n› **1** support; (≈ Pfeiler) pillar **2** (fig) (≈ Hilfe) help (für to); **die ~n der Gesellschaft** the pillars of society **3** (infml ≈ Arbeitslosengeld) dole (Br infml), welfare (US); **~ bekommen** to be on the dole (Br infml), to be on welfare (US)
stutzen¹ [ˈʃtʊtsn̩] v/i (≈ zögern) to hesitate
stutzen² v/t to trim; Flügel, Ohren, Hecke to clip; Schwanz to dock
Stutzen [ˈʃtʊtsn̩] m ‹-s, -› (≈ Rohrstück) connecting piece; (≈ Endstück) nozzle
stützen [ˈʃtʏtsn̩] **A** v/t to support; Gebäude, Mauer to shore up; **einen Verdacht auf etw** (acc) **~** to found a suspicion on sth; **die Ellbogen auf den Tisch ~** to prop one's elbows on the table; **den Kopf in die Hände ~** to hold one's head in one's hands **B** v/r **sich auf jdn/etw ~** (lit) to lean on sb/sth; (fig) to count on sb/sth; (Beweise, Theorie etc) to be based on sb/sth
stutzig [ˈʃtʊtsɪç] adj pred **~ werden** (≈ argwöhnisch) to become suspicious; (≈ verwundert) to begin to wonder; **jdn ~ machen** to make sb suspicious

Stützpunkt m base
stylen [ˈstailən] v/t Wagen, Wohnung to design; Frisur to style **Styling** [ˈstailɪŋ] nt ‹-s, no pl› styling
Styropor® [ʃtyroˈpoːɐ̯, st-] nt ‹-s› polystyrene
Subjekt [zʊpˈjɛkt, ˈzʊp-] nt ‹-(e)s, -e› **1** subject **2** (pej ≈ Mensch) customer (infml) **subjektiv** [zʊpjɛkˈtiːf, ˈzʊp-] **A** adj subjective **B** adv subjectively **Subjektivität** [zʊpjɛktiviˈtɛːt] f ‹-, no pl› subjectivity
Subkontinent m subcontinent
Subkultur f subculture **suboptimal** [zʊpʔɔptiˈmaːl] adj (infml) less than ideal; **das ist ~** it leaves something to be desired
Subskription [zʊpskrɪpˈtsi̯oːn] f ‹-, -en› subscription (+gen, auf +acc to)
Substantiv [ˈzʊpstantiːf] nt ‹-s, -e or (rare) -a [-və, -va]› noun **substantivieren** [zʊpstantiˈviːrən] past part **substantiviert** v/t to nominalize **substantivisch** [ˈzʊpstantiːvɪʃ] **A** adj nominal **B** adv verwenden nominally
Substanz [zʊpˈstants] f ‹-, -en› **1** substance; (≈ Wesen) essence; **etw in seiner ~ treffen** to affect the substance of sth **2** FIN capital assets pl; **von der ~ zehren** to live on one's capital **substanziell** [zʊpstanˈtsi̯el] **A** adj **1** (≈ bedeutsam) fundamental **2** (≈ nahrhaft) substantial, solid **B** adv (≈ wesentlich) substantially
subtil [zʊpˈtiːl] (elev) **A** adj subtle **B** adv subtly
subtrahieren [zʊptraˈhiːrən] past part **subtrahiert** v/t & v/i to subtract **Subtraktion** [zʊptrakˈtsi̯oːn] f ‹-, -en› subtraction **Subtraktionszeichen** nt subtraction sign
Subtropen pl subtropics pl **subtropisch** adj subtropical
Subunternehmer(in) m/(f) subcontractor
Subvention [zʊpvɛnˈtsi̯oːn] f ‹-, -en› subsidy **subventionieren** [zʊpvɛntsi̯oˈniːrən] past part **subventioniert** v/t to subsidize
subversiv [zʊpvɛrˈziːf] **A** adj subversive **B** adv **sich ~ betätigen** to engage in subversive activities
Suchaktion f search operation **Suchanfrage** f IT search enquiry **Suchbefehl** m IT search command **Suchdauer** f IT search time **Suche** [ˈzuːxə] f ‹-, no pl›

S

search (nach for); **sich auf die ~ nach jdm/etw machen** to go in search of sb/ sth; **auf der ~ nach etw sein** to be looking for sth **suchen** ['zuːxn] **A** v/t **1** (um zu finden) to look for; (stärker, intensiv) to search for (auch IT); **Verkäufer(in) gesucht** sales person wanted; **Streit/Ärger (mit jdm) ~** to be looking for trouble/a quarrel (with sb); **Schutz vor etw** (dat) **~** to seek shelter from sth; **Zuflucht ~ bei jdm** to seek refuge with sb; **du hast hier nichts zu ~** you have no business being here; → **gesucht 2** (≈ streben nach) to seek; (≈ versuchen) to strive; **ein Gespräch ~** to try to have a talk **B** v/i to search; **nach etw ~** to look for sth; (stärker) to search for sth; **nach Worten ~** to search for words; (≈ sprachlos sein) to be at a loss for words; **Suchen und Ersetzen** IT search and replace **Sucher** ['zuːxe] m ⟨-s, -⟩ PHOT viewfinder **Suchergebnis** nt IT search result **Suchfunktion** f IT search function **Suchlauf** m (bei Hi-Fi-Geräten) search **Suchmannschaft** f search party **Suchmaschine** f IT search engine **Suchscheinwerfer** m searchlight **Sucht** [zʊxt] f ⟨-, ⸚e ['zvçtə]⟩ addiction (nach to); (fig) obsession (nach with); **~ erzeugend** addictive; **an einer ~ leiden** to be an addict **Suchtdroge** f addictive drug **Suchtgefahr** f danger of addiction **süchtig** ['zvçtıç] adj addicted (nach to); **von** or **nach etw ~ werden/sein** to get/ be addicted to sth; **~ machen** (Droge) to be addictive **Süchtige(r)** ['zvçtıgə] m/f(m) decl as adj addict **Suchtkranke(r)** m/f(m) decl as adj addict **Suchtkrankheit** f addictive illness **Suchtmittel** nt addictive drug **Suchtrupp** m search party **Südafrika** nt South Africa **Südafrikaner(in)** m/(f) South African **südafrikanisch** adj South African **Südamerika** nt South America **Südamerikaner(in)** m/(f) South American **südamerikanisch** adj South American **Sudan** [zuˈdaːn, ˈzuːdan] m ⟨-s⟩ **der ~** the Sudan **Sudanese** [zudaˈneːzə] m ⟨-n, -n⟩, **Sudanesin** [-ˈneːzın] f ⟨-, -nen⟩ Sudanese **sudanesisch** [zudaˈneːzıʃ] adj Sudanese

süddeutsch adj South German **Süddeutschland** nt South(ern) Germany **Süden** ['zyːdn] m ⟨-s, no pl⟩ south; (von

Land) South; **aus dem ~** from the south; **im ~ des Landes** in the south of the country **Südfrüchte** pl citrus and tropical fruit(s pl) **Südkorea** nt South Korea **Südländer** ['zyːtlɛndə] m ⟨-s, -⟩, **Südländerin** [-ərın] f ⟨-, -nen⟩ southerner; (≈ Italiener, Spanier etc) Mediterranean type **südländisch** [-lɛndıʃ] adj southern; (≈ italienisch, spanisch etc) Mediterranean; Temperament Latin **südlich** ['zyːtlıç] **A** adj **1** southern; Kurs, Wind, Richtung southerly **2** (≈ mediterran) Mediterranean; Temperament Latin **B** adv (to the) south; **~ von Wien (gelegen)** (to the) south of Vienna **C** prep +gen (to the) south of **Südlicht** nt, no pl southern lights pl; (fig hum: Mensch) Southerner

Sudoku ['zuːdoku] nt sudoku **Südosten** [zyːtˈʔɔstn] m southeast; (von Land) South East **südöstlich** [zyːtˈʔœstlıç] **A** adj Gegend southeastern; Wind southeast(erly) **B** adv (to the) southeast (von of) **Südpol** m South Pole **Südsee** ['zyːtzeː] f South Pacific **Südtirol** nt South (-ern) Tyrol **Südwand** f (von Berg) south face **südwärts** ['zyːtvɛrts] adv south (-wards) **Südwesten** [zyːtˈvɛstn] m southwest; (von Land) South West **südwestlich A** adj Gegend southwestern; Wind southwest(erly) **B** adv (to the) southwest (von of) **Südwind** m south wind **Sueskanal** ['zuːɛs-] m Suez Canal **Suff** [zʊf] m ⟨-(e)s, no pl⟩ (infml) **dem ~ verfallen sein** to be on the bottle (infml); **im ~** while under the influence (infml) **süffig** ['zvfıç] adj Wein drinkable **süffisant** [zvfiˈzant] **A** adj smug **B** adv smugly

Suffix [zʊˈfıks, ˈzʊfıks] nt ⟨-es, -e⟩ suffix **suggerieren** [zʊgeˈriːrən] past part suggeriert v/t to suggest; **jdm ~, dass ...** to get sb to believe that ... **Suggestion** [zʊgɛsˈtioːn] f ⟨-, -en⟩ suggestion **suggestiv** [zʊgɛsˈtiːf] **A** adj suggestive **B** adv suggestively **Suggestivfrage** f leading question

suhlen ['zuːlən] v/r to wallow **Sühne** ['zyːnə] f ⟨-, -n⟩ atonement **sühnen** ['zyːnən] v/t Unrecht to atone for **Suite** ['sviːtə, 'zuiːtə] f ⟨-, -n⟩ suite; (≈ Gefolge) retinue **Suizid** [zui'tsiːt] m or nt ⟨-(e)s, -e [-də]⟩ (form) suicide

Sulfat [zʊlˈfaːt] nt ⟨-(e)s, -e⟩ sulphate (Br),

sulfate (US)

Sultan ['zʊltaːn] m ⟨-s, -e⟩ sultan **Sultanine** [zʊltaˈniːnə] f ⟨-, -n⟩ (≈ Rosine) sultana

Sülze ['zʏltsə] f ⟨-, -n⟩ brawn

summarisch [zʊˈmaːrɪʃ] adj also JUR summary **Summe** ['zʊmə] f ⟨-, -n⟩ sum; (fig) sum total

summen ['zʊmən] **A** v/t Melodie etc to hum **B** v/i to buzz; (Mensch, Motor) to hum **Summer** ['zʊmɐ] m ⟨-s, -⟩ buzzer

summieren [zʊˈmiːrən] past part summiert **A** v/t to sum up **B** v/r to mount up; **das summiert sich** it (all) adds up

Sumpf [zʊmpf] m ⟨-(e)s, ⁼e ['zʏmpfə]⟩ marsh; (≈ Morast) mud; (in tropischen Ländern) swamp; (fig) morass **sumpfig** ['zʊmpfɪç] adj marshy **Sumpfpflanze** f marsh plant

Sünde ['zʏndə] f ⟨-, -n⟩ sin **Sündenbock** m (infml) scapegoat **Sündenregister** nt (fig) list of sins **Sünder** ['zʏndɐ] m ⟨-s, -⟩, **Sünderin** [-ərɪn] f ⟨-, -nen⟩ sinner **sündhaft** **A** adj (lit) sinful; (fig infml) Preise wicked **B** adv (infml) ~ **teuer** wickedly expensive **sündigen** ['zʏndɪɡn] v/i to sin (an +dat against); (hum) to indulge

Sunnit [zʊˈniːt] m ⟨-en, -en⟩, **Sunnitin** f ⟨-, -nen⟩ Sunni **sunnitisch** [zʊˈniːtɪʃ] adj Sunni

super ['zuːpɐ] (infml) adj inv super (infml), great (infml) **Super** ['zuːpɐ] nt ⟨-s, no pl⟩ (≈ Benzin) ≈ four-star (petrol) (Br), ≈ premium (US) **Superfrau** f superwoman **Superlativ** ['zuːpɐlatiːf] m ⟨-s, -e [-və]⟩ superlative **Supermacht** f superpower **Supermann** m, pl -männer superman **Supermarkt** m supermarket **superschnell** adj superfast **Superstar** m (infml) superstar **Superzahl** f (Lotto) additional number

Suppe ['zʊpə] f ⟨-, -n⟩ soup; **klare ~** consommé; **jdm ein schöne ~ einbrocken** (fig infml) to get sb into a pickle (infml); **du musst die ~ auslöffeln, die du dir eingebrockt hast** (infml) you've made your bed, now you must lie on it (prov) **Suppengrün** nt herbs and vegetables pl for making soup **Suppenhuhn** nt boiling fowl **Suppenkelle** f soup ladle **Suppenlöffel** m soup spoon **Suppenschüssel** f tureen **Suppenteller** m soup plate

Suppenwürfel m stock cube

Surfbrett ['zœːɐf-, 'zɶrf-, s-] nt surfboard **surfen** ['zœːɐfn, 'zɶrfn, s-] v/i to surf; **im Internet ~** to surf the Internet **Surfer** ['zœːɐfɐ, 'zɶrfɐ, s-] m ⟨-s, -⟩, **Surferin** [-ərɪn] f ⟨-, -nen⟩ surfer **Surfing** ['zœːɐfɪŋ, 'zɶr-, s-] nt ⟨-s, no pl⟩ SPORTS surfing

Surrealismus [zʊrea'lɪsmʊs, zy-] m, no pl surrealism **surrealistisch** [zʊrea'lɪstɪʃ, zy-] adj surrealist(ic)

surren ['zʊrən] v/i (Projektor, Computer) to hum; (Ventilator, Kamera) to whir(r); (Insekt) to buzz

Sushi ['zuːʃi] nt ⟨-s, -s⟩ sushi

suspekt [zʊsˈpɛkt] adj suspicious

suspendieren [zʊspɛn'diːrən] past part suspendiert v/t to suspend

süß [zyːs] **A** adj sweet; **das ~e Leben** the good life **B** adv sagen sweetly; **gern ~ essen** to have a sweet tooth; **~ aussehen** to look sweet **Süße** ['zyːsə] f ⟨-, no pl⟩ sweetness **süßen** ['zyːsn] v/t to sweeten; (mit Zucker) to sugar **Süßigkeit** ['zyːsɪçkait] f ⟨-, -en⟩ **1** no pl sweetness **2** **~en** sweets pl (Br), candy (US) **Süßkartoffel** f sweet potato **süßlich** ['zyːslɪç] adj **1** (≈ leicht süß) slightly sweet; (≈ unangenehm süß) sickly (sweet) **2** (fig) Worte sweet; Lächeln sugary; (≈ kitschig) mawkish, tacky **süßsauer** adj sweet-and-sour; Gurken etc pickled; (fig) Lächeln forced **Süßspeise** f sweet dish **Süßstoff** m sweetener **Süßwasser** nt, pl -wasser freshwater **Süßwasserfisch** m freshwater fish

Sweatshirt ['svɛtʃœːrt, -ʃøːət] nt ⟨-s, -s⟩ sweatshirt

Swimmingpool ['svɪmɪŋpuːl] m ⟨-s, -s⟩ swimming pool

Swing [svɪŋ] m ⟨-s, no pl⟩ MUS, FIN swing **Symbiose** [zʏm'bioːzə] f ⟨-, -n⟩ symbiosis **Symbol** [zʏm'boːl] nt ⟨-s, -e⟩ symbol **Symbolfigur** f symbolic figure **Symbolik** [zʏm'boːlɪk] f ⟨-, no pl⟩ symbolism **symbolisch** [zʏm'boːlɪʃ] **A** adj symbolic(al) (für of) **B** adv symbolically **symbolisieren** [zʏmboli'ziːrən] past part symbolisiert v/t to symbolize **Symbolleiste** f IT toolbar **symbolträchtig** adj heavily symbolic

Symmetrie [zyme'triː] f ⟨-, -n [-'triːən]⟩ symmetry **Symmetrieachse** f axis of symmetry **symmetrisch** [zy'meːtrɪʃ] **A** adj symmetric(al) **B** adv symmetrically

S

Sympathie [zʏmpaˈtiː] f ⟨-, -n [-ˈtiːən]⟩ (≈ *Zuneigung*) liking; (≈ *Mitgefühl*) sympathy; **diese Maßnahmen haben meine volle ~** I sympathize completely with these measures; **~n gewinnen** to win favour (*Br*) or favor (*US*) **Sympathisant** [zʏmpatiˈzant] m ⟨-en, -en⟩, **Sympathisantin** [-ˈzantɪn] f ⟨-, -nen⟩ sympathizer **sympathisch** [zʏmˈpaːtɪʃ] adj **1** nice; **er/es ist mir ~** I like him/it **2** ANAT, PHYSIOL sympathetic **sympathisieren** [zʏmpatiˈziːrən] past part **sympathisiert** v/i to sympathize

symphonisch [zʏmˈfoːnɪʃ] adj = sinfonisch

Symptom [zʏmpˈtoːm] nt ⟨-s, -e⟩ symptom **symptomatisch** [zʏmptoˈmaːtɪʃ] adj symptomatic (*für* of)

Synagoge [zynaˈgoːgə] f ⟨-, -n⟩ synagogue

synchron [zʏnˈkroːn] adj synchronous **Synchrongetriebe** nt AUTO synchromesh gearbox **Synchronisation** [zʏnkronizaˈtsioːn] f ⟨-, -en⟩ synchronization; (≈ *Übersetzung*) dubbing **synchronisieren** [zʏnkroniˈziːrən] past part **synchronisiert** v/t to synchronize; (≈ *übersetzen*) Film to dub

Syndrom [zʏnˈdroːm] nt ⟨-s, -e⟩ syndrome

Synergie [zynɛrˈgiː, zynɛrˈgiː] f ⟨-, no pl⟩ synergy **Synergieeffekt** m CHEM, PHYS synergistic effect; (*fig*) synergy effect

Synode [zyˈnoːdə] f ⟨-, -n⟩ ECCL synod

synonym [zynoˈnyːm] adj synonymous **Synonym** [zynoˈnyːm] nt ⟨-s, -e⟩ synonym

syntaktisch [zʏnˈtaktɪʃ] **A** adj syntactic(al) **B** adv **das ist ~ falsch** the syntax (of this) is wrong **Syntax** [ˈzʏntaks] f ⟨-, -en⟩ syntax

Synthese [zʏnˈteːzə] f ⟨-, -n⟩ synthesis **Synthesizer** [ˈzʏntəsaizɐ] m ⟨-s, -⟩ synthesizer **synthetisch** [zʏnˈteːtɪʃ] **A** adj synthetic **B** adv **etw ~ herstellen** to make sth synthetically

Syphilis [ˈzyːfilɪs] f ⟨-, no pl⟩ syphilis

Syrer [ˈzyːrɐ] m ⟨-s, -⟩, **Syrerin** [-ərɪn] f ⟨-, -nen⟩ Syrian **Syrien** [ˈzyːriən] nt ⟨-s⟩ Syria **Syrier** [ˈzyːriɐ] m ⟨-s, -⟩, **Syrierin** [-iərɪn] f ⟨-, -nen⟩ Syrian **syrisch** [ˈzyːrɪʃ] adj Syrian

System [zʏsˈteːm] nt ⟨-s, -e⟩ system; **etw mit ~ machen** to do sth systematically;

hinter dieser Sache steckt ~ there's method behind it **Systemabsturz** m IT system crash **Systemanalyse** f systems analysis **Systemanalytiker(in)** m/(f) systems analyst **Systematik** [zʏsteˈmaːtɪk] f ⟨-, no pl⟩ system **systematisch** [zʏsteˈmaːtɪʃ] **A** adj systematic **B** adv systematically **systembedingt** adj determined by the system **Systemdiskette** f systems disk **Systemfehler** m IT system error **Systemkritiker(in)** m/(f) critic of the system **systemkritisch** adj critical of the system **Systemsoftware** f systems software **Systemsteuerung** f IT control panel **Systemtechniker(in)** m/(f) IT systems engineer **Systemzwang** m obligation to conform to the system

Szenario [stseˈnaːrio] nt ⟨-s, -s⟩ scenario **Szene** [ˈstseːnə] f ⟨-, -n⟩ scene; (≈ *Bühnenausstattung*) set; **etw in ~ setzen** to stage sth; **sich in ~ setzen** (*fig*) to play to the gallery; **jdm eine ~ machen** to make a scene in front of sb **Szenekneipe** f (*infml*) hip bar (*infml*) **Szenerie** [stsenəˈriː] f ⟨-, -n [-ˈriːən]⟩ scenery

Szintigramm [stsɪntiˈgram] nt, pl -gramme scintigram

T

T, t [teː] nt ⟨-, -⟩ T, t

Tabak [ˈtaːbak, ˈtabak, (*Aus*) taˈbak] m ⟨-s, -e⟩ tobacco **Tabakladen** m tobacconist's **Tabaksteuer** f duty on tobacco

tabellarisch [tabɛˈlaːrɪʃ] **A** adj tabular **B** adv in tabular form **Tabelle** [taˈbɛlə] f ⟨-, -n⟩ table; (≈ *Diagramm*) chart; SPORTS (league) table **Tabellenführer(in)** m/(f) SPORTS league leaders pl; **~ sein** to be at the top of the (league) table **Tabellenkalkulation** f IT spreadsheet **Tabellenplatz** m SPORTS position in the league **Tabellenstand** m SPORTS league situation

Tablet [ˈtɛblɛt] m or nt ⟨-s, -s⟩, **Tabletcomputer** m tablet (PC), tablet computer

Tablett [taˈblɛt] nt ⟨-(e)s, -s or -e⟩ tray **Tablette** [taˈblɛtə] f ⟨-, -n⟩ tablet **Tab-**

le**ttenmissbrauch** m pill abuse **tab-l**e**ttensüchtig** adj addicted to pills **Tabu** [taˈbuː, ˈtaːbu] adj pred taboo **Tabu** [taˈbuː, ˈtaːbu] nt ⟨-s, -s⟩ taboo **tabuisie-ren** [tabuiˈziːrən] past part tabui**s**iert v/t to make taboo

Tabulator [tabuˈlaːtoːɐ] m ⟨-s, Tabulato-ren [-ˈtoːrən]⟩ tabulator

Ta**cho** [ˈtaxo] m ⟨-s, -s⟩ (infml) speedo (Br infml) **Tachom**e**ter** [taxoˈmeːtɐ] m or nt ⟨-s, -⟩ speedometer

Tacker [ˈtakɐ] m ⟨-s, -⟩ (infml) stapler

Tadel [ˈtaːdl] m ⟨-s, -⟩ (≈ Verweis) repri-mand; (≈ Vorwurf) reproach; (≈ Kritik) criti-cism **tadellos** 🅰 adj perfect; (infml) splendid 🅱 adv perfectly; gekleidet immac-ulately **tadeln** [ˈtaːdln] v/t jdn to rebuke; jds Benehmen to criticize

Tafel [ˈtaːfl] f ⟨-, -n⟩ 🔟 (≈ Platte) slab; (≈ Holztafel) panel; (≈ Tafel Schokolade etc) bar; (≈ Gedenktafel) plaque; (≈ Wandtafel) (black)board; (≈ Schiefertafel) slate; (ELEC ≈ Schalttafel) control panel; (≈ Anzeigetafel) board 🔢 (≈ Speisetisch) table; (≈ Festmahl) meal **Tafelgeschirr** nt tableware **Ta-felladen** m food bank **Tafelland** nt plateau **täfeln** [ˈtɛːfln] v/t Wand to wain-scot; Decke, Raum to panel **Tafelobst** nt (dessert) fruit **Tafelsalz** nt table salt **Ta-felsilber** nt silver **Täfelung** [ˈtɛːfəlʊŋ] f ⟨-, -en⟩ (von Wand) wainscoting; (von De-cke) (wooden) panelling (Br) or paneling (US) **Tafelwasser** nt, pl -wässer mineral water **Tafelwein** m table wine

Taft [taft] m ⟨-(e)s, -e⟩ taffeta

Tag [taːk] m ⟨-(e)s, -e [-gə]⟩ 🔟 day; **am ~** during the day; **auf den ~ (genau)** to the day; **auf ein paar ~e** for a few days; **bei ~ und Nacht** night and day; **bis die ~e!** (infml) so long (infml); **den ganzen ~ (lang)** all day long; **eines ~es** one day; **ei-nes schönen ~es** one fine day; **~ für ~** day by day; **von ~ zu ~** from day to day; **guten ~!** hello (infml); (esp bei Vorstel-lung) how-do-you-do; **~!** (infml) hi (infml); **zweimal pro ~** twice a day; **von einem ~ auf den anderen** overnight; **in den ~ hinein leben** to live from day to day; **bei ~(e) ankommen** while it's light; arbei-ten, reisen during the day; **es wird schon ~** it's getting light already; **an den ~ kommen** (fig) to come to light; **etw an den ~ bringen** to bring sth to light; **zu ~e = zutage** 🔢 (infml ≈ Menstruation) **mei-**

ne/ihre **~e** my/her period 🔢 MIN **über ~e arbeiten** to work above ground; **unter ~e arbeiten** to work underground **Tagebau** m, pl -baue MIN opencast mining **Tage-buch** nt diary; **(über etw** acc**) ~ führen** to keep a diary (of sth) **Tagegeld** nt daily allowance **tag**e**in** [taːkˈʔain] adv **~, tagaus** day in, day out **tagelang** 🅰 adj lasting for days 🅱 adv for days **tagen** [ˈtaːgn] v/i (Parlament, Gericht) to sit **Tagesablauf** m day day **Tagesanbruch** m daybreak **Ta-gescreme** f day cream **Tagesdecke** f bedspread **Tagesgeschehen** nt events pl of the day **Tageskarte** f 🔟 (≈ Speise-karte) menu of the day (Br), specialties pl of the day (US) 🔢 (≈ Fahr-, Eintrittskarte) day ticket **Tageskurs** m ST EX current price; (von Devisen) current rate **Tages-licht** nt, no pl daylight; **ans ~ kommen** (fig) to come to light **Tageslichtpro-jektor** m overhead projector **Tages-mutter** f, pl -mütter child minder (Br), nanny **Tagesordnung** f agenda; **auf der ~ stehen** to be on the agenda; **zur ~ übergehen** (≈ wie üblich weitermachen) to carry on as usual; **an der ~ sein** (fig) to be the order of the day **Tagessatz** m daily rate **Tageszeit** f time (of day); **zu jeder Tages- und Nachtzeit** at all hours of the day and night **Tageszei-tung** f daily (paper) **tageweise** [ˈtaːgə-vaizə] adv for a few days at a time

taggen [ˈtɛgn] v/t IT to tag

taghe**ll** 🅰 adj (as) bright as day 🅱 adv **etw ~ erleuchten** to light sth up very brightly **täglich** [ˈtɛːglɪç] 🅰 adj daily; (attr ≈ gewöhnlich) everyday 🅱 adv every day; **einmal ~** once a day **tags** [taːks] adv **~ zuvor** the day before; **~ darauf** the next day **Tagschicht** f day shift **tagsüber** [ˈtaːksyːbɐ] adv during the day **tagtäglich** 🅰 adj daily 🅱 adv every (sin-gle) day **Tagtraum** m daydream **Ta-gung** [ˈtaːgʊŋ] f ⟨-, -en⟩ conference; (von Ausschuss) sitting

Tai Chi [ˈtai ˈtʃiː] nt ⟨-, no pl⟩ t'ai chi

Taifun [taiˈfuːn] m ⟨-s, -e⟩ typhoon

Taille [ˈtaljə] f ⟨-, -n⟩ waist; **auf seine ~ achten** to watch one's waistline **Taillen-weite** [ˈtaljən-] f waist measurement **tailliert** [taˈl(ɪ)jiːɐt] adj waisted, fitted

Taiwan [ˈtaivan, taiˈva(ː)n] nt ⟨-s⟩ Taiwan **taiwanesisch** [taivaˈneːzɪʃ] adj Taiwan (-ese)

T

Takelage [takə'la:ʒə] f ⟨-, -n⟩ NAUT rigging

Takt [takt] m ⟨-(e)s, -e⟩ **1** MUS bar; (≈ Rhythmus) time; **im ~ singen/tanzen** to sing/dance in time (with the music); **den ~ angeben** (lit) to give the beat; (fig) to call the tune **2** AUTO stroke **3** IND phase **4** no pl (≈ Taktgefühl) tact **5** (≈ Taktverkehr) **im ~ fahren** to go at regular intervals **takten** ['taktn] v/t IT to clock **Taktgefühl** nt sense of tact **taktieren** [tak'ti:rən] past part **taktiert** v/i (≈ Taktiken anwenden) to manoeuvre (Brit), to maneuver (US) **Taktik** ['taktɪk] f ⟨-, -en⟩ tactics pl; **man muss mit ~ vorgehen** you have to use tactics **Taktiker** ['taktɪkɐ] m ⟨-s, -⟩, **Taktikerin** [-ərɪn] f ⟨-, -nen⟩ tactician **taktisch** ['taktɪʃ] **A** adj tactical **B** adv tactically; **~ vorgehen** to use tactics; **~ klug** good tactics **taktlos** **A** adj tactless **B** adv tactlessly **Taktlosigkeit** f ⟨-, -en⟩ tactlessness **Taktstock** m baton **taktvoll** **A** adj tactful **B** adv tactfully **Tal** [ta:l] nt ⟨-(e)s, ⸚er ['tɛ:lə]⟩ valley **talab(wärts)** [ta:l'ap(vɛrts)] adv down into the valley **talauf(wärts)** adv up the valley

Talent [ta'lɛnt] nt ⟨-(e)s, -e⟩ **1** (≈ Begabung) talent (zu for); **ein großes ~ haben** to be very talented **2** (≈ begabter Mensch) talented person; **junge ~e** young talent **talentiert** [talɛn'ti:et] adj talented **talentlos** adj untalented **Talentsuche** f search for talent

Talfahrt f descent

Talg [talk] m ⟨-(e)s, -e [-gə]⟩ tallow; COOK suet; (≈ Hautabsonderung) sebum **Talgdrüse** f PHYSIOL sebaceous gland

Taliban [tali'ba:n] pl Taliban sg or pl

Talisman ['talɪsman] m ⟨-s, -e⟩ talisman; (≈ Maskottchen) mascot

talken ['tɔ:kn] v/i (infml) to talk **Talkmaster** ['tɔ:kma:stɐ] m ⟨-s, -⟩, **Talkmasterin** [-ərɪn] f ⟨-, -nen⟩ talk show host **Talkshow** ['tɔ:kʃo:] f TV talk show

Talsohle f bottom of a/the valley; (fig) rock bottom **Talsperre** f dam

Tamburin [tambu'ri:n, 'tam-] nt ⟨-s, -e⟩ tambourine

Tampon ['tampɔn, tam'po:n] m ⟨-s, -s⟩ tampon **tamponieren** [tampo'ni:rən] past part **tamponiert** v/t to plug

Tamtam [tam'tam, 'tam-] nt ⟨-s, -s⟩ (infml) (≈ Wirbel) fuss; (≈ Lärm) row

TAN [tan] f ⟨-, -s⟩ abbr of Transaktionsnummer TAN

Tandem ['tandɛm] nt ⟨-s, -s⟩ tandem

Tändler ['tandlɐ] m ⟨-s, -⟩, **Tändlerin** [-ərɪn] f ⟨-, -nen⟩ (Aus) **1** (≈ Trödler) second-hand dealer **2** (≈ langsamer Mensch) slowcoach (Br infml), slowpoke (US infml)

Tang [taŋ] m ⟨-(e)s, -e⟩ seaweed

Tanga ['taŋa] m ⟨-s, -s⟩ thong

Tangente [taŋ'gɛntə] f ⟨-, -n⟩ MAT tangent; (≈ Straße) ring road (Brit), expressway **tangieren** [taŋ'gi:rən] past part **tangiert** v/t **1** MAT to be tangent to **2** (≈ berühren) Problem to touch on **3** (≈ betreffen) to affect

Tango ['taŋgo] m ⟨-s, -s⟩ tango

Tank [taŋk] m ⟨-(e)s, -s or -e⟩ tank **Tankdeckel** m filler cap (Brit), gas cap (US) **tanken** ['taŋkn] **A** v/i (Autofahrer) to get petrol (Brit) or gas (US); (Rennfahrer, Flugzeug) to refuel; **hier kann man billig ~** you can get cheap petrol (Brit) or gas (US) here **B** v/t Super, Diesel to get; **ich tanke bleifrei** I use unleaded; **er hat einiges getankt** (infml) he's had a few **Tanker** ['taŋkɐ] m ⟨-s, -⟩ NAUT tanker **Tankfahrzeug** nt AUTO tanker **Tanklaster** m tanker **Tanksäule** f petrol pump (Brit), gas(oline) pump (US) **Tankschiff** nt tanker **Tankstelle** f filling (Brit) or gas(oline) (US) station **Tankuhr** f fuel gauge **Tankverschluss** m petrol (Brit) or gas (US) cap **Tankwagen** m tanker; RAIL tank wagon **Tankwart** m ⟨-s, -e⟩, **Tankwartin** f ⟨-, -nen⟩ petrol pump (Brit) or gas station (US) attendant

Tanne ['tanə] f ⟨-, -n⟩ fir; (Holz) pine **Tannenbaum** m **1** fir tree **2** (≈ Weihnachtsbaum) Christmas tree **Tannennadel** f fir needle **Tannenzapfen** m fir cone

Tansania [tanza'ni:a, tan'za:nia] nt ⟨-s⟩ Tanzania

Tante ['tantə] f ⟨-, -n⟩ **1** (Verwandte) aunt **2** (baby talk) **~ Monika** aunty Monika **Tante-Emma-Laden** [tantə'ɛma-] m (infml) corner shop

Tantieme [tã'tie:mə, -'tiɛ:mə] f ⟨-, -n⟩ percentage (of the profits); (für Künstler) royalty

Tanz [tants] m ⟨-es, ⸚e ['tɛntsə]⟩ dance **Tanzabend** m dance **tanzen** ['tantsn] **A** v/i aux haben or (bei Richtungsangabe) sein to dance; **~ gehen** to go dancing **B**

v/t to dance **Tänzer** ['tɛntsɐ] *m* ⟨-s, -⟩, **Tänzerin** [-ərɪn] *f* ⟨-, -nen⟩ dancer **Tanzfläche** *f* dance floor **Tanzkapelle** *f* dance band **Tanzkurs** *m* dancing course **Tanzlokal** *nt* café with dancing **Tanzmusik** *f* dance music **Tanzorchester** *nt* dance orchestra **Tanzpartner(in)** *m/(f)* dancing partner **Tanzschule** *f* dancing school **Tanzsport** *m* competitive dancing **Tanzstunde** *f* dancing lesson **Tanztheater** *nt* dance theatre (*Br*) or theater (*US*) **Tanzturnier** *nt* dancing or dance contest

Tapet [ta'peːt] *nt* (*infml*) **etw aufs ~ bringen** to bring sth up

Tapete [ta'peːtə] *f* ⟨-, -n⟩ wallpaper **Tapetenwechsel** *m* (*infml*) change of scenery **tapezieren** [tape'tsiːrən] *past part* tapeziert *v/t* to (wall)paper; **neu ~** to repaper **Tapezierer** [tape'tsiːrɐ] *m* ⟨-s, -⟩, **Tapeziererin** [-ərɪn] *f* ⟨-, -nen⟩ paperhanger, decorator (*Br*) **Tapeziertisch** *m* trestle table

tapfer ['tapfɐ] **A** *adj* brave **B** *adv* bravely; **sich ~ schlagen** (*infml*) to put on a brave show **Tapferkeit** *f* ⟨-, *no pl*⟩ bravery

tapsen ['tapsn] *v/i aux sein* (*infml*) (*Kind*) to toddle; (*Kleintier*) to waddle **tapsig** ['tapsɪç] (*infml*) *adj* awkward

Tarantel [ta'rantl] *f* ⟨-, -n⟩ tarantula; **wie von der ~ gestochen** as if stung by a bee

Tarif [ta'riːf] *m* ⟨-(e)s, -e⟩ rate; (≈ *Fahrpreis*) fare; **über/unter ~ bezahlen** to pay above/below the (union) rate(s) **Tarifabschluss** *m* wage settlement **Tarifautonomie** *f* (right to) free collective bargaining **Tarifgehalt** *nt* union rates *pl* **Tarifgruppe** *f* grade **tariflich** [ta'riːflɪç] **A** *adj* Arbeitszeit agreed **B** *adv* **die Gehälter sind ~ festgelegt** there are fixed rates for salaries **Tariflohn** *m* standard wage **Tarifpartner(in)** *m/(f)* party to the wage or (*für Gehälter*) salary agreement; **die ~** union and management **Tarifrunde** *f* pay round **Tarifverhandlungen** *pl* negotiations *pl* on pay **Tarifvertrag** *m* pay agreement

tarnen ['tarnən] **A** *v/t* to camouflage; (*fig*) Absichten etc to disguise; **als Polizist getarnt** disguised as a policeman **B** *v/r* (*Tier*) to camouflage itself; (*Mensch*) to disguise oneself **Tarnfarbe** *f* camouflage colour (*Br*) or color (*US*) **Tarnkappe** *f* magic

hat **Tarnung** ['tarnʊŋ] *f* ⟨-, -en⟩ camouflage; (*von Agent etc*) disguise

Tasche ['taʃə] *f* ⟨-, -n⟩ **1** (≈ *Handtasche*) bag (*Br*), purse (*US*); (≈ *Reisetasche etc*) bag; (≈ *Aktentasche*) case **2** (*bei Kleidungsstücken*) pocket; **etw in der ~ haben** (*infml*) to have sth in the bag (*infml*); **jdm das Geld aus der ~ ziehen** to get sb to part with his money; **etw aus der eigenen ~ bezahlen** to pay for sth out of one's own pocket; **jdm auf der ~ liegen** (*infml*) to live off sb; **jdn in die ~ stecken** (*infml*) to put sb in the shade (*infml*) **Taschenausgabe** *f* pocket edition **Taschenbuch** *nt* paperback (book) **Taschendieb(in)** *m/(f)* pickpocket **Taschendiebstahl** *m* pickpocketing **Taschenformat** *nt* pocket size **Taschengeld** *nt* pocket money **Taschenlampe** *f* torch, flashlight **Taschenmesser** *nt* pocketknife **Taschenrechner** *m* pocket calculator **Taschenschirm** *m* compact umbrella **Taschentuch** *nt*, *pl* -tücher hanky (*infml*) **Taschenuhr** *f* pocket watch

Tasse ['tasə] *f* ⟨-, -n⟩ cup; (≈ *Henkeltasse*) mug; **eine ~ Kaffee** a cup of coffee **Tastatur** [tasta'tuːɐ] *f* ⟨-, -en⟩ keyboard **Taste** ['tastə] *f* ⟨-, -n⟩ key; (≈ *Knopf*) button; **„Taste drücken"** "push button" **tasten** ['tastn] **A** *v/i* to feel; **nach etw ~** to feel for sth; **~de Schritte** tentative steps **B** *v/r* to feel one's way **Tastenfeld** *nt* IT keypad **Tasteninstrument** *nt* MUS keyboard instrument **Tastentelefon** *nt* push-button telephone

Tat [taːt] *f* ⟨-, -en⟩ action; (≈ *Einzeltat auch*) act; (≈ *Leistung*) feat; (≈ *Verbrechen*) crime; **ein Mann der ~** a man of action; **eine gute/böse ~** a good/wicked deed; **etw in die ~ umsetzen** to put sth into action; **in der ~** indeed **Tatar** [ta'taːɐ] *nt* ⟨-, -(s)⟩, **Tatarbeefsteak** *nt* steak tartare

Tatbestand *m* JUR facts *pl* (of the case); (≈ *Sachlage*) facts *pl* (of the matter) **Tatendrang** *m* thirst for action **tatenlos** **A** *adj* idle **B** *adv* **wir mussten ~ zusehen** we could only stand and watch **Tatenlosigkeit** *f* ⟨-, *no pl*⟩ inaction **Täter** ['tɛːtɐ] *m* ⟨-s, -⟩, **Täterin** [-ərɪn] *f* ⟨-, -nen⟩ culprit; JUR perpetrator (*form*); **jugendliche ~** young offenders **Täterschaft** ['tɛːtɐʃaft] *f* ⟨-, -en⟩ guilt; **die ~ leugnen** to deny one's guilt **tätig** ['tɛːtɪç] *adj* **1** *attr* active;

in einer Sache **~ werden** (form) to take action in a matter **2** (≈ *arbeitend*) **als was sind Sie ~?** what do you do?; **er ist im Bankwesen ~** he's in banking **tätigen** ['tɛːtɪgn] v/t COMM to conclude; (elev) Einkäufe to carry out **Tätigkeit** ['tɛː-tɪçkaɪt] f ‹-, -en› activity; (≈ Beschäftigung) occupation; (≈ Arbeit) work; (≈ Beruf) job **Tätigkeitsbereich** m field of activity **Tatkraft** f, no pl energy, drive **tatkräftig** **A** adj energetic; Hilfe active **B** adv actively; **etw/jdn ~ unterstützen** to actively support sth/sb **tätlich** ['tɛːtlɪç] **A** adj violent; **gegen jdn ~ werden** to assault sb **B** adv **jdn ~ angreifen** to attack sb physically **Tätlichkeit** f violent act; **~en** violence sg; **es kam zu ~en** there was violence **Tatmotiv** nt motive (for the crime) **Tatort** m, pl -orte scene of the crime

tätowieren [tɛtoˈviːrən] past part **tätowiert** v/t to tattoo; **sich ~ lassen** to have oneself tattooed **Tätowierung** f ‹-, -en› tattoo

Tatsache f fact; **das ist ~** (infml) that's a fact; **jdn vor vollendete ~n stellen** to present sb with a fait accompli **tatsächlich** ['taːtzɛçlɪç, taːtˈzɛçlɪç] **A** adj attr real **B** adv actually, in fact; **~?** really?

tätscheln ['tɛtʃln] v/t to pat

Tattoo [tɛˈtuː] m or nt ‹-s, -s› (≈ Tätowierung) tattoo

Tatverdacht m suspicion (of having committed a crime); **unter ~ stehen** to be under suspicion **Tatverdächtige(r)** m/f(m) decl as adj suspect **Tatwaffe** f weapon (used in the crime); (≈ bei Mord) murder weapon

Tatze ['tatsə] f ‹-, -n› paw

Tau¹ [tau] m ‹-(e)s, no pl› dew

Tau² nt ‹-(e)s, -e› (≈ Seil) rope

taub [taup] adj deaf; Glieder numb; Nuss empty; **für etw ~ sein** (fig) to be deaf to sth

Taube ['taubə] f ‹-, -n› ZOOL pigeon; (fig) dove **Taubenschlag** m (fig) **hier geht es zu wie im ~** it's mobbed here (infml) **Taube(r)** ['taubə] m/f(m) decl as adj deaf person or man/woman etc; **die ~n** the deaf **Taubheit** f ‹-, no pl› **1** deafness **2** (von Körperteil) numbness **taubstumm** adj neg! deaf-mute **Taubstumme(r)** [-ʃtʊmə] m/f(m) decl as adj neg! deaf-mute **Tauchboot** nt submersible **tauchen** ['tauxn] **A** v/i aux haben or sein to dive

(nach for); (≈ kurz tauchen) to duck under; (U-Boot) to dive **B** v/t (≈ kurz tauchen) to dip; Menschen, Kopf (≈ eintauchen) to immerse **Tauchen** nt ‹-s, no pl› diving **Taucher** ['tauxɐ] m ‹-s, -›, **Taucherin** [-ərɪn] f ‹-, -nen› diver **Taucheranzug** m diving (Br) or dive (US) suit **Taucherbrille** f diving (Br) or dive (US) goggles pl **Taucherflosse** f (diving (Br) or dive (US)) flipper **Taucherglocke** f diving (Br) or dive (US) bell **Tauchsieder** [-ziːdɐ] m ‹-s, -› immersion coil (for boiling water) **Tauchsport** m (skin) diving **Tauchstation** f **auf ~ gehen** (U-Boot) to dive; (fig ≈ sich verstecken) to make oneself scarce

tauen ['tauən] v/t & v/i (vi) to melt, to thaw; **es taut** it is thawing

Taufbecken nt font **Taufe** ['taufə] f ‹-, -n› baptism; (esp von Kindern) christening; **etw aus der ~ heben** Firma to start sth up; Projekt to launch sth **taufen** ['taufn] v/t to baptize; (≈ nennen) Kind, Schiff to christen; **sich ~ lassen** to be baptized **Täufling** ['tɔyflɪŋ] m ‹-s, -e› child/person to be baptized **Taufpate** m godfather **Taufpatin** f godmother

taufrisch adj (fig) fresh

taugen ['taugn] v/i **1** (≈ geeignet sein) to be suitable (zu, für for); **er taugt zu gar nichts** he is useless **2** (≈ wert sein) **etwas ~** to be good or all right; **nicht viel ~** to be not much good or no good **3** (Aus ≈ gefallen) **das taugt mir** I like it **tauglich** ['tauklɪç] adj suitable (zu for); MIL fit (zu for) **Tauglichkeit** f ‹-, no pl› suitability; MIL fitness (for service)

taumeln ['taumln] v/i aux sein to stagger; (zur Seite) to sway

Tausch [tauʃ] m ‹-(e)s, -e› exchange; **im ~ gegen** or **für etw** in exchange for sth; **einen guten/schlechten ~ machen** to get a good/bad deal **Tauschbörse** f barter exchange **tauschen** ['tauʃn] **A** v/t to exchange; Güter to barter; Münzen etc to swap; Geld to change (in +acc into); (infml ≈ umtauschen) Gekauftes to change; **die Rollen ~** to swap roles **B** v/i to swap; (in Handel) to barter; **wollen wir ~?** shall we swap?; **ich möchte nicht mit ihm ~** I wouldn't like to change places with him

täuschen ['tɔyʃn] **A** v/t to deceive; **wenn mich nicht alles täuscht** unless I'm completely wrong; **sie lässt sich leicht ~** she is easily fooled (durch by) **B** v/r to be wrong (*in* +dat, *über* +acc about); **dann hast du dich getäuscht!** then you are mistaken **C** *v/i* (≈ *irreführen*) (*Aussehen etc*) to be deceptive; **der Eindruck täuscht** things are not what they seem **täuschend D** *adj Ähnlichkeit* remarkable **B** *adv* **jdm ~ ähnlich sehen** to look remarkably like sb; **eine ~ echte Fälschung** a remarkably convincing fake

Tauschgeschäft *nt* exchange; (≈ *Handel*) barter (deal) **Tauschhandel** *m* barter **Täuschung** ['tɔyʃʊŋ] *f* ⟨-, -en⟩ **1** (≈ *das Täuschen*) deception **2** (≈ *Irrtum*) mistake; (≈ *Irreführung*) deceit; (≈ *falsche Wahrnehmung*) illusion; (≈ *Selbsttäuschung*) delusion **tausend** ['tauznt] *num* a thousand; **~ Dank** a thousand thanks **Tausender** ['tauznde] *m* ⟨-s, -⟩ (≈ *Geldschein*) thousand (euro/dollar *etc*) note *or* bill) **Tausendfüßler** [-fy:sle] *m* ⟨-s, -⟩ centipede **tausendjährig** *adj attr* thousand-year-old; (≈ *tausend Jahre lang*) thousand-year(-long) **tausendmal** *adv* a thousand times **Tausendstel** ['tauzntstl] *nt* ⟨-s, -⟩ thousandth **tausendste(r, s)** ['tauzntstə] *adj* thousandth

Tautropfen *m* dewdrop **Tauwetter** *nt* thaw **Tauziehen** *nt* ⟨-s, *no pl*⟩ tug-of-war **Taxcard** ['takska:rt] *f* ⟨-, -s⟩ (*Swiss ≈ Telefonkarte*) phonecard **Taxe** ['taksə] *f* ⟨-, -n⟩ **1** (≈ *Gebühr*) charge; (≈ *Kurtaxe etc*) tax **2** (*dial*) = Taxi **Taxi** ['taksi] *nt* ⟨-s, -s⟩ taxi **taxieren** [ta'ksi:rən] *past part* **taxiert** *v/t* **1** *Preis, Wert* to estimate (*auf* +acc at); *Haus etc* to value (*auf* +acc at) **2** (*elev ≈ einschätzen*) *Situation* to assess **Taxifahrer(in)** *m/(f)* taxi *or* cab driver, cabby (*infml*) **Taxistand** *m* taxi rank (*Br*) *or* stand **Tb(c)** [te:(')be:('tse:)] *f* ⟨-, -s⟩ TB **Teakholz** ['ti:k-] *nt* teak **Team** [ti:m] *nt* ⟨-s, -s⟩ team **Teamarbeit** *f* teamwork **Teambildung** *f*, **Teamentwicklung** *f* team building **teamfähig** *adj* able to work in a team **Technik** ['tɛçnɪk] *f* ⟨-, -en⟩ **1** *no pl*: (≈ *Technologie*) technology; (*esp als Studienfach*) engineering **2** (≈ *Verfahren*) technique **3** (*von Auto, Motor etc*) mechanics *pl* **Techniker** ['tɛçnike] *m* ⟨-s, -⟩, **Technikerin** [-ərɪn] *f* ⟨-, -nen⟩ engineer; (≈ *Labortechniker*) technician **technisch** ['tɛçnɪʃ] **A** *adj* technical; (≈ *technologisch*)

technological; (≈ *mechanisch*) mechanical; **~e Hochschule** technological university; **~er Leiter** technical director; **~e Daten** specifications **B** *adv* technically; **er ist ~ begabt** he is technically minded **technisieren** [tɛçni'zi:rən] *past part* **technisiert** *v/t* to mechanize **Techno** ['tɛçno] *m* ⟨-, *no pl*⟩ MUS techno **Technokrat** [tɛçno'kra:t] *m* ⟨-en, -en⟩, **Technokratin** [-'kra:tɪn] *f* ⟨-, -nen⟩ technocrat **technokratisch** [tɛçno'kra:tɪʃ] *adj* technocratic **Technologie** *f* technology **Technologietransfer** *m* technology transfer **technologisch** [tɛçno'lo:gɪʃ] **A** *adj* technological **B** *adv* technologically

Tee [te:] *m* ⟨-s, -s⟩ tea; **einen im ~ haben** (*infml*) to be tipsy (*infml*) **Teebeutel** *m* tea bag **Teeblatt** *nt* tea leaf **Tee-Ei** *nt* (tea) infuser (*esp Br*), tea ball (*esp US*) **Teefilter** *m* tea filter **Teeglas** *nt* tea glass **Teekanne** *f* teapot **Teekessel** *m* kettle **Teeküche** *f* kitchenette **Teelicht** *nt* night-light **Teelöffel** *m* teaspoon; (*Menge*) teaspoonful

Teenager ['ti:ne:dʒe] *m* ⟨-s, -⟩ teenager **Teer** [te:ɐ] *m* ⟨-(e)s, -e⟩ tar **teeren** ['te:rən] *v/t* to tar

Teeservice [-zɛrvi:s] *nt* tea set **Teesieb** *nt* tea strainer **Teestube** *f* tearoom **Teetasse** *f* teacup **Teewagen** *m* tea trolley **Teheran** ['te:həra:n, tehə'ra:n] *nt* ⟨-s⟩ Teh(e)ran

Teich [taɪç] *m* ⟨-(e)s, -e⟩ pond

Teig [taɪk] *m* ⟨-(e)s, -e [-gə]⟩ dough; (≈ *Pfannkuchenteig*) batter **Teigwaren** *pl* (≈ *Nudeln*) pasta *sg*

Teil[1] [taɪl] *m* ⟨-(e)s, -e⟩ **1** part; **zum größten ~** for the most part; **der dritte/vierte/fünfte** *etc* **~** a third/quarter/fifth *etc* (*von* of) **2** *also nt* (≈ *Anteil*) share; **er hat sein(en) ~ dazu beigetragen** he did his bit; **sich** (*dat*) **sein(en) ~ denken** (*infml*) to draw one's own conclusions

Teil[2] *nt* ⟨-(e)s, -e⟩ part; (≈ *Bestandteil*) component; **etw in seine ~e zerlegen** *Motor, Möbel etc* to take sth apart **teilbar** *adj* divisible (*durch* by) **Teilbereich** *m* part; (*in Abteilung*) section **Teilbetrag** *m* part (of an amount); (*auf Rechnung*) item **Teilchen** *nt* ⟨-s, -⟩ particle; (*dial ≈ Gebäckstück*) cake **teilen** ['taɪlən] **A** *v/t* **1** (≈ *zerlegen*) to divide; **27 geteilt durch 9** 27 divided by 9; **darüber sind die Meinungen geteilt** opinions differ on that

2 (≈ *aufteilen*) to share (out); **etw mit jdm ~** to share sth with sb; **sich** (*dat*) **etw ~** to share sth; **sie teilten das Zimmer mit ihm** they shared the room with him **B** *v/r* **1** (*in Gruppen*) to split up **2** (*Straße, Fluss*) to fork; (*Vorhang*) to part; **in diesem Punkt ~ sich die Meinungen** opinion is divided on this **Teiler** ['taile] *m* ⟨-s, -⟩ MAT factor **Teilerfolg** *m* partial success **Teilgebiet** *nt* area **teilhaben** *v/i sep irr* (*elev* ≈ *mitwirken*) to participate (*an +dat* in) **Teilhaber** ['tailhaːbe] *m* ⟨-s, -⟩, **Teilhaberin** [-ərɪn] *f* ⟨-, -nen⟩ COMM partner **Teilkaskoversicherung** *f* third party, fire and theft **Teilnahme** [-naːmə] *f* ⟨-, -n⟩ **1** (≈ *Anwesenheit*) attendance (*an +dat* at); (≈ *Beteiligung*) participation (*an +dat* in); **seine ~ absagen** to withdraw **2** (≈ *Interesse*) interest (*an +dat* in); (≈ *Mitgefühl*) sympathy **teilnahmslos** **A** *adj* (≈ *gleichgültig*) indifferent **B** *adv* indifferently; (≈ *stumm leidend*) listlessly **Teilnahmslosigkeit** *f* ⟨-, *no pl*⟩ indifference **teilnahmsvoll** *adj* compassionate **teilnehmen** *v/i sep irr* **an etw** (*dat*) **~** to take part in sth; (≈ *anwesend sein*) to attend sth; **am Unterricht ~** to attend classes; **an einem Kurs ~** to do a course **Teilnehmer** ['tailneːme] *m* ⟨-s, -⟩, **Teilnehmerin** [-ərɪn] *f* ⟨-, -nen⟩ **1** participant; (*bei Wettbewerb etc*) competitor, contestant; (≈ *Kursteilnehmer*) student; **alle ~ an dem Ausflug** all those going on the outing **2** TEL subscriber **teils** [tails] *adv* partly; **~ ... ~ ...** partly ... partly ...; (*infml* ≈ *sowohl ... als auch*) both ... and ...; **~ heiter, ~ wolkig** cloudy with sunny periods **Teilung** ['tailʊŋ] *f* ⟨-, -en⟩ division **teilweise** ['tailvaizə] **A** *adv* partly; **der Film war ~ gut** the film was good in parts; **~ bewölkt** cloudy in parts **B** *adj attr* partial **Teilzahlung** *f* hire-purchase (*Br*), installment plan (*US*); **auf ~** on hire-purchase (*Br*) or (*an*) installment plan (*US*) **Teilzeitarbeit** *f* part-time work **Teilzeitarbeitsplatz** *m* part-time job **teilzeitbeschäftigt** *adj* employed part time **Teilzeitbeschäftigte(r)** *m/f(m) decl as adj* part-time employee **Teilzeitbeschäftigung** *f* part-time work **Teilzeitjob** *m* (*infml*) part-time job **Teilzeitkraft** *f* part-time worker **Teint** [tɛː] *m* ⟨-s, -s⟩ complexion **Telearbeit** *f* telecommuting **Telearbeiter(in)** *m/(f)* telecommuter **Telear-**

beitsplatz *m* job for telecommuters **Telebanking** [-bɛŋkɪŋ] *nt* ⟨-s, *no pl*⟩ telebanking **Telefax** *nt* (≈ *Kopie, Gerät*) fax **Telefon** [tele'foːn, 'teːlefoːn] *nt* ⟨-s, -e⟩ (tele)phone; **~ haben** to be on the phone; **ans ~ gehen** to answer the phone **Telefonat** [telefo'naːt] *nt* ⟨-(e)s, -e⟩ (tele)phone call **Telefonbanking** [-bɛŋkɪŋ] *nt* ⟨-s, *no pl*⟩ telephone banking **Telefonbuch** *nt* (tele)phone book **Telefongebühr** *f* call charge; (≈ *Grundgebühr*) telephone rental **Telefongespräch** *nt* (tele)phone call; (≈ *Unterhaltung*) telephone conversation **Telefonhörer** *m* (telephone) receiver **telefonieren** [telefo'niːrən] *past part* telefoniert *v/i* to make a (tele)phone call; **mit jdm ~** to speak to sb on the phone; **bei jdm ~** to use sb's phone; **ins Ausland ~** to make an international call; **er telefoniert den ganzen Tag** he is on the phone all day long **telefonisch** [tele'foːnɪʃ] **A** *adj* telephonic; **eine ~e Mitteilung** a (tele)phone message **B** *adv* Auskunft geben over the phone; **jdm etw ~ mitteilen** to tell sb sth over the phone; **ich bin ~ erreichbar** I can be contacted by phone **Telefonkabine** *f* (*Swiss*) (tele)phone box (*Br*) *or* booth **Telefonkarte** *f* phonecard **Telefonkonferenz** *f* telephone conference **Telefonleitung** *f* telephone line **Telefonnetz** *nt* telephone network **Telefonnummer** *f* (tele)phone number **Telefonrechnung** *f* (tele)phone bill **Telefonseelsorge** *f* ≈ Samaritans *pl* (*Br*), ≈ advice hotline (*US*) **Telefonsex** *m* telephone sex **Telefonstreich** *m* prank call **Telefonverbindung** *f* telephone line; (*zwischen Orten*) telephone link **Telefonwertkarte** *f* (*Aus*) phonecard **Telefonzelle** *f* (tele)phone box (*Br*) *or* booth **Telefonzentrale** *f* (telephone) switchboard **telegen** [tele'geːn] *adj* telegenic **Telegramm** [tele'gram] *nt, pl* -gramme telegram **Telekom** ['teːlekɔm] *f* ⟨-, *no pl*⟩ **die ~** German telecommunications service **Telekommunikation** *f* telecommunications *pl or* (*als Fachgebiet*) *sg* **Telekopie** *f* fax **Telekopierer** *m* fax machine **Teleobjektiv** *nt* PHOT telephoto lens **Telepathie** [telepa'tiː] *f* ⟨-, *no pl*⟩ telepathy **telepathisch** [tele'paːtɪʃ] *adj* telepathic **Teleshopping** ['teːlə-] *nt* teleshopping **Teleskop** [tele'skoːp] *nt* ⟨-s, -e⟩ telescope

Telex ['te:lɛks] nt ⟨-, -e⟩ telex

Teller ['tɛlə] m ⟨-s, -⟩ plate; **ein ~ Suppe** a plate of soup **Tellerwäscher** m ⟨-s, -⟩, **Tellerwäscherin** f ⟨-, -nen⟩ dishwasher

Tempel ['tɛmpl] m ⟨-s, -⟩ temple

Temperament [tɛmpəra'mɛnt] nt ⟨-(e)s, -e⟩ **1** (≈ Wesensart) temperament; **ein hitziges ~ haben** to be hot-tempered **2** no pl (≈ Lebhaftigkeit) vitality; **sein ~ ist mit ihm durchgegangen** he lost his temper **temperamentlos** adj lifeless **Temperamentlosigkeit** f ⟨-, no pl⟩ lifelessness **temperamentvoll A** adj vivacious **B** adv exuberantly

Temperatur [tɛmpəra'tuːɐ] f ⟨-, -en⟩ temperature; **erhöhte ~ haben** to have a temperature; **bei ~en von bis zu 42 Grad Celsius** in temperatures of up to 42°C **Temperaturanstieg** m rise in temperature **Temperaturregler** m thermostat **Temperaturrückgang** m fall in temperature **Temperaturschwankung** f variation in temperature **Temperatursturz** m sudden drop in temperature

Tempo ['tɛmpo] nt ⟨-s, -s⟩ **1** speed; **~!** (infml) hurry up!; **bei jdm ~ machen** (infml) to make sb get a move on (infml); **~ 100** speed limit (of) 100 km/h; **aufs ~ drücken** (infml) to step on the gas (infml) **2** MUS pl **Tempi** ['tɛmpi] tempo; **das ~ angeben** to set the tempo; (fig) to set the pace **Tempolimit** nt speed limit

Tempomat® [tɛmpo'maːt] m ⟨-en, -en⟩ AUTO cruise control

temporär [tɛmpo'rɛːɐ] (elev) adj temporary

Temposünder(in) m/(f) person caught for speeding

Tempus ['tɛmpʊs] nt ⟨-, Tempora ['tɛmpora]⟩ GRAM tense

Tendenz [tɛn'dɛnts] f ⟨-, -en⟩ trend; (≈ Neigung) tendency; (≈ Absicht) intention; **die ~ haben, zu …** to have a tendency to … **tendenziös** [tɛndɛn'tsjøːs] adj tendentious **tendieren** [tɛn'diːrən] past part tendiert v/i **1 dazu ~, etw zu tun** (≈ neigen) to tend to do sth; (≈ beabsichtigen) to be moving toward(s) doing sth **2** FIN, ST EX to tend; **fester/schwächer ~** to show a stronger/weaker tendency

Teneriffa [tene'rɪfa] nt ⟨-s⟩ Tenerife

Tennis ['tɛnɪs] nt ⟨-, no pl⟩ tennis

Tennisball m tennis ball **Tennisplatz** m tennis court **Tennisschläger** m tennis racket **Tennisspieler(in)** m/(f) tennis player

Tenor¹ ['te:noːɐ] m ⟨-s, no pl⟩ tenor

Tenor² [te'noːɐ] m ⟨-s, ⁼e [-'nøːrə]⟩ MUS tenor

Teppich ['tɛpɪç] m ⟨-s, -e⟩ carpet; **etw unter den ~ kehren** to sweep sth under the carpet; **bleib auf dem ~!** (infml) be reasonable! **Teppichboden** m carpet(ing); **das Zimmer ist mit ~ ausgelegt** the room has a fitted carpet **Teppichklopfer** m carpet-beater

Terabyte ['te:rabait] nt IT terabyte

Termin [tɛr'miːn] m ⟨-s, -e⟩ date; (für Fertigstellung) deadline; (bei Arzt, Besprechung etc) appointment; SPORTS fixture; (JUR ≈ Verhandlung) hearing; **sich** (dat) **einen ~ geben lassen** to make an appointment **Terminal** ['tøːeminəl, 'tœr-] nt or m ⟨-s, -s⟩ terminal

Terminbörse f futures market **Termingeld** nt fixed-term deposit **termingemäß**, **termingerecht** adj, adv on schedule **Terminhandel** m ST EX forward or futures trading **Terminkalender** m (appointments) diary **terminlich** [tɛr'miːnlɪç] adj **aus ~en Gründen absagen** to cancel because of problems with one's schedule **Terminmarkt** m ST EX futures market

Terminologie [tɛrminolo'giː] f ⟨-, -n [-'giːən]⟩ terminology **terminologisch** [tɛrmino'loːgɪʃ] **A** adj terminological **B** adv terminologically **Terminplan** m (≈ Kalender) appointments list; (≈ Programm) agenda **Terminplaner** m appointments calendar

Terminus ['tɛrminʊs] m ⟨-, Termini [-ni]⟩ term; **~ technicus** technical term

Termite [tɛr'miːtə] f ⟨-, -n⟩ termite

Terpentin [tɛrpɛn'tiːn] nt or (Aus) m ⟨-s, -e⟩ turpentine; (infml ≈ Terpentinöl) turps (infml)

Terrain [tɛ'rɛ̃ː] nt ⟨-s, -s⟩ terrain; (fig) territory; **das ~ sondieren** (fig) to see how the land lies

Terrarium [tɛ'raːriʊm] nt ⟨-s, Terrarien [-riən]⟩ terrarium

Terrasse [tɛ'rasə] f ⟨-, -n⟩ **1** GEOG terrace **2** (≈ Veranda) patio; (≈ Dachterrasse) roof garden **terrassenartig**, **terrassenförmig** **A** adj terraced **B** adv

T

in terraces

terrestrisch [tɛˈrɛstrɪʃ] *adj* terrestrial

Terrier [ˈtɛrie] *m* ⟨-s, -⟩ terrier

Terror [ˈtɛroːe] *m* ⟨-s, *no pl*⟩ terror; (≈ *Terrorismus*) terrorism; (≈ *Terrorherrschaft*) reign of terror; **~ machen** (*infml*) to raise hell (*infml*) **Terrorakt** *m* act of terrorism **Terrorangriff** *m* terrorist raid **Terroranschlag** *m* terrorist attack **terrorisieren** [tɛrori'ziːrən] *past part* terrorisiert *v/t* to terrorize **Terrorismus** [tɛro'rɪsmʊs] *m* ⟨-, *no pl*⟩ terrorism **Terrorismusbekämpfung** *f* counterterrorism **Terrorismusexperte** *m*, **Terrorismusexpertin** *f* expert on terrorism **Terrorist** [tɛro'rɪst] *m* ⟨-en, -en⟩, **Terroristin** [-'rɪstɪn] *f* ⟨-, -nen⟩ terrorist **terroristisch** [tɛro'rɪstɪʃ] *adj* terrorist *attr*

tertiär [tɛr'tsiɛːe] *adj* tertiary **Terz** [tɛrts] *f* ⟨-, -en⟩ MUS third; (*Fechten*) tierce

Tesafilm® [ˈteːza-] *m* adhesive tape

Tessin [tɛˈsiːn] *nt* ⟨-s⟩ **das ~** Ticino

Test [tɛst] *m* ⟨-(e)s, -s *or* -e⟩ test

Testament [tɛsta'mɛnt] *nt* ⟨-(e)s, -e⟩ **1** JUR will; (*fig*) legacy; **das ~ eröffnen** to read the will; **sein ~ machen** to make one's will **2** BIBLE **Altes/Neues ~** Old/New Testament **testamentarisch** [tɛstamɛn'taːrɪʃ] **A** *adj* testamentary; **eine ~e Verfügung** an instruction in the will **B** *adv* in one's will; **etw ~ festlegen** to settle sth in one's will **Testamentseröffnung** *f* reading of the will **Testamentsvollstrecker** *m* ⟨-s, -⟩, **Testamentsvollstreckerin** *f* ⟨-, -nen⟩ executor; (*Frau auch*) executrix

Testbild *nt* TV test card **testen** [ˈtɛstn] *v/t* to test (*auf +acc* for) **Tester** [ˈtɛste] *m* ⟨-s, -⟩, **Testerin** [-ərɪn] *f* ⟨-, -nen⟩ tester **Testlauf** *m* TECH trial run **Testperson** *f* subject (of a test) **Testpilot(in)** *m*/(*f*) test pilot **Testreihe** *f*, **Testserie** *f* series of tests **Teststopp** *m* test ban **Teststoppabkommen** *nt* test ban treaty

Tetanus [ˈteːtanʊs, ˈtɛtanʊs] *m* ⟨-, *no pl*⟩ tetanus

teuer [ˈtɔye] **A** *adj* expensive; (*fig*) dear; **teurer werden** to go up (in price) **B** *adv* expensively; **etw ~ kaufen/verkaufen** to buy/sell sth for a high price; **das wird ihn ~ zu stehen kommen** (*fig*) that will cost him dear; **etw ~ bezahlen** (*fig*) to pay a high price for sth **Teuerung**

[ˈtɔyərʊŋ] *f* ⟨-, -en⟩ rise in prices **Teuerungsrate** *f* rate of price increases **Teuerungszulage** *f* cost of living bonus

Teufel [ˈtɔyfl] *m* ⟨-s, -⟩ **1** devil **2** (*infml*) **scher dich zum ~** go to hell! (*infml*); **der ~ soll ihn holen!** to hell with him (*infml*); **jdn zum ~ jagen** to send sb packing (*infml*); **wer zum ~?** who the devil? (*infml*); **zum ~ mit dem Ding!** to hell with the thing! (*infml*); **den ~ an die Wand malen** to tempt fate; **wenn man vom ~ spricht** (*prov*) talk (*Br*) or speak of the devil (*infml*); **dann kommst du in ~s Küche** then you'll be in a hell of a mess (*infml*); **wie der ~** like hell (*infml*); **auf ~ komm raus** like crazy (*infml*); **da ist der ~ los** all hell's been let loose (*infml*); **der ~ steckt im Detail** the devil is in the detail **Teufelsaustreibung** *f* exorcism **Teufelskreis** *m* vicious circle **teuflisch** [ˈtɔyflɪʃ] *adj* fiendish

Text [tɛkst] *m* ⟨-(e)s, -e⟩ text; (*eines Gesetzes*) wording; (*von Lied*) words *pl*; (*von Schlager*) lyrics *pl*; (*von Film*) script; (*unter Bild*) caption; **weiter im ~** (*infml*) (let's) get on with it **Textbaustein** *m* IT template **texten** [ˈtɛkstn] *v/t & v/i* to write; (*mit Handy*) to text **Texter** [ˈtɛkste] *m* ⟨-s, -⟩, **Texterin** [-ərɪn] *f* ⟨-, -nen⟩ (*für Schlager*) songwriter; (*für Werbesprüche*) copywriter **Texterfasser** *m* ⟨-s, -⟩, **Texterfasserin** [-ərɪn] *f* ⟨-, -nen⟩ keyboarder

Textilarbeiter(in) *m*/(*f*) textile worker **Textilfabrik** *f* textile factory **Textilien** [tɛks'tiːliən] *pl* textiles *pl* **Textilindustrie** *f* textile industry

Textnachricht *f* TEL text message **Textspeicher** *m* IT memory **Textstelle** *f* passage **Textverarbeitung** *f* word processing

Textverarbeitungsprogramm *nt* word processor, word processing program **Textverarbeitungssystem** *nt* word processor

Thai [tai] *m*/*f*(*m*) ⟨-(s), -(s)⟩ Thai **Thailand** [ˈtailant] *nt* ⟨-s⟩ Thailand **thailändisch** [ˈtailɛndɪʃ] *adj* Thai

Theater [te'aːte] *nt* ⟨-s, -⟩ **1** theatre (*Br*), theater (*US*); **zum ~ gehen** to go on the stage; **ins ~ gehen** to go to the theatre (*Br*) or theater (*US*); **~ spielen** (*lit*) to act; (*fig*) to put on an act; **das ist doch alles**

nur ~ *(fig)* it's all just play-acting **2** *(fig)* to-do *(infml)*, fuss; **(ein) ~ machen** to make a (big) fuss **Theaterbesuch** *m* visit to the theatre **Theaterbesucher(in)** *m/(f)* theatregoer *(Brit)*, theatergoer *(US)* **Theaterfestival** *nt* drama festival **Theaterkarte** *f* theatre ticket **Theaterkasse** *f* theatre box office **Theaterstück** *nt* (stage) play **theatralisch** [tea-'traːlɪʃ] **A** *adj* theatrical **B** *adv* theatrically **Theke** ['teːkə] *f* ⟨-, -n⟩ (≈ *Schanktisch*) bar; (≈ *Ladentisch*) counter **Thema** ['teːma] *nt* ⟨-s, Themen *or* -ta [-mən, -ta]⟩ (≈ *Gegenstand*) subject; (≈ *Leitgedanke, also* MUS) theme; **beim ~ bleiben** to stick to the subject; **das ~ wechseln** to change the subject; **kein ~ sein** not to be an issue **Thematik** [te'maːtɪk] *f* ⟨-, -en⟩ topic **thematisch** [te'maːtɪʃ] *adj* thematic; **~ geordnet** arranged according to subject **Themenabend** *m* TV *etc* theme evening **Themenbereich** *m*, **Themenkreis** *m* topic **Themenpark** *m* theme park **Themse** ['tɛmzə] *f* ⟨-⟩ **die ~** the Thames **Theologe** [teo'loːgə] *m* ⟨-n, -n⟩, **Theologin** [-'loːgɪn] *f* ⟨-, -nen⟩ theologian **Theologie** [teolo'giː] *f* ⟨-, *no pl*⟩ theology **theologisch** [teo'loːgɪʃ] *adj* theological **Theoretiker** [teo're:tike] *m* ⟨-s, -⟩, **Theoretikerin** [-ərɪn] *f* ⟨-, -nen⟩ theoretician **theoretisch** [teo're:tɪʃ] **A** *adj* theoretical **B** *adv* theoretically; **~ gesehen** theoretically **Theorie** [teo'riː] *f* ⟨-, -n [-'riːən]⟩ theory **Therapeut** [tera'pɔyt] *m* ⟨-en, -en⟩, **Therapeutin** [-'pɔytɪn] *f* ⟨-, -nen⟩ therapist **therapeutisch** [tera'pɔytɪʃ] *adj* therapeutic(al) **Therapie** [tera'piː] *f* ⟨-, -n [-'piːən]⟩ therapy; (≈ *Behandlungsmethode*) (method of) treatment (*gegen* for) **therapieren** [tera'piːrən] *past part* therapiert *v/t* to give therapy to **Thermalbad** *nt* thermal bath; (*Gebäude*) thermal baths *pl*; (≈ *Badeort*) spa **Thermalquelle** *f* thermal spring **thermisch** ['tɛrmɪʃ] *adj attr* PHYS thermal **Thermodrucker** *m* thermal printer **Thermodynamik** *f* thermodynamics *sg* **thermodynamisch** *adj* thermodynamic **Thermometer** *nt* ⟨-s, -⟩ thermometer **Thermopapier** *nt* thermal paper **Thermosflasche**® *f* vacuum flask **Thermostat** [tɛrmo'staːt] *m* ⟨-(e)s,

-e⟩ thermostat **These** ['teːzə] *f* ⟨-, -n⟩ hypothesis; (*infml* ≈ *Theorie*) theory **Thon** [toːn] *m* ⟨-(e)s, *no pl*⟩ *(Swiss)* tuna **Thriller** ['θrɪle] *m* ⟨-s, -⟩ thriller **Thrombose** [trɔm'boːzə] *f* ⟨-, -n⟩ thrombosis **Thron** [troːn] *m* ⟨-(e)s, -e⟩ throne **thronen** ['troːnən] *v/i* *(lit)* to sit enthroned; *(fig)* to sit in state **Thronfolge** *f* line of succession; **die ~ antreten** to succeed to the throne **Thronfolger** [-fɔlge] *m* ⟨-s, -⟩, **Thronfolgerin** [-ərɪn] *f* ⟨-, -nen⟩ heir to the throne **Thunfisch** ['tuːn-] *m* tuna (fish) **Thüringen** ['tyːrɪŋən] *nt* ⟨-s⟩ Thuringia **Thymian** ['tyːmian] *m* ⟨-s, -e⟩ thyme **Tibet** ['tiːbɛt, ti'beːt] *nt* ⟨-s⟩ Tibet **tibetanisch** [tibe'taːnɪʃ], **tibetisch** [ti'beːtɪʃ] *adj* Tibetan **Tick** [tɪk] *m* ⟨-(e)s, -s⟩ (*infml* ≈ *Schrulle*) quirk (*infml*); **einen ~ haben** (*infml*) to be crazy **ticken** ['tɪkn] *v/i* to tick (away); **du tickst ja nicht richtig** (*infml*) you're off your rocker! (*infml*) **Ticket** ['tɪkət] *nt* ⟨-s, -s⟩ ticket **Tiebreak** ['taibreːk] *m* ⟨-s, -s⟩, **Tie-Break** *m* ⟨-s, -s⟩ TENNIS tie-break (*esp Brit*), tie-breaker **tief** [tiːf] **A** *adj* deep; *Ton, Temperatur* low; **~er Teller** soup plate; **aus ~stem Herzen** from the bottom of one's heart; **im ~en Wald** deep in the forest; **im ~en Winter** in the depths of winter; **in der ~en Nacht** at dead of night; **im ~sten Innern** in one's heart of hearts **B** *adv* **1** deep; *sich bücken* low; *untersuchen* in depth; **3 m ~ fallen** to fall 3 metres (*Brit*) *or* meters (*US*); **~ sinken** *(fig)* to sink low; **bis ~ in etw** *(acc)* **hinein** (*örtlich*) a long way down/deep into sth; **~ verschneit** deep with snow; **~ in Gedanken (versunken)** deep in thought; **jdm ~ in die Augen sehen** to look deep into sb's eyes **2** (≈ *sehr stark*) deeply; **~ greifend** *Veränderung* far-reaching; *sich verändern* significantly; *reformieren* thoroughly; **~ schürfend** profound **3** (≈ *niedrig*) low; **ein Stockwerk ~er** on the floor below; **~ liegend** *Gegend, Häuser* low-lying **Tief** [tiːf] *nt* ⟨-(e)s, -e⟩ METEO depression; *(fig)* low **Tiefbau** *m, no pl* civil engineering **tiefblau** *adj attr* deep blue **Tiefdruck** *m, no pl* METEO low pressure **Tiefdruckgebiet** *nt* METEO area of low pressure, depression **Tiefe** ['tiːfə] f ⟨-, -n⟩ **1** depth; **unten in der ~** far below **2** (≈ *Intensität*) deepness **3** (≈ *Tiefgründigkeit*) profundity **4** (*von Ton*) lowness **Tiefebene** f lowland plain **Tiefenpsychologie** f depth psychology **Tiefenschärfe** f PHOT depth of field **Tiefflieger** m low-flying aircraft **Tiefflug** m low-altitude flight **Tiefgang** [-gaŋ] m, *no pl* NAUT draught (*Brit*), draft (*US*); (*fig infml*) depth **Tiefgarage** f underground car park (*Brit*), underground parking garage (*esp US*) **tiefgefrieren** v/t *irr* to (deep-)freeze **tiefgekühlt** *adj* (≈ *gefroren*) frozen; (≈ *sehr kalt*) chilled **Tiefgeschoss** **Tiefgeschoß** (*Aus*) nt basement **tiefgreifend** *adj* → **tief** **tiefgründig** [-ɡrʏndɪç] *adj* profound; (≈ *durchdacht*) well-grounded **Tiefkühlfach** nt freezer compartment **Tiefkühlkost** f frozen food **Tiefkühltruhe** f (chest) freezer **Tiefland** nt lowlands *pl* **tiefliegend** *adj attr*; → **tief** **Tiefpunkt** m low **Tiefschlag** m (*Boxen, fig*) hit below the belt **Tiefsee** f deep sea **Tiefstand** m low **Tiefstpreis** m lowest price **tieftraurig** *adj* very sad

Tiegel ['tiːɡl] m ⟨-s, -⟩ (*zum Kochen*) (sauce)pan; (*in der Chemie*) crucible

Tier [tiːɐ] nt ⟨-(e)s, -e⟩ animal; (*infml* ≈ *Mensch*) brute; **hohes ~** (*infml*) big shot (*infml*) **Tierarzt** m, **Tierärztin** f vet **Tierfreund(in)** m/(f) animal lover **Tierfutter** nt animal food; (*für Haustiere*) pet food **Tiergarten** m zoo **Tierhandlung** f pet shop **Tierheim** nt animal home **tierisch** ['tiːrɪʃ] **A** *adj* animal *attr*; (*fig*) Grausamkeit bestial; **~er Ernst** (*infml*) deadly seriousness **B** *adv* (*infml* ≈ *ungeheuer*) horribly (*infml*); wehtun like hell (*infml*); ernst deadly **Tierkreis** m zodiac **Tierkreiszeichen** nt sign of the zodiac **Tierkunde** f zoology **Tiermedizin** f veterinary medicine **Tierpark** m zoo **Tierpfleger(in)** m/(f) zoo keeper **Tierquälerei** f cruelty to animals **Tierschutz** m protection of animals **Tierschützer** [-ʃʏtsɐ] m ⟨-s, -⟩, **Tierschützerin** [-ərɪn] f ⟨-, -nen⟩ animal conservationist **Tierschutzverein** m society for the prevention of cruelty to animals **Tierversuch** m animal experiment

Tiger ['tiːɡɐ] m ⟨-s, -⟩ tiger **Tigerin** ['tiːɡərɪn] f ⟨-, -nen⟩ tigress **Tigerstaat** m ECON tiger economy

Tilde ['tɪldə] f ⟨-, -n⟩ tilde

tilgen ['tɪlɡn] v/t (*elev*) **1** Schulden to pay off **2** (≈ *beseitigen*) Unrecht, Spuren to wipe out; Erinnerung to erase; Strafe to remove **Tilgung** ['tɪlɡʊŋ] f ⟨-, -en⟩ (*von Schulden*) repayment

timen ['taimən] v/t to time

Tinktur [tɪŋk'tuːɐ] f ⟨-, -en⟩ tincture

Tinnitus ['tɪnitʊs] m ⟨-, -⟩ MED tinnitus

Tinte ['tɪntə] f ⟨-, -n⟩ ink; **in der ~ sitzen** (*infml*) to be in the soup (*infml*) **Tintenfisch** m cuttlefish; (≈ *Kalmar*) squid; (*achtarmig*) octopus **Tintenklecks** m ink blot **Tintenlöscher** m ⟨-s, -⟩ ink eraser **Tintenpatrone** f (*von Füller, Drucker*) ink cartridge **Tintenstrahldrucker** m ink-jet (printer)

Tipp [tɪp] m ⟨-s, -s⟩ tip; (*an Polizei*) tip-off **tippen** ['tɪpn] **A** v/t (*infml* ≈ *schreiben*) to type **B** v/i **1** (≈ *klopfen*) **an/auf etw** (*acc*) **~** to tap sth **2** (*infml: am Computer*) to type **3** (≈ *wetten*) to fill in one's coupon; **im Lotto ~** to play the lottery **4** (*infml* ≈ *raten*) to guess; **ich tippe darauf, dass ...** I bet (that) ... **Tippfehler** m (*infml*) typing mistake

tipptopp ['tɪp'tɔp] (*infml*) **A** *adj* immaculate; (≈ *prima*) first-class **B** *adv* immaculately; (≈ *prima*) really well; **~ sauber** spotless

Tippzettel m (*im Lotto*) lottery coupon

Tirol [ti'roːl] nt ⟨-s⟩ Tyrol **Tiroler** [ti'roːlɐ] m ⟨-s, -⟩, **Tirolerin** [-ərɪn] f ⟨-, -nen⟩ Tyrolese, Tyrolean

Tisch [tɪʃ] m ⟨-(e)s, -e⟩ table; (≈ *Schreibtisch*) desk; **bei ~** at (the) table; **etw auf den ~ bringen** (*infml*) to serve sth (up); **vom ~ sein** (*fig*) to be cleared out of the way; **jdn über den ~ ziehen** (*fig infml*) to take sb to the cleaners (*infml*) **Tischdecke** f tablecloth **Tischler** ['tɪʃlɐ] m ⟨-s, -⟩, **Tischlerin** [-ərɪn] f ⟨-, -nen⟩ joiner (*esp Brit*), carpenter; (≈ *Möbeltischler*) cabinet-maker **Tischlerei** [tɪʃlə'rai] f ⟨-, -en⟩ **1** (*Werkstatt*) carpenter's workshop; (≈ *Möbeltischlerei*) cabinet-maker's workshop **2** *no pl* (*infml*) (≈ *Handwerk*) carpentry; (*von Möbeltischler*) cabinet-making **tischlern** ['tɪʃlɐn] (*infml*) v/i to do woodwork **Tischplatte** f tabletop **Tischrechner** m desk calculator **Tischtennis** nt table tennis **Tischtuch** nt, *pl* -tücher tablecloth

Titel ['tiːtl̩, 'tɪtl̩] *m* ⟨-s, -⟩ title **Titelbild** *nt* cover (picture) **Titelmelodie** *f* (*von Film*) theme tune **Titelseite** *f* cover, front page **Titelstory** *f* cover story **Titelverteidiger(in)** *m*/(*f*) title holder

Titte ['tɪtə] *f* ⟨-, -n⟩ (*sl*) tit (*sl*)

Toast [toːst] *m* ⟨-(e)s, -e⟩ **1** (≈ *Brot*) toast; **ein ~** a slice of toast **2** (≈ *Trinkspruch*) toast; **einen ~ auf jdn ausbringen** to propose a toast to sb **Toastbrot** ['toːst-] *nt* sliced white bread for toasting **toasten** ['toːstn̩] *v*/*t* *or Brot* to toast **Toaster** ['toːstɐ] *m* ⟨-s, -⟩ toaster

Tobel ['toːbl̩] *f* ⟨-, -s⟩ (*Swiss* ≈ *Schlucht*) gorge, ravine

toben ['toːbn̩] *v*/*i* **1** (≈ *wüten*) to rage; (*Mensch*) to throw a fit **2** (≈ *ausgelassen spielen*) to rollick (about) **Tobsucht** ['toːpzʊxt] *f* (*bei Tieren*) madness; (*bei Menschen*) maniacal rage **tobsüchtig** *adj* mad **Tobsuchtsanfall** *m* (*infml*) fit of rage; **einen ~ bekommen** to blow one's top (*infml*)

Tochter ['tɔxtɐ] *f* ⟨-, ⸚ ['tœçtɐ]⟩ daughter; (≈ *Tochterfirma*) subsidiary **Tochterfirma** *f* subsidiary firm

Tod [toːt] *m* ⟨-(e)s, -e [-də]⟩ death; **eines natürlichen/gewaltsamen ~es sterben** to die of natural causes/a violent death; **sich** (*dat*) **den ~ holen** to catch one's death (of cold); **zu ~e kommen** to die; **jdn/etw auf den ~ nicht leiden können** (*infml*) to be unable to stand sb/sth; **sich zu ~(e) langweilen** to be bored to death; **zu ~e betrübt sein** to be in the depths of despair **todernst** (*infml*) *adj* deadly serious **Todesangst** *f* mortal agony; **Todesängste ausstehen** (*infml*) to be scared to death (*infml*) **Todesanzeige** *f* (*als Brief*) letter announcing sb's death; (≈ *Annonce*) obituary (notice) **Todesfall** *m* death **Todesgefahr** *f* mortal danger **Todeskampf** *m* death throes *pl* **Todesopfer** *nt* death, casualty **Todesstrafe** *f* death penalty **Todesursache** *f* cause of death **Todesurteil** *nt* death sentence **Todfeind(in)** *m*/(*f*) deadly enemy **todgeweiht** [-gəvait] *adj* *Mensch, Patient* doomed **todkrank** *adj* (≈ *sterbenskrank*) critically ill; (≈ *unheilbar krank*) terminally ill **tödlich** ['tøːtlɪç] **A** *adj* fatal; *Gefahr* mortal; *Waffe, Dosis* lethal; (*infml*) *Langeweile* deadly **B** *adv* **1** (*mit Todesfolge*) **~ verunglücken** to be killed in an accident **2**

(*infml* ≈ *äußerst*) horribly (*infml*); *langweilen* to death **todmüde** *adj* (*infml*) dead tired (*infml*) **todschick** (*infml*) **A** *adj* dead smart (*infml*) **B** *adv* *gekleidet* ravishingly; *eingerichtet* exquisitely **todsicher** (*infml*) *adj* dead certain (*infml*); *Tipp* sure-fire (*infml*) **Todsünde** *f* mortal sin **todunglücklich** *adj* (*infml*) desperately unhappy

Töff [tœf] *m* ⟨-s, -s⟩ (*Swiss* ≈ *Motorad*) motorbike

Tofu ['toːfu] *m* ⟨-(s), *no pl*⟩ tofu

Toilette [toa'lɛtə] *f* ⟨-, -n⟩ toilet, lavatory (*esp Br*), bathroom (*esp US*); **auf die ~ gehen** to go to the toilet **Toilettenartikel** *m usu pl* toiletry **Toilettenpapier** *nt* toilet paper **Toilettenpause** *f* toilet break, comfort break (*US*)

toi, toi, toi ['tɔy 'tɔy 'tɔy] *int* (*infml*) (*vor Prüfung etc*) good luck; (*unberufen*) touch wood (*Br*), knock on wood (*US*)

Tokio ['toːkio] *nt* ⟨-s⟩ Tokyo

tolerant [tole'rant] *adj* tolerant (*gegen* of) **Toleranz** [tole'rants] *f* ⟨-, -en⟩ tolerance (*gegen* of) **tolerieren** [tole'riːrən] *past part* **toleriert** *v*/*t* to tolerate

toll [tɔl] **A** *adj* **1** (≈ *wild, ausgelassen*) wild; **die (drei) ~en Tage** (the last three days of) Fasching **2** (*infml* ≈ *verrückt*) crazy **3** (*infml* ≈ *großartig*) fantastic (*infml*) **B** *adv* **1** (*infml* ≈ *großartig*) fantastically; *schmecken* fantastic **2** (≈ *wild, ausgelassen*) **es ging ~ zu** things were pretty wild (*infml*) **3** (*infml* ≈ *verrückt*) (*wie*) **~ fahren** *etc* to drive *etc* like a madman **Tollkirsche** *f* deadly nightshade **tollkühn** *adj* *Person, Fahrt* daredevil *attr*, daring **Tollpatsch** ['tɔlpatʃ] *m* ⟨-s, -e⟩ (*infml*) clumsy creature **tollpatschig** ['tɔlpatʃɪç] *adj* clumsy **Tollwut** *f* rabies *sg* **tollwütig** *adj* rabid

Tölpel ['tœlpl̩] *m* ⟨-s, -⟩ (*infml*) fool

Tomate [to'maːtə] *f* ⟨-, -n⟩ tomato **Tomatenmark** *nt*, **Tomatenpüree** *nt* tomato puree **Tomatensaft** *m* tomato juice

Tombola ['tɔmbola] *f* ⟨-, -s *or* Tombolen [-lən]⟩ tombola (*Br*), raffle (*US*)

Tomograf [tomo'graːf] *m* ⟨-en, -en⟩ MED tomograph **Tomografie** [tomogra'fiː] *f* ⟨-, -n [-'fiːən]⟩ tomography **Tomogramm** [tomo'gram] *nt, pl* -gramme MED tomogram

Ton¹ [toːn] *m* ⟨-(e)s, -e⟩ (≈ *Erdart*) clay

Ton² *m* ⟨-(e)s, ⸚e ['tøːnə]⟩ **1** sound; MUS

tone; (≈ *Note*) note; **den ~ angeben** (*fig*) to set the tone; **keinen ~ sagen** not to make a sound; **große Töne spucken** (*infml*) to talk big; **jdn in (den) höchsten Tönen loben** (*infml*) to praise sb to the skies **2** (≈ *Betonung*) stress; (≈ *Tonfall*) intonation **3** (≈ *Redeweise*) tone; **ich verbitte mir diesen ~ I** will not be spoken to like that; **der gute ~** good form **4** (≈ *Farbton*) tone; (≈ *Nuance*) shade **Tonabnehmer** *m* pick-up **tonangebend** *adj* **~ sein** to set the tone **Tonarm** *m* pick-up arm **Tonart** *f* MUS key; (*fig* ≈ *Tonfall*) tone **Tonband** [-bant] *nt*, *pl* -bänder tape **Tonbandgerät** *nt* tape recorder

tönen¹ ['tøːnən] *v/i* (≈ *klingen*) to sound; (≈ *großspurig reden*) to boast

tönen² *v/t* to tint; **sich** (*dat*) **die Haare ~** to tint one's hair

Toner ['toːnɐ] *m* ⟨-s, -⟩ toner **Tonerkassette** *f* toner cartridge

tönern ['tøːnɐn] *adj attr* clay

Tonfall *m* tone of voice; (≈ *Intonation*) intonation **Tonfilm** *m* sound film

tonhaltig *adj* clayey

Tonhöhe *f* pitch **Toningenieur(in)** *m/f(f)* sound engineer **Tonlage** *f* pitch (level); (≈ *Tonumfang*) register **Tonleiter** *f* scale **tonlos** *adj* toneless

Tonnage [tɔˈnaːʒə] *f* ⟨-, -n⟩ NAUT tonnage **Tonne** ['tɔnə] *f* ⟨-, -n⟩ **1** (≈ *Behälter*) barrel; (*aus Metall*) drum; (≈ *Mülltonne*) bin (*Br*), trash can (*US*) **2** (≈ *Gewicht*) metric ton(ne) **3** (≈ *Registertonne*) (register) ton

Tonspur *f* soundtrack **Tonstörung** *f* sound interference **Tonstudio** *nt* recording studio

Tontaube *f* clay pigeon **Tontaubenschießen** *nt* ⟨-s, *no pl*⟩ clay pigeon shooting

Tontechniker(in) *m/f(f)* sound technician **Tönung** ['tøːnʊŋ] *f* ⟨-, -en⟩ (≈ *Haartönung*) hair colour (*Br*) or color (*US*); (≈ *Farbton*) shade, tone

Top [tɔp] *nt* ⟨-s, -s⟩ FASHION top **topaktuell** *adj* up-to-the-minute

Topas [toˈpaːs] *m* ⟨-es, -e [-zə]⟩ topaz

Topbegriff *m* **~ bei Twitter® sein** to be trending on Twitter®

Topf [tɔpf] *m* ⟨-(e)s, ⸚e ['tœpfə]⟩ pot; (≈ *Kochtopf*) (sauce)pan; **alles in einen ~ werfen** (*fig*) to lump everything together **Topfen** ['tɔpfn] *m* ⟨-s, -⟩ (*S Ger, Aus*) quark **Töpfer** ['tœpfɐ] *m* ⟨-s, -⟩, **Töpferin**

[-ərɪn] *f* ⟨-, -nen⟩ potter **Töpferei** [tœpfəˈraɪ] *f* ⟨-, -en⟩ pottery **töpfern** ['tœpfɐn] *v/i* to do pottery **Töpferscheibe** *f* potter's wheel

topfit *adj pred* in top form; (*gesundheitlich*) as fit as a fiddle

Topflappen *m* oven cloth **Topfpflanze** *f* potted plant

Topografie [topograˈfiː] *f* ⟨-, -n [-ˈfiːən]⟩ topography **topografisch** [topoˈgraːfɪʃ] *adj* topographic(al)

toppen ['tɔpn] *v/t* to top, to beat; **schwer zu ~** hard to top or beat

Tor *nt* ⟨-(e)s, -e⟩ **1** gate; (*fig*) gateway; (≈ *Torbogen*) archway; (*von Garage*) door **2** SPORTS goal; **im ~ stehen** to be in goal **Torbogen** *m* arch **Toresschluss** *m* = **Torschluss**

Torf [tɔrf] *m* ⟨-(e)s, *no pl*⟩ peat **torfig** ['tɔrfɪç] *adj* peaty **Torfmoor** *nt* peat bog or (*trocken*) moor

Torfrau *f* goalkeeper **Torhüter(in)** *m/f(f)* goalkeeper

töricht ['tøːrɪçt] (*elev*) *adj* foolish; *Hoffnung* idle

Torjäger(in) *m/f(f)* (goal)scorer

torkeln ['tɔrkln] *v/i aux sein* to stagger, to reel

Tormann *m*, *pl* -männer goalkeeper

Tornado [tɔrˈnaːdo] *m* ⟨-s, -s⟩ tornado **torpedieren** [tɔrpeˈdiːrən] *past part* **torpediert** *v/t* to torpedo **Torpedo** [tɔrˈpeːdo] *m* ⟨-s, -s⟩ torpedo

Torpfosten *m* gatepost; SPORTS goalpost **Torschluss** *m*, *no pl* (*fig*) **kurz vor ~** at the last minute **Torschlusspanik** *f* (*infml*) last minute panic **Torschütze** *m*, **Torschützin** *f* (goal)scorer

Torte ['tɔrtə] *f* ⟨-, -n⟩ gâteau; (≈ *Obsttorte*) flan **Tortenboden** *m* flan case or (*ohne Seiten*) base **Tortendiagramm** *nt* pie chart **Tortenguss** *m* glaze **Tortenheber** [-heːbə] *m* ⟨-s, -⟩ cake slice

Tortur [tɔrˈtuːɐ] *f* ⟨-, -en⟩ torture; (*fig*) ordeal

Torverhältnis *nt* score **Torwart** [-vart] *m* ⟨-(e)s, -e⟩, **Torwartin** [-vartɪn] *f* ⟨-, -nen⟩ goalkeeper

tosen ['toːzn] *v/i* (*Wellen*) to thunder; (*Sturm*) to rage; **~der Beifall** thunderous applause

Toskana [tɔsˈkaːna] ⟨-⟩ GEOG **die ~** Tuscany

tot [to:t] *adj* dead; *(infml ≈ erschöpft)* beat *(infml)*; *Stadt* deserted; **~ geboren** stillborn; **~ umfallen** to drop dead; **er war auf der Stelle ~** he died instantly; **ein ~er Mann sein** *(fig infml)* to be a goner *(infml)*; **~er Winkel** blind spot; MIL dead angle; **das Tote Meer** the Dead Sea; **~er Punkt** *(≈ Stillstand)* standstill, halt; *(in Verhandlungen)* deadlock; *(≈ körperliche Ermüdung)* low point

total [to'ta:l] **A** *adj* total **B** *adv* totally **Totalisator** [totali'za:to:ɐ] *m* ⟨-s, Totalisatoren [-'to:rən]⟩ totalizator **totalitär** [totali'tɛ:ɐ] **A** *adj* totalitarian **B** *adv* in a totalitarian way **Totaloperation** *f (von Gebärmutter)* hysterectomy **Totalschaden** *m* write-off

totarbeiten *v/r sep (infml)* to work oneself to death **töten** ['tø:tn] *v/t & v/i* to kill **Totenbett** *nt* deathbed **totenblass** *adj* deathly pale **Totengräber** *m* ⟨-s, -⟩, **Totengräberin** *f* ⟨-, -nen⟩ gravedigger **Totenkopf** *m* skull; *(auf Piratenfahne etc)* skull and crossbones **Totenschein** *m* death certificate **Totenstarre** *f* rigor mortis **Totenstille** *f* deathly silence **Tote(r)** ['to:tə] *m/f(m)* decl as adj dead person; *(bei Unfall,* MIL*)* casualty; **die ~n** the dead; **es gab 3 ~** 3 people died *or* were killed **totgeboren** *adj attr;* → **tot Totgeburt** *f* stillbirth **totkriegen** *v/t sep (infml)* **nicht totzukriegen sein** to go on for ever **totlachen** *v/r sep (infml)* to kill oneself (laughing) *(Br infml)*; **es ist zum Totlachen** it is hilarious

Toto ['to:to] *m or (inf, Aus, Swiss) nt* ⟨-s, -s⟩ *(football)* pools *pl (Br)*; **(im) ~ spielen** to do the pools *(Br)* **Totoschein** *m* pools coupon *(Br)*

Totschlag *m* JUR manslaughter **totschlagen** *v/t sep irr* to kill; **du kannst mich ~, ich weiß es nicht** *(infml)* for the life of me I don't know **totschweigen** *v/t sep irr* to hush up *(infml)* **tot stellen** *v/r* to pretend to be dead **Tötung** ['tø:tʊŋ] *f* ⟨-, -en⟩ killing

Toupet [tu'pe:] *nt* ⟨-s, -s⟩ toupée **toupieren** [tu'pi:rən] *past part* **toupiert** *v/t* to backcomb

Tour [tu:ɐ] *f* ⟨-, -en⟩ **1** *(≈ Fahrt)* trip; *(≈ Tournee)* tour; *(≈ Wanderung)* walk; *(≈ Bergtour)* climb **2** *(≈ Umdrehung)* revolution; **auf ~en kommen** *(Auto)* to reach top speed; *(fig infml)* to get into top gear; **jdn/etw auf ~en bringen** *(fig)* to get sb/ sth going; **in einer ~** *(infml)* incessantly **3** *(infml)* **auf die krumme ~** by dishonest means; **jdm die ~ vermasseln** *(infml)* to put paid to sb's plans **Tourenrad** *nt* tourer **Tourenwagen** *m* touring car **Tourismus** [tu'rɪsmʊs] *m* ⟨-, no pl⟩ tourism **Tourismusindustrie** *f* tourist industry **Tourist** [tu'rɪst] *m* ⟨-en, -en⟩, **Touristin** [-'rɪstɪn] *f* ⟨-, -nen⟩ tourist **Touristenklasse** *f* tourist class **Touristik** [tu'rɪstɪk] *f* ⟨-, no pl⟩ tourism **Tournee** [tʊr'ne:] *f* ⟨-, -s *or* -n [-'ne:ən]⟩ tour; **auf ~ sein** to be on tour

Toxikologe [tɔksiko'lo:gə] *m* ⟨-n, -n⟩, **Toxikologin** [-'lo:gɪn] *f* ⟨-, -nen⟩ toxicologist **toxikologisch** [tɔksiko'lo:gɪʃ] *adj* toxicological **toxisch** ['tɔksɪʃ] *adj* toxic

Trab [tra:p] *m* ⟨-(e)s [-bəs]⟩ *no pl* trot; **im ~** at a trot; **auf ~ sein** *(infml)* to be on the go *(infml)*; **jdn in ~ halten** *(infml)* to keep sb on the go *(infml)*

Trabant [tra'bant] *m* ⟨-en, -en⟩ satellite **Trabantenstadt** *f* satellite town

traben ['tra:bn] *v/i aux haben or sein* to trot **Trabrennbahn** *f* trotting course **Trabrennen** *nt* trotting race

Tracht [traxt] *f* ⟨-, -en⟩ **1** *(≈ Kleidung)* dress; *(≈ Volkstracht etc)* costume; *(≈ Schwesterntracht)* uniform **2** **jdm eine ~ Prügel verabreichen** *(infml)* to give sb a beating **trachten** ['traxtn] *v/i (elev)* to strive *(nach* for, after); **jdm nach dem Leben ~** to be after sb's blood

trächtig ['trɛçtɪç] *adj Tier* pregnant

Trackball ['trɛkbɔ:l] *m* ⟨-s, -s⟩ IT trackball

Tradition [tradi'tsio:n] *f* ⟨-, -en⟩ tradition; **(bei jdm) ~ haben** to be a tradition (for sb) **traditionell** [traditsio'nɛl] **A** *adj usu attr* traditional **B** *adv* traditionally **traditionsbewusst** *adj* tradition-conscious **traditionsgemäß** *adv* traditionally

Trafik [tra'fi:k] *f* ⟨-, -en⟩ *(Aus)* tobacconist's (shop) **Trafikant** [trafi'kant] *m* ⟨-en, -en⟩, **Trafikantin** [-'kantɪn] *f* ⟨-, -nen⟩ *(Aus)* tobacconist

Trafo ['tra:fo] *m* ⟨-(s), -s⟩ *(infml)* transformer

Tragbahre *f* stretcher **tragbar** *adj* **1** *Gerät* portable **2** *(≈ annehmbar)* acceptable *(für* to); *(≈ erträglich)* bearable **Trage** ['tra:gə] *f* ⟨-, -n⟩ *(≈ Bahre)* litter

träge ['trɛ:gə] *adj* **1** sluggish; *Mensch* lethargic; *(≈ faul)* lazy **2** PHYS *Masse* inert

tragen ['tra:gn] *pret* **trug** [tru:k], *past part* **getragen** [gə'tra:gn] **A** *v/t* **1** (≈ *befördern*) to carry; **den Brief zur Post ~** to take the letter to the post office **2** (≈ *am Körper tragen*) to wear; **getragene Kleider** second-hand clothes **3** (≈ *stützen*) to support **4** (≈ *hervorbringen*) *Zinsen, Ernte* to yield; *Früchte* to bear **5** (≈ *trächtig sein*) to be carrying **6** (≈ *ertragen*) *Schicksal* to bear **7** (≈ *übernehmen*) *Verluste* to defray; *Kosten* to bear, to carry; *Risiko* to take **8** (≈ *haben*) *Titel, Namen* to bear **B** *v/i* **1** (*Eis*) to take weight **2** **schwer an etw** (*dat*) **~** to have a job carrying sth; (*fig*) to find sth hard to bear; **zum Tragen kommen** to come to fruition; (≈ *nützlich werden*) to come in useful **C** *v/r* (*Kleid, Stoff*) to wear **tragend** *adj* **1** (≈ *stützend*) *Säule, Bauteil* load-bearing **2** THEAT *Rolle* major **Träger** ['trɛːɡɐ] *m* ⟨-s, -⟩ **1** (*an Kleidung*) strap; (≈ *Hosenträger*) braces *pl* (*Br*), suspenders *pl* (*US*) **2** BUILD (*supporting*) beam; (≈ *Stahlträger, Eisenträger*) girder **3** (≈ *Kostenträger*) funding provider **Träger** ['trɛːɡɐ] *m* ⟨-s, -⟩, **Trägerin** [-ərɪn] *f* ⟨-, -nen⟩ (*von Lasten, Namen, Titel*) bearer; (*von Kleidung*) wearer; (*eines Preises*) winner; (*von Krankheit*) carrier **Trägerrakete** *f* carrier rocket **Tragetasche** *f* carrier bag **tragfähig** *adj* able to take a weight; (*fig*) *Konzept, Lösung* workable **Tragfläche** *f* wing **Tragflächenboot** *nt* **Tragflügelboot** *nt* hydrofoil **Trägheit** *f* ⟨-, -en⟩ sluggishness; (*von Mensch*) lethargy; (≈ *Faulheit*) laziness; PHYS inertia **Tragik** ['tra:ɡɪk] *f* ⟨-, *no pl*⟩ tragedy **Tragikomik** [tragi'ko:mɪk, 'tra:gi-] *f* tragicomedy **tragikomisch** [tragi'ko:mɪʃ, 'tra:gi-] *adj* tragicomical **Tragikomödie** [tragiko'møːdiə, 'tra:gi-] *f* tragicomedy **tragisch** ['tra:ɡɪʃ] **A** *adj* tragic; **das ist nicht so ~** (*infml*) it's not the end of the world **B** *adv* tragically **Tragödie** [tra'ɡøːdiə] *f* ⟨-, -n⟩ (LIT, *fig*) tragedy **Tragweite** *f* (*von Geschütz etc*) range; **von großer ~ sein** to have far-reaching consequences **Trainer** ['trɛːnɐ, 'trɛːnɐ] *m* ⟨-s, -⟩, **Trainerin** [-ərɪn] *f* ⟨-, -nen⟩ trainer; (*von Tennisspieler*) coach; (*bei Fußball*) manager **trainieren** [trɛ'niːrən, tre-] *past part* **trainiert** **A** *v/t* to train; *Übung, Sportart* to practise (*Br*), to practice (*US*); *Muskel* to exercise **B**

v/i (*Sportler*) to train; (≈ *Übungen machen*) to exercise; (≈ *üben*) to practise (*Br*), to practice (*US*) **Training** ['trɛːnɪŋ, 'treː-] *nt* ⟨-s, -s⟩ training *no pl*; (≈ *Fitnesstraining*) workout; (*fig* ≈ *Übung*) practice **Trainingsanzug** *m* tracksuit **Trainingshose** *f* tracksuit trousers *pl* (*esp Br*) or pants *pl* (*esp US*) **Trainingsschuh** *m* training shoe **Trakt** [trakt] *m* ⟨-(e)s, -e⟩ (≈ *Gebäudeteil*) section; (≈ *Flügel*) wing **traktieren** [trak'tiːrən] *past part* **traktiert** *v/t* (*infml*) (≈ *schlecht behandeln*) to maltreat; (≈ *quälen*) to torment **Traktor** ['trakto:ɐ] *m* ⟨-s, Traktoren* [-'to:rən]⟩ tractor **trällern** ['trɛlɐn] *v/t & v/i* to warble **Tram** [tram] *f* ⟨-, -s⟩ (*Swiss*), **Trambahn** *f* (*S Ger*) = Straßenbahn **Trampel** ['trampl] *m or nt* ⟨-s, - *or f* -, -n⟩ clumsy clot (*infml*) **trampeln** ['trampln] **A** *v/i* (≈ *mit den Füßen stampfen*) to stamp **B** *v/t* **jdn zu Tode ~** to trample sb to death **Trampelpfad** *m* track **trampen** ['trɛmpn, 'tram-] *v/i aux sein* to hitchhike **Tramper** ['trɛmpɐ] *m* ⟨-s, -⟩, **Tramperin** [-ərɪn] *f* ⟨-, -nen⟩ hitchhiker **Trampolin** [trampo'liːn, 'tram-] *nt* ⟨-s, -e⟩ trampoline **Tran** [tra:n] *m* ⟨-(e)s, -e⟩ **1** (*von Fischen*) train oil **2** (*infml*) **im ~** dop(e)y (*infml*); (≈ *leicht betrunken*) tipsy **Trance** ['trãːs(ə)] *f* ⟨-, -n⟩ trance **tranchieren** [trã'ʃiːrən] *past part* **tranchiert** *v/t* to carve **Träne** ['trɛːnə] *f* ⟨-, -n⟩ tear; **ihm kamen die ~n** tears welled up in his eyes; **~n lachen** to laugh till one cries; **bittere ~n weinen** to shed bitter tears **tränen** ['trɛːnən] *v/i* to water **Tränendrüse** *f* lachrymal gland **Tränengas** *nt* tear gas **Tränke** ['trɛŋkə] *f* ⟨-, -n⟩ drinking trough **tränken** ['trɛŋkn] *v/t* **1** *Tiere* to water **2** (≈ *durchnässen*) to soak **transatlantisch** [transat'lantɪʃ] *adj* transatlantic **Transfer** [trans'feːɐ] *m* ⟨-s, -s⟩ transfer **Transformation** [transfɔrma'tsioːn] *f* transformation **Transformator** [transfɔr'maːtoːɐ] *m* ⟨-s, Transformatoren* [-'to:rən]⟩ transformer **Transfusion** [transfu'zioːn] *f* transfusion **Transistor** [tran'zɪstoːɐ] *m* ⟨-s, Transistoren* [-'to:rən]⟩ transistor **Transistorradio** *nt* transistor (radio)

Transit ['tranziːt, tranˈzɪt, 'tranzɪt] *m* ⟨-s, -e⟩ transit **Transitabkommen** *nt* transit agreement

transitiv ['tranzitiːf, tranziˈtiːf] *adj* GRAM transitive

Transitverkehr *m* transit traffic

transparent [transpaˈrɛnt] *adj* transparent **Transparent** [transpaˈrɛnt] *nt* ⟨-(e)s, -e⟩ (≈ *Reklameschild etc*) neon sign; (≈ *Durchscheinbild*) transparency **Transparenz** [transpaˈrɛnts] *f* ⟨-, *no pl*⟩ transparency

Transplantat [transplanˈtaːt] *nt* ⟨-(e)s, -e⟩ (*Haut*) graft; (*Organ*) transplant **Transplantation** [transplantaˈtsioːn] *f* ⟨-, -en⟩ MED transplant; (*von Haut*) graft; (*Vorgang*) transplantation; (*von Haut*) grafting **transplantieren** [transplanˈtiːrən] *past part* **transplantiert** *v/t & v/i* MED *Organ* to transplant; *Haut* to graft

Transport [transˈpɔrt] *m* ⟨-(e)s, -e⟩ transport **transportabel** [transpɔrˈtaːbl] *adj* *Computer etc* portable **Transportband** [-bant] *nt*, *pl* -bänder conveyor belt **Transporter** [transˈpɔrtɐ] *m* ⟨-s, -⟩ (*Schiff*) cargo ship; (*Flugzeug*) transport plane; (*Auto*) van **transportfähig** *adj* *Patient* moveable **Transportflugzeug** *nt* transport plane **transportieren** [transpɔrˈtiːrən] *past part* **transportiert** *v/t* to transport **Transportkosten** *pl* carriage *sg* **Transportmittel** *nt* means of transport **Transportunternehmen** *nt* haulier (*Br*), hauler (*US*)

Transsexuelle(r) [transzɛˈksuɛlə] *m/f(m)* *decl as adj* transsexual **Transvestit** [transvɛsˈtiːt] *m* ⟨-en, -en⟩ transvestite

Trapez [traˈpeːts] *nt* ⟨-es, -e⟩ **1** MAT trapezium **2** (*von Artisten*) trapeze **Trapezakt** *m* trapeze act **Trapezkünstler(in)** *m/f(f)* trapeze artist

trappeln ['trapln] *v/i aux sein* to clatter; (*Pony*) to clip-clop

Trara [traˈraː] *nt* ⟨-s, -s⟩ (*fig infml*) hullabaloo (*infml*) (*um* about)

Trasse ['trasə] *f* ⟨-, -n⟩ SURVEYING marked-out route

Tratsch [tratʃ] *m* ⟨-(e)s, *no pl*⟩ (*infml*) gossip **tratschen** ['tratʃn] *v/i* (*infml*) to gossip

Tratte ['tratə] *f* ⟨-, -n⟩ FIN draft

Traualtar *m* altar

Traube ['traubə] *f* ⟨-, -n⟩ (*einzelne Beere*) grape; (*ganze Frucht*) bunch of grapes; (≈ *Menschentraube*) bunch **Traubensaft** *m* grape juice **Traubenzucker** *m* dextrose

trauen ['trauən] **A** *v/i* +*dat* to trust; **einer Sache** (*dat*) **nicht ~** to be wary of sth; **ich traute meinen Augen/Ohren nicht** I couldn't believe my eyes/ears **B** *v/r* to dare; **sich ~, etw zu tun** to dare (to) do sth; **ich trau mich nicht** I daren't; **sich auf die Straße ~** to dare to go out **C** *v/t* to marry

Trauer ['trauə] *f* ⟨-, *no pl*⟩ mourning; (≈ *Leid*) sorrow, grief **Trauerfall** *m* bereavement **Trauerfeier** *f* funeral service **trauern** ['trauən] *v/i* to mourn (*um jdn* for sb, *um etw* sth) **Trauerspiel** *nt* tragedy; (*fig infml*) fiasco **Trauerweide** *f* weeping willow

Traufe ['traufə] *f* ⟨-, -n⟩ eaves *pl* **träufeln** ['trɔyfln] *v/t* to dribble

Traum [traum] *m* ⟨-(e)s, Träume ['trɔymə]⟩ (*lit, fig*) dream; **aus der ~!** it's all over **Trauma** ['trauma] *nt* ⟨-s, Traumen *or* -ta [-mən, -ta]⟩ trauma; (*fig also*) nightmare **traumatisch** [trauˈmaːtɪʃ] *adj* traumatic **träumen** ['trɔymən] **A** *v/i* to dream; **von jdm/etw ~** to dream about sb/sth; (≈ *sich ausmalen*) to dream of sb/sth; **das hätte ich mir nicht ~ lassen** I'd never have thought it possible **B** *v/t* to dream; *Traum* to have; **etwas Schönes ~** to have a pleasant dream **Träumer** ['trɔymɐ] *m* ⟨-s, -⟩, **Träumerin** [-ərɪn] *f* ⟨-, -nen⟩ dreamer **Träumerei** [trɔymə-ˈrai] *f* ⟨-, -en⟩ **1** *no pl* (≈ *das Träumen*) dreaming **2** (≈ *Vorstellung*) daydream **träumerisch** ['trɔymərɪʃ] *adj* dreamy; (≈ *schwärmerisch*) wistful **Traumfabrik** *f* (*pej*) dream factory **Traumfrau** *f* (*infml*) dream woman **traumhaft** **A** *adj* (≈ *fantastisch*) fantastic; (≈ *wie im Traum*) dreamlike **B** *adv* (≈ *fantastisch*) fantastically; **~ schönes Wetter** fantastic weather **Traummann** *m*, *pl* -männer (*infml*) dream man **Traumpaar** *nt* perfect couple **Traumtänzer(in)** *m/f(f)* dreamer **Traumwelt** *f* dream world

traurig ['trauʁɪç] **A** *adj* sad; *Leistung, Rekord* pathetic; *Wetter* miserable; **die ~e Bilanz** the tragic toll **B** *adv* sadly; **um meine Zukunft sieht es ~ aus** my future doesn't look too bright **Traurigkeit** *f* ⟨-, -en⟩ sadness

Trauschein *m* marriage certificate **Trauung** ['trauʊŋ] *f* ⟨-, -en⟩ wedding

T

Trauzeuge *m*, **Trauzeugin** *f* witness (*at marriage ceremony*)

Treck [trɛk] *m* ⟨-s, -s⟩ trek; (≈ *Leute*) train; (≈ *Wagen etc*) wagon train **Trecking** ['trɛkɪŋ] *nt* ⟨-s, *no pl*⟩ trekking

Treff *m* ⟨-s, -s⟩ (*infml*) (≈ *Treffen*) meeting; (≈ *Treffpunkt*) haunt, meeting place **treffen** ['trɛfn] *pret* **traf** [traːf], *past part* **getroffen** [gə'trɔfn] **A** *v/t* **1** (*durch Schlag, Schuss etc*) to hit (*an/in +dat* on); (*Unglück*) to strike; **auf dem Foto bist du gut getroffen** (*infml*) that's a good photo of you **2** (*fig* ≈ *kränken*) to hurt **3** (≈ *betreffen*) **es trifft immer die Falschen** it's always the wrong people who are affected; **ihn trifft keine Schuld** he's not to blame **4** (≈ *jdm begegnen*) to meet **5** **es gut/schlecht ~** to be fortunate/unlucky (*mit* with) **6** *Vorbereitungen* to make; *Vereinbarung* to reach; *Entscheidung, Maßnahmen* to take **B** *v/i* **1** (*Schlag, Schuss etc*) to hit; **tödlich getroffen** (*von Schuss etc*) fatally wounded; **nicht ~** to miss **2** *aux sein* (≈ *stoßen*) **auf jdn/etw ~** to meet sb/sth **C** *v/r* (≈ *zusammentreffen*) to meet **D** *v/r impers* **es trifft sich, dass …** it (just) happens that …; **das trifft sich gut/schlecht, dass …** it is convenient/inconvenient that … **Treffen** ['trɛfn] *nt* ⟨-s, -⟩ meeting; SPORTS encounter **treffend** *adj Beispiel* apt; **etw ~ darstellen** to describe sth perfectly **Treffer** ['trɛfɐ] *m* ⟨-s, -⟩ hit; (≈ *Tor*) goal; **einen ~ landen** (*infml*) to score a hit; FTBL to score a goal **Treffpunkt** *m* meeting place **treffsicher** *adj Stürmer etc* accurate; (*fig*) *Bemerkung* true

Treibeis *nt* drift ice **treiben** ['traibn] *pret* **trieb** [triːp], *past part* **getrieben** [gə'triːbn] **A** *v/t* **1** to drive; (≈ *antreiben*) to push; **jdn in den Wahnsinn ~** to drive sb mad; **jdn zum Äußersten ~** to push sb too far; **die Preise (in die Höhe) ~** to push prices up; **die ~de Kraft bei etw sein** to be the driving force behind sth **2** *Handel, Sport* to do; *Studien* to pursue; *Gewerbe* to carry on; *Unfug* to be up to; **was treibst du?** what are you up to?; **es toll ~** to have a wild time; **es zu toll ~** to overdo it; **es zu weit ~** to go too far; **es mit jdm ~** (*infml*) to have sex with sb **3** *Blüten, Knospen* to sprout **B** *v/i aux sein* (≈ *sich fortbewegen*) to drift; **sich ~ lassen** to drift; **die Dinge ~ lassen** to let things go **Treiben** ['traibn] *nt* ⟨-s, -⟩ (≈ *Getriebe*) hustle and

bustle **Treiber** ['traibɐ] *m* ⟨-s, -⟩ IT driver **Treiber** ['traibɐ] *m* ⟨-s, -⟩, **Treiberin** [-ərɪn] *f* ⟨-, -nen⟩ (≈ *Viehtreiber*) drover; HUNT beater **Treibgas** *nt* (*bei Sprühdosen*) propellant **Treibhaus** *nt* hothouse **Treibhauseffekt** *m* METEO greenhouse effect **Treibhausgas** *nt* greenhouse gas **Treibjagd** *f* battue (*tech*) **Treibsand** *m* quicksand **Treibstoff** *m* fuel

Trekking ['trɛkɪŋ] *nt* ⟨-s, *no pl*⟩ trekking **Trekkingrad** *nt* trekking bike **Trekkingschuh** *m* trekking shoe, trekking boot **Trekkingtour** *f* trekking expedition

Trend [trɛnt] *m* ⟨-s, -s⟩ trend; **voll im ~ liegen** to follow the trend **trendig** *adj Kleidung, Kneipe* trendy; *Meldung bei Twitter®* trending **Trendwende** *f* new trend **trendy** ['trɛndi] *adj* (*infml*) trendy

trennbar *adj* separable **trennen** ['trɛnən] **A** *v/t* **1** to separate (*von* from); (≈ *abmachen*) to detach (*von* from); (*nach Rasse etc*) to segregate; **voneinander getrennt werden** to be separated **2** LING *Wort* to divide **B** *v/r* **1** (≈ *auseinandergehen*) to separate; (≈ *Abschied nehmen*) to part; **sich von etw ~** to part with sth **2** (≈ *sich teilen: Wege*) to divide **C** *v/i* (*zwischen Begriffen*) to draw a distinction **Trennschärfe** *f* selectivity **Trennung** ['trɛnʊŋ] *f* ⟨-, -en⟩ **1** (≈ *Abschied*) parting **2** (≈ *Getrenntsein*) separation; (*von Wort*) division; (*von Begriffen*) distinction; (≈ *Rassentrennung etc*) segregation; **in ~ leben** to be separated **Trennwand** *f* partition (wall)

Treppe ['trɛpə] *f* ⟨-, -n⟩ (≈ *Aufgang*) (flight of) stairs *pl*; (*im Freien*) (flight of) steps *pl*; **eine ~** a staircase; **~n steigen** to climb stairs **Treppenabsatz** *m* half landing **Treppengeländer** *nt* banister **Treppenhaus** *nt* stairwell; **im ~** on the stairs

Tresen ['treːzn] *m* ⟨-s, -⟩ (≈ *Theke*) bar; (≈ *Ladentisch*) counter

Tresor [tre'zoːɐ] *m* ⟨-s, -e⟩ (≈ *Raum*) strongroom; (≈ *Schrank*) safe

Tretboot *nt* pedal boat, pedalo (*Br*) **Treteimer** *m* pedal bin **treten** ['treːtn] *pret* **trat** [traːt], *past part* **getreten** [gə'treːtn] **A** *v/i* **1** (*mit Fuß*) to kick (*gegen etw* sth, *nach* out at) **2** *aux sein* (*mit Raumangabe*) to step; **in den Hintergrund ~** (*fig*) to recede into the background; **an jds Stelle** (*acc*) **~** to take sb's place **3** *aux sein or ha-*

ben (≈ *betätigen*) **in die Pedale ~** to pedal hard; **aufs Gas(pedal) ~** (≈ *Pedal betätigen*) to press the accelerator; (≈ *schnell fahren*) to put one's foot down (*infml*); **auf die Bremse ~** to brake **4** *aux sein* **der Schweiß trat ihm auf die Stirn** sweat appeared on his forehead; **Tränen traten ihr in die Augen** tears came to her eyes **B** *v/t* **1** (≈ *Fußtritt geben*) to kick; SPORTS *Ecke, Freistoß* to take; **jdn mit dem Fuß ~** to kick sb **2** (≈ *trampeln*) *Pfad, Weg* to tread **3** (*fig*) **jdn ~** (*infml* ≈ *antreiben*) to get at sb **Tretmine** *f* MIL (antipersonnel) mine **Tretroller** *m* scooter

treu [trɔy] **A** *adj Freund, Kunde etc* loyal; *Hund, Gatte etc* faithful; **jdm ~ sein/bleiben** to be/remain faithful to sb; **sich** (*dat*) **selbst ~ bleiben** to be true to oneself; **seinen Grundsätzen ~ bleiben** to stick to one's principles **B** *adv* faithfully; (≈ *treuherzig*) trustingly; *ansehen* innocently; **jdm ~ ergeben sein** to be loyally devoted to sb; **~ sorgend** devoted **Treue** ['trɔyə] *f* ⟨-, *no pl*⟩ (*von Freund, Kunde etc*) loyalty; (*von Hund*) faithfulness; (≈ *eheliche Treue*) fidelity; **jdm die ~ halten** to keep faith with sb; *Ehegatten etc* to remain faithful to sb **treugeben** *adj* → **treu Treuhand** *f, no pl* trust **Treuhänder** [-hɛndɐ] *m* ⟨-s, -⟩, **Treuhänderin** [-ərɪn] *f* ⟨-, -nen⟩ trustee **Treuhandgesellschaft** *f* trust company **treuherzig** **A** *adj* innocent, trusting **B** *adv* innocently, trustingly **treulos** *adj* disloyal **Treulosigkeit** *f* ⟨-, *no pl*⟩ disloyalty **treusorgend** *adj attr* devoted

Triangel ['tri:aŋl] *m or* (*Aus*) *nt* ⟨-s, -⟩ triangle

Tribunal [tribu'na:l] *nt* ⟨-s, -e⟩ tribunal **Tribüne** [tri'by:nə] *f* ⟨-, -n⟩ (≈ *Rednertribüne*) platform; (≈ *Zuschauertribüne*) stand; (≈ *Haupttribüne*) grandstand

Trichine [trɪ'çi:nə] *f* ⟨-, -n⟩ trichina

Trichter ['trɪçtɐ] *m* ⟨-s, -⟩ funnel; (≈ *Bombentrichter*) crater **trichterförmig** *adj* funnel-shaped

Trick [trɪk] *m* ⟨-s, -s *or* (*rare*) -e⟩ trick; (*raffiniert*) ploy **Trickbetrüger(in)** *m/f(*,*)*, **Trickdieb(in)** *m/f(*,*)* confidence trickster **Trickfilm** *m* trick film; (≈ *Zeichentrickfilm*) cartoon (film) **trickreich** (*infml*) **A** *adj* tricky; (≈ *raffiniert*) clever **B** *adv* erschwindeln through various tricks

Trieb [tri:p] *m* ⟨-(e)s, -e [-bə]⟩ **1** (≈ *Natur-*

trieb) drive; (≈ *Drang*) urge; (≈ *Verlangen*) desire; (≈ *Neigung*) inclination; (≈ *Selbsterhaltungstrieb, Fortpflanzungstrieb*) instinct **2** BOT shoot **Triebfeder** *f* (*fig*) motivating force (+*gen* behind) **Triebkraft** *f* MECH motive power; (*fig*) driving force **Triebrad** *nt* driving wheel (*Br*), gear wheel **Triebtäter(in)** *m/f(*,*)* sexual offender **Triebwagen** *m* RAIL railcar **Triebwerk** *nt* power plant; (*in Uhr*) mechanism

triefen ['tri:fn] *pret* **triefte** *or* (*geh*) **troff** ['tri:ftə, trɔf], *past part* **getrieft** *or* (*rare*) **getroffen** [gə'tri:ft, gə'trɔfn] *v/i* to be dripping wet; (*Nase*) to run; (*Auge*) to water; **~d nass** dripping wet

triftig ['trɪftɪç] *adj* convincing

Trigonometrie [trigonome'tri:] *f* ⟨-, *no pl*⟩ trigonometry **trigonometrisch** [trigono'me:trɪʃ] *adj* trigonometric(al)

Trikot *nt* ⟨-s, -s⟩ (≈ *Hemd*) shirt; **das Gelbe ~** (*bei Tour de France*) the yellow jersey

trillern ['trɪlɐn] *v/t & v/i* to warble **Trillerpfeife** *f* (pea) whistle

Trillion [trɪ'lio:n] *f* ⟨-, -en⟩ trillion (*Br*), quintillion (*US*)

Trimester [tri'mɛstɐ] *nt* ⟨-s, -⟩ term

trimmen ['trɪmən] **A** *v/t* to trim; (*infml*) *Mensch, Tier* to teach, to train; **auf alt getrimmt** done up to look old **B** *v/r* to do keep-fit (exercises)

trinkbar *adj* drinkable **trinken** ['trɪŋkn] *pret* **trank** [traŋk], *past part* **getrunken** [gə'trʊŋkn] **A** *v/t* to drink; **(schnell) einen ~ gehen** (*infml*) to go for a (quick) drink **B** *v/i* to drink; **jdm zu ~ geben** to give sb something to drink; **auf jds Wohl ~** to drink sb's health; **er trinkt** (≈ *ist Alkoholiker*) he's a drinker **Trinker** ['trɪŋkɐ] *m* ⟨-s, -⟩, **Trinkerin** [-ərɪn] *f* ⟨-, -nen⟩ drinker; (≈ *Alkoholiker*) alcoholic **trinkfest** *adj* **so ~ bin ich nicht** I can't hold my drink (*Br*) *or* liquor (*esp US*) very well **Trinkgeld** *nt* tip; **jdm ~ geben** to tip sb **Trinkwasser** *nt, pl* **-wässer** drinking water

Trio [tri:o] *nt* ⟨-s, -s⟩ trio

Trip [trɪp] *m* ⟨-s, -s⟩ (*infml*) trip

trippeln ['trɪpln] *v/i aux haben or* (*bei Richtungsangabe*) *sein* to trip (*esp Br*), to skip; (*Boxer*) to dance around; (*Pferd*) to prance

Tripper ['trɪpɐ] *m* ⟨-s, -⟩ gonorrhoea *no art* (*Br*), gonorrhea *no art* (*US*)

trist [trɪst] *adj* dismal; *Farbe* dull

Tritt [trɪt] *m* ⟨-(e)s, -e⟩ **1** (≈ *Schritt*) step **2** (≈ *Fußtritt*) kick; **jdm einen ~ geben** to

T

give sb a kick; (infml ≈ anstacheln) to give sb a kick in the pants (infml) **Trittbrett** nt step **Trittbrettfahrer(in)** m/(f) (infml) fare dodger; (fig) copycat (infml) **Trittleiter** f stepladder

Triumph [triˈʊmf] m ⟨-(e)s, -e⟩ triumph; **~e feiern** to be very successful **Triumphbogen** m triumphal arch **triumphieren** [triʊmˈfiːrən] past part triumphiert v/i (≈ frohlocken) to rejoice **triumphierend** ◨ adj triumphant ◨ adv triumphantly

trivial [triˈviaːl] adj trivial **Trivialliteratur** f (pej) light fiction

Trizeps [ˈtriːtsɛps] m ⟨-(es), -e⟩ triceps

trocken [ˈtrɔkn] ◨ adj dry; **~ werden** to dry; (Brot) to go or get dry; **auf dem Trockenen sitzen** (infml) to be in a tight spot (infml) ◨ adv aufbewahren in a dry place **Trockenblume** f dried flower **Trockendock** nt dry dock **Trockenfutter** nt dried food **Trockengebiet** nt arid region **Trockenhaube** f (salon) hairdryer **Trockenheit** f ⟨-, -en⟩ dryness; (≈ Trockenperiode) drought **trockenlegen** v/t sep ◨ Sumpf to drain ◨ Baby to change **Trockenmilch** f dried milk **Trockenrasierer** [-raziːrə] m ⟨-s, -⟩ electric razor **Trockenzeit** f (≈ Jahreszeit) dry season **trocknen** [ˈtrɔknən] v/t & v/i to dry

Trödel [ˈtrøːdl] m ⟨-s, no pl⟩ (infml) junk **Trödelei** [trøːdəˈlai] f ⟨-, -en⟩ (infml) dawdling **trödeln** [ˈtrøːdln] v/i to dawdle **Trödler** [ˈtrøːdlɐ] m ⟨-s, -⟩, **Trödlerin** [-ərɪn] f ⟨-, -nen⟩ ◨ (≈ Händler) junk dealer ◨ (infml ≈ langsamer Mensch) slowcoach (Br infml), slowpoke (US infml)

Trog [troːk] m ⟨-(e)s, ⸚e⟩ [ˈtrøːgə] trough

trollen [ˈtrɔlən] v/r to push off (infml)

Trommel [ˈtrɔml] f ⟨-, -n⟩ MUS, TECH drum **Trommelbremse** f drum brake **Trommelfell** nt eardrum **trommeln** [ˈtrɔmln] ◨ v/i to drum; **gegen die Tür ~** to bang on the door ◨ v/t Rhythmus to beat out **Trommler** [ˈtrɔmlɐ] m ⟨-s, -⟩, **Trommlerin** [-ərɪn] f ⟨-, -nen⟩ drummer **Trompete** [trɔmˈpeːtə] f ⟨-, -n⟩ trumpet **trompeten** [trɔmˈpeːtn] past part trompetet v/i to trumpet **Trompeter** [trɔmˈpeːtɐ] m ⟨-s, -⟩, **Trompeterin** [-ərɪn] f ⟨-, -nen⟩ trumpeter

Tropen [ˈtroːpn] pl tropics pl **Tropenanzug** m tropical suit **Tropenhelm** m pith helmet **Tropenkoller** m tropical madness **Tropenkrankheit** f tropical disease

Tropf [trɔpf] m ⟨-(e)s, ⸚e [ˈtrœpfə] no pl (≈ Infusion) drip (infml); **am ~ hängen** to be on a drip **tröpfchenweise** adv in dribs and drabs **tröpfeln** [ˈtrœpfln] v/t & v/i to drip **tropfen** [ˈtrɔpfn] v/i to drip **Tropfen** [ˈtrɔpfn] m ⟨-s, -⟩ ◨ drop; (≈ einzelner Tropfen: an Kanne etc) drip; **ein edler ~** (infml) a good wine; **bis auf den letzten ~** to the last drop; **ein ~ auf den heißen Stein** (fig infml) a drop in the ocean ◨ **Tropfen** pl (≈ Medizin) drops pl **tropfenweise** adv drop by drop **tropfnass** [ˈtrɔpfnas] adj dripping wet **Tropfstein** m dripstone; (an der Decke) stalactite; (am Boden) stalagmite **Tropfsteinhöhle** f dripstone cave

Trophäe [troˈfɛːə] f ⟨-, -n⟩ trophy

tropisch [ˈtroːpɪʃ] adj tropical

Trost [troːst] m ⟨-(e)s, no pl⟩ consolation; **das ist ein schwacher ~** that's pretty cold comfort; **du bist wohl nicht ganz bei ~!** (infml) you must be out of your mind! **trösten** [ˈtrøːstn] v/t to comfort; **jdn/sich mit etw ~** to console sb/oneself with sth; **~ Sie sich!** never mind **tröstlich** [ˈtrøːstlɪç] adj comforting **trostlos** adj hopeless; Verhältnisse miserable; (≈ verzweifelt) inconsolable; (≈ öde, trist) dreary **Trostpflaster** nt consolation **Trostpreis** m consolation prize

Trott [trɔt] m ⟨-s, no pl⟩ (slow) trot; (fig) routine **Trottel** [ˈtrɔtl] m ⟨-s, -⟩ (infml) idiot **trottelig** [ˈtrɔtəlɪç] (infml) adj stupid **trotten** [ˈtrɔtn] v/i aux sein to trot along **Trottinett** [ˈtrɔtinet] nt ⟨-s, -e⟩ (Swiss) scooter **Trottoir** [trɔtoaːɐ] nt ⟨-s, -s or -e⟩ (S Ger, Swiss) pavement

trotz [trɔts] prep +gen or (inf) +dat in spite of, despite; **~ allem** in spite of everything **Trotz** [trɔts] m ⟨-es, no pl⟩ defiance; (≈ trotziges Verhalten) contrariness; **jdm/einer Sache zum ~** in defiance of sb/sth **trotzdem** [ˈtrɔtsdeːm, ˌtrɔtsˈdeːm] ◨ adv nevertheless; **(und) ich mache das ~!** I'll do it all the same ◨ cj even though **trotzen** [ˈtrɔtsn] v/i ◨ (+dat) to defy; der Kälte, dem Klima etc to withstand ◨ (≈ trotzig sein) to be awkward **trotzig** [ˈtrɔtsɪç] ◨ adj defiant; Kind etc difficult; (≈ wider-

spenstig) contrary **B** *adv* defiantly **trotzköpfig** *adj Kind* contrary **Trotzreaktion** *f* act of defiance

trüb [tryːp] *adj* **1** *Flüssigkeit* cloudy; *Augen, Tag* dull; *Licht* dim; **im Trüben fischen** (*infml*) to fish in troubled waters **2** (*fig* ≈ *bedrückend*) cheerless; *Zukunft* bleak; *Stimmung, Aussichten, Miene* gloomy

Trubel ['truːbl] *m* ⟨-s, *no pl*⟩ hurly-burly

trüben ['tryːbn] **A** *v/t* **1** *Flüssigkeit* to make cloudy; *Augen, Blick* to dull **2** (*fig*) *Glück* to spoil; *Beziehungen* to strain; *Laune* to dampen; *Bewusstsein* to dull; *Urteilsvermögen* to dim **B** *v/r* (*Flüssigkeit*) to go cloudy; (*Augen*) to dim; (*Himmel*) to cloud over; (*fig*) (*Stimmung*) to be dampened; (*Verhältnis*) to become strained; (*Glück, Freude*) to be marred; → **getrübt Trübsal** ['tryːpzaːl] *f* ⟨-, *no pl*⟩ (≈ *Stimmung*) sorrow; **~ blasen** (*infml*) to mope **trübselig** *adj* gloomy; *Gegend* bleak **Trübsinn** *m, no pl* gloom **trübsinnig** *adj* gloomy

trudeln ['truːdln] *v/i aux sein or haben* AVIAT to spin

Trüffel ['trʏfl] *f* ⟨-, -n *or* (*inf*) *m* -s, -⟩ (≈ *Pilz, Praline*) truffle

trügen ['tryːgn] *pret* **trog** [troːk], *past part* **getrogen** [gəˈtroːgn] **A** *v/t* to deceive; **wenn mich nicht alles trügt** unless I am very much mistaken **B** *v/i* to be deceptive **Trugschluss** *m* fallacy, misapprehension

Truhe ['truːə] *f* ⟨-, -n⟩ chest

Trümmer ['trʏmɐ] *pl* rubble *sg*; (≈ *Ruinen*) ruins *pl*; (*von Schiff, Flugzeug etc*) wreckage *sg*; **in ~n liegen** to be in ruins

Trumpf [trʊmpf] *m* ⟨-(e)s, ⁻e ['trʏmpfə]⟩ (CARDS ≈ *Trumpfkarte*) trump (card); (≈ *Farbe*) trumps *pl*; (*fig*) trump card; **noch einen ~ in der Hand haben** (*fig*) to have an ace up one's sleeve

Trunkenheit *f* ⟨-, *no pl*⟩ intoxication; **~ am Steuer** drunk driving **Trunksucht** *f* alcoholism **trunksüchtig** *adj* alcoholic

Trupp [trʊp] *m* ⟨-s, -s⟩ (≈ *Einheit*) group; MIL squad **Truppe** ['trʊpə] *f* ⟨-, -n⟩ **1** *no pl* MIL army; (≈ *Panzertruppe etc*) corps *sg* **2 Truppen** *pl* troops **3** (≈ *Künstlertruppe*) troupe **Truppenabzug** *m* withdrawal of troops **Truppengattung** *f* corps *sg* **Truppenübungsplatz** *m* military training area

Trust [trast] *m* ⟨-(e)s, -s *or* -e⟩ trust

Truthahn *m* turkey (cock) **Truthenne** *f* turkey (hen)

Tschad [tʃat, tʃaːt] *m* ⟨-⟩ **der ~** Chad **Tschador** [tʃaˈdoːɐ] *m* ⟨-s, -s⟩ (*langer Schleier*) chador

Tscheche ['tʃɛçə] *m* ⟨-n, -n⟩, **Tschechin** ['tʃɛçɪn] *f* ⟨-, -nen⟩ Czech **Tschechien** ['tʃɛçiən] *nt* ⟨-s⟩ the Czech Republic **tschechisch** ['tʃɛçɪʃ] *adj* Czech; **die Tschechische Republik** the Czech Republic

Tschetschenien [tʃeˈtʃeːniən] *nt* ⟨-s⟩ Chechnya

tschüs(s) [tʃʏs] *int* (*infml*) bye (*infml*), so long (*infml*)

T-Shirt ['tiːʃœrt, -ʃøːɐt] *nt* ⟨-s, -s⟩ T-shirt

Tsunami [tsuˈnaːmi] *m* ⟨-s, -(s)⟩ tsunami

Tube ['tuːbə] *f* ⟨-, -n⟩ tube

Tuberkulose [tubɛrkuˈloːzə] *f* ⟨-, -n⟩ tuberculosis

Tuch [tuːx] *nt* ⟨-(e)s, ⁻er ['tyːçɐ]⟩ (≈ *Stück Stoff*) cloth; (≈ *Halstuch, Kopftuch*) scarf; (≈ *Schultertuch*) shawl; (≈ *Handtuch, Geschirrtuch*) towel

tüchtig ['tʏçtɪç] **A** *adj* **1** (≈ *fähig*) capable (*in +dat* at); (≈ *fleißig*) efficient; *Arbeiter* good **2** (*infml* ≈ *groß*) *Portion* big **B** *adv* **1** (≈ *fleißig, fest*) hard; *essen* heartily **2** (*infml* ≈ *sehr*) **jdm ~ die Meinung sagen** to give sb a piece of one's mind; **~ zulangen** to tuck in (*infml*) **Tüchtigkeit** *f* ⟨-, *no pl*⟩ (≈ *Fähigkeit*) competence; (*von Arbeiter etc*) efficiency

Tücke ['tʏkə] *f* ⟨-, -n⟩ **1** *no pl*: (≈ *Bosheit*) malice **2** (≈ *Gefahr*) danger; **voller ~n stecken** to be difficult; (≈ *gefährlich*) to be dangerous; **seine ~n haben** (*Maschine etc*) to be temperamental **tückisch** ['tʏkɪʃ] *adj* malicious; *Strom etc* treacherous; *Krankheit* pernicious

tüfteln ['tʏftln] *v/i* (*infml*) to puzzle; (≈ *basteln*) to fiddle about (*infml*); **an etw** (*dat*) **~** to fiddle about with sth; (*geistig*) to puzzle over sth

Tugend ['tuːgnt] *f* ⟨-, -en [-dən]⟩ virtue **tugendhaft** *adj* virtuous **Tugendhaftigkeit** ['tuːgnthaftɪçkait] *f* ⟨-, *no pl*⟩ virtuousness

Tüll [tʏl] *m* ⟨-s, -e⟩ tulle; (*für Gardinen*) net **Tulpe** ['tʊlpə] *f* ⟨-, -n⟩ BOT tulip **Tulpenzwiebel** *f* tulip bulb

tummeln ['tʊmln] *v/r* (*Hunde, Kinder etc*) to romp (about) **Tummelplatz** ['tʊml-] *m* play area; (*fig*) hotbed

Tümmler ['tʏmlɐ] *m* ⟨-s, -⟩ (bottlenose) dolphin

T

Tumor ['tuːmoːɐ, tuˈmoːɐ] *m* ⟨-s, Tumoren [tuˈmoːrən]⟩ tumour (*Brit*), tumor (*US*)

Tümpel ['tʏmpl] *m* ⟨-s, -⟩ pond

Tumult [tuˈmʊlt] *m* ⟨-(e)s, -e⟩ commotion; (*der Gefühle*) tumult

tun [tuːn] *pret* **tat** [taːt], *past part* **getan** [ɡəˈtaːn] **A** *v/t* (≈ *machen*) to do; **so etwas tut man nicht!** that is just not done!; **was ~?** what can be done?; **was kann ich für Sie ~?** what can I do for you?; **etw aus Liebe/Bosheit** *etc* **~** to do sth out of love/malice *etc*; **tu, was du nicht lassen kannst** well, if you have to; **jdm etwas ~** to do something to sb; (*stärker*) to hurt sb; **der Hund tut dir schon nichts** the dog won't hurt you; **das hat nichts damit zu ~** that's nothing to do with it; **mit ihm will ich nichts zu ~ haben** I want nothing to do with him; **es mit jdm zu ~ bekommen** to get into trouble with sb; → **getan B** *v/r* **es tut sich etwas/nichts** there is something/nothing happening; **hier hat sich einiges getan** there have been some changes here; **sich mit etw schwer ~** to have problems with sth **C** *v/i* (≈ *vorgeben*) **so ~, als ob …** to pretend that …; **tu doch nicht so** stop pretending; **sie tut nur so** she's only pretending; **zu ~ haben** (≈ *beschäftigt sein*) to have things to do; **mit jdm zu ~ haben** to have dealings with sb

Tünche ['tʏnçə] *f* ⟨-, -n⟩ whitewash; (*fig*) veneer **tünchen** ['tʏnçn] *v/t* to whitewash

Tundra ['tʊndra] *f* ⟨-, Tundren [-drən]⟩ tundra

Tuner ['tjuːnɐ] *m* ⟨-s, -⟩ tuner

Tunesien [tuˈneːziən] *nt* ⟨-s⟩ Tunisia **Tunesier** [tuˈneːziɐ] *m* ⟨-s, -⟩, **Tunesierin** [-iərɪn] *f* ⟨-, -nen⟩ Tunisian **tunesisch** [tuˈneːzɪʃ] *adj* Tunisian

Tunfisch [tuːn-] *m* tuna (fish)

Tunke ['tʊŋkə] *f* ⟨-, -n⟩ sauce **tunken** ['tʊŋkn] *v/t* to dip

tunlichst ['tuːnlɪçst] *adv* (≈ *möglichst*) if possible; **~ bald** as soon as possible

Tunnel ['tʊnl] *m* ⟨-s, - *or* -s⟩ tunnel

Tunte ['tʊntə] *f* ⟨-, -n⟩ (*pej infml*) fairy (*pej infml*)

Tüpfelchen ['tʏpflçən] *nt* ⟨-s, -⟩ dot **tupfen** ['tʊpfn] *v/t* to dab; **getupft** spotted **Tupfen** ['tʊpfn] *m* ⟨-s, -⟩ spot; (*klein*) dot **Tupfer** ['tʊpfɐ] *m* ⟨-s, -⟩ swab

Tür [tyːɐ] *f* ⟨-, -en⟩ door; **~ an ~ mit jdm wohnen** to live next door to sb; **Weih-**

nachten steht vor der ~ Christmas is just (a)round the corner; **jdn vor die ~ setzen** (*infml*) to throw sb out; **mit der ~ ins Haus fallen** (*infml*) to blurt it out; **zwischen ~ und Angel** in passing; **einer Sache** (*dat*) **~ und Tor öffnen** (*fig*) to open the way to sth

Turban ['tʊrbaːn] *m* ⟨-s, -e⟩ turban

Turbine [tʊrˈbiːnə] *f* ⟨-, -n⟩ turbine

Turbolader [-laːdɐ] *m* ⟨-s, -⟩ AUTO turbocharger **Turbomotor** *m* turbo-engine

turbulent [tʊrbuˈlɛnt] *adj* turbulent **Turbulenz** [tʊrbuˈlɛnts] *f* ⟨-, -en, *no pl*⟩ turbulence

Türfalle *f* (*Swiss* ≈ *Klinke*) door handle

Türke ['tʏrkə] *m* ⟨-n, -n⟩ Turk **Türkei** [tʏrˈkai] *f* ⟨-⟩ **die ~** Turkey **türken** ['tʏrkn] *v/t* (*infml*) etw to fiddle (*infml*); **die Statistik ~** to massage the figures **Türkin** ['tʏrkɪn] *f* ⟨-, -nen⟩ Turk, Turkish woman/girl

türkis [tʏrˈkiːs] *adj* turquoise

türkisch ['tʏrkɪʃ] *adj* Turkish

Türklinke *f* door handle

Turm [tʊrm] *m* ⟨-(e)s, ⁼e ['tʏrmə]⟩ **1** tower; (≈ *spitzer Kirchturm*) spire; (*im Schwimmbad*) diving (*Brit*) or dive (*US*) tower **2** CHESS rook **türmen** ['tʏrmən] **A** *v/t* to pile (up) **B** *v/r* to pile up; (*Wellen*) to tower up **C** *v/i aux sein* (*infml* ≈ *davonlaufen*) to run off **Turmfalke** *m* kestrel **turmhoch** *adj* towering **Turmspringen** *nt* high diving **Turmuhr** *f* (*von Kirche*) church clock

Turnanzug *m* leotard **turnen** ['tʊrnən] *v/i* (*an Geräten*) to do gymnastics; **sie kann gut ~** she is good at gym **Turnen** *nt* ⟨-s, *no pl*⟩ gymnastics *sg*; (*infml* ≈ *Leibeserziehung*) gym, PE (*infml*) **Turner** ['tʊrnɐ] *m* ⟨-s, -⟩, **Turnerin** [-ərɪn] *f* ⟨-, -nen⟩ gymnast **Turngerät** *nt* (≈ *Reck, Barren etc*) (piece of) gymnastic apparatus **Turnhalle** *f* gym(nasium) **Turnhemd** *nt* gym shirt **Turnhose** *f* gym shorts *pl*

Turnier [tʊrˈniːɐ] *nt* ⟨-s, -e⟩ tournament; (≈ *Tanzturnier*) competition; (≈ *Reitturnier*) show

Turnschuh *m* gym shoe, sneaker (*US*) **Turnstunde** *f* gym lesson; (*im Verein*) gymnastics lesson **Turnübung** *f* gymnastic exercise

Turnus ['tʊrnʊs] *m* ⟨-, -se⟩ rota (*Brit*), roster

Turnverein *m* gymnastics club

Türöffner *m* **elektrischer ~** buzzer (*for opening the door*) **Türrahmen** *m* doorframe **Türschild** nt, pl -schilder doorplate **Türschloss** nt door lock **Türschnalle** f (Aus ≈ Klinke) door handle **Türsteher** [-ʃteːɐ] m ⟨-s, -⟩, **Türsteherin** [-ərɪn] f ⟨-, -nen⟩ bouncer **Türstopper** m door stopper

turteln ['tʊrtln] v/i to bill and coo

Tusche ['tʊʃə] f ⟨-, -n⟩ (≈ Ausziehtusche) Indian ink; (≈ Tuschfarbe) watercolour (Br), watercolor (US); (≈ Wimperntusche) mascara

tuscheln ['tʊʃln] v/t & v/i to whisper

Tuschkasten m paintbox

Tussi ['tʊsi] f ⟨-, -s⟩ (infml, often pej), **Tuss** [tʊs] f ⟨-, -en⟩ (sl) female (infml)

Tüte ['tyːtə] f ⟨-, -n⟩ bag; (≈ Eistüte) cone; (von Suppenpulver etc) packet

tuten ['tuːtn] v/i to toot

Tütensuppe f instant soup

Tutor ['tuːtoːɐ] m ⟨-s, Tutoren [-'toːrən]⟩, **Tutorin** [-'toːrɪn] f ⟨-, -nen⟩ tutor

TÜV-Plakette ['tyːf-] f ≈ MOT certificate (Br), ≈ inspection certificate (US)

TV-Programm [teː'faʊ-] nt TV programmes (Br) or programs (US) pl

Tweet [tviːt] m ⟨-s, -s⟩ INTERNET tweet

Twen [tvɛn] m ⟨-(s), -s⟩ person in his/her twenties

twittern ['tvɪtɐn] v/i & v/t to tweet

Typ [tyːp] m ⟨-s, -en⟩ 1 (≈ Modell) model 2 (≈ Menschenart) type 3 (infml ≈ Mensch) person, character; (sl ≈ Mann, Freund) guy (infml)

Typhus ['tyːfʊs] m ⟨-, no pl⟩ typhoid (fever)

typisch ['tyːpɪʃ] A adj typical (für of) B adv ~ **deutsch/Mann/Frau** typically German/male/female

Typografie [typograˈfiː] f ⟨-, -n [-ˈfiːən]⟩ typography **typografisch** [typoˈɡraːfɪʃ] adj typographic(al)

Tyrann [tyˈran] m ⟨-en, -en⟩, **Tyrannin** [-ˈranɪn] f ⟨-, -nen⟩ tyrant **Tyrannei** [tyraˈnai] f ⟨-, -en⟩ tyranny **tyrannisch** [tyˈranɪʃ] adj tyrannical **tyrannisieren** [tyraniˈziːrən] past part tyrannisiert v/t to tyrannize

U, u [uː] nt ⟨-, -⟩ U, u

U-Bahn ['uː-] f underground, subway (US) **U-Bahnhof** ['uː-] m underground or subway (US) station; (in London) tube station

übel ['yːbl] A adj 1 (≈ schlimm) bad; **das ist gar nicht so ~** that's not so bad at all 2 (≈ moralisch, charakterlich schlecht) wicked; **Tat** evil 3 (≈ eklig) Geschmack, Geruch nasty; **mir wird ~** I feel ill B adv badly; **~ dran sein** to be in a bad way; **~ gelaunt** ill-humoured (Br), ill-humored (US); **~ riechend** foul-smelling; **das schmeckt gar nicht so ~** it doesn't taste so bad; **~ beleumdet** disreputable **Übel** ['yːbl] nt ⟨-s, -⟩ (elev ≈ Krankheit) illness; (≈ Missstand) evil; **ein notwendiges/das kleinere ~** a necessary/the lesser evil; **zu allem ~** ... to make matters worse ... **Übelkeit** f ⟨-, -en⟩ nausea; **~ erregen** to cause nausea **übel nehmen** v/t irr sep to take badly; **jdm etw ~** to hold sth against sb **Übeltäter(in)** m/(f) (elev) wrongdoer

üben ['yːbn] A v/t 1 (≈ erlernen) to practise (Br), to practice (US); MIL to drill; **Klavier ~** to practise (Br) or practice (US) the piano 2 (≈ trainieren) to exercise; → geübt 3 **Kritik an etw** (dat) **~** to criticize sth; **Geduld ~** to be patient B v/i to practise (Br), to practice (US)

über ['yːbɐ] A prep 1 (+acc, räumlich) over; (≈ quer über) across 2 (+dat, räumlich) over, above; **zwei Grad ~ null** two degrees (above zero); **~ jdm stehen** or **sein** (fig) to be over sb 3 (+dat, zeitlich) over; **etw ~ einem Glas Wein besprechen** to discuss sth over a glass of wine; **~ Mittag geht er meist nach Hause** he usually goes home at lunch 4 (+acc) **es kam plötzlich ~ ihn** it suddenly came over him; **wir sind ~ die Autobahn gekommen** we came by the autobahn; **~ Weihnachten** over Christmas; **den ganzen Sommer ~** all summer long; **die ganze Zeit ~** all the time; **das ganze Jahr ~** all through the year; **Kinder ~ 14 Jahre** children over 14 years; **was wissen Sie ~ ihn?** what do you know about him?; **~ jdn/etw lachen** to laugh about or at sb/sth; **sich ~**

etw freuen to be pleased about sth **B** *adv* **~ und ~** all over; **ich stecke ~ und ~ in Schulden** I am up to my ears in debt

überaktiv *adj* hyperactive, overactive

überall [y:be'al] *adv* everywhere; **~ herumliegen** to be lying all over the place; **~ wo** wherever; **es ist ~ dasselbe** it's the same wherever you go **überallher** [y:beal'he:ɐ, y:be'al'he:ɐ, y:be'alhe:ɐ] *adv* from all over **überallhin** [y:beal'hın, y:be'al'hın, y:be'alhın] *adv* everywhere

Überangebot *nt* surplus (*an* +*dat* of)

überängstlich *adj* overanxious

überanstrengen [y:be'anʃtrɛŋən] *past part* **überanstrengt** *insep* **A** *v/t* to overstrain, to overexert; **Augen** to strain **B** *v/r* to overstrain oneself **Überanstrengung** *f* overexertion

überarbeiten [y:be'arbaitn] *past part* **überarbeitet** *insep* **A** *v/t* to rework **B** *v/r* to overwork **Überarbeitung** *f* ⟨-, -en⟩ (*Vorgang*) reworking; (*Ergebnis*) revision

überaus ['y:bɐaus, y:be'aus, 'y:be'aus] *adv* extremely

überbacken [y:be'bakn] *past part* **überbacken** *v/t insep irr* (*im Backofen*) to put in the oven; (*im Grill*) to put under the grill; **mit Käse ~** au gratin

überbelegen *past part* **überbelegt** *v/t insep usu past part* to overcrowd; **Kursus, Fach** *etc* to oversubscribe

überbelichten *past part* **überbelichtet** *v/t insep* PHOT to overexpose

überbesetzt *adj* **Behörde** overstaffed

überbewerten *past part* **überbewertet** *v/t insep* to overvalue

überbieten [y:be'bi:tn] *past part* **überboten** [y:be'bo:tn] *insep irr* **A** *v/t* (*bei Auktion*) to outbid (*um* by); (*fig*) to outdo; **Leistung, Rekord** to beat **B** *v/r* **sich in etw** (*dat*) **(gegenseitig) ~** to vie with one another in sth

Überbleibsel ['y:beblaipsl] *nt* ⟨-s, -⟩ remnant; (≈ *Speiserest*) leftover *usu pl*

Überblick *m* **1** (≈ *freie Sicht*) view **2** (≈ *Einblick*) perspective, overview; **ihm fehlt der ~** he has no overall picture; **den ~ verlieren** to lose track (of things) **überblicken** [y:be'blıkn] *past part* **überblickt** *v/t insep* **1** **Stadt** to overlook **2** (*fig*) to see

überbringen [y:be'brıŋən] *past part* **überbracht** [y:be'braxt] *v/t insep irr* **jdm etw ~** to bring sb sth **Überbringer** [y:be'brıŋe] *m* ⟨-s, -⟩, **Überbringerin**

[-ərın] *f* ⟨-, -nen⟩ bringer; (*von Scheck etc*) bearer

überbrücken [y:be'brʏkn] *past part* **überbrückt** *v/t insep* (*fig*) to bridge; **Gegensätze** to reconcile **Überbrückungskredit** [-kredi:t] *m* bridging loan

überbuchen [y:be'bu:xn] *past part* **überbucht** *v/t insep* to overbook

überdachen [y:be'daxn] *past part* **überdacht** *v/t insep* to cover over; **überdachte Bushaltestelle** covered bus shelter

überdauern [y:be'dauen] *past part* **überdauert** *v/t insep* to survive

überdenken [y:be'dɛŋkn] *past part* **überdacht** *v/t insep irr* to think over; **etw noch einmal ~** to reconsider sth

überdeutlich *adj* all too obvious

überdies [y:be'di:s] *adv* (*elev* ≈ *außerdem*) moreover

Überdosis *f* overdose; **sich** (*dat*) **eine ~ Heroin spritzen** to overdose on heroin

Überdruck *m*, *pl* -drücke TECH excess pressure *no pl* **Überdruckventil** *nt* pressure relief valve

Überdruss ['y:bedrʊs] *m* ⟨-es, *no pl*⟩ (≈ *Übersättigung*) surfeit (*an* +*dat* of); (≈ *Widerwille*) aversion (*an* +*dat* to); **bis zum ~** ad nauseam **überdrüssig** ['y:bedrʏsıç] *adj* **jds/einer Sache ~ sein** to be weary of sb/sth

überdurchschnittlich **A** *adj* above--average **B** *adv* exceptionally; **sie verdient ~ gut** she earns more than the average

Übereifer *m* overzealousness; (*pej* ≈ *Wichtigtuerei*) officiousness **übereifrig** *adj* overzealous; (*pej* ≈ *wichtigtuerisch*) officious

übereilen [y:be'ailən] *past part* **übereilt** *v/t insep* to rush **übereilt** [y:be'ailt] *adj* overhasty

übereinander [y:beai'nande] *adv* **1** (*räumlich*) on top of each other, one on top of the other **2** **reden** *etc* about each other **übereinanderlegen** *v/t sep* to put one on top of the other **übereinanderschlagen** *v/t sep irr* **die Beine ~** to cross one's legs

übereinkommen [y:be'ain-] *v/i sep irr aux sein* to agree **Übereinkommen** [y:be'ainkɔmən] *nt*, **Übereinkunft** [y:be-'ainkʊnft] *f* ⟨-, ̈e [-kʏnftə]⟩ agreement

übereinstimmen [y:be'ain-] *v/i sep* to agree; (*Meinungen*) to tally; **mit jdm in etw** (*dat*) **~** to agree with sb on sth **übereinstimmend** *adj* corresponding; **Mei-**

nungen concurring; **nach ~en Angaben** according to all accounts; **wir sind ~ der Meinung, dass ...** we unanimously agree that ...; **~ mit** in agreement with **Übere̲i̲nstimmung** *f* **1** (≈ *Einklang*) correspondence; **zwei Dinge in ~ bringen** to bring two things into line **2** (*von Meinung*) agreement; **in ~ mit jdm** in agreement with sb; **in ~ mit etw** in accordance with sth

übere̲mpfindlich *adj* (**gegen** to) oversensitive, hypersensitive (*auch* MED) **Übere̲mpfindlichkeit** *f* (**gegen** to) oversensitivity, hypersensitivity (*auch* MED)

übere̲rfüllen *past part* **übererfüllt** *v/t insep Norm, Soll* to exceed (*um* by)

übere̲ssen [yːbɐˈʔɛsn] *pret* **übera̲ß** [yːbɐˈʔaːs], *past part* **übergessen** [yːbɐˈɡɛsn] *v/r insep* to overeat

überfa̲hren [yːbɐˈfaːrən] *past part* **überfa̲hren** *v/t insep irr* **1** *jdn, Tier* to run over **2** (≈ *übersehen*) *Ampel etc* to go through **3** (*infml* ≈ *übertölpeln*) **jdn ~** to railroad sb into it **Überfa̲hrt** *f* crossing

Überfa̲ll *m* (≈ *Angriff*) attack (**auf** *+acc* on); (*esp auf offener Straße*) mugging (**auf** *+acc* of); (*auf Bank etc*) raid (**auf** *+acc* on); (*auf Land*) invasion (**auf** *+acc* of) **überfa̲llen** [yːbɐˈfalən] *past part* **überfa̲llen** *v/t insep irr* **1** (≈ *angreifen*) to attack; (*esp auf offener Straße*) to mug; *Bank etc* to raid, to hold up; *Land* to invade **2** (*fig infml*) (≈ *überraschend besuchen*) to descend (up)on; **jdn mit Fragen ~** to bombard sb with questions

überfa̲llig *adj* overdue *usu pred*

überflie̲gen [yːbɐˈfliːɡn] *past part* **überflo̲gen** [yːbɐˈfloːɡn] *v/t insep irr* (*lit*) to fly over; (≈ *flüchtig ansehen*) *Buch etc* to glance through

überflü̲geln [yːbɐˈflyːɡln] *past part* **überflü̲gelt** *v/t insep* to outdistance; (*in Leistung*) to outdo

Überfluss *m, no pl* **1** (super)abundance (*an* *+dat* of); (≈ *Luxus*) affluence; **im ~ leben** to live in luxury; **im ~ vorhanden sein** to be in plentiful supply **2** **zu allem ~** (≈ *obendrein*) into the bargain **Überflussgesellschaft** *f* affluent society **überflü̲ssig** *adj* superfluous; (≈ *unnötig*) unnecessary; (≈ *zwecklos*) useless

überflu̲ten [ˈyːbɐfluːtn] *v/i sep aux sein* (≈ *überschwemmen*) to overflow **Überflu̲tung** [yːbɐˈfluːtʊŋ] *f* ⟨-, -en⟩ (*lit*) flood; (≈

das Überfluten, fig) flooding *no pl*

überfo̲rdern [yːbɐˈfɔrdɐn] *past part* **überfo̲rdert** *v/t insep* to overtax; **damit ist er überfordert** that's asking too much of him

überfra̲gt [yːbɐˈfraːkt] *adj pred* stumped (for an answer); **da bin ich ~** there you've got me

Überfre̲mdung *f* ⟨-, -en⟩ *usu neg!* foreign infiltration

überfrie̲ren [yːbɐˈfriːrən] *past part* **überfro̲ren** [yːbɐˈfroːrən] *v/i insep irr* to freeze over

überfü̲hren [yːbɐˈfyːrən] *past part* **überfü̲hrt** *v/t insep* **1** to transfer; *Wagen* to drive **2** *Täter* to convict (*+gen* of) **Überfü̲hrung** *f* **1** transportation **2** *no pl* JUR conviction **3** (≈ *Brücke*) bridge; (≈ *Fußgängerüberführung*) footbridge

überfü̲llt [yːbɐˈfʏlt] *adj* overcrowded; *Lager* overstocked

Überfunktion *f* hyperactivity

Übergabe *f* handing over *no pl*; MIL surrender

Übergang *m, pl* -gänge **1** crossing; (≈ *Bahnübergang*) level crossing (*Br*), grade crossing (*US*) **2** (≈ *Grenzübergangsstelle*) checkpoint **3** (*fig* ≈ *Wechsel*) transition **übergangslos** *adj, adv* without a transition **Übergangslösung** *f* interim solution **Übergangsphase** *f* transitional phase **Übergangszeit** *f* transitional period

übergeben [yːbɐˈɡeːbn] *past part* **übergeben** *insep irr* **A** *v/t* (≈ *überreichen*) to hand over; *Dokument* to hand (*jdm* sb) **B** *v/r* (≈ *sich erbrechen*) to vomit; **ich muss mich ~** I'm going to be sick

übergehen¹ [ˈyːbɐɡeːən] *v/i sep irr aux sein* **1** **in etw** (*acc*) ~ (≈ *in einen anderen Zustand*) to turn into sth; **in jds Besitz** (*acc*) ~ to become sb's property; **in andere Hände ~** to pass into other hands **2** **auf jdn ~** (≈ *übernommen werden*) to pass to sb **3** **zu etw ~** to go over to sth

übergehen² [yːbɐˈɡeːən] *past part* **übergangen** [yːbɐˈɡaŋən] *v/t insep irr* to pass over

übergeordnet *adj* **1** *Behörde* higher **2** GRAM *Satz* superordinate **3** (*fig*) **von ~er Bedeutung sein** to be of overriding importance

Übergepäck *nt* AVIAT excess baggage

übergeschnappt *adj* (*infml*) crazy; →

überschnappen

Übergewicht nt overweight; **~ haben** (Paket, Mensch) to be overweight

überglücklich adj overjoyed

übergreifen v/i sep irr (Feuer, Streik etc) to spread (auf +acc to) **Übergriff** m (≈ Einmischung) infringement (auf +acc of); MIL attack (auf +acc upon)

übergroß adj oversize(d) **Übergröße** f (bei Kleidung etc) outsize

überhaben m/t sep irr (infml) **1** (≈ satthaben) to be sick (and tired) of (infml) **2** (≈ übrig haben) to have left (over)

überhandnehmen [y:bɐ'hantneːmən] v/i irr to get out of hand

Überhang m **1** (≈ Felsüberhang) overhang **2** (≈ Überschuss) surplus (an +dat of) **überhängen** v/t sep **sich** (dat) **einen Mantel ~** to put a coat round one's shoulders

überhäufen [y:bɐ'hɔyfn] past part **überhäuft** v/t insep jdn to overwhelm; **jdn mit Geschenken ~** to heap presents (up)on sb; **ich bin völlig mit Arbeit überhäuft** I'm completely snowed under (with work)

überhaupt [y:bɐ'haupt] adv **1** (≈ im Allgemeinen) in general; (≈ überdies) anyway; **und ~, warum nicht?** and after all, why not? **2** (in Fragen, Verneinungen) at all; **~ nicht** not at all; **~ nie** never (ever); **~ kein Grund** no reason whatsoever **3** (≈ eigentlich) **wie ist das ~ möglich?** how is that possible?; **was wollen Sie ~ von mir?** (herausfordernd) what do you want from me?; **wer sind Sie ~?** who do you think you are?

überheblich [y:bɐ'heːplɪç] adj arrogant **Überheblichkeit** f ⟨-, no pl⟩ arrogance

überheizen [y:bɐ'haitsn] past part **überheizt** v/t insep to overheat **überhitzt** [y:bɐ'hɪtst] adj (fig) Konjunktur overheated; Gemüter very heated pred

überhöht [y:bɐ'høːt] adj Preise, Geschwindigkeit excessive

überholen [y:bɐ'hoːlən] past part **überholt** insep **A** v/t **1** Fahrzeug to overtake (esp Br), to pass **2** TECH Maschine etc to overhaul **B** v/i to overtake **Überholmanöver** nt AUTO overtaking manoeuvre (Br), passing maneuver (US) **Überholspur** f AUTO overtaking (esp Br) or fast lane **überholt** [y:bɐ'hoːlt] adj out-dated **Überholverbot** nt restriction on overtaking (esp Br); (als Schild etc) no overtaking (esp Br)

überhören [y:bɐ'høːrən] past part **überhört** v/t insep not to hear; (≈ nicht hören wollen) to ignore

überirdisch adj above ground

Überkapazität f overcapacity

überkleben [y:bɐ'kleːbn] past part **überklebt** v/t insep **etw mit Papier ~** to stick paper over sth

überkochen v/i sep aux sein to boil over

überkommen [y:bɐ'kɔmən] past part **überkommen** v/t insep irr (≈ überfallen) to come over; Furcht etc **überkam ihn** he was overcome with fear etc

überkreuzen [y:bɐ'krɔytsn] past part **überkreuzt** v/t (≈ überqueren) to cross

überladen[1] [y:bɐ'laːdn] past part **überladen** v/t insep irr to overload

überladen[2] [y:bɐ'laːdn] adj Wagen overloaded; (fig) Stil over-ornate

überlagern [y:bɐ'laːgɐn] past part **überlagert** insep **A** v/t Thema, Problem etc to eclipse **B** v/r (≈ sich überschneiden) to overlap

überlang adj Oper etc overlength **Überlänge** f excessive length

überlappen [y:bɐ'lapn] past part **überlappt** v/i & v/r insep to overlap

überlassen [y:bɐ'lasn] past part **überlassen** v/t insep irr **1** (≈ haben lassen) **jdm etw ~** to let sb have sth **2** (≈ anheimstellen) **es jdm ~, etw zu tun** to leave it (up) to sb to do sth; **das bleibt (ganz) Ihnen ~** that's (entirely) up to you **3** (≈ in Obhut geben) **jdm etw ~** to leave sth with sb; **sich** (dat) **selbst ~ sein** to be left to one's own devices; **jdn seinem Schicksal ~** to leave sb to his fate

überlasten [y:bɐ'lastn] past part **überlastet** v/t insep jdn to overtax; Telefonnetz, Brücke to overload; **überlastet sein** to be under too great a strain; (≈ überfordert sein) to be overtaxed; ELEC etc to be overloaded **Überlastung** f ⟨-, -en⟩ (von Mensch) overtaxing; (≈ Überlastetsein) strain; (ELEC, durch Gewicht) overloading

überlaufen[1] ['y:bɐlaufn] v/i sep irr aux sein **1** (Gefäß) to overflow **2** (MIL, fig ≈ überwechseln) to desert; **zum Feind ~** to go over to the enemy

überlaufen[2] [y:bɐ'laufn] adj overcrowded; (mit Touristen) overrun **Überläufer(in)** m/(f) turncoat

überleben [y:bɐ'leːbn] past part **überlebt** v/t & v/i insep to survive **Überlebende(r)**

[yːbeˈleːbndə] *m/f(m) decl as adj* survivor
Überlebenschance *f* chance of survival **überlebensgroß** *adj* larger-than-life
Überlebenstraining *nt* survival training

überlegen¹ [yːbeˈleːgn] *past part* überlegt *insep* **A** *v/i* (≈ *nachdenken*) to think; **ohne zu ~** without thinking; (≈ *ohne zu zögern*) without thinking twice **B** *v/t* (≈ *durchdenken*) to think about, to consider; **das werde ich mir ~** I'll think about it; **ich habe es mir anders überlegt** I've changed my mind (about it); **das hätten Sie sich** (dat) **vorher ~ müssen** you should have thought about that before or sooner

überlegen² [yːbeˈleːgn] **A** *adj* superior; **jdm ~ sein** to be superior to sb **B** *adv* in a superior manner **Überlegenheit** *f* ⟨-, no pl⟩ superiority

überlegt [yːbeˈleːkt] *adj* (well-)considered **Überlegung** [yːbeˈleːgʊŋ] *f* ⟨-, -en⟩ (≈ *Nachdenken*) consideration, thought; **bei näherer ~** on closer examination

überleiten *v/i sep* **zu etw ~** to lead up to sth

überlesen [yːbeˈleːzn] *past part* überlesen *v/t insep irr* (≈ *übersehen*) to miss

überliefern [yːbeˈliːfɐn] *past part* überliefert *v/t insep* *Tradition* to hand down; **etw der Nachwelt ~** to preserve sth for posterity **Überlieferung** *f* tradition

überlisten [yːbeˈlɪstn] *past part* überlistet *v/t insep* to outwit

Übermacht *f, no pl* superior strength; **in der ~ sein** to have the greater strength **übermächtig** *adj* *Stärke* superior; *Feind* powerful; (fig) *Institution* all-powerful

Übermaß *nt, no pl* excessive amount (*an* +acc of); **im ~ to** or in excess **übermäßig** **A** *adj* excessive **B** *adv* excessively

übermenschlich *adj* superhuman

übermitteln [yːbeˈmɪtln] *past part* übermittelt *v/t insep* to convey (*jdm* to sb); *Daten, Meldung* to transmit **Übermittlung** [yːbeˈmɪtlʊŋ] *f* ⟨-, -en⟩ conveyance; (*von Meldung*) transmission

übermorgen *adv* the day after tomorrow

übermüden [yːbeˈmyːdn] *past part* übermüdet *v/t insep usu past part* to overtire **Übermüdung** *f* ⟨-, no pl⟩ overtiredness

Übermut *m* high spirits *pl* **übermütig** [ˈyːbemyːtɪç] **A** *adj* (≈ *ausgelassen*) boister-

ous **B** *adv* (≈ *ausgelassen*) boisterously

übernächste(r, s) *adj attr* next ... but one; **die ~ Woche** the week after next

übernachten [yːbeˈnaxtn] *past part* übernachtet *v/i insep* to sleep; (*eine Nacht*) to spend the night **übernächtigt** [yːbeˈnɛçtɪçt], (*esp Aus*) **übernächtig** [ˈyːbenɛçtɪç] *adj* bleary-eyed **Übernachtung** [yːbeˈnaxtʊŋ] *f* ⟨-, -en⟩ overnight stay; **~ und Frühstück** bed and breakfast **Übernachtungsmöglichkeit** *f* overnight accommodation *no pl*

Übernahme [ˈyːbenaːmə] *f* ⟨-, -n⟩ **1** takeover; (≈ *das Übernehmen*) taking over; (*von Ansicht*) adoption; **freundliche/feindliche ~** COMM friendly/hostile takeover **2** (*von Amt*) assumption **Übernahmeangebot** *nt* takeover bid

übernatürlich *adj* supernatural

übernehmen [yːbeˈneːmən] *past part* übernommen [yːbeˈnɔmən] *insep irr* **A** *v/t* **1** (≈ *annehmen*) to take; *Aufgabe, Verantwortung, Funktion* to take on; *Kosten* to agree to pay; **es ~, etw zu tun** to undertake to do sth **2** (*ablösend*) to take over (*von* from); *Ansicht* to adopt **B** *v/r* to take on too much; (≈ *sich überanstrengen*) to overdo it; **~ Sie sich nur nicht!** (iron) don't strain yourself! (iron)

überparteilich *adj* nonparty *attr*; (≈ *unvoreingenommen*) nonpartisan; PARL *Problem* all-party *attr*

Überproduktion *f* overproduction

überprüfbar *adj* checkable **überprüfen** [yːbeˈpryːfn] *past part* überprüft *v/t insep* to check; *Maschine*, FIN *Bücher* to inspect, to examine; *Lage, Frage* to review; *Ergebnisse etc* to scrutinize; POL *jdn* to screen **Überprüfung** *f* **1** *no pl* checking; (*von Maschinen*, FIN: *von Büchern*) inspection, examination; POL screening **2** (≈ *Kontrolle*) inspection

überqueren [yːbeˈkveːrən] *past part* überquert *v/t insep* to cross

überragend *adj* (fig) outstanding

überraschen [yːbeˈraʃn] *past part* überrascht *v/t insep* to surprise; **jdn bei etw ~** to catch sb doing sth; **von einem Gewitter überrascht werden** to be caught in a storm **überraschend** **A** *adj* surprising; *Besuch* surprise *attr*; *Tod* unexpected **B** *adv* unexpectedly **überrascht** [yːbeˈraʃt] *adj* surprised (*über* +dat at) **Überraschung** [yːbeˈraʃʊŋ] *f* ⟨-, -en⟩

surprise; **für eine ~ sorgen** to have a surprise in store

überreagieren [yːbeˈreːdn] *past part* **überreagiert** *v/i insep* to overreact **Überreaktion** *f* overreaction

überreden [yːbeˈreːdn] *past part* **überredet** *v/t insep* to persuade; **jdn zu etw ~** to talk sb into sth **Überredungskunst** *f* persuasiveness

überregional *adj* (≈ *national*) national

überreichen [yːbeˈraɪçn] *past part* **überreicht** *v/t insep* (**jdm**) **etw ~** to hand sth over (to sb); (*feierlich*) to present sth (to sb) **Überreichung** *f* ⟨-, -en⟩ presentation

Überrest *m* remains *pl*

überrumpeln [yːbeˈrʊmpln] *past part* **überrumpelt** *v/t insep* (*infml*) to take by surprise; (≈ *überwältigen*) to overpower

überrunden [yːbeˈrʊndn] *past part* **überrundet** *v/t insep* SPORTS to lap; (*fig*) to outstrip

übersättigen [yːbeˈzɛtɪɡn] *past part* **übersättigt** *v/t insep* to satiate; *Markt* to oversaturate **Übersättigung** *f* satiety; (*des Marktes*) oversaturation

Überschallflugzeug *nt* supersonic aircraft, SST (*esp US*) **Überschallgeschwindigkeit** *f* supersonic speed; **mit ~ fliegen** to fly supersonic **Überschallknall** *m* sonic boom

überschatten [yːbeˈʃatn] *past part* **überschattet** *v/t insep* to overshadow

überschätzen [yːbeˈʃɛtsn] *past part* **überschätzt** **A** *v/t insep* to overestimate **B** *v/r* to overestimate oneself **Überschätzung** *f* overestimation

überschaubar *adj Plan etc* easily understandable; *Zeitraum* reasonable; **die Folgen sind noch nicht ~** the consequences cannot be clearly seen **überschauen** [yːbeˈʃaʊən] *past part* **überschaut** *v/t insep* = überblicken

überschäumen *v/i sep aux sein* to froth over; (*fig*) to bubble (over) (*vor +dat* with); (*vor Wut*) to seethe

überschlafen [yːbeˈʃlaːfn] *past part* **überschlafen** *v/t insep irr Problem etc* to sleep on

Überschlag *m* **1** (≈ *Berechnung*) (rough) estimate **2** (≈ *Drehung*) somersault (*auch* SPORTS)

überschlagen¹ [yːbeˈʃlaːɡn] *past part* **überschlagen** *insep irr* **A** *v/t* **1** (≈ *auslassen*) to skip **2** (≈ *berechnen*) *Kosten etc* to estimate (roughly) **B** *v/r* (*Auto*) to turn over; (*fig: Ereignisse*) to come thick and fast; **sich vor Hilfsbereitschaft** (*dat*) **~** to fall over oneself to be helpful

überschlagen² [ˈyːbeʃlaːɡn] *sep irr v/i aux sein* (*Stimmung etc*) **in etw** (*acc*) **~** to turn into sth

überschnappen *v/i sep aux sein* (*Stimme*) to crack; (*infml: Mensch*) to crack up (*infml*); → übergeschnappt

überschneiden [yːbeˈʃnaɪdn] *past part* **überschnitten** [yːbeˈʃnɪtn] *v/r insep irr* (*Linien*) to intersect; (*fig: Interessen, Ereignisse etc*) to overlap; (*völlig*) to coincide; (*unerwünscht*) to clash

überschreiben [yːbeˈʃraɪbn] *past part* **überschrieben** [yːbeˈʃriːbn] *v/t insep irr* **1** (≈ *betiteln*) to head **2** (≈ *übertragen*) **etw auf jdn ~** to sign sth over to sb **3** IT *Daten* to overwrite; *Text* to type over

überschreiten [yːbeˈʃraɪtn] *past part* **überschritten** [yːbeˈʃrɪtn] *v/t insep irr* to cross; (*fig*) to exceed

Überschrift *f* heading; (≈ *Schlagzeile*) headline

Überschuss *m* surplus (*an +dat* of) **überschüssig** [-ˈʃʏsɪç] *adj* surplus

überschütten [yːbeˈʃʏtn] *past part* **überschüttet** *v/t insep* **1** (≈ *bedecken*) **jdn/etw mit etw ~** to cover sb/sth with sth; *mit Flüssigkeit* to pour sth onto sb/sth **2** (≈ *überhäufen*) **jdn mit etw ~** to heap sth on sb

überschwänglich [ˈyːbeʃvɛŋlɪç] **A** *adj* effusive **B** *adv* effusively

überschwappen *v/i sep aux sein* to splash over

überschwemmen [yːbeˈʃvɛmən] *past part* **überschwemmt** *v/t insep* to flood **Überschwemmung** *f* ⟨-, -en⟩ (*lit*) flood; (*fig*) inundation **Überschwemmungsgefahr** *f* danger of flooding

überschwenglich *adj, adv* → überschwänglich

Übersee *no art* **in/nach ~** overseas; **aus/von ~** from overseas

übersehbar *adj* **1** (*lit*) *Gegend etc* visible **2** (*fig*) (≈ *erkennbar*) clear; (≈ *abschätzbar*) *Kosten etc* assessable; **der Schaden ist noch gar nicht ~** the damage cannot be assessed yet **übersehen** [yːbeˈzeːən] *past part* **übersehen** *v/t insep irr* **1** (*lit*) *Gegend* *etc* to have a view of **2** (≈ *erkennen*) Folgen, Sachlage to see clearly; (≈ *abschätzen*) Kosten to assess **3** (≈ *nicht erkennen*) to overlook; (≈ *nicht bemerken*) to miss; **~, dass ...** to overlook the fact that ...

übersenden [y:be'zɛndn] *past part* übersandt *or* übersendet [y:be'zant, y:be'zɛndət] *v/t insep irr* to send

übersetzen[1] [y:be'zɛtsn] *past part* übersetzt *v/t insep* (*also v/i, in andere Sprachen*) to translate; **etw falsch ~** to mistranslate sth; **sich schwer ~ lassen** to be hard to translate

übersetzen[2] ['y:bezɛtsn] *sep* **A** *v/t* (*mit Fähre*) to ferry across **B** *v/i aux sein* to cross (over)

Übersetzer(in) *m/(f)* translator **Übersetzung** [y:be'zɛtsʊŋ] *f* ⟨-, -en⟩ **1** translation **2** (TECH ≈ *Übertragung*) transmission **Übersicht** *f* ⟨-, -en⟩ **1** *no pl* (≈ *Überblick*) overall view; **die ~ verlieren** to lose track of things **2** (≈ *Tabelle*) table **übersichtlich A** *adj* Gelände etc open; Darstellung etc clear **B** *adv* clearly; **~ angelegt** clearly laid out **Übersichtlichkeit** *f* ⟨-, no pl⟩ (*von Gelände etc*) openness; (*von Darstellung etc*) clarity

übersiedeln [y:be'zi:dln] *past part* übersiedelt *v/i insep aux sein* to move (*von* from, *nach, in* +acc to)

überspannt [y:be'ʃpant] *adj* Ideen extravagant; (≈ *exaltiert*) eccentric

überspielen [y:be'ʃpi:lən] *past part* überspielt *v/t insep* **1** (≈ *verbergen*) to cover (up) **2** (≈ *übertragen*) Aufnahme to transfer

überspitzt [y:be'ʃpɪtst] *adj* (≈ *zu spitzfindig*) over(ly) subtle, fiddly (*Br infml*); (≈ *übertrieben*) exaggerated

überspringen[1] [y:be'ʃprɪŋən] *past part* übersprungen [y:be'ʃprʊŋən] *v/t insep irr* **1** Hindernis to clear **2** (≈ *auslassen*) Klasse, Kapitel, Lektion to skip

überspringen[2] ['y:beʃprɪŋən] *v/i sep irr aux sein* (≈ *sich übertragen*) to jump (*auf* +acc to); (*Begeisterung*) to spread quickly (*auf* +acc to)

überstehen[1] [y:be'ʃte:ən] *past part* überstanden *v/t insep irr* (≈ *durchstehen*) to get through; (≈ *überleben*) to survive; Krankheit to get over; **das Schlimmste ist jetzt überstanden** the worst is over now

überstehen[2] ['y:beʃte:ən] *v/i sep irr aux haben or sein* (≈ *hervorstehen*) to jut or stick out

übersteigen [y:be'ʃtaign] *past part* überstiegen [y:be'ʃti:gn] *v/t insep irr* **1** (≈ *klettern über*) to climb over **2** (≈ *hinausgehen über*) to exceed **übersteigert** [y:be'ʃtaiget] *adj* excessive

überstimmen [y:be'ʃtɪmən] *past part* überstimmt *v/t insep* to outvote

Überstunde *f* hour of overtime; **~n** overtime *sg*; **zwei ~n machen** to do two hours overtime

überstürzen [y:be'ʃtvrtsn] *past part* überstürzt *insep* **A** *v/t* to rush into **B** *v/r* (*Ereignisse etc*) to happen in a rush **überstürzt** [y:be'ʃtvrtst] **A** *adj* overhasty **B** *adv* rashly

übertariflich *adj, adv* above the agreed rate

überteuert [y:be'tɔyet] *adj* overexpensive; Preise inflated

übertönen [y:be'tø:nən] *past part* übertönt *v/t insep* to drown

Übertrag ['y:betra:k] *m* ⟨-(e)s, ⸚e [-trɛːgə]⟩ amount carried forward (*esp Br*) or over (*esp US*) **übertragbar** *adj* transferable; Krankheit communicable (*form*) (*auf* +acc to), infectious; (*durch Berührung*) contagious

übertragen[1] [y:be'tra:gn] *past part* übertragen *insep irr* **A** *v/t* **1** (≈ *übergeben*) to transfer; Krankheit to pass on (*auf* +acc to); TECH Kraft to transmit **2** (≈ *kopieren*) to copy (out); (≈ *transkribieren*) to transcribe **3** TV, RADIO to transmit; **etw im Fernsehen ~** to televise sth **4** (≈ *übersetzen*) Text to render (*in* +acc into) **5** Methode to apply (*auf* +acc to) **6** (≈ *verleihen*) Würde to confer (*jdm* on sb); Vollmacht, Amt to give (*jdm* sb) **7** (≈ *auftragen*) Aufgabe to assign (*jdm* to sb) **B** *v/r* (*Krankheit etc*) to be passed on (*auf* +acc to); TECH to be transmitted (*auf* +acc to); (*Heiterkeit etc*) to spread (*auf* +acc to)

übertragen[2] [y:be'tra:gn] **A** *adj* Bedeutung etc figurative **B** *adv* (≈ *figurativ*) figuratively

Übertragung *f* ⟨-, -en⟩ **1** (≈ *Transport*) transfer; (*von Krankheit*) passing on **2** TV, RADIO transmission **3** (≈ *Übersetzung*) rendering **4** (≈ *Anwendung*) application **Übertragungsgeschwindigkeit** *f* IT transfer rate **Übertragungsrate** *f* IT transmission rate

übertreffen [y:be'trɛfn] *past part* übertroffen [y:be'trɔfn] *insep irr* **A** *v/t* to surpass (*an* +dat in); Rekord to break; **er ist**

U

nicht zu ~ he is unsurpassable **B** v/r **sich selbst ~** to excel oneself

übertreiben [y:be'traibn] past part über**trieben** [y:be'tri:bn] v/t insep irr **1** (also v/i ≈ aufbauschen) to exaggerate **2** (≈ zu weit treiben) to overdo; → übertrieben **Übertreibung** f ⟨-, -en⟩ exaggeration

übertreten [y:be'tre:tn] past part über**treten** v/t insep irr Grenze etc to cross; (fig) Gesetz, Verbot to break **Übertretung** [y:be'tre:tʊŋ] f ⟨-, -en⟩ (von Gesetz etc) violation

übertrieben [y:be'tri:bn] **A** adj exaggerated; Vorsicht excessive **B** adv (≈ übermäßig) excessively; → übertreiben

Übertritt m (über Grenze) crossing (über +acc of); (zu anderem Glauben) conversion; (zu anderer Partei) defection

übervölkern [y:be'fœlken] past part übervölkert v/t insep to overpopulate **Übervölkerung** f ⟨-, -en⟩ overpopulation

übervoll adj too full; Glas full to the brim

übervorteilen [y:be'fɔrtailən] past part übervorteilt v/t insep to cheat, to do down (infml)

überwachen [y:be'vaxn] past part über**wacht** v/t insep (≈ kontrollieren) to supervise; (≈ beobachten) to observe; Verdächtigen to keep under surveillance; (mit Radar, fig) to monitor **Überwachung** f ⟨-, -en⟩ supervision; (≈ Beobachtung) observation; (von Verdächtigen) surveillance; (mit Radar, fig) monitoring **Überwachungsanlage** f closed-circuit television **Überwachungskamera** f surveillance camera **Überwachungssoftware** f monitoring software **Überwachungsstaat** f Big Brother state

überwältigen [y:be'vɛltɪgn] past part überwältigt v/t insep (lit) to overpower; (zahlenmäßig) to overwhelm; (≈ bezwingen) to overcome **überwältigend** adj overwhelming; Schönheit stunning; Erfolg phenomenal

überwechseln v/i sep aux sein to move (in +acc to); (zu Partei etc) to go over (zu to) **Überweg** m **~ für Fußgänger** pedestrian crossing

überweisen [y:be'vaizn] past part über**wiesen** [y:be'vi:zn] v/t insep irr Geld to transfer (an +acc, auf +acc to); Patienten to refer (an +acc to) **Überweisung** f (≈ Geldüberweisung) (credit) transfer; (von Patient) referral

überwerfen [y:be'vɛrfn] past part über**worfen** [y:be'vɔrfn] v/r insep irr (≈ zerstreiten) **sich (mit jdm) ~** to fall out (with sb)

überwiegen [y:be'vi:gn] past part über**wogen** [y:be'vo:gn] insep irr v/r v/i to be to be predominant **überwiegend** **A** adj predominant; Mehrheit vast; **der ~e Teil** (+gen) the majority (of) **B** adv predominantly

überwinden [y:be'vɪndn] past part über**wunden** [y:be'vʊndn] insep irr **A** v/t to overcome **B** v/r **sich ~, etw zu tun** to force oneself to do sth; **ich konnte mich nicht dazu ~** I couldn't bring myself to do it **Überwindung** f, no pl overcoming; (≈ Selbstüberwindung) will power; **das hat mich viel ~ gekostet** that took me a lot of will power

Überzahl f, no pl **in der ~ sein** to be in the majority **überzählig** adj (≈ überschüssig) surplus; (≈ überflüssig) superfluous

überzeugen [y:be'tsɔygn] past part über**zeugt** insep **A** v/t to convince; **ich bin davon überzeugt, dass …** I am convinced that … **B** v/i to be convincing **C** v/r **sich (selbst) ~** (mit eigenen Augen) to see for oneself; **~ Sie sich selbst!** see for yourself! **überzeugend** **A** adj convincing **B** adv convincingly **Überzeugung** f conviction; (≈ Prinzipien) convictions pl, beliefs pl; **aus ~** out of principle; **ich bin der festen ~, dass …** I am firmly convinced that …; **zu der ~ gelangen, dass …** to become convinced that … **Überzeugungskraft** f persuasiveness

überziehen¹ [y:be'tsi:ən] past part über**zogen** [y:be'tso:gn] insep irr **A** v/t **1** (≈ bedecken) to cover; (mit Schicht) to coat **2** Konto to overdraw **3** Redezeit etc to overrun **4** (≈ übertreiben) to overdo; → über**zogen** **B** v/i (Redner) to overrun

überziehen² ['y:betsi:ən] v/t sep irr (≈ anziehen) (sich dat) etw ~ to put sth on **Überziehungskredit** [y:be'tsi:ʊŋskredi:t] m overdraft provision **überzogen** [y:be'tso:gn] adj (≈ übertrieben) excessive; → überziehen¹ **Überzug** m cover

üblich ['y:plɪç] adj usual; (≈ herkömmlich) customary; (≈ normal) normal; **wie ~** as usual; **das ist bei ihm so ~** that's usual for him; **allgemein ~ sein** to be common practice **üblicherweise** ['y:plɪçɐ'vaizə] *adv* normally

U-Boot ['uː-] *nt* submarine, sub (*infml*)

übrig ['yːbrɪç] *adj* **1** *attr* (≈ *verbleibend*) rest of, remaining; (≈ *andere*) other; **alle ~en Bücher** all the remaining *or* all the rest of the books **2** *pred* left (over); (≈ *zu entbehren*) spare; **etw ~ haben** to have sth left (over)/to spare; → **übrighaben 3** **das Übrige** the rest, the remainder; **im Übrigen** incidentally, by the way **übrig bleiben** *v/i irr aux sein* to be left (over); **da wird ihm gar nichts anderes ~** he won't have any choice **übrigens** ['yːbrɪɡns] *adv* incidentally, by the way

übrighaben *v/i sep irr* (≈ *mögen*) **für jdn/ etw ~** to have no time for sb/sth; **für jdn/etw viel ~** to be very fond of sb/ sth

Übung ['yːbʊŋ] *f* ⟨-, -en⟩ **1** *no pl* practice; **aus der ~ kommen** to get out of practice; **in ~ bleiben** to keep in practice; **zur ~** as practice; **~ macht den Meister** (*prov*) practice makes perfect (*prov*) **2** MIL, SPORTS, SCHOOL exercise

Ufer ['uːfɐ] *nt* ⟨-s, -⟩ (≈ *Flussufer*) bank; (≈ *Seeufer*) shore; (≈ *Wasseruhr, Gasuhr*) **spülen** to wash sth ashore; **der Fluss trat über die ~** the river burst its banks **uferlos** *adj* (≈ *endlos*) endless; (≈ *grenzenlos*) boundless; **ins Uferlose gehen** (*Debatte etc*) to go on forever; (*Kosten*) to go up and up

UFO, Ufo ['uːfo] *nt* ⟨-(s), -s⟩ UFO, Ufo

Uganda [u'ganda] *nt* ⟨-s⟩ Uganda **ugandisch** [u'gandɪʃ] *adj* Ugandan

U-Haft ['uː-] *f* (*infml*) custody

Uhr [uːɐ] *f* ⟨-, -en⟩ **1** clock; (≈ *Armbanduhr, Taschenuhr*) watch; (≈ *Wasseruhr, Gasuhr*) meter; **nach meiner ~** by my watch; **rund um die ~** round the clock; **ein Rennen gegen die ~** a race against the clock **2** (*bei Zeitangaben*) **um drei ~** at three (o'clock); **wie viel ~ ist es?** what time is it?, what's the time?; **um wie viel ~?** (at) what time? **Uhr(arm)band** [-bant] *nt*, *pl* -bänder watch strap; (*aus Metall*) watch bracelet **Uhrmacher(in)** *m/(f)* clockmaker; watchmaker **Uhrwerk** *nt* clockwork mechanism **Uhrzeiger** *m* (clock/ watch) hand **Uhrzeigersinn** *m* **im ~** clockwise; **entgegen dem ~** anticlockwise (*Br*), counterclockwise (*US*) **Uhrzeit** *f* time (of day)

Uhu ['uːhu] *m* ⟨-s, -s⟩ eagle owl

Ukraine [ukra'iːnə, u'krainə] *f* ⟨-⟩ **die ~** the Ukraine **ukrainisch** [ukra'iːnɪʃ, u'krainɪʃ] *adj* Ukrainian

UKW [uːkaː'veː] *abbr* RADIO ≈ FM

Ulk [ʊlk] *m* ⟨-(e)s, -e⟩ (*infml*) lark (*Br infml*), hoax (*US infml*); (≈ *Streich*) trick; **~ machen** to clown *or* play around **ulkig** ['ʊlkɪç] *adj* (*infml*) funny

Ulme ['ʊlmə] *f* ⟨-, -n⟩ elm

ultimativ [ʊltima'tiːf] *adj* **1** *Forderung etc* given as an ultimatum **2** (*infml* ≈ *beste*) *Film, Buch* ultimate (*infml*) **Ultimatum** [ʊlti'maːtʊm] *nt* ⟨-s, -s *or* Ultimaten [-tn]⟩ ultimatum; **jdm ein ~ stellen** to give sb an ultimatum

ultramodern [-modɛrn] *adj* ultramodern **Ultraschall** *m* PHYS ultrasound **Ultraschallgerät** *nt* ultrasound scanner **Ultraschalluntersuchung** *f* scan (*Br*), ultrasound **ultraviolett** *adj* ultraviolet **um** [ʊm] **A** *prep +acc* **1** **um … (herum)** around; **um sich schauen** to look around one **2** (*zur Zeitangabe*) at; (*genau*) **um acht** at eight (sharp); **um Weihnachten** around Christmas **3** (≈ *betreffend*) about; **es geht um das Prinzip** it's a question of principles **4** (≈ *für*) **der Kampf um die Stadt** the battle for the town; **um Geld spielen** to play for money; **sich um etw sorgen** to worry about sth **5** (*bei Differenzangaben*) by; **um 10% teurer** 10% more expensive; **um vieles besser** far better; **um nichts besser** no better; **etw um 4 cm verkürzen** to shorten sth by 4 cm **B** *prep +gen* **um … willen** for the sake of **C** *cj* **um … zu** (*final*) (in order) to **D** *adv* (≈ *ungefähr*) **um (die) 30 Schüler** *etc* about or (a)round about 30 pupils *etc*

umändern *v/t sep* to alter

umarbeiten *v/t sep* to alter; *Buch etc* to rewrite, to rework

umarmen [ʊm'armən] *past part* **umarmt** *v/t insep* to embrace, to hug **Umarmung** *f* ⟨-, -en⟩ embrace (*also euph*), hug

Umbau *m, pl* -bauten rebuilding, renovation; (*zu etwas anderem*) conversion (*zu* into); (≈ *Umänderung*) alterations *pl*; **das Gebäude befindet sich im ~** the building is being renovated **umbauen** ['ʊmbaʊən] *sep v/t* to rebuild, to renovate; (*zu etw anderem*) to convert (*zu* into); (≈ *umändern*) to alter

umbenennen *past part* **umbenannt** *v/t sep irr* to rename (*in etw* sth)

umbesetzen *past part* **umbesetzt** *v/t sep*

THEAT to recast; *Mannschaft* to reorganize
umbilden *v/t sep* (fig) to reorganize; POL
Kabinett to reshuffle (*Br*), to shake up (*US*)
Umbildung *f* reorganization; POL reshuffle (*Br*), shake up (*US*)
umbinden ['ʊmbɪndn] *v/t sep irr* to put
on; **sich** (*dat*) **einen Schal ~** to put a scarf
on
umblättern *v/t & v/i sep* to turn over
umbringen *sep irr* **A** *v/t* to kill **B** *v/r* to
kill oneself; **er bringt sich fast um vor
Höflichkeit** (*infml*) he falls over himself
to be polite
Umbruch *m* **1** radical change **2** TYPO
make-up
umbuchen *sep v/t* **1** *Flug, Termin* to alter
one's booking for **2** FIN *Betrag* to transfer
umdenken *v/i sep irr* to change one's
ideas; **darin müssen wir ~** we'll have to
rethink that
umdisponieren *past part* **umdisponiert**
v/i sep to change one's plans
umdrehen *sep* **A** *v/t* to turn over; (*um die
Achse*) to turn (a)round; *Schlüssel* to turn **B**
v/r to turn (a)round (*nach* to look at); (*im
Bett etc*) to turn over **Umdrehung** *f* turn;
PHYS revolution, rotation; MOT revolution,
rev
umeinander *adv* about each other *or*
one another; (*räumlich*) (a)round each other
umfahren¹ ['ʊmfaːrən] *v/t sep irr* (≈ *überfahren*) to run over
umfahren² [ʊmˈfaːrən] *past part* **umfahren** *v/t insep irr* (≈ *fahren um*) to go
(a)round; (*mit dem Auto*) to drive (a)round;
(*auf Umgehungsstraße*) to bypass **Umfah-
rung** *f* (*Aus*) bypass, beltway (*US*)
umfallen *v/i sep irr aux sein* to fall over;
(*Gegenstand*) to fall (down); (*infml* ≈ *ohnmächtig werden*) to pass out; (*fig infml* ≈
nachgeben) to give in; **zum Umfallen müde sein** to be ready to drop; **wir arbeite-
ten bis zum Umfallen** we worked until we
were ready to drop
Umfang *m* **1** (*von Kreis etc*) circumference; (≈ *Bauchumfang*) girth **2** (fig) (≈ *Ausmaß*) extent; (≈ *Reichweite*) range; (*von Untersuchung etc*) scope; (*von Verkauf etc*) volume; **in großem ~** on a large scale; **in
vollem ~** fully, entirely **umfangreich**
adj extensive; (≈ *geräumig*) spacious
umfassen [ʊmˈfasn] *past part* **umfasst** *v/t
insep* **1** to grasp; (≈ *umarmen*) to embrace

2 (fig) (≈ *einschließen*) *Zeitperiode* to cover;
(≈ *enthalten*) to contain **umfassend** **A**
adj extensive; (≈ *vieles enthaltend*) comprehensive; *Geständnis* full, complete **B** *adv*
comprehensively
Umfeld *nt* surroundings *pl*; (fig) sphere
umfliegen [ʊmˈfliːɡn] *past part* **umflogen**
[ʊmˈfloːɡn] *v/t insep irr* (≈ *fliegen um*) to fly
(a)round
umformen *v/t sep* **1** to reshape (*in* +*acc*
into) **2** ELEC to convert
Umfrage *f* SOCIOL survey; *esp* POL
(opinion) poll **Umfrageergebnis** *nt*
survey/poll result(s *pl*)
umfüllen *v/t sep* to transfer into another
bottle/container *etc*
umfunktionieren *past part*
umfunktioniert *v/t sep* to change the
function of; **etw zu etw ~** to turn sth into
sth
Umgang [-ɡaŋ] *m, no pl* **1** (≈ *gesellschaft-
licher Verkehr*) dealings *pl*; (≈ *Bekanntenkreis*)
acquaintances *pl*; **schlechten ~ haben** to
keep bad company; **~ mit jdm pflegen**
to associate with sb; **er ist kein ~ für dich**
he's not fit company for you **2** **im ~ mit
Tieren muss man ...** in dealing with animals one must ...; **der ~ mit Kindern
muss gelernt sein** you have to learn
how to handle children **umgänglich**
['ʊmɡɛŋlɪç] *adj* affable
Umgangsformen *pl* manners *pl*
Umgangssprache *f* colloquial language **umgangssprachlich** *adj* colloquial
umgeben [ʊmˈɡeːbn] *past part* **umgeben**
insep irr **A** *v/t* to surround **B** *v/r* **sich mit
jdm/etw ~** to surround oneself with sb/
sth **Umgebung** *f* ⟨-, -en⟩ (≈ *Umwelt*) surroundings *pl*; (≈ *Nachbarschaft*) neighbourhood (*Br*), neighborhood (*US*); (≈ *gesell-
schaftlicher Hintergrund*) background
umgehen¹ ['ʊmɡeːən] *v/i sep irr aux sein* **1**
(*Gerücht etc*) to go (a)round; (*Grippe*) to be
going round **2** **mit jdm/etw ~ können**
to know how to handle sb/sth; **mit jdm
grob/behutsam ~** to treat sb roughly/
gently; **sorgsam mit etw ~** to be careful
with sth
umgehen² [ʊmˈɡeːən] *past part* **um-
gangen** [ʊmˈɡaŋən] *v/t insep irr* (fig) to
avoid; *Gesetz* to get (a)round
umgehend **A** *adj* immediate **B** *adv* immediately

Umgehung [ʊmˈgeːʊŋ] f ⟨-, -en⟩ (≈ *Vermeidung*) avoidance; (*von Gesetz*) circumvention; (*von Frage*) evasion **Umgehungsstraße** f bypass, beltway (*US*)

umgekehrt [ˈʊmgəkeːɐt] **A** adj *Reihenfolge* reverse; (≈ *gegenteilig*) opposite, contrary; (≈ *andersherum*) the other way (a)round; **in die ~e Richtung fahren** to go in the opposite direction; **genau ~!** quite the contrary!; → **umkehren B** adv (≈ *andersherum*) the other way (a)round; **... und/ oder ~** ... and/or vice versa

umgestalten past part **umgestaltet** v/t sep to alter; (≈ *reorganisieren*) to reorganize; (≈ *umordnen*) to rearrange **Umgestaltung** f alteration; (≈ *Reorganisation*) reorganization; (≈ *Umordnung*) rearrangement

umgewöhnen past part **umgewöhnt** v/r sep to readapt

umgraben v/t sep irr to dig over; *Erde* to turn (over)

umgucken v/r sep = umsehen

umhaben v/t sep irr (infml) to have on

Umhang m cape; (*länger*) cloak; (≈ *Umhängetuch*) shawl **umhängen** v/t sep **1** *Rucksack etc* to put on; *Jacke, Schal etc* to drape (a)round; *Gewehr* to sling on; **sich** (dat) **etw ~** to put sth on; to drape sth (a)round one **2** *Bild* to rehang **Umhängetasche** f shoulder bag

umhauen v/t sep irr **1** *Baum* to chop down **2** (infml ≈ *umwerfen*) to knock over **3** (infml) (≈ *erstaunen*) to bowl over (infml)

umher [ʊmˈheːɐ] adv around, about (Br) **umherlaufen** v/i sep irr aux sein to walk around; (≈ *rennen*) to run around **umherziehen** v/i sep irr aux sein to move around (*in etw* (dat) sth)

umhinkönnen [ʊmˈhɪn-] v/i sep irr **ich kann nicht umhin, das zu tun** I can't avoid doing it; (*einem Zwang folgend*) I can't help doing it

umhören v/r sep to ask around

umhüllen [ʊmˈhʏlən] past part **umhüllt** v/t insep to wrap (up) (*mit* in)

umjubeln [ʊmˈjuːbln] past part **umjubelt** v/t insep to cheer

umkämpfen [ʊmˈkɛmpfn] past part **umkämpft** v/t insep *Stadt* to fight over; *Wahlkreis* to contest

Umkehr [ˈʊmkeːɐ] f ⟨-, no pl⟩ **1** (lit) turning back; **jdn zur ~ zwingen** to force sb to turn back **2** (fig elev) (≈ *Änderung*) change

umkehrbar adj reversible **umkehren** sep **A** v/i aux sein to turn back **B** v/t *Reihenfolge, Trend* to reverse; *Verhältnisse* to overturn; GRAM, MAT to invert; → **umgekehrt C** v/r (*Verhältnisse*) to become reversed

umkippen sep **A** v/t to tip over; *Auto* to overturn; *Vase* to knock over **B** v/i aux sein **1** to tip over; (*Auto*) to overturn **2** (infml ≈ *ohnmächtig werden*) to pass out **3** (infml ≈ *aufgeben*) to back down **4** (*Fluss, See*) to become polluted

umklappen v/t sep to fold down **Umkleidekabine** f changing cubicle **Umkleideraum** m changing room **umknicken** sep **A** v/t *Ast, Mast* to snap; *Baum* to break; *Strohhalm* to bend over **B** v/i aux sein (*Ast*) to snap; (*Strohhalm*) to get bent over; **mit dem Fuß ~** to twist one's ankle

umkommen v/i sep irr aux sein (≈ *sterben*) to be killed; **vor Langeweile ~** (infml) to be bored to death (infml)

Umkreis m (≈ *Umgebung*) surroundings pl; (≈ *Gebiet*) area; (≈ *Nähe*) vicinity; **im näheren ~** in the vicinity **umkreisen** [ʊmˈkraizn] past part **umkreist** v/t insep to circle (around); SPACE to orbit

umkrempeln v/t sep **1** *Ärmel, Hosenbein* to turn up; (*mehrmals*) to roll up **2** (≈ *umwenden*) to turn inside out; (infml) *Betrieb, System* to shake up (infml)

umladen v/t sep irr to transfer

Umlage f **eine ~ machen** to split the cost **umlagern** [ʊmˈlaːgɐn] past part **umlagert** v/t insep (≈ *einkreisen*) to surround

Umlauf m (≈ *das Kursieren*) circulation (also fig); **im ~ sein** to be in circulation **Umlaufbahn** f orbit

Umlaut m **1** no pl umlaut **2** (*Laut*) vowel with umlaut

umlegen sep v/t **1** (≈ *umhängen*) to put round **2** (≈ *umklappen*) *Hebel* to turn **3** (≈ *verlegen*) *Kranke* to move; *Termin* to change (*auf* +acc to) **4** (≈ *verteilen*) **die 200 Euro wurden auf uns fünf umgelegt** the five of us each had to pay a contribution toward(s) the 200 euros **5** (infml ≈ *ermorden*) to bump off (infml)

umleiten v/t sep to divert **Umleitung** f diversion; (*Strecke auch*) detour

umlernen v/i sep to retrain; (fig) to change one's ideas

umliegend adj surrounding

Umlufterd m fan-assisted oven

Umnachtung [ʊmˈnaxtʊŋ] f ⟨-, -en⟩ **geistige ~** mental derangement

umordnen v/t sep to rearrange

umorganisieren past part **umorganisiert** v/t sep to reorganize

umpflanzen [ˈʊmpflantsn] v/t sep (≈ woanders pflanzen) to transplant; Topfpflanze to repot

umpflügen v/t sep to plough (Br) or plow (US) up

umquartieren past part **umquartiert** v/t sep to move

umrahmen [ʊmˈraːmən] past part **umrahmt** v/t insep to frame

umranden [ʊmˈrandn] past part **umrandet** v/t insep to edge

umräumen sep **A** v/t to rearrange; (≈ an anderen Platz bringen) to shift **B** v/i to rearrange the furniture

umrechnen v/t sep to convert (in +acc into) **Umrechnung** f conversion **Umrechnungskurs** m exchange rate **Umrechnungstabelle** f conversion table

umreißen [ʊmˈraisn] past part **umrissen** [ʊmˈrɪsn] v/t insep irr (≈ skizzieren) to outline

umrennen v/t sep irr to (run into and) knock down

umringen [ʊmˈrɪŋən] past part **umringt** v/t insep to surround

Umriss m outline; (≈ Kontur) contour(s pl); **etw in ~en zeichnen/erzählen** to outline sth

umrühren v/t sep to stir

umrüsten v/t sep TECH to adapt; **etw auf etw** (acc) **~** to convert sth to sth

umsatteln v/i sep (infml) (beruflich) to change jobs; **von etw auf etw** (acc) **~ to** switch from sth to sth

Umsatz m COMM turnover **Umsatzbeteiligung** f commission **Umsatzplus** nt COMM increase in turnover **Umsatzrückgang** m drop in turnover **Umsatzsteuer** f sales tax

umschalten v/i sep to flick the/a switch; (auf anderen Sender) to turn over (auf +acc to); (Ampel) to change

Umschau f, no pl **~ halten** to look around (nach for) **umschauen** v/r sep (esp dial) = umsehen

umschiffen [ʊmˈʃɪfn] past part **umschifft** v/t insep to sail (a)round

Umschlag m **1** (≈ Hülle) cover; (≈ Briefum-

schlag) envelope; (≈ Buchumschlag) jacket **2** MED compress **3** (≈ Ärmelumschlag) cuff; (≈ Hosenumschlag) turn-up (Br), cuff (US) **umschlagen** sep irr **A** v/t **1** Ärmel, Hosenbein to turn up; Kragen to turn down **2** (≈ umladen) Güter to transship **B** v/i aux sein (≈ sich ändern) to change (suddenly); (Wind) to veer; **ins Gegenteil ~** to become the opposite **Umschlaghafen** m port of transshipment **Umschlagplatz** m trade centre (Br) or center (US)

umschlungen [ʊmˈʃlʊŋən] adj **eng ~** with their etc arms tightly (a)round each other

umschmeißen v/t sep irr (≈ umwerfen) to knock over

umschreiben[1] [ˈʊmʃraibn] v/t sep irr **1** Text etc to rewrite **2** Hypothek etc to transfer

umschreiben[2] [ʊmˈʃraibn] past part **umschrieben** [ʊmˈʃriːbn] v/t insep irr (≈ mit anderen Worten ausdrücken) to paraphrase; (≈ darlegen) to describe **Umschreibung** [ʊmˈʃraibʊŋ] f (≈ das Umschriebene) paraphrase; (≈ Darlegung) description

umschulden v/t sep COMM Kredit to convert, to fund

umschulen v/t sep **1** (beruflich) to retrain **2** (auf andere Schule) to transfer (to another school) **Umschulung** f retraining; (auf andere Schule) transfer

umschwärmen [ʊmˈʃvɛrmən] past part **umschwärmt** v/t insep to swarm (a)round; (≈ verehren) to idolize

Umschweife [ˈʊmʃvaifə] pl **ohne ~** straight out

umschwenken v/i sep **1** aux sein or haben (Anhänger, Kran) to swing out; (fig) to do an about-turn (Br) or about-face (US) **2** (Wind) to veer

Umschwung m (fig) (≈ Veränderung) drastic change; (ins Gegenteil) about-turn (Br), about-face (US)

umsegeln [ʊmˈzeːɡln] past part **umsegelt** v/t insep to sail (a)round

umsehen v/r sep irr to look around (nach for); (rückwärts) to look back; **sich in der Stadt ~** to have a look (a)round the town; **ich möchte mich nur mal ~** (in Geschäft) I'm just looking

um sein v/i irr aux sein (Frist, Zeit) to be up

umseitig [ˈʊmzaitɪç] adj, adv overleaf

umsetzen sep v/t **1** Waren, Geld to turn over **2 etw in die Tat ~** to translate sth into action

Umsicht *f, no pl* circumspection, prudence **umsichtig** ['ʊmzɪçtɪç] **A** *adj* circumspect, prudent **B** *adv* circumspectly, prudently

umsiedeln *v/t & v/i sep* to resettle **Umsiedlung** ['ʊmziːdlʊŋ] *f* resettlement

umso ['ʊmzoː] *cj* (≈ *desto*) **~ besser/ schlimmer!** so much the better/worse!; **~ mehr, als ...** all the more considering *or* as

umsonst [ʊm'zɔnst] *adv* **1** (≈ *unentgeltlich*) free (of charge (*esp* COMM)) **2** (≈ *vergebens*) in vain; (≈ *erfolglos*) without success

umsorgen [ʊm'zɔrgn] *past part* **umsorgt** *v/t insep* to look after

umspringen ['ʊmʃprɪŋən] *v/i sep irr aux sein* **mit jdm grob** *etc* **~** (*infml*) to treat sb roughly *etc*

Umstand *m* **1** circumstance; (≈ *Tatsache*) fact; **den Umständen entsprechend** much as one would expect (under the circumstances); **nähere Umstände** further details; **in anderen Umständen sein** to be expecting; **unter keinen Umständen** under no circumstances; **unter Umständen** possibly **2 Umstände** *pl* (≈ *Mühe*) bother *sg*; (≈ *Förmlichkeit*) fuss *sg*; **machen Sie bloß keine Umstände!** please don't go to any bother **umständehalber** ['ʊmʃtɛndəhalbe] *adv* owing to circumstances **umständlich** ['ʊmʃtɛntlɪç] **A** *adj Methode* (awkward and) involved; *Vorbereitung* elaborate; *Erklärung* long-winded; *Abfertigung* laborious; **sei doch nicht so ~!** don't make everything twice as hard as it really is!; **das ist mir zu ~** that's too much bother **B** *adv erklären* in a roundabout way; *vorgehen* awkwardly **Umständlichkeit** *f* ⟨-, -en⟩ (*von Methode*) involvedness; (*von Erklärung etc*) long-windedness **Umstandskleid** *nt* maternity dress **Umstandskleidung** *f* maternity wear **Umstandskrämer** *m* ⟨-s, -⟩, **Umstandskrämerin** *f* ⟨-, -nen⟩ (*infml*) fusspot (*Br infml*), fussbudget (*US*)

umstehend **A** *adj attr* **1** (≈ *in der Nähe stehend*) standing nearby **2** (≈ *umseitig*) overleaf **B** *adv* overleaf

umsteigen *v/i sep irr aux sein* **1** (*in Bus, Zug etc*) to change (buses/trains etc) **2** (*fig infml*) to switch (over) (*auf +acc* to)

umstellen¹ ['ʊmʃtɛlən] *sep* **A** *v/t* to change (a)round; *Hebel, Betrieb* to switch

over; *Uhr* to change; *Währung* to change over **B** *v/i* **auf etw** (*acc*) **~** (*Betrieb*) to switch over to sth **C** *v/r* **sich auf etw** (*acc*) **~** to adjust to sth

umstellen² [ʊm'ʃtɛlən] *past part* **umstellt** *v/t insep* (≈ *einkreisen*) to surround

Umstellung ['ʊm-] *f* **1** changing (a)round **2** (*von Hebel, Betrieb*) switch-over; (*von Währung*) changeover; **~ auf Erdgas** conversion to natural gas **3** (*fig* ≈ *das Sichumstellen*) adjustment (*auf +acc* to); **das wird eine große ~ für ihn sein** it will be a big change for him

umstimmen *v/t sep* **jdn ~** to change sb's mind; **er ließ sich nicht ~** he was not to be persuaded

umstoßen *v/t sep irr Gegenstand* to knock over; (*fig*) to change; (*Umstände etc*) *Plan, Berechnung* to upset

umstritten [ʊm'ʃtrɪtn] *adj* controversial

umstrukturieren *past part* **umstrukturiert** *v/t sep* to restructure

Umsturz *m* coup (d'état) **umstürzen** *sep* **A** *v/t* to overturn; (*fig*) *Regierung* to overthrow **B** *v/i aux sein* to fall

umtaufen *v/t sep* to rebaptize; (≈ *umbenennen*) to rechristen

Umtausch *m* exchange; **diese Waren sind vom ~ ausgeschlossen** these goods cannot be exchanged **umtauschen** *v/t sep* to (ex)change; *Geld* to change (*in +acc* into)

umtopfen *v/t sep Blumen etc* to repot

Umtriebe *pl* machinations *pl*; **umstürzlerische ~** subversive activities

umtun *v/r sep irr* (*infml*) to look around (*nach* for)

umverteilen *past part* **umverteilt** *v/t sep or insep* to redistribute **Umverteilung** *f* redistribution

umwandeln ['ʊmvandln] *sep v/t* to change (*in +acc* into); (COMM, SCI) to convert (*in +acc* to); JUR *Strafe* to commute (*in +acc* to); (*fig*) to transform (*in +acc* into) **Umwandlung** ['ʊm-] *f* change; COMM, SCI conversion; (*fig*) transformation

Umweg ['ʊmveːk] *m* detour; (*fig*) roundabout way; **wenn das für Sie kein ~ ist** if it doesn't take you out of your way; **etw auf ~en erfahren** (*fig*) to find sth out indirectly

Umwelt *f, no pl* environment **umweltbedingt** *adj* determined by the environment **Umweltbehörde** *f*

U

environmental authority **umweltbelastend** adj causing environmental pollution **umweltbewusst** adj Person environmentally aware **Umweltbewusstsein** nt environmental awareness **Umweltexperte** m, **Umweltexpertin** f environmental expert **Umweltfahrstreifen** m (für Fahrzeuge mit mindestens zwei Insassen) high-occupancy vehicle lane, HOV lane **umweltfreundlich** adj environmentally friendly **Umweltfreundlichkeit** f environmental friendliness **umweltgefährdend** adj harmful to the environment **Umweltgift** nt environmental pollutant **Umweltkatastrophe** f ecological disaster **Umweltkriminalität** f environmental crimes pl **Umweltpapier** nt recycled paper **Umweltpolitik** f environmental policy **Umweltschaden** m damage to the environment **umweltschädlich** adj harmful to the environment **umweltschonend** adj environmentally friendly **Umweltschutz** m conservation **Umweltschutzbeauftragte(r)** m/f(m) decl as adj environmental protection officer **Umweltschützer(in)** m/(f) conservationist, environmentalist **Umweltschutzorganisation** f environmentalist group **Umweltsteuer** f ecology tax **Umweltsünder(in)** m/(f) (infml) polluter **Umweltverschmutzung** f pollution (of the environment) **umweltverträglich** adj Produkte, Stoffe not harmful to the environment **Umweltverträglichkeit** f environmental friendliness **Umweltzerstörung** f destruction of the environment

umwenden sep irr **A** v/t to turn over **B** v/r to turn ((a)round) (nach to) **umwerben** [ʊmˈvɛrbn] past part **umworben** [ʊmˈvɔrbn] v/t insep irr to court **umwerfen** v/t sep irr **1** Gegenstand to knock over; Möbelstück etc to overturn **2** (fig ≈ ändern) to upset; Vorstellungen to throw over **3** (fig infml) to stun **umwerfend** adj fantastic **umwickeln** [ʊmˈvɪkln] past part **umwickelt** v/t insep to wrap (a)round **umzäunen** [ʊmˈtsɔynən] past part **um-**

zäunt v/t insep to fence (a)round **umziehen** [ˈʊmtsiːən] sep irr **A** v/i aux sein to move; **nach Köln ~** to move to Cologne **B** v/r to change, to get changed **umzingeln** [ʊmˈtsɪŋln] past part **umzingelt** v/t insep to surround, to encircle **Umzug** [ˈʊmtsuːk] m **1** (≈ Wohnungsumzug) move, removal (esp Br) **2** (≈ Festzug) procession; (≈ Demonstrationszug) parade **unabänderlich** [ʊnapˈɛndɐlɪç] adj (≈ unwiderruflich) unalterable; Entschluss irrevocable; **~ feststehen** to be absolutely certain

unabdingbar [ʊnapˈdɪŋbaːɐ, ˈʊn-] adj indispensable; Notwendigkeit absolute **unabhängig** adj independent (von of); **~ davon, was Sie meinen** irrespective of what you think **Unabhängigkeit** f, no pl independence **Unabhängigkeitserklärung** f declaration of independence **unabkömmlich** adj (elev) busy; (≈ unverzichtbar) indispensable **unablässig** [ʊnapˈlɛsɪç, ˈʊn-] **A** adj continual **B** adv continually **unabsehbar** adj (fig) Folgen etc unforeseeable; Schaden immeasurable; **auf ~e Zeit** for an indefinite period **unabsichtlich** **A** adj unintentional **B** adv unintentionally **unabwendbar** adj inevitable **unachtsam** adj (≈ unaufmerksam) inattentive; (≈ nicht sorgsam) careless; (≈ unbedacht) thoughtless **unähnlich** adj dissimilar **unanfechtbar** adj incontestable; Beweis irrefutable **unangebracht** adj uncalled-for; (für Kinder etc) unsuitable; (≈ unzweckmäßig) Maßnahmen inappropriate **unangefochten** [ˈʊnangəfɔxtn] adj unchallenged; Urteil, Testament uncontested **unangemeldet** [ˈʊnangəmɛldət] **A** adj unannounced no adv; Besucher unexpected **B** adv unannounced; besuchen without letting sb know **unangemessen** **A** adj (≈ zu hoch) unreasonable; (≈ unzulänglich) inadequate; **einer Sache** (dat) **~ sein** to be inappropriate to sth **B** adv hoch, teuer unreasonably; sich verhalten inappropriately **unangenehm** adj unpleasant; Frage awkward; **er kann ~ werden** he can get quite nasty

unannehmbar adj unacceptable
Unannehmlichkeit f usu pl trouble no pl; **~en bekommen** to get into trouble
unansehnlich adj unsightly; Tapete, Möbel shabby
unanständig adj **1** (≈ unerzogen) bad-mannered **2** (≈ anstößig) dirty; Wörter rude; Kleidung indecent
Unanständigkeit f **1** (≈ Unerzogenheit) bad manners pl **2** (≈ Obszönität) obscenity
unantastbar [ʊnanˈtastbaːe, ˈʊn-] adj sacrosanct; Rechte inviolable
unappetitlich adj unappetizing
Unart f bad habit **unartig** adj naughty
unaufdringlich adj unobtrusive
unauffällig adj inconspicuous; (≈ schlicht) unobtrusive
unauffindbar adj nowhere to be found; vermisste Person untraceable
unaufgefordert [ˈʊnaʊfɡəfɔrdet] **A** adj unsolicited (esp COMM) **B** adv without being asked
unaufgeklärt adj unexplained; Verbrechen unsolved
unaufhaltsam [ʊnaʊfˈhaltzaːm, ˈʊn-] adj unstoppable
unaufhörlich [ʊnaʊfˈhøːelɪç, ˈʊn-] **A** adj incessant **B** adv incessantly
unaufmerksam adj inattentive
unaufrichtig adj insincere
unausbleiblich [ʊnaʊsˈblaiplɪç, ˈʊn-] adj inevitable
unausgefüllt [ˈʊnaʊsɡəfʏlt] adj Leben, Mensch unfulfilled
unausgeglichen adj unbalanced
Unausgeglichenheit f imbalance
unausgegoren adj immature
unausgesprochen adj unspoken
unausgewogen adj unbalanced
Unausgewogenheit f unbalance
unaussprechlich [ʊnaʊsˈʃpreçlɪç, ˈʊn-] adj **1** Wort unpronounceable **2** Leid etc inexpressible
unausstehlich [ʊnaʊsˈʃteːlɪç, ˈʊn-] adj intolerable
unausweichlich [ʊnaʊsˈvaiçlɪç, ˈʊn-] adj unavoidable
unbändig [ˈʊnbɛndɪç] adj **1** Kind boisterous **2** Freude, Hass, Zorn unrestrained no adv; Ehrgeiz boundless
unbarmherzig **A** adj merciless **B** adv mercilessly
unbeabsichtigt [ˈʊnbəapzɪçtɪçt] **A** adj unintentional **B** adv unintentionally

unbeachtet [ˈʊnbəaxtət] adj unnoticed; Warnung unheeded; **~ bleiben** to go unnoticed/unheeded; **jdn/etw ~ lassen** not to take any notice of sb/sth
unbeantwortet [ˈʊnbəantvɔrtət] adj, adv unanswered
unbebaut [ˈʊnbəbaut] adj Land undeveloped; Grundstück vacant; Feld uncultivated
unbedacht **A** adj (≈ hastig) rash; (≈ unüberlegt) thoughtless **B** adv rashly
unbedarft [ˈʊnbədarft] adj (infml) simple-minded
unbedenklich **A** adj (≈ ungefährlich) quite safe **B** adv (≈ ungefährlich) quite safely; (≈ ohne zu zögern) without thinking (twice (infml))
unbedeutend adj insignificant; (≈ geringfügig) Änderung etc minor
unbedingt **A** adj attr **1** absolute **2** (Aus, Swiss) Gefängnisstrafe unconditional **B** adv (≈ auf jeden Fall) really; nötig absolutely; **ich musste sie ~ sprechen** I really had to speak to her; **nicht ~** not necessarily
unbeeindruckt [ʊnbəˈaindrʊkt, ˈʊn-] adj, adv unimpressed (von by)
unbefahrbar adj Straße, Weg impassable
unbefangen **A** adj **1** (≈ unvoreingenommen) impartial **2** (≈ ungehemmt) uninhibited **B** adv **1** (≈ unvoreingenommen) impartially **2** (≈ ungehemmt) without inhibition **Unbefangenheit** f **1** (≈ unparteiische Haltung) impartiality **2** (≈ Ungehemmtheit) uninhibitedness
unbefriedigend adj unsatisfactory
unbefriedigt adj unsatisfied; (≈ unzufrieden) dissatisfied
unbefristet **A** adj Arbeitsverhältnis for an indefinite period; Visum permanent **B** adv for an indefinite period; **etw ~ verlängern** to extend sth indefinitely
unbefugt adj unauthorized; **Eintritt für Unbefugte verboten** no admittance to unauthorized persons
unbegabt adj untalented
unbegreiflich adj (≈ unverständlich) incomprehensible; Dummheit inconceivable
unbegrenzt **A** adj unlimited; Frist indefinite; **auf ~e Zeit** indefinitely; **in ~er Höhe** of an unlimited amount **B** adv indefinitely
unbegründet adj unfounded; **eine Klage als ~ abweisen** to dismiss a case
Unbehagen nt uneasy feeling; (≈ Unzufriedenheit) discontent (an +dat with);

U

(körperlich) discomfort **unbehaglich** adj uncomfortable

unbehandelt adj Wunde, Obst untreated

unbehelligt [ʊnbəˈhɛlɪçt, 'ʊn-] **A** adj (≈ unbelästigt) unmolested; (≈ unkontrolliert) unchecked **B** adv (≈ unkontrolliert) unchecked; (≈ ungestört) in peace

unbeherrscht adj Reaktion uncontrolled; Mensch lacking self-control **Unbeherrschtheit** f ⟨-, -en, no pl⟩ (von Mensch) lack of self-control

unbeholfen ['ʊnbəhɔlfn] **A** adj clumsy; (≈ hilflos) helpless **B** adv clumsily **Unbeholfenheit** f ⟨-, no pl⟩ clumsiness; (≈ Hilflosigkeit) helplessness

unbeirrbar [ʊnbəˈɪrbaːɐ, 'ʊn-], **unbeirrt** [ʊnbəˈɪrt, 'ʊn-] **A** adj unwavering **B** adv festhalten unwaveringly; weitermachen undeterred

unbekannt adj unknown; **das war mir ~** I didn't know that; **~e Größe** (MAT, fig) unknown quantity; **Strafanzeige gegen ~** charge against person or persons unknown **Unbekannte** f decl as adj MAT unknown **Unbekannte(r)** m/f(m) decl as adj stranger

unbekleidet adj bare; **sie war ~** she had nothing on

unbekümmert [ʊnbəˈkʏmɐt, 'ʊn-] **A** adj **1** (≈ unbesorgt) unconcerned **2** (≈ sorgenfrei) carefree **B** adv (≈ unbesorgt) without worrying; (≈ sorglos) without a care in the world

unbelastet ['ʊnbəlastət] adj **1** (≈ ohne Last) unladen **2** (≈ ohne Schulden) unencumbered **3** (≈ ohne Sorgen) free from worries **4** (≈ schadstofffrei) unpolluted

unbelehrbar adj fixed in one's views; Rassist etc dyed-in-the-wool attr; **er ist ~** you can't tell him anything

unbeleuchtet ['ʊnbəlɔʏçtət] adj Straße, Weg unlit

unbeliebt adj unpopular (bei with); **sich ~ machen** to make oneself unpopular

unbemannt ['ʊnbəmant] adj unmanned

unbemerkt ['ʊnbəmɛrkt] adj, adv unnoticed; **~ bleiben** to go unnoticed

unbenommen [ʊnbəˈnɔmən, 'ʊn-] adj pred (form) **es bleibt Ihnen ~, zu ...** you are (quite) at liberty to ...

unbenutzt ['ʊnbənʊtst] adj, adv unused

unbeobachtet ['ʊnbəoːbaxtət] adj unnoticed

unbequem adj (≈ ungemütlich) uncomfortable; (≈ lästig) Frage, Situation awkward; (≈ mühevoll) difficult; **diese Schuhe sind mir zu ~** these shoes are too uncomfortable; **der Regierung ~ sein** to be an embarrassment to the government **Unbequemlichkeit** f **1** no pl (≈ Ungemütlichkeit) lack of comfort; (von Situation) awkwardness **2** usu pl inconvenience

unberechenbar adj unpredictable

unberechtigt adj Sorge etc unfounded; Kritik unjustified; (≈ unbefugt) unauthorized

unberührt ['ʊnbəryːt] adj **1** untouched; (fig) Natur unspoiled; **~ sein** (Mädchen) to be a virgin **2** (≈ unbetroffen) unaffected

unbeschädigt ['ʊnbəʃɛdɪçt] adj, adv undamaged; Siegel unbroken

unbescheiden adj Mensch, Plan presumptuous

unbescholten ['ʊnbəʃɔltn] adj (elev) respectable; Ruf spotless; JUR with no previous convictions

unbeschrankt adj unguarded

unbeschränkt adj unrestricted; Macht absolute; Geldmittel, Zeit unlimited

unbeschreiblich [ʊnbəˈʃraɪplɪç, 'ʊn-] **A** adj indescribable; Frechheit enormous **B** adv schön, gut etc indescribably

unbeschwert ['ʊnbəʃveːɐt] **A** adj (≈ sorgenfrei) carefree; Unterhaltung light-hearted **B** adv (≈ sorgenfrei) carefree

unbesehen [ʊnbəˈzeːən, 'ʊn-] adv indiscriminately; (≈ ohne es anzusehen) without looking at it/them; **das glaube ich dir ~** I believe it if you say so

unbesetzt adj vacant; Schalter closed

unbesiegbar adj invincible **unbesiegt** ['ʊnbəziːkt] adj undefeated

unbesonnen **A** adj rash **B** adv rashly **Unbesonnenheit** f rashness

unbesorgt **A** adj unconcerned; **Sie können ganz ~ sein** you can set your mind at rest **B** adv without worrying

unbeständig adj Wetter changeable; Mensch unsteady; (in Leistungen) erratic **Unbeständigkeit** f (von Wetter) changeability; (von Mensch) unsteadiness; (in Leistungen) erratic behaviour (Br) or behavior (US)

unbestechlich adj **1** Mensch incorruptible **2** Urteil unerring

unbestellt adj **~e Ware** unsolicited goods pl

unbestimmt adj **1** (≈ ungewiss) uncertain **2** (≈ undeutlich) Gefühl etc vague; **auf ~e**

Zeit for an indefinite period **3** GRAM indefinite

unbestreitbar adj Tatsache indisputable; Verdienste unquestionable **unbestritten** ['ʊnbəʃtrɪtn, ʊnbə'ʃtrɪtn] adj indisputable

unbeteiligt adj **1** (≈ uninteressiert) indifferent **2** (≈ nicht teilnehmend) uninvolved no adv (an +dat, bei in)

unbetont adj unstressed

unbewacht ['ʊnbəvaxt] adj, adv unguarded; Parkplatz unattended

unbewaffnet adj unarmed

unbeweglich **A** adj **1** (≈ nicht zu bewegen) immovable; (≈ steif) stiff; (geistig) rigid **2** (≈ bewegungslos) motionless **B** adv dastehen motionless

unbewohnbar adj uninhabitable **unbewohnt** adj uninhabited; Haus unoccupied

unbewusst **A** adj unconscious **B** adv unconsciously

unbezahlbar adj **1** (≈ zu teuer) prohibitively expensive **2** (fig) (≈ nützlich) invaluable; (≈ komisch) priceless

unblutig adj Sieg, Umsturz etc bloodless

unbrauchbar adj (≈ nutzlos) useless; (≈ nicht zu verwenden) unusable

unbürokratisch adj unbureaucratic

unchristlich adj unchristian

und [ʊnt] cj and; **~?** well?; ..., **~ wenn ich selbst bezahlen muss** ... even if I have to pay myself

Undank m ingratitude; **~ ernten** to get little thanks **undankbar** adj Mensch ungrateful

undatiert ['ʊndatiːɐt] adj undated

undefinierbar adj indefinable

undemokratisch adj undemocratic

undenkbar adj inconceivable

undeutlich **A** adj indistinct; Schrift illegible; Erklärung unclear **B** adv ~ **sprechen** to speak indistinctly; **ich konnte es nur ~ verstehen** I couldn't understand it very clearly

undicht adj (≈ luftdurchlässig) not airtight; (≈ wasserdurchlässig) not watertight; Dach leaky, leaking; **das Rohr ist ~** the pipe leaks; **das Fenster ist ~** the window lets in a draught (Br) or draft (US)

Unding nt, no pl absurdity; **es ist ein ~, zu ...** it is preposterous or absurd to ...

undiplomatisch adj undiplomatic

undiszipliniert **A** adj undisciplined **B** adv in an undisciplined way

undurchlässig adj impervious (gegen to); Grenze closed

undurchschaubar adj unfathomable

undurchsichtig adj **1** Fenster, Stoff opaque **2** (fig pej) Mensch, Methoden devious; Motive obscure

uneben adj uneven; Gelände rough **Unebenheit** f ⟨-, -en⟩ unevenness; (von Gelände) roughness

unecht adj false; (≈ vorgetäuscht) fake; Schmuck, Edelstein, Blumen etc artificial

unehelich adj illegitimate; **~ geboren sein** to be illegitimate

unehrlich **A** adj dishonest **B** adv dishonestly **Unehrlichkeit** f dishonesty

uneigennützig **A** adj unselfish **B** adv unselfishly **Uneigennützigkeit** f unselfishness

uneingeschränkt **A** adj absolute, total; Freiheit unlimited; Zustimmung unqualified; Vertrauen absolute; Lob unreserved **B** adv absolutely, totally; zustimmen without qualification; loben, vertrauen unreservedly

uneingeweiht ['ʊnaɪngəvaɪt] adj uninitiated

uneinheitlich adj nonuniform; Arbeitszeiten varied; Qualität inconsistent

uneinig adj **1** (≈ verschiedener Meinung) **über etw** (acc) **~ sein** to disagree about sth **2** (≈ zerstritten) divided **Uneinigkeit** f disagreement (+gen between)

uneinnehmbar [ʊnaɪn'neːmbaːə, 'ʊn-] adj impregnable

uneins adj pred (≈ zerstritten) divided; **(mit jdm) ~ sein/werden** to disagree with sb

unempfänglich adj (**für** to) unsusceptible; (für Atmosphäre) insensitive

unempfindlich adj (**gegen** to) insensitive; (gegen Krankheiten etc) immune; Teppich hard-wearing, stain-resistant **Unempfindlichkeit** f, no pl (**gegen** to) insensitivity; (gegen Krankheiten etc) immunity

unendlich **A** adj infinite; (zeitlich) endless; **(bis) ins Unendliche** to infinity **B** adv infinitely; (fig ≈ sehr) terribly; **~ lange diskutieren** to argue endlessly **Unendlichkeit** f infinity; (zeitlich) endlessness; (von Universum) boundlessness

unentbehrlich adj indispensable

unentdeckt ['ʊnɛntdɛkt] adj undiscovered

unentgeltlich [ʊnɛnt'gɛltlɪç, 'ʊn-] adj, adv free of charge

U

unentschieden **A** *adj* undecided; (≈ *entschlusslos*) indecisive; SPORTS drawn; **ein ~es Rennen** a dead heat **B** *adv* ~ **enden** to end in a draw *or* tie; **sich ~ trennen** to draw, to tie **Unentschieden** ['ʊnɛntʃiːdn] *nt* ⟨-s, -⟩ SPORTS draw

unentschlossen *adj* (≈ *nicht entschieden*) undecided; *Mensch* indecisive

unentschuldigt ['ʊnɛntʃʊldɪçt] **A** *adj* unexcused; **~es Fehlen** absenteeism; SCHOOL truancy **B** *adv* without an excuse

unentwegt [ʊnɛnt'veːkt, 'ʊn-] **A** *adj* (*mit Ausdauer*) constant **B** *adv* constantly; **~ weitermachen** to continue unceasingly

unerbittlich [ʊnɛɐ̯'bɪtlɪç] **A** *adj Kampf* relentless; *Härte* unyielding; *Mensch* pitiless **B** *adv* (≈ *hartnäckig*) stubbornly; (≈ *gnadenlos*) ruthlessly

unerfahren *adj* inexperienced **Unerfahrenheit** *f* inexperience

unerfindlich [ʊnɛɐ̯'fɪntlɪç, 'ʊn-] *adj* incomprehensible; **aus ~en Gründen** for some obscure reason

unerfreulich *adj* unpleasant

unerfüllbar [ʊnɛɐ̯'fʏlbaːɐ̯, 'ʊn-] *adj* unrealizable **unerfüllt** ['ʊnɛɐ̯fʏlt] *adj* unfulfilled

unergiebig *adj Quelle, Thema* unproductive; *Ernte* poor

unergründlich [ʊnɛɐ̯'grʏntlɪç, 'ʊn-] *adj* unfathomable

unerheblich *adj* insignificant

unerhört¹ ['ʊnɛɐ̯høːɐ̯t] *adj attr* (≈ *ungeheuer*) enormous; (≈ *empörend*) outrageous; *Frechheit* incredible

unerhört² ['ʊnɛɐ̯høːɐ̯t] *adj Bitte, Gebet* unanswered

unerkannt ['ʊnɛɐ̯kant] **A** *adj* unrecognized **B** *adv* without being recognized

unerklärbar *adj* inexplicable; **das ist mir ~** I can't understand it

unerlässlich [ʊnɛɐ̯'lɛslɪç, 'ʊn-] *adj* essential

unerlaubt ['ʊnɛɐ̯laupt] **A** *adj* forbidden; *Parken* unauthorized; (≈ *ungesetzlich*) illegal **B** *adv* betreten, verlassen without permission **unerlaubterweise** ['ʊnɛɐ̯lauptə'vaizə] *adv* without permission

unerledigt *adj* unfinished; *Post* unanswered; *Rechnung* outstanding; **etw ~ lassen** not to deal with sth

unermesslich [ʊnɛɐ̯'mɛslɪç, 'ʊn-] **A** *adj Reichtum, Leid* immense; *Weite, Ozean* vast **B** *adv reich, groß* immensely

unermüdlich [ʊnɛɐ̯'myːtlɪç, 'ʊn-] **A** *adj* tireless **B** *adv* tirelessly

unerreichbar *adj Ziel* unattainable; *Ort* inaccessible

unersättlich [ʊnɛɐ̯'zɛtlɪç, 'ʊn-] *adj* insatiable

unerschöpflich [ʊnɛɐ̯'ʃœpflɪç, 'ʊn-] *adj* inexhaustible

unerschrocken **A** *adj* courageous **B** *adv* courageously

unerschütterlich [ʊnɛɐ̯'ʃʏtɐlɪç, 'ʊn-] *adj* unshakeable; *Ruhe* imperturbable

unerschwinglich *adj* prohibitive; **für jdn ~ sein** to be beyond sb's means

unersetzlich [ʊnɛɐ̯'zɛtslɪç, 'ʊn-] *adj* irreplaceable

unerträglich **A** *adj* unbearable **B** *adv heiß, laut* unbearably

unerwähnt ['ʊnɛɐ̯vɛːnt] *adj* unmentioned; **~ bleiben** not to be mentioned

unerwartet ['ʊnɛɐ̯vartət, ʊnɛɐ̯'vartət] **A** *adj* unexpected **B** *adv* unexpectedly

unerwünscht *adj Kind* unwanted; *Besuch, Effekt* unwelcome; *Eigenschaften* undesirable; **du bist hier ~** you're not welcome here

unerzogen ['ʊnɛɐ̯tsoːgn] *adj* ill-mannered

unfachgemäß **A** *adj* unprofessional **B** *adv* unprofessionally

unfähig *adj* **1** *attr* incompetent **2** **~ sein, etw zu tun** to be incapable of doing sth; (*vorübergehend*) to be unable to do sth **Unfähigkeit** *f* **1** (≈ *Untüchtigkeit*) incompetence **2** (≈ *Nichtkönnen*) inability

unfair **A** *adj* unfair (*gegenüber* to) **B** *adv* unfairly

Unfall ['ʊnfal] *m* accident **Unfallflucht** *f* failure to stop after an accident; **~ begehen** to commit a hit-and-run offence (*Br*) *or* offense (*US*) **Unfallfolge** *f* result of an/the accident **unfallfrei** *adj* accident-free **Unfallopfer** *nt* casualty **Unfallort** *m, pl* -orte scene of an/the accident **Unfallrisiko** *nt* accident risk **Unfallschaden** *m* damages *pl* **Unfallstelle** *f* scene of an/the accident **Unfalltod** *m* accidental death **Unfallursache** *f* cause of an/the accident **Unfallverhütung** *f* accident prevention **Unfallwagen** *m* car involved in an/the accident **Unfallzeuge** *m*, **Unfallzeugin** *f* witness to an/the accident

unfassbar *adj* incomprehensible

unfehlbar **A** adj infallible **B** adv without fail **Unfehlbarkeit** [ʊnˈfeːlbaːɐkait, ˈʊn-] f ⟨-, no pl⟩ infallibility

unfein **A** adj unrefined no adv; **das ist ~** that's bad manners **B** adv sich ausdrücken in an unrefined way; sich benehmen in an ill-mannered way

unflätig [ˈʊnflɛːtɪç] adj offensive

unfolgsam adj disobedient

unformatiert [ˈʊnfɔrmatiːɐt] adj IT unformatted

unförmig adj (≈ formlos) shapeless; (≈ groß) cumbersome; Füße, Gesicht unshapely

unfrankiert [ˈʊnfraŋkiːɐt] adj, adv unfranked

unfreiwillig adj **1** (≈ gezwungen) compulsory; **ich war ~er Zeuge** I was an unwilling witness **2** (≈ unbeabsichtigt) Witz, Fehler unintentional

unfreundlich **A** adj unfriendly (zu, gegen to); Wetter inclement; Landschaft cheerless **B** adv in an unfriendly way; **~ reagieren** to react in an unfriendly way **Unfreundlichkeit** f unfriendliness; (von Wetter) inclemency

unfruchtbar adj infertile; (fig) sterile; **~ machen** to sterilize **Unfruchtbarkeit** f infertility; (fig) sterility

Unfug [ˈʊnfuːk] m ⟨-s, no pl⟩ nonsense; **~ treiben** to get up to mischief; **grober ~** JUR public nuisance

Ungar [ˈʊŋɡar] m ⟨-n, -n⟩, **Ungarin** [ˈʊŋɡarɪn] f ⟨-, -nen⟩ Hungarian **ungarisch** [ˈʊŋɡarɪʃ] adj Hungarian **Ungarn** [ˈʊŋɡarn] nt ⟨-s⟩ Hungary

ungastlich adj inhospitable

ungeachtet [ˈʊnɡəaxtət, ʊnɡəˈaxtət] prep +gen in spite of, despite; **~ aller Ermahnungen** despite all warnings

ungeahnt [ˈʊnɡəaːnt, ʊnɡəˈaːnt] adj undreamt-of

ungebeten adj uninvited

ungebildet adj uncultured; (≈ ohne Bildung) uneducated

ungeboren adj unborn

ungebräuchlich adj uncommon

ungebraucht adj, adv unused

ungebrochen adj (fig) Rekord, Wille unbroken

ungebunden adj (≈ unabhängig) Leben (fancy-)free; (≈ unverheiratet) unattached; **parteipolitisch ~** (politically) independent

ungedeckt adj **1** SPORTS Tor undefended; Spieler unmarked; Scheck, Kredit uncovered

2 Tisch unlaid (Br), not set pred

Ungeduld f impatience; **vor ~ with impatience; voller ~** impatiently **ungeduldig** **A** adj impatient **B** adv impatiently

ungeeignet adj unsuitable

ungefähr [ˈʊnɡəfɛːɐ, ʊnɡəˈfɛːɐ] **A** adj attr approximate, rough **B** adv roughly; **das kommt nicht von ~** it's no accident; **so ~!** more or less!; **~ (so) wie** a bit like; **dann weiß ich ~ Bescheid** then I've got a rough idea; **das hat sich ~ so abgespielt** it happened something like this

ungefährlich adj safe; Tier, Krankheit harmless **Ungefährlichkeit** f safeness; (von Tier, Krankheit) harmlessness

ungehalten **A** adj indignant (über +acc about) **B** adv indignantly

ungeheizt [ˈʊnɡəhaitst] adj unheated

ungehemmt adj unrestrained

ungeheuer [ˈʊnɡəhɔyɐ, ʊnɡəˈhɔyɐ] **A** adj **1**; → ungeheuerlich **2** (≈ riesig) enormous; (in Bezug auf Länge, Weite) vast **3** (≈ genial, kühn) tremendous **B** adv (≈ sehr) enormously; (negativ) terribly, awfully **Ungeheuer** [ˈʊnɡəhɔyɐ] nt ⟨-s, -⟩ monster **ungeheuerlich** [ʊnɡəˈhɔyɐlɪç, ˈʊn-] adj monstrous; Leichtsinn outrageous; Verdacht, Dummheit dreadful **Ungeheuerlichkeit** f ⟨-, -en⟩ (von Tat) atrociousness; (von Verleumdung) outrageousness

ungehindert [ˈʊnɡəhɪndɐt] **A** adj unhindered **B** adv without hindrance

ungehobelt [ˈʊnɡəhoːblt, ʊnɡəˈhoːblt] adj Benehmen boorish

ungehörig adj impertinent

ungehorsam adj disobedient **Ungehorsam** m disobedience; MIL insubordination; **ziviler ~** civil disobedience

ungeklärt [ˈʊnɡəklɛːɐt] adj Frage, Verbrechen unsolved; Ursache unknown; **unter ~en Umständen** in mysterious circumstances

ungekürzt [ˈʊnɡəkʏrtst] **A** adj not shortened; Buch unabridged; Film uncut **B** adv veröffentlichen unabridged; (Film) uncut; **der Artikel wurde ~ abgedruckt** the article was printed in full

ungeladen adj Gäste etc uninvited

ungelegen **A** adj inconvenient **B** adv **komme ich (Ihnen) ~?** is this an inconvenient time for you?; **etw kommt jdm ~** sth is inconvenient for sb **Ungelegenheiten** pl inconvenience *sg*; **jdm ~ bereiten** *or* **machen** to inconvenience sb

ungelernt *adj attr* unskilled

ungelogen *adv* honestly

ungemein *adj* tremendous; **das freut mich ~** I'm really really pleased

ungemütlich *adj* uncomfortable; *Wohnung* not very cosy; *Mensch* awkward; *Wetter* unpleasant; **mir wird es hier ~** I'm getting a bit uncomfortable; **er kann ~ werden** he can get nasty

ungenannt *adj* **1** *Mensch* anonymous **2** *Summe* unspecified

ungenau **A** *adj* inaccurate; (≈ *nicht wahrheitsgetreu*) inexact; (≈ *vage*) vague **B** *adv* inaccurately **Ungenauigkeit** *f* inaccuracy

ungeniert ['ʊnʒeniːet] **A** *adj* (≈ *ungehemmt*) unembarrassed; (≈ *taktlos*) uninhibited **B** *adv* openly; (≈ *taktlos*) without any inhibition

ungenießbar *adj* (≈ *nicht zu essen*) inedible; (≈ *nicht zu trinken*) undrinkable; (*infml*) *Mensch* unbearable

ungenügend **A** *adj* inadequate, insufficient; SCHOOL unsatisfactory **B** *adv* inadequately, insufficiently

ungenutzt ['ʊnɡənʊtst] *adj* unused; *Energien* unexploited; **eine Chance ~ lassen** to miss an opportunity

ungepflegt *adj Mensch* unkempt; *Rasen, Hände* neglected

ungeprüft ['ʊnɡəpryːft] **A** *adj* untested; *Vorwürfe* unchecked **B** *adv* without testing; without checking

ungerade *adj* odd

ungerecht **A** *adj* unjust, unfair **B** *adv* unjustly, unfairly **ungerechtfertigt** *adj* unjustified **Ungerechtigkeit** *f* injustice

ungeregelt *adj Zeiten* irregular; *Leben* disordered

Ungereimtheit *f* ⟨-, -en⟩ inconsistency

ungern *adv* reluctantly

ungerührt ['ʊnɡəryːet] *adj, adv* unmoved

ungesagt ['ʊnɡəzaːkt] *adj* unsaid

ungesalzen *adj* unsalted

ungeschehen *adj* **etw ~ machen** to undo sth

Ungeschicklichkeit *f* clumsiness **ungeschickt** **A** *adj* clumsy; (≈ *unbedacht*) careless **B** *adv* clumsily

ungeschminkt ['ʊnɡəʃmɪŋkt] *adj* without make-up; (*fig*) *Wahrheit* unvarnished

ungeschoren *adj* unshorn; **jdn ~ lassen**

(*infml*) to spare sb; **~ davonkommen** (*infml*) to escape unscathed; (*Verbrecher*) to get off (scot-free)

ungeschrieben *adj attr* unwritten

ungeschützt *adj* unprotected

ungesellig *adj* unsociable

ungesetzlich *adj* unlawful, illegal

ungespritzt *adj Obst* unsprayed

ungestört **A** *adj* undisturbed; **hier sind wir ~** we won't be disturbed here **B** *adv* *arbeiten, sprechen* without being interrupted

ungestraft ['ʊnɡəʃtraːft] *adv* with impunity

ungestüm ['ʊnɡəʃtyːm] **A** *adj* impetuous **B** *adv* impetuously **Ungestüm** ['ʊnɡəʃtyːm] *nt* ⟨-(e)s, *no pl*⟩ impetuousness

ungesund *adj* unhealthy; (≈ *schädlich*) harmful

ungesüßt ['ʊnɡəzyːst] *adj* unsweetened

ungeteilt ['ʊnɡətaitl] *adj* undivided; *Beifall* universal

ungetrübt *adj* clear; *Glück* perfect

Ungetüm ['ʊnɡətyːm] *nt* ⟨-(e)s, -e⟩ monster

ungewiss *adj* uncertain; (≈ *vage*) vague; **eine Reise ins Ungewisse** (*fig*) a journey into the unknown; **jdn (über etw** *acc*) **im Ungewissen lassen** to leave sb in the dark (about sth) **Ungewissheit** *f* uncertainty

ungewöhnlich *adj* unusual **ungewohnt** *adj* (≈ *fremdartig*) unfamiliar; (≈ *unüblich*) unusual

ungewollt **A** *adj* unintentional **B** *adv* unintentionally

Ungeziefer ['ʊnɡətsiːfe] *nt* ⟨-s, *no pl*⟩ pests *pl*

ungezogen *adj* ill-mannered

ungezwungen **A** *adj* casual; *Benehmen* natural **B** *adv* casually; *sich benehmen* naturally

ungläubig *adj* unbelieving, REL infidel; (≈ *zweifelnd*) doubting **Ungläubige(r)** *m/f(m) decl as adj* unbeliever **unglaublich** *adj* unbelievable **unglaubwürdig** *adj* implausible; *Dokument* dubious; *Mensch* unreliable

ungleich **A** *adj* dissimilar, unalike *pred*; *Größe, Farbe* different; *Mittel, Kampf* unequal; MAT not equal **B** *adv* **1** (*unterschiedlich*) unequally **2** (*vor Komparativ*) much **Ungleichgewicht** *nt* (*fig*) imbalance **Ungleichheit** *f* dissimilarity; (*von Größe, Farbe*) difference; (*von Mitteln,*

Kampf) inequality **ungleichmäßig**
adj uneven; *Gesichtszüge, Puls* irregular **B**
adv unevenly
Unglück *nt* <-(e)s, -e> (≈ *Unfall*) accident;
(≈ *Schicksalsschlag*) disaster; (≈ *Unheil*) misfortune; (≈ *Pech*) bad luck; **in sein ~ rennen** to head for disaster; **das bringt ~**
that brings bad luck; **zu allem ~** to make
matters worse; **ein ~ kommt selten allein**
(*prov*) it never rains but it pours (*Br prov*),
when it rains, it pours (*US prov*)
unglücklich **A** *adj* **1** (≈ *traurig*) unhappy; *Liebe* unrequited **2** (≈ *bedauerlich*) unfortunate **B** *adv* **1** (*traurig*) unhappily; **~
verliebt sein** to be crossed in love **2** (*ungünstig*) unfortunately; **~ enden** to turn
out badly **3** *stürzen, fallen* awkwardly
unglücklicherweise ['ʊnɡlʏklɪçɐ'vaizə]
adv unfortunately **Unglücksfall** *m* accident
Ungnade *f* disgrace; **bei jdm in ~ fallen**
to fall out of favour (*Br*) or favor (*US*) with
sb **ungnädig** *adj* ungracious; (*hum*) unkind
ungültig *adj* invalid; (≈ *nichtig*) void;
Stimmzettel spoiled; *SPORTS Tor* disallowed
ungünstig *adj* unfavourable (*Br*), unfavorable (*US*); *Entwicklung* undesirable; *Termin*
inconvenient; *Augenblick, Wetter* bad
ungut *adj* bad; **nichts für ~!** no offence
(*Br*) or offense (*US*)!
unhaltbar *adj Zustand* intolerable; *Vorwurf etc* untenable; *Torschuss* unstoppable
unhandlich *adj* unwieldy
Unheil *nt* disaster; **~ stiften** to do damage; **~ bringend** fateful **unheilbar** *adj*
incurable; **~ krank sein** to be terminally ill
unheimlich ['ʊnhaimlɪç, ʊn'haimlɪç] **A**
adj **1** (≈ *angsterregend*) frightening; **das/
er ist mir ~** it/he gives me the creeps
(*infml*) **2** (*infml*) tremendous (*infml*) **B** *adv*
(*infml* ≈ *sehr*) incredibly (*infml*); **~ viel Geld**
a tremendous amount of money (*infml*)
unhöflich **A** *adj* impolite **B** *adv* impolitely **Unhöflichkeit** *f* impoliteness
unhygienisch *adj* unhygienic
uni [y'niː] *adj pred* self-coloured (*Br*), self-
-colored (*US*), plain
Uni ['ʊni] *f* <-, -s> (*infml*) uni (*infml*), U (*US
infml*)
Uniform [uni'fɔrm, 'ʊnifɔrm, 'uːnifɔrm] *f*
<-, -en> uniform **uniformiert** [unifɔr-
'miːɐt] *adj* uniformed **Uniformierte(r)**
[unifɔr'miːɐtə] *m/f(m) decl as adj* person/

man/woman in uniform
Unikum ['uːnikʊm] *nt* <-s, -s *or* Unika
[-ka]> **1** unique thing *etc* **2** (*infml*) real
character
unilateral [unilate'raːl] **A** *adj* unilateral
B *adv* unilaterally
unintelligent *adj* unintelligent
uninteressant *adj* uninteresting; **das ist
doch völlig ~** that's of absolutely no interest
Union [u'nioːn] *f* <-, -en> union; **die ~** POL
the CDU and CSU
universal [univɛr'zaːl] **A** *adj* universal **B**
adv universally **Universalgenie** *nt* universal genius **universell** [univɛr'zɛl] **A**
adj universal **B** *adv* universally **Universität** [univɛrzi'tɛːt] *f* <-, -en> university; **auf
die ~ gehen** to go to university **Univer-
sitätsbibliothek** *f* university library
Universitätsgelände *nt* university
campus **Universitätsklinik** *f* university
clinic **Universitätsstadt** *f* university
town **Universitätsstudium** *nt* (*Ausbildung*) university training
Universum [uni'vɛrzʊm] *nt* <-s, *no pl*> universe
unken ['ʊŋkn] *v/i* (*infml*) to foretell gloom
unkenntlich *adj* unrecognizable; *Inschrift
etc* indecipherable **Unkenntlichkeit** *f*
<-, *no pl*> **bis zur ~** beyond recognition
Unkenntnis *f, no pl* ignorance; **aus ~**
out of ignorance
unklar **A** *adj* unclear; (≈ *undeutlich*)
blurred; **es ist mir völlig ~, wie das geschehen konnte** I (just) can't understand
how that could happen; **über etw** (*acc*)
völlig im Unklaren sein to be completely
in the dark about sth **B** *adv* unclearly
Unklarheit *f* lack of clarity; (*über Tatsachen*) uncertainty; **darüber herrscht noch
~** this is still uncertain or unclear
unklug **A** *adj* unwise **B** *adv* unwisely
unkompliziert *adj* uncomplicated
unkontrollierbar *adj* uncontrollable
unkontrolliert ['ʊnkɔntrɔliːɐt] *adj, adv*
unchecked
unkonventionell **A** *adj* unconventional **B** *adv* unconventionally
Unkosten *pl* costs *pl*; (≈ *Ausgaben*) expenses *pl*; **sich in ~ stürzen** (*infml*) to go to a
lot of expense **Unkostenbeitrag** *m*
contribution toward(s) costs/expenses
Unkraut *nt* weed; **Unkräuter** weeds; **~
vergeht nicht** (*prov*) it would take more

U

than that to finish me/him *etc* off! *(hum)*

Unkrautbekämpfung f weed control
Unkrautbekämpfungsmittel *nt* weed killer

unkritisch ◨ *adj* uncritical ◨ *adv* uncritically

unkündbar *adj Beamter* permanent; *Vertrag* binding; **in ~er Stellung** in a permanent position

unkundig *adj* ignorant (+*gen* of)

unlauter *adj* dishonest; *Wettbewerb* unfair

unleserlich *adj* illegible

unliebsam ['ʊnliːpzaːm] *adj* unpleasant; *Konkurrent* irksome

unlogisch *adj* illogical

unlösbar *adj (fig) Problem etc* insoluble; *Widerspruch* irreconcilable **unlöslich** *adj* CHEM insoluble

Unlust f, no pl ◨ (≈ *Widerwille*) reluctance ◨ (≈ *Lustlosigkeit*) listlessness

Unmasse f *(infml)* load *(infml)*; **~n von Büchern** loads *or* masses of books *(infml)*

unmaßgeblich ◨ *adj* (≈ *nicht entscheidend*) *Urteil* not authoritative; (≈ *unwichtig*) *Äußerung* inconsequential; **nach meiner ~en Meinung** *(hum)* in my humble opinion *(hum)* ◨ *adv* insignificantly

unmäßig ◨ *adj* excessive ◨ *adv essen, trinken* to excess; *rauchen* excessively

Unmenge f vast number; *(bei unzählbaren Mengenbegriffen)* vast amount; **~n essen** to eat an enormous amount

Unmensch *m* monster; **ich bin ja kein ~** I'm not an ogre **unmenschlich** ◨ *adj* ◨ inhuman ◨ *(infml* ≈ *unerträglich)* terrible ◨ *adv behandeln* in an inhuman way **Unmenschlichkeit** f inhumanity; **~en** inhumanity

unmerklich ◨ *adj* imperceptible ◨ *adv* imperceptibly

unmissverständlich ◨ *adj* unequivocal ◨ *adv* unequivocally; **jdm etw ~ zu verstehen geben** to tell sb sth in no uncertain terms

unmittelbar ◨ *adj Nähe* immediate; (≈ *direkt*) direct; **aus ~er Nähe schießen** to fire at close range ◨ *adv* immediately; (≈ *ohne Umweg*) directly; **~ vor** (+*dat*) *(zeitlich)* immediately before; *(räumlich)* right in front of

unmöbliert ['ʊnmøbliːet] *adj Zimmer* unfurnished; **~ wohnen** to live in unfurnished accommodation

unmodern [-modɛrn] ◨ *adj* old-fash-

ioned ◨ *adv gekleidet* in an old-fashioned way

unmöglich ◨ *adj* impossible; **sich ~ machen** to make oneself look ridiculous ◨ *adv* (≈ *keinesfalls*) not possibly; **ich kann es ~ tun** I cannot possibly do it; **~ aussehen** *(infml)* to look ridiculous **Unmöglichkeit** f impossibility; **das ist ein Ding der ~!** that's quite impossible!

unmoralisch *adj* immoral

unmündig *adj* under-age **Unmündigkeit** f minority

unmusikalisch *adj* unmusical

unnachgiebig *adj* inflexible

unnachsichtig ◨ *adj* severe; *(stärker)* merciless ◨ *adv verfolgen* mercilessly; *bestrafen* severely

unnahbar *adj Mensch* unapproachable

unnatürlich *adj* unnatural; *Tod* violent

unnötig ◨ *adj* unnecessary ◨ *adv* unnecessarily **unnötigerweise** ['ʊnnøːtɪgɐ'vaizə] *adv* unnecessarily

unnütz ['ʊnnʏts] *adj* useless; (≈ *umsonst*) pointless

unökonomisch *adj* uneconomic; *Fahrweise* uneconomical

unordentlich *adj* untidy; *Lebenswandel* disorderly **Unordnung** f disorder *no indef art*; (≈ *Durcheinander*) mess; **etw in ~ bringen** to mess sth up

unorganisch *adj* inorganic

unorthodox *adj* unorthodox

unparteiisch ◨ *adj* impartial ◨ *adv* impartially **Unparteiische(r)** ['ʊnpartaiɪʃə] *m/f(m)* decl as adj **der ~** SPORTS the referee

unpassend *adj* inappropriate; *Augenblick* inconvenient

unpersönlich *adj* impersonal

unpolitisch *adj* unpolitical

unpopulär *adj* unpopular

unpraktisch *adj Mensch* unpractical; *Lösung* impractical

unproblematisch *adj* unproblematic

unproduktiv *adj* unproductive

unpünktlich *adj Mensch* unpunctual; *Zug* not on time **Unpünktlichkeit** f unpunctuality

unqualifiziert *adj Arbeitskraft* unqualified; *Arbeiten, Jobs* unskilled; *Äußerung* incompetent

unrasiert ['ʊnraziːet] *adj* unshaven

unrealistisch *adj* unrealistic

unrecht *adj* wrong; **das ist mir gar nicht so ~** I don't really mind; **~ haben** to be wrong; **~ tun** to do wrong **Ụnrecht** *nt, no pl* wrong, injustice; **zu ~** *verdächtigt* unjustly; **im ~ sein** to be wrong; **jdm ein ~ tun** to do sb an injustice **unrechtmäßig** *adj* unlawful **Ụnrechtsregime** [-reʒiːm] *nt* POL tyrannical regime

ụnregelmäßig 🅰 *adj* irregular 🅱 *adv* irregularly **Ụnregelmäßigkeit** *f* irregularity

ụnreif *adj Obst* unripe; *Mensch, Verhalten* immature

ụnrentabel *adj* unprofitable

ụnrichtig *adj* incorrect; *Vorwurf, Angaben etc* false

Ụnruhe *f* ⟨-, -n⟩ 🔢 *no pl* restlessness; (≈ *Nervosität*) agitation; **in ~ sein** to be restless; (≈ *besorgt*) to be agitated 🔢 *no pl* (≈ *Unfrieden*) unrest *no pl*; **~ stiften** to create unrest 🔢 **(politische) ~n** (political) disturbances **Ụnruhestifter(in)** *m/(f)* troublemaker **unruhig** *adj* restless; (≈ *laut*) noisy; *Schlaf, Meer* troubled

ụnrühmlich *adj* inglorious

ụns [ʊns] 🅰 *pers pr* us; (*dat auch*) to us; **bei ~** (≈ *zu Hause, im Betrieb etc*) at our place; (≈ *in unserem Land*) in our country; **bei ~ zu Hause** at our house; **ein Freund von ~** a friend of ours; **das gehört ~** that is ours 🅱 *refl pr acc, dat* ourselves; (≈ *einander*) each other

ụnsachgemäß 🅰 *adj* improper 🅱 *adv* improperly

ụnsanft *adj* rough; (≈ *unhöflich*) rude

ụnsauber *adj* 🔢 (≈ *schmutzig*) dirty 🔢 *Handschrift* untidy; *Schuss, Schnitt* inaccurate; *Ton* impure

ụnschädlich *adj* harmless; **eine Bombe ~ machen** (≈ *entschärfen*) to defuse a bomb; **jdn ~ machen** (*infml*) to take care of sb (*infml*)

ụnscharf *adj Erinnerung* hazy; **der Sender ist ~ eingestellt** the station is not tuned clearly

ụnschätzbar *adj Wert, Verlust* incalculable; **von ~em Wert** invaluable

ụnscheinbar *adj* inconspicuous; (≈ *unattraktiv*) *Aussehen* unprepossessing

ụnschlagbar *adj* unbeatable

ụnschlüssig *adj* undecided; (≈ *zögernd*) irresolute

ụnschön *adj* (≈ *hässlich*) unsightly; (*stärker*) ugly; (≈ *unangenehm*) unpleasant; *Szenen* ugly

Ụnschuld *f, no pl* 🔢 innocence 🔢 (≈ *Jungfräulichkeit*) virginity **unschuldig** 🅰 *adj* 🔢 innocent; **an etw** (*dat*) **~ sein** not to be guilty of sth; **er war völlig ~ an dem Unfall** he was in no way responsible for the accident 🔢 (≈ *jungfräulich*) virginal 🅱 *adv* 🔢 JUR **jdn ~ verurteilen** to convict sb when he is innocent 🔢 (≈ *arglos*) **fragen** innocently

ụnselbstständig 🅰 *adj* lacking in independence; **eine ~e Tätigkeit** to work as an employee 🅱 *adv* (≈ *mit fremder Hilfe*) not independently **Ụnselbstständigkeit** *f* lack of independence

ụnser ['ʊnzɐ] *poss pr* our **ụnsereiner** ['ʊnzɐaɪnɐ], **ụnsereins** ['ʊnzɐaɪns] *indef pr* (*infml*) the likes of us (*infml*) **ụnsere(r, s)** ['ʊnzɐrə] *poss pr* (*substantivisch*) ours; **der/die/das Unsere** (*elev*) ours; **wir tun das Unsere** (*elev*) we are doing our bit; **die Unseren** (*elev*) our family **ụnsererseits** ['ʊnzɐrə'zaɪts] *adv* (≈ *auf unserer Seite*) for our part; (≈ *von unserer Seite*) on our part **ụnseresgleichen** ['ʊnzɐrəs'glaɪçn̩] *indef pr* people like us

ụnseriös *adj Mensch* slippery; *Auftreten, Bemerkung* frivolous; *Methoden, Firma* shady; *Angebot* not serious

ụnsertwegen ['ʊnzɐt've:gn̩] *adv* (≈ *wegen uns*) because of us; (≈ *um uns*) about us; (≈ *für uns*) on our behalf

ụnsicher 🅰 *adj* 🔢 (≈ *gefährlich*) dangerous; **die Gegend ~ machen** (*fig infml*) to hang out (*infml*) 🔢 (≈ *verunsichert*) insecure, unsure (*of oneself*) 🔢 (≈ *ungewiss*) unsure; (≈ *unstabil*) uncertain, unstable; *Kenntnisse* shaky 🅱 *adv* (≈ *schwankend*) unsteadily; (≈ *nicht selbstsicher*) uncertainly **Ụnsicherheit** *f* (≈ *Gefahr*) danger; (≈ *mangelndes Selbstbewusstsein*) insecurity; (≈ *Ungewissheit*) uncertainty

ụnsichtbar *adj* invisible

Ụnsinn *m, no pl* nonsense *no indef art*; **~ machen** to do silly things; **lass den ~!** stop fooling about! **unsinnig** *adj* (≈ *sinnlos*) foolish; (≈ *ungerechtfertigt*) unreasonable; (*stärker*) absurd

Ụnsitte *f* bad habit **unsittlich** 🅰 *adj* immoral; (*in sexueller Hinsicht*) indecent 🅱 *adv* indecently; **er hat sich ihr ~ genähert** he made indecent advances to her

ụnsolide *adj Mensch* free-living; (≈ *unredlich*) *Firma, Angebot* unreliable; **ein ~s Le-**

ben führen to be free-living

unsozial *adj* antisocial

unsportlich *adj* **1** (≈ *ungelenkig*) unsporty **2** (≈ *unfair*) unsporting

unsterblich **A** *adj* immortal; *Liebe* undying; **jdn ~ machen** to immortalize sb **B** *adv* (*infml*) **sich ~ blamieren** to make a complete idiot of oneself; **~ verliebt sein** to be madly in love (*infml*)

unstimmig *adj Aussagen etc* at variance, differing *attr* **Unstimmigkeit** *f* (≈ *Ungenauigkeit*) discrepancy; (≈ *Streit*) difference

Unsumme *f* vast sum

unsympathisch *adj* unpleasant; **er ist mir ~** I don't like him

unsystematisch **A** *adj* unsystematic **B** *adv* unsystematically

Untat *f* atrocity

untätig **A** *adj* (≈ *müßig*) idle; (≈ *nicht handelnd*) passive **B** *adv* idly; **sie sah ~ zu, wie er verblutete** she stood idly by as he bled to death **Untätigkeit** *f* (≈ *Müßiggang*) idleness; (≈ *Passivität*) passivity

untauglich *adj* (**zu, für** for) unsuitable; (*für Wehrdienst*) unfit

unteilbar *adj* indivisible

unten ['ʊntn̩] *adv* (≈ *am unteren Ende*) at the bottom; (≈ *tiefer, drunten*) (down) below; (≈ *an der Unterseite*) underneath; (*in Gebäude*) downstairs; **von ~** from below; **nach ~** down; **~ am Berg** at the bottom of the hill; **~ im Glas** at the bottom of the glass; **weiter ~** further down; **~ erwähnt, ~ genannt** mentioned below; **er ist bei mir ~ durch** (*infml*) I'm through with him (*infml*); **~ stehend** following; (*lit*) standing below; **~ wohnen** to live downstairs

unter ['ʊntɐ] *prep* +*dat or* +*acc* under; (≈ *drunter*) underneath, below; (≈ *zwischen, innerhalb*) among(st); **~ 18 Jahren** under 18 years (of age); **Temperaturen ~ 25 Grad** temperatures below 25 degrees; **~ sich** (*dat*) **sein** to be by themselves; **~ etw leiden** to suffer from sth; **~ anderem** among other things

Unterabteilung *f* subdivision

Unterarm *m* forearm

unterbelichtet ['ʊntɐbəlɪçtət] *adj* PHOT underexposed

unterbesetzt *adj* understaffed

unterbewusst **A** *adj* subconscious; **das Unterbewusste** the subconscious **B** *adv* subconsciously **Unterbewusstsein** *nt*

subconscious; **im ~** subconsciously

unterbezahlt *adj* underpaid

unterbieten *past part* **unterboten** *v/t insep irr Konkurrenten, Preis* to undercut; (*fig*) to surpass

unterbinden [ʊntɐ'bɪndn̩] *past part* **unterbunden** [ʊntɐ'bʊndn̩] *v/t insep irr* to stop; MED *Blutung* to ligature

unterbleiben [ʊntɐ'blaibn̩] *past part* **unterblieben** [ʊntɐ'bliːbn̩] *v/i insep irr aux sein* **1** (≈ *aufhören*) to cease **2** (≈ *nicht geschehen*) not to happen

Unterbodenschutz *m* MOT protective undercoating

unterbrechen [ʊntɐ'brɛçn̩] *past part* **unterbrochen** [ʊntɐ'brɔxn̩] *insep irr v/t* to interrupt; *Stille* to break; *Telefonverbindung* to disconnect; *Spiel* to suspend; *Schwangerschaft* to terminate; **entschuldigen Sie bitte, wenn ich Sie unterbreche** forgive me for interrupting **Unterbrechung** *f* interruption; (*von Stille*) break (+*gen* in); (*von Spiel*) stoppage; **ohne ~** without a break

unterbreiten [ʊntɐ'braitn̩] *past part* **unterbreitet** *v/t insep Plan* to present; (**jdm**) **ein Angebot ~** to make an offer (to sb)

unterbringen *v/t sep irr* **1** (≈ *verstauen*) to put; (*in Heim etc*) to put; **etw bei jdm ~** to leave sth with sb **2** (≈ *Unterkunft geben*) *Menschen* to accommodate; *Sammlung* to house; **gut/schlecht untergebracht sein** to have good/bad accommodation; (≈ *versorgt werden*) to be well/badly looked after **Unterbringung** *f* ⟨-, -en⟩ accommodation (*Br*), accommodations *pl* (*US*)

unterbuttern *v/t sep* (*infml* ≈ *unterdrücken*) to ride roughshod over; **lass dich nicht ~!** don't let them push you around

Unterdeck *nt* NAUT lower deck

unterdessen [ʊntɐ'dɛsn̩] *adv* meanwhile

unterdrücken [ʊntɐ'drʏkn̩] *past part* **unterdrückt** *v/t insep* **1** (≈ *beherrschen*) *Volk* to oppress; *Freiheit, Meinung* to suppress **2** (≈ *zurückhalten*) *Neugier, Gefühle* to suppress; *Tränen, Bemerkung* to hold back **Unterdrücker** [ʊntɐ'drʏkɐ] *m* ⟨-s, -⟩, **Unterdrückerin** [-ərɪn] *f* ⟨-, -nen⟩ oppressor **Unterdrückung** *f* ⟨-, -en⟩ **1** (*von Volk*) oppression; (*von Freiheit*) suppression **2** (*von Neugier, Gähnen, Gefühlen*) suppression; (*von Tränen, Bemerkung*) holding back

unterdurchschnittlich *adj* below aver-

age
untereinander [ʊnteai'nandɐ] adv **1** (≈ gegenseitig) each other; (≈ miteinander) among ourselves/themselves etc **2** (räumlich) one below the other
untere(r, s) ['ʊntərə] adj, sup **unterste(r, s)** ['ʊntɛstə] lower
unterernährt [-ɛɐnɛː:et] adj undernourished **Unterernährung** f malnutrition
Unterfangen [ʊntɐ'faŋən] nt ⟨-s, -⟩ (elev) venture, undertaking
Unterführung f underpass
Untergang m, pl -gänge **1** (von Schiff) sinking **2** (von Gestirn) setting **3** (≈ das Zugrundegehen) decline; (von Individuum) downfall; **dem ~ geweiht sein** to be doomed
untergeben [ʊntɐ'geːbn] adj subordinate **Untergebene(r)** [ʊntɐ'geːbənə] m/f(m) decl as adj subordinate
untergehen v/i sep irr aux sein **1** (≈ versinken) to sink; (fig: im Lärm etc) to be submerged or drowned **2** (Gestirn) to set **3** (≈ zugrunde gehen) to decline; (Individuum) to perish
untergeordnet adj subordinate; Bedeutung secondary; → unterordnen
Untergeschoss nt, **Untergeschoß** (Aus) nt basement
Untergewicht nt underweight; **~ haben** to be underweight
untergliedern [ʊntɐ'gliːdɐn] past part untergliedert v/t insep to subdivide
untergraben [ʊntɐ'graːbn] past part **untergraben** v/t insep irr (≈ zerstören) to undermine
Untergrund m, no pl **1** GEOL subsoil **2** (≈ Farbschicht) undercoat; (≈ Hintergrund) background **3** POL etc underground **Untergrundbahn** f underground (Br), subway (US)
unterhalb ['ʊntɐhalp] prep +gen, adv below; **~ von** below
Unterhalt m, no pl **1** (≈ Lebensunterhalt) maintenance (esp Br JUR), alimony; **seinen ~ verdienen** to earn one's living **2** (≈ Instandhaltung) upkeep **unterhalten** [ʊntɐ'haltn] past part **unterhalten** insep irr **A** v/t **1** (≈ versorgen) to support **2** (≈ betreiben) Geschäft, Kfz to run **3** (≈ instand halten) Gebäude, Kontakte, Beziehungen to maintain **4** Gäste, Publikum to entertain **B** v/r **1** (≈ sprechen) to talk (mit to, with); **sich mit jdm (über etw** acc**) ~** to (have

a) talk or chat with sb (about sth) **2** (≈ sich vergnügen) to have a good time **Unterhalter** [ʊntɐ'haltɐ] m ⟨-s, -⟩, **Unterhalterin** [-ərɪn] f ⟨-, -nen⟩ entertainer
unterhaltsam [ʊntɐ'haltsaːm] adj entertaining **unterhaltsberechtigt** adj entitled to maintenance (Br) or alimony **Unterhaltsgeld** nt maintenance (Br), alimony **Unterhaltskosten** pl (von Gebäude) maintenance (Br) or alimony (costs pl); (von Kfz) running costs pl **Unterhaltspflicht** f obligation to pay maintenance (Br) or alimony **unterhaltspflichtig** [-pflɪçtɪç] adj under obligation to pay maintenance (Br) or alimony **Unterhaltszahlung** f maintenance payment **Unterhaltung** [ʊntɐ'haltʊŋ] f **1** (≈ Gespräch) talk, conversation **2** (≈ Amüsement) entertainment; **wir wünschen gute ~** we hope you enjoy the programme (Br) or program (US) **Unterhaltungselektronik** f (≈ Industrie) consumer electronics sg; (≈ Geräte) audio systems pl **Unterhaltungsmusik** f light music
Unterhändler(in) m/f(in) negotiator
Unterhaus nt Lower House, House of Commons (Br)
unterheben v/t sep irr COOK to stir in (lightly)
Unterhemd nt vest (Br), undershirt (US)
Unterholz nt, no pl undergrowth
Unterhose f (≈ Herrenunterhose) (pair of) underpants pl, briefs pl; (≈ Damenunterhose) (pair of) pants pl or panties pl (US)
unterirdisch adj, adv underground
unterjochen [ʊntɐ'jɔxn] past part **unterjocht** v/t insep to subjugate
unterjubeln v/t sep (infml ≈ andrehen) **jdm etw ~** to palm sth off on sb (infml)
Unterkiefer m lower jaw
unterkommen v/i sep irr aux sein (≈ Unterkunft finden) to find accommodation; (infml ≈ Stelle finden) to find a job (als as, bei with, at); **bei jdm ~** to stay at sb's (place)
Unterkörper m lower part of the body
unterkriegen v/t sep (infml) to bring down; (≈ deprimieren) to get down; **lass dich von ihnen nicht ~** don't let them get you down
unterkühlt [ʊntɐ'kyːlt] adj Körper affected by hypothermia; (fig) Atmosphäre chilly **Unterkühlung** f, no pl MED hypother-

U

mia **Unterkunft** ['ʊntekʊnft] f ⟨-, Unterkünfte [-kʏnftə]⟩ accommodation no pl (Br), accommodations pl (US), lodging; **~ und Verpflegung** board and lodging **Unterlage** f **1** (für Teppich) underlay; (im Bett) draw sheet **2** usu pl (≈ Beleg) document **unterlassen** [ʊntɐ'lasn] past part unterlassen v/t insep irr (≈ nicht tun) to refrain from; (≈ nicht durchführen) not to carry out; **~ Sie das!** don't do that!; **er hat es ~, mich zu benachrichtigen** he failed to notify me; **~e Hilfeleistung** JUR failure to give assistance

Unterlauf m lower reaches pl (of a river) **unterlaufen** [ʊntɐ'laufn] past part unterlaufen insep irr **A** v/i +dat aux sein (Irrtum) to occur; **mir ist ein Fehler ~** I made a mistake **B** v/t Bestimmungen to get (a)round; (≈ umgehen) to circumvent **unterlegen** [ʊntɐ'le:gn] adj inferior; (≈ besiegt) defeated; **jdm ~ sein** to be inferior to sb **Unterlegscheibe** f TECH washer

Unterleib m abdomen **Unterleibchen** nt (Aus ≈ Unterhemd) vest (Br), undershirt (US) **Unterleibskrebs** m cancer of the abdomen; (bei Frau) cancer of the womb **Unterleibsschmerzen** pl abdominal pains pl

unterliegen [ʊntɐ'li:gn] past part unterlegen [ʊntɐ'le:gn] v/i insep irr aux sein **1** (≈ besiegt werden) to be defeated (+dat by) **2** (+dat ≈ unterworfen sein) to be subject to; einer Steuer to be liable to; **es unterliegt keinem Zweifel, dass ...** it is not open to any doubt that ...

Unterlippe f bottom lip

untermauern [ʊntɐ'mauɐn] past part untermauert v/t insep to underpin

Untermenü nt IT submenu

Untermiete f subtenancy; **bei jdm zur ~ wohnen** to be sb's tenant **Untermieter(in)** m/(f) lodger (esp Br), subtenant

unterminieren [ʊntɐmi'ni:rən] past part unterminiert v/t insep to undermine **unternehmen** [ʊntɐ'ne:mən] past part unternommen [ʊntɐ'nɔmən] v/t insep irr to do; Versuch, Reise to make; **Schritte ~** to take steps **Unternehmen** [ʊntɐ'ne:mən] nt ⟨-s, -⟩ **1** (≈ Firma) business, concern, enterprise **2** (≈ Aktion) undertaking, enterprise, venture; MIL operation **Unternehmensberater(in)** m/(f) management consultant **Unternehmer** m ⟨-s,

-⟩, **Unternehmerin** f ⟨-, -nen⟩ employer; (alten Stils) entrepreneur; (≈ Industrieller) industrialist; **die ~** the employers **unternehmerisch** [ʊntɐ'ne:mərɪʃ] adj entrepreneurial **Unternehmung** [ʊntɐ'ne:mʊŋ] f ⟨-, -en⟩ **1** = Unternehmen 2 **2** (≈ Transaktion) undertaking **unternehmungslustig** adj enterprising

Unteroffizier(in) m/(f) **1** (≈ Rang) noncommissioned officer **2** (≈ Dienstgrad) (bei der Armee) sergeant (Br), corporal (US); (bei der Luftwaffe) corporal (Br), airman first class (US)

unterordnen sep **A** v/t to subordinate (+dat to); → untergeordnet **B** v/r to subordinate oneself (+dat to)

unterprivilegiert [-privilegi:et] adj underprivileged

Unterredung f ⟨-, -en⟩ discussion

Unterricht ['ʊntərɪçt] m ⟨-(e)s, no pl⟩ classes pl; **~ in Fremdsprachen** foreign language teaching; **(jdm) ~ geben** or **erteilen** to teach (sb) (in etw (dat)) sth); **am ~ teilnehmen** to attend classes **unterrichten** [ʊntɐ'rɪçtn] past part unterrichtet insep **A** v/t **1** (≈ Unterricht geben) Schüler, Fach to teach; **jdn in etw** (dat) **~** to teach sb sth **2** (≈ informieren) to inform (von, über +acc about) **B** v/i to teach **C** v/r **sich über etw** (acc) **~** to inform oneself about sth **unterrichtet** [ʊntɐ'rɪçtət] adj informed; **gut ~e Kreise** well-informed circles **Unterrichtsfach** nt subject **Unterrichtsstoff** m subject matter **Unterrichtsstunde** f lesson, period **Unterrichtszeit** f teaching time **Unterrichtung** f, no pl (≈ Belehrung) instruction; (≈ Informierung) information

Unterrock m underskirt

untersagen [ʊntɐ'za:gn] past part untersagt v/t insep to forbid; **(das) Rauchen (ist hier) strengstens untersagt** smoking (is) strictly prohibited (here)

Untersatz m mat; (für Gläser etc) coaster (esp Br); (für Blumentöpfe etc) saucer **unterschätzen** [ʊntɐ'ʃɛtsn] past part unterschätzt v/t insep to underestimate **unterscheiden** [ʊntɐ'ʃaidn] past part unterschieden [ʊntɐ'ʃi:dn] insep irr **A** v/t to distinguish; **A nicht von B ~ können** to be unable to tell the difference between A and B; **zwei Personen (voneinander) ~** to tell two people apart **B** v/i to differentiate **C** v/r **sich von etw/jdm ~** to differ

U

from sth/sb **Unterscheidung** f differentiation; (≈ Unterschied) difference
Unterschenkel m lower leg
unterschieben ['ʊntəʃiːbn̩] v/t sep irr (fig) **jdm etw ~** (≈ anlasten) to palm sth off on sb
Unterschied ['ʊntəʃiːt] m ⟨-(e)s, -e [-də]⟩ difference; **es ist ein (großer) ~, ob ...** it makes a (big) difference whether ...; **im ~ zu (jdm/etw)** in contrast to (sb/sth)
unterschiedlich ['ʊntəʃiːtlɪç] **A** adj different; (≈ veränderlich) variable; (≈ gemischt) varied **B** adv differently; **~ gut/lang** of varying quality/length **unterschiedslos A** adj indiscriminate **B** adv (≈ undifferenziert) indiscriminately; (≈ gleichberechtigt) equally
unterschlagen past part **unterschlagen** v/t insep irr Geld to embezzle; Beweise etc to withhold; (infml) Neuigkeit etc to keep quiet about **Unterschlagung** ['ʊntəʃlaːɡʊŋ] f ⟨-, -en⟩ (von Geld) embezzlement; (von Beweisen etc) withholding
Unterschlupf ['ʊntəʃlʊpf] m ⟨-(e)s, Unterschlüpfe [-ʃlʏpfə]⟩ (≈ Obdach, Schutz) shelter; (≈ Versteck) hiding place **unterschlüpfen** ['ʊntəʃlʏpfn̩] v/i sep aux sein (infml) (≈ Obdach finden) to take shelter; (≈ Versteck finden) to hide out (infml) (bei jdm at sb's)
unterschreiben [ʊntə'ʃraɪbn̩] past part **unterschrieben** [ʊntə'ʃriːbn̩] insep irr v/t to sign **Unterschrift** f **1** signature; **seine ~ unter etw** (acc) **setzen** to sign sth **2** (≈ Bildunterschrift) caption **unterschriftsberechtigt** adj authorized to sign **Unterschriftsberechtigte(r)** [-bərɛçtɪçtə] m/f(m) decl as adj authorized signatory **unterschriftsreif** adj Vertrag ready to be signed
unterschwellig [-ʃvɛlɪç] **A** adj subliminal **B** adv subliminally
Unterseeboot nt submarine
Unterseite f underside
Untersetzer m = Untersatz
untersetzt [ʊntə'zɛtst] adj stocky
unterstehen [ʊntə'ʃteːən] past part **unterstanden** [ʊntə'ʃtandn̩] insep irr **A** v/i +dat (≈ unterstellt sein) to be under (the control of); jdm to be subordinate to; (in Firma) to report to **B** v/r (≈ wagen) to dare; **untersteh dich (ja nicht)!** (don't) you dare!

unterstellen¹ [ʊntə'ʃtɛlən] past part **unterstellt** insep v/t **1** (≈ unterordnen) to (make) subordinate (+dat to); **jdm unterstellt sein** to be under sb; (in Firma) to report to sb **2** (≈ annehmen) to assume, to suppose **3** (≈ unterschieben) **jdm etw ~** to insinuate that sb has done/said sth **unterstellen²** ['ʊntəʃtɛlən] sep **A** v/t (≈ unterbringen) to keep; Möbel to store **B** v/r to take shelter
Unterstellung [-'ʃtɛlʊŋ] f (≈ falsche Behauptung) misrepresentation; (≈ Andeutung) insinuation
unterste(r, s) ['ʊntəstə] adj lowest; (≈ letzte) last
unterstreichen [ʊntə'ʃtraɪçn̩] past part **unterstrichen** [ʊntə'ʃtrɪçn̩] v/t insep irr to underline
Unterstufe f SCHOOL lower school, lower grade (US)
unterstützen [ʊntə'ʃtʏtsn̩] past part **unterstützt** v/t insep to support **Unterstützung** f **1** no pl support **2** (≈ Zuschuss) assistance; **staatliche ~** state aid
untersuchen [ʊntə'zuːxn̩] past part **untersucht** v/t insep **1** (≈ prüfen) to examine (auf +acc for); (≈ erforschen) to look into; (chemisch, technisch etc) to test (auf +acc for); **sich ärztlich ~ lassen** to have a medical (examination) **2** (≈ nachprüfen) to check **Untersuchung** [ʊntə'zuːxʊŋ] f ⟨-, -en⟩ **1** (≈ das Untersuchen) examination (auf +acc for); (≈ Erforschung) investigation (+gen, über +acc into); (chemisch, technisch) test (auf +acc for); (ärztlich) examination **2** (≈ Nachprüfung) check **Untersuchungsausschuss** m investigating committee; (nach Unfall etc) committee of inquiry **Untersuchungsergebnis** nt JUR findings pl; MED result of an/the examination; SCI test result **Untersuchungsgefängnis** nt prison (for people awaiting trial) **Untersuchungshaft** f **in ~ sitzen** (infml) to be in prison awaiting trial **Untersuchungskommission** f investigating committee; (nach schwerem Unfall etc) board of inquiry **Untersuchungsrichter(in)** m/(f) examining magistrate
Untertan ['ʊntətaːn] m ⟨-s, -⟩, **Untertanin** [-ɪn] f ⟨-, -nen⟩ (old ≈ Staatsbürger) subject; (pej) underling (pej)
Untertasse f saucer; **fliegende ~** flying saucer
untertauchen sep v/i aux sein to dive

U

(under); (fig) to disappear

Unterteil nt or m bottom part

unterteilen [ʊntɐˈtailən] past part unter-**teilt** v/t insep to subdivide (in +acc into) **Unterteilung** f subdivision (in +acc into)

Unterteller m saucer

Untertitel m subtitle; (für Bild) caption

Unterton m, pl -töne undertone

untertourig [-tuːrɪç] adv ~ **fahren** to drive with low revs

untertreiben [ʊntɐˈtraibn] past part untertrieben [ʊntɐˈtriːbn] insep irr **A** v/t to understate **B** v/i to play things down **Untertreibung** f ⟨-, -en⟩ understatement

untertunneln [ʊntɐˈtʊnln] past part untertunnelt v/t insep to tunnel under

untervermieten past part untervermietet v/t & v/i insep to sublet

Unterversorgung f inadequate provision

unterwandern [ʊntɐˈvandɐn] past part unterwandert v/t insep to infiltrate

Unterwäsche f, no pl underwear no pl

Unterwasserkamera f underwater camera

unterwegs [ʊntɐˈveːks] adv on the or one's/its way (nach, zu to); (≈ auf Reisen) away

unterweisen [ʊntɐˈvaizn] past part unterwiesen [ʊntɐˈviːzn] v/t insep irr to instruct (in +dat in) **Unterweisung** f instruction

Unterwelt f underworld

unterwerfen [ʊntɐˈvɛrfn] past part unterworfen [ʊntɐˈvɔrfn] insep irr **A** v/t **1** Volk, Land to conquer **2** (≈ unterziehen) to subject (+dat to) **B** v/r **sich jdm/einer Sache** ~ to submit to sb/sth **unterwürfig** [ʊntɐˈvʏrfɪç, ˈʊntɐ-] adj (pej) obsequious

unterzeichnen [ʊntɐˈtsaiçnən] past part unterzeichnet v/t insep (form) to sign **Unterzeichner(in)** m/(f) signatory **Unterzeichnete(r)** [ʊntɐˈtsaiçnətə] m/f(m) decl as adj (form) **der/die** ~ the undersigned

unterziehen [ʊntɐˈtsiːən] past part unterzogen [ʊntɐˈtsoːgn] insep irr **A** v/r (≈ unterwerfen) **sich einer Sache** (dat) ~ (**müssen**) to (have to) undergo sth; **sich einer Prüfung** (dat) ~ to take an examination **B** v/t to subject (+dat to)

Unterzuckerung f ⟨-, -en⟩ MED low blood sugar level, hypoglycaemia (Br), hypoglycemia (US); **bei Unterzuckerung esse ich ein Stück Brot** when my blood sugar level drops I eat a piece of bread

Untiefe f shallow

Untier nt monster

untragbar adj Zustände intolerable; Risiko unacceptable

untrennbar **A** adj inseparable **B** adv **mit etw ~ verbunden sein** (fig) to be inextricably linked with sth

untreu adj Liebhaber etc unfaithful **Untreue** f (von Liebhaber etc) unfaithfulness

untröstlich adj inconsolable

untrüglich [ʊnˈtryːklɪç, ˈʊn-] adj Gedächtnis, Gespür infallible; Zeichen unmistakable

Untugend f (≈ Laster) vice; (≈ schlechte Angewohnheit) bad habit

unübel adj (**gar**) **nicht** (**so**) ~ not bad (at all)

unüberbietbar adj Preis, Rekord etc unbeatable; Leistung unsurpassable; Frechheit unparalleled

unüberlegt **A** adj rash **B** adv rashly

unübersehbar adj Schaden, Folgen incalculable; Menge vast

unübersichtlich adj **1** Gelände broken; Kurve, Stelle blind **2** (≈ durcheinander) System confused

unübertrefflich adj unsurpassable **unübertroffen** [ʊnyːbeˈtrɔfn, ˈʊn-] adj unsurpassed

unüblich adj not usual

unumgänglich [ʊnʊmˈgɛŋlɪç, ˈʊn-] adj essential; (≈ unvermeidlich) inevitable

unumschränkt [ʊnʊmˈʃrɛŋkt, ˈʊn-] adj unlimited; Herrscher absolute

unumstößlich [ʊnʊmˈʃtøːslɪç, ˈʊn-] **A** adj Tatsache irrefutable; Entschluss irrevocable **B** adv ~ **feststehen** to be absolutely definite

unumstritten **A** adj indisputable **B** adv indisputably

unumwunden [ˈʊnʊmvʊndn, ʊnʊmˈvʊndn] adv frankly

unveränderlich [ʊnfɛˈɛndɐlɪç, ˈʊn-] adj (≈ gleichbleibend) unchanging; (≈ unwandelbar) unchangeable; **eine ~e Größe** MAT an invariable **unverändert** [ˈʊnfɛɛɛndɐt, ʊnfɛˈɛndɐt] **A** adj unchanged **B** adv always

unverantwortlich [ʊnfɛɐˈantvɔrtlɪç, ˈʊn-] adj irresponsible

unveräußerlich [ʊnfɛɐˈɔysɐlɪç, ˈʊn-] adj Rechte inalienable

unverbesserlich [ʊnfɛɐˈbɛsɐlɪç, ˈʊn-] adj incorrigible

unverbindlich ['ʊnfɛɐbɪntlɪç, ʊnfɛɐ'bɪntlɪç] adj **1** (≈ nicht bindend) Angebot, Richtlinie not binding **2** (≈ vage) noncommittal; **sich** (dat) **etw ~ schicken lassen** to have sth sent without obligation

unverdächtig ['ʊnfɛɐdɛçtɪç, ʊnfɛɐ'dɛçtɪç] adj unsuspicious; **sich möglichst ~ benehmen** to arouse as little suspicion as possible

unverdaulich ['ʊnfɛɐdaulɪç, ʊnfɛɐ'daulɪç] adj indigestible

unverdorben adj unspoilt

unverdrossen ['ʊnfɛɐdrɔsn, ʊnfɛɐ'drɔsn] **A** adj (≈ nicht entmutigt) undeterred; (≈ unermüdlich) indefatigable; (≈ unverzagt) undaunted **B** adv (≈ unverzagt) undauntedly

unverdünnt ['ʊnfɛɐdʏnt] adj undiluted

unvereinbar [ʊnfɛɐ'ainbaːɐ, 'ʊn-] adj incompatible

unverfänglich ['ʊnfɛɐfɛŋlɪç, ʊnfɛɐ'fɛŋlɪç] adj harmless

unvergessen adj unforgotten **unvergesslich** [ʊnfɛɐ'ɡɛslɪç, 'ʊn-] adj unforgettable

unvergleichlich [ʊnfɛɐ'ɡlaiçlɪç, 'ʊn-] adj unique, incomparable

unverhältnismäßig ['ʊnfɛɐhɛltnɪsmɛːsɪç, ʊnfɛɐ'hɛltnɪsmɛːsɪç] adv disproportionately; (≈ übermäßig) excessively

unverhofft ['ʊnfɛɐhɔft, ʊnfɛɐ'hɔft] **A** adj unexpected **B** adv unexpectedly; **~ Besuch bekommen** to get an unexpected visit

unverkäuflich ['ʊnfɛɐkɔyflɪç, ʊnfɛɐ'kɔyflɪç] adj unsaleable; **~es Muster** free sample

unverkennbar [ʊnfɛɐ'kɛnbaːɐ, 'ʊn-] adj unmistak(e)able

unverletzlich [ʊnfɛɐ'lɛtslɪç, 'ʊn-] adj (fig) Rechte, Grenze inviolable **unverletzt** ['ʊnfɛɐlɛtst] adj uninjured, unhurt

unvermeidlich [ʊnfɛɐ'maitlɪç, 'ʊn-] adj inevitable; (≈ nicht zu umgehen) unavoidable

unvermindert ['ʊnfɛɐmɪndɐt] adj, adv undiminished

unvermittelt ['ʊnfɛɐmɪtlt] **A** adj (≈ plötzlich) sudden **B** adv suddenly

unvermutet ['ʊnfɛɐmuːtət] **A** adj unexpected **B** adv unexpectedly

Unvernunft f (≈ Uneinsichtigkeit) unreasonableness **unvernünftig** adj (≈ uneinsichtig) unreasonable

unverrichtet ['ʊnfɛɐrɪçtət] adj **~er Dinge** without having achieved anything

unverschämt **A** adj outrageous; Frage, Benehmen etc impudent; **~es Glück** unbelievable luck **B** adv **1** (≈ dreist) grinsen impudently; lügen blatantly **2** (infml ≈ unerhört) teuer outrageously **Unverschämtheit** f ⟨-, -en⟩ **1** no pl outrageousness; (von Frage, Benehmen etc) impudence; **die ~ besitzen, etw zu tun** to have the impudence to do sth **2** (Bemerkung) impertinence; (Tat) outrageous thing

unverschuldet ['ʊnfɛɐʃʊldət, ʊnfɛɐ'ʃʊldət] **A** adj **ein ~er Unfall** an accident which was not his/her etc fault **B** adv **~ in eine Notlage geraten** to get into difficulties through no fault of one's own

unversehens ['ʊnfɛɐzeːəns, ʊnfɛɐ'zeːəns] adv all of a sudden; (≈ überraschend) unexpectedly

unversehrt ['ʊnfɛɐzeːɐt] adj Mensch unscathed; (≈ unbeschädigt) intact pred

unversöhnlich ['ʊnfɛɐzøːnlɪç, ʊnfɛɐ'zøːnlɪç] adj Standpunkte etc irreconcilable

Unverstand m lack of judgement **unverständlich** adj (≈ nicht zu hören) inaudible; (≈ unbegreifbar) incomprehensible **Unverständnis** nt, no pl lack of understanding

unversucht ['ʊnfɛɐzuːxt, ʊnfɛɐ'zuːxt] adj **nichts ~ lassen** to try everything

unverträglich ['ʊnfɛɐtrɛklɪç, ʊnfɛɐ'trɛklɪç] adj (≈ unverdaulich) indigestible; (mit anderer Substanz etc) incompatible

unverwechselbar [ʊnfɛɐ'vɛkslbaːɐ, 'ʊn-] adj unmistak(e)able

unverwundbar adj invulnerable

unverwüstlich [ʊnfɛɐ'vyːstlɪç, 'ʊn-] adj indestructible; Humor, Mensch irrepressible **unverzeihlich** [ʊnfɛɐ'tsailɪç, 'ʊn-] adj unforgivable

unverzichtbar [ʊnfɛɐ'tsɪçtbaːɐ, 'ʊn-] adj attr Recht inalienable; Bedingung, Bestandteil indispensable

unverzinslich [ʊnfɛɐ'tsɪnslɪç, 'ʊn-] adj interest-free

unverzüglich [ʊnfɛɐ'tsyːklɪç, 'ʊn-] **A** adj immediate **B** adv immediately

unvollendet ['ʊnfɔlɛndət, 'ʊnfɔlɛndət, ʊnfɔl'ɛndət] adj unfinished

unvollkommen ['ʊnfɔlkɔmən, ʊnfɔl'kɔmən] adj (≈ unvollständig) incomplete; (≈ fehlerhaft) imperfect

unvollständig ['ʊnfɔlʃtɛndɪç, ʊnfɔl'ʃtɛndɪç]

adj incomplete

unvorbereitet ['ʊnfoːəbəraitət] *adj, adv* unprepared

unvoreingenommen 🅰 *adj* impartial 🅱 *adv* impartially **Unvoreingenommenheit** *f* impartiality

unvorhergesehen ['ʊnfoːehɛ:egəze:ən] *adj* unforeseen; *Besuch* unexpected

unvorsichtig 🅰 *adj* careless; (≈ *voreilig*) rash 🅱 *adv* carelessly; (≈ *unbedacht*) rashly

unvorstellbar [ʊnfoːeˈʃtɛlbaːe, 'ʊn-] *adj* inconceivable

unvorteilhaft *adj* unfavourable (*Br*), unfavorable (*US*); *Kleid, Frisur etc* unbecoming

unwahr *adj* untrue **Unwahrheit** *f, no pl* (*von Äußerung*) untruthfulness; **die ~ sagen** not to tell the truth

unwahrscheinlich 🅰 *adj* unlikely; (≈ *unglaubhaft*) implausible; (*infml* ≈ *groß*) incredible (*infml*) 🅱 *adv* (*infml*) incredibly (*infml*) **Unwahrscheinlichkeit** *f* unlikeliness

unwegsam *adj* Gelände etc rough

unweigerlich [ʊnˈvaigelɪç, 'ʊn-] 🅰 *adj* attr Folge inevitable 🅱 *adv* inevitably

unweit *prep* +*gen, adv* not far from

Unwesen *nt, no pl* **sein ~ treiben** to be up to mischief; (*Landstreicher etc*) to make trouble

unwesentlich 🅰 *adj* irrelevant; (≈ *unwichtig*) unimportant 🅱 *adv* erhöhen insignificantly; *verändern* only slightly; *jünger, besser* just slightly

Unwetter *nt* (thunder)storm

unwichtig *adj* unimportant; (≈ *belanglos*) irrelevant

unwiderruflich [ʊnviːdeˈruːflɪç, 'ʊn-] 🅰 *adj* irrevocable 🅱 *adv* definitely

unwiderstehlich [ʊnviːdeˈʃteːlɪç, 'ʊn-] *adj* irresistible

Unwille(n) *m, no pl* displeasure (*über* +*acc* at)

unwillkürlich ['ʊnvɪlkyːelɪç, ʊnvɪlˈkyːelɪç] 🅰 *adj* spontaneous; (≈ *instinktiv*) instinctive 🅱 *adv* zusammenzucken instinctively; **ich musste ~ lachen** I couldn't help laughing

unwirklich *adj* unreal

unwirksam *adj* ineffective; (≈ *nichtig*) null, void

unwirsch ['ʊnvɪrʃ] *adj* Mensch, Benehmen surly, gruff; *Bewegung* brusque

unwirtlich ['ʊnvɪrtlɪç] *adj* inhospitable

unwirtschaftlich *adj* uneconomic

Unwissen *nt* ignorance **unwissend** *adj* ignorant **Unwissenheit** *f* ⟨-, *no pl*⟩ ignorance **unwissentlich** *adv* unwittingly

unwohl *adj*; (≈ *unpässlich*) unwell; (≈ *unbehaglich*) uneasy; **ich fühle mich ~** I don't feel well **Unwohlsein** *nt* indisposition; (≈ *unangenehmes Gefühl*) unease

Unwort *nt, pl* -wörter taboo word, non-word

unwürdig *adj* unworthy (+*gen* of); (≈ *schmachvoll*) degrading

Unzahl *f* **eine ~ von** a host of **unzählig** [ʊnˈtsɛːlɪç, 'ʊn-] *adj* innumerable; **~e Mal(e)** countless times; **~ viele Bücher** innumerable books

Unze ['ʊntsə] *f* ⟨-, -n⟩ ounce

unzeitgemäß *adj* (≈ *altmodisch*) old-fashioned

unzerbrechlich [ʊntseɐˈbrɛçlɪç, 'ʊn-] *adj* unbreakable

unzertrennlich [ʊntseɐˈtrɛnlɪç, 'ʊn-] *adj* inseparable

unzivilisiert *adj* (*lit, fig*) uncivilized

Unzucht *f, no pl esp* JUR sexual offence (*Br*) or offense (*US*); **~ treiben** to fornicate **unzüchtig** *adj esp* JUR indecent; *Schriften* obscene

unzufrieden *adj* dissatisfied; (≈ *missmutig*) unhappy **Unzufriedenheit** *f, no pl* dissatisfaction, discontent; (≈ *Missmut*) unhappiness

unzulänglich 🅰 *adj* (≈ *nicht ausreichend*) insufficient; (≈ *mangelhaft*) inadequate 🅱 *adv* inadequately

unzulässig *adj* inadmissible; *Gebrauch* improper

unzumutbar *adj* Bedingungen unreasonable

unzurechnungsfähig *adj* of unsound mind **Unzurechnungsfähigkeit** *f* unsoundness of mind

unzusammenhängend *adj* incoherent

unzutreffend *adj* inappropriate, inapplicable; (≈ *unwahr*) incorrect; **Unzutreffendes bitte streichen** delete as applicable

unzuverlässig *adj* unreliable

unzweckmäßig *adj* (≈ *nicht ratsam*) inexpedient; (≈ *ungeeignet*) unsuitable

unzweideutig *adj* unambiguous

unzweifelhaft 🅰 *adj* undoubted, unquestionable 🅱 *adv* without doubt, undoubtedly

Update ['apdeːt] *nt* ⟨-s, -s⟩ IT update **updaten** ['apdeːtn] *past part* upgedatet *v/t &*

v/i sep IT to update

üppig ['ʏpɪç] adj Wachstum luxuriant; Haar thick; Mahl, Ausstattung sumptuous; Figur voluptuous; Fantasie rich; **~ leben** to live in style

Urabstimmung f ballot

Ural [u'ra:l] m ⟨-s⟩ (Gebirge) **der ~** the Urals pl

uralt adj ancient

Uran [u:'ra:n] nt ⟨-s, no pl⟩ uranium

uraufführen ['u:auffy:rən] past part **uraufgeführt** ['u:aufgəfy:et] v/t to give the first performance (of), to play for the first time; Film to premiere usu pass **Uraufführung** f premiere

urbar ['u:eba:e] adj **die Wüste ~ machen** to reclaim the desert; **Land ~ machen** to cultivate land

Urbevölkerung f natives pl; (in Australien) Aborigines pl

urchig ['ʊrçɪç] adj (Swiss) = urwüchsig

ureigen ['u:eaign] adj very own; **es liegt in seinem ~sten Interesse** it's in his own best interests **Ureinwohner(in)** m/(f) native; (in Australien) Aborigine **Urenkel** m great-grandchild, great-grandson **Urenkelin** f great-granddaughter **urgemütlich** adj (infml) really cosy (Br) or cozy (US) **Urgeschichte** f prehistory **Urgewalt** f elemental force **Urgroßeltern** pl great-grandparents pl **Urgroßmutter** f great-grandmother **Urgroßvater** m great-grandfather **Urheber** ['u:ehe:be] m ⟨-s, -⟩, **Urheberin** [-ərɪn] f ⟨-, -nen⟩ originator; (JUR ≈ Verfasser) author **Urheberrecht** nt copyright (an +dat on) **urheberrechtlich** adj, adv on copyright attr; **~ geschützt** copyright(ed) **Urheberschaft** ['u:ehe:beʃaft] f ⟨-, -en⟩ authorship

urig ['u:rɪç] adj (infml) Mensch earthy; Lokal etc ethnic

Urin [u'ri:n] m ⟨-s, -e⟩ urine **urinieren** [uri'ni:rən] past part **uriniert** v/i to urinate

Urknall m ASTRON big bang **urkomisch** adj (infml) screamingly funny (infml) **Urkunde** ['u:ekʊndə] f ⟨-, -n⟩ document; (≈ Siegerurkunde, Bescheinigung etc) certificate **Urkundenfälschung** f falsification of documents

Urlaub ['u:elaup] m ⟨-(e)s, -e [-bə]⟩ (≈ Ferien) holiday(s pl) (esp Br), vacation (US); esp MIL leave (of absence), furlough (US); **im ~ sein** to be on holiday (esp Br) or vacation

(US)/on leave; **in ~ fahren** to go on holiday (esp Br) or vacation (US)/on leave; **(sich** dat) **einen Tag ~ nehmen** to take a day off **Urlauber** ['u:elaube] m ⟨-s, -⟩, **Urlauberin** [-ərɪn] f ⟨-, -nen⟩ holiday-maker (Br), vacationist (US) **Urlaubsgeld** nt holiday pay or money (Br), vacation pay or money (US) **urlaubsreif** adj (infml) ready for a holiday (esp Br) or vacation (US) **Urlaubsreise** f holiday (esp Br) or vacation (US) trip **Urlaubsstimmung** f holiday mood **Urlaubstag** m (one day of) holiday (esp Br) or vacation (US) **Urlaubsvertretung** f temporary replacement **Urlaubszeit** f holiday (esp Br) or vacation (US) period or season

Urne ['ʊrnə] f ⟨-, -n⟩ urn; (≈ Losurne) box; (≈ Wahlurne) ballot box

Urologe [uro'lo:gə] m ⟨-n, -n⟩, **Urologin** [-'lo:gɪn] f ⟨-, -nen⟩ urologist **Urologie** [urolo'gi:] f ⟨-, no pl⟩ urology **urologisch** [uro'lo:gɪʃ] adj urological

urplötzlich (infml) **A** adj attr very sudden **B** adv all of a sudden **Ursache** ['u:ezaxə] f cause; (≈ Grund) reason; (≈ Anlass) occasion; **~ und Wirkung** cause and effect; **keine ~!** (auf Dank) don't mention it!; (auf Entschuldigung) that's all right; **aus ungeklärter ~** for reasons unknown **Ursprung** ['u:eʃprʊŋ] m origin; (≈ Abstammung) extraction; **seinen ~ in etw** (dat) **haben** to originate in sth **ursprünglich** ['u:eʃprʏŋlɪç, u:e'ʃp-] **A** adj attr original; (≈ anfänglich) initial **B** adv originally; (≈ anfänglich) initially **Ursprungsland** nt COMM country of origin **Ursprungszeugnis** nt certificate of origin

Urteil ['ʊrtaɪl] nt ⟨-s, -e⟩ **1** judgement; (≈ Entscheidung) decision; (≈ Meinung) opinion; **ein ~ über jdn/etw fällen** to pass judgement on sb/sth; **sich** (dat) **kein ~ über etw** (acc) **erlauben können** to be in no position to judge sth; **sich** (dat) **ein ~ über jdn/etw bilden** to form an opinion about sb/sth **2** (JUR ≈ Gerichtsurteil) verdict; (≈ Strafmaß) sentence; **das ~ über jdn sprechen** JUR to pass judgement on sb **urteilen** ['ʊrtaɪlən] v/i to judge (nach by); **über etw** (acc) **~** to judge sth; (≈ seine Meinung äußern) to give one's opinion on sth; **nach seinem Aussehen zu ~** judging by his appearance **Urteilsbegründung** f JUR opinion **Urteilskraft** f, no pl power of judgement; (≈ *Umsichtigkeit*) discernment **Urteilsspruch** *m* JUR judgement; (*von Geschworenen*) verdict; (*von Strafgericht*) sentence **Urteilsverkündung** *f* JUR pronouncement of judgement **Urteilsvermögen** *nt* faculty of judgement

Uruguay ['u:rugvai, 'ʊr-, uru'gvai] *nt* ⟨-s⟩ Uruguay

Urur- ['u:ʔeu:ɐ] *in cpds* great-great- **Urvater** *m* forefather **Urwald** *m* primeval forest; (*in den Tropen*) jungle **urwüchsig** ['u:ɐvy:ksɪç] *adj* (≈ *naturhaft*) natural; *Natur* unspoilt; (≈ *derb, kräftig*) sturdy; *Mensch* rugged; *Humor* earthy **Urzeit** *f* primeval times *pl*; **seit ~en** since primeval times; (*infml*) for aeons (*Br infml*) or eons (*US infml*); **vor ~en** in primeval times; (*infml*) ages ago **urzeitlich** *adj* primeval **Urzustand** *m* original state

USA [u:ɛs'a:] *pl* **die ~** the USA *sg*

Usbekistan [ʊs'be:kɪsta:n] *nt* ⟨-s⟩ Uzbekistan

User ['ju:zɐ] *m* ⟨-s, -⟩, **Userin** [-ərɪn] *f* ⟨-, -nen⟩ IT user

Utensil [utɛn'zi:l] *nt* ⟨-s, -ien [-liən]⟩ utensil

Uterus ['u:terʊs] *m* ⟨-, Uteri [-ri]⟩ uterus

Utopie [uto'pi:] *f* ⟨-, -n [-'pi:ən]⟩ utopia; (≈ *Wunschtraum*) utopian dream **utopisch** [u'to:pɪʃ] *adj* utopian **utopistisch** [uto-'pɪstɪʃ] *adj* (*pej*) utopian

UV-Schutz [u:'fau-] *m* UV block *or* screen **UV-Strahlen** [u:'fau-] *pl* ultraviolet rays *pl*

V, v [fau] *nt* ⟨-, -⟩ V, v

Vagabund [vaga'bʊnt] *m* ⟨-en, -en [-dn]⟩, **Vagabundin** [-'bʊndɪn] *f* ⟨-, -nen⟩ vagabond

vage ['va:gə] ◻ *adj* vague ◻ *adv* vaguely; **etw ~ andeuten** to give a vague indication of sth

Vagina [va'gi:na] *f* ⟨-, Vaginen [-nən]⟩ vagina

Vakuum ['va:kuʊm] *nt* ⟨-s, Vakuen *or* Vakua [-kuən, -kua]⟩ vacuum **vakuumverpackt** [-fɛɐpakt] *adj* vacuum-packed

Valentinstag ['va:lɛnti:ns-] *m* (*St*) Valentine's Day

Valenz [va'lɛnts] *f* ⟨-, -en⟩ valency

Valuta [va'lu:ta] *f* ⟨-, Valuten [-tn]⟩ (≈ *Währung*) foreign currency

Vamp [vɛmp] *m* ⟨-s, -s⟩ vamp **Vampir** [vam'pi:ɐ] *m* ⟨-s, -e⟩ vampire

Van [vɛn] *m* ⟨-s, -s⟩ minibus, people carrier

Vandale [van'da:lə] *m* ⟨-n, -n⟩, **Vandalin** [-'da:lɪn] *f* ⟨-, -nen⟩ vandal **Vandalismus** [vanda'lɪsmʊs] *m* ⟨-, *no pl*⟩ vandalism

Vanille [va'nɪljə, va'nɪlə] *f* ⟨-, *no pl*⟩ vanilla **Vanilleeis** *nt* vanilla ice cream **Vanillegeschmack** *m* vanilla flavour (*Br*) *or* flavor (*US*) **Vanillesoße** *f* custard **Vanillinzucker** [vanɪ'li:n-] *m* vanilla sugar

variabel [va'ria:bl] *adj* variable **Variable** [va'ria:blə] *f decl as adj* variable **Variante** [va'riantə] *f* ⟨-, -n⟩ variant (*zu* on) **Variation** [varia'tsio:n] *f* ⟨-, -en⟩ variation **Varieté** [varie'te:] *nt* ⟨-s, -s⟩, **Varietee** *nt* ⟨-s, -s⟩ ◻ variety (entertainment), vaudeville (*esp US*) ◻ (≈ *Theater*) music hall (*Br*), vaudeville theater (*US*) **variieren** [vari'i:rən] *past part* variiert *v/t & v/i* to vary

Vase ['va:zə] *f* ⟨-, -n⟩ vase

Vaseline® [vaze'li:nə] *f* ⟨-, *no pl*⟩ Vaseline®

Vater ['fa:tɐ] *m* ⟨-s, ⸚ ['fɛːtɐ]⟩ father; **~ von zwei Kindern sein** to be the father of two children; **er ist ganz der ~** he's very like his father; **~ Staat** (*hum*) the State **Vaterland** *nt* native country; (*esp Deutschland*) Fatherland **vaterländisch** [-lɛndɪʃ] *adj* (≈ *national*) national; (≈ *patriotisch*) patriotic **Vaterlandsliebe** *f* patriotism **väterlich** ['fɛ:tɐlɪç] ◻ *adj* paternal ◻ *adv* like a father **väterlicherseits** *adv* on one's father's side; **meine Großeltern ~** my paternal grandparents **Vaterliebe** *f* paternal love **Vaterschaft** ['fa:tɐʃaft] *f* ⟨-, -en⟩ fatherhood *no art*; *esp* JUR paternity **Vaterschaftsklage** *f* paternity suit **Vaterschaftsnachweis** *m* proof of paternity **Vatertag** *m* Father's Day **Vaterunser** ['fa:te'ʊnzə, fa:te'ʊnzə] *nt* ⟨-s, -⟩ Lord's Prayer **Vati** ['fa:ti] *m* ⟨-s, -s⟩ (*infml*) dad(dy) (*infml*)

Vatikan [vati'ka:n] *m* ⟨-s⟩ Vatican **Vatikanstadt** *f, no pl* Vatican City

V-Ausschnitt ['fau-] *m* V-neck; **ein Pullover mit ~** a V-neck pullover

Veganer [ve'ga:nɐ] *m* ⟨-s, -⟩, **Vegane-**

rin [-ərɪn] f ⟨-, -nen⟩ vegan **Vegetarier** [vege'taːriɐ] m ⟨-s, -⟩, **Vegetarierin** [-iərɪn] f ⟨-, -nen⟩ vegetarian **vegetarisch** [vege'taːrɪʃ] **A** adj vegetarian **B** adv ~ **leben** to be a vegetarian; **sich ~ ernähren** to live on a vegetarian diet **Vegetarismus** [vegeta'rɪsmʊs] m ⟨-, no pl⟩ vegetarianism **Vegetation** [vegeta'tsioːn] f ⟨-, -en⟩ vegetation **vegetativ** [vegeta'tiːf] adj vegetative; Nervensystem autonomic **vegetieren** [vege'tiːrən] past part **vegetiert** v/i to vegetate; (≈ kärglich leben) to eke out a bare existence

Veilchen ['failçən] nt ⟨-s, -⟩ violet **veilchenblau** adj violet

Vektor ['vɛktoːɐ] m ⟨-s, Vektoren [-'toːrən]⟩ vector

Velo ['veːlo] nt ⟨-s, -s⟩ (Swiss) bike (infml)

Velours [va'luːɐ, ve'luːɐ] nt ⟨-, -⟩ (a. **Veloursleder**) suede

Vene ['veːnə] f ⟨-, -n⟩ vein

Venedig [ve'neːdɪç] nt ⟨-s⟩ Venice **Venenentzündung** f phlebitis

Venezianer [vene'tsiaːnɐ] m ⟨-s, -⟩, **Venezianerin** [-ərɪn] f ⟨-, -nen⟩ Venetian **venezianisch** [vene'tsiaːnɪʃ] adj Venetian **Venezolaner** [venetso'laːnɐ] m ⟨-s, -⟩, **Venezolanerin** [-ərɪn] f ⟨-, -nen⟩ Venezuelan **venezolanisch** [venetso'laːnɪʃ] adj Venezuelan **Venezuela** [vene'tsueːla] nt ⟨-s⟩ Venezuela

Ventil [vɛn'tiːl] nt ⟨-s, -e⟩ valve; (fig) outlet **Ventilation** [vɛntila'tsioːn] f ⟨-, -en⟩ ventilation; (Anlage) ventilation system **Ventilator** [vɛnti'laːtoːɐ] m ⟨-s, Ventilatoren [-'toːrən]⟩ ventilator

verabreden [fɛɐ'apreːdn] past part **verabredet** **A** v/t to arrange; **zum verabredeten Zeitpunkt** at the agreed time; **schon verabredet sein** to have something else on (infml); **mit jdm verabredet sein** to have arranged to meet sb; (geschäftlich) to have an appointment with sb; (esp mit Freund/Freundin) to have a date with sb **B** v/r **sich mit jdm ~** to arrange to meet sb; (geschäftlich) to arrange an appointment with sb; (esp mit Freund/Freundin) to make a date with sb **Verabredung** f ⟨-, -en⟩ (≈ Vereinbarung) arrangement; (≈ Treffen) engagement (form); (geschäftlich) appointment; (esp mit Freund/Freundin) date

verabreichen [fɛɐ'apraɪçn] past part **verabreicht** v/t to give; Arznei auch to administer (form) (jdm to sb)

verabscheuen [fɛɐ'apʃɔyən] past part **verabscheut** v/t to detest **verabscheuenswert** adj detestable

verabschieden [fɛɐ'apʃiːdn] past part **verabschiedet** **A** v/t to say goodbye to; (≈ entlassen) Beamte to discharge; Gesetz to pass **B** v/r **sich (von jdm) ~** to say goodbye (to sb) **Verabschiedung** f ⟨-, -en⟩ (von Beamten etc) discharge; (POL, von Gesetz) passing; (von Haushaltsplan) adoption

verachten past part **verachtet** v/t to despise; **nicht zu ~** (infml) not to be sneezed at (infml) **verachtenswert** adj despicable **verächtlich** [fɛɐ'ɛçtlɪç] **A** adj contemptuous; (≈ verachtenswert) despicable **B** adv contemptuously **Verachtung** f, no pl contempt (von for); **jdn mit ~ strafen** to treat sb with contempt

veralbern [fɛɐ'alben] past part **veralbert** v/t (infml) to make fun of

verallgemeinern [fɛɐalgə'mainen] past part **verallgemeinert** v/t & v/i to generalize **Verallgemeinerung** f ⟨-, -en⟩ generalization

veralten [fɛɐ'altn] past part **veraltet** v/i aux sein to become obsolete; (Ansichten, Methoden) to become antiquated **veraltet** [fɛɐ'altət] adj obsolete; Ansichten antiquated

Veranda [ve'randa] f ⟨-, Veranden [-dn]⟩ veranda

veränderbar adj changeable **veränderlich** [fɛɐ'ɛndəlɪç] adj variable; Wetter changeable **Veränderlichkeit** f ⟨-, -en⟩ variability **verändern** past part **verändert** **A** v/t to change **B** v/r to change; (≈ Stellung wechseln) to change one's job; **sich zu seinem Vorteil/Nachteil ~** (im Aussehen) to look better/worse; (charakterlich) to change for the better/worse **Veränderung** f change

verängstigen past part **verängstigt** v/t (≈ erschrecken) to frighten; (≈ einschüchtern) to intimidate

veranlagen [fɛɐ'anlaːgn] past part **veranlagt** v/t to assess (mit at) **veranlagt** [fɛɐ'anlaːkt] adj **melancholisch ~ sein** to have a melancholy disposition; **praktisch ~ sein** to be practically minded; **künstlerisch ~ sein** to have an artistic bent **Veranlagung** f ⟨-, -en⟩ **1** (körperlich) predisposition; (charakterlich) nature; (≈ Hang)

V

tendency; (≈ *Talent*) bent **2** (*von Steuern*) assessment

veranlassen [fɛɐ'anlasn] *past part* veranlasst *v/t* **etw ~** (≈ *in die Wege leiten*) to arrange for sth; (≈ *befehlen*) to order sth; **wir werden alles Weitere ~** we will take care of everything else **Veranlassung** *f* ⟨-, -en⟩ cause; **auf ~ von** *or* +*gen* at the instigation of; **~ zu etw geben** to give cause for sth

veranschaulichen [fɛɐ'anʃaʊlɪçn] *past part* veranschaulicht *v/t* to illustrate **Veranschaulichung** *f* ⟨-, -en⟩ illustration

veranschlagen *past part* veranschlagt *v/t* to estimate (*auf* +*acc* at); **etw zu hoch ~** to overestimate sth; **etw zu niedrig ~** to underestimate sth

veranstalten [fɛɐ'anʃtaltn] *past part* veranstaltet *v/t* to organize; *Wahlen* to hold; *Umfrage* to do; *Party etc* to hold **Veranstalter** [fɛɐ'anʃtaltɐ] *m* ⟨-s, -⟩, **Veranstalterin** [-ərɪn] *f* ⟨-, -nen⟩ organizer; (*von Konzerten etc*) promoter **Veranstaltung** [fɛɐ'anʃtaltʊŋ] *f* ⟨-, -en⟩ **1** event (*von* organized by); (*feierlich*) function **2** *no pl* (≈ *das Veranstalten*) organization **Veranstaltungskalender** *m* calendar of events

verantworten *past part* verantwortet **A** *v/t* to accept (the) responsibility for; **wie könnte ich es denn ~, ...?** it would be most irresponsible of me ...; **ein weiterer Streik wäre nicht zu ~** another strike would be irresponsible **B** *v/r* **sich für** *or* **wegen etw ~** to justify sth (*vor* +*dat* to); *für Missetaten etc* to answer for sth (*vor* +*dat* before) **verantwortlich** [fɛɐ'antvɔrtlɪç] *adj* responsible (*für* for); (≈ *haftbar*) liable; **jdn für etw ~ machen** to hold sb responsible for sth **Verantwortliche(r)** [fɛɐ'antvɔrtlɪçə] *m/f(m) decl as adj* person responsible **Verantwortung** [fɛɐ'antvɔrtʊŋ] *f* ⟨-, -en⟩ responsibility; **auf eigene ~** on one's own responsibility; **auf deine ~!** on your own head be it! (*Brit*), it's your ass! (*US infml*); **die ~ (für etw) tragen** to take responsibility (for sth) **verantwortungsbewusst A** *adj* responsible **B** *adv* responsibly **Verantwortungsbewusstsein** *nt* sense of responsibility **verantwortungslos A** *adj* irresponsible **B** *adv* irresponsibly **verarbeiten** *past part* verarbeitet *v/t* to use (*zu etw* to make sth); TECH, BIOL *etc* to

process; *Daten* to process; (≈ *bewältigen*) to overcome; **~de Industrie** processing industries *pl* **Verarbeitung** [fɛɐ'arbaitʊŋ] *f* ⟨-, -en⟩ **1** use, using; TECH, BIOL, IT processing; (≈ *Bewältigung*) overcoming **2** (≈ *Aussehen*) finish

verärgern [fɛɐ'ɛrgɐn] *past part* verärgert *v/t* **jdn ~** to annoy sb; (*stärker*) to anger sb **verärgert** [fɛɐ'ɛrgɐt] **A** *adj* annoyed; (*stärker*) angry **B** *adv* reagieren angrily

verarmen [fɛɐ'armən] *past part* verarmt *v/i aux sein* to become impoverished

verarschen [fɛɐ'arʃn, -'aːrʃn] *past part* verarscht *v/t* (*infml*) to take the piss out of (*Brit sl*), to make fun of; (≈ *für dumm verkaufen*) to mess around (*infml*)

verarzten [fɛɐ'aːrtstn, -'artstn] *past part* verarztet *v/t* (*infml*) to fix up (*infml*); (*mit Verband*) to patch up (*infml*)

verausgaben [fɛɐ'ausgaːbn] *past part* verausgabt *v/r* to overexert oneself

veräußern *past part* veräußert *v/t* (*form* ≈ *verkaufen*) to dispose of; *Rechte, Land* to alienate (*form*)

Verb [vɛrp] *nt* ⟨-s, -en [-bn]⟩ verb **verbal** [vɛr'baːl] **A** *adj* verbal **B** *adv* verbally **Verband** [fɛɐ'bant] *m* ⟨-(e)s, ¨e [-'bɛndə]⟩ **1** MED dressing; (*mit Binden*) bandage **2** (≈ *Bund*) association **Verband(s)kasten** *m* first-aid box **Verband(s)material** *nt* dressing material **Verband(s)zeug** *nt*, *pl* -zeuge dressing material

verbannen *past part* verbannt *v/t* to banish (*also fig*), to exile (*aus* from, *auf* to) **Verbannung** [fɛɐ'banʊŋ] *f* ⟨-, -en⟩ banishment

verbarrikadieren *past part* verbarrikadiert *v/r* to barricade oneself in (*in etw* (*dat*) sth)

verbauen *past part* verbaut *v/t* (≈ *versperren*) to obstruct

verbeißen *past part* verbissen *irr* **A** *v/t* (*fig infml*) **sich** (*dat*) **etw ~** *Bemerkung* to bite back sth; *Schmerz* to hide sth; **sich** (*dat*) **das Lachen ~** to keep a straight face **B** *v/r* **sich in etw** (*acc*) **~** (*fig*) to become fixed on sth; → verbissen

verbergen *past part* verborgen [fɛɐ'bɔrgn] *irr* **A** *v/t* to hide; **jdm etw ~** (≈ *verheimlichen*) to keep sth from sb **B** *v/r* to hide (oneself); → verborgen

verbessern *past part* verbessert **A** *v/t* **1** (≈ *besser machen*) to improve; *Leistung, Bestzeit* to improve (up)on **2** (≈ *korrigieren*) to correct **B** *v/r* **1** to improve; *(beruflich)* to better oneself **2** *(≈ sich korrigieren)* to correct oneself **Verbesserung** *f* ⟨-, -en⟩ **1** improvement *(von in)*; *(≈ berufliche Verbesserung)* betterment **2** *(≈ Berichtigung)* correction

verbeugen *past part* **verbeugt** *v/r* to bow *(vor +dat* to) **Verbeugung** *f* bow

verbeulen *past part* **verbeult** *v/t* to dent

verbiegen *past part* **verbogen** *irr* **A** *v/t* to bend (out of shape); **verbogen** bent **B** *v/r* to bend; *(Holz)* to warp

verbieten *past part* **verboten** [fɛɐˈboːtn̩] *v/t irr* to forbid; *Zeitung, Partei etc* to ban; **jdm ~, etw zu tun** to forbid sb to do sth; → verboten

verbilligen *past part* **verbilligt** *v/t* to reduce the cost of; *Preis* to reduce; **verbilligte Waren** reduced goods

verbinden *past part* **verbunden** [fɛɐˈbʊndn̩] *irr* **A** *v/t* **1** MED to dress; *(mit Binden)* to bandage; **jdm die Augen ~** to blindfold sb **2** *(≈ verknüpfen)* to connect **3** TEL **(Sie sind hier leider) falsch verbunden!** (I'm sorry, you've got the) wrong number!; **mit wem bin ich verbunden?** who am I speaking to? **4** *(≈ gleichzeitig tun)* to combine **5** *(≈ assoziieren)* to associate **6** *(≈ mit sich bringen)* **mit etw verbunden sein** to involve sth **B** *v/r* *(≈ zusammenkommen)* to combine; *(≈ sich zusammentun)* to join forces **verbindlich** [fɛɐˈbɪntlɪç] **A** *adj* **1** obliging **2** *(≈ verpflichtend)* obligatory; *Zusage* binding **B** *adv* **1** *(≈ bindend)* **etw ~ vereinbart haben** to have a binding agreement (regarding sth); **~ zusagen** to accept definitely **2** *(≈ freundlich)* **~ lächeln** to give a friendly smile **Verbindlichkeit** *f* ⟨-, -en⟩ **1** *(≈ Entgegenkommen)* obliging ways *pl* **2** *no pl (von Zusage)* binding nature **3** **Verbindlichkeiten** *pl* COMM, JUR obligations *pl* **Verbindung** *f* **1** connection; *(≈ Kontakt)* contact *(zu, mit* with); **in ~ mit** *(≈ zusammen mit)* in conjunction with; *(≈ im Zusammenhang mit)* in connection with; **jdn etw in ~ bringen** to connect sb with sth; *(≈ assoziieren)* to associate sb with sth; **~ mit jdm aufnehmen** to contact sb; **mit jdm in ~ bleiben** to stay in touch with sb; **sich (mit jdm) in ~ setzen** to get in touch (with sb) **2** *(TEL ≈ Anschluss)* line **3** *(≈ Kombination)* combination **4** *(≈ Bündnis)* association; UNIV society

verbissen [fɛɐˈbɪsn̩] **A** *adj Arbeiter* determined; *Kampf* dogged; *Miene* determined **B** *adv* determinedly; *kämpfen* doggedly; → verbeißen **Verbissenheit** *f* ⟨-, no pl⟩ *(von Kampf)* doggedness; *(von Miene)* determination

verbitten *past part* **verbeten** [fɛɐˈbeːtn̩] *v/t irr* **sich** *(dat)* **etw ~** to refuse to tolerate sth; **das verbitte ich mir!** I won't have it!

verbittern [fɛɐˈbɪtɐn] *past part* **verbittert** *v/t* to embitter **verbittert** [fɛɐˈbɪtɐt] *adj* embittered

verblassen [fɛɐˈblasn̩] *past part* **verblasst** *v/i aux sein* to fade

Verbleib [fɛɐˈblaip] *m* ⟨-(e)s [-bəs]⟩ *no pl (form)* whereabouts *pl* **verbleiben** *past part* **verblieben** [fɛɐˈbliːbn̩] *v/i irr aux sein* to remain; **... verbleibe ich Ihr ...** *(form)* ... I remain, Yours sincerely *(Br)* or Sincerely (yours) *(US)* ...; **wir sind so verblieben, dass wir ...** we agreed to ...

verbleit [fɛɐˈblait] *adj Benzin* leaded

verblöden [fɛɐˈbløːdn̩] *past part* **verblödet** *v/i aux sein (infml)* to become a zombi(e) *(infml)*

verblüffen [fɛɐˈblʏfn̩] *past part* **verblüfft** *v/t (≈ erstaunen)* to stun; *(≈ verwirren)* to baffle **verblüfft** [fɛɐˈblʏft] **A** *adj* amazed **B** *adv* aufsehen perplexed; **sich umdrehen** in surprise **Verblüffung** *f* ⟨-, no pl⟩ *(≈ Erstaunen)* amazement; *(≈ Verwirrung)* bafflement

verbluten *past part* **verblutet** *v/i aux sein* to bleed to death

verbohrt [fɛɐˈboːɐt] *adj* stubborn; *Meinung* inflexible

verborgen *adj* hidden; **etw ~ halten** to hide sth; **sich ~ halten** to hide; → verbergen

Verbot [fɛɐˈboːt] *nt* ⟨-(e)s, -e⟩ ban *(+gen* on); **trotz des ärztlichen ~es** against doctor's orders **verboten** [fɛɐˈboːtn̩] *adj* forbidden; *(amtlich)* prohibited; *(≈ gesetzeswidrig)* Handel illegal; *Zeitung, Partei etc* banned; **Rauchen/Parken ~** no smoking/parking; **er sah ~ aus** *(infml)* he was a real sight *(infml)*; → verbieten **Verbotsschild** *nt, pl* -schilder notice *(prohibiting something)*; *(im Verkehr)* prohibition sign

Verbrauch [fɛɐˈbraux] *m* ⟨-(e)s, no pl⟩ consumption *(von, an* of); *(von Geld)* expenditure; **zum baldigen ~ bestimmt** to be used immediately **verbrauchen** *past part* **verbraucht** **A** *v/t* **1** to use; *Ener-*

V

gie etc to consume; *Vorräte* to use up **2** (≈ *abnützen*) *Kräfte etc* to exhaust **3** *v/r* to wear oneself out **Verbraucher** [fɛɐ'brauxe] *m* ⟨-s, -⟩, **Verbraucherin** [-ərɪn] *f* ⟨-, -nen⟩ consumer **Verbraucherberatung** *f* consumer advice centre (*Br*) *or* center (*US*) **Verbrauchermarkt** *m* large supermarket **Verbraucherschutz** *m* consumer protection **Verbrauchsgüter** *pl* consumer goods *pl*

verbrechen [fɛɐ'brɛçn] *past part* verbrochen [fɛɐ'brɔçn] *v/t irr* **1** *Straftat* to commit **2** (*infml* ≈ *anstellen*) **was habe ich denn jetzt schon wieder verbrochen?** what on earth have I done now? **Verbrechen** [fɛɐ'brɛçn] *nt* ⟨-s, -⟩ crime **Verbrechensbekämpfung** *f* combating crime *no art* **Verbrecher** [fɛɐ'brɛçe] *m* ⟨-s, -⟩, **Verbrecherin** [-ərɪn] *f* ⟨-, -nen⟩ criminal **verbrecherisch** [fɛɐ'brɛçərɪʃ] *adj* criminal; **in ~er Absicht** with criminal intent **Verbrechertum** [fɛɐ'brɛçetuːm] *nt* ⟨-s, *no pl*⟩ criminality

verbreiten [fɛɐ'braitn] *past part* verbreitet **A** *v/t* to spread; (≈ *ausstrahlen*) *Wärme, Ruhe* to radiate; **eine (weit) verbreitete Ansicht** a widely held opinion **B** *v/r* (≈ *sich ausbreiten*) to spread **verbreitern** *past part* verbreitert **A** *v/t* to widen **B** *v/r* to get wider **Verbreitung** [fɛɐ'braitʊŋ] *f* ⟨-, *no pl*⟩ spreading

verbrennen *past part* verbrannt [fɛɐ'brant] *irr* **A** *v/t* to burn; (≈ *einäschern*) *Tote* to cremate; (≈ *versengen*) to scorch; *Haar* to singe; **sich** (*dat*) **die Zunge ~** to burn one's tongue; **sich** (*dat*) **den Mund ~** (*fig*) to open one's big mouth (*infml*) **B** *v/r* to burn oneself **C** *v/i aux sein* to burn; (*Haus etc*) to burn down; (*durch Sonne, Hitze*) to be scorched **Verbrennung** [fɛɐ'brɛnʊŋ] *f* ⟨-, -en⟩ **1** *no pl* (≈ *das Verbrennen*) burning; (*von Leiche*) cremation **2** (≈ *Brandwunde*) burn **Verbrennungsmotor** *m* internal combustion engine **Verbrennungsofen** *m* furnace; (*für Müll*) incinerator

verbringen *past part* verbracht [fɛɐ'braxt] *v/t irr Zeit etc* to spend

verbrühen *past part* verbrüht **A** *v/t* to scald **B** *v/r* to scald oneself **Verbrühung** [fɛɐ'bryːʊŋ] *f* ⟨-, -en⟩ scalding; (≈ *Wunde*) scald

verbuchen *past part* verbucht *v/t* to en-

ter (up) (*in a/the book*); **einen Betrag auf ein Konto ~** to credit a sum to an account; **einen Erfolg (für sich) ~** to notch up a success (*infml*)

verbummeln *past part* verbummelt *v/t* (*infml* ≈ *verlieren*) to lose; (≈ *vertrödeln*) *Nachmittag* to waste

Verbund *m* ⟨-(e)s, *no pl*⟩ ECON combine; **im ~ arbeiten** to cooperate **verbünden** [fɛɐ'bʏndn] *past part* verbündet *v/r* to ally oneself (*mit* to); (*Staaten*) to form an alliance; **verbündet sein** to be allies **Verbundenheit** *f* ⟨-, *no pl*⟩ (*mit Menschen, Natur*) closeness (*mit* to); (*mit Land, Tradition*) attachment (*mit* to) **Verbündete(r)** [fɛɐ'bʏndətə] *m/f(m) decl as adj* ally **Verbundglas** *nt* laminated glass **Verbundstoff** *m* composite (material)

verbürgen *past part* verbürgt **A** *v/r* **sich für jdn/etw ~** to vouch for sb/sth **B** *v/t* **1** (≈ *gewährleisten*) *Recht* to guarantee **2** FIN *Kredit* to guarantee **3** (≈ *dokumentieren*) **historisch verbürgt sein** to be historically documented

verbüßen *past part* verbüßt *v/t* to serve **verchromen** [fɛɐ'kroːmən] *past part* verchromt *v/t* to chromium-plate

Verdacht [fɛɐ'daxt] *m* ⟨-(e)s, -e *or* ⸚e [-'dɛçtə]⟩ suspicion; **jdn in ~ haben** to suspect sb; **im ~ stehen, etw getan zu haben** to be suspected of having done sth; **(gegen jdn) ~ schöpfen** to become suspicious (*of sb*); **~ erregen** to arouse suspicion; **etw auf ~ tun** (*infml*) to do sth on spec (*infml*) **verdächtig** [fɛɐ'dɛçtɪç] *adj* suspicious; **sich ~ machen** to arouse suspicion; **die drei ~en Personen** the three suspects **verdächtigen** [fɛɐ'dɛçtɪɡn] *past part* verdächtigt *v/t* to suspect (*+gen* of); **er wird des Diebstahls verdächtigt** he is suspected of theft **Verdächtige(r)** [fɛɐ'dɛçtɪɡə] *m/f(m) decl as adj* suspect

verdammen [fɛɐ'damən] *past part* verdammt *v/t* (≈ *verfluchen*) to damn; (≈ *verurteilen*) to condemn **verdammt** [fɛɐ'damt] (*infml*) **A** *adj* damned (*infml*) **B** *adv* damn (*infml*); **das tut ~ weh** that hurts like hell (*infml*); **~ viel Geld** a hell of a lot of money (*infml*) **C** *int* **verdammt!** damn (it) (*infml*); **~ noch mal!** damn it all (*infml*)

verdampfen *past part* verdampft *v/t & v/i* to vaporize

verdanken *past part* verdankt *v/t* **jdm etw ~** to owe sth to sb; **das verdanke**

ich dir (*iron*) I've got you to thank for that **verdattert** [fɛɐ̯'datət] *adj, adv* (*infml* ≈ *verwirrt*) flabbergasted (*infml*)

verdauen [fɛɐ̯'dauən] *past part* **verdaut** *v/t* to digest **verdaulich** [fɛɐ̯'dauliç] *adj* digestible **Verdauung** [fɛɐ̯'dauʊŋ] *f* ⟨-, -en⟩ digestion **Verdauungsbeschwerden** *pl* digestive trouble *sg* **Verdauungsspaziergang** *m* constitutional **Verdauungsstörung** *f usu pl* indigestion *no pl*

Verdeck [fɛɐ̯'dɛk] *nt* ⟨-(e)s, -e⟩ (*von Kinderwagen*) hood (*Br*), canopy; (*von Auto*) soft top **verdecken** *past part* **verdeckt** *v/t* to hide; (≈ *zudecken*) to cover (up); *Sicht* to block; (*fig*) to conceal **verdeckt** [fɛɐ̯'dɛkt] *adj* concealed; *Ermittler, Einsatz* undercover

verdenken *past part* **verdacht** [fɛɐ̯'daxt] *v/t irr* **jdm etw ~** to hold sth against sb; **ich kann es ihm nicht ~** I can't blame him

verderben [fɛɐ̯'dɛrbn] *pret* **verdarb** [fɛɐ̯'darp], *past part* **verdorben** [fɛɐ̯'dɔrbn] **A** *v/t* to spoil; (*stärker*) to ruin; (*moralisch*) to corrupt; (≈ *verwöhnen*) to spoil; **jdm etw ~** to spoil sth for sb; **es (sich** *dat*) **mit jdm ~** to fall out with sb **B** *v/i aux sein* (*Material*) to become spoiled/ruined; (*Nahrungsmittel*) to go off (*Br*) or bad; → **verdorben** **Verderben** [fɛɐ̯'dɛrbn] *nt* ⟨-s, *no pl*⟩ (≈ *Unglück*) undoing; **in sein** → **rennen** to be heading for disaster **verderblich** [fɛɐ̯'dɛrpliç] *adj* pernicious; *Lebensmittel* perishable

verdeutlichen [fɛɐ̯'dɔytliçn] *past part* **verdeutlicht** *v/t* to show clearly; (≈ *deutlicher machen*) to clarify; (≈ *erklären*) to explain

ver.di ['vɛrdi] *f* ⟨-⟩ *abbr von* **Vereinigte Dienstleistungsgewerkschaft** *German service sector union*

verdichten *past part* **verdichtet** **A** *v/t* PHYS to compress; (*fig* ≈ *komprimieren*) to condense **B** *v/r* to thicken; (*Schneetreiben*) to worsen; (*fig* ≈ *häufen*) to increase; (*Verdacht*) to deepen; **es ~ sich die Hinweise, dass ...** there is growing evidence that ...

verdienen *past part* **verdient** **A** *v/t* **1** (≈ *einnehmen*) to earn; (≈ *Gewinn machen*) to make; **sich** (*dat*) **etw ~** to earn the money for sth **2** (*fig*) *Lob, Strafe* to deserve; **er verdient es nicht anders/besser** he

doesn't deserve anything else/any better; → **verdient B** *v/i* to earn; (≈ *Gewinn machen*) to make (a profit) (*an* +*dat* on); **er verdient gut** he earns a lot; **er verdient schlecht** he doesn't earn much; **am Krieg ~** to profit from war **Verdiener** [fɛɐ̯'diːnə] *m* ⟨-s, -⟩, **Verdienerin** [-ərɪn] *f* ⟨-, -nen⟩ wage earner

Verdienst[1] [fɛɐ̯'diːnst] *m* ⟨-(e)s, -e⟩ (≈ *Einkommen*) income; (≈ *Profit*) profit

Verdienst[2] *nt* ⟨-(e)s, -e⟩ **1** merit; (≈ *Dank*) credit; **es ist sein ~(, dass ...)** it is thanks to him (that ...) **2** *usu pl* (≈ *Leistung*) contribution; **ihre ~e um die Wissenschaft** her services to science

Verdienstausfall *m* loss of earnings **Verdienstorden** *m* order of merit **verdienstvoll** *adj* commendable **verdient** [fɛɐ̯'diːnt] **A** *adj* **1** *Lohn, Strafe* rightful; *Lob* well-deserved **2** *Künstler, Politiker* of outstanding merit **B** *adv* **gewinnen** deservedly; → **verdienen** **verdientermaßen** [fɛɐ̯'diːntɐ'maːsn] *adv* deservedly

verdonnern *past part* **verdonnert** *v/t* (*infml: zu Haft etc*) to sentence (*zu* to); **jdn zu etw ~** to order sb to do sth as a punishment

verdoppeln *past part* **verdoppelt** **A** *v/t* to double; (*fig*) *Anstrengung etc* to redouble **B** *v/r* to double **Verdopp(e)lung** [fɛɐ̯'dɔp(ə)lʊŋ] *f* ⟨-, -en⟩ doubling; (*von Anstrengung*) redoubling

verdorben [fɛɐ̯'dɔrbn] *adj* **1** *Lebensmittel* bad; *Magen* upset **2** *Stimmung* spoiled **3** (*moralisch*) corrupt; (≈ *verzogen*) *Kind* spoiled

verdorren *past part* **verdorrt** *v/i aux sein* to wither

verdrängen *past part* **verdrängt** *v/t* *jdn* to drive out; (≈ *ersetzen*) to replace; PHYS *Wasser, Luft* to displace; (*fig*) *Sorgen* to dispel; PSYCH to repress; **jdn aus dem Amt ~** to oust sb (from office) **Verdrängung** [fɛɐ̯'drɛŋʊŋ] *f* ⟨-, -en⟩ driving out; (≈ *Ersetzung*) replacing; PHYS displacement; (*von Sorgen*) dispelling; PSYCH repression

verdrecken [fɛɐ̯'drɛkn] *past part* **verdreckt** *v/t & v/i* (*infml*) to get dirty; **verdreckt** filthy (dirty)

verdrehen *past part* **verdreht** *v/t* to twist; (≈ *verknacksen*) to sprain; *Hals* to crick; *Augen* to roll; *Tatsachen* to distort

verdreifachen [fɛɐ̯'draifaxn] *past part* **verdreifacht** *v/t & v/r* to triple

V

verdreschen *past part* verdroschen [fɛɐ-'drɔʃn] *v/t irr* (*infml*) to beat up

verdrießlich [fɛɐ'driːslɪç] *adj* morose **verdrossen** [fɛɐ'drɔsn] *adj* (≈ *schlecht gelaunt*) morose; (≈ *unlustig*) *Gesicht* unwilling **Verdrossenheit** *f* ⟨-, *no pl*⟩ (≈ *schlechte Laune*) moroseness; (≈ *Lustlosigkeit*) unwillingness; (*über Politik etc*) dissatisfaction (*über +acc* with)

verdrücken *past part* verdrückt **A** *v/t* (*infml*) *Essen* to polish off (*infml*) **B** *v/r* (*infml*) to beat it (*infml*)

Verdruss [fɛɐ'drʊs] *m* ⟨-es, -e⟩ frustration; **zu jds ~** to sb's annoyance

verduften *past part* verduftet *v/i aux sein* **1** (≈ *seinen Duft verlieren*) to lose its smell; (*Tee, Kaffee*) to lose its aroma **2** (*infml* ≈ *verschwinden*) to beat it (*infml*)

verdummen [fɛɐ'dʊmən] *past part* verdummt **A** *v/t* **jdn ~** (≈ *dumm machen*) to dull sb's mind **B** *v/i aux sein* to stultify

verdunkeln *past part* verdunkelt **A** *v/t* to darken; (*im Krieg*) to black out; (*fig*) *Motive etc* to obscure **B** *v/r* to darken **Verdunkelung** [fɛɐ'dʊŋkəlʊŋ] *f* ⟨-, -en⟩ **1** darkening; (*im Krieg*) blacking out; (*fig*) obscuring **2** JUR suppression of evidence **Verdunkelungsgefahr** *f, no pl* JUR danger of suppression of evidence

verdünnen [fɛɐ'dʏnən] *past part* verdünnt *v/t* to thin (down); (*mit Wasser*) to water down; *Lösung* to dilute **Verdünner** [fɛɐ'dʏnɐ] *m* ⟨-s, -⟩ thinner **Verdünnung** *f* ⟨-, -en⟩ thinning; (*von Lösung*) dilution; (*mit Wasser*) watering down

verdunsten *past part* verdunstet *v/i aux sein* to evaporate **Verdunstung** [fɛɐ-'dʊnstʊŋ] *f* ⟨-, -en⟩ evaporation

verdursten *past part* verdurstet *v/i aux sein* to die of thirst

verdüstern [fɛɐ'dyːstɐn] *past part* verdüstert *v/t & v/r* to darken

verdutzt [fɛɐ'dʊtst] *adj, adv* (*infml*) taken aback; (≈ *verwirrt*) baffled

veredeln [fɛɐ'eːdln] *past part* veredelt *v/t* *Metalle, Erdöl* to refine; BOT to graft; *Geschmack* to improve

verehren *past part* verehrt *v/t* **1** (≈ *hoch achten*) to admire; *Gott, Heiligen* to honour; (≈ *ehrerbietig lieben*) to worship **2** (≈ *schenken*) **jdm etw ~** to give sb sth **Verehrer** [fɛɐ'eːrɐ] *m* ⟨-s, -⟩, **Verehrerin** [-ərɪn] *f* ⟨-, -nen⟩ admirer **verehrt** [fɛɐ'eːɐt] *adj* (*in Anrede*) **(sehr) ~e Anwesende/~es Pub-**

likum Ladies and Gentlemen

vereidigen [fɛɐ'aidɪɡn] *past part* vereidigt *v/t* to swear in; **jdn auf etw** (*acc*) **~** to make sb swear on sth **Vereidigung** *f* ⟨-, -en⟩ swearing in

Verein [fɛɐ'ain] *m* ⟨-(e)s, -e⟩ organization; (≈ *Sportverein*) club; **ein wohltätiger ~** a charity

vereinbar *adj* compatible; *Aussagen* consistent; **nicht (miteinander) ~** incompatible; *Aussagen* inconsistent **vereinbaren** [fɛɐ'ainbaːrən] *past part* vereinbart *v/t* **1** to agree; *Zeit, Treffen, Tag* to arrange **2** **mit etw zu ~ sein** to be compatible with sth; (*Aussagen*) to be consistent with sth; (*Ziele, Ideale*) to be reconcilable with sth **Vereinbarung** *f* ⟨-, -en⟩ (≈ *Abmachung*) agreement; **laut ~** as agreed; **nach ~** by arrangement **vereinbarungsgemäß** *adv* as agreed

vereinen [fɛɐ'ainən] *past part* vereint **A** *v/t* to unite; → vereint **B** *v/r* to join together

vereinfachen [fɛɐ'ainfaxn] *past part* vereinfacht *v/t* to simplify

vereinheitlichen [fɛɐ'ainhaitlɪçn] *past part* vereinheitlicht *v/t* to standardize **Vereinheitlichung** *f* ⟨-, -en⟩ standardization

vereinigen *past part* vereinigt **A** *v/t* to unite; *Eigenschaften* to bring together; COMM *Firmen* to merge (*zu* into); **alle Stimmen auf sich** (*acc*) **~** to collect all the votes **B** *v/r* to unite; (*Firmen*) to merge **vereinigt** *adj* united; **Vereinigtes Königreich** United Kingdom; **Vereinigte Staaten** United States; **Vereinigte Arabische Emirate** United Arab Emirates **Vereinigung** *f* **1** (≈ *das Vereinigen*) uniting; (*von Eigenschaften*) bringing together; (*von Firmen*) merging **2** (≈ *Organisation*) organization

vereinsamen [fɛɐ'ainzaːmən] *past part* vereinsamt *v/i aux sein* to become lonely or isolated **Vereinsamung** *f* ⟨-, *no pl*⟩ loneliness

Vereinshaus *nt* clubhouse **Vereinsmitglied** *nt* club member

vereint [fɛɐ'aint] **A** *adj* united; **Vereinte Nationen** United Nations *sg* **B** *adv* together, in unison; → vereinen

vereinzelt [fɛɐ'aintslt] **A** *adj* occasional **B** *adv* occasionally; **... ~ bewölkt** ... with cloudy patches

vereisen *past part* vereist *v/i aux sein* to

freeze; *(Straße)* to freeze over; *(Fensterscheibe)* to ice over **vereist** [fɛɐˈaist] *adj Straßen, Fenster* icy; *Bäche* frozen; *Piste* iced-up
vereiteln [fɛɐˈaitln] *past part* ver**ei**telt *v/t* to foil
vereitern *past part* ver**ei**tert *v/i aux sein* to go septic
verenden *past part* verendet *v/i aux sein* to perish
verengen [fɛɐˈɛŋən] *past part* ver**e**ngt **A** *v/r* to narrow; *(Gefäße, Pupille)* to contract **B** *v/r* to make narrower **Verengung** *f* ⟨-, -en⟩ **1** narrowing; *(von Pupille, Gefäß)* contraction **2** *(≈ verengte Stelle)* narrow part *(in +dat of)*
vererben *past part* vererbt **A** *v/t* **1** *Besitz* to leave, to bequeath *(+dat, an +acc* to*)*; *(hum)* to hand on *(jdm* to sb*)* **2** *Eigenschaften* to pass on *(+dat, auf +acc* to*)*; *Krankheit* to transmit **B** *v/r* to be passed on/transmitted *(auf +acc* to*)* **vererblich** [fɛɐˈɛrplɪç] *adj Krankheit* hereditary **Vererbungslehre** *f* genetics *sg*
verewigen [fɛɐˈeːvɪgn] *past part* verewigt **A** *v/t* to immortalize **B** *v/r* to immortalize oneself
Verfahren [fɛɐˈfaːrən] *nt* ⟨-s, -⟩ *(≈ Vorgehen)* actions *pl*; *(≈ Verfahrensweise)* procedure; TECH process; *(≈ Methode)* method; JUR proceedings *pl*; **ein ~ gegen jdn einleiten** to take *or* initiate legal proceedings against sb
verfahren[1] [fɛɐˈfaːrən] *past part* verf**a**hren *v/i irr aux sein (≈ vorgehen)* to act; **mit jdm streng ~** to deal strictly with sb
verfahren[2] *past part* verf**a**hren *irr* **A** *v/t (≈ verbrauchen) Geld, Zeit* to spend in travelling *(Br)* or traveling *(US)*; *Benzin* to use up **B** *v/r (≈ sich verirren)* to lose one's way
verfahren[3] [fɛɐˈfaːrən] *adj Situation* muddled
Verfahrenstechnik *f* process engineering **Verfahrensweise** *f* procedure
Verfall *m, no pl (≈ Zerfall)* decay; *(von Gebäude)* dilapidation; *(gesundheitlich, von Kultur etc)* decline; *(von Scheck, Karte)* expiry
verfallen[1] *past part* verf**a**llen *v/i irr aux sein* **1** *(≈ zerfallen)* to decay; *(Bauwerk)* to fall into disrepair; *(körperlich)* to deteriorate; *(Kultur etc)* to decline **2** *(≈ ungültig werden)* to become invalid; *(Fahrkarte)* to expire; *(Termin, Anspruch)* to lapse **3** *(≈ abhängig werden)* **einer Sache ~ sein** to be a slave to sth; *dem Alkohol etc* to be addicted

to sth; **jdm völlig ~ sein** to be completely under sb's spell **4** **auf etw** *(acc)* **~** to think of sth; **in etw** *(acc)* **~** to sink into sth; **in einen tiefen Schlaf ~** to fall into a deep sleep
verfallen[2] [fɛɐˈfalən] *adj Gebäude* dilapidated; *(≈ abgelaufen)* invalid; *Strafe* lapsed **Verfallsdatum** *nt* expiry date; *(der Haltbarkeit)* best-before date
verfälschen *past part* verfälscht *v/t* to distort; *Daten* to falsify; *Geschmack* to adulterate
verfänglich [fɛɐˈfɛŋlɪç] *adj Situation* awkward; *Beweismaterial* incriminating; *(≈ gefährlich)* dangerous; *Frage* tricky
verfärben *past part* verfärbt **A** *v/t* to discolour *(Br)*, to discolor *(US)* **B** *v/r* to change colour *(Br)* or color *(US)*; *(Metall, Stoff)* to discolour *(Br)*, to discolor *(US)*; **sich grün/rot ~** to turn green/red
verfassen *past part* verfasst *v/t* to write; *Urkunde* to draw up **Verfasser** [fɛɐˈfasɐ] *m* ⟨-s, -⟩, **Verfasserin** [-ərɪn] *f* ⟨-, -nen⟩ writer; *(von Buch etc auch)* author **Verfassung** *f* **1** POL constitution **2** *(≈ Zustand)* state; *(seelisch)* state of mind; **sie ist in guter/schlechter ~** she is in good/ bad shape **Verfassungsänderung** *f* constitutional amendment **verfassungsfeindlich** *adj* anticonstitutional **verfassungsmäßig** *adj* constitutional **Verfassungsschutz** *m (Aufgabe)* defence *(Br)* or defense *(US)* of the constitution; *(Organ, Amt)* office responsible for defending the constitution **verfassungswidrig** *adj* unconstitutional
verfaulen *past part* verfault *v/i aux sein* to decay; *(Körper, organische Stoffe)* to decompose **verfault** [fɛɐˈfault] *adj* decayed; *Fleisch, Obst etc* rotten
verfechten *past part* verfochten [fɛɐˈfɔxtn] *v/t irr* to defend; *Lehre* to advocate **Verfechter** [fɛɐˈfɛçtɐ] *m* ⟨-s, -⟩, **Verfechterin** [-ərɪn] *f* ⟨-, -nen⟩ advocate
verfehlen *past part* verfehlt *v/t (≈ verpassen)* to miss; **den Zweck ~** not to achieve its purpose; **das Thema ~** to be completely off the subject **verfehlt** [fɛɐˈfeːlt] *adj (≈ unangebracht)* inappropriate; *(≈ misslungen)* unsuccessful **Verfehlung** [fɛɐˈfeːlʊŋ] *f* ⟨-, -en⟩ *(≈ Vergehen)* misdemeanour *(Br)*, misdemeanor *(US)*; *(≈ Sünde)* transgression **verfeinern** [fɛɐˈfainɐn] *past part* verfeinert *v/t & v/r* to improve **verfeinert**

V

[fɛɛˈfainet] *adj* sophisticated **Verfeinerung** *f* ⟨-, -en⟩ improvement

verfestigen *past part* **verfestigt** *v/t* to harden; (≈ *verstärken*) to strengthen

Verfettung [fɛɛˈfɛtʊŋ] *f* ⟨-, -en⟩ (MED, *von Körper*) obesity

verfilmen *past part* **verfilmt** *v/t Buch* to make a film of **Verfilmung** [fɛɛˈfɪlmʊŋ] *f* ⟨-, -en⟩ filming; (≈ *Film*) film (version)

verfilzt [fɛɛˈfɪltst] *adj* felted; *Haare* matted

verfinstern [fɛɛˈfɪnsten] *past part* **verfinstert** **A** *v/t* to darken; *Sonne, Mond* to eclipse **B** *v/r* to darken **Verfinsterung** *f* ⟨-, -en⟩ darkening; (*von Sonne etc*) eclipse

verflachen [fɛɛˈflaxn] *past part* **verflacht** *v/i aux sein* to flatten out; (*fig: Diskussion*) to become superficial

verflechten *past part* **verflochten** [fɛɛˈflɔxtn] *irr v/t* to interweave; *Methoden* to combine **Verflechtung** [fɛɛˈflɛçtʊŋ] *f* ⟨-, -en⟩ interconnection (+*gen* between); POL, ECON integration

verfliegen *past part* **verflogen** [fɛɛˈfloːɡn] *irr v/i aux sein* (*Stimmung, Zorn etc*) to blow over (*infml*), to pass; (*Kummer etc*) to vanish; (*Alkohol*) to evaporate; (*Zeit*) to fly

verflixt [fɛɛˈflɪkst] (*infml*) **A** *adj* blessed (*infml*), darned (*infml*); (≈ *kompliziert*) tricky **B** *int* **verflixt!** blow! (*Br infml*), darn! (*US infml*)

verflossen [fɛɛˈflɔsn] *adj* **1** *Jahre, Tage* bygone **2** (*infml* ≈ *ehemalig*) one-time *attr* (*infml*); **ihr Verflossener** her ex (*infml*)

verfluchen *past part* **verflucht** *v/t* to curse **verflucht** [fɛɛˈfluːxt] *adj* (*infml*) damn (*infml*)

verflüchtigen [fɛɛˈflʏçtɪɡn] *past part* **verflüchtigt** *v/r* (*Alkohol etc*) to evaporate; (*fig*) (*Ärger*) to be dispelled

verflüssigen [fɛɛˈflʏsɪɡn] *past part* **verflüssigt** *v/t & v/r* to liquefy **Verflüssigung** *f* ⟨-, -en⟩ liquefaction

verfolgen *past part* **verfolgt** *v/t* to pursue; (≈ *jds Spuren folgen*) *jdn* to trail; *Tier* to track; *Entwicklung, Spur* to follow; (*politisch, religiös*) to persecute; (*Gedanke etc*) *jdn* to haunt; **vom Unglück verfolgt werden** to be dogged by ill fortune; **jdn gerichtlich ~** to prosecute sb **Verfolger** [fɛɛˈfɔlɡe] *m* ⟨-s, -⟩, **Verfolgerin** *f* ⟨-, -nen⟩ **1** pursuer **2** (*politisch etc*) persecutor **Verfolgung** [fɛɛˈfɔlɡʊŋ] *f* ⟨-, -en⟩ pursuit; (≈ *politische Verfolgung*) persecution *no pl*; **die ~ aufnehmen** to take up

the chase **Verfolgungswahn** *m* persecution mania

verfrachten [fɛɛˈfraxtn] *past part* **verfrachtet** *v/t* COMM to transport; (*infml*) *jdn* to bundle off (*infml*)

verfremden [fɛɛˈfrɛmdn] *past part* **verfremdet** *v/t Thema, Stoff* to make unfamiliar **Verfremdung** *f* ⟨-, -en⟩ defamiliarization; THEAT, LIT alienation

verfressen [fɛɛˈfrɛsn] *adj* (*infml*) greedy

verfroren [fɛɛˈfroːɹən] *adj* (≈ *durchgefroren*) frozen

verfrüht [fɛɛˈfryːt] *adj* (≈ *zu früh*) premature; (≈ *früh*) early

verfügbar *adj* available **Verfügbarkeit** *f* availability **verfügen** *past part* **verfügt** **A** *v/i* **über etw** (*acc*) **~** to have sth at one's disposal; (≈ *besitzen*) to have sth; **über etw** (*acc*) **frei ~ können** to be able to do as one wants with sth **B** *v/t* to order; (*gesetzlich*) to decree **Verfügung** *f* **1** *no pl* **jdm etw zur ~ stellen** to put sth at sb's disposal; (≈ *leihen*) to lend sb sth; (**jdm**) **zur ~ stehen** (≈ *verfügbar sein*) to be available (to sb); **etw zur ~ haben** to have sth at one's disposal **2** (*behördlich*) order; (*von Gesetzgeber*) decree; (≈ *Anweisung*) instruction

verführen *past part* **verführt** *v/t* to tempt; (*esp sexuell*) to seduce; *das Volk etc* to lead astray; **jdn zu etw ~** to encourage sb to do sth **Verführer** *m* seducer **Verführerin** *f* seductress **verführerisch** [fɛɛˈfyːɹəɹɪʃ] *adj* seductive; (≈ *verlockend*) tempting **Verführung** *f* seduction; (≈ *Verlockung*) enticement **Verführungskunst** *f* seductive manner; **Verführungskünste** seductive charms

verfüttern *past part* **verfüttert** *v/t* to feed (*an* +*acc* to); **etw an die Vögel ~** to feed sth to the birds

Vergabe *f* ⟨-, (*rare*) -n⟩ (*von Arbeiten*) allocation; (*von Auftrag etc*) award

vergammeln *past part* **vergammelt** (*infml*) *v/i aux sein* **1** (≈ *verderben*) to get spoiled; (*Speisen*) to go bad **2** (≈ *verlottern*) to go to the dogs (*infml*); *Gebäude* to become run down; **vergammelt aussehen** to look scruffy

vergangen [fɛɛˈɡaŋən] *adj* **1** (≈ *letzte*) last **2** *Jahre* past; *Zeiten* bygone; → **vergehen** **Vergangenheit** *f* ⟨-, -en⟩ past; GRAM past (tense); **der ~ angehören** to be a thing of the past **Ver-**

gangenheitsbewältigung f process of coming to terms with the past **vergänglich** [fɛɐˈgɛŋlɪç] adj transitory **Vergänglichkeit** f ⟨-, no pl⟩ transitoriness

vergasen [fɛɐˈgaːzn] past part **vergast** v/t (TECH: in Motor) to carburet; Kohle to gasify; (≈ durch Gas töten) to gas **Vergaser** [fɛɐˈgaːzɐ] m ⟨-s, -⟩ AUTO carburettor (Br), carburetor (US) **Vergasung** f ⟨-, -en⟩ TECH carburation; (von Kohle) gasification; (≈ Tötung) gassing

vergeben past part **vergeben** irr 🅐 v/t 🔢 (≈ weggeben) Auftrag, Preis to award (an +acc to); Stellen to allocate; Kredit to give out; Arbeit to assign; (fig) Chance to throw away; **er/sie ist schon ~** (infml) he/she is already spoken for 🔢 (≈ verzeihen) to forgive; **jdm etw ~** to forgive sb (for) sth 🅑 v/r CARDS to misdeal **vergebens** [fɛɐˈgeːbns] adj pred, adv in vain **vergeblich** [fɛɐˈgeːplɪç] 🅐 adj futile; **alle Versuche waren ~** all attempts were in vain 🅑 adv in vain **Vergeblichkeit** f ⟨-, no pl⟩ futility **Vergebung** [fɛɐˈgeːbʊŋ] f ⟨-, -en⟩ forgiveness

vergehen past part **vergangen** [fɛɐˈgaŋən] irr 🅐 v/i aux sein 🔢 to pass; (Liebe) to die; (Schönheit) to fade; **wie doch die Zeit vergeht** how time flies; **mir ist die Lust dazu vergangen** I don't feel like it any more; **mir ist der Appetit vergangen** I have lost my appetite; **es werden noch Monate ~, ehe …** it will be months before …; → **vergangen** 🔢 **vor etw** (dat) **~ to be dying of sth; vor Angst ~** to be scared to death 🅑 v/r sich an jdm ~ to do sb wrong; (unsittlich) to assault sb indecently **Vergehen** [fɛɐˈgeːən] nt ⟨-s, -⟩ (≈ Verstoß) offence (Br), offense (US)

vergelten past part **vergolten** [fɛɐˈgɔltn] v/t irr **jdm etw ~** to repay sb for sth **Vergeltung** f (≈ Rache) retaliation; **~ üben** to take revenge (an jdm on sb) **Vergeltungsschlag** m act of reprisal **vergessen** [fɛɐˈgɛsn] pret **vergaß** [fɛɐˈgaːs], past part **vergessen** 🅐 v/t to forget; (≈ liegen lassen) to leave (behind); **das werde ich dir nie ~** I will never forget that; **das kannst du (voll) ~!** (infml) forget it! 🅑 v/r (Mensch) to forget oneself **Vergessenheit** f ⟨-, no pl⟩ oblivion; **in ~ geraten** to vanish into oblivion **vergesslich** [fɛɐˈgɛslɪç] adj forgetful **Vergesslichkeit** f ⟨-, no pl⟩ forgetfulness

vergeuden [fɛɐˈgɔydn] past part **vergeudet** v/t to waste **Vergeudung** f ⟨-, -en⟩ wasting

vergewaltigen [fɛɐɡəˈvaltɪɡn] past part **vergewaltigt** v/t to rape; (fig) Sprache etc to murder **Vergewaltiger** [fɛɐɡəˈvaltɪɡɐ] m ⟨-s, -⟩ rapist **Vergewaltigung** f ⟨-, -en⟩ rape

vergewissern [fɛɐɡəˈvɪsɐn] past part **vergewissert** v/r **sich einer Sache** (gen) **~ to make sure of sth

vergießen past part **vergossen** [fɛɐˈgɔsn] v/t irr Kaffee, Wasser to spill; Tränen to shed

vergiften past part **vergiftet** 🅐 v/t to poison 🅑 v/r to poison oneself **Vergiftung** [fɛɐˈgɪftʊŋ] f ⟨-, -en⟩ poisoning no pl; (der Luft) pollution

Vergissmeinnicht [fɛɐˈgɪsmainnɪçt] nt ⟨-(e)s, -(e)⟩ forget-me-not

verglasen [fɛɐˈglaːzn] past part **verglast** v/t to glaze

Vergleich [fɛɐˈglaiç] m ⟨-(e)s, -e⟩ 🔢 comparison; **im ~ zu** in comparison with, compared with or to; **in keinem ~ zu etw stehen** to be out of all proportion to sth; (Leistungen) not to compare with sth 🔢 JUR settlement; **einen gütlichen ~ schließen** to reach an amicable settlement **vergleichbar** adj comparable **vergleichen** past part **verglichen** [fɛɐˈglɪçn] irr 🅐 v/t to compare; **verglichen mit** compared with; **sie sind nicht (miteinander) zu ~** they cannot be compared (to one another) 🅑 v/r 🔢 **sich mit jdm ~ to compare oneself with sb 🔢 JUR to reach a settlement (mit with) **vergleichend** adj comparative **vergleichsweise** adv comparatively

verglühen past part **verglüht** v/i aux sein (Feuer) to die away; (Raumkapsel, Meteor etc) to burn up

vergnügen [fɛɐˈgnyːgn] past part **vergnügt** 🅐 v/t to amuse 🅑 v/r to enjoy oneself; **sich mit jdm/etw ~ to amuse oneself with sb/sth **Vergnügen** [fɛɐˈgnyːgn] nt ⟨-s, -⟩ pleasure; (≈ Spaß) fun no indef art; (≈ Erheiterung) amusement; **sich** (dat) **ein ~ aus etw machen** to get pleasure from (doing) sth; **das war ein teures ~** (infml) that was an expensive bit of fun; **mit ~** with pleasure; **mit wem habe ich das ~?** (form) with whom do I have the pleasure of speaking? (form) **vergnügt** [fɛɐˈgnyːkt] 🅐 adj Abend, Stunden enjoyable; Mensch,

V

Stimmung cheerful; **über etw** *(acc)* **~ sein** to be pleased about sth ▣ *adv* happily **Vergnügung** *f* ⟨-, -en⟩ pleasure; *(≈ Veranstaltung)* entertainment **Vergnügungsindustrie** *f* entertainment industry **Vergnügungspark** *m* amusement park **vergnügungssüchtig** *adj* pleasure-loving

vergolden [fɛɐˈgɔldn] *past part* **vergoldet** *v/t Statue, Buchkante* to gild; *Schmuck* to gold-plate **vergoldet** [fɛɐˈgɔldət] *adj Buchseiten* gilt; *Schmuck* gold-plated

vergöttern [fɛɐˈgœtɐn] *past part* **vergöttert** *v/t* to idolize

vergraben *past part* **vergraben** *irr* ▣ *v/t* to bury ▣ *v/r* to bury oneself

vergraulen *past part* **vergrault** *v/t (infml)* to put off; *(≈ vertreiben)* to scare off

vergreifen *past part* **vergriffen** [fɛɐˈgrɪfn] *v/r irr* ▮ *(≈ danebengreifen)* to make a mistake; **sich im Ton ~** *(fig)* to adopt the wrong tone; **sich im Ausdruck ~** *(fig)* to use the wrong expression; → vergriffen ▣ **sich an etw** *(dat)* **~** *an fremdem Eigentum* to misappropriate sth; *(euph ≈ stehlen)* to help oneself to sth *(euph)*; **sich an jdm ~** *(≈ missbrauchen)* to assault sb (sexually)

vergreisen [fɛɐˈgraizn] *past part* **vergreist** *v/i aux sein (Bevölkerung)* to age; *(Mensch)* to become senile; **vergreist** aged; senile **Vergreisung** *f* ⟨-, *no pl*⟩ *(von Bevölkerung)* ageing; *(von Mensch)* senility

vergriffen [fɛɐˈgrɪfn] *adj* unavailable; *Buch* out of print; → vergreifen

vergrößern [fɛɐˈgrøːsɐn] *past part* **vergrößert** ▣ *v/t (räumlich) Fläche, Gebiet* to extend; *Vorsprung, Produktion* to increase; *Maßstab, Foto* to enlarge; *Absatzmarkt* to expand; *(Lupe, Brille)* to magnify ▣ *v/r* to increase; *(räumlich)* to be extended; *(Absatzmarkt)* to expand; *(Pupille, Gefäße)* to dilate; *(Organ)* to become enlarged; **wir wollen uns ~** *(infml)* we want to move to a bigger place **Vergrößerung** *f* ⟨-, -en⟩ ▮ *(räumlich)* extension; *(umfangmäßig, zahlenmäßig)* increase; *(von Maßstab, Fotografie)* enlargement; *(von Absatzmarkt)* expansion; *(mit Lupe, Brille)* magnification ▣ *(≈ vergrößertes Bild)* enlargement

Vergünstigung *f* ⟨-, -en⟩ *(≈ Vorteil)* privilege

vergüten [fɛɐˈgyːtn] *past part* **vergütet** *v/t* **jdm etw ~** *Unkosten* to reimburse sb for sth; *Preis* to refund sb sth; *Arbeit* to pay

sb for sth **Vergütung** *f* ⟨-, -en⟩ *(von Unkosten)* reimbursement; *(von Preis)* refunding; *(für Arbeit)* payment

verhaften *past part* **verhaftet** *v/t* to arrest; **Sie sind verhaftet!** you are under arrest! **Verhaftung** *f* arrest

Verhalten [fɛɐˈhaltn] *nt* ⟨-s, *no pl*⟩ *(≈ Benehmen)* behaviour *(Br)*, behavior *(US)*; *(≈ Vorgehen)* conduct

verhalten[1] *past part* **verhalten** *irr v/r (≈ sich benehmen)* to behave; *(≈ handeln)* to act; **sich ruhig ~** to keep quiet; *(≈ sich nicht bewegen)* to keep still; **wie verhält sich die Sache?** how do things stand?; **wenn sich das so verhält, ...** if that is the case ...

verhalten[2] [fɛɐˈhaltn] ▣ *adj* restrained; *Stimme* muted; *Atem* bated; *Optimismus* guarded; *Tempo* measured ▣ *adv* **sprechen** in a restrained manner; **sich äußern** with restraint

verhaltensauffällig *adj* PSYCH displaying behavioural *(Br)* or behavioral *(US)* problems **Verhaltensforscher(in)** *m/(f)* behavioural *(Br)* or behavioral *(US)* scientist **Verhaltensforschung** *f* behavioural *(Br)* or behavioral *(US)* research **verhaltensgestört** *adj* disturbed **Verhaltensstörung** *f* behavioural *(Br)* or behavioral *(US)* disturbance **Verhaltensweise** *f* behaviour *(Br)*, behavior *(US)* **Verhältnis** [fɛɐˈhɛltnɪs] *nt* ⟨-ses, -se⟩ ▮ *(≈ Proportion)* proportion; MAT ratio; **im ~ zu** in relation to; **im ~ zu früher** *(≈ verglichen mit)* in comparison with earlier times; **in keinem ~ zu etw stehen** to be out of all proportion to sth ▣ *(≈ Beziehung)* relationship; *(≈ Liebesverhältnis)* affair ▣ **Verhältnisse** *pl (≈ Umstände)* conditions *pl*; *(finanzielle)* circumstances *pl*; **unter** or **bei normalen ~sen** under normal circumstances; **über seine ~se leben** to live beyond one's means; **klare ~se schaffen** to get things straight **verhältnismäßig** ▣ *adj* ▮ *(≈ proportional)* proportional; *(esp* JUR *≈ angemessen)* commensurate ▣ *(≈ relativ)* comparative ▣ *adv* ▮ *(≈ proportional)* proportionally ▣ *(≈ relativ, infml ≈ ziemlich)* relatively **Verhältniswahlrecht** *nt* (system of) proportional representation

verhandeln *past part* **verhandelt** ▣ *v/t* ▮ *(≈ aushandeln)* to negotiate ▣ JUR *Fall* to hear ▣ *v/i* ▮ to negotiate *(über +acc* about); *(infml ≈ diskutieren)* to argue ▣

JUR **in einem Fall ~** to hear a case **Verhandlung** f ◼◼ negotiations pl; (≈ das Verhandeln); **(mit jdm) in ~(en) treten** to enter into negotiations (with sb) ◼◼ JUR hearing; (≈ Strafverhandlung) trial **Verhandlungsbasis** f basis for negotiation(s); **~ EUR 2.500** (price) EUR 2,500 or near(est) offer **Verhandlungspartner(in)** m/(f) negotiating party

verhängen past part verhängt v/t ◼◼ Strafe etc to impose (über +acc on); (über +acc) to declare (über +acc in); (Sport) Elfmeter etc to award ◼◼ (≈ zuhängen) to cover (mit with) **Verhängnis** [fɛɐ̯ˈhɛŋnɪs] nt ⟨-ses, -se⟩ (≈ Katastrophe) disaster; **jdm zum ~ werden** to be sb's undoing **verhängnisvoll** adj disastrous; Tag fateful

verharmlosen [fɛɐ̯ˈharmloːzn] past part verharmlost v/t to play down

verharren past part verharrt v/i aux haben or sein to pause; (in einer bestimmten Stellung) to remain

verhärten past part verhärtet v/t & v/r to harden

verhasst [fɛɐ̯ˈhast] adj hated; **das ist ihm ~** he hates that

verhätscheln past part verhätschelt v/t to pamper

Verhau [fɛɐ̯ˈhau] m ⟨-(e)s, -e⟩ (≈ Käfig) coop

verhauen pret verhaute, past part verhauen (infml) ◭ v/t ◼◼ (≈ verprügeln) to beat up; (zur Strafe) to beat ◼◼ Prüfung etc to make a mess of (infml) ◮ v/r ◼◼ (≈ sich verprügeln) to have a fight ◼◼ (≈ sich irren) to slip up (infml)

verheddern [fɛɐ̯ˈhɛdɐn] past part verheddert v/r (infml) to get tangled up; (beim Sprechen) to get in a muddle

verheerend adj ◼◼ Sturm, Katastrophe devastating; Anblick ghastly ◼◼ (infml ≈ schrecklich) ghastly (infml) **Verheerung** f ⟨-, -en⟩ devastation no pl

verhehlen [fɛɐ̯ˈheːlən] past part verhehlt v/t **jdm etw ~** to conceal sth from sb

verheilen past part verheilt v/i aux sein to heal

verheimlichen [fɛɐ̯ˈhaimlɪçn] past part verheimlicht v/t to keep secret (jdm from sb); **ich habe nichts zu ~** I have nothing to hide

verheiraten past part verheiratet ◭ v/t to marry (mit, an +acc to) ◮ v/r to get mar-

ried **verheiratet** [fɛɐ̯ˈhairatət] adj married; **glücklich ~ sein** to be happily married

verheizen past part verheizt v/t to burn, to use as fuel; (fig infml) Sportler to burn out; Minister, Untergebene to crucify; **Soldaten im Kriege ~** (infml) to send soldiers to the slaughter

verhelfen past part verholfen [fɛɐ̯ˈhɔlfn] v/i irr **jdm zu etw ~** to help sb to get sth

verherrlichen [fɛɐ̯ˈhɛrlɪçn] past part verherrlicht v/t to glorify; Gott to praise **Verherrlichung** f ⟨-, -en⟩ glorification; (von Gott) praising

verheult [fɛɐ̯ˈhɔylt] adj Augen puffy, swollen from crying

verhexen past part verhext v/t to bewitch; (infml) Maschine etc to put a jinx on (infml); **heute ist alles wie verhext** (infml) there's a jinx on everything today (infml)

verhindern past part verhindert v/t to prevent; Plan to foil; **das lässt sich nicht ~** it can't be helped; **er war an diesem Abend verhindert** he was unable to come that evening **Verhinderung** f prevention; (von Plan) foiling, stopping

verhöhnen past part verhöhnt v/t to mock, to deride

Verhör [fɛɐ̯ˈhøːɐ̯] nt ⟨-(e)s, -e⟩ questioning; (bei Gericht) examination **verhören** past part verhört ◭ v/t to question, to interrogate; (bei Gericht) to examine; (infml) to quiz (infml) ◮ v/r to mishear

verhüllen past part verhüllt v/t to veil; Körperteil to cover; (fig) to mask

verhungern past part verhungert v/i aux sein to starve, to die of starvation; **ich bin am Verhungern** (infml) I'm starving (infml)

verhunzen [fɛɐ̯ˈhʊntsn] past part verhunzt v/t (infml) to ruin

verhüten past part verhütet v/t to prevent; **~de Maßnahmen** preventive measures **Verhütung** [fɛɐ̯ˈhyːtʊŋ] f ⟨-, -en⟩ prevention; (≈ Empfängnisverhütung) contraception **Verhütungsmittel** nt contraceptive

verinnerlichen [fɛɐ̯ˈɪnelɪçn] past part verinnerlicht v/t to internalize

verirren past part verirrt v/r to get lost; (fig) to go astray; (Tier, Kugel) to stray **Verirrung** f losing one's way no art; (fig) aberration

verjagen past part verjagt v/t to chase

V

away

verjähren *past part* verjährt *v/i aux sein* to come under the statute of limitations; (*Anspruch*) to be in lapse; **verjährtes Verbrechen** statute-barred crime; **das ist schon längst verjährt** (*infml*) that's all over and done with **Verjährung** [fɛɐˈjɛːrʊŋ] *f* ‹-, -en› limitation; (*von Anspruch*) lapse **Verjährungsfrist** *f* limitation period

verjüngen [fɛɐˈjʏŋən] *past part* verjüngt **A** *v/t* to rejuvenate; (≈ *jünger aussehen lassen*) to make look younger; **das Personal ~** to build up a younger staff **B** *v/r* **1** (≈ *jünger werden*) to become younger; (*Haut*) to become rejuvenated **2** (≈ *dünner werden*) to taper; (*Rohr*) to narrow

verkabeln *past part* verkabelt *v/t* TEL to link up to the cable network **Verkabelung** [fɛɐˈkaːbəlʊŋ] *f* ‹-, -en› TEL linking up to the cable network

verkalken *past part* verkalkt *v/i aux sein* (*Arterien*) to harden; (*Kessel etc*) to fur up; (*infml: Mensch*) to become senile **verkalkt** [fɛɐˈkalkt] *adj* (*infml*) senile

verkalkulieren *past part* verkalkuliert *v/r* to miscalculate

Verkalkung [fɛɐˈkalkʊŋ] *f* ‹-, -en› (*von Arterien*) hardening; (*infml*) senility

verkannt [fɛɐˈkant] *adj* unrecognized; → verkennen

verkappt [fɛɐˈkapt] *adj attr* hidden

Verkauf *m* **1** sale; (≈ *das Verkaufen*) selling; **beim ~ des Hauses** when selling the house **2** (≈ *Abteilung*) sales *sg, no art* **verkaufen** *past part* verkauft **A** *v/t & v/i* to sell (*für, um* for); **„zu ~"** "for sale"; **etw an jdn ~** to sell sb sth, to sell sth to sb **B** *v/r* (*Ware*) to sell; (*Mensch*) to sell oneself **Verkäufer(in)** *m/(f)* seller; (*in Geschäft*) sales assistant; (*im Außendienst*) salesman/saleswoman/salesperson; (*JUR: von Grundbesitz etc*) vendor **verkäuflich** *adj* sal(e)able; (≈ *zu verkaufen*) for sale; **leicht/schwer ~** easy/hard to sell **Verkaufsabteilung** *f* sales department **Verkaufsförderung** *f* sales promotion **verkaufsoffen** *adj* open for business; **~er Sonntag** Sunday on which the shops are open **Verkaufspreis** *m* retail price **Verkaufsschlager** *m* big seller **Verkaufswert** *m* market value or price

Verkehr [fɛɐˈkeːɐ] *m* ‹-(e)s, no pl› **1** traffic; **dem ~ übergeben** *Straße etc* to open to traffic **2** (≈ *Verbindung*) contact; (≈ *Um-*

gang) company; (≈ *Geschlechtsverkehr*) intercourse **3** (≈ *Handelsverkehr*) trade; (≈ *Zahlungsverkehr*) business; (≈ *Umlauf*) circulation; **etw aus dem ~ ziehen** *Banknoten* to take sth out of circulation; *Produkte* to withdraw sth **verkehren** *past part* verkehrt **A** *v/i* **1** *aux haben or sein* (≈ *fahren*) to run; (*Flugzeug*) to fly **2** (≈ *Kontakt pflegen*) **bei jdm ~** to frequent sb's house; **mit jdm ~** to associate with sb; **in einem Lokal ~** to frequent a pub; **in Künstlerkreisen ~** to move in artistic circles **B** *v/r* to turn (*in +acc* into); **sich ins Gegenteil ~** to become reversed **Verkehrsampel** *f* traffic lights *pl* **Verkehrsanbindung** *f* transport links *pl* **verkehrsarm** *adj Zeit, Straße* quiet **Verkehrsaufkommen** *nt* volume of traffic **Verkehrsbehinderung** *f* JUR obstruction (of traffic) **verkehrsberuhigt** [-bəruːɪçt] *adj* traffic-calmed **Verkehrsbetriebe** *pl* transport services *pl* **Verkehrsbüro** *nt* tourist information office **Verkehrschaos** *nt* chaos on the roads **Verkehrsdelikt** *nt* traffic offence (*Br*) *or* offense (*US*) **Verkehrsführung** *f* traffic management system **verkehrsgünstig** *adj Lage* convenient **Verkehrshinweis** *m* traffic announcement **Verkehrslärm** *m* traffic noise **Verkehrsleitsystem** *nt* traffic guidance system **Verkehrsmittel** *nt* means *sg* of transport; **öffentliche ~** public transport **Verkehrsnetz** *nt* traffic network **Verkehrsopfer** *nt* road casualty **Verkehrsordnung** *f* ≈ Highway Code (*Br*), traffic rules and regulations *pl* **Verkehrspolizei** *f* traffic police *pl* **Verkehrspolizist(in)** *m/(f)* traffic policeman/-woman **Verkehrsregel** *f* traffic regulation **Verkehrsregelung** *f* traffic control **verkehrsreich** *adj Gegend* busy; **~e Zeit** peak (traffic) time **Verkehrsschild** *nt, pl* -schilder road sign **verkehrssicher** *adj Fahrzeug* roadworthy **Verkehrsstau** *m*, **Verkehrsstauung** *f* traffic jam **Verkehrssünder(in)** *m/(f)* (*infml*) traffic offender (*Br*) *or* violator (*US*) **Verkehrsteilnehmer(in)** *m/(f)* road user **Verkehrstote(r)** *m/f(m) decl as adj* road casualty **verkehrstüchtig** *adj Fahrzeug* roadworthy; *Mensch* fit to drive **Verkehrsunfall** *m* road accident **Verkehrsunterricht** *m* traffic instruction **Verkehrsverbindung** *f* link; (≈ *An-*

V

schluss) connection **Verkehrsverbund** *m* integrated transport system **Verkehrsverein** *m* local organization concerned with upkeep of tourist attractions, facilities etc **Verkehrsverhältnisse** *pl* traffic situation *sg* **Verkehrswacht** *f* traffic patrol **Verkehrsweg** *m* highway **verkehrswidrig** *adj* contrary to road traffic regulations **Verkehrszeichen** *nt* road sign

verkehrt [fɛɐ̯'keːɐ̯t] **A** *adj* wrong; **das Verkehrte** the wrong thing; **der/die Verkehrte** the wrong person **B** *adv* wrongly; **etw ~ (herum) anhaben** (≈ *linke Seite nach außen*) to have sth on inside out; (≈ *vorne nach hinten*) to have sth on back to front

verkennen *past part* **verkannt** [fɛɐ̯'kant] *v/t irr* to misjudge; **es ist nicht zu ~, dass ...** it is undeniable that ...; → **verkannt**

Verkettung [fɛɐ̯'kɛtʊŋ] *f* ⟨-, -en⟩ (*fig*) interconnection

verklagen *past part* **verklagt** *v/t* to sue (*wegen* for); **jdn auf etw** (*acc*) **~** to take sb to court for sth

verklappen *past part* **verklappt** *v/t Abfallstoffe* to dump **Verklappung** [fɛɐ̯'klapʊŋ] *f* ⟨-, -en⟩ dumping

verkleben *past part* **verklebt** *v/i aux sein* (*Wunde*) to close; (*Augen*) to get gummed up; **mit etw ~** to stick to sth

verkleiden *past part* **verkleidet** **A** *v/t* **1** *jdn* to disguise; (≈ *kostümieren*) to dress up; **alle waren verkleidet** everyone was in fancy dress **2** *Wand* to line; (≈ *vertäfeln*) to panel; (≈ *bedecken*) to cover **B** *v/r* to disguise oneself; (≈ *sich kostümieren*) to dress (oneself) up **Verkleidung** *f* (≈ *Kostümierung*) dressing up; (≈ *Kleidung*) disguise; (≈ *Kostüm*) fancy dress

verkleinern [fɛɐ̯'klainɐn] *past part* **verkleinert** **A** *v/t* to reduce; *Raum, Firma* to make smaller; *Maßstab* to scale down; *Abstand* to decrease **B** *v/r* to be reduced; (*Raum, Firma*) to become smaller; (*Abstand*) to decrease; (*Not*) to become less **Verkleinerung** *f* ⟨-, -en⟩ reduction; (*von Firma*) making smaller; (*von Maßstab*) scaling down **Verkleinerungsform** *f* diminutive form

verklemmt [fɛɐ̯'klɛmt] *adj* (*infml*) *Mensch* inhibited **Verklemmtheit** *f* ⟨-, -en⟩ (*infml*), **Verklemmung** *f* ⟨-, -en⟩ inhibitions *pl*

verklingen *past part* **verklungen** [fɛɐ̯'klʊŋən] *v/i irr aux sein* to fade away; (*fig*) to fade

verknacksen [fɛɐ̯'knaksn] *past part* **verknackst** *v/t* (**sich** *dat*) **den Knöchel** or **Fuß ~** to twist one's ankle

verknallen *past part* **verknallt** (*infml*) *v/r* **sich (in jdn) ~** to fall for sb (*infml*)

verknappen [fɛɐ̯'knapn] *past part* **verknappt** *v/t* to cut back; *Rationen* to cut down (on)

verkneifen *past part* **verkniffen** [fɛɐ̯-'knɪfn] *v/t irr* (*infml*) **sich** (*dat*) **etw ~** *Lächeln* to keep back sth; *Bemerkung* to bite back sth; **ich konnte mir das Lachen nicht ~** I couldn't help laughing

verkniffen [fɛɐ̯'knɪfn] *adj Miene* strained; (≈ *verbittert*) pinched

verknoten *past part* **verknotet** *v/t* to tie, to knot

verknüpfen *past part* **verknüpft** *v/t* **1** (≈ *verknoten*) to knot (together); *IT* to integrate **2** (*fig*) to combine; (≈ *in Zusammenhang bringen*) to link; **etw mit Bedingungen ~** to attach conditions to sth

verkochen *past part* **verkocht** *v/i aux sein* (*Flüssigkeit*) to boil away; (*Kartoffeln*) to overcook

verkohlen *past part* **verkohlt** **A** *v/i aux sein* to become charred **B** *v/t* **1** *Holz* to char **2** (*infml*) **jdn ~** to pull sb's leg (*infml*)

verkommen¹ [fɛɐ̯'kɔmən] *past part* **verkommen** *v/i irr aux sein* **1** (*Mensch*) to go to pieces; (*moralisch*) to become dissolute **2** (*Gebäude*) to fall to pieces; (*Stadt*) to become run-down **3** (≈ *nicht genutzt werden*: *Lebensmittel, Fähigkeiten etc*) to go to waste

verkommen² *adj Mensch* depraved; *Gebäude* dilapidated; *Garten* wild

verkorksen [fɛɐ̯'kɔrksn] *past part* **verkorkst** *v/t* (*infml*) to screw up (*infml*); **sich** (*dat*) **den Magen ~** to upset one's stomach

verkörpern [fɛɐ̯'kœrpɐn] *past part* **verkörpert** *v/t* to embody; *THEAT* to play (the part of)

verköstigen [fɛɐ̯'kœstɪɡn] *past part* **verköstigt** *v/t* to feed

verkrachen *past part* **verkracht** *v/r* (*infml*) **sich (mit jdm) ~** to fall out (with sb)

verkraften [fɛɐ̯'kraftn] *past part* **verkraftet** *v/t* to cope with; (*finanziell*) to afford

verkrampfen *past part* **verkrampft** *v/r* to become cramped; (*Hände*) to clench up;

V

verkrampft *(fig)* tense
verkriechen *past part* verkrochen [fɛɐ̯-ˈkrɔxn̩] *v/r irr* to creep away; *(fig)* to hide (oneself away)
verkrümeln *past part* verkrümelt *v/r* *(infml)* to disappear
verkrümmen *past part* verkrümmt **A** *v/t* to bend **B** *v/r* to bend; *(Rückgrat)* to become curved; *(Holz)* to warp **verkrümmt** [fɛɐ̯ˈkrʏmt] *adj* bent; *Wirbelsäule* curved **Verkrümmung** *f* bend (+*gen* in), distortion *(esp* TECH*)*; *(von Holz)* warp; **~ der Wirbelsäule** curvature of the spine
verkrüppeln [fɛɐ̯ˈkrʏpl̩n] *past part* verkrüppelt **A** *v/t* to cripple **B** *v/i aux sein* to become crippled; *(Baum etc)* to grow stunted
verkrusten [fɛɐ̯ˈkrʊstn̩] *past part* verkrustet *v/i & v/r* to become encrusted **verkrustet** [fɛɐ̯ˈkrʊstət] *adj Wunde* scabby; *Ansichten* decrepit
verkühlen *past part* verkühlt *(infml)* *v/r* to get a chill
verkümmern *past part* verkümmert *v/i aux sein (Organ)* to atrophy; *(≈ eingehen: Pflanze)* to die; *(Talent)* to go to waste; *(Mensch)* to waste away; **geistig ~** to become intellectually stunted
verkünden *past part* verkündet *v/t* to announce; *Urteil* to pronounce; *neue Zeit* to herald
verkupfern [fɛɐ̯ˈkʊpfɐn] *past part* verkupfert *v/t* to copper(-plate)
verkuppeln *past part* verkuppelt *v/t (pej)* to pair off; **jdn an jdn ~** *(Zuhälter)* to procure sb for sb
verkürzen *past part* verkürzt *v/t* to shorten; *Abstand* to narrow; *Aufenthalt* to cut short; **sich** *(dat)* **die Zeit ~** to pass the time; **verkürzte Arbeitszeit** shorter working hours **Verkürzung** *f* shortening; *(von Abstand)* narrowing
verladen *past part* verladen *v/t irr* **1** *Güter, Menschen* to load **2** *(fig infml)* to con *(infml)*
Verlag [fɛɐ̯ˈlaːk] *m* ⟨-(e)s, -e [-gə]⟩ publishing house; **einen ~ finden** to find a publisher
verlagern *past part* verlagert *v/t & v/r* to shift **Verlagerung** *f* shift
Verlagskauffrau *f*, **Verlagskaufmann** *m* publishing manager **Verlagsleiter(in)** *m/(f)* publishing director **Verlagsprogramm** *nt* list

verlangen *past part* verlangt **A** *v/t* **1** *(≈ fordern)* to demand; *Preis* to ask; *Erfahrung* to require; **das ist nicht zu viel verlangt** it's not asking too much **2** *(≈ fragen nach)* to ask for; **Sie werden am Telefon verlangt** you are wanted on the phone **B** *v/i* **~ nach** to ask for; *(≈ sich sehnen nach)* to long for **Verlangen** [fɛɐ̯ˈlaŋən] *nt* ⟨-s, -⟩ **(nach** for) desire; *(≈ Sehnsucht)* yearning; *(≈ Begierde)* craving; **auf ~** on demand; **auf ~ der Eltern** at the request of the parents
verlängern [fɛɐ̯ˈlɛŋɐn] *past part* verlängert **A** *v/t* to extend; *Leben, Schmerzen* to prolong; *Ärmel etc* to lengthen; *Pass etc* to renew; **ein verlängertes Wochenende** a long weekend **B** *v/r* to be extended; *(Leiden etc)* to be prolonged **Verlängerung** *f* ⟨-, -en⟩ **1** extension; *(von Pass etc)* renewal **2** (SPORTS, *von Spielzeit)* extra time *(Br)*, over time *(US)*; *(≈ nachgespielte Zeit)* injury time *(Br)*, over time *(US)*; **das Spiel geht in die ~** they're going to play extra time *etc* **Verlängerungsschnur** *f* ELEC extension lead
verlangsamen [fɛɐ̯ˈlaŋzaːmən] *past part* verlangsamt *v/t & v/r* to slow down
Verlass [fɛɐ̯ˈlas] *m* ⟨-es, *no pl*⟩ **auf jdn/etw ist kein ~** there is no relying on sb/sth
verlassen[1] *past part* verlassen *irr* **A** *v/t* to leave; *(fig: Mut, Hoffnung)* jdn to desert; IT *Programm* to exit **B** *v/r* **sich auf jdn/etw ~** to rely on sb/sth; **darauf können Sie sich ~** you can be sure of that
verlassen[2] [fɛɐ̯ˈlasn̩] *adj* deserted; *(≈ einsam)* lonely; *Auto* abandoned
verlässlich *adj* reliable **Verlässlichkeit** [fɛɐ̯ˈlɛslɪçkait] *f* ⟨-, *no pl*⟩ reliability
Verlauf *m* course; *(≈ Ausgang)* end; **im ~ der Jahre** over the (course of the) years; **einen guten/schlechten ~ nehmen** to go well/badly **verlaufen** *past part* verlaufen *irr* **A** *v/i aux sein (≈ ablaufen)* to go; *(Feier)* to go off; *(Untersuchung)* to proceed; *(≈ sich erstrecken)* to run; **die Spur verlief im Sand** the track disappeared in the sand **B** *v/r (≈ sich verirren)* to get lost; *(≈ verschwinden: Menschenmenge)* to disperse **Verlaufsform** *f* GRAM progressive form
verlautbaren [fɛɐ̯ˈlautbaːrən] *past part* verlautbart *(form)* *v/t & v/i* to announce; **etw ~ lassen** to let sth be announced **Verlautbarung** *f* ⟨-, -en⟩ announce-

ment **verlauten** *past part* verl**au**tet **A** *v/i* **er hat ~ lassen, dass …** he indicated that … **B** *v/impers aux sein or haben* **es verlautet, dass …** it is reported that …

verleben *past part* verl**e**bt *v/t* to spend; **eine schöne Zeit ~** to have a nice time

verlegen[1] *past part* verl**e**gt **A** *v/t* **1** (*an anderen Ort*) to move **2** (≈ *verschieben*) to postpone (*auf +acc* until); (≈ *vorverlegen*) to bring forward (*auf +acc* to) **3** (≈ *an falschen Platz legen*) to mislay **4** (≈ *anbringen*) *Kabel, Fliesen etc* to lay **5** (≈ *drucken lassen*) to publish **B** *v/r* **sich auf etw** (acc) **~ to** resort to sth; **er hat sich neuerdings auf Golf verlegt** he has taken to golf recently

verlegen[2] [fɛɐˈleːgn] **A** *adj* **1** embarrassed *no adv* **2 um eine Antwort ~ sein** to be lost for an answer **B** *adv* in embarrassment **Verlegenheit** *f* ⟨-, -en⟩ **1** *no pl* (≈ *Betretenheit*) embarrassment; **jdn in ~ bringen** to embarrass sb **2** (≈ *unangenehme Lage*) embarrassing situation; **wenn er in finanzieller ~ ist** when he's in financial difficulties **Verlegenheitslösung** *f* stopgap

Verleger [fɛɐˈleːgɐ] *m* ⟨-s, -⟩, **Verlegerin** [-ərɪn] *f* ⟨-, -nen⟩ publisher; (≈ *Händler*) distributor

Verlegung [fɛɐˈleːgʊŋ] *f* ⟨-, -en⟩ **1** (*räumlich*) transfer **2** (*zeitlich*) postponement (*auf +acc* until); (≈ *Vorverlegung*) bringing forward (*auf +acc* to) **3** (*von Kabeln etc*) laying

Verleih [fɛɐˈlaɪ] *m* ⟨-(e)s, -e⟩ **1** (≈ *Unternehmen*) rental company; (≈ *Filmverleih*) distributor(*s pl*) **2** (≈ *das Verleihen*) renting (out), hiring (out) (*Br*); (≈ *Filmverleih*) distribution **verleihen** *past part* verl**ie**hen [fɛɐˈliːən] *v/t irr* **1** (≈ *ausleihen*) to lend (*an jdn* to sb); (*gegen Gebühr*) to rent (out), to hire (out) (*Br*) **2** (≈ *zuerkennen*) to award (*jdm* (to) sb); *Titel* to confer (*jdm on* sb) **3** (≈ *geben, verschaffen*) to give **Verleihung** *f* ⟨-, -en⟩ **1** (≈ *das Ausleihen*) lending; (*gegen Gebühr*) renting, rental **2** (*von Preis etc*) award(ing); (*von Titel*) conferment

verleiten *past part* verl**ei**tet *v/t* (≈ *verlocken*) to tempt; (≈ *verführen*) to lead astray; **jdn zum Stehlen ~** to lead sb to steal

verlernen *past part* verl**e**rnt *v/t* to forget; **das Tanzen ~** to forget how to dance

verlesen *past part* verl**e**sen *irr* **A** *v/t* **1** (≈ *vorlesen*) to read (out) **2** *Gemüse etc* to sort **B** *v/r* **ich habe mich wohl ~** I must have misread it

verletzbar *adj* vulnerable **verletzen** [fɛɐˈlɛtsn] *past part* verl**e**tzt **A** *v/t* **1** to injure; (*in Kampf etc*) to wound; (*fig*) *jdn, jds Gefühle* to hurt **2** *Gesetz* to break; *Rechte* to violate **B** *v/r* to injure oneself **verletzend** *adj Bemerkung* hurtful **Verletzte(r)** [fɛɐˈlɛtstə] *m/f(m) decl as adj* injured person; (*bei Kampf*) wounded man; **es gab drei ~** three people were injured **Verletzung** *f* ⟨-, -en⟩ (≈ *Wunde*) injury

verleugnen *past part* verl**eu**gnet *v/t* to deny; **es lässt sich nicht ~, dass …** there is no denying that …

verleumden [fɛɐˈlɔymdn] *past part* verl**eu**mdet *v/t* to slander; (*schriftlich*) to libel **Verleumder** [fɛɐˈlɔymdɐ] *m* ⟨-s, -⟩, **Verleumderin** [-ərɪn] *f* ⟨-, -nen⟩ slanderer; (*durch Geschriebenes*) libeller (*esp Br*), libeler (*US*) **verleumderisch** [fɛɐˈlɔymdərɪʃ] *adj* slanderous; (*in Schriftform*) libellous (*esp Br*), libelous (*US*) **Verleumdung** *f* ⟨-, -en⟩ slandering; (*schriftlich*) libelling (*esp Br*), libeling (*US*); (≈ *Bemerkung*) slander; (≈ *Bericht*) libel **Verleumdungskampagne** *f* smear campaign

verlieben *past part* verl**ie**bt *v/r* to fall in love (*in +acc* with) **verliebt** [fɛɐˈliːpt] **A** *adj Blicke, Worte* amorous; (**in jdn/etw**) **~ sein** to be in love (with sb/sth) **B** *adv* ansehen lovingly

verlieren [fɛɐˈliːrən] *pret* verl**o**r [fɛɐˈloːɐ], *past part* verl**o**ren [fɛɐˈloːrən] **A** *v/t* to lose; **er hat hier nichts verloren** (*infml*) he has no business to be here **B** *v/i* to lose; **sie hat an Schönheit verloren** she has lost some of her beauty **C** *v/r* (≈ *verschwinden*) to disappear; → verloren **Verlierer** [fɛɐˈliːrɐ] *m* ⟨-s, -⟩, **Verliererin** [-ərɪn] *f* ⟨-, -nen⟩ loser

Verlies [fɛɐˈliːs] *nt* ⟨-es, -e [-zə]⟩ dungeon

verlinken *v/t* to hyperlink

verloben *past part* verl**o**bt *v/r* (**mit** to) to get engaged **Verlobte(r)** [fɛɐˈloːptə] *m/f(m) decl as adj* **mein ~r** my fiancé; **meine ~** my fiancée **Verlobung** [fɛɐˈloːbʊŋ] *f* ⟨-, -en⟩ engagement

verlocken *past part* verl**o**ckt *v/t & v/i* to entice **Verlockung** *f* enticement; (≈ *Reiz*) allure

verlogen [fɛɐˈloːgn] *adj Mensch* lying; *Versprechungen* false; *Moral* hypocritical **Verlogenheit** *f* ⟨-, -en⟩ (*von Mensch*) mendacity (*form*); (*von Versprechungen*) false-

V

ness; (von Moral) hypocrisy
verloren [fɛɐ̯'loːrən] adj lost; COOK Eier poached; **jdn/etw ~ geben** to give sb/sth up for lost; **auf ~em Posten stehen** to be fighting a losing battle; → verlieren
verloren gehen v/i irr aux sein to get lost
verlosen past part **verlost** v/t to raffle (off) **Verlosung** f (≈ Lotterie) raffle; (≈ Ziehung) draw
Verlust [fɛɐ̯'lʊst] m ⟨-(e)s, -e⟩ **1** loss; **~bringend** lossmaking; **mit ~ verkaufen** to sell at a loss **2 Verluste** pl losses pl; **schwere ~e haben** to sustain heavy losses **Verlustgeschäft** nt (≈ Firma) lossmaking business (Br), business operating in the red **verlustreich** adj **1** COMM Firma heavily loss-making **2** MIL Schlacht involving heavy losses
vermachen past part **vermacht** v/t **jdm etw ~** to bequeath sth to sb **Vermächtnis** [fɛɐ̯'mɛçtnɪs] nt ⟨-ses, -se⟩ bequest; (fig) legacy
vermählen [fɛɐ̯'mɛːlən] past part **vermählt** (form) **A** v/t to marry **B** v/r **sich (mit jdm) ~** to marry (sb) **Vermählung** f ⟨-, -en⟩ (form) marriage
vermarkten [fɛɐ̯'marktn] past part **vermarktet** v/t to market; (fig) to commercialize **Vermarktung** f ⟨-, -en⟩ marketing; (fig) commercialization
vermasseln [fɛɐ̯'masln] past part **vermasselt** v/t (infml) to mess up (infml); Prüfung to make a mess of
vermehren past part **vermehrt** **A** v/t to increase **B** v/r to increase; (in sich fortpflanzen) to reproduce; (Bakterien) to multiply **Vermehrung** f increase; (≈ Fortpflanzung) reproduction; (von Bakterien) multiplying
vermeidbar adj avoidable **vermeiden** past part **vermieden** [fɛɐ̯'miːdn] v/t irr to avoid; **es lässt sich nicht ~** it is inevitable or unavoidable
vermeintlich [fɛɐ̯'maɪntlɪç] adj attr supposed
vermengen past part **vermengt** v/t to mix; (fig infml) Begriffe etc to mix up
Vermerk [fɛɐ̯'mɛrk] m ⟨-(e)s, -e⟩ remark; (≈ Stempel) stamp **vermerken** past part **vermerkt** v/t (≈ aufschreiben) to note (down)
vermessen[1] past part **vermessen** irr v/t to measure; Gelände to survey

vermessen[2] [fɛɐ̯'mɛsn] adj (≈ anmaßend) presumptuous **Vermessenheit** f ⟨-, -en⟩ (≈ Anmaßung) presumption
Vermessung f measurement; (von Gelände) survey
vermiesen [fɛɐ̯'miːzn] past part **vermiest** v/t (infml) **jdm etw ~** to spoil sth for sb
vermieten past part **vermietet** v/t to rent (out), to lease (JUR); **Zimmer zu ~** room for rent **Vermieter** m lessor; (von Wohnung etc) landlord **Vermieterin** f lessor; (von Wohnung etc) landlady **Vermietung** [fɛɐ̯'miːtʊŋ] f ⟨-, -en⟩ renting (out); (von Auto) rental, hiring (out) (Br)
vermindern past part **vermindert** **A** v/t to reduce; Zorn to lessen; **verminderte Zurechnungsfähigkeit** JUR diminished responsibility **B** v/r to decrease; (Zorn) to lessen; (Reaktionsfähigkeit) to diminish **Verminderung** f reduction (+gen of); (von Reaktionsfähigkeit) diminishing
verminen [fɛɐ̯'miːnən] past part **vermint** v/t to mine
vermischen past part **vermischt** **A** v/t to mix; „Vermischtes" "miscellaneous" **B** v/r to mix
vermissen past part **vermisst** v/t to miss; **vermisst werden** to be missing; **etw an jdm/etw ~** to find sb/sth lacking in sth; **wir haben dich bei der Party vermisst** we didn't see you at the party; **etw ~ lassen** to be lacking in sth **Vermisste(r)** [fɛɐ̯'mɪstə] m/f(m) decl as adj missing person
vermitteln [fɛɐ̯'mɪtln] past part **vermittelt** **A** v/t to arrange (jdm for sb); Stelle, Partner to find (jdm for sb); Gefühl, Einblick to convey, to give (jdm to sb); Wissen to impart (jdm to sb); **wir ~ Geschäftsräume** we are agents for business premises **B** v/i to mediate; **~d eingreifen** to intervene **Vermittler** [-a] m ⟨-s, -⟩, **Vermittlerin** [-ərɪn] f ⟨-, -nen⟩ **1** mediator **2** COMM agent **Vermittlung** [fɛɐ̯'mɪtlʊŋ] f ⟨-, -en⟩ **1** arranging; (von Stelle, Briefpartner) finding; (in Streitigkeiten) mediation; (von Gefühl, Einblick) conveying; (von Wissen) imparting **2** (≈ Stelle, Agentur) agency **3** (TEL ≈ Amt) exchange; (in Firma etc) switchboard **Vermittlungsgebühr** f commission **Vermittlungsversuch** m attempt at mediation
vermöbeln [fɛɐ̯'møːbln] past part **vermöbelt** v/t (infml) to beat up
vermodern [fɛɐ̯'moːdɐn] past part **ver-**

modert v/i aux sein to moulder (Br), to molder (US)

Vermögen [fɛɐˈmøːgn] nt ⟨-s, -⟩ **1** (≈ Reichtum) fortune **2** (≈ Besitz) property **vermögend** adj (≈ reich) wealthy **Vermögensberater(in)** m/(f) investment analyst **Vermögensbildung** f creation of wealth **Vermögenssteuer** f wealth tax **Vermögensverhältnisse** pl financial circumstances pl **Vermögensverwaltung** f asset management **vermögenswirksam** adj **~e Leistungen** employer's contributions to tax-deductible savings scheme

vermummen [fɛɐˈmʊmən] past part vermummt v/r (≈ sich verkleiden) to disguise oneself; **vermummte Demonstranten** masked demonstrators

vermuten [fɛɐˈmuːtn̩] past part vermutet v/t to suspect; **ich vermute es nur** that's only an assumption; **wir haben ihn dort nicht vermutet** we did not expect him to be there **vermutlich** [fɛɐˈmuːtlɪç] **A** adj attr presumable; **Täter** suspected **B** adv presumably **Vermutung** f ⟨-, -en⟩ (≈ Annahme) assumption; (≈ Mutmaßung) conjecture; (≈ Verdacht) hunch; **die ~ liegt nahe, dass ...** there are grounds for the assumption that ...

vernachlässigen [fɛɐˈnaːxlɛsɪɡn̩] past part vernachlässigt v/t to neglect

vernarren past part vernarrt v/r (infml) **sich in etw ~** to fall for sth; **in jdn vernarrt sein** to be crazy about sb (infml)

vernehmbar **A** adj (≈ hörbar) audible **B** adv audibly **vernehmen** [fɛɐˈneːmən] v/t irr **1** (≈ hören ≈ erfahren) to hear **2** JUR Zeugen to examine; (Polizei) to question **vernehmlich** [fɛɐˈneːmlɪç] **A** adj clear **B** adv audibly **Vernehmung** [fɛɐˈneːmʊŋ] f ⟨-, -en⟩ (JUR: von Zeugen) examination; (durch Polizei) questioning

verneigen past part verneigt v/r to bow; **sich vor jdm/etw ~** (lit) to bow to sb/sth; (fig) to bow down before sb/sth **Verneigung** f bow (vor +dat before)

verneinen [fɛɐˈnainən] v/t & v/i Frage to answer in the negative; (≈ leugnen) Tatsache to deny; These to dispute; GRAM to negate; **die verneinte Form** the negative (form) **verneinend** adj negative **Verneinung** f ⟨-, -en⟩ (≈ Leugnung) denial; (von These etc) disputing; GRAM negation; (≈ verneinte Form) negative

vernetzen past part vernetzt v/t to link up; IT to network **Vernetzung** [fɛɐˈnɛtsʊŋ] f ⟨-, -en⟩ linking-up; IT networking

vernichten [fɛɐˈnɪçtn̩] past part vernichtet v/t to destroy **vernichtend** **A** adj devastating; Niederlage crushing **B** adv **jdn ~ schlagen** MIL, SPORTS to annihilate sb **Vernichtung** f ⟨-, -en⟩ destruction **Vernichtungsschlag** m devastating blow; **zum ~ ausholen** to prepare to deliver the final blow

verniedlichen [fɛɐˈniːdlɪçn̩] past part verniedlicht v/t to trivialize

vernieten past part vernietet v/t to rivet

Vernissage [vɛrnɪˈsaːʒə] f ⟨-, -n⟩ opening (at art gallery)

Vernunft [fɛɐˈnʊnft] f ⟨-, no pl⟩ reason; **zur ~ kommen** to come to one's senses; **~ annehmen** to see reason; **jdn zur ~ bringen** to make sb see sense **vernünftig** [fɛɐˈnʏnftɪç] **A** adj sensible; (≈ logisch denkend) rational; (infml) (≈ anständig) decent; (≈ annehmbar) reasonable **B** adv sensibly; (≈ logisch) rationally; (infml) (≈ anständig) decently; (≈ annehmbar) reasonably

veröden [fɛɐˈʔøːdn̩] past part verödet v/i aux sein to become desolate

veröffentlichen [fɛɐˈʔœfn̩tlɪçn̩] past part veröffentlicht v/t & v/i to publish **Veröffentlichung** f ⟨-, -en⟩ publication

verordnen past part verordnet v/t to prescribe (jdm etw sth for sb) **Verordnung** f **1** MED prescription **2** (form ≈ Verfügung) decree

verpachten past part verpachtet v/t to lease (an +acc to)

verpacken past part verpackt v/t to pack; (≈ einwickeln) to wrap **Verpackung** f **1** (≈ Material) packaging no pl **2** no pl (≈ das Verpacken) packing; (≈ das Einwickeln) wrapping **Verpackungskosten** pl packing or packaging costs pl **Verpackungsmaterial** nt packaging (material) **Verpackungsmüll** m packaging waste

verpartnern past part verpartnert v/r (homosexuelles Paar) to enter into a civil partnership (Br), to enter into a civil union (US)

verpassen past part verpasst v/t **1** (≈ versäumen) to miss **2** (infml ≈ zuteilen) **jdm etw ~** to give sb sth; (≈ aufzwingen) to make sb have sth; **jdm eins** or **eine Ohr-**

V

feige ~ to smack sb one (infml)
verpatzen past part **verpatzt** v/t (infml) to spoil
verpeilt adj **verpeilt sein** (infml) to be out of it (infml)
verpennen past part **verpennt** (infml) **A** v/t (≈ verschlafen) Termin, Zeit to miss by oversleeping; (≈ verpassen) Einsatz to miss **B** v/i & v/r to oversleep
verpesten [fɛɐ'pɛstn] past part **verpestet** v/t to pollute
verpetzen past part **verpetzt** v/t (infml) to tell on (infml) (bei to)
verpfänden past part **verpfändet** v/t to pawn
verpfeifen past part **verpfiffen** [fɛɐ'pfɪfn] v/t irr (infml) to grass on (bei to) (infml)
verpflanzen past part **verpflanzt** v/t to transplant; Haut to graft **Verpflanzung** f transplant; (von Haut) grafting
verpflegen past part **verpflegt** **A** v/t to feed **B** v/r **sich (selbst)** ~ to feed oneself; (≈ selbst kochen) to cater for oneself **Verpflegung** [fɛɐ'pfleːgʊŋ] f ⟨-, -en⟩ **1** (≈ das Verpflegen) catering; MIL rationing **2** (≈ Essen) food; MIL provisions pl; **mit voller** ~ (≈ mit Vollpension) with full board
verpflichten [fɛɐ'pflɪçtn] past part **verpflichtet** **A** v/t **1** to oblige; **sich verpflichtet fühlen, etw zu tun** to feel obliged to do sth; **jdm verpflichtet sein** to be under an obligation to sb **2** (≈ binden) to commit; (vertraglich etc) to bind; (durch Gesetz) to oblige; **~d** binding **3** (≈ einstellen) to engage; Sportler to sign on; MIL to enlist **B** v/i (≈ bindend sein) to be binding; **das verpflichtet zu nichts** there is no obligation involved **C** v/r **sich zu etw** ~ to undertake to do sth; (vertraglich) to commit oneself to doing sth **Verpflichtung** f ⟨-, -en⟩ **1** obligation (zu etw to do sth); (finanziell) commitment (zu etw to do sth); (≈ Aufgabe) duty **2** (≈ Einstellung) engaging; (von Sportlern) signing on; MIL enlistment
verpfuschen past part **verpfuscht** v/t (infml) Arbeit etc to bungle; Leben, Erziehung to screw up (sl), to ruin
verpissen past part **verpisst** v/r (sl) to clear out (infml)
verplanen past part **verplant** v/t Zeit to book up; Geld to budget
verplappern past part **verplappert** v/r (infml) to open one's mouth too wide

(infml)
verplempern past part **verplempert** v/t (infml) to waste
verpönt [fɛɐ'pøːnt] adj frowned (up)on (bei by)
verprügeln past part **verprügelt** v/t to beat up
verpulvern [fɛɐ'pʊlvɐn, -fɐn] past part **verpulvert** v/t (infml) to fritter away
Verputz m plaster; (≈ Rauputz) roughcast **verputzen** past part **verputzt** v/t **1** Wand to plaster; (mit Rauputz) to roughcast **2** (infml ≈ aufessen) to polish off (infml)
verrammeln past part **verrammelt** v/t to barricade
verramschen [fɛɐ'ramʃn] past part **verramscht** v/t COMM to sell off cheap; (infml also) to flog (Br infml)
Verrat m, no pl betrayal (an +dat of); JUR treason (an +dat against) **verraten** past part **verraten** irr **A** v/t Geheimnis, jdn to betray; (≈ ausplaudern) to tell; (fig ≈ erkennen lassen) to reveal; **nichts** ~! don't say a word! **B** v/r to give oneself away **Verräter** [fɛɐ'rɛːtɐ] m ⟨-s, -⟩, **Verräterin** [-ərɪn] f ⟨-, -nen⟩ traitor (+gen to) **verräterisch** [fɛɐ'rɛːtərɪʃ] adj treacherous; (≈ verdächtig) Blick, Lächeln etc telltale attr
verrauchen past part **verraucht** v/i aux sein (fig: Zorn, Enttäuschung) to subside **verräuchern** past part **verräuchert** v/t to fill with smoke
verrechnen past part **verrechnet** **A** v/t (≈ begleichen) to settle; Scheck to clear; Gutschein to redeem; **etw mit etw** ~ (≈ gegeneinander aufrechnen) to balance sth with sth **B** v/r to miscalculate; **sich um zwei Euro** ~ to be out by two euros **Verrechnung** f settlement; (von Scheck) clearing; **„nur zur** ~" "A/C payee only" **Verrechnungsscheck** m crossed cheque (Br), voucher check (US)
verrecken past part **verreckt** v/i aux sein (vulg) to croak (infml); (sl ≈ kaputtgehen) to give up the ghost (infml)
verregnet [fɛɐ'reːgnət] adj rainy
verreisen past part **verreist** v/i aux sein to go away (on a trip or journey); **er ist geschäftlich verreist** he's away on business; **mit der Bahn** ~ to go on a train journey
verreißen past part **verrissen** [fɛɐ'rɪsn] v/t irr (≈ kritisieren) to tear to pieces
verrenken [fɛɐ'rɛŋkn] past part **verrenkt**

v/t to dislocate; *Hals* to crick **Verrenkung** *f* ⟨-, -en⟩ contortion; MED dislocation

verrichten *past part* verrichtet *v/t Arbeit* to perform; *Andacht* to perform; *Gebet* to say

verriegeln [fɛɐ'riːɡln] *past part* verriegelt *v/t* to bolt

verringern [fɛɐ'rɪŋɐn] *past part* verringert **A** *v/t* to reduce **B** *v/r* to decrease **Verringerung** *f* ⟨-, -en⟩ (≈ *das Verringern*) reduction; (≈ *Abnahme*) decrease; (*von Abstand*) lessening

verrinnen *past part* verronnen [fɛɐ'rɔnən] *v/i irr aux sein* (*Wasser*) to trickle away (*in +dat* into); (*Zeit*) to elapse

Verriss *m* slating review

verrohen [fɛɐ'roːən] *past part* verroht **A** *v/t* to brutalize **B** *v/i aux sein* to become brutalized; (*Sitten*) to coarsen **Verrohung** *f* ⟨-, -en⟩ brutalization

verrosten *past part* verrostet *v/i aux sein* to rust; **verrostet** rusty

verrotten [fɛɐ'rɔtn] *past part* verrottet *v/i aux sein* to rot; (≈ *sich organisch zersetzen*) to decompose

verrücken *past part* verrückt *v/t* to move **verrückt** [fɛɐ'rʏkt] *adj* **1** (≈ *geisteskrank*) mad **2** (*infml*) crazy; **~ auf** (+*acc*) *or* **nach** crazy about (*infml*); **wie ~** like crazy (*infml*); **jdn ~ machen** to drive sb crazy *or* wild (*infml*); **~ werden** to go crazy; **du bist wohl ~!** you must be crazy! **Verrückte(r)** [fɛɐ'rʏktə] *m/f(m) decl as adj* (*infml*) lunatic **Verrücktheit** *f* ⟨-, -en⟩ (*infml*) madness, craziness; (*Handlung*) crazy thing **verrücktspielen** *v/i sep* (*infml*) to play up **Verrücktwerden** *nt* **zum ~** enough to drive one mad *or* crazy

Verruf *m, no pl* **in ~ geraten** to fall into disrepute; **jdn/etw in ~ bringen** to bring sb/sth into disrepute **verrufen** [fɛɐ'ruːfn] *adj* disreputable

verrühren *past part* verrührt *v/t* to mix

verrutschen *past part* verrutscht *v/i aux sein* to slip

Vers [fɛrs] *m* ⟨-es, -e [-zə]⟩ verse; (≈ *Zeile*) line

versagen *past part* versagt **A** *v/t* **jdm/sich etw ~** to deny sb/oneself sth; **etw bleibt** *or* **ist jdm versagt** sb is denied sth **B** *v/i* to fail; (*Maschine*) to break down; **die Beine/Nerven** *etc* **versagten ihm** his legs/nerves *etc* gave way **Versagen** [fɛɐ'zaːɡn]

nt ⟨-s, *no pl*⟩ failure; (*von Maschine*) breakdown; **menschliches ~** human error **Versager** [fɛɐ'zaːɡɐ] *m* ⟨-s, -⟩, **Versagerin** [-ərɪn] *f* ⟨-, -nen⟩ failure

versalzen *past part* versalzen *v/t irr* to put too much salt in/on; (*infml* ≈ *verderben*) to spoil; **~es Essen** oversalty food

versammeln *past part* versammelt **A** *v/t* to assemble; **Leute um sich ~** to gather people around one **B** *v/r* to assemble; (*Ausschuss*) to meet **Versammlung** *f* (≈ *Veranstaltung*) meeting; (≈ *versammelte Menschen*) assembly **Versammlungsfreiheit** *f* freedom of assembly

Versand [fɛɐ'zant] *m* ⟨-(e)s [-dəs]⟩ *no pl* (≈ *das Versenden*) dispatch (*esp Br*), shipment **Versandabteilung** *f* shipping department **Versandgeschäft** *nt* (≈ *Firma*) mail-order firm **Versandhandel** *m* mail-order business **Versandhaus** *nt* mail-order firm **Versandkosten** *pl* transport(ation) costs *pl*

versauen *past part* versaut *v/t* (*infml*) **1** (≈ *verschmutzen*) to make a mess of **2** (≈ *ruinieren*) to ruin

versaufen *past part* versoffen [fɛɐ'zɔfn] *irr* (*infml*) *v/t Geld* to spend on booze (*infml*); → versoffen

versäumen *past part* versäumt *v/t* to miss; *Zeit* to lose; *Pflicht* to neglect; (**es**) **~, etw zu tun** to fail to do sth **Versäumnis** [fɛɐ'zɔymnɪs] *nt* ⟨-ses, -se⟩ (≈ *Nachlässigkeit*) failing; (≈ *Unterlassung*) omission

verschachtelt [fɛɐ'ʃaxtlt] *adj Satz* complex; **ineinander ~** interlocking

verschaffen *past part* verschafft *v/t* **1** **jdm etw ~** *Geld, Alibi* to provide sb with sth **2** **sich** (*dat*) **etw ~** to obtain sth; *Kenntnisse* to acquire sth; *Ansehen, Vorteil* to gain sth; *Respekt* to get sth

verschandeln [fɛɐ'ʃandln] *past part* verschandelt *v/t* to ruin

verschanzen *past part* verschanzt *v/r* to entrench oneself (*hinter +dat* behind); (≈ *sich verbarrikadieren*) to barricade oneself in (*in etw* (*dat*) *sth*)

verschärfen *past part* verschärft **A** *v/t Tempo* to increase; *Gegensätze* to intensify; *Lage* to aggravate; *Spannungen* to heighten; (≈ *strenger machen*) to tighten **B** *v/r* (*Tempo*) to increase; (*Wettbewerb, Gegensätze*) to intensify; (*Lage*) to become aggravated; (*Spannungen*) to heighten **ver-**

schärft [fɛɐˈʃɛrft] **A** *adj Tempo, Wettbewerb* increased; *Lage* aggravated; *Spannungen* heightened; *Kontrollen* tightened **B** *adv* ~ **aufpassen** to keep a closer watch; ~ **kontrollieren** to keep a tighter control

verscharren *past part* verscharrt *v/t* to bury

verschätzen *past part* verschätzt *v/r* to misjudge, to miscalculate (*in etw* (*dat*) sth); **sich um zwei Monate** ~ to be out by two months

verschenken *past part* verschenkt *v/t* to give away

verscherzen *past part* verscherzt *v/t* **sich** (*dat*) **etw** ~ to lose sth; **es sich** (*dat*) **mit jdm** ~ to spoil things (for oneself) with sb

verscheuchen *past part* verscheucht *v/t* to scare away

verscheuern *past part* verscheuert *v/t* (*infml*) to sell off

verschicken *past part* verschickt *v/t* **1** (≈ *versenden*) to send off **2** (*zur Kur etc*) to send away **3** (≈ *deportieren*) to deport

verschieben *past part* verschoben [fɛɐˈʃoːbn] *irr* **A** *v/t* **1** (≈ *verrücken*) to move **2** (≈ *aufschieben*) to change; (*auf später*) to postpone (*um for*) **3** (*infml*) *Waren* to traffic in **B** *v/r* **1** (≈ *verrutschen*) to move out of place; (*fig: Schwerpunkt*) to shift **2** (*zeitlich*) to be postponed **Verschiebung** *f* **1** (≈ *das Verschieben*) moving **2** (*von Termin*) postponement

verschieden [fɛɐˈʃiːdn] **A** *adj* **1** (≈ *unterschiedlich*) different; **das ist ganz** ~ (≈ *wird verschieden gehandhabt*) that varies **2** *attr* (≈ *mehrere, einige*) several **3 Verschiedenes** different things; (*in Zeitungen, Listen*) miscellaneous **B** *adv* differently; **die Häuser sind** ~ **hoch** the houses vary in height **verschiedenartig** *adj* different; (≈ *mannigfaltig*) diverse **Verschiedenheit** *f* ⟨-, -en⟩ difference (+*gen* of, in); (≈ *Vielfalt*) variety **verschiedentlich** [fɛɐˈʃiːdntlɪç] *adv* (≈ *mehrmals*) several times; (≈ *vereinzelt*) occasionally

verschießen *past part* verschossen [fɛɐˈʃɔsn] *irr* **A** *v/t* **1** *Munition* to use up **2** (*Sport*) to miss **B** *v/r* (*infml*) **in jdn verschossen sein** to be crazy about sb (*infml*)

verschimmeln *past part* verschimmelt *v/i aux sein* to go mouldy (*Br*) or moldy (*US*); **verschimmelt** (*lit*) mouldy (*Br*), moldy (*US*)

verschlafen¹ *past part* verschlafen *irr* **A**

v/i & v/r to oversleep **B** *v/t Termin* to miss by oversleeping; (≈ *schlafend verbringen*) *Tag, Morgen* to sleep through; (≈ *verpassen*) *Einsatz* to miss

verschlafen² *adj* sleepy

Verschlag *m* (≈ *abgetrennter Raum*) partitioned area; (≈ *Schuppen*) shed **verschlagen** *past part* verschlagen *v/t irr* **1 etw mit Brettern** ~ to board sth up **2** (≈ *nehmen*) *Atem* to take away; **das hat mir die Sprache** ~ it left me speechless **3** (≈ *geraten lassen*) to bring; **an einen Ort** ~ **werden** to end up somewhere

verschlampen *past part* verschlampt *v/t* (*infml* ≈ *verlieren*) to go and lose (*infml*)

verschlechtern [fɛɐˈʃlɛçtɐn] *past part* verschlechtert **A** *v/t* to make worse; *Qualität* to impair **B** *v/r* to get worse; **sich finanziell** ~ to be worse off financially; **sich beruflich** ~ to take a worse job **Verschlechterung** *f* ⟨-, -en⟩ worsening; (*von Leistung*) decline; **eine finanzielle** ~ a financial setback

verschleiern [fɛɐˈʃlaɪɐn] *past part* verschleiert **A** *v/t* to veil; *Blick* to blur **B** *v/r* (*Frau*) to veil oneself

Verschleiß [fɛɐˈʃlaɪs] *m* ⟨-es, -e⟩ wear and tear; (≈ *Verluste*) loss **verschleißen** [fɛɐˈʃlaɪsn] *pret* verschliss [fɛɐˈʃlɪs], *past part* verschlissen [fɛɐˈʃlɪsn] **A** *v/t* (≈ *kaputt machen*) to wear out; (≈ *verbrauchen*) to use up **B** *v/i aux sein* to wear out; → **verschlissen C** *v/r* to wear out; (*Menschen*) to wear oneself out

verschleppen *past part* verschleppt *v/t* **1** (≈ *entführen*) *jdn* to abduct; *Gefangene, Kriegsopfer* to displace **2** (≈ *hinauszögern*) *Prozess* to draw out; POL to delay; *Krankheit* to protract **Verschleppte(r)** [fɛɐˈʃlɛptə] *m/f(m) decl as adj* displaced person **Verschleppung** *f* ⟨-, -en⟩ **1** (*von Menschen*) abduction **2** (≈ *Verzögerung, von Krankheit*) protraction; (*von Gesetzesänderung*) delay **Verschleppungstaktik** *f* delaying tactics *pl*

verschleudern *past part* verschleudert *v/t* COMM to dump; (≈ *vergeuden*) *Vermögen, Ressourcen* to squander

verschließbar *adj Dosen, Gläser etc* sealable; *Tür, Schublade* lockable **verschließen** *past part* verschlossen [fɛɐˈʃlɔsn] *irr* **A** *v/t* **1** (≈ *abschließen*) to lock (up); (*fig*) to close; (≈ *versperren*) to bar; (*mit Riegel*) to bolt; → **verschlossen 2** (≈ *zumachen*) to close; *Brief* to seal; *(mit Pfropfen) Flasche* to cork; **die Augen/Ohren (vor etw** *dat)* ~ to shut one's eyes/ears (to sth) **B** *v/r (Mensch ≈ reserviert sein)* to shut oneself off *(+dat* from); **ich kann mich der Tatsache nicht ~, dass …** I can't close my eyes to the fact that …

verschlimmbessern [fɛɐ̯ˈʃlɪmbɛsən] *past part* verschlimmbessert *v/t insep (hum)* to make worse **verschlimmern** [fɛɐ̯ˈʃlɪmen] *past part* verschlimmert **A** *v/t* to make worse **B** *v/r* to get worse **Verschlimmerung** *f* ⟨-, -en⟩ worsening

verschlingen *past part* verschlungen [fɛɐ̯ˈʃlʊŋən] *irr* **A** *v/t (≈ gierig essen)* to devour; *(fig) (Welle, Dunkelheit)* to engulf; *(≈ verbrauchen) Geld, Strom etc* to eat up; **jdn mit Blicken ~** to devour sb with one's eyes **B** *v/r* to become intertwined

verschlissen [fɛɐ̯ˈʃlɪsn] *adj* worn (out); *(fig) Politiker etc* burned-out *(infml)*; → verschleißen

verschlossen [fɛɐ̯ˈʃlɔsn] *adj* closed; *(mit Schlüssel)* locked; *(mit Riegel)* bolted; *Briefumschlag* sealed; **hinter ~en Türen** behind closed doors; → **verschließen Verschlossenheit** *f* ⟨-, no pl⟩ *(von Mensch)* reserve

verschlucken *past part* verschluckt **A** *v/t* to swallow **B** *v/r* to swallow the wrong way

Verschluss *m* **1** *(≈ Schloss)* lock; *(≈ Pfropfen)* stopper; *(an Kleidung)* fastener; *(an Schmuck)* catch; *(an Tasche, Buch, Schuh)* clasp; **etw unter ~ halten** to keep sth under lock and key **2** PHOT shutter

verschlüsseln [fɛɐ̯ˈʃlʏsln] *past part* verschlüsselt *v/t* to (put into) code **Verschlüsselung** [fɛɐ̯ˈʃlʏsəlʊŋ] *f* ⟨-, -en⟩ coding

verschmähen *past part* verschmäht *v/t* to spurn

verschmelzen *past part* verschmolzen [fɛɐ̯ˈʃmɔltsn] *irr v/i aux sein* to melt together; *(Metalle)* to fuse; *(Farben)* to blend; *(fig)* to blend *(zu* into) **Verschmelzung** [fɛɐ̯ˈʃmɛltsʊŋ] *f* ⟨-, -en⟩ **1** *(≈ Verbindung)* fusion; *(von Farben)* blending **2** COMM merger

verschmerzen *past part* verschmerzt *v/t* to get over

verschmieren *past part* verschmiert **A** *v/t* **1** *(≈ verstreichen)* to spread *(in +dat* over) **2** *Gesicht* to smear; *Geschriebenes* to

smudge **B** *v/i* to smudge **verschmiert** [fɛɐ̯ˈʃmiːɐ̯t] *adj* Gesicht smeary

verschmitzt [fɛɐ̯ˈʃmɪtst] *adj* mischievous

verschmutzen *past part* verschmutzt **A** *v/t* to dirty; *Luft, Umwelt* to pollute **B** *v/i aux sein* to get dirty; *(Luft, Wasser, Umwelt)* to become polluted **verschmutzt** [fɛɐ̯ˈʃmʊtst] *adj* dirty, soiled; *Luft etc* polluted **Verschmutzung** [fɛɐ̯ˈʃmʊtsʊŋ] *f* ⟨-, -en⟩ **1** *no pl (≈ das Verschmutzen)* dirtying; *(von Luft, Umwelt)* pollution; *(von Fahrbahn)* muddying **2** *(≈ das Verschmutztsein)* dirtiness *no pl*; *(von Luft etc)* pollution

verschnaufen *past part* verschnauft *v/i & v/r (infml)* to take a breather *(infml)* **Verschnaufpause** *f* breather

verschneiden *past part* verschnitten [fɛɐ̯ˈʃnɪtn] *v/t irr Wein, Rum* to blend

verschneit [fɛɐ̯ˈʃnait] *adj* snow-covered

verschnupft [fɛɐ̯ˈʃnʊpft] *adj (infml)* **1** *(≈ erkältet) Mensch* with a cold **2** *(≈ beleidigt)* peeved *(infml)*

verschnüren *past part* verschnürt *v/t* to tie up

verschollen [fɛɐ̯ˈʃɔlən] *adj Flugzeug, Mensch etc* missing; **ein lange ~er Freund** a long-lost friend; **er ist ~** *(im Krieg)* he is missing, presumed dead

verschonen *past part* verschont *v/t* to spare *(jdn von etw* sb sth); **verschone mich damit!** spare me that!; **von etw verschont bleiben** to escape sth

verschönern [fɛɐ̯ˈʃøːnən] *past part* verschönert *v/t* to improve (the appearance of); *Wohnung* to brighten (up) **Verschönerung** [fɛɐ̯ˈʃøːnərʊŋ] *f* ⟨-, -en⟩ improvement; *(von Wohnung, Zimmer)* brightening up

verschränken [fɛɐ̯ˈʃrɛŋkn] *past part* verschränkt *v/t* to cross over; *Arme* to fold

verschrecken *past part* verschreckt *v/t* to frighten off

verschreiben *past part* verschrieben [fɛɐ̯ˈʃriːbn] *irr* **A** *v/t (≈ verordnen)* to prescribe **B** *v/r* **1** *(≈ falsch schreiben)* to make a slip (of the pen) **2** **sich einer Sache** *(dat)* ~ to devote oneself to sth **verschreibungspflichtig** [-pflɪçtɪç] *adj* only available on prescription

verschrie(e)n [fɛɐ̯ˈʃriːən] *adj* **als etw verschrieen** notorious for being sth

verschrotten [fɛɐ̯ˈʃrɔtn] *past part* verschrottet *v/t* to scrap

verschrumpeln *past part* ver-

V

schrumpelt *v/i aux sein* to shrivel

verschüchtern [fɛɐˈʃʏçtɛn] *past part* verschüchtert *v/t* to intimidate

verschulden *past part* verschuldet **A** *v/t* to be to blame for; *Unfall* to cause **B** *v/r* to get into debt **Verschulden** [fɛɐˈʃʊldn] *nt* ⟨-s, *no pl*⟩ fault; **ohne sein/mein** ~ through no fault of his (own)/of my own *or* of mine

verschütten *past part* verschüttet *v/t* **1** *Flüssigkeit* to spill **2** (≈ *begraben*) **verschüttet werden** (*Mensch*) to be buried (alive) **verschüttet** [fɛɐˈʃʏtət] *adj* buried (alive) **verschütt gehen** *v/i irr aux sein* (*infml*) to get lost

verschweigen *past part* verschwiegen [fɛɐˈʃvaɪɡn] *v/t irr* to withhold (*jdm etw* sth from sb); → verschwiegen

verschwenden [fɛɐˈʃvɛndn] *past part* verschwendet *v/t* to waste (*auf +acc*) **Verschwender** [fɛɐˈʃvɛndɐ] *m* ⟨-s, -⟩, **Verschwenderin** [-ərɪn] *f* ⟨-, -nen⟩ spendthrift **verschwenderisch** [fɛɐˈʃvɛndərɪʃ] **A** *adj* wasteful; *Leben* extravagant; (≈ *üppig*) lavish; *Fülle* lavish **B** *adv* wastefully; **mit etw ~ umgehen** to be lavish with sth **Verschwendung** *f* ⟨-, -en⟩ ~ **von Geld/Zeit** waste of money/time

verschwiegen [fɛɐˈʃviːɡn] *adj Mensch* discreet; *Ort* secluded; → verschweigen **Verschwiegenheit** *f* ⟨-, *no pl*⟩ (*von Mensch*) discretion; **zur ~ verpflichtet** bound to secrecy

verschwimmen *past part* verschwommen [fɛɐˈʃvɔmən] *v/i irr aux sein* to become blurred *or* indistinct; **ineinander ~** to melt *or* merge into one another; → verschwommen

verschwinden *past part* verschwunden [fɛɐˈʃvʊndn] *v/i irr aux sein* to disappear, to vanish; **verschwinde!** clear out! (*infml*); **(mal) ~ müssen** (*euph infml*) to have to go to the bathroom; → verschwunden **Verschwinden** [fɛɐˈʃvɪndn] *nt* ⟨-s, *no pl*⟩ disappearance **verschwindend** *adv* ~ **wenig** very, very few; ~ **klein** *or* **gering** minute

verschwitzt [fɛɐˈʃvɪtst] *adj Kleidungsstück* sweat-stained; (≈ *feucht*) sweaty

verschwommen [fɛɐˈʃvɔmən] **A** *adj Foto* fuzzy; *Erinnerung* vague **B** *adv sehen* blurred; *sich erinnern* vaguely; → verschwimmen

verschwören *past part* verschworen [fɛɐˈʃvoːrən] *v/r irr* **1** (≈ *ein Komplott schmieden*) to plot (*mit* with, *gegen* against) **2** (≈ *sich verschreiben*) **sich einer Sache** (*dat*) ~ to give oneself over to sth **Verschwörer** [fɛɐˈʃvøːrɐ] *m* ⟨-s, -⟩, **Verschwörerin** [-ərɪn] *f* ⟨-, -nen⟩ conspirator **Verschwörung** [fɛɐˈʃvøːrʊŋ] *f* ⟨-, -en⟩ conspiracy, plot

verschwunden [fɛɐˈʃvʊndn] *adj* missing; → verschwinden

versehen *past part* versehen *irr* **A** *v/t* **1** (≈ *ausüben*) *Amt etc* to occupy; *Dienst* to perform; *Dienst* to provide **2** (≈ *ausstatten*) **jdn mit etw ~** to provide sb with sth; **mit etw ~ sein** to have sth **3** (≈ *geben*) to give **B** *v/r* **1** (≈ *sich irren*) to be mistaken **2** **sich mit etw ~** (≈ *sich ausstatten*) to equip oneself with sth **3** **ehe man sich's versieht** before you could turn (a)round **Versehen** [fɛɐˈzeːən] *nt* ⟨-s, -⟩ (≈ *Irrtum*) mistake; (≈ *Unachtsamkeit*) oversight; **aus ~** by mistake **versehentlich** [fɛɐˈzeːəntlɪç] **A** *adj attr* inadvertent; (≈ *irrtümlich*) erroneous **B** *adv* inadvertently, by mistake

Versehrte(r) [fɛɐˈzeːɐtə] *m/f(m) decl as adj* disabled person/man/woman *etc*

versenden *past part* versendet (*rare*) *or* versandt [fɛɐˈzant] *v/t irr or regular* to send **Versendung** *f* sending

versengen *past part* versengt *v/t* (*Sonne, mit Bügeleisen*) to scorch; (*Feuer*) to singe

versenken *past part* versenkt **A** *v/t* to sink; *das eigene Schiff* to scuttle **B** *v/r* **sich in etw** (*acc*) ~ to become immersed in sth **Versenkung** *f* **1** (≈ *das Versenken*) sinking; (*von eigenem Schiff*) scuttling **2** (*infml*) **in der ~ verschwinden** to vanish; **aus der ~ auftauchen** to reappear

versessen [fɛɐˈzɛsn] *adj* (*fig*) **auf etw** (*acc*) ~ **sein** to be very keen on sth **Versessenheit** *f* ⟨-, -en⟩ keenness (*auf +acc* on)

versetzen *past part* versetzt **A** *v/t* **1** to move; (SCHOOL: *in höhere Klasse*) to move up **2** (*infml*) (≈ *verkaufen*) to sell; (≈ *verpfänden*) to pawn **3** (*infml* ≈ *nicht erscheinen*) **jdn ~** to stand sb up (*infml*) **4** **jdn in fröhliche Stimmung ~** to put sb in a cheerful mood; **jdn in die Lage ~, etw zu tun** to put sb in a position to do sth **5** (≈ *geben*) *Stoß, Tritt etc* to give **B** *v/r* **sich in jds Lage ~** to put oneself in sb's place *or* position **Versetzung** [fɛɐˈzɛtsʊŋ] *f* ⟨-, -en⟩ (*beruflich*) transfer; SCHOOL moving up

verseuchen [fɛɐ̯ˈzɔyçn̩] *past part* ver-
seucht *v/t* (*mit Bakterien, Viren*) to infect;
(*mit Giftstoffen, fig*) to contaminate **verseucht** *adj* (*mit Bakterien, Viren*) infected;
(*mit Gas, Giftstoffen*) contaminated; **radioaktiv ~** contaminated by radiation *or* radioactivity **Verseuchung** *f* ⟨-, *-en*⟩ (*mit
Bakterien, Viren*) infection; (*mit Giftstoffen,
fig*) contamination *no pl*
Versicherer [fɛɐ̯ˈzɪçərɐ] *m* ⟨-s, -⟩ insurer;
(*bei Schiffen*) underwriter **versichern** *past
part* versichert **A** *v/t* **1** (≈ *bestätigen*) to assure; (≈ *beteuern*) to protest; **jdm ~, dass
...** to assure sb that ... **2** INSUR to insure;
gegen etw versichert sein to be insured
against sth **B** *v/r* **1** (≈ *Versicherung abschließen*) to insure oneself; **sich gegen Unfall
~** to take out accident insurance **2** (≈ *sich
vergewissern*) to make sure *or* certain **Ver-
sicherte(r)** [fɛɐ̯ˈzɪçɐtə] *m/f(m) decl as adj*
insured (party) **Versicherung** *f* **1** (≈ *Bestätigung*) assurance **2** (≈ *Feuerversicherung
etc*) insurance **3** (≈ *Gesellschaft*) insurance
company **Versicherungsbeitrag** *m*
(*bei Haftpflichtversicherung etc*) insurance
premium **Versicherungsbetrug** *m* insurance fraud **Versicherungskarte** *f*
insurance card; **die grüne ~** MOT the
green card (*Br*), *insurance document for
driving abroad* **Ver-
sicherungsmakler(in)** *m/(f)* insurance
broker **Versicherungsnehmer** *m* ⟨-s,
-⟩, **Versicherungsnehmerin** *f* ⟨-,
-nen⟩ (*form*) policy holder **Versicherungspolice** *f* insurance policy
Versicherungsschein *m* insurance
policy **Versicherungsschutz** *m* insurance cover **Versicherungssumme** *f*
sum insured **Versicherungsvertrag**
m insurance contract
versickern *past part* versickert *v/i aux
sein* to seep away; (*fig, Interesse*) to peter
out; (*Geld*) to trickle away
versiegeln *past part* versiegelt *v/t* to seal
versiegen *past part* versiegt *v/i aux sein*
(*Fluss*) to dry up; (*Interesse*) to peter out;
(*Kräfte*) to fail
versiert [vɛrˈziːɐt] *adj* **in etw** (*dat*) **~ sein**
to be experienced *or* (*in Bezug auf Wissen*)
(well) versed in sth
versifft [fɛɐ̯ˈzɪft] *adj* (*sl*) yucky (*infml*)
versilbern [fɛɐ̯ˈzɪlbɐn] *past part* versilbert
v/t (≈ *mit Silber überziehen*) to silver(-plate);
(*fig infml* ≈ *verkaufen*) to sell

versinken *past part* versunken [fɛɐ̯-
ˈzʊŋkn̩] *v/i irr aux sein* to sink; **in etw** (*acc*)
~ (*fig*) *in Trauer, Chaos* to sink into sth; *in
Anblick, Gedanken* to lose oneself in sth;
→ versunken
Version [vɛrˈzi̯oːn] *f* ⟨-, *-en*⟩ version
versklaven [fɛɐ̯ˈsklaːvn̩, -aːfn̩] *past part*
versklavt *v/t* (*lit, fig*) to enslave
Versmaß *nt* metre (*Br*), meter (*US*)
versoffen [fɛɐ̯ˈzɔfn̩] *adj* (*infml*) boozy
(*infml*); → versaufen
versohlen *past part* versohlt *v/t* (*infml*) to
belt (*infml*)
versöhnen [fɛɐ̯ˈzøːnən] *past part* ver-
söhnt **A** *v/t* to reconcile; **~de Worte** conciliatory words **B** *v/r* to be(come) reconciled; (*Streitende*) to make it up; **sich mit
etw ~** to reconcile oneself to sth **versöhnlich** [fɛɐ̯ˈzøːnlɪç] *adj* conciliatory; (≈
nicht nachtragend) forgiving **Versöhnung** *f* ⟨-, *-en*⟩ reconciliation
versonnen [fɛɐ̯ˈzɔnən] *adj* Gesichtsausdruck pensive; (≈ *träumerisch*) Blick dreamy
versorgen *past part* versorgt *v/t* (≈ *sich
kümmern um*) to look after; (≈ *beliefern*) to
supply; (≈ *unterhalten*) Familie to provide
for **Versorgung** [fɛɐ̯ˈzɔrɡʊŋ] *f* ⟨-, *-en*⟩
(≈ *Pflege*) care; (≈ *Belieferung*) supply; **die
~ mit Strom** the supply of electricity;
die ~ im Alter providing for one's old
age **Versorgungsschwierigkeiten**
pl supply problems *pl* **Ver-
sorgungsstaat** *m* all-providing state
verspannt [fɛɐ̯ˈʃpant] *adj* Muskeln tense
verspäten [fɛɐ̯ˈʃpɛːtn̩] *past part* verspätet
v/r to be late **verspätet** [fɛɐ̯ˈʃpɛːtət] **A**
adj late; *Zug, Flugzeug* delayed **B** *adv* late;
gratulieren belatedly **Verspätung** *f* ⟨-,
-en⟩ delay; (**10 Minuten**) **~ haben** to be
(10 minutes) late; **mit ~ ankommen** to arrive late
versperren *past part* versperrt *v/t* Weg etc
to block
verspielen *past part* verspielt **A** *v/t* Geld,
Zukunft to gamble away; *Vertrauen* to lose
B *v/i* (*fig*) **er hatte bei ihr verspielt** he
had had it as far as she was concerned
(*infml*) **verspielt** [fɛɐ̯ˈʃpiːlt] *adj* playful; *Verzierung* dainty
verspotten *past part* verspottet *v/t* to
mock
versprechen *past part* versprochen [fɛɐ̯-
ˈʃprɔxn̩] *irr* **A** *v/t* to promise (**jdm etw** sb
sth); **das verspricht interessant zu wer-**

den it promises to be interesting; **sich** (dat) **viel/wenig von etw ~** to have high hopes/no great hopes of sth; **was versprichst du dir davon?** what do you expect to achieve (by that)? **B** v/r (≈ etwas Nichtgemeintes sagen) to make a slip (of the tongue) **Versprechen** [fɛɐ̯ˈʃprɛçn̩] nt ⟨-s, -⟩ promise **Versprecher** m (infml) slip (of the tongue) **Versprechung** [fɛɐ̯ˈʃprɛçʊŋ] f ⟨-, -en⟩ promise

versprühen past part **versprüht** v/t to spray; Charme to exude

verspüren past part **verspürt** v/t to feel

verstaatlichen [fɛɐ̯ˈʃtaːtlɪçn̩] past part **verstaatlicht** v/t to nationalize **Verstaatlichung** f ⟨-, -en⟩ nationalization

Verstand [fɛɐ̯ˈʃtant] m ⟨-(e)s [-dəs] no pl (≈ Fähigkeit zu denken) reason; (≈ Intellekt) mind; (≈ Vernunft) (common) sense; (≈ Urteilskraft) (powers pl of) judgement; **den ~ verlieren** to lose one's mind; **hast du denn den ~ verloren?** are you out of your mind? (infml); **jdn um den ~ bringen** to drive sb out of his/her mind (infml); **nicht ganz bei ~ sein** not to be in one's right mind; **das geht über meinen ~** it's beyond me

verständigen [fɛɐ̯ˈʃtɛndɪgn̩] past part **verständigt** **A** v/t to notify (von of, about) **B** v/r to communicate (with each other); (≈ sich einigen) to come to an understanding **Verständigung** f ⟨-, (rare) -en⟩ **1** (≈ Benachrichtigung) notification **2** (≈ das Sichverständigen) communication no indef art **3** (≈ Einigung) understanding

verständlich [fɛɐ̯ˈʃtɛntlɪç] **A** adj (≈ begreiflich) understandable; (≈ intellektuell erfassbar) comprehensible; (≈ hörbar) audible; (≈ klar) Erklärung intelligible; **jdm etw ~ machen** to make sb understand sth; **sich ~ machen** to make oneself understood **B** adv clearly **verständlicherweise** [fɛɐ̯ˈʃtɛntlɪçɐˈvaizə] adv understandably (enough) **Verständnis** [fɛɐ̯ˈʃtɛntnɪs] nt ⟨-ses, no pl⟩ **1** (≈ das Begreifen) (**für** of) understanding; (≈ Mitgefühl) sympathy (für for); **für so was habe ich kein ~** I have no time for that kind of thing; **dafür hast du mein vollstes ~** you have my fullest sympathy (≈ Kunstverständnis etc) appreciation (für of) **verständnislos** **A** adj uncomprehending; (≈ ohne Mitgefühl) unsympathetic; (für Kunst) unappreciative **B** adv uncomprehendingly; (≈ ohne Mitgefühl)

unsympathetically; (gegenüber Kunst) unappreciatively **verständnisvoll** adj understanding; Blick knowing no pred

verstärken past part **verstärkt** **A** v/t to reinforce; Spannung to intensify; Signal, Musik to amplify **B** v/r (fig) to intensify **Verstärker** [fɛɐ̯ˈʃtɛrkɐ] m ⟨-s, -⟩ RADIO, ELEC amplifier **Verstärkung** f reinforcement; (von Spannung) intensification; ELEC, MUS amplification

verstauben past part **verstaubt** v/i aux sein to get dusty; (fig) to gather dust; **verstaubt** covered in dust; (fig) Ideen fuddy-duddy (infml)

verstauchen past part **verstaucht** v/t to sprain; **sich** (dat) **den Fuß** etc **~** to sprain one's foot etc

verstauen past part **verstaut** v/t Gepäck to load; NAUT to stow; (hum) Menschen to pile **Versteck** [fɛɐ̯ˈʃtɛk] nt ⟨-(e)s, -e⟩ hiding place; (von Verbrechern) hide-out; **~ spielen** to play hide-and-seek (Br) or hide-and-go-seek (US) **verstecken** past part **versteckt** **A** v/t to hide (vor from) **B** v/r to hide; **sich vor jdm ~** to hide from sb; **sich hinter etw** (dat) **~** to hide behind sth; **Verstecken spielen** to play hide-and-seek (Br) or hide-and-go-seek (US) **Versteckspiel** nt hide-and-seek (Br), hide-and-go-seek (US) **versteckt** [fɛɐ̯ˈʃtɛkt] adj hidden; Eingang concealed; Andeutung veiled

verstehen past part **verstanden** [fɛɐ̯ˈʃtandn̩] irr **A** v/t & v/i to understand; **jdn falsch ~** to misunderstand sb; **versteh mich recht** don't get me wrong; **wenn ich recht verstehe …** if I understand correctly …; **jdm zu ~ geben, dass …** to give sb to understand that … **B** v/t **1** (≈ können) to know; **es ~, etw zu tun** to know how to do sth; **etwas/nichts von etw ~** to know something/nothing about sth **2** (≈ auslegen) to understand, to see; **etw unter etw** (dat) **~** to understand sth by sth **C** v/r **1** (≈ kommunizieren können) to understand each other **2** (≈ miteinander auskommen) **sich mit jdm ~** to get on (Br) or along with sb **3** (≈ klar sein) to go without saying; **versteht sich!** (infml) of course! **4** **sich auf etw** (acc) **~** to be (an) expert at sth; **die Preise ~ sich einschließlich Lieferung** prices are inclusive of delivery

versteigern past part **versteigert** v/t to auction (off) **Versteigerung** f (sale by) auction

versteinern [fɛɐ̯'ʃtainən] *past part* **versteinert A** *v/i aux sein* GEOL to fossilize; *(Holz)* to petrify **B** *v/r (fig) (Miene, Gesicht)* to harden **Versteinerung** *f* ⟨-, -en⟩ *(Vorgang)* fossilization; *(von Holz)* petrification; *(≈ versteinertes Tier etc)* fossil

verstellbar *adj* adjustable **verstellen** *past part* **verstellt A** *v/t* **1** *(≈ anders einstellen)* to adjust; *Möbel* to move (out of position); *(≈ falsch einstellen)* to adjust wrongly; *Uhr* to set wrong **2** *Stimme* to disguise **3** *(≈ versperren)* to block **B** *v/r* **er kann sich gut ~** he's good at playing a part

versteuern *past part* **versteuert** *v/t* to pay tax on; **versteuerte Waren** taxed goods; **das zu ~de Einkommen** taxable income

verstimmen *past part* **verstimmt** *v/t (lit)* to put out of tune; *(fig)* to put out **verstimmt** [fɛɐ̯'ʃtɪmt] *adj Klavier etc* out of tune; *(fig) (≈ verdorben) Magen* upset; *(≈ verärgert)* put out **Verstimmung** *f* disgruntlement; *(zwischen Parteien)* ill will

verstohlen [fɛɐ̯'ʃtoːlən] **A** *adj* furtive **B** *adv* furtively

verstopfen *past part* **verstopft** *v/t* to stop up; *Straße, Blutgefäß* to block **verstopft** [fɛɐ̯'ʃtɔpft] *adj* blocked; *Nase* stuffed up, blocked (up); *Mensch* constipated **Verstopfung** [fɛɐ̯'ʃtɔpfʊŋ] *f* ⟨-, -en⟩ blockage; MED constipation

verstorben [fɛɐ̯'ʃtɔrbn] *adj* deceased; **mein ~er Mann** my late husband **Verstorbene(r)** [fɛɐ̯'ʃtɔrbənə] *m/f(m) decl as adj* deceased

verstört [fɛɐ̯'ʃtøːɐ̯t] *adj* disturbed; *(vor Angst)* distraught

Verstoß *m* violation *(gegen* of) **verstoßen** *past part* **verstoßen** *irr* **A** *v/t jdn* to disown **B** *v/i* **gegen etw ~** to offend against sth

verstrahlt [fɛɐ̯'ʃtraːlt] *adj* contaminated (by radiation) **Verstrahlung** *f* radiation

verstreichen *past part* **verstrichen** [fɛɐ̯-'ʃtrɪçn] *irr* **A** *v/t Salbe, Farbe* to apply *(auf +dat* to) **B** *v/i aux sein (Zeit)* to elapse; *(Frist)* to expire

verstreuen *past part* **verstreut** *v/t* to scatter; *(versehentlich)* to spill

verstricken *past part* **verstrickt** *(fig)* **A** *v/t* to involve, to embroil **B** *v/r* to become entangled, to get tangled up

verströmen *past part* **verströmt** *v/t* to exude

verstümmeln [fɛɐ̯'ʃtʏmln] *past part* **verstümmelt** *v/t* to mutilate; *Nachricht* to garble **Verstümmelung** *f* ⟨-, -en⟩ mutilation; *(von Nachricht)* garbling *no pl*

verstummen [fɛɐ̯'ʃtʊmən] *past part* **verstummt** *v/i aux sein (Mensch)* to go or fall silent; *(Gespräch, Musik)* to stop; *(≈ langsam verklingen)* to die away

Versuch [fɛɐ̯'zuːx] *m* ⟨-(e)s, -e⟩ attempt *(zu tun* at doing, to do); *(wissenschaftlich)* experiment; *(≈ Test)* trial, test; **einen ~ machen** to make an attempt; to carry out an experiment/a trial; **das käme auf einen ~ an** we'll have to (have a) try **versuchen** *past part* **versucht** *v/t* **1** *(also v/i)* to try; **es mit etw ~** to try sth; **es mit jdm ~** to give sb a try; **versuchter Diebstahl** attempted theft **2** *(≈ in Versuchung führen)* to tempt **Versuchsballon** *m* **einen ~ steigen lassen** *(fig)* to fly a kite **Versuchskaninchen** *nt (fig)* guinea pig **Versuchsobjekt** *nt* test object; *(fig: Mensch)* guinea pig **Versuchsperson** *f* test or experimental subject **Versuchsstadium** *nt* experimental stage **versuchsweise** *adv* on a trial basis; *einstellen* on trial **Versuchung** [fɛɐ̯'zuːxʊŋ] *f* ⟨-, -en⟩ temptation; **jdn in ~ führen** to lead sb into temptation; **in ~ kommen** to be tempted

versumpfen *past part* **versumpft** *v/i aux sein* **1** *(Gebiet)* to become marshy or boggy **2** *(fig infml ≈ lange zechen)* to get involved in a booze-up *(infml)*

versunken [fɛɐ̯'zʊŋkn] *adj* sunken; *(fig)* engrossed; **in Gedanken ~** immersed in thought; → **versinken**

versüßen *past part* **versüßt** *v/t (fig)* to sweeten

vertagen *past part* **vertagt** *v/t & v/i* to adjourn; *(≈ verschieben)* to postpone *(auf +acc* until, till) **Vertagung** *f* adjournment; *(≈ Verschiebung)* postponement

vertauschen *past part* **vertauscht** *v/t* **1** *(≈ austauschen)* to exchange *(gegen, mit* for); **vertauschte Rollen** reversed roles **2** *(≈ verwechseln)* to mix up

verteidigen [fɛɐ̯'taidɪgn] *past part* **verteidigt A** *v/t* to defend **B** *v/r* to defend oneself **Verteidiger** [fɛɐ̯'taidɪgɐ] *m* ⟨-s, -⟩, **Verteidigerin** [-ərɪn] *f* ⟨-, -nen⟩ defender; *(≈ Anwalt)* defence *(Br)* or defense *(US)* lawyer **Verteidigung** *f* ⟨-, -en⟩ defence *(Br)*, defense *(US)* **Verteidigungsfall** *m* **wenn der ~ eintritt** if defence should

V

be necessary **Verteidigungsminister(in)** *m/(f)* Minister of Defence *(Br)*, Secretary of Defense *(US)* **Verteidigungsministerium** *nt* Ministry of Defence *(Br)*, Department of Defense *(US)*

verteilen *past part* verteilt **A** *v/t* (≈ *austeilen*) to distribute; *Süßigkeiten etc* to share out; *Essen* to dish out; THEAT *Rollen* to allocate; *Farbe* to spread; (≈ *verstreuen*) to spread out **B** *v/r* (*Bevölkerung, Farbe*) to spread (itself) out; (*Reichtum etc*) to be distributed; (*zeitlich*) to be spread (*über +acc* over) **Verteiler** [fɛɐ'tailɐ] *m* ⟨-s, -⟩ **1** TECH distributor **2** (≈ *Verteilerschlüssel*) distribution list **Verteilernetz** *nt* ELEC distribution system; COMM distribution network **Verteilerschlüssel** *m* distribution list **Verteilung** *f* distribution; (≈ *Zuteilung*) allocation

vertelefonieren *past part* vertelefoniert *v/t* (*infml*) *Geld, Zeit* to spend on the phone

verteuern [fɛɐ'tɔyɐn] *past part* verteuert **A** *v/t* to make more expensive **B** *v/r* to become more expensive **Verteuerung** *f* increase in price

verteufeln [fɛɐ'tɔyfln] *past part* verteufelt *v/t* to condemn

vertiefen [fɛɐ'ti:fn] *past part* vertieft **A** *v/t* to deepen; *Kontakte* to strengthen **B** *v/r* to deepen; **in etw** (*acc*) **vertieft sein** (*fig*) to be engrossed in sth **Vertiefung** *f* ⟨-, -en⟩ **1** (≈ *das Vertiefen*) deepening **2** (*in Oberfläche*) depression

vertikal [vɛrti'ka:l] **A** *adj* vertical **B** *adv* vertically **Vertikale** [vɛrti'ka:lə] *f* ⟨-, -n⟩ vertical line

vertilgen *past part* vertilgt *v/t* **1** *Unkraut etc* to destroy **2** (*infml* ≈ *aufessen*) to demolish (*infml*)

vertippen *past part* vertippt *v/r* (*infml, beim Schreiben*) to make a typing error

vertonen *past part* vertont *v/t* to set to music

vertrackt [fɛɐ'trakt] *adj* (*infml*) awkward, tricky; (≈ *verwickelt*) complicated, complex

Vertrag [fɛɐ'tra:k] *m* ⟨-(e)s, ⸚e [-'trɛ:gə]⟩ contract; (≈ *Abkommen*) agreement; POL treaty

vertragen *past part* vertragen *irr* **A** *v/t* to take; (≈ *aushalten*) to stand; **Eier kann ich nicht ~** eggs don't agree with me; **Patienten, die kein Penizillin ~** patients who are allergic to penicillin; **so etwas kann ich nicht ~** I can't stand that kind of thing; **viel ~ können** (*infml: Alkohol*) to be able to hold one's drink (*Br*) *or* liquor (*US*); **jd könnte etw ~** (*infml*) sb could do with sth **B** *v/r* **sich (mit jdm) ~** to get on (*Br*) *or* along (with sb); **sich wieder ~** to be friends again; **sich mit etw ~** (*Farbe*) to go with sth; (*Verhalten*) to be consistent with sth

vertraglich [fɛɐ'tra:klɪç] **A** *adj* contractual **B** *adv* by contract; *festgelegt* in the/a contract

verträglich [fɛɐ'trɛ:klɪç] *adj* (≈ *umgänglich*) good-natured; *Speise* digestible; (≈ *bekömmlich*) wholesome; **ökologisch/sozial ~** ecologically/socially acceptable

Vertragsabschluss *m* conclusion of a/the contract **Vertragsbruch** *m* breach of contract **vertragsbrüchig** *adj* **~ werden** to be in breach of contract **Vertragsentwurf** *m* draft contract **vertragsgemäß** *adj, adv* as stipulated in the contract **vertragsschließend** *adj* contracting **Vertragsspieler(in)** *m/(f)* player under contract **Vertragsstrafe** *f* penalty for breach of contract

vertrauen *past part* vertraut *v/i* **jdm/einer Sache ~** to trust sb/sth; **auf jdn/etw ~** to trust in sb/sth; → vertraut **Vertrauen** [fɛɐ'trauən] *nt* ⟨-s, *no pl*⟩ trust, confidence (*zu, in +acc, auf +acc* in); **im ~ (gesagt)** strictly in confidence; **im ~ auf etw** (*acc*) trusting in sth; **jdn ins ~ ziehen** to take sb into one's confidence; **jdm das ~ aussprechen** PARL to pass a vote of confidence in sb **vertrauenerweckend** *adj* **einen ~en Eindruck machen** to inspire confidence **vertrauensbildend** *adj* confidence-building **Vertrauensfrage** *f* question *or* matter of trust; **die ~ stellen** PARL to ask for a vote of confidence **Vertrauensfrau** *f*, **Vertrauensmann** *m, pl* -leute *or* -männer intermediary agent; (*in Gewerkschaft*) (union) negotiator *or* representative **Vertrauenssache** *f* confidential matter; (≈ *Frage des Vertrauens*) question *or* matter of trust **vertrauensvoll** **A** *adj* trusting **B** *adv* trustingly **Vertrauensvotum** *nt* PARL vote of confidence **vertrauenswürdig** *adj* trustworthy **vertraulich** [fɛɐ'traulɪç] **A** *adj* **1** (≈ *geheim*) confidential **2** (≈ *freundschaftlich*) friendly; (≈ *plumpvertraulich*) familiar **B** *adv* confidentially, in

V

confidence **Vertraulichkeit** f ⟨-, -en⟩ confidentiality; (≈ *Aufdringlichkeit*) familiarity

verträumt [fɛɐ̯'trɔymt] *adj* dreamy

vertraut [fɛɐ̯'traut] *adj* intimate; *Umgebung* familiar; **sich mit etw ~ machen** to familiarize oneself with sth; **mit etw ~ sein** to be familiar with sth; → vertrauen **Vertraute(r)** [fɛɐ̯'trautə] m/f(m) *decl as adj* close friend **Vertrautheit** f ⟨-, (*rare*) -en⟩ intimacy; (*von Umgebung*) familiarity

vertreiben *past part* vertrieben [fɛɐ̯-'triːbn̩] v/t *irr* to drive away; (*aus Land*) to expel (*aus* from); (*aus Amt*) to oust; *Feind* to repulse; (*fig*) *Sorgen* to banish; COMM *Waren* to sell; **sich** (*dat*) **die Zeit mit etw ~ to** pass (away) the time with sth **Vertreibung** [fɛɐ̯'traibʊŋ] f ⟨-, -en⟩ (**aus** from) expulsion; (*aus Amt etc*) ousting

vertretbar *adj* justifiable; *Argument* tenable **vertreten** *past part* vertreten v/t *irr* **1** (≈ *jds Stelle übernehmen*) to replace, to stand in for **2** *jds Interessen, Wahlkreis* to represent; **~ sein** to be represented **3** (≈ *verfechten*) *Standpunkt, Theorie* to support; *Meinung* to hold; (≈ *rechtfertigen*) to justify (*vor to*) **4** **sich** (*dat*) **die Beine** *or* **Füße ~** (*infml*) to stretch one's legs **Vertreter** [fɛɐ̯'treːtɐ] m ⟨-s, -⟩, **Vertreterin** [-ərɪn] f ⟨-, -nen⟩ **1** representative; COMM agent **2** (≈ *Ersatz*) replacement; (*im Amt*) deputy **3** (*von Doktrin*) supporter; (*von Meinung*) holder **Vertretung** [fɛɐ̯'treːtʊŋ] f ⟨-, -en⟩ **1** (*von Menschen*) replacement; **die ~ (für jdn) übernehmen** to replace sb; **in ~** (*in Briefen*) on behalf of **2** (*von Interessen, Wahlkreis*) representation; **die ~ meiner Interessen** representing my interests **3** (≈ *das Verfechten*) supporting; (*von Meinung*) holding **4** (COMM ≈ *Firma*) agency **5** (≈ *Botschaft*) **diplomatische ~** embassy

Vertrieb [fɛɐ̯'triːp] m ⟨-(e)s, -e [-bə]⟩ **1** *no pl* sales **2** (≈ *Abteilung*) sales department **Vertriebene(r)** [fɛɐ̯'triːbənə] m/f(m) *decl as adj* exile

Vertriebsabteilung f sales department **Vertriebskosten** pl marketing costs pl **Vertriebsleiter(in)** m/(f) sales manager **Vertriebssystem** nt distribution system **Vertriebsweg** m channel of distribution **vertrocknen** *past part* vertrocknet v/i *aux* sein to dry out; (*Esswaren*) to go dry; (*Pflanzen*) to wither, to shrivel; (*Quelle*) to dry up

vertrödeln *past part* vertrödelt v/t (*infml*) to fritter away, to squander

vertrösten *past part* vertröstet v/t to put off; **jdn auf später ~** to put sb off

vertun *past part* vertan [fɛɐ̯'taːn] *irr* **A** v/t to waste **B** v/r (*infml*) to slip up (*infml*)

vertuschen *past part* vertuscht v/t to hush up

verübeln [fɛɐ̯'yːbln̩] *past part* verübelt v/t **jdm etw ~** to take sth amiss; **das kann ich dir nicht ~** I can't blame you for that

verüben *past part* verübt v/t to commit

verulken *past part* verulkt v/t (*infml*) to make fun of

verunglimpfen [fɛɐ̯'ʊnɡlɪmpfn̩] *past part* verunglimpft v/t to disparage

verunglücken [fɛɐ̯'ʊnɡlʏkn̩] *past part* verunglückt v/i *aux* sein to have an accident; (*fig infml* ≈ *misslingen*) to go wrong; **mit dem Auto ~** to be in a car crash **Verunglückte(r)** [fɛɐ̯'ʊnɡlʏktə] m/f(m) *decl as adj* casualty

verunreinigen [fɛɐ̯'ʊnrainɪɡn̩] *past part* verunreinigt v/t *Luft, Wasser* to pollute; (≈ *beschmutzen*) to dirty **Verunreinigung** f (*von Fluss, Wasser*) pollution; (≈ *Beschmutzung*) dirtying

verunsichern [fɛɐ̯'ʊnzɪçɐn] *past part* verunsichert v/t to make unsure (*in +dat* of); **verunsichert sein** to be uncertain

veruntreuen [fɛɐ̯'ʊntrɔyən] *past part* veruntreut v/t to embezzle **Veruntreuung** f ⟨-, -en⟩ embezzlement

verursachen [fɛɐ̯'uːɐ̯zaxn̩] *past part* verursacht v/t to cause **Verursacher** [fɛɐ̯'uːɐ̯zaxɐ] m ⟨-s, -⟩, **Verursacherin** [-ərɪn] f ⟨-, -nen⟩ cause; **der ~ kommt für den Schaden auf** the party responsible is liable for the damage **Verursacherprinzip** nt originator principle; (*bei Umweltschäden auch*) polluter pays principle **Verursachung** f ⟨-, no pl⟩ causing

verurteilen *past part* verurteilt v/t to condemn; JUR to convict (*für* of); (*zu Strafe*) to sentence; **jdn zu einer Gefängnisstrafe ~** to give sb a prison sentence **Verurteilte(r)** [fɛɐ̯'ʊrtailtə] m/f(m) *decl as adj* convicted man/woman, convict (JUR) **Verurteilung** f condemnation; (≈ *das Schuldigsprechen*) conviction; (*zu einer Strafe*) sentencing

vervielfachen [fɛɐ̯'fiːlfaxn̩] *past part* vervielfacht v/t & v/r to multiply

vervielfältigen *past part* vervielfältigt

V

v/t to duplicate; (≈ *fotokopieren*) to photocopy **Vervielfältigung** *f* ⟨-, -en⟩ **1** (≈ *das Vervielfältigen*) duplication **2** (≈ *Abzug*) copy

vervierfachen [fɛɐ̯ˈfiːɛfaxn̩] *past part* **vervierfacht** *v/t & v/r* to quadruple

vervollständigen [fɛɐ̯ˈfɔlʃtɛndɪɡn̩] *past part* **vervollständigt** *v/t* to complete **Vervollständigung** *f* ⟨-, -en⟩ completion

verwackeln *past part* **verwackelt** *v/t* to blur

verwählen *past part* **verwählt** *v/r* to misdial

verwahren *past part* **verwahrt** **A** *v/t* (≈ *aufbewahren*) to keep (safe) **B** *v/r* **sich gegen etw ~** to protest against sth

verwahrlosen [fɛɐ̯ˈvaːɐ̯loːzn̩] *past part* **verwahrlost** *v/i aux sein* to go to seed; (*Park*) to become neglected **verwahrlost** [fɛɐ̯ˈvaːɐ̯loːst] *adj* neglected **Verwahrlosung** *f* ⟨-, no pl⟩ neglect

Verwahrung *f, no pl* (*von Geld etc*) keeping; (*von Täter*) detention; **jdm etw in ~ geben** to give sth to sb for safekeeping; **jdn in ~ nehmen** to take sb into custody

verwalten *past part* **verwaltet** *v/t* to manage; *Amt* to hold; POL *Provinz etc* to govern **Verwalter** [fɛɐ̯ˈvaltɐ] *m* ⟨-s, -⟩, **Verwalterin** [-ərɪn] *f* ⟨-, -nen⟩ administrator **Verwaltung** [fɛɐ̯ˈvaltʊŋ] *f* ⟨-, -en⟩ **1** (≈ *das Verwalten*) management; (*von Amt*) holding; (*von Provinz*) government **2** (≈ *Behörde*) administration; **städtische ~** municipal authorities *pl* **Verwaltungsbehörde** *f* administration **Verwaltungsbezirk** *m* administrative district **Verwaltungsgebühr** *f* administrative charge

verwandeln *past part* **verwandelt** **A** *v/t* (≈ *umformen*) to change, to transform; JUR *Strafe* to commute; **jdn/etw in etw** (*acc*) **~** to turn sb/sth into sth; **einen Strafstoß ~** to score (from) a penalty; **er ist wie verwandelt** he's a changed man **B** *v/i* (*Sport sl*) **zum 1:0 ~** to make it 1-0 **C** *v/r* to change; **sich in etw** (*acc*) **~** to change *or* turn into sth **Verwandlung** *f* change, transformation

verwandt [fɛɐ̯ˈvant] *adj* related (*mit* to); *Denker, Geister* kindred *attr*; **~e Seelen** (*fig*) kindred spirits **Verwandte(r)** [fɛɐ̯ˈvantə] *m/f(m) decl as adj* relation, relative **Verwandtschaft** [fɛɐ̯ˈvantʃaft] *f* ⟨-, -en⟩ relationship; (≈ *die Verwandten*) rela-

tions *pl*, relatives *pl*; (*fig*) affinity **verwandtschaftlich** [fɛɐ̯ˈvantʃaftlɪç] *adj* family *attr* **Verwandtschaftsgrad** *m* degree of relationship

verwanzt [fɛɐ̯ˈvantst] *adj Kleider* bug-infested; (*infml* ≈ *mit Abhörgeräten*) bugged

verwarnen *past part* **verwarnt** *v/t* to caution **Verwarnung** *f* caution **Verwarnungsgeld** *nt* exemplary fine

verwaschen [fɛɐ̯ˈvaʃn̩] *adj* faded (*in the wash*); (≈ *verwässert*) *Farbe* watery; (*fig*) wishy-washy (*infml*)

verwässern *past part* **verwässert** *v/t* to water down

verwechseln *past part* **verwechselt** *v/t* to mix up; **jdn (mit jdm) ~** to confuse sb with sb; **zum Verwechseln ähnlich** to be the spitting image of each other **Verwechslung** [fɛɐ̯ˈvɛkslʊŋ] *f* ⟨-, -en⟩ confusion; (≈ *Irrtum*) mistake

verwegen [fɛɐ̯ˈveːɡn̩] *adj* daring, bold; (≈ *tollkühn*) foolhardy, rash; (≈ *keck*) cheeky (*Br*), saucy

Verwehung [fɛɐ̯ˈveːʊŋ] *f* ⟨-, -en⟩ (≈ *Schneeverwehung*) (snow)drift; (≈ *Sandverwehung*) (sand)drift

verweichlichen [fɛɐ̯ˈvaiçlɪçn̩] *past part* **verweichlicht** *v/t* **jdn ~** to make sb soft; **ein verweichlichter Mensch** a weakling **Verweichlichung** *f* ⟨-, no pl⟩ softness **Verweigerer** [fɛɐ̯ˈvaigərɐ] *m* ⟨-s, -⟩, **Verweigerin** [-ərɪn] *f* ⟨-, -nen⟩ refusenik (*infml*); (≈ *Kriegsdienstverweigerer*) conscientious objector **verweigern** *past part* **verweigert** *v/t* to refuse; *Befehl* to refuse to obey; *Kriegsdienst* to refuse to do; **jdm etw ~** to refuse *or* deny sb sth **Verweigerung** *f* refusal

verweint [fɛɐ̯ˈvaint] *adj Augen* tear-swollen; *Gesicht* tear-stained

Verweis [fɛɐ̯ˈvais] *m* ⟨-es, -e [-zə]⟩ **1** (≈ *Rüge*) reprimand, admonishment; **jdm einen ~ erteilen** to reprimand *or* admonish sb **2** (≈ *Hinweis*) reference (*auf +acc* to) **verweisen** *past part* **verwiesen** [fɛɐ̯ˈviːzn̩] *irr v/t* **1** (≈ *hinweisen*) **jdn auf etw** (*acc*)**/an jdn ~** to refer sb to sth/sb **2** (*von der Schule*) to expel; **jdn vom Platz** *or* **des Spielfeldes ~** to send sb off **3** JUR to refer (*an +acc* to)

verwelken *past part* **verwelkt** *v/i aux sein* (*Blumen*) to wilt; (*fig*) to fade

verwenden [fɛɐ̯ˈvɛndn̩] *pret* **verwendete** *or* **verwandte** [fɛɐ̯ˈvɛndətə, fɛɐ̯ˈvantə], *past* *part* verwendet *or* verwandt [fɛɐˈvɛndət, fɛɐˈvant] **A** *v/t* to use; **Mühe auf etw** *(acc)* ~ to put effort into sth; **Zeit auf etw** *(acc)* ~ to spend time on sth **B** *v/r* **sich (bei jdm) für jdn** ~ to intercede (with sb) on sb's behalf **Verwendung** *f* use; *(von Zeit, Geld)* expenditure *(auf +acc* on); **keine ~ für etw haben** to have no use for sth; **für jdn/etw ~ finden** to find a use for sb/sth

verwerfen *past part* **verworfen** [fɛɐˈvɔrfn] *irr v/t* (≈ *ablehnen*) to reject; *Ansicht* to discard; *JUR Klage, Antrag* to dismiss; *Urteil* to quash **verwerflich** [fɛɐˈvɛrflɪç] *adj* reprehensible **Verwerfung** [fɛɐˈvɛrfʊŋ] *f* ⟨-, -en⟩ **1** (≈ *Ablehnung*) rejection; *JUR* dismissal; *(von Urteil)* quashing **2** *GEOL* fault

verwertbar *adj* usable **verwerten** *past part* **verwertet** *v/t* (≈ *verwenden*) to make use of; *Reste* to use; *Kenntnisse* to utilize, to put to good use; *(kommerziell)* to exploit; *(Körper) Nahrung* to process **Verwertung** *f* utilization; *(von Resten)* using; *(kommerziell)* exploitation

verwesen [fɛɐˈveːzn] *past part* **verwest** *v/i aux sein* to decay; *(Fleisch)* to rot **Verwesung** *f* ⟨-, no pl⟩ decay

verwetten *past part* **verwettet** *v/t* to gamble away

verwickeln *past part* **verwickelt A** *v/t Fäden etc* to tangle (up); **jdn in etw** *(acc)* ~ to involve sb in sth **B** *v/r (Fäden etc)* to become tangled; **sich in etw** *(acc)* ~ *(fig)* in *Widersprüche* to get oneself tangled up in sth; *in Skandal* to get mixed up in sth **verwickelt** [fɛɐˈvɪklt] *adj (fig infml)* (≈ *schwierig)* complicated **Verwick(e)lung** [fɛɐˈvɪk(ə)lʊŋ] *f* ⟨-, -en⟩ involvement *(in +acc* in); (≈ *Komplikation)* complication

verwildern *past part* **verwildert** *v/i aux sein (Garten)* to become overgrown; *(Haustier)* to become wild **verwildert** [fɛɐˈvɪl-dət] *adj* wild; *Garten* overgrown; *Aussehen* unkempt

verwinkelt [fɛɐˈvɪŋklt] *adj Straße, Gasse* winding

verwirklichen [fɛɐˈvɪrklɪçn] *past part* **verwirklicht A** *v/t* to realize **B** *v/r* to be realized **Verwirklichung** *f* ⟨-, -en⟩ realization

verwirren [fɛɐˈvɪrən] *past part* **verwirrt A** *v/t* **1** *Fäden etc* to tangle (up) **2** (≈ *durcheinanderbringen)* to confuse **B** *v/r (Fäden etc)* to become tangled (up); *(fig)* to become confused **Verwirrung** *f* ⟨-, -en⟩ confusion

verwischen *past part* **verwischt** *v/t* to blur; *Spuren* to cover over

verwittern *past part* **verwittert** *v/i aux sein* to weather

verwitwet [fɛɐˈvɪtvət] *adj* widowed

verwöhnen [fɛɐˈvøːnən] *past part* **verwöhnt A** *v/t* to spoil **B** *v/r* to spoil oneself **verwöhnt** [fɛɐˈvøːnt] *adj* spoiled; *Geschmack* discriminating

verworren [fɛɐˈvɔrən] *adj* confused; (≈ *verwickelt)* intricate

verwundbar *adj* vulnerable **Verwundbarkeit** [fɛɐˈvʊntbaːʀkait] *f* ⟨-, no pl⟩ vulnerability **verwunden** [fɛɐˈvʊndn] *past part* **verwundet** *v/t* to wound

verwunderlich *adj* surprising; *(stärker)* astonishing, amazing; (≈ *sonderbar)* strange, odd **verwundern** *past part* **verwundert** *v/t* to astonish, to amaze **verwundert A** *adj* astonished, amazed **B** *adv* in astonishment, in amazement **Verwunderung** [fɛɐˈvʊndərʊŋ] *f* ⟨-, no pl⟩ astonishment, amazement

Verwundete(r) [fɛɐˈvʊndətə] *m/f(m) decl as adj* casualty **Verwundung** *f* ⟨-, -en⟩ wound

verwunschen [fɛɐˈvʊnʃn] *adj* enchanted **verwünschen** *past part* **verwünscht** *v/t* **1** (≈ *verfluchen)* to curse **2** *(in Märchen* ≈ *verhexen)* to bewitch **Verwünschung** [fɛɐˈvʏnʃʊŋ] *f* ⟨-, -en⟩ (≈ *Fluch)* curse

verwüsten [fɛɐˈvyːstn] *past part* **verwüstet** *v/t* to devastate **Verwüstung** *f* ⟨-, -en⟩ devastation *no pl;* **~en anrichten** to inflict devastation

verzagen *past part* **verzagt** *v/i (elev)* to become disheartened; **nicht ~!** don't despair **verzagt** [fɛɐˈtsaːkt] **A** *adj* despondent **B** *adv* despondently

verzählen *past part* **verzählt** *v/r* to miscount

verzahnen *past part* **verzahnt** *v/t Zahnräder* to cut teeth *or* cogs in, to gear *(Br)*; *(fig)* to (inter)link

verzapfen *past part* **verzapft** *v/t (infml) Unsinn* to come out with; *(pej) Artikel* to concoct

verzaubern *past part* **verzaubert** *v/t* to put a spell on

verzehnfachen [fɛɐˈtseːnfaxn] *past part* **verzehnfacht** *v/t & v/r* to increase tenfold **Verzehr** [fɛɐˈtseːɐ] *m* ⟨-(e)s, no pl⟩ con-

V

sumption **verzehren** past part verz**e**hrt v/t to consume

verzeichnen past part verz**ei**chnet v/t (≈ notieren) to record; (esp in Liste) to enter; **Todesfälle waren nicht zu ~** there were no fatalities; **einen Erfolg zu ~ haben** to have scored a success **Verzeichnis** [fɛɐ̯-'tsaiçnɪs] nt ⟨-ses, -se⟩ index; (≈ Tabelle) table; (amtlich) register; IT directory

verzeihen past part verz**ie**hen [fɛɐ̯'tsiːən] v/t & v/i irr (≈ vergeben) to forgive; (≈ entschuldigen) to excuse; **jdm (etw) ~** to forgive sb (for sth); **das ist nicht zu ~** that's unforgivable; **~ Sie!** excuse me!; **~ Sie die Störung** excuse me for disturbing you **verzeihlich** [fɛɐ̯'tsailɪç] adj forgivable **Verzeihung** [fɛɐ̯'tsaiʊŋ] f ⟨-, no pl⟩ forgiveness; (≈ Entschuldigung) pardon; **~!** excuse me!; **(jdn) um ~ bitten** to apologize (to sb)

verzerren past part verz**e**rrt v/t to distort; Gesicht etc to contort

verzetteln [fɛɐ̯'tsɛtln] past part verz**e**ttelt **A** v/r to waste a lot of time; (bei Diskussion) to get bogged down **B** v/t (≈ verschwenden) to waste

Verzicht [fɛɐ̯'tsɪçt] m ⟨-(e)s, -e⟩ renunciation (auf +acc of); (auf Anspruch) abandonment (auf +acc of); (≈ Opfer) sacrifice; (auf Recht, Amt) relinquishment (auf +acc of) **verzichten** [fɛɐ̯'tsɪçtn] past part verzichtet v/i to do (Br) or go without; **auf jdn/etw ~** (≈ ohne auskommen müssen) to do (Br) or go without sb/sth; (≈ aufgeben) to give up sb/sth; auf Erbschaft to renounce sth; auf Anspruch to waive sth; auf Recht to relinquish sth; (von etw absehen) auf Kommentar to abstain from sth; **auf jdn/etw ~ können** to be able to do (Br) or go without sb/sth

verziehen past part verz**o**gen [fɛɐ̯'tso:gn] irr **A** v/t **1** Mund etc to twist (zu into); **das Gesicht ~** to pull (Br) or make a face **2** Kinder (≈ verwöhnen) to spoil; → verzogen **B** v/r **1** (Stoff) to go out of shape; (Holz) to warp **2** (Mund, Gesicht etc) to contort **3** (≈ verschwinden) to disappear; (Wolken) to disperse **C** v/i aux sein to move (nach to)

verzieren past part verz**ie**rt v/t to decorate **Verzierung** [fɛɐ̯'tsi:rʊŋ] f ⟨-, -en⟩ decoration

verzinsen past part verz**i**nst v/t to pay interest on **verzinslich** [fɛɐ̯'tsɪnslɪç] adj **~ sein** to yield or bear interest; **nicht ~** free

of interest

verzogen [fɛɐ̯'tso:gn] adj Kind (≈ verwöhnt) spoiled; → verziehen

verzögern past part verz**ö**gert **A** v/t to delay; (≈ verlangsamen) to slow down **B** v/r to be delayed **Verzögerung** [fɛɐ̯-'tsø:gərʊŋ] f ⟨-, -en⟩ delay, hold-up **Verzögerungstaktik** f delaying tactics pl

verzollen past part verz**o**llt v/t to pay duty on; **haben Sie etwas zu ~?** have you anything to declare?

verzückt [fɛɐ̯'tsʏkt] **A** adj enraptured, ecstatic **B** adv ansehen adoringly **Verzückung** [fɛɐ̯'tsʏkʊŋ] f ⟨-, -en⟩ rapture, ecstasy; **in ~ geraten** to go into raptures or ecstasies (wegen over)

Verzug m, no pl **1** delay; **mit etw in ~ geraten** to fall behind with sth; **mit Zahlungen** to fall into arrears (esp Br) or behind with sth **2 es ist Gefahr im ~** there's danger ahead **Verzugszinsen** pl interest sg payable (on arrears (esp Br))

verzweifeln past part verzw**ei**felt v/i aux sein to despair (an +dat at); **es ist zum Verzweifeln!** it drives you to despair! **verzweifelt** [fɛɐ̯'tsvaiflt] **A** adj Stimme etc despairing, full of despair; Lage, Versuch desperate; **ich bin (völlig) ~** I'm in (the depths of) despair; (≈ ratlos) I'm at my wits' end **B** adv desperately **Verzweiflung** [fɛɐ̯'tsvaiflʊŋ] f ⟨-, -en⟩ despair; (≈ Ratlosigkeit) desperation; **etw aus ~ tun** to do sth in desperation

verzweigt [fɛɐ̯'tsvaikt] adj Baum, Familie branched

verzwickt [fɛɐ̯'tsvɪkt] adj (infml) tricky

Veteran [vete'ra:n] m ⟨-s, -⟩, **Veteranin** [vete'ra:nɪn] [-ɪn] f ⟨-, -nen⟩ veteran

Veterinärmedizin f veterinary medicine

Veto ['ve:to] nt ⟨-s, -s⟩ veto

Vetter ['fɛtɐ] m ⟨-s, -n⟩ cousin **Vetternwirtschaft** f (infml) nepotism

Viadukt [via'dʊkt] m ⟨-(e)s, -e⟩ viaduct

Vibration [vibra'tsio:n] f ⟨-, -en⟩ vibration **vibrieren** [vi'bri:rən] past part vibr**ie**rt v/i to vibrate; (Stimme) to quiver; (Ton) to vary

Video ['vi:deo] nt ⟨-s, -s⟩ video **Videogerät** nt video (recorder) **Videokamera** f video camera **Videokassette** f video cassette **Videokonferenz** f video conference **Videorekorder** m video recorder **Videotext** m Teletext® **Videothek** [video'te:k] f ⟨-, -en⟩ video (tape) library **Videoüberwachung** f video surveillance; (*Anlage*) closed-circuit television **Vieh** [fiː] nt ‹-(e)s, no pl› (≈ *Nutztiere*) livestock; (≈ *esp Rinder*) cattle pl **Viehbestand** m livestock **Viehfutter** nt (animal) fodder or feed **viehisch** ['fiːɪʃ] adj brutish; *Benehmen* swinish; **~ wehtun** to be unbearably painful **Viehzucht** f (live)stock breeding; (≈ *Rinderzucht auch*) cattle breeding

viel [fiːl] indef pr, adj, comp **mehr** [meːɐ], sup **meiste(r, s)** or adv am **meisten** ['maistə] **1** sg (adjektivisch) a lot of, a great deal of; (substantivisch) a lot, a great deal; (*esp fragend, verneint*) much; **~es** a lot of things; **um ~es besser** etc a lot or much or a great deal better etc; **so ~** so much; **halb/doppelt so ~** half/twice as much; **so ~ (Arbeit** etc) so much or such a lot (of work etc); **wie ~** how much; (*bei Mehrzahl*) how many; **zu ~** too much; **~ zu ~** much or far too much; **einer/zwei** etc **zu ~** one/two etc too many; **was zu ~ ist, ist zu ~** that's just too much; **ein bisschen ~ (Regen** etc) a bit too much (rain etc); **~ zu tun haben** to have a lot to do **2** **~e** pl (adjektivisch) many, a lot of; (substantivisch) many, a lot; **seine ~en Fehler** his many mistakes; **~e glauben, ...** many (people) or a lot of people believe ... **3** (adverbial) a lot, a great deal; (*esp fragend, verneint*) much; **er arbeitet ~** he works a lot; **er arbeitet nicht ~** he doesn't work much; **sich ~ einbilden** to think a lot of oneself; **~ größer** etc much or a lot bigger etc; **~ beschäftigt** very busy; **~ diskutiert** much discussed; **~ geliebt** much-loved; **~ sagend** meaningful; (adverbial) meaningfully; **~ zu ...** much too ...; **~ zu ~** much or far too much; **~ zu ~e** far too many **vieldeutig** [-dɔytɪç] adj ambiguous **Vieldeutigkeit** f ‹-, no pl› ambiguity **Vieleck** nt ‹-s, -e› polygon **vielerlei** ['fiːlɐlai] adj inv **1** various, all sorts of **2** (substantivisch) all kinds or sorts of things **vielfach** ['fiːlfax] **A** adj multiple attr, manifold; **auf ~e Weise** in many ways; **auf ~en Wunsch** at the request of many people **B** adv many times; (≈ *in vielen Fällen*) in many cases **Vielfache(s)** ['fiːlfaxə] nt decl as adj MAT multiple; **um ein ~s besser** etc many times better etc **Vielfalt** ['fiːlfalt] f ‹-, no pl› (great) variety **vielfältig** ['fiːlfɛltɪç] adj varied, diverse **vielfar-**

big adj multicoloured (*Br*), multicolored (*US*) **Vielflieger(in)** m/(f) frequent flier **Vielfliegerprogramm** nt frequent flyer programme (*Br*), frequent flyer program (*US*) **Vielfraß** m (*fig*) glutton **vielköpfig** adj (infml) *Familie* large

vielleicht [fiˈlaiçt] adv **1** perhaps; **hat er sich ~ verirrt?** maybe he has got lost **2** (≈ *wirklich*) really; **willst du mir ~ erzählen, dass ...?!** do you really mean to tell me that ...?; **du bist ~ ein Idiot!** you really are an idiot!; **ich war ~ nervös!** was I nervous! **3** (≈ *ungefähr*) perhaps, about **vielmals** ['fiːlmaːls] adv **danke ~!** thank you very much!, many thanks!; **er lässt ~ grüßen** he sends his best regards **vielmehr** [fiːlˈmeːɐ, ˈfiːl-] adv rather; (≈ *sondern, nur*) just **vielschichtig** [-ʃɪçtɪç] adj (*fig*) complex **vielseitig** [-zaitɪç] **A** adj *Mensch, Gerät* versatile; *Interessen* varied; **auf ~en Wunsch** by popular request **B** adv **~ interessiert sein** to have varied interests **Vielseitigkeit** f ‹-, no pl› (*von Mensch, Gerät*) versatility; (*von Interessen*) multiplicity **vielsprachig** adj multilingual **vielverheißend** [-fɛɐhaisnt] adj promising **vielversprechend** [-fɛɐˈʃprɛçnt] adj promising **Vielzahl** f multitude **Vielzweck-** in cpds multipurpose

vier [fiːɐ] num **1** four; **sie ist ~ (Jahre)** she's four (years old); **mit ~ (Jahren)** at the age of four; **~ Millionen** four million; **es ist ~ (Uhr)** it's four (o'clock); **um/gegen ~ (Uhr)** or **~e** (infml) at/around four (o'clock); **halb ~** half past three; **wir waren ~** or **zu ~t** there were four of us; **sie kamen zu ~t** four of them came **2** **jdn unter ~ Augen sprechen** to speak to sb in private; **ein Gespräch unter ~ Augen** a private conversation; **auf allen ~en** (infml) on all fours **Vier** [fiːɐ] f ‹-, -en› four **Vierbeiner** [-bainɐ] m ‹-s, -› (*hum*) four-legged friend (*hum*) **vierbeinig** adj four-legged **vierblätt(e)rig** adj four-leaved **vierdimensional** adj four-dimensional **Viereck** nt ‹-s, -e› (≈ *Rechteck*) rectangle **viereckig** adj square; (≈ *rechteckig*) rectangular **Vierer** ['fiːrɐ] m ‹-s, -› (*Rudern* etc) four; (*S Ger, Aus: Ziffer*) four **Viererbob** m four-man bob (*Br*) or bobsled (*US*) **vierfach** ['fiːɐfax] adj fourfold, quadruple (*esp* MAT); **die ~e Menge** four times the amount **vierfüßig** adj four-legged **vierhändig** adj MUS four-hand-

V

ed; ~ **spielen** to play something for four hands **vierhundert** ['fiːɐ'hʊndɐt] *num* four hundred **vierjährig** *adj* (≈ 4 *Jahre alt*) four-year-old *attr*; (≈ 4 *Jahre dauernd*) four-year *attr*; **ein ~es Kind** a four-year-old child **Vierjährige(r)** [-jɛːrɪɡə] *m/f(m) decl as adj* four-year-old **vierköpfig** *adj* **eine ~e Familie** a family of four **Vierling** ['fiːɐlɪŋ] *m* ⟨-s, -e⟩ quadruplet, quad (*infml*) **viermal** ['fiːɐmaːl] *adv* four times **viermalig** ['fiːɐmaːlɪç] *adj* **Weltmeister** *etc* four-times *attr* **Vierradantrieb** *m* four--wheel drive **vierräd(e)rig** *adj* four--wheeled **vierseitig** [-zaɪtɪç] *adj* four--sided; *Brief, Broschüre* four-page *attr* **Viersitzer** *m* ⟨-s, -⟩ four-seater **vierspurig** [-ʃpuːrɪç] *adj* four-lane *attr* **vierstellig** *adj* four-figure *attr* **vierstimmig** 🅰 *adj* four-part *attr*, for four voices 🅱 *adv* ~ **singen** to sing a song for four voices **vierstöckig** *adj* *Haus* four-storeyed (*Br*), four-storied (*US*) **vierstufig** *adj* four--stage *attr* **vierstündig** *adj attr* *Reise, Vortrag* four-hour **viert** [fiːɐt] *adj* **zu ~**; → vier **viertägig** *adj attr* (≈ 4 *Tage dauernd*) four-day **viertäglich** *adj, adv* every four days **Viertakter** [-taktɐ] *m* ⟨-s, -⟩ (*infml*), **Viertaktmotor** *m* four-stroke (engine) **viertausend** ['fiːɐ'tauznt] *num* four thousand **vierte** *adj* → vierte(r, s) **vierteilig** *adj* four-piece *attr*; *Roman* four-part *attr*, in four parts

viertel ['fɪrtl] *adj inv* quarter; **eine ~ Stunde** a quarter of an hour; **ein ~ Liter** a quarter (of a) litre (*Br*) or liter (*US*); **drei ~ voll** three-quarters full

Viertel¹ ['fɪrtl] *nt* (*Swiss auch m*) ⟨-s, -⟩ 🔟 (*Bruchteil*) quarter; (*infml*) (≈ *Viertelpfund*) ≈ quarter; (≈ *Viertelliter*) quarter litre (*Br*) or liter (*US*); **drei ~ der Bevölkerung** three quarters of the population 🔟 (*Uhrzeit*) **(ein) ~ nach/vor sechs** (a) quarter past/to six

Viertel² ['fɪrtl] *nt* ⟨-s, -⟩ (≈ *Stadtbezirk*) quarter, district **Viertelfinale** *nt* quarterfinals *pl* **Vierteljahr** *nt* three months *pl*, quarter (COMM, FIN) **vierteljährig** *adj attr* *Frist* three months' **vierteljährlich** 🅰 *adj* quarterly; *Kündigungsfrist* three months' *attr* 🅱 *adv* quarterly **Viertelliter** *m* or *nt* quarter of a litre (*Br*) or liter (*US*) **vierteln** ['fɪrtln] *v/t* (≈ *in vier Teile teilen*) to divide into four **Viertelnote** *f* crotchet (*Br*), quarter note

(*US*) **Viertelpfund** *nt* ≈ quarter (of a pound) **Viertelstunde** *f* quarter of an hour **viertelstündig** *adj attr* *Vortrag* lasting quarter of an hour **viertelstündlich** 🅰 *adj attr* *Abstand* quarter-hour 🅱 *adv* every quarter of an hour **Viertelton** *m, pl* -töne quarter tone

viertens ['fiːɐtns] *adv* fourth(ly), in the fourth place **Vierte(r)** ['fiːɐtɐ] *m/f(m) decl as adj* fourth; **~r werden** to be or come fourth; **am ~n (des Monats)** on the fourth (of the month) **vierte(r, s)** ['fiːɐtɐ] *adj* fourth; **der ~ Oktober** the fourth of October; **den 4. Oktober** October 4th, October the fourth; **am ~n Oktober** on the fourth of October; **der ~ Stock** the fourth (*Br*) or fifth (*US*) floor; **im ~n Kapitel/Akt** in chapter/act four **viertürig** *adj* four-door *attr* **vierwöchig** [-vœçɪç] *adj* four-week *attr*, four weeks long **vierzehn** ['fɪrtseːn] *num* fourteen; **~ Tage** two weeks, a fortnight *sg* (*Br*) **vierzehntägig** *adj* two--week *attr*, lasting a fortnight (*Br*) or two weeks **vierzig** ['fɪrtsɪç] *num* forty; **(mit) ~ (km/h) fahren** to drive at forty (km/h); **etwa ~ (Jahre alt)** about forty (years old); (*Mensch auch*) fortyish (*infml*); **mit ~ (Jahren)** at forty (years of age); **Mitte ~** in one's mid-forties; **über ~** over forty **Vierzig** ['fɪrtsɪç] *f* ⟨-, -en⟩ forty **vierziger** ['fɪrtsɪɡɐ] *adj attr inv*; → Vierzigerjahre **Vierziger** ['fɪrtsɪɡɐ] *m* ⟨-s, -⟩ **die ~** *pl* (≈ *Vierzigerjahre*) one's forties; **er ist in den ~n** he is in his forties; **er ist Mitte der ~** he is in his mid-forties **Vierzigerin** ['fɪrtsɪɡərɪn] *f* ⟨-, -nen⟩ forty-year-old; **die ~** *pl* people in their forties **Vierzigerjahre** *pl* **die ~** one's forties; (≈ *Jahrzehnt*) the forties *sg* or *pl* **vierzigjährig** ['fɪrtsɪç-] *adj attr* (≈ 40 *Jahre alt*) forty-year-old; (≈ 40 *Jahre dauernd*) forty-year **Vierzigstundenwoche** *f* forty-hour week **Vierzimmerwohnung** *f* four-room flat (*Br*) or apartment **Vierzylindermotor** *m* four-cylinder engine

Vietnam [viɛt'nam] *nt* ⟨-s⟩ Vietnam **Vietnamese** [viɛtnaˈmeːzə] *m* ⟨-n, -n⟩, **Vietnamesin** [-ˈmeːzɪn] *f* ⟨-, -nen⟩ Vietnamese **vietnamesisch** [viɛtnaˈmeːzɪʃ] *adj* Vietnamese

Vignette [vɪnˈjɛtə] *f* ⟨-, -n⟩ vignette, AUTO permit (for motorway driving)

V

Villa ['vɪla] f ⟨-, Villen [-lən]⟩ villa
Villenviertel nt exclusive residential area
Viola ['vi:ola] f ⟨-, Violen ['vio:lən]⟩ MUS viola
violett [vio'lɛt] adj purple
Violine [vio'li:nə] f ⟨-, -n⟩ violin
Violoncello [violɔn'tʃɛlo] nt violoncello
Virenscanner m IT anti-virus scanner **Virenschutz** m IT (anti-)virus protection **Virensuchprogramm** nt IT virus checker (Br) or scanner
virtuell [vɪr'tuɛl] adj Realität etc virtual
virtuos [vɪr'tuo:s] **A** adj virtuoso attr **B** adv beherrschen like a virtuoso **Virtuose** [vɪr'tuo:zə] m ⟨-n, -n⟩, **Virtuosin** [-'tuo:zɪn] f ⟨-, -nen⟩ virtuoso
Virus ['vi:rʊs] nt or m ⟨-, Viren [-rən]⟩ virus **Virusinfektion** f viral or virus infection **Virusprogramm** nt IT virus (program)
Visage [vi'za:ʒə] f ⟨-, -n⟩ (infml) face **Visagist** [viza'ʒɪst] m ⟨-en, -s⟩, **Visagistin** [viza:'ʒɪstɪn] f ⟨-in⟩ f ⟨-, -nen⟩ make-up artist
vis-à-vis [viza'vi:], **vis-a-vis** [viza'vi:] **A** adv opposite (von to) **B** prep +dat opposite
Visier [vi'zi:ɐ] nt ⟨-s, -e⟩ **1** (am Helm) visor **2** (an Gewehren) sight; **jdn/etw im ~ haben** (fig) to have sb/sth in one's sights
visieren [vi'zi:rən] past part **visiert** v/t (Swiss) (≈ beglaubigen) to certify; (≈ abzeichnen) to sign
Vision [vi'zio:n] f ⟨-, -en⟩ vision
Visite [vi'zi:tə] f ⟨-, -n⟩ (MED: im Krankenhaus) round **Visitenkarte** [vi'zi:tn-] f visiting or calling (US) card
Viskose [vɪs'ko:zə] f ⟨-, no pl⟩ rayon, viscose
visuell [vi'zuɛl] adj visual
Visum ['vi:zʊm] nt ⟨-s, Visa or Visen [-za, -zn]⟩ **1** visa **2** (Swiss ≈ Unterschrift) signature
vital [vi'ta:l] adj vigorous; (≈ lebenswichtig) vital **Vitalität** [vitali'tɛ:t] f ⟨-, no pl⟩ vitality
Vitamin [vita'mi:n] nt ⟨-s, -e⟩ vitamin **vitaminarm** adj poor in vitamins **vitaminhaltig** adj containing vitamins **Vitaminmangel** m vitamin deficiency **vitaminreich** adj rich in vitamins
Vitrine [vi'tri:nə] f ⟨-, -n⟩ (≈ Schrank) glass cabinet; (≈ Schaukasten) display case
Vize ['fi:tsə] m ⟨-s, -⟩ (infml) number two (infml) **Vizemeister(in)** m/f(f) runner-up
Vogel ['fo:gl] m ⟨-s, ⸚ ['fø:gl]⟩ bird; **ein**

seltsamer ~ (infml) a strange bird (infml); **den ~ abschießen** (infml) to surpass everyone (iron); **einen ~ haben** (infml) to be crazy (infml) **Vogelbauer** nt, pl -bauer birdcage **Vogelbeere** f (a. **Vogelbeerbaum**) rowan (tree); (≈ Frucht) rowan(berry) **Vogelfutter** nt bird food; (≈ Samen) birdseed **Vogelgrippe** f bird flu **Vogelhäuschen** [-hɔʏsçən] nt (≈ Futterhäuschen) birdhouse **Vogelkäfig** m birdcage **Vogelkunde** f ornithology **vögeln** ['fø:gln] v/t & v/i (infml) to screw (sl) **Vogelnest** nt bird's nest **Vogelperspektive** f bird's-eye view **Vogelscheuche** [-ʃɔʏçə] f ⟨-, -n⟩ scarecrow **Vogel-Strauß-Politik** f head-in-the-sand policy **Vogelsalat** ['fo:gel-] m (Aus) corn salad
Vogesen [vo'ge:zn] pl Vosges pl
Voicemail ['vɔɪsme:l] f ⟨-, -s⟩ TEL voice mail
Vokabel [vo'ka:bl] f ⟨-, -n or (Aus) nt -s, -⟩ word; **~n** pl vocabulary sg, vocab sg (SCHOOL infml) **Vokabelheft** nt vocabulary book **Vokabular** [vokabu'la:ɐ] nt ⟨-s, -e⟩ vocabulary
Vokal [vo'ka:l] m ⟨-s, -e⟩ vowel **Vokalmusik** f vocal music
Volk [fɔlk] nt ⟨-(e)s, ⸚er ['fœlkɐ]⟩ **1** no pl people pl; (≈ Nation) nation; (pej ≈ Pack) rabble pl; **etw unters ~ bringen** Nachricht to spread sth; Geld to spend sth **2** (≈ ethnische Gemeinschaft) people sg; **die Völker Afrikas** the peoples of Africa **3** ZOOL colony **Völkerkunde** f ethnology **völkerkundlich** [-kʊntlɪç] adj ethnological **Völkermord** m genocide **Völkerrecht** nt international law **völkerrechtlich** adj under international law **Völkerverständigung** f international understanding **Völkerwanderung** f HIST migration of the peoples; (hum) mass exodus **Volksabstimmung** f plebiscite **Volksaufstand** m national uprising **Volksbefragung** f public opinion poll **Volksbegehren** nt petition for a referendum **Volksentscheid** m referendum **Volksfest** nt public festival; (≈ Jahrmarkt) funfair **Volksgruppe** f ethnic group **Volksheld(in)** m/f(f) popular hero/heroine **Volkshochschule** f adult education centre (Br) or center (US) **Volkslauf** m SPORTS open cross-country race **Volkslied** nt folk song **Volksmund**

V

m, no pl vernacular **Volksmusik** *f* folk music **volksnah** *adj* popular, in touch with the people; POL grass-roots *attr* **Volksrepublik** *f* people's republic **Volksschule** *f* (*Aus*) primary (*Br*) or elementary school **Volksstamm** *m* tribe **Volkstanz** *m* folk dance **Volkstrauertag** *m* national day of mourning, ≈ Remembrance Day (*Br*), ≈ Veterans' Day (*US*) **volkstümlich** ['fɔlksty:mlɪç] *adj* folk *attr*, folksy; (≈ *traditionell*) traditional; (≈ *beliebt*) popular **Volksversammlung** *f* people's assembly; (≈ *Kundgebung*) public gathering **Volksvertreter(in)** *m*/(*f*) representative of the people **Volksvertretung** *f* representative body (of the people) **Volkswirt(in)** *m*/(*f*) economist **Volkswirtschaft** *f* national economy; (*Fach*) economics *sg*, political economy **volkswirtschaftlich** *adj Schaden, Nutzen* economic **Volkswirtschaftslehre** *f* economics *sg*, political economy **Volkszählung** *f* (national) census

voll [fɔl] **A** *adj* **1** full; *Erfolg* complete; *Jahr, Wahrheit* whole; *Haar* thick; **~er ...** full of ...; **~ (von** *or* **mit) etw** full of sth; **jdn nicht für ~ nehmen** not to take sb seriously **2 ~ sein** (*infml*) (≈ *satt*) to be full, to be full up (*Br*); (≈ *betrunken*) to be tight (*Br infml*) **B** *adv* fully; (≈ *vollkommen auch*) completely; (*sl* ≈ *total*) dead (*Br infml*), real (*US infml*); **~ und ganz** completely, wholly; **~ hinter jdm/etw stehen** to be fully behind sb/sth; **~ zuschlagen** (*infml*) to hit out; **~ dabei sein** (*infml*) to be totally involved **vollauf** ['fɔlauf, fɔl'auf] *adv* fully, completely; **das genügt ~** that's quite enough **vollautomatisch** *adj* fully automatic **Vollbart** *m* (full) beard **Vollbeschäftigung** *f* full employment **Vollbesitz** *m* **im ~** *+gen* in full possession of **Vollblut** *nt, no pl* thoroughbred **Vollbremsung** *f* emergency stop **vollbringen** [fɔl'brɪŋən] *past part* **vollbracht** [fɔl'braxt] *v/t insep irr* (≈ *ausführen*) to achieve; *Wunder* to work **vollbusig** [-bu:zɪç] *adj* full-bosomed **Volldampf** *m* NAUT full steam; **mit ~** at full steam; (*infml*) flat out (*esp Br*) **vollenden** [fɔl'ɛndn] *past part* **vollendet** *insep v/t* (≈ *abschließen*) to complete; (≈ *vervollkommnen*) to make complete **vollendet** [fɔl'ɛndət] **A** *adj* completed; *Schönheit* perfect **B** *adv* perfectly

vollends ['fɔlɛnts] *adv* (≈ *völlig*) completely **Vollendung** *f* completion; (≈ *Vollkommenheit*) perfection **voller** ['fɔlə] *adj* → **voll vollessen** *v/r sep irr* (*infml*) to gorge oneself

Volleyball 'vɔli-[] *m* volleyball

Vollgas *nt, no pl* full throttle; **~ geben** to open it right up; **mit ~** (*fig infml*) full tilt **vollgießen** *v/t sep irr* (≈ *auffüllen*) to fill (up) **Volldiot(in)** *m*/(*f*) (*infml*) complete idiot **völlig** ['fœlɪç] **A** *adj* complete; **das ist mein ~er Ernst** I'm completely *or* absolutely serious **B** *adv* completely; **er hat ~ Recht** he's absolutely right **volljährig** *adj* of age; **~ werden/sein** to come/be of age **Volljährigkeit** [-jɛ:rɪçkait] *f* (*-, no pl*) majority *no art* **Vollkaskoversicherung** *f* (*-, no pl*) fully comprehensive insurance **vollkommen** [fɔl'kɔmən, 'fɔl-] **A** *adj* perfect; (≈ *völlig*) complete, absolute **B** *adv* completely **Vollkommenheit** *f* (*-, no pl*) perfection; (≈ *Vollständigkeit*) completeness, absoluteness **Vollkornbrot** *nt* coarse wholemeal (*Br*) *or* wholegrain bread **vollaufen** *v/i sep irr aux sein* to fill up; **etw ~ lassen** to fill sth (up); **sich ~ lassen** (*infml*) to get tanked up (*infml*) **vollmachen** *v/t sep* **1** *Gefäß* to fill (up); *Dutzend* to make up; *Sammlung, Set* to complete **2** (*infml*) *Windeln* to fill (*Br*), to dirty (*US*) **Vollmacht** *f* (*-, -en*) (*legal*) power *or* authority *no pl, no indef art*; (*Urkunde*) power of attorney; **jdm eine ~ erteilen** to grant sb power of attorney **Vollmilch** *f* full-cream milk **Vollmilchschokolade** *f* full-cream milk chocolate **Vollmond** *m* full moon; **heute ist ~** there's a full moon today **vollmundig** *adj Wein* full-bodied **Vollnarkose** *f* general anaesthetic (*Br*) *or* anesthetic (*US*) **Vollpension** *f* full board **vollschlagen** *v/t sep irr* (*infml*) **sich** (*dat*) **den Bauch ~** to stuff oneself (with food) (*infml*) **vollschlank** *adj* plump, stout; **Mode für ~e Damen** fashion for ladies with a fuller figure **vollschreiben** *v/t sep irr Heft, Seite* to fill (with writing) **vollständig** **A** *adj* complete; *Adresse* full *attr*; **nicht ~** incomplete **B** *adv* completely **Vollständigkeit** [-ʃtɛndɪçkait] *f* (*-, no pl*) completeness **vollstopfen** *v/t sep* to cram full **vollstrecken** [fɔl'ʃtrɛkn] *past part* **vollstreckt**

v/t insep to execute; *Urteil* to carry out **Vollstreckung** *f* ⟨-, -en⟩ execution; *(von Todesurteil)* carrying out **Vollstreckungsbescheid** *m* writ of execution **volltanken** *v/t & v/i sep* to fill up **Volltext** *m* IT full text **Volltextsuche** *f* full text search **Volltreffer** *m* bull's eye **volltrunken** *adj* completely drunk **Vollversammlung** *f* general assembly; *(von Stadtrat etc)* full meeting **Vollwaschmittel** *nt* detergent **vollwertig** *adj* Mitglied full *attr*; *Ersatz* (fully) adequate **Vollwertkost** *f* wholefoods *pl* **vollzählig** [-tsɛːlɪç] **A** *adj usu pred* Anzahl complete; **um ~es Erscheinen wird gebeten** everyone is requested to attend **B** *adv* **sie sind ~ erschienen** everyone came **vollziehen** [fɔlˈtsiːən] *past part* **vollzogen** [fɔlˈtsoːgn] *insep irr* **A** *v/t* to carry out; *Trauung* to perform **B** *v/r* to take place **Vollzug** [fɔlˈtsuːk] *m, no pl* (≈ *Strafvollzug*) penal system **Vollzugsanstalt** *f* (form) penal institution **Vollzugsbeamte(r)** *m decl as adj*, **Vollzugsbeamtin** *f* (form) warder

Volontär [volɔnˈtɛːɐ] *m* ⟨-s, -⟩, **Volontärin** [volɔnˈtɛːɪn] [-ɪn] *f* ⟨-, -nen⟩ trainee **Volontariat** [volɔntaˈriaːt] *nt* ⟨-(e)s, -e⟩ (Zeit) practical training **volontieren** [volɔnˈtiːrən] *past part* **volontiert** *v/i* to be training (bei with)

Volt [vɔlt] *nt* ⟨-(e)s, -⟩ volt **Voltmeter** *nt* voltmeter **Voltzahl** *f* voltage

Volumen [voˈluːmən] *nt* ⟨-s, - or Volumina [-na]⟩ (lit, fig ≈ Inhalt) volume

von [fɔn] *prep +dat* **1** from; **nördlich ~** to the North of; **~ heute ab** or **an** from today; **~ dort aus** from there; **~ ... bis** from ... to; **~ morgens bis abends** from morning till night **2** (Urheberschaft ausdrückend) by; **das Gedicht ist ~ Schiller** the poem is by Schiller; **das Kind ist ~ ihm** the child is his; **~ etw begeistert** enthusiastic about sth **3** **ein Riese ~ einem Mann** (infml) a giant of a man; **dieser Dummkopf ~ Gärtner!** (infml) that idiot of a gardener!; **im Alter ~ 50 Jahren** at the age of 50

voneinander [fɔnaiˈnandɐ] *adv* of each other, of one another; **sich ~ trennen** to part or separate (from each other or one another)

vonseiten [fɔnˈzaitn] *prep +gen* on the part of

vor [foːɐ] **A** *prep +acc or +dat* **1** (+dat, räumlich) in front of; (≈ außerhalb von) outside; (bei Reihenfolge) before; **die Stadt lag ~ uns** the town lay before us; **~ allen Dingen, ~ allem** above all; **~ dem Fernseher sitzen** to sit in front of the TV **2** (+acc, Richtung angebend) in front of **3** (+dat, zeitlich) before; **zwanzig (Minuten) ~ drei** twenty (minutes) to three; **heute ~ acht Tagen** a week ago today; **~ einigen Tagen** a few days ago; **~ Hunger sterben** to die of hunger; **~ Kälte zittern** to tremble with cold **4** **~ jdm/etw sicher sein** to be safe from sb/sth; **Achtung ~ jdm/etw haben** to have respect for sb/sth **B** *adv* **~ und zurück** backwards and forwards

vorab [foːˈʔap] *adv* to begin or start with **Vorabend** *m* evening before; **das war am ~** that was the evening before

Vorahnung *f* presentiment, premonition **voran** [foˈran] *adv* **1** (≈ vorn) first **2** (≈ vorwärts) forwards **vorangehen** *v/i sep irr aux sein* **1** (≈ an der Spitze gehen) to go first or in front; (≈ anführen) to lead the way **2** (zeitlich) **einer Sache** (dat) **~** to precede sth **3** (also v/impers ≈ Fortschritte machen) to come along **vorankommen** *v/i sep irr aux sein* to make progress; **beruflich ~** to get on in one's job

Voranmeldung *f* appointment

Voranschlag *m* estimate

Vorarbeit *f* groundwork **vorarbeiten** *sep v/t & v/i* to work in advance **Vorarbeiter** *m* foreman **Vorarbeiterin** *f* forewoman

voraus [foˈraus] *adv* (≈ voran) in front (+dat of); (fig) ahead (+dat of); **im Voraus** in advance **vorausahnen** *v/t sep* to anticipate **vorausbezahlt** *adj* prepaid **vorausfahren** *v/i sep irr aux sein* to go in front (+dat of); (Fahrer) to drive in front (+dat of) **vorausgehen** *v/i sep irr aux sein* = vorangehen **vorausgesetzt** *adj* **~, (dass) ...** provided (that) ... **voraushaben** *v/t sep irr* **jdm etw ~** to have the advantage of sth over sb **vorausplanen** *v/t & v/i sep* to plan ahead **Voraussage** *f* prediction; (≈ Wettervoraussage) forecast **voraussagen** *v/t sep* to predict (jdm for sb); *Wetter* to forecast **vorausschicken** *v/t sep* to send on ahead or in advance (+dat of); (fig ≈ vorher sagen) to say in advance (+dat of) **vorausse hen** *v/t sep irr* to foresee; **das war vorauszusehen!** that was (only) to be expected! **voraus set-**

V

zen v/t sep to presuppose; Zustimmung, Verständnis to take for granted; (≈ erfordern) to require; **wenn wir einmal ~, dass ...** let us assume that ... **Voraussetzung** [-zɛtsʊŋ] f ⟨-, -en⟩ prerequisite, precondition; (≈ Erfordernis) requirement; (≈ Annahme) assumption; **unter der ~, dass ...** on condition that ... **voraussichtlich** ◪ adj expected ◫ adv probably

Vorbehalt [-bəhalt] m ⟨-(e)s, -e⟩ reservation; **unter dem ~, dass ...** with the reservation that ... **vorbehalten** past part **vorbehalten** v/t sep irr **sich** (dat) **etw ~** to reserve sth (for oneself); Recht to reserve sth; **alle Rechte ~** all rights reserved; **Änderungen (sind) ~** subject to alterations **vorbehaltlos** [-bəhaltloːs] ◪ adj unconditional ◫ adv without reservations

vorbei [foːɛˈbai] adv ◫ (räumlich) past, by; **~ an** (+dat) past ◪ (zeitlich) **~ sein** to be past; (≈ beendet) to be over; **es ist schon 8 Uhr ~** it's already past or after 8 o'clock; **damit ist es nun ~** that's all over now; **aus und ~** over and done **vorbeibringen** v/t sep irr (infml) to drop by or in **vorbeifahren** sep irr v/i aux sein to go/drive past (an jdm sb); **bei jdm ~** (infml) to drop in on sb **vorbeigehen** v/i sep irr aux sein ◫ to go past or by (an jdm/etw sb/sth); **bei jdm ~** (infml) to drop in on sb; **im Vorbeigehen** in passing ◪ (≈ vergehen) to pass **vorbeikommen** v/i sep irr aux sein (**an jdm/etw** sb/sth) to pass, to go past; (an einem Hindernis) to get past; **an einer Aufgabe nicht ~** to be unable to avoid a task **vorbeilassen** v/t sep irr to let past (an jdm/etw sb/sth) **vorbeireden** v/i sep **an etw** (dat) **~** to talk round sth; **aneinander ~** to talk at cross purposes

vorbelastet [-bəlastət] adj handicapped **Vorbemerkung** f introductory or preliminary remark

vorbereiten past part **vorbereitet** sep ◪ v/t to prepare ◫ v/r to prepare (oneself) (auf +acc for) **Vorbereitung** [ˈfoːɛbəraitʊŋ] f ⟨-, -en⟩ preparation; **~en treffen** to make preparations

vorbestellen past part **vorbestellt** v/t sep to order in advance **Vorbestellung** f advance order; (von Zimmer) (advance) booking

vorbestraft [-bəʃtraːft] adj previously convicted

vorbeugen sep ◪ v/i to prevent (einer Sache dat sth) ◫ v/r to bend forward **vorbeugend** adj preventive **Vorbeugung** f prevention (gegen, von of)

Vorbild nt model; (≈ Beispiel) example; **nach amerikanischem ~** following the American example; **sich** (dat) **jdn zum ~ nehmen** to model oneself on sb **vorbildlich** ◪ adj exemplary ◫ adv exemplarily

Vorbote m, **Vorbotin** f (fig) harbinger, herald

vorbringen v/t sep irr ◫ (infml ≈ nach vorn bringen) to take up or forward ◪ (≈ äußern) to say; Wunsch, Forderung to state; Klage to lodge; Kritik to make; Bedenken to express; Argument to produce

Vordach nt canopy

vordatieren past part **vordatiert** v/t sep to postdate; Ereignis to predate

Vordenker(in) m/(f) mentor

Vorderachse f front axle **Vorderansicht** f front view **Vorderbein** nt foreleg **vordere(r, s)** [ˈfɔrdərə] adj front **Vordergrund** m foreground; **im ~ stehen** (fig) to be to the fore; **etw in den ~ rücken** or **stellen** (fig) to give priority to sth; **in den ~ treten** (fig) to come to the fore **vordergründig** [-grʏndɪç] adj (fig) (≈ oberflächlich) superficial **Vordermann** m, pl **-männer** person in front; **sein ~** the person in front of him; **etw auf ~ bringen** (fig infml) Kenntnisse to brush sth up; (≈ auf neuesten Stand bringen) to bring sth up-to-date **Vorderrad** nt front wheel **Vorderseite** f front **vorderste(r, s)** [ˈfɔrdəstə] adj front(most) **Vordertür** f front door

vordrängen v/r sep to push to the front **vordringen** v/i sep irr aux sein to advance; **bis zu etw ~** to get as far as sth **vordringlich** adj urgent

Vordruck m, pl **-drucke** form

vorehelich adj attr premarital

voreilig adj rash; **~e Schlüsse ziehen** to jump to conclusions

voreinander [foːɛaiˈnandɐ] adv (räumlich) in front of one another; **wir haben keine Geheimnisse ~** we have no secrets from each other

voreingenommen adj prejudiced, biased **Voreingenommenheit** f, no pl prejudice, bias

voreingestellt *adj esp* IT preset **Voreinstellung** *f esp* IT presetting

vorenthalten *past part* **vorenthalten** *v/t sep irr* **jdm etw ~** to withhold sth from sb

Vorentscheidung *f* preliminary decision; SPORTS preliminary round *or* heat

vorerst ['fo:ee:est, fo:e'e:est] *adv* for the time being

Vorfahr ['fo:efa:e] *m* ⟨-en, -en⟩ ancestor

vorfahren *sep irr v/i aux sein* **1** (≈ *nach vorn fahren*) to drive *or* move forward **2** (≈ *ankommen*) to drive up **3** (≈ *früher fahren*) **wir fahren schon mal vor** we'll go on ahead **Vorfahrt** *f, no pl* right of way; „**Vorfahrt (be)achten**" "give way" (*Br*), "yield" (*US*); **jdm die ~ nehmen** to ignore sb's right of way **Vorfahrtsschild** *nt, pl* -schilder give way (*Br*) *or* yield (*US*) sign **Vorfahrtsstraße** *f* major road

Vorfall *m* incident **vorfallen** *v/i sep irr aux sein* (≈ *sich ereignen*) to happen

vorfeiern *v/t & v/i sep* to celebrate early

Vorfeld *nt* (*fig*) run-up (*+gen* to); **im ~ der Wahlen** in the run-up to the elections

vorfinden *v/t sep irr* to find, to discover

Vorfreude *f* anticipation

vorfühlen *v/i sep* (*fig*) **bei jdm ~** to sound *or* feel (*US*) sb out

vorführen *v/t sep* **1 den Gefangenen dem Haftrichter ~** to bring the prisoner up before the magistrate **2** (≈ *zeigen*) to present; *Kunststücke* to perform (*dat* to); *Film* to show; *Gerät* to demonstrate (*dat* to) **Vorführung** *f* presentation; (*von Filmen*) showing; (*von Geräten*) demonstration; (*von Kunststücken*) performance

Vorgang *m, pl* -gänge **1** (≈ *Ereignis*) event **2** TECH *etc* process

Vorgänger [-gɛŋe] *m* ⟨-s, -⟩, **Vorgängerin** [-ərɪn] *f* ⟨-, -nen⟩ predecessor

Vorgarten *m* front garden

vorgeben *v/t sep irr* **1** (≈ *vortäuschen*) to pretend; (≈ *fälschlich beteuern*) to profess **2** SPORTS to give (a start of)

vorgefasst *adj Meinung* preconceived

Vorgefühl *nt* anticipation; (≈ *böse Ahnung*) presentiment, foreboding

vorgehen *v/i sep irr aux sein* **1** (≈ *handeln*) to act; **gerichtlich gegen jdn ~** to take legal action against sb **2** (≈ *geschehen*) to go on **3** (*Uhr*) to be fast **4** (≈ *nach vorn gehen*) to go forward; (≈ *früher gehen*) to go on ahead **5** (≈ *den Vorrang haben*) to come first **Vorgehen** *nt* action

Vorgeschichte *f* **1** (*eines Falles*) past history **2** (≈ *Urgeschichte*) prehistoric times *pl* **vorgeschichtlich** *adj* prehistoric

Vorgeschmack *m* foretaste

Vorgesetzte(r) ['fo:ɛgezɛtstə] *m/f(m) decl as adj* superior

vorgestern *adv* the day before yesterday; **von ~** (*fig*) antiquated

vorgreifen *v/i sep irr* **jdm ~** to forestall sb; **einer Sache** (*dat*) **~** to anticipate sth **Vorgriff** *m* anticipation (*auf +acc* of); **im ~ auf** (*+acc*) in anticipation of

vorhaben *v/t sep irr* to intend; (≈ *geplant haben*) to have planned; **was haben Sie heute vor?** what are your plans for today?; **hast du heute Abend schon etwas vor?** have you already got something planned this evening?

vorhalten *sep irr* **A** *v/t* **1** = **vorwerfen 2** (*als Beispiel*) **jdm jdn/etw ~** to hold sb/sth up to sb **3** (≈ *vor den Körper halten*) to hold up **B** *v/i* (≈ *anhalten*) to last **Vorhaltung** *f usu pl* reproach; **jdm (wegen etw) ~en machen** to reproach sb (with *or* for sth)

Vorhand *f* SPORTS forehand

vorhanden [fo:e'handn] *adj* (≈ *verfügbar*) available; (≈ *existierend*) in existence; **davon ist genügend ~** there's plenty of that **Vorhandensein** *adj* existence

Vorhang *m* curtain

Vorhängeschloss ['fo:ɛhɛŋə-] *nt* padlock

Vorhaut *f* foreskin

vorher [fo:e'he:e, 'fo:e-] *adv* before **vorherbestimmen** *past part* **vorherbestimmt** *v/t sep Schicksal* to predetermine; (*Gott*) to preordain **vorhergehend** *adj Tag, Ereignisse* preceding **vorherig** [fo:e-'he:rɪç, 'fo:e-] *adj attr* previous; *Vereinbarung* prior

Vorherrschaft *f* predominance, supremacy; (≈ *Hegemonie*) hegemony **vorherrschen** *v/i sep* to predominate **vorherrschend** *adj* predominant; (≈ *weitverbreitet*) prevalent

Vorhersage *f* forecast **vorhersagen** *v/t sep* = **voraussagen vorhersehen** *v/t sep irr* to foresee

vorhin [fo:e'hɪn, 'fo:e-] *adv* just now

Vorhinein ['fo:ehɪnain] *adv* **im ~** in advance

Vorhut *f* ⟨-, -en⟩ MIL vanguard, advance guard

vorig [fo:rɪç] *adj attr* (≈ *früher*) previous; (≈

V

vergangen) Jahr etc last

Vorjahr *nt* previous year

Vorkämpfer(in) *m/(f)* pioneer (*für* of)

Vorkasse *f* „Zahlung nur gegen ~" "advance payment only"

vorkauen *v/t sep Nahrung* to chew; **jdm etw** *(acc)* **~** (*fig infml*) to spoon-feed sth to sb (*infml*)

Vorkehrung ['foːkeːkəruŋ] *f* ⟨-, -en⟩ precaution; **~en treffen** to take precautions

Vorkenntnis *f* previous knowledge *no pl*

vorknöpfen *v/t sep* (*fig infml*) **sich** *(dat)* **jdn ~** to take sb to task

vorkommen *v/i sep irr aux sein* **1** (*also v/impers ≈ sich ereignen*) to happen; **so etwas ist mir noch nie vorgekommen** such a thing has never happened to me before **2** (*≈ vorhanden sein*) to occur; (*Pflanzen, Tiere*) to be found **3** (*≈ erscheinen*) to seem; **das kommt mir merkwürdig vor** that seems strange to me; **sich** *(dat)* **überflüssig ~** to feel superfluous **4** (*≈ nach vorn kommen*) to come forward **Vorkommnis** ['foːkɔmnɪs] *nt* ⟨-ses, -se⟩ incident

Vorkriegszeit *f* prewar period

vorladen *v/t sep irr* JUR to summons **Vorladung** *f* summons

Vorlage *f* **1** *no pl* (*≈ das Vorlegen*) presentation; (*von Beweismaterial*) submission; **gegen ~ einer Sache** (*gen*) (up)on production *or* presentation of sth **2** (*≈ Muster*) pattern; (*≈ Entwurf*) draft

vorlassen *v/t sep irr* **1** (*infml*) **jdn ~** (*≈ vorbeigehen lassen*) to let sb pass; **ein Auto ~** (*≈ überholen lassen*) to let a car pass **2** (*≈ Empfang gewähren*) to allow in

Vorlauf *m* SPORTS qualifying *or* preliminary heat **Vorläufer(in)** *m/(f)* forerunner **vorläufig** **A** *adj* temporary; *Urteil* preliminary **B** *adv* (*≈ fürs Erste*) for the time being

vorlaut *adj* cheeky (*Br*), impertinent

Vorleben *nt* past (life)

vorlegen *sep v/t* **1** (*≈ präsentieren*) to present; *Pass* to show; *Beweismaterial* to submit **2** *Riegel* to put across; *Schloss* to put on **3** (*≈ vorstrecken*) *Geld* to advance **Vorleger** ['foːleːɡɐ] *m* ⟨-s, -⟩ mat

vorlehnen *v/r sep* to lean forward

Vorleistung *f* (ECON *≈ Vorauszahlung*) advance (payment)

vorlesen *v/t & v/i sep irr* **jdm (etw) ~** to read (sth) to sb **Vorlesung** *f* UNIV lecture; **über etw** *(acc)* **~en halten** to give

(a course of) lectures on sth **Vorlesungsverzeichnis** *nt* lecture timetable

vorletzte(r, s) ['foːlɛtstə] *adj* next to last, penultimate; **im ~n Jahr** the year before last

Vorliebe *f* preference

vorliebnehmen [foːˈliːp-] *v/i sep irr* **mit jdm/etw ~** to make do with sb/sth

vorliegen *sep irr* **A** *v/i* (*≈ zur Verfügung stehen*) to be available; (*≈ vorhanden sein*) (*Irrtum, Schuld etc*) to be; (*Gründe, Voraussetzungen*) to exist; **jdm ~** (*Unterlagen etc*) to be with sb; **etw liegt gegen jdn vor** sth is against sb; (*gegen Angeklagten*) sb is charged with sth **B** *v/impers* to be; **es muss ein Irrtum ~** there must be some mistake

vorlügen *v/t sep irr* **jdm etwas ~** to lie to sb

vormachen *v/t sep* **jdm etw ~** (*≈ zeigen*) to show sb how to do sth; (*fig ≈ täuschen*) to fool sb; **ich lasse mir so leicht nichts ~** you/he *etc* can't fool me so easily; **sich** *(dat)* **(selbst) etwas ~** to fool oneself

Vormacht(stellung) *f* supremacy (*gegenüber* over)

Vormarsch *m* MIL advance; **im ~ sein** (*fig*) to be gaining ground

vormerken *v/t sep* to note down; *Plätze* to reserve; **ich werde Sie für Mittwoch ~** I'll put you down for Wednesday

Vormieter(in) *m/(f)* previous tenant

Vormittag *m* morning; **am ~** in the morning; **heute ~** this morning **vormittags** *adv* in the morning; (*≈ jeden Morgen*) in the morning(s)

Vormund *m* ⟨-(e)s, -e *or* Vormünder⟩ guardian **Vormundschaft** ['foːmʊntʃaft] *f* ⟨-, -en⟩ guardianship

vorn [fɔrn] *adv* **1** in front; **nach ~** (*≈ ganz nach vorn*) to the front; (*≈ weiter nach vorn*) forwards; **~ im Bild** in the front of the picture; **sie waren ziemlich weit ~** they were quite far ahead **2** (*≈ am Anfang*) **von ~** from the beginning; **von ~ anfangen** to begin at the beginning; (*neues Leben*) to start afresh **3** (*≈ am vorderen Ende*) at the front; **~ im Auto** in the front of the car; **er betrügt sie von ~ bis hinten** he deceives her right, left and centre (*Br*) *or* center (*US*)

Vorname *m* first name

vornehm ['foːeneːm] **A** *adj* **1** (*kultiviert*) distinguished; *Benehmen* genteel; **die ~e**

Gesellschaft high society **2** (≈ *elegant*) *Wohngegend, Haus* posh (*infml*); *Geschäft* exclusive; *Kleid* elegant; *Auto* smart; *Geschmack* refined **B** *adv wohnen* grandly; **~ tun** (*pej infml*) to act posh (*infml*)

vornehmen *v/t sep irr* (≈ *ausführen*) to carry out; *Änderungen an etw* to do; *Messungen* to take; **(sich** *dat*) **etw ~** (≈ *in Angriff nehmen*) to get to work on sth; (≈ *planen*) to intend to do sth; **ich habe mir zu viel vorgenommen** I've taken on too much; **sich** (*dat*) **jdn ~** (*infml*) to have a word with sb

vornherein ['fɔrnhɛrain, fɔrnhɛ'rain] *adv* **von ~** from the start

vornüber [fɔrn'y:be] *adv* forwards

Vorort ['fo:ɔɐt] *m, pl* **-orte** (≈ *Vorstadt*) suburb **Vorortzug** *m* suburban train

Vorplatz *m* forecourt

Vorposten *m* MIL outpost

Vorprogramm *nt* supporting bill, warm-up act (*US*) **vorprogrammieren** *past part* **vorprogrammiert** *v/t sep* to preprogram **vorprogrammiert** [-program̩i:et] *adj Erfolg* automatic; *Verhaltensweise* preprogrammed

Vorrang *m, no pl* **1 ~ haben** to have priority; **jdm den ~ geben** to give sb priority **2** (*Aus* ≈ *Vorfahrt*) right of way **vorrangig** ['fo:eraŋɪç] *adj* priority *attr*; **~ sein** to have (top) priority; **eine Angelegenheit ~ behandeln** to give a matter priority treatment

Vorrat ['fo:era:t] *m* ⟨-(e)s, **Vorräte** [-rɛ:tə]⟩ stock; *esp* COMM stocks *pl*; (≈ *Geldvorrat*) reserves *pl*; (*an Atomwaffen*) stockpile; **solange der ~ reicht** COMM while stocks last **vorrätig** ['fo:erɛ:tɪç] *adj* in stock; (≈ *verfügbar*) available **Vorratsdatenspeicherung** *f* data retention **Vorratskammer** *f* pantry

vorrechnen *v/t sep* **jdm etw ~** to calculate sth for sb; **jdm seine Fehler ~** (*fig*) to enumerate sb's mistakes

Vorrecht *nt* prerogative; (≈ *Vergünstigung*) privilege

Vorredner(in) *m/(f)* (≈ *vorheriger Redner*) previous speaker

Vorrichtung *f* device

vorrücken *sep* **A** *v/t* to move forward; *Schachfigur* to advance **B** *v/i aus sein* to move forward; MIL to advance; (*im Beruf etc*) to move up; **in vorgerücktem Alter** in later life; **zu vorgerückter Stunde** at a late hour

Vorruhestand *m* early retirement

Vorrunde *f* SPORTS preliminary *or* qualifying round

vorsagen *sep* **A** *v/t* **jdm etw ~** *Antwort, Lösung* to tell sb sth **B** *v/i* SCHOOL **jdm ~** to tell sb the answer

Vorsaison *f* low season

Vorsatz *m* (firm) intention; **mit ~** JUR with intent **vorsätzlich** [-zɛtslɪç] **A** *adj* deliberate; JUR *Mord etc* wilful **B** *adv* deliberately

Vorschau *f* preview; (*für Film*) trailer

Vorschein *m* **zum ~ bringen** (*lit* ≈ *zeigen*) to produce; (*fig* ≈ *deutlich machen*) to bring to light; **zum ~ kommen** (*lit* ≈ *sichtbar werden*) to appear; (*fig* ≈ *entdeckt werden*) to come to light

vorschieben *sep irr v/t* **1** (≈ *davorschieben*) to push in front; *Riegel* to put across **2** (*fig* ≈ *vorschützen*) to put forward as an excuse

vorschießen *v/t sep irr* **jdm Geld ~** to advance sb money

Vorschlag *m* suggestion; (≈ *Rat*) advice; (≈ *Angebot*) proposition; **auf ~ von** *or* +*gen* at or on the suggestion of **vorschlagen** *v/t sep irr* to suggest; **jdn für ein Amt ~** to propose sb for a position

vorschnell *adj, adv* = voreilig

vorschreiben *v/t sep irr* (≈ *befehlen*) to stipulate; MED *Dosis* to prescribe; **jdm ~, wie/was ...** to dictate to sb how/what ...; **gesetzlich vorgeschrieben** stipulated by law **Vorschrift** *f* (≈ *Bestimmung*) regulation; (≈ *Anweisung*) instruction; **jdm ~en machen** to give sb orders; **sich an die ~en halten** to observe the regulations; **Arbeit nach ~** work to rule **vorschriftsmäßig** **A** *adj* regulation *attr*; *Verhalten* correct, proper *attr* **B** *adv* (≈ *laut Anordnung*) according to (the) regulations

Vorschub *m* **jdm/einer Sache ~ leisten** to encourage sb/sth

Vorschule *f* nursery school

Vorschuss *m* advance **Vorschusslorbeeren** *pl* premature praise *sg*

vorschützen *v/t sep* to plead as an excuse; *Unwissenheit* to plead

vorschweben *v/i sep* **jdm schwebt etw vor** sb has sth in mind

vorsehen *sep irr* **A** *v/t* (≈ *planen*) to plan; (≈ *einplanen*) *Kosten* to allow for; *Zeit* to allow; (*im Gesetz*) to provide for; **jdn für etw ~** (≈ *beabsichtigen*) to have sb in mind for

V

sth **B** v/r (≈ *sich in Acht nehmen*) to watch out; **sich vor jdm/etw ~** to beware of sb/sth **Vorsehung** ['foːzeːʊŋ] f ⟨-, no pl⟩ **die (göttliche) ~** (divine) Providence **vorsetzen** sep v/t **1** Fuß to put forward **2** **jdm etw ~** (≈ *geben*) to give sb sth; (≈ *anbieten*) to offer sb sth

Vorsicht ['foːzɪçt] f ⟨-, no pl⟩ care; (*bei Gefahr*) caution; **~ walten lassen** to be careful; (*bei Gefahr*) to exercise caution; (≈ *behutsam vorgehen*) to be wary; **zur ~ mahnen** to advise caution; **~!** watch out!; „**Vorsicht feuergefährlich**" "danger - inflammable"; „**Vorsicht Stufe**" "mind the step"; **mit ~** carefully; (*bei Gefahr*) cautiously; **was er sagt ist mit ~ zu genießen** (*hum infml*) you have to take what he says with a pinch of salt (*infml*); **~ ist besser als Nachsicht** (*prov*) better safe than sorry **vorsichtig** ['foːzɪçtɪç] **A** adj careful; (≈ *besonnen*) cautious; (≈ *misstrauisch*) wary; *Schätzung* cautious **B** adv **1** (*umsichtig*) carefully **2** (*zurückhaltend*) **sich ~ äußern** to be very careful what one says **vorsichtshalber** adv as a precaution **Vorsichtsmaßnahme** f precaution

Vorsilbe f prefix

vorsingen sep irr v/t & v/i (*vor Zuhörern*) **jdm (etw) ~** to sing (sth) to sb

vorsintflutlich [-zɪntfluːtlɪç] adj (*infml*) antiquated

Vorsitz m chairmanship; **den ~ haben** to be chairman; **den ~ übernehmen** to take the chair **Vorsitzende(r)** ['foːzɪtsndə] m/f(m) decl as adj chairman; (*Frau auch*) chairwoman; (*von Verein*) president

Vorsorge f, no pl (≈ *Vorsichtsmaßnahme*) precaution; **~ treffen** to take precautions; (*fürs Alter*) to make provision **vorsorgen** v/i sep to make provision; **für etw ~** to provide for sth **Vorsorgeuntersuchung** f MED medical checkup **vorsorglich** [-zɔrklɪç] adj precautionary

Vorspann ['foːʃpan] m ⟨-(e)s, -e⟩ (FILM, TV: *Titel und Namen*) opening credits pl **Vorspeise** f hors d'œuvre, starter (*Br*) **Vorspiegelung** f pretence (*Br*), pretense (*US*); **das ist nur (eine) ~ falscher Tatsachen** (*hum*) it's all sham

Vorspiel nt (≈ *Einleitung*) prelude; THEAT prologue (*Br*), prolog (*US*); (*bei Geschlechtsverkehr*) foreplay **vorspielen** sep **A** v/t **jdm etw ~** MUS to play sth to sb; (*fig*) to act out a sham of sth in front of sb; **spiel**

mir doch nichts vor don't try and pretend to me **B** v/i (*vor Zuhörern*) to play; **jdn ~ lassen** (*bei Einstellung*) to audition sb **vorsprechen** sep irr **A** v/t (≈ *vortragen*) to recite **B** v/i **1** (*form* ≈ *jdn aufsuchen*) to call (*bei jdm* on sb) **2** THEAT to audition **vorspringen** v/i sep irr aux sein to jump or leap forward; (≈ *herausragen*) to jut out, to project; (*Nase, Kinn*) to be prominent **Vorsprung** m **1** ARCH projection; (*von Küste*) promontory **2** (SPORTS, *fig* ≈ *Abstand*) lead (*vor +dat* over); (*vor Vorgabe*) start; **jdm 10 Minuten ~ geben** to give sb a 10-minute start; **einen ~ vor jdm haben** to be ahead of sb

Vorstadt f suburb

Vorstand m (≈ *leitendes Gremium*) board; (*von Verein*) committee; (*von Partei*) executive **Vorstandsvorsitzende(r)** m/f(m) decl as adj chairperson of the board of directors **vorstehen** v/i sep irr aux haben or sein **1** (≈ *hervorragen*) to jut out; (*Zähne*) to protrude; (*Kinn, Nase*) to be prominent **2** **einer Sache ~** einer Firma, einer Partei to be the chairperson of sth; *der Regierung* to be the head of sth; *einer Abteilung, einer Behörde* to be in charge of sth **Vorsteherdrüse** f prostate (gland)

vorstellbar adj conceivable **vorstellen** sep **A** v/t **1** (*nach vorn*) to move forward; *Uhr* to put forward (*um by*) **2** (≈ *darstellen*) to represent; (≈ *bedeuten*) to mean; **etwas ~** (*fig* ≈ *Ansehen haben*) to count for something **3** (≈ *vorführen*) to present (*jdm* to sb); **jdn jdm ~** to introduce sb to sb **4** **sich** (*dat*) **etw ~** to imagine sth; **das kann ich mir gut ~** I can imagine that (well); **sich** (*dat*) **etw unter etw** (*dat*) **~** *Begriff, Wort* to understand sth by sth; **darunter kann ich mir nichts ~** it doesn't mean anything to me; **was haben Sie sich (als Gehalt) vorgestellt?** what (salary) did you have in mind?; **stell dir das nicht so einfach vor** don't think it's so easy **B** v/r (≈ *sich bekannt machen*) to introduce oneself (*jdm* to sb) **vorstellig** adj **bei jdm ~ werden** to go to sb; (*wegen Beschwerde*) to complain to sb **Vorstellung** f **1** (≈ *Gedanke*) idea; (*bildlich*) picture; (≈ *Einbildung*) illusion; (≈ *Vorstellungskraft*) imagination; **du hast falsche ~en** you are wrong (in your ideas); **das entspricht ganz meiner ~** that is just how I imagined it; **sich** (*dat*) **eine ~ von etw machen** to form an idea or (*Bild*) picture of sth **2** THEAT etc performance **Vorstellungsgespräch** nt (job) interview **Vorstellungskraft** f imagination **Vorstellungsvermögen** nt powers pl of imagination

Vorsteuer f (≈ *Mehrwertsteuer*) input tax **Vorsteuerabzug** m input tax deduction

Vorstoß m (≈ *Vordringen*) venture; MIL advance; (*fig* ≈ *Versuch*) attempt **vorstoßen** sep irr **A** v/t to push forward **B** v/i aux sein to venture; SPORTS to attack; MIL to advance; **ins Viertelfinale ~** to advance into the quarterfinal

Vorstrafe f previous conviction **Vorstrafenregister** nt criminal record

vorstrecken v/t sep to stretch forward; *Arme, Hand* to stretch out; *Geld* to advance (*jdm* sb)

Vorstufe f preliminary stage

Vortag m day before, eve; **am ~ der Konferenz** (on) the day before the conference **vortäuschen** v/t sep *Krankheit* to feign; *Straftat, Orgasmus* to fake

Vorteil ['fo:etail] m ⟨-s, -e⟩ advantage; **die Vor- und Nachteile** the pros and cons; **jdm gegenüber im ~ sein** to have an advantage over sb; **von ~ sein** to be advantageous; **im ~ sein** to have the advantage (*jdm gegenüber* over sb); **„Vorteil Federer"** TENNIS "advantage Federer" **vorteilhaft** adj advantageous; *Kleid, Frisur* flattering; *Geschäft* lucrative; **~ aussehen** to look one's best

Vortrag ['fo:etra:k] m ⟨-(e)s, Vorträge [-trɛːɡə]⟩ **1** (≈ *Vorlesung*) lecture; (≈ *Bericht*) talk; **einen ~ halten** to give a lecture/talk **2** (≈ *Art des Vortragens*) performance **3** FIN balance carried forward **vortragen** v/t sep irr **1** (≈ *berichten*) to report; *Fall, Forderungen* to present; *Bedenken, Wunsch* to express **2** (≈ *vorsprechen*) *Gedicht* to recite; *Rede* to give; MUS to perform; *Lied* to sing **3** FIN to carry forward

vortrefflich [fo:e'trɛflɪç] adj excellent **vortreten** v/i sep irr aux sein **1** (*lit*) to step forward **2** (≈ *hervorragen*) to project; (*Augen*) to protrude **Vortritt** m, no pl precedence; (*Swiss* ≈ *Vorfahrt*) right of way; **jdm den ~ lassen** to let sb go first

vorüber [fo'ry:be] adv **~ sein** to be past; (*Gewitter, Winter*) to be over; (*Schmerz*) to have gone **vorübergehen** v/i sep irr aux sein **1** (*räumlich*) to go past (*an etw*

(*dat*) sth); **an jdm/etw ~** (*fig* ≈ *ignorieren*) to ignore sb/sth **2** (*zeitlich*) to pass; (*Gewitter*) to blow over **vorübergehend** **A** adj (≈ *flüchtig*) passing attr; (≈ *zeitweilig*) temporary **B** adv temporarily

Vorurteil nt prejudice (*gegenüber* against); **~e haben** to be prejudiced **vorurteilsfrei, vorurteilslos** **A** adj unprejudiced **B** adv without prejudice

Vorvergangenheit f GRAM pluperfect **Vorverkauf** m THEAT, SPORTS advance booking

vorverlegen past part **vorverlegt** v/t sep *Termin* to bring forward

Vorverurteilung f prejudgement

vorvorgestern adv (*infml*) three days ago

vorvorletzte(r, s) adj last but two **vorwagen** v/r sep to venture forward

Vorwahl f **1** preliminary election; (*US*) primary **2** TEL dialling (*Br*) or area (*US*) code **vorwählen** v/t sep TEL to dial first **Vorwahlnummer** f dialling (*Br*) or area (*US*) code

Vorwand ['fo:evant] m ⟨-(e)s, Vorwände [-vɛndə]⟩ pretext; **unter dem ~, dass ...** under the pretext that ...

Vorwarnung f (prior or advance) warning

vorwärts ['fo:everts] adv forwards, forward; **~!** (*infml*) let's go (*infml*); **~ und rückwärts** backwards and forwards; **wir kamen nur langsam ~** we made slow progress **vorwärtskommen** v/i sep irr aux sein (*fig*) to make progress (*in, mit* with); (*beruflich*) to get on

Vorwäsche f prewash

vorweg [fo:e'vɛk] adv (≈ *an der Spitze*) at the front; (≈ *vorher*) before(hand); (≈ *von vornherein*) at the outset **Vorwegnahme** [-na:mə] f ⟨-, -n⟩ anticipation **vorwegnehmen** v/t sep irr to anticipate

Vorweihnachtszeit f pre-Christmas period

vorweisen v/t sep irr to produce **vorwerfen** v/t sep irr (*fig*) **jdm etw ~** (≈ *anklagen*) to reproach sb for sth; (≈ *beschuldigen*) to accuse sb of sth; **das wirft er mir heute noch vor** he still holds it against me; **ich habe mir nichts vorzuwerfen** my conscience is clear

vorwiegend ['fo:evi:gnt] **A** adj attr predominant **B** adv predominantly

V

Vorwort nt, pl -worte foreword; (esp von Autor) preface

Vorwurf m reproach; (≈ Beschuldigung) accusation; **jdm (wegen etw) Vorwürfe machen** to reproach sb (for sth) **vorwurfsvoll A** adj reproachful **B** adv reproachfully

Vorzeichen nt (≈ Omen) omen; MED early symptom; MAT sign; **unter umgekehrtem ~** (fig) under different circumstances

vorzeigbar adj presentable **vorzeigen** v/t sep to show; Zeugnisse to produce

Vorzeit f **in der ~** in prehistoric times **vorzeitig A** adj early; Altern etc premature **B** adv early; prematurely

vorziehen v/t sep irr **1** (≈ hervorziehen) to pull out; (≈ zuziehen) Vorhänge to draw **2** (fig) (≈ lieber mögen) to prefer; (≈ bevorzugen) jdn to favour (Br), to favor (US); **es ~, etw zu tun** to prefer to do sth **3** Wahlen, Termin to bring forward **Vorzimmer** nt anteroom; (≈ Büro) outer office; (Aus ≈ Diele) hall **Vorzug** m preference; (≈ gute Eigenschaft) merit; **einer Sache** (dat) **den ~ geben** (form) to give sth preference **vorzüglich** [foːɐ̯ˈtsyːklɪç, esp Aus] ˈfoːɐ̯-] adj excellent **Vorzugsaktie** f ST EX preference share **Vorzugspreis** m special discount price **vorzugsweise** adv preferably; (≈ hauptsächlich) mainly

Votum [ˈvoːtʊm] nt ⟨-s, Voten or Vota [-tn, -ta]⟩ (elev) vote

Voyeur [voaˈjøːɐ] m ⟨-s, -⟩, **Voyeurin** [voaˈjøːɪn] [-ˈjøːrɪn] f ⟨-, -nen⟩ voyeur

vulgär [vʊlˈɡɛːɐ] adj vulgar; **drück dich nicht so ~ aus** don't be so vulgar **Vulgarität** [vʊlɡariˈtɛːt] f ⟨-, -en⟩ vulgarity

Vulkan [vʊlˈkaːn] m ⟨-(e)s, -e⟩ volcano **Vulkanausbruch** m volcanic eruption **vulkanisch** [vʊlˈkaːnɪʃ] adj volcanic

W

W, w [veː] nt ⟨-, -⟩ W, w

Waage [ˈvaːɡə] f ⟨-, -n⟩ **1** (Gerät) scales pl; **eine ~** a pair of scales; **sich** (dat) **die ~ halten** (fig) to balance one another **2** ASTROL Libra; **er ist (eine) ~** he's (a) Libra **waagerecht A** adj horizontal; (im Kreuzworträtsel) across **B** adv levelly **Waagschale** f scale; **jedes Wort auf die ~ legen** to weigh every word (carefully); **seinen Einfluss in die ~ werfen** (fig) to bring one's influence to bear

wabbelig [ˈvabəlɪç] adj Pudding wobbly **Wabe** [ˈvaːbə] f ⟨-, -n⟩ honeycomb

wach [vax] adj awake pred; **in ~em Zustand** in the waking state; **sich ~ halten** to stay awake; **~ werden** to wake up; **~ liegen** to lie awake **Wache** [ˈvaxə] f ⟨-, -n⟩ **1** (≈ Wachdienst) guard (duty); (bei jdm) **~ halten** to keep guard (over sb); **~ stehen** to be on guard (duty) **2** (MIL ≈ Wachposten) guard **3** (≈ Polizeiwache) (police) station **wachen** [ˈvaxn] v/i (≈ Wache halten) to keep watch; **bei jdm ~** to sit up with sb; **über etw** (acc) **~** to (keep) watch over sth **wachhalten** v/t irr sep (fig) Erinnerung to keep alive; Interesse to keep up **Wachhund** m watchdog **Wachmann** m, pl -leute watchman; (Aus) policeman

Wacholder [vaˈxɔldɐ] m ⟨-s, -⟩ **1** BOT juniper (tree) **2** = Wacholderschnaps **Wacholderbeere** f juniper berry **Wacholderschnaps** m alcohol made from juniper berries, ≈ gin

Wachposten m sentry

wachrufen v/t sep irr (fig) Erinnerung etc to call to mind, to evoke

Wachs [vaks] nt ⟨-es, -e⟩ wax

wachsam [ˈvaxzaːm] adj vigilant; (≈ vorsichtig) on one's guard **Wachsamkeit** f ⟨-, no pl⟩ vigilance

wachsen¹ [ˈvaksn] pret wuchs [vuːks] past part gewachsen v/i aux sein to grow; → gewachsen

wachsen² v/t to wax **Wachsfigur** f wax figure **Wachsfigurenkabinett** nt waxworks pl **Wachsmalstift** m wax crayon **Wachstuch** [ˈvaks-] nt, pl -tücher oilcloth

Wachstum ['vakstu:m] *nt* ⟨-s, *no pl*⟩ growth **Wachstumsbranche** *f* growth industry **wachstumsfördernd** *adj* growth-promoting

wachstumshemmend *adj* growth--inhibiting **Wachstumshormon** *nt* growth hormone **Wachstumsrate** *f* growth rate

wachsweich *adj* (as) soft as butter **Wachtel** ['vaxtl] *f* ⟨-, -n⟩ quail **Wächter** ['vɛçtɐ] *m* ⟨-s, -⟩, **Wächterin** [-ərɪn] *f* ⟨-, -nen⟩ guardian; (≈ *Nachtwächter*) watchman; (≈ *Museumswächter*) attendant **Wach(t)turm** *m* watchtower **Wachzimmer** *nt* (*Aus: von Polizei*) duty room

wack(e)lig ['vak(ə)lɪç] *adj* wobbly; (*fig*) *Firma, Kompromiss* shaky; **auf wackeligen Füßen stehen** (*fig*) to have no sound basis **Wackelkontakt** *m* loose connection **wackeln** ['vakln] *v/i* to wobble; (≈ *zittern*) to shake; (*Schraube*) to be loose; (*fig, Position*) to be shaky **Wackelpeter** [-pe:tɐ] *m* ⟨-s, -⟩ (*infml*) jelly (*Brit*), Jell-O® (*US*)

wacker ['vakɐ] **A** *adj* (≈ *tapfer*) brave **B** *adv* (≈ *tapfer*) bravely; **sich ~ schlagen** (*infml*) to put up a brave fight

Wade ['va:də] *f* ⟨-, -n⟩ calf **Wadenbein** *nt* fibula

Waffe ['vafə] *f* ⟨-, -n⟩ weapon; (≈ *Schusswaffe*) gun; **~n** MIL arms; **die ~n strecken** to surrender

Waffel ['vafl] *f* ⟨-, -n⟩ waffle; (≈ *Keks, Eiswaffel*) wafer **Waffeleisen** *nt* waffle iron **waffenfähig** *adj* Uran weapons-grade **Waffengewalt** *f* **mit ~** by force of arms **Waffenhandel** *m* arms trade **Waffenhändler(in)** *m/(f)* arms dealer **Waffenlager** *nt* (*von Armee*) ordnance depot **Waffenruhe** *f* ceasefire **Waffenschein** *m* firearms licence (*Brit*) *or* license (*US*) **Waffenstillstand** *m* armistice

wagemutig *adj* daring, bold **wagen** ['va:gn] **A** *v/t* (≈ *riskieren*) to risk; (≈ *sich getrauen*) to dare; **ich wag's** I'll risk it; **wer nicht wagt, der nicht gewinnt** (*prov*) nothing ventured, nothing gained (*prov*) **B** *v/r* to dare; **sich ~, etw zu tun** to dare (to) do sth; **ich wage mich nicht daran** I dare not do it; → **gewagt**

Wagen ['va:gn] *m* ⟨-s, - *or* (*S Ger, Aus*) ∺ ['vɛ:gn]⟩ **1** (≈ *Personenwagen*) car; (≈ *Liefer-*

wagen) van; (≈ *Planwagen*) wagon; (≈ *Handwagen*) (hand)cart **2** ASTRON **der Große ~** the Big Dipper **Wagenheber** *m* jack **Wagenladung** *f* (*von Lastwagen*) truckload; (*von Eisenbahn*) wagonload **Wagenpark** *m* fleet of cars

Waggon [va'gõ:, va'gɔŋ] *m* ⟨-s, -s⟩ (goods) wagon

waghalsig *adj* daredevil *attr* **Wagnis** ['va:knɪs] *nt* ⟨-ses, -se⟩ hazardous business; (≈ *Risiko*) risk

Wagon [va'gõ:n] *m* ⟨-s, -s⟩; → **Waggon Wähe** ['vɛ:ə] *f* ⟨-, -n⟩ (*Swiss* COOK) flan **Wahl** [va:l] *f* ⟨-, -en⟩ **1** (≈ *Auswahl*) choice; **die ~ fiel auf ihn** he was chosen; **wir hatten keine (andere) ~(, als)** we had no alternative (but); **drei Kandidaten stehen zur ~** there is a choice of three candidates; **seine ~ treffen** to make one's choice *or* selection; **du hast die ~** take your pick; **wer die ~ hat, hat die Qual** (*prov*) he is/you are *etc* spoiled for choice **2** POL *etc* election; (≈ *Abstimmung*) vote; (*geheim*) ballot; **(die) ~en** (the) elections; **die ~ gewinnen** to win the election; **zur ~ gehen** to go to the polls; **sich zur ~ stellen** to stand (as a candidate) **3** (≈ *Qualität*) quality; **erste ~** top quality **wählbar** *adj* eligible (for office) **wahlberechtigt** *adj* entitled to vote **Wahlberechtigte(r)** [-bərɛçtɪçtə] *m/f(m)* *decl as adj* person entitled to vote **Wahlbeteiligung** *f* poll; **eine hohe ~** a heavy poll **Wahlbezirk** *m* ward **Wahlcomputer** *m* electronic voting machine **wählen** ['vɛ:lən] **A** *v/t* **1** (**von**, out of) to choose; (≈ *auswählen*) to select; → **gewählt** **2** TEL *Nummer* to dial **3** (≈ *durch Wahl ermitteln*) *Regierung etc* to elect; (≈ *sich entscheiden für*) *Partei, Kandidaten* to vote for; **jdn zum Präsidenten ~** to elect sb president **B** *v/i* **1** (≈ *auswählen*) to choose **2** TEL to dial **3** (≈ *Wahlen abhalten*) to hold elections; (≈ *Stimme abgeben*) to vote; **~ gehen** to go to the polls **Wahlentscheidung** *f* decision on what/who to vote for **Wähler** ['vɛ:lɐ] *m* ⟨-s, -⟩, **Wählerin** [-ərɪn] *f* ⟨-, -nen⟩ POL voter; **die ~** the electorate *sg or pl* **Wahlergebnis** *nt* election result **wählerisch** ['vɛ:lərɪʃ] *adj* particular; **sei nicht so ~!** don't be so choosy **Wählerschaft** ['vɛ:lɐʃaft] *f* ⟨-, -en⟩ electorate *sg or pl* **Wählerstimme** *f* vote **wählerwirksam** *adj* Politik, Parole vote-winning

W

Wahlfach nt SCHOOL option, elective (US) **wahlfrei** adj SCHOOL optional; **~er Zugriff** IT random access **Wahlgang** m, pl -gänge ballot **Wahlheimat** f adopted country **Wahlhelfer(in)** m/(f) (im Wahlkampf) electoral assistant; (bei der Wahl) polling officer **Wahlkabine** f polling booth **Wahlkampf** m election(eering) campaign **Wahlkreis** m constituency **Wahlleiter(in)** m/(f) returning officer (Br), chief election official (US) **Wahllokal** nt polling station **wahllos** **A** adj indiscriminate **B** adv at random **Wahlmöglichkeit** f choice **Wahlniederlage** f election defeat **Wahlplakat** nt election poster **Wahlrecht** nt (right to) vote; **allgemeines ~** universal suffrage; **das aktive ~** the right to vote; **das passive ~** eligibility (for political office) **Wahlrede** f election speech **Wahlsieg** m election victory **Wahlspruch** m (≈ Motto) motto **Wahlsystem** nt electoral system **Wahltag** m election day **Wahlurne** f ballot box **Wahlversprechungen** pl election promises pl **Wahlvolk** nt, no pl **das ~** the electorate **wahlweise** adv alternatively; **~ Kartoffeln oder Reis** (a) choice of potatoes or rice **Wahlwiederholung** f TEL **(automatische) ~** (automatic) redial **Wahlzelle** f polling booth

Wahn [vaːn] m ‹- (e)s, no pl› **1** illusion, delusion **2** (≈ Manie) mania **wähnen** ['vɛːnən] v/r (elev) **sich sicher ~** to imagine oneself (to be) safe **Wahnidee** f delusion **Wahnsinn** m, no pl madness; **jdn in den ~ treiben** to drive sb mad; **einfach ~!** (infml ≈ prima) way out (infml), wicked! (Br sl) **wahnsinnig** **A** adj mad; (≈ toll, super) brilliant (infml); (attr ≈ sehr groß, viel) terrible; **wie ~** (infml) like mad; **das macht mich ~** (infml) it's driving me crazy (infml); **~ werden** to go crazy (infml) **B** adv (infml) incredibly (infml); **~ viel** an incredible amount (infml) **Wahnsinnige(r)** [- zɪnɪɡə] m/f(m) decl as adj madman/-woman **Wahnvorstellung** f delusion

wahr [vaːɐ] adj true; (attr ≈ wirklich) real; **im ~sten Sinne des Wortes** in the true sense of the word; **etw ~ machen** Pläne to make sth a reality; Drohung to carry sth out; **~ werden** to come true; **so ~ mir Gott helfe!** so help me God!; **so ~ ich hier stehe** as sure as I'm standing here; **das darf doch nicht ~ sein!** (infml) it can't be true!;

das ist nicht das Wahre (infml) it's no great shakes (infml)

wahren ['vaːrən] v/t **1** (≈ wahrnehmen) Interessen to look after **2** (≈ erhalten) Ruf to preserve; Geheimnis to keep

während ['vɛːrənt] **A** prep +gen or dat during; **~ der ganzen Nacht** all night long **B** cj while

wahrhaben v/t sep irr **etw nicht ~ wollen** not to want to admit sth **wahrhaft** **A** adj (≈ ehrlich) truthful; (≈ echt) Freund true; (attr ≈ wirklich) real **B** adv really **wahrhaftig** [vaːˈhaftɪç, 'vaːe-] **A** adj (elev) (≈ aufrichtig) truthful **B** adv really **Wahrheit** f ‹-, -en› truth; **in ~** in reality; **die ~ sagen** to tell the truth **wahrheitsgemäß, wahrheitsgetreu** **A** adj Bericht truthful; Darstellung faithful **B** adv truthfully **Wahrheitsliebe** f love of truth **wahrlich** ['vaːrlɪç] adv really, indeed **wahrnehmbar** adj perceptible; **nicht ~** imperceptible **wahrnehmen** v/t sep irr **1** to perceive; Veränderungen etc to be aware of; Geräusch to hear; Licht to see **2** Frist, Termin to observe; Gelegenheit to take; Interessen to look after **Wahrnehmung** [-neːmʊŋ] f ‹-, -en› **1** (mit den Sinnen) perception **2** (von Interessen) looking after **Wahrnehmungsvermögen** nt perceptive faculty **wahrsagen** sep or insep v/i to tell fortunes; **jdm ~** to tell sb's fortune **Wahrsager** [-zaːɡe] m ‹-s, -›, **Wahrsagerin** [-ərɪn] f ‹-, -nen› fortune-teller **Wahrsagung** [-zaːɡʊŋ] f ‹-, -en› prediction

wahrschaft ['vaːrʃaft] adj (Swiss) (≈ gediegen) Ware, Arbeit reliable; (≈ reichhaltig) Essen wholesome

wahrscheinlich [vaːeˈʃaɪnlɪç, 'vaːe-] **A** adj probable, likely **B** adv probably **Wahrscheinlichkeit** f ‹-, -en› probability; **mit großer ~, aller ~ nach** in all probability

Wahrung ['vaːrʊŋ] f ‹-, no pl› **1** (≈ Wahrnehmung) safeguarding **2** (≈ Erhaltung) preservation; (von Geheimnis) keeping

Währung ['vɛːrʊŋ] f ‹-, -en› currency **Währungsblock** m, pl -blöcke monetary bloc **Währungseinheit** f monetary unit **Währungsfonds** m Monetary Fund **Währungspolitik** f monetary policy **Währungsraum** m currency area **Währungsreserve** f currency reserve **Währungssystem** nt monetary system **Währungsunion** f monetary union; **Europäische ~** European monetary union

Wahrzeichen nt emblem

Waise ['vaizə] f ⟨-, -n⟩ orphan **Waisenhaus** nt orphanage **Waisenkind** nt orphan **Waisenknabe** m (liter) orphan (boy); **gegen dich ist er ein ~** (infml) he's no match for you, you would run rings round him (infml)

Wal [vaːl] m ⟨-(e)s, -e⟩ whale

Wald [valt] m ⟨-(e)s, ˙-er ['vɛldə]⟩ wood(s pl); (großer) forest **Waldbestand** m forest land **Waldbrand** m forest fire **Waldhorn** nt MUS French horn **waldig** ['valdɪç] adj wooded **Waldland** nt woodland(s pl) **Waldmeister** m BOT woodruff **Waldorfschule** f ≈ Rudolf Steiner School **Waldrand** m **am ~** at or on the edge of the forest **waldreich** adj densely wooded **Waldsterben** nt forest dieback (due to pollution) **Wald-und-Wiesen-** in cpds (infml) common-or-garden (Br infml), garden-variety (US infml)

Wales [weːls, weːlz] nt ⟨-'⟩ Wales

Walfang m whaling **Walfisch** m (infml) whale

Waliser [va'liːze] m ⟨-s, -⟩ Welshman **Waliserin** [va'liːzərɪn] f ⟨-, -nen⟩ Welshwoman **walisisch** [va'liːzɪʃ] adj Welsh

Walking ['wɔːkɪŋ] nt ⟨-s, no pl⟩ speed walking **Walkman®** ['wɔːkmən] m ⟨-s, -s or Walkmen⟩ RADIO Walkman®

Wall [val] m ⟨-(e)s, ˙-e ['vɛlə]⟩ embankment; (fig) bulwark

Wallfahrer(in) m/(f) pilgrim **Wallfahrt** f pilgrimage **Wallfahrtsort** m, pl -orte place of pilgrimage

Wallone [va'loːnə] m ⟨-n, -n⟩, **Wallonin** [-'loːnɪn] f ⟨-, -nen⟩ Walloon

Wallung ['valʊŋ] f ⟨-, -en⟩ ■ (elev) **in ~ geraten** (See, Meer) to begin to surge; (Mensch) (vor Leidenschaft) to be in a turmoil; (vor Wut) to fly into a rage ■ MED (hot) flush (Br) or flash (US) usu pl

Walnuss ['val-] f walnut

Walross ['val-] nt walrus

walten ['valtn] v/i (elev) to prevail (in +dat over); (≈ wirken) to be at work; **Vorsicht/ Milde ~ lassen** to exercise caution/leniency; **Gnade ~ lassen** to show mercy

Walze ['valtsə] f ⟨-, -n⟩ roller **walzen** ['valtsn] v/t to roll

wälzen ['vɛltsn] **A** v/t ■ (≈ rollen) to roll ■

(infml) Akten, Bücher to pore over; Probleme to turn over in one's mind; **die Schuld auf jdn ~** to shift the blame onto sb **B** v/r to roll; (schlaflos im Bett) to toss and turn

Walzer ['valtsə] m ⟨-s, -⟩ waltz; **Wiener ~** Viennese waltz

Wälzer ['vɛltsə] m ⟨-s, -⟩ (infml) heavy tome (hum) **Walzstraße** f rolling train **Walzwerk** nt rolling mill

Wand [vant] f ⟨-, ˙-e ['vɛndə]⟩ wall; (von Behälter) side; (≈ Felswand) (rock) face; (fig) barrier; **in seinen vier Wänden** (fig) within one's own four walls; **mit dem Kopf gegen die ~ rennen** (fig) to bang one's head against a brick wall; **jdn an die ~ spielen** (fig) to outdo sb; THEAT to steal the show from sb; **die ~ or Wände hochgehen** (infml) to go up the wall (infml)

Wandale [van'daːlə] m ⟨-n, -n⟩, **Wandalin** [-'daːlɪn] f ⟨-, -nen⟩ = Vandale

Wandbrett nt (wall) shelf

Wandel ['vandl] m ⟨-s, no pl⟩ change; **im ~ der Zeiten** throughout the ages **wandeln** ['vandln] v/t & v/r (≈ ändern) to change

Wanderarbeiter(in) m/(f) migrant worker **Wanderausstellung** f touring exhibition **Wanderer** ['vandərə] m ⟨-s, -⟩, **Wanderin** [-ərɪn] f ⟨-, -nen⟩ hiker **Wanderkarte** f map of walks **Wanderlust** f wanderlust **wandern** ['vanden] v/i aux sein ■ (≈ gehen) to wander ■ (≈ sich bewegen) to move; (Blick, Gedanken) to wander ■ (Vögel, Völker) to migrate ■ (zur Freizeitgestaltung) to hike ■ (infml: ins Bett, in den Papierkorb) to go **Wanderpokal** m challenge cup **Wanderschaft** ['vandeʃaft] f ⟨-, no pl⟩ travels pl; **auf ~ gehen** to go off on one's travels **Wanderschuhe** pl walking shoes pl **Wanderung** ['vandərʊŋ] f ⟨-, -en⟩ ■ (≈ Ausflug) walk; **eine ~ machen** to go on a walk or hike ■ (von Vögeln, Völkern) migration **Wanderverein** m hiking club **Wanderweg** m walk, (foot)path

Wandgemälde nt mural **Wandkalender** m wall calendar **Wandkarte** f wall map **Wandlampe** f wall lamp

Wandlung ['vandlʊŋ] f ⟨-, -en⟩ change; (≈ völlige Umwandlung) transformation **wandlungsfähig** adj adaptable; Schauspieler etc versatile

Wandmalerei f (Bild) mural, wall paint-

ing **Wandschirm** *m* screen
Wandschrank *m* wall cupboard
Wandtafel *f* (black)board
Wandteppich *m* tapestry **Wanduhr**
f wall clock
Wange ['vaŋə] *f* ⟨-, -n⟩ (elev) cheek
wanken ['vaŋkn] *v/i* (≈ schwanken) to sway;
(fig: Regierung) to totter; (≈ unsicher sein) to
waver; **ins Wanken geraten** (fig) to begin
to totter/waver
wann [van] interrog adv when; **bis ~ ist
das fertig?** when will that be ready
(by)?; **bis ~ gilt der Ausweis?** until when
is the pass valid?
Wanne ['vanə] *f* ⟨-, -n⟩ bath; (≈ Badewanne
auch) (bath)tub
Wanze ['vantsə] *f* ⟨-, -n⟩ bug
WAP [vap] *nt irr abbr* of Wireless Application Protocol WAP **WAP-Handy** ['vap-]
nt WAP phone
Wappen ['vapn] *nt* ⟨-s, -⟩ coat of arms
Wappenkunde *f* heraldry
wappnen ['vapnən] *v/r* (fig) **sich (gegen
etw) ~** to prepare (oneself) (for sth)
Ware ['va:rə] *f* ⟨-, -n⟩ **1** product; (einzelne
Ware) article **2** **Waren** *pl* goods *pl* **Wa-
renangebot** *nt* range of goods for sale
Warenaufzug *m* goods hoist **Waren-
bestand** *m* stocks *pl* of goods **Warenhaus** *nt* (department) store **Warenla-
ger** *nt* warehouse; (≈ Bestand) stocks *pl*
Warenprobe *f* trade sample **Waren-
wert** *m* goods or commodity value **Warenzeichen** *nt* HIST trademark
warm [varm] **A** adj, comp ̈er ['vɛrmə], sup
̈ste(r, s) ['vɛrmstə] warm; Getränk, Speise
hot; **mir ist ~** I'm warm; **das hält ~** it
keeps you warm; **das Essen ~ stellen** to
keep the food hot; **~ werden** (fig infml)
to thaw out (infml); **mit jdm ~ werden**
(infml) to get close to sb **B** adv, comp
̈er, sup am ̈sten sitzen in a warm place;
schlafen in a warm room; **sich ~ anziehen**
to dress up warmly; **jdn wärmstens empfehlen** to recommend sb warmly
Warmblüter [-bly:tɐ] *m* ⟨-s, -⟩ ZOOL
warm-blooded animal **warmblütig** adj
warm-blooded **Warmduscher** [-du:ʃɐ]
m ⟨-s, -⟩ (sl ≈ Weichling) wimp (infml) **Wärme** ['vɛrmə] *f* ⟨-, (rare) -n⟩ warmth; (von
Wetter etc, PHYS) heat **wärmebeständig**
adj heat-resistant **Wärmedämmung** *f*
(heat) insulation **Wärmeenergie** *f* thermal energy **Wärmekraftwerk** *nt* ther-

mal power station **wärmen** ['vɛrmən]
A *v/t* to warm; Essen to warm up **B** *v/r*
to warm oneself (up), to warm up **Wär-
mepumpe** *f* heat pump **Wärme-
schutz** *m* heat shield **Wärmestube** *f*
heated room set aside by local authorities
for homeless people **Wärmetechnik** *f*
heat technology **Wärmflasche** *f* hot-
-water bottle **Warmhalteflasche** *f* vacuum flask (Brit), vacuum bottle (US)
Warmhaltekanne *f* vacuum jug
Warmhalteplatte *f* hot plate
warmherzig adj warm-hearted **warm
laufen** *v/i irr aux sein* to warm up
Warmluft *f* warm air **Warmmiete** *f*
rent including heating **Warmstart** *m*
AUTO, IT warm start **Warm-
wasserbereiter** [varm'vasəbəraitɐ] *m*
⟨-s, -⟩ water heater **Warm-
wasserheizung** *f* hot-water central
heating **Warmwasserspeicher** *m*
hot-water tank
Warnanlage *f* warning system
Warnblinklicht *nt* flashing warning
light; (an Auto) hazard warning light
Warndreieck *nt* warning triangle
warnen ['varnən] *v/t & v/i* to warn (vor
+dat of); **jdn (davor) ~, etw zu tun** to
warn sb against doing sth
Warnhinweis *m* (≈ Aufdruck) warning
Warnschild *nt, pl* -schilder warning
sign **Warnschuss** *m* warning shot
Warnsignal *nt* warning signal
Warnstreik *m* token strike **Warnung**
['varnuŋ] *f* ⟨-, -en⟩ warning **Warnweste**
f high-visibility vest
Warschau ['varʃau] *nt* ⟨-s⟩ Warsaw
Wartehalle *f* waiting room **Warteliste**
f waiting list
warten[1] ['vartn] *v/i* to wait (auf +acc for);
warte mal! hold on; **na warte!** (infml) just
you wait!; **da(rauf) kannst du lange ~**
(iron) you can wait till the cows come
home; **mit dem Essen auf jdn ~** to wait
for sb (to come) before eating; **lange auf
sich ~ lassen** (Sache) to be a long time
(in) coming; (Mensch) to take one's time
warten[2] *v/t* Auto to service
Wärter ['vɛrtɐ] *m* ⟨-s, -⟩, **Wärterin** [-ərɪn]
f ⟨-, -nen⟩ attendant; (≈ Tierwärter) keeper;
(≈ Gefängniswärter) warder (Brit), guard
Wartesaal *m* waiting room
Warteschleife *f* AVIAT holding pattern
Wartezeit *f* waiting period; (an Grenze

etc) wait **Wartezimmer** *nt* waiting room **Wartung** ['vartʊŋ] *f* ⟨-, -en⟩ (*von Auto*) servicing **wartungsfrei** *adj* maintenance-free

warum [va'rʊm] *interrog adv* why; **~ nicht?** why not?

Warze ['vartsə] *f* ⟨-, -n⟩ wart; (≈ *Brustwarze*) nipple

was [vas] **A** *interrog pron* what; (≈ *wie viel*) how much; **~ ist?** what is it?, what's up?; **~ ist, kommst du mit?** well, are you coming?; **~ denn?** (*ungehalten*) what (is it)?; (*um Vorschlag bittend*) but what?; **das ist gut, ~?** (*infml*) that's good, isn't it?; **~ für ...** what sort *or* kind of ...; **~ für ein schönes Haus!** what a lovely house! **B** *rel pr* (*auf ganzen Satz bezogen*) which; **das, ~ ...** that which ..., what ...; **~ auch (immer)** whatever; **alles, ~ ...** everything (that) ... **C** *indef pr* (*infml*) something; (*verneint*) anything; (*unbestimmter Teil einer Menge*) some, any; **(na,) so ~!** well I never!; **ist (mit dir) ~?** is something the matter (with you)?; → *etwas*

Waschanlage *f* (*für Autos*) car wash **waschbar** *adj* washable **Waschbär** *m* raccoon **Waschbecken** *nt* washbasin **Waschbrett** *nt* washboard **Waschbrettbauch** *m* (*infml*) washboard abs *pl* (*infml*), sixpack (*infml*) **Wäsche** ['vɛʃə] *f* ⟨-, *no pl*⟩ **1** washing; (≈ *Schmutzwäsche, bei Wäscherei*) laundry; **in der ~ sein** to be in the wash **2** (≈ *Bettwäsche, Tischwäsche*) linen; (≈ *Unterwäsche*) underwear; **dumm aus der ~ gucken** (*infml*) to look stupid **waschecht** *adj* fast; (*fig*) genuine **Wäscheklammer** *f* clothes peg (*Br*), clothes pin (*US*) **Wäschekorb** *m* dirty clothes basket **Wäscheleine** *f* (clothes)line **waschen** ['vaʃn] *pret* **wusch** [vuːʃ], *past part* **gewaschen** [ɡə'vaʃn] **A** *v/t* to wash; (*fig infml*) **Geld** to launder; **(Wäsche) ~** to do the washing; **sich** (*dat*) **die Hände ~** to wash one's hands; **Waschen und Legen** (*beim Friseur*) shampoo and set **B** *v/r* to wash; **eine Geldbuße, die sich gewaschen hat** (*infml*) a really heavy fine **Wäscherei** [vɛʃə'rai] *f* ⟨-, -en⟩ laundry **Wäscheschleuder** *f* spin-drier **Wäscheständer** *m* clothes-horse **Wäschetrockner** *m* ⟨-s, -⟩ (≈ *Trockenautomat*) drier **Waschgang** *m, pl* **-gänge** stage of the washing programme (*Br*) *or* program (*US*)

Waschgelegenheit *f* washing facilities *pl* **Waschküche** *f* washroom, laundry **Waschlappen** *m* flannel; (*infml* ≈ *Feigling*) sissy (*infml*) **Waschmaschine** *f* washing machine **Waschmittel** *nt* detergent **Waschpulver** *nt* washing powder **Waschsalon** *m* laundrette (*Br*), Laundromat® (*US*) **Waschstraße** *f* (*zur Autowäsche*) car wash **Waschzettel** *m* TYPO blurb **Waschzeug** *nt, no pl* toilet things *pl*

Wasser ['vasɐ] *nt* ⟨-s, - *or* ⸚ ['vɛsɐ]⟩ water; **~ abstoßend** water-repellent; **das ist ~ auf seine Mühle** (*fig*) this is all grist for his mill; **dort wird auch nur mit ~ gekocht** (*fig*) they're no different from anybody else (there); **ihr kann er nicht das ~ reichen** (*fig*) he's not a patch on her (*Br*); **~ lassen** MED to pass water; **unter ~ stehen** to be flooded; **ein Boot zu ~ lassen** to launch a boat; **ins ~ fallen** (*fig*) to fall through; **sich über ~ halten** (*fig*) to keep one's head above water; **er ist mit allen ~n gewaschen** he knows all the tricks; **dabei läuft mir das ~ im Mund(e) zusammen** it makes my mouth water **wasserabstoßend** *adj* → Wasser **Wasseranschluss** *m* mains water supply **wasserarm** *adj* Gegend arid **Wasserball** *m, no pl* (*Spiel*) water polo **Wasserbett** *nt* water bed **Wässerchen** ['vɛsəçən] *nt* ⟨-s, -⟩ **er sieht aus, als ob er kein ~ trüben könnte** he looks as if butter wouldn't melt in his mouth **Wasserdampf** *m* steam **wasserdicht** *adj* watertight; Uhr, Stoff etc waterproof **Wasserenthärter** *m* water softener **Wasserfahrzeug** *nt* watercraft **Wasserfall** *m* waterfall; **wie ein ~ reden** (*infml*) to talk nineteen to the dozen (*Br infml*), to talk a blue streak (*US infml*) **Wasserfarbe** *f* watercolour (*Br*), watercolor (*US*) **wassergekühlt** *adj* water-cooled **Wasserglas** *nt* (≈ *Trinkglas*) water glass, tumbler **Wassergraben** *m* SPORTS water jump; (*um Burg*) moat **Wasserhahn** *m* water tap (*esp Br*), faucet (*US*) **wässerig** ['vɛsəriç] *adj* watery; CHEM aqueous; **jdm den Mund ~ machen** (*infml*) to make sb's mouth water **Wasserkessel** *m* kettle; TECH boiler **Wasserkocher** *m* electric kettle **Wasserkraft** *f* water power **Wasserkraftwerk** *nt* hydroelectric

W

power station **Wasserkühlung** f AUTO water-cooling **Wasserlassen** nt ⟨-s, no pl⟩ MED passing water, urination **Wasserleitung** f (≈ Rohr) water pipe **wasserlöslich** adj water-soluble **Wassermangel** m water shortage **Wassermann** m, pl -männer ASTROL Aquarius no art; ~ **sein** to be (an) Aquarius **Wassermelone** f watermelon **wassern** ['vasən] v/i AVIAT to land on water **wässern** ['vɛsən] v/t Erbsen etc to soak; Felder, Rasen to water **Wasserpfeife** f water pipe **Wasserpflanze** f aquatic plant **Wasserpistole** f water pistol **Wasserratte** f water rat; (infml: Kind) water baby **Wasserrohr** nt water pipe **Wasserrutsche** f water slide **Wasserschaden** m water damage **wasserscheu** adj scared of water **Wasserschildkröte** f turtle **Wasserski** 🅱 m water-ski 🅱 nt water-skiing **Wasserspiegel** m (≈ Wasserstand) water level **Wassersport** m der ~ water sports pl **Wasserspülung** f flush **Wasserstand** m water level **Wasserstoff** m hydrogen **Wasserstoffbombe** f hydrogen bomb **Wasserstrahl** m jet of water **Wasserstraße** f waterway **Wassertier** nt aquatic animal **Wasserturm** m water tower **Wasseruhr** f (≈ Wasserzähler) water meter **Wasserung** ['vasərʊŋ] f ⟨-, -en⟩ water landing; SPACE splashdown **Wasserversorgung** f water supply **Wasserverunreinigung** f water pollution **Wasservogel** m waterfowl **Wasserwaage** f spirit level (Br), level gauge (US) **Wasserweg** m waterway; **auf dem** ~ by water **Wasserwerfer** m water cannon **Wasserwerk** nt waterworks sg or pl **Wasserzähler** m water meter **Wasserzeichen** nt watermark **waten** ['vaːtn] v/i aux sein to wade **Watsche** ['vaːtʃə, 'vat-] f ⟨-, -n⟩ (S Ger, Aus: infml) = Ohrfeige **watscheln** ['vaːtʃln, 'vat-] v/i aux sein to waddle **watschen** ['vaːtʃn, 'vat-] v/t = ohrfeigen **Watschen** ['vaːtʃn, 'vat-] f ⟨-, -⟩ = Watsche **Watt**¹ [vat] nt ⟨-s, -⟩ ELEC watt **Watt**² nt ⟨-(e)s, -en⟩ GEOG mud flats pl **Watte** ['vatə] f ⟨-, -n⟩ cotton wool (Br),

cotton (US) **Wattebausch** m cotton-wool (Br) or cotton (US) ball **Wattenmeer** nt mud flats pl **Wattepad** [-pɛt] nt ⟨-s, -s⟩ cotton pad **Wattestäbchen** nt cotton bud (Br), Q-tip® (US) **wattieren** [va'tiːrən] past part **wattiert** v/t to pad; (≈ füttern) to line with padding; **wattierte Umschläge** padded envelopes **Wattierung** f ⟨-, -en⟩ padding **Wattmeter** nt wattmeter **Wattzahl** f wattage **Web** [wɛb] nt ⟨-(s), no pl⟩ Web; **im** ~ on the Web **Webadresse** f website address **Webcam** ['wɛbkɛm] f ⟨-, -s⟩ webcam **Webdesigner(in)** m/(f) web designer **weben** ['veːbn] pret **webte** or (liter, fig) **wob** ['veːptə, voːp], past part **gewebt** or (liter, fig) **gewoben** [gə'veːpt, gə'voːbn] v/t & v/i to weave; Spinnennetz to spin **Weber** ['veːbɐ] m ⟨-s, -⟩, **Weberin** [-ərɪn] f ⟨-, -nen⟩ weaver **Weberei** [veːbə'rai] f ⟨-, -en⟩ (≈ Betrieb) weaving mill **Weberknecht** m ZOOL harvestman **Webkamera** ['vɛb-] f web camera **Webseite** ['vɛb-] f web page **Webserver** ['vɛb-] m Internet server **Website** ['vɛbsait] f ⟨-, -s⟩ website **Webstuhl** m loom **Websurfer(in)** ['vɛb-] m/(f) web surfer **Wechsel** ['vɛksl] m ⟨-s, -⟩ 🅱 (≈ Änderung) change; (abwechselnd) alternation; **im** ~ (≈ abwechselnd) in turn 🅱 (SPORTS ≈ Staffelwechsel) (baton) change 🅱 FIN bill (of exchange) **Wechselbeziehung** f correlation **Wechselgeld** nt change **wechselhaft** adj changeable **Wechseljahre** pl menopause sg; **in den** ~n **sein** to be suffering from the menopause **Wechselkurs** m rate of exchange **wechseln** ['vɛksln] 🅱 v/t to change (in +acc into); (≈ austauschen) to exchange; **den Platz mit jdm** ~ to exchange one's seat with sb; **die Wohnung** ~ to move 🅱 v/i to change; SPORTS to change (over) **wechselnd** ['vɛkslnt] adj changing; (≈ abwechselnd) alternating; Launen changeable; **mit** ~**em Erfolg** with varying (degrees of) success; ~ **bewölkt** cloudy with sunny intervals **wechselseitig** [-zaitɪç] adj reciprocal **Wechselstrom** m alternating current **Wechselstube** f bureau de change (Br), exchange **Wechselwähler(in)** m/(f) floating voter

wechselweise *adv* in turn, alternately

Wechselwirkung *f* interaction

Weckdienst *m* wake-up call service

wecken ['vɛkn] *v/t* to wake (up); (*fig*) to arouse; *Bedarf* to create; *Erinnerungen* to bring back **Wecken** *m* ⟨-s, -⟩ (*dial*) (bread) roll **Wecker** ['vɛkɐ] *m* ⟨-s, -⟩ alarm clock; **jdm auf den ~ fallen** (*infml*) to get on sb's nerves

Weckglas® *nt* preserving jar **Weckring®** *m* rubber ring (*for preserving jars*)

Weckruf *m* TEL alarm call; MIL reveille

Wedel ['ve:dl] *m* ⟨-s, -⟩ (≈ *Fächer*) fan; (≈ *Staubwedel*) feather duster **wedeln** ['ve:dln] **A** *v/i* **1** (**mit dem Schwanz**) **~** (*Hund*) to wag its tail **2** SKI to wedel **B** *v/t* to waft

weder ['ve:dɐ] *cj* **~ ... noch ...** neither ... nor ...

weg [vɛk] *adv* (≈ *fort*) **~ sein** (≈ *fortgegangen etc*) to have gone; (≈ *nicht hier*) to be away; (*infml*) (≈ *geistesabwesend*) to be not quite with it (*infml*); (≈ *begeistert*) to be bowled over (*von* by); **weit ~ von hier** far (away) from here; **~ mit euch!** away with you!; **nichts wie ~ von hier!** let's scram (*infml*); **~ da!** (get) out of the way!; **Hände ~!** hands off!

Weg [ve:k] *m* ⟨-(e)s, -e [-gə]⟩ **1** (≈ *Pfad, fig*) path; (≈ *Straße*) road; **jdm in den ~ treten** to block sb's way; **jdm/einer Sache im ~ stehen** (*fig*) to stand in the way of sb/sth **2** (≈ *Route*) way; (≈ *Entfernung*) distance; (≈ *Reise*) journey; (*zu Fuß*) walk; **auf dem ~ nach London** on the way to London; **sich auf den ~ machen** to set off; **jdm aus dem ~ gehen** (*lit*) to get out of sb's way; (*fig*) to avoid sb; **jdm über den ~ laufen** (*fig*) to run into sb; **etw in die ~e leiten** to arrange sth; **auf dem besten ~ sein, etw zu tun** to be well on the way to doing sth; **auf diesem ~e** this way; **auf diplomatischem ~e** through diplomatic channels; **zu ~e** = **zuwege**

wegbekommen *past part* **wegbekommen** *v/t sep irr* (≈ *loswerden*) to get rid of (*von* from); *Fleck etc* to remove (*von* from); (*von bestimmtem Ort*) to get away (*von* from)

Wegbeschreibung *f* (written) directions *pl*

wegbleiben *v/i sep irr aux sein* to stay away; (≈ *nicht mehr kommen*) to stop com-

ing **wegbringen** *v/t sep irr* to take away **wegen** ['ve:gn] *prep +gen or* (*inf*) *+dat* because of; **jdn ~ einer Sache bestrafen** *etc* to punish *etc* sb for sth; **von ~!** (*infml*) you've got to be kidding! (*infml*)

wegfahren ['vɛk-] *sep irr v/i aux sein* (≈ *abfahren*) to leave; (*Fahrer*) to drive off; (≈ *verreisen*) to go away **Wegfahrsperre** ['vɛk-] *f* AUTO (**elektronische**) **~** (electronic) immobilizer **wegfallen** ['vɛk-] *v/i sep irr aux sein* to be discontinued; (*Bestimmung*) to cease to apply; **~ lassen** to discontinue; (≈ *auslassen*) to omit **wegfliegen** *v/i sep irr aux sein* to fly away; (*mit Flugzeug*) to fly out **Weggang** ['vɛkgaŋ] *m, no pl* departure **weggeben** *v/t sep irr* (≈ *verschenken*) to give away **weggehen** *v/i sep irr aux sein* to go; (≈ *umziehen etc*) to go away; (≈ *ausgehen*) to go out; (*infml, Ware*) to sell; **über etw** (*acc*) **~** (*infml*) to ignore sth; **von zu Hause ~** to leave home **weghaben** *v/t sep irr* (*infml*) **jdn/etw ~ wollen** (*infml*) to want to get rid of sb/sth; **du hast deine Strafe weg** you have had your punishment **weghören** *v/i sep* not to listen **wegjagen** *v/t sep* to chase away **wegklicken** *v/t sep* IT to click to close **wegkommen** ['vɛk-] *v/i sep irr aux sein* (*infml*) (≈ *abhandenkommen*) to disappear; (≈ *weggehen können*) to get away; **mach, dass du wegkommst!** hop it! (*infml*); **ich komme nicht darüber weg, dass ...** (*infml*) I can't get over the fact that ... **weglassen** *v/t sep irr* (≈ *auslassen*) to leave out; (*infml* ≈ *gehen lassen*) to let go **weglaufen** *v/i sep irr aux sein* to run away (*vor +dat* from) **weglegen** *v/t sep* (*in Schublade etc*) to put away; (*zur Seite*) to put aside **wegmüssen** ['vɛk-] *v/i sep irr* to have to go **wegnehmen** ['vɛk-] *v/t sep irr* to take; (≈ *entfernen*) to take away; (≈ *verdecken*) *Sonne* to block out; *Sicht* to block; (≈ *beanspruchen*) *Zeit, Platz* to take up **Wegrand** ['ve:k-] *m* wayside

wegräumen *v/t sep* to clear away; (*in Schrank*) to put away **wegrennen** *v/i sep irr aux sein* (*infml*) to run away **wegschaffen** *v/t sep* (≈ *beseitigen*) to get rid of; (≈ *wegräumen*) to clear away **wegschicken** *v/t sep* jdn to send away **wegschließen** *v/t sep irr* to lock away **wegschmeißen** *v/t sep irr* (*infml*) to chuck away (*infml*) **wegschnappen** *v/t*

W

sep (infml) **jdm etw ~** to snatch sth (away) from sb **wegsehen** *v/i sep irr* to look away **wegstecken** *v/t sep (lit)* to put away; *(infml) Niederlage, Kritik* to take **wegtreten** *v/i sep irr aux sein* **~!** MIL dismiss!, dismissed!; **er ist (geistig) weggetreten** *(infml ≈ schwachsinnig)* he's not all there *(infml)* **wegtun** *v/t sep irr* to put away; *(≈ wegwerfen)* to throw away

wegweisend *adj* pioneering *attr*, revolutionary **Wegweiser** ['veːkvaɪzɐ] *m ⟨-s, -⟩* sign; *(fig: Buch etc)* guide

wegwerfen *v/t sep irr* to throw away **wegwerfend** *adj* dismissive **Wegwerfgesellschaft** *f* throwaway society **Wegwerfverpackung** *f* disposable packaging **wegwischen** *v/t sep* to wipe off sth **wegwollen** *v/i sep irr (≈ verreisen)* to want to go away **wegziehen** *sep irr* **A** *v/t* to pull away *(jdm* from sb) **B** *v/i aux sein* to move away

weh [veː] **A** *adj (≈ wund)* sore **B** *int* **o ~!** oh dear! **wehe** ['veːə] *int* **~ (dir), wenn du das tust** you'll be sorry if you do that **Wehe** ['veːə] *f ⟨-, -n⟩* **1** *(≈ Schneewehe etc)* drift **2** **Wehen** *pl (lit ≈ Geburtswehen)* (labour *(Br)* or labor *(US)*) pains *pl*; **die ~n setzten ein** the contractions started, she went into labour *(Br)* or labor *(US)* **wehen** ['veːən] *v/i* **1** *(Wind)* to blow; *(Fahne)* to wave **2** *aux sein (Duft)* to waft **Wehklage** *f (liter)* lament(ation) **wehleidig** *adj (≈ jammernd)* whining *attr* **Wehmut** ['veːmuːt] *f ⟨-, no pl⟩* melancholy; *(≈ Sehnsucht)* wistfulness; *(nach Vergangenem)* nostalgia **wehmütig** ['veːmyːtɪç] *adj* melancholy; *(≈ sehnsuchtsvoll)* wistful; *(≈ nostalgisch)* nostalgic **Wehr¹** [veːɐ] *f ⟨-, -en⟩* **sich zur ~ setzen** to defend oneself **Wehr²** *nt ⟨-(e)s, -e⟩* weir **Wehrbeauftragte(r)** *m/f(m) decl as adj* commissioner for the armed forces **Wehrdienst** *m* military service; **seinen ~ (ab)leisten** to do one's military service **Wehrdienstverweigerer** *m,* **Wehrdienstverweigerin** *f* conscientious objector **wehren** ['veːrən] *v/r* to defend oneself; *(≈ sich aktiv widersetzen)* to (put up a) fight; **sich gegen einen Plan** *etc* **~** to fight (against) a plan *etc* **Wehrersatzdienst** *m* alternative national service **wehrlos** *adj* defenceless *(Br)*, defenseless *(US); (fig)* helpless; **jdm ~ ausgeliefert sein**

to be at sb's mercy **Wehrlosigkeit** *f ⟨-, no pl⟩* defencelessness *(Br)*, defenselessness *(US); (fig)* helplessness **Wehrpflicht** *f* **(allgemeine) ~** (universal) conscription **wehrpflichtig** [-pflɪçtɪç] *adj* liable for military service **Wehrpflichtige(r)** [-pflɪçtɪɡə] *m/f(m) decl as adj* person liable for military service; *(Eingezogener)* conscript *(Br)*, draftee *(US)* **Wehrsold** *m* (military) pay

wehtun *v/t sep irr* to hurt; **mir tut der Rücken weh** my back hurts; **sich/jdm ~ to** hurt oneself/sb

Weib [vaɪp] *nt ⟨-(e)s, -er [-bə]⟩ (often pej)* woman **Weibchen** ['vaɪpçən] *nt ⟨-s, -⟩* ZOOL female **Weiberheld** *m (pej)* ladykiller **weibisch** ['vaɪbɪʃ] *adj* effeminate **weiblich** ['vaɪplɪç] *adj* female; *(GRAM ≈ fraulich)* feminine **Weib(s)stück** *nt (pej)* bitch *(infml)*

weich [vaɪç] **A** *adj* soft; *Ei* soft-boiled; *Fleisch* tender; *(≈ mitleidig)* soft-hearted; **~e Drogen** soft drugs; **~ werden** to soften; **~e Währung** soft currency **B** *adv* softly; **~ gekocht** *Ei* soft-boiled; **~ landen** to land softly

Weiche *f ⟨-, -n⟩* RAIL points *pl (Br)*, switch *(US)*; **die ~n stellen** *(fig)* to set the course **Weichei** *nt (pej sl)* wimp *(infml)* **weichen¹** *v/t & v/i* to soak

weichen² [vaɪçn̩] *pret* **wich** [vɪç], *past part* **gewichen** [ɡə'vɪçn̩] *v/i aux sein (≈ weggehen)* to move; *(≈ zurückweichen)* to retreat *(+dat, vor +dat* from); *(fig ≈ nachgeben)* to give way *(+dat* to); **nicht von jds Seite ~** not to leave sb's side

Weichheit *f ⟨-, no pl⟩* softness; *(von Fleisch)* tenderness **weichherzig** *adj* soft-hearted **Weichkäse** *m* soft cheese **weichlich** ['vaɪçlɪç] *adj (fig)* weak; *(≈ verhätschelt)* soft **Weichling** ['vaɪçlɪŋ] *m ⟨-s, -e⟩ (pej)* weakling **weichmachen** *v/t sep (fig)* to soften up **Weichmacher** *m* CHEM softener **Weichselkirsche** ['vaɪksl̩-] *f (S Ger, Swiss)* sour cherry **weich spülen** *v/t,* **weichspülen** *v/t sep* to condition; *Wäsche* to use (fabric) conditioner on **Weichspüler** *m ⟨-s, -⟩* conditioner **Weichteile** *pl* soft parts *pl; (infml ≈ Geschlechtsteile)* private parts *pl* **Weichtier** *nt* mollusc

Weide¹ ['vaɪdə] *f ⟨-, -n⟩* BOT willow **Weide²** *f ⟨-, -n⟩* AGR pasture; *(≈ Wiese)* meadow **Weideland** *nt* AGR pasture

(-land) **weiden** ['vaidn] **A** v/i to graze **B** v/t to (put out to) graze **C** v/r **sich an etw** (dat) ~ (fig) to revel in sth **Weidenkätzchen** nt pussy willow **Weidenkorb** m wicker basket

weidmännisch [-mɛnɪʃ] **A** adj huntsman's attr **B** adv in a huntsman's manner **weigern** ['vaigern] v/r to refuse **Weigerung** ['vaigərʊŋ] f ⟨-, -en⟩ refusal

Weihe f ⟨-, -n⟩ ECCL consecration; (≈ Priesterweihe) ordination; **höhere ~n** (fig) greater glory **weihen** ['vaiən] v/t **1** ECCL to consecrate; Priester to ordain **2** (≈ widmen) **dem Tod(e)/Untergang geweiht** doomed (to die/fall)

Weiher ['vaie] m ⟨-s, -⟩ pond

Weihnachten ['vainaxtn] nt ⟨-, -⟩ Christmas; **fröhliche** or **frohe ~!** happy (esp Br) or merry Christmas!; (**zu** or **an**) ~ at Christmas; **etw zu ~ bekommen** to get sth for Christmas **weihnachtlich** ['vainaxtlɪç] **A** adj Christmassy (infml), festive **B** adv geschmückt festively **Weihnachtsabend** m Christmas Eve **Weihnachtsbaum** m Christmas tree **Weihnachtsfeiertag** m (erster) Christmas Day; (zweiter) Boxing Day **Weihnachtsfest** nt Christmas **Weihnachtsgans** f Christmas goose; **jdn ausnehmen wie eine ~** (infml) to fleece sb (infml) **Weihnachtsgeld** nt Christmas money **Weihnachtsgeschenk** nt Christmas present **Weihnachtsgratifikation** f Christmas bonus **Weihnachtskarte** f Christmas card **Weihnachtslied** nt (Christmas) carol **Weihnachtsmann** m, pl -männer Father Christmas (Br), Santa Claus **Weihnachtsmarkt** m Christmas fair **Weihnachtstag** m = Weihnachtsfeiertag **Weihnachtstisch** m table for Christmas presents **Weihnachtszeit** f Christmas (time)

Weihrauch m incense **Weihwasser** nt, no pl holy water

weil [vail] cj because

Weilchen ['vailçən] nt ⟨-s, -⟩ **ein ~ a** (little) while **Weile** ['vailə] f ⟨-, no pl⟩ while; **vor einer (ganzen) ~** quite a while ago

Wein [vain] m ⟨-(e)s, -e⟩ wine no pl; (≈ Weinstöcke) vines pl no pl; (≈ Weintrauben) grapes pl; **jdm reinen ~ einschenken** to tell sb the truth **Weinbau** m, no pl wine growing **Weinbauer** m, pl -bauern,

Weinbäuerin f wine grower **Weinbeere** f grape **Weinberg** m vineyard **Weinbergschnecke** f snail; (auf Speisekarte) escargot **Weinbrand** m brandy **weinen** ['vainən] v/t & v/i to cry; **es ist zum Weinen!** it's enough to make you weep! (esp Br) **weinerlich** ['vainelɪç] adj whining; ~ **reden** to whine **Weinernte** f grape harvest **Weinessig** m wine vinegar **Weinflasche** f wine bottle **Weingegend** f wine-growing area **Weinglas** nt wine glass **Weingummi** nt or m wine gum **Weingut** nt wine-growing estate **Weinhändler(in)** m/(f) wine dealer **Weinhandlung** f wine shop (esp Br) or store **Weinhauer(in)** m/(f) (esp Aus) wine grower **Weinkarte** f wine list **Weinkeller** m wine cellar; (≈ Lokal) wine bar **Weinkenner(in)** m/(f) connoisseur of wine

Weinkrampf m crying fit; MED uncontrollable fit of crying

Weinkraut nt sauerkraut **Weinlese** f grape harvest **Weinlokal** nt wine bar **Weinprobe** f wine tasting **Weinrebe** f (grape)vine **weinrot** adj claret **Weinschorle** f (S Ger) spritzer, wine with soda water **Weinstein** m tartar **Weinstock** m vine **Weinstube** f wine tavern **Weintraube** f grape

weise ['vaizə] adj wise **Weise** ['vaizə] f ⟨-, -n⟩ (≈ Verfahren etc) way; **auf diese ~** in this way; **in keiner ~** in no way

weisen ['vaizn] pret **wies** [vi:s], past part **gewiesen** [gə'vi:zn] (elev) **A** v/t **jdm etw ~** to show sb sth; **jdn vom Feld ~** SPORTS to order sb off (the field); **etw von sich ~** (fig) to reject sth **B** v/i to point (nach towards, auf +acc at)

Weise(r) ['vaizə] m/f(m) decl as adj wise man/woman **Weisheit** ['vaishait] f ⟨-, -en⟩ **1** no pl wisdom **2** (≈ weiser Spruch) wise saying, pearl of wisdom (usu iron) **Weisheitszahn** m wisdom tooth

weismachen ['vais-] v/t sep **jdm etw ~** to make sb believe sth; **das kannst du mir nicht ~!** you can't expect me to believe that

weiß [vais] **A** adj white; **das Weiße Haus** the White House; **das Weiße vom Ei** egg white **B** adv anstreichen white; sich kleiden in white; ~ **glühend** white-hot

weissagen ['vais-] v/t insep to prophesy

Weissagung ['vaiza:gʊŋ] f ⟨-, -en⟩ prophecy

Weißbier nt light, fizzy beer made using top-fermentation yeast **Weißblech** nt tinplate **Weißbrot** nt white bread; (≈ Laib) loaf of white bread **weißen** ['vaisn] v/t to whiten; (≈ weiß tünchen) to whitewash **Weiße(r)** ['vaizə] m/f(m) decl as adj white, white man/woman **Weißglut** f white heat; **jdn zur ~ bringen** to make sb livid (with rage) **Weißgold** nt white gold **weißhaarig** adj white-haired **Weißherbst** m ≈ rosé **Weißkohl** m, (S Ger, Aus) **Weißkraut** nt white cabbage **weißlich** ['vaislıç] adj whitish **Weißmacher** m (in Waschmittel) brightening agent; (in Papier) whitener **Weißrusse** m, **Weißrussin** f White Russian **Weißrussland** nt White Russia **Weißwandtafel** f whiteboard **Weißwein** m white wine **Weißwurst** f veal sausage

Weisung ['vaizʊŋ] f ⟨-, -en⟩ directive; **auf ~** on instructions **weisungsberechtigt** adj JUR authorized to issue directives **weit** [vait] **A** adj **1** (≈ breit) wide; Meer open; Begriff broad; Unterschied big; **~e Kreise der Bevölkerung** large sections of the population **2** (≈ lang) Weg, Reise long; **in ~er Ferne** a long way away; **so ~ sein** (≈ bereit) to be ready; **es ist bald so ~** the time has nearly come **B** adv **1** (Entfernung) far; **~er** further; **am ~esten** (the) furthest; **es ist noch ~ bis Bremen** it's still a long way to Bremen; **~ gereist** widely travelled (Br) or traveled (US); **~ hergeholt** far-fetched; **~ und breit** for miles around; **~ ab** or **weg (von)** far away (from); **ziemlich ~ am Ende** fairly near the end; **von Weitem** from a long way away; **von ~ her** from a long way away; **~ blickend** far-sighted; **~ entfernt** a long way away; **~ entfernt** or **gefehlt!** far from it! **2** (≈ breit) offen wide; **10 cm ~** 10cm wide; **~ verbreitet** = weitverbreitet **3** (in Entwicklung) **~ fortgeschritten** far advanced; **wie ~ bist du?** how far have you got?; **so ~, so gut** so far so good; **sie sind nicht ~ gekommen** they didn't get far; **jdn so ~ bringen, dass ...** to bring sb to the point where ...; **er wird es ~ bringen** he will go far; **es so ~ bringen, dass ...** to bring it about that ... **4** (zeitlich) **(bis) ~ in die Nacht** (till) far into the night; **~ nach Mitternacht** well after midnight **5** (≈ erheb-

lich) far; **~ über 60** well over 60 **6** **zu ~ gehen** to go too far; **das geht zu ~!** that's going too far!; **so ~** (≈ im Großen und Ganzen) by and large; (≈ bis jetzt) up to now; (≈ bis zu diesem Punkt) thus far; **so ~ wie möglich** as far as possible; **bei Weitem besser** etc **als** far better etc than; **bei Weitem der Beste** by far the best; **bei Weitem nicht so gut** etc **(wie...)** not nearly as good etc (as ...) **weitab** ['vait'ap] adv **~ von** far (away) from **weitaus** ['vait'aus] adv far **Weitblick** m, no pl (fig) vision **weitblickend** adj far-sighted

Weite¹ ['vaitə] f ⟨-, -n⟩ (≈ Ferne) distance; (≈ Länge) length; (≈ Größe) expanse; (≈ Durchmesser, Breite) width

Weite² nt ⟨-n, no pl⟩ distance; **das ~ suchen** to take to one's heels

weiten ['vaitn] **A** v/t to widen **B** v/r to broaden

weiter ['vaitɐ] **A** adj (fig) further; (≈ andere) other; **~e Auskünfte** further information **B** adv (≈ noch hinzu) further; (≈ sonst) otherwise; **nichts ~ als ...** nothing more than ..., nothing but ...; **ich brauche nichts ~ als ...** all I need is ...; **wenn es ~ nichts ist, ...** well, if that's all (it is), ...; **das hat ~ nichts zu sagen** that doesn't really matter; **immer ~** on and on; **und ~?** and then?; **und so ~** and so on; → Weitere(s) **weiterarbeiten** v/i sep to carry on working **weiter bestehen** v/i irr to continue to exist **weiterbilden** sep v/r to continue one's education **Weiterbildung** f continuation of one's education; (an Hochschule) further education **weiterbringen** v/t sep irr **das bringt uns auch nicht weiter** that doesn't get us any further **weiterempfehlen** past part **weiterempfohlen** v/t sep irr to recommend (to one's friends etc) **weiterentwickeln** past part **weiterentwickelt** sep v/t & v/r to develop **weitererzählen** past part **weitererzählt** v/t sep Geheimnis etc to repeat, to pass on **Weitere(s)** ['vaitərə] nt decl as adj further details pl; **das ~** the rest; **alles ~** everything else; **bis auf ~s** for the time being; (auf Schildern etc) until further notice **weiterfahren** v/i sep irr aux sein (≈ Fahrt fortsetzen) to continue; (≈ durchfahren) to drive on **Weiterfahrt** f continuation of the/one's journey **Weiterflug** m continuation of the/one's flight; **Passagiere zum ~ nach**

... passengers continuing their flight to ... **weiterführen** sep v/t & v/i to continue; **das führt nicht weiter** (fig) that doesn't get us anywhere **weiterführend** adj Schule secondary; Qualifikation higher **weitergeben** v/t sep irr to pass on **weitergehen** v/i sep irr aux sein to go on; **so kann es nicht ~** (fig) things can't go on like this **weiterhelfen** v/i sep irr to help (along) (jdm sb) **weiterhin** ['vaitɐ'hɪn] adv **etw ~ tun** to carry on doing sth **weiterkommen** v/i sep irr aux sein to get further; (fig also) to make progress; **nicht ~** (fig) to be stuck **weiterleiten** v/t sep to pass on (an +acc to); (≈ weitersenden) to forward **weitermachen** v/t & v/i sep to carry on (etw with sth); **~!** carry on! **Weiterreise** f continuation of the/one's journey; **auf der ~ nach ...** when I etc was travelling (Br) or traveling (US) on to ... **weiters** ['vaitɐs] adv (Aus) furthermore **weitersagen** v/t sep to repeat; **nicht ~!** don't tell anyone! **weiterverarbeiten** past part weiterverarbeitet v/t sep to process **Weiterverarbeitung** f reprocessing **Weiterverkauf** m resale **weitervermieten** past part weitervermietet v/t sep to sublet

weitgehend comp weitgehender, sup weitgehendste(r,s), **weit gehend** comp weiter gehend, sup am weitesten gehend **A** adj Vollmachten etc far-reaching; Übereinstimmung etc a large degree of **B** **weitgehend** adv, comp weitgehender, sup weitgehendst to a great extent **weitgereist** [-gəraist] adj attr; → weit **weither** ['vait'heːɐ, vait'heːɐ] adv (a. **von weit her**) from a long way away **weithin** ['vait'hɪn] adv for a long way; (fig) bekannt widely **weitläufig** **A** adj **1** Park, Gebäude spacious; (≈ verzweigt) rambling **2** Verwandte distant **B** adv **sie sind ~ verwandt** they are distant relatives **weiträumig** [-rɔymɪç] **A** adj wide-ranging **B** adv **die Unfallstelle ~ umfahren** to keep well away from the scene of the accident **weitreichend** comp weitreichender, sup weitreichendste(r, s), **weit reichend** comp weiter reichend, sup am weitesten reichend adj (fig) far-reaching **weitschweifig** [-ʃvaifiç] adj long-winded **Weitsicht** f (fig) far-sightedness **weitsichtig** [-zɪçtɪç] adj MED long-sighted (Br), far-sighted (esp US); (fig)

far-sighted **Weitsichtigkeit** f ⟨-, no pl⟩ MED long-sightedness (Br), far-sightedness (esp US) **Weitspringen** nt SPORTS long jump **Weitspringer(in)** m/(f) SPORTS long jumper **Weitsprung** m SPORTS long jump **weitverbreitet** [-fɛɐbraitət] comp weitverbreiteter, sup weitverbreiteteste(r, s), **weit verbreitet** comp weiter verbreitet, sup am weitesten verbreitet adj widespread **Weitwinkelobjektiv** nt wide-angle lens

Weizen ['vaitsn̩] m ⟨-s, no pl⟩ wheat **Weizenbier** nt light, very fizzy beer made by using wheat, malt and top-fermentation yeast **Weizenmehl** nt wheat flour

welch [vɛlç] interrog pron inv **~ (ein)** what **welche(r, s)** ['vɛlçə] **A** interrog pron **1** (adjektivisch) what; (bei Wahl aus einer begrenzten Menge) which **2** (substantivisch) which (one) **3** (in Ausrufen) **~ Freude!** what joy! **B** indef pr some; (verneint) any; **ich habe keine Äpfel, haben Sie ~?** I don't have any apples, do you have any?

welk [vɛlk] adj Blume wilted; Blatt dead; (fig) Schönheit fading; Haut tired-looking; (≈ schlaff) flaccid **welken** ['vɛlkn̩] v/i aux sein to wilt; (Haut) to grow tired-looking

Wellblech ['vɛl-] nt corrugated iron **Welle** ['vɛlə] f ⟨-, -n⟩ **1** wave; (RADIO ≈ Frequenz) wavelength; **(hohe) ~n schlagen** (fig) to create (quite) a stir **2** (fig ≈ Mode) craze **3** TECH shaft **wellen** ['vɛlən] **A** v/t Haar to wave; Blech etc to corrugate **B** v/r to become wavy; **gewelltes Haar** wavy hair **Wellenbad** nt swimming pool with wave machine **Wellenbereich** m PHYS, TEL frequency range; RADIO waveband **wellenförmig** adj wave-like; Linie wavy **Wellengang** [-gaŋ] m, no pl waves pl, swell **Wellenlänge** f PHYS, TEL wavelength; **auf der gleichen ~ sein** or **liegen** (infml) to be on the same wavelength (infml) **Wellenlinie** f wavy line **Wellenreiten** nt ⟨-s, no pl⟩ surfing **Wellensittich** m budgie (infml) **wellig** ['vɛlɪç] adj Haar etc wavy

Wellness ['wɛlnɛs] f ⟨-, no pl⟩ wellness **Wellnesscenter** nt health spa, wellness centre (Br), wellness center (US) **Wellnesshotel** nt spa or wellness hotel **Wellnessurlaub** m spa holiday (Br), spa vacation (US); (kurz) spa break

Wellpappe ['vɛl-] f corrugated cardboard **Welpe** ['vɛlpə] m ⟨-n, -n⟩ pup; (von Wolf,

W

Fuchs) cub

Wels [vɛls] *m* ‹-es, -e [-zə]› catfish

welsch [vɛlʃ] *adj* **1** (≈ *welschsprachig*) Romance-speaking; **2** (*Swiss*) (Swiss)French; **die ~e Schweiz** French Switzerland

Welt [vɛlt] *f* ‹-, -en› world; **die Dritte ~** the Third World; **alle ~** everybody; **deswegen geht die ~ nicht unter** (*infml*) it isn't the end of the world; **das kostet doch nicht die ~** it won't cost a fortune; **uns/sie trennen ~en** (*fig*) we/they are worlds apart; **auf der ~** in the world; **aus aller ~** from all over the world; **aus der ~ schaffen** to eliminate; **in aller ~** all over the world; **warum in aller ~ …?** why on earth …?; **um nichts in der ~, nicht um alles in der ~** not for all the tea in China (*infml*); **ein Mann/eine Frau von ~** a man/woman of the world; **vor aller ~** in front of everybody; **zur ~ kommen** to come into the world **Weltall** *nt* universe **Weltanschauung** *f* philosophy of life; PHIL, POL world view **Weltbank** *f*, *no pl* World Bank **weltbekannt, weltberühmt** *adj* world-famous **weltbeste(r, s)** *adj attr* world's best **Weltbevölkerung** *f* world population **weltbewegend** *adj* world-shattering **Weltbild** *nt* conception of the world **Weltenbummler** *m* ‹-s, -›, **Weltenbummlerin** *f* ‹-, -nen› globetrotter **Welterfolg** *m* global *or* worldwide success

Weltergewicht *nt* BOXING welterweight **welterschütternd** *adj* world-shattering **weltfremd** *adj* unworldly **Weltgeltung** *f* international standing, worldwide recognition **Weltgeschichte** *f* world history **Weltgesundheitsorganisation** *f* World Health Organization **weltgewandt** *adj* sophisticated **Welthandel** *m* world trade **Weltherrschaft** *f* world domination **Weltkarte** *f* map of the world **Weltklasse** *f* **~ sein** to be world class; (*infml*) to be fantastic (*infml*) **Weltkrieg** *m* world war; **der Erste/Zweite ~** the First/Second World War **Weltkulturerbe** *nt* world cultural heritage; (≈ *einzelnes Kulturgut*) World Heritage Site **weltläufig** *adj* cosmopolitan **weltlich** [ˈvɛltlɪç] *adj* worldly; (≈ *nicht kirchlich*) secular **Weltliteratur** *f* world literature

Weltmacht *f* world power **Weltmarkt** *m* world market **Weltmeer** *nt* ocean; **die sieben ~e** the seven seas **Weltmeister(in)** *m/(f)* world champion **Weltmeisterschaft** *f* world championship; FTBL World Cup **weltoffen** *adj* cosmopolitan **Weltöffentlichkeit** *f* general public **Weltpolitik** *f* world politics *pl* **Weltrang** *m* **von ~** world-famous **Weltrangliste** *f* world rankings *pl* **Weltraum** *m* (outer) space **Weltraumforschung** *f* space research **weltraumgestützt** [-gəʃtvtst] *adj* space-based **Weltraumstation** *f* space station **Weltreich** *nt* empire **Weltreise** *f* world tour **Weltrekord** *m* world record **Weltrekordinhaber(in)** *m/(f)* world *or* world's (*US*) record holder **Weltreligion** *f* world religion **Weltschmerz** *m* world-weariness **Weltsicherheitsrat** *m* POL (United Nations) Security Council **Weltstadt** *f* cosmopolitan city **Weltuntergang** *m* end of the world **Weltuntergangsstimmung** *f* apocalyptic mood **weltweit** *adj, adv* worldwide **Weltwirtschaft** *f* world economy **Weltwirtschaftskrise** *f* world economic crisis **Weltwunder** *nt* **die sieben ~** the Seven Wonders of the World

wem [veːm] **A** *interrog pron* who … to, to whom **B** *rel pr* (≈ *derjenige, dem*) the person (who …) to **C** *indef pr* (*infml* ≈ *jemandem*) to somebody

wen [veːn] **A** *interrog pron* who, whom **B** *rel pr* (≈ *derjenige, den*) the person (who) **C** *indef pr* (*infml* ≈ *jemanden*) somebody

Wende [ˈvɛndə] *f* ‹-, -n› turn; (≈ *Veränderung*) change; (≈ *Wendepunkt*) turning point; POL (political) watershed **Wendehals** *m* ORN wryneck; (*fig infml*) turncoat (*pej*) **Wendekreis** *m* **1** tropic; **der nördliche ~** the Tropic of Cancer; **der südliche ~** the Tropic of Capricorn **2** AUTO turning circle **Wendeltreppe** *f* spiral staircase **wenden** [ˈvɛndn] *pret* **wendete** *or* (*liter*) **wandte** [ˈvɛndətə, ˈvantə], *past part* **gewendet** *or* (*liter*) **gewandt** [gəˈvɛndət, gəˈvant] **A** *v/t* (≈ *umdrehen*) to turn (*auch* SEWING); COOK *Eierpfannkuchen* to toss; *Schnitzel etc* to turn (over); **bitte ~!** please turn over **B** *v/r* **1** (≈ *sich umdrehen*) to turn (around); (*Wetter, Glück*) to change; **sich zu jdm/etw ~** to turn toward(s) sb/sth; **sich zum Guten ~** to take a

W

turn for the better **2** **sich an jdn ~** (*um Auskunft*) to consult sb; (*um Hilfe*) to turn to sb; (*Buch etc*) to be directed at sb **C** *v/i* to turn; (≈ *umkehren*) to turn (a)round; **„wenden verboten"** "no U-turns"
Wendepunkt *m* turning point
wendig ['vɛndɪç] *adj* agile; *Auto* manoeuvrable (*Br*), maneuverable (*US*); (*fig*) *Politiker etc* agile **Wendigkeit** *f* ⟨-, *no pl*⟩ agility; (*von Auto etc*) manoeuvrability (*Br*), maneuverability (*US*); (*fig: von Politiker etc*) agility
Wendung ['vɛndʊŋ] *f* ⟨-, -en⟩ **1** turn; **eine unerwartete ~ nehmen** (*fig*) to take an unexpected turn; **eine ~ zum Guten nehmen** to change for the better **2** (≈ *Redewendung*) expression
wenig ['ve:nɪç] **A** *adj, indef pr* **1** *sg* little; **das ist ~** that isn't much; **so ~ wie** *or* **als möglich** as little as possible; **mein ~es Geld** what little money I have; **sie hat zu ~ Geld** *etc* she doesn't have enough money *etc* **2** **~e** *pl* (≈ *ein paar*) a few; **in ~en Tagen** in (just) a few days; **einige ~e Leute** a few people **3** (*auch adv*) **ein ~** a little; **ein ~ Salz** a little salt **B** *adv* little; **~ besser** little better; **~ bekannt** little-known *attr*, little known *pred*; **~ erfreulich** not very pleasant; **zu ~** not enough; **einer/zwei** *etc* **zu ~** one/two *etc* too few **weniger** ['ve:nɪɡɐ] **A** *adj, indef pr* less; (+*pl*) fewer; **~ werden** to get less and less; **~ Geld** less money; **~ Unfälle** fewer accidents **B** *adv* less; **das finde ich ~ schön!** that's not so nice! **C** *cj, prep* +*acc* *or* +*gen* less; **sieben ~ drei ist vier** seven less three is four **wenigstens** ['ve:nɪçstns] *adv* at least **wenigste(r, s)** ['ve:nɪçstə] *adj, indef pr, adv* **am ~n** least; (*pl*) fewest; **das ist noch das ~!** (*infml*) that's the least of it!; **das am ~n!** that least of all!
wenn [vɛn] *cj* **1** (*konditional*) if; **~ er nicht gewesen wäre, ...** if it had not been for him, ...; **selbst** *or* **und ~ ...** even if; **~ ... auch ...** even though *or* if ...; **~ man bedenkt, dass ...** when you consider that ...; **~ ich doch** *or* **nur** *or* **bloß ...** if only I ...; **~ er nur da wäre!** if only he were here!; **außer ~** except if **2** (*zeitlich*) when; **jedes Mal** *or* **immer ~** whenever; **außer ~** except when **Wenn** [vɛn] *nt* ⟨-s, -⟩ **ohne ~ und Aber** without any ifs and buts **wennschon** ['vɛnʃoːn] *adv* (*infml*) (**na** *or* **und**) **~!** so what? (*infml*); **~, dennschon!** in for a penny, in for a pound! (*esp Br prov*)

wer [ve:ɐ] **A** *interrog pron* who; **~ von ...** which (one) of ... **B** *rel pr* (≈ *derjenige, der*) the person who **C** *indef pr* (*infml* ≈ *jemand*) somebody
Werbeabteilung *f* publicity department
Werbeagentur *f* advertising agency
Werbebanner *nt* banner; INTERNET banner **ad** **Werbeblock** *m, pl* -blocks *or* -blöcke TV commercial break **Werbeblocker** [-blɔkɐ] *m* ⟨-s, -⟩ ad blocker **Werbeclip** *m* TV advert **Werbefachfrau** *f* advertising woman **Werbefachmann** *m* advertising man **Werbefernsehen** *nt* commercial television; (*Sendung*) TV advertisements *pl* **Werbefilm** *m* advertising *or* promotional film **Werbefilter** *m* ad blocker **Werbegag** *m* publicity stunt **Werbegeschenk** *nt* gift **Werbegrafiker(in)** *m/(f)* commercial artist **Werbekampagne** *f* publicity campaign; (*für Verbrauchsgüter*) advertising campaign **Werbekosten** *pl* advertising *or* promotional costs *pl* **Werbeleiter(in)** *m/(f)* advertising manager **werben** ['vɛrbn] *pret* **warb** [varp], *past part* **geworben** [ɡə'vɔrbn] **A** *v/t* Mitglieder, Mitarbeiter to recruit; *Kunden* to attract **B** *v/i* to advertise; **für etw ~** to advertise sth; **um etw ~** to solicit sth; **um Verständnis ~** to try to enlist understanding; **um ein Mädchen ~** to court a girl **Werbeslogan** *m* publicity slogan; (*für Verbrauchsgüter*) advertising slogan **Werbespot** *m* commercial **Werbetext** *m* advertising copy *no pl* **Werbetexter(in)** *m/(f)* (advertising) copywriter **Werbetrommel** *f* **die ~ (für etw) rühren** (*infml*) to push sth (*infml*) **werbewirksam** *adj* effective (for advertising purposes) **Werbung** ['vɛrbʊŋ] *f* ⟨-, -en⟩ COMM advertising; (POL ≈ *Propaganda*) pre-election publicity; (*von Kunden, Stimmen*) winning; (*von Mitgliedern*) recruitment; **~ für etw machen** to advertise sth **Werbungskosten** *pl* (*von Mensch*) professional outlay *sg*; (*von Firma*) business expenses *pl*
Werdegang *m, pl* -gänge development; (*beruflich*) career **werden** ['ve:ɐdn] *pret* **wurde** ['vʊrdə], *past part* **geworden** [ɡə'vɔrdn] *aux sein* **A** *v/aux* **1** (*zur Bildung des Futurs*) **ich werde es tun** I'll do it; **ich werde das nicht tun** I won't do that;

W

es wird gleich regnen it's going to rain **2** (*zur Bildung des Konjunktivs*) **das würde ich gerne tun** I'd like to do that; **das würde ich nicht gerne tun** I wouldn't like to do that; **er würde kommen, wenn ...** he would come if ...; **würden Sie mir bitte das Buch geben?** would you give me the book, please? **3** (*zur Bildung des Passivs*) *past part* **worden** [ˈvɔrdn̩] **geschlagen ~** to be beaten; **mir wurde gesagt, dass ...** I was told that ... **4** (*bei Vermutung*) **sie wird wohl in der Küche sein** she'll probably be in the kitchen; **das wird etwa 90 Euro kosten** it will cost roughly 90 euros **B** *v/i* **1** (*mit Adjektiv*) to get; **mir wird kalt/warm** I'm getting cold/warm; **blass/kalt ~** to go pale/cold; **mir wird schlecht/besser** I feel bad/better; **die Fotos sind gut geworden** the photos have come out well **2** (*mit Substantiv, Pronomen*) to become; **Lehrer ~** to become a teacher; **was willst du einmal ~?** what do you want to be when you grow up?; **Erster ~** to come first; **das ist nichts geworden** it came to nothing **3** (*bei Altersangaben*) **er ist gerade 30 geworden** he has just turned 30 **4** **es wird Zeit, dass er kommt** it's time (that) he came; **es wird kalt/spät** it's getting cold/late; **es wird Winter** winter is coming; **was ist aus ihm geworden?** what has become of him?; **aus ihm wird noch einmal was!** he'll make something of himself yet!; **daraus wird nichts** nothing will come of that; (≈ *das kommt nicht infrage*) that's out of the question; **zu etw ~** to turn into sth; **was soll nun ~?** so what's going to happen now? **werdend** *adj* nascent; **~e Mutter** expectant mother

werfen [ˈvɛrfn̩] *pret* **warf** [varf], *past part* **geworfen** [ɡəˈvɔrfn̩] **A** *v/t* to throw (*nach* at); **Bomben ~** (*von Flugzeug*) to drop bombs; **eine Münze ~** to toss a coin; **„nicht ~"** "handle with care"; **etw auf den Boden ~** to throw sth to the ground; **jdn aus dem Haus** *etc* **~** to throw sb out (of the house *etc*) **B** *v/i* (≈ *schleudern*) to throw; **mit etw (auf jdn/etw) ~** to throw sth (at sb/sth) **C** *v/r* to throw oneself (*auf +acc* (up)on, at) **Werfer** [ˈvɛrfe] *m* ⟨-s, -⟩, **Werferin** [-ərɪn] *f* ⟨-, -nen⟩ thrower

Werft [vɛrft] *f* ⟨-, -en⟩ shipyard; (*für Flugzeuge*) hangar **Werftarbeiter(in)** *m/(f)* shipyard worker

Werk [vɛrk] *nt* ⟨-(e)s, -e⟩ **1** (≈ *Arbeit, Buch etc*) work; (*elev* ≈ *Tat*) deed; (≈ *Gesamtwerk*) works *pl*; **das ist sein ~** this is his doing; **ans ~ gehen** to set to work; **am ~ sein** to be at work **2** (≈ *Betrieb*) works *sg or pl* (*Br*), factory; **ab ~** COMM ex works (*Br*), ex factory **3** (≈ *Triebwerk*) mechanism **Werkbank** *f*, *pl* -bänke workbench **werken** [ˈvɛrkn̩] *v/i* to work; (*handwerklich*) to do handicrafts; **Werken** SCHOOL handicrafts **Werkschutz** *m* factory security service **werkseigen** *adj* company *attr* **Werksgelände** *nt* factory premises *pl* **Werksleitung** *f* factory management **Werkstatt** *f*, *pl* -stätten [-ʃtɛtn̩], **Werkstätte** *f* workshop; (*für Autoreparaturen*) garage **Werkstoff** *m* material **Werkstück** *nt* TECH workpiece **Werktag** *m* working day **werktags** [ˈvɛrktaːks] *adv* on weekdays **Werkzeug** *nt*, *pl* -zeuge tool **Werkzeugkasten** *m* toolbox

Wermut [ˈveːmuːt] *m* ⟨-(e)s, *no pl*⟩ (≈ *Wermutwein*) vermouth **Wermutstropfen** *m* (*fig elev*) drop of bitterness

wert [veːɐt] *adj* **1** **etw ~ sein** to be worth sth; **nichts ~ sein** to be worthless; (≈ *untauglich*) to be no good; **Glasgow ist eine Reise ~** Glasgow is worth a visit; **einer Sache** (*gen*) **~ sein** (*elev*) to be worthy of sth **2** (≈ *nützlich*) useful **Wert** [veːɐt] *m* ⟨-(e)s, -e⟩ **1** value; (*esp menschlicher*) worth; **einen ~ von fünf Euro haben** to be worth five euros; **im ~(e) von** to the value of; **sie hat innere ~e** she has certain inner qualities; **~ auf etw** (*acc*) **legen** (*fig*) to set great store by sth (*esp Br*); **das hat keinen ~** (*infml*) there's no point **2** *usu pl* (*von Test, Analyse*) result **Wertarbeit** *f* craftsmanship **werten** [ˈveːɐtn̩] *v/t & v/i* (≈ *einstufen*) to rate (*als* as); **Klassenarbeit** *etc* to grade; (≈ *beurteilen*) to judge (*als* to be); **ein Tor nicht ~** FTBL *etc* to disallow a goal **Wertesystem** *nt* system of values **wertfrei** **A** *adj* neutral **B** *adv* in a neutral way **Wertgegenstand** *m* object of value **Wertgegenstände** *pl* valuables *pl* **Wertigkeit** [ˈveːɐtɪçkait] *f* ⟨-, -en⟩ **1** CHEM valency **2** (≈ *Wert*) importance **wertlos** *adj* worthless **Wertlosigkeit** *f* ⟨-, *no pl*⟩ worthlessness **Wertminderung** *f* reduction in value **Wertpapier** *nt* security; **~e** *pl* stocks and

shares *pl* **Wertsache** *f* object of value
Wertschätzung *f* (*liter*) esteem, high
regard **Wertsteigerung** *f* increase in
value **Wertstoff** *m* reusable material
Wertstoffhof *m* recycling centre (*Br*),
recycling center (*US*) **Wertung** ['veːɐtʊŋ]
f ⟨-, -en⟩ **1** (≈ *Bewertung*) evaluation; (≈
Punkte) score **2** (≈ *das Werten*) rating;
(*von Klassenarbeit*) grading; (≈ *das Beurteilen*)
judging **Werturteil** *nt* value judgement
wertvoll *adj* valuable
Werwolf ['veːɐvɔlf] *m* werewolf
Wesen ['veːzn] *nt* ⟨-s, -⟩ **1** *no pl* nature; (≈
Wesentliches) essence; **es liegt im ~ einer
Sache ...** it's in the nature of a thing ...
2 (≈ *Geschöpf*) being; (≈ *tierisches Wesen*)
creature; (≈ *Mensch*) person; **ein menschliches ~** a human being **Wesensart** *f* nature, character **wesentlich** ['veːzntlıç] **A**
adj essential; (≈ *erheblich*) substantial; (≈
wichtig) important; **das Wesentliche** the
essential part; (*von dem, was gesagt wurde*)
the gist; **im Wesentlichen** basically; (≈ *im
Großen und Ganzen*) in the main **B** *adv* (≈
grundlegend) fundamentally; (≈ *erheblich*)
considerably; **es ist mir ~ lieber, wenn
wir ...** I would much rather we ...
weshalb [vɛs'halp, 'vɛs-] **A** *interrog adv*
why **B** *rel adv* which is why; **der Grund,
~ ...** the reason why ...
Wespe ['vɛspə] *f* ⟨-, -n⟩ wasp
Wespennest *nt* wasp's nest; **in ein ~
stechen** (*fig*) to stir up a hornets' nest
Wespenstich *m* wasp sting
wessen ['vɛsn] *pron* **~ hat man dich angeklagt?** of what have you been accused?
Wessi ['vɛsi] *m* ⟨-s, -s⟩ (*infml*) Westerner,
West German
westdeutsch *adj* GEOG Western German;
POL, HIST West German
Westdeutsche(r) *m/f(m) decl as adj*
West German
Weste ['vɛstə] *f* ⟨-, -n⟩ waistcoat (*Br*), vest
(*US*); **eine reine ~ haben** (*fig*) to have a
clean slate
Westen ['vɛstn] *m* ⟨-s, *no pl*⟩ west; (*von
Land*) West; **der ~** POL the West; **aus
dem ~, von ~** (*her*) from the west; **nach
~ (hin)** to the west; **im ~ der Stadt/des
Landes** in the west of the town/country;
weiter im ~ further west; **im ~ Frank-
reichs** in the west of France
Westentasche *f* waistcoat (*Br*) or vest
(*US*) pocket; **etw wie seine ~ kennen**

(*infml*) to know sth like the back of one's
hand (*infml*)
Western ['vɛstɐn] *m* ⟨-(s), -⟩ western
Westeuropa *nt* Western Europe
westeuropäisch *adj* West(ern) European; **~e Zeit** Greenwich Mean Time
Westfale [vɛst'faːlə] *m* ⟨-n, -n⟩, **Westfä-
lin** [-'fɛːlın] *f* ⟨-, -nen⟩ Westphalian
Westfalen [vɛst'faːlən] *nt* ⟨-s⟩ Westphalia **westfälisch** [vɛst'fɛːlıʃ] *adj* Westphalian
Westjordanland [vɛst'jɔrdan-] *nt* **das ~**
the West Bank **Westküste** *f* west coast
westlich ['vɛstlıç] **A** *adj* western; *Kurs,
Wind, Richtung* westerly; POL Western **B**
adv (to the) west; **~ von ...** (to the) west
of ... **C** *prep +gen* (to the) west of
Westmächte *pl* POL **die ~** the western
powers *pl* **westöstlich** *adj* west-to-east;
in ~er Richtung from west to east
westwärts ['vɛstvɛrts] *adv* westward(s)
Westwind *m* west wind
weswegen [vɛs've:ɡn, 'vɛs-] *interrog adv*
why
wett [vɛt] *adj pred* **~ sein** to be quits
Wettbewerb *m* competition
Wettbewerber(in) *m/f* competitor
wettbewerbsfähig *adj* competitive
wettbewerbswidrig *adj* anticompeti-
tive
Wettbüro *nt* betting office **Wette** ['vɛtə]
f ⟨-, -n⟩ bet; **darauf gehe ich jede ~ ein**
I'll bet you anything you like; **die ~ gilt!**
done!; **mit jdm um die ~ laufen** *or* **rennen** to race sb **wetteifern** *v/i insep* **mit
jdm um etw ~** to compete with sb for
sth **wetten** ['vɛtn] *v/t & v/i* to bet; **auf
etw** (*acc*) **~** to bet on sth; **mit jdm ~** to
bet with sb; **ich wette 100 gegen 1(, dass
...)** I'll bet (you) 100 to 1 (that ...)
Wetter ['vɛtɐ] *nt* ⟨-s, -⟩ **1** weather *no indef
art*; **bei so einem ~** in such weather; **was
haben wir heute für ~?** what's the weather like today? **2** (≈ *Unwetter*) storm **3** *usu
pl* MIN air; **schlagende ~** *pl* firedamp *sg*
Wetter ['vɛtɐ] *m* ⟨-s, -⟩, **Wetterin** [-ərın]
f ⟨-, -nen⟩ better
Wetteraussichten *pl* weather outlook
sg **Wetterbericht** *m* weather report
wetterbeständig *adj* weatherproof
wetterempfindlich *adj* sensitive to
(changes in) the weather **wetterfest**
adj weatherproof **Wetterfrosch** *m*
(*hum infml*) weatherman (*infml*)

W

wetterfühlig [-fy:lɪç] *adj* sensitive to (changes in) the weather **Wetterhahn** *m* weathercock (*esp Br*), weather vane **Wetterkarte** *f* weather map **Wetterkunde** *f* meteorology **Wetterlage** *f* weather situation **Wetterleuchten** *nt* ⟨-s, *no pl*⟩ sheet lightning; (*fig*) storm clouds *pl* **wettern** ['vɛtɐn] *v/i* to curse and swear; **gegen** *or* **auf etw** (*acc*) **~** to rail against sth **Wetterstation** *f* weather station **Wettersturz** *m* sudden fall in temperature and atmospheric pressure **Wetterumschwung** *m* sudden change in the weather **Wettervorhersage** *f* weather forecast **Wetterwarte** *f* weather station **wetterwendisch** *adj* (*fig*) changeable

Wettfahrt *f* race **Wettkampf** *m* competition **Wettkämpfer(in)** *m/(f)* competitor **Wettlauf** *m* race; **ein ~ gegen die Zeit** a race against time **wettmachen** *v/t sep* to make up for; *Verlust etc* to make good; *Rückstand* to make up **Wettrennen** *nt* race **Wettrüsten** *nt* ⟨-s, *no pl*⟩ arms race **Wettschein** *m* betting slip **Wettstreit** *m* competition; **mit jdm im ~ liegen** to compete with sb **wetzen** ['vɛtsn] *v/t* to whet **Wetzstein** *m* whetstone

WG [ve:'ge:] *f* ⟨-, -s⟩ *abbr of* **Wohngemeinschaft**

Whirlpool® ['wœrlpuːl, 'wøːel-] *m* ⟨-s, -s⟩ whirlpool bathtub

Whisky ['vɪski] *m* ⟨-s, -s⟩ whisky, whiskey (*US*); (*irischer*) whiskey

wichsen ['vɪksn] *v/i* (*sl* ≈ *onanieren*) to jerk off (*sl*) **Wichser** ['vɪksɐ] *m* ⟨-s, -⟩ (*sl*) wanker (*Br sl*), jerk-off (*US sl*)

Wicht [vɪçt] *m* ⟨-(e)s, -e⟩ (≈ *Kobold*) goblin; (*fig* ≈ *verachtenswerter Mensch*) scoundrel

wichtig ['vɪçtɪç] **A** *adj* important; **alles Wichtige** everything of importance; **Wichtigeres zu tun haben** to have more important things to do; **das Wichtigste** the most important thing **B** *adv* **sich selbst/etw (zu) ~ nehmen** to take oneself/sth (too) seriously **Wichtigkeit** *f* ⟨-, -en⟩ importance **wichtigmachen** *v/r sep* (*infml*) to be full of one's own importance **Wichtigtuer** [-tuːɐ] *m* ⟨-s, -⟩, **Wichtigtuerin** [-ərɪn] *f* ⟨-, -nen⟩ (*pej*) pompous idiot **wichtigtun** *v/r sep*

(*infml: sich aufspielen*) to be full of one's own importance

Wicke ['vɪkə] *f* ⟨-, -n⟩ BOT vetch; (≈ *Gartenwicke*) sweet pea

Wickel ['vɪkl] *m* ⟨-s, -⟩ MED compress **wickeln** ['vɪkln] **A** *v/t* **1** (≈ *schlingen*) to wind (*um* round); *Verband etc* to bind **2** (≈ *einwickeln*) to wrap (*in* +*acc* in); **einen Säugling ~** to change a baby's nappy (*Br*) *or* diaper (*US*) **B** *v/r* to wrap oneself (*in* +*acc* in) **Wickelraum** *m* (*in Kaufhaus etc*) baby changing room **Wickelrock** *m* wraparound skirt **Wickeltisch** *m* baby's changing table

Widder ['vɪdɐ] *m* ⟨-s, -⟩ ZOOL ram; ASTROL Aries; **sie ist (ein) ~** ASTROL she's (an) Aries

wider ['viːdɐ] *prep* +*acc* (*elev*) against; **~ Erwarten** contrary to expectations **widerfahren** [viːdɐ'faːrən] *past part* widerfahren *v/impers* +*dat insep irr aux sein* (*elev*) to happen (*jdm* to sb) **Widerhaken** *m* barb **Widerhall** *m* echo; **keinen ~ finden** (*Interesse*) to meet with no response **widerlegen** [viːdɐ'leːgn] *past part* widerlegt *v/t insep Behauptung etc* to refute; *jdn* to prove wrong **Widerlegung** *f* ⟨-, -en⟩ refutation, disproving **widerlich** ['viːdɐlɪç] **A** *adj* disgusting; *Mensch* repulsive **B** *adv* **sich benehmen** disgustingly; **~ riechen/schmecken** to smell/taste disgusting **widernatürlich** *adj* unnatural **widerrechtlich** **A** *adj* illegal **B** *adv* illegally; **sich** (*dat*) **etw ~ aneignen** to misappropriate sth **Widerrede** *f* (≈ *Widerspruch*) contradiction; **keine ~!** don't argue!; **ohne ~** without protest **Widerruf** *m* revocation; (*von Aussage*) retraction **widerrufen** [viːdɐ'ruːfn] *past part* widerrufen *insep irr v/t Erlaubnis, Anordnung etc* to revoke, to withdraw; *Aussage* to retract **Widersacher** ['viːdɐzaxɐ] *m* ⟨-s, -⟩, **Widersacherin** [-ərɪn] *f* ⟨-, -nen⟩ adversary **widersetzen** [viːdɐ'zɛtsn] *past part* widersetzt *v/r insep* **sich jdm/einer Sache ~** to oppose sb/sth; *der Festnahme* to resist sth; *einem Befehl* to refuse to comply with sth **widersinnig** *adj* absurd **widerspenstig** *adj* stubborn; *Kind, Haar* unruly **widerspiegeln** *sep* **A** *v/t* to reflect **B** *v/r* to be reflected **widersprechen** [viːdɐ'ʃprɛçn] *past part* widersprochen [viːdɐ'ʃprɔxn] *insep irr* **A** *v/i* **jdm/einer Sache ~** to contradict sb/sth **B** *v/r* (*einander*) to contradict each other **Widerspruch** *m* 🔳 contradiction; **ein ~ in sich selbst** a contradiction in terms; **in** *or* **im ~ zu** contrary to; **in** *or* **im ~ zu etw stehen** to be contrary to sth 🔳 (≈ *Protest*) protest; (≈ *Ablehnung*) opposition; JUR appeal; **kein ~!** don't argue!; **~ erheben** to protest; **~ einlegen** JUR to appeal **widersprüchlich** [-ʃprʏçlɪç] *adj* contradictory; *Verhalten* inconsistent **Widerspruchsgeist** *m, no pl* spirit of opposition **widerspruchslos** 🅰 *adj* (≈ *unangefochten*) unopposed; (≈ *ohne Einwände*) without contradiction 🅱 *adv* (≈ *unangefochten*) without opposition; (≈ *ohne Einwände*) without contradiction **Widerstand** *m* resistance; (≈ *Ablehnung*) opposition; (ELEC: *Bauelement*) resistor; **gegen jdn/etw ~ leisten** to resist sb/sth **Widerstandsbewegung** *f* resistance movement **widerstandsfähig** *adj* robust; *Pflanze* hardy; MED, TECH *etc* resistant (*gegen* to) **Widerstandsfähigkeit** *f* robustness; (*von Pflanze*) hardiness; MED, TECH *etc* resistance (*gegen* to) **Widerstandskämpfer(in)** *m/(f)* member of the resistance **widerstandslos** *adj, adv* without resistance **widerstehen** [viːdɐˈʃteːən] *past part* **widerstanden** [viːdɐˈʃtandn] *v/i +dat insep irr* (≈ *nicht nachgeben*) to resist; (≈ *standhalten*) to withstand **widerstreben** [viːdɐˈʃtreːbn] *past part* **widerstrebt** *v/i +dat insep* **es widerstrebt mir, so etwas zu tun** it goes against the grain (*Br*) or my grain (*US*) to do anything like that **widerstrebend** 🅰 *adj* (≈ *widerwillig*) reluctant 🅱 *adv* (*widerwillig*) unwillingly **widerwärtig** [-vɛrtɪç] 🅰 *adj* objectionable; (≈ *ekelhaft*) disgusting 🅱 *adv* **~ schmecken/stinken** to taste/smell disgusting **Widerwille** *m* (≈ *Ekel*) disgust (*gegen* for); (≈ *Abneigung*) distaste (*gegen* for); (≈ *Widerstreben*) reluctance **widerwillig** 🅰 *adj* reluctant 🅱 *adv* reluctantly **Widerworte** *pl* **~ geben** to answer back; **ohne ~** without protest

widmen [ˈvɪtmən] 🅰 *v/t* **jdm etw ~** to dedicate sth to sb 🅱 *v/r +dat* to devote oneself to; **den Gästen** *etc* to attend to; *einer Aufgabe* to apply oneself to **Widmung** [ˈvɪtmʊŋ] *f <-, -en>* (*in Buch etc*) dedication (*an +acc* to)

widrig [ˈviːdrɪç] *adj* adverse

wie [viː] 🅰 *interrog adv* 🔳 how; **~ wär's mit einem Whisky?** (*infml*) how about a whisky? 🔳 (≈ *welcher Art*) **~ war's auf der Party?** what was the party like?; **~ ist er (denn)?** what's he like? 🔳 (≈ *was*) **~ heißt er/das?** what's he/it called?; **~?** what?; **~ bitte?** sorry?; (*entrüstet*) I beg your pardon! 🔳 (*in Ausrufen*) how; **und ~!, aber ~!** and how! (*infml*); **~ groß er ist!** how big he is!; **das macht dir Spaß, ~?** you like that, don't you? 🅱 *adv* **die Art, ~ sie geht** the way (in which) she walks; **~ stark du auch sein magst** however strong you may be; **~ sehr ... auch** however much 🅲 *cj* 🔳 (*vergleichend*) (*auf adj, adv bezüglich*) as; (*auf n bezüglich*) like; **so ... ~ as ... as**; **so lang ~ breit** as long as it *etc* is wide; **weiß ~ Schnee** (as) white as snow; **eine Nase ~ eine Kartoffel** a nose like a potato; **~ gewöhnlich/immer** as usual/always *or* ever; **~ du weißt** as you know 🔳 (≈ *als*) **größer ~** bigger than; **nichts ~ Ärger** *etc* nothing but trouble *etc* 🔳 (*infml*) **~ wenn** as if 🔳 **er sah, ~ es geschah** he saw it happen; **sie spürte, ~ es kalt wurde** she felt it getting cold

Wiedehopf [ˈviːdəhɔpf] *m <-(e)s, -e>* hoopoe

wieder [ˈviːdɐ] *adv* again; **immer ~** again and again; **~ mal** (once) again; **~ ist ein Jahr vorbei** another year has passed; **wie, schon ~?** what, again?; **~ da** back (again) **Wiederaufbau** *m, no pl* reconstruction **wiederaufbauen** *v/t & v/i sep* to reconstruct **wiederaufbereiten** *v/t sep* to recycle; *Atommüll, Abwasser* to reprocess **Wiederaufbereitung** *f* recycling; (*von Atommüll*) reprocessing **Wiederaufbereitungsanlage** *f* recycling plant; (*für Atommüll*) reprocessing plant **wieder aufleben** *v/i aux sein* to revive **Wiederaufnahme** [viːdəˈaufnaːmə] *f* 🔳 (*von Tätigkeit, Gespräch etc*) resumption 🔳 (*im Verein etc*) readmittance **wiederaufnehmen** *v/t sep irr* 🔳 (≈ *wieder beginnen*) to resume 🔳 *Vereinsmitglied* to readmit **Wiederbeginn** *m* recommencement; (*von Schule*) reopening **wiederbekommen** *past part* **wiederbekommen** *v/t sep irr* to get back **wiederbeleben** *v/t sep* to revive **Wiederbelebung** *f* revival **Wiederbelebungsversuch** *m* attempt at resuscitation; (*fig*) attempt at revival **wiederbringen** *v/t sep irr* to bring back **wiedereinführen** *v/t sep* to reintroduce; (*Comm*) *Waren* to reimport **Wie-**

W

dereingliederung f reintegration **wiedereinstellen** v/t sep to re-employ **Wiedereintritt** m reentry (in +acc into) **wiederentdecken** v/t sep to rediscover **Wiederentdeckung** f rediscovery **wiedererkennen** v/t sep irr to recognize; **das/er war nicht wiederzuerkennen** it/he was unrecognizable **wiedererlangen** past part **wiedererlangt** v/t sep to regain; Eigentum to recover **wiedereröffnen** v/t & v/i sep to reopen **Wiedereröffnung** f reopening **wiedererstatten** past part **wiedererstattet** v/t sep Unkosten etc to refund (jdm etw sb for sth) **Wiedererstattung** f refund(ing) **wiederfinden** sep irr v/t to find again; (fig) Mut etc to regain **Wiedergabe** f **1** (von Rede, Ereignis) account **2** (≈ Darbietung: von Stück etc) rendition **3** (≈ Übersetzung) translation **4** (≈ Reproduktion) reproduction **5** (≈ Rückgabe) return **wiedergeben** v/t sep irr **1** to give back **2** (≈ erzählen) to give an account of **3** (≈ übersetzen) to translate **4** (≈ reproduzieren) to reproduce **wiedergeboren** adj reborn **Wiedergeburt** f rebirth **wiedergewinnen** past part **wiedergewonnen** v/t sep irr to regain; jdn to win back; Land to reclaim; Selbstvertrauen to recover **wiedergutmachen** v/t sep Schaden to compensate for; Fehler to rectify; POL to make reparations for; **das ist nie wiedergutzumachen** that can never be put right **Wiedergutmachung** f ⟨-, -en⟩ compensation; POL reparations pl **wiederhaben** v/t sep irr (infml) **etw ~ wollen** to want sth back **wiederherstellen** v/t sep Gebäude, Ordnung, Gesundheit to restore; Beziehungen to re-establish **Wiederherstellung** f restoration **wiederholen**[1] [viːdɐˈhoːlən] past part **wiederholt** insep **A** v/t & v/i to repeat; (zusammenfassend) to recapitulate; Lernstoff to revise, to review (US); Prüfung, Elfmeter to retake **B** v/r (Mensch) to repeat oneself; (Thema, Ereignis) to recur **wiederholen**[2] [ˈviːdɐhoːlən] v/t sep (≈ zurückholen) to get back **wiederholt** [viːdɐˈhoːlt] **A** adj repeated; **zum ~en Male** once again **B** adv repeatedly **Wiederholung** [viːdɐˈhoːlʊŋ] f ⟨-, -en⟩ repetition; (von Prüfung, Elfmeter) retaking; (von Sendung) repeat; (von Lernstoff) revision **Wiederholungsspiel** nt SPORTS replay

Wiederhören nt (auf) ~! goodbye! **wiederkäuen** sep **A** v/t to ruminate; (fig infml) to go over again and again **B** v/i to ruminate **Wiederkäuer** [-kɔyə] m ⟨-s, -⟩ ruminant **Wiederkehr** [ˈviːdeːkeːɐ] f ⟨-, no pl⟩ (≈ Rückkehr) return; (≈ ständiges Vorkommen) recurrence **wiederkehren** v/i sep aux sein (≈ zurückkehren) to return; (≈ sich wiederholen) to recur **wiederkehrend** adj recurring **wiederkommen** v/i sep irr aux sein to come back **wiedersehen** v/t sep irr to see again; **wann sehen wir uns wieder?** when will we see each other again? **Wiedersehen** [ˈviːdeːzeːən] nt ⟨-s, -⟩ (nach längerer Zeit) reunion; (auf) ~! goodbye! **wiederum** [ˈviːdərʊm] adv **1** (≈ andererseits) on the other hand; (≈ allerdings) though **2** (elev ≈ nochmals) again **wiedervereinigen** sep **A** v/t to reunite; Land to reunify **B** v/r to reunite **Wiedervereinigung** f reunification **Wiederverkaufswert** m resale value **wiederverwendbar** adj reusable **wiederverwenden** v/t sep to reuse **wiederverwertbar** adj recyclable **wiederverwerten** v/t sep to recycle **Wiederverwertung** f recycling

Wiege [ˈviːgə] f ⟨-, -n⟩ cradle **wiegen**[1] [ˈviːgn] **A** v/t **1** (≈ hin und her bewegen) to rock; Hüften to sway **2** (≈ zerkleinern) to chop up **B** v/r (Boot etc) to rock (gently); (Mensch, Äste etc) to sway **wiegen**[2] pret **wog** [voːk], past part **gewogen** [gəˈvoːgn] v/t & v/i (≈ abwiegen) to weigh; **wie viel wiegst du?** how heavy are you?; **schwer ~** (fig) to carry a lot of weight; → **gewogen**

Wiegenlied nt lullaby **wiehern** [ˈviːɐn] v/i to neigh **Wien** [viːn] nt ⟨-s⟩ Vienna **Wiener** [ˈviːnɐ] adj attr Viennese; ~ **Würstchen** frankfurter; ~ **Schnitzel** Wiener schnitzel **wienerisch** [ˈviːnərɪʃ] adj Viennese **wienern** v/t to polish **Wiese** [ˈviːzə] f ⟨-, -n⟩ meadow; (infml ≈ Rasen) grass

Wiesel [ˈviːzl] nt ⟨-s, -⟩ weasel **wieso** [viˈzoː] interrog adv why; ~ **nicht** why not; ~ **weißt du das?** how do you know that?

wie viel [viˈfiːl, ˈviː-] interrog adv → **viel** **wievielmal** [viˈfiːlmaːl, ˈviː-] interrog adv how many times **Wievielte(r)** [viˈfiːltə, ˈviː-] m decl as adj (bei Datum) **der ~ ist**

heute? what's the date today? **wieviel-te(r, s)** [vi'fiːltə, 'viː-] *interrog adj* **das ~ Kind ist das jetzt?** how many children is that now?; **zum ~n Mal bist du schon in England?** how often have you been to England?; **am ~n September hast du Geburtstag?** what date in September is your birthday?

wieweit [vi'vait] *cj* to what extent

Wikinger ['viːkɪŋɐ, 'vɪkɪŋɐ] *m* ‹-s, -›, **Wikingerin** [-ərɪn] *f* ‹-, -nen› Viking

wild [vɪlt] **A** *adj* wild; *Stamm* savage; (≈ *laut, ausgelassen*) boisterous; (≈ *ungesetzlich*) *Parken, Zelten etc* illegal; *Streik* wildcat *attr*, unofficial; **seid nicht so ~!** calm down a bit!; **jdn ~ machen** to make sb furious, to drive sb crazy; **~ auf jdn/etw sein** (*infml*) to be mad about sb/sth (*infml*); **das ist halb so ~** (*infml*) never mind **B** *adv* **1** (≈ *unordentlich*) **~ durcheinanderliegen** to be strewn all over the place **2** (≈ *hemmungslos*) like crazy; **um sich schlagen** wildly; **wie ~ arbeiten***etc* to work *etc* like mad **3** (≈ *in der freien Natur*) **~ leben** to live in the wild; **~ wachsen** to grow wild

Wild [vɪlt] *nt* ‹-(e)s [-dəs]› *no pl* (≈ *Tiere, Fleisch*) game; (≈ *Rotwild*) deer; (≈ *Fleisch von Rotwild*) venison **Wildbach** *m* torrent **Wildbahn** *f* **auf** *or* **in freier ~** in the wild **Wilddieb(in)** *m/(f)* poacher **Wilde(r)** ['vɪldə] *m/f(m)* *decl as adj* savage; (*fig*) madman **Wilderei** [vɪldə'rai] *f* ‹-, -en› poaching **Wilderer** ['vɪldərə] *m* ‹-s, -›, **Wilderin** [-ərɪn] *f* ‹-, -nen› poacher **wildern** ['vɪldɐn] *v/i* to poach **Wildfleisch** *nt* game; (*von Rotwild*) venison **wildfremd** ['vɪlt'frɛmt] *adj* (*infml*) completely strange; **~e Leute** complete strangers **Wildgans** *f* wild goose **Wildheit** *f* ‹-, -en› wildness **Wildhüter(in)** *m/(f)* gamekeeper **Wildkatze** *f* wildcat **Wildleder** *nt* suede **wildledern** *adj* suede **Wildnis** ['vɪltnɪs] *f* ‹-, -se› wilderness; **in der ~ leben** to live in the wild **Wildpark** *m* game park; (*für Rotwild*) deer park **Wildsau** *f* wild sow; (*fig sl*) pig (*infml*) **Wildschwein** *nt* wild boar **Wildwasser** *nt, pl* -wasser white water **Wildwechsel** *m* (*bei Rotwild*) deer path; „Wildwechsel" "wild animals" **Wildwestfilm** *m* western

Wille ['vɪlə] *m* ‹-ns, *no pl*› will; (≈ *Absicht*) intention; **wenn es nach ihrem ~n ginge** if she had her way; **er musste wider ~n** *or* **gegen seinen ~n lachen** he couldn't help laughing; **seinen ~n durchsetzen** to get one's (own) way; **jdm seinen ~n lassen** to let sb have his own way; **beim besten ~n nicht** not with the best will in the world; **wo ein ~ ist, ist auch ein Weg** (*prov*) where there's a will there's a way (*prov*) **willenlos** **A** *adj* weak-willed **B** *adv* **jdm ~ ergeben sein** to be totally submissive to sb **willens** ['vɪləns] *adj* (*elev*) **~ sein** to be willing **Willenskraft** *f* willpower **willensschwach** *adj* weak-willed **Willensschwäche** *f* weak will **willensstark** *adj* strong-willed **Willensstärke** *f* willpower **willentlich** ['vɪləntlɪç] **A** *adj* wilful **B** *adv* deliberately **willig** ['vɪlɪç] **A** *adj* willing **B** *adv* willingly

willkommen [vɪl'kɔmən] *adj* welcome; **du bist (mir) immer ~** you are always welcome; **jdn ~ heißen** to welcome sb; **es ist mir ganz ~, dass ...** I quite welcome the fact that ... **Willkommensgruß** *m* greeting

Willkür ['vɪlkyːɐ] *f* ‹-, *no pl*› (*politisch*) despotism; (*bei Handlungen*) arbitrariness; **ein Akt der ~** a despotic/an arbitrary act **willkürlich** ['vɪlkyːɐlɪç] **A** *adj* arbitrary; *Herrscher* autocratic **B** *adv* handeln arbitrarily

wimmeln ['vɪmln] *v/i* (*also v/impers*) **der See wimmelt von Fischen** the lake is teeming with fish; **hier wimmelt es von Fliegen** this place is swarming with flies; **dieses Buch wimmelt von Fehlern** this book is riddled with mistakes **Wimmerl** ['vɪmel] *nt* ‹-s, -(n)› (*Aus* ≈ *Pickel*) spot

wimmern ['vɪmɐn] *v/i* to whimper

Wimper ['vɪmpɐ] *f* ‹-, -n› (eye)lash; **ohne mit der ~ zu zucken** (*fig*) without batting an eyelid (*Br*) *or* eyelash (*US*) **Wimperntusche** *f* mascara

Wind [vɪnt] *m* ‹-(e)s, -e [-də]› wind; **bei ~ und Wetter** in all weathers; **~ und Wetter ausgesetzt sein** to be exposed to the elements; **daher weht der ~!** (*fig*) so that's the way the wind is blowing; **viel ~ um etw machen** (*infml*) to make a lot of fuss about sth; **gegen den ~ segeln** (*lit*) to sail into the wind; (*fig*) to swim against the stream, to run against the wind (*US*); **jdm den ~ aus den Segeln nehmen** (*fig*) to

W

take the wind out of sb's sails; **etw in den ~ schlagen** *Warnungen, Rat* to turn a deaf ear to sth; *Vorsicht, Vernunft* to throw sth to the winds; **in alle (vier) ~e zerstreut sein** *(fig)* to be scattered to the four corners of the earth; **von etw ~ bekommen** *(fig infml)* to get wind of sth **Windbeutel** *m* cream puff **Windbluse** *f* windcheater **Windbö(e)** *f* gust of wind

Winde[1] ['vɪndə] *f ⟨-, -n⟩* TECH winch

Winde[2] *f ⟨-, -n⟩* BOT bindweed

Windel ['vɪndl] *f ⟨-, -n⟩* nappy *(Br)*, diaper *(US)* **Windeleinlage** *f* nappy *(Br)* or diaper *(US)* liner **windelweich** ['vɪndl'vaɪç] *adv* **jdn ~ schlagen** or **hauen** *(infml)* to beat sb black and blue

winden ['vɪndn] *pret* **wand** [vant], *past part* **gewunden** [gə'vʊndn] **A** *v/t* to wind; *Kranz* to bind; *(≈ hochwinden) Last* to winch **B** *v/r* to wind; *(vor Schmerzen)* to writhe *(vor* with, in); *(vor Verlegenheit)* to squirm *(vor* with, in); *(fig ≈ ausweichen)* to try to wriggle out; → **gewunden**

Windenergie *f* wind energy **Windeseile** *f* **etw in** or **mit ~ tun** to do sth in no time (at all); **sich in** or **mit ~ verbreiten** to spread like wildfire **Windfarm** *f* wind farm **windgeschützt** *adj* sheltered (from the wind) **Windhund** *m* **1** greyhound **2** *(fig pej)* rake **windig** ['vɪndɪç] *adj* windy; *(fig)* dubious **Windjacke** *f* windcheater *(Br)*, windproof jacket **Windkraft** *f* wind power **Windlicht** *nt* lantern **Windmühle** *f* windmill **Windpark** *m* wind farm **Windpocken** *pl* chickenpox *sg* **Windrichtung** *f* wind direction **Windrose** *f* NAUT compass card; METEO wind rose **Windschatten** *m* lee; *(von Fahrzeugen)* slipstream **windschief** *adj* crooked **Windschutzscheibe** *f* windscreen *(Br)*, windshield *(US)* **Windstärke** *f* strength of the wind **windstill** *adj* still; *Platz, Ecke etc* sheltered **Windstille** *f* calm **Windstoß** *m* gust of wind **Windsurfbrett** *nt* windsurfer **windsurfen** *v/i insep* to windsurf; **~ gehen** to go windsurfing **Windsurfen** *nt ⟨-s, no pl⟩* windsurfing **Windsurfer(in)** *m/(f)* windsurfer **Windturbine** *f* wind turbine

Windung ['vɪndʊŋ] *f ⟨-, -en⟩ (von Weg, Fluss etc)* meander; *(*TECH*: von Schraube)* thread; *(*ELEC*: von Spule)* coil

Wink [vɪŋk] *m ⟨-(e)s, -e⟩ (≈ Zeichen)* sign; *(≈ Hinweis, Tipp)* hint

Winkel ['vɪŋkl] *m ⟨-s, -⟩* **1** MAT angle **2** TECH square **3** *(fig) (≈ Stelle, Ecke)* corner; *(≈ Plätzchen)* spot **Winkeleisen** *nt* angle iron **winkelförmig** **A** *adj* angled **B** *adv* **~ gebogen** bent at an angle **winkelig** ['vɪŋkəlɪç] *adj* = **winklig Winkelmesser** *m ⟨-s, -⟩* protractor

winken ['vɪŋkn] *past part* **gewinkt** or *(dial)* **gewunken** [gə'vɪŋkt, gə'vʊŋkn] **A** *v/i* to wave *(jdm* to sb); **dem Kellner ~** to signal to the waiter; **jdm winkt etw** *(fig ≈ steht in Aussicht)* sb can expect sth; **dem Sieger winkt eine Reise nach Italien** the winner will receive a trip to Italy **B** *v/t* to wave; **jdn zu sich ~** to beckon sb over to one

winklig ['vɪŋklɪç] *adj Haus, Altstadt* full of nooks and crannies; *Gasse* twisty

Winter ['vɪntɐ] *m ⟨-s, -⟩* winter; **im ~** in (the) winter **Winteranfang** *m* beginning of winter **Winterdienst** *m* MOT winter road treatment **Winterfahrplan** *m* winter timetable **Wintergarten** *m* winter garden **Winterlandschaft** *f* winter landscape **winterlich** ['vɪntɐlɪç] **A** *adj* wintry, winter *attr* **B** *adv* **es ist ~ kalt** it's as cold as it is in winter; **~ gekleidet** dressed for winter **Winterolympiade** *f* Winter Olympics *pl* **Winterreifen** *m* winter tyre *(Br)* or tire *(US)* **Winterschlaf** *m* ZOOL hibernation; **(den) ~ halten** to hibernate **Winterschlussverkauf** *m* winter (clearance) sale **Wintersemester** *nt* winter semester **Winterspiele** *pl* **(Olympische) ~** Winter Olympics *pl*; *(≈ Wintersportart)* winter sport **Winterzeit** *f* winter time

Winzer ['vɪntsɐ] *m ⟨-s, -⟩*, **Winzerin** [-ərɪn] *f ⟨-, -nen⟩* wine grower

winzig ['vɪntsɪç] *adj* tiny; **~ klein** minute, tiny little *attr* **Winzling** ['vɪntslɪŋ] *m ⟨-s, -e⟩ (infml)* mite

Wipfel ['vɪpfl] *m ⟨-s, -⟩* treetop

Wippe ['vɪpə] *f ⟨-, -n⟩ (zum Schaukeln)* seesaw **wippen** ['vɪpn] *v/i (≈ mit Wippe schaukeln)* to seesaw; **mit dem Fuß ~** to jiggle one's foot

wir [viːɐ] *pers pr, gen* **unser** ['ʊnzɐ], *dat* **uns** [ʊns], *acc* **uns** [ʊns] we; **~ alle** all of us; **~ beide** both of us; **~ drei** the three of us; **wer war das? — ~ nicht** who was that?

— it wasn't us

Wirbel ['vɪrbl] m ⟨-s, -⟩ **1** whirl; (*in Fluss etc*) whirlpool; (≈ *Aufsehen*) to-do; (**viel/großen**) **~ machen/verursachen** to make/cause (a lot of/a big) commotion **2** (≈ *Trommelwirbel*) (drum) roll **3** ANAT vertebra **wirbellos** *adj* ZOOL invertebrate **wirbeln** ['vɪrbln] *v/i aux sein* to whirl; (*Laub, Rauch*) to swirl **Wirbelsäule** f ANAT spinal column **Wirbelsturm** m whirlwind **Wirbeltier** nt vertebrate **Wirbelwind** m whirlwind

wirken ['vɪrkn] *v/i* **1** (≈ *tätig sein*) (*Mensch*) to work; (*Kräfte etc*) to be at work; (≈ *Wirkung haben*) to have an effect; (≈ *erfolgreich sein*) to work; **als Katalysator ~** to act as a catalyst; **abführend ~** to have a laxative effect; **etw auf sich** (*acc*) **~ lassen** to take sth in **2** (≈ *erscheinen*) to seem

wirklich ['vɪrklɪç] **A** *adj* real; **im ~en Leben** in real life **B** *adv* really; **nicht ~** not really; **ich war das ~ nicht** it really was not me; **~?** (*als Antwort*) really? **Wirklichkeit** f ⟨-, -en⟩ reality; **~ werden** to come true; **in ~** in reality **wirklichkeitsfremd** *adj* unrealistic **wirklichkeitsgetreu** **A** *adj* realistic **B** *adv* realistically

wirksam ['vɪrkzaːm] **A** *adj* effective; **am 1. Januar ~ werden** (*form: Gesetz*) to take effect on January 1st **B** *adv* effectively; *verbessern* significantly **Wirksamkeit** f ⟨-, no pl⟩ effectiveness **Wirkstoff** m *esp* PHYSIOL active substance **Wirkung** ['vɪrkʊŋ] f ⟨-, -en⟩ effect (*bei* on); **zur ~ kommen** to take effect; **mit ~ vom 1. Januar** (*form*) with effect from January 1st **Wirkungsgrad** m (degree of) effectiveness **wirkungslos** *adj* ineffective **wirkungsvoll** **A** *adj* effective **B** *adv* effectively **Wirkungsweise** f (*von Medikament*) action

wirr [vɪr] *adj* confused; *Blick* crazed; *Haare, Fäden* tangled; *Gedanken* weird; (≈ *unrealistisch*) wild; **~es Zeug reden** to talk gibberish **Wirren** ['vɪrən] *pl* confusion *sg* **Wirrwarr** ['vɪrvar] m ⟨-s, no pl⟩ confusion; (*von Verkehr*) chaos *no indef art* **Wirsing** ['vɪrzɪŋ] m ⟨-s, no pl⟩ savoy cabbage

Wirt [vɪrt] m ⟨-(e)s, -e⟩ landlord; (BIOL, *rare* ≈ *Gastgeber*) host **Wirtin** ['vɪrtɪn] f ⟨-, -nen⟩ landlady; (≈ *Gastgeberin*) hostess **Wirtschaft** ['vɪrtʃaft] f ⟨-, -en⟩ **1** (≈ *Volks-* *wirtschaft*) economy; (≈ *Handel*) industry and commerce **2** (≈ *Gastwirtschaft*) ≈ pub (*Br*), ≈ bar (*US*) **3** (*infml* ≈ *Zustände*) **eine schöne** or **saubere ~** (*iron*) a fine state of affairs **wirtschaften** ['vɪrtʃaftn] *v/i* **1** (**sparsam**) **~** to economize; **gut ~ können** to be economical **2** (≈ *den Haushalt führen*) to keep house **wirtschaftlich** ['vɪrtʃaftlɪç] **A** *adj* **1** economic **2** (≈ *sparsam*) economical **B** *adv* (≈ *finanziell*) financially **Wirtschaftlichkeit** f ⟨-, no pl⟩ **1** (≈ *Rentabilität*) profitability **2** (≈ *ökonomischer Betrieb*) economy **Wirtschaftsflüchtling** m *often* *neg!* economic refugee **Wirtschaftsführer(in)** m/(f) leading industrialist **Wirtschaftsgeld** nt housekeeping (money) (*Br*), household allowance (*US*) **Wirtschaftsgemeinschaft** f economic community **Wirtschaftsgipfel** m economic summit **Wirtschaftsgüter** pl economic goods pl **Wirtschaftsjahr** nt financial year, fiscal year **Wirtschaftskriminalität** f white collar crime **Wirtschaftskrise** f economic crisis **Wirtschaftslage** f economic situation **Wirtschaftsminister(in)** m/(f) minister of trade and industry (*Br*), secretary of commerce (*US*) **Wirtschaftsministerium** nt ministry of trade and industry (*Br*), department of commerce (*US*) **Wirtschaftsplan** m economic plan **Wirtschaftspolitik** f economic policy **wirtschaftspolitisch** *adj* *Maßnahmen etc* economic policy *attr*; **~er Sprecher** spokesman on economic policy **Wirtschaftsprüfer(in)** m/(f) accountant; (*zum Überprüfen der Bücher*) auditor **Wirtschaftsraum** m ECON economic area **Wirtschaftsstandort** m business location **Wirtschaftsunion** f economic union **Wirtschaftswachstum** nt economic growth **Wirtschaftswissenschaft** f economics *sg* **Wirtschaftswissenschaftler(in)** m/(f) economist **Wirtschaftswunder** nt economic miracle **Wirtshaus** nt ≈ pub (*Br*), ≈ bar (*US*), ≈ saloon (*dated US*); (*esp auf dem Land*) inn **Wirtsleute** pl landlord and landlady **Wirtsstube** f lounge

Wisch [vɪʃ] m ⟨-(e)s, -e⟩ (*pej infml*) piece of paper **wischen** ['vɪʃn] **A** *v/t & v/i* to wipe; (*Swiss* ≈ *fegen*) to sweep; **Einwände (einfach) vom Tisch ~** (*fig*) to sweep aside

W

objections **B** v/t (infml) **jdm eine ~ to clout** sb one (Br infml), **to clobber** sb (infml); **einen gewisst bekommen** ELEC v/t to get a shock **Wischer** ['vɪʃe] m ⟨-s, -⟩ AUTO (windscreen (Br) or windshield (US)) wiper **Wischerblatt** nt AUTO wiper blade **Wischtuch** nt, pl -tücher cloth

Wisent ['viːzɛnt] m ⟨-s, -e⟩ bison

wispern ['vɪspɐn] v/t & v/i to whisper

Wissbegier(de) f thirst for knowledge **wissbegierig** adj Kind eager to learn

wissen ['vɪsn] pret **wusste** ['vʊstə], past part **gewusst** [ɡə'vʊst] v/t & v/i to know (über +acc, von about); **ich weiß (es) (schon)** I know; **ich weiß (es) nicht** I don't know; **weißt du schon das Neuste?** have you heard the latest?; **von jdm/etw nichts ~ wollen** not to be interested in sb/sth; **das musst du (selbst) ~** it's your decision; **das hättest du ja ~ müssen!** you ought to have realized that; **man kann nie ~** you never know; **weiß Gott** (infml) God knows (infml); **(ja) wenn ich das wüsste!** goodness knows!; **nicht, dass ich wüsste** not as far as I know; **dass du es (nur) (gleich) weißt** just so you know; **weißt du noch, wie schön es damals war?** do you remember how great things were then?; **jdn etw ~ lassen** to let sb know sth; **von etw ~** to know of or about sth; **er weiß von nichts** he doesn't know anything about it **Wissen** ['vɪsn] nt ⟨-s, no pl⟩ knowledge; **meines ~s** to my knowledge; **nach bestem ~ und Gewissen** to the best of one's knowledge and belief **wissend** adj Blick etc knowing **Wissenschaft** ['vɪsnʃaft] f ⟨-, -en⟩ science **Wissenschaftler** ['vɪsnʃaftle] m ⟨-s, -⟩, **Wissenschaftlerin** [-ərɪn] f ⟨-, -nen⟩ scientist; (≈ Geisteswissenschaftler) academic **wissenschaftlich** ['vɪsnʃaftlɪç] **A** adj scientific; (≈ geisteswissenschaftlich) academic **B** adv scientifically **Wissensdrang** m, **Wissensdurst** m (elev) thirst for knowledge **Wissensgebiet** nt field (of knowledge) **Wissenslücke** f gap in one's knowledge **Wissensstand** m state of knowledge **wissenswert** adj worth knowing **wissentlich** ['vɪsntlɪç] **A** adj deliberate **B** adv deliberately

Witterung f ⟨-, -en⟩ (≈ Wetter) weather; **bei guter ~** if the weather is good **Witterungsverhältnisse** pl weather conditions pl

Witwe ['vɪtvə] f ⟨-, -n⟩ widow **Witwer** ['vɪtvɐ] m ⟨-s, -⟩ widower

Witz [vɪts] m ⟨-es, -e⟩ **1** (≈ Geist) wit **2** (Äußerung) joke (über +acc about); **einen ~ machen** to make a joke; **mach keine ~e!** don't be funny; **das ist doch wohl ein ~** he/you etc must be joking **3** **der ~ an der Sache ist, dass ...** the great thing about it is that ... **Witzbold** ['vɪtsbɔlt] m ⟨-(e)s, -e [-də]⟩ joker **witzeln** ['vɪtsln] v/i to joke (über +acc about) **witzig** ['vɪtsɪç] adj funny **witzlos** adj (infml ≈ unsinnig) pointless

WLAN [ve:'laːn] nt ⟨-(s), -s⟩ abbr of wireless local area network IT WiFi, wireless network, wireless LAN **WLAN-Hotspot** [ve:laːn'hɔtspɔt] m ⟨-s, -s⟩ WiFi hotspot, wireless hotspot

wo [voː] **A** interrog, rel adv where; **überall, wo** wherever; **wo immer ... wherever ...; ach** or **i wo!** (infml) nonsense! **B** cj wo möglich where possible **woanders** [vo-'andɐs] adv somewhere else **wobei** [vo-'bai] adv ~ **ist das passiert?** how did that happen?; **~ hast du ihn erwischt?** what did you catch him doing?; **~ mir gerade einfällt** which reminds me

Woche ['vɔxə] f ⟨-, -n⟩ week; **zweimal in der ~** twice a week; **in dieser ~** this week **Wochenarbeitszeit** f working week **Wochenend-** in cpds weekend **Wochenendbeilage** f weekend supplement **Wochenendbeziehung** f long-distance relationship **Wochenende** nt weekend; **schönes ~!** have a nice weekend **Wochenendtrip** m weekend trip **Wochenendurlaub** m weekend holiday **Wochenkarte** f weekly season ticket **wochenlang** adj, adv for weeks; **nach ~em Warten** after weeks of waiting **Wochenlohn** m weekly wage **Wochenmarkt** m weekly market **Wochentag** m weekday (including Saturday) **wochentags** ['vɔxntaːks] adv on weekdays **wöchentlich** ['vœçntlɪç] adj weekly

Wodka ['vɔtka] m ⟨-s, -s⟩ vodka

wodurch [vo'dʊrç] adv **1** interrog how **2** rel which **wofür** [vo'fyːe] adv **1** interrog for what, what ... for; (≈ warum) why **2** rel for which, which ... for

Woge ['voːɡə] f ⟨-, -n⟩ wave; **wenn sich die ~n geglättet haben** (fig) when things have calmed down

wogegen [vo'geːgn] adv **1** (in Fragen) against what, what … against **2** (relativ) against which, which … against **woher** [vo'heːɐ] adv where … from; ~ **weißt du das?** how do you (come to) know that? **wohin** [vo'hɪn] adv where; ~ **damit?** where shall I/we put it?; ~ **man auch schaut** wherever you look **wohingegen** [vohɪn'geːgn] cj whereas

wohl [voːl] **A** adv **1** comp -er, sup am -sten well; **sich** ~ **fühlen**; → wohlfühlen; **bei dem Gedanken ist mir nicht** ~ I'm not very happy at the thought; ~ **oder übel** whether one likes it or not **2** (≈ wahrscheinlich) probably; (iron ≈ bestimmt) surely; **es ist** ~ **anzunehmen, dass** … it is to be expected that …; **du bist** ~ **verrückt** you must be crazy!; **das ist doch** ~ **nicht dein Ernst!** you can't be serious! **3** (≈ vielleicht) perhaps; (≈ etwa) about; **ob** ~ **noch jemand kommt?** I wonder if anybody else is coming?; **das mag** ~ **sein** that may well be **B** cj (≈ zwar) ~, **aber** … that may well be, but … **Wohl** [voːl] nt ‹-(e)s, no pl› welfare; **zum** ~! cheers!; **auf dein** ~! your health!; **auf jds** ~ **trinken** to drink sb's health **wohlauf** [voːl'auf, vo'lauf] adj pred well, in good health **Wohlbefinden** nt wellbeing **Wohlbehagen** nt feeling of wellbeing **wohlbehalten** adv ankommen safe and sound **wohlbekannt** adj well-known **Wohlergehen** [-ɛɐgeː-] nt ‹-s, no pl› welfare **wohlerzogen** [-ɛɐtsoː-] adj, comp besser erzogen, sup besterzogen (elev) well-bred; **Kind** well-mannered **Wohlfahrt** f ‹-, no pl› (≈ Fürsorge) welfare **Wohlfahrtsorganisation** f charitable organization **Wohlfahrtsstaat** m welfare state **wohlfühlen** v/r sep to feel happy; (≈ wie zu Hause) to feel at home; (gesundheitlich) to feel well **wohlgeformt** [-gəfɔrmt] adj, comp wohlgeformter, sup bestgeformt well-shaped; **Körperteil** shapely **Wohlgefühl** nt feeling of wellbeing **wohlgemerkt** [-gəmɛrkt] adv mind (you) **wohlgenährt** [-gənɛːɐt] adj, comp wohlgenährter, sup wohlgenährteste(r, s) well-fed **wohlgesinnt** adj, comp wohlgesinnter, sup wohlgesinnteste(r, s) (elev) well-disposed (+dat towards) **wohlhabend** adj, comp wohlhabender, sup wohlhabendste(r, s) well-

-to-do, prosperous **wohlig** ['voːlɪç] adj pleasant **Wohlklang** m (elev) melodious sound **wohlmeinend** adj, comp wohlmeinender, sup wohlmeinendste(r, s) well-meaning **wohlriechend** adj, comp wohlriechender, sup wohlriechendste(r, s) (elev) fragrant **wohlschmeckend** adj, comp wohlschmeckender, sup wohlschmeckendste(r, s) (elev) palatable **Wohlsein** nt zum ~!, **auf Ihr** ~! your health! **Wohlstand** m, no pl affluence **Wohltat** f **1** (≈ Genuss) relief **2** (≈ gute Tat) good deed **Wohltäter** m benefactor **Wohltäterin** f benefactress **wohltätig** adj charitable **Wohltätigkeit** f charity **Wohltätigkeitsbasar** m charity bazaar **wohltuend** adj, comp wohltuender, sup wohltuendste(r, s) (most) agreeable **wohltun** v/i sep irr (≈ angenehm sein) to do good (jdm sb); **das tut wohl** that's good **wohlüberlegt** adj well-thought-out; **etw** ~ **machen** to do sth after careful consideration **wohlverdient** adj well--deserved **wohlweislich** ['voːlvaislɪç, voːl'vaislɪç] adv very wisely **Wohlwollen** nt ‹-s, no pl› goodwill **wohlwollend A** adj, comp wohlwollender, sup wohlwollendste(r, s) benevolent **B** adv favourably (Br), favorably (US); **einer Sache** (dat) ~ **gegenüberstehen** to approve of sth **Wohnblock** m, pl -blocks block of flats (Br), apartment house (US) **wohnen** ['voːnən] v/i to live; (vorübergehend) to stay; **wo** ~ **Sie?** where do you live/are you staying? **Wohnfläche** f living space **Wohngebäude** nt residential building **Wohngebiet** nt, **Wohngegend** f residential area **Wohngeld** nt housing benefit (Br), housing subsidy (US) **Wohngemeinschaft** f (Menschen) people sharing a flat (Br) or apartment/house; **in einer** ~ **leben** to share a flat etc **wohnhaft** adj (form) resident **Wohnhaus** nt residential building **Wohnheim** nt (esp für Arbeiter) hostel; (für Studenten) hall of residence, dormitory (US); (für alte Menschen) home **wohnlich** ['voːnlɪç] adj homely **Wohnmobil** [-mobiːl] nt ‹-s, -e› camper, RV (US) **Wohnort** m, pl -orte place of residence **Wohnraum** m living room no pl; (≈ Wohnfläche) living space **Wohnsitz** m domicile; **ohne festen** ~ of no fixed abode **Wohnung** ['voːnʊŋ] f ‹-, -en› flat (Br), apartment; (≈ Unterkunft) lodging

Wohnungsbau m, no pl house building no def art **Wohnungsinhaber(in)** m/(f) householder; (≈ Eigentümer auch) owner-occupier **wohnungslos** adj homeless **Wohnungslose(r)** m/f(m) decl as adj homeless person **Wohnungsmakler(in)** m/(f) estate agent (esp Br), real estate agent (US) **Wohnungsmarkt** m housing market **Wohnungsnot** f serious housing shortage **Wohnungsschlüssel** m key (to the flat (Br) or apartment) **Wohnungssuche** f **auf ~ sein** to be flat-hunting (Br) or apartment-hunting (esp US) **Wohnungstür** f door (to the flat (Br) or apartment) **Wohnungswechsel** m change of address **Wohnviertel** nt residential area **Wohnwagen** m caravan (Br), trailer (US) **Wohnzimmer** nt living room

Wok [vɔk] m ⟨-s, -s⟩ COOK wok

wölben ['vœlbn̩] **A** v/t to curve; Blech etc to bend **B** v/r to curve; (Asphalt) to bend; (Tapete) to bulge out; (Decke, Brücke) to arch; → **gewölbt** **Wölbung** f ⟨-, -en⟩ curvature; (bogenförmig) arch

Wolf [vɔlf] m ⟨-(e)s, ⸚e ['vœlfə]⟩ **1** wolf; **ein ~ im Schafspelz** a wolf in sheep's clothing **2** TECH shredder; (≈ Fleischwolf) mincer (Br), grinder (US) **Wölfin** ['vœlfɪn] f ⟨-, -nen⟩ she-wolf

Wolfram ['vɔlfram] nt ⟨-s, no pl⟩ tungsten **Wolfsmilch** f BOT spurge

Wolke ['vɔlkə] f ⟨-, -n⟩ cloud; **aus allen ~n fallen** (fig) to be flabbergasted (infml) **Wolkenbruch** m cloudburst **Wolkenkratzer** m skyscraper **wolkenlos** adj cloudless **wolkig** ['vɔlkɪç] adj cloudy; (fig) obscure

Wolldecke f (woollen (Br) or woolen (US)) blanket **Wolle** ['vɔlə] f ⟨-, -n⟩ wool; **sich mit jdm in der ~ haben** (fig infml) to be at loggerheads with sb

wollen¹ ['vɔlən] adj attr woollen (Br), woolen (US)

wollen² ['vɔlən] pret **wollte** ['vɔltə], past part **gewollt** [gə'vɔlt] **A** v/aux, past part **wollen** to want; **sie will nach Hause gehen** she wants to go home; **etw haben ~** to want (to have) sth; **etw gerade tun ~** to be going to do sth; **keiner wollte etwas gehört haben** nobody would admit to hearing anything; **~ wir uns nicht setzen?** why don't we sit down?; **na, ~ wir gehen?** well, shall we go?; **komme, was**

da wolle come what may **B** v/t to want; **was ~ sie?** what do they want?; **ohne es zu ~** without wanting to; **das wollte ich nicht** (≈ war unbeabsichtigt) I didn't mean to (do that); **was willst du (noch) mehr!** what more do you want!; **er hat gar nichts zu ~** he has no say at all; → **gewollt** **C** v/i **man muss nur ~** you just have to want to; **da ist nichts zu ~** there is nothing we/you can do (about it); **so Gott will** God willing; **~, dass jd etw tut** to want sb to do sth; **ich wollte, ich wäre … I** wish I were …; **ob du willst oder nicht** whether you like it or not; **wenn du willst** if you like; **ich will nach Hause** I want to go home; **zu wem ~ Sie?** whom do you want to see?

Wolljacke f cardigan **Wollsachen** pl woollens pl (Br), woolens pl (US)

wollüstig ['vɔlʏstɪç] (elev) adj (≈ sinnlich) sensual; (≈ lüstern) lascivious; (≈ verzückt, ekstatisch) ecstatic

Wollwaren pl woollens pl (Br), woolens pl (US)

womit [vo'mɪt] adv **1** (in Fragen) with what, what … with **2** (relativ) with which **womöglich** [vo'møːklɪç] adv possibly **wonach** [vo'naːx] adv **1** (in Fragen) after what, what … after; **~ riecht das?** what does it smell of? **2** (relativ) **das Land, ~ du dich sehnst** the land (which) you are longing for

Wonne ['vɔnə] f ⟨-, -n⟩ (elev) (≈ Glückseligkeit) bliss no pl; (≈ Vergnügen) joy; **es ist eine wahre ~** it's a sheer delight **wonnig** ['vɔnɪç] adj delightful; Gefühl blissful

woran [vo'ran] adv **1** (in Fragen) **~ denkst du?** what are you thinking about?; **~ liegt das?** what's the reason for it?; **~ ist er gestorben?** what did he die of? **2** (relativ) **das, ~ ich mich gerne erinnere** what I like to recall; **…, ~ ich schon gedacht hatte** … which I'd already thought of; **~ er auch immer gestorben ist …** whatever he died of … **worauf** [vo'rauf] adv **1** (in Fragen, räumlich) on what, what … on; **~ wartest du?** what are you waiting for? **2** (relativ, zeitlich) whereupon; **das ist etwas, ~ ich mich freue** that's something I'm looking forward to **woraufhin** [vorauf'hɪn] rel adv whereupon **woraus** [vo-'raus] adv **1** (in Fragen) out of what, what … out of **2** (relativ) out of which, which … out of; **das Buch, ~ ich gestern vorge-**

lesen habe the book I was reading from yesterday **worin** [voˈrɪn] *adv* **1** (*in Fragen*) in what, what ... in, **2** (*relativ*) in which, which ... in

Workshop [ˈvøːɐkʃɔp, ˈvœrk-] *m* ⟨-s, -s⟩ workshop **Workstation** [ˈvvøːɐksteːʃn, ˈvœrk-] *f* ⟨-, -s⟩ IT work station

Wort [vɔrt] *nt* ⟨-(e)s, -e or ⸚er [ˈvœrtə]⟩ **1** *pl usu* ⸚er (≈ *Vokabel*) word; **~ für ~** word for word **2** *pl* -e (≈ *Äußerung*) word; **genug der ~e!** enough talk!; **das ist ein ~!** wonderful!; **mit einem ~** in a word; **mit anderen ~en** in other words; **kein ~ mehr** not another word; **keine ~e für etw finden** to find no words for sth; **ich verstehe kein ~!** I don't understand a word (of it); (≈ *kann nichts hören*) I can't hear a word (that's being said); **ein ernstes ~ mit jdm reden** to have a serious talk with sb; **ein ~ gab das andere** one thing led to another; **jdm aufs ~ glauben** to believe sb implicitly **3** *no pl* (≈ *Rede*) **das ~ nehmen** to speak; **einer Sache** (*dat*) **das ~ reden** to put the case for sth; **jdm ins ~ fallen** to interrupt sb; **zu ~ kommen** to get a chance to speak; **sich zu ~ melden** to ask to speak; **jdm das ~ erteilen** to allow sb to speak **4** *pl* -e (≈ *Ausspruch*) saying; (≈ *Zitat*) quotation; (≈ *Text, Sprache*) words *pl*; **in ~en** in words; **das geschriebene/gesprochene ~** the written/spoken word; **jdm aufs ~ gehorchen** to obey sb's every word; **das letzte ~ haben** to have the last word **5** *no pl* (≈ *Versprechen*) word; **auf mein ~** I give (you) my word; **jdn beim ~ nehmen** to take sb at his word; **sein ~ halten** to keep one's word **Wortart** *f* GRAM part of speech **wortbrüchig** *adj* **~ werden** to break one's word **Wörtchen** [ˈvœrtçən] *nt* ⟨-, -⟩ **mit ihm habe ich noch ein ~ zu reden** (*infml*) I want a word with him **Wörterbuch** *nt* dictionary **Wortführer** *m* spokesman **Wortführerin** *f* spokeswoman **wortgetreu** *adj*, *adv* verbatim **wortgewandt** *adj* eloquent **wortkarg** *adj* taciturn **Wortlaut** *m* wording; **im ~** verbatim **wörtlich** [ˈvœrtlɪç] **A** *adj* literal; *Rede* direct **B** *adv* wiedergeben, zitieren, abschreiben verbatim; übersetzen literally; **das darf man nicht so ~ nehmen** you mustn't take it literally **wortlos** **A** *adj* silent **B** *adv* without saying a word **Wortmeldung** *f* request to speak

Wortschatz *m* vocabulary **Wortschöpfung** *f* neologism **Wortschwall** *m* torrent of words **Wortspiel** *nt* pun **Wortwahl** *f* choice of words **Wortwechsel** *m* exchange (of words) **wortwörtlich** **A** *adj* word-for-word **B** *adv* word for word

worüber [voˈryːbɐ] *adv* **1** (*in Fragen*) about what, what ... about; (*örtlich*) over what, what ... over **2** (*relativ*) about which, which ... about; (*örtlich*) over which, which ... over **worum** [voˈrʊm] *adv* **1** (*in Fragen*) about what, what ... about; **~ handelt es sich?** what's it about? **2** (*relativ*) about which, which ... about **worunter** [voˈrʊntɐ] *adv* **1** (*in Fragen*) under what **2** (*relativ*) under which **wovon** [voˈfɔn] *adv* **1** (*in Fragen*) from what, what ... from **2** (*relativ*) from which, which ... from; **das ist ein Gebiet, ~ er viel versteht** that is a subject he knows a lot about **wovor** [voˈfoːɐ] *adv* **1** (*in Fragen, örtlich*) before what, what ... before; **~ fürchtest du dich?** what are you afraid of? **2** (*relativ*) before which, which ... before; **~ du dich auch fürchtest, ...** whatever you're afraid of ... **wozu** [voˈtsuː] *adv* **1** (*in Fragen*) to what, what ... to; (≈ *warum*) why; **~ soll das gut sein?** what's the point of that? **2** (*relativ*) to which, which ... to; **~ du dich auch entschließt, ...** whatever you decide (on) ...

Wrack [vrak] *nt* ⟨-s, -s⟩ wreck **wringen** [ˈvrɪŋən] *pret* **wrang** [vraŋ], *past part* **gewrungen** [ɡəˈvrʊŋən] *v/t & v/i* to wring

Wucher [ˈvuːxɐ] *m* ⟨-s, *no pl*⟩ profiteering; (*bei Geldverleih*) usury **Wucherer** [ˈvuːxərə] *m* ⟨-s, -⟩, **Wucherin** [-ərɪn] *f* ⟨-, -nen⟩ profiteer; (≈ *Geldverleiher*) usurer **wuchern** [ˈvuːxɐn] *v/i* **1** *aux sein or haben* (*Pflanzen*) to grow rampant; (*Geschwür*) to grow rapidly **2** (*Kaufmann etc*) to profiteer; (*Geldverleiher*) to practise (*Br*) or practice (*US*) usury **Wucherpreis** *m* exorbitant price **Wucherung** *f* ⟨-, -en⟩ MED growth **Wucherzins** *m* exorbitant interest

Wuchs [vuːks] *m* ⟨-es, *no pl*⟩ (≈ *Wachstum*) growth; (≈ *Gestalt, Form*) stature; (*von Mensch*) build

Wucht [vʊxt] *f* ⟨-, *no pl*⟩ **1** force; **mit voller ~** with full force **2** (*infml*) **das ist eine ~!** that's smashing! (*Br infml*), that's a hit (*US infml*) **wuchten** [ˈvʊxtn] *v/t* Paket to

heave, to drag; *Gewicht* to heave
wühlen ['vy:lən] **A** *v/i* **1** (**nach** for) to dig; (*Maulwurf etc*) to burrow; (*Schwein*) to root; **im Schmutz** *or* **Dreck ~** (*fig*) to wallow in the mire *or* mud **2** (≈ *suchen*) to rummage (*nach etw* for sth) **B** *v/r* **sich durch die Menge/die Akten ~** to burrow one's way through the crowd/the files **Wühlmaus** *f* vole **Wühltisch** *m* (*infml*) bargain counter
Wulst [vʊlst] *m* ⟨-es, ⁻e ['vʏlstə]⟩ ⟨*or f* -, ⁻e⟩ bulge; (*an Reifen*) bead; **ein ~ von Fett** a roll of fat **wulstig** ['vʊlstɪç] *adj* bulging; *Rand, Lippen* thick
wund [vʊnt] **A** *adj* sore; **ein ~er Punkt** a sore point **B** *adv* **etw ~ kratzen/scheuern** to scratch/chafe sth until it's raw; **sich** (*dat*) **die Füße ~ laufen** (*lit*) to walk until one's feet are raw; (*fig*) to walk one's legs off; **sich** (*dat*) **die Finger ~ schreiben** (*fig*) to write one's fingers to the bone; **eine ~ gelegene Stelle** a bedsore **Wundbrand** *m* gangrene **Wunde** ['vʊndə] *f* ⟨-, -n⟩ wound; **alte ~n wieder aufreißen** (*fig*) to open up old wounds
Wunder ['vʊndɐ] *nt* ⟨-s, -⟩ miracle; **wie durch ein ~** as if by a miracle; **er glaubt, ~ wer zu sein** he thinks he's marvellous (*Br*) *or* marvelous (*US*); **~ tun** *or* **wirken** to do wonders; **diese Medizin wirkt ~** this medicine works wonders; **kein ~** no wonder **wunderbar** **A** *adj* **1** (≈ *schön*) wonderful **2** (≈ *übernatürlich*) miraculous **B** *adv* (≈ *herrlich*) wonderfully **Wunderkerze** *f* sparkler **Wunderkind** *nt* child prodigy **wunderlich** ['vʊndɐlɪç] *adj* (≈ *merkwürdig*) strange **Wundermittel** *nt* miracle cure **wundern** ['vʊndɐn] **A** *v/t* +impers to surprise; **das wundert mich nicht** I'm not surprised **B** *v/r* to be surprised (*über* +acc at); **du wirst dich ~!** you'll be amazed!; **da wirst du dich aber ~!** you're in for a surprise **wunderschön** *adj* beautiful **wundervoll** **A** *adj* wonderful **B** *adv* wonderfully **Wunderwerk** *nt* miracle
Wundheit *f* ⟨-, no pl⟩ soreness **Wundpflaster** *nt* adhesive plaster **Wundsalbe** *f* ointment **Wundstarrkrampf** *m* tetanus
Wunsch [vʊnʃ] *m* ⟨-(e)s, ⁻e ['vʏnʃə]⟩ wish; (≈ *sehnliches Verlangen*) desire; (≈ *Bitte*) request; **nach ~** just as he/she *etc* wants/

wanted; (≈ *wie geplant*) according to plan; (≈ *nach Bedarf*) as required; **alles geht nach ~** everything is going smoothly; **haben Sie (sonst) noch einen ~?** (*beim Einkauf etc*) is there anything else you would like?; **auf jds ~ hin** at sb's request; **auf allgemeinen ~ hin** by popular request **Wunschdenken** *nt* wishful thinking **Wünschelrute** ['vʏnʃl-] *f* divining rod **wünschen** ['vʏnʃn] **A** *v/t* **1** **sich** (*dat*) **etw ~** to want sth; (≈ *den Wunsch äußern*) to ask for sth; **ich wünsche mir, dass du ...** I would like you to ...; **was wünschst du dir?** what do you want?; **du darfst dir etwas ~** you can make a wish; **jdm etw ~** to wish sb sth; **wir ~ dir gute Besserung/eine gute Reise** we hope you get well soon/have a pleasant journey **2** (≈ *ersehnen, hoffen*) to wish; **ich wünschte, ich hätte dich nie gesehen** I wish I'd never seen you **3** (≈ *verlangen*) to want; **was ~ Sie?** (*in Geschäft*) can I help you?; (*in Restaurant*) what would you like? **B** *v/i* (≈ *begehren*) to wish; **ganz wie Sie ~** (just) as you wish; **zu ~/viel zu ~ übrig lassen** to leave something/a great deal to be desired **wünschenswert** *adj* desirable **wunschgemäß** *adv* as desired; (≈ *wie erbeten*) as requested; (≈ *wie geplant*) as planned **Wunschkind** *nt* planned child **Wunschkonzert** *nt* RADIO musical request programme (*Br*) *or* program (*US*) **wunschlos** *adv* **~ glücklich** perfectly happy **Wunschtraum** *m* dream; (≈ *Illusion*) illusion **Wunschzettel** *m* wish list
wuppen ['vʊpən] *v/t* (*infml* ≈ *schaffen*) to sort (*infml*); *Prüfung, Deal* to nail (*infml*); **es wuppen** to sort it (*infml*)
Würde ['vʏrdə] *f* ⟨-, -n⟩ **1** no pl dignity; **unter jds ~ sein** to be beneath sb **2** (≈ *Auszeichnung*) honour (*Br*), honor (*US*); (≈ *Titel*) title; (≈ *Amt*) rank **Würdenträger(in)** *m/(f)* dignitary **würdig** ['vʏrdɪç] **A** *adj* **1** (≈ *würdevoll*) dignified **2** (≈ *wert*) worthy; **jds/einer Sache ~/nicht ~ sein** to be worthy/unworthy of sb/sth **B** *adv* **sich verhalten** with dignity; **jdn behandeln** with respect; *vertreten* worthily **würdigen** ['vʏrdɪgn] *v/t* (≈ *anerkennen*) to appreciate; (≈ *lobend erwähnen*) to acknowledge; (≈ *respektieren*) to respect; (≈ *ehren*) to pay tribute to; **etw zu ~ wissen** to appreciate sth
Wurf [vʊrf] *m* ⟨-(e)s, ⁻e ['vʏrfə]⟩ **1** throw; (*beim Kegeln etc*) bowl; **mit dem Film ist**

ihm ein großer ~ gelungen this film is a great success for him **2** ZOOL litter
Würfel ['vʏrfl] *m* ⟨-s, -⟩ **1** cube; *etw* **in ~ schneiden** to dice sth **2** (≈ *Spielwürfel*) dice, die (*form*); **die ~ sind gefallen** (*fig*) the die is cast **Würfelbecher** *m* shaker **würfeln** ['vʏrfln] **A** *v/i* to throw; (≈ *Würfel spielen*) to play at dice; **um etw ~** to throw dice for sth **B** *v/t* **1** *Zahl* to throw **2** (≈ *in Würfel schneiden*) to dice **Würfelzucker** *m* cube sugar

Wurfgeschoss *nt*, **Wurfgeschoß** (*Aus*) *nt* projectile **Wurfpfeil** *m* dart **Wurfsendung** *f* circular

würgen ['vʏrgn] **A** *v/t jdn* to strangle **B** *v/i* (≈ *mühsam schlucken*) to choke; **an etw** (*dat*) **~** (*lit*) to choke on sth

Wurm [vʊrm] *m* ⟨-(e)s, ⁼er ['vʏrmə]⟩ worm; **da ist der ~ drin** (*fig infml*) there's something wrong somewhere; (≈ *verdächtig*) there's something fishy about it (*infml*) **wurmen** ['vʊrmən] *v/t +impers* (*infml*) to rankle with **Wurmfortsatz** *m* ANAT vermiform appendix **Wurmkur** *f* worming treatment **wurmstichig** [-ʃtɪçɪç] *adj Holz* full of wormholes

Wurst [vʊrst] *f* ⟨-, ⁼e ['vʏrstə]⟩ sausage; **jetzt geht es um die ~** (*fig infml*) the moment of truth has come (*infml*); **das ist mir (vollkommen) ~** (*infml*) it's all the same to me **Würstchen** ['vʏrstçən] *nt* ⟨-s, -⟩ **1** **heiße** *or* **warme ~** hot sausages; **Frankfurter/Wiener ~** frankfurters/wienies **2** (*pej: Mensch*) squirt (*infml*); **ein armes ~** (*fig*) a poor soul **Würstchenbude** *f* ≈ hot-dog stand **wursteln** ['vʊrstln] *v/i* (*infml*) to muddle along; **sich durchs Leben ~** to muddle (one's way) through life **Wurstfinger** *pl* (*pej infml*) pudgy fingers *pl* **Wurstsalat** *m* sausage salad **Wurstwaren** *pl* sausages *pl*

Würze ['vʏrtsə] *f* ⟨-, -n⟩ (≈ *Gewürz*) seasoning, spice; (≈ *Aroma*) aroma; (*fig ≈ Reiz*) spice; (*von Bier*) wort

Wurzel ['vʊrtsl] *f* ⟨-, -n⟩ **1** root; **~n schlagen** (*lit*) to root; (*fig*) to put down roots **2** MAT root; **die ~ aus einer Zahl ziehen** to find the root of a number; **(die) ~ aus 4 ist 2** the square root of 4 is 2 **Wurzelbehandlung** *f* (*von Zahn*) root treatment **Wurzelzeichen** *nt* MAT radical sign **Wurzelziehen** *nt* ⟨-s, *no pl*⟩ MAT root extraction

würzen ['vʏrtsn] *v/t* to season; (*fig*) to add

spice to **würzig** ['vʏrtsɪç] **A** *adj Speise* tasty; (≈ *scharf*) spicy; *Geruch etc* aromatic; *Luft* fragrant **B** *adv* **~ schmecken** to be spicy; (*Käse*) to have a sharp taste; **~ riechen** to smell spicy

Wuschelkopf *m* (≈ *Haare*) mop of curly hair

Wust [vuːst] *m* ⟨-(e)s, *no pl*⟩ (*infml*) (≈ *Durcheinander*) jumble; (≈ *Menge*) pile; (≈ *Kram, Gerümpel*) junk (*infml*)

wüst [vyːst] **A** *adj* **1** (≈ *öde*) desolate **2** (≈ *unordentlich*) chaotic; (≈ *ausschweifend*) wild **3** (≈ *rüde*) *Beschimpfung etc* vile; (≈ *arg*) terrible **B** *adv* **~ aussehen** to look a real mess; **jdn ~ beschimpfen** to use vile language to sb

Wüste ['vyːstə] *f* ⟨-, -n⟩ GEOG desert; (*fig*) waste(land); **jdn in die ~ schicken** (*fig*) to send sb packing (*infml*) **Wüstenklima** *nt* desert climate **Wüstensand** *m* desert sand

Wut [vuːt] *f* ⟨-, *no pl*⟩ **1** (≈ *Zorn, Raserei*) rage; **(auf jdn/etw) eine ~ haben** to be furious (with sb/sth); **jdn in ~ bringen** to infuriate sb **2** (≈ *Verbissenheit*) frenzy **Wutanfall** *m* fit of rage; (*esp von Kind*) tantrum **wüten** ['vyːtn] *v/i* (≈ *toben*) to rage; (≈ *zerstörerisch hausen*) to cause havoc; (*verbal*) to storm (*gegen* at); (*Menge*) to riot **wütend** ['vyːtnt] *adj* furious; *Proteste* angry; *Kampf* raging; **auf jdn/etw** (*acc*) **~ sein** to be mad at sb/sth **wutentbrannt** [-ɛntbrant] *adj* furious with rage **wutverzerrt** [-fɛ-tsɛrt] *adj* distorted with rage

WWW [veːveːˈveː] *nt* ⟨-, *no pl*⟩ IT *abbr of* World Wide Web WWW

X, x [ɪks] *nt* ⟨-, -⟩ X, x; **Herr X** Mr X; **er lässt sich kein X für ein U vormachen** he's not easily fooled

x-Achse ['ɪks-] *f* x-axis

X-Beine ['ɪks-] *pl* knock-knees *pl*; **~ haben** to be knock-kneed **x-beinig** ['ɪks-] *adj* knock-kneed

x-beliebig [ɪks-] *adj* any old (*infml*); **wir können uns an einem ~en Ort treffen** we can meet anywhere you like

X-Chromosom ['ıks-] *nt* X-chromosome
x-fach ['ıks-] **A** *adj* **die ~e Menge** MAT n times the amount **B** *adv* so many times
x-förmig ['ıks-], **X-förmig** *adj* X-shaped
x-mal ['ıksmaːl] *adv* (*infml*) umpteen times (*infml*)
x-te(r, s) ['ıkstə] *adj* MAT nth; (*infml*) nth (*infml*), umpteenth (*infml*); **zum ~n Mal(e)** for the umpteenth time (*infml*)
Xylofon [ksyloˈfoːn] *nt* ⟨-s, -e⟩ ⟨-s, -e⟩ xylophone

Y

Y, y ['ʏpsilɔn] *nt* ⟨-, -⟩ Y, y
y-Achse ['ʏpsilɔn-] *f* y-axis
Yacht [jaxt] *f* ⟨-, -en⟩ yacht
Y-Chromosom ['ʏpsilɔn-] *nt* Y-chromosome
Yen [jɛn] *m* ⟨-(s), -(s)⟩ yen
Yeti ['jeːti] *m* ⟨-s, -s⟩ yeti
Yoga ['joːga] *m or nt* ⟨-(s), *no pl*⟩ yoga
Yogi ['joːgi] *m* ⟨-s, -s⟩ yogi
Yucca ['jʊka] *f* ⟨-, -s⟩ yucca
Yuppie ['jʊpiː, 'japiː] *m* ⟨-s,-s⟩ yuppie

Z

Z, z [tsɛt] *nt* ⟨-, -⟩ Z, z
zack [tsak] *int* (*infml*) pow **Zack** [tsak] *m* ⟨-s, *no pl*⟩ (*infml*) **auf ~ bringen** to knock into shape (*infml*); **auf ~ sein** to be on the ball (*infml*) **Zacke** ['tsakə] *f* ⟨-, -n⟩, **Zacken** ['tsakn] *m* ⟨-s, -⟩ point; (*von Gabel*) prong; (*von Kamm*) tooth **zacken** ['tsakn] *v/t* to serrate; *Saum, Papier* to pink; → **gezackt zackig** ['tsakıç] *adj* **1** (≈ *gezackt*) jagged **2** (*infml*) *Soldat* smart; *Tempo, Musik* brisk
zaghaft **A** *adj* timid **B** *adv* timidly **Zaghaftigkeit** ['tsaːkhaftıçkait] *f* ⟨-, *no pl*⟩ timidity
zäh [tsɛː] **A** *adj* tough; (≈ *dickflüssig*) glutinous; (≈ *schleppend*) *Verkehr etc* slow-moving; (≈ *ausdauernd*) dogged **B** *adv* verhandeln tenaciously; *sich widersetzen* doggedly **zähflüssig** *adj* thick; *Verkehr* slow-moving **Zähigkeit** ['tsɛːıçkait] *f* ⟨-, *no pl*⟩ toughness; (≈ *Ausdauer*) doggedness
Zahl [tsaːl] *f* ⟨-, -en⟩ number; (≈ *Ziffer, bei Geldmengen etc auch*) figure; **~en nennen** to give figures; **eine fünfstellige ~** a five-figure number; **in großer ~** in large numbers
zahlbar *adj* payable (**an** +*acc* to)
zählebig [-leːbıç] *adj* hardy; (*fig*) *Gerücht* persistent
zahlen ['tsaːlən] *v/t & v/i* to pay; **Herr Ober, (bitte) ~!** waiter, the bill (*esp Br*) or check (*US*) please; **was habe ich (Ihnen) zu ~?** what do I owe you?
zählen ['tsɛːlən] **A** *v/i* **1** to count; **auf jdn/etw ~** to count on sb/sth **2** (≈ *gehören*) **er zählt zu den besten Schriftstellern unserer Zeit** he ranks as one of the best authors of our time **3** (≈ *wichtig sein*) to matter **B** *v/t* to count; **seine Tage sind gezählt** his days are numbered **Zahlenangabe** *f* figure **zahlenmäßig** **A** *adj* numerical **B** *adv* **1** **~ überlegen sein** to be greater in number; **~ stark** large in number **2** (≈ *in Zahlen*) in figures **Zahlenmaterial** *nt* figures *pl* **Zahlenschloss** *nt* combination lock **Zahlenverhältnis** *nt* (numerical) ratio
Zahler ['tsaːle] *m* ⟨-s, -⟩, **Zahlerin** [-ərın] *f* ⟨-, -nen⟩ payer
Zähler ['tsɛːle] *m* ⟨-s, -⟩ **1** MAT numerator **2** (≈ *Messgerät*) meter **Zählerstand** *m* meter reading
zahllos *adj* countless **zahlreich** *adj* numerous **Zahltag** *m* payday **Zahlung** ['tsaːlʊŋ] *f* ⟨-, -en⟩ payment; **in ~ nehmen** to take in part exchange; **in ~ geben** to trade in
Zählung ['tsɛːlʊŋ] *f* ⟨-, -en⟩ count; (≈ *Volkszählung*) census
Zahlungsanweisung *f* giro transfer order (*Br*), money transfer order (*US*) **Zahlungsaufforderung** *f* request for payment **Zahlungsaufschub** *m* extension (of credit) **Zahlungsbedingungen** *pl* terms *pl* (of payment) **Zahlungsempfänger(in)** *m*/(*f*) payee **zahlungsfähig** *adj* able to pay; *Firma* solvent **Zahlungsfähigkeit** *f* ability to pay; (*von Firma*) solvency **Zahlungsfrist** *f* time allowed for payment **zahlungskräftig** *adj* wealthy

Zahlungsmittel *nt* means *sg* of payment; (≈ *Münzen, Banknoten*) currency; **gesetzliches ~** legal tender **Zahlungsschwierigkeiten** *pl* financial difficulties *pl* **zahlungsunfähig** *adj* unable to pay; *Firma* insolvent **Zahlungsunfähigkeit** *f* inability to pay; (*von Firma*) insolvency **Zahlungsverkehr** *m* payments *pl* **Zahlungsweise** *f* method of payment **Zählwerk** *nt* counter
Zahlwort *nt*, *pl* -wörter numeral
zahm [tsaːm] *adj* tame **zähmen** ['tsɛːmən] *v/t* to tame; (*fig*) to control **Zähmung** *f* ⟨-, (*rare*) -en⟩ taming
Zahn [tsaːn] *m* ⟨-(e)s, ⸚e ['tsɛːnə]⟩ **1** tooth; (*von Briefmarke*) perforation; (≈ *Radzahn*) cog; **Zähne bekommen** *or* **kriegen** (*infml*) to cut one's teeth; **der ~ der Zeit** the ravages *pl* of time; **ich muss mir einen ~ ziehen lassen** I've got to have a tooth out; **jdm auf den ~ fühlen** to sound sb out **2** (*infml* ≈ *Geschwindigkeit*) **einen ~ draufhaben** to be going like the clappers (*infml*) **Zahnarzt** *m*, **Zahnärztin** *f* dentist **Zahnarzthelfer(in)** *m*/(*f*) dental nurse **zahnärztlich** *adj* dental; **sich ~ behandeln lassen** to go to the dentist **Zahnbehandlung** *f* dental treatment **Zahnbelag** *m* film on the teeth **Zahnbürste** *f* toothbrush **Zahncreme** *f* toothpaste **zähneknirschend** *adj attr adv* (*fig*) gnashing one's teeth **zahnen** ['tsaːnən] *v/i* to teethe **Zahnersatz** *m* dentures *pl* **Zahnfäule** *f* tooth decay **Zahnfleisch** *nt* gum(s *pl*) **Zahnfleischbluten** *nt* ⟨-s, no *pl*⟩ bleeding of the gums **Zahnfüllung** *f* filling **Zahnklammer** *f* brace **Zahnkranz** *m* TECH gear rim **zahnlos** *adj* toothless **Zahnlücke** *f* gap between one's teeth **Zahnmedizin** *f* dentistry **Zahnpasta** *f* toothpaste **Zahnpflege** *f* dental hygiene **Zahnrad** *nt* cogwheel **Zahnradbahn** *f* rack railway (*Br*), rack railroad (*US*) **Zahnschmelz** *m* (tooth) enamel **Zahnschmerzen** *pl* toothache *no pl* **Zahnseide** *f* dental floss **Zahnspange** *f* brace **Zahnstein** *m* tartar **Zahnstocher** [-ʃtɔxe] *m* ⟨-s, -⟩ toothpick **Zahntechniker(in)** *m*/(*f*) dental technician **Zahnweh** *nt* toothache
Zander ['tsande] *m* ⟨-s, -⟩ ZOOL pikeperch **Zange** ['tsaŋə] *f* ⟨-, -n⟩ (pair of) pliers *pl*; (≈ *Beißzange*) (pair of) pincers *pl*; (≈ *Greifzange, Zuckerzange*) (pair of) tongs *pl*; MED forceps *pl*; **ihn/das möchte ich nicht mit der ~ anfassen** (*infml*) I wouldn't touch him/it with a bargepole (*Br infml*) or a ten-foot pole (*US infml*) **Zangengeburt** *f* forceps delivery
Zankapfel *m* bone of contention **zanken** ['tsaŋkn] *v/i* & *v/r* to quarrel; **(sich) um etw ~** to quarrel over sth **Zankerei** [tsaŋkə'rai] *f* ⟨-, -en⟩ quarrelling (*Br*), quarreling (*US*) **zänkisch** ['tsɛŋkɪʃ] *adj* quarrelsome
Zäpfchen ['tsɛpfçən] *nt* ⟨-s, -⟩ (≈ *Gaumenzäpfchen*) uvula; (≈ *Suppositorium*) suppository **zapfen** ['tsapfn] *v/t* to tap **Zapfen** ['tsapfn] *m* ⟨-s, -⟩ (≈ *Spund*) bung, spigot; (≈ *Pfropfen*) stopper; (≈ *Tannenzapfen etc*) cone; (≈ *Holzverbindung*) tenon **Zapfenstreich** *m* MIL tattoo, last post (*Br*), taps *sg* (*US*) **Zapfhahn** *m* tap **Zapfsäule** *f* petrol pump (*Br*), gas pump (*US*)
zappelig ['tsapəlɪç] *adj* wriggly; (≈ *unruhig*) fidgety **zappeln** ['tsapln] *v/i* to wriggle; (≈ *unruhig sein*) to fidget; **jdn ~ lassen** (*fig infml*) to keep sb in suspense **Zappelphilipp** [-filɪp] *m* ⟨-s, -e *or* -s⟩ fidget(er)
zappen ['tsɛpn] *v/i* (TV *infml*) to zap (*infml*) **zappenduster** ['tsapn'duːste] *adj* (*infml*) pitch-black
Zar [tsaːe] *m* ⟨-en, -en⟩ tsar **Zarin** ['tsaː-rɪn] *f* ⟨-, -nen⟩ tsarina
zart [tsaːet] **A** *adj* (≈ *sanft*) soft; *Braten* tender; (≈ *fein*) delicate; **im ~en Alter von ...** at the tender age of ...; **das ~e Geschlecht** the gentle sex **B** *adv* umgehen, berühren gently **zartbesaitet** *adj* highly sensitive **zartbitter** *adj* Schokolade plain **zartfühlend** *adj* sensitive **Zartgefühl** *nt* sensitivity **zartgrün** *adj* pale green **Zartheit** *f* ⟨-, -en⟩ (*von Haut*) softness; (*von Braten*) tenderness; (*von Farben, Teint*) delicateness **zärtlich** ['tsɛːetlɪç] **A** *adj* tender, affectionate **B** *adv* tenderly **Zärtlichkeit** *f* ⟨-,-en⟩ **1** *no pl* affection **2** (≈ *Liebkosung*) caress; **~en** (≈ *Worte*) tender words
Zäsium ['tsɛːziʊm] *nt* ⟨-s⟩ = Cäsium
Zauber ['tsaube] *m* ⟨-s, -⟩ (≈ *Magie*) magic; (≈ *Zauberbann*) (magic) spell; (*fig* ≈ *Reiz*) magic; **der ganze ~** (*infml*) the whole lot (*infml*) **Zauberei** [tsauba'rai] *f* ⟨-, -en, no pl⟩ (≈ *das Zaubern*) magic **Zauberer** ['tsaubəre] *m* ⟨-s, -⟩ magician; (*in Märchen*

Z

etc auch) sorcerer **zauberhaft** *adj* enchanting **Zauberin** ['tsaubərɪn] *f* ⟨-, -nen⟩ (female) magician; (*in Märchen etc auch*) sorceress **Zauberkünstler(in)** *m/(f)* conjurer **Zauberkunststück** *nt* conjuring trick **zaubern** ['tsaubɛn] **A** *v/i* to do magic; (≈ *Kunststücke vorführen*) to do conjuring tricks **B** *v/t* **etw aus etw ~** to conjure sth out of sth **Zauberspruch** *m* (magic) spell **Zauberstab** *m* (magic) wand **Zaubertrank** *m* magic potion **Zaubertrick** *m* conjuring trick **Zauberwort** *nt*, *pl* -worte magic word **zaudern** ['tsaudɛn] *v/i* to hesitate

Zaum [tsaum] *m* ⟨-(e)s, Zäume ['tsɔymə]⟩ bridle; **jdn/etw im ~(e) halten** (*fig*) to keep a tight rein on sb/sth **zäumen** ['tsɔymən] *v/t* to bridle **Zaumzeug** *nt*, *pl* -zeuge bridle

Zaun [tsaun] *m* ⟨-(e)s, Zäune ['tsɔynə]⟩ fence **zaundürr** *adj* (*Aus*) thin as a rake **Zaunkönig** *m* ORN wren **Zaunpfahl** *m* (fencing) post; **jdm einen Wink mit dem ~ geben** to give sb a broad hint

Zaziki [tsa'tsiːki] *nt or m* ⟨-s, -s⟩ COOK tzatziki

z. B. [tsɛt'beː] *abbr* of **zum Beispiel** eg

Zebra ['tseːbra] *nt* ⟨-s, -s⟩ zebra **Zebrastreifen** *m* pedestrian crossing

Zeche ['tsɛçə] *f* ⟨-, -n⟩ **1** (≈ *Rechnung*) bill (*esp Br*), check (*US*); **die ~ zahlen** to foot the bill *etc* **2** (≈ *Bergwerk*) (coal) mine **zechen** ['tsɛçn] *v/i* to booze (*infml*) **Zechprellerei** *f* leaving without paying the bill at a restaurant etc

Zecke ['tsɛkə] *f* ⟨-, -n⟩ tick

Zeder ['tseːdɛ] *f* ⟨-, -n⟩ cedar

Zeh [tseː] *m* ⟨-s, -en⟩, **Zehe** ['tseːə] *f* ⟨-, -n⟩ toe; (≈ *Knoblauchzehe*) clove; **auf (den) ~en gehen** to tiptoe; **jdm auf die ~en treten** (*fig infml*) to tread on sb's toes **Zehennagel** *m* toenail **Zehenspitze** *f* tip of the toe

zehn [tseːn] *num* ten; → **vier Zehn** [tseːn] *f* ⟨-, -en⟩ ten **Zehncentstück** *nt* ten-cent piece **Zehner** ['tseːnɛ] *m* ⟨-s, -⟩ **1** MAT ten **2** (*infml*) (≈ *Münze*) ten; (≈ *Geldschein*) tenner (*infml*) **Zehnerkarte** *f* (*für Bus etc*) 10-journey ticket; (*für Schwimmbad etc*) 10-visit ticket **Zehnerpackung** *f* packet of ten **Zehneuroschein** *m* ten-euro note (*Br*) *or* bill (*US*) **Zehnfingersystem** *nt* touch-typing method **Zehnkampf** *m* SPORTS decathlon

Zehnkämpfer *m* decathlete **zehnmal** ['tseːnmaːl] *adv* ten times **zehntausend** ['tseːn'tauznt] *num* ten thousand; **Zehntausende von Menschen** tens of thousands of people **Zehntel** ['tseːntl] *nt* ⟨-s, -⟩ tenth **zehntens** ['tseːntns] *adv* tenth(ly) **zehnte(r, s)** ['tseːntə] *adj* tenth; → **vierte(r, s)**

zehren ['tseːrən] *v/i* **1 von etw ~** (*lit*) to live off sth; (*fig*) to feed on sth **2 an jdm/etw ~** to wear sb/sth out; *an Nerven* to ruin sth; *an Gesundheit* to undermine sth

Zeichen ['tsaiçn] *nt* ⟨-s, -⟩ sign; (SCI, *auf Landkarte*) symbol; IT character; (≈ *Hinweis, Signal*) signal; (≈ *Vermerk*) mark; (*auf Briefköpfen*) reference; **ein ~ setzen** to set an example; **als** *or* **zum ~** as a sign; **jdm ein ~ geben** to give sb a signal *or* sign; **unser/Ihr ~** (*form*) our/your reference; **er ist im ~** *or* **unter dem ~ des Widders geboren** he was born under the sign of Aries **Zeichenblock** *m*, *pl* -blöcke *or* -blocks sketch pad **Zeichenbrett** *nt* drawing board **Zeichendreieck** *nt* set square **Zeichenerklärung** *f* (*auf Fahrplänen etc*) key (to the symbols); (*auf Landkarte*) legend **Zeichensetzung** [-zɛtsʊŋ] *f* ⟨-, -en⟩ punctuation **Zeichentrickfilm** *m* (animated) cartoon

zeichnen ['tsaiçnən] **A** *v/i* to draw; (*form* ≈ *unterzeichnen*) to sign **B** *v/t* **1** (≈ *abzeichnen*) to draw; (≈ *entwerfen*) *Plan, Grundriss* to draw up; (*fig* ≈ *porträtieren*) to portray **2** (≈ *kennzeichnen*) to mark; → **gezeichnet 3** FIN *Aktien* to subscribe (for); **gezeichnet** *Kapital* subscribed **Zeichner** ['tsaiçnɛ] *m* ⟨-s, -⟩, **Zeichnerin** [-ərɪn] *f* ⟨-, -nen⟩ **1** artist **2** FIN subscriber (*von* to) **zeichnerisch** ['tsaiçnərɪʃ] **A** *adj* graphic; **sein ~es Können** his drawing ability **B** *adv* **~ begabt sein** to have a talent for drawing; **etw ~ darstellen** to represent sth in a drawing **Zeichnung** ['tsaiçnʊŋ] *f* ⟨-, -en⟩ **1** drawing; (≈ *Entwurf*) draft; (*fig* ≈ *Schilderung*) portrayal **2** (≈ *Muster*) patterning; (*von Gefieder, Fell*) markings *pl* **3** FIN subscription **zeichnungsberechtigt** *adj* authorized to sign

Zeigefinger *m* index finger **zeigen** ['tsaign] **A** *v/i* to point; **auf jdn/etw ~** to point at sb/sth **B** *v/t* to show; **jdm etw ~** to show sb sth; **dem werd ich's (aber) ~!** (*infml*) I'll show him! **C** *v/r* to appear; (*Gefühle*) to show; **es zeigt sich, dass ...**

it turns out that ...; **es wird sich ~, wer recht hat** we shall see who's right **Zeiger** ['tsaige] *m* ⟨-s, -⟩ indicator; (≈ *Uhrzeiger*) hand; **der große/kleine ~** the big/little hand **Zeigestock** *m* pointer

Zeile ['tsaile] *f* ⟨-, -n⟩ line; **zwischen den ~n lesen** to read between the lines **Zeilenabstand** *m* line spacing **Zeilenumbruch** *f* **(automatischer) ~** IT wordwrap **Zeilenvorschub** *m* IT line feed **zeilenweise** *adv* in lines; (≈ *nach Zeilen*) by the line

Zeisig ['tsaiziç] *m* ⟨-s, -e [-gə]⟩ ORN siskin **zeit** [tsait] *prep* +*gen* **~ meines/seines Lebens** in my/his lifetime **Zeit** [tsait] *f* ⟨-, -en⟩ time; (≈ *Epoche*) age; **die gute alte ~** the good old days; **das waren noch ~en!** those were the days; **die ~en haben sich geändert** times have changed; **die ~ Goethes** the age of Goethe; **für alle ~en** for ever; **mit der ~ gehen** to move with the times; **eine Stunde ~ haben** to have an hour (to spare); **sich** (*dat*) **für jdn/etw ~ nehmen** to devote time to sb/sth; **du hast dir aber reichlich ~ gelassen** you certainly took your time; **keine ~ verlieren** to lose no time; **damit hat es noch ~** there's plenty of time; **das hat ~ bis morgen** that can wait until tomorrow; **lass dir ~** take your time; **in letzter ~** recently; **die ganze ~ über** the whole time; **eine ~ lang** a while; **mit der ~** gradually; **es wird langsam ~, dass ...** it's about time that ...; **in der ~ von 10 bis 12** between 10 and 12 (o'clock); **seit dieser ~** since then; **zu der ~, als ...** (at the time) when ...; **alles zu seiner ~** (*prov*) all in good time; **von ~ zu ~** from time to time; → **zurzeit Zeitabschnitt** *m* period (of time) **Zeitangabe** *f* (≈ *Datum*) date; (≈ *Uhrzeit*) time (of day) **Zeitarbeit** *f* temporary work **Zeitarbeiter(in)** *m*/(*f*) temporary worker **Zeitarbeitsfirma** *f* temping agency **Zeitarbeitskraft** *f* temp **Zeitaufwand** *m* **mit großem ~ verbunden sein** to be extremely time-consuming **Zeitbombe** *f* time bomb **Zeitdruck** *m*, *no pl* pressure of time; **unter ~** under pressure **Zeiteinheit** *f* time unit **Zeitenfolge** *f* GRAM sequence of tenses **Zeitersparnis** *f* saving of time **Zeitfenster** *nt* time slot **Zeitfrage** *f* question of time **Zeitgeist** *m*, *no pl* Zeitgeist **zeitgemäß** *adj* up-to-date **Zeitgenos-**

se *m*, **Zeitgenossin** *f* contemporary **zeitgenössisch** [-gənœsɪʃ] *adj* contemporary **Zeitgewinn** *m* gain in time **zeitgleich** *adv* at the same time (*mit as*) **zeitig** ['tsaitɪç] *adj, adv* early **Zeitlang** ['tsaitlaŋ] *f* → **Zeit zeitlebens** [tsait'le:bns] *adv* all one's life **zeitlich** ['tsaitlɪç] **A** *adj* temporal; *Verzögerungen* time-related; *Reihenfolge* chronological; **aus ~en Gründen** for reasons of time; **einen hohen ~en Aufwand erfordern** to require a great deal of time **B** *adv* timewise (*infml*); **~ befristet sein** to have a time limit **zeitlos** *adj* timeless **Zeitlupe** *f* slow motion *no art* **Zeitlupentempo** *nt* **im ~** (*lit*) in slow motion; (*fig*) at a snail's pace **Zeitmangel** *m* lack of time; **aus ~** for lack of time **Zeitmessung** *f* timekeeping **zeitnah** **A** *adj* **1** (≈ *baldig*) immediate, prompt **2** (≈ *zeitgenössisch*) contemporary **B** *adv* (≈ *bald*) immediately, instantly; **~ reagieren** to react promptly or immediately; **die Ware wird ~ zum Versand bereitstehen** the goods will be ready for shipment when required **Zeitnot** *f* shortage of time; **in ~ sein** to be pressed for time **Zeitplan** *m* schedule **Zeitpunkt** *m* time; (≈ *Augenblick*) moment; **zu diesem ~** at that time **Zeitraffer** [-rafe] *m* ⟨-s, *no pl*⟩ **einen Film im ~ zeigen** to show a time-lapse film **zeitraubend** *adj* time-consuming **Zeitraum** *m* period of time; **in einem ~ von ...** over a period of ... **Zeitrechnung** *f* calendar; **nach christlicher ~** according to the Christian calendar **Zeitschaltuhr** *f* timer **Zeitschrift** *f* (≈ *Illustrierte*) magazine; (*wissenschaftlich*) periodical **Zeitspanne** *f* period of time **zeitsparend** **A** *adj* time-saving **B** *adv* expeditiously; **möglichst ~ vorgehen** to save as much time as possible **Zeittafel** *f* chronological table **Zeitumstellung** *f* (≈ *Zeitänderung*) changing the clocks

Zeitung ['tsaitʊŋ] *f* ⟨-, -en⟩ (news)paper **Zeitungsabonnement** *nt* subscription to a newspaper **Zeitungsanzeige** *f* newspaper advertisement **Zeitungsausschnitt** *m* newspaper cutting **Zeitungshändler(in)** *m*/(*f*) newsagent, newsdealer (*US*) **Zeitungsleser(in)** *m*/(*f*) newspaper reader **Zeitungspapier** *nt* newsprint; (*als Altpapier*) newspaper **Zeitungsredakteur(in)** *m*/(*f*)

Z

newspaper editor

Zeitunterschied m time difference **Zeitverschwendung** f waste of time **Zeitvertrag** m temporary contract **Zeitvertreib** [-fɛetraip] m ⟨-(e)s, -e [-bə]⟩ way of passing the time; (≈ Hobby) pastime; **zum ~** to pass the time **zeitweilig** [-vailıç] **A** adj temporary **B** adv for a while; (≈ kurzzeitig) temporarily **zeitweise** adv at times **Zeitwort** nt, pl -wörter verb **Zeitzeichen** nt time signal **Zeitzeuge** m, **Zeitzeugin** f contemporary witness **Zeitzone** f time zone **Zeitzünder** m time fuse

Zelle ['tsɛlə] f ⟨-, -n⟩ cell; (≈ Kabine) cabin; (≈ Telefonzelle) (phone) booth **Zellgewebe** nt cell tissue **Zellkern** m nucleus (of a/the cell) **Zellstoff** m cellulose **Zellteilung** f cell division

Zellulose [tsɛlu'loːzə] f ⟨-, -n⟩ cellulose

Zelt [tsɛlt] nt ⟨-(e)s, -e⟩ tent; (≈ Zirkuszelt) big top **Zeltbahn** f strip of canvas **zelten** ['tsɛltn] v/i to camp; **Zelten verboten** no camping **Zelter** ['tsɛltɐ] m ⟨-s, -⟩, **Zelterin** [-ərın] f ⟨-, -nen⟩ camper **Zelthering** m tent peg **Zeltlager** nt camp **Zeltpflock** m tent peg **Zeltplane** f tarpaulin **Zeltplatz** m camp site

Zement [tse'mɛnt] m ⟨-(e)s, -e⟩ cement **zementieren** [tsemɛn'tiːrən] past part **zementiert** v/t to cement; (≈ verputzen) to cement over; (fig) to reinforce **Zement(misch)maschine** f cement mixer

Zenit [tse'niːt] m ⟨-(e)s, no pl⟩ zenith **zensieren** [tsɛn'ziːrən] past part **zensiert** v/t **1** (also v/i ≈ benoten) to mark **2** Bücher etc to censor **Zensur** [tsɛn'zuːɐ] f ⟨-, -en⟩ **1** no pl (≈ Kontrolle) censorship no indef art; (≈ Prüfstelle) censors pl **2** (≈ Note) mark

Zentiliter [tsɛnti'liːte, -'lıte, 'tsɛnti-] m or nt centilitre (Br), centiliter (US) **Zentimeter** [tsɛnti'meːte, 'tsɛnti-] m or nt centimetre (Br), centimeter (US) **Zentimetermaß** [tsɛnti'meːte-] nt (metric) tape measure **Zentner** ['tsɛntne] m ⟨-s, -⟩ (metric) hundredweight, 50 kg; (Aus, Swiss) 100 kg **zentral** [tsɛn'traːl] **A** adj central **B** adv centrally **Zentralbank** f, pl -banken central bank **Zentrale** [tsɛn'traːlə] f ⟨-, -n⟩ (von Firma etc) head office; (für Taxis, MIL) headquarters sg or pl; (≈ Schaltzentrale) central control (office); (≈ Telefonzentrale)

exchange; (von Firma etc) switchboard **Zentraleinheit** f IT central processing unit **Zentralheizung** f central heating **zentralisieren** [tsɛntrali'ziːrən] past part **zentralisiert** v/t to centralize **Zentralismus** [tsɛntra'lısmʊs] m ⟨-, no pl⟩ centralism **zentralistisch** [tsɛntra'lıstıʃ] adj centralist **Zentralnervensystem** nt central nervous system **Zentralrechner** m IT mainframe **Zentralverriegelung** [-fɛeriːgəlʊŋ] f ⟨-, -en⟩ AUTO central (door) locking **zentrieren** [tsɛn'triːrən] past part **zentriert** v/t to centre (Br), to center (US) **Zentrifugalkraft** f centrifugal force **Zentrifuge** [tsɛntri'fuːgə] f ⟨-, -n⟩ centrifuge **Zentrum** ['tsɛntrʊm] nt ⟨-s, Zentren [-trən]⟩ centre (Br), center (US)

Zeppelin® ['tsɛpəliːn] m ⟨-s, -e⟩ zeppelin **Zepter** ['tsɛptɐ] nt ⟨-s, -⟩ sceptre (Br), scepter (US)

zerbeißen past part **zerbissen** [tsɛe'bısn] v/t irr to chew; Knochen, Keks etc to crunch **zerbeulen** past part **zerbeult** v/t to dent; **zerbeult** battered

zerbomben past part **zerbombt** v/t to flatten with bombs; **zerbombt** Stadt, Gebäude bombed out

zerbrechen past part **zerbrochen** [tsɛe'brɔxn] irr **A** v/t (lit) to break into pieces **B** v/i aux sein to break into pieces; (Glas, Porzellan etc) to smash; (fig) to be destroyed (an +dat by); (Ehe) to fall apart **zerbrechlich** [tsɛe'brɛçlıç] adj fragile; alter Mensch frail **Zerbrechlichkeit** f ⟨-, no pl⟩ fragility; (von altem Menschen) frailness **zerbröckeln** past part **zerbröckelt** v/t & v/i to crumble **zerdrücken** past part **zerdrückt** v/t to squash; Gemüse to mash; (≈ zerknittern) to crush, to crease

Zeremonie [tseremo'niː, tsere'moːniə] f ⟨-, -n [-'niːən, -niən]⟩ ceremony **Zerfall** m, no pl disintegration; (von Atom) decay; (von Land, Kultur) decline; (von Gesundheit) decline **zerfallen**[1] past part **zerfallen** v/i irr aux sein (≈ sich auflösen) to disintegrate; (Gebäude) to fall into ruin; (Atomkern) to decay; (≈ auseinanderfallen) to fall apart; (Kultur) to decline **zerfallen**[2] adj Haus tumbledown; Gemäuer crumbling **Zerfallserscheinung** f sign of decay **zerfetzen** past part **zerfetzt** v/t to tear to pieces; *Brief etc* to rip up

zerfleischen [tsɛɐ'flaiʃn] *past part* zerfleischt *v/t* to tear to pieces; **einander ~** *(fig)* to tear each other apart

zerfließen *past part* zerflossen [tsɛɐ'flɔsn] *v/i irr aux sein (Tinte, Make-up etc)* to run; *(Eis etc, fig: Reichtum etc)* to melt away; **in Tränen ~** to dissolve into tears; **vor Mitleid ~** to be overcome with pity

zergehen *past part* zergangen [tsɛɐ'gaŋən] *v/i irr aux sein* to dissolve; (≈ *schmelzen*) to melt; **auf der Zunge ~** *(Gebäck etc)* to melt in the mouth

zerhacken *past part* zerhackt *v/t* to chop up

zerkauen *past part* zerkaut *v/t* to chew

zerkleinern [tsɛɐ'klainɐn] *past part* zerkleinert *v/t* to cut up; (≈ *zerhacken*) to chop (up); (≈ *zermahlen*) to crush

zerklüftet [tsɛɐ'klʏftət] *adj Tal etc* rugged; *Ufer* indented

zerknautschen *past part* zerknautscht *v/t (infml)* to crease

zerknirscht [tsɛɐ'knɪrʃt] *adj* remorseful **Zerknirschung** [tsɛɐ'knɪrʃʊŋ] *f ⟨-, no pl⟩* remorse

zerknittern *past part* zerknittert *v/t* to crease

zerknüllen *past part* zerknüllt *v/t* to crumple up

zerkochen *past part* zerkocht *v/t & v/i* to cook to a pulp

zerkratzen *past part* zerkratzt *v/t* to scratch

zerlassen *past part* zerlassen *v/t irr* to melt

zerlaufen *past part* zerlaufen *v/i irr aux sein* to melt

zerlegbar *adj* **die Möbel waren leicht ~** the furniture could easily be taken apart **zerlegen** *past part* zerlegt *v/t* (≈ *auseinandernehmen*) to take apart; *Argumente* to break down; (≈ *zerschneiden*) to cut up; BIOL to dissect; CHEM to break down **Zerlegung** [tsɛɐ'le:gʊŋ] *f ⟨-, -en⟩* taking apart; MAT reduction; BIOL dissection

zerlesen [tsɛɐ'le:zn] *adj Buch* well--thumbed

zerlumpt [tsɛɐ'lʊmpt] *adj* ragged

zermahlen *past part* zermahlen *v/t* to grind

zermalmen [tsɛɐ'malmən] *past part* zermalmt *v/t* to crush

zermartern *past part* zermartert *v/t* **sich** *(dat)* **den Kopf** *or* **das Hirn ~** to rack one's brains

zermürben [tsɛɐ'mʏrbn] *past part* zermürbt *v/t (fig)* **jdn ~** to wear sb down

zerpflücken *past part* zerpflückt *v/t* to pick to pieces

zerquetschen *past part* zerquetscht *v/t* to squash **Zerquetschte** [tsɛɐ'kvɛtʃtə] *pl decl as adj (infml)* **zehn Euro und ein paar ~** ten euros something (or other)

Zerrbild *nt* distorted picture

zerreden *past part* zerredet *v/t* to beat to death *(infml)*

zerreiben *past part* zerrieben [tsɛɐ'ri:bn] *v/t irr* to crumble; *(fig)* to crush

zerreißen *past part* zerrissen [tsɛɐ'rɪsn] *irr* **A** *v/t* **1** to tear; *(in Stücke)* to tear to pieces; *Brief etc* to tear up; *Land* to tear apart; → **zerrissen** **2** (≈ *kritisieren*) *Stück, Film* to tear apart **B** *v/i aux sein (Stoff)* to tear **Zerreißprobe** *f (lit)* pull test; *(fig)* real test

zerren ['tsɛrən] **A** *v/t* to drag; *Sehne* to pull; **sich** *(dat)* **einen Muskel ~** to pull a muscle **B** *v/i* **an etw** *(dat)* **~** to tug at sth; **an den Nerven ~** to be nerve-racking

zerrinnen *past part* zerronnen [tsɛɐ'rɔnən] *v/i irr aux sein* to melt (away); *(fig) (Träume, Pläne)* to fade away; *(Geld)* to disappear

zerrissen [tsɛɐ'rɪsn] *adj (fig) Volk, Partei* strife-torn; *Mensch (inwardly)* torn; → **zerreißen** **Zerrissenheit** *f ⟨-, no pl⟩ (fig) (von Volk, Partei)* disunity *no pl; (von Mensch)* (inner) conflict

Zerrung ['tsɛrʊŋ] *f ⟨-, -en⟩ (von Sehne)* pulled ligament; *(von Muskel)* pulled muscle

zerrütten [tsɛɐ'rʏtn] *past part* zerrüttet *v/t* to destroy; *Nerven* to shatter; **eine zerrüttete Ehe/Familie** a broken marriage/home **Zerrüttung** *f ⟨-, -en⟩* destruction; *(von Ehe)* breakdown; *(von Nerven)* shattering

zersägen *past part* zersägt *v/t* to saw up **zerschlagen**[1] *past part* zerschlagen *irr* **A** *v/t* **1** to smash (to pieces); *Glas etc* to shatter **2** *(fig) Widerstand* to crush; *Hoffnungen, Pläne* to shatter; *Verbrecherring etc* to break; *Staat* to smash **B** *v/r* (≈ *nicht zustande kommen*) to fall through; *(Hoffnung)* to be shattered

zerschlagen[2] *adj pred* washed out *(infml)*

zerschmettern *past part* zerschmettert *v/t* to shatter; *Feind* to crush

zerschneiden *past part* **zerschnitten** [tsɛɐ̯'ʃnɪtn̩] *v/t irr* to cut; (*in Stücke*) to cut up

zersetzen *past part* **zersetzt** **A** *v/t* to decompose; (*Säure*) to corrode; (*fig*) to undermine **B** *v/r* to decompose; (*durch Säure*) to corrode; (*fig*) to become undermined *or* subverted **Zersetzung** [tsɛɐ̯-'zɛtsʊŋ] *f* ⟨-, -en⟩ CHEM decomposition; (*durch Säure*) corrosion; (*fig*) (≈ *Untergrabung*) undermining

zersplittern *past part* **zersplittert** **A** *v/t* to shatter; *Holz* to splinter; *Gruppe, Partei* to fragment **B** *v/i aux sein* to shatter; (*Holz, Knochen*) to splinter; (*fig*) to split up

zerspringen *past part* **zersprungen** [tsɛɐ̯-'ʃprʊŋən] *v/i irr aux sein* to shatter; (≈ *einen Sprung bekommen*) to crack

zerstampfen *past part* **zerstampft** *v/t* (≈ *zertreten*) to stamp on; (≈ *zerkleinern*) to crush; *Kartoffeln etc* to mash

zerstäuben *past part* **zerstäubt** *v/t* to spray **Zerstäuber** [tsɛɐ̯'ʃtɔɪbɐ] *m* ⟨-s, -⟩ spray

zerstechen *past part* **zerstochen** [tsɛɐ̯-'ʃtɔxn̩] *v/t irr* **1** (*Mücken*) to bite (all over); (*Bienen etc*) to sting (all over) **2** *Haut, Reifen* to puncture

zerstörbar *adj* destructible; **nicht ~** indestructible **zerstören** *past part* **zerstört** **A** *v/t* to destroy; (*Rowdys*) to vandalize; *Gesundheit* to wreck **B** *v/i* to destroy **zerstörerisch** [tsɛɐ̯'ʃtøːrərɪʃ] **A** *adj* destructive **B** *adv* destructively **Zerstörung** *f* destruction; (*durch Rowdys*) vandalizing **Zerstörungstrieb** *m* destructive urge **Zerstörungswut** *f* destructive mania

zerstreuen *past part* **zerstreut** **A** *v/t* **1** (≈ *verstreuen*) to scatter (*in +dat* over); *Volksmenge etc* to disperse; (*fig*) to dispel **2** (≈ *ablenken*) **jdn ~** to take sb's mind off things **B** *v/r* **1** (≈ *sich verteilen*) to scatter; (*Menge*) to disperse; (*fig*) to be dispelled **2** (≈ *sich ablenken*) to take one's mind off things; (≈ *sich amüsieren*) to amuse oneself **zerstreut** [tsɛɐ̯'ʃtrɔɪt] *adj* (*fig*) *Mensch* absent-minded **Zerstreutheit** *f* ⟨-, *no pl*⟩ absent-mindedness **Zerstreuung** *f* **1** (≈ *Ablenkung*) diversion; **zur ~** as a diversion **2** (≈ *Zerstreutheit*) absent-mindedness

zerstritten [tsɛɐ̯'ʃtrɪtn̩] *adj* **~ sein** (*Paar, Geschäftspartner*) to have fallen out; (*Partei*) to be disunited

zerstückeln *past part* **zerstückelt** *v/t* to cut up; *Leiche* to dismember

Zertifikat [tsɛrtifi'kaːt] *nt* ⟨-(e)s, -e⟩ certificate

zertrampeln *past part* **zertrampelt** *v/t* to trample on

zertreten *past part* **zertreten** *v/t irr* to crush (underfoot); *Rasen* to ruin

zertrümmern [tsɛɐ̯'trʏmɐn] *past part* **zertrümmert** *v/t* to smash; *Einrichtung* to smash up; *Hoffnungen* to destroy

Zervelatwurst [tsɛrvəˈlaːt-] *f* cervelat

Zerwürfnis [tsɛɐ̯'vʏrfnɪs] *nt* ⟨-ses, -se⟩ row

zerzausen *past part* **zerzaust** *v/t* to ruffle; *Haar* to tousle **zerzaust** [tsɛɐ̯'tsaʊst] *adj* windswept

Zettel ['tsɛtl̩] *m* ⟨-s, -⟩ piece of paper; (≈ *Notizzettel*) note; (≈ *Anhängezettel*) label; (≈ *Handzettel*) leaflet, handbill (*esp US*), flyer; (≈ *Formular*) form

Zeug [tsɔɪk] *nt* ⟨-(e)s [-gəs]⟩ *no pl* **1** (*infml*) stuff *no indef art, no pl*; (≈ *Ausrüstung*) gear (*infml*); (≈ *Kleidung*) things *pl* (*infml*) **2** (*infml* ≈ *Unsinn*) nonsense; **dummes ~ reden** to talk a lot of nonsense **3** (≈ *Fähigkeit*) **das ~ zu etw haben** to have (got) what it takes to be sth (*infml*) **4** **was das ~ hält** (*infml*) for all one is worth; *laufen, fahren* like mad; **sich für jdn ins ~ legen** (*infml*) to stand up for sb; **sich ins ~ legen** to go flat out (*esp Br*) or all out (*US*)

Zeuge ['tsɔɪgə] *m* ⟨-n, -n⟩, **Zeugin** ['tsɔɪgɪn] *f* ⟨-, -nen⟩ (JUR, *fig*) witness (+*gen* to); **vor** *or* **unter ~n** in front of witnesses

zeugen¹ ['tsɔɪgn̩] *v/t Kind* to father

zeugen² *v/i* **1** (≈ *aussagen*) to testify; (*esp vor Gericht*) to give evidence **2** **von etw ~** to show sth **Zeugenaussage** *f* testimony **Zeugenbank** *f, pl* -bänke witness box (*Br*), witness stand (*US*) **Zeugenstand** *m* witness box (*Br*), witness stand (*US*) **Zeugin** *f* ⟨-, -nen⟩ witness **Zeugnis** ['tsɔɪknɪs] *nt* ⟨-ses, -se⟩ **1** (≈ *Zeugenaussage, Beweis*) evidence; **für/gegen jdn ~ ablegen** to testify for/against sb **2** (≈ *Schulzeugnis*) report **3** (≈ *Bescheinigung*) certificate; (*von Arbeitgeber*) reference **Zeugnisheft** *nt* SCHOOL report card **Zeugnisverweigerungsrecht** *nt* right of a witness to refuse to give evidence

Zeugung ['tsɔɪgʊŋ] *f* ⟨-, -en⟩ fathering **zeugungsfähig** *adj* fertile **Zeugungsfähigkeit** *f* fertility **zeugungsunfähig** *adj* sterile **Zeugungsunfä-**

Z

higkeit f sterility

Zicke ['tsɪkə] f ⟨-, -n⟩ **1** nanny goat **2** (pej infml ≈ Frau) silly cow (infml) **Zicken** ['tsɪkn̩] pl (infml) **mach bloß keine ~!** no nonsense now!; **~ machen** to make trouble **zickig** ['tsɪkɪç] adj (infml ≈ prüde) awkward

Zickzack ['tsɪktsak] m ⟨-(e)s, -e⟩ zigzag; **im ~ laufen** to zigzag

Ziege ['tsiːɡə] f ⟨-, -n⟩ **1** goat; (weiblich) (nanny) goat **2** (pej infml ≈ Frau) cow (infml)

Ziegel ['tsiːɡl̩] m ⟨-s, -⟩ (≈ Backstein) brick; (≈ Dachziegel) tile **Ziegelstein** m brick

Ziegenbock m billy goat **Ziegenkäse** m goat's milk cheese **Ziegenleder** nt kid (leather) **Ziegenmilch** f goat's milk **Ziegenpeter** [-peːtɐ] m ⟨-s, -⟩ mumps sg

ziehen ['tsiːən] pret **zog** [tsoːk], past part **gezogen** [ɡə'tsoːɡn̩] **A** v/t **1** to pull; **etw durch etw ~** to pull sth through sth; **es zog ihn in die weite Welt** he felt drawn toward(s) the big wide world; **unangenehme Folgen nach sich ~** to have unpleasant consequences **2** (≈ herausziehen) to pull out (aus of); Zahn, Fäden to take out; Los to draw; **Zigaretten (aus dem Automaten) ~** to get cigarettes from the machine **3** (≈ zeichnen) Kreis, Linie to draw **4** (≈ verlegen) Graben to dig; Mauer to build; Zaun to put up; Grenze to draw **5** (≈ züchten) Blumen to grow; Tiere to breed **B** v/i **1** (≈ zerren) to pull; **an etw** (dat) **~** to pull (on or at) sth **2** aux sein (≈ umziehen) to move; **nach Bayern ~** to move to Bavaria **3** (Soldaten, Volksmassen) to march; (≈ durchstreifen) to wander; (Wolken) to drift; (Vögel) to fly; **durch die Stadt ~** to wander about the town; **in den Krieg ~** to go to war **4** (≈ Zug haben, Ofen) to draw; **an der Pfeife/Zigarette ~** to take a drag on one's pipe/cigarette **5** (infml ≈ Eindruck machen) **so was zieht beim Publikum/bei mir nicht** the public/I don't like that sort of thing; **so was zieht immer** that sort of thing always goes down well **6** (≈ sieden: Tee) to draw **C** v/impers **es zieht** there's a draught (Br) or draft (US) **D** v/r **sich ~ 1** (≈ sich erstrecken) to extend; **dieses Treffen zieht sich!** this meeting is dragging on! **2** (≈ sich dehnen) to stretch; (Holz) to warp **Ziehharmonika** f concertina; (mit Tastatur) accordion **Ziehung** ['tsiːʊŋ] f ⟨-, -en⟩ draw

Ziel [tsiːl] nt ⟨-(e)s, -e⟩ **1** (≈ Reiseziel) destination; (≈ Absicht) goal; **mit dem ~ ...** with the aim ...; **etw zum ~ haben** to have sth as one's goal; **sich** (dat) **ein ~ setzen** to set oneself a goal; **am ~ sein** to be at one's destination; (fig) to have reached or achieved one's goal **2** SPORTS finish; **durchs ~ gehen** to cross the finishing line **3** (MIL, fig) target; **über das ~ hinausschießen** (fig) to overshoot the mark **zielen** ['tsiːlən] v/i (Mensch) to aim (auf +acc, nach at); (fig: Kritik etc) to be aimed (auf +acc at); → **gezielt Zielfernrohr** nt telescopic sight **zielführend** adj carefully targeted; (≈ Erfolg versprechend) productive; (≈ sinnvoll) useful; **die Diskussion ist nicht ~** this discussion is getting us nowhere **Zielgerade** f home straight **Zielgruppe** f target group **Ziellinie** f SPORTS finishing line **ziellos A** adj aimless **B** adv aimlessly **Zielscheibe** f target **Zielsetzung** [-zɛtsʊŋ] f ⟨-, -en⟩ target **zielsicher A** adj unerring; Handeln purposeful **B** adv unerringly **zielstrebig** ['tsiːlʃtreːbɪç] adj determined **Zielstrebigkeit** f ⟨-, no pl⟩ determination

ziemlich ['tsiːmlɪç] **A** adj attr Strecke considerable; Vermögen sizable; **das ist eine ~e Frechheit** that's a real cheek (Br), that's really fresh (US); **eine ~e Anstrengung** quite an effort; **mit ~er Sicherheit** fairly certainly **B** adv **1** quite; sicher, genau reasonably; **wir haben uns ~ beeilt** we've hurried quite a bit; **~ lange** quite a long time; **~ viel** quite a lot **2** (infml ≈ beinahe) almost; **so ~ alles** just about everything; **so ~ dasselbe** pretty much the same

Zierde ['tsiːɐdə] f ⟨-, -n⟩ ornament; (≈ Schmuckstück) adornment; **zur ~** for decoration **zieren** ['tsiːrən] **A** v/t to adorn; Speisen to garnish; Kuchen to decorate; (fig ≈ auszeichnen) to grace **B** v/r (≈ sich bitten lassen) to make a fuss; **ohne sich zu ~** without having to be pressed; **zier dich nicht!** don't be shy; → **geziert Zierfisch** m ornamental fish **Ziergarten** m ornamental garden **Zierleiste** f border; (an Auto) trim **zierlich** ['tsiːɐlɪç] adj dainty; Porzellanfigur etc delicate

Ziffer ['tsɪfɐ] f ⟨-, -n⟩ **1** (≈ Zahlzeichen) digit; (≈ Zahl) figure; **römische/arabische ~n** roman/arabic numerals; **eine Zahl mit drei ~n** a three-figure number **2** (eines Paragrafen) clause **Zifferblatt** nt (an

Uhr) dial; (*von Armbanduhr*) (watch) face
zig [tsɪç] *adj* (*infml*) umpteen (*infml*)
Zigarette [tsiga'rɛtə] *f* ⟨-, -n⟩ cigarette
Zigarettenanzünder *m* (*in Auto*) cigar lighter **Zigarettenautomat** *m* cigarette machine **Zigarettenpapier** *nt* cigarette paper **Zigarettenpause** *f* cigarette break
Zigarillo [tsiga'rɪlo, -'rɪljo] *m or nt* ⟨-s, -s⟩ cigarillo
Zigarre [tsi'garə] *f* ⟨-, -n⟩ **1** cigar **2** (*infml*) **jdm eine ~ verpassen** to give sb a dressing-down
Zigeuner [tsi'ɡɔynɐ] *m* ⟨-s, -⟩, **Zigeunerin** [-ərɪn] *f* ⟨-, -nen⟩ *neg!* gypsy
zigmal ['tsɪçmaːl] *adv* (*infml*) umpteen times (*infml*)
Zimbabwe [zɪm'babvə] *nt* ⟨-s⟩ Zimbabwe
Zimmer ['tsɪmɐ] *nt* ⟨-s, -⟩ room; **„Zimmer frei"** "vacancies" **Zimmerantenne** *f* indoor aerial (*Br*) or antenna (*US*)
Zimmerdecke *f* ceiling **Zimmerhandwerk** *nt* carpentry **Zimmerkellner** *m* room waiter **Zimmerkellnerin** *f* room waitress **Zimmerlautstärke** *f* low volume **Zimmermädchen** *nt* chambermaid **Zimmermann** *m*, *pl* -leute carpenter **zimmern** ['tsɪmɐn] **A** *v/t* to make from wood **B** *v/i* **an etw** (*dat*) **~** (*lit*) to make sth from wood; (*fig*) to work on sth **Zimmernachweis** *m* accommodation service **Zimmerpflanze** *f* house plant **Zimmerservice** [-zø:evɪs, -zœrvɪs] *m* room service **Zimmersuche** *f* **auf ~ sein** to be looking for rooms/a room **Zimmervermittlung** *f* accommodation service
zimperlich ['tsɪmpɐlɪç] *adj* (≈ *überempfindlich*) nervous (*gegen* about); (*beim Anblick von Blut etc*) squeamish; (≈ *prüde*) prissy; (≈ *wehleidig*) soft; **da darf man nicht so ~ sein** you can't afford to be soft
Zimt [tsɪmt] *m* ⟨-(e)s, -e⟩ cinnamon
Zink [tsɪŋk] *nt* ⟨-(e)s, *no pl*⟩ zinc
Zinke ['tsɪŋkə] *f* ⟨-, -n⟩ (*von Gabel*) prong; (*von Kamm, Rechen*) tooth
zinken ['tsɪŋkn] *v/t Karten* to mark
Zinn [tsɪn] *nt* ⟨-(e)s, *no pl*⟩ **1** tin **2** (≈ *Legierung, Zinnprodukte*) pewter **Zinnbecher** *m* pewter tankard **zinnen** ['tsɪnən] *adj* pewter **Zinnfigur** *f* pewter figure
zinnoberrot *adj* vermilion
Zinnsoldat *m* tin soldier

Zins¹ [tsɪns] *m* ⟨-es, -e [-zə]⟩ (*S Ger, Aus, Swiss*) (≈ *Mietzins*) rent
Zins² *m* ⟨-es, -en⟩ *usu pl* (≈ *Geldzins*) interest *no pl*; **~en bringen** to earn interest; **~en tragen** (*lit*) to earn interest; (*fig*) to pay dividends; **mit ~en** with interest **Zinsabschlagsteuer** *f* tax on interest payments **Zinseinkünfte** *pl* interest income *no pl* **Zinseszins** *m* compound interest **zinsfrei A** *adj* **1** (≈ *frei von Abgaben*) tax-free; (*S Ger, Aus, Swiss*) (≈ *mietfrei*) rent-free **2** *Darlehen* interest-free **B** *adv* **Geld leihen** interest-free **Zinsfuß** *m* interest rate **zinslos** *adj, adv* interest-free **Zinsniveau** *nt* level of interest rates **Zinssatz** *m* interest rate; (*bei Darlehen*) lending rate **Zinssenkung** *f* reduction in the interest rate **Zinssteuer** *f* tax on interest
Zionismus [tsio'nɪsmʊs] *m* ⟨-, *no pl*⟩ Zionism **zionistisch** [tsio'nɪstɪʃ] *adj* Zionist
Zipfel ['tsɪpfl] *m* ⟨-s, -⟩ (*von Tuch, Decke*) corner; (*von Mütze*) point; (*von Hemd, Jacke*) tail; (*von Wurst*) end; (*von Land*) tip **Zipfelmütze** *f* pointed cap
Zipp® [tsɪp] *m* ⟨-s, -s⟩ (*Aus*) zip
zippen ['tsɪpn] *v/t & v/i* IT to zip
Zirbeldrüse ['tsɪrbl-] *f* pineal body
Zirbelkiefer *f* Swiss or stone pine
zirka ['tsɪrka] *adv* about
Zirkel ['tsɪrkl] *m* ⟨-s, -⟩ **1** (≈ *Gerät*) pair of compasses; (≈ *Stechzirkel*) pair of dividers **2** (≈ *Kreis*) circle **Zirkelschluss** *m* circular argument
Zirkulation ['tsɪrkula'tsioːn] *f* ⟨-, -en⟩ circulation **zirkulieren** [tsɪrku'liːrən] *past part* zirkuliert *v/i* to circulate
Zirkumflex ['tsɪrkʊmflɛks, tsɪrkʊm'flɛks] *m* ⟨-es, -e⟩ LING circumflex
Zirkus ['tsɪrkʊs] *m* ⟨-, -se⟩ circus; (≈ *Getue*) fuss **Zirkuszelt** *nt* big top
Zirrhose [tsɪ'roːzə] *f* ⟨-, -n⟩ cirrhosis
Zirruswolke *f* cirrus (cloud)
zischeln ['tsɪʃln] *v/i* to whisper
zischen ['tsɪʃn] **A** *v/i* to hiss; (*Limonade*) to fizz; (*Fett, Wasser*) to sizzle **B** *v/t* (≈ *zischend sagen*) to hiss
Zisterne [tsɪs'tɛrnə] *f* ⟨-, -n⟩ well
Zitat [tsi'taːt] *nt* ⟨-(e)s, -e⟩ quotation
Zither ['tsɪtɐ] *f* ⟨-, -n⟩ zither
zitieren [tsi'tiːrən] *past part* zitiert *v/t* **1** *Textstelle* to quote; *Beispiel* to cite **2** (≈ *vorladen, rufen*) to summon (*vor +acc* before, *an +acc, zu* to)

Zitronat [tsitro'naːt] nt ⟨-(e)s, -e⟩ candied lemon peel **Zitrone** [tsi'troːnə] f ⟨-, -n⟩ lemon; **jdn wie eine ~ auspressen** to squeeze sb dry **zitronengelb** adj lemon yellow **Zitronenlimonade** f lemonade **Zitronenpresse** f lemon squeezer **Zitronensaft** m lemon juice **Zitronensäure** f citric acid **Zitronenschale** f lemon peel **Zitrusfrucht** f citrus fruit

zitt(e)rig ['tsɪt(ə)rɪç] adj shaky **zittern** ['tsɪtɐn] v/i to tremble; (≈ erschüttert werden) to shake; **vor jdm ~** to be terrified of sb **Zittern** nt ⟨-s, no pl⟩ ◼ (≈ Beben) shaking; (vor Kälte) shivering; (von Stimme) quavering ◻ (≈ Erschütterung) shaking **Zitterpappel** f aspen (tree) **Zitterpartie** f (fig) nail-biter (infml)

Zitze ['tsɪtsə] f ⟨-, -n⟩ teat

zivil [tsi'viːl] adj ◼ (≈ nicht militärisch) civilian; Schaden nonmilitary; **im ~en Leben** in civilian life; **~er Ersatzdienst** community service (as alternative to military service) ◻ (infml ≈ anständig) civil; Preise reasonable **Zivil** [tsi'viːl] nt ⟨-s, no pl⟩ (nicht Uniform) civilian clothes pl; **Polizist in ~** plain-clothes policeman **Zivilbevölkerung** f civilian population **Zivilcourage** f courage (to stand up for one's beliefs) **Zivildienst** m community service (as alternative to military service) **Zivildienstleistende(r)** [-laɪstndə] m/f(m) decl as adj person doing community service (instead of military service) **Zivilfahnder(in)** m/f(f) plain-clothes policeman/-woman **Zivilisation** [tsiviliza'tsjoːn] f ⟨-, -en⟩ civilization **Zivilisationskrankheit** f illness caused by today's lifestyle **zivilisieren** [tsivili'ziːrən] past part zivilisiert v/t to civilize **zivilisiert** [tsivili'ziːet] ◼ adj civilized ◻ adv **sich ~ benehmen** to behave in a civilized manner **Zivilist** [tsivi'lɪst] m ⟨-en, -en⟩, **Zivilistin** [-'lɪstɪn] f ⟨-, -nen⟩ civilian **Zivilkammer** f civil division **Zivilperson** f civilian **Zivilprozess** m civil action **Zivilprozessordnung** f JUR code of civil procedure **Zivilrecht** nt civil law **zivilrechtlich** adj civil law attr, of civil law; Prozess civil attr; **jdn ~ verfolgen** to bring a civil action against sb **Zivilschutz** m civil defence (Br) or defense (US)

Znüni ['tsnyːni] m ⟨-, -⟩ (Swiss) morning break

zocken ['tsɔkn] v/i (infml) to gamble

Zocker ['tsɔkɐ] m ⟨-s, -⟩, **Zockerin** [-ərɪn] f ⟨-, -nen⟩ (infml) gambler

Zoff [tsɔf] m ⟨-s, no pl⟩ (infml ≈ Ärger) trouble

zögerlich ['tsøːgɐlɪç] adj hesitant **zögern** ['tsøːgɐn] v/i to hesitate; **er zögerte lange mit der Antwort** he hesitated (for) a long time before replying **Zögern** nt ⟨-s, no pl⟩ hesitation **zögernd** ◼ adj hesitant ◻ adv hesitantly

Zölibat [tsøli'baːt] nt or m ⟨-(e)s, no pl⟩ celibacy

Zoll[1] [tsɔl] m ⟨-(e)s, -⟩ (≈ Längenmaß) inch **Zoll**[2] m ⟨-(e)s, ⸚e ['tsœlə]⟩ ◼ (≈ Warenzoll) customs duty; (≈ Straßenzoll) toll; **einem ~ unterliegen** to carry duty ◻ (≈ Stelle) der ~ customs pl; **durch den ~ kommen** to get through customs **Zollabfertigung** f (≈ Vorgang) customs clearance **Zollamt** nt customs house **Zollbeamte(r)** m decl as adj, **Zollbeamtin** f customs officer **zollen** ['tsɔlən] v/t **jdm Anerkennung/Achtung/Beifall ~** to acknowledge/respect/applaud sb **Zollerklärung** f customs declaration **Zollfahnder(in)** m/f(f) customs investigator **Zollfahndung** f customs investigation department **zollfrei** adj, adv duty-free **Zollgebühr** f (customs) duty **Zollkontrolle** f customs check **Zolllager** nt bonded warehouse **Zöllner** ['tsœlnɐ] m ⟨-s, -⟩, **Zöllnerin** [-ərɪn] f ⟨-, -nen⟩ (infml ≈ Zollbeamter) customs officer **Zollpapiere** pl customs documents pl **zollpflichtig** [-pflɪçtɪç] adj dutiable **Zollstock** m metre rule (Br), meter rule (US) **Zolltarif** m customs tariff **Zollunion** f customs union

Zombie ['tsɔmbi] m ⟨-(s), -s⟩ zombie

Zone ['tsoːnə] f ⟨-, -n⟩ zone; (von Fahrkarte) fare stage

Zoo [tsoː] m ⟨-s, -s⟩ zoo **Zoologe** [tsoo'loːgə] m ⟨-n, -n⟩, **Zoologin** [-'loːgɪn] f ⟨-, -nen⟩ zoologist **Zoologie** [tsoolo'giː] f ⟨-, no pl⟩ zoology **zoologisch** [tsoo'loːgɪʃ] adj zoological

Zoom [zuːm] nt ⟨-s, -s⟩ zoom shot; (≈ Objektiv) zoom lens **Zoomobjektiv** ['zuːm-] nt zoom lens

Zopf [tsɔpf] m ⟨-(e)s, ⸚e ['tsœpfə]⟩ ◼ (≈ Haartracht) pigtail, plait; **Zöpfe tragen** to wear one's hair in pigtails; **ein alter ~** (fig) an antiquated custom ◻ (≈ Gebäck)

Z

plaited loaf

Zorn [tsɔrn] *m* ⟨-(e)s, *no pl*⟩ anger; **in ~ geraten** to fly into a rage; **im ~** in a rage; **einen ~ auf jdn haben** to be furious with sb **Zornausbruch** *m* fit of anger **zornig** ['tsɔrnɪç] **A** *adj* angry; **~ werden** to lose one's temper; **auf jdn ~ sein** to be angry with sb **B** *adv* angrily

Zote ['tso:tə] *f* ⟨-, -n⟩ dirty joke

zottelig ['tsɔtəlɪç] *adj* (*infml*) *Haar, Fell* shaggy **zottig** ['tsɔtɪç] *adj Fell, Tier* shaggy

zu [tsuː] **A** *prep +dat* **1** (*örtlich*) to; **zum Bahnhof** to the station; **bis zu** as far as; **zum Meer hin** toward(s) the sea; **sie sah zu ihm hin** she looked toward(s) him; **die Tür zum Keller** the door to the cellar; **sich zu jdm setzen** to sit down next to sb; **setz dich doch zu uns** come and sit with us **2** (*zeitlich*) at; **zu Mittag** (≈ *am Mittag*) at midday; **die Zahlung ist zum 15. April fällig** the payment is due on 15th April; **zum 31. Mai kündigen** to give in (*Br*) or turn in (*US*) one's notice for 31st May **3** (*Zusatz*) **Wein zum Essen trinken** to drink wine with one's meal; **nehmen Sie Milch zum Kaffee?** do you take milk in your coffee?; **etw zu etw tragen** (*Kleidung*) to wear sth with sth **4** (*Zweck*) **Wasser zum Waschen** water for washing; **Papier zum Schreiben** paper to write on; **das Zeichen zum Aufbruch** the signal to leave; **zur Erklärung** by way of explanation **5** (*Anlass*) **etw zum Geburtstag bekommen** to get sth for one's birthday; **zu Ihrem 60. Geburtstag** on your 60th birthday; **jdm zu etw gratulieren** to congratulate sb on sth; **jdn zum Essen einladen** to invite sb for a meal; **jdn zu etw vernehmen** to question sb about sth **6** (*Veränderung*) into; **zu etw werden** to turn into sth; **jdn/ etw zu etw machen** to make sb/sth (into) sth; **jdn zum König wählen** to choose sb as king; **jdn zu etw ernennen** to nominate sb sth **7** (*Verhältnis*) **Liebe zu jdm** love for sb; **meine Beziehung zu ihm** my relationship with him; **im Vergleich zu** in comparison with; **im Verhältnis drei zu zwei** MAT in the ratio (of) three to two; **das Spiel steht 3:2** the score is 3-2 **8** (*bei Zahlenangaben*) **zu zwei Prozent** at two per cent (*Br*) or percent (*US*); **fünf (Stück) zu 80 Cent** five for 80 cents; **zum halben Preis** at half price **B** *adv* **1** (≈ *allzu*) too; **zu sehr** too much **2** (≈ *geschlossen*) shut; **auf/zu** (*an*

Hähnen etc) on/off; **die Geschäfte haben jetzt zu** the shops are shut now **3** (*infml* ≈ *los, weiter*) **immer** *or* **nur zu!** just keep on!; **mach zu!** get a move on! **4** (*örtlich*) toward(s); **nach hinten zu** toward(s) the back; **auf den Wald zu** toward(s) the forest **C** *adj* (*infml* ≈ *geschlossen*) shut; → **zu sein D** *cj* to; **etw zu essen** sth to eat; **er hat zu gehorchen** he has to do as he's told; **nicht mehr zu gebrauchen** no longer usable; **ich habe noch zu arbeiten** I still have some work to do; **ohne es zu wissen** without knowing it; **um besser sehen zu können** in order to see better; **der zu prüfende Kandidat** the candidate to be examined

zuallererst [tsuʔalə'ʔeːrst] *adv* first of all **zuallerletzt** [tsuʔalə'lɛtst] *adv* last of all

zubauen *v/t sep Lücke* to fill in; *Platz, Gelände* to build up; *Blick* to block with buildings/a building

Zubehör ['tsuːbəhøːɐ] *nt or m* ⟨-(e)s, (*rare*) -e⟩ equipment *no pl*; (≈ *Kleidung*) accessories *pl*; **Küche mit allem ~** fully equipped kitchen

zubeißen *v/i sep irr* to bite

zubekommen *past part* **zubekommen** *v/t sep irr* (*infml*) *Kleidung* to get done up; *Tür, Fenster* to get shut

zubereiten *past part* **zubereitet** *v/t sep* to prepare **Zubereitung** *f* ⟨-, -en⟩ preparation

zubilligen *v/t sep* **jdm etw ~** to grant sb sth

zubinden *v/t sep irr* to tie up; **jdm die Augen ~** to blindfold sb

zubleiben *v/i sep irr aux sein* (*infml*) to stay shut

zubringen *v/t sep irr* (≈ *verbringen*) to spend **Zubringer** ['tsuːbrɪŋɐ] *m* ⟨-s, -⟩ **1** TECH conveyor **2** (≈ *Straße*) feeder road **3** (*a.* **Zubringerbus**) shuttle (bus) **Zubringerdienst** *m* shuttle service **Zubringerstraße** *f* feeder road

Zubrot *nt, no pl* extra income

Zucchini [tsʊ'kiːni] *f* ⟨-, -⟩ courgette (*Br*), zucchini (*US*)

Zucht [tsʊxt] *f* ⟨-, -en⟩ **1** (≈ *Disziplin*) **~ (und Ordnung)** discipline **2** *no pl* (*von Tieren*) breeding; (*von Pflanzen*) growing; (*von Bakterien, Perlen*) culture; **die ~ von Pferden** horse breeding; **die ~ von Bienen** beekeeping **züchten** ['tsʏçtn] *v/t* to breed; *Bienen* to keep; *Pflanzen* to grow;

Perlen, Bakterien to cultivate **Züchter** ['tsʏçtɐ] *m* ⟨-s, -⟩, **Züchterin** [-ərɪn] *f* ⟨-, -nen⟩ *(von Tieren)* breeder; *(von Pflanzen)* grower; *(von Bienen)* keeper **Zuchthaus** *nt (≈ Gebäude)* prison (for serious offenders), penitentiary *(US)* **Züchtigung** *f* ⟨-, -en⟩ beating; **körperliche ~** corporal punishment **Zuchtperle** *f* cultured pearl **Zuchttier** *nt* breeding animal **Züchtung** ['tsʏçtʊŋ] *f* ⟨-, -en⟩ *(von Tieren)* breeding; *(von Bienen)* keeping; *(von Pflanzen)* growing **Zuchtvieh** *nt* breeding cattle

zuckeln ['tsʊkln] *v/i aux sein (infml)* to jog **zucken** ['tsʊkn] *v/i* **1** *(nervös)* to twitch; *(vor Schreck)* to start; *(vor Schmerzen)* to flinch **2** *(Blitz)* to flash; *(Flammen)* to flare up

zücken ['tsʏkn] *v/t Messer, Pistole* to pull out; *(infml:) Notizbuch, Brieftasche* to pull out

Zucker ['tsʊkɐ] *m* ⟨-s, no pl⟩ **1** sugar; **ein Stück ~** a lump of sugar **2** *(MED ≈ Zuckergehalt)* sugar; *(≈ Krankheit)* diabetes *sg*; **~ haben** *(infml)* to be a diabetic **Zuckerdose** *f* sugar bowl **Zuckererbse** *f* mangetout (pea) *(Br)*, sweet pea *(US)* **zuckerfrei** *adj* sugar-free **Zuckergehalt** *m* sugar content **Zuckerguss** *m* icing, frosting *(esp US)* **zuckerkrank** *adj* diabetic **Zuckerkranke(r)** *m/f(m) decl as adj* diabetic **Zuckerkrankheit** *f* diabetes *sg* **Zuckerl** ['tsʊkəl] *nt* ⟨-s, -n⟩ *(S Ger, Aus)* sweet *(Br)*, candy *(US)* **Zuckerlecken** *nt* **das ist kein ~** *(infml)* it's no picnic *(infml)* **zuckern** ['tsʊkɐn] *v/t* to put sugar in **Zuckerrohr** *nt* sugar cane **Zuckerrübe** *f* sugar beet **Zuckerspiegel** *m* MED (blood) sugar level **zuckersüß** *adj* as sweet as sugar **Zuckerwatte** *f* candy floss *(Br)*, cotton candy *(US)* **Zuckerzange** *f* sugar tongs *pl*

Zuckung ['tsʊkʊŋ] *f* ⟨-, -en⟩ twitch; *(stärker: krampfhaft)* convulsion

zudecken *v/t sep* to cover; *(im Bett)* to tuck up *or* in

zudem [tsu'de:m] *adv (elev)* moreover

zudrehen *v/t sep Wasserhahn etc* to turn off; *(≈ zuwenden)* to turn (+dat to)

zudringlich *adj Art* pushy *(infml)*; *Nachbarn* intrusive; **~ werden** *(zu jdm)* to make advances *(zu to)*

zueinander [tsuai'nandɐ] *adv (≈ gegenseitig)* to each other; *Vertrauen haben* in each other **zueinanderpassen** *v/i sep* to go together; *(Menschen)* to suit each other

zuerkennen *past part* **zuerkannt** *v/t sep irr* to award *(jdm* to sb*)*; *Recht* to grant *(jdm etw sb* sth*)*

zuerst [tsu'e:ɐst] *adv* **1** first; **ich kam ~ an** I was (the) first to arrive; **das muss ich morgen früh ~ machen** I must do that first thing tomorrow (morning) **2** *(≈ anfangs)* at first; **~ muss man ...** first (of all) you have to ...

zufahren *v/i sep irr aux sein* **auf jdn ~** *(mit Kfz)* to drive toward(s) sb; *(mit Fahrrad)* to ride toward(s) sb **Zufahrt** *f* approach (road); *(≈ Einfahrt)* entrance; *(zu einem Haus)* drive(way) **Zufahrtsstraße** *f* access road; *(zur Autobahn)* approach road

Zufall *m* chance, accident; *(≈ Zusammentreffen)* coincidence; **das ist ~** it's pure chance; **durch ~** (quite) by chance; **es ist kein ~, dass ...** it's no accident that ...; **es war ein glücklicher ~, dass ...** it was lucky that ...; **wie es der ~ so will** as chance would have it; **wir dem ~ überlassen** to leave sth to chance

zufallen *v/i sep irr aux sein* **1** *(≈ sich schließen)* *(Fenster etc)* to close; **ihm fielen beinahe die Augen zu** he could hardly keep his eyes open **2** **jdm ~** *(Erbe)* to pass to sb; *(Preis etc)* to go to sb; *(Aufgabe)* to fall to sb

zufällig **A** *adj* chance *attr*; **das war rein ~** it was pure chance; **es ist nicht ~, dass er ...** it's no accident that he ... **B** *adv* by chance; *(esp bei Zusammentreffen von Ereignissen)* coincidentally; **er ging ~ vorüber** he happened to be passing **Zufallsgenerator** *m* random generator; *(für Zahlen)* random-number generator **Zufallstreffer** *m* fluke

zufassen *v/i sep* *(≈ zugreifen)* to take hold of it/them; *(Hund)* to make a grab; *(fig ≈ schnell handeln)* to seize an/the opportunity

zufliegen *v/i sep irr aux sein* **1** **auf etw** *(acc)* **~** to fly toward(s) *or* *(direkt)* into sth **2** *(+dat)* to fly to; **der Vogel ist uns zugeflogen** the bird flew into our house; **ihm fliegt alles nur so zu** *(fig)* everything comes so easily to him

Zuflucht *f* refuge *(also fig)*, shelter *(vor +dat from)*; **~ suchen** to seek refuge; **zu etw ~ nehmen** *(fig)* to resort to sth; **du**

Z

bist meine letzte ~ *(fig)* you are my last hope

Zufluss *m, no pl* influx, inflow; (MECH ≈ *Zufuhr*) supply

zufolge [tsu'fɔlɡə] *prep +dat or +gen (form)* (≈ *gemäß*) according to

zufrieden [tsu'friːdn] **A** *adj* contented, content *pred*; **ein ~es Gesicht machen** to look pleased; **mit jdm/etw ~ sein** to be satisfied with sb/sth; **er ist nie ~** he's never satisfied **B** *adv* contentedly; **~ lächeln** to smile contentedly **zufriedengeben** *v/r sep irr* **sich mit etw ~** to be content with sth **Zufriedenheit** *f* ⟨-, *no pl*⟩ contentedness; (≈ *Befriedigtsein*) satisfaction **zufriedenlassen** *v/t sep irr* to leave alone **zufriedenstellen** *v/t sep* to satisfy; **eine wenig ~de Antwort** a less than satisfactory answer

zufrieren *v/i sep irr aux sein* to freeze (over)

zufügen *v/t sep* **1** *Leid, Schmerz* to cause; *Niederlage* to inflict; **jdm Schaden ~** to harm sb **2** (≈ *hinzufügen*) to add

Zufuhr ['tsuːfuːɐ] *f* ⟨-, -en⟩ (≈ *Versorgung*) supply (*in +acc, nach to*); (METEO: *von Luftstrom*) influx **zuführen** *sep* **A** *v/t +dat* **1** (≈ *versorgen mit*) to supply; IT *Papier* to feed (*+dat to*) **2** (≈ *bringen*) to bring; **einem Geschäft Kunden ~** to bring customers to a business **B** *v/i sep* **auf etw** (*acc*) **~** to lead to sth

Zug[1] [tsuːk] *m* ⟨-(e)s, ⁻e ['tsyːɡə]⟩ **1** *no pl* (≈ *Ziehen*) pull (*an +dat on, at*); (≈ *Zugkraft, Spannung*) tension **2** (≈ *Luftzug*) draught (*Br*), draft (*US*); (≈ *Atemzug*) breath; (*an Zigarette*) puff; (≈ *Schluck*) gulp; **das Glas in einem ~ leeren** to empty the glass with one gulp; **etw in vollen Zügen genießen** to enjoy sth to the full; **in den letzten Zügen liegen** *(infml)* to be on one's last legs *(infml)* **3** *(beim Schwimmen)* stroke; *(beim Rudern)* pull (*mit at*); *(bei Brettspiel)* move; **~ um ~** *(fig)* step by step; **nicht zum ~e kommen** *(infml)* not to get a look-in *(infml)*; **du bist am ~** it's your move; **etw in großen Zügen darstellen** to outline sth **Zug**[2] *m* ⟨-(e)s, ⁻e⟩ (≈ *Eisenbahnzug*) train; **mit dem ~ fahren** to go by train **Zug**[3] *m* ⟨-(e)s, ⁻e⟩ (≈ *Gesichtszug*) feature; (≈ *Charakterzug*) characteristic; (≈ *Anflug*) touch; **das ist kein schöner ~ von ihm** that's not one of his nicer characteristics **Zugabe** *f* extra; MUS, THEAT encore

Zugabteil *nt* train compartment

Zugang *m, pl* -gänge **1** (≈ *Eingang*) entrance; (≈ *Zutritt*) admittance; *(fig)* access; **„kein ~"** "no entry" **2** *(von Patienten)* admission; *(von Waren)* receipt **zugänglich** ['tsuːɡɛnlɪç] *adj* accessible; *Mensch* approachable; **der Öffentlichkeit ~** open to the public; **für etw nicht ~ sein** not to respond to sth

Zugbegleiter(in) *m/(f)* RAIL guard (*Br*), conductor (*US*) **Zugbrücke** *f* drawbridge **zugeben** *v/t sep irr* **1** (≈ *zusätzlich geben*) **jdm etw ~** to give sb sth extra **2** COOK to add **3** (≈ *zugestehen*) to admit; **jdm gegenüber etw ~** to confess sth to sb; **zugegeben** admittedly; **gib's zu!** admit it! **zugegebenermaßen** ['tsuːɡeːɡəbneˈmaːsn] *adv* admittedly

zugehen *sep irr aux sein* **A** *v/i* **1** *(Tür, Deckel)* to shut **2** **auf jdn/etw ~** to approach sb/sth; **aufeinander ~** to approach one another; *(fig also)* to compromise; **es geht nun auf den Winter zu** winter is drawing in; **er geht schon auf die siebzig zu** he's getting on for seventy; **dem Ende ~** to near its end **3** (*+dat, Nachricht, Brief etc*) to reach **B** *v/impers* **1** **dort geht es ... zu** things are ... there; **es ging sehr lustig zu** *(infml)* we/they *etc* had a great time *(infml)* **2** (≈ *geschehen*) to happen

Zugehörigkeit *f* ⟨-, -en⟩ *(zu Land, Glauben)* affiliation; (≈ *Mitgliedschaft*) membership (*zu of*)

zugeknöpft ['tsuːɡəknœpft] *adj (fig infml) Mensch* reserved; → **zuknöpfen**

Zügel ['tsyːɡl] *m* ⟨-s, -⟩ rein; **die ~ fest in der Hand haben** *(fig)* to have things firmly in hand; **die ~ locker lassen** *(fig)* to give free rein (*bei to*) **zügeln** ['tsyːɡln] **A** *v/t Pferd* to rein in; *(fig)* to curb **B** *v/r* to restrain oneself **C** *v/i aux sein* (*Swiss* ≈ *umziehen*) to move (house)

Zugeständnis *nt* concession (*+dat, an +acc to*) **zugestehen** *past part* **zugestanden** *v/t sep irr* (≈ *einräumen*) to concede; (≈ *zugeben*) to admit; **jdm etw ~** (≈ *einräumen*) to grant sb sth

zugetan ['tsuːɡətaːn] *adj* **jdm/einer Sache ~ sein** to be fond of sb/sth

Zugezogene(r) ['tsuːɡətsoːɡənə] *m/f(m) decl as adj* newcomer

Zugführer(in) *m/(f)* RAIL chief guard (*Br*) or conductor (*US*)

zugießen *v/t sep irr* **1** (≈ *hinzugießen*) to

add **2** (*mit Beton etc*) to fill (in)
zugig ['tsu:ɡɪç] *adj* draughty (*Br*), drafty (*US*)

zügig ['tsy:ɡɪç] **A** *adj* swift **B** *adv* quickly

zugleich [tsu'ɡlaɪç] *adv* at the same time

Zugluft *f* draught (*Br*), draft (*US*) **Zugpferd** *nt* carthorse; (*fig*) crowd puller

zugreifen *v/i sep irr* **1** (≈ *schnell nehmen*) to grab it/them; (*fig*) to get in quickly (*infml*); (*bei Tisch*) to help oneself; **greifen Sie bitte zu!** please help yourself! **2** IT **auf etw** (*acc*) **~** to access sth **Zugriff** *m* **1** **durch raschen ~** by stepping in quickly; **sich dem ~ der Polizei/Gerichte entziehen** to evade justice **2** IT access (*auf to*) **Zugriffszeit** *f* access time

zugrunde [tsu'ɡrʊndə] *adv* **1** **~ gehen** to perish; **jdn/etw ~ richten** to destroy sb/sth; (*finanziell*) to ruin sb/sth **2** **einer Sache** (*dat*) **~ liegen** to underlie sth; **~ liegend** underlying

Zugtier *nt* draught animal (*Br*), draft animal (*US*)

zugucken *v/i sep* = zusehen 1

Zugunglück *nt* train accident

zugunsten [tsu'ɡʊnstn] *prep* +*gen* or (*bei Nachstellung*) +*dat* **~ (von)** in favour (*Br*) or favor (*US*) of

zugutehalten [tsu'ɡu:tə] *v/t sep irr* **jdm etw ~** to grant sb sth **zugutekommen** [tsu'ɡu:tə] *v/i sep irr* **jdm ~** to be of benefit to sb; (*Geld, Erlös*) to benefit sb; **jdm etw ~ lassen** to let sb have sth

Zugverbindung *f* train connection **Zugvogel** *m* migratory bird **Zugzwang** *m* CHESS zugzwang; (*fig*) tight spot; **die Gegenseite steht jetzt unter ~** the other side is now forced to move

zuhaben *v/i sep irr* (*infml, Geschäft etc*) to be closed

zuhalten *sep irr* **A** *v/t* to hold shut; **sich** (*dat*) **die Nase ~** to hold one's nose; **sich** (*dat*) **die Augen/Ohren ~** to put one's hands over one's eyes/ears **B** *v/i* **auf etw** (*acc*) **~** to head straight for sth

Zuhälter ['tsu:hɛltɐ] *m* ⟨-s, -⟩ pimp

zu Hause, zuhause [tsu'hauzə] (*Aus, Swiss*) *adv* → Haus **Zuhause** [tsu'hauzə] *nt* ⟨-s, no pl⟩ home

zuheilen *v/i sep aux sein* to heal up

Zuhilfenahme ['tsu:hɪlfənaːmə] *f* **unter ~ von** or +*gen* with the aid of

zuhören *v/i sep* to listen (+*dat* to); **hör mal zu!** (*drohend*) now (just) listen (to me)! **Zu-**

hörer(in) *m/(f)* listener; **die ~** (≈ *das Publikum*) the audience *sg*

zujubeln *v/i sep* **jdm ~** to cheer sb

zukleben *v/t sep Briefumschlag* to seal; (*mit Klebstoff*) to stick up

zuknallen *v/t & v/i sep* (*infml*) to slam

zuknöpfen *v/t sep* to button (up); → zugeknöpft

zukommen *v/i sep irr aux sein* **1** **auf jdn/ etw ~** to come toward(s) or (*direkt*) up to sb/sth; **die Aufgabe, die nun auf uns zukommt** the task which is now in store for us; **die Dinge auf sich** (*acc*) **~ lassen** to take things as they come **2** **jdm etw ~ lassen** *Brief etc* to send sb sth

Zukunft ['tsu:kʊnft] *f* ⟨-, no pl⟩ **1** **die ~** the future; **in ~** in future; **ein Beruf mit ~** a career with prospects; **das hat keine ~** there's no future in it **2** GRAM future (tense) **zukünftig** **A** *adj* future; **der ~e Präsident** the president elect **B** *adv* in future **Zukunftsangst** *f* (*vor der Zukunft*) fear of the future; (*um die Zukunft*) fear for the future **Zukunftsaussichten** *pl* future prospects *pl* **Zukunftsforscher(in)** *m/(f)* futurologist **Zukunftsforschung** *f* futurology **Zukunftskonzept** *nt* plans *pl* for the future **Zukunftsmusik** *f* (*fig infml*) pie in the sky (*infml*) **Zukunftspläne** *pl* plans *pl* for the future **Zukunftsroman** *m* science fiction novel **zukunftsträchtig** *adj* with a promising future

zulächeln *v/i sep* **jdm ~** to smile at sb

Zulage *f* **1** (≈ *Geldzulage*) extra pay *no indef art*; (≈ *Sonderzulage*) bonus (payment) **2** (≈ *Gehaltserhöhung*) rise (*Br*), raise (*US*)

zulangen *v/i sep* (*infml*) to help oneself; **kräftig ~** (*beim Essen*) to tuck in (*infml*)

zulassen *v/t sep irr* **1** (≈ *Zugang gewähren*) to admit **2** (*amtlich*) to authorize; *Arzt* to register; *Arzneimittel* to approve; *Kraftfahrzeug* to license; *Prüfling* to admit; **amtlich zugelassen sein** to be authorized; **staatlich zugelassen sein** to be state-registered; **eine nicht zugelassene Partei** an illegal party **3** (≈ *gestatten*) to allow **4** (≈ *geschlossen lassen*) to keep shut **zulässig** ['tsu:lɛsɪç] *adj* permissible; *Beweis, Klage* admissible; **~e Höchstgeschwindigkeit** (upper) speed limit **Zulassung** ['tsu:lasʊŋ] *f* ⟨-, -en⟩ **1** *no pl* (≈ *Gewährung von Zugang*) admittance; (*amtlich*) authorization; (*von Kfz*) licensing; (*als praktizierender Arzt*) registration 🔢 (*Dokument*) papers *pl*; (*esp von Kfz*) vehicle registration document; (≈ *Lizenz*) licence (*Br*), license (*US*) **Zulassungsbeschränkung** *f esp* UNIV restriction on admissions **Zulassungsstelle** *f* registration office

zulasten [tsuˈlastn] *adv* → Last

Zulauf *m, no pl* **großen ~ haben** to be very popular **zulaufen** *v/i sep irr aux sein* 🔢 **auf jdn/etw ~** to run toward(s) sb/sth 🔢 (*Wasser etc*) to add; **lass noch etwas kaltes Wasser ~** add some more cold water 🔢 (*Hund etc*) **jdm ~** to stray into sb's house; **eine zugelaufene Katze** a stray (cat)

zulegen *sep* 🅰 *v/t* 🔢 (≈ *dazulegen*) to put on; *Geld* to add; (*bei Verlustgeschäft*) to lose; **etwas Tempo ~** (*infml*) to get a move on (*infml*) 🔢 (*infml: an Gewicht*) to put on; **die SPD konnte 5% ~** the SPD managed to gain 5% 🔢 (≈ *anschaffen*) **sich** (*dat*) **etw ~** (*infml*) to get oneself sth 🅱 *v/i* (*infml, an Gewicht*) to put on weight; (*Umsatz*) to increase

zuleide [tsuˈlaidə] *adv* **jdm etwas ~ tun** to do sb harm

zuletzt [tsuˈlɛtst] *adv* 🔢 (≈ *schließlich*) in the end; **~ kam sie doch** she came in the end; **ganz ~** right at the last moment 🔢 (≈ *an letzter Stelle*) last; **ich kam ~** I came last; **wann haben Sie ihn ~ gesehen?** when did you last see him?; **nicht ~ wegen** not least because of

zuliebe [tsuˈliːbə] *adv* **etw jdm ~ tun** to do sth for sb's sake or for sb; **das geschah nur ihr ~** it was done just for her

Zulieferer [ˈtsuːliːfərə] *m* ⟨-s, -⟩, **Zulieferin** [-ərɪn] *f* ⟨-, -nen⟩ ECON supplier

zum [tsʊm] **geht es hier ~ Bahnhof?** is this the way to the station?; **~ Essen gehen** to go and eat; **es ist ~ Weinen** it's enough to make you cry; → zu

zumachen *sep* 🅰 *v/t* (≈ *schließen*) to shut; *Flasche* to close; **die Augen ~** to close one's eyes 🅱 *v/i* (*infml*) 🔢 (≈ *den Laden zumachen*) to close (down) 🔢 (*infml ≈ sich beeilen*) to get a move on (*infml*)

zumal [tsuˈmaːl] *cj* **~ (da)** particularly as or since

zumauern *v/t sep* to brick up

zumeist [tsuˈmaist] *adv* mostly

zumindest [tsuˈmɪndəst] *adv* at least

zumüllen [ˈtsuːmʏlən] *v/t sep* (*infml, mit Junkmail, Spam*) to bombard (*infml*)

zumutbar *adj* reasonable; **jdm** or **für jdn**

~ sein to be reasonable for sb; **nicht ~ sein** to be unreasonable **Zumutbarkeit** [ˈtsuːmuːtbaːɛkait] *f* ⟨-, no pl⟩ reasonableness

zumute [tsuˈmuːtə] *adv* **wie ist Ihnen ~?** how do you feel?; **mir ist traurig ~** I feel sad; **mir war dabei gar nicht wohl ~** I felt uneasy about it

zumuten *v/t sep* **jdm etw ~** to expect sth of sb; **das können Sie niemandem ~** you can't expect that of anyone; **sich** (*dat*) **zu viel ~** to take on too much **Zumutung** [ˈtsuːmuːtʊŋ] *f* ⟨-, -en⟩ unreasonable demand; (≈ *Unverschämtheit*) nerve (*infml*); **das ist eine ~!** that's a bit much!

zunächst [tsuˈnɛːçst] *adv* 🔢 (≈ *zuerst*) first (of all); **~ einmal** first of all 🔢 (≈ *vorläufig*) for the time being

zunageln *v/t sep Fenster etc* to nail up; (*mit Brettern*) to board up; *Kiste etc* to nail down

zunähen *v/t sep* to sew up

Zunahme [ˈtsuːnaːmə] *f* ⟨-, -n⟩ increase (+*gen*, *an* +*dat* in)

Zuname *m* surname

zündeln [ˈtsʏndln] *v/i* to play (about) with fire

zünden [ˈtsʏndn] 🅰 *v/i* to catch fire; (*Streichholz*) to light; (*Motor*) to fire; (*Sprengkörper*) to go off; (*fig*) to kindle enthusiasm 🅱 *v/t* to ignite; *Sprengkörper* to set off; *Feuerwerkskörper* to let off **zündend** *adj* (*fig*) stirring; *Vorschlag* exciting **Zünder** [ˈtsʏndə] *m* ⟨-s, -⟩ 🔢 (*für Sprengstoff*) fuse; (*für Mine*) detonator 🔢 **Zünder** *pl* (*Aus* ≈ *Streichhölzer*) matches *pl* **Zündflamme** *f* pilot light **Zündholz** *nt* match(stick) **Zündkerze** *f* AUTO spark (-ing) plug **Zündschlüssel** *m* AUTO ignition key **Zündschnur** *f* fuse **Zündstoff** *m* (≈ *Sprengstoff*) explosives *pl*; (*fig*) explosive stuff **Zündung** [ˈtsʏndʊŋ] *f* ⟨-, -en⟩ ignition; **die ~ einstellen** AUTO to adjust the timing

zunehmen *sep irr* 🅰 *v/i* to increase; (*an Erfahrung etc*) to gain (*an* +*dat* in); (*Mensch: an Gewicht*) to put on weight; (*Mond*) to wax 🅱 *v/t* (*Mensch: an Gewicht*) to gain **zunehmend** 🅰 *adj* increasing; *Mond* crescent; **bei** or **mit ~em Alter** with advancing age; **in ~em Maße** to an increasing degree 🅱 *adv* increasingly

Zuneigung *f* affection

zünftig [ˈtsʏnftɪç] *adj* (≈ *regelrecht*) proper; (≈ *gut, prima*) great

Zunge ['tsʊŋə] f ⟨-, -n⟩ tongue; (von Waage) pointer; **eine böse/spitze ~ haben** to have an evil/a sharp tongue; **böse ~n behaupten, ...** malicious gossip has it ...; **das Wort liegt mir auf der ~** the word is on the tip of my tongue **züngeln** ['tsʏŋln] v/i (Flamme, Feuer) to lick **Zungenbrecher** m tongue twister **Zungenkuss** m French kiss **Zungenspitze** f tip of the tongue **Zünglein** ['tsʏŋlain] nt ⟨-s, -⟩ **das ~ an der Waage sein** (fig) to tip the scales

zunichtemachen [tsu'nɪçtə-] v/t sep to ruin

zunutze [tsu'nʊtsə] adv **sich** (dat) **etw ~ machen** (≈ ausnutzen) to capitalize on sth

zuoberst [tsu'o:bəst] adv on or at the (very) top

zuordnen v/t +dat sep to assign to; **jdn/ etw jdm ~** to assign sb/sth to sb

zupacken v/i sep (infml) **1** (≈ zugreifen) to make a grab for it etc **2** (≈ helfen) **mit ~** to give me/them etc a hand

Zupfinstrument nt MUS plucked string instrument

zuprosten v/i sep **jdm ~** to drink sb's health

zur [tsu:ɐ, tsʊr] **~ Schule gehen** to go to school; **~ Orientierung** for orientation; **~ Abschreckung** as a deterrent; → **zu**

zurande [tsu'randə] adv **mit etw/jdm ~ kommen** (to be able) to cope with sth/sb

zurate [tsu'ra:tə] adv **jdn/etw ~ ziehen** to consult sb/sth **zuraten** v/i sep irr **jdm ~, etw zu tun** to advise sb to do sth; **auf sein Zuraten (hin)** on his advice

zurechnungsfähig adj of sound mind **Zurechnungsfähigkeit** f soundness of mind; **verminderte ~** diminished responsibility

zurechtbiegen v/t sep irr to bend into shape; (fig) to twist **zurechtfinden** v/r sep irr to find one's way (in +dat around); **sich mit etw ~** to get the hang of sth (infml); (durch Gewöhnung) to get used to sth **zurechtkommen** v/i sep irr aux sein **1** (fig) to get on; (≈ bewältigen) to cope; (≈ genug haben) to have enough; **kommen Sie ohne das zurecht?** (infml) can you manage without it? **2** (finanziell) to manage **zurechtlegen** v/t sep **sich** (dat) **etw ~** to lay sth out ready; (fig) to work sth out **zurechtmachen** sep (infml) **A** v/t Zimmer, Essen etc to prepare; Bett to

make up **B** v/r to get dressed; (≈ sich schminken) to put on one's make-up **zurechtweisen** v/t sep irr to rebuke; Schüler etc to reprimand **Zurechtweisung** f rebuke; (von Schüler) reprimand

zureden v/i sep **jdm ~** (≈ ermutigen) to encourage sb; (≈ überreden) to persuade sb; **auf mein Zureden (hin)** with my encouragement; (Überreden) with my persuasion

zureiten sep irr **A** v/t Pferd to break in **B** v/i aux sein **auf jdn/etw ~** to ride toward(s) sb/sth

Zürich ['tsy:rɪç] nt ⟨-s⟩ Zurich

zurichten v/t sep (≈ beschädigen) to make a mess of; (≈ verletzen) to injure; **jdn übel ~** to beat sb up

zurück [tsu'rʏk] adv back; (mit Zahlungen) behind; (fig ≈ zurückgeblieben) (von Kind) backward; **fünf Punkte ~** SPORTS five points behind; **~!** get back!; **einmal München und ~** a return (esp Br) or a round-trip ticket (US) to Munich; **ich bin in zehn Minuten wieder ~** I will be back (again) in 10 minutes **zurückbehalten** past part zurückbehalten v/t sep irr to keep (back); **er hat Schäden ~** he suffered lasting damage **zurückbekommen** past part zurückbekommen v/t sep irr (≈ zurückerhalten) to get back (Br), to get back at **zurückbilden** v/r sep (Geschwür) to recede; BIOL to regress **zurückbleiben** v/i sep irr aux sein **1** (an einem Ort) to stay behind **2** (≈ übrig bleiben) to be left; (Schaden, Behinderung) to remain **3** (≈ nicht Schritt halten) to fall behind; (in Entwicklung) to be retarded; → **zurückgeblieben zurückblicken** v/i sep to look back (auf +acc at); (fig) to look back (auf +acc on) **zurückbringen** v/t sep irr (≈ wieder herbringen) to bring back; (≈ wieder wegbringen) to take back **zurückdatieren** past part zurückdatiert v/t sep to backdate **zurückdenken** v/i sep irr to think back (an +acc to) **zurückdrehen** v/t sep to turn back; **die Zeit ~** to put (Br) or turn (US) back the clock **zurückerstatten** past part zurückerstattet v/t sep to refund; Ausgaben to reimburse **zurückerwarten** past part zurückerwartet v/t sep **jdn ~** to expect sb back **zurückfahren** sep irr **A** v/i aux sein (an einen Ort) to go back; (esp als Fahrer) to drive back **B** v/t **1** (mit Fahrzeug) to drive back **2** (≈ drosseln) Produktion to cut back **zurückfallen** v/i sep irr aux sein to fall

back; SPORTS to drop back; (fig) (Umsätze
etc) to fall; (in Leistungen) to fall behind;
in alte Gewohnheiten ~ to fall back into
old habits **zurückfinden** v/i sep irr to
find the way back **zurückfliegen** v/t &
v/i sep irr to fly back **zurückfordern**
v/t sep **etw ~** to demand sth back **zurückführen** sep v/t **1** (≈ zurückbringen)
to lead back **2** (≈ ableiten aus) to put down
to; **das ist darauf zurückzuführen, dass
...** that can be put down to the fact that
... **zurückgeben** v/t sep irr to give back;
Ball, Kompliment, Beleidigung to return; (≈
erwidern) to retort **zurückgeblieben**
adj **geistig/körperlich ~** mentally/physi-
cally retarded; → zurückbleiben **zurückgehen** v/i sep aux sein **1** to go
back (nach, in +acc, auf +acc to); **Waren/Es-
sen** etc **~ lassen** to send back goods/food
etc **2** (fig ≈ abnehmen) to go down;
(Geschäft, Produktion) to fall off; (Schmerz,
Sturm) to die down **zurückgezogen**
A adj Mensch withdrawn, retiring; Lebensweise secluded **B** adv in seclusion; **er lebt
sehr ~** he lives a very secluded life; → zurückziehen **zurückgreifen** v/i sep irr
(fig) to fall back (auf +acc upon) **zurückhalten** sep irr **A** v/t to hold back; (≈ aufhalten) jdn to hold up; (≈ nicht freigeben) Informationen to withhold; Ärger etc to restrain; **jdn von etw** (dat) **~** to keep sb
from sth **B** v/r (≈ sich beherrschen) to control oneself; (≈ reserviert sein) to be retiring;
(≈ im Hintergrund bleiben) to keep in the
background; **sich mit seiner Kritik ~** to
be restrained in one's criticism; **ich musste mich schwer ~** I had to take a firm grip
on myself **C** v/i **mit etw ~** (≈ verheimlichen)
to hold sth back **zurückhaltend** **A** adj
(≈ beherrscht) restrained; (≈ reserviert) reserved; (≈ vorsichtig) cautious; **mit Kritik
nicht ~ sein** to be unsparing in one's criticism **B** adv with restraint **zurückkaufen** v/t sep to buy back **zurückkehren**
v/i sep aux sein to return **zurückkommen** v/i sep irr aux sein to come back; (≈
Bezug nehmen) to refer (auf +acc to) **zu-
rückkönnen** v/i sep irr (infml) to be able
to go back; **ich kann nicht mehr zurück**
(fig) there's no going back! **zurückklas-
sen** v/t sep irr (≈ hinterlassen) to leave; (≈
liegen lassen) to leave behind **zurücklegen** sep **A** v/t **1** (an seinen Platz) to put
back **2** (≈ reservieren) to put aside; (≈ spa-

ren) to put away **3** Strecke to cover **B**
v/r to lie back **zurücklehnen** v/t & v/r
sep to lean back **zurückliegen** v/i sep
irr (örtlich) to be behind; **der Unfall liegt
etwa eine Woche zurück** the accident
was about a week ago **zurückmüssen**
v/i sep irr (infml) to have to go back **zurücknehmen** v/t sep irr to take back;
Entscheidung to reverse; Angebot to withdraw; **sein Wort ~** to break one's word
zurückreichen v/i sep (Tradition etc) to
go back (in +acc to) **zurückreisen** v/i
sep aux sein to travel back **zurückrufen**
sep irr **A** v/t to call back; Botschafter, Produkte to recall; **jdm etw ins Gedächtnis
~** to conjure sth up for sb **B** v/i to call
back **zurückscheuen** v/i sep aux sein
to shy away (vor +dat from) **zurückschicken** v/t sep to send back **zurückschlagen** sep irr **A** v/t Ball to return; Angriff etc
to beat back **B** v/i to hit back; MIL to retaliate **zurückschrauben** v/t sep (fig
infml) Erwartungen to lower; Subventionen
to cut back **zurückschrecken** v/i sep
irr aux sein or haben to start back; (fig) to
shy away (vor +dat from); **vor nichts ~** to
stop at nothing **zurücksehen** v/i sep irr
to look back **zurücksehnen** sep v/r to
long to return (nach to) **zurücksenden**
v/t sep irr to send back **zurücksetzen**
sep **A** v/t **1** (nach hinten) to move back;
Auto to reverse **2** (an früheren Platz) to
put back **B** v/r to sit back **C** v/i (mit Fahrzeug) to reverse **zurückspringen** v/i sep
irr aux sein to leap or jump back **zurückstecken** v/i sep **1** (≈ weniger Ansprüche
stellen) to lower one's expectations **2** (≈
nachgeben) to backtrack **zurückstehen**
v/i sep irr **hinter etw** (dat) **~** to take second
place to sth **zurückstellen** v/t sep **1** to
put back; (nach hinten) to move back **2** (fig
≈ verschieben) to defer; Pläne to postpone;
Bedenken etc to put aside **zurückstufen**
v/t sep to downgrade **zurücktreten** v/i
sep irr aux sein **1** (≈ zurückgehen) to step
back; **bitte ~!** stand back, please!; **einen
Schritt ~** to take a step back **2** (von
Amt) to resign **3** (von Vertrag etc) to withdraw (von from) **4** (fig ≈ im Hintergrund
bleiben) to come second (hinter jdm/etw to
sb/sth) **zurücktun** v/t sep irr (infml) to
put back **zurückverfolgen** past part
zurückverfolgt v/t sep (fig) to trace back
zurückversetzen past part zurückver-

setzt *sep* **A** *v/t* (*in seinen alten Zustand*) to restore (*in +acc* to); (*in eine andere Zeit*) to take back (*in +acc* to) **B** *v/r* to think oneself back (*in +acc* to) **zurückweichen** *v/i sep irr aux sein* (*erschrocken*) to shrink back; (*ehrfürchtig*) to stand back; MIL to withdraw; (*Hochwasser*) to subside **zurückweisen** *v/t sep irr* to reject; *Bittsteller* to turn away; *Vorwurf, Klage* to dismiss; *Angriff* to repel; (*an der Grenze*) to turn back **zurückwollen** *v/i sep* (*infml*) to want to go back **zurückzahlen** *v/t sep* to repay **zurückziehen** *sep irr* **A** *v/t* to pull back; *Antrag, Klage etc* to withdraw **B** *v/r* to retire; MIL to withdraw; → **zurückgezogen** **C** *v/i aux sein* to move back **zurückzucken** *v/i sep aux sein* to recoil

Zuruf *m* shout; (*aufmunternd*) cheer **zurufen** *v/t & v/i sep irr* **jdm etw ~** to shout sth to sb

zurzeit [tsʊrˈtsaɪt] *adv* at present

Zusage *f* **1** (≈ *Zustimmung*) consent **2** (≈ *Annahme*) acceptance **3** (≈ *Versprechen*) promise **zusagen** *sep* **A** *v/t* (≈ *versprechen*) to promise **B** *v/i* **1** (≈ *annehmen*) **(jdm) ~** to accept **2** (≈ *gefallen*) **jdm ~** to appeal to sb

zusammen [tsuˈzamən] *adv* together; **alle/alles ~** all together **Zusammenarbeit** *f* co-operation; (*mit dem Feind*) collaboration; **in ~ mit** in co-operation with **zusammenarbeiten** *v/i sep* to co-operate; (*mit dem Feind*) to collaborate **zusammenbauen** *v/t sep* to assemble **zusammenbeißen** *v/t sep irr* **die Zähne ~** (*lit*) to clench one's teeth; (*fig*) to grit one's teeth **zusammenbekommen** *past part* **zusammenbekommen** *v/t sep irr* to get together; *Geld* to collect **zusammenbinden** *v/t sep irr* to tie together **zusammenbleiben** *v/i sep irr aux sein* to stay together **zusammenbrechen** *v/i sep irr aux sein* to break down; (*Gebäude*) to cave in; (*Wirtschaft*) to collapse; (*Verkehr etc*) to come to a standstill **zusammenbringen** *v/t sep irr* **1** to bring together; *Geld* to raise **2** (*infml* ≈ *zustande bringen*) to manage; *Worte* to put together **Zusammenbruch** *m* breakdown; (*fig*) collapse **zusammenfahren** *v/i sep irr aux sein* **1** (≈ *zusammenstoßen*) to collide **2** (≈ *erschrecken*) to start **zusammenfallen**

v/i sep irr aux sein **1** (≈ *einstürzen*) to collapse **2** (*durch Krankheit etc*) to waste away **3** (*Ereignisse*) to coincide **zusammenfalten** *v/t sep* to fold up **zusammenfassen** *sep* **A** *v/t* **1** (≈ *verbinden*) to combine (*zu* in) **2** *Bericht etc* to summarize; **etw in einem Satz ~** to sum sth up in one sentence **B** *v/i* (≈ *das Fazit ziehen*) to summarize; **wenn ich kurz ~ darf** just to sum up **Zusammenfassung** *f* **1** *no pl* combination **2** (≈ *Überblick*) summary **zusammenfließen** *v/i sep irr aux sein* to flow together **Zusammenfluss** *m* confluence **zusammenfügen** *sep v/t* to join together; TECH to fit together **zusammengehören** *past part* **zusammengehören** *v/i sep* to belong together; (*als Paar*) to form a pair **zusammengehörig** *adj Kleidungsstücke etc* matching; (≈ *verwandt*) related **Zusammengehörigkeit** *f* ⟨-, *no pl*⟩ common bond **Zusammengehörigkeitsgefühl** *nt* (*in Gemeinschaft*) communal spirit; *esp* POL feeling of solidarity **zusammengesetzt** *adj* **aus etw ~ sein** to consist of sth; **~es Wort/Verb** compound (word)/verb **zusammengewürfelt** [-ɡəvʏrflt] *adj* motley; *Mannschaft* scratch *attr* **Zusammenhalt** *m, no pl* (*fig: in einer Gruppe*) cohesion; *esp* POL solidarity **zusammenhalten** *sep irr* **A** *v/t* (≈ *verbinden*) to hold together; (*infml*) *Geld etc* to hold on to **B** *v/i* to hold together; (*fig: Gruppe etc*) to stick together **Zusammenhang** *m* (≈ *Beziehung*) connection (*von, zwischen +dat* between); (≈ *Wechselbeziehung*) correlation (*von, zwischen +dat* between); (*im Text*) context; **jdn mit etw in ~ bringen** to connect sb with sth; **im** or **in ~ mit etw stehen** to be connected with sth; **in diesem ~** in this context **zusammenhängen** *v/i sep irr* to be joined (together); (*fig*) to be connected; **~d** *Rede, Erzählung* coherent; **das hängt damit zusammen, dass ...** that is connected with the fact that ... **zusammenhang(s)los** *adj* incoherent **zusammenklappen** *sep v/t Messer, Tisch etc* to fold up; *Schirm* to shut **zusammenkleben** *v/t & v/i sep* to stick together **zusammenkneifen** *v/t sep irr Lippen etc* to press together; *Augen*

Z

to screw up **zusammenknüllen** v/t sep to crumple up **zusammenkommen** v/i sep irr aux sein to meet (together); (Umstände) to combine; (fig: Schulden etc) to mount up; (Geld bei einer Sammlung) to be collected; **er kommt viel mit Menschen zusammen** he meets a lot of people **Zusammenkunft** [tsuˈzamənkʊnft] f ⟨-, -künfte [-kʏnftə]⟩ meeting; (zwanglos) get--together **zusammenläppern** v/r sep (infml) to add up **zusammenlaufen** v/i sep irr aux sein **1** (≈ an eine Stelle laufen) to gather; (Flüssigkeit) to collect **2** (Straßen) to converge **zusammenleben** v/i sep to live together **Zusammenleben** nt living together no art **zusammenlegen** sep **A** v/t **1** (≈ falten) to fold (up) **2** (≈ vereinigen) to combine; Patienten to put together; (≈ zentralisieren) to centralize **B** v/i (≈ Geld gemeinsam aufbringen) to club (Br) or pitch in (US) together **zusammennehmen** sep irr **A** v/t to gather up; Mut to summon up **B** v/r (≈ sich zusammenreißen) to pull oneself together; (≈ sich beherrschen) to control oneself **zusammenpassen** v/i sep (Menschen) to suit each other; (Farben, Stile) to go together; **gut ~** to go well together **zusammenpferchen** v/t sep to herd together; (fig) to pack together **zusammenprallen** v/i sep aux sein to collide; (fig) to clash **zusammenraufen** v/r sep to achieve a viable working relationship **zusammenrechnen** v/t sep to add up **zusammenreimen** sep **A** v/t (infml) **sich** (dat) **etw ~** to figure sth out (for oneself) **B** v/r to make sense **zusammenreißen** v/r sep irr to pull oneself together **zusammenrollen** sep **A** v/t to roll up **B** v/r to curl up **zusammenrücken** sep v/i Möbel etc to move closer together **zusammenschlagen** sep irr v/t **1** Hände to clap **2** (≈ verprügeln) to beat up **zusammenschließen** v/r sep irr to join together; COMM to merge **Zusammenschluss** m joining together; COMM merger; (von politischen Gruppen) amalgamation **zusammenschreiben** v/t sep irr Wörter to write together **zusammenschrumpfen** v/i sep aux sein to shrivel up; (fig) to dwindle (auf +acc to) **zusammen sein** v/i sep irr aux sein **mit jdm ~** to be with sb; (infml ≈ befreundet) to be going out with sb **Zusammensein** nt being together no art; (von Gruppe) get-together **zusammensetzen** sep **A** v/t **1** Gäste etc to put together **2** Gerät to assemble (zu to make) **B** v/r **1** to sit together; **sich auf ein Glas Wein ~** to get together over a glass of wine **2** **sich ~ aus** to consist of **Zusammensetzung** [-zɛtsʊŋ] f ⟨-, -en⟩ (≈ Struktur) composition; (≈ Mischung) mixture (aus of) **zusammenstauchen** v/t sep (infml) to give a dressing-down (infml), to chew out (US infml) **zusammenstecken** sep **A** v/t Einzelteile to fit together **B** v/i (infml) to be together **zusammenstellen** v/t sep to put together; (nach einem Muster) to arrange; Daten to compile; Liste, Fahrplan to draw up; SPORTS Mannschaft to pick **Zusammenstellung** f (≈ Kombination) (nach Muster) arrangement; (von Daten) compilation; (≈ Liste) list; (≈ Zusammensetzung) composition; (≈ Übersicht) survey **Zusammenstoß** m collision; (fig ≈ Streit) clash **zusammenstoßen** v/i sep irr aux sein (≈ zusammenprallen) to collide; (fig ≈ sich streiten) to clash; **mit jdm ~** to collide with sb; (fig) to clash with sb **zusammenstreichen** v/t sep irr to cut (down) (auf +acc to) **zusammensuchen** v/t sep to collect (together) **zusammentragen** v/t sep irr to collect **zusammentreffen** v/i sep irr aux sein (Menschen) to meet; (Ereignisse) to coincide **Zusammentreffen** nt meeting; (esp zufällig) encounter; (zeitlich) coincidence **zusammentrommeln** v/t sep (infml) to round up (infml) **zusammentun** sep irr **A** v/t (infml) to put together **B** v/r to get together **zusammenwachsen** v/i sep irr aux sein to grow together; (fig) to grow close **zusammenzählen** v/t sep to add up **zusammenziehen** sep irr **A** v/t **1** Muskel to draw together; (≈ verengen) to narrow; Schlinge to tighten **2** (fig) Truppen, Polizei to assemble **B** v/r to contract; (≈ enger werden) to narrow; (Gewitter, Unheil) to be brewing **C** v/i aux sein to move in together; **mit jdm ~** to move in with sb **zusammenzucken** v/i sep aux sein to start

Zusatz m addition **Zusatzgerät** nt attachment; IT add-on **Zusatzkosten** pl additional costs pl **zusätzlich** [ˈtsuːzɛtsliç] **A** *adj* additional **B** *adv* in addition **Zusatzstoff** *m* additive **Zusatzzahl** *f* (*Lotto*) additional number, bonus number (*Br*)

zuschauen *v/i sep* (*esp dial*) = zusehen **Zuschauer** ['tsuːʃaue] *m* ⟨-s, -⟩, **Zuschauerin** [-ərɪn] *f* ⟨-, -nen⟩ spectator (*auch* SPORTS); TV viewer; THEAT member of the audience; (≈ *Beistehender*) onlooker

zuschicken *v/t sep* **jdm etw ~** to send sth to sb

zuschieben *v/t sep irr* **jdm etw ~** to push sth over to sb; (*heimlich*) to slip sb sth; **jdm die Verantwortung/Schuld ~** to put the responsibility/blame on sb

Zuschlag *m* **1** (≈ *Erhöhung*) extra charge, surcharge (*esp* COMM, ECON); (*auf Fahrpreis*) supplement **2** (*bei Versteigerung*) acceptance of a bid; (≈ *Auftragserteilung*) acceptance of a/the tender; **er erhielt den ~** the lot went to him; (*nach Ausschreibung*) he was awarded the contract **zuschlagen** *sep irr* **A** *v/t* **1** *Tür, Fenster* to slam (shut), to bang shut **2** (*bei Versteigerung*) **jdm etw ~** to knock sth down to sb **B** *v/i* **1** (≈ *kräftig schlagen*) to strike (*also fig*); (≈ *losschlagen*) to hit out **2** *aux sein* (*Tür*) to slam (shut) **3** (*fig infml* ≈ *zugreifen*) (*bei Angebot*) to go for it; (*beim Essen*) to get stuck in (*infml*); (*Polizei*) to pounce **zuschlag(s)-pflichtig** *adj Zug, Service* subject to a supplement

zuschließen *v/t sep irr* to lock; *Laden* to lock up

zuschnappen *v/i sep* **1** (≈ *zubeißen*) **der Hund schnappte zu** the dog snapped at me/him *etc* **2** (*fig: Polizei*) to pounce **3** *aux sein* (*Schloss*) to snap shut

zuschneiden *v/t sep irr* to cut to size; SEWING to cut out; **auf jdn/etw genau zugeschnitten sein** to be tailor-made for sb/sth **Zuschnitt** *m* **1** *no pl* (≈ *Zuschneiden*) cutting **2** (≈ *Form*) cut

zuschreiben *v/t sep irr* (*fig*) to attribute (+*dat* to); **das hast du dir selbst zuzuschreiben** you've only got yourself to blame

Zuschrift *f* letter; (*auf Anzeige*) reply

zuschulden [tsuːʃʊldn] *adv* **sich** (*dat*) **etwas ~ kommen lassen** to do something wrong

Zuschuss *m* subsidy; (*nicht amtlich*) contribution **Zuschussbetrieb** *m* lossmaking (*Br*) *or* losing (*US*) concern

zuschütten *v/t sep* to fill in

zusehen *v/i sep irr* **1** to watch; (≈ *unbeteiligter Zuschauer sein*) to look on; (≈ *etw dulden*) to sit back by (and watch); **jdm ~ to** watch sb; **jdm bei der Arbeit ~** to watch sb working **2** (≈ *dafür sorgen*) **~, dass ...** to see to it that ..., to make sure (that) ... **zusehends** ['tsuːzeːənts] *adv* visibly; (≈ *rasch*) rapidly

zu sein *v/i irr aux sein* to be shut; (*infml* ≈ *betrunken, high sein*) to be stoned (*infml*)

zusenden *v/t sep irr* to send

zusetzen *v/i sep* **jdm ~** (≈ *unter Druck setzen*) to lean on sb (*infml*); (≈ *drängen*) to pester sb; (≈ *schwer treffen*) to hit sb hard

zusichern *v/t sep* **jdm etw ~** to assure sb of sth **Zusicherung** *f* assurance

zusperren *v/t sep* (*S Ger, Aus, Swiss*) to lock

zuspielen *v/t sep* **jdm etw ~** (*fig*) to pass sth on to sb; (*der Presse*) to leak sth to sb

zuspitzen *v/r sep* to be pointed; (*fig: Lage, Konflikt*) to intensify

zusprechen *sep irr* **A** *v/t Gewinn etc* to award; **das Kind wurde dem Vater zugesprochen** the father was granted custody (of the child); **jdm Mut ~** (*fig*) to encourage sb **B** *v/i* **jdm (gut) ~** to talk or speak (nicely) to sb **Zuspruch** *m, no pl* (≈ *Anklang*) **(großen) ~ finden** to be (very) popular; (*Stück, Film*) to meet with general acclaim

Zustand *m* state; (*von Haus, Auto,* MED) condition; (≈ *Lage*) state of affairs; **in gutem/schlechtem ~** in good/poor condition; **in angetrunkenem ~** under the influence of alcohol; **Zustände kriegen** (*infml*) to have a fit (*infml*); **das sind ja schöne Zustände!** (*iron*) that's a fine state of affairs! (*iron*)

zustande [tsuːˈʃtandə] *adv* **1** **~ bringen** to manage; *Arbeit* to get done **2** **~ kommen** (≈ *erreicht werden*) to be achieved; (≈ *geschehen*) to come about; (≈ *stattfinden*) to take place

zuständig ['tsuːʃtɛndɪç] *adj* (≈ *verantwortlich*) responsible; *Amt etc* appropriate; **dafür ist er ~** that's his responsibility; **~ sein** JUR to have jurisdiction **Zuständigkeit** *f* ⟨-, -en⟩ (≈ *Kompetenz*) competence; JUR jurisdiction; (≈ *Verantwortlichkeit*) responsibility **Zuständigkeitsbereich** *m* area of responsibility; JUR jurisdiction

zustecken *v/t sep* **jdm etw ~** to slip sb sth

Z

zustehen v/i sep irr **etw steht jdm zu** sb is entitled to sth; **es steht ihr nicht zu, das zu tun** it's not for her to do that

zustellen v/t sep **1** Brief, Paket etc to deliver; JUR to serve (**jdm etw** sb with sth) **2** Tür etc to block **Zusteller** ['tsu:ʃtɛlɐ] m ⟨-s, -⟩, **Zustellerin** [-ərɪn] f ⟨-, -nen⟩ deliverer; (≈ Briefträger) postman/-woman (Br), mailman/-woman (US) **Zustellgebühr** f delivery charge **Zustellung** f delivery; JUR service (of a writ)

zustimmen v/i sep (**einer Sache** dat) **~** to agree (to sth); (≈ einwilligen) to consent (to sth); **jdm ~** to agree with sb; **eine ~de Antwort** an affirmative answer **Zustimmung** f (≈ Einverständnis) agreement; (≈ Einwilligung) consent; (≈ Beifall) approval; **allgemeine ~ finden** to meet with general approval; **mit ~** (+gen) with the agreement of

zustoßen sep irr **A** v/t Tür etc to push shut **B** v/i **1** (mit Messer etc) to plunge a/ the knife etc in **2** (≈ passieren) aux sein **jdm ~** to happen to sb

zustürzen v/i sep aux sein **auf jdn/etw ~** to rush up to sb/sth

zutage [tsu'ta:gə] adv **etw ~ bringen** (fig) to bring sth to light; **~ kommen** to come to light

Zutaten ['tsu:ta:tn] pl COOK ingredients pl

zuteilen v/t sep (**jdm** to sb) to allocate; Arbeitskraft to assign

zutexten v/t sep **jdn zutexten** (infml ≈ volllabern) to chatter away to sb; (um anzubandeln oder jdm etw aufzuschwatzen) to chat sb up (Br infml), to hit on sb (US infml)

zutiefst [tsu'ti:fst] adv deeply

zutrauen v/t sep **jdm etw ~** to think sb (is) capable of (doing) sth; **sich** (dat) **zu viel ~** to overrate one's own abilities; (≈ sich übernehmen) to take on too much; **ich traue ihnen alles zu** (Negatives) I wouldn't put anything past them; **das ist ihm zuzutrauen!** (iron) I wouldn't put it past him! **zutraulich** adj Kind trusting; Tier friendly

zutreffen v/i sep irr (≈ gelten) to apply (auf +acc, für to); (≈ richtig sein) to be accurate; (≈ wahr sein) to be true; **seine Beschreibung traf überhaupt nicht zu** his description was completely inaccurate **zutreffend** **A** adj (≈ richtig) accurate; (≈ auf etw zutreffend) applicable; **Zutreffendes bitte unterstreichen** underline where applicable **B** adv accurately

Zutritt m, no pl (≈ Einlass) entry; (≈ Zugang) access; **kein ~, ~ verboten** no entry

Zutun nt, no pl assistance; **es geschah ohne mein ~** I did not have a hand in the matter

zuunterst [tsu'ʊntɐst] adv right at the bottom

zuverlässig ['tsu:fɛɐlɛsɪç] adj reliable; **aus ~er Quelle** from a reliable source **Zuverlässigkeit** f ⟨-, no pl⟩ reliability

Zuversicht f, no pl confidence; **in der festen ~, dass …** confident that … **zuversichtlich** adj confident

zuviel [tsu'fi:l] adj, adv → viel

zuvor [tsu'vo:ɐ] adv before; (≈ zuerst) beforehand; **am Tage ~** the day before **zuvorkommen** v/i +dat sep irr aux sein to anticipate; **jdm ~** to beat sb to it **zuvorkommend** **A** adj obliging; (**zu** towards) **B** adv obligingly

Zuwachs ['tsu:vaks] m ⟨-es, Zuwächse [-vɛksə]⟩ **1** no pl (≈ Wachstum) growth (an +dat of) **2** (≈ Höhe des Wachstums) increase (an +dat in) **zuwachsen** v/i sep irr aux sein (Loch) to grow over; (Garten etc) to become overgrown; (Wunde) to heal

zuwege [tsu've:gə] adv **etw ~ bringen** to manage sth; (≈ erreichen) to achieve sth; **gut/schlecht ~ sein** (infml) to be in good/poor health

zuweisen v/t sep irr to assign (**jdm etw** sth to sb)

zuwenden sep irr **A** v/t **1** to turn (+dat to, towards); **jdm das Gesicht ~** to turn to face sb **2** **jdm Geld** etc **~** to give sb money etc **B** v/r **sich jdm/einer Sache ~** to turn to sb/sth; (≈ sich widmen) to devote oneself to sb/sth **Zuwendung** f **1** (≈ Liebe) care **2** (≈ Geldsumme) sum (of money); (≈ Schenkung) donation

zuwenig [tsu've:nɪç] adj, adv → wenig

zuwerfen v/t sep irr **1** (≈ schließen) Tür to slam (shut) **2** **jdm etw ~** to throw sth to sb; **jdm einen Blick ~** to cast a glance at sb

zuwider [tsu'vi:dɐ] adv **er/das ist mir ~** I detest or loathe him/that

zuwinken v/i sep **jdm ~** to wave to sb

zuzahlen sep **A** v/t **zehn Euro ~** to pay another ten euros **B** v/i to pay extra **Zuzahlung** f additional payment; **eine ~ von zehn Euro leisten** to pay an extra 10 euros

Z

zuzeln v/i (Aus) (≈ lutschen) to suck; (≈ langsam trinken) to sip away (an +dat at)
zuziehen v/t sep irr **1** Vorhang to draw; Tür to pull shut; Schlinge to pull tight **2** sich (dat) eine Verletzung ~ (form) to sustain an injury **Zuzug** m (≈ Zustrom) influx; (von Familie etc) arrival (nach in), move (nach to) **Zuzüger** ['tsuːtsyːgɐ] m ⟨-s, -⟩, **Zuzügerin** [-ərɪn] f ⟨-, -nen⟩ (Swiss) (≈ Neuling) newcomer; (≈ Zuwanderer) immigrant **zuzüglich** ['tsuːtsyːklɪç] prep +gen plus
zuzwinkern v/i sep jdm ~ to wink at sb
Zvieri ['tsfiːri] m or nt ⟨-s, no pl⟩ (Swiss) afternoon snack
Zwang [tsvaŋ] m ⟨-(e)s, ⁻e ['tsvɛŋə]⟩ (≈ Notwendigkeit) compulsion; (≈ Gewalt) force; (≈ Verpflichtung) obligation; **gesellschaftliche Zwänge** social constraints; **tu dir keinen ~ an** (iron) don't force yourself
zwängen ['tsvɛŋən] v/t to force; **sich in/durch etw** (acc) ~ to squeeze into/through sth **zwanghaft** adj PSYCH compulsive **zwanglos A** adj (≈ ohne Förmlichkeit) informal; (≈ locker) casual **B** adv informally; **da geht es recht ~ zu** things are very informal there **Zwanglosigkeit** f ⟨-, no pl⟩ informality; (≈ Lockerheit) casualness **Zwangsabgabe** f ECON compulsory levy **Zwangsarbeit** f hard labour (Br) or labor (US); (von Kriegsgefangenen) forced labo(u)r **Zwangsarbeiter(in)** m/(f) forced labourer (Br) or laborer (US) **zwangsernähren** past part zwangsernährt v/t insep to force-feed **Zwangsernährung** f force-feeding **Zwangsjacke** f straitjacket **Zwangslage** f predicament **zwangsläufig A** adj inevitable **B** adv inevitably **Zwangspause** f (beruflich) **eine ~ machen müssen** to have to stop work temporarily **Zwangsvorstellung** f PSYCH obsession **zwangsweise A** adv compulsorily **B** adj compulsory
zwanzig ['tsvantsɪç] num twenty; → vierzig **Zwanzig** ['tsvantsɪç] f ⟨-, -en [-gn]⟩ twenty **Zwanziger** ['tsvantsɪgɐ] m ⟨-s, -⟩ (infml ≈ Geldschein) twenty-euro etc note (Br) or bill (US) **Zwanzigeuroschein** m twenty-euro note (Br) or bill (US) **zwanzigste(r, s)** ['tsvantsɪçstɐ] adj twentieth
zwar [tsvaːɐ] adv **1** (≈ wohl) **sie ist ~ sehr schön, aber ...** it's true she's very beautiful but ...; **ich weiß ~, dass es schädlich ist, aber ...** I do know it's harmful but ... **2** (erklärend) **und ~** in fact, actually; **ich werde ihm schreiben, und ~ noch heute** I'll write to him and I'll do it today
Zweck [tsvɛk] m ⟨-(e)s, -e⟩ **1** (≈ Ziel) purpose; **einem guten ~ dienen** to be for a good cause; **seinen ~ erfüllen** to serve its/one's purpose **2** (≈ Sinn) point; **das hat keinen ~** it's pointless **3** (≈ Absicht) aim; **zu diesem ~** to this end **Zweckbau** m, pl -bauten functional building **zweckdienlich** adj appropriate; **~e Hinweise** (any) relevant information **Zwecke** ['tsvɛkə] f ⟨-, -n⟩ tack; (≈ Reißzwecke) drawing pin (Br), thumbtack (US) **zweckgebunden** adj Steuern etc for a specific purpose **zwecklos** adj pointless; Versuch futile **Zwecklosigkeit** f ⟨-, no pl⟩ pointlessness; (von Versuch) futility **zweckmäßig** adj (≈ nützlich) useful; Kleidung etc suitable **Zweckmäßigkeit** ['tsvɛkmɛːsɪçkait] f ⟨-, no pl⟩ (≈ Nützlichkeit) usefulness; (von Kleidung etc) suitability **Zweckoptimismus** m calculated optimism **zwecks** [tsvɛks] prep +gen (form) for the purpose of
zwei [tsvai] num two; **wir ~** the two of us; → vier **Zwei** [tsvai] f ⟨-, -en⟩ two **Zweibeiner** [-bainɐ] m ⟨-s, -⟩, **Zweibeinerin** [-ərɪn] f ⟨-, -nen⟩ (hum infml) human being **zweibeinig** adj two-legged **Zweibettzimmer** nt twin room **zweideutig** [-dɔytɪç] **A** adj ambiguous; (≈ schlüpfrig) suggestive **B** adv ambiguously **Zweideutigkeit** f ⟨-, -en⟩ **1** no pl ambiguity; (≈ Schlüpfrigkeit) suggestiveness **2** (≈ Bemerkung) ambiguous remark; (≈ Witz) risqué joke **zweidimensional** adj two-dimensional **Zweidrittelmehrheit** f PARL two-thirds majority **zweieiig** [-aiɪç] adj Zwillinge nonidentical **Zweierbeziehung** f relationship **zweierlei** ['tsvaiɐ'lai] adj inv attr two kinds of; **auf ~ Art** in two different ways; **~ Meinung sein** to be of (two) different opinions **zweifach** ['tsvaifax] adj double; (≈ zweimal) twice; **in ~er Ausfertigung** in duplicate **Zweifamilienhaus** nt two-family house **zweifarbig** adj two-colour (Br), two-color (US)
Zweifel ['tsvaifl] m ⟨-s, -⟩ doubt; **im ~** in doubt; **ohne ~** without doubt; **außer ~ stehen** to be beyond doubt; **es besteht**

kein ~, dass … there is no doubt that …; **etw in ~ ziehen** to call sth into question **zweifelhaft** adj doubtful **zweifellos** adv undoubtedly **zweifeln** ['tsvaifln] v/i to doubt; **an etw/jdm ~** to doubt sth/sb; **daran ist nicht zu ~** there's no doubt about it **Zweifelsfall** m borderline case; **im ~** when in doubt **zweifelsfrei A** adj unequivocal **B** adv beyond (all) doubt **zweifelsohne** [tsvaifls'o:nə] adv undoubtedly

Zweig [tsvaik] m ⟨-(e)s, -e [-gə]⟩ branch; (dünner, kleiner) twig **Zweiggeschäft** nt branch

zweigleisig adj double-tracked, double-track attr; **~ argumentieren** to argue along two different lines **Zweigniederlassung** f subsidiary **Zweigstelle** f branch (office)

zweihändig A adj with two hands, two-handed **B** adv MUS **spielen** two-handed **zweihundert** ['tsvai'hʊndət] num two hundred **zweijährig** adj **1** attr Kind etc two-year-old attr, two years old; Dauer two-year attr, of two years; **mit ~er Verspätung** two years late **2** BOT Pflanze biennial **Zweikampf** m (≈ Duell) duel **zweimal** ['tsvaima:l] adv twice; **~ täglich** twice daily or a day; **sich** (dat) **etw ~ überlegen** to think twice about sth; **das lasse ich mir nicht ~ sagen** I don't have to be told twice **zweimalig** ['tsvaima:lıç] adj attr twice repeated; Weltmeister etc two-times attr **zweimonatig** adj attr **1** Dauer two-month attr, of two months **2** Säugling etc two-month-old attr **zweimonatlich** adj, adv bimonthly (esp COMM, ADMIN) **zweimotorig** adj twin-engined **Zweiparteiensystem** [tsvaipar'taiən-] nt two-party system **zweiräd(e)rig** adj two-wheeled **Zweireiher** [-raiɐ] m ⟨-s, -⟩ double-breasted suit etc **zweireihig** adj double-row attr, in two rows; Anzug double-breasted **zweischneidig** adj double-edged; **das ist ein ~es Schwert** (fig) it cuts both ways **zweiseitig** [-zaitıç] adj Brief, Erklärung etc two-page attr; Vertrag etc bilateral **Zweisitzer** [-zıtsɐ] m ⟨-s, -⟩ AUTO, AVIAT two-seater **zweispaltig** [-ʃpaltıç] adj double-columned **zweisprachig A** adj bilingual; Dokument in two languages **B** adv in two languages; **~ aufwachsen** to grow up bilingual **Zweisprachigkeit** f ⟨-, no pl⟩ bilingualism

zweispurig [-ʃpu:rıç] adj double-tracked, double-track attr; Autobahn two-laned, two-lane attr **zweistellig** adj two-digit attr, with two digits **zweistöckig A** adj two-storey attr (Br), two-story attr (US) **B** adv **~ bauen** to build buildings with two storeys (Br) or stories (US) **zweistündig** adj two-hour attr, of two hours **zweistündlich** adj, adv every two hours **zweit** [tsvait] adv **zu ~** (≈ in Paaren) in twos; **wir gingen zu ~ spazieren** the two of us went for a walk; **das Leben zu ~ living** with someone; → **vier zweitägig** adj two-day attr, of two days **Zweitaktmotor** m two-stroke engine **zweitälteste(r, s)** ['tsvait'ɛltəstə] adj second oldest **zweitausend** ['tsvai'tauznt] num two thousand **Zweitauto** nt second car **zweitbeste(r, s)** ['tsvait'bɛstə] adj second best **zweiteilig** adj Roman two-part attr, in two parts; Kleidungsstück two-piece **zweitens** ['tsvaitns] adv secondly **Zweite(r)** ['tsvaitə] m/f(m) decl as adj second; SPORTS etc runner-up; **wie kein ~r** like nobody else **zweite(r, s)** ['tsvaitə] adj second; **~r Klasse fahren** to travel second (class); **jeden ~n Tag** every other day; **in ~r Linie** secondly; → **vierte(r, s) zweitgrößte(r, s)** ['tsvait'grøːstə] adj second largest **zweithöchste(r, s)** ['tsvait-'høːçstə] adj second highest **zweitklassig** adj (fig) second-class **zweitletzte(r, s)** ['tsvait'lɛtstə] adj last but one attr, pred **zweitrangig** [-raŋıç] adj = zweitklassig **Zweitschlüssel** m duplicate key **Zweitstimme** f second vote **zweitürig** adj AUTO two-door **zweiwöchig** [-vœçıç] adj two-week attr, of two weeks **zweizeilig** adj two-line attr; TYPO Abstand double-spaced **Zweizimmerwohnung** [tsvai'tsɪmɐ-] f two-room(ed) apartment **Zweizylindermotor** m two-cylinder engine

Zwerchfell ['tsvɛrçfɛl] nt ANAT diaphragm **Zwerg** [tsvɛrk] m ⟨-(e)s, -e [-gə]⟩, **Zwergin** ['tsvɛrgın] f ⟨-, -nen⟩ dwarf; (≈ Gartenzwerg) gnome; (fig ≈ Knirps) midget **Zwergpudel** m toy poodle **Zwergstaat** m miniature state **Zwergwuchs** m dwarfism

Zwetschge ['tsvɛtʃgə] f ⟨-, -n⟩, **Zwetschke** ['tsvɛtʃkə] (Aus) f ⟨-, -n⟩ plum **zwicken** ['tsvıkn] v/i **1** (infml, Aus ≈ kneifen) to pinch **2** (Aus ≈ Fahrschein entwerten) to punch

Zwickmühle ['tsvɪk-] f **in der ~ sitzen** (fig) to be in a catch-22 situation (infml)

Zwieback ['tsviːbak] m ⟨-(e)s, -e or ⁼e [-bɛkə]⟩ rusk

Zwiebel ['tsviːbl] f ⟨-, -n⟩ onion; (≈ Blumenzwiebel) bulb **zwiebelförmig** adj onion-shaped **Zwiebelkuchen** m onion tart **Zwiebelring** m onion ring **Zwiebelschale** f onion skin **Zwiebelsuppe** f onion soup **Zwiebelturm** m onion dome

Zwielicht nt, no pl twilight; **ins ~ geraten sein** (fig) to appear in an unfavourable (Br) or unfavorable (US) light **zwielichtig** ['tsviːlɪçtɪç] adj (fig) shady **zwiespältig** ['tsviːʃpɛltɪç] adj Gefühle mixed **Zwietracht** f, no pl discord

Zwilling ['tsvɪlɪŋ] m ⟨-s, -e⟩ twin; **die ~e** ASTROL Gemini; **~ sein** ASTROL to be (a) Gemini **Zwillingsbruder** m twin brother **Zwillingspaar** nt twins pl **Zwillingsschwester** f twin sister

Zwinge ['tsvɪŋə] f ⟨-, -n⟩ TECH (screw) clamp **zwingen** ['tsvɪŋən] pret **zwang** [tsvaŋ], past part **gezwungen** [gə'tsvʊŋən] **A** v/t to force; **jdn zu etw ~** to force sb to do sth; **ich lasse mich nicht (dazu) ~** I won't be forced (to do it or into it); **jdn zum Handeln ~** to force sb into action; → **gezwungen B** v/r to force oneself **zwingend A** adj Notwendigkeit urgent; Beweis conclusive; Argument cogent; Gründe compelling **B** adv **etw ist ~ vorgeschrieben** sth is mandatory **Zwinger** ['tsvɪŋɐ] m ⟨-s, -⟩ (≈ Käfig) cage; (≈ Hundezwinger) kennels pl; (von Burg) (outer) ward **zwinkern** ['tsvɪŋkɐn] v/i to blink; (um jdm etw zu bedeuten) to wink

Zwirn [tsvɪrn] m ⟨-es, -e⟩ (strong) thread **zwischen** ['tsvɪʃn] prep +dat or (mit Bewegungsverben) +acc between; (in Bezug auf mehrere auch) among; **mitten ~** right in the middle of **Zwischenablage** f IT clipboard **Zwischenaufenthalt** m stopover **Zwischenbemerkung** f interjection **Zwischenbericht** m interim report **Zwischenbilanz** f COMM interim balance; (fig) provisional appraisal **Zwischending** nt cross (between the two) **zwischendurch** ['tsvɪʃn'dʊrç] adv (zeitlich) in between times; (≈ inzwischen) (in the) meantime; **das mache ich so ~** I'll do that on the side; **Schokolade für**

~ chocolate for between meals **Zwischenergebnis** nt interim result; SPORTS latest score **Zwischenfall** m incident; **ohne ~** without incident **Zwischenfrage** f question **Zwischenhandel** m intermediate trade **Zwischenhändler(in)** m/(f) middleman **Zwischenlager** nt temporary store **zwischenlagern** v/t insep inf and past part only to store (temporarily) **Zwischenlagerung** f temporary storage **zwischenlanden** v/i sep aux sein AVIAT to stop over **Zwischenlandung** f AVIAT stopover **zwischenmenschlich** adj attr interpersonal; **~e Beziehungen** interpersonal relations **Zwischenprüfung** f intermediate examination **Zwischenraum** m gap; (≈ Zeilenabstand) space; (zeitlich) interval **Zwischenruf** m interruption; **~e** heckling **Zwischenspeicher** m IT cache (memory) **zwischenstaatlich** adj attr international; (zwischen Bundesstaaten) interstate **Zwischenstadium** nt intermediate stage **Zwischenstation** f (intermediate) stop; **in London machten wir ~** we stopped off in London **Zwischenstufe** f (fig) intermediate stage **Zwischenwand** f dividing wall; (≈ Stellwand) partition **Zwischenzeit** f (≈ Zeitraum) interval; **in der ~** (in the) meantime **Zwischenzeugnis** nt SCHOOL end of term report

Zwist [tsvɪst] m ⟨-es, (rare) -e⟩ (elev) discord; (≈ Fehde, Streit) dispute

zwitschern ['tsvɪtʃɐn] v/t & v/i to twitter; (Lerche) to warble; **einen ~** (infml) to have a drink

Zwitter ['tsvɪtɐ] m ⟨-s, -⟩ hermaphrodite; (fig) cross (aus between)

zwölf [tsvœlf] num twelve; **~ Uhr mittags/nachts** (12 o'clock) midday/midnight; **fünf Minuten vor ~** (fig) at the eleventh hour; → **vier Zwölffingerdarm** [tsvœlf'fɪŋə-] m duodenum **zwölfte(r, s)** ['tsvœlftə] adj twelfth; → **vierte(r, s)**

Zyankali [tsya'nˈkaːli] nt ⟨-s, no pl⟩ CHEM potassium cyanide

zyklisch ['tsyːklɪʃ] **A** adj cyclic(al) **B** adv cyclically

Zyklon [tsy'kloːn] m ⟨-s, -e⟩ cyclone

Zyklus ['tsyːklʊs] m ⟨-, Zyklen [-lən]⟩ cycle

Zylinder [tsiˈlɪndə, tsy-] m ⟨-s, -⟩ **1** MAT, TECH cylinder **2** (≈ Hut) top hat **zy-**

linderförmig *adj* = zylindrisch **Zylinderkopf** *m* AUTO cylinder head **Zylinderkopfdichtung** *f* cylinder head gasket **zylindrisch** [tsi'lındrıʃ, tsy-] *adj* cylindrical

Zyniker ['tsy:nike] *m* ⟨-s, -⟩, **Zynikerin** [-ərın] *f* ⟨-, -nen⟩ cynic **zynisch** ['tsy:nıʃ] **A** *adj* cynical **B** *adv* cynically **Zynismus** [tsy'nısmʊs] *m* ⟨-, Zynismen [-mən]⟩ cynicism

Zypern ['tsy:pen] *nt* ⟨-s⟩ Cyprus
Zypresse [tsy'prɛsə] *f* ⟨-, -n⟩ BOT cypress
Zypriot [tsypri'o:t] *m* ⟨-en, -en⟩, **Zypriotin** [-'o:tın] *f* ⟨-, -nen⟩ Cypriot **zyprisch** ['tsy:prıʃ] *adj* Cypriot
Zyste ['tsʏstə] *f* ⟨-, -n⟩ cyst

English – German

A

A, a n A nt, a nt; (SCHOOL ≈ mark) Eins f; **A sharp** MUS Ais nt, ais nt; **A flat** MUS As nt, as nt

A abbr of answer Antw.

a indef art, before vowel an **1** ein(e); **so large a school** so eine große or eine so große Schule; **a young man** ein junger Mann **2** (in negative constructions) **not a** kein(e); **he didn't want a present** er wollte kein Geschenk **3** **he's a doctor/ Frenchman** er ist Arzt/Franzose; **he's a famous doctor/Frenchman** er ist ein berühmter Arzt/Franzose; **as a young girl** als junges Mädchen; **to be of an age** gleich alt sein **4** (≈ per) pro; **50p a kilo** 50 Pence das or pro Kilo; **twice a month** zweimal im or pro Monat; **50 km an hour** 50 Kilometer pro Stunde

AA 1 abbr of Automobile Association britischer Automobilklub **2** abbr of Alcoholics Anonymous

A & E abbr of accident and emergency

AB (US UNIV) abbr = BA

aback adv **to be taken ~** erstaunt sein

abandon v/t **1** (≈ leave) verlassen; car (einfach) stehen lassen; **to ~ ship** das Schiff verlassen **2** project, hope aufgeben

abandonment n **1** (≈ forsaking, desertion) Verlassen nt **2** (≈ giving-up) Aufgabe f

abase v/t **to ~ oneself** sich (selbst) erniedrigen

abashed adj beschämt; **to feel ~** sich schämen

abate v/i nachlassen; (flood) zurückgehen

abattoir n Schlachthof m

abbey n Abtei f

abbot n Abt m

abbr., abbrev. abbr of abbreviation Abk.

abbreviate v/t abkürzen (to mit) **abbreviation** n Abkürzung f

ABC[1] n Abc nt; **it's as easy as ~** das ist doch kinderleicht

ABC[2] abbr of American Broadcasting Company amerikanische Rundfunkgesellschaft

abdicate **A** v/t verzichten auf (+acc) **B** v/i abdanken **abdication** n Abdankung f

abdomen n (of mammals) Unterleib m; (of insects) Hinterleib m **abdominal** adj **~ pain** Unterleibsschmerzen pl

abduct v/t entführen **abduction** n Entführung f **abductor** n Entführer(in) m(f)

aberration n Anomalie f; (from course) Abweichung f

abet v/t → aid

abeyance n no pl **to be in ~** (law) ruhen; (custom, office) nicht mehr ausgeübt werden

abhor v/t verabscheuen

abhorrence n Abscheu f (of vor +dat)

abhorrent adj abscheulich; **the very idea is ~ to me** schon der Gedanke daran ist mir zuwider

abide v/t (≈ tolerate) ausstehen; **I cannot ~ living here** ich kann es nicht aushalten, hier zu leben ◊**abide by** v/i +prep obj sich halten an (+acc); **I ~ what I said** ich bleibe bei dem, was ich gesagt habe **abiding** adj (liter) unvergänglich

ability n Fähigkeit f; **~ to pay/hear** Zahlungs-/Hörfähigkeit f; **to the best of my ~** nach (besten) Kräften

abject adj state erbärmlich; poverty bitter

ablaze adv, adj pred **1** (lit) in Flammen; **to be ~** in Flammen stehen; **to set sth ~** etw in Brand stecken **2** (fig) **to be ~ with light** hell erleuchtet sein

able adj fähig; **to be ~ to do sth** etw tun können; **if you're not ~ to understand that** wenn Sie nicht fähig sind, das zu verstehen; **I'm afraid I am not ~ to give you that information** ich bin leider nicht in der Lage, Ihnen diese Informationen zu geben **able-bodied** adj (gesund und) kräftig; MIL tauglich **able(-bodied) seaman** n Vollmatrose m

ablution n **to perform one's ~s** (esp hum) seine Waschungen vornehmen

ably adv gekonnt, fähig

ABM abbr of anti-ballistic missile

abnormal adj anormal; (≈ deviant, MED)

abnorm abnormality n Anormale(s) nt;
(≈ deviancy, MED) Abnormität f **abnormally** adv abnormal

aboard ◪ adv (on plane, ship) an Bord;
(on train) im Zug; (on bus) im Bus; **all ~!**
alle an Bord!; (on train, bus) alle einsteigen!; **to go ~** an Bord gehen ◧ prep ~
the ship/plane an Bord des Schiffes/Flug-
zeugs; **~ the train/bus** im Zug/Bus

abode n (JUR: a. **place of abode**)
Wohnsitz m; **of no fixed ~** ohne festen
Wohnsitz

abolish v/t abschaffen **abolition** n Abschaffung f

abominable adj grässlich; **~ snowman**
Schneemensch m **abominably** adv
grässlich; **~ rude** furchtbar unhöflich
abomination n Scheußlichkeit f

aboriginal ◪ adj der (australischen) Ureinwohner ◧ n = aborigine **aborigine**
n Ureinwohner(in) m(f) (Australiens)

abort ◪ v/i IT abbrechen ◧ v/t MED abtreiben; SPACE, IT abbrechen; **an ~ed attempt** ein abgebrochener Versuch **abortion** n Abtreibung f; **to get** or **have an ~**
eine Abtreibung vornehmen lassen
abortion pill n Abtreibungspille f
abortive adj plan gescheitert

abound v/i (≈ exist in great numbers) im
Überfluss vorhanden sein; (≈ have in great
numbers) reich sein (in an +dat)

about ◪ adv ◼ (esp Br) herum, umher; (≈
present) in der Nähe; **to run ~** umherren-
nen; **I looked (all) ~** ich sah ringsumher;
to leave things (lying) ~ Sachen herumliegen lassen; **to be up and ~ again** wieder auf den Beinen sein; **there's a thief ~**
ein Dieb geht um; **there was nobody ~
who could help** es war niemand in der
Nähe, der hätte helfen können ◼ **to be
~ to** im Begriff sein zu; (≈ intending) vorhaben, zu ...; **I was ~ to go out** ich wollte
gerade ausgehen; **it's ~ to rain** es regnet
gleich; **he's ~ to start school** er kommt
demnächst in die Schule ◼ (≈ approximately) ungefähr; **he's ~ 40** er ist ungefähr 40;
he is ~ the same, doctor sein Zustand
hat sich kaum geändert, Herr Doktor;
that's ~ it das ist so ziemlich alles; **that's
~ right** das stimmt (so) ungefähr; **I've
had ~ enough of this** jetzt reicht es mir
aber allmählich (infml) ◧ prep ◼ (esp Br)
in (+dat) (... herum); **scattered ~ the
room** im ganzen Zimmer verstreut;

there's something ~ him er hat so etwas
an sich; **while you're ~ it** wenn du gerade or schon dabei bist; **and be quick ~ it!**
und beeil dich damit! ◼ (≈ concerning)
über (+acc); **tell me all ~ it** erzähl doch
mal; **he knows ~ it** er weiß davon; **what's
it all ~?** worum geht es (eigentlich)?; **he's
promised to do something ~ it** er hat
versprochen, (in der Sache) etwas zu unternehmen; **how** or **what ~ me?** und
ich, was ist mit mir? (infml); **how** or **what
~ it/going to the cinema?** wie wärs da-
mit/mit (dem) Kino? **about-face**,
about-turn ◪ n (MIL, fig) Kehrtwendung
f; **to do an ~** (fig) sich um hundertachtzig
Grad drehen ◧ int **about face** or **turn!**
(und) kehrt!

above ◪ adv oben; (≈ in a higher position)
darüber; **from ~** von oben; **the apartment ~** die Wohnung oben or darüber
◧ prep über (+dat) (with motion) über
(+acc); **~ all** vor allem; **I couldn't hear ~
the din** ich konnte bei dem Lärm nichts
hören; **he valued money ~ his family**
er schätzte Geld mehr als seine Familie;
he's ~ that sort of thing er ist über so
etwas erhaben; **it's ~ my head** or **me**
das ist mir zu hoch; **to get ~ oneself**
(infml) größenwahnsinnig werden (infml)
◨ adj attr **the ~ persons** die oben ge-
nannten Personen; **the ~ paragraph** der
vorangehende Abschnitt ◪ n **the ~** (≈
statement etc) Obiges nt (form); (≈ person)
der/die Obengenannte **above-average**
adj überdurchschnittlich **above board**
adj pred, **aboveboard** adj attr korrekt;
open and ~ offen und ehrlich **above-
-mentioned** adj oben erwähnt **above-
-named** adj oben genannt

abrasion n MED (Haut)abschürfung f **abrasive** adj cleanser scharf; surface rau;
(fig) person aggressiv

abrasively adv say scharf; criticize harsch

abreast adv Seite an Seite; **to march four
~** zu viert nebeneinander marschieren; **~
of sb/sth** neben jdm/etw; **to keep ~ of
the news** mit den Nachrichten auf dem
Laufenden bleiben

abridge v/t book kürzen **abridgement**
n (act) Kürzen nt; (≈ abridged work) ge-
kürzte Ausgabe

abroad adv ◼ im Ausland; **to go ~** ins
Ausland gehen; **from ~** aus dem Ausland
◼ **there is a rumour** (Br) or **rumor** (US) **~**

that ... ein Gerücht geht um, dass ...

abrupt adj **1** abrupt; **to come to an ~ end** ein abruptes Ende nehmen; **to bring sth to an ~** halt (lit) etw abrupt zum Stehen bringen; (fig) etw plötzlich stoppen **2** (≈ brusque) schroff **abruptly** adv abrupt; reply schroff

abs pl (infml) Bauchmuskeln pl

ABS abbr of anti-lock braking system; **~ brakes** ABS-Bremsen pl

abscess n Abszess m

abscond v/i sich (heimlich) davonmachen

abseil v/i sich abseilen

absence n **1** Abwesenheit f; (esp from school) Fehlen nt, Absenz f (Aus, Swiss); **in the ~ of the chairman** in Abwesenheit des Vorsitzenden; **~ makes the heart grow fonder** (prov) die Liebe wächst mit der Entfernung (prov) **2** (≈ lack) Fehlen nt; **~ of enthusiasm** Mangel m an Enthusiasmus; **in the ~ of further evidence** in Ermangelung weiterer Beweise

absent A adj **1** (≈ not present) abwesend; **to be ~ from school/work** in der Schule/am Arbeitsplatz fehlen; **~!** SCHOOL fehlt!; **to go ~ without leave** MIL sich unerlaubt von der Truppe entfernen; **~ parent** nicht betreuender Elternteil; **to ~ friends!** auf unsere abwesenden Freunde! **2** (≈ absent-minded) (geistes)abwesend **3** (≈ lacking) **to be ~** fehlen **B** v/r **to ~ oneself (from)** (≈ not go, not appear) fernbleiben (+dat, von); (≈ leave temporarily) sich zurückziehen (von) **absentee** n Abwesende(r) m/f(m); **there were a lot of ~s** es fehlten viele **absentee ballot** n (esp US) ≈ Briefwahl f **absenteeism** n häufige Abwesenheit f; (pej) Krankfeiern nt; SCHOOL Schwänzen nt; **the rate of ~ among workers** die Abwesenheitsquote bei Arbeitern **absently** adv (geistes)abwesend **absent-minded** adj (≈ lost in thought) geistesabwesend; (≈ habitually forgetful) zerstreut **absent-mindedly** adv behave zerstreut; look (geistes)abwesend **absent-mindedness** n (momentary) Geistesabwesenheit f; (habitual) Zerstreutheit f

absolute adj absolut; lie, idiot ausgemacht; **the divorce was made ~** die Scheidung wurde ausgesprochen

absolutely adv absolut; true völlig; amazing, fantastic wirklich; deny, refuse strikt; forbidden streng; necessary unbe-

dingt; prove eindeutig; **~!** durchaus; (≈ I agree) genau!; **do you agree? — ~** sind Sie einverstanden? — vollkommen; **you're ~ right** Sie haben völlig recht

absolute majority n absolute Mehrheit **absolute zero** n absoluter Nullpunkt

absolution n ECCL Absolution f **absolve** v/t (from responsibility) entlassen (from aus); (from sins) lossprechen (from von); (from blame) freisprechen (from von)

absorb v/t absorbieren; shock dämpfen; **to be ~ed in a book** etc in ein Buch etc vertieft sein; **she was completely ~ed in her family** sie ging völlig in ihrer Familie auf **absorbent** adj absorbierend **absorbent cotton** n (US) Watte f **absorbing** adj fesselnd **absorption** n Absorption f; (of shock) Dämpfung f; **her total ~ in her studies** ihr vollkommenes Aufgehen in ihrem Studium

abstain v/i **1** (from sex, smoking) sich enthalten (from +gen); **to ~ from alcohol** sich des Alkohols enthalten **2** (in voting) sich der Stimme enthalten **abstention** n (in voting) (Stimm)enthaltung f; **were you one of the ~s?** waren Sie einer von denen, die sich der Stimme enthalten haben? **abstinence** n Abstinenz f (from von)

abstract¹ A adj abstrakt; **~ noun** Abstraktum nt **B** n (kurze) Zusammenfassung; **in the ~** abstrakt

abstract² v/t abstrahieren; information entnehmen (from aus)

abstraction n Abstraktion f; (≈ abstract term also) Abstraktum nt

abstruse adj abstrus

absurd adj absurd; **don't be ~!** sei nicht albern; **what an ~ waste of time!** so eine blödsinnige Zeitverschwendung! **absurdity** n Absurdität f **absurdly** adv behave absurd; expensive unsinnig

abundance n (großer) Reichtum (of an +dat); **in ~** in Hülle und Fülle; **a country with an ~ of oil** ein Land mit reichen Ölvorkommen **abundant** adj reich; Wachstum, Vegetation üppig; time reichlich; energy ungeheuer; **apples are in ~ supply** es gibt Äpfel in Hülle und Fülle **abundantly** adv reichlich; **to make it ~ clear that ...** mehr als deutlich zu verstehen geben, dass ...

abuse A n **1** no pl (≈ insults) Beschimpfungen pl; **a term of ~** ein Schimpfwort nt; **to shout ~ at sb** jdm Beschimpfungen an den Kopf werfen **2** (≈ *misuse*) Missbrauch *m*; **~ of authority** Amtsmissbrauch *m*; **the system is open to ~** das System lässt sich leicht missbrauchen **B** *v/t* **1** (≈ *revile*) beschimpfen **2** (≈ *misuse*) missbrauchen **abuser** *n* (*of person*) Missbraucher(in) *m(f)* **abusive** *adj* beleidigend; *relationship* abusiv; **~ language** Beleidigungen *pl* **abusively** *adv refer to* beleidigend

abysmal *adj* (*fig*) entsetzlich; *performance etc* miserabel **abysmally** *adv* entsetzlich; *perform etc* miserabel

abyss *n* Abgrund *m*

AC *abbr of* alternating current

A/C *abbr of* account Kto.

acacia *n* Akazie *f*

academic **A** *adj* akademisch; *approach, interest* wissenschaftlich; **~ advisor** (*US*) Studienberater(in) *m(f)* **B** *n* Akademiker(in) *m(f)* **academically** *adv* **1** wissenschaftlich; **to be ~ inclined** geistige Interessen haben; **~ gifted** intellektuell begabt **2** **she is not doing well ~** SCHOOL sie ist in der Schule nicht gut; UNIV sie ist mit ihrem Studium nicht sehr erfolgreich **academy** *n* Akademie *f*

acc. FIN *abbr of* account Kto.

accede *v/i* **1 to ~ to the throne** den Thron besteigen **2** (≈ *agree*) zustimmen (*to +dat*)

accelerate **A** *v/t* beschleunigen **B** *v/i* beschleunigen; (*speed, change*) sich beschleunigen; (*growth etc*) zunehmen; **he ~d away** er gab Gas und fuhr davon **acceleration** *n* Beschleunigung *f* **accelerator** *n* **1** (*a.* **accelerator pedal**) Gaspedal *nt*; **to step on the ~** aufs Gas treten **2** PHYS Beschleuniger *m*

accent *n* Akzent *m*; **to speak without/with an ~** akzentfrei/mit Akzent sprechen; **to put the ~ on sth** (*fig*) den Akzent auf etw (*acc*) legen **accentuate** *v/t* betonen; (*in speaking*, MUS) akzentuieren

accept **A** *v/t* **1** akzeptieren; *apology, offer, gift, invitation* annehmen; *responsibility* übernehmen; *story* glauben **2** *need* einsehen; *person, duty* akzeptieren; **it is generally** *or* **widely ~ed that ...** es ist allgemein anerkannt, dass ...; **we must ~ the fact that ...** wir müssen uns damit abfinden, dass ...; **I ~ that it might take a little longer** ich sehe ein, dass es etwas

länger dauern könnte; **to ~ that sth is one's responsibility/duty** etw als seine Verantwortung/Pflicht akzeptieren **3** (≈ *put up with*) hinnehmen **4** COMM *cheque* annehmen **B** *v/i* annehmen **acceptability** *n* Annehmbarkeit *f* **acceptable** *adj* akzeptabel (*to* für); *behaviour* zulässig; *gift* passend; **any job would be ~ to him** ihm wäre jede Stelle recht **acceptably** *adv* **1** (≈ *properly*) *behave, treat* anständig, korrekt **2** (≈ *sufficiently*) **~ safe** ausreichend sicher **acceptance** *n* **1** Annahme *f*; (*of responsibility*) Übernahme *f*; (*of story*) Glauben *nt*; **to find** *or* **win** *or* **gain ~** anerkannt werden **2** (≈ *recognition*) Anerkennung *f* **3** (≈ *toleration*) Hinnahme *f* **4** (COMM, *of cheque*) Annahme *f* **accepted** *adj truth, fact* (*allgemein*) anerkannt

access **A** *n* **1** Zugang *m* (*to* zu); (*esp to room etc*) Zutritt *m* (*to* zu); **to give sb ~** jdm Zugang gewähren (*to* zu); **to refuse sb ~** jdm den Zugang verwehren (*to* zu); **to have ~ to sb/sth** Zugang zu jdm/etw haben; **to gain ~ to sb/sth** sich (*dat*) Zugang zu jdm/etw verschaffen; **"access only"** „nur für Anlieger *or* (*Aus*) Anrainer" **2** IT Zugriff *m* **B** *v/t* zugreifen auf (+*acc*) **access code** *n* Zugangscode *m* **accessibility** *n* Zugänglichkeit *f* **accessible** *adj* zugänglich (*to +dat*) **accession** *n* **1** (*a.* **accession to the throne**) Thronbesteigung *f* **2** (≈ *addition: to library*) (Neu)anschaffung *f* **accessory** *n* **1** Extra *nt*; (*in fashion*) Accessoire *nt* **2** **accessories** *pl* Zubehör *nt*; **toilet accessories** Toilettenartikel *pl* **3** JUR Helfershelfer(in) *m(f)* **access road** *n* Zufahrt(sstraße) *f* **access time** *n* Zugriffszeit *f*

accident *n* Unfall *m*, Havarie *f* (*Aus*); RAIL, AVIAT Unglück *nt*; (≈ *mishap*) Missgeschick *nt*; (≈ *chance occurrence*) Zufall *m*; **~ and emergency department/unit** Notaufnahme *f*; **she has had an ~** sie hat einen Unfall gehabt; (*in kitchen etc*) ihr ist ein Missgeschick passiert; **by ~** (≈ *by chance*) zufällig; (≈ *unintentionally*) aus Versehen; **~s will happen** (*prov*) so was kann vorkommen; **it was an ~** es war ein Versehen **accidental** *adj* **1** *meeting, benefit* zufällig; *blow* versehentlich **2** *injury, death* durch Unfall verursacht **accidentally** *adv* (≈ *by chance*) zufällig; (≈ *unintentionally*) versehentlich **accident insurance** *n* Unfallversicherung *f* **accident prevention** *n* Unfallverhütung f **accident-prone** adj vom Pech verfolgt

acclaim ◼A v/t feiern (as als) ◼B n Beifall m; (of critics) Anerkennung f

acclimate v/t (US) = acclimatize **acclimatization**, (US) **acclimation** n Akklimatisierung f (to an +acc); (to new surroundings etc) Gewöhnung f (to an +acc)

acclimatize, (US) **acclimate** ◼A v/t **to become ~d** sich akklimatisieren; (person) sich eingewöhnen ◼B v/i (a. vr: **acclimatize oneself**) sich akklimatisieren (to an +acc)

accolade n (≈ award) Auszeichnung f; (≈ praise) Lob nt no pl

accommodate v/t ◼1 (≈ provide lodging for) unterbringen ◼2 (≈ have room for) Platz haben für ◼3 (form ≈ oblige) dienen (+dat); **I think we might be able to ~ you** ich glaube, wir können Ihnen entgegenkommen **accommodating** adj entgegenkommend

accommodation n ◼1 (≈ lodging: US a. **accommodations**) Unterkunft f; (≈ room) Zimmer nt; (≈ flat) Wohnung f ◼2 (≈ space: US a. **accommodations**) Platz m; **seating ~** Sitzplätze pl; **sleeping ~ for six** Schlafgelegenheit f für sechs Personen

accompaniment n Begleitung f (also MUS); **with piano ~** mit Klavierbegleitung **accompanist** n Begleiter(in) m(f) **accompany** v/t begleiten (also MUS); **~ing letter** Begleitschreiben nt

accomplice n Komplize m, Komplizin f; **to be an ~ to a crime** Komplize bei einem Verbrechen sein

accomplish v/t schaffen; **that didn't ~ anything** damit war nichts erreicht **accomplished** adj player fähig; performance vollendet; liar versiert **accomplishment** n ◼1 no pl (≈ completion) Bewältigung f ◼2 (≈ skill) Fertigkeit f; (≈ achievement) Leistung f

accord ◼A n (≈ agreement) Übereinstimmung f; POL Abkommen nt; **of one's/its own ~** von selbst; **with one ~** geschlossen; sing, say etc wie aus einem Mund(e) ◼B v/t gewähren; honorary title verleihen (sb sth jdm etw) **accordance** n **in ~ with** entsprechend (+dat) **accordingly** adv (dem)entsprechend

according to prep (≈ as stated by) zufolge (+dat), nach; (≈ in agreement with) entspre-

chend (+dat); **~ the map** der Karte nach; **~ Peter** laut Peter, Peter zufolge; **we did it ~ the rules** wir haben uns an die Regeln gehalten

accordion n Akkordeon nt

accost v/t ansprechen, anpöbeln (pej)

account n ◼1 Darstellung f; (≈ report) Bericht m; **to keep an ~ of one's expenses** über seine Ausgaben Buch führen; **by** or **from all ~s** nach allem, was man hört; **to give an ~ of sth** über etw (acc) Bericht erstatten; **to give an ~ of oneself** Rede und Antwort stehen; **to give a good ~ of oneself** sich gut schlagen; **to be called** or **held to ~ for sth** über etw (acc) Rechenschaft ablegen müssen ◼2 (≈ consideration) **to take ~ of sb/sth, to take sb/sth into ~** jdn/etw in Betracht ziehen; **to take no ~ of sb/sth** jdn/etw außer Betracht lassen; **on no ~** auf (gar) keinen Fall; **on this/that ~** deshalb; **on ~ of the weather** wegen or aufgrund des Wetters; **on my ~** meinetwegen; **of no ~** ohne Bedeutung ◼3 FIN, COMM Konto nt (with bei); **to buy sth on ~** etw auf (Kunden)kredit kaufen; **please charge it to my ~** stellen Sie es mir bitte in Rechnung; **to settle** or **square ~s** or **one's ~ with sb** (fig) mit jdm abrechnen ◼4 **accounts** pl (of company, club) (Geschäfts)bücher pl; **to keep the ~s** die Bücher führen ◊**account for** v/i +prep obj ◼1 (≈ explain) erklären; actions, expenditure Rechenschaft ablegen über (+acc); **all the children were accounted for** der Verbleib aller Kinder war bekannt; **there's no accounting for taste** über Geschmack lässt sich (nicht) streiten ◼2 (≈ be the source of) der Grund sein für; **this area accounts for most of the country's mineral wealth** aus dieser Gegend stammen die meisten Bodenschätze des Landes

accountability n Verantwortlichkeit f (to sb jdm gegenüber) **accountable** adj verantwortlich (to sb jdm); **to hold sb ~ (for sth)** jdn (für etw) verantwortlich machen

accountancy n Buchführung f **accountant** n Buchhalter(in) m(f); (≈ external financial adviser) Wirtschaftsprüfer(in) m(f) **account book** n Geschäftsbuch nt **accounting** n Buchhaltung f **accounting department** n (US) Buchhaltung f **account number** n Kontonummer f **accounts department** n

(Br) Buchhaltung *f*

accoutrements, *(US also)* **accouterments** *pl* Ausrüstung *f*

accrue *v/i* sich ansammeln

accumulate **A** *v/t* ansammeln **B** *v/i* sich ansammeln **accumulation** *n* Ansammlung *f* **accumulative** *adj* gesamt

accuracy *n* Genauigkeit *f*; *(of missile)* Zielgenauigkeit *f* **accurate** *adj* genau; *missile* zielgenau; **the clock is ~** die Uhr geht genau; **the test is 90 per cent ~** der Test ist 90%ig sicher **accurately** *adv* genau

accusation *n* Beschuldigung *f*; JUR Anklage *f*; *(≈ reproach)* Vorwurf *m*

accusative **A** *n* Akkusativ *m*; **in the ~** im Akkusativ **B** *adj* Akkusativ-; **~ case** Akkusativ *m*

accusatory *adj* anklagend

accuse *v/t* **1** JUR anklagen *(of wegen, +gen)*; **he is ~d of murder** er ist des Mordes angeklagt **2** *person* beschuldigen; **to ~ sb of doing** *or* **having done sth** jdn beschuldigen, etw getan zu haben; **are you accusing me of lying?** willst du (damit) vielleicht sagen, dass ich lüge? **accused** *n* **the ~** der/die Angeklagte **accusing** *adj* anklagend; **he had an ~ look on his face** sein Blick klagte an **accusingly** *adv* anklagend

accustom *v/t* **to be ~ed to sth** an etw *(acc)* gewöhnt sein; **to be ~ed to doing sth** gewöhnt sein, etw zu tun; **to become** *or* **get ~ed to sth** sich an etw *(acc)* gewöhnen; **to become** *or* **get ~ed to doing sth** sich daran gewöhnen, etw zu tun

AC/DC *abbr of* **alternating current/direct current** Allstrom; *(infml ≈ bisexual)* bi *(infml)*

ace **A** *n* *(dumpfer)* Schmerz *m* **B** *v/i* **1** wehtun, schmerzen; **my head ~s** mir tut der Kopf weh; **it makes my head/arms ~** davon tut mir der Kopf/tun mir die Arme weh; **I'm aching all over** mir tut alles weh; **it makes my heart ~ to see him**

(fig) es tut mir in der Seele weh, wenn ich ihn sehe **2** *(fig ≈ yearn)* **to ~ to do sth** sich danach sehnen, etw zu tun

achieve *v/t* erreichen; *success* erzielen; **she ~d a great deal** *(≈ did a lot of work)* sie hat eine Menge geleistet; *(≈ was quite successful)* sie hat viel erreicht; **he will never ~ anything** er wird es nie zu etwas bringen **achievement** *n* Leistung *f* **achiever** *n* Leistungstyp *m* *(infml)*; **to be an ~** leistungsorientiert sein; **high ~** SCHOOL leistungsstarkes Kind

Achilles *n* **~ heel** *(fig)* Achillesferse *f*

aching *adj attr* schmerzend **achy** *adj* *(infml)* schmerzend; **I feel ~ all over** mir tut alles weh

acid **A** *adj* **1** sauer **2** *(fig)* ätzend **B** *n* **1** CHEM Säure *f* **2** *(infml ≈ LSD)* Acid *nt* *(sl)* **acidic** *adj* sauer **acidity** *n* **1** Säure *f* **2** *(of stomach)* Magensäure *f* **acid rain** *n* saurer Regen **acid test** *n* Feuerprobe *f*

acknowledge *v/t* anerkennen; *truth, defeat* zugeben; *letter* den Empfang bestätigen von; *cheers* erwidern; **to ~ sb's presence** jds Anwesenheit zur Kenntnis nehmen **acknowledgement** *n* Anerkennung *f*; *(of truth, defeat)* Eingeständnis *nt*; *(of letter)* Empfangsbestätigung *f*; **he waved in ~** er winkte zurück; **in ~ of** in Anerkennung *(+gen)*

acne *n* Akne *f*

acorn *n* Eichel *f*

acoustic *adj* akustisch **acoustic guitar** *n* Akustikgitarre *f* **acoustics** *n pl* *(of room)* Akustik *f*

acquaint *v/t* **1** bekannt machen; **to be ~ed with sth** mit etw bekannt sein; **to become ~ed with sth** etw kennenlernen; *facts, truth* etw erfahren; **to ~ oneself** *or* **to make oneself ~ed with sth** sich mit etw vertraut machen **2** *(with person)* **to be ~ed with sb** mit jdm bekannt sein; **we're not ~ed** wir kennen uns nicht; **to become** *or* **get ~ed** sich (näher) kennenlernen **acquaintance** *n* **1** *(≈ person)* Bekannte(r) *m/f(m)*; **we're just ~s** wir kennen uns bloß flüchtig; **a wide circle of ~s** ein großer Bekanntenkreis **2** *(with person)* Bekanntschaft *f*; *(with subject etc)* Kenntnis *f* *(with +gen)*; **to make sb's ~** jds Bekanntschaft machen

acquiesce *v/i* einwilligen *(in in +acc)* **acquiescence** *n* Einwilligung *f* *(in in +acc)*

ace **A** *n* *(of clubs das Kreuz--Ass; **the ~ of clubs** das Kreuz--Ass; **to have an ~ up one's sleeve** noch einen Trumpf in der Hand haben; **to hold all the ~s** *(fig)* alle Trümpfe in der Hand halten; **to be an ~ at sth** ein Ass in etw *(dat)* sein; **to serve an ~** TENNIS ein Ass servieren **B** *adj attr* *(≈ excellent)* Star-

acerbic *adj remark, style* bissig

acetate *n* Azetat *nt* **acetic acid** *n* Essigsäure *f*

acquire v/t erwerben; (by dubious means) sich (dat) aneignen; (Gewohnheit) annehmen; **where did you ~ that?** woher hast du das?; **to ~ a taste/liking for sth** Geschmack/Gefallen an etw (dat) finden; **caviar is an ~d taste** Kaviar ist (nur) für Kenner **acquisition** n ⓵ (≈ act) Erwerb m; (by dubious means) Aneignung f ⓶ (≈ thing acquired) Anschaffung f **acquisitive** adj habgierig

acquit ⒜ v/t freisprechen; **to be ~ted of a crime** von einem Verbrechen freigesprochen werden ⒝ v/r **he ~ted himself well** er hat seine Sache gut gemacht **acquittal** n Freispruch m (on von)

acre n ≈ Morgen m

acrid adj taste bitter; smell säuerlich; smoke beißend

acrimonious adj erbittert; divorce verbittert ausgefochten **acrimony** n erbitterte Schärfe

acrobat n Akrobat(in) m(f) **acrobatic** adj akrobatisch **acrobatics** pl Akrobatik f

acronym n Akronym nt

across ⒜ adv ⓵ (≈ to the other side) hinüber; (≈ from the other side) herüber; (≈ crosswise) (quer)durch; **shall I go ~ first?** soll ich zuerst hinüber(gehen)?; **~ from your house** eurem Haus gegenüber ⓶ (measurement) breit; (of round object) im Durchmesser ⓷ (in crosswords) waagerecht ⒝ prep ⓵ (direction) über (+acc); (≈ diagonally across) quer durch (+acc); **to run ~ the road** über die Straße laufen; **to wade ~ a river** durch einen Fluss waten; **a tree fell ~ the path** ein Baum fiel quer über den Weg; **~ country** querfeldein ⓶ (position) über (+dat); **a tree lay ~ the path** ein Baum lag quer über dem Weg; **he was sprawled ~ the bed** er lag quer auf dem Bett; **from ~ the sea** von der anderen Seite des Meeres; **he lives ~ the street from us** er wohnt uns gegenüber; **you could hear him (from) ~ the hall** man konnte ihn von der anderen Seite der Halle hören **across-the-board** adj attr allgemein; → board

acrylic ⒜ n Acryl nt ⒝ adj Acryl-; dress aus Acryl

act ⒜ n ⓵ (≈ deed) Tat f; (≈ official) Akt m; **an ~ of mercy** ein Gnadenakt m; **an ~ of God** eine höhere Gewalt no pl; **an ~ of war** eine kriegerische Handlung; **an ~ of**

madness ein Akt m des Wahnsinns; **to catch sb in the ~ of doing sth** jdn dabei ertappen, wie er etw tut ⓶ PARL Gesetz nt ⓷ THEAT Akt m; (≈ turn) Nummer f; **a one-~ play** ein Einakter m; **to get in on the ~** (fig infml) mit von der Partie sein; **he's really got his ~ together** (infml) (≈ is organized, efficient with sth) er hat die Sache wirklich im Griff; (in seinem Dasein) er hat im Leben erreicht, was er wollte; **she'll be a hard** or **tough ~ to follow** man wird es ihr nur schwer gleichmachen ⓸ (fig) Theater nt; **to put on an ~** Theater spielen ⒝ v/t spielen; **to ~ the innocent** die gekränkte Unschuld spielen ⒞ v/i ⓵ THEAT spielen; (≈ to be an actor) schauspielern; (fig) Theater spielen; **he's only ~ing** er tut (doch) nur so; **to ~ innocent** etc sich unschuldig etc stellen ⓶ (≈ function: drug) wirken; **to ~ as …** wirken als …; (≈ have function) fungieren als …; **to ~ on behalf of sb** jdn vertreten ⓷ (≈ behave) sich verhalten; **she ~ed as if** or **as though she was surprised** sie tat so, als ob sie überrascht wäre ⓸ (≈ take action) handeln; **the police couldn't ~** die Polizei konnte nichts unternehmen ◊**act on** v/i +prep obj ⓵ (≈ affect) wirken auf (+acc) ⓶ warning handeln auf (+acc) … hin; advice folgen (+dat); **acting on an impulse** einer plötzlichen Eingebung folgend ◊**act out** v/t sep durchspielen ◊**act up** v/i (infml) jdm Ärger machen; (person) Theater machen (infml); (to attract attention) sich aufspielen; (machine) verrückt spielen (infml); **my back is acting up** mein Rücken macht mir Ärger ◊**act upon** v/i +prep obj = act on

acting ⒜ adj ⓵ stellvertretend attr ⓶ attr THEAT schauspielerisch ⒝ n (THEAT ≈ performance) Darstellung f; (≈ activity) Spielen nt; (≈ profession) Schauspielerei f; **he's done some ~** er hat schon Theater gespielt

action n ⓵ no pl (≈ activity) Handeln nt; (of novel etc) Handlung f; **a man of ~** ein Mann der Tat; **to take ~** etwas unternehmen; **course of ~** Vorgehen nt; **no further ~** keine weiteren Maßnahmen ⓶ (≈ deed) Tat f ⓷ (≈ operation) **in/out of ~** in/nicht in Aktion; machine in/außer Betrieb; **to go into ~** in Aktion treten; **to put a plan into ~** einen Plan in die Tat umsetzen; **he's been out of ~ since he broke his leg** er war nicht mehr einsatzfähig, seit er sich das Bein gebrochen hat **4** (≈ *exciting events*) Action *f* (*sl*); **there's no ~ in this film** in dem Film passiert nichts **5** (MIL ≈ *fighting*) Aktionen *pl*; **enemy ~** feindliche Handlungen *pl*; **killed in ~** gefallen; **the first time they went into ~** bei ihrem ersten Einsatz **6** (*of machine*) Arbeitsweise *f*; (*of watch, gun*) Mechanismus *m*; (*of athlete etc*) Bewegung *f* **7** (≈ *effect*) Wirkung *f* (*on* auf +*acc*) **8** JUR Klage *f*; **to bring an ~ against sb**) eine Klage (gegen jdn) anstrengen **action film** *n* Actionfilm *m* **action group** *n* Aktionsgruppe *f* **action movie** *n* (*esp US*) Actionfilm *m* **action-packed** *adj* aktionsgeladen **action replay** *n* Wiederholung *f* **action shot** *n* PHOT Actionfoto *nt*; FILM Actionszene *f* **action stations** *pl* Stellung *f*; **~!** Stellung!; (*fig*) an die Plätze!

activate *v/t mechanism* betätigen; (*switch*) in Gang setzen; *alarm* auslösen; *bomb* zünden; CHEM, PHYS aktivieren

active *adj* aktiv; *mind, social life* rege; **to be politically/sexually ~** politisch/sexuell aktiv sein; **on ~ service** MIL im Einsatz; **to be on ~ duty** (*esp US* MIL) aktiven Wehrdienst leisten; **he played an ~ part in it** er war aktiv daran beteiligt; **~ ingredient** CHEM aktiver Bestandteil **actively** *adv* aktiv; *dislike* offen **activist** *n* Aktivist(in) *m(f)* **activity** *n* **1** *no pl* Aktivität *f*; (*in town, office*) geschäftiges Treiben **2** (≈ *pastime*) Betätigung *f*; **the church organizes many activities** die Kirche organisiert viele Veranstaltungen; **criminal activities** kriminelle Aktivitäten *pl* **activity holiday** *n* (*Br*) Aktivurlaub *m* **activity tracker** *n* Aktivitätsarmband *nt*

actor *n* Schauspieler(in) *m(f)*

actress *n* Schauspielerin *f*

actual *adj* eigentlich; *result* tatsächlich; *case, example* konkret; **in ~ fact** eigentlich; **what were his ~ words?** was genau hat er gesagt?; **this is the ~ house** das ist hier das Haus; **~ size** Originalgröße *f* **actually** *adv* **1** (*used as a filler*) **~ I haven't started yet** ich habe noch (gar) nicht damit angefangen **2** (≈ *in actual fact*) eigentlich; (≈ *by the way*) übrigens; **as you said before, and ~ you were quite right** wie Sie schon sagten, und eigentlich hatten Sie völlig recht; **~ you were quite right, it was a bad idea** Sie hatten übrigens völlig recht, es war eine

schlechte Idee; **I'm going soon, tomorrow ~** ich gehe bald, nämlich morgen **3** (≈ *truly*) tatsächlich; **if you ~ own an apartment** wenn Sie tatsächlich eine Wohnung besitzen; **oh, you're ~ in/ ready!** oh, du bist sogar da/fertig!; **I haven't ~ started yet** ich habe noch nicht angefangen; **as for ~ doing it** wenn es dann daran geht, es auch zu tun

actuary *n* INSUR Aktuar(in) *m(f)*

acumen *n business* ~ Geschäftssinn *m*

acupuncture *n* Akupunktur *f*

acute *adj* **1** akut; *embarrassment* riesig **2** *eyesight* scharf; *hearing* fein **3** MAT *angle* spitz **4** LING **~ accent** Akut *m* **acutely** *adv* akut; *feel* intensiv; *embarrassed, sensitive* äußerst; **to be ~ aware of sth** sich (*dat*) einer Sache (*gen*) genau bewusst sein

AD *abbr of Anno Domini* n. Chr., A.D.

ad *n abbr of advertisement* Anzeige *f*

adage *n* Sprichwort *nt*

Adam *n* ~**'s apple** Adamsapfel *m*; **I don't know him from ~** (*infml*) ich habe keine Ahnung, wer er ist (*infml*)

adamant *adj refusal* hartnäckig; **to be ~** unnachgiebig sein; **he was ~ about going** er bestand hartnäckig darauf zu gehen **adamantly** *adv* hartnäckig; **to be ~ opposed to sth** etw scharf ablehnen

adapt A *v/t* anpassen (*to* +*dat*); *machine* umstellen (*to, for* auf +*acc*); *vehicle, building* umbauen (*to, for* für); *text* bearbeiten (*for* für); **~ed from the Spanish** aus dem Spanischen übertragen und bearbeitet **B** *v/i* sich anpassen (*to* +*dat*) **adaptability** *n* Anpassungsfähigkeit *f* **adaptable** *adj* anpassungsfähig **adaptation** *n* (*of book etc*) Bearbeitung *f* **adapter** *n* ELEC Adapter *m* **adaptor** *n* = adapter

ADD *abbr of attention deficit disorder* ADS

add A *v/t* **1** MAT addieren; (≈ *add on*) dazuzählen (*to* zu); **to ~ 8 to 5** 8 zu 5 hinzuzählen **2** *ingredients, comment etc* hinzufügen (*to* zu); (≈ *build on*) anbauen; **~ed to which ...** hinzu kommt, dass ...; **transport ~s 10% to the cost** es kommen 10% Transportkosten hinzu; **they ~ 10% for service** sie rechnen 10% für Bedienung dazu; **to ~ value to sth** den Wert einer Sache (*gen*) erhöhen **B** *v/i* **1** MAT addieren; **she just can't ~** sie kann einfach nicht rechnen **2** **to ~ to sth** zu etw beitragen; **it will ~ to the time the**

job takes es wird die Arbeitszeit verlängern ◊**add on** v/t sep amount dazurechnen; room anbauen; comments anfügen ◊**add up** 🅰 v/t sep zusammenzählen 🅱 v/i (figures etc) stimmen; (fig) sich reimen; **it all adds up** (lit) es summiert sich; (fig) es passt alles zusammen; **to ~ to** (figures) ergeben

added adj attr zusätzlich; **~ value** Mehrwert m

adder n Viper f, Natter f

addict n Süchtige(r) m/f(m); **he's a television/heroin ~** er ist fernseh-/heroinsüchtig **addicted** adj süchtig; **to be/become ~ to heroin/drugs** heroin-/rauschgiftsüchtig sein/werden; **he is ~ to sport** Sport ist bei ihm zur Sucht geworden **addiction** n Sucht f (to nach); **~ to drugs/alcohol** Rauschgift-/Trunksucht f **addictive** adj **to be ~** süchtig machen; **these drugs/watching TV can become ~** diese Drogen können/Fernsehen kann zur Sucht werden; **~ drug** Suchtdroge f

addition n 🔳 MAT Addition f 🔳 (≈ adding, thing added) Zusatz m (to zu); (to list) Ergänzung f (to zu); **in ~** außerdem; **in ~ (to this) he said …** und außerdem sagte er …; **in ~ to her other hobbies** zusätzlich zu ihren anderen Hobbys **additional** adj zusätzlich; **~ charge** Aufpreis m **additive** n Zusatz m **add-on** n IT Zusatz m **add-on card** n IT Erweiterungssteckkarte f

address 🅰 n 🔳 (on letter) Adresse f; **home ~** Privatadresse f; (when travelling) Heimatanschrift f; **what's your ~?** wo wohnen Sie?; **I've come to the wrong ~** ich bin hier falsch or an der falschen Adresse; **at this ~** unter dieser Adresse; **"not known at this ~"** „Empfänger unbekannt" 🔳 (≈ speech) Ansprache f; **form of ~** (Form f der) Anrede f 🔳 IT Adresse f 🅱 v/t 🔳 letter adressieren (to an +acc) 🔳 complaint richten (to an +acc) 🔳 meeting sprechen zu; person anreden; **don't ~ me as "Colonel"** nennen Sie mich nicht „Colonel" 🔳 problem etc angehen 🅲 v/r **to ~ oneself to sb** (≈ speak to) jdn ansprechen **address book** n Adressbuch nt **addressee** n Empfänger(in) m(f) **address label** n Adressenaufkleber m

adenoids pl Rachenmandeln pl

adept adj geschickt (in, at in +dat)

adequacy n Adäquatheit f **adequate**
adj adäquat; time genügend inv; **to be ~** (≈ sufficient) (aus)reichen; (≈ good enough) zulänglich or adäquat sein; **this is just not ~** das ist einfach unzureichend; **more than ~** mehr als genug; heating mehr als ausreichend **adequately** adv 🔳 (≈ sufficiently) ausreichend 🔳 (≈ satisfactorily) angemessen

ADHD abbr of Attention Deficit Hyperactivity Disorder ADHS nt

◊**adhere to** v/i +prep obj plan, principle festhalten an (+dat); rule sich halten an (+acc) **adherence** n Festhalten nt (to an +dat); (to rule) Befolgung f (to +gen) **adherent** n Anhänger(in) m(f)

adhesion n (of particles etc) Adhäsion f, Haftfähigkeit f; (more firmly: of glue) Klebefestigkeit f **adhesive** 🅰 n Klebstoff m, Pick m (Aus) 🅱 adj haftend; (more firmly) klebend **adhesive tape** n Klebstreifen m

ad hoc adj, adv ad hoc inv

ad infinitum adv für immer

adjacent adj angrenzend; **to be ~ to sth** an etw (acc) angrenzen; **the ~ room** das Nebenzimmer

adjectival adj, **adjectivally** adv adjektivisch **adjective** n Adjektiv nt

adjoin 🅰 v/t grenzen an (+acc) 🅱 v/i aneinandergrenzen **adjoining** adj benachbart; esp ARCH anstoßend; field angrenzend; **the ~ room** das Nebenzimmer; **in the ~ office** im Büro nebenan

adjourn 🅰 v/t 🔳 (to another day) vertagen (until auf +acc); **he ~ed the meeting for three hours** er unterbrach die Konferenz für drei Stunden 🔳 (US ≈ end) beenden 🅱 v/i 🔳 (to another day) sich vertagen (until auf +acc); **to ~ for lunch/one hour** zur Mittagspause/für eine Stunde unterbrechen 🔳 **to ~ to the living room** sich ins Wohnzimmer begeben **adjournment** n (to another day) Vertagung f (until auf +acc); (within a day) Unterbrechung f

adjudicate 🅰 v/t competition Preisrichter(in) sein bei 🅱 v/i (in competition etc) als Preisrichter(in) fungieren **adjudication** n Entscheidung f; (≈ result also) Urteil nt **adjudicator** n (in competition etc) Preisrichter(in) m(f)

adjust 🅰 v/t 🔳 (≈ set) einstellen; knob, lever (richtig) stellen; (≈ correct) nachstellen; height, speed regulieren; figures korrigieren; terms ändern; hat, tie zurechtrücken;

do not ~ your set ändern Sie nichts an der Einstellung Ihres Geräts **2 to ~ one-self to sth** to new circumstances etc sich einer Sache (dat) anpassen **3** INSUR claim regulieren **B** v/i (to new circumstances etc) sich anpassen (to +dat) **adjustable** adj verstellbar; speed, temperature regulierbar **adjustment** n **1** (≈ setting) Einstellung f; (of knob, lever) (richtige) Stellung; (≈ correction) Nachstellung f; (of height, speed) Regulierung f; (of terms) Änderung f; **to make ~s** Änderungen vornehmen; **to make ~s to one's plans** seine Pläne ändern **2** (socially etc) Anpassung f **3** INSUR Regulierung f

adjutant n MIL Adjutant(in) m(f)

ad lib adv aus dem Stegreif **ad-lib** v/t & v/i improvisieren

admin abbr of administration **administer** v/t **1** institution, funds verwalten; affairs führen **2** punishment verhängen (to über +acc); **to ~ justice** Recht sprechen **3** medicine verabreichen (to sb jdm) **administrate** v/t = administer **administration** n **1** no pl Verwaltung f; (of project etc) Organisation f; **to spend a lot of time on ~** viel Zeit auf Verwaltungsangelegenheiten verwenden **2** (≈ government) Regierung f; **the Merkel ~** die Regierung Merkel **3** no pl **the ~ of justice** die Rechtsprechung **administrative** adj administrativ **administrative body** n Verwaltungsbehörde f **administrative costs** pl Verwaltungskosten pl **administrator** n Verwalter(in) m(f); JUR Verwaltungsbeamte(r) m/-beamtin f

admirable adj, **admirably** adv (≈ laudable) bewundernswert; (≈ excellent) ausgezeichnet

admiral n Admiral(in) m(f) **Admiralty** n (Br) Admiralität f; (≈ department, building) britisches Marineministerium

admiration n Bewunderung f; **to win the ~ of all/of the world** (person, object) von allen/von aller Welt bewundert werden

admire v/t bewundern **admirer** n Verehrer(in) m(f) **admiring** adj, **admiringly** adv bewundernd

admissible adj zulässig **admission** n **1** (≈ entry) Zutritt m; (to university) Zulassung f; (to hospital) Einlieferung f (to in +acc); (≈ price) Eintritt m; **to gain ~ to a building** Zutritt zu einem Gebäude erhalten; ~

fee Eintrittspreis m **2** (JUR, of evidence etc) Zulassung f **3** (≈ confession) Eingeständnis nt; **on** or **by his own ~** nach eigenem Eingeständnis; **that would be an ~ of failure** das hieße, sein Versagen eingestehen

admit v/t **1** (≈ let in) hereinlassen; (≈ permit to join) aufnehmen (to in +acc); **children not ~ted** kein Zutritt für Kinder; **to be ~ted to hospital** ins Krankenhaus eingeliefert werden; **this ticket ~s two** die Karte ist für zwei (Personen) **2** (≈ acknowledge) zugeben; **do you ~ (to) stealing his hat?** geben Sie zu, seinen Hut gestohlen zu haben? ◊**admit to** v/i +prep obj eingestehen; **I have to ~ a certain feeling of admiration** ich muss gestehen, dass mir das Bewunderung abnötigt

admittance n (to building) Zutritt m (to zu); (to club) Aufnahme f (to in +acc); **I gained ~ to the hall** mir wurde der Zutritt zum Saal gestattet; **no ~ except on business** Zutritt für Unbefugte verboten **admittedly** adv zugegebenermaßen; **~ this is true** zugegeben, das stimmt

admonish v/t ermahnen (for wegen) **admonishment**, **admonition** n (form) **1** (≈ rebuke) Tadel m **2** (≈ warning) Ermahnung f

ad nauseam adv bis zum Überdruss **ado** n **much ~ about nothing** viel Lärm um nichts; **without more** or **further ~** ohne Weiteres

adolescence n **1** Jugend f **2** (≈ puberty) Pubertät f **adolescent A** n Jugendliche(r) m/f(m) **B** adj **1** Jugend- **2** (≈ in puberty) pubertär

adopt v/t **1** child adoptieren; **your cat has ~ed me** (infml) deine Katze hat sich mir angeschlossen **2** idea, method übernehmen; mannerisms annehmen **adopted** adj Adoptiv-, adoptiert; **~ child** Adoptivkind nt; **her ~ country** ihre Wahlheimat **adoption** n **1** (of child) Adoption f **2** (of method, idea) Übernahme f; (of mannerisms) Annahme f **adoption agency** n Adoptionsagentur f **adoptive** adj Adoptiv-; **~ parents** Adoptiveltern pl; **~ home/country** Wahlheimat f

adorable adj bezaubernd; **she is ~** sie ist ein Schatz **adoration** n **1** (of God) Anbetung f **2** (of family, wife) grenzenlose Liebe (of für) **adore** v/t **1** God anbeten **2** family, wife über alles lieben **3** (infml) whisky etc (über alles) lieben **adoring** adj, **adoringly** adv bewundernd

adorn v/t schmücken

adrenalin(e) n MED Adrenalin nt; **working under pressure gets the ~ going** Arbeiten unter Druck weckt ungeahnte Kräfte

Adriatic (Sea) n Adria f

adrift adv, adj pred **1** NAUT treibend; **to be ~** treiben **2** (fig) **to come ~** (wire etc) sich lösen

adroit adj geschickt **adroitly** adv geschickt

ADSL TEL abbr of **asymmetric digital subscriber line** ADSL nt

adulation n Verherrlichung f

adult 🅐 n Erwachsene(r) m/f(m); **~s only** nur für Erwachsene **🅑** adj **1** person erwachsen; animal ausgewachsen; **he spent his ~ life in New York** er hat sein Leben als Erwachsener in New York verbracht **2** film, classes für Erwachsene; **~ education** Erwachsenenbildung f

adulterate v/t wine etc panschen; food abwandeln **adulteration** n (of wine) Panschen nt; (of food) Abwandlung f

adulterer n Ehebrecher m **adulteress** n Ehebrecherin f **adulterous** adj ehebrecherisch **adultery** n Ehebruch m; **to commit ~** Ehebruch begehen

adulthood n Erwachsenenalter nt; **to reach ~** erwachsen werden

advance 🅐 n **1** (≈ progress) Fortschritt m **2** MIL Vormarsch m **3** (≈ money) Vorschuss m (on auf +acc) **4** **advances** pl (amorous, fig) Annäherungsversuche pl **5** **in ~** im Voraus; **to send sb on in ~** jdn vorausschicken; **£100 in ~** £ 100 als Vorschuss; **to arrive in ~ of the others** vor den anderen ankommen; **to be (well) in ~ of sb** jdm (weit) voraus sein **🅑** v/t **1** date, time vorverlegen **2** MIL troops vorrücken lassen **3** weiterbringen; cause, career fördern; knowledge vergrößern **4** (≈ pay beforehand) (als) Vorschuss geben (sb jdm) **🅒** v/i **1** MIL vorrücken **2** (≈ move forward) vorankommen; **to ~ toward(s) sb/sth** auf jdn/etw zugehen **3** (fig ≈ progress) Fortschritte pl machen **advance booking** n Reservierung f; THEAT Vorverkauf m **advance booking office** n THEAT Vorverkaufsstelle f **advance copy** n Vorausexemplar nt **advanced** adj **1** student, level, age, technology fortgeschritten;

studies höher; version weiterentwickelt; society hoch entwickelt; **he is very ~ for his age** er ist für sein Alter sehr weit **2** plan ausgefeilt; **in the ~ stages of the disease** im fortgeschrittenen Stadium der Krankheit **advancement** n **1** (≈ furtherance) Förderung f **2** (≈ promotion in rank) Aufstieg m **advance notice** n frühzeitiger Bescheid; (of sth bad) Vorwarnung f; **to be given ~** frühzeitig Bescheid/eine Vorwarnung erhalten **advance payment** n Vorauszahlung f **advance warning** n = advance notice

advantage n Vorteil m; **to have an ~ (over sb)** (jdm gegenüber) im Vorteil sein; **that gives you an ~ over me** damit sind Sie mir gegenüber im Vorteil; **to have the ~ of sb** jdm überlegen sein; **to take ~ of sb** (≈ exploit) jdn ausnutzen; (euph: sexually) jdn missbrauchen; **to take ~ of sth** etw ausnutzen; **he turned it to his own ~** er machte es sich (dat) zunutze; **to use sth to one's ~** etw für sich nutzen **advantageous** adj vorteilhaft; **to be ~ to sb** für jdn von Vorteil sein

advent n **1** (of age, era) Beginn m; (of jet plane etc) Aufkommen nt **2** ECCL **Advent** Advent m **Advent calendar** n Adventskalender m

adventure 🅐 n **1** Abenteuer nt **2** no pl **love/spirit of ~** Abenteuerlust f; **to look for ~** (das) Abenteuer suchen **🅑** attr Abenteuer- **adventure playground** n Abenteuerspielplatz m **adventurer** n Abenteurer(in) m(f) **adventurous** adj person abenteuerlustig; journey abenteuerlich

adverb n Adverb nt **adverbial** adj, **adverbially** adv adverbial

adversary n Widersacher(in) m(f); (in contest) Gegner(in) m(f) **adverse** adj ungünstig; reaction negativ **adversely** adv negativ **adversity** n no pl Not f; **in ~** im Unglück

advert n (infml) abbr of **advertisement** Anzeige f; (on TV, radio) Werbespot m **advertise 🅐** v/t **1** (≈ publicize) werben für; **I've seen that soap ~d on television** ich habe die Werbung für diese Seife im Fernsehen gesehen **2** (in paper) flat etc inserieren; job ausschreiben; **to ~ sth in a shop window/on local radio** etw durch eine Schaufensteranzeige/im Regionalsender anbieten **🅑** v/i **1** COMM werben **2** (in *paper*) inserieren; **to ~ for sb/sth** jdn/etw (per Anzeige) suchen; **to ~ for sth on local radio/in a shop window** etw per Regionalsender/durch Anzeige im Schaufenster suchen

advertisement *n* **1** COMM Werbung *f*; (*esp in paper*) Anzeige *f* **2** (≈ *announcement*) Anzeige *f*; **to put** *or* **place an ~ in the paper** eine Anzeige in die Zeitung setzen

advertising *n* Werbung *f*; **he works in ~** er ist in der Werbung (tätig) **advertising agency** *n* Werbeagentur *f* **advertising campaign** *n* Werbekampagne *f*

advice *n no pl* Rat *m no pl*; **a piece of ~** ein Rat(schlag) *m*; **let me give you a piece of ~** *or* **some ~** ich will Ihnen einen guten Rat geben; **to take sb's ~** jds Rat (be)folgen; **take my ~** höre auf mich; **to seek (sb's) ~** (jdn) um Rat fragen; **to take legal ~** einen Rechtsanwalt zurate ziehen **advisability** *n* Ratsamkeit *f* **advisable** *adj* ratsam

advise **A** *v/t person* raten (+*dat*); (*professionally*) beraten; **I would ~ you to do it/not to do it** ich würde dir zuraten/abraten; **to ~ sb against doing sth** jdm abraten, etw zu tun; **what would you ~ me to do?** wozu würden Sie mir raten? **B** *v/i* **1** (≈ *give advice*) raten; **I shall do as you ~** ich werde tun, was Sie mir raten **2** (*US*) **to ~ with sb** sich mit jdm beraten **advisedly** *adv* richtig; **and I use the word ~** ich verwende bewusst dieses Wort **adviser** *n* Ratgeber(in) *m(f)*; (*professional*) Berater(in) *m(f)*; **legal ~** Rechtsberater(in) *m(f)* **advisory** *adj* beratend; **to act in a purely ~ capacity** rein beratende Funktion haben

advocacy *n* Eintreten *nt* (*of* für); (*of plan*) Befürwortung *f* **advocate** **A** *n* **1** (*of cause*) Befürworter(in) *m(f)* **2** (*esp Scot: JUR*) (Rechts)anwalt *m*/-anwältin *f* **B** *v/t* eintreten für; *plan etc* befürworten

Aegean *adj* **the ~ (Sea)** die Ägäis

aegis *n* **under the ~ of** unter der Schirmherrschaft von

aeon *n* Ewigkeit *f*

aerate *v/t* mit Kohlensäure anreichern; *soil* auflockern

aerial **A** *n* (*esp Br*) Antenne *f* **B** *adj* Luft-; **~ photograph** Luftbild *nt*

aerobatics *pl* Kunstfliegen *nt*

aerobics *n sg* Aerobic *nt*

aerodrome *n* (*Br*) Flugplatz *m* **aerodynamic** *adj*, **aerodynamically** *adv* aerodynamisch **aerodynamics** *n* Aerodynamik *f* **aeronautic(al)** *adj* aeronautisch **aeronautical engineering** *n* Flugzeugbau *m* **aeronautics** *n sg* Luftfahrt *f* **aeroplane** *n* (*Br*) Flugzeug *nt* **aerosol** *n* (≈ *can*) Spraydose *f*; **~ paint** Sprayfarbe *f*; **~ spray** Aerosolspray *nt* **aerospace** *in cpds* Raumfahrt-

Aesop *n* **~'s fables** die äsopischen Fabeln **aesthete**, (*US*) **esthete** *n* Ästhet(in) *m(f)* **aesthetic(al)**, (*US*) **esthetic(al)** *adj* ästhetisch **aesthetically**, (*US*) **esthetically** *adv* in ästhetischer Hinsicht; **~ pleasing** ästhetisch schön **aesthetics**, (*US*) **esthetics** *n sg* Ästhetik *f*

afar *adv* (*liter*) **from ~** aus der Ferne **affable** *adj*, **affably** *adv* umgänglich **affair** *n* **1** Sache *f*; **the Watergate ~** die Watergate-Affäre; **this is a sorry state of ~s!** das sind ja schöne Zustände!; **your private ~s don't concern me** deine Privatangelegenheiten sind mir egal; **financial ~s have never interested me** Finanzfragen haben mich nie interessiert; **that's my ~!** das ist meine Sache! **2** (≈ *love affair*) Verhältnis *nt*; **to have an ~ with sb** ein Verhältnis mit jdm haben

affect *v/t* **1** (≈ *have effect on*) sich auswirken auf (+*acc*); (*detrimentally*) angreifen; *health* schaden (+*dat*) **2** (≈ *concern*) betreffen **3** (≈ *move*) berühren **4** (*diseases*) befallen **affectation** *n* Affektiertheit *f no pl*; **an ~** eine affektierte Angewohnheit **affected** *adj*, **affectedly** *adv* affektiert **affecting** *adj* rührend **affection** *n* Zuneigung *f no pl* (*for, towards* zu); **I have** *or* **feel a great ~ for her** ich mag sie sehr gerne; **you could show a little more ~ toward(s) me** du könntest mir gegenüber etwas mehr Gefühl zeigen; **he has a special place in her ~s** er nimmt einen besonderen Platz in ihrem Herzen ein **affectionate** *adj* liebevoll **affectionately** *adv* liebevoll; **yours ~, Wendy** (*letter-ending*) in Liebe, Deine Wendy

affidavit *n* JUR eidesstattliche Erklärung **affiliate** **A** *v/t* angliedern (*to* +*dat*); **the two banks are ~d** die zwei Banken sind aneinander angeschlossen; **~d company** Schwesterfirma *f* **B** *v/i* sich angliedern (*with* an +*acc*) **affiliation** *n* Angliederung *f* (*to, with* an +*acc*); **what are his political**

~s? was ist seine politische Zugehörigkeit?

affinity n ◧ (≈ *liking*) Neigung f (*for, to* zu) ◨ (≈ *resemblance, connection*) Verwandtschaft f

affirm v/t versichern; (*forcefully*) beteuern **affirmation** n Versicherung f; (*forceful*) Beteuerung f **affirmative** ◭ n **to answer in the ~** mit Ja antworten ◫ *adj* bejahend; **the answer is ~** die Antwort ist bejahend *or* ja; **~ action** (US) ≈ positive Diskrimierung (*bei der Vergabe von Arbeits- und Studienplätzen etc*) ◧ *int* richtig **affirmatively** adv bejahend

affix v/t anbringen (*to* auf +dat)

afflict v/t plagen; (*troubles, injuries*) heimsuchen; **to be ~ed by a disease** an einer Krankheit leiden **affliction** n (*blindness etc*) Gebrechen nt; (*illness*) Beschwerde f

affluence n Wohlstand m **affluent** adj reich, wohlhabend

afford v/t ◧ sich (*dat*) leisten; **I can't ~ to buy both of them/to make a mistake** ich kann es mir nicht leisten, beide zu kaufen/einen Fehler zu machen; **I can't ~ the time** ich habe einfach nicht die Zeit ◨ (*liter* ≈ *provide*) (**sb sth** jdm etw) gewähren; *pleasure* bereiten **affordable** adj, **affordably** adv (≈ *inexpensive*) *price* erschwinglich; (≈ *reasonably priced*) finanziell möglich *or* tragbar

afforestation n Aufforstung f

affray n *esp* JUR Schlägerei f

affront n Affront m (*to* gegen)

Afghan ◭ n ◧ Afghane m, Afghanin f ◨ (≈ *language*) Afghanisch nt ◧ (*a.* **Afghan hound**) Afghane m ◫ *adj* afghanisch **Afghanistan** n Afghanistan nt

aficionado n, pl **-s** Liebhaber(in) m(f)

afield adv **countries further ~** weiter entfernte Länder; **to venture further ~** (*lit, fig*) sich etwas weiter (vor)wagen

aflame adj pred, adv in Flammen

afloat adj pred, adv ◧ NAUT **to be ~** schwimmen; **to stay ~** sich über Wasser halten; (*thing*) schwimmen; **at last we were ~ again** endlich waren wir wieder flott ◨ (*fig*) **to get/keep a business ~** ein Geschäft auf die Beine stellen/über Wasser halten

afoot adv **there is something ~** da ist etwas im Gange

aforementioned, **aforesaid** adj attr (*form*) oben genannt

afraid adj pred ◧ **to be ~ (of sb/sth)** (vor jdm/etw) Angst haben; **don't be ~!** keine Angst!; **there's nothing to be ~ of** Sie brauchen keine Angst zu haben; **I am ~ of hurting him** ich fürchte, ich könnte ihm wehtun; **to make sb ~** jdm Angst machen; **I am ~ to leave her alone** ich habe Angst davor, sie allein zu lassen; **I was ~ of waking the children** ich wollte die Kinder nicht wecken; **he's not ~ to say what he thinks** er scheut sich nicht zu sagen, was er denkt; **that's what I was ~ of, I was ~ that would happen** das habe ich befürchtet; **to be ~ for sb/sth** (≈ *worried*) Angst um jdn/etw haben ◨ (*expressing polite regret*) **I'm ~ I can't do it** leider kann ich es nicht machen; **are you going? — I'm ~ not/I'm ~ so** gehst du? — leider nicht/ja, leider

afresh adv noch einmal von Neuem

Africa n Afrika nt

African ◭ n Afrikaner(in) m(f) ◫ *adj* afrikanisch **African-American** ◭ *adj* afroamerikanisch ◫ n Afroamerikaner(in) m(f)

Afrikaans n Afrikaans nt **Afrikaner** n Afrika(a)nder(in) m(f)

Afro-American ◭ *adj* afroamerikanisch ◫ n Afroamerikaner(in) m(f) **Afro-Caribbean** ◭ *adj* afrokaribisch ◫ n Afrokaribe m, Afrokaribin f

aft NAUT adv *sit* achtern; *go* nach achtern

after ◭ prep nach (+dat); **~ dinner** nach dem Essen; **~ that** danach; **the day ~ tomorrow** übermorgen; **the week ~ next** übernächste Woche; **ten ~ eight** (US) zehn nach acht; **~ you** nach Ihnen; **I was ~ him** (*in queue etc*) ich war nach ihm dran; **he shut the door ~ him** er machte die Tür hinter ihm zu; **about a mile ~ the village** etwa eine Meile nach dem Dorf; **to shout ~ sb** hinter jdm herrufen; **~ what has happened** nach allem, was geschehen ist; **to do sth ~ all** etw schließlich doch tun; **~ all I've done for you!** und das nach allem, was ich für dich getan habe!; **~ all, he is your brother** er ist immerhin dein Bruder; **you tell me lie ~ lie** du erzählst mir eine Lüge nach der anderen; **it's just one thing ~ another** *or* **the other** es kommt eins zum anderen; **one ~ the other** eine(r, s) nach der/dem anderen; **day ~ day** Tag für Tag; **before us lay mile ~ mile of barren desert** vor uns erstreckte sich meilenweit trostlose Wüste; **~ El Greco** in der Art von El Greco; **she takes ~ her mother** sie kommt ganz nach ihrer Mutter; **to be ~ sb/sth** hinter jdm/etw her sein; **she asked ~ you** sie hat sich nach dir erkundigt; **what are you ~?** was willst du?; **he's just ~ a free meal** er ist nur auf ein kostenloses Essen aus **B** *adv (time, order)* danach; *(place, pursuit)* hinterher; **the week ~** die Woche darauf; **soon ~** kurz danach **C** *cj* nachdem; **~ he had closed the door he began to speak** nachdem er die Tür geschlossen hatte, begann er zu sprechen; **what will you do ~ he's gone?** was machst du, wenn er weg ist?; **~ finishing it I will … wenn** ich das fertig habe, werde ich … **D** *n* **afters** *pl (Br infml)* Nachtisch *m*; **what's for ~s?** was gibts zum Nachtisch?

afterbirth *n* Nachgeburt *f* **aftercare** *n (of convalescent)* Nachbehandlung *f* **after--dinner** *adj* nach dem Essen; **~ nap** Verdauungsschlaf *m*; **~ speech** Tischrede *f* **aftereffect** *n* Nachwirkung *f* **afterglow** *n (fig)* angenehme Erinnerung **after-hours** *adj* nach Geschäftsschluss **afterlife** *n* Leben *nt* nach dem Tode **aftermath** *n* Nachwirkungen *pl;* **in the ~ of sth** nach etw

afternoon **A** *n* Nachmittag *m;* **in the ~, ~s** *(esp US)* nachmittags; **at three o'clock in the ~** (um) drei Uhr nachmittags; **on Sunday ~** (am) Sonntagnachmittag; **on Sunday ~s** am Sonntagnachmittag; **on the ~ of December 2nd** am Nachmittag des 2. Dezember; **this/tomorrow/yesterday ~** heute/morgen/gestern Nachmittag; **good ~!** guten Tag!; **~!** servus! *(Aus)*, grüezi! *(Swiss)*, Tag! *(infml)* **B** *adj attr* Nachmittags-; **~ performance** Nachmittagsvorstellung *f* **afternoon tea** *n (Br)* (Nachmittags)tee *m*

after-sales service *n* Kundendienst *m* **aftershave (lotion)** *n* Aftershave *nt* **aftershock** *n* Nachbeben *nt* **after--sun** *adj* **~ lotion** After-Sun-Lotion *f* **aftertaste** *n* Nachgeschmack *m;* **to leave an unpleasant ~** einen unangenehmen Nachgeschmack hinterlassen **afterthought** *n* nachträgliche Idee; **the window was added as an ~** das Fenster kam erst später dazu **afterward** *adv (US)* = afterwards

afterwards *adv* nachher; *(≈ after that)* da-nach; **this was added ~** das kam nachträglich dazu

again *adv* **1** wieder; **~ and ~, time and ~** immer wieder; **to do sth ~** etw noch (ein)mal tun; **never** *or* **not ever ~** nie wieder; **if that happens ~** wenn das noch einmal passiert; **all over ~** noch (ein)mal von vorn; **what's his name ~?** wie heißt er noch gleich?; **to begin ~** von Neuem anfangen; **not ~!** (nicht) schon wieder!; **it's me ~** *(arriving)* da bin ich wieder; *(phoning)* ich bins noch (ein)mal **2** *(in quantity)* **as much ~** noch (ein)mal so viel; **he's as old ~ as Mary** er ist doppelt so alt wie Mary **3** *(≈ on the other hand)* wiederum; *(≈ moreover)* außerdem; **but then** *or* **there ~, it may not be true** vielleicht ist es auch gar nicht wahr

against **A** *prep* **1** gegen (+*acc*); **he's ~ her going** er ist dagegen, dass sie geht; **to have something/nothing ~ sb/sth** etwas/nichts gegen jdn/etw haben; **~ their wishes** entgegen ihrem Wunsch; **push all the chairs right back ~ the wall** stellen Sie alle Stühle direkt an die Wand; **to draw money ~ security** gegen Sicherheit Geld abheben **2** *(≈ in preparation for)* **old age** für (+*acc*); *misfortune* im Hinblick auf (+*acc*) **3** *(≈ compared with)* **(as) ~** gegenüber (+*dat*); **she had three prizes (as) ~ his six** sie hatte drei Preise, er hingegen sechs; **the advantages of flying (as) ~ going by boat** die Vorteile von Flugreisen gegenüber Schiffsreisen **B** *adj pred (≈ not in favour)* dagegen

age **A** *n* **1** Alter *nt;* **what is her ~?, what ~ is she?** wie alt ist sie?; **he is ten years of ~** er ist zehn Jahre alt; **at the ~ of 15, at ~ 15** mit 15 Jahren; **at your ~** in deinem Alter; **but he's twice your ~** aber er ist ja doppelt so alt wie du; **she doesn't look her ~** man sieht ihr ihr Alter nicht an; **be** *or* **act your ~!** sei nicht kindisch! **2** *JUR* **to come of ~** volljährig werden; *(fig)* den Kinderschuhen entwachsen; **under ~** minderjährig; **~ of consent** *(for marriage)* Ehemündigkeitsalter *nt;* **intercourse with girls under the ~ of consent** Unzucht *f* mit Minderjährigen **3** *(≈ period)* Zeit(alter) *nt) f;* **the ~ of technology** das technologische Zeitalter; **the Stone ~** die Steinzeit; **the Edwardian ~** die Zeit *or* Ära Edwards VII; **down the ~s** durch alle Zeiten **4** *(infml)* **~s, an ~** eine Ewigkeit (*infml*); **I haven't seen him for ~s** ich habe ihn eine Ewigkeit nicht gesehen (*infml*); **to take ~s** eine Ewigkeit dauern (*infml*); (*person*) ewig brauchen (*infml*) **B** *v/i* altern; (*wine*) reifen; **you have ~d** du bist alt geworden **age bracket** *n* Altersklasse *f* **aged A** *adj* **1** im Alter von; **a boy ~ ten** ein zehnjähriger Junge **2** *person* betagt **B** *pl* **the ~** die Alten *pl* **age difference**, **age gap** *n* Altersunterschied *m* **age group** *n* Altersgruppe *f* **ag(e)ing** *adj person* alternd *attr*; *population* älter werdend *attr*; **the ~ process** das Altern **ageism** *n* Altersdiskriminierung *f* **ageless** *adj* zeitlos **age limit** *n* Altersgrenze *f*

agency *n* COMM Agentur *f*; **translation ~** Übersetzungsbüro *nt*

agenda *n* Tagesordnung *f*; **they have their own ~** sie haben ihre eigenen Vorstellungen; **on the ~** auf dem Programm **agent** *n* **1** (COMM ≈ *person*) Vertreter(in) *m(f)*; (≈ *organization*) Vertretung *f* **2** (≈ *literary agent, secret agent*) Agent(in) *m(f)*; **business ~** Agent(in) *m(f)* **3** CHEM **cleansing ~** Reinigungsmittel *nt*

age-old *adj* uralt **age range** *n* Altersgruppe *f* **age-related** *adj* altersbedingt; **~ allowance** FIN Altersfreibetrag *m*

aggravate *v/t* **1** (≈ *make worse*) verschlimmern **2** (≈ *annoy*) aufregen; (*deliberately*) reizen **aggravating** *adj* ärgerlich; *child* lästig **aggravation** *n* **1** (≈ *worsening*) Verschlimmerung *f* **2** (≈ *annoyance*) Ärger *m*; **she was a constant ~ to him** sie reizte ihn ständig

aggregate A *n* Gesamtmenge *f*; **on ~** SPORTS in der Gesamtwertung **B** *adj* gesamt, Gesamt-

aggression *n* *no pl* Aggression *f*; (≈ *aggressiveness*) Aggressivität *f*; **an act of ~** ein Angriff *m* **aggressive** *adj* aggressiv; *salesman* aufdringlich (*pej*) **aggressively** *adv* aggressiv; (≈ *forcefully*) energisch **aggressiveness** *n* Aggressivität *f*; (*of salesman*) Aufdringlichkeit *f* (*pej*) **aggressor** *n* Aggressor(in) *m(f)*

aggrieved *adj* betrübt (*at, by* über +*acc*); (≈ *offended*) verletzt (*at, by* durch)

aggro *n* (*Br infml*) **1** **don't give me any ~** mach keinen Ärger (*infml*); **all the ~ of moving** das ganze Theater mit dem Umziehen **2** (≈ *fight*) Schlägerei *f*

aghast *adj pred* entgeistert (*at* über +*acc*)

agile *adj* wendig; *movements* gelenkig; *animal* flink; **he has an ~ mind** er ist geistig sehr wendig **agility** *n* Wendigkeit *f*; (*of animal*) Flinkheit *f*

aging *adj*, *n* = ag(e)ing

agitate *v/t* **1** *liquid* aufrühren; *surface of water* aufwühlen **2** (*fig* ≈ *upset*) aufregen **agitated** *adj*, **agitatedly** *adv* aufgeregt **agitation** *n* **1** (*fig* ≈ *anxiety*) Erregung *f* **2** POL Agitation *f* **agitator** *n* Agitator(in) *m(f)*

aglow *adj pred* **to be ~** glühen

AGM *abbr of* annual general meeting JHV *f*

agnostic A *adj* agnostisch **B** *n* Agnostiker(in) *m(f)* **agnosticism** *n* Agnostizismus *m*

ago *adv* vor; **years/a week ~** vor Jahren/einer Woche; **a little while ~** vor Kurzem; **that was years ~** das ist schon Jahre her; **how long ~ is it since you last saw him?** wie lange haben Sie ihn schon nicht mehr gesehen?; **that was a long time** *or* **long ~** das ist schon lange her; **as long ~ as 1989** schon 1989

agog *adj pred* gespannt; **the whole village was ~ (with curiosity)** das ganze Dorf platzte fast vor Neugierde

agonize *v/i* sich (*dat*) den Kopf zermartern (*over* über +*acc*) **agonized** *adj* gequält **agonizing** *adj* qualvoll **agonizingly** *adv* qualvoll; **~ slow** aufreizend langsam **agony** *n* Qual *f*; **that's ~** das ist eine Qual; **to be in ~** Qualen leiden **agony aunt** *n* (*Br infml*) Briefkastentante *f* (*infml*) **agony column** *n* (*Br infml*) Kummerkasten *m*

agoraphobia *n* MED Platzangst *f* **agoraphobic** MED **A** *adj* agoraphobisch (*tech*) **B** *n* an Platzangst Leidende(r) *m/f(m)*

agrarian *adj* Agrar-

agree *pret, past part* agreed **A** *v/t* **1** *price etc* vereinbaren **2** (≈ *consent*) **to ~ to do sth** sich bereit erklären, etw zu tun **3** (≈ *admit*) zugeben **4** (≈ *come to or be in agreement*) zustimmen (+*dat*); **we all ~ that ...** wir sind alle der Meinung, dass ...; **it was ~d that ...** man einigte sich darauf, dass ...; **we ~d to do it** wir haben beschlossen, das zu tun; **we ~ to differ** wir sind uns einig, dass wir uns uneinig sind **B** *v/i* **1** (≈ *hold same opinion*) einer Meinung sein; (≈ *come to an agreement*) sich einigen (*about* über +*acc*); **to ~ with**

sb jdm zustimmen; **I ~!** der Meinung bin ich auch; **I couldn't ~ more/less** ich bin völlig/überhaupt nicht dieser Meinung; **it's too late now, don't** or **wouldn't you ~?** meinen Sie nicht auch, dass es jetzt zu spät ist?; **to ~ with sth** (≈ approve of) mit etw einverstanden sein; **to ~ with a theory** etc (accept) eine Theorie etc akzeptieren **2** (statements, figures, GRAM) übereinstimmen **3** (food, climate etc) **whisky doesn't ~ with me** ich vertrage Whisky nicht ◊**agree on** v/i +prep obj sich einigen auf (+acc) ◊**agree to** v/i +prep obj zustimmen (+dat)

agreeable adj **1** (≈ pleasant) angenehm **2** pred **is that ~ to you?** sind Sie damit einverstanden? **agreeably** adv angenehm **agreed** adj **1** pred (≈ in agreement) einig; **to be ~ on sth** sich über etw einig sein; **to be ~ on doing sth** sich darüber einig sein, etw zu tun; **are we all ~?** sind wir uns da einig?; (on course of action) sind alle einverstanden? **2** (≈ arranged) vereinbart; **it's all ~** es ist alles abgesprochen; **~?** einverstanden?; **~!** (regarding price etc) abgemacht; (≈ I agree) stimmt

agreement n **1** (≈ arrangement) Übereinkunft f; (≈ contract) Abkommen nt; **to enter into an ~** einen Vertrag (ab)schließen; **to reach (an) ~** zu einer Einigung kommen **2** (≈ sharing of opinion) Einigkeit f; **by mutual ~** in gegenseitigem Einvernehmen; **to be in ~ with sb** mit jdm einer Meinung sein; **to be in ~ with sth** mit etw übereinstimmen; **to be in ~ about sth** über etw (acc) einig sein **3** (≈ consent) Einwilligung f (to zu)

agribusiness n Agroindustrie f **agricultural** adj landwirtschaftlich; land, reform Agrar- **agricultural college** n Landwirtschaftsschule f **agriculture** n Landwirtschaft f; **Minister of Agriculture** (Br) Landwirtschaftsminister(in) m(f)

aground adv **to go** or **run ~** auf Grund laufen

ah int ah; (pain) au; (pity) o, ach

ahead adv **1** **the mountains lay ~** vor uns etc lagen die Berge; **the German runner was/drew ~** der deutsche Läufer lag vorn/zog nach vorne; **he is ~ by about two minutes** er hat etwa zwei Minuten Vorsprung; **to stare straight ~** geradeaus starren; **keep straight ~** immer geradeaus; **full speed ~** (NAUT, fig) volle Kraft vo-

raus; **we sent him on ~** wir schickten ihn voraus; **in the months ~** in den bevorstehenden Monaten; **we've a busy time ~** vor uns liegt eine Menge Arbeit; **to plan ~** vorausplanen **2** **~ of sb/sth** vor jdm/ etw; **walk ~ of me** geh voran; **we arrived ten minutes ~ of time** wir kamen zehn Minuten vorher an; **to be/get ~ of schedule** schneller als geplant vorankommen; **to be ~ of one's time** (fig) seiner Zeit voraus sein

ahold n (esp US) **to get ~ of sb** jdn erreichen; **to get ~ of sth** (≈ procure) sich (dat) etw besorgen; **to get ~ of oneself** sich zusammenreißen

ahoy int ship **~!** Schiff ahoi!

AI abbr of artificial intelligence KI f

aid **A** n **1** no pl (≈ help) Hilfe f; **(foreign) ~** Entwicklungshilfe f; **with the ~ of a screwdriver** mithilfe eines Schraubenziehers; **to come** or **go to sb's ~** jdm zu Hilfe kommen; **in ~ of the blind** zugunsten der Blinden; **what's all this in ~ of?** (infml) wozu soll das gut sein? **2** (≈ equipment, audio-visual aid etc) Hilfsmittel nt **B** v/t unterstützen; **to ~ sb's recovery** jds Heilung fördern; **to ~ and abet sb** JUR jdm Beihilfe leisten; (after crime) jdn begünstigen **aid agency** n Hilfsorganisation f

aide n Helfer(in) m(f); (≈ adviser) (persönlicher) Berater, persönliche Beraterin **aide-de-camp** n, pl aides-de-camp **1** MIL Adjutant(in) m(f) **2** = aide **aide-memoire** n Gedächtnisstütze f; (≈ official memorandum) Aide-memoire nt

aiding and abetting n JUR Beihilfe f; (after crime) Begünstigung f

AIDS, Aids abbr of acquired immune deficiency syndrome Aids nt **AIDS-infected** adj Aids-infiziert **AIDS-related** adj aidsbedingt **AIDS sufferer, AIDS victim** n Aids-Kranke(r) m/f(m) **AIDS test** n Aidstest m

ailing adj (lit) kränklich; (fig) krankend **ailment** n Leiden nt; **minor ~s** leichte Beschwerden pl

aim **A** n **1** Zielen nt; **to take ~** zielen (at auf +acc); **his ~ was bad/good** er zielte schlecht/gut **2** (≈ purpose) Ziel nt; **with the ~ of doing sth** mit dem Ziel, etw zu tun; **what is your ~ in life?** was ist Ihr Lebensziel?; **to achieve one's ~** sein Ziel erreichen **B** v/t **1** missile, camera richten (at auf +acc); stone, pistol etc zielen mit (at auf +acc); **he ~ed a punch at my stomach** sein Schlag zielte auf meinen Bauch **2** (fig) remark richten (at gegen); **this book is ~ed at the general public** (Br, US) dieses Buch wendet sich an die Öffentlichkeit; **to be ~ed at sth** (new law etc) auf etw (acc) abgezielt sein **C** v/i **1** (with gun etc) zielen (at, for auf +acc) **2** (≈ strive for) **isn't that ~ing a bit high?** wollen Sie nicht etwas hoch hinaus?; **to ~ at or for sth** auf etw (acc) abzielen; **with this TV programme** (Br) or **program** (US) **we're ~ing at a much wider audience** mit diesem Fernsehprogramm wollen wir einen größeren Teilnehmerkreis ansprechen; **we ~ to please** bei uns ist der Kunde König **3** (infml ≈ intend) **to ~ to do sth** vorhaben, etw zu tun **aimless** adj, **aimlessly** adv ziellos; talk, act planlos **aimlessness** n Ziellosigkeit f; (of talk, action) Planlosigkeit f

ain't = am not, is not, are not, has not, have not

air **A** n **1** Luft f; **a change of ~** eine Luftveränderung; **to go out for a breath of (fresh) ~** frische Luft schnappen (gehen); **to go by ~** (person) fliegen; (goods) per Flugzeug transportiert werden **2** (fig phrases) **there's something in the ~** es liegt etwas in der Luft; **it's still all up in the ~** (infml) es ist noch alles offen; **to clear the ~** die Atmosphäre reinigen; **to be walking** or **floating on ~** wie auf Wolken gehen; **to pull** or **pluck sth out of the ~** (fig) etw auf gut Glück nennen; → **3** RADIO, TV **to be on the ~** (programme) gesendet werden; (station) senden; **to go off the ~** (broadcaster) die Sendung beenden; (station) das Programm beenden **4** (≈ demeanour) Auftreten nt; (≈ expression) Miene f; **with an ~ of bewilderment** mit bestürzter Miene; **she had an ~ of mystery about her** sie hatte etwas Geheimnisvolles an sich **5** airs pl Getue nt, Gehabe nt; **to put on ~s** sich zieren; **~s and graces** Allüren pl **B** v/t **1** Kleider, Zimmer lüften **2** grievance Luft machen (+dat); opinion darlegen **3** (esp US RADIO, TV) senden **C** v/i (clothes etc) (after washing) nachtrocknen; (after storage) lüften **air ambulance** n (≈ aeroplane) Rettungsflugzeug nt; (≈ helicopter) Rettungshubschrauber m **air bag** n Airbag m **air**

base n Luftwaffenstützpunkt m **air bed** n (Br) Luftmatratze f **airborne** adj **1** **to be ~** sich in der Luft befinden **2** MIL **~ troops** Luftlandetruppen pl **air brake** n (on truck) Druckluftbremse f **airbrush** ART v/t mit der Spritzpistole bearbeiten **air cargo** n Luftfracht f **air-conditioned** adj klimatisiert **air conditioning** n (≈ process) Klimatisierung f; (≈ system) Klimaanlage f

aircraft n, pl aircraft Flugzeug nt **aircraft carrier** n Flugzeugträger m **aircrew** n Flugpersonal nt **airer** n Trockenständer m **airfare** n Flugpreis m **airfield** n Flugplatz m **air force** n Luftwaffe f **air freight** n Luftfracht f **air gun** n Luftgewehr nt **airhead** n (pej infml) Hohlkopf m (infml) **air hole** n Luftloch nt

air hostess n Stewardess f **airily** adv say etc leichthin **airing** n (of linen etc) Lüften nt; **to give sth a good ~** etw gut durchlüften lassen; **to give an idea an ~** (fig infml) eine Idee darlegen **airing cupboard** n (Br) Trockenschrank m **airless** adj room stickig **air letter** n Luftpostbrief m **airlift** **A** n Luftbrücke f **B** v/t **to ~ sth in** etw über eine Luftbrücke hineinbringen

airline n Fluggesellschaft f **airliner** n Verkehrsflugzeug nt **airlock** n (in pipe) Luftsack m

airmail **A** n Luftpost f; **to send sth (by) ~** etw per Luftpost schicken **B** v/t per Luftpost schicken **airmail letter** n Luftpostbrief m **airman** n Flieger m; (US: in air force) Gefreite(r) m **air mattress** n Luftmatratze f **Air Miles®** pl Flugmeilen pl **airplane** n (US) Flugzeug nt **air pocket** n Luftloch nt **air pollution** n Luftverunreinigung f, Luftverschmutzung f

airport n Flughafen m **airport bus** n Flughafenbus m **airport tax** n Flughafengebühr f

air pressure n Luftdruck m **air pump** n Luftpumpe f **air rage** n aggressives Verhalten von Flugpassagieren **air raid** n Luftangriff m **air-raid shelter** n Luftschutzkeller m **air-raid warning** n Fliegeralarm m **air rifle** n Luftgewehr nt **air-sea rescue** n Rettung f durch Seenotflugzeuge **airship** n Luftschiff nt **airshow** n Luftfahrtausstellung f **airsick** adj luftkrank **airspace** n Luftraum m

airspeed n Fluggeschwindigkeit f **airstrip** n Start-und-Lande-Bahn f **air terminal** n Terminal m or nt **airtight** adj (lit) luftdicht; (fig) case hieb- und stichfest **airtime** n RADIO, TV Sendezeit f **air-to--air** adj MIL Luft-Luft- **air traffic** n Flugverkehr m, Luftverkehr m **air-traffic control** n Flugleitung f **air-traffic controller** n Fluglotse m, Fluglotsin f **air vent** n **1** Ventilator m **2** (≈ shaft) Belüftungsschacht m **airwaves** pl Radiowellen pl **airway** n MED Atemwege pl **airworthy** adj flugtüchtig **airy** adj (+er) room luftig **airy-fairy** adj (Br infml) versponnen; excuse windig

aisle n Gang m; (in church) Seitenschiff nt; (central aisle) Mittelgang m; ~ **seat** Sitz m am Gang; **to walk down the ~ with sb** jdn zum Altar führen; **he had them rolling in the ~s** (infml) er brachte sie so weit, dass sie sich vor Lachen kugelten (infml)

ajar adj, adv angelehnt

aka abbr of also known as alias

akin adj pred ähnlich (to +dat)

à la prep à la **à la carte** adj, adv à la carte

alacrity n (≈ eagerness) Eifer m; **to accept with ~** ohne zu zögern annehmen

à la mode adj (US) mit Eis

alarm **A** n **1** no pl (≈ fear) Sorge f; **to be in a state of ~** (≈ worried) besorgt sein; (≈ frightened) erschreckt sein; **to cause sb ~** jdn beunruhigen **2** (≈ warning) Alarm m; **to raise** or **give** or **sound the ~** Alarm geben or (fig) schlagen **3** (≈ device) Alarmanlage f; ~ **(clock)** Wecker m; car ~ Autoalarmanlage f **B** v/t (≈ worry) beunruhigen; (≈ frighten) erschrecken; **don't be ~ed** erschrecken Sie nicht **alarm bell** n Alarmglocke f; **to set ~s ringing** (fig) die Alarmglocken klingeln lassen

alarm clock n Wecker m **alarming** adj (≈ worrying) beunruhigend; (≈ frightening) erschreckend; news alarmierend **alarmingly** adv erschreckend **alarmist** **A** n Panikmacher(in) m(f) **B** adj speech Unheil prophezeiend attr; politician Panik machend attr

alas int (old) leider

Alaska n Alaska nt

Albania n Albanien nt **Albanian** **A** adj albanisch **B** n **1** Albaner(in) m(f) **2** (≈ language) Albanisch nt

albatross n Albatros m

albeit cj (esp liter) obgleich

albino **A** n Albino m **B** adj Albino-

album n Album nt

alcohol n Alkohol m **alcohol-free** adj alkoholfrei **alcoholic** **A** adj drink alkoholisch; person alkoholsüchtig **B** n (person) Alkoholiker(in) m(f); **to be an ~** Alkoholiker(in) sein; **Alcoholics Anonymous** Anonyme Alkoholiker pl **alcoholism** n Alkoholismus m **alcopop** n Alcopop m, fertig gemischter, alkoholhaltiger Cocktail

alcove n Nische f

alder n Erle f

ale n (old) Ale nt

alert **A** adj aufmerksam; **to be ~ to sth** vor etw (dat) auf der Hut sein **B** v/t warnen (to vor +dat); troops in Gefechtsbereitschaft versetzen; fire brigade etc alarmieren **C** n Alarm m; **to be on (the) ~** einsatzbereit sein; (≈ be on lookout) auf der Hut sein (for vor +dat) **alertness** n Aufmerksamkeit f

A level n (Br) Abschluss m der Sekundarstufe 2; **to take one's ~s** ≈ das Abitur machen; ≈ maturieren (Aus); **3 ~s** ≈ das Abitur or die Matura (Aus, Swiss) in 3 Fächern

alfresco adj pred, adv im Freien

algae pl Algen pl

algebra n Algebra f

Algeria n Algerien nt **Algerian** **A** n Algerier(in) m(f) **B** adj algerisch

algorithm n Algorithmus m

alias **A** adv alias **B** n Deckname m

alibi n Alibi nt

alien **A** n POL Ausländer(in) m(f); SCIFI außerirdisches Wesen **B** adj **1** (≈ foreign) ausländisch; SCIFI außerirdisch **2** (≈ different) fremd; **to be ~ to sb/sth** jdm/einer Sache fremd sein **alienate** v/t people befremden; public opinion gegen sich aufbringen; **to ~ oneself from sb/sth** sich jdm/einer Sache entfremden **alienation** n Entfremdung f (from von)

alight¹ (form) v/i (person) aussteigen (from aus); (bird) sich niederlassen (on auf +dat); **his eyes ~ed on the ring** sein Blick fiel auf den Ring

alight² adj pred **to be ~** brennen; **to keep the fire ~** das Feuer in Gang halten; **to set sth ~** etw in Brand setzen

align v/t **to ~ sth with sth** etw auf etw (acc) ausrichten; **they have ~ed them-**

selves **against him** sie haben sich gegen ihn zusammengeschlossen **alignment** *n* Ausrichtung *f*; **to be out of ~** nicht richtig ausgerichtet sein (*with* nach)

alike *adj pred, adv* gleich; **they're/they look very ~** sie sind/sehen sich (*dat*) sehr ähnlich; **they always think ~** sie sind immer einer Meinung; **winter and summer ~** Sommer wie Winter

alimentary *adj* ANAT **~ canal** Verdauungskanal *m*

alimony *n* Unterhaltszahlung *f*; **to pay ~** Unterhalt zahlen

alive *adj pred* **1** lebendig; **to be ~** leben; **the greatest musician ~** der größte lebende Musiker; **to stay ~** am Leben bleiben; **to keep sb/sth ~** (*lit, fig*) jdn/etw am Leben erhalten; **to be ~ and kicking** (*hum infml*) gesund und munter sein; **~ and well** gesund und munter; **to come ~** (≈ *liven up*) lebendig werden; **to bring sth ~** *story* etw lebendig werden lassen **2 ~ with** (≈ *full of*) erfüllt von; **to be ~ with tourists/insects** *etc* von Touristen/Insekten *etc* wimmeln

alkali *n, pl* -(e)s Base *f*; (*metal*, AGR) Alkali *nt* **alkaline** *adj* alkalisch

all 1 *adj* (*with nouns, plural*) alle; (*singular*) ganze(r, s), alle(r, s); **~ the children** alle Kinder; **~ kinds** *or* **sorts of people** alle möglichen Leute; **~ the tobacco** der ganze Tabak; **~ you boys can come with me** ihr Jungen könnt alle mit mir kommen; **~ the time** die ganze Zeit; **~ day (long)** den ganzen Tag (lang); **to dislike ~ sport** jeglichen Sport ablehnen; **in ~ respects** in jeder Hinsicht; **~ my books** alle meine Bücher; **~ my life** mein ganzes Leben (lang); **they ~ came** sie sind alle gekommen; **he took it ~** er hat alles genommen; **he's seen/done it ~** für ihn gibt es nichts Neues mehr; **I don't understand ~ that** ich verstehe das alles nicht; **what's ~ this/that?** was ist denn das?; (*annoyed*) was soll denn das!; **what's ~ this I hear about you leaving?** was höre ich da! Sie wollen gehen?; **with ~ possible speed** so schnell wie möglich; **with ~ due care** mit angemessener Sorgfalt **B** *pron* **1** (≈ *everything*) alles; **I'm just curious, that's ~** ich bin nur neugierig, das ist alles; **that's ~ that matters** darauf allein kommt es an; **that is ~ (that) I can tell you** mehr kann ich Ihnen nicht sagen; **it**

was ~ I could do not to laugh ich musste an mich halten, um nicht zu lachen; **~ of Paris/of the house** ganz Paris/das ganze Haus; **~ of it** alles; **~ of £5** ganze £ 5; **ten people in ~** insgesamt zehn Personen; **~ or nothing** alles oder nichts; **the whole family came, children and ~** die Familie kam mit Kind und Kegel **2 at ~** (≈ *whatsoever*) überhaupt; **nothing at ~** gar nichts; **I'm not angry at ~** ich bin überhaupt nicht wütend; **it's not bad at ~** das ist gar nicht schlecht; **if at ~ possible** wenn irgend möglich; **why me of ~ people?** warum ausgerechnet ich? **3** **happiest** *etc* **of ~** am glücklichsten *etc*; **I like him best of ~** von allen mag ich ihn am liebsten; **most of ~** am meisten; **~ in ~** alles in allem; **it's ~ one to me** das ist mir (ganz) egal; **for ~ I know she could be ill** was weiß ich, vielleicht ist sie krank **4** (≈ *everybody*) alle *pl*; **~ of them** (sie) alle; **the score was two ~** es stand zwei zu zwei **C** *adv* **1** ganz; **~ excited** *etc* ganz aufgeregt *etc*; **that's ~ very fine** *or* **well** das ist alles ganz schön und gut; **~ over** überall; **it was red ~ over** es war ganz rot; **~ down the front of her dress** überall vorn auf ihrem Kleid; **~ along the road** die ganze Straße entlang; **there were chairs ~ around the room** rundum im Zimmer standen Stühle; **I'm ~ for it!** ich bin ganz dafür **2 ~ the happier** *etc* noch glücklicher *etc*; **~ the funnier because …** umso lustiger, weil …; **~ the same** trotzdem; **~ the same, it's a pity** trotzdem ist es schade; **it's ~ the same to me** das ist mir (ganz) egal; **he's ~ there/not ~ there** er ist voll da/nicht ganz da (*infml*); **it's not ~ that bad** so schlimm ist es nun auch wieder nicht; **the party won ~ but six of the seats** die Partei hat alle bis auf sechs Sitze gewonnen **D** *n* one's **~** alles; **the horses were giving their ~** die Pferde gaben ihr Letztes

Allah *n* Allah *m*

all-American *adj* *team* uramerikanisch; **an ~ boy** ein durch und durch amerikanischer Junge **all-around** *adj* (*US*) = all-round

allay *v/t* verringern; *doubt, fears* zerstreuen

all clear *n* Entwarnung *f*; **to give/sound the ~** Entwarnung geben **all-consuming** *adj* *passion* überwältigend **all-**

day *adj* ganztägig; **it was an ~ meeting** die Sitzung dauerte den ganzen Tag

allegation *n* Behauptung *f* **allege** *v/t* behaupten; **he is ~d to have said that …** er soll angeblich gesagt haben, dass … **alleged** *adj*, **allegedly** *adv* angeblich

allegiance *n* Treue *f* (**to** +*dat*); **oath of ~** Treueeid *m*

allegoric(al) *adj*, **allegorically** *adv* allegorisch **allegory** *n* Allegorie *f*

alleluia **A** *int* (h)alleluja **B** *n* (H)alleluja *nt*

all-embracing *adj* (all)umfassend

allergic *adj* (*lit*, *fig*) allergisch (**to** gegen) **allergy** *n* Allergie *f* (**to** gegen)

alleviate *v/t* lindern **alleviation** *n* Linderung *f*

alley *n* **1** (enge) Gasse **2** (≈ *bowling alley*) Bahn *f* **alleyway** *n* Durchgang *m*

alliance *n* Verbindung *f*; (*of states*) Bündnis *nt*; (*in historical contexts*) Allianz *f* **allied** *adj* verbunden; (*for attack etc*) verbündet; **the Allied forces** die Alliierten **Allies** *pl* HIST **the ~** die Alliierten *pl*

alligator *n* Alligator *m*

all-important *adj* außerordentlich wichtig; **the ~ question** die Frage, auf die es ankommt **all-in** *adj attr*, **all in** *adj pred* (≈ *inclusive*) Inklusiv-; **~ price** Inklusivpreis *m* **all-inclusive** *adj* Pauschal- **all-in--one** *adj* sleepsuit einteilig **all-in wrestling** *n* SPORTS Freistilringen *nt*

alliteration *n* Alliteration *f*

all-night *adj attr* café (die ganze Nacht) durchgehend geöffnet; vigil die ganze Nacht andauernd *attr*; **we had an ~ party** wir haben die ganze Nacht durchgemacht; **there is an ~ bus service** die Busse verkehren die ganze Nacht über

allocate *v/t* (≈ *allot*) zuteilen (**to sb** jdm); (≈ *apportion*) verteilen (**to auf** +*acc*); tasks vergeben (**to an** +*acc*); **to ~ money to** or **for a project** Geld für ein Projekt bestimmen **allocation** *n* (≈ *allotting*) Zuteilung *f*; (≈ *apportioning*) Verteilung *f*; (≈ *sum allocated*) Zuwendung *f*

allot *v/t* zuteilen (**to sb/sth** jdm/etw); time vorsehen (**to** für); money bestimmen (**to** für) **allotment** *n* (*Br*) Schrebergarten *m*

all out *adv* **to go ~ to do sth** alles daransetzen, etw zu tun **all-out** *adj* strike, war total; attack massiv; effort äußerste(r, s)

allow **A** *v/t* **1** (≈ *permit*) erlauben; behavi-

our etc zulassen; **to ~ sb sth** jdm etw erlauben; **to ~ sb to do sth** jdm erlauben, etw zu tun; **to be ~ed to do sth** etw tun dürfen; **smoking is not ~ed** Rauchen ist nicht gestattet; **"no dogs ~ed"** „Hunde müssen draußen bleiben"; **to ~ oneself sth** sich (*dat*) etw erlauben; (≈ *treat oneself*) sich (*dat*) etw gönnen; **to ~ oneself to be waited on/persuaded** *etc* sich bedienen/überreden *etc* lassen; **~ me!** gestatten Sie (*form*); **to ~ sth to happen** zulassen, dass etw geschieht; **to be ~ed in/out** hinein-/hinausdürfen **2** claim, appeal, goal anerkennen **3** discount, money geben; space lassen; time einplanen; **~ (yourself) an hour to cross the city** rechnen Sie mit einer Stunde, um durch die Stadt zu kommen; **~ing** or **if we ~ that …** angenommen, (dass) … **B** *v/i* **if time ~s** falls es zeitlich möglich ist ◊**allow for** *v/i* +*prep obj* berücksichtigen; **allowing for the fact that …** unter Berücksichtigung der Tatsache, dass …; **after allowing for** nach Berücksichtigung (+*gen*)

allowable *adj* zulässig; (FIN, *in tax*) absetzbar **allowance** *n* **1** finanzielle Unterstützung; (*paid by state*) Beihilfe *f*; (*for unsociable hours etc*) Zulage *f*; (≈ *spending money*) Taschengeld *nt*; **clothing ~** Kleidungsgeld *nt*; **he gave her an ~ of £500 a month** er stellte ihr monatlich £ 500 zur Verfügung **2** (FIN ≈ *tax allowance*) Freibetrag *m* **3** **to make ~(s) for sth** etw berücksichtigen; **to make ~s for sb** bei jdm Zugeständnisse machen

alloy *n* Legierung *f*

all-party *adj* POL Allparteien- **all-powerful** *adj* allmächtig **all-purpose** *adj* Allzweck-

all right **A** *adj pred* in Ordnung, okay (*infml*); **it's ~** (≈ *not too bad*) es geht; (≈ *working properly*) es ist in Ordnung; **that's** or **it's ~** (*after thanks, apology*) schon gut; **to taste ~** ganz gut schmecken; **is it ~ for me to leave early?** kann ich früher gehen?; **it's ~ by me** ich habe nichts dagegen; **it's ~ for you (to talk)** du hast gut reden; **he's ~** (*infml* ≈ *is a good guy*) der ist in Ordnung (*infml*); **are you ~?** (≈ *healthy*) geht es Ihnen gut?; (≈ *unharmed*) ist Ihnen etwas passiert?; **are you feeling ~?** fehlt Ihnen was? **B** *adv* **1** gut; **did I do it ~?** habe ich es recht gemacht?; **did you get home ~?** bist du gut nach Hause gekommen?; **did you find it ~?** haben Sie es denn gefunden? **2** (≈ *certainly*) schon; **that's the boy ~** das ist der Junge; **oh yes, we heard you ~** o ja, und ob wir dich gehört haben **C** *int* gut, okay (*infml*); (*in agreement*) in Ordnung; **may I leave early? — ~** kann ich früher gehen? — ja; **~ that's enough!** komm, jetzt reichts (aber)!; **~, ~! I'm coming** schon gut, ich komme ja!

all-round *adj* (*esp Br*) Allround-; **a good ~ performance** eine rundum gute Leistung **all-rounder** *n* (*Br*) Allroundmann *m*/-frau *f*; SPORTS Allroundsportler(in) *m(f)* **All Saints' Day** *n* Allerheiligen *nt* **all--seater** *adj* (*Br* SPORTS) *stadium* ohne Stehplätze **All Souls' Day** *n* Allerseelen *nt* **allspice** *n* Piment *m or nt* **all-star** *adj* Star-; **~ cast** Starbesetzung *f* **all-terrain bike** *n* Mountainbike *nt* **all-terrain vehicle** *n* Geländefahrzeug *nt* **all-time** *adj* aller Zeiten; **the ~ record** der Rekord aller Zeiten; **an ~ high/low** der höchste/niedrigste Stand aller Zeiten **B** *adv* **~ best** beste(r, s) aller Zeiten

allude *v/i +prep obj* **to ~ to** anspielen auf (+*acc*)

allure *n* Reiz *m* **alluring** *adj*, **alluringly** *adv* verführerisch

allusion *n* Anspielung *f* (*to* auf +*acc*)

all-weather *adj* Allwetter-; **~ pitch** Allwetterplatz *m* **all-wheel drive** *n* Allradantrieb *m*

ally A *n* Verbündete(r) *m/f(m)*; HIST Alliierte(r) *m* **B** *v/t* verbinden (*with, to* mit); (*for attack etc*) verbünden (*with, to* mit); **to ~ oneself with** *or* **to sb** sich mit jdm verbünden

almighty A *adj* **1** allmächtig; **Almighty God, God Almighty** ECCL der Allmächtige; (*address in prayer*) allmächtiger Gott; **God** *or* **Christ Almighty!** (*infml*) Allmächtiger! (*infml*) **2** (*infml*) *row* mordsmäßig (*infml*); **there was an ~ bang and ...** es gab einen Mordsknall und ... (*infml*) **B** *n* **the Almighty** der Allmächtige

almond *n* Mandel *f*

almost *adv* fast; **he ~ fell** er wäre fast gefallen; **she'll ~ certainly come** es ist ziemlich sicher, dass sie kommt

alms *pl* Almosen *pl*

aloe vera *n* Aloe Vera *f*

aloft *adv* (≈ *into the air*) empor; (≈ *in the air*) hoch droben

alone A *adj pred* allein(e) **B** *adv* allein(e); **Simon ~ knew the truth** nur Simon kannte die Wahrheit; **to stand ~** (*fig*) einzig dastehen; **to go it ~** (*infml* ≈ *be independent*) auf eigenen Beinen stehen

along A *prep* (*direction*) entlang (+*acc*); (*position*) entlang (+*dat*); **he walked ~ the river** er ging den Fluss entlang; **somewhere ~ the way** irgendwo auf dem Weg **B** *adv* **1** (≈ *onwards*) weiter-; **to move ~** weitergehen; **run ~ now lauf!**; **he'll be ~ soon** er muss gleich da sein; **I'll be ~ in a minute** ich komme gleich **2** (≈ *together*) **~ with** zusammen mit; **to come ~ with sb** mit jdm mitkommen; **take an umbrella ~** nimm einen Schirm mit **alongside A** *prep* neben (+*dat*); **he works ~ me** (≈ *with me*) er ist ein Kollege von mir; (≈ *next to me*) er arbeitet neben mir **B** *adv* daneben; **a police car drew up ~** ein Polizeiauto fuhr neben mich/ihn *etc* heran

aloof A *adv* abseits; **to remain ~** sich abseitshalten **B** *adj* unnahbar

aloud *adv* laut

alphabet *n* Alphabet *nt*; **does he know the** *or* **his ~?** kann er schon das Abc? **alphabetic(al)** *adj* alphabetisch; **in alphabetical order** in alphabetischer Reihenfolge **alphabetically** *adv* alphabetisch

alpine *adj* alpin; **~ flower** Alpenblume *f*; **~ scenery** Berglandschaft *f* **Alps** *pl* Alpen *pl*

already *adv* schon, bereits; **I've ~ seen it, I've seen it ~** ich habe es schon gesehen

alright *adj, adv* = all right

Alsace *n* das Elsass **Alsace-Lorraine** *n* Elsass-Lothringen *nt* **alsatian** *n* (*Br: a.* **alsatian dog**) (*Deutscher*) Schäferhund

also *adv* auch; (≈ *moreover*) außerdem; **her cousin ~ came** *or* **came ~** ihre Cousine kam auch; **not only ... but ~** nicht nur ... sondern auch; **~, I must explain that ...** außerdem muss ich erklären, dass ...

altar *n* Altar *m* **altar boy** *n* Ministrant *m* **alter A** *v/t* ändern; **to ~ sth completely** etw vollkommen verändern; **it does not ~ the fact that ...** das ändert nichts an der Tatsache, dass ... **B** *v/i* sich ändern **alteration** *n* (≈ *change*) Änderung *f*; (*of appearance*) Veränderung *f*; **to make ~s to sth** Änderungen an etw (*dat*) vornehmen; **(this timetable is) subject to ~** Än-

derungen (im Fahrplan sind) vorbehalten; **closed for ~s** wegen Umbau geschlossen
altercation n Auseinandersetzung f
alter ego n Alter ego nt
alternate A adj **1 on ~ days** jeden zweiten Tag; **they put down ~ layers of brick and mortar** sie schichteten (immer) abwechselnd Ziegel und Mörtel aufeinander **2** (≈ *alternative*) alternativ; **~ route** Ausweichstrecke f **B** v/t abwechseln lassen; **to ~ one thing with another** zwischen einer Sache und einer anderen (ab)wechseln; **C** v/i (sich) abwechseln; ELEC alternieren **alternately** adv **1** (≈ *in turn*) wechselweise **2** = alternatively **alternating** adj wechselnd; **~ current** Wechselstrom m **alternation** n Wechsel m
alternative A adj Alternativ-; **~ route** Ausweichstrecke f **B** n Alternative f; **I had no ~ (but ...)** ich hatte keine andere Wahl (als ...) **alternatively** adv als Alternative; **or ~, he could come with us** oder aber, er kommt mit uns mit; **a prison sentence of three months or ~ a fine of £5000** eine Gefängnisstrafe von drei Monaten oder wahlweise eine Geldstrafe von £ 5000 **alternative medicine** n Alternativmedizin f
alternator n ELEC Wechselstromgenerator m; AUTO Lichtmaschine f
although cj obwohl; **the house, ~ small ...** obwohl das Haus klein ist ...
altimeter n Höhenmesser m
altitude n Höhe f; **what is our ~?** in welcher Höhe befinden wir uns?; **we are flying at an ~ of ...** wir fliegen in einer Höhe von ...
alt key n IT Alt-Taste f
alto A n Alt m **B** adj Alt- **C** adv **to sing ~** Alt singen
altogether adv **1** (≈ *including everything*) insgesamt; **~ it was very pleasant** alles in allem war es sehr nett **2** (≈ *wholly*) vollkommen; **he wasn't ~ surprised** er war nicht übermäßig überrascht; **it was ~ a waste of time** es war vollkommene Zeitverschwendung; **that is another matter ~** das ist etwas ganz anderes
altruism n Altruismus m **altruistic** adj, **altruistically** adv altruistisch
aluminium, (US) **aluminum** n Aluminium nt; **~ foil** Alufolie f
alumna n, pl **-e** (US) ehemalige Schülerin/

Studentin **alumnus** n, pl alumni (US) ehemaliger Schüler/Student
always adv immer; **we could ~ go by train** wir könnten doch auch den Zug nehmen
Alzheimer's (disease) n Alzheimerkrankheit f
AM 1 RADIO abbr of amplitude modulation AM **2** (Br POL) abbr of Assembly Member Mitglied nt der walisischen Versammlung
am 1st person sg pres of be
am, a.m. abbr of ante meridiem; **2 am** 2 Uhr morgens; **12 am** 0 Uhr
amalgam n Amalgam nt; (fig) Mischung f
amalgamate A v/t fusionieren **B** v/i fusionieren **amalgamation** n Fusion f
amass v/t anhäufen
amateur A n **1** Amateur(in) m(f) **2** (pej) Dilettant(in) m(f) **B** adj **1** attr Amateur-; **~ painter** Hobbymaler(in) m(f) **2** (pej) = amateurish **amateur dramatics** pl Laiendrama nt **amateurish** adj, **amateurishly** adv (pej) dilettantisch
amaze v/t erstaunen; **I was ~d to learn that ...** ich war erstaunt zu hören, dass ...; **to be ~d at sth** über etw (acc) erstaunt sein; **it ~s me that ...** ich finde es erstaunlich, dass ... **amazement** n Erstaunen nt; **much to my ~** zu meinem großen Erstaunen
amazing adj erstaunlich **amazingly** adv erstaunlich; **~ (enough), he got it right first time** erstaunlicherweise hat er es gleich beim ersten Mal richtig gemacht
Amazon n Amazonas m; (MYTH, fig) Amazone f
ambassador n Botschafter(in) m(f)
amber A n Bernstein m; (colour) Bernsteingelb nt; (Br: in traffic lights) Gelb nt **B** adj aus Bernstein; (≈ amber-coloured) bernsteinfarben; (Br) traffic light gelb
ambidextrous adj beidhändig
ambience n Atmosphäre f
ambiguity n Zweideutigkeit f; (with many possible meanings) Mehrdeutigkeit f **ambiguous** adj, **ambiguously** adv zweideutig; (≈ with many possible meanings) mehrdeutig
ambition n **1** (≈ desire) Ambition f; **she has ~s in that direction/for her son** sie hat Ambitionen in dieser Richtung/ehrgeizige Pläne für ihren Sohn; **my ~ is to**

become prime minister es ist mein Ehrgeiz, Premierminister zu werden **2** (≈ *ambitious nature*) Ehrgeiz *m* **ambitious** *adj* ehrgeizig; *undertaking* kühn **ambitiously** *adv* ehrgeizig; **rather ~, we set out to prove the following** wir hatten uns das ehrgeizige Ziel gesteckt, das Folgende zu beweisen

ambivalence *n* Ambivalenz *f* **ambivalent** *adj* ambivalent

amble *v/i* schlendern

ambulance *n* Krankenwagen *m*, Rettung *f* (*Swiss*) **ambulance driver** *n* Krankenwagenfahrer(in) *m(f)*, Rettungsfahrer(in) *m(f)* (*Swiss*) **ambulanceman** *n* Sanitäter *m* **ambulance service** *n* Rettungsdienst *m*, Rettung *f* (*Swiss*); (*system*) Rettungswesen *nt* **ambulancewoman** *n* Sanitäterin *f*

ambush **A** *n* Überfall *m* (aus dem Hinterhalt); **to lie in ~ for sb** (MIL, *fig*) jdm im Hinterhalt auflauern **B** *v/t* (aus dem Hinterhalt) überfallen

ameba *n* (*US*) = amoeba

amen *int* amen; **~ to that!** (*fig infml*) ja, wahrlich *or* fürwahr! (*hum*)

amenable *adj* zugänglich (*to +dat*)

amend *v/t* law, text ändern; (*by addition*) ergänzen; *habits, behaviour* verbessern **amendment** *n* (*to law, in text*) Änderung *f* (*to +gen*); (≈ *addition*) Zusatz *m* (*to* zu); **the First/Second etc Amendment** (*US* POL) Zusatz *m* 1/2 etc

amends *pl* **to make ~ for sth** etw wiedergutmachen; **to make ~ to sb for sth** jdn für etw entschädigen

amenity *n* (**public**) **~** öffentliche Einrichtung; **close to all amenities** in günstiger Einkaufs- und Verkehrslage

Amerasian *n* Mensch amerikanisch-asiatischer Herkunft

America *n* Amerika *nt*

American **A** *adj* amerikanisch; **~ English** amerikanisches Englisch; **the ~ Dream** der amerikanische Traum **B** *n* **1** Amerikaner(in) *m(f)* **2** LING Amerikanisch *nt*

American Indian *n* Indianer(in) *m(f)* **Americanism** *n* LING Amerikanismus *m* **Americanization** *n* Amerikanisierung *f* **Americanize** *v/t* amerikanisieren **American plan** *n* Vollpension *f* **Amerindian** **A** *n* Indianer(in) *m(f)* **B** *adj* indianisch

amethyst *n* Amethyst *m*

Amex *n* (*US*) *abbr of* American Stock Exchange Amex *f*

amiable *adj*, **amiably** *adv* liebenswürdig

amicable *adj* person freundlich; *relations* freundschaftlich; *discussion* friedlich; JUR *settlement* gütlich; **to be on ~ terms** freundschaftlich miteinander verkehren **amicably** *adv* freundlich; *discuss* friedlich; JUR *settle* gütlich

amid(st) *prep* inmitten (*+gen*)

amino acid *n* Aminosäure *f*

amiss **A** *adj pred* **there's something ~** da stimmt irgendetwas nicht **B** *adv* **to take sth ~** (*Br*) (jdm) etw übel nehmen; **a drink would not go ~** etwas zu trinken wäre gar nicht verkehrt

ammo *n* (*infml*) Munition *f*

ammonia *n* Ammoniak *nt*

ammunition *n* Munition *f* **ammunition belt** *n* Patronengurt *m* **ammunition dump** *n* Munitionslager *nt*

amnesia *n* Amnesie *f*

amnesty *n* Amnestie *f*

amniocentesis *n* MED Fruchtwasseruntersuchung *f*

amoeba, (*US*) **ameba** *n* Amöbe *f*

amok *adv* = amuck

among(st) *prep* unter (*+acc or dat*); **~ other things** unter anderem; **she had sung with Madonna ~ others** sie hatte unter anderem mit Madonna gesungen; **to stand ~ the crowd** (mitten) in der Menge stehen; **they shared it out ~ themselves** sie teilten es untereinander auf; **talk ~ yourselves** unterhaltet euch; **he's ~ our best players** er gehört zu unseren besten Spielern; **to count sb ~ one's friends** jdn zu seinen Freunden zählen; **this habit is widespread ~ the French** diese Sitte ist bei den Franzosen weitverbreitet

amoral *adj* amoralisch

amorous *adj* amourös; *look* verliebt

amorphous *adj* amorph; *style, ideas, novel* strukturlos

amount **A** *n* **1** (*of money*) Betrag *m*; **total ~** Gesamtsumme *f*; **debts to** (*Br*) *or* **in** (*US*) **the ~ of £2000** Schulden in Höhe von £ 2000; **in 12 equal ~s** in 12 gleichen Beträgen; **a small ~ of money** eine geringe Summe; **large ~s of money** Unsummen *pl* **2** (≈ *quantity*) Menge *f*; (*of skill etc*) Maß *nt* (*of an +dat*); **an enormous ~ of work** sehr viel Arbeit; **any ~ of time/food** beliebig viel Zeit/Essen; **no ~ of talking would persuade him** kein Reden würde ihn überzeugen **B** v/i **1** (≈ total) sich belaufen (to auf +acc) **2** (≈ be equivalent) gleichkommen (to dat); **it ~s to the same thing** das kommt (doch) aufs Gleiche hinaus; **he will never ~ to much** aus ihm wird nie etwas werden

amp(ère) n Ampere nt

ampersand n Et-Zeichen f, Und-Zeichen nt

amphetamine n Amphetamin nt

amphibian n Amphibie f **amphibious** adj amphibisch; **~ vehicle/aircraft** Amphibienfahrzeug nt/-flugzeug nt

amphitheatre, (US) **amphitheater** n Amphitheater nt

ample adj (+er) **1** (≈ plentiful) reichlich **2** figure, proportions üppig

amplification n RADIO Verstärkung f **amplifier** n RADIO Verstärker m **amplify** v/t RADIO verstärken

amply adv reichlich

amputate v/t & v/i amputieren **amputation** n Amputation f **amputee** n Amputierte(r) m/f(m)

amuck adv **to run ~** (lit, fig) Amok laufen

amuse **A** v/t amüsieren; (≈ entertain) unterhalten; **let the children do it if it ~s them** lass die Kinder doch, wenn es ihnen Spaß macht **B** v/r **the children can ~ themselves for a while** die Kinder können sich eine Zeit lang selbst beschäftigen; **to ~ oneself (by) doing sth** etw zu seinem Vergnügen tun; **how do you ~ yourself now you're retired?** wie vertreiben Sie sich (dat) die Zeit, wo Sie jetzt im Ruhestand sind? **amused** adj amüsiert; **she seemed ~ at my suggestion** sie schien über meinen Vorschlag amüsiert (zu sein); **to keep sb/oneself ~** jdm/sich (dat) die Zeit vertreiben; **give him his toys, that'll keep him ~** gib ihm sein Spielzeug, dann ist er friedlich

amusement n **1** (≈ enjoyment) Vergnügen nt; **to do sth for one's own ~** etw zu seinem Vergnügen tun **2** amusements pl (at fair) Attraktionen pl; (at seaside) Spielautomaten etc **amusement arcade** n (Br) Spielhalle f **amusement park** n Vergnügungspark m **amusing** adj amüsant; **how ~** das ist aber lustig!; **I don't find that very ~** das finde ich gar nicht lustig **amusingly** adv amüsant

an indef art → a

anabolic steroid n Anabolikum nt

anachronism n Anachronismus m **anachronistic** adj anachronistisch

anaemia, (US) **anemia** n Anämie f **anaemic**, (US) **anemic** adj anämisch

anaesthetic, (US) **anesthetic** n Narkose f; (≈ substance) Narkosemittel nt; **general ~** Vollnarkose f; **local ~** örtliche Betäubung; **the nurse gave him a local ~** die Schwester gab ihm eine Spritze zur örtlichen Betäubung **anaesthetist**, (US) **anesthetist** n Anästhesist(in) m(f) **anaesthetize**, (US) **anesthetize** v/t betäuben

anagram n Anagramm nt

anal adj anal, Anal-; **~ intercourse** Analverkehr m

analgesic n Schmerzmittel nt

analog(ue) adj TECH analog

analogy n Analogie f

analyse, (esp US) **analyze** v/t analysieren **analysis** n, pl **analyses** Analyse; **what's your ~ of the situation?** wie beurteilen Sie die Situation?; **on (closer) ~** bei genauerer Untersuchung **analyst** n Analytiker(in) m(f) **analytical** adj, **analytically** adv analytisch **analyze** v/t (US) = analyse

anarchic(al) adj anarchisch **anarchism** n Anarchismus m **anarchist** n Anarchist(in) m(f) **anarchy** n Anarchie f

anathema n ein Gräuel m; **voting Labour was ~ to them** der Gedanke, Labour zu wählen, war ihnen ein Gräuel

anatomical adj, **anatomically** adv anatomisch **anatomy** n Anatomie f

ANC abbr of African National Congress ANC m, Afrikanischer Nationalkongress

ancestor n Vorfahr m **ancestral** adj seiner/ihrer Vorfahren; **~ home** Stammsitz m **ancestry** n (≈ descent) Abstammung f; (≈ ancestors) Ahnenreihe f; **to trace one's ~** seine Abstammung zurückverfolgen

anchor **A** n **1** NAUT Anker m; **to drop ~** vor Anker gehen; **to weigh ~** den Anker lichten **2** (esp US TV) Anchorman m, Anchorwoman f **B** v/t (NAUT, fig) verankern **C** v/i NAUT vor Anker gehen **anchorage** n NAUT Ankerplatz m **anchorman** n, pl -men (esp US TV) Anchorman m **anchorwoman** n, pl -women (esp US TV) Anchorwoman f

anchovy n Sardelle f

ancient **A** adj **1** alt; **in ~ times** im Altertum; **~ Rome** das alte Rom; **the ~ Romans** die alten Römer; **~ monument** (Br) historisches Denkmal **2** (infml) person etc uralt **B** n **the ~s** die Völker or Menschen des Altertums **ancient history** n (lit) Alte Geschichte; **that's ~** (fig) das ist schon längst Geschichte

ancillary adj (≈ subordinate) Neben-; (≈ auxiliary) Hilfs-; **~ course** UNIV Begleitkurs m; **~ staff/workers** Hilfskräfte pl

and cj **1** und; **nice ~ early** schön früh; **try ~ come** versuch zu kommen; **wait ~ see!** abwarten!; **don't go ~ spoil it!** nun verdirb nicht alles!; **one more ~ I'm finished** noch eins, dann bin ich fertig; **~ so on ~ so forth** und so weiter und so fort **2** (in repetition) und; **better ~ better** immer besser; **for days ~ days** tagelang; **for miles ~ miles** meilenweit **3** **three hundred ~ ten** dreihundert(und)zehn; **one ~ a half** anderthalb

Andes pl Anden pl

androgynous adj androgyn

android n Androide m

anecdotal adj anekdotisch **anecdote** n Anekdote f

anemia n (US) = anaemia **anemic** adj (US) = anaemic

anemone n BOT Anemone f

anesthesia etc (US) = anaesthesia etc

anew adv **1** (≈ again) aufs neue; **let's start ~** fangen wir wieder von Neuem an **2** (≈ in a new way) auf eine neue Art und Weise

angel n Engel m **angelic** adj (≈ like an angel) engelhaft

anger **A** n Ärger m; **a fit of ~** ein Wutanfall m; **public ~** öffentliche Entrüstung; **to speak in ~** im Zorn sprechen; **to be filled with ~** wütend sein **B** v/t ärgern

angina (pectoris) n Angina Pectoris f

angle¹ **A** n **1** Winkel m; **at an ~ of 40°** in einem Winkel von 40°; **at an ~** schräg; **he was wearing his hat at an ~** er hatte seinen Hut schief aufgesetzt **2** (≈ projecting corner) Ecke f **3** (≈ aspect) Seite f **4** (≈ point of view) Standpunkt m **B** v/t lamp etc ausrichten; shot im Winkel schießen/schlagen

angle² v/i (esp Br FISH) angeln ◊**angle for** v/i +prep obj (fig) fischen nach; **to ~ sth** auf etw (acc) aus sein

Anglepoise (lamp)® n Gelenkleuchte f

angler n Angler(in) m(f)

Anglican **A** n Anglikaner(in) m(f) **B** adj anglikanisch **Anglicanism** n Anglikanismus m

anglicism n Anglizismus m **anglicize** v/t anglisieren

angling n (esp Br) Angeln nt

Anglo-American **A** n Angloamerikaner(in) m(f) **B** adj angloamerikanisch **Anglo-Indian** **A** n (of British origin) in Indien lebender Engländer m/lebende Engländerin f; (≈ Eurasian) Angloinder(in) m(f) **B** adj angloindisch **Anglo-Irish** **A** pl **the ~** die Angloiren pl **B** adj angloirisch **Anglophile** n Anglophile(r) m/f(m) **Anglo-Saxon** **A** n **1** (≈ person) Angelsachse m, Angelsächsin f **2** LING Angelsächsisch nt **B** adj angelsächsisch

angora **A** adj Angora-; **~ wool** Angorawolle f **B** n Angorawolle f

angrily adv wütend

angry adj (+er) zornig; letter, look wütend; **to be ~** wütend sein; **to be ~ with** or **at sb über jdn verärgert sein; to be ~ at** or **about sth** sich über etw (acc) ärgern; **to get ~ (with** or **at sb/about sth)** (mit jdm/über etw acc) böse werden; **you're not ~ (with me), are you?** du bist (mir) doch nicht böse(, oder)?; **to be ~ with oneself** sich über sich (acc) selbst ärgern; **to make sb ~** jdn ärgern

anguish n Qual f; **to be in ~** Qualen leiden; **he wrung his hands in ~** er rang die Hände in Verzweiflung; **the news caused her great ~** die Nachricht bereitete ihr großen Schmerz; **the decision caused her great ~** die Entscheidung bereitete ihr große Qual(en) **anguished** adj qualvoll

angular adj shape eckig; features, prose kantig

animal **A** n Tier nt; (≈ brutal person) Bestie f; **man is a social ~** der Mensch ist ein soziales Wesen **B** adj attr Tier-; products, quality tierisch; **~ experiments** Tierversuche pl; **~ magnetism** rein körperliche Anziehungskraft **Animal Liberation Front** n (Br) militante Tierschützerorganisation **animal lover** n Tierfreund(in) m(f) **animal rights** pl Tierrechte pl; **~ activist** Tierschützer(in) m(f) **animal welfare** n Tierschutz m

animate adj belebt; creatures lebend **animated** adj lebhaft; **~ cartoon/film** Zei-

chentrickfilm m **animatedly** adv rege;
talk lebhaft **animation** n Lebhaftigkeit
f; FILM Animation f
animosity n Feindseligkeit f (towards gegenüber)
aniseed n (≈ flavouring) Anis m
ankle n Knöchel m **anklebone** n
Sprungbein nt **ankle bracelet** n Fuß-
kettchen nt **ankle-deep** ◻A adj knöchel-
tief ◻B adv he was ~ in water er stand bis
an die Knöchel im Wasser **ankle sock** n
Söckchen nt
annals pl Annalen pl; (of society etc) Bericht m
annex ◻A v/t annektieren ◻B n ◻1 (to document etc) Anhang m ◻2 (≈ building) Nebengebäude nt; (≈ extension) Anbau m **an-
nexation** n Annexion f **annexe** n (Br) =
annex II2
annihilate v/t vernichten **annihilation**
n Vernichtung f
anniversary n Jahrestag m; (≈ wedding
anniversary) Hochzeitstag m; ~ **gift** Geschenk nt zum Jahrestag/Hochzeitstag;
the ~ of his death sein Todestag m
annotate v/t mit Anmerkungen versehen
announce v/t bekannt geben; radio programme ansagen; (over intercom) durchsagen; marriage etc anzeigen; **to ~ sb** jdn
melden; **the arrival of flight BA 742 has
just been ~d** soeben ist die Ankunft des
Fluges BA 742 gemeldet worden **announcement** n Bekanntmachung f; (of
speaker) Ankündigung f; (over intercom
etc) Durchsage f; (on radio etc) Ansage f;
(of marriage etc) Anzeige f **announcer**
n RADIO, TV Ansager(in) m(f)
annoy v/t (≈ irritate) ärgern; (≈ upset) aufregen; (≈ pester) belästigen; **to be ~ed
that ...** verärgert sein, weil ...; **to be
~ed with sb/about sth** sich über jdn/
etw ärgern; **to get ~ed** sich aufregen **annoyance** n no pl (≈ irritation) Ärger m; **to
his ~** zu seinem Ärger **annoying** adj ärgerlich; habit lästig; **the ~ thing (about it)
is that ...** das Ärgerliche (daran) ist, dass
... **annoyingly** adv aufreizend; **~,** the
bus didn't turn up ärgerlicherweise kam
der Bus nicht
annual ◻A n ◻1 BOT einjährige Pflanze ◻2
(≈ book) Jahresalbum nt ◻B adj jährlich; (≈
of or for the year) Jahres-; **~ accounts** Jah-
resbilanz f **annual general meeting**
n Jahreshauptversammlung f **annually**

adv jährlich **annual report** n Geschäftsbericht m **annuity** n (Leib)rente f
annul v/t annullieren; contract, marriage
auflösen **annulment** n Annullierung f;
(of contract, marriage) Auflösung f
Annunciation n BIBLE Mariä Verkündi-
gung f
anoint v/t salben; **to ~ sb king** jdn zum
König salben
anomaly n Anomalie f
anon[1] adv **see you ~** (hum) bis demnächst
anon[2] adj abbr of anonymous **anonymity** n Anonymität f **anonymous**
adj, **anonymously** adv anonym
anorak n (Br) Anorak m
anorexia (nervosa) n Anorexie f **anorexic** adj magersüchtig
another ◻A adj ◻1 (≈ additional) noch ei-
ne(r, s); ~ **one** noch eine(r, s); **take ~
ten** nehmen Sie noch (weitere) zehn; **I
don't want ~ drink!** ich möchte nichts
mehr trinken; **without ~ word** ohne ein
weiteres Wort ◻2 (≈ similar, fig ≈ second)
ein zweiter, eine zweite, ein zweites;
there is not ~ man like him so einen
Mann gibt es nur einmal ◻3 (≈ different)
ein anderer, eine andere, ein anderes;
that's quite ~ matter das ist etwas ganz
anderes; ~ **time** ein andermal ◻B pron ein
anderer, eine andere, ein anderes; **have
~!** nehmen Sie (doch) noch einen!; **they
help one ~** sie helfen einander; **at one
time or ~** irgendwann; **what with one
thing and ~** bei all dem Trubel
Ansaphone® n Anrufbeantworter m
ANSI abbr of American National
Standards Institute amerikanischer Nor-
menausschuss
answer ◻A n ◻1 Antwort f (to auf +acc); **to
get an/no ~** Antwort/keine Antwort bekommen; **there was no ~** (to telephone,
doorbell) es hat sich niemand gemeldet;
in ~ to my question auf meine Frage hin
◻2 (≈ solution) Lösung f (to +gen); **there's
no easy ~** es gibt dafür keine Patentlösung ◻B v/t ◻1 antworten auf (+acc); person
antworten (+dat); exam questions, criticism
beantworten; **to ~ the telephone** das Telefon abnehmen; **to ~ the bell** or **door**
die Tür öffnen; **shall I ~ it?** (phone) soll
ich rangehen?; (door) soll ich hingehen?;
to ~ the call of nature (hum) dem Ruf
der Natur folgen ◻2 (≈ fulfil) hope, expecta-

tion erfüllen; *need* befriedigen; **people who ~ that description** Leute, auf die diese Beschreibung zutrifft **C** *v/i* antworten; **if the phone rings, don't ~** wenn das Telefon läutet, geh nicht ran ◊**answer back A** *v/i* widersprechen; **don't ~!** keine Widerrede! **B** *v/t sep* **to answer sb back** jdm widersprechen ◊**answer for** *v/i +prep obj* verantwortlich sein für; **he has a lot to ~** er hat eine Menge auf dem Gewissen ◊**answer to** *v/i +prep obj* **1** **to ~ sb for sth** jdm für etw Rechenschaft schuldig sein **2** **to ~ a description** einer Beschreibung entsprechen **3** **to ~ the name of ...** auf den Namen ... hören

answerable *adj* (≈ *responsible*) verantwortlich; **to be ~ to sb (for sth)** jdm gegenüber (für etw) verantwortlich sein **answering machine** *n* Anrufbeantworter *m*

answerphone *n* (*Br*) Anrufbeantworter *m*; **~ message** Ansage *f* auf dem Anrufbeantworter

ant *n* Ameise *f*

antacid *n* säurebindendes Mittel

antagonism *n* Antagonismus *m*; (*towards sb, change etc*) Feindseligkeit *f* (*to/wards*) gegenüber) **antagonist** *n* Gegner(in) *m(f)* **antagonistic** *adj* feindselig; **to be ~ to** *or* **toward(s) sb/sth** jdm/gegen etw feindselig gesinnt sein **antagonize** *v/t* gegen sich aufbringen

Antarctic A *adj* antarktisch **B** *n* **the ~** die Antarktis **Antarctica** *n* die Antarktis **Antarctic Circle** *n* südlicher Polarkreis **Antarctic Ocean** *n* Südpolarmeer *nt*

anteater *n* Ameisenbär *m*

antecedents *pl* (*of event*) Vorgeschichte *f*

antelope *n* Antilope *f*

antenatal *adj* vor der Geburt; **~ care** Schwangerschaftsfürsorge *f*; **~ clinic** Sprechstunde *f* für Schwangere

antenna *n* **1** *pl* -e ZOOL Fühler *m* **2** *pl* -e *or* -s RADIO, TV Antenne *f*

anteroom *n* Vorzimmer *nt*

anthem *n* Hymne *f*

ant hill *n* Ameisenhaufen *m*

anthology *n* Anthologie *f*

anthrax *n* Anthrax *m* (*tech*), Milzbrand *m*

anthropological *adj* anthropologisch **anthropologist** *n* Anthropologe *m*, Anthropologin *f* **anthropology** *n* Anthropologie *f*

anti (*infml*) **A** *adj pred* in Opposition (*infml*) **B** *prep* gegen (+*acc*)

anti-abortionist *n* Abtreibungsgegner(in) *m(f)* **anti-aircraft** *adj* Flugabwehr- **anti-American** *adj* antiamerikanisch **antiballistic missile** *n* Antiraketenrakete *f* **antibiotic** *n* Antibiotikum *nt* **antibody** *n* Antikörper *m*

anticipate *v/t* (≈ *expect*) erwarten; (≈ *see in advance*) vorhersehen; **as ~d** wie erwartet **anticipation** *n* **1** (≈ *expectation*) Erwartung *f*; **to wait in ~** gespannt warten **2** (≈ *seeing in advance*) Vorausberechnung *f*

anticlimax *n* Enttäuschung *f* **anticlockwise** *adv* (*esp Br*) gegen den Uhrzeigersinn

antics *pl* Eskapaden *pl*; (≈ *tricks*) Streiche *pl*; **he's up to his old ~ again** er macht wieder seine Mätzchen (*infml*)

anticyclone *n* Hoch(druckgebiet) *nt* **anti-dandruff** *adj* gegen Schuppen **antidepressant** *n* Antidepressivum *nt* **antidote** *n* Gegenmittel *nt* (*against, to, for* gegen) **anti-EU** *adj* EU-feindlich **anti-European** *adj* antieuropäisch **antifreeze** *n* Frostschutz(mittel *nt*) *m* **antiglare** *adj* (*US*) blendfrei **anti-globalization** *adj* **~ protester** Globalisierungsgegner(in) *m(f)* **antihistamine** *n* Antihistamin (-ikum) *nt* **anti-lock** *adj* **~ braking system** ABS-Bremsen *pl* **antimatter** *n* Antimaterie *f* **antinuclear** *adj* **~ protesters** Atomwaffengegner *pl*

antipathy *n* Antipathie *f* (*towards* gegen) **antipersonnel** *adj* **~ mine** Antipersonenmine *f* **antiperspirant** *n* Antitranspirant *nt*

antipodean *adj* (*Br*) australisch und neuseeländisch **Antipodes** *pl* (*Br*) Australien und Neuseeland

antiquarian *adj* *books* antiquarisch; **~ bookshop** Antiquariat *nt* **antiquated** *adj* antiquiert **antique A** *adj* antik; **~ pine** Kiefer *f* antik **B** *n* Antiquität *f* **antique dealer** *n* Antiquitätenhändler(in) *m(f)* **antique shop** *n* Antiquitätengeschäft *nt* **antiquity** *n* **1** (≈ *ancient times*) das Altertum; (≈ *Roman antiquity*) die Antike; **in ~** im Altertum/in der Antike **2** **antiquities** *pl* (≈ *old things*) Altertümer *pl*

antiriot *adj* **~ police** Bereitschaftspolizei *f* **anti-Semite** *n* Antisemit(in) *m(f)* **anti-Semitic** *adj* antisemitisch **anti-Semitism** *n* Antisemitismus *m* **antiseptic**

A n Antiseptikum nt **B** adj antiseptisch
anti-smoking adj campaign Antiraucher- **antisocial** adj unsozial; **I work ~
hours** ich arbeite zu Zeiten, wo andere
freihaben **antiterrorist** adj zur Terrorismusbekämpfung **antitheft device** n
Diebstahlsicherung f
antithesis n, pl antitheses Antithese f
(to, of zu)
antiviral adj MED antiviral **anti-virus
protection** n IT Virenschutz m **anti-
-virus scanner** n IT Virenscanner m
anti-virus software n IT Antivirensoftware f **antivivisectionist** n Gegner(in) m(f) der Vivisektion **anti-wrinkle**
adj ~ **cream** Antifaltencreme f
antler n (**set** or **pair of**) **~s** Geweih nt
antonym n Antonym nt
anus n After m
anvil n Amboss m (also ANAT)
anxiety n Sorge f; **to cause sb ~** jdm Sorgen machen; **in his ~ to get away** weil er
unbedingt wegkommen wollte
anxious adj **1** besorgt; person, thoughts
ängstlich; **to be ~ about sb/sth** um jdn/
etw besorgt sein; **to be ~ about doing
sth** Angst haben, etw zu tun **2** moment,
wait bang; **it's been an ~ time for us
all** wir alle haben uns (in dieser Zeit) gro
ße Sorgen gemacht **3** **to be ~ to do sth**
bestrebt sein, etw zu tun; **I am ~ that he
should do it** or **for him to do it** mir liegt
viel daran, dass er es tut **anxiously** adv
1 besorgt **2** (≈ keenly) gespannt
any **A** adj **1** (in interrog, conditional, neg
sentences ≈ any at all) (with sing n) irgendein(e); (with pl n) irgendwelche; (with uncountable n) etwas; **not ~** kein/keine; **if I
had ~ plan/money (at all)** wenn ich irgendeinen Plan/etwas Geld hätte; **if it's
~ help (at all)** wenn das (irgendwie) hilft;
it won't do ~ good es wird nichts nützen;
without ~ difficulty ohne jede Schwierigkeit **2** (≈ no matter which) jede(r, s) (beliebige ...); (with pl or uncountable n) alle; **~
one will do** es ist jede(r, s) recht; **~ one
you like** was du willst; **you can come at
~ time** du kannst jederzeit kommen;
thank you — ~ time danke! — bitte!;
~ old ... (infml) jede(r, s) x-beliebige ...
(infml) **B** pron **1** (in interrog, conditional,
neg sentences) welche; **I want to meet a
psychologist, do you know ~?** ich würde
gerne einen Psychologen kennenlernen,

kennen Sie einen?; **I need some butter/
stamps, do you have ~?** ich brauche Butter/Briefmarken, haben Sie welche?; **have
you seen ~ of my ties?** haben Sie eine
von meinen Krawatten gesehen?; **don't
you have ~ (at all)?** haben Sie (denn)
(überhaupt) keinen/keine/keines?; **he
wasn't having ~ (of it/that)** (infml) er
wollte nichts davon hören; **few, if ~, will
come** wenn überhaupt, werden nur wenige kommen; **if ~ of you can sing** wenn
(irgend)jemand von euch singen kann **2**
(≈ no matter who) alle; **~ who do come
... alle, die kommen ... **C** adv colder etc
noch; **not ~ bigger** etc nicht größer etc;
we can't go ~ further wir können nicht
mehr weiter gehen; **are you feeling ~
better?** geht es dir etwas besser?; **do
you want ~ more soup?** willst du noch
etwas Suppe?; **don't you want ~ more
tea?** willst du keinen Tee mehr?; **~ more
offers?** noch weitere Angebote?; **I don't
want ~ more (at all)** ich möchte (überhaupt) nichts mehr
anybody **A** pron **1** (irgend)jemand; **not
... ~** niemand, keine(r); **(does) ~ want
my book?** will jemand mein Buch?; **I
can't see ~** ich kann niemand(en) sehen
2 (≈ no matter who) jede(r); **it's ~'s game**
das Spiel kann von jedem gewonnen werden; **is there ~ else I can talk to?** gibt es
sonst jemand(en), mit dem ich sprechen
kann?; **I don't want to see ~ else** ich
möchte niemand anderen sehen **B** n (≈
person of importance) jemand; **he's not just
~** er ist nicht einfach irgendjemand; **everybody who is ~ was there** alles, was
Rang und Namen hat, war dort
anyhow adv (≈ at any rate) = anyway
anymore adv (+vb) nicht mehr; → any
anyone pron, n = anybody
anyplace adv (US infml) = anywhere
anything **A** pron **1** (irgend)etwas; **not ~**
nichts; **is it/isn't it worth ~?** ist es etwas/
gar nichts wert?; **did/didn't he say ~
else?** hat er (sonst) noch etwas/sonst
(gar) nichts gesagt?; **did/didn't they give
you ~ at all?** haben sie euch überhaupt
etwas/überhaupt nichts gegeben?; **are
you doing ~ tonight?** hast du heute
Abend schon etwas vor?; **he's as smart
as ~** (infml) er ist clever wie noch was
(infml) **2** (≈ no matter what) alles; **~ you
like** (alles,) was du willst; **I wouldn't do

it for ~ ich würde es um keinen Preis tun; ~ **else is impossible** alles andere ist unmöglich; ~ **but that!** alles, nur das nicht!; ~ **but!** von wegen! **B** *adv* (*infml*) **it isn't** ~ **like him** das sieht ihm überhaupt nicht ähnlich; **it didn't cost** ~ **like £100** es kostete bei Weitem keine £ 100

anyway *adv* jedenfalls; (≈ *regardless*) trotzdem; ~, **that's what I think** das ist jedenfalls meine Meinung; **I told him not to, but he did it** ~ ich habe es ihm verboten, aber er hat es trotzdem gemacht; **who cares,** ~? überhaupt, wen kümmert es denn schon?

anyways *adv* (*US dial*) = anyway

anywhere *adv* **1** irgendwo; *go* irgendwohin; **not** ~ nirgends/nirgendwohin; **he'll never get** ~ er wird es zu nichts bringen; **I wasn't getting** ~ ich kam (einfach) nicht weiter; **I haven't found** ~ **to live yet** ich habe noch nichts gefunden, wo ich wohnen kann; **the cottage was miles from** ~ das Häuschen lag jwd (*infml*); **there could be** ~ **between 50 and 100 people** es könnten (schätzungsweise) 50 bis 100 Leute sein **2** (≈ *no matter where*) überall; *go* überallhin; **they could be** ~ sie könnten überall sein; ~ **you like** wo/wohin du willst

apart *adv* **1** auseinander; **I can't tell them** ~ ich kann sie nicht auseinanderhalten; **to live** ~ getrennt leben; **to come** *or* **fall** ~ entzweigehen; **her marriage is falling** ~ ihre Ehe geht in die Brüche; **to take sth** ~ etw auseinandernehmen **2** (≈ *to one side*) beiseite; (≈ *on one side*) abseits (*from +gen*); **he stood** ~ **from the group** er stand abseits von der Gruppe **3** (≈ *excepted*) abgesehen von; ~ **from that, the gearbox is also faulty** außerdem ist (auch) das Getriebe schadhaft

apartheid *n* Apartheid *f*

apartment *n* (*esp US*) Wohnung *f*; ~ **house** *or* **block** *or* **building** Wohnblock *m*

apathetic *adj* apathisch **apathy** *n* Apathie *f*

ape *n* Affe *m*

apéritif *n* Aperitif *m*

aperture *n* Öffnung *f*; PHOT Blende *f*

apex *n*, *pl* **-es** *or* **apices** Spitze *f*; (*fig*) Höhepunkt *m*

APEX RAIL, AVIAT *abbr* of **advance purchase excursion fare A** *adj attr* Frühbucher- **B** *n* Frühbucherticket *nt*

aphrodisiac *n* Aphrodisiakum *nt*

apices *pl* of **apex**

apiece *adv* pro Stück; (≈ *per person*) pro Person; **I gave them two** ~ ich gab ihnen je zwei; **they had two cakes** ~ sie hatten jeder zwei Kuchen

aplomb *n* Gelassenheit *f*; **with** ~ gelassen

Apocalypse *n* Apokalypse *f* **apocalyptic** *adj* apokalyptisch

apolitical *adj* apolitisch

apologetic *adj* (≈ *making an apology*) entschuldigend *attr*; (≈ *regretful*) bedauernd *attr*; **she wrote me an** ~ **letter** sie schrieb mir und entschuldigte sich vielmals; **he was most** ~ **(about it)** er entschuldigte sich vielmals (dafür) **apologetically** *adv* entschuldigend

apologize *v/i* sich entschuldigen (*to* bei); **to** ~ **for sb/sth** sich für jdn/etw entschuldigen **apology** *n* Entschuldigung *f*; **to make** *or* **offer sb an** ~ um Verzeihung bitten; **Mr Jones sends his apologies** Herr Jones lässt sich entschuldigen; **I owe you an** ~ ich muss dich um Verzeihung bitten; **I make no** ~ *or* **apologies for the fact that …** ich entschuldige mich nicht dafür, dass …

apoplectic *adj* (*infml*) cholerisch; ~ **fit** MED Schlaganfall *m* **apoplexy** *n* Schlaganfall *m*

apostle *n* (*lit, fig*) Apostel *m*

apostrophe *n* GRAM Apostroph *m*

appal, (*US also*) **appall** *v/t* entsetzen; **to be** ~**led** (**at** *or* **by sth**) (über etw *acc*) entsetzt sein **appalling** *adj*, **appallingly** *adv* entsetzlich

apparatus *n* Apparat *m*; (*in gym*) Geräte *pl*; **a piece of** ~ ein Gerät *nt*

apparel *n no pl* (*liter*, US COMM) Kleidung *f*

apparent *adj* **1** (≈ *obvious*) offensichtlich; **to be** ~ **to sb** jdm klar sein; **to become** ~ sich (deutlich) zeigen; **for no** ~ **reason** aus keinem ersichtlichen Grund **2** (≈ *seeming*) scheinbar **apparently** *adv* anscheinend

apparition *n* Erscheinung *f*

appeal A *n* **1** (≈ *request*) Appell *m* (*for* um); ~ **for funds** Spendenappell *m*; **to make an** ~ **to sb** an jdn appellieren; (*charity etc*) einen Appell an jdn richten; **to make an** ~ **to sb for sth** jdn um etw bitten; (*charity etc*) jdn zu etw aufrufen **2** (*against decision*) Einspruch *m*; (JUR, *against sentence*) Berufung f; (*actual trial*) Revision f; **he lost his ~** er verlor in der Berufung; **Court of Appeal** Berufungsgericht nt **3** (≈ *power of attraction*) Reiz m (**to** für); **his music has (a) wide ~** seine Musik spricht weite Kreise an **B** v/i **1** (≈ *make request*) (dringend) bitten; **to ~ to sb for sth** jdn um etw bitten; **to ~ to the public to do sth** die Öffentlichkeit (dazu) aufrufen, etw zu tun **2** (*against decision*) Einspruch erheben (**to** bei); JUR Berufung einlegen (**to** bei) **3** (*for support, decision*) appellieren (**to** an +acc); SPORTS Beschwerde einlegen **4** (≈ *be attractive*) reizen (**to sb** jdn); (*candidate, idea*) zusagen (**to sb** jdm) **appealing** adj **1** (≈ *attractive*) attraktiv **2** *look, voice* flehend

appear v/i **1** (≈ *emerge*) erscheinen; **to ~ from behind sth** hinter etw (*dat*) auftauchen; **to ~ in public** sich in der Öffentlichkeit zeigen; **to ~ in court** vor Gericht erscheinen; **to ~ as a witness** als Zeuge/Zeugin auftreten **2** (≈ *seem*) scheinen; **he ~ed (to be) drunk** er schien betrunken zu sein; **it ~s that ...** es hat den Anschein, dass ...; **it ~s not** anscheinend nicht; **there ~s to be a mistake** da scheint ein Irrtum vorzuliegen; **it ~s to me that ...** mir scheint, dass ...

appearance n **1** (≈ *emergence*) Erscheinen nt; (*unexpected*) Auftauchen nt no pl; THEAT Auftritt m; **to put in** or **make an ~** sich sehen lassen **2** (≈ *look*) Aussehen nt; (*esp of person*) Äußere(s) nt; **for the sake of ~s** um den Schein zu wahren; **to keep up ~s** den (äußeren) Schein wahren

appease v/t beschwichtigen **appeasement** n Beschwichtigung f

append v/t *notes etc* anhängen (**to** an +acc) (*also* IT) **appendage** n (*fig*) Anhängsel nt **appendectomy** n Blinddarmoperation f **appendicitis** n Blinddarmentzündung f **appendix** n, pl **appendices** or **-es** **1** ANAT Blinddarm m; **to have one's ~ out** sich (*dat*) den Blinddarm herausnehmen lassen **2** (*to book etc*) Anhang m

appetite n Appetit m; (*fig*) Verlangen nt; **to have an/no ~ for sth** Appetit/keinen Appetit auf etw (*acc*) haben; (*fig*) Verlangen/kein Verlangen nach etw haben; **I hope you've got an ~** ich hoffe, ihr habt Appetit!; **to spoil one's ~** sich (*dat*) den Appetit verderben **appetizer** n (≈ *food*)

Appetitanreger m; (≈ *hors d'oeuvre*) Vorspeise f; (≈ *drink*) appetitanregendes Getränk **appetizing** adj appetitlich; *smell* lecker

applaud **A** v/t applaudieren; *efforts, courage* loben; *decision* begrüßen **B** v/i applaudieren **applause** n no pl Applaus m **apple** n Apfel m; **to be the ~ of sb's eye** jds Liebling sein **apple-green** adj apfelgrün **apple pie** n ≈ gedeckter Apfelkuchen **apple sauce** n COOK Apfelmus nt **applet** n IT Applet nt

appliance n Vorrichtung f; (≈ *household appliance*) Gerät nt

applicable adj anwendbar (**to** auf +acc); (*on forms*) zutreffend (**to** für); **that isn't ~ to you** das trifft auf Sie nicht zu **applicant** n (*for job*) Bewerber(in) m(f) (*for* um, für); (*for loan*) Antragsteller(in) m(f) (*for* für, auf +acc)

application n **1** (*for job etc*) Bewerbung f (*for* um, für); (*for loan*) Antrag m (*for* auf +acc) **2** (*of paint, ointment*) Auftragen nt; (*of rules, knowledge*) Anwendung f; **"for external ~ only"** MED „nur zur äußerlichen Anwendung" **3** (≈ *diligence*) Fleiß m **application form** n Antragsformular nt; (*for job*) Bewerbungsbogen m **application program** n IT Anwendungsprogramm nt **application software** n IT Anwendersoftware f **applicator** n Aufträger m; (*for tampons*) Applikator m

applied adj attr *maths etc* angewandt **appliqué** SEWING **A** n Applikationen pl **B** adj attr **~ work** Stickerei f

apply **A** v/t *paint, ointment* auftragen (**to** auf +acc); *dressing* anlegen; *pressure, rules, knowledge* anwenden (**to** auf +acc); *brakes* betätigen; **to ~ oneself (to sth)** sich (bei etw) anstrengen; **that term can be applied to many things** dieser Begriff trifft auf viele Dinge zu **B** v/i **1** (≈ *make an application*) sich bewerben (*for* um, für); **to ~ to sb for sth** (*for job, grant*) sich bei jdm für etw bewerben; **~ within** Anfragen im Laden; **she has applied to college** sie hat sich um einen Studienplatz beworben **2** (≈ *be applicable*) gelten (**to** für)

appoint v/t (*to a job*) einstellen; (*to a post*) ernennen; **to ~ sb to an office** jdn in ein Amt berufen; **to ~ sb to etw** zu etw ernennen; **to ~ sb to do sth** jdn dazu bestimmen, etw zu tun **appointed** adj *hour, place* festgesetzt; *task* zugewiesen;

representative ernannt **appointee** *n* Ernannte(r) *m/f(m)*

appointment *n* **1** Verabredung *f*; (≈ *business appointment, with doctor etc*) Termin *m* (*with* bei); **to make an ~ with sb** mit jdm eine Verabredung treffen/einen Termin vereinbaren; **I made an ~ to see the doctor** ich habe mir beim Arzt einen Termin geben lassen; **do you have an ~?** sind Sie angemeldet?; **to keep an ~** einen Termin einhalten; **by ~** auf Verabredung; (*on business, to see doctor, lawyer etc*) nach Vereinbarung **2** (*to a job*) Einstellung *f*; (*to a post*) Ernennung *f* **appointment(s) book** *n* Terminkalender *m*

apportion *v/t* aufteilen; *duties* zuteilen; **to ~ sth to sb** jdm etw zuteilen

appraisal *n* (*of value, damage*) Abschätzung *f*; (*of ability*) Beurteilung *f* **appraise** *v/t value, damage* schätzen; *ability* einschätzen

appreciable *adj*, **appreciably** *adv* beträchtlich **appreciate** **A** *v/t* **1** *dangers, problems etc* sich (*dat*) bewusst sein (+*gen*); *sb's wishes etc* Verständnis haben für; **I ~ that you cannot come** ich verstehe, dass ihr nicht kommen könnt **2** (≈ *grateful for*) zu schätzen wissen; **thank you, I ~ it** vielen Dank, sehr nett von Ihnen; **I would ~ it if you could do this by tomorrow** könnten Sie das bitte bis morgen erledigen? **3** *art, music* schätzen **B** *v/i* FIN **to ~ (in value)** im Wert steigen **appreciation** *n* **1** (*of problems, dangers*) Erkennen *nt* **2** (≈ *respect*) Anerkennung *f*; (*of person*) Wertschätzung *f*; **in ~ of sth** zum Dank für etw; **to show one's ~** seine Dankbarkeit (be)zeigen **3** (≈ *enjoyment, understanding*) Verständnis *nt*; (*of art*) Sinn *m* (*of* für); **to write an ~ of sb/sth** einen Bericht über jdn/etw schreiben **4** (≈ *increase*) (Wert)steigerung *f* (*in* bei) **appreciative** *adj* anerkennend; (≈ *grateful*) dankbar

apprehend *v/t* festnehmen **apprehension** *n* (≈ *fear*) Besorgnis *f*; **a feeling of ~** eine dunkle Ahnung **apprehensive** *adj* ängstlich; **to be ~ of sth** etw befürchten; **he was ~ about the future** er schaute mit ängstlicher Sorge in die Zukunft **apprehensively** *adv* ängstlich

apprentice **A** *n* Lehrling *m*, Auszubildende(r) *m/f(m)*; **~ electrician** Elektrikerlehrling *m* **B** *v/t* **to be ~d to sb** bei jdm

in die Lehre gehen **apprenticeship** *n* Lehre *f*; **to serve one's ~** seine Lehre absolvieren

approach **A** *v/i* (*physically*) sich nähern; (*date etc*) nahen **B** *v/t* **1** (≈ *come near*) sich nähern (+*dat*), AVIAT anfliegen; (*fig*) heranreichen an (+*acc*); **to ~ thirty** auf die dreißig zugehen; **the train is now ~ing platform 3** der Zug hat Einfahrt auf Gleis 3; **something ~ing a festive atmosphere** eine annähernd festliche Stimmung **2** *person, organization* herantreten an (+*acc*) (*about* wegen) **3** *problem, task* angehen **C** *n* **1** (≈ *drawing near*) (Heran)nahen *nt*; (*of troops*) Heranrücken *nt*; AVIAT Anflug *m* (*to an* +*acc*) **2** (*to person, organization*) Herantreten *nt* **3** (≈ *attitude*) Ansatz *m* (*to* zu); **a positive ~ to teaching** eine positive Einstellung zum Unterrichten; **his ~ to the problem** seine Art, an das Problem heranzugehen; **try a different ~** versuchs doch mal anders **approachable** *adj* *person* leicht zugänglich **approach path** *n* AVIAT Einflugschneise *f* **approach road** *n* (*to city etc*) Zufahrtsstraße *f*; (*to motorway*) (Autobahn)zubringer *m*; (≈ *slip road*) Auffahrt *f*

approbation *n* Zustimmung *f*; (*from critics*) Beifall *m*

appropriate[1] *adj* **1** (≈ *fitting*) geeignet (*for, to* für); (*to a situation, occasion*) angemessen (*to* +*dat*); *name, remark* treffend; **to be ~ for doing sth** geeignet sein, etw zu tun **2** (≈ *relevant*) entsprechend; *authority* zuständig; **put a tick where ~** Zutreffendes bitte ankreuzen; **delete as ~** Nichtzutreffendes streichen

appropriate[2] *v/t* sich (*dat*) aneignen

appropriately *adv* treffend; *dressed* passend (*for, to* für) **appropriateness** *n* (≈ *suitability, fittingness*) Eignung *f*; (*of dress, remark, name, for a particular occasion*) Angemessenheit *f*

appropriation *n* (*of land, property*) Beschlagnahmung *f*; (*of sb's ideas*) Aneignung *f*

approval *n* **1** Anerkennung *f*; (≈ *consent*) Zustimmung *f* (*of* zu); **to win sb's ~ (for sth)** jds Zustimmung (für etw) gewinnen; **to give one's ~ for sth** seine Zustimmung zu etw geben; **to meet with/have sb's ~** jds Zustimmung finden/haben; **to show one's ~ of sth** zeigen, dass man einer Sache (*dat*) zustimmt **2** COMM **on ~**

zur Probe; (*to look at*) zur Ansicht
approve **A** *v/t decision* billigen; *project*
genehmigen **B** *v/i* **to ~ of sb/sth** von
jdm/etw etwas halten; **I don't ~ of him/
it** ich halte nichts von ihm/davon; **I don't
~ of children smoking** ich bin dagegen,
dass Kinder rauchen **approving** *adj* anerkennend; (≈ *consenting*) zustimmend **approvingly** *adv* anerkennend
approx. *abbr of* **approximately** ca. **approximate** **A** *adj* ungefähr; **these figures are only ~** dies sind nur ungefähre
Werte; **three hours is the ~ time needed**
man braucht ungefähr drei Stunden **B** *v/i*
to ~ to sth einer Sache (*dat*) in etwa entsprechen **C** *v/t* **to ~ sth** einer Sache (*dat*)
in etwa entsprechen **approximately**
adv ungefähr **approximation** *n* Annäherung *f* (*of, to* an +*acc*); (≈ *figure*) (An)nä-
herungswert *m*; **his story was an ~ of
the truth** seine Geschichte entsprach in
etwa der Wahrheit
APR *abbr of* **annual percentage rate** Jah-
reszinssatz *m*
après-ski **A** *n* Après-Ski *nt* **B** *adj attr* Ap-
rès-Ski-
apricot **A** *n* Aprikose *f*, Marille *f* (*Aus*) **B**
adj (*a.* **apricot-coloured**) aprikosenfar-
ben
April *n* April *m*; **~ shower** Aprilschauer *m*;
→ **September April fool** *n* Aprilnarr *m*;
~! ≈ April, April!; **to play an ~ on sb** jdn
in den April schicken **April Fools' Day**
n der erste April
apron *n* Schürze *f* **apron strings** *pl* **to
be tied to sb's ~** jdm am Schürzenzipfel
hängen (*infml*)
apropos *prep* (*a.* **apropos of**) apropos
(+*nom*)
apt *adj* (+*er*) **1** (≈ *fitting*) passend **2** **to be
~ to do sth** dazu neigen, etw zu tun
Apt. *abbr of* **apartment** Z, Zi
aptitude *n* Begabung *f* **aptitude test** *n*
Eignungsprüfung *f*
aptly *adv* passend
aquajogging *n* Aquajogging *nt* **aqua-
lung** *n* Tauchgerät *nt* **aquamarine** **A**
n Aquamarin *m*; (≈ *colour*) Aquamarin *nt*
B *adj* aquamarin **aquaplane** *v/i* (*car
etc*) (auf nasser Straße) ins Rutschen geraten **aquaplaning** *n* Aquaplaning *nt*; **in
order to prevent the car from ~** um
ein Aquaplaning zu verhindern **aquarium** *n* Aquarium *nt* **Aquarius** *n* Wasser-

mann *m* **aquarobics** *n sg* Aquarobic *nt*
aquatic *adj* Wasser-; **~ sports** Wassersport *m* **aqueduct** *n* Aquädukt *m or nt*
AR *abbr of* **augmented reality AR** *f*, erweiterte Realität
Arab **A** *n* Araber *m*, Araberin *f*; **the ~s**
die Araber **B** *adj attr* arabisch; **~ horse**
Araber *m* **Arabia** *n* Arabien *nt* **Arabian**
adj arabisch **Arabic** **A** *n* Arabisch *nt* **B**
adj arabisch
arable *adj* Acker-; **~ farming** Ackerbau
m; **~ land** Ackerland *nt*
arbitrarily *adv* willkürlich **arbitrary** *adj*
willkürlich
arbitrate **A** *v/t* schlichten **B** *v/i* vermitteln **arbitration** *n* Schlichtung *f*; **to go
to ~** vor eine Schlichtungskommission
gehen **arbitrator** *n* Vermittler(in) *m(f)*;
esp IND Schlichter(in) *m(f)*
arc *n* Bogen *m*
arcade *n* ARCH Arkade *f*; (≈ *shopping arcade*) Passage *f*
arcane *adj* obskur
arch[1] **A** *n* **1** Bogen *m* **2** (*of foot*) Wölbung *f* **B** *v/t back* krümmen; *eyebrows*
hochziehen; **the cat ~ed its back** die Katze machte einen Buckel
arch[2] *adj attr* Erz-; **~ enemy** Erzfeind(in)
m(f)
archaeological, (*US*) **archeological**
adj archäologisch **archaeologist**, (*US*)
archeologist *n* Archäologe *m*, Archäologin *f* **archaeology**, (*US*) **archeology** *n* Archäologie *f*
archaic *adj* veraltet **archaism** *n* veral-
teter Ausdruck
archangel *n* Erzengel *m* **archbishop** *n*
Erzbischof *m* **archdeacon** *n* Erzdiakon
m
arched *adj* gewölbt; **~ window** (Rund)bo-
genfenster *nt*
archeological *etc* (*US*) = **archaeological**
etc
archer *n* Bogenschütze *m*/-schützin *f*
archery *n* Bogenschießen *nt*
archetypal *adj* archetypisch (*elev*); (≈ *typical*) typisch; **he is the ~ millionaire** er ist
ein Millionär, wie er im Buche steht **ar-
chetype** *n* Archetyp(us) *m* (*form*)
archipelago *n, pl* -(e)s Archipel *m*
architect *n* Architekt(in) *m(f)*; **he was the
~ of his own downfall** er hat seinen Ruin
selbst verursacht **architectural** *adj*, **ar-
chitecturally** *adv* architektonisch **ar-**

chitecture n Architektur f
archive n Archiv nt (also IT); ~ **material** Archivmaterial nt **archives** pl Archiv nt
archivist n Archivar(in) m(f)
arch-rival n Erzrivale m, Erzrivalin f
archway n Torbogen m
arctic 🅐 adj arktisch 🅑 n the Arctic die Arktis **Arctic Circle** n nördlicher Polarkreis **Arctic Ocean** n Nordpolarmeer nt
ardent adj leidenschaftlich **ardently** adv leidenschaftlich; desire, admire glühend
arduous adj beschwerlich; work anstrengend; task mühselig
are 2nd person sg, 1st, 2nd, 3rd person pl pres of be
area n 🔳 (measure) Fläche f; **20 sq metres** (Br) or **meters** (US) **in** ~ eine Fläche von 20 Quadratmetern 🔳 (≈ region) Gebiet nt; (≈ neighbourhood) Gegend f; (piece of ground) Gelände nt; (on diagram etc) Bereich m; **in the** ~ in der Nähe; **do you live in the** ~? wohnen Sie hier (in der Gegend)?; **in the London** ~ im Londoner Raum; **protected** ~ Schutzgebiet nt; **dining/sleeping** ~ Ess-/Schlafbereich m; **no smoking** ~ Nichtraucherzone f; **the (penalty)** ~ (esp Br FTBL) der Strafraum; **a mountainous** ~ eine bergige Gegend; **a wooded** ~ ein Waldstück nt; (larger) ein Waldgebiet nt; **the infected** ~**s of the lungs** die befallenen Teile or Stellen der Lunge 🔳 (fig) Bereich m; **his** ~ **of responsibility** sein Verantwortungsbereich m; ~ **of interest** Interessengebiet nt **area code** n TEL Vorwahl(nummer) f **area manager** n Gebietsleiter(in) m(f) **area office** n Bezirksbüro nt
arena n Arena f
aren't = are not, am not; → be
Argentina n Argentinien nt **Argentine** n the ~ Argentinien nt **Argentinian** 🅐 n Argentinier(in) m(f) 🅑 adj argentinisch
arguable adj it is ~ that ... es lässt sich der Standpunkt vertreten, dass ...; (≈ open to discussion) it is ~ whether ... es ist (noch) die Frage, ob ... **arguably** adv wohl; **this is** ~ **his best book** dies dürfte sein bestes Buch sein
argue 🅐 v/i 🔳 (≈ dispute) streiten; (≈ quarrel) sich streiten; (about trivial things) sich zanken; **there's no arguing with him** mit ihm kann man nicht reden; **don't** ~ **with your mother!** du sollst deiner Mut-

ter nicht widersprechen!; **there is no point in arguing** da erübrigt sich jede (weitere) Diskussion 🔳 **to** ~ **for** or **in favour** (Br) or **favor** (US) **of/against sth** für/gegen etw sprechen; **this** ~**s in his favour** (Br) or **favor** (US) das spricht zu seinen Gunsten 🅑 v/t 🔳 case, matter diskutieren; **a well** ~**d case** ein gut begründeter Fall 🔳 (≈ maintain) behaupten; **he** ~**s that ...** er vertritt den Standpunkt, dass ... ◊**argue out** v/t sep problem ausdiskutieren; **to argue sth out with sb** etw mit jdm durchsprechen
argument n 🔳 (≈ discussion) Diskussion f; **for the sake of** ~ rein theoretisch 🔳 (≈ quarrel) Auseinandersetzung f; **to have an** ~ sich streiten; (over sth trivial) sich zanken 🔳 (≈ reason) Argument nt; **Professor Ayer's** ~ **is that ...** Professor Ayers These lautet, dass ... **argumentative** adj streitsüchtig
aria n Arie f
arid adj dürr
Aries n ASTROL Widder m; **she is (an)** ~ sie ist Widder
arise pret **arose**, past part **arisen** v/i 🔳 sich ergeben; (question, problem) aufkommen; **should the need** ~ falls sich die Notwendigkeit ergibt 🔳 (≈ result) **to** ~ **out of** or **from sth** sich aus etw ergeben
aristocracy n Aristokratie f **aristocrat** n Aristokrat(in) m(f) **aristocratic** adj aristokratisch
arithmetic n Rechnen nt
ark n **Noah's** ~ die Arche Noah
arm¹ n 🔳 ANAT Arm m; **in one's** ~**s im** Arm; **to give sb one's** ~ (Br) jdm den Arm geben; **to take sb in one's** ~**s** jdn in die Arme nehmen; **to hold sb in one's** ~**s** jdn umarmen; **to put** or **throw one's** ~**s around sb** die Arme um jdn schlingen (elev); ~ **in** ~ Arm in Arm; **to welcome sb with open** ~**s** jdn mit offenen Armen empfangen; **within** ~**'s reach** in Reichweite; **it cost him an** ~ **and a leg** (infml) es kostete ihn ein Vermögen 🔳 (≈ sleeve) Ärmel m 🔳 (of river) (Fluss)arm m; (of armchair) (Arm)lehne f
arm² 🅐 v/t bewaffnen; **to** ~ **sth with sth** etw mit etw ausrüsten; **to** ~ **oneself with sth** sich mit etw bewaffnen 🅑 v/i aufrüsten **armaments** pl Ausrüstung f
armband n Armbinde f
armchair n Sessel m, Fauteuil nt (Aus)

armed *adj* bewaffnet **armed forces** *pl* Streitkräfte *pl* **armed robbery** *n* bewaffneter Raubüberfall

Armenia *n* Armenien *nt* **Armenian** **A** *adj* armenisch **B** *n* **1** (≈ *person*) Armenier(in) *m(f)* **2** LING Armenisch *nt*

armful *n* Arm *m* voll *no pl* **armhole** *n* Armloch *nt*

armistice *n* Waffenstillstand *m* **Armistice Day** *n* 11.11., *Tag des Waffenstillstands* (1918)

armour, (US) **armor** *n* Rüstung *f*; **suit of ~** Rüstung *f* **armoured,** (US) **armored** *adj* Panzer-; **~ car** Panzerwagen *m*; **~ personnel carrier** Schützenpanzer(wagen) *m* **armour-plated,** (US) **armor-plated** *adj* gepanzert **armour plating,** (US) **armor plating** *n* Panzerung *f* **armoury,** (US) **armory** *n* **1** Arsenal *nt*, Waffenlager *nt* **2** (US ≈ *factory*) Munitionsfabrik *f*

armpit *n* Achselhöhle *f* **armrest** *n* Armlehne *f*

arms *pl* **1** (≈ *weapons*) Waffen *pl*; **to take up ~ (against sb/sth)** (gegen jdn/etw) zu den Waffen greifen; (*fig*) (gegen jdn/etw) zum Angriff übergehen; **to be up in ~ (about sth)** (*fig infml*) (über etw *acc*) empört sein **2** HERALDRY Wappen *nt* **arms race** *n* Wettrüsten *nt*

army **A** *n* **1** Armee *f*; **~ of occupation** Besatzungsarmee *f*; **to be in the ~** beim Militär sein; **to join the ~** zum Militär gehen **2** (*fig*) Heer *nt* **B** *attr* Militär-; **~ life** Soldatenleben *nt*; **~ officer** Offizier(in) *m(f)* in der Armee

A-road *n* (Br) ≈ Bundesstraße *f*

aroma *n* Aroma *nt* **aromatherapy** *n* Aromatherapie *f* **aromatic** *adj* aromatisch

arose *pret of* arise

around **A** *adv* herum, rum (*infml*); **I looked all ~** ich sah mich nach allen Seiten um; **they came from all ~** sie kamen von überall her; **he turned ~** er drehte sich um; **for miles ~** meilenweit im Umkreis; **to travel ~** herumreisen; **is he ~?** ist er da?; **see you ~!** (*infml*) bis bald! **B** *prep* **1** (≈ *right round*) um; (*in a circle*) um … herum **2** (≈ *in, through*) **to wander ~ the city** durch die Stadt spazieren; **to travel ~ Scotland** durch Schottland reisen; **the church must be ~ here somewhere** die Kirche muss hier irgendwo sein **3** (*with date*) um; (*with time of day*) gegen;

(*with weight, price*) etwa; → round

arouse *v/t* erregen

arr *abbr of* arrival, arrives Ank.

arrange *v/t* **1** (≈ *order*) ordnen; *objects* aufstellen; *books in library etc* anordnen; *flowers* arrangieren **2** (≈ *see to, decide on*) vereinbaren; *party* arrangieren; **I'll ~ for you to meet him** ich arrangiere für Sie ein Treffen mit ihm; **an ~d marriage** eine arrangierte Ehe; **if you could ~ to be there at five** wenn du es so einrichten kannst, dass du um fünf Uhr da bist; **a meeting has been ~d for next month** nächsten Monat ist ein Treffen angesetzt **3** MUS arrangieren **arrangement** *n* **1** Anordnung *f*; **a flower ~** ein Blumenarrangement *nt* **2** (≈ *agreement*) Vereinbarung *f*; (*to meet*) Verabredung *f*; **a special ~** eine Sonderregelung; **to have/come to an ~ with sb** eine Regelung mit jdm getroffen haben/treffen **3** (*usu pl*) (≈ *plans*) Pläne *pl*; (≈ *preparations*) Vorbereitungen *pl*; **to make ~s for sb/sth** für jdn/etw Vorbereitungen treffen; **to make ~s for sth to be done** veranlassen, dass etw getan wird; **to make one's own ~s** selber zusehen(, wie …); **seating ~s** Sitzordnung *f*

array *n* **1** (≈ *collection*) Ansammlung *f*; (*of objects*) stattliche Reihe **2** IT (Daten)feld *nt*

arrears *pl* Rückstände *pl*; **to get** *or* **fall into ~** in Rückstand geraten; **to have ~ of £5000** mit £ 5000 im Rückstand sein; **to be paid in ~** rückwirkend bezahlt werden

arrest **A** *v/t* festnehmen; (*with warrant*) verhaften **B** *n* Festnahme *f*; (*with warrant*) Verhaftung *f*; **to be under ~** festgenommen/verhaftet sein **arrest warrant** *n* Haftbefehl *m*

arrival *n* **1** Ankunft *f no pl*; (*of goods, news*) Eintreffen *nt no pl*; **on ~** bei Ankunft; **he was dead on ~** bei seiner Einlieferung ins Krankenhaus wurde der Tod festgestellt; **~ time** Ankunftszeit *f*; **~s** RAIL, AVIAT Ankunft *f* **2** (≈ *person*) Ankömmling *m*; **new ~** Neuankömmling *m* **arrivals lounge** *n* Ankunftshalle *f*

arrive *v/i* ankommen; **to ~ home** nach Hause kommen; (*esp after journey etc*) zu Hause ankommen; **to ~ at a town/the airport** in einer Stadt/am Flughafen ankommen; **the train will ~ at platform 10** der Zug fährt auf Gleis 10 ein; **to ~ at a decision/result** zu einer Entscheidung/einem Ergebnis kommen

arrogance n Arroganz f **arrogant** adj, **arrogantly** adv arrogant

arrow n Pfeil m **arrow key** n IT Pfeiltaste f

arse (Br sl) **A** n Arsch m (sl); **get your ~ in gear!** setz mal deinen Arsch in Bewegung! (sl); **tell him to get his ~ into my office** sag ihm, er soll mal in meinem Büro antanzen (infml) **B** v/t **I can't be ~d** ich hab keinen Bock (sl) ◊**arse about** or **around** v/i (Br infml) rumblödeln (infml)

arsehole n (Br vulg) Arschloch nt (vulg)

arsenal n MIL Arsenal nt; (fig) Waffenlager nt

arsenic n Arsen nt; **~ poisoning** Arsenvergiftung f

arson n Brandstiftung f **arsonist** n Brandstifter(in) m(f)

art **A** n **1** Kunst f; **the ~s** die schönen Künste; **there's an ~ to it** das ist eine Kunst; **~s and crafts** Kunsthandwerk nt **2** **~s** UNIV Geisteswissenschaften pl; **~s minister** Kulturminister(in) m(f) **B** adj attr Kunst- **art college** n Kunsthochschule f

artefact (Br), **artifact** n Artefakt nt

arterial adj **~ road** AUTO Fernverkehrsstraße f **artery** n **1** ANAT Arterie f **2** (a. **traffic artery**) Verkehrsader f

art gallery n Kunstgalerie f **art-house** adj attr **~ film** Experimentalfilm m; **~ cinema** ≈ Programmkino nt

arthritic adj arthritisch; **she is ~** sie hat Arthritis **arthritis** n Arthritis f

artichoke n Artischocke f

article n **1** (≈ item) Gegenstand m; (in list) Posten m; COMM Artikel m; **~ of furniture** Möbelstück nt; **~s of clothing** Kleidungsstücke pl **2** (in newspaper, constitution, also GRAM) Artikel m; (of treaty, contract) Paragraf m

articulate **A** adj klar; **to be ~** sich gut or klar ausdrücken können **B** v/t **1** (≈ pronounce) artikulieren **2** (≈ state) darlegen **C** v/i artikulieren **articulated lorry** (Br), **articulated truck** n Sattelschlepper m **articulately** adv pronounce artikuliert; express oneself klar

artifact n = artefact

artificial adj künstlich; (pej) smile, manner gekünstelt; **~ leather/silk** Kunstleder nt/-seide f; **~ limb** Prothese f; **you're so ~** du bist nicht echt **artificial insemination** n künstliche Befruchtung **artificial intelligence** n künstliche Intelligenz

artificially adv künstlich; (≈ insincerely) gekünstelt **artificial respiration** n künstliche Beatmung f

artillery n Artillerie f

artisan n Handwerker(in) m(f)

artist n Künstler(in) m(f); **~'s impression** Zeichnung f **artiste** n Künstler(in) m(f); (≈ circus artiste) Artist(in) m(f) **artistic** adj künstlerisch; (≈ tasteful) kunstvoll; (≈ appreciative of art) kunstverständig; **she's very ~** sie ist künstlerisch veranlagt or begabt/sehr kunstverständig **artistically** adv künstlerisch; (≈ tastefully) kunstvoll **artistic director** n künstlerischer Direktor, künstlerische Direktorin **artistry** n Kunst f **Art Nouveau** n Jugendstil m **art school** n Kunsthochschule f **arts degree** n Abschlussexamen nt der philosophischen Fakultät **Arts Faculty, Faculty of Arts** n philosophische Fakultät **artwork** n **1** (in book) Bildmaterial nt **2** (for advert etc ≈ material ready for printing) Druckvorlage f **3** (≈ painting etc) Kunstwerk nt **arty** adj (+er) (infml) Künstler-; person auf Künstler machend (pej); film geschmäcklerisch **arty-farty** adj (hum infml) = arty

Aryan HIST **A** n Arier(in) m(f) **B** adj arisch

as **A** cj **1** (≈ when, while) als, während **2** (≈ since) da **3** (≈ although) **rich as he is I won't marry him** obwohl er reich ist, werde ich ihn nicht heiraten; **much as I admire her, ...** sosehr ich sie auch bewundere, ...; **be that as it may** wie dem auch sei **4** (manner) wie; **do as you like** machen Sie, was Sie wollen; **leave it as it is** lass das so; **the first door as you go in** die erste Tür, wenn Sie hereinkommen; **knowing him as I do** so wie ich ihn kenne; **it is bad enough as it is** es ist schon schlimm genug; **as it were** sozusagen **5** (phrases) **as if** or **though** als ob; **it isn't as if he didn't see me** schließlich hat er mich ja gesehen; **as for him** (und) was ihn angeht; **as from now** ab jetzt; **so as to** (≈ in order to) um zu +inf; (in such a way) so, dass; **he's not so silly as to do that** er ist nicht so dumm, das zu tun **B** adv **as ... as** so ... wie; **twice as old** doppelt so alt; **just as nice** genauso nett; **late as usual!** wie immer zu spät!; **as recently as yesterday** erst gestern; **she is very clever, as is her brother** sie ist sehr intelligent, genau(so) wie ihr

Bruder; **as many/much as I could** so viele/so viel ich (nur) konnte; **there were as many as 100 people there** es waren bestimmt 100 Leute da; **the same man as was here yesterday** derselbe Mann, der gestern hier war **C** prep **1** (≈ in the capacity of) als; **to treat sb as a child** jdn wie ein Kind behandeln **2** (esp ≈ such as) wie (zum Beispiel)

asap abbr of **as soon as possible** baldmöglichst

asbestos n Asbest m

ascend A v/i aufsteigen; **in ~ing order** in aufsteigender Reihenfolge **B** v/t stairs hinaufsteigen; mountain erklimmen (elev)

ascendancy, ascendency n Vormachtstellung f; **to gain (the) ~ over sb** die Vorherrschaft über jdn gewinnen **Ascension** n **the ~** (Christi) Himmelfahrt f **Ascension Day** n Himmelfahrt(stag m) nt **ascent** n Aufstieg m; **the ~ of Ben Nevis** der Aufstieg auf den Ben Nevis

ascertain v/t ermitteln

ascetic A adj asketisch **B** n Asket m

ASCII abbr of **American Standard Code for Information Interchange**; **~ file** ASCII-Datei f

ascorbic acid n Askorbinsäure f

ascribe v/t zuschreiben (sth to sb jdm etw); importance, weight beimessen (to sth einer Sache dat)

asexual adj reproduction ungeschlechtlich

ash[1] n (a. **ash tree**) Esche f

ash[2] n Asche f; **~es** Asche f; **to reduce sth to ~es** etw völlig niederbrennen; **to rise from the ~es** (fig) aus den Trümmern wiederauferstehen

ashamed adj beschämt; **to be** or **feel ~ (of sb/sth)** sich schämen (für jdn/etw); **it's nothing to be ~ of** deswegen braucht man sich nicht zu schämen; **you ought to be ~ (of yourself)** du solltest dich (was) schämen!

ashen-faced adj kreidebleich

ashore adv an Land; **to run ~** stranden; **to put ~** an Land gehen

ashtray n Aschenbecher m **Ash Wednesday** n Aschermittwoch m

Asia n Asien nt **Asia Minor** n Kleinasien nt

Asian, Asiatic A adj **1** asiatisch **2** (Br) indopakistanisch **B** n **1** Asiat(in) m(f) **2** (Br) Indopakistaner(in) m(f) **Asian--American A** adj asiatisch-amerikanisch **B** n Amerikaner(in) m(f) asiatischer Herkunft

aside adv **1** zur Seite; **to set sth ~ for sb** etw für jdn beiseitelegen; **to turn ~** sich abwenden **2** (esp US) **~ from** außer; **~ from being chairman of this committee he is ...** außer Vorsitzender dieses Ausschusses ist er auch ...

A-side n (of record) A-Seite f

ask A v/t **1** fragen; question stellen; **to ~ sb the way** jdn nach dem Weg fragen; **don't ~ me!** (infml) frag mich nicht, was weiß ich! (infml) **2** (≈ invite) einladen; (in dancing) auffordern **3** (≈ request) bitten (sb for sth jdn um etw); (≈ demand) verlangen (sth of sb etw von jdm); **to ~ sb to do sth** jdn darum bitten, etw zu tun; **that's ~ing too much** das ist zu viel verlangt **4** COMM price verlangen **B** v/i **1** (≈ inquire) fragen; **to ~ about sb/sth** sich nach jdm/etw erkundigen **2** (≈ request) bitten (for sth um etw); **there's no harm in ~ing** Fragen kostet nichts!; **that's ~ing for trouble** das kann ja nicht gut gehen; **to ~ for Mr X** Herrn X verlangen ◊**ask after** v/i +prep obj sich erkundigen nach; **tell her I was asking after her** grüß sie schön von mir ◊**ask around** v/i herumfragen ◊**ask back** v/t sep **1** (≈ invite) zu sich einladen **2** **they never asked me back again** sie haben mich nie wieder eingeladen ◊**ask in** v/t sep (to house) hereinbitten ◊**ask out** v/t sep einladen ◊**ask over** v/t sep zu sich einladen ◊**ask round** v/t sep (esp Br) = ask over

askance adv **to look ~ at sb** jdn entsetzt ansehen; **to look ~ at a suggestion** etc über einen Vorschlag etc die Nase rümpfen

askew adj, adv schief

asking n no pl **to be had for the ~** umsonst or leicht or mühelos zu haben sein; **he could have had it for the ~** er hätte es leicht bekommen können **asking price** n Verkaufspreis m

asleep adj pred **1** schlafend; **to be (fast** or **sound) ~** (fest) schlafen; **to fall ~** einschlafen **2** (infml ≈ numb) eingeschlafen

A/S level n (Br SCHOOL) abbr of **Advanced Supplementary level** ≈ Fachabitur nt, ≈ Berufsmatura f (Aus, Swiss)

asocial adj ungesellig

asparagus n no pl Spargel m

aspect n **1** (≈ appearance) Erscheinung f;

(of thing) Aussehen nt **2** (of subject) Aspekt m; **what about the security ~?** was ist mit der Sicherheit? **3** (of building) **to have a southerly ~** Südlage haben

asphalt n Asphalt m

asphyxiate v/t & v/i ersticken; **to be ~d** ersticken **asphyxiation** n Erstickung f

aspic n cook Aspik m or nt

aspirate v/t aspirieren **aspiration** n Aspiration f

aspire v/i **to ~ to sth** nach etw streben; **to ~ to do sth** danach streben, etw zu tun

aspirin n Kopfschmerztablette f

aspiring adj aufstrebend

ass¹ n (lit, fig infml) Esel m; **to make an ~ of oneself** sich lächerlich machen

ass² n (US sl) Arsch m (sl); **to kick ~** mit der Faust auf den Tisch hauen (infml); **to work one's ~ off** sich zu Tode schuften (infml); **kiss my ~!** du kannst mich mal am Arsch lecken! (vulg)

assail v/t angreifen; **to be ~ed by doubts** von Zweifeln geplagt werden **assailant** n Angreifer(in) m(f)

assassin n Attentäter(in) m(f) **assassinate** v/t ein Attentat verüben auf (+acc); **Kennedy was ~d in Dallas** Kennedy wurde in Dallas ermordet **assassination** n (geglücktes) Attentat (of auf +acc); **~ attempt** Attentat nt

assault A n **1** MIL Sturm(angriff) m (on auf +acc); (fig) Angriff m (on gegen) **2** JUR Körperverletzung f; **sexual ~** Notzucht f **B** v/t **1** JUR tätlich werden gegen; (sexually) herfallen über (+acc); (≈ rape) sich vergehen an (+dat) **2** MIL angreifen **assault course** n Übungsgelände nt **assault rifle** n Maschinengewehr nt **assault troops** pl Sturmtruppen pl

assemble A v/t zusammensetzen; facts zusammentragen; team zusammenstellen **B** v/i sich versammeln **assembly** n **1** Versammlung f; **the Welsh Assembly** die walisische Versammlung **2** SCHOOL Morgenandacht f **3** (≈ putting together) Zusammenbau m; (of machine) Montage f **assembly hall** n SCHOOL Aula f **assembly line** n Montageband nt **Assembly Member** n Mitglied nt des walisischen Parlaments **assembly point** n Sammelplatz m **assembly worker** n Montagearbeiter(in) m(f)

assent A n Zustimmung f **B** v/i zustim-

men; **to ~ to sth** einer Sache (dat) zustimmen

assert v/t behaupten; one's innocence beteuern; **to ~ one's authority** seine Autorität geltend machen; **to ~ one's rights** sein Recht behaupten; **to ~ oneself** sich durchsetzen (over gegenüber) **assertion** n Behauptung f; **to make an ~** eine Behauptung aufstellen **assertive** adj, **assertively** adv bestimmt **assertiveness** n Bestimmtheit f

assess v/t **1** einschätzen; proposal abwägen; damage abschätzen **2** property schätzen **assessment** n **1** Einschätzung f; (of damage) Schätzung f; **what's your ~ of the situation?** wie sehen or beurteilen Sie die Lage? **2** (of property) Schätzung f **assessor** n INSUR (Schadens)gutachter(in) m(f); UNIV Prüfer(in) m(f)

asset n **1** (usu pl) Vermögenswert m; (on balance sheet) Aktivposten m; **~s** Vermögen nt; (on balance sheet) Aktiva pl; **personal ~s** persönlicher Besitz **2** (fig) **he is one of our great ~s** er ist einer unserer besten Leute

asshole n (US sl) Arschloch nt (vulg)

assiduous adj, **assiduously** adv gewissenhaft

assign v/t **1** (≈ allot) zuweisen (to sb jdm) **2** (≈ appoint) berufen; (to task etc) beauftragen (to mit); **she was ~ed to this school** sie wurde an diese Schule berufen **assignment** n **1** (≈ task) Aufgabe f; (≈ mission) Auftrag m; **to be on (an) ~** einen Auftrag haben **2** (≈ appointment) Berufung f; (to task etc) Beauftragung f (to mit) **3** (≈ allocation) Zuweisung f

assimilate v/t aufnehmen **assimilation** n Aufnahme f

assist A v/t helfen (+dat); (≈ act as an assistant to) assistieren (+dat); **to ~ sb with sth** jdm bei etw behilflich sein; **to ~ sb in doing sth** jdm helfen, etw zu tun **B** v/i (≈ help) helfen; **to ~ with sth** bei etw helfen; **to ~ in doing sth** helfen, etw zu tun **assistance** n Hilfe f; **to come to sb's ~** jdm zu Hilfe kommen; **can I be of any ~?** kann ich irgendwie helfen? **assistance dog** n Assistenzhund m **assistant A** n Assistent(in) m(f); (≈ shop assistant) Verkäufer(in) m(f) **B** adj attr stellvertretend **assistant professor** n (US) Assistenz-Professor(in) m(f) **assistant referee** n FTBL Schiedsrichterassistent(in) m(f) **assistive technology** n Unterstützungstechnologie f, assistierende Technologie

associate **A** n (≈ colleague) Kollege m, Kollegin f; (COMM ≈ partner) Teilhaber(in) m(f) **B** v/t assoziieren; **to ~ oneself with sb/sth** sich jdm/einer Sache anschließen **C** v/i **to ~ with** verkehren mit **associate director** n Direktor einer Firma, der jedoch nicht offiziell als solcher ernannt wurde **associate member** n außerordentliches Mitglied **associate professor** n (US) außerordentlicher Professor, außerordentliche Professorin **association** n **1** no pl (≈ associating) Umgang m; (≈ cooperation) Zusammenarbeit f **2** (≈ organization) Verband m **3** (≈ in mind) Assoziation f (with an +acc)

assorted adj gemischt **assortment** n Mischung f; (of goods) Auswahl f (of an +dat)

asst abbr of assistant

assume v/t **1** annehmen; (≈ presuppose) voraussetzen; **let us ~ that you are right** nehmen wir an, Sie hätten recht; **assuming (that)** ... angenommen(, dass) ...; **to ~ office** sein Amt antreten; **to ~ a look of innocence** eine unschuldige Miene aufsetzen **2** control übernehmen **assumed** adj **~ name** angenommener Name **assumption** n **1** Annahme f; (≈ presupposition) Voraussetzung f; **to go on the ~ that** ... von der Voraussetzung ausgehen, dass ... **2** (of power) Übernahme f **3** ECCL **the Assumption** Mariä Himmelfahrt f

assurance n **1** Versicherung f; (≈ promise) Zusicherung f **2** (≈ self-confidence) Sicherheit f **3** (Br:) (Lebens)versicherung f **assure** v/t **1** **to ~ sb of sth** (of willingness) jdn einer Sache (gen) versichern; (of support) jdm etw zusichern; **to ~ sb that** ... jdm versichern/zusichern, dass ... **2** success sichern; **he is ~d of a warm welcome wherever he goes** er kann sich überall eines herzlichen Empfanges sicher sein **3** (Br:) life versichern **assured** adj sicher; **to rest ~ that** ... sicher sein, dass ... **assuredly** adv mit Sicherheit

asterisk n Sternchen nt

astern adv NAUT achtern

asteroid n Asteroid m

asthma n Asthma nt **asthmatic** **A** n Asthmatiker(in) m(f) **B** adj asthmatisch

astonish v/t erstaunen; **to be ~ed** erstaunt sein **astonishing** adj, **astonishingly** adv erstaunlich; **~ly (enough)** erstaunlicherweise **astonishment** n Erstaunen nt (at über +acc); **she looked at me in ~** sie sah mich erstaunt an

astound v/t sehr erstaunen; **to be ~ed (at** or **by)** höchst erstaunt sein (über +acc) **astounding** adj, **astoundingly** adv erstaunlich

astray adj **to go ~** (Brief) verloren gehen; **to lead sb ~** (fig) jdn vom rechten Weg abbringen

astride prep rittlings auf (+dat)

astringent adj remark, humour beißend

astrologer n Astrologe m, Astrologin f **astrological** adj astrologisch **astrology** n Astrologie f

astronaut n Astronaut(in) m(f)

astronomer n Astronom(in) m(f) **astronomical** adj, **astronomically** adv astronomisch **astronomy** n Astronomie f

astrophysics n sg Astrophysik f

astute adj schlau; mind scharf **astutely** adv scharfsinnig **astuteness** n Schlauheit f

asunder adv (liter) (≈ apart) auseinander; (≈ in pieces) entzwei

asylum n **1** Asyl nt; **to ask for (political) ~** um (politisches) Asyl bitten **2** (≈ mental asylum) dated, neg! (Irren)anstalt f (dated, neg!) **asylum-seeker** n Asylbewerber(in)m(f), Asylsuchende(r) m/f(m)

asymmetric(al) adj asymmetrisch **asymmetry** n Asymmetrie f

at prep **1** (position) an (+dat), bei (+dat); (with place) in (+dat); **at a table** an einem Tisch; **at the top** an der Spitze; **at home** zu Hause; **at the university** (US), **at university** an or auf der Universität; **at school** in der Schule; **at the hotel** im Hotel; **at my brother's** bei meinem Bruder; **at a party** auf or bei einer Party; **at the station** am Bahnhof **2** (direction) **to point at sb/sth** auf jdn/etw zeigen; **to look at sb/sth** jdn/etw ansehen **3** (time, order) **at ten o'clock** um zehn Uhr; **at night** bei Nacht; **at Christmas/Easter** etc zu Weihnachten/Ostern etc; **at your age/16 (years of age)** in deinem Alter/mit 16 (Jahren); **three at a time** drei auf einmal; **at the start/end** am Anfang/Ende **4** (activity) **at play** beim Spiel; **at work** bei der Arbeit; **good at sth** gut in etw (dat);

while we are at it (*infml*) wenn wir schon mal dabei sind **5** (*state*) **to be at an advantage** im Vorteil sein; **at a profit** mit Gewinn; **I'd leave it at that** ich würde es dabei belassen **6** (≈ *as a result of, upon*) auf (+*acc*) … (hin); **at his request** auf seine Bitte (hin); **at that he left the room** daraufhin verließ er das Zimmer **7** *angry etc* über (+*acc*) **8** (*rate, degree*) **at 50 km/h** mit 50 km/h; **at 50p a pound** für *or* zu 50 Pence pro Pfund; **at 5% interest** zu 5% Zinsen; **at a high price** zu einem hohen Preis; **when the temperature is at 90°** wenn die Temperatur auf 90° ist

ate *pret of* eat

atheism *n* Atheismus *m* **atheist** *n* Atheist(in) *m(f)*

Athens *n* Athen *nt*

athlete *n* Athlet(in) *m(f)*; (≈ *specialist in track and field*) Leichtathlet(in) *m(f)* **athlete's foot** *n* Fußpilz *m* **athletic** *adj* sportlich; *build* athletisch **athletics** *n sg or pl* Leichtathletik *f*; **~ meeting** Leichtathletikwettkampf *m*

Atlantic **A** *n* (*a.* **Atlantic Ocean**) Atlantik *m* **B** *adj attr* atlantisch

atlas *n* Atlas *m*

atmosphere *n* Atmosphäre *f* **atmospheric** *adj* atmosphärisch **atmospheric pressure** *n* Luftdruck *m*

atom *n* Atom *nt* **atom bomb** *n* Atombombe *f* **atomic** *adj* atomar **atomic bomb** *n* Atombombe *f* **atomic energy** *n* Kernenergie *f* **Atomic Energy Authority** *n* (*Br*), **Atomic Energy Commission** *n* (*US*) Atomkommission *f* **atomic power** *n* **1** Atomkraft *f* **2** (≈ *propulsion*) Atomantrieb *m* **atomic structure** *n* Atombau *m*

atomizer *n* Zerstäuber *m*

atone *v/i* **to ~ for sth** (für) etw büßen **atonement** *n* Sühne *f*; **in ~ for sth** als Sühne für etw

A to Z® *n* Stadtplan *m* (*mit Straßenverzeichnis*)

atrocious *adj*, **atrociously** *adv* grauenhaft **atrocity** *n* Grausamkeit *f*

atrophy **A** *n* Schwund *m* **B** *v/i* verkümmern, schwinden

att *abbr of* attorney

attach *v/t* **1** (≈ *join*) befestigen (*to* an +*dat*); *to letter* beiheften; **please find ~ed … beigeheftet …; **to ~ conditions to sth** Bedingungen an etw (*acc*) knüpfen **2** **to be ~ed to sb/sth** (≈ *be fond of*) an jdm/etw hängen **3** *importance* beimessen (*to* +*dat*)

attaché *n* Attaché *m* **attaché case** *n* Aktenkoffer *m*

attachment *n* **1** (*for tool etc*) Zusatzteil *nt* **2** (≈ *affection*) Zuneigung *f* (*to* zu) **3** IT Anhang *m*, Attachment *nt*

attack **A** *n* **1** Angriff *m* (*on* auf +*acc*); **to be under ~** angegriffen werden; **to go on to the ~** zum Angriff übergehen **2** MED *etc* Anfall *m*; **to have an ~ of nerves** plötzlich Nerven bekommen **B** *v/t* **1** angreifen; (*in robbery etc*) überfallen **2** *problem* in Angriff nehmen **C** *v/i* angreifen; **an ~ing side** eine offensive Mannschaft **attacker** *n* Angreifer(in) *m(f)*

attain *v/t aim, rank* erreichen; *Unabhängigkeit* erlangen; *happiness* gelangen zu **attainable** *adj* erreichbar; *happiness, power* zu erlangen **attainment** *n* (*of happiness, power*) Erlangen *nt*

attempt **A** *v/t* versuchen; *task* sich versuchen an (+*dat*); **~ed murder** Mordversuch *m* **B** *n* Versuch *m*; (*on sb's life*) (Mord)anschlag *m* (*on* auf +*acc*); **an ~ on the record** ein Versuch, den Rekord zu brechen; **to make an ~ at doing sth** *or* **to do sth** versuchen, etw zu tun; **at the first ~** beim ersten Versuch

attend **A** *v/t* besuchen; *wedding* anwesend sein bei; **well ~ed** gut besucht **B** *v/i* anwesend sein; **are you going to ~?** gehen Sie hin? ◊**attend to** *v/i* +*prep obj* (≈ *see to*) sich kümmern um; *work etc* Aufmerksamkeit widmen (+*dat*); *teacher, sb's remark* zuhören (+*dat*); *customers etc* bedienen; **are you being attended to?** werden Sie schon bedient?; **that's being attended to** das wird (bereits) erledigt

attendance *n* **1** (≈ *being present*) Anwesenheit *f* (*at* bei); **to be in ~ at sth** bei etw anwesend sein **2** (≈ *number present*) Teilnehmerzahl *f* **attendance record** *n* **he doesn't have a very good ~** er fehlt oft **attendant** **A** *n* (*in museum*) Aufseher(in) *m(f)* **B** *adj problems etc* (da)zugehörig

attention *n* **1** *no pl* Aufmerksamkeit *f*; **to call** *or* **draw sb's ~ to sth, to call** *or* **draw sth to sb's ~** jdn auf etw (*acc*) aufmerksam machen; **to turn one's ~ to sb/sth** seine Aufmerksamkeit auf jdn/etw richten; **to pay ~/no ~ to sb/sth** jdn/etw beachten/nicht beachten; **to pay ~ to the teacher** dem Lehrer zuhören; **to hold sb's ~** jdn fesseln; **~!** Achtung!; **your ~, please** ich bitte um Aufmerksamkeit; *(official announcement)* Achtung, Achtung!; **it has come to my ~ that …** ich bin darauf aufmerksam geworden, dass …; **for the ~ of Miss Smith** zu Händen von Frau Sfmith **2** MIL **to stand to ~** stillstehen; **~!** stillgestanden! **attention deficit disorder** *n* MED Aufmerksamkeits-Defizit-Syndrom *nt* **attention deficit hyperactivity disorder** *n* MED Aufmerksamkeitsdefizit-Hyperaktivitätsstörung *f* **attention span** *n* Konzentrationsvermögen *nt* **attentive** *adj* aufmerksam; **to be ~ to sb** sich jdm gegenüber aufmerksam verhalten; **to be ~ to sb's needs** sich um jds Bedürfnisse kümmern **attentively** *adv* aufmerksam

attenuate *v/t* abschwächen; **attenuating circumstances** mildernde Umstände

attest *v/t* (≈ *testify to*) bescheinigen; *(on oath)* beschwören ◊**attest to** *v/i +prep obj* bezeugen

attestation *n* (≈ *document*) Bescheinigung *f*

attic *n* Dachboden *m*, Estrich *m* *(Swiss)*; *(lived-in)* Mansarde *f*; **in the ~** auf dem (Dach)boden

attire **A** *v/t* kleiden *(in* in *+acc)* **B** *n no pl* Kleidung *f*; **ceremonial ~** Festtracht *f*

attitude *n* (≈ *way of thinking*) Einstellung *f* *(to, towards* zu*)*; (≈ *way of acting*) Haltung *f* *(to, towards* gegenüber*)*; **women with ~** kämpferische Frauen

attn *abbr of* attention z. Hd. von

attorney *n* **1** (≈ *representative*) Bevollmächtigte(r) *m/f(m)*; **letter of ~** (schriftliche) Vollmacht **2** *(US ≈ lawyer)* (Rechts)anwalt *m/*-anwältin *f* **Attorney General** *n, pl* Attorneys General *or* Attorney Generals *(US)* ≈ Generalbundesanwalt *m/*-anwältin *f*; *(Br)* ≈ Justizminister(in) *m(f)*

attract *v/t* **1** *(idea etc)* ansprechen; **she feels ~ed to him** sie fühlt sich von ihm angezogen **2** *attention etc* auf sich *(acc)* ziehen; *new members etc* anziehen; **to ~ publicity** (öffentliches) Aufsehen erregen **attraction** *n* **1** *(PHYS, fig)* Anziehungskraft *f*; *(esp of big city etc)* Reiz *m* **2** (≈ *attractive thing*) Attraktion *f*

attractive *adj* attraktiv; *smile* anziehend; *house, dress* reizvoll, fesch *(Aus)* **attrac-**

tively *adv* attraktiv; *dress, furnish* reizvoll; **~ priced** zum attraktiven Preis *(at* von*)* **attractiveness** *n* Attraktivität *f*; *(of view etc)* Reiz *m*

attributable *adj* **to be ~ to sb/sth** jdm/ einer Sache zuzuschreiben sein **attribute** **A** *v/t* **to ~ sth to sb** jdm etw zuschreiben; **to ~ sth to sth** etw auf etw *(acc)* zurückführen; *importance etc* einer Sache *(dat)* etw beimessen **B** *n* Attribut *nt*

attrition *n* *(fig)* Zermürbung *f*

attune *v/t* *(fig)* abstimmen *(to* auf *+acc)*; **to become ~d to sth** sich an etw *(acc)* gewöhnen

atypical *adj* atypisch

aubergine *n* Aubergine *f*, Melanzani *f* *(Aus)*

auburn *adj hair* rot-braun

auction **A** *n* Auktion *f*; **to sell sth by ~** etw versteigern; **to put sth up for ~** etw zur Versteigerung anbieten **B** *v/t* (*a.* **auction off**) versteigern **auctioneer** *n* Auktionator(in) *m(f)* **auction room(s)** *n(pl)* Auktionshalle *f*

audacious *adj*, **audaciously** *adv* **1** (≈ *impudent*) dreist **2** (≈ *bold*) kühn **audacity, audaciousness** *n* **1** (≈ *impudence*) Dreistigkeit *f*; **to have the ~ to do sth** die Dreistigkeit besitzen, etw zu tun **2** (≈ *boldness*) Kühnheit *f*

audible *adj*, **audibly** *adv* hörbar

audience *n* **1** Publikum *nt no pl*; RADIO Zuhörerschaft *f* **2** (≈ *formal interview*) Audienz *f* *(with* bei*)*

audio book *n* Hörbuch *nt* **audio cassette** *n* Audiokassette *f* **audio equipment** *n* *(in recording studio)* Audiogeräte *pl*; (≈ *hi-fi*) Stereoanlage *f* **audio file** *n* Audiodatei *f* **audiotape** **A** *n* **1** (Ton)band *m* **2** *(US)* Kassette *f* **B** *v/t* auf (Ton)band/Kassette aufnehmen **audio typist** *n* Phonotypistin *f* **audiovisual** *adj* audiovisuell

audit **A** *n* Buchprüfung *f* **B** *v/t* prüfen

audition **A** *n* THEAT Vorsprechprobe *f*; *(of musician)* Probespiel *nt*; *(of singer)* Vorsingen *nt* **B** *v/t* vorsprechen/vorspielen/ vorsingen lassen **C** *v/i* vorsprechen/vorspielen/vorsingen

auditor *n* COMM Buchprüfer(in) *m(f)*

auditorium *n* Auditorium *nt*

au fait *adj* **to be ~ with sth** mit etw vertraut sein

Aug *abbr of* August Aug

augment Ⓐ v/t vermehren; **augmented reality** erweiterte Realität Ⓑ v/i zunehmen **augmentation** n Vermehrung f; (in numbers) Zunahme f; MUS Augmentation f; **breast ~** Brustvergrößerung f

augur v/i **to ~ well/ill** etwas Gutes/nichts Gutes verheißen

August n August m; → September

auld adj (+er) (Scot) alt; **for ~ lang syne** um der alten Zeiten willen

aunt n Tante f **auntie, aunty** n (esp Br infml) Tante f; **~!** Tantchen!

au pair n, pl - -s (a. **au pair girl**) Au-pair(-Mädchen) nt

aura n Aura f (elev)

aural adj Gehör-; **~ examination** Hörtest m

auspices pl **under the ~ of** unter der Schirmherrschaft (+gen) **auspicious** adj günstig; start vielversprechend **auspiciously** adv vielversprechend

Aussie (infml) Ⓐ n Australier(in) m(f) Ⓑ adj australisch

austere adj streng; room karg **austerely** adv streng; furnish karg; live asketisch **austerity** n ❶ (≈ severity) Strenge f; (≈ simplicity) Schmucklosigkeit f ❷ (≈ hardship, shortage) **~ budget** Sparhaushalt m; **~ measures** Sparmaßnahmen pl

Australasia n Australien und Ozeanien nt **Australasian** Ⓐ n Ozeanier(in) m(f) Ⓑ adj ozeanisch

Australia n Australien nt

Australian Ⓐ n Australier(in) m(f) Ⓑ adj australisch

Austria n Österreich nt

Austrian Ⓐ n Österreicher(in) m(f) Ⓑ adj österreichisch

authentic adj authentisch; antique, tears echt **authentically** adv echt; restored authentisch **authenticate** v/t bestätigen; document beglaubigen, visieren (Swiss) **authentication** n Bestätigung f; (of document) Beglaubigung f **authenticity** n Echtheit f; (of claim) Berechtigung f

author n Autor(in) m(f); (of report) Verfasser(in) m(f)

authoritarian Ⓐ adj autoritär Ⓑ n autoritärer Mensch; **to be an ~** autoritär sein **authoritarianism** n Autoritarismus m **authoritative** adj ❶ (≈ commanding) bestimmt; manner Respekt einflößend ❷ (≈ reliable) zuverlässig **author-**

itatively adv (≈ with authority) bestimmt; (≈ reliably) zuverlässig **authority** n ❶ (≈ power) Autorität f; (≈ right) Befugnis f; (≈ specifically delegated power) Vollmacht f; **who's in ~ here?** wer ist hier der Verantwortliche?; **parental ~** Autorität der Eltern; JUR elterliche Gewalt; **have ~ over sb** Weisungsbefugnis gegenüber jdm haben (form); **on one's own ~** auf eigene Verantwortung; **to have the ~ to do sth** berechtigt sein, etw zu tun; **to give sb the ~ to do sth** jdm die Vollmacht erteilen, etw zu tun ❷ (also pl ≈ ruling body) Behörde f; (≈ body of people) Verwaltung f; (≈ power of ruler) (Staats)gewalt f; **the local ~** or **authorities** die Gemeindeverwaltung; **you must have respect for ~** du musst Achtung gegenüber Respektspersonen haben ❸ (≈ Experte etc) (anerkannte) Autorität f; **to have sth on good ~** etw aus zuverlässiger Quelle wissen **authorization** n Genehmigung f; (≈ right) Recht nt **authorize** v/t ❶ (≈ empower) ermächtigen; **to be ~d to do sth** das Recht haben, etw zu tun ❷ (≈ permit) genehmigen **authorized** adj person, bank bevollmächtigt; biography autorisiert; **"authorized personnel only"** „Zutritt nur für Befugte"; **~ signature** Unterschrift f eines bevollmächtigten Vertreters

autism n Autismus m **autistic** adj autistisch

auto n (US) Auto nt

autobiographical adj autobiografisch **autobiography** n Autobiografie f

autocomplete n IT Autovervollständigen nt

autocrat n Autokrat(in) m(f) **autocratic** adj autokratisch

Autocue® n (Br TV) Teleprompter® m

autofocus n PHOT Autofokus m

autograph Ⓐ n Autogramm nt Ⓑ v/t signieren

automat n (US) Automatenrestaurant nt **automate** v/t automatisieren **automatic** Ⓐ adj automatisch; **~ rifle** or **weapon** Schnellfeuergewehr nt Ⓑ n ❶ (≈ car) Automatikwagen m ❷ (≈ gun) automatische Waffe ❸ (≈ washing machine) Waschautomat m **automatically** adv automatisch **automation** n Automatisierung f **automaton** n, pl -s or automata Roboter m

automobile n Auto(mobil) nt

autonomous adj, **autonomously** adv autonom **autonomy** n Autonomie f

autopilot n Autopilot m; **on ~** (lit) mit Autopilot; **he was on ~** (fig) er funktionierte wie ferngesteuert

autopsy n Autopsie f

autostart n IT Autostart m, automatisches Starten von Programmen

autumn (esp Br) **A** n Herbst m; **in (the) ~** im Herbst **B** adj attr Herbst-, herbstlich; **~ leaves** bunte (Herbst)blätter pl **autumnal** adj herbstlich

auxiliary A adj Hilfs-; (≈ additional) zusätzlich; **~ nurse** Hilfspfleger m, Schwesternhelferin f; **~ verb** Hilfsverb nt **B** n (≈ assistant) Hilfskraft f; **nursing ~** Schwesternhelferin f

Av abbr of avenue

avail A v/r **to ~ oneself of sth** von etw Gebrauch machen **B** n **to no ~** vergebens

availability n (of object) Erhältlichkeit f; (of stock) Vorrätigkeit f; (of resources) Verfügbarkeit f; **offer subject to ~** nur solange der Vorrat reicht; **because of the limited ~ of seats** weil nur eine begrenzte Anzahl an Plätzen zur Verfügung steht

available adj object erhältlich; (≈ auf Lager) vorrätig; time, seats frei; resources verfügbar; **to be ~** vorhanden sein; (≈ at one's disposal) zur Verfügung stehen; (Mensch) frei sein; **to make sth ~ to sb** jdm etw zur Verfügung stellen; information jdm etw zugänglich machen; **the best dictionary ~** das beste Wörterbuch, das es gibt; **when will you be ~ to start in the new job?** wann können Sie die Stelle antreten?

avalanche n (lit, fig) Lawine f

avant-garde A n Avantgarde f **B** adj avantgardistisch

Ave abbr of avenue

avenge v/t rächen; **to ~ oneself on sb (for sth)** sich an jdm (für etw) rächen

avenue n Allee f

average A n Durchschnitt m; **to do an ~ of 50 miles a day/3% a week** durchschnittlich 50 Meilen pro Tag fahren/3% pro Woche erledigen; **on ~** durchschnittlich; **above ~** überdurchschnittlich; **below ~** unterdurchschnittlich; **by the law of ~s** aller Wahrscheinlichkeit nach **B** adj durchschnittlich; (≈ not good or bad) mittelmäßig; **above/below ~** über-/unterdurchschnittlich; **the ~ man** der Durch-

schnittsbürger; **of ~ height** von mittlerer Größe **C** v/t (≈ do etc on average) auf einen Schnitt von … kommen; **we ~d 80 km/h** wir sind durchschnittlich 80 km/h gefahren ◊**average out A** v/t sep **if you average it out** im Durchschnitt; **it'll average itself out** es wird sich ausgleichen **B** v/i **1** durchschnittlich ausmachen (at, to +acc) **2** (≈ balance out) sich ausgleichen

averse adj pred abgeneigt; **I am not ~ to a glass of wine** einem Glas Wein bin ich nicht abgeneigt **aversion** n Abneigung f (to gegen); **he has an ~ to getting wet** er hat eine Abscheu davor, nass zu werden

avert v/t abwenden; accident verhüten

aviary n Vogelhaus nt

aviation n die Luftfahrt

avid adj (≈ keen) begeistert; **I am an ~ reader** ich lese leidenschaftlich gern

avocado n, pl -s (a. **avocado pear**) Avocado(birne) f

avoid v/t vermeiden; person meiden; obstacle ausweichen (+dat); duty umgehen; **in order to ~ being seen** um nicht gesehen zu werden; **I'm not going if I can possibly ~ it** wenn es sich irgendwie vermeiden lässt, gehe ich nicht **avoidable** adj vermeidbar

await v/t erwarten; decision entgegensehen (+dat); **the long ~ed day** der lang ersehnte Tag; **he is ~ing trial** sein Fall steht noch zur Verhandlung an

awake pret awoke, past part awoken or awaked **A** v/i erwachen **B** v/t wecken **C** adj pred wach; **to be/lie/stay ~** wach sein/liegen/bleiben; **to keep sb ~** jdn wach halten; **wide ~** hellwach **awaken** v/t & v/i = awake **awakening** n Erwachen nt; **a rude ~** (lit, fig) ein böses Erwachen

award A v/t prize, penalty etc zuerkennen (to sb jdm); prize, degree etc verleihen (to sb jdm); **to be ~ed damages** Schadenersatz zugesprochen bekommen **B** n (≈ prize) Preis m; (for bravery etc) Auszeichnung f; **to make an ~ (to sb)** einen Preis (an jdn) vergeben **award(s) ceremony** n FILM, THEAT, TV Preisverleihung f **award- -winning** adj preisgekrönt

aware adj esp pred bewusst; **to be ~ of sb/sth** sich (dat) jds/einer Sache bewusst sein; **I was not ~ that …** es war mir nicht bewusst, dass …; **not that I am ~ (of)**

nicht dass ich wüsste; **as far as I am ~** so viel ich weiß; **to make sb ~ of sth** jdm etw bewusst machen **awareness** n Bewusstsein nt

away **A** adv **1** weg; **three miles ~ (from here)** drei Meilen von hier; **lunch seemed a long time ~** es schien noch lange bis zum Mittagessen zu sein; **but he was ~ before I could say a word** aber er war fort or weg, bevor ich den Mund auftun konnte; **to look ~** wegsehen; **~ we go!** los (gehts)!; **they're ~!** (horses, runners etc) sie sind gestartet; **to give ~** weggeben; **to gamble ~** verspielen **2** (≈ absent) fort, weg; **he's ~ in London** er ist in London **3** SPORTS **to play ~** auswärts spielen; **they're ~ to Arsenal** sie spielen auswärts bei Arsenal **4** (≈ continuously) **to work ~** vor sich (acc) hin arbeiten **5** **ask ~!** frag nur!; **right** or **straight ~** sofort **B** adj attr SPORTS Auswärts-; **~ goal** Auswärtstor m; **~ match** Auswärtsspiel nt; **~ team** Gastmannschaft f

awe n Ehrfurcht f; **to be in ~ of sb** Ehrfurcht vor jdm haben **awe-inspiring** adj Ehrfurcht gebietend **awesome** adj beeindruckend; (esp US infml ≈ excellent) irre (infml) **awe-stricken, awe-struck** adj von Ehrfurcht ergriffen

awful adj (infml) schrecklich; **an ~ lot of money** furchtbar viel Geld **awfully** adv (infml) schrecklich (infml) **awfulness** n Schrecklichkeit f

awhile adv (liter) eine Weile

awkward adj **1** (≈ difficult) schwierig; time, angle ungünstig; **to make things ~ for sb** jdm Schwierigkeiten machen; customer übler Bursche (infml) **2** (≈ embarrassing) peinlich; (≈ embarrassed) verlegen; silence betreten; **I feel ~ about doing that** es ist mir unangenehm, das zu tun; **to feel ~ in sb's company** sich in jds Gesellschaft (dat) nicht wohlfühlen **3** (≈ clumsy) unbeholfen **awkwardly** adv **1** (≈ clumsily) ungeschickt; lie unbequem **2** (≈ embarrassingly) peinlich; (≈ embarrassedly) verlegen **awkwardness** n **1** (≈ difficulty) Schwierigkeit f; (of time, angle) Ungünstigkeit f **2** (≈ discomfort) Peinlichkeit f **3** (≈ embarrassment) Verlegenheit f **4** (≈ clumsiness) Unbeholfenheit f

awning n (of shop) Markise f; (≈ caravan awning) Vordach nt

awoke pret of awake **awoken** past part

of awake

AWOL MIL abbr of absent without leave

awry adj pred adv **to go ~** schiefgehen

axe, (US) **ax** **A** n Axt f; **to get** or **be given the ~** (employee) abgesägt werden; (project) eingestellt werden **B** v/t streichen; person entlassen

axis n, pl **axes** Achse f

axle n Achse f

aye int (esp Scot dial) ja; **~, ~, Sir** NAUT jawohl, Herr Admiral etc

azalea n Azalee f

Azores pl Azoren pl

Aztec **A** n Azteke m, Aztekin f **B** adj aztekisch

azure adj azurblau; **~ blue** azurblau

B

B, b n B nt, b nt; SCHOOL zwei, gut; MUS H nt, h nt; **B flat** B nt, b nt; **B sharp** His nt, his nt

b abbr of born geb.

BA abbr of Bachelor of Arts

babble **A** n Gemurmel nt; (excited) Geplapper nt; **~ (of voices)** Stimmengewirr nt **B** v/i plappern (infml)

babe n **1** (esp US infml) Baby nt (infml) **2** (infml ≈ girl) Mieze f (infml); (as address) Schätzchen nt (infml)

baboon n Pavian m

baby **A** n **1** Baby nt; (of animal) Junge(s) nt; **to have a ~** ein Baby bekommen; **since he/she was a ~** von klein auf; **don't be such a ~!** stell dich nicht so an! (infml); **to be left holding the ~** (Br infml) der Dumme sein (infml); **to throw out the ~ with the bathwater** das Kind mit dem Bade ausschütten **2** (esp US infml, as address) Schätzchen nt (infml) **B** v/t (infml) wie einen Säugling behandeln **baby blue** n Himmelblau nt **baby-blue** adj (infml) himmelblau **baby boom** n Babyboom m **baby boy** n kleiner Junge **baby brother** n kleiner Bruder **baby carriage** n (US) Kinderwagen m **baby clothes** pl Babywäsche f **baby-faced** adj milchgesichtig **baby food** n Babynahrung f **baby girl** n kleines Mädchen

B

babyish *adj* kindisch **baby seat** *n* Baby(sicherheits)sitz *m* **baby sister** *n* kleine Schwester **baby-sit** *pret, past part* baby-sat *v/i* babysitten; **she ~s for them** sie geht bei ihnen babysitten **baby-sitter** *n* Babysitter(in) *m(f)* **baby-sitting** *n* Babysitting *nt* **baby-talk** *n* Kindersprache *f* **baby tooth** *n* Milchzahn *m* **baby-walker** *n* Laufstuhl *m*

bachelor *n* **1** Junggeselle *m* **2** UNIV **Bachelor of Arts/Science/Education** ≈ Magister *m* (der philosophischen/naturwissenschaftlichen Fakultät/der Erziehungswissenschaft) of **Bachelor of Engineering/Medicine** Baccalaureus *m* der Ingenieurwissenschaften/Medizin **bachelorette** *n* (US) Junggesellin *f* **bachelorette party** *n* (US) Junggesellinnenabschied *m* **bachelor flat** *n* (Br) Junggesellenwohnung *f* **bachelor party** *n* (US) Junggesellenabschied *m*

bacillus *n, pl* bacilli Bazillus *m*

back **A** *n* **1** (of person, animal, book) Rücken *m*; (of chair) (Rücken)lehne *f*; **to break one's ~** (lit) sich (dat) das Rückgrat brechen; (fig) sich abrackern; **behind sb's ~** (fig) hinter jds Rücken (dat); **to put one's ~ into sth** (fig) sich bei etw anstrengen; **to put** or **get sb's ~ up** jdn gegen sich aufbringen; **to turn one's ~ on sb** (lit) jdm den Rücken zuwenden; (fig) sich von jdm abwenden; **get off my ~!** (infml) lass mich endlich in Ruhe!; **he's got the boss on his ~** er hat seinen Chef auf dem Hals; **to have one's ~ to the wall** (fig) in die Enge getrieben sein; **I was pleased to see the ~ of them** (infml) ich war froh, sie endlich los zu sein (infml) **2** (not front) Rückseite *f*; (of hand, dress) Rücken *m*; (of material) linke Seite; **I know London like the ~ of my hand** ich kenne London wie meine Westentasche; **at the ~ of the cupboard** hinten im Schrank; **he drove into the ~ of me** er ist mir hinten reingefahren (infml); **at/on the ~ of the bus** hinten im/am Bus; **in the ~** (of a car) hinten (im Auto); **it's been at the ~ of my mind** es hat mich beschäftigt; **right at the ~ of the cupboard** ganz hinten im Schrank; **at the ~ of beyond** am Ende der Welt **B** *adj* Hinter- **C** *adv* **1** zurück; **(stand) ~!** zurück(treten)!; **~ and forth** hin und her; **to pay sth ~** etw zurückzahlen; **to come ~** zurückkommen;

there and **~** hin und zurück **2** (≈ again) wieder; **I'll never go ~** da gehe ich nie wieder hin; **~ in London** zurück in London **3** (≈ ago) **a week ~** vor einer Woche; **as far ~ as the 18th century** (≈ dating back) bis ins 18. Jahrhundert zurück; (point in time) schon im 18. Jahrhundert; **~ in March, 2017** im März 2017 **D** *v/t* **1** (≈ support) unterstützen **2** BETTING wetten auf (+acc) **3** car zurücksetzen; **he ~ed his car into the tree/garage** er fuhr rückwärts gegen den Baum/in die Garage **E** *v/i* (car) zurücksetzen; **she ~ed into me** sie fuhr rückwärts in mein Auto ◊**back away** *v/i* zurückweichen (from vor +dat) ◊**back down** *v/i* (fig) nachgeben ◊**back off** *v/i* **1** (≈ step back) zurückweichen **2** (≈ stop harassing) sich zurückhalten; **~!** verschwinde! ◊**back on to** *v/i +prep obj* hinten angrenzen an (+acc) ◊**back out** *v/i* **1** (car etc) rückwärts herausfahren **2** (fig: of deal etc) aussteigen (of, from aus) (infml) ◊**back up** **A** *v/i* **1** (car etc) zurücksetzen **2** (traffic) sich stauen **B** *v/t sep* **1** (≈ support) unterstützen; (≈ confirm) story bestätigen; **he can back me up in this** er kann das bestätigen **2** car etc zurückfahren **3** IT sichern

backache *n* Rückenschmerzen *pl* **back alley** *n* Gasse *f* **back bench** *n* (esp Br) **the ~es** das Plenum **backbencher** *n* (esp Br) Abgeordnete(r) *m/f(m)* or Mandatar(in) *m(f)* (Aus, auf den hinteren Reihen im Parlament) **backbiting** *n* Lästern *nt* **backbone** *n* Rückgrat *nt* **backbreaking** *adj* erschöpfend **back burner** *n* **to put sth on the ~** (fig infml) etw zurückstellen **back catalogue** *n* MUS ältere Aufnahmen *pl*, Back-Katalog *m* **backchat** *n no pl* (infml) Widerrede *f* **back copy** *n* alte Ausgabe **back cover** *n* Rückseite *f* **backdate** *v/t* (zu)rückdatieren; **salary increase ~d to May** Gehaltserhöhung rückwirkend ab Mai **back door** *n* Hintertür *f*; **by the ~** (fig) durch die Hintertür **backdrop** *n* Hintergrund *m* **back end** *n* (≈ rear) hinteres Ende; **at the ~ of the year** gegen Ende des Jahres

backer *n* **1** (≈ supporter) **his ~s** (diejenigen,) die ihn unterstützen **2** COMM Geldgeber(in) *m(f)*

backfire *v/i* **1** AUTO Fehlzündungen haben **2** (infml, plan etc) ins Auge gehen (infml); **it ~d on us** der Schuss ging nach hinten los (*infml*) **backgammon** *n* Backgammon *nt* **back garden** *n* Garten *m* (hinterm Haus)

background **A** *n* **1** Hintergrund *m* **2** (*educational etc*) Werdegang *m*; (*social*) Verhältnisse *pl*; (≈ *family background*) Herkunft *f no pl*; **children from all ~s** Kinder aus allen Schichten **B** *adj* Hintergrund-; *reading* vertiefend; **~ music** Hintergrundmusik *f*; **~ information** Hintergrundinformationen *pl*

backhand **A** *n* SPORTS Rückhand *f no pl*; (*one stroke*) Rückhandschlag *m* **B** *adj* **~ stroke** Rückhandschlag *m* **C** *adv* mit der Rückhand **backhanded** *adj compliment* zweifelhaft **backhander** *n* **1** SPORTS Rückhandschlag *m* **2** (*infml* ≈ *bribe*) Schmiergeld *nt*; **to give sb a ~** jdn schmieren (*infml*)

backing *n* **1** (≈ *support*) Unterstützung *f* **2** MUS Begleitung *f*; **~ singer** Begleitsänger(in) *m(f)*; **~ vocals** Begleitung *f*

backlash *n* (*fig*) Gegenreaktion *f* **backless** *adj dress* rückenfrei **backlog** *n* Rückstände *pl*; **I have a ~ of work** ich bin mit der Arbeit im Rückstand **backpacker** *n* Rucksacktourist(in) *m(f)* **backpacking** *n* **to go ~** trampen **back pain** *n* Rückenschmerzen *pl* **back pay** *n* Nachzahlung *f* **back-pedal** *v/i* (*lit*) rückwärtstreten; (*fig infml*) einen Rückzieher machen (*infml* on bei) **back pocket** *n* Gesäßtasche *f* **back rest** *n* Rückenstütze *f* **back road** *n* kleine Landstraße **back seat** *n* Rücksitz *m* **back-seat driver** *n* **she is a terrible ~** sie redet beim Fahren immer rein **backside** *n* (*Br infml*) Hintern *m* (*infml*) **backslash** *n* IT Backslash *m* **backslide** *v/i* (*fig*) rückfällig werden **backspace** *v/t & v/i* TYPO zurücksetzen **backspace key** *n* Rücktaste *f* **backstage** *adv, adj* hinter den Kulissen **backstreet** *n* Seitensträßchen *nt* **backstreet abortion** *n* illegale Abtreibung **backstroke** *n* Rückenschwimmen *nt*; **can you do the ~?** können Sie rückenschwimmen? **back to back** *adv* Rücken an Rücken; (*things*) mit den Rückseiten aneinander **back-to-back** *adj* direkt aufeinanderfolgend *attr* **back to front** *adv* verkehrt herum **back tooth** *n* Backenzahn *m*, Stockzahn *m* (*Aus*) **backtrack** *v/i* (*over ground*) denselben Weg zurückgehen; (*on policy etc*) einen Rückzieher ma-

chen (*on sth* bei etw) **backup** **A** *n* **1** Unterstützung *f* **2** IT Sicherungskopie *f* **B** *adj* **1** zur Unterstützung; **~ plan** Ausweichplan *m* **2** IT **~ copy** Sicherungskopie *f*

backward **A** *adj* **1** **a ~ glance** einen Blick zurück; **a ~ step** (*fig*) ein Schritt *m* zurück **2** (*fig*) rückständig; (*pej*) *child* zurückgeblieben **B** *adv* = backwards **backwardness** *n* (*mental*) Zurückgebliebenheit *f*; (*of region*) Rückständigkeit *f*

backwards *adv* rückwärts; **to fall ~** nach hinten fallen; **to walk ~ and forwards** hin und her gehen; **to bend over ~ to do sth** (*infml*) sich (*dat*) ein Bein ausreißen, um etw zu tun (*infml*); **I know it ~** (*Br*) or **~ and forwards** (*US*) das kenne ich in- und auswendig

back yard *n* Hinterhof *m*; **in one's own ~** (*fig*) vor der eigenen Haustür

bacon *n* durchwachsener Speck; **~ and eggs** Eier mit Speck; **to bring home the ~** (*infml* ≈ *earn a living*) die Brötchen verdienen (*infml*)

bacteria *pl of* bacterium **bacterial** *adj* bakteriell **bacterium** *n, pl* bacteria Bakterie *f*

bad[1] *adj, comp* worse, *sup* worst **1** schlecht; *smell* übel; *Ausdruck* unanständig; (≈ *unmoralisch*) böse; (≈ *ungezogen*) unartig; **it was a ~ thing to do** das hättest du *etc* nicht tun sollen; **he went through a ~ time** er hat eine schlimme Zeit durchgemacht; **I've had a really ~ day** ich hatte einen furchtbaren Tag; **to go ~ schlecht werden; he's ~ at French** er ist schlecht in Französisch; **that's not a ~ idea!** das ist keine schlechte Idee!; **too ~ you couldn't make it** (es ist) wirklich schade, dass Sie nicht kommen konnten; **I feel really ~ about not having told him** es tut mir wirklich leid, dass ich ihm das nicht gesagt habe; **don't feel ~ about it** machen Sie sich (*dat*) keine Gedanken (darüber) **2** *Verletzung* schlimm; *accident, mistake, cold* schwer; *headache* stark; **he's got it ~** (*infml*) ihn hats schwer erwischt (*infml*) **3** (≈ *unfavourable*) *time* ungünstig **4** *stomach* krank; *leg* schlimm; **the economy is in a ~ way** (*Br*) es steht schlecht mit der Wirtschaft; **I feel ~** mir ist nicht gut; **how is he? — he's not so ~** wie geht es ihm? — nicht schlecht

bad[2] *pret of* bid

B

bad blood n böses Blut; **there is ~ between them** sie haben ein gestörtes Verhältnis **bad cheque,** (US) **bad check** n (not covered by funds) ungedeckter Scheck

baddie n (infml) Bösewicht m

bade pret of bid

badge n Abzeichen nt; (metal) Button m; (on car etc) Plakette f; (≈ sticker) Aufkleber m, Pickerl nt (Aus)

badger ◨ n Dachs m ◨ v/t zusetzen (+dat); **to ~ sb for sth** jdm mit etw in den Ohren liegen

bad hair day n (infml) Scheißtag m (infml), Tag m, an dem alles schiefgeht

badly adv ◧ schlecht; **to do ~** (in exam etc) schlecht abschneiden; FIN schlecht stehen; COMM schlecht gehen; **to go ~** schlecht laufen; **to be ~ off** schlecht dran sein; **to think ~ of sb** schlecht von jdm denken ◨ wounded, mistaken schwer ◪ (≈ very much) sehr; **to want sth ~** etw unbedingt wollen; **I need it ~** ich brauche es dringend

bad-mannered adj unhöflich

badminton n Federball nt; (on court) Badminton nt

bad-tempered adj schlecht gelaunt; **to be ~** schlechte Laune haben; (as characteristic) ein übellauniger Mensch sein

baffle v/t (≈ confound) verblüffen; (≈ cause incomprehension) vor ein Rätsel stellen; **it really ~s me how …** es ist mir wirklich ein Rätsel, wie … **baffling** adj case rätselhaft; **I find it ~** es ist mir ein Rätsel

bag ◨ n ◧ Tasche f; (with drawstrings) Beutel m; (for school) Schultasche f; (made of paper, plastic) Tüte f; (≈ sack) Sack m; (≈ suitcase) Reisetasche f; **~s** (Reise)gepäck nt; **to pack one's ~s** seine Sachen packen; **it's in the ~** (fig infml) das ist gelaufen (infml); **~s under the eyes** (black) Ringe pl unter den Augen; (of skin) Tränensäcke pl ◨ (infml) **~s of** jede Menge (infml) ◪ (pej infml) **(old) ~** Schachtel f (pej infml); **ugly old ~** Schreckschraube f (infml) ◨ v/t in Tüten/Säcke verpacken

bag drop n (at airport) Gepäckschalter m

bagel n Bagel m, kleines, rundes Brötchen

bagful n **a ~ of groceries** eine Tasche voll Lebensmittel

baggage n (≈ luggage) (Reise)gepäck nt **baggage allowance** n Freigepäck nt **baggage car** n Gepäckwagen m **baggage check** n Gepäckkontrolle f **baggage claim** n Gepäckausgabe f **baggage drop-off** n Gepäckabgabe f **baggage handler** n Gepäckmann m **baggage label** n Gepäckanhänger m **baggage locker** n Gepäckschließfach nt **baggage reclaim** n Gepäckausgabe f **baggage tag** n Gepäckanhänger m

baggy adj (+er) (≈ ill-fitting) zu weit; (≈ out of shape) trousers ausgebeult; jumper ausgeleiert

bag lady n Stadtstreicherin f

bagpipe(s) n(pl) Dudelsack m

bag-snatcher n Handtaschendieb(in) m(f)

baguette n Baguette f or nt

Bahamas pl **the ~** die Bahamas pl

bail[1] n JUR Kaution f; **to stand ~ for sb** für jdn (die) Kaution stellen ◊**bail out** v/t sep ◧ (fig) aus der Patsche helfen (+dat) (infml) ◨ boat = bale out

bail[2] v/i = bale[2]

bailiff n (JUR, Br: a. **sheriff's bailiff**) Amtsdiener(in) m(f); (Br: for property) Gerichtsvollzieher(in) m(f); (US) Gerichtsdiener(in) m(f)

bait ◨ n Köder m; **to take the ~** anbeißen ◨ v/t ◧ hook mit einem Köder versehen ◨ (≈ torment) person quälen

bake ◨ v/t COOK backen; **~d apples** pl Bratäpfel pl; **~d potatoes** pl in der Schale gebackene Kartoffeln pl ◨ v/i COOK backen; (cake) im (Back)ofen sein

baker n Bäcker(in) m(f); **~'s (shop)** Bäckerei f **baker's dozen** n 13 (Stück) **bakery** n Bäckerei f **baking** ◨ n (act)(COOK) Backen nt ◨ adj (infml) **I'm ~** ich komme um vor Hitze; **it's ~ (hot) today** es ist eine Affenhitze heute (infml) **baking dish** n Backform f **baking mitt** n (US) Topfhandschuh m **baking pan** n (US) Backblech nt **baking powder** n Backpulver nt **baking sheet** n Backblech nt **baking soda** n ≈ Backpulver nt **baking tin** n (Br) Backform f **baking tray** n (Br) Kuchenblech nt

Balaclava n Kapuzenmütze f

balance ◨ n ◧ (≈ apparatus) Waage f; **to be** or **hang in the ~** (fig) in der Schwebe sein ◨ (≈ counterpoise) Gegengewicht nt (to zu); (fig) Ausgleich m (to für) ◪ (≈ equilibrium) Gleichgewicht nt; **to keep/lose one's ~** das Gleichgewicht (be)halten/verlieren; **to throw sb off (his) ~** jdn aus dem Gleichgewicht bringen; **the right ~**

of personalities in the team eine ausgewogene Mischung verschiedener Charaktere in der Mannschaft; **the ~ of power** das Gleichgewicht der Kräfte; **on ~** (fig) alles in allem **4** COMM, FIN Saldo m; (with bank) Kontostand m; (of company) Bilanz f; **~ in hand** COMM Kassen(be)stand m; **~ carried forward** Saldoübertrag m; **~ of payments/trade** Zahlungs-/Handelsbilanz f; **~ of trade surplus/deficit** Handelsbilanzüberschuss m/-defizit nt **5** (≈ remainder) Rest m; **to pay off the ~** den Rest bezahlen; **my father has promised to make up the ~** mein Vater hat versprochen, die Differenz zu (be)zahlen **B** v/t **1** (≈ keep in equilibrium) im Gleichgewicht halten; (≈ bring into equilibrium) ins Gleichgewicht bringen; **the seal ~s a ball on its nose** der Seehund balanciert einen Ball auf der Nase **2** needs abwägen (against gegen); **to ~ sth against sth** etw einer Sache (dat) gegenüberstellen **3** (≈ make up for) ausgleichen **4** COMM, FIN account (≈ add up) abschließen; (≈ make equal) ausgleichen; budget ausgleichen; **to ~ the books** die Bilanz ziehen or machen **C** v/i **1** (≈ be in equilibrium) Gleichgewicht halten; (scales) sich ausbalancieren; **he ~d on one foot** er balancierte auf einem Bein **2** COMM, FIN ausgeglichen sein; **the books don't ~** die Abrechnung stimmt nicht; **to make the books ~** die Abrechnung ausgleichen ◊**balance out A** v/t sep ausgleichen; **they balance each other out** sie halten sich die Waage **B** v/i sich ausgleichen

balanced adj ausgewogen; **~ budget** ausgeglichener Haushalt **balance sheet** n FIN Bilanz f; (≈ document) Bilanzaufstellung f **balancing act** n Balanceakt m

balcony n **1** Balkon m **2** THEAT oberster Rang

bald adj (+er) **1** kahl; **he is ~** er hat eine Glatze; **to go ~** kahl werden; **~ patch** kahle Stelle **2** tyre abgefahren **bald eagle** n weißköpfiger Seeadler **bald-faced** adj (US) lie unverfroren, unverschämt **baldheaded** adj kahl- or glatzköpfig **balding** adj **he is ~** er bekommt langsam eine Glatze **baldly** adv (fig) (≈ bluntly) unverblümt; (≈ roughly) grob **baldness** n Kahlheit f **baldy** n (infml) Glatzkopf m

bale[1] n (of hay etc) Bündel nt; (out of combine harvester, of cotton) Ballen m

bale[2] v/i NAUT schöpfen ◊**bale out A** v/i **1** AVIAT abspringen (of aus) **2** NAUT schöpfen **B** v/t sep NAUT water schöpfen; ship ausschöpfen

Balearic adj **the ~ Islands** die Balearen pl

baleful adj (≈ evil) böse

balk, baulk v/i zurückschrecken (at vor +dat)

Balkan A adj Balkan- **B** n **the ~s** der Balkan

ball[1] n **1** Ball m; (≈ sphere) Kugel f; (of wool) Knäuel m; (Billiards) Kugel f; **to play ~** Ball/Baseball spielen; **the cat lay curled up in a ~** die Katze hatte sich zusammengerollt; **to keep the ~ rolling** das Gespräch in Gang halten; **to start the ~ rolling** den Stein ins Rollen bringen; **the ~ is in your court** Sie sind am Ball (infml); **to be on the ~** (infml) am Ball sein (infml); **to run with the ~** (US infml) die Sache mit Volldampf vorantreiben (infml) **2** ANAT **~ of the foot** Fußballen m **3** (sl) (≈ testicle) Ei nt usu pl (sl); (pl) Eier pl (sl); **~s** (infml ≈ courage) Schneid m (infml)

ball[2] n **1** (≈ dance) Ball m **2** (infml ≈ good time) **to have a ~** sich prima amüsieren (infml)

ballad n MUS, LIT Ballade f

ball-and-socket joint n Kugelgelenk nt **ballast** n (NAUT, AVIAT, fig) Ballast m **ball bearing** n Kugellager nt; (≈ ball) Kugellagerkugel f **ball boy** n Balljunge m **ballerina** n Ballerina f; (principal) Primaballerina f

ballet n Ballett nt **ballet dancer** n Balletttänzer(in) m(f) **ballet shoe** n Ballettschuh m

ball game n Ballspiel nt; **it's a whole new ~** (fig infml) das ist eine ganz andere Chose (infml) **ball girl** n Ballmädchen nt **ballistic** adj ballistisch; **to go ~** (infml) an die Decke gehen (infml) **ballistic missile** n Raketengeschoss nt **ballistics** n sg Ballistik f

balloon A n AVIAT (Frei)ballon m; (toy) (Luft)ballon m; **that went down like a lead ~** (infml) das kam überhaupt nicht an **B** v/i (≈ swell out) sich blähen

ballot A n (≈ vote) Abstimmung f; (≈ election) Wahl f; **first/second ~** erster/zweiter Wahlgang; **to hold a ~** abstimmen **B** v/t members abstimmen lassen **ballot box**

n Wahlurne *f* **ballot paper** *n* Stimmzettel *m* **ballot rigging** *n* Wahlbetrug *m*
ballpark *n* **1** (*US*) Baseballstadion *nt* **2** ~ **figure** Richtzahl *f*
ballpoint (pen) *n* Kugelschreiber *m*
ballroom *n* Ballsaal *m* **ballroom dancing** *n* Gesellschaftstänze *pl*
balls-up, (*esp US*) **ball up** *n* (*infml*) Durcheinander *nt*; **he made a complete ~ of the job** er hat bei der Arbeit totale Scheiße gebaut (*sl*) ◊**balls up**, (*esp US*) **ball up** *v/t sep* (*infml*) verhunzen (*infml*)
balm *n* Balsam *m* **balmy** *adj* (+*er*) sanft
baloney *n* **1** (*infml*) Quatsch *m* (*infml*) **2** (*US* ≈ *sausage*) Mortadella *f*
Baltic **A** *adj* Ostsee-; (≈ *of Baltic States*) baltisch; **the ~ States** die baltischen Staaten **B** *n* **the ~** die Ostsee **Baltic Sea** *n* Ostsee *f*
balustrade *n* Balustrade *f*
bamboo **A** *n* Bambus *m* **B** *attr* ~ **shoots** *pl* Bambussprossen *pl*
ban **A** *n* Verbot *nt*; COMM Embargo *nt*; **to put a ~ on sth** etw verbieten; **a ~ on smoking** Rauchverbot *nt* **B** *v/t* verbieten; *footballer etc* sperren; **to ~ sb from doing sth** jdm verbieten, etw zu tun; **she was ~ned from driving** ihr wurde Fahrverbot erteilt
banal *adj* banal
banana *n* Banane *f* **banana peel** *n* Bananenschale *f* **bananas** *adj pred* (*infml* ≈ *crazy*) bescheuert (*infml*); **to go ~** durchdrehen (*infml*) **banana skin** *n* Bananenschale *f*; **to slip up on a ~** (*fig*) über eine Kleinigkeit stolpern **banana split** *n* COOK Bananensplit *nt*
band[1] *n* **1** (*of cloth, iron*) Band *nt*; (*on machine*) Riemen *m* **2** (≈ *stripe*) Streifen *m*
band[2] *n* **1** Schar *f*; (*of robbers etc*) Bande *f* **2** MUS Band *f*; (≈ *dance band*) Tanzkapelle *f*; (*brass band*) (Musik)kapelle *f* ◊**band together** *v/i* sich zusammenschließen
bandage **A** *n* Verband *m* **B** *v/t* (*a.* **bandage up**) verbinden
Band-Aid® (*US*) *n* Heftpflaster *nt*
bandan(n)a *n* großes Schnupftuch; (*round neck*) Halstuch *nt*
B & B *n abbr* of bed and breakfast
bandit *n* Bandit(in) *m(f)*
band leader (*n*) Bandleader(in) *m(f)* **bandmaster** *n* Kapellmeister *m* **bandsman** *n, pl* -men Musiker *m*; **military ~** Mitglied *nt* eines Musikkorps

bandstand *n* Musikpavillon *m* **bandwagon** *n* **to jump** *or* **climb on the ~** (*fig infml*) auf den fahrenden Zug aufspringen **bandwidth** *n* RADIO, IT Bandbreite *f*
bandy *adj* ~ **legs** O-Beine
◊**bandy about** (*Brit*) *or* **around** *v/t sep sb's name* immer wieder nennen; *ideas* verbreiten; *figures, words* um sich werfen mit
bane *n* Fluch *m*; **it's the ~ of my life** das ist noch mal mein Ende (*infml*)
bang[1] **A** *n* **1** (≈ *noise*) Knall *m*; (*of sth falling*) Plumps *m*; **there was a ~ outside** draußen hat es geknallt **2** (≈ *violent blow*) Schlag *m* **B** *adv* **1** **to go ~** knallen; (*balloon*) zerplatzen **2** (*infml*) genau; **his answer was ~ on** seine Antwort war genau richtig; **she came ~ on time** sie war auf die Sekunde pünktlich; **~ up to date** brandaktuell (*infml*) **C** *int* peng; **~ goes my chance of promotion** (*infml*) und das wars dann mit der Beförderung (*infml*) **D** *v/t* **1** (≈ *thump*) schlagen; **he ~ed his fist on the table** er schlug mit der Faust auf den Tisch **2** *door* zuschlagen **3** *head, shin* sich (*dat*) anschlagen (on an +*dat*); **to ~ one's head** *etc* **on sth** mit dem Kopf *etc* gegen etw knallen (*infml*) **E** *v/i* (*door*) zuschlagen; (*fireworks, gun*) knallen; **to ~ on** *or* **at sth** gegen *or* an etw (*acc*) schlagen ◊**bang about** (*Brit*) *or* **around** **A** *v/i* Krach machen **B** *v/t sep* Krach machen mit ◊**bang down** *v/t sep* (hin)knallen (*infml*); *Deckel* zuknallen (*infml*); **to ~ the receiver** den Hörer aufknallen (*infml*) ◊**bang into** *v/i +prep obj* prallen auf (+*acc*) ◊**bang on about** *v/i +prep obj* (*Br infml*) schwafeln von (*infml*) ◊**bang out** *v/t sep* **to ~ a tune on the piano** eine Melodie auf dem Klavier hämmern (*infml*) ◊**bang up** *v/t sep* (*sl*) *prisoner* einbuchten (*infml*)
bang[2] *n* (*US* ≈ *fringe*) Pony *m*; **~s** Ponyfrisur *f*
banger *n* **1** (*Br infml* ≈ *sausage*) Wurst *f* **2** (*infml* ≈ *old car*) Klapperkiste *f* (*infml*) **3** (*Br* ≈ *firework*) Knallkörper *m*
Bangladesh *n* Bangladesch *nt* **Bangladeshi** **A** *n* Bangladeshi *m/f(m)* **B** *adj* aus Bangladesch
bangle *n* Armreif(en) *m*
banish *v/t person* verbannen; *Sorgen* vertreiben **banishment** *n* Verbannung *f*
banister, bannister *n* (*a.* **banisters**)

Geländer nt

banjo n, pl -es or (US) -s Banjo nt

bank¹ A n **1** (of earth) Damm m; (≈ slope) Böschung f; **~ of snow** Schneeverwehung f **2** (of river, lake) Ufer nt; **we sat on the ~s of a river** wir saßen an einem Flussufer **B** v/i AVIAT in die Querlage gehen

bank² A n Bank f; **to keep** or **be the ~** die Bank halten **B** v/t zur Bank bringen **C** v/i **where do you ~?** bei welcher Bank haben Sie Ihr Konto? ◊**bank on** v/i +prep obj sich verlassen auf (+acc); **I was banking on your coming** ich hatte fest damit gerechnet, dass du kommst

bank account n Bankkonto nt **bank balance** n Kontostand m **bankbook** n Sparbuch nt **bank card** n Scheckkarte f **bank charge** n Kontoführungsgebühr f **bank clerk** n Bankangestellte(r) m/f(m) **bank draft** n Bankwechsel m **banker** n FIN Bankier m, Banker m (infml); (Gambling) Bankhalter(in) m/f(m) **banker's card** n Scheckkarte f **banker's cheque** (Br), **banker's draft** (US) n Bankscheck m **banker's order** n Dauerauftrag m **bank giro** n Banküberweisung f **bank holiday** n (Br) öffentlicher Feiertag; (US) Bankfeiertag m **banking A** n Bankwesen nt; **he wants to go into ~** er will ins Bankfach gehen **B** attr Bank- **bank loan** n Bankkredit m **bank manager** n Filialleiter(in) m/f(m); **my ~** der Filialleiter/die Filialleiterin meiner Bank

banknote n Banknote f **bank rate** n (Br) Diskontsatz m **bank robber** n Bankräuber(in) m/f(m) **bank robbery** n Bankraub m

bankrupt A n Bankrotteur(in) m/f(m) **B** adj bankrott; **to go ~** Bankrott machen **C** v/t zugrunde richten **bankruptcy** n Bankrott m; (instance) Konkurs m **bankruptcy proceedings** pl Konkursverfahren nt **bank sort code** n Bankleitzahl f **bank statement** n Kontoauszug m **bank transfer** n Banküberweisung f

banned substance n SPORTS illegale or verbotene Substanz

banner n Banner nt; (in processions) Transparent nt **banner headlines** n Schlagzeilen pl

banning n Verbot nt; **the ~ of cars from city centres** (Br) or **centers** (US) das Fahrverbot in den Innenstädten

bannister n = banister

banns pl ECCL Aufgebot nt; **to read the ~** das Aufgebot verlesen

banquet n Festessen nt

banter n Geplänkel nt

bap (bun) n (Br) weiches Brötchen

baptism n Taufe f; **~ of fire** (fig) Feuertaufe f **Baptist** n Baptist(in) m/f(m); **the ~ Church** (≈ people) die Baptistengemeinde; (≈ teaching) der Baptismus **baptize** v/t taufen

bar¹ A n **1** (of metal, wood) Stange f; FTBL Querbalken m; (of toffee etc) Riegel m; **~ of gold** Goldbarren m; **a ~ of chocolate, a chocolate ~** (≈ slab) eine Tafel Schokolade; (≈ Mars® bar etc) ein Schokoladenriegel m; **a ~ of soap** ein Stück nt Seife; **a two-~ electric fire** ein Heizgerät nt mit zwei Heizstäben; (of cage) (Gitter)stab m; **the window has ~s** das Fenster ist vergittert; **to put sb behind ~s** jdn hinter Gitter bringen **2** (SPORTS, horizontal) Reck nt; (for high jump etc) Latte f; **~s** pl (parallel) Barren m; (wall) **~s** Sprossenwand f **3** (fig) **to be a ~ to sth** einer Sache (dat) im Wege stehen **4** JUR **the Bar** die Anwaltschaft; **to be called** or (US) **admitted to the Bar** als Verteidiger zugelassen werden **5** (for drinks) Lokal nt; (esp expensive) Bar f; (part of pub) Gaststube f; (≈ counter) Theke f **6** MUS Takt m; (≈ bar line) Taktstrich m **B** v/t **1** (≈ obstruct) blockieren; **to ~ sb's way** jdm den Weg versperren **2** window, door versperren **3** person ausschließen; action, thing untersagen; **they've been ~red from the club** sie haben Klubverbot

bar² prep ~ none ohne Ausnahme; **~ one** außer einem

barb n (of hook) Widerhaken m

Barbados n Barbados nt

barbarian A n Barbar(in) m/f(m) **B** adj barbarisch **barbaric** adj barbarisch; guard etc grausam; (fig infml) conditions grauenhaft **barbarism** n Barbarei f **barbarity** n Barbarei f; (fig) Primitivität f; (≈ cruelty) Grausamkeit f **barbarous** adj (HIST, fig) barbarisch; (≈ cruel) grausam; guard etc roh; accent grauenhaft

barbecue A n COOK Grill m; (≈ occasion) Grillparty f, Barbecue nt **B** v/t grillen

barbed adj (fig) remark bissig **barbed wire** n Stacheldraht m **barbed-wire fence** n Stacheldrahtzaun m

barber n (Herren)friseur m; **at/to the ~'s** beim/zum Friseur **barbershop A** n (US)

(Herren)friseurgeschäft *nt* **B** *adj* ~ **quartet** Barbershop-Quartett *nt*
barbiturate *n* Barbiturat *nt*
bar chart *n* Balkendiagramm *nt* **bar code** *n* Strichcode *m*, Bar-Code *m* **bar code reader** *n* Strichcodeleser *m*
bare **A** *adj* (+*er*) **1** (≈ *naked*) nackt; *room* leer; ~ **patch** kahle Stelle; **the** ~ **facts** die nackten Tatsachen; **with his** ~ **hands** mit bloßen Händen **2** (≈ *mere*) knapp; **the** ~ **minimum** das absolute Minimum **B** *v/t breast, leg* entblößen; (*at doctor's*) frei machen; *teeth* fletschen; **to** ~ **one's soul** seine Seele entblößen **bareback** *adv, adj* ohne Sattel **barefaced** *adj* (*fig*) unverschämt **barefoot(ed)** **A** *adv* barfuß **B** *adj* barfüßig **bareheaded** *adj, adv* ohne Kopfbedeckung **barelegged** *adj* mit bloßen Beinen **barely** *adv* (≈ *scarcely*) kaum **bareness** *n* (*of trees*) Kahlheit *f*; (*of room*) Leere *f*
bargain **A** *n* **1** (≈ *transaction*) Handel *m*; **to make** *or* **strike a** ~ sich einigen; **I'll make a** ~ **with you** ich mache Ihnen ein Angebot; **to keep one's side of the** ~ sich an die Abmachung halten; **you drive a hard** ~ Sie stellen ja harte Forderungen!; **into the** ~ obendrein **2** (≈ *cheap offer*) Sonderangebot *nt*; (≈ *thing bought*) Gelegenheitskauf *m*, Occasion *f* (*Swiss*); **what a** ~! das ist aber günstig! **B** *v/i* handeln (*for* um); (*in negotiations*) verhandeln ◊**bargain for** *v/i* +*prep obj* **I got more than I bargained for** ich habe vielleicht mein blaues Wunder erlebt! (*infml*) ◊**bargain on** *v/i* +*prep obj* zählen auf (+*acc*)
bargain hunter *n* **the** ~**s** Leute *pl* auf der Jagd nach Sonderangeboten **bargain-hunting** *n* **to go** ~ auf Jagd nach Sonderangeboten gehen **bargaining** *n* Handeln *nt*; (≈ *negotiating*) Verhandeln *nt*; ~ **position** Verhandlungsposition *f* **bargain offer** *n* Sonderangebot *nt* **bargain price** *n* Sonderpreis *m*; **at a** ~ zum Sonderpreis **bargain sale** *n* Ausverkauf *m*
barge **A** *n* (*for freight*) Frachtkahn *m*; (*unpowered*) Schleppkahn *m*; (≈ *houseboat*) Hausboot *nt* **B** *v/t* **he** ~**d his way into the room** er ist (ins Zimmer) hereingeplatzt (*infml*); **he** ~**d his way through the crowd** er hat sich durch die Menge geboxt (*infml*) **C** *v/i* **to** ~ **into a room** (in ein Zimmer) hereinplatzen (*infml*); **to** ~

out of a room aus einem Zimmer hinausstürmen; **he** ~**d through the crowd** er drängte sich durch die Menge ◊**barge in** *v/i* (*infml*) **1** (≈ *enter suddenly*) hereinplatzen (*infml*) **2** (≈ *interrupt*) dazwischenplatzen (*infml*) (*on bei*) ◊**barge into** *v/i* +*prep obj person* (hinein)rennen in (+*acc*) (*infml*); *thing* rennen gegen (*infml*)
bargepole *n* **I wouldn't touch him with a** ~ (*Br infml*) den würde ich noch nicht mal mit der Kneifzange anfassen (*infml*)
bar graph *n* IT Balkendiagramm *nt*
baritone **A** *n* Bariton *m* **B** *adj* Baritonbark[1] *n* (*of tree*) Rinde *f*, Borke *f*
bark[2] **A** *n* (*of dog*) Bellen *nt*; **his** ~ **is worse than his bite** (*prov*) Hunde, die bellen, beißen nicht (*prov*) **B** *v/i* bellen; **to** ~ **at sb** jdn anbellen; (*person*) jdn anfahren; **to be** ~**ing up the wrong tree** (*fig infml*) auf dem Holzweg sein (*infml*) ◊**bark out** *v/t sep orders* bellen
barkeep(er) *n* (*US*) Gastwirt *m*; (≈ *bartender*) Barkeeper *m*
barking (mad) *adj* (*infml*) total verrückt
barley *n* Gerste *f* **barley sugar** *n* **1** Malzzucker *m* **2** (*sweet*) hartes Zuckerbonbon **barley water** *n* Art Gerstenextrakt; **lemon** ~ konzentriertes Zitronengetränk
barmaid *n* Bardame *f* **barman** *n* Barkeeper *m*
barmy *adj* (+*er*) (*Br infml*) bekloppt (*infml*); *idea etc* blödsinnig (*infml*)
barn *n* **1** Scheune *f*, Stadel *m* (*Aus, Swiss*) **2** (*US, for trucks*) Depot *nt* **barn dance** *n* Bauerntanz *m* **barn owl** *n* Schleiereule *f* **barnyard** *n* (Bauern)hof *m*
barometer *n* Barometer *nt* **barometric pressure** *n* Luftdruck *m*
baron *n* Baron *m*; **oil** ~ Ölmagnat *m*; **press** ~ Pressezar *m* **baroness** *n* Baronin *f*; (*unmarried*) Baronesse *f*
baroque **A** *adj* barock, Barock- **B** *n* Barock *m or nt*
barracks *pl often with sg vb* MIL Kaserne *f*; **to live in** ~ in der Kaserne wohnen
barrage *n* **1** (*across river*) Staustufe *f* **2** MIL Sperrfeuer *nt* **3** (*fig*) Hagel *m*; **he faced a** ~ **of questions** er wurde mit Fragen beschossen
barred *adj* ~ **window** Gitterfenster *nt*
barrel *n* **1** Fass *nt*; (*for oil*) Tonne *f*; (≈ *measure*) Barrel *nt*; **they've got us over a** ~ (*infml*) sie haben uns in der Zange (*infml*); **it wasn't exactly a** ~ **of laughs**

(infml) es war nicht gerade komisch; **he's a ~ of laughs** (infml) er ist eine echte Spaßkanone (infml) ◳ (of handgun) Lauf m **barrel organ** n Leierkasten m

barren adj unfruchtbar **barrenness** n Unfruchtbarkeit f

barrette n (US) (Haar)spange f

barricade ◱ n Barrikade f ◲ v/t verbarrikadieren

barrier n ◳ (natural) Barriere f; (≈ railing etc) Schranke f; (≈ crash barrier) (Leit)planke f ◴ (fig ≈ obstacle) Hindernis nt; (between people) Schranke f; **trade ~s** Handelsschranken pl; **language ~** Sprachbarriere f; **a ~ to success** etc ein Hindernis für den Erfolg etc; **to break down ~s** Zäune niederreißen **barrier contraceptive** n mechanisches Verhütungsmittel **barrier cream** n Haut(schutz)creme f

barring prep **~ accidents** falls nichts passiert; **~ one** außer einem

barrister n (Br) Rechtsanwalt m/-anwältin f

barrow n Karren m

bar stool n Barhocker m **bartender** n (US) Barkeeper m; **~!** hallo!

barter v/t & v/i tauschen (for gegen)

base¹ ◱ n ◳ (≈ lowest part) Basis f; (for statue etc) Sockel m; (of lamp, mountain) Fuß m; **at the ~ (of)** unten (an +dat) ◴ (MIL, for holidays) Stützpunkt m, Basis f; **to return to ~** zum Stützpunkt or zur Basis zurückkehren ◵ BASEBALL Mal nt, Base nt; **at** or **on second ~** auf Mal or Base 2; **to touch ~** (US infml) sich melden (with bei); **to touch** or **cover all the ~s** (US fig) an alles denken ◲ v/t ◳ (fig) hopes, theory basieren (on auf +acc); relationship bauen (on auf +acc); **to be ~d on sth** auf etw (dat) basieren; **to ~ one's technique on sth** in seiner Technik von etw ausgehen ◴ stationieren; **the company is ~d in London** die Firma hat ihren Sitz in London; **my job is ~d in Glasgow** ich arbeite in Glasgow

base² adj (+er) metal unedel

baseball n Baseball m or nt **baseball cap** n Baseballmütze f

base camp n Basislager nt **-based** adj suf **London-based** mit Sitz in London; **to be computer-based** auf Computerbasis arbeiten **baseless** adj unbegründet **baseline** n TENNIS Grundlinie f

basement n Untergeschoss nt; **~ flat** (Br) or **apartment** Souterrainwohnung f

base rate n Leitzins m

bash (infml) ◱ n ◳ Schlag m ◴ **I'll have a ~ (at it)** ich probiers mal (infml) ◲ v/t car eindellen (infml); **to ~ one's head (against** or **on sth)** sich (dat) den Kopf (an etw (dat)) anschlagen; **to ~ sb on** or **over the head with sth** jdm mit etw auf den Kopf hauen ◊**bash in** v/t sep (infml) door einschlagen; hat, car eindellen (infml); **to bash sb's head in** jdm den Schädel einschlagen (infml) ◊**bash up** v/t sep (esp Br infml) car demolieren (infml)

bashful adj, **bashfully** adv schüchtern, gschamig (Aus)

Basic IT abbr of beginner's all-purpose symbolic instruction code BASIC nt

basic ◱ adj ◳ Grund-; reason, issue Haupt-; points wesentlich; intention eigentlich; **there's no ~ difference** es besteht kein grundlegender Unterschied; **the ~ thing to remember is ...** woran man vor allem denken muss, ist ...; **his knowledge is rather ~** er hat nur ziemlich elementare Kenntnisse; **the furniture is rather ~** die Möbel sind ziemlich primitiv; **~ salary** Grundgehalt nt; **~ vocabulary** Grundwortschatz m ◴ (≈ essential) notwendig ◲ pl **the ~s** das Wesentliche; **to get down to (the) ~s** zum Kern der Sache kommen; **to get back to ~s** sich auf das Wesentliche besinnen **basically** adv im Grunde; (≈ mainly) hauptsächlich; **is that correct? — ~ yes** stimmt das? — im Prinzip, ja; **that's ~ it** das wärs im Wesentlichen **basic English** n englischer Grundwortschatz **basic rate** n (of tax) Eingangssteuersatz m; **the ~ of income tax** der Eingangssteuersatz bei Lohn- und Einkommensteuer

basil n BOT Basilikum nt

basin n ◳ Schüssel f; (≈ wash basin) (Wasch)becken nt ◴ GEOG Becken nt

basis n, pl bases Basis f; **we're working on the ~ that ...** wir gehen von der Annahme aus, dass ...; **to be on a sound ~** (Firma) auf festen Füßen stehen; **on the ~ of this evidence** aufgrund dieses Beweismaterials

bask v/i (in sun) sich aalen (in in +dat); (in sb's favour etc) sich sonnen (in in +dat)

basket n Korb m; (for rolls etc) Körbchen nt **basketball** n Basketball m **basket**

B

case n (sl) hoffnungsloser Fall **basket chair** n Korbsessel m

Basle n Basel nt

Basque **A** n **1** (≈ person) Baske m, Baskin f **2** (≈ language) Baskisch nt **B** adj baskisch

bass MUS **A** n Bass m **B** adj Bass- **bass clef** n Bassschlüssel m **bass drum** n große Trommel

bassoon n Fagott nt

bastard n **1** (lit) uneheliches Kind **2** (sl ≈ person) Scheißkerl m (infml); **poor ~** armes Schwein (infml); **this question is a real ~** diese Frage ist wirklich hundsgemein (infml) **bastardize** v/t (fig) verfälschen

baste v/t COOK (mit Fett) begießen

bastion n Bastion f

bat[1] n ZOOL Fledermaus f; **he drove like a ~ out of hell** er fuhr, wie wenn der Teufel hinter ihm her wäre; **(as) blind as a ~** stockblind (infml)

bat[2] SPORTS **A** n BASEBALL, CRICKET Schlagholz nt; TABLE TENNIS Schläger m; **off one's own ~** (Br infml) auf eigene Faust (infml); **right off the ~** (US) prompt **B** v/t & v/i BASEBALL, CRICKET schlagen

bat[3] v/t **not to ~ an eyelid** (Br) or **eye** (US) nicht mal mit der Wimper zucken

batch n (of people) Schwung m (infml); (of things dispatched) Sendung f; (of letters, work) Stoß m **batch command** n Batchbefehl m **batch file** n IT Batchdatei f **batch job** n Stapelverarbeitung f **batch processing** n IT Stapelverarbeitung f

bated adj **with ~ breath** mit angehaltenem Atem

bath **A** n **1** Bad nt; **to have** or **take a ~** baden; **to give sb a ~** jdn baden **2** (≈ bathtub) (Bade)wanne f **3** (swimming) **~s** pl (Schwimm)bad nt; **(public) ~s** pl Badeanstalt f **B** v/t (Br) baden **C** v/i (Br) (sich) baden **bathe** **A** v/t **1** baden; (with cotton wool etc) waschen; **to ~ one's eyes** ein Augenbad machen; **~d in tears** tränenüberströmt; **to be ~d in sweat** schweißgebadet sein **2** (US) = bath II **B** v/i baden **C** n Bad nt; **to have** or **take a ~** baden **bather** n Badende(r) m/f(m) **bathing cap** n Badekappe f **bathing costume** n Badeanzug m **bathing trunks** pl Badehose f **bathmat** n Badematte f **bathrobe** n Bademantel m **bathroom** n Bad(ezimmer) nt; (euph ≈ lav-atory) Toilette f **bathroom cabinet** n Toilettenschrank m **bathroom scales** pl Personenwaage f **bath salts** pl Badesalz nt **bathtowel** n Badetuch nt **bathtub** n Badewanne f

baton n **1** MUS Taktstock m **2** (of policeman) Schlagstock m **3** (in relay race) Stab m **baton charge** n **to make a ~** Schlagstöcke einsetzen

batsman n, pl -men SPORTS Schlagmann m

battalion n (MIL, fig) Bataillon nt

batten n Latte f ◊**batten down** v/t sep **to ~ the hatches** (fig ≈ close doors) alles dicht machen; (≈ prepare oneself) sich auf etwas gefasst machen

batter[1] n COOK Teig m

batter[2] n SPORTS Schlagmann m

batter[3] **A** v/t (≈ hit) einschlagen auf (+acc); (≈ repeatedly) prügeln **B** v/i schlagen; **to ~ at the door** an die Tür trommeln (infml) ◊**batter down** v/t sep door einschlagen

battered adj übel zugerichtet; Frau, Kleinkind misshandelt; hat, car verbeult; furniture, reputation ramponiert (infml) **batter-er** n **wife-~** prügelnder Ehemann; **child-~** prügelnder Vater, prügelnde Mutter **battering** n (lit) Prügel pl; **he/it got** or **took a real ~** er/es hat ganz schön was abgekriegt (infml)

battery n Batterie f **battery charger** n Ladegerät nt **battery farm** n Legebatterie f **battery farming** n Legebatterien pl **battery hen** n AGR Batteriehuhn nt **battery-operated** adj batteriegespeist **battery-powered** adj batteriebetrieben

battle **A** n (lit) Schlacht f; (fig) Kampf m; **to fight a ~** eine Schlacht schlagen; (fig) einen Kampf führen; **to do ~ for sb/sth** sich für jdn/etw einsetzen; **killed in ~** (im Kampf) gefallen; **~ of wits** Machtkampf m; **~ of words** Wortgefecht nt; **~ of wills** geistiger Wettstreit; **that's half the ~** damit ist schon viel gewonnen; **getting an interview is only half the ~** damit, dass man ein Interview bekommt, ist es noch nicht getan **B** v/i sich schlagen; (fig) kämpfen **C** v/t (fig) **to ~ one's way through four qualifying matches** sich durch vier Qualifikationsspiele durchschlagen ◊**battle out** v/t sep **to battle it out** sich einen harten Kampf liefern

battle-axe, (US) **battle-ax** n (infml ≈ woman) Drachen m (infml) **battle cry** n Schlachtruf m **battlefield** n Schlachtfeld nt **battleground** n Schlachtfeld nt **battlements** pl Zinnen pl **battleship** n Schlachtschiff nt

batty adj (+er) (Br infml) verrückt

bauble n Flitter m no pl; **~s** Flitterzeug nt

baud n IT Baud nt

baulk v/i = balk

Bavaria n Bayern nt **Bavarian** A n 1 (≈ person) Bayer(in) m(f) 2 (≈ dialect) Bayrisch nt B adj bay(e)risch

bawdy adj (+er) derb

bawl A v/i (≈ shout) brüllen; (infml ≈ weep) heulen (infml) B v/t order brüllen ◊**bawl out** v/t sep order brüllen

bay[1] n Bucht f; **Hudson Bay** die Hudson Bay

bay[2] n 1 (≈ loading bay) Ladeplatz m 2 (≈ parking bay) Parkbucht f

bay[3] n **to keep** or **hold sb/sth at ~** jdn/ etw in Schach halten

bay[4] A adj horse (kastanien)braun B n (≈ horse) Braune(r) m

bay leaf n Lorbeerblatt nt

bayonet n Bajonett nt **bayonet fitting** n ELEC Bajonettfassung f

bay window n Erkerfenster nt

bazaar n Basar m

BBC abbr of British Broadcasting Corporation BBC f

BBQ abbr of barbecue

BC abbr of before Christ v. Chr.

be pres am, is, are, pret was, were, past part been A copulative vb 1 sein; **be sensible!** sei vernünftig; **who's that? — it's me/that's Mary** wer ist das? — ich bins/ das ist Mary; **he is a soldier/a German** er ist Soldat/Deutscher; **he wants to be a doctor** er möchte Arzt werden; **he's a good student** er ist ein guter Student; **he's five** er ist fünf; **two times two is four** zwei mal zwei ist vier 2 (referring to physical, mental state) **how are you?** wie gehts?; **she's not at all well** es geht ihr gar nicht gut; **to be hungry** Hunger haben; **I am hot** mir ist heiß 3 (≈ cost) kosten; **how much is that?** wie viel kostet das? 4 (with possessive +dat); **that book is his** das Buch gehört ihm B v/aux 1 (in continuous tenses) **what are you doing?** was machst du da?; **they're coming tomorrow** sie kommen morgen;

I have been waiting for you for half an hour ich warte schon seit einer halben Stunde auf Sie; **will you be seeing her tomorrow?** sehen or treffen Sie sie morgen?; **I was packing my case when ...** ich war gerade beim Kofferpacken, als ... 2 (in passive constructions) werden; **he was run over** er ist überfahren worden; **it is being repaired** es wird gerade repariert; **I will not be intimidated** ich lasse mich nicht einschüchtern; **they are to be married** sie werden heiraten; **the car is to be sold** das Auto soll verkauft werden; **what is to be done?** was soll geschehen? 3 (with obligation, command) **I am to look after her** ich soll mich um sie kümmern; **I am not to be disturbed** ich möchte nicht gestört werden; **I wasn't to tell you his name** (but I did) ich hätte Ihnen eigentlich nicht sagen sollen, wie er heißt 4 (≈ be destined) **she was never to return** sie sollte nie zurückkehren 5 (with possibilities) **he was not to be persuaded** er ließ sich nicht überreden; **if it were** or **was to snow** falls es schneien sollte; **and if I were to tell him?** und wenn ich es ihm sagen würde? 6 (in tag questions/short answers) **he's always late, isn't he? — yes he is** er kommt doch immer zu spät, nicht? — ja, das stimmt; **he's never late, is he? — yes he is** er kommt nie zu spät, oder? — oh, doch; **it's all done, is it? — yes it is/no it isn't** es ist also alles erledigt? — ja/nein C v/i sein; (≈ remain) bleiben; **we've been here a long time** wir sind schon lange hier; **let me be** lass mich; **be that as it may** wie dem auch sei; **I've been to Paris** ich war schon (einmal) in Paris; **the milkman has already been** der Milchmann war schon da; **he has been and gone** er war da und ist wieder gegangen; **here is a book/are two books** hier ist ein Buch/sind zwei Bücher; **here/there you are** (≈ you've arrived) da sind Sie ja; (≈ take this) hier/da, bitte; **there he was sitting at the table** da saß er nun am Tisch; **nearby there are two churches** in der Nähe sind zwei Kirchen D v/impers sein; **it is dark** es ist dunkel; **tomorrow is Friday** morgen ist Freitag; **it is 5 km to the nearest town** es sind 5 km bis zur nächsten Stadt; **it was us** or **we** (form) **who found it** WIR haben das gefunden; **were it not for the fact**

B

that I am a teacher, I would ... wenn ich kein Lehrer wäre, dann würde ich ...; **were it not for him, if it weren't** or **wasn't for him** wenn er nicht wäre; **had it not been** or **if it hadn't been for him** wenn er nicht gewesen wäre

beach n Strand m; **on the ~** am Strand **beach ball** n Wasserball m **beach buggy** n Strandbuggy m **beach holiday** n (Br) Strandurlaub m **beach towel** n Strandtuch nt **beach vacation** n (US) Strandurlaub m **beach volleyball** n Beachvolleyball m

beacon n Leuchtfeuer nt; (≈ radio beacon) Funkfeuer nt

bead n **1** Perle f; **(string of) ~s** Perlenschnur f; (≈ necklace) Perlenkette f **2** (of sweat) Tropfen m **beady** adj **I've got my ~ eye on you** (infml) ich beobachte Sie genau!

beagle n Beagle m

beak n Schnabel m

beaker n Becher m; CHEM etc Becherglas nt

be-all and end-all n the ~ das A und O; **it's not the ~** das ist auch nicht alles

beam A n **1** (BUILD, of scales) Balken m **2** (of light etc) Strahl m; **to be on full** or **high ~** das Fernlicht eingeschaltet haben **B** v/i strahlen; **to ~ down** (sun) niederstrahlen; **she was ~ing with joy** sie strahlte übers ganze Gesicht **C** v/t RADIO, TV ausstrahlen **beaming** adj strahlend

bean n **1** Bohne f; **he hasn't (got) a ~** (Br infml) er hat keinen roten Heller (infml) **2** (fig) **to be full of ~s** (infml) putzmunter sein (infml) **beanbag** n (≈ seat) Sitzsack m **beanburger** n vegetarischer Hamburger (mit Bohnen) **beanfeast** n (infml) Schmaus m (infml) **beanpole** n Bohnenstange f **bean sprout** n Sojabohnensprosse f

bear[1] pret bore, past part borne **A** v/t **1** tragen; gift, message mit sich führen; mark, likeness aufweisen; **he was borne along by the crowd** die Menge trug ihn mit (sich); **it doesn't ~ thinking about** man darf gar nicht daran denken **2** love, grudge empfinden **3** (≈ endure) ertragen; pain aushalten; criticism, smell, noise etc vertragen; **she can't ~ being laughed at** sie kann es nicht vertragen, wenn man über sie lacht **4** (≈ give birth to) gebären; → born **B** v/i **to ~ left/north** sich

links/nach Norden halten **C** v/r sich halten ◊**bear away** v/t sep **1** forttragen **2** victory etc davontragen ◊**bear down** v/i sich nahen (elev) ◊**bear on** v/i +prep obj = bear (up)on ◊**bear out** v/t sep bestätigen ◊**bear up** v/i sich halten; **how are you? — bearing up!** wie gehts? — man lebt! ◊**bear (up)on** v/i +prep obj (≈ relate to) betreffen ◊**bear with** v/i +prep obj **if you would just ~ me for a couple of minutes** wenn Sie sich vielleicht zwei Minuten gedulden wollen

bear[2] n **1** Bär m; **he is like a ~ with a sore head** er ist ein richtiger Brummbär (infml) **2** ASTRON **the Great/Little Bear** der Große/Kleine Bär or Wagen **3** ST EX Baissespekulant m

bearable adj erträglich

beard n Bart m **bearded** adj bärtig

bearer n (≈ carrier) Träger(in) m(f); (of news, cheque) Überbringer m; (of name, passport) Inhaber(in) m(f)

bear hug n ungestüme Umarmung

bearing n **1** (≈ posture) Haltung f **2** (≈ influence) Auswirkung f (on auf +acc); (≈ connection) Bezug m (on zu); **to have some/no ~ on sth** von Belang/belanglos für etw sein; (≈ be/not be connected with) einen gewissen/keinen Bezug zu etw haben **3** **to get** or **find one's ~s** sich zurechtfinden; **to lose one's ~s** die Orientierung verlieren

bear market n ST EX Baisse f

beast n **1** Tier nt **2** (infml ≈ person) Biest nt **beastly** (infml) adj scheußlich

beat vb: pret beat, past part beaten **A** n **1** Schlag m; (repeated) Schlagen nt; **to the ~ of the drum** zum Schlag der Trommeln **2** (of policeman) Runde f; (≈ district) Revier nt; **to be on the ~** seine Runde machen **3** MUS, POETRY Takt m; (of baton) Taktschlag m **B** v/t **1** schlagen; **to ~ a/ one's way through sth** einen/sich (dat) einen Weg durch etw bahnen; **to ~ a/ the drum** trommeln; **~ it!** (fig infml) hau ab! (infml); **the bird ~s its wings** der Vogel schlägt mit den Flügeln; **to ~ time (to the music)** den Takt schlagen **2** (≈ defeat) besiegen; record brechen; **to ~ sb into second place** jdn auf den zweiten Platz verweisen; **you can't ~ real wool** es geht doch nichts über reine Wolle; **if you can't ~ them, join them** (infml) wenn dus nicht besser machen kannst, dann mach es genauso; **coffee ~s tea any day** Kaffee ist allemal besser als Tee; **it ~s me (how/ why ...)** (infml) es ist mir ein Rätsel(, wie/warum ...) (infml) **3** budget, crowds zuvorkommen (+dat); **I'll ~ you down to the beach** ich bin vor dir am Strand; **to ~ the deadline** vor Ablauf der Frist fertig sein; **to ~ sb to it** jdm zuvorkommen **C** v/i schlagen; (rain) trommeln; **to ~ on the door (with one's fists)** (mit den Fäusten) gegen die Tür schlagen **D** adj **1** (infml ≈ exhausted) **to be (dead) ~** total kaputt sein (infml) **2** (infml ≈ defeated) **to be ~(en)** aufgeben müssen (infml); **he doesn't know when he's ~(en)** er gibt nicht auf (infml); **this problem's got me ~** ich mit dem Problem komme ich nicht klar (infml) ◊**beat back** v/t sep zurückschlagen ◊**beat down A** v/i (rain) herunterprasseln; (sun) herunterbrennen **B** v/t sep **1** I managed to beat him down (on the price) ich konnte den Preis herunterhandeln **2** door einrennen ◊**beat in** v/t sep **1** door einschlagen **2** COOK eggs etc unterrühren ◊**beat off** v/t sep abwehren ◊**beat out** v/t sep fire ausschlagen; rhythm schlagen; (on drum) trommeln; **to beat sb's brains out** (infml) jdm den Schädel einschlagen (infml) ◊**beat up** v/t sep person zusammenschlagen ◊**beat up on** v/i +prep obj (US infml) (≈ hit) verhauen (infml); (≈ bully) einschüchtern

beaten A past part of beat **B** adj earth festgetreten; **to be off the ~ track** (fig) abgelegen sein **beating** n **1** Prügel pl; **to give sb a ~** jdn verprügeln; **to get a ~** verprügelt werden **2** (of drums, heart, wings) Schlagen nt **3** (≈ defeat) Niederlage f; **to take a ~ (at the hands of sb)** (von jdm) nach allen Regeln der Kunst geschlagen werden **4** **to take some ~** nicht leicht zu übertreffen sein **beat-up** adj (infml) ramponiert (infml)

beautician n Kosmetiker(in) m(f)

beautiful adj schön; idea, meal wunderbar; swimmer, piece of work hervorragend **beautifully** adv schön; prepared, simple herrlich; swim sehr gut **beautify** v/t verschönern

beauty n **1** Schönheit f; **~ is in the eye of the beholder** (prov) schön ist, was (einem) gefällt; **the ~ of it is that ...** das Schöne or Schönste daran ist, dass ... **2** (≈ good example) Prachtexemplar nt **beauty contest** n Schönheitswettbewerb m **beauty parlour**, (US) **beauty parlor** n Schönheitssalon m **beauty queen** n Schönheitskönigin f **beauty salon**, **beauty shop** n Schönheitssalon m **beauty sleep** n (hum) Schlaf m **beauty spot** n **1** Schönheitsfleck m **2** (≈ place) schönes Fleckchen **beauty treatment** n kosmetische Behandlung

beaver n Biber m ◊**beaver away** v/i (infml) schuften (infml) (at an +dat)

became pret of become

because A cj weil; (≈ since also) da; **it was the more surprising ~ we were not expecting it** es war umso überraschender, als wir es nicht erwartet hatten; **why did you do it? — just ~** (infml) warum hast du das getan? — darum **B** prep **~ of** wegen (+gen or (inf) +dat); **I only did it ~ of you** ich habe es nur deinetwegen getan

beck n **to be at sb's ~ and call** jdm voll und ganz zur Verfügung stehen

beckon v/t & v/i winken; **he ~ed to her to follow (him)** er gab ihr ein Zeichen, ihm zu folgen

become pret became, past part become v/i werden; **it has ~ a rule** es ist jetzt Vorschrift; **it has ~ a nuisance/habit** es ist lästig/zur Gewohnheit geworden; **to ~ interested in sb/sth** anfangen, sich für jdn/ etw zu interessieren; **to ~ king/a doctor** König/Arzt werden; **what has ~ of him?** was ist aus ihm geworden? **what's to ~ of him?** was soll aus ihm werden?

B Ed abbr of Bachelor of Education

bed n **1** Bett nt; **to go to ~** zu or ins Bett gehen; **to put sb to ~** jdn ins or zu Bett bringen; **to get into ~** sich ins Bett legen; **to get into ~ with sb** mit jdm ins Bett steigen (infml); **he must have got out of ~ on the wrong side** (infml) er ist wohl mit dem linken Fuß zuerst aufgestanden; **to be in ~** im Bett sein; **to make the ~** das Bett machen; **can I have a ~ for the night?** kann ich hier/bei euch etc übernachten? **2** (of ore, coal) Lager nt; **a ~ of clay** Lehmboden m **3** (≈ sea bed) Grund m; (≈ river bed) Bett nt **4** (≈ flower bed) Beet nt ◊**bed down** v/i sein Lager aufschlagen; **to ~ for the night** sein Nachtlager aufschlagen

bed and breakfast n Übernachtung f

mit Frühstück; (a. **bed and breakfast place**) Frühstückspension f; **"bed and breakfast"** „Fremdenzimmer" **bedbug** n Wanze f **bedclothes** pl (Br) Bettzeug nt **bedcover** n (≈ bedspread) Tagesdecke f; **~s** pl (≈ bedclothes) Bettzeug nt **bedding** n Bettzeug nt **bedding plant** n Setzling m

bedevil v/t erschweren

bedhead n Kopfteil m des Bettes

bedlam n (fig) Chaos nt

bed linen n Bettwäsche f **bedpan** n Bettpfanne f

bedraggled adj **1** (≈ wet) triefnass **2** (≈ dirty) verdreckt **3** (≈ untidy) ungepflegt

bed rest n Bettruhe f; **to follow/keep ~** die Bettruhe befolgen/einhalten **bedridden** adj bettlägerig

bedroom n Schlafzimmer nt **bedside** n **to be at sb's ~** an jds Bett (dat) sein **bedside lamp** n Nachttischlampe f **bedside table** n Nachttisch m **bedsit(ter)** (infml), **bedsitting room** n (Br) möbliertes Zimmer **bedsore** n wund gelegene Stelle; **to get ~s** sich wund liegen **bedspread** n Tagesdecke f **bedstead** n Bettgestell nt **bedtime** n Schlafenszeit f; **it's ~** es ist Schlafenszeit; **his ~ is 10 o'clock** er geht um 10 Uhr schlafen; **it's past your ~** du müsstest schon lange im Bett sein **bedtime story** n Gutenachtgeschichte f **bed-wetting** n Bettnässen nt

bee n Biene f; **to have a ~ in one's bonnet** (infml) einen Tick haben (infml)

beech n **1** (≈ tree) Buche f **2** (≈ wood) Buche(nholz nt) f

beef **A** n Rindfleisch nt **B** v/i (infml) meckern (infml) (about über +acc) ◊**beef up** v/t sep aufmotzen (infml)

beefburger n Hamburger m **beefeater** n Beefeater m **beefsteak** n Beefsteak nt **beefy** adj (+er) fleischig

beehive n Bienenstock m **beekeeper** n Imker(in) m(f) **beeline** n **to make a ~ for sb/sth** schnurstracks auf jdn/etw zugehen **been** past part of be

beep (infml) **A** n Tut(tut) nt (infml); **leave your name and number after the ~** hinterlassen Sie Ihren Namen und Ihre Nummer nach dem Signalton **B** v/t **to ~ the** or **one's horn** hupen **C** v/i tuten (infml); **~ ~!** tut, tut (infml) **beeper** n akustischer Zeichengeber, Piepser m (infml)

beer n Bier nt; **two ~s, please** zwei Bier, bitte **beer belly** n (infml) Bierbauch m (infml) **beer bottle** n Bierflasche f **beer garden** n (Br) Biergarten m **beer glass** n Bierglas nt **beer mat** n (Br) Bierdeckel m

bee sting n Bienenstich m **beeswax** n Bienenwachs nt

beet n Rübe f

beetle n Käfer m

beetroot n Rote Bete or Rübe

befit v/t (form) sb sich ziemen für (elev); occasion angemessen sein (+dat)

before **A** prep vor (+dat); (with movement) vor (+acc); **the year ~ last** das vorletzte Jahr; **the day ~ yesterday** vorgestern; **the day ~ that** der Tag davor; **~ then** vorher; **you should have done it ~ now** das hättest du schon (eher) gemacht haben sollen; **~ long** bald; **~ everything else** zuallererst; **to come ~ sb/sth** vor jdm/etw kommen; **ladies ~ gentlemen** Damen haben den Vortritt; **~ my (very) eyes** vor meinen Augen; **the task ~ us** die Aufgabe, vor der wir stehen **B** adv (≈ before that) davor; (≈ before now) vorher; **have you been to Scotland ~?** waren Sie schon einmal in Schottland?; **I have seen** etc **this ~** ich habe das schon einmal gesehen etc; **never ~** noch nie; **(on) the evening/day ~** am Abend/Tag vorher; **(in) the year ~** im Jahr davor; **two hours ~** zwei Stunden vorher; **two days ~** zwei Tage davor or zuvor; **things continued as ~** alles war wie gehabt; **life went on as ~** das Leben ging seinen gewohnten Gang; **that chapter and the one ~** dieses Kapitel und das davor **C** cj bevor; **~ doing sth** bevor man etw tut; **you can't go ~ this is done** du kannst erst gehen, wenn das gemacht ist; **it will be a long time ~ he comes back** es wird lange dauern, bis er zurückkommt **beforehand** adv im Voraus; **you must tell me ~** Sie müssen mir vorher Bescheid sagen **before-tax** adj vor Steuern

befriend v/t Umgang pflegen mit

beg **A** v/t **1** money betteln um **2** forgiveness bitten um; **to ~ sth of sb** jdn um etw bitten; **to ~ged to be allowed to …** er bat darum, … zu dürfen; **I ~ to differ** ich erlaube mir, anderer Meinung zu sein **3** (≈ entreat) sb anflehen; **I ~ you!** ich flehe dich an! **4** **to ~ the question** an der eigentlichen Frage vorbeigehen **B** *v/i* **1** (*beggar*) betteln; (*dog*) Männchen machen **2** (*for help etc*) bitten (*for* um); **I ~ of you** ich bitte Sie **3** **to go ~ging** (*infml*) noch zu haben sein; (≈ *be unwanted*) keine Abnehmer finden

began *pret of* begin

beggar **A** *n* **1** Bettler(in) *m(f)*; **~s can't be choosers** (*prov*) in der Not frisst der Teufel Fliegen (*prov*) **2** (*Br infml*) Kerl *m* (*infml*); **poor ~!** armer Kerl! (*infml*); **a lucky ~** ein Glückspilz *m* **B** *v/t* (*fig*) **to ~ belief** nicht zu fassen sein

begin *pret* began, *past part* begun **A** *v/t* **1** beginnen, anfangen; *work* anfangen mit; *task* in Angriff nehmen; **to ~ to do sth** *or* **doing sth** anfangen *or* beginnen, etw zu tun; **to ~ working on sth** mit der Arbeit an etw (*dat*) beginnen; **she ~s the job next week** sie fängt nächste Woche (bei der Stelle) an; **to ~ school** in die Schule kommen; **she began to feel tired** sie wurde langsam müde; **she's ~ning to understand** sie fängt langsam an zu verstehen; **I'd begun to think you weren't coming** ich habe schon gedacht, du kommst nicht mehr **2** (≈ *initiate*) anfangen; *custom* einführen; *firm, movement* gründen; *war* auslösen **B** *v/i* anfangen, beginnen; (*new play etc*) anlaufen; **to ~ by doing sth** etw zuerst (einmal) tun; **he began by saying that ...** er sagte einleitend, dass ...; **~ning from Monday** ab Montag; **~ning from page 10** von Seite 10 an; **it all began when ...** es fing alles damit an, dass ...; **to ~ with there were only three** anfänglich waren es nur drei; **to ~ with, this is wrong, and ...** erstens einmal ist das falsch, dann ...; **to ~ on sth** mit etw anfangen *or* beginnen

beginner *n* Anfänger(in) *m(f)*; **~'s luck** Anfängerglück *nt*

beginning *n* Anfang *m*; (*of custom, movement*) Entstehen *nt no pl*; **at the ~** zuerst; **at the ~ of sth** am Anfang einer Sache (*gen*); **at the ~ of July** Anfang Juli; **from the ~** von Anfang an; **from the ~ of the week/poem** seit Anfang der Woche/vom Anfang des Gedichtes an; **read the paragraph from the ~** lesen Sie den Paragrafen von (ganz) vorne; **from ~ to end** von vorn bis hinten; (*temporal*) von Anfang bis Ende; **to start again at** *or* **from the ~** noch einmal von vorn anfan-

gen; **to begin at the ~** ganz vorn anfangen; **it was the ~ of the end for him** das war der Anfang vom Ende für ihn; **his humble ~s** seine einfachen Anfänge

begonia *n* Begonie *f*

begrudge *v/t* **1** (≈ *be reluctant*) **to ~ doing sth** etw widerwillig tun **2** (≈ *envy*) missgönnen (*sb sth* jdm etw) **begrudgingly** *adv* widerwillig

beguiling *adj* betörend

begun *past part of* begin

behalf *n* **on** *or* **in** (*US*) **~ of** für, im Interesse von; (*as spokesman*) im Namen von; (*as authorized representative*) im Auftrag von

behave **A** *v/i* sich verhalten; (≈ *be good*) sich benehmen; **to ~ well/badly** sich gut/schlecht benehmen; **what a way to ~!** was für ein Benehmen!; **to ~ badly/well toward(s) sb** jdn schlecht/gut behandeln; **~!** benimm dich! **B** *v/r* **to ~ oneself** sich benehmen; **~ yourself!** benimm dich! **behaviour**, (*US*) **behavior** *n* **1** Benehmen *nt*; **to be on one's best ~** sich von seiner besten Seite zeigen **2** (*towards others*) Verhalten *nt* (*to(wards)* gegenüber)

behead *v/t* enthaupten, köpfen

beheld *pret, past part of* behold

behind **A** *prep* hinter (+*dat*); (*with motion*) hinter (+*acc*); **come out from ~ the door** komm hinter der Tür (her)vor; **he came up ~ me** er trat von hinten an mich heran; **walk close ~ me** gehen Sie dicht hinter mir; **put it ~ the books** stellen Sie es hinter die Bücher; **what is ~ this incident?** was steckt hinter diesem Vorfall?; **to be ~ sb** hinter jdm zurück sein; **to be ~ schedule** im Verzug sein; **to be ~ the times** (*fig*) hinter seiner Zeit zurück(-geblieben) sein; **you must put the past ~ you** Sie müssen Vergangenes vergangen sein lassen **B** *adv* **1** (≈ *at rear*) hinten; (≈ *behind this, sb etc*) dahinter; **from ~** von hinten; **to look ~** zurückblicken **2** **to be ~ with one's studies** mit seinen Studien im Rückstand sein **C** *n* (*infml*) Hinterteil *nt* (*infml*)

behold *pret, past part* beheld *v/t* (*liter*) erblicken (*liter*)

beige **A** *adj* beige **B** *n* Beige *nt*

being *n* **1** (≈ *existence*) Dasein *nt*; **to come into ~** entstehen; **to bring into ~** ins Leben rufen **2** (≈ *that which exists*) (Lebe)wesen *nt*; **~s from outer space** Wesen *pl* aus dem All

Belarus *n* GEOG Belarus *nt*

belated *adj*, **belatedly** *adv* verspätet

belch A *v/i* (*person*) rülpsen **B** *v/t* (*a.* **belch forth** *or* **out**) *smoke* ausstoßen **C** *n* Rülpser *m* (*infml*)

beleaguered *adj* (*fig*) unter Druck stehend

belfry *n* Glockenstube *f*

Belgian A *n* Belgier(in) *m(f)* **B** *adj* belgisch **Belgium** *n* Belgien *nt*

Belgrade *n* Belgrad *nt*

belie *v/t* **1** (≈ *prove false*) widerlegen **2** (≈ *give false impression of*) hinwegtäuschen über (+*acc*)

belief *n* Glaube *m* (*in an* +*acc*); (≈ *doctrine*) Lehre *f*; **beyond ~** unglaublich; **in the ~ that …** im Glauben, dass …; **it is my ~ that …** ich bin der Überzeugung, dass … **believable** *adj* glaubwürdig

believe A *v/t* glauben; **I don't ~ you** das glaube ich (Ihnen) nicht; **don't you ~ it** wers glaubt, wird selig (*infml*); **~ you me!** (*infml*) das können Sie mir glauben!; **~ it or not** ob Sies glauben oder nicht; **would you ~ it!** (*infml*) ist das (denn) die Möglichkeit (*infml*); **I would never have ~d it of him** das hätte ich nie von ihm geglaubt; **he could hardly ~ his eyes** er traute seinen Augen nicht; **he is ~d to be ill** es heißt, dass er krank ist; **I ~ so/not** ich glaube schon/nicht **B** *v/i* an Gott glauben ◊**believe in** *v/i* +*prep obj* **1** glauben an (+*acc*); **he doesn't ~ doctors** er hält nicht viel von Ärzten **2** (≈ *support idea of*) **to ~ sth** (prinzipiell) für etw sein; **he believes in getting up early** er ist überzeugter Frühaufsteher; **he believes in giving people a second chance** er gibt prinzipiell jedem noch einmal eine Chance; **I don't ~ compromises** ich halte nichts von Kompromissen

believer *n* **1** REL Gläubige(r) *m/f(m)* **2 to be a (firm) ~ in sth** (grundsätzlich) für etw sein

Belisha beacon *n* (*Br*) gelbes Blinklicht an Zebrastreifen

bell *n* **1** Glocke *f*; (*small*) Glöckchen *nt*; (≈ *school bell, doorbell, of bicycle*) Klingel *f*; **as clear as a ~** *voice* glasklar; *hear, sound* laut und deutlich **2** (≈ *sound of bell*) **there's the ~** es klingelt *or* läutet **bellboy** *n* (*esp US*) Page *m* **bellhop** *n* (*US*) = bellboy

belligerence *n* (*of nation*) Kriegslust *f*; (*of*

person) Streitlust *f* **belligerent** *adj nation* kriegslustig; *person* streitlustig; *speech* aggressiv **belligerently** *adv* streitlustig

bellow A *v/t & v/i* brüllen; **to ~ at sb** jdn anbrüllen **B** *n* Brüllen *nt*

bellows *pl* Blasebalg *m*; **a pair of ~** ein Blasebalg

bell pull *n* Klingelzug *m* **bell push** *n* Klingel *f* **bell-ringer** *n* Glöckner *m* **bell-ringing** *n* Glockenläuten *nt*

belly *n* Bauch *m* **bellyache** (*infml*) **A** *n* Bauchschmerzen *pl* **B** *v/i* murren (*about* über +*acc*) **bellybutton** *n* (*infml*) Bauchnabel *m* **belly dance** *n* Bauchtanz *m* **belly dancer** *n* Bauchtänzerin *f* **bellyflop** *n* Bauchklatscher *m* (*infml*); **to do a ~** einen Bauchklatscher machen (*infml*) **bellyful** *n* (*infml*) **I've had a ~ of writing these letters** ich habe die Nase voll davon, immer diese Briefe zu schreiben (*infml*) **belly laugh** *n* dröhnendes Lachen; **he gave a great ~** er lachte lauthals los **belly up** *adv* **to go ~** (*infml, company*) pleitegehen (*infml*)

belong *v/i* gehören (*to sb* jdm, *to sth* zu etw); **who does it ~ to?** wem gehört es?; **to ~ together** zusammengehören; **to ~ to a club** einem Klub angehören; **to feel that one doesn't ~** das Gefühl haben, dass man nicht dazugehört; **it ~s under the heading of …** das fällt in die Rubrik der … **belongings** *pl* Sachen *pl*, Besitz *m*; **personal ~** persönlicher Besitz; **all his ~** sein ganzes Hab und Gut

Belorussia *n* GEOG Weißrussland *nt*

beloved A *adj* geliebt **B** *n* **dearly ~** REL liebe Brüder und Schwestern im Herrn

below A *prep* unterhalb (+*gen*); (*with level etc also*) unter (+*dat or with motion* +*acc*); **her skirt comes well ~ her knees** *or* **the knee** ihr Rock geht bis weit unters Knie; **to be ~ sb** (*in rank*) (rangmäßig) unter jdm stehen **B** *adv* **1** (≈ *lower down*) unten; **in the valley ~** drunten im Tal; **one floor ~** ein Stockwerk tiefer; **the apartment ~** die Wohnung darunter; (*below us*) die Wohnung unter uns; **down ~** unten; **see ~** siehe unten **2** **15 degrees ~** 15 Grad unter null

belt A *n* **1** (*on clothes, of land*) Gürtel *m*; (*for carrying etc, seat belt*) Gurt *m*; **that was below the ~** das war ein Schlag unter die Gürtellinie; **to tighten one's ~** (*fig*) den Gürtel enger schnallen; **industrial ~** In-

B

dustriegürtel m **2** TECH (Treib)riemen m; (≈ conveyor belt) Band nt **B** v/i (infml) knallen (infml); **she ~ed him one in the eye** sie knallte ihm eins aufs Auge (infml) **C** v/i (infml ≈ rush) rasen (infml) ◊**belt out** v/t sep (infml) tune schmettern (infml); (on piano) hämmern (infml) ◊**belt up** v/i (infml) die Klappe halten (infml)

beltway n (US) Umgehungsstraße f

bemoan v/t beklagen

bemused adj ratlos; **to be ~ by sth** einer Sache (dat) ratlos gegenüberstehen

bench n **1** (≈ seat) Bank f **2** (≈ workbench) Werkbank f **3** SPORTS **on the ~** auf der Reservebank **benchmark** n (fig) Maßstab m **bench press** n SPORTS Bankdrücken nt

bend vb: pret, past part bent **A** n Biegung f; (in road) Kurve f; **there is a ~ in the road** die Straße macht (da) eine Kurve; **to go/be round the ~** (Br infml) verrückt werden/sein (infml); **to drive sb round the ~** (Br infml) jdn verrückt machen (infml) **B** v/t **1** biegen; head beugen; **to ~ sth out of shape** etw verbiegen **2** (fig) rules, truth es nicht so genau nehmen mit **C** v/i **1** sich biegen; (person) sich beugen; **this metal ~s easily** (a bad thing) dieses Metall verbiegt sich leicht; (a good thing) dieses Metall lässt sich leicht biegen; **my arm won't ~** ich kann den Arm nicht biegen **2** (river) eine Biegung machen; (road) eine Kurve machen ◊**bend back A** v/i sich zurückbiegen; (over backwards) nach hinten biegen **B** v/t sep zurückbiegen ◊**bend down** v/i (person) sich bücken; **she bent down to look at the baby** sie beugte sich hinunter, um das Baby anzusehen **B** v/t sep edges nach unten biegen ◊**bend over** v/i (person) sich bücken; **to ~ to look at sth** sich nach vorn beugen, um etw anzusehen **B** v/t sep umbiegen

beneath A prep **1** unter (+dat or with motion +acc); (with level etc also) unterhalb (+gen) **2** (≈ unworthy of) **it is ~ him** das ist unter seiner Würde **B** adv unten

benefactor n Wohltäter m **beneficial** adj gut (to für); (≈ advantageous) günstig **beneficiary** n Nutznießer(in) m(f); (of will etc) Begünstigte(r) m/f(m)

benefit A n **1** (≈ advantage) Vorteil m; (≈ profit) Gewinn m; **to derive** or **get ~ from sth** aus etw Nutzen ziehen; **for the ~ of the poor** für das Wohl der Armen; **for your ~** Ihretwegen; **we should give him the ~ of the doubt** wir sollten das zu seinen Gunsten auslegen **2** (≈ allowance) Unterstützung f; **to be on ~(s)** staatliche Unterstützung erhalten **B** v/t guttun (+dat) **C** v/i profitieren (from, by von); **he would ~ from a week off** eine Woche Urlaub würde ihm guttun; **I think you'll ~ from the experience** ich glaube, diese Erfahrung wird Ihnen nützlich sein **benefit concert** n Benefizkonzert nt **benefit fraud** n (Br) Sozialbetrug m

Benelux n ~ **countries** Beneluxstaaten pl

benevolence n Wohlwollen nt **benevolent** adj wohlwollend

BEng abbr of Bachelor of Engineering

Bengali A n (≈ language) Bengali nt; (≈ person) Bengale m, Bengalin f **B** adj bengalisch

benign adj **1** gütig **2** MED tumour gutartig

bent A pret, past part of bend **B** adj **1** gebogen; (≈ out of shape) verbogen **2** **to be ~ on sth/doing sth** etw unbedingt wollen/tun wollen **C** n Neigung f (for zu); **people with** or **of a musical ~** Menschen mit einer musikalischen Veranlagung

benzene n Benzol nt

bequeath v/t vermachen (to sb jdm) **bequest** n (≈ act) Vermachen nt (to an +acc); (≈ legacy) Nachlass m

berate v/t (liter) schelten

bereaved adj leidtragend; **the ~** die Hinterbliebenen pl **bereavement** n Trauerfall m

bereft adj **to be ~ of sth** einer Sache (gen) bar sein (elev)

beret n Baskenmütze f

Bering Sea n Beringmeer nt **Bering Strait** n Beringstraße f

berk n (Br infml) Dussel m (infml)

Berlin n Berlin nt; **the ~ Wall** die Mauer **Bermuda shorts** pl Bermudashorts pl

Berne n Bern nt

berry n Beere f

berserk adj wild; **to go ~** wild werden; (audience) zu toben anfangen; (≈ go mad) überschnappen (infml)

berth A n **1** (on ship) Koje f; (on train) Schlafwagenplatz m **2** (NAUT, for ship) Liegeplatz m **3** **to give sb/sth a wide ~** (fig) einen (weiten) Bogen um jdn/etw machen

B

B v/i anlegen **C** v/t **where is she ~ed?** wo liegt es?

beseech (liter) v/t person anflehen

beset pret, past part beset v/t **to be ~ with difficulties** voller Schwierigkeiten sein; **~ by doubts** von Zweifeln befallen

beside prep **1** neben (+dat or with motion +acc); road, river an (+dat or with motion +acc); **~ the road** am Straßenrand **2 to be ~ the point** damit nichts zu tun haben; **to be ~ oneself** außer sich sein (with vor)

besides **A** adv (≈ in addition) außerdem; **many more ~** noch viele mehr; **have you got any others ~?** haben Sie noch andere? **B** prep außer; **others ~ ourselves** außer uns noch andere; **there were three of us ~ Mary** Mary nicht mitgerechnet, waren wir zu dritt; **~ which he was unwell** außerdem fühlte er sich nicht wohl

besiege v/t belagern

besotted adj völlig vernarrt (with in +acc)

bespoke adj **a ~ tailor** ein Maßschneider m

best **A** adj sup of **good** beste(r, s) attr; **to be ~** am besten sein; **to be ~ of all am** allerbesten sein; **that was the ~ thing about her** das war das Beste an ihr; **it's ~ to wait** das Beste ist zu warten; **may the ~ man win!** dem Besten der Sieg!; **the ~ part of the year/my money** fast das ganze Jahr/all mein Geld **B** adv sup of **well** am besten; like am liebsten; **the ~ fitting dress** das am besten passende Kleid; **her ~ known novel** ihr bekanntester Roman; **he was ~ known for ...** er war vor allem bekannt für ...; **~ of all** am allerbesten/-liebsten; **as ~ I could** so gut ich konnte; **I thought it ~ to go** ich hielt es für das Beste zu gehen; **do as you think ~** tun Sie, was Sie für richtig halten; **you know ~** Sie müssen es (am besten) wissen; **you had ~ go now** am besten gehen Sie jetzt **C** n der/die/das Beste; **his last book was his ~** sein letztes Buch war sein bestes; **they are the ~ of friends** sie sind enge Freunde; **to do one's ~** sein Bestes tun; **to the ~ you can!** machen Sie es so gut Sie können!; **it's the ~ I can do** mehr kann ich nicht tun; **to get the ~ out of sb/sth** das Beste aus jdm/etw herausholen; **to play the ~ of three** nur so lange spielen,

bis eine Partei zweimal gewonnen hat; **to make the ~ of it/a bad job** das Beste daraus machen; **to make the ~ of one's opportunities** seine Chancen voll nützen; **it's all for the ~** es ist nur zum Guten; **to do sth for the ~** etw in bester Absicht tun; **to the ~ of my ability** so gut ich kann/konnte; **to the ~ of my knowledge** meines Wissens; **to look one's ~** besonders gut aussehen; **it's not enough (even) at the ~ of times** das ist schon normalerweise nicht genug; **at ~** bestenfalls; **all the ~** alles Gute! **best-before date** n (Br) Haltbarkeitsdatum nt **best-dressed** adj bestgekleidet attr

bestial adj bestialisch **bestiality** n **1** (of behaviour) Bestialität f; (of person) Brutalität f **2** (≈ act) Gräueltat f

best man n Trauzeuge m (des Bräutigams)

bestow v/t ((up)on sb jdm) gift schenken; honour erweisen; title, medal verleihen

bestseller n Verkaufsschlager m; (≈ book) Bestseller m **bestselling** adj article absatzstark; author Erfolgs-; **a ~ novel** ein Bestseller m

bet vb: pret, past part bet **A** n Wette f (on auf +acc); **to make** or **have a ~ with sb** mit jdm wetten **B** v/t **1** (Gambling) wetten; **I ~ him £5** ich habe mit ihm (um) £ 5 gewettet **2** (infml ≈ wager) wetten; **I ~ he'll come!** wetten, dass er kommt! (infml); **~ you I can!** (infml) wetten, dass ich das kann! (infml) **C** v/i wetten; **to ~ on a horse** auf ein Pferd setzen; **don't ~ on it** darauf würde ich nicht wetten; **you ~!** (infml) und ob! (infml); **want to ~?** wetten?

beta-blocker n Betablocker m

betray v/t verraten (to an +dat); trust enttäuschen **betrayal** n Verrat m (of an +dat); **a ~ of trust** ein Vertrauensbruch m

better **A** adj comp of **good** besser; **he's ~** (≈ recovered) es geht ihm wieder besser; **his foot is getting ~** seinem Fuß geht es schon viel besser; **I hope you get ~ soon** hoffentlich sind Sie bald wieder gesund; **and ~** immer besser; **that's ~!** (approval) so ist es besser!; (relief etc) so!; **it couldn't be ~** es könnte gar nicht besser sein; **the ~ part of an hour/my money** fast eine Stunde/mein ganzes Geld; **it would be ~ to go early** es wäre besser, früh zu gehen; **you would be ~ to go early** Sie gehen besser früh; **to go one ~** einen

Schritt weiter gehen; (in offer) höherge-
hen; **this hat has seen ~ days** dieser
Hut hat auch schon bessere Tage gesehen
(infml) **B** adv comp of well besser; like lieber; **they are ~ off than we are** sie sind
besser dran als wir; **he is ~ off where he
is** er ist besser dran, wo er ist (infml); **I had
~ go** ich gehe jetzt wohl besser; **you'd ~
do what he says** tun Sie lieber, was er
sagt; **I won't touch it — you'd ~ not!**
ich fasse es nicht an — das will ich dir
auch geraten haben **C** n **all the ~, so
much the ~** umso besser; **the sooner
the ~** je eher, desto besser; **to get the
~ of sb** (person) jdn unterkriegen (infml);
(problem etc) jdm schwer zu schaffen machen **D** v/r (in social scale) sich verbessern
betting n Wetten f **betting shop** n
Wettannahme f **betting slip** n Wettschein m
between A prep **1** zwischen (+dat); (with
movement) zwischen (+acc); **I was sitting ~
them** ich saß zwischen ihnen; **sit down ~
those two boys** setzen Sie sich zwischen
diese beiden Jungen; **in ~** zwischen
(+dat/acc); **~ now and next week we must
...** bis nächste Woche müssen wir ...;
there's nothing ~ them (no relationship)
zwischen ihnen ist nichts **2** (≈ amongst)
unter (+dat/acc); **divide the sweets ~ the
children** verteilen Sie die Süßigkeiten unter die Kinder; **we shared an apple ~ us**
wir teilten uns (dat) einen Apfel; **that's
just ~ ourselves** das bleibt aber unter
uns **3** (≈ jointly) **~ us/them** zusammen;
we have a car ~ the three of us wir haben zu dritt ein Auto **B** adv dazwischen;
in ~ dazwischen; **the space/time ~** der
Raum/die Zeit dazwischen
beverage n Getränk nt
beware v/i imp and inf only **to ~ of sb/sth**
sich vor jdm/etw hüten; **to ~ of doing sth**
sich davor hüten, etw zu tun; **"beware of
the dog"** „Vorsicht, bissiger Hund"; **"beware of pickpockets"** „vor Taschendieben wird gewarnt"
bewilder v/t verwirren **bewildered** adj
verwirrt **bewildering** adj verwirrend
bewilderment n (≈ confusion) Verwirrung f; **in ~** verwundert
bewitch v/t (fig) bezaubern **bewitching**
adj bezaubernd
beyond A prep **1** (≈ on the other side of)
jenseits (+gen) (elev); (≈ further than) über

(+acc) ... hinaus; **~ the Alps** jenseits der
Alpen **2** (in time) **~ 6 o'clock** nach 6
Uhr; **~ the middle of June** über Mitte Juni hinaus **3** (≈ surpassing) **a task ~ her
abilities** eine Aufgabe, die über ihre Fähigkeiten geht; **that is ~ human understanding** das übersteigt menschliches
Verständnis; **~ repair** nicht mehr zu reparieren; **that's ~ me** das geht über meinen
Verstand **4** (with neg, interrog) außer;
**have you any money ~ what you have
in the bank?** haben Sie außer dem, was
Sie auf der Bank haben, noch Geld?; **~
this/that** sonst **B** adv (≈ on the other side
of) jenseits davon (elev); (≈ after that) danach; (≈ further than that) darüber hinaus;
India and the lands ~ Indien und die Gegenden jenseits davon; **... a river, and ~
is a small field** ... ein Fluss, und danach
kommt ein kleines Feld
biannual adj, **biannually** adv **1** zweimal jährlich **2** (≈ half-yearly) halbjährlich
bias n (of newspaper etc) (einseitige) Ausrichtung f (towards auf +acc); (of person)
Vorliebe f (towards für); **to have a ~
against sth** (newspaper etc) gegen etw eingestellt sein; (person) eine Abneigung gegen etw haben; **to have a left-/right-
-wing ~** nach links/rechts ausgerichtet
sein **biased**, (US) **biassed** adj voreingenommen; **~ in favour** (Br) or **favor** (US) **of/
against** voreingenommen für/gegen
bib n (for baby) Lätzchen nt
Bible n Bibel f **Bible-basher** n (infml)
aufdringlicher Bibelfritze (sl) **Bible story**
n biblische Geschichte **biblical** adj bib-
lisch
bibliography n Bibliografie f
BIC abbr of bank identifier code BIC m
bicarbonate of soda n COOK ≈ Backpulver nt
bicentenary, **bicentennial** (US) **A** n
zweihundertjähriges Jubiläum **B** adj zwei-
hundertjährig
biceps pl Bizeps m
bicker v/i sich zanken; **they are always
~ing** sie liegen sich dauernd in den Haaren **bickering** n Gezänk nt
bicycle n Fahrrad nt, Velo nt (Swiss); **to
ride a ~** Fahrrad fahren; → cycle
bid A v/t **1** pret, past part bid (at auction)
bieten (for auf +acc) **2** pret, past part bid
CARDS reizen **3** pret bade or bad, past
part bidden (≈ say) **to ~ sb farewell** von

jdm Abschied nehmen **B** *v/i* **1** *pret, past part* bid (*at auction*) bieten **2** *pret, past part* bid CARDS reizen **C** *n* **1** (*at auction*) Gebot *nt* (*for* auf +*acc*); COMM Angebot *nt* (*for* für) **2** CARDS Gebot *nt* **3** (≈ *attempt*) Versuch *m*; **to make a ~ for freedom** versuchen, die Freiheit zu erlangen; **in a ~ to stop smoking** um das Rauchen aufzugeben **bidden** *past part* of bid **bidder** *n* **to sell to the highest ~** an den Meistbietenden verkaufen **bidding** *n* **1** (*at auction*) Bieten *nt* **2** CARDS Reizen *nt*

bide *v/t* **to ~ one's time** den rechten Augenblick abwarten

bidet *n* Bidet *nt*

biennial *adj* zweijährlich

bifocal **A** *adj* Bifokal- **B** *n* **bifocals** *pl* Bifokalbrille *f*

big **A** *adj* (+*er*) **1** groß; **a ~ man** ein großer, schwerer Mann; **my ~ brother** mein großer Bruder **2** (≈ *important*) groß; **to be ~ in publishing** eine Größe im Verlagswesen sein; **to be onto something ~** (*infml*) einer großen Sache auf der Spur sein **3** (≈ *conceited*) **~ talk** Angeberei *f* (*infml*); **he's getting too ~ for his boots** (*infml*, *employee*) er wird langsam größenwahnsinnig; **to have a ~ head** (*infml*) eingebildet sein **4** (≈ *generous*, *iron*) großzügig; (≈ *forgiving*) großmütig; **he was ~ enough to admit he was wrong** er hatte die Größe zuzugeben, dass er unrecht hatte **5** (*infml* ≈ *fashionable*) in (*infml*) **6** (*fig phrases*) **to earn ~ money** das große Geld verdienen (*infml*); **to have ~ ideas** große Pläne haben; **to have a ~ mouth** (*infml*) eine große Klappe haben (*infml*); **to do things in a ~ way** alles im großen (Stil) tun; **it's no ~ deal** (*infml* ≈ *nothing special*) das ist nichts Besonderes; (≈ *quite all right*) (das ist) schon in Ordnung; **~ deal!** (*iron infml*) na und? (*infml*); **what's the ~ idea?** (*infml*) was soll denn das? (*infml*); **our company is ~ on service** (*infml*) unsere Firma ist ganz groß in puncto Kundendienst **B** *adv* **to talk ~** groß daherreden (*infml*); **to think ~** im großen Maßstab planen; **to make it ~ (as a singer)** (als Sänger(in)) ganz groß rauskommen (*infml*)

bigamist *n* Bigamist *m* **bigamy** *n* Bigamie *f*

Big Apple *n* **the ~** (*infml*) New York *nt* **big bang** *n* ASTRON Urknall *m* **big business** *n* Großkapital *nt*; **to be ~** das

große Geschäft sein **big cat** *n* Großkatze *f* **big data** *pl* Big Data *pl*, *Massendaten* **big dipper** *n* **1** (*Br*) Achterbahn *f* **2** (*US* ASTRON) **Big Dipper** Großer Bär or Wagen **big game** *n* HUNT Großwild *nt* **bighead** *n* (*infml*) Angeber(in) *m(f)* (*infml*) **bigheaded** *adj* (*infml*) angeberisch (*infml*) **bigmouth** *n* (*infml*) Angeber(in) *m(f)* (*infml*); (≈ *blabbermouth*) Schwätzer(in) *m(f)* (*pej*) **big name** *n* (*infml* ≈ *person*) Größe *f* (*in* +*gen*); **all the ~s were there** alles, was Rang und Namen hat, war da **bigoted** *adj* eifernd; REL bigott **bigotry** *n* eifernde Borniertheit; REL Bigotterie *f*

big shot *n* hohes Tier (*infml*) **big time** *n* (*infml*) **to make** or **hit the ~** groß einsteigen (*infml*) **big-time** *adv* (*infml*) **they lost ~** sie haben gewaltig verloren **big toe** *n* große Zehe **big top** *n* (≈ *tent*) Hauptzelt *nt* **big wheel** *n* (*Br*) Riesenrad *nt* **bigwig** *n* (*infml*) hohes Tier (*infml*); **the local ~s** die Honorationen des Ortes

bike (*infml*) **A** *n* (Fahr)rad *nt*, Velo *nt* (*Swiss*); (≈ *motorbike*) Motorrad *nt*, Töff *m* (*Swiss*); **on your ~!** (*Br*) verschwinde! (*infml*) **B** *v/i* radeln (*infml*) **bike helmet** *n* (Fahr)radhelm *m* **biker** *n* (*infml*) Motorradfahrer *m*, Töfffahrer *m* (*Swiss*) **bikeway** *n* (*US*) (Fahr)radweg *m*

bikini *n* Bikini *m* **bikini line** *n* Bikinilinie *f* **bikini top** *n* Bikinioberteil *nt*

bilateral *adj*, **bilaterally** *adv* bilateral **bilberry** *n* Heidelbeere *f*

bile *n* **1** MED Galle *f* **2** (*fig* ≈ *anger*) Übellaunigkeit *f*

bilingual *adj*, **bilingually** *adv* zweisprachig; **~ secretary** Fremdsprachensekretär(in) *m(f)*

bill[1] *n* (*of bird, turtle*) Schnabel *m*

bill[2] **A** *n* **1** (≈ *charges*) Rechnung *f*; **could we have the ~ please?** (*esp Br*) zahlen bitte! **2** (*US* ≈ *banknote*) Banknote *f*; **five-dollar ~** Fünfdollarschein *m* **3** THEAT Programm *nt*; **to head** or **top the ~, to be top of the ~** Star *m* des Abends/der Saison sein **4** PARL (Gesetz)entwurf *m*; **the ~ was passed** das Gesetz wurde verabschiedet **5** *esp* COMM, FIN **~ of exchange** Wechsel *m*; **~ of sale** Verkaufsurkunde *f*; **to give sb a clean ~ of health** jdm (gute) Gesundheit bescheinigen; **to fit the ~** (*fig*) der/die/das Richtige sein **B** *v/t* eine Rechnung ausstellen (+*dat*); **we won't ~ you for that, sir** wir werden Ihnen das nicht berechnen

billboard *n* Reklametafel *f*

billet *v/t* MIL einquartieren (*on sb* bei jdm)

billiards *n* Billard *nt*

billion *n* Milliarde *f*; (*dated Br*) Billion *f*; **~s of ...** (*infml*) Tausende von ... **billionaire** *n* Milliardär(in) *m(f)* **billionth A** *adj* milliardste(r, s); (*dated Br*) billionste(r, s) **B** *n* Milliardstel *nt*; (*dated Br*) Billionstel *nt*

Bill of Rights *n* ≈ Grundgesetz *nt*

billow *v/i* (*sail*) sich blähen; (*dress etc*) sich bauschen; (*smoke*) in Schwaden vorüberziehen

billposter, billsticker *n* Plakatkleber *m*

billy goat *n* Ziegenbock *m*

bimbo *n* (*pej infml*) Häschen *nt* (*infml*)

bin *n* (*esp Br* ≈ *rubbish bin*) Mülleimer *m*, Mistkübel *m* (*Aus*); (≈ *dustbin*) Mülltonne *f*; (≈ *litter bin*) Abfallbehälter *m*

binary *adj* binär **binary code** *n* IT Binärcode *m* **binary number** *n* MAT binäre Zahl **binary system** *n* MAT Dualsystem *nt*, binäres System

bind *vb*: *pret, past part* **bound** **A** *v/t* **1** binden (*to an +acc*); *person* fesseln; (*fig*) verbinden (*to mit*); **bound hand and foot** an Händen und Füßen gefesselt **2** *wound, arm etc* verbinden **3** (*by contract*) **to ~ sb to sth** jdn zu etw verpflichten; **to ~ sb to do sth** jdn verpflichten, etw zu tun **B** *n* (*infml*) **to be (a bit of) a ~** (*Br*) recht lästig sein ◊**bind together** *v/t sep* (*lit*) zusammenbinden; (*fig*) verbinden ◊**bind up** *v/t sep* **1** *wound* verbinden **2** (*fig*) **to be bound up with** *or* **in sth** eng mit etw verknüpft sein

binder *n* (*for papers*) Hefter *m* **binding** **A** *n* **1** (*of book*) Einband *m*; (≈ *act*) Binden *nt* **2** (*on skis*) Bindung *f* **B** *adj* bindend (*on* für)

binge (*infml*) **A** *n* **to go on a ~** (≈ *drinking*) auf eine Sauftour gehen (*infml*); (≈ *eating*) eine Fresstour machen (*infml*) **B** *v/i* auf eine Sauf-/Fresstour gehen (*infml*)

binge drinking *n* Kampftrinken *nt*

bingo *n* Bingo *nt*

bin liner *n* (*Br*) Mülltüte *f*

binoculars *pl* Fernglas *nt*; **a pair of ~** ein Fernglas *nt*

biochemical *adj* biochemisch **biochemist** *n* Biochemiker(in) *m(f)* **biochemistry** *n* Biochemie *f* **biodegradable** *adj* biologisch abbaubar **biodiesel** *n* Biodiesel *m* **biodiversity** *n* Artenvielfalt *f* **biodynamic** *adj* biodynamisch

bioenergy *n* Bioenergie *f* **biofuel** *n* Biokraftstoff *m*

biographer *n* Biograf(in) *m(f)* **biographic(al)** *adj* biografisch **biography** *n* Biografie *f*

biological *adj* biologisch; **~ detergent** Biowaschmittel *nt*; **~ waste** Bioabfall *m* **biologist** *n* Biologe *m*, Biologin *f* **biology** *n* Biologie *f*

biomass *n* Biomasse *f* **biomass plant** *n* Biomassekraftwerk *nt*

biometric *adj* biometrisch

bionic *adj* bionisch

biopic *n* (*film*) Biopic *nt*

biopsy *n* Biopsie *f*

biosphere *n* Biosphäre *f* **biotechnology** *n* Biotechnik *f* **bioterrorism** *n* Bioterrorismus *m* **bioweapon** *n* Biowaffe *f*

bipolar *adj* bipolar, manisch-depressiv

birch *n* **1** Birke *f* **2** (*for whipping*) Rute *f*

bird *n* **1** Vogel *m*; **to tell sb about the ~s and the bees** jdm erzählen, wo die kleinen Kinder herkommen **2** (*Br infml* ≈ *girl*) **birdbath** *n* Vogelbad *nt* **bird box** *n* Vogelhäuschen *nt* **bird brain** *n* (*infml*) **to be a ~** ein Spatzenhirn haben (*infml*) **birdcage** *n* Vogelbauer **bird flu** *n* Vogelgrippe *f* **bird sanctuary** *n* Vogelschutzgebiet *nt* **birdseed** *n* Vogelfutter *nt* **bird's-eye view** *n* Vogelperspektive *f*; **to get a ~ of the town** die Stadt aus der Vogelperspektive sehen **bird's nest** *n* Vogelnest *nt* **birdsong** *n* Vogelgesang *m* **bird table** *n* Futterplatz *m* (*für Vögel*) **bird-watcher** *n* Vogelbeobachter(in) *m(f)*

Biro® *n* (*Br*) Kugelschreiber *m*, Kuli *m* (*infml*)

birth *n* Geburt *f*; (*of movement etc*) Aufkommen *nt*; (*of new era*) Anbruch *m*; **the country of his ~** sein Geburtsland *nt*; **blind from** *or* **since ~** von Geburt an blind; **to give ~ to** gebären; **to give ~** entbinden; (*animal*) jungen; **Scottish by ~** gebürtiger Schotte; **of low** *or* **humble ~** von niedriger Geburt **birth certificate** *n* Geburtsurkunde *f* **birth control** *n* Geburtenkontrolle *f* **birthdate** *n* Geburtsdatum *nt*

birthday *n* Geburtstag *m*; **what did you get for your ~?** was hast du zum Geburtstag bekommen? **birthday cake** *n* Geburtstagskuchen *m or* -torte *f* **birth-**

day card n Geburtstagskarte f **birthday party** n Geburtstagsfeier f; (for child) Kindergeburtstag m **birthday suit** n (infml) **in one's ~** im Adams-/Evaskostüm (infml) **birthmark** n Muttermal nt **birthplace** n Geburtsort m **birth plan** n Geburtsplan m **birthrate** n Geburtenrate f **birthright** n Geburtsrecht nt

Biscay n **the Bay of ~** der Golf von Biskaya

biscuit n 🔢 (Br) Keks m, Biskuit nt (Swiss); (≈ dog biscuit) Hundekuchen m; **that takes the ~!** (Br infml) das übertrifft alles 🔢 (US) Brötchen nt

bisect v/t in zwei Teile teilen; MAT halbieren

bisexual 🔤 adj bisexuell 🔤 n Bisexuelle(r) m/f(m)

bishop n 🔢 ECCL Bischof m, Bischöfin f 🔢 CHESS Läufer m **bishopric** n (≈ diocese) Bistum nt

bison n (American) Bison m; (European) Wisent m

bistro n Bistro nt

bit¹ n 🔢 (for horse) Gebissstange f 🔢 (of drill) (Bohr)einsatz m

bit² 🔤 n 🔢 (≈ piece) Stück nt; (smaller) Stückchen nt; (of glass) Scherbe f; (≈ section: of book etc) Teil m; (place in book etc) Stelle f; **a few ~s of furniture** ein paar Möbelstücke; **a ~ of bread** ein Stück Brot; **I gave my ~ to my sister** ich habe meiner Schwester meinen Teil gegeben; **a ~** (≈ small amount) ein bisschen; **a ~ of advice** ein Rat m; **we had a ~ of trouble** wir hatten ein wenig Ärger; **it wasn't a ~ of help** das war überhaupt keine Hilfe; **there's quite a ~ of bread left** es ist noch eine ganze Menge Brot da; **in ~s and pieces** (≈ broken) in tausend Stücken; **bring all your ~s and pieces** bring deine Siebensachen; **to fall to pieces** kaputtgehen; **to pull** or **tear sth to ~s** (lit) etw in Stücke reißen; (fig) keinen guten Faden an etw (dat) lassen; **~ by ~** Stück für Stück; (≈ gradually) nach und nach; **it/he is every ~ as good as …** es/er ist genauso gut, wie …; **to do one's ~** sein(en) Teil tun; **a ~ of a bruise** ein kleiner Fleck; **he's a ~ of a rogue** er ist ein ziemlicher Schlingel; **she's a ~ of a connoisseur** sie versteht einiges davon; **it's a ~ of a nuisance** das ist schon etwas ärgerlich 🔢 (with time) **a ~** ein Weilchen nt; **he's gone**

out for a ~ er ist mal kurz weggegangen 🔢 (with cost) **a ~** eine ganze Menge; **it cost quite a ~** das hat ganz schön (viel) gekostet (infml) 🔤 adv **a ~** ein bisschen; **wasn't she a little ~ surprised?** war sie nicht etwas erstaunt?; **I'm not a (little) ~ surprised** das wundert mich überhaupt nicht; **quite a ~** ziemlich viel

bit³ n IT Bit nt

bit⁴ pret of bite

bitch 🔤 n 🔢 (of dog) Hündin f 🔢 (sl ≈ woman) Miststück nt (infml); (spiteful) Hexe f; **silly ~** doofe Ziege (infml) 🔢 (infml) **to have a ~ (about sb/sth)** (über jdn/etw) meckern (infml) 🔤 v/i (infml) meckern (infml) (about über +acc) **bitchiness** n Gehässigkeit f **bitchy** adj (+er) (infml) gehässig

bite vb: pret **bit**, past part **bitten** 🔤 n 🔢 Biss m; (≈ insect bite) Stich m; **he took a ~ (out) of the apple** er biss in den Apfel 🔢 FISH **I've got a ~** es hat einer angebissen 🔢 (of food) Happen m; **do you fancy a ~ (to eat)?** möchten Sie etwas essen? 🔤 v/t beißen; (insect) stechen; **to ~ one's nails** an seinen Nägeln kauen; **to ~ one's tongue/lip** sich (dat) auf die Zunge/Lippen beißen; **he won't ~ you** (fig infml) er wird dich schon nicht beißen (infml); **to ~ the dust** (infml) dran glauben müssen (infml); **he had been bitten by the travel bug** ihn hatte das Reisefieber erwischt (infml); **once bitten twice shy** (prov) (ein) gebranntes Kind scheut das Feuer (prov) 🔤 v/i 🔢 beißen; (insects) stechen 🔢 (fish, fig infml) anbeißen ◊**bite into** v/i +prep obj (hinein)beißen in (+acc) ◊**bite off** v/t sep abbeißen; **he won't bite your head off** (infml) er wird dir schon nicht den Kopf abreißen; **to ~ more than one can chew** (prov) sich (dat) zu viel zumuten

bite-size(d) adj mundgerecht **biting** adj beißend; wind schneidend

bitmap n IT 🔢 no pl (≈ mode) Bitmap nt 🔢 (a. **bitmap image**) Bitmap-Abbildung f **bitmapped** adj IT Bitmap-; **~ graphics** Bitmapgrafik f **bit part** n kleine Nebenrolle

bitten past part of bite

bitter 🔤 adj (+er) bitter; wind eisig; enemy, struggle erbittert; (≈ embittered) person verbittert; **it's ~ today** es ist heute bitterkalt; **to the ~ end** bis zum bitteren Ende 🔤

adv ~ **cold** bitterkalt **C** *n* (*Br*) *halbdunkles obergäriges Bier* **bitterly** *adv* **1** *disappointed, cold* bitter; *complain, weep* bitterlich; *oppose* erbittert **2** (≈ *showing embitteredness*) verbittert **bitterness** *n* Bitterkeit *f*; (*of wind*) bittere Kälte; (*of struggle*) Erbittertheit *f* **bittersweet** *adj* bittersüß

biweekly **A** *adj* **1** (≈ *twice a week*) ~ **meetings** Konferenzen, die zweimal wöchentlich stattfinden **2** (≈ *fortnightly*) vierzehntäglich **B** *adv* **1** (≈ *twice a week*) zweimal in der Woche **2** (≈ *fortnightly*) vierzehntäglich

bizarre *adj* bizarr

blab **A** *v/i* quatschen (*infml*); (≈ *tell secret*) plappern **B** *v/t* (*a.* **blab out**) *secret* ausplaudern

black **A** *adj* (+*er*) **1** schwarz; ~ **man/woman** Schwarze(r) *m/f(m)*; ~ **and blue** grün und blau; ~ **and white photography** Schwarz-Weiß-Fotografie *f*; **the situation isn't so** ~ **and white as that** die Situation ist nicht so eindeutig schwarz-weiß **2** *prospects, mood* düster; **maybe things aren't as** ~ **as they seem** vielleicht ist alles gar nicht so schlimm, wie es aussieht; **this was a** ~ **day for ...** das war ein schwarzer Tag für ... **3** (*fig* ≈ *angry*) böse **B** *n* **1** Schwarz *nt*; **he is dressed in** ~ er trägt Schwarz; **it's written down in** ~ **and white** es steht schwarz auf weiß geschrieben; **in the** ~ FIN in den schwarzen Zahlen **2** (≈ *negro*) Schwarze(r) *m/f(m)* ◊**black out** **A** *v/i* das Bewusstsein verlieren **B** *v/t sep window* verdunkeln

black-and-white *adj* TV, PRINT schwarz--weiß **blackberry** *n* Brombeere *f* **blackbird** *n* Amsel *f* **blackboard** *n* Tafel *f*; **to write sth on the** ~ etw an die Tafel schreiben **black book** *n* **to be in sb's** ~**s** bei jdm schlecht angeschrieben sein (*infml*) **black box** *n* AVIAT Flugschreiber *m* **black comedy** *n* schwarze Komödie **blackcurrant** *n* schwarze Johannisbeere, schwarze Ribisel (*Aus*) **black economy** *n* Schattenwirtschaft *f* **blacken** *v/t* **1** schwarz machen; (*US* COOK) schwärzen; **the walls were** ~**ed by the fire** die Wände waren vom Feuer schwarz **2** (*fig*) **to** ~ **sb's name** *or* **reputation** jdn schlechtmachen **black eye** *n* blaues Auge; **to give sb a** ~ jdm ein blaues Auge schlagen **Black Forest** *n* Schwarzwald *m* **Black Forest gateau** *n* (*esp Br*) Schwarzwälder

Kirschtorte *f* **Black Friday** *n* Schwarzer Freitag, *vierter Freitag im November, der den Start des Weihnachtsgeschäfts mit vielen Rabatten markiert* **blackhead** *n* Mitesser *m*, Bibeli *nt* (*Swiss*) **black hole** *n* (ASTRON, *fig*) schwarzes Loch **black humour**, (*US*) **black humor** *n* schwarzer Humor **black ice** *n* Glatteis *nt* **black list** *n* schwarze Liste **blacklist** *v/t* auf die schwarze Liste setzen **black magic** *n* Schwarze Kunst **blackmail** **A** *n* Erpressung *f* **B** *v/t* erpressen; **to** ~ **sb into doing sth** jdn durch Erpressung dazu zwingen, etw zu tun **blackmailer** *n* Erpresser(in) *m(f)* **black market** **A** *n* Schwarzmarkt *m* **B** *adj attr* Schwarzmarkt- **black marketeer** *n* Schwarzhändler(in) *m(f)* **blackout** *n* **1** MED Ohnmachtsanfall *m*; **I must have had a** ~ ich muss wohl in Ohnmacht gefallen sein **2** (≈ *light failure*) Stromausfall *m* **3** (≈ *news blackout*) Nachrichtensperre *f* **black pepper** *n* schwarzer Pfeffer **black pudding** *n* ≈ Blutwurst *f* **Black Sea** *n* Schwarzes Meer **black sheep** *n* (*fig*) schwarzes Schaf **blacksmith** *n* Hufschmied *m* **black spot** *n* (*a.* **accident black spot**) Gefahrenstelle *f* **black tie** **A** *n* (*on invitation*) Abendgarderobe *f* **B** *adj* mit Smokingzwang, in Abendgarderobe

bladder *n* ANAT, BOT Blase *f*

blade *n* **1** (*of knife, tool*) Klinge *f* **2** (*propeller*) Blatt *nt* **3** (*of grass*) Halm *m*

blame **A** *v/t* die Schuld geben (+*dat*); **to** ~ **sb for sth/sth on sb** jdm die Schuld an etw (*dat*) geben; **to** ~ **sth on sth** die Schuld an etw (*dat*) auf etw (*acc*) schieben; **you only have yourself to** ~ das hast du dir selbst zuzuschreiben; **who/what is to** ~ **for this accident?** wer/was ist schuld an diesem Unfall?; **to** ~ **oneself for sth** sich für etw verantwortlich fühlen; **well, I don't** ~ **him** das kann ich ihm nicht verdenken **B** *n* Schuld *f*; **to put the** ~ **for sth on sb** jdm die Schuld an etw (*dat*) geben; **to take the** ~ **for sth** die Schuld auf sich (*acc*) nehmen **blameless** *adj* schuldlos

blanch **A** *v/t* COOK *vegetables* blanchieren; *almonds* brühen **B** *v/i* (*person*) blass werden (*with* vor +*dat*)

blancmange *n* Pudding *m*

bland *adj* (+*er*) *food* fad

blank **A** *adj* (+*er*) **1** *page, wall* leer; **a** ~ **space** eine Lücke; (*on form*) ein freies Feld;

please leave ~ bitte frei lassen **2** (≈ *expressionless*) ausdruckslos; (≈ *uncomprehending*) verständnislos; **to look ~** (≈ *uncomprehending*) verständnislos dreinschauen; **my mind** *or* **I went ~** ich hatte ein Brett vor dem Kopf (*infml*) **B** *n* **1** (≈ *void*) Leere *f*; **my mind was a complete ~** ich hatte totale Mattscheibe (*infml*); **to draw a ~** (*fig*) kein Glück haben **2** (≈ *cartridge*) Platzpatrone *f* ◊**blank out** *v/t sep* thought *etc* ausschalten

blank cheque, (*US*) **blank check** *n* Blankoscheck *m*; **to give sb a ~** (*fig*) jdm freie Hand geben

blanket A *n* Decke *f*; **a ~ of snow** eine Schneedecke **B** *adj attr statement* pauschal; *ban* generell

blankly *adv* (≈ *expressionlessly*) ausdruckslos; (≈ *uncomprehendingly*) verständnislos; **she just looked at me ~** sie sah mich nur groß an (*infml*)

blare A *n* Plärren *nt*; (*of trumpets*) Schmettern *nt* **B** *v/i* plärren; (*trumpets*) schmettern ◊**blare out** *v/i* schallen; (*trumpets*) schmettern

blasé *adj* (≈ *indifferent*) gleichgültig

blaspheme *v/i* Gott lästern; **to ~ against sb/sth** (*lit, fig*) jdn/etw schmähen (*elev*) **blasphemous** *adj* (*lit, fig*) blasphemisch **blasphemy** *n* Blasphemie *f*

blast A *n* **1** Windstoß *m*; (*of hot air*) Schwall *m*; **a ~ of wind** ein Windstoß; **an icy ~** ein eisiger Wind; **a ~ from the past** (*infml*) eine Erinnerung an vergangene Zeiten **2** (≈ *sound*) **the ship gave a long ~ on its foghorn** das Schiff ließ sein Nebelhorn ertönen **3** (≈ *explosion*) Explosion *f*; **with the heating on (at) full ~** mit der Heizung voll aufgedreht **B** *v/t* **1** (*with powder*) sprengen **2** *rocket* schießen; *air* blasen **C** *int* (*infml*) **~ (it)!** verdammt (*infml*); **~ this car!** dieses verdammte Auto! (*infml*) ◊**blast off** *v/i* (*rocket*) abheben ◊**blast out** *v/i* (*music*) dröhnen

blasted *adj, adv* (*infml*) verdammt (*infml*) **blast furnace** *n* Hochofen *m* **blastoff** *n* Abschuss *m*

blatant *adj* offensichtlich; *error* krass; *liar* unverfroren; *disregard* offen **blatantly** *adv* offensichtlich; (≈ *openly*) offen; **she ~ ignored it** sie hat das schlicht und einfach ignoriert

blaze¹ A *n* **1** (≈ *fire*) Feuer *nt*; **six people died in the ~** sechs Menschen kamen in den Flammen um **2** **a ~ of lights** ein Lichtermeer *nt*; **a ~ of colour** (*Br*) *or* **color** (*US*) ein Meer *nt* von Farben **B** *v/i* **1** (*sun, fire*) brennen; **to ~ with anger** vor Zorn glühen **2** (*guns*) feuern; **with all guns blazing** aus allen Rohren feuernd

blaze² *v/t* **to ~ a trail** (*fig*) den Weg bahnen

blazer *n* Blazer *m* (*also* SCHOOL)

blazing *adj* **1** brennend; *fire* lodernd; *sun* grell **2** (*fig*) *row* furchtbar

bleach A *n* Bleichmittel *nt*; (≈ *household bleach*) Reinigungsmittel *nt* **B** *v/t* bleichen

bleak *adj* (+*er*) **1** *landscape, place* öde **2** *weather* rau **3** (*fig*) trostlos **bleakness** *n* **1** (*of landscape*) Öde *f* **2** (*fig*) Trostlosigkeit *f*; (*of prospects*) Trübheit *f*

bleary *adj* (+*er*) *eyes* trübe; (*after sleep*) verschlafen **bleary-eyed** *adj* (*after sleep*) verschlafen

bleat *v/i* (*sheep, calf*) blöken; (*goat*) meckern

bleed *pret, past part* bled **A** *v/i* bluten; **to ~ to death** verbluten **B** *v/t* **to ~ sb dry** jdn total ausnehmen (*infml*); *radiator* (ent)lüften **bleeding A** *n* Blutung *f*; **internal ~** innere Blutungen *pl* **B** *adj* **1** blutend **2** (*Br infml*) verdammt (*infml*) **C** *adv* (*Br infml*) verdammt (*infml*)

bleep A *n* RADIO, TV Piepton *m* **B** *v/i* piepen **C** *v/t doctor* rufen **bleeper** *n* Piepser *m* (*infml*)

blemish A *n* Makel *m* **B** *v/t reputation* beflecken; **~ed skin** unreine Haut

blend A *n* Mischung *f*; **a ~ of tea** eine Teemischung **B** *v/t* **1** (ver)mischen **2** (COOK ≈ *stir*) einrühren; (*in blender*) mixen **C** *v/i* **1** (*voices, colours*) verschmelzen **2** (a. **blend in** ≈ *harmonize*) harmonieren ◊**blend in A** *v/t sep flavouring* einrühren; *colour, tea* darunter mischen **B** *v/i* = blend III

blender *n* Mixer *m*

bless *v/t* segnen; **God ~ (you)** behüt dich/euch Gott; **~ you!** (*to sneezer*) Gesundheit!; **to be ~ed with** gesegnet sein mit **blessed** *adj* **1** REL heilig; **the Blessed X** der selige X **2** (*euph infml* ≈ *cursed*) verflixt (*infml*) **Blessed Virgin** *n* Heilige Jungfrau (Maria) **blessing** *n* Segen *m*; **he can count his ~s** da kann er von Glück sagen; **it was a ~ in disguise** es war schließlich doch ein Segen

blew *pret of* blow²

blight ▣ n (fig) **these slums are a ~ up-on the city** diese Slums sind ein Schandfleck für die Stadt ▣ v/t (fig) hopes vereiteln; **to ~ sb's life** jdm das Leben verderben
blimey int (Br infml) verflucht (infml)
blind ▣ adj (+er) ◫ blind; **to go ~** erblinden; **a ~ man/woman** ein Blinder/eine Blinde; **~ in one eye** auf einem Auge blind; **to be ~ to sth** (fig) für etw blind sein; **to turn a ~ eye to sth** bei etw ein Auge zudrücken; **~ faith (in sth)** blindes Vertrauen (in etw acc) ◪ corner unübersichtlich ▣ v/t ◫ (light, sun) blenden; **the explosion ~ed him** er ist durch die Explosion blind geworden ◪ (fig, love etc) blind machen (to für, gegen) ◉ n ◫ **the ~** die Blinden ◪ (≈ window shade, cloth) Rollo nt; (slats) Jalousie f; (outside) Rollladen m ▣ adv ◫ AVIAT fly blind ◪ COOK **to bake sth ~** etw vorbacken ◫ **~ drunk** (infml) sinnlos betrunken **blind alley** n Sackgasse f **blind date** n Rendezvous nt mit einem/einer Unbekannten **blinder** n (US) Scheuklappe f **blindfold** ▣ v/t die Augen verbinden (+dat) ▣ n Augenbinde f ◉ adj **I could do it ~** (infml) das mach ich mit links (infml) **blinding** adj light blendend; headache furchtbar **blindingly** adv **it is ~ obvious** das sieht doch ein Blinder (infml) **blindly** adv blind (-lings) **blind man's buff** n Blindekuh no art **blindness** n Blindheit f (to gegenüber) **blind spot** n AUTO, AVIAT toter Winkel; **to have a ~ about sth** einen blinden Fleck in Bezug auf etw (acc) haben **blind summit** n AUTO unübersichtliche Kuppe
blink ▣ n Blinzeln nt; **in the ~ of an eye** im Nu; **to be on the ~** (infml) kaputt sein (infml) ▣ v/i ◫ (person) blinzeln ◪ (light) blinken ◉ v/t **to ~ one's eyes** mit den Augen zwinkern **blinker** n **blinkers** pl Scheuklappen pl **blinkered** adj ◫ (fig) engstirnig ◪ horse mit Scheuklappen **blinking** (Br infml) adj, adv verflixt (infml) **blip** n leuchtender Punkt; (fig) kurzzeitiger Tiefpunkt
bliss n Glück nt; **this is ~!** das ist herrlich! **blissful** adj time, feeling herrlich; smile (glück)selig; **~ ignorance of the fact that …** (iron) in keinster Weise ahnend, dass … **blissfully** adv peaceful herrlich; **~ happy** überglücklich; **he remained ~**

ignorant of what was going on er ahnte in keinster Weise, was eigentlich vor sich ging
blister ▣ n Blase f ▣ v/i (skin) Blasen bekommen; (paintwork) Blasen werfen **blistered** adj **to have ~ skin/hands** Blasen auf der Haut/an den Händen haben; **to be ~** Blasen haben **blistering** adj ◫ heat, sun glühend; pace mörderisch ◪ (≈ scathing) vernichtend **blister pack** n (Klar)sichtpackung f
blithely adv carry on munter; say unbekümmert
blizzard n Schneesturm m
bloated adj ◫ aufgedunsen; **I feel absolutely ~** (infml) ich bin zum Platzen voll (infml) ◪ (fig: with pride) aufgeblasen (with vor +dat)
blob n (of ink) Klecks m; (of paint) Tupfer m; (of ice cream) Klacks m
bloc n POL Block m
block ▣ n ◫ Block m; (≈ executioner's block) Richtblock m; **~s** (≈ toys) (Bau)klötze pl; **to put one's head on the ~** (fig) Kopf und Kragen riskieren; **~ of flats** (Br) Wohnblock m; **she lived in the next ~** (esp US) sie wohnte im nächsten Block ◪ (in pipe, MED) Verstopfung f; **I've a mental ~ about it** da habe ich totale Mattscheibe (infml) ◫ (infml ≈ head) **to knock sb's ~ off** jdm eins überziehen (infml) ◫ (usu pl: a. **starting block**) Startblock m ▣ v/t ◫ blockieren; traffic, progress aufhalten; pipe verstopfen; **to ~ sb's way** jdm den Weg versperren ◪ IT blocken ◊**block in** v/t sep (≈ hem in) einkeilen ◊**block off** v/t sep street absperren ◊**block out** v/t sep ◫ light nicht durchlassen; **the trees are blocking out all the light** die Bäume nehmen das ganze Licht weg ◪ pain, past verdrängen; noise unterdrücken ◊**block up** v/t sep ◫ gangway blockieren; pipe verstopfen; **my nose is or I'm all blocked up** meine Nase ist völlig verstopft ◪ (≈ fill in) hole zustopfen
blockade ▣ n MIL Blockade f ▣ v/t blockieren **blockage** n Verstopfung f **blockbuster** n (infml) Knüller m (infml); (≈ film) Kinohit m (infml) **blockhead** n (infml) Dummkopf m **block letters** pl Blockschrift f **block vote** n Stimmenblock m
blog n INTERNET Blog nt or m; **~ entry** Blogeintrag m

blogger n INTERNET Blogger(in) m(f)
bloke n (Br infml) Typ m (infml)
blond adj blond **blonde** **A** adj blond **B** n (≈ woman) Blondine f
blood n **1** Blut nt; **to give ~** Blut spenden; **to shed ~** Blut vergießen; **it makes my ~ boil** das macht mich rasend; **his ~ ran cold** es lief ihm eiskalt über den Rücken; **this firm needs new ~** diese Firma braucht frisches Blut; **it is like trying to get ~ from a stone** (prov) das ist verlorene Liebesmüh **2** (fig) **it's in his ~** das liegt ihm im Blut **blood bank** n Blutbank f **blood bath** n Blutbad nt **blood clot** n Blutgerinnsel nt **bloodcurdling** adj grauenerregend; **they heard a ~ cry** sie hörten einen Schrei, der ihnen das Blut in den Adern erstarren ließ (elev) **blood donor** n Blutspender(in) m(f) **blood group** n Blutgruppe f **bloodless** adj unblutig **blood poisoning** n Blutvergiftung f **blood pressure** n Blutdruck m; **to have high ~** hohen Blutdruck haben **blood-red** adj blutrot **blood relation** n Blutsverwandte(r) m/f(m) **blood sample** n MED Blutprobe f **bloodshed** n Blutvergießen nt **bloodshot** adj blutunterlaufen **blood sports** pl Jagdsport, Hahnenkampf etc **bloodstain** n Blutfleck m **bloodstained** adj blutbefleckt **bloodstream** n Blutkreislauf m **blood sugar** n Blutzucker m; **~ level** Blutzuckerspiegel m **blood test** n Blutprobe f **bloodthirsty** adj blutrünstig **blood transfusion** n (Blut)transfusion f **blood vessel** n Blutgefäß nt **bloody** **A** adj (+er) **1** (lit) blutig **2** (Br infml) verdammt (infml); genius, wonder echt (infml); **~ hell!** verdammt! (infml); (in amazement) Menschenskind! (infml) **B** adv (Br infml) verdammt (infml); stupid sau- (infml); brilliant echt (infml); **not ~ likely** da ist überhaupt nichts drin (infml); **he can ~ well do it himself** das soll er schön alleine machen, verdammt noch mal! (infml) **bloody-minded** adj (Br infml) stur (infml)
bloom **A** n Blüte f; **to be in (full) ~** in (voller) Blüte stehen; **to come into ~** aufblühen **B** v/i blühen
blooming adj (infml) verflixt (infml)
blooper n (US infml) Schnitzer m (infml)
blossom **A** n Blüte f; **in ~** in Blüte **B** v/i blühen

blot **A** n **1** (of ink) (Tinten)klecks m **2** (fig: on reputation) Fleck m (on auf +dat); **a ~ on the landscape** ein Schandfleck m in der Landschaft **B** v/t ink ablöschen ◊**blot out** v/t sep (fig) landscape, sun verdecken; memories auslöschen
blotch n Fleck m **blotchy** adj (+er) skin fleckig; paint klecksig
blotting paper n Löschpapier nt
blouse n Bluse f
blow¹ n Schlag m; **to come to ~s** handgreiflich werden; **at a (single)** or **one ~** (fig) mit einem Schlag (infml); **to deal sb/sth a ~** (fig) jdm/einer Sache einen Schlag versetzen; **to strike a ~ for sth** (fig) einer Sache (dat) einen großen Dienst erweisen
blow² vb: pret **blew**, past part **blown** **A** v/i **1** (wind) wehen; **there was a draught** (Br) or **draft** (US) **~ing in from the window** es zog vom Fenster her; **the door blew open/shut** die Tür flog auf/zu **2** (person, horn) blasen (on auf +acc); **then the whistle blew** SPORTS da kam der Pfiff **3** (fuse) durchbrennen **B** v/t **1** (breeze) wehen; (strong wind, draught, person) blasen; (gale etc) treiben; **the wind blew the ship off course** der Wind trieb das Schiff vom Kurs ab; **to ~ sb a kiss** jdm eine Kusshand zuwerfen **2** **to ~ one's nose** sich (dat) die Nase putzen **3** trumpet blasen; bubbles machen; **the referee blew his whistle** der Schiedsrichter pfiff; **to ~ one's own trumpet** (Brit) or **horn** (US) (fig) sein eigenes Lob singen **4** valve, gasket platzen lassen; **I've ~n a fuse** mir ist eine Sicherung durchgebrannt; **to be ~n to pieces** (bridge, car) in die Luft gesprengt werden; (person) zerfetzt werden **5** (infml ≈ spend extravagantly) verpulvern (infml) **6** (Br infml) **~!** Mist! (infml); **~ the expense!** das ist doch wurscht, was es kostet (infml) **7** (infml) **to ~ one's chances of doing sth** es sich (dat) verscherzen, etw zu tun; **I think I've ~n it** ich glaube, ich habs versaut (infml) ◊**blow away** **A** v/i wegfliegen **B** v/t sep wegblasen ◊**blow down** v/t sep (lit) umwehen ◊**blow in** v/t sep window etc eindrücken ◊**blow off** **A** v/i wegfliegen **B** v/t sep wegblasen; **to blow sb's head off** jdm eine Kugel durch den Kopf jagen (infml) ◊**blow out** **A** v/t sep **1** candle ausblasen **2** **to blow one's/sb's brains out** sich/jdm eine Kugel durch den Kopf jagen (infml) **B** v/r (storm) sich legen

◊**blow over** 🅐 *v/i* sich legen 🅑 *v/t sep tree etc* umstürzen ◊**blow up** 🅐 *v/i* **1** in die Luft fliegen; *(bomb)* explodieren **2** *(gale, row)* ausbrechen 🅑 *v/t sep* **1** *bridge, person* in die Luft jagen **2** *tyre, balloon* aufblasen **3** *photo* vergrößern **4** *(fig ≈ exaggerate)* aufbauschen *(into* zu)

blow-dry 🅐 *n* **to have a cut and ~** sich *(dat)* die Haare schneiden und föhnen lassen 🅑 *v/t* föhnen **blow dryer** *n* Haartrockner *m* **blowlamp** *n* Lötlampe *f* **blown** *past part of* blow² **blowtorch** *n* Lötlampe *f* **blowy** *adj* (+er) windig

BLT *n abbr of* bacon, lettuce and tomato *Sandwich mit Schinkenspeck, Salat und Tomate*

blubber 🅐 *n* Walfischspeck *m* 🅑 *v/t & v/i (infml)* heulen *(infml)*

bludgeon *v/t* **to ~ sb to death** jdn zu Tode prügeln

blue 🅐 *adj* (+er) **1** blau; **~ with cold** blau vor Kälte; **until you're ~ in the face** *(infml)* bis zum Gehtnichtmehr *(infml)*; **once in a ~ moon** alle Jubeljahre (einmal) **2** *(infml ≈ miserable)* melancholisch; **to feel ~** den Moralischen haben *(infml)* **3** *(infml) language* derb; *joke* schlüpfrig; *Film* Porno- 🅑 *n* **1** Blau *nt*; **out of the ~** *(fig infml)* aus heiterem Himmel; **to have the ~s** *(infml)* den Moralischen haben *(infml)* **2** MUS **the blues** *pl* der Blues **bluebell** *n* Sternhyazinthe *f* **blue beret** *n* Blauhelm *m* **blueberry** *n* Blau- *or* Heidelbeere *f* **blue-blooded** *adj* blaublütig **bluebottle** *n* Schmeißfliege *f* **blue cheese** *n* Blauschimmelkäse *m* **blue-chip** *adj company* erstklassig; *shares* Bluechip- **blue-collar** *adj* **~ worker** Arbeiter *m* **blue-eyed** *adj* blauäugig; **sb's ~ boy** *(fig)* jds Liebling(sjunge) *m* **blue jeans** *pl* Bluejeans *pl* **blueprint** *n* Blaupause *f*; *(fig)* Plan *m* **bluetit** *n* Blaumeise *f*

bluff 🅐 *v/t & v/i* bluffen; **he ~ed his way through it** er hat sich durchgeschummelt *(infml)* 🅑 *n* Bluff *m*; **to call sb's ~** es darauf ankommen lassen ◊**bluff out** *v/t sep* **to bluff one's way out of sth** sich aus etw rausreden *(infml)*

bluish *adj* bläulich

blunder 🅐 *n* (dummer) Fehler; **to make a ~** einen Bock schießen *(infml)*; *(socially)* einen Fauxpas begehen 🅑 *v/i* **1** *(≈ make a blunder)* einen Bock schießen *(infml)*; *(so-*

cially) sich blamieren **2** *(≈ move clumsily)* tappen *(into* gegen)

blunt 🅐 *adj* (+er) **1** stumpf **2** *person* geradeheraus *pred*; *message* unverblümt; **he was very ~ about it** er hat sich sehr deutlich ausgedrückt 🅑 *v/t* stumpf machen **bluntly** *adv speak* geradeheraus; **he told us quite ~ what he thought** er sagte uns ganz unverblümt seine Meinung **bluntness** *n (≈ outspokenness)* Unverblümtheit *f*

blur 🅐 *n* verschwommener Fleck; **the trees became a ~** man konnte die Bäume nur noch verschwommen erkennen; **a ~ of colours** *(Br) or* **colors** *(US)* ein buntes Durcheinander von Farben 🅑 *v/t* **1** *outline, photograph* unscharf machen; **to have ~red vision** nur noch verschwommen sehen; **to be/become ~red** undeutlich sein/ werden **2** *(fig) senses, judgement* trüben; *meaning* verwischen 🅒 *v/i* verschwimmen

Blu-ray disc *n* Blu-ray (Disc) *f*, BD *f* **blurb** *n* Informationen *pl*; *(on book cover)* Klappentext *m*

blurt (out) *v/t sep* herausplatzen mit *(infml)*

blush 🅐 *v/i* erröten *(with* vor +*dat)* 🅑 *n* Erröten *nt no pl* **blusher** *n* Rouge *nt*

bluster 🅐 *v/i (person)* ein großes Geschrei machen 🅑 *v/t* **to ~ one's way out of sth** etw lautstark abstreiten

blustery *adj* stürmisch

Blu-Tack® *n* blaue Klebmasse, mit der z. B. Papier auf Beton befestigt werden kann

Blvd. *abbr of* boulevard

BMA *abbr of* British Medical Association *britischer Ärzteverband*

B-movie *n* B-Movie *nt*

BMX *abbr of* bicycle motocross *(≈ sport)* BMX-Radsport *m*; *(≈ bicycle)* BMX-Rad *nt*

BO *(infml) abbr of* body odour

boa *n* Boa *f*; **~ constrictor** Boa constrictor *f*

boar *n (≈ male pig)* Eber *m*; *(wild)* Keiler *m* **board** 🅐 *n* **1** Brett *nt*; *(≈ blackboard)* Tafel *f*; *(≈ notice board)* Schwarzes Brett; *(≈ signboard)* Schild *nt*; *(≈ floorboard)* Diele *f* **2** *(≈ provision of meals)* Verpflegung *f*; **~ and lodging** Kost und Logis; **full/half ~** Voll-/ Halbpension *f* **3** *(≈ group of officials)* Ausschuss *m*; *(≈ board of trustees)* Beirat *m*; *(≈ gas board etc)* Behörde *f*; *(of company: a.* **board of directors)** Vorstand *m*; *(of*

British, American company) Verwaltungsrat m; (including shareholders, advisers) Aufsichtsrat m; **to have a seat on the ~** im Vorstand/Aufsichtsrat sein; **~ of governors** (Br SCHOOL) Verwaltungsrat m; **Board of Trade** (Br) Handelsministerium nt; (US) Handelskammer f **4** NAUT, AVIAT **on ~** an Bord; **to go on ~** an Bord gehen; **on ~ the ship/plane** an Bord des Schiffes/Flugzeugs; **on ~ the bus** im Bus **5** (fig phrases) **across the ~** allgemein; agree, reject pauschal; **to go by the ~** (work, ideas) unter den Tisch fallen; **to take sth on ~** (≈ understand) etw begreifen **B** v/t ship, plane besteigen; train, bus einsteigen in (+acc) **C** v/i **1** in Pension sein (with bei) **2** AVIAT die Maschine besteigen; **flight ZA173 now ~ing at gate 13** Passagiere des Fluges ZA173, bitte zum Flugsteig 13 ◊**board up** v/t sep window mit Brettern vernageln

boarder n **1** Pensionsgast m **2** SCHOOL Internatsschüler(in) m(f) **board game** n Brettspiel nt **boarding** n Boarding nt; **~ will commence at 5 pm** das Boarden beginnt um 17 Uhr **boarding card** n Bordkarte f **boarding house** n Pension f **boarding kennel** n Hundepension f **boarding pass** n Bordkarte f **boarding school** n Internat nt **board meeting** n Vorstandssitzung f **board member** n Vorstandsmitglied nt **boardroom** n Vorstandsetage f **board shorts** pl Boardshorts pl, Badehose, wie man sie zum Surfen trägt **boardwalk** n (US) Holzsteg m; (on beach) hölzerne Uferpromenade

boast **A** n Prahlerei f **B** v/i prahlen (about, of mit to sb jdm gegenüber) **C** v/t **1** (≈ possess) sich rühmen (+gen) (elev) **2** (≈ say boastfully) prahlen **boastful** adj, **boastfully** adv prahlerisch **boasting** n Prahlerei f (about, of mit)

boat n Boot nt; (≈ passenger boat) Schiff nt; **by ~** mit dem Schiff; **to miss the ~** (fig infml) den Anschluss verpassen; **to push the ~ out** (fig infml ≈ celebrate) auf den Putz hauen (infml); **we're all in the same ~** (fig infml) wir sitzen alle in einem or im gleichen Boot **boat hire** n Bootsverleih m **boathouse** n Bootshaus nt **boating** n Bootfahren nt; **to go ~** eine Bootsfahrt machen; **~ holiday/trip** Bootsferien pl/-fahrt f **boatload** n Bootsla-

dung f **boat race** n Regatta f **boat train** n Zug m mit Fährenanschluss **boatyard** n Bootshandlung f; (as dry dock) Liegeplatz m

bob¹ **A** v/i sich auf und ab bewegen; **to ~ (up and down) in** or **on the water** auf dem Wasser schaukeln; (cork etc) sich im Wasser auf und ab bewegen; **he ~bed out of sight** er duckte sich **B** v/t head nicken mit **C** n (of head) Nicken nt no pl ◊**bob down** **A** v/i sich ducken **B** v/t sep one's head ducken ◊**bob up** **A** v/i auftauchen **B** v/t sep **he bobbed his head up** sein Kopf schnellte hoch

bob² n **1** (≈ haircut) Bubikopf m **2** **a few bits and ~s** so ein paar Dinge

bobbin n Spule f; (≈ cotton reel) Rolle f

bobble hat n (Br) Pudelmütze f

bobsleigh, (US) **bobsled** **A** n Bob m **B** v/i Bob fahren

bode v/i **to ~ well/ill** ein gutes/schlechtes Zeichen sein

bodge v/t = botch

bodice n Mieder nt

bodily **A** adj (≈ physical) körperlich; **~ needs** leibliche Bedürfnisse pl; **~ functions** Körperfunktionen pl **B** adv (≈ forcibly) gewaltsam

body n **1** Körper m; **the ~ of Christ** der Leib des Herrn; **just enough to keep ~ and soul together** gerade genug, um Leib und Seele zusammenzuhalten **2** (≈ corpse) Leiche f **3** (of church, speech, army: a. **main body**) Hauptteil m; **the main ~ of the students** das Gros der Studenten **4** (≈ group of people) Gruppe f; **the student ~** die Studentenschaft; **a large ~ of people** eine große Menschenmenge; **in a ~** geschlossen **5** (≈ organization) Organ nt; (≈ committee) Gremium nt; (≈ corporation) Körperschaft f **6** (≈ quantity) **a ~ of evidence** Beweismaterial nt (a. **body stocking**) Body m **body blow** n (fig) Schlag m ins Kontor (to, for für) **body builder** n Bodybuilder(in) m(f) **body building** n Bodybuilding nt **body cam** n Körperkamera f **body clock** n innere Uhr **bodyguard** n Leibwache f **body language** n Körpersprache f **body lotion** n Körperlotion f **body odour**, **body odor** (US) n Körpergeruch m **body piercing** n Piercing nt **body (repair) shop** n Karosseriewerkstatt f **body search** n Leibesvisitation f **body**

stocking n Body(stocking) m **body warmer** n Thermoweste f **bodywork** n AUTO Karosserie f

bog n **1** Sumpf m **2** (Br infml ≈ toilet) Klo nt (infml), Häus(e)l nt (Aus) ◊**bog down** v/t sep **to get bogged down** stecken bleiben; (in details) sich verzetteln

bogey, bogy n, pl bogeys, bogies **1** (fig ≈ bugbear) Schreckgespenst nt **2** (Br infml) Popel m (infml) **bogeyman** pl bogeymen schwarzer Mann

boggle v/i **the mind ~s** das ist kaum auszumalen (infml)

boggy adj (+er) sumpfig

bog-standard adj (Br infml) stinknormal (infml)

bogus adj name falsch; document gefälscht; company Schwindel-; claim erfunden

Bohemia n **1** GEOG Böhmen nt **2** (fig) Boheme f **bohemian** ⓐ n Bohemien m ⓑ adj lifestyle unkonventionell

boil¹ n MED Furunkel nt

boil² ⓐ v/i **1** (lit) kochen; **the kettle was ~ing** das Wasser im Kessel kochte **2** (fig infml) **~ing hot water** kochend heißes Wasser; **it was ~ing (hot) in the office** es war eine Affenhitze im Büro (infml); **I was ~ing (hot)** mir war fürchterlich heiß ⓑ v/t kochen; **~ed/hard ~ed egg** weich/hart gekochtes Ei; **~ed potatoes** Salzkartoffeln pl ⓒ n **to bring sth to the** (Br) or **a** (US) ~ etw aufkochen lassen; **to come to/go off the ~** zu kochen anfangen/aufhören ◊**boil down** (fig) **to ~ to sth** auf etw (acc) hinauslaufen; **what it boils down to is that ...** das läuft darauf hinaus, dass ... ◊**boil over** v/i (lit) überkochen

boiled sweet n Bonbon nt, Zuckerl nt (Aus) **boiler** n (domestic) Boiler m; (in ship) (Dampf)kessel m **boiler room** n Kesselraum m **boiler suit** n (Br) Overall m **boiling point** n Siedepunkt m; **at ~** auf dem Siedepunkt; **to reach ~** den Siedepunkt erreichen; (person) auf dem Siedepunkt anlangen

boisterous adj ausgelassen

bok choy n (US) = pak-choi

bold adj (+er) **1** (≈ brave) mutig **2** (≈ impudent) dreist **3** colours, pattern kräftig; style kraftvoll **4** TYPO fett; (≈ secondary bold) halbfett; **~ type** Fettdruck m **boldly** adv **1** (≈ bravely) mutig **2** (≈ forthrightly) dreist

3 (≈ strikingly) auffallend **boldness** n **1** (≈ bravery) Mut m **2** (≈ impudence) Dreistigkeit f **3** (of colours, pattern) Kräftigkeit f; (of style) Ausdruckskraft f

Bolivia n Bolivien nt

bollard n Poller m

bollocking n (Br sl) Schimpfkanonade f (infml); **to give sb a ~** jdn zur Sau machen (infml)

bollocks pl (sl) **1** Eier pl (sl) **2** (≈ nonsense) **(that's) ~!** Quatsch mit Soße! (infml)

Bolshevik ⓐ n Bolschewik m ⓑ adj bolschewistisch

bolster ⓐ n (on bed) Nackenrolle f ⓑ v/t (a. **bolster up**: fig) economy Auftrieb geben (+dat)

bolt ⓐ n **1** (on door etc) Riegel m **2** TECH Bolzen m **3** (of lightning) Blitzstrahl m; **it was like a ~ from the blue** (fig) das war wie ein Blitz aus heiterem Himmel **4** (≈ dash) **he made a ~ for the door** er machte einen Satz zur Tür; **to make a ~ for it** losrennen ⓑ adv **~ upright** kerzengerade ⓒ v/i **1** (horse) durchgehen; (person) Reißaus nehmen (infml) **2** (≈ move quickly) rasen ⓓ v/t **1** door verriegeln **2** TECH verschrauben (**to** mit); **to ~ together** verschrauben **3** (a. **bolt down**) one's food hinunterschlingen

bomb ⓐ n **1** Bombe f **2** (Br infml) **the car goes like a ~** das ist die reinste Rakete von Wagen (infml); **the car cost a ~** das Auto hat ein Bombengeld gekostet (infml); **to make a ~** eine Stange Geld verdienen (infml); **to go down a ~** Riesenanklang finden (with bei) (infml) ⓒ v/i **1** (infml ≈ go fast) fegen (infml) **2** (US infml ≈ fail) durchfallen (infml) ◊**bomb along** v/i (infml) dahinrasen (infml)

bombard v/t (MIL, fig) bombardieren **bombardment** n (MIL, fig) Bombardierung f

bombastic adj bombastisch

bomb attack n Bombenangriff m **bomb disposal** n Bombenräumung f **bomb disposal squad** n Bombenräumtrupp m **bomber** n **1** (≈ aircraft) Bomber m **2** (≈ terrorist) Bombenattentäter(in) m(f) **bomber jacket** n Fliegerjacke f **bombing** ⓐ n Bombenangriff m (of auf +acc) ⓑ adj raid Bomben- **bomb scare** n Bombenalarm m **bombshell** n (fig) **this news was a ~** die Nachricht schlug wie eine Bombe ein; **to drop a** or

B

the **~**, **to drop a ~** die Bombe platzen lassen **bomb shelter** n Luftschutzkeller m
bomb site n Trümmergrundstück nt
bona fide adj bona fide; traveller, word, antique echt; **it's a ~ offer** es ist ein Angebot auf Treu und Glauben
bonanza n (fig) Goldgrube f; **the oil ~** der Ölboom
bond **A** n **1** (fig ≈ link) Bindung f **2** **bonds** pl (lit) Fesseln pl; (fig ≈ ties) Bande pl (elev) **3** COMM, FIN Pfandbrief m; **government ~** Staatsanleihe f **B** v/i **1** (glue) binden **2** **to ~ with one's baby** Liebe zu seinem Kind entwickeln; **we ~ed immediately** wir haben uns auf Anhieb gut verstanden
bondage n **1** (fig liter) **in ~ to sth** einer Sache (dat) unterworfen **2** (sexual) Fesseln nt; **~ gear** Sadomasoausrüstung f
bonded warehouse n Zolllager nt
bone **A** n Knochen m; (of fish) Gräte f; **~s** pl (of the dead) Gebeine pl; **chilled to the ~** völlig durchgefroren; **to work one's fingers to the ~** sich (dat) die Finger abarbeiten; **~ of contention** Zankapfel m; **to have a ~ to pick with sb** (infml) mit jdm ein Hühnchen zu rupfen haben (infml); **I'll make no ~s about it, you're …** (infml) du bist, ehrlich gesagt, …; **I can feel it in my ~s** das spüre ich in den Knochen **B** v/t die Knochen lösen aus; fish entgräten ◊**bone up on** v/i +prep obj (infml) pauken (infml) **bone china** n feines Porzellan
bone dry adj pred, **bone-dry** adj attr (infml) knochentrocken **bone idle** adj (Br infml) stinkfaul (infml) **bone structure** n (of face) Gesichtszüge pl
bonfire n Feuer nt; (for celebration) Freudenfeuer nt **bonfire night** n 5. November (Jahrestag der Pulververschwörung)
bonk (infml) v/t & v/i bumsen (infml)
bonkers adj (esp Br infml) meschugge (infml); **to be ~** spinnen (infml)
bonnet n **1** (woman's) Haube f; (baby's) Häubchen nt **2** (Br AUTO) Motorhaube f
bonnie, bonny adj (esp Scot) schön; baby prächtig
bonsai n, pl - Bonsai nt
bonus n **1** Prämie f; (≈ Christmas bonus) Gratifikation f; **~ scheme** Prämiensystem nt; **~ point** Bonuspunkt m **2** (infml ≈ sth extra) Zugabe f
bony adj (+er) knochig
boo¹ **A** int buh; **he wouldn't say ~ to a**

goose (infml) er ist ein schüchternes Pflänzchen **B** v/t speaker, referee auspfeifen **C** v/i buhen **D** n Buhruf m
boo² n (US infml) Freund(in) m(f), Partner(in) m(f)
boob **A** n **1** (Br infml ≈ mistake) Schnitzer m (infml) **2** (infml ≈ breast) Brust f; **big ~s** große Titten pl or Möpse pl (sl) **B** v/i (Br infml) einen Schnitzer machen (infml)
booby prize n Scherzpreis für den schlechtesten Teilnehmer **booby trap** **A** n MIL etc versteckte Bombe **B** v/t **the suitcase was booby-trapped** in dem Koffer war eine Bombe versteckt
booing n Buhrufen nt
book **A** n **1** Buch nt; (≈ exercise book) Heft nt; **the Book of Genesis** die Genesis, das 1. Buch Mose; **to bring sb to ~** jdn zur Rechenschaft ziehen; **to throw the ~ at sb** (infml) jdn nach allen Regeln der Kunst fertigmachen (infml); **to go by the ~** sich an die Vorschriften halten; **to be in sb's good/bad ~s** bei jdm gut/schlecht angeschrieben sein (infml); **I can read him like a ~** ich kann in ihm lesen wie in einem Buch; **he'll use every trick in the ~** (infml) er wird alles und jedes versuchen; **that counts as cheating in my ~** (infml) für mich ist das Betrug **2** (of tickets) Heft nt; **~ of stamps** Briefmarkenheftchen nt **3** **books** pl COMM, FIN Bücher pl; **to do the ~s for sb** jdm die Bücher führen **B** v/t **1** (≈ reserve) bestellen; seat, room buchen; artiste engagieren; **fully ~ed** (performance) ausverkauft; (flight) ausgebucht; (hotel) voll belegt; **to ~ sb through to Hull** RAIL jdn bis Hull durchbuchen **2** (infml) driver etc aufschreiben (infml); footballer verwarnen; **to be ~ed for speeding** wegen zu schnellen Fahrens aufgeschrieben werden **C** v/i bestellen; (≈ reserve seat, room also) buchen; **to ~ through to Hull** bis Hull durchlösen ◊**book in** **A** v/i (in hotel etc) sich eintragen; **we booked in at or into the Hilton** wir sind im Hilton abgestiegen **B** v/t sep **to book sb into a hotel** jdm ein Hotelzimmer reservieren lassen; **we're booked in at or into the Hilton** unsere Zimmer sind im Hilton reserviert ◊**book up** v/t sep **to be (fully) booked up** (ganz) ausgebucht sein; (performance, theatre) ausverkauft sein
bookable adj **1** im Vorverkauf erhältlich **2** SPORTS **a ~ offence** (Br) or **offense** (US)

ein Verstoß m, für den es eine Verwarnung gibt

bookcase n Bücherregal nt; (with doors) Bücherschrank m **book club** n Buchgemeinschaft f **book end** n Bücherstütze f **bookie** n (infml) Buchmacher(in) m(f) **booking** n Buchung f; (of performer) Engagement nt; **to make a ~** buchen; **to cancel a ~** den Tisch/die Karte etc abbestellen, die Reise/den Flug etc stornieren **booking clerk** n Fahrkartenverkäufer(in) m(f) **booking fee** n Buchungsgebühr f **booking office** n RAIL Fahrkartenschalter m; THEAT Vorverkaufsstelle f **book-keeper** n Buchhalter(in) m(f) **book-keeping** n Buchhaltung f **booklet** n Broschüre f **book lover** n Bücherfreund(in) m(f) **bookmaker** n Buchmacher(in) m(f) **bookmark** ◨ n Lesezeichen nt; IT Bookmark nt ◧ v/t IT ein Bookmark einrichten für **bookseller** n Buchhändler(in) m(f) **bookshelf** n Bücherbord nt **bookshelves** pl Bücherregal nt **bookshop** (esp Br), **bookstore** (US) n Buchhandlung f **bookstall** n Bücherstand m **bookstand** n (US) ◨ (≈ bookrest) Lesepult nt ◧ (≈ bookcase) Bücherregal nt ◨ (≈ bookstall: in station, airport) Bücherstand m **book token** n Buchgutschein m **bookworm** n (fig) Bücherwurm m

boom¹ n NAUT Baum m
boom² ◨ n (of guns) Donnern nt; (of voice) Dröhnen nt ◧ v/i (voice: a. **boom out**) dröhnen; (guns) donnern ◨ int bum
boom³ ◨ v/i (trade) boomen (infml); **business is ~ing** das Geschäft blüht ◧ n (of business, fig) Boom m

boomerang n Bumerang m
booming¹ adj sound dröhnend
booming² adj economy, business boomend

boon n Segen m
boor n Rüpel m **boorish** adj, **boorishly** adv rüpelhaft

boost ◨ n Auftrieb m no pl; ELEC, AUTO Verstärkung f; **to give sb/sth a ~** jdm/einer Sache Auftrieb geben; **to give a ~ to sb's morale** jdm Auftrieb geben ◧ v/t production, sales, economy ankurbeln; profits, income erhöhen; confidence stärken; morale heben **booster** n (MED =) booster shot) Wiederholungsimpfung f

boot ◨ n ◨ Stiefel m; **the ~ is on the other foot** (fig) es ist genau umgekehrt;

to give sb the ~ (infml) jdn rausschmeißen (infml); **to get the ~** (infml) rausgeschmissen werden (infml); **to put the ~ into sb/sth** (Br fig infml) jdn/etw niedermachen ◧ (Br, of car etc) Kofferraum m ◨ v/t ◨ (infml ≈ kick) einen (Fuß)tritt geben (+dat) ◧ IT laden ◨ v/i IT laden ◊**boot out** v/t sep (infml) rausschmeißen (infml) ◊**boot up** IT v/t & v/i sep booten

boot camp n (US MIL infml) Armee-Ausbildungslager nt
bootee n gestrickter Babyschuh
booth n ◨ (at fair) (Markt)bude f; (at show) (Messe)stand m ◧ (≈ telephone booth) Zelle f; (≈ polling booth) Kabine f; (in restaurant) Nische f
bootlace n Schnürsenkel m **bootleg** adj whisky etc schwarzgebrannt; goods schwarz hergestellt **bootlicker** n (pej infml) Speichellecker m (pej infml) **boot polish** n Schuhcreme f **bootstrap** n **to pull oneself up by one's (own) ~s** (infml) sich aus eigener Kraft hocharbeiten

booty n Beute f
booze (infml) ◨ n Alkohol m; **keep off the ~** lass das Saufen sein (infml); **bring some ~** bring was zu schlucken mit (infml) ◧ v/i saufen (infml) **to go out boozing** saufen gehen (infml) **boozer** n ◨ (pej infml ≈ drinker) Säufer(in) m(f) (pej infml) ◧ (Br infml ≈ pub) Kneipe f (infml) **booze-up** n (infml) Besäufnis nt (infml) **boozy** adj (+er) (infml) look, face versoffen (infml); **~ party** Sauferei f (infml); **~ lunch** Essen nt mit reichlich zu trinken

bop ◨ n ◨ (infml ≈ dance) Schwof m (infml) ◧ (infml) **to give sb a ~ on the nose** jdm eins auf die Nase geben ◧ v/i (infml ≈ dance) schwofen (infml) ◨ v/t (infml) **to ~ sb on the head** jdm eins auf den Kopf geben

border ◨ n ◨ (≈ edge) Rand m ◧ (≈ frontier) Grenze f; **on the French ~** an der französischen Grenze; **north/south of the ~** (Br) in/nach Schottland/England ◨ (in garden) Rabatte f ◨ (on dress) Bordüre f ◧ v/t ◨ path säumen; estate etc begrenzen; (on all sides) umschließen ◧ (≈ border on) grenzen an (+acc) ◊**border on** or **upon** v/i +prep obj grenzen an (+acc)

border dispute n Grenzstreitigkeit f **border guard** n Grenzsoldat(in) m(f) **bordering** adj angrenzend **borderline** ◨ n Grenze f; **to be on the ~** an der

B

Grenze liegen **B** *adj (fig)* **a ~ case** ein Grenzfall *m;* **it was a ~ pass** er *etc* ist ganz knapp durchgekommen **border town** *n* Grenzstadt *f*

bore[1] **A** *v/t hole* bohren **B** *v/i* bohren *(for nach)* **C** *n* Kaliber *nt;* **a 12 ~ shotgun** eine Flinte vom Kaliber 12

bore[2] **A** *n* **1** *(≈ person)* Langweiler *m* **2** *(≈ situation etc)* **to be a ~** langweilig *or (Aus)* fad sein; **it's such a ~ having to go** es ist wirklich zu dumm, dass ich *etc* gehen muss **B** *v/t* langweilen; **to ~ sb stiff** *or* **to tears** *(infml)* jdn zu Tode langweilen; **to be/get ~d** sich langweilen; **he is ~d with his job** seine Arbeit langweilt ihn

bore[3] *pret of* bear[1]

boredom *n* Lang(e)weile *f*

boring *adj* langweilig, fad *(Aus)*

born **A** *past part of* bear[1]; **to be ~** geboren werden; **I was ~ in 2008** ich bin *or* wurde 2008 geboren; **when were you ~?** wann sind Sie geboren?; **he was ~ into a rich family** er wurde in eine reiche Familie hineingeboren; **to be ~ deaf** von Geburt an taub sein; **the baby was ~ dead** das Baby war eine Totgeburt; **I wasn't ~ yesterday** *(infml)* ich bin nicht von gestern *(infml);* **there's one ~ every minute!** *(fig infml)* die Dummen werden nicht alle! **B** *adj suf (≈ native of)* **he is Chicago-~** er ist ein gebürtiger Chicagoer; **his French-~ wife** seine Frau, die gebürtige Französin ist **C** *adj* geboren; **he is a ~ teacher** er ist der geborene Lehrer; **an Englishman ~ and bred** ein echter Engländer **born-again** *adj Christian etc* wiedergeboren

borne *past part of* bear[1]

borough *n (a.* **municipal borough***)* Bezirk *m*

borrow **A** *v/t* (sich *dat*) borgen *(from von); amount from bank, car* sich *(dat)* leihen; *library book* ausleihen; *(fig) idea* übernehmen *(from von);* **to ~ money from the bank** Kredit bei der Bank aufnehmen **B** *v/i* borgen; *(from bank)* Kredit *m* aufnehmen **borrower** *n (of capital etc)* Kreditnehmer(in) *m(f)* **borrowing** *n* **government ~** staatliche Kreditaufnahme; **consumer ~** Verbraucherkredit *m;* **~ requirements** Kreditbedarf *m*

Bosnia *n* Bosnien *nt* **Bosnia-Herzegovina** *n* Bosnien und Herzegowina *nt* **Bosnian** **A** *adj* bosnisch **B** *n* Bosnier(in)

m(f)

bosom **A** *n* **1** Busen *m* **2** *(fig)* **in the ~ of his family** im Schoß der Familie **B** *adj attr* Busen-

boss *n* Chef *m,* Boss *m (infml);* **his wife is the ~** seine Frau hat das Sagen; **OK, you're the ~** in Ordnung, du hast zu bestimmen ◊**boss about** *(Brit)* or **around** *v/t sep (infml)* rumkommandieren *(infml)*

bossy *adj (+er)* herrisch

botanic(al) *adj* botanisch **botanist** *n* Botaniker(in) *m(f)* **botany** *n* Botanik *f*

botch *v/t (infml: a.* **botch up***)* verpfuschen; *plans etc* vermasseln *(infml);* **a ~ed job** ein Pfusch *m (infml)* **botch-up** *n (infml)* Pfusch *m (infml)*

both **A** *adj* beide; **~ (the) boys** beide Jungen **B** *pron* beide; *(two different things)* beides; **~ of them were there, they were ~ there** sie waren (alle) beide da; **~ of these answers are wrong** beide Antworten sind falsch **C** *adv* **~ ... and ...** sowohl ... als auch ...; **~ you and I** wir beide; **John and I ~ came** John und ich sind beide gekommen; **is it black or white? — ~** ist es schwarz oder weiß? — beides; **you and me ~** *(infml)* wir zwei beide

bother **A** *v/t* **1** stören; *(≈ annoy)* belästigen; *(≈ worry)* Sorgen machen *(+dat); (problem, question)* keine Ruhe lassen *(+dat);* **I'm sorry to ~ you but ...** es tut mir leid, dass ich Sie damit belästigen muss, aber ...; **don't ~ your head about that** zerbrechen Sie sich *(dat)* darüber nicht den Kopf; **I shouldn't let it ~ you** machen Sie sich mal keine Sorgen **2** **I can't be ~ed** ich habe keine Lust; **I can't be ~ed with people like him** für solche Leute habe ich nichts übrig; **I can't be ~ed to do that** ich habe einfach keine Lust, das zu machen; **do you want to stay or go? — I'm not ~ed** willst du bleiben oder gehen? — das ist mir egal; **I'm not ~ed about him/the money** seinetwegen/wegen des Geldes mache ich mir keine Gedanken; **don't ~ to do it again** das brauchen Sie nicht nochmals zu tun; **she didn't even ~ to ask** sie hat gar nicht erst gefragt; **please don't ~ getting up** or **to get up** bitte, bleiben Sie doch sitzen **B** *v/i* sich kümmern *(about um); (≈ get worried)* sich *(dat)* Sorgen machen *(about um);* **don't ~ about me!** machen Sie sich meinetwegen keine Sorgen; *(sarcastic)* ist

B

ja egal, was ich will; **he/it is not worth ~ing about** über ihn/darüber brauchen wir gar nicht zu reden; **I'm not going to ~ with that** das lasse ich; **don't ~!** nicht nötig!; **you needn't have ~ed!** das wäre nicht nötig gewesen! **C** n **1** (≈ nuisance) Plage f; **I know it's an awful ~ for you but ...** ich weiß, dass Ihnen das fürchterliche Umstände macht, aber ... **2** (≈ trouble) Ärger m; (≈ difficulties) Schwierigkeiten pl; **we had a spot** or **bit of ~ with the car** wir hatten Ärger mit dem Auto; **I didn't have any ~ getting the visa** es war kein Problem, das Visum zu bekommen; **it wasn't any ~** (≈ don't mention it) das ist gern geschehen; (≈ not difficult) das war ganz einfach; **the children were no ~ at all** wir hatten mit den Kindern überhaupt keine Probleme; **to go to a lot of ~ to do sth** sich (dat) mit etw viel Mühe geben

bottle **A** n Flasche f; **a ~ of wine** eine Flasche Wein f; **b** v/t in Flaschen abfüllen ◊**bottle out** v/i (Br infml) die Nerven verlieren ◊**bottle up** v/t sep emotion in sich (dat) aufstauen

bottle bank n Altglascontainer m **bottled** adj gas in Flaschen; beer Flaschen- **bottle-feed** v/t aus der Flasche ernähren **bottleneck** n Engpass m **bottle-opener** n Flaschenöffner m

bottom **A** n **1** (≈ lowest part ≈ of box, glass) Boden m; (of mountain, pillar) Fuß m; (of page, screen) unteres Ende; (of list, road) Ende nt; **which end is the ~?** wo ist unten?; **at the ~ of the page/ league/hill** etc unten auf der Seite/in der Tabelle/am Berg etc; **at the ~ of the mountain** am Fuß des Berges; **to be (at the) ~ of the class** der/die Letzte in der Klasse sein; **at the ~ of the garden** hinten im Garten; **~s up!** hoch die Tassen (infml); **from the ~ of my heart** aus tiefstem Herzen; **at ~** (fig) im Grunde; **the ~ dropped** or **fell out of the market** die Marktlage hat einen Tiefstand erreicht **2** (≈ underside) Unterseite f; **on the ~ of the tin** unten an der Dose **3** (of sea, river) Grund m; **at the ~ of the sea** auf dem Meeresboden **4** (of person) Hintern m (infml) **5** (fig, causally) **to be at the ~ of sth** (Mensch) hinter etw (dat) stecken; (Sache) einer Sache (dat) zugrunde liegen; **to get to the ~ of sth** einer Sache (dat)

auf den Grund kommen **6** (Br AUTO) **~ (gear)** erster Gang; **in ~ (gear)** im ersten Gang **7** **tracksuit ~s** Trainingsanzughose f; **bikini ~(s)** Bikiniunterteil nt **B** adj attr (≈ lower) untere(r, s); (≈ lowest) unterste(r, s); **~ half** (of box) untere Hälfte; (of list, class) zweite Hälfte **bottomless** adj **a ~ pit** (fig) ein Fass ohne Boden **bottom line** n (fig) **that's the ~** (≈ decisive factor) das ist das Entscheidende (dabei); (≈ what it amounts to) darauf läuft es im Endeffekt hinaus

bough n Ast m

bought pret, past part of buy

bouillon n Bouillon f, Rindsuppe f (Aus)

bouillon cube n (US) Brühwürfel m

boulder n Felsblock m

boulevard n Boulevard m

bounce **A** v/i **1** (ball etc) springen; **the child ~d up and down on the bed** das Kind hüpfte auf dem Bett herum **2** (infml, cheque) platzen (infml) **3** IT = bounce back **B** v/t **1** ball aufprallen lassen; **he ~d the ball against the wall** er warf den Ball gegen die Wand; **he ~d the baby on his knee** er ließ das Kind auf den Knien reiten **2** IT = bounce back ◊**bounce back** **A** v/i **1** (IT: e-mail) bouncen, zurückprallen **2** (fig infml) sich nicht unterkriegen lassen (infml) **B** v/t IT e-mail bouncen, zurückschicken ◊**bounce off** **A** v/t always separate **to bounce sth off sth** etw von etw abprallen lassen; **to bounce an idea off sb** (fig infml) eine Idee an jdm testen (infml) **B** v/i abprallen

bouncer n (infml) Rausschmeißer(in) m(f) (infml) **bouncy** adj (+er) mattress federnd **bouncy castle®** n Hüpfburg f

bound¹ n usu pl Grenze f; **within the ~s of probability** im Bereich des Wahrscheinlichen; **his ambition knows no ~s** sein Ehrgeiz kennt keine Grenzen; **the bar is out of ~s** das Betreten des Lokals ist verboten; **this part of town is out of ~s** dieser Stadtteil ist Sperrzone

bound² **A** n Sprung m **B** v/i springen; **the dog came ~ing up** der Hund kam angesprungen

bound³ **A** pret, past part of bind **B** adj **1** gebunden; **~ hand and foot** an Händen und Füßen gebunden **2** **to be ~ to do sth** etw bestimmt tun; **it's ~ to happen** das muss so kommen **3** (≈ obliged) **but I'm ~ to say ...** (infml) aber ich muss

B

schon sagen ...

bound⁴ adj pred **to be ~ for London** (≈ heading for) auf dem Weg nach London sein; (≈ about to start) nach London gehen; **all passengers ~ for London will ...** alle Passagiere nach London werden ...

boundary n Grenze f **boundary line** n Grenzlinie f; SPORTS Spielfeldgrenze f

boundless adj grenzenlos

bountiful adj großzügig; harvest, gifts (über)reich

bouquet n **1** Strauß m **2** (of wine) Bukett nt **bouquet garni** n COOK Kräutermischung f

bourbon n (a. **bourbon whiskey**) Bourbon m

bourgeois **A** n Bürger(in) m(f); (pej) Spießbürger(in) m(f) **B** adj bürgerlich; (pej) spießbürgerlich **bourgeoisie** n Bürgertum nt

bout n **1** (of flu etc) Anfall m; **a ~ of fever** ein Fieberanfall m; **a drinking ~** eine Zecherei **2** BOXING Kampf m

boutique n Boutique f

bow¹ n **1** (weapon, for violin etc) Bogen m; **a ~ and arrow** Pfeil und Bogen pl **2** (≈ knot) Schleife f

bow² **A** n Verbeugung f; **to take a ~** sich verbeugen **B** v/i **1** sich verbeugen (to sb vor jdm) **2** (fig) sich beugen (before vor +dat, under unter +dat, to +dat); **to ~ to the inevitable** sich in das Unvermeidliche fügen **C** v/t **to ~ one's head** den Kopf senken; (in prayer) sich verneigen ◊**bow down** v/i (lit) sich beugen; **to ~ to** or **before sb** (fig) sich jdm beugen ◊**bow out** v/i (fig) sich verabschieden; **to ~ of sth** sich aus etw zurückziehen

bow³ n often pl Bug m; **on the port ~** backbord(s) voraus

bowed¹ adj legs krumm

bowed² adj person gebeugt; shoulders hängend

bowel n usu pl **1** ANAT Eingeweide nt usu pl; **a ~ movement** Stuhl(gang) m **2** (fig) **the ~s of the earth** das Erdinnere

bowl¹ n **1** Schüssel f; (fingerbowl) Schale f; (for sugar etc) Schälchen nt; **a ~ of milk** eine Schale Milch **2** (of lavatory) Becken nt

bowl² **A** v/i **1** BOWLS, TENPIN Bowling spielen **2** CRICKET werfen **B** v/t **1** (≈ roll) ball rollen **2** CRICKET ball werfen ◊**bowl over** v/t sep (fig) umwerfen; **he was bowled over by the news** die Nachricht

hat ihn (einfach) überwältigt

bow-legged adj o-beinig

bowler¹ n CRICKET Werfer m

bowler² n (Br: a. **bowler hat**) Melone f

bowling n **1** CRICKET Werfen nt **2** (≈ tenpin bowling) Bowling nt; **to go ~** bowlen gehen **bowling alley** n Bowlingbahn f **bowling green** n Rasenfläche f für Bowling **bowls** n Bowling nt

bow tie n Fliege f

box¹ **A** v/t & v/i SPORTS boxen; **to ~ sb's ears** jdn ohrfeigen or (Aus) watschen **B** n **a ~ on the ears** eine Ohrfeige, eine Watsche (Aus)

box² n **1** (of wood) Kiste f; (≈ cardboard box) Karton m; (of light cardboard ≈ matchbox) Schachtel f; (of chocolates etc) Packung f **2** (on form) Kästchen nt **3** THEAT Loge f **4** (esp Br infml ≈ TV) Glotze f (infml); **what's on the ~?** was gibts im Fernsehen?; **I was watching the ~** ich habe geglotzt (infml) ◊**box in** v/t sep parked car einklemmen

boxcar n (US RAIL) (geschlossener) Güterwagen

boxer n **1** SPORTS Boxer(in) m(f) **2** (≈ dog) Boxer m **boxer briefs** pl Boxershorts pl (eng anliegend) **boxer shorts** pl Boxershorts pl **boxing** n Boxen nt **Boxing Day** n (Br) zweiter Weihnachts(feier)tag **boxing gloves** pl Boxhandschuhe pl **boxing match** n Boxkampf m **boxing ring** n Boxring m

box junction n MOT gelb schraffierte Kreuzung (in die bei Stau nicht eingefahren werden darf) **box number** n Chiffre f; (at post office) Postfach nt **box office** **A** n Kasse f, Kassa f (Aus) **B** attr **~ success/hit** Kassenschlager m **boxroom** n (Br) Abstellraum m **box set** n Boxset nt, Zusammenstellung mehrerer CDs oder DVDs

boy n **1** Junge m, Bub m (Aus, Swiss); **the Jones ~** der Junge von Jones; **~s will be ~s** Jungen sind nun mal so **2** (infml ≈ fellow) Knabe m (infml); **the old ~** (≈ boss) der Alte (infml); (≈ father) mein etc alter Herr **3** (≈ friend) **the ~s** meine/seine Kumpels; **our ~s** (≈ team) unsere Jungs **4** **oh ~!** (infml) Junge, Junge! (infml) **boy band** n MUS Boygroup f

boycott **A** n Boykott m **B** v/t boykottieren

boyfriend n Freund m **boyhood** n Kindheit f; (as teenager) Jugend(zeit) f

boyish adj jungenhaft; woman knabenhaft **boy scout** n Pfadfinder m **Boy Scouts** n sg Pfadfinder pl

bpi, BPI IT abbr of bits per inch BPI

bps, BPS IT abbr of bits per second BPS

bra n abbr of brassière BH m

brace **A** n (on teeth) Klammer f; MED Stützapparat m **B** v/r sich bereithalten; **to ~ oneself for sth** sich auf etw (acc) gefasst machen; **~ yourself, I've got bad news for you** mach dich auf eine schlechte Nachricht gefasst

bracelet n Armband nt; (≈ bangle) Armreif(en) pl

braces pl (Br) Hosenträger pl; **a pair of ~** (ein Paar) Hosenträger

bracing adj anregend; climate Reizbracken n Adlerfarn m

bracket **A** n **1** (≈ angle bracket) Winkelträger m; (for shelf) (Regal)träger m **2** TYPO, MUS Klammer f; **in ~s** in Klammern **3** (≈ group) Gruppe f **B** v/t (a. **bracket together**) (fig) zusammenfassen

brag **A** v/i angeben (about, of mit) **B** v/t **to ~ that** damit angeben, dass **bragging** n Angeberei f

braid **A** n **1** (of hair) Zopf m **2** (≈ trimming) Borte f **B** v/t (≈ plait) flechten

Braille **A** n Blindenschrift f **B** adj Blindenschrift-

brain n **1** ANAT Gehirn nt; **he's got sex on the ~** (infml) er hat nur Sex im Kopf **2 brains** ANAT Gehirn nt; COOK Hirn nt **3** (≈ mind) Verstand m; **~s** pl (≈ intelligence) Intelligenz f, Grips m (infml); **he has ~s** er ist intelligent; **use your ~s** streng mal deinen Kopf an **brainbox** n (hum infml) Schlauberger m (infml) **brainchild** n Erfindung f; (≈ idea) Geistesprodukt nt **brain-damaged** adj hirngeschädigt **braindead** adj (ge)hirntot **brain drain** n Abwanderung f von Wissenschaftlern, Braindrain m **brain haemorrhage, brain hemorrhage** (US) n (Ge)hirnblutung f **brainless** adj hirnlos, dumm **brain scan** n Computertomografie f des Schädels **brainstorm** n (US ≈ brainwave) Geistesblitz m **brainstorming** n Brainstorming nt; **to have a ~ session** ein Brainstorming veranstalten **brain surgeon** n Hirnchirurg(in) m(f) **brain tumour**, (US) **brain tumor** n Gehirntumor m **brainwash** v/t einer Gehirnwäsche (dat) unterziehen; **to ~ sb**

into believing etc **that …** jdm (ständig) einreden, dass … **brainwashing** n Gehirnwäsche f **brainwave** n (Br) Geistesblitz m **brainy** adj (+er) (infml) gescheit

braise v/t COOK schmoren

brake **A** n TECH Bremse f; **to put the ~s on** bremsen **B** v/i bremsen **brake disc** n Bremsscheibe f **brake fluid** n Bremsflüssigkeit f **brake light** n Bremslicht nt **brake lining** n Bremsbelag m **brake pad** n Bremsklotz m **brake pedal** n Bremspedal nt **brake shoe** n Bremsbacke f **braking** n Bremsen nt **braking distance** n Bremsweg m

bramble n (≈ bush) Brombeerstrauch m

bran n Kleie f

branch **A** n **1** BOT Zweig m; (growing from trunk) Ast m **2** (of river) Arm m; (of road) Abzweigung f; (of family) Zweig m; (of railway) Abzweig m **3** (in river, road, railway) Gabelung f **4** COMM Zweigstelle f, Ablage f (Swiss); **main** ~ Haupt(geschäfts)stelle f; (of store) Hauptgeschäft nt **5** (of subject etc) Zweig m **B** v/i (river, road etc) sich gabeln; (in more than two) sich verzweigen ◊**branch off** v/i (road) abzweigen ◊**branch out** v/i (fig) sein Geschäft ausdehnen (into auf +acc); **to ~ on one's own** sich selbstständig machen

branch line n RAIL Nebenlinie f **branch manager** n Filialleiter(in) m(f) **branch office** n Zweigstelle f, Ablage f (Swiss)

brand **A** n **1** (≈ make) Marke f **2** (on cattle) Brandzeichen nt **B** v/t **1** goods mit seinem Warenzeichen versehen; **~ed goods** Markenartikel pl **2** cattle mit einem Brandzeichen kennzeichnen **3** (≈ stigmatize) brandmarken **branding** n Markenkennzeichnung f

brandish v/t schwingen

brand leader n führende Marke **brand name** n Markenname m **brand-new** adj nagelneu

brandy n Weinbrand m

brash adj (+er) dreist

brass **A** n **1** Messing nt **2 the ~** MUS die Blechbläser pl **3** (infml) **the top ~** die hohen Tiere (infml) **B** adj (≈ made of brass) Messing-; MUS Blech-; **~ player** Blechbläser m; **~ section** Blechbläser pl **brass band** n Blaskapelle f

brassière n (dated, form) Büstenhalter m

brass plaque, brass plate n Messingschild nt

B

brat n (pej infml) Balg m or nt (infml); (esp girl) Göre f (infml)

bravado n **1** (≈ showy bravery) Draufgängertum nt **2** (hiding fear) gespielte Tapferkeit

brave **A** adj (+er) mutig; (≈ showing courage, suffering pain) tapfer; **be ~!** nur Mut!; **~ new world** schöne neue Welt **B** v/t die Stirn bieten (+dat); elements trotzen (+dat) **bravely** adv tapfer **bravery** n Mut m

bravo int bravo!

brawl **A** v/i sich schlagen **B** n Schlägerei f **brawling** n Schlägereien pl

brawn n Muskelkraft f; **he's all ~ and no brains** er hat Muskeln, aber kein Gehirn **brawny** adj (+er) muskulös

bray v/i (ass) schreien

brazen adj dreist; lie schamlos ◊**brazen out** v/t sep **to brazen it out** durchhalten; (by lying) sich durchmogeln (infml)

brazenly adv dreist; lie schamlos

Brazil n Brasilien nt **brazil** n (a. brazil nut) Paranuss f **Brazilian** **A** n Brasilianer(in) m(f) **B** adj brasilianisch

breach **A** n **1** Verstoß m (of gegen); **a ~ of contract** ein Vertragsbruch; **~ of the peace** JUR öffentliche Ruhestörung; **a ~ of security** ein Verstoß m gegen die Sicherheitsbestimmungen; **~ of trust** FIN Untreue f **2** (in wall etc, in security) Lücke f **B** v/t **1** wall eine Bresche schlagen in (+acc); defences, security durchbrechen **2** contract verletzen

bread n **1** Brot nt; **a piece of ~ and butter** ein Butterbrot nt; **he knows which side his ~ is buttered (on)** er weiß, wo was zu holen ist **2** (≈ livelihood) **writing is his ~ and butter** er verdient sich seinen Lebensunterhalt mit Schreiben **3** (infml ≈ money) Kohle f **breadbin** n (Br) Brotkasten m **breadboard** n Brot(schneide)brett nt **breadbox** n (US) Brotkasten m **breadcrumbs** pl COOK Paniermehl nt; **in ~** paniert **breadknife** n Brotmesser f **breadline** n **to be on the ~** (fig) nur das Allernotwendigste zum Leben haben **bread roll** n Brötchen nt **breadstick** n Knabberstange f **breadth** n Breite f; **a hundred metres** (Br) or **meters** (US) **in ~** hundert Meter breit **breadwinner** n Brotverdiener(in) m(f)

break vb: pret **broke**, past part **broken** **A** n **1** (≈ fracture) Bruch m **2** (≈ gap) Lücke f; row upon row of houses without a ~ Häuserzeile auf Häuserzeile, ohne Lücke **3** (≈ pause, also Br SCHOOL) Pause f; **without a ~** ununterbrochen; **to take** or **have a ~** (eine) Pause machen; **at ~** SCHOOL in der Pause; **give me a ~!** (infml) nun mach mal halblang! (infml) **4** (≈ change) Abwechslung f; **~ in the weather** Wetterumschwung m **5** (≈ respite) Erholung f **6** (≈ holiday) Urlaub m **7** **at ~ of day** bei Tagesanbruch **8** (infml) **they made a ~ for it** sie versuchten zu entkommen; **we had a few lucky ~s** wir haben ein paarmal Glück gehabt; **she had her first big ~ in a Broadway play** sie bekam ihre erste große Chance in einem Broadwaystück **B** v/t **1** bone sich (dat) brechen; stick brechen; (≈ smash) kaputt schlagen; glass zerbrechen; window einschlagen; egg aufbrechen; **to ~ one's leg** sich (dat) das Bein brechen **2** toy, chair kaputt machen **3** promise, record, spell brechen; law, rule verletzen **4** journey, silence unterbrechen **5** skin ritzen; surface durchbrechen **6** (≈ destroy) person mürbemachen; strike brechen; code entziffern; **to ~ sb (financially)** jdn ruinieren; **37p, well that won't exactly ~ the bank** 37 Pence, na, davon gehe ich/gehen wir noch nicht bankrott **7** fall dämpfen **8** news mitteilen; **how can I ~ it to her?** wie soll ich es ihr sagen? **C** v/i **1** (bone, voice) brechen; (rope) zerreißen; (≈ smash, window) kaputtgehen; (glass) zerbrechen; **his voice is beginning to ~** (boy) er kommt in den Stimmbruch **2** (watch, chair) kaputtgehen **3** (≈ pause) (eine) Pause machen; **to ~ for lunch** Mittagspause machen **4** (weather) umschlagen **5** (wave) sich brechen **6** (day, dawn) anbrechen; (storm) losbrechen **7** (story, news) bekannt werden **8** (company) **to ~ even** seine (Un)kosten decken ◊**break away** **1** (≈ dash away) weglaufen; (prisoner) sich losreißen; **he broke away from the rest of the field** er hängte das ganze Feld ab **2** (≈ cut ties) sich trennen ◊**break down** **A** v/i **1** zusammenbrechen; (negotiations, marriage) scheitern **2** (vehicle) eine Panne haben; (machine) versagen **3** (expenditure) sich aufschlüsseln; (CHEM: substance) sich aufspalten (into in +acc) **B** v/t sep **1** door einrennen; wall niederreißen **2** expenditure aufschlüsseln; (≈ change composition of) umsetzen ◊**break in** **A**

v/i **1** (≈ *interrupt*) unterbrechen (*on sb/sth* jdn/etw) **2** (≈ *enter illegally*) einbrechen **B** *v/t sep door* aufbrechen ◊**break into** *v/i +prep obj* **1** *house* einbrechen in (+*acc*); *safe, car* aufbrechen **2** *savings* anbrechen **3** **to ~ song** zu singen anfangen ◊**break off A** *v/i* abbrechen **B** *v/t sep engagement* lösen ◊**break open** *v/t sep* aufbrechen ◊**break out** *v/i* **1** (*fire, war*) ausbrechen **2** **to ~ in a rash** einen Ausschlag bekommen; **he broke out in a sweat** ihm brach der Schweiß aus **3** (≈ *escape*) ausbrechen (*from, of* aus) ◊**break through A** *v/i* durchbrechen **B** *v/i +prep obj* durchbrechen ◊**break up A** *v/i* **1** (*road, ice*) aufbrechen **2** (*crowd*) auseinanderlaufen; (*meeting, partnership*) sich auflösen; (*marriage*) in die Brüche gehen; (*friends*) sich trennen; **to ~ with sb** sich von jdm trennen **3** (*Br* SCHOOL) aufhören; **when do you ~?** wann hört bei euch die Schule auf? **4** (*on mobile phone*) **you're breaking up** ich kann Sie nicht verstehen **B** *v/t sep* **1** *ground* aufbrechen **2** *marriage, home* zerstören; *meeting* (*police etc*) auflösen; **he broke up the fight** er trennte die Kämpfer; **break it up!** auseinander!

breakable *adj* zerbrechlich **breakage** *n* **to pay for ~s** für zerbrochene Ware bezahlen **breakaway** *adj group* Splitter- **break command** *n* IT Unterbrechungsbefehl *m* **break dance** *v/i* Breakdance tanzen

breakdown *n* **1** (*of machine*) Betriebsschaden *m*; (*of vehicle*) Panne *f* **2** (*of system*, MED) Zusammenbruch *m* **3** (*of figures etc*) Aufschlüsselung *f* **breakdown service** *n* Pannendienst *m* **breakdown truck** *n* Abschleppwagen *m*

breaker *n* **1** (≈ *wave*) Brecher *m* **2** (*a.* **breaker's** (**yard**)) **to send a vehicle to the ~'s** (**yard**) ein Fahrzeug abwracken **breakeven point** *n* Gewinnschwelle *f* **breakfast A** *n* Frühstück *nt*, Morgenessen *nt* (*Swiss*); **to have ~** frühstücken; **for ~** zum Frühstück **B** *v/i* frühstücken; **he ~ed on bacon and eggs** er frühstückte Eier mit Speck **breakfast cereal** *n* Zerealien *pl* **breakfast television** *n* Frühstücksfernsehen *nt* **breakfast time** *n* Frühstückszeit *f*

break-in *n* Einbruch *m*; **we've had a ~** bei uns ist eingebrochen worden **break-**

ing point *n* (*fig*) **she is at** *or* **has reached ~** sie ist nervlich völlig am Ende (ihrer Kräfte) **breakneck** *adj* **at ~ speed** (*Br*) mit halsbrecherischer Geschwindigkeit **break-out** *n* Ausbruch *m* **breakthrough** *n* (MIL, *fig*) Durchbruch *m* **break-up** *n* (*of friendship*) Bruch *m*; (*of marriage*) Zerrüttung *f*; (*of partnership*) Auflösung *f* **breakwater** *n* Wellenbrecher *m*

breast *n* Brust *f* **breastbone** *n* Brustbein *nt*; (*of bird*) Brustknochen *m* **breast cancer** *n* Brustkrebs *m* **-breasted** *adj suf* **a double-/single-breasted jacket** ein Einreiher *m*/Zweireiher *m* **breast-fed** *adj* **to be ~** gestillt werden **breast-feed** *v/t & v/i* stillen **breast-feeding** *n* Stillen *nt* **breast milk** *n* Muttermilch *f* **breast pocket** *n* Brusttasche *f* **breaststroke** *n* Brustschwimmen *nt*; **to swim** *or* **do the ~** brustschwimmen

breath *n* **1** Atem *m*; **to take a deep ~** einmal tief Luft holen; **to have bad ~** Mundgeruch haben; **out of ~** außer Atem; **short of ~** kurzatmig; **to get one's ~ back** wieder zu Atem kommen; **in the same ~** im selben Atemzug; **to take sb's ~ away** jdm den Atem verschlagen; **to say sth under one's ~** etw vor sich (*acc*) hin murmeln; **you're wasting your ~** du redest umsonst **2** (≈ *of wind*) Lüftchen *nt* **breathable** *adj fabric, garment* atmungsaktiv **breathalyze** *v/t* blasen lassen **Breathalyzer®** *n* Atem(luft)messgerät *nt*

breathe A *v/i* atmen; **now we can ~ again** jetzt können wir wieder frei atmen; **I don't want him breathing down my neck** ich will nicht, dass er mir die Hölle heiß macht (*infml*) **B** *v/t* **1** *air* einatmen; **to ~ one's last** seinen letzten Atemzug tun **2** (≈ *exhale*) atmen (*into* in +*acc*); **he ~d garlic all over me** er verströmte einen solchen Knoblauchgeruch; **he ~d new life into the firm** er brachte neues Leben in die Firma **3** **to ~ a sigh of relief** erleichtert aufatmen; **don't ~ a word of it!** sag kein Sterbenswörtchen darüber! ◊**breathe in** *v/i*, *v/t sep* einatmen ◊**breathe out** *v/i*, *v/t sep* ausatmen

breather *n* Atempause *f*; **to take** *or* **have a ~** sich verschnaufen **breathing** *n* Atmung *f* **breathing apparatus** *n* Sauerstoffgerät *nt* **breathing space** *n* (*fig*)

B

Atempause f **breathless** adj atemlos; **~ with excitement** ganz atemlos vor Aufregung **breathtaking** adj atemberaubend **breath test** n Atemalkoholtest m

bred pret, past part of breed

-bred adj suf -erzogen

breeches pl Kniehose f; (≈ riding breeches) Reithose f

breed vb: pret, past part bred ◼A◼ n Art f ◼B◼ v/t animals züchten ◼C◼ v/i (animals) Junge haben; (birds) brüten **breeder** n (≈ person) Züchter(in) m(f) **breeding** n ◼1◼ (≈ reproduction) Fortpflanzung und Aufzucht f der Jungen ◼2◼ (≈ rearing) Zucht f ◼3◼ (≈ upbringing: a. **good breeding**) gute Erziehung

breeze n Brise f ◊**breeze in** v/i **he breezed into the room** er kam fröhlich ins Zimmer geschneit

breeze block n (Br BUILD) Ytong® m **breezily** adv (fig) frisch-fröhlich **breezy** adj (+er) ◼1◼ day, spot windig ◼2◼ manner frisch-fröhlich

brevity n Kürze f

brew ◼A◼ n ◼1◼ (≈ beer) Bräu nt ◼2◼ (of tea) Tee m ◼B◼ v/t beer brauen; tea aufbrühen ◼C◼ v/i ◼1◼ (beer) gären; (tea) ziehen ◼2◼ (fig) **there's trouble ~ing** da braut sich ein Konflikt zusammen **brewer** n Brauer m **brewery** n Brauerei f

Brexit n Brexit m, Ausstieg Großbritanniens aus der EU

bribe ◼A◼ n Bestechung f; **to take a ~** sich bestechen lassen; **to offer sb a ~** jdn bestechen wollen ◼B◼ v/t bestechen; **to ~ sb to do sth** jdn bestechen, damit er etw tut **bribery** n Bestechung f

bric-a-brac n Nippes m

brick n ◼1◼ BUILD Backstein m; **he came or was down on me like a ton of ~s** (infml) er hat mich unheimlich fertiggemacht (infml) ◼2◼ (≈ toy) (Bau)klotz m; **box of (building) ~s** Baukasten m ◊**brick up** v/t sep window zumauern

bricklayer n Maurer(in) m(f) **brick-red** adj ziegelrot **brick wall** n (fig infml) **I might as well be talking to a ~** ich könnte genauso gut gegen eine Wand reden; **it's like banging one's head against a ~** es ist, wie wenn man mit dem Kopf gegen die Wand rennt; **to come up against** or **hit a ~** plötzlich vor einer Mauer stehen **brickwork** n Backsteinmauerwerk nt

BRICs countries pl BRICS-Staaten pl

bridal adj Braut-; **~ gown** Hochzeitskleid nt **bridal suite** n Hochzeitssuite f

bride n Braut f

bridegroom n Bräutigam m

bridesmaid n Brautjungfer f

bridge[1] ◼A◼ n Brücke f; (of nose) Sattel m; **to build ~s** (fig) Brücken schlagen ◼B◼ v/t (fig) überbrücken; **to ~ the gap** (fig) die Zeit überbrücken

bridge[2] n CARDS Bridge nt

bridging loan n Überbrückungskredit m **bridle** ◼A◼ n (of horse) Zaum m ◼B◼ v/i sich entrüstet wehren (at gegen) **bridle path** n Reitweg m

brief ◼A◼ adj (+er) kurz; **in ~** kurz; **the news in ~** Kurznachrichten pl; **to be ~, ...** um es kurz zu machen, ... ◼B◼ n ◼1◼ JUR Auftrag m (an einen Anwalt); (≈ document) Unterlagen pl zu dem/einem Fall ◼2◼ (≈ instructions) Auftrag m ◼C◼ v/t JUR instruieren **briefcase** n (Akten)tasche f **briefing** n (a. **briefing session**) Einsatzbesprechung f **briefly** adv kurz

briefs pl Slip m; **a pair of ~** ein Slip

brigade n MIL Brigade f

bright adj (+er) ◼1◼ light hell; colour leuchtend; star, eyes strahlend; day heiter; **~ red** knallrot; **it was really ~ outside** es war wirklich sehr hell draußen; **~ intervals** METEO Aufheiterungen pl ◼2◼ (≈ cheerful) fröhlich; **I wasn't feeling too ~** es ging mir nicht besonders gut; **~ and early** in aller Frühe ◼3◼ (≈ intelligent) schlau; child aufgeweckt; idea glänzend; (iron) intelligent ◼4◼ prospects glänzend; **things aren't looking too ~** es sieht nicht gerade rosig aus **brighten (up)** ◼A◼ v/t sep ◼1◼ (≈ make cheerful) aufheitern ◼2◼ (≈ make bright) aufhellen ◼B◼ v/i ◼1◼ (weather) sich aufklären or aufheitern ◼2◼ (person) fröhlicher werden **brightly** adv ◼1◼ shine, burn hell; **~ lit** hell erleuchtet ◼2◼ (≈ cheerfully) fröhlich **brightness** n (of light) Helligkeit f; (of colour) Leuchten nt; (of star, eyes) Strahlen nt

brilliance n ◼1◼ (≈ brightness) Strahlen nt ◼2◼ (fig ≈ intelligence) Großartigkeit f; (of scientist, wit) Brillanz f **brilliant** ◼A◼ adj ◼1◼ (fig) großartig (also iron); scientist, wit brillant; student hervorragend; **he is ~ with my children** er versteht sich großartig mit meinen Kindern; **to be ~ at sth/doing sth** etw hervorragend können/tun können

B

☑ *sunshine, colour* strahlend **B** *int* (*infml*) super (*infml*) **brilliantly** *adv* **1** *shine, lit* hell; **~ coloured** (*Br*) or **colored** (*US*) in kräftigen Farben **2** (*≈ superbly*) großartig; *perform* brillant; *funny, simple* herrlich

brim ☑ *n* Rand *m*; **full to the ~ (with sth)** randvoll (mit etw) **B** *v/i* strotzen (*with* von *or* vor +*dat*); **her eyes were ~ming with tears** ihre Augen schwammen in Tränen **◊brim over** *v/i* überfließen (*with* vor +*dat*)

brimful *adj* (*lit*) randvoll; (*fig*) voll (*of, with* von)

brine *n* Sole *f*; (*for pickling*) Lake *f*

bring *pret, past part* **brought** *v/t* bringen; (*a.* **bring with one**) mitbringen; **did you ~ the car** *etc*? haben Sie den Wagen *etc* mitgebracht?; **to ~ sb inside** jdn hereinbringen; **to ~ tears to sb's eyes** jdm die Tränen in die Augen treiben; **I cannot ~ myself to speak to him** ich kann es nicht über mich bringen, mit ihm zu sprechen; **to ~ sth to a close** *or* **an end** etw zu Ende bringen; **to ~ sth to sb's attention** jdn auf etw (*acc*) aufmerksam machen **◊bring about** *v/t sep* herbeiführen **◊bring along** *v/t sep* mitbringen **◊bring back** *v/t sep* **1** zurückbringen **2** *custom* wiedereinführen; **to bring sb back to life** jdn wieder lebendig machen **◊bring down** *v/t sep* **1** (*≈ shoot down*) herunterholen; (*≈ land*) herunterbringen; **you'll bring the boss down on us** da werden wir es mit dem Chef zu tun bekommen **2** *government* zu Fall bringen **3** (*≈ reduce*) senken; *swelling* reduzieren **◊bring forward** *v/t sep* **1** *person, chair* nach vorne bringen **2** *meeting* vorverlegen **3** COMM **amount brought forward** Übertrag *m* **◊bring in** *v/t sep* **1** (*lit*) hereinbringen; (*prep obj, -to* in +*acc*); *harvest, income* einbringen **2** (*fig*) *fashion* einführen; PARL *bill* einbringen; **to bring sth into fashion** etw in Mode bringen **3** (*≈ involve*) *police etc* einschalten (*on* bei); **don't bring him into it** lass ihn aus der Sache raus; **why bring that in?** was hat das damit zu tun? **◊bring off** *v/t sep* zustande bringen; **he brought it off!** er hat es geschafft! (*infml*) **◊bring on** *v/t sep* **1** (*≈ cause*) herbeiführen **2** SPORTS *player* einsetzen **3** **to bring sth (up)on oneself** sich (*dat*) etw selbst aufladen; **you brought it (up)on yourself** das hast du dir selbst zu-

zuschreiben **◊bring out** *v/t sep* **1** (*lit*) (heraus)bringen (*of* aus); (*of pocket*) herausholen (*of* aus) **2** (*≈ draw out*) *person* die Hemmungen nehmen (+*dat*) **3** **to ~ the best in sb** das Beste in jdm zum Vorschein bringen **4** (*a.* **bring out on strike**) auf die Straße schicken **5** *new product, book* herausbringen **6** (*≈ emphasize*) hervorheben **7** **to bring sb out in a rash** bei jdm einen Ausschlag verursachen **◊bring over** *v/t sep* (*lit*) herüberbringen **◊bring round** (*esp Br*) *v/t sep* **1** (*to house*) vorbeibringen **2** *discussion* bringen (*to* auf +*acc*) **3** *unconscious person* wieder zu Bewusstsein bringen **4** (*≈ convert*) herumkriegen (*infml*) **◊bring to** *v/t always separate* **to bring sb to** jdn wieder zu Bewusstsein bringen **◊bring together** *v/t sep* zusammenbringen **◊bring up** *v/t sep* **1** (*to a higher place*) heraufbringen; (*to the front*) hinbringen **2** *amount* erhöhen (*to* auf +*acc*); *level, standards* anheben; **to bring sb up to a certain standard** jdn auf ein gewisses Niveau bringen **3** *child* großziehen; (*≈ educate*) erziehen; **to bring sb up to do sth** jdn dazu erziehen, etw zu tun **4** (*≈ vomit up*) brechen **5** (*≈ mention*) zur Sprache bringen **6** **to bring sb up short** jdn innehalten lassen **◊bring upon** *v/t sep* = **bring on 3**

bring-and-buy (sale) *n* (*Br*) Basar *m* (*wo mitgebrachte Sachen angeboten und verkauft werden*)

brink *n* Rand *m*; **on the ~ of sth** am Rande von etw; **on the ~ of doing sth** nahe daran, etw zu tun

brisk *adj* (+*er*) **1** *person* forsch; *pace* flott; **to go for a ~ walk** einen ordentlichen Spaziergang machen **2** (*fig*) *trade* lebhaft

briskly *adv speak, act* forsch; *walk* flott

bristle ☑ *n* Borste *f*; (*of beard*) Stoppel *f* **B** *v/i* (*fig, person*) zornig werden; **to ~ with anger** vor Wut schnauben **bristly** *adj* (+*er*) *chin* stoppelig; *hair, beard* borstig

Brit *n* (*infml*) Brite *m*, Britin *f*

Britain *n* Großbritannien *nt*

British ☑ *adj* britisch; **I'm ~** ich bin Brite/Britin; **~ English** britisches Englisch **B** *n* **the ~** *pl* die Briten *pl* **British-Asian ☑** *adj* britisch-asiatisch **B** *n* Brite *m*/Britin *f* asiatischer Herkunft **British Council** *n* British Council *m*, *Organisation zur Förderung britischer Kultur im Ausland* **British Isles** *pl* **the ~** die Britischen Inseln

B

Briton n Brite m, Britin f
Brittany n die Bretagne
brittle adj spröde; **~ bones** schwache Knochen
broach v/t subject anschneiden
B-road n (Br) ≈ Landstraße f
broad **A** adj (+er) **1** (≈ wide) breit; **to make ~er** verbreitern **2** theory umfassend; (≈ general) allgemein **3** distinction, outline grob; sense weit **4** accent stark **B** n (US sl ≈ woman) Tussi f (pej) **broadband** IT **A** adj Breitband- **B** n Breitband nt
broad bean n Saubohne f
broadcast vb: pret, past part broadcast **A** n RADIO, TV Sendung f; (of match etc) Übertragung f **B** v/t **1** RADIO, TV senden; event übertragen **2** (fig) rumour verbreiten **C** v/i (RADIO, TV, station) senden **broadcaster** n (RADIO, TV ≈ announcer) Rundfunk-/Fernsehsprecher(in) m(f); (≈ personality) Rundfunk-/Fernsehpersönlichkeit f **broadcasting** **A** n RADIO, TV Sendung f; (of event) Übertragung f; **to work in ~** beim Rundfunk/Fernsehen arbeiten **B** attr RADIO Rundfunk-; TV Fernseh-
broaden (out) **A** v/t (sep) (fig) attitudes aufgeschlossener machen; **to broaden one's horizons** (fig) seinen Horizont erweitern **B** v/i sich verbreitern **broad jump** n (US SPORTS) Weitsprung m **broadly** adv allgemein; describe grob; agree weitgehend; **~ speaking** ganz allgemein gesprochen **broad-minded** adj tolerant **broadsheet** n PRESS großformatige Zeitung **Broadway** n Broadway m
brocade **A** n Brokat m **B** attr Brokat-
broccoli n Brokkoli pl
brochure n Broschüre f
broil v/t & v/i COOK grillen
broke **A** pret of break **B** adj pred (infml) pleite (infml); **to go ~** Pleite machen (infml); **to go for ~** alles riskieren
broken **A** past part of break **B** adj **1** kaputt; bone gebrochen; glass etc kaputt **2** (fig) heart, man, promise, English gebrochen; marriage zerrüttet; **from a ~ home** aus zerrütteten Familienverhältnissen **broken-down** adj kaputt (infml) **brokenhearted** adj untröstlich
broker **A** n (ST EX, FIN) Makler m **B** v/t aushandeln
brolly n (Br infml) (Regen)schirm m
bromance n (infml) innige Männerbezie-

hung
bronchitis n Bronchitis f
bronze **A** n Bronze f **B** adj Bronze- **Bronze Age** n Bronzezeit f **bronzed** adj face, person braun **bronzing** adj Bräunungs-
brooch n Brosche f
brood **A** n Brut f **B** v/i (fig) grübeln ◊**brood over** or **(up)on** v/i +prep obj nachgrübeln über (+acc)
broody adj **1** **to be feeling ~** (hum infml) den Wunsch nach einem Kind haben **2** person grüblerisch; (≈ sad, moody) schwerblütig
brook n Bach m
broom n Besen m **broom cupboard** n Besenschrank m **broomstick** n Besenstiel m; **a witch on her ~** eine Hexe auf ihrem Besen
Bros pl COMM abbr of Brothers Gebr.
broth n Fleischbrühe f, Rindsuppe f (Aus); (≈ thickened soup) Suppe f
brothel n Bordell nt
brother n, pl -s or (obs, Eccl) brethren Bruder m; **they are ~ and sister** sie sind Geschwister; **my ~s and sisters** meine Geschwister; **the Clarke ~s** die Brüder Clarke; COMM die Gebrüder Clarke; **oh ~!** (esp US infml) Junge, Junge! (infml); **his ~ officers** seine Offizierskameraden **brotherhood** n (≈ organization) Bruderschaft f **brother-in-law** n, pl brothers-in-law Schwager m **brotherly** adj brüderlich
brought pret, past part of bring
brow n **1** (≈ eyebrow) Braue f **2** (≈ forehead) Stirn f **3** (of hill) (Berg)kuppe f
browbeat pret browbeat, past part browbeaten v/t unter (moralischen) Druck setzen; **to ~ sb into doing sth** jdn so unter Druck setzen, dass er etw tut
brown **A** adj (+er) braun **B** n Braun nt **C** v/t bräunen; meat anbraten **D** v/i braun werden ◊**brown off** v/t **to be browned off with sb/sth** (esp Br infml) jdn/etw satthaben (infml)
brown ale n Malzbier nt **brown bear** n Braunbär m **brown bread** n Grau- or Mischbrot nt; (from wholemeal) Vollkornbrot nt **brownfield** adj site Brachflächen- **brownie** n **1** (≈ cake) kleiner Schokoladenkuchen **2** **Brownie** (in Guide Movement) Wichtel m **Brownie points** pl Pluspunkte pl; **to score ~ with sb** sich bei jdm beliebt machen **brownish** adj

bräunlich **brown paper** n Packpapier nt **brown rice** n geschälter Reis **brown sauce** n (Br COOK) braune Soße **brown sugar** n brauner Zucker

browse 🅐 v/i 🔢 **to ~ through a book** in einem Buch schmökern; **to ~ (around)** sich umsehen 🔢 IT browsen 🅑 v/t IT browsen 🅒 n **to have a ~ (around)** sich umsehen; **to have a ~ through the books** in den Büchern schmökern **browser** n IT Browser m

bruise 🅐 n blauer Fleck; (on fruit) Druckstelle f 🅑 v/t einen blauen Fleck/blaue Flecke(n) schlagen (+dat); fruit beschädigen; **to ~ one's elbow** sich (dat) einen blauen Fleck am Ellbogen holen **bruised** adj 🔢 **to be ~** einen blauen Fleck/blaue Flecke haben; (fruit) eine Druckstelle/ Druckstellen haben; **she has a ~ shoulder, her shoulder is ~** sie hat einen blauen Fleck auf der Schulter 🔢 (fig) ego verletzt **bruising** n Prellungen pl

brunch n Brunch m

brunette 🅐 n Brünette f 🅑 adj brünett **brunt** n **to bear the (main) ~ of the attack** die volle Wucht des Angriffs tragen; **to bear the (main) ~ of the costs** die Hauptlast der Kosten tragen; **to bear the ~** das meiste abkriegen

brush 🅐 n 🔢 Bürste f; (≈ paintbrush, shaving brush, pastry brush) Pinsel m; (≈ hearth brush) Besen m; (with dustpan) Handbesen or -feger m; **to give sth a ~** etw bürsten; **to give one's hair a ~** sich die Haare bürsten 🔢 (≈ undergrowth) Unterholz nt 🔢 (≈ quarrel, incident) **to have a ~ with sb** mit jdm aneinandergeraten 🅑 v/t 🔢 (≈ clean) bürsten; (with hand) wischen; (≈ sweep) fegen, wischen (Swiss); **to ~ one's teeth** sich (dat) die Zähne putzen; **to ~ one's hair** sich (dat) das Haar bürsten 🔢 (≈ sweep) fegen, wischen (Swiss) 🔢 (≈ touch lightly) streifen ◊**brush against** v/i +prep obj streifen ◊**brush aside** v/t sep obstacle, person zur Seite schieben ◊**brush away** v/t sep verscheuchen ◊**brush off** v/t sep 🔢 mud abbürsten 🔢 (infml) person abblitzen lassen (infml); suggestion, criticism zurückweisen ◊**brush past** v/i streifen (prep obj +acc) ◊**brush up** v/t sep (fig: a. **brush up on**) subject auffrischen

brushoff n (infml) **to give sb the ~** jdn abblitzen lassen (infml) **brushstroke** n Pinselstrich m

brusque adj (+er), **brusquely** adv brüsk; reply schroff

Brussels n Brüssel nt **Brussels sprouts** pl Rosenkohl m, Kohlsprossen pl (Aus)

brutal adj brutal **brutality** n Brutalität f **brutalize** v/t brutalisieren **brutally** adv brutal **brute** 🅐 n brutaler Kerl 🅑 adj attr roh; **by ~ force** mit roher Gewalt **brutish** adj viehisch, brutal

BSc abbr of Bachelor of Science

BSE abbr of bovine spongiform encephalopathy BSE f

B-side n (of record) B-Seite f

BST abbr of British Summer Time, British Standard Time

BT abbr of British Telecom britisches Telekommunikationsunternehmen

BTW abbr of by the way übrigens

bubble 🅐 n Blase f; **to blow ~s** Blasen machen; **the ~ has burst** (fig) alles ist wie eine Seifenblase zerplatzt 🅑 v/i 🔢 (liquid) sprudeln; (wine) perlen 🔢 (≈ make bubbling noise) blubbern (infml); (cooking liquid etc) brodeln; (stream) plätschern 🔢 (fig) **to ~ with enthusiasm** fast platzen vor Begeisterung ◊**bubble over** v/i (lit) überschäumen; (fig) übersprudeln (with vor +dat)

bubble bath n Schaumbad nt **bubble gum** n Bubblegum m **bubble-jet printer** n IT Bubblejet-Drucker m **bubble memory** n IT Blasenspeicher m **bubble pack** n (Klar)sichtpackung f; (a. **bubble wrap**) Luftpolsterfolie f **bubbly** 🅐 adj (+er) 🔢 (lit) sprudelnd 🔢 (fig infml) personality temperamentvoll 🅑 n (infml) Schampus m (infml)

Bucharest n Bukarest nt

buck 🅐 n 🔢 (≈ deer) Bock m; (≈ rabbit) Rammler m 🔢 (US infml ≈ dollar) Dollar m; **20 ~s** 20 Dollar; **to make a ~** Geld verdienen; **to make a fast** or **quick ~** (also Br) schnell Kohle machen (infml) 🔢 **to pass the ~** den schwarzen Peter weitergeben 🅑 v/i (horse) bocken 🅒 v/t **you can't ~ the market** gegen den Markt kommt man nicht an; **to ~ the trend** sich dem Trend widersetzen ◊**buck up** (infml) 🅐 v/i 🔢 (≈ hurry up) sich ranhalten (infml) 🔢 (≈ cheer up) aufleben; **~!** Kopf hoch! 🅑 v/t sep 🔢 (≈ make cheerful) aufmuntern 🔢 **to buck one's ideas up** sich zusammenreißen (infml)

bucket 🅐 n Eimer m; **a ~ of water** ein

B

Eimer m Wasser **B** v/i (Br infml) **it's ~ing (down)!** es gießt wie aus Kübeln (infml) **bucketful** n Eimer m; **by the ~** (fig infml) tonnenweise (infml) **bucket shop** n FIN Schwindelmakler m; (≈ travel agency) Agentur f für Billigreisen

Buckingham Palace n der Buckingham-Palast

buckle **A** n Schnalle f **B** v/t **1** belt, shoes zuschnallen **2** wheel etc verbiegen; (≈ dent) verbeulen **C** v/i sich verbiegen ◊**buckle down** v/i (infml) sich dahinter klemmen (infml); **to ~ to a task** sich hinter eine Aufgabe klemmen (infml)

buckskin n Wildleder nt

buckwheat n Buchweizen m

bud **A** n Knospe f; **to be in ~** Knospen treiben **B** v/i Knospen treiben; (tree also) ausschlagen

Budapest n Budapest nt

Buddha n Buddha m **Buddhism** n Buddhismus m **Buddhist** **A** n Buddhist(in) m(f) **B** adj buddhistisch

budding adj (fig) poet etc angehend

buddy n (US infml) Kumpel m, Spezi m (Aus)

budge **A** v/i **1** sich bewegen; **~ up** or **over!** mach Platz! **2** (fig ≈ give way) nachgeben; **I will not ~ an inch** ich werde keinen Fingerbreit nachgeben **B** v/t (≈ move) (von der Stelle) bewegen

budgerigar n Wellensittich m

budget **A** n Etat m, Budget nt **B** v/i haushalten **C** v/t money, time verplanen; costs einplanen ◊**budget for** v/i +prep obj (im Etat) einplanen

-budget suf low-budget mit bescheidenen Mitteln finanziert; **big-budget** aufwendig (finanziert) **budget account** n Kundenkonto nt **budget airline** n Billigfluglinie f **budget day** n PARL ≈ Haushaltsdebatte f **budget deficit** n Haushaltsdefizit nt **budget holiday** n Billigreise f **budgeting** n Budgetierung f **budget speech** n PARL Etatrede f

budgie n (infml) abbr of budgerigar Wellensittich m

buff[1] **A** n **1 in the ~** nackt **2** (≈ colour) Gelbbraun nt **B** adj gelbbraun **C** v/t metal polieren

buff[2] n (infml ≈ movie etc buff) Fan m (infml)

buffalo n, pl -es, collective pl - Büffel m

buffer n also IT Puffer m; RAIL Prellbock m

buffering n IT Pufferung f **buffer**

state n POL Pufferstaat m **buffer zone** n Pufferzone f

buffet[1] v/t hin und her werfen; **~ed by the wind** vom Wind gerüttelt

buffet[2] n Büffet nt; (Br RAIL) Speisewagen m; (≈ meal) Stehimbiss m; (≈ cold buffet) kaltes Büffett; **~ lunch** Stehimbiss m **buffet car** n (Br RAIL) Speisewagen m

bug **A** n **1** also IT Wanze f; (infml ≈ any insect) Käfer m; **~s** pl Ungeziefer nt **2** (infml ≈ virus) Bazillus f; **he picked up a ~** er hat sich (dat) eine Krankheit geholt; **there must be a ~ going about** das geht zurzeit um **3** (infml) **she's got the travel ~** die Reiselust hat sie gepackt **B** v/t **1** room Wanzen pl installieren in (+dat) (infml); **this room is ~ged** das Zimmer ist verwanzt (infml) **2** (infml ≈ worry) stören; (≈ annoy) nerven (infml) **bugbear** n Schreckgespenst nt **bug-free** adj IT fehlerfrei

bugger **A** n (infml) Scheißkerl m (infml); **you lucky ~!** du hast vielleicht ein Schwein! (infml) **B** int (Br infml) **~ (it)!** Scheiße! (infml); **~ this car!** dieses Scheißauto! (infml); **~ him** dieser Scheißkerl (infml); (≈ he can get lost) der kann mich mal (infml) ◊**bugger about** or **around** (Br infml) **A** v/i (≈ laze about etc) rumgammeln (infml); **to ~ with sth** an etw (dat) rumpfuschen (infml) **B** v/t sep verarschen (infml) ◊**bugger off** v/i (Br infml) abhauen (infml) ◊**bugger up** v/t sep (Br infml) versauen (infml)

bugger all n (Br infml) rein gar nichts **buggered** adj (Br infml) (≈ kaputt) im Arsch (sl); **I'm ~ if I'll do it** ich denke nicht im Traum daran, es zu tun

bugging device n Abhörgerät nt

buggy n (a. **baby buggy**)® (Br) Sportwagen m; (US) Kinderwagen m

bugle n Bügelhorn nt

build vb: pret, past part built **A** n Körperbau m **B** v/t **1** bauen; **the house is being built** das Haus ist im Bau **2** (fig) career etc aufbauen; future schaffen **C** v/i bauen ◊**build in** v/t sep (lit, fig) einbauen ◊**build on** **A** v/t sep anbauen; **to build sth onto sth** etw an etw (acc) anbauen **B** v/i +prep obj bauen auf (+acc) ◊**build up** **A** v/i (business) wachsen; (residue) sich ablagern; (≈ increase) zunehmen; **the music builds up to a huge crescendo** die Musik steigert sich zu einem gewaltigen Crescendo; (traffic) sich verdichten;

(*queue*) sich bilden **B** *v/t sep* aufbauen (*into* zu); *pressure* steigern; *sb's confidence* stärken; **porridge builds you up** von Porridge wirst du groß und stark; **to ~ sb's hopes** jdm Hoffnung(en) machen; **to ~ a reputation** sich (*dat*) einen Namen machen

builder *n* (≈ *worker*) Bauarbeiter(in) *m(f)*; (≈ *contractor*) Bauunternehmer *m*; **~'s merchant** Baustoffhändler *m*

building *n* **1** Gebäude *nt*; **it's the next ~ but one** das ist zwei Häuser weiter **2** (≈ *constructing*) Bauen *nt* **building block** *n* Bauklotz *m*; (*fig*) Baustein *m* **building contractor** *n* Bauunternehmer *m* **building materials** *pl* Baumaterial *nt* **building site** *n* Baustelle *f* **building society** *n* (*Br*) Bausparkasse *f* **building trade** *n* Baugewerbe *nt* **build-up** *n* **1** (*infml*) Werbung *f*; **the chairman gave the speaker a tremendous ~** der Vorsitzende hat den Redner ganz groß angekündigt **2** (*of pressure*) Steigerung *f*; **a ~ of traffic** eine Verkehrsverdichtung **built** **A** *pret, past part* of build **B** *adj* **heavily/ slightly ~** kräftig/zierlich gebaut **built- -in** *adj cupboard etc* Einbau- **built-up** *adj* **~ area** bebautes Gebiet; MOT geschlossene Ortschaft

bulb *n* **1** Zwiebel *f*; (*of garlic*) Knolle *f* **2** ELEC (Glüh)birne *f* **bulbous** *adj plant* knollig; (≈ *bulb-shaped*) *growth etc* knotig; **~ nose** Knollennase *f*

Bulgaria *n* Bulgarien *nt* **Bulgarian** **A** *adj* bulgarisch **B** *n* **1** Bulgare *m*, Bulgarin *f* **2** LING Bulgarisch *nt*

bulge **A** *n* Wölbung *f*; (*irregular*) Unebenheit *f*; **what's that ~ in your pocket?** was steht denn in deiner Tasche so vor? **B** *v/i* **1** (*a.* **bulge out** ≈ *swell*) (an)schwellen; (*metal, sides of box*) sich wölben; (≈ *stick out*) vorstehen; **his eyes were bulging** (*fig*) er bekam Stielaugen (*infml*) **2** (*pocket, sack*) prall gefüllt sein; (*cheek*) voll sein **bulging** *adj stomach* prall; *pockets* prall gefüllt

bulimia *n* Bulimie *f* **bulimic** **A** *adj* bulimisch **B** *n* Bulimiker(in) *m(f)*

bulk *n* **1** (≈ *size*) Größe *f*; (≈ *large shape*) massige Form; (*of person*) massige Gestalt **2** (*a.* **great bulk**) größter Teil **3** COMM **in ~** en gros **bulk buying** *n* Großeinkauf *m* **bulky** *adj* (+*er*) **1** *object* sperrig; **~ goods** Sperrgut *nt* **2** *person* massig

bull *n* **1** Stier *m*; (*for breeding*) Bulle *m*; **to take the ~ by the horns** (*fig*) den Stier bei den Hörnern packen; **like a ~ in a china shop** (*infml*) wie ein Elefant im Porzellanladen (*infml*) **2** (≈ *elephant, whale etc*) Bulle *m*; **a ~ elephant** ein Elefantenbulle *m* **3** ST EX Haussespekulant(in) *m(f)* **4** (*infml* ≈ *nonsense*) Quatsch *m* (*infml*) **bull bars** *pl* AUTO Kuhfänger *m* **bulldog** *n* Bulldogge *f* **bulldog clip** *n* (*Br*) Papierklammer *f* **bulldozer** *n* Bulldozer *m*

bullet *n* Kugel *f*; **to bite the ~** in den sauren Apfel beißen (*infml*) **bullet hole** *n* Einschuss(loch *nt*) *m*

bulletin *n* Bulletin *nt* **bulletin board** *n* (*US* ≈ *notice board*, IT) Schwarzes Brett

bullet point *n* Aufzählungszeichen *nt* **bulletproof** *adj* kugelsicher **bullet wound** *n* Schussverletzung *f*

bullfighting *n* Stierkampf *m*

bullion *n no pl* Gold-/Silberbarren *pl*

bullish *adj* **to be ~ about sth** in Bezug auf etw (*acc*) zuversichtlich sein

bull market *n* ST EX Haussemarkt *m*

bullock *n* Ochse *m*

bullring *n* Stierkampfarena *f* **bull's-eye** *n* Scheibenmittelpunkt *m*; (≈ *hit*) Schuss *m* ins Schwarze **bullshit** (*sl*) **A** *n* (*fig*) Scheiß *m* (*infml*) **B** *int* ach Quatsch (*infml*) **C** *v/i* Scheiß erzählen (*infml*) **D** *v/t* **to ~ sb** jdm Scheiß erzählen (*infml*)

bully **A** *n* Tyrann *m*; **you great big ~** du Rüpel **B** *v/t* tyrannisieren; (*using violence*) drangsalieren; **to ~ sb into doing sth** jdn so unter Druck setzen, dass er *etc* etw tut; **to ~ one's way into sth** sich gewaltsam Zutritt zu etw verschaffen **bully-boy** *adj attr* **~ tactics** Einschüchterungstaktik *f* **bullying** **A** *adj* tyrannisch **B** *n* Tyrannisieren *nt*; (*with violence*) Drangsalieren *nt*; (≈ *coercion*) Anwendung *f* von Druck (*of* auf +*acc*)

bulwark *n* (*lit, fig*) Bollwerk *nt*

bum[1] *n* (*esp Br infml*) Hintern *m* (*infml*)

bum[2] (*infml*) **A** *n* (*esp US* ≈ *good-for-nothing*) Rumtreiber *m* (*infml*); (≈ *down-and- -out*) Penner *m* (*infml*) **B** *adj* (≈ *bad*) beschissen (*infml*) **C** *v/t money, food* schnorren (*infml*) (*off sb* bei jdm); **could I ~ a lift into town?** kannst du mich in die Stadt mitnehmen? ◊**bum about** (*Brit*) or **around** (*infml*) **A** *v/i* rumgammeln (*infml*) **B** *v/i +prep obj* ziehen durch (*infml*)

bum bag *n* Gürteltasche *f*

bumblebee *n* Hummel *f*

bumbling *adj* (≈ *clumsy*) schusselig (*infml*); **some ~ idiot** irgend so ein Vollidiot (*infml*)

bumf *n* = bumph

bummer *n* (*infml*) **what a ~** (≈ *nuisance etc*) so 'ne Scheiße (*infml*)

bump ◼A◼ *n* ◼1◼ (≈ *blow, noise*) Bums *m* (*infml*); **to get a ~ on the head** sich (*dat*) den Kopf anschlagen; **the car has had a few ~s** mit dem Auto hat es ein paarmal gebumst (*infml*) ◼2◼ (*on any surface*) Unebenheit *f*; (*on head etc*) Beule *f*; (*on car*) Delle *f* ◼B◼ *v/t* stoßen (+*Obj* gegen); **one's own car** eine Delle fahren in (+*acc*); *another car* auffahren auf (+*acc*); **to ~ one's head** sich (*dat*) den Kopf anstoßen (*on, against* an +*dat*) ◊**bump into** *v/i* +*prep obj* ◼1◼ (≈ *knock into*) stoßen gegen; (*driver, car*) fahren gegen; *another car* fahren auf (+*acc*) ◼2◼ (*infml* ≈ *meet*) begegnen (+*dat*), treffen ◊**bump off** *v/t sep* (*infml*) abmurksen (*infml*) ◊**bump up** *v/t sep* (*infml*) (**to** auf +*acc*) *prices, total* erhöhen; *salary* aufbessern

bumper ◼A◼ *n* (*of car*) Stoßstange *f* ◼B◼ *adj* **~ crop** Rekordernte *f*; **a special ~ edition** eine Riesensonderausgabe **bumper car** *n* Autoskooter *m* **bumper sticker** *n* AUTO Aufkleber *m*, Pickerl *nt* (*Aus*)

bumph *n* (*Br infml*) Papierkram *m* (*infml*)

bumpkin *n* (*a.* **country bumpkin**) (Bauern)tölpel *m*

bumpy *adj* (+*er*) *surface* uneben; *road, drive* holp(e)rig; *flight* unruhig

bun *n* ◼1◼ (≈ *bread*) Brötchen *nt*; (≈ *iced bun etc*) süßes Teilchen ◼2◼ (≈ *hairstyle*) Knoten *m*

bunch *n* ◼1◼ (*of flowers*) Strauß *m*; (*of bananas*) Büschel *nt*; **a ~ of roses** ein Strauß *m* Rosen; **a ~ of flowers** ein Blumenstrauß *m*; **~ of grapes** Weintraube *f*; **~ of keys** Schlüsselbund *m*; **the best of the ~** die Allerbesten; (*things*) das Beste vom Besten ◼2◼ (*infml, of people*) Haufen *m* (*infml*); **a small ~ of tourists** eine kleine Gruppe Touristen ◼3◼ (*infml*) **thanks a ~** (*esp iron*) schönen Dank ◊**bunch together** *or* **up** *v/i* (*people*) Grüppchen bilden

bundle ◼A◼ *n* ◼1◼ Bündel *nt*; **to tie sth in a ~** etw bündeln ◼2◼ (*fig*) **a ~ of** eine ganze Menge; **he is a ~ of nerves** er ist ein Nervenbündel; **it cost a ~** (*infml*) das hat eine Stange Geld gekostet (*infml*) ◼B◼ *v/t* ◼1◼ (≈ *tie in a bundle*) bündeln; **~d software** IT Softwarepaket *nt* ◼2◼ (*hastig*) *things* stopfen; *people* verfrachten ◊**bundle off** *v/t sep person* schaffen ◊**bundle up** *v/t sep* bündeln

bung (*Br*) ◼A◼ *n* (*of cask*) Spund(zapfen) *m* ◼B◼ *v/t* (*Br infml* ≈ *throw*) schmeißen (*infml*) ◊**bung up** *v/t sep* (*infml*) *pipe* verstopfen; **I'm all bunged up** meine Nase ist verstopft

bungalow *n* Bungalow *m*

bungee jumping *n* Bungeespringen *nt*

bungle verpfuschen

bunion *n* Ballen *m*

bunk[1] *n* **to do a ~** (*Br infml*) türmen (*infml*) ◊**bunk off** *v/i* (*Br* SCHOOL *infml*) schwänzen

bunk[2] *n* (*in ship*) Koje *f*; (*in dormitory*) Bett *nt* **bunk beds** *pl* Etagenbett *nt*

bunker *n* (GOLF, MIL) Bunker *m*

bunny *n* (*a.* **bunny rabbit**) Hase *m*

Bunsen (**burner**) *n* Bunsenbrenner *m*

bunting *n* Wimpel *pl*

buoy *n* Boje *f* ◊**buoy up** *v/t sep* (*fig*, FIN) Auftrieb geben (+*dat*); *sb's hopes* beleben

buoyant *adj* ◼1◼ *ship* schwimmend ◼2◼ (*fig*) *mood* heiter ◼3◼ FIN *market* fest; *trading* rege

burble *v/i* ◼1◼ (*stream*) plätschern ◼2◼ (*fig, Mensch*) plappern; (*baby*) gurgeln; **what's he burbling (on) about?** (*infml*) worüber quasselt er eigentlich? (*infml*)

burden ◼A◼ *n* ◼1◼ (*lit*) Last *f* ◼2◼ (*fig*) Belastung *f* (*on, to* für); **I don't want to be a ~ to you** ich möchte Ihnen nicht zur Last fallen; **the ~ of proof is on him** er muss den Beweis dafür liefern ◼B◼ *v/t* belasten

bureau *n* ◼1◼ (*Br ≈ desk*) Sekretär *m* ◼2◼ (*US ≈ chest of drawers*) Kommode *f* ◼3◼ (≈ *office*) Büro *nt* ◼4◼ (≈ *government department*) Behörde *f*

bureaucracy *n* Bürokratie *f* **bureaucrat** *n* Bürokrat *m* **bureaucratic** *adj* bürokratisch

bureau de change *n, pl* bureaux de change Wechselstube *f*

burgeoning *adj industry, market* boomend; *career* Erfolg versprechend; *demand* wachsend

burger *n* (*infml*) Hamburger *m* **burger bar** *n* Imbissstube *f*

burglar *n* Einbrecher(in) *m(f)* **burglar alarm** *n* Alarmanlage *f* **burglarize** *v/t*

(US) einbrechen in (+acc); **the place/he was ~d** in dem Gebäude/bei ihm wurde eingebrochen **burglarproof** adj einbruchsicher **burglary** n Einbruch m; (≈ offence) (Einbruchs)diebstahl m **burgle** v/t (Br) einbrechen in (+acc); **the place/ he was ~d** in dem Gebäude/bei ihm wurde eingebrochen

burial n Beerdigung f; **Christian ~** christliches Begräbnis **burial ground** n Begräbnisstätte f

burly adj (+er) kräftig

Burma n Birma nt

burn vb: pret, past part **burnt** (Brit) or **burned** ◜**A**◞ n (on skin) Brandwunde f; (on material) Brandfleck m; **severe ~s** schwere Verbrennungen pl ◜**B**◞ v/t ◜**1**◞ verbrennen; building niederbrennen; **to ~ oneself** sich verbrennen; **to be ~ed to death** verbrannt werden; (in accident) verbrennen; **to ~ a hole in sth** ein Loch in etw (acc) brennen; **to ~ one's fingers** sich (dat) die Finger verbrennen; **he's got money to ~** (fig) er hat Geld wie Heu; **to ~ one's bridges** (Br fig) alle Brücken hinter sich (dat) abbrechen ◜**2**◞ toast etc verbrennen lassen; (slightly) anbrennen lassen; (sun) person, skin verbrennen ◜**3**◞ IT CD, DVD brennen ◜**C**◞ v/i ◜**1**◞ brennen; **to ~ to death** verbrennen ◜**2**◞ (pastry etc) verbrennen; (slightly) anbrennen; **she ~s easily** sie bekommt leicht einen Sonnenbrand ◊**burn down** ◜**A**◞ v/i (house etc) abbrennen; (candle) herunterbrennen ◜**B**◞ v/t sep abbrennen ◊**burn out** ◜**A**◞ v/i (fire, candle) ausgehen ◜**B**◞ v/r ◜**1**◞ (candle) herunterbrennen; (fire) ausbrennen ◜**2**◞ (fig infml) **to burn oneself out** sich kaputtmachen (infml) ◜**C**◞ v/t sep usu pass **burned out cars** ausgebrannte Autos; **he is burned out** (infml) er hat sich völlig verausgabt ◊**burn up** v/t sep fuel, energy verbrauchen

burner n (of gas cooker, lamp) Brenner m **burning** ◜**A**◞ adj brennend; ambition glühend ◜**B**◞ n **I can smell ~** es riecht verbrannt **burnt** adj verbrannt

burp (infml) ◜**A**◞ v/i rülpsen (infml); (baby) aufstoßen ◜**B**◞ n Rülpser m (infml)

burrow ◜**A**◞ n (of rabbit etc) Bau m ◜**B**◞ v/i graben

bursary n (Br) Stipendium nt

burst vb: pret, past part **burst** ◜**A**◞ n ◜**1**◞ (of shell etc) Explosion f ◜**2**◞ (in pipe etc) Bruch m ◜**3**◞ (of activity etc) Ausbruch m; **~ of**

laughter Lachsalve f; **~ of applause** Beifallssturm m; **~ of speed** Spurt m; **a ~ of automatic gunfire** eine Maschinengewehrsalve ◜**B**◞ v/i ◜**1**◞ platzen; **to ~ open** aufspringen; **to be full to ~ing** zum Platzen voll sein; **to be ~ing with health** vor Gesundheit strotzen; **to be ~ing with pride** vor Stolz platzen; **if I eat any more, I'll ~** (infml) wenn ich noch mehr esse, platze ich (infml); **I'm ~ing** (infml ≈ need the toilet) ich muss ganz dringend (infml) ◜**2**◞ **to ~ into tears** in Tränen ausbrechen; **to ~ into flames** in Flammen aufgehen; **he ~ into the room** er platzte ins Zimmer; **to ~ into song** lossingen ◜**C**◞ v/t balloon, bubble, tyre zum Platzen bringen; (person) kaputtmachen (infml); pipe sprengen; **the river has ~ its banks** der Fluss ist über die Ufer getreten ◊**burst in** v/i hineinstürzen; **he ~ on us** er platzte bei uns herein ◊**burst out** v/i ◜**1**◞ **to ~ of a room** aus einem Zimmer stürzen ◜**2**◞ **to ~ laughing** in Gelächter ausbrechen

bury v/t ◜**1**◞ begraben; treasure vergraben; **where is he buried?** wo liegt or ist er begraben?; **that's all dead and buried** (fig) das ist schon lange passé (infml); **buried by an avalanche** von einer Lawine verschüttet; **to ~ one's head in the sand** (fig) den Kopf in den Sand stecken ◜**2**◞ fingers vergraben (in in +dat); claws, teeth schlagen (in in +acc); **to ~ one's face in one's hands** das Gesicht in den Händen vergraben

bus[1] ◜**A**◞ n, pl -es or (US) -ses Bus m; **by ~** mit dem Bus ◜**B**◞ v/t (esp US) mit dem Bus befördern

bus[2] n IT (Daten)bus m

bus boy n (US) Bedienungshilfe f

bus conductor n Busschaffner m **bus driver** n Busfahrer(in) m(f)

bush n ◜**1**◞ (≈ shrub) Busch m; (a. **bushes**) Gebüsch nt; **to beat about** (Br) or **around the ~** (fig) um den heißen Brei herumreden ◜**2**◞ (in Africa, Australia) Busch m **bushfire** n Buschfeuer nt **bushy** adj (+er) buschig

busily adv (≈ actively, eagerly) eifrig

business n ◜**1**◞ no pl Geschäft nt; (≈ line of business) Branche f; **a small ~** ein kleines Unternehmen; **a family ~** ein Familienunternehmen nt; **to go into/set up in ~ with sb** mit jdm ein Geschäft gründen; **what line of ~ is she in?** was macht sie

B

beruflich?; **to be in the publishing/insurance** ~ im Verlagswesen/in der Versicherungsbranche tätig sein; **to go out of** ~ zumachen; **to do** ~ **with sb** Geschäfte pl mit jdm machen; **"business as usual"** das Geschäft bleibt geöffnet; **it's** ~ **as usual** alles geht wie gewohnt weiter; **how's** ~? wie gehen die Geschäfte?; ~ **is good** die Geschäfte gehen gut; **on** ~ geschäftlich; **to know one's** ~ seine Sache verstehen; **to get down to** ~ zur Sache kommen; **you shouldn't mix** ~ **with pleasure** man sollte Geschäftliches und Vergnügen trennen **2** (fig infml) **to mean** ~ es ernst meinen **3** (≈ concern) Sache f; **that's my** ~ das ist meine Sache; **that's no** ~ **of yours, that's none of your** ~ das geht dich nichts an; **to make it one's** ~ **to do sth** es sich (dat) zur Aufgabe machen, etw zu tun; **you've no** ~ **doing that** du hast kein Recht, das zu tun; **moving house can be a stressful** ~ ein Umzug kann ganz schön stressig sein **business activity** n Geschäftstätigkeit f **business address** n Geschäftsadresse f **business associate** n Geschäftspartner(in) m(f) **business card** n (Visiten)karte f **business centre**, (US) **business center** n Geschäftszentrum nt **business class** n Businessklasse f **business expenses** pl Spesen pl **business hours** pl Geschäftsstunden pl **business letter** n Geschäftsbrief m **businesslike** adj manner geschäftsmäßig; (≈ efficient) person nüchtern **business lunch** n Geschäftsessen nt **businessman** n Geschäftsmann m **business management** n Betriebswirtschaft(slehre) f **business meeting** n Geschäftstreffen nt **business park** n Industriegelände nt **business people** pl Geschäftsleute pl **business practice** n Geschäftspraxis f **business proposition** n (≈ proposal) Geschäftsangebot nt; (≈ idea) Geschäftsvorhaben nt **business school** n Wirtschaftsschule f **business sector** n Geschäftsbereich m **business sense** n Geschäftssinn m **business studies** pl Wirtschaftslehre f **business suit** n (for a man) Straßenanzug m; (for a woman) (Damen)kostüm nt; (with trousers) Hosenanzug m **business trip** n Geschäftsreise f **businesswoman** n Geschäftsfrau f

busk v/i als Straßenmusikant vor Kinos etc spielen **busker** n Straßenmusikant m **bus lane** n Busspur f **busload** n **a** ~ **of children** eine Busladung Kinder **bus pass** n Seniorenkarte f für Busse; (for the disabled) Behindertenkarte f für Busse **bus route** n Buslinie f; **we're not on a** ~ wir haben keine Busverbindungen **bus service** n Busverbindung f; (≈ network) Busverbindungen pl **bus shelter** n Wartehäuschen nt **bus station** n Busbahnhof m **bus stop** n Bushaltestelle f **bust**[1] n Büste f; ANAT Busen m; ~ **measurement** Oberweite f **bust**[2] vb: pret, past part bust **A** adj **1** (≈ broken) kaputt (infml) **2** (≈ bankrupt) pleite (infml) **B** adv **to go** ~ pleite gehen (infml) **C** v/t (≈ break) kaputt machen (infml) **D** v/i (≈ break) kaputtgehen (infml) -**buster** suf (infml) -brecher; **crime-buster** Verbrechensbekämpfer(in) m(f) **bus ticket** n Busfahrschein m **bustle A** n Betrieb m (of in +dat) **B** v/i **to** ~ **about** geschäftig hin und her eilen (infml); **the marketplace was bustling with activity** auf dem Markt herrschte ein reges Treiben **bust-up** n (infml) Krach m (infml); **they had a** ~ sie haben Krach gehabt (infml) **busway** n (US) Busspur f **busy A** adj (+er) **1** person beschäftigt; **are you** ~? haben Sie gerade Zeit?; (in business) haben Sie viel zu tun?; **I'll come back when you're less** ~ ich komme wieder, wenn Sie mehr Zeit haben; **to keep sb/oneself** ~ jdn/sich selbst beschäftigen; **I was** ~ **studying** ich war gerade beim Lernen **2** life, time bewegt; place belebt; (with traffic) street stark befahren; **it's been a** ~ **day/week** heute/diese Woche war viel los; **have you had a** ~ **day?** hast du heute viel zu tun gehabt?; **he leads a very** ~ **life** bei ihm ist immer etwas los **3** (esp US) telephone line besetzt **B** v/i **to** ~ **oneself doing sth** sich damit beschäftigen, etw zu tun; **to** ~ **oneself with sth** sich mit etw beschäftigen **busybody** n Wichtigtuer m **busy signal** n (esp US TEL) Besetztzeichen nt

but A cj **1** aber; ~ **you must know that** … Sie müssen aber wissen, dass …; **they all went** ~ **I didn't** sie sind alle gegangen, nur ich nicht; ~ **then he couldn't have**

known that aber er hat das ja gar nicht wissen können; **~ then you must be my brother!** dann müssen Sie ja mein Bruder sein!; **~ then it is well paid** aber dafür wird es gut bezahlt ❷ **not X ~ Y** nicht X sondern Y ❸ *adv* **I cannot (help) ~ think that …** ich kann nicht umhin zu denken, dass …; **one cannot (help) ~ admire him** man kann ihn nur bewundern; **you can ~ try** du kannst es immerhin versuchen; **I had no alternative ~ to leave** mir blieb keine andere Wahl als zu gehen ❹ *prep* **no one ~ me could do it** nur ich konnte es tun; **anything ~ that!** (alles,) nur das nicht!; **it was anything ~ simple** das war alles andere als einfach; **he was nothing ~ trouble** er hat nur Schwierigkeiten gemacht; **the last house ~ one** das vorletzte Haus; **the next street ~ one** die übernächste Straße; **~ for you I would be dead** wenn Sie nicht gewesen wären, wäre ich tot; **I could definitely live in Scotland, ~ for the weather** ich könnte ganz bestimmt in Schottland leben, wenn das Wetter nicht wäre

butane *n* Butan *nt*

butcher ❶ *n* Fleischer(in) *m(f)*, Fleischhauer(in) *m(f) (Aus)*; **~'s (shop)** Fleischerei *f*; **at the ~'s** beim Fleischer ❷ *v/t* schlachten; *people* abschlachten

butler *n* Butler *m*

butt[1] *n (a.* **butt end)** dickes Ende; *(of rifle)* (Gewehr)kolben *m*; *(of cigarette)* Stummel *m*

butt[2] *n (infml ≈ cigarette)* Kippe *f (infml)*

butt[3] *n (fig)* **she's always the ~ of his jokes** sie ist immer (die) Zielscheibe seines Spottes

butt[4] *v/t* mit dem Kopf stoßen ◊**butt in** *v/i* sich einmischen *(on in +acc)*

butt[5] *n (US infml ≈ backside)* Arsch *m (vulg)*; **get up off your ~** setz mal deinen Arsch in Bewegung *(sl)* **butt call** *n (US infml)* unbeabsichtigter Anruf durch Sitzen auf dem Handy

butter ❶ *n* Butter *f*; **she looks as if ~ wouldn't melt in her mouth** sie sieht aus, als ob sie kein Wässerchen trüben könnte ❷ *v/t bread etc* buttern ◊**butter up** *v/t sep (infml)* um den Bart gehen *(+dat)* **butter bean** *n* Mondbohne *f* **buttercup** *n* Butterblume *f* **butter dish** *n* Butterdose *f* **butterfingered** *adj (infml)* tollpatschig *(infml)*

butterfly *n* ❶ Schmetterling *m*; **I've got/get butterflies (in my stomach)** mir ist/wird ganz flau im Magen *(infml)* ❷ SWIMMING Butterfly *m*

buttermilk *n* Buttermilch *f* **butternut squash** Butternusskürbis *m* **butterscotch** *adj* Karamell-

buttock *n* (Hinter)backe *f*; **~s** *pl* Gesäß *nt*

button ❶ *n* Knopf *m*; **his answer was right on the ~** *(infml)* seine Antwort hat voll ins Schwarze getroffen *(infml)* ❷ *v/t* zuknöpfen ❸ *v/i (garment)* geknöpft werden ◊**button up** *v/t sep* zuknöpfen

button-down *adj* **~ collar** Button-down--Kragen *m* **buttonhole** ❶ *n* ❶ Knopfloch *nt* ❷ *(≈ flower)* Blume *f* im Knopfloch ❷ *v/t (fig)* zu fassen bekommen **button mushroom** *n* junger Champignon

buxom *adj* drall

buy *vb: pret, past part* **bought** ❶ *v/t* ❶ kaufen; **to ~ and sell goods** Waren anund verkaufen ❷ *(fig) time* gewinnen ❸ **to ~ sth** *(infml ≈ accept)* etw akzeptieren ❷ *v/i* kaufen ❸ *n (infml)* Kauf *m*; **to be a good ~** ein guter Kauf sein ◊**buy back** *v/t sep* zurückkaufen ◊**buy in** *v/t sep goods* einkaufen ◊**buy into** *v/i +prep obj* COMM sich einkaufen in *(+acc)* ◊**buy off** *v/t sep (infml ≈ bribe)* kaufen *(infml)* ◊**buy out** *v/t sep shareholders etc* auszahlen; *firm* aufkaufen ◊**buy up** *v/t sep* aufkaufen

buyer *n* Käufer *m*; *(≈ agent)* Einkäufer *m*

buyout *n* Aufkauf *m*

buzz ❶ *v/i* ❶ *(insect, device)* summen ❷ **my ears are ~ing** mir dröhnen die Ohren; **my head is ~ing** *(with ideas etc)* mir schwirrt der Kopf; **the city was ~ing with excitement** die Stadt war in heller Aufregung ❷ *v/t (≈ call)* (mit dem Summer) rufen ❸ *n* ❶ *(of conversation)* Gemurmel *nt*; **~ of anticipation** erwartungsvolles Gemurmel ❷ *(infml ≈ telephone call)* **to give sb a ~** jdn anrufen ❸ *(infml ≈ thrill)* **I get a ~ from driving fast** ich verspüre einen Kitzel, wenn ich schnell fahre ◊**buzz off** *v/i (Br infml)* abzischen *(infml)*

buzzard *n* Bussard *m*

buzzer *n* Summer *m*

buzz word *n* Modewort *nt*

b/w *abbr of black and white* S/W

by ❶ *prep* ❶ *(≈ close to)* bei, an *(+dat)*; *(with movement)* an *(+acc)*; *(≈ next to)* neben *(+dat)*; *(with movement)* neben *(+acc)*; **by the window** am *or* beim Fenster; **by the**

sea an der See; **come and sit by me** komm, setz dich neben mich **2** (≈ *via*) über (+*acc*) **3** (≈ *past*) **to rush** *etc* **by sb/ sth** an jdm/etw vorbeieilen *etc* **4** **by day/night** bei Tag/Nacht **5** (≈ *not later than*) bis; **can you do it by tomorrow?** kannst du es bis morgen machen?; **by tomorrow I'll be in France** morgen werde ich in Frankreich sein; **by the time I got there, he had gone** bis ich dorthin kam, war er gegangen; **but by that time** *or* **by then it will be too late** aber dann ist es schon zu spät; **by now** inzwischen **6** **by the hour** stundenweise; **one by one** einer nach dem anderen; **two by two** paarweise; **letters came in by the hundred** Hunderte von Briefen kamen **7** (*indicating cause*) von; **killed by a bullet** von einer Kugel getötet **8** **by bus/car/bicycle** mit dem Bus/Auto/Fahrrad; **to pay by cheque** (*Br*) *or* **check** (*US*) mit Scheck bezahlen; **made by hand** handgearbeitet; **to know sb by name/sight** jdn dem Namen nach/vom Sehen her kennen; **to lead sb by the hand** jdn an der Hand führen; **by myself/himself** *etc* allein **9** **by saving hard he managed to ...** durch eisernes Sparen gelang es ihm ...; **by turning this knob** wenn Sie an diesem Knopf drehen **10** (*according to*) nach; **by my watch** nach meiner Uhr; **to call sb/sth by his/its proper name** jdn/etw beim richtigen Namen nennen; **if it's OK by you** *etc* wenn es Ihnen *etc* recht ist; **it's all right by me** von mir aus gern **11** (*measuring difference*) um; **broader by a foot** um einen Fuß breiter; **it missed me by inches** verfehlte mich um Zentimeter **12** **to divide/multiply by** dividieren durch/multiplizieren mit; **20 feet by 30** 20 mal 30 Fuß; **I swear by Almighty God** ich schwöre beim allmächtigen Gott; **by the way** übrigens **B** *adv* **1** **to pass by** *etc* vorbeikommen *etc* **2** (≈ *in reserve*) **to put by** beiseitelegen **3** **by and large** im Großen und Ganzen

bye *int* (*infml*) tschüs(s), servus! (*Aus*); **~ for now!** bis bald!

bye-bye *int* (*infml*) Wiedersehen (*infml*)

by(e)-election *n* Nachwahl *f*

Byelorussia *n* Weißrussland *nt*

bylaw, **bye-law** *n* Verordnung *f* **bylaws** *pl* (*US, of company*) Satzung *f* **bypass** **A** *n* (≈ *road*) Umgehungsstraße *f*,

Umfahrung(sstraße) *f* (*Aus*); MED Bypass *m* **B** *v/t* umgehen **bypass operation** *n* Bypassoperation *f* **bypass surgery** *n* Bypasschirurgie *f* **by-product** *n* Nebenprodukt *nt* **byroad** *n* Neben- *or* Seitenstraße *f* **bystander** *n* Zuschauer *m*; **innocent ~** unbeteiligter Zuschauer

byte *n* IT Byte *nt*

byword *n* **to become a ~ for sth** gleichbedeutend mit etw werden

C, c C, c *nt*; **C sharp** Cis *nt*; **C flat** Ces *nt*

C *abbr of* centigrade C

c *abbr of* cent c, ct

CA **1** *abbr of* chartered accountant **2** *abbr of* Central America

c/a *abbr of* current account

cab *n* **1** (≈ *taxi*) Taxi *nt* **2** (*of lorry*) Führerhaus *nt*

cabaret *n* Varieté *nt*; (*satirical*) Kabarett *nt*

cabbage *n* Kohl *m*

cabbie, **cabby** *n* (*infml*) Taxifahrer(in) *m(f)* **cab driver** *n* Taxifahrer(in) *m(f)*

cabin *n* **1** (≈ *hut*) Hütte *f* **2** NAUT Kajüte *f* **3** AVIAT Passagierraum *m* **cabin attendant** *n* AVIAT Flugbegleiter(in) *m(f)* **cabin crew** *n* AVIAT Flugbegleitpersonal *nt*

cabinet *n* **1** Schränkchen *nt*; (*for display*) Vitrine *f* **2** PARL Kabinett *nt* **cabinet minister** *n* Minister(in) *m(f)* **cabinet reshuffle** *n* (*Br* POL) Kabinettsumbildung *f*

cable *n* **1** Tau *nt*; (*of wire*) Kabel *nt* **2** ELEC Kabel *nt* **3** (≈ *cablegram*) Telegramm *nt* **4** (≈ *cable television*) Kabelfernsehen *nt* **cable car** *n* (*Br*) Drahtseilbahn *f* **cable channel** *n* Kabelkanal *m* **cable railway** *n* Bergbahn *f* **cable television** *n* Kabelfernsehen *nt* **cableway** *n* (*US*) Drahtseilbahn *f*

caboodle *n* (*infml*) **the whole (kit and) ~** das ganze Zeug(s) (*infml*), der ganze Kram (*infml*)

cacao *n* Kakao *m*

cache *n* **1** Versteck *nt* **2** (IT: *a.* **cache memory**) Zwischenspeicher *m*

cackle **A** *n* **1** (*of hens*) Gackern *nt* **2** (≈ *laughter*) (meckerndes) Lachen **B** *v/i* (*hens*) gackern; (≈ *laugh*) meckernd lachen

cactus *n, pl* **-es** *or* **cacti** Kaktus *m*

CAD *abbr of* computer-aided design CAD

cadaver *n* Kadaver *m*; (*of humans*) Leiche *f*

CAD/CAM *abbr of* computer-aided design/computer-aided manufacture CAD/CAM

caddie GOLF **A** *n* Caddie *m* **B** *v/i* Caddie sein

caddy *n* **1** (≈ *tea caddy*) Büchse *f* **2** (*US* ≈ *shopping trolley*) Einkaufswagen *m* **3** = caddie I

cadence *n* MUS Kadenz *f*

cadet *n* MIL *etc* Kadett *m*

cadge *v/t & v/i* (*Br infml*) schnorren (*infml*) (*from sb* bei *or* von jdm); **could I ~ a lift with you?** könnten Sie mich vielleicht (ein Stück) mitnehmen?

Caesar *n* Cäsar *m*

Caesarean, (*US*) **Cesarean** *n* (MED: a. **Caesarean section**) Kaiserschnitt *m*; **she had a (baby by) ~** sie hatte einen Kaiserschnitt

Caesarian, (*US*) **Cesarian** *n* = Caesarean

café *n* Café *nt*, Kaffeehaus *nt* (*Aus*)

cafeteria *n* Cafeteria *f*

cafetière *n* Kaffeebereiter *m*

caff *n* (*Br infml*) Café *nt*, Kaffeehaus *nt* (*Aus*)

caffein(e) *n* Koffein *nt*

cage *n* Käfig *m*

cagey *adj* (*infml*) vorsichtig; (≈ *evasive*) ausweichend

cagoule *n* Windhemd *nt*

cahoots *n* (*infml*) **to be in ~ with sb** mit jdm unter einer Decke stecken

cairn *n* Steinpyramide *f*

Cairo *n* Kairo *nt*

cajole *v/t* gut zureden (+*dat*); **to ~ sb into doing sth** jdn dazu bringen, etw zu tun

cake **A** *n* Kuchen *m*; (≈ *gateau*) Torte *f*; (≈ *bun, individual cake*) Gebäckstück *nt*; **a piece of ~** (*fig infml*) ein Kinderspiel *nt*; **to sell like hot ~s** weggehen wie warme Semmeln (*infml*); **you can't have your ~ and eat it** (*prov*) beides auf einmal geht nicht **B** *v/t* **my shoes are ~d with** *or* **in mud** meine Schuhe sind völlig verdreckt

cake mix *n* Backmischung *f* **cake mixture** *n* Kuchenteig *m* **cake pan** *n* (*US*) Kuchenform *f* **cake shop** *n* Konditorei *f* **cake tin** *n* (*Br, for baking*) Kuchenform *f*; (*for storage*) Kuchenbüchse *f*

calamity *n* Katastrophe *f*

calcium *n* Kalzium *nt*

calculate *v/t* **1** berechnen **2** (*fig* ≈ *estimate*) kalkulieren **calculated** *adj* (≈ *deliberate*) berechnet; **a ~ risk** ein kalkuliertes Risiko **calculating** *adj* berechnend **calculation** *n* Berechnung *f*; (≈ *critical estimation*) Schätzung *f*; **you're out in your ~s** du hast dich verrechnet **calculator** *n* Rechner *m* **calculus** *n* MAT Infinitesimalrechnung *f*

Caledonia *n* Kaledonien *nt*

calendar *n* **1** Kalender *m* **2** (≈ *schedule*) Terminkalender *m*; **~ of events** Veranstaltungskalender *m* **calendar month** *n* Kalendermonat *m*

calf[1] *n, pl* **calves** **1** Kalb *nt* **2** (≈ *elephant, seal etc*) Junge(s) *nt*

calf[2] *n, pl* **calves** ANAT Wade *f*

calfskin *n* Kalb(s)leder *nt*

calibre, (*US*) **caliber** *n* (*lit, fig*) Kaliber *nt*

California *n* Kalifornien *nt* **Californian** *adj* kalifornisch

call **A** *n* **1** (≈ *cry*) Ruf *m*; **to give sb a ~** jdn (herbei)rufen; (≈ *wake sb*) jdn wecken; **a ~ for help** ein Hilferuf *m* **2** (≈ *telephone call*) Gespräch *nt*; **to give sb a ~** jdn anrufen; **to take a ~** ein Gespräch entgegennehmen **3** (≈ *summons*) Aufruf *m*; (*fig* ≈ *lure*) Ruf *m*; **to be on ~** Bereitschaftsdienst haben; **he acted above and beyond the ~ of duty** er handelte über die bloße Pflichterfüllung hinaus **4** (≈ *visit*) Besuch *m*; **I have several ~s to make** ich muss noch einige Besuche machen **5** (≈ *demand*) Inanspruchnahme *f*; COMM Nachfrage *f* (*for* nach); **to have many ~s on one's time** zeitlich sehr in Anspruch genommen sein **6** (≈ *need*) Grund *m*; **there is no ~ for you to worry** es besteht kein Grund zur Sorge **B** *v/t* **1** (≈ *shout out, summon*) rufen; **meeting** einberufen; **elections** ausschreiben; JUR **witness** aufrufen; **the landlord ~ed time** der Wirt rief „Feierabend"; **the ball was ~ed out** der Ball wurde für „aus" erklärt **2** (≈ *name, consider*) nennen; **to be ~ed** heißen; **what's he ~ed?** wie heißt er?; **what do you ~ your cat?** wie heißt deine Katze?; **she ~s me lazy** sie nennt mich faul; **what's this ~ed in German?** wie heißt das auf Deutsch?; **let's ~ it a day** machen wir Schluss für heute; **~ it £5** sagen wir £ 5 **3** (≈ *telephone*) anrufen; (≈ *contact by radio*) rufen **C** *v/i* **1** (≈ *shout*) rufen; **to ~ for help** um Hilfe rufen; **to ~ to sb** jdm zurufen **2** (≈ *visit*) vorbeikommen; **she ~ed to see her mother** sie machte einen Besuch bei ihrer Mutter; **the gasman ~ed** der Gasmann kam **3** TEL anrufen; (*by radio*) rufen; **who's ~ing, please?** wer spricht da bitte?; **thanks for ~ing** vielen Dank für den Anruf ◊**call (a)round** *v/i* (*infml*) vorbeikommen ◊**call at** *v/i +prep obj* (*person*) vorbeigehen bei; RAIL halten in (+*dat*); **a train for Lisbon calling at ...** ein Zug nach Lissabon über ... ◊**call away** *v/t sep* wegrufen; **I was called away on business** ich wurde geschäftlich abgerufen; **he was called away from the meeting** er wurde aus der Sitzung gerufen ◊**call back** *v/t & v/i sep* zurückrufen ◊**call for** *v/i +prep obj* **1** (≈ *send for*) rufen; *food* kommen lassen **2** (≈ *ask for*) verlangen (nach); *courage* verlangen; **that calls for a drink!** darauf müssen wir einen trinken!; **that calls for a celebration!** das muss gefeiert werden! **3** (≈ *collect*) abholen ◊**call in** *v/i* vorbeigehen (*at, on* bei) ◊**call off** *v/t sep* *appointment, strike* absagen; *deal* rückgängig machen; (≈ *end*) abbrechen; *engagement* lösen ◊**call on** *v/i +prep obj* **1** (≈ *visit*) besuchen **2** = call upon ◊**call out A** *v/i* rufen **B** *v/t sep* **1** *names* aufrufen **2** *doctor* rufen; *fire brigade* alarmieren ◊**call out for** *v/i +prep obj* *food* verlangen; *help* rufen um ◊**call over** *v/t sep* herbeirufen, zu sich rufen ◊**call up A** *v/t sep* **1** (*Br* MIL) *reservist* einberufen; *reinforcements* mobilisieren **2** SPORTS berufen (*to* in +*acc*) **3** TEL anrufen **4** (*fig*) *memories* (herauf)beschwören **B** *v/i* TEL anrufen ◊**call upon** *v/i +prep obj* **to ~ sb to do sth** jdn bitten, etw zu tun; **to ~ sb's generosity** an jds Großzügigkeit (*acc*) appellieren

call box *n* (*Br*) Telefonzelle *f* **call centre** *n* (*Br*) Callcenter *nt* **caller** *n* **1** (≈ *visitor*) Besucher(in) *m(f)* **2** TEL Anrufer(in) *m(f)* **caller display** (*Br*), **caller ID** (*US*) *n* TEL Anruferkennung *f* **call forwarding** *n* TEL Rufweiterschaltung *f* **callgirl** *n* Callgirl *nt*
calligraphy *n* Kalligrafie *f*
calling *n* Berufung *f* **calling card** *n* Vi-

sitenkarte *f*
callisthenics, (*US*) **calisthenics** *n sg or pl* Gymnastik *f*
callous *adj*, **callously** *adv* herzlos **callousness** *n* Herzlosigkeit *f*
call-out charge, **call-out fee** *n* Anfahrtkosten *pl* **call screening** *n* TEL Call Screening *nt*, *Sperrung bestimmter Rufnummernbereiche* **call-up** *n* (*Br*) (MIL) Einberufung *f*; SPORTS Berufung *f* (*to* in +*acc*) **call-up papers** *pl* (*Br* MIL) Einberufungsbescheid *m*
callus *n* MED Schwiele *f*
call waiting *n* TEL Anklopffunktion *f*
calm A *adj* (+*er*) ruhig; **keep ~!** bleib ruhig!; **(cool,) ~ and collected** ruhig und gelassen **B** *n* Ruhe *f*; **the ~ before the storm** die Ruhe vor dem Sturm **C** *v/t* beruhigen; **to ~ sb's fears** jdn beruhigen ◊**calm down A** *v/t sep* beruhigen **B** *v/i* sich beruhigen; (*wind*) abflauen
calming *adj* beruhigend **calmly** *adv* ruhig **calmness** *n* (*of person*) Ruhe *f*
calorie *n* Kalorie *f*; **low on ~s** kalorienarm
calorie-conscious *adj* kalorienbewusst
calves *pl* of calf[1, 2]
CAM *abbr* of computer-aided manufacture CAM
camaraderie *n* Kameradschaft *f*
Cambodia *n* Kambodscha *nt*
camcorder *n* Camcorder *m*
came *pret* of come
camel A *n* Kamel *nt* **B** *attr coat* kamelhaarfarben
cameo *n* **1** (≈ *jewellery*) Kamee *f* **2** (*a.* **cameo part**) Miniaturrolle *f*
camera *n* Kamera *f*; (*for stills also*) Fotoapparat *m* **camera crew** *n* Kamerateam *nt* **cameraman** *n* Kameramann *m* **camera-shy** *adj* kamerascheu **camerawoman** *n* Kamerafrau *f* **camerawork** *n* Kameraführung *f*
camisole *n* Mieder *nt*
camomile *n* Kamille *f*; **~ tea** Kamillentee *m*
camouflage A *n* Tarnung *f* **B** *v/t* tarnen
camp[1] **A** *n* Lager *nt*; **to pitch ~** Zelte *or* ein Lager aufschlagen; **to strike** *or* **break ~** das Lager *or* die Zelte abbrechen; **to have a foot in both ~s** mit beiden Seiten zu tun haben **B** *v/i* zelten; MIL lagern; **to go ~ing** zelten (gehen) ◊**camp out** *v/i* zelten

camp² *adj* (≈ *effeminate*) tuntenhaft (*infml*)
campaign **A** *n* **1** MIL Feldzug *m* **2** (*fig*) Kampagne *f* **B** *v/i* **1** MIL Krieg führen **2** (*fig*) (**for** für) (**against** gegen) sich einsetzen **campaigner** *n* (*for sth*) Befürworter(in) *m(f)*; (*against sth*) Gegner(in) *m(f)* (*against +gen*)
camp bed *n* (*Br*) Campingliege *f* **camper** *n* Camper(in) *m(f)* **camper van** *n* Wohnmobil *nt* **campfire** *n* Lagerfeuer *nt* **campground** *n* (*US*) Campingplatz *m* **camping** *n* Camping *nt* **camping gas** *n* (*US*) Campinggas *nt* **camping site**, **camp site** *n* Campingplatz *m*
campus *n* Campus *m*
can¹ *pret* **could** *modal aux vb* können; (≈ *may*) dürfen; **~ you come tomorrow?** kannst du morgen kommen?; **I ~'t** or **~not go to the theatre** ich kann nicht ins Theater (gehen); **he'll help you all he ~** er wird tun, was in seinen Kräften steht; **as soon as it ~ be arranged** sobald es sich machen lässt; **could you tell me …** können or könnten Sie mir sagen, …; **~ you speak German?** können or sprechen Sie Deutsch?; **~ I come too?** kann ich mitkommen?; **~** or **could I take some more?** darf ich mir noch etwas nehmen?; **how ~/could you say such a thing!** wie können/konnten Sie nur or bloß so etwas sagen!; **where ~ it be?** wo kann das bloß sein?; **you ~'t be serious** das kann doch wohl nicht dein Ernst sein; **it could be that he's got lost** vielleicht hat er sich verlaufen; **you could try telephoning him** Sie könnten ihn ja mal anrufen; **you could have told me** das hätten Sie mir auch sagen können; **we could do with some new furniture** wir könnten neue Möbel gebrauchen; **I could do with a drink now** ich könnte jetzt etwas zu trinken vertragen; **this room could do with a coat of paint** das Zimmer könnte mal wieder gestrichen werden; **he looks as though he could do with a haircut** ich glaube, er müsste sich (*dat*) mal wieder die Haare schneiden lassen
can² *n* **1** (≈ *large container*) Kanister *m*; (*esp US* ≈ *garbage can*) (Müll)eimer *m* **2** (≈ *tin*) Dose *f*; **a ~ of beer** eine Dose Bier; **a beer ~** eine Bierdose
Canada *n* Kanada *nt*
Canadian **A** *adj* kanadisch **B** *n* Kanadier(in) *m(f)*

canal *n* Kanal *m*
canapé *n* Appetithappen *m*
Canaries *pl* = Canary Isles **canary** *n* Kanarienvogel *m* **Canary Isles** *pl* Kanarische Inseln *pl*
cancel **A** *v/t* **1** (≈ *call off*) absagen; (*officially*) stornieren; *plans* aufgeben; *train* streichen; **the train has been ~led** (*Br*) or **~ed** (*US*) der Zug fällt aus **2** (≈ *revoke*) rückgängig machen; *order* stornieren; *subscription* kündigen **3** *ticket* entwerten **B** *v/i* absagen ◊**cancel out** *v/t sep* MAT aufheben; (*fig*) zunichtemachen; **to cancel each other out** MAT sich aufheben; (*fig*) sich gegenseitig aufheben
cancellation *n* **1** (≈ *calling off*) Absage *f*; (*official*) Stornierung *f*; (*of plans*) Aufgabe *f*; (*of train*) Streichung *f* **2** (≈ *annulment*) Rückgängigmachung *f*; (*of order*) Stornierung *f*; (*of subscription*) Kündigung *f*
cancer *n* MED Krebs *m*; **~ of the throat** Kehlkopfkrebs *m*; **Cancer** ASTROL Krebs *m*; **he's (a) Cancer** er ist Krebs **cancerous** *adj* krebsartig
candelabra *n* Kandelaber *m*
candid *adj* offen
candidacy *n* Kandidatur *f* **candidate** *n* Kandidat(in) *m(f)*; **to stand as (a) ~** kandidieren; **the obese are prime ~s for heart disease** Fettleibige stehen auf der Liste der Herzinfarktkandidaten ganz oben
candidly *adv* offen; **to speak ~** offen or ehrlich sein
candied *adj* COOK kandiert; **~ peel** (*of lemon*) Zitronat *nt*; (*of orange*) Orangeat *nt*
candle *n* Kerze *f* **candlelight** *n* Kerzenlicht *nt*; **by ~** im Kerzenschein; **a ~ dinner** ein Essen *nt* bei Kerzenlicht **candlestick** *n* Kerzenhalter *m*
candour, (*US*) **candor** *n* Offenheit *f*
candy *n* (*US* ≈ *sweet*) Bonbon *m* or *nt*, Zuckerl *nt* (*Aus*); (≈ *sweets*) Süßigkeiten *pl* **candy bar** *n* (*US*) Schokoladenriegel *m* **candyfloss** *n* (*Br*) Zuckerwatte *f* **candy store** *n* (*US*) Süßwarenhandlung *f*
cane **A** *n* **1** (≈ *of bamboo*) Rohr *nt* **2** (≈ *walking stick*) (Spazier)stock *m*, Stecken *m* (*esp Aus, Swiss*); (≈ *for punishing*) (Rohr)stock *m*; **to get the ~** Prügel bekommen **B** *v/t* mit dem Stock schlagen **cane sugar** *n* Rohrzucker *m*
canine **A** *n* (*a.* **canine tooth**) Eckzahn *m* **B** *adj* Hunde-
canister *n* Behälter *m*

cannabis n Cannabis m
canned adj **1** (US) Dosen-; **~ beer** Dosenbier nt; **~ goods** Konserven pl **2** (infml) **music** Musikberieselung f (infml); **~ laughter** Gelächter nt vom Band
cannibal n Kannibale m, Kannibalin f **cannibalism** n Kannibalismus m
cannibalization n ECON Kannibalisierung f
cannon n MIL Kanone f **cannonball** n Kanonenkugel f
cannot neg of can[1]
canny adj (+er) vorsichtig
canoe 🅰 n Kanu nt **🅱** v/i Kanu fahren **canoeing** n Kanusport m
canon n (≈ priest) Kanoniker m
canonize v/t ECCL heiligsprechen
canon law n ECCL kanonisches Recht
can-opener n Dosenöffner m
canopy n Markise f; (of bed) Baldachin m
can't contraction = can not
cantaloup(e) n Honigmelone f
cantankerous adj mürrisch
canteen n (≈ restaurant) Kantine f; (in university) Mensa f
canter v/i langsam galoppieren
canton n Kanton m
Cantonese 🅰 adj kantonesisch **🅱** n **1** Kantonese m, Kantonesin f **2** LING Kantonesisch nt
canvas n Leinwand f; (for sails) Segeltuch nt; (for tent) Zeltbahn f; **under ~** im Zelt; **~ shoes** Segeltuchschuhe pl
canvass 🅰 v/t **1** POL district Wahlwerbung machen in (+dat); person für seine Partei zu gewinnen suchen **2** customers werben; opinions erforschen **🅱** v/i **1** POL um Stimmen werben **2** COMM werben
canvasser n **1** POL Wahlhelfer(in) m(f) **2** COMM Vertreter(in) m(f) **canvassing** n **1** POL Wahlwerbung f **2** COMM Klinkenputzen nt (infml)
canyon, (US) **cañon** n Cañon m **canyoning** n SPORTS Canyoning nt
CAP abbr of Common Agricultural Policy GAP f
cap 🅰 n **1** (≈ hat) Mütze f; (for swimming) Badekappe f; **if the ~ fits(, wear it)** (Br prov) wem die Jacke passt(, der soll sie sich (dat) anziehen) **2** (Br SPORTS) **he has won 50 ~s for Scotland** er ist 50 Mal mit der schottischen Mannschaft angetreten **3** (≈ lid) Verschluss m; (of pen, valve) Kappe f **4** (≈ contraceptive) Pessar nt **🅱** v/t

1 SPORTS **~ped player** Nationalspieler(in) m(f); **he was ~ped four times for England** er wurde viermal für die englische Nationalmannschaft aufgestellt **2** **and then to ~ it all …** und, um dem Ganzen die Krone aufzusetzen …; **they ~ped spending at £50,000** die Ausgaben wurden bei £ 50.000 gedeckt
capability n **1** Fähigkeit f; **sth is within sb's capabilities** jd ist zu etw fähig; **sth is beyond sb's capabilities** etw übersteigt jds Fähigkeiten **2** MIL Potenzial nt **capable** adj **1** kompetent **2** **to be ~ of doing sth** etw tun können; **to be ~ of sth** zu etw fähig sein; **it's ~ of speeds of up to …** es erreicht Geschwindigkeiten bis zu … **capably** adv kompetent
capacity n **1** (≈ cubic content etc) Fassungsvermögen nt; (≈ maximum output) Kapazität f; **seating ~ of 400** 400 Sitzplätze; **working at full ~** voll ausgelastet; **the Stones played to ~ audiences** die Stones spielten vor ausverkauften Sälen **2** (≈ ability) Fähigkeit f; **his ~ for learning** seine Aufnahmefähigkeit **3** (≈ role) Eigenschaft f; **speaking in his official ~ as mayor, he said …** er sagte in seiner Eigenschaft als Bürgermeister …
cape[1] n Cape nt
cape[2] n GEOG Kap nt **Cape gooseberry** n Kapstachelbeere f, Physalis f **Cape Horn** n Kap nt Hoorn **Cape of Good Hope** n Kap nt der guten Hoffnung
caper[1] **🅰** v/i herumtollen **🅱** n (≈ prank) Eskapade f
caper[2] n BOT, COOK Kaper f
Cape Town n Kapstadt nt
capful n **one ~ to one litre of water** eine Verschlusskappe auf einen Liter Wasser
capillary n Kapillare f
capital 🅰 n **1** (a. **capital city**) Hauptstadt f; (fig ≈ centre) Zentrum nt **2** (a. **capital letter**) Großbuchstabe m; **small ~s** Kapitälchen pl (tech); **please write in ~s** bitte in Blockschrift schreiben! **3** no pl (FIN, fig) Kapital nt; **to make ~ out of sth** (fig) aus etw Kapital schlagen **🅱** adj letter Groß-; **love with a ~ L** die große Liebe **capital assets** pl Kapitalvermögen nt **capital expenditure** n Kapitallaufwendungen pl **capital gains tax** n Kapitalertragssteuer f **capital investment** n Kapitalanlage f **capitalism** n Kapitalismus m **capitalist 🅰** n Kapita-

C

list(in) m(f) **B** adj kapitalistisch ◊**capitalize on** v/i +prep (fig) Kapital schlagen aus
capital offence n Kapitalverbrechen nt
capital punishment n die Todesstrafe
Capitol n Kapitol nt
capitulate v/i kapitulieren (to vor +dat)
capitulation n Kapitulation f
cappuccino n Cappuccino m
caprice n Laune(nhaftigkeit) f **capricious** adj launisch
Capricorn n Steinbock m; **I'm (a) ~** ich
bin Steinbock
capsicum n Pfefferschote f
capsize A v/i kentern **B** v/t zum Kentern
bringen
capsule n Kapsel f
captain A n MIL Hauptmann m, Haupt-
männin f, Hauptfrau f; NAUT, AVIAT,
SPORTS Kapitän(in) m(f); **yes, ~!** jawohl,
Herr Hauptmann/Kapitän!; **~ of industry**
Industriekapitän m **B** v/t team anführen;
ship befehligen **captaincy** n Befehl m;
SPORTS Führung f; **under his ~** mit ihm
als Kapitän
caption A n Überschrift f; (under cartoon)
Bildunterschrift f **B** v/t betiteln
captivate v/t faszinieren **captivating**
adj bezaubernd **captive A** n Gefange-
ne(r) m/f(m); **to take sb ~** jdn gefangen
nehmen; **to hold sb ~** jdn gefangen halten **B** adj **a ~ audience** ein unfreiwilliges
Publikum **captive market** n Monopol-
-Absatzmarkt m **captivity** n Gefangenschaft f
captor n **his ~s treated him kindly** er
wurde nach seiner Gefangennahme gut
behandelt **capture A** v/t **1** town einnehmen; treasure erobern; person gefan-
gennehmen; animal (ein)fangen **2** (fig) attention erregen **3** IT data erfassen **B** n Eroberung f; (of escapee) Gefangennahme f;
(of animal) Einfangen nt; (IT, of data) Erfassung f
car n **1** Auto nt; **by ~** mit dem Auto; **~
ride** Autofahrt f **2** (≈ tram car) Wagen m
car accident n Autounfall m, Havarie
f (Aus)
carafe n Karaffe f
car alarm n Auto-Alarmanlage f
caramel n (≈ substance) Karamell m; (≈
sweet) Karamelle f
carat n Karat nt; **nine ~ gold** neunkaräti-
ges Gold
caravan n **1** (Br AUTO) Wohnwagen m; **~**

holiday Ferien pl im Wohnwagen **2** (≈ circus caravan) Zirkuswagen m **caravan
site** n Campingplatz m für Wohnwagen
caraway seeds pl Kümmel(körner pl) m
carbohydrate n Kohle(n)hydrat nt
car bomb n Autobombe f
carbon n CHEM Kohlenstoff m **carbonated** adj mit Kohlensäure (versetzt) **carbon copy** n Durchschlag m; **to be a ~
of sth** das genaue Ebenbild einer Sache
(gen) sein **carbon dating** n Kohlen-
stoffdatierung f **carbon dioxide** n Kohlendioxid nt **carbon footprint** n Koh-
lenstofffußabdruck m, CO₂-Bilanz f **carbon monoxide** n Kohlenmonoxid nt
car-boot sale n ≈ Flohmarkt m
carburettor, (US) **carburetor** n Vergaser m
carcass n (≈ corpse) Leiche f; (of animal)
Kadaver m
car chase n Verfolgungsjagd f (mit dem
Auto)
carcinogen n Karzinogen nt **carcinogenic** adj karzinogen
car crash n (Auto)unfall m, Havarie f (Aus)
card n **1** no pl (≈ cardboard) Pappe f **2** (≈
greetings, business card etc) Karte f **3** (≈
cheque/credit card) (Scheck-/Kredit)karte f
4 (≈ playing card) (Spiel)karte f; **to play
~s** Karten spielen; **to lose money at ~s**
Geld beim Kartenspiel verlieren; **game
of ~s** Kartenspiel nt **5** (fig) **to put** or **lay
one's ~s on the table** seine Karten aufdecken; **to play one's ~s right** geschickt
taktieren; **to hold all the ~s** alle Trümpfe
in der Hand haben; **to play** or **keep one's
~s close to one's chest** or (US) **close to
the vest** sich (dat) nicht in die Karten sehen lassen; **it's on the ~s** das ist zu erwarten
cardamom n Kardamom m or nt
cardboard A n Pappe f **B** attr Papp-
cardboard box n (Papp)karton m **card
game** n Kartenspiel nt **cardholder** n
Karteninhaber(in) m(f)
cardiac arrest n Herzstillstand m
cardigan n Strickjacke f, Janker m (Aus)
cardinal A n ECCL Kardinal m **B** adj (≈
chief) Haupt- **cardinal number** n Kardinalzahl f **cardinal sin** n Todsünde f
card index n Kartei f; (in library) Katalog
m
cardio- pref Kardio-; **cardiogram** Kardio-
gramm nt **cardiologist** n Kardiologe

m, Kardiologin *f* **cardiology** *n* Kardiologie *f* **cardiovascular** *adj* kardiovaskulär **card key** *n* (*in hotel*) Schlüsselkarte *f* **card payment** *nt* Kartenzahlung *f* **cardphone** *n* Kartentelefon *nt* **card player** *n* Kartenspieler(in) *m(f)* **card reader** *n* Kartenlesegerät *nt* **card trick** *n* Kartenkunststück *nt*

care **A** *n* **1** (≈ *worry*) Sorge *f* (*of* um); **he hasn't a ~ in the world** er hat keinerlei Sorgen **2** (≈ *carefulness*) Sorgfalt *f*; **this word should be used with ~** dieses Wort sollte sorgfältig *or* mit Sorgfalt gebraucht werden; **paint strippers need to be used with ~** Abbeizmittel müssen vorsichtig angewandt werden; **"handle with ~"** „Vorsicht, zerbrechlich"; **to take ~** (≈ *be careful*) aufpassen; **take ~ he doesn't cheat you** sehen Sie sich vor, dass er Sie nicht betrügt; **bye-bye, take ~** tschüs(s), machs gut; **to take ~ to do sth** sich bemühen, etw zu tun; **to take ~ over** *or* **with sth/in doing sth** etw sorgfältig tun **3** (*von Zähnen etc*) Pflege *f*; **to take ~ of sth** (≈ *maintain*) auf etw (*acc*) aufpassen; **one's appearance, car** etw pflegen; (≈ *sorgsam behandeln*) etw schonen; **to take ~ of oneself** sich um sich selbst kümmern; (*as regards health*) sich schonen **4** (*of old people*) Versorgung *f*; **medical ~** ärztliche Versorgung; **to take ~ of sb** sich um jdn kümmern; **one's family** für jdn sorgen **5** (≈ *protection*) Obhut *f*; **~ of** (*Br*), **in ~ of** (*US*) bei; **in** *or* **under sb's ~** in jds (*dat*) Obhut; **to take a child into ~** ein Kind in Pflege nehmen; **to be taken into ~** in Pflege gegeben werden; **to take ~ of sth** *valuables etc* auf etw (*acc*) aufpassen; *animals etc* sich um etw kümmern; **that takes ~ of him/it** das wäre erledigt; **let me take ~ of that** überlassen Sie das mir; **that can take ~ of itself** das wird sich schon irgendwie geben **B** *v/i* **I don't ~** das ist mir egal; **for all I ~** meinetwegen; **who ~s?** na und?; **to ~ about sth** Wert auf etw (*acc*) legen; **that's all he ~s about** alles andere ist ihm egal; **he ~s deeply about her** sie liegt ihm sehr am Herzen; **he doesn't ~ about her** sie ist ihm gleichgültig **C** *v/t* **1** **I don't ~ what people say** es ist mir egal, was die Leute sagen; **what do I ~?** was geht mich das an?; **I couldn't ~ less** das ist mir doch völlig egal **2** **to ~ to do sth**

etw gerne tun wollen; **I wouldn't ~ to meet him** ich würde keinen gesteigerten Wert darauf legen, ihn kennenzulernen ◊**care for** *v/i* +*prep obj* **1** (≈ *look after*) sich kümmern um; *furniture etc* pflegen; **well cared-for** gepflegt **2** **I don't ~ that suggestion/him** dieser Vorschlag/er sagt mir nicht zu; **would you ~ a cup of tea?** hätten Sie gerne eine Tasse Tee?; **I've never much cared for his films** ich habe mir noch nie viel aus seinen Filmen gemacht; **but you know I do ~ you** aber du weißt doch, dass du mir viel bedeutest

career **A** *n* Karriere *f*; (≈ *profession, job*) Beruf *m*; (≈ *working life*) Laufbahn *f*; **to make a ~ for oneself** Karriere machen **B** *attr* Karriere-; *soldier* Berufs-; **a good/bad ~ move** ein karrierefördernder/karriereschädlicher Schritt **C** *v/i* rasen **Careers Adviser** *n* Berufsberater(in) *m(f)* **careers guidance** *n* Berufsberatung *f* **Careers Officer** *n* → Careers Adviser **career woman** *n* Karrierefrau *f*

carefree *adj* sorglos

careful *adj* sorgfältig; (≈ *cautious*) vorsichtig; (*with money etc*) sparsam; **~!** Vorsicht!; **to be ~** aufpassen (*of* auf +*acc*); **be ~ with the glasses** sei mit den Gläsern vorsichtig; **she's very ~ about what she eats** sie achtet genau darauf, was sie isst; **to be ~ about doing sth** es sich gut überlegen, ob man etw tun soll; **be ~ (that) they don't hear you** gib acht, damit *or* dass sie dich nicht hören; **be ~ not to drop it** pass auf, dass du das nicht fallen lässt; **he is very ~ with his money** er hält sein Geld gut zusammen **carefully** *adv* sorgfältig; (≈ *cautiously*) vorsichtig; *consider* gründlich; *listen* gut; *explain* genau **carefulness** *n* Sorgfalt *f*; (≈ *caution*) Vorsicht *f* **care home** *n* Pflegeheim *nt* **care label** *n* Pflegeetikett *nt*

careless *adj* person, work nachlässig; *driving* leichtsinnig; *remark* gedankenlos; **~ mistake** Flüchtigkeitsfehler *m*; **how ~ of me!** wie dumm von mir; (≈ *clumsy*) wie ungeschickt von mir **carelessly** *adv* **1** (≈ *negligently*) unvorsichtigerweise **2** *say* gedankenlos; *throw* achtlos **carelessness** *n* (*of person, work*) Nachlässigkeit *f*

carer *n* im Sozialbereich Tätige(r) *m/f(m)*; **the elderly and their ~s** Senioren und ihre Fürsorgenden

caress **A** *n* Liebkosung *f* **B** *v/t* streicheln,

liebkosen
caretaker n Hausmeister(in) m(f), Abwart(in) m(f) (Swiss) **care worker** n Heimbetreuer(in) für Kinder, Geisteskranke oder alte Menschen **careworn** adj von Sorgen gezeichnet
car ferry n Autofähre f
cargo n Fracht f
car hire n Autovermietung f
Caribbean **A** adj karibisch; ~ **Sea** Karibisches Meer; **a ~ island** eine Insel in der Karibik **B** n Karibik f
caricature **A** n Karikatur f **B** v/t karikieren
caring adj attitude mitfühlend; husband liebevoll; society mitmenschlich; ~ **profession** Sozialberuf m
car insurance n Kfz-Versicherung f
Carinthia n GEOG Kärnten nt
car jack n Wagenheber m **carjacking** n Carjacking nt, Autoraub m **car keys** pl Autoschlüssel pl **carload** n **1** AUTO Wagenladung f **2** (US RAIL) Waggonladung f
carnage n Blutbad nt
carnal adj fleischlich; ~ **desires** sinnliche Begierden pl
carnation n Nelke f
carnival **A** n Volksfest nt; (based on religion) Karneval m **B** attr Fest-, Karnevals-
carnivore n Fleischfresser m **carnivorous** adj fleischfressend
carol n Lied nt **carol singers** pl ≈ Sternsinger pl **carol singing** n Weihnachtssingen nt
carousel n Karussell nt, Ringelspiel nt (Aus)
car owner n Autohalter(in) m(f)
carp¹ n (≈ fish) Karpfen m
carp² v/i nörgeln, raunzen (Aus), sempern (Aus)
car park n (Br, open-air) Parkplatz m; (covered) Parkhaus nt; ~ **ticket** Parkschein m **car parking** n ~ **facilities are available** Parkplatz vorhanden
carpenter n Zimmermann m, Zimmerfrau f; (for furniture) Tischler(in) m(f) **carpentry** n Zimmerhandwerk nt; (as hobby) Tischlern nt
carpet **A** n Teppich m; (fitted) Teppichboden m **B** v/t (mit Teppichen/Teppichboden) auslegen **carpet-sweeper** n Teppichkehrer m **carpet tile** n Teppichfliese f
car phone n Autotelefon nt **carpool** n

1 (≈ people) Fahrgemeinschaft f **2** (≈ vehicles) Fuhrpark m **carport** n Einstellplatz m **car radio** n Autoradio nt **car rental** n (US) Autovermietung f
carriage n **1** (horse-drawn) Kutsche f **2** (Br RAIL) Wagen m **3** (COMM ≈ conveyance) Beförderung f; ~ **paid** frei Haus **carriageway** n (Br) Fahrbahn f
carrier n **1** (≈ haulier) Spediteur m **2** (of disease) Überträger m **3** (≈ aircraft carrier) Flugzeugträger m **4** (Br: a. **carrier bag**) Tragetasche f **carrier pigeon** n Brieftaube f
carrion n Aas nt
carrot n Mohrrübe f; (fig) Köder m **carrot-and-stick** adj ~ **policy** Politik f von Zuckerbrot und Peitsche **carrot cake** n Karottenkuchen m
carry **A** v/t **1** tragen; money bei sich haben; **to ~ sth about** or **around with one** etw mit sich herumtragen **2** (vehicle) befördern; **this coach carries 30 people** dieser Bus kann 30 Personen befördern; **the current carried them along** die Strömung trieb sie mit sich **3** (fig) **this job carries a lot of responsibility** dieser Posten bringt viel Verantwortung mit sich; **the offence carries a penalty of £50** darauf steht eine Geldstrafe von £ 50 **4** COMM stock führen **5** (TECH, pipe) führen; (wire) übertragen **6** **the motion was carried unanimously** der Antrag wurde einstimmig angenommen **7** **he carries himself well** er hat eine gute Haltung **8** MED **people ~ing the AIDS virus** Menschen, die das Aidsvirus in sich (dat) tragen; **to be ~ing a child** schwanger sein **9** MAT ... **and ~ 2** ... übertrage or behalte 2 **B** v/i (sound) tragen; **the sound of the alphorn carried for miles** der Klang des Alphorns war meilenweit zu hören ◊**carry away** v/t sep **1** (lit) (hin)wegtragen **2** (fig) **to get carried away** sich nicht mehr bremsen können (infml); **don't get carried away!** übertreibs nicht!; **to be carried away by one's feelings** sich (in seine Gefühle) hineinsteigern ◊**carry forward** v/t sep FIN vortragen ◊**carry off** v/t sep **1** (≈ seize) wegtragen **2** prizes gewinnen **3** **to carry it off** es hinkriegen (infml) ◊**carry on** **A** v/i **1** (≈ continue) weitermachen; (life) weitergehen **2** (infml ≈ talk) reden und reden; (≈ make a scene) ein Theater machen (infml); **to ~ about sth** sich

über etw (acc) auslassen ■ (≈ have an affair) etwas haben (infml) ■ v/t sep ■ tradition, business fortführen ■ conversation führen ◊**carry out** v/t sep ■ (lit) heraustragen ■ (fig) order, job ausführen; promises erfüllen; plan, search durchführen; threats wahr machen ◊**carry over** v/t sep FIN vortragen ◊**carry through** sep zu Ende führen

carryall n (US) (Einkaufs-/Reise)tasche f **carrycot** n (Br) Babytragetasche f **carry-on** n (infml) Theater nt (infml) **carry-on bag** n Handgepäck nt **carry-out** (US, Scot) n (≈ meal, drink) Speisen pl/Getränke pl zum Mitnehmen; **let's get a ~** kaufen wir uns etwas zum Mitnehmen

carsick adj **I used to get ~** früher wurde mir beim Autofahren immer schlecht

cart ■ n Karren m ■ v/t (fig infml) mit sich schleppen ◊**cart away** or **off** v/t sep abtransportieren

carte blanche n no pl **to give sb ~** jdm eine Blankovollmacht geben

cartel n Kartell nt

carthorse n Zugpferd nt

cartilage n Knorpel m

cartload n Wagenladung f

carton n (Papp)karton m; (of cigarettes) Stange f; (of milk) Tüte f

cartoon n ■ Cartoon m or nt; (≈ single picture) Karikatur f ■ FILM, TV (Zeichen)trickfilm m **cartoon character** n Comicfigur f **cartoonist** n ■ Karikaturist(in) m(f) ■ (FILM, TV) Trickzeichner(in) m(f) **cartoon strip** n (esp Br) Cartoon m or nt

cartridge n (for rifle, pen) Patrone f; PHOT Kassette f **cartridge belt** n Patronengurt m

cartwheel n (lit) Wagenrad nt; SPORTS Rad m; **to turn** or **do ~s** Rad schlagen

carve ■ v/t ■ wood schnitzen; stone etc (be)hauen; **~d in(to) the wood** in das Holz geschnitzt; **~d in(to) the stone** in den Stein gehauen ■ COOK tranchieren ■ v/i COOK tranchieren ◊**carve out** v/t sep **to ~ a career for oneself** sich (dat) eine Karriere aufbauen ◊**carve up** v/t sep ■ meat aufschneiden ■ (fig) inheritance verteilen; country aufteilen

carvery n Buffet nt **carving** n ART Skulptur f; (in wood) Holzschnitt m **carving knife** n Tranchiermesser nt

carwash n Autowaschanlage f

cascade ■ n Kaskade f ■ v/i (a. cascade down) (**onto** auf +acc) (in Kaskaden) herabfallen

case[1] n ■ Fall m; **is that the ~ with you?** ist das bei Ihnen der Fall?; **as the ~ may be** je nachdem; **in most ~s** meist(ens); **in ~** falls; **(just) in ~** für alle Fälle; **in ~ of emergency** im Notfall; **in any ~** sowieso; **in this/that ~** in dem Fall; **to win one's ~** JUR seinen Prozess gewinnen; **the ~ for the defence** die Verteidigung; **in the ~ Higgins v Schwarz** in der Sache Higgins gegen Schwarz; **the ~ for/against capital punishment** die Argumente für/gegen die Todesstrafe; **to have a good ~** JUR gute Chancen haben durchzukommen; **there's a very good ~ for adopting this method** es spricht sehr viel dafür, diese Methode zu übernehmen; **to put one's ~** seinen Fall darlegen; **to put the ~ for sth** etw vertreten; **to be on the ~** am Ball sein ■ GRAM Fall m; **in the genitive ~** im Genitiv ■ (infml ≈ person) Type f (infml); **a hopeless ~** ein hoffnungsloser Fall

case[2] n ■ (≈ suitcase) Koffer m; (≈ packing case) Kiste f; (≈ display case) Vitrine f ■ (for spectacles) Etui nt; (for CD) Hülle f; (for musical instrument) Kasten m ■ TYPO **upper/lower ~** groß-/kleingeschrieben

case history n MED Krankengeschichte f; SOCIOL, PSYCH Vorgeschichte f

casement n (≈ window) Flügelfenster nt

case study n Fallstudie f

cash ■ n ■ Bargeld nt; **~ in hand** Barbestand m; **to pay (in) ~** bar bezahlen; **how much do you have in ready ~?** wie viel Geld haben Sie verfügbar?; **~ in advance** Vorauszahlung f; **~ on delivery** per Nachnahme ■ (≈ money) Geld nt; **to be short of ~** knapp bei Kasse sein (infml); **I'm out of ~** ich bin blank (infml) ■ v/t cheque einlösen ◊**cash in** ■ v/t sep einlösen ■ v/i **to ~ on sth** aus etw Kapital schlagen

cash-and-carry n (for retailers) Cash and Carry m; (for public) Verbrauchermarkt m **cashback** n Barauszahlung f (zusätzlich zu dem Preis der gekauften Ware, wenn man mit Bankkarte bezahlt); **I'd like £10 ~, please** und ich hätte gern zusätzlich £ 10 in bar **cashbook** n Kassenbuch nt **cash box** n **cash card** n (Geld)kassette f **cash card** n (Geld)automatenkarte f **cash desk** n (Br) Kasse f, Kassa f (Aus) **cash discount** n Skonto m or nt **cash dispenser** n (Br) Geldautomat m

cashew *n* Cashewnuss *f*

cash flow **A** *n* Cashflow *m* **B** *attr* **cash-flow problems** Liquiditätsprobleme *pl*

cashier *n* Kassierer(in) *m(f)* **cashier's check** *n* (US) Bankscheck *m* **cashless** *adj* bargeldlos **cash machine** *n* (esp US) Geldautomat *m*

cashmere *n* Kaschmir *m*

cash payment *n* Barzahlung *f* **cash point** *n* (Br) Geldautomat *m* **cash price** *n* Bar(zahlungs)preis *m* **cash register** *n* Registrierkasse *f* **cash transaction** *n* Bargeldtransfer *m*

casing *n* TECH Gehäuse *nt*

casino *n* (Spiel)kasino *nt*

cask *n* Fass *nt*

casket *n* **1** Schatulle *f* **2** (US ≈ coffin) Sarg *m*

Caspian Sea *n* Kaspisches Meer

casserole *n* COOK Schmortopf *m*; **a lamb ~** eine Lammkasserolle

cassette *n* Kassette *f* **cassette deck** *n* Kassettendeck *nt*

cassette player, cassette recorder *n* Kassettenrekorder *m* **cassette radio** *n* Radiorekorder *m*

cassock *n* Talar *m*

cast *vb: pret, past part* cast **A** *n* **1** (≈ plaster cast) Gipsverband *m* **2** THEAT Besetzung *f* **B** *v/t* **1** (≈ throw) werfen; *net* auswerfen; **to ~ one's vote** seine Stimme abgeben; **to ~ one's eyes over sth** einen Blick auf etw (acc) werfen; **to ~ a shadow** einen Schatten werfen (on auf +acc) **2** TECH, ART gießen **3** THEAT **they ~ him as the villain** sie haben ihm die Rolle des Schurken gegeben **C** *v/i* FISH die Angel auswerfen ◊**cast about** (Brit) or **around for** *v/i +prep obj* zu finden versuchen; **he was casting about** or **around for something to say** er suchte nach Worten ◊**cast aside** *v/t sep cares* ablegen; *person* fallen lassen ◊**cast back** *v/t sep* **to cast one's thoughts** or **mind back** seine Gedanken zurückschweifen lassen (to in +acc) ◊**cast off** *v/t & v/i sep* **1** NAUT losmachen **2** KNITTING abketten ◊**cast on** *v/t & v/i sep* KNITTING anschlagen ◊**cast out** *v/t sep* (liter) vertreiben; *demons* austreiben

castaway *n* Schiffbrüchige(r) *m/f(m)*

caste **A** *n* Kaste *f* **B** *adj attr* Kasten-

caster *n* = castor **caster sugar** *n* (Br) Sandzucker *m*

castigate *v/t* geißeln

casting vote *n* ausschlaggebende Stimme

cast iron **A** *n* Gusseisen *nt* **B** *adj* **cast-iron 1** (lit) gusseisern **2** (fig) constitution eisern; *alibi* hieb- und stichfest

castle *n* **1** Schloss *nt*; (≈ medieval fortress) Burg *f* **2** CHESS Turm *m*

castoffs *pl* (Br infml) abgelegte Kleider *pl*; **she's one of his ~** (fig infml) sie ist eine seiner ausrangierten Freundinnen (infml)

castor *n* (≈ wheel) Rad *nt* **castor oil** *n* Rizinus(öl) *nt*

castrate *v/t* kastrieren **castration** *n* Kastration *f*

casual *adj* **1** (≈ not planned) zufällig; *acquaintance, glance* flüchtig **2** (≈ careless) lässig; *attitude* gleichgültig; *remark* beiläufig; **it was just a ~ remark** das habe ich/ hat er etc nur so gesagt; **he was very ~ about it** es war ihm offensichtlich gleichgültig; (in reaction) das hat ihn kaltgelassen (infml); **the ~ observer** der oberflächliche Betrachter **3** (≈ informal) zwanglos; *clothes* leger; **a ~ shirt** ein Freizeithemd *nt*; **he was wearing ~ clothes** er war leger gekleidet **4** *work* Gelegenheits-; *affair* locker **casually** *adv* **1** (≈ without emotion) ungerührt **2** (≈ incidentally) beiläufig; (≈ without seriousness) lässig; *dressed* leger

casualty *n* **1** Opfer *nt* **2** (a. **casualty unit**) Notaufnahme *f*; **to go to ~** in die Notaufnahme gehen; **to be in ~** in der Notaufnahme sein **casualty ward** *n* Unfallstation *f*

cat *n* Katze *f*; **to let the ~ out of the bag** die Katze aus dem Sack lassen; **to play a ~-and-mouse game with sb** mit jdm Katz und Maus spielen; **there isn't room to swing a ~** (infml) man kann sich nicht rühren(, so eng ist es); **to be like a ~ on hot bricks** or **on a hot tin roof** wie auf glühenden Kohlen sitzen; **that's put the ~ among the pigeons!** da hast du etc aber was (Schönes) angerichtet!; **he doesn't have a ~ in hell's chance of winning** er hat nicht die geringste Chance zu gewinnen; **when** or **while the ~'s away the mice will play** (prov) wenn die Katze aus dem Haus ist, tanzen die Mäuse (prov); **has the ~ got your tongue?** (infml) du hast wohl die Sprache verloren?

catacombs *pl* Katakomben *pl*

catalogue, (US) **catalog** **A** *n* **1** Katalog

m **2** **a ~ of errors** eine Serie von Fehlern **B** *v/t* katalogisieren
catalyst *n* Katalysator *m*
catalytic converter *n* AUTO Katalysator *m*
catamaran *n* Katamaran *m*
catapult A *n* (*Br*) Schleuder *f* **B** *v/t* katapultieren
cataract *n* MED grauer Star
catarrh *n* Katarrh *m*
catastrophe *n* Katastrophe *f*; **to end in ~** in einer Katastrophe enden **catastrophic** *adj* katastrophal
catcall *n* THEAT **~s** *pl* Pfiffe und Buhrufe *pl*
catch *vb: pret, past part* caught **A** *n* **1** (*of ball etc*) **to make a (good) ~** (gut) fangen; **he missed an easy ~** er hat einen leichten Ball nicht gefangen **2** FISH Fang *m* **3** (≈ *snag*) Haken *m*; **there's a ~!** die Sache hat einen Haken **4** (*for fastening*) Verschluss *m* **B** *v/t* **1** fangen; *thief* fassen; (*infml* ≈ *manage to see*) erwischen (*infml*); **to ~ sb's arm, to ~ sb by the arm** jdn am Arm fassen; **glass which ~es the light** Glas, in dem sich das Licht spiegelt; **to ~ sight/a glimpse of sb/sth** jdn/etw erblicken; **to ~ sb's attention/eye** jdn auf sich (*acc*) aufmerksam machen **2** (≈ *take by surprise*) erwischen; **to ~ sb by surprise** jdn überraschen; **to be caught unprepared** nicht darauf vorbereitet sein; **to ~ sb at a bad time** jdm ungelegen kommen; **I caught him flirting with my wife** ich habe ihn (dabei) erwischt, wie er mit meiner Frau flirtete; **you won't ~ me signing any contract** (*infml*) ich unterschreibe doch keinen Vertrag; **caught in the act** auf frischer Tat ertappt; **we were caught in a storm** wir wurden von einem Unwetter überrascht; **to ~ sb on the wrong foot** *or* **off balance** (*fig*) jdn überrumpeln **3** (≈ *take*) *bus etc* nehmen **4** (≈ *be in time for*) *bus* erreichen; **if I hurry I'll ~ the end of the film** wenn ich mich beeile kriege ich das Ende des Films noch mit (*infml*) **5** **I caught my finger in the car door** ich habe mir den Finger in der Wagentür eingeklemmt; **he caught his foot in the grating** er ist mit dem Fuß im Gitter hängen geblieben **6** (≈ *hear*) mitkriegen (*infml*) **7** **to ~ an illness** sich (*dat*) eine Krankheit zuziehen; **he's always ~ing cold(s)** er erkältet sich leicht; **you'll**

~ your death (of cold)! du holst dir den Tod! (*infml*); **to ~ one's breath** Luft holen; **the blow caught him on the arm** der Schlag traf ihn am Arm; **you'll ~ it!** (*Br infml*) du kannst (aber) was erleben! (*infml*) **C** *v/i* (≈ *get stuck*) klemmen; (≈ *get entangled*) sich verfangen; **her dress caught in the door** sie blieb mit ihrem Kleid in der Tür hängen ◊**catch on** *v/i* (*infml*) **1** (≈ *become popular*) ankommen **2** (≈ *understand*) kapieren (*infml*) ◊**catch out** *v/t sep* (*fig*) überführen; (*with trick question etc*) hereinlegen (*infml*) ◊**catch up A** *v/i* aufholen; **to ~ on one's sleep** Schlaf nachholen; **to ~ on** *or* **with one's work** Arbeit nachholen; **to ~ with sb** jdn einholen **B** *v/t sep* **1** **to catch sb up** jdn einholen **2** **to get caught up in sth** (≈ *entangled*) sich in etw (*dat*) verfangen; *in traffic* in etw (*acc*) kommen
catch-22 *n* **a ~ situation** (*infml*) eine Zwickmühle **catchall** *n* allgemeine Bezeichnung/Klausel *etc* **catcher** *n* Fänger *m* **catching** *adj* (MED, *fig*) ansteckend **catchment area** *n* Einzugsgebiet *nt* **catch phrase** *n* Slogan *m* **catch-up service** *n* TV, RADIO, IT Mediathek *f* **catchword** *n* Schlagwort *nt* **catchy** *adj* (+*er*) *tune* eingängig; *title* einprägsam
catechism *n* Katechismus *m*
categorical *adj* kategorisch; **he was quite ~ about it** er hat das mit Bestimmtheit gesagt **categorically** *adv* *state, deny* kategorisch; *say* mit Bestimmtheit **categorize** *v/t* kategorisieren **category** *n* Kategorie *f*
◊**cater for** *v/i +prep obj* **1** (≈ *serve with food*) mit Speisen und Getränken versorgen **2** (≈ *provide for*) ausgerichtet sein auf (+*acc*); (*a.* **cater to**) *needs, tastes* gerecht werden (+*dat*)
caterer *n* Lieferfirma *f* für Speisen und Getränke; (*for parties etc*) Partyservice *m* **catering** *n* Versorgung *f* mit Speisen und Getränken (*for* +*gen*); **who's doing the ~?** wer liefert das Essen und die Getränke?; **~ trade** (Hotel- und) Gaststättengewerbe *nt* **catering service** *n* Partyservice *m*
caterpillar *n* ZOOL Raupe *f*
catfish *n* Wels *m*, Katzenfisch *m* **cat flap** *n* Katzenklappe *f*
cathartic *adj* LIT, PHIL kathartisch
cathedral *n* Dom *m*, Kathedrale *f*; **~**

town/city Domstadt f
catheter n Katheter m
cathode-ray tube n Kat(h)odenstrahlröhre f
Catholic ▲ adj ECCL katholisch; **the ~ Church** die katholische Kirche ▣ n Katholik(in) m(f) **Catholicism** n Katholizismus m
catkin n BOT Kätzchen nt **cat litter** n Katzenstreu f **catnap** ▲ n **to have a ~** ein Nickerchen nt machen (infml) ▣ v/i dösen
CAT scan n Computertomografie f
Catseye® n (Br) AUTO Katzenauge nt
catsup n (US) = ketchup
cattle pl Rind(vieh) nt; **500 head of ~** 500 Rinder **cattle-grid**, (US) **cattle guard** n Weidenrost m **cattle market** n Viehmarkt m **cattle shed** n Viehstall m **cattle truck** n RAIL Viehwagen m
catty adj (+er) gehässig
catwalk n Laufsteg m
Caucasian ▲ adj kaukasisch ▣ n Kaukasier(in) m(f)
caucus n (US) Sitzung f
caught pret, past part of catch
cauldron n großer Kessel
cauliflower n Blumenkohl m, Karfiol m (Aus)
cause ▲ n ▮ Ursache f (of für); **~ and effect** Ursache und Wirkung; **what was the ~ of the fire?** wodurch ist das Feuer entstanden? ▮ (≈ reason) Grund m; **the ~ of his failure** der Grund für sein Versagen; **with (good) ~** mit (triftigem) Grund; **there's no ~ for alarm** es besteht kein Grund zur Aufregung; **you have every ~ to be worried** du hast allen Anlass zur Sorge ▮ (≈ purpose) Sache f; **to work for** or **in a good ~** sich für eine gute Sache einsetzen; **he died for the ~ of peace** er starb für den Frieden; **it's all in a good ~** es ist für eine gute Sache ▣ v/t verursachen; **to ~ sb grief** jdm Kummer machen; **to ~ sb to do sth** (form) jdn veranlassen, etw zu tun (form)
causeway n Damm m
caustic adj (CHEM, fig) ätzend; remark bissig **caustic soda** n Ätznatron nt
caution ▲ n ▮ Vorsicht f; **"caution!"** „Vorsicht!"; **to act with ~** Vorsicht walten lassen ▮ (≈ warning) Warnung f; (official) Verwarnung f ▣ v/t **to ~ sb** jdn warnen (against vor +dat); (officially) jdn verwarnen; **to ~ sb against doing sth** jdn davor warnen, etw zu tun **cautious** adj vorsichtig; **to give sth a ~ welcome** etw mit verhaltener Zustimmung aufnehmen **cautiously** adv vorsichtig; **~ optimistic** verhalten optimistisch
cavalcade n Kavalkade f
cavalier adj unbekümmert
cavalry n Kavallerie f **cavalry officer** n Kavallerieoffizier m
cave n Höhle f ◊**cave in** v/i ▮ (≈ collapse) einstürzen ▮ (infml ≈ yield) nachgeben
caveman n Höhlenmensch m **cave painting** n Höhlenmalerei f
cavern n Höhle f **cavernous** adj tief
caviar(e) n Kaviar m
cavity n Hohlraum m; (in tooth) Loch nt; **nasal ~** Nasenhöhle f **cavity wall** n Hohlwand f; **~ insulation** Schaumisolierung f
cavort v/i tollen, toben
cayenne pepper n Cayennepfeffer m
CB abbr of Citizens' Band CB; **CB radio** CB-Funk m
CBE (Br) abbr of Commander of the Order of the British Empire britischer Verdienstorden
CBI (Br) abbr of Confederation of British Industry ≈ BDI
CBS abbr of Columbia Broadcasting System CBS
cc[1] abbr of cubic centimetre cc, cm³
cc[2] abbr of carbon copy n Kopie f; **cc: ...** Kopie (an): ...
CCTV n abbr of closed-circuit television
CD abbr of compact disc CD f; **CD player** CD-Spieler m; **CD writer** CD-Brenner m, CD-Rekorder m
CD-R n IT abbr of compact disk - recordable CD-R f, (einmal) beschreibbare CD
CD-ROM abbr of compact disk - read only memory CD-ROM f; **~ drive** CD-ROM-Laufwerk nt
CD-RW n IT abbr of compact disk - rewritable CD-RW f, wiederbeschreibbare CD
CDT (US) abbr of Central Daylight Time
cease ▲ v/i enden; (noise) verstummen ▣ v/t beenden; fire, trading einstellen; **to ~ doing sth** aufhören, etw zu tun **cease-fire** n Feuerpause f; (longer) Waffenruhe f **ceaseless** adj endlos **ceaselessly** adv unaufhörlich
cedar n ▮ Zeder f ▮ (a. **cedarwood**)

Zedernholz nt

cede v/t territory abtreten (to an +acc)

Ceefax® n Videotext der BBC

ceiling n **1** (Zimmer)decke f **2** (fig) Höchstgrenze f, Plafond m (Swiss)

celebrate A v/t **1** feiern **2** mass zelebrieren; communion feiern **B** v/i feiern **celebrated** adj gefeiert (for wegen) **celebration** n **1** (≈ party) Feier f; (≈ act of celebrating) Feiern nt; **in ~ of** zur Feier (+gen) **2** (of mass) Zelebration f; (of communion) Feier f **celebratory** adj meal, drink zur Feier des Tages **celebrity** n Berühmtheit f

celeriac n (Knollen)sellerie f

celery n Stangensellerie m or f; **three stalks of ~** drei Stangen Sellerie

celestial adj ASTRON Himmels-

celibacy n Zölibat nt or m **celibate** adj REL keusch

cell n **1** Zelle f; **~ wall** Zellwand f **2** (US infml) = cellphone

cellar n Keller m

cellist n Cellist(in) m(f) **cello, 'cello** n Cello nt

Cellophane® n Cellophan® nt

cellphone n (US) Handy nt, Mobiltelefon nt **cellphone number** n (US) Handynummer f **cellphone reception** n (US) Handyempfang m; **we couldn't get ~** wir hatten kein Netz **cellular** adj zellular, Zell- **cellular phone** n (US) Mobiltelefon nt

cellulite n Cellulitis f

celluloid n Zelluloid nt

cellulose n Zellstoff m

Celsius adj Celsius-; **30 degrees ~** 30 Grad Celsius

Celt n Kelte m, Keltin f **Celtic** adj keltisch

cement A n Zement m **B** v/t zementieren; (fig) festigen **cement mixer** n Betonmischmaschine f

cemetery n Friedhof m

cenotaph n Mahnmal nt

censor A n Zensor m **B** v/t zensieren **censorship** n Zensur f; **press ~, ~ of the press** Pressezensur f

census n Volkszählung f

cent n Cent m; **I haven't a ~** (US) ich habe keinen Cent

centenary n hundertster Jahrestag **centennial** n (esp US) Hundertjahrfeier f

center n (US) = centre

centigrade adj Celsius-; **one degree ~**

ein Grad Celsius **centilitre**, (US) **centiliter** n Zentiliter m or nt

centimetre, (US) **centimeter** n Zentimeter m or nt **centipede** n Tausendfüßler m

central adj **1** zentral, Zentral-; (≈ main) Haupt-; **the ~ area of the city** das Innenstadtgebiet; **~ London** das Zentrum von London **2** (fig) wesentlich; importance, issue zentral; **to be ~ to sth** das Wesentliche an etw (dat) sein **Central America** n Mittelamerika nt **Central American** adj mittelamerikanisch **central bank** n FIN Zentral(noten)bank f **Central Europe** n Mitteleuropa nt **Central European** adj mitteleuropäisch **Central European Time** n mitteleuropäische Zeit **central government** n Zentralregierung f **central heating** n Zentralheizung f **centralization** n Zentralisierung f **centralize** v/t zentralisieren **central locking** n Zentralverriegelung f **centrally** adv zentral; **~ heated** zentralbeheizt **central nervous system** n Zentralnervensystem nt **central processing unit** n IT Zentraleinheit f **central reservation** n Mittelstreifen m **Central Standard Time** n Central Standard Time f

centre, (US) **center A** n **1** Zentrum nt **2** (≈ middle, POL) Mitte f; (of circle) Mittelpunkt m; (of town centre) Stadtmitte f; (≈ city centre) Zentrum nt; **~ of gravity** Schwerpunkt m; **she always wants to be the ~ of attention** sie will immer im Mittelpunkt stehen; **the man at the ~ of the controversy** der Mann im Mittelpunkt der Kontroverse; **left of ~** POL links der Mitte; **party of the ~** Partei f der Mitte **B** v/t **1** zentrieren **2** **to be ~d on sth** sich auf etw (acc) konzentrieren ◊**centre (up)on** v/i +prep obj kreisen um

centre back, (US) **center back** n SPORTS Vorstopper(in) m(f) **centrefold**, (US) **centerfold** n doppelseitiges Bild in der Mitte einer Zeitschrift **centre forward**, (US) **center forward** n SPORTS Mittelstürmer(in) m(f) **centre half**, (US) **center half** n SPORTS Stopper(in) m(f) **centre party**, (US) **center party** n Partei f der Mitte **centrepiece**, (US) **centerpiece** n (fig) (of meeting, statement) Kernstück nt; (of novel, work) Herzstück nt; (of show) Hauptattraktion f

centrifugal *adj* ~ **force** Fliehkraft *f*
century *n* Jahrhundert *nt*; **in the twenty-
-first** ~ im einundzwanzigsten Jahrhundert; (written) im 21. Jahrhundert
CEO (US) *abbr of* **chief executive officer**
ceramic *adj* keramisch **ceramics** *n* **1** *sg* (≈ *art*) Keramik *f* **2** *pl* (≈ *articles*) Keramik(en *pl*) *f*
cereal *n* **1** (≈ *crop*) Getreide *nt* **2** (≈ *food*) Zerealien *pl*
cerebral *adj* ~ **palsy** zerebrale Lähmung
ceremonial *adj* zeremoniell **ceremoniously** *adv* mit großem Zeremoniell
ceremony *n* **1** Zeremonie *f* **2** (≈ *formality*) Förmlichkeit(en *pl*) *f*; **to stand on** ~ förmlich sein
cert[1] *abbr of* **certificate**
cert[2] *n* (Br *infml*) **a (dead)** ~ eine todsichere Sache (*infml*)
certain **A** *adj* **1** sicher; (≈ *inevitable*) gewiss; **are you** ~ **of** *or* **about that?** sind Sie sich (*dat*) dessen sicher?; **is he** ~? weiß er das genau?; **I don't know for** ~, **but** ... ich bin mir nicht ganz sicher, aber ...; **I can't say for** ~ ich kann das nicht genau sagen; **he is** ~ **to come** *or* wird ganz bestimmt kommen; **to make** ~ **of sth** für etw sorgen; **be** ~ **to tell him** vergessen Sie bitte nicht, ihm das zu sagen **2** *attr* (≈ *nicht konkret*) gewiss; *conditions* bestimmt; **a** ~ **gentleman** ein gewisser Herr; **to a** ~ **extent** *or* **degree** in gewisser Hinsicht; **of a** ~ **age** in einem gewissen Alter **B** *pron* einige; ~ **of you** einige von euch
certainly *adv* (≈ *admittedly*) sicher(lich); (≈ *without doubt*) bestimmt; ~ **not!** ganz bestimmt nicht; **I** ~ **will not!** ich denke nicht daran!; ~! sicher! **certainty** *n* Gewissheit *f*; **his success is a** ~ er wird mit Sicherheit Erfolg haben; **it's a** ~ **that** ... es ist absolut sicher, dass ...
certifiable *adj* (*infml*) nicht zurechnungsfähig **certificate** *n* Bescheinigung *f*; (*of qualifications, health*) Zeugnis *nt*; FILM Freigabe *f* **certified mail** *n* (US) Einschreiben *nt* **certify** *v/t* bescheinigen; JUR beglaubigen; **this is to** ~ **that** ... hiermit wird bestätigt, dass ...; **she was certified dead** sie wurde für tot erklärt; **the painting has been certified (as) genuine** das Gemälde wurde als echt erklärt
cervical cancer *n* Gebärmutterhalskrebs *m* **cervical smear** *n* Abstrich *m*

Cesarean, Cesarian *n* (US) = **Caesarean**
cessation *n* Ende *nt*; (*of hostilities*) Einstellung *f*
cesspit, cesspool *n* Jauchegrube *f*, Güllengrube *f* (*Swiss*)
CET *abbr of* **Central European Time** MEZ
cf *abbr of* **confer** vgl.
CFC *abbr of* **chlorofluorocarbon** FCKW *m*
chafe **A** *v/t* (auf)scheuern; **his shirt ~d his neck** sein (Hemd)kragen scheuerte (ihn) **B** *v/i* **1** sich aufscheuern **2** (*fig*) sich ärgern (*at, against* über +*acc*)
chaffinch *n* Buchfink *m*
chain **A** *n* Kette *f*; (*of mountains*) (Berg)kette *f*; ~ **of shops** Ladenkette *f*; ~ **of events** Kette von Ereignissen; ~ **of command** MIL Befehlskette *f*; (*in management*) Weisungskette *f* **B** *v/t* anketten; **to** ~ **sb/ sth to sth** jdn/etw an etw (*acc*) ketten ◊**chain up** *v/t sep prisoner* in Ketten legen; *dog* an die Kette legen
chain letter *n* Kettenbrief *m* **chain mail** *n* Kettenhemd *nt* **chain reaction** *n* Kettenreaktion *f* **chain saw** *n* Kettensäge *f* **chain-smoke** *v/i* kettenrauchen **chain smoker** *n* Kettenraucher(in) *m(f)* **chain store** *n* Kettenladen *m*
chair **A** *n* **1** Stuhl *m*, Sessel *m* (*Aus*); (≈ *armchair*) Sessel *m*, Fauteuil *nt* (*Aus*); **please take a** ~ bitte nehmen Sie Platz! **2** (*in committees etc*) Vorsitz *m*; **to be in/ take the** ~ den Vorsitz führen **3** (≈ *professorship*) Lehrstuhl *m* (*of* für) **B** *v/t* den Vorsitz führen bei **chairlift** *n* Sessellift *m*
chairman *n* Vorsitzende(r) *m/f(m)*; **Mr/ Madam Chairman** Herr Vorsitzender/Frau Vorsitzende **chairmanship** *n* Vorsitz *m* **chairperson** *n* Vorsitzende(r) *m/f(m)* **chairwoman** *n* Vorsitzende *f*
chalet *n* Chalet *nt*
chalk *n* Kreide *f*; **not by a long** ~ (Br *infml*) bei Weitem nicht; **they're as different as** ~ **and cheese** (Br) sie sind (so verschieden) wie Tag und Nacht
challenge **A** *n* **1** Herausforderung *f* (*to* an +*acc*); (*fig* ≈ *demands*) Anforderung(en *pl*) *f*; **to issue a** ~ **to sb** jdn herausfordern; **this job is a** ~ bei dieser Arbeit ist man gefordert; **I see this task as a** ~ ich sehe diese Aufgabe als Herausforderung; **those who rose to the** ~ diejenigen, die sich der Herausforderung stellten **2** (*for leadership etc*) Griff *m* (*for* nach); **a direct** ~ **to his authority** eine direkte Infragestel-

lung seiner Autorität **B** *v/t* **1** (*to race etc*) herausfordern; **to ~ sb to do sth** wetten, dass jd etw nicht (tun) kann; **to ~ sb to a duel** jdn zum Duell fordern; **to ~ sb to a game** jdn zu einer Partie herausfordern **2** (*fig ≈ make demands on*) fordern **3** (*fig*) *sb's authority* infrage stellen **-challenged** *adj suf* (*usu hum*) **vertically-challenged** zu kurz geraten (*hum*); **intellectually-challenged** geistig minderbemittelt (*infml*) **challenger** *n* Herausforderer *m*, Herausforderin *f* **challenging** *adj* **1** (*≈ provocative*) herausfordernd **2** (*≈ demanding*) anspruchsvoll

chamber *n* **1** (*old*) Gemach *nt* (*old*) **2** **Chamber of Commerce** Handelskammer *f*; **the Upper/Lower Chamber** PARL die Erste/Zweite Kammer **chambermaid** *n* Zimmermädchen *nt* **chamber music** *n* Kammermusik *f* **chamber orchestra** *n* Kammerorchester *nt* **chamber pot** *n* Nachttopf *m*

chameleon *n* (ZOOL, *fig*) Chamäleon *nt*

champagne *n* Sekt *m*; (*≈ French champagne*) Champagner *m*; **~ glass** Sekt-/Champagnerglas *nt*

champion **A** *n* **1** SPORTS Meister(in) *m(f)*; **~s** (*≈ team*) Meister *m*; **world ~** Weltmeister(in) *m(f)*; **heavyweight ~ of the world** Weltmeister *m* im Schwergewicht **2** (*of a cause*) Verfechter *m* **B** *v/t* eintreten für **championship** *n* **1** SPORTS Meisterschaft *f* **2** **championships** *pl* Meisterschaftskämpfe *pl*

chance **A** *n* **1** (*≈ coincidence*) Zufall *m*; (*≈ luck*) Glück *nt*; **by ~** zufällig; **would you by any ~ be able to help?** könnten Sie mir vielleicht behilflich sein? **2** (*≈ possibility*) Chance(n *pl*) *f*; (*≈ probability*) Möglichkeit *f*; **(the) ~s are that …** wahrscheinlich …; **what are the ~s of his coming?** wie groß ist die Wahrscheinlichkeit, dass er kommt?; **is there any ~ of us meeting again?** könnten wir uns vielleicht wiedersehen?; **he doesn't stand** *or* **hasn't got a ~** er hat keine(rlei) Chance(n); **he has a good ~ of winning** er hat gute Aussicht zu gewinnen; **to be in with a ~** eine Chance haben; **no ~!** (*infml*) nee! (*infml*); **you won't get another ~** das ist eine einmalige Gelegenheit; **I had the ~ to go** *or* **of going** ich hatte (die) Gelegenheit, dahin zu gehen; **now's your ~!** das ist deine Chance! **3** (*≈ risk*) Risiko *nt*; **to take a ~** es

darauf ankommen lassen; **he's not taking any ~s** er geht kein Risiko ein **B** *attr* zufällig; **~ meeting** zufällige Begegnung **C** *v/t* **I'll ~ it!** (*infml*) ich versuchs mal (*infml*) ◊**chance (up)on** *v/i +prep obj person* zufällig treffen; *thing* zufällig stoßen auf (*+acc*)

chancellor *n* Kanzler *m*; **Chancellor (of the Exchequer)** (*Br*) Schatzkanzler(in) *m(f)*

chandelier *n* Kronleuchter *m*

change **A** *n* **1** (*≈ alteration*) Veränderung *f*; (*≈ modification also*) Änderung *f* (*to +gen*); **a ~ for the better/worse** eine Verbesserung/Verschlechterung; **~ of address** Adressenänderung *f*; **a ~ in the weather** eine Wetterveränderung; **no ~** unverändert; **I need a ~ of scene** ich brauche Tapetenwechsel; **to make ~s (to sth)** (an etw *dat*) (Ver)änderungen *pl* vornehmen; **I didn't have a ~ of clothes with me** ich hatte nichts zum Wechseln mit **2** (*≈ variety*) Abwechslung *f*; **(just) for a ~** zur Abwechslung (mal); **that makes a ~** das ist mal was anderes **3** (*of one thing for another*) Wechsel *m*; **a ~ of government** ein Regierungswechsel *m* **4** *no pl* (*≈ money*) Wechselgeld *nt*; (*≈ small change*) Kleingeld *nt*; **can you give me ~ for a pound?** können Sie mir ein Pfund wechseln?; **I haven't got any ~** ich habe kein Kleingeld; **you won't get much ~ out of £5** von £ 5 wird wohl nicht viel übrig bleiben; **keep the ~** der Rest ist für Sie **B** *v/t* **1** wechseln; *address, name* ändern; **to ~ trains** *etc* umsteigen; **to ~ one's clothes** sich umziehen; **to ~ a wheel/the oil** ein Rad/das Öl wechseln; **to ~ a baby's nappy** (*Br*) *or* **diaper** (*US*) (bei einem Baby) die Windeln wechseln; **to ~ the sheets** *or* **the bed** die Bettwäsche wechseln; **to ~ hands** den Besitzer wechseln; **she ~d places with him** er und sie tauschten die Plätze **2** (*≈ alter*) (ver)ändern; *person, ideas* ändern; (*≈ transform*) verwandeln; **to ~ sb/sth into sth** jdn/etw in etw (*acc*) verwandeln **3** (*≈ exchange*) umtauschen; **she ~d the dress for one of a different colour** sie tauschte das Kleid gegen ein andersfarbiges um **4** (*Br* AUTO) **to ~ gear** schalten **C** *v/i* **1** (*≈ alter*) sich ändern; (*traffic lights*) umspringen (*to* auf *+acc*); **to ~ from sth into …** sich aus etw in … (*acc*) verwandeln **2** (*≈ change clothes*) sich umziehen; **she ~d into an old skirt** sie zog sich einen alten Rock an; **I'll just ~ out of these old clothes** ich muss mir noch die alten Sachen ausziehen **3** (≈ *change trains etc*) umsteigen; **all ~!** alle aussteigen! **4 to ~ to a different system** auf ein anderes System umstellen; **I ~d to philosophy from chemistry** ich habe von Chemie zu Philosophie gewechselt ◊**change around** *v/t sep* = change round II ◊**change down** *v/i* (*Br* AUTO) in einen niedrigeren Gang schalten ◊**change over A** *v/i* **1** (≈ *to sth different*) sich umstellen (*to* auf +*acc*); **we have just changed over from gas to electricity** hier *or* bei uns ist gerade von Gas auf Strom umgestellt worden **2** (≈ *exchange activities etc*) wechseln **B** *v/t sep* austauschen ◊**change round** (*esp Br*) **A** *v/i* = change over I **B** *v/t sep room* umräumen; *furniture* umstellen ◊**change up** *v/i* (*Br* AUTO) in einen höheren Gang schalten

changeable *adj character* unbeständig; *weather* wechselhaft; *mood* wechselnd **change machine** *n* Geldwechsler *m* **changeover** *n* Umstellung *f* (*to* auf +*acc*) **changing** *adj* wechselnd **changing room** *n* (*in store*) Ankleideraum *m*; SPORTS Umkleideraum *m*

channel A *n* **1** (≈ *strait, also* TV, RADIO) Kanal *m*; **the (English) Channel** der Ärmelkanal **2** (*fig, usu pl*) (*of bureaucracy etc*) Dienstweg *m*; (*of information etc*) Kanal *m*; **to go through the official ~s** den Dienstweg gehen **3** (≈ *groove*) Furche *f* **B** *v/t* **1** *water* (hindurch)leiten **2** (*fig*) lenken (*into* auf +*acc*) **Channel ferry** *n* (*Br*) Kanalfähre *f* **channel-hopping** *n* (*Br* TV *infml*) Zappen *nt* (*infml*) **Channel Islands** *pl* Kanalinseln *pl* **channel-surfing** *n* (*esp US* TV *infml*) = channel-hopping **Channel Tunnel** *n* Kanaltunnel *m* **chant A** *n* Gesang *m*; (*of football fans etc*) Sprechchor *m* **B** *v/t* im (Sprech)chor rufen; ECCL singen **C** *v/i* Sprechchöre anstimmen; ECCL singen

chaos *n* Chaos *nt*; **complete ~** ein totales Durcheinander **chaotic** *adj* chaotisch **chap**[1] *v/t* spröde machen; **~ped lips** aufgesprungene Lippen *pl* **chap**[2] *n* (*Br infml* ≈ *man*) Typ *m* (*infml*) **chapel** *n* Kapelle *f* **chaperon(e) A** *n* Anstandsdame *f* **B** *v/t* Anstandsdame spielen bei **chaplain** *n* Kaplan *m* **chaplaincy** *n*

Diensträume *pl* eines Kaplans **chapter** *n* Kapitel *nt* **char**[1] *v/t* verkohlen **char**[2] (*Br infml*) *n* (*a.* **charwoman, charlady**) Putzfrau *f* **character** *n* **1** Charakter *m*; (*of people*) Wesen *nt no pl*; **it's out of ~ for him to do that** es ist eigentlich nicht seine Art, so etwas zu tun; **to be of good/bad ~** ein guter/schlechter Mensch sein; **she has no ~** sie hat keine eigene Note **2** (*in novel*) (Roman)figur *f*; THEAT Gestalt *f* **3** (≈ *original person*) Original *nt*; (*infml* ≈ *person*) Typ *m* (*infml*) **4** TYPO, IT Zeichen *nt* **characteristic A** *adj* charakteristisch (*of* für) **B** *n* (*typisches*) Merkmal *nt* **characterization** *n* (*in a novel etc*) Personenbeschreibung *f*; (*of one character*) Charakterisierung *f* **characterize** *v/t* charakterisieren **character set** *n* IT Zeichensatz *m* **character space** *n* IT Zeichenplatz *m*

charade *n* Scharade *f*; (*fig*) Farce *f* **char-broiled** *adj* (*US*) = char-grilled **charcoal** *n* Holzkohle *f* **charge A** *n* **1** JUR Anklage *f* (*of* wegen); **convicted on all three ~s** in allen drei Anklagepunkten für schuldig befunden; **on a ~ of murder** wegen Mordverdacht **2** (≈ *attack*) Angriff *m* **3** (≈ *fee*) Gebühr *f*; **what's the ~?** was kostet das?; **to make a ~ (of £5) for sth** (£ 5 für) etw berechnen; **there's an extra ~ for delivery** die Lieferung wird zusätzlich berechnet; **free of ~** kostenlos, gratis; **delivered free of ~** Lieferung frei Haus **4** (≈ *explosive charge*) (Spreng)ladung *f*; ELEC, PHYS Ladung *f* **5** **to be in ~** die Verantwortung haben; **who is in ~ here?** wer ist hier der Verantwortliche?; **to be in ~ of sth** für etw die Verantwortung haben; (*of department*) etw leiten; **to put sb in ~ of sth** jdm die Verantwortung für etw übertragen; (*of department*) jdm die Leitung von etw übertragen; **the children were placed in their aunt's ~** die Kinder wurden der Obhut der Tante anvertraut; **to take ~ of sth** etw übernehmen; **he took ~ of the situation** er nahm die Sache in die Hand **B** *v/t* **1** *bei* anklagen; (*of* beschuldigen; **to ~ sb with doing sth** jdm vorwerfen, etw getan zu haben **2** (≈ *attack*) stürmen **3** *fee* berechnen; **I won't ~ you for that** ich berechne Ihnen nichts dafür **4** (≈ *record as debt*) in Rechnung stellen; **please ~ all these purchases to my account** bitte setzen Sie diese Einkäufe auf meine Rechnung **5** *battery* (auf)laden **6** (*form* ≈ *give as responsibility*) **to ~ sb with sth** jdn mit etw beauftragen **C** *v/i* **1** (≈ *attack*) stürmen; (*at people*) angreifen (*at sb* jdn); **~! vorwärts! 2** (*infml* ≈ *rush*) rennen; **he ~d into the room** er stürmte ins Zimmer **chargeable** *adj* **to be ~ to sb** auf jds Kosten (*acc*) gehen **charge account** *n* Kunden(kredit)konto *nt* **charge card** *n* Kundenkreditkarte *f* **charged** *adj* geladen **chargé d'affaires** *n* Chargé d'affaires *m* **charger** *n* (≈ *battery charger*) Ladegerät *nt* **charging point, charging station** *n* (*for electric vehicles etc*) Ladestation *f* **charging time** *n* (*for electric vehicles etc*) Ladezeit *f*

char-grilled *adj* (*Br*) vom Holzkohlengrill **chariot** *n* Streitwagen *m* (*liter*)

charisma *n* Charisma *nt* **charismatic** *adj* charismatisch

charitable *adj* menschenfreundlich; *organization* karitativ; **to have ~ status** als gemeinnützig anerkannt sein **charity** *n* **1** (≈ *kindness*) Menschenfreundlichkeit *f* **2 to live on ~** von Almosen leben **3** (≈ *charitable society*) karitative Organisation; **to work for ~** für die Wohlfahrt arbeiten; **a collection for ~** eine Sammlung für wohltätige Zwecke

charlady *n* (*Br*) Reinemache- *or* Putzfrau *f* **charlatan** *n* Scharlatan *m*

charm **A** *n* **1** (≈ *attractiveness*) Charme *m no pl*; **feminine ~s** (weibliche) Reize *pl*; **to turn on the ~** seinen (ganzen) Charme spielen lassen **2** (≈ *spell*) Bann *m* **3** (≈ *amulet*) Talisman *m* **B** *v/t* bezaubern; **to ~ one's way out of sth** sich mit Charme vor etw (*dat*) drücken

charming *adj* charmant; **~!** (*iron*) wie reizend! (*iron*)

chart **A** *n* **1** Tabelle *f*; (≈ *graph*) Diagramm *nt*; (≈ *map, weather chart*) Karte *f*; **on a ~** in einer Tabelle/einem Diagramm **2 charts** *pl* (≈ *top twenty*) Charts *pl* **B** *v/t progress* auswerten

charter **A** *n* Charta *f*; (≈ *town charter*) Gründungsurkunde *f* **B** *v/t plane* chartern **chartered accountant** *n* (*Br*) staatlich geprüfter Bilanzbuchhalter, staatlich geprüfte Bilanzbuchhalterin **charter**

flight *n* Charterflug *m* **charter plane** *n* Charterflugzeug *nt*

charwoman *n* (*Br*) = charlady

chase **A** *n* Verfolgungsjagd *f*; **a car ~** eine Verfolgungsjagd im Auto; **to give ~** die Verfolgung aufnehmen; **to cut to the ~** (*esp US infml*) zum Kern der Sache kommen **B** *v/t* jagen; (≈ *follow*) verfolgen **C** *v/i* **to ~ after sb** hinter jdm herrennen (*infml*); (*in vehicle*) hinter jdm herrasen (*infml*); **to ~ around** herumrasen (*infml*) ◊**chase away** *or* **off** *v/t sep* wegjagen ◊**chase down** *v/t sep* (*US* ≈ *catch*) aufspüren ◊**chase up** *v/t sep person* rankriegen (*infml*); *information etc* ranschaffen (*infml*)

chaser *n* **have a whisky ~** trinken Sie einen Whisky dazu

chasm *n* Kluft *f*

chassis *n* Chassis *nt*

chaste *adj* (+*er*) keusch **chasten** *v/t* **~ed by …** durch … zur Einsicht gelangt

chastise *v/t* (*verbally*) schelten

chastity *n* Keuschheit *f*

chat **A** *n* Unterhaltung *f*; **could we have a ~ about it?** können wir uns mal darüber unterhalten? **B** *v/i* plaudern ◊**chat up** *v/t sep* (*Br infml*) *person* einreden auf (+*acc*); *prospective girl-/boyfriend* anquatschen (*infml*)

chat line *n* IT Chatline *f* **chat room** *n* IT Chatroom *m* **chat show** *n* (*Br*) Talkshow *f* **chatter** **A** *n* (*of person*) Geschwätz *nt* **B** *v/i* (*person*) schwatzen; (*teeth*) klappern **chatterbox** *n* Quasselstrippe *f* (*infml*) **chattering** **A** *n* Geschwätz *nt* **B** *adj* **the ~ classes** (*Br pej infml*) das Bildungsbürgertum **chatty** *adj* (+*er*) geschwätzig; **written in a ~ style** im Plauderton geschrieben

chauffeur *n* Chauffeur *m*

chauvinism *n* Chauvinismus *m* **chauvinist** **A** *n* männlicher Chauvinist **B** *adj* (**male**) **~ pig** Chauvinistenschwein *nt* (*infml*) **chauvinistic** *adj* chauvinistisch

cheap **A** *adj* (+*er*) *also adv* billig; **to feel ~** sich (*dat*) schäbig vorkommen; **it doesn't come ~** es ist nicht billig; **it's ~ at the price** es ist spottbillig **B** *n* **to buy sth on the ~** (*infml*) etw für einen Pappenstiel kaufen (*infml*); **to make sth on the ~** (*infml*) etw ganz billig produzieren **cheapen** *v/t* (*fig*) schlechtmachen **cheaply** *adv* billig; *make, live* günstig **cheapness** *n* (≈ *inexpensiveness*) billiger

Preis **cheapskate** n (infml) Knauser m (infml)

cheat A v/t betrügen; **to ~ sb out of sth** jdn um etw betrügen B v/i betrügen; (in exam etc) mogeln (infml) C n Betrüger(in) m(f); (in exam etc) Mogler(in) m(f) (infml) ◊**cheat on** v/i +prep obj betrügen

cheating n Betrug m; (in exam etc) Mogeln m (infml)

Chechenia, Chechnya n Tschetschenien nt

check A n **1** (≈ examination) Überprüfung f; **to keep a ~ on sb/sth** jdn/etw überwachen **2** **to hold** or **keep sb in ~** jdn in Schach halten; **to keep one's temper in ~** sich beherrschen **3** (≈ pattern) Karo (-muster) nt **4** (US ≈ cheque) Scheck m; (≈ bill) Rechnung f **5** (US ≈ tick) Haken m B v/t **1** (≈ examine) überprüfen; **to ~ whether** or **if ...** nachprüfen, ob ... **2** (≈ control) kontrollieren; (≈ stop) aufhalten **3** AVIAT luggage einchecken; (US) coat etc abgeben C v/i (≈ make sure) nachfragen (with bei); (≈ have a look) nachsehen; **I was just ~ing** ich wollte nur nachprüfen ◊**check in** A v/i (at airport) einchecken; (at hotel) sich anmelden; **what time do you have to ~?** wann musst du am Flughafen sein? B v/t sep (at airport) luggage einchecken; (at hotel) anmelden ◊**check off** v/t sep (esp US) abhaken ◊**check out** A v/i sich abmelden; (≈ leave hotel) abreisen; (≈ sign out) sich austragen B v/t sep facts überprüfen; **check it out with the boss** klären Sie das mit dem Chef ab ◊**check over** v/t sep überprüfen ◊**check through** v/t sep I account durchsehen **2** **they checked my bags through to Berlin** mein Gepäck wurde nach Berlin durchgecheckt ◊**check up** v/i überprüfen ◊**check up on** v/i +prep obj überprüfen; sb kontrollieren

checkbook n (US) Scheckbuch nt **check card** n (US) Scheckkarte f

checked adj (in pattern) kariert; **~ pattern** Karomuster nt

checker n **1** (US, in supermarket) Kassierer(in) m(f) **2** (US, for coats etc) Garderobenfrau f/-mann m

checkers n (US) Damespiel nt; **to play ~** Dame spielen

check-in (desk) n AVIAT Abflugschalter m; (US, in hotel) Rezeption f **checking** n Kontrolle f **checking account** n (US)

Girokonto nt **check list** n Checkliste f **checkmate** A n Schachmatt nt; **~!** matt! B v/t matt setzen **checkout** n Kasse f, Kassa f (Aus) **checkpoint** n Kontrollpunkt m **checkroom** n (US THEAT) Garderobe f; RAIL Gepäckaufbewahrung f **checkup** n MED Check-up m; **to have a ~/go for a ~** einen Check-up machen lassen

cheddar n Cheddar(käse) m

cheek n **1** Backe f; **to turn the other ~** die andere Wange hinhalten **2** (Br ≈ impudence) Frechheit f; **to have the ~ to do sth** die Frechheit haben, etw zu tun; **enough of your ~!** jetzt reichts aber! **cheekbone** n Wangenknochen m **cheekily** adv (Br) frech **cheeky** adj (+er) (Br) frech; **it's a bit ~ asking for another pay rise so soon** es ist etwas unverschämt, schon wieder eine Gehaltserhöhung zu verlangen

cheep A n Piep m, Piepser m B v/i piepsen

cheer A n **1** Beifallsruf m; (≈ cheering) Jubel m; **three ~s for Mike!** ein dreifaches Hurra für Mike!; **~s!** (infml ≈ your health) prost! **2** (≈ comfort) Aufmunterung f B v/t person zujubeln (+dat); event bejubeln C v/i jubeln ◊**cheer on** v/t sep anfeuern ◊**cheer up** A v/t sep aufmuntern; place aufheitern B v/i (person) vergnügter werden; (things) besser werden; **~!** lass den Kopf nicht hängen!

cheerful adj fröhlich; place, colour etc heiter; news erfreulich, gefreut (Swiss); tune fröhlich; **to be ~ about sth** in Bezug auf etw optimistisch sein **cheerfully** adv fröhlich **cheering** A n Jubel m B adj jubelnd **cheerio** int (esp Br infml) Wiedersehen (infml); (to friends) tschüs(s) (infml), servus! (Aus) **cheerleader** n Anführer m **cheers** int → cheer I **cheery** adj (+er) fröhlich, vergnügt

cheese n Käse m; **say ~!** PHOT bitte recht freundlich **cheeseboard** n Käsebrett nt; (≈ course) Käseplatte f **cheeseburger** n Cheeseburger m **cheesecake** n COOK Käsekuchen m **cheesecloth** n Käseleinen nt **cheesed off** adj (Br infml) angeödet (infml)

cheetah n Gepard m

chef n Küchenchef(in) m(f); (as profession) Koch m, Köchin f

chemical A adj chemisch B n Chemika-

C

lie f **chemical engineering** n Chemotechnik f **chemical toilet** n Chemietoilette f

chemist n ◼1 Chemiker(in) m(f) ◼2 (Br: in shop) Drogist(in) m(f); (dispensing) Apotheker(in) m(f); **~'s shop** Drogerie f; (dispensing) Apotheke f

chemistry n Chemie f; **the ~ between us was perfect** wir haben uns sofort vertragen

chemo n (infml) Chemo f (infml) **chemotherapy** n Chemotherapie f

cheque, (US) **check** n Scheck m; **a ~ for £100** ein Scheck über £ 100; **to pay by ~** mit (einem) Scheck bezahlen **cheque account** n Girokonto nt **chequebook,** (US) **checkbook** n Scheckbuch nt **cheque card** n Scheckkarte f

chequered, (US) **checkered** adj (fig) history bewegt

cherish v/t feelings, hope hegen; idea sich hingeben (+dat); **to ~ sb's memory** jds Andenken in Ehren halten **cherished** adj belief lang gehegt; **her most ~ possessions** die Dinge, an denen sie am meisten hängt

cherry ◼A n Kirsche f ◼B adj (colour) kirschrot; cook Kirsch- **cherry blossom** n Kirschblüte f **cherry-pick** (fig infml) ◼A v/t die Rosinen herauspicken aus (infml) ◼B v/i sich (dat) die Rosinen herauspicken (infml) **cherry picker** n (≈ vehicle) Bockkran m **cherry tomato** n Kirsch- or Cherrytomate f

cherub n ◼1 pl -im ECCL Cherub m ◼2 pl -s ART Putte f

chess n Schach(spiel) nt **chessboard** n Schachbrett nt **chessman, chesspiece** n Schachfigur f **chess set** n Schachspiel nt

chest[1] n (for tools etc) Kiste f; (≈ piece of furniture) Truhe f; **~ of drawers** Kommode f

chest[2] n ANAT Brust f; **to get sth off one's ~** (fig infml) sich (dat) etw von der Seele reden; **~ muscle** Brustmuskel m; **~ pains** Schmerzen pl in der Brust **chest infection** n Lungeninfekt m

chestnut ◼A n ◼1 (≈ nut, tree) Kastanie f ◼2 (≈ colour) Kastanienbraun nt ◼3 (≈ horse) Fuchs m ◼B adj kastanienbraun

chesty adj (+er) (Br infml) cough rau

chew v/t kauen; **don't ~ your fingernails** kaue nicht an deinen Nägeln ◊**chew on**

v/i +prep obj ◼1 (lit) (herum)kauen auf (+dat) ◼2 (a. **chew over**: infml) problem sich (dat) durch den Kopf gehen lassen

chewing gum n Kaugummi m or nt **chewy** adj meat zäh; sweets weich

chic adj (+er) chic

chick n ◼1 (of chicken) Küken nt; (≈ young bird) Junge(s) nt ◼2 (infml ≈ girl) Mieze f (infml)

chicken ◼A n Huhn nt; (for roasting) Hähnchen nt; **~ liver** Geflügelleber f; **to run around like a headless ~** wie ein kopfloses Huhn herumlaufen; **don't count your ~s (before they're hatched)** (prov) man soll den Tag nicht vor dem Abend loben (prov) ◼B adj (infml) feig; **he's ~** er ist ein Feigling ◊**chicken out** v/i (infml) kneifen (infml)

chicken farmer n Hühnerzüchter(in) m(f) **chicken feed** n (infml ≈ insignificant sum) Peanuts pl (infml) **chickenpox** n Windpocken pl **chickenshit** (US sl) ◼A n ◼1 (≈ coward) Memme f (pej infml) ◼2 no pl **to be ~** (≈ be worthless) Scheiße sein (sl) ◼B adj ◼1 (≈ cowardly) feige ◼2 (≈ worthless) beschissen (infml) **chicken wire** n Hühnerdraht m

chickpea n Kichererbse f

chicory n Chicorée f or m

chief ◼A n, pl -s (of organization) Leiter(in) m(f); (of tribe) Häuptling m; (infml ≈ boss) Chef m; **~ of police** Polizeipräsident(in) or -chef(in) m(f); **~ of staff** MIL Stabschef(in) m(f) ◼B adj ◼1 (≈ most important) wichtigste(r, s) ◼2 (≈ most senior) Haupt-; **~ executive** leitender Direktor, leitende Direktorin; **~ executive officer** Generaldirektor(in) m(f) **chief constable** n (Br) Polizeipräsident(in) m(f) **chiefly** adv hauptsächlich

chiffon ◼A n Chiffon m ◼B adj Chiffon-

child n, pl children Kind nt; **when I was a ~** in or zu meiner Kindheit **child abuse** n Kindesmisshandlung f; (sexually) Notzucht f mit Kindern **child-bearing** ◼A n Mutterschaft f ◼B adj of ~ age im gebärfähigen Alter **child benefit** n (Br) Kindergeld nt **childbirth** n Geburt f; **to die in ~** bei der Geburt sterben **childcare** n Kinderbetreuung f

childhood n Kindheit f **childish** adj, **childishly** adv (pej) kindisch **childishness** n (pej) kindisches Gehabe **childless** adj kinderlos **childlike** adj kindlich

child lock n Kindersicherung f **child-minder** n (Br) Tagesmutter f **child-minding** n (Br) Beaufsichtigung f von Kindern **child molester** n Person, die Kinder (sexuell) belästigt **child prodigy** n Wunderkind nt **childproof** adj kindersicher **children** pl of **child child seat** n Kindersitz m **child's play** n ein Kinderspiel nt

Chile n Chile nt **Chilean A** adj chilenisch **B** n Chilene m, Chilenin f

chill A ■ n Frische f; **there's quite a ~ in the air** es ist ziemlich frisch ■ MED fieberhafte Erkältung; **to catch a ~** sich verkühlen **B** adj frisch **C** v/t ■ kühlen; **I was ~ed to the bone** die Kälte ging mir bis auf die Knochen ■ (fig) blood gefrieren lassen **D** v/i (infml) chillen (sl), relaxen (sl) ◊**chill out** v/i (infml) relaxen (sl)

chilli, (US) **chili** n Peperoni pl; (≈ spice, meal) Chili m

chilling adj schreckenerregend

chilly adj (+er) kühl; **I feel ~** mich fröstelts

chime A n Glockenspiel nt; (of doorbell) Läuten nt no pl **B** v/i läuten ◊**chime in** v/i (infml) sich einschalten

chimney n Schornstein m **chimneypot** n Schornsteinkopf m **chimney sweep** n Schornsteinfeger m

chimp (infml), **chimpanzee** n Schimpanse m

chin n Kinn nt; **keep your ~ up!** Kopf hoch!; **he took it on the ~** (fig infml) er hats mit Fassung getragen

China n China nt

china A n Porzellan nt **B** adj Porzellan-**china clay** n Kaolin m

Chinatown n Chinesenviertel nt

Chinese A n ■ (≈ person) Chinese m, Chinesin f ■ (≈ language) Chinesisch nt **B** adj chinesisch; **~ restaurant** Chinarestaurant nt **Chinese leaves** n Chinakohl m

chink¹ n Ritze f; (in door) Spalt m; **a ~ of light** ein dünner Lichtstrahl

chink² v/i klirren; (coins) klimpern

chinos pl FASHION Chinos pl

chin strap n Kinnriemen m

chip A n ■ Splitter m; (of wood) Span m; **chocolate ~s** ≈ Schokoladenstreusel pl; **he's a ~ off the old block** er ist ganz der Vater; **to have a ~ on one's shoulder** einen Komplex haben (about wegen) ■ (Br ≈ potato stick) Pomme frite m or nt usu pl; (US ≈ potato slice) Chip m usu pl ■ (in crock-ery etc) abgestoßene Ecke; **this cup has a ~** diese Tasse ist angeschlagen ■ (in poker, IT) Chip m; **when the ~s are down** wenn es drauf ankommt **B** v/t ■ cup, stone anschlagen; paint abstoßen; wood beschädigen ■ SPORTS ball chippen ◊**chip away at** v/i +prep obj authority, system unterminieren; debts reduzieren, verringern ◊**chip in** v/i (infml) ■ (≈ interrupt) sich einschalten ■ **he chipped in with £3** er steuerte £ 3 bei ◊**chip off** v/t sep paint etc wegschlagen

chipboard n Spanholz nt

chipmunk n Backenhörnchen nt

chip pan n Fritteuse f **chipped** adj ■ cup angeschlagen; paint abgesplittert ■ (Br COOK) **~ potatoes** Pommes frites pl **chippings** pl (of wood) Späne pl; (≈ road chippings) Schotter m **chippy** n (Br infml) Pommesbude f (infml) **chip shop** n (Br) Imbissbude f **chip shot** n GOLF Chip (-shot) m; TENNIS Chip m

chiropodist n Fußpfleger(in) m(f) **chiropody** n Fußpflege f **chiropractor** n Chiropraktiker(in) m(f)

chirp v/i (birds) zwitschern; (crickets) zirpen

chirpy adj (+er) (infml) munter

chisel A n Meißel m; (for wood) Beitel m **B** v/t meißeln; (in wood) stemmen

chit n (a. chit of paper) Zettel m

chitchat n (infml) Geschwätz nt

chivalrous adj, **chivalrously** adv ritterlich **chivalry** n Ritterlichkeit f

chives n Schnittlauch m

chlorine n Chlor nt

chlorofluorocarbon n Chlorfluorkohlenwasserstoff m

chloroform n Chloroform nt

chlorophyll n Chlorophyll nt

choc-ice n Eismohrle nt, Eiscreme mit Schokoladenüberzug

chock-a-block adj (esp Br infml), **chock-full** adj (infml) knüppelvoll (infml)

chocoholic n (infml) Schokoladensüchtige(r) m/f(m), Schokosüchtige(r) m/f(m) (infml); **to be a ~** nach Schokolade süchtig sein

chocolate A n Schokolade f; (**hot** or **drinking**) **~** Schokolade f; **a ~** eine Praline **B** adj Schokoladen- **chocolate bar** n (≈ slab) Tafel f Schokolade; (≈ Mars® bar etc) Schokoladenriegel m **chocolate biscuit** n Schokoladenkeks m **chocolate cake** n Schokoladenkuchen m

choice **A** n **1** Wahl f; **it's your ~** du hast die Wahl; **to make a ~** eine Wahl treffen; **I didn't do it from ~** ich habe es mir nicht ausgesucht; **he had no** or **little ~ but to obey** er hatte keine (andere) Wahl als zu gehören; **it was your ~** du wolltest es ja so; **the drug/weapon of ~** die bevorzugte Droge/Waffe **2** (≈ variety) Auswahl f (of an +dat, von) **B** adj COMM Qualitäts-

choir n Chor m **choirboy** n Chorknabe m **choir master** n Chorleiter m

choke **A** v/t person ersticken; (≈ throttle) (er)würgen; **in a voice ~d with tears/ emotion** mit tränenerstickter/tief bewegter Stimme **B** v/i ersticken (on an +dat) **C** n AUTO Choke m ◊**choke back** v/t sep tears unterdrücken

choking adj smoke beißend

cholera n Cholera f

cholesterol n Cholesterin nt

chomp v/t laut mahlen; (person) mampfen (infml)

choose pret **chose**, past part **chosen** **A** v/t **1** (aus)wählen; **to ~ a team** eine Mannschaft auswählen or zusammenstellen; **they chose him as their leader** or **to be their leader** sie wählten ihn zu ihrem Anführer **2** **to ~ to do sth** es vorziehen, etw zu tun **B** v/i **to ~ (between** or **among/from)** wählen (zwischen +dat/aus or unter +dat); **there is nothing** or **little to ~ between them** sie sind gleich gut **choos(e)y** adj (+er) wählerisch

chop[1] **A** n **1** COOK Kotelett nt **2** (infml) **to get the ~** (≈ be axed) dem Rotstift zum Opfer fallen; (≈ be fired) rausgeschmissen werden (infml) **B** v/t hacken; meat etc klein schneiden ◊**chop down** v/t sep tree fällen ◊**chop off** v/t sep abschlagen ◊**chop up** v/t sep zerhacken

chop[2] v/i **to ~ and change (one's mind)** ständig seine Meinung ändern

chopper n **1** (≈ axe) Hackbeil nt **2** (infml ≈ helicopter) Hubschrauber m **chopping block** n Hackklotz m; (for wood, executions etc) Block m **chopping board** n (Br) Hackbrett nt **chopping knife** n (Br) Hackmesser nt; (with rounded blade) Wiegemesser nt **choppy** adj (+er) sea kabbelig **chopstick** n Stäbchen nt

choral adj Chor-; **~ society** Gesangverein m

chord n MUS Akkord m; **to strike the right ~** (fig) den richtigen Ton treffen

chore n lästige Pflicht; **~s** pl Hausarbeit f; **to do the ~s** die Hausarbeit erledigen

choreographer n Choreograf(in) m(f) **choreography** n Choreografie f

chorister n (Kirchen)chormitglied nt; (≈ boy) Chorknabe m

chortle v/i gluckern

chorus n **1** (≈ refrain) Refrain m **2** (≈ singers) Chor m; (≈ dancers) Tanzgruppe f **chorus line** n Revue f

chose pret of **choose chosen** **A** past part of **choose** **B** adj **the ~ few** die wenigen Auserwählten

choux pastry n Brandteig m

chowder n sämige Fischsuppe

Christ **A** n Christus m **B** int (sl) Herrgott (infml) **christen** v/t taufen; **to ~ sb after sb** jdn nach jdm (be)nennen **christening** n Taufe f

Christian **A** n Christ m **B** adj christlich **Christianity** n Christentum nt **Christian name** n Vorname m

Christmas n Weihnachten nt; **are you going home for ~?** fährst du (über) Weihnachten nach Hause?; **what did you get for ~?** was hast du zu Weihnachten bekommen?; **merry** or **happy ~!** frohe or fröhliche Weihnachten! **Christmas box** n (Br) Trinkgeld nt zu Weihnachten **Christmas cake** n Früchtekuchen mit Zuckerguss zu Weihnachten **Christmas card** n Weihnachtskarte f **Christmas carol** n Weihnachtslied nt **Christmas Day** n der erste Weihnachtstag; **on ~** am ersten (Weihnachts)feiertag **Christmas Eve** n Heiligabend m; **on ~** Heiligabend **Christmas present** n Weihnachtsgeschenk nt, Christkindl nt (Aus) **Christmas pudding** n Plumpudding m **Christmastide, Christmas time** n Weihnachtszeit f **Christmas tree** n Weihnachtsbaum m

chrome n Chrom nt

chromosome n Chromosom nt

chronic adj **1** chronisch; **Chronic Fatigue Syndrome** chronisches Erschöpfungssyndrom **2** (infml ≈ terrible) miserabel (infml) **chronically** adv chronisch

chronicle **A** n Chronik f **B** v/t aufzeichnen

chronological adj chronologisch; **in ~ order** in chronologischer Reihenfolge **chronologically** adv chronologisch; **~**

arranged in chronologischer Reihenfolge **chronology** n Chronologie f **chrysanthemum** n Chrysantheme f **chubby** adj (+er) rundlich; ~ **cheeks** Pausbacken pl **chuck** v/t (infml) **1** (≈ throw) schmeißen (infml) **2** (infml) girlfriend etc Schluss machen mit; job hinschmeißen (infml) ◊**chuck away** v/t sep (infml ≈ throw out) wegschmeißen (infml); money aus dem Fenster schmeißen (infml) ◊**chuck in** v/t sep (Br infml) job hinschmeißen (infml); **to chuck it (all) in** den Laden hinschmeißen (infml) ◊**chuck out** v/t sep (infml) rausschmeißen (infml); **to be chucked out** rausfliegen (of aus) (infml)

chuckle v/i leise in sich (acc) hineinlachen

chuffed adj (Br infml) vergnügt und zufrieden

chug v/i tuckern ◊**chug along** v/i entlangtuckern; (fig infml) gut vorankommen **chum** n (infml) Kumpel m (infml), Spezi m (Aus) **chummy** adj (+er) (infml) kameradschaftlich; **to be ~ with sb** mit jdm sehr dicke sein (infml) **chunk** n großes Stück; (of meat) Batzen m; (of stone) Brocken m **chunky** adj (+er) (infml) stämmig; knitwear dick, klobig **Chunnel** n (infml) Kanaltunnel m **church** n Kirche f; **to go to ~** in die Kirche gehen; **the Church of England** die anglikanische Kirche **churchgoer** n Kirchgänger(in) m(f) **church hall** n Gemeindehalle f **church service** n Gottesdienst m **churchyard** n Friedhof m **churlish** adj, **churlishly** adv ungehobelt

churn 🇦 n 1 (for butter) Butterfass nt **2** (Br ≈ milk churn) Milchkanne f **🇧** v/t mud etc aufwühlen **🇨** v/i **his stomach was ~ing** sein Magen revoltierte ◊**churn out** v/t sep am laufenden Band produzieren ◊**churn up** v/t sep aufwühlen

chute n Rutsche f; (≈ garbage chute) Müllschlucker m

chutney n Chutney m

CIA abbr of Central Intelligence Agency CIA m

CID (Br) abbr of Criminal Investigation Department ≈ Kripo f

cider n Cidre m

cig n (infml ≈ cigarette) Zigarette f

cigar n Zigarre f

cigarette n Zigarette f **cigarette case** n Zigarettenetui nt **cigarette end** n Zigarettenstummel m **cigarette holder** n Zigarettenspitze f **cigarette lighter** n Feuerzeug nt **cigarette machine** n Zigarettenautomat m **cigarette paper** n Zigarettenpapier nt

cinch n (infml) **it's a ~** (≈ easy) das ist ein Kinderspiel

cinder n ~s pl Asche f; **burnt to a ~** (Br fig) verkohlt **Cinderella** n (lit, fig) Aschenputtel nt

cine camera n (Br) (Schmal)filmkamera f **cine film** n (Br) Schmalfilm m

cinema n (esp Br) Kino nt; **at/to the ~** im/ins Kino **cinemagoer** n Kinogänger(in) m(f)

cinnamon 🇦 n Zimt m **🇧 adj attr** Zimt-**cipher** n (≈ code) Chiffre f; **in ~** chiffriert **circa** prep zirka

circle 🇦 n 1 Kreis m; **to stand in a ~** im Kreis stehen; **to have come full ~** (fig) wieder da sein, wo man angefangen hat; **we're just going round in ~s** (fig) wir bewegen uns nur im Kreise; **a close ~ of friends** ein enger Freundeskreis; **in political ~s** in politischen Kreisen; **he's moving in different ~s now** er verkehrt jetzt in anderen Kreisen **2** (Br THEAT) Rang m **🇧 v/t 1** (≈ move around) kreisen um; **the enemy ~d the town** der Feind kreiste die Stadt ein **2** (≈ draw a circle round) einen Kreis machen um; **~d in red** rot umkringelt **🇨 v/i** (≈ fly in a circle) kreisen ◊**circle around** v/i (birds) Kreise ziehen; (plane) kreisen

circuit n **1** (≈ journey around etc) Rundgang m/-fahrt f/-reise f (of um); **to make a ~ of sth** um etw herumgehen/-fahren; **three ~s of the racetrack** drei Runden auf der Rennbahn **2** ELEC Stromkreis m; (≈ apparatus) Schaltung f **circuit board** n TECH Platine f **circuit breaker** n Stromkreisunterbrecher m **circuit diagram** n Schaltplan m **circuitous** adj umständlich **circuitry** n Schaltkreise pl **circuit training** n Zirkeltraining nt

circular 🇦 adj kreisförmig; **~ motion** Kreisbewegung f **🇧 n** (in firm) Rundschreiben nt; (≈ advertisement) Wurfsendung f **circulate 🇦 v/i 1** zirkulieren; (traffic) fließen; (rumour) kursieren **2** (at party) die Runde machen **🇧 v/t** rumour in Umlauf bringen; memo etc zirkulieren lassen

circulation *n* **1** MED Kreislauf *m*; **to have poor ~** Kreislaufstörungen haben; **this coin was withdrawn from** *or* **taken out of ~** diese Münze wurde aus dem Verkehr gezogen; **to be out of ~** (*infml*) (*person*) von der Bildfläche verschwunden sein; (*criminal, politician*) aus dem Verkehr gezogen worden sein **2** (*of newspaper etc*) Auflage(nziffer) *f* **circulatory** *adj* Kreislauf-; **~ system** Blutkreislauf *m*

circumcise *v/t* beschneiden **circumcision** *n* Beschneidung *f*

circumference *n* Umfang *m*; **the tree is 10 ft in ~** der Baum hat einen Umfang von 10 Fuß

circumnavigate *v/t* umfahren **circumnavigation** *n* Fahrt *f* (*of* um); (*in yacht also*) Umseglung *f*; **~ of the globe** Fahrt *f* um die Welt; Weltumseglung *f*

circumscribe *v/t* (≈ *restrict*) eingrenzen

circumspect *adj* umsichtig

circumstance *n* Umstand *m*; **in** *or* **under the ~s** unter diesen Umständen; **in** *or* **under no ~s** unter gar keinen Umständen; **in certain ~s** unter Umständen **circumstantial** *adj* JUR **~ evidence** Indizienbeweis *m*; **the case against him is purely ~** sein Fall beruht allein auf Indizienbeweisen

circumvent *v/t* umgehen

circus *n* Zirkus *m*

cirrhosis *n* Zirrhose *f*

CIS *abbr of* Commonwealth of Independent States GUS *f*

cissy *n* = sissy

cistern *n* Zisterne *f*; (*of WC*) Spülkasten *m*

cite *v/t* (≈ *quote*) zitieren

citizen *n* **1** Bürger(in) *m(f)* **2** (*of a state*) (Staats)bürger(in) *m(f)*; **French ~** französischer Staatsbürger, französische Staatsbürgerin **Citizens' Advice Bureau** *n* (*Br*) ≈ Bürgerberatungsstelle *f* **citizen science** *n* Bürgerwissenschaft *f*, Citizen Science *f* **citizenship** *n* Staatsbürgerschaft *f*

citric acid *n* Zitronensäure *f* **citrus** *n* **~ fruits** Zitrusfrüchte *pl*

city *n* **1** Stadt *f*, Großstadt *f*; **the ~ of Glasgow** die Stadt Glasgow **2** (*in London*) **the City** die City **city break** *n* Städtereise *f* **city centre**, (*US*) **city center** *n* Stadtzentrum *nt* **city dweller** *n* Stadtbewohner(in) *m(f)* **city father** *n* Stadtverordnete(r) *m*; **the ~s** die Stadtväter *pl*

city hall *n* Rathaus *nt*; (*US* ≈ *municipal government*) Stadtverwaltung *f* **city life** *n* (Groß)stadtleben *nt* **cityscape** *n* (Groß)stadtlandschaft *f*

civic *adj* Bürger-; *duties* als Bürger; *authorities* städtisch

civil *adj* **1** (≈ *of society*) bürgerlich **2** (≈ *polite*) höflich; **to be ~ to sb** höflich zu jdm sein **3** JUR zivilrechtlich **civil defence**, (*US*) **civil defense** *n* Zivilschutz *m* **civil disobedience** *n* ziviler Ungehorsam **civil engineer** *n* Bauingenieur(in) *m(f)* **civil engineering** *n* Hoch- und Tiefbau *m* **civilian** **A** *n* Zivilist(in) *m(f)* **B** *adj* zivil, Zivil-; **in ~ clothes** in Zivil; **~ casualties** Verluste *pl* unter der Zivilbevölkerung **civilization** *n* **1** (≈ *civilized world*) Zivilisation *f* **2** (*of Greeks etc*) Kultur *f* **civilize** *v/t* zivilisieren **civilized** *adj* **1** zivilisiert; **all ~ nations** alle Kulturnationen **2** *conditions, hour* zivil **civil law** *n* bürgerliches Recht **civil liberty** *n* Bürgerrecht *nt* **civil marriage** *n* standesamtliche Trauung **civil partnership** *n* (*Br*) eingetragene Lebenspartnerschaft **civil rights** **A** *pl* (staats)bürgerliche Rechte *pl* **B** *attr* Bürgerrechts- **civil servant** *n* ≈ Staatsbeamte(r) *m*, Staatsbeamtin *f* **civil service** *n* ≈ Staatsdienst *m* (*ohne Richter und Lehrer*); (≈ *civil servants collectively*) Beamtenschaft *f* **civil war** *n* Bürgerkrieg *m*

CJD *abbr of* Creutzfeldt-Jakob disease CJK *f*

cl *abbr of* centilitre(s) cl

clad *adj* (*liter*) gekleidet

claim **A** *v/t* **1** (≈ *demand*) Anspruch *m* erheben auf (+*acc*); *benefits* (≈ *apply for*) beantragen; (≈ *draw*) beanspruchen; **to ~ sth as one's own** etw für sich beanspruchen; **the fighting ~ed many lives** die Kämpfe forderten viele Menschenleben **2** (≈ *assert*) behaupten **B** *v/i* **1** INSUR Ansprüche geltend machen **2** **to ~ for sth** sich (*dat*) etw zurückzahlen lassen; **you can ~ for your travelling expenses** Sie können sich (*dat*) Ihre Reisekosten zurückerstatten lassen **C** *n* **1** (≈ *demand*) Anspruch *m*; (≈ *pay claim*) Forderung *f*; **his ~ to the property** sein Anspruch auf das Grundstück; **to lay ~ to sth** Anspruch auf etw (*acc*) erheben; **to put in a ~ (for sth)** etw beantragen; **~ for damages** Schadensersatzanspruch *m* **2** (≈ *assertion*) Behauptung *f*; **to make a ~** eine Behaup-

tung aufstellen; **I make no ~ to be a genius** ich erhebe nicht den Anspruch, ein Genie zu sein ◊**claim back** v/t sep zurückfordern; **to claim sth back (as expenses)** sich (dat) etw zurückzahlen lassen
claimant n (for social security etc) Antragsteller(in) m(f); JUR Kläger(in) m(f)
clairvoyant n Hellseher(in) m(f)
clam n Venusmuschel f ◊**clam up** v/i (infml) keinen Piep (mehr) sagen (infml)
clamber v/i klettern; **to ~ up a hill** auf einen Berg klettern
clammy adj (+er) feucht
clamour, (US) **clamor** ◊ n lautstark erhobene Forderung (for nach) ◊ v/i **to ~ for sth** nach etw schreien; **the men were ~ing to go home** die Männer forderten lautstark die Heimkehr
clamp ◊ n Schraubzwinge f; MED, ELEC Klemme f; (for car) Parkkralle f ◊ v/t (ein)spannen; car eine Parkkralle befestigen an (+dat) ◊**clamp down** v/i (fig) rigoros durchgreifen ◊**clamp down on** v/i +prep obj person an die Kandare nehmen; activities einen Riegel vorschieben (+dat)
clampdown n Schlag m (on gegen)
clandestine adj geheim; meeting Geheim-
clang ◊ n Klappern nt ◊ v/i klappern ◊ v/t klappern mit **clanger** n (Br infml) Schnitzer m (infml); **to drop a ~** ins Fettnäpfchen treten (infml)
clank ◊ n Klirren nt ◊ v/t klirren mit ◊ v/i klirren
clap ◊ n Klatschen nt no pl; **a ~ of thunder** ein Donnerschlag m; **give him a ~!** klatscht ihm Beifall!; **a ~ on the back** ein Schlag m auf die Schulter ◊ v/t Beifall klatschen (+dat); **to ~ one's hands** in die Hände klatschen; **to ~ sb on the back** jdm auf die Schulter klopfen; **he ~ped his hand over my mouth** er hielt mir den Mund zu; **to ~ eyes on sb/sth** (infml) jdn/etw zu sehen kriegen (infml) ◊ v/i (Beifall) klatschen **clapped-out** adj attr, **clapped out** adj pred (infml) klapprig; **a ~ old car** eine alte Klapperkiste (infml)
clapper n **to go/drive/work like the ~s** (Br infml) ein Mordstempo draufhaben (infml) **clapping** n Beifall m **claptrap** n (infml) Geschwafel nt (infml)
claret roter Bordeauxwein
clarification n Klarstellung f; **I'd like a**

little **~ on this point** ich hätte diesen Punkt gerne näher erläutert **clarify** v/t klären; text erklären; statement näher erläutern
clarinet n Klarinette f
clarity n Klarheit f
clash ◊ v/i ◊ (demonstrators) zusammenstoßen ◊ (colours) sich beißen; (films) sich überschneiden; **we ~ too much** wir passen einfach nicht zusammen ◊ n ◊ (of demonstrators) Zusammenstoß m; (between people) Konflikt m ◊ (of personalities) Unvereinbarkeit f; **a ~ of interests** eine Interessenkollision
clasp ◊ n (on brooch etc) (Schnapp)verschluss m ◊ v/t (er)greifen; **to ~ sb's hand** jds Hand ergreifen; **to ~ one's hands (together)** die Hände falten; **to ~ sb in one's arms** jdn in die Arme nehmen
class ◊ n ◊ (≈ group, also SCHOOL) Klasse f; **they're just not in the same ~** man kann sie einfach nicht vergleichen; **in a ~ of its own** weitaus das Beste; **I don't like her ~es** ihr Unterricht gefällt mir nicht; **the French ~** (≈ lesson) die Französischstunde; (≈ people) die Französischklasse; **the ~ of 2018** der Jahrgang 2018, die Schul-/Universitätsabgänger etc des Jahres 2018 ◊ (≈ social rank) gesellschaftliche Stellung; **the ruling ~** die herrschende Klasse ◊ (Br UNIV, of degree) Prädikat nt; **a first-~ degree** ein Prädikatsexamen nt; **second-~ degree** ≈ Prädikat Gut ◊ (infml ≈ quality) Stil m; **to have ~** (person) Format haben ◊ adj (infml) erstklassig ◊ v/t einordnen **class-conscious** adj standesbewusst, klassenbewusst **class distinction** n Klassenunterschied m
classic ◊ adj klassisch; **a ~ example of sth** ein klassisches Beispiel für etw ◊ n Klassiker m
classical adj klassisch; architecture klassizistisch; education humanistisch; **~ music** klassische Musik; **the ~ world** die antike Welt **classics** n sg UNIV Altphilologie f
classification n Klassifizierung f **classified** adj in Klassen eingeteilt; **~ ad (-vertisement)** Kleinanzeige f; **~ information** MIL Verschlusssache f; POL Geheimsache f **classify** v/t klassifizieren
classless adj society klassenlos **classmate** n Mitschüler(in) m(f) **class reunion** n Klassentreffen nt **classroom** n Klassenzimmer nt **classroom assist-**

ant *n* Assistenzlehrkraft *f* **class system** *n* Klassensystem *nt*

classy *adj* (+er) (*infml*) nobel (*infml*)

clatter **A** *n* Geklapper *nt* **B** *v/i* klappern

clause *n* **1** GRAM Satz *m* **2** JUR *etc* Klausel *f*

claustrophobia *n* Klaustrophobie *f*

claustrophobic *adj* klaustrophob(isch); **it's so ~ in here** hier kriegt man Platzangst (*infml*)

claw **A** *n* Kralle *f*; (*of lobster etc*) Schere *f* **B** *v/t* kratzen; **they ~ed their way out from under the rubble** sie wühlten sich aus dem Schutt hervor; **he ~ed his way to the top** (*fig*) er hat sich an die Spitze durchgeboxt **C** *v/i* **to ~ at sth** sich an etw (*acc*) krallen

clay *n* Lehm *m* **clay court** *n* TENNIS Sandplatz *m* **clay pigeon shooting** *n* Tontaubenschießen *nt*

clean **A** *adj* (+er) **1** sauber; **to wash sth ~** etw abwaschen; **to wipe a disk ~** IT alle Daten von einer Diskette löschen; **to make a ~ start** ganz von vorne anfangen; (*in life*) ein neues Leben anfangen; **he has a ~ record** gegen ihn liegt nichts vor; **a ~ driving licence** ein Führerschein *m* ohne Strafpunkte; **a ~ break** (*fig*) ein klares Ende **2** *joke* stubenrein **3** **to make a ~ breast of sth** etw gestehen **B** *adv* glatt; **I ~ forgot** das habe ich glatt(weg) vergessen (*infml*); **he got ~ away** er verschwand spurlos; **to cut ~ through** sth etw ganz durchschneiden/durchschlagen *etc*; **to come ~** (*infml*) auspacken (*infml*); **to come ~ about** sth etw gestehen **C** *v/t* sauber machen; *nails, paintbrush* reinigen; *window, shoes, vegetables* putzen; *fish, wound* säubern; (≈ *wash*) (ab)waschen; (≈ *wipe*) abwischen; **to ~ one's hands** (≈ *wash*) sich (*dat*) die Hände waschen *or* (*mit Tuch*) abwischen; **to ~ one's teeth** sich (*dat*) die Zähne putzen; **~ the dirt off your face** wisch dir den Schmutz vom Gesicht! **D** *v/i* reinigen **E** *n* **to give sth a ~**; → *vt* ◊**clean off** *v/t sep* (≈ *wash*) abwaschen; (≈ *wipe*) abwischen; *dirt entfernen* ◊**clean out** *v/t sep* (*lit*) gründlich sauber machen ◊**clean up** **A** *v/t sep* **1** (*lit*) sauber machen; *building* reinigen; *mess* aufräumen **2** (*fig*) **the new mayor cleaned up the city** der neue Bürgermeister hat für Sauberkeit in der Stadt gesorgt; **to ~ television** den Bildschirm (von Gewalt, Sex *etc*)

säubern B *v/i* (*lit*) aufräumen

clean-cut *adj person* gepflegt; **~ features** klare Gesichtszüge *pl* **cleaner** *n* **1** (≈ *person*) Reinemachefrau *f*; **the ~s** das Reinigungspersonal **2** (≈ *shop*) **~'s** Reinigung *f* **3** (≈ *substance*) Reinigungsmittel *nt*

cleaning *n* **the ladies who do the ~** die Frauen, die (hier) sauber machen; **~ fluid** Reinigungsflüssigkeit *f* **cleaning lady** *n* Reinemachefrau *f* **cleanliness** *n* Reinlichkeit *f* **clean-living** *adj* anständig **cleanly** *adv* sauber; **the bone broke ~** es war ein glatter Knochenbruch **cleanness** *n* Sauberkeit *f* **clean-out** *n* **to give sth a ~** etw sauber machen **cleanse** *v/t* reinigen **cleanser** *n* (≈ *detergent*) Reinigungsmittel *nt*; (*for skin*) Reinigungsmilch *f* **clean-shaven** *adj* glatt rasiert **cleansing** *adj* Reinigungs- **cleansing department** *n* Stadtreinigung *f*

clear **A** *adj* (+er) **1** klar; *complexion* rein; *photograph* scharf; **on a ~ day** bei klarem Wetter; **to be ~ to sb** jdm klar sein; **you weren't very ~** du hast dich nicht sehr klar ausgedrückt; **is that ~?** alles klar?; **let's get this ~, I'm the boss** eins wollen wir mal klarstellen, ich bin hier der Chef; **to be ~ on** *or* **about sth** (sich *dat*) über etw (*acc*) im Klaren sein; **to make oneself ~** sich klar ausdrücken; **to make it ~ to sb that ...** es jdm (unmissverständlich) klarmachen, dass ...; **a ~ profit** ein Reingewinn *m*; **to have a ~ lead** klar führen **2** (≈ *free*) frei; **to be ~ of sth** frei von etw sein; **we're now ~ of debts** jetzt sind wir schuldenfrei; **the bottom of the door should be about 3 mm ~ of the floor** zwischen Tür und Fußboden müssen etwa 3 mm Luft sein; **at last we were/got ~ of the prison walls** endlich hatten wir die Gefängnismauern hinter uns **3** (≈ *ahead*, *Br*) **Rangers are now three points ~ of Celtic** Rangers liegt jetzt drei Punkte vor Celtic **B** *n* **to be in the ~** (≈ *free from suspicion*) frei von jedem Verdacht sein; **we're not in the ~ yet** (≈ *not out of difficulties*) wir sind noch nicht aus allem heraus **C** *adv* **1** **loud and ~** laut und deutlich **2** (≈ *completely*) **he got ~ away** er verschwand spurlos **3** **he leapt ~ of the burning car** er rettete sich durch einen Sprung aus dem brennenden Auto; **to steer** *or* **keep ~ of sb** jdm aus dem

Wege gehen; **to steer** or **keep ~ of sth** etw meiden; **to steer** or **keep ~ of a place** um einen Ort einen großen Bogen machen; **exit, keep ~** Ausfahrt frei halten!; **stand ~ of the doors!** bitte von den Türen zurücktreten! **D** v/t **1** pipe reinigen; blockage beseitigen; land, road räumen; IT screen löschen; **to ~ the table** den Tisch abräumen; **to ~ a space for sth** für etw Platz schaffen; **to ~ the way for sb/sth** den Weg für jdn/etw frei machen; **to ~ a way through the crowd** sich (dat) einen Weg durch die Menge bahnen; **to ~ a room** (of people) ein Zimmer räumen; (of things) ein Zimmer ausräumen; **to ~ one's head** (wieder) einen klaren Kopf bekommen **3** JUR person freisprechen; one's name rein waschen **4** **he ~ed the bar easily** er übersprang die Latte mit Leichtigkeit; **raise the car till the wheel ~s the ground** das Auto anheben, bis das Rad den Boden nicht mehr berührt **5** debt begleichen **6** stock räumen **7** (≈ approve) abfertigen; **to ~ a cheque** or (US) **check** bestätigen, dass ein Scheck gedeckt ist; **you'll have to ~ that with management** Sie müssen das mit der Firmenleitung regeln; **~ed by security** von den Sicherheitsbehörden für unbedenklich erklärt **E** v/i (weather) aufklaren; (mist, smoke) sich auflösen ◊**clear away A** v/t sep wegräumen **B** v/i **1** (mist etc) sich auflösen **2** (≈ clear away the dishes) den Tisch abräumen ◊**clear off** v/i (Br infml) abhauen (infml) ◊**clear out A** v/t sep ausräumen **B** v/i (infml ≈ leave) verschwinden (infml) ◊**clear up A** v/t sep **1** matter klären; mystery aufklären **2** (≈ tidy) aufräumen; litter wegräumen **B** v/i **1** (weather) (sich) aufklären **2** (≈ tidy up) aufräumen
clearance n **1** (≈ act of clearing) Beseitigung f **2** (by customs) Abfertigung f; (by security) Unbedenklichkeitserklärung f **clearance sale** n COMM Räumungsverkauf m **clear-cut** adj klar; issue klar umrissen **clear-headed** adj person, decision besonnen **clearing** n (in forest) Lichtung f **clearing house** n Clearingstelle f **clearly** adv **1** (≈ distinctly) klar; ~ visible klar zu sehen **2** (≈ obviously) eindeutig; ~ we cannot allow ... wir können keinesfalls zulassen ...; **this ~ can't be true** das kann auf keinen Fall stimmen **clear-**

ness n Klarheit f; (of complexion) Reinheit f **clear-sighted** adj (fig) scharfsichtig
cleavage n Dekolleté nt
cleaver n Hackbeil nt
clef n (Noten)schlüssel m
cleft A adj gespalten; **a ~ chin** ein Kinn nt mit Grübchen **B** n Spalte f; (in chin) Grübchen nt **cleft palate** n Wolfsrachen m
clematis n Klematis f
clemency n Milde f (towards sb jdm gegenüber); **the prisoner was shown ~** dem Gefangenen wurde eine milde Behandlung zuteil
clementine n Klementine f
clench v/t fist ballen; teeth zusammenbeißen; (≈ grasp firmly) packen
clergy pl Klerus m **clergyman** n, pl -men Geistliche(r) m **clergywoman** -women pl n Geistliche f
cleric n Geistliche(r) m
clerical adj **1** ~ work/job Schreib- or Büroarbeit f; ~ worker Schreib- or Bürokraft f; ~ staff Schreibkräfte pl; ~ error Versehen nt; (in wording etc) Schreibfehler m **2** ECCL geistlich
clerk n **1** (Büro)angestellte(r) m/f(m) **2** (≈ secretary) Schriftführer(in) m/f(m) **3** (US ≈ shop assistant) Verkäufer(in) m/f(m) **4** (US, in hotel) Hotelsekretär(in) m/f(m)
clever adj **1** schlau **2** (≈ ingenious, skilful, witty) klug; device raffiniert; **to be ~ at sth** in etw (dat) geschickt sein; **he is ~ at raising money** er ist geschickt, wenn es darum geht, Geld aufzubringen **cleverly** adv (≈ wittily) schlau **cleverness** n **1** (≈ intelligence) Schlauheit f **2** (≈ skill, ingenuity) Klugheit f **3** (≈ cunning) Schläue pl
cliché n Klischee nt **clichéd** adj klischeehaft
click A n Klicken nt; (of light switch) Knipsen nt; (of fingers) Schnipsen nt **B** v/i **1** klicken; (light switch) knipsen; (fingers) schnipsen **2** (infml) **suddenly it all ~ed (into place)** plötzlich hatte es gefunkt (infml); **some people you ~ with straight away** mit manchen Leuten versteht man sich auf Anhieb **C** v/t fingers schnippen mit; **to ~ sth into place** etw einschnappen lassen ◊**click on** v/i IT **to ~ the mouse** mit der Maus klicken; **to ~ an icon** ein Icon anklicken
clickable adj IT anklickbar

client n Kunde m, Kundin f; (of solicitor) Klient(in) m(f) **clientele** n Kundschaft f
cliff n Klippe f **cliffhanger** n Superthriller m (infml) **clifftop** n **a house on a ~** ein Haus oben auf einem Felsen
climactic adj **a ~ scene** ein Höhepunkt
climate n Klima nt; **to move to a warmer ~** in eine wärmere Gegend ziehen; **~ conference** Klimakonferenz f **climatic** adj Klima-
climax n Höhepunkt m
climb 🅰 v/t 🚹 (a. **climb up**) klettern auf (+acc); hill steigen auf (+acc); ladder, steps hoch- or hinaufsteigen; cliffs hochklettern; **my car can't ~ that hill** mein Auto schafft den Berg nicht; **to ~ a rope** an einem Seil hochklettern 🚹 (a. **climb over**) wall etc klettern über (+acc) 🅱 v/i klettern; (as mountaineer) bergsteigen; (into train, car etc) steigen (into in +acc); (prices, aircraft) steigen 🅲 n 🚹 **we're going out for a ~** wir machen eine Bergtour; (as mountaineers) wir gehen bergsteigen 🚹 (of aircraft) Steigflug m; **the plane went into a steep ~** das Flugzeug zog steil nach oben ◊**climb down** 🅰 v/i (from tree) herunterklettern; (from ladder) heruntersteigen 🅱 v/i +prep obj tree herunterklettern von; ladder heruntersteigen ◊**climb in** v/i einsteigen ◊**climb up** 🅰 v/i = **climb** II 🅱 v/i +prep obj ladder etc hinaufsteigen; tree hochklettern
climb-down n (fig) Abstieg m **climber** n (≈ mountaineer) Bergsteiger(in) m(f); (≈ rock climber) Kletterer(in) m(f) **climbing** 🅰 adj 🚹 Berg(steiger)-; (≈ rock climbing) Kletter-; accident beim Bergsteigen 🚹 plant Kletter- 🅱 n Bergsteigen nt; (≈ rock climbing) Klettern nt; **to go ~** bergsteigen/klettern gehen
clinch v/t argument zum Abschluss bringen; **to ~ the deal** den Handel perfekt machen; **that ~es it** damit ist der Fall erledigt **clincher** n (infml) **that was the ~** das gab den Ausschlag
cling pret, past part **clung** v/i (≈ hold on) sich klammern (to an +acc); (clothes) sich anschmiegen (to +dat); **to ~ together** sich aneinanderklammern; (lovers) sich umschlingen; **she clung around her father's neck** sie hing ihrem Vater am Hals **clingfilm** n Frischhaltefolie f **clinging** adj garment sich anschmiegend; **she's the ~ sort** sie ist wie eine Klette (infml)

clingwrap n (US) Frischhaltefolie f
clinic n Klinik f **clinical** adj 🚹 MED klinisch 🚹 (fig) nüchtern **clinical depression** n klinische Depression **clinically** adv klinisch; **~ depressed** klinisch depressiv
clink 🅰 v/t klirren lassen; **to ~ glasses with sb** mit jdm anstoßen 🅱 v/i klirren
clip¹ 🅰 n (≈ fastener) Klammer f 🅱 v/t **to ~ sth onto sth** etw an etw (acc) anklemmen 🅲 v/i **to ~ on (to sth)** (an etw acc) angeklemmt werden; **to ~ together** zusammengeklemmt werden
clip² 🅰 v/t 🚹 (≈ trim) scheren; hedge also, fingernails schneiden 🚹 (a. **clip out**) article ausschneiden; (a. **clip off**) hair abschneiden 🚹 (car, bullet) streifen 🅱 n 🚹 **to give the hedge a ~** die Hecke (be)schneiden 🚹 **he gave him a ~ round the ear** er gab ihm eins hinter die Ohren (infml) 🚹 (from film) Clip m
clip art n IT Clip-Art f **clipboard** n Klemmbrett nt **clip-on** adj tie zum Anstecken; **~ earrings** Klips pl; **~ sunglasses** Sonnenklip m **clippers** pl (a. **pair of clippers**) Schere f; (for hair) Haarschneidemaschine f; (for fingernails) Nagelzange f **clipping** n (≈ newspaper clipping) Ausschnitt m
clique n Clique f
clitoris n Klitoris f
cloak 🅰 n (lit) Umhang m; (fig) Schleier m; **under the ~ of darkness** im Schutz der Dunkelheit 🅱 v/t (fig) verhüllen **cloak-and-dagger** adj geheimnisumwittert **cloakroom** n 🚹 (Br: for coats) Garderobe f 🚹 (Br euph) Waschraum m (euph)
clobber (infml) 🅰 n (Br ≈ belongings) Zeug nt (infml); (≈ clothes) Klamotten pl (infml) 🅱 v/t (≈ hit, defeat) **to get ~ed** eins übergebraten kriegen (infml)
clock n 🚹 Uhr f; **round the ~** rund um die Uhr; **against the ~** SPORTS nach or auf Zeit; **to work against the ~** gegen die Uhr arbeiten; **to beat the ~** schneller als vorgesehen fertig sein; **to put the ~ back/forward** die Uhr zurückstellen/vorstellen; **to turn the ~ back** (fig) die Zeit zurückdrehen; **to watch the ~** (infml) dauernd auf die Uhr sehen 🚹 (infml) **it's got 100,000 miles on the ~** es hat einen Tachostand von 100.000 Meilen ◊**clock in** or **on** v/i (den Arbeitsbeginn) stempeln

C

or stechen ◊**clock off** *or* **out** *v/i* (das Arbeitsstempel) stempeln *or* stechen ◊**clock up** *v/t sep speed* fahren

clock face *n* Zifferblatt *nt* **clockmaker** *n* Uhrmacher(in) *m(f)* **clock radio** *n* Radiouhr *f* **clock tower** *n* Uhrenturm *m* **clock-watching** *n* Auf-die-Uhr-Schauen *nt* **clockwise** *adj, adv* im Uhrzeigersinn **clockwork** **A** *n* (of toy) Aufziehmechanismus *m*; **like ~** wie am Schnürchen **B** *attr* **1** *train, car* aufziehbar **2** **with ~ regularity** mit der Regelmäßigkeit eines Uhrwerks

clod *n* (of earth) Klumpen *m*

clog **A** *n* (≈ shoe) Holzschuh *m*; **~s** *pl* (modern) Clogs *pl* **B** *v/t* (a. **clog up**) *pipe etc* verstopfen; **~ged with traffic** verstopft **C** *v/i* (a. **clog up**, *pipe etc*) verstopfen

cloister *n* **1** (≈ covered walk) Kreuzgang *m* **2** (≈ monastery) Kloster *nt* **cloistered** *adj* (fig) weltabgeschieden

clone **A** *n* Klon *m* **B** *v/t* klonen

close¹ **A** *adj* (+er) **1** (≈ near) in der Nähe (**to** +gen, von); **is Glasgow ~ to Edinburgh?** liegt Glasgow in der Nähe von Edinburgh?; **you're very ~** (in guessing etc) du bist dicht dran; **at ~ quarters** aus unmittelbarer Nähe; **we use this pub because it's the ~st** wir gehen in dieses Lokal, weil es am nächsten ist **2** (in time) nahe (bevorstehend) **3** (fig) friend, connection eng; relative nahe; resemblance groß; **they were very ~ (to each other)** sie standen sich sehr nahe **4** examination genau; **now pay ~ attention to me** jetzt hör mir gut zu; **you have to pay very ~ attention to the traffic signs** du musst genau auf die Verkehrszeichen achten **5** (≈ stuffy) schwül; (indoors) stickig **6** fight, result knapp; **a ~(-fought) match** ein (ganz) knappes Spiel; **a ~ finish** ein Kopf-an-Kopf-Rennen *nt*; **it was a ~ thing** or **call** das war knapp!; **the vote was too ~ to call** der Ausgang der Abstimmung war völlig offen **B** *adv* (+er) nahe; **~ by** in der Nähe; **stay ~ to me** bleib dicht bei mir; **~ to the ground** nahe am Boden; **he followed ~ behind me** er ging dicht hinter mir; **don't stand too ~ to the fire** stell dich nicht zu nahe ans Feuer; **to be ~ to tears** den Tränen nahe sein; **~ together** nahe zusammen; **this pattern comes ~st to the sort of thing we wanted** dieses Muster kommt dem, was wir uns vorgestellt haben, am nächsten; **(from) ~ up** von Nahem

close² **A** *v/t* **1** (≈ shut) schließen; (permanently) factory stilllegen; road sperren; **to ~ one's eyes/ears to sth** sich einer Sache gegenüber blind/taub stellen; **to ~ ranks** (MIL, fig) die Reihen schließen **2** meeting beenden; bank account etc auflösen; **the matter is ~d** der Fall ist abgeschlossen **B** *v/i* **1** (≈ shut) sich schließen; (≈ can be shut) zugehen; (shop, factory) schließen, zumachen; (factory: permanently) stillgelegt werden; **his eyes ~d** die Augen fielen ihm zu **2** ST EX schließen **C** *n* Ende *nt*; **to come to a ~** enden; **to draw to a ~** sich dem Ende nähern; **to bring sth to a ~** etw beenden ◊**close down** **A** *v/i* (business etc) schließen, zumachen (infml); (factory: permanently) stillgelegt werden **B** *v/t sep* business etc schließen; factory (permanently) stilllegen ◊**close in** *v/i* (night) hereinbrechen; (days) kürzer werden; (enemy etc) bedrohlich nahe kommen; **to ~ on sb** jdm auf den Leib rücken; **the police are closing in on him** die Polizei zieht das Netz um ihn zu; (physically) die Polizisten umzingeln ihn ◊**close off** *v/t sep* (ab)sperren ◊**close on** *v/i* +prep obj einholen ◊**close up** *v/t sep* house, shop zumachen

closed *adj* geschlossen; road gesperrt; **behind ~ doors** hinter verschlossenen Türen; **"closed"** „geschlossen"; **sorry, we're ~** tut uns leid, wir haben geschlossen; **~ circuit** ELEC geschlossener Stromkreis **closed-circuit television** *n* interne Fernsehanlage *f*; (for supervision) Fernsehüberwachungsanlage *f* **closed shop** *n* **we have a ~** wir haben Gewerkschaftszwang

close-fitting *adj* eng anliegend **close-knit** *adj, comp* **closer-knit** community eng or fest zusammengewachsen **closely** *adv* **1** eng; related nah(e); follow (in time) dicht; **he was ~ followed by a policeman** ein Polizist ging dicht hinter ihm; **the match was ~ contested** der Spielausgang war hart umkämpft **2** listen etc genau; **a ~-guarded secret** ein streng gehütetes Geheimnis **closeness** *n* **1** Nähe *f* **2** (fig, of friendship) Innigkeit *f* **close-run** *adj, comp* **closer-run** **it was a ~ thing** es war eine knappe Sache **close season** *n* **1** FTBL Saisonpause *f* **2** HUNT,

FISH Schonzeit f **close-set** adj, comp closer-set eyes eng zusammenstehend

closet n (US) Wandschrank m, Wandkasten m (Aus, Swiss); **to come out of the ~** (fig) sich outen

close-up n Nahaufnahme f; **in ~** in Nahaufnahme; (face) in Großaufnahme

closing A n Schließung f; (of factory: permanently) Stilllegung f **B** adj **1** remarks etc abschließend; **~ arguments** JUR Schlussplädoyers pl **2** ST EX **~ prices** Schlusskurse pl **closing date** n Einsendeschluss m **closing-down sale** n COMM Räumungsverkauf m **closing time** n Ladenschluss m; (Br, in pub) Sperrstunde f

closure n Schließung f; (of road) Sperrung f

clot A n (of blood) (Blut)gerinnsel nt **B** v/i (blood) gerinnen

cloth n **1** Stoff m **2** (≈ dishcloth etc) Tuch nt; (for cleaning also) Lappen m **3** (≈ tablecloth) Tischdecke f

clothe pret, past part clothed v/t anziehen

clothes pl Kleider pl; **his mother still washes his ~** seine Mutter macht ihm immer noch die Wäsche; **with one's ~ on/ off** an-/ausgezogen; **to put on/take off one's ~** sich an-/ausziehen **clothes basket** n Wäschekorb m **clothes brush** n Kleiderbürste f **clothes hanger** n Kleiderbügel m **clothes horse** n Wäscheständer m **clothes line** n Wäscheleine f **clothes peg**, (US) **clothes pin** n Wäscheklammer f **clothes shop** n Bekleidungsgeschäft nt **clothing** n Kleidung f, Gewand nt (Aus)

clotted cream n dicke Sahne (aus erhitzter Milch)

cloud A n Wolke f; (of smoke) Schwaden m; IT Cloud f; **to have one's head in the ~s** in höheren Regionen schweben; **to be on ~ nine** (infml) im siebten Himmel schweben (infml); **every ~ has a silver lining** (prov) kein Unglück ist so groß, es hat sein Glück im Schoß (prov) **B** v/t (fig) trüben; **to ~ the issue** die Angelegenheit verschleiern **◊cloud over** v/i (sky) sich bewölken

cloudburst n Wolkenbruch m **cloud computing** n IT Cloud-Computing nt, Zugriff auf IT-Infrastruktur über ein nicht lokales Netzwerk **cloud-cuckoo-land** n **you're living in ~** du lebst auf dem Mond (infml) **cloudless** adj wolkenlos **cloudy** adj (+er) **1** sky bewölkt; **it's getting ~** es bewölkt sich **2** liquid etc trüb

clout A n **1** (infml ≈ blow) Schlag m; **to give sb a ~** jdm eine runterhauen (infml) **2** (political) Schlagkraft f **B** v/t (infml) hauen (infml)

clove n **1** Gewürznelke f **2** **~ of garlic** Knoblauchzehe f

clover n Klee m

clown A n Clown m; (pej infml) Trottel m; **to act the ~** den Clown spielen **B** v/i (a. **clown about** or **around**) herumblödeln (infml)

club A n **1** (≈ weapon) Knüppel m **2** (≈ golf club) Golfschläger m **3** **clubs** pl CARDS Kreuz nt; **the nine of ~s** die Kreuzneun **4** (≈ society) Klub m, Verein m; (≈ night club) Klub m; FTBL Verein m; **join the ~!** (infml) gratuliere! du auch!; **the London ~ scene** das Nachtleben von London **B** v/t einknüppeln auf (+acc) **C** v/i **to go clubbing** Nachtklubs besuchen **◊club together** v/i (Br) zusammenlegen

clubhouse n Klubhaus nt **club member** n Vereins- or Klubmitglied nt

cluck v/i gackern

clue n Anhaltspunkt m; (in crosswords) Frage f; **to find a/the ~ to sth** den Schlüssel zu etw finden; **I'll give you a ~** ich gebe dir einen Tipp; **I haven't a ~!** (ich hab) keine Ahnung! **◊clue up** v/t sep (infml) **to be clued up on** or **about sth** über etw (acc) im Bilde sein; (about subject) mit etw vertraut sein **clueless** adj (infml) ahnungslos

clump A n (of trees) Gruppe f; (of earth) Klumpen m **B** v/i trampeln

clumsily adv ungeschickt; (≈ inelegant) schwerfällig **clumsiness** n Ungeschicklichkeit f; (≈ ungainliness) Schwerfälligkeit f **clumsy** adj (+er) **1** ungeschickt; (≈ inelegant) schwerfällig **2** mistake dumm

clung pret, past part of cling

clunk n dumpfes Geräusch

cluster A n Gruppe f **B** v/i (people) sich drängen or scharen

clutch A n **1** AUTO Kupplung f; **to let in/ out the ~** ein-/auskuppeln **2** (fig) **to fall into sb's ~es** jdm in die Hände fallen **B** v/t (≈ grab) umklammern; (≈ hold tightly) umklammert halten **◊clutch at** v/i +prep obj (lit) schnappen nach (+dat); (fig) sich klammern an (+acc)

C

clutter A *n* Durcheinander *nt* **B** *v/t* (*a.* **clutter up**) zu voll machen (*infml*)/stellen; **to be ~ed with sth** (*mind, room, drawer etc*) mit etw vollgestopft sein; (*floor, desk etc*) mit etw übersät sein

cm *abbr of* centimetre cm

CO *abbr of* Commanding Officer

Co ▯ *abbr of* company KG **▯** *abbr of* county

co- *pref* Mit-, mit-

c/o *abbr of* care of bei, c/o

coach A *n* **▯** (*horsedrawn*) Kutsche *f* **▯** RAIL (Eisenbahn)wagen *m* **▯** (*Br ≈ motor coach*) (Reise)bus *m*; **by ~** mit dem Bus; **~ travel/journeys** Busreisen *pl*; **~ driver** Busfahrer(in) *m(f)* **▯** SPORTS Trainer(in) *m(f)* **B** *v/t* **▯** SPORTS trainieren ≈ **to ~ sb for an exam** jdn aufs Examen vorbereiten **coaching** *n* SPORTS Training *nt*; (≈ *tutoring*) Nachhilfe *f* **coachload** *n* (*Br*) = busload **coach party** *n* (*Br*) Busreisegruppe *f* **coach station** *n* (*Br*) Busbahnhof *m* **coach trip** *n* (*Br*) Busfahrt *f*

coagulate *v/i* (*blood*) gerinnen; (*milk*) dick werden

coal *n* Kohle *f*

coalesce *v/i* (*fig*) sich vereinigen

coalface *n* (*Br*) Streb *m* **coal fire** *n* Kamin *m* **coal-fired** *adj* Kohle(n)-; **~ power station** Kohlekraftwerk *nt*

coalition *n* Koalition *f*; **~ agreement** Koalitionsvereinbarung *f*; **~ government** Koalitionsregierung *f*

coal mine *n* Zeche *f* **coal miner** *n* Bergmann *m* **coal-mining** *n* Kohle(n)bergbau *m*

coarse *adj* (+*er*) **▯** grob **▯** (≈ *uncouth*) gewöhnlich; *joke* derb **coarsen** *v/t skin* gerben **coarseness** *n* **▯** (*of texture*) Grobheit *f* **▯** (*fig ≈ vulgarity*) Gewöhnlichkeit *f*; (*of manners also*) Grobheit *f*; (*of joke also*) Unanständigkeit *f*; (*of sb's language*) Derbheit *f*

coast A *n* Küste *f*; **on the ~** am Meer; **we're going to the ~** wir fahren ans Meer; **the ~ is clear** (*fig*) die Luft ist rein **B** *v/i* **▯** (*car, cyclist, in neutral*) (im Leerlauf) fahren **▯** (*fig*) **to be ~ing along** mühelos vorankommen **coastal** *adj* Küsten-; **~ traffic** Küstenschifffahrt *f*

coaster *n* (≈ *mat*) Untersetzer *m*

coastguard *n* Küstenwache *f* **coastline** *n* Küste *f*

coat A *n* **▯** Mantel *m*; (≈ *doctor's coat etc* also) (Arzt)kittel *m* **▯** HERALDRY **~ of arms** Wappen *nt* **▯** (*of animal*) Fell *nt* **▯** (*of paint etc*) Anstrich *m*; **give it a second ~** (*of paint*) streich es noch einmal **B** *v/t* (*with paint etc*) streichen; **to be ~ed with mud** mit einer Schmutzschicht überzogen sein

coat hanger *n* Kleiderbügel *m* **coat hook** *n* Kleiderhaken *m* **coating** *n* Überzug *m* **coat stand** *n* Garderobenständer *m*

co-author *n* Mitautor(in) *m(f)*

coax *v/t* überreden; **to ~ sb into doing sth** jdn beschwatzen, etw zu tun (*infml*); **to ~ sth out of sb** jdm etw entlocken

cob *n* **corn on the ~** Maiskolben *m*

cobble A *n* (*a.* **cobblestone**) Kopfstein *m* **B** *v/t* **a ~d street** eine Straße mit Kopfsteinpflaster ◊**cobble together** *v/t sep* (*infml*) zusammenschustern

cobbler *n* Schuster *m*

cobblestone *n* Kopfstein *m*

COBOL *abbr of* common business oriented language COBOL

cobweb *n* Spinnennetz *nt*; **a brisk walk will blow away the ~s** (*fig*) ein ordentlicher Spaziergang und man hat wieder einen klaren Kopf

cocaine *n* Kokain *nt*

cochineal *n* Koschenille *f*

cock A *n* **▯** (≈ *rooster*) Hahn *m* **▯** (≈ *male bird*) Männchen *nt* **▯** (*sl ≈ penis*) Schwanz *m* (*sl*) **B** *v/t ears* spitzen ◊**cock up** *v/t sep* (*Br infml*) versauen (*infml*)

cock-a-doodle-doo *n* Kikeriki *nt* **cock-a-hoop** *adj* ganz aus dem Häuschen **cock-a-leekie (soup)** *n* Lauchsuppe *f* mit Huhn

cockatiel *n* Nymphensittich *m*

cockatoo *n* Kakadu *m*

cockerel *n* junger Hahn

cockeyed *adj* (*infml ≈ crooked*) schief **cockily** *adv* (*infml*) großspurig

cockle *n* Herzmuschel *f*

cockney A *n* **▯** (≈ *dialect*) Cockney *nt* **▯** (≈ *person*) Cockney *m* **B** *adj* Cockney-

cockpit *n* Cockpit *nt*

cockroach *n* Kakerlak *m*

cocktail *n* Cocktail *m* **cocktail bar** *n* Cocktailbar *f* **cocktail cabinet** *n* Hausbar *f* **cocktail lounge** *n* Cocktailbar *f* **cocktail stick** *n* Cocktailspieß *m* **cocktail waiter** *n* (*esp US*) Getränkekellner *m* **cocktail waitress** *n* (*esp US*) Getränkekellnerin *f*

cockup n (Br infml) **to be a ~** in die Hose gehen (infml); **to make a ~ of sth** bei or mit etw Scheiße bauen (infml) **cocky** adj (+er) (infml) großspurig
cocoa n Kakao m
coconut **A** n Kokosnuss f **B** attr Kokos- **coconut oil** n Kokosöl nt
cocoon **A** n Kokon m **B** v/t einhüllen
COD abbr of cash (Brit) or collect (US) on delivery
cod n Kabeljau m
code n **1** (≈ cipher, IT) Code m; **in ~** verschlüsselt; **to put into ~** verschlüsseln **2** (≈ rules) Kodex m; **~ of conduct** Verhaltenskodex m; **~ of practice** Verfahrensregeln pl **3** TEL Vorwahl f **4** post or zip (US) ~ Postleitzahl f **B** v/t verschlüsseln; IT codieren **coded** adj **1** codiert **2** reference versteckt; **in ~ language** in verschlüsselter or codierter Sprache
codeine n Codein nt
code name n Deckname m **code number** n Kennziffer f **co-determination** n IND Mitbestimmung f **code word** n Codewort nt **coding** n **1** Chiffrieren nt; **a new ~ system** ein neues Chiffriersystem **2** (IT ≈ codes) Codierung(en pl) f
cod-liver oil n Lebertran m
co-ed, coed **A** n (infml, Br ≈ school) gemischte Schule **B** adj gemischt **coeducational** adj school Koedukations-
coerce v/t zwingen; **to ~ sb into doing sth** jdn dazu zwingen, etw zu tun **coercion** n Zwang m
coexist v/i nebeneinander bestehen; **to ~ with or alongside sb/sth** neben jdm/etw bestehen **coexistence** n Koexistenz f
C of E abbr of Church of England
coffee n Kaffee m; **two ~s, please** zwei Kaffee, bitte **coffee bar** n Café nt, Kaffeehaus nt (Aus) **coffee bean** n Kaffeebohne f **coffee break** n Kaffeepause f **coffee capsule** n Kaffeekapsel f **coffee capsule machine** n Kaffeekapselmaschine f **coffee cup** n Kaffeetasse f **coffee filter** n Kaffeefilter m **coffee grinder** n Kaffeemühle f **coffee grounds** pl Kaffeesatz m **coffee machine** n (≈ coffee maker) Kaffeemaschine f **coffee maker** n Kaffeemaschine f **coffee mill** n Kaffeemühle f **coffee pad** n Kaffeepad nt **coffee pad machine** n Kaffeepadmaschine f **coffee**

pod n (paper) Kaffeepad nt; (plastic) Kaffeekapsel f **coffee pod machine** n Kaffeeautomat m **coffeepot** n Kaffeekanne f **coffee shop** n Café nt, Kaffeehaus nt (Aus), Imbissstube f **coffee table** n Couchtisch m **coffee-table** adj ~ **book** Bildband m
coffer n (fig) **the ~s** die Schatulle
coffin n Sarg m
cog n TECH Zahn m; (≈ cogwheel) Zahnrad nt; **he's only a ~ in the machine** (fig) er ist nur ein Rädchen im Getriebe
cognac n Kognak m; (French) Cognac® m
cognate adj verwandt
cognitive adj kognitiv
cognoscenti pl Kenner pl
cogwheel n Zahnrad nt
cohabit v/i zusammenleben
cohere v/i **1** (lit) zusammenhängen **2** (fig, community) eine Einheit bilden; (reasoning etc) kohärent sein **coherence** n (of argument) Kohärenz f; **his speech lacked ~** seiner Rede (dat) fehlte der Zusammenhang **coherent** adj **1** (≈ comprehensible) zusammenhängend **2** (≈ cohesive) logic, reasoning etc kohärent **coherently** adv **1** (≈ comprehensibly) zusammenhängend **2** (≈ cohesively) kohärent **cohesion** n (of group) Zusammenhalt m
coiffure n Haartracht f
coil **A** n **1** (of rope etc) Rolle f; (of smoke) Kringel m; (of hair) Kranz m **2** ELEC Spule f **3** (≈ contraceptive) Spirale f **B** v/t aufwickeln; **to ~ sth round sth** etw um etw wickeln
coin **A** n Münze f; **the other side of the ~** (fig) die Kehrseite der Medaille; **they are two sides of the same ~** das sind zwei Seiten derselben Sache **B** v/t phrase prägen; ..., **to ~ a phrase** ..., um mich mal so auszudrücken **coinage** n (≈ system) Währung f **coin box** n (≈ telephone) Münzfernsprecher m
coincide v/i **1** (in time, place) zusammenfallen **2** (≈ agree) übereinstimmen; **the two concerts ~** die beiden Konzerte finden zur gleichen Zeit statt **coincidence** n Zufall m; **what a ~!** welch ein Zufall! **coincidental** adj, **coincidentally** adv zufällig
coin-operated adj Münz-; **~ machine** Münzautomat m
Coke® n (infml) (Coca-)Cola® f
coke n (infml ≈ cocaine) Koks m (infml)

C

Col *abbr of* Colonel
col *abbr of* column Sp.
colander *n* Sieb *nt*
cold **A** *adj* (+er) **1** kalt; ~ **meats** Aufschnitt *m*; **I am** ~ mir ist kalt; **my hands are** ~ ich habe kalte Hände; **if you get** ~ wenn es dir zu kalt wird; **in** ~ **blood** kaltblütig; **to get** ~ **feet** (fig infml) kalte Füße kriegen (infml); **that brought him out in a** ~ **sweat** dabei brach ihm der kalte Schweiß aus; **to throw** ~ **water on sb's plans** (infml) jdm eine kalte Dusche geben **2** (fig) kalt; reception betont kühl; (≈ dispassionate) kühl; **to be** ~ **to sb** jdn kühl behandeln; **that leaves me** ~ das lässt mich kalt **3** (infml) **to be out** ~ bewusstlos sein; (≈ knocked out) k. o. sein **B** *n* **1** Kälte *f*; **to feel the** ~ kälteempfindlich sein; **to be left out in the** ~ (fig) ausgeschlossen werden **2** MED Erkältung *f*; (≈ runny nose) Schnupfen *m*; **to have a** ~ erkältet sein; (≈ runny nose) einen Schnupfen haben; **to catch (a)** ~ sich erkälten **cold-blooded** *adj* (ZOOL, fig) kaltblütig **cold calling** *n* (COMM) (on phone) unaufgeforderte Telefonwerbung **cold cuts** *pl* (US) Aufschnitt *m* **cold-hearted** *adj* kaltherzig **coldly** *adv* kalt; answer, receive betont kühl **coldness** *n* Kälte *f*; (of answer, reception) betonte Kühle **cold room** *n* Kühlraum *m* **cold shoulder** *n* (infml) **to give sb the** ~ jdm die kalte Schulter zeigen **cold sore** *n* MED Bläschenausschlag *m* **cold start** *n* AUTO, IT Kaltstart *m* **cold storage** *n* Kühllagerung *f* **cold turkey** (infml) **A** *adj* **a** ~ **cure** ein kalter Entzug (sl) **B** *adv* **to come off drugs** ~ einen kalten Entzug machen (sl) **cold war** *n* kalter Krieg
coleslaw *n* Krautsalat *m*
colic *n* Kolik *f*
collaborate *v/i* **1** **to** ~ **with sb on** or **in sth** mit jdm bei etw zusammenarbeiten **2** (with enemy) kollaborieren **collaboration** *n* **1** (≈ working together) Zusammenarbeit *f*; (of one party) Mitarbeit *f* **2** (with enemy) Kollaboration *f* **collaborative** *adj* gemeinschaftlich **collaborator** *n* **1** Mitarbeiter(in) *m(f)* **2** (with enemy) Kollaborateur(in) *m(f)*
collage *n* Collage *f*
collapse **A** *v/i* **1** zusammenbrechen; (negotiations) scheitern; (prices, government) stürzen; **they all ~d with laughter** sie

konnten sich alle vor Lachen nicht mehr halten; **she ~d onto her bed, exhausted** sie plumpste erschöpft aufs Bett **2** (table etc) sich zusammenklappen lassen **B** *n* Zusammenbruch *m*; (of negotiations) Scheitern *nt*; (of government) Sturz *m* **collapsible** *adj* table zusammenklappbar; ~ **umbrella** Taschenschirm *m*
collar **A** *n* **1** Kragen *m*; **he got hold of him by the** ~ er packte ihn am Kragen **2** (for dogs) Halsband *nt* **B** *v/t* (≈ capture) fassen **collarbone** *n* Schlüsselbein *nt* **collar size** *n* Kragenweite *f*
collate *v/t* zusammentragen
collateral *n* FIN (zusätzliche) Sicherheit **collateral damage** *n* MIL, POL Kollateralschaden *m*
colleague *n* Kollege *m*, Kollegin *f*
collect **A** *v/t* **1** sammeln; empty glasses einsammeln; litter aufsammeln; prize bekommen; belongings zusammenpacken; taxes einziehen; fares kassieren; (≈ accumulate) ansammeln; dust anziehen **2** (≈ fetch) abholen (from bei) **B** *v/i* **1** (≈ gather) sich ansammeln; (dust) sich absetzen **2** (≈ collect money) kassieren; (for charity) sammeln **C** *adv* (US) **to pay** ~ bei Empfang bezahlen; **to call** ~ ein R-Gespräch führen ◊**collect up** *v/t sep* einsammeln; litter aufsammeln; belongings zusammenpacken
collect call *n* (US) R-Gespräch *nt* **collected** *adj* **1** **the** ~ **works of Oscar Wilde** Oscar Wildes gesammelte Werke **2** (≈ calm) ruhig
collection *n* **1** (≈ group of people, objects) Ansammlung *f*; (of stamps etc) Sammlung *f* **2** (from letter box) Leerung *f*; (for charity) Sammlung *f*; (in church) Kollekte *f*; **to hold a** ~ **for sb/sth** für jdn/etw eine Sammlung durchführen **collective** *adj* kollektiv **collective bargaining** *n* Tarifverhandlungen *pl* **collectively** *adv* gemeinsam **collective noun** *n* GRAM Kollektivum *nt* **collector** *n* (of stamps etc) Sammler(in) *m(f)*; ~**'s item** Sammlerstück *nt*
college *n* **1** College *nt*; **to go to** ~ studieren; **to start** ~ sein Studium beginnen; **we met at** ~ wir haben uns im Studium kennengelernt **2** (of music etc) Fachhochschule *f*; **College of Art** Kunstakademie *f* **collegiate** *adj* College-; ~ **life** das Collegeleben
collide *v/i* (lit) zusammenstoßen; NAUT kollidieren; **to** ~ **with sb** mit jdm zusam-

menstoßen; **to ~ with sth** gegen etw prallen

colliery n Zeche f

collision n (lit) Zusammenstoß m; (fig) Konflikt m; NAUT Kollision f; **on a ~ course** auf Kollisionskurs

colloquial adj umgangssprachlich **colloquialism** n umgangssprachlicher Ausdruck

collude v/i gemeinsame Sache machen **collusion** n (geheime) Absprache; **they're acting in ~** sie haben sich abgesprochen

Cologne n Köln nt

cologne n Kölnischwasser nt

colon¹ n ANAT Dickdarm m

colon² n GRAM Doppelpunkt m

colonel n Oberst m; (as address) Herr Oberst

colonial adj Kolonial-, kolonial **colonialism** n Kolonialismus m **colonialist** **A** adj kolonialistisch **B** n Kolonialist(in) m(f)

colonist n Siedler(in) m(f) **colonization** n Kolonisation f **colonize** v/t kolonisieren

colonnade n Säulengang m

colony n Kolonie f

color etc (US) = **colour** etc

colossal adj gewaltig; mistake ungeheuer; man, city riesig

colostomy n MED Kolostomie f; **~ bag** Kolostomiebeutel m

colour, (US) **color** **A** n **1** Farbe f; **what ~ is it?** welche Farbe hat es?; **red in ~** rot; **the film was in ~** der Film war in Farbe; **~ illustration** farbige Illustration **2** (≈ complexion) (Gesichts)farbe f; **to bring the ~ back to sb's cheeks** jdm wieder Farbe geben; **he had gone a funny ~** er nahm eine komische Farbe an **3** (racial) Hautfarbe f; **to add ~ to a story** einer Geschichte (dat) Farbe geben **4 colours** pl SPORTS (Sport)abzeichen nt; **to show one's true ~s** (fig) sein wahres Gesicht zeigen **B** v/t **1** (lit) anmalen; ART kolorieren; (≈ dye) färben **2** (fig) beeinflussen **C** v/i (person: a. **colour up**) erröten ◊**colour in** v/t sep anmalen; ART kolorieren

colourant, (US) **colorant** n Farbstoff m **colour-blind**, (US) **color-blind** adj farbenblind **colour-code**, (US) **color-code** v/t farbig kennzeichnen or codieren

coloured, (US) **colored** adj **1** bunt **2**

person farbig **-coloured**, (US) **-colored** adj suf **yellow-coloured** gelb; **straw-coloured** strohfarben **colourfast**, (US) **colorfast** adj farbecht **colourful**, (US) **colorful** adj **1** (lit) bunt; spectacle farbenprächtig **2** (fig) account etc farbig; life (bunt) bewegt; personality (bunt) schillernd; **his ~ past** seine bewegte Vergangenheit **3** (euph) language derb **colourfully**, (US) **colorfully** adv bunt **colouring**, (US) **coloring** n **1** (≈ substance) Farbstoff m **2** (≈ colours) Farben pl **colouring book**, (US) **coloring book** n Malbuch nt **colourless**, (US) **colorless** adj farblos **colour photograph**, (US) **color photograph** n Farbfoto nt **colour printer**, (US) **color printer** n Farbdrucker m **colour scheme**, (US) **color scheme** n Farbzusammenstellung f **colour supplement**, (US) **color supplement** n Magazin nt **colour television**, (US) **color television** n Farbfernsehen nt; (≈ set) Farbfernseher m

colt n Hengstfohlen nt

Co Ltd abbr of company limited GmbH f

Columbus Day n (US) amerikanischer Feiertag am zweiten Montag im Oktober, an dem die Entdeckung Amerikas durch Kolumbus gefeiert wird

column n **1** (ARCH, of smoke) Säule f **2** (of vehicles) Kolonne f; (on page) Spalte f; (≈ newspaper article) Kolumne f **columnist** n Kolumnist(in) m(f)

coma n Koma nt; **to be in a ~** im Koma liegen; **to fall into a ~** ins Koma fallen

comb **A** n **1** Kamm m **2** **to give one's hair a ~** sich kämmen **B** v/t **1** hair kämmen; **to ~ one's hair** sich kämmen **2** (≈ search) durchkämmen; newspapers durchforsten ◊**comb out** v/t sep hair auskämmen ◊**comb through** v/i +prep obj files etc durchgehen; shops durchstöbern

combat **A** n Kampf m **B** v/t bekämpfen **combatant** n Kombattant m **combative** adj (≈ pugnacious) kämpferisch; (≈ competitive) aggressiv **combat jacket** n Feldjacke f **combat troops** pl Kampftruppen pl **combat trousers** pl (Br) Armeehosen pl

combination n Kombination f; (≈ combining) Vereinigung f; (of events) Verkettung f; **in ~** zusammen, gemeinsam; **an unusual colour ~** eine ungewöhnliche Farbzusammenstellung **combination**

lock *n* Kombinationsschloss *nt* **combination sandwich** *n* (US) gemischt belegtes Sandwich

combine **A** *v/t* kombinieren **B** *v/i* sich zusammenschließen **C** *n* **1** ECON Konzern *m* **2** (AGR: *a.* **combine harvester**) Mähdrescher *m* **combined** *adj* gemeinsam; *talents, efforts* vereint; *forces* vereinigt; **~ with** in Kombination mit

combustible *adj* brennbar **combustion** *n* Verbrennung *f*

come *pret* came, *past part* come **A** *v/i* **1** kommen; (≈ *extend*) reichen (*to* an/in/bis *etc* +*acc*); **they came to a town/castle** sie kamen in eine Stadt/zu einem Schloss; **~ and get it!** (das) Essen ist fertig!; **I don't know whether I'm coming or going** ich weiß nicht (mehr), wo mir der Kopf steht (*infml*); **~ and see me soon** besuchen Sie mich bald einmal; **he has ~ a long way** er hat einen weiten Weg hinter sich; (*fig*) er ist weit gekommen; **he came running into the room** er kam ins Zimmer gerannt; **he came hurrying/laughing into the room** er eilte/kam lachend ins Zimmer; **coming!** ich komme (gleich)!; **Christmas is coming** bald ist Weihnachten; **May ~s before June** Mai kommt vor Juni; **the adjective must ~ before the noun** das Adjektiv muss vor dem Substantiv stehen; **the weeks to ~** die nächsten Wochen; **that must ~ first** das muss an erster Stelle kommen **2** (≈ *happen*) geschehen; **~ what may** ganz gleich, was geschieht; **you could see it coming** das konnte man ja kommen sehen; **she had it coming to her** (*infml*) das musste ja so kommen **3** **how ~?** (*infml*) wieso?; **how ~ you're so late?** wieso kommst du so spät? **4** (≈ *be, become*) werden; **his dreams came true** seine Träume wurden wahr; **the handle has ~ loose** der Griff hat sich gelockert **5** (COMM ≈ *be available*) erhältlich sein; **milk now ~s in plastic bottles** es gibt jetzt Milch in Plastikflaschen **6** (+*infin*) **I have ~ to believe him** mittlerweile glaube ich ihm; **(now I) ~ to think of it** wenn ich es mir recht überlege **7** (*infml uses*) **I've known him for three years ~ January** im Januar kenne ich ihn drei Jahre; **~ again?** wie bitte?; **she is as vain as they ~** sie ist so eingebildet wie nur was (*infml*) **8** (*infml* ≈ *have orgasm*) kommen (*infml*) **B** *v/t* (Br *infml* ≈

act) spielen; **don't ~ the innocent with me** spielen Sie hier bloß nicht den Unschuldigen! ◊**come about** *v/impers* (≈ *happen*) passieren; **this is why it came about** das ist so gekommen ◊**come across A** *v/i* **1** (≈ *cross*) herüberkommen **2** (≈ *be understood*) verstanden werden **3** (≈ *make an impression*) wirken; **he wants to ~ as a tough guy** er mimt gerne den starken Mann (*infml*) **B** *v/i +prep obj* treffen auf (+*acc*); **if you ~ my watch ...** wenn du zufällig meine Uhr siehst ◊**come after A** *v/i +prep obj* **1** (*in sequence*) kommen nach; **the noun comes after the verb** das Substantiv steht nach dem Verb **2** (≈ *pursue*) herkommen hinter (+*dat*) **3** (≈ *follow later*) nachkommen **B** *v/i* (≈ *follow later*) nachkommen ◊**come along** *v/i* **1** (≈ *hurry up, make effort: a.* **come on**) kommen **2** (≈ *attend, accompany*) mitkommen; **~ with me** kommen Sie mal (bitte) mit **3** (≈ *develop: a.* **come on**) to be coming **along** sich machen; **how is your broken arm? — it's coming along nicely** was macht dein gebrochener Arm? — dem gehts ganz gut **4** (≈ *turn up*) kommen; (*chance etc*) sich ergeben ◊**come apart** *v/i* (≈ *fall to pieces*) auseinanderfallen; (≈ *be able to be taken apart*) zerlegbar sein ◊**come (a)round** *v/i* **1** **the road was blocked and we had to ~ by the farm** die Straße war blockiert, sodass wir einen Umweg über den Bauernhof machen mussten **2** (≈ *call round*) vorbeikommen **3** (≈ *change one's opinions*) es sich (*dat*) anders überlegen; **eventually he came (a)round to our way of thinking** schließlich machte er sich (*dat*) unsere Denkungsart zu eigen **4** (≈ *regain consciousness*) wieder zu sich (*dat*) kommen ◊**come at** *v/i +prep obj* (≈ *attack*) *sb* losgehen auf (+*acc*) ◊**come away** *v/i* **1** (≈ *leave*) (weg)gehen; **~ with me for a few days** fahr doch ein paar Tage mit mir weg!; **~ from there!** komm da weg! **2** (≈ *become detached*) abgehen ◊**come back** *v/i* **1** (≈ *return*) zurückkommen; (≈ *drive back*) zurückfahren; **can I ~ to you on that one?** kann ich später darauf zurückkommen?; **the colour is coming back to her cheeks** langsam bekommt sie wieder Farbe **2** **his name is coming back to me** langsam erinnere ich mich wieder an seinen Namen; **ah yes, it's all**

C

coming back ach ja, jetzt fällt mir alles wieder ein; **they came back into the game with a superb goal** sie fanden mit einem wunderbaren Tor ins Spielgeschehen zurück ◊**come before** v/t (JUR, person) gebracht werden vor (+acc) ◊**come between** v/i +prep obj lovers treten zwischen (+acc) ◊**come by A** v/i +prep obj (≈ obtain) kriegen **B** v/i (≈ visit) vorbeikommen ◊**come close to** v/i +prep obj = come near to ◊**come down** v/i **1** (from ladder, stairs) herunterkommen; (rain) fallen; **~ from there at once!** komm da sofort runter! **2** (prices) sinken **3** (≈ be a question of) ankommen (to auf +acc); **when it comes down to it** letzten Endes **4** **you've ~ in the world a bit** du bist aber ganz schön tief gesunken **5** (≈ reach) reichen (to bis auf +acc, zu); **her hair comes down to her shoulders** die Haare gehen ihr bis auf die Schultern **6** (tradition, story etc) überliefert werden ◊**come down on** v/i +prep obj **you've got to ~ one side or the other** du musst dich so oder so entscheiden ◊**come down with** v/i +prep obj illness kriegen ◊**come for** v/i +prep obj kommen wegen ◊**come forward** v/i **1** (≈ make oneself known) sich melden **2 to ~ with help** Hilfe anbieten; **to ~ with a good suggestion** mit einem guten Vorschlag kommen ◊**come from** v/i +prep obj kommen aus; **where does he/it ~?** wo kommt er/das her?; **I know where you're coming from** (infml) ich weiß, was du meinst ◊**come in** v/i **1** (≈ enter) (he)reinkommen; **~!** herein! **2** (≈ arrive) ankommen **3** (tide) kommen **4** (report etc) hereinkommen; **a report has just ~ of ...** uns ist gerade eine Meldung über ... zugegangen **5** **he came in fourth** er wurde Vierter **6** **he has £15,000 coming in every year** er hat £ 15.000 im Jahr **7** **where do I ~?** welche Rolle spiele ich dabei?; **that will ~ handy** (infml) or **useful** das kann ich/man noch gut gebrauchen ◊**come in for** v/i +prep obj attention erregen; criticism etc also einstecken müssen ◊**come in on** v/i +prep obj venture etc sich beteiligen an (+dat) ◊**come into** v/i +prep obj (≈ inherit) erben **I don't see where I ~ all this** ich verstehe nicht, was ich mit der ganzen Sache zu tun habe; **to ~ one's own** zeigen, was in einem steckt; **to ~ being** entstehen; **to ~ sb's**

possession in jds Besitz (acc) gelangen ◊**come near to** v/i +prep obj nahe kommen (+dat); **to ~ doing sth** drauf und dran sein, etw zu tun; **he came near to committing suicide** er war or stand kurz vor dem Selbstmord ◊**come of** v/i +prep obj **nothing came of it** es ist nichts daraus geworden; **that's what comes of disobeying!** das kommt davon, wenn man nicht hören will! ◊**come off A** v/i **1** (off bicycle etc) runterfallen **2** (button, paint etc) abgehen **3** (stains) weg- or rausgehen **4** (≈ take place) stattfinden **5** (attempts etc) klappen (infml) **6** (≈ acquit oneself) abschneiden; **he came off well in comparison to his brother** im Vergleich zu seinem Bruder ist er gut weggekommen **B** v/i +prep obj **1** bicycle etc fallen von **2** (button, paint, stain) abgehen von **3** drugs aufhören mit **4** (infml) **~ it!** nun mach mal halblang! (infml) ◊**come on A** v/i **1** = come along 1; **~! komm! 2** (Br ≈ progress) = come along 3 **3** **I've a cold coming on** ich kriege eine Erkältung **4** (SPORTS: player) ins Spiel kommen; (THEAT, actor) auftreten **B** v/i +prep obj = come (up)on ◊**come on to** v/i +prep obj (esp US infml ≈ make advances to) anmachen (infml) ◊**come out** v/i **1** (he)rauskommen; **to ~ of a room** etc aus einem Zimmer etc kommen; **to ~ fighting** (fig) sich kämpferisch geben; **he came out in a rash** er bekam einen Ausschlag; **to ~ against/in favour of sth** sich gegen/für etw aussprechen; **to ~ of sth badly/well** bei etw schlecht/nicht schlecht wegkommen; **to ~ on top** sich durchsetzen **2** (book) erscheinen; (new product) auf den Markt kommen; (film) (in den Kinos) anlaufen; (≈ become known) bekannt werden **3** IND **to ~ (on strike)** in den Streik treten **4** PHOT **the photo of the hills hasn't ~ very well** das Foto von den Bergen ist nicht sehr gut geworden **5** (splinter, stains etc) (he)rausgehen **6** (≈ total) betragen; **the total comes out at £500** das Ganze beläuft sich auf (+acc) or macht (infml) £ 500 **7** (homosexual) sich outen ◊**come out with** v/i +prep obj remarks loslassen (infml) ◊**come over A** v/i **1** (lit) herüberkommen; **he came over to England** er kam nach England **2** (≈ change allegiance) **he came over to our side** er trat auf unsere Seite über **3** (infml ≈ become suddenly) werden; **I came over (all) queer** mir wurde ganz komisch (*infml*) **B** *v/i* +*prep obj* (*feelings*) überkommen; **what's ~ you?** was ist denn (auf einmal) mit dir los? ◊**come round** *v/i* **1** (≈ *call round*) vorbeikommen *or* -schauen **2** (≈ *recur*) **Christmas has ~ again** nun ist wieder Weihnachten **3** (≈ *change one's opinions*) es sich (*dat*) anders überlegen; (≈ *throw off bad mood*) wieder vernünftig werden (*infml*) **4** (≈ *regain consciousness*) wieder zu sich (*dat*) kommen ◊**come through A** *v/i* durchkommen; **your papers haven't ~ yet** Ihre Papiere sind noch nicht fertig; **his divorce has ~** seine Scheidung ist durch (*infml*) **B** *v/i* +*prep obj illness, danger* überstehen ◊**come to A** *v/i* (*a.* **come to oneself**) wieder zu sich kommen **B** *v/i* +*prep obj* **1 that didn't ~ anything** daraus ist nichts geworden **2** *v/impers* **when it comes to mathematics ...** wenn es um Mathematik geht, ...; **let's hope it never comes to a court case** *or* **to court** wollen wir hoffen, dass es nie zum Prozess kommt; **it comes to the same thing** das läuft auf dasselbe hinaus **3** (*price, bill*) **how much does it ~?** wie viel macht das?; **it comes to £20** es kommt auf £ 20 **4 to ~ a decision** zu einer Entscheidung kommen; **what is the world coming to!** wohin soll das noch führen! ◊**come together** *v/i* zusammenkommen ◊**come under** *v/i* +*prep obj category* kommen unter (+*acc*) ◊**come up** *v/i* **1** (*lit*) hochkommen; (*sun, moon*) aufgehen; **do you ~ to town often?** kommen Sie oft in die Stadt?; **he came up to me with a smile** er kam lächelnd auf mich zu **2** (*plants*) herauskommen **3** (*for discussion*) aufkommen; (*name*) erwähnt werden; **I'm afraid something has ~** ich bin leider verhindert **4** (*number in lottery etc*) gewinnen; **to ~ for sale** zum Verkauf kommen; **my contract will soon ~ for renewal** mein Vertrag muss bald verlängert werden **5** (*post, job*) frei werden **6** (*exams, election*) bevorstehen ◊**come up against** *v/i* +*prep obj* stoßen auf (+*acc*); *opposing team* treffen auf (+*acc*) ◊**come (up)on** *v/i* +*prep obj* (≈ *find*) stoßen auf (+*acc*) ◊**come up to** *v/i* +*prep obj* **1** (≈ *reach up to*) reichen bis zu *or* an (+*acc*) **2** *expectations* entsprechen (+*dat*) **3** (*infml* ≈ *approach*) **she's coming up to twenty** sie wird bald zwanzig; **it's just coming**

up to 10 o'clock es ist gleich 10 Uhr ◊**come up with** *v/i* +*prep obj answer, idea* haben; *plan* sich (*dat*) ausdenken; *suggestion* machen; **let me know if you ~ anything** sagen Sie mir Bescheid, falls Ihnen etwas einfällt

comeback *n* (THEAT *etc, fig*) Comeback *nt*; **to make** *or* **stage a ~** ein Comeback machen

comedian *n* Komiker(in) *m(f)* **comedienne** *n* Komikerin *f*

comedown *n* (*infml*) Abstieg *m*

comedy *n* Komödie *f*

come-on *n* (*infml* ≈ *lure*) Köder *m* (*fig*); **to give sb the ~** jdn anmachen (*infml*)

comer *n* **this competition is open to all ~s** an diesem Wettbewerb kann sich jeder beteiligen

comet *n* Komet *m*

comeuppance *n* (*infml*) **to get one's ~** die Quittung kriegen (*infml*)

comfort A *n* **1** Komfort *m*; **to live in ~** komfortabel leben; **with all modern ~s** mit allem Komfort **2** (≈ *consolation*) Trost *m*; **to take ~ from the fact that ...** sich damit trösten, dass ...; **you are a great ~ to me** es beruhigt mich sehr, dass Sie da sind; **it is no ~** *or* **of little ~ to know that ...** es ist nicht sehr tröstlich zu wissen, dass ...; **too close for ~** bedrohlich nahe **B** *v/t* trösten

comfortable *adj* **1** bequem; *room* komfortabel; *temperature* angenehm; **to make sb/oneself ~** es jdm/sich bequem machen; **the patient is ~** der Patient ist wohlauf **2** (*fig*) *life* angenehm; *lead* sicher; *winner* überlegen; **to feel ~ with sb/sth** sich bei jdm/etw wohlfühlen; **I'm not very ~ about it** mir ist nicht ganz wohl bei der Sache **comfortably** *adv* **1** bequem; *furnished* komfortabel **2** (*fig*) *win* sicher; *live* angenehm; *afford* gut und gern; **they are ~ off** es geht ihnen gut **comfort eating** *n* Frustessen *nt* (*infml*) **comforter** *n* (*US* ≈ *quilt*) Deckbett *nt* **comforting** *adj* tröstlich **comfort station** *n* (*US*) öffentliche Toilette **comfort zone** *n* Komfortzone *f*; **to be out of one's ~** seine Komfortzone verlassen haben **comfy** *adj* (+*er*) (*infml*) *chair* bequem; *room* gemütlich; **are you ~?** sitzt/liegst du bequem?

comic A *adj* komisch; **~ actor** Komödiendarsteller(in) *m(f)*; **~ verse** humoristi-

sche Gedichte *pl* **B** *n* **1** (≈ *person*) Komi-
ker(in) *m(f)* **2** (≈ *magazine*) Comicheft
(-chen) *nt* **3** (*US*) **~s** Comics *pl* **comical**
adj, **comically** *adv* komisch **comic
book** *n* Comicbuch *nt* **comic strip** *n*
Comicstrip *m*

coming **A** *n* Kommen *nt*; **~(s) and go-
ing(s)** Kommen und Gehen *nt*; **~ of age**
Erreichung *f* der Volljährigkeit **B** *adj* (*lit*,
fig) kommend; **the ~ election** die bevor-
stehende Wahl

comma *n* Komma *nt*

command **A** *v/t* **1** (≈ *order*) befehlen **2**
army, ship kommandieren **3** **to ~ sb's respect** jdm Respekt abnötigen **B** *n* **1** (≈ *order, also* IT) Befehl *m*; **at/by the ~ of** auf
Befehl *+gen*; **on ~** auf Befehl **2** (MIL ≈ *authority*) Kommando *nt*; **to be in ~** das
Kommando haben (*of* über *+acc*); **to take
~** das Kommando übernehmen (*of +gen*);
under his ~ unter seinem Kommando;
to be second in ~ zweiter Befehlshaber
sein **3** (*fig* ≈ *mastery*) Beherrschung *f*; **his
~ of English is excellent** er beherrscht
das Englische ausgezeichnet; **I am at your
~** ich stehe zu Ihrer Verfügung **com-
mandant** *n* MIL Kommandant(in) *m(f)*
commandeer *v/t* (MIL, *fig*) beschlagnahmen **commander** *n* MIL, AVIAT Kom-
mandant(in) *m(f)*; NAUT Fregattenkapi-
tän(in) *m(f)* **commander in chief** *n*,
pl **commanders in chief** Oberbefehlsha-
ber(in) *m(f)* **commanding** *adj position*
führend; *voice* Kommando- (*pej*); **to have
a ~ lead** überlegen führen **commanding officer** *n* MIL befehlshabender Offizier, befehlshabende Offizierin **commandment** *n* BIBLE Gebot *nt* **com-
mando** *n, pl* **-s** (MIL) (≈ *soldier*) Angehöri-
ge(r) *m* eines Kommando(trupp)s; (≈ *unit*)
Kommando(trupp *m*) *nt*

commemorate *v/t* gedenken (*+gen*)
commemoration *n* Gedenken *nt*; **in
~ of** zum Gedenken an (*+acc*) **commemorative** *adj* Gedenk-

commence (*form*) **A** *v/i* beginnen **B** *v/t*
beginnen (*+Obj* mit *+dat*); **to ~ doing sth**
mit etw anfangen

commend *v/t* (≈ *praise*) loben **commendable** *adj* lobenswert **commendation** *n* (≈ *award*) Auszeichnung *f*

commensurate *adj* entsprechend (*with*
+dat); **to be ~ with sth** einer Sache (*dat*)
entsprechen

comment **A** *n* Bemerkung *f* (*on, about*
über *+acc*, zu); (*official*) Kommentar *m* (*on*
zu); (≈ *textual note etc*) Anmerkung *f*; **no
~** kein Kommentar!; **to make a ~** eine Bemerkung machen **B** *v/i* sich äußern (*on*
über *+acc*, zu) **C** *v/t* bemerken **commentary** *n* Kommentar *m* (*on* zu) **com-
mentate** *v/i* RADIO, TV Reporter(in) *m(f)*
sein (*on* bei) **commentator** *n* RADIO,
TV Reporter(in) *m(f)*

commerce *n* Handel *m*

commercial **A** *adj* Handels-; *premises,
vehicle* Geschäfts-; *production, radio, success*
kommerziell; (*pej*) *music etc* kommerziell;
of no ~ value ohne Verkaufswert; **it
makes good ~ sense** das lässt sich kaufmännisch durchaus vertreten **B** *n* RADIO,
TV Werbespot *m*; **during the ~s** während
der (Fernseh)werbung **commercial
bank** *n* Handelsbank *f* **commercial
break** *n* Werbepause *f* **commercialism** *n* Kommerzialisierung *f* **commercialization** *n* Kommerzialisierung *f*
commercialize *v/t* kommerzialisieren
commercially *adv* geschäftlich; *manufacture, succeed* kommerziell

commiserate *v/i* mitfühlen (*with* mit)
commiseration *n* **my ~s** herzliches
Beileid (*on* zu)

commission **A** *n* **1** (*for painting etc*)
Auftrag *m* **2** COMM Provision *f*; **on ~**
auf Provision(sbasis); **to charge ~** eine
Kommission berechnen **3** (≈ *committee*)
Kommission *f*; **the (EC) Commission** die
EG-Kommission **B** *v/t painting* in Auftrag
geben; **to ~ sb to do sth** jdn damit beauftragen, etw zu tun **commissioned officer** *n* Offizier(in) *m(f)* **commissioner**
n Polizeipräsident(in) *m(f)*

commit **A** *v/t* **1** (≈ *perpetrate*) begehen
2 **to ~ sb (to prison)** jdn ins Gefängnis
einweisen; **to have sb ~ted (to an asylum)** jdn in eine Anstalt einweisen lassen;
to ~ sb for trial jdn einem Gericht über-
stellen; **to ~ sb/sth to sb's care** jdn/etw
jds Obhut (*dat*) anvertrauen **3** (≈ *involve,
obligate*) festlegen (*to* auf *+acc*); **to ~ resources to a project** Mittel für ein Projekt
einsetzen; **that doesn't ~ you to buying
the book** das verpflichtet Sie zum Kauf des Buches **B** *v/i* **to ~ to sth** sich
zu etw verpflichten **C** *v/r* sich festlegen
(*to* auf *+acc*); **you have to ~ yourself totally to the cause** man muss sich voll

C

und ganz für die Sache einsetzen; **the government has ~ted itself to reforms** die Regierung hat sich zu Reformen verpflichtet **commitment** n (≈ obligation) Verpflichtung f; (≈ dedication) Engagement nt; **his family ~s** seine familiären Verpflichtungen pl; **his teaching ~s** seine Lehrverpflichtungen pl; **to make a ~ to do sth** (form) sich verpflichten, etw zu tun; **he is frightened of ~** er hat Angst davor, sich festzulegen **committed** adj (≈ dedicated) engagiert; **he is so ~ to his work that ...** er geht so in seiner Arbeit auf, dass ...; **all his life he has been ~ to this cause** er hat sich sein Leben lang für diese Sache eingesetzt

committee n Ausschuss m; **to be** or **sit on a ~** in einem Ausschuss sitzen; **~ meeting** Ausschusssitzung f; **~ member** Ausschussmitglied nt

commode n ◨ (≈ chest of drawers) Kommode f ◨ (≈ night-commode) (Nacht)stuhl m

commodity n Ware f; (agricultural) Erzeugnis nt

common ◪ adj (+er) ◨ (≈ shared) gemeinsam; **~ land** Allmende f; **it is ~ knowledge that ...** es ist allgemein bekannt, dass ...; **to find ~ ground** eine gemeinsame Basis finden; **sth is ~ to everyone/sth** alle haben/etw hat etw gemein ◨ (≈ frequently seen etc) häufig; **bird** (weit)verbreitet; **belief, custom** (weit)verbreitet ◨ (≈ usual) normal; **it's quite a ~ sight** das sieht man ziemlich häufig; **it's ~ for visitors to feel ill here** Besucher fühlen sich hier häufig krank ◨ (≈ ordinary) gewöhnlich; **the ~ man** der Normalbürger; **the ~ people** die einfachen Leute ◪ n ◨ (≈ land) Anger m ◨ **to have sth in ~ (with sb/sth)** etw (mit jdm/etw) gemein haben; **to have a lot/nothing in ~** viele/keine Gemeinsamkeiten haben; **in ~ with many other people ...** (genauso) wie viele andere ... **Common Agricultural Policy** n gemeinsame Agrarpolitik **common cold** n Schnupfen m **common denominator** n **lowest ~** (MAT, fig) kleinster gemeinsamer Nenner **commoner** n Bürgerliche(r) m/f(m) **common factor** n gemeinsamer Teiler **common law** n Gewohnheitsrecht nt **common-law** adj **she is his ~ wife** sie lebt mit ihm in eheähnlicher Gemein-

schaft **commonly** adv (≈ often) häufig; (≈ widely) gemeinhin; **a ~ held belief** eine weitverbreitete Ansicht; **(more) ~ known as ...** besser bekannt als ... **Common Market** n Gemeinsamer Markt **common-or-garden** adj (Br) Feld-, Wald- und Wiesen- (infml) **commonplace** ◪ adj alltäglich ◪ n Gemeinplatz m **common room** n Aufenthaltsraum m **Commons** pl **the ~** PARL das Unterhaus **common sense** n gesunder Menschenverstand **common-sense** adj vernünftig **commonwealth** n **the (British) Commonwealth** das Commonwealth

commotion n Aufregung f usu no indef art; (≈ noise) Lärm m; **to cause a ~** Aufsehen erregen

communal adj ◨ (≈ of a community) Gemeinde-; **~ life** Gemeinschaftsleben nt ◨ (≈ owned, used in common) gemeinsam **communally** adv gemeinsam; **to be ~ owned** Gemein- oder Gemeinschaftseigentum sein **commune** n Kommune f

communicate ◪ v/t **Neuigkeit etc** übermitteln; **ideas, feelings** vermitteln ◪ v/i ◨ (≈ be in communication) in Verbindung stehen ◨ (≈ exchange thoughts) sich verständigen **communication** n ◨ (≈ communicating) Kommunikation f; (of ideas, information) Vermittlung f; **means of ~** Kommunikationsmittel nt; **to be in ~ with sb** mit jdm in Verbindung stehen (about wegen); **~s breakdown** gestörte Kommunikation ◨ (≈ exchanging of ideas) Verständigung f ◨ (≈ message) Mitteilung f ◪ **~s** (≈ roads etc) Kommunikationsnetz nt; **they're trying to restore ~s** man versucht, die Verbindung wiederherzustellen ◪ **~s** TEL Telekommunikation f **communication cord** n (Br RAIL) ≈ Notbremse f **communication skills** pl Kommunikationsfähigkeit f **communications satellite** n Nachrichtensatellit m **communications software** n Kommunikationssoftware f **communicative** adj mitteilsam **communion** n ◨ (≈ intercourse etc) Zwiesprache f ◨ (ECCL: a. **Communion**) (Protestant) Abendmahl nt; (Catholic) Kommunion f; **to take ~** die Kommunion/das Abendmahl empfangen

communiqué n Kommuniqué nt **communism** n Kommunismus m **communist** ◪ n Kommunist(in) m(f) ◪ adj kommunistisch **Communist Party** n kommunistische Partei

community n Gemeinschaft f; **the ~ at large** das ganze Volk; **a sense of ~** (ein) Gemeinschaftsgefühl nt; **to work in the ~** im Sozialbereich tätig sein **community centre**, (US) **community center** n Gemeindezentrum nt **community chest** n (US) Wohltätigkeitsfonds m **community college** n (US) College zur Berufsausbildung und Vorbereitung auf ein Hochschulstudium **community service** n JUR Sozialdienst m

commute ◢A◣ v/t umwandeln ◢B◣ v/i pendeln ◢C◣ n Pendelfahrt f **commuter** n Pendler(in) m(f); **the ~ belt** das Einzugsgebiet; **~ train** Pendlerzug m **commuting** n Pendeln nt; **within ~ distance** nahe genug, um zu pendeln

compact1 ◢A◣ adj (+er) kompakt; soil, snow fest ◢B◣ v/t snow, soil festtreten/-fahren etc **compact**2 n (≈ powder compact) Puderdose f

compact disc n Compact Disc f; **~ player** CD-Spieler m

companion n ◢1◣ Begleiter(in) m(f); **travelling ~** Reisebegleiter(in) m(f); **drinking ~** Zechgenosse m, -genossin f ◢2◣ (≈ friend) Freund(in) m(f) **companionship** n Gesellschaft f

company ◢A◣ n ◢1◣ Gesellschaft f; **to keep sb ~** jdm Gesellschaft leisten; **I enjoy his ~** ich bin gern mit ihm zusammen; **he's good ~** seine Gesellschaft ist angenehm; **she has a cat, it's ~ for her** sie hält sich eine Katze, da hat sie (wenigstens) Gesellschaft; **you'll be in good ~ if ...**, bist du in guter Gesellschaft ◢2◣ (≈ guests) Besuch m ◢3◣ COMM Firma f; **Smith & Company, Smith & Co.** Smith & Co.; **publishing ~** Verlag m; **a clothes ~** ein Textilbetrieb m ◢4◣ THEAT (Schauspiel)truppe f ◢5◣ MIL Kompanie f ◢B◣ attr Firmen-**company car** n Firmenwagen m **company director** n Direktor(in) m(f) **company law** n Gesellschaftsrecht nt **company pension** n Betriebsrente f **company policy** n Geschäftspolitik f

comparable adj vergleichbar (with, to mit) **comparably** adv ähnlich **comparative** ◢A◣ adj ◢1◣ religion etc vergleichend ◢2◣ (≈ relative) relativ; **to live in ~ luxury** relativ luxuriös leben ◢B◣ n GRAM Komparativ m **comparatively** adv verhältnismäßig

compare ◢A◣ v/t vergleichen (with, to mit); **~d with** or to im Vergleich zu; **to ~ notes** Eindrücke/Erfahrungen austauschen ◢B◣ v/i sich vergleichen lassen (with mit); **it ~s badly/well** es schneidet vergleichsweise schlecht/gut ab; **how do the two cars ~ in terms of speed?** wie sieht ein Geschwindigkeitsvergleich der beiden Wagen aus? **comparison** n Vergleich m (to mit); **in** or **by ~** vergleichsweise; **in** or **by ~ with** im Vergleich zu; **to make** or **draw a ~** einen Vergleich anstellen; **there's no ~** das ist gar kein Vergleich

compartment n (in desk etc) Fach nt; RAIL Abteil nt **compartmentalize** v/t aufsplittern

compass n ◢1◣ Kompass m ◢2◣ **compasses** pl (a. **pair of compasses**) Zirkel m **compass bearing** n Kompasspeilung f **compassion** n Mitleid nt (for mit) **compassionate** adj mitfühlend; **on ~ grounds** aus familiären Gründen **compassionate leave** n Beurlaubung f wegen einer dringenden Familienangelegenheit

compatibility n Vereinbarkeit f; MED Verträglichkeit f; IT Kompatibilität f **compatible** adj vereinbar; MED verträglich; IT kompatibel; **to be ~** (people) zueinanderpassen; **an IBM-~ computer** ein IBM-kompatibler Computer

compatriot n Landsmann m, Landsmännin f

compel v/t (≈ force) zwingen **compelling** adj zwingend; performance bezwingend; **to make a ~ case for sth** schlagende Beweise für etw liefern

compendium n Handbuch nt; **~ of games** Spielemagazin nt

compensate v/t entschädigen; MECH ausgleichen ◊**compensate for** v/i +prep obj (in money etc) ersetzen; (≈ make up for) wieder wettmachen

compensation n Entschädigung f; **in ~** als Entschädigung **compensatory** adj kompensierend

compère (Br) ◢A◣ n Conférencier m ◢B◣ v/t **to ~ a show** bei einer Show der Conférencier sein

compete v/i ◢1◣ konkurrieren; **to ~ with each other** sich (gegenseitig) Konkurrenz machen; **to ~ for sth** um etw kämpfen; **his poetry can't ~ with Eliot's** seine Gedichte können sich nicht mit denen Eliots messen **2** SPORTS teilnehmen; **to ~ with/ against sb** gegen jdn kämpfen

competence, competency n Fähigkeit f; **his ~ in handling money** sein Geschick im Umgang mit Geld **competent** adj fähig; (in a particular field) kompetent; (≈ adequate) angemessen; **to be ~ to do sth** kompetent or fähig sein, etw zu tun **competently** adv kompetent

competition n **1** no pl Konkurrenz f (for um); **unfair ~** unlauterer Wettbewerb; **to be in ~ with sb** mit jdm konkurrieren **2** (≈ contest) Wettbewerb m; (in newspapers etc) Preisausschreiben nt **competitive** adj **1** attitude vom Konkurrenzdenken geprägt; sport (Wett)kampf-; **~ spirit** Konkurrenzgeist m; (of team) Kampfgeist m; **he's very ~** (in job etc) er ist sehr ehrgeizig **2** COMM wettbewerbsfähig; **a highly ~ market** ein Markt mit starker Konkurrenz **competitively** adv **1 to be ~ priced** im Preis konkurrenzfähig sein **2** schwimmen etc in Wettkämpfen **competitiveness** n (≈ competitive spirit) Konkurrenzgeist m

competitor n **1** (SPORTS, in contest) Teilnehmer(in) m(f); **to be a ~** teilnehmen **2** COMM Konkurrent(in) m(f); **our ~s** unsere Konkurrenz

compilation n Zusammenstellung f; (of material) Sammlung f **compile** v/t zusammenstellen; material sammeln; IT kompilieren **compiler** n (of dictionary) Verfasser(in) m(f); IT Compiler m

complacency n Selbstzufriedenheit f **complacent** adj, **complacently** adv selbstzufrieden

complain v/i sich beklagen (about über +acc); (≈ to make a formal complaint) sich beschweren (about über +acc, to bei); **(I) can't ~** (infml) ich kann nicht klagen (infml); **to ~ of sth** über etw (acc) klagen; **she's always ~ing** sie muss sich immer beklagen

complaint n **1** Klage f; (≈ formal complaint) Beschwerde f (to bei); **I have no cause for ~** ich kann mich nicht beklagen; **~s department** COMM Reklamationsabteilung f **2** (≈ illness) Beschwerden pl; **a very rare ~** eine sehr seltene Krankheit

complement **A** n (≈ full number) volle Stärke; **we've got our full ~ in the office now** unser Büro ist jetzt voll besetzt **B** v/t (≈ add to) ergänzen; (≈ make perfect) vervollkommnen; **to ~ each other** sich ergänzen **complementary** adj Komplementär-

complete **A** adj **1** (≈ entire) ganz attr; (≈ having the required numbers) vollzählig; **my happiness was ~** mein Glück war vollkommen; **the ~ works of Shakespeare** die gesammelten Werke Shakespeares; **~ with** komplett mit **2** attr (≈ absolute) völlig; beginner, disaster total; surprise voll; **we were ~ strangers** wir waren uns völlig fremd **B** v/t **1** vervollständigen; team vollzählig machen; education abrunden; **that ~s my collection** damit ist meine Sammlung vollständig **2** (≈ finish) beenden; building, work fertigstellen; prison sentence verbüßen; **to ~ this phrase** ergänzen Sie diesen Ausspruch; **it's not ~d yet** es ist noch nicht fertig **3** form ausfüllen **completely** adv vollkommen; **he's ~ wrong** er hat völlig unrecht **completeness** n Vollständigkeit f **completion** n (≈ finishing) Fertigstellung f; (of project, course) Abschluss m; **to be near ~** kurz vor dem Abschluss stehen; **to bring sth to ~** etw zum Abschluss bringen; **on ~ of the course** nach Abschluss des Kurses **complex** **A** adj komplex; pattern, paragraph kompliziert **B** n Komplex m; **industrial ~** Industriekomplex m; **he has a ~ about his ears** er hat Komplexe wegen seiner Ohren

complexion n **1** Teint m; (≈ skin colour) Gesichtsfarbe f **2** (fig ≈ aspect) Anstrich m, Aspekt m; **to put a new etc ~ on sth** etw in einem neuen etc Licht erscheinen lassen

complexity n Komplexität f

compliance n Einverständnis nt; (with rules etc) Einhalten nt (with +gen); **in ~ with the law** dem Gesetz gemäß **compliant** adj entgegenkommend; (≈ submissive) nachgiebig

complicate v/t komplizieren **complicated** adj kompliziert **complication** n Komplikation f

complicity n Mittäterschaft f (in bei)

compliment **A** n **1** Kompliment nt (on zu, wegen); **to pay sb a ~** jdm ein Kompliment machen; **my ~s to the chef** mein Kompliment dem Koch/der Köchin **2 compliments** pl (form) Grüße pl; **"with the ~s of Mr X/the management"** „mit den besten Empfehlungen von Herrn X/

der Geschäftsleitung" **B** *v/t* ein Kompliment/Komplimente machen (+*dat*) (*on wegen, zu*) **complimentary** *adj* **1** (≈ *praising*) schmeichelhaft; **to be ~ about sb/sth** sich schmeichelhaft über jdn/etw äußern **2** (≈ *free*) Frei-; **~ copy** Freiexemplar *nt*; (*of magazine*) Werbenummer *f* **compliments slip** *n* COMM Empfehlungszettel *m*

comply *v/i* (*person*) einwilligen; (*object, system etc*) die Bedingungen erfüllen; **to ~ with sth** einer Sache (*dat*) entsprechen; (*system*) in Einklang mit etw stehen; **to ~ with a request** einer Bitte nachkommen; **to ~ with the rules** sich an die Regeln halten

component **A** *n* (Bestand)teil **B** *adj* **a ~ part** ein (Bestand)teil *m*; **the ~ parts of a machine** die einzelnen Maschinenteile *pl*

compose *v/t* **1** *music* komponieren; *letter* abfassen; *poem* verfassen **2** (≈ *constitute*) bilden; **to be ~d of** sich zusammensetzen aus; **water is ~d of ...** Wasser besteht aus ... **3** **to ~ oneself** sich sammeln; **to ~ one's thoughts** Ordnung in seine Gedanken bringen **composed** *adj* (≈ *calm*) gelassen

composer *n* MUS Komponist(in) *m(f)*

composite *adj* zusammengesetzt **composition** *n* **1** (≈ *arrangement*, MUS, ART) Komposition *f* **2** (SCHOOL ≈ *essay*) Aufsatz *m* **3** (≈ *constitution*) Zusammensetzung *f*

compost *n* Kompost *m*; **~ heap** Kompósthaufen *m*

composure *n* Beherrschung *f*; **to lose one's ~** die Beherrschung verlieren; **to regain one's ~** seine Selbstbeherrschung wiederfinden

compound[1] **A** *n* CHEM Verbindung *f* **B** *adj* GRAM zusammengesetzt **C** *v/t* verschlimmern; *problem* vergrößern

compound[2] *n* (≈ *enclosed area*) Lager *nt*; (≈ *living quarters*) Siedlung *f*; (*in zoo*) Gehege *nt*

compound fracture *n* MED offener *or* komplizierter Bruch **compound interest** *n* FIN Zinseszins *m*

comprehend *v/t* verstehen **comprehensible** *adj* verständlich **comprehension** *n* **1** (≈ *understanding*) Verständnis *nt*; (≈ *ability to understand*) Begriffsvermögen *nt*; **that is beyond my ~** das übersteigt mein Begriffsvermögen; (*behaviour*) das ist mir unbegreiflich **2** (≈ *school exer-*

cise) Fragen *pl* zum Textverständnis **comprehensive** **A** *adj* umfassend; **(fully) ~ insurance** Vollkasko(versicherung *f*) *nt* **B** *n* (*Br*) Gesamtschule *f* **comprehensively** *adv* umfassend **comprehensive school** *n* (*Br*) Gesamtschule *f*

compress *v/t* komprimieren (*into* auf +*acc*); *materials* zusammenpressen (*into* zu) **compressed air** *n* Druck- or Pressluft *f* **compression sock** *n* Kompressionsstrumpf *m*

comprise *v/t* bestehen aus

compromise **A** *n* Kompromiss *m*; **to reach a ~** einen Kompromiss schließen **B** *adj attr* Kompromiss- **C** *v/i* Kompromisse schließen (*about* in +*dat*); **we agreed to ~** wir einigten uns auf einen Kompromiss **D** *v/t sb* kompromittieren; **to ~ oneself** sich kompromittieren; **to ~ one's reputation** seinem guten Ruf schaden; **to ~ one's principles** seinen Prinzipien untreu werden **compromising** *adj* kompromittierend

compulsion *n* Zwang *m*; PSYCH innerer Zwang; **you are under no ~** niemand zwingt Sie **compulsive** *adj* zwanghaft; **he is a ~ eater** er hat die Esssucht; **he is a ~ liar** er hat einen krankhaften Trieb zu lügen; **it makes ~ reading** das muss man einfach lesen **compulsively** *adv* zwanghaft **compulsory** *adj* obligatorisch; *measures* Zwangs-; *subject* Pflicht-

computation *n* Berechnung *f* **computational** *adj* Computer- **compute** *v/t* berechnen (*at* auf +*acc*), errechnen

computer *n* Computer *m*; **to put/have sth on ~** etw im Computer speichern/(gespeichert) haben; **it's all done by ~** das geht alles per Computer; **~ skills** Computerkenntnisse *pl* **computer-aided design** *n* rechnergestützter Entwurf **computer-aided manufacturing** *n* computergestützte Fertigung **computer-based** *adj* auf Computerbasis **computer-controlled** *adj* rechnergesteuert **computer dating** *n* Partnervermittlung *f* per Computer; **~ agency** *or* **bureau** Partnervermittlungsbüro *nt* auf Computerbasis **computer-designed** *adj* mit Computerunterstützung entworfen **computer error** *n* Computerfehler *m* **computer freak** *n* (*infml*) Computerfreak *m* (*infml*) **computer game** *n* Computerspiel *nt* **computer-generated** *adj* computergeneriert **computer graphics** n pl Computergrafik f **computer hacker** n Computerhacker(in) m(f) **computerization** n (of information etc) Computerisierung f; **the ~ of the factory** die Umstellung der Fabrik auf Computer **computerize** v/t information computerisieren; company, methods auf Computer or EDV umstellen **computer language** n Computersprache f **computer literate** adj **to be ~** sich mit Computern auskennen **computer model** n Computermodell nt **computer network** n Computernetzwerk nt **computer-operated** adj computergesteuert **computer operator** n Operator(in) m(f) **computer printout** n (Computer)ausdruck m **computer program** n (Computer)programm nt **computer programmer** n Programmierer(in) m(f) **computer-readable** adj computerlesbar **computer science** n Informatik f **computer studies** pl Computerwissenschaft f **computer virus** n Computervirus m **computing** n (≈ subject) Computerwissenschaft f; **her husband's in ~** ihr Mann ist in der Computerbranche

comrade n Kamerad m; POL Genosse m, Genossin f **comradeship** n Kameradschaft(lichkeit) f

con¹ adv, n → pro²

con² (infml) **A** n Schwindel m, Pflanz m (Aus); **it's a ~!** das ist alles Schwindel **B** v/t hereinlegen (infml); **to ~ sb out of sth** jdn um etw bringen; **to ~ sb into doing sth** jdn durch einen faulen Trick dazu bringen, dass er etw tut (infml) **con artist** n (infml) Schwindler(in) m(f)

concave adj konkav; mirror Konkav-

conceal v/t verbergen; **why did they ~ this information from us?** warum hat man uns diese Informationen vorenthalten? **concealed** adj verborgen; entrance verdeckt **concealer stick** n Abdeckstift m **concealment** n (of facts) Verheimlichung f; (of evidence) Unterschlagung f

concede v/t **1** lands abtreten (to an +acc); **to ~ victory to sb** vor jdm kapitulieren; **to ~ a match** (≈ give up) aufgeben; (≈ lose) ein Match abgeben; **to ~ a penalty** einen Elfmeter verursachen; **to ~ a point to sb** SPORTS einen Punkt an jdn abgeben **2** (≈ admit, grant) zugeben; right zugestehen (to sb jdm); **to ~ defeat** sich geschlagen ge-

ben

conceit n Einbildung f **conceited** adj eingebildet

conceivable adj denkbar; **it is hardly ~ that ...** es ist kaum denkbar, dass ... **conceivably** adv **she may ~ be right** es ist durchaus denkbar, dass sie recht hat **conceive A** v/t **1** child empfangen **2** (≈ imagine) sich (dat) vorstellen; idea haben **B** v/i (woman) empfangen

◊**conceive of** v/i +prep obj sich (dat) vorstellen

concentrate A v/t konzentrieren (on auf +acc); **to ~ all one's energies on sth** sich (voll und) ganz auf etw (acc) konzentrieren; **to ~ one's mind on sth** sich auf etw (acc) konzentrieren **B** v/i sich konzentrieren; **to ~ on doing sth** sich darauf konzentrieren, etw zu tun **concentrated** adj konzentriert; **~ orange juice** Orangensaftkonzentrat nt **concentration** n **1** Konzentration f; **powers of ~** Konzentrationsfähigkeit f **2** (≈ gathering) Ansammlung f **concentration camp** n Konzentrationslager nt, KZ nt

concentric adj konzentrisch

concept n Begriff m; (≈ conception) Vorstellung f; **our ~ of the world** unser Weltbild nt; **his ~ of marriage** seine Vorstellungen von der Ehe **conception** n **1** (≈ idea) Vorstellung f; (≈ way sth is conceived) Konzeption f; **he has no ~ of how difficult it is** er hat keine Vorstellung, wie schwer das ist **2** (of child) die Empfängnis **conceptual** adj thinking begrifflich **conceptualize** v/t in Begriffe fassen

concern A n **1** (≈ business) Angelegenheit(en pl) f; (≈ matter of importance) Anliegen nt; **the day-to-day ~s of government** die täglichen Regierungsgeschäfte; **it's no ~ of his** das geht ihn nichts an **2** COMM Konzern m **3** (≈ anxiety) Sorge f; **the situation is causing ~** die Lage ist besorgniserregend; **there's some/no cause for ~** es besteht Grund/kein Grund zur Sorge; **to do sth out of ~ for sb** etw aus Sorge um jdn tun; **he showed great ~ for your safety** er war sehr um Ihre Sicherheit besorgt **4** (≈ importance) Bedeutung f; **issues of national ~** Fragen pl von nationalem Interesse; **to be of little/great ~ to sb** jdm nicht/sehr wichtig sein **B** v/t **1** (≈ be about) handeln von; **it ~s the follow-**

ing issue es geht um die folgende Frage; **the last chapter is ~ed with** ... das letzte Kapitel behandelt ... **2** (≈ affect) betreffen; **that doesn't ~ you** das betrifft Sie nicht; (as snub) das geht Sie nichts an; **where money is ~ed** wenn es um Geld geht; **as far as the money is ~ed** was das Geld betrifft; **as far as he is ~ed it's just another job, but** ... für ihn ist es nur ein anderer Job, aber ...; **as far as I'm ~ed you can do what you like** von mir aus kannst du tun und lassen, was du willst; **the department ~ed** (≈ involved) die betreffende Abteilung; **the persons ~ed** die Betroffenen **3** (≈ interest) **he is only ~ed with facts** ihn interessieren nur die Fakten; **we should be ~ed more with** or **about quality** Qualität sollte uns ein größeres Anliegen sein; **there's no need for you to ~ yourself about that** darum brauchen Sie sich nicht zu kümmern **4** (≈ worry) **to be ~ed about sth** sich (dat) um etw Sorgen machen; **I was very ~ed to hear about your illness** ich habe mir Sorgen gemacht, als ich von Ihrer Krankheit hörte; **I am ~ed to hear that** ... es beunruhigt mich, dass ...; **~ed parents** besorgte Eltern **concerning** prep bezüglich (+gen)

concert n mus Konzert nt; **were you at the ~?** waren Sie in dem Konzert?; **Madonna in ~** Madonna live **concerted** adj konzertiert **concertgoer** n Konzertbesucher(in) m(f) **concert hall** n Konzerthalle f **concertina** n Konzertina f **concerto** n Konzert nt **concert pianist** n Pianist(in) m(f)

concession n Zugeständnis nt (to an +acc); comm Konzession f; **to make ~s to sb** jdm Zugeständnisse machen **concessionary** adj rates, fares verbilligt

conciliation n Schlichtung f **conciliatory** adj versöhnlich

concise adj, **concisely** adv präzis(e) **conclude** **A** v/t **1** (≈ end) beenden **2** deal abschließen **3** (≈ infer) folgern (from aus) **4** (≈ decide) zu dem Schluss kommen **B** v/i enden; **I would like to ~ by saying** ... abschließend möchte ich sagen ... **concluding** adj remarks abschließend **conclusion** n **1** (≈ end) Abschluss m; (of essay etc) Schluss m; **in ~** abschließend **2** Schluss(folgerung f) m; **what ~ do you draw** or **reach from all this?** welchen

Schluss ziehen Sie daraus? **conclusive** adj (≈ convincing) überzeugend; jur evidence einschlägig; proof eindeutig **conclusively** adv prove eindeutig

concoct v/t cook etc (zu)bereiten; (hum) kreieren **concoction** n (≈ food) Kreation f; (≈ drink) Gebräu nt

concourse n (≈ place) Eingangshalle f; (US, in park) freier Platz

concrete[1] adj measures konkret

concrete[2] **A** n Beton m **B** adj Beton- **concrete mixer** n Betonmischmaschine f

concur v/i übereinstimmen **concurrent** adj gleichzeitig; **to be ~ with sth** mit etw zusammentreffen **concurrently** adv gleichzeitig

concuss v/t **to be ~ed** eine Gehirnerschütterung haben **concussion** n Gehirnerschütterung f

condemn v/t **1** verurteilen; **to ~ sb to death** jdn zum Tode verurteilen **2** (fig) verdammen (to zu) **3** building für abbruchreif erklären **condemnation** n Verurteilung f

condensation n (on window panes etc) Kondenswasser nt; **the windows are covered with ~** die Fenster sind beschlagen **condense** **A** v/t **1** kondensieren **2** (≈ shorten) zusammenfassen **B** v/i (gas) kondensieren **condensed milk** n Kondensmilch f

condescend v/i **to ~ to do sth** sich herablassen, etw zu tun **condescending** adj (pej) herablassend; **to be ~ to** or **toward(s) sb** jdn herablassend behandeln **condescendingly** adv (pej) herablassend **condescension** n (pej) Herablassung f; (≈ attitude also) herablassende Haltung

condiment n Würze f

condition **A** n **1** (≈ determining factor) Bedingung f; (≈ prerequisite) Voraussetzung f; **on ~ that** ... unter der Bedingung, dass ...; **on no ~** auf keinen Fall; **he made it a ~ that** ... er machte es zur Bedingung, dass ... **2** **conditions** pl (≈ circumstances) Verhältnisse pl; **working ~s** Arbeitsbedingungen pl; **living ~s** Wohnverhältnisse pl; **weather ~s** die Wetterlage **3** (≈ state) Zustand m; **it is in bad ~** es ist in schlechtem Zustand; **he is in a critical ~** sein Zustand ist kritisch; **you're in no ~ to drive** du bist nicht mehr fahrtüchtig;

to be out of ~ keine Kondition haben; **to keep in/get into ~** in Form bleiben/kommen 🛽 MED Beschwerden *pl*; **heart ~** Herzdrüsenleiden *nt*; **he has a heart ~** er ist herzkrank 🅱 *v/t* 🚺 (≈ *determine*) bedingen; **to be ~ed by** bedingt sein durch 🛽 (PSYCH *etc* ≈ *train*) konditionieren **conditional** 🅰 *adj* 🚺 bedingt 🛽 GRAM konditional, Konditional-; **the ~ tense** der Konditional 🅱 *n* GRAM Konditional *m* **conditioner** *n* (*for hair*) Pflegespülung *f*; (*for washing*) Weichspüler *m* **conditioning shampoo** *n* Pflegeshampoo *nt* **condolence** *n* **please accept my ~s on the death of your mother** (meine) aufrichtige Anteilnahme zum Tode Ihrer Mutter

condom *n* Kondom *nt or m* **condominium** *n* (*US*) 🚺 (≈ *house*) ≈ Haus *nt* mit Eigentumswohnungen 🛽 (≈ *apartment*) ≈ Eigentumswohnung *f* **condone** *v/t* (stillschweigend) hinwegsehen über (+*acc*) **conducive** *adj* förderlich (*to* +*dat*) **conduct** 🅰 *n* (≈ *behaviour*) Benehmen *nt* (*towards* gegenüber) 🅱 *v/t* 🚺 führen; *investigation* durchführen; **~ed tour (of)** Führung *f* (durch); **he ~ed his own defence** er übernahm seine eigene Verteidigung 🛽 MUS dirigieren 🛾 PHYS leiten; *lightning* ableiten 🅲 *v/i* MUS dirigieren 🅳 *v/r* sich benehmen **conductor** *n* 🚺 MUS Dirigent(in) *m(f)* 🛽 (≈ *bus conductor*) Schaffner *m*, Kondukteur *m* (*Swiss*); (*US* RAIL) Zugführer *m* 🛾 PHYS Leiter *m*; (≈ *lightning conductor*) Blitzableiter *m* **conductress** *n* (*on bus etc*) Schaffnerin *f*, Kondukteurin *f* (*Swiss*) **conduit** *n* Leitungsrohr *nt*; ELEC Rohrkabel *nt* **cone** *n* 🚺 Kegel *m*; (≈ *traffic cone*) Leitkegel *m* 🛽 BOT Zapfen *m* 🛾 (≈ *ice-cream cone*) (Eis)tüte *f* **confectionery** *n* Süßwaren *pl* **confederacy** *n* POL Bündnis *nt*; (*of nations*) Konföderation *f* **confederate** *adj* konföderiert **confederation** *n* Bund *m*; **the Swiss Confederation** die Schweizerische Eidgenossenschaft **confer** 🅰 *v/t* **(on, upon sb** jdm) verleihen 🅱 *v/i* sich beraten **conference** *n* Konferenz *f*; (*more informal*) Besprechung *f* **conference call** *n* TEL Konferenzschaltung *f* **conference room** *n* Konferenz-

zimmer *nt*

confess 🅰 *v/t* 🚺 zugeben 🛽 ECCL *Sünden* bekennen; (*to priest*) beichten 🅱 *v/i* 🚺 gestehen (*to* +*acc*); **to ~ to sth** etw gestehen 🛽 ECCL beichten **confession** *n* 🚺 Eingeständnis *nt*; (*of guilt, crime etc*) Geständnis *nt*; **I have a ~ to make** ich muss dir etwas gestehen 🛽 ECCL Beichte *f*; **to hear ~** (die) Beichte hören **confessional** *n* Beichtstuhl *m* **confetti** *n* *no pl* Konfetti *nt* **confidant** *n* Vertraute(r) *m* **confidante** *n* Vertraute *f* **confide** *v/t* anvertrauen (*to sb* jdm) ◊**confide in** *v/i* +*prep obj* sich anvertrauen (+*dat*); **to ~ sb about sth** jdm etw anvertrauen **confidence** *n* 🚺 (≈ *trust*) Vertrauen *nt* (*in* zu); (≈ *confident expectation*) Zuversicht *f*; **to have (every/no) ~ in sb/sth** (volles/kein) Vertrauen zu jdm/etw haben; **I have every ~ that ...** ich bin ganz zuversichtlich, dass ...; **to put one's ~ in sb/sth** auf jdn/etw bauen; **motion/vote of no ~** Misstrauensantrag *m*/-votum *nt* 🛽 (≈ *self-confidence*) (Selbst)vertrauen *nt* 🛾 **in (strict) ~** (streng) vertraulich; **to take sb into one's ~** jdn ins Vertrauen ziehen **confidence trick** *n* Schwindel *m*, Pflanz *m* (*Aus*) **confidence trickster** *n* = **con man confident** *adj* 🚺 (≈ *sure*) überzeugt; *look etc* zuversichtlich; **to be ~ of success** vom Erfolg überzeugt sein; **to be/feel ~ about sth** in Bezug auf etw zuversichtlich sein 🛽 (≈ *self-assured*) (selbst)sicher **confidential** *adj* vertraulich; **to treat sth as ~** etw vertraulich behandeln **confidentiality** *n* Vertraulichkeit *f* **confidently** *adv* 🚺 zuversichtlich 🛽 (≈ *self-confidently*) selbstsicher **configure** *v/t* IT konfigurieren **confine** 🅰 *v/t* 🚺 *person* (ein)sperren; **to be ~d to the house** nicht aus dem Haus können; **to be ~d to barracks** Kasernenarrest haben 🛽 *remarks* beschränken (*to* auf +*acc*); **to ~ oneself to doing sth** sich darauf beschränken, etw zu tun 🅱 **confines** *pl* Grenzen *pl* **confined** *adj* *space* begrenzt **confinement** *n* (≈ *act*) Einsperren *nt*; (≈ *state*) Eingesperrtsein *nt* **confirm** *v/t* 🚺 bestätigen 🛽 ECCL konfirmieren; *Roman Catholic* firmen **confirmation** *n* 🚺 Bestätigung *f* 🛽 ECCL Konfirmation *f*; (*of Roman Catholics*) Firmung *f* confirmed *adj* ▣ erklärt; *atheist* überzeugt; *bachelor* eingefleischt ▢ *booking* bestätigt

confiscate *v/t* beschlagnahmen; **to ~ sth from sb** jdm etw abnehmen confiscation *n* Beschlagnahme *f*

conflate *v/t* zusammenfassen

conflict ▣ *n* Konflikt *m*; (≈ *fighting*) Zusammenstoß *m*; **to be in ~ with sb/sth** mit jdm/etw im Konflikt liegen; **to come into ~ with sb/sth** mit jdm/etw in Konflikt geraten; **~ of interests** Interessenkonflikt *m* ▢ *v/i* im Widerspruch stehen (*with* zu) conflicting *adj* widersprüchlich

conform *v/i* entsprechen (*to* +*dat*); (*people*) sich anpassen (*to an* +*acc*) conformist ▣ *adj* konformistisch ▢ *n* Konformist *m* conformity *n* ▣ (≈ *uniformity*) Konformismus *m* ▢ (≈ *compliance*) Übereinstimmung *f*; (*socially*) Anpassung *f* (*with an* +*acc*)

confound *v/t* ▣ verblüffen ▢ confounded *adj* (*infml*) verflixt (*infml*)

confront *v/t* ▣ (≈ *face*) gegenübertreten (+*dat*); (*problems, decisions*) sich stellen (+*dat*) ▢ **to ~ sb with sb/sth** jdn mit jdm/etw konfrontieren; **to be ~ed with sth** mit etw konfrontiert sein confrontation *n* Konfrontation *f*

confuse *v/t* ▣ *people* verwirren; *situation* verworren machen; **don't ~ the issue!** bring (jetzt) nicht alles durcheinander! ▢ (≈ *mix up*) verwechseln confused *adj* konfus confusing *adj* verwirrend confusion *n* ▣ (≈ *disorder*) Durcheinander *nt*; **to be in ~** durcheinander sein; **to throw everything into ~** alles durcheinanderbringen ▢ (≈ *perplexity*) Verwirrung *f*

congeal *v/i* erstarren; (*blood*) gerinnen

congenial *adj* ansprechend; *atmosphere* angenehm

congenital *adj* angeboren

congested *adj* überfüllt; (*with traffic*) verstopft congestion *n* Stau *m*; **the ~ in the city centre is getting so bad ...** die Verstopfung in der Innenstadt nimmt derartige Ausmaße an ... congestion charge *n* City-Maut *f*

conglomerate *n* Konglomerat *nt*

congratulate *v/t* gratulieren (+*dat*)

congratulations ▣ *pl* Glückwünsche *pl*; **to offer one's ~** jdm gratulieren ▢ *int*

herzlichen Glückwunsch!; **~ on ...!** herzlichen Glückwunsch zu ...! congratulatory *adj* Glückwunsch-

congregate *v/i* sich sammeln congregation *n* ECCL Gemeinde *f*

congress *n* ▣ (≈ *meeting*) Kongress *m*; (*of political party*) Parteitag *m* ▢ **Congress** (*US etc* POL) der Kongress congressional *adj* Kongress- **Congressman** *n*, *pl* -men Kongressabgeordnete(r) *m* **Congresswoman** *n*, *pl* -women Kongressabgeordnete *f*

conifer *n* Nadelbaum *m*; **~s** Nadelhölzer *pl* coniferous *adj* Nadel-

conjecture ▣ *v/t* vermuten ▢ *v/i* Vermutungen anstellen ▣ *n* Vermutung *f*

conjugal *adj* ehelich; *state* Ehe-

conjugate *v/t* GRAM konjugieren conjugation *n* GRAM Konjugation *f*

conjunction *n* ▣ GRAM Konjunktion *f* ▢ **in ~ with the new evidence** in Verbindung mit dem neuen Beweismaterial; **the programme was produced in ~ with the NBC** das Programm wurde in Zusammenarbeit mit NBC aufgezeichnet

conjunctivitis *n* MED Bindehautentzündung *f*

conjure *v/t & v/i* zaubern; **to ~ something out of nothing** etwas aus dem Nichts herbeizaubern ◊**conjure up** *v/t sep* *memories etc* heraufbeschwören

conjurer *n* Zauberkünstler(in) *m(f)* conjuring *n* Zaubern *nt*; **~ trick** Zaubertrick *m* conjuror *n* = conjurer

◊**conk out** *v/i* (*infml*) den Geist aufgeben conker *n* (*Br infml*) (Ross)kastanie *f*

con man *n*, *pl* con men (*infml*) Schwindler *m*, Bauernfänger *m* (*infml*)

connect ▣ *v/t* ▣ verbinden (*to, with* mit) (*also* IT); (ELEC *etc*: *a.* **connect up**) anschließen (*to an* +*acc*); **I'll ~ you** TEL ich verbinde (Sie); **to be ~ed** miteinander verbunden sein; **to be ~ed with** (*of ideas*) eine Beziehung haben zu; **he's ~ed with the university** er hat mit der Universität zu tun ▢ (*fig* ≈ *associate*) in Verbindung bringen; **I always ~ Paris with springtime** ich verbinde Paris immer mit Frühling ▣ *v/i* ▣ (≈ *join, two parts etc*) Kontakt haben; **~ing rooms** angrenzende Zimmer *pl* (*mit Verbindungstür*) ▢ RAIL, AVIAT *etc* Anschluss haben (*with an* +*acc*); **~ing flight** Anschlussflug *m* ◊**connect up** *v/t sep* ELEC *etc* anschließen (*to, with an* +*acc*)

C

connected device n IT angeschlossenes Gerät **connected TV** n Smart-TV nt **connection** n **1** Verbindung f (to, with zu, mit); (to mains) Anschluss m (to an +acc); **~ charge** TEL Anschlussgebühr f **2** (fig) Zusammenhang m; **in ~ with** in Zusammenhang mit **3** (≈ business connection) Beziehung f (with auf); **to have ~s** Beziehungen haben **4** RAIL etc Anschluss m **connector** n (≈ device) Verbindungsstück nt; ELEC Lüsterklemme f

connive v/i (≈ conspire) sich verschwören

connoisseur n Kenner m

connotation n Assoziation f

conquer v/t **1** (lit) country erobern; enemy besiegen **2** (fig) bezwingen **conqueror** n Eroberer m, Eroberin f **conquest** n Eroberung f; (of enemy etc) Sieg m (of über +acc)

conscience n Gewissen nt; **to have a clear/guilty ~** ein reines/böses Gewissen haben (about wegen); **with an easy ~** mit ruhigem Gewissen; **she/it is on my ~** ich habe ihretwegen/deswegen Gewissensbisse **conscientious** adj gewissenhaft **conscientiously** adv gewissenhaft **conscientious objector** n MIL Kriegsdienstverweigerer m (aus Gewissensgründen)

conscious adj **1** MED bei Bewusstsein **2** (≈ aware) bewusst; **to be ~ of sth** sich (dat) einer Sache (gen) bewusst sein; **I was ~ that** es war mir bewusst, dass; **environmentally ~** umweltbewusst **-conscious** adj suf -bewusst **consciously** adv bewusst **consciousness** n Bewusstsein nt; **to lose ~** das Bewusstsein verlieren

conscript **A** v/t einberufen **B** n (Br) Wehrpflichtige(r) m **conscripted** adj soldier einberufen; troops aus Wehrpflichtigen bestehend **conscription** n Wehrpflicht f

consecrate v/t weihen **consecration** n Weihe f; (in Mass) Wandlung f

consecutive adj aufeinanderfolgend; numbers fortlaufend; **on four ~ days** vier Tage hintereinander **consecutively** adv nacheinander; numbered fortlaufend

consensus n Übereinstimmung f; **what's the ~?** was ist die allgemeine Meinung?; **the ~ is that** ... man ist allgemein der Meinung, dass ...; **there was no ~ (among them)** sie waren sich nicht einig

consent **A** v/i zustimmen (to +dat); **to ~ to do sth** sich bereit erklären, etw zu tun; **to ~ to sb doing sth** damit einverstanden sein, dass jd etw tut **B** n Zustimmung f (to zu); **he is by general ~** ... man hält ihn allgemein für ...

consequence n **1** (≈ result) Folge f; **in ~** folglich; **as a ~ of** ... als Folge (+gen); **to face the ~s** die Folgen tragen **2** (≈ importance) Wichtigkeit f; **it's of no ~** das spielt keine Rolle **consequent** adj attr daraus folgend **consequently** adv folglich

conservation n Erhaltung f **conservation area** n Naturschutzgebiet nt; (in town) unter Denkmalschutz stehendes Gebiet **conservationist** n Umweltschützer(in) m(f); (as regards old buildings etc) Denkmalpfleger(in) m(f)

conservatism n Konservatismus m **conservative** **A** adj konservativ; (≈ cautious) vorsichtig; **the Conservative Party** (Br) die Konservative Partei **B** n (POL: a. **Conservative**) Konservative(r) m/f(m) **conservatively** adv konservativ; estimate, invest vorsichtig

conservatory n Wintergarten m **conserve** v/t erhalten; strength schonen; energy sparen

consider v/t **1** idea, offer nachdenken über (+acc); possibilities sich (dat) überlegen **2** (≈ have in mind) in Erwägung ziehen; **I'm ~ing going abroad** ich spiele mit dem Gedanken, ins Ausland zu gehen **3** (≈ entertain) in Betracht ziehen; **I won't even ~ it!** ich denke nicht daran!; **I'm sure he would never ~ doing anything criminal** ich bin überzeugt, es käme ihm nie in den Sinn, etwas Kriminelles zu tun **4** (≈ take into account) denken an (+acc); cost, difficulties, facts berücksichtigen; **when one ~s that** ... wenn man bedenkt, dass ...; **all things ~ed** alles in allem; **~ my position** überlegen Sie sich meine Lage; **~ this case, for example** nehmen Sie zum Beispiel diesen Fall; **have you ~ed going by train?** haben Sie daran gedacht, mit dem Zug zu fahren? **5** (≈ regard as) betrachten als; person halten für; **to ~ sb to be** ... jdn für ... halten; **to ~ oneself lucky** sich glücklich schätzen; **~ it done!** schon so gut wie geschehen! **6** (≈ look at) (eingehend) betrachten

considerable adj beträchtlich; interest, income groß; number, achievement etc beachtlich; **to a ~ extent** or **degree** weitge-hend; **for some ~ time** für eine ganze Zeit **considerably** adv older beträcht-lich **considerate** adj rücksichtsvoll (to (-wards) gegenüber); (≈ kind) aufmerksam **considerately** adv rücksichtsvoll **con-sideration** n **1** no pl (≈ careful thought) Überlegung f; **I'll give it my ~** ich werde es mir überlegen **2** no pl **to take sth into ~** etw berücksichtigen; **taking everything into ~** alles in allem; **the matter is under ~** die Sache wird zurzeit geprüft (form); **in ~ of** (≈ in view of) mit Rücksicht auf (+acc) **3** no pl (≈ thoughtfulness) Rücksicht f (for auf +acc); **to show** or **have ~ for sb** Rück-sicht auf jdn nehmen; **his lack of ~ (for others)** seine Rücksichtslosigkeit (anderen gegenüber) **4** (≈ factor) Faktor m; **money is not a ~** Geld spielt keine Rolle **con-sidered** adj opinion ernsthaft **consider-ing A** prep wenn man … (acc) bedenkt **B** cj wenn man bedenkt **C** adv **it's not too bad ~** es ist eigentlich gar nicht so schlecht

consign v/t (≈ commit) übergeben (to +dat); **it was ~ed to the rubbish heap** es landete auf dem Abfallhaufen **con-signment** n Sendung f **consignment note** n COMM Frachtbrief m

consist v/i **to ~ of** bestehen aus; **his hap-piness ~s in helping others** sein Glück besteht darin, anderen zu helfen

consistency n **1** no pl Konsequenz f; **his statements lack ~** seine Aussagen wider-sprechen sich **2** no pl (of performance) Ste-tigkeit f; (of style) Einheitlichkeit f **3** (of substance) Konsistenz f **consistent** adj **1** konsequent **2** performance stetig; style einheitlich **3** (≈ in agreement) **to be ~ with sth** einer Sache (dat) entsprechen **consistently** adv **1** behave konsequent; fail ständig; reject hartnäckig **2** (≈ uni-formly) einheitlich

consolation n Trost m no pl; **it is some ~ to know that …** es ist tröstlich zu wis-sen, dass …; **old age has its ~s** das Alter hat auch seine guten Seiten **consola-tion prize** n Trostpreis m

console[1] v/t trösten

console[2] n (Kontroll)pult nt

consolidate v/t **1** (≈ confirm) festigen **2** (≈ combine) zusammenlegen; companies zu-sammenschließen **consolidation** n (≈ strengthening) Festigung f

consommé n Kraftbrühe f

consonant n PHON Konsonant m

consortium n Konsortium nt

conspicuous adj auffällig; lack of sympa-thy etc offensichtlich; **to be/make oneself ~** auffallen; **he was ~ by his absence** er glänzte durch Abwesenheit **conspicu-ously** adv silent, uneasy auffällig

conspiracy n Verschwörung f; **a ~ of si-lence** ein verabredetes Schweigen **con-spirator** n Verschwörer(in) m(f) **con-spiratorial** adj verschwörerisch **con-spire** v/i (people) sich verschwören (against gegen); **to ~ (together) to do sth** sich verabreden, etw zu tun

constable n (Br ≈ police constable) Poli-zist(in) m(f) **constabulary** n (Br) Polizei f no pl

constancy n (of support) Beständigkeit f; (of friend, lover) Treue f **constant A** adj **1** interruptions ständig **2** temperature kon-stant **3** affection beständig **B** n Konstante f **constantly** adv (an)dauernd

constellation n Konstellation f

consternation n (≈ dismay) Bestürzung f; (≈ worry) Sorge f; **in ~** bestürzt; **to cause ~** Grund zur Sorge geben; (news) Bestür-zung auslösen

constipated adj **he is ~** er hat Verstop-fung **constipation** n no pl Verstopfung f

constituency n POL Wahlkreis m **con-stituent A** adj **~ part** Bestandteil m **B** n **1** POL Wähler(in) m(f) **2** (≈ part) Be-standteil m

constitute v/t **1** (≈ make up) bilden **2** (≈ amount to) darstellen; **that ~s a lie** das ist eine glatte Lüge

constitution n **1** POL Verfassung f; (of club etc) Satzung f **2** (of person) Konstituti-on f; **to have a strong ~** eine starke Kon-stitution haben **constitutional** adj POL Verfassungs-; monarchy konstitutionell

constrained adj gezwungen; **to feel ~ by sth** sich durch etw eingeengt sehen **constraint** n **1** (≈ compulsion) Zwang m **2** (≈ restriction) Beschränkung f

constrict v/t **1** (≈ compress) einzwängen **2** (≈ hamper) behindern **constriction** n (of movements) Behinderung f

construct v/t bauen; sentence bilden; nov-el etc aufbauen; theory entwickeln **con-struction** n **1** (of building, road) Bau m; **under ~** in or im Bau; **sentence ~** Satzbau *m* **2** (≈ *sth constructed*) Bau *m*; (≈ *bridge, also* GRAM) Konstruktion *f* **construction industry** *n* Bauindustrie *f* **construction site** *n* Baustelle *f* **construction worker** *n* Bauarbeiter(in) *m(f)* **constructive** *adj*, **constructively** *adv* konstruktiv

consul *n* Konsul *m* **consulate** *n* Konsulat *nt*

consult **A** *v/t* konsultieren; *dictionary* nachschlagen in (+*dat*); *map* nachsehen auf (+*dat*); **he did it without ~ing anyone** er hat das getan, ohne jemanden zu fragen **B** *v/i* (≈ *confer*) sich beraten **consultancy** *n* (≈ *business*) Beratungsbüro *nt* **consultant** **A** *n* **1** (*Br* MED) Facharzt *m*/-ärztin *f* (*am Krankenhaus*) **2** (*other professions*) Berater(in) *m(f)*; **~s** (≈ *business*) Beratungsbüro *nt* **B** *adj attr* beratend **consultation** *n* Besprechung *f*; (*of doctor, lawyer*) Konsultation *f* (*of* +*gen*); **in ~ with** in gemeinsamer Beratung mit **consulting hours** *pl* MED Sprechstunde *f*, Ordination *f* (*Aus*) **consulting room** *n* MED Sprechzimmer *nt*, Ordination *f* (*Aus*)

consumable *n* Konsumgut *nt*; **~s** IT Verbrauchsmaterial *nt* **consume** *v/t* **1** *food, drink* zu sich nehmen; ECON konsumieren **2** (*fire*) vernichten; *fuel* verbrauchen; *energy* aufbrauchen **consumer** *n* Verbraucher(in) *m(f)* **consumer borrowing** *n* Kreditaufnahme *f* durch Verbraucher **consumer demand** *n* Nachfrage *f* **consumer goods** *pl* Konsumgüter *pl* **consumer group** *n* Verbrauchergruppe *f* **consumerism** *n* Konsumdenken *nt* **consumer profile** *nt* **consumer protection** *n* Verbraucherschutz *m* **consumer society** *n* Konsumgesellschaft *f* **consumer spending** *n* Verbraucherausgaben *pl* **consuming** *adj* glühend **consummate** **A** *adj skill* vollendet **B** *v/t marriage* vollziehen

consumption *n* Konsum *m*; (*of non-edible products*) Verbrauch *m*; **not fit for human ~** zum Verzehr ungeeignet; **world ~ of oil** Weltölverbrauch *m*

contact **A** *n* **1** Kontakt *m*; **to be in ~ with sb/sth** (≈ *in communication*) mit jdm/etw in Kontakt stehen; **to keep in ~ with sb** mit jdm in Kontakt bleiben; **to come into ~ with sb/sth** mit jdm/etw in Berührung kommen; **he has no ~ with**

his family er hat keinen Kontakt zu seiner Familie; **I'll get in ~** ich werde von mir hören lassen; **how can we get in(to) ~ with him?** wie können wir ihn erreichen?; **to make ~** (≈ *get in touch*) sich miteinander in Verbindung setzen; **to lose ~ (with sb/sth)** den Kontakt (zu jdm/etw) verlieren **2** (= *person*) Kontaktperson *f*; **~s** *pl* Kontakte *pl* **B** *v/t person* sich in Verbindung setzen mit; *police* sich wenden an (+*acc*); **I've been trying to ~ you for hours** ich versuche schon seit Stunden, Sie zu erreichen **contact lens** *n* Kontaktlinse *f* **contact lens solution** *n* Kontaktlinsenmittel *nt* **contactless** *adj* (PHYS, TECH, *Bezahlung, Sensor*) berührungslos; **to pay using ~ payment** berührungslos bezahlen

contagious *adj* (MED, *fig*) ansteckend

contain *v/t* **1** (≈ *hold within itself*) enthalten **2** (*box, room*) fassen **3** *emotions, oneself* beherrschen; *disease, inflation* in Grenzen halten; **he could hardly ~ himself** er konnte kaum an sich (*acc*) halten **container** **A** *n* **1** Behälter *m* **2** (COMM, *for transport*) Container *m* **B** *adj attr* Container-; **~ ship** Containerschiff *nt*

contaminate *v/t* verschmutzen; (≈ *poison*) vergiften; (*radioactivity*) verseuchen **contamination** *n no pl* Verschmutzung *f*; (*by poison*) Vergiftung *f*; (*by radioactivity*) Verseuchung *f*

contd *abbr of* continued Forts., Fortsetzung *f*

contemplate *v/t* **1** (≈ *look at*) betrachten **2** (≈ *reflect upon*) nachdenken über (+*acc*); (≈ *consider*) in Erwägung ziehen; **he would never ~ violence** der Gedanke an Gewalttätigkeit würde ihm nie kommen; **to ~ doing sth** daran denken, etw zu tun **contemplation** *n no pl* (≈ *deep thought*) Besinnung *f*

contemporary **A** *adj* **1** (≈ *of the same time*) *events* gleichzeitig; *literature* zeitgenössisch **2** (≈ *present*) *life* heutig; *art* zeitgenössisch **B** *n* Altersgenosse *m*/-genossin *f*; (*in history*) Zeitgenosse *m*/-genossin *f* **contempt** *n* **1** Verachtung *f*; **to hold in ~** verachten; **beneath ~** unter aller Kritik **2** JUR **to be in ~ (of court)** das Gericht missachten **contemptible** *adj* verachtenswert **contemptuous** *adj* verächtlich; *person* herablassend

contend **A** *v/i* **1** (≈ *compete*) kämpfen;

then you'll have me to ~ with dann bekommst du es mit mir zu tun **2 to ~ with sb/sth** mit jdm/etw fertig werden **B** v/t behaupten **contender** n Kandidat(in) m(f); SPORTS Wettkämpfer(in) m(f) (for um)
content¹ A adj pred zufrieden; **to be/feel ~** zufrieden sein; **she's quite ~ to stay at home** sie bleibt ganz gern zu Hause **B** v/t **to ~ oneself with** sich zufriedengeben mit; **to ~ oneself with doing sth** sich damit zufriedengeben, etw zu tun
content² n **1** **contents** pl (of room, book etc) Inhalt m; **(table of) ~s** Inhaltsverzeichnis nt **2** no pl (≈ component) Gehalt m
contented adj, **contentedly** adv zufrieden
contention n **1** **that is no longer in ~** das steht nicht mehr zur Debatte **2** (≈ argument) Behauptung f **3** (in contest) **to be in ~ (for sth)** Chancen (auf etw acc) haben
contentious adj umstritten
contentment n Zufriedenheit f
contest A n **(for** um) Kampf m; (≈ beauty contest etc) Wettbewerb m; **it's no ~** das ist ein ungleicher Kampf **B** v/t **1** (≈ fight over) kämpfen um **2** (≈ dispute) bestreiten; JUR will anfechten **contestant** n (Wettbewerbs)teilnehmer(in) m(f); (in quiz) Kandidat(in) m(f)
context n Zusammenhang m; **(taken) out of ~** aus dem Zusammenhang gerissen
continent n GEOG Kontinent m; (≈ mainland) Festland nt; **the Continent (of Europe)** (Br) Kontinentaleuropa nt; **on the Continent** in Europa **continental** adj **1** GEOG kontinental **2** (Br) europäisch; holidays in Europa **continental breakfast** n kleines Frühstück **continental quilt** n Steppdecke f
contingency n Eventualität f; **a ~ plan** ein Ausweichplan m
contingent n Kontingent nt; MIL Trupp m
continual adj, **continually** adv (≈ frequent) ständig; (≈ unceasing) ununterbrochen **continuation** n **1** Fortsetzung f **2** (≈ resumption) Wiederaufnahme f
continue A v/t fortsetzen; **to ~ doing or to do sth** etw weiter tun; **to ~ to read, to ~ reading** weiterlesen; **to be ~d** Fortsetzung folgt; **~d on p 10** Fortsetzung auf Seite 10 **B** v/i (person) weitermachen; (crisis) (an)dauern; (weather) anhalten; (≈ road, concert etc) weitergehen; **to ~ on one's**

way weiterfahren; (on foot) weitergehen; **he ~d after a short pause** er redete/ schrieb/las etc nach einer kurzen Pause weiter; **to ~ with one's work** mit seiner Arbeit weitermachen; **please ~** bitte machen Sie weiter; (in talking) fahren Sie fort; **he ~s to be optimistic** er ist nach wie vor optimistisch; **to ~ at university/with a company/as sb's secretary** auf der Universität/bei einer Firma/jds Sekretärin bleiben **continuity** n Kontinuität f **continuous** adj dauernd; line durchgezogen; rise, movement etc stetig; **to be in ~ use** ständig in Benutzung sein; **~ assessment** Beurteilung f der Leistungen während des ganzen Jahres; **~ tense** GRAM Verlaufsform f **continuously** adv (≈ repeatedly) dauernd; (≈ ceaselessly) ununterbrochen; rise, move stetig
contort v/t verziehen (into zu); **a face ~ed with pain** ein schmerzverzerrtes Gesicht **contortion** n (esp of acrobat) Verrenkung f; (of features) Verzerrung f **contortionist** n Schlangenmensch m
contour n **1** Kontur f **2** GEOG Höhenlinie f **contour line** n Höhenlinie f **contour map** n Höhenlinienkarte f
contra- pref Gegen-, Kontra-
contraband n no pl Schmuggelware f
contraception n Empfängnisverhütung f **contraceptive A** n empfängnisverhütendes Mittel **B** adj empfängnisverhütend; pill Antibaby-
contract¹ A n (≈ agreement) Vertrag m; (COMM ≈ order) Auftrag m; **to enter into or make a ~** einen Vertrag eingehen; **to be under ~** unter Vertrag stehen (to bei, mit) **B** v/t debts machen; illness erkranken an (+dat) **C** v/i COMM **to ~ to do sth** sich vertraglich verpflichten, etw zu tun ◊**contract out A** v/i sich nicht anschließen (of +dat) **B** v/t sep COMM außer Haus machen lassen (to von)
contract² v/i (muscle, metal etc) sich zusammenziehen
contract bridge n Kontrakt-Bridge nt
contraction n **1** (of metal, muscles) Zusammenziehen nt **2** (in childbirth) **~s** Wehen pl
contractor n (≈ individual) Auftragnehmer m; (≈ building contractor) Bauunternehmer m; **that is done by outside ~s** damit ist eine andere Firma beauftragt
contractual adj vertraglich

C

contradict v/t (person) widersprechen (+dat); **to ~ oneself** sich (dat) widersprechen **contradiction** n Widerspruch m (of zu); **full of ~s** voller Widersprüchlichkeiten **contradictory** adj widersprüchlich

contraflow n MOT Gegenverkehr m

contralto A n Alt m B adj voice Alt-

contraption n (infml) Apparat m (infml)

contrary A adj (≈ opposite) entgegengesetzt; (≈ conflicting) gegensätzlich; **sth is ~ to sth** etw steht im Gegensatz zu etw; **~ to what I expected** entgegen meinen Erwartungen B n Gegenteil nt; **on the ~** im Gegenteil; **unless you hear to the ~** sofern Sie nichts Gegenteiliges hören; **quite the ~** ganz im Gegenteil

contrast A n Gegensatz m (with, to zu, between zwischen); (≈ striking difference, also TV) Kontrast m (with, to zu); **by** or **in ~** im Gegensatz dazu; **to be in ~ with** or **to sth** im Gegensatz or in Kontrast zu etw stehen B v/t gegenüberstellen (with +dat) C v/i im Gegensatz or in Kontrast stehen (with zu) **contrasting** adj opinions etc gegensätzlich; colours kontrastierend

contravene v/t verstoßen gegen **contravention** n **to be in ~ of ...** gegen ... verstoßen

contribute A v/t beitragen (to zu); money, supplies beisteuern (to zu); (to charity) spenden (to für) B v/i beitragen (to zu); (to pension, newspaper, society) einen Beitrag leisten (to zu); (to present) beisteuern (to zu); (to charity) spenden (to für) **contribution** n Beitrag m (to zu); **to make a ~ to sth** einen Beitrag zu etw leisten **contributor** n (to magazine etc) Mitarbeiter(in) m(f) (to an +dat); (of goods, money) Spender(in) m(f) **contributory** adj 1 **it's certainly a ~ factor** es ist sicherlich ein Faktor, der mit eine Rolle spielt 2 pension scheme beitragspflichtig

con trick n (infml) Schwindel m, Pflanz m (Aus)

contrive v/t 1 (≈ devise) entwickeln; (≈ make) fabrizieren; **to ~ a means of doing sth** einen Weg finden, etw zu tun 2 (≈ manage, arrange) bewerkstelligen; **to ~ to do sth** es fertigbringen, etw zu tun **contrived** adj gestellt

control A n 1 no pl (≈ management, supervision) Aufsicht f (of über +acc); (of money) Verwaltung f (of +gen); (of situation,

emotion) Beherrschung f (of +gen); (≈ self--control) (Selbst)beherrschung f; (over territory) Gewalt f (over über +acc); (of prices, disease) Kontrolle f (of +gen); **his ~ of the ball** seine Ballführung; **to be in ~ of sth, to have ~ of sth** business, office etw leiten; money etw verwalten; **to be in ~ of sth, to have sth under ~** etw in der Hand haben; car, pollution etw unter Kontrolle haben; **to have no ~ over sb/sth** keinen Einfluss auf jdn/etw haben; **to lose ~ (of sth)** (etw) nicht mehr in der Hand haben; of car die Kontrolle (über etw acc) verlieren; **to lose ~ of oneself** die Beherrschung verlieren; **to be/get out of ~** (child, class) außer Rand und Band sein/geraten; (situation, car) außer Kontrolle sein/ geraten; (prices, disease, pollution) sich jeglicher Kontrolle (dat) entziehen; **to be under ~** unter Kontrolle sein; (children, class) sich benehmen; **everything is under ~** wir/sie etc haben die Sache im Griff (infml); **circumstances beyond our ~** nicht in unserer Hand liegende Umstände 2 (≈ knob, switch) Regler m; (of vehicle, machine) Schalter m; **to be at the ~s** (of airliner) am Kontrollpult sitzen B v/t kontrollieren; business leiten; organization in der Hand haben; animal, child fertig werden mit; traffic regeln; emotions, movements beherrschen; temperature, speed regulieren; **to ~ oneself** sich beherrschen **control centre**, (US) **control center** n Kontrollzentrum nt **control desk** n Steuer- or Schaltpult nt; TV, RADIO Regiepult nt **control freak** n (infml) **most men are total ~s** die meisten Männer müssen immer alles unter Kontrolle haben **control key** n IT Control-Taste f **controlled** adj ~ **drugs** or **substances** verschreibungspflichtige Medikamente pl **controller** n 1 (≈ director; RADIO) Intendant(in) m(f) 2 (≈ financial head) Leiter(in) m(f) des Rechnungswesens **controlling** adj attr body Aufsichts- **control panel** n Schalttafel f; (on aircraft, TV) Bedienungsfeld nt **control room** n Kontrollraum m; MIL (Operations)zentrale f; (of police) Zentrale f **control tower** n AVIAT Kontrollturm m

controversial adj umstritten **controversy** n Streit m

conundrum n Rätsel nt

conurbation n Ballungsgebiet nt

convalesce v/i genesen (from, after von)

C

convalescence *n* (≈ *period*) Genesung (-szeit) *f*
convection oven *n* (*US*) Umluftherd *m*
convene A *v/t meeting* einberufen B *v/i* zusammenkommen; (*parliament, court*) zusammentreten
convenience *n* 1 *no pl* (≈ *amenity*) Annehmlichkeit *f*; **for the sake of ~** aus praktischen Gründen; **with all modern ~s** mit allem modernen Komfort 2 *no pl* **at your own ~** wann es Ihnen passt (*infml*); **at your earliest ~** COMM möglichst bald **convenience foods** *pl* Fertiggerichte *pl*
convenient *adj* (≈ *useful*) praktisch; *area* günstig gelegen; *time* günstig; **if it is ~** wenn es Ihnen (so) passt; **is tomorrow ~ (for you)?** passt (es) Ihnen morgen?; **the trams are very ~** (≈ *nearby*) die Straßenbahnhaltestellen liegen sehr günstig; (≈ *useful*) die Straßenbahn ist sehr praktisch **conveniently** *adv* günstigerweise; *situated* günstig
convent *n* (Frauen)kloster *nt*
convention *n* 1 Brauch *m*; (≈ *social rule*) Konvention *f* 2 (≈ *agreement*) Abkommen *nt* 3 (≈ *conference*) Konferenz *f*; POL Versammlung *f* **conventional** *adj* konventionell, herkömmlich; *style* traditionell; **~ medicine** konventionelle Medizin **conventionally** *adv* konventionell
converge *v/i* (*lines*) zusammenlaufen (*at* in *or* an *+dat*); MAT, PHYS konvergieren (*at* in *+dat*); **to ~ on sb/sth/New York** von überallher zu jdm/etw/nach New York strömen **convergence** *n* (*fig, of views etc*) Annäherung *f*; **~ criteria** (*in EU*) Konvergenzkriterien *pl*
conversation *n* Unterhaltung *f*; SCHOOL Konversation *f*; **to make ~** Konversation machen; **to get into/be in ~ with sb** mit jdm ins Gespräch kommen/im Gespräch sein; **to have a ~ with sb (about sth)** sich mit jdm (über etw *acc*) unterhalten **conversational** *adj* Unterhaltungs-; **~ German** gesprochenes Deutsch **conversationally** *adv write* im Plauderton **conversationalist** *n* guter Gesprächspartner, gute Gesprächspartnerin; **not much of a ~** nicht gerade ein Konversationsgenie
converse[1] *v/i* (*form*) sich unterhalten
converse[2] *n* (≈ *opposite*) Gegenteil *nt* **conversely** *adv* umgekehrt
conversion *n* 1 Konversion *f* (*into* in *+acc*); (*of van etc*) Umrüstung *f*; (*of building*) Umbau *m* (*into* zu); **~ table** Umrechnungstabelle *f* 2 (REL, *fig*) Bekehrung *f* **convert** A *n* Bekehrte(r) *m/f(m)*; (*to another denomination*) Konvertit *m*; **to become a ~ to sth** (*lit, fig*) sich zu etw bekehren B *v/t* 1 (≈ *transform*) konvertieren (*into* in *+acc*); *van etc* umrüsten; *attic* ausbauen (*into* zu); *building* umbauen (*into* zu) 2 (REL, *fig*) bekehren (*to* zu); (*to another denomination*) konvertieren C *v/i* sich verwandeln lassen (*into* in *+acc*) **converted** *adj* umgebaut; *loft* ausgebaut **convertible** A *adj* verwandelbar B *n* (≈ *car*) Cabrio *nt*
convex *adj* konvex, Konvex-
convey *v/t* 1 (≈ *transport*) befördern 2 *opinion, idea* vermitteln; *meaning* klarmachen; *message, best wishes* übermitteln **conveyancing** *n* JUR (Eigentums)übertragung *f* **conveyor belt** *n* Fließband *nt*; (*for transport, supply*) Förderband *nt*
convict A *n* Sträfling *m* B *v/t* JUR verurteilen (*of* wegen); **a ~ed criminal** ein verurteilter Verbrecher, eine verurteilte Verbrecherin **conviction** *n* 1 JUR Verurteilung *f*; **previous ~s** Vorstrafen 2 (≈ *belief*) Überzeugung *f*; **his speech lacked ~** seine Rede klang wenig überzeugend; **his fundamental political ~s** seine politische Gesinnung
convince *v/t* überzeugen; **I'm trying to ~ him that …** ich versuche, ihn davon zu überzeugen, dass … **convinced** *adj* überzeugt **convincing** *adj*, **convincingly** *adv* überzeugend
convivial *adj* 1 heiter und unbeschwert 2 (≈ *sociable*) gesellig
convoluted *adj* verwickelt
convoy *n* (*fig*) Konvoi *m*; **in ~** im Konvoi
convulsion *n* MED Schüttelkrampf *m no pl*
coo *v/i* gurren
cook A *n* Koch *m*, Köchin *f*; **she is a good ~** sie kocht gut; **too many ~s (spoil the broth)** (*prov*) viele Köche verderben den Brei (*prov*) B *v/t food* zubereiten; (*in water etc*) kochen; (≈ *fry, roast*) braten; **a ~ed meal** eine warme Mahlzeit; **a ~ed breakfast** ein Frühstück *nt* mit warmen Gerichten C *v/i* kochen; (≈ *fry, roast*) braten; **the pie takes half an hour to ~** die Pastete ist in einer halben Stunde fertig **cookbook** *n* Kochbuch *nt*

cooker n (esp Br) Herd m **cooker hood** n (Br) Abzugshaube f **cookery** n Kochen nt; **French ~** französische Küche **cookery book** n Kochbuch nt

cookie, cooky n **1** (US) Keks m, Biskuit nt (Swiss); **Christmas ~** Weihnachtsplätzchen nt **2** IT Cookie nt

cooking n Kochen nt; (≈ food) Essen nt; **French ~** französisches Essen; **his ~ is atrocious** er kocht miserabel **cooking apple** n Kochapfel m

cool A adj (+er) **1** kühl; **serve ~** kalt or (gut) gekühlt servieren; **"keep in a ~ place"** „kühl aufbewahren" **2** (≈ calm) besonnen; **to keep ~** einen kühlen Kopf behalten; **keep ~!** reg dich nicht auf! **3** (≈ audacious) kaltblütig; **a ~ customer** (infml) ein cooler Typ (infml) **4** (infml ≈ great) cool (sl); **to act ~** sich cool geben (sl) **B** n **1** Kühle f **2** (infml) **keep your ~!** reg dich nicht auf!; **to lose one's ~** durchdrehen (infml) **C** v/t **1** kühlen; (≈ cool down) abkühlen (infml) **~ it!** reg dich ab! (infml) **D** v/i abkühlen ◊**cool down A** v/i **1** (lit) abkühlen; (person) sich abkühlen **2** (≈ calm down) sich beruhigen; **to let things ~** die Sache etwas ruhen lassen **B** v/t sep abkühlen ◊**cool off** v/i sich abkühlen

cool bag n Kühltasche f **cool box** n Kühlbox f **cooling** adj drink, shower kühlend; effect (ab)kühlend; affection abnehmend; enthusiasm, interest nachlassend

coolly adv **1** (≈ calmly) ruhig **2** (≈ in an unfriendly way) kühl **3** (≈ audaciously) kaltblütig **coolness** n **1** Kühle f **2** (≈ calmness) Besonnenheit f **3** (≈ audacity) Kaltblütigkeit f

coop n (a. **hen coop**) Hühnerstall m ◊**coop up** v/t sep person einsperren; several people zusammenpferchen (infml)

co-op n (≈ shop) Konsum m **cooperate** v/i zusammenarbeiten **cooperation** n Zusammenarbeit f **cooperative A** adj **1** kooperativ **2** firm auf Genossenschaftsbasis; **~ farm** Bauernhof m auf Genossenschaftsbasis **B** n Genossenschaft f **cooperative bank** n (US) Genossenschaftsbank f

coopt v/t selbst (hinzu)wählen; **he was ~ed onto the committee** er wurde vom Komitee selbst dazugewählt

coordinate A n Koordinate f; **~s** (≈ clothes) Kleidung f zum Kombinieren **B** v/t koordinieren; **to ~ one thing with an-** other eine Sache auf eine andere abstimmen **coordinated** adj koordiniert **coordination** n Koordination f **coordinator** n Koordinator(in) m(f)

cop A n (infml) Polizist(in) m(f), Bulle m (pej infml) **B** v/t (infml) **you're going to ~ it** du wirst Ärger kriegen (infml) ◊**cop out** v/i (infml) aussteigen (infml) (of aus)

cope v/i zurechtkommen; (with work) es schaffen; **to ~ with** fertig werden mit; **I can't ~ with all this work** ich bin mit all der Arbeit überfordert

Copenhagen n Kopenhagen nt

copier n Kopierer m

co-pilot n Kopilot(in) m(f)

copious adj reichlich; **~ amounts of sth** reichliche Mengen von etw

cop-out n (infml) Rückzieher m (infml); **this solution is just a ~** diese Lösung weicht dem Problem nur aus

copper n **1** (≈ metal) Kupfer nt **2** (≈ colour) Kupferrot nt **3** (esp Br infml ≈ coin) **~s** Kleingeld nt **4** (infml ≈ policeman) Polizist(in) m(f), Bulle m (pej infml)

co-produce v/t koproduzieren

copse n Wäldchen nt

copulate v/i kopulieren **copulation** n Kopulation f

copy A n **1** Kopie f; PHOT Abzug m; **to take** or **make a ~ of sth** eine Kopie von etw machen; **to write out a fair ~** etw ins Reine schreiben **2** (of book etc) Exemplar nt; **a ~ of today's "Times"** die „Times" von heute **3** PRESS etc Text m **B** v/i (≈ imitate) nachahmen; SCHOOL etc abschreiben **C** v/t **1** (≈ make a copy of) kopieren; (≈ write out again) abschreiben; **~ sth to a disk** etw auf eine Diskette kopieren **2** (≈ imitate) nachmachen **3** SCHOOL etc sb else's work abschreiben; **to ~ Brecht** (von) Brecht abschreiben **copycat A** n (infml) Nachahmer(in) m(f) **B** adj attr **his was a ~ crime** er war ein Nachahmungstäter **copy editor** n PRESS Redakteur(in) m(f) **copying machine** n Kopiergerät nt **copy-protected** adj IT kopiergeschützt **copyright** n Urheberrecht nt **copywriter** n Werbetexter(in) m(f)

coral n Koralle f **coral reef** n Korallenriff nt

cord **A** n **1** Schnur f; (for clothes) Kordel f **2** **cords** pl (a. **a pair of cords**) Kordhose f, Schnürlsamthose f (Aus) **B** attr (Br) Kord-, Schnürlsamt- (Aus)

cordial **A** *adj* freundlich **B** *n* (≈ *drink*) Fruchtsaftkonzentrat *nt*
cordless *adj* schnurlos
cordon *n* Kordon *m* ◊**cordon off** *v/t sep* absperren
cordon bleu *adj cook* vorzüglich; *recipe, dish* exquisit
corduroy *n* Kordsamt *m*, Schnürlsamt *m* (*Aus*)
core **A** *n* Kern *m*; (*of apple*) Kerngehäuse *nt*; (*of rock*) Innere(s) *nt*; **rotten to the ~** (*fig*) durch und durch schlecht; **shaken to the ~** zutiefst erschüttert **B** *adj attr issue* Kern-; *subject* Haupt-; **~ activity** *or* **business** COMM Kerngeschäft *nt* **C** *v/t fruit* entkernen; *apple* das Kerngehäuse (+*gen*) entfernen **corer** *n* COOK Apfelstecher *m*
Corfu *n* Korfu *nt*
coriander *n* Koriander *m*
cork **A** *n* **1** *no pl* (≈ *substance*) Kork *m* **2** (≈ *stopper*) Korken *m* **B** *v/t* zu- *or* verkorken **C** *adj* Kork- **corked** *adj* **the wine is ~** der Wein schmeckt nach Kork **corkscrew** *n* Korkenzieher *m*
corn¹ *n* **1** *no pl* (*Br* ≈ *cereal*) Getreide *nt* **2** (≈ *seed of corn*) Korn *nt* **3** *no pl* (*esp US* ≈ *maize*) Mais *m*
corn² *n* (*on foot*) Hühnerauge *nt*; **~ plaster** Hühneraugenpflaster *nt*
corn bread *n* (*US*) Maisbrot *nt* **corncob** *n* Maiskolben *m*
cornea *n* Hornhaut *f*
corned beef *n* Corned Beef *nt*
corner **A** *n* Ecke *f*; FTBL *also* Corner *m* (*Aus, Swiss*); (*of mouth* ≈ *place*) Winkel *m*; (*in road*) Kurve *f*; **at** *or* **on the ~** an der Ecke; **it's just round the ~** (≈ *near*) es ist gleich um die Ecke; (*infml* ≈ *about to happen*) das steht kurz bevor; **to turn the ~** (*lit*) um die Ecke biegen; **we've turned the ~ now** (*fig*) wir sind jetzt über den Berg; **out of the ~ of one's eye** aus dem Augenwinkel (heraus); **to cut ~s** (*fig*) das Verfahren abkürzen; **to drive** *or* **force sb into a ~** (*fig*) jdn in die Enge treiben; **to fight one's ~** (*esp Br fig*) für seine Sache kämpfen; **in every ~ of Europe/the globe** in allen (Ecken und) Winkeln Europas/der Erde; **an attractive ~ of Britain** eine reizvolle Gegend Großbritanniens; **to take a ~** FTBL eine Ecke ausführen **B** *v/t* **1** in die Enge treiben **2** COMM *the market* monopolisieren **C** *v/i* **this car ~s well** dieses Auto hat eine gute Kurvenla-

ge **-cornered** *adj suf* -eckig; **three-cornered** dreieckig **corner kick** *n* FTBL Eckstoß *m*, Corner *m* (*Aus, Swiss*) **corner seat** *n* RAIL Eckplatz *m* **corner shop** *n* Laden *m* an der Ecke **cornerstone** *n* Grundstein *m* **corner store** *n* (*US*) = corner shop
cornet *n* **1** MUS Kornett *nt* **2** (≈ *ice-cream cornet*) (Eis)tüte *f*
cornfield *n* (*Br*) Kornfeld *nt*; (*US*) Maisfeld *nt* **cornflakes** *pl* Cornflakes *pl* **cornflour** *n* (*Br*) Stärkemehl *nt* **cornflower** *n* Kornblume *f*
cornice *n* ARCH (Ge)sims *nt*
Cornish *adj* aus Cornwall **Cornish pasty** *n* (*Br*) *Gebäckstück aus Blätterteig mit Fleischfüllung*
cornmeal *n* (*US*) Maismehl *nt* **cornstarch** *n* (*US*) Stärkemehl *nt*
cornucopia *n* (*fig*) Fülle *f*
corny *adj* (+*er*) (*infml*) **1** *joke* blöd (*infml*) **2** (≈ *sentimental*) kitschig
coronary **A** *adj* MED Koronar- (*tech*); **~ failure** Herzversagen *nt* (*infml*) **B** *n* Herzinfarkt *m*
coronation *n* Krönung *f*
coroner *n* *Beamter, der Todesfälle untersucht, die nicht eindeutig eine natürliche Ursache haben*
coronet *n* Krone *f*
corp. *abbr of corporation*
corporal *n* MIL Stabsunteroffizier(in) *m(f)*
corporal punishment *n* Prügelstrafe *f*
corporate *adj* **1** (≈ *of a group*) gemeinsam **2** (*of a corporation*) korporativ; (*of a company*) Firmen-; JUR Korporations-; **~ finance** Unternehmensfinanzen *pl*; **~ identity** Corporate Identity *f*; **~ image** Firmenimage *nt*; **to move up the ~ ladder** in der Firma aufsteigen **corporate hospitality** *n* Unterhaltung und Bewirtung von Firmenkunden **corporate law** *n* Gesellschaftsrecht *nt* **corporation** *n* **1** (≈ *municipal corporation*) Gemeinde *f* **2** (*Br* COMM) Handelsgesellschaft *f*; (*US* COMM) Gesellschaft *f* mit beschränkter Haftung; **joint-stock ~** (*US*) Aktiengesellschft *f*; **private ~** Privatunternehmen *nt*; **public ~** staatliches Unternehmen **corporation tax** *n* Körperschaftsteuer *f*
corps *n, pl* - MIL Korps *nt* **corps de ballet** *n* Corps de Ballet *nt*
corpse *n* Leiche *f*
corpulent *adj* korpulent

C

corpus n ◻1 (≈ collection) Korpus m ◻2 (≈ main body) Großteil m; **the main ~ of his work** der Hauptteil seiner Arbeit **Corpus Christi** n ECCL Fronleichnam m

corpuscle n **blood ~** Blutkörperchen nt

corral n Korral m

correct ◻A adj ◻1 (≈ right) richtig; **to be ~** (person) recht haben; **am I ~ in thinking that …?** gehe ich recht in der Annahme, dass …?; **~ change only** nur abgezähltes Geld ◻2 (≈ proper) korrekt; **it's the ~ thing to do** das gehört sich so; **she was ~ to reject the offer** es war richtig, dass sie das Angebot abgelehnt hat ◻B v/t korrigieren; **~ me if I'm wrong** Sie können mich gern berichtigen; **I stand ~ed** ich nehme alles zurück **correcting fluid** n Korrekturflüssigkeit f

correction n Korrektur f; **to do one's ~s** SCHOOL die Verbesserung machen **correctional** adj (US) **the ~ system** das Justizvollzugssystem; **~ facility** Justizvollzugsanstalt f **corrective** ◻A adj korrigierend; **to take ~ action** korrigierend eingreifen; **to have ~ surgery** sich einem korrigierenden Eingriff unterziehen ◻B n Korrektiv nt **correctly** adv ◻1 (≈ accurately) richtig; **if I remember ~** wenn ich mich recht entsinne ◻2 behave korrekt **correctness** n (of behaviour etc) Korrektheit f

correlate ◻A v/t zueinander in Beziehung setzen ◻B v/i sich entsprechen; **to ~ with sth** mit etw in Beziehung stehen **correlation** n (≈ correspondence) Beziehung f; (≈ close relationship) enger Zusammenhang

correspond v/i ◻1 (≈ be equivalent) entsprechen (to, with +dat); (to one another) sich entsprechen ◻2 (≈ exchange letters) korrespondieren (with mit) **correspondence** n ◻1 (≈ equivalence) Übereinstimmung f ◻2 (≈ letter-writing) Korrespondenz f; (in newspaper) Leserbriefe pl; **to be in ~ with sb** mit jdm korrespondieren; (private) mit jdm in Briefwechsel stehen **correspondence course** n Fernkurs m **correspondent** n PRESS Korrespondent(in) m(f) **corresponding** adj entsprechend **correspondingly** adv (dem)entsprechend

corridor n Korridor m; (in train, bus) Gang m; **in the ~s of power** an den Schalthebeln der Macht

corroborate v/t bestätigen **corrobora-**

-tion n Bestätigung f; **in ~ of** zur Unterstützung (+gen) **corroborative** adj erhärtend attr

corrode ◻A v/t zerfressen ◻B v/i korrodieren **corroded** adj korrodiert **corrosion** n Korrosion f **corrosive** adj korrosiv

corrugated adj gewellt; **~ cardboard** dicke Wellpappe **corrugated iron** n Wellblech nt

corrupt ◻A adj verdorben; (≈ open to bribery) korrupt; IT disk nicht lesbar ◻B v/t verderben; (form ≈ bribe) bestechen; IT data zerstören; **to become ~ed** (text) korrumpiert werden **corruptible** adj korrumpierbar **corruption** n ◻1 (≈ act) Korruption f; (IT, of data) Zerstörung f ◻2 (≈ corrupt nature) Verdorbenheit f **corruptly** adv korrupt

corset n, **corsets** pl Korsett nt

Corsica n Korsika nt

cortège n (≈ procession) Prozession f; (≈ funeral cortège) Leichenzug m

cortisone n Kortison nt

cos[1] abbr of cosine cos

cos[2] n (a. **cos lettuce**) Romagnasalat m

cos[3] cj (infml) = because

cosily, (US) **cozily** adv behaglich

cosine n Kosinus m

cosiness, (US) **coziness** n Gemütlichkeit f; (≈ warmth) mollige Wärme

cosmetic ◻A adj kosmetisch ◻B n Kosmetikum nt **cosmetic surgery** n kosmetische Chirurgie; **she's had ~** sie hat eine Schönheitsoperation gehabt

cosmic adj kosmisch **cosmology** n Kosmologie f

cosmopolitan adj kosmopolitisch

cosmos n Kosmos m

cosset v/t verwöhnen

cost vb: pret, past part **cost** ◻A v/t ◻1 kosten; **how much does it ~?** wie viel kostet es?; **how much will it ~ to have it repaired?** wie viel kostet die Reparatur?; **it ~ him a lot of time** es kostete ihn viel Zeit; **that mistake could ~ you your life** der Fehler könnte dich das Leben kosten; **it'll ~ you** (infml) das kostet dich was (infml) ◻2 pret, past part **costed** (≈ work out cost of) veranschlagen ◻B n ◻1 (lit) Kosten pl (of für); **to bear the ~ of sth** die Kosten für etw tragen; **the ~ of petrol these days** die Benzinpreise heutzutage; **at little ~ to oneself** ohne große eigene

Kosten; **to buy/sell at ~** zum Selbstkostenpreis kaufen/verkaufen **2** (fig) Preis m; **at all ~s, at any ~** um jeden Preis; **at the ~ of one's health** etc auf Kosten seiner Gesundheit etc; **at great personal ~** unter großen eigenen Kosten; **he found out to his ~ that ...** er machte die bittere Erfahrung, dass ... **3** **costs** pl JUR Kosten pl; **to be ordered to pay ~s** zur Übernahme der Kosten verurteilt werden

co-star **A** n einer der Hauptdarsteller; **Burton and Taylor were ~s** Burton und Taylor spielten die Hauptrollen **B** v/t **the film ~s R. Burton** der Film zeigt R. Burton in einer der Hauptrollen **C** v/i als Hauptdarsteller auftreten

Costa Rica n Costa Rica nt

cost-cutting **A** n Kostenverringerung f **B** adj attr **~ exercise** kostendämpfende Maßnahmen pl **cost-effective** adj rentabel **cost-effectiveness** n Rentabilität f **costing** n Kalkulation f **costly** adj teuer **cost of living** n Lebenshaltungskosten pl **cost price** n Selbstkostenpreis m **cost-saving** adj kostensparend

costume n Kostüm nt; (≈ bathing costume) Badeanzug m **costume drama** n (≈ film) Kostümfilm m; (TV ≈ series) Serie f in historischen Kostümen **costume jewellery** n Modeschmuck m

cosy, (US) **cozy** **A** adj (+er) gemütlich; (≈ warm) mollig warm; (fig) chat gemütlich **B** n (≈ tea cosy) Wärmer m

cot n (esp Br ≈ child's bed) Kinderbett nt; (US ≈ camp bed) Feldbett nt **cot death** n (Br) plötzlicher Kindstod

cottage n Häuschen nt **cottage cheese** n Hüttenkäse m **cottage industry** n Manufaktur f **cottage pie** n Hackfleisch mit Kartoffelbrei überbacken

cotton **A** n Baumwolle f; (≈ thread) (Baumwoll)garn nt; (≈ fabric) Baumwollstoff m **B** adj Baumwoll- ◊**cotton on** v/i (Br infml) es kapieren (infml); **to ~ to sth** etw checken (infml)

cotton bud n (Br) Wattestäbchen nt **cotton candy** n (US) Zuckerwatte f **cotton pad** n Wattepad nt **cotton-picking** adj (US infml) verflucht (infml) **cotton wool** n (Br) Watte f

couch n Sofa nt; (≈ doctor's couch) Liege f; (≈ psychiatrist's couch) Couch f **couchette** n RAIL Liegewagen(platz) m **couch potato** n (infml) Couchpotato f

cough **A** n Husten m; **he has a bit of a ~** er hat etwas Husten; **a smoker's ~** Raucherhusten m **B** v/t & v/i husten ◊**cough up** **A** v/t sep (lit) aushusten **B** v/t insep (fig infml) money rausrücken (infml) **C** v/i (fig infml) blechen (infml)

cough mixture n Hustensaft m **cough sweet** n (Br) Hustenbonbon nt, Hustenzuckerl nt (Aus) **cough syrup** n Hustensaft m

could pret of can[1]

couldn't contraction = could not

council **A** n Rat m; **city/town ~** Stadtrat m; **to be on the ~** Ratsmitglied sein; **Council of Europe** Europarat m; **Council of Ministers** POL Ministerrat m **B** adj attr **~ meeting** Ratssitzung f **council estate** n (Br) Sozialwohnungssiedlung f **council flat** n (Br) Sozialwohnung f **council house** n (Br) Sozialwohnung f **council housing** n sozialer Wohnungsbau **councillor**, (US) **councilor** n Ratsmitglied nt; (≈ town councillor) Stadtrat m/-rätin f; **~ Smith** Herr Stadtrat/Frau Stadträtin Smith **council tax** n (Br) Kommunalsteuer f

counsel **A** n **1** (form ≈ advice) Rat(schlag) m; **to keep one's own ~** seine Meinung für sich behalten **2** pl - JUR Rechtsanwalt m; **~ for the defence/prosecution** Verteidiger(in) m(f)/Vertreter(in) m(f) der Anklage **B** v/t person beraten; action empfehlen; **to ~ sb to do sth** jdm raten, etw zu tun **counselling**, (US) **counseling** n Beratung f; (by therapist) Therapie f; **to need ~** professionelle Hilfe brauchen; **to go for** or **have ~** zur Beratung/Therapie gehen **counsellor**, (US) **counselor** n **1** (≈ adviser) Berater(in) m(f) **2** (US, Ir ≈ lawyer) Rechtsanwalt m/-anwältin f

count[1] **A** n **1** (with numbers) Zählung f; **she lost ~ when she was interrupted** sie kam mit dem Zählen durcheinander, als sie unterbrochen wurde; **I've lost all ~ of her boyfriends** ich habe die Übersicht über ihre Freunde vollkommen verloren; **to keep ~ (of sth)** (etw) mitzählen; **at the last ~** bei der letzten Zählung; **on the ~ of three** bei drei gehts los **2** (JUR ≈ charge) Anklagepunkt m; **you're wrong on both ~s** (fig) Sie haben in beiden Punkten unrecht **B** v/t **1** (with numbers) (ab)zählen; votes (aus)zählen; **I only ~ed ten people** ich habe nur zehn Leute gezählt **2** (≈ con-

C

sider) ansehen; (≈ *include*) mitrechnen; **to ~ sb (as) a friend** jdn als Freund ansehen; **you should ~ yourself lucky to be alive** Sie können noch von Glück sagen, dass Sie noch leben; **not ~ing the children** die Kinder nicht mitgerechnet **C** *v/i* **1** (*with numbers*) zählen; **to ~ to ten** bis zehn zählen; **~ing from today** von heute an (gerechnet) **2** (≈ *be considered*) angesehen werden; (≈ *be included*) mitgerechnet werden; (≈ *be important*) wichtig sein; **the children don't ~** die Kinder zählen nicht; **that doesn't ~** das zählt nicht; **every minute/it all ~s** jede Minute ist/das ist alles wichtig; **to ~ against sb** gegen jdn sprechen ◊**count down** *v/i* den Countdown durchführen ◊**count for** *v/i +prep obj* **to ~ a lot** sehr viel bedeuten; **to ~ nothing** nichts gelten ◊**count in** *v/t sep* mitzählen; **to count sb in on sth** davon ausgehen *or* damit rechnen, dass jd bei etw mitmacht; **you can count me in!** Sie können mit mir rechnen ◊**count on** *v/i +prep obj* rechnen mit; **to ~ doing sth** die Absicht haben, etw zu tun; **you can ~ him to help you** du kannst auf seine Hilfe zählen ◊**count out** *v/t sep* **1** *money etc* abzählen **2** (*infml*) **(you can) count me out!** ohne mich! ◊**count up** *v/t sep* zusammenzählen

count² *n* Graf *m*

countable *adj* zählbar (GRAM) **countdown** *n* Countdown *m*

countenance *n* Gesichtsausdruck *m*

counter **A** *n* **1** (*in shop*) Ladentisch *m*; (*in café*) Theke *f*; (*in bank*) Schalter *m*; **medicines which can be bought over the ~** Medikamente, die man rezeptfrei bekommt **2** (≈ *disc*) Spielmarke *f* **3** TECH Zähler *m* **B** *v/t & v/i* kontern (*also* SPORTS) **C** *adv* **~ to** gegen (+*acc*); **the results are ~ to expectations** die Ergebnisse widersprechen den Erwartungen **counteract** *v/t* entgegenwirken (+*dat*) **counterargument** *n* Gegenargument *nt* **counterattack** **A** *n* Gegenangriff *m* **B** *v/t & v/i* zurückschlagen **counterbalance** **A** *n* Gegengewicht *nt* **B** *v/t* ausgleichen **counterclaim** *n* JUR Gegenanspruch *m* **counter clerk** *n* (*in bank etc*) Angestellte(r) *m/f(m)* im Schalterdienst; (*in post office etc*) Schalterbeamte(r) *m/*-beamtin *f* **counterclockwise** *adj, adv* (*US*) = anticlockwise **counterespionage** *n* Spio-

nageabwehr *f* **counterfeit** **A** *adj* gefälscht; **~ money** Falschgeld *nt* **B** *n* Fälschung *f* **C** *v/t* fälschen **counterfoil** *n* Kontrollabschnitt *m* **counterintelligence** *n* = counterespionage **countermand** *v/t* aufheben **countermeasure** *n* Gegenmaßnahme *f* **counteroffensive** *n* MIL Gegenoffensive *f* **counterpart** *n* Gegenstück *nt* **counterpoint** *n* (MUS, *fig*) Kontrapunkt *m* **counterproductive** *adj* widersinnig; *criticism, measures* kontraproduktiv **counter-revolution** *n* Konterrevolution *f* **counter-revolutionary** *adj* konterrevolutionär **countersign** *v/t* gegenzeichnen **counter staff** *pl* (*in shop*) Verkäufer *pl* **counterweight** *n* Gegengewicht *nt*

countess *n* Gräfin *f*

countless *adj* unzählig *attr*

country *n* **1** (≈ *state*) Land *nt*; **his own ~** seine Heimat; **to go to the ~** Neuwahlen ausschreiben; **~ of origin** COMM Ursprungsland *nt* **2** *no pl* (*as opposed to town*) Land *nt*; (≈ *countryside also*) Landschaft *f*; **in/to the ~** auf dem/aufs Land; **this is good fishing ~** das ist eine gute Fischgegend; **this is mining ~** dies ist ein Bergbaugebiet **country and western** *n* Country-und-Western-Musik *f* **country-and-western** *adj* Country-und Western- **country club** *n* Klub *m* auf dem Lande **country code** *n* **1** TEL internationale Vorwahl **2** (*Br* ≈ *set of rules*) Verhaltenskodex *m* für Besucher auf dem Lande **country dancing** *n* Volkstanz *m* **country dweller** *n* Landbewohner(in) *m(f)* **country house** *n* Landhaus *nt* **country life** *n* das Landleben **countryman** *n* **1** (≈ *compatriot*) Landsmann *m*; **his fellow countrymen** seine Landsleute **2** (≈ *country dweller*) Landmann *m* **country music** *n* Countrymusik *f* **country people** *pl* Leute *pl* vom Land(e) **country road** *n* Landstraße *f* **countryside** *n* (≈ *scenery*) Landschaft *f*; (≈ *rural area*) Land *nt* **country-wide** *adj* landesweit **countrywoman** *n* **1** (≈ *compatriot*) Landsmännin *f* **2** (≈ *country dweller*) Landfrau *f*

county *n* (*Br*) Grafschaft *f*; (*US*) (Verwaltungs)bezirk *m* **county council** *n* (*Br*) Grafschaftsrat *m* **county seat** *n* (*US*) Hauptstadt eines Verwaltungsbezirkes **county town** *n* (*Br*) Hauptstadt einer

Grafschaft

coup n (≈ *successful action*) Coup m; (≈ *coup d'état*) Staatsstreich m **coup de grâce** n Gnadenstoß m **coup d'état** n Staatsstreich m

couple **A** n **1** (≈ *pair*) Paar nt; (≈ *married couple*) Ehepaar nt; **in ~s** paarweise **2** (*infml*) **a ~** (≈ *two*) zwei; (≈ *several*) ein paar; **a ~ of letters** *etc* ein paar Briefe *etc*; **a ~ of times** ein paarmal; **a ~ of hours** ungefähr zwei Stunden **B** v/t (≈ *link*) verbinden; *carriages etc* koppeln; **smoking ~d with poor diet …** Rauchen in Verbindung mit schlechter Ernährung … **coupler** n IT Koppler m **couplet** n Verspaar nt **coupling** n **1** (≈ *linking*) Verbindung f; (*of carriages etc*) Kopplung f **2** (≈ *linking device*) Kupplung f

coupon n Gutschein m

courage n Mut m; **to have the ~ of one's convictions** Zivilcourage haben; **to take one's ~ in both hands** sein Herz in beide Hände nehmen **courageous** *adj* mutig; (≈ *with courage of convictions*) couragiert **courageously** *adv fight* mutig; *criticize* couragiert

courgette n (*Br*) Zucchini f

courier n **1** (≈ *messenger*) Kurier m; **by ~** per Kurier **2** (≈ *tourist guide*) Reiseleiter(in) m(f)

course n **1** (*of plane* ≈ *race course*) Kurs m; (*of river, history*) Lauf m; (≈ *golf course*) Platz m; (*fig, of relationship*) Verlauf m; (*of action etc*) Vorgehensweise f; **to change** or **alter ~** den Kurs ändern; **to be on/off ~** auf Kurs sein/vom Kurs abgekommen sein; **to be on ~ for sth** (*fig*) gute Aussichten auf etw (*acc*) haben; **to let sth take** or **run its ~** einer Sache (*dat*) ihren Lauf lassen; **the affair has run its ~** die Angelegenheit ist zu einem Ende gekommen; **which ~ of action did you take?** wie sind Sie vorgegangen?; **the best ~ of action would be …** das Beste wäre …; **in the ~ of the meeting** während der Versammlung; **in the ~ of time** im Laufe der Zeit **2 of ~** natürlich; **of ~!** natürlich!; **don't you like me? — of ~ I do** magst du mich nicht? — doch, natürlich; **he's rather young, of ~, but …** er ist natürlich ziemlich jung, aber … **3** SCHOOL, UNIV Studium nt; (≈ *summer course etc*) Kurs(us) m; (*at work*) Lehrgang m; **to go on a French ~** einen Französischkurs(us) besuchen; **a ~ in first aid** ein Erste-Hilfe-Kurs; **a ~ of lectures, a lecture ~** eine Vorlesungsreihe **4** COOK Gang m; **a three-~ meal** ein Essen nt mit drei Gängen

court **A** n **1** JUR Gericht nt; (≈ *room*) Gerichtssaal m; **to appear in ~** vor Gericht erscheinen; **to take sb to ~** jdn verklagen; **to go to ~ over a matter** eine Sache vor Gericht bringen **2** (*royal*) Hof m **3** SPORTS Platz m; (*for squash*) Halle f **B** v/t *jds Gunst* werben um; *danger* herausfordern **C** v/i (*dated*) **they were ~ing at the time** zu der Zeit gingen sie zusammen **court appearance** n Erscheinen nt vor Gericht **court case** n JUR Gerichtsverfahren nt, Prozess m

courteous *adj*, **courteously** *adv* höflich **courtesy** n Höflichkeit f; **~ of** freundlicherweise zur Verfügung gestellt von **courtesy bus** n gebührenfreier Bus **court fine** n JUR Ordnungsgeld nt **court hearing** n JUR Gerichtsverhandlung f **courthouse** n JUR Gerichtsgebäude nt **court martial** n, *pl* **court martials** or **courts martial** MIL Militärgericht nt **court-martial** v/t vor das/ein Militärgericht stellen (*for wegen*) **court order** n JUR gerichtliche Verfügung **courtroom** n JUR Gerichtssaal m **courtship** n (*dated*) (Braut)werbung f (*dated*) (*of um*); **during their ~** während er um sie warb **court shoe** n Pumps m **courtyard** n Hof m

couscous n Couscous m

cousin n Cousin m, Cousine f; **Kevin and Susan are ~s** Kevin und Susan sind Cousin und Cousine

cove n GEOG (kleine) Bucht

covenant n Schwur m; BIBLE Bund m; JUR Verpflichtung f zu regelmäßigen Spenden **Coventry** n **to send sb to ~** (*Br infml*) jdn schneiden (*infml*)

cover **A** n **1** (≈ *lid*) Deckel m; (≈ *loose cover*) Bezug m; (*for typewriter etc*) Hülle f; (*on lorries*) Plane f; (≈ *blanket*) (Bett)decke f; **he put a ~ over it** er deckte es zu; **she pulled the ~s up to her chin** sie zog die Decke bis ans Kinn (hoch) **2** (*of book*) Einband m; (*of magazine*) Umschlag m; (≈ *dust cover*) (Schutz)umschlag m; **to read a book from ~ to ~** ein Buch von der ersten bis zur letzten Seite lesen; **on the ~** auf dem Einband/Umschlag; (*of magazine*) auf der Titelseite **3** *no pl* (≈ *protection*) Schutz m (*from vor +dat, gegen*); MIL De-

C

ckung f (from vor +dat, gegen); **to take ~** (from rain) sich unterstellen; MIL in Deckung gehen (from vor +dat); **the car should be kept under ~** das Auto sollte abgedeckt sein; **under ~ of darkness** im Schutz(e) der Dunkelheit **4** (Br) (COMM, FIN) Deckung f; (≈ insurance cover) Versicherung f; **to take out ~ for a car** ein Auto versichern; **to take out ~ against fire** eine Feuerversicherung abschließen; **to get ~ for sth** etw versichern (lassen); **do you have adequate ~?** sind Sie ausreichend versichert? **5** (≈ assumed identity) Tarnung f; **to operate under ~** als Agent tätig sein **B** v/t **1** (≈ put cover on) bedecken; (≈ cover over) zudecken; (with loose cover) chair etc beziehen; **a ~ed way** ein überdachter Weg; **the mountain was ~ed with** or **in snow** der Berg war schneebedeckt; **you're all ~ed with dog hairs** du bist voller Hundehaare **2** mistake, tracks verdecken; **to ~ one's face with one's hands** sein Gesicht in den Händen verbergen **3** (≈ protect, also FIN) decken; INSUR versichern; **will £30 ~ the drinks?** reichen £ 30 für die Getränke?; **he gave me £30 to ~ the drinks** er gab mir £ 30 für Getränke; **he only said that to ~ himself** er hat das nur gesagt, um sich abzudecken **4** (≈ point a gun at etc) sichern; **to keep sb ~ed** jdn in Schach halten **5** (≈ include) behandeln; eventualities vorsehen; **what does your travel insurance ~ you for?** was deckt deine Reiseversicherung ab? **6** (PRESS ≈ report on) berichten über (+acc) **7** distance zurücklegen **8** MUS song neu interpretieren ◊**cover for** v/i +prep obj absent person vertreten ◊**cover over** v/t sep zudecken; (for protection) abdecken ◊**cover up A** v/i to **~ for sb** jdn decken **B** v/t sep **1** zudecken **2** facts vertuschen

coverage n no pl (in media) Berichterstattung f (of über +acc); **the games got excellent TV ~** die Spiele wurden ausführlich im Fernsehen gebracht **coverall** n usu pl (US) Overall m **cover charge** n Kosten pl für ein Gedeck **covered market** n überdachter Markt **cover girl** n Titelmädchen nt, Covergirl nt **covering** n Decke f; **a ~ of snow** eine Schneedecke **covering letter**, (US) **cover letter** n Begleitbrief m **cover note** n Deckungszusage f **cover price** n Einzel-

(exemplar)preis m **cover story** n Titelgeschichte f

covert adj, **covertly** adv heimlich

cover-up n Vertuschung f **cover version** n MUS Coverversion f

covet v/t begehren

cow[1] n **1** Kuh f; **till the ~s come home** (fig infml) bis in alle Ewigkeit (infml) **2** (pej infml ≈ woman, stupid) Kuh f (infml); (nasty) gemeine Ziege (infml); **cheeky ~!** freches Stück! (infml)

cow[2] v/t einschüchtern

coward n Feigling m **cowardice**, **cowardliness** n Feigheit f **cowardly** adj feig(e)

cowbell n Kuhglocke f **cowboy** n **1** Cowboy m; **to play ~s and Indians** Indianer spielen **2** (fig infml, dishonest) Gauner m (infml) **cowboy hat** n Cowboyhut m

cower v/i sich ducken; (squatting) kauern; **he stood ~ing in a corner** er stand geduckt in einer Ecke

cowgirl n Cowgirl nt **cowhand** n Hilfscowboy m; (on farm) Stallknecht m **cowhide** n **1** (untanned) Kuhhaut f **2** (no pl ≈ leather) Rindsleder nt **3** (US ≈ whip) Lederpeitsche f

cowl n Kapuze f

cowpat n Kuhfladen m **cowshed** n Kuhstall m

cox n Steuermann m

coy adj (+er) (≈ shy) verschämt; (≈ coquettish) neckisch; **to be ~ about sth** (≈ shy) in Bezug auf etw (acc) verschämt tun **coyly** adv (≈ shyly) schüchtern, gschamig (Aus)

coyote n Kojote m

cozy adj (US) = cosy

C/P COMM abbr of carriage paid frachtfrei

CPU abbr of central processing unit CPU f

crab n Krabbe f **crab apple** n **1** (≈ fruit) Holzapfel m **2** (≈ tree) Holzapfelbaum m **crabby** adj (+er) griesgrämig **crabmeat** n Krabbenfleisch nt

crack A n **1** Riss m; (between floorboards etc) Ritze f; (≈ wider hole etc) Spalte f; (in pottery etc) Sprung m; **leave the window open a ~** lass das Fenster einen Spalt offen; **at the ~ of dawn** in aller Frühe; **to fall** or **slip through the ~s** (US fig) durch die Maschen schlüpfen **2** (≈ sharp noise) Knacks m; (of gun, whip) Knall(en nt no pl) m **3** (≈ sharp blow) Schlag m; **to give one-**

self a ~ on the head sich (dat) den Kopf anschlagen **4** (infml ≈ joke) Witz m; **to make a ~ about sb/sth** einen Witz über jdn/etw reißen **5** (infml) **to have a ~ at sth** etw mal probieren (infml) **6** DRUGS Crack nt **B** adj attr erstklassig; MIL Elite-; **~ shot** Meisterschütze m, Meisterschützin f **C** v/t **1** pottery einen Sprung machen in (+acc); ice einen Riss/Risse machen in (+acc) **2** nuts, safe knacken; (fig infml) code knacken; case, problem lösen; **I've ~ed it** (≈ solved it) ich habs! **3** joke reißen **4** whip knallen mit; finger knacken mit; **to ~ the whip** (fig) die Peitsche schwingen **5** he **~ed his head against the pavement** er krachte mit dem Kopf aufs Pflaster **D** v/i **1** (pottery) einen Sprung/Sprünge bekommen; (ice) einen Riss/Risse bekommen; (lips) rissig werden **2** (≈ break) brechen **3** (≈ make a cracking sound) knacken; (whip, gun) knallen **4** (infml) **to get ~ing** loslegen (infml); **to get ~ing with or on sth** mit etw loslegen (infml); **get ~ing! los jetzt!** **5** = crack up I; **he ~ed under the strain** er ist unter der Belastung zusammengebrochen **◊crack down** v/i hart durchgreifen (on bei) **◊crack on** v/i (Br infml) weitermachen **◊crack open** v/t sep aufbrechen; **to ~ the champagne** die Sektkorken knallen lassen **◊crack up** **A** v/i (fig infml, person) durchdrehen (infml); (under strain) zusammenbrechen; **I/he must be cracking up** (hum) so fängts an (infml) **B** v/t sep (infml) **it's not all it's cracked up to be** so toll ist es dann auch wieder nicht

crackdown n (infml) scharfes Durchgreifen **cracked** adj plate, ice gesprungen; bone angebrochen; (≈ broken) gebrochen; surface rissig; lips aufgesprungen **cracker** n **1** (≈ biscuit) Cracker m **2** (≈ Christmas cracker) Knallbonbon nt **crackers** adj pred (Br infml) übergeschnappt (infml) **cracking** adj (infml) pace scharf **crackle** **A** v/i (fire) knistern; (telephone line) knacken **B** n Knacken nt **crackling** n no pl **1** = crackle **2** COOK Kruste f (des Schweinebratens)

crackpot (infml) **A** n Spinner(in) m(f) (infml) **B** adj verrückt

cradle **A** n Wiege f; (of phone) Gabel f; **from the ~ to the grave** von der Wiege bis zur Bahre **B** v/t an sich (acc) drücken; **he was cradling his injured arm** er hielt

sich (dat) seinen verletzten Arm; **to ~ sb/ sth in one's arms** jdn/etw fest in den Armen halten

craft n **1** (≈ handicraft) Kunsthandwerk nt **2** no pl (≈ skill) Kunst f **3** pl craft (≈ boat) Boot nt **craft fair** n Kunstgewerbemarkt m **craftily** adv clever **craftiness** n Cleverness f **craftsman** n, pl -men Kunsthandwerker m **craftsmanship** n Handwerkskunst f **craftswoman** n -women pl Kunsthandwerkerin f **crafty** adj (+er) clever; **he's a ~ one** (infml) er ist ein ganz Schlauer (infml)

crag n Fels m **craggy** adj (+er) zerklüftet; face kantig

cram **A** v/t (≈ fill) vollstopfen; (≈ stuff in) hineinstopfen (in/to) in +acc); people hineinzwängen (in/to) in +acc); **the room was ~med (with furniture)** der Raum war (mit Möbeln) vollgestopft; **we were all ~med into one room** wir waren alle in einem Zimmer zusammengepfercht **B** v/i (≈ swot) pauken (infml) **◊cram in** v/i (people) sich hineinquetschen (-to in +acc)

cram-full adj (infml) vollgestopft (of mit) **cramp** **A** n MED Krampf m; **to have ~ in one's leg** einen Krampf im Bein haben **B** v/t (fig) **to ~ sb's style** jdm im Weg sein **cramped** adj space beschränkt; room beengt; **we are very ~ (for space)** wir sind räumlich sehr beschränkt

crampon n Steigeisen nt

cranberry n Preiselbeere f; **~ sauce** Preiselbeersoße f

crane **A** n **1** Kran m; **~ driver** Kranführer(in) m(f) **2** ORN Kranich m **B** v/t **to ~ one's neck** sich (dat) fast den Hals verrenken (infml) **C** v/i (a. **crane forward**) den Hals recken

cranefly n Schnake f

cranium n, pl **crania** ANAT Schädel m

crank¹ n (≈ eccentric person) Spinner(in) m(f); (US ≈ cross person) Griesgram m

crank² **A** n MECH Kurbel f **B** v/t (a. **crank up**) ankurbeln **crankshaft** n AUTO Kurbelwelle f

cranky adj (+er) **1** (≈ eccentric) verrückt **2** (esp US ≈ bad-tempered) griesgrämig

cranny n Ritze f

crap **A** n **1** (sl) Scheiße f (vulg) **2** (infml ≈ rubbish) Scheiße f (infml); **a load of ~** große Scheiße (infml) **B** v/i (sl) scheißen (vulg) **C** adj attr (infml) Scheiß- (infml)

crap game n (US) Würfelspiel nt (mit zwei

C

Würfeln)

crappy *adj* (+er) (*infml*) beschissen (*infml*)

crash A *n* **1** (≈ noise) Krach(en *nt no pl*) *m no pl*; **there was a ~ upstairs** es hat oben gekracht; **with a ~** krachend **2** (≈ accident) Unfall *m*, Havarie *f* (*Aus*); (*with several cars*) Karambolage *f*; (≈ plane crash) (Flugzeug)unglück *nt*; **to be in a (car) ~** in einen (Auto)unfall verwickelt sein; **to have a ~** einen (Auto)unfall haben; (≈ cause it) einen Unfall verursachen **3** FIN Zusammenbruch *m*; ST EX Börsenkrach *m* **4** IT Absturz *m* B *adv* krach; **he went ~ into a tree** er krachte gegen einen Baum C *v/t* **1** car einen Unfall haben mit; *plane* abstürzen mit; **to ~ one's car into sth** mit dem Auto gegen etw krachen **2** IT *program, system* zum Absturz bringen **3** (*infml*) **to ~ a party** uneingeladen zu einer Party gehen D *v/i* **1** einen Unfall haben; (*plane*, IT) abstürzen; **to ~ into sth** gegen etw (acc) krachen **2** (≈ move with a crash) krachen; **to ~ to the ground** zu Boden krachen; **the whole roof came ~ing down (on him)** das ganze Dach krachte auf ihn herunter **3** FIN Pleite machen (*infml*) **4** (*infml*: a. **crash out**) (≈ sleep) knacken (*sl*) **crash barrier** *n* Leitplanke *f* **crash course** *n* Intensivkurs *m* **crash diet** *n* Radikalkur *f*

crash helmet *n* Sturzhelm *m* **crash-land** A *v/i* bruchlanden B *v/t* bruchlanden mit **crash-landing** *n* Bruchlandung *f* **crash test** *n* MOT Crashtest *m*

crass *adj* (+er) krass; (≈ coarse) unfein **crassly** *adv* behave unfein **crassness** *n* (≈ insensitivity) Krassheit *f*; (≈ coarseness) Derbheit *f*

crate *n* Kiste *f*; (≈ beer crate) Kasten *m*

crater *n* Krater *m*

cravat(te) *n* Halstuch *nt*

crave *v/t* (≈ desire) sich sehnen nach ◊**crave for** *v/i +prep obj* sich sehnen nach **craving** *n* Verlangen *nt*; **to have a ~ for sth** Verlangen nach etw haben

crawl A *n* **1** **we could only go at a ~** wir kamen nur im Schneckentempo voran **2** (≈ swimming stroke) Kraul(stil) *m*; **to do the ~** kraulen B *v/i* **1** (*person, traffic*) kriechen; (*baby*) krabbeln; **he tried to ~ away** er versuchte wegzukriechen **2** (≈ be infested) wimmeln (*with* von); **the street was ~ing with police** auf der Straße wimmelte es von Polizisten **3** **he makes my**

skin ~ wenn ich ihn sehe, kriege ich eine Gänsehaut **4 (*infml* ≈ suck up) kriechen (*to* vor +dat); **he went ~ing to teacher** er ist gleich zum Lehrer gerannt **crawler lane** *n* (*Br* AUTO) Kriechspur *f*

crayfish *n* **1** (*freshwater*) Flusskrebs *m* **2** (*saltwater*) Languste *f*

crayon A *n* (≈ pencil) Buntstift *m*; (≈ wax crayon) Wachs(mal)stift *m*; (≈ chalk crayon) Pastellstift *m* B *v/t & v/i* (mit Bunt-/Wachsmalstiften) malen

craze A *n* Fimmel *m* (*infml*); **there's a ~ for collecting old things just now** es ist zurzeit große Mode, alte Sachen zu sammeln B *v/t* **~d gunman** ein Amokschütze *m*; **he had a ~d look on his face** er hatte den Gesichtsausdruck eines Wahnsinnigen **crazily** *adv* **1** *skid, whirl* wie verrückt **2** (≈ madly) verrückt **craziness** *n* Verrücktheit *f* **crazy** *adj* (+er) verrückt (*with* vor +dat); **to drive sb ~** jdn verrückt machen; **to go ~** verrückt werden; **like ~** (*infml*) wie verrückt (*infml*); **to be ~ about sb/sth** ganz verrückt auf jdn/etw sein (*infml*); **football-~** fußballverrückt (*infml*) **crazy golf** *n* (*Br*) Minigolf *nt* **crazy paving** *n* Mosaikpflaster *nt*

creak A *n* Knarren *nt no pl*; (*of hinges, bed springs*) Quietschen *nt no pl* B *v/i* knarren; (*hinges, bed springs*) quietschen **creaky** *adj* (+er) (*lit*) knarrend; *hinges, bed springs* quietschend

cream A *n* **1** Sahne *f*, Obers *m* (*Aus*), Nidel *m* (*Swiss*); (≈ artificial cream, lotion) Creme *f*; **~ of asparagus/chicken soup** Spargel-/Hühnercremesuppe *f* **2** (≈ colour) Creme(farbe *f*) *nt* **3** (*fig* ≈ best) die Besten; **the ~ of the crop** (≈ people) die Elite; (≈ things) das Nonplusultra B *adj* **1** (*colour*) creme *inv*, cremefarben **2** (≈ made with cream) Sahne-, Creme- C *v/t* butter cremig rühren ◊**cream off** *v/t sep* (*fig*) absahnen **cream cake** *n* Sahnetorte *f*; (*small*) Sahnetörtchen *nt* **cream cheese** *n* (Doppelrahm)frischkäse *m* **creamer** *n* (*US* ≈ jug) Sahnekännchen *nt* **cream puff** *n* Windbeutel *m* **cream tea** *n* Nachmittagstee *m* **creamy** *adj* (+er) (≈ tasting of cream) sahnig; (≈ smooth) cremig

crease A *n* Falte *f*; (≈ deliberate fold, in material) Kniff *m*; (*ironed, in trousers etc*) (Bügel)falte *f* B *v/t* (*deliberately*) clothes Falten/eine Falte machen in (+acc); *material, paper* Kniffe/einen Kniff machen in (+acc);

(unintentionally) zerknittern **crease-proof, crease-resistant** adj knitterfrei **create** v/t schaffen; the world, man schaffen; draught, noise verursachen; impression machen; problems (person) schaffen; (action, event) verursachen; IT file anlegen **creation** n **1** no pl Schaffung f; (of the world, man) Erschaffung f **2** no pl the **Creation** die Schöpfung; **the whole of ~** die Schöpfung **3** (≈ created object, ART) Werk nt **creative** adj power etc schöpferisch; approach, person kreativ; **the ~ use of language** kreativer Sprachgebrauch **creative accounting** n kreative Buchführung f (um einen falschen Eindruck vom erzielten Gewinn zu erwecken) **creatively** adv kreativ **creative writing** n dichterisches Schreiben **creativity** n schöpferische Begabung; (of approach) Kreativität f **creator** n Schöpfer(in) m(f)

creature n Geschöpf nt **creature comforts** pl leibliches Wohl

crèche n (Br ≈ day nursery) (Kinder)krippe f; (esp US ≈ children's home) Kinderheim nt

credence n no pl **to lend ~ to sth** etw glaubwürdig machen; **to give or attach ~ to sth** einer Sache (dat) Glauben schenken **credentials** pl (≈ references) Referenzen pl; (≈ identity papers) (Ausweis)papiere pl; **to present one's ~** seine Papiere vorlegen

credibility n Glaubwürdigkeit f **credible** adj glaubwürdig **credibly** adv glaubhaft

credit A n **1** no pl FIN Kredit m; (in pub etc) Stundung f; **the bank will let me have £5,000 ~** die Bank räumt mir einen Kredit von £ 5.000 ein; **to buy on ~** auf Kredit kaufen; **his ~ is good** er ist kreditwürdig; (in small shop) er ist vertrauenswürdig; **to give sb (unlimited) ~** jdm (unbegrenzt) Kredit geben **2** (FIN ≈ money possessed) (Gut)haben nt; (COMM ≈ sum of money) Kreditposten m; **to be in ~** Geld nt auf dem Konto haben; **to keep one's account in ~** sein Konto nicht überziehen; **the ~s and debits** Soll und Haben nt; **how much have we got to our ~?** wie viel haben wir auf dem Konto? **3** no pl (≈ honour) Ehre f; (≈ recognition) Anerkennung f; **he's a ~ to his family** er macht seiner Familie Ehre; **that's to his ~** das ehrt ihn; **her generosity does her ~** ihre Großzügigkeit macht ihr alle Ehre;

to come out of sth with ~ ehrenvoll aus etw hervorgehen; **to get all the ~** die ganze Anerkennung einstecken; **to take the ~ for sth** das Verdienst für etw in Anspruch nehmen; **~ where ~ is due** (prov) Ehre, wem Ehre gebührt (prov) **4** no pl (≈ belief) Glaube m; **to give ~ to sth** etw glauben **5** (esp US UNIV) Schein m **6** **credits** pl FILM etc Vor-/Nachspann m **B** v/t **1** (≈ believe) glauben; **would you ~ it!** ist das denn die Möglichkeit! **2** (≈ attribute) zuschreiben (+dat); **I ~ed him with more sense** ich habe ihn für vernünftiger gehalten; **he was ~ed with having invented it** die Erfindung wurde ihm zugeschrieben **3** FIN gutschreiben; **to ~ a sum to sb's account** jds Konto (dat) einen Betrag gutschreiben (lassen) **creditable** adj lobenswert **creditably** adv löblich **credit account** n Kreditkonto nt **credit balance** n Kontostand m **credit card** n Kreditkarte f **credit check** n Überprüfung f der Kreditwürdigkeit; **to run a ~ on sb** jds Kreditwürdigkeit überprüfen **credit crunch** n ECON, FIN Kreditknappheit f, Kreditklemme f **credit facilities** pl Kreditmöglichkeiten pl **credit limit** n Kreditrahmen m **credit note** n Gutschrift f **creditor** n Gläubiger m **credit rating** n Kreditwürdigkeit f **credit risk** n **to be a good/poor ~** ein geringes/großes Kreditrisiko darstellen **credit side** n Habenseite f; **on the ~ he's young** für ihn spricht, dass er jung ist **credit status** n Kreditstatus m **credit union** n Kreditgenossenschaft f **creditworthiness** n Kreditwürdigkeit f **creditworthy** adj kreditwürdig

credo n Glaubensbekenntnis nt **credulity** n no pl Leichtgläubigkeit f **credulous** adj leichtgläubig **creed** n (fig) Credo nt

creek n (esp Br ≈ inlet) (kleine) Bucht; (US ≈ brook) Bach m; **to be up the ~ (without a paddle)** (infml) in der Tinte sitzen (infml)

creep vb: pret, past part **crept A** v/i schleichen; (with body close to ground, insects) kriechen; **the water level crept higher** der Wasserspiegel kletterte höher; **the story made my flesh ~** bei der Geschichte bekam ich eine Gänsehaut **B** n **1** (infml ≈ unpleasant person) Widerling m (infml) **2** (infml) **he gives me the ~s** er ist mir nicht geheuer; **this old house gives me the ~s** in dem alten Haus ist es mir nicht geheu-

C

er ◊**creep in** v/i (mistakes, doubts) sich einschleichen (-to in +acc); ◊**creep up** v/i sich heranschleichen (on an +acc); (prices) (in die Höhe) klettern

creepy adj (+er) unheimlich **creepy--crawly** (infml) n Krabbeltier nt

cremate v/t einäschern **cremation** n Einäscherung f **crematorium**, (esp US) **crematory** n Krematorium nt

crème de la crème n Crème de la Crème f

Creole ◼A◼ n LING Kreolisch nt ◼B◼ adj kreolisch; **he is ~** er ist Kreole

creosote ◼A◼ n Kreosot nt ◼B◼ v/t mit Kreosot streichen

crêpe ◼A◼ n ◼1◼ TEX Krepp m ◼2◼ COOK Crêpe m ◼B◼ adj Krepp- **crêpe paper** n Krepppapier nt

crept pret, past part of **creep**

crescendo n MUS Crescendo nt; (fig) Zunahme f

crescent n Halbmond m; (in street names) Weg m (halbmondförmig verlaufende Straße)

cress n (Garten)kresse f

crest n ◼1◼ (of bird) Haube f; (of cock, hill, wave) Kamm m; **he's riding on the ~ of a wave** (fig) er schwimmt im Augenblick oben ◼2◼ HERALDRY Helmzierde f; (≈ coat of arms) Wappen nt **crestfallen** adj niedergeschlagen

Crete n Kreta nt

cretin n (infml) Schwachkopf m (infml) **cretinous** adj (infml) schwachsinnig

Creutzfeldt-Jakob disease n no pl Creutzfeldt-Jakob-Krankheit f

crevasse n (Gletscher)spalte f

crevice n Spalte f

crew n ◼1◼ Besatzung f; **50 passengers and 20 ~** 50 Passagiere und 20 Mann Besatzung ◼2◼ (Br infml ≈ gang) Bande f **crew cut** n Bürstenschnitt m **crew member** n Besatzungsmitglied nt **crew neck** n runder Halsausschnitt; (a. **crew-neck pullover** or **sweater**) Pullover m mit rundem Halsausschnitt

crib n ◼1◼ (US ≈ cot) Kinderbett nt ◼2◼ (≈ manger) Krippe f **crib death** n (US) plötzlicher Kindstod

crick ◼A◼ n **a ~ in one's neck** ein steifes Genick ◼B◼ v/t **to ~ one's back** sich (dat) einen steifen Rücken zuziehen

cricket[1] n (≈ insect) Grille f

cricket[2] n SPORTS Kricket nt; **that's not ~** (fig infml) das ist nicht fair **cricket bat** n (Kricket)schlagholz nt **cricketer** n Kricketspieler(in) m(f) **cricket match** n Kricketspiel nt **cricket pitch** n Kricketfeld nt

crime n Straftat f; (≈ serious crime also, fig) Verbrechen nt; **it's a ~ to throw away all that good food** es ist eine Schande, all das gute Essen wegzuwerfen; **~ is on the increase** die Zahl der Verbrechen nimmt zu

Crimea n GEOG Krim f **Crimean** adj Krim-

crime prevention n Verbrechensverhütung f **crime rate** n Verbrechensrate f **crime scene** n Tatort m **crime wave** n Verbrechenswelle f

criminal ◼A◼ n Straftäter(in) m(f) (form), Kriminelle(r) m/f(m); (guilty of serious crimes also, fig) Verbrecher(in) m(f) ◼B◼ adj ◼1◼ kriminell; **~ law** Strafrecht nt; **to have a ~ record** vorbestraft sein ◼2◼ (fig) kriminell **criminal charge** n **she faces ~s** sie wird eines Verbrechens angeklagt **criminal code** n Strafgesetzbuch nt **criminal court** n Strafkammer m **criminality** n Kriminalität f **criminalize** v/t kriminalisieren **criminal lawyer** n Anwalt m/Anwältin f für Strafsachen; (specializing in defence) Strafverteidiger(in) m(f) **criminally** adv kriminell, verbrecherisch **criminal offence** n, (US) **criminal offense** n strafbare Handlung **criminologist** n Kriminologe m, Kriminologin f **criminology** n Kriminologie f

crimp v/t (mit der Brennschere) wellen

crimson ◼A◼ adj purpurrot; **to turn** or **go ~** knallrot werden (infml) ◼B◼ n Purpurrot nt

cringe v/i zurückschrecken (at vor +dat); (fig) schaudern; **he ~d at the thought** er or ihn schauderte bei dem Gedanken; **he ~d when she mispronounced his name** er zuckte zusammen, als sie seinen Namen falsch aussprach

crinkle ◼A◼ n (Knitter)falte f ◼B◼ v/t (zer)knittern ◼C◼ v/i knittern **crinkled** adj zerknittert **crinkly** adj (+er) paper etc zerknittert; edges wellig

cripple ◼A◼ n Krüppel m ◼B◼ v/t person zum Krüppel machen; ship, plane aktionsunfähig machen; (fig) lähmen; **~d with rheumatism** von Rheuma praktisch gelähmt **crippling** adj lähmend; taxes erdrückend; **a ~ disease** ein Leiden, das einen bewegungsunfähig macht; **a ~ blow** ein

schwerer Schlag
crisis n, pl **crises** Krise f; **to reach ~ point** den Höhepunkt erreichen; **in times of ~** in Krisenzeiten **crisis centre** n Einsatzzentrum nt (für Krisenfälle) **crisis management** n Krisenmanagement nt
crisp Ⓐ adj (+er) apple knackig; biscuits knusprig, resch (Aus); snow verharscht; manner knapp; air frisch; ten-pound note brandneu Ⓑ n (Br ≈ potato crisp) Chip m; **burned to a ~** völlig verbrutzelt **crispbread** n Knäckebrot nt **crisply** adv knackig; baked, fried knusprig, resch (Aus); write, speak knapp **crispy** adj (+er) (infml) knusprig, resch (Aus)
crisscross adj pattern Kreuz-
criterion n, pl **criteria** Kriterium nt
critic n Kritiker(in) m(f); **literary ~** Literaturkritiker(in) m(f); **he's his own worst ~** er kritisiert sich selbst am meisten; **she is a constant ~ of the government** sie kritisiert die Regierung ständig **critical** adj kritisch; MED person in kritischem Zustand; **the book was a ~ success** das Buch kam bei den Kritikern an; **to cast a ~ eye over sth** sich (dat) etw kritisch ansehen; **to be ~ of sb/sth** jdn/etw kritisieren; **it is ~ (for us) to understand what is happening** es ist (für uns) von entscheidender Bedeutung zu wissen, was vorgeht; **of ~ importance** von entscheidender Bedeutung **critically** adv ① (≈ finding fault) kritisch ② ill schwer ③ **to be ~ important** von entscheidender Bedeutung sein ④ **~ acclaimed** in den Kritiken gelobt
criticism n Kritik f; **literary ~** Literaturkritik f; **to come in for a lot of ~** schwer kritisiert werden
criticize v/t & v/i kritisieren; **to ~ sb for sth** jdn für etw kritisieren; **I ~d her for always being late** ich kritisierte sie dafür, dass sie immer zu spät kommt **critique** n Kritik f
critter n (US dial) = creature
croak v/t & v/i (frog) quaken; (raven, person) krächzen
Croat n (≈ person) Kroate m, Kroatin f; LING Kroatisch nt **Croatia** n Kroatien f **Croatian** Ⓐ n = Croat Ⓑ adj kroatisch; **she is ~** sie ist Kroatin
crochet Ⓐ n (a. **crochet work**) Häkelei f; **~ hook** Häkelnadel f Ⓑ v/t & v/i häkeln

crockery n (Br) Geschirr nt
crocodile n Krokodil nt **crocodile tears** pl Krokodilstränen pl; **to shed ~** Krokodilstränen vergießen
crocus n Krokus m
croissant n Hörnchen nt, Kipferl nt (Aus)
crony n Freund(in) m(f)
crook Ⓐ n ① (≈ dishonest person) Gauner m (infml) ② (of shepherd) Hirtenstab m Ⓑ v/t finger krümmen; arm beugen **crooked** adj krumm; smile schief; person unehrlich **crookedly** adv schief
croon Ⓐ v/t leise singen Ⓑ v/i leise singen **crooner** n Sänger m (sentimentaler Lieder)
crop Ⓐ n ① (≈ produce) Ernte f; (≈ species grown) (Feld)frucht f; (fig ≈ large number) Schwung m; **a good ~ of potatoes** eine gute Kartoffelernte; **to bring the ~s in** die Ernte einbringen; **a ~ of problems** (infml) eine Reihe von Problemen ② (of bird) Kropf m ③ (≈ hunting crop) Reitpeitsche f Ⓑ v/t hair stutzen; **the goat ~ped the grass** die Ziege fraß das Gras ab; **~ped hair** kurz geschnittenes Haar ◊**crop up** v/i aufkommen; **something's cropped up** es ist etwas dazwischengekommen
cropper n (Br infml) **to come a ~** (lit ≈ fall) hinfliegen (infml); (fig ≈ fail) auf die Nase fallen
crop top n FASHION bauchfreies Shirt or Top
croquet n Krocket(spiel) nt
croquette n Krokette f
cross[1] Ⓐ n ① Kreuz nt; **to make the sign of the Cross** das Kreuzzeichen machen; **we all have our ~ to bear** wir haben alle unser Kreuz zu tragen ② (≈ hybrid) Kreuzung f; (fig) Mittelding nt; **a ~ between a laugh and a bark** eine Mischung aus Lachen und Bellen ③ FTBL Flanke f Ⓑ attr street, line etc Quer- Ⓒ v/t ① road, river, mountains überqueren; picket line etc überschreiten; country, room durchqueren; **to ~ sb's path** (fig) jdm über den Weg laufen; **it ~ed my mind that ...** es fiel mir ein, dass ...; **we'll ~ that bridge when we come to it** lassen wir das Problem mal auf uns zukommen ② (≈ intersect, create hybrids of) kreuzen; **to ~ one's legs** die Beine übereinanderschlagen; **to ~ one's arms** die Arme verschränken; **I'm keeping my fingers ~ed (for you)** (infml) ich

drücke (dir) die Daumen (infml) **3** letter, t einen Querstrich machen durch; **a ~ed cheque** ein Verrechnungsscheck m; **to ~ sth through** etw durchstreichen **4 to ~ oneself** sich bekreuzigen **5** (≈ go against) **to ~ sb** jdn verärgern **D** v/i **1** (across road) die Straße überqueren; (across Channel etc) hinüberfahren **2** (paths, letters) sich kreuzen; **our paths have ~ed several times** (fig) unsere Wege haben sich öfters gekreuzt ◊**cross off** v/t sep streichen (prep obj aus, von) ◊**cross out** v/t sep ausstreichen ◊**cross over** v/i **1** (≈ cross the road) die Straße überqueren **2** (≈ change sides) überwechseln (to zu)

cross² adj (+er) böse; **to be ~ with sb** mit jdm or auf jdn böse sein

crossbar n (of bicycle) Stange f; SPORTS Querlatte f **cross-border** adj COMM grenzüberschreitend **crossbow** n (Stand)armbrust f **crossbreed** **A** n Kreuzung f **B** v/t kreuzen **cross-Channel** adj attr Kanal- **crosscheck** v/t überprüfen **cross-country** **A** adj Querfeldein-; **~ skiing** Langlauf m **B** adv querfeldein **C** n (≈ race) Querfeldeinrennen nt **cross-dress** v/i sich als Transvestit kleiden **cross-dresser** n Transvestit m **cross-dressing** n Transvestismus m **cross-examination** n Kreuzverhör nt (of über +acc) **cross-examine** v/t ins Kreuzverhör nehmen **cross-eyed** adj schielend; **to be ~** schielen **cross-fertilization** n no pl BOT Kreuzbefruchtung f **cross-fertilize** v/t BOT kreuzbefruchten **crossfire** n Kreuzfeuer nt; **to be caught in the ~** ins Kreuzfeuer geraten

crossing n **1** (≈ act) Überquerung f; (≈ sea crossing) Überfahrt f **2** (≈ crossing place) Übergang m; (≈ crossroads) Kreuzung f

cross-legged adj, adv (on ground) im Schneidersitz **crossly** adv böse **cross-party** adj POL talks parteienübergreifend; support überparteilich **cross-platform** adj IT plattformübergreifend **cross-purposes** pl **to be** or **talk at ~** aneinander vorbeireden **cross-refer** v/t verweisen (to auf +acc) **cross-reference** n (Quer)verweis m (to auf +acc)

crossroads n sg or pl (lit) Kreuzung f; (fig) Scheideweg m **cross section** n Querschnitt m; **a ~ of the population** ein Querschnitt durch die Bevölkerung **cross-stitch** n SEWING Kreuzstich m

cross-town adj (US) quer durch die Stadt **cross trainer** n Crosstrainer m **crosswalk** n (US) Fußgängerüberweg m **crossways**, **crosswise** adv quer **crossword (puzzle)** n Kreuzworträtsel nt

crotch n (of trousers) Schritt m; ANAT Unterleib m

crotchet n (Br MUS) Viertelnote f; **~ rest** Viertelpause f

crotchety adj (infml) miesepetrig (infml) **crouch** v/i sich zusammenkauern; **to ~ down** sich niederkauern

croupier n Croupier m

crouton n Croûton m

crow¹ n ORN Krähe f; **as the ~ flies** (in der) Luftlinie

crow² **A** n (of cock) Krähen nt no pl **B** v/i **1** (cock) krähen **2** (fig ≈ boast) angeben; (≈ exult) hämisch frohlocken (over über +acc)

crowbar n Brecheisen nt

crowd **A** n **1** Menschenmenge f; (SPORTS, THEAT) Zuschauermenge f; **to get lost in the ~(s)** in der Menge verloren gehen; **~s of people** Menschenmassen pl; **there was quite a ~** es waren eine ganze Menge Leute da; **a whole ~ of us** ein ganzer Haufen von uns (infml) **2** (≈ clique) Clique f; **the university ~** die Uni-Clique; **the usual ~** die üblichen Leute **3** no pl **to follow the ~** mit der Herde laufen; **she hates to be just one of the ~** sie geht nicht gern in der Masse unter **B** v/i (sich) drängen; **to ~ (a)round** sich herumdrängen; **to ~ (a)round sb/sth** (sich) um jdn/ etw herumdrängen **C** v/t **to ~ the streets** die Straßen bevölkern ◊**crowd out** v/t sep **the pub was crowded out** das Lokal war gerammelt voll (infml)

crowded adj **1** train etc überfüllt; **the streets/shops are ~** es ist voll auf den Straßen/in den Geschäften; **~ with people** voller Menschen **2** city überbevölkert **crowdfunding** n Crowdfunding nt, Schwarmfinanzierung f **crowd pleaser** n (≈ person) Publikumsliebling m; (≈ event etc) Publikumserfolg m **crowd puller** n Kassenmagnet m **crowdsourcing** n Crowdsourcing nt, Auslagerung von Teilaufgaben an Mitarbeiter im Internet **crown** **A** n **1** Krone f; **to be heir to the ~** Thronfolger(in) m(f) sein **2** (of head) Wirbel m; (of hill) Kuppe f **B** v/t krönen; **he was ~ed king** er ist zum König gekrönt worden **crown court** n Bezirksgericht für Strafsachen **crowning** adj that symphony was his ~ glory diese Sinfonie war die Krönung seines Werkes **crown jewels** pl Kronjuwelen pl **crown prince** n Kronprinz m **crown princess** n Kronprinzessin f

crow's feet pl Krähenfüße pl **crow's nest** n NAUT Mastkorb m

crucial adj **1** (≈ decisive) entscheidend (to für) **2** (≈ very important) äußerst wichtig **crucially** adv ausschlaggebend; ~ **important** von entscheidender Bedeutung

crucible n (Schmelz)tiegel m

crucifix n Kruzifix nt **crucifixion** n Kreuzigung f **crucify** v/t **1** (lit) kreuzigen **2** (fig infml) person in der Luft zerreißen (infml)

crude **A** adj (+er) **1** (≈ unprocessed) Roh-, roh **2** (≈ vulgar) derb **3** (≈ unsophisticated) primitiv; sketch grob; attempt unbeholfen **B** n Rohöl nt **crudely** adv **1** (≈ vulgarly) derb **2** (≈ unsophisticatedly) primitiv; behave ungehobelt; **to put it ~** um es ganz grob auszudrücken **crudeness**, **crudity** n **1** (≈ vulgarity) Derbheit f **2** (≈ lack of sophistication) Primitivität f **crude oil** n Rohöl nt

crudités pl rohes Gemüse, serviert mit Dips

cruel adj grausam (to zu); **to be ~ to animals** ein Tierquäler sein; **to be ~ to one's dog** seinen Hund quälen; **don't be ~!** sei nicht so gemein! **cruelly** adv grausam **cruelty** n Grausamkeit f (to gegenüber); ~ **to children** Kindesmisshandlung f; ~ **to animals** Tierquälerei f **cruelty-free** adj cosmetics nicht an Tieren getestet

cruet n Gewürzständer m

cruise **A** v/i **1** (car) Dauergeschwindigkeit fahren; **we were cruising along the road** wir fuhren (gemächlich) die Straße entlang; **we are now cruising at a height of ...** wir fliegen nun in einer Flughöhe von ... **2** (fig) **to ~ to victory** einen leichten Sieg erringen **B** v/t (ship) befahren; (car) streets fahren auf (+dat); area abfahren **C** n Kreuzfahrt f; **to go on a ~** eine Kreuzfahrt machen **cruise missile** n Marschflugkörper m **cruiser** n NAUT Kreuzer m; (≈ pleasure cruiser) Vergnügungsjacht f

crumb n Krümel m; **that's one ~ of com-** fort das ist (wenigstens) ein winziger Trost **crumble** **A** v/t zerkrümeln; **to ~ sth into/onto sth** etw in/auf etw (acc) krümeln **B** v/i (brick) bröckeln; (cake etc) krümeln; (earth, building) zerbröckeln; (fig: resistance) sich auflösen **C** n (Br COOK) Obst nt mit Streusel; (≈ topping) Streusel pl; **rhubarb ~** mit Streuseln bestreutes, überbackenes Rhabarberdessert **crumbly** adj (+er) stone, earth bröckelig; cake krümelig

crummy adj (+er) (infml) mies (infml)

crumpet n COOK süßes, pfannkuchenartiges Gebäck

crumple **A** v/t (a. **crumple up** ≈ crease) zerknittern; (≈ screw up) zusammenknüllen; metal eindrücken **B** v/i zusammenbrechen; (metal) zusammengedrückt werden

crunch **A** v/t **1** biscuit etc mampfen (infml); **he ~ed the ice underfoot** das Eis zersplitterte unter seinen Füßen; **to ~ the gears** AUTO die Gänge reinwürgen (infml) **2** IT verarbeiten **B** v/i (gravel etc) knirschen; **he ~ed across the gravel** er ging mit knirschenden Schritten über den Kies; **he was ~ing on a carrot** er mampfte eine Möhre (infml) **C** n **1** (≈ sound) Krachen nt; (of gravel etc) Knirschen nt **2** (infml) **the ~** der große Krach; **when it comes to the ~** wenn der entscheidende Moment kommt **3** SPORTS ~ **machine** Bauchmuskelmaschine f **crunches** pl Bauchpressen pl **crunchy** adj (+er) apple knackig; biscuit knusprig, resch (Aus)

crusade **A** n Kreuzzug m **B** v/i einen Kreuzzug/Kreuzzüge führen **crusader** n HIST Kreuzfahrer m; (fig) Apostel m

crush **A** n **1** (≈ crowd) Gedrängel nt; **it'll be a bit of a ~** es wird ein bisschen eng werden **2** (infml) **to have a ~ on sb** in jdn verschossen sein (infml); **schoolgirl ~** Schulmädchenschwärmerei f **3** (≈ drink) Saftgetränk nt **B** v/t **1** quetschen; (≈ damage) fruit etc zerdrücken; (Auto etc) zerquetschen; (≈ kill) zu Tode quetschen; garlic (zer)stoßen; ice stoßen; metal zusammenpressen; clothes, paper zerknittern; **I was ~ed between two enormous men in the plane** ich war im Flugzeug zwischen zwei fetten Männern eingequetscht; **to ~ sb into sth** jdn in etw (acc) quetschen; **to ~ sth into sth** etw in etw (acc) stopfen **2** (fig) enemy vernichten; opposition niederschlagen **crushing** adj defeat zerschmetternd; blow vernich-

C

tend
crust n Kruste f; **the earth's ~** die Erd-kruste; **to earn a ~** (infml) seinen Lebens-unterhalt verdienen
crustacean n Schalentier nt
crusty adj (+er) knusprig, resch (Aus)
crutch n **1** (for walking) Krücke f **2** = crotch
crux n Kern m
cry **A** n **1** Schrei m; (≈ call) Ruf m; **to give a ~** (auf)schreien; **a ~ of pain** ein Schmer-zensschrei m; **a ~ for help** ein Hilferuf m; **he gave a ~ for help** er rief um Hilfe **2** (≈ weep) **to have a good ~** sich einmal rich-tig ausweinen **B** v/i **1** (≈ weep) weinen; (baby) schreien; **she was ~ing for her teddy bear** sie weinte nach ihrem Teddy **2** (≈ call) rufen; (louder) schreien; **to ~ for help** um Hilfe rufen/schreien **C** v/t **1** (≈ shout out) rufen; (louder) schreien **2** (≈ weep) weinen; **to ~ one's eyes out** sich (dat) die Augen ausweinen; **to ~ oneself to sleep** sich in den Schlaf weinen ◊**cry off** v/i (Br) einen Rückzieher machen ◊**cry out** v/i **1** aufschreien; **to ~ to sb** jdm etwas zuschreien; **well, for crying out loud!** na, das darf doch wohl nicht wahr sein! (infml) **2** (fig) **to be cry-ing out for sth** nach etw schreien
crybaby n (infml) Heulsuse f (infml) **cry-ing** **A** adj (fig) **it is a ~ shame** es ist jam-merschade **B** n (≈ weeping) Weinen nt; (of baby) Schreien nt
crypt n Krypta f; (≈ burial crypt) Gruft f
cryptic adj remark etc hintergründig; clue etc verschlüsselt **cryptically** adv hinter-gründig
crystal **A** n Kristall m **B** adj Kristall- **crystal ball** n Glaskugel f **crystal--clear** adj glasklar **crystallize** v/i (lit) kristallisieren; (fig) feste Form annehmen **crystallized** adj kristallisiert; fruit kan-diert
CS gas n ≈ Tränengas nt
CST abbr of Central Standard Time
ct **1** abbr of cent **2** abbr of carat
CT scan abbr of computer tomography scan CT nt or f
cub n **1** (of animal) Junge(s) nt **2** **Cub** (≈ Cub Scout) Wölfling m
Cuba n Kuba nt **Cuban** **A** adj kubanisch **B** n Kubaner(in) m(f)
cubbyhole n Kabuff nt
cube **A** n **1** Würfel m **2** MAT dritte Po-tenz **B** v/t MAT hoch 3 nehmen; **four ~d** vier hoch drei **cube root** n Kubikwurzel f **cube sugar** n Würfelzucker m **cubic** adj Kubik-; **~ metre** Kubikmeter m **cubic capacity** n Fassungsvermögen nt; (of en-gine) Hubraum m
cubicle n Kabine f; (in toilets) (Einzel)toi-lette f
cubism n Kubismus m **cubist** **A** n Ku-bist(in) m(f) **B** adj kubistisch
Cub Scout n Wölfling m
cuckoo n Kuckuck m **cuckoo clock** n Kuckucksuhr f
cucumber n (Salat)gurke f; **as cool as a ~** seelenruhig
cud n **to chew the ~** (lit) wiederkäuen
cuddle **A** n Liebkosung f; **to give sb a ~** jdn in den Arm nehmen; **to have a ~** schmusen **B** v/t in den Arm nehmen **C** v/i schmusen ◊**cuddle up** v/i sich ku-scheln (to, against an +acc); **to ~ in bed** sich im Bett zusammenkuscheln
cuddly adj (+er) knuddelig (infml) **cuddly toy** n Schmusetier nt (infml)
cudgel n (Br) Knüppel m
cue n **1** (THEAT, fig) Stichwort nt; FILM, TV Zeichen nt zum Aufnahmebeginn; MUS Einsatz m; **to take one's ~ from sb** sich nach jdm richten **2** BILLIARDS Queue nt **cue ball** n Spielball m
cuff[1] n **1** Manschette f; **off the ~** aus dem Stegreif **2** (US: of trousers) (Hosen)-aufschlag m
cuff[2] v/t (≈ strike) einen Klaps geben (+dat)
cuff link n Manschettenknopf m
cuisine n Küche f
cul-de-sac n Sackgasse f
culinary adj kulinarisch; skill etc im Ko-chen
cull **A** n Erlegen überschüssiger Tierbe-stände **B** v/t (≈ kill as surplus) (als über-schüssig) erlegen
culminate v/i (fig) (≈ climax) gipfeln (in in +dat); (≈ end) herauslaufen (in auf +acc) **culmination** n (fig) (≈ high point) Höhe-punkt m; (≈ end) Ende nt
culottes pl Hosenrock m; **a pair of ~** ein Hosenrock
culpability n (form) Schuld f **culpable** adj (form) schuldig **culprit** n Schuldige(r) m(f); JUR Täter(in) m(f); (infml) (≈ person causing trouble) Übeltäter(in) m(f)
cult **A** n (REL, fig) Kult m **B** attr Kult-
cultivate v/t **1** (lit) kultivieren; crop etc

anbauen **2** (fig) links etc pflegen **culti-vated** adj (AGR, fig) kultiviert **cultiva-tion** n **1** (lit) Kultivieren nt; (of crop etc) Anbau m **2** (fig: of links etc) Pflege f (of von) **cultivator** n (≈ machine) Grubber m
cult movie n Kultfilm m
cultural adj Kultur-; similarities, events kulturell; ~ **differences** kulturelle Unterschiede pl **culturally** adv kulturell
culture n Kultur f; (of animals) Zucht f; **a man of ~/of no ~** ein Mann mit/ohne Kultur; **to study German ~** die deutsche Kultur studieren **cultured** adj kultiviert
culture shock n Kulturschock m
cum prep **a sort of sofa-~-bed** eine Art von Sofa und Bett in einem
cumbersome adj clothing (be)hinderlich; style schwerfällig; procedure beschwerlich
cumin n Kreuzkümmel m
cumulative adj gesamt **cumulative interest** n FIN Zins und Zinseszins **cu-mulatively** adv kumulativ
cunnilingus n Cunnilingus m
cunning 🅰 n Schlauheit f **🅱** adj plan, person schlau; expression verschmitzt **cunningly** adv schlau; **a ~ designed little gadget** ein clever ausgedachtes Ding
cunt n (vulg) (≈ vagina) Fotze f (vulg); (term of abuse) Arsch m (vulg)
cup 🅰 n Tasse f; (≈ goblet, football cup etc) Pokal m; (≈ mug) Becher m; (COOK, standard measure) 8 fl oz = 0,22 l; **a ~ of tea** eine Tasse Tee; **that's not my ~ of tea** (fig infml) das ist nicht mein Fall; **they're out of the Cup** sie sind aus dem Pokal (-wettbewerb) ausgeschieden **🅱** v/t hands hohl machen; **to ~ one's hand to one's ear** die Hand ans Ohr halten
cupboard n Schrank m, Kasten m (Aus, Swiss) **cupcake** n kleiner, runder Kuchen **Cup Final** n Pokalendspiel nt **cupful** n, pl cupsful, cupfuls Tasse(voll) f
cupid n Amorette f; **Cupid** Amor m
cupola n ARCH Kuppel f
cuppa n (Br infml) Tasse Tee f
cup size n (of bra) Körbchengröße f **cup tie** n Pokalspiel nt **Cup Winners' Cup** n FTBL Europapokal m der Pokalsieger
curable adj heilbar
curate n (Catholic) Kurat m; (Protestant) Vikar(in) m(f)
curator n (of museum etc) Kustos m
curb 🅰 n **1** (fig) Behinderung f; **to put a ~ on sth** etw einschränken **2** (esp US ≈

curbstone) = kerb **🅱** v/t (fig) zügeln; spending dämpfen; immigration etc bremsen **curbside** adj (US) Straßenrand m; ~ **parking** (≈ short-term parking) Kurzparken nt
curd n (often pl) Quark m, Topfen m (Aus) **curd cheese** n Weißkäse m
curdle 🅰 v/t gerinnen lassen **🅱** v/i gerinnen; **his blood ~d** das Blut gerann ihm in den Adern
cure 🅰 v/t **1** MED heilen; **to be ~d (of sth)** (von etw) geheilt sein **2** (fig) inflation etc abhelfen (+dat); **to ~ sb of sth** jdm etw austreiben **3** food haltbar machen; (≈ salt) pökeln; (≈ smoke) räuchern, selchen (Aus); (≈ dry) trocknen **🅱** v/i (food) **it is left to ~** (≈ to salt) es wird zum Pökeln eingelegt; (≈ to smoke) es wird zum Räuchern aufgehängt; (≈ to dry) es wird zum Trocknen ausgebreitet **🅲** n (MED) (≈ remedy) (Heil)-mittel nt (for gegen); (≈ treatment) Heilverfahren nt (for sb für jdn, for sth gegen etw); (≈ health cure) Kur f; (fig ≈ remedy) Mittel nt (for gegen); **there's no ~ for that** (lit) das ist unheilbar; (fig) dagegen kann man nichts machen **cure-all** n Allheilmittel nt
curfew n Ausgangssperre f; **to be under ~** unter Ausgangssperre stehen
curio n Kuriosität f **curiosity** n no pl (≈ inquisitiveness) Neugier f; (for knowledge) Wissbegier(de) f; **out of** or **from ~** aus Neugier
curious adj **1** (≈ inquisitive) neugierig; **I'm ~ to know what he'll do** ich bin mal gespannt, was er macht; **I'm ~ to know how he did it** ich bin neugierig zu erfahren, wie er das gemacht hat; **why do you ask? — I'm just ~** warum fragst du? — nur so **2** (≈ odd) sonderbar; **how ~!** wie seltsam! **curiously** adv **1** (≈ inquisitively) neugierig **2** (≈ oddly) seltsam; **~ (enough), he didn't object** merkwürdigerweise hatte er nichts dagegen
curl 🅰 n (of hair) Locke f **🅱** v/t hair locken; (with curlers) in Locken legen; (in tight curls) kräuseln; edges umbiegen **🅲** v/i (hair) sich locken; (tightly) sich kräuseln; (naturally) lockig sein; (paper) sich wellen ◊**curl up** v/i (animal, person) sich zusammenrollen; (paper) sich wellen; **to ~ in bed** sich ins Bett kuscheln; **to ~ with a good book** es sich (dat) mit einem guten Buch gemütlich machen **🅱** v/t sep

wellen; *edges* hochbiegen; **to curl one-self/itself up** sich zusammenkugeln

curler n (≈ *hair curler*) Lockenwickel m; **to put one's ~s in** sich (*dat*) die Haare eindrehen; **my hair was in ~s** ich hatte Lockenwickel im Haar

curlew n Brachvogel m

curling n SPORTS Curling nt **curling tongs**, (US) **curling iron** pl Lockenschere f; (*electric*) Lockenstab m **curly** adj (+er) *hair* lockig; (*tighter*) kraus; *tail* geringelt; *pattern* verschnörkelt **curly-haired** adj lockig; (*tighter*) krausköpfig

currant n **1** (≈ *dried fruit*) Korinthe f **2** BOT Johannisbeere f, Ribisel f (*Aus*); **~ bush** Johannisbeerstrauch m, Ribiselstrauch m (*Aus*) **currant bun** n Rosinenbrötchen n

currency n **1** FIN Währung f; **foreign ~** Devisen pl **2 to gain ~** sich verbreiten **currency market** n Devisenmarkt m

current A adj (≈ *present*) gegenwärtig; *policy, price* aktuell; *research, month etc* laufend; *edition* letzte(r, s); *opinion* verbreitet; **~ affairs** aktuelle Fragen pl; **in ~ use** allgemein gebräuchlich **B** n **1** (*of water*) Strömung f; (*of air*) Luftströmung f; **with/against the ~** mit dem/gegen den Strom **2** ELEC Strom m **3** (*fig: of events etc*) Trend m **current account** n Girokonto nt **current assets** pl Umlaufvermögen nt **current capital** n (US) Betriebskapital nt **current expenses** pl laufende Ausgaben pl **currently** adv gegenwärtig

curricula pl of curriculum **curricular** adj lehrplanmäßig **curriculum** n, pl **curricula** Lehrplan m; **to be on the ~** auf dem Lehrplan stehen **curriculum vitae** n (*Br*) Lebenslauf m

curry¹ COOK n (≈ *spice*) Curry m or nt; (≈ *dish*) Curry nt; **~ sauce** Currysoße f

curry² v/t **to ~ favour (with sb)** sich (bei jdm) einschmeicheln

curry powder n Currypulver nt

curse A n Fluch m; (*infml* ≈ *nuisance*) Plage f (*infml*); **the ~ of drunkenness** der Fluch des Alkohols; **to be under a ~** unter einem Fluch stehen; **to put sb under a ~** jdn mit einem Fluch belegen **B** v/t (≈ *put a curse on*) verfluchen; **~ you/it!** (*infml*) verflucht! (*infml*); **where is he now, ~ him!** (*infml*) wo steckt er jetzt, der verfluchte Kerl! (*infml*) **2** (≈ *swear at or about*)

fluchen über (+*acc*) **3** (*fig*) **to be ~d with sb/sth** mit jdm/etw geschlagen sein **C** v/i fluchen **cursed** adj (*infml*) verflucht (*infml*)

cursor n IT Cursor m

cursorily adv flüchtig **cursory** adj flüchtig

curt adj (+er) *person* kurz angebunden; *letter, refusal* knapp; **to be ~ with sb** zu jdm kurz angebunden sein

curtail v/t kürzen

curtain n Vorhang m; (≈ *net curtain*) Gardine f; **to draw** or **pull the ~s** (≈ *open*) den Vorhang/die Vorhänge aufziehen; (≈ *close*) den Vorhang/die Vorhänge zuziehen; **the ~ rises/falls** der Vorhang hebt sich/fällt ◊**curtain off** v/t sep durch einen Vorhang/Vorhänge abtrennen

curtain call n THEAT Vorhang m; **to take a ~** vor den Vorhang treten **curtain hook** n Gardinengleithaken m **curtain pole** n Vorhangstange f **curtain rail** n Vorhangschiene f **curtain ring** n Gardinenring m

curtly adv *reply* knapp; *refuse* kurzerhand **curtsey**, (US) **curtsy A** n Knicks m **B** v/i knicksen (*to* vor +*dat*)

curvaceous adj üppig **curvature** n Krümmung f; (*misshapen*) Verkrümmung f; **~ of the spine** (*normal*) Rückgratkrümmung f; (*abnormal*) Rückgratverkrümmung f **curve A** n Kurve f; (*of body, vase etc*) Rundung f; (*of river*) Biegung f; **there's a ~ in the road** die Straße macht einen Bogen **B** v/t biegen **C** v/i **1** (*line, road*) einen Bogen machen; (*river*) eine Biegung machen **2** (≈ *be curved*) sich wölben; (*metal strip etc*) sich biegen **curved** adj *line* gebogen; *surface* gewölbt

cushion A n Kissen nt; (≈ *pad*, *fig* ≈ *buffer*) Polster nt; **~ cover** Kissenbezug m **B** v/t *fall, blow* dämpfen

cushy adj (+er) (*infml*) bequem; **a ~ job** ein ruhiger Job

cusp n **on the ~ of** (*fig*) an der Schwelle zu

cussword n (US *infml*) Kraftausdruck m

custard n (≈ *pouring custard*) ≈ Vanillesoße f; (≈ *set custard*) ≈ Vanillepudding m

custodial adj (*form*) **~ sentence** Gefängnisstrafe f **custodian** n (*of museum*) Aufseher(in) m(f); (*of treasure*) Hüter(in) m(f) **custody** n **1** (≈ *keeping*) Obhut f; (JUR, *of children*) Sorgerecht nt (*of* für, *über*

+acc); (≈ guardianship) Vormundschaft f (of für, über +acc); **to put** or **place sth in sb's ~** etw jdm zur Aufbewahrung anvertrauen; **the mother was awarded ~ of the children after the divorce** der Mutter wurde bei der Scheidung das Sorgerecht über die Kinder zugesprochen 2 (≈ police detention) (polizeilicher) Gewahrsam; **to take sb into ~** jdn verhaften

custom A n 1 (≈ convention) Brauch m 2 (≈ habit) (An)gewohnheit f; **it was his ~ to rest each afternoon** er pflegte am Nachmittag zu ruhen (elev) 3 no pl COMM Kundschaft f; **to take one's ~ elsewhere** woanders Kunde werden 4 **customs** pl Zoll m; **to go through ~s** durch den Zoll gehen B adj (US) suit maßgefertigt; carpenter auf Bestellung arbeitend **customarily** adv üblicherweise **customary** adj (≈ conventional) üblich; (≈ habitual) gewohnt; **it's ~ to wear a tie** man trägt normalerweise or gewöhnlich eine Krawatte **custom-built** adj speziell angefertigt

customer n 1 COMM Kunde m, Kundin f; **our ~s** unsere Kundschaft 2 (infml ≈ person) Kunde m (infml) **customer service(s)** n Kundendienst m; **~ department** Kundendienstabteilung f

customize v/t auf Bestellung fertigen **custom-made** adj clothes maßgefertigt; furniture, car speziell angefertigt

customs authorities pl Zollbehörden pl **customs declaration** n Zollerklärung f **customs officer** n Zollbeamte(r) m, Zollbeamtin f

cut vb: pret, past part cut A n 1 Schnitt m; (≈ wound) Schnittwunde f; **to make a ~ in sth** in etw (acc) einen Einschnitt machen; **his hair could do with a ~** seine Haare könnten mal wieder geschnitten werden; **it's a ~ above the rest** es ist den anderen um einiges überlegen; **the ~ and thrust of politics** das Spannungsfeld der Politik; **the ~ and thrust of the debate** die Hitze der Debatte 2 (in prices) Senkung f; (in salaries, expenditure, text, film etc) Kürzung f; (in working hours) (Ver)kürzung f; (in production) Einschränkung f; **a ~ in taxes** eine Steuersenkung; **a 1% ~ in interest rates** eine 1%ige Senkung des Zinssatzes; **he had to take a ~ in salary** er musste eine Gehaltskürzung hinnehmen 3 (of meat) Stück nt 4 (≈ share, infml) (An)teil m; **to take one's ~** sich (dat) seinen Teil

or Anteil nehmen 5 ELEC **power/electricity ~** Stromausfall m B adj geschnitten; grass gemäht; **to have a ~ lip** eine Schnittwunde an der Lippe haben; **~ flowers** Schnittblumen pl C v/t 1 (≈ make cut in) schneiden; cake anschneiden; rope durchschneiden; grass mähen; **to ~ one's finger** sich (dat) am Finger schneiden; **to ~ one's nails** sich (dat) die Nägel schneiden; **to ~ oneself (shaving)** sich (beim Rasieren) schneiden; **to ~ sth in half/three** etw halbieren/dritteln; **to ~ a hole in sth** ein Loch in etw (acc) schneiden; **to ~ to pieces** zerstückeln; **to ~ open** aufschneiden; **he ~ his head open** er hat sich (dat) den Kopf aufgeschlagen; **to have** or **get one's hair ~** sich (dat) die Haare schneiden lassen; **to ~ sb loose** jdn losschneiden 2 (≈ shape) glass, diamond schleifen; fabric zuschneiden; key anfertigen 3 ties, links abbrechen 4 prices herabsetzen; working hours, expenses, salary, film kürzen; production verringern 5 part of text, film streichen; **to ~ and paste text** IT Text ausschneiden und einfügen 6 CARDS **to ~ the cards/the pack** abheben 7 engine abstellen 8 (set structures) **to ~ sb short** jdm das Wort abschneiden; **to ~ sth short** etw vorzeitig abbrechen; **to ~ a long story short** der langen Rede kurzer Sinn; **to ~ sb dead** (Br) jdn wie Luft behandeln; **to ~ a tooth** zahnen; **aren't you ~ting it a bit fine?** (Br) ist das nicht ein bisschen knapp?; **to ~ one's losses** eine Sache abschließen, ehe der Schaden (noch) größer wird D v/i 1 (knife, scissors) schneiden; **to ~ loose** (fig) sich losmachen; **to ~ both ways** (fig) ein zweischneidiges Schwert sein; **to ~ and run** abhauen (infml) 2 (FILM ≈ change scenes) überblenden (to zu); (≈ stop filming) abbrechen; **~!** Schnitt! ◊**cut across** v/i +prep obj 1 (lit) hinübergehen/-fahren etc (prep obj über +acc); **if you ~ the fields** wenn Sie über die Felder gehen 2 (fig) **this problem cuts across all ages** dieses Problem betrifft alle Altersgruppen ◊**cut back** A v/i 1 (≈ go back) zurückgehen/-fahren; FILM zurückblenden 2 (≈ reduce expenditure etc) sich einschränken; **to ~ on expenses** etc die Ausgaben etc einschränken; **to ~ on smoking/sweets** weniger rauchen/Süßigkeiten essen B v/t sep 1 plants zurückschneiden 2 production zurückschrauben;

outgoings einschränken ◊**cut down** **A**
v/t sep **1** *tree* fällen **2** *number, expenses*
einschränken; *text* zusammenstreichen (to
auf *+acc*); **to cut sb down to size** jdn
auf seinen Platz verweisen **B** *v/i* sich einschränken; **to ~ on sth** etw einschränken;
to ~ on sweets weniger Süßigkeiten essen ◊**cut in** *v/i* **1** (≈ *interrupt*) sich einschalten (on in *+acc*); **to ~ on sb** jdn unterbrechen **2** AUTO sich direkt vor ein an-
deres/das andere Auto hineindrängen; **to**
~ in front of sb jdn schneiden ◊**cut into**
v/i +prep obj **1** *cake* anschneiden **2** (*fig*)
savings ein Loch reißen in (*+acc*); *holidays*
verkürzen ◊**cut off** *v/t sep* **1** abschneiden; **we're very ~ out here** wir leben
hier draußen sehr abgeschieden; **to cut**
sb off in the middle of a sentence jdn
mitten im Satz unterbrechen **2** (≈ *disinherit*) enterben **3** *gas etc* abstellen; **we've**
been ~ TEL wir sind unterbrochen worden
◊**cut out** **A** *v/i* (*engine*) aussetzen **B** *v/t
sep* **1** ausschneiden; *dress* zuschneiden
2 (≈ *delete*) (heraus)streichen; *smoking etc*
aufhören mit; **double glazing cuts out**
the noise Doppelfenster verhindern, dass
der Lärm hereindringt; **cut it out!** (*infml*)
lass das (sein)! (*infml*); **and you can ~**
the self-pity for a start! und mit Selbstmitleid brauchst du gar nicht erst zu
kommen! **3** (*fig*) **to be ~ for sth** zu etw
geeignet sein; **he's not ~ to be a doctor**
er ist nicht zum Arzt geeignet **4** **to have**
one's work ~ alle Hände voll zu tun haben ◊**cut through** *v/t sep* **we ~ the**
housing estate wir gingen/fuhren durch
die Siedlung ◊**cut up** *v/t sep* **1** *meat* aufschneiden; *wood* spalten **2** AUTO **to cut**
sb up jdn schneiden
cut-and-dried *adj* (*fig*) festgelegt; **as far**
as he's concerned the whole issue is
now ~ für ihn ist die ganze Angelegenheit erledigt **cut-and-paste** *adj* (*US*) **a**
~ job eine zusammengestückelte Arbeit
(*usu pej*) **cutback** *n* Kürzung *f*
cute *adj* (*+er*) **1** (*infml* ≈ *sweet*) süß **2** (*esp*
US infml ≈ *clever*) prima (*infml*); (≈ *shrewd*)
schlau, clever (*infml*)
cut glass *n* geschliffenes Glas **cut-glass**
adj (*lit*) aus geschliffenem Glas
cuticle *n* (*of nail*) Nagelhaut *f*
cutlery *n no pl* (*esp Br*) Besteck *nt*
cutlet *n* Schnitzel *nt*
cut loaf *n* aufgeschnittenes Brot **cutoff**

n **1** (TECH, *device*) Ausschaltmechanismus
m **2** (*a.* **cutoff point**) Trennlinie *f* **cut-**
out **A** *n* **1** (≈ *model*) Ausschneidemodell
nt **2** ELEC Sperre *f* **B** *adj* **1** *model etc* zum
Ausschneiden **2** ELEC Abschalt- **cut-**
-price *adj* zu Schleuderpreisen; **~ offer**
Billigangebot *nt* **cut-rate** *adj* zu verbil-
ligtem Tarif **cutter** *n* **a pair of (wire)**
~s eine Drahtschere **cut-throat** *adj*
competition mörderisch **cutting** **A** *n* **1**
Schneiden *nt*; (*of grass*) Mähen *nt*; (*of cake*)
Anschneiden *nt* **2** (*of glass, jewel*) Schliff
m; (*of key*) Anfertigung *f* **3** (*of prices*) Herabsetzung *f*; (*of working hours*) Verkürzung
f; (*of expenses, salary*) Kürzung *f* **4** (≈ *editing*, FILM) Schnitt *m*; (*of part of text*) Streichung *f* **5** (*Br* ≈ *railway cutting*) Durchstich
m **6** (*Br: from newspaper*) Ausschnitt *m* **7**
HORT Ableger *m*; **to take a ~** einen Ableger nehmen **B** *adj* **1** scharf; **to be at the**
~ edge of sth in etw (*dat*) führend sein **2**
(*fig*) *remark* spitz **cutting board** *n* (*US*) =
chopping board **cutting edge** *n* **1** (≈
blade) Schneide *f*, Schnittkante *f* **2** *no pl*
(≈ *most advanced stage*) letzter Stand (*of
gen*) **cutting room** *n* FILM Schneide-
raum *m*; **to end up on the ~ floor** (*fig*)
im Papierkorb enden
cuttlefish *n* Sepie *f*
cut up *adj* (*infml*) **he was very ~ about it**
das hat ihn schwer getroffen
CV *abbr of* curriculum vitae
cwt *abbr of* hundredweight
cyanide *n* Zyanid *nt*
cyber attack *n* Cyberangriff *m* **cyber-**
bullying *n* Cybermobbing *nt* **cyberca-**
fé *n* Internetcafé *nt* **cybernetics** *n sg*
Kybernetik *f* **cyber security** *n* Cybersi-
cherheit *f* **cyberspace** *n* Cyberspace *m*
cyberterrorism *n* Cyberterrorismus *m*
cyberwarfare *n* Cyberkriegsführung *f*
cycle **A** *n* **1** Zyklus *m*; (*of events*) Gang *m*
2 (≈ *bicycle*) (Fahr)rad *nt* **B** *v/i* mit dem
(Fahr)rad fahren **cycle helmet** *n* (Fahr)-
radhelm *m* **cycle lane** *n* (*Br*) (Fahr)rad-
weg *m* **cycle path** *n* (*Br*) (Fahr)radweg
m **cycler** *n* (*US*) = cyclist **cycle race** *n*
Radrennen *nt* **cycle rack** *n* Fahrradstän-
der *m* **cycle shed** *n* Fahrradstand *m* **cy-**
cle track *n* (≈ *path*) (Fahr)radweg *m*; (*for
racing*) Radrennbahn *f* **cyclic(al)** *adj* zyklisch; ECON konjunkturbedingt **cycling** *n*
Radfahren *nt*; **I enjoy ~** ich fahre gern
Rad **cycling holiday** *n* Urlaub *m* mit

dem Fahrrad **cycling shorts** *pl* Radlerhose *f* **cycling tour** *n* Radtour *f* **cyclist** *n* (Fahr)radfahrer(in) *m(f)*

cyclone *n* Zyklon *m*; **~ cellar** (US) *tiefer Keller zum Schutz vor Zyklonen*

cygnet *n* Schwanjunge(s) *nt*

cylinder *n* MAT, AUTO Zylinder *m*; **a four- ~ car** ein vierzylindriges Auto; **to be firing on all ~s** (fig) in Fahrt sein **cylinder capacity** *n* AUTO Hubraum *m* **cylinder head** *n* AUTO Zylinderkopf *m* **cylindrical** *adj* zylindrisch

cymbal *n* Beckenteller *m*; **~s** Becken *nt*

cynic *n* Zyniker(in) *m(f)* **cynical** *adj*, **cynically** *adv* zynisch; **he was very ~ about it** er äußerte sich sehr zynisch dazu

cynicism *n* Zynismus *m*

cypher *n* = cipher

Cypriot **A** *adj* zypriotisch **B** *n* Zypriot(in) *m(f)* **Cyprus** *n* Zypern *nt*

Cyrillic *adj* kyrillisch

cyst *n* Zyste *f* **cystic fibrosis** *n* zystische Fibrose

czar *n* Zar *m*

Czech **A** *adj* tschechisch **B** *n* **1** Tscheche *m*, Tschechin *f* **2** LING Tschechisch *nt* **Czechoslovakia** *n* HIST die Tschechoslowakei **Czech Republic** *n* Tschechien *nt*, Tschechische Republik

D

D, d *n* D *nt*, d *nt*; SCHOOL ausreichend; **D sharp** Dis *nt*, dis *nt*; **D flat** Des *nt*, des *nt* **d 1** (Br old) abbr of **pence 2** abbr of **died** gest.

'd = had, would

DA (US) abbr of **District Attorney**

DAB abbr of **Digital Audio Broadcasting** DAB *nt*, Digitalradio *nt*

dab[1] **A** *n* Klecks *m*; (of cream, powder etc) Tupfer *m*; (of liquid, glue etc) Tropfen *m*; **a ~ of ointment** etc ein bisschen Salbe etc; **to give sth a ~ of paint** etw überstreichen **B** *v/t* (with powder etc) betupfen; (with towel etc) tupfen; **to ~ one's eyes** sich (dat) die Augen tupfen; **she ~bed ointment on the wound** sie betupfte sich (dat) die Wunde mit Salbe

dab[2] *adj* (infml) **to be a ~ hand at sth** gut in etw (dat) sein; **to be a ~ hand at doing sth** sich darauf verstehen, etw zu tun

dabble *v/i* (fig) **to ~ in/at sth** sich (nebenbei) mit etw beschäftigen; **he ~s in stocks and shares** er versucht sich an der Börse

dacha *n* Datsche *f*

dachshund *n* Dackel *m*

dad, daddy *n* (infml) Papa *m* (infml)

daddy-longlegs *n*, *pl* - (Br) Schnake *f*; (US) Weberknecht *m*

daffodil *n* Narzisse *f*

daft *adj* (+er) doof (infml); **what a ~ thing to do** so was Doofes (infml); **he's ~ about football** (infml) er ist verrückt nach Fußball (infml)

dagger *n* Dolch *m*; **to be at ~s drawn with sb** (fig) mit jdm auf (dem) Kriegsfuß stehen; **to look ~s at sb** (Br) jdn mit Blicken durchbohren

dahlia *n* Dahlie *f*

daily **A** *adj*, *adv* täglich; **~ newspaper** Tageszeitung *f*; **~ wage** Tageslohn *m*; **~ grind** täglicher Trott; **~ life** der Alltag; **he is employed on a ~ basis** er ist tageweise angestellt **B** *n* (≈ newspaper) Tageszeitung *f* **daily bread** *n* (fig) **to earn one's ~** sich (dat) sein Brot verdienen

daintily *adv* zierlich; **move** anmutig **dainty** *adj* (+er) **1** zierlich; **movement** anmutig **2** (≈ refined) geziert

dairy *n* Molkerei *f* **dairy cattle** *pl* Milchvieh *nt* **dairy cow** *n* Milchkuh *f* **dairy farm** *n* auf Milchviehhaltung spezialisierter Bauernhof **dairy farming** *n* Milchviehhaltung *f* **dairy produce** *n*, **dairy products** *pl* Milchprodukte *pl*

dais *n* Podium *nt*

daisy *n* Gänseblümchen *nt*; **to be pushing up the daisies** (infml) sich (dat) die Radieschen von unten besehen (hum) **daisywheel** *n* TYPO, IT Typenrad *m* **daisywheel printer** *n* Typenraddrucker *m*

dale *n* (N Engl liter) Tal *nt*

Dalmatian *n* (≈ dog) Dalmatiner *m*

dam **A** *n* Damm *m* **B** *v/t* (a. **dam up**) (auf)stauen; **valley** eindämmen

damage **A** *n* **1** Schaden *m* (to an +dat); **to do a lot of ~** großen Schaden anrichten; **to do sb/sth a lot of ~** jdm/einer Sache (dat) großen Schaden zufügen; **it did no ~ to his reputation** das hat seinem Ruf nicht geschadet; **the ~ is done** (fig) es ist passiert **2 damages** *pl* JUR Scha-

D

denersatz *m* 3 (*infml* ≈ *cost*) **what's the ~?** was kostet der Spaß? (*infml*) 8 *v/t* schaden (+*dat*); *machine, furniture, tree* beschädigen; **to ~ one's eyesight** sich (*dat*) die Augen verderben; **to ~ one's chances** sich (*dat*) die Chancen verderben **damage limitation** *n* Schadensbegrenzung *f* **damaging** *adj* schädlich; *remarks* abträglich; **to be ~ to sb/sth** schädlich für jdn/etw sein

dame *n* 1 **Dame** (*Br*) *Titel der weiblichen Träger des „Order of the British Empire"* 2 THEAT (*komische*) Alte

dammit *int* (*infml*) verdammt (*infml*); **it weighs 2 kilos as near as ~** es wiegt so gut wie 2 Kilo

damn A *int* (*infml*) verdammt (*infml*) 8 *n* (*infml*) **he doesn't give a ~** er schert sich einen Dreck (darum) (*infml*); **I don't give a ~** das ist mir piepegal (*infml*) C *adj attr* (*infml*) verdammt; **it's a ~ nuisance** das ist ein verdammter Mist (*infml*); **a ~ sight better** verdammt viel besser (*infml*); **I can't see a ~ thing** verdammt (noch mal), ich kann überhaupt nichts sehen (*infml*) D *adv* (*infml*) verdammt; **I should ~ well think so** das will ich doch stark annehmen; **pretty ~ good/quick** verdammt gut/schnell (*infml*); **you're ~ right** du hast völlig recht E *v/t* 1 REL verdammen 2 (≈ *judge and condemn*) verurteilen; *book etc* verreißen 3 (*infml*) **~ him/you!** (*annoyed*) verdammt!; **~ it!** verdammt (noch mal)! (*infml*); **well, I'll be ~ed!** Donnerwetter! (*infml*); **I'll be ~ed if I'll go there** ich denk nicht (im Schlaf) dran, da hinzugehen (*infml*); **I'll be ~ed if I know** weiß der Teufel (*infml*) **damnation** A *n* (ECCL) (≈ *act*) Verdammung *f*; (≈ *state of damnation*) Verdammnis *f* 8 *int* (*infml*) verdammt (*infml*)

damned A *adj* 1 *soul* verdammt 2 (*infml*) = **damn** III 8 *adv* = **damn** IV C *n* (ECCL, *liter*) **the ~** *pl* die Verdammten *pl*

damnedest *n* **to do** or **try one's ~** (*infml*) verdammt noch mal sein Möglichstes tun (*infml*)

damning *adj* vernichtend; *evidence* belastend

damp A *adj* (+*er*) feucht B *n* Feuchtigkeit *f* C *v/t* 1 anfeuchten 2 *sounds, enthusiasm* dämpfen; (*a.* **damp down**) *fire* ersticken **dampen** *v/t* = **damp** III **damper** *n* **to put a ~ on sth** einer Sache (*dat*)

einen Dämpfer aufsetzen **dampness** *n* Feuchtigkeit *f* **damp-proof** *adj* **~ course** Dämmschicht *f*

damson *n* (≈ *fruit*) Damaszenerpflaume *f*

dance A *n* Tanz *m*; **~ class** Tanzstunde *f*; **may I have the next ~?** darf ich um den nächsten Tanz bitten?; **to go to a ~** tanzen gehen B *v/t* tanzen C *v/i* 1 tanzen; **would you like to ~?** möchten Sie tanzen? 2 (≈ *move here and there*) **to ~ about** (herum)tänzeln; **to ~ up and down** auf- und abhüpfen; **to ~ for joy** einen Freudentanz aufführen **dance band** *n* Tanzkapelle *f* **dance floor** *n* Tanzboden *m* **dance hall** *n* Tanzsaal *m* **dance music** *n* Tanzmusik *f* **dancer** *n* Tänzer(in) *m(f)* **dance theatre**, (*US*) **dance theater** *n* Tanztheater *nt* **dancing** A *n* Tanzen *nt* B *attr* Tanz- **dancing girl** *n* Tänzerin *f*

dandelion *n* Löwenzahn *m*

dandruff *n* Schuppen *pl*

Dane *n* Däne *m*, Dänin *f*

danger *n* 1 Gefahr *f*; **the ~s of smoking** die mit dem Rauchen verbundenen Gefahren; **to put sb/sth in ~** jdn/etw gefährden; **to be in ~ of doing sth** Gefahr laufen, etw zu tun; **the species is in ~ of extinction** die Art ist vom Aussterben bedroht; **out of ~** außer Gefahr; **there is a ~ of fire** es besteht Feuergefahr; **there is a ~ of his getting lost** es besteht die Gefahr, dass er sich verirrt; **to be a ~ to sb/sth** für jdn/etw eine Gefahr bedeuten; **he's a ~ to himself** er bringt sich selbst in Gefahr 2 **"danger"** „Achtung, Lebensgefahr!"; MOT „Gefahrenstelle"; **"danger, keep out"** „Zutritt verboten, Lebensgefahr!" **danger money** *n* Gefahrenzulage *f*

dangerous *adj* gefährlich; *driving* rücksichtslos; **the Bronx can be a ~ place** die Bronx kann gefährlich sein; **this is a ~ game we're playing** wir spielen hier gefährlich **dangerously** *adv* gefährlich; *low, high* bedenklich; *drive* rücksichtslos; **the deadline is getting ~ close** der Termin rückt bedenklich nahe; **she was ~ ill** sie war todkrank; **let's live ~ for once** lass uns einmal etwas riskieren **danger signal** *n* Warnsignal *nt*

dangle A *v/t* baumeln lassen B *v/i* baumeln

Danish A *adj* dänisch B *n* (≈ *language*)

Dänisch *nt* **Danish blue (cheese)** *n* Blauschimmelkäse *m* **Danish pastry** *n* Plundergebäck *nt*

dank *adj* (unangenehm) feucht

Danube *n* Donau *f*

dappled *adj* **1** *light* gefleckt **2** *horse* scheckig

dare **A** *v/i* (≈ be bold enough) es wagen; (≈ have the confidence) sich trauen; **he wouldn't ~!** er wird sich schwer hüten; **you ~!** untersteh dich!; **how ~ you!** was fällt dir ein! **B** *v/t* **1** **to ~ (to) do sth** (es) wagen, etw zu tun; **he wouldn't ~ say anything bad about his boss** er wird sich hüten, etwas Schlechtes über seinen Chef zu sagen; **how ~ you say such things?** wie kannst du es wagen, so etwas zu sagen? **2** (≈ challenge) **go on, I ~ you!** (trau dich doch, du) Feigling!; **are you daring me?** wetten, dass? (*infml*); **(I) ~ you to jump off** spring doch, du Feigling! **C** *n* Mutprobe *f*; **to do sth for a ~** etw als Mutprobe tun **daredevil** **A** *n* Waghals *m* **B** *adj* waghalsig **daring** **A** *adj* **1** (≈ courageous) mutig; *attempt* kühn; *escape* waghalsig **2** (≈ audacious) wagemutig; *writer, book* gewagt **B** *n* Wagemut *m* **daringly** *adv* mutig, kühn (*elev*)

dark **A** *adj* (+er) dunkel; **it's getting ~** es wird dunkel; **a ~ blue** ein dunkles Blau **B** *n* **1** **the ~** die Dunkelheit; **they aren't afraid of the ~** sie haben keine Angst vor der Dunkelheit; **after/before ~** nach/vor Einbruch der Dunkelheit; **we'll be back after ~** wir kommen wieder, wenn es dunkel ist **2** (*fig*) **to be in the ~ (about sth)** keine Ahnung (von etw) haben; **to keep sb in the ~ (about sth)** jdn (über etw *acc*) im Dunkeln lassen **dark age** *n* **the Dark Ages** das frühe Mittelalter; **to be living in the ~s** (*pej*) im finstersten Mittelalter leben **dark chocolate** *n* Zartbitterschokolade *f* **darken** **A** *v/t* (*lit*) dunkel machen **B** *v/i* (*lit*) dunkel werden; (*sky*) sich verdunkeln; (*before storm*) sich verfinstern **dark-eyed** *adj* dunkeläugig **dark glasses** *pl* Sonnenbrille *f*; (*of blind person*) dunkle Brille **dark horse** *n* (*fig*) stilles Wasser **darkness** *n* (*lit*) Dunkelheit *f*; **in total ~** in völliger Dunkelheit; **the house was in ~** das Haus lag im Dunkeln **darkroom** *n* PHOT Dunkelkammer *f* **dark-skinned** *adj* dunkelhäutig **darling** *n* **1** Schatz *m*; (*esp child*) Schätz-

chen *nt*; **he is the ~ of the crowds** er ist der Publikumsliebling; **be a ~ and ... sei ein Schatz und ...** **2** (*form of address*) Liebling *m*

darn[1] SEWING *v/t* stopfen

darn[2] (a. **darned**) (*infml*) **A** *adj* verdammt (*infml*); **a ~ sight better** ein ganzes Ende besser (*infml*) **B** *adv* verdammt (*infml*); **we'll do as we ~ well please** wir machen genau das, was wir wollen; **~ near impossible** so gut wie unmöglich **C** *v/t* **~ it!** verflixt noch mal! (*infml*)

darned *adj, adv* (*infml*) = darn[2]

dart **A** *n* **1** (*movement*) Satz *m* **2** SPORTS (Wurf)pfeil *m* **B** *v/i* flitzen; (*fish*) schnellen; **to ~ out** (*person*) hinausflitzen; (*fish, tongue*) herausschnellen; **to ~ in** (*person*) hereinstürzen; **he ~ed behind a bush** er hechtete hinter einen Busch **C** *v/t* *look* werfen; **to ~ a glance at sb** jdm einen Blick zuwerfen **dart board** *n* Dartscheibe *f* **darts** *n sg* Darts *nt*

dash **A** *n* **1** Jagd *f*; **he made a ~ for the door** er stürzte auf die Tür zu; **she made a ~ for it** sie rannte, so schnell sie konnte; **to make a ~ for freedom** versuchen, in die Freiheit zu entkommen; **it was a mad ~ to the hospital** wir/sie *etc* eilten Hals über Kopf zum Krankenhaus **2** (≈ small amount) **a ~ of** etwas; **a ~ of colour** (*Br*) or **color** (*US*) ein Farbtupfer *m* **3** TYPO Gedankenstrich *m* **B** *v/t* **1** (≈ throw) schleudern; **to ~ sth to pieces** etw in tausend Stücke zerschlagen **2** *sb's hopes* zunichtemachen **3** (*infml*) = darn[2] III **C** *v/i* **1** sausen (*infml*); **to ~ into a room** in ein Zimmer stürmen; **to ~ away/back/up** fort-/zurück-/hinaufstürzen **2** (≈ knock) schlagen; (*waves*) peitschen ◊**dash off** **A** *v/i* losstürzen; **sorry to have to ~ like this** es tut mir leid, dass ich so forthetzen muss **B** *v/t sep* *letter* hinwerfen

dashboard *n* Armaturenbrett *nt* **dashboard camera** *n* Armaturenbrettkamera *f* **dashcam** *abbr* of dashboard camera **dashboard camera** Armaturenbrettkamera *f*, Dashcam *f*

dashing (*dated*) *adj* **1** (≈ showy, stylish) *person* schneidig, flott, fesch (*esp Aus*) **2** (≈ spirited) *person* temperamentvoll; (≈ dynamic) dynamisch; **a ~ young officer** ein zackiger junger Offizier

DAT *n abbr* of digital audio tape DAT *nt* **data** *pl usu with sg vb* Daten *pl* **data analysis** *n* Datenanalyse *f* **data bank**

n Datenbank *f* **database** *n* Datenbank *f*; **~ manager** Datenbankmanager(in) *m(f)* **data capture** *n* Datenerfassung *f* **data carrier** *n* Datenträger *m* **data file** *n* Datei *f* **data gathering** *n* Datenerhebung *f* **data processing** *n* Datenverarbeitung *f* **data projector** *n* Beamer *m* **data protection** *n* Datenschutz *m* **data retrieval** *n* Datenabruf *m* **data transfer** *n* Datentransfer *m* **data transmission** *n* Datenübertragung *f*

date[1] *n* (≈ *fruit*) Dattel *f*

date[2] **A** *n* **1** Datum *nt*; (≈ *historical date*) Jahreszahl *f*; (*for appointment*) Termin *m*; **~ of birth** Geburtsdatum *nt*; **what's the ~ today?** welches Datum haben wir heute?; **to ~** bis heute **2** (≈ *appointment*) Verabredung *f*; (*with girlfriend etc*) Rendezvous *nt*; **who's his ~?** mit wem trifft er sich?; **his ~ didn't show up** diejenige, mit der er ausgehen wollte, hat ihn versetzt (*infml*); **to make a ~ with sb** sich mit jdm verabreden; **I've got a lunch ~ today** ich habe mich heute zum Mittagessen verabredet **B** *v/t* **1** mit dem Datum versehen; *letter etc* datieren; **a letter ~d the seventh of August** ein vom siebten August datierter Brief **2** (≈ *establish age of*) *work of art etc* datieren **3** *girlfriend etc* ausgehen mit; (*regularly*) gehen mit (*infml*) **C** *v/i* **1** **to ~ back to** zurückdatieren (*+acc*); **to ~ from** zurückgehen auf (*+acc*); (*antique etc*) stammen aus **2** (*couple*) miteinander gehen **dated** *adj* altmodisch **date rape** *n* Vergewaltigung nach einem Rendezvous **date-rape drug** *n* Vergewaltigungsdroge *f* **dating agency** *n* Partnervermittlung *f* **dating website** *n* Partnerbörse *f*

dative **A** *n* Dativ *m*; **in the ~** im Dativ **B** *adj* **~ object** Dativobjekt *nt*; **the ~ case** der Dativ

daub *v/t walls* beschmieren; *paint* schmieren; *grease, mud* streichen

daughter *n* Tochter *f*

daughter-in-law *n*, *pl* **daughters-in-law** Schwiegertochter *f*

daunt *v/t* **to be ~ed by sth** sich von etw entmutigen lassen **daunting** *adj* entmutigend

dawdle *v/i* trödeln **dawdler** *n* Trödler(in) *m(f)*, Tandler(in) *m(f)* (*Aus*)

dawn **A** *n* (Morgen)dämmerung *f*; (*no art: time of day*) Tagesanbruch *m*; **at ~** bei Ta-

gesanbruch; **it's almost ~** es ist fast Morgen; **from ~ to dusk** von morgens bis abends **B** *v/i* **1** **day was already ~ing** es dämmerte schon **2** (*fig, new age etc*) anbrechen **3** (*infml*) **to ~ (up)on sb** jdm zum Bewusstsein kommen; **it ~ed on him that ...** es wurde ihm langsam klar, dass ... **dawn chorus** *n* Morgenkonzert *nt* der Vögel **dawn raid** *n* (*by police*) Razzia *f* (*in den frühen Morgenstunden*)

day *n* **1** Tag *m*; **it will arrive any ~ now** es muss jeden Tag kommen; **what ~ is it today?** welcher Tag ist heute?; **twice a ~** zweimal täglich; **the ~ before yesterday** vorgestern; **the ~ after/before**, **the following/previous ~** am Tag danach/zuvor; **the ~ after tomorrow** übermorgen; **from that ~ on(wards)** von dem Tag an; **two years ago to the ~** auf den Tag genau vor zwei Jahren; **one ~** eines Tages; **one of these ~s** irgendwann (einmal); **~ in, ~ out** tagein, tagaus; **they went to London for the ~** sie machten einen Tagesausflug nach London; **for ~s** tagelang; **~ after ~** Tag für Tag; **~ by ~** jeden Tag; **the other ~** neulich; **at the end of the ~** (*fig*) letzten Endes; **to live from ~ to ~** von einem Tag auf den andern leben; **today of all ~s** ausgerechnet heute; **some ~ soon** demnächst; **I remember it to this ~** daran erinnere ich mich noch heute; **all ~** den ganzen Tag; **to travel during the ~** *or* **by ~** tagsüber reisen; **at that time of ~** zu der Tageszeit; **to be paid by the ~** tageweise bezahlt werden; **let's call it a ~** machen wir Schluss; **to have a nice ~** einen schönen Tag verbringen; **to have a lazy ~** einen Tag faulenzen; **have a nice ~!** viel Spaß!; (*esp US, said by storekeeper etc*) schönen Tag noch!; **did you have a nice ~?** wars schön?; **did you have a good ~ at the office?** wie wars im Büro?; **what a ~!** (*terrible*) so ein fürchterlicher Tag!; **that'll be the ~** das möcht ich sehen **2** (*period of time: often pl*) **these ~s** heutzutage; **what are you doing these ~s?** was machst du denn so?; **in this ~ and age** heutzutage; **in ~s to come** künftig; **in his younger ~s** als er noch jünger war; **the happiest ~s of my life** die glücklichste Zeit meines Lebens; **those were the ~s** das waren noch Zeiten; **in the old ~s** früher; **in the good old ~s** in der guten alten Zeit; **it's early**

D

~s yet es ist noch zu früh; **this material has seen better ~s** dieser Stoff hat (auch) schon bessere Tage gesehen; **famous in her ~** in ihrer Zeit berühmt **3** *no pl* (≈ *contest*) **to win** *or* **carry the ~** den Sieg bringen; **to save the ~** den Kampf retten **daybreak** *n* Tagesanbruch *m*; **at ~** bei Tagesanbruch **daycare** *n* **to be in ~** (*child*) in einer Tagesstätte untergebracht sein **day(care) centre**, (*US*) **day(care) center** *n* (*for children*) Tagesstätte *f*; (*for old people*) Altentagesstätte *f* **daydream A** *n* Tagtraum *m* **B** *v/i* (mit offenen Augen) träumen **daydreamer** *n* Träumer(in) *m(f)* **day labourer**, (*US*) **day laborer** *n* Tagelöhner(in) *m(f)* **daylight** *n* Tageslicht *nt*; **in broad ~** am helllichten Tage; **to scare the living ~s out of sb** (*infml*) jdm einen fürchterlichen Schreck einjagen (*infml*) **daylight robbery** *n* (*Br infml*) Halsabschneiderei *f* (*infml*) **daylight saving time** *n* (*esp US*) Sommerzeit *f* **day nursery** *n* Kindertagesstätte *f* **day-old** *adj strike, ceasefire* seit einem Tag andauernd; *food, newspaper* vom Vortag **day pupil** *n* SCHOOL Externe(r) *m/f(m)* **day release** *n* (*Br*) tageweise Freistellung von Angestellten zur Weiterbildung **day return (ticket)** *n* (*Br* RAIL) Tagesrückfahrkarte *f* **day ticket** *n* (*Br* RAIL) Tagesrückfahrkarte *f* **daytime A** *n* Tag *m*; **in the ~** tagsüber **B** *attr* am Tage; **what's your ~ phone number?** unter welcher Nummer sind Sie tagsüber erreichbar?; **~ television** Vor- und Nachmittagsprogramm *nt* **day-to-day** *adj* täglich; *occurrence* alltäglich; **on a ~ basis** tageweise **day trader** *n* ST EX Day-Trader(in) *m(f)* **day trip** *n* Tagesausflug *m* **day-tripper** *n* Tagesausflügler(in) *m(f)* **daze** *n* Benommenheit *f*; **in a ~** ganz benommen **dazed** *adj* benommen **dazzle** *v/t* blenden **dazzling** *adj* (*lit*) blendend

DC 1 *abbr* of direct current **2** *abbr* of District of Columbia

D/D *abbr* of direct debit

D-day *n* (HIST, *fig*) der Tag X

deactivate *v/t* entschärfen

dead A *adj* **1** tot; **he has been ~ for two years** er ist seit zwei Jahren tot; **to shoot sb ~** jdn erschießen; **over my ~ body** (*infml*) nur über meine Leiche (*infml*) **2** *limbs* abgestorben; **my hand's gone ~**

ich habe kein Gefühl in meiner Hand; **to be ~ to the world** tief und fest schlafen **3** TEL tot; **to go ~** ausfallen **4** (≈ *absolute*) völlig; **~ silence** Totenstille *f*; **to come to a ~ stop** völlig zum Stillstand kommen **5** (*infml* ≈ *exhausted*) völlig kaputt (*infml*); **she looked half ~** sie sah völlig kaputt aus (*infml*); **I'm ~ on my feet** ich bin zum Umfallen kaputt (*infml*) **B** *adv* **1** (≈ *exactly*) genau; **~ straight** schnurgerade; **to be ~ on time** auf die Minute pünktlich kommen **2** (*Br infml* ≈ *very*) total (*infml*); **~ tired** totmüde; **you're ~ right** Sie haben völlig recht; **he was ~ lucky** er hat irrsinnig Glück gehabt; **~ slow** ganz langsam; **to be ~ certain about sth** (*infml*) bei etw todsicher sein; **he's ~ against it** er ist total dagegen **3** **to stop ~** abrupt stehen bleiben **C** *n* **1** **the ~** *pl* die Toten *pl* **2** **in the** *or* **at ~ of night** mitten in der Nacht **dead centre**, (*US*) **dead center** *n* genaue Mitte; **to hit sth ~** etw genau in die Mitte treffen **deaden** *v/t pain* mildern; *sound* dämpfen; *feeling* abstumpfen **dead end** *n* Sackgasse *f*; **to come to a ~** (*lit, road*) in einer Sackgasse enden; (*driver*) an eine Sackgasse kommen; (*fig*) in eine Sackgasse geraten **dead-end** *adj attr* **~ street** (*US*) Sackgasse *f*; **a ~ job** ein Job *m* ohne Aufstiegsmöglichkeiten **dead heat** *n* totes Rennen **deadline** *n* (letzter) Termin; **to fix** *or* **set a ~** eine Frist setzen; **to work to a ~** auf einen Termin hinarbeiten **deadlock** *n* **to reach (a) ~** in eine Sackgasse geraten; **to end in ~** sich festfahren **deadlocked** *adj negotiations, talks* festgefahren **deadly A** *adj* (+*er*) tödlich; **their ~ enemy** ihr Todfeind *m* **B** *adv* **~ dull** todlangweilig (*infml*); **he was ~ serious** er meinte es todernst; **~ poisonous** tödlich giftig **deadpan** *adj face* unbewegt; *style, humour* trocken; **with a ~ expression** mit unbeweglicher Miene **Dead Sea** *n* Totes Meer **dead weight** *n* TECH Eigengewicht *nt*

deaf A *adj* (+*er*) taub; **as ~ as a (door)post** stocktaub **B** *n* **the ~** *pl* die Tauben *pl* **deaf aid** *n* Hörgerät *nt* **deaf-and-dumb** *adj* taubstumm **deafen** *v/t* (*lit*) taub machen **deafening** *adj noise* ohrenbetäubend; **a ~ silence** ein eisiges Schweigen **deaf-mute** *n* Taubstumme(r) *m/f(m)* **deafness** *n* Taubheit *f* (*to* gegenüber)

deal[1] **A** *n* (≈ amount) Menge *f*; **a good** or **great ~ of** eine Menge; **not a great ~ of** nicht (besonders) viel; **and that's saying a great ~** und damit ist schon viel gesagt; **to mean a great ~ to sb** jdm viel bedeuten **B** *adv* **a good** or **great ~** viel

deal[2] *vb: pret, past part* **dealt A** *n* **1** (*a.* **business deal**) Geschäft *nt*; (≈ *arrangement*) Handel *m*; **to do** or **make a ~ with sb** mit jdm ein Geschäft machen; **it's a ~** abgemacht! **2** (*infml*) **to give sb a fair ~** jdn anständig behandeln **B** *v/t* **1** (*a.* **deal out**) *cards* geben **2** *drugs* dealen (*infml*) **C** *v/i* **1** CARDS geben **2** (*in drugs*) dealen (*infml*) ◊**deal in** *v/i +prep obj* COMM handeln mit ◊**deal out** *v/t sep* verteilen (*to* an +*acc*); *cards* (aus)geben (*to* +*dat*); **to ~ punishment** Strafen verhängen ◊**deal with** *v/i +prep obj* **1** (≈ *do business with*) verhandeln mit **2** (≈ *handle*) sich kümmern um; *emotions* umgehen mit; COMM *orders* erledigen; **let's ~ the adjectives first** behandeln wir zuerst die Adjektive; **you bad boy, I'll ~ you later** (*infml*) dich nehm ich mir später vor, du Lausebengel! (*infml*) **3** (*book etc*) handeln von; (*author*) sich befassen mit

dealer *n* **1** COMM Händler(in) *m(f)*; (≈ *wholesaler*) Großhändler(in) *m(f)* **2** (*in drugs*) Dealer(in) *m(f)* (*infml*) **3** CARDS Kartengeber *m* **dealing** *n* **1** (≈ *trading*) Handel *m*; (*in drugs*) Dealen *nt* **2** **dealings** *pl* COMM Geschäfte *pl*; (*generally*) Umgang *m*; **to have ~s with sb** mit jdm zu tun haben

dealt *pret, past part of* **deal**[2]

dean *n* ECCL, UNIV Dekan(in) *m(f)*

dear A *adj* (+*er*) **1** lieb; **she is a ~ friend of mine** sie ist eine sehr gute Freundin von mir; **that is my ~est wish** das ist mein sehnlichster Wunsch; **these memories are very ~ to him** diese Erinnerungen sind ihm teuer **2** (≈ *lovable, sweet*) süß **3** (*in letter etc*) **~ John** lieber John!; **~ Sir** sehr geehrter Herr X!; **~ Madam** sehr geehrte Frau X!; **~ Sir or Madam** sehr geehrte Damen und Herren!; **~ Mr Kemp** sehr geehrter Herr Kemp!; (*less formal*) lieber Herr Kemp! **4** (≈ *expensive*) teuer **B** *int* **oh ~!** oje! **C** *n* **hello/thank you ~** hallo/vielen Dank; **Robert ~** (mein lieber) Robert; **yes, ~** (*husband to wife etc*) ja, Liebling **D** *adv* teuer; **this will cost them ~** das wird sie teuer zu stehen kommen **dearly** *adv* **1** *love* von ganzem Herzen;

I would ~ love to marry ich würde liebend gern heiraten **2** (*fig*) **he paid ~ (for it)** er hat es teuer bezahlt

death *n* Tod *m*; **~ by drowning** Tod durch Ertrinken; **to be burned to ~** verbrennen; (*at stake*) verbrannt werden; **to starve to ~** verhungern; **to bleed to ~** verbluten; **to freeze to ~** erfrieren; **a fight to the ~** ein Kampf auf Leben und Tod; **to put sb to ~** jdn hinrichten; **to drink oneself to ~** sich zu Tode trinken; **to be at ~'s door** an der Schwelle des Todes stehen; **it will be the ~ of you** (*infml*) das wird dein Tod sein; **he will be the ~ of me** (*infml*) er bringt mich noch ins Grab; **to catch one's ~ (of cold)** (*infml*) sich (*dat*) den Tod holen; **I am sick to ~ of all this** (*infml*) ich bin das alles gründlich satt; **he looked like ~ warmed up** (*Br infml*) or **over** (*US infml*) er sah wie der Tod auf Urlaub aus (*infml*) **deathbed** *n* Sterbebett *nt*; **to be on one's ~** auf dem Sterbebett liegen **deathblow** *n* Todesstoß *m* **death camp** *n* Vernichtungslager *nt* **death certificate** *n* Totenschein *m* **death duties** *pl* (*Br*) Erbschaftssteuern *pl* **deathly A** *adj* **~ hush** or **silence** Totenstille *f* **B** *adv* **~ pale** totenblass; **~ quiet** totenstill **death penalty** *n* Todesstrafe *f* **death row** *n* Todestrakt *m* **death sentence** *n* Todesurteil *nt* **death threat** *n* Morddrohung *f* **death toll** *n* Zahl *f* der (Todes)opfer **deathtrap** *n* Todesfalle *f* **death warrant** *n* **to sign one's own ~** (*fig*) sein eigenes Todesurteil unterschreiben

débâcle *n* Debakel *nt* (*over* bei)

debase *v/t* **1** *person* entwürdigen **2** *virtues, qualities* herabsetzen

debatable *adj* fraglich **debate A** *v/t & v/i* debattieren (*with* mit, *about* über *acc*); **he was debating whether or not to go** er überlegte hin und her, ob er gehen sollte **B** *n* Debatte *f*

debauchery *n* Ausschweifung *f*; **a life of ~** ein ausschweifendes Leben

debilitate *v/t* schwächen **debilitating** *adj* schwächend; *lack of funds etc* lähmend

debit A *n* Debet *nt*; (*with bank*) Sollsaldo *nt*; **~ account** Debetkonto *nt* **B** *v/t* **to ~ sb/sb's account (with a sum)** jdn/jds Konto (mit einer Summe) belasten **debit card** *n* Kundenkarte *f*

debrief *v/t* befragen; **to be ~ed** Bericht

erstatten

debris *n* Trümmer *pl*; GEOL Geröll *nt*

debt *n* (≈ *obligation*) Schuld *f*; (≈ *money owed*) Schulden *pl*; **to be in ~** verschuldet sein (*to* gegenüber); **to be £5 in ~** £ 5 Schulden haben (*to* bei); **he is in my ~** (*for money*) er hat Schulden bei mir; (*for help etc*) er steht in meiner Schuld; **to run** *or* **get into ~** sich verschulden; **to get out of ~** aus den Schulden herauskommen; **to repay a ~** eine Schuld begleichen **debtor** *n* Schuldner(in) *m(f)* **debt relief** *n* Schuldenerleichterung *m*

debug *v/t* IT entwanzen; **~ging program** Fehlerkorrekturprogramm *nt* **debugger** *n* IT Debugger *m*

début *n* Debüt *nt*; **to make one's ~** THEAT debütieren; **~ album** Debütalbum *nt* **débutant,** (*US*) **debutant** *n* Debütant *m* **débutante,** (*US*) **debutante** *n* Debütantin *f*

Dec *abbr of* December Dez.

decade *n* Jahrzehnt *nt*

decadence *n* Dekadenz *f* **decadent** *adj* dekadent

decaff *n abbr of* decaffeinated (*infml*) Koffeinfreie(r) *m* (*infml*) **decaffeinated** *adj* koffeinfrei

decanter *n* Karaffe *f*

decapitate *v/t* enthaupten (*elev*)

decathlete *n* Zehnkämpfer *m* **decathlon** *n* Zehnkampf *m*

decay ◼A *v/i* verfallen; (*flesh, vegetable matter*) verwesen; (*tooth*) faulen ◼B *n* Verfall *m*; (*of flesh, vegetable matter*) Verwesung *f*; **tooth ~** Zahnfäule *f*; **to fall into ~** verfallen **decayed** *adj* **tooth** faul; **body, vegetable matter** verwest

deceased (JUR, *form*) ◼A *adj* verstorben ◼B *n* **the ~** der/die Tote *or* Verstorbene; (*pl*) die Verstorbenen *pl*

deceit *n* Täuschung *f* **deceitful** *adj* betrügerisch **deceitfully** *adv* betrügerischerweise; **behave** betrügerisch **deceitfulness** *n* Falschheit *f* **deceive** *v/t* täuschen; **wife** betrügen; **to ~ oneself** sich (*dat*) selbst etwas vormachen

decelerate *v/i* (*car, train*) langsamer werden; (*driver*) die Geschwindigkeit herabsetzen

December *n* Dezember *m*; → September

decency *n* Anstand *m*; **it's only common ~ to ...** es gehört sich einfach, zu ...; **he**

could have had the ~ to tell me er hätte es mir anständigerweise auch sagen können **decent** *adj* anständig; **are you ~?** (*infml*) bist du schon salonfähig? (*infml*); **to do the ~ thing** das einzig Anständige tun **decently** *adv* anständig

decentralization *n* Dezentralisierung *f* **decentralize** *v/t & v/i* dezentralisieren **decentralized** *adj* dezentral

deception *n* (≈ *act of deceiving*) Täuschung *f*; (*of wife etc*) Betrug *m* **deceptive** *adj* irreführend; **to be ~** täuschen; **appearances can be ~** der Schein trügt **deceptively** *adv* **easy** täuschend; **powerful** überraschend; **mild** trügerisch; **to look ~ like sb/sth** jdm/einer Sache täuschend ähnlich sehen

decide ◼A *v/t* entscheiden, beschließen; **what did you ~?** (*yes or no*) wie habt ihr euch entschieden?; (*what measures*) was habt ihr beschlossen?; **did you ~ anything?** habt ihr irgendwelche Entscheidungen getroffen?; **I have ~d we are making a mistake** ich bin zu der Ansicht gekommen, dass wir einen Fehler machen; **I'll ~ what we do!** ich bestimme, was wir tun! ◼B *v/i* (sich) entscheiden; **to ~ for/against sth** (sich) für/gegen etw entscheiden ◊**decide on** *v/i +prep obj* sich entscheiden für

decided *adj* **improvement** entschieden; **advantage** deutlich **decidedly** *adv* entschieden; **he's ~ uncomfortable about it** es ist ihm gar nicht wohl dabei; **~ dangerous** ausgesprochen gefährlich **decider** *n* (*Br* ≈ *game*) Entscheidungsspiel *nt*; (≈ *goal*) Entscheidungstreffer *m* **deciding** *adj* entscheidend

deciduous *adj* **~ tree/forest** Laubbaum *m*/-wald *m*

decimal ◼A *adj* Dezimal- ◼B *n* Dezimalzahl *f* **decimal point** *n* Komma *nt*

decimate *v/t* dezimieren

decipher *v/t* entziffern

decision *n* Entscheidung *f* (*on* über +*acc*), Entschluss *m*; (*esp of committee etc*) Beschluss *m*; **to make a ~** eine Entscheidung treffen; **it's your ~** das musst du entscheiden; **to come to a ~** zu einer Entscheidung kommen; **I've come to the ~ that it's a waste of time** ich bin zu dem Schluss gekommen, dass es Zeitverschwendung ist; **~s, ~s!** immer diese Entscheidungen! **decision-making** *adj*

D

attr ~ **skills** Entschlusskraft *f*; **the ~ process** der Entscheidungsprozess **decisive** *adj* **1** (≈ *crucial*) entscheidend **2** *manner* entschlossen; *person* entschlussfreudig **decisively** *adv change* entscheidend; *defeat* deutlich **decisiveness** *n* Entschlossenheit *f*

deck *n* **1** (*of bus, ship*) Deck *nt*; **on ~** auf Deck; **to go up on ~** an Deck gehen; **top** *or* **upper ~** Oberdeck *nt* **2** **a ~ of cards** ein Kartenspiel *nt* **deck chair** *n* Liegestuhl *m* **-decker** *n suf* -decker *m* **decking** *n* (≈ *wooden floor*) Deck *nt*

declaration *n* Erklärung *f*; CUSTOMS Deklaration *f* (*form*); **~ of love** Liebeserklärung *f*; **~ of bankruptcy** Konkursanmeldung *f*; **to make a ~** eine Erklärung abgeben; **~ of war** Kriegserklärung *f*

declare *v/t intentions* erklären; *results* bekannt geben; *goods* angeben; **have you anything to ~?** haben Sie etwas zu verzollen?; **to ~ one's support** seine Unterstützung zum Ausdruck bringen; **to ~ war (on sb)** (jdm) den Krieg erklären; **to ~ a state of emergency** den Notstand ausrufen; **to ~ independence** sich für unabhängig erklären; **to ~ sb bankrupt** jdn für bankrott erklären; **to ~ sb the winner** jdn zum Sieger erklären **declared** *adj* erklärt

declension *n* GRAM Deklination *f* **decline** **A** *n* Rückgang *m*; (*of empire*) Niedergang *m*; **to be on the ~** in ~, **to go** *or* **fall into ~** (*business*) zurückgehen; (*empire*) verfallen **B** *v/t* **1** *invitation* ablehnen **2** GRAM deklinieren **C** *v/i* **1** (*business*) zurückgehen; (*value*) geringer werden; (*popularity, influence*) abnehmen **2** GRAM dekliniert werden

decode *v/t* decodieren **decoder** *n* Decoder *m*

décolletage *n* Dekolleté *nt*

decompose *v/i* sich zersetzen **decomposition** *n* Zersetzung *f*

decongestant *n* abschwellendes Mittel

decontaminate *v/t* entgiften; (*from radioactivity*) entseuchen

décor *n* Ausstattung *f*

decorate *v/t cake* verzieren; *street, Christmas tree* schmücken; *room* tapezieren; (≈ *paint*) (an)streichen; (*for special occasion*) dekorieren **decorating** *n* Tapezieren *nt*; (≈ *painting*) Streichen *nt* **decoration** *n* (*on cake, hat etc*) Verzierung *f*; (*on Christ-*

mas tree, in street) Schmuck *m no pl*; **Christmas ~s** Weihnachtsschmuck *m*; **interior ~** Innenausstattung *f* **decorative** *adj* dekorativ **decorator** *n* (*Br*) Maler(in) *m(f)*

decorum *n* Anstand *m*

decoy *n* Köder *m*; (*person*) Lockvogel *m*; **police ~** Lockvogel *m* der Polizei; **~ manoeuvre** (*Br*) *or* **maneuver** (*US*) Falle *f*

decrease **A** *v/i* abnehmen; (*strength*) nachlassen **B** *v/t* reduzieren **C** *n* Abnahme *f*; (*in figures, production*) Rückgang *m*; (*in strength*) Nachlassen *nt* **decreasingly** *adv* immer weniger

decree **A** *n* Anordnung *f*; (POL: *of king etc*) Erlass *m*; (JUR Verfügung *f*; (*of court*) Entscheid *m* **B** *v/t* verordnen; **he ~d an annual holiday on 1st April** er erklärte den 1. April zum Feiertag **decree absolute** *n* JUR endgültiges Scheidungsurteil **decree nisi** *n* JUR vorläufiges Scheidungsurteil

decrepit *adj* altersschwach; *building* baufällig

dedicate *v/t* widmen (*to sb* jdm); **to ~ oneself** *or* **one's life to sb/sth** sich *or* sein Leben jdm/einer Sache widmen **dedicated** *adj* **1** *attitude* hingebungsvoll; *service, fans* treu; (*in one's work*) engagiert; **a ~ nurse** eine Krankenschwester, die mit Leib und Seele bei der Sache ist; **she's ~ to her students** sie engagiert sich sehr für ihre Studenten **2** **~ word processor** dediziertes Textverarbeitungssystem **dedication** *n* **1** (≈ *quality*) Hingabe *f* (*to an* +acc) **2** (*in book*) Widmung *f*

deduce *v/t* schließen (*from aus*)

deduct *v/t* abziehen (*from* von); **to ~ sth from the price** etw vom Preis ablassen; **after ~ing 5%** nach Abzug von 5% **deductible** *adj* abziehbar; (≈ *tax deductible*) absetzbar **deduction** *n* **1** Abzug *m*; (*from price*) Nachlass *m* (*from* für, *auf* +acc) **2** **by a process of ~** durch Folgern

deed *n* **1** Tat *f*; **good ~** gute Tat; **evil ~** Übeltat *f*; **in ~** tatsächlich **2** JUR Übertragungsurkunde *f*; **~ of covenant** Vertragsurkunde *f*

deem *v/t* **to ~ sb/sth (to be) sth** jdn/etw für etw erachten (*elev*) *or* halten; **it was ~ed necessary** man hielt es für nötig

deep **A** *adj* (+er) tief; (≈ *wide*) breit; (≈ *profound*) tiefsinnig; *concern* groß; **the pond/snow was 4 feet ~** der Teich war/der Schnee lag 4 Fuß tief; **two feet ~ in snow**

mit zwei Fuß Schnee bedeckt; **two feet ~ in water** zwei Fuß tief unter Wasser; **the ~ end** (of pool) das Tiefe; **to go off (at) the ~ end** (fig infml) auf die Palme gehen (infml); **to be thrown in at the ~ end** (fig) gleich zu Anfang richtig ranmüssen (infml); **the spectators stood ten ~** die Zuschauer standen zu zehnt hintereinander; **~est sympathy** aufrichtiges Beileid; **~ down, she knew he was right** im Innersten wusste sie, dass er recht hatte; **~ in conversation** ins Gespräch vertieft; **to be in ~ trouble** in großen Schwierigkeiten sein **B** adv (+er) tief; **~ into the night** bis tief in die Nacht hinein **deepen** **A** v/t vertiefen; mystery vergrößern; crisis verschärfen **B** v/i tiefer werden; (sorrow, concern) zunehmen; (mystery) größer werden; (divisions) sich vertiefen; (crisis) sich verschärfen **deepening** adj sorrow, concern etc zunehmend; crisis sich verschärfend; mystery sich vertiefend **deep-fat fryer** n Fritteuse f **deep-freeze** n Tiefkühltruhe f; (upright) Gefrierschrank m **deep-fry** v/t frittieren **deeply** adv tief; worried, unhappy, suspicious äußerst; move, shock, grateful tief; love sehr; **~ committed** stark engagiert; **they are ~ embarrassed by it** es ist ihnen äußerst peinlich; **to fall ~ in love** sich sehr verlieben **deep-pan pizza** n Pfannenpizza f **deep-rooted** adj, comp deeper-rooted (fig) tief verwurzelt **deep-sea** adj Tiefsee- **deep-seated** adj, comp deeper-seated tief sitzend **deep-set** adj, comp deeper-set tief liegend **deep space** n der äußere Weltraum **deep vein thrombosis** n MED tiefe Venenthrombose

deer n, pl - (≈ roe deer) Reh nt; (≈ stag) Hirsch m; (collectively) Rotwild nt **de-escalate** v/t deeskalieren **deface** v/t verunstalten **defamatory** adj diffamierend **default** **A** n **1** **to win by ~** kampflos gewinnen **2** IT Default m, Voreinstellung f **B** attr IT parameter voreingestellt; **~ drive** Standardlaufwerk nt **C** v/i (≈ not perform duty) säumig sein **defeat** **A** n Niederlage f; (of bill) Ablehnung f; **their ~ of the enemy** ihr Sieg über den Feind; **to admit ~** sich geschlagen geben; **to suffer a ~** eine Niederlage erleiden **B** v/t army, team besiegen; bill

ablehnen; **that would be ~ing the purpose of the exercise** dann verliert die Übung ihren Sinn **defect**[1] n Fehler m; (in mechanism) Defekt m **defect**[2] v/i POL sich absetzen; **to ~ to the enemy** zum Feind überlaufen **defection** n POL Überlaufen nt **defective** adj fehlerhaft; machine, gene defekt **defence**, (US) **defense** n **1** no pl Verteidigung f no pl; **in his ~** zu seiner Verteidigung; **to come to sb's ~** jdn verteidigen; **his only ~ was** ... seine einzige Rechtfertigung war ... **2** (≈ form of protection) Abwehrmaßnahme f; (MIL ≈ fortification etc) Befestigung f; **as a ~ against** als Schutz gegen; **his ~s were down** er war wehrlos **defence counsel**, (US) **defense counsel** n Verteidiger(in) m(f) **defenceless**, (US) **defenseless** adj schutzlos **defence mechanism** n PHYSIOL, PSYCH Abwehrmechanismus m **defence minister**, (US) **defense minister** n Verteidigungsminister(in) m(f)

defend v/t verteidigen (against gegen) **defendant** n Angeklagte(r) m/f(m); (in civil cases) Beklagte(r) m/f(m) **defender** n Verteidiger(in) m(f) **defending** adj **the ~ champions** die Titelverteidiger pl **defense** etc (US) = defence etc **defensive** **A** adj defensiv **B** n **to be on the ~** (MIL, fig) in der Defensive sein **defensively** adv also SPORTS defensiv **defer** v/t verschieben; **to ~ doing sth** es verschieben, etw zu tun **deference** n Achtung f; **out of** or **in ~ to** aus Achtung (dat) vor **deferential** adj respektvoll **deferred payment** n Zahlungsaufschub m; (US: by instalments) Ratenzahlung f **defiance** n Trotz m (of sb jdm gegenüber); (of order, law) Missachtung f (of +gen); **an act of ~** eine Trotzhandlung; **in ~ of sb/sth** jdm/etw zum Trotz **defiant** adj trotzig; (≈ rebellious) aufsässig; (≈ challenging) herausfordernd **defiantly** adv trotzig; resist standhaft **deficiency** n Mangel m; FIN Defizit nt; (≈ defect, in character, system) Schwäche f; **iron ~** Eisenmangel m **deficient** adj unzulänglich; **sb/sth is ~ in sth** jdm/einer Sache fehlt es an etw (dat) **deficit** n Defizit nt

definable adj definierbar; *boundaries, duties* bestimmbar **define** v/t definieren; *duties etc* festlegen

definite adj **1** definitiv; *answer, decision* klar; *agreement, date, plan* fest; **is that ~?** ist das sicher?; **for ~** mit Bestimmtheit **2** *mark* deutlich; *advantage, improvement* eindeutig; *possibility* echt **3** *manner* bestimmt; **she was very ~ about it** sie war sich *(dat)* sehr sicher **definite article** n GRAM bestimmter Artikel **definitely** adv **1** *decide, say* endgültig; **it's not ~ arranged/agreed yet** es steht noch nicht fest **2** (≈ *clearly*) eindeutig; (≈ *certainly*) bestimmt; (≈ *whatever happens*) auf jeden Fall; **~ not** auf keinen Fall; **he ~ wanted to come** er wollte bestimmt kommen **definition** n **1** (*of word, concept*) Definition f; **by ~** definitionsgemäß **2** (*of duties, boundaries*) Festlegung f **3** PHOT, TV Bildschärfe f **definitive** adj *victory, answer* entschieden; *book* maßgeblich (*on* für)

deflate v/t die Luft ablassen aus; **he felt a bit ~d when ...** es war ein ziemlicher Dämpfer für ihn, dass ... **deflation** n FIN Deflation f

deflect v/t ablenken; *ball* abfälschen; PHYS *light* beugen **deflection** n Ablenkung f; (*of ball*) Abfälschung f; (PHYS, *of light*) Beugung f

deforestation n Entwaldung f

deformed adj deformiert; TECH verformt **deformity** n Deformität f

defraud v/t **to ~ sb of sth** jdn um etw betrügen

defrost **A** v/t *fridge* abtauen; *food* auftauen **B** v/i (*fridge*) abtauen; (*food*) auftauen

deft adj (+er), **deftly** adv geschickt

defunct adj (*fig*) *institution etc* eingegangen; *law* außer Kraft

defuse v/t entschärfen

defy v/t **1** *person* sich widersetzen (+dat); *orders, law, danger* trotzen (+dat) **2** (*fig*) widerstehen (+dat); **to ~ description** jeder Beschreibung spotten; **that defies belief!** das ist ja unglaublich!; **to ~ gravity** den Gesetzen der Schwerkraft widersprechen

degenerate v/i degenerieren; (*people, morals*) entarten; **the demonstration ~d into violence** die Demonstration artete in Gewalttätigkeiten aus **degeneration** n Degeneration f

degradation n Erniedrigung f; GEOL Erosion f; CHEM Abbau m **degrade** **A** v/t erniedrigen; CHEM abbauen; **to ~ oneself** sich erniedrigen **B** v/i CHEM sich abbauen **degrading** adj erniedrigend

degree n **1** Grad m no pl; **an angle of 90 ~s** ein Winkel m von 90 Grad; **first ~ murder** Mord m; **second ~ murder** Totschlag m **2** (*of risk etc*) Maß nt; **some** or **a certain ~ of** ein gewisses Maß an (+dat); **to some ~, to a (certain) ~** in gewissem Maße; **to such a ~ that ...** in solchem Maße, dass ... **3** UNIV akademischer Grad; **to get one's ~** seinen akademischen Grad erhalten; **to do a ~** studieren; **when did you do your ~?** wann haben Sie das Examen gemacht?; **I'm doing a ~ in languages** ich studiere Sprachwissenschaften; **I've got a ~ in Business Studies** ich habe einen Hochschulabschluss in Wirtschaftslehre **degree course** n *Universitätskurs, der mit dem ersten akademischen Grad abschließt*

dehumanize v/t entmenschlichen

dehydrated adj dehydriert; *foods* getrocknet; *person, skin* ausgetrocknet **dehydration** n Austrocknung f

de-icer n Enteiser m; (≈ *spray for cars*) Defroster m

deign v/t **to ~ to do sth** sich herablassen, etw zu tun

deity n Gottheit f

déjà vu n Déjà-vu-Erlebnis nt; **a feeling** or **sense of ~** das Gefühl, das schon einmal gesehen zu haben

dejected adj, **dejectedly** adv deprimiert **dejection** n Depression f

delay **A** v/t **1** (≈ *postpone*) verschieben; **to ~ doing sth** es verschieben, etw zu tun; **he ~ed paying until ...** er wartete so lange mit dem Zahlen, bis ...; **rain ~ed play** der Beginn des Spiels verzögerte sich wegen Regens **2** *person, traffic* aufhalten **B** v/i warten; **to ~ in doing sth** es verschieben, etw zu tun; **he ~ed in paying the bill** er schob die Zahlung der Rechnung hinaus **C** n (≈ *hold-up*) Aufenthalt m; (*to traffic*) Stockung f; (*to train, plane*) Verspätung f; (≈ *time lapse*) Verzögerung f; **roadworks are causing ~s of up to 1 hour** Straßenbauarbeiten verursachen Staus bis zu 1 Stunde; **"delays possible (until ...)"** „Staugefahr! (bis ...)"; **there are ~s to all flights** alle Flüge haben Verspätung; **without ~** unverzüglich; **without**

further ~ ohne weitere Verzögerung **delaying** *adj* verzögernd; **~ tactics** Verzögerungstaktik *f*
delegate **A** *v/t* delegieren; *authority* übertragen (*to sb* jdm); **to ~ sb to do sth** jdn damit beauftragen, etw zu tun **B** *v/i* delegieren **C** *n* Delegierte(r) *m/f(m)* **delegation** *n* Delegation *f*
delete *v/t* streichen; IT löschen; **"delete where applicable"** „Nichtzutreffendes (bitte) streichen" **delete key** *n* IT Löschtaste *f* **deletion** *n* Streichung *f*; IT Löschung *f*; **to make a ~** etwas streichen
deli *n* (*infml*) = delicatessen
deliberate **A** *adj* **1** (≈ *intentional*) absichtlich; *attempt, insult, lie* bewusst **2** (≈ *thoughtful*) besonnen; *movement* bedächtig **B** *v/i* (≈ *ponder*) nachdenken (*on, upon* über +*acc*); (≈ *discuss*) sich beraten (*on, upon* über +*acc*, *wegen*) **C** *v/t* (≈ *ponder*) bedenken; (≈ *discuss*) beraten **deliberately** *adv* **1** (≈ *intentionally*) absichtlich; **the blaze was started ~** der Brand wurde vorsätzlich gelegt **2** (≈ *thoughtfully*) überlegt; *move* bedächtig **deliberation** *n* **1** (≈ *consideration*) Überlegung *f* (*on* zu) **2** **deliberations** *pl* (≈ *discussions*) Beratungen *pl* (*of, on* über +*acc*)
delicacy *n* **1** = delicateness **2** (≈ *food*) Delikatesse *f* **delicate** **A** *adj* **1** fein; *health* zart; *person, china* zerbrechlich; *stomach* empfindlich; **she's feeling a bit ~ after the party** nach der Party fühlt sie sich etwas angeschlagen **2** *operation, subject, situation* heikel **B** **delicates** *pl* (≈ *fabrics*) Feinwäsche *f* **delicately** *adv* **1** *move* zart **2** *scented* fein; **~ flavoured** (*Br*) *or* **flavored** (*US*) mit einem delikaten Geschmack **3** (≈ *tactfully*) taktvoll **delicateness** *n* **1** Zartheit *f* **2** (≈ *sensitivity*: *of task*) Feinheit *f* **3** (*of operation, subject, situation*) heikle Natur
delicatessen *n* Feinkostgeschäft *nt*
delicious *adj* **1** *food etc* köstlich **2** (≈ *delightful*) herrlich **deliciously** *adv* **1** *tender, creamy* köstlich **2** *warm, fragrant* herrlich
delight **A** *n* Freude *f*; **to my ~** zu meiner Freude; **he takes great ~ in doing that** es bereitet ihm große Freude, das zu tun; **he's a ~ to watch** es ist eine Freude, ihm zuzusehen **B** *v/i* sich erfreuen (*in an* +*dat*)
delighted *adj* (*with* über +*acc*) erfreut; **to**

be ~ sich sehr freuen (*at* über +*acc*, *that* dass); **absolutely ~** hocherfreut; **~ to meet you!** sehr angenehm!; **I'd be ~ to help you** ich würde Ihnen sehr gern helfen
delightful *adj* reizend; *weather, party* wunderbar **delightfully** *adv* wunderbar
delinquency *n* Kriminalität *f* **delinquent** **A** *adj* straffällig **B** *n* Delinquent(in) *m(f)*
delirious *adj* MED im Delirium; (*fig*) im Taumel; **to be ~ with joy** im Freudentaumel sein **deliriously** *adv* **~ happy** euphorisch; MED im Delirium **delirium** *n* MED Delirium *nt*; (*fig*) Taumel *m*
deliver **A** *v/t* **1** *goods* liefern; *message* überbringen; (*on regular basis*) zustellen; **to ~ sth to sb** jdm etw liefern/überbringen/zustellen; **he ~ed the goods to the door** er lieferte die Waren ins Haus; **~ed free of charge** frei Haus (geliefert); **to ~ the goods** (*fig infml*) es bringen (*sl*) **2** *speech* halten; *ultimatum* stellen; *verdict* verkünden **3** MED *baby* zur Welt bringen **B** *v/i* (*lit*) liefern **delivery** *n* **1** (*of goods*) (Aus)lieferung *f*; (*of parcels, letters*) Zustellung *f*; **please allow 28 days for ~** die Lieferzeit kann bis zu 28 Tagen betragen **2** MED Entbindung *f* **3** (*of speaker*) Vortragsweise *f* **delivery boy** *n* Bote *m* **delivery charge** *n* Lieferkosten *pl*; (*for mail*) Zustellgebühr *f* **delivery costs** *pl* Versandkosten *pl* **delivery date** *n* Liefertermin *m* **delivery man** *n* Lieferant *m* **delivery note** *n* Lieferschein *m* **delivery room** *n* Kreißsaal *m* **delivery service** *n* Zustelldienst *m* **delivery van** *n* Lieferwagen *m*
delta *n* Delta *nt*
delude *v/t* täuschen; **to ~ oneself** sich (*dat*) etwas vormachen; **stop deluding yourself that ...** hör auf, dir vorzumachen, dass ... **deluded** *adj* voller Illusionen
deluge *n* (*lit*) Überschwemmung *f*; (*of rain*) Guss *m*; (*fig*) Flut *f*
delusion *n* Illusion *f*; PSYCH Wahnvorstellung *f*; **to be under a ~** in einem Wahn leben; **to have ~s of grandeur** den Größenwahn haben
de luxe *adj* Luxus-; **~ model** Luxusmodell *nt*; **~ version** De-Luxe-Ausführung *f*
delve *v/i* (*into book*) sich vertiefen (*into* in +*acc*); **to ~ in(to) one's pocket** tief in die

Tasche greifen; **to ~ into the past** die Vergangenheit erforschen

demand **A** *v/t* verlangen; *time* beanspruchen; **he ~ed money** er wollte Geld haben; **he ~ed to know what had happened** er verlangte zu wissen, was passiert war; **he ~ed to see my passport** er wollte meinen Pass sehen **B** *n* **1** Forderung *f* (*for* nach); **by popular ~** auf allgemeinen Wunsch; **to be available on ~** auf Wunsch erhältlich sein; **to make ~s on sb** Forderungen an jdn stellen **2** *no pl* COMM Nachfrage *f*; **there's no ~ for it** es besteht keine Nachfrage danach; **to be in (great) ~** sehr gefragt sein **demanding** *adj child, job* anstrengend; *teacher, boss* anspruchsvoll

demarcate *v/t* abgrenzen, demarkieren

demean **A** *v/r* sich erniedrigen; **I will not ~ myself by doing that** ich werde mich nicht dazu hergeben, das zu tun **B** *v/t* erniedrigen **demeaning** *adj* erniedrigend

demeanour, (US) **demeanor** *n* (≈ *behaviour*) Benehmen *nt*; (≈ *bearing*) Haltung *f*

demented *adj* verrückt **dementia** *n* Schwachsinn *m*

demerara (sugar) *n* brauner Rohrzucker

demerge *v/t company* entflechten

demi *pref* Halb-, halb- **demigod** *n* Halbgott *m*, Halbgöttin *f*

demilitarization *n* Entmilitarisierung *f* **demilitarize** *v/t* entmilitarisieren; **~d zone** entmilitarisierte Zone

demise *n* (≈ *death*) Tod *m*; (*fig*) Ende *nt*

demister *n* Gebläse *nt*

demo **A** *n abbr of* demonstration Demo (-nstration) *f* **B** *adj attr* **~ tape** Demoband *nt*

demobilize *v/t* demobilisieren

democracy *n* Demokratie *f* **democrat** *n* Demokrat(in) *m(f)* **democratic** *adj* **1** demokratisch; **the Social Democratic Party** die Sozialdemokratische Partei; **the Christian Democratic Party** die Christlich-Demokratische Partei **2** **Democratic** (*US* POL) der Demokratischen Partei; **the Democratic Party** die Demokratische Partei **democratically** *adv* demokratisch

demolish *v/t building* abbrechen; (*fig*) *opponent* vernichten; (*hum*) *cake etc* vertilgen **demolition** *n* Abbruch *m* **demolition squad** *n* Abbruchkolonne *f*

demon *n* Dämon *m*; (*infml* ≈ *child*) Teufel *m* **demonic** *adj* dämonisch **demonize** *v/t* dämonisieren

demonstrate **A** *v/t* beweisen; (*by example*) demonstrieren; *appliance, operation* vorführen **B** *v/i* demonstrieren **demonstration** *n* Beweis *m*; (*by example*) Demonstration *f* (*also* POL *etc*); (*of appliance, operation*) Vorführung *f*; **he gave us a ~** er zeigte es uns **demonstration model** *n* Vorführmodell *m* **demonstrative** *adj* demonstrativ **demonstrator** *n* **1** COMM Vorführer(in) *m(f)* (*von technischen Geräten*) **2** POL Demonstrant(in) *m(f)*

demoralize *v/t* entmutigen; *troops etc* demoralisieren **demoralizing** *adj* entmutigend; (*for troops etc*) demoralisierend

demote *v/t* MIL degradieren (*to* zu); (*in business etc*) zurückstufen; **to be ~d** SPORTS absteigen **demotion** *n* MIL Degradierung *f*; (*in business etc*) Zurückstufung *f*; SPORTS Abstieg *m*

demotivate *v/t* demotivieren

den *n* **1** (*of lion etc*) Höhle *f*; (*of fox*) Bau *m* **2** (≈ *room*) Bude *f* (*infml*)

denationalize *v/t* entstaatlichen

denial *n* **1** (*of guilt*) Leugnen *nt* **2** (≈ *refusal*) Ablehnung *f*; (*of rights*) Verweigerung *f*

denim **A** *n* **1** Jeansstoff *m* **2** **denims** *pl* Jeans *pl* **B** *adj attr* Jeans-

Denmark *n* Dänemark *nt*

denomination *n* **1** ECCL Konfession *f* **2** (≈ *name, naming*) Bezeichnung *f* **3** (*of money*) Nennbetrag *m*

denote *v/t* bedeuten; (*symbol, word*) bezeichnen

denounce *v/t* **1** (≈ *accuse*) anprangern; (≈ *inform against*) denunzieren (*sb to sb* jdn bei jdm) **2** *alcohol etc* verurteilen

dense *adj* (+er) **1** *Nebel, Wald* dicht; *crowd* dicht gedrängt **2** (*infml* ≈ *slow*) begriffsstutzig (*infml*) **densely** *adv populated, wooded* dicht **density** *n* Dichte *f*; **population ~** Bevölkerungsdichte *f*

dent **A** *n* (*in metal*) Beule *f*; (*in wood*) Kerbe *f* **B** *v/t car* verbeulen; *wood* eine Delle machen in (+*acc*); (*infml*) *pride* anknacksen (*infml*)

dental *adj* Zahn-; *treatment* zahnärztlich **dental floss** *n* Zahnseide *f* **dental hygiene** *n* Zahnpflege *f* **dental nurse** *n* Zahnarzthelfer(in) *m(f)* **dental surgeon** *n* Zahnarzt *m*/-ärztin *f*

dentist n Zahnarzt m, Zahnärztin f; **at the ~('s)** beim Zahnarzt **dentistry** n Zahnmedizin f **dentures** pl Zahnprothese f; (full) Gebiss nt

denunciation n (≈ accusation) Anprangerung f; (≈ informing) Denunziation f; (≈ condemnation) Verurteilung f

deny v/t **1** accusation etc bestreiten; existence of God leugnen; (officially) dementieren; **do you ~ having said that?** bestreiten or leugnen Sie, das gesagt zu haben?; **there's no ~ing it** das lässt sich nicht bestreiten **2 to ~ sb's request** jdm seine Bitte abschlagen; **to ~ sb his rights** jdm seine Rechte vorenthalten; **to ~ sb access (to sth)** jdm den Zugang (zu etw) verwehren; **to ~ sb credit** jdm den Kredit verweigern; **I can't ~ her anything** ich kann ihr nichts abschlagen; **why should I ~ myself these little comforts?** warum sollte ich mir das bisschen Komfort nicht gönnen?

deodorant n Deodorant nt

dep. abbr of departs, departure Abf.

depart v/i weggehen; (on journey) abreisen; **the train at platform 6 ~ing for ...** der Zug an Bahnsteig 6 nach ...; **to be ready to ~** (person) startbereit sein; **the visitors were about to ~** die Gäste waren im Begriff aufzubrechen **departed 🅰** adj (≈ dead) verstorben **🅱** n **the (dear) ~** der/die (liebe) Verstorbene

department n **1** Abteilung f; (in civil service) Ressort nt; **Department of Transport** (Br) or **Transportation** (US) Verkehrsministerium nt **2** SCHOOL, UNIV Fachbereich m **departmental** adj Abteilungs-; SCHOOL, UNIV Fachbereichs-; (in civil service) des Ressorts

department store n Kaufhaus nt

departure n **1** (of person) Weggang m; (on journey) Abreise f (from aus); (of vehicle) Abfahrt f; (of plane) Abflug m; "departures" „Abfahrt"; (at airport) „Abflug" **2** (fig ≈ change) neue Richtung f **departure board** n RAIL Abfahrtstafel f; AVIAT Abfluganzeige f **departure gate** n Ausgang m **departure lounge** n Abflughalle f; (for single flight) Warteraum m **departure time** n AVIAT Abflugzeit f; (RAIL, bus) Abfahrtszeit f

depend v/i **1** abhängen (on sb/sth von jdm/etw); **it ~s on what you mean by reasonable** es kommt darauf an, was Sie unter vernünftig verstehen; **how long are you staying? — it ~s** wie lange bleiben Sie? — das kommt darauf an; **it all ~s on ...** das kommt ganz auf ... an; **~ing on his mood** je nach seiner Laune; **~ing on how late we arrive** je nachdem, wie spät wir ankommen **2** (≈ rely) sich verlassen (on, upon auf +acc); **you can ~ (up)on it!** darauf können Sie sich verlassen! **3** (person ≈ be dependent on) **to ~ on** angewiesen sein auf (+acc) **dependable** adj zuverlässig **dependant, dependent** n Abhängige(r) m/f(m); **do you have ~s?** haben Sie Angehörige? **dependence** n Abhängigkeit f (on, upon von); **drug/alcohol ~** Drogen-/Alkoholabhängigkeit f **dependency** n = dependence **dependent 🅰** adj abhängig; **~ on insulin** insulinabhängig; **to be ~ on** or **upon sb/sth** von jdm/etw abhängig sein; **to be ~ on charity/sb's goodwill** auf Almosen/jds Wohlwollen angewiesen sein; **to be ~ on** or **upon sb/sth for sth** für etw auf jdn/etw angewiesen sein **🅱** n = dependant

depict v/t darstellen **depiction** n Darstellung f

depilatory 🅰 adj enthaarend; **~ cream** Enthaarungscreme f **🅱** n Enthaarungsmittel nt

deplete v/t **1** (≈ exhaust) erschöpfen **2** (≈ reduce) verringern **depletion** n **1** (≈ exhausting) Erschöpfung f **2** (≈ reduction) Verringerung f; (of stock, membership) Abnahme f

deplorable adj (≈ dreadful) schrecklich; (≈ disgraceful) schändlich; **it is ~ that ...** es ist eine Schande, dass ... **deplore** v/t **1** (≈ regret) bedauern **2** (≈ disapprove of) missbilligen

deploy v/t (MIL, fig) einsetzen; **the number of troops ~ed in Germany** die Zahl der in Deutschland stationierten Streitkräfte **deployment** n (MIL, fig) Einsatz m; (≈ positioning) Stationierung f

deport v/t prisoner deportieren; foreign national abschieben **deportation** n (of prisoner) Deportation f; (of foreign national) Abschiebung f

depose v/t absetzen

deposit 🅰 v/t **1** (≈ put down) hinlegen; (upright) hinstellen **2** money deponieren (in or with bei); **I ~ed £500 in my account** ich zahlte £ 500 auf mein Konto ein **🅱** n **1** (COMM ≈ part payment) Anzahlung f; (≈

returnable security) Kaution *f*; (*for bottle*) Pfand *nt*, Depot *nt* (*Swiss*); **to put down a ~ of £1000 on a car** eine Anzahlung von £ 1000 für ein Auto leisten **2** (*in wine*, GEOL) Ablagerung *f*; (≈ *of ore*) (Lager)stätte *f* **deposit account** *n* Sparkonto *nt*

depot *n* **1** (≈ *bus garage etc*) Depot *nt*; (≈ *store*) Lager(haus) *nt* **2** (*US* RAIL) Bahnhof *m*

depraved *adj* verworfen **depravity** *n* Verworfenheit *f*

deprecating *adj*, **deprecatingly** *adv* missbilligend

depreciate *v/i* an Wert verlieren

depress *v/t person* deprimieren; *market* schwächen **depressed** *adj* **1** deprimiert (*about* über +*acc*); MED depressiv; **to look ~** niedergeschlagen aussehen **2** ECON *market* flau; *economy* geschwächt **depressing** *adj* deprimierend; **these figures make ~ reading** es ist deprimierend, diese Zahlen zu lesen **depressingly** *adv* deprimierend; **it all sounded ~ familiar** es hörte sich alles nur zu vertraut an **depression** *n* **1** Depression *f*; MED Depressionen *pl* **2** METEO Tief (-druckgebiet) *nt* **3** ECON Flaute *f*; **the Depression** die Weltwirtschaftskrise

deprivation *n* **1** (≈ *depriving*) Entzug *m*; (≈ *loss*) Verlust *m*; (*of rights*) Beraubung *f* **2** (≈ *state*) Entbehrung *f* **deprive** *v/t* **to ~ sb of sth** jdn einer Sache (*gen*) berauben; (*of a right*) jdm etw vorenthalten; **the team was ~d of the injured Owen** die Mannschaft musste ohne den verletzten Owen auskommen; **she was ~d of sleep** sie litt an Schlafmangel **deprived** *adj person, background, area* benachteiligt; *childhood* arm; **the ~ areas of the city** die Armenviertel der Stadt

dept *abbr of* department Abt.

depth *n* **1** Tiefe *f*; **at a ~ of 3 feet** in 3 Fuß Tiefe; **to be out of one's ~** (*lit, fig*) den Boden unter den Füßen verlieren; **in ~** eingehend; *interview* ausführlich **2** **~(s)** Tiefen *pl*; **in the ~s of despair** in tiefster Verzweiflung; **in the ~s of winter/the forest** im tiefsten Winter/Wald; **in the ~s of the countryside** auf dem flachen Land; **to sink to new ~s** so tief wie nie zuvor sinken

deputize *v/i* vertreten (*for sb* jdn) **deputy** **A** *n* **1** Stellvertreter(in) *m(f)* **2** (*a.* **deputy sheriff**) Hilfssheriff *m* **B** *adj*

attr stellvertretend

derail *v/t* entgleisen lassen; (*fig*) scheitern lassen; **to be ~ed** entgleisen **derailment** *n* Entgleisung *f*

deranged *adj mind* verwirrt; *person* geistesgestört

deregulate *v/t* deregulieren; *buses etc* dem freien Wettbewerb überlassen **deregulation** *n* Deregulierung *f*; (*of buses etc*) Wettbewerbsfreiheit *f* (*of* für)

derelict *adj* verfallen

deride *v/t* verspotten **derision** *n* Spott *m*; **to be greeted with ~** mit Spott aufgenommen werden **derisive** *adj* spöttisch **derisory** *adj* **1** *amount* lächerlich **2** = derisive

derivation *n* Ableitung *f*; CHEM Derivation *f* **derivative** **A** *adj* abgeleitet; (*fig*) nachgeahmt **B** *n* Ableitung *f* **derive** **A** *v/t idea, name, origins* ableiten (*from* von); *profit* ziehen (*from* aus); *satisfaction* gewinnen (*from* aus) **B** *v/i* **to ~ from** sich ableiten von; (*power, fortune*) beruhen auf (+*dat*); (*ideas*) stammen von

dermatitis *n* Hautentzündung *f* **dermatologist** *n* Hautarzt *m*, Hautärztin *f* **dermatology** *n* Dermatologie *f*

derogatory *adj* abfällig

descend **A** *v/i* **1** (*person*) hinuntergehen; (*lift, vehicle*) hinunterfahren; (*road*) hinunterführen; (*hill*) abfallen **2** (≈ *have as ancestor*) abstammen (*from* von) **3** (≈ *attack*) herfallen (*on, upon* über +*acc*); (*sadness etc*) befallen (*on, upon sb* jdn); (*silence*) sich senken (*on, upon* über +*acc*) **4** (*infml* ≈ *visit*) **to ~ (up)on sb** jdn überfallen (*infml*); **thousands of fans are expected to ~ on the city** man erwartet, dass Tausende von Fans die Stadt überlaufen **5** **to ~ into chaos** in Chaos versinken **B** *v/t* **1** *stairs* hinuntergehen **2** **to be ~ed from** abstammen von **descendant** *n* Nachkomme *m* **descent** *n* **1** (*of person*) Hinuntergehen *nt*; (*from mountain, of plane*) Abstieg *m*; **~ by parachute** Fallschirmabsprung *m* **2** (≈ *ancestry*) Abstammung *f*; **of noble ~** von adliger Abstammung **3** (*fig, into crime etc*) Absinken *nt* (*into* in +*acc*); (*into chaos, madness*) Versinken *nt* (*into* in +*acc*)

descramble *v/t* TEL entschlüsseln

describe *v/t* beschreiben; **~ him for us** beschreiben Sie ihn uns (*dat*); **to ~ oneself/sb as ...** sich/jdn als ... bezeichnen; **the police ~ him as dangerous** die Polizei bezeichnet ihn als gefährlich; **he is ~d as being tall with short fair hair** er wird als groß mit kurzen blonden Haaren beschrieben

description n **1** Beschreibung f; **she gave a detailed ~ of what had happened** sie beschrieb ausführlich, was vorgefallen war; **to answer (to)** or **fit the ~ of ...** der Beschreibung als ... entsprechen; **do you know anyone of this ~?** kennen Sie jemanden, auf den diese Beschreibung zutrifft? **2** (≈ sort) Art f; **vehicles of every ~** or **of all ~s** Fahrzeuge aller Art **descriptive** adj beschreibend; account anschaulich

desecrate v/t schänden **desecration** n Schändung f

desegregation n Aufhebung f der Rassentrennung (of in +dat), Desegregation f **desensitize** v/t MED desensibilisieren; **to become ~d to sth** (fig) einer Sache (dat) gegenüber abstumpfen

desert[1] **A** n Wüste f **B** adj attr Wüsten-
desert[2] **A** v/t (≈ leave) verlassen; (≈ abandon) im Stich lassen; **by the time the police arrived the place was ~ed** als die Polizei eintraf, war niemand mehr da; **in winter the place is ~ed** im Winter ist der Ort verlassen **B** v/i (MIL, fig) desertieren **deserted** adj (≈ abandoned) verlassen; place unbewohnt; street menschenleer **deserter** n (MIL, fig) Deserteur(in) m(f) **desertion** n (≈ act) Verlassen nt; MIL Desertion f; (fig) Fahnenflucht f

desert island n einsame Insel

deserve v/t verdienen; **he ~s to win** er verdient den Sieg; **he ~s to be punished** er verdient es, bestraft zu werden; **she ~s better** sie hat etwas Besseres verdient **deservedly** adv verdientermaßen; **and ~ so** und das zu Recht **deserving** adj verdienstvoll; winner verdient

desiccated adj getrocknet

design **A** n **1** (of building, picture, dress etc) Entwurf m; (of car, machine) Konstruktion f; **it was a good/faulty ~** es war gut/schlecht konstruiert **2** no pl (as subject) Design nt **3** (≈ pattern) Muster nt **4** (≈ intention) Absicht f; **by ~** absichtlich; **to have ~s on sb/sth** es auf jdn/etw abgesehen haben **B** v/t **1** (≈ draw) entwerfen; machine konstruieren; **a well ~ed machine** eine gut durchkonstruierte Maschine **2** **to be ~ed for sb/sth** für jdn/etw be-

stimmt sein; **this magazine is ~ed to appeal to young people** diese Zeitschrift soll junge Leute ansprechen

designate v/t **1** (≈ appoint) ernennen; **to ~ sb as sth** jdn zu etw ernennen **2** (≈ specify) bestimmen; **smoking is permitted in ~d areas** Rauchen ist in den dafür bestimmten Bereichen erlaubt; **to be the ~d driver** als Fahrer bestimmt sein

designer **A** n **1** Designer(in) **2** (≈ fashion designer) Modeschöpfer(in) m(f) **3** (of machines etc) Konstrukteur(in) m(f) **B** adj attr Designer-; **~ clothes** Designerkleider pl; **~ stubble** Dreitagebart m **design fault** n Designfehler m

desirability n Wünschbarkeit f **desirable** adj **1** wünschenswert; action erwünscht; goal erstrebenswert **2** position, offer reizvoll **3** woman begehrenswert **desire** **A** n Wunsch m (for nach); (≈ longing) Sehnsucht f (for nach); (sexual) Verlangen nt (for nach); **a ~ for peace** ein Verlangen nt nach Frieden; **heart's ~** Herzenswunsch m; **I have no ~ to see him** ich habe kein Verlangen, ihn zu sehen; **I have no ~ to cause you any trouble** ich möchte Ihnen keine Unannehmlichkeiten bereiten **B** v/t wünschen; object sich (dat) wünschen; woman begehren; peace verlangen nach; **if ~d** auf Wunsch; **to have the ~d effect** die gewünschte Wirkung haben; **it leaves much** or **a lot to be ~d** das lässt viel zu wünschen übrig; **it leaves something to be ~d** es lässt zu wünschen übrig

desk n Schreibtisch m; (for pupils) Pult nt; (in shop) Kasse f, Kassa f (Aus); (in hotel) Empfang m **desk calendar** n (US) Tischkalender m **desk clerk** n (US) Empfangschef m, Empfangsdame f **desk job** n Bürojob m **desk lamp** n Schreibtischlampe f **desktop computer** n Desktopcomputer m **desktop publishing** n Desktop-Publishing nt

desolate adj trostlos; place verwüstet; feeling, cry verzweifelt **desolation** n **1** (by war) Verwüstung f **2** (of landscape ≈ grief) Trostlosigkeit f

despair **A** n Verzweiflung f (about, at über +acc); **he was filled with ~** Verzweiflung überkam ihn; **to be in ~** verzweifelt sein **B** v/i verzweifeln; **to ~ of doing sth** alle Hoffnung aufgeben, etw zu tun **despairing** adj, **despairingly** adv verzweifelt

despatch v/t, n (esp Br) = dispatch

desperate adj **1** verzweifelt; criminal zum Äußersten entschlossen; solution extrem; **to get** or **grow ~** verzweifeln; **things are ~** die Lage ist extrem; **the ~ plight of the refugees** die schreckliche Not der Flüchtlinge; **to be ~ to do sth** etw unbedingt tun wollen; **to be ~ for sth** etw unbedingt brauchen; **are you going out with Jim? you must be ~!** (infml hum) du gehst mit Jim aus? dir muss es ja wirklich schlecht gehen!; **I'm not that ~!** so schlimm ist es auch wieder nicht! **2** need, shortage dringend; **to be in ~ need of sth** etw dringend brauchen; **a building in ~ need of repair** ein Gebäude, das dringend repariert werden muss **desperately** adv **1** fight, look for, try verzweifelt **2** need dringend; want unbedingt **3** important, sad äußerst; **~ ill** schwer krank; **to be ~ worried (about sth)** sich (dat) (über etw acc) schreckliche Sorgen machen; **I'm not ~ worried** ich mache mir keine allzu großen Sorgen; **to be ~ keen to do sth** etw unbedingt tun wollen; **I'm not ~ keen on …** ich bin nicht besonders scharf auf (acc) …; **~ unhappy** todunglücklich; **to try ~ hard to do sth** verzweifelt versuchen, etw zu tun **desperation** n Verzweiflung f

despicable adj verabscheuungswürdig; person verachtenswert **despicably** adv (+vb) abscheulich

despise v/t verachten; **to ~ oneself (for sth)** sich selbst (wegen etw) verachten

despite prep trotz (+gen); **~ his warnings** seinen Warnungen zum Trotz; **~ what she says** trotz allem, was sie sagt

despondent adj niedergeschlagen

despot n Despot(in) m(f)

dessert n Nachtisch m; **for ~** zum Nachtisch **dessertspoon** n Dessertlöffel m

destabilization n Destabilisierung f **destabilize** v/t destabilisieren

destination n (of person) Reiseziel nt; (of goods) Bestimmungsort m **destine** v/t (≈ set apart, predestine) bestimmen; **to be ~d to do sth** dazu bestimmt sein, etw zu tun; **we were ~d to meet** das Schicksal hat es so gewollt, dass wir uns begegnen; **I was ~d never to see them again** ich sollte sie nie (mehr) wiedersehen **destined** adj **~ for** unterwegs nach; goods für **destiny** n Schicksal nt; **to control one's own ~** sein Schicksal selbst in die Hand nehmen

destitute adj mittellos

destroy v/t zerstören; watch etc kaputt machen; documents, trace, person vernichten; animal einschläfern; hopes, chances zunichtemachen; **to be ~ed by fire** durch Brand vernichtet werden **destroyer** n NAUT Zerstörer m

destruction n **1** (≈ destroying) Zerstörung f; (of people, documents) Vernichtung f **2** (≈ damage) Verwüstung f **destructive** adj destruktiv; power, nature zerstörerisch **destructiveness** n Destruktivität f; (of fire, war) zerstörende Wirkung; (of weapon) Zerstörungskraft f

detach v/t rope, cart loslösen; section of form abtrennen; part of machine, hood abnehmen (from von) **detachable** adj part of machine, collar abnehmbar; section of document abtrennbar (from von) **detached** adj **1** manner distanziert **2** (Br) **~ house** Einzelhaus nt

detail n Detail nt; (particular) Einzelheit f; **in ~** im Detail; **in great ~, please send me further ~s** bitte schicken Sie mir nähere Einzelheiten; **to go into ~s** ins Detail gehen; **his attention to ~** seine Aufmerksamkeit für das Detail **detailed** adj ausführlich; analysis eingehend; knowledge, work, results, picture detailliert

detain v/t (police) in Haft nehmen; **to be ~ed** (≈ be arrested) verhaftet werden; (≈ be in detention) sich in Haft befinden; **to ~ sb for questioning** jdn zur Vernehmung festhalten

detect v/t entdecken; (≈ make out) ausfindig machen; crime aufdecken; movement, noise wahrnehmen **detection** n **1** (of crime, fault) Entdeckung f; **to avoid** or **escape ~** nicht entdeckt werden **2** (of gases, mines) Aufspürung f **detective** n Detektiv(in) m(f); (≈ police detective) Kriminalbeamte(r) m/-beamtin f **detective agency** n Detektivbüro nt **detective constable** n (Br) Kriminalbeamte(r) m/-beamtin f **detective inspector** n Kriminalinspektor(in) m(f) **detective sergeant** n Kriminalmeister(in) m(f) **detective story** n Kriminalgeschichte f, Krimi m (infml) **detective work** n kriminalistische Arbeit **detector** n TECH Detektor m

detention n (≈ captivity) Haft f; (≈ act)

Festnahme f; SCHOOL Nachsitzen nt; **he's in ~** SCHOOL er sitzt nach **detention centre**, (US) **detention center** n Jugendstrafanstalt f

deter v/t (≈ prevent) abhalten; (≈ discourage) abschrecken; **to ~ sb from sth** jdn von etw abhalten; **to ~ sb from doing sth** jdn davon abhalten, etw zu tun

detergent n Reinigungsmittel nt; (≈ soap powder etc) Waschmittel nt

deteriorate v/i sich verschlechtern; (materials) verderben; (profits) zurückgehen **deterioration** n Verschlechterung f; (of materials) Verderben nt

determinate adj number, direction bestimmt; concept festgelegt **determination** n Entschlossenheit f; **he has great ~** er ist ein Mensch von großer Entschlusskraft **determine** v/t bestimmen; conditions, price festlegen

determined adj entschlossen; **to make a ~ effort** or **attempt to do sth** sein Möglichstes tun, um etw zu tun; **he is ~ that ...** er hat (fest) beschlossen, dass ...; **to be ~ to do sth** fest entschlossen sein, etw zu tun; **he's ~ to make me lose my temper** er legt es darauf an, dass ich wütend werde

deterrent A n Abschreckungsmittel nt; **to be a ~** abschrecken B adj abschreckend

detest v/t hassen; **I ~ having to get up early** ich hasse es, früh aufstehen zu müssen **detestable** adj widerwärtig, abscheulich

detonate A v/i (fuse) zünden; (bomb) detonieren B v/t zur Explosion bringen **detonator** n Zündkapsel f

detour n **1** Umweg m; **to make a ~** einen Umweg machen **2** (for traffic) Umleitung f

detox n (infml) Entzug m (infml) **detoxification** n Entgiftung f

detract v/i **to ~ from sth** einer Sache (dat) Abbruch tun

detriment n Schaden m; **to the ~ of sth** zum Schaden von etw **detrimental** adj schädlich; (to case, cause) abträglich (to dat); **to be ~ to sb/sth** jdm/einer Sache (dat) schaden

deuce n TENNIS Einstand m

Deutschmark n HIST D-Mark f

devaluation n Abwertung f **devalue** v/t abwerten

devastate v/t **1** town, land verwüsten; economy zugrunde richten **2** (infml ≈ overwhelm) umhauen (infml); **I was ~d** das hat mich umgehauen (infml); **they were ~d by the news** die Nachricht hat sie tief erschüttert **devastating** adj **1** (≈ destructive) verheerend; **to be ~ to** or **for sth, to have a ~ effect on sth** verheerende Folgen für etw haben **2** (fig) effect schrecklich; news niederschmetternd; attack, performance unschlagbar; defeat, blow vernichtend; **a ~ loss** ein vernichtender Verlust; **to be ~ for sb** jdn niederschmettern **devastation** n Verwüstung f

develop A v/t **1** entwickeln **2** region, ground erschließen; old part of a town sanieren; cold sich (dat) zuziehen B v/i sich entwickeln; (talent, plot etc) sich entfalten; **to ~ into sth** sich zu etw entwickeln **developer** n **1** = property developer **2** **late ~** Spätentwickler(in) m(f) **developing** adj crisis aufkommend; economy sich entwickelnd; **the ~ world** die Entwicklungsländer pl **developing country** n Entwicklungsland nt

development n **1** Entwicklung f; **to await (further) ~s** neue Entwicklungen abwarten **2** (of area, new town) Erschließung f; (of old part of town) Sanierung f; **industrial ~** Gewerbegebiet nt; **office ~** Bürokomplex m; **we live in a new ~** wir leben in einer neuen Siedlung **developmental** adj Entwicklungs-; **~ aid** or **assistance** POL Entwicklungshilfe f; **~ stage** Entwicklungsphase f **development grant** n Entwicklungsförderung f

deviate v/i abweichen (from von) **deviation** n Abweichung f

device n **1** Gerät nt; **(explosive) ~** Sprengkörper m **2** **to leave sb to his own ~s** jdn sich (dat) selbst überlassen

devil n **1** Teufel m; (≈ object) Plage f; **you little ~!** du kleiner Satansbraten!; **go on, be a ~** los, nur zu, riskier's! (infml) **2** (infml) **I had a ~ of a job getting here** es war verdammt schwierig, hierherzukommen (infml); **who the ~ ...?** wer zum Teufel ...? **3** **to be between the Devil and the deep blue sea** sich in einer Zwickmühle befinden; **go to the ~!** (infml) scher dich zum Teufel! (infml); **speak of the ~!** wenn man vom Teufel spricht!; **better the ~ you know (than the ~ you don't)** (prov) von zwei Übeln wählt man besser das, was man schon kennt **devilish** *adj* teuflisch **devil's advocate** *n* **to play ~** den Advocatus Diaboli spielen

devious *adj person* verschlagen; *means* hinterhältig; *plan, game, attempt* trickreich; **by ~ means** auf die krumme Tour (*infml*); **to have a ~ mind** ganz schön schlau sein **deviously** *adv* (+*vb*) mit List und Tücke **deviousness** *n* Verschlagenheit *f*

devise *v/t scheme, style* sich (*dat*) ausdenken; *means* finden; *plan* schmieden; *strategy* ausarbeiten

devoid *adj* **~ of** ohne

devolution *n* (*of power*) Übertragung *f* (*from ... to* von ... auf +*acc*); POL Dezentralisierung *f* **devolve** *v/t* übertragen; (**on, upon** auf +*acc*) **a ~d government** eine dezentralisierte Regierung

devote *v/t* widmen (*to dat*); *one's energies* konzentrieren (*to* auf +*acc*); *building* verwenden (*to* für) **devoted** *adj wife, father* liebend; *servant, fan* treu; *admirer* eifrig; **to be ~ to sb** jdn innig lieben; (*servant, fan*) jdm treu ergeben sein; **to be ~ to one's family** in seiner Familie völlig aufgehen **devotedly** *adv* hingebungsvoll; *serve, follow* treu; *support* eifrig **devotion** *n* (*to friend, wife etc*) Ergebenheit *f* (*to* gegenüber); (*to work*) Hingabe *f* (*to* an +*acc*); **~ to duty** Pflichteifer *m*

devour *v/t* verschlingen

devout *adj person, Muslim* fromm; *Marxist, follower* überzeugt **devoutly** *adv* (REL, +*adj*) tief; (+*vb*) fromm

dew *n* Tau *m*

dexterity *n* Geschick *nt*

DfEE (*Br*) *abbr of* Department for Education and Employment Ministerium *nt* für Bildung und Arbeit

diabesity *n* Diabetes *m* wegen Fettleibigkeit **diabetes** *n* Diabetes *m* **diabetic** **A** *adj* **1** zuckerkrank **2** *chocolate, drugs* für Diabetiker **B** *n* Diabetiker(in) *m(f)*

diabolic, diabolical *adj* (*infml*) entsetzlich; **diabolical weather** Sauwetter *nt* (*infml*)

diagnose *v/t* diagnostizieren **diagnosis** *n, pl* diagnoses Diagnose *f*; **to make a ~** eine Diagnose stellen **diagnostic** *adj* diagnostisch **diagnostics** *n sg or pl* Diagnose *f*

diagonal **A** *adj* diagonal **B** *n* Diagonale *f* **diagonally** *adv* diagonal; (≈ *crossways*)

schräg; **he crossed the street ~** er ging schräg über die Straße; **~ opposite sb/ sth** jdm/einer Sache (*dat*) schräg gegenüber

diagram *n* Diagramm *nt*; (≈ *chart*) grafische Darstellung; **as shown in the ~** wie das Diagramm/die grafische Darstellung zeigt

dial **A** *n* (*of clock*) Zifferblatt *nt*; (*of gauge*) Skala *f*; TEL Nummernscheibe *f*; (*on radio etc*) Einstellskala *f* **B** *v/t & v/i* TEL wählen; **to ~ direct** durchwählen; **you can ~ London direct** man kann nach London durchwählen; **to ~ 999** den Notruf wählen

dialect **A** *n* Dialekt *m*; (*local, rural also*) Mundart *f*; **the country people spoke in ~** die Landbevölkerung sprach Dialekt **B** *attr* Dialekt-

dialling code *n* (*Br* TEL) Vorwahl (-nummer) *f* **dialling tone** *n* (*Br* TEL) Amtszeichen *nt*

dialogue, (*US*) **dialog** *n* Dialog *m*; **~ box** IT Dialogfeld *nt*

dial tone *n* (*US* TEL) Amtszeichen *nt* **dial--up** *adj attr* IT Wähl-; **~ link** Wählverbindung *f*; **~ modem** (Wähl)modem *nt*

dialysis *n* Dialyse *f*

diameter *n* Durchmesser *m*; **to be one foot in ~** einen Durchmesser von einem Fuß haben

diamond *n* **1** Diamant *m* **2** **diamonds** *pl* CARDS Karo *nt*; **the seven of ~s** die Karosieben; **~ bracelet** Diamantarmband *nt* **diamond jubilee** *n* 60-jähriges Jubiläum **diamond-shaped** *adj* rautenförmig **diamond wedding** *n* diamantene Hochzeit

diaper *n* (*US*) Windel *f*

diaphragm *n* ANAT, PHYS Diaphragma *nt*; PHOT Blende *f*; (≈ *contraceptive*) Pessar *nt*

diarrhoea, (*US*) **diarrhea** *n* Durchfall *m*

diary *n* (*of personal experience*) Tagebuch *nt*; (*for noting dates*) (Termin)kalender *m*; **to keep a ~** Tagebuch führen; **desk/pocket ~** Schreibtisch-/Taschenkalender *m*; **I've got it in my ~** es steht in meinem (Termin)kalender

dice **A** *n, pl* - Würfel *m*; **to roll the ~** würfeln **B** *v/t* COOK in Würfel schneiden

dick *n* (*sl* ≈ *penis*) Schwanz *m* (*sl*) **dickhead** *n* (*pej infml*) Idiot *m* (*infml*)

dicky bow *n* (*Br* ≈ *bow tie*) Fliege *f*

dictate *v/t & v/i* diktieren ◊**dictate to** *v/i* +*prep obj* diktieren (+*dat*); **I won't be dic-**

D

tated to ich lasse mir keine Vorschriften machen

dictation n Diktat nt

dictator n Diktator(in) m(f) **dictatorial** adj, **dictatorially** adv diktatorisch **dictatorship** n (POL, fig) Diktatur f

diction n (≈ way of speaking) Diktion f

dictionary n Wörterbuch nt

did pret of do

didactic adj didaktisch

didn't = did not; → do

die **A** v/i **1** (lit) sterben; **to ~ of** or **from hunger/pneumonia** vor Hunger/an Lungenentzündung sterben; **he ~d from his injuries** er erlag seinen Verletzungen; **he ~d a hero** er starb als Held; **to be dying** im Sterben liegen; **never say ~!** nur nicht aufgeben!; **to ~ laughing** (infml) sich totlachen (infml); **I'd rather ~!** (infml) lieber würde ich sterben! **2** (fig infml) **to be dying to do sth** darauf brennen, etw zu tun; **I'm dying to know what happened** ich bin schrecklich gespannt zu hören, was passiert ist; **I'm dying for a cigarette** ich brauche jetzt unbedingt eine Zigarette; **I'm dying of thirst** ich verdurste fast; **I'm dying for him to visit** ich kann seinen Besuch kaum noch abwarten **B** v/t **to ~ a hero's/a violent death** den Heldentod/eines gewaltsamen Todes sterben ◊**die away** v/i (sound) schwächer werden; (wind) sich legen ◊**die down** v/i nachlassen; (fire) herunterbrennen; (noise) schwächer werden ◊**die off** v/i (hin)wegsterben ◊**die out** v/i aussterben

die-hard adj zäh; (pej) reaktionär

diesel n Diesel m **diesel oil** n Dieselöl nt

diet **A** n Nahrung f; (≈ special diet) Diät f; (≈ slimming diet) Schlankheitskur f; **to put sb on a ~** jdm eine Schlankheitskur verordnen; **to be/go on a ~** eine Schlankheitskur machen **B** v/i eine Schlankheitskur machen **dietician** n Diätist(in) m(f)

differ v/i **1** (≈ be different) sich unterscheiden (from von) **2** **to ~ with sb over sth** über etw (acc) anderer Meinung sein als jd **difference** n **1** Unterschied m (in, between zwischen +dat); **that makes a big ~ to me** das ist für mich ein großer Unterschied; **to make a ~ to sth** einen Unterschied bei etw machen; **that makes a big** or **a lot of ~, that makes all the ~** das ändert die Sache völlig; **what ~ does it make if …?** was macht es schon, wenn

…?; **it makes no ~, it doesn't make any ~** es ist egal; **it makes no ~ to me** das ist mir egal; **for all the ~ it makes** obwohl es ja eigentlich egal ist; **I can't tell the ~** ich kann keinen Unterschied erkennen; **a job with a ~** (infml) ein Job, der mal was anderes ist **2** (between amounts) Differenz f **3** (≈ quarrel) Auseinandersetzung f; **a ~ of opinion** eine Meinungsverschiedenheit; **to settle one's ~s** die Differenzen beilegen

different **A** adj andere(r, s), anders pred (from, to als); **two people, things** (≈ various) verschieden; **completely ~** völlig verschieden; (≈ changed) völlig verändert; **that's ~!** das ist was anderes!; **in what way are they ~?** wie unterscheiden sie sich?; **to feel (like) a ~ person** ein ganz anderer Mensch sein; **to do something ~** etwas anderes tun; **that's quite a ~ matter** das ist etwas völlig anderes; **he wants to be ~** er will unbedingt anders sein **B** adv anders; **he doesn't know any ~** (with behaviour) er weiß es nicht besser **differential** n Unterschied m (between zwischen) **differentiate** v/t & v/i unterscheiden **differently** adv anders (from als); (from one another) unterschiedlich

difficult adj schwer; person, situation, book schwierig; **the ~ thing is that …** die Schwierigkeit liegt darin, dass …; **it was a ~ decision to make** es war eine schwere Entscheidung; **it was ~ for him to leave her** es fiel ihm schwer, sie zu verlassen; **it's ~ for youngsters** or **youngsters find it ~ to get a job** junge Leute haben Schwierigkeiten, eine Stelle zu finden; **he's ~ to get on with** es ist schwer, mit ihm auszukommen; **to make it ~ for sb** es jdm nicht leicht machen; **to have a ~ time (doing sth)** Schwierigkeiten haben(, etw zu tun); **to put sb in a ~ position** jdn in eine schwierige Lage bringen; **to be ~ (about sth)** (wegen etw) Schwierigkeiten machen

difficulty n Schwierigkeit f; **with/without ~** mit/ohne Schwierigkeiten; **he had ~ (in) setting up in business** es fiel ihm nicht leicht, sich selbstständig zu machen; **she had great ~ (in) breathing** sie konnte kaum atmen; **in ~** or **difficulties** in Schwierigkeiten; **to get into difficulties** in Schwierigkeiten geraten

D

diffident *adj* zurückhaltend, bescheiden; *smile* zaghaft
diffuse *v/t tension* abbauen
dig *vb: pret, past part* **dug** **A** *v/t* **1** graben; *garden* umgraben; *grave* ausheben **2** (≈ *poke, thrust*) bohren (*sth into sth* etw in etw *acc*); **to ~ sb in the ribs** jdn in die Rippen stoßen **B** *v/i* graben; TECH schürfen; **to ~ for minerals** Erz schürfen **C** *n* (*Br*) Stoß *m*; **to give sb a ~ in the ribs** jdm einen Rippenstoß geben ◊**dig around** *v/i* (*infml*) herumsuchen ◊**dig in** **A** *v/i* (*infml ≈ eat*) reinhauen (*infml*) **B** *v/t sep* **to dig one's heels in** (*fig*) sich auf die Hinterbeine stellen (*infml*) ◊**dig into** *v/i +prep obj* **to dig (deep) into one's pockets** (*fig*) tief in die Tasche greifen ◊**dig out** *v/t sep* ausgraben (*of aus*) ◊**dig up** *v/t sep* ausgraben; *earth* aufwühlen; *garden* umgraben; **where did you dig her up?** (*infml*) wo hast du die denn aufgegabelt? (*infml*)
digest *v/t & v/i* verdauen **digestible** *adj* verdaulich **digestion** *n* Verdauung *f* **digestive** **A** *adj* Verdauungs- **B** *n* **1** (*US ≈ aperitif*) Aperitif *m* **2** (*Br, a.* **digestive biscuit**) Keks aus Roggenmehl **digestive system** *n* Verdauungssystem *nt*
digger *n* (TECH ≈ *excavator*) Bagger *m*
digicam *n* IT Digitalkamera *f*
digit *n* **1** (≈ *finger*) Finger *m* **2** (≈ *toe*) Zehe *f* **3** MAT Ziffer *f*; **a four-~ number** eine vierstellige Zahl
digital *adj* Digital-; **~ display** Digitalanzeige *f*; **~ technology** Digitaltechnik *f* **digital audio tape** *n* DAT-Band *nt* **digital camera** *n* Digitalkamera *f* **digitally** *adv* digital; **~ remastered** digital aufbereitet; **~ recorded** im Digitalverfahren aufgenommen **digital media** *pl* digitale Medien *pl* **digital media streamer** *n* IT, TV Mediastreamer *m* **digital projector** *n* Beamer *m* **digital radio** *n* digitales Radio **digital receiver** *n* TV Digitalempfänger *m*, Digitalreceiver *m* **digital recording** *n* Digitalaufnahme *f* **digital television**, **digital TV** *n* digitales Fernsehen **digital (video) recorder** *n* Festplattenrekorder *m*, digitaler Videorekorder
digitize *v/t* IT digitalisieren
dignified *adj person* (ehr)würdig; *manner, face* würdevoll **dignitary** *n* Würdenträger(in) *m(f)* **dignity** *n* Würde *f*; **to die**

with ~ in Würde sterben; **to lose one's ~** sich blamieren
digress *v/i* abschweifen
dike *n* = dyke
dilapidated *adj* verfallen
dilate *v/i* (*pupils*) sich erweitern
dildo *n* Dildo *m*
dilemma *n* Dilemma *nt*; **to be in a ~** sich in einem Dilemma befinden; **to place sb in a ~** jdn in ein Dilemma bringen (*infml*)
diligence *n* Fleiß *m* **diligent** *adj person* fleißig; *search, work* sorgfältig **diligently** *adv* fleißig; (≈ *carefully*) sorgfältig
dill *n* Dill *m* **dill pickle** *n* saure Gurke (mit Dill eingelegt)
dilute **A** *v/t* verdünnen; **~ to taste** nach Geschmack verdünnen **B** *adj* verdünnt
dim **A** *adj* (+*er*) **1** *light* schwach; *room* dunkel; **the room grew ~** im Zimmer wurde es dunkel **2** (≈ *vague*) undeutlich; *memory* dunkel; **I have a ~ recollection of it** ich erinnere mich nur (noch) dunkel daran **3** (*infml ≈ stupid*) beschränkt (*infml*) **B** *v/t light* dämpfen; **to ~ the lights** THEAT das Licht langsam ausgehen lassen **C** *v/i* (*light*) schwach werden
dime *n* (*US*) Zehncentstück *nt*
dimension *n* Dimension *f*; (≈ *measurement*) Maß *nt* **-dimensional** *adj suf* -dimensional
diminish **A** *v/t* verringern **B** *v/i* sich verringern; **to ~ in size** kleiner werden; **to ~ in value** im Wert sinken
diminutive **A** *adj* winzig, klein; GRAM diminutiv **B** *n* GRAM Verkleinerungsform *f*
dimly *adv* **1** *shine* schwach **2** (≈ *vaguely*) undeutlich; *see* verschwommen; **I was ~ aware that …** es war mir undeutlich bewusst, dass … **dimmer** *n* ELEC Dimmer *m*; **~s** *pl* (*US* AUTO) Abblendlicht *nt*; (≈ *sidelights*) Begrenzungsleuchten *pl* **dimmer switch** *n* Dimmer *m* **dimness** *n* **1** (*of light*) Schwäche *f*; **the ~ of the room** das Halbdunkel im Zimmer **2** (*of shape*) Undeutlichkeit *f*
dimple *n* (*on cheek, chin*) Grübchen *nt*
din *n* **1** Lärm *m*; **an infernal ~** ein Höllenlärm *m*
dine *v/i* speisen (*on etw*); **they ~d on caviare every night** sie aßen jeden Abend Kaviar **diner** *n* **1** (≈ *person*) Speisende(r) *m/f(m)*; (*in restaurant*) Gast *m* **2** (≈ *café etc*) Esslokal *nt*
dinghy *n* Dingi *nt*; (*collapsible*) Schlauch-

boot *nt*

dinginess *n* Unansehnlichkeit *f* **dingy** *adj* (+er) düster

dining car *n* Speisewagen *m* **dining hall** *n* Speisesaal *m*

dining room *n* Esszimmer *nt*; (*in hotel*) Speiseraum *m* **dining table** *n* Esstisch *m*

dinky *adj* **1** (*Br infml* ≈ *cute*) schnuckelig (*infml*) **2** (*US infml* ≈ *small*) winzig

dinner *n* (≈ *evening meal*) Abendessen *nt*, Nachtmahl *nt* (*Aus*); Nachtessen *nt* (*Swiss*); (*formal*) Essen *nt*; (≈ *lunch*) Mittagessen *nt*; **to be eating** *or* **having one's ~** zu Abend/Mittag essen; **we're having people to ~** wir haben Gäste zum Essen; **~'s ready** das Essen ist fertig; **to finish one's ~** zu Ende essen; **to go out to ~** (*in restaurant*) auswärts essen (gehen)

dinner-dance *n* Abendessen mit Tanz **dinner jacket** *n* Smokingjacke *f* **dinner money** *n* (*Br* SCHOOL) Essensgeld *nt* **dinner party** *n* Abendgesellschaft *f* (mit Essen); **to have** *or* **give a small ~** ein kleines Essen geben **dinner plate** *n* Tafelteller *m* **dinner service** *n* Tafelservice *nt* **dinner table** *n* Tafel *f* **dinnertime** *n* Essenszeit *f*

dinosaur *n* Dinosaurier *m*

diocese *n* Diözese *f*

diode *n* Diode *f*

dioxide *n* Dioxid *nt*

Dip *abbr of* **diploma**

dip **A** *v/t* **1** (in(to)) in +*acc*) (*into liquid*) tauchen; *bread* (ein)tunken; **to ~ sth in flour/egg** etw in Mehl/Ei wälzen **2** (*into bag*) *hand* stecken **3** (*Br* AUTO) *headlights* abblenden; **~ped headlights** Abblendlicht *nt* **B** *v/i* (*ground*) sich senken; (*temperature, prices*) fallen **C** *n* **1** **to go for a** *or* **to have a ~** kurz mal schwimmen gehen **2** (≈ *hollow*) Bodensenke *f*; (≈ *slope*) Abfall *m* **3** (*in prices etc*) Fallen *nt* **4** COOK Dip *m* ◊**dip into** *v/i* +*prep obj* **1** (*fig*) **to ~ one's pocket** tief in die Tasche greifen; **to ~ one's savings** an seine Ersparnisse gehen **2** *book* einen kurzen Blick werfen in (+*acc*)

diphtheria *n* Diphtherie *f*

diphthong *n* Diphthong *m*

diploma *n* Diplom *nt*

diplomacy *n* Diplomatie *f*; **to use ~** diplomatisch vorgehen **diplomat** *n* Diplomat(in) *m(f)* **diplomatic** *adj* diplomatisch **diplomatic bag** *n* (*Br*) Diploma-

tenpost *f* **diplomatic immunity** *n* Immunität *f* **diplomatic pouch** *n* (*US*) Diplomatenpost *f* **diplomatic service** *n* diplomatischer Dienst

dipper *n* (*US* ASTRON) **the Big** *or* **Great/Little Dipper** der Große/Kleine Wagen *or* Bär **dippy** *adj* (*infml*) meschugge (*infml*) **dip rod** *n* (*US*) = **dipstick dipstick** *n* Ölmessstab *m*

DIP switch *n* IT DIP-Schalter *m*

dip switch *n* AUTO Abblendschalter *m*

dire *adj* **1** *consequences* verheerend; *warning, prediction, threat* unheilvoll; *effects* katastrophal; *situation* miserabel; **in ~ poverty** in äußerster Armut; **to be in ~ need of sth** etw dringend brauchen; **to be in ~ straits** in einer ernsten Notlage sein **2** (*infml* ≈ *awful*) mies (*infml*)

direct **A** *adj* direkt; *responsibility, cause* unmittelbar; *train* durchgehend; *opposite* genau; **to be a ~ descendant of sb** ein direkter Nachkomme von jdm sein; **to pay by ~ debit** (*Br*) *or* **deposit** (*US*) per Einzugsauftrag bezahlen; **avoid ~ sunlight** direkte Sonneneinstrahlung meiden; **to take a ~ hit** einen Volltreffer einstecken **B** *v/t* **1** *remark, letter* richten (*to* an +*acc*); *efforts, look* richten (*towards* auf +*acc*); *anger* auslassen (*towards* an +*acc*); **the violence was ~ed against the police** die Gewalttätigkeiten richteten sich gegen die Polizei; **to ~ sb's attention to sb/sth** jds Aufmerksamkeit auf jdn/etw lenken; **can you ~ me to the town hall?** können Sie mir den Weg zum Rathaus sagen? **2** *business* leiten; *traffic* regeln **3** (≈ *order*) anweisen (*sb to do sth* jdn, etw zu tun) **4** *film, play* Regie führen bei; *radio/TV programme* leiten **C** *adv* direkt **direct access** *n* IT Direktzugriff *m* **direct action** *n* direkte Aktion; **to take ~** direkt handeln **direct current** *n* ELEC Gleichstrom *m* **direct flight** *n* Direktflug *m*

direction *n* **1** Richtung *f*; **in the wrong/right ~** in die falsche/richtige Richtung; **in the ~ of Hamburg/the hotel** in Richtung Hamburg/des Hotels; **a sense of ~** (*lit*) Orientierungssinn *m* **2** (*of company etc*) Leitung *f* **3** (*of film, play*) Regie *f*; (*of radio/TV programme*) Leitung *f* **4** **directions** (≈ *instructions*) Anweisungen *pl*; (*to a place*) Angaben *pl*; (*for use*) (Gebrauchs)anweisung *f* **directive** *n* Direktive *f* **directly** *adv* direkt; (≈ *at once*) sofort;

D

(≈ *shortly*) gleich; **he is ~ descended from X** er stammt in direkter Linie von X ab; **~ responsible** unmittelbar verantwortlich

direct object n GRAM direktes Objekt

director n Direktor(in) *m(f)*; FILM, THEAT Regisseur(in) *m(f)* **director's chair** n FILM Regiestuhl m **director's cut** n FILM vom Regisseur geschnittene Fassung

directory n **1** Adressbuch nt; (≈ *telephone directory*) Telefonbuch nt; (≈ *trade directory*) Branchenverzeichnis nt; **~ inquiries** (*Br*) or **assistance** (*US*) (TEL) (Fernsprech)auskunft f **2** IT Directory nt

dirt n Schmutz m; (≈ *soil*) Erde f; (≈ *excrement*) Dreck m; **to be covered in ~** völlig verschmutzt sein; **to treat sb like ~** jdn wie (den letzten) Dreck behandeln (*infml*)

dirt-cheap adj, adv (*infml*) spottbillig (*infml*) **dirt track** n Feldweg m; SPORTS Aschenbahn f

dirty **A** adj (+er) schmutzig; *player* unfair; *book, film, word* unanständig; **to get sth ~** etw schmutzig machen; **to do the ~ deed** (*Br usu hum*) die Übeltat vollbringen; **a ~ mind** eine schmutzige Fantasie; **~ old man** (*pej, hum*) alter Lustmolch (*infml*); **to give sb a ~ look** (*infml*) jdm einen giftigen Blick zuwerfen (*infml*) **B** v/t beschmutzen **dirty bomb** n (MIL *sl*) schmutzige Bombe **dirty trick** n gemeiner Trick **dirty weekend** n (*hum infml*) Liebeswochenende nt **dirty work** n **to do sb's ~** (*fig*) sich (*dat*) für jdn die Finger schmutzig machen

disability n Behinderung f **disable** v/t **1** *person* zum/zur Behinderten machen **2** *gun* unbrauchbar machen **disabled** **A** adj behindert; **severely/partially ~** schwer/leicht behindert; **physically ~** körperbehindert; **mentally ~** geistig behindert; **~ toilet** Behindertentoilette f **B** pl **the ~** die Behinderten pl

disadvantage n Nachteil m; **to be at a ~** im Nachteil sein; **to put sb at a ~** jdn benachteiligen **disadvantaged** adj benachteiligt **disadvantageous** adj, **disadvantageously** adv nachteilig

disaffected adj entfremdet; **to become ~** sich entfremden

disagree v/i **1** (*with person, views*) nicht übereinstimmen; (*with suggestion etc*) nicht einverstanden sein; (*two people*) sich (*dat*) nicht einig sein **2** (≈ *quarrel*) eine Meinungsverschiedenheit haben **3** (*climate,*

food) **to ~ with sb** jdm nicht bekommen; **garlic ~s with me** ich vertrage keinen Knoblauch **disagreeable** adj unangenehm; *person* unsympathisch **disagreement** n **1** (*with opinion, between opinions*) Uneinigkeit f **2** (≈ *quarrel*) Meinungsverschiedenheit f

disallow v/t nicht anerkennen

disappear v/i verschwinden; **he ~ed from sight** er verschwand; **to ~ into thin air** sich in Luft auflösen **disappearance** n Verschwinden nt

disappoint v/t enttäuschen **disappointed** adj enttäuscht; **she was ~ to learn that ...** sie war enttäuscht, als sie erfuhr, dass ...; **to be ~ that ...** enttäuscht (darüber) sein, dass ...; **to be ~ in or with or by sb/sth** von jdm/etw enttäuscht sein **disappointing** adj enttäuschend; **how ~!** so eine Enttäuschung! **disappointment** n Enttäuschung f

disapproval n Missbilligung f **disapprove** v/i dagegen sein; **to ~ of sb** jdn ablehnen; **to ~ of sth** etw missbilligen **disapproving** adj, **disapprovingly** adv missbilligend

disarm **A** v/t entwaffnen **B** v/i MIL abrüsten **disarmament** n Abrüstung f

disarray n Unordnung f; **to be in ~** (*thoughts, organization*) durcheinander sein

disassemble v/t auseinandernehmen

disassociate v/t = dissociate

disaster n Katastrophe f; (≈ *fiasco*) Fiasko nt **disaster area** n Katastrophengebiet nt **disaster movie** n Katastrophenfilm m **disastrous** adj katastrophal; **to be ~ for sb/sth** katastrophale Folgen für jdn/ etw haben **disastrously** adv katastrophal; **it all went ~ wrong** es was eine Katastrophe

disband **A** v/t auflösen **B** v/i (*army, club*) sich auflösen

disbelief n Ungläubigkeit f; **in ~** ungläubig **disbelieve** v/t nicht glauben

disc, (*esp US*) **disk** n **1** Scheibe f; ANAT Bandscheibe f **2** (≈ *record*, IT) Platte f; (≈ *CD*) CD f

discard v/t ausrangieren; *idea, plan* verwerfen

discerning adj *clientele, reader* anspruchsvoll, kritisch; *eye, ear* fein

discharge **A** v/t **1** *prisoner, patient* entlassen; **he ~d himself (from hospital)** er hat das Krankenhaus auf eigene Verantwortung verlassen **2** (≈ *emit*, ELEC) entladen; *liquid, gas* ausstoßen; **the factory was discharging toxic gas into the atmosphere** aus der Fabrik strömten giftige Gase in die Atmosphäre; **to ~ effluents into a river** Abwässer in einen Fluss einleiten **B** *n* **1** (*of soldier*) Abschied *m* **2** ELEC Entladung *f*; (*of gas*) Ausströmen *nt*; (*of liquid*) Ausfluss *m*; (*of pus*) Absonderung *f*

disciple *n* (*lit*) Jünger *m*; (*fig*) Schüler(in) *m(f)*

disciplinary *adj* Disziplinar-; *matters* disziplinarisch; **~ proceedings** or **procedures** Disziplinarverfahren *nt* **discipline A** *n* Disziplin *f*; **to maintain ~** die Disziplin aufrechterhalten **B** *v/t* disziplinieren **disciplined** *adj* diszipliniert

disc jockey *n* Diskjockey *m*

disclaimer *n* Dementi *nt*; **to issue a ~** eine Gegenerklärung abgeben

disclose *v/t secret* enthüllen; *news, identity* bekannt geben; *income* angeben **disclosure** *n* **1** (*of secret*) Enthüllung *f*; (*of news, identity*) Bekanntgabe *f* **2** (≈ *fact etc revealed*) Mitteilung *f*

disco *n* Disco *f*

discolour, (*US*) **discolor A** *v/t* verfärben **B** *v/i* sich verfärben **discoloured**, (*US*) **discolored** *adj* verfärbt

discomfort *n* (*lit*) Beschwerden *pl*; (*fig* ≈ *uneasiness*) Unbehagen *nt*

disconcert *v/t* beunruhigen **disconcerting** *adj* beunruhigend

disconnect *v/t pipe etc* trennen; *TV, iron* ausschalten; *gas, electricity* abstellen

discontent *n* Unzufriedenheit *f* **discontented** *adj*, **discontentedly** *adv* unzufrieden

discontinue *v/t* aufgeben; *conversation, treatment, project* abbrechen; *use* beenden; COMM *line* auslaufen lassen; *production* einstellen; **a ~d line** COMM eine ausgelaufene Serie

discord *n* Uneinigkeit *f*

discotheque *n* Diskothek *f*

discount *n* Rabatt *m*; (*for cash*) Skonto *nt or m*; **to give a ~ on sth** Rabatt auf etw (*acc*) geben; **to give sb a 5% ~** jdm 5% Rabatt/Skonto geben; **at a ~** auf Rabatt/ Skonto **discount rate** *n* FIN Diskontsatz *m* **discount store** *n* Discountgeschäft *nt*

discourage *v/t* **1** (≈ *dishearten*) entmuti-

gen **2 to ~ sb from doing sth** jdm abraten, etw zu tun; (*successfully*) jdn davon abbringen, etw zu tun **3** (≈ *deter*) abhalten; *advances, speculation* zu verhindern suchen; *smoking* unterbinden **discouraging** *adj*, **discouragingly** *adv* entmutigend

discover *v/t* entdecken; *culprit* finden; *secret, truth* herausfinden; *cause* feststellen; *mistake* bemerken

discovery *n* Entdeckung *f*

discredit A *v/t* (≈ *cast slur/doubt on*) diskreditieren **B** *n no pl* Misskredit *m* **discredited** *adj* diskreditiert

discreet *adj* diskret; *tie* dezent; **at a ~ distance** in einer diskreten Entfernung; **to maintain a ~ presence** eine unauffällige Präsenz aufrechterhalten; **to be ~ about sth** etw diskret behandeln **discreetly** *adv* diskret; *dressed, decorated* dezent

discrepancy *n* Diskrepanz *f* (*between* zwischen +*dat*)

discretion *n* **1** Diskretion *f* **2** (≈ *freedom of decision*) Ermessen *nt*; **to leave sth to sb's ~** etw in jds Ermessen (*acc*) stellen; **use your own ~** Sie müssen nach eigenem Ermessen handeln

discriminate *v/i* **1** unterscheiden (*between* zwischen +*dat*) **2** (≈ *make unfair distinction*) Unterschiede machen (*between* zwischen +*dat*); **to ~ in favour** (*Br*) or **favor** (*US*) **of/against sb** jdn bevorzugen/benachteiligen ◊**discriminate against** *v/i* +*prep obj* diskriminieren; **they were discriminated against** sie wurden diskriminiert

discriminating *adj person* anspruchsvoll; *eye* kritisch **discrimination** *n* **1** Diskriminierung *f*; **racial ~** Rassendiskriminierung *f*; **sex(ual) ~** Diskriminierung *f* aufgrund des Geschlechts **2** (≈ *differentiation*) Unterscheidung *f* (*between* zwischen +*dat*) **discriminatory** *adj* diskriminierend

discus *n* Diskus *m*; **in the ~** SPORTS im Diskuswerfen

discuss *v/t* besprechen; *politics, theory* diskutieren

discussion *n* Diskussion *f* (*of, about* über +*acc*); (≈ *meeting*) Besprechung *f*; **after much** or **a lot of ~** nach langen Diskussionen; **to be under ~** zur Diskussion stehen; **that is still under ~** das ist noch in der

Diskussion; **open to ~** zur Diskussion gestellt; **a subject for ~** ein Diskussionsthema *nt*; **to come up for ~** zur Diskussion gestellt werden
disdain ◪ *v/t* verachten ◪ *n* Verachtung *f* **disdainful** *adj*, **disdainfully** *adv* herablassend; *look* verächtlich
disease *n* Krankheit *f* **diseased** *adj* krank; *tissue* befallen
disembark *v/i* von Bord gehen **disembarkation** *n* Landung *f*
disenfranchise *v/t person* die bürgerlichen Ehrenrechte aberkennen (+*dat*)
disengage *v/t* ◪ lösen (*from* aus) ◪ **to ~ the clutch** AUTO auskuppeln
disentangle *v/t* entwirren; **to ~ oneself (from sth)** (*lit*) sich (aus etw) lösen; (*fig*) sich (von etw) lösen
disfavour, (*US*) **disfavor** *n* (≈ *displeasure*) Ungnade *f*; (≈ *dislike*) Missfallen *nt*; **to fall into ~ (with)** in Ungnade fallen (bei)
disfigure *v/t* verunstalten; *landscape* verschandeln
disgrace ◪ *n* Schande *f* (*to* für); (*person*) Schandfleck *m* (*to* +*gen*); **you're a complete ~!** mit dir kann man sich wirklich nur blamieren!; **the cost of rented accommodation is a ~** es ist eine Schande, wie teuer Mietwohnungen sind; **in ~** mit Schimpf und Schande; **to bring ~ (up)on sb** jdm Schande machen; **to be in ~** in Ungnade (gefallen) sein (*with* bei) ◪ *v/t* Schande machen (+*dat*); *family* Schande bringen über (+*acc*); **to ~ oneself** sich blamieren **disgraceful** *adj* erbärmlich (schlecht); *behaviour, scenes* skandalös; **it's quite ~ how ...** es ist wirklich eine Schande, wie ... **disgracefully** *adv* schändlich
disgruntled *adj* verstimmt
disguise ◪ *v/t* unkenntlich machen; *voice* verstellen; *dislike* verbergen; *taste* kaschieren; *facts* verschleiern; **to ~ oneself/sb as** sich/jdn verkleiden als ◪ *n* (*lit*) Verkleidung *f*; **in ~** verkleidet
disgust ◪ *n* Ekel *m*; (*at sb's behaviour*) Empörung *f*; **in ~** voller Ekel/Empörung; **much to his ~ they left** sehr zu seiner Empörung gingen sie ◪ *v/t* (*person, sight*) anekeln; (*actions*) empören **disgusted** *adj* angeekelt; (*at sb's behaviour*) empört; **to be ~ with sb** empört über jdn sein; **to be ~ with sth** angewidert von etw sein; **I was ~ with myself** ich war mir

selbst zuwider **disgusting** *adj* ◪ *behaviour* widerlich; (≈ *nauseating*) ekelhaft ◪ *book, film* anstößig; (≈ *obscene*) obszön; **don't be ~** sei nicht so ordinär ◪ (≈ *disgraceful*) unerhört **disgustingly** *adv* ekelhaft
dish *n* ◪ Schale *f*; (*for serving*) Schüssel *f* ◪ **dishes** *pl* (≈ *crockery*) Geschirr *nt*; **to do the ~es** abwaschen ◪ (≈ *food*) Gericht *nt*; **pasta ~s** Nudelgerichte *pl* ◪ (*a.* **dish aerial** (*Brit*) *or* **antenna** (*US*)) Parabolantenne *f*, Schüssel *f* (*infml*) ◊**dish out** *v/t sep* (*infml*) austeilen ◊**dish up** ◪ *v/t sep* (*lit*) auf dem Teller anrichten ◪ *v/i* anrichten
disharmony *n* Disharmonie *f*
dishcloth *n* (*for drying*) Geschirrtuch *nt*; (*for washing*) Spültuch *nt*
dishearten *v/t* entmutigen **disheartening** *adj*, **dishearteningly** *adv* entmutigend
dishevelled, (*US*) **disheveled** *adj hair* zerzaust; *person* ungepflegt
dishonest *adj* unehrlich; (≈ *lying*) verlogen; *scheme* unlauter **dishonestly** *adv* ◪ unehrlich; *pretend, claim* unehrlicherweise ◪ (≈ *deceitfully*) betrügerisch; (≈ *with intent to deceive*) in betrügerischer Absicht **dishonesty** *n* Unehrlichkeit *f*; (≈ *lying*) Verlogenheit *f*; (*of scheme*) Unlauterkeit *f*
dishonour, (*US*) **dishonor** ◪ *n* Schande *f*; **to bring ~ (up)on sb** Schande über jdn bringen ◪ *v/t* schänden; *family* Schande machen (+*dat*) **dishonourable**, (*US*) **dishonorable** *adj*, **dishonourably**, (*US*) **dishonorably** *adv* unehrenhaft
dishtowel *n* (*US, Scot*) Geschirrtuch *nt*
dishwasher *n* (≈ *machine*) (Geschirr)spülmaschine *f* **dishwasher-proof** *adj* spülmaschinenfest **dishwater** *n* Spülwasser *nt*
dishy *adj* (+*er*) (*infml*) *woman, man* toll (*infml*)
disillusion *v/t* desillusionieren
disincentive *n* Entmutigung *f*
disinclination *n* Abneigung *f* **disinclined** *adj* abgeneigt
disinfect *v/t* desinfizieren **disinfectant** *n* Desinfektionsmittel *nt*
disinherit *v/t* enterben
disintegrate *v/i* zerfallen; (*rock*) auseinanderbröckeln; (*group*) sich auflösen; (*marriage, society*) zusammenbrechen **disintegration** *n* Zerfall *m*; (*of rock*) Ausei-

nanderbröckeln nt; (of group) Auflösung f; (of marriage, society) Zusammenbruch m
disinterest n Desinteresse nt (in an +dat)
disinterested adj desinteressiert
disjointed adj unzusammenhängend
disk n IT Platte f; (≈ floppy disk) Diskette f; **on ~** auf Platte/Diskette **disk drive** n Diskettenlaufwerk nt; (≈ hard disk drive) Festplattenlaufwerk nt **diskette** n Diskette f **disk operating system** n Betriebssystem nt **disk space** n Speicherkapazität f
dislike ◼A v/t nicht mögen; **to ~ doing sth** etw ungern tun; **I ~ him/it intensely** ich mag ihn/es überhaupt nicht; **I don't ~ it** ich habe nichts dagegen ◼B n Abneigung f (of gegen); **to take a ~ to sb/sth** eine Abneigung gegen jdn/etw entwickeln
dislocate v/t MED verrenken; **to ~ one's shoulder** sich (dat) den Arm auskugeln
dislodge v/t obstruction lösen; (mit Stock etc) herausstochern
disloyal adj illoyal; **to be ~ to sb** jdm gegenüber nicht loyal sein **disloyalty** n Illoyalität f (to gegenüber)
dismal adj place, prospect, weather trostlos; performance miserabel **dismally** adv fail kläglich
dismantle v/t auseinandernehmen; scaffolding abbauen
dismay ◼A n Bestürzung f; **in ~** bestürzt ◼B v/t bestürzen
dismember v/t zerstückeln
dismiss v/t ◼1 (from job, presence) entlassen; assembly auflösen; **~!** wegtreten!; **"class ~ed"** „ihr dürft gehen" ◼2 speculation, claims abtun; **to ~ sth from one's mind** etw verwerfen ◼3 JUR appeal abweisen **dismissal** n ◼1 Entlassung f ◼2 JUR Abweisung f **dismissive** adj remark wegwerfend; gesture abweisend **dismissively** adv abweisend
dismount v/i absteigen
disobedience n Ungehorsam m (to gegenüber) **disobedient** adj ungehorsam **disobey** v/t nicht gehorchen (+dat); law übertreten
disorder n ◼1 Durcheinander nt; **in ~** durcheinander ◼2 (POL ≈ rioting) Unruhen pl ◼3 MED Funktionsstörung f; **eating ~** Störung f des Essverhaltens **disorderly** adj ◼1 (≈ untidy) unordentlich; queue ungeordnet ◼2 (≈ unruly) person wild; crowd un-

diszipliniert; conduct ungehörig
disorganized adj systemlos; life, person chaotisch; **he is completely ~** bei ihm geht alles drunter und drüber
disorient, disorientate v/t verwirren
disown v/t verleugnen
disparaging adj, **disparagingly** adv geringschätzig
dispatch ◼A v/t letter, goods etc senden; person, troops etc (ent)senden ◼B n (≈ report) Depesche f **dispatch note** n (with goods) Begleitschein m **dispatch rider** n Melder(in) m(f)
dispel v/t doubts, fears zerstreuen; myth zerstören
dispensable adj entbehrlich **dispense** v/t verteilen (to an +acc); (machine) ausgeben; **to ~ justice** Recht sprechen ◊**dispense with** v/i +prep obj verzichten auf (+acc)
dispenser n (≈ container) Spender m; (≈ slot machine) Automat m **dispensing** adj **~ chemist** Apotheker(in) m(f)
dispersal n Verstreuen nt; (of crowd) Auflösung f **disperse** ◼A v/t verstreuen; BOT seed verteilen; crowd auflösen; (fig) knowledge etc verbreiten ◼B v/i sich auflösen
dispirited adj entmutigt
displace v/t verschieben; people vertreiben **displaced person** n Vertriebene(r) m/f(m) **displacement** n Verschiebung f; (of people) Vertreibung f; (≈ replacement) Ablösung f
display ◼A v/t ◼1 (≈ show) object zeigen; feelings zur Schau stellen; power demonstrieren; notice aushängen; (on screen) anzeigen ◼2 goods ausstellen ◼B n ◼1 (of object) Zeigen nt; (of feelings) Zurschaustellung f; (of power) Demonstration f; **to make a great ~ of sth** etw groß zur Schau stellen; **to make a great ~ of doing sth** etw betont auffällig tun; **to be/go on ~** ausgestellt sein/werden; **these are only for ~** die sind nur zur Ansicht ◼2 (≈ of paintings etc) Ausstellung f; (≈ dancing display etc) Vorführung f; (≈ military display) Schau f; **firework ~** (öffentliches) Feuerwerk ◼3 COMM Auslage f **display cabinet** n Schaukasten m **display case** n Vitrine f **display unit** n IT Bildschirmgerät nt
displease v/t missfallen (+dat) **displeasure** n Missfallen nt (at über +acc)
disposable adj Wegwerf-; **~ razor** Wegwerfrasierer m; **~ nappy** (Br) Wegwerfwin-

D

del f; **~ needle** Einwegnadel f; **~ contact lenses** Kontaktlinsen pl zum Wegwerfen **disposal** n **1** Loswerden nt; (of litter, body) Beseitigung f **2** **the means at sb's ~** die jdm zur Verfügung stehenden Mittel; **to put sth at sb's ~** jdm etw zur Verfügung stellen; **to be at sb's ~** jdm zur Verfügung stehen ◊**dispose of** v/i +prep obj loswerden; litter, body beseitigen; (≈ kill) eliminieren **disposed** adj (form) **to be ~ to do sth** (≈ prepared) bereit sein, etw zu tun; (≈ inclined) etw tun wollen; **to be well ~ to (-wards) sth** einer Sache (dat) wohlwollend gegenüberstehen **disposition** n Veranlagung f; **her cheerful ~** ihre fröhliche Art **dispossess** v/t enteignen **disproportionate** adj **to be ~ (to sth)** in keinem Verhältnis (zu etw) stehen; **a ~ amount of money** ein unverhältnismäßig hoher Geldbetrag **disproportionately** adv (+adj) unverhältnismäßig; **~ large numbers of ...** unverhältnismäßig viele ... **disprove** v/t widerlegen **dispute** **A** v/t **1** statement bestreiten; claim, will anfechten **2** subject sich streiten über (+acc); **the issue was hotly ~d** das Thema wurde hitzig diskutiert **3** (≈ contest) kämpfen um; (territory beanspruchen **B** n **1** no pl (≈ controversy) Disput m; **to be beyond ~** außer Frage stehen; **there is some ~ about which horse won** es ist umstritten, welches Pferd gewonnen hat **2** (≈ quarrel) Streit m **3** IND Auseinandersetzung f **disqualification** n Ausschluss m; SPORTS Disqualifikation f; **~ (from driving)** Führerscheinentzug m **disqualify** v/t untauglich machen (from für); SPORTS etc disqualifizieren; **to ~ sb from driving** jdm den Führerschein entziehen **disquiet** **A** v/t beunruhigen **B** n Unruhe f **disregard** **A** v/t ignorieren **B** n Missachtung f (for gen); **to show complete ~ for sth** etw völlig außer Acht lassen **disrepair** n Baufälligkeit f; **in a state of ~** baufällig; **to fall into ~** verfallen **disreputable** adj person, hotel, bar verrufen; conduct unehrenhaft **disrepute** n schlechter Ruf; **to bring sth into ~** etw in Verruf bringen

disrespect n Respektlosigkeit f (for gegenüber); **to show ~ for sth** keinen Respekt vor etw (dat) haben **disrespectful** adj, **disrespectfully** adv respektlos **disrupt** v/t stören **disruption** n Störung f **disruptive** adj störend; effect zerstörerisch **dissatisfaction** n Unzufriedenheit f **dissatisfactory** adj unbefriedigend (to für) **dissatisfied** adj unzufrieden **dissect** v/t animal sezieren; (fig) report, theory also zergliedern **dissent** n Nichtübereinstimmung f **dissenting** adj attr abweichend **dissertation** n wissenschaftliche Arbeit; (for PhD) Dissertation f **disservice** n **to do oneself/sb a ~** sich/jdm einen schlechten Dienst erweisen **dissident** **A** n Dissident(in) m(f) **B** adj dissident **dissimilar** adj unterschiedlich (to von); **two things** verschieden; **not ~ (to sb/sth)** (jdm/einer Sache) nicht ungleich or nicht unähnlich **dissipate** v/t (≈ dispel) fog auflösen; heat ableiten; doubts, fears zerstreuen; tension lösen **dissociate** v/t trennen (from von); **to ~ oneself from sb/sth** sich von jdm/etw distanzieren **dissolute** adj person, way of life zügellos **dissolve** **A** v/t auflösen **B** v/i sich (auf)lösen; **it ~s in water** es ist wasserlöslich, es löst sich in Wasser **dissuade** v/t **to ~ sb from doing sth** jdn davon abbringen, etw zu tun **distance** **A** n Entfernung f; (≈ gap) Abstand m; (≈ distance covered) Strecke f; **at a ~ of two feet** in zwei Fuß Entfernung; **the ~ between the railway lines** der Abstand zwischen den Eisenbahnschienen; **what's the ~ between London and Glasgow?** wie weit ist es von London nach Glasgow?; **in the ~** in der Ferne; **to gaze into the ~** in die Ferne starren; **he admired her from a ~** (fig) er bewunderte sie aus der Ferne; **it's within walking ~** es ist zu Fuß erreichbar; **a short ~ away** ganz in der Nähe; **it's quite a ~ (away)** es ist ziemlich weit (entfernt); **the race is over a ~ of 3 miles** das Rennen geht über eine Distanz von 3 Meilen; **to keep one's ~** Abstand halten **B** v/t **to ~ oneself/sb from sb/sth** sich/jdn von jdm/etw distanzieren

distant **A** *adj* (*in space, time*) fern; *sound, relative, memory* entfernt; **the ~ mountains** die Berge in der Ferne; **in the not too ~ future** in nicht allzu ferner Zukunft **B** *adv* (*in time, space*) entfernt **distantly** *adv* ~ **related** (**to sb**) entfernt (mit jdm) verwandt

distaste *n* Widerwille *m* (*for* gegen) **distasteful** *adj* unangenehm

distil, (US) **distill** *v/t* CHEM destillieren; *whisky etc* brennen **distillery** *n* Destillerie *f*, Brennerei *f*

distinct *adj* **1** *parts, types* verschieden; **as ~ from** im Unterschied zu **2** (≈ *definite*) deutlich; *flavour* bestimmt; **to have ~ memories of sb/sth** sich deutlich an jdn/etw erinnern; **to get the ~ idea** *or* **impression that ...** den deutlichen Eindruck bekommen, dass ...; **to have the ~ feeling that ...** das bestimmte Gefühl haben, dass ...; **to have a ~ advantage** (**over sb**) (jdm gegenüber) deutlich im Vorteil sein; **there is a ~ possibility that ...** es besteht eindeutig die Möglichkeit, dass ... **distinction** *n* **1** (≈ *difference*) Unterschied *m*; **to make** *or* **draw a ~** (**between two things**) (zwischen zwei Dingen) unterscheiden **2** SCHOOL, UNIV Auszeichnung *f*; **he got a ~ in French** er hat das Französischexamen mit Auszeichnung bestanden **distinctive** *adj* unverwechselbar; *feature, sound* unverkennbar; *voice, dress* (≈ *characteristic*) charakteristisch; (≈ *striking*) auffällig; **~ features** (*of person*) besondere Kennzeichen **distinctly** *adv* **1** (≈ *clearly*) deutlich **2** (≈ *decidedly*) eindeutig; *odd, uneasy* ausgesprochen **distinguish** **A** *v/t* **1** unterscheiden **2** *shape* erkennen **B** *v/i* ~ **between** unterscheiden zwischen **C** *v/r* sich auszeichnen **distinguishable** *adj* unterscheidbar; **to be (barely) ~ from sth** (kaum) von etw zu unterscheiden sein; **to be ~ by sth** an etw (*dat*) erkennbar sein **distinguished** *adj* *guest* angesehen; *scholar, writer* angesehen; *career* glänzend **distinguishing** *adj* kennzeichnend; **he has no ~ features** er hat keine besonderen Kennzeichen

distort *v/t* verzerren; *facts* verdrehen **distorted** *adj* verzerrt; *face* entstellt **distortion** *n* Verzerrung *f*; (*of facts*) Verdrehung *f*

distract *v/t* ablenken; **to ~ sb's attention** jdn ablenken **distracted** *adj* **1** (≈ *preoccupied*) zerstreut **2** (≈ *worried*) beunruhigt **distraction** *n* **1** *no pl* (≈ *lack of attention*) Unaufmerksamkeit *f* **2** (≈ *interruption*) Ablenkung *f* **3** **to drive sb to ~** jdn zur Verzweiflung treiben

distraught *adj* verzweifelt

distress **A** *n* **1** Verzweiflung *f*; (*physical*) Leiden *nt*; (*mental*) Kummer *m* **2** (≈ *danger*) Not *f*; **to be in ~** (*ship*) in Seenot sein; (*plane*) in Not sein; **~ call** Notsignal *nt* **B** *v/t* Kummer machen (+*dat*); **don't ~ yourself** machen Sie sich (*dat*) keine Sorgen! **distressed** *adj* bekümmert; (≈ *grief-stricken*) erschüttert (*about* von) **distressing** *adj* erschreckend **distress signal** *n* Notsignal *nt*

distribute *v/t* verteilen (*to* an +*acc*); COMM *goods* vertreiben (*to, among* an +*acc*) **distribution** *n* (≈ *act*) Verteilung *f*; (≈ *spread*) Verbreitung *f*; (COMM: *of goods*) Vertrieb *m*; **~ network** Vertriebsnetz *nt*; **~ system** Vertriebssystem *nt* **distributor** *n* Verteiler(in) *m(f)*; (COMM ≈ *wholesaler*) Großhändler *m*; (≈ *retailer*) Händler(in) *m(f)*

district *n* (*of country*) Gebiet *nt*; (*of town*) Viertel *nt*; (≈ *geographical area*) Gegend *f*; (≈ *administrative area*) (Verwaltungs)bezirk *m*; **shopping/business ~** Geschäftsviertel *nt* **district attorney** *n* (US) Bezirksstaatsanwalt *m*/-anwältin *f* **district council** *n* (Br) Bezirksregierung *f* **district court** *n* (US JUR) Bezirksgericht *nt*

distrust **A** *v/t* misstrauen (+*dat*) **B** *n* Misstrauen *nt* (*of* gegenüber) **distrustful** *adj* misstrauisch (*of* gegenüber)

disturb **A** *v/t* stören; (≈ *alarm*) beunruhigen; **sorry to ~ you** entschuldigen Sie bitte die Störung; **to ~ the peace** die Ruhe stören **B** *v/i* stören; **"please do not ~"** „bitte nicht stören" **disturbance** *n* **1** (*social*) Unruhe *f*; (*in street*) (Ruhe)störung *f*; **to cause** *or* **create a ~** Unruhe/eine Ruhestörung verursachen **2** (≈ *interruption*) Störung *f* **disturbed** *adj* **1** PSYCH gestört **2** (≈ *worried*) beunruhigt (*about, at, by* über +*acc*) **disturbing** *adj* beunruhigend; **some viewers may find these scenes** einige Zuschauer könnten an diesen Szenen Anstoß nehmen

disunite *v/t* spalten, entzweien **disunity** *n* Uneinigkeit *f*

disuse *n* **to fall into ~** nicht mehr benutzt werden **disused** *adj* building leer stehend; *mine* stillgelegt

ditch **A** *n* Graben *m* **B** *v/t* (*infml*) *person* abhängen (*infml*); *boyfriend* abservieren (*infml*); *plan* baden gehen lassen (*infml*)

dither *v/i* zaudern; **to ~ over sth** mit etw zaudern; **to ~ over how/whether …** schwanken, wie/ob …

ditto *n* **I'd like coffee — ~ (for me)** (*infml*) ich möchte Kaffee — dito *or* ich auch

divan *n* Diwan *m*; **~ bed** Liege *f*

dive *vb: pret* **dived** *or* (*US*) **dove**, *past part* **dived** **A** *n* **1** Sprung *m*; (*by plane*) Sturzflug *m*; **to make a ~ for sth** (*fig infml*) sich auf etw (*acc*) stürzen **2** (*pej infml* ≈ *club etc*) Spelunke *f* (*infml*) **B** *v/i* **1** springen; (*under water*) tauchen; (*submarine*) untertauchen; (*plane*) einen Sturzflug machen; **the goalkeeper ~d for the ball** der Torwart hechtete nach dem Ball **2** (*infml*) **he ~d under the table** er verschwand blitzschnell unter dem Tisch; **to ~ for cover** eilig in Deckung gehen; **he ~d into a taxi** er stürzte (sich) in ein Taxi ◊**dive in** *v/i* **1** (*swimmer*) hineinspringen **2** (*infml* ≈ *start to eat*) **~!** hau(t) rein! (*infml*)

diver *n* Taucher(in) *m(f)*; (*off high board*) Turmspringer(in) *m(f)*; (*off springboard*) Kunstspringer(in) *m(f)*

diverge *v/i* abweichen (*from* von); (*two things*) voneinander abweichen

diverse *adj* **1** (*with singular noun*) gemischt; *range* breit **2** (*with plural noun*) unterschiedlich; *interests* vielfältig **diversification** *n* Abwechslung *f*; (*of business etc*) Diversifikation *f* **diversify** **A** *v/t* abwechslungsreich(er) gestalten; *business etc* diversifizieren **B** *v/i* COMM diversifizieren

diversion *n* **1** (*of traffic, stream*) Umleitung *f* **2** (≈ *relaxation*) Unterhaltung *f* **3** (MIL, *fig*) Ablenkung *f*; **to create a ~** ablenken; **as a ~** um abzulenken

diversity *n* Vielfalt *f*

divert *v/t traffic, stream* umleiten; *attention* ablenken; *blow* abwenden; *investment* umlenken

divide **A** *v/t* **1** (≈ *separate*) trennen **2** (≈ *split into parts*, MAT) teilen (*into* in +*acc*); (*in order to distribute*) aufteilen; **the river ~s the city into two** der Fluss teilt die Stadt; **to ~ 6 into 36, to ~ 36 by 6** 36 durch 6 teilen **3** (≈ *share out*) verteilen **4** (≈ *cause disagreement among*) entzweien

B *v/i* sich teilen; **to ~ into groups** sich in Gruppen aufteilen **C** *n* **the cultural ~** die Kluft zwischen den Kulturen ◊**divide off** **A** *v/i* sich (ab)trennen **B** *v/t sep* (ab)trennen ◊**divide out** *v/t sep* aufteilen (*among* unter +*acc or dat*) ◊**divide up** **A** *v/i* = divide II **B** *v/t sep* = divide I 2, 3

divided *adj* geteilt; *government* zerstritten; **to have ~ loyalties** nicht zu vereinbarende Pflichten haben; **to be ~ on** *or* **over sth** sich in etw (*dat*) nicht einig sein **divided highway** *n* (*US*) ≈ Schnellstraße *f*

dividend *n* FIN Dividende *f*; **to pay ~s** (*fig*) sich bezahlt machen

dividing *adj* (ab)trennend **dividing line** *n* Trennlinie *f*

divine *adj* (REL, *fig infml*) göttlich

diving *n* (*under water*) Tauchen *nt*; (*into water*) Springen *nt*; SPORTS Wasserspringen *nt* **diving board** *n* (Sprung)brett *nt* **diving suit** *n* Taucheranzug *m*

divinity *n* **1** (≈ *divine quality*) Göttlichkeit *f* **2** (≈ *theology*) Theologie *f*

division *n* **1** Teilung *f*; MAT Teilen *nt* **2** (*in administration*) Abteilung *f*; (*in company*) Geschäftsbereich *m* **3** (*fig: between classes etc*) Schranke *f* **4** (*fig* ≈ *discord*) Uneinigkeit *f* **5** SPORTS Liga *f*

divorce **A** *n* JUR Scheidung *f* (*from* von); **he wants a ~** er will sich scheiden lassen; **to get a ~ (from sb)** sich (von jdm) scheiden lassen **B** *v/t* sich scheiden lassen von; **to get ~d** sich scheiden lassen **C** *v/i* sich scheiden lassen

divorced *adj* JUR geschieden (*from* von) **divorcee** *n* Geschiedene(r) *m/f(m)*; **she is a ~** sie ist geschieden

DIY (*Br*) *abbr of* do-it-yourself *n* Heimwerken *nt*; **she was doing some ~** sie machte einige Heimwerkerarbeiten **DIY shop**, **DIY store** *n* Baumarkt *m*

dizziness *n* Schwindel *m* **dizzy** *adj* (+*er*) schwindelig; **I'm (feeling) ~** mir ist schwindelig (*from* von); **~ spell** Schwindelanfall *m*

DJ *abbr of* disc jockey

DNA *abbr of* de(s)oxyribonucleic acid DNS *f* **DNA profiling** *n* genetischer Fingerabdruck **DNA test** *n* Gentest *m*

do *vb: pret* **did**, *past part* **done** **A** *aux vb* **1** (*interrogative, negative*) **do you understand?** verstehen Sie?; **I don't** *or* **do not understand** ich verstehe nicht; **what did**

he say? was hat er gesagt?; **didn't you** or **did you not know?** haben Sie das nicht gewusst?; **don't be silly!** sei nicht albern! **2** (*in question tags*) oder; **you know him, don't you?** Sie kennen ihn (doch), oder?; **you don't know him, do you?** Sie kennen ihn also nicht, oder?; **so you know them, do you?** (*in surprise*) Sie kennen sie also wirklich!; **he does understand, doesn't he?** das versteht er doch, oder? **3** (*substitute for another verb*) **you speak better German than I do** Sie sprechen besser Deutsch als ich; **so do I** ich auch; **neither do I** ich auch nicht; **I don't like cheese but he does** ich mag keinen Käse, aber er schon; **they said he would go and he did** sie sagten, er würde gehen und das tat er (dann) auch **4** (*in tag responses*) **do you see them often? — yes, I do/no, I don't** sehen Sie sie oft? — ja/nein; **you didn't go, did you? — yes, I did** Sie sind nicht gegangen, oder? — doch; **they speak French — oh, do they?** sie sprechen Französisch — ja?, ach, wirklich?; **they speak German — do they really?** sie sprechen Deutsch — wirklich?; **may I come in? — do!** darf ich hereinkommen? — ja, bitte; **shall I open the window? — no, don't!** soll ich das Fenster öffnen? — nein, bitte nicht!; **who broke the window? — I did** wer hat das Fenster eingeschlagen? — ich **5** (*for emphasis*) **DO come!** (*esp Br*) kommen Sie doch (bitte)!; **DO shut up!** (*esp Br*) sei doch (endlich) ruhig!; **it's very expensive, but I DO like it** es ist zwar sehr teuer, aber es gefällt mir nun mal; **so you DO know them!** Sie kennen sie also doch! **B** *v/t* **1** tun, machen; **I've done a stupid thing** ich habe da was Dummes gemacht; **it can't be done** es lässt sich nicht machen; **can you do it by yourself?** schaffst du das allein?; **to do the housework/one's homework** die Hausarbeit/seine Hausaufgaben machen; **could you do this letter please** tippen Sie bitte diesen Brief; **you do the painting and I'll do the papering** du streichst an und ich tapeziere; **to do one's make-up** sich schminken; **to do one's hair** sich frisieren; **to do one's teeth** (*Br*) sich (*dat*) die Zähne putzen; **to do the dishes** spülen; **to do the washing** Wäsche waschen; **to do the ironing** bügeln, glätten (*Swiss*); **he can't do anything about it** er kann

nichts daran ändern; **are you doing anything this evening?** haben Sie heute Abend schon etwas vor?; **we'll have to do something about this** wir müssen da etwas unternehmen; **does that do anything for you?** macht dich das an? (*infml*); **Brecht doesn't do anything for me** Brecht sagt mir nichts; **I've done everything I can** ich habe alles getan, was ich kann; **I've got nothing to do** ich habe nichts zu tun; **I shall do nothing of the sort** ich werde nichts dergleichen tun; **he does nothing but complain** er nörgelt immer nur; **what's to be done?** was ist da zu tun?; **but what can you do?** aber was kann man da machen?; **what do you want me to do (about it)?** und was soll ich da machen?; **well, do what you can** mach, was du kannst; **what have you done to him?** was haben Sie mit ihm gemacht?; **now what have you done!** was hast du jetzt bloß wieder angestellt *or* gemacht?; **what are you doing on Saturday?** was machen Sie am Sonnabend?; **how do you do it?** (*in amazement*) wie machen Sie das bloß?; **what does your father do?** was macht Ihr Vater (beruflich)?; **that's done it** (*infml*) da haben wir die Bescherung! (*infml*); **that does it!** jetzt reichts mir! **2** (≈ *provide*) **what can I do for you?** was kann ich für Sie tun?; **sorry, we don't do lunches** leider keinen Mittagstisch; **we do a wide range of herbal teas** wir führen eine große Auswahl an Kräutertees; **who did the food for your reception?** wer hat bei Ihrem Empfang für das Essen gesorgt? **3** (≈ *beenden, in pret, ptp only*) **the work's done now** die Arbeit ist gemacht *or* fertig; **I haven't done** (*Br*) or **I'm not done telling you what I think of you** mit dir bin ich noch lange nicht fertig; **done!** (≈ *agreed*) abgemacht!; **are you done?** (*infml*) bist du endlich fertig?; **it's all over and done with** (≈ *is finished*) das ist alles erledigt; (≈ *has happened*) das ist alles vorbei **4** (≈ *study*) durchnehmen; **I've never done any German** ich habe nie Deutsch gelernt **5** COOK machen (*infml*); **to do the cooking** kochen; **well done** durch(gebraten); **is the meat done?** ist das Fleisch durch? **6** **to do a play** ein Stück aufführen; **to do a film** einen Film machen **7** (≈ *mimic*) nachmachen **8** (≈ *see sights of*) besuchen

D

9 AUTO *etc* fahren; **this car can do 100** das Auto fährt 100 **10** (≈ *be suitable for, infml*) passen *(sb* jdm*)*; (≈ *be sufficient for*) reichen *(sb* jdm*)*; **that will do me nicely** das reicht allemal **11** *(infml, in prison)* 6 *years etc* sitzen **C** *v/i* **1** (≈ *act*) **do as I do** mach es wie ich; **he did well to take advice** er tat gut daran, sich beraten zu lassen; **he did right** es war richtig von ihm; **he did right/well to go** es war richtig/gut, dass er gegangen ist **2** (≈ *get on, fare*) **how are you doing?** wie gehts (Ihnen)?; **I'm not doing so badly** es geht mir gar nicht so schlecht; **he's doing well at school** er ist gut in der Schule; **his business is doing well** sein Geschäft geht gut; **how do you do?** guten Tag! **3** (≈ *be suitable*) gehen; **that will never do!** das geht nicht!; **this room will do** das Zimmer ist in Ordnung **4** (≈ *be sufficient*) reichen; **will £10 do?** reichen £ 10?; **you'll have to make do with £10** £ 10 müssen Ihnen reichen; **that'll do!** jetzt reichts aber! **D** *n (Br infml* ≈ *event)* Veranstaltung *f*; (≈ *party)* Fete *f (infml)* ◊**do away with** *v/i +prep obj* abschaffen ◊**do for** *v/i +prep obj (infml* ≈ *finish off)* person fertigmachen *(infml)*; *project* zunichtemachen; **to be done for** *(person)* erledigt sein *(infml)*; *(project)* gestorben sein *(infml)* ◊**do in** *v/t sep (infml)* **1** (≈ *kill)* um die Ecke bringen *(infml)* **2 to be** *or* **feel done in** fertig sein *(infml)* ◊**do up** *v/t sep* **1** (≈ *fasten)* zumachen **2** *house* (neu) herrichten ◊**do with** *v/i +prep obj* **1** brauchen; **I could ~ a cup of tea** ich könnte eine Tasse Tee vertragen *(infml)*; **it could ~ a clean** es müsste mal sauber gemacht werden **2 what has that got to ~ it?** was hat das damit zu tun?; **that has** *or* **is nothing to ~ you!** das geht Sie gar nichts an!; **it has something to ~ her being adopted** es hat etwas damit zu tun, dass sie adoptiert wurde; **it has to ~ ...** dabei geht es um ...; **money has a lot to ~ it** Geld spielt eine große Rolle dabei **3 what have you done with my gloves/your hair?** was hast du mit meinen Handschuhen/deinem Haar gemacht?; **he doesn't know what to ~ himself** er weiß nicht, was er mit sich anfangen soll **4 to be done with sb/sth** mit jdm/etw fertig sein ◊**do without** *v/i +prep obj* auskommen ohne; **I can ~ your advice** Sie können sich Ihren Rat

sparen; **I could have done without that!** das hätte mir (wirklich) erspart bleiben können

d.o.b. *abbr of* date of birth

doc *n (infml) abbr of* doctor

docile *adj* sanftmütig

dock¹ *n* Dock *nt*; **~s** *pl* Hafen *m*

dock² *n* JUR Anklagebank *f*; **to stand in the ~** auf der Anklagebank sitzen

dock³ *v/t wages* kürzen; *points* abziehen; **to ~ £100 off sb's wages** jds Lohn um £ 100 kürzen

dockland *n* Hafenviertel *nt* **dockyard** *n* Werft *f*

doctor *n* **1** MED Arzt *m*, Ärztin *f*; **the ~'s** (≈ *surgery)* der Arzt; **to go to the ~** zum Arzt gehen; **to send for the ~** den Arzt holen; **he is a ~** er ist Arzt; **a woman ~** eine Ärztin; **to be under ~'s orders** in ärztlicher Behandlung sein; **it's just what the ~ ordered** *(fig infml)* das ist genau das Richtige **2** UNIV *etc* Doktor *m*; **to get one's ~'s degree** promovieren, seinen Doktor machen; **Dear Doctor Smith** Sehr geehrter Herr Dr./Sehr geehrte Frau Dr. Smith **doctorate** *n* Doktorwürde *f*; **he's still doing his ~** er sitzt immer noch an seiner Doktorarbeit

doctrine *n* Doktrin *f*, Lehre *f*

docudrama *n* Dokudrama *nt*

document A *n* Dokument *nt* **B** *v/t* dokumentieren; *case* beurkunden **documentary A** *adj* dokumentarisch **B** *n* (FILM, TV) Dokumentarfilm *m* **documentation** *n* Dokumentation *f*

docusoap *n* TV Dokusoap *f*

doddle *n (Br infml)* **it was a ~** es war ein Kinderspiel

dodge A *v/t* ausweichen *(+dat)*; *military service* sich drücken vor *(+dat)* **B** *v/i* ausweichen; **to ~ out of the way** zur Seite springen; **to ~ behind a tree** hinter einen Baum springen **dodgem®** *n* (Auto)skooter *m*

dodgy *adj (Br infml)* **1** *person, business* zwielichtig; *area* zweifelhaft; *plan* unsicher; *situation* verzwickt *(infml)*; **there's something ~ about him** er ist nicht ganz koscher *(infml)*; **he's on ~ ground** er befindet sich auf unsicherem Boden **2** *back, heart* schwach; *part* defekt

doe *n (roe deer)* Reh *nt*; *(red deer)* Hirschkuh *f*

does *3rd person sg of* do **doesn't** *con-*

traction = does not

dog **A** _n_ **1** Hund _m_ **2** _(fig)_ it's ~ eat ~ es ist ein Kampf aller gegen alle; **to work like a ~** _(infml)_ wie ein Pferd arbeiten _(infml)_ **B** _v/t_ verfolgen; **~ged by controversy** von Kontroversen verfolgt **dog biscuit** _n_ Hundekuchen _m_ **dog collar** _n_ _(lit)_ Hundehalsband _nt_; _(vicar's)_ Kollar _nt_ **dog-eared** _adj_ mit Eselsohren **dog food** _n_ Hundefutter _nt_

dogged _adj_ zäh; _determination, resistance, pursuit_ hartnäckig **doggedly** _adv_ beharrlich

doggie, doggy _n_ _(infml)_ Hündchen _nt_ **dog licence,** _(US)_ **dog license** _n_ Hundemarke _f_

dogma _n_ Dogma _nt_ **dogmatic** _adj_ dogmatisch; **to be very ~ about sth** in etw _(dat)_ sehr dogmatisch sein

do-gooder _n_ _(pej)_ Weltverbesserer _m_, Weltverbesserin _f_

dogsbody _n_ _(Br)_ **she's/he's the general ~** sie/er ist (das) Mädchen für alles **dog show** _n_ Hundeausstellung _f_ **dog-tired** _adj_ hundemüde

doily _n_ (Zier)deckchen _nt_

doing _n_ **1** Tun _nt_; **this is your ~** das ist dein Werk; **it was none of my ~** ich hatte nichts damit zu tun; **that takes some ~** da gehört (schon) etwas dazu **2** **doings** _pl_ _(infml)_ Taten _pl_ **do-it-yourself** _adj, n_ = DIY

doldrums _pl_ **to be in the ~** _(people)_ Trübsal blasen; _(business etc)_ in einer Flaute stecken

dole _n_ _(Br infml)_ Arbeitslosenunterstützung _f_, Alu _f_ _(infml)_; **to go/be on the ~** stempeln (gehen) ◊**dole out** _v/t sep_ austeilen

dole money _n_ _(Br infml)_ Arbeitslosenunterstützung _f_

doll _n_ Puppe _f_

dollar _n_ Dollar _m_ **dollar bill** _n_ Dollarnote _f_ **dollar sign** _n_ Dollarzeichen _nt_

dollop _n_ _(infml)_ Schlag _m_ _(infml)_

doll's house, _(US)_ **doll house** _n_ Puppenhaus _nt_ **dolly** _n_ _(infml)_ Püppchen _nt_

dolomite _n_ Dolomit _m_; **the Dolomites** die Dolomiten _pl_

dolphin _n_ Delfin _m_

domain _n_ _(fig)_ Domäne _f_; IT Domain _nt_ **domain name** _n_ IT Domainname _m_

dome _n_ ARCH Kuppel _f_

domestic _adj_ **1** häuslich; **~ quarrel** Ehe-

krach _m_; **~ appliances** Haushaltsgeräte _pl_; **for ~ use** für den Hausgebrauch **2** _esp_ POL, COMM inländisch; _issues_ innenpolitisch; **~ trade** Binnenhandel _m_ **domesticated** _adj_ domestiziert; _person_ häuslich **domestic economy** _n_ POL Binnenwirtschaft _f_ **domestic flight** _n_ Inlandflug _m_ **domestic market** _n_ POL, COMM Binnenmarkt _m_ **domestic policy, domestic politics** _n_ Innenpolitik _f_ **domestic servant** _n_ Hausangestellte(r) _m/f(m)_ **domestic violence** _n_ Gewalt _f_ in der Familie

dominance _n_ Vorherrschaft _f_ _(over über +acc)_ **dominant** _adj_ dominierend; _gene_ dominant; **to be ~** _or_ **the ~ force in sth** etw dominieren **dominate** _v/t & v/i_ dominieren **domination** _n_ (Vor)herrschaft _f_ **domineering** _adj_ herrisch

Dominican Republic _n_ Dominikanische Republik

dominion _n_ **1** _no pl_ Herrschaft _f_ _(over über +acc)_ **2** _(≈ territory)_ Herrschaftsgebiet _nt_

domino _n_, _pl_ -es Domino(stein) _m_; **a game of ~es** ein Dominospiel _nt_

don _n_ _(Br UNIV)_ Universitätsdozent(in) _besonders in Oxford und Cambridge_

donate _v/t & v/i_ spenden **donation** _n_ _(≈ act)_ Spenden _nt_; _(≈ gift)_ Spende _f_; **to make a ~ of £10,000** £ 10.000 spenden

done **A** _past part_ of do **B** _adj_ **1** _work_ erledigt; _vegetables_ gar; _meat_ durch; _cake_ durchgebacken; **to get sth ~** etw fertig kriegen; **is it ~ yet?** ist es schon erledigt?; _(infml)_ **the butter is (all) ~** die Butter ist alle **2** **it's not the ~ thing** das tut man nicht

donkey _n_ Esel _m_ **donkey's years** _pl_ _(infml)_ **she's been here for ~** _(infml)_ sie ist schon eine Ewigkeit hier **donkey-work** _n_ Routinearbeit _f_, Dreckarbeit _f_ _(infml)_

donor _n_ Spender(in) _m(f)_ **donor card** _n_ Organspenderausweis _m_

don't _contraction_ = do not

donut _n_ _(esp US)_ = doughnut

doodah, doodad _(US)_ _n_ _(infml)_ Dingsda _nt_ _(infml)_

doodle **A** _v/i_ Männchen malen **B** _v/t_ kritzeln **C** _n_ Gekritzel _nt_

doom **A** _n_ **1** _(≈ fate)_ Schicksal _nt_ **2** _(≈ ruin)_ Verhängnis _nt_; **it's not all gloom and ~** so schlimm ist es ja alles gar nicht **B**

v/t verdammen; **to be ~ed** verloren sein; **~ed to failure** zum Scheitern verurteilt **doomsday** *n* der Jüngste Tag

door *n* **1** Tür *f*; (≈ entrance: to cinema etc) Eingang *m*; **there's someone at the ~** da ist jemand an der Tür; **was that the ~?** hat es geklingelt/geklopft?; **to answer the ~** die Tür aufmachen; **to see sb to the ~** jdn zur Tür bringen; **to pay at the ~** an der (Abend)kasse zahlen; **three ~s away** drei Häuser weiter **2** (phrases) **by** *or* **through the back ~** durch ein Hintertürchen; **to have a foot** *or* **toe in the ~** mit einem Fuß drin sein; **to be at death's ~** an der Schwelle des Todes stehen (elev); **to show sb the ~** jdm die Tür weisen; **to shut** *or* **slam the ~ in sb's face** jdm die Tür vor der Nase zumachen; **out of ~s** im Freien; **behind closed ~s** hinter verschlossenen Türen **doorbell** *n* Türklingel *f*; **there's the ~** es hat geklingelt **door chain** *n* Sicherheitskette *f* **doorframe** *n* Türrahmen *m* **doorhandle** *n* Türklinke *f*, Türfalle *f* (Swiss); (≈ knob) Türknauf *m* **doorknob** *n* Türknauf *m* **doorknocker** *n* Türklopfer *m* **doorman** *n* (of hotel) Portier *m*; (of nightclub etc) Rausschmeißer *m* **doormat** *n* Fußmatte *f*; (fig) Fußabtreter *m* **doorstep** *n* Eingangsstufe *f*; **the bus stop is just on my ~** (fig) die Bushaltestelle ist direkt vor meiner Tür **doorstop** *n*, **doorstopper** *n* Türstopper *m* **door-to-door** *adj attr*, **door to door** *adj pred* **1** **~ salesman** Vertreter *m* **2** *delivery* von Haus zu Haus; **police are carrying out ~ inquiries** die Polizei befragt alle Anwohner **doorway** *n* (of room) Tür *f*; (of building) Eingang *m*

dope **A** *n no pl* SPORTS Aufputschmittel *nt* **B** *v/t* dopen **dope test** *n* (SPORTS infml) Dopingkontrolle *f* **dopey**, **dopy** *adj* (+er) (infml ≈ stupid) bekloppt (infml); (≈ sleepy) benebelt (infml)

dorm (infml) abbr of dormitory **dormant** *adj volcano* untätig; *plant, bank account* ruhend; **~ state** Ruhezustand *m*; **to remain ~** ruhen; (virus) schlummern

dormer (**window**) *n* Mansardenfenster *nt*

dormitory *n* Schlafsaal *m*; (US ≈ building) Wohnheim *nt*; **~ suburb** *or* **town** Schlafstadt *f*

DOS IT abbr of disk operating system DOS *nt*

dosage *n* Dosis *f* **dose** **A** *n* **1** MED Dosis *f*; (fig) Ration *f*; **he needs a ~ of his own medicine** (fig) man sollte es ihm mit gleicher Münze heimzahlen; **in small/large ~s** (fig) in kleinen/großen Mengen; **she's all right in small ~s** sie ist nur (für) kurze Zeit zu ertragen **2** (infml ≈ of illness) Anfall *m*; **she's just had a ~ of the flu** sie hat gerade Grippe gehabt **B** *v/t person* Arznei geben (+dat)

doss (Br infml) **A** *n* Schlafplatz *m* **B** *v/i* (a. **doss down**) sich hinhauen (infml)

dossier *n* Dossier *m or nt*

dot **A** *n* **1** Punkt *m* **2** **to arrive on the ~** auf die Minute pünktlich (an)kommen; **at 3 o'clock on the ~** haargenau um 3 Uhr **B** *v/t* **1** **~ted line** punktierte Linie; **to tear along the ~ted line** entlang der punktierten Linie abtrennen; **to sign on the ~ted line** (fig) formell zustimmen **2** (≈ sprinkle) verstreuen; **pictures ~ted around the room** im Zimmer verteilte Bilder **dotcom**, **dot.com** *n* (a. **dot--com company**) Internetfirma *f*

dote on *v/i +prep obj* abgöttisch lieben **doting** *adj* **her ~ parents** ihre sie abgöttisch liebenden Eltern

dot matrix (**printer**) *n* Matrixdrucker *m* **dotty** *adj* (+er) (Br infml) kauzig

double **A** *adv* **1** doppelt so viel; *count* doppelt; **~ the size (of)** doppelt so groß (wie); **~ the amount** doppelt so viel; **we paid her ~ what she was getting before** wir zahlten ihr das Doppelte von dem, was sie vorher bekam **2** **to bend ~** sich krümmen; **to fold sth ~** etw einmal falten **B** *adj* **1** (≈ twice as much) doppelt **2** (≈ in pairs) Doppel-; **it is spelled with a ~ p** es wird mit zwei p geschrieben; **my phone number is 9, ~ 3, 2, 4** meine Telefonnummer ist neun drei drei zwei vier **C** *n* **1** (twice) das Doppelte **2** (≈ person) Doppelgänger(in) *m(f)*; (FILM, THEAT) Double *nt* **3** **at the ~** also MIL im Laufschritt; (fig) im Eiltempo; **on the ~** (fig) auf der Stelle **D** *v/t* verdoppeln **E** *v/i* **1** sich verdoppeln **2** **this bedroom ~s as a study** dieses Schlafzimmer dient auch als Arbeitszimmer ◊**double back** *v/i* kehrtmachen ◊**double over** *v/i* = double up ◊**double up** *v/i* (≈ bend over) sich krümmen

double act *n esp* THEAT Zweigespann *nt* **double agent** *n* Doppelagent(in) *m(f)* **double-barrelled name**, (US) **dou-**

ble-barreled name n Doppelname m
double-barrelled shotgun, (US)
double-barreled shotgun n doppel-
läufiges Gewehr **double bass** n Kontrabass m **double bed** n Doppelbett nt
double-book v/t room, seat zweimal reservieren; flight zweimal buchen **dou-
ble-check** v/t & v/i noch einmal (über)-
prüfen **double chin** n Doppelkinn nt
double-click IT v/t & v/i doppelklicken
(on auf +acc) **double cream** n Schlagsahne f, (Schlag)obers m (Aus) **double-
-cross** (infml) v/t ein Doppelspiel or falsches Spiel treiben mit **double-deal-
ing** ◨ n Betrügerei(en) f(pl) ◨ adj betrügerisch **double-decker** n Doppeldecker m **double density** adj IT mit doppelter Dichte **double doors** pl Flügeltür
f **double Dutch** n (esp Br) Kauderwelsch
nt; **it was ~ to me** das waren für mich
böhmische Dörfer **double entendre**
n (esp Br) Zweideutigkeit f **double figures** pl zweistellige Zahlen pl **double
glazing** n Doppelfenster pl **double
knot** n Doppelknoten m **double life**
n Doppelleben nt **double meaning** n
it has a ~ es ist doppeldeutig **double-
-park** v/i in der zweiten Reihe parken
double-quick (infml) ◨ adv im Nu ◨
adj **in ~ time** im Nu

double room n Doppelzimmer nt **doubles** n sg or pl SPORTS Doppel nt; **to play
~** im Doppel spielen **double-sided** adj
IT zweiseitig **double-space** v/t TYPO
mit doppeltem Zeilenabstand drucken
double spacing n doppelter Zeilenabstand **double take** n **he did a ~** er
musste zweimal hingucken **double vision** n MED **he suffered from ~** er sah
doppelt **double whammy** n Doppel-
schlag m **double yellow lines** pl gelbe
Doppellinie am Fahrbahnrand zur Kennzeichnung des absoluten Halteverbots
doubly adv doppelt; **to make ~ sure
(that ...)** ganz sichergehen(, dass ...)
doubt ◨ n Zweifel m; **to have one's ~s
about sth** (so) seine Bedenken hinsichtlich einer Sache (gen) haben; **I have my
~s about her** ich habe bei ihr (so) meine
Bedenken; **I have no ~s about taking the
job** ich habe keine Bedenken, die Stelle
anzunehmen; **there's no ~ about it** daran
gibt es keinen Zweifel; **I have no ~ about
it** ich bezweifle das nicht; **to cast ~ on**

sth etw in Zweifel ziehen; **I am in no ~
as to what** or **about what he means** ich
bin mir völlig im Klaren darüber, was er
meint; **the outcome is still in ~** das Ergebnis ist noch ungewiss; **when in ~** im
Zweifelsfall; **no ~ he will come tomorrow** höchstwahrscheinlich kommt er morgen; **without (a) ~** ohne Zweifel ◨ v/t bezweifeln; honesty, truth anzweifeln; **I'm
sorry I ~ed you** (your loyalty etc) es tut
mir leid, dass ich an dir gezweifelt habe;
I don't ~ it das bezweifle ich (auch gar)
nicht; **I ~ whether he will come** ich bezweifle, dass er kommen wird **doubtful**
adj ◨ (usu pred ≈ unconvinced) unsicher;
I'm still ~ ich habe noch Bedenken; **to
be ~ about sth** an etw (dat) zweifeln; **to
be ~ about doing sth** Bedenken haben,
ob man etw tun soll; **I was ~ whether I
could manage it** ich bezweifelte, ob ich
es schaffen könnte ◨ (≈ unlikely) unwahrscheinlich; **it is ~ that...** es ist zweifelhaft, ob ... ◨ reputation fragwürdig; outcome ungewiss; taste, quality zweifelhaft;
it is ~ whether ... es ist fraglich, ob ...
dough n ◨ Teig m ◨ (infml ≈ money) Kohle f (infml) **doughnut** n (Br) (ringförmiges,
in schwimmendem Fett gebackenes Hefeteil-
chen) Donut m
dour adj verdrießlich
douse v/t Wasser schütten über (+acc); **to
~ sb/sth in** or **with petrol** jdn/etw mit
Benzin übergießen
dove¹ n Taube f
dove² (US) pret of dive
dowdy adj (+er) ohne jeden Schick
down ◨ adv ◨ (indicating movement, towards speaker) herunter; (away from speaker) hinunter; (downstairs) nach unten; **to
jump ~** herunter-/hinunterspringen; **on
his way ~ from the summit** auf seinem
Weg vom Gipfel herab/hinab; **on the
way ~ to London** auf dem Weg nach
London runter (infml); **all the way ~ to
the bottom** bis ganz nach unten; **~ with
...!** nieder mit ...! ◨ (indicating position)
unten; **~ there** da unten; **~ here** hier unten; **head ~** mit dem Kopf nach unten; **I'll
be ~ in a minute** ich komme sofort runter; **I've been ~ with flu** ich habe mit
Grippe (im Bett) gelegen ◨ **he came ~
from London yesterday** er kam gestern
aus London; **he's ~ at his brother's** er
ist bei seinem Bruder; **he lives ~ South**

er wohnt im Süden; **his temperature is ~** sein Fieber ist zurückgegangen; **interest rates are ~ to/by 3%** der Zinssatz ist auf/um 3% gefallen; **he's ~ to his last £10** er hat nur noch £ 10; **they're still three goals ~** sie liegen immer noch mit drei Toren zurück; **I've got it ~ in my diary** ich habe es in meinem Kalender notiert; **let's get it ~ on paper** halten wir es schriftlich fest; **to be ~ for the next race** für das nächste Rennen gemeldet sein; **from the biggest ~** vom Größten angefangen; **~ through the ages** von je her; **~ to** (≈ *until*) bis zu; **from 1700 ~ to the present** von 1700 bis zur Gegenwart; **to be ~ to sb/sth** an jdm/etw liegen; **it's ~ to you to decide** die Entscheidung liegt bei Ihnen; **I've put ~ a deposit on a new bike** ich habe eine Anzahlung für ein neues Fahrrad gemacht **B** *prep* **1** **to go ~ the hill** *etc* den Berg *etc* hinuntergehen; **he ran his finger ~ the list** er ging (mit dem Finger) die Liste durch; **he's already halfway ~ the hill** er ist schon auf halbem Wege nach unten; **the other skiers were further ~ the slope** die anderen Skifahrer waren weiter unten; **she lives ~ the street** sie wohnt weiter die Straße entlang; **he was walking ~ the street** er ging die Straße entlang; **if you look ~ this road** wenn Sie diese Straße hinunterblicken **2** (*Br infml*) **he's gone ~ the pub** er ist in die Kneipe gegangen; **she's ~ the shops** sie ist einkaufen gegangen **C** *adj* (*infml*) **1** **he was (feeling) a bit ~** er fühlte sich ein wenig down (*infml*) **2** (≈ *not working*) **to be ~** außer Betrieb sein; IT abgestürzt sein **D** *v/t beer etc* runterkippen (*infml*); **to ~ tools** die Arbeit niederlegen **down-and-out** *n* Penner(in) *m(f)* (*infml*) **down arrow** *n* IT Abwärtspfeil *m* **downcast** *adj* entmutigt **downfall** *n* **1** Sturz *m* **2** (≈ *cause of ruin*) Ruin *m* **downgrade** *v/t hotel, job* herunterstufen; *person* degradieren **down-hearted** *adj* entmutigt **downhill A** *adv* bergab; **to go ~** heruntergehen/-fahren; (*road*) bergab gehen; **the economy is going ~** mit der Wirtschaft geht es bergab; **things just went steadily ~** es ging immer mehr bergab **B** *adj* **1** ≈ *slope* Abhang *m*; **the path is ~ for two miles** der Weg führt zwei Meilen bergab; **it was ~ all the way after that** danach wurde alles viel einfacher **2** SKI **~ skiing** Abfahrtslauf *m* **C** *n* SKI Abfahrtslauf *m*

Downing Street *n* die Downing Street; (≈ *the government*) die britische Regierung **download** IT **A** *v/t* (herunter)laden **B** *v/i* **it won't ~** Runterladen ist nicht möglich **C** *attr* **downloadable** *adj* IT herunterladbar **download store** *n* IT Downloadshop *m* **down-market A** *adj product* für den Massenmarkt; **this restaurant is more ~** dieses Restaurant ist weniger exklusiv **B** *adv* **to go ~** sich auf den Massenmarkt ausrichten **down payment** *n* FIN Anzahlung *f* **downplay** *v/t* herunterspielen (*infml*) **downpour** *n* Wolkenbruch *m* **downright A** *adj* ausgesprochen; *rude, disgusting* geradezu **B** *adj* **a ~ lie** eine glatte Lüge **downriver** *adv* flussabwärts (*from* von); **~ from Bonn** unterhalb von Bonn **downshift** *v/i* in einer schlechter bezahlten Stelle überwechseln, runterschalten (*infml*) **downside** *n* Kehrseite *f* **downsize** *v/t* verkleinern **downsizing** COMM, IT *n* Downsizing *nt* **Down's syndrome** MED **A** *n* Downsyndrom *nt* **B** *attr* **a ~ baby** ein an Downsyndrom leidendes Kind

downstairs A *adv go, come* nach unten; *be, sleep etc* unten **B** *adj* **the ~ phone** das Telefon unten; **~ apartment** Parterrewohnung *f*; **our ~ neighbours** (*Br*) or **neighbors** (*US*) die Nachbarn unter uns; **the woman ~** die Frau von unten **C** *n* **the ~** das Erdgeschoss **downstate** (*US*) *adj* **in ~ Illinois** im Süden von Illinois **downstream** *adv* flussabwärts **down-to-earth** *adj* nüchtern; **he's very ~** er steht mit beiden Füßen auf der Erde **downtown** (*esp US*) **A** *adv go* in die (Innen)stadt; *live, be situated* in der (Innen)stadt **B** *adj* **~ Chicago** die Innenstadt von Chicago **downtrodden** *adj* unterdrückt **downturn** *n* (*in business*) Rückgang *m*; **to take a ~** zurückgehen; **his fortunes took a ~** sein Glücksstern sank **down under** (*infml*) **A** *n* (≈ *Australia*) Australien *nt*; (≈ *New Zealand*) Neuseeland *nt* **B** *adv be, live* in Australien/Neuseeland; *go* nach Australien/Neuseeland **downward A** *adv* (*a.* **downwards**) nach unten; **to work ~(s)** sich nach unten vorarbeiten; **to slope ~(s)** abfallen; **face ~(s)** (*person*) mit dem Gesicht nach unten; (*book*) mit der aufgeschlagenen Seite nach unten;

everyone from the Queen ~(s) jeder, bei der Königin angefangen **B** *adj stroke* nach unten; ~ **movement** Abwärtsbewegung *f*; ~ **slope** Abhang *m*; ~ **trend** Abwärtstrend *m*; **to take a ~ turn** sich zum Schlechteren wenden **downwind** *adv* in Windrichtung (*of*, *from +gen*)

dowry *n* Mitgift *f*

dowse *v/t* = douse

doz *abbr of* dozen

doze **A** *n* Nickerchen *nt*; **to have a ~** dösen **B** *v/t* (vor sich hin) dösen ◊**doze off** *v/i* einnicken

dozen *n* Dutzend *nt*; **80p a ~** 80 Pence das Dutzend; **two ~ eggs** zwei Dutzend Eier; **half a ~** ein halbes Dutzend; **~s** jede Menge; (*fig infml*) eine ganze Menge; **~s of times** (*infml*) x-mal (*infml*); **there were ~s of incidents like this one** (*infml*) es gab Dutzende solcher Vorfälle; **~s of people came** (*infml*) Dutzende von Leuten kamen

dpi IT *abbr of* dots per inch dpi

dpt *abbr of* department Abt.

Dr *abbr of* doctor Dr.

drab *adj* (+er) trist; *life, activities* eintönig **drably** *adv dressed* trist; *painted* in tristen Farben

draft **A** *n* **1** Entwurf *m* **2** (US MIL) Einberufung *f* (zum Wehrdienst) **3** (*US*) = **draught 4** IT Draft(druck) *m* **B** *v/t* **1** entwerfen **2** (US MIL) einziehen; **he was ~ed into the England squad** er wurde für die englische Nationalmannschaft aufgestellt **C** *attr* IT ~ **mode** Draft-Modus *m* **draft letter** *n* Entwurf *m* eines/des Briefes **draft version** *n* Entwurf *m*

drag **A** *n* **1 it was a long ~ up to the top of the hill** es war ein langer, mühseliger Aufstieg zum Gipfel **2** (*infml*) **what a ~!** (*boring*) Mann, ist der/die/das langweilig! (*infml*); (*nuisance*) so'n Mist (*infml*) **3** (*infml* ≈ *on cigarette*) Zug *m* (*on, at* an +*dat*); **give me a ~** lass mich mal ziehen **4** (*infml*) **in ~** in Frauenkleidung **B** *v/t* **1** schleppen; **he ~ged her out of/into the car** er zerrte sie aus dem/in das Auto; **she ~ged me to the library every Friday** sie schleppte mich jeden Freitag in die Bücherei; **to ~ one's feet** *or* **heels** (*fig*) die Sache schleifen lassen **2** (IT, *with mouse*) *text, window* ziehen **C** *v/i* **1** (≈ *trail along*) schleifen; (*feet*) schlurfen **2** (*fig, time, work*) sich hinziehen; (*book*) sich in

die Länge ziehen; (*conversation*) sich (mühsam) hinschleppen ◊**drag along** *v/t sep* mitschleppen ◊**drag apart** *v/t sep* auseinanderzerren ◊**drag away** *v/t sep* wegschleppen; **if you can drag yourself away from the television for a second ...** wenn du dich vielleicht mal für eine Sekunde vom Fernsehen losreißen könntest ... ◊**drag behind** **A** *v/t +prep obj* **to drag sb/sth behind one** jdn/etw hinter sich (*dat*) herschleppen **B** *v/i* (*fig*) zurückbleiben ◊**drag down** *v/t sep* (*lit*) herunterziehen; (*fig*) mit sich ziehen ◊**drag in** *v/t sep* (*lit*) hineinziehen; **look what the cat's dragged in** (*fig infml*) sieh mal, wer da kommt ◊**drag off** *v/t sep* (*lit*) wegzerren; (*fig*) wegschleppen; **to drag sb off to a concert** jdn in ein Konzert schleppen ◊**drag on** *v/i* sich in die Länge ziehen; (*conversation*) sich hinschleppen ◊**drag out** *v/t sep* **1** *meeting etc* in die Länge ziehen **2** **eventually I had to drag it out of him** schließlich musste ich es ihm aus der Nase ziehen (*infml*)

drag and drop *n* IT Drag-and-Drop *nt* **drag lift** *n* SKI Schlepplift *m* **dragon** *n* Drache *m* **dragonfly** *n* Libelle *f*

drag queen *n* (*infml*) Tunte *f* (*infml*) **drain** **A** *n* **1** (≈ *pipe*) Rohr *nt*; (*under sink etc*) Abfluss *m*; (*under the ground*) Kanalisationsrohr *nt*; (≈ *drain cover*) Rost *m*; **to pour money down the ~** (*fig infml*) das Geld zum Fenster hinauswerfen; **I had to watch all our efforts go down the ~** ich musste zusehen, wie alle unsere Bemühungen zunichte(gemacht) wurden **2** (*on resources etc*) Belastung *f* (*on +gen*) **B** *v/t* **1** (*lit*) drainieren; *land* entwässern; *vegetables* abgießen; (≈ *let drain*) abtropfen lassen **2** (*fig*) **to feel ~ed** sich ausgelaugt fühlen **3** *glass* leeren **C** *v/i* **1** (*vegetables, dishes*) abtropfen **2** (*fig*) **the blood ~ed from his face** das Blut wich aus seinem Gesicht ◊**drain away** *v/i* (*liquid*) ablaufen; (*strength*) dahinschwinden ◊**drain off** *v/t sep* abgießen; (≈ *let drain*) abtropfen lassen

drainage *n* **1** (≈ *draining*) Dränage *f*; (*of land*) Entwässerung *f* **2** (≈ *system*) Entwässerungssystem *nt*; (*in house, town*) Kanalisation *f* **draining board**, (US) **drain board** *n* Ablauf *m* **drainpipe** *n* Abflussrohr *nt*

dram *n* (*Br* ≈ *small drink*) Schluck *m* (Whisky)

drama *n* Drama *nt*; **to make a ~ out of a crisis** eine Krise dramatisieren **drama queen** *n* (*pej infml*) Schauspielerin *f* (*pej infml*) **dramatic** *adj* dramatisch **dramatist** *n* Dramatiker(in) *m(f)* **dramatize** *v/t* dramatisieren

drank *pret* of drink

drape **A** *v/t* **to ~ sth over sth** etw über etw (*acc*) drapieren **B** *n* **drapes** *pl* (*US*) Gardinen *pl*

drastic *adj* drastisch; *change* einschneidend; **to take ~ action** drastische Maßnahmen ergreifen **drastically** *adv* drastisch; *change, different* radikal

draught, (*US*) **draft** *n* **1** (Luft)zug *m*; **there's a terrible ~ in here** hier zieht es fürchterlich **2** (≈ *draught beer*) Fassbier *nt*; **on ~** vom Fass **3** **draughts** *pl* (*Br* ≈ *game*) Damespiel *nt*; (*+pl vb* ≈ *pieces*) Damesteine (*pl*) **4** (≈ *rough sketch*) = draft **draught beer**, (*US*) **draft beer** *n* Fassbier *nt* **draughtboard** *n* (*Br*) Damebrett *nt* **draughtsman**, (*US*) **draftsman** *n*, *pl* **-men** (*of plans*) Zeichner *m*; (*of documents etc*) Verfasser *m* **draughty**, (*US*) **drafty** *adj* (*+er*) zugig; **it's ~ in here** hier zieht es

draw¹ *pret* drew, *past part* drawn **A** *v/t* zeichnen; *line* ziehen; **we must ~ the line somewhere** (*fig*) irgendwo muss Schluss sein; **I ~ the line at cheating** (*personally*) Mogeln kommt für mich nicht infrage **B** *v/i* zeichnen

draw² *vb: pret* drew, *past part* drawn **A** *v/t* **1** ziehen; *curtains* (≈ *open*) aufziehen; (≈ *shut*) zuziehen; **he drew his chair nearer the fire** er rückte seinen Stuhl näher an den Kamin heran **2** (≈ *take*) holen; **to ~ inspiration from sb/sth** sich von jdm/etw inspirieren lassen; **to ~ strength from sth** Kraft aus etw schöpfen; **to ~ comfort from sth** sich mit etw trösten; **to ~ money from the bank** Geld (vom Konto) abheben; **to ~ dole** Arbeitslosenunterstützung beziehen; **to ~ one's pension** seine Rente bekommen **3** **the play has ~n a lot of criticism** das Theaterstück hat viel Kritik auf sich (*acc*) gezogen; **he refuses to be ~n** er lässt sich auf nichts ein **4** *interest* erregen; *customer, crowd* anlocken; **to feel ~n toward(s) sb** sich zu jdm hingezogen fühlen **5** *conclu-*

sion, comparison ziehen; *distinction* treffen **6** SPORTS **to ~ a match** unentschieden spielen **7** (≈ *choose*) ziehen; **we've been ~n (to play) away** wir sind für ein Auswärtsspiel gezogen worden **B** *v/i* **1** kommen; **he drew to one side** er ging/fuhr zur Seite; **to ~ to an end** *or* **to a close** zu Ende gehen; **the two horses drew level** die beiden Pferde zogen gleich; **to ~ near** herankommen (*to* an +*acc*); **he drew nearer** *or* **closer (to it)** er kam (immer) näher (heran); **Christmas is ~ing nearer** Weihnachten rückt näher **2** SPORTS unentschieden spielen; **they drew 2-2** sie trennten sich 2:2 unentschieden **C** *n* **1** (≈ *lottery*) Ziehung *f*; (*for sports competitions*) Auslosung *f* **2** SPORTS Unentschieden *nt*; **the match ended in a ~** das Spiel endete unentschieden ◊**draw alongside** *v/i* heranfahren/-kommen (+*prep obj* an +*acc*) ◊**draw apart** *v/i* (≈ *move away*) sich lösen ◊**draw aside** *v/t sep* *person* beiseitenehmen ◊**draw away** *v/i* **1** (≈ *move off, car etc*) losfahren **2** (*runner etc*) davonziehen (*from sb* jdm) **3** (≈ *move away: person*) sich entfernen; **she drew away from him when he put his arm around her** sie rückte von ihm ab, als er den Arm um sie legte ◊**draw back A** *v/i* zurückweichen **B** *v/t sep* zurückziehen; *curtains* aufziehen ◊**draw in A** *v/i* (*train*) einfahren; (*car*) anhalten **B** *v/t sep* *crowds* anziehen ◊**draw into** *v/t sep* (≈ *involve*) hineinziehen ◊**draw off** *v/i* (*car*) losfahren ◊**draw on A** *v/i* **as the night drew on** mit fortschreitender Nacht **B** *v/i +prep obj* (*a.* **draw upon**) sich stützen auf (+*acc*); **the author draws on his experiences in the desert** der Autor schöpft aus seinen Erfahrungen in der Wüste ◊**draw out A** *v/i* (*train*) ausfahren; (*car*) herausfahren (*of* aus) **B** *v/t sep* **1** (≈ *take out*) herausziehen; *money* abheben **2** (≈ *prolong*) in die Länge ziehen ◊**draw together** *v/t sep* (*lit, fig*) miteinander verknüpfen ◊**draw up A** *v/i* (≈ *stop*) (an)halten **B** *v/t sep* **1** (≈ *formulate*) entwerfen; *will* aufsetzen; *list* aufstellen **2** *chair* heranziehen ◊**draw upon** *v/i +prep obj* = draw on II

drawback *n* Nachteil *m*

drawbridge *n* Zugbrücke *f*

drawer *n* (*in desk etc*) Schublade *f*

drawing *n* Zeichnung *f*; **I'm no good at**

~ ich kann nicht gut zeichnen **drawing board** n Reißbrett nt; **it's back to the ~** (fig) das muss noch einmal ganz neu überdacht werden **drawing paper** n Zeichenpapier nt **drawing pin** n (Br) Reißzwecke f **drawing room** n Wohnzimmer nt; (in mansion) Salon m

drawl ◮ v/t schleppend aussprechen ◭ n schleppende Sprache; **a southern ~** ein schleppender südlicher Dialekt

drawn ◮ past part of draw[1, 2] ◭ adj ◱ curtains zugezogen; blinds heruntergezogen ◲ (from worry) abgehärmt ◳ match unentschieden **drawstring** n Kordel f zum Zuziehen

dread ◮ v/t sich fürchten vor (+dat); **I'm ~ing Christmas this year** dieses Jahr graut es mir schon vor Weihnachten; **I ~ to think what may happen** ich wage nicht daran zu denken, was passieren könnte; **I'm ~ing seeing her again** ich denke mit Schrecken an ein Wiedersehen mit ihr; **he ~s going to the dentist** er hat schreckliche Angst davor, zum Zahnarzt zu gehen ◭ n **a sense of ~** ein Angstgefühl nt; **the thought filled me with ~** bei dem Gedanken wurde mir angst und bange; **to live in ~ of being found out** in ständiger Angst davor leben, entdeckt zu werden **dreadful** adj schrecklich; weather furchtbar; **what a ~ thing to happen** wie furchtbar, dass das passieren musste; **to feel ~** (≈ ill) sich elend fühlen; **I feel ~ about it** (≈ mortified) es ist mir schrecklich peinlich **dreadfully** adv schrecklich

dreadlocks pl Dreadlocks pl

dream vb: pret, past part dreamt (Brit) or dreamed ◮ n Traum m; **to have a bad ~** schlecht träumen; **the whole business was like a bad ~** die ganze Angelegenheit war wie ein böser Traum; **sweet ~s!** träume süß!; **to have a ~ about sb/sth** von jdm/etw träumen; **it worked like a ~** (infml) das ging wie im Traum; **she goes round in a ~** sie lebt wie im Traum; **the woman of his ~s** die Frau seiner Träume; **never in my wildest ~s did I think I'd win** ich hätte in meinen kühnsten Träumen nicht gedacht, dass ich gewinnen würde; **all his ~s came true** all seine Träume gingen in Erfüllung; **it was a ~ come true** es war ein Traum, der wahrgeworden war ◭ v/i träumen (about, of von)

◪ v/t träumen; **he ~s of being free one day** er träumt davon, eines Tages frei zu sein; **I would never have ~ed of doing such a thing** ich hätte nicht im Traum daran gedacht, so etwas zu tun; **I wouldn't ~ of it** das würde mir nicht im Traum einfallen; **I never ~ed (that) …** ich hätte mir nie träumen lassen, dass … ◩ adj attr Traum- ◊**dream up** v/t sep (infml) sich (dat) ausdenken; **where did you dream that up?** wie bist du denn bloß darauf gekommen?

dreamer n Träumer(in) m(f) **dreamily** adv verträumt **dreamt** (Br) pret, past part of dream **dreamy** adj (+er) verträumt

dreariness n Trostlosigkeit f; (of job, life) Eintönigkeit f **dreary** adj (+er) trostlos; job eintönig; book langweilig, fad (Aus)

dredge v/t river, canal ausbaggern, schlämmen

drench v/t durchnässen; **I'm absolutely ~ed** ich bin durch und durch nass; **to be ~ed in sweat** schweißgebadet sein

dress ◮ n Kleid nt ◭ v/t ◱ anziehen; **to get ~ed** sich anziehen; **to ~ sb in sth** jdm etw anziehen; **~ed in black** schwarz gekleidet; **he was ~ed in a suit** er trug einen Anzug ◲ cook salad anmachen; chicken bratfertig machen; **~ed crab** farcierter Krebs ◳ wound verbinden ◪ v/i sich anziehen; **to ~ in black** sich schwarz kleiden; **to ~ for dinner** sich zum Essen umziehen ◊**dress down** ◮ v/t sep **to dress sb down** jdn herunterputzen (infml) ◭ v/i sich betont lässig kleiden ◊**dress up** v/i ◱ (in smart clothes) sich fein machen ◲ (in fancy dress) sich verkleiden; **he came dressed up as Santa Claus** er kam als Weihnachtsmann (verkleidet)

dress circle n erster Rang **dresser** n ◱ Anrichte f ◲ (US ≈ dressing table) Frisierkommode f **dressing** n ◱ MED Verband m ◲ cook Dressing nt **dressing-down** n (infml) Standpauke f (infml); **to give sb a ~** jdn herunterputzen (infml) **dressing gown** n Morgenmantel m; (in towelling) Bademantel m **dressing room** n THEAT (Künstler)garderobe f; sports Umkleidekabine f **dressing table** n Frisierkommode f **dressmaker** n (Damen)schneider(in) m(f) **dress rehearsal** n Generalprobe f **dress sense** n her ~ is appalling sie zieht sich fürchterlich an **drew** pret of draw[1, 2]

dribble **A** v/i **1** (liquids) tropfen **2** (person) sabbern **3** SPORTS dribbeln **B** v/t **1** SPORTS **to ~ the ball** mit dem Ball dribbeln **2** (baby etc) kleckern; **he ~d milk down his chin** er kleckerte sich (dat) Milch übers Kinn **C** n **1** (of water) ein paar Tropfen **2** (of saliva) Tropfen m

dried **A** pret, past part of dry **B** adj getrocknet; blood eingetrocknet; **~ yeast** Trockenhefe f **dried flowers** pl Trockenblumen pl **dried fruit** n Dörrobst nt **drier** n = dryer

drift **A** v/i **1** treiben; (sand) wehen **2** (fig, person) sich treiben lassen; **to let things ~** die Dinge treiben lassen; **he was ~ing aimlessly along** (in life etc) er lebte planlos in den Tag hinein; **young people are ~ing away from the villages** junge Leute wandern aus den Dörfern ab; **the audience started ~ing away** das Publikum begann wegzugehen **B** n **1** (of sand, snow) Verwehung f **2** (≈ meaning) Tendenz f; **I caught the ~ of what he said** ich verstand, worauf er hinauswollte; **if you get my ~** wenn Sie mich richtig verstehen ◊**drift off** v/i **to ~ (to sleep)** einschlafen

drifter n (≈ person) Gammler(in) m(f); **he's a bit of a ~** ihn hälts nirgends lange **driftwood** n Treibholz nt

drill **A** n Bohrer m **B** v/t bohren; teeth anbohren **C** v/i bohren; **to ~ for oil** nach Öl bohren

drink vb: pret drank, past part drunk **A** n **1** Getränk nt; **food and ~** Essen und Getränke; **may I have a ~?** kann ich etwas zu trinken haben?; **would you like a ~ of water?** möchten Sie etwas Wasser? **2** (alcoholic) Drink m; **have a ~!** trink doch was!; **can I get you a ~?** kann ich Ihnen etwas zu trinken holen?; **I need a ~!** ich brauche was zu trinken!; **he likes a ~** er trinkt gern (einen); **the ~s are on me** die Getränke zahle ich; **the ~s are on the house** die Getränke gehen auf Kosten des Hauses **3** no pl (≈ alcohol) Alkohol m; **he has a ~ problem** er trinkt; **to be the worse for ~** betrunken sein; **to take to ~** zu trinken anfangen; **his worries drove him to ~** vor lauter Sorgen fing er an zu trinken **B** v/t trinken; **is the water fit to ~?** ist das Trinkwasser? **C** v/i trinken; **he doesn't ~** er trinkt nicht; **his father drank** sein Vater war Trinker; **to go out ~ing** einen trinken gehen; **to ~ to sb/**

sth auf jdn/etw trinken; **I'll ~ to that** darauf trinke ich ◊**drink up** v/i, v/t sep austrinken; **~!** trink aus!

drinkable adj trinkbar **drink-driver** n (Br) angetrunkener Autofahrer, angetrunkene Autofahrerin **drink-driving** (Br) n Trunkenheit f am Steuer **drinker** n Trinker(in) m(f); **he's a heavy ~** er ist ein starker Trinker **drinking** **A** n Trinken nt; **his ~ caused his marriage to break up** an seiner Trunksucht ging seine Ehe in die Brüche; **underage ~** der Alkoholkonsum von Minderjährigen **B** adj Trink-; **~ spree** Sauftour f (infml) **drinking chocolate** n Trinkschokolade f **drinking fountain** n Trinkwasserbrunnen m **drinking problem** n Alkoholproblem nt **drinking water** n Trinkwasser nt **drinks machine** n Getränkeautomat m

drip **A** v/i tropfen; **to be ~ping with sweat** schweißgebadet sein; **to be ~ping with blood** vor Blut triefen **B** v/t tropfen **C** n **1** (≈ sound) Tropfen nt **2** (≈ drop) Tropfen m **3** MED Tropf m; **to be on a ~** am Tropf hängen **4** (infml: person) Waschlappen m (infml) **drip-dry** **A** adj shirt bügelfrei **B** v/t tropfnass aufhängen **dripping** **A** adj **1** ~ (wet) tropfnass **2** tap tropfend **B** n Tropfen nt

drive vb: pret drove, past part driven **A** n **1** AUTO (Auto)fahrt f; **to go for a ~** ein bisschen (raus)fahren; **he took her for a ~** er machte mit ihr eine Spazierfahrt; **it's about one hour's ~** es ist etwa eine Stunde Fahrt (entfernt) **2** (a. driveway) Einfahrt f; (longer) Auffahrt f **3** PSYCH etc Trieb m; **sex ~** Sexualtrieb m **4** (≈ energy) Schwung m **5** COMM, POL etc Aktion f **6** MECH **front-wheel/rear-wheel ~** Vorderrad-/Hinterradantrieb m; **left-hand ~** Linkssteuerung f **7** IT Laufwerk nt **B** v/t **1** treiben; **to ~ sb out of the country** jdn aus dem Land (ver)treiben; **to ~ sb mad** jdn verrückt machen; **to ~ sb to murder** jdn zum Mord treiben **2** vehicle, passenger fahren; **I'll ~ you home** ich fahre Sie nach Hause **3** motor (belt, shaft) antreiben; (electricity) betreiben **4** (≈ force to work hard) hart herannehmen **C** v/i **1** fahren; **can you** or **do you ~?** fahren Sie Auto?; **he's learning to ~** er lernt Auto fahren; **did you come by train? — no, we drove** sind Sie mit der Bahn gekommen? — nein, wir sind mit dem Auto gefahren;

it's cheaper to ~ mit dem Auto ist es billiger **2** (*rain*) schlagen ◊**drive along** *v/i* (*vehicle, person*) dahinfahren ◊**drive at** *v/i* +*prep obj* (*fig* ≈ *mean*) hinauswollen auf (+*acc*) ◊**drive away** **A** *v/i* wegfahren **B** *v/t sep person, cares* vertreiben ◊**drive back** **A** *v/i* zurückfahren **B** *v/t sep* **1** (≈ *cause to retreat*) zurückdrängen **2** (*in vehicle*) zurückfahren ◊**drive home** *v/t sep nail* einschlagen; *argument* einhämmern ◊**drive in** **A** *v/i* (hinein)fahren; **he drove into the garage** er fuhr in die Garage **B** *v/t sep nail* (hin)einschlagen ◊**drive off** **A** *v/i* abfahren **B** *v/t sep* **1** *enemy* vertreiben **2** **he was driven off in an ambulance** er wurde in einem Krankenwagen weggebracht *or* abtransportiert ◊**drive on** *v/i* weiterfahren ◊**drive out** *v/t sep person* hinaustreiben ◊**drive over** **A** *v/i* hinüberfahren **B** *v/t always separate* (*in car*) hinüberfahren ◊**drive up** **A** *v/i* vorfahren **B** *v/t prices* in die Höhe treiben

drive-by *adj shooting, crime* aus dem fahrenden Auto heraus **drive-in** **A** *adj* ~ **cinema** (*esp Br*) Autokino *nt*; ~ **restaurant** Drive-in-Restaurant *nt* **B** *n* (≈ *restaurant*) Drive-in *m*

drivel *n* (*pej*) Blödsinn *m*

driven *past part* of **drive** -**driven** *adj suf* -betrieben; **battery-driven** batteriebetrieben

driver *n* **1** Fahrer(in) *m(f)*; ~**'s seat** (*lit*) Fahrersitz *m* **2** IT Treiber *m*

driverless car *n* fahrerloses Auto **driver's license** *n* (*US*) Führerschein *m* **drive-through**, (*esp US*) **drive-thru** **A** *n* Drive-in *m* **B** *adj restaurant* Drive-in- **driveway** *n* Auffahrt *f*; (*longer*) Zufahrtsstraße *f* **driving** **A** *n* Fahren *nt*; **I don't like** ~ ich fahre nicht gern (Auto) **B** *adj* **1** **the** ~ **force behind sth** die treibende Kraft bei etw **2** ~ **rain** peitschender Regen; ~ **snow** Schneetreiben *nt* **driving assistant** *n* Fahrassistent *m* **driving conditions** *pl* Straßenverhältnisse *pl* **driving instructor** *n* Fahrlehrer(in) *m(f)* **driving lesson** *n* Fahrstunde *f*

driving licence *n* (*Br*) Führerschein *m* **driving mirror** *n* Rückspiegel *m* **driving offence**, (*US*) **driving offense** *n* Verkehrsdelikt *nt* **driving school** *n* Fahrschule *f* **driving seat** *n* Fahrersitz *m*; **to be in the** ~ (*fig*) die Zügel in der

Hand haben **driving test** *n* Fahrprüfung *f*

drizzle **A** *n* Nieselregen *m* **B** *v/i* nieseln **C** *v/t* (*pour over*) träufeln **drizzly** *adj* **it's** ~ es nieselt

drone **A** *n* **1** (*of bees*) Summen *nt*; (*of engine*) Brummen *nt* **2** AVIAT, MIL Drohne *f* **B** *v/i* **1** (*bee*) summen; (*engine*) brummen **2** (*a*. **drone on**) eintönig sprechen; **he** ~**d on and on for hours** er redete stundenlang in seinem monotonen Tonfall **drone attack** *n* Drohnenangriff *m*

drool *v/i* sabbern; (*animal*) geifern ◊**drool over** *v/i* +*prep obj* richtig verliebt sein in (+*acc*); **he sat there drooling over a copy of Playboy** er geilte sich an einem Playboyheft auf (*sl*)

droop *v/i* **1** (*lit, shoulders*) hängen; (*head*) herunterfallen; (*eyelids*) herunterhängen; (*with sleepiness*) zufallen; (*flowers*) die Köpfe hängen lassen **2** (*fig*) erlahmen **droopy** *adj* schlaff; *tail* herabhängend; *moustache* nach unten hängend; *eyelids* herunterhängend

drop **A** *n* **1** (*of liquid*) Tropfen *m*; **a** ~ **of blood** ein Tropfen *m* Blut; **a** ~ **of wine?** ein Schlückchen *nt* Wein? **2** (*in temperature, prices*) Rückgang *m* (*in gen*); (*sudden*) Sturz *m* (*in gen*); **a** ~ **in prices** ein Preisrückgang *m*/-sturz *m* **3** (≈ *in level*) Höhenunterschied *m*; **there's a** ~ **of ten feet down to the ledge** bis zu dem Felsvorsprung geht es zehn Fuß hinunter; **it was a sheer** ~ **from the top of the cliff into the sea** die Klippen fielen schroff zum Meer ab **B** *v/t* **1** (≈ *allow to fall*) fallen lassen; *bomb* abwerfen; **I** ~**ped my watch** meine Uhr ist runtergefallen; **don't** ~ **it!** lass es nicht fallen!; **he** ~**ped his heavy cases on the floor** er setzte *or* stellte seine schweren Koffer auf dem Boden ab **2** (*from car*) *person* absetzen; *thing* abliefern **3** *remark, name* fallen lassen; *hint* machen **4** **to** ~ **sb a note** *or* **a line** jdm ein paar Zeilen schreiben **5** (≈ *omit*) auslassen; (*deliberately*) weglassen (*from* in +*dat*); **the paper refused to** ~ **the story** die Zeitung weigerte sich, die Geschichte fallen zu lassen **6** (≈ *abandon*) aufgeben; *idea, friend* fallen lassen; *conversation* abbrechen; JUR *case* niederschlagen; **you'd better** ~ **the idea** schlagen Sie sich (*dat*) das aus dem Kopf; **to** ~ **sb from a team** jdn aus einer Mannschaft nehmen; **let's** ~ **the subject**

lassen wir das Thema; **~ it!** (*infml*) hör auf (damit)!; **~ everything!** (*infml*) lass alles stehen und liegen! **C** *v/i* **1** (≈ *fall, object*) (herunter)fallen; (*temperature etc*) sinken; (*wind*) sich legen **2** (*to the ground*) fallen; **to ~ to the ground** sich zu Boden fallen lassen; **I'm ready to ~** (*infml*) ich bin zum Umfallen müde (*infml*); **she danced till she ~ped** (*infml*) sie tanzte bis zum Umfallen (*infml*); **to ~ dead** tot umfallen; **~ dead!** (*infml*) geh zum Teufel! (*infml*) **3** (≈ *end, conversation etc*) aufhören; **to let sth ~** etw auf sich beruhen lassen; **shall we let it ~?** sollen wir es darauf beruhen lassen? ◊**drop back** *v/i* zurückfallen ◊**drop behind** *v/i* zurückfallen; **to ~ sb** hinter jdn zurückfallen ◊**drop by** *v/i* (*infml*) vorbeikommen ◊**drop down** **A** *v/i* herunterfallen; **he dropped down behind the hedge** er duckte sich hinter die Hecke; **to ~ dead** tot umfallen; **he has dropped down to eighth** er ist auf den achten Platz zurückgefallen **B** *v/t sep* fallen lassen ◊**drop in** *v/i* (*infml*) vorbeikommen; **I've just dropped in for a minute** ich wollte nur mal kurz hereinschauen ◊**drop off** **A** *v/i* **1** (≈ *fall down*) abfallen; (≈ *come off, handle etc*) abgehen **2** (≈ *fall asleep*) einschlafen **B** *v/t sep person* absetzen; *parcel* abliefern ◊**drop out** *v/i* **1** (*of box etc*) herausfallen (*of aus*) **2** (*from competition etc*) ausscheiden (*of aus*); **to ~ of a race** (*before it*) an einem Rennen nicht teilnehmen; (*during it*) aus dem Rennen ausscheiden; **he dropped out of the course** er gab den Kurs auf; **to ~ of society** aus der Gesellschaft aussteigen (*infml*); **to ~ of school** (*Br*) die Schule vorzeitig verlassen; (*US*) die Universität vorzeitig verlassen

drop-down menu *n* IT Dropdown-Menü *nt* **drop-in centre** *n* (*Br*) Tagesstätte *f* **droplet** *n* Tröpfchen *nt* **dropout** *n* (*from society*) Aussteiger(in) *m(f)* (*infml*); (≈ *university dropout*) Studienabbrecher(in) *m(f)* **droppings** *pl* Kot *m*

drought *n* Dürre *f*

drove[1] *n* Schar *f*; **they came in ~s** sie kamen in hellen Scharen

drove[2] *pret of* drive

drown **A** *v/i* ertrinken **B** *v/t* **1** ertränken; **to be ~ed** ertrinken; **to ~ one's sorrows** seine Sorgen ertränken **2** (*a.* **drown out**) *noise, voice* übertönen

drowse *v/i* (vor sich (*acc*) hin) dösen **drowsiness** *n* Schläfrigkeit *f*; (*after sleep*) Verschlafenheit *f*; **to cause ~** schläfrig machen **drowsy** *adj* (*+er*) schläfrig; (*after sleep*) verschlafen

drudgery *n* stumpfsinnige Plackerei **drug** **A** *n* **1** MED, PHARM Medikament *nt*; (*inducing unconsciousness*) Betäubungsmittel *nt*; SPORTS Dopingmittel *nt*; **he's on ~s** MED er muss Medikamente nehmen **2** (≈ *addictive substance*) Droge *f*; **to be on ~s** drogensüchtig sein; **to take ~s** Drogen nehmen **B** *v/t* (≈ *render unconscious*) betäuben **drug abuse** *n* Drogenmissbrauch *m*; **~ prevention** Drogenprävention *f* **drug addict** *n* Drogensüchtige(r) *m/f(m)* **drug addiction** *n* Drogensucht *f* **drug dealer** *n* Drogenhändler(in) *m(f)* **drug-driving** *n* JUR Fahren *nt* unter Drogeneinfluss **drugged** *adj* **to be ~** unter Beruhigungsmitteln stehen; **he seemed ~** er schien wie betäubt **druggist** *n* (*US*) Drogist(in) *m(f)* **drug pusher** *n* Dealer(in) *m(f)* (*infml*) **drugs raid** *n* Drogenrazzia *f* **drugs test** *n* Dopingtest *m*

drugstore *n* (*US*) Drugstore *m* **drug taking** *n* Einnehmen *nt* von Drogen **drug traffic, drug trafficking** *n* Drogenhandel *m* **drug trafficker** *n* Drogenschieber(in) *m(f)* **drug user** *n* Drogenbenutzer(in) *m(f)*

drum **A** *n* **1** MUS Trommel *f*; **the ~s** (*pop, jazz*) das Schlagzeug **2** (*for oil*) Tonne *f* **B** *v/i* (MUS, *fig*) trommeln **C** *v/t* **to ~ one's fingers on the table** mit den Fingern auf den Tisch trommeln ◊**drum into** *v/t always separate* **to drum sth into sb** jdm etw eintrichtern (*infml*) ◊**drum up** *v/t sep enthusiasm* wecken; *support* auftreiben

drumbeat *n* Trommelschlag *m* **drummer** *n* (*in band*) Schlagzeuger(in) *m(f)* **drumstick** *n* **1** MUS Trommelschlägel *or* -stock *m* **2** (*on chicken etc*) Keule *f*

drunk **A** *past part of* drink **B** *adj* (*+er*) **1** betrunken; **he was slightly ~** er war leicht betrunken; **to get ~** betrunken werden (*on von*); (*on purpose*) sich betrinken (*on mit*); **to be as ~ as a lord** *or* **skunk** (*infml*) blau wie ein Veilchen sein (*infml*) **2** (*fig*) **to be ~ with** *or* **on success** vom Erfolg berauscht sein; **to be ~ with** *or* **on power** im Machtrausch sein **C** *n* Be-

trunkene(r) *m/f(m)*; *(habitual)* Trinker(in) *m(f)* **drunkard** *n* Trinker(in) *m(f)* **drunk driver** *n* *(esp US)* angetrunkener Autofahrer, angetrunkene Autofahrerin **drunk driving, drunken driving** *n* *(esp US)* Trunkenheit *f* am Steuer **drunken** *adj* betrunken; *evening* feuchtfröhlich; **in a ~ rage** in einem Wutanfall im Vollrausch; **in a ~ stupor** im Vollrausch **drunkenly** *adv* betrunken; *behave* wie ein Betrunkener/eine Betrunkene **drunkenness** *n* (≈ *state)* Betrunkenheit *f*; (≈ *habit)* Trunksucht *f* **drunkometer** *n* *(US)* = Breathalyzer®
dry *pret, past part* dried ◪ *v/t* trocknen; **to ~ oneself** sich abtrocknen; **he dried his hands** er trocknete sich *(dat)* die Hände ab; **to ~ the dishes** das Geschirr abtrocknen; **to ~ one's eyes** sich *(dat)* die Tränen abwischen ◪ *v/i* ◪ (≈ *become dry)* trocknen ◪ (≈ *dry dishes)* abtrocknen ◪ *adj* trocken; **to run ~** *(river)* austrocknen; **~ spell** Trockenperiode *f*; **the ~ season** die Trockenzeit; **to rub oneself ~** sich abrubbeln; **~ bread** trocken Brot ◪ *n* **to give sth a ~** etw trocknen ◊**dry off** ◪ *v/i* trocknen ◪ *v/t sep* abtrocknen ◊**dry out** ◪ *v/i* *(clothes)* trocknen; *(ground, skin etc)* austrocknen ◪ *v/t sep* *clothes* trocknen; *ground, skin* austrocknen ◊**dry up** ◪ *v/i* ◪ *(stream)* austrocknen; *(moisture)* trocknen; *(inspiration, income)* versiegen ◪ (≈ *dry dishes)* abtrocknen ◪ *v/t sep dishes* abtrocknen; *river bed* austrocknen
dry-clean *v/t* chemisch reinigen; **to have a dress ~ed** ein Kleid chemisch reinigen lassen **dry-cleaner's** *n* chemische Reinigung **dry-cleaning** *n* chemische Reinigung **dryer** *n* ◪ *(for clothes)* Wäschetrockner *m* ◪ *(for hands)* Händetrockner *m* ◪ *(for hair: over head)* Trockenhaube *f* **dry ice** *n* Trockeneis *nt* **drying-up** *n* Abtrocknen *nt*; **to do the ~** abtrocknen **dryness** *n* Trockenheit *f* **dry-roasted** *adj* trocken geröstet **dry rot** *n* (Haus)schwamm *m* **dry run** *n* Probe *f*
DSL *abbr of* digital subscriber line DSL; **~ connection** DSL-Anschluss *m*
DST *(esp US) abbr of* daylight saving time
DTI *(Br) abbr of* Department of Trade and Industry* ≈ Handelsministerium *nt*
DTP *abbr of* desktop publishing DTP *nt*
dual *adj* ◪ (≈ *double)* doppelt ◪ (≈ *two kinds of)* zweierlei **dual carriageway** *n* *(Br)* ≈ Schnellstraße *f* **dual nationali-**

ty *n* doppelte Staatsangehörigkeit **dual--purpose** *adj* zweifach verwendbar
dub *v/t film* synchronisieren; **the film was ~bed into French** der Film war französisch synchronisiert **dubbing** *n* FILM Synchronisation *f*
dubious *adj* ◪ (≈ *questionable)* zweifelhaft; *idea, claim, basis* fragwürdig; **it sounds ~ to me** ich habe da meine Zweifel ◪ (≈ *uncertain)* unsicher; **I was ~ at first, but he convinced me** ich hatte zuerst Bedenken, aber er überzeugte mich; **to be ~ about sth** etw anzweifeln
duchess *n* Herzogin *f* **duchy** *n* Herzogtum *nt*
duck ◪ *n* Ente *f*; **to take to sth like a ~ to water** bei etw gleich in seinem Element sein; **it's (like) water off a ~'s back to him** das prallt alles an ihm ab ◪ *v/i* ◪ *(a.* **duck down***)* sich ducken ◪ **he ~ed out of the room** er verschwand aus dem Zimmer ◪ *v/t* ◪ *(under water)* untertauchen ◪ *Frage, Schlag* ausweichen (+*dat)*
duckling *n* Entenküken *nt*
duct *n* ◪ ANAT Röhre *f* ◪ *(for liquid, gas)* (Rohr)leitung *f*; ELEC Rohr *nt*
dud *(infml)* ◪ *adj* ◪ nutzlos; **~ batteries** Batterien, die nichts taugen ◪ (≈ *counterfeit)* gefälscht ◪ *n* (≈ *bomb)* Blindgänger *m*; (≈ *coin)* Fälschung *f*; (≈ *person)* Niete *f* *(infml)*; **this battery is a ~** diese Batterie taugt nichts
dude *n* *(US infml)* Kerl *m* *(infml)*
due ◪ *adj* ◪ (≈ *expected)* fällig; **to be ~** *(plane, train, bus)* ankommen sollen; *(elections, results)* anstehen; **the train was ~ ten minutes ago** der Zug sollte vor 10 Minuten ankommen; **when is the baby ~?** wann soll das Baby kommen?; **the results are ~ at the end of the month** die Ergebnisse sind Ende des Monats fällig; **he is ~ back tomorrow** er soll morgen zurückkommen; **to be ~ out** herauskommen sollen; **he is ~ to speak about now** er müsste jetzt gerade seine Rede halten; **the building is ~ to be demolished** das Gebäude soll demnächst abgerissen werden; **he is ~ for a rise** *(Br)* or **raise** *(US)* ihm steht eine Gehaltserhöhung zu; **she is ~ for promotion** sie ist mit einer Beförderung an der Reihe; **the prisoner is ~ for release** or **~ to be released** der Gefangene soll jetzt entlassen werden; **the car is ~ for a service** das Auto muss zur Inspek-

tion; ~ **date** FIN Fälligkeitstermin *m* **2** *attention* gebührend; *care* nötig; **in ~ course** zu gegebener Zeit; **with (all) ~ respect** bei allem Respekt (*to* für); **3** (≈ *owed*) **to be ~** (*money*) ausstehen; **to be ~ to sb** (*money, leave*) jdm zustehen; **to be ~ a couple of days off** ein paar freie Tage verdient haben **4** ~ **to** (≈ *owing to*) aufgrund +*gen*; (≈ *caused by*) durch; **his death was ~ to natural causes** er ist eines natürlichen Todes gestorben **B** *n* **1** **dues** *pl* (≈ *subscription*) (Mitglieds)beitrag *m* **2** **to give him his ~, he did at least try** eins muss man ihm lassen, er hat es wenigstens versucht **C** *adv* ~ **north** direkt nach Norden; ~ **east of the village** in Richtung Osten des Dorfes

duel A *n* Duell *nt* **B** *v/i* sich duellieren
duet *n* Duo *nt*; (*for voices*) Duett *nt*
duffel bag *n* Matchbeutel *m* **duffel coat** *n* Dufflecoat *m*
dug *pret, past part* of **dig**
duke *n* Herzog *m* **dukedom** *n* (≈ *territory*) Herzogtum *nt*; (≈ *title*) Herzogswürde *f*
dull A *adj* (+*er*) **1** *light, weather* trüb; *glow* schwach; *colour, eyes, metal* matt; **it will be ~ at first** (*weather forecast*) es wird anfangs bewölkt **2** (≈ *boring*) langweilig, fad (*Aus*); **there's never a ~ moment** man langweilt sich keinen Augenblick **3** *sound, ache* dumpf **B** *v/t* **1** *pain* betäuben; *senses* abstumpfen **2** *sound* dämpfen
dullness *n* **1** (*of light*) Trübheit *f*; (*of colours, eyes, hair, paintwork, metal*) Mattheit *f*; (*of weather, day*) Trübheit *f*; (*of sky*) Bedecktheit *f* **2** (≈ *boring nature*) Langweiligkeit *f* **3** (≈ *listlessness*, ST EX, COMM, *of market*) Flauheit *f* **dully** *adv* **1** (≈ *dimly*) matt, schwach **2** *throb, ache, feel* dumpf
duly *adv* **1** *elect, sign* ordnungsgemäß; **to be ~ impressed** gebührend beeindruckt sein **2** (≈ *as expected*) wie erwartet; **he ~ obliged** er tat es dann auch
dumb *adj* (+*er*) **1** stumm; (≈ *silent*) sprachlos; **she was struck ~ with fear** die Angst verschlug ihr die Sprache **2** (*esp US infml*) doof (*infml*); **that was a ~ thing to do** wie kann man nur so etwas Dummes machen!; **to play ~** sich dumm stellen
◊**dumb down** *v/t sep* anspruchsloser machen
dumbbell *n* SPORTS Hantel *f* **dumbfound** *v/t* verblüffen **dumbing down** *n* Verdummung *f* **dumb waiter** *n* Spei-

seaufzug *m*
dummy A *n* **1** (≈ *sham*) Attrappe *f*; (*for clothes*) Schaufensterpuppe *f* **2** (*Br* ≈ *baby's teat*) Schnuller *m* **3** (*infml* ≈ *fool*) Idiot *m* (*infml*) **B** *adj attr* unecht; **a ~ bomb** eine Bombenattrappe **dummy run** *n* Probe *f*, Übung *f*
dump A *n* **1** (*Br, for rubbish*) Müllkippe *f* **2** MIL Depot *nt* **3** (*pej infml*) (≈ *town*) Kaff *nt* (*infml*); (≈ *building*) Dreckloch *nt* (*pej infml*) **4** (*infml*) **to be down in the ~s** down sein (*infml*) **B** *v/t* **1** (≈ *get rid of*) abladen; *bags etc* (≈ *drop*) fallen lassen; (≈ *leave*) lassen; (*infml*) *boyfriend* abschieben; *car* abstellen; **to ~ sb/sth on sb** jdn/etw bei jdm abladen **2** IT dumpen **dumper** *n* (≈ *dump truck*) Kipper *m* **dumping** *n* (*of load, rubbish*) Abladen *nt*; **"no ~"** (*Br*) „Schuttabladen verboten!" **dumping ground** *n* (*fig*) Abladeplatz *m*
dumpling *n* COOK Kloß *m*
Dumpster® *n* (*US*) (Müll)container *m* **dump truck** *n* Kipper *m*
dumpy *adj* pummelig
dunce *n* Dummkopf *m*
dune *n* Düne *f*
dung *n* Dung *m*; (AGR ≈ *manure*) Mist *m*
dungarees (*esp Br*) *pl* Latzhose *f*; **a pair of ~** eine Latzhose
dungeon *n* Verlies *nt*
dunk *v/t* (ein)tunken
dunno = (I) **don't know**
duo *n* Duo *nt*
dupe *v/t* überlisten; **he was ~d into believing it** er fiel darauf rein
duplex *n* (*esp US*) = **duplex apartment/house duplex apartment** *n* (*esp US*) zweistöckige Wohnung **duplex house** *n* (*US*) Zweifamilienhaus *nt*
duplicate A *v/t* **1** (*on machine*) kopieren **2** *success etc* wiederholen; (*wastefully*) zweimal machen **B** *n* Kopie *f*; (*of key*) Zweitschlüssel *m*; **in ~** in doppelter Ausfertigung **C** *adj* zweifach; **a ~ copy** eine Kopie; **a ~ key** ein Zweitschlüssel *m* **duplication** *n* (*of documents*) Vervielfältigung *f*; (*of efforts, work*) Wiederholung *f*
duplicity *n* Doppelspiel *nt*
durability *n* **1** (*of product, material*) Strapazierfähigkeit *f* **2** (*of peace, relationship*) Dauerhaftigkeit *f* **durable** *adj* **1** *material* strapazierfähig; **CDs are more ~ than tapes** CDs halten länger als Kassetten **2** *peace, relationship* dauerhaft **duration** *n*

Dauer f; **for the ~ of** für die Dauer (+gen)

duress n **under ~** unter Zwang

Durex® n Gummi m (infml)

during prep während (+gen)

dusk n (≈ twilight) (Abend)dämmerung f; **at ~** bei Einbruch der Dunkelheit **dusky** adj (+er) (liter) skin, colour dunkel; person dunkelhäutig; **~ pink** altrosa

dust **A** n no pl Staub m; **covered in ~** staubbedeckt; **to gather ~** verstauben; **to give sth a ~** etw abstauben **B** v/t **1** furniture abstauben; room Staub wischen in (+dat); **it's (all) done and ~ed** (Br fig infml) das ist (alles) unter Dach und Fach **2** COOK bestäuben **C** v/i Staub wischen ◊**dust down** v/t sep (with brush) abbürsten; (with hand) abklopfen; **to dust oneself down** (fig) sich rein waschen ◊**dust off** v/t sep dirt wegwischen; **to dust oneself off** (fig) sich rein waschen

dustbin n (Br) Mülltonne f **dustbin man** n (Br) = dustman **dust cover** n (on book) (Schutz)umschlag m; (on furniture) Schonbezug m **duster** n Staubtuch nt; SCHOOL (Tafel)schwamm m **dusting** n **1** Staubwischen nt; **to do the ~** Staub wischen **2** **a ~ of snow** eine dünne Schneedecke **dust jacket** n (Schutz)umschlag m **dustman** n (Br) Müllmann m **dustpan** n Kehrschaufel f **dusty** adj (+er) staubig; furniture, book verstaubt

Dutch **A** adj holländisch; **a ~ man** ein Holländer m; **a ~ woman** eine Holländerin; **he is ~** er ist Holländer **B** n **1** (≈ people) **the ~** die Holländer pl **2** (≈ language) Holländisch nt **C** adv **to go ~ (with sb)** (infml) (mit jdm) getrennte Kasse machen **Dutch cap** n (≈ diaphragm) Pessar nt **Dutch courage** n (infml) **to give oneself ~** sich (dat) Mut antrinken (from mit) **Dutchman** n Holländer m **Dutchwoman** n Holländerin f

dutiful adj pflichtbewusst

duty n **1** Pflicht f; **to do one's ~ (by sb)** seine Pflicht (gegenüber jdm) tun; **to report for ~** sich zum Dienst melden; **to be on ~** (doctor etc) im Dienst sein; SCHOOL etc Aufsicht haben; **who's on ~ tomorrow?** wer hat morgen Dienst/Aufsicht?; **he went on ~ at 9** sein Dienst fing um 9 an; **to be off ~** nicht im Dienst sein; **he comes off ~ at 9** sein Dienst endet um 9 **2** FIN Zoll m; **to pay ~ on sth** Zoll auf etw (acc) zahlen **duty-free** adj, adv zoll-

frei **duty-free allowance** n Zollkontingent nt, Freimenge f **duty-free shop** n Duty-free-Shop m **duty officer** n Offizier(in) m(f) vom Dienst **duty roster** n Dienstplan m

duvet n Steppdecke f

DV cam n digitale Videokamera, DV-Cam f

DVD n abbr of digital versatile or video disc DVD f **DVD player** n DVD-Player m **DVD-Rom** n DVD-Rom f **DVD writer** n DVD-Brenner m

DVR abbr of digital video recorder

DVT abbr of deep vein thrombosis

dwarf **A** n, pl dwarves Zwerg m **B** adj **~ shrubs** Zwergsträucher pl **C** v/t **to be ~ed by sb/sth** neben jdm/etw klein erscheinen

dwell pret, past part dwelt v/i (liter) weilen (elev) ◊**dwell (up)on** v/i +prep obj verweilen bei; **to ~ the past** sich ständig mit der Vergangenheit befassen; **let's not ~ it** wir wollen uns nicht (länger) damit aufhalten

dwelling n (form) Wohnung f; **~ house** Wohnhaus nt **dwelt** pret, past part of dwell

dwindle v/i (numbers) zurückgehen; (supplies) schrumpfen **dwindling** adj numbers zurückgehend; supplies schwindend

dye **A** n Farbstoff m; **hair ~** Haarfärbemittel nt; **food ~** Lebensmittelfarbe f **B** v/t färben; **~d blonde hair** blond gefärbtes Haar

dying **A** pp of die **B** adj **1** (lit) sterbend; plant eingehend; words letzte(r, s) **2** (fig) industry, art aussterbend; minutes letzte(r, s) **C** n **the ~** pl die Sterbenden

dyke, (US) **dike** n **1** Deich m **2** (sl ≈ lesbian) Lesbe f (infml)

dynamic **A** adj dynamisch **B** n Dynamik f **dynamics** n sg or pl Dynamik f **dynamism** n Dynamismus m; (of person) Dynamik f

dynamite n (lit) Dynamit nt; (fig) Sprengstoff m

dynamo n Dynamo m; AUTO Lichtmaschine f

dynasty n Dynastie f

dysentery n Ruhr f

dysfunctional adj dysfunktional

dyslexia n Legasthenie f **dyslexic** **A** adj legasthenisch; **she is ~** sie ist Legasthenikerin **B** n Legastheniker(in) m(f)

E

E, e n E nt, e nt; **E flat** Es nt, es nt; **E sharp** Eis nt, eis nt

E abbr of east O

e- pref (≈ electronic) E-, elektronisch

each A adj jede(r, s); ~ **one of us** jeder von uns; ~ **and every one of us** jeder Einzelne von uns B pron 1 jede(r, s); ~ **of them gave their** or **his opinion** jeder sagte seine Meinung 2 ~ **other** sich; **they haven't seen** ~ **other for a long time** sie haben sich lange nicht gesehen; **you must help** ~ **other** ihr müsst euch gegenseitig helfen; **on top of** ~ **other** aufeinander; **next to** ~ **other** nebeneinander; **they went to** ~ **other's house(s)** sie besuchen einander zu Hause C adv je; **we gave them one apple** ~ wir haben ihnen je einen Apfel gegeben; **the books are £10** ~ die Bücher kosten je £ 10; **carnations at 50p** ~ Nelken zu 50 Pence das Stück

eager adj eifrig; response begeistert; **to be** ~ **to do sth** etw unbedingt tun wollen **eagerly** adv eifrig; await, anticipate gespannt; accept bereitwillig; ~ **awaited** mit Spannung erwartet **eagerness** n Eifer m

eagle n Adler m

ear¹ n 1 Ohr nt; **to keep one's** ~**s open** die Ohren offen halten; **to be all** ~**s** ganz Ohr sein; **to lend an** ~ zuhören; **it goes in one** ~ **and out the other** das geht zum einen Ohr hinein und zum anderen wieder hinaus; **to be up to one's** ~**s in work** bis über beide Ohren in Arbeit stecken; **he's got money** etc **coming out of his** ~**s** (infml) er hat Geld etc ohne Ende (infml) 2 **to have a good** ~ **for music** ein feines Gehör für Musik haben; **to play it by** ~ (fig) improvisieren

ear² n (of grain) Ähre f

earache n Ohrenschmerzen pl **earbuds** pl Ohrhörer pl **eardrum** n Trommelfell nt **earful** n (infml) **to get an** ~ mit einer Flut von Beschimpfungen überschüttet werden; **to give sb an** ~ jdn zusammenstauchen (infml) **earhole** n (Br infml) Ohr nt, Löffel m (infml)

earl n Graf m

earlier A adj comp of early früher; **at an** ~ **date** früher B adv ~ **(on)** früher; ~ **(on) in the novel** an einer früheren Stelle in dem Roman; ~ **(on) today** heute (vor einigen Stunden); ~ **(on) this year** früher in diesem Jahr; **I cannot do it** ~ **than Thursday** ich kann es nicht eher als Donnerstag machen

ear lobe n Ohrläppchen nt

early A adv 1 ~ **(on)** früh; ~ **in 2018/in February** Anfang 2018/Februar; ~ **(on) in the year** Anfang des Jahres; ~ **(on) in his/her/their** etc **life** in jungen Jahren; ~ **(on) in the race** zu Anfang des Rennens; ~ **(on) in the evening** am frühen Abend; **as** ~ **as** (≈ already) schon; ~ **this month/year** Anfang des Monats/Jahres; ~ **today/this morning** heute früh; **the earliest he can come is tomorrow** er kann frühestens morgen kommen 2 (≈ before the expected time) früher (als erwartet); (≈ too early) zu früh; **she left ten minutes** ~ sie ist zehn Minuten früher gegangen; **to be five minutes** ~ fünf Minuten zu früh kommen; **he left school** (went home) er ging früher von der Schule nach Hause; (finished education) er ging vorzeitig von der Schule ab; **to get up/go to bed** ~ früh aufstehen/ins Bett gehen B adj (+er) 1 früh; death vorzeitig; **an** ~ **morning drive** eine Spritztour am frühen Morgen; **we had an** ~ **lunch** wir aßen früh zu Mittag; **in** ~ **winter** zu Winteranfang; **the** ~ **days** die ersten Tage; ~ **January** Anfang Januar; **in the** ~ **1980s** Anfang der Achtzigerjahre; **to have an** ~ **night** früh ins Bett gehen; **until** or **into the** ~ **hours** bis in die frühen Morgenstunden; **her** ~ **life** ihre junge Jahre; **at an** ~ **age** in jungen Jahren; **from an** ~ **age** von klein auf; **to be in one's** ~ **thirties** Anfang dreißig sein; **it's** ~ **days (yet)** (esp Br) wir etc sind noch im Anfangsstadium 2 man frühgeschichtlich; ~ **baroque** Frühbarock m 3 (≈ soon) bald; **at the earliest possible moment** so bald wie irgend möglich **early bird** n (in morning) Frühaufsteher(in) m(f) **early closing** n **it's** ~ **today** die Geschäfte sind heute Nachmittag geschlossen **early retirement** n **to take** ~ vorzeitig in den Ruhestand gehen **early riser** n Frühaufsteher(in) m(f) **early warning system** n Frühwarnsystem *nt*

earmark *v/t* (*fig*) vorsehen **earmuffs** *pl* Ohrenschützer *pl*

earn *v/t* verdienen; FIN *interest* bringen; **to ~ one's keep/a living** Kost und Logis/seinen Lebensunterhalt verdienen; **this ~ed him a lot of respect** das trug ihm große Achtung ein; **he's ~ed it** das hat er sich (*dat*) verdient

earnest A *adj person* ernst; *discussion* ernsthaft **B** *n* **in ~** (≈ *for real*) richtig; **to be in ~ about sth** etw ernst meinen **earnestly** *adv say, ask* ernst; *discuss, try, explain* ernsthaft; *hope* innig **earnings** *pl* (*of person*) Verdienst *m*; (*of a business*) Einkünfte *pl*

ear, nose and throat *adj attr* Hals-Nasen-Ohren-; **~ specialist** Hals-Nasen-Ohren-Facharzt *m/*-ärztin *f* **earphones** *pl* Kopfhörer *pl* **earpiece** *n* Hörer *m* **ear piercing** *n* Durchstechen *nt* der Ohrläppchen **earplug** *n* Ohropax® *nt* **earring** *n* Ohrring *m* **earset** *n* Earset *nt*, Ohrhörer *m* **earshot** *n* **out of/within ~** außer/in Hörweite **ear-splitting** *adj* ohrenbetäubend

earth A *n* **1** Erde *f*; **the ~, Earth** die Erde; **on ~** auf der Erde; **to the ends of the ~** bis ans Ende der Welt; **where/who** *etc* **on ~ ...?** (*infml*) wo/wer *etc* ... bloß?; **what on ~ ...?** (*infml*) was in aller Welt ...? (*infml*); **nothing on ~ will stop me now** keine Macht der Welt hält mich jetzt noch auf; **there's no reason on ~ why ...** es gibt keinen erdenklichen Grund, warum ...; **it cost the ~** (*Br infml*) das hat eine schöne Stange Geld gekostet (*infml*); **to come back down to ~** (*fig*) wieder auf den Boden der Tatsachen (zurück)kommen; **to bring sb down to ~ (with a bump)** (*fig*) jdn (unsanft) wieder auf den Boden der Tatsachen zurückholen **2** (*of fox etc*) Bau *m* **B** *v/t* (*Br* ELEC) erden **earthenware A** *n* **1** (≈ *material*) Ton *m* **2** (≈ *dishes etc*) Tongeschirr *nt* **B** *adj* aus Ton, Ton- **earthly** *adj* **1** irdisch **2** **there's no ~ reason why ...** es gibt nicht den geringsten Grund, warum ... **earthquake** *n* Erdbeben *nt* **earth-shattering** *adj* (*fig*) welterschütternd **earth tremor** *n* Erdstoß *m* **earthworm** *n* Regenwurm *m* **earthy** *adj* **1** *smell* erdig **2** (*fig*) *person* urtümlich, urchig (*Swiss*); *humour, language* derb

earwax *n* Ohrenschmalz *nt* **earwig** *n* Ohrwurm *m*

ease A *n* **1** **I am never at ~ in his company** in seiner Gesellschaft fühle ich mich immer befangen; **to be** *or* **feel at ~ with oneself** sich (in seiner Haut) wohlfühlen; **to put sb at (his/her) ~** jdm die Befangenheit nehmen; **to put** *or* **set sb's mind at ~** jdn beruhigen; **(stand) at ~!** MIL rührt euch! **2** (≈ *absence of difficulty*) Leichtigkeit *f*; **with (the greatest of) ~** mit (größter) Leichtigkeit; **for ~ of use** um die Benutzung zu erleichtern **B** *v/t* **1** *pain* lindern; **to ~ the burden on sb** jdm eine Last abnehmen **2** *rope* lockern; *pressure, tension* verringern; *situation* entspannen; **he ~d the lid off** er löste den Deckel behutsam ab; **he ~d his way through the hole** er schob sich vorsichtig durch das Loch **C** *v/i* nachlassen ◊**ease off** *or* **up** *v/i* **1** (≈ *slow down*) langsamer werden; **the doctor told him to ease up a bit at work** der Arzt riet ihm, bei der Arbeit etwas kürzerzutreten **2** (*pain, rain*) nachlassen

easel *n* Staffelei *f*

easily *adv* **1** leicht; **~ accessible** (*place*) leicht zu erreichen; **he learnt to swim ~** er lernte mühelos schwimmen; **it could just as ~ happen here** es könnte genauso gut hier passieren **2** **it's ~ 25 miles** es sind gut und gerne 25 Meilen; **they are ~ the best** sie sind mit Abstand die Besten **3** *talk, breathe* ganz entspannt

east A *n* **the ~** der Osten; **in the ~** im Osten; **to the ~** nach Osten; **to the ~ of** östlich von; **the wind is coming from the ~** der Wind kommt von Ost(en); **the ~ of France** der Osten Frankreichs; **East-West relations** Ost-West-Beziehungen *pl* **B** *adv* (≈ *eastward*) nach Osten; **the kitchen faces ~** die Küche liegt nach Osten; **~ of Paris/the river** östlich von Paris/des Flusses **C** *adj attr* Ost-; **~ coast** Ostküste *f* **East Berlin** *n* Ostberlin *nt* **eastbound** *adj* (in) Richtung Osten; **the ~ carriageway of the M4** (*Br*) die M4 in Richtung Osten

Easter A *n* Ostern *nt*; **at ~** an *or* zu Ostern **B** *adj attr* Oster- **Easter bunny** *n* Osterhase *m* **Easter egg** *n* Osterei *nt*

easterly *adj* östlich, Ost-; **an ~ wind** ein Ostwind *m*; **in an ~ direction** in östlicher Richtung

Easter Monday n Ostermontag m
eastern adj Ost-, östlich; **Eastern Europe**
Osteuropa nt **easterner** n (esp US) Ost-
staatler(in) m(f); **he's an ~** er kommt aus
dem Osten **easternmost** adj östlichs-
te(r, s)
Easter Sunday n Ostersonntag m
East European A adj osteuropäisch B
n Osteuropäer(in) m(f) **East German**
A adj ostdeutsch B n Ostdeutsche(r)
m/f(m) **East Germany** n Ostdeutschland
nt; (≈ GDR) die DDR **eastward** A adv (a.
eastwards) nach Osten B adj direction
östlich **eastwardly** adv, adj = eastward
easy A adj (+er) leicht; option, solution einfach; **it's ~ to forget that …** man vergisst
leicht, dass …; **it's ~ for her** sie hat es
leicht; **that's ~ for you to say** du hast
gut reden; **he was an ~ winner** er hat
mühelos gewonnen; **that's the ~ part**
das ist das Einfache; **it's an ~ mistake
to make** den Fehler kann man leicht machen; **to be within ~ reach of sth** etw
leicht erreichen können; **as ~ as pie** kinderleicht; **easier said than done** leichter
gesagt als getan; **to take the ~ way out**
es sich (dat) leicht machen; **she is ~ to
get on with** mit ihr kann man gut auskommen; **to have it ~, to have an ~ time
(of it)** es leicht haben; **~ prey** eine leichte
Beute; **to be ~ on the eye/ear** angenehm
anzusehen/anzuhören sein; **at an ~ pace**
in gemütlichem Tempo; **I don't feel ~
about it** es ist mir nicht recht B adv
(infml) **to go ~ on sb** nicht so streng
mit jdm sein; **to go ~ on sth** mit etw
sparsam umgehen; **to take it ~, to take
things ~** (≈ rest) sich schonen; **take it ~!**
(≈ calm down) immer mit der Ruhe!; **~
does it** immer sachte **easy chair** n Sessel m, Fauteuil nt (Aus) **easy-going** adj
gelassen **easy listening** n leichte Musik, Unterhaltungsmusik f **easy money**
n leicht verdientes Geld; **you can make
~** Sie können leicht Geld machen **easy
touch** n **to be an ~** (infml) nicht Nein sagen können
eat vb: pret **ate**, past part **eaten** v/t & v/i
(person) essen; (animal) fressen; **to ~ one's
breakfast** frühstücken; **to ~ one's lunch/
dinner** zu Mittag/Abend essen; **he was
forced to ~ his words** er musste alles zurücknehmen; **he won't ~ you** (infml) er
wird dich schon nicht fressen (infml);

what's ~ing you? (infml) was hast du
denn? ◊**eat away at** v/i +prep obj **1** (acid, rust) anfressen **2** (fig) finances angreifen ◊**eat into** v/i +prep obj metal anfressen; capital angreifen; time verkürzen
◊**eat out** A v/i zum Essen ausgehen B
v/t sep **Elvis Presley, eat your heart out**
Elvis Presley, da kannst du vor Neid erblassen ◊**eat up** A v/t sep **1** (lit) aufessen; (animal) auffressen **2** (fig) verbrauchen B v/i aufessen
eaten past part of **eat eater** n Esser(in)
m(f) **eating** n Essen nt **eating disorder** n Essstörung f
eau de Cologne n Kölnischwasser nt
eaves pl Dachvorsprung m
eavesdrop v/i (heimlich) lauschen; **to ~
on a conversation** ein Gespräch belauschen
ebb A n Ebbe f; **~ and flow** (fig) Auf und
Ab nt; **at a low ~** (fig) auf einem Tiefstand
B v/i **1** (tide) zurückgehen **2** (fig: a. **ebb
away**, enthusiasm etc) verebben; (life) zu
Ende gehen **ebb tide** n Ebbe f
e-bike n E-Bike nt, Elektrofahrrad nt
ebola n MED Ebola nt
e-book n E-Book nt **e-book reader** n E-
-Book-Reader m
ebullient adj person überschwänglich;
spirits, mood übersprudelnd
e-business n **1** (≈ company) Internetfirma f **2** (≈ commerce) E-Business nt
EC abbr of European Community EG f
e-card n E-Card f, elektronische Grußkarte
e-cash n E-Cash nt, elektronische Geldüberweisung
ECB abbr of European Central Bank EZB f
eccentric A adj exzentrisch B n Exzen-
triker(in) m(f) **eccentricity** n Exzentrizi-
tät f
ecclesiastical adj kirchlich
ECG abbr of electrocardiogram EKG nt
echo A n Echo nt; (fig) Anklang m (of an
+acc) B v/t (fig) wiedergeben C v/i
(sounds) widerhallen; (room, footsteps) hallen; **her words ~ed in his ears** ihre Worte
hallten ihm in den Ohren
e-cigarette n E-Zigarette f, elektronische
Zigarette
éclair n Liebesknochen m
eclectic adj eklektisch
eclipse A n ASTRON Finsternis f; **~ of the
sun/moon** Sonnen-/Mondfinsternis f B v/t

(fig) in den Schatten stellen

eco- *pref* Öko-, öko- **ecofriendly** *adj* (*Br*) umweltfreundlich **ecological** *adj* ökologisch; **~ disaster** Umweltkatastrophe *f*; **~ damage** Umweltschäden *pl* **ecologist** *n* Ökologe *m*, Ökologin *f* **ecology** *n* Ökologie *f*

e-commerce *n* E-Commerce *m*

economic *adj* **◱** Wirtschafts-; **~ growth** Wirtschaftswachstum *nt* **◲** (≈ *cost-effective*) *price, rent* wirtschaftlich **economical** *adj* sparsam; **to be ~ with sth** mit etw haushalten; **they were ~ with the truth** sie haben es mit der Wahrheit nicht so genau genommen; **an ~ style** LIT ein prägnanter Stil **economically** *adv* **◱** wirtschaftlich; **after the war, the country suffered ~** nach dem Krieg litt die Wirtschaft des Landes **◲** (≈ *thriftily*) sparsam; **to use sth ~** mit etw sparsam umgehen **economic crisis** *n* Wirtschaftskrise *f* **economic migrant, economic refugee** *n* Wirtschaftsmigrant(in) *m(f)* **economics** *n* **◱** *sg or pl* Wirtschaftswissenschaften *pl* **◲** *pl* **the ~ of the situation** die wirtschaftliche Seite der Situation **economist** *n* Wirtschaftswissenschaftler(in) *m(f)*

economize *v/i* sparen ◊**economize on** *v/i +prep obj* sparen **economy** *n* **◱** (*system*) Wirtschaft *f no pl* **◲** (≈ *saving*) Einsparung *f*; **a false ~** falsche Sparsamkeit **economy class** *n* Touristenklasse *f* **economy drive** *n* Sparmaßnahmen *pl* **economy size** *n* Sparpackung *f*

ecosystem *n* Ökosystem *nt* **ecotourism** *n* Ökotourismus *m* **eco-warrior** *n* (*infml*) Ökokämpfer(in) *m(f)*

ecstasy *n* **◱** Ekstase *f*; **to be in ~** ekstatisch sein **◲** (≈ *drug*) Ecstasy *nt* **ecstatic** *adj* ekstatisch

ecumenical *adj* (*form*) ökumenisch

eczema *n* Ekzem *nt*

ed ◱ *abbr of* editor Hrsg. **◲** *abbr of* edition Ausg.

eddy *n* Wirbel *m*

Eden *n* (*also fig*) **Garden of ~** Garten *m* Eden

edge ◮ ◱ (*of knife*) Schneide *f*; **to take the ~ off sth** (*fig*) *sensation* etw der Wirkung (*gen*) berauben; *pain* etw lindern; **the noise sets my teeth on ~** das Geräusch geht mir durch und durch; **to be on ~** nervös sein; **there was an ~ to**

his voice seine Stimme klang ärgerlich; **to have the ~ on sb/sth** jdm/etw überlegen sein; **it gives her/it that extra ~** darin besteht eben der kleine Unterschied **◲** (≈ *outer limit*) Rand *m*; (*of brick*) Kante *f*; (*of lake, river, sea*) Ufer *nt*; **at the ~ of the road** am Straßenrand; **the film had us on the ~ of our seats** der Film war unheimlich spannend **◳** *v/t* **◱** (≈ *put a border on*) einfassen; **~d in black** mit einem schwarzen Rand **◲ to ~ one's way toward(s) sth** (*slowly*) sich allmählich auf etw (*acc*) zubewegen; **she ~d her way through the crowd** sie schlängelte sich durch die Menge **◳** *v/i* sich schieben; **to ~ toward(s) the door** sich zur Tür stehlen; **he ~d past me** er schob sich an mir vorbei ◊**edge out** *v/t sep* beiseitedrängen; **Germany edged England out of the final** Deutschland verdrängte England aus dem Endspiel

edgeways, edgewise (*US*) *adv* hochkant; **I couldn't get a word in ~** ich bin überhaupt nicht zu Wort gekommen **edgy** *adj* (*+er*) nervös

EDI *abbr of* electronic data interchange

edible *adj* essbar

edict *n* Erlass *m*

edifice *n* Gebäude *nt*

Edinburgh *n* Edinburg(h) *nt*

edit *v/t newspaper, magazine* herausgeben; *book, text* redigieren; *film* schneiden; IT editieren ◊**edit out** *v/t sep* herausnehmen; (*from film, tape*) herausschneiden; *character* (*from story*) herausstreichen

editable *adj* IT *file* editierbar **editing** *n* (*of newspaper, magazine*) Herausgabe *f*; (*of book, text*) Redaktion *f*; (*of film*) Schnitt *m*; IT Editieren *nt* **edition** *n* Ausgabe *f*; (≈ *impression*) Auflage *f* **editor** *n* Herausgeber(in) *m(f)*; (*publisher's*) (Verlags)lektor(in) *m(f)*; FILM Cutter(in) *m(f)*; **sports ~** Sportredakteur(in) *m(f)* **editorial ◮** *adj* redaktionell **◳** *n* Leitartikel *m*

EDP *abbr of* electronic data processing EDV *f*

educate *v/t* **◱** SCHOOL, UNIV erziehen; **he was ~d at Eton** er ist in Eton zur Schule gegangen **◲** *public* informieren; **we need to ~ our children about drugs** wir müssen dafür sorgen, dass unsere Kinder über Drogen Bescheid wissen **educated** *adj* gebildet; **to make an ~ guess** eine fundierte *or* wohlbegründete Vermutung anstellen

education n Erziehung f; (≈ studies, training) Ausbildung f; (≈ knowledge) Bildung f; **College of Education** pädagogische Hochschule; **(local) ~ authority** Schulbehörde f; **to get an ~** eine Ausbildung bekommen; **she had a university ~** sie hatte eine Universitätsausbildung; **she had little ~** sie war ziemlich ungebildet **educational** adj ▮ (≈ academic) erzieherisch; (at school level) schulisch; **~ system** (≈ institutions) Bildungswesen nt; (≈ structure) Bildungssystem nt ▮ (≈ teaching) issue pädagogisch ▮ experience, video lehrreich; **~ film** Lehrfilm m; **~ toy** pädagogisch wertvolles Spielzeug **educationally** adv **~ subnormal** lernbehindert

edutainment n Edutainment nt
Edwardian adj Edwardianisch; **~ England** England in der Zeit Eduards VII.
EEC n (dated) abbr of European Economic Community EG f, EWG f (dated)
EEG abbr of electroencephalogram EEG nt
eel n Aal m
eerie, eery adj (+er) unheimlich **eerily** adv (+vb) unheimlich; (+adj) auf unheimliche Weise; **the whole town was ~ quiet** in der ganzen Stadt herrschte eine unheimliche Stille
effect n ▮ Wirkung f; (≈ repercussion) Auswirkung f; **alcohol has the ~ of dulling your senses** Alkohol bewirkt eine Abstumpfung der Sinne; **the ~ of this is that ...** das hat zur Folge, dass ...; **to feel the ~s of the drugs** die Wirkung der Drogen spüren; **to no ~** erfolglos; **to have an ~ on sb/sth** eine Wirkung auf jdn/etw haben; **to have no ~** keine Wirkung haben; **to take ~** (drug) wirken; **with immediate ~** mit sofortiger Wirkung; **with ~ from 3 March** mit Wirkung vom 3. März; **to create an ~** einen Effekt erzielen; **only for ~** nur zum Effekt; **we received a letter to the ~ that ...** wir erhielten ein Schreiben des Inhalts, dass ...; **... or words to that ~** ... oder etwas in diesem Sinne ▮ (≈ reality) **in ~** in Wirklichkeit ▮ (of laws) **to come into** or **take ~** in Kraft treten **effective** adj ▮ way, measures effektiv; means, treatment, deterrent wirksam; combination wirkungsvoll; **to be ~ in doing sth** bewirken, dass etw geschieht; **to be ~ against sth** (drug) gegen etw wirken ▮

(≈ operative) in Kraft; **a new law, ~ from** or **becoming ~ on 1 August** ein neues Gesetz, das am 1. August in Kraft tritt **effectively** adv ▮ (≈ successfully) wirksam; function, work effektiv ▮ (≈ in effect) effektiv **effectiveness** n Wirksamkeit f; (of strategy) Effektivität f
effeminate adj feminin
effervescent adj sprudelnd
efficacy n Wirksamkeit f
efficiency n (of person) Fähigkeit f; (of machine, organization) Leistungsfähigkeit f; (of method) Wirksamkeit f; (of engine) Sparsamkeit f **efficient** adj person fähig; machine, organization leistungsfähig; engine sparsam; service gut; method wirksam; way, use rationell; **to be ~ at (doing) sth** etw gut können **efficiently** adv effektiv; **to work more ~** rationeller arbeiten
effigy n Bildnis nt
effluent n Abwasser nt
effort n ▮ (≈ attempt) Versuch m; (≈ hard work) Anstrengung f; **to make an ~ to do sth** sich bemühen, etw zu tun; **to make the ~ to do sth** sich (dat) die Mühe machen, etw zu tun; **to make every ~** or **a great ~ to do sth** sich sehr bemühen, etw zu tun; **he made no ~ to be polite** er machte sich (dat) nicht die Mühe, höflich zu sein; **it's an ~** es kostet einige Mühe; **come on, make an ~** komm, streng dich an; **it's worth the ~** die Mühe lohnt sich ▮ (≈ campaign) Aktion f ▮ (infml) Unternehmen nt; **it was a pretty poor ~** das war eine ziemlich schwache Leistung; **it's not bad for a first ~** das ist nicht schlecht für den Anfang **effortless** adj mühelos **effortlessly** adv mühelos
effusive adj überschwänglich; (≈ gushing) exaltiert
E-fit n elektronisch erstelltes Fahndungsfoto
EFL abbr of English as a Foreign Language Englisch als Fremdsprache
eg abbr of exempli gratia (≈ for example) z. B.
EGA IT abbr of enhanced graphics adapter EGA m
egalitarian adj egalitär **egalitarianism** n Egalitarismus m
egg n Ei nt; **to put all one's ~s in one basket** (prov) alles auf eine Karte setzen ◊**egg on** v/t sep anstacheln
egg cup n Eierbecher m **eggplant** n

(US) Aubergine f, Melanzani f (Aus) **eggshell** n Eierschale f **egg timer** n Eieruhr f **egg whisk** n Schneebesen m **egg white** n Eiweiß nt **egg yolk** n Eigelb nt **ego** n PSYCH Ego nt; (≈ self-esteem) Selbstbewusstsein nt; (≈ conceit) Einbildung f; **his ~ won't allow him to admit he is wrong** sein Stolz lässt ihn nie zugeben, dass er unrecht hat **egocentric** adj egozentrisch **egoism** n Egoismus m **egoistic(al)** adj egoistisch **egotism** n Ichbezogenheit f **egotist** n ichbezogener Mensch **egotistic(al)** adj ichbezogen **ego trip** n (infml) Egotrip m (infml)

Egypt n Ägypten nt **Egyptian** ◼ adj ägyptisch ◼ n Ägypter(in) m(f)

EIB abbr of European Investment Bank **eiderdown** n (≈ quilt) Federbett nt **eight** ◼ adj acht ◼ n Acht f; → six **eighteen** ◼ adj achtzehn ◼ n Achtzehn f

eighteenth ◼ adj achtzehnte(r, s) ◼ n ◼ (≈ fraction) Achtzehntel nt ◻ (of series) Achtzehnte(r, s); → sixteenth

eighth ◼ adj achte(r, s) ◼ n ◼ (≈ fraction) Achtel nt ◻ (of series) Achte(r, s); → sixth **eighth note** n (US MUS) Achtelnote f

eightieth ◼ adj achtzigste(r, s) ◼ n ◼ (≈ fraction) Achtzigstel nt ◻ (of series) Achtzigste(r, s); → sixtieth

eighty ◼ adj achtzig ◼ n Achtzig f; → sixty

Eire n Irland nt

either ◼ adj, pron ◼ (≈ one or other) eine(r, s) (von beiden); **there are two boxes on the table, take ~ (of them)** auf dem Tisch liegen zwei Schachteln, nimm eine davon ◻ (≈ each, both) jede(r, s), beide pl; **~ day would suit me** beide Tage passen mir; **which bus will you take? — ~ (will do)** welchen Bus wollen Sie nehmen? — das ist egal; **on ~ side of the street** auf beiden Seiten der Straße; **it wasn't in ~ (box)** es war in keiner der beiden (Kisten) ◼ adv, cj ◼ (after neg statement) auch nicht; **I haven't ~** ich auch nicht ◻ **~ ... or** entweder ... oder; (after a negative) weder ... noch; **he must be ~ lazy or stupid** er muss entweder faul oder dumm sein; **I have never been to ~ Paris or Rome** ich bin weder in Paris noch in Rom gewesen ◼ **she inherited some money and not an insignificant amount ~** sie hat Geld geerbt, und (zwar) gar

nicht so wenig

ejaculate v/i PHYSIOL ejakulieren **ejaculation** n PHYSIOL Ejakulation f

eject ◼ v/t ◼ tenant hinauswerfen ◻ cartridge auswerfen ◼ v/i (pilot) den Schleudersitz betätigen **ejector seat**, (US) **ejection seat** n AVIAT Schleudersitz m

eke out v/t sep supplies strecken; money aufbessern; **to ~ a living** sich (recht und schlecht) durchschlagen

EKG n (US) = ECG

elaborate ◼ adj ◼ (≈ complex) kompliziert; (≈ sophisticated) ausgeklügelt; scheme groß angelegt; precautions, plans umfangreich; preparations ausführlich; design aufwendig ◻ (≈ lavish, ornate) kunstvoll ◼ v/i would you care to or could you ~ on that? könnten Sie darauf näher eingehen? **elaborately** adv ◼ (≈ in detail) ausführlich; (≈ complexly) kompliziert; **an ~ staged press conference** eine mit großem Aufwand veranstaltete Pressekonferenz ◻ (≈ ornately, lavishly) kunstvoll

élan n Elan m

elapse v/i vergehen

elastic ◼ adj elastisch; **~ waist** Taille f mit Gummizug ◼ n Gummi(band nt) m; **a piece of ~** ein Gummiband nt **elasticated** adj elastisch; **~ waist** Taille f mit Gummizug **elastic band** n (esp Br) Gummiband nt **elasticity** f Elastizität f **Elastoplast®** n (Br) Heftpflaster nt

elated adj begeistert **elation** n Begeisterung (at über +acc)

elbow ◼ n Ellbogen m ◼ v/t he ~ed his way through the crowd er boxte sich durch die Menge; **to ~ sb aside** jdn beiseitestoßen; **he ~ed me in the stomach** er stieß mir or mich mit dem Ellbogen in den Magen **elbow grease** n (infml) Muskelkraft f **elbowroom** n (infml) Ellbogenfreiheit f (infml)

elder¹ ◼ adj attr comp of old ◼ brother etc ältere(r, s) ◻ (≈ senior) **Pliny the ~** Plinius der Ältere ◼ n ◼ respect your ~s du musst Respekt vor Älteren haben ◻ (of tribe, Church) Älteste(r) m

elder² n BOT Holunder m, Holler m (Aus) **elderberry** n Holunderbeere f, Hollerbeere f (Aus); **~ wine** Holunder- or (Aus) Hollerwein m

elderly adj ältlich, ältere(r, s) attr **elder statesman** n (alt)erfahrener Staatsmann **eldest** ◼ adj attr sup of old älteste(r, s)

B *n* **the ~** der/die/das Älteste; *(pl)* die Ältesten *pl*; **the ~ of four children** das älteste von vier Kindern; **my ~** *(infml)* mein Ältester, meine Älteste

elect **A** *v/t* **1** wählen; **he was ~ed chairman** er wurde zum Vorsitzenden gewählt; **to ~ sb to the Senate** jdn in den Senat wählen **2** *(≈ choose)* sich entscheiden für; **to ~ to do sth** sich dafür entscheiden, etw zu tun **B** *adj* **the president ~** der designierte Präsident

election *n* Wahl *f* **election campaign** *n* Wahlkampf *m* **electioneering** *n* *(≈ campaign)* Wahlkampf *m*; *(≈ propaganda)* Wahlpropaganda *f* **elective** *n* *(US:* SCHOOL, UNIV*)* Wahlfach *nt* **electoral** *adj* Wahl-; **~ process** Wahlverfahren *nt*; **~ system** Wahlsystem *nt* **electoral register, electoral roll** *n* Wählerverzeichnis *nt* **electorate** *n* Wählerschaft *f*

electric **A** *adj* **1** *(≈ powered by electricity)* elektrisch; *(≈ carrying electricity)* Strom-; **~ car/vehicle** Elektroauto *nt*; **~ razor** Elektrorasierer *m*; **~ kettle** elektrischer Wasserkocher **2** *(fig)* wie elektrisiert **B** *n* **1** *(infml ≈ electricity)* Elektrizität *f* **2** **electrics** *pl* Strom *m*; AUTO Elektrik *f*

electrical *adj* elektrisch; **~ appliance** Elektrogerät *nt* **electrical engineer** *n* Elektrotechniker(in) *m(f)*; *(with degree)* Elektroingenieur(in) *m(f)* **electrical engineering** *n* Elektrotechnik *f* **electrically** *adv* elektrisch; **an ~ powered car** ein Wagen *m* mit Elektroantrieb **electric bike** *n* Elektrofahrrad *nt* **electric bill** *n* *(infml)* Stromrechnung *f* **electric blanket** *n* Heizdecke *f* **electric chair** *n* elektrischer Stuhl **electric cooker** *n* Elektroherd *m* **electric fence** *n* Elektrozaun *m* **electric fire** *n* elektrisches Heizgerät **electric guitar** *n* E-Gitarre *f* **electric heater** *n* elektrisches Heizgerät

electrician *n* Elektriker(in) *m(f)* **electricity** *n* Elektrizität *f*; *(≈ electric power for use)* (elektrischer) Strom; **~ price** Strompreis *m*; **~ production** Stromerzeugung *f* **electricity meter** *n* Stromzähler *m* **electric light** *n* elektrisches Licht **electric organ** *n* elektrische Orgel **electric shock** *n* Stromschlag *m*; MED Elektroschock *m* **electric toothbrush** *n* elektrische Zahnbürste **electrify** *v/t* **1** RAIL elektrifizieren **2** *(fig)* elektrisieren

electrocardiogram *n* Elektrokardiogramm *nt* **electrocute** *v/t* durch einen (Strom)schlag töten; *(≈ execute)* auf dem elektrischen Stuhl hinrichten **electrode** *n* Elektrode *f* **electrolysis** *n* Elektrolyse *f* **electromagnetic** *adj* elektromagnetisch **electron** *n* Elektron *nt*

electronic *adj*, **electronically** *adv* elektronisch **electronic banking** *n* elektronischer Zahlungsverkehr **electronic cigarette** *n* elektrische Zigarette, elektronische Zigarette **electronic data interchange** *n* IT elektronischer Datenaustausch **electronic data processing** *n* IT elektronische Datenverarbeitung **electronic engineering** *n* Elektronik *f* **electronic mail** *n* E-Mail *f* **electronics** *n* **1** *sg (subject)* Elektronik *f* **2** *pl (of machine etc)* Elektronik *f* **electronic surveillance** *n* elektronische Überwachung **electronic tagging** *n* elektronische Fußfesseln *pl* **electroplated** *adj* *(galvanisch)* versilbert/verchromt *etc* **electroshock therapy** *n* Elektroschocktherapie *f*

elegance *n* Eleganz *f* **elegant** *adj*, **elegantly** *adv* elegant

elegy *n* Elegie *f*

element *n* Element *nt*; **one of the key ~s of the peace plan** einer der grundlegenden Bestandteile des Friedensplans; **an ~ of danger** ein Gefahrenelement *nt*; **an ~ of truth** eine Spur von Wahrheit; **a criminal ~** ein paar Kriminelle; **to be in one's ~ in** seinem Element sein **elemental** *adj* *(liter)* elementar; **~ force** Naturgewalt *f* **elementary** *adj* **1** *fact* grundlegend; **~ mistake** Grundfehler *m* **2** SCHOOL *level* Elementar-; **~ skills/knowledge** Grundkenntnisse *pl*; **~ maths** Elementarmathematik *f* **elementary school** *n* *(US)* Grundschule *f*

elephant *n* Elefant *m*

elevate *v/t* **1** heben; *blood pressure etc* erhöhen **2** *(fig) mind* erbauen **3** **to ~ sb to the peerage** jdn in den Adelsstand erheben **elevated** *adj* **1** *(≈ raised)* erhöht; **~ railway** *(Br)* or **railroad** *(US)* Hochbahn *f*; **the ~ section of the M4** die als Hochstraße gebaute Strecke der M4 **2** *status, style, language* gehoben **elevation** *n* *(above sea level)* Höhe *f* über dem Meeresspiegel **elevator** *n* *(US)* Fahrstuhl *m*

eleven **A** *n* Elf *f*; **the second ~** FTBL die

zweite Mannschaft **B** *adj* elf; → **six elevenses** *n sg or pl* (*Br*) zweites Frühstück, Znüni *nt* (*Swiss*)

eleventh A *adj* elfte(r, s); **at the ~ hour** (*fig*) fünf Minuten vor zwölf **B** *n* **1** (≈ *fraction*) Elftel *nt* **2** (*of series*) Elfte(r, s); → **sixth**

elf *n*, *pl* **elves** Kobold *m*

elicit *v/t* entlocken (*from sb* jdm); *support* gewinnen (*from sb* jds)

eligibility *n* Berechtigung *f* **eligible** *adj* infrage kommend; (*for competition etc*) teilnahmeberechtigt; (*for grants etc*) berechtigt; (*for membership*) aufnahmeberechtigt; **to be ~ for a job** für einen Posten infrage kommen; **to be ~ for a pension** pensionsberechtigt sein; **an ~ bachelor** ein begehrter Junggeselle

eliminate *v/t* **1** ausschließen; *competitor* ausschalten; *poverty, waste* ein Ende machen (+*dat*); *problem* beseitigen; **our team was ~d** unsere Mannschaft ist ausgeschieden **2** (≈ *kill*) eliminieren **elimination** *n* **1** Ausschluss *m*; (*of competitor*) Ausschaltung *f*; (*of poverty, waste*) Beendung *f*; (*of problem*) Beseitigung *f*; **by (a) process of ~** durch negative Auslese **2** (≈ *killing*) Eliminierung *f*

e-liquid *n* (*for e-cigarettes*) Liquid *nt*

elite A *n* Elite *f* **B** *adj* Elite-; **~ group** Elitegruppe *f* **elitism** *n* Elitedenken *nt* **elitist A** *adj* elitär **B** *n* elitär Denkende(r) *m/f(m)*; **he's an ~** er denkt elitär

Elizabethan A *adj* elisabethanisch **B** *n* Elisabethaner(in) *m(f)*

elk *n* Elch *m*

elliptic(al) *adj* MAT *etc* elliptisch

elm *n* Ulme *f*

elocution *n* Sprechtechnik *f*; **~ lessons** Sprechunterricht *m*

elongate *v/t* verlängern; (≈ *stretch out*) strecken **elongated** *adj* verlängert; (≈ *stretched*) ausgestreckt; *shape* länglich

elope *v/i* durchbrennen (*infml*), um zu heiraten

eloquence *n* (*of person*) Redegewandtheit *f*; (*of speech, words*) Gewandtheit *f* **eloquent** *adj* *speech, words* gewandt; *person* redegewandt **eloquently** *adv* *express* mit beredten Worten; *demonstrate* deutlich

else *adv* **1** (*after pron*) andere(r, s); **anybody ~ would have done it** jeder andere hätte es gemacht; **is there anybody ~ there?** (*in addition*) ist sonst (noch) jemand da?; **does anybody ~ want it?** will jemand anders es haben?; **somebody ~** sonst jemand; **I'd prefer something ~** ich möchte lieber etwas anderes; **have you anything ~ to say?** haben Sie sonst noch etwas zu sagen?; **do you find this species anywhere ~?** findet man die Gattung auch anderswo?; **they haven't got anywhere ~ to go** sie können sonst nirgends anders hingehen; **this is somebody ~'s umbrella** dieser Schirm gehört jemand anders; **something ~** sonst etwas; **that car is something ~** (*infml*) das Auto ist einfach spitze (*infml*); **if all ~ fails** wenn alle Stricke reißen; **above all ~** vor allen Dingen; **anything ~?** (*in shop*) sonst noch etwas?; **everyone/everything ~** alle anderen/alles andere; **everywhere ~** überall sonst; **somewhere** or **someplace** (*esp US*) ~ woanders; (*with motion*) woandershin; **from somewhere ~** woandersher **2** (*after pron, neg*) **nobody ~, no one ~** sonst niemand; **nothing ~** sonst nichts; **what do you want? — nothing ~, thank you** was möchten Sie? — danke, nichts weiter; **if nothing ~, you'll enjoy it** auf jeden Fall wird es dir Spaß machen; **there's nothing ~ for it but to ...** da gibt es keinen anderen Ausweg, als zu ...; **nowhere ~** sonst nirgends or nirgendwo; (*with motion*) sonst nirgendwohin; **there's not much ~ we can do** wir können kaum etwas anderes tun **3** (*after interrog*) **where/who/what ~?** wo/wer/was sonst?; **who ~ but John?** wer anders als John?; **how ~ can I do it?** wie kann ich es denn sonst machen?; **what ~ could I have done?** was hätte ich sonst tun können? **4** (≈ *otherwise, if not*) sonst; **do it now (or) ~ you'll be punished** tu es jetzt, sonst setzt es Strafe; **do it or ~ ...!** mach das, sonst ...!; **he's either a genius or ~ he's mad** er ist entweder ein Genie oder aber verrückt **elsewhere** *adv* woanders; **to go ~** woandershin gehen; **her thoughts were ~** sie war mit ihren Gedanken woanders

ELT *abbr of* English Language Teaching

elucidate *v/t* *text* erklären; *situation* erhellen

elude *v/t* *police, enemy* entkommen (+*dat*); **to ~ capture** entkommen; **sleep ~d her** sie konnte keinen Schlaf finden; **the name ~s me** der Name ist mir entfallen

elusive adj **1** target, success schwer erreichbar; (≈ unattainable) unerreichbar; **financial success proved ~** der finanzielle Erfolg wollte sich nicht einstellen **2** person schwer zu erreichen; prey schwer zu fangen

elves pl of elf

emaciated adj ausgezehrt

E-mail, e-mail **A** n E-Mail f **B** v/t **to ~ sb** jdm eine E-Mail schicken; **to ~ sth** etw per E-Mail schicken **E-mail address, e-mail address** n E-Mail-Adresse f

emanate v/i ausgehen (from von); (odour) ausströmen (from von)

emancipate v/t women emanzipieren; slaves freilassen; people befreien **emancipated** adj woman, outlook emanzipiert **emancipation** n Emanzipation f; (of slave) Freilassung f; (of people) Befreiung f

emasculate v/t (≈ weaken) entkräften

embalm v/t einbalsamieren

embankment n (Ufer)böschung f; (for railway) Bahndamm m; (≈ dam) (Ufer)damm m

embargo n, pl -es Embargo nt; **trade ~** Handelsembargo nt; **to place/lift an ~ on sth** ein Embargo über etw (acc) verhängen/aufheben

embark v/i **1** NAUT sich einschiffen **2** (fig) **to ~ up(on) sth** etw beginnen **embarkation** n Einschiffung f **embarkation papers** pl Bordpapiere pl

embarrass v/t in Verlegenheit bringen; (generosity etc) beschämen; **she was ~ed by the question** die Frage war ihr peinlich **embarrassed** adj verlegen; **I am/feel so ~ (about it)** es ist mir so peinlich; **she was ~ to be seen with him** or **about being seen with him** es war ihr peinlich, mit ihm gesehen zu werden **embarrassing** adj peinlich **embarrassingly** adv auf peinliche Weise; (introducing sentence) peinlicherweise; **it was ~ bad** es war so schlecht, dass es schon peinlich war **embarrassment** n Verlegenheit f; **to cause ~ to sb** jdn in Verlegenheit bringen; **to my great ~ she ...** sie ..., was mir sehr peinlich war; **she's an ~ to her family** sie blamiert die ganze Familie (infml)

embassy n Botschaft f

embattled adj (fig) government bedrängt

embed v/t **1** einlassen; **the car was firmly ~ded in the mud** das Auto steckte im Schlamm fest; **the bullet ~ded itself in the wall** die Kugel bohrte sich in die Wand **2** IT **~ded commands** eingebettete Befehle

embellish v/t schmücken; (fig) account ausschmücken; truth beschönigen

embers pl Glut f

embezzle v/t unterschlagen **embezzlement** n Unterschlagung f

embitter v/t verbittern

emblazon v/t **the name "Jones" was ~ed on the cover** der Name „Jones" prangte auf dem Umschlag

emblem n Emblem nt **emblematic** adj emblematisch (of für)

embodiment n Verkörperung f; **to be the ~ of evil** das Böse in Person sein **embody** v/t **1** ideal etc verkörpern **2** (≈ include) enthalten

embossed adj geprägt; design erhaben

embrace **A** v/t **1** umarmen; **they ~d each other** sie umarmten sich **2** religion annehmen; cause sich annehmen (+gen) **3** (≈ include) umfassen **B** v/i sich umarmen **C** n Umarmung f

embroider **A** v/t cloth besticken; pattern sticken **B** v/i sticken **embroidered** adj material etc bestickt; design (auf)gestickt (on auf +acc) **embroidery** n Stickerei f

embroil v/t **to become ~ed in a dispute** in einen Streit verwickelt werden

embryo n Embryo m **embryonic** adj (esp fig) keimhaft

emcee n Conférencier m; (at private functions) Zeremonienmeister(in) m(f)

emerald **A** n **1** (≈ stone) Smaragd m **2** (≈ colour) Smaragdgrün nt **B** adj smaragden; **~ ring** Smaragdring m **Emerald Isle** n **the ~** die Grüne Insel

emerge v/i **1** auftauchen; **one arm ~d from beneath the blanket** ein Arm tauchte unter der Decke hervor; **he ~d from the house** er kam aus dem Haus; **he ~d (as) the winner** er ging als Sieger hervor **2** (life, new nation) entstehen **3** (truth etc) sich herausstellen **emergence** n Auftauchen nt; (of new nation etc) Entstehung f; (of theory) Aufkommen nt

emergency **A** n Notfall m; (particular situation) Notlage f; **in an ~, in case of ~** im Notfall; **to declare a state of ~** den Notstand erklären; **the doctor's been called out on an ~** der Arzt ist zu einem Notfall gerufen worden **B** adj **1** (≈ in/for an emergency) Not-; meeting außerordentlich; repair notdürftig; ~ **regulations** Notverordnung f; **to undergo ~ surgery** sich einer Notoperation unterziehen; ~ **plan/procedure** Plan m/Maßnahmen pl für den Notfall; **for ~ use only** nur für den Notfall **2** (≈ for a disaster) Katastrophen-; ~ **relief** Katastrophenhilfe f **3** (≈ for state of emergency) Notstands-; ~ **powers** Notstandsvollmachten pl **emergency brake** n Notbremse f **emergency call** n Notruf m **emergency cord** n RAIL Notbremse f **emergency exit** n Notausgang m **emergency landing** n Notlandung f **emergency room** n (US) Unfallstation f **emergency services** pl Notdienst m **emergency stop** n AUTO Vollbremsung f **emergency ward** n Unfallstation f

emergent adj (form) nation etc aufstrebend

emeritus adj emeritiert; ~ **professor**, **professor** ~ Professor emeritus m

emigrant n Auswanderer m, Auswanderin f; (esp for political reasons) Emigrant(in) m(f) **emigrate** v/i auswandern; (esp for political reasons) emigrieren **emigration** n Auswanderung f; (esp for political reasons) Emigration f **émigré** n Emigrant(in) m(f)

eminence n (≈ distinction) hohes Ansehen **eminent** adj person angesehen **eminently** adv sensible ausgesprochen; desirable überaus; ~ **suitable** vorzüglich geeignet; **to be ~ capable of sth** eindeutig zu etw fähig sein

emir n Emir m **emirate** n Emirat nt

emissary n Abgesandte(r) m/f(m)

emission n Ausstrahlung f; (of fumes) Emission f (tech); (of gas) Ausströmen nt; (of vapour, smoke: continuous) Abgabe f **emission-free** adj MOT schadstofffrei **emit** v/t light ausstrahlen; radiation emittieren (tech); sound abgeben; gas ausströmen; vapour, smoke (continuously) abgeben

emoji n IT Emoji nt

emoticon n IT Emoticon nt **emotion** n **1** Gefühl nt **2** no pl (≈ state) (Gemüts)bewegung f; **to show no ~** unbewegt bleiben **emotional** adj emotional; problem, trauma seelisch; support, development psychologisch; farewell gefühlvoll; **to become or get ~** sich aufregen; ~ **outburst** Ge-

fühlsausbruch m; ~ **state** Gemütszustand m **emotional blackmail** n psychologische Erpressung **emotionally** adv **1** (≈ psychologically) seelisch; **I don't want to get ~ involved** ich will mich nicht ernsthaft engagieren; ~ **disturbed** seelisch gestört **2** (≈ in emotional manner) emotional; ~ **charged** spannungsgeladen **emotionless** adj voice etc ausdruckslos **emotive** adj issue emotional; word emotional gefärbt

empathize v/i sich hineinversetzen (with in +acc) **empathy** n Einfühlungsvermögen nt

emperor n Kaiser m

emphasis n Betonung f; **to put ~ on a word** ein Wort betonen; **to say sth with ~** etw nachdrücklich betonen; **to put the ~ on sth** etw betonen; **to put the ~ on doing sth** Wert darauf legen, etw zu tun; **there is too much ~ on research** die Forschung steht zu sehr im Vordergrund **emphasize** v/t betonen **emphatic** adj **1** (≈ forceful) entschieden; denial energisch; **to be ~ (that ...)** (person) darauf bestehen(, dass ...); **to be ~ about sth** auf etw (dat) bestehen **2** victory klar; defeat schwer **emphatically** adv **1** say nachdrücklich; reject, deny entschieden **2** (≈ definitely) eindeutig

empire n **1** Reich nt; (worldwide) Weltreich m; **the Holy Roman Empire** das Heilige Römische Reich (deutscher Nation); **the British Empire** das Britische Weltreich **2** (fig, esp COMM) Imperium nt; **his business ~** sein Geschäftsimperium nt

empirical adj empirisch

employ v/t **1** person beschäftigen; (≈ take on) anstellen; private detective beauftragen; **he has been ~ed with us for 15 years** er ist schon seit 15 Jahren bei uns; **to be ~ed in doing sth** damit beschäftigt sein, etw zu tun **2** method, skill etc anwenden; **they ~ed the services of a chemist to help them** sie zogen einen Chemiker heran, um ihnen zu helfen **employable** adj person anstellbar

employee n Angestellte(r) m/f(m); ~**s and employers** Arbeitnehmer und Arbeitgeber; **the ~s** (of one firm) die Belegschaft **employer** n Arbeitgeber(in) m(f); ~**s' federation** Arbeitgeberverband m

employment n **1** Arbeit f; **to seek ~** Arbeit suchen; **how long is it since you**

E

were last in ~? wann hatten Sie Ihre letzte Stellung?; **conditions/contract of ~** Arbeitsbedingungen *pl*/-vertrag *m* **2** (≈ *act of employing*) Beschäftigung *f*; (≈ *taking on*) Einstellen *nt* **3** (*of method, skill*) Anwendung *f* **employment agency** *n* Stellenvermittlung *f*

emporium *n* Warenhaus *nt*

empower *v/t* **1** **to ~ sb to do sth** jdn ermächtigen, etw zu tun **2** *minorities etc* stärken

empress *n* Kaiserin *f*

emptiness *n* Leere *f*

empty A *adj* (+er) leer; *house* leer stehend *attr; seat* frei; *expression* ausdruckslos; **to feel ~** (*fig*) ein Gefühl der Leere haben; **there were no ~ seats** es waren keine Plätze frei; **on an ~ stomach** mit leerem Magen; *take drug, alcohol* auf leeren Magen **B** *n usu pl* **empties** Leergut *nt* **C** *v/t* **1** leeren; *box, room* ausräumen; *tank* ablassen; *lorry* abladen **2** *contents* ausgießen **D** *v/i* (*rivers*) münden (*into* in +*acc*) ◊**empty out** *v/t sep* ausleeren

empty-handed *adj* **to return ~** mit leeren Händen zurückkehren **empty-headed** *adj* strohdumm **empty nesters** *pl* Eltern, deren Kinder erwachsen und aus dem Haus sind

EMS *abbr of* European Monetary System EWS *nt*

EMU *abbr of* European Monetary Union EWU *nt*

emulate *v/t* **1** nacheifern (+*dat*); **I tried to ~ his success** ich versuchte, es ihm gleichzutun **2** IT emulieren

emulsion *n* (*a.* **emulsion paint**) Emulsionsfarbe *f*

enable *v/t* **to ~ sb to do sth** es jdm ermöglichen, etw zu tun

enact *v/t* POL *law* erlassen

enamel A *n* Email *nt*; (≈ *paint*) Emaillack *m*; (*of teeth*) Zahnschmelz *m* **B** *adj* Email-; **~ paint** Emaillack *m*

enamour, (*US*) **enamor** *v/t* **to be ~ed of sth** von etw angetan sein; **she was not exactly ~ed of the idea** sie war von der Idee nicht gerade begeistert

encapsulate *v/t* (*fig*) zusammenfassen

encase *v/t* verkleiden (*in* mit); *wires* umgeben (*in* mit)

enchant *v/t* entzücken; **to be ~ed by sth** von etw *or* über etw (*acc*) entzückt sein **enchanting** *adj* entzückend

encircle *v/t* umgeben; (*troops*) einkreisen; *building* umstellen

enc(l) *abbr of* enclosure(s) Anl.

enclave *n* Enklave *f*

enclose *v/t* **1** (≈ *surround*) umgeben; (*with fence etc*) einzäunen **2** (*in envelope*) beilegen (*in, with dat*); **I am enclosing the original with the translation** anbei die Übersetzung sowie der Originaltext **enclosed** *adj* **1** *area* geschlossen **2** (*in letter*) beiliegend; **a photo was ~ in the letter** dem Brief lag ein Foto bei; **please find ~ ...** in der Anlage *or* beiliegend finden Sie ... **enclosure** *n* **1** (≈ *ground enclosed*) eingezäuntes Grundstück; (*for animals*) Gehege *nt* **2** (≈ *document etc enclosed*) Anlage *f*

encode *v/t also* IT codieren

encompass *v/t* umfassen

encore A *int* Zugabe **B** *n* Zugabe *f*

encounter A *v/t enemy, opposition* treffen auf (+*acc*); *difficulties, resistance* stoßen auf (+*acc*); (*liter*) *person* begegnen (+*dat*) **B** *n* Begegnung *f*; **sexual ~** sexuelle Erfahrung

encourage *v/t person* ermutigen; (≈ *motivate*) anregen; *projects, investments* fördern; *team* anfeuern; **to be ~d by sth** durch etw neuen Mut schöpfen; **to ~ sb to do sth** jdn ermutigen, etw zu tun **encouragement** *n* Ermutigung *f*; (≈ *motivation*) Anregung *f*; (≈ *support*) Unterstützung *f*; **to give sb (a lot of) ~** jdn (sehr) ermuntern **encouraging** *adj* ermutigend; **I found him very ~** er hat mir sehr viel Mut gemacht **encouragingly** *adv* ermutigend; (+*adj*) erfreulich; (*introducing sentence*) erfreulicherweise

encroach *v/i* **to ~ (up)on** *land* vordringen in (+*acc*); *sphere, rights* eingreifen in (+*acc*); *time* in Anspruch nehmen **encroachment** *n* (*on land*) Vordringen *nt*; (*on rights*) Eingriff *m*; (*on time*) Beanspruchung *f*

encrust *v/t* **~ed with earth** erdverkrustet; **a jewel-~ed brooch** eine juwelenbesetzte Brosche

encryption *n* IT, TEL, TV Verschlüsselung *f*

encumbrance *n* Belastung *f*; (*person*) Last *f*

encyclop(a)edia *n* Lexikon *nt* **encyclop(a)edic** *adj* enzyklopädisch

end A *n* **1** Ende *nt*; (*of finger*) Spitze *f*; **our house is the fourth from the ~** unser Haus ist das viertletzte; **to the ~s of the earth** bis ans Ende der Welt; **from ~ to ~** von einem Ende zum anderen; **who'll meet you at the other ~?** wer holt dich ab, wenn du ankommst?; **Lisa's on the other ~ (of the phone)** Lisa ist am Telefon; **for hours on ~** stundenlang ununterbrochen; **~ to ~** mit den Enden aneinander; **to change ~s** SPORTS die Seiten wechseln; **to make ~s meet** (fig) zurechtkommen (infml); **to see no further than the ~ of one's nose** nicht weiter sehen als seine Nase (reicht); **at our/your ~** bei uns/Ihnen; **how are things at your ~?** wie sieht es bei Ihnen aus?; **at the ~** (≈ to conclude) schließlich; **at/toward(s) the ~ of December** Ende/gegen Ende Dezember; **at the ~ of the war** am Ende des Krieges; **at the ~ of the book** am Schluss des Buches; **at the ~ of the day** (fig) letzten Endes; **as far as I'm concerned, that's the ~ of the matter!** für mich ist die Sache erledigt; **we shall never hear the ~ of it** das werden wir noch lange zu hören kriegen; **to be at an ~** zu Ende sein; **to be at the ~ of one's patience/strength** mit seiner Geduld/seinen Kräften am Ende sein; **to watch a film to the ~** einen Film bis zu Ende ansehen; **that's the ~ of him** er ist erledigt; **that's the ~ of that** das ist damit erledigt; **to bring to an ~** zu Ende bringen; **to come to an ~** zu Ende gehen; **to get to the ~ of the road/book** ans Ende der Straße/ zum Schluss des Buches kommen; **in the ~** schließlich; **to put an ~ to sth** einer Sache (dat) ein Ende setzen; **he met a violent ~** er starb einen gewaltsamen Tod **2** (of candle, cigarette) Stummel m **3** **we met no ~ of famous people** (esp Br) wir trafen viele berühmte Leute; **it pleased her no ~** (esp Br) das hat ihr irrsinnig gefallen (infml) **4** (≈ purpose) Zweck m; **to what ~?** (form) zu welchem Zweck?; **an ~ in itself** Selbstzweck no art **B** adj attr letzte(r, s); **the ~ house** das letzte Haus **C** v/t beenden; **to ~ it all** (≈ commit suicide) Schluss machen **D** v/i enden; **we ~ed with a song** zum Schluss sangen wir ein Lied; **to be ~ing** zu Ende gehen; **to ~ by doing sth** schließlich etw tun; **to ~ in an "s"** auf „s" enden; **an argument which ~ed in a fight** ein Streit, der mit einer Schlägerei endete ◊**end**

up v/i enden; **to ~ doing sth** schließlich etw tun; **to ~ (as) a lawyer** schließlich Rechtsanwalt werden; **to ~ (as) an alcoholic** als Alkoholiker enden; **we ended up at Joe's** wir landeten schließlich bei Joe (infml); **you'll ~ in trouble** Sie werden noch Ärger bekommen

endanger v/t gefährden **endangered** adj vom Aussterben bedroht

endear v/t beliebt machen (to bei); **to ~ oneself to sb** sich bei jdm beliebt machen **endearing** adj liebenswert **endearment** n term of ~ Kosename m

endeavour, (US) **endeavor** **A** n Anstrengung f; **in an ~ to please her** um ihr eine Freude zu machen **B** v/t sich anstrengen

endemic adj endemisch; **~ to** endemisch in (dat)

endgame n Endspiel nt **ending** n (of story) Ausgang m; (≈ last part) Ende nt; (of word) Endung f; **a happy ~** ein Happy End **endive** n Endiviensalat m

endless adj **1** endlos; variety unendlich; supply unbegrenzt; **the list is ~** die Liste nimmt kein Ende **2** (≈ countless) unzählig; **the possibilities are ~** es gibt unendlich viele Möglichkeiten **3** road endlos (lang); queue endlos lang **endlessly** adv endlos **endorse** v/t **1** cheque indossieren **2** (Br JUR) **I had my licence ~d** ich bekam einen Strafvermerk auf meinem Führerschein **3** (≈ approve) billigen; product, company empfehlen **endorsement** n (of opinion) Billigung f; (for product, company) Empfehlung f

endow v/t **1** institution eine Stiftung machen an (+acc) **2** (fig) **to be ~ed with a natural talent for singing** ein sängerisches Naturtalent sein; **she's well ~ed** (hum) sie ist von der Natur reichlich ausgestattet (worden) **endowment** n Stiftung f **endowment mortgage** n Hypothek f mit Lebensversicherung **endowment policy** n Kapitallebensversicherung f

end product n Endprodukt nt; (fig) Produkt nt **end result** n Endergebnis nt **endurance** n Durchhaltevermögen nt **endurance test** n Belastungsprobe f **endure** **A** v/t **1** pain erleiden **2** (≈ put up with) ertragen; **she can't ~ being laughed at** sie kann es nicht vertragen, wenn man über sie lacht **B** v/i bestehen

E

enduring adj dauerhaft; *love, belief* beständig; *popularity* bleibend
end user n Endverbraucher(in) m(f) **endways, endwise** adv mit dem Ende zuerst; (≈ end to end) mit den Enden aneinander
enema n Einlauf m
enemy ☒ n (lit, fig) Feind(in) m(f); **to make enemies** sich (dat) Feinde machen; **he is his own worst ~** er schadet sich (dat) selbst am meisten ☒ adj attr feindlich; *position* des Feindes
energetic adj energiegeladen; (≈ active) aktiv; (≈ strenuous) anstrengend; **to be very ~** viel Energie haben **energetically** adv *protest, work* energisch; *dance* voller Energie **energize** v/t (fig) *person* neue Energie geben (+dat)
energy n Energie f; **chocolate gives you ~** Schokolade gibt neue Energie; **to save one's ~ for sth** seine Kräfte für etw aufsparen **energy conservation** n Energieeinsparung f **energy drink** n Energydrink m **energy-efficient** adj energiesparend **energy-saving** adj energiesparend; **~ light bulb** Energiesparlampe f **~ measures** Energiesparmaßnahmen pl **energy tax** n Energiesteuer f
e-newsletter n Newsletter m **e-newspaper** n E-Paper nt, E-Zeitung f
enforce v/t durchführen; *discipline* sorgen für; *decision, ban* durchsetzen; **the police ~ the law** die Polizei sorgt für die Einhaltung der Gesetze **enforcement** n Durchführung f
Eng. ☐ abbr of England ☒ abbr of English engl.
engage ☒ v/t ☐ *worker* anstellen; *performer* engagieren; *lawyer* sich (dat) nehmen; **to ~ the services of sb** jdn anstellen/engagieren; *of lawyer* sich (dat) jdn nehmen ☒ *attention* in Anspruch nehmen; **to ~ sb in conversation** jdn in ein Gespräch verwickeln ☒ AUTO **to ~ the clutch** (ein)kuppeln ☒ v/i **to ~ in sth** sich an etw (dat) beteiligen; **to ~ in conversation** sich unterhalten; **to ~ with the enemy** MIL den Feind angreifen
engaged adj ☐ ~ **(to be married)** verlobt (to mit); **to get** or **become ~ (to sb)** sich (mit jdm) verloben ☒ *toilet* besetzt ☒ (form) **to be otherwise ~** (at present) anderweitig beschäftigt sein; **to be ~ in sth** mit etw beschäftigt sein; **to be ~ in**

doing sth dabei sein, etw zu tun **engaged tone** n TEL Besetztzeichen nt
engagement n ☐ (≈ appointment) Verabredung f; **a dinner ~** eine Verabredung zum Essen ☒ (≈ betrothal) Verlobung f **engagement ring** n Verlobungsring m
engaging adj *person* angenehm; *character* einnehmend
engender v/t (fig) erzeugen
engine n ☐ Maschine f; (of car, plane etc) Motor m ☒ RAIL Lokomotive f **-engined** adj suf -motorig; **twin-engined** zweimotorig **engine driver** n (Br) Lok(omotiv)führer(in) m(f)
engineer ☒ n ☐ TECH Techniker(in) m(f); (with degree) Ingenieur(in) m(f) ☒ (US RAIL) Lokführer(in) m(f) ☒ v/t ☐ TECH konstruieren ☒ (fig) *campaign* organisieren; *downfall* einfädeln
engineering n TECH Technik f; (≈ mechanical engineering) Maschinenbau m; (≈ engineering profession) Ingenieurwesen nt; **a brilliant piece of ~** eine Meisterkonstruktion
England ☒ n England nt ☒ adj attr **the ~ team** die englische Mannschaft
English ☒ adj englisch; **he is ~** er ist Engländer; **he's an ~ teacher** er ist Englischlehrer; **(full) ~ breakfast** englisches Frühstück ☒ n ☐ **the ~** pl die Engländer pl ☒ LING English nt; (as university subject) Anglistik f; **can you speak ~?** können Sie Englisch?; **he doesn't speak ~** er spricht kein Englisch; **"English spoken"** „hier wird Englisch gesprochen"; **they were speaking ~** sie unterhielten sich auf Englisch; **he speaks very good ~** er spricht ein sehr gutes Englisch; **in ~** auf Englisch; **to translate sth into/from ~** etw ins Englische/aus dem Englischen übersetzen **English Channel** n Ärmelkanal m
Englishman n Engländer m **English muffin** n (US COOK) flaches Milchbrötchen, das meist getoastet gegessen wird **English speaker** n Englischsprachige(r) m(f(n)) **English-speaking** adj englischsprachig
Englishwoman n Engländerin f
engrave v/t *metal etc* gravieren; *design* eingravieren **engraved** adj *glass, metal* graviert; *design, letter* eingraviert **engraving** n (≈ copy) (Kupfer-/Stahl)stich m; (from wood) Holzschnitt m; (≈ design) Gravierung f

engross v/t **to become ~ed in one's work** sich in seine Arbeit vertiefen; **to be ~ed in conversation** ins Gespräch vertieft sein **engrossing** adj fesselnd

engulf v/t verschlingen; **to be ~ed by flames** in Flammen stehen

enhance v/t verbessern; price, value, chances erhöhen

enigma n Rätsel nt **enigmatic** adj, **enigmatically** adv rätselhaft

enjoy ◮ v/t genießen; success haben; good health sich erfreuen (+gen) (elev); **he ~s swimming** er schwimmt gern; **he ~ed writing the book** es hat ihm Freude gemacht, das Buch zu schreiben; **I ~ed the concert** das Konzert hat mir gefallen; **he ~ed the meal** das Essen hat ihm gut geschmeckt; **I didn't ~ it at all** es hat mir überhaupt keinen Spaß gemacht; **to ~ life** das Leben genießen; **did you ~ your meal?** hat Ihnen das Essen gefallen? ◮ v/r **to ~ oneself** sich amüsieren; **~ yourself!** viel Spaß! **enjoyable** adj nett; film, book unterhaltsam; evening angenehm **enjoyment** n Vergnügen nt; **she gets a lot of ~ from reading** Lesen macht ihr großen Spaß

enlarge ◮ v/t vergrößern; hole erweitern ◮ v/i **to ~ (up)on sth** auf etw (acc) näher eingehen **enlargement** n PHOT Vergrößerung f

enlighten v/t aufklären (on, as to, about über +acc) **enlightened** adj aufgeklärt **enlightening** adj aufschlussreich **enlightenment** n **the Enlightenment** die Aufklärung

enlist ◮ v/i sich melden (in zu) ◮ v/t recruits einziehen; support gewinnen; **I had to ~ his help** ich musste seine Hilfe in Anspruch nehmen

enliven v/t beleben

en masse adv alle zusammen

enmity n Feindschaft f

enormity n ◼ no pl (of action) ungeheures Ausmaß ◼ (of crime) Ungeheuerlichkeit f **enormous** adj riesig; person (≈ fat) ungeheuer dick; (≈ tall) riesig groß; quantity, effort, relief ungeheuer; **he has ~ talent** er hat enorm viel Talent; **~ amounts of money** Unsummen pl; **an ~ amount of work** eine Unmenge Arbeit **enormously** adv (+vb) enorm; (+adj) ungeheuer

enough ◮ adj genug; **~ sugar/apples** genug or genügend Zucker/Äpfel; **~ trouble/problems** genug Ärger/Probleme; **proof ~** Beweis genug ◼ pron genug (of von); **I had not seen ~ of his work** ich hatte noch nicht genug von seiner Arbeit gesehen; **I hope it's ~** ich hoffe, es reicht; **two years was ~** zwei Jahre reichten; **this noise is ~ to drive me mad** dieser Lärm macht mich noch ganz verrückt; **one song was ~ to show he couldn't sing** ein Lied genügte, um zu zeigen, dass er nicht singen konnte; **I've got ~ to worry about** ich habe genug Sorgen; **~ is ~** was zu viel ist, ist zu viel; **~ said** mehr braucht man nicht zu sagen; **I've had ~** ich habe genug; (in exasperation) jetzt reichts mir aber (infml); **that's ~!** jetzt reicht es aber! ◻ adv ◼ (≈ sufficiently) genug; **to be punished ~** genug bestraft sein; **he knows well ~ what I said** er weiß ganz genau, was ich gesagt habe ◼ **to be happy ~** einigermaßen zufrieden sein; **to be happy ~ to do sth** etw so weit ganz gern tun; **she sounded sincere ~** sie schien so weit ganz ehrlich; **it is easy ~ to make them yourself** man kann sie ohne Weiteres selbst machen; **easily ~** ohne größere Schwierigkeiten ◼ **oddly** or **funnily ~** komischerweise

enquire etc = **inquire** etc

enrage v/t wütend machen

enrapture v/t entzücken, bezaubern

enrich v/t bereichern; soil, food anreichern **enriched** adj **~ with vitamins** mit Vitaminen angereichert

enrol, (US) **enroll** ◮ v/t einschreiben; members aufnehmen; schoolchild (parents) anmelden ◼ v/i sich einschreiben; (for course, at school) sich anmelden **enrolment**, (US) **enrollment** n Einschreibung f; (for course, at school) Anmeldung f; UNIV Immatrikulation f

en route adv unterwegs; **~ to/for/from** auf dem Weg zu/nach/von

ensemble n ◼ Ensemble nt ◼ (≈ collection) Ansammlung f

enshrine v/t (fig) bewahren

ensign n ◼ (≈ flag) Nationalflagge f ◼ (US NAUT) Fähnrich m zur See

enslave v/t zum Sklaven machen

ensnare v/t (lit) fangen; (fig) umgarnen

ensue v/i folgen (from aus) **ensuing** adj darauf folgend attr

en suite adj **~ room** Zimmer nt mit eigenem Bad

ensure v/t sicherstellen; (≈ secure) sichern; **will you ~ that I get a seat?** sorgen Sie dafür, dass ich einen Platz bekomme?

ENT abbr of ear, nose and throat; **~ department** HNO-Abteilung f

entail v/t mit sich bringen; work erforderlich machen; **what is ~ed in buying a house?** was ist zum Hauskauf alles erforderlich?; **this will ~ (my) buying a new car** das bringt mit sich or macht es erforderlich, dass ich mir ein neues Auto kaufen muss

entangle v/t **1** **to become ~d in sth** sich in etw (dat) verfangen **2** (≈ get into a tangle) **to become ~d** sich verwirren **3** (fig, in affair etc) verwickeln (in +acc)

enter **A** v/t **1** (towards speaker) hereinkommen in (+acc); (away from speaker) hineingehen in (+acc); building etc betreten; (≈ drive into) car park etc einfahren in (+acc); country einreisen in (+acc); **the dispute is ~ing its fifth year** die Auseinandersetzung zieht sich jetzt schon ins fünfte Jahr hin; **the thought never ~ed my head or mind** so etwas wäre mir nie eingefallen **2** (≈ become a member of) eintreten in (+acc); **to ~ the Church** Geistlicher werden; **to ~ a profession** einen Beruf ergreifen **3** (≈ record) eintragen (in in +acc); IT eingeben; **to ~ sb's/one's name** jdn/sich eintragen **4** (≈ enrol, for exam etc) anmelden **5** (≈ go in for) race sich beteiligen an (+dat) **B** v/i **1** (towards speaker) hereinkommen; (away from speaker) hineingehen; (≈ walk in) eintreten; (≈ drive in) einfahren **2** THEAT auftreten **3** (for race, exam etc) sich melden (for zu) **C** n IT hit ~ Enter drücken ◊**enter into** v/i +prep obj **1** relations, negotiations aufnehmen; alliance schließen; **to ~ conversation with sb** ein Gespräch mit jdm anknüpfen; **to ~ correspondence with sb** mit jdm in Briefwechsel treten **2** (≈ figure in) eine Rolle spielen bei

enter key n IT Enter-Taste f

enterprise n **1** no pl (≈ initiative) Initiative f **2** (≈ undertaking, firm) Unternehmen nt; **private ~** privates Unternehmertum **enterprising** adj person einfallsreich

entertain **A** v/t **1** (to meal) bewirten **2** (≈ amuse) unterhalten; (humorously) belustigen **3** thought sich tragen mit; suspicion hegen; hope nähren **B** v/i Gäste haben

entertainer n Entertainer(in) m(f)

entertaining **A** adj (≈ fun) unterhaltsam; (≈ amusing) amüsant **B** n die Bewirtung von Gästen; **she does a lot of ~** sie hat oft Gäste

entertainment n (≈ amusement) Unterhaltung f; (professional) Entertainment nt **entertainment industry** n Unterhaltungsindustrie f

enthral, (US) **enthrall** v/t begeistern **enthralling** adj spannend

enthuse v/i schwärmen (over von) **enthusiasm** n **1** Begeisterung f; **she showed little ~ for the scheme** sie zeigte sich von dem Plan nicht sehr begeistert; **I can't work up any ~ for the idea** ich kann mich für die Idee nicht begeistern **2** (≈ passion) Leidenschaft f **enthusiast** n Enthusiast(in) m(f); **he's a rock-and-roll ~** er ist begeisterter Rock 'n' Roll-Anhänger **enthusiastic** adj begeistert; **he was very ~ about the plan** er war von dem Plan äußerst begeistert; **to be ~ about doing sth** etw mit Begeisterung tun **enthusiastically** adv begeistert

entice v/t locken; **to ~ sb to do sth** or **into doing sth** jdn dazu verleiten, etw zu tun; **to ~ sb away** jdn weglocken **enticing** adj verlockend

entire adj ganz; cost, career gesamt **entirely** adv **1** ganz; **the accident was ~ the fault of the other driver** der andere Fahrer hatte die ganze Schuld an dem Unfall **2** (emph ≈ totally) völlig; **I agree ~** ich stimme voll und ganz zu; **to be another matter ~** or **an ~ different matter** etwas ganz or völlig anderes sein **entirety** n **in its ~** in seiner Gesamtheit

entitle v/t **1** **it is ~d ...** es hat den Titel ... **2** **to ~ sb to sth** jdn zu etw berechtigen; to compensation etc jdm den Anspruch auf etw (acc) geben; **to ~ sb to do sth** jdn dazu berechtigen, etw zu tun; **to be ~d to sth** das Recht auf etw (acc) haben; to compensation etc Anspruch auf etw (acc) haben; **to be ~d to do sth** das Recht haben, etw zu tun; **I'm ~d to my own opinion** ich kann mir meine eigene Meinung bilden **entitlement** n Berechtigung f (to zu); (to compensation etc) Anspruch m (to auf +acc); **what is your holiday ~?** (Br) wie viel Urlaub steht Ihnen zu?

entity n Wesen nt

entourage n Entourage f
entrails pl (lit) Eingeweide pl
entrance[1] v/t in Entzücken versetzen; **to be ~d** verzückt sein; **to be ~d by/with sth** von etw entzückt sein
entrance[2] n **1** (≈ way in) Eingang m; (for vehicles) Einfahrt f **2** (≈ entering, admission) Eintritt m (to in +acc); THEAT Auftritt m; (to club etc) Zutritt m (to zu); **to make one's ~** THEAT auftreten; (fig) erscheinen; **to gain ~ to a university** die Zulassung zu einer Universität erhalten **entrance examination** n Aufnahmeprüfung f **entrance fee** n (for museum etc) Eintrittsgeld nt **entrance hall** n Eingangshalle f **entrance qualifications** pl Zulassungsanforderungen pl **entrant** n (in contest) Teilnehmer(in) m(f); (in exam) Prüfling m
entreat v/t anflehen **entreaty** n dringende Bitte
entrée n (Br ≈ starter) Vorspeise f; (esp US ≈ main course) Hauptgericht nt
entrenched adj position unbeugsam; belief, attitude fest verwurzelt
entrepreneur n Unternehmer(in) m(f) **entrepreneurial** adj unternehmerisch
entrust v/t anvertrauen (to sb jdm); **to ~ a child to sb's care** ein Kind jds Obhut anvertrauen; **to ~ sb with a task** jdn mit einer Aufgabe betrauen; **to ~ sb with a secret** jdm ein Geheimnis anvertrauen
entry n **1** (into in +acc) Eintritt m; (by car etc) Einfahrt f; (into country) Einreise f; **"no ~"** (on door etc) „Zutritt verboten"; (on street) „keine Einfahrt" **2** (≈ way in) Eingang m; (for vehicles) Einfahrt f **3** (in diary, dictionary etc) Eintrag m; **the dictionary has 30,000 entries** das Wörterbuch enthält 30.000 Stichwörter **4** (of competitor) Meldung f; **the closing date for entries is Friday** der Einsendeschluss ist Freitag **entry form** n Anmeldeformular nt **entry permit** n Passierschein m; (into country) Einreiseerlaubnis f **entry phone** n Türsprechanlage f **entry visa** n Einreisevisum nt **entryway** n (US) Eingang m; (for vehicles) Einfahrt f
entwine v/t ineinanderschlingen
E number n E-Nummer f
enumerate v/t aufzählen
envelop v/t einhüllen; **flames ~ed the house** das Haus war von Flammen eingehüllt

envelope n (Brief)umschlag m
enviable adj beneidenswert **envious** adj neidisch; **to be ~ of sb/sth** auf jdn/ etw neidisch sein **enviously** adv neidisch
environment n Umwelt f; (of town etc, physical surroundings) Umgebung f; (≈ cultural surroundings) Milieu nt **Environment Agency** n (Br) Umweltbehörde f **environmental** adj **1** Umwelt-; **~ disaster** Umweltkatastrophe f; **~ expert** Umweltexperte m/-expertin f; **~ impact** Auswirkung f auf die Umwelt **2** (≈ protecting the environment) Umweltschutz-; **~ group** Umweltschutzorganisation f **3** (≈ relating to surroundings) umgebungsbedingt **environmentalism** n Umweltbewusstsein nt **environmentalist** n Umweltschützer(in) m(f) **environmentally** adv umwelt-; **~ correct** umweltgerecht; **~ conscious** or **aware** umweltbewusst; **~ friendly/unfriendly** umweltfreundlich/ -feindlich **Environmental Protection Agency** n (US ADMIN) ≈ Umweltministerium nt **environs** pl Umgebung f
envisage v/t sich (dat) vorstellen
envoy n Bote m, Botin f; (≈ diplomat) Gesandte(r) m/f(m)
envy **A** n Neid m **B** v/t beneiden; **to ~ sb sth** jdn um etw beneiden
enzyme n Enzym nt
ephemeral adj kurzlebig
epic **A** adj poetry episch; novel monumental; performance, struggle gewaltig; journey lang und abenteuerlich; **~ film** Monumentalfilm m **B** n Epos nt
epicentre, (US) **epicenter** n Epizentrum nt
epidemic n Epidemie f (also fig)
epidural n Epiduralanästhesie f
epilepsy n Epilepsie f **epileptic** **A** adj epileptisch; **~ fit** epileptischer Anfall; **he is ~** er ist Epileptiker **B** n Epileptiker(in) m(f)
epilogue, (US) **epilog** n Epilog m
Epiphany n das Dreikönigsfest
episcopal adj bischöflich
episode n **1** Episode f; (of story, TV, RADIO) Fortsetzung f **2** (≈ incident) Vorfall m **episodic** adj episodenhaft
epistle n BIBLE Brief m (to an +acc)
epitaph n Epitaph nt
epithet n Beiname m
epitome n Inbegriff m (of +gen, an +dat)

epitomize v/t verkörpern

epoch n Epoche f

equal A adj gleich; **an ~ amount of land** gleich viel Land; **~ numbers of men and women** gleich viele Männer und Frauen; **to be ~ in size (to)** gleich groß sein (wie); **a is ~ to b** a ist gleich b; **an amount ~ to the purchase price** eine dem Kaufpreis entsprechende Summe; **other things being ~** wenn nichts dazwischenkommt; **~ opportunities** Chancengleichheit f; **~ rights for women** die Gleichberechtigung der Frau; **to be on ~ terms (with sb)** (mit jdm) gleichgestellt sein; **to be ~ to the task** der Aufgabe gewachsen sein; **to feel ~ to sth** sich zu etw imstande fühlen B n (in rank) Gleichgestellte(r) m/f(m); **she is his ~** sie ist ihm ebenbürtig; **to treat sb as an ~** jdn als ebenbürtig behandeln; **to have no ~** nicht seinesgleichen haben; (≈ be unsurpassed) unübertroffen sein C v/i **three times three ~s nine** drei mal drei (ist) gleich neun; **let x ~ 3** x sei (gleich) 3 D v/t (≈ match, rival) gleichkommen (+dat)

equality n Gleichheit f **equalize** v/i SPORTS ausgleichen **equalizer** n 1 (Br SPORTS) Ausgleich m; FTBL etc Ausgleichstreffer m; **to score** or **get the ~** den Ausgleich erzielen 2 (US hum infml ≈ gun) Kanone f (sl) **equally** adv 1 divide gleichmäßig; **~ spaced** in gleichmäßigen Abständen; (in time) in regelmäßigen Abständen 2 (≈ in the same way) (+adj) genauso; **all foreigners should be treated ~** alle Ausländer sollten gleich behandelt werden **equals sign** n Gleichheitszeichen nt **equate** v/t 1 (≈ identify) gleichsetzen 2 (≈ treat as same) auf die gleiche Stufe stellen **equation** n (MAT, fig) Gleichung f; **that doesn't even enter the ~** das steht doch überhaupt nicht zur Debatte **equator** n Äquator m; **at the ~** am Äquator **equatorial** adj äquatorial, Äquatorial-

equestrian adj Reit-, Reiter-; **~ events** Reitveranstaltung f; (tournament) Reitturnier nt

equidistant adj gleich weit entfernt (from von)

equilateral adj gleichseitig

equilibrium n Gleichgewicht nt; **to keep/lose one's ~** das Gleichgewicht halten/verlieren

equinox n Tagundnachtgleiche f; **the spring ~** die Frühjahrs-Tagundnachtgleiche

equip v/t army, person ausrüsten; kitchen ausstatten; **he is well ~ped for the job** (fig) er hat das nötige Rüstzeug für die Stelle **equipment** n no pl (of person) Ausrüstung f; **laboratory ~** Laborausstattung f; **office ~** Büroeinrichtung f; **electrical ~** Elektrogeräte pl; **kitchen ~** Küchengeräte pl

equitable adj, **equitably** adv gerecht **equities** pl FIN Stammaktien pl

equivalent A adj 1 (≈ equal) gleichwertig; **that's ~ to saying ...** das ist gleichbedeutend damit, zu sagen ... 2 (≈ corresponding) entsprechend; **it is ~ to £30** das entspricht £ 30 B n Äquivalent nt; (≈ counterpart) Pendant nt; **that is the ~ of ...** das entspricht ... (dat); **what is the ~ in euros?** was ist der Gegenwert in Euro?; **the American ~ of ...** das amerikanische Pendant zu ...

equivocal adj (form) 1 response zweideutig; position, results unklar 2 attitude zwiespältig; person ambivalent **equivocate** v/i ausweichen

ER (US) abbr of **emergency room**

era n Ära f; GEOL Erdzeitalter nt; **the Christian ~** (die) christliche Zeitrechnung

eradicate v/t ausrotten **eradication** n Ausrottung f

erase v/t ausradieren; (from tape, IT) löschen **eraser** n Radiergummi nt or m

erect A v/t building bauen; statue, memorial errichten (to sb jdm); scaffolding aufstellen; tent aufschlagen; (fig) barrier errichten B adj 1 aufrecht; **to stand ~** gerade stehen; **to walk ~** aufrecht gehen 2 PHYSIOL penis, nipples steif **erection** n 1 (of building) (Er)bauen nt; (of statue, memorial, barrier) Errichten nt 2 PHYSIOL Erektion f

ergonomic adj ergonomisch

ERM n abbr of **Exchange Rate Mechanism**

ermine n Hermelin m

erode v/t auswaschen; (fig) confidence, beliefs untergraben; authority unterminieren

erogenous adj erogen

erosion n Erosion f; (fig, of authority) Unterminierung f

erotic adj, **erotically** adv erotisch **eroticism** n Erotik f

err *v/i* sich irren; **to ~ in one's judgement** sich in seinem Urteil irren; **it is better to ~ on the side of caution** man sollte im Zweifelsfall lieber zu vorsichtig sein

errand *n* (≈ *shopping etc*) Besorgung *f*; (*to give a message etc*) Botengang *m*; **to send sb on an ~** jdn auf Besorgungen/einen Botengang schicken

errant *adj ways* sündig; *husband etc* untreu

erratic *adj* unberechenbar; *progress, rhythm* ungleichmäßig; *performance* variabel; *movement* unkontrolliert; **to be (very) ~** (*figures*) (stark) schwanken; **~ mood swings** starke Stimmungsschwankungen *pl*; **his ~ driving** sein unberechenbarer Fahrstil

erroneous *adj* falsch; *assumption, belief* irrig **erroneously** *adv* fälschlicherweise

error *n* **1** (≈ *mistake*) Fehler *m* **2** (≈ *wrongness*) Irrtum *m*; **in ~** irrtümlicherweise; **to see the ~ of one's ways** seine Fehler einsehen **error message** *n* IT Fehlermeldung *f*

erudite *adj* gelehrt **erudition** *n* Gelehrsamkeit *f*

erupt *v/i* ausbrechen; (*fig*) explodieren; **her face had ~ed in spots** sie hatte im ganzen Gesicht Pickel bekommen **eruption** *n* Ausbruch *m*

escalate **A** *v/t war* ausweiten **B** *v/i* eskalieren; (*costs*) in die Höhe schnellen **escalation** *n* Eskalation *f* **escalator** *n* Rolltreppe *f*

escalope *n* Schnitzel *nt*

escapade *n* Eskapade *f*

escape **A** *v/i* **1** fliehen (*from* aus); (*from pursuers, captivity*) entkommen (*from +dat*); (*from prison, cage etc*) ausbrechen (*from* aus); (*water*) auslaufen (*from* aus); (*gas*) ausströmen (*from* aus); **an ~d prisoner/tiger** ein entflohener Häftling/entsprungener Tiger; **he ~d from the fire** er ist dem Feuer entkommen; **to ~ from poverty** der Armut entkommen **2** (≈ *be spared*) davonkommen **B** *v/t* **1** *pursuers* entkommen (+*dat*) **2** *consequences, disaster, detection* entgehen (+*dat*); **no department will ~ these cuts** keine Abteilung wird von diesen Kürzungen verschont bleiben; **he narrowly ~d injury** er ist gerade noch unverletzt davongekommen; **he narrowly ~d being run over** er wäre um ein Haar überfahren worden; **but**

you can't ~ the fact that ... aber du kannst nicht abstreiten, dass ... **3** **his name ~s me** sein Name ist mir entfallen; **nothing ~s him** ihm entgeht nichts **C** *n* **1** (*from prison etc*) Ausbruch *m*; (*from a country*) Flucht *f* (*from* aus); (*fig*) Flucht *f* (*from* vor); **to make one's ~** ausbrechen; **to have a miraculous ~** auf wunderbare Weise davonkommen; **there's no ~** (*fig*) es gibt keinen Ausweg **2** (*of gas*) Ausströmen *nt*; **due to an ~ of gas** aufgrund ausströmenden Gases **3** IT **hit ~** Escape drücken **escape attempt, escape bid** *n* Fluchtversuch *m* **escape chute** *n* (*on plane*) Notrutsche *f* **escape clause** *n* JUR Rücktrittsklausel *f* **escape key** *n* IT Escape-Taste *f* **escape route** *n* Fluchtweg *m* **escapism** *n* Wirklichkeitsflucht *f* **escapist** *adj* eskapistisch **escapologist** *n* Entfesselungskünstler(in) *m(f)*

eschew *v/t* (*old, liter*) scheuen, (ver)meiden

escort **A** *n* **1** Geleitschutz *m*; (*vehicles etc*) Eskorte *f*; **under ~** unter Bewachung; **motorcycle ~** Motorradeskorte *f* **2** (≈ *male companion*) Begleiter *m*; (≈ *hired female*) Hostess *f* **B** *v/t* begleiten **escort agency** *n* Hostessenagentur *f*

e-signature *n* elektronische Signatur

Eskimo (*pej*) **A** *adj* Eskimo-, eskimoisch **B** *n* Eskimo *m*, Eskimofrau *f*

ESL *abbr of* English as a Second Language

esophagus *n* (*esp US*) = oesophagus

esoteric *adj* esoterisch

esp. *abbr of* especially bes.

especial *adj* besondere(r, s)

especially *adv* **1** (≈ *particularly*) besonders; **not ~** nicht besonders; **(more) ~ as ...** vor allem, weil ...; **~ in summer** vor allem im Sommer; **why Jim ~?** warum gerade Jim? **2** (≈ *specifically*) eigens; **I came ~ to see you** ich bin eigens gekommen, um dich zu sehen; **to do sth ~ for sb/sth** etw speziell für jdn/etw tun

espionage *n* Spionage *f*

esplanade *n* (Strand)promenade *f*

espresso *n* ~ **(coffee)** Espresso *m*

esquire *n* (*Br*) **James Jones, Esq** Herrn James Jones

essay *n* Essay *m or nt*; *esp* SCHOOL Aufsatz *m*

essence *n* **1** Wesen *nt*; **in ~** im Wesentlichen; **time is of the ~** Zeit ist von entscheidender Bedeutung; **the novel captures the ~ of life in the city** der Roman fängt das Leben in der Stadt perfekt ein **2** CHEM, COOK Essenz f **essential A** *adj* **1** (≈ *vital*) unbedingt notwendig; *services, supplies* lebenswichtig; **it is ~ to act quickly** schnelles Handeln ist unbedingt erforderlich; **it is ~ that you understand this** du musst das unbedingt verstehen; **~ for good health** für die Gesundheit unerlässlich **2** (≈ *basic*) wesentlich; *question, role* entscheidend; **I don't doubt his ~ goodness** ich zweifle nicht an, dass er im Grunde ein guter Mensch ist **B** *n* **just bring the ~s** bring nur das Allernotwendigste mit; **with only the bare ~s** nur mit dem Allernotwendigsten ausgestattet; **the ~s of German grammar** die Grundlagen *pl* der deutschen Grammatik **essentially** *adv* (≈ *fundamentally*) im Wesentlichen; (≈ *basically*) im Grunde genommen

est. **1** *abbr of* established gegr. **2** *abbr of* estimated

establish A *v/t* **1** (≈ *found*) gründen; *relations* aufnehmen; *links* anknüpfen; *peace* stiften; *order* (wieder) herstellen; *reputation* sich (*dat*) verschaffen **2** (≈ *prove*) beweisen; **we have ~ed that …** wir haben bewiesen *or* gezeigt, dass … **3** *identity, facts* ermitteln **B** *v/r* sich etablieren; **he has now firmly ~ed himself in the company** er ist jetzt in der Firma fest etabliert **established** *adj* etabliert; **it's an ~ practice** *or* **custom** es ist allgemein üblich; **well ~ as sth** (≈ *recognized*) allgemein als etw anerkannt; **it's an ~ fact that …** es steht fest, dass …; **~ 1850** COMM *etc* gegründet 1850 **establishment** *n* **1** (*of relations, links*) Aufnahme f; (*of company*) Gründung f **2** (≈ *institution etc*) Institution f; **commercial ~** kommerzielles Unternehmen **3** **the Establishment** das Establishment

estate *n* **1** (≈ *land*) Gut *nt*; **country ~** Landgut *nt*; **family ~** Familienbesitz *m* **2** (JUR ≈ *possessions of deceased*) Nachlass *m*; **to leave one's ~ to sb** jdm seinen ganzen Besitz vermachen *or* hinterlassen **3** (*esp Br* ≈ *housing estate*) Siedlung f; (≈ *trading estate*) Industriegelände *nt* **estate agent** *n* (*Br*) Immobilienmakler(in) *m(f)* **estate car** *n* (*Br*) Kombi(-wagen) *m*

esteem A *v/t person* hoch schätzen **B** *n* Wertschätzung f; **to hold sb/sth in (high)** ~ jdn/etw (hoch) schätzen; **to be held in great ~** sehr geschätzt werden; **he went down in my ~** er ist in meiner Achtung gesunken

esthete *etc* (*esp US*) *n* = aesthete *etc*

estimable *adj* schätzenswert

estimate A *n* **1** Schätzung f; **it is just an ~** das ist nur geschätzt; **at a rough ~** grob geschätzt **2** (COMM, *of cost*) (Kosten)voranschlag *m*; **to get an ~** einen (Kosten)voranschlag einholen **B** *v/t* schätzen; **his wealth is ~d at …** sein Vermögen wird auf … geschätzt; **I ~ she must be 40** ich schätze sie auf 40 **estimation** *n* **1** Einschätzung f **2** (≈ *esteem*) Achtung f; **he went up/down in my ~** er ist in meiner Achtung gestiegen/gesunken

Estonia *n* Estland *nt* **Estonian A** *adj* estnisch **B** *n* **1** Este *m*, Estin f **2** LING Estnisch *nt*

estrange *v/t* **they are ~d** (*married couple*) sie haben sich auseinandergelebt; **his ~d wife** seine von ihm getrennt lebende Frau

estrogen *n* (*US*) = oestrogen

estuary *n* Mündung f

ET (*US*) *abbr of* Eastern Time Ostküstenzeit f

ETA *abbr of* estimated time of arrival voraussichtliche Ankunft

e-tailer *n* E-Tailer *m*, elektronischer Einzelhändler

etc. *abbr of* et cetera etc., usw. **etcetera** *adv* und so weiter, et cetera

etch A *v/i* ätzen; (*in copper*) in Kupfer stechen; (*in other metals*) radieren **B** *v/t* ätzen; (*in copper*) in Kupfer stechen; (*in other metals*) radieren; **the event was ~ed on her mind** das Ereignis hatte sich ihr ins Gedächtnis eingegraben **etching** *n* Ätzung f; (*in copper*) Kupferstich *m*; (*in other metals*) Radierung f

eternal *adj* **1** (≈ *everlasting*) ewig **2** (≈ *incessant*) endlos **eternally** *adv* ewig; *optimistic* immer; **to be ~ grateful (to sb/for sth)** (jdm/für etw) ewig dankbar sein **eternity** *n* Ewigkeit f; REL das ewige Leben

ether *n* (CHEM, *poet*) Äther *m* **ethereal** *adj* ätherisch

ethic *n* Ethik f **ethical** *adj* (≈ *morally right*) ethisch *attr*; (*of ethics*) Moral-; **it is not ~ to …** es ist unethisch, zu … **ethically** *adv* ethisch; (≈ *with correct ethics*) ethisch einwandfrei **ethics** *n* **1** *sg* (≈ *sys-*

tem) Ethik *f* **2** *pl (≈ morality)* Moral *f*
Ethiopia *n* Äthiopien *nt*
ethnic *adj* **1** *(≈ racial)* ethnisch; **~ vio-**
lence Rassenkrawalle *pl;* **~ Germans**
Volksdeutsche *pl* **2** *clothes* folkloristisch;
~ music Folklore *f* **ethnically** *adv* ethnisch **ethnic cleansing** *n (euph)* ethnische Säuberung
ethos *n* Ethos *nt*
e-ticket *n* E-Ticket *nt*
etiquette *n* Etikette *f*
etymological *adj,* **etymologically**
adv etymologisch **etymology** *n* Etymologie *f*
EU *abbr of European Union* EU *f*
eucalyptus *n* Eukalyptus *m*
Eucharist *n* ECCL Abendmahlsgottes-
dienst *m;* **the ~** das (heilige) Abendmahl
eulogy *n* Lobesrede *f*
eunuch *n* Eunuch *m*
euphemism *n* Euphemismus *m* **euphe-**
mistic *adj* euphemistisch **euphemisti-**
cally *adv* euphemistisch, verhüllend; **to**
be ~ described/known as … beschöni-
gend als … bezeichnet werden/bekannt
sein
euphoria *n* Euphorie *f* **euphoric** *adj*
euphorisch
Eurasian **A** *adj* eurasisch **B** *n* Eura-
sier(in) *m(f)*
euro *n* Euro *m* **eurocentric** *adj* euro-
zentrisch **Eurocheque,** (US) **Euro-**
check *n* Eurocheque *m* **Eurocrat** *n* Eu-
rokrat(in) *m(f)* **Euro MP** *n (infml)* Euro-
paabgeordnete(r) *m/f(m)*
Europe *n* Europa *nt*
European **A** *adj* europäisch **B** *n* Euro-
päer(in) *m(f)* **European Central Bank**
n Europäische Zentralbank **European**
Commission *n* Europäische Kommission **European Community** *n* Europäische Gemeinschaft **European Con-**
vention *n* EU-Konvent *m* **European**
Council *n* Europäischer Rat **European**
Court of Justice *n* Europäischer Gerichtshof **European Economic Com-**
munity *n* Europäische Wirtschaftsgemeinschaft **European Investment**
Bank *n* Europäische Investitionsbank **Eu-**
ropean Monetary System *n* Europäisches Währungssystem **European**
Monetary Union *n* Europäische Währungsunion **European Parliament** *n*
Europäisches Parlament

European Union *n* Europäische Union
Euro-sceptic *n* Euroskeptiker(in) *m(f)*
euro zone *n* Eurozone *f*
euthanasia *n* Euthanasie *f*
evacuate *v/t* räumen; *women, children*
evakuieren *(from aus, to nach)* **evacua-**
tion *n* Räumung *f;* (*of women, children*)
Evakuierung *f* **evacuee** *n* Evakuierte(r)
m/f(m)
evade *v/t blow, question* ausweichen *(+dat);*
pursuit, pursuers entkommen *(+dat); justice,*
capture sich entziehen *(+dat);* **to ~ taxes**
Steuern hinterziehen
evaluate *v/t house, worth etc* schätzen *(at*
auf *+acc); damages* festsetzen *(at* auf *+acc);*
chances, performance beurteilen; *evidence,*
results auswerten **evaluation** *n (of*
house, worth etc) Schätzung *f;* (*of chances,*
performance) Beurteilung *f;* (*of evidence, re-*
sults) Auswertung *f*
evangelic(al) *adj* evangelikal **evange-**
list *n (≈ preacher)* Prediger(in) *m(f)*
evaporate *v/i* **1** *(liquid)* verdunsten **2**
(fig) sich in Luft auflösen; *(hopes)* sich zerschlagen **evaporated milk** *n* Kondensmilch *f*
evasion *n (of question etc)* Ausweichen *nt*
(of vor *+dat); (of tax)* Hinterziehung *f* **eva-**
sive *adj* ausweichend; **they were ~**
about it sie redeten drum herum; **to take**
~ action ein Ausweichmanöver machen
evasively *adv* ausweichend
eve *n* Vorabend *m;* **on the ~ of** am Vorabend von *or +gen*
even **A** *adj* **1** *surface* eben **2** *(≈ regular)*
gleichmäßig **3** *quantities, values* gleich;
they are an ~ match sie sind einander
ebenbürtig; **I will get ~ with you for that**
das werde ich dir heimzahlen; **that makes**
us ~ *(fig)* damit sind wir quitt; **he has an**
~ chance of winning seine Gewinnchan-
cen stehen fifty-fifty *(infml);* **to break ~**
die Kosten decken **4** *number* gerade **B**
adv **1** sogar; **it'll be difficult, impossible**
~ das wird schwierig sein, wenn nicht
(so)gar unmöglich **2** *(with comp adj)* sogar
noch; **that's ~ better** das ist sogar (noch)
besser **3** *(with neg)* **not ~** nicht einmal;
without ~ a smile ohne auch nur zu lächeln **4** **~ if** selbst wenn; **~ though** obwohl; **but ~ then** aber sogar dann; **~ so**
(aber) trotzdem ◊**even out** **A** *v/i (prices)*
sich einpendeln **B** *v/t sep* **that should**
even things out a bit dadurch müsste

ein gewisser Ausgleich erzielt werden ◊**even up** Ⓐ *v/t sep* **that will even things up** das wird die Sache etwas ausgleichen Ⓑ *v/i* **can we ~ later?** können wir später abrechnen?

even-handed *adj*, **even-handedly** *adv* gerecht, fair

evening *n* Abend *m*; **in the ~** abends, am Abend; **this/tomorrow/yesterday ~** heute/morgen/gestern Abend; **that ~** an jenem Abend; **on the ~ of the twenty--ninth** am Abend des 29.; **one ~ as I …** eines Abends, als ich …; **every Monday ~** jeden Montagabend; **all ~** den ganzen Abend (lang) **evening class** *n* Abendkurs *m*; **to go to** *or* **take ~es** *or* **an ~ in French** einen Abendkurs in Französisch besuchen **evening dress** *n* (*men's*) Abendanzug *m*; (*women's*) Abendkleid *nt* **evening gown** *n* Abendkleid *nt* **evening paper** *n* Abendzeitung *f* **evening wear** *n* Abendkleidung *f*

evenly *adv* gleichmäßig; *divide* in gleiche Teile; **the contestants were ~ matched** die Gegner waren einander ebenbürtig; **your weight should be ~ balanced (between your two feet)** Sie sollten Ihr Gewicht gleichmäßig (auf beide Füße) verteilen; **public opinion seems to be ~ divided** die öffentliche Meinung scheint in zwei gleich große Lager gespalten zu sein **evenness** *n* (*of ground*) Ebenheit *f*

evensong *n* Abendgottesdienst *m*

event *n* **1** (≈ *happening*) Ereignis *nt*; **in the normal course of ~s** normalerweise **2** (≈ *organized function*) Veranstaltung *f*; SPORTS Wettkampf *m* **3** **in the ~ of her death** im Falle ihres Todes; **in the ~ of fire** im Brandfall; **in the unlikely ~ that …** falls, was sehr unwahrscheinlich ist, …; **in any ~ I can't give you my permission** ich kann dir jedenfalls nicht meine Erlaubnis geben; **at all ~s** auf jeden Fall **eventful** *adj* ereignisreich

eventual *adj* **he predicted the ~ fall of the government** er hat vorausgesagt, dass die Regierung am Ende *or* schließlich zu Fall kommen würde; **the ~ success of the project is not in doubt** es besteht kein Zweifel, dass das Vorhaben letzten Endes Erfolg haben wird; **he lost to the ~ winner** er verlor gegen den späteren Gewinner **eventuality** *n* Eventualität *f*; **be ready for any ~** sei auf alle Eventuali-

täten gefasst **eventually** *adv* schließlich; (≈ *one day*) eines Tages; (≈ *in the long term*) auf lange Sicht

ever *adv* **1** je(mals); **not ~** nie; **nothing ~ happens** es passiert nie etwas; **it hardly ~ snows here** hier schneit es kaum (jemals); **if I ~ catch you doing that again** wenn ich dich noch einmal dabei erwische; **seldom, if ~** selten, wenn überhaupt; **he's a rascal if ~ there was one** er ist ein richtiggehender kleiner Halunke; **don't you ~ say that again!** sag das ja nie mehr!; **have you ~ been to Glasgow?** bist du schon einmal in Glasgow gewesen?; **did you ~ see** *or* **have you ~ seen anything so strange?** hast du schon jemals so etwas Merkwürdiges gesehen?; **more beautiful than ~ (before)** schöner denn je (zuvor); **the first … ~** der *etc* allererste …; **I'll never, ~ forgive myself** das werde ich mir nie im Leben verzeihen **2** **~ since I was a boy** seit ich ein Junge war; **~ since I have lived here …** seitdem ich hier lebe …; **~ since (then)** seitdem; **for ~** für immer; **it seemed to go on for ~** es schien ewig zu dauern; **~ increasing power** ständig wachsende Macht; **an ~ present feeling** ein ständiges Gefühl; **all she ~ does is complain** sie tut nichts anderes als sich ständig zu beschweren **3** **she's the best grandmother ~** sie ist die beste Großmutter, die es gibt; **what ~ shall we do?** was sollen wir bloß machen?; **why ~ not?** warum denn bloß nicht? **4** (*infml*) **~ so/such** unheimlich; **~ so slightly drunk** ein ganz klein wenig betrunken; **he's ~ such a nice man** er ist ein ungemein netter Mensch; **I am ~ so sorry** es tut mir schrecklich leid; **thank you ~ so much** ganz herzlichen Dank **Everest** *n* (**Mount**) **~** der (Mount) Everest **evergreen** Ⓐ *adj* immergrün Ⓑ *n* Nadelbaum *m* **everlasting** *adj* ewig; **to his ~ shame** zu seiner ewigen Schande **evermore** *adv* (*liter*) auf immer und ewig; **for ~** in alle Ewigkeit

every *adj* **1** jede(r, s); **you must examine ~ one** Sie müssen jeden (Einzelnen) untersuchen; **~ man for himself** jeder für sich; **in ~ way** (≈ *in all respects*) in jeder Hinsicht; **he is ~ bit as clever as his brother** er ist ganz genauso schlau wie sein Bruder; **~ single time I … immer wenn ich …**; **~ fifth day**, **~ five days** alle fünf Tage; **write on ~ other page** bitte jede zweite Seite beschreiben; **one in ~ twenty people** jeder zwanzigste Mensch; **~ so often, ~ once in a while, ~ now and then** *or* **again** ab und zu; **his ~ word** jedes Wort, das er sagte **2 I have ~ confidence in him** ich habe volles Vertrauen zu ihm; **I have/there is ~ hope that ...** ich habe allen Grund/es besteht aller Grund zu der Hoffnung, dass ...; **there was ~ prospect of success** es bestand alle Aussicht auf Erfolg

everybody *pron* jeder(mann), alle *pl*; **~ has finished** alle sind fertig; **it's not ~ who can afford a big house** nicht jeder kann sich (*dat*) ein großes Haus leisten

everyday *adj* (all)täglich; **~ clothes** Alltagskleidung *f*; **to be an ~ occurrence** (all)täglich vorkommen; **for ~ use** für den täglichen Gebrauch; **~ life** der Alltag

everyone *pron* = everybody

everything *n* alles; **~ possible** alles Mögliche; **~ you have** alles, was du hast; **is ~ all right?** ist alles in Ordnung?; **money isn't ~** Geld ist nicht alles

everywhere *adv* überall; (*with direction*) überallhin; **from ~ ~** von überallher; **~ you look there's a mistake** wo man auch hinsieht, findet man Fehler

evict *v/t* zur Räumung zwingen (*from* +*gen*); **they were ~ed** sie wurden zum Verlassen ihrer Wohnung gezwungen **eviction** *n* Ausweisung *f* **eviction order** *n* Räumungsbefehl *m*

evidence *n* **1** Beweis *m*, Beweise *pl*; **there is no ~ that ...** es deutet nichts darauf hin, dass ... **2** JUR Beweismaterial *nt*; (*object etc*) Beweisstück *nt*; (≈ *testimony*) Aussage *f*; **we haven't got any ~** wir haben keinerlei Beweise; **for lack of ~** aus Mangel an Beweisen; **all the ~ was against him** alles sprach gegen ihn; **to give ~** aussagen **3 to be in ~** sichtbar sein **evident** *adj*, **evidently** *adv* offensichtlich

evil A *n* **1** Böse(s) *nt* **2** (≈ *bad thing or activity*) Übel *nt*; **the lesser/greater of two ~s** das kleinere/größere Übel **B** *adj person, spell* böse; *influence, reputation* schlecht; *place* verhext; **~ deed** Übeltat *f*; **with ~ intent** mit *or* aus böser Absicht **evocative** *adj* atmosphärisch; **to be ~ of sth** etw heraufbeschwören **evoke** *v/t* heraufbeschwören; *response* hervorrufen

evolution *n* Evolution *f* **evolutionary** *adj* evolutionär; **~ theory** Evolutionstheorie *f* **evolve A** *v/t* entwickeln **B** *v/i* sich entwickeln

ewe *n* Mutterschaf *nt*

ex *n* (*infml*) Verflossene(r) *m/f(m)* (*infml*) **ex-** *pref* ehemalig, Ex-; **~wife** Exfrau *f*

exacerbate *v/t pain, problem* verschlimmern; *situation* verschärfen

exact A *adj* genau; **to be ~ about sth** etw genau darlegen; **do you have the ~ amount?** haben Sie es passend?; **until this ~ moment** bis genau zu diesem Augenblick; **the ~ same thing** genau das Gleiche; **he's 47 to be ~** er ist 47, um genau zu sein **B** *v/t* (*form*) *money, revenge* fordern; *payment* eintreiben **exacting** *adj person, task* anspruchsvoll; *standards* hoch **exactly** *adv* genau; **I wanted to know ~ where my mother was buried** ich wollte genau wissen, wo meine Mutter begraben war; **that's ~ what I was thinking** genau das habe ich auch gedacht; **at ~ five o'clock** um Punkt fünf Uhr; **at ~ 9.43 a.m./the right time** genau um 9.43 Uhr/zur richtigen Zeit; **I want to get things ~ right** ich will es ganz richtig machen; **who ~ will be in charge?** wer wird eigentlich die Verantwortung haben?; **you mean we are stuck?** — **~** wir sitzen also fest? — stimmt genau; **is she sick?** — **not ~** ist sie krank? — eigentlich nicht; **not ~** (*iron* ≈ *hardly*) nicht gerade **exactness** *n* Genauigkeit *f*

exaggerate A *v/t* **1** übertreiben; **he ~d what really happened** er hat das, was wirklich geschehen war, übertrieben dargestellt **2** *effect* verstärken **B** *v/i* übertreiben **exaggerated** *adj* übertrieben **exaggeration** *n* Übertreibung *f*; **a bit of an ~** leicht übertrieben

exaltation *n* (≈ *feeling*) Begeisterung *f* **exalted** *adj position, style* hoch

exam *n* Prüfung *f* **examination** *n* **1** SCHOOL, UNIV *etc* Prüfung *f*; **geography ~** Geografieprüfung *f* **2** (≈ *inspection*) Untersuchung *f*; (*of machine, premises, passports*) Kontrolle *f*; **the matter is still under ~** die Angelegenheit wird noch geprüft *or* untersucht; **she underwent a thorough ~** sie wurde gründlich untersucht **3** (JUR, *of witness*) Verhör *nt*; (*of case, documents*) Untersuchung *f* **examine** *v/t* **1** (**for** auf +*acc*) untersuchen; *documents, ac-*

counts prüfen; *machine, passports, luggage* kontrollieren; **you need (to have) your head ~d** (*infml*) du solltest dich mal auf deinen Geisteszustand untersuchen lassen **2** *pupil, candidate* prüfen (*in* in +*dat, on* über +*acc*) **3** JUR *witness* verhören **examiner** *n* SCHOOL, UNIV Prüfer(in) *m(f)*

example *n* Beispiel *nt;* **for** ~ zum Beispiel; **to set a good** ~ ein gutes Beispiel geben; **to follow sb's** ~ jds Beispiel folgen; **to take sth as an** ~ sich (*dat*) an etw im Beispiel nehmen; **to make an** ~ **of sb** an jdm ein Exempel statuieren

exasperate *v/t* zur Verzweiflung bringen; **to become** *or* **get ~d** verzweifeln (*with* an +*dat*) **exasperating** *adj* ärgerlich; *delay, job* leidig *attr; person* nervig (*infml*); **it's so** ~ **not to be able to buy a newspaper** es ist wirklich zum Verzweifeln, dass man keine Zeitung bekommen kann **exasperation** *n* Verzweiflung *f* (*with* über +*acc*)

excavate *v/t ground* ausschachten; (*machine*) ausbaggern; ARCHEOL *site* Ausgrabungen machen auf (+*dat*) **excavation** *n* **1** ARCHEOL (Aus)grabung *f;* **~s** (≈ *site*) Ausgrabungsstätte *f* **2** (*of tunnel etc*) Graben *nt* **excavator** *n* (≈ *machine*) Bagger *m*

exceed *v/t* **1** (*in value, amount*) übersteigen (*by* um); **to** ~ **5 kilos in weight** das Gewicht von 5 kg übersteigen; **a fine not ~ing £500** eine Geldstrafe bis zu £ 500 **2** (≈ *go beyond*) hinausgehen über (+*acc*); *expectations* übertreffen; *limits, powers* überschreiten **exceedingly** *adv* (+*adj, adv*) äußerst

excel **A** *v/i* sich auszeichnen **B** *v/t* **to** ~ **oneself** (*often iron*) sich selbst übertreffen **excellence** *n* hervorragende Qualität; **academic** ~ höchste wissenschaftliche Qualität **Excellency** *n* **Your/His** ~ Eure/Seine Exzellenz

excellent *adj*, **excellently** *adv* hervorragend

except A *prep* außer (+*dat*); **what can they do** ~ **wait?** was können sie (anders) tun als warten?; ~ **for** abgesehen von; ~ **that ...** außer dass ...; ~ **for the fact that** abgesehen davon, dass ...; ~ **if** es sei denn(, dass); ~ **when** außer wenn **B** *cj* (≈ *only*) doch **C** *v/t* ausnehmen **excepting** *prep* außer; **not** ~ **X** X nicht ausgenommen

exception *n* **1** Ausnahme *f;* **to make an** ~ eine Ausnahme machen; **with the** ~ **of** mit Ausnahme von; **this case is an** ~ **to the rule** dieser Fall ist eine Ausnahme; **the** ~ **proves the rule** (*prov*) Ausnahmen bestätigen die Regel (*prov*); **sb/sth is no** ~ jd/etw ist keine Ausnahme **2** **to take** ~ **to sth** Anstoß *m* an etw (*dat*) nehmen **exceptional** *adj* außergewöhnlich; **of** ~ **quality** außergewöhnlich gut; ~ **case** Ausnahmefall *m;* **in** ~ **cases, in** *or* **under** ~ **circumstances** in Ausnahmefällen **exceptionally** *adv* außergewöhnlich

excerpt *n* Auszug *m*

excess A *n* **1** Übermaß *nt* (*of* an +*dat*); **to drink to** ~ übermäßig trinken; **he does everything to** ~ er übertreibt bei allem; **to be in** ~ **of** hinausgehen über (+*acc*); **a figure in** ~ **of ...** eine Zahl über (+*dat*) ... **2 excesses** *pl* Exzesse *pl;* (*drinking, sex etc*) Ausschweifungen *pl* **3** (≈ *amount left over*) Überschuss *m* **B** *adj* überschüssig; ~ **fat** Fettpolster *pl* **excess baggage** *n* Übergewicht *nt* **excessive** *adj* übermäßig; *price, profits, speed* überhöht; *demands* übertrieben; ~ **amounts of** übermäßig viel; ~ **drinking** übermäßiger Alkoholgenuss **excessively** *adv* (+*vb*) übermäßig; *drink* zu viel; (+*adj*) allzu **excess weight** *n* Übergewicht *nt*

exchange A *v/t books, glances, seats* tauschen; *foreign currency* wechseln (*for* in +*acc*); *information, views, phone numbers* austauschen; **to** ~ **words** einen Wortwechsel haben; **to** ~ **letters** einen Briefwechsel führen; **to** ~ **greetings** sich grüßen; **to** ~ **insults** sich gegenseitig beleidigen; **to** ~ **one thing for another** eine Sache gegen eine andere austauschen *or* (*in Laden*) umtauschen **B** *n* **1** (*of prisoners, views*) Austausch *m;* (*of one bought item for another*) Umtausch *m;* **in** ~ dafür; **in** ~ **for money** gegen Geld; **in** ~ **for lending me your car** dafür, dass Sie mir Ihr Auto geliehen haben **2** ST EX Börse *f* **3** (**telephone**) ~ Fernamt *nt* **exchange rate** *n* Wechselkurs *m* **Exchange Rate Mechanism** *n* FIN Wechselkursmechanismus *m* **exchange student** *n* Austauschstudent(in) *m(f)*

exchequer *n* Finanzministerium *nt*

excise duties *pl* (*Br*), **excise tax** *n* (*US*) Verbrauchssteuern *pl*

excitable *adj* leicht erregbar **excite** *v/t*

1 aufregen; (≈ *rouse enthusiasm in*) begeistern; **the whole village was ~d by the news** das ganze Dorf war über die Nachricht in Aufregung **2** *passion, desire* erregen; *interest, curiosity* wecken

excited *adj* aufgeregt; (≈ *agitated*) erregt; (≈ *enthusiastic*) begeistert; **to be ~ that...** begeistert darüber sein, dass ...; **to be ~ about sth** von etw begeistert sein; (≈ *looking forward*) sich auf etw (*acc*) freuen; **to become** *or* **get ~ (about sth)** sich (über etw *acc*) aufregen; **to get ~** (*sexually*) erregt werden; **it was nothing to get ~ about** es war nichts Besonderes **excitedly** *adv* aufgeregt **excitement** *n* Aufregung *f*; **there was great ~ when ...** es herrschte große Aufregung, als ...; **what's all the ~ about?** wozu die ganze Aufregung?; **his novel has caused great ~** sein Roman hat große Begeisterung ausgelöst **exciting** *adj* aufregend; *player* sensationell; *prospect* reizvoll; (≈ *full of suspense*) spannend

excl 1 *abbr of* excluding **2** *abbr of* exclusive exkl.

exclaim **A** *v/i* he **~ed in surprise when he saw it** er schrie überrascht auf, als er es sah **B** *v/t* ausrufen **exclamation** *n* Ausruf *m* **exclamation mark**, (*US*) **exclamation point** *n* Ausrufezeichen *nt*

exclude *v/t* ausschließen; **to ~ sb from the team/an occupation** jdn aus der Mannschaft/von einer Beschäftigung ausschließen; **to ~ a child from school** ein Kind vom Schulunterricht ausschließen; **to ~ sb from doing sth** jdn davon ausschließen, etw zu tun; **£200 excluding VAT** (*Br*) £ 200 ohne Mehrwertsteuer; **everything excluding the house** alles ausgenommen das Haus **exclusion** *n* Ausschluss *m* (*from* von); **she thought about her job to the ~ of everything else** sie dachte ausschließlich an ihre Arbeit **exclusive** **A** *adj* **1** exklusiv; *use* alleinig; **~ interview** Exklusivinterview *nt*; **~ offer** Exklusivangebot *nt*; **~ rights to sth** Alleinrechte *pl* an etw (*dat*); PRESS Exklusivrechte *pl* an etw (*dat*) **2** (≈ *not inclusive*) exklusive *inv*; **they are mutually ~** sie schließen einander aus **B** *n* (PRESS *story*) Exklusivbericht *m*; (≈ *interview*) Exklusivinterview *nt* **exclusively** *adv* ausschließlich; PRESS exklusiv

excommunicate *v/t* exkommunizieren

excrement *n* Kot *m* **excrete** *v/t* ausscheiden

excruciating *adj* unerträglich; *sight, experience* fürchterlich; **I was in ~ pain** ich hatte unerträgliche Schmerzen

excursion *n* Ausflug *m*; **to go on an ~** einen Ausflug machen

excusable *adj* verzeihlich

excuse **A** *v/t* **1** (≈ *seek to justify*) entschuldigen; **he ~d himself for being late** er entschuldigte sich, dass er zu spät kam **2** (≈ *pardon*) **to ~ sb** jdm verzeihen; **to ~ sb for having done sth** jdm verzeihen, dass er etw getan hat; **~ me for interrupting** entschuldigen Sie bitte die Störung; **~ me!** Entschuldigung!; (*indignant*) erlauben Sie mal! **3** **to ~ sb from (doing) sth** jdm etw erlassen; **you are ~d** (*to children*) ihr könnt gehen; **can I be ~d?** darf ich mal verschwinden (*infml*)?; **and now if you will ~ me I have work to do** und nun entschuldigen Sie mich bitte, ich habe zu arbeiten **B** *n* **1** (≈ *justification*) Entschuldigung *f*; **they had no ~ for attacking him** sie hatten keinen Grund, ihn anzugreifen; **to give sth as an ~** etw zu seiner Entschuldigung vorbringen **2** (≈ *pretext*) Ausrede *f*; **to make ~s for sb/sth** jdn/etw entschuldigen; **I have a good ~ for not going** ich habe eine gute Ausrede, warum ich nicht hingehen kann; **he's only making ~s** er sucht nur nach einer Ausrede; **a good ~ for a party** ein guter Grund, eine Party zu feiern

ex-directory *adj* (*Br*) **to be ~** nicht im Telefonbuch stehen

executable *adj* **~ file** IT Programmdatei *f* **execute** *v/t* **1** *order, movement* ausführen **2** IT ausführen **3** *criminal* hinrichten **execution** *n* **1** (*of duties*) Erfüllung *f*; **in the ~ of his duties** bei der Ausübung seines Amtes **2** (*as punishment*) Hinrichtung *f* **executioner** *n* Henker *m*

executive **A** *n* **1** (≈ *person*) Manager(in) *m(f)*; **senior ~** Geschäftsführer(in) *m(f)* **2** COMM, POL Vorstand *m*; **to be on the ~** Vorstandsmitglied sein **3** **the ~** (POL, *part of government*) die Exekutive **B** *adj* **1** *position* leitend; **~ power** Exekutivgewalt *f*; **~ decision** Managemententscheidung *f* **2** (≈ *luxury*) für gehobene Ansprüche **executive board** *n* Vorstand *m* **executive committee** *n* Vorstand *m* **executor** *n* (*of will*) Testamentsvollstrecker *m*

E

exemplary *adj* beispielhaft (*in sth* in etw *dat*) **exemplify** *v/t* veranschaulichen

exempt **A** *adj* befreit (*from* von); **diplomats are ~** Diplomaten sind ausgenommen **B** *v/t person* befreien; **to ~ sb from doing sth** jdn davon befreien, etw zu tun; **to ~ sth from a ban** etw von einem Verbot ausnehmen **exemption** *n* Befreiung *f*; **~ from taxes** Steuerfreiheit *f*

exercise **A** *n* **1** Übung *f*; **to do one's ~s in the morning** Morgengymnastik machen; **to go on ~s** MIL eine Übung machen **2** *no pl* (*physical*) Bewegung *f*; **physical ~** (körperliche) Bewegung *f* **3** **it was a pointless ~** es war völlig sinnlos; **it was a useful ~ in public relations** für die Public Relations war es nützlich **B** *v/t body, mind* trainieren; *power, right* ausüben **C** *v/i* **if you ~ regularly ...** wenn Sie sich viel bewegen ...; **you don't ~ enough** du hast zu wenig Bewegung **exercise bike** *n* Heimtrainer *m* **exercise book** *n* Heft *nt*

exert **A** *v/t pressure, power* ausüben (*on* auf +*acc*); *force* anwenden **B** *v/r* sich anstrengen **exertion** *n* (≈ *effort*) Anstrengung *f*; **rugby requires strenuous physical ~** Rugby fordert unermüdlichen körperlichen Einsatz *m*; **after the day's ~s** nach des Tages Mühen

exhale *v/i* ausatmen

exhaust **A** *v/t* erschöpfen; **we have ~ed the subject** wir haben das Thema erschöpfend behandelt **B** *n* (*esp Br* AUTO *etc*) Auspuff *m* **exhausted** *adj* erschöpft; *savings* aufgebraucht; **she was ~ from digging the garden** sie war erschöpft, weil sie den Garten umgegraben hatte; **his patience was ~** er war mit seiner Geduld am Ende **exhaust fumes** *pl* Auspuffgase *pl* **exhausting** *adj* anstrengend **exhaustion** *n* Erschöpfung *f* **exhaustive** *adj list* vollständig; *search* gründlich **exhaust pipe** *n* (*esp Br*) Auspuffrohr *nt*

exhibit **A** *v/t* **1** *paintings etc* ausstellen **2** *skill* zeigen **B** *v/i* ausstellen **C** *n* **1** (*in exhibition*) Ausstellungsstück *nt* **2** JUR Beweisstück *nt*

exhibition *n* **1** (*of paintings etc*) Ausstellung *f* **2** **to make an ~ of oneself** ein Theater machen (*infml*) **exhibition centre**, (*US*) **exhibition center** *n* Ausstellungszentrum *nt*; (*for trade fair*) Messegelände *nt* **exhibitionist** *n* Exhibitionist(in) *m(f)* **exhibitor** *n* Aussteller(in) *m(f)*

exhilarated *adj* **to feel ~** in Hochstimmung sein **exhilarating** *adj experience* aufregend; *feeling* berauschend **exhilaration** *n* Hochgefühl *nt*

exhort *v/t* ermahnen

exhume *v/t* exhumieren

exile **A** *n* **1** (≈ *person*) Verbannte(r) *m/f(m)* **2** (≈ *banishment*) Verbannung *f*; **to go into ~** ins Exil gehen; **in ~** im Exil **B** *v/t* verbannen (*from* aus)

exist *v/i* existieren; **it doesn't ~** das gibt es nicht; **doubts still ~** noch bestehen Zweifel; **the understanding which ~s between the two countries** das Einvernehmen zwischen den beiden Ländern; **the possibility ~s that ...** es besteht die Möglichkeit, dass ...; **she ~s on very little** sie kommt mit sehr wenig aus

existence *n* **1** Existenz *f*; **to be in ~** existieren, bestehen; **to come into ~** entstehen; **the only one in ~** der Einzige, den es gibt **2** (≈ *life*) Leben *nt*; **means of ~** Lebensunterhalt *m* **existent** *adj* existent **existentialism** *n* Existenzialismus *m* **existing** *adj* bestehend; *circumstances* gegenwärtig

exit **A** *n* **1** (*from stage*) Abgang *m*; (*from competition*) Ausscheiden *nt*; **to make an/ one's ~** (*from stage*) abgehen; (*from room*) hinausgehen **2** (≈ *way out*) Ausgang *m*; (*for vehicles*) Ausfahrt *f* **B** *v/i* hinausgehen; (*from stage*) abgehen; IT das Programm *etc* verlassen **C** *v/t* IT verlassen **exit poll** *n* bei Wahlen unmittelbar nach Verlassen der Wahllokale durchgeführte Umfrage **exit visa** *n* Ausreisevisum *nt*

exodus *n* (*from country*) Abwanderung *f*; (BIBLE, *also fig*) Exodus *m*; **general ~** allgemeiner Aufbruch

exonerate *v/t* entlasten (*from* von)

exorbitant *adj* überhöht **exorbitantly** *adv* **~ priced** or **expensive** maßlos teuer

exorcism *n* Exorzismus *m* **exorcize** *v/t* exorzieren

exotic *adj* exotisch; **~ dancer** exotischer Tänzer, exotische Tänzerin; **~ holidays** (*esp Br*) or **vacation** (*US*) Urlaub *m* in exotischen Ländern

expand **A** *v/t* ausdehnen; *business, production, knowledge* erweitern **B** *v/i* CHEM, PHYS sich ausdehnen; (*business, economy, knowledge*) wachsen; (*trade, production*) zunehmen; (*horizons*) sich erweitern; **we want to ~** wir wollen expandieren or (uns) vergrößern; **the market is ~ing** der Markt wächst ◊**expand (up)on** v/t subject weiter ausführen

expanse n Fläche f; (of ocean etc) Weite f no pl; **a vast ~ of grass** eine riesige Grasfläche; **an ~ of woodland** ein Waldgebiet nt **expansion** n Ausdehnung f; (of business, trade, production) Erweiterung f; (territorial, economic) Expansion f **expansion board** n IT Erweiterungsplatine f **expansion card** n IT Erweiterungskarte f **expansion slot** n IT Erweiterungssteckplatz m **expansive** adj person mitteilsam; **to be in an ~ mood** in gesprächiger Stimmung sein

expat n, adj = expatriate **expatriate** **A** n im Ausland Lebende(r) m/f(m); **British ~s** im Ausland lebende Briten **B** adj im Ausland lebend; **~ community** Ausländergemeinde f

expect **A** v/t **1** erwarten; esp sth bad rechnen mit; **that was to be ~ed** das war zu erwarten; **I know what to ~** ich weiß, was mich erwartet; **I ~ed as much** das habe ich erwartet; **he failed as (we had) ~ed** er fiel, wie erwartet, durch; **to ~ to do sth** erwarten or damit rechnen, etw zu tun; **it is hardly to be ~ed that ...** es ist kaum zu erwarten or damit zu rechnen, dass ...; **the talks are ~ed to last two days** die Gespräche sollen zwei Tage dauern; **she is ~ed to resign tomorrow** es wird erwartet, dass sie morgen zurücktritt; **you can't ~ me to agree to that!** Sie erwarten doch wohl nicht, dass ich dem zustimme!; **to ~ sth of or from sb** etw von jdm erwarten; **to ~ sb to do sth** erwarten, dass jd etw tut; **what do you ~ me to do about it?** was soll ich da tun?; **are we ~ed to tip the waiter?** müssen wir dem Kellner Trinkgeld geben?; **I will be ~ing you tomorrow** ich erwarte dich morgen; **we'll ~ you when we see you** (infml) wenn ihr kommt, dann kommt ihr (infml) **2** (≈ suppose) glauben; **yes, I ~ so** ja, ich glaube schon; **no, I ~ not** nein, ich glaube nicht; **I ~ it will rain** es wird wohl regnen; **I ~ you're tired** Sie werden sicher müde sein; **I ~ he turned it down** ich nehme an, er hat abgelehnt **B** v/i **she's ~ing** sie erwartet ein Kind **expectancy** n Erwartung f **expectant** adj (≈ eagerly waiting) erwartungsvoll **expectantly** adv erwartungsvoll; **wait ge-**

spannt **expectation** n Erwartung f; **against all ~(s)** wider Erwarten; **to exceed all ~(s)** alle Erwartungen übertreffen **expected** adj erwartet

expedient adj (≈ politic) zweckdienlich; (≈ advisable) ratsam

expedite v/t beschleunigen

expedition n Expedition f; **shopping ~** Einkaufstour f; **to go on an ~** auf (eine) Expedition gehen; **to go on a shopping ~** eine Einkaufstour machen

expel v/t **1** (officially, from country) ausweisen, ausschaffen (Swiss) (from aus); (from school) verweisen (from von, +gen) **2** gas, liquid ausstoßen

expend v/t verwenden (on auf +acc, on doing sth darauf, etw zu tun) **expendable** adj (form) entbehrlich **expenditure** n (≈ money spent) Ausgaben pl **expense** n **1** Kosten pl; **at my ~** auf meine Kosten; **at great ~** mit hohen Kosten; **they went to the ~ of installing a lift** sie gaben viel Geld dafür aus, einen Lift einzubauen; **at sb's ~, at the ~ of sb** auf jds Kosten (acc) **2** (COMM, usu pl) Spesen pl **expense account** n Spesenkonto nt **expenses-paid** adj **an all-~ holiday** ein Gratisurlaub m

expensive adj teuer; **they were too ~ for most people** die meisten Leute konnten sie sich nicht leisten **expensively** adv teuer

experience **A** n **1** Erfahrung f; **to know sth from ~** etw aus Erfahrung wissen; **to speak from ~** aus eigener Erfahrung sprechen; **he has no ~ of living in the country** er kennt das Landleben nicht; **I gained a lot of useful ~** ich habe viele nützliche Erfahrungen gemacht; **have you had any ~ of driving a bus?** haben Sie Erfahrung im Busfahren?; **~ in a job/in business** Berufs-/Geschäftserfahrung f; **to have a lot of teaching ~** große Erfahrung als Lehrer(in) haben; **he is working in a factory to gain ~** er arbeitet in einer Fabrik, um praktische Erfahrungen zu sammeln **2** (≈ event experienced) Erlebnis nt; **I had a nasty ~** mir ist etwas Unangenehmes passiert; **it was a new ~ for me** es war völlig neu für mich **B** v/t **1** pain, hunger erfahren; difficult times durchmachen; problems haben **2** (≈ feel) fühlen **experienced** adj erfahren; **we need someone more ~** wir brauchen jemanden, der mehr Erfahrung hat; **to be ~ in sth** in etw (*dat*) Erfahrung haben

experiment **A** *n* Versuch *m*; **to do an ~** einen Versuch machen; **as an ~** versuchsweise **B** *v/i* experimentieren (*on, with* mit)

experimental *adj* experimentell; **to be at an** *or* **in the ~ stage** sich im Versuchsstadium befinden **experimentation** *n* Experimentieren *nt*

expert **A** *n* Experte *m*, Expertin *f*; (≈ *professional*) Fachmann *m*, Fachfrau *f*; JUR Sachverständige(r) *m/f(m)*; **he is an ~ on the subject** er ist Fachmann auf diesem Gebiet **B** *adj* **1** *driver etc* meisterhaft; **to be ~ at doing sth** es hervorragend verstehen, etw zu tun **2** *advice, help* fachmännisch; **an ~ opinion** ein Gutachten *nt* **expertise** *n* Sachverstand *m* (*in* in +*dat*, *auf dem Gebiet* +*gen*) **expertly** *adv* meisterhaft; *drive* geschickt **expert witness** *n* Sachverständige(r) *m/f(m)*

expiration date *n* (*US*) Ablauftermin *m* **expire** *v/i* (*lease etc*) ablaufen **expiry** *n* Ablauf *m*; **~ date** (*Br*) Ablauftermin *m*

explain **A** *v/t* erklären (*to sb* jdm); **that is easy to ~, that is easily ~ed** das lässt sich leicht erklären; **he wanted to see me but wouldn't ~ why** er wollte mich sehen, sagte aber nicht, warum **B** *v/r* sich rechtfertigen; **~ yourself!** was soll das? **C** *v/i* es erklären; **please ~** bitte erklären Sie das ◊**explain away** *v/t sep* eine Erklärung finden für

explanation *n* Erklärung *f*; **it needs some ~** es bedarf einer Erklärung **explanatory** *adj* erklärend

expletive *n* Kraftausdruck *m*

explicit *adj statement, description* (klar und) deutlich; *instructions, reference* ausdrücklich; (*esp sexually*) *details* eindeutig; **sexually ~** sexuell explizit **explicitly** *adv* **1** *state* deutlich **2** *forbid, mention* ausdrücklich; (+*adj*) eindeutig

explode **A** *v/i* explodieren; **to ~ with anger** vor Wut platzen (*infml*) **B** *v/t* **1** sprengen **2** (*fig*) *theory* zu Fall bringen

exploit **A** *n* (*heroic*) Heldentat *f*; **~s** Abenteuer *pl* **B** *v/t workers* ausbeuten; *friend, weakness* ausnutzen; *resources* nutzen **exploitation** *n* (*of workers*) Ausbeutung *f*; (*of friend, weakness*) Ausnutzung *f*

exploration *n* (*of country, area*) Erforschung *f*; (*of town*) Erkundung *f* **exploratory** *adj* exploratorisch; **~ talks** Sondie-

rungsgespräche *pl*; **~ trip/expedition** Erkundungsfahrt *f*/-expedition *f*; **an ~ operation** MED eine Explorationsoperation **explore** **A** *v/t country, unknown territory* erforschen; *question, prospects* untersuchen (*also* MED); *options* prüfen **B** *v/i* **to go exploring** auf Entdeckungsreise gehen; **he went off into the village to ~** er ging auf Entdeckungsreise ins Dorf **explorer** *n* Forscher(in) *m(f)*

explosion *n* Explosion *f* **explosive** **A** *n* Sprengstoff *m* **B** *adj* explosiv; *temper* aufbrausend; **~ device** Sprengsatz *m*; **~ charge** Sprengladung *f*

exponent *n* (*of theory*) Vertreter(in) *m(f)*

export **A** *v/t & v/i* exportieren **B** *n* Export *m* **C** *adj attr* Export- **export duty** *n* Export- *or* Ausfuhrzoll *m* **exporter** *n* **1** Exporteur *m* (*of* von) **2** (≈ *country*) Exportland *nt* (*of* für) **export licence**, (*US*) **export license** *n* Exportgenehmigung *f* **export trade** *n* Exporthandel *m*

expose *v/t* **1** *rocks, wire* freilegen **2** (*to danger etc*) aussetzen (*to* dat) **3** *one's ignorance* offenbaren; **to ~ oneself** (*indecently*) sich entblößen **4** *abuse* aufdecken; *scandal, plot* enthüllen; *person* entlarven **5** PHOT belichten **exposed** *adj* **1** *position* ungeschützt; (*fig*) exponiert; **to feel ~** sich verletzlich fühlen; **to be ~ to sth** (*person*) einer Sache (*dat*) ausgesetzt sein **2** *part of body* unbedeckt; *wiring* frei liegend; **to feel ~** (*fig* ≈ *insecure*) sich allen Blicken ausgesetzt fühlen **exposure** *n* **1** (*to sunlight, air*) Aussetzung *f* (*to* +*dat*); **to be suffering from ~** MED an Unterkühlung leiden; **to die of ~** MED erfrieren **2** (*of person*) Entlarvung *f*; (*of crime*) Aufdeckung *f* **3** PHOT Belichtung(szeit) *f* **4** MEDIA Publicity *f*

expound *v/t theory* darlegen

express **A** *v/t* ausdrücken; **to ~ oneself** sich ausdrücken; **if I may ~ my opinion** wenn ich meine Meinung äußern darf; **the feeling which is ~ed here** das Gefühl, das hier zum Ausdruck kommt **B** *adj* **1** *order, permission* ausdrücklich; *purpose* bestimmt **2** **by ~ mail** per Eilzustellung; **~ service** Expressdienst *m* **C** *adv* **to send a letter ~** einen Brief per Express schicken **D** *n* (≈ *train*) Schnellzug *m*; (≈ *bus*) Schnellbus *m* **express delivery** *n* Eilzustellung *f*

expression *n* (Gesichts)ausdruck *m*; **as**

an ~ **of our gratitude** zum Ausdruck unserer Dankbarkeit; **to give ~ to sth** etw zum Ausdruck bringen **expressionism** n Expressionismus m **expressionist A** n Expressionist(in) m(f) **B** adj expressionistisch **expressionless B** adj ausdruckslos **expressive** adj ausdrucksvoll **expressly** adv **1** forbid, state ausdrücklich **2** **he did it ~ to annoy me** er hat es absichtlich getan, um mich zu ärgern

express train n Schnellzug m **expressway** n Schnellstraße f

expropriate v/t enteignen

expulsion n (from a country) Ausweisung f (from aus); (from school) Verweisung f

exquisite adj erlesen; food köstlich; features, view bezaubernd **exquisitely** adv dress erlesen; crafted aufs kunstvollste

ex-serviceman n, pl -men Exsoldat m **ex-servicewoman** n, pl -women Exsoldatin f

ext abbr of extension App.

extend A v/t **1** arms ausstrecken **2** visit, deadline verlängern **3** powers ausdehnen; house anbauen an (+acc); property vergrößern; **to ~ one's lead** seine Führung ausbauen **4** (**to sb** jdm) hospitality erweisen; invitation, thanks etc aussprechen; **to ~ a welcome to sb** jdn willkommen heißen **B** v/i (wall, garden) sich erstrecken (to, as far as bis); (ladder) sich ausziehen lassen; (meetings etc) sich hinziehen **extended family** n Großfamilie f **extended memory** n IT erweiterter Arbeitsspeicher **extension** n **1** Verlängerung f; (of house) Anbau m **2** TEL (Neben)anschluss m; **~ 3714** Apparat 3714 **extension cable** n Verlängerungskabel nt **extension lead** n Verlängerungsschnur f

extensive adj area, tour ausgedehnt; plans, powers weitreichend; research, collection, repairs, knowledge umfangreich; burns großflächig; damage beträchtlich; experience reich; network weitverzweigt; **the facilities available are very ~** es steht eine Vielzahl von Einrichtungen zur Verfügung; **we had fairly ~ discussions** wir haben es ziemlich ausführlich diskutiert **extensively** adv travel, write viel; use häufig; research, report, discuss ausführlich; alter beträchtlich; **the clubhouse was ~ damaged** an dem Klubhaus entstand ein beträchtlicher Schaden; **this edition has been ~ revised** diese Ausgabe ist grundlegend überarbeitet worden

extent n **1** (≈ length) Länge f; (≈ size) Ausdehnung f **2** (of knowledge, alterations, power) Umfang m; (of damage) Ausmaß nt **3** (≈ degree) Grad m; **to some ~** bis zu einem gewissen Grade; **to what ~** inwieweit; **to a certain ~** in gewissem Maße; **to a large/lesser ~** in hohem/geringerem Maße; **to such an ~ that ...** dermaßen, dass ...

extenuate v/t **extenuating circumstances** mildernde Umstände

exterior A n Äußere(s) nt; **on the ~** außen **B** adj Außen-; **~ wall** Außenwand f; **~ decoration/paintwork** Außenanstrich m

exterminate v/t ausrotten **extermination** n Ausrottung f

external adj **1** äußere(r, s); dimensions Außen-; **the ~ walls of the house** die Außenwände des Hauses; **~ appearance** Aussehen nt; **for ~ use** PHARM zur äußerlichen Anwendung; **~ call** TEL externes Gespräch **2** affairs, policy auswärtig **3** examiner extern **external borders** pl (of country) Landesgrenzen pl **externalize** v/t externalisieren **externally** adv **1** use äußerlich; **he remained ~ calm** er blieb äußerlich ruhig **2** POL außenpolitisch **external trade** n Außenhandel m

extinct adj ausgestorben; volcano erloschen; (fig) way of life untergegangen; **to become ~** aussterben **extinction** n Aussterben nt; **this animal was hunted to ~** diese Tierart wurde durch Jagen ausgerottet

extinguish v/t fire, candle (aus)löschen; cigarette ausmachen; light löschen **extinguisher** n Feuerlöscher m

extol v/t rühmen

extort v/t money erpressen (from von) **extortion** n (of money) Erpressung f; **this is sheer ~!** (infml) das ist ja Wucher! **extortionate** adj rate, amount horrend; rent, bill maßlos hoch; **~ prices** Wucherpreise pl **extortionist** n (≈ blackmailer) Erpresser(in) m(f); (≈ profiteer) Wucherer m, Wucherin f

extra A adj zusätzlich; **we need an ~ chair** wir brauchen noch einen Stuhl; **to work ~ hours** Überstunden machen; **to make an ~ effort** sich besonders anstrengen; **~ troops were called in** es wurde Verstärkung gerufen; **take ~ care!** sei besonders vorsichtig!; **an ~ £30 a week** £ 30 mehr pro Woche; **send 75p ~ for postage and packing** schicken Sie zusätzlich 75 Pence für Porto und Verpackung; **there is no ~ charge for breakfast** das Frühstück wird nicht zusätzlich berechnet; **available at no ~ cost** ohne Aufpreis erhältlich **B** *adv* **1** *pay, cost* mehr; **breakfast costs ~** das Frühstück wird zusätzlich berechnet; **post and packing ~** zuzüglich Porto und Verpackung **2** (≈ *especially*) besonders **C** *n* **1** **extras** *pl* (≈ *extra expenses*) zusätzliche Kosten *pl*; (*for machine*) Zubehör *nt*; (*for car*) Extras *pl* **2** (FILM, THEAT) Statist(in) *m(f)* **extra-** *pref* **1** (≈ *outside*) außer- **2** (≈ *especially*) extra; **~large** *eggs* extra groß; *T-shirt* übergroß

extract A *v/t* **1** herausnehmen; *cork etc* (heraus)ziehen (*from* aus); *juice, oil, DNA* gewinnen (*from* aus); *tooth* ziehen; *bullet* entfernen **2** (*fig*) *information* entlocken (*from* +*dat*) **B** *n* **1** (*from book etc*) Auszug *m* **2** MED, COOK Extrakt *m* **extraction** *n* **1** (*oil, DNA*) Gewinnung *f* **2** DENTISTRY **he had to have an ~** ihm musste ein Zahn gezogen werden **3** (≈ *descent*) Herkunft *f* **extractor** *n* (*for juice*) Entsafter *m* **extractor fan** *n* Sauglüfter *m*

extracurricular *adj* außerhalb des Stundenplans; **~ activity** (*esp hum*) Freizeitaktivität *f* (*hum*)

extradite *v/t* ausliefern **extradition** *n* Auslieferung *f*

extramarital *adj* außerehelich

extraneous *adj* (*form*) unwesentlich

extraordinarily *adv* außerordentlich; *high, good etc* ungemein

extraordinary *adj* **1** *person, career* außergewöhnlich; *success, courage* außerordentlich; *behaviour, appearance* eigenartig; *tale, adventure* seltsam; **it's ~ to think that …** es ist (schon) eigenartig, wenn man denkt, dass …; **what an ~ thing to say!** wie kann man nur so etwas sagen!; **it's ~ how much he resembles his brother** es ist erstaunlich, wie sehr er seinem Bruder ähnelt **2** (*Br form*) *measure* außerordentlich; **~ meeting** Sondersitzung *f* **extraordinary general meeting** *n* außerordentliche Hauptversammlung

extrapolate *v/t & v/i* extrapolieren (*from* aus)

extrasensory *adj* außersinnlich; **~ perception** außersinnliche Wahrnehmung

extra-special *adj* ganz besondere(r, s); **to take ~ care over sth** sich (*dat*) besonders viel Mühe mit etw geben

extraterrestrial A *adj* außerirdisch **B** *n* außerirdisches Lebewesen

extra time *n* SPORTS Verlängerung *f*; **we had to play ~** der Schiedsrichter ließ nachspielen

extravagance *n* Luxus *m no pl*; (≈ *wastefulness*) Verschwendung *f*; **if you can't forgive her little ~s** wenn Sie es ihr nicht verzeihen können, dass sie sich ab und zu einen kleinen Luxus leistet **extravagant** *adj* **1** (≈ *wasteful*) *person* verschwenderisch; *taste, habit* teuer; **your ~ spending habits** deine Angewohnheit, das Geld mit vollen Händen auszugeben **2** *gift* extravagant; *lifestyle* aufwendig **3** *behaviour, praise, claim* übertrieben **extravaganza** *n* Ausstattungsstück *nt*

extreme A *adj* äußerste(r, s); *discomfort, sensitivity, danger* größte(r, s); *example, conditions, behaviour* extrem; *measures* drastisch; *difficulty, pressure* ungeheuer; *poverty* bitterste(r, s); **of ~ importance** äußerst wichtig; **~ case** Extremfall *m*; **fascists of the ~ right** extrem rechts stehende Faschisten; **at the ~ left of the picture** ganz links im Bild **B** *n* Extrem *nt*; **~s of temperature** extreme Temperaturen *pl*; **in the ~** im höchsten Grade; **to go from one ~ to the other** von einem Extrem ins andere fallen; **to go to ~s** es übertreiben; **to take** *or* **carry sth to ~s** etw bis zum Extrem treiben **extremely** *adv* äußerst; *important, high* extrem; **was it difficult? — ~!** war es schwierig? — sehr! **extremism** *n* Extremismus *m* **extremist A** *n* Extremist(in) *m(f)* **B** *adj* extremistisch; **~ group** Extremistengruppe *f* **extremity** *n* **1** äußerstes Ende *nt* **2** **extremities** *pl* (≈ *hands and feet*) Extremitäten *pl*

extricate *v/t* befreien; (*fig*) retten; **to ~ oneself from sth** sich aus etw befreien

extrovert A *adj* extrovertiert **B** *n* extrovertierter Mensch **extroverted** *adj* (*esp US*) extrovertiert

exuberance *n* (*of person*) Überschwänglichkeit *f*; (*of style*) Vitalität *f* **exuberant** *adj* *person* überschwänglich; *mood* überschäumend; *style* übersprudelnd **exuberantly** *adv* überschwänglich; (*esp of child*) übermütig

E

exude v/t ◘ *liquid* ausscheiden; *smell* ausströmen ◙ *(fig) confidence* ausstrahlen

exult v/i frohlocken; **~ing in his freedom** seine Freiheit genießend **exultant** *adj expression, cry* triumphierend; **he was ~ mood** er jubelte; **~ mood** Jubelstimmung *f*

eye ◘ *n* Auge *nt*; *(of needle)* Öhr *nt*; **with tears in her ~s** mit Tränen in den Augen; **with one's ~s closed** mit geschlossenen Augen; **as far as the ~ can see** so weit das Auge reicht; **that's one in the ~ for him** *(infml)* da hat er eins aufs Dach gekriegt *(infml)*; **to cast** *or* **run one's ~ over sth** etw überfliegen; **to look sb (straight) in the ~** jdm in die Augen sehen; **to set ~s on sb/sth** jdn/etw zu Gesicht bekommen; **a strange sight met our ~s** ein seltsamer Anblick bot sich uns; **use your ~s!** hast du keine Augen im Kopf?; **with one's own ~s** mit eigenen Augen; **before my very ~s** (direkt) vor meinen Augen; **it was there all the time right in front of my ~s** es lag schon die ganze Zeit da, direkt vor meiner Nase; **I don't have ~s in the back of my head** ich hab doch hinten keine Augen; **to keep an ~ on sb/sth** (≈ *look after*) auf jdn/etw aufpassen; **the police are keeping an ~ on him** (≈ *have him under surveillance*) die Polizei beobachtet ihn; **to take one's ~s off sb/sth** die Augen *or* den Blick von jdm/etw abwenden; **to keep one's ~s open** *or* **peeled** *(infml)* die Augen offen halten; **to keep an ~ open** *or* **out for sth** nach etw Ausschau halten; **to keep an ~ on expenditure** auf die Ausgaben achten *or* aufpassen; **to open sb's ~s to sb/sth** jdm die Augen über jdn/etw öffnen; **to close** *or* **shut one's ~s to sth** die Augen vor etw *(dat)* verschließen; **to see ~ to ~ with sb** mit jdm einer Meinung sein; **to make ~s at sb** jdm schöne Augen machen; **to catch sb's ~** jds Aufmerksamkeit erregen; **the dress caught my ~** das Kleid fiel mir ins Auge; **in the ~s of the law** in den Augen des Gesetzes; **with a critical ~** mit kritischem Blick; **with an ~ to the future** im Hinblick auf die Zukunft; **with an ~ to buying sth** in der Absicht, etw zu kaufen; **I've got my ~ on you** ich beobachte dich genau; **to have one's ~ on sth** (≈ *want*) auf etw *(acc)* ein Auge geworfen haben; **to have a keen ~ for sth** einen scharfen Blick für etw haben; **he has a good ~ for colour** er hat ein Auge für Farbe; **an ~ for detail** ein Blick fürs Detail; **to be up to one's ~s in work** *(Br infml)* in Arbeit ersticken *(infml)*; **to be up to one's ~s in debt** *(Br infml)* bis über beide Ohren verschuldet sein *(infml)* ◙ *v/t* anstarren ◊ **eye up** *v/t sep* mustern

eyeball *n* Augapfel *m*; **to be ~ to ~** sich Auge in Auge gegenüberstehen; **drugged up to the ~s** *(esp Br infml)* total zugedröhnt *(infml)* **eyebath** *n* Augenbadewanne *f* **eyebrow** *n* Augenbraue *f*; **that will raise a few ~s** da werden sich einige wundern **eyebrow pencil** *n* Augenbrauenstift *m* **eye candy** *n* *(infml)* Augenschmaus *m*, was fürs Auge *(infml)* **eye-catching** *adj* auffallend; *poster* auffällig **eye contact** *n* **to make ~ with sb** Blickkontakt mit jdm aufnehmen **eyecup** *n* (US) Augenbadewanne *f* **-eyed** *adj suf* -äugig; **green-eyed** grünäugig **eyedrops** *pl* Augentropfen *pl* **eyeful** *n* **he got an ~ of soda water** er bekam Selterswasser ins Auge; **I opened the bathroom door and got quite an ~** ich öffnete die Badezimmertür und sah allerhand *(infml)* **eyeglasses** *pl* (US) Brille *f* **eyelash** *n* Augenwimper *f* **eyelet** *n* Öse *f* **eyelevel** *adj attr grill* in Augenhöhe

eyelid *n* Augenlid *nt* **eyeliner** *n* Eyeliner *m* **eye-opener** *n* **that was a real ~ to me** das hat mir die Augen geöffnet **eye patch** *n* Augenklappe *f* **eyepiece** *n* Okular *nt* **eye shadow** *n* Lidschatten *m* **eyesight** *n* Sehkraft *f*; **to have good/poor ~** gute/schlechte Augen haben; **his ~ is failing** seine Augen lassen nach **eyesore** *n* Schandfleck *m* **eyestrain** *n* Überanstrengung *f* der Augen **eye test** *n* Augentest *m* **eyewash** *n* *(fig infml)* Gewäsch *nt* *(infml)*; (≈ *deception*) Augenwischerei *f* **eyewear** *n* Brillen, Kontaktlinsen etc, Eyewear *f* **eyewitness** *n* Augenzeuge *m*/-zeugin *f*

e-zine *n* IT Internetmagazin *nt*

F

F, f n F nt, f nt; **F sharp** Fis nt, fis nt; **F flat** Fes nt, fes nt

F abbr of Fahrenheit F

f abbr of feminine f

FA abbr of Football Association Britischer Fußballbund

fab adj (infml) abbr of fabulous toll (infml)

fable n Fabel f

fabric n **1** TEX Stoff m **2** (fig: of society etc) Gefüge nt

fabricate v/t story erfinden; evidence fälschen **fabrication** n Erfindung f; **it's (a) pure ~** das ist ein reines Märchen or (eine) reine Erfindung

fabulous adj sagenhaft (infml) **fabulously** adv wealthy, expensive sagenhaft (infml); (infml ≈ wonderfully) fantastisch (infml)

façade n Fassade f

face **A** n **1** Gesicht nt; (of clock) Zifferblatt nt; (≈ rock face) (Steil)wand f; **we were standing ~ to ~** wir standen einander Auge in Auge gegenüber; **to come ~ to ~ with sb** jdn treffen; **he told him so to his ~** er sagte ihm das (offen) ins Gesicht; **he shut the door in my ~** er schlug mir die Tür vor der Nase zu; **he laughed in my ~** er lachte mir ins Gesicht; **to be able to look sb in the ~** jdm in die Augen sehen können; **to throw sth back in sb's ~** jdm etw wieder vorhalten; **in the ~ of great difficulties** etc angesichts or trotz größter Schwierigkeiten etc; **to save/lose ~** das Gesicht wahren/verlieren; **to put sth ~ up(wards)/down(wards)** etw mit der Vorderseite nach oben/unten legen; **to be ~up(wards)/down(wards)** (person) mit dem Gesicht nach oben/unten liegen; (thing) mit der Vorderseite nach oben/unten liegen; **the changing ~ of politics** das sich wandelnde Gesicht der Politik; **he/it vanished off the ~ of the earth** (infml) er/es war wie vom Erdboden verschwunden; **on the ~ of it** so, wie es aussieht **2** (≈ expression) Gesicht(sausdruck m) nt; **to make** or **pull a ~** das Gesicht verziehen; **to make** or **pull ~s/a funny ~** Grimassen/eine Grimasse schneiden (at sb jdm); **to put a brave ~ on it** sich (dat) nichts anmerken lassen **B** v/t **1** gegenüber sein (+dat), gegenüberstehen/-liegen etc (+dat); (window) north gehen nach; garden etc liegen zu; (building, room) north liegen nach; **to ~ the light** (person) mit dem Gesicht zum Licht stehen/sitzen etc; **~ the front!** sieh nach vorn!; **~ this way!** bitte sehen Sie hierher!; **the wall facing you** die Wand Ihnen gegenüber **2** (fig) possibility rechnen müssen mit; **to ~ death** dem Tod ins Auge sehen; **to ~ financial ruin** vor dem finanziellen Ruin stehen; **to be ~d with sth** sich einer Sache (dat) gegenübersehen; **the problem facing us** das Problem, mit dem wir konfrontiert sind; **to be ~d with a bill for £100** eine Rechnung über £ 100 präsentiert bekommen **3** situation, danger, criticism sich stellen (+dat); enemy gegenübertreten (+dat); **to ~ (the) facts** den Tatsachen ins Auge sehen; **let's ~ it** machen wir uns doch nichts vor **4** (infml ≈ put up with) verkraften (infml); another cake etc runterkriegen (infml); **I can't ~ seeing anyone** ich kann einfach niemanden sehen; **I can't ~ it** (infml) ich bringe es einfach nicht über mich **C** v/i (house, room) liegen (towards, onto zu); (window) gehen (onto, towards auf +acc, zu); **he was facing away from me** er saß mit dem Rücken zu mir; **they were all facing toward(s) the window** sie saßen alle mit dem Gesicht zum Fenster (hin); **the house ~s south/toward(s) the sea** das Haus liegt nach Süden/zum Meer hin **◊face up to** v/i +prep obj fact ins Gesicht sehen (+dat); reality, problems sich auseinandersetzen mit; **he won't ~ the fact that …** er will es nicht wahrhaben, dass …

Facebook® n Facebook® m; **be on ~®** bei or auf Facebook® sein **face cloth** n Waschlappen m **face cream** n Gesichtscreme f **faceless** adj (fig) anonym **face-lift** n (lit) Facelift(ing) nt; **to have a ~** sich (dat) das Gesicht liften lassen **face mask** n COSMETICS Gesichtsmaske f **face pack** n Gesichtspackung f **face powder** n Gesichtspuder m **face-saving** adj **a ~ measure** eine Maßnahme, die dazu dient, das Gesicht zu wahren **facet** n (lit) Facette f; (fig) Seite f

facetious adj spöttisch

face-to-face adj persönlich; contact direkt **face value** n **to take sth at ~** *(fig)* etw für bare Münze nehmen **facial** *adj* Gesichts-; **~ expression** Gesichtsausdruck *m*

facile *adj (pej) solution* simpel; *remark* nichtssagend **facilitate** *v/t* erleichtern

facility n Einrichtung *f;* **we have no facilities for disposing of toxic waste** wir haben keine Möglichkeit zur Beseitigung von Giftmüll; **a hotel with all facilities** ein Hotel mit allem Komfort; **facilities for the disabled** Einrichtungen *pl* für Behinderte; **cooking facilities** Kochgelegenheit *f;* **toilet facilities** Toiletten *pl;* **credit ~** Kredit *m*

facing *adj* **on the ~ page** auf der gegenüberliegenden Seite

facsimile n Faksimile *nt*

fact n **1** Tatsache *f;* *(historical etc)* Faktum *nt;* **hard ~s** nackte Tatsachen *pl;* **~s and figures** Fakten und Zahlen; **despite the ~ that ...** der Tatsache zum Trotz, dass ...; **to know for a ~ that ...** ganz sicher wissen, dass; **the ~ (of the matter) is that ...** die Sache ist, dass ...; **... and that's a ~** ... darüber besteht kein Zweifel!; **is that a ~?** tatsächlich? **2** *no pl (≈ reality)* Wirklichkeit *f;* **~ and fiction** Dichtung und Wahrheit; **based on ~** auf Tatsachen beruhend **3** **in (actual) ~** eigentlich; *(≈ in reality)* tatsächlich; *(to make previous statement more precise)* nämlich; **in ~, as a matter of ~** eigentlich; *(to intensify previous statement)* sogar; **I don't suppose you know him? — in (actual) ~ or as a matter of ~ I do** Sie kennen ihn nicht zufällig? — doch, eigentlich schon; **do you know him? — in (actual) ~ or as a matter of ~ I do** kennen Sie ihn? — jawohl; **it won't be easy, in ~ or as a matter of ~ it'll be very difficult** es wird nicht einfach sein, es wird sogar sehr schwierig sein; **as a matter of ~ we were just talking about you** wir haben (nämlich) eben von Ihnen geredet **fact-finding** *adj* **~ mission** Erkundungsmission *f*

faction n *(≈ group)* (Partei)gruppe *f;* POL Fraktion *f;* *(≈ splinter group)* Splittergruppe *f*

fact of life n **1** **that's just a ~** so ist es nun mal im Leben **2** **facts of life** *pl (sexual)* **to tell sb the facts of life** jdn aufklären; **to know the facts of life** aufgeklärt sein

factor n Faktor *m;* **to be a ~ in determining sth** etw mitbestimmen; **by a ~ of three** *etc* mit einem Faktor von drei *etc*

factory n Fabrik *f* **factory farming** n industriell betriebene Viehzucht **factory floor** n Produktionsstätte *f*

factsheet n Informationsblatt *nt* **factual** *adj evidence* auf Tatsachen beruhend; *account* sachlich; **~ information** Sachinformationen *pl;* **~ error** Sachfehler *m;* **the book is largely ~** das Buch beruht zum größten Teil auf Tatsachen

faculty n **1** *(≈ power of mind)* Fähigkeit *f;* **mental faculties** geistige Fähigkeiten *pl;* **~ of hearing/sight** Hör-/Sehvermögen *nt;* **to be in (full) possession of (all) one's faculties** im Vollbesitz seiner Kräfte sein **2** UNIV Fakultät *f;* **the medical ~, the ~ of medicine** die medizinische Fakultät

fad n Tick *m (infml);* *(≈ fashion)* Masche *f (infml);* **it's just a ~** das ist nur ein momentaner Tick *(infml)*

fade **A** *v/i* **1** verblassen; *(flower, beauty)* verblühen; *(sight, feeling)* schwinden *(elev);* *(hopes)* zerrinnen; *(sound)* verklingen; *(radio signal)* schwächer werden; **hopes are fading of finding any more survivors** die Hoffnung, noch weitere Überlebende zu finden, wird immer geringer; **to ~ into the background** *(person)* sich im Hintergrund halten **2** RADIO, TV, FILM **to ~ to another scene** (allmählich) zu einer anderen Szene überblenden **B** *v/t* ausbleichen ◊**fade away** *v/i (sound)* verklingen ◊**fade in** *v/t sep* RADIO, TV, FILM allmählich einblenden ◊**fade out** *v/t sep* RADIO, TV, FILM abblenden

faded *adj* verblasst; *flowers, beauty* verblüht; **a pair of ~ jeans** verblichene Jeans *pl*

faeces, (US) **feces** *pl* Kot *m*

fag n **1** *(Br infml ≈ cigarette)* Kippe *f (infml)* **2** *(esp US sl ≈ homosexual)* Schwule(r) *m (infml)* **fag end** n *(Br infml ≈ cigarette end)* Kippe *f (infml)* **fagot** n *(esp US sl ≈ homosexual)* Schwule(r) *m (infml)*

Fahrenheit n Fahrenheit *nt*

fail **A** *v/i* **1** keinen Erfolg haben; *(in mission etc)* versagen; *(plan, experiment, marriage)* scheitern; *(attempt)* fehlschlagen; *(candidate)* durchfallen; *(business)* eingehen; **he ~ed in his attempt to take control of the company** sein Versuch, die Leitung der Firma zu übernehmen, schlug fehl; **to ~ in one's duty** seine Pflicht nicht tun; **if all else ~s** wenn alle Stricke reißen; **to ~ miserably** kläglich scheitern **2** (*health*) sich verschlechtern; (*eyesight*) nachlassen **3** (*battery, engine*) ausfallen; (*brakes, heart etc*) versagen; **the crops ~ed** die Ernte fiel aus **B** *v/t* **1** *candidate* durchfallen lassen; *subject* durchfallen in (+*dat*); **to ~ an exam** eine Prüfung nicht bestehen **2** (≈ *let down*) im Stich lassen; **words ~ me** mir fehlen die Worte **3 to ~ to do sth** etw nicht tun; **she ~ed to lose weight** es gelang ihr nicht abzunehmen; **she never ~s to amaze me** sie versetzt mich immer wieder in Erstaunen; **I ~ to see why** es ist mir völlig unklar, warum; (*indignantly*) ich sehe gar nicht ein, warum **C** *n* **without ~** auf jeden Fall; (≈ *inevitably*) garantiert **failed** *adj* gescheitert; *company* bankrott; *writer* verhindert **failing A** *n* Fehler *m* **B** *prep* **~ this/that** (oder) sonst, und wenn das nicht möglich ist; **~ which** ansonsten **fail-safe** *adj* (ab)-gesichert; *method* hundertprozentig sicher; *mechanism, system* störungssicher

failure *n* **1** Misserfolg *m*; (*of plan, experiment, marriage*) Scheitern *nt*; (*of attempt*) Fehlschlag *m*; (*of business*) Eingehen *nt*; (≈ *unsuccessful person*) Versager(in) *m(f)* (*at* in +*dat*); **because of his ~ to act** weil er nicht gehandelt hat **2** (*of generator*) Ausfall *m*; (*of brakes*) Versagen *nt*; **liver ~** Leberversagen *nt*

faint A *adj* (+*er*) **1** schwach; *tracks, line* undeutlich; *mark* blass; *colour* verblasst; *sound, hope, smile* leise; **your voice is very ~** (*on telephone*) man hört dich kaum; **I have a ~ memory of that day** ich kann mich schwach an den Tag erinnern; **I haven't the ~est idea** (*emph*) ich habe nicht die geringste Ahnung **2** *pred* MED **she was** *or* **felt ~** sie war einer Ohnmacht nahe **B** *v/i* MED in Ohnmacht fallen (*with, from* vor +*dat*) **C** *n* MED **she fell to the ground in a ~** sie fiel ohnmächtig zu Boden **faint-hearted** *adj* zaghaft; **it's not for the ~** es ist nichts für ängstliche Gemüter **faintly** *adv* *shine* schwach; *smell, smile, absurd* leicht; **the words are just ~ visible** die Worte sind gerade noch sichtbar; **I could hear the siren ~** ich konnte die Sirene gerade noch hören **fair¹ A** *adj* (+*er*) **1** gerecht, fair (*to* or *on sb* jdm gegenüber, gegen jdn); **he tried to be ~ to everybody** er versuchte, allen gegenüber gerecht zu sein; **~ point** *or* **comment** das lässt sich (natürlich) nicht abstreiten; **it is ~ to say that ...** man kann wohl sagen, dass ...; **to be ~, ...** man muss (fairerweise) dazusagen, dass ...; **it's only ~ to ask him** man sollte ihn fairerweise fragen; **~ enough!** na gut **2** *sum* ziemlich groß; **a ~ amount of money** ziemlich viel Geld; **it's a ~ way** es ist ziemlich weit; **a ~ number of students** ziemlich viele Studenten; **a ~ chance of success** ziemlich gute Erfolgsaussichten **3** *assessment, idea* ziemlich gut; **I've a ~ idea that he's going to resign** ich bin mir ziemlich sicher, dass er zurücktreten wird **4** *person, hair* blond **5** (≈ *fair-skinned*) *person* hellhäutig; *skin* hell **6** *weather* heiter **B** *adv* **to play ~** fair sein; SPORTS fair spielen; **they beat us ~ and square** sie haben uns deutlich geschlagen

fair² *n* (Jahr)markt *m*; (≈ *funfair*) Volksfest *nt*; COMM Messe *f*

fair copy *n* Reinschrift *f*; **to write out a ~ of sth** etw ins Reine schreiben **fair game** *n* (*fig*) Freiwild *nt* **fairground** *n* Festplatz *m* **fair-haired** *adj* blond **fairly** *adv* **1** (≈ *moderately*) ziemlich; **~ recently** erst kürzlich **2** *treat* gerecht **3** (≈ *really*) geradezu; **we ~ flew along** wir sausten nur so dahin **fair-minded** *adj* gerecht **fairness** *n* Gerechtigkeit *f*; **in all ~** gerechterweise **fair play** *n* (SPORTS, *fig*) Fairplay *nt* **fair trade** *n* Fairer Handel (*mit Entwicklungsländern*); (*US*) Preisbindung *f* **fairway** *n* GOLF Fairway *nt* **fair-weather** *adj* **a ~ friend** ein Freund, der nur in guten Zeiten ein Freund ist **fairy** *n* Fee *f* **fairy godmother** *n* gute Fee **fairy lights** *pl* bunte Lichter *pl* **fairy story, fairy tale** *n* Märchen *nt* **fairy-tale** *adj* (*fig*) märchenhaft **fait accompli** *n* vollendete Tatsache **faith** *n* **1** (≈ *trust*) Vertrauen *nt* (*in* zu); (*in human nature etc, religious faith*) Glaube *m* (*in* an +*acc*); **to have ~ in sb** jdm (ver)trauen; **to have ~ in sth** Vertrauen in etw (*acc*) haben; **to act in good/bad ~** in gutem Glauben/böser Absicht handeln **2** (≈ *religion*) Glaube *m no pl* **3** (≈ *promise*) **to keep ~ with sb** jdm treu bleiben, jdm die Treue halten (*elev*) **faithful** *adj* **1** treu; **to be ~ to sb/sth**

F

F

jdm/einer Sache treu sein **2** *copy* original-getreu **faithfully** *adv* **1** *Yours* ~ (*Br: in letter*) hochachtungsvoll **2** *restore* original-getreu; *reproduce* genau **faith healer** *n* Gesundbeter(in) *m(f)*

fake A *adj* unecht; *banknote, painting* gefälscht; ~ **fur** Pelzimitation *f*; **a** ~ **suntan** Bräune *f* aus der Flasche **B** *n* (≈ *object*) Fälschung *f*; (*jewellery*) Imitation *f*; (≈ *person*) Schwindler(in) *m(f)*; **the painting was a** ~ das Gemälde war gefälscht **C** *v/t* vortäuschen; *picture, results etc* fälschen; *burglary, crash* fingieren

falcon *n* Falke *m*

Falkland Islands, Falklands *pl* Falklandinseln *pl*

fall *vb: pret* **fell,** *past part* **fallen A** *n* **1** Fall *m no pl*; **to break sb's** ~ jds Fall auffangen; **she had a bad** ~ sie ist schwer gestürzt; ~ **of rain** Regenfall *m*; **there was another heavy** ~ (*of snow*) es hat wieder viel geschneit **2** (*of town etc*) Einnahme *f*; (*of government*) Sturz *m* **3** (≈ *lowering*) Sinken *nt*; (*sudden*) Sturz *m*; (*in temperature*) Abfall *m*; (*in membership*) Abnahme *f* **4** (≈ *waterfall: a.* **falls**) Wasserfall *m*; **Niagara Falls** die Niagarafälle **5** (*US* ≈ *autumn*) Herbst *m*; **in the** ~ im Herbst **B** *v/i* **1** fallen; (SPORTS, *from a height, badly*) stürzen; (*object*) herunterfallen; (*membership etc*) abnehmen; **to** ~ **to one's death** tödlich abstürzen; **to** ~ **into a trap** in die Falle gehen; **his face fell** er machte ein langes Gesicht; **to** ~ **in battle** fallen; **her eyes fell on a strange object** (*fig*) ihr Blick fiel auf einen merkwürdigen Gegenstand **2** (*city*) eingenommen werden; (*government*) gestürzt werden **3** (*night*) hereinbrechen **4** (*Easter etc*) fallen (*on* auf +*acc*); (≈ *be classified*) fallen (*under* unter +*acc*); **that** ~**s within/outside the scope of …** das fällt in/nicht in den Bereich … **5** (≈ *be divisible*) sich gliedern (*into* in +*acc*); **to** ~ **into categories** sich in Kategorien gliedern lassen **6** (≈ *become*) werden; **to** ~ **asleep** einschlafen; **to** ~ **ill** krank werden; **to** ~ **in love with sb** sich in jdn verlieben **7** **to** ~ **into decline** (*building*) verkommen; **to** ~ **into a deep sleep** in tiefen Schlaf fallen; **to** ~ **into bad habits** in schlechte Gewohnheiten verfallen; **to** ~ **apart** *or* **to pieces** aus dem Leim gehen (*infml*); (*company, sb's life*) aus den Fugen geraten; **I fell apart when he left me** meine Welt

brach zusammen, als er mich verließ ◊**fall about** (*a.* **fall about laughing**) *v/i* (*Br infml*) sich kranklachen (*infml*) ◊**fall away** *v/i* **1** (*ground*) abfallen **2** = **fall off** ◊**fall back** *v/i* zurückweichen (*also* MIL) ◊**fall back (up)on** *v/i* +*prep obj* zurückgreifen auf (+*acc*) ◊**fall behind** *v/i* **1** (*in race, at school etc*) zurückfallen (*prep obj* hinter +*acc*) **2** (*with rent, work etc*) in Rückstand geraten ◊**fall down** *v/i* **1** (*person*) hinfallen; (*object*) herunterfallen; (*house etc*) einstürzen; (*down stairs, cliff*) hinunterfallen (*prep obj* +*acc*) ◊**fall for** *v/i* +*prep obj* **1** **I really fell for him** er hatte es mir angetan **2** *sales talk* hereinfallen auf (+*acc*) ◊**fall in** *v/i* **1** (*into water etc*) hineinfallen **2** (≈ *collapse*) einstürzen **3** MIL ~! antreten! ◊**fall in with** *v/i* +*prep obj* (≈ *meet*) sich anschließen (+*dat*); *bad company* geraten in (+*acc*) ◊**fall off** *v/i* **1** (*lit*) herunterfallen (*prep obj* von) **2** (≈ *decrease*) abnehmen ◊**fall on** *v/i* +*prep obj* **1** (≈ *trip on*) fallen über (+*acc*) **2** (*duty, decision, task*) zufallen (+*dat*); (*blame*) treffen (+*acc*); **the responsibility falls on your shoulders** Sie tragen *or* haben die Verantwortung **3** (≈ *attack*) herfallen über (+*acc*) ◊**fall out** *v/i* **1** herausfallen; **to** ~ **of sth** aus etw fallen **2** (≈ *quarrel*) sich (zer)streiten **3** MIL wegtreten ◊**fall over A** *v/i* (*person*) umfallen; (*object*) umfallen **B** *v/i* +*prep obj* **1** (≈ *trip over*) fallen über (+*acc*); **they were falling over each other to get the book** sie drängelten sich, um das Buch zu bekommen **2** **to** ~ **oneself to do sth** sich (*dat*) die größte Mühe geben, etw zu tun ◊**fall through** *v/i* (*plan*) ins Wasser fallen ◊**fall to** *v/i* (≈ *be responsibility of*) zufallen (+*dat*)

fallacy *n* Irrtum *m*

fallen *past part of* **fall fall guy** *n* (*esp US infml* ≈ *scapegoat*) Sündenbock *m*

fallibility *n* Fehlbarkeit *f* **fallible** *adj* fehlbar

falling *adj* fallend; *membership* abnehmend **falling-off** *n* = **fall-off falling-out** *n* (≈ *quarrel*) Streit *m* **falling star** *n* Sternschnuppe *f* **fall-off** *n* Abnahme *f* **fallout** *n* radioaktiver Niederschlag

fallow *adj* AGR brachliegend; **most of the fields are (lying)** ~ die meisten Felder liegen brach

false *adj* (+*er*) falsch; *eyelashes* künstlich; *papers* gefälscht; **that's a** ~ **economy**

das ist am falschen Ort gespart; **~ imprisonment** willkürliche Inhaftierung; **under or by ~ pretences** (Br) or **pretenses** (US) unter Vorspiegelung falscher Tatsachen; **to ring ~** nicht echt klingen **false alarm** n falscher Alarm **false friend** n LING falscher Freund **falsehood** n Unwahrheit f **falsely** adv accused, convicted zu Unrecht; report fälschlicherweise **false move** n one ~, and ... (fig) ein kleiner Fehler ... **false start** n Fehlstart m **false teeth** pl (künstliches) Gebiss **falsification** n (Ver)fälschung f **falsify** v/t fälschen; results verfälschen

falter v/i (speaker) stocken; (steps) zögern **faltering** adj voice stockend; (≈ hesitating) zögernd; economy geschwächt

fame n Ruhm m; **~ and fortune** Ruhm und Reichtum

familial adj familiär

familiar adj 1 surroundings, sight gewohnt; figure, voice vertraut; person, feeling bekannt; title, song geläufig; complaint häufig; **his face is ~** das Gesicht ist mir bekannt; **to be ~ to sb** jdm bekannt sein; **it looks very ~** es kommt mir sehr bekannt vor; **that sounds ~** das habe ich doch schon mal gehört; **I am ~ with the word** das Wort ist mir bekannt or vertraut; **are you ~ with these modern techniques?** wissen Sie über diese modernen Techniken Bescheid? 2 tone familiär; (≈ overfriendly) plumpvertraulich; **to be on ~ terms with sb** mit jdm auf vertrautem Fuß stehen **familiarity** n no pl Vertrautheit f **familiarize** v/t **to ~ sb/ oneself with sth** jdn/sich mit etw vertraut machen

family A n Familie f; (including cousins etc) Verwandtschaft f; **to start a ~** eine Familie gründen; **has he any ~?** hat er Familie?; **it runs in the ~** das liegt in der Familie; **he's one of the ~** er gehört zur Familie B attr Familien-; **~ business** Familienunternehmen nt; **a ~ friend** ein Freund/eine Freundin der Familie **family business** n Familienbetrieb m **family circle** n Familienkreis m **family company** n Familienbetrieb m **family doctor** n Hausarzt m/-ärztin f **family man** n Familienvater m

family name n Familienname m **family planning** n Familienplanung f **family planning clinic** n Familienberatungs

stelle f **family room** n 1 (esp US: in house) Wohnzimmer nt 2 (Br: in pub) für Kinder zugelassener Raum in einem Lokal **family-size** adj in Haushaltsgröße; packet Familien- **family tree** n Stammbaum m **family values** pl traditionelle (Familien)werte pl

famine n Hungersnot f **famished** adj (infml) ausgehungert; **I'm ~** ich sterbe vor Hunger (infml)

famous adj berühmt (for durch, für) **famously** adv (≈ notoriously) bekanntermaßen

fan¹ A n 1 (hand-held) Fächer m 2 (mechanical) Ventilator m B v/t **to ~ sb/ oneself** jdm/sich (Luft) zufächeln; **to ~ the flames** (fig) Öl ins Feuer gießen ◊**fan out** v/i (searchers etc) ausschwärmen

fan² n (≈ supporter) Fan m; **I'm quite a ~ of yours** ich bin ein richtiger Verehrer von Ihnen

fan-assisted adj **~ oven** Umluftherd m

fanatic n Fanatiker(in) m(f) **fanatical** adj fanatisch; **he is ~ about it** es geht ihm über alles; **I'm ~ about fitness** ich bin ein Fitnessfanatiker **fanaticism** n Fanatismus m

fan belt n Keilriemen m

fanciful adj 1 idea fantastisch 2 (≈ unrealistic) unrealistisch; **I think you're being somewhat ~** ich glaube, das ist etwas weit hergeholt

fan club n Fanklub m

fancy A v/t 1 (≈ like) **I ~ that car** das Auto gefällt mir; **he fancies a house on Crete** er hätte gern ein Haus auf Kreta; **I didn't ~ that job** die Stelle hat mich nicht gereizt; **do you ~ a walk/beer?** hast du Lust zu einem Spaziergang/auf ein Bier?; **she fancies doing that** (≈ would like to) sie würde das gern tun; (≈ feels like it) sie hätte Lust, das zu tun; **I don't ~ him** ich finde ihn nicht attraktiv; **I don't ~ my chances of getting that job** ich rechne mir keine großen Chancen aus, die Stelle zu bekommen 2 (≈ imagine) sich (dat) einbilden; (≈ think) glauben 3 **~ doing that!** so was(, das) zu tun!; **~ that!** (infml) (nein) so was!; **~ him winning!** wer hätte gedacht, dass er gewinnt! B v/r von sich eingenommen sein; **he fancies himself as an expert** er hält sich für einen Experten C n **a passing ~** nur so eine Laune; **he's taken a ~ to her**

sie hat es ihm angetan; **to take** or **catch sb's ~** jdm gefallen **D** adj (+er) **1** (infml) clothes ausgefallen; hairdo, manoeuvre kunstvoll; food raffiniert; **nothing ~** nichts Ausgefallenes **2** (often pej infml) house, car chic (infml); restaurant nobel **fancy dress** n (Masken)kostüm nt; **is it ~?** geht man da verkleidet hin?; **they came in ~** sie kamen verkleidet; **fancy-dress party** Kostümfest nt **fancy goods** pl Geschenkartikel pl

fanfare n Fanfare f; **trumpet ~** Trompetenstoß m

fang n (of snake) Giftzahn m; (of wolf) Fang m

fan heater n Heizlüfter m

fan mail n Verehrerpost f

fanny n **1** (esp US infml) Po m (infml) **2** (Br sl) Möse f (vulg) **fanny pack** n FASHION Gürteltasche f

fantasize v/i fantasieren; (≈ dream) Fantasievorstellungen haben (about von) **fantastic A** int (infml) fantastisch! **B** adj (infml) fantastisch; **a ~ amount of, ~ amounts of** wahnsinnig viel (infml) **fantastically** adv (infml) wahnsinnig (infml) **fantasy** n Fantasie f

fanzine n Fanmagazin nt

FAQ n IT abbr of frequently asked questions häufig gestellte Fragen pl

far comp **further, farther,** sup **furthest, farthest A** adv **1** weit; **we don't live ~** or **we live not ~ from here** wir wohnen nicht weit von hier; **I'll go with you as ~ as the gate** ich begleite dich bis zum Tor; **~ and wide** weit und breit; **from ~ and near** or **wide** von nah und fern; **~ away** weit weg; **I won't be ~ off** or **away** ich bin ganz in der Nähe; **have you come ~?** kommen Sie von weit her?; **how ~ have you got with your plans?** wie weit sind Sie mit Ihren Plänen (gekommen)?; **~ better** weit besser **2** (in time) **as ~ back as 1969** schon (im Jahr) 1969; **~ into the night** bis spät in die Nacht **3** **as** or **so ~ as I'm concerned** was mich betrifft; **it's all right as ~ as it goes** das ist so weit ganz gut; **in so ~ as** insofern als; **by ~ the best, the best by ~** bei Weitem der/die/das Beste; **~ from satisfactory** alles andere als befriedigend; **~ from liking him I find him quite unpleasant** ich mag ihn nicht, ich finde ihn (im Gegenteil) sogar ausgesprochen unsympathisch; **~**

from it! (ganz) im Gegenteil; **~ be it from me to ...** es sei mir fern, zu ...; **so ~** (≈ up to now) bisher; (≈ up to this point) so weit; **so ~ so good** so weit, so gut; **to go ~** (supplies etc) weit reichen; (person ≈ succeed) es weit bringen; **I would go so ~ as to say ...** ich würde so weit gehen zu sagen ...; **that's going too ~** das geht zu weit; **not ~ off** (in space) nicht weit; (in guess, aim) fast (getroffen); **the weekend isn't ~ off now** es ist nicht mehr lang bis zum Wochenende **B** adj hintere(r, s); **the ~ end of the room** das andere Ende des Zimmers; **the ~ door** die Tür am anderen Ende des Zimmers; **on the ~ side of** auf der anderen Seite von; **in the ~ distance** in weiter Ferne; **it's a ~ cry from ...** (fig) das ist etwas ganz anderes als ... **faraway, far-away** adj **1** place entlegen; country fern; sound weit entfernt **2** look verträumt

farce n Farce f **farcical** adj (fig) absurd **fare A** n **1** Fahrpreis m; (on plane) Flugpreis m; (on boat) Preis m für die Überfahrt; (≈ money) Fahrgeld nt **2** (old, form ≈ food) Kost f; **traditional Christmas ~** ein traditionelles Weihnachtsessen **B** v/i **he ~d well** es ging ihm gut; **the dollar ~d well on the stock exchange** der Dollar schnitt an der Börse gut ab

Far East n **the ~** der Ferne Osten

fare-dodger n Schwarzfahrer(in) m(f) **fare stage** n Tarifgrenze f

farewell n Abschied m; **to say** or **make one's ~s** sich verabschieden; (before a longer absence) Abschied nehmen; **to bid sb ~** jdm Auf Wiedersehen sagen; **~ speech** Abschiedsrede f

far-fetched adj weit hergeholt **far-flung** adj (≈ distant) abgelegen

farm A n Bauernhof m; (bigger) Gutshof m; (in US, Australia) Farm f; **chicken ~** Hühnerfarm f **B** attr landwirtschaftlich; **~ labourer** (Br) or **laborer** (US) Landarbeiter(in) m(f); **~ animals** Tiere pl auf dem Bauernhof **C** v/t land bebauen; livestock halten; mink etc züchten **D** v/i Landwirtschaft betreiben ◊**farm out** v/t sep work vergeben (on, to an +acc)

farmer n Bauer m, Bäuerin f; (in US, Australia) Farmer(in) m(f); **~'s wife** Bäuerin f **farmers' market** n Bauernmarkt m **farmhand** n Landarbeiter(in) m(f) **farmhouse** n Bauernhaus nt **farming**

n Landwirtschaft *f* **farmland** *n* Ackerland *nt* **farm produce** *n* landwirtschaftliches Erzeugnis **farmyard** *n* Hof *m*
far-off *adj* **1** (*in the past*) weit zurückliegend; (*in the future*) weit entfernt **2** *place* fern **far-reaching** *adj* weitreichend **far-sighted** *adj* (*fig*) weitblickend
fart (*infml*) **A** *n* **1** Furz *m* (*infml*) **2** **he's a boring old ~** er ist ein langweiliger alter Knacker (*infml*) **B** *v/i* furzen (*infml*)
farther *comp of* far **A** *adv* = further | **B** *adj* weiter entfernt; **at the ~ end** am anderen Ende **farthest** *adj, adv sup of* far; **the ~ point of the island** der am weitesten entfernte Punkt der Insel
fascia *n* (*for mobile phone*) Oberschale *f*
fascinate *v/t* faszinieren **fascinating** *adj* faszinierend **fascination** *n* Faszination *f*; **to watch in ~** gebannt zusehen; **his ~ with the cinema** die Faszination, die das Kino auf ihn ausübt
fascism *n* Faschismus *m* **fascist A** *n* Faschist(in) *m(f)* **B** *adj* faschistisch
fashion A *n* **1** *no pl* (≈ *manner*) Art (und Weise) *f*; (**in the**) **Indian ~** auf Indianerart; **in the usual ~** wie üblich; **in a similar ~** auf ähnliche Weise; **to do sth after a ~** etw recht und schlecht machen **2** (*in clothing*) Mode *f*; (**back**) **in ~** (wieder) modern; **it's all the ~** es ist große Mode; **to come into/go out of ~** in Mode/aus der Mode kommen; **she always wears the latest ~s** sie ist immer nach der neuesten Mode gekleidet **B** *v/t* formen **fashionable** *adj clothes, look* modisch; *restaurant, area* chic; **to become ~** in Mode kommen **fashionably** *adv* modisch **fashion-conscious** *adj* modebewusst **fashion designer** *n* Modezeichner(in) *m(f)* **fashion magazine** *n* Modezeitschrift *f* **fashion parade** *n* Modenschau *f* **fashion show** *n* Modenschau *f* **fashion victim** *n* (*pej infml*) Opfer *nt* der Mode, Fashion Victim *nt*
fast[1] *adj* (+er) *adv* schnell; **she's a ~ runner** sie kann schnell laufen; **to pull a ~ one (on sb)** (*infml*) jdn übers Ohr hauen (*infml*); **to be ~** (*clock*) vorgehen; **to be five minutes ~** fünf Minuten vorgehen
fast[2] **A** *adj* **1** (≈ *secure*) fest **2** *dye* farbecht **B** *adv* **1** (≈ *securely*) fest; **to stick ~** festsitzen; (*with glue*) festkleben **2** **to be ~ asleep** fest schlafen
fast[3] **A** *v/i* (≈ *not eat*) fasten **B** *n* Fasten *nt*; (≈ *period of fasting*) Fastenzeit *f*
fast-breeder reactor *n* Schneller Brüter
fasten A *v/t* (≈ *attach*) befestigen (*to, onto* an +*dat*); (≈ *do up*) *buttons, dress etc* zumachen; (≈ *lock*) *door* (ab)schließen; **to ~ one's seat belt** sich anschnallen; **to ~ two things together** zwei Dinge aneinander befestigen **B** *v/i* sich schließen lassen; **the dress ~s at the back** das Kleid wird hinten zugemacht; **these two pieces ~ together** diese zwei Teile werden miteinander verbunden ◊**fasten on** *v/t sep* festmachen (+*prep obj*, *-to* an +*dat*) ◊**fasten up** *v/t sep dress etc* zumachen; **could you fasten me up?** (*infml*) kannst du mir zumachen? (*infml*)
fastener, **fastening** *n* Verschluss *m*
fast food *n* Fast Food *nt* **fast-food restaurant** *n* Fast-Food-Restaurant *nt* **fast-forward** *v/t & v/i* vorspulen
fastidious *adj* genau (*about* in Bezug auf +*acc*)
fast lane *n* Überholspur *f*; **life in the ~** (*fig*) das hektische Leben **fast-track** *v/t process, procedure* im Schnellverfahren durchführen
fat A *adj* (+er) **1** dick; (*infml*) *profit* üppig; **to get** *or* **become ~** dick werden **2** (*iron infml*) **that's a ~ lot of good** das bringt doch überhaupt nichts; **~ lot of help she was** sie war 'ne schöne Hilfe! (*iron infml*); **~ chance!** schön wärs! **B** *n* ANAT, COOK, CHEM Fett *nt*; **reduce the ~ in your diet** reduzieren Sie den Fettgehalt Ihrer Ernährung
fatal *adj* **1** tödlich (*to, for* für); **he had a ~ accident** er ist tödlich verunglückt **2** *mistake* verhängnisvoll; **to be prove ~ to** *or* **for sb/sth** das Ende für jdn/etw bedeuten; **it would be ~ to do that** es wäre verhängnisvoll, das zu tun **fatalistic** *adj* fatalistisch **fatality** *n* Todesfall *m*; (*in accident, war etc*) (Todes)opfer *nt*; **there were no fatalities** es gab keine Todesopfer **fatally** *adv* **1** *injured* tödlich **2** *damage* auf Dauer; **to be ~ flawed** fatale Mängel aufweisen
fate *n* Schicksal *nt*; **to leave sth to ~** etw dem Schicksal überlassen **fated** *adj* **to be ~ to be unsuccessful** zum Scheitern verurteilt sein; **they were ~ never to meet again** es war ihnen bestimmt, sich nie wiederzusehen **fateful** *adj day* schicksal-

haft; *decision* verhängnisvoll

fat-free *adj food etc* fettfrei

father **A** *n* **1** Vater *m* (*to sb* jdm); (≈ *priest*) Pater *m*; **like ~ like son** der Apfel fällt nicht weit vom Stamm; **(our) Father** Vater *m* (unser) **2** **~s** *pl* (≈ *ancestors*) Väter *pl* **B** *v/t child etc* zeugen **Father Christmas** *n* (*Br*) der Weihnachtsmann **father figure** *n* Vaterfigur *f* **fatherhood** *n* Vaterschaft *f*

father-in-law *n, pl* fathers-in-law Schwiegervater *m* **fatherland** *n* Vaterland *nt* **fatherly** *adj* väterlich **Father's Day** *n* Vatertag *m*

fathom **A** *n* Faden *m* **B** *v/t* (*infml: a.* **fathom out**) verstehen; **I just can't ~ him (out)** er ist mir ein Rätsel; **I couldn't ~ it (out)** ich kam der Sache nicht auf den Grund

fatigue *n* **1** Erschöpfung *f* **2** (TECH ≈ *metal fatigue*) Ermüdung *f* **3** **fatigues** *pl* MIL Arbeitsanzug *m*

fatten *v/t* (*a.* **fatten up**) *animals* mästen; *people* herausfüttern (*infml*) **fattening** *adj* dick machend; **chocolate is ~** Schokolade macht dick **fatty** **A** *adj* (*+er*) fett; (≈ *greasy*) fettig **B** *n* (*infml*) Dickerchen *nt* (*infml*)

fatuous *adj* albern

faucet *n* (*US*) Hahn *m*

fault **A** *n* **1** Fehler *m*; TECH Defekt *m*; **to find ~ with sb/sth** etwas an jdm/etw auszusetzen haben; **he was at ~** er war im Unrecht **2** *no pl* **it won't be my ~ if ...** es ist nicht meine Schuld, wenn ...; **whose ~ is it?** wer ist schuld (daran)? **3** GEOL Verwerfung *f* **B** *v/t* **I can't ~ it/ him** ich habe nichts daran/an ihm auszusetzen **fault-finding** **A** *adj* krittelig **B** *n* Krittelei *f* **faultless** *adj* fehlerlos; *English* fehlerfrei **fault line** *n* GEOL Verwerfungslinie *f* **faulty** *adj* (*+er*) TECH defekt; COMM fehlerhaft; *logic* falsch

fauna *n* Fauna *f*

faux pas *n* Fauxpas *m*

fava bean *n* (*US*) dicke Bohne

favour, (*US*) **favor** **A** *n* **1** *no pl* (≈ *goodwill*) Gunst *f*; **to find ~ with sb** bei jdm Anklang finden; **to be in ~ with sb** bei jdm angeschrieben sein; (*fashion, writer etc*) bei jdm beliebt sein; **to be/fall out of ~** in Ungnade (gefallen) sein/fallen **2** **to be in ~ of sth** für etw sein; **to be in ~ of doing sth** dafür sein, etw zu tun; **a**

point in his ~ ein Punkt zu seinen Gunsten; **the judge ruled in his ~** der Richter entschied zu seinen Gunsten; **all those in ~ raise their hands** alle, die dafür sind, Hand hoch; **he rejected socialism in ~ of the market economy** er lehnte den Sozialismus ab und bevorzugte stattdessen die Marktwirtschaft **3** (≈ *partiality*) Vergünstigung *f*; **to show ~ to sb** jdn bevorzugen **4** (≈ *act of kindness*) Gefallen *m*; **to ask a ~ of sb** jdn um einen Gefallen bitten; **to do sb a ~** jdm einen Gefallen tun; **would you do me the ~ of returning my library books?** wären Sie bitte so freundlich und würden meine Bücher in die Bücherei zurückbringen?; **as a ~ to him** ihm zuliebe **B** *v/t* **1** *idea* für gut halten; (≈ *prefer*) bevorzugen **2** (*US* ≈ *resemble*) ähneln (*+dat*) **favourable**, (*US*) **favorable** *adj* **1** (≈ *positive*) positiv; **her request met with a ~ response** ihre Bitte stieß auf Zustimmung **2** (≈ *beneficial*) günstig (*to* für); *comparison* vorteilhaft; **to show sth in a ~ light** etw in einem günstigen Licht zeigen; **on ~ terms** zu günstigen Bedingungen; **conditions are ~ for development** für die Entwicklung herrschen günstige Bedingungen **favourably**, (*US*) **favorably** *adv* **1** *respond* positiv; *receive, think* wohlwollend; **he was ~ impressed by it** er war davon sehr angetan; **to be ~ disposed** *or* **inclined to (-wards) sb/sth** jdm/einer Sache gewogen sein (*elev*) **2** (≈ *advantageously*) günstig; **to compare ~** im Vergleich gut abschneiden

favourite, (*US*) **favorite** **A** *n* **1** (≈ *person*) Liebling *m*; (HIST, *pej*) Günstling *m* **2** (≈ *thing*) **this one is my ~** das habe ich am liebsten; **this book is my ~** das ist mein Lieblingsbuch **3** SPORTS Favorit(in) *m(f)*; **Chelsea are the ~s** Chelsea ist (der) Favorit **B** *adj attr* Lieblings-; **my ~ film** mein Lieblingsfilm *m* **favouritism**, (*US*) **favoritism** *n* Vetternwirtschaft *f* (*infml*)

fawn¹ **A** *n* **1** Hirschkalb *nt*; (*of roe deer*) Rehkitz *nt* **2** (≈ *colour*) Beige *nt* **B** *adj* (*colour*) beige

fawn² *v/i* (*fig*) katzbuckeln (*on, upon* or *over* vor *+dat*)

fax **A** *n* Fax *nt*; **to send sth by ~** etw faxen **B** *v/t* faxen **fax machine** *n* = fax **fax number** *n* (Tele)faxnummer *f*

faze *v/t* (*infml*) verdattern (*infml*); **the ques-**

tion didn't ~ me at all die Frage brachte mich keineswegs aus der Fassung

FBI (US) abbr of Federal Bureau of Investigation FBI nt

fear A n **1** Angst f (of vor +dat), Furcht f (of vor +dat); **~ of failure/flying** Versagens-/Flugangst f; **there are ~s that ...** es wird befürchtet, dass ...; **to be in ~ of sb/sth** Angst vor jdm/etw haben; **she talked quietly for ~ of waking the baby** sie sprach leise, um das Baby nicht aufzuwecken **2** no pl **no ~!** (infml) nie im Leben! (infml); **there's no ~ of that happening again** keine Angst, das passiert so leicht nicht wieder **B** v/t (be)fürchten; **he's a man to be ~ed** er ist ein Mann, den man fürchten muss; **many women ~ to go out at night** viele Frauen haben Angst davor, abends auszugehen **C** v/i **to ~ for** fürchten für or um; **never ~!** keine Angst! **fearful** adj **1** (≈ apprehensive) ängstlich; **to be ~ of sb/sth** Angst vor jdm/etw haben; **I was ~ of waking her** ich befürchtete, dass ich sie aufwecken würde **2** (≈ frightening) furchtbar **fearless** adj, **fearlessly** adv furchtlos **fearsome** adj furchterregend

feasibility n (of plan etc) Durchführbarkeit f **feasibility study** n Machbarkeitsstudie f **feasible** adj **1** (≈ practicable) möglich; plan durchführbar **2** (≈ plausible) plausibel

feast A n **1** (≈ banquet) Festessen nt; **a ~ for the eyes** eine Augenweide **2** ECCL, REL Fest nt; **~ day** Feiertag m **B** v/i (lit) Festgelage pl/ein Festgelage halten; **to ~ on sth** sich an etw (dat) gütlich tun **C** v/t **to ~ one's eyes on sb/sth** seine Augen an jdm/etw weiden

feat n Leistung f; (heroic etc) Heldentat f **feather** n Feder f; **~s** pl (≈ plumage) Gefieder nt; **as light as a ~** federleicht; **they are birds of a ~** sie sind vom gleichen Schlag **feather bed** n mit Federn gefüllte Matratze **featherbrained** adj dümmlich **feather duster** n Staubwedel m

feature A n **1** (facial) (Gesichts)zug m **2** (≈ characteristic) Merkmal nt; **special ~** Besonderheit f **3** (of room etc) herausragendes Merkmal; **to make a ~ of sth** etw besonders betonen; **the main ~** die Hauptattraktion **4** PRESS, RADIO, TV Feature nt **B** v/t **1** PRESS story bringen **2** **this film ~s an English actress** in diesem Film

spielt eine englische Schauspielerin mit; **the album ~s their latest hit single** auf dem Album ist auch ihre neueste Hitsingle **C** v/i (≈ occur) vorkommen; **the story ~d on all today's front pages** die Geschichte war heute auf allen Titelseiten **feature film** n Spielfilm m **feature-length** adj film mit Spielfilmlänge

Feb abbr of February Febr.

February n Februar m, Feber m (Aus); → September

feces pl (US) = faeces

Fed n (US) Zentralbank f der USA

fed[1] pret, past part of feed

fed[2] n (US infml) FBI-Agent(in) m(f)

federal adj Bundes-; system etc föderalistisch (also US HIST); **~ state** Bundesstaat m; **the Federal Republic of Germany** die Bundesrepublik Deutschland; **Federal Reserve (Bank)** (US) Zentralbank f **federalism** n Föderalismus m **federation** n Föderation f

fed up adj (infml) **I'm ~** ich habe die Nase voll (infml); **I'm ~ with him** ich habe ihn satt; **I'm ~ waiting for him** ich habe es satt, auf ihn zu warten

fee n Gebühr f; (of doctor, lawyer) Honorar nt; (≈ membership fee) Beitrag m; (school) **~s** Schulgeld nt

feeble adj (+er) schwach; attempt kläglich; excuse faul (infml) **feeble-minded** adj dümmlich **feebly** adv schwach; smile kläglich; say wenig überzeugend

feed vb: pret, past part fed **A** n **1** (≈ meal, of animals) Fütterung f; (of baby) Mahlzeit f **2** (≈ food, of animals) Futter nt; **when is the baby's next ~?** wann wird das Baby wieder gefüttert? **3** (TECH, to computer) Eingabe f (into in +acc) **B** v/t **1** (≈ provide food for) person, army verpflegen; family ernähren **2** (≈ give food to) baby, animal füttern; plant düngen; **to ~ sth to sb** jdm etw zu essen geben **3** machine versorgen; fire etwas legen auf (+acc); (fig) imagination nähren; **he steals to ~ his heroin habit** er stiehlt, um sich mit Heroin zu versorgen; **to ~ sth into a machine** etw in eine Maschine geben; **to ~ information (in)to a computer** Informationen in einen Computer eingeben **4** (TECH ≈ insert) führen **C** v/i (animal) fressen; (baby) gefüttert werden ◊**feed in** v/t sep wire etc einführen (prep obj in +acc); information eingeben (prep obj in +acc) ◊**feed on A** v/i +prep *obj* sich (er)nähren von; (*fig*) sich nähren von **B** *v/t sep +prep obj* **to feed sb sth** *animal, baby* jdn mit etw füttern; *person* jdn mit etw ernähren

feedback *n* (*fig*) Feedback *nt*; **to provide more ~ on sth** ausführlicher über etw (*acc*) berichten **feeder A** *n* **1** (*for birds*) Futterhalter *m* **2** (≈ *road*) Zubringer(straße *f*) *m*; (≈ *air, bus, rail service*) Zubringerlinie *f* **B** *attr* Zubringer- **feeding bottle** *n* Flasche *f* **feeding time** *n* (*for animal*) Fütterungszeit *f*; (*for baby*) Zeit *f* für die Mahlzeit

feel *vb: pret, past part* felt **A** *v/t* **1** (≈ *touch*) fühlen; (*examining*) befühlen; **to ~ one's way** vortasten; **I'm still ~ing my way (in my new job)** ich versuche noch, mich (in meiner neuen Stelle) zurechtzufinden **2** *prick, sun etc* spüren; **I can't ~ anything in my left leg** ich habe kein Gefühl im linken Bein; **I felt it move** ich spürte, wie es sich bewegte **3** *joy, fear etc* empfinden; *effects* spüren **4** (≈ *be affected by*) *heat, loss* leiden unter (+*dat*); **I felt that!** (*pain*) das hat wehgetan! **5** (≈ *think*) glauben; **what do you ~ about him/it?** was halten Sie von ihm/davon?; **it was felt that …** man war der Meinung, dass …; **he felt it necessary** er hielt es für notwendig **B** *v/i* **1** (*person*) sich fühlen; **I ~ sick** mir ist schlecht; **I ~ certain/hungry** sicher/hungrig sein; **I ~ cold** mir ist kalt; **I felt sad** mir war traurig zumute; **I felt as though I'd never been away** mir war, als ob ich nie weg gewesen wäre; **I felt as if I was going to be sick** ich dachte, mir würde schlecht werden; **how do you ~ about him?** (*emotionally*) was empfinden Sie für ihn?; **you can imagine what I felt like** or **how I felt** Sie können sich (*dat*) vorstellen, wie mir zumute war; **what does it ~ like** or **how does it ~ to be all alone?** wie fühlt man sich so ganz allein?; **what does it ~ like** or **how does it ~ to be the boss?** wie fühlt man sich als Chef? **2** (≈ *feel to the touch*) sich anfühlen; **the room ~s warm** das Zimmer kommt einem warm vor **3** (≈ *think*) meinen; **how do you ~ about him/going for a walk?** was halten Sie von ihm/von einem Spaziergang?; **that's just how I ~** das meine ich auch **4** **to ~ like** (≈ *have desire for*) Lust haben auf (+*acc*); **I ~ like something to eat** ich

möchte jetzt gern etwas essen; **I ~ like going for a walk** ich habe Lust spazieren zu gehen; **I felt like screaming** ich hätte am liebsten geschrien **C** *n no pl* **let me have a ~!** lass (mich) mal fühlen!; **it has a papery ~** es fühlt sich wie Papier an; **the room has a cosy ~** das Zimmer hat eine gemütliche Atmosphäre; (*fig*) **to get a ~ for sth** ein Gefühl *nt* für etw bekommen ◊**feel for** *v/t +prep obj* **1** (≈ *sympathize with*) Mitgefühl haben mit; **I ~ you** Sie tun mir leid **2** (≈ *search for*) tasten nach; (*in pocket etc*) kramen nach ◊**feel up to** *v/i +prep obj* sich gewachsen fühlen (+*dat*)

feel-bad *adj* **~ factor** Frustfaktor *m* **feeler** *n* **1** ZOOL Fühler *m* **2** (*fig*) **to put out ~s** seine Fühler ausstrecken **feel-good** *adj* Feelgood-; **~ factor** Feelgoodfaktor *m* **feeling** *n* **1** Gefühl *nt*; **I've lost all ~ in my right arm** ich habe kein Gefühl mehr im rechten Arm; **I know the ~** ich weiß, wie das ist **2** (≈ *presentiment*) (Vor)gefühl *nt*; **I've a funny ~ she won't come** ich hab so das Gefühl, dass sie nicht kommt **3** (≈ *opinion: a.* **feelings**) Meinung *f* (*on* zu); **there was a general ~ that …** man war allgemein der Ansicht, dass …; **there's been a lot of bad ~ about this decision** wegen dieser Entscheidung hat es viel böses Blut gegeben **4** **~s** Gefühle *pl*; **to have ~s for sb** Gefühle für jdn haben; **you've hurt his ~s** Sie haben ihn verletzt; **no hard ~s?** nimm es mir nicht übel

fee-paying *adj school* gebührenpflichtig; *student* Gebühren zahlend **feet** *pl of* foot **feign** *v/t* vortäuschen; **to ~ illness** sich krank stellen **feigned** *adj* vorgeblich *attr* **feint A** *n* SPORTS Finte *f* **B** *v/i* SPORTS eine Finte anwenden (*also fig*) **feisty** *adj* (*+er*) robust **feline** *adj* (*lit*) Katzen-; (*fig*) katzenhaft **fell**[1] *pret of* fall **fell**[2] *n* (≈ *skin*) Fell *nt* **fell**[3] *v/t tree* fällen; *person* niederstrecken **fellatio** *n* Fellatio *f* **fellow**[1] *n* **1** Mann *m*, Typ *m* (*infml*); **poor ~!** der Arme!; **this journalist ~** dieser komische Journalist **2** (≈ *comrade*) Kumpel *m* (*infml*), Spezi *m* (*Aus*) **3** UNIV Fellow *m* **4** (*of a society*) Mitglied *nt* **fellow**[2] *pref* **our ~ bankers/doctors** unsere Berufskollegen *pl*; ~ **student** Kommilitone *m*, Kommilitonin *f*; ~ **member** (*in club*) Klubkamerad(in) *m(f)*; (*in party*) Parteigenosse *m*/-genossin *f*; ~ **sufferer** Leidensgenosse *m*/-genossin *f*; ~ **worker** Kollege *m*, Kollegin *f*; **he is a ~ lexicographer** er ist auch Lexikograf; **"my ~ Americans..."** „meine lieben amerikanischen Mitbürger..." **fellow citizen** *n* Mitbürger(in) *m(f)* **fellow countrymen** *pl* Landsleute *pl* **fellow men** *pl* Mitmenschen *pl* **fellowship** *n* **1** *no pl* Kameradschaft *f* **2** (UNIV ≈ *scholarship*) Forschungsstipendium *nt*; (≈ *job*) Position eines Fellow **fellow traveller**, (US) **fellow traveler** *n* (*lit*) Mitreisende(r) *m/f(m)*

felon *n* (Schwer)verbrecher(in) *m(f)* **felony** *n* (schweres) Verbrechen

felt¹ *pret, past part* of feel

felt² **A** *n* Filz *m* **B** *adj attr* Filz- **felt-tip (pen)** *n* Filzstift *m*

female **A** *adj* weiblich; *rights* Frauen-; **a ~ doctor** eine Ärztin; **a ~ companion** eine Gesellschafterin; **a ~ football team** eine Damenfußballmannschaft **B** *n* **1** (≈ *animal*) Weibchen *nt* **2** (*infml* ≈ *woman*) Frau *f*; (*pej*) Weib *nt* (*pej*)

feminine **A** *adj* feminin; *beauty, qualities* weiblich **B** *n* GRAM Femininum *nt* **feminine hygiene** *n* Monatshygiene *f*; ~ **products** Monatshygieneartikel *pl* **femininity** *n* Weiblichkeit *f* **feminism** *n* Feminismus *m* **feminist** **A** *n* Feminist(in) *m(f)* **B** *adj* feministisch; **the ~ movement** die Frauenbewegung

femur *n* Oberschenkelknochen *m*

fen *n* Moorland *nt*; **the Fens** *die Niederungen in East Anglia*

fence **A** *n* Zaun *m*; SPORTS Hindernis *nt*; **to sit on the ~** (*fig*) neutral bleiben **B** *v/i* SPORTS fechten ◊**fence in** *v/t sep* (*lit*) einzäunen ◊**fence off** *v/t sep* abzäunen

fencing *n* **1** SPORTS Fechten *nt* **2** (≈ *fences*) Zaun *m*

fend *v/i* **to ~ for oneself** für sich (selbst) sorgen ◊**fend off** *v/t sep* abwehren

fender *n* **1** (*in front of fire*) Kamingitter *nt* **2** (US) (*on car*) Kotflügel *m*; (*on bicycle etc*) Schutzblech *nt*

fennel *n* BOT Fenchel *m*

feral *adj attr* verwildert; ~ **cat** Wildkatze *f*

ferment **A** *n* (*fig*) Unruhe *f*; **the city was in ~** es brodelte in der Stadt **B** *v/i* gären **C** *v/t* (*lit*) fermentieren **fermentation** *n*

Gärung *f*

fern *n* Farn(kraut *nt*) *m*

ferocious *adj* wild; *dog* äußerst bissig; *look* grimmig; *battle* erbittert; *argument* heftig; *attack* brutal **ferociously** *adv* *fight, argue* heftig; *attack* aufs Schärfste; *glare* wütend **ferocity** *n* (*of animal*) Wildheit *f*; (*of dog*) Bissigkeit *f*; (*of battle, argument*) Heftigkeit *f*; (*of attack*) Brutalität *f*

ferret **A** *n* Frettchen *nt* **B** *v/i* (*a.* ferret **about** or **around**) herumstöbern ◊**ferret out** *v/t sep* (*Br infml*) aufstöbern

Ferris wheel *n* Riesenrad *nt*

ferrous *adj* Eisen-

ferry **A** *n* Fähre *f* **B** *v/t* (*a.* ferry **across** or **over**) (*by boat*) übersetzen; (*by car etc*) transportieren; **to ~ sb across a river** jdn über einen Fluss setzen; **to ~ sb/sth back and forth** jdn/etw hin- und herbringen **ferry service** *n* Fährdienst *m*

fertile *adj* fruchtbar; **this is ~ ground for racists** das ist fruchtbarer Boden für Rassisten **fertility** *n* Fruchtbarkeit *f* **fertilization** *n* Befruchtung *f* **fertilize** *v/t* befruchten; *soil* düngen **fertilizer** *n* Dünger *m*

fervent *adj* leidenschaftlich; *hope* inbrünstig (*elev*) **fervently** *adv* leidenschaftlich; *hope, wish, pray* inbrünstig (*elev*) **fervour**, (US) **fervor** *n* Leidenschaftlichkeit *f*

fester *v/i* eitern; (*fig, resentment etc*) nagen

festival *n* **1** ECCL *etc* Fest *nt* **2** (*cultural*) Festival *nt* **festive** *adj* festlich; **the ~ season** die Festzeit **festivity** *n* (≈ *celebration*) Feier *f*; **festivities** *pl* Feierlichkeiten *pl*

festoon *v/t* **to ~ sth with sth** etw mit etw schmücken; **to be ~ed with sth** mit etw behängt sein

feta (cheese) *n* Feta(käse) *m*

fetal *adj* (*esp US*) = foetal

fetch **A** *v/t* **1** (≈ *bring*) holen; (≈ *collect*) abholen; **would you ~ a handkerchief for me** or ~ **me a handkerchief?** kannst du mir ein Taschentuch holen (gehen)?; **she ~ed in the washing** sie holte die Wäsche herein **2** (≈ *bring in*) £10 *etc* (ein)bringen **B** *v/i* **to ~ and carry for sb** bei jdm Mädchen für alles sein **fetching** *adj* attraktiv

fête **A** *n* Fest *nt* **B** *v/t* feiern

fetid *adj* übel riechend

fetish *n* Fetisch *m*; **to have a ~ for leath-**

er/cleanliness einen Leder-/Sauberkeits-tick haben (*infml*)

fetters *pl* Fesseln *pl*

fettle *n* **to be in fine ~** in bester Form sein; (*as regards health also*) in bester Verfassung sein (*infml*)

fetus *n* (*US*) = foetus

feud (*lit, fig*) **A** *n* Fehde *f* **B** *v/i* sich befehden

feudal *adj* Feudal-, feudal; **~ system** Feudalsystem *nt* **feudalism** *n* Feudalismus *m*

fever *n* **1** Fieber *nt no pl*; **to have a ~** Fieber haben **2** (*fig*) Aufregung *f*; **election ~** Wahlfieber *nt*; **in a ~ of excitement** in fieberhafter Erregung **feverish** *adj* **1** (≈ *frantic*) fieberhaft **2** MED **to be ~** Fieber haben **feverishly** *adv* work, try fieberhaft **fever pitch** *n* **to reach ~** den Siedepunkt erreichen

few *adj* (+er) *pron* **1** (≈ *not many*) wenige; **~ people come to see him** nur wenige Leute besuchen ihn; **~ and far between** dünn gesät; **as ~ as ten cigarettes a day** schon zehn Zigaretten am Tag; **there were 3 too ~** es waren 3 zu wenig da; **he is one of the ~ people who ...** er ist einer der wenigen, die ...; **~ of them came** wenige von ihnen kamen; **there are too ~ of you** ihr seid zu wenige **2** **a ~** ein paar; **a ~ more days** noch ein paar Tage; **a ~ times** ein paar Male; **there were quite a ~ waiting** ziemlich viele warteten; **he's had a ~ (too many)** er hat einen über den Durst getrunken; **quite a ~ books** ziemlich viele Bücher; **in the next ~ days** in den nächsten paar Tagen; **every ~ days** alle paar Tage; **a ~ more** ein paar mehr; **quite a ~** eine ganze Menge; **the ~ who knew him** die wenigen, die ihn kannten **fewer** *adj, pron comp* of few weniger; **no ~ than** nicht weniger als **fewest** *sup* of few **A** *adj* die wenigsten **B** *pron* die wenigsten, am wenigsten

fiancé *n* Verlobte(r) *m* **fiancée** *n* Verlobte *f*

fiasco *n, pl* -s, (*US also*) -es Fiasko *nt*

fib (*infml*) **A** *n* Flunkerei *f* (*infml*); **don't tell ~s** flunker nicht! (*infml*) **B** *v/i* flunkern (*infml*)

fibre, (*US*) **fiber** *n* **1** Faser *f* **2** (≈ *roughage*) Ballaststoffe *pl* **3** (*fig*) **moral ~** Charakterstärke *f* **fibreglass**, (*US*) **fiberglass** **A** *n* Glasfaser *f* **B** *adj* aus Glasfaser

fibre optics, (*US*) **fiber optics** *n sg* Faseroptik *f*

fickle *adj* launenhaft

fiction *n* **1** *no pl* LIT Prosaliteratur *f*; **you'll find that under ~** das finden Sie unter Belletristik; **work of ~** Erzählung *f*; (*longer*) Roman *m* **2** (≈ *invention*) (freie) Erfindung; **that's pure ~** das ist frei erfunden **fictional** *adj* **1** (≈ *invented*) erfunden; drama fiktional **2** (≈ *relating to fiction*) erzählerisch; **his ~ writing** seine erzählenden Schriften **fictitious** *adj* **1** name falsch **2** LIT character erfunden

fiddle **A** *n* **1** (MUS *infml*) Fiedel *f* (*infml*); **to play second ~ to sb** (*fig*) in jds Schatten (*dat*) stehen; **as fit as a ~** kerngesund **2** (*Br infml* ≈ *swindle*) Schiebung *f*; (*with money*) faule Geschäfte *pl* (*infml*); **tax ~** Steuermanipulation *f*; **to be on the ~** krumme Dinger machen (*infml*) **B** *v/i* (*Br infml*) accounts frisieren (*infml*); **he ~d it so that ...** er hat es so hingebogen, dass ... ◊**fiddle about** (*Brit*) *or* **around** *v/i* **to fiddle about** *or* **around with sth** an etw (*dat*) herumspielen; (≈ *fidget with*) mit etw herumspielen

fiddler *n* (MUS *infml*) Geiger(in) *m(f)* **fiddly** *adj* (+er) (*Br*) job knifflig (*infml*); controls *etc* umständlich

fidelity *n* Treue *f* (to zu)

fidget **A** *v/i* (a. **fidget about** *or* **around**) zappeln **B** *n* (≈ *person*) Zappelphilipp *m* (*infml*) **fidgety** *adj* zappelig; audience unruhig

field **A** *n* **1** Feld *nt*; (≈ *area of grass*) Wiese *f*; (*for cows etc*) Weide *f*; **corn ~** Getreidefeld *nt*; **potato ~** Kartoffelacker *m*; **in the ~s** auf dem Feld; **~ of battle** Schlachtfeld *nt*; **~ of vision** Blickfeld *nt* **2** (*for football etc*) Platz *m*; **sports** *or* **games ~** Sportplatz *m* **3** (*of study etc*) Gebiet *nt*; **what ~ are you in?** auf welchem Gebiet arbeiten Sie? **4** (≈ *practical operation*) Praxis *f*; **work in the ~** Feldforschung *f* **5** IT Datenfeld *nt* **B** *v/t* **1** ball auffangen und zurückwerfen; (*fig*) question *etc* abblocken; **he had to ~ calls from customers** er musste Kunden am Telefon abwimmeln (*infml*) **2** team auf den Platz schicken **3** POL candidate aufstellen **C** *v/i* BASEBALL *etc* als Fänger spielen **field day** *n* (*fig*) **I had a ~** ich hatte meinen großen Tag **fielder** *n* BASEBALL *etc* Fänger(in) *m(f)* **field event** *n* ATHLETICS Disziplin, die nicht auf der

Aschenbahn ausgetragen wird **field hockey** (*US*) Hockey *nt* **field sports** *pl* Sport *m* im Freien (*Jagen und Fischen*) **field study** *n* Feldstudie *f* **field test** *n* Feldversuch *m* **field-test** *v/t* in einem Feldversuch/in Feldversuchen testen **field work** *n* (*of surveyor etc*) Arbeit *f* im Gelände; (*of sociologist etc*) Feldforschung *f*

fiend *n* **1** (≈ *evil spirit*) Dämon *m*; (≈ *person*) Teufel *m* **2** (*infml* ≈ *addict*) Fanatiker(in) *m(f)*; **tennis ~** Tennisnarr *m* **fiendish** *adj* **1** (≈ *cruel*) teuflisch; **he took a ~ delight in doing it** es machte ihm eine höllische Freude, es zu tun **2** (*infml*) plan höllisch raffiniert (*infml*) **3** (*infml*) problem verzwickt (*infml*) **fiendishly** *adv* (*infml*) difficult höllisch (*infml*)

fierce *adj* (+*er*) animal aggressiv; person, look grimmig; fighting, resistance erbittert; debate heftig; attack, competition scharf; heat glühend; **he has a ~ temper** er braust schnell auf **fiercely** *adv* oppose, fight heftig; criticize scharf; defend, argue leidenschaftlich; competitive, loyal äußerst; **the fire was burning ~** es brannte lichterloh

fiery *adj* (+*er*) inferno, heat glühend; temperament hitzig; speech feurig; **to have a ~ temper** ein Hitzkopf *m* sein

FIFA *abbr of* Federation of International Football Associations FIFA *f*

fifteen **A** *adj* fünfzehn **B** *n* Fünfzehn *f* **fifteenth** **A** *adj* fünfzehnte(r, s) **B** *n* **1** Fünfzehnte(r, s) **2** (≈ *part, fraction*) Fünfzehntel *nt*; → **sixteenth**

fifth **A** *adj* fünfte(r, s) **B** *n* **1** Fünfte(r, s) **2** (≈ *part, fraction*) Fünftel *nt* **3** MUS Quinte *f* **4** **to take the ~** (*US infml*) die Aussage verweigern; → **sixth**

fiftieth **A** *adj* fünfzigste(r, s) **B** *n* **1** Fünfzigste(r, s) **2** (≈ *part, fraction*) Fünfzigstel *nt*; → **sixth**

fifty **A** *adj* fünfzig **B** *n* Fünfzig *f*; → **sixty** **fifty-fifty** **A** *adv* fifty-fifty (*infml*); **to go ~ (with sb)** (mit jdm) fifty-fifty machen (*infml*) **B** *adj* **he has a ~ chance of survival** er hat eine fünfzigprozentige Überlebenschance

fig *n* Feige *f*

fig. *abbr of* figure(s) Abb.

fight *vb: pret, past part* fought **A** *n* **1** Kampf *m*; (≈ *fist fight*) Schlägerei *f*; (≈ *argument*) Streit *m*; **to have a ~ with sb** sich mit jdm schlagen; (≈ *argue*) sich mit jdm streiten; **to put up a good ~** sich tapfer schlagen; **do you want a ~?** du willst dich wohl mit mir anlegen?; **he won't give in without a ~** er ergibt sich nicht kampflos; **the ~ for survival** der Kampf ums Überleben **2** (≈ *fighting spirit*) Kampfgeist *m*; **there was no ~ left in him** sein Kampfgeist war erloschen **B** *v/i* kämpfen; (≈ *have punch-up etc*) sich schlagen; (≈ *argue*) sich streiten; **to ~ against disease** Krankheiten bekämpfen; **to ~ for sb/sth** um jdn/etw kämpfen; **to ~ for breath** nach Atem ringen **C** *v/t* person kämpfen mit or gegen; (≈ *have punch-up with*) sich schlagen mit; fire, disease, crime, inflation bekämpfen; **to ~ a duel** sich duellieren; **to ~ one's way through the crowd** sich durch die Menge kämpfen ◊**fight back** **A** *v/i* (*in fight*) zurückschlagen; MIL Widerstand leisten; SPORTS zurückkämpfen **B** *v/t sep* tears etc unterdrücken ◊**fight off** *v/t sep* abwehren; **I'm still trying to ~ this cold** ich kämpfe immer noch mit dieser Erkältung ◊**fight out** *v/t sep* **to fight it out** es untereinander ausfechten

fighter *n* **1** Kämpfer(in) *m(f)*; BOXING Fighter *m*; **he's a ~** (*fig*) er ist eine Kämpfernatur **2** (AVIAT ≈ *plane*) Jagdflugzeug *nt* **fighter pilot** *n* Jagdflieger *m* **fighting** *n* MIL Gefecht *nt*; (≈ *punch-ups etc*) Prügeleien *pl*; **~ broke out** Kämpfe brachen aus **fighting chance** *n* **he's in with a ~** er hat eine Chance, wenn er sich anstrengt **fighting fit** *adj* (*Br infml*) topfit (*infml*) **fighting spirit** *n* Kampfgeist *m*

fig leaf *n* Feigenblatt *nt*

figment *n* **it's all a ~ of his imagination** das ist alles eine Ausgeburt seiner Fantasie

figurative *adj* language bildlich; sense übertragen **figuratively** *adv* im übertragenen Sinn

figure **A** *n* **1** (≈ *number*) Zahl *f*; (≈ *digit*) Ziffer *f*; (≈ *sum*) Summe *f*; **he didn't want to put a ~ on it** er wollte keine Zahlen nennen; **he's good at ~s** er ist ein guter Rechner; **to reach double ~s** in die zweistelligen Zahlen gehen; **a three-~ sum** eine dreistellige Summe **2** (*in geometry* ≈ *shapeliness*) Figur *f*; **~ (of) eight** Acht *f*; **to lose one's ~** seine Figur verlieren; **she's a fine ~ of a woman** sie ist eine stattliche Frau; **he's a fine ~ of a man**

er ist ein Bild von einem Mann **3** (≈ human form) Gestalt f **4** (≈ personality) Persönlichkeit f; **the great ~s of history** die Großen der Geschichte; **a key public ~** eine Schlüsselfigur des öffentlichen Lebens; **~ of fun** Witzfigur f **5** LIT **~ of speech** Redensart f; **it's just a ~ of speech** das sagt man doch nur so **B** v/t **1** (esp US infml ≈ think) glauben **2** (US infml ≈ figure out) begreifen **C** v/i **1** (≈ appear) erscheinen; **he ~d prominently in my plans** er spielte eine bedeutende Rolle in meinen Plänen **2** (infml) **that ~s** das hätte ich mir denken können ◊**figure on** v/i +prep obj (esp US) rechnen mit ◊**figure out** v/t sep **1** (≈ understand) begreifen **2** (≈ work out) ausrechnen; answer, how to do sth herausbekommen

figurehead n (NAUT, fig) Galionsfigur f **figure skating** n Eiskunstlaufen nt **figurine** n Figurine f

Fiji n Fidschi-Inseln pl

filament n ELEC (Glüh)faden m

file¹ **A** n Feile f **B** v/t feilen; **to ~ one's nails** (dat) die Fingernägel feilen

file² **A** n **1** (≈ holder) Aktenordner m; **it's in the ~s somewhere** das muss irgendwo bei den Akten sein **2** (≈ documents) Akte f (on sb über jdn, on sth zu etw); **have we got that on ~?** haben wir das bei den Akten?; **to open** or **start a ~ on sb/sth** eine Akte über jdn/zu etw anlegen; **to keep sb/sth on ~** jds Unterlagen/die Unterlagen über etw (acc) zurückbehalten; **the Kowalski ~** die Akte Kowalski **3** IT Datei f; **to have sth on ~** etw im Computer gespeichert haben **B** v/t **1** documents ablegen **2** PRESS report einsenden **3** JUR complaint erheben; (law)suit anstrengen **C** v/i **to ~ for divorce** die Scheidung einreichen; **to ~ for bankruptcy** Konkurs anmelden

file³ **A** n (≈ row) Reihe f; **in single ~** im Gänsemarsch; MIL in Reihe **B** v/i **to ~ in** hereinmarschieren; **they ~d out of the classroom** sie gingen hintereinander aus dem Klassenzimmer; **the troops ~d past the general** die Truppen marschierten am General vorbei

file cabinet n (US) Aktenschrank m **file management** n IT Dateiverwaltung f **file manager** n IT Dateimanager m **filename** n IT Dateiname m

filet n (US) = fillet

filial adj duties Kindes-

filing n (of documents) Ablegen nt; **have you done the ~?** haben Sie die Akten schon abgelegt? **filing cabinet** n Aktenschrank m **filings** pl Späne pl **filing system** n Ablagesystem nt **filing tray** n Ablagekorb m

fill A v/t **1** füllen; teeth plombieren; (fig) (aus)füllen; **I had three teeth ~ed** ich bekam drei Zähne plombiert or gefüllt **2** (≈ permeate) erfüllen; **~ed with admiration** voller Bewunderung; **~ed with emotion** gefühlsgeladen **3** position (employer) besetzen; role übernehmen; **the position is already ~ed** die Stelle ist schon besetzt **B** v/i sich füllen **C** n **to drink one's ~** seinen Durst löschen; **to eat one's ~** sich satt essen; **I've had my ~ of him** (infml) ich habe von ihm die Nase voll (infml) ◊**fill in A** v/i **to ~ for sb** für jdn einspringen **B** v/t sep **1** hole ausfüllen; **he's just filling in time** er überbrückt nur die Zeit **2** form ausfüllen; name, word eintragen **3** **to fill sb in (on sth)** jdn (über etw acc) aufklären ◊**fill out A** v/i (person) fülliger werden; (face) voller werden **B** v/t sep form ausfüllen ◊**fill up A** v/i **1** AUTO (auf)tanken **2** (hall etc) sich füllen **B** v/t sep tank, cup vollfüllen; (driver) volltanken; hole füllen; **that pie has really filled me up** ich fühle mich wirklich voll nach dieser Pastete; **you need something to fill you up** du brauchst was Sättigendes

filler n **1** BUILD Spachtelmasse f **2** PRESS, TV (Lücken)füller m

fillet A n COOK Filet nt; **~ of beef** Rinderfilet nt **B** v/t COOK filetieren **fillet steak** n Filetsteak nt

filling A n Füllung f; **I had to have three ~s** ich musste mir drei Zähne plombieren lassen **B** adj food sättigend, währschaft (Swiss)

filling station n Tankstelle f

filly n Stutfohlen nt

film A n Film m; (of dust) Schicht f; **to make** or **shoot a ~** einen Film drehen or machen; **to make a ~** (actor) einen Film machen; **to go to (see) a ~** ins Kino gehen **B** v/t play verfilmen; scene filmen; people wenn film **C** v/i filmen; **we start ~ing** or **~ing starts tomorrow** die Dreharbeiten fangen morgen an

film clip n Filmausschnitt m **film festival** n Filmfestspiele pl **film industry** n

Filmindustrie f **film maker** n Filmemacher(in) m(f) **film script** n Drehbuch nt **film star** n Filmstar m **film studio** n Filmstudio nt **film version** n Verfilmung f

Filofax® n Filofax® m

filter **A** n Filter m; PHOT, MECH Filter nt or m **B** v/t filtern **C** v/i (light) durchscheinen; (liquid, sound) durchsickern ◊**filter in** v/i (people) allmählich eindringen ◊**filter out** **A** v/i (people) einer nach dem anderen herausgehen **B** v/t sep (lit) herausfiltern

filter coffee n Filterkaffee m **filter lane** n (Br) Abbiegespur f **filter paper** n Filterpapier nt **filter tip** n Filter m **filter-tipped** adj ~ **cigarette** Filterzigarette f

filth n (lit) Schmutz m; (fig) Schweinerei f (infml) **filthy** adj (+er) dreckig; habit ekelhaft; magazine obszön; **to live in ~ conditions** im Dreck leben; **you've got a ~ mind!** du hast eine schmutzige Fantasie!

fin n **1** (of fish) Flosse f **2** AVIAT Seitenleitwerk nt

final **A** adj **1** (≈ last) letzte(r, s); ~ **round** letzte Runde; (in a tournament) Endrunde f; ~ **stage(s)** Endstadium nt; ~ **chapter** Schlusskapitel nt **2** result, version endgültig; ~ **score** Endergebnis nt; **that's my ~ offer** das ist mein letztes Angebot; **the judges' decision is ~** die Preisrichter haben das letzte Wort; **... and that's ~!** ... und damit basta! (infml) **B** n **1** esp SPORTS Finale nt; (of quiz) Endrunde f; (≈ game) Endspiel nt; (≈ race) Endlauf m; **to get to the ~** ins Finale kommen; **World Cup Final** FTBL Endspiel nt der Fußballweltmeisterschaft; **the ~s** das Finale; die Endrunde **2 finals** pl (Br UNIV) Abschlussprüfung f **final demand** n letzte Mahnung or Zahlungsaufforderung f **finale** n Finale nt **finalist** n SPORTS Finalist(in) m(f) **finality** n (of decision etc) Endgültigkeit f **finalize** v/t arrangements, details endgültig festlegen; deal zum Abschluss bringen

finally adv **1** (≈ eventually) schließlich; (≈ at last) endlich **2** (≈ lastly) zum Schluss **3** decide endgültig **final whistle** n FTBL Schlusspfiff m; **to blow the ~** das Spiel abpfeifen

finance **A** n **1** Finanzen pl; **high ~** Hochfinanz f **2** (≈ money) Geld nt; **it's a question of ~** das ist eine Geldfrage; **~s**

Finanzen pl **B** v/t finanzieren **finance director** n Leiter(in) m(f) der Finanzabteilung **financial** adj **1** problems finanziell; ~ **resources** Geldmittel pl **2** ST EX, ECON Finanz-; **on the ~ markets** auf den Finanzmärkten; ~ **investment** Geldanlage f **financial adviser, financial consultant** n Finanzberater(in) m(f) **financial director** n COMM Leiter(in) m(f) der Finanzabteilung **financially** adv finanziell; **the company is ~ sound** die Finanzlage der Firma ist gesund; ~ **viable** rentabel **financial services** pl Finanzdienstleistungen pl **financial year** n (Br) Geschäftsjahr nt **financier** n Finanzier(in) m(f)

finch n Fink m

find vb: pret, past part found **A** v/t **1** finden; **it's nowhere to be found** es lässt sich nirgendwo finden; **to ~ pleasure in sth** Freude an etw (dat) haben; **he was found dead in bed** er wurde tot im Bett aufgefunden; **where am I going to ~ the time?** wo nehme ich nur die Zeit her?; **I don't ~ it easy to tell you this** es fällt mir nicht leicht, Ihnen das zu sagen; **he always found languages easy** ihm fielen Sprachen immer leicht; **I ~ it impossible to understand him** ich kann ihn einfach nicht verstehen; **I found myself smiling** ich musste unwillkürlich lächeln; **I ~ myself in an impossible situation** ich befinde mich in einer unmöglichen Situation; **one day he suddenly found himself out of a job** eines Tages war er plötzlich arbeitslos; **this flower is found all over England** diese Blume findet man in ganz England **2** (≈ supply) besorgen (sb sth jdm etw); **go and ~ me a needle** hol mir doch mal ein Nadel; **we'll have to ~ him a desk** wir müssen einen Schreibtisch für ihn finden **3** (≈ discover) feststellen; cause herausfinden; **we found the car wouldn't start** es stellte sich heraus, dass das Auto nicht ansprang; **you will ~ that I am right** Sie werden sehen, dass ich recht habe **4** JUR **to ~ sb guilty/not guilty** jdn schuldig sprechen/freisprechen; **how do you ~ the accused?** wie lautet Ihr Urteil? **5** IT suchen; ~ **and replace** suchen und ersetzen **B** v/i JUR **to ~ for/against the accused** den Angeklagten freisprechen/verurteilen **C** n Fund m ◊**find out** **A** v/t sep heraus-

F

finden; (≈ *discover misdeeds of*) erwischen; (≈ *come to know about*) auf die Schliche kommen (+*dat*) (*infml*); **you've been found out** du bist ertappt (*infml*) **B** *v/i* es herausfinden; **to ~ about sb/sth** (≈ *discover existence of*) jdn/etw entdecken; **to help children ~ about other countries** Kindern dabei helfen, etwas über andere Länder herauszufinden

finder *n* Finder(in) *m(f)* **finding** *n* **~s** *pl* Ergebnis(se) *nt(pl)*; (*medical*) Befund *m*

fine¹ **A** *n* JUR Geldstrafe *f*; (*driving*) Bußgeld *nt* **B** *v/t* JUR zu einer Geldstrafe verurteilen; **he was ~d £100** er musste £ 100 Strafe bezahlen; **he was ~d for speeding** er hat einen Strafzettel für zu schnelles Fahren bekommen

fine² **A** *adj* (+*er*) **1** (≈ *excellent*) ausgezeichnet; *building, view* herrlich; *performance, player* großartig; **you're doing a ~ job** Sie machen Ihre Sache ganz ausgezeichnet; **she's a ~ woman** sie ist eine bewundernswerte Frau; (*in stature*) sie ist eine stattliche Frau **2** (≈ *acceptable*) in Ordnung; **any more? — no, that's ~** noch etwas? — nein, danke; **everything's going to be just ~** es wird schon alles gut gehen; **these apples are ~ for cooking** diese Äpfel eignen sich (gut) zum Kochen; **the doctor said it was ~ for me to play** der Arzt sagte, ich dürfte ohne Weiteres spielen; **you look ~ (to me)** (ich finde,)du siehst gut aus; **your idea sounds ~** Ihre Idee hört sich gut an; **she is ~** (≈ *in good health*) es geht ihr gut; (≈ *things are going well*) mit ihr ist alles in Ordnung, **how are you? — ~, thanks** wie geht es Ihnen? — danke, gut; **a glass of water and I'll be ~** nach einem Glas Wasser wird es mir wieder gut gehen; **that's ~ with** *or* **by me** ich habe nichts dagegen **3** (≈ *high-quality, delicate*) fein; *wine, china* erlesen; *clothes* ausgesucht; *material* dünn; *house* vornehm; *features* zart; **the ~st ingredients** die erlesensten Zutaten; **a ~ rain** Nieselregen *m*; **to read the ~ print** das Kleingedruckte lesen; **not to put too ~ a point on it** um ganz offen zu sein **4** *weather, day* schön; **when it is/was ~** bei schönem Wetter; **one ~ day** eines schönen Tages **5** (*iron*) *friend etc* schön (*iron*); **you're a ~ one to talk!** du kannst gerade reden! **B** *adv* **1** (≈ *well*) tadellos; **you're doing ~** Sie machen Ihre Sache

gut; (*healthwise*) Sie machen gute Fortschritte; **we get on ~** wir kommen ausgezeichnet miteinander aus **2** *slice* dünn **fine art** *n* **1** *usu pl* schöne Künste *pl* **2** **he's got it down to a ~** er hat den Bogen heraus (*infml*) **finely** *adv* fein; *slice* dünn; **the case is ~ balanced** der Fall kann sich so oder so entscheiden; **~ tuned** *engine* genau eingestellt **finery** *n* **wedding guests in all their ~** Hochzeitsgäste in vollem Staat

finesse *n* Gewandtheit *f*

fine-tooth comb *n* **to go over sth with a ~** etw genau unter die Lupe nehmen **fine-tune** *v/t* (*lit, fig*) fein abstimmen **fine-tuning** *n* Feinabstimmung *f*

finger **A** *n* Finger *m*; **she can twist him round her little ~** sie kann ihn um den (kleinen) Finger wickeln; **I didn't lay a ~ on her** ich habe sie nicht angerührt; **he wouldn't lift a ~ to help me** er würde keinen Finger rühren, um mir zu helfen; **I can't put my ~ on it, but ...** ich kann es nicht genau ausmachen, aber ...; **you've put your ~ on it there** da haben Sie den kritischen Punkt berührt; **pull your ~ out!** (*Br infml*) es wird Zeit, dass du Nägel mit Köpfen machst! (*infml*); **to give sb the ~** (*esp US infml*) jdm den Stinkefinger zeigen (*infml*) **B** *v/t* (≈ *touch*) anfassen **finger buffet** *n* Buffet *nt* mit Appetithappen **fingermark** *n* Fingerabdruck *m* **fingernail** *n* Fingernagel *m* **finger-pointing** *n* Fingerzeigen *nt*, Beschuldigen *nt* **fingerprint** *n* Fingerabdruck *m*; **to take sb's ~s** jdm Fingerabdrücke abnehmen **fingertip** *n* Fingerspitze *f*; **to have sth at one's ~s** etw parat haben (*infml*)

finicky *adj* pingelig (*infml*); (*about food etc*) wählerisch

finish **A** *n* **1** (≈ *end*) Ende *nt*; (*of race*) Finish *nt*; (≈ *finishing line*) Ziel *nt*; **from start to ~** von Anfang bis Ende **2** (*of industrial products*) Finish *nt*; (*of pottery*) Oberfläche *f* **B** *v/t* **1** beenden; *education, course* abschließen; *piece of work* erledigen; **he's ~ed the painting** er ist mit dem Bild fertig; **to have ~ed doing sth** damit fertig sein, etw zu tun; **when I ~ eating ...** wenn ich mit dem Essen fertig bin, ...; **to ~ writing sth** etw zu Ende schreiben; **when do you ~ work?** wann machen Sie Feierabend?; **she never lets him ~**

(what he's saying) sie lässt ihn nie ausreden; **give me time to ~ my drink** lass mich austrinken; **~ what you're doing** mach fertig, was du angefangen hast **2** (≈ *ruin*) ruinieren; (≈ *kill, infml* ≈ *exhaust*) den Rest geben (+*dat*) (*infml*); **another strike could ~ the firm** noch ein Streik könnte das Ende für die Firma bedeuten **3** *surface, product* fertig bearbeiten **C** *v/i* **1** aus sein; (*person: with task etc*) fertig sein; (≈ *come to an end, finish work*) aufhören; (*piece of music etc*) enden; **my course ~es this week** mein Kurs geht diese Woche zu Ende; **we'll ~ by singing a song** wir wollen mit einem Lied schließen; **I've ~ed** ich bin fertig **2** SPORTS das Ziel erreichen; **to ~ first** als Erster durchs Ziel gehen ◊**finish off** *v/t sep* **1** *piece of work* fertig machen; *job* erledigen; **to ~ a letter** einen Brief zu Ende schreiben **2** *food* aufessen; *drink* austrinken **3** (≈ *kill*) den Gnadenstoß geben (+*dat*) **4** (≈ *do for*) *person* den Rest geben (+*dat*) (*infml*) ◊**finish up** *v/i* (*in a place*) landen (*infml*); **he finished up a nervous wreck** er war zum Schluss ein Nervenbündel; **you'll ~ wishing you'd never started** du wünschst dir bestimmt noch, du hättest gar nicht erst angefangen ◊**finish with** *v/i +prep obj* **1** (≈ *no longer need*) nicht mehr brauchen; **I've finished with the paper** ich bin mit der Zeitung fertig **2** **I've finished with him** (*with boyfriend*) ich habe mit ihm Schluss gemacht

finished *adj* **1** fertig; **I'm nearly ~** ich bin fast fertig; **to be ~ doing sth** (*US*) damit fertig sein, etw zu tun; **to be ~ with sb/sth** mit jdm/etw fertig sein; (≈ *fed up*) von jdm/etw nichts mehr wissen wollen; **I'm ~ with politics** mit der Politik ist es für mich vorbei; **~ goods** Fertigprodukte *pl*; **the ~ article** (≈ *object*) das fertige Produkt; (≈ *piece of writing, work of art*) die endgültige Version **2** (≈ *used up*) *things* aufgebraucht; (≈ *over*) zu Ende; **the wine is ~** es ist kein Wein mehr da **3** (*infml*) **to be ~** (*politician etc*) erledigt sein (*infml*) (*as* als); **we're ~, it's ~ between us** es ist aus zwischen uns **4** (≈ *treated*) *product* fertig bearbeitet **finishing line** *n* Ziellinie *f*

finite *adj* begrenzt; **a ~ number** eine begrenzte Zahl; MAT eine endliche Zahl; **coal and oil are ~ resources** Kohle und Öl sind nicht erneuerbare Ressourcen

Finland *n* Finnland *nt* **Finn** *n* Finne *m*, Finnin *f* **Finnish** **A** *adj* finnisch; **he is ~** er ist Finne; **she is ~** sie ist Finnin **B** *n* LING Finnisch *nt*

fiord *n* Fjord *m*

fir *n* Tanne *f* **fir cone** *n* Tannenzapfen *m*

fire **A** *n* **1** Feuer *nt*; **the house was on ~** das Haus brannte; **to set ~ to sth, to set sth on ~** etw anzünden; (*so as to destroy*) etw in Brand stecken; **to catch ~** Feuer fangen; **you're playing with ~** (*fig*) du spielst mit dem Feuer; **to open ~ on sb** das Feuer auf jdn eröffnen; **cannon ~** Kanonenschüsse *pl*; **to come under ~** unter Beschuss geraten **2** (≈ *house fire etc*) Brand *m*; **there was a ~ next door** nebenan hat es gebrannt; **fire!** Feuer! **3** (*in grate*) (Kamin)feuer *nt*; (≈ *electric fire, gas fire*) Ofen *m* **B** *v/t* **1** *pottery* brennen **2** (*fig*) *imagination* beflügeln; **to ~ sb with enthusiasm** jdn begeistern **3** *gun, arrow* abschießen; *shot* abgeben; *rocket* zünden; **to ~ a gun at sb** auf jdn schießen; **to ~ questions at sb** Fragen auf jdn abfeuern **4** (*infml* ≈ *dismiss*) feuern (*infml*) **C** *v/i* **1** (≈ *shoot*) schießen (*at* auf +*acc*); **~!** (*gebt*) Feuer! **2** (*engine*) zünden; **the engine is only firing on three cylinders** der Motor läuft nur auf drei Zylindern ◊**fire away** *v/i* (*infml*) losschießen (*infml*) ◊**fire off** *v/t sep* abfeuern; *letter* loslassen ◊**fire up** *v/t sep* (*fig*) anfeuern

fire alarm *n* Feueralarm *m*; (≈ *apparatus*) Feuermelder *m* **firearm** *n* Feuerwaffe *f* **fireball** *n* **1** (*of explosion etc*) Feuerball *m* **2** (*fig infml* ≈ *person*) Energiebündel *nt* (*infml*) **fire brigade** *n* (*Br*) Feuerwehr *f* **firecracker** *n* Knallkörper *m* **fire department** *n* (*US*) Feuerwehr *f* **fire door** *n* Feuertür *f* **fire drill** *n* Probealarm *m* **fire-eater** *n* Feuerschlucker *m* **fire engine** *n* Feuerwehrauto *nt* **fire escape** *n* (≈ *staircase*) Feuertreppe *f*; (≈ *ladder*) Feuerleiter *f* **fire exit** *n* Notausgang *m* **fire-extinguisher** *n* Feuerlöscher *m* **firefighter** *n* Feuerwehrmann *m*/-frau *f* **firefighting** *adj attr* *techniques, team* zur Feuerbekämpfung; **~ equipment** Feuerlöschgeräte *pl* **fire hazard** *n* **to be a ~** feuergefährlich sein **firehouse** *n* (*US*) Feuerwache *f* **fire hydrant** *n* Hydrant *m* **firelight** *n* Schein *m* des Feuers **firelighter** *n* Feueranzünder *m* **fireman** *n*

Feuerwehrmann m **fireplace** n Kamin m **firepower** n Feuerkraft f **fire prevention** n Brandschutz m **fireproof** adj feuerfest **fire raising** n (esp Br) Brandstiftung f **fire regulations** pl Brandschutzbestimmungen pl **fire retardant** adj Feuer hemmend **fireside** n **to sit by the ~** am Kamin sitzen **fire station** n Feuerwache f **fire truck** n (US) = fire engine **firewall** n IT Firewall f **firewoman** n Feuerwehrfrau f **firewood** n Brennholz nt **fireworks** pl **1** Feuerwerkskörper pl **2** (≈ display) Feuerwerk nt **firing** n MIL Feuer nt; (of gun) Abfeuern nt **firing line** n (MIL, fig) Schusslinie f; **to be in the ~** in der Schusslinie stehen **firing squad** n Exekutionskommando nt **firm**[1] n Firma f; **~ of lawyers** Rechtsanwaltsbüro nt

firm[2] **A** adj (+er) fest; stomach straff; hold sicher, stabil; decision endgültig; manner, action entschlossen; measure durchgreifend; **to get** or **take a ~ hold on sth** etw festhalten; **to have a ~ understanding of sth** etw gut verstehen; **to set a ~ date for sth** einen festen Termin für etw vereinbaren; **to be ~ about sth** auf etw (dat) bestehen; **to be ~ with sb** jdm gegenüber bestimmt auftreten; **she's ~ with the children** sie ist streng mit den Kindern; **to take a ~ stand** or **line against sth** energisch gegen etw vorgehen; **they are ~ friends** sie sind eng befreundet; **to be a ~ favourite** (Br) or **favorite** (US) **(with sb)** (bei jdm) sehr beliebt sein **B** adv **to hold sth ~** etw festhalten; **to stand** or **hold ~** standhaft bleiben ◊**firm up** v/t sep muscles kräftigen; thighs straffen

firmly adv **1** (≈ securely) fest; fix sicher; **it was held ~ in place with a pin** es wurde von einer Nadel festgehalten; **to be ~ committed to sth** sich voll für etw einsetzen **2** say bestimmt; **I shall tell her quite ~ that ...** ich werde ihr klipp und klar sagen, dass ... **firmness** n (of person, manner) Entschlossenheit f; (≈ strictness) Strenge f

first **A** adj erste(r, s); **his ~ novel** sein Erstlingsroman m; **he was ~ in the queue** (Br) or **in line** (US) er war der Erste in der Schlange; **he was ~ in Latin** er war der Beste in Latein; **who's ~?** wer ist der Erste?; **the ~ time I saw her ...** als ich sie zum ersten Mal sah, ...; **in ~ place**

SPORTS etc an erster Stelle; **in the ~ place** zunächst einmal; **why didn't you say so in the ~ place?** warum hast du denn das nicht gleich gesagt? **B** adv **1** zuerst; arrive, leave als Erste(r, s); **~ come ~ served** (prov) wer zuerst kommt, mahlt zuerst (prov); **you (go) ~** nach Ihnen; **he says ~ one thing then another** er sagt mal so, mal so; **he always puts his job ~** seine Arbeit kommt bei ihm immer vor allen anderen Dingen **2** (≈ before all else) zunächst; (in listing) erstens; **~ of all** vor allem; **~ and foremost** zuallererst **3** (≈ for the first time) zum ersten Mal; **when this model was ~ introduced** zu Anfang, als das Modell herauskam; **when it ~ became known that ...** als erstmals bekannt wurde, dass ...; **this work was ~ performed in 1997** dieses Werk wurde 1997 uraufgeführt **4** (≈ before: in time) (zu)erst; **I must finish this ~** ich muss das erst fertig machen **5** **I'd die ~!** lieber würde ich sterben! **C** n **1** **the ~** der/die/das Erste; (≈ former) der/die/das Erstere; **he was the ~ to finish** er war als Erster fertig; (in race) er ging als Erster durchs Ziel; **this is the ~ I've heard of it** das ist mir ja ganz neu; **the ~ he knew it was when he saw it in the paper** er hat erst davon erfahren, als er es in der Zeitung las; **at ~** zuerst, zunächst; **from the ~** von Anfang an **2** (Br UNIV) Eins f; **he got a ~** er bestand (sein Examen) mit „Eins" or „sehr gut" **3** AUTO **~ gear** der erste Gang; **in ~** im ersten Gang **first aid** n Erste Hilfe **first-aid kit** n Verband(s)kasten m **first-born** **A** adj erstgeboren **B** n Erstgeborene(r) m/f(m)

first class **A** n erste Klasse **B** adj pred **that's absolutely ~!** das ist einfach spitze! (infml) **first-class** **A** adj attr **1** (≈ excellent) erstklassig; **he's a ~ cook** er ist ein erstklassiger Koch **2** ticket erster Klasse; **a ~ compartment** ein Erste-Klasse-Abteil nt; **~ passengers** Reisende pl in der ersten Klasse **3** POST **~ stamp** Briefmarke für die bevorzugt beförderte Post; **~ letter** bevorzugt beförderter Brief **4** (Br UNIV) **~ (honours) degree** Examen nt mit „Eins" or „sehr gut"; **he graduated with ~ honours** er machte sein Examen mit „Eins" or „sehr gut" **B** adv **1** travel erster Klasse **2** POST **to send sth ~** etw mit der bevorzugt beförderten Post schicken **first cousin** n

Cousin m/Cousine f ersten Grades **first--degree** adj burns etc ersten Grades pred **first edition** n Erstausgabe f **first form** n (Br SCHOOL) erste Klasse **first--former** n (Br SCHOOL) Erstklässler(in) m(f) **first-hand** ◼ adj aus erster Hand; **to have ~ knowledge of sth** etw aus eigener Erfahrung kennen; **they have ~ experience of charitable organizations** sie haben persönlich Erfahrungen mit Wohlfahrtsverbänden gemacht ◼ adv hear, experience persönlich **First Lady** n First Lady f **first language** n Muttersprache f **firstly** adv zuerst; **~ it's not yours and secondly …** erstens einmal gehört es nicht dir und zweitens … **First Minister** n (Br POL) Erster Minister, Erste Ministerin

first name n Vorname m; **they're on ~ terms** sie reden sich mit Vornamen an **first night** n THEAT Premiere f **first person** n the ~ plural die erste Person Plural; **the story is in the ~** die Geschichte wird von einem Icherzähler/einer Icherzählerin erzählt **first-rate** adj erstklassig **first thing** ◼ n she just says the ~ **that comes into her head** sie sagt einfach das, was ihr zuerst einfällt; **the ~ (to do) is to …** als Erstes muss man …; **the ~ to remember is that she hates formality** man muss vor allem daran denken, dass sie Förmlichkeit nicht mag; **~s first** eins nach dem anderen; (≈ most important first) das Wichtigste zuerst; **he doesn't know the ~ about cars** von Autos hat er nicht die geringste Ahnung ◼ adv gleich; **I'll go ~ in the morning** ich gehe gleich morgen früh; **I'm not at my best ~ (in the morning)** früh am Morgen bin ich nicht gerade in Hochform **first-time buyer** n jd, der zum ersten Mal ein Haus/eine Wohnung kauft, Erstkäufer(in) m(f) **First World War** n the ~ der Erste Weltkrieg

firth n (Scot) Förde f, Meeresarm m **fir tree** n Tannenbaum m **fiscal** adj finanziell; **~ policy** Finanzpolitik f

fish ◼ n, pl - or (verschiedene Arten) -es Fisch m; **to drink like a ~** (infml) wie ein Loch saufen (infml); **like a ~ out of water** wie ein Fisch auf dem Trockenen; **there are plenty more ~ in the sea** (fig infml) es gibt noch mehr (davon) auf der Welt

◼ v/i fischen; (with rod) angeln; **to go ~ing** fischen/angeln gehen ◊**fish for** v/i +prep obj ◼ (lit) fischen; (with rod) angeln ◼ (fig) compliments fischen nach; **they were fishing for information** sie waren auf Informationen aus ◊**fish out** v/t sep herausfischen (of or from sth aus etw)

fish and chips n (Br) Fish and Chips nt **fishbone** n (Fisch)gräte f **fish cake** n Fischfrikadelle f **fisherman** n, pl -men Fischer m; (amateur) Angler m **fish farm** n Fischzucht(anlage) f **fishfinger** n Fischstäbchen nt **fish-hook** n Angelhaken m **fishing** n Fischen nt; (with rod) Angeln nt; (as industry) Fischerei f **fishing boat** n Fischerboot nt **fishing line** n Angelschnur f **fishing net** n Fischnetz nt **fishing rod** n Angelrute f **fishing tackle** n (for sport) Angelgeräte pl **fishing village** n Fischerdorf nt **fishmonger** n (Br) Fischhändler(in) m(f) **fishmonger's** n (Br) Fischgeschäft nt **fish pond** n Fischteich m **fish slice** n (for serving) Fischvorlegemesser nt **fish stick** n (US) = fishfinger **fish tank** n Aquarium nt **fishy** adj (+er) ◼ ~ smell Fischgeruch m ◼ (infml) verdächtig; **something ~ is going on** hier ist was faul (infml)

fissure n Riss m; (deep) Kluft f; (narrow) Spalt m

fist n Faust f **fistful** n Handvoll f; **a ~ of pound coins** eine Handvoll Pfundmünzen **fit¹** ◼ adj (+er) ◼ (≈ suitable) geeignet; **~ to eat** essbar; **~ to drink** trinkbar; **she's not ~ to be a mother** sie ist als Mutter völlig ungeeignet ◼ (≈ right and proper) richtig; **I'll do as I think** or **see ~** ich handle, wie ich es für richtig halte; **to see ~ to do sth** es für richtig or angebracht halten, etw zu tun ◼ (in health) gesund; sportsman etc fit; **she is not yet ~ to travel** sie ist noch nicht reisefähig ◼ **to be ~ to drop** (Br) zum Umfallen müde sein ◼ n (of clothes) Passform f; **it is a very good/bad ~** es sitzt wie angegossen/nicht gut; **it's a bit of a tight ~** (clothes) es ist etwas eng; (parking) es geht so gerade (noch) ◼ v/t ◼ (cover etc) passen auf (+acc); (key etc) passen in (+acc); (clothes etc) passen (+dat); **"one size ~s all"** „Einheitsgröße"; **that part won't ~ this machine** das Teil passt nicht für diese Maschine; **she was ~ted for her wedding dress** ihr Hochzeitskleid wurde ihr angepasst ◼ (≈ attach) anbringen (to an +dat); (≈ put in) einbauen (in in +acc); (≈ furnish with) ausstatten; **to ~ a car with an alarm** eine Alarmanlage in ein Auto einbauen; **to have a new kitchen ~ted** eine neue Küche einbauen lassen **3** facts entsprechen (+dat) **D** v/i **1** (dress etc, key) passen **2** (≈ correspond) zusammenpassen; **the facts don't ~** die Fakten sind widersprüchlich; **it all ~s** es passt alles zusammen ◊**fit in** **A** v/t sep **1** (≈ find space for) unterbringen; **you can fit five people into this car** in diesem Auto haben fünf Personen Platz **2** (≈ find time for) person einen Termin geben (+dat); meeting unterbringen; (≈ squeeze in) einschieben; **Sir Charles could fit you in at 3 o'clock** um 3 Uhr hätte Sir Charles Zeit für Sie **B** v/i (≈ go into place) hineinpassen; **the clothes won't ~(to) the case** die Sachen passen nicht in den Koffer; **how does this ~?** wie passt das ins Ganze?; **to ~ with sth** (plans) in etw (acc) passen; **he doesn't ~ here** er passt nicht hierhin ◊**fit on** **A** v/i **1** (≈ be right size, shape) passen **2** (≈ be fixed) angebracht sein **B** v/t sep (≈ put in place, fix on) anbringen ◊**fit out** v/t sep ship, person ausstatten; **they've fitted one room out as an office** sie haben eines der Zimmer als Büro eingerichtet ◊**fit up** v/t sep **to fit sb/sth up with sth** jdn/etw mit etw ausstatten

fit² n (MED, fig) Anfall m; **~ of coughing** Hustenanfall m; **in a ~ of anger** in einem Anfall von Wut; **in ~s and starts** stoßweise; **to be in ~s (of laughter)** sich vor Lachen biegen (infml); **he'd have a ~** (fig infml) er würde (ja) einen Anfall kriegen (infml)

fitful adj unbeständig; progress stoßweise; sleep unruhig **fitfully** adv sleep unruhig; work sporadisch

fitness n (≈ condition) Fitness f **fitness instructor** n Fitnesstrainer(in) m(f) **fitness tracker** n Fitnessarmband nt

fitted adj **1** **to be ~ with sth** mit etw ausgestattet sein **2** (≈ built-in) Einbau-; bedroom mit Einbauelementen; **~ wardrobe** Einbauschrank m; **~ units** Einbauelemente pl; **~ kitchen** Einbauküche f **3** jacket tailliert; **~ carpet** (Br) Teppichboden m; **~ sheet** Spannbetttuch nt **4** (form ≈ suited) **to be ~ to do sth** sich dazu eignen, etw zu tun **fitter** n (TECH, for machines) (Maschinen)schlosser(in) m(f) **fit-**

ting **A** adj passend; punishment angemessen **B** n **1** (of clothes) Anprobe f **2** (≈ part) Zubehörteil nt; **~s** Ausstattung f; **bathroom ~s** Badezimmereinrichtung f; **electrical ~s** Elektroinstallationen pl **fittingly** adv (+adj) angemessen **fitting room** n Anproberaum m; (≈ cubicle) Anprobekabine f

five **A** adj fünf **B** n Fünf f; → **six** **five-a-side** adj mit fünf Spielern pro Mannschaft **fivefold** **A** adj fünffach **B** adv um das Fünffache **fiver** n (infml) Fünfpfund-/Fünfdollarschein m **five-star hotel** n Fünf-Sterne-Hotel nt

fix **A** v/t **1** (≈ make firm) befestigen (sth to sth etw an/auf etw dat); (fig) images verankern; **to ~ sth in one's mind** (dat) etw fest einprägen **2** eyes, attention richten (on, upon auf +acc); camera richten (on auf +acc); **everybody's attention was ~ed on her** alle sahen sie wie gebannt an **3** date, price festlegen; (≈ agree on) ausmachen; **nothing has been ~ed yet** es ist noch nichts fest (ausgemacht or beschlossen worden) **4** (≈ arrange) arrangieren; tickets etc besorgen, organisieren (infml); **have you got anything ~ed for tonight?** haben Sie (für) heute Abend schon etwas vor? **5** (infml ≈ get even with) **I'll ~ him** dem werd ichs besorgen (infml) **6** (≈ repair) in Ordnung bringen **7** drink, meal machen; **to ~ one's hair** sich frisieren **8** (infml) race, fight manipulieren; prices absprechen; **the whole thing was ~ed** das war eine abgekartete Sache (infml) **B** n **1** (infml) **to be in a ~** in der Klemme sitzen (infml) **2** (infml: of drugs) Druck m (sl); **I need my daily ~ of chocolate** (infml) ich brauche meine tägliche Schokoladenration **3** (infml) **the fight was a ~** der Kampf war eine abgekartete Sache (infml) ◊**fix on** v/t sep festmachen (prep obj auf +dat); (≈ fit on) anbringen ◊**fix together** v/t sep zusammenmachen (infml) ◊**fix up** v/t sep **1** (≈ arrange) arrangieren; holidays etc festmachen; **have you got anything fixed up for this evening?** haben Sie (für) heute Abend schon etwas vor? **2** **to fix sb up with sth** jdm etw verschaffen **3** house einrichten

fixation n PSYCH Fixierung f; **she has a ~ about** or **on cleanliness** sie hat einen Sauberkeitsfimmel (infml) **fixative** n Fixativ nt **fixed** adj **1** amount, time fest

(--gesetzt); *position* unveränderlich; **there's no ~ agenda** es gibt keine feste Tagesordnung; **of no ~ abode** *or* **address** JUR ohne festen Wohnsitz; **~ assets** ECON Anlagevermögen *nt;* **~ price** Festpreis *m;* **~ rate** FIN fester Zinssatz; **~ mortgage rate** festverzinsliches Hypothekendarlehen; **~ penalty** pauschale Geldbuße **2** *idea* fest; *smile, grin* starr **3** *election, game* manipuliert; **the whole thing was ~** das war eine abgekartete Sache *(infml)* **4** *(infml)* **how are we ~ for time?** wie siehts mit der Zeit aus?; **how are you ~ for money** *etc*? wie siehts bei dir mit Geld *etc* aus?

fixed assets *pl* COMM feste Anlagen *pl* **fixed-interest** *adj* **~ loan** Festzinsanleihe *f* **fixedly** *adv* starr **fixed-rate** *adj* Festzins-; **~ mortgage** Festzinshypothek *f* **fixed-term contract** *n* Zeitvertrag *m,* befristeter Vertrag **fixings** *pl (US* COOK*)* Beilagen *pl* **fixture** *n* **1** **~s** Ausstattung *f;* **~s and fittings** Anschlüsse und unbewegliches Inventar *(form)* **2** *(Br* SPORTS*)* Spiel *nt,* Match *nt (esp* Aus*)*

fizz *v/i* perlen

fizzle *v/i* zischen ◊**fizzle out** *v/i (firework, enthusiasm)* verpuffen; *(plan)* im Sande verlaufen

fizzy *adj (+er)* sprudelnd; **to be ~** sprudeln; **a ~ drink** eine Brause

fjord *n* Fjord *m*

F key *n* IT Funktionstaste *f*

fl. *abbr of floor* St.

flab *n (infml)* Speck *m;* **to fight the ~** *(hum)* etwas für die schlanke Linie tun

flabbergast *v/t (infml)* verblüffen; **I was ~ed to see him** ich war platt, als ich ihn sah *(infml)*

flabby *adj (+er)* schlaff; **he's getting ~** er setzt Speck an

flaccid *adj (liter)* schlaff; *prose* kraftlos

flag[1] *n* Fahne *f;* *(small)* Fähnchen *nt;* NAUT Flagge *f;* **to fly the ~ (for)** *(fig)* die Fahne hochhalten (für) ◊**flag down** *v/t sep taxi, person* anhalten

flag[2] *v/i* erlahmen; **he's ~ging** er wird müde

flag[3] *n (a.* **flagstone)** Steinplatte *f*

flag day *n* **1** *(Br) Tag, an dem eine Straßensammlung für einen wohltätigen Zweck durchgeführt wird* **2** **Flag Day** *(US)* 14. Juni, Gedenktag der Einführung der amerikanischen Nationalflagge

flagged *adj floor* gefliest

flagon *n (≈ bottle)* Flasche *f;* *(≈ jug)* Krug *m*

flagpole *n* Fahnenstange *f*

flagrant *adj* eklatant; *disregard* unverhohlen

flagship **A** *n* **B** *adj attr* Vorzeige-; **~ store** Vorzeigeladen *m* **flagstone** *n* (Stein)platte *f,* Fliese *f,* Plättli *nt (Swiss)*

flail **A** *v/t* **he ~ed his arms about** *or* **around wildly** er schlug wild (mit den Armen) um sich **B** *v/i* **to ~ (about)** herumfuchteln

flair *n (≈ talent)* Talent *nt;* *(≈ stylishness)* Flair *nt*

flake **A** *n (of snow, soap)* Flocke *f;* *(of paint)* Splitter *m;* *(of skin)* Schuppe *f;* *(of chocolate)* Raspel *m* **B** *v/i (stone etc)* abbröckeln; *(paint)* abblättern ◊**flake off** *v/i (plaster)* abbröckeln; *(paint etc)* abblättern; *(skin)* sich schälen ◊**flake out** *v/i (infml ≈ become exhausted)* abschlaffen *(infml);* *(≈ fall asleep)* einpennen *(infml)*

flak jacket *n* kugelsichere Weste

flaky *adj (+er)* **1** *paint* bröckelig; *crust* blättrig; *skin* schuppig **2** *(esp US ≈ mad)* verrückt **flaky pastry** *n* Blätterteig *m*

flamboyance *n* Extravaganz *f* **flamboyant** *adj* extravagant; *gesture* großartig

flame **A** *n* **1** Flamme *f;* **the house was in ~s** das Haus stand in Flammen **2** IT Flame *f,* (persönlicher) Angriff **B** *v/t* IT **to ~ sb** jdm eine Flame schicken **flame retardant** *adj* Feuer hemmend **flaming** *adj* **1** lodernd; **~ red hair** feuerrotes Haar; **to have a ~ row (with sb)** sich (mit jdm) streiten, dass die Fetzen fliegen *(infml)* **2** *(Br infml ≈ bloody)* verdammt *(infml);* **it's a ~ nuisance** Mensch, das ist vielleicht ein Mist *(infml)*

flamingo *n, pl* -(e)s Flamingo *m*

flammable *adj* feuergefährlich

flan *n* Kuchen *m;* **fruit ~** Obstkuchen *m* **flan case** *n* Tortenboden *m*

flank **A** *n (of animal,* MIL*)* Flanke *f* **B** *v/t* flankieren

flannel **A** *n* **1** Flanell *m* **2** *(Br ≈ face flannel)* Waschlappen *m* **B** *adj* Flanell- **flannelette** *n (Br)* Baumwollflanell *m;* **~ sheet** Biberbetttuch *nt*

flap **A** *n* **1** *(of pocket)* Klappe *f;* *(of tent)* Eingang *m* **2** *(Br infml)* **to get in(to) a ~**

in helle Aufregung geraten **B** *v/i* **1** (wings) schlagen; (sails etc) flattern; **his coat ~ped about his legs** der Mantel schlackerte ihm um die Beine (infml) **2** (Br infml) in heller Aufregung sein; **don't ~ reg** dich nicht auf **C** *v/t* **to ~ its wings** mit den Flügeln schlagen; **to ~ one's arms** mit den Armen rudern

flapjack *n* (US) Pfannkuchen *m*; (Br) Haferkeks *m*, Haferbiskuit *nt* (Swiss)

flare A *n* **1** (≈ signal) Leuchtsignal *nt* **2** FASHION (**a pair of**) **~s** (Br infml) eine Schlaghose **B** *v/i* **1** (match) aufleuchten **2** (trousers) ausgestellt sein **3** (fig, trouble) aufflammen; **tempers ~d** die Gemüter erhitzten sich ◊**flare up** *v/i* (situation) aufflackern; **his acne flared up** seine Akne trat wieder auf; **she flared up at me** sie fuhr mich an

flared *adj* trousers ausgestellt

flash A *n* **1** (of light) Aufblinken *nt no pl*; (very bright) Aufblitzen *nt no pl*; (of metal, jewels etc) Blitzen *nt no pl*; **there was a sudden ~ of light** plötzlich blitzte es hell auf; **~ of lightning** Blitz *m* **2** (fig) **~ of colour** (Br) or **color** (US) Farbtupfer *m*; **~ of inspiration** Geistesblitz *m*; **in a ~** wie der Blitz; **as quick as a ~** blitzschnell **3** PHOT Blitz(licht) *m*; **to use a ~** Blitzlicht benutzen **B** *v/i* **1** (light) aufblinken; (very brightly) aufblitzen; (repeatedly) blinken; (metal, jewels) blitzen; **to ~ on and off** immer wieder aufblinken **2** **to ~ past** or **by** vorbeisausen etc; (holidays etc) vorbeifliegen; **the thought ~ed through my mind that ...** mir kam plötzlich der Gedanke, dass ... **C** *v/t* **1** light aufleuchten lassen; **to ~ one's headlights at sb** jdn mit der Lichthupe anblinken; **she ~ed him a look of contempt/gratitude** sie blitzte ihn verächtlich/dankbar an **2** (infml ≈ show: a. **flash around**) protzen mit; identity card kurz vorzeigen; **don't ~ all that money around** wedel nicht so mit dem vielen Geld herum (infml) **D** *adj* (infml ≈ showy) protzig (pej); (≈ smart) chic ◊**flash back** *v/i* FILM zurückblenden (to auf +acc); **his mind flashed back to the events of the last year** er erinnerte sich plötzlich an die Ereignisse des letzten Jahres

flashback *n* FILM Rückblende *f* **flash card** *n* SCHOOL Leselernkarte *f* **flasher** *n* (infml) Exhibitionist(in) *m(f)* **flash flood** *n* flutartige Überschwemmung

flashlight *n* (esp US) Taschenlampe *f* **flashmob** *n* Flashmob *m*, spontaner Menschenauflauf **flashy** *adj* (+er) auffällig

flask *n* **1** Flakon *m*; CHEM Glaskolben *m* **2** (≈ hip flask) Flachmann *m* (infml) **3** (≈ vacuum flask) Thermosflasche® *f*

flat¹ A *adj* (+er) **1** flach; tyre, feet platt; surface eben; **he stood ~ against the wall** er stand platt gegen die Wand gedrückt; **as ~ as a pancake** (infml, tyre) total platt; (countryside) total flach; **to fall ~ on one's face** auf die Nase fallen; **to lie ~** flach liegen **2** (fig) fade; trade lustlos; battery leer; beer schal; **to fall ~** (joke) nicht ankommen **3** refusal deutlich **4** MUS instrument zu tief (gestimmt); voice zu tief **5** COMM Pauschal-; **~ rate** Pauschale *f* **B** *adv* **1** turn down kategorisch; **he told me ~ (out) that ...** er sagte mir klipp und klar, dass ...; **in ten seconds ~** in sage und schreibe (nur) zehn Sekunden; **~ broke** (infml) total pleite (infml); **to go ~ out** voll aufdrehen (infml); **to work ~ out** auf Hochtouren arbeiten **2** MUS **to sing/play ~** zu tief singen/spielen **C** *n* **1** (of hand) Fläche *f*; (of blade) flache Seite **2** MUS Erniedrigungszeichen *nt* **3** AUTO Platte(r) *m* (infml)

flat² *n* (esp Br) Wohnung *f*

flat bench *n* SPORTS Flachbank *f* **flat-chested** *adj* flachbrüstig **flat feet** *pl* Plattfüße *pl* **flat-hunting** *n* (Br) Wohnungssuche *f*; **to go/be ~** auf Wohnungssuche gehen/sein **flatly** *adv* refuse, deny kategorisch; contradict aufs Schärfste; **to be ~ opposed to sth** etw rundweg ablehnen **flatmate** *n* (Br) Mitbewohner(in) *m(f)* **flatness** *n* (of surface) Ebenheit *f* **flat-pack** *adj* **~ furniture** Möbel *pl* zur Selbstmontage **flat racing** *n* Flachrennen *nt* **flat screen** *n*, **flat-screen monitor** *n* IT Flachbildschirm *m* **flat-screen TV** *n* Flachbildfernseher *m*

flatten A *v/t* **1** path, field ebnen; (storm etc) crops niederdrücken; town dem Erdboden gleichmachen **2** (fig ≈ knock down) niederschlagen **B** *v/r* **to ~ oneself against sth** sich platt gegen or an etw drücken ◊**flatten out A** *v/i* (countryside) flach(er) werden **B** *v/t sep* path ebnen; paper glätten

flatter *v/t* schmeicheln (+dat); **I was very ~ed by his remark** ich fühlte mich von seiner Bemerkung sehr geschmeichelt;

don't ~ yourself! bilde dir ja nichts ein!
flatterer n Schmeichler(in) m(f) **flatter-**
ing adj schmeichelhaft; colour vorteilhaft
flattery n Schmeicheleien pl
flatulence n Blähung(en) f(pl)
flatware n (US) Besteck nt
flaunt v/t zur Schau stellen; **to ~ oneself**
sich groß in Szene setzen
flautist n Flötist(in) m(f)
flavour, (US) **flavor** **A** n (≈ taste) Geschmack m; (≈ flavouring) Aroma nt; (fig)
Beigeschmack m; **strawberry-~ ice cream**
Eis nt mit Erdbeergeschmack; **he is ~ of**
the month (infml) er ist diesen Monat in
(infml) **B** v/t Geschmack verleihen (+dat);
pineapple-~ed mit Ananasgeschmack
flavouring, (US) **flavoring** n COOK
Aroma(stoff m) nt; **rum ~** Rumaroma nt
flavourless, (US) **flavorless** adj geschmacklos
flaw n (lit) Fehler m **flawed** adj fehlerhaft; **his logic was ~** seine Logik enthielt
Fehler **flawless** adj performance fehlerlos; complexion makellos; **~ English** fehler-
loses Englisch
flax n BOT Flachs m
flay v/t (≈ skin) häuten
flea n Floh m **flea market** n Flohmarkt
m
fleck **A** n (of red etc) Tupfen m; (of mud,
paint) (≈ blotch) Fleck(en) m; (≈ speckle)
Spritzer m; (of dust) Teilchen nt **B** v/t
~ed wool melierte Wolle; **blue ~ed with**
white blau mit weißen Tupfen
fled pret, past part of **flee**
fledg(e)ling **A** n ORN Jungvogel m **B**
adj democracy jung
flee pret, past part **fled** **A** v/i fliehen (from
vor +dat); **B** v/t town, country fliehen aus;
danger entfliehen (+dat)
fleece **A** n Vlies nt; (≈ fabric) Webpelz m;
(≈ fleece jacket) Fleecejacke f **B** v/t (fig
infml) **to ~ sb** jdn schröpfen **fleecy** adj
flauschig
fleet n **1** NAUT Geschwader nt; (≈ navy)
Flotte f **2** (of cars etc) (Fuhr)park m; **he**
owns a ~ of trucks er hat einen Lastwa-
genpark
fleeting adj flüchtig; **a ~ visit** eine Stippvisite (infml); **to catch a ~ glimpse of sb/**
sth einen flüchtigen Blick auf jdn/etw
werfen können
Flemish **A** adj flämisch **B** n LING Flämisch nt

flesh n Fleisch nt; (of fruit) (Frucht)fleisch
nt; (of vegetable) Mark nt; **one's own ~**
and blood sein eigen(es) Fleisch und Blut;
I'm only ~ and blood ich bin auch nur
aus Fleisch und Blut; **in the ~** in Person
◊**flesh out** v/t sep ausgestalten; details
eingehen auf (+acc)
flesh-coloured, (US) **flesh-colored**
adj fleischfarben **flesh wound** n
Fleischwunde f **fleshy** adj (+er) fleischig
flew pret of **fly**²
flex **A** n (Br) Schnur f; (heavy duty) Kabel
nt **B** v/t arm etc beugen; **to ~ one's**
muscles seine Muskeln spielen lassen
flexibility n **1** (lit) Biegsamkeit f **2**
(fig) Flexibilität f **flexible** adj **1** (lit) biegsam **2** (fig) flexibel; **to ~ hours**
Gleitzeit arbeiten; **to be ~ about sth** in
Bezug auf etw (acc) flexibel sein **flex(i)-**
time n Gleitzeit f
flick **A** n (with finger) Schnipsen nt no pl;
with a ~ of the whip mit einem Peit-
schenschnalzen; **a ~ of the wrist** eine
schnelle Drehung des Handgelenks **B** v/t
whip knallen mit; fingers schnalzen mit;
(with fingers) switch anknipsen; dust weg-
schnipsen; **she ~ed her hair out of her**
eyes sie strich sich (dat) die Haare aus
den Augen; **he ~ed the piece of paper**
onto the floor er schnipste das Papier
auf den Fußboden ◊**flick through** v/i
+prep obj book (schnell) durchblättern; pages (schnell) umblättern; TV channels
(schnell) wechseln
flicker **A** v/i (flame, light) flackern; (TV)
flimmern; **a smile ~ed across his face**
ein Lächeln huschte über sein Gesicht
B n (of flame, light) Flackern nt; (of TV)
Flimmern nt
flick knife n (Br) Klappmesser nt
flicks pl (infml) Kintopp m (infml); **to/at the**
~ in den/im Kintopp (infml)
flier n **1** (AVIAT ≈ pilot) Flieger(in) m(f); **to**
be a good/bad ~ (person) Fliegen gut/
nicht vertragen **2** (≈ leaflet) Flugblatt nt
flies pl (Br: on trousers) (Hosen)schlitz m
flight¹ n **1** Flug m; **in ~** (bird) im Flug;
AVIAT in der Luft **2** (group) **to be in the**
top ~ (fig) zur Spitze gehören **3** **~ of fan-**
cy geistiger Höhenflug **4** **~ (of stairs)**
Treppe f, Stiege f (Aus)
flight² n Flucht f; **to put the enemy to ~**
den Feind in die Flucht schlagen; **to take**
~ die Flucht ergreifen

flight attendant n Flugbegleiter(in) m(f) **flight bag** n **1** Schultertasche f **flight deck** n **1** NAUT Flugdeck nt **2** AVIAT Cockpit nt **flight number** n Flugnummer f **flight path** n Flugbahn f **flight recorder** n Flugschreiber m **flight-safe mode** n IT Flugmodus m **flight simulator** n Simulator m **flight sock** n Flugsocke f **flighty** adj (+er) (≈ fickle) unbeständig; (≈ empty-headed) gedankenlos

flimsy adj (+er) **1** structure leicht gebaut; material dünn; box instabil **2** (fig) evidence dürftig; excuse fadenscheinig

flinch v/i **1** zurückzucken; **without ~ing** ohne mit der Wimper zu zucken **2** (fig) **to ~ from sth** vor etw (dat) zurückschrecken

fling vb: pret, past part flung **A** n **1** (fig infml) **to have a final ~** sich noch einmal richtig austoben **2** (infml ≈ relationship) **to have a ~ (with sb)** eine Affäre (mit jdm) haben **B** v/t schleudern; **to ~ the window open** das Fenster aufstoßen; **the door was flung open** die Tür flog auf; **to ~ one's arms round sb's neck** jdm die Arme um den Hals werfen; **to ~ oneself into a chair/to the ground** sich in einen Sessel/auf den Boden werfen ◊**fling off** v/t sep (lit) coat abwerfen ◊**fling out** v/t sep object wegwerfen; person hinauswerfen ◊**fling up** v/t sep **to fling one's arms up in horror** entsetzt die Hände über dem Kopf zusammenschlagen

flint n Feuerstein m

flip A n **by the ~ of a coin** durch Hochwerfen einer Münze **B** v/t schnippen; switch knipsen; **to ~ a coin** eine Münze werfen **C** v/i (infml) durchdrehen (infml) ◊**flip over A** v/t sep umdrehen **B** v/i (plane) sich in der Luft (um)drehen ◊**flip through** v/i +prep obj book durchblättern; pages umblättern

flip chart n Flipchart f **flip-flop** n (Br) Gummilatsche f (infml)

flippant adj leichtfertig

flipper n Flosse f

flip phone n TEL Klapphandy nt, Klapp-Handy nt

flipping adj, adv (Br infml emph) verdammt (infml)

flip side n (of record) B-Seite f

flirt A v/i flirten; **to ~ with an idea** mit einem Gedanken spielen; **to ~ with danger** die Gefahr herausfordern **B** n **he is**

just a ~ er will nur flirten **flirtation** n Flirt m; (≈ flirting) Flirten nt **flirtatious** adj kokett **flirty** adj kokett

flit A v/i (bats, butterflies etc) flattern; (person, image) huschen; **to ~ in and out** (person) rein- und rausflitzen **B** n (Br) **to do a (moonlight) ~** bei Nacht und Nebel umziehen

float A n **1** (on fishing line, in cistern) Schwimmer m **2** (≈ vehicle) Festwagen m **B** v/i (on water) schwimmen; (≈ move gently) treiben; (in air) schweben; **the body ~ed (up) to the surface** die Leiche kam an die Wasseroberfläche **C** v/t COMM, FIN company gründen; (fig) ideas in den Raum stellen **floating voter** n (fig) Wechselwähler m

flock A n **1** (of sheep, also ECCL) Herde f; (of birds) Schwarm m **2** (of people) Haufen m (infml) **B** v/i in Scharen kommen; **to ~ around sb** sich um jdn scharen

flog v/t **1** auspeitschen; **you're ~ging a dead horse** (esp Br infml) Sie verschwenden Ihre Zeit **2** (Br infml ≈ sell) verscherbeln (infml) **flogging** n Tracht f Prügel; JUR Prügelstrafe f; (of thief, mutineer) Auspeitschen nt

flood A n **1** Flut f; **~s** Überschwemmung f; **the river is in ~** der Fluss führt Hochwasser; **she was in ~s of tears** sie war in Tränen gebadet **B** v/t überschwemmen; **the cellar was ~ed** der Keller war überschwemmt or stand unter Wasser; **to ~ the engine** den Motor absaufen lassen (infml); **~ed with complaints** mit Beschwerden überhäuft; **~ed with light** lichtdurchflutet **C** v/i **1** (river) über die Ufer treten, überborden (Swiss); (bath etc) überlaufen; (cellar) unter Wasser stehen; (land) überschwemmt werden **2** (people) strömen ◊**flood back** v/i (memories) wieder aufwallen ◊**flood in** v/i **the letters just flooded in** wir/sie etc hatten eine Flut von Briefen

floodgate n Schleusentor nt; **to open the ~s** (fig) Tür und Tor öffnen (to +dat) **flooding** n Überschwemmung f **floodlight** n Scheinwerfer m **floodlighting** n Flutlicht(anlage f) nt **floodlit** adj **~ football match** Fußballspiel nt unter Flutlicht **flood protection** n Hochwasserschutz m **flood tide** n Flut f

floor A n **1** (Fuß)boden m; (≈ dance floor) Tanzfläche f; **ocean ~** Meeresgrund m;

stone/tiled ~ Stein-/Fliesenboden *m*; **to take to the ~** (≈ *dance*) aufs Parkett gehen; **to hold** *or* **have the ~** (*speaker*) das Wort haben **2** (≈ *storey*) Stock *m*; **first ~** (*Br*) erster Stock; (*US*) Erdgeschoss *nt*; **on the second ~** (*Br*) im zweiten Stock; (*US*) im ersten Stock **3** (≈ *main part of chamber*) Plenarsaal *m*; (*of stock exchange*) Parkett *nt* **B** *v/t* **1** (≈ *knock down*) zu Boden schlagen **2** (≈ *bewilder*) verblüffen **floor area** *n* Bodenfläche *f* **floorboard** *n* Diele *f* **floor cloth** *n* Scheuer- *or* Putzlappen *m* **floor exercise** *n* Bodenübung *f* **flooring** *n* **1** (≈ *floor*) (Fuß)boden *m* **2** (≈ *material*) Fußbodenbelag *m* **floor plan** *n* Grundriss *m* (eines Stockwerkes) **floor polish** *n* Bohnerwachs *nt* **floor space** *n* Stellraum *m*; **if you've got a sleeping bag we have plenty of ~** wenn du einen Schlafsack hast, wir haben viel Platz auf dem Fußboden **floor trading** *n* ST EX Parketthandel *m* **floorwalker** *n* (*US* COMM) Ladenaufsicht *f*

floozie, floozy *n* (*infml*) Flittchen *nt* (*infml*)

flop **A** *v/i* **1** (*person*) sich fallen lassen **2** (*thing*) fallen **3** (*infml*) (*scheme*) ein Reinfall *nt* sein (*infml*); (*play*) durchfallen **B** *n* (*infml*) Flop *m* (*infml*) **floppy** **A** *adj* (+*er*) schlaff; **~ hat** Schlapphut *m* **B** *n* (≈ *disk*) Diskette *f*

floppy disk *n* IT Diskette *f*; **~ drive** Diskettenlaufwerk *nt*

flora *n* Flora *f* **floral** *adj* **1** *wallpaper etc* geblümt; **~ design** *or* **pattern** Blumenmuster *nt* **2** (≈ *made of flowers*) Blumen- **florid** *adj* (*usu pej*) *language* schwülstig (*pej*) **florist** *n* Florist(in) *m(f)*; **~'s (shop)** Blumengeschäft *nt*

floss **A** *n* Zahnseide *f* **B** *v/t* mit Zahnseide reinigen **C** *v/i* sich (*dat*) die Zähne mit Zahnseide reinigen

flotation *n* (COMM: *of firm*) Gründung *f*; ST EX Börseneinführung *f*

flotilla *n* Flotille *f*

flotsam *n* **~ and jetsam** (*floating*) Treibgut *nt*; (*washed ashore*) Strandgut *nt*

flounce *v/i* stolzieren; **to ~ out** herausstolzieren

flounder[1] *n* (≈ *fish*) Flunder *f*

flounder[2] *v/i* sich abstrampeln; **we ~ed about in the mud** wir quälten uns mühselig im Schlamm; **the economy was ~ing** der Wirtschaft ging es schlecht

flour *n* Mehl *nt*

flourish **A** *v/i* (*plants etc, person*) (prächtig) gedeihen; (*business*) florieren; **crime ~ed in poor areas** in den armen Gegenden gedieh das Verbrechen **B** *v/t* *stick etc* herumwedeln mit **C** *n* **1** (≈ *decoration etc*) Schnörkel *m* **2** (≈ *movement*) eleganter Schwung **flourishing** *adj* florierend *attr*; *career* erfolgreich; *plant* prächtig gedeihend *attr*

floury *adj* mehlig

flout *v/t* sich hinwegsetzen über (+*acc*)

flow **A** *v/i* **1** fließen; **where the river ~s into the sea** wo der Fluss ins Meer mündet; **to keep the traffic ~ing** den Verkehr nicht ins Stocken kommen lassen **2** (*hair etc*) wallen **B** *n* Fluss *m*; **the ~ of traffic** der Verkehrsfluss; **to go with the ~** (*fig*) mit dem Strom schwimmen; **he was in full ~** er war richtig in Fahrt **flow chart, flow diagram** *n* Flussdiagramm *nt*

flower **A** *n* Blume *f*; (≈ *blossom*) Blüte *f*; **to be in ~** in Blüte stehen **B** *v/i* blühen **flower arrangement** *n* Blumengesteck *nt* **flower arranging** *n* Blumenstecken *nt* **flowerbed** *n* Blumenbeet *nt* **flowering** *adj* Blüten-; **~ plant** Blütenpflanze *f*; **~ shrub** Zierstrauch *m* **flowerpot** *n* Blumentopf *m* **flower shop** *n* Blumenladen *m* **flowery** *adj* **1** *wallpaper etc* geblümt **2** (*fig*) blumig

flowing *adj* fließend; *gown* wallend; *style* flüssig

flown *past part* of **fly**[2]

fl. oz. *abbr* of *fluid ounce(s)*

flu *n* Grippe *f*; **to get** *or* **catch/have (the) ~** (die *or* eine) Grippe bekommen/haben

fluctuate *v/i* schwanken **fluctuation** *n* Schwankung *f*

flue *n* Rauchfang *m*

fluency *n* **1** (*in a foreign language*) fließendes Sprechen; **this job requires ~ in German** für diese Stelle ist fließendes Deutsch Voraussetzung; **~ in two foreign languages is a requirement** die Beherrschung von zwei Fremdsprachen ist Voraussetzung **2** (*in native language*) Gewandtheit *f* **fluent** *adj* **1** (*in a foreign language*) **to be ~** die Sprache fließend sprechen; **to be ~ in German, to speak ~ German** fließend Deutsch sprechen; **she is ~ in six languages** sie beherrscht sechs Sprachen fließend **2** (*in native language*) gewandt **3** *action* flüssig **fluently** *adv*

F

speak, write (in a foreign language) fließend; (in native language) flüssig

fluff **A** n no pl (on animals) Flaum m; (from material) Fusseln pl; **a bit of ~** eine Fussel **B** v/t **1** pillow aufschütteln **2** entrance vermasseln (infml) ◊**fluff up** v/t sep pillow etc aufschütteln

fluffy adj (+er) **1** slippers flauschig; rabbit flaumweich; **~ white clouds** weiße Schäfchenwolken; **~ toy** Kuscheltier nt **2** rice locker; cake mixture schaumig

fluid **A** n Flüssigkeit f **B** adj flüssig; shape fließend **fluid ounce** n Flüssigkeitsmaß (Brit: =28,4 ml, US: =29,6 ml)

fluke n (infml) **it was a (pure) ~** das war (einfach) Dusel (infml)

flummox v/t (infml) durcheinanderbringen; **to be ~ed by sth** durch etw aus dem Konzept gebracht werden (infml)

flung pret, past part of fling

flunk v/t (infml) test verhauen (infml); **to ~ German/an exam** in Deutsch/bei einer Prüfung durchfallen (infml)

fluorescent adj colour leuchtend; paint fluoreszierend **fluorescent light** n Neonlampe f **fluorescent lighting** n Neonbeleuchtung f

fluoride n Fluorid nt; **~ toothpaste** Fluorzahnpasta f

flurry n **1** (of snow) Gestöber nt **2** (fig) **a ~ of activity** eine Hektik; **a ~ of excitement** hektische Aufregung

flush¹ **A** n **1** (≈ lavatory flush) (Wasser)-spülung f **2** (≈ blush) Röte f **B** v/i **1** (face) rot werden (with vor +dat) **2** (lavatory) spülen **C** v/t spülen; **to ~ the lavatory** or **toilet** spülen; **to ~ sth down the toilet** etw die Toilette hinunterspülen ◊**flush away** v/t sep wegspülen ◊**flush out** v/t sep **1** sink ausspülen **2** spies aufspüren

flush² adj pred bündig; **cupboards ~ with the wall** Schränke, die mit der Wand abschließen

flushed adj **to be ~ with success/happiness** über seinen Erfolg/vor Glück strahlen

fluster v/t nervös machen; (≈ confuse) durcheinanderbringen; **to be ~ed** nervös or aufgeregt sein; (≈ confused) durcheinander sein

flute n MUS Querflöte f **flutist** n (US) = flautist

flutter **A** v/i (flag, bird etc) flattern **B** v/t fan wedeln mit; wings flattern mit; **to ~ one's eyelashes** mit den Wimpern klim-

pern (hum) **C** n **1** all of a ~ in heller Aufregung **2** (Br infml) **to have a ~** (≈ gamble) sein Glück (beim Wetten) versuchen

flux n Fluss m; **in a state of ~** im Fluss

fly¹ n Fliege f; **he wouldn't hurt a ~** er könnte keiner Fliege etwas zuleide tun; **that's the only ~ in the ointment** (infml) das ist das einzige Haar in der Suppe

fly² vb: pret flew, past part flown **A** v/i fliegen; (time) (ver)fliegen; (flag) wehen; **time flies!** wie die Zeit vergeht!; **the door flew open** die Tür flog auf; **to ~ into a rage** einen Wutanfall bekommen; **to ~ at sb** (infml) auf jdn losgehen; **he really let ~** er legte kräftig los; **to send sb/sth ~ing** jdn/etw umwerfen (infml); **to go ~ing** (person) hinfallen; **to ~ in the face of authority/tradition** sich über jede Autorität/alle Traditionen hinwegsetzen **B** v/t fliegen; kite steigen lassen; flag wehen lassen ◊**fly away** v/i (bird) wegfliegen ◊**fly in** v/t & v/i einfliegen; **she flew in this morning** sie ist heute Morgen mit dem Flugzeug angekommen ◊**fly off** v/i **1** (plane, person) abfliegen; (bird) wegfliegen; **to ~ to the south** nach Süden fliegen **2** (hat, lid etc) wegfliegen ◊**fly out** **A** v/i ausfliegen; **I ~ tomorrow** ich fliege morgen hin **B** v/t sep (to an area) hinfliegen; (out of an area) ausfliegen ◊**fly past** **A** v/i **1** vorbeifliegen **2** (time) verfliegen **B** v/i +prep obj **to ~ sth** an etw (dat) vorbeifliegen

fly³ n (on trousers) (Hosen)schlitz m

fly-by-night adj FIN, COMM operation windig (infml) **fly-fishing** n Fliegenfischen nt **flying** **A** adj glass herumfliegend **B** n Fliegen nt; **he likes ~** er fliegt gerne; **he's afraid of ~** er hat Flugangst **flying boat** n Flugboot nt **flying colours**, (US) **flying colors** pl **to pass with ~** glänzend abschneiden **flying leap** n **to take a ~** einen großen Satz machen **flying saucer** n fliegende Untertasse **flying start** n **to get off to a ~** SPORTS hervorragend wegkommen (infml); (fig) einen glänzenden Start haben **flying visit** n Stippvisite f

flyleaf n Vorsatzblatt nt **flyover** n **1** Überführung f **2** (US ≈ fly-past) Luftparade f **flypaper** n Fliegenfänger m **fly-past** n (Br) Luftparade f **fly sheet** n Überzelt nt **fly spray** n Fliegenspray m **fly swat** (-ter) n Fliegenklatsche f **fly-tipping** n illegales Müllabladen **flywheel** n

Schwungrad *nt*
FM *abbr of* frequency modulation FM
foal **A** *n* Fohlen *nt* **B** *v/i* fohlen
foam **A** *n* Schaum *m* **B** *v/i* schäumen; **to ~ at the mouth** (*lit*) Schaum vorm Mund *or* (*Tier*) vorm Maul haben; (*fig*) schäumen **foam rubber** *n* Schaumgummi *m* **foamy** *adj* (+er) schäumend
fob *v/t* (*esp Br*) **to ~ sb off** jdn abspeisen; **to ~ sth off on sb** jdm etw andrehen
focal point *n* Brennpunkt *m*; **his family is the ~ of his life** seine Familie ist der Mittelpunkt seines Lebens **focus** **A** *n*, *pl* foci Brennpunkt *m*; **in ~** *camera* (scharf) eingestellt; *photo* scharf; **out of ~** *camera* unscharf eingestellt; *photo* unscharf; **to keep sth in ~** (*fig*) etw im Blickfeld behalten; **he was the ~ of attention** er stand im Mittelpunkt **B** *v/t instrument* einstellen (*on* auf +*acc*); *light* bündeln; (*fig*) *efforts* konzentrieren (*on* auf +*acc*); **to ~ one's mind** sich konzentrieren; **I should like to ~ your attention on a new problem** ich möchte Ihre Aufmerksamkeit auf ein neues Problem lenken **C** *v/i* **to ~ on sth** sich auf etw (*acc*) konzentrieren; **I can't ~ properly** ich kann nicht mehr klar sehen **focus(s)ed** *adj* (*fig*) fokussiert
fodder *n* Futter *nt*
foe *n* (*liter*) Widersacher(in) *m(f)* (*elev*)
foetal, (*esp US*) **fetal** *adj* fötal **foetus**, (*esp US*) **fetus** *n* Fötus *m*
fog **A** *n* Nebel *m* **B** *v/t & v/i* (*a.* **fog up** *or* **over**) beschlagen **fogbound** *adj ship*, *plane* durch Nebel festgehalten; *airport* wegen Nebel(s) geschlossen; **the main road to Edinburgh is ~** auf der Hauptstraße nach Edinburgh herrscht dichter Nebel
fogey *n* (*infml*) **old ~** alter Kauz (*infml*)
foggy *adj* (+er) **1** neb(e)lig **2** (*fig*) **I haven't the foggiest (idea)** (*infml*) ich habe keinen blassen Schimmer (*infml*) **foghorn** *n* NAUT Nebelhorn *nt* **fog lamp**, **fog light** *n* AUTO Nebelscheinwerfer *m*
fogy *n* = fogey
foible *n* Eigenheit *f*
foil¹ *n* (≈ *metal sheet*) Folie *f*
foil² *v/t plans* durchkreuzen; *attempts* vereiteln
foist *v/t* **to ~ sth (off) on sb** *goods* jdm etw andrehen; *task* etw auf jdn abschieben
fold **A** *n* Falte *f*; **~s of skin** Hautfalten *pl*;

~s of fat Fettwülste *pl* **B** *v/t* **1** *paper*, *blanket* zusammenfalten; **to ~ a newspaper in two** eine Zeitung falten; **to ~ one's arms** die Arme verschränken; **she ~ed her hands in her lap** sie faltete die Hände im Schoß zusammen **2** (≈ *wrap up*) einwickeln (*in* in +*acc*) **3** COOK **to ~ sth into sth** etw unter etw (*acc*) heben **C** *v/i* **1** (*table*) sich zusammenklappen lassen **2** (*business*) eingehen ◊**fold away** *v/i* (*table*) zusammenklappbar sein ◊**fold back** *v/t sep bedclothes* zurückschlagen ◊**fold down** *v/t sep corner* kniffen ◊**fold up** *v/t sep paper* zusammenfalten
folder *n* **1** (*for papers*) Aktenmappe *f* **2** IT Ordner *m* **folding** *adj attr* Klapp-; **~ chair** Klappstuhl *m* **folding doors** *pl* Falttür *f*
foliage *n* Blätter *pl*
folk *pl* (*a.* **folks**: *infml* ≈ *people*) Leute *pl*; **a lot of ~(s) believe …** viele (Leute) glauben …; **old ~** alte Menschen; **my ~s** meine Leute (*infml*) **folk dance** *n* Volkstanz *m* **folklore** *n* Folklore *f* **folk music** *n* Volksmusik *f* **folk singer** *n* Sänger(in) *m(f)* von Volksliedern; (*modern songs*) Folksänger(in) *m(f)* **folk song** *n* Volkslied *nt*; (*modern*) Folksong *m* **folksy** *adj* (*US*) *manner* herzlich **folk tale** *n* Volksmärchen *nt*
follicle *n* Follikel *nt*
follow **A** *v/t* folgen (+*dat*); *course*, *career*, *news* verfolgen; *fashion* mitmachen; *advice*, *instructions* befolgen; *athletics etc* sich interessieren für; *speech* (genau) verfolgen; (*on Twitter® etc*) folgen (+*dat*); **he ~ed me about** er folgte mir überallhin; **he ~ed me out** er folgte mir nach draußen; **we're being ~ed** wir werden verfolgt; **he arrived first, ~ed by the ambassador** er kam als Erster, gefolgt vom Botschafter; **the dinner will be ~ed by a concert** im Anschluss an das Essen findet ein Konzert statt; **how do you ~ that?** das ist kaum zu überbieten; **I love lasagne ~ed by ice cream** besonders gern mag ich Lasagne und danach Eis; **do you ~ me?** können Sie mir folgen?; **to ~ one's heart** auf die Stimme seines Herzens hören; **which team do you ~?** für welche Mannschaft sind Sie? **B** *v/i* folgen; **his argument was as ~s** er argumentiert folgendermaßen; **to ~ in sb's footsteps** (*fig*) in jds Fußstapfen (*acc*) treten; **it doesn't ~ that …** daraus folgt nicht, dass …; **that doesn't ~** nicht unbedingt!; **I don't ~**

das verstehe ich nicht ◊**follow on** v/i nachkommen ◊**follow through** v/i to ~ **with sth** (with plan) etw zu Ende verfolgen; (with threat) etw wahr machen ◊**follow up** v/t sep **1** request nachgehen (+dat); offer aufgreifen **2** (≈ investigate further) sich näher beschäftigen mit; matter weiterverfolgen **3** success ausbauen

follower n Anhänger(in) m(f); (on Twitter® etc) Follower(in) m(f); **to be a ~ of fashion** sehr modebewusst sein; **he's a ~ of Trump** er ist Trump-Anhänger **following A** adj **1** folgend; **the ~ day** der nächste or (darauf) folgende Tag **2** a ~ **wind** Rückenwind m **B** n **1** (≈ followers) Anhängerschaft f **2** **he said the ~** er sagte Folgendes **C** prep nach **follow-up** n Fortsetzung f (to +gen)

folly n Verrücktheit f; **it is sheer ~** es ist der reinste Wahnsinn

fond adj (+er) **1** to be ~ **of sb/sth** jdn/etw mögen; **she is very ~ of animals** sie ist sehr tierlieb(end); **to become** or **grow ~ of sb/sth** jdn/etw lieb gewinnen; **to be ~ of doing sth** etw gern tun **2** parent, look liebevoll; **to have ~ memories of sth** schöne Erinnerungen an etw (acc) haben **3** (≈ foolish, vain) **in the ~ hope/belief that …** in der vergeblichen Hoffnung, dass …

fondant n Fondant m

fondle v/t (zärtlich) spielen mit; (≈ stroke) streicheln **fondly** adv **1** liebevoll; **to remember sb ~** jdn in bester Erinnerung behalten; **to remember sth ~** sich gern an etw (acc) erinnern **2** (≈ naively) naiverweise **fondness** n (for people) Zuneigung f (for zu); (for food, place etc) Vorliebe f (for für)

fondue n Fondue nt; **~ set** Fondueset nt

font n TYPO Schrift f

food n Essen nt; (for animals) Futter nt; (≈ nourishment) Nahrung f; (≈ foodstuff) Nahrungsmittel nt; (≈ groceries) Lebensmittel pl; **dog and cat ~** Hunde- und Katzenfutter; **~ and drink** Essen und Trinken; **I haven't any ~** ich habe nichts zu essen; **~ for thought** Stoff m zum Nachdenken **food additives** pl chemische Zusätze pl **food bank** n Tafelladen m **food chain** n Nahrungskette f **food combining** n Trennkost f **food industry** n Lebensmittelindustrie f **food parcel** n Lebensmittelpaket nt **food poison-**

-ing n Lebensmittelvergiftung f **food processor** n Küchenmaschine f **food stamp** n (US) Lebensmittelmarke f **foodstuff** n Nahrungsmittel nt **food technology** n also BRIT SCHOOL Lebensmitteltechnologie f

fool A n Dummkopf m; **don't be a ~!** sei nicht (so) dumm!; **he was a ~ not to accept** es war dumm von ihm, nicht anzunehmen; **to be ~ enough to … so** dumm or blöd (infml) sein, zu …; **to play** or **act the ~** herumalbern; **to make a ~ of sb** jdn lächerlich machen; **he made a ~ of himself** er hat sich blamiert **B** v/i herumalbern; **to ~ with sb/sth** mit jdm/etw spielen; **stop ~ing (around)!** lass den Blödsinn! **C** v/t zum Narren halten; (≈ trick) hereinlegen (infml); (disguise etc) täuschen; **I was completely ~ed** ich bin vollkommen darauf hereingefallen; **you had me ~ed** ich habe das tatsächlich geglaubt; **they ~ed him into believing that …** sie haben ihm weisgemacht, dass … ◊**fool about** (Brit) or **fool around** v/i **1** (≈ waste time) herumtrödeln **2** (≈ play the fool) herumalbern; **to fool about** or **around with sth** mit etw Blödsinn machen **3** (sexually) **he's fooling around with my wife** er treibt seine Spielchen mit meiner Frau

foolhardy adj tollkühn **foolish** adj dumm; **don't do anything ~** mach keinen Unsinn; **what a ~ thing to do** wie kann man nur so dumm sein; **it made him look ~** dadurch hat er sich blamiert **foolishly** adv act unklug; say dummerweise **foolishness** n Dummheit f **foolproof** adj method unfehlbar; recipe idiotensicher (infml)

foot A n, pl **feet** Fuß m; (of bed) Fußende nt; **to be on one's feet** auf den Beinen sein; **to get back on one's feet** wieder auf die Beine kommen; **on ~** zu Fuß; **I'll never set ~ here again!** hier kriegen mich keine zehn Pferde mehr her! (infml); **the first time he set ~ in the office** als er das erste Mal das Büro betrat; **to get to one's feet** aufstehen; **to jump to one's feet** aufspringen; **to put one's feet up** (lit) die Füße hochlegen; (fig) es sich (dat) bequem machen; **he never puts a ~ wrong** (fig) er macht nie einen Fehler; **3 ~** or **feet long** 3 Fuß lang; **he's 6 ~ 3** ≈ er ist 1,90 m; **to put one's ~ down** (≈

act with authority) ein Machtwort sprechen; AUTO Gas geben; **to put one's ~ in it** ins Fettnäpfchen treten; **to find one's feet** sich eingewöhnen; **to get/be under sb's feet** jdm im Wege stehen or sein; **to get off on the wrong ~** einen schlechten Start haben; **to stand on one's own two feet** auf eigenen Füßen stehen; **a nice area, my ~!** (*infml*) und das soll eine schöne Gegend sein! **B** *v/t bill* bezahlen **footage** *n* **1** (≈ *length*) Gesamtlänge *f* (*in Fuß*) **2** (*of film*) Filmmeter *pl* **foot-and-mouth (disease)** *n* (*Br*) Maul- und Klauenseuche *f*

football *n* **1** Fußball *m* **2** (≈ *American football*) (American) Football *m* **football boot** *n* Fußballschuh *m* **footballer** *n* **1** (*Br*) Fußball(spiel)er(in) *m(f)* **2** (*in American football*) Footballspieler *m* **football hooligan** *n* Fußballrowdy or -hooligan *m* **football pools** *pl* Fußballtoto *nt* or *m* **footbridge** *n* Fußgängerbrücke *f* -**footed** *adj suf* -füßig; **four-footed** vierfüßig **footer** *n* IT Fußzeile *f* **foothills** *pl* (Gebirgs)ausläufer *pl* **foothold** *n* Halt *m*; **to gain a ~** (*fig*) Fuß fassen **footing** *n* **1** (*lit*) **to lose one's ~** den Halt verlieren **2** (*fig*) (≈ *foundation*) Basis *f*; (≈ *relationship*) Beziehung *f*; **on an equal ~** auf gleicher Basis **footlights** *pl* THEAT Rampenlicht *nt* **footman** *n* Lakai *m* **footnote** *n* Fußnote *f*; (*fig*) Anmerkung *f* **foot passenger** *n* Fußgänger(in) *m(f)*, Fußpassagier(in) *m(f)* **footpath** *n* Fußweg *m* **footprint** *n* Fußabdruck *m* **footprints** *pl* Fußspuren *pl* **footrest** *n* Fußstütze *f* **footsore** *adj* **to be ~** wunde Füße haben **footstep** *n* Schritt *m* **footstool** *n* Fußbank *f* **footwear** *n* Schuhe *pl* **footwork** *n no pl* SPORTS Beinarbeit *f*

for **A** *prep* **1** für; (*purpose*) zu, für; (*destination*) nach; **a letter ~ me** ein Brief für mich; **destined ~ greatness** zu Höherem bestimmt; **what ~?** wofür?, wozu?; **what is this knife ~?** wozu dient dieses Messer?; **he does it ~ pleasure** er macht es zum or aus Vergnügen; **what did you do that ~?** warum or wozu haben Sie das getan?; **a bag ~ carrying books (in)** eine Tasche, um Bücher zu tragen; **to go to Spain ~ one's holidays** in Spanien in Urlaub fahren; **the train ~ Stuttgart** der Zug nach Stuttgart; **to leave ~ the USA** in die USA or nach Amerika abreisen;

it's not ~ me to say es steht mir nicht zu, mich dazu zu äußern; **I'll speak to her ~ you if you like** wenn Sie wollen, rede ich an Ihrer Stelle or für Sie mit ihr; **D ~ Daniel** D wie Daniel; **are you ~ or against it?** sind Sie dafür oder dagegen?; **I'm all ~ helping him** ich bin sehr dafür, ihm zu helfen; **~ my part** was mich betrifft; **as ~ him** was ihn betrifft; **what do you want ~ your birthday?** was wünschst du dir zum Geburtstag?; **it's all very well ~ you to talk** Sie haben gut reden; **~ further information see page 77** weitere Informationen finden Sie auf Seite 77; **his knack ~ saying the wrong thing** sein Talent, das Falsche zu sagen **2** (≈ *because of*) aus; **~ this reason** aus diesem Grund; **to go to prison ~ theft** wegen Diebstahls ins Gefängnis wandern; **to choose sb ~ his ability** jdn wegen seiner Fähigkeiten wählen; **if it were not ~ him** wenn er nicht wäre **3** (≈ *in spite of*) trotz (+*gen* or (*inf*) +*dat*) **4** (*in time*) seit; (*with future tense*) für; **I have not seen her ~ two years** ich habe sie seit zwei Jahren nicht gesehen; **he walked ~ two hours** er ist zwei Stunden lang marschiert; **I am going away ~ a few days** ich werde (für or auf) ein paar Tage wegfahren; **I shall be away ~ a month** ich werde einen Monat (lang) weg sein; **he won't be back ~ a week** er wird erst in einer Woche zurück sein; **can you get it done ~ Monday?** können Sie es bis or für Montag fertig haben?; **~ a while/time** (für) eine Weile/einige Zeit; **the meeting was scheduled ~ 9 o'clock** die Besprechung sollte um 9 Uhr stattfinden **5** (*distance*) **we walked ~ two miles** wir sind zwei Meilen weit gelaufen; **there are roadworks on the M8 ~ two miles** auf der M8 gibt es eine zwei Meilen lange Baustelle; **~ miles** meilenweit **6** **it's easy ~ him to do it** er kann das leicht tun; **I brought it ~ you to see** ich habe es mitgebracht, damit Sie es sich (*dat*) ansehen können; **the best thing would be ~ you to leave** das Beste wäre, wenn Sie weggingen; **there's still time ~ him to come** er kann immer noch kommen; **you're (in) ~ it!** (*infml*) jetzt bist du dran! (*infml*) **B** *cj* denn **C** *adj pred* (≈ *in favour*) dafür

forage *v/i* nach Futter suchen; (*fig* ≈ *rummage*) herumstöbern (*for* nach)

foray *n* (Raub)überfall *m*; (*fig*) Ausflug *m*

(into in *+acc)*

forbad(e) *pret* of forbid

forbid *pret* forbad(e), *past part* forbidden *v/t* verbieten; **to ~ sb to do sth** jdm verbieten, etw zu tun; **God** *or* **Heaven ~!** Gott behüte *or* bewahre! **forbidden** *adj* verboten; **they are ~ to enter** sie dürfen nicht hereinkommen; **smoking is (strictly) ~** Rauchen ist (streng) verboten; **~ subject** Tabuthema *nt* **forbidding** *adj person* Furcht einflößend; *place* unwirtlich; *prospect* düster

force 🅰 *n* 🔳 *no pl* (≈ *physical strength, power*) Kraft *f*; *(of impact)* Wucht *f*; (≈ *physical coercion*) Gewalt *f*; **by** *or* **through sheer ~ of numbers** aufgrund zahlenmäßiger Überlegenheit; **there is a ~ 5 wind blowing** es herrscht Windstärke 5; **they were there in ~** sie waren in großer Zahl da; **to come into/be in ~** in Kraft treten/sein 🔳 *no pl (fig) (of argument)* Überzeugungskraft *f*; **by ~ of habit** aus Gewohnheit; **the ~ of circumstances** der Druck der Verhältnisse 🔳 (≈ *powerful thing, person*) Macht *f*; **there are various ~s at work here** hier sind verschiedene Kräfte am Werk; **he is a powerful ~ in the reform movement** er ist ein einflussreicher Mann in der Reformbewegung 🔳 **the ~s** MIL die Streitkräfte *pl*; **the (police) ~** die Polizei; **to join ~s** sich zusammentun 🅱 *v/t* 🔳 (≈ *compel*) zwingen; **to ~ sb/oneself to do sth** jdn/sich zwingen, etw zu tun; **he was ~d to conclude that ...** er sah sich zur Folgerung gezwungen *or* gedrängt, dass ...; **to ~ sth (up)on sb** jdm etw aufdrängen; **he ~d himself on her** *(sexually)* er tat ihr Gewalt an; **to ~ a smile** gezwungen lächeln 🔳 (≈ *obtain by force*) erzwingen; **he ~d a confession out of me** er erzwang ein Geständnis von mir; **to ~ an error** SPORTS einen Fehler erzwingen 🔳 (≈ *break open*) aufbrechen 🔳 (≈ *push*) **to ~ books into a box** Bücher in eine Kiste zwängen; **if it won't open/go in, don't ~ it** wenn es nicht aufgeht/passt, wende keine Gewalt an; **to ~ one's way into sth** sich *(dat)* gewaltsam Zugang zu etw verschaffen; **to ~ a car off the road** ein Auto von der Fahrbahn drängen ◊**force back** *v/t sep tears* unterdrücken ◊**force down** *v/t sep food* hinunterquälen ◊**force off** *v/t sep lid* mit Gewalt abmachen

forced *adj* 🔳 (≈ *imposed*) Zwangs-; *repatriation* gewaltsam 🔳 *smile, conversation* gezwungen **forced labour**, *(US)* **forced labor** *n* Zwangsarbeit *f* **force-feed** *vb*: *pret, past part* force-fed *v/t* zwangsernähren **forceful** *adj* 🔳 *blow* kräftig 🔳 *manner* energisch; *character* stark; *style, reminder* eindringlich; *argument* überzeugend **forcefully** *adv* 🔳 *remove* gewaltsam 🔳 *act* entschlossen; *argue* eindringlich **forcefulness** *n* *(of person, manner, action)* energische *or* entschlossene Art; *(of character, personality)* Stärke *f*; *(of argument* ≈ *strength)* Eindringlichkeit *f*; (≈ *conviction*) Überzeugungskraft *f*

forceps *pl* (*a.* **pair of forceps**) Zange *f* **forcible** *adj*, **forcibly** *adv* gewaltsam **ford** 🅰 *n* Furt *f* 🅱 *v/t* durchqueren **fore** 🅰 *n* **to come to the ~** ins Blickfeld geraten 🅱 *adj attr* vordere(r, s) **forearm** *n* Unterarm *m* **forebear** *n* *(form)* Vorfahr(in) *m(f)* **foreboding** *n* (≈ *presentiment*) (Vor)ahnung *f*; (≈ *disquiet*) ungutes Gefühl **forecast** 🅰 *v/t* voraussagen 🅱 *n* Vorhersage *f* **forecaster** *n* METEO Meteorologe *m*, Meteorologin *f* **forecourt** *n* Vorhof *m* **forefather** *n* Ahn *m*, Vorfahr *m* **forefinger** *n* Zeigefinger *m* **forefront** *n* **at the ~ of** an der Spitze (*+gen*) **forego** *pret* forewent, *past part* foregone *v/t* verzichten auf (*+acc*) **foregone** 🅰 *past part* of forego 🅱 *adj* **it was a ~ conclusion** es stand von vornherein fest **foreground** *n* Vordergrund *m*; **in the ~** im Vordergrund **forehand** SPORTS 🅰 *n* Vorhand *f* 🅱 *attr* Vorhand- **forehead** *n* Stirn *f*

foreign *adj* 🔳 *person* ausländisch; *food, customs* fremdländisch; **to be ~** *(person)* Ausländer(in) *m(f)* sein; **~ countries** das Ausland; **~ travel** Auslandsreise *pl*; **~ news** Auslandsnachrichten *pl* 🔳 (≈ *alien*) Fremd-; **~ body** Fremdkörper *m*; **to be ~ to sb** jdm fremd sein **foreign affairs** *pl* Außenpolitik *f* **foreign aid** *n* Entwicklungshilfe *f* **foreign correspondent** *n* Auslandskorrespondent(in) *m(f)* **foreign currency** *n* Devisen *pl* **foreigner** *n* Ausländer(in) *m(f)* **foreign exchange** *n* **on the ~s** an den Devisenbörsen **foreign language** 🅰 *n* Fremdsprache *f* 🅱 *attr film* fremdsprachig; **~ assistant** Fremdsprachenassistent(in) *m(f)* **Foreign Minister** *n* Außenminister(in) *m(f)* **Foreign Office** *n* (*Br*) Auswärtiges Amt **foreign policy** *n* POL Außenpolitik *f* **Foreign Secretary** *n* (*Br*) Außenminister(in) *m(f)* **foreign trade** *n* Außenhandel *m*

foreleg *n* Vorderbein *nt* **foreman** *n, pl* -men (*in factory*) Vorarbeiter *m*; (*on building site*) Polier *m* **foremost** **A** *adj* führend; **~ among them was John** John führte mit ihnen **B** *adv* vor allem **forename** *n* Vorname *m*

forensic *adj* forensisch; (*Med*) gerichtsmedizinisch **forensic medicine** *n* Gerichtsmedizin *f* **forensic science** *n* Kriminaltechnik *f*

foreplay *n* Vorspiel *nt* **forerunner** *n* Vorläufer *m* **foresee** *pret* foresaw, *past part* foreseen *v/t* vorhersehen **foreseeable** *adj* voraussehbar; **in the ~ future** in absehbarer Zeit **foreshadow** *v/t* ahnen lassen **foresight** *n* Weitblick *m* **foreskin** *n* Vorhaut *f*

forest *n* Wald *m*; (*for lumber etc*) Forst *m* **forestall** *v/t sb* zuvorkommen (+*dat*) **forester** *n* Förster(in) *m(f)* **forest ranger** *n* (*US*) Förster(in) *m(f)* **forestry** *n* Forstwirtschaft *f*

foretaste *n* Vorgeschmack *m*; **to give sb a ~ of sth** jdm einen Vorgeschmack von etw geben **foretell** *pret, past part* foretold *v/t* vorhersagen

forever *adv* **1** ewig; *remember, go on* immer; **Scotland ~!** ein Hoch auf Schottland!; **it takes ~** (*infml*) es dauert ewig (*infml*); **these slate roofs last ~** (*infml*) diese Schieferdächer halten ewig **2** *change* unwiderruflich; **the old social order was gone ~** das alte Gesellschaftssystem war für immer verschwunden; **to be ~ doing sth** (*infml*) (an)dauernd *or* ständig etw tun

forewarn *v/t* vorher warnen **forewent** *pret* of forego **forewort** *n* Vorwort *nt*

forfeit **A** **1** *esp* JUR verwirken **2** (*fig*) *one's life* einbüßen; *right, place* verlieren **B** *n esp* JUR Strafe *f*; (*fig*) Einbuße *f*; (*in game*) Pfand *nt* **forfeiture** *n* Verlust *m*, Einbuße *f*; (*of claim*) Verwirkung *f*

forgave *pret* of forgive

forge **A** *n* Schmiede *f* **B** *v/t* **1** *metal, plan* schmieden; *alliance* schließen **2** *signature* fälschen **C** *v/i* **to ~ ahead** vorwärtskommen **forger** *n* Fälscher(in) *m(f)* **forgery** *n* Fälschung *f*; **the signature was a ~** die Unterschrift war gefälscht

forget *pret* forgot, *past part* forgotten **A** *v/t* vergessen; *ability, language* verlernen; **and don't you ~ it!** und dass du das ja nicht vergisst!; **to ~ to do sth** vergessen, etw zu tun; **I ~ his name** sein Name ist mir entfallen; **not ~ting ... nicht zu vergessen ...; ~ it!** schon gut!; **you might as well ~ it** (*infml*) das kannst du vergessen (*infml*) **B** *v/i* es vergessen; **don't ~!** vergiss (es) nicht!; **I never ~** ich vergesse nie etwas **C** *v/r* sich vergessen ◊**forget about** *v/i +prep obj* vergessen

forgetful *adj* vergesslich **forgetfulness** *n* Vergesslichkeit *f* **forget-me-not** *n* BOT Vergissmeinnicht *nt* **forgettable** *adj* **it was an instantly ~ game** es war ein Spiel, das man sofort vergessen konnte

forgivable *adj* verzeihbar

forgive *pret* forgave, *past part* forgiven *v/t* verzeihen; *sin* vergeben; **to ~ sb for sth** jdm etw verzeihen; **to ~ sb for doing sth** jdm verzeihen, dass er/sie etw getan hat **forgiveness** *n no pl* **to ask/beg (sb's) ~** (jdn) um Verzeihung *or* Vergebung (*esp* ECCL) bitten **forgiving** *adj* versöhnlich

forgo *pret* forwent, *past part* forgone *v/t* = forego

forgot *pret* of forget **forgotten** *past part* of forget

fork **A** *n* **1** Gabel *f* **2** (*in road*) Gabelung *f*; **take the left ~** nehmen Sie die linke Abzweigung **B** *v/i* (*road, branch*) sich gabeln; **to ~ (to the) right** (*road*) nach rechts abzweigen ◊**fork out** (*infml*) *v/i*, *v/t sep* blechen (*infml*)

forked *adj* gegabelt; *tongue* gespalten **fork-lift (truck)** (*infml*) *n* Gabelstapler *m* **forlorn** *adj* **1** (≈ *desolate*) verlassen; (≈ *miserable*) trostlos **2** *attempt* verzweifelt; **in the ~ hope of finding a better life** in der verzweifelten Hoffnung auf ein besseres Leben **forlornly** *adv* **1** *stand, wait* einsam und verlassen; *stare* verloren **2** *hope, try* verzweifelt; (≈ *vainly*) vergeblich

form **A** *n* **1** Form *f*; (*of person*) Gestalt *f*; **~ of address** Anrede *f*; **a ~ of apology** eine Art der Entschuldigung; **in the ~ of** in Form von *or* +*gen*; **in tablet ~** in Tablettenform; **to be in fine ~** in guter Form sein; **to be on/off ~** in/außer Form sein; **he was in great ~ that evening** er war an dem Abend in Hochform; **on past ~**

auf dem Papier **2** (≈ *document*) Formular *nt* **3** (*Br* SCHOOL) Klasse *f* **B** *v/t* **1** *object, character* formen (*into zu*) **2** *liking, idea* entwickeln; *friendship* schließen; *opinion* sich (*dat*) bilden; *plan* entwerfen **3** *government, part, circle* bilden; *company* gründen; **to ~ a queue** (*Br*) *or* **line** (*US*) eine Schlange bilden **C** *v/i* (≈ *take shape*) Gestalt annehmen

formal *adj* **1** *person, language* förmlich; *talks, statement etc* formell; *occasion* feierlich; **to make a ~ apology** sich in aller Form entschuldigen; **~ dress** Gesellschaftskleidung *f* **2** *style* formal **3** *education* ordentlich **formality** *n* **1** *no pl* (*of person, ceremony etc*) Förmlichkeit *f* **2** (≈ *matter of form*) Formalität *f* **formalize** *v/t rules* formalisieren; *agreement* formell bekräftigen **formally** *adv behave, dress* förmlich; *announce etc* offiziell; *apologize* in aller Form; **~ charged** JUR offiziell angeklagt

format **A** *n* (*as regards size*) Format *nt*; (*as regards content*) Aufmachung *f*; RADIO, TV Struktur *f* **B** *v/t* IT formatieren **formation** *n* **1** (≈ *act of forming*) Formung *f*; (*of government, committee*) Bildung *f*; (*of company*) Gründung *f* **2** (*of aircraft*) Formation *f*; **battle ~** Gefechtsaufstellung *f* **formative** *adj* prägend; **her ~ years** die charakterbildenden Jahre in ihrem Leben

former **A** *adj* **1** *president, employee, hospital* ehemalig; *place, authority etc* früher; **his ~ wife** seine Exfrau; **in ~ times** *or* **days** in früheren Zeiten **2** **the ~ alternative** die erstere Alternative **B** *n* **the ~** der/die/das Erstere; (*more than one*) die Ersteren *pl* **-former** *n suf* (*Br* SCHOOL) -klässler(in) *m(f)*; **fifth-former** Fünftklässler(in) *m(f)* **formerly** *adv* früher; **the ~ communist countries** die ehemals kommunistischen Länder; **we had ~ agreed that …** wir hatten uns seinerzeit darauf geeinigt, dass … **form feed** *n* IT Papiervorschub *m* **Formica®** *n* Schichtstoff(platte *f*) *m* **formidable** *adj challenge, achievement, strength* gewaltig; *person, reputation* beeindruckend; *opponent* mächtig; *talents* außerordentlich **formidably** *adv* hervorragend; **~ gifted** *or* **talented** außerordentlich begabt *or* talentiert **form letter** *n* IT Formbrief *m* **formula** *n, pl* -**s** *or* -**e** **1** Formel *f*; (*for lo-*

tion etc) Rezeptur *f*; **there's no sure ~ for success** es gibt kein Patentrezept für Erfolg; **all his books follow the same ~** alle seine Bücher sind nach demselben Rezept geschrieben **2** *no pl* (*a.* **formula milk**) Säuglingsmilch *f* **Formula One** *n* MOTORING RACING Formel 1 **formulate** *v/t* formulieren **formulation** *n* Formulierung *f*

forsake *pret* **forsook**, *past part* **forsaken** *v/t* verlassen

forswear *pret* **forswore**, *past part* **forsworn** *v/t* abschwören (+*dat*)

fort *n* MIL Fort *nt*; **to hold the ~** (*fig*) die Stellung halten

forte *n* (≈ *strong point*) Stärke *f*

forth *adv* (*form, dated*) **1** (≈ *out*) heraus-; (≈ *forward*) hervor-; **to come ~** herauskommen **2** **and so ~** und so weiter **forthcoming** *adj* (*form*) **1** *attr event* bevorstehend; *album* in Kürze erscheinend; *film* in Kürze anlaufend **2** **to be ~** (*money*) zur Verfügung gestellt werden; (*aid*) geleistet werden **3** **to be ~ about sth** offen über etw (*acc*) reden; **not to be ~ on** *or* **about sth** sich über etw (*acc*) zurückhalten **forthright** *adj* (≈ *direct*) direkt; (≈ *frank*) offen

fortieth **A** *adj* vierzigste(r, s) **B** *n* **1** (≈ *fraction*) Vierzigstel *nt* **2** (*in series*) Vierzigste(r, s); → **sixth**

fortifications *pl* MIL Befestigungen *pl* **fortified wine** *n* weinhaltiges Getränk **fortify** *v/t* MIL *town* befestigen; *person* bestärken

fortitude *n* (innere) Kraft

fortnight *n* (*esp Br*) vierzehn Tage **fortnightly** (*esp Br*) **A** *adj* vierzehntäglich; **~ visits** Besuche *pl* alle vierzehn Tage **B** *adv* alle vierzehn Tage

fortress *n* Festung *f*

fortuitous *adj*, **fortuitously** *adv* zufällig

fortunate *adj* glücklich; **we are ~ that …** wir können von Glück reden, dass …; **it is ~ that …** es ist ein Glück, dass …; **it was ~ for him/Mr Fox that…** es war gut für ihn/ein Glück für Mr Fox, dass … **fortunately** *adv* zum Glück; **~ for me, my friend noticed it** zu meinem Glück hat mein Freund es bemerkt **fortune** *n* **1** (≈ *fate*) Schicksal *nt*; **she followed his ~s with interest** sie verfolgte sein Geschick mit Interesse; **he had the good ~**

to have **rich parents** er hatte das Glück, reiche Eltern zu haben; **to tell sb's ~** jdm wahrsagen **2** (≈ *money*) Vermögen *nt*; **to make a ~** ein Vermögen machen; **to make one's ~** sein Glück machen; **it costs a ~** es kostet ein Vermögen **fortune-teller** *n* Wahrsager(in) *m(f)*

forty A *adj* vierzig; **to have ~ winks** (*infml*) ein Nickerchen machen (*infml*) **B** *n* Vierzig *f*; → **sixty**

forum *n* Forum *nt*

forward A *adv* **1** (*a.* **forwards** ≈ *onwards*) vorwärts; (≈ *to the front*) nach vorn; **to take two steps ~** zwei Schritte vortreten; **to rush ~** sich vorstürzen; **to go straight ~** geradeaus gehen; **he drove backward(s) and ~(s) between the station and the house** er fuhr zwischen Haus und Bahnhof hin und her **2** (*in time*) **from this time ~** (≈ *from then*) seitdem; (≈ *from now*) von jetzt an **3 to come ~** sich melden; **to bring ~ new evidence** neue Beweise *pl* vorlegen **B** *adj* **1** (*in place*) vordere(r, s); (*in direction*) Vorwärts-; **this seat is too far ~** dieser Sitz ist zu weit vorn **2** *planning* Voraus- **3** (≈ *presumptuous*) dreist **C** *n* SPORTS Stürmer(in) *m(f)* **D** *v/t* **1** *career* voranbringen **2** *letter*, *information*, *e-mail* weiterleiten **forwarding address** *n* Nachsendeadresse *f* **forward-looking** *adj* fortschrittlich **forwards** *adv* = forward I **1 forward slash** *n* TYPO Slash *m*, Schrägstrich *m*

forwent *pret* of forgo

fossil *n* (*lit*) Fossil *nt* **fossil fuel** *n* fossiler Brennstoff *m* **fossil fuel-free** *adj* unabhängig von fossilen Brennstoffen **fossilized** *adj* versteinert

foster A *adj attr* ADMIN Pflege-; **their children are in ~ care** ihre Kinder sind in Pflege **B** *v/t* **1** *child* in Pflege nehmen **2** *development* fördern **foster child** *n* Pflegekind *nt* **foster family** *n* Pflegefamilie *f* **foster home** *n* Pflegestelle *f* **foster parents** *pl* Pflegeeltern *pl*

fought *pret*, *past part* of fight

foul A *adj* **1** *place*, *taste* widerlich; *water* faulig; *air* stickig; *smell* ekelhaft **2** *behaviour* abscheulich; *day* scheußlich (*infml*); **he was really ~ to her** er war wirklich gemein *or* fies (*infml*) zu ihr; **she has a ~ temper** sie ist ein ganz übellauniger Mensch; **to be in a ~ mood** *or* **temper** eine ganz miese Laune haben (*infml*); **~**

weather scheußliches Wetter **3** (≈ *offensive*) anstößig; **~ language** Schimpfwörter *pl* **4 to fall ~ of the law** mit dem Gesetz in Konflikt geraten; **to fall ~ of sb** es sich (*dat*) mit jdm verderben **B** *v/t* **1** *air* verpesten; *pavement* verunreinigen **2** SPORTS foulen **C** *n* SPORTS Foul *nt* **foul--mouthed** *adj* unflätig **foul play** *n* **1** SPORTS unfaires Spiel **2** (*fig*) **the police do not suspect ~** die Polizei hat keinen Verdacht auf einen unnatürlichen Tod

found¹ *pret*, *past part* of find

found² *v/t* (≈ *set up*) gründen; **to ~ sth (up)on sth** *opinion* etw auf etw (*dat*) gründen; **our society is ~ed on this** das ist die Grundlage unserer Gesellschaft; **the novel is ~ed on fact** der Roman basiert auf Tatsachen **foundation** *n* **1** (≈ *institution*) Stiftung *f*; **research ~** Forschungsstiftung *f* **2 ~s** *pl* (*of house etc*) Fundament *nt* **3** (*fig* ≈ *basis*) Grundlage *f*; **to be without ~** (*rumours*) jeder Grundlage entbehren **4** (≈ *make-up*) Grundierungscreme *f* **foundation stone** *n* Grundstein *m*

founder¹ *n* Gründer(in) *m(f)*; (*of charity*) Stifter(in) *m(f)*

founder² *v/i* **1** (*ship*) sinken **2** (*fig*: *project*) scheitern

founder member *n* Gründungsmitglied *nt* **Founding Fathers** *pl* (*US*) Väter *pl*

foundry *n* Gießerei *f*

fount *n* **1** (*fig* ≈ *source*) Quelle *f* **2** TYPO Schrift *f*

fountain *n* Brunnen *m* **fountain pen** *n* Füllfederhalter *m*

four A *adj* vier **B** *n* Vier *f*; **on all ~s** auf allen vieren; → **six four-door** *adj attr* viertürig **four-figure** *adj attr* vierstellig **fourfold A** *adj* vierfach **B** *adv* um das Vierfache **four-leaf clover** *n* vierblättriges Kleeblatt **four-legged** *adj* vierbeinig **four-letter word** *n* Vulgärausdruck *m* **four-part** *adj attr* *series*, *programme* vierteilig; *plan* aus vier Teilen bestehend; MUS für vier Stimmen; *harmony*, *choir* vierstimmig **four-poster (bed)** *n* Himmelbett *nt* **four-seater A** *adj* viersitzig **B** *n* Viersitzer *m* **foursome** *n* Quartett *nt* **four-star** *adj* Vier-Sterne-; **~ hotel/restaurant** Vier-Sterne-Hotel/-Restaurant *nt* **four-star petrol** *n* (*Br*) Super(benzin) *nt* **fourteen A** *adj* vierzehn **B** *n* Vierzehn *f* **fourteenth A** *adj* vierzehnte(r, s) **B** *n* **1** (≈ *fraction*) Vierzehntel *nt* **2** (*of series*) Vierzehnte(r, s); → sixteenth

fourth **A** *adj* vierte(r, s) **B** *n* **1** (≈ *fraction*) Viertel *nt* **2** (*in series*) Vierte(r, s); **in** ~ AUTO im vierten Gang; → sixth **fourthly** *adv* viertens **four-wheel drive** *n* Vierradantrieb *m* **four-wheeler** *n* (*US*) Quad *nt*

fowl *n* (≈ *poultry*) Geflügel *nt*; (≈ *one bird*) Huhn *nt etc*

fox **A** *n* Fuchs *m* **B** *v/t* verblüffen **foxglove** *n* BOT Fingerhut *m* **fox-hunting** *n* Fuchsjagd *f*; **to go** ~ auf *or* zur Fuchsjagd gehen

foyer *n* (*in theatre*) Foyer *nt*; (*esp US, in house*) Diele *f*

Fr **1** *abbr of* Father **2** *abbr of* Friar

fracas *n* Tumult *m*

fracking *n* GEOL Fracking *nt*, Verpressung *von Wasser und Chemikalien zum Herauslösen von Erdgas oder Erdöl*

fraction *n* **1** MAT Bruch *m* **2** (*fig*) Bruchteil *m*; **move it just a** ~ verrücke es (um) eine Spur; **for a** ~ **of a second** einen Augenblick lang **fractional** *adj* MAT Bruch-; (*fig*) geringfügig; ~ **part** Bruchteil *m* **fractionally** *adv less, slower* geringfügig; *rise* um einen Bruchteil

fractious *adj* verdrießlich; *child* aufsässig

fracture **A** *n* Bruch *m* **B** *v/t & v/i* brechen; **he** ~**d his shoulder** er hat sich (*dat*) die Schulter gebrochen; ~**d skull** Schädelbruch *m*

fragile *adj object* zerbrechlich; *structure* fragil; **"fragile (handle) with care"** „Vorsicht, zerbrechlich!"; **to feel** ~ (*infml*) sich angeschlagen fühlen **fragility** *n* (*of glass, china, object*) Zerbrechlichkeit *f*; (*of fabric*) Feinheit *f*; (*of health*) Zartheit *f*; (*of peace, ceasefire*) Brüchigkeit *f*; (*of mental state, economy*) Labilität *f*

fragment **A** *n* Bruchstück *nt*; (*of glass*) Scherbe *f*; (*of programme etc*) Bruchteil *m* **B** *v/i* (*fig, society*) zerfallen **fragmentary** *adj* (*lit, fig*) fragmentarisch, bruchstückhaft **fragmentation** *n* (*of society*) Zerfall *m* **fragmented** *adj* bruchstückhaft; (≈ *broken up*) unzusammenhängend

fragrance *n* Duft *m* **fragrant** *adj* duftend; ~ **smell** Duft *m*

frail *adj* (+*er*) *person* gebrechlich; *health* zart; *structure* fragil; **to look** ~ (*of person*) schwach aussehen **frailty** *n* (*of person*) Gebrechlichkeit *f*

frame **A** *n* **1** Rahmen *m*; (*of building,*

ship) Gerippe *nt*; (*of spectacles: a.* **frames**) Gestell *nt* **2** ~ **of mind** (≈ *mental state*) Verfassung *f*; (≈ *mood*) Stimmung *f*; **in a cheerful** ~ **of mind** in fröhlicher Stimmung **3** FILM, PHOT (*Einzel*)bild *nt* **B** *v/t* **1** *picture* rahmen; (*fig*) *face etc* ein- *or* umrahmen **2** *answer, question* formulieren **3** (*infml*) **he said he had been** ~**d** er sagte, man habe ihm die Sache angehängt (*infml*) **framework** *n* (*lit*) Grundgerüst *nt*; (*fig, of essay etc*) Gerippe *nt*; (*of society etc*) grundlegende Struktur; **within the** ~ **of …** im Rahmen (+*gen*) …

France *n* Frankreich *nt*

franchise *n* **1** POL Wahlrecht *nt* **2** COMM Franchise *f*

Franco- *in cpds* Französisch-, Franko-

frank¹ *adj* (+*er*) offen; **to be** ~ **with sb** offen mit *or* zu jdm sein; **to be (perfectly)** ~ **(with you)** um (ganz) ehrlich zu sein

frank² *v/t letter* frankieren; (≈ *postmark*) stempeln

frankfurter *n* (Frankfurter) Würstchen *nt*

frankincense *n* Weihrauch *m*

franking machine *n* Frankiermaschine *f*

frankly *adv* **1** *talk* offen **2** (≈ *to be frank*) ehrlich gesagt; **quite** ~, **I don't care** um ganz ehrlich zu sein, es ist mir egal **frankness** *n* Offenheit *f*

frantic *adj* **1** *person, search* verzweifelt; **I was** ~ ich war außer mir; **to drive sb** ~ jdn zur Verzweiflung treiben **2** *day* hektisch; ~ **activity** (*generally*) hektisches Treiben; (*particular instance*) fieberhafte Tätigkeit **frantically** *adv* **1** *try, search* verzweifelt **2** *work, run around* hektisch; *wave, scribble* wie wild

fraternal *adj* brüderlich **fraternity** *n* (≈ *community*) Vereinigung *f*; (*US UNIV*) Verbindung *f*; **the legal** ~ die Juristen *pl*; **the criminal** ~ die Kriminellen *pl* **fraternize** *v/i* (freundschaftlichen) Umgang haben (*with* mit)

fraud *n* **1** (*no pl*) Betrug *m*; (≈ *trick*) Schwindel *m* **2** (≈ *person*) Betrüger(in) *m(f)*; (*feigning illness*) Simulant(in) *m(f)* **fraudulent** *adj* betrügerisch **fraudulently** *adv act* betrügerisch; *obtain* auf betrügerische Weise

fraught *adj* **1** ~ **with difficulty** voller Schwierigkeiten; ~ **with danger** gefahrvoll **2** *atmosphere* gespannt; *person* angespannt

F

fray[1] *n* **to enter the ~** *(fig)* sich in den Kampf *or* Streit einschalten

fray[2] *v/i* (cloth) (aus)fransen; (rope) sich durchscheuern; **tempers began to ~** die Gemüter begannen sich zu erhitzen **frayed** *adj jeans etc* ausgefranst; **tempers were ~** die Gemüter waren erhitzt

frazzle A *n* (infml) **burnt to a ~** *(Br)* völlig verkohlt; **worn to a ~** (≈ exhausted) total kaputt (infml) **B** *v/t* (US infml ≈ fray) ausfransen

freak A *n* **1** (≈ person, animal) Missgeburt *f*; **~ of nature** Laune *f* der Natur **2** (infml) **health ~** Gesundheitsfreak *m* (infml) **3** (infml ≈ weird person) Irre(r) *m/f(m)* **B** *adj weather, conditions* anormal; *storm* ungewöhnlich stark; *accident* verrückt ◊**freak out** (infml) **A** *v/i* ausflippen (infml) **B** *v/t sep* **it freaked me out** dabei bin ich ausgeflippt (infml)

freakish *adj weather* launisch

freckle *n* Sommersprosse *f* **freckled**, **freckly** *adj* sommersprossig

free A *adj* (+er) **1** frei; **as ~ as a bird** frei wie ein Vogel; **to go ~** freigelassen werden; **you're ~ to choose** die Wahl steht Ihnen frei; **you're ~ to go now** Sie können jetzt gehen(, wenn Sie wollen); **(do) feel ~ to ask questions** fragen Sie ruhig; **feel ~!** (infml) bitte, gern(e)!; **his arms were left ~** (≈ not tied) seine Arme waren frei (gelassen); **~ elections** freie Wahlen *pl*; **~ from worry** sorgenfrei; **~ from blame** frei von Schuld; **~ of sth** frei von etw; **~ of fear** ohne Angst; **at last I was ~ of her** endlich war ich sie los; **I wasn't ~ earlier** (≈ was occupied) ich hatte mit eher Zeit **2** (≈ costing nothing) kostenlos, COMM gratis; **it's ~** das kostet nichts; **admission ~** Eintritt frei; **to get sth ~** etw umsonst bekommen; **we got in ~** or **for ~** (infml) wir kamen umsonst rein; **~ delivery** (porto)freier Versand **3** **to be ~ with one's money** großzügig mit seinem Geld umgehen; **to be ~ with one's advice** Ratschläge erteilen **B** *v/t* (≈ release) freilassen; (≈ help escape) befreien; (≈ untie) losbinden ◊**free up** *v/t person, time* frei machen; *money* verfügbar machen

-free *adj suf* -frei **free-and-easy** *adj attr*, **free and easy** *adj pred* ungezwungen; (morally) locker **freebie**, **freebee** *n* (infml) Werbegeschenk *nt*

freedom *n* Freiheit *f*; **~ of speech** Redefreiheit *f*; **to give sb (the) ~ to do sth** jdm (die) Freiheit lassen, etw zu tun **freedom fighter** *n* Freiheitskämpfer(in) *m(f)* **free enterprise** *n* freies Unternehmertum **Freefone®** *n* *(Br)* **call ~ 0800** rufen Sie gebührenfrei unter 0800 an; **~ number** gebührenfreie Telefonnummer **free-for-all** *n* (≈ fight) allgemeine Schlägerei **free gift** *n* (Gratis)geschenk *nt* **freehand** *adv* aus freier Hand **freehold A** *n* Besitzrecht *nt* **B** *adj* **~ property** freier Grundbesitz **free house** *n (Br)* Wirtshaus, das nicht an eine bestimmte Brauerei gebunden ist **free kick** *n* SPORTS Freistoß *m* **freelance A** *adj journalist* frei(schaffend); *work* freiberuflich **B** *adv* freiberuflich **C** *n* (a. **freelancer**) Freiberufler(in) *m(f)*; (with particular firm) freier Mitarbeiter, freie Mitarbeiterin **freeloader** *n* (infml) Schmarotzer(in) *m(f)* **freely** *adv* **1** (≈ liberally) großzügig; **to use sth ~** reichlich von etw Gebrauch machen; **I ~ admit that …** ich gebe gern zu, dass … **2** *move, talk* frei; *flow* ungehindert; **to be ~ available** ohne Schwierigkeiten zu haben sein **free-market economy** *n* freie Marktwirtschaft **Freemason** *n* Freimaurer *m* **freemasonry** *n* Freimaurerei *f* **Freepost®** *n* "Freepost" ≈ „Gebühr zahlt Empfänger" **free-range** *adj (Br)* hen *frei* laufend; *pig* aus Freilandhaltung; **~ eggs** Eier *pl* von frei laufenden Hühnern **free sample** *n* Gratisprobe *f* **free speech** *n* Redefreiheit *f* **freestanding** *adj* frei stehend **freestyle** *n* SWIMMING Freistil *m* **free time** *n* freie Zeit; (≈ leisure) Freizeit *f* **free-to-air** *adj (Br TV) programme, channel* frei empfangbar **free trade** *n* Freihandel *m* **freeware** *n* IT Freeware *f*

freeway *n (US)* Autobahn *f* **freewheel** *v/i* im Freilauf fahren **free will** *n* **he did it of his own ~** er hat es aus freien Stücken getan

freeze *vb: pret* **froze**, *past part* **frozen A** *v/i* METEO frieren; (liquids) gefrieren; (lake) zufrieren; (pipes) einfrieren; **to ~ to death** (lit) erfrieren; **meat ~s well** Fleisch lässt sich gut einfrieren **2** (fig: smile) erstarren **3** (≈ keep still) in der Bewegung verharren; **~!** keine Bewegung! **B** *v/t* **1** *water* gefrieren; COOK einfrieren **2** ECON *assets* festlegen; *credit, account* einfrieren; (≈ stop) *film* anhalten **C** *n* **1** METEO Frost *m* **2** ECON Stopp *m*; **a wage(s) ~, a ~ on wages** ein Lohnstopp *m* ◊**freeze over** *v/i (lake, river)* überfrieren ◊**freeze up** *v/i* zufrieren; *(pipes)* einfrieren

freeze-dry *v/t* gefriertrocknen

freezer *n* Tiefkühltruhe *f*; *(upright)* Gefrierschrank *m*; *(Br ≈ fridge compartment)* Gefrierfach *nt* **freezing** **A** *adj* **1** *(lit) temperature* unter null; **~ weather** Frostwetter *nt* **2** *(≈ extremely cold)* eiskalt; *wind* eisig; **in the ~ cold** bei klirrender Kälte; **it's ~ (cold)** es ist eiskalt; **I'm ~** mir ist eiskalt; **my hands/feet are ~** meine Hände/Füße sind eiskalt **B** *n* **1** COOK Einfrieren *nt* **2** *(≈ freezing point)* der Gefrierpunkt; **above/below ~** über/unter null **freezing point** *n* Gefrierpunkt *m*; **below ~** unter null

freight *n* Fracht *f* **freight depot** *n (US)* Güterbahnhof *m* **freighter** *n* NAUT Frachter *m* **freight train** *n* Güterzug *m* **French** **A** *adj* französisch; **he is ~** er ist Franzose **B** *n* **1** LING Französisch *nt*; **in ~** auf französisch **2** **the ~** *pl* die Franzosen *pl* **French bean** *n* grüne Bohne, Fisole *f (Aus)* **French bread** *n* Baguette *nt* **French doors** *pl* Verandatür *f* **French dressing** *n* COOK **1** *(Br ≈ oil and vinegar)* Vinaigrette *f* **2** *(US ≈ tomato dressing)* French Dressing *nt* **French fries** *pl* Pommes frites *pl* **French horn** *n* MUS (Wald)-horn *nt* **French kiss** *n* Zungenkuss *m* **French loaf** *n* Baguette *f*

Frenchman *n* Franzose *m* **French stick** *n* Baguette *f* **French toast** *n* in Ei getunktes gebratenes Brot **French windows** *pl* Verandatür *f*

Frenchwoman *n* Französin *f*

frenetic *adj* hektisch; *dancing* wild **frenetically** *adv (+vb)* wie wild; *work* fieberhaft; *dance* frenetisch

frenzied *adj activity, efforts* fieberhaft; *attack* wild **frenzy** *n* Raserei *f*; **in a ~** in wilder Aufregung; **he worked himself up into a ~** er steigerte sich in eine Raserei (hinein); **~ of activity** hektische Betriebsamkeit; **~ of excitement** helle Aufregung

frequency *n* Häufigkeit *f*; PHYS Frequenz *f*; **high/low ~** Hoch-/Niederfrequenz *f* **frequent** **A** *adj* häufig; *reports* zahlreich; **there are ~ trains** es verkehren viele Züge; **violent clashes were a ~ occurrence** es kam oft zu gewalttätigen Zusammen-

stößen **B** *v/t (form)* place (oft) besuchen **frequently** *adv* oft, häufig

fresco *n* Fresko(gemälde) *nt*

fresh **A** *adj* frisch; *instructions* neu; *allegations, reports* weitere(r, s); *attack* erneut; *approach* erfrischend; **~ supplies** Nachschub *m*; **to make a ~ start** neu anfangen; **as ~ as a daisy** taufrisch **B** *adv* **1** *(≈ straight)* **young men ~ out of university** junge Männer, die frisch von der Universität kommen; **cakes ~ from the oven** ofenfrische Kuchen **2** *(infml)* **we're ~ out of cheese** uns ist gerade der Käse ausgegangen; **they are ~ out of ideas** ihnen sind die Ideen ausgegangen **fresh air** *n* frische Luft; **to go out into the ~** an die frische Luft gehen; **to go for a breath of ~** frische Luft schnappen gehen; **to be (like) a breath of ~** *(fig)* wirklich erfrischend sein **freshen** **A** *v/i (wind)* auffrischen; *(air)* frisch werden **B** *v/t* **chewing gum to ~ the breath** Kaugummi, um den Atem zu erfrischen ◊**freshen up** **A** *v/i & v/r (person)* sich frisch machen **B** *v/t sep room etc* frischer aussehen lassen; *image* aufmöbeln *(infml)*

fresher *n (Br UNIV infml)* Erstsemester *nt (infml)* **freshly** *adv* frisch; **a ~ baked cake** ein frisch gebackener Kuchen **freshman** *n, pl* **-men** *(US UNIV)* Erstsemester *nt (infml)* **freshness** *n* Frische *f* **freshwater** *adj attr* **~ fish** Süßwasserfisch *m*

fret¹ *v/i* sich *(dat)* Sorgen machen *(about* um); **don't ~** beruhige dich

fret² *n (on guitar etc)* Bund *m*

fretful *adj child* quengelig; *adult* wehleidig

fret saw *n* Laubsäge *f*

Freudian slip *n (spoken)* freudscher Versprecher

FRG *abbr of* Federal Republic of Germany BRD *f*

Fri *abbr of* Friday Fr.

friar *n* Mönch *m*; **Friar John** Bruder John **fricassee** **A** *n* Frikassee *nt* **B** *v/t* frikassieren

friction *n* **1** Reibung *f* **2** *(fig)* Reibereien *pl*; **there is constant ~ between them** sie reiben sich ständig aneinander

Friday *n* Freitag *m*; → Tuesday

fridge *n* Kühlschrank *m* **fridge-freezer** *n* Kühl-Gefrierkombination *f*

fried **A** *pret, past part of* fry **B** *adj* gebraten; **~ egg** Spiegelei *nt*; **~ potatoes** Bratkartoffeln pl

friend n Freund(in) m(f); (less intimate) Bekannte(r) m/f(m); **to become** or **make ~s with sb** mit jdm Freundschaft schließen; **he makes ~s easily** er findet leicht Freunde; **he's no ~ of mine** er ist nicht mein Freund; **to be ~s with sb** mit jdm befreundet sein; **we're just (good) ~s** da ist nichts, wir sind nur gut befreundet **friendliness** n Freundlichkeit f; (of relations, advice) Freundschaftlichkeit f

friendly **A** adj (+er) **1** person freundlich; argument, advice freundschaftlich; dog zutraulich; **to be ~ to sb** freundlich zu jdm sein; **to be ~ (with sb)** (mit jdm) befreundet sein; **~ relations** freundschaftliche Beziehungen pl; **to be on ~ terms with sb** mit jdm auf freundschaftlichem Fuße stehen; **to become** or **get ~ with sb** sich mit jdm anfreunden **2** POL nation befreundet; government freundlich gesinnt (to +dat) **B** n (SPORTS ≈ match) Freundschaftsspiel nt

friendship n Freundschaft f

frier n COOK Fritteuse f **fries** pl (esp US infml) Pommes pl (infml)

Friesian (≈ cow) Deutsche Schwarzbunte f

frieze n (ARCH ≈ picture) Fries m; (≈ thin band) Zierstreifen m

frigate n NAUT Fregatte f

fright n Schreck(en) m; **to get a ~** sich erschrecken; **to give sb a ~** jdm einen Schreck(en) einjagen

frighten v/t (≈ give a sudden fright) erschrecken; (≈ make scared) Angst machen (+dat); **to be ~ed by sth** vor etw (dat) erschrecken; **to ~ the life out of sb** jdn zu Tode erschrecken ◊**frighten away** or **off** v/t sep abschrecken; (deliberately) verscheuchen

frightened adj person ängstlich; look angsterfüllt; **to be ~ (of sb/sth)** (vor jdm/etw) Angst haben; **don't be ~** hab keine Angst; **they were ~ (that) there would be another earthquake** sie hatten Angst (davor), dass es noch ein Erdbeben geben könnte **frightening** adj experience furchterregend; situation, sight, thought, story erschreckend; **to look ~** zum Fürchten aussehen; **it is ~ to think what could happen** es ist beängstigend, wenn man denkt, was alles passieren könnte **frightful** adj (infml) furchtbar

frigid adj (sexually) frigide

frill n **1** (on shirt) Rüsche f **2** (fig) **with all the ~s** mit allem Drum und Dran (infml); **a simple meal without ~s** ein schlichtes Essen **frilly** adj (+er) clothing mit Rüschen; **to be ~** Rüschen haben; **~ dress** Rüschenkleid nt

fringe n **1** (on shawl) Fransen pl **2** (Br ≈ hair) Pony m **3** (fig ≈ periphery) Rand m; **on the ~ of the forest** am Waldrand; **the ~s of a city** die Randbezirke pl einer Stadt **fringe benefits** pl zusätzliche Leistungen pl **fringed** adj skirt, shawl mit Fransen; lampshade mit Fransenkante **fringe group** n Randgruppe f **fringe theatre**, (US) **fringe theater** n avantgardistisches Theater

Frisbee® n Frisbee® nt

frisk v/t suspect etc filzen (infml)

frisky adj (+er) verspielt

fritter¹ v/t (Br: a. **fritter away**) vergeuden

fritter² n COOK Beignet m

frivolity n Frivolität f **frivolous** adj attitude, remark frivol; activity albern

frizzy adj (+er) hair kraus

fro adv → to; → to-ing and fro-ing

frock n Kleid nt

frog n Frosch m; **to have a ~ in one's throat** einen Frosch im Hals haben **frogman** n Froschmann m **frogmarch** v/t (Br) (weg)schleifen **frogspawn** n Froschlaich m **frog suit** n Taucheranzug m **frolic** vb: pret, past part frolicked v/i (a. **frolic about** or **around**) herumtoben

from prep **1** (indicating starting place, source, removal) von (+dat); (indicating origin ≈ out of) aus (+dat); **he has come ~ London** er ist von London gekommen; **he comes** or **is ~ Germany** er ist aus Deutschland; **where does he come ~?**, **where is he ~?** woher stammt er?; **the train ~ Manchester** der Zug aus Manchester; **the train ~ Manchester to London** der Zug von Manchester nach London; **~ house to house** von Haus zu Haus; **a representative ~ the company** ein Vertreter der Firma; **to take sth ~ sb** jdm etw wegnehmen; **to steal sth ~ sb** jdm etw stehlen; **where did you get that ~?** wo hast du das her?; **I got it ~ the supermarket/Kathy** ich habe es aus dem Supermarkt/von Kathy; **quotation ~ "Hamlet"/the Bible/Shakespeare** Zitat nt aus „Hamlet"/aus der Bibel/nach Shakespeare; **translated ~ the English** aus dem Englischen übersetzt; **made ~ ... aus ...** hergestellt; **he ran away ~ home** er rannte von zu Hause weg; **he escaped ~ prison** er entkam aus dem Gefängnis; **~ inside** von innen; **~ experience** aus Erfahrung; **to stop sb ~ doing sth** jdn davon zurückhalten, etw zu tun **2** (*indicating time, in past*) seit (+*dat*); (*in future*) ab (+*dat*), von (+*dat*) ... an; **~ last week until** or **to yesterday** von letzter Woche bis gestern; **~ now on** von jetzt an, ab jetzt; **~ then on** von da an; **~ time to time** von Zeit zu Zeit; **as ~ the 6th May** vom 6. Mai an, ab (dem) 6. Mai; **5 years ~ now** in 5 Jahren **3** (*indicating distance*) von (+*dat*) (... weg); (*from town etc*) von (+*dat*) ... (entfernt); **to work away ~ home** außer Haus arbeiten **4** (*indicating lowest amount*) ab (+*dat*); **~ £2 (upwards)** ab £ 2 (aufwärts); **dresses (ranging) ~ £60 to £80** Kleider *pl* zwischen £ 60 und £ 80 **5** (*indicating change*) **things went ~ bad to worse** es wurde immer schlimmer; **he went ~ office boy to director** er stieg vom Laufjungen zum Direktor auf; **a price increase ~ £1 to £1.50** eine Preiserhöhung von £ 1 auf £ 1,50 **6** (*indicating difference*) **he is quite different ~ the others** er ist ganz anders als die andern; **to tell black ~ white** Schwarz und Weiß auseinanderhalten **7** (≈ *due to*) **weak ~ hunger** schwach vor Hunger; **to suffer ~ sth** an etw (*dat*) leiden; **to shelter ~ the rain** sich vor dem Regen unterstellen; **to protect sb ~ sth** jdn vor etw (*dat*) schützen; **to judge ~ recent reports** ... nach neueren Berichten zu urteilen ...; **~ the look of things** ... (so) wie die Sache aussieht ... **8** MAT **3 ~ 8 leaves 5** 8 weniger 3 ist 5; **take 12 ~ 18** nimm 12 von 18 weg; **£10 will be deducted ~ your account** £ 10 werden von Ihrem Konto abgebucht **9** +*prep* **~ over/across sth** über etw (*acc*) hinweg; **~ beneath sth** unter etw (*dat*) hervor; **~ among the trees** zwischen den Bäumen hervor; **~ inside the house** von drinnen

fromage frais *n* ≈ Quark *m*, ≈ Topfen *m* (*Aus*)

frond *n* **1** (*of fern*) Farnwedel *m* **2** (*of palm*) Palmwedel *m*

front **A** *n* **1** (≈ *forward side, exterior*) Vorderseite *f*; (≈ *forward part*) Vorderteil *nt*; (≈ *façade*) Vorderfront *f*; **in ~** vorne; **in ~**

of sb/sth vor jdm/etw; **at the ~ of** (*inside*) vorne in (+*dat*); (*outside*) vor (+*dat*); (≈ *at the head of*) an der Spitze (+*gen*); **look in ~ of you** blicken Sie nach vorne; **the ~ of the queue** (*Br*) or **line** (*US*) die Spitze der Schlange; **she spilled tea down the ~ of her dress** sie verschüttete Tee vorn über ihr Kleid **2** MIL, POL, METEO Front *f*; **on the wages ~** was die Löhne betrifft **3** (*Br: of sea*) Strandpromenade *f* **4** (≈ *outward appearance*) Fassade *f*; **to put on a bold ~** eine tapfere Miene zur Schau stellen; **it's just a ~** das ist nur Fassade **B** *adv* **up ~** vorne; **50% up ~** 50% Vorschuss **C** *v/t organization* leiten **D** *adj* vorderste(r, s), Vorder-; *page* erste(r, s); **~ tooth/wheel** Vorderzahn *m*/-rad *nt*; **~ row** erste or vorderste Reihe **frontal** *adj attr* **~ attack** Frontalangriff *m* **front bench** *n* PARL vorderste Reihe (*wo die führenden Politiker sitzen*) **frontbencher** *n* PARL führendes Fraktionsmitglied **front door** *n* Haustür *f* **front garden** *n* Vorgarten *m*

frontier *n* Grenze *f*

front line *n* Front(linie) *f* **frontline** *adj* MIL Front- **front man** *n* (*pej*) Strohmann *m* **front page** *n* Titelseite *f* **front-page** *adj attr news* auf der ersten Seite; **to be** or **make ~ news** Schlagzeilen machen **frontrunner** *n* (*fig*) Spitzenreiter(in) *m(f)* **front seat** *n* Platz *m* in der ersten Reihe; AUTO Vordersitz *m* **front-seat passenger** *n* MOT Beifahrer(in) *m(f)* **front-wheel drive** *n* Vorderradantrieb *m*

frost **A** *n* Frost *m*; (*on leaves etc*) Raureif *m* **B** *v/t* (*esp US*) *cake* mit Zuckerguss überziehen **frostbite** *n* Frostbeulen *pl*; (*more serious*) Erfrierungen *pl* **frosted** *adj* (*esp US* ≈ *iced*) mit Zuckerguss überzogen **frosted glass** *n* Milchglas *nt* **frosting** *n* (*esp US*) Zuckerguss *m* **frosty** *adj* (+*er*) frostig; *ground* von Raureif bedeckt; *look* eisig; **~ weather** Frostwetter *nt*

froth **A** *n* (*on liquids*, MED) Schaum *m* **B** *v/i* schäumen; **the dog was ~ing at the mouth** der Hund hatte Schaum vor dem Maul; **he was ~ing at the mouth (with rage)** er schäumte vor Wut **frothy** *adj* (+*er*) schäumend; *mixture* schaumig

frown *n* Stirnrunzeln *nt no pl*; **to give a ~** die Stirn(e) runzeln **B** *v/i* die Stirn(e) runzeln (*at über* +*acc*) ◊**frown (up)on** *v/i* +*prep obj* (*fig*) missbilligen; **this practice**

is frowned (up)on diese Gewohnheit ist verpönt
froze pret of freeze **frozen** **A** past part of freeze **B** adj **1** ground gefroren; pipe eingefroren; ~ **hard** hart gefroren; ~ **(over)** lake zugefroren; ~ **solid** ganz zugefroren **2** meat tiefgekühlt; ~ **peas** gefrorene Erbsen **3** (infml) person eiskalt; **I'm** ~ mir ist eiskalt; **to be ~ stiff** steif gefroren sein **4** (≈ rigid) starr; ~ **in horror** starr vor Schreck **frozen food** n Tiefkühlkost f
frugal adj person genügsam; meal karg
fruit n (as collective) Obst nt; (BOT, fig) Frucht f; **would you like some** or **a piece of** ~? möchten Sie etwas Obst? **fruitcake** n englischer Kuchen **fruit cocktail** n Obstsalat m **fruitful** adj meeting fruchtbar; attempt erfolgreich **fruition** n **to come to** ~ sich verwirklichen **fruitless** adj fruchtlos; attempt vergeblich **fruit machine** n (Br) Spielautomat m **fruit salad** n Obstsalat m **fruit tree** n Obstbaum m **fruity** adj (+er) **1** taste fruchtig **2** voice volltönend
frump n (pej) Vogelscheuche f (infml) **frumpy** adj (pej) ohne jeden Schick
frustrate v/t person frustrieren; plans durchkreuzen; **he was ~d in his efforts** seine Anstrengungen waren vergebens **frustrated** adj frustriert; **I get** ~ **when … es frustriert mich, wenn …; he's a ~ poet** er wäre gern ein Dichter **frustrating** adj frustrierend **frustration** n Frustration f no pl
fry v/t meat etc (in der Pfanne) braten; **to ~ an egg** ein Ei in die Pfanne schlagen **B** v/i braten **C** n (US) Barbecue nt **fryer** n COOK Fritteuse f **frying pan** n Bratpfanne f; **to jump out of the** ~ **into the fire** (prov) vom Regen in die Traufe kommen (prov) **fry-up** n Pfannengericht nt
FT abbr of Financial Times britische Wirtschaftszeitung
ft abbr of foot/feet ft
fuchsia n Fuchsie f
fuck (vulg) **A** v/t **1** (lit) ficken (vulg) **2** ~ **you!** leck mich am Arsch (vulg); ~ **him!** der kann mich doch am Arsch lecken (vulg) **B** v/i ficken (vulg) **C** n **1** Fick m (vulg) **2** **I don't give a** ~ ich kümmere mich einen Scheiß darum (infml); **who the** ~ **is that?** wer ist denn das, verdammt noch mal? (infml) **D** int (verdammte)

Scheiße (infml) ◊**fuck off** v/i (vulg) sich verpissen (sl); ~! verpiss dich! (sl) ◊**fuck up** (vulg) **A** v/t sep versauen (infml); piece of work verpfuschen (infml); **she is really fucked up** sie ist total verkorkst (infml); **heroin will really fuck you up** Heroin macht dich echt kaputt (infml) **B** v/i Scheiß machen (infml)
fuck all (vulg) n einen Scheiß (sl); **he knows** ~ **about it** er hat null Ahnung (infml); **I've done** ~ **all day** ich hab den ganzen Tag nichts auf die Reihe gekriegt (infml) **fucker** n (vulg) Arsch m (vulg), Arschloch nt (vulg) **fucking** (vulg) **A** adj Scheiß- (infml); **this** ~ **machine** diese Scheißmaschine (infml); ~ **hell!** verdammte Scheiße! (infml) **B** adv **it's** ~ **cold** es ist arschkalt (infml); **a** ~ **awful film** ein total beschissener Film (infml)
fuddy-duddy n (infml) **an old** ~ ein alter Kauz
fudge **A** n COOK Fondant m **B** v/t issue ausweichen (+dat)
fuel **A** n Brennstoff m; (for vehicle) Kraftstoff m; (≈ petrol) Benzin nt; AVIAT Treibstoff m; **to add** ~ **to the flames** or **fire** (fig) Öl in die Flammen or ins Feuer gießen **B** v/t (≈ drive) antreiben; (fig) conflict schüren; speculation Nahrung geben (+dat); **power stations fuelled** (Br) or **fueled** (US) **by oil** mit Öl befeuerte Kraftwerke **fuel cell** n Brennstoffzelle f **fuel efficiency** n Kraftstoffeffizienz f **fuel gauge** n Benzinuhr f **fueling station** n (US) Tankstelle f **fuel-injected** adj ~ **engine** Einspritzmotor m **fuel injection** n (Benzin)einspritzung f **fuel pump** n Benzinpumpe f **fuel tank** n Öltank m
fugitive **A** n Flüchtling m (from vor +dat) **B** adj flüchtig
fulfil, (US) **fulfill** v/t erfüllen; task ausführen; ambition verwirklichen; **to be** or **feel** ~**led** Erfüllung finden **fulfilling** adj **a** ~ **job** ein Beruf, in dem man Erfüllung findet **fulfilment**, (US) **fulfillment** n Erfüllung f
full **A** adj (+er) voll; figure, skirt füllig; report vollständig; **to be** ~ **of …** voller (+gen) or voll von … sein; **don't talk with your mouth** ~ sprich nicht mit vollem Mund; **with his arms** ~ mit vollgeladenen Armen; **I have a** ~ **day ahead of me** ich habe einen ausgefüllten Tag vor mir; **I am** ~ **(up)** (infml) ich bin voll (bis obenhin)

(infml); **we are ~ up for July** wir sind für Juli völlig ausgebucht; **at ~ speed** in voller Fahrt; **to make ~ use of sth** etw voll ausnutzen; **that's a ~ day's work** damit habe ich etc den ganzen Tag zu tun; **I waited two ~ hours** ich habe zwei ganze Stunden gewartet; **the ~ details** die genauen Einzelheiten; **to be ~ of oneself** von sich (selbst) eingenommen sein; **she was ~ of it** sie hat gar nicht mehr aufgehört, davon zu reden **B** adv **it is a ~ five miles from here** es sind gute fünf Meilen von hier; **I know ~ well that ...** ich weiß sehr wohl, dass ... **C** n **in ~** ganz, vollständig; **to write one's name in ~** seinen Namen ausschreiben; **to pay in ~** den vollen Betrag bezahlen **fullback** n SPORTS Verteidiger(in) m(f) **full beam** n (Br AUTO) Fernlicht nt; **to drive (with one's headlights) on ~** mit Fernlicht fahren **full-blooded** adj (≈ vigorous) kräftig; **he's a ~ Scot** er ist Vollblutschotte **full-blown** adj affair, war richtig gehend; heart attack richtig; **~ Aids** Vollbild-Aids nt **full-bodied** adj wine vollmundig **full-body scanner** n (at airport) Ganzkörperscanner m **full-cream milk** n Vollmilch f **full employment** n Vollbeschäftigung f **full-face** adj portrait mit zugewandtem Gesicht; **~ photograph** En-Face-Foto nt (tech) **full--fledged** adj (US) = fully fledged **full--frontal** adj Nackt-; (fig) assault direkt; **the ~ nudity in this play** die völlig nackten Schauspieler in diesem Stück **full--grown** adj ausgewachsen **full house** n THEAT etc volles Haus; **they played to a ~** sie spielten vor vollem Haus **full--length** adj **1** film abendfüllend; novel vollständig **2** dress (boden)lang; boots hoch; curtains bodenlang; **~ mirror** großer Spiegel(, in dem man sich ganz sehen kann); **~ portrait** Ganzporträt nt **full member** n Vollmitglied nt **full moon** n Vollmond m **full name** n Vor- und Zuname m **full-page** adj ganzseitig **full professor** n UNIV Ordinarius m **full--scale** adj **1** war, riot richtig gehend; investigation gründlich; search groß angelegt **2** drawing in Originalgröße **full-size(d)** adj bicycle etc richtig (groß) **full-sized** adj model lebensgroß **full stop** n (esp Br GRAM) Punkt m; **to come to a ~** zum völligen Stillstand kommen; **I'm not going,**

~! (infml) ich gehe nicht und damit basta (infml) **full time A** n SPORTS reguläre Spielzeit; **at ~** nach Ablauf der regulären Spielzeit; **the whistle blew for ~** das Spiel wurde abgepfiffen **B** adv work ganztags **full-time** adj **1** worker ganztags angestellt; **~ job** Ganztagsstelle f; **it's a ~ job** (fig infml) es hält einen ganz schön auf Trab (infml); **~ work** Ganztagsarbeit f; **~ student** Vollzeitstudent(in) m(f) **2** SPORTS **the ~ score** der Schlussstand **fully** adv fit, conscious völlig; operational, qualified voll; understand, recover voll und ganz; **~ automatic** vollautomatisch; **~ booked** ausgebucht; **~ clothed** (ganz) angezogen; **a ~-equipped kitchen** eine komplett ausgestattete Küche **fully fledged** adj member richtig; doctor etc voll qualifiziert **fully qualified** adj voll qualifiziert

fumble A v/i (a. **fumble about** or **around**) umhertasten; **to ~ (about) for sth** nach etw tasten; (in pocket, drawer) nach etw wühlen **B** v/t vermasseln (infml); **to ~ the ball** den Ball nicht sicher fangen **fume** v/i (fig infml, person) wütend sein **fumes** pl Dämpfe pl; (of car) Abgase pl; **petrol** (Br) or **gas** (US) **~** Benzindämpfe pl **fumigate** v/t ausräuchern

fun A n Spaß m, Hetz f (Aus); **to have great ~ doing sth** viel Spaß daran haben, etw zu tun; **this is ~!** das macht Spaß!; **we just did it for ~** wir haben das nur aus Spaß gemacht; **to spoil the ~** den Spaß verderben; **it's ~ doing this** es macht Spaß, das zu tun; **it's no ~ living on your own** es macht nicht gerade Spaß, allein zu leben; **he is great ~** man kriegt mit ihm viel Spaß (infml); **the party was good ~** die Party hat viel Spaß gemacht; **that sounds like ~** das klingt gut; **I was just having a bit of ~** ich hab doch nur Spaß gemacht; **to make ~ of sb/sth** sich über jdn/etw lustig machen **B** adj attr (infml) **squash is a ~ game** Squash macht Spaß; **he's a real ~ person** er ist wirklich ein lustiger Kerl **function A** n **1** (of heart, tool etc) Funktion f (also MAT) **2** (≈ meeting) Veranstaltung f; (≈ official ceremony) Feier f **B** v/i funktionieren; **to ~ as** fungieren als **functional** adj **1** (≈ able to operate) funktionsfähig **2** (≈ utilitarian) zweckmäßig; **~ food** Functional Food nt **functionary**

n Funktionär(in) *m(f)* **function key** *n* IT Funktionstaste *f*

fund **A** *n* **1** FIN Fonds *m* **2** **funds** *pl* Mittel *pl*; **public ~s** öffentliche Mittel *pl*; **to be short of ~s** knapp bei Kasse sein *(infml)* **B** *v/t* finanzieren

fundamental **A** *adj* **1** *issue* grundlegend; *reason* eigentlich; *point* zentral; *part* wesentlich; **~ principle** Grundprinzip *nt*; **of ~ importance** von grundlegender Bedeutung **2** *problem, difference* grundsätzlich; *change* grundlegend; *mistake* fundamental; **~ structure** Grundstruktur *f* **B** *pl* **~s** *(of subject)* Grundbegriffe *pl* **fundamentalism** *n* Fundamentalismus *m* **fundamentalist** **A** *adj* fundamentalistisch **B** *n* Fundamentalist(in) *m(f)* **fundamentally** *adv* im Grunde (genommen); *different, wrong* grundlegend; *disagree* grundsätzlich; **the treaty is ~ flawed** der Vertrag enthält grundlegende Fehler **funding** *n* Finanzierung *f* **fundraiser** *n* Spendensammler(in) *m(f)* **fundraising** *n* Geldbeschaffung *f*; **~ campaign** Aktion *f* zur Geldbeschaffung; *(for donations)* Spendenaktion *f*

funeral *n* Beerdigung *f*; **were you at his ~?** waren Sie auf seiner Beerdigung? **funeral director** *n* Beerdigungsunternehmer(in) *m(f)* **funeral home** *n* (*US*) Leichenhalle *f* **funeral parlour** *n* (*Br*) Leichenhalle *f* **funeral service** *n* Trauergottesdienst *m*

funfair *n* Kirmes *f*

fungal *adj* Pilz-; **~ infection** Pilzinfektion *f* **fungi** *pl* of fungus **fungicide** *n* Fungizid *nt* **fungus** *n, pl* fungi BOT, MED Pilz *m*

fun-loving *adj* lebenslustig

funnel **A** *n* **1** *(for pouring)* Trichter *m* **2** NAUT, RAIL Schornstein *m* **B** *v/t* *(fig)* schleusen

funnily *adv* **1** (≈ *strangely*) komisch **2** (≈ *amusingly*) amüsant

funny **A** *adj* (*+er*) **1** (≈ *comical, odd*) komisch; (≈ *witty*) witzig; **don't try to be ~** *(infml)* mach keine Witze!; **to see the ~ side of sth** das Lustige an etw *(dat)* sehen; **it's not ~!** das ist überhaupt nicht komisch!; **there's something ~ about that place** der Ort ist irgendwie merkwürdig; **(it's) ~ (that) you should say that** komisch, dass Sie das sagen; **I just feel a bit ~** *(infml)* mir ist ein bisschen komisch;

I feel ~ about seeing her again *(infml)* mir ist komisch dabei zumute, sie wiederzusehen; **she's a bit ~ (in the head)** sie spinnt ein bisschen *(infml)* **2** *(infml)* **~ business** faule Sachen *pl* *(infml)*; **there's something ~ going on here** hier ist doch was faul *(infml)*; **don't try anything ~** keine faulen Tricks! *(infml)* **B** *pl* **the funnies** (*US* PRESS *infml*) die Comicstrips *pl* **funny bone** *n* Musikantenknochen *m* **fun run** *n* Volkslauf *m* (*oft für wohltätige Zwecke durchgeführt*)

fur **A** *n* **1** *(on animal)* Fell *nt*; *(for clothing)* Pelz *m*; **the cat has beautiful ~** die Katze hat ein wunderschönes Fell; **a ~-lined coat** ein pelzgefütterter Mantel **2** **furs** *pl* Pelze *pl* **B** *attr* Pelz-; **~ coat/collar** Pelzmantel *m*/-kragen *m* ◊**fur up** *v/i* *(kettle)* verkalken

furious *adj* **1** wütend; *debate, attack* heftig; **he was ~ that they had ignored him** er war wütend darüber, dass sie ihn ignoriert hatten; **to be ~ about sth** wütend über etw *(acc)* sein; **to be ~ at** *or* **with sb (for doing sth)** wütend auf jdn sein(, weil er/sie etw getan hat) **2** *pace* rasend; **at a ~ pace** in rasendem Tempo; **the jokes came fast and ~** die Witze kamen Schlag auf Schlag **furiously** *adv* **1** *react* wütend **2** *scribble, search* wie wild

furl *v/t* *sail, flag* einrollen; *umbrella* zusammenrollen

furlong *n* Achtelmeile *f*

furnace *n* Hochofen *m*; METAL Schmelzofen *m*

furnish *v/t* **1** *house* einrichten; **~ed room** möbliertes Zimmer **2** **to ~ sb with sth** jdm etw liefern **furnishings** *pl* Mobiliar *nt*; *(with carpets etc)* Einrichtung *f*; **with ~ and fittings** voll eingerichtet

furniture *n* Möbel *pl*; **a piece of ~** ein Möbelstück *nt*; **I must buy some ~** ich muss Möbel kaufen

furore, (*US*) **furor** *n* Protest(e) *m(pl)*; **to cause a ~** einen Skandal verursachen

furred *adj* *tongue* belegt

furrow **A** *n* AGR Furche *f*; *(on brow)* Runzel *f* **B** *v/t* *brow* runzeln

furry *adj* (*+er*) **1** *body* haarig; *tail* buschig; **~ animal** Tier *nt* mit Pelz; **the kitten is so soft and ~** das Kätzchen ist so weich und kuschelig **2** *material* flauschig; **~ toy** Plüschtier *nt*

further **A** *adv* comp of far weiter; **~ on**

weiter entfernt; **~ back** (*in place, time*) weiter zurück; (≈ *in the past*) früher; **nothing could be ~ from the truth** nichts könnte weiter von der Wahrheit entfernt sein; **he has decided not to take the matter any ~** er hat beschlossen, die Angelegenheit auf sich beruhen zu lassen; **in order to make the soup go ~** um die Suppe zu strecken; **~, I would like to say that …** darüber hinaus möchte ich sagen, dass … **B** *adj* **1** = farther **2** (≈ *additional*) weiter; **will there be anything ~?** kann ich sonst noch etwas für Sie tun?; **~ details** nähere *or* weitere Einzelheiten *pl* **C** *v/t interests, cause* fördern; **to ~ one's education** sich weiterbilden; **to ~ one's career** beruflich vorankommen **further education** *n* Weiterbildung *f* **furthermore** *adv* außerdem, weiters (*Aus*) **furthermost** *adj* äußerste(r, s) **furthest A** *adv* am weitesten; **these fields are ~ (away) from his farm** diese Felder liegen am weitesten vom seinem Hof entfernt; **this is the ~ north you can go** dies ist der nördlichste Punkt, den man erreichen kann; **it was the ~ the Irish team had ever got** so weit war die irische Mannschaft noch nie gekommen **B** *adj* am weitesten entfernt; **the ~ of the three villages** das entfernteste von den drei Dörfern; **5 km at the ~** höchstens 5 km

furtive *adj* verdächtig; *look* verstohlen

fury *n* Wut *f*; **in a ~** wütend

fuse, (*US*) **fuze A** *v/t* **1** *metals* verschmelzen **2** (*Br* ELEC) **to ~ the lights** die Sicherung durchbrennen lassen **3** (*fig*) vereinigen **B** *v/i* **1** (*metals*) sich verbinden; (*bones*) zusammenwachsen **2** (*Br* ELEC) durchbrennen; **the lights ~d** die Sicherung war durchgebrannt **3** (*fig: a.* **fuse together**) sich vereinigen **C** *n* **1** ELEC Sicherung *f*; **to blow the ~s** die Sicherung durchbrennen lassen **2** (*in bombs etc*) Zündschnur *f*; **to light the ~** die Zündschnur anzünden; **she has got a short ~** (*fig infml*) sie explodiert schnell **fuse box** *n* Sicherungskasten *m* **fused** *adj plug etc* gesichert

fuselage *n* (Flugzeug)rumpf *m*

fusillade *n* Salve *f*

fusion *n* (*fig*) Verschmelzung *f*; PHYS (Kern)fusion *f*

fuss A *n* Theater *nt* (*infml*); **I don't know what all the ~ is about** ich weiß wirklich nicht, was der ganze Wirbel soll (*infml*); **without (any) ~** ohne großes Theater (*infml*); **to cause a ~** Theater machen (*infml*); **to kick up a ~** Krach schlagen (*infml*); **to make a ~ about sth** viel Wirbel um etw machen (*infml*); **to make a ~ of sb** um jdn viel Wirbel machen (*infml*) **B** *v/i* sich (unnötig) aufregen; **don't ~, mother!** ist ja gut, Mutter! ◊**fuss over** *v/i* +*prep obj details* Theater machen um; *guests* sich (*dat*) große Umstände machen mit

fussed *adj* (*Br infml*) **I'm not ~ (about it)** es ist mir egal **fusspot** *n* (*Br infml*) Umstandskrämer(in) *m(f)* (*infml*) **fussy** *adj* (+*er*) (≈ *choosy*) wählerisch; (≈ *petty*) kleinlich; (≈ *precise*) genau; **to be ~ about one's appearance** großen Wert auf sein Äußeres legen; **she is not ~ about her food** sie ist beim Essen nicht wählerisch; **the child is a ~ eater** das Kind ist beim Essen wählerisch; **I'm not ~** (*infml*) das ist mir egal

fusty *adj* (+*er*) muffig

futile *adj* sinnlos **futility** *n* Sinnlosigkeit *f*

futon *n* Futon *m*

future A *n* **1** Zukunft *f*; **in ~** in Zukunft; **in the foreseeable ~** in absehbarer Zeit; **what plans do you have for the ~?** was für Zukunftspläne haben Sie?; **the ~** GRAM das Futur **2** ST EX **futures** *pl* Termingeschäfte *pl* **B** *adj attr* **1** (zu)künftig; **at a** *or* **some ~ date** zu einem späteren Zeitpunkt; **his ~ plans** seine Zukunftspläne; **in ~ years** in den kommenden Jahren; **you can keep it for ~ reference** Sie können es behalten, um später darauf Bezug zu nehmen **2** GRAM **the ~ tense** das Futur **futuristic** *adj* futuristisch

fuze *n, v/t & v/i* (*US*) = fuse

fuzz *n* Flaum *m* **fuzzy** *adj* (+*er*) **1** *material* flauschig **2** *picture, memory* verschwommen

fwd *abbr of* forward

f-word *n* (*infml*) **I try not to use the ~ in front of the children** ich versuche, vor den Kindern möglichst keine schlimmen Flüche zu gebrauchen

FYI *abbr of* for your information zu Ihrer Information

G

G, g n G nt, g nt; **G sharp** Gis nt, gis nt; **G flat** Ges nt, ges nt
G (US) abbr of **general audience** FILM jugendfrei
g abbr of **gram(s), gramme(s)** g
gab (infml) **A** n **to have the gift of the ~** nicht auf den Mund gefallen sein **B** v/i quasseln (infml)
gabble (Br) **A** v/i brabbeln (infml) **B** v/t prayer herunterrasseln (infml); excuse brabbeln (infml)
gable n Giebel m **gabled** adj **~ house/ roof** Giebelhaus/-dach nt
gadget n Gerät nt; **the latest electronic ~** die neueste elektronische Spielerei
gadgetry n Geräte pl
Gaelic **A** adj gälisch **B** n LING Gälisch nt
gaffe n Fauxpas m; (verbal) taktlose Bemerkung; **to make a ~** einen Fauxpas begehen; (by saying sth) ins Fettnäpfchen treten (infml)
gag **A** n **1** Knebel m **2** (≈ joke) Gag m **B** v/t knebeln **C** v/i **1** (≈ retch) würgen (on an +dat) **2** **to be ~ging for sth** (infml) scharf auf etw (acc) sein
gaga adj (Br infml) plemplem (infml); old person verkalkt (infml)
gage n, v/t (US) = gauge
gaggle n (of geese) Herde f
gaily adv (≈ happily) fröhlich; painted farbenfroh
gain **A** n **1** no pl (≈ advantage) Vorteil m; (≈ profit) Profit m; **his loss is our ~** sein Verlust ist unser Gewinn **2** **gains** pl (≈ winnings) Gewinn m; (≈ profits) Gewinne pl **3** (≈ increase) (in +gen) Zunahme f; **~ in weight, weight ~** Gewichtszunahme f **B** v/t gewinnen; knowledge erwerben; advantage, respect, access sich (dat) verschaffen; control, the lead übernehmen; points erzielen; (≈ achieve) nothing etc erreichen; **what does he hope to ~ by it?** was verspricht er sich (dat) davon?; **to ~ independence** unabhängig werden; **to ~ sb's confidence** jds Vertrauen erlangen; **to ~ experience** Erfahrungen sammeln; **to ~ ground** (an) Boden gewinnen; (rumours) sich verbreiten; **to ~ time** Zeit gewinnen;

he **~ed a reputation as ...** er hat sich (dat) einen Namen als ... gemacht; **to ~ speed** schneller werden; **she has ~ed weight** sie hat zugenommen; **to ~ popularity** an Beliebtheit (dat) gewinnen; **my watch ~s five minutes each day** meine Uhr geht fünf Minuten pro Tag vor **C** v/i **1** (watch) vorgehen **2** (≈ close gap) aufholen **3** (≈ profit) profitieren (by von); **society would ~ from that** das wäre für die Gesellschaft von Vorteil; **we stood to ~ from the decision** die Entscheidung war für uns von Vorteil **4** **to ~ in confidence** mehr Selbstvertrauen bekommen; **to ~ in popularity** an Beliebtheit (dat) gewinnen
◊**gain on** v/i +prep obj einholen
gainful adj einträglich; **to be in ~ employment** erwerbstätig sein **gainfully** adv **~ employed** erwerbstätig
gait n Gang m; (of horse) Gangart f
gala n großes Fest; THEAT, FILM Galaveranstaltung f; **swimming/sports ~** großes Schwimm-/Sportfest
galaxy n ASTRON Sternsystem nt; **the Galaxy** die Milchstraße
gale n **1** Sturm m; **it was blowing a ~** ein Sturm tobte; **~ force 8** Sturmstärke 8 **2** (fig) **~s of laughter** Lachsalven pl **gale- force winds** pl orkanartige Winde **gale warning** n Sturmwarnung f
gall **A** n (infml) **to have the ~ to do sth** die Frechheit besitzen, etw zu tun **B** v/t (fig) maßlos ärgern
gallant adj **1** (≈ courageous) tapfer **2** (≈ chivalrous) ritterlich **gallantly** adv **1** (≈ courageously) tapfer **2** (≈ chivalrously) ritterlich **gallantry** n **1** (≈ bravery) Tapferkeit f **2** (≈ attentiveness to women) Galanterie f
gall bladder n Gallenblase f
galleon n Galeone f
gallery n **1** (≈ balcony, corridor) Galerie f; THEAT Balkon m **2** ART (Kunst)galerie f
galley n (NAUT) (≈ ship) Galeere f; (≈ kitchen) Kombüse f
Gallic adj gallisch
galling adj äußerst ärgerlich
gallivant v/i **to ~ about** or **around** sich herumtreiben, strawanzen (Aus)
gallon n Gallone f
gallop **A** n Galopp m; **at a ~** im Galopp; **at full ~** im gestreckten Galopp **B** v/i galoppieren
gallows n Galgen m; **to send/bring sb to**

the ~ jdn an den Galgen bringen
gallstone *n* Gallenstein *m*
galore *adv* in Hülle und Fülle
galvanize *v/t* (*fig*) elektrisieren; **to ~ sb
into doing** *or* **to do sth** jdm einen Stoß
geben, etw sofort zu tun **galvanized**
adj steel galvanisiert
gamble ◮ *n* (*fig*) Risiko *nt*; **it's a ~** es ist
riskant; **I'll take a ~ on it/him** ich riskiere
es/es mit ihm ◭ *v/i* ◳ (*lit*) (um Geld) spielen (*with* mit); (*on horses etc*) wetten ◲ (*fig*)
to ~ on sth sich auf etw (*acc*) verlassen ◪
v/t ◳ *money* einsetzen; **to ~ sth on sth**
etw auf etw (*acc*) setzen ◲ (*fig*) aufs Spiel
setzen ◊**gamble away** *v/t sep* verspielen
gambler *n* Spieler(in) *m(f)* **gambling** *n*
Spielen *nt* (um Geld); (*on horses etc*) Wetten *nt*
gambol *v/i* herumtollen; (*lambs*) herumspringen
game¹ *n* ◳ Spiel *nt*; (≈ *sport*) Sport(art *f*) *m*;
(≈ *scheme*) Vorhaben *nt*; (*of billiards, board
games etc*) Partie *f*; **to have** *or* **play a ~
of football/chess** *etc* Fußball/Schach *etc*
spielen; **do you fancy a quick ~ of
chess?** hättest du Lust, ein bisschen
Schach zu spielen?; **he had a good ~** er
spielte gut; **~ of chance** Glücksspiel *nt*;
~ set and match to X Satz und Spiel
(geht an) X; **one ~ all** eins beide; **to play
~s with sb** (*fig*) mit jdm spielen; **the ~ is
up** das Spiel ist aus; **two can play at that
~** wie du mir, so ich dir (*infml*); **to beat sb
at his own ~** jdn mit den eigenen Waffen
schlagen; **to give the ~ away** alles verderben; **I wonder what his ~ is?** ich frage
mich, was er im Schilde führt; **to be
ahead of the ~** (*fig*) um eine Nasenlänge
voraus sein ◲ **games** *pl* (≈ *sports event*)
Spiele *pl* ◳ **games** *sg* SCHOOL Sport *m*
◴ (*infml*) Branche *f*; **how long have you
been in this ~?** wie lange machen Sie
das schon? ◵ HUNT, COOK Wild *nt*
game² *adj* (≈ *brave*) mutig; **to be ~** (≈ *willing*) mitmachen; **to be ~ for anything** für
alles zu haben sein; **to be ~ for a laugh**
jeden Spaß mitmachen
game bird *n* Federwild *nt no pl* **game
changer** *n* bahnbrechende Neuerung;
this is a real ~ das ist wirklich bahnbrechend **gamekeeper** *n* Wildhüter(in)
m(f) **gamely** *adv* (≈ *bravely*) mutig **game
reserve** *n* Wildschutzgebiet *nt* **game
show** *n* TV Spielshow *f* **gamesman-**

ship *n* Ablenkungsmanöver *pl* **games
software** *n* Software *f* für Computerspiele **game warden** *n* Jagdaufseher
m **gaming** *n* = gambling
gammon *n* (≈ *bacon*) leicht geräucherter
or (*Aus*) geselchter Vorderschinken; (≈
ham) (gekochter) Schinken; **~ steak** *dicke
Scheibe Vorderschinken zum Braten oder
Grillen*
gammy *adj* (*Br infml*) lahm
gamut *n* (*fig*) Skala *f*
gander *n* Gänserich *m*
gang *n* Haufen *m*; (*of criminals, youths*)
Bande *f*; (*of friends etc*) Clique *f*; **there
was a whole ~ of them** es war ein ganzer
Haufen ◊**gang up** *v/i* sich zusammentun;
to ~ against *or* **on sb** sich gegen jdn verbünden
gangland *adj* Unterwelt-
gangling *adj* schlaksig
gangplank *n* Laufplanke *f*
gangrene *n* Brand *m*
gangster *n* Gangster(in) *m(f)*
gangway *n* ◳ NAUT Landungsbrücke *f* ◲
(≈ *passage*) Gang *m*
gantry *n* (*for crane*) Portal *nt*; (*on motorway*) Schilderbrücke *f*; RAIL Signalbrücke *f*
gaol *n*, *v/t* = jail
gap *n* Lücke *f*; (≈ *chink*) Spalt *m*; (*in surface*)
Riss *m*; (*fig, in conversation*) Pause *f*; (≈ *gulf*)
Kluft *f*; **to close the ~** (*in race*) (den Abstand) aufholen; **a ~ in one's knowledge**
eine Bildungslücke; **a four-year ~** ein Abstand *m* von vier Jahren
gape *v/i* ◳ (*chasm etc*) klaffen ◲ (≈ *stare*)
gaffen; **to ~ at sb/sth** jdn/etw (mit offenem Mund) anstarren **gaping** *adj hole*
riesig; *chasm* klaffend
gap year *n* (*Br* SCHOOL) Überbrückungs-
jahr *nt*
garage *n* ◳ (*for parking*) Garage *f* ◲ (*Br*)
(*for petrol*) Tankstelle *f*; (*for repairs etc*) (Reparatur)werkstatt *f* **garage sale** *n meist
in einer Garage durchgeführter Verkauf
von Haushaltsgegenständen und Trödel*
garbage *n* (*lit: esp US*) Müll *m*; (*fig* ≈ *useless
things*) Schund *m*; (≈ *nonsense*) Quatsch *m*
(*infml*); IT Garbage *m* **garbage bag** *n*
(*US*) Mülleimerbeutel *m* **garbage can** *n*
(*US*) Mülleimer *m*, Mistkübel *m* (*Aus*);
(*outside*) Mülltonne *f* **garbage collector** *n* (*US*) Müllarbeiter *m*; **the ~s** die
Müllabfuhr **garbage disposal unit** *n*
(*esp US*) Müllschlucker *m* **garbage**

man n (US) = garbage collector
garble v/t to ~ one's words sich beim Sprechen überschlagen garbled adj message, instructions konfus; account wirr
garden **A** n Garten m; the Garden of Eden der Garten Eden **B** v/i im Garten arbeiten garden apartment n (US) Souterrainwohnung f garden centre, (US) garden center n Gartencenter nt gardener n Gärtner(in) m(f) garden flat n (Br) Souterrainwohnung f gardening n Gartenarbeit f; she loves ~ sie arbeitet gerne im Garten; ~ tools Gartengeräte pl garden party n Gartenparty f garden path n to lead sb up (esp Br) or down (esp US) the ~ (fig) jdn an der Nase herumführen (infml)
gargantuan adj gewaltig
gargle **A** v/i gurgeln **B** n (≈ liquid) Gurgelwasser nt
gargoyle n Wasserspeier m
garish adj (pej) colours, neon sign grell; clothes knallbunt
garland n Girlande f
garlic n Knoblauch m garlic bread n Knoblauchbrot nt garlic crusher n Knoblauchpresse f garlic mushrooms pl fritierte Pilze mit Knoblauch garlic press n Knoblauchpresse f
garment n Kleidungsstück nt
garner v/t sammeln; support gewinnen
garnet n Granat m
garnish **A** v/t garnieren **B** n Garnierung f
garret n Mansarde f
garrison **A** n Garnison f **B** v/t troops in Garnison legen; to be ~ed in Garnison liegen
garrulous adj geschwätzig
garter n Strumpfband nt; (US) Strumpfhalter m garter belt n (US) Strumpfgürtel m
gas **A** n **1** Gas nt; to cook with ~ mit Gas kochen **2** (US ≈ petrol) Benzin nt; to step on the ~ Gas geben **3** (≈ anaesthetic) Lachgas nt **4** MIL (Gift)gas nt **B** v/t vergasen; to ~ oneself sich mit Gas vergiften
gasbag n (infml) Quasselstrippe f (infml)
gas chamber n Gaskammer f gas cooker n Gasherd m gaseous adj gasförmig gas fire n Gasofen m
gash **A** n (≈ wound) klaffende Wunde; (≈ slash) tiefe Kerbe **B** v/t aufschlitzen; he fell and ~ed his knee er ist gestürzt

und hat sich (dat) dabei das Knie aufgeschlagen
gas heater n Gasofen m gas jet n Gasdüse f
gasket n TECH Dichtung f
gas main n Gasleitung f gasman n Gasmann m (infml) gas mask n Gasmaske f gas meter n Gasuhr f gasolene, gasoline n (US) Benzin nt gas oven n Gasherd m
gasp **A** n (for breath) tiefer Atemzug; to give a ~ (of surprise/fear etc) (vor Überraschung/Angst etc) nach Luft schnappen (infml) **B** v/i (continually) keuchen; (once) tief einatmen; (with surprise etc) nach Luft schnappen (infml); to ~ for breath or air nach Atem ringen; he ~ed with astonishment er war so erstaunt, dass es ihm den Atem verschlug; I'm ~ing for a cup of tea (infml) ich lechze nach einer Tasse Tee (infml)
gas pipe n Gasleitung f gas pump n (US) Zapfsäule f gas ring n Gasbrenner m; (portable) Gaskocher m gas station n (US) Tankstelle f gas stove n Gasherd m; (portable) Gaskocher m gas tank n (US) Benzintank m gas tap n Gashahn m gastric adj Magen-, gastrisch (tech) gastric flu n Darmgrippe f gastric juices pl Magensäfte pl gastric ulcer n Magengeschwür nt gastroenteritis n Magen-Darm-Entzündung f gastronomic adj gastronomisch gastronomy n Gastronomie f gastropub n Gastrokneipe f
gasworks n sg or pl Gaswerk nt
gate n Tor nt; (small ≈ garden gate) Pforte f; (in airport) Flugsteig m
gateau n, pl gateaux (esp Br) Torte f
gate-crash v/t (infml) to ~ a party in eine Party reinplatzen (infml) gate-crasher n ungeladener Gast gatehouse n Pförtnerhaus nt gate money n SPORTS Einnahmen pl gatepost n Torpfosten m
gateway n Tor nt (to zu)
gather **A** v/t **1** (≈ collect) sammeln; people versammeln; flowers pflücken; harvest einbringen; support gewinnen; (≈ collect up) broken glass etc aufsammeln; one's belongings (zusammen)packen; to ~ one's strength Kräfte sammeln; to ~ one's thoughts seine Gedanken ordnen; it just sat there ~ing dust es stand nur da und verstaubte **2** to ~ speed schneller werden; to ~ strength stärker werden

G

3 (≈ *infer*) schließen (*from* aus); **I ~ed that** das dachte ich mir; **from what** *or* **as far as I can ~** (so) wie ich es sehe; **I ~ she won't be coming** ich nehme an, dass sie nicht kommt; **as you might have ~ed** ... wie Sie vielleicht bemerkt haben ... **4** SEWING raffen; (*at seam*) fassen **B** *v/i* (*people*) sich versammeln; (*objects, dust etc*) sich (an)sammeln; (*clouds*) sich zusammenziehen ◊**gather (a)round** *v/i* zusammenkommen; **come on, children, ~!** kommt alle her, Kinder! ◊**gather together** *v/t sep* einsammeln; *one's belongings* zusammenpacken; *people* versammeln ◊**gather up** *v/t sep* aufsammeln; *one's belongings* zusammenpacken; *skirts* (hoch)raffen

gathering A *n* Versammlung *f*; **family ~** Familientreffen *nt*; **a social ~** ein geselliges Beisammensein **B** *adj storm* aufziehend

GATT HIST *abbr of* General Agreement on Tariffs and Trade GATT *nt*

gauche *adj* (*socially*) unbeholfen

gaudily *adv* knallbunt **gaudy** *adj* (+er) knallig (*infml*)

gauge A *n* **1** (≈ *instrument*) Messgerät *nt*; **pressure ~** Druckmesser *m* **2** RAIL Spurweite *f* **3** (*fig*) Maßstab *m* (*of* für) **B** *v/t* (*fig*) *character, progress* beurteilen; *reaction* abschätzen; *mood* einschätzen; (≈ *guess*) schätzen; **I tried to ~ whether she was pleased or not** ich versuchte zu beurteilen, ob sie sich freute oder nicht

gaunt *adj* (≈ *haggard*) hager; (≈ *emaciated*) abgezehrt

gauntlet¹ *n* **to throw down the ~** (*fig*) den Fehdehandschuh hinwerfen

gauntlet² *n* **to (have to) run the ~ of sth** einer Sache (*dat*) ausgesetzt sein

gauze *n* Gaze *f*

gave *pret of* give

gawk (*infml*) *v/i* = gawp

gawky *adj* schlaksig

gawp *v/i* (*Br infml*) glotzen (*infml*); **to ~ at sb/sth** jdn/etw anglotzen (*infml*)

gay A *adj* (+er) *person* schwul (*infml*); **~ bar** Schwulenkneipe *f*; **the ~ community** die Schwulen *pl* **B** *n* Schwule(r) *m/f(m)*

gaze A *n* Blick *m*; **in the public ~** im Blickpunkt der Öffentlichkeit **B** *v/i* starren; **to ~ at sb/sth** jdn/etw anstarren; **they ~d into each other's eyes** sie blickten sich tief in die Augen

gazebo *n* Gartenlaube *f*

gazelle *n* Gazelle *f*

gazette *n* (≈ *magazine*) Zeitung *f*; (≈ *government publication*) Amtsblatt *nt*

GB¹ *abbr of* Great Britain GB *nt*, Großbritannien *nt*

GB² *abbr of* gigabyte GB *nt*

gbh *abbr of* grievous bodily harm

GCSE (*Br*) *abbr of* General Certificate of Secondary Education ≈ mittlere Reife

GDP *abbr of* gross domestic product BIP *nt*

GDR HIST *abbr of* German Democratic Republic DDR *f*

gear A *n* **1** AUTO *etc* Gang *m*; **~s** *pl* Getriebe *nt*; (*on bicycle*) Gangschaltung *f*; **a bicycle with three ~s** ein Fahrrad *nt* mit Dreigangschaltung; **the car is in ~** der Gang ist eingelegt; **the car is/you're not in ~** das Auto ist im Leerlauf; **to change** (*esp Br*) *or* **shift** (*US*) **~** schalten; **to change** (*esp Br*) *or* **shift** (*US*) **into third ~** in den dritten Gang schalten; **to get one's brain in(to) ~** (*infml*) seine Gehirnwindungen in Gang setzen **2** (*infml* ≈ *equipment*) Zeug *nt* (*infml*); (≈ *belongings, clothing*) Sachen *pl* (*infml*) **B** *v/t* (*fig*) ausrichten (*to* auf +*acc*); **to be ~ed to(wards) sb/sth** auf jdn/etw abgestellt sein; (*person, needs*) auf jdn/etw ausgerichtet sein ◊**gear up** *v/t sep* **to gear oneself up for sth** (*fig*) sich auf etw (*acc*) einstellen

gearbox *n* Getriebe *nt* **gear lever**, (*US*) **gear shift**, **gear stick** *n* Schaltknüppel *m*

gee *int* **1** (*esp US infml*) Mensch (*infml*) **2** **~ up!** hü!

geek *n* (*esp US infml*) Waschlappen *m* (*infml*) **geek-speak** *n* (*esp US infml*) Fachchinesisch *nt* (*infml*)

geese *pl of* goose

geezer *n* (*infml*) Kerl *m* (*infml*); **old ~** Opa *m* (*infml*)

Geiger counter *n* Geigerzähler *m*

gel A *n* Gel *nt* **B** *v/i* gelieren; (*fig, people*) sich verstehen

gelatin(e) *n* Gelatine *f* **gelatinous** *adj* gelatineartig

gelignite *n* Plastiksprengstoff *m*

gem *n* Edelstein *m*; (*fig* ≈ *person*) Juwel *nt*; (*of collection etc*) Prachtstück *nt*; **thanks Pat, you're a ~** danke, Pat, du bist ein Schatz

Gemini *n* Zwillinge *pl*; **he's (a) ~** er ist

Zwilling

gemstone n Edelstein m

gen n (Br infml) Informationen pl ◊**gen up** v/i (Br infml) **to ~ on sth** sich über etw (acc) informieren

gen. abbr of general(ly) allg.

gender n Geschlecht nt; **what ~ is this word?** welches Geschlecht hat dieses Wort?; **the feminine/masculine/neuter ~** das Femininum/Maskulinum/Neutrum

gene n Gen nt

genealogy n Genealogie f

genera pl of genus

general A adj allgemein; **to be ~** (wording) allgemein gehalten sein; (≈ vague) unbestimmt sein; **his ~ appearance** sein Aussehen im Allgemeinen; **there was ~ agreement among the two groups** die beiden Gruppen waren sich grundsätzlich einig; **I've got the ~ idea** ich habe eine Vorstellung, worum es geht; **in ~ terms** generell; **in the ~ direction of the village** ungefähr in Richtung des Dorfes; **as a ~ rule** im Allgemeinen **B** n **1 in ~** im Allgemeinen **2** MIL General(in) m(f) **general anaesthetic**, (US) **general anesthetic** n Vollnarkose f **General Certificate of Secondary Education** n (Br) Abschluss m der Sekundarstufe, ≈ mittlere Reife **general dealer** n (US) = general store **general delivery** adv (US, Canada) postlagernd **general election** n Parlamentswahlen pl **general headquarters** n sg or pl MIL Generalkommando nt **generality** n **to talk in generalities** ganz allgemein sprechen **generalization** n Verallgemeinerung f **generalize** v/t & v/i verallgemeinern; **to ~ about sth** etw verallgemeinern **general knowledge** n Allgemeinwissen nt

generally adv **1** (≈ on the whole) im Großen und Ganzen **2** (≈ usually) im Allgemeinen; **they are ~ cheapest** sie sind in der Regel am billigsten; **~ speaking** im Allgemeinen **3** accepted allgemein; available überall **general manager** n Hauptgeschäftsführer(in) m(f) **general meeting** n Vollversammlung f; (of shareholders etc) Hauptversammlung f **general practice** n (Br MED) Allgemeinmedizin f; **to be in ~** praktischer Arzt/praktische Ärztin sein **general practitioner** n Arzt m/Ärztin f für Allgemeinmedizin **general public** n Öffentlichkeit f **gen-**

eral-purpose adj Universal-; **~ cleaner** Universalreiniger m **General Secretary** n Generalsekretär(in) m(f) **general store** n Gemischtwarenhandlung f **general strike** n Generalstreik m

generate v/t erzeugen; income einbringen; excitement hervorrufen **generation** n **1** Generation f **2** (≈ act of generating) Erzeugung f **generation gap** n **the ~** Generationsunterschied m **generator** n Generator m

generic adj artmäßig; **~ name** or **term** Oberbegriff m; **~ brand** (US) Hausmarke f **generic drug** n Generikum nt

generosity n Großzügigkeit f

generous adj **1** großzügig; terms günstig; portion reichlich; **to be ~ in one's praise** mit Lob nicht geizen; **with the ~ support of ...** mit großzügiger Unterstützung von ... **2** (≈ kind) großmütig **generously** adv **1** give großzügigerweise; reward großzügig; **please give ~ (to ...)** wir bitten um großzügige Spenden (für ...) **2** offer, agree großmütigerweise

genesis n, pl **geneses** Entstehung f

gene therapy n MED Gentherapie f

genetic adj genetisch **genetically** adv genetisch; **~ engineered** genmanipuliert; **~ modified** gentechnisch verändert **genetic engineering** n Gentechnologie f **genetic fingerprint** n genetischer Fingerabdruck **geneticist** n Genetiker(in) m(f) **genetic marker** n Markergen nt, molekularer Marker **genetics** n sg Genetik f

Geneva n Genf nt; **Lake ~** der Genfer See

genial adj person herzlich; atmosphere angenehm; **a ~ host** ein warmherziger Gastgeber

genie n dienstbarer Geist

genii pl of genius

genital adj Geschlechts-, Genital-; **~ organs** Geschlechtsorgane pl **genitals** pl Geschlechtsteile pl

genitive A n GRAM Genitiv m; **in the ~** im Genitiv **B** adj Genitiv-; **~ case** Genitiv m

genius n, pl **-es** or **genii** Genie nt; (≈ mental capacity) Schöpferkraft f; **a man of ~** ein Genie nt; **to have a ~ for sth/doing sth** (≈ talent) eine besondere Gabe für etw haben/dafür haben, etw zu tun

genocide n Völkermord m

genome n Genom nt

G

genre n Genre nt (elev)

gent n (infml) abbr of **gentleman** Herr m; **where is the ~s?** (Br ≈ lavatory) wo ist die Herrentoilette?

genteel adj vornehm **gentility** n Vornehmheit f

gentle adj (+er) **1** sanft; pressure, breeze leicht; pace, exercise gemächlich; **cook over a ~ heat** bei geringer Hitze kochen; **to be ~ with sb** sanft mit jdm umgehen; **to be ~ with sth** vorsichtig mit etw umgehen **2** (≈ mild) mild; persuasion freundlich; **a ~ hint** eine zarte Andeutung; **a ~ reminder** ein zarter Wink

gentleman n, pl **-men 1** (well-mannered, well-born) Gentleman m **2** (≈ man) Herr m; **gentlemen!** meine Herren! **gentlemanly** adj ritterlich, gentlemanlike pred; **that is hardly ~ conduct** dieses Verhalten gehört sich nicht für einen Gentleman **gentlemen's agreement** n Gentlemen's Agreement nt; (esp in business) Vereinbarung f auf Treu und Glauben **gentleness** n Sanftheit f **gently** adv sanft; cook langsam; treat schonend; **she needs to be handled ~** mit ihr muss man behutsam umgehen; **~ does it!** sachte, sachte!

gentry pl niederer Adel

genuine adj **1** (≈ not fake) echt; **the picture is ~ or the ~ article** das Bild ist echt **2** (≈ sincere) aufrichtig; concern, interest ernsthaft; offer ernst gemeint; mistake wirklich; **she looked at me in ~ astonishment** sie sah mich aufrichtig erstaunt an **3** (≈ not affected) person natürlich **genuinely** adv wirklich; **they are ~ concerned** sie machen sich ernsthafte Sorgen **genuineness** n **1** (≈ authenticity) Echtheit f **2** (≈ honesty, sincerity) Aufrichtigkeit f

genus n, pl **genera** BIOL Gattung f

geographic(al) adj geografisch **geography** n Geografie f

geological adj geologisch **geologist** n Geologe m, Geologin f **geology** n Geologie f

geometric(al) adj geometrisch **geometry** n MAT Geometrie f; **~ set** (Zirkelkasten m mit) Zeichengarnitur f

Georgian adj (Br) georgianisch

geranium n Geranie f

gerbil n Wüstenspringmaus f

geriatric adj **1** MED geriatrisch **2** (pej infml) altersschwach **geriatric care** n Altenpflege f **geriatrics** n sg Geriatrie f

germ n Keim m

German **A** adj deutsch; **he is ~** er ist Deutscher; **she is ~** sie ist Deutsche **B** n **1** (≈ person) Deutsche(r) m/f(m); **the ~s** die Deutschen **2** LING Deutsch nt; **~ lessons** Deutschunterricht m; **in ~** auf Deutsch **German Democratic Republic** n HIST Deutsche Demokratische Republik **Germanic** adj HIST, LING germanisch **German measles** n sg Röteln pl **German shepherd** n Deutscher Schäferhund **sheep dog** n Deutscher Schäferhund (dog), (US) **German-speaking** adj deutschsprachig; **~ Switzerland** die Deutschschweiz **Germany** n Deutschland nt

germ-free adj keimfrei

germinate v/i keimen; (fig) aufkeimen (elev) **germination** n (lit) Keimung f

germ warfare n bakteriologische Kriegsführung

gerund n Gerundium nt

gestation n (lit, of animals) Trächtigkeit f; (of humans) Schwangerschaft f; (fig) Reifwerden nt

gesticulate v/i gestikulieren; **to ~ at sb/sth** auf jdn/etw deuten

gesture **A** n Geste f; **to make a ~** eine Geste machen; **a ~ of defiance** eine herausfordernde Geste; **as a ~ of goodwill** als Zeichen des guten Willens **B** v/i gestikulieren; **to ~ at sb/sth** auf jdn/etw deuten; **he ~d with his head toward(s) the safe** er deutete mit dem Kopf auf den Safe **gesture control** n IT Gestensteuerung f

get pret **got**, past part **got** or (US) **gotten** **A** v/t **1** (≈ receive) bekommen, kriegen (infml); sun abbekommen; wound sich (dat) zuziehen; time, characteristics haben (from von); (≈ take) bus fahren mit; **where did you ~ it (from)?** woher hast du das?; **he got the idea for his book while he was abroad** die Idee zu dem Buch kam ihm, als er im Ausland war; **I got quite a surprise** ich war ziemlich überrascht; **I ~ the feeling that …** ich habe das Gefühl, dass …; **to ~ sb by the leg** jdn am Bein packen; (**I've) got him!** (infml) ich hab ihn! (**I've) got it!** (infml) ich habs! (infml) **I'll ~ you for that!** (infml) das wirst du mir büßen!; **you've got me there!** (infml) da bin ich überfragt; **what do you ~ from it?** was hast du davon? **2**

G

(≈ *obtain*) *object* sich (*dat*) besorgen; *finance, job* finden; (≈ *buy*) kaufen; *car, cat* sich (*dat*) anschaffen; **to ~ sb/oneself sth, to ~ sth for sb/oneself** jdm/sich etw besorgen; **to need to ~ sth** etw brauchen; **to ~ a glimpse of sb/sth** jdn/etw kurz zu sehen bekommen; **we could ~ a taxi** wir könnten (uns *dat*) ein Taxi nehmen; **could you ~ me a taxi?** könnten Sie mir ein Taxi rufen?; **~ a load of that!** (*infml*) hat man Töne! (*infml*) **🖪** (≈ *fetch*) holen; **to ~ sb from the station** jdn vom Bahnhof abholen; **can I ~ you a drink?** möchten Sie etwas zu trinken?; **I got him a drink** ich habe ihm etwas zu trinken geholt **🖪** (≈ *hit*) treffen **🖪** (TEL ≈ *contact*) erreichen; **you've got the wrong number** Sie sind falsch verbunden **🖪** *meal* machen; **I'll ~ you some breakfast** ich mache dir etwas zum Frühstück **🖪** (≈ *eat*) essen; **to ~ breakfast** frühstücken; **to ~ lunch** zu Mittag essen; **to ~ a snack** eine Kleinigkeit essen **🖪** (≈ *take*) bringen; **to ~ sb to hospital** jdn ins Krankenhaus bringen; **they managed to ~ him home** sie schafften ihn nach Hause; **where does that ~ us?** (*infml*) was bringt uns (*dat*) das? (*infml*); **this discussion isn't ~ting us anywhere** diese Diskussion führt zu nichts; **to ~ sth to sb** jdm etw zukommen lassen; (≈ *take it oneself*) jdm etw bringen **🖪** (≈ *understand*) kapieren (*infml*); (≈ *make a note of*) notieren; **I don't ~ it** (*infml*) da komme ich nicht mit (*infml*); **I don't ~ you** ich verstehe nicht, was du meinst; **~ it?** (*infml*) kapiert? (*infml*) **🖪** (*to form passive*) werden; **when did it last ~ painted?** wann ist es zuletzt gestrichen worden?; **I got paid** ich wurde bezahlt **🖪** **to ~ sb to do sth** (≈ *have sth done by sb*) etw von jdm machen lassen; (≈ *persuade sb*) jdn dazu bringen, etw zu tun; **I'll ~ him to phone you back** ich sage ihm, er soll zurückrufen; **you'll never ~ him to understand** du wirst es nie schaffen, dass er das versteht; **you'll ~ yourself thrown out** du bringst es so weit, dass du hinausgeworfen wirst; **has she got the baby dressed yet?** hat sie das Baby schon angezogen?; **to ~ the washing done** die Wäsche waschen; **to ~ some work done** Arbeit erledigen; **to ~ things done** was fertig kriegen (*infml*); **to ~ sth made for sb/oneself** jdm/sich etw ma-

chen lassen; **I'll ~ the house painted soon** (*by sb else*) ich lasse bald das Haus streichen; **did you ~ your expenses paid?** haben Sie Ihre Spesen erstattet bekommen?; **to ~ sb/sth ready** jdn/etw fertig machen; **to ~ sth clean/open** etw sauber kriegen/aufkriegen (*infml*); **to ~ sb drunk** jdn betrunken machen; **to ~ one's hands dirty** (*lit, fig*) sich (*dat*) die Hände schmutzig machen; **he can't ~ the lid to stay open** er kriegt es nicht hin, dass der Deckel aufbleibt (*infml*); **can you ~ these two pieces to fit together?** kriegen Sie die beiden Teile zusammen?; **to ~ sth going** *machine* etw in Gang bringen; *party* etw in Fahrt bringen; **to ~ sb talking** jdn zum Sprechen bringen; **to have got sth** (*Br* ≈ *have*) etw haben **🖪** *v/i* **🖪** (≈ *arrive*) kommen; **to ~ home** nach Hause kommen; **to ~ here** hier ankommen; **can you ~ to work by bus?** kannst du mit dem Bus zur Arbeit fahren?; **I've got as far as page 16** ich bin auf Seite 16; **to ~ there** (*fig infml* ≈ *succeed*) es schaffen (*infml*); **how's the work going? — we're ~ting there!** wie geht die Arbeit voran? — langsam wirds was! (*infml*); **to ~ somewhere/nowhere** (*with work, in discussion etc*) weiterkommen/nicht weiterkommen; **to ~ somewhere/nowhere (with sb)** (*bei jdm*) etwas/nichts erreichen; **you won't ~ far on £10** mit £ 10 kommst du nicht weit **🖪** (≈ *become*) werden; **I'm ~ting cold** mir wird es kalt; **to ~ dressed** *etc* sich anziehen *etc*; **to ~ married** heiraten; **I'm ~ting bored** ich langweile mich langsam; **how stupid can you ~?** wie kann man nur so dumm sein?; **to ~ started** anfangen; **to ~ to know sb/sth** jdn/etw kennenlernen; **how did you ~ to know about that?** wie hast du davon erfahren?; **to ~ to like sb** jdn sympathisch finden; **to ~ to like sth** an etw (*dat*) Gefallen finden; **to ~ to do sth** die Möglichkeit haben, etw zu tun; **to ~ to see sb/sth** jdn/etw zu sehen bekommen; **to ~ work** sich an die Arbeit machen; **to ~ working** *etc* anfangen zu arbeiten *etc*; **I got talking to him** ich kam mit ihm ins Gespräch; **to ~ going** (*person* ≈ *leave*) aufbrechen; (*party etc*) in Schwung kommen; **to have got to do sth** etw tun müssen; **I've got to** ich muss **🖪** *v/r* (≈ *convey oneself*) gehen; (≈ *come*) kommen; **I had to ~ myself to**

the hospital ich musste ins Krankenhaus (gehen); **to ~ oneself pregnant** schwanger werden; **to ~ oneself washed** sich waschen; **you'll ~ yourself killed if you go on driving like that** du bringst dich noch um, wenn du weiter so fährst ◊**get about** v/i (Br) (prep obj in +dat) **1** (person) sich bewegen können; (to different places) herumkommen **2** (news) sich herumsprechen; (rumour) sich verbreiten ◊**get across** Ⓐ v/i **1** (≈ cross) hinüberkommen; (+prep obj) road, river kommen über (+acc) **2** (meaning) klar werden (to +dat) Ⓑ v/t always separate **1** (≈ transport) herüberbringen; (+prep obj) (herüber)bringen/-bekommen über (+acc) **2** one's ideas verständlich machen (to sb jdm) ◊**get ahead** v/i vorankommen (in in +dat); **to ~ of sb** (in race ≈ overtake) jdn überholen ◊**get along** v/i **1** (≈ go) gehen; **I must be getting along** ich muss jetzt gehen **2** (≈ manage) zurechtkommen **3** (≈ progress) vorankommen **4** (≈ be on good terms) auskommen (with mit); **they ~ quite well** sie kommen ganz gut miteinander aus ◊**get around** Ⓐ v/i = get about Ⓑ v/t & v/i +prep obj = get round ◊**get around to** v/i +prep obj = get round to ◊**get at** v/i +prep obj **1** (≈ gain access to) herankommen an (+acc); food, money gehen an (+acc); **don't let him ~ the whisky** lass ihn nicht an den Whisky (ran) **2** truth herausbekommen **3** (infml ≈ mean) hinauswollen auf (+acc); **what are you getting at?** worauf willst du hinaus? **4** (infml) **to ~ sb** (infml) an jdm etwas auszusetzen haben (infml) ◊**get away** Ⓐ v/i **1** wegkommen; (prisoner) entkommen (from sb jdm); **I'd like to ~ early today** ich würde heute gern früher gehen; **you can't ~** or **there's no getting away from the fact that ...** man kommt nicht um die Tatsache herum, dass ...; **to ~ from it all** sich von allem frei machen Ⓑ v/t always separate **get her away from here** sehen Sie zu, dass sie hier wegkommt; **get him/that dog away from me** schaff ihn mir/schaff mir den Hund vom Leib ◊**get away with** v/i +prep obj (infml) **he'll (etc) never ~ that** das wird nicht gut gehen; **he got away with it** er ist ungeschoren davongekommen (infml) ◊**get back** Ⓐ v/i (≈ come back) zurückkommen; (≈ go back) zurückgehen; **to ~ (home)** nach Hause kommen;

to ~ to bed wieder ins Bett gehen; **to ~ to work** (after interruption etc) wieder arbeiten können; (after break) wieder arbeiten gehen; **~!** zurück(treten)! Ⓑ v/t sep **1** (≈ recover) zurückbekommen **2** (≈ bring back) zurückbringen **3** **I'll get you back for that** das werde ich dir heimzahlen ◊**get back at** v/i +prep obj (infml) sich rächen an (+dat); **to ~ sb for sth** jdm etw heimzahlen (infml) ◊**get back to** v/i +prep obj (≈ contact again) sich wieder in Verbindung setzen mit; **I'll ~ you on that** ich werde darauf zurückkommen ◊**get behind** v/i **1** +prep obj tree sich stellen hinter (+acc); **to ~ the wheel** sich ans or hinter das Steuer setzen **2** (fig, with schedule) in Rückstand kommen ◊**get by** v/i **1** to let sb ~ jdn vorbeilassen **2** (infml) **she could just about ~ in German** mit ihren Deutschkenntnissen könnte sie gerade so durchkommen (infml) **3** (infml ≈ manage) durchkommen (infml); **she gets by on very little money** sie kommt mit sehr wenig Geld aus ◊**get down** Ⓐ v/i **1** (≈ descend) heruntersteigen (prep obj, from von); (≈ manage to get down, in commands) herunterkommen (prep obj, from +acc); **to ~ the stairs** die Treppe hinuntergehen **2** (≈ bend down) sich bücken; (to hide) sich ducken; **to ~ on all fours** sich auf alle Viere begeben Ⓑ v/t sep **1** (≈ take down) herunternehmen; (≈ carry down) herunterbringen **2** (≈ swallow) food hinunterbringen **3** (infml ≈ depress) fertigmachen (infml) ◊**get down to** v/i +prep obj sich machen an (+acc); **to ~ business** zur Sache kommen ◊**get in** Ⓐ v/i **1** (≈ enter) hereinkommen (prep obj, -to in +acc); (into car etc) einsteigen (prep obj, -to in +acc); **the smoke got in(to) my eyes** ich habe Rauch in die Augen bekommen (infml) **2** (train, bus) ankommen (-to in +dat); (plane) landen **3** (≈ get home) nach Hause kommen Ⓑ v/t sep **1** (≈ bring in) hereinbringen (prep obj, -to in +acc) **2** (≈ fit) hineinbekommen (-to in +acc); (fig) request anbringen **3** groceries holen; **to ~ supplies** sich (dat) Vorräte zulegen **4** plumber kommen lassen ◊**get in on** v/i +prep obj (infml) mitmachen bei (infml); **to ~ the act** mitmischen (infml) ◊**get into** Ⓐ v/i +prep obj; → get in I1 **1** debt, trouble etc geraten in (+acc); fight verwickelt werden in (+acc); **to ~ bed** sich ins Bett legen;

what's got into him? (infml) was ist bloß in ihn gefahren? (infml) **2** book sich einlesen bei; work sich einarbeiten in (+acc) **3** (≈ put on) anziehen; (≈ fit into) hineinkommen in (+acc) **B** v/t +prep obj always separate debt etc bringen in (+acc); **to get oneself into trouble** sich in Schwierigkeiten (acc) bringen ◊**get in with** v/i +prep obj **1** (≈ associate with) Anschluss finden an (+acc) **2** (≈ ingratiate oneself with) sich gut stellen mit ◊**get off** **A** v/i **1** (from bus etc) aussteigen (prep obj aus); (from bicycle, horse) absteigen (prep obj von); **to tell sb where to ~** (infml) jdm gründlich die Meinung sagen (infml) **2** (from ladder, furniture) heruntersteigen (prep obj von); **~!** (≈ let me go) lass (mich) los! **3** (≈ weggehen) loskommen; **it's time you got off to school** es ist Zeit, dass ihr in die Schule geht; **I'll see if I can ~ (work) early** ich werde mal sehen, ob ich früher (von der Arbeit) wegkann (infml); **what time do you ~ work?** wann hören Sie mit der Arbeit auf? **4** +prep obj (≈ be excused) homework, task etc nicht machen müssen; **he got off tidying up his room** er kam darum herum, sein Zimmer aufräumen zu müssen (infml) **5** (fig ≈ be let off) davonkommen (infml) **B** v/t **1** sep (≈ remove) wegbekommen (prep obj von); clothes ausziehen; lid herunternehmen (prep obj von); (≈ take away from) abnehmen (prep obj +dat); **get your dirty hands off my clean shirt** nimm deine schmutzigen Hände von meinem sauberen Hemd; **get him off my property!** schaffen Sie ihn von meinem Grundstück! **2** +prep obj always separate (infml ≈ obtain) kriegen (infml) (prep obj von); **I got that idea off John** ich habe die Idee von John **3** sep mail losschicken; **to get sb off to school** jdn für die Schule fertig machen **4** sep day freibekommen ◊**get off with** v/i +prep obj (infml) aufreißen (infml) ◊**get on** **A** v/i **1** (≈ climb on) hinaufsteigen; (+prep obj) (hinauf)steigen auf (+acc); (on train etc) einsteigen (prep obj, -to in +acc); (on bicycle, horse etc) aufsteigen (prep obj, -to auf +acc) **2** (≈ continue) weitermachen **3** time is getting on es wird langsam spät; **he is getting on** er wird langsam alt **4** (≈ progress) vorankommen; (patient, pupil) Fortschritte machen; **to ~ in the world** es zu etwas bringen **5** (≈ fare) zurechtkommen; **how did**

you **~ in the exam?** wie gings (dir) in der Prüfung?; **how are you getting on?** wie gehts? **6** (≈ have a good relationship) sich verstehen **B** v/t sep (**prep obj** auf +acc) clothes anziehen; lid drauftun ◊**get on for** v/i +prep obj (time, person in age) zugehen auf (+acc); **he's getting on for 40** er geht auf die 40 zu; **there were getting on for 60 people there** es waren fast 60 Leute da ◊**get on to** v/i +prep obj (infml ≈ contact) sich in Verbindung setzen mit; **I'll ~ him about it** ich werde ihn daraufhin ansprechen ◊**get onto** v/i +prep obj; → get on I1 ◊**get on with** v/i +prep obj (≈ continue) weitermachen mit; (≈ manage to get on with) weiterkommen mit; **~ it!** nun mach schon! (infml); **to let sb ~ sth** jdn etw machen lassen; **this will do to be getting on with** das tuts wohl für den Anfang (infml) ◊**get out** **A** v/i **1** herausklettern (of aus); (≈ climb out) herausklettern (of aus); (of bus, car) aussteigen (of aus) **2** (≈ leave) weggehen (of aus); (animal, prisoner) entkommen (of aus); (news) an die Öffentlichkeit dringen; **he has to ~ of the country** er muss das Land verlassen; **~!** raus! (infml); **~ of my house!** raus aus meinem Haus! (infml); **to ~ of bed** aufstehen **3** (≈ go walking etc) weggehen; **you ought to ~ more** Sie müssten mehr rauskommen (infml); **to ~ and about** herumkommen **B** v/t sep **1** (≈ remove) (**of** aus) herausmachen; people hinausbringen; (≈ manage to get out) hinausbekommen; **I couldn't get it out of my head** or **mind** ich konnte es nicht vergessen **2** (≈ take out) herausholen (of aus) **3** (≈ withdraw) money abheben (of von) ◊**get out of** **A** v/i +prep obj; → get out I obligation, punishment herumkommen um; **you can't ~ it now** jetzt kannst du nicht mehr anders; **I'll ~ practice** ich verlerne es; **to ~ the habit of doing sth** sich (dat) abgewöhnen, etw zu tun **B** v/t +prep obj always separate confession, truth herausbekommen aus; money herausholen aus; pleasure haben an (+dat); **to get the best/most out of sb/sth** das Beste aus jdm herausholen/etw machen; → get out II ◊**get over** v/i **1** (≈ cross) hinübergehen (prep obj über +acc); (≈ climb over) hinüberklettern; (+prep obj) klettern über (+acc) **2** +prep obj disappointment, experience (hin)wegkommen über (+acc); shock, illness sich

G

erholen von; **I can't ~ it** (*infml*) da komm ich nicht drüber weg (*infml*) **B** *v/t sep ideas etc* verständlich machen (*to dat*) ◊**get over with** *v/t always separate* hinter sich (*acc*) bringen; **let's get it over with** bringen wirs hinter uns ◊**get past** *v/i* = **get by 1** ◊**get round** (*esp Br*) **A** *v/i* herumkommen (*prep obj* um); *difficulty, law* umgehen **B** *v/t always separate +prep obj* **I still can't get my head round it** (*infml*) ich kann es immer noch nicht begreifen ◊**get round to** *v/i +prep obj* (*esp Br infml*) **to ~ sth** zu etw kommen; **to ~ doing sth** dazu kommen, etw zu tun ◊**get through** **A** *v/i* **1** (*through gap etc*) durchkommen (*prep obj* durch) **2** **to ~ to the final** in die Endrunde kommen **3** TEL durchkommen (*infml*) (*to sb* zu jdm, *to Germany* nach Deutschland) **4** (≈ *be understood*) **he has finally got through to her** endlich hat er es geschafft, dass sie es begreift **5** *+prep obj work* erledigen; *bottle* leer machen; *days, time* herumbekommen; (≈ *consume*) verbrauchen; *food* aufessen **B** *v/t always separate* **1** *proposal* durchbringen (*prep obj* durch); **to get sb through an exam** (*teacher*) jdn durchs Examen bringen **2** *message* durchgeben (*to +dat*); *supplies* durchbringen **3** (≈ *make understand*) **to get sth through (to sb)** (jdm) etw klarmachen ◊**get to** *v/i +prep obj* **1** (≈ *arrive at*) kommen zu; *hotel, town etc* ankommen in (*+dat*); **where did you ~ last night?** wo bist du gestern Abend abgeblieben? (*infml*) **2** (*infml*) **I got to thinking/wondering** ich hab mir überlegt/mich gefragt **3** (*infml* ≈ *annoy*) aufregen; **don't let them ~ you** ärgere dich nicht über sie ◊**get together** **A** *v/i* zusammenkommen; (≈ *combine forces*) sich zusammenschließen; **why don't we ~ later?** warum treffen wir uns nicht später? **B** *v/t sep people, collection* zusammenbringen; *money* zusammenbekommen; **to get one's things together** seine Sachen zusammenpacken ◊**get under** *v/i* darunter kriechen; (*under umbrella etc*) darunter kommen; (*+prep obj*) kriechen/kommen unter (*+acc*) ◊**get up** **A** *v/i* **1** (≈ *stand up, get out of bed*) aufstehen **2** (≈ *climb up*) hinaufsteigen (*prep obj* auf *+acc*); (*vehicle*) hinaufkommen (*prep obj +acc*); **he couldn't ~ the stairs** er kam nicht die Treppe hinauf **B** *v/t always separate* (≈

out of bed) aus dem Bett holen; (≈ *help to stand up*) aufhelfen (*+dat*) **2** *sep* **to ~ speed** sich beschleunigen; **to get one's strength up** wieder neue Kräfte sammeln; **to ~ an appetite** (*infml*) Hunger bekommen (*infml*) ◊**get up to** *v/i +prep obj* **1** (≈ *reach*) erreichen; *page* kommen bis; **as soon as he got up to me** sobald er neben mir stand **2** (≈ *be involved in*) anstellen (*infml*); **what have you been getting up to?** was hast du getrieben? (*infml*)

getaway **A** *n* Flucht *f*; **to make one's ~** sich davonmachen (*infml*) **B** *adj attr* **~ car** Fluchtauto *nt* **get-together** *n* (*infml*) Treffen *nt*; **family ~** Familientreffen *nt* **get-up** *n* (*infml*) Aufmachung *f* (*infml*) **get-well card** *n* Karte *f* mit Genesungswünschen

geyser *n* GEOL Geysir *m*

ghastly *adj* (*+er*) **1** (*infml* ≈ *dreadful*) schrecklich **2** *crime* grausig

gherkin *n* Gewürzgurke *f*

ghetto *n* Getto *nt* **ghetto blaster** *n* (*infml*) Gettoblaster *m* (*infml*)

ghost *n* **1** Gespenst *nt*; (*of sb*) Geist *m* **2** (*fig*) **I don't have** *or* **stand the ~ of a chance** ich habe nicht die geringste Chance; **to give up the ~** (*dated infml*) seinen *or* den Geist aufgeben **ghostly** *adj* (*+er*) gespenstisch **ghost story** *n* Geister- *or* Gespenstergeschichte *f* **ghost town** *n* Geisterstadt *f* **ghost train** *n* (*Br, at funfair*) Geisterbahn *f*

ghoul *n* Ghul *m*

GHQ *abbr of* General Headquarters

GHz *abbr of* gigahertz GHz

GI (*US*) *abbr of* government issue *n* GI *m*

giant **A** *n* Riese *m*; (*fig*) (führende) Größe; (≈ *company*) Gigant *m*; **a ~ of a man** ein Riese (von einem Mann); **publishing ~** Großverlag *m* **B** *adj* riesig; **~ panda** *n* Riesenpanda *m*

gibber *v/i* (*ape*) schnattern; **a ~ing idiot** ein daherplappernder Idiot **gibberish** *n* Quatsch *m* (*infml*); (≈ *foreign language*) Kauderwelsch *nt*

gibe *n* Spöttelei *f*

giblets *pl* Geflügelinnereien *pl*

Gibraltar *n* Gibraltar *nt*

giddiness *n* Schwindelgefühl *nt* **giddy** *adj* (*+er*) **1** (*lit*) schwind(e)lig; **I feel ~** mir ist schwind(e)lig **2** *heights* schwindelnd **3** (*fig* ≈ *excited*) ausgelassen

gift *n* **1** Geschenk *nt*; **that question was a**

~ (infml) die Frage war ja geschenkt (infml) **2** (≈ talent) Gabe f; **to have a ~ for sth** ein Talent nt für etw haben; **she has a ~ for teaching** sie hat eine Begabung zur Lehrerin; **he has a ~ for music** er ist musikalisch begabt **gift card** n Geschenkkarte f **gift certificate** n (US) Geschenkgutschein m **gifted** adj begabt (in für) **gift token, gift voucher** n Geschenkgutschein m **giftwrap A** v/t in Geschenkpapier einwickeln **B** n Geschenkpapier nt

gig n (infml ≈ concert) Konzert nt, Gig m (infml); **to do a ~** ein Konzert geben, auftreten

gigabyte n IT Gigabyte nt

gigantic adj riesig

giggle A n Gekicher nt no pl; **to get the ~s** anfangen herumzukichern **B** v/i kichern **giggly** adj (+er) albern

gill n (of fish) Kieme f

gilt A n (≈ material) Vergoldung f **B** adj vergoldet

gimmick n effekthaschender Gag; (≈ gadget) Spielerei f; COMM verkaufsfördernde Maßnahme **gimmickry** n Effekthascherei f; (in advertising) Gags pl; (≈ gadgetry) Spielereien pl **gimmicky** adj effekthascherisch

gin n (≈ drink) Gin m; **~ and tonic** Gin Tonic m

ginger A n Ingwer m **B** adj **1** COOK Ingwer- **2** hair kupferrot; cat rötlich gelb **ginger ale** n Gingerale nt **ginger beer** n Ingwerlimonade f **gingerbread A** n Lebkuchen m (mit Ingwergeschmack) **B** adj attr Lebkuchen- **gingerly** adv vorsichtig

gingham n Gingan m

gipsy n, adj = gypsy

giraffe n Giraffe f

girder n Träger m

girdle n Hüfthalter m

girl n Mädchen nt, Dirndl nt (Aus); (≈ daughter) Tochter f; (≈ girlfriend) Freundin f; **an English ~** eine Engländerin; **I'm going out with the ~s tonight** ich gehe heute Abend mit meinen Freundinnen aus **girl Friday** n Allroundsekretärin f **girlfriend** n Freundin f **Girl Guide** n (Br) Pfadfinderin f **girlhood** n Mädchenzeit f, Jugend f; **in her ~** in ihrer Jugend **girlie, girly** adj attr (infml) girliehaft; magazine Girlie- **girlish** adj mädchenhaft

Girl Scout n (US) Pfadfinderin f

giro n (Br) (≈ bank giro) Giro(verkehr m) nt; (≈ post-office giro) Postscheckverkehr m; **~ (cheque)** SOCIAL SECURITY Sozialhilfeüberweisung f; **to pay a bill by ~** eine Rechnung durch Überweisung bezahlen

girth n Umfang m

gismo n (infml) = gizmo

gist n no pl Wesentliche(s) nt; **I got the ~ of it** das Wesentliche habe ich verstanden

git n (infml) Schwachkopf m

give vb: pret **gave**, past part **given A** v/t **1** geben; **to ~ sb sth** or **sth to sb** jdm etw geben; **the teacher gave us three exercises** der Lehrer hat uns drei Übungen gegeben; **to ~ sb one's cold** (infml) jdn mit seiner Erkältung anstecken; **to ~ sth for sth** (≈ pay) etw für etw ausgeben; (≈ exchange) etw gegen etw tauschen; **what will you ~ me for it?** was gibst du mir dafür?; **how much did you ~ for it?** wie viel hast du dafür bezahlt?; **six foot, or take a few inches** ungefähr sechs Fuß **2** (as present) schenken; (≈ donate) spenden; **to ~ sb sth** or **sth to sb** jdm etw schenken; **it was ~n to me by my uncle** ich habe es von meinem Onkel geschenkt bekommen **3** trouble, pleasure machen; **to ~ sb support** jdn unterstützen; **to be ~n a choice** die Wahl haben; **to ~ sb a smile** jdn anlächeln; **to ~ sb a push** einen Stoß geben; **to ~ one's hair a brush** sich (dat) die Haare bürsten; **who gave you that idea?** wer hat dich denn auf die Idee gebracht?; **what ~s you that idea?** wie kommst du denn auf die Idee?; **it ~s me great pleasure to ...** es ist mir eine große Freude ...; **to ~ sb a shock** jdm einen Schock versetzen; **to ~ a cry** aufschreien; **to ~ way** (≈ yield) nachgeben (to +dat); **~ way to oncoming traffic** (Br) der Gegenverkehr hat Vorfahrt; **"give way"** (Br MOT) „Vorfahrt beachten!", „Vortritt beachten!" (Swiss) **4** (≈ punish with) erteilen; **he gave the child a smack** er gab dem Kind einen Klaps; **to ~ sb five years** jdn zu fünf Jahren verurteilen; **~ yourself time to recover** lassen Sie sich Zeit, um sich zu erholen; **it's an improvement, I'll ~ you that** es ist eine Verbesserung, das gestehe ich (dir) ein; **he's a good worker, I'll ~ him that** eines muss man ihm lassen, er arbeitet gut **5** (≈ tell) information, details, description, answer, ad-

vice geben; *one's name* angeben; *decision, opinion, results* mitteilen; **~ him my regards** richten Sie ihm (schöne) Grüße von mir aus; **to ~ sb a warning** jdn warnen **6** *party* geben; *speech* halten; *toast* ausbringen (*to sb* auf jdn); **~ us a song** sing uns was vor; **the child gave a little jump of excitement** das Kind machte vor Aufregung einen kleinen Luftsprung; **he gave a shrug** er zuckte mit den Schultern **B** *v/i* **1** (≈ *collapse, yield*) nachgeben; (*rope, cable*) reißen **2** (≈ *give money etc*) spenden; **you have to be prepared to ~ and take** (*fig*) man muss zu Kompromissen bereit sein **C** *n* Nachgiebigkeit *f*; (*of bed*) Federung *f* ◊**give away** *v/t sep* **1** weggeben; *gift, advantage* verschenken **2** *bride* zum Altar führen **3** *prizes etc* vergeben **4** (*fig* ≈ *betray*) verraten (*to sb* an jdn); **to give the game away** (*infml*) etw verraten ◊**give back** *v/t sep* zurückgeben ◊**give in A** *v/i* (≈ *surrender*) sich ergeben (*to sb* jdm); (*in game*) aufgeben; (≈ *back down*) nachgeben (*to +dat*); **to ~ to temptation** der Versuchung erliegen **B** *v/t sep essay* einreichen ◊**give off** *v/t insep heat* abgeben; *smell* verbreiten ◊**give out A** *v/i* (*supplies, strength*) zu Ende gehen; (*engine*) versagen; **my voice gave out** mir versagte die Stimme **B** *v/t sep* **1** (≈ *distribute*) austeilen **2** (≈ *announce*) bekannt geben **C** *v/t insep* = give off ◊**give over A** *v/t sep* (≈ *hand over*) übergeben (*to +dat*) **B** *v/i* (*dial infml* ≈ *stop*) aufhören **C** *v/i +prep obj* aufhören; **~ tickling me!** hör auf, mich zu kitzeln! ◊**give up A** *v/i* aufgeben **B** *v/t sep* **1** aufgeben; **to ~ doing sth** es aufgeben, etw zu tun; **I'm trying to ~ smoking** ich versuche, das Rauchen aufzugeben; **to give sb/sth up as lost** jdn/etw verloren geben **2** *seat* frei machen (*to* für); **to give oneself up** sich ergeben ◊**give up on** *v/i +prep obj* abschreiben

give-and-take *n* (gegenseitiges) Geben und Nehmen **giveaway** *n* **it was a real ~ when he said ...** er verriet sich, als er sagte ... **given A** *past part* of give **B** *adj* **1** (*with indef art*) bestimmt; (*with def art*) angegeben; **in a ~ period** in einem bestimmten Zeitraum; **within the ~ period** im angegebenen Zeitraum **2** **~ name** (*esp US*) Vorname *m* **3** **to be ~ to sth** zu etw neigen; **I'm not ~ to drinking on my own** ich habe nicht die Ange-

wohnheit, allein zu trinken **C** *cj* **~ that he ...** angesichts der Tatsache, dass er ...; **~ time, we can do it** wenn wir genug Zeit haben, können wir es schaffen; **~ the chance, I would ...** wenn ich die Gelegenheit hätte, würde ich ... **giver** *n* Spender(in) *m(f)*

gizmo *n* (*infml*) Ding *nt* (*infml*)

glacé *adj* kandiert

glacier *n* Gletscher *m*

glad *adj* (+er) *pred* froh; **to be ~ about sth** sich über etw (*acc*) freuen; **I'm ~ (about that)** das freut mich; **to be ~ of sth** froh über etw (*acc*) sein; **we'd be ~ of your help** wir wären froh, wenn Sie uns helfen könnten; **I'd be ~ of your opinion on this** ich würde gerne Ihre Meinung dazu hören; **I'm ~ you like it** ich freue mich, dass es Ihnen gefällt; **I'll be ~ to show you everything** ich zeige Ihnen gerne alles **gladden** *v/t* erfreuen

glade *n* Lichtung *f*

gladiator *n* Gladiator *m*

gladly *adv* gern(e)

glamor *n* (*US*) = glamour **glamorize** *v/t* idealisieren; *violence* verherrlichen **glamorous** *adj* glamourös; *occasion* glanzvoll **glamour**, (*US*) **glamor** *n* Glamour *m*; (*of occasion*) Glanz *m*

glance A *n* Blick *m*; **at first ~** auf den ersten Blick; **to take a quick ~ at sth** einen kurzen Blick auf etw (*acc*) werfen; **we exchanged ~s** wir sahen uns kurz an **B** *v/i* blicken; **to ~ at sb/sth** jdn/etw kurz ansehen; **to ~ at** *or* **through a report** einen kurzen Blick in einen Bericht werfen ◊**glance off** *v/i* (**prep obj** von) (*bullet etc*) abprallen

gland *n* Drüse *f* **glandular** *adj* **~ fever** Drüsenfieber *nt*

glare A *n* **1** greller Schein; **the ~ of the sun** das grelle Sonnenlicht **2** (≈ *stare*) stechender Blick **B** *v/i* **1** (*light, sun*) grell scheinen **2** (≈ *stare*) (*zornig*) starren; **to ~ at sb/sth** jdn/etw zornig anstarren **glaring** *adj* **1** *sun, light* grell **2** *example, omission* eklatant **glaringly** *adv* **~ obvious** *fact, statement* überdeutlich; **it was ~ obvious that he had no idea** es war nur zu ersichtlich, dass er keine Ahnung hatte

glass A *n* **1** Glas *nt*; **a pane of ~** eine Glasscheibe; **a ~ of wine** ein Glas Wein **2** (≈ *spectacles*) **~es** *pl*, **pair of ~es** Brille *f*

B *adj attr* Glas- **glass ceiling** *n* (*fig*) gläserne Decke; **she hit the ~** sie kam als Frau beruflich nicht mehr weiter **glass fibre**, (US) **glass fiber** *n* Glasfaser *f* **glassful** *n* Glas *nt* **glasshouse** *n* (Br HORT) Gewächshaus *nt* **glassy** *adj* (+er) surface, sea etc spiegelglatt; **~-eyed** look glasig

glaucoma *n* grüner Star

glaze **A** *n* Glasur *f* **B** *v/t* **1** window verglasen **2** pottery, cake glasieren **C** *v/i* (eyes: a. **glaze over**) glasig werden; **she had a ~d look in her eyes** sie hatte einen glasigen Blick **glazier** *n* Glaser(in) *m(f)* **glazing** *n* Glasur *f*

gleam **A** *n* Schimmer *m*; (of metal, water) Schimmer *nt*; (of light) ein Lichtschimmer *m*; **he had a ~ in his eye** seine Augen funkelten **B** *v/i* schimmern; (eyes) funkeln **gleaming** *adj* schimmernd; eyes funkelnd; **~ white** strahlend weiß

glean *v/t* (fig) herausbekommen; **to ~ sth from sb/sth** etw von jdm erfahren/einer Sache (dat) entnehmen

glee *n* Freude *f*; (malicious) Schadenfreude *f*; **he shouted with ~** er stieß einen Freudenschrei aus **gleeful** *adj* vergnügt; (maliciously) schadenfroh

glen *n* Tal *nt*

glib *adj* (+er) person zungenfertig; reply leichtzüngig

glide *v/i* gleiten; (through the air) schweben; (plane) im Gleitflug fliegen **glider** *n* AVIAT Segelflugzeug *nt* **gliding** *n* AVIAT Segelfliegen *nt*

glimmer **A** *n* **1** (of light etc) Schimmer *m* **2** (fig) = gleam I **B** *v/i* (light) schimmern; (fire) glimmen

glimpse **A** *n* Blick *m*; **to catch a ~ of sb/ sth** einen flüchtigen Blick auf jdn/etw werfen können **B** *v/t* einen Blick erhaschen von

glint **A** *n* Glitzern *nt no pl*; **a ~ of light** ein glitzernder Lichtstrahl; **he has a wicked ~ in his eyes** seine Augen funkeln böse **B** *v/i* glitzern; (eyes) funkeln

glisten *v/i* glänzen; (dewdrops) glitzern

glitch *n* IT Funktionsstörung *f*; **a technical ~** eine technische Panne

glitter **A** *n* Glitzern *nt*; (for decoration) Glitzerstaub *m* **B** *v/i* glitzern; (eyes, diamonds) funkeln **glittering** *adj* glitzernd; eyes, diamonds funkelnd; occasion glanzvoll **glitzy** *adj* (+er) (infml) occasion glanzvoll

gloat *v/i* (with pride) sich großtun (over, about mit); (over sb's misfortune) sich hämisch freuen (over, about über +acc); **there's no need to ~ (over me)!** das ist kein Grund zur Schadenfreude!

global *adj* global; recession weltweit; **~ peace** Weltfrieden *m* **global economy** *n* Weltwirtschaft *f* **globalization** *n* Globalisierung *f* **globalize** *v/t & v/i* globalisieren **globally** *adv* **1** (≈ worldwide) global **2** (≈ universally) allgemein **global trade** *n* Welthandel *m* **global village** *n* Weltdorf *nt* **global warming** *n* Erwärmung *f* der Erdatmosphäre **globe** *n* (≈ sphere) Kugel *f*; (≈ map) Globus *m*; **all over the ~** auf der ganzen Erde or Welt **globe artichoke** *n* Artischocke *f* **globetrotter** *n* Globetrotter(in) *m(f)* **globetrotting** **A** *n* Globetrotten *nt* **B** *attr* globetrottend

globule *n* Kügelchen *nt*; (of oil, water) Tröpfchen *nt*

gloom *n* **1** (≈ darkness) Düsterkeit *f* **2** (≈ sadness) düstere Stimmung **gloomily** *adv* niedergeschlagen; (≈ pessimistically) pessimistisch **gloomy** *adj* (+er) düster; weather, light trüb; person niedergeschlagen; (≈ pessimistic) pessimistisch (about über +acc); outlook trübe; **he is very ~ about his chances of success** er beurteilt seine Erfolgschancen sehr pessimistisch

glorification *n* Verherrlichung *f* **glorified** *adj* **I'm just a ~ secretary** ich bin nur eine bessere Sekretärin **glorify** *v/t* verherrlichen **glorious** *adj* **1** (≈ splendid) herrlich **2** career glanzvoll; victory ruhmreich **gloriously** *adv* herrlich; **~ happy** überglücklich **glory** **A** *n* **1** (≈ honour) Ruhm *m*; **moment of ~** Ruhmesstunde *f* **2** (≈ magnificence) Herrlichkeit *f*; **they restored the car to its former ~** sie restaurierten das Auto, bis es seine frühere Schönheit wiedererlangt hatte **B** *v/i* **to ~ in one's/sb's success** sich in seinem/ jds Erfolg sonnen

gloss¹ *n* Glanz *m*; **~ finish** (PHOT: on paper) Glanz(beschichtung *f*) *m*; (of paint) Lackanstrich *m* ◊**gloss over** *v/t sep* **1** (≈ conceal) vertuschen **2** (≈ make light of) beschönigen

gloss² *n* (≈ explanation) Erläuterung *f*; **to put a ~ on sth** etw interpretieren

glossary *n* Glossar *nt*

gloss (paint) *n* Glanzlack(farbe *f*) *m*

glossy *adj* (*+er*) glänzend; **~ magazine** (Hochglanz)magazin *nt*; **~ paper/paint** Glanzpapier *nt*/-lack *m*; **~ print** PHOT Hochglanzbild *nt*

glove *n* (Finger)handschuh *m*; **to fit (sb) like a ~** (jdm) wie angegossen passen

glove compartment *n* AUTO Handschuhfach *nt* **glove puppet** *n* (Br) Handpuppe *f*

glow **A** *v/i* glühen; (*hands of clock*) leuchten; (*lamp*) scheinen; **she/her cheeks ~ed with health** sie hatte ein blühendes Aussehen; **to ~ with pride** vor Stolz glühen **B** *n* Glühen *nt*; (*of lamp*) Schein *m*; (*of fire*) Glut *f*; **her face had a healthy ~** ihr Gesicht hatte eine blühende Farbe

glower *v/i* **to ~ at sb** jdn finster ansehen

glowing *adj account* begeistert; **to speak of sb/sth in ~ terms** voller Begeisterung von jdm/etw sprechen **glow-worm** *n* Glühwürmchen *nt*

glucose *n* Traubenzucker *m*

glue **A** *n* Leim *m*, Pick *m* (Aus) **B** *v/t* kleben, picken (Aus); **to ~ sth down/on** etw fest-/ankleben; **to ~ sth to sth** etw an etw (*dat*) festkleben; **to keep one's eyes ~d to sb/sth** jdn/etw nicht aus den Augen lassen; **he's been ~d to the TV all evening** er hängt schon den ganzen Abend vorm Fernseher (*infml*); **we were ~d to our seats** wir saßen wie gebannt auf unseren Plätzen **glue-sniffing** *n* (Klebstoff)schnüffeln *nt*, Pickschnüffeln *m* (Aus)

glum *adj* (*+er*) niedergeschlagen **glumly** *adv* niedergeschlagen

glut *n* Schwemme *f*

glute *n usu pl* (*infml*) Hintern *m* (*infml*)

gluten *n* Gluten *nt* **gluten-free** *adj* glutenfrei

glutinous *adj* klebrig

glutton *n* Vielfraß *m*; **she's a ~ for punishment** sie ist die reinste Masochistin (*infml*) **gluttonous** *adj* (*lit, fig*) unersättlich; *person* gefräßig **gluttony** *n* Völlerei *f*

glycerin(e) *n* Glyzerin *nt*

GM *abbr of* genetically modified

gm *abbr of* gram(s), gramme(s) g

GMO *n abbr of* genetically modified organism genetisch veränderter Organismus, GVO *m*

GMT *abbr of* Greenwich Mean Time WEZ

gnarled *adj tree* knorrig; *fingers* knotig

gnash *v/t* **to ~ one's teeth** mit den Zähnen knirschen

gnat *n* (Stech)mücke *f*

gnaw **A** *v/t* nagen an (*+dat*); *hole* nagen **B** *v/i* nagen; **to ~ at** *or* **on sth** an etw (*dat*) nagen; **to ~ at sb** (*fig*) jdn quälen

gnawing *adj doubt, pain* nagend; *fear* quälend

gnome *n* Gnom *m*; (*in garden*) Gartenzwerg *m*

GNP *abbr of* gross national product

GNVQ (Br SCHOOL) *abbr of* General National Vocational Qualification ≈ Berufsschulabschluss *m*

go *vb: pret* **went**, *past part* **gone** **A** *v/i* **1** gehen; (*vehicle*) fahren; (*plane*) fliegen; (≈ *travel*) reisen; (*road*) führen; **the doll goes everywhere with her** sie nimmt die Puppe überallhin mit; **you go first** geh du zuerst!; **you go next** du bist der Nächste; **there you go** (*giving sth*) bitte; (≈ *I told you so*) na bitte; **here we go again!** (*infml*) jetzt geht das schon wieder los! (*infml*); **where do we go from here?** (*lit*) wo gehen wir anschließend hin?; (*fig*) und was (wird) jetzt?; **to go to church** in die Kirche gehen; **to go to evening classes** Abendkurse besuchen; **to go to work** zur Arbeit gehen; **what shall I go in?** was soll ich anziehen?; **the garden goes down to the river** der Garten geht bis zum Fluss hinunter; **to go to France** nach Frankreich fahren; **I have to go to the doctor** ich muss zum Arzt (gehen); **to go to war** Krieg führen (*over wegen*); **to go to sb for sth** (≈ *ask sb*) jdn wegen etw fragen; (≈ *fetch from sb*) bei jdm etw holen; **to go on a journey** eine Reise machen; **to go on a course** einen Kurs machen; **to go on holiday** (Br) *or* **vacation** (US) in Urlaub gehen; **to go for a walk** spazieren gehen; **to go for a newspaper** eine Zeitung holen gehen; **go and shut the door** mach mal die Tür zu; **he's gone and lost his new watch** (*infml*) er hat seine neue Uhr verloren; **now you've gone and done it!** (*infml*) na, jetzt hast du es geschafft!; **to go shopping** einkaufen gehen; **to go looking for sb/sth** nach jdm/etw suchen **2** (≈ *depart*) gehen; (*vehicle*) (ab)fahren; (*plane*) (ab)fliegen; **has he gone yet?** ist er schon weg?; **we must go** *or* **be going** (*infml*) wir müssen gehen; **go!** SPORTS los!; **here goes!** jetzt gehts los! (*infml*) **3** (≈ *vanish*) verschwinden; (≈

be used up) aufgebraucht werden; (time) vergehen; **it is** or **has gone** (≈ disappeared) es ist weg; **where has it gone?** wo ist es geblieben?; **all his money goes on computer games** er gibt sein ganzes Geld für Computerspiele aus; **£75 a week goes on rent** £ 75 die Woche sind für die Miete (weg); **it's just gone three** es ist kurz nach drei; **two days to go till …** noch zwei Tage bis …; **two exams down and one to go** zwei Prüfungen geschafft und eine kommt noch **4** (≈ be got rid of) verschwinden; (≈ be abolished) abgeschafft werden; **that settee will have to go** das Sofa muss weg; **hundreds of jobs will go** Hunderte von Stellen werden verloren gehen **5** (≈ be sold) **the hats aren't going very well** die Hüte gehen nicht sehr gut (weg); **it went for £5** es ging für £ 5 weg; **how much did the house go for?** für wie viel wurde das Haus verkauft?; **going, going, gone!** zum Ersten, zum Zweiten, und zum Dritten!; **he has gone so far as to accuse me** er ist so weit gegangen, mich zu beschuldigen **6** (prize etc) gehen (to an +acc) **7** (watch) gehen; (car, machine) laufen; **to make sth go** etw in Gang bringen; **to get going** in Schwung kommen; **to get sth going** etw in Gang bringen; Party etw in Fahrt bringen; **to keep going** (person) weitermachen; (machine etc) weiterlaufen; (car) weiterfahren; **keep going!** weiter!; **to keep the fire going** das Feuer anbehalten; **this prospect kept her going** diese Aussicht hat sie durchhalten lassen; **here's £50 to keep you going** hier hast du erst mal £ 50 **8** (event, evening) verlaufen; **how does the story go?** wie war die Geschichte noch mal?; **we'll see how things go** (infml) wir werden sehen, wie es läuft (infml); **the way things are going I'll …** so wie es aussieht, werde ich …; **she has a lot going for her** sie ist gut dran; **how's it going?** (infml) wie gehts (denn so)? (infml); **how did it go?** wie wars?; **how's the essay going?** was macht der Aufsatz? **9** (≈ fail) kaputtgehen; (strength, eyesight etc) nachlassen; (brakes) versagen; **his mind is going** er lässt geistig sehr nach **10** (≈ become) werden; **to go deaf** taub werden; **to go hungry** hungern; **I went cold** mir wurde kalt;

to go to sleep einschlafen **11** (≈ fit) gehen, passen; (≈ belong) hingehören; (in drawer etc) (hin)kommen; (≈ match) dazu passen; **4 into 12 goes 3** 4 geht in 12 dreimal; **4 into 3 won't go** 3 durch 4 geht nicht **12** (≈ make a sound) machen; **to go bang** peng machen; **there goes the bell** es klingelt **13** anything goes! alles ist erlaubt; **that goes for me too** (≈ I agree with that) das meine ich auch; **there are several jobs going** es sind mehrere Stellen zu haben; **large fries to go** (US) eine große Portion Pommes zum Mitnehmen; **the money goes to help the poor** das Geld soll den Armen helfen; **the money will go toward(s) a new car** das ist Geld für ein neues Auto; **he's not bad as bosses go** verglichen mit anderen Chefs ist er nicht übel **B** aux vb **I'm/I was going to do it** ich werde/wollte es tun; **I had been going to do it** ich habe es tun wollen; **it's going to rain** es wird wohl regnen **C** v/t **1** route gehen; (vehicle) fahren; **to go it alone** sich selbstständig machen; **my mind went a complete blank** ich hatte ein Brett vor dem Kopf (infml) **2** (≈ say, infml) sagen **D** n, pl goes **1** (≈ energy, infml) Schwung m; **to be on the go** auf Trab sein (infml); **he's got two women on the go** er hat zwei Frauen gleichzeitig; **it's all go** es ist immer was los (infml) **2** (≈ attempt) Versuch m; **at the first go** auf Anhieb (infml); **at the second go** beim zweiten Versuch; **at** or **in one go** auf einen Schlag (infml); (drink) in einem Zug (infml); **to have a go** (Br) es probieren; **to have a go at doing sth** versuchen, etw zu tun; **have a go!** versuchs or probiers (infml) doch mal!; **to have a go at sb** (infml ≈ criticize) jdn runterputzen (infml) **3** (≈ turn) **it's your go** du bist an der Reihe; **miss one go** (Br) einmal aussetzen; **can I have a go?** darf ich mal? **4** **to make a go of sth** in etw (dat) Erfolg haben; **from the word go** von Anfang an ◊**go about A** v/i **1** (Br) herumlaufen; **to ~ with sb** mit jdm zusammen sein **2** (Br) (flu etc) umgehen **B** v/i +prep obj **1** task anpacken; **how does one ~ finding a job?** wie bekommt man eine Stelle? **2** work erledigen; **to ~ one's business** sich um seine eigenen Geschäfte kümmern ◊**go across A** v/i +prep obj überqueren **B** v/i hinübergehen; (by vehicle) hinüber-

G

fahren ◊**go after** v/i +prep obj **1** (≈ follow) nachgehen (+dat); (in vehicle) nachfahren (+dat); **the police went after the escaped criminal** die Polizei hat den entkommenen Verbrecher gejagt **2** (≈ try to obtain) anstreben ◊**go against** v/i +prep obj **1** (luck) sein gegen; (events) ungünstig verlaufen für; **the verdict went against her** das Urteil fiel zu ihren Ungunsten aus; **the vote went against her** sie verlor die Abstimmung **2** (≈ be contrary to) im Widerspruch stehen zu; principles gehen gegen; (≈ oppose) person sich widersetzen (+dat); wishes zuwiderhandeln (+dat) ◊**go ahead** v/i **1** (≈ go in front) vorangehen; (in race) sich an die Spitze setzen; (≈ go earlier) vorausgehen; (in vehicle) vorausfahren; **to ~ of sb** vor jdm gehen; sich vor jdn setzen; jdm vorausgehen/-fahren **2** (≈ proceed, person) es machen; (project) vorangehen; (event) stattfinden; **~!** nur zu!; **to ~ with sth** etw durchführen ◊**go along** v/i **1** (≈ walk along) entlanggehen; (to an event) hingehen; **to ~ to sth** zu etw gehen; **as one goes along** (≈ bit by bit) nach und nach; (≈ at the same time) nebenbei; **I made the story up as I went along** ich habe mir die Geschichte beim Erzählen ausgedacht **2** (≈ accompany) mitgehen (with mit) **3** (≈ agree) zustimmen (with +dat) ◊**go around** v/i = go about I, go round ◊**go away** v/i (weg)gehen; (for a holiday) wegfahren ◊**go back** v/i **1** (≈ return) zurückgehen; (≈ revert) zurückkehren (to zu); **they have to ~ to Germany/ school** sie müssen wieder nach Deutschland zurück/zur Schule; **when do the schools ~?** wann fängt die Schule wieder an?; **to ~ to the beginning** wieder von vorn anfangen; **there's no going back** es gibt kein Zurück mehr **2** (≈ date back) zurückreichen (to bis zu); **we ~ a long way** wir kennen uns schon ewig **3** (clock) zurückgestellt werden ◊**go back on** v/i +prep obj zurücknehmen; decision rückgängig machen; **I never ~ my word** was ich versprochen habe, halte ich auch ◊**go before** **A** v/i (≈ happen before) vorangehen; **everything that had gone before** alles Vorhergehende **B** v/i +prep obj **to ~ the court** vor Gericht erscheinen ◊**go beyond** v/i +prep obj hinausgehen über (+acc) ◊**go by** **A** v/i vorbeigehen (prep obj an +dat); (vehicle) vorbeifahren (prep

obj an +dat); (time) vergehen; **as time went by** mit der Zeit; **in days gone by** in längst vergangenen Tagen **B** v/i +prep obj **1** (≈ base decision on) gehen nach; watch etc sich richten nach; rules sich halten an (+acc); **if that's anything to ~** wenn man danach gehen kann; **going by what he said** nach dem, was er sagte **2** **to ~ the name of Smith** Smith heißen ◊**go down** v/i **1** hinuntergehen (prep obj +acc); (by vehicle, lift) hinunterfahren (prep obj +acc); (sun, ship) untergehen; (plane) abstürzen; **to ~ on one's knees** sich hinknien; (to apologize) auf die Knie fallen **2** (≈ be accepted) ankommen (with bei); **that won't ~ well with him** das wird er nicht gut finden **3** (floods, swelling) zurückgehen; (prices) sinken; **he has gone down in my estimation** er ist in meiner Achtung gesunken; **to ~ in history** in die Geschichte eingehen; **to ~ with a cold** eine Erkältung bekommen **4** (≈ go as far as) gehen (to bis); **I'll ~ to the bottom of the page** ich werde die Seite noch fertig machen **5** IT ausfallen **6** (SPORTS ≈ be relegated) absteigen; (≈ be defeated) verlieren; **they went down 2-1 to Rangers** sie verloren 2:1 gegen Rangers ◊**go for** v/i +prep obj **1** (infml ≈ attack) losgehen auf (+acc) (infml) **2** (infml ≈ like) gut finden; (≈ choose) nehmen; **~ it!** nichts wie ran! (infml) ◊**go in** v/i **1** (≈ enter) hineingehen **2** (sun) verschwinden **3** (≈ fit in) hineinpassen ◊**go in for** v/i +prep obj **1** competition teilnehmen an (+dat) **2** **to ~ sports** sich für Sport interessieren ◊**go into** v/i +prep obj **1** building, politics gehen in (+acc); army etc gehen zu; **to ~ teaching** Lehrer(in) werden **2** (≈ crash into) car (hinein)fahren in (+acc); wall fahren gegen **3** trance fallen in (+acc); **to ~ hysterics** hysterisch werden **4** (≈ look into) sich befassen mit; (≈ treat) abhandeln; **to ~ detail** auf Einzelheiten eingehen; **a lot of effort has gone into it** da steckt viel Mühe drin ◊**go off** **A** v/i **1** (≈ leave) weggehen; (by vehicle) wegfahren (on mit); **he went off to the States** er fuhr in die Staaten; **to ~ with sb/sth** (illicitly) mit jdm/etw auf und davon gehen (infml) **2** (light) ausgehen; (electricity) wegbleiben **3** (gun etc) losgehen; (alarm clock) klingeln **4** (Br, food) schlecht werden; (milk) sauer werden **5** (≈ take place) verlaufen; **to ~ well/badly** gut/schlecht gehen **B** *v/i +prep obj* (*Br*) nicht mehr mögen; **I've gone off him** ich mache mir nichts mehr aus ihm ◊**go on A** *v/i* **1** (≈ *fit*) passen (*prep obj* auf +*acc*) **2** (*light*) angehen **3** (≈ *walk on*) weitergehen; (*by vehicle*) weiterfahren; **to ~ with sth** mit etw weitermachen; **to ~ trying** es weiter(hin) versuchen; **~ with your work** arbeitet weiter; **to ~ speaking** weitersprechen; **~, tell me!** na, sag schon!; **to have enough to be going on with** fürs Erste genug haben; **he went on to say that …** dann sagte er, dass …; **I can't ~** ich kann nicht mehr **4** (≈ *talk incessantly*) unaufhörlich reden; **don't ~ (about it)** nun hör aber (damit) auf; **to ~ about sb/sth** stundenlang von jdm/etw erzählen **5** (≈ *happen*) passieren; (*party etc*) im Gange sein; **this has been going on for a long time** das geht schon lange so; **what's going on here?** was geht hier vor? **6** (*time*) vergehen; **as time goes on** im Laufe der Zeit **7** THEAT auftreten **B** *v/i +prep obj* **1** *bus, bike etc* fahren mit; *tour* machen; **to ~ the swings** auf die Schaukel gehen **2** (≈ *be guided by*) gehen nach; **we've got nothing to ~ on** wir haben keine Anhaltspunkte **3** **to ~ the dole** (*Br*) stempeln gehen (*infml*); **to ~ a diet** eine Schlankheitskur machen; **to ~ the pill** die Pille nehmen; **to ~ television** im Fernsehen auftreten **4** (≈ *approach*) fifty etc zugehen auf (+*acc*) ◊**go on for** *v/i +prep obj* fifty zugehen auf (+*acc*); **there were going on for twenty people there** es waren fast zwanzig Leute da ◊**go out** *v/i* **1** (≈ *leave*) hinausgehen; **to ~ of a room** aus einem Zimmer gehen **2** (*shopping etc*) weggehen; (*to theatre etc* ≈ *be extinguished, fire*) ausgehen; (*with girl-/boyfriend*) gehen; **to ~ for a meal** essen gehen; **to ~ to work** arbeiten gehen; **to ~ on strike** in den Streik treten **3** (*tide*) zurückgehen **4** **my heart went out to him** ich fühlte mit ihm mit; **the fun had gone out of it** es machte keinen Spaß mehr **5** (SPORTS ≈ *be defeated*) ausscheiden **6** (≈ *strive*) **to go all out** sich ins Zeug legen (*for* für) **7** (RADIO, TV: *programme*) ausgestrahlt werden ◊**go over A** *v/i* **1** (≈ *cross*) hinübergehen; (*by vehicle*) hinüberfahren **2** (≈ *change allegiance, diet etc*) übergehen (*to* zu) **3** (TV, RADIO, *to another studio etc*) umschalten **B** *v/i +prep obj* durchgehen; **to ~ sth in one's mind**

etw überdenken ◊**go past** *v/i* vorbeigehen (*prep obj* an +*dat*); (*vehicle*) vorbeifahren (*prep obj* an +*dat*); (*time*) vergehen ◊**go round** *v/i* (*esp Br*) **1** (≈ *spin*) sich drehen **2** (≈ *make a detour*) **to ~ sth** um etw herumgehen/-fahren; **to ~ the long way** ganz außen herumgehen/-fahren **3** (≈ *visit*) vorbeigehen (*to* bei) **4** (≈ *tour, round museum etc*) herumgehen (*prep obj* in +*dat*) **5** (≈ *be sufficient*) (aus)reichen; **there's enough food to ~** es ist genügend zu essen da **6** +*prep obj* (≈ *encircle*) herumgehen um **7** = go about I ◊**go through A** *v/i* durchgehen; (*deal*) abgeschlossen werden; (*divorce, bill*) durchkommen; SPORTS sich qualifizieren (*for* für) **B** *v/i +prep obj* **1** *hole, customs etc* gehen durch **2** *formalities* durchmachen **3** *list, lesson* durchgehen **4** *pocket* durchsuchen **5** (≈ *use up*) aufbrauchen; *money* ausgeben ◊**go through with** *v/i +prep obj* *crime* ausführen; **she couldn't ~ it** sie brachte es nicht fertig ◊**go together** *v/i* (≈ *harmonize*) zusammenpassen ◊**go under A** *v/i* (*ship, person*) untergehen; (*company*) eingehen (*infml*) **B** *v/i +prep obj* **1** (≈ *pass under*) durchgehen unter (+*dat*); (≈ *fit under*) passen unter (+*acc*) **2** **to ~ the name of Jones** als Jones bekannt sein ◊**go up** *v/i* **1** (*price etc*) steigen **2** (≈ *climb*) hinaufsteigen (*prep obj* +*acc*); (≈ *go to bed* nach oben gehen **3** (*lift* ≈ *travel north*) hochfahren; (THEAT: *curtain*) hochgehen; (≈ *be built*) gebaut werden **4** **to ~ in flames** in Flammen aufgehen **5** (*cheer*) ertönen ◊**go with** *v/i +prep obj* **1** *sb* gehen mit **2** (≈ *harmonize with*) passen zu ◊**go without A** *v/i +prep obj* nicht haben; **to ~ food** nichts essen; **to ~ breakfast** nicht frühstücken; **to have to ~ sth** auf etw (*acc*) verzichten müssen **B** *v/i* darauf verzichten

goad *v/t* aufreizen; **to ~ sb into sth** jdn zu etw anstacheln

go-ahead A *adj* fortschrittlich **B** *n* **to give sb/sth the ~** jdm/für etw grünes Licht geben

goal *n* **1** SPORTS Tor *nt*; **to score a ~** ein Tor erzielen **2** (≈ *aim*) Ziel *nt*; **to set (oneself) a ~** (sich *dat*) ein Ziel setzen **goal area** *n* Torraum *m* **goal difference** *n* Tordifferenz *f* **goalie** *n* (*infml*) Tormann *m*/-frau *f* **goalkeeper** *n* Torhüter(in) *m(f)* **goal kick** *n* Abstoß *m* (vom Tor)

goal line *n* Torlinie *f* **goal-line technology** *n* Torlinientechnik *f* **goalmouth** *n* unmittelbarer Torbereich **goalpost** *n* Torpfosten *m*; **to move the ~s** *(fig infml)* die Spielregeln (ver)ändern **goat** *n* Ziege *f*; **to get sb's ~** *(infml)* jdn auf die Palme bringen *(infml)* **goatee (beard)** *n* Spitzbart *m* **goat's cheese** *n* Ziegenkäse *m*

gob[1] *v/i (Br infml)* spucken; **to ~ at sb** jdn anspucken

gob[2] *n (Br infml ≈ mouth)* Schnauze *f (infml)*; **shut your ~!** halt die Schnauze! *(infml)*

gobble *v/t* verschlingen ◊**gobble down** *v/t sep* hinunterschlingen ◊**gobble up** *v/t sep* verschlingen

gobbledegook, **gobbledygook** *n (infml)* Kauderwelsch *nt*

go-between *n*, *pl* -s Vermittler(in) *m(f)*

goblet *n* Pokal *m*

goblin *n* Kobold *m*

gobsmacked *adj (infml)* platt *(infml)*

go-cart *n (≈ child's cart)* Seifenkiste *f*; SPORTS Gokart *m*

god *n* Gott *m*; **God willing** so Gott will; **God (only) knows** *(infml)* wer weiß; **for God's sake!** *(infml)* um Himmels willen *(infml)*; **what/why in God's name ...?** um Himmels willen, was/warum ...? **god-awful** *adj (infml)* beschissen *(infml)* **godchild** *n* Patenkind *nt* **goddammit** *int* verdammt noch mal! *(infml)* **goddamn**, **goddam** *adj (esp US infml)* gottverdammt *(infml)*; **it's no ~ use!** es hat überhaupt keinen Zweck, verdammt noch mal! *(infml)* **goddamned** *adj* = goddamn **goddaughter** *n* Patentochter *f* **goddess** *n* Göttin *f* **godfather** *n* Pate *m*; **my ~** mein Patenonkel *m* **godforsaken** *adj (infml)* gottverlassen **godless** *adj* gottlos **godmother** *n* Patin *f*; **my ~** meine Patentante *f* **godparent** *n* Pate *m*, Patin *f* **godsend** *n* Geschenk *nt* des Himmels **godson** *n* Patensohn *m*

-goer *n suf* -gänger(in) *m(f)*; **cinemagoer** Kinogänger(in) *m(f)*

goes *3rd person sg pres of* go

go-getter *n (infml)* Ellbogentyp *m (pej infml)*

goggle *v/i* starren; **to ~ at sb/sth** jdn/etw anstarren **goggles** *pl* Schutzbrille *f*

going **A** *pp of* go **B** *n* **1** *(≈ departure)* Weggang *m* **2** **it's slow ~** es geht nur langsam voran; **that's good ~** das ist ein flottes Tempo; **it's heavy ~ talking to him** es ist sehr mühsam, sich mit ihm zu unterhalten; **while the ~ is good** (noch) rechtzeitig **C** *adj* **1** *rate* üblich **2** *(after superl: infml)* **the best thing ~** das Beste überhaupt **3** **to sell a business as a ~ concern** ein bestehendes Unternehmen verkaufen **going-over** *n* Untersuchung *f*; **to give sth a good ~** *contract* etw gründlich prüfen **goings-on** *pl (infml)* Dinge *pl*

goji berry *n* Gojibeere *f*

go-kart *n* Gokart *m*

gold **A** *n* **1** Gold *nt* **2** *(infml ≈ gold medal)* Goldmedaille *f* **B** *adj* golden; **~ jewellery** *(Br) or* **jewelry** *(US)* Goldschmuck *m*; **~ coin** Goldmünze *f* **gold disc** *n* Schallplatte **gold dust** *n* **to be (like) ~** *(fig)* sehr schwer zu finden sein **golden** *adj* golden; *hair* goldblond; **fry until ~** anbräunen; **a ~ opportunity** eine einmalige Gelegenheit **golden age** *n (fig)* Blütezeit *f* **golden eagle** *n* Steinadler *m* **golden goal** *n* FTBL Golden Goal *nt* **golden jubilee** *n* goldenes Jubiläum **golden rule** *n* goldene Regel; **my ~ is never to ...** ich mache es mir zu Regel, niemals zu ... **golden syrup** *n (Br)* (gelber) Sirup **golden wedding (anniversary)** *n* goldene Hochzeit **goldfish** *n* Goldfisch *m* **goldfish bowl** *n* Goldfischglas *nt* **gold leaf** *n* Blattgold *nt* **gold medal** *n* Goldmedaille *f* **gold mine** *n* Goldgrube *f* **gold-plate** *v/t* vergolden **gold rush** *n* Goldrausch *m* **goldsmith** *n* Goldschmied(in) *m(f)*

golf *n* Golf *nt* **golf bag** *n* Golftasche *f* **golf ball** *n* Golfball *m* **golf club** *n* **1** *(≈ instrument)* Golfschläger *m* **2** *(≈ association)* Golfklub *m* **golf course** *n* Golfplatz *m* **golfer** *n* Golfer(in) *m(f)*

gondola *n* Gondel *f*

gone **A** *past part of* go **B** *adj pred (infml ≈ pregnant)* **she was 6 months ~** sie war im 7. Monat **C** *prep* **it's just ~ three** es ist gerade drei Uhr vorbei

gong *n* **1** Gong *m* **2** *(Br infml ≈ medal)* Blech *nt (infml)*

gonna *(incorrect)* = going to

gonorrhoea, *(US)* **gonorrhea** *n* Gonorrhö *f*, Tripper *m*

goo *n (infml)* Schmiere *f (infml)*

good **A** *adj, comp* better, *sup* best **1** gut; **that's a ~ one!** *(joke)* das ist ein guter

Witz; (*usu iron: excuse*) wers glaubt, wird selig! (*infml*); **you've done a ~ day's work** du hast gute Arbeit (für einen Tag) geleistet; **a ~ meal** eine ordentliche Mahlzeit; **to be ~ with people** gut mit Menschen umgehen können; **it's too ~ to be true** es ist zu schön, um wahr zu sein; **to be ~ for sb** gut für jdn sein; **it's a ~ thing** *or* **job I was there** (nur) gut, dass ich dort war; **~ nature** Gutmütigkeit *f*; **to be ~ to sb** gut zu jdm sein; **that's very ~ of you** das ist sehr nett von Ihnen; **(it was) ~ of you to come** nett, dass Sie gekommen sind; **would you be ~ enough to tell me ...** wären Sie so nett, mir zu sagen ... (*also iron*); **~ old Charles!** der gute alte Charles!; **the car is ~ for another few years** das Auto hält noch ein paar Jahre; **she's ~ for nothing** sie ist ein Nichtsnutz; **that's always ~ for a laugh** darüber kann man immer lachen; **to have a ~ cry** sich ausweinen; **to have a ~ laugh** so richtig lachen (*infml*); **to take a ~ look at sth** sich (*dat*) etw gut ansehen; **it's a ~ 8 km** es sind gute 8 km; **a ~ many people** ziemlich viele Leute; **~ morning** guten Morgen; **to be ~ at sth** gut in etw (*dat*) sein; **to be ~ at sport/languages** gut im Sport/in Sprachen sein; **to be ~ at sewing** gut nähen können; **I'm not very ~ at it** ich kann es nicht besonders gut; **that's ~ enough** das reicht; **if he gives his word, that's ~ enough for me** wenn er sein Wort gibt, reicht mir das; **it's just not ~ enough!** so geht das nicht!; **to feel ~** sich wohlfühlen; **I don't feel too ~ about it** mir ist nicht ganz wohl dabei; **to make ~** *mistake* wiedergutmachen; *threat* wahr machen; **to make ~ one's losses** seine Verluste wettmachen; **as ~ as new** so gut wie neu; **he as ~ as called me a liar** er nannte mich praktisch einen Lügner **2** *holiday, evening* schön; **did you have a ~ day?** wie wars heute?; **to have a ~ time** sich gut amüsieren; **have a ~ time!** viel Spaß! **3** (≈ *well-behaved*) artig; **(as) ~ as gold** mustergültig; **be a ~ girl/boy and ...** sei so lieb und ...; **~ girl/boy!** (≈ *well done*) gut!; **that's a ~ dog!** guter Hund! **4** *eye, leg* gesund **5** (*in exclamations*) **(it's) ~ to see you** (es ist) schön, dich zu sehen; **~ grief** *or* **gracious!** ach du liebe Güte! (*infml*); **~ for you** *etc*! gut!, prima! **6** (*emphatic use*) schön; **a ~**

strong stick ein schön(er) starker Stock; **~ and hard** (*infml*) ganz schön fest (*infml*); **~ and proper** (*infml*) ganz anständig (*infml*) **B** *adv* gut; **how are you? — ~!** wie gehts? — gut! **C** *n* **1** Gute(s) *nt*; **~ and evil** Gut und Böse; **to do ~** Gutes tun; **to be up to no ~** (*infml*) nichts Gutes im Schilde führen (*infml*) **2** (≈ *benefit*) Wohl *nt*; **for the ~ of the nation** zum Wohl(e) der Nation; **I did it for your own ~** ich habe es nur gut mit dir gemeint; **for the ~ of one's health** *etc* seiner Gesundheit *etc* zuliebe; **he'll come to no ~** mit ihm wird es noch ein böses Ende nehmen; **what's the ~ of hurrying?** wozu eigentlich die Eile?; **if that is any ~ to you** wenn es dir hilft; **to do (some) ~** (etwas) helfen *or* nützen; **to do sb ~** jdm helfen; (*rest, medicine etc*) jdm guttun; **what ~ will that do you?** was hast du davon?; **that's no ~** das ist nichts; **he's no ~ to us** er nützt uns (*dat*) nichts; **it's no ~ doing it like that** es hat keinen Sinn, das so zu machen; **he's no ~ at it** er kann es nicht **3 for ~** für immer

goodbye **A** *n* Abschied *m*; **to say ~** sich verabschieden; **to wish sb ~, to say ~ to sb** sich von jdm verabschieden; **to say ~ to sth** einer Sache (*dat*) Lebewohl sagen **B** *int* auf Wiedersehen, servus! (*Aus*) **C** *adj attr* Abschieds- **good-for-nothing** *n* Nichtsnutz *m*, Fink *m* (*Swiss*) **Good Friday** *n* Karfreitag *m* **good-humoured**, (*US*) **good-humored** *adj person* (*by nature*) gutmütig; (*on a certain occasion*) gut gelaunt; *event* friedlich

good-looking *adj* gut aussehend **good-natured** *adj person* gutmütig; *demonstration* friedlich; *fun* harmlos **goodness** *n* Güte *f*; **out of the ~ of his/her heart** aus reiner Herzensgüte; **~ knows** weiß der Himmel (*infml*); **for ~' sake** um Himmels willen (*infml*); **(my) ~!** meine Güte! (*infml*) **goodnight** *adj attr* **~ kiss** Gutenachtkuss *m* **goods** *pl* Güter *pl*; **leather ~** Lederwaren *pl*; **stolen ~** Diebesgut *nt*; **~ train** Güterzug *m*; **if we don't come up with the ~ on time** (*infml*) wenn wir es nicht rechtzeitig schaffen **good-sized** *adj* ziemlich groß **good-tempered** *adj person* verträglich; *animal* gutartig; *behaviour* gutmütig **goodwill** *n* Wohlwollen *nt*; (*between nations*) Goodwill *m*; **a gesture of ~** ein Zei-

G

chen seines/ihres *etc* guten Willens
goody *(infml)* n *(≈ delicacy)* Leckerbissen
m; *(≈ sweet)* Süßigkeit f **goody-goody**
(infml) n Musterkind nt *(infml)*
gooey *adj (+er) (infml ≈ sticky)* klebrig
goof *(infml)* n 🔟 *(≈ blunder)* danebenhau-
en *(infml)* 🔂 *(US ≈ loiter: a.* **goof around**)
(herum)trödeln; **to ~ off** abzwitschern
(infml) **goofy** *adj (+er) (infml)* doof *(infml)*
google *v/t* googeln®
goose n, *pl* geese Gans f **gooseberry** n
Stachelbeere f **goose bumps** *pl,*
goose flesh n Gänsehaut f **goose
pimples** *pl (Br)* Gänsehaut f **goose-
-step** *v/i* im Stechschritt marschieren
gopher n Taschenratte f
gore[1] n *(liter)* Blut nt
gore[2] *v/t* durchbohren
gorge 🅰 n GEOG Schlucht f 🅱 *v/r* schlemmen; **to ~ (oneself) on sth** etw verschlingen
gorgeous *adj* 🔟 *(≈ lovely)* herrlich 🔂
(infml ≈ beautiful) hinreißend; *present* toll
(infml)
gorilla n Gorilla m
gormless *adj (Br infml)* doof *(infml)*
gory *adj* blutrünstig; *murder, detail* blutig
gosh *int* Mensch *(infml),* Mann *(infml)*
gospel n BIBLE Evangelium nt; **the Gos-
pels** die Evangelien *pl* **gospel truth** n
(infml) reine Wahrheit
gossip 🅰 n 🔟 Klatsch m; *(≈ chat)* Schwatz
m; **to have a ~ with sb** mit jdm schwatzen 🔂 *(≈ person)* Klatschbase f 🅱 *v/i*
schwatzen; *(maliciously)* klatschen **gossip
column** n Klatschkolumne *or* -spalte f
got *pret, past part of* get
Gothic *adj* gotisch
gotta *contraction =* got to; **I ~ go** ich
muss gehen
gotten *(esp US) past part of* get
gouge *v/t* bohren; **the river ~d a channel in the mountainside** der Fluss grub
sich *(dat)* sein Bett in den Berg ◊**gouge
out** *v/t sep* herausbohren; **to gouge sb's
eyes out** jdm die Augen ausstechen
goulash n Gulasch nt
gourd n Flaschenkürbis m; *(dried)* Kürbis-
flasche f
gourmet n Feinschmecker(in) m(f)
gout n MED Gicht f
Gov *abbr of* governor
govern 🅰 *v/t* 🔟 *country* regieren; *province, school etc* verwalten 🔂 *(laws etc)* be-

stimmen; *decision, actions* beeinflussen 🅱
v/i POL regieren **governess** n Gouver-
nante f **governing body** n leitendes
Gremium
government 🅰 n 🔟 Regierung f 🔂 *(≈
system)* Regierungsform f 🅱 *attr* Regie-
rungs-, der Regierung; **~ official** Regie-
rungsbeamter m/-beamtin f; **~ backing**
staatliche Unterstützung; **~ intervention**
staatlicher Eingriff **governmental** *adj*
Regierungs- **government department** n Ministerium nt **government-
-funded** *adj* mit staatlichen Mitteln finanziert **government spending** n öffentliche Ausgaben *pl* **governor** n 🔟 *(of
state etc)* Gouverneur(in) m(f) 🔂 *(esp Br, of
prison)* Direktor(in) m(f); *(of school)* ≈ Mitglied nt des Schulbeirats; **the (board of)
~s** der Vorstand; *(of school)* ≈ der Schul-
beirat **governor general** n General-
gouverneur(in) m(f)
govt *abbr of* government Reg.
gown n Kleid nt; *(≈ evening gown)* Robe f;
(in hospital) Kittel m; *(of judge)* Talar m;
wedding ~ Hochzeitskleid nt
GP *(Br) abbr of* general practitioner; **to
go to one's GP** zu seinem Hausarzt/seiner
Hausärztin gehen
GPS n *abbr of* global positioning system
GPS nt **GPS-enabled** *adj mobile phone
etc* mit Navi, mit GPS
grab 🅰 n **to make a ~ at** *or* **for sth** nach
etw greifen; **to be up for ~s** *(infml)* zu haben sein *(infml)* 🅱 *v/t* 🔟 packen; *(≈ take)*
wegschnappen *(infml); (infml ≈ catch) person*
schnappen *(infml); chance* beim Schopf ergreifen *(infml);* **he ~bed (hold of) my
sleeve** er packte mich am Ärmel; **I'll just
~ a sandwich** *(infml)* ich esse nur schnell
ein Sandwich 🔂 *(infml)* **how does that ~
you?** wie findest du das? 🅲 *v/i* **to ~ at**
greifen nach; **he ~bed at the chance of
promotion** er ließ sich die Chance, befördert zu werden, nicht entgehen
grace 🅰 n 🔟 *no pl* Anmut f; **to do sth
with (a) good/bad ~** etw anstandslos/wi-
derwillig *or* unwillig tun 🔂 *(≈ respite)* Zahlungsfrist f; **to give sb a few days' ~** jdm
ein paar Tage Zeit lassen 🔢 *(≈ prayer)* **to
say ~** das Tischgebet sprechen 🔲 *(≈ mercy)* Gnade f; **by the ~ of God** durch die
Gnade Gottes; **to fall from ~** in Ungnade
fallen 🅱 *v/t (≈ honour)* beehren *(with* mit*);
event etc* sich *(dat)* die Ehre geben bei

(+dat) **graceful** adj anmutig; bow, manner elegant **gracefully** adv **1** anmutig **2** accept, withdraw anstandslos; **to grow old ~** in Würde alt werden **gracious A** adj (form ≈ courteous) liebenswürdig **B** int (dated) **good** or **goodness ~** (me)! ach du meine Güte!

gradation n Abstufung f

grade A n **1** (≈ level) Niveau nt; (of goods) (Güte)klasse f; **to make the ~** (fig infml) es schaffen (infml) **2** (≈ job grade) Position f; (≈ salary grade) Gehaltsstufe f **3** (SCHOOL ≈ mark) Note f; (esp US ≈ class) Klasse f; **to get good/poor ~s** gute/schlechte Noten bekommen **B** v/t **1** goods klassifizieren; students etc einstufen **2** US SCHOOL (≈ mark) benoten **grade crossing** n (US) Bahnübergang m **-grader** n suf (US SCHOOL) -klässler(in) m(f); **sixth-grader** Sechstklässler(in) m(f) **grade school** n (US) ≈ Grundschule f

gradient n (esp Br) Neigung f; **a ~ of 1 in 10** eine Steigung/ein Gefälle von 10%

gradual adj allmählich; progress langsam; slope sanft **gradually** adv allmählich; slope sanft

graduate A n (Br UNIV) (Hochschul)absolvent(in) m(f); (≈ person with degree) Akademiker(in) m(f); (US SCHOOL) Schulabgänger(in) m(f); **high-school ~** (US) ≈ Abiturient(in) m(f), ≈ Maturant(in) m(f) (Aus, Swiss) **B** v/i UNIV graduieren; (US SCHOOL) die Abschlussprüfung bestehen (from an +dat); **to ~ in English** einen Hochschulabschluss in Englisch machen; **she ~d to television from radio** sie arbeitete sich vom Radio zum Fernsehen hoch **graduate** in cpds (Br) für Akademiker; unemployment unter den Akademikern **graduate school** n (US) Hochschulabteilung für Studenten mit abgeschlossenem Studium **graduate student** n (US) Student(in) mit abgeschlossenem Studium **graduation** n (UNIV, US SCHOOL) Abschlussfeier f

graffiti pl Graffiti pl **graffiti artist** n Graffitikünstler(in) m(f)

graft A n **1** MED Transplantat nt **2** (esp US infml ≈ corruption) Mauschelei f (infml) **3** (Br infml ≈ hard work) Schufterei f (infml) **B** v/t MED übertragen (on auf +acc)

grail n Gral m

grain n **1** no pl Getreide nt **2** (of corn etc) Korn nt; (fig: of truth) Körnchen nt **3** (of wood) Maserung f; **it goes against the** (Br) or **my** (US) **~** (fig) es geht einem gegen den Strich **grainy** adj (+er) photograph unscharf

gram, gramme n Gramm nt

grammar n Grammatik f; **that is bad ~** das ist grammat(ikal)isch falsch **grammar school** n (Br) ≈ Gymnasium nt; (US) ≈ Mittelschule f (Stufe zwischen Grundschule und Höherer Schule) **grammatical** adj **1** grammatisch; **~ error** Grammatikfehler m **2** (≈ correct) grammat(ikal)isch richtig; **his English is not ~** sein Englisch ist grammatikalisch falsch **grammatically** adv **~ correct** grammat(ikal)isch richtig

gramme n = gram

gramophone n (Br old) Grammofon nt; **~ record** Schallplatte f

gran n (infml) Oma f (infml)

granary n Kornkammer f

grand A adj (+er) (≈ imposing) grandios; building prachtvoll; gesture großartig; ideas hochfliegend; manner vornehm; **on a ~ scale** im großen Rahmen; **~ occasion** feierlicher Anlass; **the ~ opening** die große Eröffnung **B** n (FIN infml) Riese m (infml); **ten ~** zehn Riesen (infml)

grandchild n Enkel(kind nt) m

grand(d)ad n (infml) Opa m (infml)

granddaughter n Enkelin f

grandfather n Großvater m **grandfather clock** n Standuhr f **grand finale** n großes Finale **grandiose** adj (pej) style schwülstig; idea hochfliegend **grand jury** n (US JUR) Großes Geschworenengericht **grandly** adv **1** (≈ impressively) eindrucksvoll; named grandios; **it is ~ described as/called/titled …** es trägt die grandiose Bezeichnung … **2** (≈ pompously) großspurig; say hochtrabend

grandma n (infml) Oma f (infml)

grandmother n Großmutter f

grandpa n (infml) Opa m (infml)

grandparent n Großvater m/-mutter f **grandparents** pl Großeltern pl **grand piano** n Flügel m **grand slam** n **to win the ~** SPORTS alle Wettbewerbe gewinnen

grandson n Enkel(sohn) m **grandstand** n Haupttribüne f **grand total** n Gesamtsumme f; **a ~ of £50** insgesamt £ 50

granite n Granit m

granny, grannie n (infml) Oma f (infml)

grant A v/t **1** gewähren (sb jdm); permission, visa erteilen (sb jdm); *request* stattgeben (+dat) (form); *wish* erfüllen; **to ~ an amnesty to sb** jdn amnestieren **Z** (≈ admit) zugestehen; **to take sb/sth for ~ed** jdn/etw als selbstverständlich hinnehmen; **to take it for ~ed that ...** es selbstverständlich finden, dass ... **E** n (of money) Subvention f; (for studying etc) Stipendium nt **grant-maintained** adj staatlich finanziert

granulated sugar n Zuckerraffinade f **granule** n Körnchen nt

grape n (Wein)traube f; **a bunch of ~s** eine (ganze) Weintraube **grapefruit** n Grapefruit f **grapevine** n Weinstock m; **I heard it on** or **through the ~** es ist mir zu Ohren gekommen

graph n Diagramm nt **graphic** adj **1** account anschaulich; (unpleasant) drastisch; **to describe sth in ~ detail** etw in allen Einzelheiten anschaulich darstellen **Z** ART grafisch **graphically** adv anschaulich; (unpleasantly) auf drastische Art **graphical user interface** n IT grafische Benutzeroberfläche **graphic artist** n Grafiker(in) m(f) **graphic arts** pl, **graphic design** n Grafik f **graphic designer** n Grafiker(in) m(f) **graphic equalizer** n (Graphic) Equalizer m **graphics** **A** pl **1** (≈ drawings) Zeichnungen pl **Z** IT Grafik f **B** adj attr IT Grafik-**graphics card** n IT Grafikkarte f

graphite n Grafit m

graph paper n Millimeterpapier nt

grapple v/i (lit) kämpfen; **to ~ with a problem** sich mit einem Problem herumschlagen

grasp **A** n **1** (≈ hold) Griff m; **the knife slipped from her ~** das Messer rutschte ihr aus der Hand; **when fame was within their ~** als Ruhm in greifbare Nähe gerückt war **Z** (fig ≈ understanding) Verständnis nt; **to have a good ~ of sth** etw gut beherrschen **B** v/t **1** (≈ catch hold of) ergreifen; (≈ hold tightly) festhalten; **he ~ed the bundle in his arms** er hielt das Bündel in den Armen **Z** (fig ≈ understand) begreifen **C** v/i **to ~ at sth** (lit) nach etw greifen; (fig) sich auf etw (acc) stürzen **grasping** adj (fig) habgierig

grass **A** n **1** Gras nt; **blade of ~** Grashalm m **Z** no pl (≈ lawn) Rasen m; (≈ pasture) Weide(land nt) f **B** (infml ≈ marijuana) Gras nt (infml) **B** v/i (Br infml) singen (infml)

(to bei); **to ~ on sb** jdn verpfeifen (infml) **grasshopper** n Heuschrecke f **grassland** n Grasland nt **grass roots** pl Basis f **grass-roots** adj attr Basis-, an der Basis; **at ~ level** an der Basis; **a ~ movement** eine Bürgerinitiative **grass snake** n Ringelnatter f **grassy** adj (+er) grasig; **~ slope** Grashang m

grate¹ n (≈ grid) Gitter nt; (in fire) (Feuer)rost m

grate² **A** v/t COOK reiben **B** v/i (fig) wehtun (on sb jdm); **to ~ on sb's nerves** jdm auf die Nerven gehen

grateful adj dankbar; **I'm ~ to you for buying the tickets** ich bin dir dankbar (dafür), dass du die Karten gekauft hast **gratefully** adv dankbar

grater n Reibe f

gratification n Genugtuung f **gratify** v/t **1** (≈ give pleasure) erfreuen; **I was gratified to hear that ...** ich habe mit Genugtuung gehört, dass ... **Z** (≈ satisfy) zufriedenstellen **gratifying** adj (sehr) erfreulich; **it is ~ to learn that ...** es ist erfreulich zu erfahren, dass ...

grating¹ n Gitter nt

grating² adj kratzend; *sound* quietschend; *voice* schrill

gratitude n Dankbarkeit f (to gegenüber) **gratuitous** adj überflüssig **gratuity** n Gratifikation f; (form ≈ tip) Trinkgeld nt **grave**¹ n Grab nt; **to turn in one's ~** sich im Grabe herumdrehen; **to dig one's own ~** (fig) sein eigenes Grab graben or schaufeln

grave² adj (+er) danger, difficulty groß; situation, person ernst; mistake, illness schwer; doubt stark

grave digger n Totengräber(in) m(f) **gravel** **A** n Kies m; (large) Schotter m **B** adj attr Kies-; drive mit Kies bedeckt **gravely** adv **1** ill, wounded schwer; **~ concerned** ernstlich besorgt **Z** say ernst **gravestone** n Grabstein m **graveyard** n Friedhof m

gravitate v/i (lit) angezogen werden (to (-wards) von); (fig) hingezogen werden (to (-wards) zu) **gravitational** adj Gravitations- **gravity** n **1** PHYS Schwerkraft f; **centre** (Br) or **center** (US) **of ~** Schwerpunkt m **Z** (of person, situation) Ernst m; (of mistake, crime) Schwere f; **the ~ of the news** die schlimmen Nachrichten **gravy** n (COOK ≈ juice) Bratensaft m; (≈

G

sauce) Soße f **gravy boat** n Sauciere f
gray n, adj, v/i (US) = **grey**
graze[1] **A** v/i *(cattle etc)* weiden **B** v/t *cattle* weiden lassen
graze[2] **A** v/t *(≈ touch lightly)* streifen; **to ~ one's knees** sich *(dat)* die Knie aufschürfen; **to ~ oneself** sich *(dat)* die Haut aufschürfen **B** n Abschürfung f
GRE (US UNIV) *abbr of* Graduate Record Examination *Zulassungsprüfung für ein weiterführendes Studium*
grease **A** n Fett nt; *(≈ lubricant)* Schmiere f **B** v/t fetten; AUTO, TECH schmieren **greasepaint** n THEAT (Fett)schminke f **greaseproof** adj **~ paper** Pergamentpapier nt **greasy** adj (+er) *food* fett; *hair, skin* fettig; *surface* rutschig
great **A** adj (+er) **1** groß; *(≈ huge)* riesig; **there is a ~ need for economic development** wirtschaftliche Entwicklung ist dringend nötig; **of no ~ importance** ziemlich unwichtig; **in ~ detail** ganz ausführlich; **to take a ~ interest in sth** sich sehr für etw interessieren; **he did not live to a ~ age** er erreichte kein hohes Alter; **with ~ difficulty** mit großen Schwierigkeiten; **to a ~ extent** in hohem Maße; **it was ~ fun** es hat großen Spaß gemacht; **a ~ many, a ~ number of** sehr viele; **his ~est work** ist Hauptwerk nt; **he was a ~ friend of my father** er war mit meinem Vater sehr gut befreundet; **to be a ~ believer in sth** sehr viel von etw halten; **to be a ~ believer in doing sth** grundsätzlich dafür sein, etw zu tun **2** (infml ≈ terrific) toll (infml), prima (infml); **this whisk is ~ for sauces** dieser Schneebesen eignet sich besonders gut für Soßen; **to be ~ at football** ein großer Fußballspieler sein; **to feel ~** sich toll or prima fühlen (infml); **my wife isn't feeling so ~** meiner Frau geht es nicht besonders gut **3** (≈ excellent) ausgezeichnet; **one of the ~ footballers of our generation** einer der großen Fußballspieler unserer Generation **B** int (infml) toll (infml); **oh ~** (iron) na wunderbar **C** adv **1** (infml ≈ well) **she's doing ~** (in job) sie macht sich hervorragend; (healthwise) sie macht große Fortschritte; **everything's going ~** alles läuft nach Plan **2** **~ big** (emph infml) riesengroß **D** n usu pl (≈ person) Größe f **great ape** n Menschenaffe m **great-aunt** n Großtante f

Great Britain n Großbritannien nt **Great Dane** n Deutsche Dogge **greater** adj comp of great größer; **of ~ importance is ...** noch wichtiger ist ... **Greater London** n Groß-London nt **greatest** **A** adj of great größte(r, s); **with the ~ (of) pleasure** mit dem größten Vergnügen **B** n **he's the ~** (infml) er ist der Größte
great-grandchild n Urenkel(in) m(f) **great-granddaughter** n Urenkelin f **great-grandfather** n Urgroßvater m **great-grandmother** n Urgroßmutter f **great-grandparents** pl Urgroßeltern pl **great-grandson** n Urenkel m **Great Lakes** pl **the ~** die Großen Seen pl **greatly** adv increase, exaggerated stark; admire, surprise sehr; **he was not ~ surprised** er war nicht besonders überrascht **great-nephew** n Großneffe m **great-niece** n Großnichte f **great-uncle** n Großonkel m
Greece n Griechenland nt
greed n Gier f (for nach +dat); (≈ gluttony) Gefräßigkeit f; (for money/power Geld-/Machtgier f **greedily** adv gierig **greediness** n Gierigkeit f; (≈ gluttony) Gefräßigkeit f **greedy** adj (+er) gierig (for auf +acc, nach); (≈ gluttonous) gefräßig; **~ for power** machtgierig; **don't be so ~!** sei nicht so unbescheiden
Greek **A** adj griechisch; **he is ~** er ist Grieche **B** n **1** LING Griechisch nt; **Ancient ~** Altgriechisch nt; **it's all ~ to me** (infml) das sind böhmische Dörfer für mich (infml) **2** (≈ person) Grieche m, Griechin f
green **A** adj (+er) grün; consumer umweltbewusst; product, technology umweltfreundlich; **to be ~ with envy** blass vor Neid sein **B** n **1** (≈ colour ≈ putting green) Grün nt **2** (≈ area of grass) Grünfläche f; **(village) ~** Dorfwiese f **3** **greens** pl (≈ vegetables) Grüngemüse nt **4** POL **the Greens** die Grünen pl **C** adv POL grün **greenback** n (US infml) Lappen m (sl), Geldschein m **green bean** n grüne Bohne, Fisole f (Aus) **green belt** n Grüngürtel m **green card** n **1** (US ≈ residence permit) Aufenthaltsgenehmigung f **2** (Br INSUR) grüne Versicherungskarte **greenery** n Grün nt; (≈ foliage) grünes Laub **greenfield** adj **~ site** Bauplatz m im Grünen **green fingers** pl (Br) **to have**

~ eine Hand für Pflanzen haben **greenfly** *n* Blattlaus *f* **greengrocer** *n* (*esp Br*) (Obst- und) Gemüsehändler(in) *m(f)*; **at the ~'s (shop)** im Gemüseladen **greenhorn** *n* (*infml, inexperienced*) Greenhorn *nt*; (*gullible*) Einfaltspinsel *m* **greenhouse** *n* Gewächshaus *nt* **greenhouse effect** *n* Treibhauseffekt *m* **greenhouse gas** *n* Treibhausgas *nt* **greenish** *adj* grünlich **green light** *n* grünes Licht; **to give sb/sth the ~** jdm/einer Sache grünes Licht geben **green man** *n* (*at street crossing*) grünes Licht; (*as said to children*) grünes Männchen **green onion** *n* (*US*) Frühlingszwiebel *f* **Green Party** *n* **the ~** die Grünen *pl* **green pepper** *n* (grüne) Paprikaschote **greenroom** *n* THEAT ≈ Garderobe *f* **green thumb** *n* (*US*) = green fingers

G

Greenwich (Mean) Time *n* westeuropäische Zeit *f*

greet *v/t* (≈ *welcome*) begrüßen; (≈ *receive*) empfangen; (≈ *say hello to*) grüßen; *news* aufnehmen **greeting** *n* Gruß *m*; **~s** Grüße *pl*; **to send ~s to sb** Grüße an jdn senden; (*through sb else*) jdn grüßen lassen **greetings card** *n* Grußkarte *f*

gregarious *adj* gesellig

grenade *n* Granate *f*

grew *pret of* grow

grey, (*US*) **gray** **A** *adj* (+*er*) **1** grau; *sky* trüb; **to go** *or* **turn ~** (*person, hair*) grau werden **2** *vote* Senioren- **B** *n* (≈ *colour*) Grau *nt* **grey area** *n* (*fig*) Grauzone *f* **grey-haired** *adj* grauhaarig **greyhound** *n* Windhund *m* **greyish**, (*US*) **grayish** *adj* gräulich **grey matter** *n* (MED *infml*) graue Zellen *pl* **grey squirrel** *n* Grauhörnchen *nt*

grid *n* **1** (≈ *grating, on map*) Gitter *nt* **2** **the (national) ~** ELEC das Überland(leitungs)netz

griddle *n* COOK *gusseiserne Platte zum Pfannkuchenbacken*

gridiron *n* **1** COOK (Brat)rost *m* **2** (*US* FTBL) Spielfeld *nt* **gridlock** *n* MOT totaler Stau; **total ~** MOT Verkehrskollaps *m* **gridlocked** *adj road* völlig verstopft **grid reference** *n* Planquadratangabe *f*

grief *n* Leid *nt*; (*because of loss*) große Trauer; **to come to ~** Schaden erleiden; (≈ *fail*) scheitern **grief-stricken** *adj* tieftraurig **grievance** *n* Klage *f*; (≈ *resentment*) Groll *m*; **to have a ~ against sb for sth** jdm etw übel nehmen **grieve** **A** *v/t* Kummer bereiten (+*dat*); **it ~s me to see that …** ich sehe mit Schmerz *or* Kummer, dass … **B** *v/i* trauern (*at, about* über +*acc*); **to ~ for sb/sth** um jdn/etw trauern **grievous** *adj* (*form*) schwer; *error* schwerwiegend; **~ bodily harm** JUR schwere Körperverletzung

grill **A** *n* **1** (COOK, *on cooker etc*) Grill *m*; (≈ *gridiron*) (Brat)rost *m*; (≈ *food*) Grillgericht *nt* **2** = grille **B** *v/t* **1** COOK grillen **2** (*infml*) **to ~ sb about sth** jdn über etw (*acc*) ausquetschen (*infml*)

grille *n* Gitter *nt*; (*on window*) Fenstergitter *nt*; (*to speak through*) Sprechgitter *nt*

grilling *n* **1** COOK Grillen *nt* **2** (≈ *interrogation*) strenges Verhör **grill pan** *n* (*Br*) Grillpfanne *f*

grim *adj* (+*er*) **1** (≈ *terrible*) grauenvoll; *reminder* grauenhaft; *situation* ernst; (≈ *depressing*) trostlos; (≈ *stern*) grimmig; **to look ~** (*situation, future*) trostlos aussehen; (*person*) ein grimmiges Gesicht machen; **the Grim Reaper** der Sensenmann **2** (*infml* ≈ *lousy*) fürchterlich (*infml*); **to feel ~** (≈ *unwell*) sich elend *or* mies (*infml*) fühlen

grimace **A** *n* Grimasse *f* **B** *v/i* Grimassen schneiden

grime *n* Dreck *m*

grimly *adv* **1** *hold on* verbissen **2** (≈ *sternly*) mit grimmiger Miene

grimy *adj* dreckig

grin **A** *n* (*showing pleasure*) Lächeln *nt*; (*showing scorn, stupidity*) Grinsen *nt* **B** *v/i* (*with pleasure*) lächeln; (*in scorn, stupidly*) grinsen; **to ~ and bear it** gute Miene zum bösen Spiel machen; **to ~ at sb** jdn anlächeln/angrinsen

grind *vb: pret, past part* **ground** **A** *v/t* **1** (≈ *crush*) zermahlen; *coffee, flour* mahlen; **to ~ one's teeth** mit den Zähnen knirschen **2** *lens, knife* schleifen **B** *v/i* **to ~ to a halt** *or* **standstill** (*lit*) quietschend zum Stehen kommen; (*fig*) stocken; (*production etc*) zum Erliegen kommen **C** *n* (*fig infml* ≈ *drudgery*) Schufterei *f* (*infml*); (*US infml* ≈ *swot*) Streber(in) *m(f)* (*infml*); **the daily ~** der tägliche Trott; **it's a real ~** das ist ganz schön mühsam (*infml*) ◊**grind down** *v/t sep* (*fig*) zermürben ◊**grind up** *v/t sep* zermahlen

grinder *n* **1** (≈ *meat grinder*) Fleischwolf *m* **2** (≈ *coffee grinder*) Kaffeemühle *f*

grinding adj ▮ **to come to a ~ halt** völlig zum Stillstand kommen ▮ *poverty* (er)-drückend **grindstone** n **to keep one's nose to the ~** hart arbeiten; **back to the ~** wieder in die Tretmühle (hum)

grip Ⓐ n ▮ Griff m; (on rope, on road) Halt m; **to get a ~ on the rope** am Seil Halt finden; **these shoes have got a good ~** diese Schuhe greifen gut; **to get a ~ on sth** (on situation etc) etw in den Griff bekommen; **to get a ~ on oneself** (infml) sich zusammenreißen (infml); **to let go** or **release one's ~** loslassen (on sth etw); **to lose one's ~** (lit) den Halt verlieren; (fig) nachlassen; **to lose one's ~ on reality** den Bezug zur Wirklichkeit verlieren; **the country is in the ~ of a general strike** das Land ist von einem Generalstreik lahmgelegt; **to get** or **come to ~s with sth** etw in den Griff bekommen ▮ (esp Br ≈ hair grip) Klemmchen nt Ⓑ v/t packen; **the tyre** (Br) or **tire** (US) **~s the road well** der Reifen greift gut Ⓒ v/i greifen

gripe Ⓐ v/i (infml) meckern (infml) Ⓑ n (infml) Meckerei f (infml)

gripping adj packend

grisly adj (+er) grausig

grist n **it's all ~ to his/the mill** das kann er/man alles verwerten; (for complaint) das ist Wasser auf seine Mühle

gristle n Knorpel m **gristly** adj (+er) knorpelig

grit Ⓐ n (≈ dust) Staub m; (≈ gravel) Splitt m; (for roads) Streusand m Ⓑ v/t ▮ road etc streuen ▮ **to ~ one's teeth** die Zähne zusammenbeißen **gritty** adj (+er) ▮ (fig) determination zäh ▮ (fig) drama wirklichkeitsnah; portrayal ungeschminkt

grizzly n (a. **grizzly bear**) Grizzly(bär) m

groan Ⓐ n Stöhnen nt no pl; **to let out** or **give a ~** (auf)stöhnen Ⓑ v/i stöhnen (with vor +dat); (planks) ächzen (with vor +dat); **the table ~ed under the weight** der Tisch ächzte unter der Last

grocer n Lebensmittelhändler(in) m(f); **at the ~'s** im Lebensmittelladen **grocery** n ▮ Lebensmittelgeschäft nt ▮ **groceries** pl Lebensmittel pl

groggy adj (+er) (infml) groggy pred inv (infml)

groin n ANAT Leiste f; **to kick sb in the ~** jdn in den Unterleib treten

groom Ⓐ n ▮ (in stables) Stallbursche m ▮ (≈ bridegroom) Bräutigam m Ⓑ v/t ▮

horse striegeln; **to ~ oneself** sich putzen; **well ~ed** gepflegt ▮ **he's being ~ed for the Presidency** er wird als zukünftiger Präsidentschaftskandidat aufgebaut

groove n Rille f

groovy adj (+er) (infml) irre (sl)

grope Ⓐ v/i (a. **grope around** or **about**) (herum)tasten (for nach); (for words) suchen (for nach); **to be groping in the dark** im Dunkeln tappen; (≈ try things at random) vor sich (acc) hin wursteln (infml) Ⓑ v/t (infml) girlfriend befummeln (infml); **to ~ one's way** sich vorwärtstasten Ⓒ n (infml) **to have a ~** fummeln (infml)

gross¹ n no pl Gros nt

gross² Ⓐ adj (+er) ▮ exaggeration, error grob; **that is a ~ understatement** das ist stark untertrieben ▮ (≈ fat) fett ▮ (infml ≈ disgusting) abstoßend ▮ (≈ total) Gesamt-; (≈ before deductions) Brutto-; **~ amount** Gesamtbetrag m; **~ income** Bruttoeinkommen nt Ⓑ v/t brutto verdienen **gross domestic product** n ECON Bruttoinlandsprodukt nt **grossly** adv unfair, irresponsible äußerst; exaggerate stark **gross national product** n ECON Bruttosozialprodukt nt

grotesque adj grotesk; idea absurd **grotesquely** adv auf groteske Art; swollen grauenhaft

grotto n, pl -(e)s Grotte f

grotty adj (+er) (infml) ▮ (≈ foul) grausig (infml); (≈ filthy) verdreckt (infml) ▮ (≈ lousy) mies (infml)

grouch n ▮ (≈ complaint) Klage f; **to have a ~** schimpfen (about über +acc) ▮ (infml ≈ person) Muffel m (infml) **grouchy** adj (+er) griesgrämig

ground¹ Ⓐ n ▮ Boden m; **hilly ~** hügeliges Gelände; **there is common ~ between us** uns verbindet einiges; **to be on dangerous ~** (fig) sich auf gefährlichem Boden bewegen; **on familiar ~** auf vertrautem Boden; **to gain/lose ~** Boden gewinnen/verlieren; **to lose ~ to sb/sth** gegenüber jdm/etw an Boden verlieren; **to give ~ to sb/sth** vor jdm/etw zurückweichen; **to break new ~** neue Gebiete erschließen; **to prepare the ~ for sth** den Boden für etw vorbereiten; **to cover a lot of ~** (fig) eine Menge Dinge behandeln; **to stand one's ~** (lit) nicht von der Stelle weichen; (fig) seinen Mann stehen; **above/below ~** über/unter der Erde; **to fall to the ~** (lit) zu Boden fallen; **to burn sth to the ~** etw niederbrennen; **it suits me down to the ~** das ist ideal für mich; **to get off the ~** (plane etc) abheben; (fig: project etc) sich realisieren; **to go to ~** untertauchen (infml) **2** (≈ pitch) Platz m **3** **grounds** pl (≈ premises) Gelände nt; (≈ gardens) Anlagen pl **4** **grounds** pl (≈ sediment) Satz m **5** (US ELEC) Erde f **6** (≈ reason) Grund m; **to have ~(s) for sth** Grund zu etw haben; **~s for dismissal** Entlassungsgrund m/-gründe pl; **on the ~s of...** aufgrund ... (gen); **on the ~s that** ... mit der Begründung, dass ...; **on health ~s** aus gesundheitlichen Gründen **B** v/t **1** AVIAT plane aus dem Verkehr ziehen; **to be ~ed by bad weather** wegen schlechten Wetters nicht starten können **2** child Hausarrest erteilen (+dat); **she was ~ed for a week** sie hatte eine Woche Hausarrest **3** (US ELEC) erden **4** **to be ~ed on sth** sich auf etw (acc) gründen

ground² **A** pret, past part of **grind** **B** adj coffee gemahlen; **freshly ~ black pepper** frisch gemahlener schwarzer Pfeffer; **~ meat** (US) Hackfleisch nt, Faschierte(s) nt (Aus)

ground-breaking adj umwälzend; research etc bahnbrechend **ground control** n AVIAT Bodenkontrolle f **ground crew** n Bodenpersonal nt **ground floor** n Erdgeschoss nt, Erdgeschoß nt (Aus) **ground frost** n Bodenfrost m **grounding** n Grundwissen nt; **to give sb a ~ in English** jdm die Grundlagen pl des Englischen beibringen **groundkeeper** n (US) = groundsman **groundless** adj grundlos **ground level** n Boden m; **below ~** unter dem Boden **groundnut** n Erdnuss f **ground plan** n Grundriss m **ground rules** pl Grundregeln pl **groundsheet** n Zeltboden (-plane f) m **groundsman** n, pl -men (esp Br) Platzwart m **ground staff** n AVIAT Bodenpersonal nt; SPORTS Platzwarte pl **ground water** n Grundwasser nt **groundwork** n Vorarbeit f; **to do the ~ for sth** die Vorarbeit für etw leisten **ground zero** n **1** (of nuclear explosion) Bodennullpunkt m **2** HIST **Ground Zero** Ground Zero m, Gelände in New York, auf dem das World Trade Center stand

group **A** n Gruppe f; **a ~ of people** eine Gruppe Menschen; **a ~ of trees** eine Baumgruppe **B** attr Gruppen-; activities in der Gruppe **C** v/t gruppieren; **to ~ together** zusammentun **group booking** n Gruppenbuchung f **group hug** n Gruppenumarmung f **grouping** n Gruppierung f **group photo** n Gruppenfoto nt **group selfie** n Gruppenselfie nt

grouse¹ n, pl - Waldhuhn nt; (≈ red grouse) Schottisches Moor(schnee)huhn

grouse² (Br infml) v/i meckern (infml) (about über +acc)

grove n Hain m

grovel v/i kriechen; **to ~ to** or **before sb** (fig) vor jdm kriechen **grovelling**, (US) **groveling** n Kriecherei f (infml)

grow pret **grew**, past part **grown** **A** v/t **1** plants ziehen; (commercially) anbauen; (≈ cultivate) züchten **2** **to ~ a beard** sich (dat) einen Bart wachsen lassen **B** v/i **1** wachsen; (in numbers) zunehmen; (in size) sich vergrößern; **to ~ in popularity** immer beliebter werden; **fears were ~ing for her safety** man machte sich zunehmend Sorgen um ihre Sicherheit; **the economy is ~ing by 2% a year** die Wirtschaft wächst um 2% pro Jahr; **pressure is ~ing for him to resign** er gerät zunehmend unter Druck zurückzutreten **2** (≈ become) werden; **to ~ to be sth** allmählich etw sein; **to ~ to hate sb** jdn hassen lernen; **I've ~n to like him** ich habe ihn mit der Zeit lieb gewonnen; **to ~ used to sth** sich an etw (acc) gewöhnen ◊**grow apart** v/i (fig) sich auseinanderentwickeln ◊**grow from** v/i +prep obj (≈ arise from) entstehen aus ◊**grow into** v/i +prep obj **1** clothes, job hineinwachsen in (+acc) **2** (≈ become) sich entwickeln zu; **to ~ a man/woman** zum Mann/zur Frau heranwachsen ◊**grow on** v/i +prep obj **it'll ~ you** das wird dir mit der Zeit gefallen ◊**grow out** v/i (perm, colour) herauswachsen ◊**grow out of** v/i +prep obj **1** clothes herauswachsen aus; **to ~ a habit** eine Angewohnheit ablegen **2** (≈ arise from) entstehen aus ◊**grow up** v/i (≈ spend childhood) aufwachsen; (≈ become adult) erwachsen werden; (fig, city) entstehen; **what are you going to do when you ~?** was willst du mal werden, wenn du groß bist?; **~!, when are you going to ~?** werde endlich erwachsen!

grower n (of fruit, vegetables) Anbauer(in)

m(f); *(of flowers)* Züchter(in) *m(f)* **growing** *adj* wachsend; *child* heranwachsend; *importance, number etc* zunehmend

growl A *n* Knurren *nt no pl* **B** *v/i* knurren; **to ~ at sb** jdn anknurren **C** *v/t* answer knurren

grown A *past part of* grow **B** *adj* erwachsen; **fully ~** ausgewachsen

grown-up A *adj* erwachsen; **they have a ~ family** sie haben schon erwachsene Kinder **B** *n* Erwachsene(r) *m/f(m)*

growth *n* **1** Wachstum *nt*; *(in quantity, fig: of interest etc)* Zunahme *f*; *(in size)* Vergrößerung *f*; *(of capital etc)* Zuwachs *m*; **~ industry** Wachstumsindustrie *f*; **~ rate** ECON Wachstumsrate *f* **2** *(≈ plants)* Vegetation *f*; *(of one plant)* Triebe *pl* **3** MED Wucherung *f*

grub A *n* **1** *(≈ larva)* Larve *f* **2** *(infml ≈ food)* Fressalien *pl* *(hum infml)* **B** *v/i* *(a.* **grub about** *or* **around)** wühlen *(in in +dat, for nach)*

grubby *adj* (+er) dreckig; *person, clothes* schmuddelig *(infml)*

grudge A *n* Groll *m* *(against gegen)*; **to bear sb a ~, to have a ~ against sb** jdm grollen; **I bear him no ~** ich trage ihm das nicht nach **B** *v/t* **to ~ sb sth** jdm etw nicht gönnen; **I don't ~ you your success** ich gönne Ihnen Ihren Erfolg **grudging** *adj* widerwillig

gruelling, *(US)* **grueling** *adj* schedule, journey (äußerst) anstrengend; *pace* mörderisch *(infml)*; *race* (äußerst) strapaziös

gruesome *adj* grausig

gruff *adj*, **gruffly** *adv* barsch

grumble *v/i* murren, sempern *(Aus)* *(about, over über +acc)*

grumpily *adv* *(infml)* mürrisch **grumpy** *adj* (+er) *(infml)* mürrisch

grunge *n* Grunge *nt* **grungy** *adj* *(infml)* mies *(infml)*

grunt A *n* Grunzen *nt no pl*; *(of pain, in exertion)* Ächzen *nt no pl* **B** *v/i* grunzen; *(with pain, exertion)* ächzen **C** *v/t* knurren

G-string *n* Tangahöschen *nt*

guarantee A *n* Garantie *f* *(of für)*; **to have** *or* **carry a 6-month ~** 6 Monate Garantie haben; **there is a year's ~ on this watch** auf der Uhr ist ein Jahr Garantie; **while it is still under ~** solange noch Garantie darauf ist; **that's no ~ that …** das heißt noch lange nicht, dass … **B** *v/t* garantieren *(sb sth* jdm etw*)*; **I can't ~ (that)**

he will be any good ich kann nicht dafür garantieren, dass er gut ist **guaranteed** *adj* garantiert; **to be ~ for three months** *(goods)* drei Monate Garantie haben **guarantor** *n* Garant(in) *m(f)*; JUR *also* Bürge *m*, Bürgin *f*

guard A *n* **1** *(≈ soldier)* Wache *f*; **to change ~** Wachablösung machen; **to be under ~** bewacht werden; **to keep sb/ sth under ~** jdn/etw bewachen; **to be on ~, to stand ~** Wache stehen; **to stand ~ over sth** etw bewachen **2** *(≈ security guard)* Sicherheitsbeamte(r) *m*/-beamtin *f*; *(in park etc)* Wächter(in) *m(f)*; *(esp US ≈ prison guard)* Gefängniswärter(in) *m(f)*; *(Br* RAIL*)* Zugbegleiter(in) *m(f)*, Kondukteur(in) *m(f)* *(Swiss)* **3** **to drop** *or* **lower one's ~** *(lit)* seine Deckung vernachlässigen; *(fig)* seine Reserve aufgeben; **the invitation caught me off ~** ich war auf die Einladung nicht vorbereitet; **to be on one's ~ (against sth)** *(fig)* (vor etw *dat*) auf der Hut sein; **to put sb on his ~ (against sth)** jdn (vor etw *dat*) warnen **4** *(≈ safety device)* Schutz *m* *(against gegen)*; *(on machinery)* Schutz(vorrichtung) *f* *m* **B** *v/t* prisoner, place, valuables bewachen; *treasure* hüten; *luggage* aufpassen auf *(+acc)*; *person, place* schützen *(from, against* vor *+dat)*; **a closely ~ed secret** ein streng gehütetes Geheimnis ◊**guard against** *v/i +prep obj being cheated etc* sich in Acht nehmen vor *(+dat)*; *illness, attack* vorbeugen *(+dat)*; **you must ~ catching cold** Sie müssen aufpassen, dass Sie sich nicht erkälten

guard dog *n* Wachhund *m* **guard duty** *n* **to be on ~** auf Wache sein **guarded** *adj* response etc vorsichtig **guardian** *n* Hüter(in) *n*; JUR Vormund *m* **guardrail** *n* Schutzgeländer *nt* **guardsman** *n, pl* -men Gardist *m* **guard's van** *n* *(Br* RAIL*)* Dienstwagen *m*

Guernsey *n* Guernsey *nt*

guer(r)illa A *n* Guerillero *m*, Guerillera *f* **B** *attr* Guerilla- **guer(r)illa war, guer(r)illa warfare** *n* Guerillakrieg *m*

guess A *n* Vermutung *f*; *(≈ estimate)* Schätzung *f*; **to have** *or* **make a ~ (at sth)** *(≈ estimate)* (etw) raten; *(≈ estimate)* (etw) schätzen; **it's a good ~** gut geschätzt; **it was just a lucky ~** das war ein Zufallstreffer *m*; **I'll give you three ~es** dreimal darfst du raten; **at a rough ~** grob geschätzt;

your ~ **is as good as mine!** (*infml*) da kann ich auch nur raten!; **it's anybody's** ~ (*infml*) das wissen die Götter (*infml*) **B** *v/i* **1** raten; **to keep sb ~ing** jdn im Ungewissen lassen; **you'll never ~!** das wirst du nie erraten **2** (*esp US*) **I ~ not** wohl nicht; **he's right, I ~** er hat wohl recht; **I think he's right — I ~ so** ich glaube, er hat recht — ja, das hat er wohl **C** *v/t* **1** (≈ *surmise*) raten; (≈ *surmise correctly*) erraten; (≈ *estimate*) schätzen; **I ~ed as much** das habe ich mir schon gedacht; **you'll never ~ who …** das errätst du nie, wer …; **~ what!** (*infml*) stell dir vor! (*infml*) **2** (*esp US* ≈ *suppose*) **I ~ we'll just have to wait and see** wir werden wohl abwarten müssen **guesswork** *n* (reine) Vermutung

guest *n* Gast *m*; **~ of honour** (*Br*) *or* **honor** (*US*) Ehrengast *m*; **be my ~** (*infml*) nur zu! (*infml*) **guest appearance** *n* Gastauftritt *m*; **to make a ~** als Gast auftreten **guesthouse** *n* (Fremden)pension *f* **guest list** *n* Gästeliste *f* **guest room** *n* Gästezimmer *nt* **guest speaker** *n* Gastredner(in) *m(f)*

guffaw **A** *n* schallendes Lachen *no pl* **B** *v/i* schallend (los)lachen

GUI *abbr of* **graphical user interface**

guidance *n* (≈ *direction*) Leitung *f*; (≈ *counselling*) Beratung *f* (*on* über +*acc*); (*from superior etc*) Anleitung *f*; **to give sb ~ on sth** jdn bei etw beraten

guide **A** *n* **1** Führer(in) *m(f)*; (*fig* ≈ *pointer*) Anhaltspunkt *m* (*to* für); (≈ *model*) Leitbild *nt* **2** (*Br* ≈ *Girl Guide*) Pfadfinderin *f* **3** (≈ *instructions*) Anleitung *f*; (≈ *manual*) Handbuch *nt* (*to* +*gen*); (≈ *travel guide*) Führer *m*; **as a rough ~** als Faustregel **B** *v/t* people führen; **to be ~d by sb/sth** (*person*) sich von jdm/etw leiten lassen **guidebook** *n* (Reise)führer *m* (*to* von) **guided missile** *n* ferngelenktes Geschoss **guide dog** *n* Blindenhund *m* **guided tour** *n* Führung *f* (*of* durch) **guideline** *n* Richtlinie *f*; **safety ~s** Sicherheitshinweise *pl*; **I gave her a few ~s on looking after a kitten** ich gab ihr ein paar Hinweise, wie man eine junge Katze versorgt **guiding** *attr* **~ force** leitende Kraft; **~ principle** Leitmotiv *nt*; **~ star** Leitstern *m*

guild *n* HIST Zunft *f*; (≈ *association*) Verein *m*

guile *n* (*Arg*)list *f*

guillotine **A** *n* **1** Guillotine *f* **2** (*for paper*) (Papier)schneidemaschine *f* **B** *v/t* mit der Guillotine hinrichten

guilt *n* Schuld *f* (*for, of* an +*dat*); **feelings of ~** Schuldgefühle *pl*; **~ complex** Schuldkomplex *m* **guiltily** *adv* schuldbewusst **guilty** *adj* (+*er*) **1** smile, silence schuldbewusst; *secret, pleasure* mit Schuldgefühlen verbunden; **~ conscience** schlechtes Gewissen; **~ feelings** Schuldgefühle *pl*; **to feel ~ (about doing sth)** ein schlechtes Gewissen haben(, weil man etw tut/getan hat); **to make sb feel ~** jdm ein schlechtes Gewissen einreden **2** (≈ *to blame*) schuldig (*of sth* einer Sache *gen*); **the ~ person** der/die Schuldige; **the ~ party** die schuldige Partei; **to find sb ~/not ~ (of sth)** jdn (einer Sache *gen*) für schuldig/nicht schuldig befinden; **to plead (not) ~ to a crime** sich eines Verbrechens (nicht) schuldig bekennen; **a ~ verdict, a verdict of ~** ein Schuldspruch *m*; **a not ~ verdict, a verdict of not ~** ein Freispruch *m*; **their parents are ~ of gross neglect** ihre Eltern haben sich grobe Fahrlässigkeit zuschulden kommen lassen; **we're all ~ of neglecting the problem** uns trifft alle die Schuld, dass das Problem vernachlässigt wurde

guinea pig *n* Meerschweinchen *nt*; (*fig*) Versuchskaninchen *nt*

guise *n* (≈ *disguise*) Gestalt *f*; (≈ *pretence*) Vorwand *m*; **in the ~ of a clown** als Clown verkleidet; **under the ~ of doing sth** unter dem Vorwand, etw zu tun

guitar *n* Gitarre *f* **guitarist** *n* Gitarrist(in) *m(f)*

gulch *n* (*US*) Schlucht *f*

gulf *n* **1** (≈ *bay*) Golf *m*; **the Gulf of Mexico** der Golf von Mexiko **2** (≈ *chasm*) tiefe Kluft **Gulf States** *pl* **the ~** die Golfstaaten *pl* **Gulf Stream** *n* Golfstrom *m* **Gulf War** *n* Golfkrieg *m*

gull *n* Möwe *f*

gullible *adj* leichtgläubig

gully *n* **1** (≈ *ravine*) Schlucht *f*, Tobel *m* (*Aus*) **2** (≈ *narrow channel*) Rinne *f*

gulp **A** *n* Schluck *m*; **in one ~** auf einen Schluck **B** *v/t* (*a.* **gulp down**) *drink* runterstürzen; *food* runterschlingen **C** *v/i* (≈ *try to swallow*) würgen

gum[1] *n* ANAT Zahnfleisch *nt no pl*

gum[2] **A** *n* **1** Gummi *nt* **2** (≈ *glue*) Klebstoff *m*, Pick *m* (*Aus*) **3** (≈ *chewing gum*)

Kaugummi m **B** v/t kleben, picken (Aus)
gummy adj (+er) klebrig; eyes verklebt
gumption n (infml) Grips m (infml)
gumshield n Zahnschutz m
gun **A** n (≈ cannon etc) Kanone f; (≈ rifle)
Gewehr nt; (≈ pistol) Pistole f; **to carry a
~** (mit einer Schusswaffe) bewaffnet sein;
to draw a ~ on sb jdn mit einer Schusswaffe bedrohen; **big ~** (fig infml) hohes
or großes Tier (infml) (in +dat); **to stick
to one's ~s** nicht nachgeben; **to jump
the ~** (fig) voreilig handeln; **to be going
great ~s** (Br infml; team, person) toll in
Schwung or Fahrt sein (infml); (car) wie geschmiert laufen (infml); (business) gut in
Schuss sein (infml) **B** v/t (≈ kill: a. **gun
down**) person erschießen **C** v/i (infml)
to be ~ning for sb (fig) jdn auf dem Kieker haben (infml) **gunboat** n Kanonen-
boot nt **gunfight** n Schießerei f **gun-
fighter** n Revolverheld m **gunfire** n
Schießerei f; MIL Geschützfeuer nt
gunge n (Br infml) klebriges Zeug (infml)
gunk n (esp US infml) = gunge
gunman n (mit einer Schusswaffe) Be-
waffnete(r) m; **they saw the ~** sie haben
den Schützen gesehen **gunner** n MIL Ar-
tillerist m **gunpoint** n **to hold sb at ~**
jdn mit einer Schusswaffe bedrohen
gunpowder n Schießpulver nt **gun-
runner** n Waffenschmuggler(in) m(f) or
-schieber(in) m(f) **gunrunning** n Waf-
fenschmuggel m **gunshot** n Schuss m;
~ wound Schusswunde f
gurgle **A** n (of liquid) Gluckern nt no pl;
(of baby) Glucksen nt no pl **B** v/i (liquid)
gluckern; (person) glucksen (with vor +dat)
gurney n (US) (Trag)bahre f
gush **A** n (of liquid) Strahl m; (of words)
Schwall m; (of emotion) Ausbruch m **B** v/i
1 (a. **gush out**) herausschießen **2** (infml
≈ talk) schwärmen (infml) (about, over von)
gushing adj **1** water (heraus)schießend
2 (fig) überschwänglich
gusset n Zwickel m
gust **A** n (of wind) Bö(e) f; **a ~ of cold air**
ein Schwall m kalte Luft; **~s of up to 100
km/h** Böen von bis zu 100 km/h **B** v/i böig
wehen
gusto n Begeisterung f; **to do sth with ~**
etw mit Genuss tun
gusty adj (+er) böig
gut **A** n **1** (≈ alimentary canal) Darm m **2**
(≈ paunch) Bauch m **3** usu pl (infml ≈ stom-

ach) Eingeweide nt; **to slog** or **work one's
~s out** (infml) wie blöd schuften (infml); **to
hate sb's ~s** (infml) jdn auf den Tod nicht
ausstehen können (infml); **~ reaction** rein
gefühlsmäßige Reaktion, Bauchentschei-
dung f; **my ~ feeling is that ...** rein gefühlsmäßig würde ich sagen, dass ... **4**
guts pl (infml ≈ courage) Mumm m (infml)
B v/t **1** animal ausnehmen **2** (fire) ausbrennen; (≈ remove contents) ausräumen;
it was completely ~ted by the fire es
war völlig ausgebrannt **gutless** adj (fig
infml) feige **gutsy** adj (infml) person mutig; performance kämpferisch **gutted** adj
(esp Br infml) **I was ~** ich war total am Boden (infml); **he was ~ by the news** die
Nachricht machte ihn völlig fertig (infml)
gutter **A** n (on roof) Dachrinne f; (in
street) Gosse f **B** v/i (flame) flackern **gut-
tering** n Regenrinnen pl **gutter press**
n (Br pej) Boulevardpresse f
guttural adj guttural
guy[1] n (infml) Typ m (infml); **hey, you ~s**
he Leute (infml); **are you ~s ready?** seid
ihr fertig?
guy[2] n (a. **guy-rope**) Halteseil nt; (for
tent) Zeltschnur f
guzzle (infml) **A** v/i (≈ eat) futtern (infml);
(≈ drink) schlürfen **B** v/t (≈ eat) futtern
(infml); (≈ drink) schlürfen; fuel saufen
(infml)
gym n **1** (≈ gymnasium) Turnhalle f **2** (for
working out) Fitnesscenter nt **3** (≈ gymnastics) Turnen nt **gymnasium** n, pl -s or
(form) gymnasia Turnhalle f **gymnast**
n Turner(in) m(f) **gymnastic** adj turne-
risch; **~ exercises** Turnübungen **gymnastics** n **1** sg (≈ discipline) Gymnastik f,
no pl; (with apparatus) Turnen nt no pl **2**
pl (≈ exercises) Übungen pl **gym shoe** n
(Br) Turnschuh m **gym teacher** n Turn-
lehrer(in) m(f) **gym trainer** n Fitness-
trainer(in) m(f)
gynaecological, (US) **gynecological**
adj gynäkologisch **gynaecologist**, (US)
gynecologist n Gynäkologe m, Gynäkologin f **gynaecology**, (US) **gynecology** n Gynäkologie f
gypsy **A** n Zigeuner(in) m(f) (usu pej);
gypsies Sinti und Roma pl **B** adj Zigeu-
ner- (usu pej)
gyrate v/i (≈ whirl) (herum)wirbeln; (≈ rotate) sich drehen; (dancer) sich drehen
und winden

G

gyroscope n Gyroskop nt

H

H, h n H nt, h nt
h abbr of hour(s) h
haberdashery n (Br) Kurzwaren pl; (US ≈ articles) Herrenbekleidung f
habit n **1** Gewohnheit f; (esp undesirable) (An)gewohnheit f; **to be in the ~ of doing sth** die Angewohnheit haben, etw zu tun; **it became a ~** es wurde zur Gewohnheit; **from (force of) ~** aus Gewohnheit; **I don't make a ~ of inviting strangers in** (für) gewöhnlich bitte ich Fremde nicht herein; **to get into/to get sb into the ~ of doing sth** sich/jdm angewöhnen, etw zu tun; **to get into bad ~s** in schlechte Gewohnheiten verfallen; **to get out of/to get sb out of the ~ of doing sth** sich/jdm abgewöhnen, etw zu tun; **to have a ~ of doing sth** die Angewohnheit haben, etw zu tun **2** (≈ addiction) Sucht f; **to have a cocaine ~** kokainsüchtig sein **3** (≈ costume, esp monk's) Habit nt or m
habitable adj bewohnbar **habitat** n Heimat f **habitation** n **unfit for human ~** menschenunwürdig
habitual adj **1** (≈ customary) gewohnt **2** (≈ regular) gewohnheitsmäßig; **~ criminal** Gewohnheitsverbrecher(in) m(f) **habitually** adv ständig; (≈ regularly) regelmäßig
hack¹ **A** v/t **1** (≈ cut) hacken; **to ~ sb/sth to pieces** (lit) jdn/etw zerstückeln **2** (infml ≈ cope) **to ~ it** es bringen (sl) **B** v/i hacken (also IT); **he ~ed at the branch** er schlug auf den Ast; **to ~ into the system** in das System eindringen
hack² n **1** (pej ≈ literary hack) Schreiberling m **2** (US ≈ taxi) Taxi nt
hacker n IT Hacker(in) m(f) **hacking** **A** adj **~ cough** trockener Husten **B** n IT Hacken nt
hackles pl **to get sb's ~ up** jdn auf die Palme bringen (infml)
hackneyed adj (Br) abgedroschen (infml)
hacksaw n Metallsäge f
had pret, past part of have

haddock n Schellfisch m
hadn't contraction = had not
haemoglobin, (US) **hemoglobin** n Hämoglobin nt **haemophilia**, (US) **hemophilia** n Bluterkrankheit f **haemophiliac**, (US) **hemophiliac** n Bluter m **haemorrhage**, (US) **hemorrhage** **A** n Blutung f **B** v/i bluten **haemorrhoids**, (US) **hemorrhoids** pl Hämorr(ho)iden pl
hag n Hexe f
haggard adj ausgezehrt; (from tiredness) abgespannt
haggis n schottisches Gericht aus gehackten Schafsinnereien und Hafer im Schafsmagen
haggle v/i feilschen (about or over um)
haggling n Gefeilsche nt
Hague n **the ~** Den Haag nt
hail¹ **A** n Hagel m; **a ~ of blows** ein Hagel von Schlägen; **in a ~ of bullets** im Kugelhagel **B** v/i hageln
hail² **A** v/t **1** **to ~ sb/sth as sth** jdn/etw als etw feiern **2** (≈ call loudly) zurufen (+dat); taxi anhalten; **within ~ing distance** in Rufweite **B** v/i **they ~ from … sie** kommen aus … **C** int **the Hail Mary** das Ave Maria
hailstone n Hagelkorn nt **hailstorm** n Hagel(schauer) m
hair **A** n **1** (collective) Haare pl, Haar nt; (≈ total body hair) Behaarung f; **body ~** Körperbehaarung f; **to do one's ~** sich frisieren; **to have one's ~ cut** sich (dat) die Haare schneiden lassen; **to let one's ~ down** (fig) aus sich (dat) herausgehen; **keep your ~ on!** (Br infml) ruhig Blut! **2** (≈ single hair, of animal) Haar nt; **not a ~ out of place** (fig) wie aus dem Ei gepellt; **I'm allergic to cat ~** ich bin gegen Katzenhaare allergisch **B** attr Haar- **hairband** n Haarband nt **hairbrush** n Haarbürste f **haircare** n Haarpflege f **hair clip** n Clip m
haircut n Haarschnitt m; **to have** or **get a ~** sich (dat) die Haare schneiden lassen
hairdo n (infml) Frisur f
hairdresser n Friseur m, Friseuse f; **the ~'s** der Friseur **hairdressing** n Frisieren nt **hairdressing salon** n Friseursalon m **hairdrier** n Haartrockner m; (hand-held also) Föhn m **hair dye** n Haarfärbemittel nt **-haired** adj suf -haarig; **long--haired** langhaarig **hair gel** n (Haar)gel

nt **hairgrip** *n* (Br) Haarklemme *f* **hairline** *n* Haaransatz *m* **hairline crack** *n* Haarriss *m* **hairline fracture** *n* **hairnet** *n* Haarnetz *nt* **hairpiece** *n* Haarteil *nt*; (for men) Toupet *nt* **hairpin** *n* Haarnadel *f* **hairpin (bend)** *n* Haarnadelkurve *f* **hair-raising** *adj* haarsträubend **hair remover** *n* Haarentferner *m* **hair restorer** *n* Haarwuchsmittel *nt* **hair's breadth** *n* Haaresbreite *f*; **he was within a ~ of winning** er hätte um ein Haar gewonnen **hair slide** *n* (Br) Haarspange *f* **hairsplitting** *n* Haarspalterei *f* **hairspray** *n* Haarspray *m* or *nt* **hair straighteners** *pl* Haarglätter *m* **hairstyle** *n* Frisur *f* **hair stylist** *n* Coiffeur *m*, Coiffeuse *f* **hairy** *adj* (+er) *person, spider* behaart; *chest* haarig

hake *n* See- or Meerhecht *m*

halal *adj* (permitted in Islam) halal; **~ meat** Halal-Fleisch *nt*

half **A** *n, pl* **halves** **1** Hälfte *f*; **the first ~ of the year** die erste Jahreshälfte; **to cut sth in ~** etw halbieren; **to tear sth in ~** etw durchreißen; **~ of it/them** die Hälfte davon/von ihnen; **~ the money** die Hälfte des Geldes; **~ a million dollars** eine halbe Million Dollar; **he gave me ~** er gab mir die Hälfte; **~ an hour** eine halbe Stunde; **he's not ~ the man he used to be** er ist längst nicht mehr das, was er einmal war; **to go halves (with sb on sth)** (mit jdm mit etw) halbe-halbe machen (infml); **bigger by ~** anderthalbmal so groß; **to increase sth by ~** etw um die Hälfte vergrößern; **he is too clever by ~** (Br infml) das ist ein richtiger Schlaumeier; **one and a ~** eineinhalb, anderthalb; **an hour and a ~** eineinhalb or anderthalb Stunden; **he's two and a ~** er ist zweieinhalb; **he doesn't do things by halves** er macht keine halben Sachen; **~ and ~** halb und halb; **my better** (hum) or **other ~** meine bessere Hälfte **2** (SPORTS, of match) Halbzeit *f* **3** (≈ travel, admission fee ≈ child's ticket) halbe Karte (infml); **two and a ~ (to London)** zweieinhalb(mal London) **4** (≈ beer) kleines Bier **B** *adj* halb; **at** or **for ~ price** zum halben Preis; **~ man ~ beast** halb Mensch, halb Tier **C** *adv* **1** halb; **~ thought ...** ich hätte fast gedacht ...; **the work is only ~ done** die Arbeit ist erst zur Hälfte erledigt; **to be ~ asleep** schon fast schlafen; **~ laughing, ~ crying**

halb lachend, halb weinend; **he only ~ understands** er begreift or versteht nur die Hälfte; **she's ~ German** sie ist zur Hälfte Deutsche; **it's ~ past three** or **~ three** es ist halb vier; **he is ~ as big as his sister** er ist halb so groß wie seine Schwester; **~ as big again** anderthalbmal so groß; **he earns ~ as much as you** er verdient halb so viel wie Sie **2** (Br infml) **he's not ~ stupid** er ist unheimlich dumm; **it didn't ~ rain** es HAT vielleicht geregnet; **not ~!** und wie! **half-a-dozen** *n* halbes Dutzend **half-baked** *adj* (fig) unausgegoren **half board** *n* Halbpension *f* **half bottle** *n* **a ~ of wine** eine kleine Flasche Wein **half-breed** *n* **1** (dated ≈ person) Mischling *m* **2** (≈ horse) Halbblüter *m* **half-brother** *n* Halbbruder *m* **half-caste** *n* (dated, pej) Mischling *m* **half-circle** *n* Halbkreis *m* **half-day** *n* (≈ holiday) halber freier Tag; **we've got a ~** wir haben einen halben Tag frei **half-dead** *adj* (lit, fig) halb tot (with vor +dat) **half-dozen** *n* halbes Dutzend **half-dressed** *adj* halb bekleidet **half-empty** *adj* halb leer **half-fare** *n* halber Fahrpreis **half-full** *adj* halb voll **half-hearted** *adj* halbherzig; *manner* lustlos; **he was rather ~ about accepting** er nahm ohne rechte Lust an **half-heartedly** *adv* ohne rechten Herzens; **to do sth ~** etw ohne rechte Überzeugung or Lust tun **half-hour** *n* halbe Stunde **half-hourly** **A** *adv* alle halbe Stunde **B** *adj* halbstündlich **half-mast** *n* **at ~** (auf) halbmast **half measure** *n* halbe Maßnahme **half-moon** *n* Halbmond *m* **half-note** *n* (US MUS) halbe Note **half-pay** *n* halber Lohn; (of salaried employee) halbes Gehalt **half-pint** *n* **1** ≈ Viertelliter *m* or *nt* **2** (of beer) kleines Bier **half-pipe** *n* SPORTS Halfpipe *f* **half-price** *adj, adv* zum halben Preis; **to be ~** die Hälfte kosten **half-sister** *n* Halbschwester *f* **half term** *n* (Br) Ferien *pl* in der Mitte des Trimesters; **we get three days at ~** wir haben drei Tage Ferien in der Mitte des Trimesters **half-time** **A** *n* SPORTS Halbzeit *f*; **at ~** zur Halbzeit **B** *attr* Halbzeit-, zur Halbzeit; **~ score** Halbzeitstand *m* **half-truth** *n* Halbwahrheit *f* **half volley** *n* TENNIS Halfvolley *m* **halfway** **A** *adj attr* *measures* halb; **when we reached the ~ stage** or **point on our journey** als wir die Hälfte der Reise hinter uns (dat) hatten; **we're past the ~ stage** wir haben die Hälfte geschafft **B** adv **~ to** auf halbem Weg nach; **we drove ~ to London** wir fuhren die halbe Strecke nach London; **~ between ...** (genau) zwischen ...; **I live ~ up the hill** ich wohne auf halber Höhe des Berges; **~ through a book** halb durch ein Buch (durch); **she dropped out ~ through the race** nach der Hälfte des Rennens gab sie auf; **to meet sb ~** jdm (auf halbem Weg) entgegenkommen

halfway house n (fig) Zwischending nt **halfwit** n (fig) Schwachkopf m **half--yearly** adv halbjährlich

halibut n Heilbutt m

halitosis n schlechter Mundgeruch

hall n **1** (≈ entrance hall) Diele f **2** (≈ large building) Halle f; (≈ large room) Saal m; (≈ village hall) Gemeindehaus nt; (≈ school hall) Aula f **3** (≈ mansion) Herrenhaus nt; (Br: a. **hall of residence**) Studenten(wohn)heim nt **4** (US ≈ corridor) Gang m

hallelujah A int halleluja **B** n Halleluja nt

hallmark n **1** (Feingehalts)stempel m **2** (fig) Kennzeichen nt (of +gen, für)

hallo int, n = hello

hallowed adj geheiligt; **on ~ ground** auf heiligem Boden

Halloween, Hallowe'en n Halloween nt

hallucinate v/i halluzinieren **hallucination** n Halluzination f **hallucinatory** adj drug Halluzinationen hervorrufend attr, halluzinogen (tech); state, effect halluzinatorisch

hallway n Flur m

halo n, pl -(e)s Heiligenschein m

halt A n Pause f; **to come to a ~** zum Stillstand kommen; **to bring sth to a ~** etw zum Stillstand bringen; **to call a ~ to sth** einer Sache (dat) ein Ende machen; **the government called for a ~ to the fighting** die Regierung verlangte die Einstellung der Kämpfe **B** v/i zum Stillstand kommen; (person) stehen bleiben; MIL haltmachen **C** v/t zum Stillstand bringen; fighting einstellen **D** int halt

halter n (horse's) Halfter nt **halterneck** adj rückenfrei mit Nackenverschluss

halting adj voice zögernd; speech stockend; German holprig

halt sign n AUTO Stoppschild nt

halve v/t **1** (≈ separate) halbieren **2** (≈ reduce by half) auf die Hälfte reduzieren **halves** pl of half

ham n COOK Schinken m; **~ sandwich** Schinkenbrot nt ◊**ham up** v/t sep (infml) **to ham it up** zu dick auftragen

hamburger n Hamburger m **ham-fisted** adj ungeschickt

hamlet n kleines Dorf

hammer A n Hammer m; **to go at it ~ and tongs** (infml) sich ins Zeug legen (infml); (≈ quarrel) sich in die Wolle kriegen (infml); **to go/come under the ~** unter den Hammer kommen **B** v/t **1** hämmern; **to ~ a nail into a wall** einen Nagel in die Wand schlagen **2** (infml ≈ defeat badly) eine Schlappe beibringen +dat (infml) **C** v/i hämmern; **to ~ on the door** an die Tür hämmern ◊**hammer home** v/t sep Nachdruck verleihen (+dat); **he tried to hammer it home to the pupils that ...** er versuchte, den Schülern einzubläuen or einzuhämmern, dass... ◊**hammer out** v/t sep (fig) agreement ausarbeiten; tune hämmern

hammering n (esp Br infml ≈ defeat) Schlappe f (infml); **our team took a ~** unsere Mannschaft musste eine Schlappe einstecken (infml)

hammock n Hängematte f

hamper¹ n (esp Br) (≈ basket) Korb m; (as present) Geschenkkorb m

hamper² v/t behindern; **to be ~ed (by sth)** (durch etw) gehandicapt sein; **the police were ~ed in their search by the shortage of clues** der Mangel an Hinweisen erschwerte der Polizei die Suche

hamster n Hamster m

hamstring n ANAT Kniesehne f

hand A n **1** Hand f; (of clock) Zeiger m; **on (one's) ~s and knees** auf allen vieren; **to take sb by the ~** jdn an die Hand nehmen; **~ in ~** Hand in Hand; **to go ~ in ~ with sth** mit etw einhergehen or Hand in Hand gehen; **~s up!** Hände hoch!; **~s up who knows the answer** Hand hoch, wer es weiß; **~s off!** (infml) Hände weg!; **keep your ~s off my wife** lass die Finger von meiner Frau!; **made by ~** handgearbeitet; **to deliver a letter by ~** einen Brief persönlich überbringen; **to live (from) ~ to mouth** von der Hand in den Mund leben; **with a heavy/firm ~** (fig) mit harter/fester Hand; **to get one's ~s dirty** (fig) sich (dat) die Hände schmutzig machen **2** (≈ *side*) Seite *f*; **on my right ~** rechts von mir; **on the one ~ ... on the other ~ ...** einerseits ..., andererseits ... **3** **your future is in your own ~s** Sie haben Ihre Zukunft (selbst) in der Hand; **he put the matter in the ~s of his lawyer** er übergab die Sache seinem Anwalt; **to put oneself in(to) sb's ~s** sich jdm anvertrauen; **to fall into the ~s of sb** jdm in die Hände fallen; **to fall into the wrong ~s** in die falschen Hände geraten; **to be in good ~s** in guten Händen sein; **to change ~s** den Besitzer wechseln; **he suffered terribly at the ~s of the enemy** er machte in den Händen des Feindes Schreckliches durch; **he has too much time on his ~s** er hat zu viel Zeit zur Verfügung; **he has five children on his ~s** er hat fünf Kinder am Hals (*infml*); **everything she could get her ~s on** alles, was sie in die Finger bekommen konnte; **just wait till I get my ~s on him!** warte nur, bis ich ihn zwischen die Finger kriege! (*infml*); **to take sb/sth off sb's ~s** jdm jdn/etw abnehmen **4** (≈ *worker*) Arbeiter(in) *m(f)*; **all ~s on deck!** alle Mann an Deck! **5** (≈ *handwriting*) Handschrift *f* **6** (*of horse*) ≈ 10 cm **7** CARDS Blatt *nt*; (≈ *game*) Runde *f* **8** **to ask for a lady's ~ (in marriage)** um die Hand einer Dame anhalten; **to have one's ~s full with sb/sth** mit jdm/etw alle Hände voll zu tun haben; **to wait on sb ~ and foot** jdn von vorne und hinten bedienen; **to have a ~ in sth** an etw (*dat*) beteiligt sein; **I had no ~ in it** ich hatte damit nichts zu tun; **to keep one's ~ in** in Übung bleiben; **to lend** *or* **give sb a ~** jdm behilflich sein; **give me a ~!** hilf mir mal!; **to force sb's ~** jdn zwingen; **to be ~ in glove with sb** mit jdm unter einer Decke stecken; **to win ~s down** mühelos *or* spielend gewinnen; **to have the upper ~** die Oberhand behalten; **to get** *or* **gain the upper ~ (of sb)** (über jdn) die Oberhand gewinnen; **they gave him a big ~** sie gaben ihm großen Applaus; **let's give our guest a big ~** und nun großen Beifall für unseren Gast; **to be an old ~ (at sth)** ein alter Hase (in etw *dat*) sein; **to keep sth at a ~** etw in Reichweite haben; **at first ~** aus erster Hand; **he had the situation well in ~** er hatte die Situation im Griff; **to take sb in ~** (≈ *discipline*)

jdn in die Hand nehmen; (≈ *look after*) jdn in Obhut nehmen; **he still had £600 in ~** er hatte £ 600 übrig; **the matter in ~** die vorliegende Angelegenheit; **we still have a game in ~** wir haben noch ein Spiel ausstehen; **there were no experts on ~** es standen keine Experten zur Verfügung; **to eat out of sb's ~** jdm aus der Hand fressen; **things got out of ~** die Dinge sind außer Kontrolle geraten; **I dismissed the idea out of ~** ich verwarf die Idee sofort; **I don't have the letter to ~** ich habe den Brief gerade nicht zur Hand **B** *v/t* geben (*sth to sb, sb sth* jdm etw); **you've got to ~ it to him** (*fig infml*) das muss man ihm lassen (*infml*) ◊**hand (a)round** *v/t sep* herumreichen; (≈ *distribute*) austeilen ◊**hand back** *v/t sep* zurückgeben ◊**hand down** *v/t sep* **1** (*fig*) weitergeben; *tradition* überliefern; *heirloom etc* vererben (*to* +*dat*); **the farm's been handed down from generation to generation** der Hof ist durch die Generationen weitervererbt worden **2** JUR *sentence* fällen ◊**hand in** *v/t sep* abgeben; *resignation* einreichen ◊**hand on** *v/t sep* weitergeben (*to an* +*acc*) ◊**hand out** *v/t sep* verteilen (*to sb an* jdn); *advice* erteilen (*to sb* jdm) ◊**hand over** *v/t sep* (≈ *pass over*) (herüber)reichen (*to dat*); (≈ *hand on*) weitergeben (*to an* +*acc*); (≈ *give up*) (her)geben (*to dat*); *prisoner* übergeben (*to dat*); (*to another state*) ausliefern; *powers* abgeben (*to an* +*acc*); *controls, property* übergeben (*to dat, an* +*acc*); **I now hand over to our correspondent** ich übergebe nun an unseren Korrespondenten ◊**hand up** *v/t sep* hinaufreichen

handbag *n* Handtasche *f* **hand baggage** *n* Handgepäck *nt* **handball** **A** *n* **1** (≈ *game*) Handball *m* **2** (FTBL ≈ *foul*) Handspiel *nt* **B** *int* FTBL Hand **hand basin** *n* Handwaschbecken *nt* **handbill** *n* Handzettel *m* **handbook** *n* Handbuch *nt* **handbrake** *n* (*esp Br*) Handbremse *f* **hand-carved** *adj* handgeschnitzt **hand cream** *n* Handcreme *f* **handcuff** *v/t* Handschellen anlegen (+*dat*) **handcuffs** *pl* Handschellen *pl* **handdrier** *n* Händetrockner *m* **handful** *n* **1** Handvoll *f*; (*of hair*) Büschel *nt* **2** (*fig*) **those children are a ~** die Kinder können einen ganz schön in Trab halten **hand grenade** *n* Handgranate *f* **handgun** *n* Handfeuerwaffe f **hand-held** adj computer Handheld-

handicap A n **1** SPORTS Handicap nt **2** (≈ disadvantage) Handicap nt; (physical, mental) neg! Behinderung f **B** v/t **to be (physically/mentally) ~ped** neg! (körperlich/geistig) behindert sein

handicraft n (≈ work) Kunsthandwerk nt; **~s** (≈ products) Kunstgewerbe nt

handily adv situated günstig

handiwork n no pl **1** (lit) Arbeit f; (≈ needlework etc) Handarbeit f; **examples of the children's ~** Werkarbeiten/Handarbeiten pl der Kinder **2** (fig) Werk nt; (pej) Machwerk nt

handkerchief n Taschentuch nt, Nastuch nt (Swiss)

handle A n Griff m; (of door) Klinke f, (Tür)falle f (Swiss); (esp of broom, saucepan) Stiel m; (of basket, cup) Henkel m; **to fly off the ~** (infml) an die Decke gehen (infml); **to have/get a ~ on sth** (infml) etw im Griff haben/in den Griff bekommen **B** v/t **1** (≈ touch) berühren; **be careful how you ~ that** gehen Sie vorsichtig damit um; **"handle with care"** „Vorsicht - zerbrechlich" **2** (≈ deal with) umgehen mit; matter, problem sich befassen mit; (≈ succeed in coping with) fertig werden mit; (≈ resolve) erledigen; vehicle steuern; **how would you ~ the situation?** wie würden Sie sich in der Situation verhalten?; **I can't ~ pressure** ich komme unter Druck nicht zurecht; **you keep quiet, I'll ~ this** sei still, lass mich mal machen **3** COMM goods handeln mit or in (+dat); orders bearbeiten **C** v/i (ship, plane) sich steuern lassen; (car) sich fahren lassen **handlebar(s)** n(pl) Lenkstange f **handler** n (≈ dog-handler) Hundeführer(in) m(f); **baggage** ~ Gepäckmann m **handling** n Umgang m (of mit); (of matter, problem) Behandlung f (of +gen); (≈ official handling of matters) Bearbeitung f; **her adroit ~ of the economy** ihre geschickte Handhabung der Wirtschaft; **his ~ of the matter** die Art, wie er die Angelegenheit angefasst hat; **his successful ~ of the crisis** seine Bewältigung der Krise **handling charge** n Bearbeitungsgebühr f; (in banking) Kontoführungsgebühren pl

hand lotion n Handlotion f **hand luggage** n (Br) Handgepäck nt **handmade** adj handgearbeitet; **this is ~** das ist Hand-

arbeit **hand mirror** n Handspiegel m **hand-operated** adj handbedient, handbetrieben **hand-out** n **1** (≈ money) (Geld)zuwendung f **2** (≈ food) Essensspende f; (in school) Arbeitsblatt nt **handover** n POL Übergabe f; **~ of power** Machtübergabe f **hand-picked** adj (fig) sorgfältig ausgewählt **hand puppet** n (US) Handpuppe f **handrail** n (of stairs etc) Geländer nt; (of ship) Reling f **hand sanitizer** n Händedesinfektionsmittel nt **handset** n TEL Hörer m **hands-free** adj Freisprech-; **~ kit** Freisprechset nt or -anlage f **handshake** n Händedruck m **hands-off** adj passiv

handsome adj **1** (≈ good-looking) gut aussehend; face, features attraktiv; (≈ elegant) elegant; **he is ~** er sieht gut aus **2** profit ansehnlich; reward großzügig; victory deutlich **handsomely** adv pay großzügig; reward reichlich; win überlegen **hands-on** adj aktiv, engagiert **handstand** n Handstand m **hand-to-hand** adj **~ fighting** Nahkampf m **hand-to-mouth** adj kümmerlich **hand towel** n Händehandtuch nt

handwriting n Handschrift f **handwritten** adj handgeschrieben **handy** adj (+er) **1** device praktisch; hint nützlich; size handlich; **to come in ~** sich als nützlich erweisen; **my experience as a teacher comes in ~** meine Lehrerfahrung kommt mir zugute **2** (≈ skilful) geschickt; **to be ~ with a tool** mit einem Werkzeug gut umgehen können **3** (≈ conveniently close) in der Nähe; **the house is (very) ~ for the shops** das Haus liegt (ganz) in der Nähe der Geschäfte; **to keep** or **have sth ~** etw griffbereit haben **handyman** n, pl **-men** Heimwerker m; (as job) Hilfskraft f

hang vb: pret, past part **hung A** v/t **1** hängen; painting, curtains, clothes aufhängen; **to ~ wallpaper** tapezieren; **to ~ sth from sth** etw an etw (dat) aufhängen; **to ~ one's head** den Kopf hängen lassen **2** pret, past part **hanged** criminal hängen; **to ~ oneself** sich erhängen **3** (infml) **~ the cost!** ist doch piepegal, was es kostet (infml) **B** v/i **1** (curtains, painting) hängen (on an +dat, from von); (clothes, hair) fallen **2** (gloom etc) hängen (over über +dat) **3** (criminal) gehängt werden; **to be sentenced to ~** zum Tod durch Erhängen verurteilt werden **C** *n no pl* (*infml*) **to get the ~ of sth** den (richtigen) Dreh bei etw herauskriegen (*infml*) ◊**hang about** (*Brit*) *or* **around A** *v/i* (*infml*) warten; (≈ *loiter*) sich herumtreiben (*infml*), strawanzen (*Aus*); **to keep sb hanging around** jdn warten lassen; **to hang around with sb** sich mit jdm herumtreiben (*infml*); **hang about, I'm just coming** wart mal, ich komm ja schon; (*infml*) **he doesn't hang around** (≈ *move quickly*) er ist einer von der schnellen Truppe (*infml*) **B** *v/i +prep obj* **to hang around a place** sich an einem Ort herumtreiben (*infml*) ◊**hang back** *v/i* (*lit*) sich zurückhalten ◊**hang down** *v/i* herunterhängen ◊**hang in** *v/i* (*infml*) **just ~ there!** bleib am Ball (*infml*) ◊**hang on A** *v/i* **1** (≈ *hold*) sich festhalten (*to sth* an etw *dat*) **2** (≈ *hold out*) durchhalten; (*infml* ≈ *wait*) warten; **~ (a minute)** einen Augenblick (mal) **B** *v/i +prep obj* **he hangs on her every word** er hängt an ihren Lippen; **everything hangs on his decision** alles hängt von seiner Entscheidung ab ◊**hang on to** *v/i +prep obj* **1** (*lit* ≈ *hold on to*) festhalten an (+*acc*) **2** (≈ *keep*) behalten; **to ~ power** sich an die Macht klammern ◊**hang out A** *v/i* **1** (*tongue etc*) heraushängen **2** (*infml*) sich aufhalten **B** *v/t sep* hinaushängen ◊**hang together** *v/i* (*argument, ideas*) folgerichtig *or* zusammenhängend sein; (*alibi*) keinen Widerspruch enthalten; (*story, report etc*) zusammenhängen ◊**hang up A** *v/i* TEL auflegen; **he hung up on me** er legte einfach auf **B** *v/t sep picture* aufhängen; *receiver* auflegen ◊**hang upon** *v/i +prep obj* = hang on II

hangar *n* Hangar *m*
hanger *n* (*for clothes*) (Kleider)bügel *m*
hanger-on *n, pl* **hangers-on** Satellit *m*
hang-glider *n* (≈ *device*) Drachen *m*
hang-gliding *n* Drachenfliegen *nt*
hanging *n* **1** (*of criminal*) Hinrichtung *f* (*durch den Strang*) **2** **hangings** *pl* (≈ *tapestry*) Wandbehänge *pl* **hanging basket** *n* Blumenampel *f* **hangman** *n* Henker *m*; (≈ *game*) Galgen *m* **hang-out** *n* (*infml*) Stammlokal *nt*; (*of group*) Treff *m* **hangover** *n* Kater *m* (*infml*) **hang-up** *n* (*infml*) Komplex *m* (*about* wegen)

hanker *v/i* sich sehnen (*for or after* sth

nach etw) **hankering** *n* Sehnsucht *f*; **to have a ~ for sth** Sehnsucht nach etw haben
hankie, hanky *n* (*infml*) Taschentuch *nt*, Nastuch *nt* (*Swiss*)
hanky-panky *n* (*infml, esp Br*) Gefummel *nt* (*infml*)
Hanover *n* Hannover *nt*
haphazard *adj* willkürlich; **in a ~ way** planlos
happen *v/i* **1** (≈ *occur*) geschehen; (*special event*) sich ereignen; (*unexpected or unpleasant event*) passieren; **it ~ed like this ...** es war so ...; **what's ~ing?** was ist los?; **it just ~ed** es ist (ganz) von allein passiert *or* gekommen; **as if nothing had ~ed** als ob nichts geschehen *or* gewesen wäre; **don't let it ~ again** dass das nicht noch mal passiert!; **what has ~ed to him?** was ist ihm passiert?; (≈ *what has become of him*) was ist aus ihm geworden?; **if anything should ~ to me** wenn mir etwas zustoßen *or* passieren sollte; **it all ~ed so quickly** es ging alles so schnell **2** **to ~ to do sth** zufällig(erweise) etw tun; **do you ~ to know whether ...?** wissen Sie zufällig, ob ...?; **I picked up the nearest paper, which ~ed to be the Daily Mail** ich nahm die erstbeste Zeitung zur Hand, es war zufällig die Daily Mail; **as it ~s I don't like that kind of thing** so etwas mag ich nun einmal nicht **happening** *n* Ereignis *nt*; (*not planned*) Vorfall *m*; **there have been some strange ~s in that house** in dem Haus sind sonderbare Dinge vorgegangen
happily *adv* **1** glücklich; *say, play* vergnügt; **it all ended ~** es ging alles gut aus; **they lived ~ ever after** (*in fairy tales*) und wenn sie nicht gestorben sind, dann leben sie noch heute **2** (≈ *harmoniously*) *live together, combine* harmonisch **3** (≈ *gladly*) gern; **I would ~ have lent her the money** ich hätte ihr das Geld ohne weiteres geliehen **4** (≈ *fortunately*) glücklicherweise **happiness** *n* Glück *nt*; (≈ *contentment*) Zufriedenheit *f*
happy *adj* (+*er*) **1** glücklich; **the ~ couple** das Brautpaar; **a ~ ending** ein Happy End *nt*; **~ birthday (to you)** herzlichen Glückwunsch zum Geburtstag; **Happy Easter/ Christmas** frohe Ostern/Weihnachten **2** (≈ *content*) **(not) to be ~ about** *or* **with sth** mit etw (nicht) zufrieden sein; **to be**

~ to do sth (≈ *willing*) etw gern tun; (≈ *relieved*) froh sein, etw zu tun; **I was ~ to hear that you passed your exam** es hat mich gefreut zu hören, dass du die Prüfung bestanden hast **happy-go-lucky** *adj* unbekümmert **happy hour** *n* Zeit, in der Getränke zu ermäßigten Preisen angeboten werden

harangue *v/t* eine (Straf)predigt halten (+*dat*)

harass *v/t* belästigen; **don't ~ me** dräng mich doch nicht so! **harassed** *adj* abgespannt; **a ~ father** ein (viel) geplagter Vater **harassment** *n* (≈ *act*) Belästigung *f*; **racial ~** rassistisch motivierte Schikanierung; **sexual ~** sexuelle Belästigung

harbour, (*US*) **harbor** **A** *n* Hafen *m* **B** *v/t* **1** *criminal etc* Unterschlupf gewähren (+*dat*) **2** *doubts, resentment* hegen

hard **A** *adj* (+*er*) **1** hart; *winter, frost* streng; **as ~ as rocks** *or* **iron** steinhart; **he leaves all the ~ work to me** die ganze Schwerarbeit überlässt er mir; **to be a ~ worker** sehr fleißig sein; **it was ~ going** man kam nur mühsam voran; **to be ~ on sb** (*person*) streng mit jdm sein; **to be ~ on sth** (≈ *cause strain*) etw strapazieren; **to have a ~ time** es nicht leicht haben; **I had a ~ time finding a job** ich hatte Schwierigkeiten, eine Stelle zu finden; **to give sb a ~ time** jdm das Leben schwer machen; **there are no ~ feelings between them** sie sind einander nicht böse; **no ~ feelings?** nimm es mir nicht übel; **to be as ~ as nails** knallhart sein (*infml*) **2** (≈ *difficult*) schwer, schwierig; **~ to understand** schwer verständlich; **that is a very ~ question to answer** diese Frage lässt sich nur schwer beantworten; **she is ~ to please** man kann ihr kaum etwas recht machen; **it's ~ to tell** es ist schwer zu sagen; **I find it ~ to believe** ich kann es kaum glauben; **she found it ~ to make friends** es fiel ihr schwer, Freunde zu finden; **to play ~ to get** so tun, als sei man nicht interessiert **3** *tug, kick* kräftig; *blow* heftig; **to give sb/sth a ~ push** jdm/etw einen harten Stoß versetzen; **it was a ~ blow (for them)** (*fig*) es war ein schwerer Schlag (für sie) **4** *facts* gesichert; **~ evidence** sichere Beweise *pl* **B** *adv work* hart; *run* sehr schnell; *breathe* schwer; *study* eifrig; *listen* genau; *think* scharf; *push, pull* kräftig; *rain* stark; **I've been ~ at work**

since this morning ich bin seit heute Morgen um schwer am Werk; **she works ~ at keeping herself fit** sie gibt sich viel Mühe, sich fit zu halten; **to try ~** sich wirklich Mühe geben; **no matter how ~ I try …** wie sehr ich mich auch anstrenge, …; **to be ~ pushed** *or* **put to do sth** es sehr schwer finden, etw zu tun; **to be ~ done by** übel dran sein; **they are ~ hit by the cuts** sie sind von den Kürzungen schwer getroffen; **~ left** scharf links; **to follow ~ upon sth** unmittelbar auf etw (*acc*) folgen **hard and fast** *adj* fest **hardback** **A** *adj* (*a.* **hardbacked**) *book* gebunden **B** *n* gebundene Ausgabe **hardboard** *n* Hartfaserplatte *f* **hard-boiled** *adj egg* hart gekocht **hard cash** *n* Bargeld *nt* **hard copy** *n* Ausdruck *m* **hard core** *n* (*fig*) harter Kern **hard-core** *adj* **1** *pornography* hart; **~ film** harter Pornofilm **2** *members* zum harten Kern gehörend **hardcover** *adj, n* (*US*) = hardback **hard currency** *n* harte Währung

hard disk *n* IT Festplatte *f* **hard disk drive** *n* Festplattenlaufwerk *nt* **hard drug** *n* harte Droge **hard-earned** *adj cash* sauer verdient; *victory* hart erkämpft **hard-edged** *adj* (*fig*) hart, kompromisslos; *reality* hart **harden** **A** *v/t steel* härten; **this ~ed his attitude** dadurch hat sich seine Haltung verhärtet; **to ~ oneself to sth** (*physically*) sich gegen etw abhärten; (*emotionally*) gegen etw unempfindlich werden **B** *v/i* (*substance*) hart werden; (*fig, attitude*) sich verhärten; **his face ~ed** sein Gesicht bekam einen harten Ausdruck **hardened** *adj steel* gehärtet; *troops* abgehärtet; *arteries* verkalkt; **~ criminal** Gewohnheitsverbrecher(in) *m(f)*; **you become ~ to it after a while** daran gewöhnt man sich mit der Zeit **hard-fought** *adj battle* erbittert; *victory* hart erkämpft; *game* hart **hard hat** *n* Schutzhelm *m* **hardhearted** *adj* hartherzig **hard-hitting** *adj report* äußerst kritisch **hard labour**, (*US*) **hard labor** *n* Zwangsarbeit *f* **hard left** *n* POL **the ~** die extreme Linke **hard line** *n* **to take a ~** eine harte Linie verfolgen **hardline** *adj* kompromisslos **hardliner** *n* Hardliner(in) *m(f)* (*esp* POL) **hard luck** *n* (*infml*) Pech *nt* (*on* für); **~!** Pech gehabt!

hardly *adv* **1** (≈ *barely*) kaum; **~ ever** fast

nie; **~ any money** fast kein Geld; **it's worth ~ anything** es ist fast nichts wert; **you've ~ eaten anything** du hast (ja) kaum etwas gegessen; **there was ~ anywhere to go** man konnte fast nirgends hingehen ☑ (≈ *certainly not*) wohl kaum **hardness** *n* ☐ Härte *f* ☑ (≈ *difficulty*) Schwierigkeit *f* **hard-nosed** *adj* (*infml*) *person* abgebrüht (*infml*); *attitude* rücksichtslos **hard on** *n* (*sl*) Ständer *m* (*infml*); **to have a ~** einen stehen haben (*infml*) **hard-pressed** *adj* hart bedrängt; **to be ~ to do sth** es sehr schwer finden, etw zu tun **hard right** *n* POL **the ~** die extreme Rechte **hard sell** *n* aggressive Verkaufstaktik **hardship** *n* (≈ *condition*) Not *f*; (≈ *deprivation*) Entbehrung *f* **hard shoulder** *n* (*Br*) Seitenstreifen *m* **hardware** ☒ *n* ☐ Eisenwaren *pl*; (≈ *household goods*) Haushaltswaren *pl* ☑ IT Hardware *f* ☒ *attr* ☐ **~ shop** *or* **store** Eisenwarenhandlung *f* ☑ IT Hardware- **hard-wearing** *adj* widerstandsfähig; *clothes* strapazierfähig **hard-won** *adj* schwer erkämpft **hardwood** *n* Hartholz *nt* **hard-working** *adj* fleißig **hardy** *adj* (*+er*) *person, animal* robust; *plant* winterhart **hare** ☒ *n* (Feld)hase *m* ☒ *v/i* (*Br infml*) flitzen (*infml*) **harebrained** *adj* verrückt **harelip** *n* Hasenscharte *f* **harem** *n* Harem *m* **haricot** *n* **~ (bean)** Gartenbohne *f* ◊**hark back to** *v/i +prep obj* **this custom harks back to the days when** ... dieser Brauch geht auf die Zeit zurück, als ... **harm** ☒ *n* (*bodily*) Verletzung *f*; (*material, psychological*) Schaden *m*; **to do ~ to sb** jdm eine Verletzung/jdm Schaden zufügen; **to do ~ to sth** einer Sache (*dat*) schaden; **you could do somebody/yourself ~ with that knife** mit dem Messer können Sie jemanden/sich verletzen; **he never did anyone any ~** er hat keiner Fliege jemals etwas zuleide getan; **you will come to no ~** es wird Ihnen nichts geschehen; **it will do more ~ than good** es wird mehr schaden als nützen; **it won't do you any ~** es wird dir nicht schaden; **to mean no ~** es nicht böse meinen; **no ~ done** es ist nichts Schlimmes passiert; **there's no ~ in asking** es kann nicht schaden, zu fragen; **where's** *or* **what's the ~ in that?** was kann denn das scha-

den?; **to keep** *or* **stay out of ~'s way** der Gefahr (*dat*) aus dem Weg gehen; **I've put those tablets in the cupboard out of ~'s way** ich habe die Tabletten im Schrank in Sicherheit gebracht ☒ *v/t person* verletzen; *thing, environment* schaden (*+dat*) **harmful** *adj* schädlich (*to* für) **harmless** *adj* harmlos **harmlessly** *adv* harmlos; **the missile exploded ~ outside the town** die Rakete explodierte außerhalb der Stadt, ohne Schaden anzurichten

harmonic *adj* harmonisch **harmonica** *n* Harmonika *f* **harmonious** *adj*, **harmoniously** *adv* harmonisch **harmonize** ☒ *v/t* harmonisieren; *ideas etc* miteinander in Einklang bringen ☒ *v/i* ☐ (*colours etc*) harmonieren ☑ MUS mehrstimmig singen **harmony** *n* Harmonie *f*; (*fig*) Eintracht *f*; **to live in perfect ~ with sb** in Eintracht mit jdm leben

harness ☒ *n* ☐ Geschirr *nt*; **to work in ~** (*fig*) zusammenarbeiten ☑ (*of parachute*) Gurtwerk *nt*; (*for baby*) Laufgurt *m* ☒ *v/t* ☐ *horse* anschirren; **to ~ a horse to a carriage** ein Pferd vor einen Wagen spannen ☑ (≈ *utilize*) nutzen

harp *n* Harfe *f* ◊**harp on** *v/i* (*infml*) **to ~ sth** auf etw (*dat*) herumreiten; **he's always harping on about ...** er spricht ständig von ...

harpoon ☒ *n* Harpune *f* ☒ *v/t* harpunieren

harpsichord *n* Cembalo *nt*

harrowing *adj* *story* erschütternd; *experience* grauenhaft

harry *v/t* (≈ *hassle*) bedrängen

harsh *adj* (*+er*) *winter* streng; *climate, environment, sound* rau; *conditions, treatment* hart; *criticism* scharf; *light* grell; *reality* bitter; **to be ~ with sb** jdn hart anfassen; **don't be too ~ with him** sei nicht zu streng mit *or* hart zu ihm **harshly** *adv* ☐ *judge, treat* streng; *criticize* scharf ☑ *say* schroff; **he never once spoke ~ to her** (≈ *unkindly*) er sprach sie nie in einem scharfen Ton an **harshness** *n* Härte *f*; (*of climate, environment*) Rauheit *f*; (*of criticism*) Schärfe *f*

harvest ☒ *n* Ernte *f*; **a bumper potato ~** eine Rekordkartoffelernte ☒ *v/t* (≈ *reap*) ernten **harvest festival** *n* Erntedankfest *nt*

has *3rd person sg pres of* have **has-been**

n (pej) vergangene Größe

hash n **1** *(fig)* **to make a ~ of sth** etw vermasseln *(infml)* **2** TEL Doppelkreuz nt **3** *(infml ≈ hashish)* Hasch nt *(infml)* **hash browns** pl ≈ Kartoffelpuffer pl, Erdäpfelpuffer pl *(Aus)*

hashish n Haschisch nt

hashtag n IT Hashtag nt, *mit vorangestelltem Rautezeichen markiertes Schlagwort*

hasn't *contraction* = has not

hassle *(infml)* **A** n **1** Auseinandersetzung f **2** *(≈ bother)* Mühe f; **we had a real ~ getting these tickets** es hat uns *(dat)* viel Mühe gemacht, diese Karten zu bekommen; **getting there is such a ~** es ist so umständlich, dorthin zu kommen **B** v/t bedrängen; **stop hassling me** lass mich in Ruhe!; **I'm feeling a bit ~d** ich fühle mich etwas im Stress *(infml)*

haste n Eile f; *(nervous)* Hast f; **to do sth in ~** etw in Eile tun; **to make ~ to do sth** sich beeilen, etw zu tun **hasten** **A** v/i sich beeilen; **I ~ to add that ...** ich muss allerdings hinzufügen, dass ... **B** v/t beschleunigen **hastily** adv **1** *arranged* eilig; *dress, eat* hastig; *add* schnell **2** *(≈ too quickly)* übereilt **hasty** adj *(+er)* **1** hastig; *departure* plötzlich; **to beat a ~ retreat** sich schnellstens aus dem Staub machen *(infml)* **2** *(≈ too quick)* übereilt; **don't be ~!** nicht so schnell!; **I had been too ~** ich hatte voreilig gehandelt

hat n **1** Hut m; **to put on one's ~** den or seinen Hut aufsetzen; **to take one's ~ off** den Hut abnehmen **2** *(fig)* **I'll eat my ~ if** ... ich fresse einen Besen, wenn ... *(infml)*; **I take my ~ off to him** Hut ab vor ihm!; **to keep sth under one's ~** *(infml)* etw für sich behalten; **at the drop of a ~** auf der Stelle; **that's old ~** *(infml)* das ist ein alter Hut *(infml)* **hatbox** n Hutschachtel f

hatch¹ **A** v/t *(a.* **hatch out***)* ausbrüten **B** v/i *(a.* **hatch out***: bird)* ausschlüpfen; **when will the eggs ~?** wann schlüpfen die Jungen aus?

hatch² n **1** NAUT Luke f; *(in floor, ceiling)* Bodenluke f **2** **(service) ~** Durchreiche f **3** **down the ~!** *(infml)* hoch die Tassen! *(infml)* **hatchback** n Hecktürmodell nt

hatchet n Beil nt; **to bury the ~** *(fig)* das Kriegsbeil begraben **hatchet job** n *(infml)* **to do a ~ on sb** jdn fertigmachen *(infml)*

hatchway n = hatch² 1

hate **A** v/t hassen; **to ~ to do sth** or **doing sth** es hassen, etw zu tun; **I ~ seeing** or **to see her in pain** ich kann es nicht ertragen, sie leiden zu sehen; **I ~ it when** ... ich kann es nicht ausstehen, wenn ...; **I ~ to bother you** es ist mir sehr unangenehm, dass ich Sie belästigen muss; **I ~ to admit it but** ... es fällt mir sehr schwer, das zugeben zu müssen, aber ...; **she ~s me having any fun** sie kann es nicht haben, wenn ich Spaß habe; **I'd ~ to think I'd never see him again** ich könnte den Gedanken, ihn nie wiederzusehen, nicht ertragen **B** n Hass m *(for, of* auf +acc*)*; **one of his pet ~s is plastic cutlery/having to wait** Plastikbesteck/ Warten ist ihm ein Gräuel **hate campaign** n Hasskampagne f **hated** adj verhasst **hateful** adj abscheulich; *person* unausstehlich **hate mail** n beleidigende Briefe pl

hatpin n Hutnadel f

hatred n Hass m *(for, of* auf +acc*)*; **racial ~** Rassenhass m

hat stand n, *(US)* **hat tree** n Garderobenständer m **hat trick** n Hattrick m; **to score a ~** einen Hattrick erzielen

haughty adj *(+er)* überheblich; *look* geringschätzig

haul **A** n **1** *(≈ journey)* **it's a long ~** es ist ein weiter Weg; **short/long/medium ~ aircraft** Kurz-/Lang-/Mittelstreckenflugzeug nt; **over the long ~** *(esp US)* langfristig **2** *(fig ≈ booty)* Beute f; *(of cocaine etc)* Fund m **B** v/t **1** *(≈ pull)* ziehen; **he ~ed himself to his feet** er wuchtete sich wieder auf die Beine **2** *(≈ transport)* befördern ◊**haul in** v/t sep einholen; *rope* einziehen

haulage n *(Br)* Transport m **haulage business** n *(esp Br)* *(≈ firm)* Transportunternehmen nt, Spedition(sfirma) f; *(≈ trade)* Speditionsbranche f **haulier**, *(US)* **hauler** n *(≈ company)* Spedition f

haunch n ~**es** Gesäß nt; *(of animal)* Hinterbacken pl; **to squat on one's ~es** in der Hocke sitzen

haunt **A** v/t **1** *(ghost)* spuken in (+dat) **2** *person* verfolgen; *(memory)* nicht loslassen **B** n *(of person ≈ pub etc)* Stammlokal nt; *(≈ favourite resort)* Lieblingsort m; **her usual childhood ~s** Stätten, die sie in ihrer Kindheit oft aufsuchte **haunted** adj **1**

Spuk-; ~ **castle** Spukschloss *nt*; **this place is ~** hier spukt es; **is it ~?** spukt es da? **2** *look* gequält **haunting** *adj* eindringlich; *music* schwermütig

have *pret, past part* **had**, *3rd person sg pres* **has** **A** *aux vb* **1** haben; **I ~/had seen** ich habe/hatte gesehen; **had I seen him, if I had seen him** wenn ich ihn gesehen hätte; **having seen him** (≈ *after I had*) als ich ihn gesehen hatte; **having realized this** (≈ *since I had*) nachdem ich das erkannt hatte; **I ~ lived** *or* **~ been living here for 10 years** ich wohne *or* lebe schon 10 Jahre hier **2** sein; **to ~ gone** gegangen sein; **you HAVE grown!** du bist aber gewachsen!; **to ~ been** gewesen sein **3** (*in tag questions etc*) **you've seen her, ~n't you?** du hast sie gesehen, oder nicht?; **you ~n't seen her, ~ you?** du hast sie nicht gesehen, oder?; **you ~n't seen her — yes, I ~** du hast sie nicht gesehen — doch; **you've made a mistake — no, I ~n't** du hast einen Fehler gemacht — nein(, hab ich nicht); **I ~ seen a ghost — ~ you?** ich habe ein Gespenst gesehen — tatsächlich? **B** *modal v/aux* **to ~ to do sth** etw tun müssen; **I ~** (*got esp Brit*) **to do it** ich muss es tun *or* machen; **she was having to get up at 6 o'clock** sie musste um 6 Uhr aufstehen; **you didn't ~ to tell her** das hätten Sie ihr nicht unbedingt sagen müssen *or* brauchen **C** *v/t* **1** haben; **~ you** (*got esp Brit*) *or* **do you ~ a car?** hast du ein Auto?; **I ~n't** (*got esp Brit*) *or* **I don't ~ a pen** ich habe keinen Kugelschreiber; **I ~** (*got esp Brit*) **work/a translation to do** ich habe zu arbeiten/eine Übersetzung zu erledigen; **I must ~ more time** ich brauche mehr Zeit; **I must ~ something to eat** ich muss dringend etwas zu essen haben; **thanks for having me** vielen Dank für Ihre Gastfreundschaft; **he has diabetes** er ist zuckerkrank; **to ~ a heart attack** einen Herzinfarkt bekommen; **I've** (**got** *esp Br*) **a headache** ich habe Kopfschmerzen; **to ~ a pleasant evening** einen netten Abend verbringen; **to ~ a good time** Spaß haben; **~ a good time!** viel Spaß!; **to ~ a walk** einen Spaziergang machen; **to ~ a swim** schwimmen gehen; **to ~ a baby** ein Baby bekommen; **he had the audience in hysterics** das Publikum kugelte sich vor Lachen; **he had the police baffled** die Polizei

stand vor einem Rätsel; **as rumour** (*Br*) *or* **rumor** (*US*) **has it** Gerüchten zufolge; **I won't ~ this sort of rudeness!** diese Unhöflichkeit lasse ich mir ganz einfach nicht bieten; **I won't ~ him insulted** ich lasse es nicht zu *or* dulde es nicht, dass man ihn beleidigt; **to let sb ~ sth** jdm etw geben **2 to ~ breakfast** frühstücken; **to ~ lunch** zu Mittag essen; **to ~ tea with sb** mit jdm (zusammen) Tee trinken; **will you ~ tea or coffee?** möchten Sie lieber Tee oder Kaffee?; **will you ~ a drink/cigarette?** möchten Sie etwas zu trinken/eine Zigarette?; **what will you ~?** — **I'll ~ the steak** was möchten Sie gern(e)? — ich hätte gern das Steak; **he had a cigarette** er rauchte eine Zigarette **3** (≈ *hold*) (*gepackt*) haben; **he had** (**got** (*esp Br*)) **me by the throat** er hatte mich am Hals gepackt; **you ~ me there** da bin ich überfragt **4** *party* geben; *meeting* abhalten **5** (≈ *wish*) mögen; **which one will you ~?** welche(n, s) möchten Sie haben *or* hätten Sie gern? **6 to ~ sth done** etw tun lassen; **to ~ one's hair cut** sich (*dat*) die Haare schneiden lassen; **he had his car stolen** man hat ihm sein Auto gestohlen; **I've had three windows broken** (bei) mir sind drei Fenster eingeworfen worden; **to ~ sb do sth** jdn etw tun lassen; **I had my friends turn against me** ich musste es erleben, wie *or* dass sich meine Freunde gegen mich wandten; **that coat has had it** (*infml*) der Mantel ist im Eimer (*infml*); **if I miss the bus, I've had it** (*infml*) wenn ich den Bus verpasse, bin ich geliefert (*infml*); **let him ~ it!** (*infml*) gibs ihm! (*infml*); **~ it your own way** halten Sie es, wie Sie wollen; **you've been had!** (*infml*) da hat man dich übers Ohr gehauen (*infml*) ◊**have around** *v/t always separate* **he's a useful man to ~** es ist ganz praktisch, ihn zur Hand zu haben ◊**have back** *v/t sep* zurückhaben ◊**have in** *v/t always separate* **1** (*in the house*) im Haus haben **2 to have it in for sb** (*infml*) jdn auf dem Kieker haben (*infml*) **3 I didn't know he had it in him** ich hätte ihm das nicht zugetraut ◊**have off** *v/t always separate* **to have it off with sb** (*Br infml*) es mit jdm treiben (*infml*) ◊**have on** **A** *v/t sep* (≈ *wear*) anhaben **B** *v/t always separate* **1** (≈ *have arranged*) vorhaben; (≈ *be busy with*) zu tun haben **2** (*infml* ≈ *trick*) übers

H

Ohr hauen (*infml*); (≈ *tease*) auf den Arm nehmen (*infml*), pflanzen (*Aus*) ◊**have out** *v/t always separate* **1** (≈ *have taken out*) herausgenommen bekommen; **he had his tonsils out** ihm wurden die Mandeln herausgenommen **2** (≈ *discuss*) **I'll have it out with him** ich werde mit ihm reden ◊**have over** *or* (*esp Brit*) **round** *v/t always separate* (bei sich) zu Besuch haben; (≈ *invite*) (zu sich) einladen

haven *n* (*fig*) Zufluchtsstätte *f*

haven't *contraction* = have not **haves** *pl* (*infml*) **the ~ and the have-nots** die Betuchten und die Habenichtse

havoc *n* verheerender Schaden; (≈ *chaos*) Chaos *nt*; **to cause** *or* **create ~** ein Chaos verursachen; **to wreak ~ in/on/with sth, to play ~ with sth** bei etw verheerenden Schaden anrichten; **this wreaked ~ with their plans** das brachte ihre Pläne völlig durcheinander

Hawaii *n* Hawaii *nt*

hawk[1] *n* **1** ORN Habicht *m*; **to watch sb like a ~** jdn ganz genau beobachten **2** (*fig* ≈ *politician*) Falke *m*

hawk[2] *v/t* hausieren (gehen) mit; (*in street*) verkaufen **hawker** *n* Hausierer(in) *m(f)*; (*in street*) Straßenhändler(in) *m(f)*

hawk-eyed *adj* scharfsichtig

hawthorn *n* (*a.* **hawthorn bush/ tree**) Weißdorn *m*

hay *n* Heu *nt*; **to make ~ while the sun shines** (*prov*) das Eisen schmieden, solange es heiß ist (*prov*) **hay fever** *n* Heuschnupfen *m* **hayrick, haystack** *n* Heuhaufen *m* **haywire** *adj pred* (*infml*) **to go ~** durchdrehen (*infml*); (*plans*) über den Haufen geworfen werden (*infml*); (*machinery*) verrückt spielen (*infml*)

hazard **A** *n* **1** Gefahr *f*; (≈ *risk*) Risiko *nt*; **it's a fire ~** es stellt eine Feuergefahr dar; **to pose a ~ (to sb/sth)** eine Gefahr (für jdn/etw) darstellen **2** **hazards** *pl* (AUTO: *a.* **hazard (warning) lights**) Warnblinklicht *nt* **B** *v/t* riskieren; **if I might ~ a suggestion** wenn ich mir einen Vorschlag erlauben darf; **to ~ a guess** (es) wagen, eine Vermutung anzustellen **hazardous** *adj* gefährlich; (≈ *risky*) riskant; **such jobs are ~ to one's health** solche Arbeiten gefährden die Gesundheit **hazardous waste** *n* Sondermüll *m*

haze *n* **1** Dunst *m* **2** (*fig*) **he was in a ~** er war vollkommen verwirrt

hazel *adj* (*colour*) haselnussbraun **hazelnut** *n* Haselnuss *f*

hazy *adj* (+*er*) *weather* diesig; *sunshine* trübe; *outline* verschwommen; *details* unklar; **I'm a bit ~ about that** ich bin mir nicht ganz im Klaren darüber

H-bomb *n* H-Bombe *f*

HD *abbr of* high-definition HD

he **A** *pers pr* er; **Harry Rigg? who's he?** Harry Rigg? wer ist das denn? **B** *n* **it's a he** (*infml*) es ist ein Er **C** *pref* männlich

head **A** *n* **1** Kopf *m*; (*of arrow*) Spitze *f*; (*of bed*) Kopf(ende *nt*) *m*; (*on beer*) Blume *f*; **from ~ to foot** von Kopf bis Fuß; **he can hold his ~ high** er kann sich sehen lassen; **~s or tails?** Kopf oder Zahl?; **~s you win** bei Kopf gewinnst du; **to keep one's ~ above water** (*fig*) sich über Wasser halten; **to go to one's ~** einem zu Kopf steigen; **I can't make ~ nor tail of it** daraus werde ich nicht schlau; **use your ~** streng deinen Kopf an; **it never entered his ~ that ...** es kam ihm nie in den Sinn, dass ...; **we put our ~s together** wir haben unsere Köpfe zusammengesteckt; **the joke went over his ~** er verstand den Witz nicht; **to keep one's ~** den Kopf nicht verlieren; **to lose one's ~** den Kopf verlieren; **~ of steam** Dampfdruck *m*; **at the ~ of the page/stairs** oben auf der Seite/an der Treppe; **at the ~ of the table** am Kopf(ende) des Tisches; **at the ~ of the queue** (*Br*) an der Spitze der Schlange; **a** *or* **per ~** pro Kopf; **to be ~ and shoulders above sb** (*fig*) jdm haushoch überlegen sein; **to fall ~ over heels in love with sb** sich bis über beide Ohren in jdn verlieben; **to fall ~ over heels down the stairs** kopfüber die Treppe herunterfallen; **to stand on one's ~** auf dem Kopf stehen; **to turn sth on its ~** (*fig*) etw umkehren; **to laugh one's ~ off** (*infml*) sich fast totlachen (*infml*); **to shout one's ~ off** (*infml*) sich (*dat*) die Lunge aus dem Leib schreien (*infml*); **to scream one's ~ off** (*infml*) aus vollem Halse schreien; **he can't get it into his ~ that ...** es will ihm nicht in den Kopf, dass ...; **I can't get it into his ~ that ...** ich kann es ihm nicht begreiflich machen, dass ...; **to take it into one's ~ to do sth** sich (*dat*) in den Kopf setzen, etw zu tun; **don't put ideas into his ~** bring ihn bloß nicht auf dumme Gedanken!; **to get sb/**

sth out of one's ~ sich (dat) jdn/etw aus dem Kopf schlagen; **he is off his ~** (Br infml) er ist (ja) nicht (ganz) bei Trost (infml); **he has a good ~ for figures** er ist ein guter Rechner; **you need a good ~ for heights** Sie müssen schwindelfrei sein; **to come to a ~** sich zuspitzen; **to bring matters to a ~** die Sache auf die Spitze treiben **2 twenty ~ of cattle** zwanzig Stück Vieh **3** (of family) Oberhaupt nt; (of organization) Chef(in) m(f); (of department) Leiter(in) m(f); SCHOOL Schulleiter(in) m(f); **~ of department** (in business) Abteilungsleiter(in) m(f); SCHOOL, UNIV Fachbereichsleiter(in) m(f); **~ of state** Staatsoberhaupt nt **B** v/t **1** (≈ be at the head of) führen; (≈ be in charge of) führen; team leiten; **a coalition government ~ed by Mrs Merkel** eine Koalitionsregierung unter der Führung von Frau Merkel **2 in the chapter ~ed …** in dem Kapitel mit der Überschrift … **3** FTBL köpfen **C** v/i gehen; (vehicle) fahren; **the tornado was ~ing our way** der Tornado kam auf uns zu ◊**head back** v/i zurückgehen/-fahren; **it's time we were heading back now** es ist Zeit, sich auf den Rückweg zu machen ◊**head for** v/i +prep obj **1** place, person zugehen/zufahren auf (+acc); town, direction gehen/fahren in Richtung (+gen); door, pub zusteuern auf (+acc) (infml); **where are you heading or headed for?** wo gehen/fahren Sie hin? **2** (fig) zusteuern auf (+acc); **you're heading for trouble** du bist auf dem besten Weg, Ärger zu bekommen; **to ~ victory/defeat** auf einen Sieg/eine Niederlage zusteuern ◊**head off A** v/t sep **1** (≈ divert) umdirigieren **2** war, strike abwenden **B** v/i (≈ set off) sich aufmachen

headache n Kopfschmerzen pl; (infml ≈ problem) Problem nt; **to have a ~** Kopfschmerzen haben; **this is a bit of a ~ (for us)** das macht or bereitet uns ziemliches Kopfzerbrechen **headband** n Stirnband nt **headboard** n Kopfteil nt **head boy** n vom Schulleiter bestimmter Schulsprecher **headbutt** v/t mit dem Kopf stoßen **head cold** n Kopfgrippe f **headcount** n **to have** or **take a ~** abzählen **headdress** n Kopfschmuck m **headed notepaper** n Schreibpapier nt mit Briefkopf **header** n FTBL Kopfball m, Köpfler m (Aus, Swiss) **headfirst** adv

kopfüber **headgear** n Kopfbedeckung f **head girl** n vom Schulleiter bestimmte Schulsprecherin **head-hunt** v/t abwerben **head-hunter** n (fig) Headhunter(in) m(f) **heading** n Überschrift f **headlamp**, **headlight** n Scheinwerfer m **headland** n Landspitze f **headlight** n = headlamp

headline n PRESS Schlagzeile f; **he is always in the ~s** er macht immer Schlagzeilen; **to hit** or **make the ~s** Schlagzeilen machen; **the news ~s** Kurznachrichten pl **headline news** n no pl **to be ~** in den Schlagzeilen sein **headlong** adv Hals über Kopf (infml); fall vornüber; **he ran ~ down the stairs** er rannte in Windeseile die Treppe hinunter

headmaster n (esp Br) Schulleiter m **headmistress** n (esp Br) Schulleiterin f **head-mounted display** n IT, TECH Head-mounted Display nt, Helmdisplay nt **head office** n Zentrale f **head-on A** adv **1** collide frontal **2** (fig) tackle direkt; **to confront sb/sth ~** jdm/einer Sache ohne Umschweife entgegentreten **B** adj **~ collision** Frontalzusammenstoß m **headphones** n pl Kopfhörer pl **headquarters** n sg or pl MIL Hauptquartier nt; (of business) Zentrale f **headrest** n Kopfstütze f **headroom** n lichte Höhe; (in car) Kopfraum m **headscarf** n Kopftuch nt **headset** n Kopfhörer pl **head start** n Vorsprung m (on sb jdm gegenüber) **headstone** n Grabstein m **headstrong** adj dickköpfig **head teacher** n (Br) = headmaster, headmistress **head waiter** n Oberkellner m **headway** n **to make ~** vorankommen **headwind** n Gegenwind m **headword** n (in dictionary) Stichwort nt **heady** adj (+er) berauschend

heal A v/i heilen **B** v/t **1** MED heilen **2** (fig) differences etc beilegen ◊**heal up** v/i zuheilen

healer n Heiler(in) m(f) (elev) **healing A** n Heilung f; (of wound) (Zu)heilen nt **B** adj MED Heil-, heilend; **~ process** Heilprozess m

health n Gesundheit f; **in good ~** bei guter Gesundheit; **to suffer from poor** or **bad ~** kränklich sein; **to be good/bad for one's ~** gesund/ungesund sein; **~ and safety regulations** Arbeitsschutzvorschriften pl; **to drink (to) sb's ~** auf jds

Wohl (acc) trinken; **your ~!** zum Wohl!
health authority n Gesundheitsbehörde f **health care** n Gesundheitsfürsorge f **health centre** n (Br MED) Ärztezentrum nt **health club** n Fitnesscenter nt **health-conscious** adj gesundheitsbewusst **health farm** n Gesundheitsfarm f **health food** n Reformkost f **health food shop** (Br), **health food store** (esp US) n Bioladen m **healthily** adv eat, live gesund; grow kräftig **health insurance** n Krankenversicherung f **health problem** n **to have ~s** gesundheitliche Probleme haben **health resort** n Kurort m **Health Service** n (Br) **the ~** das Gesundheitswesen **health tourism** n Gesundheitstourismus m **health warning** n (on cigarette packet) (gesundheitlicher) Warnhinweis

healthy adj (+er) gesund; **to earn a ~ profit** einen ansehnlichen Gewinn machen

heap 🅰 n Haufen m; **he fell in a ~ on the floor** er sackte zu Boden; **at the bottom/top of the ~** (fig) ganz unten/oben; **~s of** (infml) ein(en) Haufen (infml); **~s of times** zigmal (infml); **~s of enthusiasm** jede Menge Enthusiasmus (infml) 🅱 v/t häufen; **to ~ praise on sb/sth** jdn/etw mit Lob überschütten; **a ~ed spoonful** ein gehäufter Löffel ◊**heap up** v/t sep aufhäufen

hear pret, past part **heard** 🅰 v/t hören; **I ~d him say that …** ich habe ihn sagen hören, dass …; **there wasn't a sound to be ~d** es war kein Laut zu hören; **to make oneself ~d** sich (dat) Gehör verschaffen; **you're not going, do you ~ me!** du gehst nicht, hörst du (mich)!; **I ~ you play chess** ich höre, Sie spielen Schach; **I've ~d it all before** ich habe das schon hundertmal gehört; **I must be ~ing things** ich glaube, ich höre nicht richtig; **to ~ a case** JUR einen Fall verhandeln; **to ~ evidence** JUR Zeugen vernehmen 🅱 v/i hören; **he cannot ~ very well** er hört nicht sehr gut; **~, ~!** (sehr) richtig!; PARL hört!, hört!; **he's left his wife — yes, so I ~** er hat seine Frau verlassen — ja, ich habe es gehört; **to ~ about sth** von etw erfahren; **never ~d of him/it** nie (von ihm/davon) gehört; **he was never ~d of again** man hat nie wieder etwas von ihm gehört; **I've never ~d of**

such a thing! das ist ja unerhört! ◊**hear of** v/i +prep obj (fig) **I won't ~ it** ich will davon (gar) nichts hören ◊**hear out** v/t sep person ausreden lassen

heard pret, past part of **hear** **hearing** n 🔟 Gehör nt; **to have a keen sense of ~** ein gutes Gehör haben 🔢 **within/out of ~** in/außer Hörweite 🔣 POL Anhörung f; JUR Verhandlung f; **disciplinary ~** Disziplinarverfahren nt **hearing aid** n Hörgerät nt **hearsay** n Gerüchte pl; **to know sth from** or **by ~** etw vom Hörensagen wissen

hearse n Leichenwagen m

heart n 🔟 Herz nt; **to break sb's ~** jdm das Herz brechen; **to have a change of ~** sich anders besinnen; **to be close** or **dear to one's ~** jdm am Herzen liegen; **to learn sth (off) by ~** etw auswendig lernen; **he knew in his ~ she was right** er wusste im Grunde seines Herzens, dass sie recht hatte; **with all my ~** von ganzem Herzen; **from the bottom of one's ~** aus tiefstem Herzen; **to put (one's) ~ and soul into sth** sich mit Leib und Seele einer Sache (dat) widmen; **to take sth to ~** sich (dat) etw zu Herzen nehmen; **we (only) have your interests at ~** uns liegen doch nur Ihre Interessen am Herzen; **to set one's ~ on sth** sein Herz an etw (acc) hängen (elev); **to one's ~'s content** nach Herzenslust; **most men are boys at ~** die meisten Männer sind im Grunde (ihres Herzens) noch richtige Kinder; **his ~ isn't in it** er ist nicht mit dem Herzen dabei; **to give sb ~** jdm Mut machen; **to lose ~** den Mut verlieren; **to take ~** Mut fassen; **her ~ is in the right place** (infml) sie hat das Herz auf dem rechten Fleck (infml); **to have a ~ of stone** ein Herz aus Stein haben; **my ~ was in my mouth** (infml) mir schlug das Herz bis zum Hals; **I didn't have the ~ to say no** ich brachte es nicht übers Herz, Nein zu sagen; **she has a ~ of gold** sie hat ein goldenes Herz; **my ~ sank** mein Mut sank; (with apprehension) mir wurde bang ums Herz; **in the ~ of the forest** mitten im Wald; **the ~ of the matter** der Kern der Sache 🔢 **hearts** pl CARDS Herz nt; BRIDGE Coeur nt; **queen of ~s** Herz-/Coeurdame f **heartache** n Kummer m **heart attack** n Herzanfall m; (≈ thrombosis) Herzinfarkt m; **I nearly had a ~** (fig infml) ich habe

fast einen Herzschlag gekriegt (infml)
heartbeat n Herzschlag m **heartbreak** n großer Kummer **heartbreaking** adj herzzerreißend **heartbroken** adj todunglücklich **heartburn** n Sodbrennen nt **heart condition** n Herzleiden nt; **he has a ~** er ist herzleidend **heart disease** n Herzkrankheit f **hearten** v/t ermutigen **heartening** adj ermutigend **heart failure** n Herzversagen nt; **he suffered ~** sein Herz hat versagt **heartfelt** adj thanks, apology aufrichtig; tribute, appeal tief empfunden **hearth** n Feuerstelle f; (≈ whole fireplace) Kamin m

heartily adv ◱ laugh, say herzlich; eat tüchtig ◲ recommend uneingeschränkt; agree voll und ganz; welcome von Herzen; **to be ~ sick of sth** etw herzlich leid sein **heartless** adj herzlos; (≈ cruel also) grausam **heartlessly** adv grausam **heart-rending** adj herzzerreißend **heartstrings** pl **to pull** or **tug at sb's ~** jdn zu Tränen rühren **heart-throb** n (infml) Schwarm m (infml) **heart-to-heart** ◱ adj ganz offen; **to have a ~ talk with sb** sich mit jdm ganz offen aussprechen ◲ n offene Aussprache; **it's time we had a ~** es ist Zeit, dass wir uns einmal offen aussprechen **heart transplant** n Herztransplantation f **heart trouble** n Herzbeschwerden pl **heart-warming** adj herzerfreuend **hearty** adj (+er) ◱ laugh, greeting herzlich; manner raubeinig ◲ endorsement uneingeschränkt; dislike tief; ~ welcome herzlicher Empfang ◳ meal herzhaft, währschaft (Swiss); appetite gesund; **to be a ~ eater** einen gesunden Appetit haben

heat ◱ n ◱ Hitze f; (pleasant, PHYS) Wärme f; **on** or **over (a) low ~** bei schwacher Hitze; **in the ~ of the moment** in der Hitze des Gefechts; (when upset) in der Erregung ◲ SPORTS Vorlauf m; BOXING etc Vorkampf m ◳ **on** (Br) or **in** (esp US) ~ brünstig; (dog, cat) läufig ◲ v/t ◱ erhitzen; room heizen; house, pool beheizen ◳ v/i warm werden ◊**heat up** ◱ v/i sich erwärmen ◲ v/t sep erwärmen; food aufwärmen

heated adj ◱ (lit) swimming pool erhitzt; room geheizt; towel rail heizbar ◲ (fig) debate hitzig; exchange heftig **heatedly** adv hitzig; argue heftig **heater** n Ofen m; (in car) Heizung f

heath n Heide f
heathen ◱ adj heidnisch ◲ n Heide m, Heidin f
heather n Heidekraut nt
heating n Heizung f **heating engineer** n Heizungsinstallateur(in) m(f) **heatproof** adj hitzebeständig **heat rash** n Hitzeausschlag m **heat recovery** n Wärmerückgewinnung f **heat-resistant** adj hitzebeständig **heatstroke** n Hitzschlag m **heat wave** n Hitzewelle f

heave ◱ v/t ◱ (≈ lift) (hoch)hieven (onto auf +acc); (≈ drag) schleppen ◲ (≈ throw) werfen ◳ sigh ausstoßen ◲ v/i ◱ (≈ pull) hieven ◲ (waves, bosom) wogen (elev); (stomach) sich umdrehen

heaven n Himmel m; **the ~s** (liter) der Himmel; **in ~** im Himmel; **to go to ~** in den Himmel kommen; **he is in (seventh) ~** er ist im siebten Himmel; **it was ~** war einfach himmlisch; **(good) ~s!** (du) lieber Himmel! (infml); **would you like to? — (good) ~s no!** möchten Sie? — um Himmels willen, bloß nicht!; **~ knows what** ... weiß der Himmel, was ... (infml); **~ forbid!** bloß nicht, um Himmels willen! (infml); **for ~'s sake!** um Himmels willen!; **what in ~'s name ...?** was um Himmels willen ...? **heavenly** adj ◱ himmlisch, Himmels-; **~ body** Himmelskörper m ◲ (infml ≈ delightful) himmlisch

heavily adv stark; populated dicht; armed, breathe, lean, fall schwer; guarded streng; move schwerfällig; **~ disguised** völlig unkenntlich gemacht; **to lose ~** hoch verlieren; **to be ~ involved in** or **with sth** sehr viel mit etw zu tun haben; **to be ~ into sth** (infml) voll auf etw (acc) abfahren (infml); **to be ~ outnumbered** zahlenmäßig stark unterlegen sein; **to be ~ defeated** eine schwere Niederlage erleiden; **~ laden** schwer beladen; **~ built** kräftig gebaut

heavy adj (+er) ◱ schwer; rain, traffic, drinker, period stark; fall hart; **with a ~ heart** schweren Herzens; **~ breathing** schweres Atmen; **the conversation was ~ going** die Unterhaltung war mühsam; **this book is very ~ going** das Buch liest sich schwer ◲ silence bedrückend; sky bedeckt **heavy-duty** adj strapazierfähig **heavy goods vehicle** n Lastkraftwagen m **heavy-handed** adj schwerfällig

heavy industry n Schwerindustrie f
heavy metal n MUS Heavymetal m
heavyweight n **1** SPORTS Schwerge-
wichtler(in) m(f) **2** (fig infml) großes Tier
(infml); **the literary ~s** die literarischen
Größen pl
Hebrew A adj hebräisch **B** n **1** He-
bräer(in) m(f) **2** LING Hebräisch nt
Hebrides pl Hebriden pl
heck int (infml) **oh ~!** zum Kuckuck!
(infml); **ah, what the ~!** ach, was solls!
(infml); **what the ~ do you mean?** was
zum Kuckuck soll das heißen? (infml);
I've a ~ of a lot to do ich habe irrsinnig
viel zu tun (infml)
heckle A v/t (durch Zwischenrufe) stören
B v/i Zwischenrufe machen **heckler** n
Zwischenrufer(in) m(f) **heckling** n Zwischenrufe pl
hectare n Hektar m or nt
hectic adj hektisch
he'd contraction = he would, he had
hedge A n Hecke f **B** v/i ausweichen **C**
v/t **to ~ one's bets** auf Nummer sicher
gehen (infml) **hedgehog** n Igel m
hedgerow n Hecke f **hedge trimmer**
n Elektroheckenschere f
hedonism n Hedonismus m
heed A n **to pay ~ to sb/sth, to take ~
of sb/sth** jdm/einer Sache Beachtung
schenken **B** v/t beachten; **he never ~s
my advice** er hört nie auf meinen Rat
heedless adj **to be ~ of sth** etw nicht
beachten
heel A n Ferse f; (of shoe) Absatz m; **to be
right on sb's ~s** jdm auf den Fersen folgen; **the police were hot on our ~s** die
Polizei war uns dicht auf den Fersen; **to
be down at ~** heruntergekommen sein;
to take to one's ~s sich aus dem Staub(e)
machen; **~!** (to dog) (bei) Fuß!; **to bring sb
to ~** jdn an die Kandare nehmen (infml) **B**
v/t **these shoes need ~ing** diese Schuhe
brauchen neue Absätze
hefty adj (+er) (infml) person kräftig (gebaut); object massiv; fine, punch saftig
(infml)
heifer n Färse f
height n **1** Höhe f; (of person) Größe f; **to
be six feet in ~** sechs Fuß hoch sein;
what ~ are you? wie groß sind Sie?;
you can raise the ~ of the saddle du
kannst den Sattel höherstellen; **at shoulder ~** in Schulterhöhe; **at the ~ of his**

power auf der Höhe seiner Macht; **the
~ of luxury** das Nonplusultra an Luxus;
at the ~ of the season in der Hauptsaison; **at the ~ of summer** im Hochsommer; **at its ~ the company employed
12,000 people** in ihrer Glanzzeit hatte
die Firma 12.000 Angestellte; **during the
war emigration was at its ~** im Krieg erreichte die Auswanderungswelle ihren
Höhepunkt; **to be the ~ of fashion** der
letzte Schrei sein **2** **heights** pl Höhen
pl; **to be afraid of ~s** nicht schwindelfrei
sein **heighten A** v/t (≈ raise) höherma-
chen; (≈ emphasize) hervorheben; feelings,
tension verstärken; **~ed awareness** erhöhte Aufmerksamkeit **B** v/i (fig) wachsen
heinous adj abscheulich
heir n Erbe m, Erbin f (to +gen); **~ to the
throne** Thronfolger(in) m(f) **heiress** n Erbin f **heirloom** n Erbstück nt
heist n (esp US infml) Raubüberfall m
held pret, past part of hold
helicopter n Hubschrauber m **helipad**
n Hubschrauberlandeplatz m **heliport**
n Heliport m **heliskiing** n Heliskiing nt
(Skifahren mit einem Hubschrauber, der den
Skifahrer auf den Gipfel fliegt)
helium n Helium nt
hell n **1** Hölle f; **to go to ~** (lit) in die Hölle kommen; **all ~ broke loose** die Hölle
war los; **it's ~ working there** es ist die
reine Hölle, dort zu arbeiten; **a living ~**
die Hölle auf Erden; **to go through ~** Höl-
lenqualen ausstehen; **she made his life ~**
sie machte ihm das Leben zur Hölle; **to
give sb ~** (infml ≈ tell off) jdm die Hölle
heiß machen; **there'll be ~ to pay when
he finds out** wenn er das erfährt, ist der
Teufel los (infml); **to play ~ with sth** etw
total durcheinanderbringen; **I did it (just)
for the ~ of it** (infml) ich habe es nur zum
Spaß gemacht; **~ for leather** was das
Zeug hält; **the mother-in-law from ~**
die böse Schwiegermutter, wie sie im Buche steht; **the holiday from ~** der absolut
katastrophale Urlaub **2** (infml) **a ~ of a
noise** ein Höllenlärm m (infml); **I was angry as ~** ich war stinksauer (infml); **to
work like ~** arbeiten, was das Zeug hält;
to run like ~ laufen, was die Beine hergeben; **it hurts like ~** es tut wahnsinnig weh
(infml); **we had a or one ~ of a time** (≈
bad, difficult) es war grauenhaft; (≈ good)
wir haben uns prima amüsiert (infml); **a**

~ of a lot verdammt viel (*infml*); **she's a** or **one ~ of a girl** die ist schwer in Ordnung (*infml*); **that's one** or **a ~ of a climb** das ist eine wahnsinnige Kletterei (*infml*); **to ~ with you** hol dich der Teufel (*infml*); **to ~ with it!** verdammt noch mal (*infml*); **go to ~!** scher dich zum Teufel! (*infml*); **where the ~ is it?** wo ist es denn, verdammt noch mal? (*infml*); **you scared the ~ out of me** du hast mich zu Tode erschreckt; **like ~ he will!** den Teufel wird er tun (*infml*); **what the ~** was solls (*infml*)

he'll *contraction* = he shall, he will

hellbent *adj* versessen (*on* auf +*acc*) **hellish** *adj* (*fig infml*) höllisch (*infml*); *traffic, cold* mörderisch (*infml*); **it's ~** es ist die reinste Hölle (*infml*) **hellishly** *adv* (*infml*) *hot* höllisch (*infml*); *difficult* verteufelt (*infml*)

hello **A** *int* hallo, servus (*Aus*), grüezi (*Swiss*); **say ~ to your aunt** sag deiner Tante mal schön „Guten Tag!"; **say ~ to your parents (from me)** grüß deine Eltern (von mir) **B** *n* Hallo *nt*

hell-raiser *n* (*infml*) ausschweifender Mensch

helm *n* NAUT Steuer *nt*

helmet *n* Helm *m*

help **A** *n* *no pl* Hilfe *f*; **with his brother's ~** mithilfe seines Bruders; **his ~ with the project** seine Mithilfe an dem Projekt; **to ask sb for ~** jdn um Hilfe bitten; **to be of ~ to sb** jdm helfen; **he isn't much ~ to me** er ist mir keine große Hilfe **B** *v/t* **1** helfen (+*dat*); **to ~ sb (to) do sth** jdm (dabei) helfen, etw zu tun; **to ~ sb with the cooking/his bags** jdm beim Kochen/mit seinen Taschen helfen; **~!** Hilfe!; **can I ~ you?** kann ich (Ihnen) behilflich sein?; **that won't ~ you** das wird Ihnen nichts nützen; **to ~ sb on/off with his/her** *etc* **coat** jdm in den/aus dem Mantel helfen; **to ~ sb up** (*from floor etc*) jdm aufhelfen **2 to ~ oneself to sth** sich (*dat*) etw nehmen; (*infml* ≈ *steal*) etw mitgehen lassen; **~ yourself!** nehmen Sie sich doch! **3 he can't ~ it** er kann nichts dafür; **not if I can ~ it** nicht, wenn es nach mir geht; **I couldn't ~ laughing** ich konnte mir nicht helfen, ich musste (einfach) lachen; **I couldn't ~ thinking ...** ich konnte nicht umhin zu denken ...; **it can't be ~ed** das lässt sich nicht ändern **C** *v/i* helfen; **and your attitude didn't ~ either** und Ih-

re Einstellung war auch nicht gerade hilfreich ◊**help out** **A** *v/i* aushelfen (*with* bei) **B** *v/t sep* helfen (+*dat*) (*with* mit)

help desk *n* telefonischer Informationsdienst, Support *m* **helper** *n* Helfer(in) *m(f)*; (≈ *assistant*) Gehilfe *m*, Gehilfin *f* **helpful** *adj* **1** (≈ *willing to help*) hilfsbereit; (≈ *giving help*) hilfreich **2** *advice, tool* nützlich **helpfully** *adv* **1** (≈ *willing to help*) hilfsbereit; (≈ *giving help*) hilfreich **2** (≈ *thoughtfully*) liebenswürdigerweise **helping** **A** *n* Portion *f*; **to take a second ~ of sth** sich (*dat*) noch einmal von etw nehmen **B** *adj attr* **to give** or **lend a ~ hand to sb** jdm behilflich sein **helpless** *adj* hilflos; **he was ~ to prevent it** er konnte es nicht verhindern; **she was ~ with laughter** sie konnte sich vor Lachen kaum halten **helplessly** *adv* hilflos; *watch* machtlos **helplessness** *n* Hilflosigkeit *f*; (≈ *powerlessness*) Machtlosigkeit *f* **helpline** *n* Informationsdienst *m* **help screen** *n* IT Hilfsbildschirm *m*

helter-skelter *adv* Hals über Kopf (*infml*)

hem **A** *n* Saum *m* **B** *v/t* säumen ◊**hem in** *v/t sep* einschließen; (*fig*) einengen

he-man *n*, *pl* **-men** (*infml*) sehr männlicher Typ

hemisphere *n* Hemisphäre *f*; **in the northern ~** auf der nördlichen Halbkugel

hemline *n* Saum *m*

hemo- *in cpds* (*US*) = **haemo-**

hemp *n* BOT Hanf *m*

hen *n* **1** Henne *f* **2** (≈ *female bird*) Weibchen *nt*

hence *adv* **1** (≈ *for this reason*) also; **~ the name** daher der Name **2** *two years* **~** in zwei Jahren **henceforth** *adv* von nun an **henchman** *n*, *pl* **-men** (*pej*) Spießgeselle *m*

henna **A** *n* Henna *f* **B** *v/t* mit Henna färben

hen night *n* für die Braut vor der Hochzeit arrangierte Damengesellschaft **hen party** *n* (*infml*) Damenkränzchen *nt*; (*before wedding*) für die Braut vor der Hochzeit arrangierte Damengesellschaft **henpeck** *v/t* **he is ~ed** er steht unterm Pantoffel (*infml*)

hepatitis *n* Hepatitis *f*

her **A** *pers pr* (*dir obj, with prep* +*acc*) sie; (*indir obj, with prep* +*dat*) ihr; **it's ~** sie ists **B** *poss adj* ihr; → **my**

herald **A** *n* (*fig*) (Vor)bote *m* (*elev*) **B** *v/t* ankündigen; **tonight's game is being ~ed as the match of the season** das Spiel heute Abend wird als die Begegnung der Saison groß herausgebracht **heraldry** n Wappenkunde f

herb n Kraut nt **herbaceous** adj krautig **herbaceous border** n Staudenrabatte f **herbal** adj Kräuter-; **~ tea** Kräutertee m **herb garden** n Kräutergarten m **herbicide** n Herbizid nt **herbivorous** adj (form) pflanzenfressend

herd ◮ n (of cattle etc) Herde f; (of deer) Rudel nt ◭ v/t treiben **herdsman** n Hirte m

here adv hier; (with motion) hierher, hierhin; **come ~!** komm her!; **~ I am** da or hier bin ich; **~'s the taxi** das Taxi ist da; **~ he comes** da kommt or ist er ja; **this one ~** der/die/das hier or da; **~ and now** auf der Stelle; **I won't be ~ for lunch** ich bin zum Mittagessen nicht da; **~ and there** hier und da; **near ~** (hier) in der Nähe; **I've read down to ~** ich habe bis hierher or hierhin gelesen; **it's in/over ~** es ist hier (drin)/hier drüben; **put it in ~** stellen Sie es hierherein; **~ you are** (giving sb sth) hier(, bitte); (on finding sb) da bist du ja!; **~ we are, home again** so, da wären wir also wieder zu Hause; **~ we go again, another crisis** da hätten wir also wieder eine Krise; **~ goes!** dann mal los; **~, let me do that** komm, lass mich das mal machen; **~'s to you!** auf Ihr Wohl!; **it's neither ~ nor there** es spielt keine Rolle; **I've had it up to ~ (with him/it)** (infml) ich habe die Nase voll (von ihm/davon) (infml) **hereabouts** adv hier (in der Gegend) **hereby** adv (form) hiermit

hereditary adj erblich; **~ disease** Erbkrankheit f; **~ peer** Peer, der seine Peerswürde geerbt hat **heredity** n Vererbung f

heresy n Ketzerei f **heretic** n Ketzer(in) m(f)

herewith adv (form) hiermit

heritage n Erbe nt

hermaphrodite n Zwitter m

hermetically adv **~ sealed** hermetisch verschlossen

hermit n Einsiedler(in) m(f)

hernia n (Eingeweide)bruch m

hero n, pl -es Held m **heroic** ◮ adj ◱ heldenhaft; (≈ brave) mutig; action hero-

isch; **~ action** or **deed** Heldentat f; **~ attempt** tapferer Versuch ◲ LIT Helden- ◭ n **heroics** pl Heldentaten pl

heroin n Heroin nt; **~ addict** Heroinsüchtige(r) m/f(m)

heroine n Heldin f **heroism** n Heldentum nt; (≈ daring) Kühnheit f

heron n Reiher m

hero worship n Verehrung f (of +gen); (of pop star etc) Schwärmerei f (of für)

herpes n MED Herpes m

herring n Hering m **herringbone** adj attr **~ pattern** Fischgrät(en)muster nt

hers poss pr ihre(r, s); → **mine**[1]

herself pers pr ◱ (dir and indir obj, with prep) sich; → **myself** ◲ (emph) (sie) selbst

he's contraction = he is, he has

hesitancy n Zögern nt; (≈ indecision) Unschlüssigkeit f **hesitant** adj zögernd; (≈ undecided) unschlüssig

hesitate v/i zögern; (in speech) stocken; **I am still hesitating about what I should do** ich bin mir immer noch nicht schlüssig, was ich tun soll; **don't ~ to contact me** zögern Sie nicht, sich an mich zu wenden **hesitation** n Zögern nt; **after some/a moment's ~** nach einigem/kurzem Zögern

heterogeneous adj heterogen

heterosexual ◮ adj heterosexuell ◭ n Heterosexuelle(r) m/f(m) **heterosexuality** n Heterosexualität f

het up adj (Br infml) aufgeregt; **to get ~ about/over sth** sich über etw (acc)/wegen einer Sache (gen) aufregen

hew pret hewed, past part hewn or hewed v/t hauen

hexagon n Sechseck nt **hexagonal** adj sechseckig

heyday n Glanzzeit f

HGV (Br) abbr of heavy goods vehicle Lkw m

hi int hallo, servus (Aus), grüezi (Swiss)

hiatus n Lücke f

hibernate v/i Winterschlaf halten **hibernation** n (lit, fig) Winterschlaf m

hiccough, hiccup ◮ n Schluckauf m; (fig infml ≈ problem) Problemchen nt (infml); **to have the ~s** den Schluckauf haben; **without any ~s** ohne Störungen ◭ v/i hicksen (dial); **he started ~ing** er bekam den Schluckauf

hick n (US infml) Hinterwäldler(in) m(f) (infml)

hide[1] *vb: pret* hid, *past part* hid *or* hidden ◮ *v/t* verstecken (*from* vor +*dat*); *truth, feelings* verbergen (*from* vor +*dat*); *moon, rust* verdecken; **hidden from view** nicht zu sehen; **there is a hidden agenda** da steckt noch etwas anderes dahinter ◮ *v/i* sich verstecken (*from sb* vor jdm); **he was hiding in the cupboard** er hielt sich im Schrank versteckt ◮ *n* Versteck *nt* ◊**hide away** ◮ *v/i* sich verstecken ◮ *v/t sep* verstecken ◊**hide out** *v/i* sich verstecken
hide[2] *n* (*of animal*) Haut *f*; (*on furry animal*) Fell *nt*
hide-and-seek, (*US*) **hide-and-go-seek** *n* Versteckspiel *nt*; **to play ~** Verstecken spielen **hideaway** *n* Versteck *nt*; (≈ *refuge*) Zufluchtsort *m*
hideous *adj* grauenhaft **hideously** *adv* grauenhaft; (*emph*) *expensive* schrecklich; **~ ugly** potthässlich (*infml*)
hideout *n* Versteck *nt*
hiding[1] *n* **to be in ~** sich versteckt halten; **to go into ~** untertauchen
hiding[2] *n* ◮ (≈ *beating*) Tracht *f* Prügel; **to give sb a good ~** jdm eine Tracht Prügel geben ◮ (*infml*) **the team got a real ~** die Mannschaft musste eine schwere Schlappe einstecken (*infml*)
hiding place *n* Versteck *nt*
hierarchic(al) *adj* hierarchisch **hierarchy** *n* Hierarchie *f*
hieroglyphics *pl* Hieroglyphen *pl*
higgledy-piggledy *adj, adv* durcheinander
high ◮ *adj* (+*er*) ◮ hoch *pred*, hohe(r, s) *attr*; *altitude* groß; *wind* stark; **a building 80 metres** (*Br*) *or* **meters** (*US*) **~, an 80-metre** (*Br*) *or* **80-meter** (*US*) **~ building** ein 80 Meter hohes Gebäude; **on one of the ~er floors** in einem der oberen Stockwerke; **the river is quite ~** der Fluss führt ziemlich viel Wasser; **to be left ~ and dry** auf dem Trockenen sitzen (*infml*); **on the ~est authority** von höchster Stelle; **to be ~ and mighty** erhaben tun; **of the ~est calibre** (*Br*) *or* **caliber** (*US*)/**quality** von bestem Format/bester Qualität; **casualties were ~** es gab viele Opfer; *MIL* es gab hohe Verluste; **the temperature was in the ~ twenties** die Temperatur lag bei fast 30 Grad; **to pay a ~ price for sth** etw teuer bezahlen; **to the ~est degree** im höchsten Grad *or* Maß; **in ~ spirits** in Hochstimmung; **~ in fat** fettreich;

it's ~ time you went home es wird höchste Zeit, dass du nach Hause gehst ◮ (*infml, on drugs*) high (*infml*); **to get ~ on cocaine** sich mit Kokain anturnen (*sl*) ◮ *adv* (+*er*) hoch; **~ up** (*position*) hoch oben; (*motion*) hoch hinauf; **~er up the hill was a small farm** etwas weiter oben am Berg lag ein kleiner Bauernhof; **~ up in the organization** weit oben in der Organisationsstruktur; **one floor ~er** ein Stockwerk höher; **to go as ~ as £200** bis zu £ 200 (hoch) gehen; **feelings ran ~** die Gemüter erhitzten sich; **to search ~ and low** überall suchen ◮ *n* ◮ **the pound has reached a new ~** das Pfund hat einen neuen Höchststand erreicht; **sales have reached an all-time ~** die Verkaufszahlen sind so hoch wie nie zuvor; **the ~s and lows of my career** die Höhen und Tiefen *pl* meiner Laufbahn ◮ *METEO* Hoch *nt*
high altar *n* Hochaltar *m* **high beam** *n AUTO* Fernlicht *nt* **highbrow** *adj interests* intellektuell; *tastes, music* anspruchsvoll **highchair** *n* Hochstuhl *m* **High Church** *n* Hochkirche *f* **high-class** *adj* erstklassig **high court** *n* oberstes Gericht **high-definition** *adj TV* hochauflösend **high-density** *adj IT disk* mit hoher Schreibdichte **high-energy** *adj* energiereich **higher** ◮ *adj comp of* high ◮ *n* **Higher** (*Scot*) ≈ Abiturabschluss *m*, ≈ Matura *f* (*Aus, Swiss*); **to take one's Highers** ≈ das Abitur machen; **three Highers** ≈ das Abitur in drei Fächern **higher education** *n* Hochschulbildung *f* **Higher National Certificate** *n* (*Br*) ≈ Berufsschulabschluss *m* **Higher National Diploma** *n* (*Br*) Qualifikationsnachweis in technischen Fächern **high explosive** *n* hochexplosiver Sprengstoff **high-fibre**, (*US*) **high-fiber** *adj* ballaststoffreich **high-flier, high-flyer** *n* (*infml*) Senkrechtstarter(in) *m(f)* **high-flying** *adj* (*fig*) *businessman etc* erfolgreich; *lifestyle* exklusiv **high ground** *n* ◮ hoch liegendes Land ◮ (*fig*) **to claim the moral ~** die moralische Überlegenheit für sich beanspruchen **high-handed** *adj* selbstherrlich; *treatment* arrogant **high-heeled** *adj* hochhackig **high heels** *pl* hohe Absätze *pl* **high-interest** *adj FIN* hochverzinslich **high jinks** *pl* (*infml*) ausgelassene Späße *pl* **high jump** *n SPORTS* Hochsprung *m* **highland** *adj* hochländisch **Highlands**

H

pl (schottische) Highlands *pl* **high-level** *adj talks* auf höchster Ebene; IT *language* höher **highlight** Ⓐ *n* **1** **~s** (*in hair*) Strähnchen *pl* **2** (*fig*) Höhepunkt *m* Ⓑ *v/t* **1** *problem* ein Schlaglicht werfen auf (+*acc*) **2** (*with highlighter*) hervorheben; (*on computer*) markieren **highlighter** *n* Textmarker *m* **highly** *adv* **1** (≈ *extremely*) äußerst; *inflammable* leicht; *unusual, significant* höchst; **to be ~ critical of sb/sth** jdn/etw scharf kritisieren; **~ trained** äußerst gut ausgebildet; *skilled worker* hoch qualifiziert; **~ skilled** äußerst geschickt; *worker, workforce* hoch qualifiziert; **~ respected** hoch geachtet; **~ intelligent** hochintelligent; **~ unlikely** *or* **improbable** äußerst *or* höchst unwahrscheinlich **2** *regard* hoch; **to speak ~ of sb/sth** sich sehr positiv über jdn/etw äußern; **to think ~ of sb/sth** eine hohe Meinung von jdm/etw haben; **~ recommended** sehr empfehlenswert **highly strung** *adj* (*Br*) nervös **High Mass** *n* Hochamt *nt* **high-minded** *adj ideals* hoch **highness** *n* **Her/Your Highness** Ihre/Eure Hoheit **high-performance** *adj* Hochleistungs- **high-pitched** *adj* hoch; *scream* schrill **high point** *n* Höhepunkt *m* **high-powered** *adj* **1** *machine, computer* leistungsfähig; *gun* leistungsstark **2** *job* anspruchsvoll **high-pressure** *adj* METEO **~ area** Hochdruckgebiet *nt* **high priest** *n* Hohepriester *m* **high priestess** *n* Hohepriesterin *f* **high-profile** *adj* profiliert **high-quality** *adj* hochwertig **high-ranking** *adj* hoch(rangig) **high-resolution** *adj* hochauflösend **high-rise** *adj* **~ building** Hochhaus *nt*; **~ office** (**block**) Bürohochhaus *nt*; **~ flats** (*Br*) (Wohn)hochhaus *nt* **high-risk** *adj* risikoreich; **~ group** Risikogruppe *f* **high school** *n* (*Br*) ≈ Oberschule *f* (*für 11 bis 18-Jährige*); (*US*) ≈ Oberschule *f* (*für 15 bis 18-Jährige*) **high-scoring** *adj game* torreich **high seas** *pl* **the ~** die Meere *pl*; **on the ~** auf hoher See **high season** *n* Hochsaison *f* **high-security** *adj* **~ prison** Hochsicherheitsgefängnis *nt* **high-sided** *adj* **~ vehicle** hohes Fahrzeug **high society** *n* Highsociety *f* **high-speed** *adj* schnell; **~ car chase** wilde Verfolgungsjagd im Auto; **~ train** Hochgeschwindigkeitszug *m*; **~ film** hochempfindlicher Film **high spirits** *pl*

Hochstimmung *f*; **youthful ~** jugendlicher Übermut **high street** *n* (*Br*) Hauptstraße *f*; **~ banks** Geschäftsbanken *pl*; **~ shops** Geschäfte *pl* in der Innenstadt **high-strung** *adj* (*US*) nervös **high tea** *n* (frühes) Abendessen *or* Nachtmahl (*Aus*) *or* Nachtessen (*Swiss*) **hightech** *n, adj* = hi tech, hi-tech **high technology** *n* Hochtechnologie *f*

high tide *n* Flut *f*, Hochwasser *nt* **high treason** *n* Hochverrat *m* **high-up** *adj person* hochgestellt **high-visibility jacket** *n* (*worn in traffic etc*) Sicherheitsjacke *f*, Warnjacke *f*, Warnschutzjacke *f* **highway** *n* **1** (*US*) Highway *m*, ≈ Autobahn *f* **2** (*Br*) Landstraße *f*; **public ~** öffentliche Straße **Highway Code** *n* (*Br*) Straßenverkehrsordnung *f* **high wire** *n* Drahtseil *nt*

hijab *n* (≈ *headscarf*) Hidschab *m* **hijack** Ⓐ *v/t* entführen; (*fig*) für sich beanspruchen Ⓑ *n* Entführung *f* **hijacker** *n* Entführer(in) *m(f)* **hijacking** *n* Entführung *f*

hike Ⓐ *v/i* wandern Ⓑ *n* **1** (*lit*) Wanderung *f* **2** (*fig: in rates*) Erhöhung *f* ◊**hike up** *v/t sep prices* erhöhen

hiker *n* Wanderer *m*, Wanderin *f* **hiking** *n* Wandern *nt* **hiking boots** *pl* Wanderstiefel *pl*

hilarious *adj* urkomisch (*infml*) **hilariously** *adv* sehr amüsant **hilarity** *n* Heiterkeit *f*; (≈ *gaiety*) Fröhlichkeit *f*; (≈ *laughter*) Gelächter *nt*

hill *n* Hügel *m*; (*higher*) Berg *m*; (≈ *incline*) Hang *m*; **to park on a ~** am Berg parken; **to be over the ~** (*fig infml*) die besten Jahre hinter sich (*dat*) haben **hillbilly** (*US infml*) *n* Hinterwäldler(in) *m(f)* (*pej*) **hillock** *n* Hügel *m* **hillside** *n* Hang *m* **hilltop** *n* Gipfel *m* **hill-walker** *n* Bergwanderer *m*, Bergwanderin *f* **hill-walking** *n* Bergwandern *nt* **hilly** *adj* (+*er*) hüg(e)lig

hilt *n* Heft *nt*; (**up**) **to the ~** (*fig*) voll und ganz

him *pers pr* **1** (*dir obj, with prep* +*acc*) ihn; (*indir obj, with prep* +*dat*) ihm **2** (*emph*) er; **it's ~** er ists

himself *pers pr* **1** (*dir and indir obj, with prep*) sich; → **myself** **2** (*emph*) (er) selbst **hind**[1] *n* ZOOL Hirschkuh *f* **hind**[2] *adj* Hinter-; **~ legs** Hinterbeine *pl* **hinder** *v/t* (≈ *impede*) behindern; **to ~ sb from doing sth** jdn daran hindern, etw zu tun

Hindi n Hindi nt

hindquarters pl Hinterteil nt; (of horse) Hinterhand f

hindrance n Behinderung f; (≈ obstacle) Hindernis nt (to für); **the children are a ~** die Kinder sind hinderlich

hindsight n **with ~ it's easy to criticize** im Nachhinein ist es leicht zu kritisieren; **it was, in ~, a mistaken judgement** es war, rückblickend betrachtet, ein Fehlurteil

Hindu ◮ adj hinduistisch ◪ n Hindu m

Hinduism n Hinduismus m

hinge ◮ n (of door) Angel f; (of box etc) Scharnier nt ◪ v/i (fig) abhängen (on von)

hint ◮ n ◮ (≈ suggestion) Andeutung f; **to give a/no ~ of sth** etw ahnen lassen/nicht ahnen lassen; **to drop sb a ~** jdm einen Wink geben; **OK, I can take a ~** schon recht, ich verstehe ◪ (≈ trace) Spur f; **a ~ of garlic** eine Spur Knoblauch; **a ~ of irony** ein Hauch m von Spott; **with just a ~ of sadness in his smile** mit einem leichten Anflug von Traurigkeit in seinem Lächeln; **at the first ~ of trouble** beim ersten Zeichen von Ärger ◳ (≈ tip) Tipp m ◪ v/t andeuten (to gegenüber) ◊**hint at** v/i +prep obj **he hinted at changes in the cabinet** er deutete an, dass es Umbesetzungen im Kabinett geben würde; **he hinted at my involvement in the affair** er spielte auf meine Rolle in der Affäre an

hinterland n Hinterland nt

hip[1] n Hüfte f; **with one's hands on one's ~s** die Arme in die Hüften gestemmt

hip[2] int **~! ~!, hurrah!** hipp hipp, hurra!

hip[3] adj (infml) hip (infml)

hipbone n ANAT Hüftbein nt **hip flask** n Flachmann m (infml) **hip hop** n MUS Hip-Hop m

hippie n = hippy

hippo n (infml) Nilpferd nt

hip pocket n Gesäßtasche f

hippopotamus n, pl **-es** or **hippopotami** Flusspferd nt

hippy, hippie n Hippie m

hip replacement n Hüftoperation f

hipsters pl Hipsters pl, Hüfthose f

hire (esp Br) ◮ n (≈ rental) Mieten nt; (of suit) Leihen nt; (≈ employment) Einstellen nt; **the hall is available for ~** man kann den Saal mieten; **for ~** (taxi) frei ◪ v/t ◮ (≈ rent) mieten; suit leihen; **~d car** Miet-wagen m ◪ (≈ employ) einstellen ◊**hire out** v/t sep (esp Br) vermieten

hire-purchase n (Br) Ratenkauf m; **on ~** auf Teilzahlung; **~ agreement** Teilzahlungs(kauf)vertrag m

his ◮ poss adj sein; → my ◪ poss pr seine(r, s); → mine[1]

Hispanic ◮ adj hispanisch ◪ n Hispanoamerikaner(in) m(f)

hiss ◮ v/i zischen; (cat) fauchen ◪ v/t zischen ◳ n Zischen nt; (of cat) Fauchen nt

historian n Historiker(in) m(f) **historic** adj historisch **historical** adj historisch; **~ research** Geschichtsforschung f **historically** adv ◮ (≈ traditionally) traditionellerweise ◪ important historisch

history n Geschichte f; **that's all ~ now** (fig) das gehört jetzt alles der Vergangenheit an; **he's ~** er ist schon lange vergessen; **he has a ~ of violence** er hat eine Vorgeschichte als Gewalttäter; **he has a ~ of heart disease** er hat schon lange ein Herzleiden

histrionics pl theatralisches Getue

hit vb: pret, past part **hit** ◮ n ◮ (≈ blow) Schlag m; (on target) Treffer m ◪ (≈ success) Erfolg m; (≈ song) Hit m; **to be a ~ with sb** bei jdm gut ankommen ◳ (IT ≈ visit to website) Hit m ◪ v/t ◮ (≈ strike) schlagen; IT key drücken; **to ~ one's head against sth** sich (dat) den Kopf an etw (dat) stoßen; **he ~ his head on the table** er schlug mit dem Kopf auf den Tisch auf; **the car ~ a tree** das Auto fuhr gegen einen Baum; **he was ~ by a stone** er wurde von einem Stein getroffen; **the tree was ~ by lightning** der Baum wurde vom Blitz getroffen; **you won't know what has ~ you** (infml) du wirst dein blaues Wunder erleben (infml) ◪ target treffen; speed, level erreichen; **you've ~ it (on the head)** (fig) du hast es (genau) getroffen; **he's been ~ in the leg** (≈ wounded) er ist am Bein getroffen worden ◳ (≈ affect adversely) betreffen; **to be hard ~ by sth** von etw schwer getroffen werden ◳ (≈ come to) beaches etc erreichen; **to ~ the rush hour** in den Stoßverkehr kommen; **to ~ a problem** ein Problem stoßen ◳ (fig infml) **to ~ the bottle** zur Flasche greifen; **to ~ the roof** in die Luft gehen (infml); **to ~ the road** sich auf die Socken machen (infml) ◳ v/i (≈ strike) schlagen ◊**hit back** v/i, v/t sep zurück-

schlagen; **he ~ at his critics** er gab seinen Kritikern Kontra ◊**hit off** *v/t sep* **to hit it off with sb** (*infml*) prima mit jdm auskommen (*infml*) ◊**hit on** *v/i +prep obj* **1** stoßen auf (+*acc*) **2** (*esp US infml ≈ chat up*) anmachen (*infml*) ◊**hit out** *v/i* **1** (*lit*) einschlagen (*at sb* auf jdn) **2** (*fig*) **to ~ at sb/sth** jdn/etw attackieren ◊**hit upon** *v/i +prep obj* = hit on 1
hit-and-miss *adj* = hit-or-miss **hit--and-run** *adj* **~ accident** Unfall *m* mit Fahrerflucht; **~ driver** unfallflüchtiger Fahrer, unfallflüchtige Fahrerin
hitch A *n* Haken *m*; (*in plan*) Problem *nt*; **a technical ~** eine technische Panne; **without a ~** reibungslos; **there's been a ~** da ist ein Problem aufgetaucht **B** *v/t* **1** (*≈ fasten*) festmachen (*sth to sth* etw an etw *dat*) **2** (*infml*) **to get ~ed** heiraten **3** **to ~ a lift** *or* **ride** trampen; **she ~ed a lift** *or* **ride with a truck driver** ein Lastwagenfahrer nahm sie mit **C** *v/i* (*esp Br*) trampen ◊**hitch up** *v/t sep* **1** *trailer etc* anhängen **2** *skirt* hochziehen
hitcher *n* (*esp Br infml*) Anhalter(in) *m(f)*
hitchhike *v/i* per Anhalter fahren, trampen **hitchhiker** *n* Anhalter(in) *m(f)* **hitchhiking** *n* Trampen *nt*
hi tech *n* Spitzentechnologie *f* **hi-tech** *adj* Hightech-
hither *adv* **~ and thither** (*liter*) hierhin und dorthin **hitherto** *adv* bisher
hit list *n* Abschussliste *f* **hitman** *n* (*infml*) Killer *m* (*infml*) **hit-or-miss** *adj* auf gut Glück *pred* **hit parade** *n* Hitparade *f* **hit record** *n* Hit *m* **hits counter** *n* INTERNET Besucherzähler *m*, Counter *m* **hit squad** *n* Killerkommando *nt*
HIV *abbr of* **human immunodeficiency virus** HIV *nt*; **~ positive** HIV-positiv
hive *n* **1** (*≈ beehive*) Bienenstock *m*; (*≈ bees*) (Bienen)schwarm *m* **2** (*fig*) **the office was a ~ of activity** das Büro glich einem Bienenhaus
hi-vis *abbr of* **high-visibility**; **~ jacket** Sicherheitsjacke *f*, Warnjacke *f*, Warnschutzjacke *f*
hiya *int* (*Br infml*) hallo
HM *abbr of* **His/Her Majesty** S. M./I. M.
HMS (*Br*) *abbr of* **His/Her Majesty's Ship** HMS *f*
HNC (*Br*) *abbr of* **Higher National Certificate**
HND (*Br*) *abbr of* **Higher National Diplo-**ma

hoard A *n* Vorrat *m*; **a ~ of weapons** ein Waffenlager *nt*; **~ of money** gehortetes Geld **B** *v/t* (*a.* **hoard up**) *food etc* hamstern; *supplies, weapons* horten **hoarder** *n* Hamsterer *m*, Hamsterin *f*
hoarding[1] *n* (*of food etc*) Hamstern *nt*
hoarding[2] *n* (*Br*) (**advertising**) **~** Plakatwand *f*
hoarfrost *n* (Rau)reif *m*
hoarse *adj* (+*er*) heiser; **you sound rather ~** deine Stimme klingt heiser
hoax *n* (*≈ joke*) Streich *m*; (*≈ false alarm*) blinder Alarm **hoax call** *n* **a ~** ein blinder Alarm
hob *n* (*on cooker*) Kochfeld *nt*
hobble A *v/i* humpeln **B** *v/t* (*fig*) behindern
hobby *n* Hobby *nt* **hobbyhorse** *n* Steckenpferd *nt*
hobnob *v/i* **she's been seen hobnobbing with the chairman** sie ist viel mit dem Vorsitzenden zusammen gesehen worden
hobo *n* (*US ≈ tramp*) Penner *m* (*infml*)
Hobson's choice *n* **it's ~** da habe ich (wohl) keine andere Wahl
hockey *n* Hockey *nt*; (*US*) Eishockey *nt* **hockey player** *n* Hockeyspieler(in) *m(f)*; (*US*) Eishockeyspieler(in) *m(f)* **hockey stick** *n* Hockeyschläger *m*
hodgepodge *n* (*US*) = hotchpotch
hoe A *n* Hacke *f* **B** *v/t & v/i* hacken
hog A *n* (Mast)schwein *nt*; (*US ≈ pig*) Schwein *nt* **B** *v/t* (*infml*) in Beschlag nehmen; **a lot of drivers ~ the middle of the road** viele Fahrer meinen, sie hätten die Straßenmitte gepachtet (*infml*); **to ~ the limelight** alle Aufmerksamkeit für sich beanspruchen
Hogmanay *n* (*Scot*) Silvester *nt*
hogwash *n* (*infml ≈ nonsense*) Quatsch *m*
hoist A *v/t* hochheben; (*≈ pull up*) hochziehen; *flag* hissen; *sails* aufziehen **B** *n* Hebevorrichtung *f*
hold *vb: pret, past part* held **A** *n* **1** (*≈ grip*) Griff *m*; **to have/catch ~ of sth** (*lit*) etw festhalten/packen; **to keep ~ of sth** etw nicht loslassen; (*≈ keep*) etw behalten; **to grab ~ of sb/sth** jdn/etw packen; **grab ~ of my hand** fass mich bei der Hand; **to get ~ of sth** sich an etw (*dat*) festhalten; (*fig ≈ obtain*) etw finden *or* auftreiben (*infml*); *drugs* etw in die Finger bekommen; *story* etw in Erfahrung bringen; **to get ~**

of sb *(fig)* jdn auftreiben *(infml)*; *(on phone etc)* jdn erreichen; **to lose one's ~** den Halt verlieren; **to take ~** *(idea)* sich durchsetzen; *(fire)* sich ausbreiten; **to be on ~** warten; *(fig)* auf Eis liegen; **to put sb on ~** TEL jdn auf Wartestellung schalten; **to put sth on ~** *(fig)* etw auf Eis legen; **when those two have a row, there are no ~s barred** *(fig)* wenn die beiden sich streiten, dann kennen sie nichts mehr *(infml)* **2** (≈ influence) Einfluss *m* *(over* auf +acc); **to have a ~ over** *or* **on sb** *(großen)* Einfluss auf jdn ausüben; **he hasn't got any ~ on** *or* **over me** er kann mir nichts anhaben; **the president has consolidated his ~ on power** der Präsident hat seine Macht gefestigt **3** NAUT, AVIAT Frachtraum *m* **B** *v/t* **1** (≈ grasp) halten; **to ~ sb/sth tight** jdn/etw (ganz) festhalten; **this car ~s the road well** dieses Auto hat eine gute Straßenlage; **to ~ sth in place** etw (fest)halten; **to ~ hands** sich an der Hand halten; *(lovers, children etc)* Händchen halten **2** (≈ contain) enthalten; *(bottle etc)* fassen; *(bus, hall etc)* Platz haben für; **this room ~s twenty people** in diesem Raum haben zwanzig Personen Platz; **what does the future ~?** was bringt die Zukunft? **3** (≈ believe) meinen; (≈ maintain) behaupten; **I have always held that …** ich habe schon immer behauptet, dass …; **to ~ the view** *or* **opinion that …** die Meinung vertreten, dass …; **to ~ sb responsible (for sth)** jdn (für etw) verantwortlich machen **4** hostages etc festhalten; **to ~ sb (prisoner)** jdn gefangen halten; **to ~ sb hostage** jdn als Geisel festhalten; **there's no ~ing him** er ist nicht zu bremsen *(infml)*; **~ the line!** bleiben Sie am Apparat!; **she can/can't ~ her drink** *(esp Br)* sie verträgt was/nichts; **to ~ one's fire** nicht schießen; **to ~ one's breath** *(lit)* den Atem anhalten; **don't ~ your breath!** *(iron)* erwarte nicht zu viel!; **~ it!** *(infml)* Moment mal *(infml)*; **~ it there!** so ist gut **5** post innehaben; *(passport, permit haben)* *power, shares* besitzen; SPORTS record halten; MIL position halten; **to ~ office** im Amt sein; **to ~ one's own** sich behaupten (können); **to ~ sb's attention** jds Aufmerksamkeit fesseln; **I'll ~ you to that!** ich werde Sie beim Wort nehmen **6** meeting, election abhalten; *talks* führen; *party* geben; ECCL service (ab)halten; **to ~ a con**versation eine Unterhaltung führen **C** *v/i* **1** *(rope, nail etc)* halten; **to ~ firm** *or* **fast** halten; **to ~ still** still halten; **to ~ tight** festhalten; **will the weather ~?** wird sich das Wetter wohl halten?; **if his luck ~s** wenn ihm das Glück treu bleibt **2** TEL **please ~!** bitte bleiben Sie am Apparat! **3** (≈ be valid) gelten; **to ~ good** *(rule, promise etc)* gelten ◊**hold against** *v/t always separate* **to hold sth against sb** jdm etw übel nehmen ◊**hold back A** *v/i* sich zurückhalten; (≈ fail to act) zögern **B** *v/t sep* **1** crowd zurückhalten; floods (auf)stauen; emotions unterdrücken; **to hold sb back from doing sth** jdn daran hindern, etw zu tun **2** (≈ hinder) daran hindern, vorankommen **3** (≈ withhold) verheimlichen ◊**hold down** *v/t sep* **1** *(on ground)* niederhalten; *(in place)* (fest)halten **2** job haben; **he can't hold any job down for long** er kann sich in keiner Stellung lange halten ◊**hold in** *v/t sep* stomach einziehen ◊**hold off A** *v/i* **1** (≈ not act) warten; *(enemy)* nicht angreifen; **they held off eating until she arrived** sie warteten mit dem Essen, bis sie kam **2** *(rain)* ausbleiben; **I hope the rain holds off** ich hoffe, dass es nicht regnet **B** *v/t sep* attack abwehren ◊**hold on A** *v/i* **1** *(lit* ≈ maintain grip) sich festhalten **2** (≈ endure) aushalten **3** (≈ wait) **~ (a minute)!** Moment!; **now ~ a minute!** Moment mal! **B** *v/t sep* (fest)halten; **to be held on by sth** mit etw befestigt sein ◊**hold on to** *v/i +prep obj* **1** *(lit)* festhalten; **they held on to each other** sie hielten sich aneinander fest **2** *(fig)* hope nicht aufgeben **3** (≈ keep) behalten; position beibehalten; **to ~ the lead** in Führung bleiben; **to ~ power** sich an der Macht halten ◊**hold out A** *v/i* **1** *(supplies etc)* reichen **2** (≈ endure) aushalten; (≈ refuse to yield) nicht nachgeben; **to ~ for sth** auf etw (dat) bestehen **B** *v/t sep* **1** *(lit)* ausstrecken; **to ~ sth to sb** jdm etw hinhalten; **hold your hand out** halt die Hand aus; **she held out her arms** sie breitete die Arme aus **2** *(fig)* **I held out little hope of seeing him again** ich machte mir nur wenig Hoffnung, ihn wiederzusehen ◊**hold on to** *v/i +prep obj* festhalten an (+dat); **I ~ my belief that …** ich bleibe dabei, dass … ◊**hold together** *v/i, v/t sep* zusammenhalten ◊**hold up A** *v/i (theory)* sich halten lassen **B** v/t sep **1** (≈ raise) hochheben; ~ **your hand** heb die Hand; **to hold sth up to the light** etw gegen das Licht halten **2** (≈ support) stützen; (from beneath) tragen **3** **to hold sb up as an example** jdn als Beispiel hinstellen **4** (≈ stop) anhalten; (≈ delay) people aufhalten; traffic, production ins Stocken bringen **5** bank überfallen ◊**hold with** v/i +prep obj (infml) **I don't ~ that** ich bin gegen so was (infml)

holdall n Reisetasche f **holder** n **1** (≈ person) Besitzer(in) m(f); (of title, passport) Inhaber(in) m(f) **2** (≈ object) Halter m; (≈ cigarette-holder) Spitze f **holding** n **1** (FIN, of shares) Anteil m (in an +dat) **2** (of land) Landgut nt **holding company** n Holding(gesellschaft) f **hold-up** n **1** (≈ delay) Verzögerung f; (of traffic) Stockung f; **what's the ~?** warum dauert das so lange? **2** (≈ robbery) bewaffneter Raubüberfall

hole n **1** Loch nt; (fox's) Bau m; **to be full of ~s** (fig, plot, story) viele Schwächen aufweisen; (argument, theory) unhaltbar sein **2** (infml ≈ awkward situation) **to be in a ~** in der Patsche sitzen (infml); **to get sb out of a ~** jdm aus der Patsche or Klemme helfen (infml) **3** (pej infml) Loch nt (infml); (≈ town) Kaff nt (infml) ◊**hole up** v/i (infml) sich verkriechen (infml)

hole puncher n Locher m

holiday A n **1** (≈ day off) freier Tag; (≈ public holiday) Feiertag m; **to take a ~** einen Tag frei nehmen **2** (Br ≈ period) often pl Ferien pl (esp SCHOOL), Urlaub m; **the Christmas ~s** die Weihnachtsferien pl; **on ~** in den Ferien, auf or im Urlaub; **to go on ~** Ferien/Urlaub machen; **to take a month's ~** einen Monat Urlaub nehmen **B** v/i (Br) Urlaub machen **holiday camp** n(Br) Feriendorf nt **holiday entitlement** n(Br) Urlaubsanspruch m **holiday home** n(Br) Ferienhaus nt/-wohnung f **holiday-maker** n(Br) Urlauber(in) m(f) **holiday resort** n(Br) Ferienort m **holiday season** n(Br) Urlaubszeit f

holiness n Heiligkeit f; **His/Your Holiness** ECCL Seine/Eure Heiligkeit

holistic adj holistisch

Holland n Holland nt

holler v/t & v/i (infml: a. **holler out**) brüllen

hollow A adj hohl; (≈ meaningless) leer; victory geschenkt; (≈ insincere) unaufrichtig **B** n **1** (≈ cavity) Höhlung f **2** (≈ depression) Vertiefung f; (≈ valley) (Boden)senke f ◊**hollow out** v/t sep aushöhlen

holly n Stechpalme f

holocaust n **1** Inferno nt **2** (in Third Reich) Holocaust m

hologram n Hologramm nt

hols (Br infml) abbr of **holidays**

holster n (Pistolen)halfter nt or f

holy adj REL heilig; ground geweiht **Holy Bible** n **the ~** die Heilige Schrift **Holy Communion** n das heilige Abendmahl **Holy Father** n **the ~** (≈ the Pope) der Heilige Vater **Holy Ghost** n = Holy Spirit **Holy Land** n **das Heilige Land Holy Spirit** n **the ~** der Heilige Geist **holy water** n Weihwasser nt **Holy Week** n Karwoche f

homage n Huldigung f; **to pay ~ to sb** jdm huldigen

home A n **1** (≈ where one lives) Zuhause nt; (≈ house) Haus nt; (≈ country, area etc) Heimat f; **his ~ is in Brussels** er ist in Brüssel zu Hause; **Bournemouth is his second ~** Bournemouth ist seine zweite Heimat (geworden); **he invited us round to his ~** er hat uns zu sich (nach Hause) eingeladen; **away from ~** von zu Hause weg; **he worked away from ~** er hat auswärts gearbeitet; **at ~** zu Hause, SPORTS auf eigenem Platz; **to be** or **feel at ~ with sb** sich in jds Gegenwart (dat) wohlfühlen; **he doesn't feel at ~ with English** er fühlt sich im Englischen nicht sicher or zu Hause; **to make oneself at ~** es sich (dat) gemütlich machen; **to make sb feel at ~** es jdm gemütlich machen; **to leave ~** von zu Hause weggehen; **Scotland is the ~ of the haggis** Schottland ist die Heimat des Haggis; **the city is ~ to some 1,500 students** in dieser Stadt wohnen etwa 1.500 Studenten **2** (≈ institution) Heim nt; (for orphans) Waisenhaus nt **B** adv **1** zu Hause; (with verb of motion) nach Hause; **to come ~** nach Hause kommen, heimkommen; **to go ~** (to house) nach Hause gehen/fahren; (to country) heimfahren; **to get ~** nach Hause kommen; **I have to get ~ before ten** ich muss vor zehn zu Hause sein; **to return ~ from abroad** aus dem Ausland zurückkommen **2** **to bring sth ~ to sb** jdm etw klarmachen;

sth comes ~ to sb etw wird jdm schmerzlich bewusst ◊**home in** *v/i* (*missiles*) sich ausrichten (*on sth* auf etw *acc*); **to ~ on a target** ein Ziel finden *or* selbstständig ansteuern; **he homed in on the essential point** er hat den wichtigsten Punkt herausgegriffen

home address *n* Privatanschrift *f* **home-baked** *adj* selbst gebacken **home banking** *n* Homebanking *nt* **home-brew** *n* selbst gebrautes Bier **home cinema** *n* (*Br*) Heimkino *nt* **homecoming** *n* Heimkehr *f* **home computer** *n* Heimcomputer *m* **home cooking** *n* Hausmannskost *f* **Home Counties** *pl* Grafschaften, die an London angrenzen **home economics** *n sg* Hauswirtschaft(slehre) *f* **home entertainment system** *n* Home-Entertainment-System *nt* **home game** *n* SPORTS Heimspiel *nt* **home ground** *n* SPORTS eigener Platz; **to be on ~** (*fig*) sich auf vertrautem Terrain bewegen **home-grown** *adj vegetables* selbst gezogen; (*fig*) *talent* heimisch **home help** *n* Haushaltshilfe *f* **home key** *n* IT Hometaste *f* **homeland** *n* Heimat(land *nt*) *f* **homeless** **A** *adj* obdachlos **B** *pl* **the ~** die Obdachlosen *pl* **homelessness** *n* Obdachlosigkeit *f* **home life** *n* Familienleben *nt* **homely** *adj* (+*er*) **1** *atmosphere* behaglich **2** *food* bürgerlich **3** (*US*) *person* unscheinbar **home-made** *adj* selbst gemacht **homemaker** *n* (*US*) Hausfrau *f* **home movie** *n* Amateurfilm *m* **home news** *n* Meldungen *pl* aus dem Inland **Home Office** *n* (*Br*) Innenministerium *nt* **homeopath** *etc* (*US*) = homoeopath *etc* **homeowner** *n* (*of house*) Hauseigentümer(in) *m(f)*; (*of flat*) Wohnungseigentümer(in) *m(f)* **home page** *n* IT Homepage *f* **home rule** *n* Selbstverwaltung *f* **home run** *n* BASEBALL Homerun *m*; **to hit a ~** um alle vier Male laufen **Home Secretary** *n* (*Br*) Innenminister(in) *m(f)* **home shopping** *n* Homeshopping *nt* **homesick** *adj* **to be ~** Heimweh haben (*for* nach) **homestead** *n* **1** Heimstätte *f* **2** (*US*) Heimstätte *f* für Siedler **home straight**, **home stretch** *n* SPORTS Zielgerade *f*; **we're in the ~ now** (*fig infml*) das Ende ist in Sicht **home team** *n* SPORTS Gastgeber *pl* **home town**, (*US*) **hometown** *n* Heimatstadt *f* **home**

truth *n* (*Br*) bittere Wahrheit; **to tell sb a few ~s** jdm die Augen öffnen **home video** *n* Amateurvideo *nt* **homeward** *adj* **~ journey** Heimreise *f*; **we are ~ bound** es geht Richtung Heimat **homeward(s)** *adv* nach Hause *or* (*Aus, Sw*) nachhause

homework *n* SCHOOL Hausaufgaben *pl*; **to give sb sth as ~** jdm etw aufgeben **homeworker** *n* Heimarbeiter(in) *m(f)* **homeworking** *n* Heimarbeit *f* **homey** *adj* (+*er*) (*US infml*) gemütlich

homicidal *adj* gemeingefährlich; **that man is a ~ maniac** dieser Mann ist ein mordgieriger Verrückter **homicide** *n* Totschlag *m*

homily *n* Predigt *f*

homing pigeon *n* Brieftaube *f*

homoeopath, (*US*) **homeopath** *n* Homöopath(in) *m(f)* **homoeopathic**, (*US*) **homeopathic** *adj* homöopathisch **homoeopathy**, (*US*) **homeopathy** *n* Homöopathie *f*

homogeneous *adj* homogen **homogenize** *v/t* homogenisieren **homogenous** *adj* homogen

homophobia *n* Homophobie *f* **homophobic** *adj* homophob

homosexual **A** *adj* homosexuell **B** *n* Homosexuelle(r) *m/f(m)* **homosexuality** *n* Homosexualität *f*

homy *adj* (+*er*) (*US infml*) = homey

Hon **1** *abbr* of honorary **2** *abbr* of Honourable

hone *v/t blade* schleifen; (*fig*) *skills* vervollkommnen

honest **A** *adj* **1** ehrlich; **to be ~ with sb** jdm die Wahrheit sagen; **to be ~ about sth** etw ehrlich darstellen; **to be perfectly ~ (with you)** … um (ganz) ehrlich zu sein …; **the ~ truth** die reine Wahrheit **2** (≈ *law-abiding, decent*) *person* redlich; **to make an ~ living** sein Geld redlich verdienen **3** *mistake* echt **B** *adv* (*infml*) **it's true, ~ it is** es stimmt, ganz ehrlich **honestly** *adv* ehrlich; *expect* wirklich; **I don't mind, ~** es ist mir wirklich egal; **quite ~ I don't remember it** ehrlich gesagt *or* um ehrlich zu sein, ich kann mich daran nicht erinnern; **~!** (*showing exasperation*) also wirklich! **honesty** *n* Ehrlichkeit *f*; (≈ *being law-abiding, decent*) Redlichkeit *f*; **in all ~** ganz ehrlich

honey *n* **1** Honig *m* **2** (*infml* ≈ *dear*)

Schätzchen *nt* **honeybee** *n* (Honig)biene *f* **honeycomb** *n* (Bienen)wabe *f* **honeydew melon** *n* Honigmelone *f* **honeymoon** **A** *n* Flitterwochen *pl*; (≈ *trip*) Hochzeitsreise *f*; **to be on one's ~ in** den Flitterwochen/auf Hochzeitsreise sein **B** *v/i* seine Hochzeitsreise machen; **they are ~ing in Spain** sie sind in Spanien auf Hochzeitsreise **honeysuckle** *n* Geißblatt *nt*

honk **A** *v/i* **1** (*car*) hupen **2** (*geese*) schreien **B** *v/t horn* drücken auf (+*acc*)

honor *etc* (*US*) = **honour** *etc* **honorary** *adj* Ehren- **honorary degree** *n* ehrenhalber verliehener akademischer Grad

honour, (*US*) **honor** **A** *n* **1** Ehre *f*; **sense of ~** Ehrgefühl *nt*; **man of ~** Ehrenmann *m*; **in ~ of sb/sth** zu Ehren von jdm/ etw; **if you would do me the ~ of accepting** (*form*) wenn Sie mir die Ehre erweisen würden anzunehmen (*elev*) **2 Your Honour** Hohes Gericht; **His Honour** das Gericht **3** (≈ *distinction*) **~s** Auszeichnung(en) *f(pl)* **4 to do the ~s** (*infml*) den Gastgeber spielen **5** UNIV **~s** (*a.* **honours degree**) *akademischer Grad mit Prüfung im Spezialfach*; **to get first--class ~s** das Examen mit Auszeichnung or „sehr gut" bestehen **B** *v/t* **1** *person* ehren; **I would be ~ed** es wäre mir eine Ehre; **I should be ~ed if you ...** ich würde mich geehrt fühlen, wenn Sie ... **2** *cheque* annehmen; *debt* begleichen; *promise* halten; *agreement* erfüllen **honourable,** (*US*) **honorable** *adj* **1** ehrenhaft; *discharge* ehrenvoll **2** (*Br* PARL) **the Honourable member for X** der (Herr)/die (Frau) Abgeordnete für X **honourably,** (*US*) **honorably** *adv* in Ehren; *behave* ehrenhaft **honours degree** *n* = honour **I5 honours list** *n* (*Br*) Liste *f* der Titel- und Rangverleihungen (*die zweimal im Jahr veröffentlicht wird*)

hooch *n* (*esp US infml*) Stoff *m* (*sl*)

hood *n* **1** Kapuze *f* **2** (AUTO ≈ *roof*) Verdeck *nt*; (*US* ≈ *bonnet*) (Motor)haube *f*; (*on cooker*) Abzugshaube *f*

hoodie *n* (*infml*) **1** (*article of clothing*) Kapuzenpulli *m*, Kapuzenshirt *nt*, Kapuzi *nt* (*infml*) **2** (*hoodie wearer*) Kapuzenpulliträger *m*, Kapuzenshirtträger *m*, Kapuzentyp *m* (*infml*)

hoodlum *n* Rowdy *m*; (≈ *gangster*) Gangster *m* (*infml*)

hoodwink *v/t* (*infml*) (he)reinlegen (*infml*); **to ~ sb into doing sth** jdn dazu verleiten, etw zu tun

hoody *n* (*infml*) = hoodie

hoof *n, pl* **-s** *or* **hooves** Huf *m*

hook **A** *n* Haken *m*; **he fell for it ~, line and sinker** er ging auf den Leim; **by ~ or by crook** auf Biegen und Brechen; **that lets me off the ~** (*infml*) damit bin ich aus dem Schneider (*infml*); **to leave the phone off the ~** den Hörer neben das Telefon legen; (*unintentionally*) nicht auflegen; **the phone was ringing off the ~** (*US infml*) das Telefon klingelte pausenlos **B** *v/t* **1** **to ~ a trailer to a car** einen Anhänger an ein Auto hängen; **to ~ one's arm around sth** seinen Arm um etw schlingen **2** **to be/get ~ed on sth** (*infml*) *on drugs* von etw abhängig sein/werden; *on film, place etc* auf etw (*acc*) stehen (*infml*); **he's ~ed on the idea** er ist von der Idee besessen ◊**hook on** **A** *v/i* (an)gehakt werden (*to* an +*acc*) **B** *v/t sep* anhaken (*to* an +*acc*) ◊**hook up** **A** *v/i* **to ~ with sb** sich jdm anschließen **B** *v/t sep* **1** *dress etc* zuhaken **2** *trailer* ankoppeln **3** *computer etc* anschließen (*to* an +*acc*); RADIO, TV anschließen (*with* an +*acc*)

hook and eye *n* Haken und Öse *no art, pl* **hooked** *adj* **~ nose** Hakennase *f*

hooker *n* (*esp US infml*) Nutte *f* (*infml*)

hooky *n* (*US infml*) **to play ~** (die) Schule schwänzen (*infml*)

hooligan *n* Rowdy *m* **hooliganism** *n* Rowdytum *nt*

hoop *n* Reifen *m*; (*in basketball*) Korb *m*

hooray *int* = hurrah

hoot **A** *n* **1** (*of owl*) Schrei *m*; **~s of laughter** johlendes Gelächter; **I don't care** or **give a ~** or **two ~s** (*infml*) das ist mir piepegal (*infml*) or völlig schnuppe (*infml*); **to be a ~** (*infml*) zum Schreien (komisch) sein **2** AUTO Hupen *nt no pl* **B** *v/i* **1** (*owl*) schreien; **to ~ with laughter** in johlendes Gelächter ausbrechen **2** AUTO hupen **C** *v/t* (*esp Br* AUTO) **to ~ one's/the horn** hupen **hooter** *n* (*Br*) **1** AUTO Hupe *f*; (*at factory*) Sirene *f* **2** (*infml* ≈ *nose*) Zinken *m* (*infml*)

Hoover® *n* (*Br*) Staubsauger *m*

hoover (*Br*) *v/t* & *v/i* (staub)saugen ◊**hoover up** *v/i* +*prep obj* (staub)saugen

hoovering *n* **to do the ~** (staub)saugen

hooves *pl* of hoof

hop[1] **A** n **1** (kleiner) Sprung; (of rabbit) Satz m; **to catch sb on the ~** (fig infml) jdn überraschen or überrumpeln **2** (AVIAT infml) **a short ~** ein Katzensprung m (infml) **B** v/i (animal) hüpfen; (rabbit) hoppeln; (person) (auf einem Bein) hüpfen; **to ~ on** aufsteigen; **to ~ on a train** in einen Zug einsteigen; **he ~ped on his bicycle** er schwang sich auf sein Fahrrad; **he ~ped over the wall** er sprang über die Mauer **C** v/t (Br infml) **~ it!** zieh Leine (infml)

hop[2] n BOT Hopfen m

hope **A** n Hoffnung f; **beyond ~** hoffnungslos; **in the ~ of doing sth** in der Hoffnung, etw zu tun; **to have (high or great) ~s of doing sth** hoffen, etw zu tun; **don't get your ~s up** mach dir keine großen Hoffnungen; **there's no ~ of that** da braucht man sich gar keine Hoffnungen zu machen; **to give up ~ of doing sth** die Hoffnung aufgeben, etw zu tun; **some ~!** (infml) schön wärs! (infml); **she hasn't got a ~ in hell of passing her exams** (infml) es besteht nicht die geringste Chance, dass sie ihre Prüfung besteht **B** v/i hoffen (for auf +acc); **to ~ for the best** das Beste hoffen; **a pay rise would be too much to ~ for** auf eine Gehaltserhöhung braucht man sich (dat) gar keine Hoffnungen zu machen; **I ~ so** hoffentlich; **I ~ not** hoffentlich nicht **C** v/t hoffen; **I ~ to see you** hoffentlich sehe ich Sie; **the party cannot ~ to win** für die Partei besteht keine Hoffnung zu gewinnen; **to ~ against ~ that ...** trotz allem die Hoffnung nicht aufgeben, dass ... **hopeful** **A** adj **1** hoffnungsvoll; **he was still ~ (that ...)** er machte sich (dat) immer noch Hoffnungen(, dass ...); **they weren't very ~** sie hatten keine große Hoffnung; **he was feeling more ~** er war optimistischer **2** **it is not a ~ sign** es ist kein gutes Zeichen **B** n **presidential ~s** Anwärter pl auf die Präsidentschaft **hopefully** adv **1** hoffnungsvoll **2** (infml ≈ with any luck) hoffentlich
hopeless adj hoffnungslos; attempt, task aussichtslos; drunk, romantic unverbesserlich; **she's a ~ manager** als Managerin ist sie ein hoffnungsloser Fall; **I'm ~ at maths** in Mathe bin ich ein hoffnungsloser Fall; **to be ~ at doing sth** etw überhaupt nicht können **hopelessly** adv ~

confused völlig verwirrt; **I feel ~ inadequate** ich komme mir völlig minderwertig vor; **he got ~ lost** er hat sich hoffnungslos verirrt **hopelessness** n (of situation) Hoffnungslosigkeit f
hopping mad adj (infml) fuchsteufelswild (infml) **hopscotch** n Hopse f (infml) **hop, skip and jump** n, **hop, step and jump** n Dreisprung m; **it's a ~ from here** es ist nur ein Katzensprung von hier **horde** n (infml) Masse f; (of children etc) Horde f (pej)
horizon n Horizont m; **on the ~** am Horizont; (fig) in Sicht; **below the ~** hinter dem Horizont **horizontal** adj horizontal; **~ line** Waag(e)rechte f **horizontal bar** n Reck nt **horizontally** adv horizontal
hormone n Hormon nt **hormone replacement therapy** n Hormonersatztherapie f
horn n **1** Horn nt; **to lock ~s** (fig) die Klingen kreuzen **2** AUTO Hupe f; NAUT (Signal)horn nt; **to sound** or **blow the ~** AUTO hupen; NAUT tuten
hornet n Hornisse f
horn-rimmed adj **~ glasses** Hornbrille f **horny** adj (+er) **1** (≈ like horn) hornartig; hands etc schwielig **2** (infml) (≈ sexually aroused) geil (infml)
horoscope n Horoskop nt
horrendous adj **1** accident, experience grauenhaft; crime, attack abscheulich **2** (infml) conditions fürchterlich (infml); loss, price horrend; **children's shoes are a ~ price** Kinderschuhe sind horrend teuer **horrendously** adv (infml) expensive horrend
horrible adj **1** (infml) schrecklich (infml); food grauenhaft (infml); clothes, colour, taste scheußlich; person gemein; **to be ~ to sb** gemein zu jdm sein **2** death, accident grauenhaft **horribly** adv **1** grauenhaft; **they died ~** sie starben einen grauenhaften Tod **2** (infml) drunk, expensive schrecklich (infml) **horrid** adj schrecklich (infml); **don't be so ~** sei nicht so gemein (infml) **horrific** adj entsetzlich **horrifically** adv grauenhaft **horrify** v/t entsetzen; **it horrifies me to think what ...** ich denke (nur) mit Entsetzen daran, was ... **horrifying** adj schrecklich **horror** **A** n **1** Entsetzen nt; (≈ dislike) Horror m (of vor +dat); **to have a ~ of sth** einen Horror vor etw (dat) haben; **to have a ~ of doing**

sth einen Horror davor haben, etw zu tun; **they watched in ~** sie sahen entsetzt zu **2** *usu pl (of war etc)* Schrecken *m* **3** *(infml)* **you little ~!** du kleines Ungeheuer! *(infml)* **B** *attr* Horror-; **~ film/story** Horrorfilm *m*/-geschichte *f* **horror--stricken, horror-struck** *adj* von Entsetzen gepackt

hors d'oeuvre *n* Vorspeise *f*

horse *n* Pferd *nt*; **to eat like a ~** wie ein Scheunendrescher *m* essen *or* fressen *(infml)*; **I could eat a ~** ich könnte ein ganzes Pferd essen; **straight from the ~'s mouth** aus erster Hand ◊**horse about** *(Brit)* or **around** *v/i (infml)* herumalbern *(infml)*

horseback *n* **on ~** zu Pferd **horsebox** *n (≈ van)* Pferdetransporter *m*; *(≈ trailer)* Pferdetransportwagen *m* **horse chestnut** *n* Rosskastanie *f* **horse-drawn** *adj* **~ cart** Pferdewagen *m*; **~ carriage** Kutsche *f* **horseman** *n* Reiter *m* **horseplay** *n* Alberei *f* **horsepower** *n* Pferdestärke *f*; **a 200 ~ engine** ein Motor mit 200 PS **horse race** *n* Pferderennen *nt* **horse racing** *n* Pferderennsport *m; (≈ races)* Pferderennen *pl* **horseradish** *n* Meerrettich *m*, Kren *m* (Aus) **horse-riding** *n* Reiten *nt* **horseshoe** *n* Hufeisen *nt* **horse trading** *n (fig)* Kuhhandel *m* **horsewoman** *n* Reiterin *f*

horticultural *adj* Garten(bau)-; **~ show** Gartenbauausstellung *f* **horticulture** *n* Gartenbau(kunst *f*) *m*

hose **A** *n* Schlauch *m* **B** *v/t (a.* **hose down)** abspritzen **hosepipe** *n (esp Br)* Schlauch *m*

hosiery *n* Strumpfwaren *pl*

hospice *n* Pflegeheim *nt (für unheilbar Kranke)*

hospitable *adj* **1** *person* gastfreundlich; **to be ~ to sb** jdn gastfreundlich *or* gastlich aufnehmen **2** *place, climate* gastlich

hospital *n* Krankenhaus *nt*, Spital *nt (Aus, Swiss)*; **in** *or (US)* **the ~** im Krankenhaus

hospitality *n* Gastfreundschaft *f*

hospitalize *v/t* ins Krankenhaus *or (Aus, Swiss)* Spital einweisen; **he was ~d for three months** er lag drei Monate lang im Krankenhaus

Host *n* ECCL Hostie *f*

host¹ **A** *n* Gastgeber(in) *m(f)*; **to be** *or* **play ~ to sb** jds Gastgeber(in) *m(f)* sein **B** *v/t TV programme* Gastgeber(in) sein

bei; *(country, city) event* ausrichten

host² *n* Menge *f*; **he has a ~ of friends** er hat eine Menge Freunde

hostage *n* Geisel *f*; **to take/hold sb ~** jdn als Geisel nehmen/halten **hostage--taker** *n* Geiselnehmer(in) *m(f)*

hostel *n* (Wohn)heim *nt*

hostess *n* **1** Gastgeberin *f*; **to be** or **play ~ to sb** jds Gastgeberin sein **2** *(in nightclub etc)* Hostess *f* **3** *(≈ air hostess)* Stewardess *f*

hostile *adj (≈ antagonistic)* feindselig; *society, press* feindlich (gesinnt); *forces, bid* feindlich; *Bedingungen* unwirtlich; **to be ~ to sb** sich jdm gegenüber feindselig verhalten; **to be ~ to** *or* **toward(s) sth** einer Sache *(dat)* feindlich gegenüberstehen

hostility *n* **1** Feindseligkeit *f; (between people)* Feindschaft *f*; **he feels no ~ toward(s) anybody** er ist niemandem feindlich gesinnt; **~ to foreigners** Ausländerfeindlichkeit *f* **2** **hostilities** *pl* Feindseligkeiten *pl*

hot **A** *adj (+er)* **1** heiß; *meal, tap, drink* warm; **I am** *or* **feel ~** mir ist (es) heiß; **with ~ and cold water** mit warm und kalt Wasser; **the room was ~** in dem Zimmer war es heiß; **I'm getting ~** mir wird (es) warm **2** *curry etc* scharf **3** *(infml ≈ good)* stark *(infml)*; **he's pretty ~ at maths** in Mathe ist er ganz schön stark *(infml)* **4** *(fig)* **to be (a) ~ favourite** *(Brit)* or **favorite** *(US)* der große Favorit sein; **~ tip** heißer Tipp; **~ news** das Neuste vom Neuen; **~ off the press** gerade erschienen; **to get into ~ water** in Schwulitäten kommen *(infml)*; **to get (all) ~ and bothered** *(infml)* ganz aufgeregt werden *(about* wegen*)*; **to get ~ under the collar about sth** wegen etw in Rage geraten **B** *adv (+er)* **he keeps blowing ~ and cold** er sagt einmal hü und einmal hott **C** *n* **to have the ~s for sb** *(infml)* auf jdn scharf sein *(infml)* ◊**hot up** *v/i (infml)* **things are hotting up in the Middle East** die Lage im Nahen Osten verschärft sich; **things are hotting up** es geht langsam los

hot air *n (fig)* leeres Gerede **hot-air balloon** *n* Heißluftballon *m* **hotbed** *n (fig)* Nährboden *m (of* für*)* **hot-blooded** *adj* heißblütig

hotchpotch *n (Br)* Mischmasch *m*

hot dog *n* Hot dog *m* or *nt*

hotel *n* Hotel *nt* **hotelier** *n* Hotelier *m*

hotel manager n Hoteldirektor(in) m(f)
hotel room n Hotelzimmer nt
hot flushes pl MED fliegende Hitze **hothead** n Hitzkopf m **hot-headed** adj hitzköpfig **hothouse** **A** n Treibhaus nt **B** adj attr (lit) Treibhaus- **hot key** n IT Hotkey m, Abkürzungstaste f **hot line** n POL heißer Draht; TV etc Hotline f **hotly** adv **1** debate, deny heftig; contest, dispute heiß **2** he was ~ pursued by two policemen zwei Polizisten waren ihm dicht auf den Fersen (infml) **hotplate** n (of stove) Kochplatte f **hot potato** n (fig infml) heißes Eisen **hot seat** n to be in the ~ auf dem Schleudersitz sein **hotshot** (infml) n Ass nt (infml) **hot spot** n POL Krisenherd m; (infml ≈ club etc) heißer Schuppen (infml) **hot spring** n heiße Quelle **hot stuff** n (infml) **this** is ~ (≈ very good) das ist große Klasse (infml); (≈ provocative) das ist Zündstoff; **she's/he's** ~ (≈ very good) sie/er ist große Klasse (infml); (≈ very sexy) das ist eine scharfe Braut (sl)/ein scharfer Typ (infml) **hot-tempered** adj leicht aufbrausend **hot-water** adj attr Heißwasser- **hot-water bottle** n Wärmflasche f, Bettflasche f (Swiss)
hoummos, houm(o)us n orientalische Creme aus Kichererbsen, Sesam und Knoblauch
hound **A** n HUNT (Jagd)hund m **B** v/t hetzen; to be ~ed by the press von der Presse verfolgt werden ◊**hound out** v/t sep verjagen
hour n **1** Stunde f; half an ~, a half ~ eine halbe Stunde; three-quarters of an ~ eine Dreiviertelstunde; a quarter of an ~ eine viertel Stunde; an ~ and a half anderthalb or eineinhalb Stunden; it's two ~s' walk es sind zwei Stunden zu Fuß; at fifteen hundred ~s (spoken) um fünfzehn Uhr; ~ after ~ Stunde um Stunde; on the ~ zur vollen Stunde; every ~ on the ~ jede volle Stunde; 20 minutes past the ~ 20 Minuten nach; at all ~s (of the day and night) zu jeder (Tages- und Nacht)zeit; what! at this ~ of the night! was! zu dieser nachtschlafenden Zeit!; to drive at 50 kilometres an ~ 50 Kilometer in der Stunde fahren; to be paid by the ~ stundenweise bezahlt werden; for ~s stundenlang; he took ~s to do it er brauchte stundenlang dazu; the man/hero of the ~ der Mann/Held der

Stunde **2** hours pl (of shops etc) Geschäftszeit(en) f(pl); (of pubs etc) Öffnungszeiten pl; (≈ office hours) Dienststunden pl; (≈ working hours etc) Arbeitszeit f; (of doctor etc) Sprechstunde f, Ordination f (Aus); out of/after ~s (in pubs) außerhalb der gesetzlich erlaubten Zeit; (in office etc) außerhalb der Arbeitszeit/nach Dienstschluss; to work long ~s einen langen Arbeitstag haben **hourglass** n Sanduhr f **hour hand** n kleiner Zeiger **hourly** **A** adj **1** stündlich; an ~ bus service eine stündlich verkehrender Bus; at ~ intervals stündlich; at two-~ intervals alle zwei Stunden **2** earnings pro Stunde; ~ wage or pay Stundenlohn m; ~ rate Stundensatz m; on an ~ basis stundenweise **B** adv **1** (lit) jede Stunde **2** pay stundenweise
house **A** n, pl houses **1** Haus nt; (≈ household) Haushalt m; at my ~ bei mir (zu Hause or zuhause (Aus, Swiss)); to my ~ zu mir (nach Hause or nachhause (Aus, Swiss)); to keep ~ (for sb) (jdm) den Haushalt führen; they set up ~ together sie gründeten einen gemeinsamen Hausstand; to put or set one's ~ in order (fig) seine Angelegenheiten in Ordnung bringen; they get on like a ~ on fire (infml) sie kommen ausgezeichnet miteinander aus; as safe as ~s (Br) bombensicher (infml); the upper/lower ~ POL das Ober-/Unterhaus; House of Commons/Lords (Br) (britisches) Unter-/Oberhaus; House of Representatives (US) Repräsentantenhaus nt; the Houses of Parliament das Parlament(sgebäude); on the ~ auf Kosten des Hauses; we ordered a bottle of ~ red wir bestellten eine Flasche von dem roten Hauswein; to bring the ~ down (infml) ein Bombenerfolg (beim Publikum) sein (infml) **2** (in boarding school) Gruppenhaus nt **3** full ~ CARDS Full House nt; (≈ bingo) volle Karte **B** v/t unterbringen; this building ~s ten families in diesem Gebäude sind zehn Familien untergebracht **house arrest** n Hausarrest m **housebound** adj ans Haus gefesselt **housebreaking** n Einbruch(sdiebstahl) m **house-broken** adj (US) stubenrein **housecoat** n Morgenmantel m **houseguest** n (Haus)gast m
household **A** n Haushalt m **B** attr Haushalts-; ~ appliance Haushaltsgerät

H

nt; **~ chores** Hausarbeit *f* **householder** *n* Haus-/Wohnungsinhaber(in) *m(f)* **household name** *n* **to be a ~** ein Begriff sein; **to become a ~** zu einem Begriff werden **household waste** *n* Hausmüll *m* **house-hunt** *v/i* auf Haussuche sein; **they have started ~ing** sie haben angefangen, nach einem Haus zu suchen **househusband** *n* Hausmann *m* **housekeeper** *n* Haushälterin *f* **housekeeping** *n* **1** Haushalten *nt* **2** (*Br: a.* **housekeeping money**) Haushaltsgeld *nt* **housemate** *n* **my ~s** meine Mitbewohner **House music** *n* Hausmusik *f* **house plant** *n* Zimmerpflanze *f* **house-proud** *adj* **she is ~** sie ist eine penible Hausfrau **house rules** *pl* Hausordnung *f* **house-to-house** *adj* **to conduct ~ inquiries** von Haus zu Haus gehen und fragen **house-trained** *adj* stubenrein **house-warming (party)** *n* Einzugsparty *f*; **to have a ~** Einzug feiern **housewife** *n* Hausfrau *f* **house wine** *n* Hauswein *m* **housework** *n* Hausarbeit *f* **housing** *n* **1** (*act*) Unterbringung *f* **2** (≈ *houses*) Wohnungen *pl* **3** TECH Gehäuse *nt* **housing association** *n* Wohnungsbaugesellschaft *f* **housing benefit** *n* (*Br*) Wohngeld *nt* **housing development**, (*Br also*) **housing estate** *n* Wohnsiedlung *f*

hovel *n* armselige Hütte; (*fig pej*) Bruchbude *f*

hover *v/i* **1** schweben; **he was ~ing between life and death** er schwebte zwischen Leben und Tod; **the exchange rate is ~ing around 110 yen to the dollar** der Wechselkurs bewegt sich um die 110 Yen für den Dollar **2** (*fig* ≈ *stand around*) herumstehen; **don't ~ over me** geh endlich weg ◊**hover about** (*Brit*) **or around** *v/i* herumlungern; **he was hovering around, waiting to speak to us** er strich um uns herum und wartete auf eine Gelegenheit, mit uns zu sprechen

hoverboard *n* E-Board *nt*, *Rollbrett ohne Lenkstange* **hovercraft** *n* Luftkissenboot *nt*

how *adv* **1** wie; **~ come?** (*infml*) wieso (denn das)?; **~ do you mean?** (*infml*) wie meinst du das?; **~ is it that we** *or* **~ come** (*infml*) **we earn less?** wieso *or* warum verdienen wir denn weniger?; **~ do you know that?** woher wissen Sie das?; **I'd**

like to learn ~ to swim ich würde gerne schwimmen lernen; **~ nice!** wie nett!; **~ much** (+*vb*) wie sehr; (+*n, adj, adv, vbs of action*) wie viel; **~ many** wie viel, wie viele; **~ would you like to ...?** hätten Sie Lust, ... zu ...?; **~ do you do?** guten Tag/Abend!; **~ are you?** wie geht es Ihnen?; **~'s work?** was macht die Arbeit? (*infml*); **~ are things at school?** wie gehts in der Schule?; **~ did the job interview go?** wie ist das Bewerbungsgespräch gelaufen?; **~ about ...?** wie wäre es mit ...?; **~ about it?** (*about suggestion*) wie wäre es damit?; **~ about going for a walk?** wie wärs mit einem Spaziergang?; **I've had enough, ~ about you?** mir reichts, wie siehts bei dir aus?; **and ~!** und ob or wie!; **~ he's grown!** er ist aber groß geworden **2** (≈ *that*) dass

however **A** *cj* jedoch, aber **B** *adv* **1** (≈ *no matter how*) wie ... auch; (≈ *in whatever way*) wie; **~ you do it** wie immer du es machst; **~ much you cry** und wenn du noch so weinst; **wait 30 minutes or ~ long it takes** warte eine halbe Stunde oder so lange, wie es dauert **2** (*in question*) wie ... bloß; **~ did you manage it?** wie hast du das bloß geschafft?

howl **A** *n* Schrei *m*; (*of animal, wind*) Heulen *nt no pl*; **~s of laughter** brüllendes Gelächter; **~s (of protest)** Protestgeschrei *nt* **B** *v/i* (*person*) brüllen; (*animal*) jaulen; (*wind* ≈ *weep*) heulen; (*baby*) schreien; **to ~ with laughter** in brüllendes Gelächter ausbrechen **C** *v/t* hinausbrüllen **howler** *n* (*Br infml*) Schnitzer *m* (*infml*); **he made a real ~** da hat er sich (*dat*) einen Hammer geleistet (*infml*)

HP, hp **1** *abbr of* **hire purchase** **2** *abbr of* **horse power** PS

HQ *abbr of* **headquarters**

hr *abbr of* **hour** Std.

HRH *abbr of* **His/Her Royal Highness** S. M./I. M.

HRT *abbr of* **hormone replacement therapy**

HST (*US*) *abbr of* **Hawaiian Standard Time** hawaiische Zeit

ht *abbr of* **height**

HTML IT *abbr of* **hypertext mark-up language** HTML

hub *n* **1** (*of wheel*) (Rad)nabe *f* **2** (*fig*) Mittelpunkt *m*

hubbub *n* Tumult *m*; **a ~ of voices** ein

Stimmengewirr *nt*
hubcap *n* Radkappe *f*
huddle **A** *n* (wirrer) Haufen *m*; (*of people*) Gruppe *f*; **in a ~** dicht zusammengedrängt **B** *v/i* (*a.* **to be huddled**) (sich) kauern; **they ~d under the umbrella** sie drängten sich unter dem Schirm zusammen; **we ~d around the fire** wir saßen eng zusammengedrängt um das Feuer herum ◊**huddle together** *v/i* sich aneinanderkauern; **to be huddled together** aneinanderkauern
hue *n* (≈ *colour*) Farbe *f*; (≈ *shade*) Schattierung *f*
huff *n* **to be/go off in a ~** beleidigt sein/ abziehen (*infml*) **huffy** *adj* (+*er*) (≈ *in a huff*) beleidigt; (≈ *touchy*) empfindlich; **to get/be ~ about sth** wegen etw eingeschnappt (*infml*) *or* beleidigt sein
hug **A** *n* Umarmung *f*; **to give sb a ~** jdn umarmen **B** *v/t* **1** (≈ *hold close*) umarmen **2** (≈ *keep close to*) dicht halten an (+*acc*) **C** *v/i* sich umarmen
huge *adj* (+*er*) riesig; *appetite, disappointment, deficit* Riesen- (*infml*); *effort* gewaltig; **a ~ job** eine Riesenarbeit (*infml*); **~ numbers of these children** ungeheuer viele von diesen Kindern **hugely** *adv* (*emph*) außerordentlich; **the whole thing is ~ enjoyable** das Ganze macht ungeheuer viel Spaß **hugeness** *n* riesiges Ausmaß
hulk *n* **1** NAUT (Schiffs)rumpf *m* **2** (*infml* ≈ *person*) Hüne *m* (*infml*) **hulking** *adj* ~ **great, great ~** massig
hull[1] *n* NAUT Schiffskörper *m*
hull[2] **A** *n* Hülse *f* **B** *v/t* schälen
hullabaloo *n* (*Br infml*) Spektakel *m*
hullo *int* (*Br*) = hello
hum **A** *n* (*of insect, person*) Summen *nt*; (*of engine*) Brummen *nt*; (*of small machine etc*) Surren *nt*; (*of voices*) Gemurmel *nt* **B** *v/i* **1** (*insect, person*) summen; (*engine*) brummen; (*small machine*) surren **2** (*fig infml*) in Schwung kommen; **the headquarters was ~ming with activity** im Hauptquartier ging es zu wie in einem Bienenstock **3 to ~ and haw** (*infml*) herumdrucksen (*infml*) (*over, about* um) **C** *v/t* summen
human **A** *adj* menschlich; *health* des Menschen; **~ error** menschliches Versagen; **~ shield** menschlicher Schutzschild; **I'm only ~** ich bin auch nur ein Mensch **B** *n* Mensch *m* **human being** *n* Mensch *m* **humane** *adj* human hu-

manely *adv* *treat* human; *kill* (möglichst) schmerzlos **human interest** *n* (*in newspaper story etc*) Emotionalität *f*; **a ~ story** eine ergreifende Story **humanism** *n* Humanismus *m* **humanitarian** **A** *n* Vertreter(in) *m(f)* des Humanitätsgedankens **B** *adj* humanitär **humanitarianism** *n* Humanitarismus *m* **humanity** *n* **1** (≈ *mankind*) die Menschheit **2** (≈ *humaneness*) Humanität *f* **3** **humanities** *pl* Geisteswissenschaften *pl* **humanize** *v/t* humanisieren **humankind** *n* die Menschheit **humanly** *adv* menschlich; **as far as ~ possible** soweit überhaupt möglich; **to do all that is ~ possible** alles Menschenmögliche tun **human nature** *n* die menschliche Natur; **it's ~ to do that** es liegt (nun einmal) in der Natur des Menschen, das zu tun **human race** *n* **the ~** die Menschheit **human resources** *pl* ECON Arbeitskräftepotenzial *nt* **human resources department** *n* Personalabteilung *f* **human rights** *pl* Menschenrechte *pl*; **~ organization** Menschenrechtsorganisation *f* **human trafficking** *n* Menschenhandel *m*
humble **A** *adj* (+*er*) bescheiden; *clerk* einfach; *origins* niedrig; **my ~ apologies!** ich bitte inständig um Verzeihung! **B** *v/t* demütigen; **to be/feel ~d** sich (*dat*) klein vorkommen
humbug *n* **1** (*Br* ≈ *sweet*) Pfefferminzbonbon *m or nt* **2** (*infml* ≈ *talk*) Humbug *m*
humdrum *adj* stumpfsinnig
humid *adj* feucht; **it's ~ today** es ist schwül heute **humidifier** *n* Luftbefeuchter *m* **humidity** *n* (Luft)feuchtigkeit *f*
humiliate *v/t* demütigen **humiliating** *adj* *defeat* demütigend **humiliation** *n* Demütigung *f* **humility** *n* Demut *f*; (≈ *unassumingness*) Bescheidenheit *f*
humming *n* Summen *nt* **hummingbird** *n* Kolibri *m*
hummus *n* = hoummos
humor *etc* (*US*) = humour *etc* **humorous** *adj* humorvoll; *situation* komisch; *idea* witzig **humorously** *adv* humorvoll; *reflect, say* heiter
humour, (*US*) **humor** **A** *n* **1** Humor *m*; **a sense of ~** (Sinn *m* für) Humor *m* **2** (≈ *mood*) Stimmung *f*; **to be in a good ~** gute Laune haben; **with good ~** gut gelaunt **B** *v/t* **to ~ sb** jdm seinen Willen lassen; **do**

it just to ~ him tus doch, damit er seinen Willen hat **humourless**, (US) **humorless** adj humorlos

hump **A** n **1** ANAT Buckel m; (of camel) Höcker m **2** (≈ hillock) Hügel m **3** (Br infml) **he's got the ~** er ist sauer (infml) **B** v/t (infml ≈ carry) schleppen **humpbacked** adj bridge gewölbt

hunch **A** n Gefühl nt; **to act on a ~** einem inneren Gefühl zufolge handeln; **your ~ paid off** du hattest die richtige Ahnung, es hat sich gelohnt **B** v/t (a. **hunch up**) **to ~ one's shoulders** die Schultern hochziehen; **he was ~ed over his desk** er saß über seinen Schreibtisch gebeugt **hunchback** n Buck(e)lige(r) m/f(m) **hunchbacked** adj buck(e)lig

hundred **A** adj hundert; **a** or **one ~ years** (ein)hundert Jahre; **two/several ~ years** zweihundert/mehrere hundert Jahre; **a** or **one ~ and one** (lit) (ein)hundert-(und)eins; (fig) tausend; (one) **~ and first** hundert(und)erste(r, s); **a** or **one ~ thousand** (ein)hunderttausend; **a** or **one ~ per cent** hundert Prozent; **a (one) ~ per cent increase** eine Erhöhung von or um hundert Prozent; **I'm not a** or **one ~ per cent sure** ich bin nicht hundertprozentig sicher **B** n hundert num; (written figure) Hundert f; **~s** Hunderte pl; **one in a ~** einer unter hundert; **eighty out of a ~** achtzig von hundert; **~s of times** hundertmal; **~s and ~s** Hunderte und Aberhunderte; **~s of** or **and thousands** Hunderttausende pl; **he earns nine ~ a month** er verdient neunhundert im Monat; **to live to be a ~** hundert Jahre alt werden; **they came in their ~s** or **by the ~** sie kamen zu hunderten **hundredfold** adj, adv hundertfach; **to increase a ~** um das Hundertfache steigern **hundredth** **A** adj **1** (in series) hundertste(r, s) **2** (of fraction) hundertstel **B** n **1** Hundertste(r, s) **2** (≈ fraction) Hundertstel nt; → **sixth hundredweight** n Zentner m; (Br) 50,8 kg; (US) 45,4 kg

hung pret, past part of **hang**

Hungarian **A** adj ungarisch **B** n **1** Ungar(in) m/f(m) **2** LING Ungarisch nt

Hungary n Ungarn nt

hunger n Hunger m (for nach); **to die of ~** verhungern ◊**hunger after** or **for** v/i +prep obj (liter) hungern nach

hunger strike n **to be on (a) ~** sich im Hungerstreik befinden; **to go on (a) ~** in (den) Hungerstreik treten

hung over adj **to be ~** einen Kater haben (infml) **hung parliament** n Parlament nt ohne klare Mehrheitsverhältnisse; **the election resulted in a ~** die Wahl führte zu einem parlamentarischen Patt

hungrily adv (lit, fig) hungrig

hungry adj (+er) hungrig; **to be** or **feel/get ~** Hunger haben/bekommen; **to go ~** hungern; **~ for power** machthungrig; **to be ~ for news** sehnsüchtig auf Nachricht warten

hung up adj (infml) **to be/get ~ about sth** wegen etw einen Knacks weghaben (infml)/durchdrehen (infml); **he's ~ on her** (infml) er steht auf sie (sl)

hunk n **1** Stück nt **2** (fig infml ≈ man) **a gorgeous ~** ein MANN! (infml)

hunky-dory adj (infml) **that's ~** das ist in Ordnung

hunt **A** n Jagd f; (fig ≈ search) Suche f; **the ~ is on** die Suche hat begonnen; **to have a ~ for sth** nach etw fahnden (infml) **B** v/t HUNT jagen; criminal fahnden nach; missing person, article etc suchen **C** v/i **1** HUNT jagen; **to go ~ing** auf die Jagd gehen **2** (≈ search) suchen (for, after nach); **he is ~ing for a job** er sucht eine Stelle ◊**hunt down** v/t sep (unerbittlich) Jagd machen auf (+acc); (≈ capture) zur Strecke bringen ◊**hunt out** v/t sep heraussuchen

hunter n Jäger(in) m/f(m) **hunting** n die Jagd

hurdle n (SPORTS, fig) Hürde f; **~s** sg (≈ race) Hürdenlauf m; **the 100m ~s** (die) 100 m Hürden; **to fall at the first ~** (fig) (schon) über die erste or bei der ersten Hürde stolpern **hurdler** n SPORTS Hürdenläufer(in) m/f(m)

hurl v/t schleudern; **to ~ insults at sb** jdm Beleidigungen entgegenschleudern

hurly-burly n Rummel m (infml); **the ~ of politics** der Rummel der Politik

hurrah, **hurray** int hurra; **~ for the king!** ein Hoch dem König!

hurricane n Orkan m; (tropical) Hurrikan m

hurried adj eilig; ceremony hastig durchgeführt; departure überstürzt **hurriedly** adv eilig; say hastig; leave in großer Eile

hurry **A** n Eile f; **in my ~ to get it finished ...** vor lauter Eile, damit fertig zu werden ...; **to do sth in a ~** etw schnell *or* hastig tun; **I need it in a ~** ich brauche es eilig; **to be in a ~** es eilig haben; **I won't do that again in a ~!** *(infml)* das mache ich so schnell nicht wieder!; **what's the ~?** was soll die Eile?; **there's no ~** es eilt nicht **B** *v/i* sich beeilen; (≈ *run/go quickly*) laufen; **there's no need to ~** kein Grund zur Eile; **don't ~!** lass dir Zeit! **C** *v/t person* (≈ *make act quickly*) (zur Eile) antreiben; (≈ *make move quickly*) scheuchen *(infml)*; *work etc* beschleunigen; (≈ *do too quickly*) überstürzen; **don't ~ me** hetz mich nicht so! ◊**hurry along** **A** *v/i* sich beeilen; **~ there, please!** schnell weitergehen, bitte! **B** *v/t sep person* weiterdrängen; *(with work etc)* zur Eile antreiben; *things, work etc* vorantreiben ◊**hurry up** **A** *v/i* sich beeilen; **~!** Beeilung!; **~ and put your coat on!** mach schon und zieh dir deinen Mantel an! **B** *v/t sep person* zur Eile antreiben; *work* vorantreiben

hurt *vb: pret, past part* **hurt** **A** *v/t* **1** (≈ *cause pain*) wehtun (+*dat*); (≈ *injure*) verletzen; **to ~ oneself** sich *(dat)* wehtun; **to ~ one's arm** sich *(dat)* am Arm wehtun; (≈ *injure*) sich *(dat)* den Arm verletzen; **my arm is ~ing me** mir tut der Arm weh; **if you go on like that someone is bound to get ~** wenn ihr so weitermacht, verletzt sich bestimmt noch jemand **2** (≈ *harm*) schaden (+*dat*); **it won't ~ him to wait** es schadet ihm gar nicht(s), wenn er etwas warten muss **B** *v/i* **1** (≈ *be painful, fig*) wehtun; **that ~s!** das tut weh! **2** (≈ *do harm*) schaden **C** *n* Schmerz *m*; *(to feelings)* Verletzung *f (to +gen)* **D** *adj limb, feelings* verletzt; *look* gekränkt **hurtful** *adj* verletzend

hurtle *v/i* rasen; **the car was hurtling along** das Auto sauste dahin; **he came hurtling round the corner** er kam um die Ecke gerast

husband **A** *n* Ehemann *m*; **my ~** mein Mann; **they are ~ and wife** sie sind Eheleute *or* verheiratet **B** *v/t resources* sparsam umgehen mit **husbandry** *n* (≈ *farming*) Landwirtschaft *f*

hush **A** *v/t person* zum Schweigen bringen **B** *v/i* still sein **C** *n* Stille *f*; **a ~ fell over the crowd** die Menge verstummte plötzlich **D** *int* pst; **~, ~, it's all right** sch, sch, es ist ja gut ◊**hush up** *v/t sep* vertuschen

hushed *adj voices* gedämpft; *crowd* schweigend; *courtroom* still; **in ~ tones** mit gedämpfter Stimme **hush-hush** *adj (infml)* streng geheim

husk *n* Schale *f*; *(of wheat)* Spelze *f*

husky[1] *adj* (+*er*) rau; (≈ *hoarse*) heiser

husky[2] *n* (≈ *dog*) Schlittenhund *m*

hussy *n* **1** (≈ *pert girl*) Fratz *m (infml)* **2** (≈ *whorish woman*) Flittchen *nt (pej)*

hustings *pl (Br)* (≈ *campaign*) Wahlkampf *m*; (≈ *meeting*) Wahlveranstaltung *f*

hustle **A** *n* **~ and bustle** geschäftiges Treiben **B** *v/t* **to ~ sb out of a building** jdn schnell aus einem Gebäude befördern *(infml)*

hut *n* Hütte *f*

hutch *n* Verschlag *m*

hyacinth *n* Hyazinthe *f*

hyaena, hyena *n* Hyäne *f*

hybrid **A** *n* BOT, ZOOL Kreuzung *f*; *(fig)* Mischform *f* **B** *adj* BOT, ZOOL Misch-; **~ vehicle** Hybridfahrzeug *nt*

hydrant *n* Hydrant *m*

hydrate *v/t* hydratisieren

hydraulic *adj* hydraulisch **hydraulics** *n sg* Hydraulik *f*

hydrocarbon *n* Kohlenwasserstoff *m* **hydrochloric acid** *n* Salzsäure *f* **hydroelectric power** *n* durch Wasserkraft erzeugte Energie **hydroelectric power station** *n* Wasserkraftwerk *nt* **hydrofoil** *n* (≈ *boat*) Tragflächenboot *nt* **hydrogen** *n* Wasserstoff *m* **hydrogen bomb** *n* Wasserstoffbombe *f* **hydrotherapy** *n* Wasserbehandlung *f*

hyena *n* = hyaena

hygiene *n* Hygiene *f*; **personal ~** Körperpflege *f* **hygienic** *adj* hygienisch

hymn *n* Kirchenlied *nt* **hymn book** *n* Gesangbuch *nt*

hype *(infml)* **A** *n* Publicity *f*; **media ~** Medienrummel *m (infml)*; **all this ~ about ...** dieser ganze Rummel um ... *(infml)* **B** *v/t* (*a.* **hype up**) Publicity machen für; **the film was ~d up too much** um den Film wurde zu viel Rummel gemacht *(infml)* **hyped up** *adj (infml)* aufgeputscht; (≈ *excited*) aufgedreht *(infml)*

hyperactive *adj* überaktiv; **a ~ thyroid** eine Überfunktion der Schilddrüse **hypercritical** *adj* übertrieben kritisch **hyperlink** IT **A** *n* Hyperlink *m* **B** *v/t* per Hyperlink verbinden **hypermarket** *n (Br)* Verbrauchermarkt *m* **hypersensitive** *adj* überempfindlich **hyperten-**

sion n Hypertonie f, erhöhter Blutdruck
hypertext n IT Hypertext m **hyper-
ventilate** v/i hyperventilieren
hyphen n Bindestrich m; *(at end of line)*
Trenn(ungs)strich m **hyphenate** v/t mit
Bindestrich schreiben; **~d word** Binde-
strichwort nt **hyphenation** n Silbentrennung f
hypnosis n Hypnose f; **under ~** unter
Hypnose **hypnotherapy** n Hypnothera-
pie f **hypnotic** adj **1** *trance* hypnotisch;
~ state Hypnosezustand m **2** *music, eyes*
hypnotisierend **hypnotism** n Hypnotis-
mus m **hypnotist** n Hypnotiseur(in)
m(f) **hypnotize** v/t hypnotisieren; **to be
~d by sb/sth** (≈ *fascinated*) von jdm/etw
wie hypnotisiert sein
hypo- *pref* hypo-; **hypoallergenic** hypoal-
lergen
hypochondria n Hypochondrie f **hypochondriac** n Hypochonder m
hypocrisy n Heuchelei f **hypocrite** n
Heuchler(in) m(f) **hypocritical** adj
heuchlerisch
hypodermic needle n (Injektions)nadel
f **hypodermic syringe** n (Injektions)-
spritze f
hypothermia n Unterkühlung f
hypothesis n, pl **hypotheses** Hypothese
f **hypothetical** adj hypothetisch **hypothetically** adv theoretisch
hysterectomy n Hysterektomie f *(tech)*
hysteria n Hysterie f **hysterical** adj **1**
hysterisch **2** *(infml* ≈ *hilarious)* wahnsinnig
komisch *(infml)* **hysterically** adv **1** hysterisch **2** *(infml)* **~ funny** wahnsinnig komisch *(infml)* **hysterics** pl Hysterie f; **to
have ~** hysterisch werden; *(fig infml* ≈
laugh) sich totlachen
Hz *abbr of* hertz Hz

I¹, **i** n **I** nt, i nt
I² *pers pr* ich
IBAN *abbr of* International Bank Account Number IBAN f
ibid *abbr of* ibidem ib., ibd.
ice A n **1** Eis nt; *(on roads)* (Glatt)eis nt; **to
be as cold as ~** eiskalt sein; **my hands
are like ~** ich habe eiskalte Hände; **to
put sth on ~** *(fig)* etw auf Eis legen; **to
break the ~** *(fig)* das Eis brechen; **to be
skating on thin ~** *(fig)* sich aufs Glatteis
begeben/begeben haben; **that cuts no ~
with me** *(infml)* das kommt bei mir nicht
an **2** *(Br ≈ ice cream)* (Speise)eis nt **B** v/t
cake mit Zuckerguss überziehen ◊**ice
over** v/i zufrieren; *(windscreen)* vereisen
◊**ice up** v/i *(windscreen etc)* vereisen;
(pipes etc) einfrieren
ice age n Eiszeit f **ice axe**, *(US)* **ice ax** n
Eispickel m **iceberg** n Eisberg m **iceberg lettuce** n Eisbergsalat m **ice-
bound** adj *port, lake* zugefroren; *ship,
place* vom Eis eingeschlossen **icebox** n
(Br: in refrigerator) Eisfach nt; *(US)* Eisschrank m **icebreaker** n Eisbrecher m
ice bucket n Eiskühler m **icecap** n *(polar)* Eiskappe f **ice-cold** adj eiskalt **ice-
-cool** adj *(fig) person* supercool *(infml)*
ice cream n Eis nt **ice-cream cone**,
ice-cream cornet n Eistüte f **ice-
-cream parlour**, *(US)* **ice-cream parlor** n Eisdiele f **ice cube** n Eiswürfel m
iced adj **1** *drink* eisgekühlt; **~ tea** Eistee
m **2** *bun* mit Zuckerguss überzogen **ice
dancing** n Eistanz m **ice floe** n Eisscholle f **ice hockey** n Eishockey nt **Iceland** n Island nt **Icelandic A** adj isländisch **B** n LING Isländisch nt **ice lolly** n
(Br) Eis nt am Stiel **ice pack** n *(on head)*
Eisbeutel m **ice pick** n Eispickel m **ice
rink** n (Kunst)eisbahn f **ice-skate** v/i
Schlittschuh laufen **ice skate** n Schlittschuh m **ice-skater** n Schlittschuhläu-
fer(in) m(f); *(≈ figure-skater)* Eiskunstläu-
fer(in) m(f) **ice-skating** n Schlittschuhlaufen nt; *(≈ figure-skating)* Eiskunstlauf m
ice storm n *(US)* Eissturm m **ice water**
n Eiswasser nt **icicle** n Eiszapfen m **icily**

adv (fig) eisig; _smile_ kalt **icing** _n_ COOK Zuckerguss _m_; **this is the ~ on the cake** _(fig)_ das ist die Krönung des Ganzen **icing sugar** _n (Br)_ Puderzucker _m_
icon _n_ **1** Ikone _f_ **2** IT Icon _nt_ **iconic** _adj_ _(culturally)_ **an ~ figure** eine Ikone
ICT _abbr of information and communication technology_ Informatik _f_
ICU _abbr of intensive care unit_ Intensivstation _f_
icy _adj (+er)_ **1** _road_ vereist; **the ~ conditions on the roads** das Glatteis auf den Straßen; **when it's ~** bei Glatteis **2** _wind, hands_ eiskalt; **~ cold** eiskalt **3** _(fig) stare_ eisig; _reception_ frostig
ID _n abbr of identification, identity;_ **I don't have any ID on me** ich habe keinen Ausweis dabei
I'd _contraction_ = I would, I had
ID card _n_ Ausweis _m_; _(state-issued)_ Personalausweis _m_
idea _n_ **1** Idee _f_; _(esp sudden)_ Einfall _m_; **good ~!** gute Idee!; **that's not a bad ~** das ist keine schlechte Idee; **the very ~!** (nein,) so was!; **the very ~ of eating horse meat revolts me** der bloße Gedanke an Pferdefleisch ekelt mich; **he is full of (bright) ~s** ihm fehlt es nie an (guten) Ideen; **to hit upon the ~ of doing sth** den plötzlichen Einfall haben, etw zu tun; **that gives me an ~, we could …** da fällt mir ein, wir könnten …; **he got the ~ for his novel while having a bath** die Idee zu seinem Roman kam ihm in der Badewanne; **he's got the ~ into his head that …** er bildet sich _(dat)_ ein, dass …; **where did you get the ~ that I was ill?** wie kommst du auf den Gedanken, dass ich krank war?; **don't you go getting ~s about promotion** machen Sie sich _(dat)_ nur keine falschen Hoffnungen auf eine Beförderung; **to put ~s into sb's head** jdm einen Floh ins Ohr setzen; **the ~ was to meet at 6** wir wollten uns um 6 treffen; **what's the big ~?** _(infml)_ was soll das denn?; **the ~ is to reduce expenditure** es geht darum, die Ausgaben zu senken; **that's the ~** genau (das ists)!; **you're getting the ~** Sie verstehen langsam, worum es geht **2** _(≈ opinion)_ Meinung _f_; _(≈ conception)_ Vorstellung _f_; **if that's your ~ of fun** wenn Sie das lustig finden; **this isn't my ~ of a holiday** so stelle ich mir den Urlaub nicht vor **3** _(≈ knowledge)_ Ah-

nung _f_; **you've no ~ how worried I've been** du kannst dir nicht vorstellen, welche Sorgen ich mir gemacht habe; **(I've) no ~** (ich habe) keine Ahnung; **I've got some ~ (of) what this is all about** ich weiß so ungefähr, worum es hier geht; **I have an ~ that …** ich habe so das Gefühl, dass …; **could you give me an ~ of how long …?** könnten Sie mir ungefähr sagen, wie lange …?; **to give you an ~ of how difficult it is** um Ihnen eine Vorstellung davon zu vermitteln, wie schwierig es ist
ideal **A** _n_ Ideal _nt_ (_of +gen_) **B** _adj_ ideal; **~ solution** Ideallösung _f_; **he is ~** _or_ **the ~ person for the job** er ist für den Job ideal geeignet; **in an ~ world** im Idealfall **idealism** _n_ Idealismus _m_ **idealist** _n_ Idealist(in) _m(f)_ **idealistic** _adj_ idealistisch **idealize** _v/t_ idealisieren **ideally** _adv_ **1** _(introducing sentence)_ idealerweise **2** _suited_ ideal
identical _adj_ _(≈ exactly alike)_ identisch; _(≈ same)_ der-/die-/dasselbe; **~ twins** eineiige Zwillinge _pl_; **we have ~ views** wir haben die gleichen Ansichten
identifiable _adj_ identifizierbar; **he is ~ by his red hair** er ist an seinem roten Haar zu erkennen **identification** _n_ **1** _(of criminal etc)_ Identifizierung _f_; _(fig, of problems)_ Erkennen _nt_ **2** _(≈ papers)_ Ausweispapiere _pl_ **3** _(≈ sympathy)_ Identifikation _f_ **identification parade** _n_ Gegenüberstellung _f_ (zur Identifikation des Täters) **identifier** _n_ IT Kennzeichnung _f_ **identify** **A** _v/t_ identifizieren; _plant etc_ bestimmen; _(≈ recognize)_ erkennen; **to ~ one's goals** sich _(dat)_ Ziele setzen; **to ~ sb/sth by sth** jdn/etw an etw _(dat)_ erkennen **B** _v/r_ **1** **to ~ oneself** sich ausweisen **2** **to ~ oneself with sb/sth** sich mit jdm/etw identifizieren **C** _v/i (with film hero etc)_ sich identifizieren **Identikit®** _n_ ~ **(picture)** Phantombild _nt_ **identity** _n_ Identität _f_; **to prove one's ~** sich ausweisen; **proof of ~** Legitimation _f_ **identity card** _n_ Ausweis _m_; _(state-issued)_ Personalausweis _m_ **identity crisis** _n_ Identitätskrise _f_ **identity papers** _pl_ Ausweispapiere _pl_ **identity parade** _n_ Gegenüberstellung _f_
ideological _adj_ ideologisch **ideology** _n_ Ideologie _f_
idiom _n_ **1** _(≈ phrase)_ Redewendung _f_ **2** _(≈_

language) Sprache *f*, Idiom *nt* **idiomatic** *adj* idiomatisch; **to speak ~ German** idiomatisch richtiges Deutsch sprechen; **an ~ expression** eine Redensart

idiosyncrasy *n* Eigenart *f* **idiosyncratic** *adj* eigenartig

idiot *n* Idiot *m*; **what an ~!** so ein Idiot *or* Dummkopf!; **what an ~ I am/was!** ich Idiot!; **to feel like an ~** sich dumm vorkommen **idiotic** *adj* idiotisch

idle A *adj* **1** (≈ *not working*) *person* müßig; *moment* ruhig; **his car was lying ~** sein Auto stand unbenutzt herum **2** (≈ *lazy*) *faul* **3** (*in industry*) *person* unbeschäftigt; *machine* stillstehend *attr*, außer Betrieb; **the machine stood ~** die Maschine stand still **4** *promise, threat* leer; *speculation* müßig; **~ curiosity** pure Neugier **B** *v/i* (*person*) faulenzen; **a day spent idling on the river** ein Tag, den man untätig auf dem Wasser verbringt ◊**idle away** *v/t sep* one's *time etc* vertrödeln

idleness *n* **1** (≈ *state of not working*) Untätigkeit *f*; (*pleasurable*) Müßiggang (*liter*) *m* **2** (≈ *laziness*) Faulheit *f* **idler** *n* Faulenzer(in) *m(f)* **idly** *adv* **1** (≈ *without working*) untätig; (≈ *pleasurably*) müßig; **to stand ~ by** untätig herumstehen **2** (≈ *lazily*) *faul* **3** *watch* gedankenverloren

idol *n* (*lit*) Götze *m*; (*fig*, FILM, TV *etc*) Idol *nt* **idolatry** *n* (*lit*) Götzendienst *m*; (*fig*) Vergötterung *f* **idolize** *v/t* abgöttisch verehren; **to ~ sth** etw anbeten

I'd've *contraction* = I would have

idyll *n* **1** LIT Idylle *f* **2** (*fig*) Idyll *nt* **idyllic** *adj* idyllisch

i.e. *abbr* of id est i.e., d.h.

if A *cj* wenn; (≈ *in case also*) falls; (≈ *whether, in direct clause*) ob; **I would be really pleased if you could do it** wenn Sie das tun könnten, wäre ich sehr froh; **I wonder if he'll come** ich bin gespannt, ob er kommt; **what if …?** was ist, wenn …?; **I'll let you know if and when I come to a decision** ich werde Ihnen mitteilen, ob und wenn ich mich entschieden habe; **(even) if** auch wenn; **even if they are poor, at least they are happy** sie sind zwar arm, aber wenigstens glücklich; **if only I had known!** wenn ich das nur gewusst hätte!; **he acts as if he were** *or* **was** (*infml*) **rich** er tut so, als ob er reich wäre; **it's not as if I meant to hurt her** es ist nicht so, dass ich ihr hätte wehtun wol-

len; **if necessary** falls nötig; **if so** wenn ja; **if not** falls nicht; **this is difficult, if not impossible** das ist schwer, wenn nicht sogar unmöglich; **if I were you** an Ihrer Stelle; **if anything this one is bigger** wenn überhaupt, dann ist dieses hier größer; **if I know Pete, he'll …** so wie ich Pete kenne, wird er …; **well, if it isn't old Jim!** (*infml*) ich werd verrückt, das ist doch der Jim (*infml*) **B** *n* **ifs and buts** Wenn und Aber *nt*

igloo *n* Iglu *m or nt*

ignite A *v/t* entzünden; (*fig*) erwecken **B** *v/i* sich entzünden **ignition** *n* AUTO Zündung *f* **ignition key** *n* Zündschlüssel *m*

ignominious *adj* schmachvoll

ignoramus *n* Ignorant(in) *m(f)* **ignorance** *n* Unwissenheit *f*; (*of subject*) Unkenntnis *f*; **to keep sb in ~ of sth** jdn in Unkenntnis über etw (*acc*) lassen **ignorant** *adj* **1** unwissend; (*of plan*) nicht informiert (*of* über +*acc*); **to be ~ of the facts** die Tatsachen nicht kennen **2** (≈ *ill-mannered*) ungehobelt **ignore** *v/t* ignorieren; *remark* übergehen; **I'll ~ that** (*remark*) ich habe nichts gehört

ikon *n* = icon

ilk *n* **people of that ~** solche Leute

ill A *adj* **1** *pred* (≈ *sick*) krank; **to fall** *or* **be taken ~** krank werden; **I feel ~** mir ist nicht gut; **he is ~ with fever** er hat Fieber; **to be ~ with chicken pox** an Windpocken erkrankt sein **2** *comp* worse, *sup* worst *effects* unerwünscht; **~ will** böses Blut; **I don't bear them any ~ will** ich trage ihnen nichts nach; **to suffer ~ health** gesundheitlich angeschlagen sein; **due to ~ health** aus Gesundheitsgründen **B** *n* **1** (*liter*) **to bode ~** Böses ahnen lassen; **to speak ~ of sb** schlecht über jdn reden **2** **ills** *pl* (≈ *misfortunes*) Missstände *pl* **C** *adv* schlecht

ill. *abbr* of illustrated, illustration Abb., Abbildung *f*

I'll *contraction* = I will, I shall

ill-advised *adj* unklug; **you would be ~ to trust her** Sie wären schlecht beraten, wenn Sie ihr trauten **ill-at-ease** *adj* unbehaglich **ill-conceived** *adj* *plan* schlecht durchdacht **ill-disposed** *adj* **to be ~ to(wards) sb** jdm übel gesinnt sein

illegal *adj* unrechtmäßig; (≈ *against a specific law*) gesetzwidrig; *trade, immigration,* *drugs* illegal; *substance, organization* verboten **illegality** *n* Unrechtmäßigkeit *f*; *(against a specific law)* Gesetzwidrigkeit *f*; *(of trade, drug, organization)* Illegalität *f* **illegally** *adv* (≈ *against the law*) unrechtmäßig; (≈ *against a specific law*) gesetzwidrig; **~ imported** illegal eingeführt; **they were convicted of ~ possessing a handgun** sie wurden wegen unerlaubten Besitzes einer Handfeuerwaffe verurteilt

illegible *adj*, **illegibly** *adv* unleserlich

illegitimacy *n* (*of child*) Unehelichkeit *f* **illegitimate** *adj* **1** *child* unehelich **2** *argument* unzulässig

ill-fated *adj* verhängnisvoll **ill-fitting** *adj clothes, dentures* schlecht sitzend; *shoes* schlecht passend **ill-gotten gains** *pl* unrechtmäßiger Gewinn

illicit *adj* illegal; *affair* verboten; **~ trade** Schwarzhandel *m*

ill-informed *adj person* schlecht informiert (*about* über)

illiteracy *n* Analphabetentum *nt* **illiterate** **A** *adj* des Schreibens und Lesens unkundig; *population* analphabetisch; **he's ~** er ist Analphabet; **many people are computer-~** viele Menschen kennen sich nicht mit Computern aus **B** *n* Analphabet(in) *m(f)*

ill-judged *adj* unklug **ill-mannered** *adj* unhöflich **ill-matched** *adj* nicht zusammenpassend; **they're ~** sie passen nicht zueinander **ill-natured** *adj* bösartig

illness *n* Krankheit *f*

illogical *adj* unlogisch

ill-tempered *adj* (*habitually*) missmutig, übellaunig; (*on particular occasion*) schlecht gelaunt *pred* **ill-timed** *adj* unpassend **ill-treat** *v/t* misshandeln **ill-treatment** *n* Misshandlung *f*

illuminate *v/t* **1** *room, building* beleuchten; **~d sign** Leuchtzeichen *nt* **2** (*fig*) *subject* erläutern **illuminating** *adj* (≈ *instructive*) aufschlussreich **illumination** *n* (*of room, building*) Beleuchtung *f* **illuminations** *pl* festliche Beleuchtung

illusion *n* Illusion *f*; (≈ *misperception*) Täuschung *f*; **to be under the ~ that ...** sich (*dat*) einbilden, dass ...; **to be under** *or* **have no ~s** sich (*dat*) keine Illusionen machen; **it gives the ~ of space** es vermittelt die Illusion von räumlicher Weite **illusionist** *n* Illusionist(in) *m(f)* **illusory**

adj illusorisch

illustrate *v/t* illustrieren; **his lecture was ~d by coloured slides** er veranschaulichte seinen Vortrag mit Farbdias; **~d (magazine)** Illustrierte *f* **illustration** *n* **1** (≈ *picture*) Illustration *f* **2** (*fig*) (≈ *example*) Beispiel *nt* **illustrative** *adj* veranschaulichend; **~ of** beispielhaft für **illustrator** *n* Illustrator(in) *m(f)*

illustrious *adj* glanzvoll; *person* berühmt

I'm *contraction* = **I am**

image *n* **1** Bild *nt*; (≈ *mental picture also*) Vorstellung *f* **2** (≈ *likeness*) Abbild *nt*; **he is the ~ of his father** er ist seinem Vater wie aus dem Gesicht geschnitten **3** (≈ *public face*) Image *nt* **imagery** *n* Metaphorik *f*; **visual ~** Bildersymbolik *f* **imaginable** *adj* vorstellbar; **the easiest/fastest way ~** der denkbar einfachste/schnellste Weg **imaginary** *adj danger* eingebildet; *friend* erfunden; **~ world** Fantasiewelt *f*

imagination *n* (*creative*) Fantasie *f*; (*self-deceptive*) Einbildung *f*; **to have (a lively** *or* **vivid) ~** (eine lebhafte *or* rege) Fantasie haben; **use your ~** lassen Sie Ihre Fantasie spielen; **to lack ~** fantasielos *or* einfallslos sein; **it's just your ~!** das bilden Sie sich (*dat*) nur ein!; **to capture sb's ~** jdn in seinen Bann ziehen **imaginative** *adj*, **imaginatively** *adv* fantasievoll

imagine *v/t* **1** sich (*dat*) vorstellen; **~ you're rich** stellen Sie sich mal vor, Sie wären reich; **you can ~ how I felt** Sie können sich vorstellen, wie mir zumute war; **I can't ~ living there** ich kann mir nicht vorstellen, dort zu leben **2** (≈ *be under the illusion that*) sich (*dat*) einbilden; **don't ~ that ...** bilden Sie sich nur nicht ein, dass ...; **you're (just) imagining things** (*infml*) Sie bilden sich das alles nur ein **3** (≈ *suppose*) annehmen; **is that her father? — I would ~ so** ist das ihr Vater? — ich denke schon; **I would never have ~d he could have done that** ich hätte nie gedacht, dass er das tun würde

imbalance *n* Unausgeglichenheit *f*

imbecile *n* Schwachkopf *m*

imbue *v/t* (*fig*) durchdringen

IMF *abbr* of **International Monetary Fund** IWF *m*

imitate *v/t* imitieren, nachahmen **imitation** **A** *n* Imitation *f*, Nachahmung *f*; **to do an ~ of sb** jdn imitieren *or* nachahmen **B** *adj* unecht, künstlich; **~ leather** Kunstleder *nt*; **~ jewellery** unechter Schmuck **imitative** *adj* nachahmend, imitierend **imitator** *n* Nachahmer(in) *m(f)*, Imitator(in) *m(f)*

immaculate *adj* untadelig

immaterial *adj* unwesentlich; **that's (quite) ~** das spielt keine Rolle, das ist egal

immature *adj* unreif **immaturity** *n* Unreife *f*

immeasurable *adj* unermesslich

immediacy *n* **1** Unmittelbarkeit *f* **2** (≈ *urgency*) Dringlichkeit *f* **immediate** *adj* **1** unmittelbar; *impact, successor* direkt; *reaction* sofortig; **the ~ family** die engste Familie; **our ~ plan is to go to France** wir fahren zuerst einmal nach Frankreich; **to take ~ action** sofort handeln; **with ~ effect** mit sofortiger Wirkung; **the matter requires your ~ attention** die Sache bedarf sofort Ihrer Aufmerksamkeit **2** *problem, concern* dringendste(r, s); **my ~ concern was for the children** mein erster Gedanke galt den Kindern

immediately A *adv* **1** (≈ *at once*) sofort, gleich; *return, depart* umgehend; **~ before that** unmittelbar davor **2** (≈ *directly*) unmittelbar **B** *cj* (*Br*) sobald

immemorial *adj* uralt; **from time ~** seit undenklichen Zeiten

immense *adj* enorm; *ocean* gewaltig; *achievement* großartig **immensely** *adv* enorm

immerse *v/t* **1** (*lit*) eintauchen (*in* in +*acc*); **to ~ sth in water** etw in Wasser tauchen; **to be ~d in water** unter Wasser sein **2** (*fig*) **to ~ oneself in one's work** sich in eine Arbeit vertiefen **immersion heater** *n* (*Br*) Boiler *m*

immigrant A *n* Einwanderer *m*, Einwanderin *f* **B** *attr* **the ~ community** die Einwanderer *pl* **immigrant workers** *pl* ausländische Arbeitnehmer *pl* **immigrate** *v/i* einwandern (*to* in +*dat*) **immigration** *n* Einwanderung *f*; (*a.* **immigration control**) Einwanderungsstelle *f* **immigration authorities** *pl*, **immigration department** *n* Einwanderungsbehörde *f* **immigration officer** *n* (*at customs*) Grenzbeamte(r) *m*/-beamtin *f*

imminent *adj* nahe bevorstehend; **to be ~** nahe bevorstehen

immobile *adj* unbeweglich; (≈ *not able to move*) bewegungslos **immobilize** *v/t car, broken limb* stilllegen; *army* bewegungsunfähig machen; **to be ~d by fear/pain** sich vor Angst/Schmerzen nicht bewegen können **immobilizer** *n* AUTO Wegfahrsperre *f*

immoderate *adj desire* übermäßig; *views* übertrieben, extrem

immodest *adj* **1** unbescheiden **2** (≈ *indecent*) unanständig

immoral *adj* unmoralisch **immorality** *n* Unmoral *f* **immorally** *adv* unmoralisch

immortal A *adj* unsterblich; *life* ewig **B** *n* Unsterbliche(r) *m/f(m)* **immortality** *n* Unsterblichkeit *f* **immortalize** *v/t* verewigen

immovable *adj* (*lit*) unbeweglich; (*fig*) *obstacle* unüberwindlich

immune *adj* **1** MED immun (*from, to* gegen) **2** (*fig*) sicher (*from, to* vor +*dat*); (*to criticism etc*) immun (*to* gegen); **~ from prosecution** vor Strafverfolgung geschützt **immune system** *n* Immunsystem *nt* **immunity** *n* Immunität *f* (*to, against* gegen); **~ from prosecution** Schutz *m* vor Strafverfolgung **immunization** *n* Immunisierung *f* **immunize** *v/t* immunisieren **immunotherapy** *n* MED Immuntherapie *f*

imp *n* Kobold *m*; (*infml* ≈ *child*) Racker *m* (*infml*)

impact *n* Aufprall *m* (*on, against* auf +*acc*); (*of two moving objects*) Zusammenprall *m*; (≈ *force*) Wucht *f*; (*fig*) (Aus)wirkung *f* (*on* auf +*acc*); **on ~ (with)** beim Aufprall (auf +*acc*)/Zusammenprall (mit) *etc*; **his speech had a great ~ on his audience** seine Rede machte großen Eindruck auf seine Zuhörer

impair *v/t* beeinträchtigen; *health* schaden (+*dat*) **impairment** *n* Schaden *m*; **visual ~** Sehschaden *m*

impale *v/t* aufspießen (*on* auf +*dat*)

impart *v/t* **1** *information* übermitteln; *knowledge* vermitteln **2** (≈ *bestow*) verleihen

impartial *adj* unparteiisch **impartiality** *n* Unparteilichkeit *f* **impartially** *adv act* unparteiisch; *judge* unvoreingenommen

impassable *adj* unpassierbar

impasse *n* (*fig*) Sackgasse *f*; **to have reached an ~** sich festgefahren haben

impassioned *adj* leidenschaftlich
impassive *adj*, **impassively** *adv* gelassen
impatience *n* Ungeduld *f* **impatient** *adj* ungeduldig; **to be ~ to do sth** unbedingt etw tun wollen **impatiently** *adv* ungeduldig
impeach *v/t* JUR (eines Amtsvergehens) anklagen; (US) *president* ein Amtsenthebungsverfahren einleiten gegen **impeachment** *n* JUR Anklage *f* (*wegen eines Amtsvergehens*); (US: *of president*) Amtsenthebungsverfahren *nt*
impeccable *adj*, **impeccably** *adv* tadellos
impede *v/t person* hindern; *traffic, process* behindern **impediment** *n* ◼ Hindernis *nt* ◻ MED Behinderung *f*; **speech ~** Sprachfehler *m*
impel *v/t* **to ~ sb to do sth** jdn (dazu) nötigen, etw zu tun
impending *adj* bevorstehend; **a sense of ~ doom** eine Ahnung von unmittelbar drohendem Unheil
impenetrable *adj* undurchdringlich; *fortress* uneinnehmbar; *mystery* unergründlich
imperative ◼ *adj need* dringend ◻ *n* ◼ ◻ GRAM Imperativ *m*; **in the ~** im Imperativ
imperceptible *adj* (**to sb** für jdn) nicht wahrnehmbar **imperceptibly** *adv* kaum wahrnehmbar
imperfect ◼ *adj* unvollkommen; *goods* fehlerhaft ◻ *n* GRAM Imperfekt *nt* **imperfection** *n* Mangel *m* **imperfectly** *adv* unvollkommen; (≈ *incompletely*) unvollständig
imperial *adj* ◼ (≈ *of empire*) Reichs- ◻ (≈ *of emperor*) kaiserlich, Kaiser- ◼ *weights* englisch **imperialism** *n* Imperialismus *m* (*often pej*)
imperil *v/t* gefährden
impermanent *adj* unbeständig
impermeable *adj* undurchlässig
impersonal *adj* unpersönlich (*also* GRAM) **impersonally** *adv* unpersönlich
impersonate *v/t* ◼ (≈ *pretend to be*) sich ausgeben als ◻ (≈ *take off*) imitieren, nachahmen **impersonation** *n* Imitation *f*, Nachahmung *f*; **he does ~s of politicians** er imitiert Politiker; **his Elvis ~** seine Elvis-Imitation **impersonator** *n* Imitator(in) *m(f)*

impertinence *n* Unverschämtheit *f* **impertinent** *adj* unverschämt (*to* zu, *gegenüber*)
imperturbable *adj* unerschütterlich; **he is completely ~** er ist durch nichts zu erschüttern
impervious *adj* ◼ undurchlässig; **~ to water** wasserundurchlässig ◻ (*fig*) unzugänglich (*to* für); (*to criticism*) unberührt (*to* von)
impetuous *adj* ungestüm
impetus *n* Impuls *m*; (≈ *momentum*) Schwung *m*
impinge *v/i* (*on sb's life*) beeinflussen (*on* +*acc*); (*on sb's rights etc*) einschränken (*on* +*acc*)
impish *adj* schelmisch
implacable *adj*, **implacably** *adv* unerbittlich
implant ◼ *v/t* ◼ (*fig*) einimpfen (*in sb* jdm) ◻ MED implantieren ◻ *n* MED Implantat *nt*
implausible *adj* nicht plausibel
implement ◼ *n* Gerät *nt*; (≈ *tool*) Werkzeug *nt* ◻ *v/t law* vollziehen; *measure etc* durchführen **implementation** *n* (*of law*) Vollzug *m*; (*of plan etc*) Durchführung *f*
implicate *v/t* **to ~ sb in sth** jdn in etw verwickeln **implication** *n* Implikation *f*; **by ~** implizit **implicit** *adj* ◼ implizit; *threat* indirekt; **to be ~ in sth** durch etw impliziert werden; *in contract etc* in etw (*dat*) impliziert sein ◻ *belief* absolut **implicitly** *adv* ◼ implizit ◻ **to trust sb ~** jdm blind vertrauen **implied** *adj* impliziert
implode *v/i* implodieren
implore *v/t* anflehen **imploring** *adj*, **imploringly** *adv* flehentlich
imply *v/t* ◼ (≈ *suggest*) andeuten, implizieren; **are you ~ing** or **do you mean to ~ that …?** wollen Sie damit vielleicht sagen or andeuten, dass …? ◻ (≈ *lead to conclusion*) schließen lassen auf (+*acc*) ◼ (≈ *involve*) bedeuten
impolite *adj* unhöflich (*to sb* jdm gegenüber)
import ◼ *n* ◼ COMM Import *m* ◻ (*of speech etc*) Bedeutung *f* ◻ *v/t* importieren
importance *n* Wichtigkeit *f*; **to be of great ~** äußerst wichtig sein; **to attach the greatest ~ to sth** einer Sache (*dat*) größten Wert or größte Wichtigkeit bei-

messen
important adj wichtig; (≈ influential) einflussreich; **that's not ~** das ist unwichtig; **it's not ~** (≈ doesn't matter) das macht nichts; **the (most) ~ thing is to stay fit** das Wichtigste or die Hauptsache ist, fit zu bleiben; **he's trying to sound ~** er spielt sich auf; **to make sb feel ~** jdm das Gefühl geben, er/sie sei wichtig **importantly** adv **1** (usu pej ≈ self-importantly) wichtigtuerisch (pej) **2** ... and, more ~, ... und, was noch wichtiger ist, ...
importation n Import m **import duty** n Importzoll m **imported** adj importiert, Import-; **~ goods/cars** Importwaren/-autos pl **importer** n Importeur(in) m(f) (of von)
impose **A** v/t **1** conditions, opinions aufzwingen (on sb jdm); fine, sentence verhängen (on gegen); **to ~ a tax on sth** etw mit einer Steuer belegen **2** **to ~ oneself on sb** sich jdm aufdrängen; **he ~d himself on them for three months** er ließ sich einfach drei Monate bei ihnen nieder **B** v/i zur Last fallen (on sb jdm) **imposing** adj beeindruckend **imposition** n Zumutung f (on für); **I'd love to stay if it's not too much of an ~ (on you)** ich würde liebend gern bleiben, wenn ich Ihnen nicht zur Last falle
impossibility n Unmöglichkeit f
impossible **A** adj **1** unmöglich; **~!** ausgeschlossen!; **it is ~ for him to leave** er kann unmöglich gehen; **this cooker is ~ to clean** es ist unmöglich, diesen Herd sauber zu kriegen; **to make it ~ for sb to do sth** es jdm unmöglich machen, etw zu tun **2** situation aussichtslos; **an ~ choice** eine unmögliche Wahl; **you put me in an ~ position** du bringst mich in eine unmögliche Lage **3** (infml) person unmöglich (infml) **B** n Unmögliche(s) nt; **to do the ~** (in general) Unmögliches tun; (in particular case) das Unmögliche tun **impossibly** adv unmöglich; **an ~ high standard** ein unerreichbar hohes Niveau
imposter, impostor n Betrüger(in) m(f)
impotence n **1** (sexual) Impotenz f **2** (fig) Machtlosigkeit f **impotent** adj **1** (sexually) impotent **2** (fig) machtlos
impound v/t **1** assets beschlagnahmen **2** car abschleppen (lassen)
impoverish v/t in Armut bringen **impoverished** adj arm

impracticable adj impraktikabel **impractical** adj unpraktisch **impracticality** n Unbrauchbarkeit f
imprecise adj, **imprecisely** adv ungenau **imprecision** n Ungenauigkeit f
impregnable adj MIL fortress uneinnehmbar; (fig) position unerschütterlich
impregnate v/t BIOL befruchten
impress **A** v/t **1** person beeindrucken; (≈ arouse admiration in) imponieren (+dat); **he doesn't ~ me as a politician** als Politiker macht er keinen Eindruck auf mich **2** (≈ fix in mind) einschärfen (on sb jdm); idea (deutlich) klarmachen (on sb jdm) **B** v/i Eindruck machen; (deliberately) Eindruck schinden (infml)
impression n **1** Eindruck m; (≈ feeling) Gefühl nt; **the theatre made a lasting ~ on me** das Theater beeindruckte mich tief; **his words made an ~** seine Worte machten Eindruck; **to give sb the ~ that ...** jdm den Eindruck vermitteln, dass ...; **he gave the ~ of being unhappy** er wirkte unglücklich; **I was under the ~ that ...** ich hatte den Eindruck, dass ... **2** (≈ take-off) Nachahmung f, Imitation f; **to do an ~ of sb** jdn nachahmen **impressionable** adj für Eindrücke empfänglich; **at an ~ age** in einem Alter, in dem man für Eindrücke besonders empfänglich ist **impressionism** n Impressionismus m **impressionist** n **1** Impressionist(in) m(f) **2** (≈ impersonator) Imitator(in) m(f) **impressive** adj beeindruckend **impressively** adv eindrucksvoll
imprint v/t (fig) einprägen (on sb jdm); **to be ~ed on sb's mind** sich jdm eingeprägt haben
imprison v/t inhaftieren; **to be ~ed** gefangen sein **imprisonment** n (≈ action) Inhaftierung f; (≈ state) Gefangenschaft f; **to sentence sb to life ~** jdn zu lebenslänglicher Freiheitsstrafe verurteilen
improbability n Unwahrscheinlichkeit f **improbable** adj unwahrscheinlich
impromptu adj improvisiert; **an ~ speech** eine Stegreifrede
improper adj (≈ unsuitable) unpassend; (≈ indecent) unanständig; use unsachgemäß; **~ use of drugs/one's position** Drogen-/Amtsmissbrauch m **improperly** adv act unpassend; use unsachgemäß; (≈ indecently) unanständig **impropriety** n Unschicklichkeit f; **financial ~** finanzielles

Fehlverhalten
improve 🄰 v/t verbessern; *knowledge* erweitern; *appearance* verschönern; *production* steigern; **to ~ one's mind** sich weiterbilden 🄱 v/i sich verbessern; *(appearance)* schöner werden; *(production)* steigen; **the invalid is improving** dem Kranken geht es besser; **things are improving** es sieht schon besser aus 🄲 v/r **to ~ oneself** an sich *(dat)* arbeiten ◊**improve (up)on** v/i +prep obj 🄵 besser machen; *performance* verbessern 🄶 *offer* überbieten
improved *adj* verbessert **improvement** *n* Verbesserung *f;* *(of appearance)* Verschönerung *f;* *(in production)* Steigerung *f;* *(in health)* Besserung *f;* **an ~ on the previous one** eine Verbesserung gegenüber dem Früheren; **to carry out ~s to a house** Ausbesserungs-/Verschönerungsarbeiten an einem Haus vornehmen
improvisation *n* Improvisation *f* **improvise** v/t & v/i improvisieren
imprudent *adj*, **imprudently** *adv* unklug
impudence *n* Unverschämtheit *f* **impudent** *adj*, **impudently** *adv* unverschämt
impulse *n* Impuls *m;* *(≈ driving force)* (Stoß)kraft *f;* **on ~** impulsiv; **an ~ buy** ein Impulsivkauf *m* **impulse buying** *n* impulsives *or* spontanes Kaufen **impulsive** *adj* impulsiv
impunity *n* Straflosigkeit *f;* **with ~** ungestraft
impure *adj* unrein; *motives* unsauber **impurity** *n* Unreinheit *f*
in 🄰 *prep* 🄵 in *(+dat)*; *(with motion)* in *(+acc)*; **it was in the bag** es war in der Tasche; **he put it in the bag** er steckte es in die Tasche; **in here/there** hier/da drin *(infml)*; *(with motion)* hier/da hinein; **in the street** auf der/die Straße; **in (the) church** in der Kirche; **in Germany/Switzerland/the United States** in Deutschland/der Schweiz/den Vereinigten Staaten; **the highest mountain in Scotland** der höchste Berg Schottlands *or* in Schottland; **the best in the class** der Klassenbeste; **he doesn't have it in him to ...** er bringt es nicht fertig, ... zu ... 🄶 *(dates, seasons, time of day)* in *(+dat)*; **in 2027** im Jahre 2027; **in May 2018** im Mai 2018; **in the sixties** in den Sechzigerjahren; **in (the) spring** im Frühling; **in the morn-**

ing(s) morgens, am Vormittag; **in the afternoon** nachmittags, am Nachmittag; **in the daytime** tagsüber; **in those days** damals; **she is in her thirties** sie ist in den Dreißigern; **in old age** im Alter; **in my childhood** in meiner Kindheit; **she did it in three hours** sie machte es in drei Stunden; **in a week('s time)** in einer Woche; **I haven't seen him in years** ich habe ihn jahrelang nicht mehr gesehen; **in a moment** *or* **minute** sofort 🄸 *(quantities)* zu; **to walk in twos** zu zweit gehen; **in small quantities** in kleinen Mengen 🄹 *(ratios)* **he has a one in 500 chance of winning** er hat eine Gewinnchance von eins zu 500; **one (man) in ten** jeder Zehnte; **one book in ten** jedes zehnte Buch; **one in five children** ein Kind von fünf; **a tax of twenty pence in the pound** ein Steuersatz von zwanzig Prozent; **there are 12 inches in a foot** ein Fuß hat 12 Zoll 🄺 *(manner, state)* **to speak in a loud voice** mit lauter Stimme sprechen; **to speak in German** Deutsch reden; **to pay in dollars** mit *or* in Dollar bezahlen; **to stand in a row/in groups** in einer Reihe/in Gruppen stehen; **in this way** so, auf diese Weise; **she squealed in delight** sie quietschte vor Vergnügen; **in surprise** überrascht; **to live in luxury** im Luxus leben; **in his shirt** im Hemd; **dressed in white** weiß gekleidet; **to write in ink** mit Tinte schreiben; **in marble** in Marmor, marmorn; **a rise in prices** ein Preisanstieg *m;* **ten feet in height** zehn Fuß hoch; **the latest thing in hats** der letzte Schrei bei Hüten 🄻 *(occupation)* **he is in the army** er ist beim Militär; **he is in banking** er ist im Bankwesen (tätig) 🄼 **in saying this, I ...** wenn ich das sage, ... ich; **in trying to save him she fell into the water herself** beim Versuch, ihn zu retten, fiel sie selbst ins Wasser; **in that** *(≈ seeing that)* insofern als; **the plan was unrealistic in that it didn't take account of the fact that ...** der Plan war unrealistisch, da *or* weil er nicht berücksichtigte, dass ... 🄱 *adv* da; **there is nobody in** es ist niemand da/zu Hause; **the tide is in** es ist Flut; **he's in for a surprise** er kann sich auf eine Überraschung gefasst machen; **we are in for rain** uns *(dat)* steht Regen bevor; **to have it in for sb** *(infml)* es auf jdn abgesehen haben *(infml)*; **to be in on sth** an einer Sache beteilgt sein; **on secret etc** über etw (acc) Bescheid wissen; **to be (well) in with sb** sich gut mit jdm verstehen **C** adj (infml) in inv (infml); **long skirts are in** lange Röcke sind in (infml); **the in thing is to ...** es ist zurzeit in (infml) or Mode, zu ... **D** n **1** **the ins and outs** die Einzelheiten pl; **to know the ins and outs of sth** bei einer Sache genau Bescheid wissen **2** (US POL) **the ins** die Regierungspartei

inability n Unfähigkeit f; **~ to pay** Zahlungsunfähigkeit f

inaccessible adj **1** unzugänglich (to sb/sth für jdn/etw); **to be ~ by land/sea** auf dem Landweg/Seeweg nicht erreichbar sein **2** (fig) music, novel unverständlich

inaccuracy n Ungenauigkeit f; (≈ incorrectness) Unrichtigkeit f **inaccurate** adj ungenau; (≈ not correct) unrichtig; **she was ~ in her judgement of the situation** ihre Beurteilung der Lage traf nicht zu; **it is ~ to say that ...** es ist nicht richtig zu sagen, dass ... **inaccurately** adv ungenau; (≈ incorrectly) unrichtig

inaction n Untätigkeit f **inactive** adj untätig; mind träge **inactivity** n Untätigkeit f

inadequacy n Unzulänglichkeit f; (of measures) Unangemessenheit f **inadequate** adj unzulänglich; **she makes him feel ~** sie gibt ihm das Gefühl der Unzulänglichkeit

inadmissible adj unzulässig

inadvertently adv versehentlich

inadvisable adj unratsam

inalienable adj rights unveräußerlich

inane adj dumm

inanimate adj leblos

inapplicable adj answer unzutreffend; rules nicht anwendbar (to sb auf jdn)

inappropriate adj unpassend; time ungünstig; **you have come at a most ~ time** Sie kommen sehr ungelegen **inappropriately** adv unpassend

inapt adj ungeschickt

inarticulate adj unklar ausgedrückt; **she's very ~** sie kann sich nur schlecht ausdrücken

inasmuch adv **~ as** da, weil; (≈ to the extent that) insofern als

inattention n Unaufmerksamkeit f; **~ to detail** Ungenauigkeit f im Detail **inattentive** adj unaufmerksam

inaudible adj, **inaudibly** adv unhörbar

(to für)

inaugural adj lecture Antritts-; meeting, speech Eröffnungs- **inaugurate** v/t **1** president etc in sein/ihr Amt einführen **2** building einweihen **inauguration** n **1** (of president etc) Amtseinführung f **2** (of building) Einweihung f

inauspicious adj Unheil verheißend; **to get off to an ~ start** (campaign) sich nicht gerade vielversprechend anlassen

in-between adj (infml) Mittel-; **it is sort of ~** es ist so ein Mittelding; **~ stage** Zwischenstadium nt

inborn adj angeboren

inbound adj flight ankommend

inbox n EMAIL Posteingang m

inbred adj angeboren (in sb jdm) **inbreeding** n Inzucht f

inbuilt adj safety features etc integriert; dislike instinktiv

Inc (US) abbr of Incorporated

incalculable adj unermesslich

incandescent adj (lit) (weiß) glühend

incantation n Zauber(spruch) m

incapability n Unfähigkeit f **incapable** adj unfähig; **to be ~ of doing sth** nicht imstande sein, etw zu tun; **she is physically ~ of lifting it** sie ist körperlich nicht in der Lage, es zu heben; **~ of working** arbeitsunfähig

incapacitate v/t unfähig machen (from doing sth etw zu tun); **~d by his broken ankle** durch seinen gebrochenen Knöchel behindert **incapacity** n Unfähigkeit f (for für) **incapacity benefit** n (Br) Invalidenunterstützung f

in-car adj attr Auto-; stereo im Auto; **~ computer** Autocomputer m

incarcerate v/t einkerkern **incarceration** n (≈ act) Einkerkerung f; (≈ period) Kerkerhaft f

incarnate adj **he's the devil ~** er ist der Teufel in Person

incautious adj, **incautiously** adv unvorsichtig

incendiary adj Brand- **incendiary device** n Brandsatz m

incense[1] v/t wütend machen; **~d** wütend (at, by über +acc)

incense[2] n ECCL Weihrauch m

incentive n Anreiz m; **~ scheme** IND Anreizsystem nt

inception n Beginn m

incessant adj unaufhörlich

incest n Inzest m **incestuous** adj blutschänderisch

inch **A** n Zoll m; **3.5 ~ disk** 3,5-Zoll-Diskette f; **he came within an ~ of being killed** er ist dem Tod um Haaresbreite entgangen; **they beat him (to) within an ~ of his life** sie haben ihn so geschlagen, dass er fast gestorben wäre; **the lorry missed me by ~es** der Lastwagen hat mich um Haaresbreite verfehlt; **he knows every ~ of the area** er kennt die Gegend wie seine Westentasche; **he is every ~ a soldier** er ist jeder Zoll ein Soldat; **they searched every ~ of the room** sie durchsuchten das Zimmer Zentimeter für Zentimeter **B** v/i to ~ **forward** sich millimeterweise vorwärtsschieben **C** v/t langsam manövrieren; **he ~ed his way through** er schob sich langsam durch

incidence n Häufigkeit f; **a high ~ of crime** eine hohe Verbrechensquote **incident** n **1** Ereignis nt, Vorfall m; **a day full of ~** ein ereignisreicher Tag; **an ~ from his childhood** ein Kindheitserlebnis nt **2** (diplomatic etc) Zwischenfall m; (≈ disturbance etc) Vorfall m; **without ~** ohne Zwischenfälle **incidental** adj nebensächlich; remark beiläufig **incidentally** adv übrigens **incidental music** n Begleitmusik f

incinerate v/t verbrennen **incineration** n Verbrennung f **incinerator** n (Müll)verbrennungsanlage f

incision n Schnitt m; MED Einschnitt m **incisive** adj style, tone prägnant; person scharfsinnig **incisively** adv speak prägnant; argue scharfsinnig **incisor** n Schneidezahn m

incite v/t aufhetzen; violence aufhetzen zu **incitement** n no pl Aufhetzung f

incl abbr of inclusive, including incl., inkl.

inclement adj weather rau

inclination n Neigung f; **my (natural) ~ is to carry on** ich neige dazu, weiterzumachen; **I have no ~ to see him again** ich habe keinerlei Bedürfnis, ihn wiederzusehen; **he showed no ~ to leave** er schien nicht gehen zu wollen **incline** **A** v/t **1** head neigen **2** (≈ dispose) veranlassen; **this ~s me to think that he must be lying** das lässt mich vermuten, dass er lügt **B** v/i **1** (≈ slope) sich neigen; (ground) abfallen **2** (≈ tend towards) neigen **C** n

Neigung f; (of hill) Abhang m **incline bench** n SPORTS Schrägbank f **inclined** adj **to be ~ to do sth** (≈ wish to) Lust haben, etw zu tun; (≈ have tendency to) dazu neigen, etw zu tun; **I am ~ to think that …** ich neige zu der Ansicht, dass …; **I'm ~ to disagree** ich möchte da doch widersprechen; **it's ~ to break** das bricht leicht; **if you feel ~** wenn Sie Lust haben or dazu aufgelegt sind; **if you're that way ~** wenn Ihnen so etwas liegt; **artistically ~** künstlerisch veranlagt

include v/t einschließen, enthalten; (on list, in group etc) aufnehmen; **your name is not ~d on the list** Ihr Name ist nicht auf der Liste; **service not ~d** Bedienung nicht inbegriffen; **everyone, children ~d** alle einschließlich der Kinder; **does that ~ me?** gilt das auch für mich? **including** prep einschließlich, inklusive; **that makes seven ~ you** mit Ihnen sind das sieben; **many people, ~ my father, had been invited** viele Leute, darunter mein Vater, waren eingeladen; **~ the service charge, ~ service** Bedienung (mit) inbegriffen; **up to and ~ March 4th** bis einschließlich 4. März **inclusion** n Aufnahme f **inclusive** adj inklusive; **~ price** Inklusivpreis m; **from 1st to 6th May ~** vom 1. bis einschließlich 6. Mai

incognito adv inkognito

incoherent adj style, speech zusammenhanglos; person sich undeutlich ausdrückend; drunk etc schwer verständlich **incoherently** adv zusammenhanglos

income n Einkommen nt; **low-~ families** einkommensschwache Familien pl **income bracket** n Einkommensklasse f **income support** n (Br) ≈ Sozialhilfe f **income tax** n Lohnsteuer f; (on private income) Einkommensteuer f

incoming adj **1** ankommend; mail eingehend; **~ tide** Flut f; **to receive ~ (phone) calls** (Telefon)anrufe entgegennehmen **2** president etc neu

incommunicado adj pred ohne jede Verbindung zur Außenwelt; **to be ~** (fig) für niemanden zu sprechen sein

incomparable adj nicht vergleichbar; beauty, skill unvergleichlich

incompatibility n (of characters, ideas) Unvereinbarkeit f; (of drugs, colours) Unverträglichkeit f; (of technical systems) Inkompatibilität f; **divorce on grounds of**

~ Scheidung aufgrund der Unvereinbarkeit der Charaktere der Ehepartner **incompatible** adj characters, ideas unvereinbar; technical systems nicht kompatibel; drugs, colours nicht miteinander verträglich; **we are ~, she said** wir passen überhaupt nicht zusammen or zueinander, sagte sie; **to be ~ with sb/sth** nicht zu jdm/etw passen

incompetence n Unfähigkeit f **incompetent** adj unfähig; management inkompetent; piece of work unzulänglich **incompetently** adv schlecht

incomplete adj collection unvollständig; information lückenhaft

incomprehensible adj unverständlich (to sb jdm)

incomprehension n Unverständnis nt

inconceivable adj unvorstellbar

inconclusive adj result unbestimmt; discussion, investigation ergebnislos; evidence nicht überzeugend **inconclusively** adv ergebnislos

incongruity n no pl (of remark, presence) Unpassende(s); (of situation) Absurdität f; (of behaviour) Unangebrachtheit f **incongruous** adj couple, mixture wenig zusammenmenpassend attr; thing to do, remark unpassend; behaviour unangebracht

inconsequential adj unbedeutend

inconsiderable adj unerheblich

inconsiderate adj, **inconsiderately** adv rücksichtslos

inconsistency n **1** (≈ contradictoriness) Widersprüchlichkeit f **2** (of work etc) Unbeständigkeit f **inconsistent** adj **1** (≈ contradictory) widersprüchlich; **to be ~ with sth** zu etw im Widerspruch stehen **2** work unbeständig; person inkonsequent **inconsistently** adv **1** argue, behave widersprüchlich **2** work ungleichmäßig

inconsolable adj untröstlich

inconspicuous adj unauffällig; **to make oneself ~** so wenig Aufsehen wie möglich erregen

incontestable adj unbestreitbar

incontinence n MED Inkontinenz f **incontinent** adj MED inkontinent

incontrovertible adj unbestreitbar; evidence unwiderlegbar

inconvenience **A** n Unannehmlichkeit f (to sb für jdn); **it was something of an ~ not having a car** es war eine ziemlich lästige or leidige Angelegenheit, kein Au-

to zu haben; **I don't want to cause you any ~** ich möchte Ihnen keine Umstände machen **B** v/t Unannehmlichkeiten bereiten (+dat); **don't ~ yourself** machen Sie keine Umstände **inconvenient** adj ungünstig; **if it's ~, I can come later** wenn es Ihnen ungelegen ist, kann ich später kommen; **it is ~ to have to wait** es ist lästig, warten zu müssen **inconveniently** adv ungünstig

incorporate v/t **1** (≈ integrate) aufnehmen (into in +acc) **2** (≈ contain) enthalten **3** **~d company** (US) Aktiengesellschaft f **incorporation** n Aufnahme f (into, in in +acc)

incorrect adj **1** falsch; **that is ~** das stimmt nicht; **you are ~** Sie haben unrecht **2** behaviour inkorrekt **incorrectly** adv (≈ wrongly) falsch; (≈ improperly) inkorrekt; **I had ~ assumed that ...** ich hatte fälschlich(erweise) angenommen, dass ...

incorrigible adj unverbesserlich

incorruptible adj person charakterstark; (≈ not bribable) unbestechlich

increase **A** v/i zunehmen; (taxes) erhöht werden; (strength) wachsen; (price, sales, demand) steigen; **to ~ in breadth/size/number** breiter/größer/mehr werden; **to ~ in size/number** größer/mehr werden; **industrial output ~d by 2% last year** die Industrieproduktion wuchs im letzten Jahr um 2% **B** v/t vergrößern; noise, effort verstärken; trade, sales erweitern; taxes, price, speed, demand erhöhen; chances verbessern; **he ~d his efforts** er strengte sich mehr an; **they ~d her salary by £2,000** sie erhöhten ihr Jahresgehalt um £ 2.000 **C** n Zunahme f; (in size) Vergrößerung f; (in speed) Erhöhung f (in +gen); (in sales) Zuwachs m; (of demand) Verstärkung f; (of salary) Gehaltserhöhung f; **to get an ~ of £5 per week** £ 5 pro Woche mehr bekommen; **to be on the ~** ständig zunehmen; **~ in value** Wertsteigerung f; **rent ~** Mieterhöhung f **increasing** adj zunehmend; **an ~ number of people** mehr und mehr Leute; **there are ~ signs that ...** es gibt immer mehr Anzeichen dafür, dass ... **increasingly** adv zunehmend; **~, people are finding that ...** man findet in zunehmendem Maße, dass ...

incredible adj unglaublich; scenery, music sagenhaft; **it seems ~ to me that ...** ich kann es nicht fassen, dass ...; **you're ~**

(*infml*) du bist wirklich unschlagbar **incredibly** *adv* unglaublich, unwahrscheinlich; **~, he wasn't there** unglaublicherweise war er nicht da

incredulity *n* Ungläubigkeit *f* **incredulous** *adj*, **incredulously** *adv* ungläubig

increment *n* Zuwachs *m* **incremental** *adj* (*Br*) zunehmend; **~ costs** Grenzkosten *pl*

incriminate *v/t* belasten **incriminating**, **incriminatory** *adj* belastend

in-crowd *n* (*infml*) Schickeria *f* (*infml*)

incubate **A** *v/t egg* ausbrüten; *bacteria* züchten **B** *v/i* ausgebrütet werden **incubation** *n* (*of egg*) Ausbrüten *nt*; (*of bacteria*) Züchten *nt* **incubator** *n* (*for babies*) Brutkasten *m*

incumbent (*form*) **A** *adj* **to be ~ upon sb** jdm obliegen (*form*) **B** *n* Amtsinhaber(in) *m(f)*

incur *v/t* **1** **to ~ the wrath of sb** jds Zorn auf sich (*acc*) ziehen **2** FIN *loss* erleiden; *expenses* machen

incurable *adj* MED unheilbar; (*fig*) unverbesserlich

incursion *n* Einfall *m* (*into* in +*acc*)

indebted *adj* **1** (*fig*) verpflichtet; **to be ~ to sb for sth** jdm für etw (zu Dank) verpflichtet sein **2** FIN verschuldet (*to sb* bei jdm) **indebtedness** *n* (*fig*) Verpflichtung *f* (*to* gegenüber); FIN Verschuldung *f*

indecency *n* Unanständigkeit *f* **indecent** *adj* unanständig; *joke* schmutzig; *amount* unerhört; **with ~ haste** mit ungebührlicher Eile *or* Hast **indecent assault** *n* Notzucht *f* **indecently** *adv* unanständig; **to be ~ assaulted** sexuell missbraucht werden

indecipherable *adj* nicht zu entziffernd *attr*

indecision *n* Unentschlossenheit *f* **indecisive** *adj* **1** *person* unentschlossen (*in or about or over sth* in Bezug auf etw *acc*) **2** *vote* ergebnislos; *result* nicht eindeutig

indeed *adv* **1** tatsächlich; **I feel, ~ I know he is right** ich habe das Gefühl, ja ich weiß (sogar), dass er recht hat; **isn't that strange? — ~ (it is)** ist das nicht seltsam? — allerdings; **are you coming? — ~ I am!** kommst du? — aber natürlich!; **are you pleased? — yes, ~!** bist du zufrieden? — oh ja, das kann man wohl sagen!; **did you/is it/has she** *etc* **~?** tatsäch-

lich?; **~?** ach wirklich?; **where ~?** ja, wo?; **if ~ ... falls ...** wirklich **2** (*as intensifier*) wirklich; **very ... ~** wirklich sehr ...; **thank you very much ~** vielen herzlichen Dank

indefatigable *adj*, **indefatigably** *adv* unermüdlich

indefensible *adj behaviour etc* unentschuldbar; *policy* unhaltbar; **morally ~** moralisch nicht vertretbar

indefinable *adj colour* undefinierbar; *feeling* unbestimmt

indefinite *adj* unbestimmt **indefinite article** *n* GRAM unbestimmter Artikel **indefinitely** *adv wait etc* endlos; *postpone, close* auf unbestimmte Zeit; **we can't go on like this ~** wir können nicht endlos so weitermachen

indelible *adj* (*fig*) *impression* unauslöschlich

indelicate *adj person* taktlos

indent *v/t* TYPO einrücken **indentation** *n* (*in edge*) Kerbe *f*; TYPO Einrückung *f*

independence *n* Unabhängigkeit *f* (*of* von); **to gain** *or* **achieve/declare ~** die Unabhängigkeit erlangen/erklären **Independence Day** *n* (*US*) der Unabhängigkeitstag

independent **A** *adj* unabhängig (*of sb/sth* von jdm/etw); **a man of ~ means** eine Person mit Privateinkommen; **to become ~** (*country*) die Unabhängigkeit erlangen; **~ retailer** (*US*) selbstständiger Einzelhändler, selbstständige Einzelhändlerin **B** *n* POL Unabhängige(r) *m/f(m)* **independently** *adv* unabhängig (*of sb/sth* von jdm/etw); *live* ohne fremde Hilfe; *work* selbstständig; **they each came ~ to the same conclusion** sie kamen unabhängig voneinander zur gleichen Schlussfolgerung **independent school** *n* unabhängige Schule

in-depth *adj* gründlich; *interview* ausführlich

indescribable *adj* unbeschreiblich; (*infml* ≈ *terrible*) schrecklich

indestructible *adj* unzerstörbar

indeterminate *adj* unbestimmt; **of ~ sex** von unbestimmbarem Geschlecht

index *n* **1** *pl* **-es** (*in book*) Index *m*; (*in library*) Katalog *m*; (≈ *card index*) Kartei *f* **2** *pl* **-es** *or* **indices** (≈ *number showing ratio*) Index *m*; **cost-of-living ~** Lebenshaltungskostenindex *m* **index card** *n* Karteikarte *f* **index finger** *n* Zeigefinger *m* **index-**

linked *adj rate* indexgebunden; *pensions* dynamisch

India *n* Indien *nt* **India ink** *n* (US) Tusche *f*

Indian **A** *adj* **1** indisch **2** *neg!* (≈ *American Indian*) indianisch, Indianer- **B** *n* **1** Inder(in) *m(f)* **2** *neg!* (≈ *American Indian*) Indianer(in) *m(f) neg!* **Indian ink** *n* Tusche *f* **Indian Ocean** *n* Indischer Ozean **Indian summer** *n* Altweibersommer *m*

indicate **A** *v/t* **1** zeigen; (≈ *point to*) zeigen auf (+*acc*); **large towns are ~d in red** Großstädte sind rot gekennzeichnet; **to ~ one's intention to do sth** seine Absicht anzeigen, etw zu tun **2** (≈ *suggest*) erkennen lassen; **opinion polls ~ that ...** die Meinungsumfragen deuten darauf hin, dass ... **3** *temperature* (an)zeigen **B** *v/i* (*esp Br* AUTO) blinken **indication** *n* (An)zeichen *nt* (*of* für); **he gave a clear ~ of his intentions** er ließ seine Absichten deutlich erkennen; **he gave no ~ that he was ready** nichts wies darauf hin, dass er bereit war; **that is some ~ of what we can expect** das gibt uns einen Vorgeschmack auf das, was wir zu erwarten haben **indicative** **A** *adj* **1** bezeichnend (*of* für); **to be ~ of sth** auf etw (*acc*) hindeuten **2** GRAM **~ mood** Indikativ *m* **B** *n* GRAM Indikativ *m*; **in the ~** im Indikativ, in der Wirklichkeitsform **indicator** *n* (≈ *instrument*) Anzeiger *m*; (≈ *needle*) Zeiger *m*; (*esp Br* AUTO) Blinker *m*; (*fig*) Messlatte *f*; **pressure ~** Druckmesser *m*; **this is an ~ of economic recovery** dies ist ein Indikator für den Aufschwung

indices *pl* of index

indict *v/t* anklagen (*on a charge of sth* einer Sache *gen*); (US JUR) Anklage erheben gegen (*for* wegen +*gen*) **indictment** *n* (*of person*) Anschuldigung *f*; **to be an ~ of sth** (*fig*) ein Armutszeugnis *nt* für etw sein

indifference *n* Gleichgültigkeit *f* (*to, towards* gegenüber); **it's a matter of complete ~ to me** das ist mir völlig egal or gleichgültig **indifferent** *adj* **1** gleichgültig (*to, towards* gegenüber); **he is quite ~ about it/to her** es/sie ist ihm ziemlich gleichgültig **2** (≈ *mediocre*) mittelmäßig

indigenous *adj* einheimisch (*to* in +*dat*); **plants ~ to Canada** in Kanada heimische Pflanzen

indigestible *adj* MED unverdaulich **indi-**

gestion *n* Verdauungsbeschwerden *pl*

indignant *adj*, **indignantly** *adv* entrüstet (*at, about, with* über +*acc*) **indignation** *n* Entrüstung *f* (*at, about, with* über +*acc*)

indignity *n* Demütigung *f*

indigo *adj* indigofarben

indirect *adj* indirekt; **by an ~ route** auf Umwegen; **to make an ~ reference to sb/sth** auf jdn/etw anspielen or indirekt Bezug nehmen **indirectly** *adv* indirekt **indirect object** *n* GRAM Dativobjekt *nt* **indirect speech** *n* GRAM indirekte Rede

indiscernible *adj* nicht erkennbar; *noise* nicht wahrnehmbar

indiscipline *n* Disziplinlosigkeit *f*

indiscreet *adj* indiskret; (≈ *tactless*) taktlos; **to be ~ about sth** in Bezug auf etw (*acc*) indiskret sein **indiscreetly** *adv* indiskret; (≈ *tactlessly*) taktlos **indiscretion** *n* **1** Indiskretion *f*; (≈ *tactlessness*) Taktlosigkeit *f* **2** (≈ *affair*) Affäre *f*

indiscriminate *adj* wahllos; *choice* willkürlich **indiscriminately** *adv* wahllos; *choose* willkürlich

indispensable *adj* unentbehrlich

indisposed *adj* (≈ *unwell*) indisponiert (*elev*)

indisputable *adj* unbestreitbar; *evidence* unanfechtbar

indistinct *adj* unklar; *noise* schwach **indistinctly** *adv* see verschwommen; *speak* undeutlich; *remember* dunkel

indistinguishable *adj* nicht unterscheidbar; **the twins are ~ (from one another)** man kann die Zwillinge nicht (voneinander) unterscheiden

individual **A** *adj* **1** (≈ *separate*) einzeln; **~ cases** Einzelfälle *pl* **2** (≈ *own*) eigen; **~ portion** Einzelportion *f* **3** (≈ *distinctive*) individuell **B** *n* Individuum *nt* **individualistic** *adj* individualistisch **individuality** *n* Individualität *f* **individually** *adv* individuell; (≈ *separately*) einzeln

indivisible *adj* unteilbar

Indo- *pref* Indo-

indoctrinate *v/t* indoktrinieren **indoctrination** *n* Indoktrination *f*

indolence *n* Trägheit *f* **indolent** *adj* träge

indomitable *adj* person, courage unbezwingbar; *will* eisern

Indonesia *n* Indonesien *nt* **Indonesian**

A *adj* indonesisch **B** *n* Indonesier(in) *m(f)*
indoor *adj* Innen-; **~ market** überdachter
Markt; **~ plant** Zimmerpflanze *f*; **~ swimming pool** *(public)* Hallenbad *nt*
indoors *adv* drin(nen) *(infml)*, innen; *(≈ at
home)* zu Hause; *(≈ into house)* ins Haus;
to stay ~ im Haus bleiben; **go and play
~** geh ins Haus *or* nach drinnen spielen
indorse *etc* = endorse
induce *v/t* **1 to ~ sb to do sth** jdn dazu
bringen, etw zu tun **2** *reaction, sleep* herbeiführen; *vomiting* verursachen; *labour*
einleiten; **a stress-/drug-~d condition**
ein durch Stress/Drogen ausgelöstes Leiden
induction *n* **1** *(of bishop etc)* Amtseinführung *f*; *(of employee)* Einarbeitung *f*; *(US
MIL)* Einberufung *f* **2** *(of labour)* Einleitung
f **induction course** *n* Einführungskurs
m **induction hob** *(Br)*, **induction
stove top** *(US)* *n* Induktionsherd *m*
indulge **A** *v/t* nachgeben *(+dat)*; *(≈ overindulge)* *children* verwöhnen; **he ~s her every whim** er erfüllt ihr jeden Wunsch;
she ~d herself with a glass of wine sie
gönnte sich *(dat)* ein Glas Wein **B** *v/i* **to
~ in sth** sich *(dat)* etw gönnen; *in vice,
daydreams* sich einer Sache *(dat)* hingeben; **dessert came, but I didn't ~** *(infml)*
der Nachtisch kam, aber ich konnte mich
beherrschen **indulgence** *n* **1** Nachsicht
f; *(≈ overindulgence)* Verwöhnung *f* **2** *(≈
thing indulged in)* Luxus *m*; *(≈ food, pleasure)*
Genuss *m* **indulgent** *adj*, **indulgently**
adv nachsichtig *(to gegenüber)*
industrial *adj* industriell, Industrie-; **~
nation** Industriestaat *m*; **the Industrial
Revolution** die industrielle Revolution
industrial action *n* Arbeitskampfmaßnahmen *pl*; **to take ~** in den Ausstand
treten **industrial dispute** *n* Auseinandersetzungen *pl* zwischen Arbeitgebern
und Arbeitnehmern; *(about pay also)* Tarifkonflikt *m*; *(≈ strike)* Streik *m* **industrial
estate** *n* *(Br)* Industriegebiet *nt* **industrialist** *n* Industrielle(r) *m/f(m)* **industrialization** *n* Industrialisierung *f* **industrialize** *v/t & v/i* industrialisieren; **~d nation** Industrienation *f* **industrial park** *n*
(US) Industriegelände *nt* **industrial relations** *pl* Beziehungen *pl* zwischen Arbeitgebern und Gewerkschaften **industrial site** *n* Industriegelände *nt* **industrial tribunal** *n* Arbeitsgericht *nt* **in-**

dustrial unrest *n* Arbeitsunruhen *pl*
industrial waste *n* Industriemüll *m* **industrious** *adj*, **industriously** *adv* fleißig
industry *n* Industrie *f*; **heavy ~** Schwerindustrie *f*
inebriated *adj* *(form)* betrunken
inedible *adj* nicht essbar; *(≈ unpleasant)*
ungenießbar
ineffable *adj* *(form)* unsäglich *(elev)*
ineffective *adj* ineffektiv; *person, management* unfähig; **to be ~ against sth**
nicht wirksam gegen etw sein **ineffectively** *adv* ineffektiv **ineffectiveness**
n Ineffektivität *f*; *(of person)* Unfähigkeit *f*
ineffectual *adj* ineffektiv
inefficiency *n* *(of person)* Unfähigkeit *f*;
(of machine) geringe Leistung; *(of company)*
Unproduktivität *f* **inefficient** *adj* *person*
unfähig; *machine* leistungsschwach; *method* unrationell; *company* unproduktiv; **to
be ~ at doing sth** etw schlecht machen
inefficiently *adv* schlecht; **to work ~**
(person) unrationell arbeiten; *(machine)* unwirtschaftlich arbeiten
inelegant *adj*, **inelegantly** *adv* unelegant
ineligible *adj* *(for benefits)* nicht berechtigt *(for zu Leistungen +gen)*; *(for job, office)*
ungeeignet; **~ for military service** wehruntauglich; **to be ~ for a pension** nicht
pensionsberechtigt sein
inept *adj* ungeschickt **ineptitude, ineptness** *n* Ungeschick *nt*
inequality *n* Ungleichheit *f*
inert *adj* unbeweglich **inert gas** *n* CHEM
Edelgas *nt* **inertia** *n* Trägheit *f*
inescapable *adj* unvermeidlich; *fact* unausweichlich
inessential *adj* unwesentlich
inestimable *adj* unschätzbar
inevitability *n* Unvermeidlichkeit *f* **inevitable** **A** *adj* unvermeidlich; **defeat
seemed ~** die Niederlage schien unabwendbar **B** *n* **the ~** das Unvermeidliche
inevitably *adv* zwangsläufig; **one question ~ leads to another** eine Frage zieht
unweigerlich weitere nach sich; **~, he got
drunk** es konnte ja nicht ausbleiben, dass
er sich betrank; **as ~ happens on these
occasions** wie es bei solchen Anlässen
immer ist
inexact *adj* ungenau
inexcusable *adj* unverzeihlich

inexhaustible *adj* unerschöpflich
inexorable *adj* unaufhaltsam
inexpensive *adj*, **inexpensively** *adv* billig
inexperience *n* Unerfahrenheit *f* **inexperienced** *adj* unerfahren; *skier etc* ungeübt; **to be ~ in doing sth** wenig Erfahrung darin haben, etw zu tun
inexpertly *adv* unfachmännisch
inexplicable *adj* unerklärlich **inexplicably** *adv* (+*adj*) unerklärlich; (+*vb*) unerklärlicherweise
inexpressible *adj* unbeschreiblich
inextricable *adj* *tangle* unentwirrbar; *link* untrennbar **inextricably** *adv* *entangled* unentwirrbar; *linked* untrennbar
infallibility *n* Unfehlbarkeit *f* **infallible** *adj* unfehlbar
infamous *adj* berüchtigt (*for* wegen) **infamy** *n* Verrufenheit *f*
infancy *n* frühe Kindheit; (*fig*) Anfangsstadium *nt*; **in early ~** in frühester Kindheit; **when radio was still in its ~** als das Radio noch in den Kinderschuhen steckte **infant** *n* (≈ *baby*) Säugling *m*; (≈ *young child*) Kleinkind *nt*; **she teaches ~s** sie unterrichtet Grundschulkinder; **~ class** (*Br*) *erste und zweite Grundschulklasse* **infantile** *adj* (≈ *childish*) kindisch **infant mortality** *n* Säuglingssterblichkeit *f*
infantry *n* MIL Infanterie *f* **infantryman** *n*, *pl* -men Infanterist *m*
infant school *n* (*Br*) *Grundschule für die ersten beiden Jahrgänge*
infatuated *adj* vernarrt (*with* in +*acc*); **to become ~ with sb** sich in jdn vernarren **infatuation** *n* Vernarrtheit *f* (*with* in +*acc*)
infect *v/t wound, blood* infizieren; *person* anstecken; **to be ~ed with sth** sich mit etw angesteckt haben; **his wound became ~ed** seine Wunde entzündete sich **infected** *adj* infiziert
infection *n* Infektion *f*
infectious *adj* ansteckend
infer *v/t* **1** (≈ *deduce*) schließen (*from* aus) **2** (≈ *imply*) andeuten **inference** *n* Schluss(folgerung *f*) *m*
inferior **A** *adj* (*in quality*) minderwertig; *person* unterlegen; (*in rank*) untergeordnet; **an ~ workman** ein weniger guter Handwerker; **to be ~ to sth** (*in quality*) von minderer Qualität sein als etw; **to be ~ to sb** jdm unterlegen sein; (*in rank*)

jdm untergeordnet sein; **he feels ~** er kommt sich (*dat*) unterlegen *or* minderwertig vor **B** *n* **one's ~s** (*in rank*) seine Untergebenen *pl* **inferiority** *n* (*in quality*) Minderwertigkeit *f*; (*of person*) Unterlegenheit *f* (*to* gegenüber); (*in rank*) untergeordnete Stellung **inferiority complex** *n* Minderwertigkeitskomplex *m*
infernal *adj* (*infml*) *nuisance* verteufelt; *noise* höllisch **inferno** *n* Flammenmeer *nt*; **a blazing ~** ein flammendes Inferno
infertile *adj* *soil, person* unfruchtbar; *animal* fortpflanzungsunfähig **infertility** *n* (*of person*) Unfruchtbarkeit *f* **infertility treatment** *n* Sterilitätsbehandlung *f*
infest *v/t* (*rats, lice*) herfallen über (+*acc*); **to be ~ed with rats** mit Ratten verseucht sein
infidel *n* HIST, REL Ungläubige(r) *m/f(m)* **infidelity** *n* Untreue *f*
in-fighting *n* (*fig*) interner Machtkampf
infiltrate *v/t* POL *organization* unterwandern; *spies* einschleusen **infiltration** *n* POL Unterwanderung *f* **infiltrator** *n* POL Unterwanderer *m*
infinite *adj* (*lit*) unendlich; *possibilities* unendlich viele **infinitely** *adv* unendlich; *better* unendlich viel **infinitesimal** *adj* unendlich klein
infinitive *n* GRAM Infinitiv *m*; **in the ~** im Infinitiv
infinity *n* (*lit*) Unendlichkeit *f*; MAT das Unendliche; **to ~** (bis) ins Unendliche
infirm *adj* gebrechlich **infirmary** *n* (≈ *hospital*) Krankenhaus *nt*, Spital *nt* (*Aus, Swiss*); (*in school etc*) Krankenzimmer *nt*; (*in prison*) Krankenstation *f* **infirmity** *n* Gebrechlichkeit *f*; **the infirmities of (old) age** die Altersgebrechen *pl*
inflame *v/t* **1** MED entzünden; **to become ~d** sich entzünden **2** *situation* anheizen **inflammable** *adj* (*lit*) feuergefährlich; *fabric* leicht entflammbar; **"highly ~"** „feuergefährlich" **inflammation** *n* MED Entzündung *f* **inflammatory** *adj* *rhetoric* aufrührerisch; **~ speech/pamphlet** Hetzrede/-schrift *f*
inflatable **A** *adj* aufblasbar; **~ dinghy** Schlauchboot *nt* **B** *n* (≈ *boat*) Gummiboot *nt* **inflate** **A** *v/t* **1** (*lit*) aufpumpen; (*by mouth*) aufblasen **2** ECON *prices* hochtreiben **B** *v/i* (*lit*) sich mit Luft füllen **inflated** *adj* *price* überhöht; *ego* übersteigert
inflation *n* ECON Inflation *f*; **~ rate** Infla-

tionsrate f **inflationary** *adj* inflationär; **~ pressures/politics** Inflationsdruck *m*/-politik f

inflected *adj* GRAM *form, ending* flektiert, gebeugt; *language* flektierend **inflection** *n* = inflexion

inflexibility *n* (*fig*) Unbeugsamkeit f **inflexible** *adj* (*lit*) starr; (*fig*) unbeugsam

inflexion *n* **1** (GRAM, *of word*) Flexion f **2** (*of voice*) Tonfall *m*

inflict *v/t punishment* verhängen (*on, upon* gegen*); suffering, damage* zufügen (*on or upon sb* jdm*); defeat* beibringen (*on or upon sb* jdm) **infliction** *n* (*of suffering*) Zufügen *nt*

in-flight *adj* während des Fluges; *service* an Bord; **~ magazine** Bordmagazin *nt*

inflow *n* **1** (*of water, air*) (≈ *action*) Zustrom *m*, Zufließen *nt*; **~ pipe** Zuflussrohr *nt* **2** (*fig*) (*of people, goods*) Zustrom *m*; (*of ideas etc*) Eindringen *nt*

influence **A** *n* Einfluss *m* (*over* auf +*acc*); **to have an ~ on sb/sth** (*person*) Einfluss auf jdn/etw haben; **the book had** *or* **was a great ~ on him** das Buch hat ihn stark beeinflusst; **he was a great ~ in ...** er war ein bedeutender Faktor bei ...; **to use one's ~** seinen Einfluss einsetzen; **a man of ~** eine einflussreiche Person; **under the ~ of sb/sth** unter jds Einfluss/dem Einfluss einer Sache; **under the ~ of drink** unter Alkoholeinfluss; **under the ~** (*infml*) betrunken; **one of my early ~s was Beckett** einer der Schriftsteller, die mich schon früh beeinflusst haben, war Beckett **B** *v/t* beeinflussen; **to be easily ~d** leicht beeinflussbar zu sein **influential** *adj* einflussreich

influenza *n* Grippe f

influx *n* (*of capital, goods*) Zufuhr f; (*of people*) Zustrom *m*

info *n* (*infml*) = information

inform **A** *v/t* informieren (*about* über +*acc*); **to ~ sb of sth** jdn über etw informieren; **I am pleased to ~ you that ...** ich freue mich, Ihnen mitteilen zu können, dass ...; **to ~ the police** die Polizei verständigen; **to keep sb ~ed** jdn auf dem Laufenden halten (*of* über +*acc*) **B** *v/i* **to ~ against** *or* **on sb** jdn denunzieren

informal *adj* **1** *esp* POL *meeting* nicht formell; *visit* inoffiziell **2** *atmosphere, manner* zwanglos; *language* ungezwungen **informality** *n* **1** (*esp* POL, *of meeting*) nicht for-

meller Charakter; (*of visit*) inoffizieller Charakter **2** (*of atmosphere, manner*) Zwanglosigkeit f; (*of language*) informeller Charakter **informally** *adv* **1** (≈ *unofficially*) inoffiziell **2** (≈ *casually*) zwanglos

informant *n* **1** Informant(in) *m(f)*; **according to my ~ the book is out of print** wie man mir mitteilt, ist das Buch vergriffen **2** (**police**) **~** Polizeispitzel *m*

information *n* Informationen *pl*; **a piece of ~** eine Auskunft *or* Information; **for your ~** zu Ihrer Information; (*indignantly*) damit Sie es wissen; **to give sb ~ about** *or* **on sb/sth** jdm Auskunft *or* Informationen über jdn/etw geben; **to get ~ about** *or* **on sb/sth** sich über jdn/etw informieren; **"information"** „Auskunft"; **we have no ~ about that** wir wissen darüber nicht Bescheid; **for further ~ please contact this number ...** Näheres erfahren Sie unter Telefonnummer ... **information and communication technology** *n* Informations- und Kommunikationstechnologie f **information desk** *n* Informationsschalter *m* **information pack** *n* Informationsmaterial *nt* **information superhighway** *n* Datenautobahn f **information technology** *n* Informationstechnik f **informative** *adj* aufschlussreich **informed** *adj observer* informiert; *guess* fundiert **informer** *n* Informant(in) *m(f)*; **police ~** Polizeispitzel *m*

infotainment *n* TV Infotainment *nt*

infrared *adj* infrarot

infrastructure *n* Infrastruktur f

infrequency *n* Seltenheit f **infrequent** *adj* selten; **at ~ intervals** in großen Abständen **infrequently** *adv* selten

infringe **A** *v/t* verstoßen gegen; *rights* verletzen **B** *v/i* **to ~ (up)on sb's rights** jds Rechte verletzen **infringement** *n* **an ~ (of a rule)** ein Regelverstoß *m*; **the ~ of sb's rights** die Verletzung von jds Rechten

infuriate *v/t* zur Raserei bringen **infuriating** *adj* (äußerst) ärgerlich; **an ~ person** ein Mensch, der einen rasend machen kann

infuse **A** *v/t courage etc* einflößen (*into sb* jdm) **B** *v/i* ziehen **infusion** *n* (*tea-like*) Tee *m*

ingenious *adj*, **ingeniously** *adv* genial **ingenuity** *n* Genialität f

ingenuous *adj* **1** aufrichtig **2** (≈ *naïve*)

naiv

ingot *n* Barren *m*

ingrained *adj* **1** *(fig)* *habit* eingefleischt; *prejudice* tief verwurzelt; **to be (deeply) ~** fest verwurzelt sein **2** *dirt* tief eingedrungen

ingratiate *v/r* **to ~ oneself with sb** sich bei jdm einschmeicheln

ingratitude *n* Undank *m*; **sb's ~** jds Undankbarkeit *f*

ingredient *n* Bestandteil *m*; *(for recipe)* Zutat *f*; **all the ~s for success** alles, was man zum Erfolg braucht

ingrowing *adj* MED eingewachsen

inhabit *v/t* bewohnen; *(animals)* leben in (+*dat*) **inhabitable** *adj* bewohnbar **inhabitant** *n* Bewohner(in) *m(f)*

inhale **A** *v/t* einatmen; MED inhalieren **B** *v/i* (*in smoking*) inhalieren; **do you ~?** rauchen Sie auf Lunge? **inhaler** *n* Inhalationsapparat *m*

inherent *adj* innewohnend, eigen (*to, in* +*dat*) **inherently** *adv* von Natur aus

inherit *v/t & v/i* erben; **the problems which we ~ed from the last government** die Probleme, die uns die letzte Regierung hinterlassen *or* vererbt hat **inheritance** *n* Erbe *nt* **inherited** *adj* ererbt

inhibit *v/t* hemmen; *ability* beeinträchtigen **inhibited** *adj* gehemmt **inhibition** *n* Hemmung *f*; **he has no ~s about speaking French** er hat keine Hemmungen, Französisch zu sprechen

inhospitable *adj* ungastlich; *climate, terrain* unwirtlich

in-house **A** *adj* hausintern; *staff* im Haus **B** *adv* hausintern

inhuman *adj* unmenschlich **inhumane** *adj* inhuman; *treatment* menschenunwürdig **inhumanity** *n* Unmenschlichkeit *f*

inimitable *adj* unnachahmlich

iniquitous *adj* ungeheuerlich

initial **A** *adj* anfänglich, Anfangs-; **my ~ reaction** meine anfängliche Reaktion; **in the ~ stages** im Anfangsstadium **B** *n* Initiale *f* **C** *v/t* *document* mit seinen Initialen unterzeichnen **initially** *adv* anfangs **initiate** *v/t* **1** (≈ *set in motion*) den Anstoß geben zu, initiieren (*elev*); *discussion* eröffnen **2** (*into club etc*) feierlich aufnehmen **3** (≈ *instruct*) einweihen; **to ~ sb into sth** jdn in etw (*acc*) einführen **initiation** *n* (*into society*) Aufnahme *f* **initiation**

ceremony *n* Aufnahmezeremonie *f* **initiative** *n* Initiative *f*; **to take the ~** die Initiative ergreifen; **on one's own ~** aus eigener Initiative; **to have the ~** überlegen sein; **to lose the ~** seine Überlegenheit verlieren **initiator** *n* Initiator(in) *m(f)*

inject *v/t* (ein)spritzen; *drugs* spritzen; **to ~ sb with sth** MED jdm etw spritzen; **he ~ed new life into the team** er brachte neues Leben in das Team **injection** *n* Injektion *f*; **to give sb an ~** jdm eine Injektion geben; **a £250 million cash ~** eine Finanzspritze von 250 Millionen Pfund

injudicious *adj*, **injudiciously** *adv* unklug

injunction *n* JUR gerichtliche Verfügung; **to take out a court ~** eine gerichtliche Verfügung erwirken

injure *v/t* verletzen; *reputation* schaden (+*dat*); **to ~ one's leg** sich (*dat*) das Bein verletzen; **how many were ~d?, how many ~d were there?** wie viele Verletzte gab es?; **the ~d** die Verletzten *pl*; **the ~d party** JUR der/die Geschädigte **injurious** *adj* schädlich

injury *n* Verletzung *f* (*to* +*gen*); **to do sb/ oneself an ~** jdn/sich verletzen; **to play ~ time** (*Br* SPORTS) *or* **~ overtime** (*US* SPORTS) nachspielen

injustice *n* Ungerechtigkeit *f*; **to do sb an ~** jdm unrecht tun

ink *n* Tinte *f*; ART Tusche *f*; TYPO Druckfarbe *f* **ink drawing** *n* Tuschzeichnung *f* **ink-jet (printer)** *n* Tintenstrahldrucker *m*

inkling *n* dunkle Ahnung; **he didn't have an ~** er hatte nicht die leiseste Ahnung

ink pad *n* Stempelkissen *nt* **inkstain** *n* Tintenfleck *m* **inky** *adj* (+*er*) (*lit*) tintenschmiert; **~ fingers** Tintenfinger *pl*

inlaid *adj* eingelegt

inland **A** *adj* binnenländisch; **~ town** Stadt *f* im Landesinneren; **~ waterway** Binnenwasserstraße *f* **B** *adv* landeinwärts **inland lake** *n* Binnensee *m* **Inland Revenue** *n* (*Br*) ≈ Finanzamt *nt* **inland sea** *n* Binnenmeer *nt*

inlaw *n* angeheirateter Verwandter, angeheiratete Verwandte; **~s** (≈ *parents-in-law*) Schwiegereltern *pl*

inlay *n* Einlegearbeit *f*, Intarsien *pl*

inlet *n* **1** (*of sea*) Meeresarm *m*; (*of river*) Flussarm *m* **2** TECH Zuleitung *f*

in-line skates *pl* Inline-Skates *pl*

inmate n Insasse m, Insassin f

inmost adj = innermost

inn n Gasthaus nt

innards pl Innereien pl

innate adj angeboren **innately** adv von Natur aus

inner adj innere(r, s); ~ **city** Innenstadt f **inner-city** adj attr Innenstadt-; (≈ of cities generally) in den Innenstädten; problem der Innenstadt/der Innenstädte **innermost** adj innerste(r, s) **inner tube** n Schlauch m

innings n CRICKET Innenrunde f; **he has had a good ~** er hatte ein langes, ausgefülltes Leben

innkeeper n (Gast)wirt(in) m(f)

innocence n Unschuld f **innocent** 🅐 adj 🚺 unschuldig; **she is ~ of the crime** sie ist an dem Verbrechen unschuldig 🔢 question naiv; remark arglos 🅑 n Unschuld f **innocently** adv unschuldig; **the quarrel began ~ enough** der Streit begann ganz harmlos

innocuous adj, **innocuously** adv harmlos

innovate v/i Neuerungen einführen **innovation** n Innovation f **innovative** adj innovativ; idea originell **innovator** n Neuerer m, Neuerin f

innuendo n, pl -es versteckte Andeutung; **sexual ~** sexuelle Anspielung

innumerable adj unzählig

inoculate v/t impfen (against gegen) **inoculation** n Impfung f

inoffensive adj harmlos

inoperable adj inoperabel

inoperative adj 🚺 law außer Kraft 🔢 **to be ~** (machine) nicht funktionieren

inopportune adj inopportun; **to be ~** ungelegen kommen

inordinate adj unmäßig; number, sum übermäßig; demand übertrieben **inordinately** adv unmäßig; large übermäßig

inorganic adj anorganisch

inpatient n stationär behandelter Patient/behandelte Patientin

input 🅐 n 🚺 (into computer) Eingabe f; (of capital) Investition f; (into project etc) Beitrag m 🔢 (≈ input terminal) Eingang m 🅑 v/t IT eingeben

inquest n JUR gerichtliche Untersuchung der Todesursache; (fig) Manöverkritik f

inquire 🅐 v/t sich erkundigen nach; **he ~d whether …** er erkundigte sich, ob … 🅑 v/i sich erkundigen (about nach); **"inquire within"** „Näheres im Geschäft" ◊**inquire about** or **after** v/i +prep obj sich erkundigen nach ◊**inquire into** v/i +prep obj untersuchen

inquiring adj fragend; mind forschend

inquiry n 🚺 (≈ question) Anfrage f (about über +acc); (for direction etc) Erkundigung f (about über +acc, nach); **to make inquiries** Erkundigungen einziehen; (police etc) Nachforschungen anstellen (about sb über jdn, about sth nach etw); **he is helping the police with their inquiries** (euph) er wird von der Polizei vernommen 🔢 (≈ investigation) Untersuchung f; **to hold an ~ into the cause of the accident** eine Untersuchung der Unfallursache durchführen

inquisitive adj neugierig

inroad n (fig) **the Japanese are making ~s into the British market** die Japaner dringen in den britischen Markt ein

insane 🅐 adj (lit) geisteskrank; (fig infml) wahnsinnig; **to drive sb ~** (lit) jdn um den Verstand bringen; (fig infml) jdn wahnsinnig machen 🅑 pl **the ~** die Geisteskranken pl **insanely** adv irrsinnig

insanitary adj unhygienisch

insanity n Wahnsinn m

insatiable adj unersättlich

inscribe v/t 🚺 (sth on sth etw in etw acc) (on ring etc) eingravieren; (on stone, wood) einmeißeln 🔢 book eine Widmung schreiben in (+acc); **a watch, ~d …** eine Uhr mit der Widmung … **inscription** n 🚺 Inschrift f; (on coin) Aufschrift f 🔢 (in book) Widmung f

inscrutable adj unergründlich (to für)

insect n Insekt nt **insect bite** n Insektenstich m **insecticide** n Insektengift nt, Insektizid nt (form) **insect repellent** n Insektenbekämpfungsmittel nt

insecure adj 🚺 unsicher; **if they feel ~ in their jobs** wenn sie sich in ihrem Arbeitsplatz nicht sicher fühlen 🔢 load ungesichert **insecurity** n Unsicherheit f

inseminate v/t befruchten; cattle besamen **insemination** n Befruchtung f; (of cattle) Besamung f

insensitive adj 🚺 (≈ uncaring) gefühllos; remark taktlos; **to be ~ to** or **about sb's feelings** auf jds Gefühle keine Rücksicht nehmen 🔢 (≈ unappreciative) unempfänglich 🔣 (physically) unempfindlich (to gegen); **~ to pain** schmerzunempfindlich

insensitivity n (≈ uncaring attitude) Gefühllosigkeit f (towards gegenüber); (of remark) Taktlosigkeit f

inseparable adj untrennbar; friends unzertrennlich; **these two issues are ~** diese beiden Fragen sind untrennbar miteinander verbunden **inseparably** adv untrennbar

insert A v/t (≈ stick into) hineinstecken; (≈ place in) hineinlegen; (≈ place between) einfügen; coin einwerfen; IT disk einlegen; **to ~ sth in(to) sth** (≈ stick into) etw in etw (acc) stecken; (≈ place in) etw in etw (acc) hineinlegen; (≈ place between) etw in etw (acc) einfügen **B** n (in book) Einlage f; (≈ advertisement) Inserat nt **insertion** n (≈ sticking into) Hineinstecken nt; (≈ placing in) Hineinlegen nt; (≈ placing between) Einfügen nt

in-service adj attr ~ **training** (berufsbegleitende) Fortbildung

inset n (a. **inset map**) Nebenkarte f; (on diagram) Nebenbild nt

inshore A adj Küsten- **B** adv in Küstennähe

inside A n **1** Innere(s) nt; (of pavement) Innenseite f; **you'll have to ask someone on the ~** Sie müssen einen Insider or Eingeweihten fragen; **locked from** or **on the ~** von innen verschlossen; **the wind blew the umbrella ~ out** der Wind hat den Schirm umgestülpt; **your sweater's ~ out** du hast deinen Pullover links herum an; **to turn sth ~ out** etw umdrehen; **to know sth ~ out** etw in- und auswendig kennen **2** (infml ≈ stomach: a. **insides**) Eingeweide nt **B** adj Innen-, innere(r, s); **~ leg measurement** innere Beinlänge; **~ pocket** Innentasche f **C** adv innen; (≈ indoors) drin(nen); (direction) nach innen, herein; **look ~** sehen Sie hinein; (≈ search) sehen Sie innen nach; **come ~!** kommen Sie herein!; **let's go ~** gehen wir hinein; **I heard music coming from ~** ich hörte von innen Musik; **to be ~** (infml ≈ in prison) sitzen (infml) **D** prep (esp US: a. **inside of**) **1** (place) innen in (+dat); (direction) in (+acc) … (hinein); **don't let him come ~ the house** lassen Sie ihn nicht ins Haus (herein); **he was waiting ~ the house** er wartete im Haus **2** (time) innerhalb **inside information** n Insiderinformationen pl **inside lane** n SPORTS Innenbahn f; AUTO Innenspur f **insider** n Insider(in)

m(f) **insider dealing**, **insider trading** n FIN Insiderhandel m

insidious adj, **insidiously** adv heimtückisch

insight n **1** no pl Verständnis nt; **his ~ into my problems** sein Verständnis für meine Probleme **2** Einblick m (into in +acc); **to gain (an) ~ into sth** (einen) Einblick in etw gewinnen

insignia pl Insignien pl

insignificance n Bedeutungslosigkeit f **insignificant** adj unbedeutend

insincere adj unaufrichtig **insincerity** n Unaufrichtigkeit f

insinuate v/t andeuten (sth to sb etw jdm gegenüber); **what are you insinuating?** was wollen Sie damit sagen? **insinuation** n Anspielung f (about auf +acc); **he objected strongly to any ~ that …** er wehrte sich heftig gegen jede Andeutung, dass …

insipid adj fade; colour langweilig, fad (Aus)

insist A v/i **I ~!** ich bestehe darauf!; **if you ~** wenn Sie darauf bestehen; **he ~s on his innocence** er beharrt beharrlich, unschuldig zu sein; **to ~ on a point** auf einem Punkt beharren; **to ~ on doing sth** darauf bestehen, etw zu tun; **he will ~ on calling her by the wrong name** er redet sie beharrlich beim falschen Namen an **B** v/t **to ~ that …** darauf beharren or bestehen, dass …; **he ~s that he is innocent** er behauptet beharrlich, unschuldig zu sein **insistence** n Bestehen nt (on auf +dat); **I did it at his ~** ich tat es auf sein Drängen **insistent** adj **1** person hartnäckig; salesman etc aufdringlich; **he was most ~ about it** er bestand hartnäckig darauf **2** demand nachdrücklich **insistently** adv mit Nachdruck

insofar adv ~ **as** soweit

insole n Einlegesohle f

insolence n Unverschämtheit f **insolent** adj, **insolently** adv unverschämt

insoluble adj **1** substance unlöslich **2** problem unlösbar

insolvency n Zahlungsunfähigkeit f **insolvent** adj zahlungsunfähig

insomnia n Schlaflosigkeit f **insomniac** n **to be an ~** an Schlaflosigkeit leiden

insomuch adv = inasmuch

inspect v/t prüfen; school etc inspizieren; **to ~ sth for sth** etw auf etw (acc) (hin) prüfen *or* kontrollieren **inspection** *n* Prüfung *f*; *(of school etc)* Inspektion *f*; **to make an ~ of sth** etw kontrollieren *or* prüfen; *of school etc* etw inspizieren; **on ~** bei näherer Betrachtung **inspector** *n* *(on buses)* Kontrolleur(in) *m(f)*, Kondukteur(in) *m(f)* *(Swiss)*; *(of schools)* Schulrat *m*, Schulrätin *f*; *(of police)* Polizeiinspektor(in) *m(f)*; *(higher)* Kommissar(in) *m(f)*

inspiration *n* Inspiration *f* *(for* zu *or* für); **he gets his ~ from ...** er lässt sich von ... inspirieren; **his courage has been an ~ to us all** sein Mut hat uns alle inspiriert **inspirational** *adj* inspirativ **inspire** *v/t* **1** *respect* einflößen *(in sb* jdm); *hope etc* (er-) wecken *(in* in *+dat); hate* hervorrufen *(in* bei) **2** *person* inspirieren; **the book was ~d by a real person** die Inspiration zu dem Buch kommt von einer wirklichen Person **inspired** *adj* genial; *performer etc* inspiriert; **it was an ~ choice** das war genial gewählt **inspiring** *adj* inspirierend

instability *n* Instabilität *f*

install *v/t* installieren; *bathroom* einbauen; *person* (in ein Amt) einführen; **to have electricity ~ed** ans Elektrizitätsnetz angeschlossen werden **installation** *n* **1** *(≈ action)* Installation *f*; *(of telephone)* Anschluss *m*; *(of kitchen etc)* Einbau *m*; **~ program** IT Installationsprogramm *nt* **2** *(≈ machine etc)* Anlage *f* **installment plan** *n* *(US)* Ratenzahlung *f*; **to buy on the ~** auf Raten kaufen **instalment**, *(US)* **installment** *n* **1** *(of story, serial)* Fortsetzung *f*; RADIO, TV (Sende)folge *f* **2** FIN, COMM Rate *f*; **monthly ~** Monatsrate *f*; **to pay in** *or* **by ~s** in Raten *or* ratenweise bezahlen

instance *n* *(≈ example)* Beispiel *nt*; *(≈ case)* Fall *m*; **for ~** zum Beispiel; **in the first ~** zunächst (einmal)

instant A *adj* **1** unmittelbar **2** COOK Instant-; **~ mashed potatoes** fertiger Kartoffelbrei **B** *n* Augenblick *m*; **this ~** auf der Stelle; **it was all over in an ~** in einem Augenblick war alles vorbei; **he left the ~ he heard the news** er ging sofort, als er die Nachricht hörte **instant access** *n* FIN, IT sofortiger Zugriff *(to auf)* **instantaneous** *adj* unmittelbar; **death was ~** der Tod trat sofort ein **instantaneously** *adv* sofort **instant camera** *n* Sofortbildkamera *f* **instant coffee** *n* In-

stantkaffee *m* **instantly** *adv* sofort **instant messaging** *n* INTERNET Instant Messaging *nt* **instant replay** *n* TV Wiederholung *f*

instead A *prep* **~ of** statt *(+gen or (inf) +dat)*, anstelle von; **~ of going to school** (an)statt zur Schule zu gehen; **~ of that** stattdessen; **his brother came ~ of him** sein Bruder kam an seiner Stelle **B** *adv* stattdessen; **if he doesn't want to go, I'll go ~** wenn er nicht gehen will, gehe ich (stattdessen)

instep *n* ANAT Spann *m*

instigate *v/t* anstiften; *violence* aufrufen zu; *reform etc* initiieren **instigation** *n* **at sb's ~** auf jds Veranlassung **instigator** *n* *(of crime etc)* Anstifter(in) *m(f)*; *(of reform etc)* Initiator(in) *m(f)*

instil, *(US)* **instill** *v/t* einflößen *(into sb* jdm); *knowledge, discipline* beibringen *(into sb* jdm)

instinct *n* Instinkt *m*; **the survival ~** der Überlebenstrieb; **by** *or* **from ~** instinktiv; **to follow one's ~s** sich auf seinen Instinkt verlassen **instinctive** *adj*, **instinctively** *adv* instinktiv

institute A *v/t* **1** *reforms etc* einführen; *search* einleiten **2** JUR *inquiry* einleiten; *proceedings* anstrengen *(against* gegen) **B** *n* Institut *nt*; **Institute of Technology** technische Hochschule; **women's ~** Frauenverein *m* **institution** *n* Institution *f*; *(≈ building)* Anstalt *f* **institutional** *adj* institutionell; **~ care** Anstaltspflege *f* **institutionalized** *adj* institutionalisiert

in-store *adj attr* im Laden

instruct *v/t* **1** *(≈ teach)* unterrichten **2** *(≈ tell)* anweisen; *(≈ command)* die Anweisung erteilen *(+dat)* **instruction** *n* **1** *(≈ teaching)* Unterricht *m* **2** *(≈ order, command)* Anweisung *f*; **what were your ~s?** welche Instruktionen *or* Anweisungen hatten Sie?; **~s for use** Gebrauchsanweisung *f*; **~ manual** TECH Bedienungsanleitung *f* **instructive** *adj* instruktiv **instructor** *n* Lehrer(in) *m(f)*; *(US)* Dozent(in) *m(f)* **instructress** *n* Lehrerin *f*; *(US)* Dozentin *f* **instrument** *n* **1** Instrument *nt* **2** *(fig)* Werkzeug *nt* **instrumental** *adj* **1** *role* entscheidend; **to be ~ in sth** eine entscheidende Rolle spielen **2** MUS Instrumental-; **~ music/version** Instrumentalmusik *f*/-version *f* **instrumentalist** *n* Instrumentalist(in) *m(f)* **instrumentation**

n Instrumentation *f* **instrument panel** *n* AVIAT Instrumententafel *f*; AUTO Armaturenbrett *nt*

insubordinate *adj* aufsässig **insubordination** *n* Aufsässigkeit *f*

insubstantial *adj* wenig substanziell; *accusation* gegenstandslos; *amount* gering (-fügig); *meal* dürftig

insufferable *adj*, **insufferably** *adv* unerträglich

insufficient *adj* nicht genügend; **~ evidence** Mangel *m* an Beweisen; **~ funds** FIN mangelnde Deckung **insufficiently** *adv* unzulänglich

insular *adj* (≈ *narrow-minded*) engstirnig

insulate *v/t* (*lit*) isolieren **insulating material** *n* Isoliermaterial *nt* **insulating tape** *n* Isolierband *nt* **insulation** *n* (*lit*) Isolierung *f*; (≈ *material*) Isoliermaterial *nt*

insulin *n* Insulin® *nt*

insult A *v/t* beleidigen B *n* Beleidigung *f*; **an ~ to my intelligence** eine Beleidigung meiner Intelligenz; **to add ~ to injury** das Ganze noch schlimmer machen **insulting** *adj* beleidigend; *question* unverschämt; **he was very ~ to her** er hat sich ihr gegenüber sehr beleidigend geäußert **insultingly** *adv* beleidigend; *behave* in beleidigender Weise

insuperable *adj* unüberwindlich

insurance *n* Versicherung *f*; **to take out ~** eine Versicherung abschließen (*against* gegen) **insurance broker** *n* Versicherungsmakler(in) *m(f)* **insurance company** *n* Versicherungsgesellschaft *f* **insurance policy** *n* Versicherungspolice *f*; **to take out an ~** eine Versicherung abschließen

insure *v/t* versichern (lassen) (*against* gegen); **he ~d his house contents for £10,000** er schloss eine Hausratsversicherung über £ 10.000 ab; **to ~ one's life** eine Lebensversicherung abschließen **insured** *adj* versichert (*by*, *with* bei); **~ against fire** feuerversichert **insurer** *n* Versicherer *m*

insurmountable *adj* unüberwindlich

insurrection *n* Aufstand *m*

intact *adj* intakt; **not one window was left ~** kein einziges Fenster blieb ganz or heil; **his confidence remained ~** sein Vertrauen blieb ungebrochen or unerschüttert

intake *n* **1** **food ~** Nahrungsaufnahme *f*; **(sharp) ~ of breath** (plötzlicher) Atemzug **2** (SCHOOL, *of immigrants*) Aufnahme *f*

intangible *adj* unbestimmbar

integer *n* ganze Zahl

integral *adj* wesentlich; **to be ~ to sth** ein wesentlicher Bestandteil einer Sache (*gen*) sein

integrate *v/t* integrieren; **to ~ sb/sth into** *or* **with sth** jdn/etw in etw (*acc*) integrieren; **to ~ sth with sth** etw auf etw (*acc*) abstimmen **integrated** *adj* integriert; *plan* einheitlich; *school* ohne Rassentrennung **integration** *n* Integration *f* (*into* in +*acc*); **(racial) ~** Rassenintegration *f*

integrity *n* **1** (≈ *honesty*) Integrität *f* **2** (≈ *wholeness*) Einheit *f*

intellect *n* Intellekt *m* **intellectual** A *adj* intellektuell; *freedom*, *property* geistig **B** *n* Intellektuelle(r) *m/f(m)*

intelligence *n* **1** Intelligenz *f* **2** (≈ *information*) Informationen *pl* **3** MIL *etc* Nachrichtendienst *m* **intelligence service** *n* POL Nachrichtendienst *m*

intelligent *adj*, **intelligently** *adv* intelligent **intelligentsia** *n* Intelligenz *f* **intelligible** *adj* verständlich (*to sb* für jdn)

intend *v/t* beabsichtigen; **I ~ed no harm** es war (von mir) nicht böse gemeint; (*with action*) ich hatte nichts Böses beabsichtigt; **it was ~ed as a compliment** das sollte ein Kompliment sein; **I wondered what he ~ed by that remark** ich fragte mich, was er mit dieser Bemerkung beabsichtigte; **this park is ~ed for the general public** dieser Park ist für die Öffentlichkeit bestimmt; **I ~ to leave next year** ich beabsichtige *or* habe vor, nächstes Jahr zu gehen; **what do you ~ to do about it?** was beabsichtigen Sie, dagegen zu tun?; **this is ~ed to help me** das soll mir helfen; **did you ~ that to happen?** hatten Sie das beabsichtigt? **intended** A *adj* *effect* beabsichtigt; *victim* ausgeguckt; *target* anvisiert **B** *n* **my ~** (*infml*) mein Zukünftiger (*infml*), meine Zukünftige (*infml*)

intense *adj* intensiv; *disappointment* bitter; *pressure* enorm; *joy* riesig; *heat* ungeheuer; *desire* brennend; *competition*, *fighting*, *speculation* heftig; *hatred* rasend; *person* ernsthaft **intensely** *adv* **1** (≈ *extremely*) äußerst; **I dislike it ~** ich kann es absolut nicht ausstehen **2** *stare*, *study* intensiv **intensification** *n* Intensivierung *f* **inten-**

sify 🅰 *v/t* intensivieren; *fears* verstärken; *conflict* verschärfen 🅱 *v/i* zunehmen **intensity** *n* Intensität *f* **intensive** *adj* intensiv, Intensiv-; **to be in ~ care** MED auf der Intensivstation sein; **~ care unit** Intensivstation *f*; **~ farming** intensive Landwirtschaft **intensively** *adv* intensiv **intent** 🅰 *n* Absicht *f*; **to all ~s and purposes** im Grunde 🅱 *adj* 🔢 *look* durchdringend 🔢 **to be ~ on achieving sth** fest entschlossen sein, etw zu erreichen; **they were ~ on winning** sie wollten unbedingt gewinnen **intention** *n* Absicht *f*; **what was your ~ in publishing the article?** mit welcher Absicht haben Sie den Artikel veröffentlicht?; **it is my ~ to punish you severely** ich beabsichtige, Sie streng zu bestrafen; **I have every ~ of doing it** ich habe die feste Absicht, das zu tun; **to have no ~ of doing sth** nicht die Absicht haben, etw zu tun; **with the best of ~s** in der besten Absicht; **with the ~ of ...** in der Absicht zu ... **intentional** *adj* absichtlich **intentionally** *adv* absichtlich

intently *adv* konzentriert
inter *v/t (form)* bestatten
inter- *pref* zwischen-, Zwischen-; *(esp with foreign words)* inter-, Inter-; **interpersonal** zwischenmenschlich
interact *v/i* aufeinanderwirken; PSYCH, SOCIOL interagieren **interaction** *n* gegenseitige Einwirkung; PSYCH, SOCIOL Interaktion *f* **interactive** *adj* interaktiv
interbreed *v/i* (≈ *inbreed*) sich untereinander vermehren; (≈ *crossbreed*) sich kreuzen
intercede *v/i* sich einsetzen (*with* bei, *for, on behalf of* für); *(in argument)* vermitteln
intercept *v/t* abfangen; **they ~ed the enemy** sie schnitten dem Feind den Weg ab
intercession *n* Fürsprache *f*; *(in argument)* Vermittlung *f*
interchange *n* 🔢 *(of roads)* Kreuzung *f*; *(of motorways)* (Autobahn)kreuz *nt* 🔢 (≈ *exchange*) Austausch *m* **interchangeable** *adj* austauschbar **interchangeably** *adv* **they are used ~** sie können ausgetauscht werden
intercity *adj* Intercity-
intercom *n* (Gegen)sprechanlage *f*; *(in ship, plane)* Bordverständigungsanlage *f*
interconnect 🅰 *v/t* **~ed events** zusammenhängende Ereignisse 🅱 *v/i* in Zusam-

menhang stehen
intercontinental *adj* interkontinental, Interkontinental-
intercourse *n* Verkehr *m*; **(sexual)** ~ (Geschlechts)verkehr *m*
intercultural *adj* interkulturell
interdepartmental *adj relations* zwischen den Abteilungen; *committee* abteilungsübergreifend
interdependent *adj* wechselseitig voneinander abhängig
interest 🅰 *n* 🔢 Interesse *nt* (*in* für); **do you have any ~ in chess?** interessieren Sie sich für Schach?; **to take an ~ in sb/sth** sich für jdn/etw interessieren; **to show (an) ~ in sb/sth** Interesse für jdn/etw zeigen; **is it of any ~ to you?** (≈ *do you want it?*) sind Sie daran interessiert?; **he has lost ~** er hat das Interesse verloren; **his ~s are ...** er interessiert sich für ...; **in the ~(s) of sth** im Interesse einer Sache (*gen*) 🔢 FIN Zinsen *pl* 🔢 (COMM ≈ *stake*) Anteil *m*; **German ~s in Africa** deutsche Interessen *pl* in Afrika 🅱 *v/t* interessieren (*in* für, an +*dat*); **to ~ sb in doing sth** jdn dafür interessieren, etw zu tun; **can I ~ you in a drink?** kann ich Sie zu etwas Alkoholischem überreden?
interested *adj* 🔢 interessiert (*in* an +*dat*); **I'm not ~** das interessiert mich nicht; **to be ~ in sb/sth** sich für jdn/etw interessieren, an jdm/etw interessiert sein; **I'm going to the cinema, are you ~ (in coming)?** ich gehe ins Kino, haben Sie Lust mitzukommen?; **I'm selling my car, are you ~?** ich verkaufe meinen Wagen, sind Sie interessiert?; **the company is ~ in expanding its sales** die Firma hat Interesse daran *or* ist daran interessiert, ihren Absatz zu vergrößern; **to get sb ~ (in sth)** jdn (für etw) interessieren 🔢 **he is an ~ party** er ist befangen, er ist daran beteiligt
interest-free *adj, adv* zinslos
interest group *n* Interessengruppe *f*
interesting *adj* interessant; **the ~ thing about it is that ...** das Interessante daran ist, dass ... **interestingly** *adv* **~ enough, I saw him yesterday** interessanterweise habe ich ihn gestern gesehen
interest rate *n* FIN Zinssatz *m*
interface *n* 🔢 Grenzfläche *f* 🔢 IT Schnittstelle *f*
interfere *v/i* sich einmischen (*in* in +*acc*);

(*with machinery, property*) sich zu schaffen machen (*with* an +*dat*); (*euph: sexually*) sich vergehen (*with* an +*dat*); **don't ~ with the machine** lass die Finger von der Maschine; **to ~ with sth** (≈ *disrupt*) etw stören; *with work* etw beeinträchtigen; **to ~ with sb's plans** jds Pläne durchkreuzen **interference** *n* **1** (≈ *meddling*) Einmischung *f* **2** (≈ *disruption*, RADIO, TV) Störung *f* (*with* +*gen*) **interfering** *adj person* sich ständig einmischend

intergovernmental *adj* zwischenstaatlich

interim **A** *n* Zwischenzeit *f*; **in the ~** in der Zwischenzeit **B** *adj* vorläufig; **~ agreement** Übergangsabkommen *nt*; **~ report** Zwischenbericht *m*; **~ government** Übergangsregierung *f*

interior **A** *adj* Innen-; **~ minister** Innenminister(in) *m(f)*; **~ ministry** Innenministerium *nt* **B** *n* (*of country*) Innere(s) *nt*; (*of house*) Innenausstattung *f*; **Department of the Interior** (*US*) Innenministerium *nt*; **the ~ of the house has been newly decorated** das Haus ist innen neu gemacht **interior decoration** *n* Innenausstattung *f* **interior decorator** *n* Innenausstatter(in) *m(f)* **interior design** *n* Innenarchitektur *f* **interior designer** *n* Innenarchitekt(in) *m(f)*

interject *v/t* einwerfen **interjection** *n* (≈ *exclamation*) Ausruf *m*; (≈ *remark*) Einwurf *m*

interlink *v/i* ineinanderhängen; (*fig: theories etc*) zusammenhängen

interlock *v/i* ineinandergreifen

interlocutor *n* Gesprächspartner(in) *m(f)*

interloper *n* Eindringling *m*

interlude *n* Periode *f*; (THEAT) (≈ *interval*) Pause *f*; (≈ *performance*) Zwischenspiel *nt*; MUS Interludium *nt*

intermarry *v/i* untereinander heiraten

intermediary **A** *n* (Ver)mittler(in) *m(f)* **B** *adj* **1** (≈ *intermediate*) mittlere(r, s) **2** (≈ *mediating*) vermittelnd

intermediate *adj* Zwischen-; *French etc* für fortgeschrittene Anfänger; **~ stage** Zwischenstadium *nt*; **the ~ stations** die dazwischenliegenden Bahnhöfe; **an ~ student** ein fortgeschrittener Anfänger, eine fortgeschrittene Anfängerin

interminable *adj* endlos

intermingle *v/i* sich mischen (*with* unter +*acc*)

intermission *n* THEAT, FILM Pause *f*

intermittent *adj* periodisch auftretend **intermittently** *adv* periodisch

intern[1] *v/t person* internieren

intern[2] *n* (*US*) **1** (≈ *junior doctor*) Assistenzarzt *m*/-ärztin *f* **2** (≈ *trainee*) Praktikant(in) *m(f)*

internal *adj* innere(r, s); (≈ *within country*) Binnen-; (≈ *within organization*) intern; **~ call** internes *or* innerbetriebliches Gespräch; **~ flight** Inlandsflug *m*; **Internal Revenue Service** (*US*) Finanzamt *nt*; **~ wall** Innenwand *f* **internal affairs** *pl* innere Angelegenheiten *pl* **internal bleeding** *n* innere Blutungen *pl* **internal combustion engine** *n* Verbrennungsmotor *m* **internalize** *v/t* verinnerlichen **internally** *adv* innen, im Inneren; (≈ *in body*) innerlich; (≈ *in country*) landesintern; (≈ *in organization*) intern; **"not to be taken ~"** „nicht zum Einnehmen" **internal market** *n* ECON Binnenmarkt *m*; (*within organization*) marktwirtschaftliche Struktur

international **A** *adj* international; **~ code** TEL internationale Vorwahl; **~ money order** Auslandsanweisung *f* **B** *n* SPORTS **1** (≈ *match*) Länderspiel *nt* **2** (≈ *player*) Nationalspieler(in) *m(f)* **International Court of Justice** *n* Internationaler Gerichtshof **International Date Line** *n* Datumsgrenze *f* **internationalize** *v/t* internationalisieren **international law** *n* internationales Recht **internationally** *adv* international; *compete* auf internationaler Ebene **International Monetary Fund** *n* ECON Internationaler Währungsfonds **International Phonetic Alphabet** *n* internationale Lautschrift

internee *n* Internierte(r) *m/f(m)*

Internet *n* **the ~** das Internet; **to surf the ~** im Internet surfen **Internet access** *n* Internetzugang *m* **Internet addiction** *n* Internetsucht *f* **Internet advertising** *n* Internetwerbung *f* **Internet auction** *n* Internetauktion *f* **Internet banking** *n* Internetbanking *nt* **Internet café** *n* Internetcafé *nt* **Internet connection** *n* Internet-Anschluss *m* **Internet dating** *n* Internetdating *nt* **Internet-enabled** *adj* internetfähig **Internet forum** *n* Internetforum *nt* **Internet of Things** *n* Internet *nt* der Dinge **Internet plat-**

form n Internetplattform f **Internet portal** n Internetportal nt **Internet presence** n Internetpräsenz f **Internet protocol** n Internetprotokoll nt **Internet-ready** adj mobile phone etc internetfähig **Internet security** n Internetsicherheit f **Internet service provider** n Internet-Anbieter m **Internet surveillance** n Internetüberwachung f

internment n Internierung f

internship n (US) **1** MED Medizinalpraktikum nt **2** (as trainee) Praktikum nt

interplay n Zusammenspiel nt

interpose v/t **1** object dazwischenstellen/-legen; **to ~ oneself between …** sich zwischen … (acc) stellen **2** remark einwerfen

interpret A v/t **1** (≈ translate orally) dolmetschen **2** (≈ explain) interpretieren; dream deuten; **how would you ~ what he said?** wie würden Sie seine Worte verstehen or auffassen? **B** v/i dolmetschen **interpretation** n (≈ explanation) Interpretation f; (of dream) Deutung f

interpreter n **1** Dolmetscher(in) m(f) **2** IT Interpreter m **interpreting** n (≈ profession) Dolmetschen nt

interrelate A v/t **to be ~d** zueinander in Beziehung stehen **B** v/i zueinander in Beziehung stehen

interrogate v/t verhören **interrogation** n Verhör nt **interrogative A** adj GRAM Interrogativ-; **~ pronoun/clause** Interrogativpronomen nt/-satz m **B** n (GRAM ≈ pronoun) Interrogativpronomen nt; (≈ mood) Interrogativ m; **in the ~** in der Frageform **interrogator** n Vernehmungsbeamte(r) m/f(m) (form); **my ~s** die, die mich verhören

interrupt A v/t unterbrechen **B** v/i unterbrechen; (≈ interrupt sb's work etc) stören; **stop ~ing!** fall mir/ihm etc nicht dauernd ins Wort! **interruption** n Unterbrechung f

intersect v/i sich kreuzen; GEOMETRY sich schneiden **intersection** n (≈ crossroads) Kreuzung f; GEOMETRY Schnittpunkt m; **point of ~** Schnittpunkt m

intersperse v/t verteilen; **~d with sth** mit etw dazwischen; **a speech ~d with quotations** eine mit Zitaten gespickte Rede; **periods of sunshine ~d with showers** von Schauern unterbrochener Sonnenschein

interstate A adj (US) zwischen den (US-Bundes)staaten; **~ highway** Interstate Highway m **B** n (US) Interstate (Highway) m

intertwine v/i sich ineinander verschlingen

interval n **1** (in space, time) Abstand m; **at ~s** in Abständen; **at two-weekly ~s** in Abständen von zwei Wochen; **sunny ~s** METEO Aufheiterungen pl **2** THEAT etc Pause f

intervene v/i (person) intervenieren; (event, fate) dazwischenkommen **intervening** adj dazwischenliegend; **in the ~ period** in der Zwischenzeit **intervention** n Intervention f

interview A n **1** (for job) Vorstellungsgespräch nt; (with authorities etc) Gespräch nt **2** PRESS, TV etc Interview nt **B** v/t **1** job applicant ein/das Vorstellungsgespräch führen mit **2** PRESS, TV etc interviewen **interviewee** n (for job) Kandidat(in) m(f) (für die Stelle); PRESS, TV etc Interviewte(r) m/f(m) **interviewer** n (for job) Leiter(in) m(f) des Vorstellungsgesprächs; PRESS, TV etc Interviewer(in) m(f)

interwar adj zwischen den Weltkriegen **interweave A** v/t verweben **B** v/i sich verweben

intestate adj JUR **to die ~** ohne Testament sterben

intestinal adj Darm- **intestine** n Darm m; **small/large ~** Dünn-/Dickdarm m

intimacy n Vertrautheit f

intimate[1] adj eng; (sexually, fig) intim; **to be on ~ terms with sb** mit jdm auf vertraulichem Fuß stehen; **to be/become ~ with sb** mit jdm vertraut sein/werden; (sexually) mit jdm intim sein/werden; **to have an ~ knowledge of sth** über etw (acc) in allen Einzelheiten Bescheid wissen **intimate**[2] v/t andeuten; **he ~d to them that they should stop** er gab ihnen zu verstehen, dass sie aufhören sollten

intimately adv acquainted bestens; related eng; know genau

intimidate v/t einschüchtern; **they ~d him into not telling the police** sie schüchterten ihn so ein, dass er der Polizei nichts erzählte **intimidation** n Einschüchterung f

into prep **1** in (+acc); crash gegen; **to translate sth ~ French** etw ins Französische übersetzen; **to change euros ~**

pounds Euro in Pfund umtauschen; **to divide 3 ~ 9** 9 durch 3 teilen *or* dividieren; **3 ~ 9 goes 3** 3 geht dreimal in 9; **he's well ~ his sixties** er ist in den späten Sechzigern; **research ~ cancer** Krebsforschung f ◻️2 (*infml*) **to be ~ sb/sth** (≈ *like*) auf jdn/etw (*acc*) stehen (*infml*); **to be ~ sth** (≈ *use*) *drugs etc* etw nehmen; **he's ~ wine** (≈ *likes*) er ist Weinliebhaber; (≈ *is expert*) er ist Weinkenner; **he's ~ computers** er ist Computerfan (*infml*)

intolerable *adj*, **intolerably** *adv* unerträglich **intolerance** *n* Intoleranz f (*of* gegenüber) **intolerant** *adj* intolerant (*of* gegenüber)

intonation *n* Intonation f

intoxicated *adj* berauscht; **to become ~** sich berauschen (*by, with* an +*dat*, von); **~ by** *or* **with success** vom Erfolg berauscht **intoxication** *n* Rausch m; **in a state of ~** (*form*) im Rausch

intractable *adj problem* hartnäckig

intranet *n* IT Intranet nt

intransigence *n* Unnachgiebigkeit f **intransigent** *adj* unnachgiebig

intransitive *adj* intransitiv

intrastate *adj* (*US*) innerhalb des (Bundes)staates

intrauterine device *n* Intrauterinpessar nt

intravenous *adj* intravenös; **~ drug user** Drogenabhängige(r) m/f(m), der/die intravenös spritzt

in-tray *n* Ablage f für Eingänge

intrepid *adj* kühn

intricacy *n* Kompliziertheit f; (*of chess etc*) Feinheit f **intricate** *adj*, **intricately** *adv* kompliziert

intrigue Ⓐ *v/i* intrigieren Ⓑ *v/t* (≈ *arouse interest of*) faszinieren; (≈ *arouse curiosity of*) neugierig machen; **to be ~d with** *or* **by sth** von etw fasziniert sein; **I would be ~d to know why ...** es würde mich schon interessieren, warum ... Ⓒ *n* (≈ *plot*) Intrige f **intriguing** *adj* faszinierend

intrinsic *adj value* immanent; (≈ *essential*) wesentlich **intrinsically** *adv* an sich

intro *n* (*infml*) *abbr of* **introduction** Intro nt (*infml*)

introduce *v/t* ◻️1 (*to person*) vorstellen (*to sb* jdm); (*to subject*) einführen (*to* in +*acc*); **I don't think we've been ~d** ich glaube nicht, dass wir uns kennen; **allow me to** *or* **let me ~ myself** darf ich mich vorstel-

len? ◻️2 *practice, reform* einführen; PARL *bill* einbringen; *subject* einleiten; *speaker* ankündigen; **to ~ sth onto the market** etw auf dem Markt einführen

introduction *n* ◻️1 (*to person*) Vorstellung f; **to make the ~s** die Vorstellung übernehmen; **letter of ~** Einführungsschreiben nt ◻️2 (*to book, music*) Einleitung f (*to* zu) ◻️3 (*of practice, reform etc*) Einführung f; (*of bill*) Einbringen nt; **an ~ to French** (≈ *elementary course*) eine Einführung ins Französische **introductory** *adj paragraph* einleitend; *remarks* einführend; *course, offer* Einführungs-

introspection *n* Selbstbeobachtung f, Introspektion f **introspective** *adj* introspektiv

introvert *n* PSYCH Introvertierte(r) m/f(m); **to be an ~** introvertiert sein **introverted** *adj* introvertiert

intrude *v/i* stören; **to ~ on sb** jdn stören; **to ~ on sb's privacy** jds Privatsphäre verletzen **intruder** *n* Eindringling m **intrusion** *n* Störung f; **forgive the ~, I just wanted to ask ...** entschuldigen Sie, wenn ich hier so eindringe, ich wollte nur fragen ... **intrusive** *adj person* aufdringlich; *presence* störend

intuition *n* Intuition f **intuitive** *adj* intuitiv

inundate *v/t* überschwemmen; (*with work*) überhäufen; **have you a lot of work on? — I'm ~d** haben Sie viel Arbeit? — ich ersticke darin

invade *v/t* MIL einmarschieren in (+*acc*); (*fig*) überfallen **invader** *n* MIL Invasor m **invading** *adj* einmarschierend; **~ army** Invasionsarmee f

invalid¹ Ⓐ *adj* ◻️1 krank; (≈ *disabled*) körperbehindert ◻️2 (≈ *for invalids*) Kranken-, Invaliden- Ⓑ *n* Kranke(r) m/f(m); (≈ *disabled person*) Körperbehinderte(r) m/f(m)

invalid² *adj esp* JUR ungültig; **to declare sth ~** etw für ungültig erklären **invalidate** *v/t* ungültig machen

invaluable *adj* unbezahlbar; *help, contribution* unschätzbar; *advice* von unschätzbarem Wert; **to be ~ (to sb)** (für jdn) von unschätzbarem Wert sein

invariable *adj* unveränderlich **invariably** *adv* ständig

invasion *n* Invasion f; (*of privacy etc*) Eingriff m (*of* in +*acc*); **the German ~ of Poland** der Einmarsch *or* Einfall der Deut-

schen in Polen **invasive** *adj* MED invasiv
invective *n* Beschimpfungen *pl* (*against*
+gen)
invent *v/t* erfinden
invention *n* **1** Erfindung *f* **2** (≈ *inventive-*
ness) Fantasie *f* **inventive** *adj* **1** *powers*
schöpferisch; *design, menu* einfallsreich
2 (≈ *resourceful*) erfinderisch **inventive-**
ness *n* Einfallsreichtum *m* **inventor** *n*
Erfinder(in) *m(f)*
inventory *n* Bestandsaufnahme *f*; **to**
make *or* **take an ~ of sth** Inventar von
etw *or* den Bestand einer Sache (*gen*) aufnehmen
inverse **A** *adj* umgekehrt **B** *n* Gegenteil
nt **inversion** *n* (*fig*) Umkehrung *f* **invert**
v/t umkehren
invertebrate *n* Wirbellose(r) *m*
inverted commas *pl* (*Br*) Anführungszeichen *pl*; **his new job, in ~** sein soge-
nannter neuer Job
invest **A** *v/t* **1** FIN investieren (*in* in +*acc*
or dat) **2** (*form*) **to ~ sb/sth with sth** jdm/
einer Sache etw verleihen **B** *v/i* investieren (*in* in +*acc or dat, with* bei); **to ~ in a**
new car sich (*dat*) ein neues Auto anschaffen
investigate **A** *v/t* untersuchen; **to ~ a**
case in einem Fall ermitteln **B** *v/i* nachforschen; (*police*) ermitteln **investiga-**
tion *n* **1** Untersuchung *f* (*into* +*gen*); **to**
order an ~ into *or* **of sth** anordnen, dass
in einer Sache (*dat*) ermittelt wird; **on ~ it**
turned out that … bei näherer Untersuchung stellte (es) sich heraus, dass …;
to be under ~ überprüft werden; **he is**
under ~ (*by police*) gegen ihn wird ermittelt **2** (≈ *scientific research*) Forschung *f* **in-**
vestigative *adj* investigativ; **~ journal-**
ism Enthüllungsjournalismus *m* **investi-**
gator *n* Ermittler(in) *m(f)*; (≈ *private inves-*
tigator) (Privat)detektiv(in) *m(f)*
investiture *n* (*of president etc*) Amtseinführung *f*; (*of royalty*) Investitur *f*
investment *n* FIN Investition *f*; **we need**
more ~ in industry in die Industrie muss
mehr investiert werden; **foreign ~** Aus-
landsinvestition(en *pl*) *f*; **this company is**
a good ~ diese Firma ist eine gute (Kapital)anlage; **a portable TV is a good ~** ein
tragbarer Fernseher macht sich bezahlt
investment grant *n* ECON Investitions-
zulage *f* **investment trust** *n* Invest-
menttrust *m* **investor** *n* Investor(in) *m(f)*

inveterate *adj* *hatred* tief verwurzelt; *liar*
unverbesserlich; **~ criminal** Gewohnheits-
verbrecher(in) *m(f)*
invigilate (*Br*) **A** *v/t* Aufsicht führen bei
B *v/i* Aufsicht führen **invigilator** *n* (*Br*)
Aufsichtsperson *f*
invigorate *v/t* beleben, kräftigen **invig-**
orating *adj* *climate* gesund; *sea air* erfrischend
invincible *adj* unbesiegbar
inviolable *adj* unantastbar; *law, oath* heilig
invisible *adj* unsichtbar; **~ to the naked**
eye mit dem bloßen Auge nicht erkennbar **invisible earnings** *pl* ECON geld-
werte Leistungen *pl*
invitation *n* Einladung *f*; **by ~ (only)** nur
auf Einladung; **at sb's ~** auf jds Aufforderung (*acc*) (hin); **~ to tender** Ausschreibung *f*
invite **A** *v/t* **1** *person* einladen; **to ~ sb to**
do sth jdn auffordern, etw zu tun **2** *sug-*
gestions bitten um; *ridicule* auslösen **B** *n*
(*infml*) Einladung *f* ◊**invite (a)round**
v/t sep (zu sich) einladen ◊**invite in** *v/t*
sep hereinbitten; **could I invite you in**
for (a) coffee? möchten Sie auf eine Tasse Kaffee hereinkommen? ◊**invite out**
v/t sep einladen; **I invited her out** ich habe sie gefragt, ob sie mit mir ausgehen
möchte; **to invite sb out for a meal** jdn
in ein Restaurant einladen
inviting *adj* einladend; *prospect, meal* verlockend
in vitro *adj* BIOL **~ fertilization** In-vitro-
-Fertilisation, künstliche Befruchtung
invoice **A** *n* (Waren)rechnung *f* **B** *v/t*
goods berechnen; **to ~ sb for sth** jdm
für etw eine Rechnung ausstellen; **we'll**
~ you wir senden Ihnen die Rechnung
invoke *v/t* **1** *God, the law* anrufen **2** *treaty*
etc sich berufen auf (+*acc*)
involuntarily *adv* unabsichtlich; (≈ *auto-*
matically) unwillkürlich **involuntary** *adj*
unbeabsichtigt; *repatriation* unfreiwillig;
twitch etc unwillkürlich
involve *v/t* **1** (≈ *entangle*) verwickeln (*sb in*
sth jdn in etw *acc*); (≈ *include*) beteiligen (*sb*
in sth jdn an etw *dat*); (≈ *concern*) betreffen; **the book doesn't ~ the reader** das
Buch fesselt *or* packt den Leser nicht; **it**
wouldn't ~ you at all du hättest damit
gar nichts zu tun; **to be ~d in sth** etwas
mit etw zu tun haben; **to get ~d in sth**

in etw (acc) verwickelt werden; **to ~ oneself in sth** sich in etw (dat) engagieren; **I didn't want to get ~d** ich wollte damit/ mit ihm etc nichts zu tun haben; **the person ~d** die betreffende Person; **to be/get ~d with sth** etwas mit etw zu tun haben; (≈ have part in) an etw (dat) beteiligt sein; **to be ~d with sb** (sexually) mit jdm ein Verhältnis haben; **to get ~d with sb** sich mit jdm einlassen (pej); **he got ~d with a girl** er hat eine Beziehung mit einem Mädchen angefangen **2** (≈ entail) nach sich bringen; (≈ encompass) umfassen; (≈ mean) bedeuten; **what does the job ~?** worin besteht die Arbeit?; **will the post ~ much foreign travel?** ist der Posten mit vielen Auslandsreisen verbunden?; **he doesn't understand what's ~d** er weiß nicht, worum es geht; **about £1,000 was ~d** es ging dabei um etwa £ 1.000; **it would ~ moving to Germany** das würde bedeuten, nach Deutschland umzuziehen **involved** adj kompliziert **involvement** n Beteiligung f (in an +dat); (in crime etc) Verwicklung f (in in +acc); **she denied any ~ in or with drugs** sie leugnete, dass sie etwas mit Drogen zu tun hatte

invulnerable adj unverwundbar; fortress uneinnehmbar; position unangreifbar

inward **A** adj **1** (≈ inner) innere(r, s) **2** (≈ incoming) nach innen **B** adv = inwards **inward-looking** adj in sich gekehrt **inwardly** adv innerlich **inwards** adv nach innen

in-your-face, in-yer-face adj (infml) attitude etc provokativ

iodine n Jod nt

ion n Ion nt

iota n **not one ~** nicht ein Jota

IOU abbr of I owe you Schuldschein m

IPA abbr of International Phonetic Alphabet

IQ abbr of intelligence quotient IQ m, Intelligenzquotient m; **IQ test** Intelligenztest m

IRA abbr of Irish Republican Army IRA f

Iran n (der) Iran **Iranian** **A** adj iranisch **B** n Iraner(in) m(f)

Iraq n (der) Irak **Iraqi** **A** adj irakisch **B** n Iraker(in) m(f)

irascible adj reizbar

irate adj zornig; crowd wütend

Ireland n Irland nt; **Northern ~** Nordirland nt; **Republic of ~** Republik f Irland

iris n Iris f

Irish **A** adj irisch; **~man** Ire m; **~woman** Irin f **B** n **1** pl **the ~** die Iren pl **2** LING Irisch nt **Irish Sea** n Irische See

irksome adj lästig

iron **A** n **1** Eisen nt; **to pump ~** (infml) Krafttraining machen **2** (≈ electric iron) Bügeleisen nt; **he has too many ~s in the fire** er macht zu viel auf einmal; **to strike while the ~ is hot** (prov) das Eisen schmieden, solange es heiß ist (prov) **B** adj **1** (≈ made of iron) Eisen-, eisern **2** (fig) eisern **C** v/t & v/i bügeln, glätten (Swiss) ◊**iron out** v/t sep ausbügeln

Iron Age n Eisenzeit f **Iron Curtain** n Eiserne(r) Vorhang

ironic(al) adj ironisch; **it's really ~** das ist wirklich witzig (infml) **ironically** adv ironisch; **and then, ~, it was he himself who had to do it** und dann hat ausgerechnet er es tun müssen

ironing n **1** (≈ process) Bügeln nt, Glätten nt (Swiss) **2** (≈ clothes) Bügelwäsche f; **to do the ~** (die Wäsche) bügeln or (Swiss) glätten **ironing board** n Bügelbrett nt **ironmonger's (shop)** n (Br) Eisen- und Haushaltswarenhandlung f

irony n Ironie f no pl; **the ~ of it is that ...** das Ironische daran ist, dass ...

irrational adj irrational

irreconcilable adj unvereinbar

irredeemable adj loss unwiederbringlich **irredeemably** adv lost rettungslos; **democracy was ~ damaged** die Demokratie hatte irreparablen Schaden genommen

irrefutable adj unbestreitbar

irregular adj **1** (≈ uneven, GRAM) unregelmäßig; shape ungleichmäßig; surface uneben; **he's been a bit ~ recently** (infml) er hat in letzter Zeit ziemlich unregelmäßigen Stuhlgang **2** (≈ contrary to rules) unvorschriftsmäßig; **well, it's a bit ~, but I'll ...** eigentlich dürfte ich das nicht tun, aber ich ... **irregularity** n **1** (≈ unevenness) Unregelmäßigkeit f; (of shape) Ungleichmäßigkeit f; (of surface) Unebenheit f **2** (≈ non-observation of rules) Unvorschriftsmäßigkeit f **irregularly** adv (≈ unevenly) unregelmäßig; shaped ungleichmäßig; occur etc in unregelmäßigen Abständen

irrelevance n Irrelevanz f no pl; **it's become something of an ~** es ist ziemlich irrelevant geworden **irrelevant** adj irre-

levant; *information* unwesentlich; **these issues are ~ to the younger generation**
diese Fragen sind für die jüngere Generation irrelevant
irreparable *adj* irreparabel **irrepar-
ably** *adv* irreparabel; **his reputation
was ~ damaged** sein Ruf war unwiderruflich geschädigt
irreplaceable *adj* unersetzlich
irrepressible *adj* urge, energy unbezähmbar; *person* nicht kleinzukriegen
irreproachable *adj* tadellos
irresistible *adj* unwiderstehlich (*to* für)
irresolute *adj* unentschlossen
irrespective *adj* ~ **of** ungeachtet (+gen);
~ **of whether they want to or not** egal,
ob sie wollen oder nicht
irresponsibility *n* (*of action*) Unverant-
wortlichkeit *f*; (*of person*) Verantwortungslosigkeit *f* **irresponsible** *adj* action unverantwortlich; *person* verantwortungslos
irresponsibly *adv* unverantwortlich
irretrievable *adj* nicht mehr wiederzu-
bekommen; *loss* unersetzlich; **the information is ~** die Information kann nicht
mehr abgerufen werden **irretrievably**
adv ~ **lost** für immer verloren; ~ **damaged** irreparabel
irreverent *adj* behaviour unehrerbietig;
remark, book respektlos
irreversible *adj* nicht rückgängig zu machen; *decision* unwiderruflich; *damage*
bleibend **irreversibly** *adv* für immer;
the peace process has been ~ damaged
der Friedensprozess hat einen nicht wie-
dergutzumachenden Schaden davonge-
tragen
irrevocable *adj*, **irrevocably** *adv* unwiderruflich
irrigate *v/t* bewässern **irrigation** *n* AGR
Bewässerung *f*
irritable *adj* (*as characteristic*) reizbar; (*on
occasion*) gereizt **irritant** *n* MED Reizerre-
ger *m*; (≈ *noise etc*) Ärgernis *nt* **irritate** *v/t*
(≈ *annoy*) ärgern; (*deliberately*, MED) reizen;
(≈ *get on nerves of*) irritieren; **to get ~d** ärgerlich werden; **I get ~d with him** er ärgert mich **irritating** *adj* ärgerlich; *cough*
lästig; **I find his jokes ~** seine Witze regen
mich auf; **the ~ thing is that …** das Ärgerliche ist, dass … **irritation** *n* **1** (≈
state) Ärger *m*; (≈ *thing that irritates*) Ärgernis *nt* **2** MED Reizung *f*
IRS *abbr* of Internal Revenue Service

IS *abbr* of Islamic State IS *m*
is *3rd person sg pres* of be
ISA *n abbr* of Individual Savings Account
(*Br* FIN) *von Zinsabschlagsteuer befreites
Sparkonto*
ISDN *abbr* of Integrated Services Digital
Network ISDN *nt*
ISIS *abbr* of Islamic State of Iraq and Syria ISIS *m*
Islam *n* (≈ *religion*) der Islam **Islamic** *adj*
islamisch **Islamic State** Islamischer
Staat **Islamist** 🅐 *adj* islamistisch 🅑 *n* Is-
lamist(in) *m(f)* **Islamophobia** *n* Islam-
feindlichkeit *f*
island *n* Insel *f* **islander** *n* Inselbewoh-
ner(in) *m(f)* **isle** *n* **the Isle of Man/Wight**
die Insel Man/Wight
isn't *contraction* = is not
isobar *n* Isobare *f*
isolate *v/t* **1** isolieren; (≈ *separate*) absondern; **to ~ oneself from other people**
sich (von anderen) abkapseln **2** (≈ *pinpoint*) herausfinden **isolated** *adj* **1** isoliert; (≈ *remote*) abgelegen; *existence* zurückgezogen; **the islanders feel ~** die In-
selbewohner fühlen sich von der Außenwelt abgeschnitten **2** (≈ *single*) einzeln
isolation *n* (≈ *state*) Isoliertheit *f*; (≈ *remoteness*) Abgelegenheit *f*; **he was in ~
for three months** (*in hospital*) er war drei
Monate auf der Isolierstation; **to live in ~**
zurückgezogen leben; **to consider sth in
~** etw gesondert *or* isoliert betrachten
isolation ward *n* Isolierstation *f*
isosceles *adj* ~ **triangle** gleichschenkli-
ges Dreieck
ISP IT *abbr* of Internet service provider
Israel *n* Israel *nt* **Israeli** 🅐 *adj* israelisch
🅑 *n* Israeli *m/f(m)*
issue 🅐 *v/t* documents etc ausstellen; *tickets, banknotes, ammunition* ausgeben;
stamps herausgeben; *order* erteilen (*to*
+dat); *warning, declaration* abgeben; *ultimatum* stellen; **to ~ sth to sb/sb with sth**
etw an jdn ausgeben; **all troops are ~d
with …** alle Truppen sind mit … ausgerüstet 🅑 *v/i* (*liquid, gas*) austreten (*from*
aus) 🅒 *n* **1** (≈ *question*) Frage *f*; (≈ *matter*)
Angelegenheit *f*; (*problematic*) Problem *nt*;
she raised the ~ of human rights sie
brachte die Frage der Menschenrechte
zur Sprache; **the whole future of the
country is at ~** es geht um die Zukunft
des Landes; **this matter is not at ~** diese

Angelegenheit steht nicht zur Debatte; **to take ~ with sb over sth** jdm in etw *(dat)* widersprechen; **to make an ~ of sth** etw aufbauschen; **to avoid the ~** ausweichen **2 to force the ~** eine Entscheidung erzwingen **3** *(of banknotes etc)* Ausgabe *f* **4** *(≈ magazine etc)* Ausgabe *f*

IT *abbr of* information technology

it A *pron* **1** *(subj)* er/sie/es; *(dir obj)* ihn/sie/es; *(indir obj)* ihm/ihr/ihm; **of it** davon; **under** *etc* **it** darunter *etc;* **who is it? — it's me** *or (form)* **I** wer ist da? — ich (bins); **what is it?** was ist das?; *(≈ what's the matter?)* was ist los?; **that's not it** *(≈ not the trouble)* das ist es (gar) nicht; *(≈ not the point)* darum gehts gar nicht; **the cheek of it!** so eine Frechheit!; **I like it here** mir gefällt es hier **2** *(indef subject)* es; **it's raining** es regnet; **yes, it is a problem** ja, das ist ein Problem; **it seems simple to me** mir scheint das ganz einfach; **if it hadn't been for her, we would have come** wenn sie nicht gewesen wäre, wären wir gekommen; **it wasn't me** ICH wars nicht; **I don't think it (is) wise of you** ... ich halte es für unklug, wenn du ...; **it is said that** ... man sagt, dass ...; **it was him** *or* **he** *(form)* **who asked her** ER hat sie gefragt; **it's his appearance I object to** ich habe nur etwas gegen sein Äußeres **3** *(inf phrases)* **that's it!** *(agreement)* ja, genau!; *(annoyed)* jetzt reichts mir!; **this is it!** *(before action)* jetzt gehts los! **B** *n (infml)* **1** *(in games)* **you're it!** du bist! **2** **he thinks he's it** er bildet sich *(dat)* ein, er sei sonst wer

Italian A *adj* italienisch **B** *n* **1** Italiener(in) *m(f)* **2** LING Italienisch *nt*

italic A *adj* kursiv **B** *n* **italics** *pl* Kursivschrift *f;* **in ~s** kursiv (gedruckt)

Italy *n* Italien *nt*

itch A *n (lit)* Jucken *nt;* **I have an ~** mich juckt es; **I have the ~ to do sth** es reizt *or* juckt *(infml)* mich, etw zu tun **B** *v/i* **1** *(lit)* jucken; **my back is ~ing** mir *or* mich juckt der Rücken **2** *(fig infml)* **he is ~ing to ...** es reizt ihn, zu ... **itchy** *adj (+er)* **1** *(≈ itching)* juckend; **my back is ~** mein Rücken juckt; **I've got an ~ leg** mir juckt das Bein; **I've got ~ feet** *(infml)* ich will hier weg *(infml)* **2** *cloth* kratzig

it'd *contraction* = it would, it had

item *n* **1** *(on agenda etc)* Punkt *m;* (COMM: *in account book)* (Rechnungs)posten *m;* *(≈*

article) Gegenstand *m;* **~s of clothing** Kleidungsstücke *pl* **2** *(of news)* Bericht *m;* *(short:* RADIO, TV*)* Meldung *f* **3** *(infml)* **Lynn and Craig are an ~** zwischen Lynn und Craig spielt sich was ab *(infml)* **itemize** *v/t* einzeln aufführen

itinerant *adj* umherziehend; **an ~ lifestyle** ein Wanderleben *nt;* **~ worker** Wanderarbeiter(in) *m(f)* **itinerary** *n* **1** *(≈ route)* (Reise)route *f* **2** *(≈ map)* Straßenkarte *f*

it'll *contraction* = it will, it shall

its *poss adj* sein(e)/ihr(e)/sein(e)

it's *contraction* = it is, it has

itself *pron* **1** *(reflexive)* sich **2** *(emph)* selbst; **and now we come to the text ~** und jetzt kommen wir zum Text selbst; **the frame ~ is worth £1,000** der Rahmen allein ist £ 1.000 wert; **she has been kindness ~** sie war die Freundlichkeit in Person; **in ~, the amount is not important** der Betrag an sich ist unwichtig **3 by ~** *(≈ alone)* allein; *(≈ automatically)* von selbst; **seen by ~** einzeln betrachtet; **the bomb went off by ~** die Bombe ging von selbst los

ITV *(Br) abbr of* Independent Television britische Fernsehanstalt

IUD *abbr of* intrauterine device

I've *contraction* = I have

IVF *abbr of* in vitro fertilization

ivory A *n* Elfenbein *nt* **B** *adj* **1** elfenbeinern **2** *(colour)* elfenbeinfarben **ivory tower** *n (fig)* Elfenbeinturm *m*

ivy *n* Efeu *m* **Ivy League** *n (US)* Eliteuniversitäten *pl* der USA

J

J, j *n* J *nt,* j *nt*

jab A *v/t (with elbow)* stoßen; *(with knife)* stechen; **she ~bed the jellyfish with a stick** sie pik(s)te mit einem Stock in die Qualle (hinein) *(infml);* **he ~bed his finger at the map** er tippte mit dem Finger auf die Karte **B** *v/i* stoßen *(at sb* nach jdm*)* **C** *n* **1** *(with elbow)* Stoß *m;* *(with needle)* Stich *m* **2** *(Br infml ≈ injection)* Spritze *f*

jabber *v/i (a.* **jabber away***)* plappern

jack n **1** AUTO Wagenheber m **2** CARDS Bube m

jackdaw n Dohle f

jacket n **1** Jacke f, Janker m (Aus); (≈ tailored jacket) Jackett nt **2** (of book) Schutzumschlag m; (US: of record) Plattenhülle f **3** **~ potatoes** (in der Schale) gebackene Kartoffeln pl

jack-in-the-box n Schachtel- or Kastenteufel m **jackknife** v/i **the lorry ~d** der Lastwagenanhänger hat sich quer gestellt **jack of all trades** n **to be (a) ~** (prov) ein Hansdampf m in allen Gassen sein **jackpot** n Jackpot m; (in lottery etc) Hauptgewinn m; **to hit the ~** (in lottery) den Hauptgewinn bekommen; (fig) das große Los ziehen

Jacuzzi® n Jacuzzi® m, Sprudelbad nt

jade **A** n (≈ stone) Jade m or f; (≈ colour) Jadegrün nt **B** adj Jade-; (colour) jadegrün **jaded** adj (≈ mentally dulled) stumpfsinnig; (from overindulgence etc) übersättigt; appearance verbraucht

jagged adj zackig; tear ausgefranst; rocks zerklüftet; mountains spitz

jail **A** n Gefängnis nt; **in ~** im Gefängnis; **to go to ~** ins Gefängnis kommen **B** v/t ins Gefängnis sperren **jailbreak** n Ausbruch m (aus dem Gefängnis) **jailhouse** n (US) Gefängnis nt **jail sentence** n Gefängnisstrafe f

jam¹ n (Br) Marmelade f

jam² **A** n **1** (≈ traffic jam) (Verkehrs)stau m **2** (≈ blockage) Stauung f **3** (infml ≈ tight spot) **to be in a ~** in der Klemme sitzen (infml); **to get sb/oneself out of a ~** jdn/sich aus der Patsche ziehen (infml) **B** v/t **1** (≈ wedge) festklemmen; (between two things) einklemmen; **they had him ~med up against the wall** sie hatten ihn gegen die Wand gedrängt; **it's ~med** es klemmt; **he ~med his finger in the door** er hat sich (dat) den Finger in der Tür eingeklemmt **2** (≈ cram) (**into** in +acc) things stopfen; people quetschen; **to be ~med together** (things) zusammengezwängt sein; (people) zusammengedrängt sein **3** street etc verstopfen; phone lines blockieren **4** **to ~ one's foot on the brake** eine Vollbremsung machen **C** v/i (brake) sich verklemmen; (gun) Ladehemmung haben; (window etc) klemmen; **the key ~med in the lock** der Schlüssel blieb im Schloss stecken ◊**jam in** v/t sep einkeilen; **he was jammed in by the crowd** er war in der Menge eingekeilt ◊**jam on** v/t sep **1** **to ~ the brakes** eine Vollbremsung machen **2** **to ~ one's hat** sich (dat) den Hut aufstülpen

Jamaica n Jamaika nt

jamb n (of door/window) (Tür-/Fenster)pfosten m

jam jar n (Br) Marmeladenglas nt

jammy adj (+er) (Br infml) Glücks-; **a ~ shot** ein Glückstreffer m

jam-packed adj überfüllt; **~ with tourists** voller Touristen **jam tart** n Marmeladenkuchen m, Marmeladentörtchen nt

Jan abbr of January Jan.

jangle **A** v/i (bells) bimmeln (infml) **B** v/t money klimpern mit; keys rasseln mit

janitor n Hausmeister(in) m(f), Abwart(in) m(f) (Swiss)

January n Januar m, Jänner m (Aus); → September

Japan n Japan nt

Japanese **A** adj japanisch **B** n **1** Japaner(in) m(f) **2** LING Japanisch nt

jar¹ n (for jam etc) Glas nt

jar² **A** n (≈ jolt) Ruck m **B** v/i (note) schauerlich klingen; (colours) sich beißen (infml) **C** v/t knee sich (dat) stauchen; (≈ jolt continuously) durchrütteln ◊**jar on** v/i +prep obj Schauer über den Rücken jagen (+dat)

jargon n Jargon m

jasmin(e) n Jasmin m

jaundice n Gelbsucht f

jaunt n Spritztour f; **to go for a ~** eine Spritztour machen

jauntily adv munter, fröhlich; **with his hat perched ~ over one ear** den Hut keck auf einem Ohr **jaunty** adj (+er) munter

javelin n Speer m; **in the ~** SPORTS im Speerwurf

jaw n Kiefer m, Kinnlade f; **the lion opened its ~s** der Löwe riss seinen Rachen auf; **his ~ dropped** sein Unterkiefer klappte herunter **jawbone** n Kieferknochen m

jay n Eichelhäher m

jaywalking n Unachtsamkeit f (eines Fußgängers) im Straßenverkehr

jazz **A** n MUS Jazz m **B** attr Jazz- ◊**jazz up** v/t sep aufmöbeln (infml)

jazzy adj (+er) **1** colour, dress, tie knallig (infml); pattern auffallend **2** music verjazzt

JCB® n Erdräummaschine f

J

jealous *adj husband etc* eifersüchtig; *(of sb's success etc)* neidisch; **to be ~ of** sb auf jdn eifersüchtig sein; *(≈ envious)* jdn beneiden **jealously** *adv* **1** eifersüchtig **2** *(≈ enviously)* neidisch **jealousy** *n* **1** Eifersucht *f (of auf +acc)* **2** *(≈ envy)* Neid *m*

jeans *pl* Jeans *pl*; **a pair of ~** (ein Paar) Jeans *pl*

Jeep® *n* Jeep® *m*

jeer **A** *n* **~s** Johlen *nt no pl* **B** *v/i* höhnische Bemerkungen machen; *(≈ boo)* buhen; **to ~ at sb** jdn (laut) verhöhnen **C** *v/t* verhöhnen **jeering** *n* höhnische Bemerkungen *pl*; *(≈ booing)* Gejohle *nt*

Jehovah's Witness *n* Zeuge *m*/Zeugin *f* Jehovas

Jell-O® *n* (US) Wackelpeter *m (infml)* **jelly** *n* Gelee *nt*; *(esp Br ≈ dessert)* Wackelpeter *m (infml)*; *(esp US ≈ jam)* Marmelade *f*; *(round meat etc)* Aspik *m or nt*; **my legs were like ~** ich hatte wie Pudding in den Beinen *(infml)* **jelly baby** *n (Br)* ≈ Gummibärchen *nt* **jellyfish** *n* Qualle *f* **jelly jar** *n (US)* = jam jar

jeopardize *v/t* gefährden **jeopardy** *n* Gefahr *f*; **in ~** gefährdet; **to put sb/sth in ~** jdn/etw gefährden

jerk **A** *n* **1** Ruck *m*; *(≈ twitch)* Zucken *nt no pl*; **to give sth a ~** einer Sache *(dat)* einen Ruck geben; **rope** an etw *(dat)* ruckartig ziehen; **the train stopped with a ~** der Zug hielt mit einem Ruck an **2** *(infml ≈ person)* Trottel *m (infml)* **B** *v/t* rucken an *(+dat)*; **the impact ~ed his head forward/back** beim Aufprall wurde sein Kopf nach vorn/hinten geschleudert; **he ~ed his head back** er riss den Kopf zurück **C** *v/i* **the car ~ed forward** der Wagen machte einen Ruck nach vorn; **the car ~ed to a stop** das Auto hielt ruckweise an ◊**jerk off** *v/i (sl)* sich *(dat)* einen runterholen *(infml)*

jerky *adj (+er)* ruckartig

Jersey *n* **1** Jersey *nt* **2** *(≈ cow)* Jersey(rind) *nt*

jersey *n* Pullover *m*; FTBL *etc* Trikot *nt*, Leiberl *nt (Aus)*, Leibchen *nt (Aus, Swiss)*

Jerusalem *n* Jerusalem *nt* **Jerusalem artichoke** *n* Erdartischocke *f*

jest *n* Scherz *m*, Witz *m*; **in ~** im Spaß **jester** *n* HIST Narr *m*

Jesuit *n* Jesuit *m*

Jesus **A** *n* Jesus *m*; **~ Christ** Jesus Christus **B** *int (sl)* Mensch *(infml)*; **~ Christ!**

Menschenskind! *(infml)*

jet **A** *n* **1** *(of water)* Strahl *m*; **a thin ~ of water** ein dünner Wasserstrahl **2** *(≈ nozzle)* Düse *f* **3** *(a. jet plane)* Düsenflugzeug *nt*, Jet *m* **B** *attr* AVIAT Düsen-, Jet- ◊**jet off** *v/i* düsen *(infml) (to* nach)

jet-black *adj* kohl(pech)rabenschwarz **jet engine** *n* Düsentriebwerk *nt* **jet fighter** *n* Düsenjäger *m* **jet foil** *n* Tragflügelboot *nt* **jet lag** *n* Jetlag *nt*; **he's suffering from ~** er hat Jetlag **jetlagged** *adj* **to be ~** an Jetlag leiden **jet plane** *n* Düsenflugzeug *nt* **jet propulsion** *n* Düsenantrieb *m* **jet-propelled** *adj* mit Düsenantrieb **jet set** *n* Jetset *m* **jet-setter** *n* Jetsetter(in) *m(f)* **jet ski** *n* Wassermotorrad *nt*

jettison *v/t* **1** NAUT, AVIAT (als Ballast) abwerfen **2** *(fig) plan* über Bord werfen; *articles* wegwerfen

jetty *n* Pier *m*

Jew *n* Jude *m*, Jüdin *f*

jewel *n* Edelstein *m*; *(≈ piece of jewellery)* Schmuckstück *nt* **jeweller**, (US) **jeweler** *n* Juwelier(in) *m(f)*; *(making jewellery)* Goldschmied(in) *m(f)*; **at the ~'s (shop)** beim Juwelier

jewellery, (US) **jewelry** *n* Schmuck *m no pl*; **a piece of ~** ein Schmuckstück *nt*

Jewish *adj* jüdisch

jibe *n* = gibe

jiffy, **jiff** *n (infml)* Minütchen *nt (infml)*; **I won't be a ~** ich komme sofort *or* gleich; *(≈ back soon)* ich bin sofort *or* gleich wieder da; **in a ~** sofort **Jiffy bag®** *n (Br)* (gepolsterte) Versandtasche

jig **A** *n* lebhafter Volkstanz **B** *v/i (fig: a. jig about)* herumhüpfen; **to ~ up and down** herumspringen

jiggle **A** *v/t* wackeln mit; *handle* rütteln an *(+dat)* **B** *v/i (a. jiggle about)* herumzappeln

jigsaw *n* **1** TECH Tischlerbandsäge *f* **2** *(a. jigsaw puzzle)* Puzzle(spiel) *nt*

jilt *v/t lover* den Laufpass geben *(+dat)*; **~ed** verschmäht

jingle **A** *n* **(advertising) ~** Jingle *m* **B** *v/i (keys etc)* klimpern; *(bells)* bimmeln **C** *v/t keys* klimpern mit; *bells* bimmeln lassen

jingoism *n* Hurrapatriotismus *m*

jinx *n* **there must be** *or* **there's a ~ on it** das ist verhext; **to put a ~ on sth** etw verhexen **jinxed** *adj* verhext

jitters *pl (infml)* **he had the ~** er hatte das

große Zittern (infml); **to give sb the ~** jdn ganz rappelig machen (infml) **jittery** adj (infml) rappelig (infml)

jive v/i swingen

Jnr abbr of junior jun., jr.

job n **1** (≈ piece of work) Arbeit f; **I have a ~ to do** ich habe zu tun; **I have a little ~ for you** ich habe eine kleine Arbeit or Aufgabe für Sie; **to make a good ~ of sth** bei etw gute Arbeit leisten; **we could do a better ~ of running the company** wir könnten die Firma besser leiten; **I had a ~ convincing him** es war gar nicht so einfach, ihn zu überzeugen **2** (≈ employment) Stelle f, Job m (infml); **to look for/get/have a ~** eine Stelle suchen/bekommen/haben; **to lose one's ~** seine Stelle verlieren; **500 ~s lost** 500 Arbeitsplätze verloren gegangen **3** (≈ duty) Aufgabe f; **that's not my ~** dafür bin ich nicht zuständig; **it's not my ~ to tell him** es ist nicht meine Aufgabe, ihm das zu sagen; **I had the ~ of breaking the news to her** es fiel mir zu, ihr die Nachricht beizubringen; **he's not doing his ~** er erfüllt seine Aufgabe(n) nicht; **I'm only doing my ~** tut nur meine Pflicht **4** that's **a good ~!** so ein Glück; **it's a good ~ I brought my cheque book** nur gut, dass ich mein Scheckbuch mitgenommen habe; **to give sb/sth up as a bad ~** jdn/ etw aufgeben; **to make the best of a bad ~** das Beste daraus machen; **that should do the ~** das müsste hinhauen (infml); **this is just the ~** das ist genau das Richtige **5** (infml ≈ operation) Korrektur f; **to have a nose ~** seine Nasenkorrektur machen lassen **job advertisement** n Stellenanzeige f **jobbing** adj Gelegenheits- **Jobcentre** n (Br) Arbeitsamt nt **job creation** n Arbeitsbeschaffung f; **~ scheme** Arbeitsbeschaffungsmaßnahme f **job cuts** pl Arbeitsplatzabbau m **job description** n Tätigkeitsbeschreibung f **job-hunting** n Jobsuche f; **to be ~** auf Jobsuche sein **job interview** n Vorstellungsgespräch nt **jobless** adj arbeitslos **job loss** n **there were 1,000 ~es** 1 000 Arbeitsplätze gingen verloren **job lot** n COMM (Waren)posten m **job satisfaction** n Zufriedenheit f am Arbeitsplatz **job security** n Arbeitsplatzsicherheit f **jobseeker** n Arbeitssuchende(r) m/f(m); **~'s allowance** (Br) Arbeitslosengeld nt **job sharing** n Jobsharing nt

jockey **A** n Jockey m **B** v/i **to ~ for position** (fig) rangeln **jockey shorts** pl Jockeyshorts pl

jockstrap n Suspensorium nt

jocular adj lustig

jodhpurs pl Reithose(n) f(pl)

jog **A** v/t stoßen an (+acc) or gegen; person anstoßen; **to ~ sb's memory** jds Gedächtnis (dat) nachhelfen **B** v/i trotten; SPORTS joggen **C** n SPORTS Dauerlauf m; **to go for a ~** SPORTS joggen (gehen) ◊**jog along** v/i **1** (≈ go along: person, vehicle) entlangzuckeln **2** (fig) vor sich (acc) hin wursteln (infml)

jogger n Jogger(in) m(f) **jogging** n Jogging nt, Joggen nt **jogging pants** pl Jogginghose f

john n (esp US infml) (≈ toilet) Klo nt (infml), Häus(e)l nt (Aus)

John Bull n die Engländer pl

John Doe n (US) Otto Normalverbraucher m (infml)

John Hancock n (infml ≈ signature) Friedrich Wilhelm m (infml)

join **A** v/t **1** (≈ unite) verbinden (to mit); **to ~ two things together** zwei Dinge (miteinander) verbinden; **to ~ hands** sich (dat) or einander die Hände reichen **2** army gehen zu; the EU beitreten (+dat); political party, club eintreten in (+acc); firm anfangen bei; group sich anschließen (+dat); **to ~ the queue** sich in die Schlange stellen; **he ~ed us in France** er stieß in Frankreich zu uns; **I'll ~ you in five minutes** ich bin in fünf Minuten bei Ihnen; **may I ~ you?** kann ich mich Ihnen anschließen?; (≈ sit with you) darf ich mich zu Ihnen setzen?; (in game etc) kann ich mitmachen?; **will you ~ us?** machen Sie mit?; (≈ sit with us) wollen Sie sich (nicht) zu uns setzen?; (≈ come with us) kommen Sie mit?; **will you ~ me in a drink?** trinken Sie ein Glas mit mir? **3** (river, road) einmünden in (+acc) **B** v/i **1** (a. join together) (≈ be attached) (miteinander) verbunden sein; (≈ be attachable) sich (miteinander) verbinden lassen; (rivers) zusammenfließen; (roads) sich treffen; **to ~ together in doing sth** etw gemeinsam tun **2** (club member) beitreten **C** n Naht (-stelle) f ◊**join in** v/i (in activity) mitmachen (prep obj bei); (in protest) sich anschließen (prep obj +dat); (in conversation)

J

sich beteiligen (*prep obj* an +*dat*); **everybody joined in the chorus** sie sangen alle zusammen den Refrain; **he didn't want to ~ the fun** er wollte nicht mitmachen ◊**join up** **A** *v/i* **1** (*Br* MIL) Soldat werden **2** (*roads etc*) sich treffen **B** *v/t sep* (miteinander) verbinden

joiner *n* Schreiner(in) *m(f)*

joint **A** *n* **1** ANAT Gelenk *nt*; **ankle ~** Knöchel *m* **2** (*in woodwork*) Fuge *f*; (*in pipe etc*) Verbindung(sstelle) *f* **3** (*Br* COOK) Braten *m*; **a ~ of beef** ein Rinderbraten *m* **4** (*infml*) (≈ *place*) Laden *m* (*infml*) **5** (*infml*: *of marijuana*) Joint *m* (*infml*) **B** *adj attr* gemeinsam; *strength* vereint; **he finished ~ second** *or* **in ~ second place** (*Br*) er belegte gemeinsam mit einem anderen den zweiten Platz; **it was a ~ effort** das ist in Gemeinschaftsarbeit entstanden **joint account** *n* gemeinsames Konto **jointed** *adj* mit Gelenken versehen **jointly** *adv* gemeinsam; **to be ~ owned by ...** im gemeinsamen Besitz von ... sein **joint owner** *n* Mitbesitzer(in) *m(f)* **joint ownership** *n* Mitbesitz *m* **joint stock** *n* Aktienkapital *nt* **joint stock company** *n* ≈ Kapitalgesellschaft *f* **joint venture** *n* Jointventure *nt* (COMM)

joist *n* Balken *m*; (*of metal, concrete*) Träger *m*

joke **A** *n* Witz *m*; (≈ *hoax*) Scherz *m*; (≈ *prank*) Streich *m*; **for a ~** zum Spaß; **I don't see the ~** ich möchte wissen, was daran so lustig ist *or* sein soll; **he can't take a ~** er versteht keinen Spaß; **what a ~!** zum Totlachen! (*infml*); **it's no ~** das ist nicht witzig; **this is getting beyond a ~** (*Br*) das geht (langsam) zu weit; **to play a ~ on sb** jdm einen Streich spielen; **to make a ~ of sth** Witze über etw (*acc*) machen; **to make ~s about sb/sth** sich über jdn/etw lustig machen **B** *v/i* Witze machen (*about* über +*acc*); (≈ *pull sb's leg*) Spaß machen; **I'm not joking** ich meine das ernst; **you must be joking!** das soll wohl ein Witz sein; **you're joking!** mach keine Witze! **joker** *n* **1** (≈ *person*) Witzbold *m* **2** CARDS Joker *m* **joking** **A** *adj tone* scherzhaft; **it's no ~ matter** darüber macht man keine Witze **B** *n* Witze pl; **~ apart** *or* **aside** beiseite **jokingly** *adv* im Spaß **joky** *adj* lustig

jolly **A** *adj* (+*er*) (*esp Br*) vergnügt **B** *adv* (*dated Br infml*) ganz schön (*infml*); nice

mächtig (*infml*); **~ good** prima (*infml*); **I should ~ well hope/think so!** das will ich auch hoffen/gemeint haben!

jolt **A** *v/i* (*vehicle*) holpern; (≈ *give one jolt*) einen Ruck machen **B** *v/t* (*lit*) (≈ *shake*) durchschütteln; (*once*) einen Ruck geben (+*dat*); (*fig*) aufrütteln; **she was ~ed awake** sie wurde wach gerüttelt **C** *n* **1** (≈ *jerk*) Ruck *m* **2** (*fig infml*) Schock *m*

jostle **A** *v/i* drängeln **B** *v/t* anrempeln

jot *n* (*infml*) Körnchen *nt*; **it won't do a ~ of good** das nützt gar nichts; **this won't affect my decision one ~** das wird meine Entscheidung nicht im Geringsten beeinflussen ◊**jot down** *v/t sep* sich (*dat*) notieren; **to ~ notes** Notizen machen

jotter *n* (*Br*) Notizheft(chen) *nt*

journal *n* **1** (≈ *magazine*) Zeitschrift *f* **2** (≈ *diary*) Tagebuch *nt*; **to keep a ~** Tagebuch führen **journalese** *n* Pressejargon *m* **journalism** *n* Journalismus *m* **journalist** *n* Journalist(in) *m(f)*

journey *n* Reise *f*; **to go on a ~** verreisen; **it's a ~ of 50 miles** es liegt 50 Meilen entfernt; **it's a two-day ~ to get to ... from here** man braucht zwei Tage, um von hier nach ... zu kommen; **a train ~** eine Zugfahrt; **the ~ home** die Heimreise; **he has quite a ~ to get to work** er muss ziemlich weit fahren, um zur Arbeit zu kommen; **a ~ of discovery** eine Entdeckungsreise **B** *v/i* reisen

jovial *adj* fröhlich

jowl *n* (*often pl*) Hängebacke *f*

joy *n* **1** Freude *f*; **to my great ~** zu meiner großen Freude; **this car is a ~ to drive** es ist eine Freude, dieses Auto zu fahren; **one of the ~s of this job is ...** eine der erfreulichen Seiten dieses Berufs ist ... **2** *no pl* (*Br infml* ≈ *success*) Erfolg *m*; **any ~?** hat es geklappt? (*infml*); **you won't get any ~ out of him** bei ihm werden Sie keinen Erfolg haben **joyful** *adj* freudig **joyous** *adj* (*liter*) freudig **joyrider** *n* Joyrider(in) *m(f)*, Strolchenfahrer(in) *m(f)* (*Swiss*) **joyriding** *n* Joyriding *nt*, Strolchenfahren *pl* (*Swiss*) **joystick** *n* AVIAT Steuerknüppel *m*; IT Joystick *m*

JPEG *n abbr of* Joint Photographic Experts Group JPEG *nt*

Jr *abbr of* junior jr., jun.

jubilant *adj* überglücklich **jubilation** **C** *n* Jubel *m* **jubilee** *n* Jubiläum *nt*

Judaism *n* Judaismus *m*

judder *v/i* (*Br*) erzittern; (*car etc*) ruckeln; **the train ~ed to a halt** der Zug kam ruckartig zum Stehen

judge **Ⓐ** *n* **1** JUR Richter(in) *m(f)*; (*of competition*) Preisrichter(in) *m(f)*; SPORTS Kampfrichter(in) *m(f)* **2** (*fig*) Kenner(in) *m(f)*; **a good ~ of character** ein guter Menschenkenner; **I'll be the ~ of that** das müssen Sie mich schon selbst beurteilen lassen **Ⓑ** *v/t* **1** JUR *case* verhandeln **2** *competition* bewerten; SPORTS Kampfrichter sein bei **3** (*fig ≈ pass judgement on*) ein Urteil fällen über (*+acc*); **you shouldn't ~ people by appearances** Sie sollten Menschen nicht nach ihrem Äußeren beurteilen; **you can ~ for yourself** Sie können es selbst beurteilen; **how would you ~ him?** wie würden Sie ihn beurteilen *or* einschätzen? **4** *speed etc* einschätzen **Ⓒ** *v/i* **1** (*at competition*) Preisrichter sein **2** (*fig*) (*≈ pass judgement*) ein Urteil fällen; (*≈ form an opinion*) (be)urteilen; **as** *or* **so far as one can ~** soweit man (es) beurteilen kann; **judging by sth** nach etw zu urteilen; **to ~ by appearances** nach dem Äußeren urteilen; **he let me ~ for myself** er überließ es meinem Urteil

judg(e)ment *n* **1** JUR (Gerichts)urteil *nt*; **to pass** *or* **give ~** das Urteil sprechen (*on* über *+acc*) **2** (*≈ opinion*) Meinung *f*; (*of speed etc*) Einschätzung *f*; **in my ~** meiner Meinung nach; **against one's better ~** wider besseres Wissen **3** (*≈ discernment*) Urteilsvermögen *nt* **judg(e)mental** *adj* wertend **Judg(e)ment Day** *n* Tag *m* des Jüngsten Gerichts

judicial *adj* JUR gerichtlich; **~ system** Justizsystem *nt* **judiciary** *n* Gerichtsbehörden *pl*

judo *n* Judo *nt*

jug *n* (*with lid*) Kanne *f*; (*without lid*) Krug *m*

juggernaut *n* (*Br*) Schwerlaster *m*

juggle **Ⓐ** *v/i* jonglieren **Ⓑ** *v/t balls* jonglieren (*mit*); *figures* so hindrehen, dass sie passen; **many women have to ~ (the demands of) family and career** viele Frauen müssen (die Anforderungen von) Familie und Beruf miteinander vereinbaren **juggler** *n* (*lit*) Jongleur(in) *m(f)*

jugular *n* **~ (vein)** Drosselvene *f*

juice *n* (*lit, fig infml*) Saft *m* **juicy** *adj* (*+er*) saftig

jukebox *n* Jukebox *f*

Jul *abbr of* July

July *n* Juli *m*; → September

jumble **Ⓐ** *v/t* (*a.* **jumble up**) **1** (*lit*) durcheinanderwerfen; **~d up** durcheinander; **a ~d mass of wires** ein Wirrwarr *m* von Kabeln; **his clothes are ~d together on the bed** seine Kleider liegen in einem unordentlichen Haufen auf dem Bett **2** (*fig*) *facts* durcheinanderbringen **Ⓑ** *n* **1** (*of objects*) Durcheinander *nt*; (*of words*) Wirrwarr *m* **2** *no pl* (*for jumble sale*) gebrauchte Sachen *pl* **jumble sale** *n* (*Br*) ≈ Flohmarkt *m*; (*for charity*) Wohltätigkeitsbasar *m*

jumbo *n* (*≈ jumbo jet*) Jumbo(jet) *m* **jumbo-sized** *adj* riesig, Riesen-

jump **Ⓐ** *n* **1** Sprung *m*; (*on race-course*) Hindernis *nt*; (*of prices*) (sprunghafter) Anstieg **2** (*≈ start*) **to give a ~** zusammenfahren **Ⓑ** *v/i* **1** springen; (*prices*) sprunghaft ansteigen; **to ~ for joy** einen Freudensprung machen; **to ~ to one's feet** aufspringen; **to ~ to conclusions** vorschnelle Schlüsse ziehen; **~ to it!** mach schon!; **the film suddenly ~s from the 18th into the 20th century** der Film macht plötzlich einen Sprung vom 18. ins 20. Jahrhundert; **if you keep ~ing from one thing to another** wenn Sie nie an einer Sache bleiben **2** (*≈ start*) zusammenzucken; **you made me ~** du hast mich (aber) erschreckt **Ⓒ** *v/t fence etc* überspringen; **to ~ the lights** bei Rot über die Kreuzung fahren; **to ~ the queue** (*Br*) sich vordrängeln ◊**jump at** *v/i +prep obj chance* sofort beim Schopf ergreifen ◊**jump down** *v/i* herunterspringen (*from von*); **to ~ sb's throat** jdn anfahren ◊**jump in** *v/i* hineinspringen; **~!** (*to car*) steig ein! ◊**jump off** *v/i* herunterspringen (*prep obj von*); (*from train, bus*) aussteigen (*prep obj aus*); (*when moving*) abspringen (*prep obj von*) ◊**jump on** *v/i* (*lit, onto vehicle*) einsteigen (*prep obj, -to in +acc*); **to ~(to) sb/sth** auf jdn/etw springen ◊**jump out** *v/i* hinausspringen; (*from vehicle*) aussteigen (*of aus*); (*when moving*) abspringen (*of von*); **to ~ of the window** aus dem Fenster springen ◊**jump up** *v/i* hochspringen; (*onto sth*) hinaufspringen (*onto auf +acc*)

jumper *n* **1** (*Br*) Pullover *m* **2** (*US ≈ dress*) Trägerkleid *nt* **jumper cables** *n* (*US* AUTO) = jump leads **jump leads** *pl* (*Br* AUTO) Starthilfekabel *nt* **jump rope** *n*

(US) Hüpf- *or* Sprungseil *nt* **jump suit** *n* Overall *m* **jumpy** *adj* (+er) *(infml) person* nervös

Jun *abbr of* June

junction *n* RAIL Gleisanschluss *m*; *(of roads)* Kreuzung *f* **junction box** *n* ELEC Verteilerkasten *m*

juncture *n* **at this ~** zu diesem Zeitpunkt

June *n* Juni *m*; → September

jungle *n* Dschungel *m*

junior **A** *adj* **1** *(≈ younger)* jünger; **Hiram Schwarz, ~** Hiram Schwarz junior **2** *employee* untergeordnet; *officer* rangniedriger; **to be ~ to sb** unter jdm stehen **3** SPORTS Junioren- **B** *n* **1** **he is two years my ~** er ist zwei Jahre jünger als ich **2** *(Br* SCHOOL*)* Grundschüler(in) *m(f)* **3** *(US* UNIV*) Student(in) im vorletzten Studienjahr* **junior high (school)** *n (US)* ≈ Mittelschule *f* **junior minister** *n* Staatssekretär(in) *m(f)* **junior partner** *n* jüngerer Teilhaber, jüngere Teilhaberin; *(in coalition)* kleinerer (Koalitions)partner, kleinere (Koalitions)partnerin **junior school** *n (Br)* Grundschule *f*

junk *n* **1** *(≈ discarded objects)* Trödel *m* **2** *(infml ≈ trash)* Ramsch *m* **junk car** *n* Schrottauto *nt (infml)* **junk food** *n* Junkfood *nt (infml)* **junkie** *n (infml)* Junkie *m (infml)* **junk mail** *n* (Post)wurfsendungen *pl* **junk shop** *n* Trödelladen *m*

Jupiter *n* Jupiter *m*

jurisdiction *n* Gerichtsbarkeit *f*; *(≈ range of authority)* Zuständigkeit(sbereich *m*) *f*

juror *n* Schöffe *m*, Schöffin *f*; *(for capital crimes)* Geschworene(r) *m/f(m)* **jury** *n* **1** JUR **the ~** die Schöffen *pl*; *(for capital crimes)* die Geschworenen *pl*; **to sit** *or* **be on the ~** Schöffe/Geschworener sein **2** *(for competition)* Jury *f* **jury service** *n* Schöffenamt *nt*; *(for capital crimes)* Amt *nt* des Geschworenen

just¹ *adv* **1** *(with time)* gerade; **they have ~ left** sie sind gerade gegangen; **she left ~ before I came** sie war, kurz bevor ich kam, weggegangen; **~ after lunch** gleich nach dem Mittagessen; **he's ~ coming** er kommt gerade; **I'm ~ coming** ich komme ja schon; **I was ~ going to …** ich wollte gerade …; **~ as I was going** gerade, als ich gehen wollte; **~ now** *(in past)* gerade erst; **not ~ now** im Moment nicht; **~ now?** jetzt gleich? **2** *(≈ barely)* gerade noch; **it ~ missed** es hat beinahe getrof-

fen; **I've got only ~ enough to live on** mir reicht es gerade so noch zum Leben; **I arrived ~ in time** ich bin gerade (noch) rechtzeitig gekommen **3** *(≈ exactly)* genau; **that's ~ like you** das sieht dir ähnlich; **that's ~ it!** das ist es ja gerade!; **that's ~ what I was going to say** genau das wollte ich (auch) sagen **4** *(≈ only)* nur, bloß; **~ you and me** nur wir beide; **he's ~ a boy** er ist doch noch ein Junge; **I ~ don't like it** ich mag es eben nicht; **~ like that** (ganz) einfach so; **you can't ~ assume …** Sie können doch nicht ohne Weiteres annehmen …; **it's ~ not good enough** es ist einfach nicht gut genug **5** *(with position)* gleich; **~ above the trees** direkt über den Bäumen; **put it ~ over there** stells mal da drüben hin; **~ here** (genau) hier **6** *(≈ absolutely)* wirklich; **it's ~ terrible** das ist ja schrecklich! **7** **~ as** genauso; **the blue hat is ~ as nice as the red one** der blaue Hut ist genauso hübsch wie der rote; **it's ~ as well …** nur gut, dass …; **~ as I thought!** ich habe es mir doch gedacht!; **~ about** in etwa; **I am ~ about ready** ich bin so gut wie fertig; **did he make it in time?** **— ~ about** hat ers (rechtzeitig) geschafft? **— so gerade; I am ~ about fed up with it!** *(infml)* so langsam aber sicher hängt es mir zum Hals raus *(infml)*; **~ listen** hör mal; **~ shut up!** sei bloß still!; **~ wait here a moment** warten Sie hier mal (für) einen Augenblick; **~ a moment!** Moment mal!; **I can ~ see him as a soldier** ich kann ihn mir gut als Soldat vorstellen; **can I ~ finish this?** kann ich das eben noch fertig machen?

just² *adj* (+er) gerecht *(to* gegenüber*)*; **I had ~ cause to be alarmed** ich hatte guten Grund, beunruhigt zu sein

justice *n* **1** Gerechtigkeit *f*; *(system)* Justiz *f*; **to bring sb to ~** jdn vor Gericht bringen; **to do him ~** um ihm gegenüber gerecht zu sein; **this photograph doesn't do her ~** auf diesem Foto ist sie nicht gut getroffen; **you didn't do yourself ~ in the exams** Sie haben im Examen nicht gezeigt, was Sie können; **ministry of ~** *(Br)*, **Department of Justice** *(US)* Justizministerium *nt* **2** *(≈ judge)* Richter(in) *m(f)*; **Justice of the Peace** Friedensrichter(in) *m(f)*

justifiable *adj* gerechtfertigt **justifia-**

bly *adv* mit *or* zu Recht **justification** *n* Rechtfertigung *f (of +gen, for* für); **as (a) ~ for his action** zur Rechtfertigung seiner Handlungsweise **justify** *v/t* **1** rechtfertigen *(sth to sb* etw vor jdm *or* jdm gegenüber); **he was justified in doing that** es war gerechtfertigt, dass er das tat **2** TYPO justieren; IT ausrichten **justly** *adv* zu Recht; *treat* gerecht

jut *v/i (a.* **jut out)** hervorstehen; **the peninsula ~s out into the sea** die Halbinsel ragt ins Meer hinaus; **to ~ out over the street** über die Straße hinausragen

juvenile **A** *n* ADMIN Jugendliche(r) *m/f(m)* **B** *adj* für Jugendliche; **~ crime** Jugendkriminalität *f* **juvenile delinquency** *n* Jugendkriminalität *f* **juvenile delinquent** *n* jugendlicher Straftäter, jugendliche Straftäterin

juxtapose *v/t* nebeneinanderstellen

K

K, k *n* K *nt,* k *nt*
K *abbr (in salaries etc)* -tausend; **15 K** 15.000
k *n* IT *abbr of* **kilobyte** KB
kaleidoscope *n* Kaleidoskop *nt*
kangaroo *n* Känguru *nt*
karaoke *n* Karaoke *nt*
karate *n* Karate *nt*
kayak *n* Kajak *m or nt*
KB IT *abbr of* **kilobyte** KB *nt*
kcal *abbr of* **kilocalorie** kcal
kebab *n* Kebab *m*
keel *n* NAUT Kiel *m;* **he put the business back on an even ~** er brachte das Geschäft wieder auf die Beine *(infml)* ◊**keel over** *v/i (fig infml)* umkippen
keen *adj (+er)* **1** *interest* stark; *intelligence* scharf; *sight* gut **2** (≈ *enthusiastic*) begeistert; (≈ *interested*) stark interessiert; **~ to learn** lernbegierig; **to be ~ on sb** von jdm sehr angetan sein; *(sexually)* scharf auf jdn sein *(infml); on pop group etc* von jdm begeistert sein; **to be ~ on sth** etw sehr gern mögen; **to be ~ on doing sth** (≈ *like to do*) etw mit Begeisterung tun; **to be ~ to do sth** scharf darauf sein, etw zu tun *(infml);* **to be ~ on dancing** lei-

denschaftlicher Tänzer sein; **he is very ~ on golf** er ist ein Golffan *m;* **I'm not very ~ on him** ich bin von ihm/nicht gerade begeistert; **he's not ~ on her coming** er legt keinen (gesteigerten) Wert darauf, dass sie kommt; **he's very ~ for us to go** er legt sehr großen Wert darauf, dass wir gehen **3** *blade, wind* scharf **keenly** *adv* **1** *feel* leidenschaftlich; *interested* stark **2** (≈ *enthusiastically*) mit Begeisterung; **~ awaited** mit Ungeduld erwartet **keenness** *n* (≈ *enthusiasm*) Begeisterung *f; (of applicant, learner)* starkes Interesse

keep *vb: pret, past part* **kept** **A** *v/t* **1** (≈ *retain*) behalten; **you can ~ this book** du kannst dieses Buch behalten; **to ~ a place for sb** einen Platz für jdn frei halten; **to ~ a note of sth** sich *(dat)* etw notieren **2** (≈ *maintain*) halten; **he kept his hands in his pockets** er hat die Hände in der Tasche gelassen; **the garden was well kept** der Garten war (gut) gepflegt; **to ~ sb waiting** jdn warten lassen; **can't you ~ him talking?** können Sie ihn nicht in ein Gespräch verwickeln?; **to ~ the traffic moving** den Verkehr am Fließen halten; **to ~ the conversation going** das Gespräch in Gang halten; **to ~ one's dress clean** sein Kleid nicht schmutzig machen; **to ~ sb quiet** dafür sorgen, dass jd still ist; **just to ~ her happy** damit sie zufrieden ist; **to ~ sb alive** jdn am Leben halten; **to ~ oneself busy** sich selbst beschäftigen; **to ~ oneself warm** sich warm halten **3** (≈ *have in certain place*) aufbewahren; **where do you ~ your spoons?** wo sind die Löffel? **4** (≈ *put aside*) aufheben; **I've been ~ing it for you** ich habe es für Sie aufgehoben **5** (≈ *detain*) aufhalten; **I mustn't ~ you** ich will Sie nicht aufhalten; **what kept you?** wo waren Sie denn so lang?; **what's ~ing him?** wo bleibt er denn?; **to ~ sb prisoner** jdn gefangen halten; **they kept him in hospital** sie haben ihn im Krankenhaus behalten **6** *shop* führen; *pigs* halten **7** (≈ *support*) versorgen; **I earn enough to ~ myself** ich verdiene genug für mich (selbst) zum Leben; **I have six children to ~** ich habe sechs Kinder zu unterhalten **8** *promise* halten; *rule* befolgen; *appointment* einhalten **9** *diary etc* führen *(of über +acc)* **B** *v/i* **1** **to ~ to the left** sich links halten; AUTO links fahren **2** (≈ *remain*) bleiben; **how are you**

~ing? wie geht es Ihnen so?; **to ~ fit** fit bleiben; **to ~ quiet** still sein; **to ~ silent** schweigen; **to ~ calm** ruhig bleiben; **to ~ doing sth** (≈ *not stop*) etw weiter tun; (*constantly*) etw dauernd tun; **to ~ walking** weitergehen; **~ going** machen Sie weiter; **I ~ hoping she's still alive** ich hoffe immer noch, dass sie noch lebt; **I ~ thinking …** ich denke immer … **B** (*food etc*) sich halten **C** *n* (≈ *livelihood, food*) Unterhalt *m*; **I got £300 a week and my ~** ich bekam £ 300 pro Woche und freie Kost und Logis; **to earn one's ~** seinen Lebensunterhalt verdienen; **for ~s** (*infml*) für immer ◊**keep at A** *v/i +prep obj* weitermachen mit; **~ it** machen Sie weiter so **B** *v/t +prep obj* **to keep sb (hard) at it** jdn hart rannehmen (*infml*) ◊**keep away A** *v/i* (*lit*) wegbleiben; **~!** nicht näher kommen!; **~ from that place** gehen Sie da nicht hin; **I just can't ~** es zieht mich immer wieder hin; **~ from him** lassen Sie die Finger von ihm **B** *v/t always separate* fernhalten (*from* von); **to keep sth away from sth** etw nicht an etw (*acc*) kommen lassen; **to keep sb away from school** jdn nicht in die Schule (gehen) lassen ◊**keep back A** *v/i* zurückbleiben; **~!** bleiben Sie, wo Sie sind!; **please ~ from the edge** bitte gehen Sie nicht zu nahe an den Rand **B** *v/t sep* **1** *person, hair* zurückhalten; *tears* unterdrücken; **to keep sb/sth back from sb** jdn/etw von jdm abhalten **2** *money* einbehalten; *information* verschweigen (*from sb* jdm) ◊**keep down A** *v/i* unten bleiben **B** *v/t sep* **1** *head* ducken; **keep your voices down** reden Sie nicht so laut **2** *weeds etc* unter Kontrolle halten; *taxes, prices* niedrig halten; *costs* drücken; **to keep numbers down** die Zahlen gering halten; **to keep one's weight down** nicht zunehmen **3** *food* bei sich behalten ◊**keep from** *v/t +prep obj* **1** *sb* hindern an (+*dat*); **I couldn't keep him from doing it** ich konnte ihn nicht daran hindern *or* davon abhalten, das zu tun; **the bells keep me from sleeping** die Glocken lassen mich nicht schlafen; **keep them from getting wet** verhindern Sie es, dass sie nass werden; **to keep sb from harm** jdn vor Schaden (*dat*) bewahren **2** **to keep sth from sb** jdm etw verschweigen; **can you keep this from your mother?** kön-

nen Sie das vor Ihrer Mutter geheim halten *or* verbergen? ◊**keep in** *v/t sep schoolboy* nachsitzen lassen; **his parents have kept him in** seine Eltern haben ihn nicht gehen lassen ◊**keep in with** *v/i +prep obj* sich gut stellen mit; **he's just trying to ~ her** er will sich nur bei ihr lieb Kind machen ◊**keep off A** *v/i* (*person*) wegbleiben; **if the rain keeps off** wenn es nicht regnet; **"keep off!"** „Betreten verboten!" **B** *v/t sep person* fernhalten (*prep obj* von); *one's hands* wegnehmen (*prep obj* von); **to keep one's mind off sth** nicht an etw (*acc*) denken; **keep your hands off** Hände weg! **C** *v/i +prep obj* vermeiden; **"keep off the grass"** „Betreten des Rasens verboten" ◊**keep on A** *v/i* **1** (≈ *continue*) weitermachen; **to ~ doing sth** etw weiter tun; (*incessantly*) etw dauernd tun; **I ~ telling you** ich sage dir ja immer; **to ~ at sb** (*infml*) dauernd an jdm herummeckern (*infml*); **they kept on at him until he agreed** sie haben ihm so lange keine Ruhe gelassen, bis er zustimmte; **to ~ about sth** (*infml*) unaufhörlich von etw reden; **there's no need to ~ about it** (*infml*) es ist wirklich nicht nötig, ewig darauf herumzuhacken (*infml*) **2** (≈ *keep going*) weitergehen/-fahren; **keep straight on** immer geradeaus **B** *v/t sep* **1** *employee* weiterbeschäftigen **2** *coat etc* anbehalten; *hat* aufbehalten ◊**keep out A** *v/i* (*of room, building*) draußen bleiben; (*of area*) etw nicht betreten; **"keep out"** „Zutritt verboten"; **to ~ of the sun** nicht in die Sonne gehen; **to ~ of sight** sich nicht zeigen; **you ~ of this!** halten Sie sich da raus! **B** *v/t sep person* nicht hereinlassen (*of* in +*acc*); *light, rain* abhalten; **this screen keeps the sun out of your eyes** diese Blende schützt Ihre Augen vor Sonne ◊**keep to A** *v/i +prep obj* **~ the main road** bleiben Sie auf der Hauptstraße; **to ~ the schedule/plan** den Zeitplan einhalten; **to ~ the speed limit** sich an die Geschwindigkeitsbegrenzung halten; **to ~ the subject** beim Thema bleiben; **to keep (oneself) to oneself** nicht sehr gesellig sein; **they keep (themselves) to themselves** (*as a group*) sie bleiben unter sich **B** *v/t +prep obj* **to keep sb to his word/promise** jdn beim Wort nehmen; **to keep sth to a minimum** etw auf ein Minimum beschränken; **to**

keep sth to oneself etw für sich behalten; **keep your hands to yourself!** nehmen Sie Ihre Hände weg! ◊**keep together** v/t sep zusammen aufbewahren; (≈ unite) things, people zusammenhalten ◊**keep up** **A** v/i **1** (rain) (an)dauern; (strength) nachlassen **2** **to ~ (with sb/sth)** (mit jdm/etw) Schritt halten; (in comprehension) (jdm/einer Sache) folgen können; **to ~ with the news** sich auf dem Laufenden halten **B** v/t sep **1** tent aufrecht halten; **to keep his trousers up** damit die Hose nicht herunterrutscht **2** (≈ not stop) nicht aufhören mit; study etc fortsetzen; quality, prices aufrechterhalten; speed halten; **I try to ~ my Spanish** ich versuche, mit meinem Spanisch nicht aus der Übung zu kommen; **to keep one's morale up** den Mut nicht verlieren; **keep it up!** (machen Sie) weiter so!; **he couldn't keep it up** er hat schlappgemacht (infml) **3** (≈ from bed) am Schlafengehen hindern; **that child kept me up all night** das Kind hat mich die ganze Nacht nicht schlafen lassen

keeper n (in zoo) Wärter(in) m(f); (Br infml ≈ goalkeeper) Torhüter(in) m(f) **keep fit** n Fitnessübungen pl **keeping** n **in ~ with** in Einklang mit **keepsake** n Andenken nt

keg n **1** kleines Fass **2** (a. **keg beer**) Bier nt vom Fass

kennel n **1** Hundehütte f **2** ~s (boarding) (Hunde)heim nt; **to put a dog in ~s** einen Hund in Pflege geben

Kenya n Kenia nt

kept pret, past part of keep

kerb n (Br) Bordkante f **kerb crawler** n Freier m im Autostrich (infml) **kerb crawling** n Autostrich m

kernel n Kern m

kerosene n Kerosin nt

kestrel n Turmfalke m

ketchup n Ketchup nt or m

kettle n Kessel m; **I'll put the ~ on** ich stelle mal eben (Kaffee-/Tee)wasser auf; **the ~'s boiling** das Wasser kocht

key **A** n **1** Schlüssel m **2** (≈ answers) Lösungen pl; SCHOOL Schlüssel m; (for maps etc) Zeichenerklärung f **3** (of piano, etc) Taste f **4** MUS Tonart f; **to sing off ~** falsch singen **B** adj attr Schlüssel-; witness wichtigste(r, s) **C** v/t IT text eingeben ◊**key in** v/t sep IT eingeben ◊**key up** v/t sep **to be**

keyed up about sth wegen etw ganz aufgedreht sein (infml)

keyboard n (of piano) Klaviatur f; IT Tastatur f; **~ skills** IT Fertigkeiten pl in der Texterfassung **key card** n Schlüsselkarte f **key competency** n Schlüsselqualifikation f **keyhole** n Schlüsselloch nt **keyless** adj schlüssellos **keynote** adj attr **~ speech** programmatische Rede **keypad** n IT Tastenfeld nt **keyring** n Schlüsselring m **keyword** n (≈ significant word) Schlüsselwort nt; (in index) Schlagwort nt

kg abbr of kilogramme(s), kilogram(s) kg

khaki **A** n Khaki nt **B** adj khaki(braun or -farben)

kick **A** n **1** Tritt m; **to give sth a ~** einer Sache (dat) einen Tritt versetzen; **what he needs is a good ~ up the backside** or **in the pants** (infml) er braucht mal einen kräftigen Tritt in den Hintern (infml) **2** (infml) **she gets a ~ out of it** es macht ihr einen Riesenspaß (infml); **to do sth for ~s** etw zum Spaß tun; **how do you get your ~s?** was machen Sie zu ihrem Vergnügen? **B** v/i (person) treten; (animal) ausschlagen **C** v/t **1** einen Tritt versetzen (+dat); football kicken (infml); **to ~ sb in the stomach** jdm in den Bauch treten; **to ~ the bucket** (infml) ins Gras beißen (infml); **I could have ~ed myself** (infml) ich hätte mir in den Hintern beißen können (infml) **2** (infml) **to ~ the habit** es sich (dat) abgewöhnen ◊**kick about** (Brit) or **around** **A** v/i (infml) (person) rumhängen (infml) (prep obj in +dat); (thing) rumliegen (infml) (prep obj in +dat) **B** v/t sep **to kick a ball about** or **around** (herum)bolzen (infml) ◊**kick down** v/t sep door eintreten ◊**kick in** **A** v/t sep door eintreten; **to kick sb's teeth in** jdm die Zähne einschlagen **B** v/i (drug etc) wirken ◊**kick off** **A** v/i FTBL anstoßen; (fig infml) losgehen (infml); **who's going to ~?** (fig infml) wer fängt an? **B** v/t sep wegtreten; shoes von sich schleudern; **they kicked him off the committee** (infml) sie warfen ihn aus dem Ausschuss ◊**kick out** v/t sep hinauswerfen (of aus) ◊**kick up** v/t sep (fig infml) **to ~ a fuss** Krach schlagen (infml)

kickboxing n Kickboxen nt **kickoff** n SPORTS Anstoß m

kid **A** n **1** (≈ goat) Kitz nt **2** (infml ≈ child) Kind nt; **when I was a ~** als ich klein war;

to get the ~s to bed die Kleinen ins Bett bringen; **it's ~'s stuff** (≈ *for children*) das ist was für kleine Kinder (*infml*); (≈ *easy*) das ist doch ein Kinderspiel **B** *adj attr* (*infml*) **~ sister** kleine Schwester **C** *v/t* (*infml*) **to ~ sb** (≈ *tease*) jdn aufziehen (*infml*); (≈ *deceive*) jdn an der Nase rumführen (*infml*); **don't ~ yourself!** machen Sie sich doch nichts vor!; **who is she trying to ~?, who is she ~ding?** wem will sie was weismachen? **D** *v/i* (*infml*) Jux machen (*infml*); **no ~ding** im Ernst; **you've got to be ~ding!** das ist doch wohl nicht dein Ernst! **kid gloves** *pl* Glacéhandschuhe *pl*; **to handle** *or* **treat sb with ~** (*fig*) jdn mit Samthandschuhen anfassen

kidnap *v/t* entführen, kidnappen **kidnapper** *n* Entführer(in) *m(f)*, Kidnapper(in) *m(f)* **kidnapping** *n* Entführung *f* **kidney** *n* Niere *f* **kidney bean** *n* Kidneybohne *f* **kidney stone** *n* MED Nierenstein *m*

kill A *v/t* **1** töten, umbringen; *pain* beseitigen; *weeds* vernichten; **to be ~ed in action** fallen; **to be ~ed in battle/in the war** im Kampf/Krieg fallen; **to be ~ed in a car accident** bei einem Autounfall ums Leben kommen; **she ~ed herself** sie brachte sich um; **many people were ~ed by the plague** viele Menschen sind der Pest zum Opfer gefallen; **to ~ time** die Zeit totschlagen; **we have two hours to ~** wir haben noch zwei Stunden übrig; **to ~ two birds with one stone** (*prov*) zwei Fliegen mit einer Klappe schlagen (*prov*); **she was ~ing herself (laughing)** (*infml*) sie hat sich totgelacht (*infml*); **a few more weeks won't ~ you** (*infml*) noch ein paar Wochen bringen dich nicht um (*infml*); **my feet are ~ing me** (*infml*) mir brennen die Füße; **I'll do it (even) if it ~s me** (*infml*) ich mache es, und wenn es mich umbringt (*infml*) **2** TECH *engine etc* abschalten **B** *v/i* töten; **cigarettes can ~** Zigaretten können tödlich sein **C 1** *n* to move in for the **~** (*fig*) zum entscheidenden Schlag ausholen ◊**kill off** *v/t sep* **1** vernichten, töten **2** (*fig*) *speculation* ein Ende machen (+*dat*)

killer *n* Killer(in) *m(f)* (*infml*); **this disease is a ~** diese Krankheit ist tödlich; **it's a ~** (*infml, race, job etc*) das ist der glatte Mord (*infml*) **killer whale** *n* Schwertwal *m* **killing** *n* **1** Töten *nt*; **three more ~s**

in Belfast drei weitere Morde in Belfast **2** (*fig*) **to make a ~** einen Riesengewinn machen **killjoy** *n* Spielverderber(in) *m(f)* **kiln** *n* (Brenn)ofen *m* **kilo** *n* Kilo *nt* **kilobyte** *n* Kilobyte *nt* **kilogramme**, (*US*) **kilogram** *n* Kilogramm *nt* **kilohertz** *n* Kilohertz *nt* **kilometre**, (*US*) **kilometer** *n* Kilometer *m* **kilowatt** *n* Kilowatt *nt*; **~-hour** Kilowattstunde *f* **kilt** *n* Kilt *m*, Schottenrock *m* **kin** *n* Familie *f*

kind[1] *n* Art *f*; (*of coffee, paint etc*) Sorte *f*; **several ~s of flour** mehrere Mehlsorten; **this ~ of book** diese Art Buch; **all ~s of ...** alle möglichen ...; **what ~ of ...?** was für ein(e) ...?; **the only one of its ~** das Einzige seiner Art; **a funny ~ of name** ein komischer Name; **he's not that ~ of person** so ist er nicht; **they're two of a ~** die beiden sind vom gleichen Typ; (*people*) sie sind vom gleichen Schlag; **this ~ of thing** so etwas; **you know the ~ of thing I mean** Sie wissen, was ich meine; **... of all ~s** alle möglichen ...; **something of the ~** so etwas Ähnliches; **you'll do nothing of the ~** du wirst das schön bleiben lassen!; **it's not my ~ of holiday** solche Ferien sind nicht mein Fall (*infml*); **a ~ of ...** eine Art ..., so ein(e) ...; **he was ~ of worried-looking** (*infml*) er sah irgendwie bedrückt aus; **are you nervous? — ~ of** (*infml*) bist du nervös? — ja, schon (*infml*); **payment in ~** Bezahlung *f* in Naturalien

kind[2] *adj* (+*er*) *person* nett (*to* zu); *face, words* freundlich; **he's ~ to animals** er ist gut zu Tieren; **would you be ~ enough to open the door** wären Sie so nett, die Tür zu öffnen; **it was very ~ of you** das war wirklich nett von Ihnen **kindergarten** *n* Kindergarten *m* **kind-hearted** *adj* gütig **kindle** *v/t* entfachen **kindliness** *n* Freundlichkeit *f* **kindly A** *adv* **1** *act, treat* freundlich; *give* großzügig; **I don't take ~ to not being asked** es ärgert mich, wenn ich nicht gefragt werde **2 ~ shut the door** machen Sie doch bitte die Tür zu **B** *adj* (+*er*) freundlich **kindness** *n* **1** *no pl* Freundlichkeit *f* (*towards* gegenüber) **2** (≈ *act of kindness*) Gefälligkeit *f*

kindred **A** *n no pl* Verwandtschaft *f* **B** *adj* verwandt; **~ spirit** Gleichgesinnte(r) *m/f(m)*

kinetic *adj* kinetisch

king *n* König *m*; **to live like a ~** leben wie ein Fürst

kingdom *n* **1** (*lit*) Königreich *nt* **2** REL **~ of heaven** Himmelreich *nt*; **to blow sth to ~ come** (*infml*) etw in die Luft jagen (*infml*); **you can go on doing that till ~ come** (*infml*) Sie können (so) bis in alle Ewigkeit weitermachen **3** **the animal ~** das Tierreich **kingpin** *n* (*fig ≈ person*) Stütze *f* **king prawn** *n* Königskrabbe *f* **king-size(d)** *adj* (*infml*) großformatig; *cigarettes* Kingsize; *bed* extra groß

kink *n* (*in rope etc*) Knick *m*; (*in hair*) Welle *f*

kinky *adj* (+er) (*infml*) abartig; *underwear, leather gear* sexy *inv*

kinship *n* Verwandtschaft *f*

kiosk *n* **1** Kiosk *m* **2** (*Br* TEL) (Telefon)zelle *f*

kip (*Br infml*) **A** *n* Schläfchen *nt*; **I've got to get some ~** ich muss mal 'ne Runde pennen (*infml*) **B** *v/i* (*a.* **kip down**) pennen (*infml*)

kipper *n* Räucherhering *m*

kirk *n* (*Scot*) Kirche *f*

kiss **A** *n* Kuss *m*, Busserl *nt* (*Aus*); **~ of life** Mund-zu-Mund-Beatmung *f*; **that will be the ~ of death for them** das wird ihnen den Todesstoß versetzen **B** *v/t* küssen, busseln (*Aus*); **to ~ sb's cheek** jdn auf die Wange küssen; **to ~ sb good night** jdm einen Gutenachtkuss geben; **to ~ sth goodbye** (*fig infml*) sich (*dat*) etw abschminken (*infml*) **C** *v/i* küssen, busseln (*Aus*); (*≈ kiss each other*) sich küssen; **to ~ and make up** sich mit einem Kuss versöhnen

kit *n* **1** (*≈ equipment, clothes*) Ausrüstung *f*; **gym ~** Sportzeug *nt*; **get your ~ off!** (*infml*) zieh dich aus! **2** (*≈ belongings*) Sachen *pl* **3** (*for self-assembly*) Bastelsatz *m* ◊**kit out** *or* **up** *v/t sep* (*Br*) ausrüsten; (*≈ clothe*) einkleiden

kitbag *n* Seesack *m*

kitchen *n* Küche *f* **kitchenette** *n* Kochnische *f* **kitchen foil** *n* Alufolie *f* **kitchen garden** *n* Gemüsegarten *m* **kitchen knife** *n* Küchenmesser *nt* **kitchen roll** *n* Küchenrolle *f* **kitchen scales** *pl* Küchenwaage *f* **kitchen sink** *n* **I've packed everything but the ~** (*infml*) ich

habe den ganzen Hausrat eingepackt **kitchen unit** *n* Küchenschrank *m*

kite *n* Drachen *m*; **to fly a ~** (*lit*) einen Drachen steigen lassen **kiteboarding** *n* (*on snow*) Snowkiten *nt*, Snowkiting *nt*; (*on water*) Kiteboarden *nt*, Kiteboarding *nt* **Kite mark** *n* (*Br*) *dreieckiges Gütezeichen* **kitesurfing** *n* Kitesurfen *nt*, Kitesurfing *nt*

kitschy *adj* (+er) kitschig

kitten *n* Kätzchen *nt*; **to have ~s** (*fig infml*) Zustände kriegen (*infml*)

kitty *n* (*gemeinsame*) Kasse

kiwi *n* **1** Kiwi *m* **2** (*a.* **kiwi fruit**) Kiwi (-frucht) *f* **3** (*infml ≈ New Zealander*) Neuseeländer(in) *m(f)*, Kiwi *m* (*infml*)

Kleenex® *n* Taschentuch *nt*, Nastuch *nt* (*Swiss*)

km *abbr of* kilometre(s) km

km/h, kmph *abbr of* kilometres per hour km/h

knack *n* Trick *m*; (*≈ talent*) Talent *nt*; **there's a (special) ~ to opening it** da ist ein Trick dabei, wie man das aufbekommt; **you'll soon get the ~ of it** Sie werden den Dreh bald rausbekommen

knackered *adj* **1** (*≈ exhausted*) geschafft (*infml*) **2** (*≈ broken*) kaputt (*infml*)

knapsack *n* Proviantbeutel *m*

knead *v/t dough* kneten; *muscles* massieren

knee **A** *n* Knie *nt*; **to be on one's ~s** auf den Knien liegen; **to go (down) on one's ~s** (*lit*) niederknien **B** *v/t* **to ~ sb in the groin** jdm das Knie zwischen die Beine stoßen **kneecap** *n* Kniescheibe *f* **knee-deep** *adj* knietief **knee-high** *adj* kniehoch

kneel *pret, past part* **knelt** *or* **kneeled** *v/i* (*before* vor +*dat*) knien; (*a.* **kneel down**) niederknien **knee-length** *adj skirt* knielang; *boots* kniehoch; **~ socks** Kniestrümpfe *pl* **kneepad** *n* Knieschützer *m* **knelt** *pret, past part of* **kneel**

knew *pret of* **know**

knickers *pl* (*Br*) Schlüpfer *m*; **don't get your ~ in a twist!** (*infml*) dreh nicht gleich durch! (*infml*)

knick-knack *n* **~s** Krimskrams *m*

knife **A** *n, pl* **knives** Messer *nt*; **~, fork and spoon** Besteck *nt*; **you could have cut the atmosphere with a ~** die Stimmung war zum Zerreißen gespannt **B** *v/t* einstechen auf (+*acc*) **knife edge** *n* **to be balanced on a ~** (*fig*) auf Messers

Schneide stehen **knife-point** *n* **to hold sb at ~** jdn mit einem Messer bedrohen
knight 🅰 *n* Ritter *m*; CHESS Springer *m* 🅱 *v/t* zum Ritter schlagen **knighthood** *n* Ritterstand *m*; **to receive a ~** in den Adelsstand erhoben werden
knit *pret, past part* **knitted** *or* **knit** 🅰 *v/t* stricken; **~ three, purl two** drei rechts, zwei links 🅱 *v/i* 🔟 stricken 🞵 (*bones: a.* **knit together**) verwachsen **knitted** *adj* gestrickt; *dress etc* Strick- **knitting** *n* Stricken *nt*; (≈ *material being knitted*) Strickzeug *nt* **knitting machine** *n* Strickmaschine *f* **knitting needle** *n* Stricknadel *f* **knitwear** *n* Strickwaren *pl*
knives *pl of* knife
knob *n* 🔟 (*on door*) Knauf *m*; (*on instrument etc*) Knopf *m* 🞵 **a ~ of butter** ein Stich *m* Butter 🞷 (*sl* ≈ *penis*) Lanze *f* (*sl*)
knobbly *adj* (*+er*) *surface* uneben; **~ knees** Knubbelknie *pl* (*infml*)
knock 🅰 *n* 🔟 (*esp Br*) (≈ *blow*) Stoß *m*; **I got a ~ on the head** ich habe einen Schlag auf den Kopf bekommen; **the car took a few ~s** mit dem Auto hat es ein paarmal gebumst (*infml*) 🞵 **there was a ~ at the door** es hat (an der Tür) geklopft; **I heard a ~** ich habe es klopfen hören 🞷 (*esp Br*) (*fig* ≈ *setback*) (Rück)schlag *m* 🅱 *v/t* 🔟 stoßen; (*with hand, tool etc*) schlagen; **one's head etc** anstoßen (*on an +dat*); (≈ *nudge, jolt*) stoßen gegen; **to ~ one's head** *etc* sich (*dat*) den Kopf *etc* anstoßen; **he ~ed his foot against the table** er stieß mit dem Fuß gegen den Tisch; **to ~ sb to the ground** jdn zu Boden werfen; **to ~ sb unconscious** jdn bewusstlos werden lassen; (*person*) jdn bewusstlos schlagen; **he ~ed some holes in the side of the box** er machte ein paar Löcher in die Seite der Kiste; **she ~ed the glass to the ground** sie stieß gegen das Glas und es fiel zu Boden 🞵 (*infml* ≈ *criticize*) (he)runtermachen (*infml*) 🅲 *v/i* 🔟 klopfen; **to ~ at** *or* **on the door** anklopfen; **to ~ at** *or* **on the window** gegen das Fenster klopfen 🞵 (≈ *bump*) stoßen (*into, against* gegen); **he ~ed into the gatepost** er rammte den Türpfosten; **his knees were ~ing** ihm zitterten die Knie ◊**knock about** (*Brit*) *or* **around** 🅰 *v/i* (*infml*) 🔟 (*person*) herumziehen (*prep obj in +dat*) 🞵 (*object*) herumliegen (*prep obj in +dat*) 🅱 *v/t sep* 🔟 (≈ *ill-treat*) verprügeln 🞵 (≈ *dam-*

age) beschädigen 🞷 **to knock a ball about** *or* **around** ein paar Bälle schlagen ◊**knock back** *v/t sep* (*infml*) **he knocked back his whisky** er kippte sich (*dat*) den Whisky hinter die Binde (*infml*) ◊**knock down** *v/t sep* 🔟 umwerfen; *opponent* niederschlagen; (*car*) anfahren; *building* abreißen; **she was knocked down and killed** sie wurde überfahren 🞵 *price* (*buyer*) herunterhandeln (*to* auf +*acc*) ◊**knock off** 🅰 *v/i* (*infml*) Feierabend machen (*infml*) 🅱 *v/t sep* 🔟 (*lit*) *vase, person etc* hinunterstoßen 🞵 (*infml* ≈ *reduce price by*) nachlassen (*for sb* jdm) 🞷 (*infml*) *essay* hinhauen (*infml*) 🞸 (*infml*) **to ~ work** Feierabend machen; **knock it off!** nun hör schon auf! ◊**knock on** *v/i* (*Br infml*) **he's knocking on for fifty** er geht auf die fünfzig zu ◊**knock out** *v/t sep* 🔟 *tooth* ausschlagen; *Nagel* herausschlagen (*of* aus) 🞵 (≈ *stun*) bewusstlos werden lassen; (*by hitting*) bewusstlos schlagen 🞷 (*from competition*) besiegen (*of* in +*dat*); **to be knocked out** ausscheiden (*of* aus) ◊**knock over** *v/t sep* umwerfen; (*car*) anfahren ◊**knock up** *v/t sep* *meal* auf die Beine stellen (*infml*); *shelter* zusammenzimmern
knockdown *adj attr* **~ price** Schleuderpreis *m* **knocker** *n* 🔟 (≈ *door knocker*) (Tür)klopfer *m* 🞵 (*infml*) **~s** Titten *pl* (*sl*) **knock-kneed** *adj* x-beinig; **to be ~** X-Beine haben **knock-on effect** *n* (*Br*) Folgewirkungen *pl* (*on* auf +*acc*) **knockout** 🅰 *n* 🔟 BOXING K. o. *m* 🞵 (*infml* ≈ *person*) Wucht *f* (*infml*) 🅱 *attr* **~ competition** Ausscheidungskampf *m*
knot 🅰 *n* 🔟 Knoten *m*; **to tie/untie a ~** einen Knoten machen/aufmachen; **to tie the ~** (*fig*) den Bund fürs Leben schließen 🞵 (*in wood*) Verwachsung *f* 🅱 *v/t* einen Knoten machen in (+*acc*); (≈ *knot together*) verknoten
know *vb: pret* **knew,** *past part* **known** 🅰 *v/t* 🔟 (≈ *have knowledge about*) wissen; *answer, facts* kennen; **to know what one is talking about** wissen, wovon man redet; **he might even be dead for all I know** vielleicht ist er sogar tot, was weiß ich; **that's worth knowing** das ist ja interessant; **before you know where you are** ehe man sichs versieht; **she's angry! — don't I know it!** (*infml*) sie ist wütend! — wem sagst du das! (*infml*) 🞵 (≈ *be acquainted with*) kennen; **if I know John,**

he'll already be there wie ich John kenne, ist er schon da; **he didn't want to know me** er wollte nichts mit mir zu tun haben **3** (≈ *recognize*) erkennen; **to know sb by his voice** jdn an der Stimme erkennen; **the welfare system as we know it** das uns bekannte Wohlfahrtssystem **4** (≈ *be able to distinguish*) unterscheiden können; **do you know the difference between...?** wissen Sie, was der Unterschied zwischen ... ist? **5** (≈ *experience*) erleben; **I've never known it to rain so heavily** so einen starken Regen habe ich noch nie erlebt; **to know that ...** wissen, dass ...; **to know how to do sth** etw tun können; **I don't know how you can say that!** wie kannst du das nur sagen!; **to get to know sb** jdn kennenlernen; **to get to know sth** *methods etc* etw lernen; *habits etc* etw herausfinden; **to get to know a place** einen Ort kennenlernen; **to let sb know** jdm von etw Bescheid geben; **(if you) know what I mean** du weißt schon; **there's no knowing what he'll do** man weiß nie, was er noch tut; **what do you know!** (*infml*) sieh mal einer an!; **to be known (to sb)** (jdm) bekannt sein; **it is (well) known that ...** es ist (allgemein) bekannt, dass ...; **to be known for sth** für etw bekannt sein; **he is known as Mr Smith** man kennt ihn als Herrn Smith; **she wishes to be known as Mrs White** sie möchte Frau White genannt werden; **to make sth known** etw bekannt machen; **to make oneself known** sich melden (*to sb* bei jdm); **to become known** bekannt werden; **to let it be known that ...** bekannt geben, dass ... **B** *v/i* wissen; **who knows?** wer weiß?; **I know!** ich weiß!; (*having a good idea*) ich weiß was!; **I don't know** (das) weiß ich nicht; **as far as I know** soviel ich weiß; **he just didn't want to know** er wollte einfach nicht hören; **I wouldn't know** (*infml*) weiß ich (doch) nicht (*infml*); **how should I know?** wie soll ich das wissen?; **I know better than that** ich bin ja nicht ganz dumm; **I know better than to say something like that** ich werde mich hüten, so etwas zu sagen; **he/you ought to have known better** das war dumm (von ihm/ dir); **they don't know any better** sie kennens nicht anders; **OK, you know best** o.k., Sie müssens wissen; **you know, we**

could ... weißt du, wir könnten ...; **it's raining, you know** es regnet; **wear the black dress, you know, the one with the red belt** zieh das schwarze Kleid an, du weißt schon, das mit dem roten Gürtel; **you never know** man kann nie wissen **C** *n* **to be in the know** (*infml*) Bescheid wissen (*infml*)

◊**know about A** *v/i +prep obj history* sich auskennen in (+*dat*); *women, horses* sich auskennen mit; (≈ *have been told about*) wissen von; **I ~ that** das weiß ich; **did you ~ Maggie?** weißt du über Maggie Bescheid?; **to get to ~ sb/sth** von jdm/etw hören; **I don't ~ that** davon weiß ich nichts; (≈ *don't agree*) da bin ich aber nicht so sicher; **I don't ~ you, but I'm hungry** ich weiß nicht, wie es Ihnen geht, aber ich habe Hunger **B** *v/t sep +prep obj* **to know a lot about sth** viel über etw (*acc*) wissen; (*in history etc*) in etw (*dat*) gut Bescheid wissen; (*about cars, horses etc*) viel von etw verstehen; **I know all about that** da kenne ich mich aus; (≈ *I'm aware of that*) das weiß ich; (≈ *I've been told about it*) ich weiß Bescheid ◊**know of** *v/i +prep obj* café, *method* kennen; *sb* gehört haben von; **not that I ~** nicht, dass ich wüsste

know-all *n* (*Br infml*) Alleswisser(in) *m(f)* **know-how** *n* Know-how *nt* **knowing** *adj smile* wissend **knowingly** *adv* **1** (≈ *consciously*) absichtlich **2** *smile* wissend **know-it-all** *n* (*US infml*) = know-all **knowledge** *n* **1** (≈ *understanding*) Wissen *nt*; **to have ~ of** wissen von; **to have no ~ of** nichts wissen von; **to my ~** soviel ich weiß; **not to my ~** nicht, dass ich wüsste **2** (≈ *facts learned*) Kenntnisse *pl*; **my ~ of English** meine Englischkenntnisse *pl*; **my ~ of D.H. Lawrence** was ich von D. H. Lawrence kenne; **the police have no ~ of him** die Polizei weiß nichts über ihn **knowledgeable** *adj* kenntnisreich; **to be ~** viel wissen (*about* über +*acc*) **known A** *past part* of know **B** *adj* bekannt

knuckle *n* (Finger)knöchel *m*; (*of meat*) Hachse *f* ◊**knuckle down** *v/i* (*infml*) sich dahinter klemmen (*infml*) ◊**knuckle under** *v/i* (*infml*) spuren (*infml*); (*to demands*) sich beugen (*to +dat*)

Koran *n* Koran *m*

Korea *n* Korea *nt* **Korean A** *adj* koreanisch; **~ war** Koreakrieg *m* **B** *n* Korea-

ner(in) m(f)
kosher adj **1** koscher **2** (infml) in Ordnung
kph abbr of kilometres per hour kph
Kraut n, adj als Schimpfwort gebrauchte Bezeichnung für Deutsche und Deutsches, Piefke m (Aus)
Kremlin n the ~ der Kreml
kumquat n Kumquat f, kleine Orange
kw abbr of kilowatt(s) kW

L

L, l n L nt, l nt
L **1** (Br MOT) abbr of Learner **2** abbr of large
l **1** abbr of litre(s) l. **2** abbr of left l
lab abbr of laboratory
label **A** n **1** (lit) Etikett nt; (tied on) Anhänger m; (adhesive) Aufkleber m, Pickerl nt (Aus) **2** (of record company) Label nt **B** v/t **1** (lit) etikettieren; (≈ write on) beschriften; **the bottle was labelled** (Br) or **labeled** (US) **"poison"** die Flasche trug die Aufschrift „Gift" **2** (fig, pej) abstempeln
labor etc (US) = labour etc; **labor union** (US) Gewerkschaft f **labor day** n (US) ≈ Tag m der Arbeit
laboratory n Labor(atorium) nt; **~ assistant** Laborant(in) m(f)
laborious adj mühsam
labour, (US) **labor** **A** n **1** (≈ work) Arbeit f; **it was a ~ of love** ich/er etc tat es aus Liebe zur Sache **2** (≈ persons) Arbeitskräfte pl **3** (Br POL) **Labour** die Labour Party **4** MED Wehen pl; **to be in ~** in den Wehen liegen; **to go into ~** die Wehen bekommen **B** v/t point auswalzen **C** v/i **1** (in fields etc) arbeiten **2** (≈ move etc with effort) sich quälen; **to ~ up a hill** sich einen Hügel hinaufquälen **labour camp** n Arbeitslager nt **Labour Day** n der Tag der Arbeit **laboured** adj schwerfällig; breathing schwer **labourer** n (Hilfs)arbeiter(in) m(f); (≈ farm labourer) Landarbeiter(in) m(f) **labour force** n Arbeiterschaft f **labour-intensive** adj arbeitsintensiv **labour market** n Arbeitsmarkt m **labour pains** pl Wehen pl La-

bour Party n (Br) Labour Party f **labour-saving** adj arbeitssparend
Labrador (≈ dog) n Labradorhund m
labyrinth n Labyrinth nt
lace **A** n **1** (≈ fabric) Spitze f **2** (of shoe) Schnürsenkel m **B** v/t **1** shoe zubinden **2** **to ~ a drink with drugs/poison** Drogen/Gift in ein Getränk mischen; **~d with brandy** mit einem Schuss Weinbrand ◊**lace up** v/t sep (zu)schnüren
laceration n Fleischwunde f; (≈ tear) Risswunde f
lace-up (shoe) n Schnürschuh m
lack **A** n Mangel m; **for** or **through ~ of sth** aus Mangel an etw (dat); **though it wasn't for ~ of trying** nicht, dass er sich etc nicht bemüht hätte; **there was a complete ~ of interest** es bestand überhaupt kein Interesse; **~ of time** Zeitmangel m; **there was no ~ of applicants** es fehlte nicht an Bewerbern **B** v/t **they ~ talent** es fehlt ihnen an Talent **C** v/i **to be ~ing** fehlen; **he is ~ing in confidence** ihm fehlt es an Selbstvertrauen; **he is completely ~ing in any sort of decency** er besitzt überhaupt keinen Anstand
lackadaisical adj lustlos
lackey n (lit, fig) Lakai m
lacking adj **to be found ~** sich nicht bewähren **lacklustre**, (US) **lackluster** adj langweilig, fad (Aus)
lacquer **A** n **1** Lack m **2** (≈ hair lacquer) Haarspray nt **B** v/t lackieren; hair sprayen
lactose n Laktose f
lacy adj (+er) Spitzen-; **~ underwear** Spitzenunterwäsche
lad n Junge m, Bub m (Aus, Swiss); (in stable etc) Bursche m; **young ~** junger Mann; **he's a bit of a ~** (infml) er ist ein ziemlicher Draufgänger; **he likes a night out with the ~s** (Br infml) er geht gern mal mit seinen Kumpels weg (infml)
ladder **A** n **1** Leiter f; **to be at the top of the ~** ganz oben auf der Leiter stehen; **to move up the social/career ~** gesellschaftlich/beruflich aufsteigen **2** (Br: in stocking) Laufmasche f **B** v/t (Br) **I've ~ed my tights** ich habe mir eine Laufmasche geholt **C** v/i (Br: stocking) Laufmasche bekommen
laden adj beladen (with mit)
ladle **A** n (Schöpf)kelle f **B** v/t schöpfen ◊**ladle out** v/t sep austeilen
lady n **1** Dame f; **"Ladies"** „Damen";

where is the ladies? wo ist die Damentoilette?; **ladies and gentlemen!** sehr geehrte Damen und Herren!; **ladies' bicycle** n Damen(fahr)rad nt **2** (≈ *noble*) Adlige f; **Lady** (*as a title*) Lady f **ladybird**, (*US*) **ladybug** n Marienkäfer m **lady doctor** n Ärztin f **lady-in-waiting** n Ehren- or Hofdame f **lady-killer** n (*infml*) Herzensbrecher m **ladylike** adj damenhaft

lag[1] **A** n (≈ *time-lag*) Zeitabstand m **B** v/i (*in pace*) zurückbleiben ◊**lag behind** v/i zurückbleiben; **the government is lagging behind in the polls** die Regierung liegt in den Meinungsumfragen zurück

lag[2] v/t *pipe* isolieren

lager n helles Bier; **a glass of ~** ein (Glas) Helles

lagging n Isolierschicht f; (≈ *material*) Isoliermaterial nt

lagoon n Lagune f

laid pret, past part of lay[3] **laid-back** adj (*infml*) cool (*infml*)

lain past part of lie[2]

lair n Lager nt; (≈ *den*) Bau m

laity n Laien pl

lake n See m **Lake District** n Lake District m (*Seengebiet im NW Englands*)

lamb n **1** (≈ *young sheep*) Lamm nt **2** (≈ *meat*) Lamm(fleisch) nt **3** **you poor ~!** du armes Lämmchen!; **like a ~ to the slaughter** wie das Lamm zur Schlachtbank **lamb chop** n Lammkotelett nt **lambswool** n Lammwolle f

lame adj (+er) **1** lahm; **to be ~ in one leg** auf einem Bein lahm sein; **the animal was ~** das Tier lahmte **2** (*fig*) *excuse* faul

lament A n **1** (Weh)klage f **2** LIT, MUS Klagelied nt **B** v/t **to ~ the fact that ...** die Tatsache bedauern, dass ... **lamentable** adj beklagenswert

laminated adj geschichtet; *card* laminiert; **~ glass** Verbundglas nt; **~ plastic** Resopal® nt

lamp n Lampe f; (*in street*) Laterne f **lamplight** n **by ~** bei Lampenlicht; **in the ~** im Schein der Lampe(n)

lampoon v/t verspotten

lamppost n Laternenpfahl m **lampshade** n Lampenschirm m

LAN IT abbr of local area network LAN nt

lance A n Lanze f **B** v/t MED öffnen **lance corporal** n Obergefreite(r) m/f(m)

land A n **1** Land nt; (≈ *soil*) Boden m; **by ~** auf dem Landweg; **to see how the ~ lies** (*fig*) die Lage peilen; **to work on the ~** das Land bebauen; **to live off the ~** sich vom Lande ernähren **2** (*as property*) Grund und Boden m; (≈ *estates*) Ländereien pl; **to own ~** Land besitzen; **a piece of ~** ein Stück nt Land; (*for building*) ein Grundstück nt **B** v/t **1** *passengers* absetzen; *troops* landen; *goods* (*from boat*) an Land bringen; *fish on hook* an Land ziehen; **to ~ a plane** (mit einem Flugzeug) landen **2** (*infml* ≈ *obtain*) kriegen (*infml*); *job* an Land ziehen (*infml*) **3** (*Br infml*) blow landen (*infml*); **he ~ed him one, he ~ed him a punch on the jaw** er versetzte ihm einen Kinnhaken **4** (*infml* ≈ *place*) bringen; **behaviour** (*Br*) or **behavior** (*US*) **like that will ~ you in jail** bei einem solchen Betragen wirst du noch mal im Gefängnis landen; **it ~ed me in a mess** dadurch bin ich in einen ganz schönen Schlamassel gekommen (*infml*); **I've ~ed myself in a real mess** ich bin (ganz schön) in die Klemme geraten (*infml*) **5** (*infml*) **to ~ sb with sth** jdm etw andrehen (*infml*); **I got ~ed with him for two hours** ich habe ihn zwei Stunden lang auf dem Hals **C** v/i landen; (*from ship*) an Land gehen; **we're coming in to ~** wir setzen zur Landung an; **the bomb ~ed on the building** die Bombe fiel auf das Gebäude; **to ~ on one's feet** (*lit*) auf den Füßen landen; (*fig*) auf die Füße fallen; **to ~ on one's head** auf den Kopf fallen ◊**land up** v/i (*infml*) landen (*infml*); **you'll ~ in trouble** du wirst noch mal Ärger bekommen; **I landed up with nothing** ich hatte schließlich nichts mehr

landed adj **~ gentry** Landadel m **landing** n **1** AVIAT Landung f **2** (*on stairs*) Treppenabsatz m, Stiegenabsatz m (*Aus*) **landing card** n Einreisekarte f **landing gear** n Fahrgestell nt **landing strip** n Landebahn f **landlady** n (*of flat etc*) Vermieterin f; (*of pub*) Wirtin f **landline** n TEL Festnetz nt **landline number** n TEL Festnetznummer f **landlocked** adj von Land eingeschlossen **landlord** n m (*of flat etc*) Vermieter m; (*of pub*) Wirt m **landmark A** n **1** NAUT Landmarke f **2** (≈ *well-known thing*) Wahrzeichen nt; (*fig*) Meilenstein m **B** adj *ruling* historisch **land mine** n Landmine f **landowner** n Grundbesitzer(in) m(f) **land register** n (*Br*) Grundbuch nt

landscape **A** n Landschaft f **B** v/t garden gärtnerisch gestalten **landscape gardening** n Landschaftsgärtnerei f **landslide** n Erdrutsch m

lane n (in country) Sträßchen nt; (in town) Gasse f; SPORTS Bahn f; (on road) Spur f; (≈ shipping lane) Schifffahrtsweg m; "**get in ~**" „einordnen"

language n Sprache f; **your ~ is appalling** deine Ausdrucksweise ist entsetzlich; **bad ~** Kraftausdrücke pl; **strong ~** Schimpfwörter pl **language barrier** n Sprachbarriere f **language course** n Sprachkurs(us) m **language lab (-oratory)** n Sprachlabor nt **language school** n Sprachschule f

languid adj träge

languish v/i schmachten

lank adj hair strähnig

lanky adj (+er) schlaksig

lantern n Laterne f

lap[1] n Schoß m; **in** or **on her ~** auf dem/ihrem Schoß; **to live in the ~ of luxury** ein Luxusleben führen

lap[2] SPORTS **A** n (≈ round) Runde f; (fig ≈ stage) Etappe f **B** v/t überrunden

lap[3] v/i (waves) plätschern (against an +acc) ◊**lap up** v/t sep **1** liquid auflecken **2** praise genießen

lapel n Revers nt or m

lapse **A** n **1** (≈ error) Fehler m; (moral) Fehltritt m; **he had a ~ of concentration** seine Konzentration ließ nach; **memory ~s** Gedächtnisschwäche f; **a serious security ~** ein schwerer Verstoß gegen die Sicherheitsvorkehrungen **2** (of time) Zeitraum m; **time ~** Zeitraum m; **a ~ in the conversation** eine Gesprächspause **B** v/i **1** (≈ decline) verfallen (into in +acc); **he ~d into silence** er versank in Schweigen; **he ~d into a coma** er sank in ein Koma **2** (≈ expire) ablaufen; **after two months have ~d** nach (Ablauf von) zwei Monaten

lapsed adj Catholic abtrünnig

laptop IT **A** n Laptop m **B** attr Laptop-

larch n (a. **larch tree**) Lärche f

lard n Schweineschmalz nt

larder n (esp Br) (≈ room) Speisekammer f; (≈ cupboard) Speiseschrank m

large **A** adj (+er) groß; person korpulent; meal reichlich; **~ print** Großdruck m; **a ~r size** eine größere Größe; **as ~ as life** in voller Lebensgröße **B** n **1** **the world at ~** die Allgemeinheit **2** **to be at ~** (≈

free) frei herumlaufen

largely adv zum größten Teil **large-print** adj book in Großdruck **large-scale** adj groß angelegt; changes in großem Rahmen; map in großem Maßstab

largesse n Großzügigkeit f

lark[1] n ORN Lerche f

lark[2] n (infml, esp Br ≈ fun) Spaß m, Hetz f (Aus); **to do sth for a ~** etw (nur) zum Spaß machen ◊**lark about** or **around** v/i (Br infml) herumblödeln

larva n, pl **-e** Larve f

laryngitis n Kehlkopfentzündung f **larynx** n Kehlkopf m

lascivious adj lasziv (elev)

laser n Laser m **laser disc** n Laserdisc f **laser printer** n Laserdrucker m **laser surgery** n Laserchirurgie f

lash[1] n (≈ eyelash) Wimper f

lash[2] **A** n (as punishment) (Peitschen)-schlag m **B** v/t **1** (≈ beat) peitschen; (rain) peitschen gegen **2** (≈ tie) festbinden (to an +dat); **to ~ sth together** etw zusammenbinden **C** v/i **to ~ against** peitschen gegen ◊**lash out** v/i **1** (physically) (wild) um sich schlagen; **to ~ at sb** auf jdn losgehen **2** (in words) vom Leder ziehen (infml); **to ~ at sb** gegen jdn wettern

lass n (junges) Mädchen

lasso **A** n, pl **-(e)s** Lasso m or nt **B** v/t mit dem Lasso einfangen

last[1] **A** adj letzte(r, s); **he was ~ to arrive** er kam als Letzter an; **the ~ person** der Letzte; **the ~ but one, the second ~** der/die/das Vorletzte; **~ Monday** letzten Montag; **~ year** letztes Jahr; **~ but not least** nicht zuletzt, last not least; **the ~ thing** das Letzte; **that was the ~ thing I expected** damit hatte ich am wenigsten gerechnet **B** n der/die/das Letzte; **he was the ~ to leave** er ging als Letzter; **I'm always the ~ to know** ich erfahre immer alles als Letzter; **the ~ of his money** sein letztes Geld; **the ~ of the cake** der Rest des Kuchens; **that was the ~ we saw of him** danach haben wir ihn nicht mehr gesehen; **the ~ I heard, they were getting married** das Letzte, was ich gehört habe, war, dass sie heiraten; **we shall never hear the ~ of it** das werden wir noch lange zu hören kriegen; **at ~** endlich; **at long ~** schließlich und endlich **C** adv **when did you ~ have a bath?** wann hast du das letzte Mal gebadet?;

he spoke ~ er sprach als Letzter; **the horse came in** ~ das Pferd ging als letztes durchs Ziel

last² **A** *v/t* **the car has ~ed me eight years** das Auto hat acht Jahre (lang) gehalten; **these cigarettes will ~ me a week** diese Zigaretten reichen mir eine Woche; **he won't ~ the week** er hält die Woche nicht durch **B** *v/i* (≈ *continue*) dauern; (≈ *remain intact*) halten; **it can't ~** es hält nicht an; **it won't ~** es wird nicht lange so bleiben; **it's too good to ~** das ist zu schön, um wahr zu sein; **he won't ~ long in this job** er wird in dieser Stelle nicht alt werden (*infml*); **the boss only ~ed a week** der Chef blieb nur eine Woche

last-ditch *adj* allerletzte(r, s); *attempt* in letzter Minute

lasting *adj relationship* dauerhaft; *shame etc* anhaltend

lastly *adv* schließlich **last-minute** *adj* in letzter Minute **last rites** *pl* Letzte Ölung

latch *n* Riegel *m*; **to be on the ~** nicht verschlossen sein; **to leave the door on the ~** die Tür nur einklinken ◊**latch on** *v/i* (*infml*) **1** (≈ *attach o.s.*) sich anschließen (*to* +*dat*) **2** (≈ *understand*) kapieren (*infml*)

late A *adj* (+*er*) **1** spät; **to be ~ (for sth)** (zu etw) zu spät kommen; **the bus is (five minutes) ~** der Bus hat (fünf Minuten) Verspätung; **he is ~ with his rent** er hat seine Miete noch nicht bezahlt; **that made me ~ for work** dadurch bin ich zu spät zur Arbeit gekommen; **due to the ~ arrival of …** wegen der verspäteten Ankunft … (+*gen*); **it's too ~ in the day (for you) to do that** es ist zu spät (für dich), das noch zu tun; **it's getting ~** es ist schon spät; **~ train** Spätzug *m*; **they work ~ hours** sie arbeiten bis spät (am Abend); **they had a ~ dinner yesterday** sie haben gestern spät zu Abend gegessen; **"late opening until 7pm"** „verlängerte Öffnungszeiten bis 19 Uhr"; **he's a ~ developer** er ist ein Spätentwickler; **they scored two ~ goals** sie erzielten zwei Tore in den letzten Spielminuten; **in the ~ eighties** Ende der Achtzigerjahre; **a man in his ~ eighties** ein Mann hoch in den Achtzigern; **in the ~ morning** am späten Vormittag; **in ~ June** Ende Juni **2** (≈ *deceased*) verstorben; **the ~ John F. Kennedy** John F. Kennedy **B**

adv spät; **to arrive ~** (*person*) zu spät kommen; (*train*) Verspätung haben; **I'll be home ~ today** ich komme heute spät nach Hause; **the train was running ~** der Zug hatte Verspätung; **the baby was born two weeks ~** das Baby kam zwei Wochen nach dem Termin; **we're running ~** wir sind spät dran; **better ~ than never** besser spät als gar nicht; **to stay up ~** lange aufbleiben; **the chemist is open ~** die Apotheke hat länger geöffnet; **to work ~ at the office** länger im Büro arbeiten; **~ at night** spät abends; **~ last night** spät gestern Abend; **~ into the night** bis spät in die Nacht; **~ in the afternoon** am späten Nachmittag; **~ in the year** (gegen) Ende des Jahres; **they scored ~ in the second half** gegen Ende der zweiten Halbzeit gelang ihnen ein Treffer; **we decided rather ~ in the day to come too** wir haben uns ziemlich spät entschlossen, auch zu kommen; **of ~** in letzter Zeit; **it was as ~ as 1900 before child labour** (*Br*) *or* **labor** (*US*) **was abolished** erst 1900 wurde die Kinderarbeit abgeschafft **latecomer** *n* Nachzügler(in) *m(f)* (*infml*)

lately *adv* in letzter Zeit **late-night** *adj* ~ **movie** Spätfilm *m*; ~ **shopping** Einkauf *m* am (späten) Abend

latent *adj* latent; *energy* ungenutzt

later *adj, adv* später; **at a ~ time** später; **the weather cleared up ~ (on) in the day** das Wetter klärte sich im Laufe des Tages auf; **~ (on) in the play** im weiteren Verlauf des Stückes; **I'll tell you ~ (on)** ich erzähle es dir später; **see you ~!** bis später; **no ~ than Monday** bis spätestens Montag

lateral *adj*, **laterally** *adv* seitlich

latest A *adj* **1** *fashion* neu(e)ste(r, s); *technology* modernste(r, s); **the ~ news** das Neu(e)ste; **the ~ attempt** der jüngste Versuch **2** späteste(r, s); **what is the ~ date you can come?** wann kannst du spätestens kommen? **B** *n* **the ~ in a series** der jüngste in einer Reihe; **what's the ~ (about John)?** was gibts Neues (über John)?; **wait till you hear the ~!** warte, bis du das Neueste gehört hast!; **at the ~** spätestens

latex *n* Latex *m*

lathe *n* Drehbank *f*

lather *n* (Seifen)schaum *m*; **to work one-**

self up into a ~ (about sth) (*infml*) sich (über etw *acc*) aufregen

Latin **A** *adj charm* südländisch **B** *n* LING Latein(isch) *nt* **Latin America** *n* Lateinamerika *nt* **Latin American** **A** *adj* lateinamerikanisch **B** *n* Lateinamerikaner(in) *m(f)*

latitude *n* Breite *f*; (*fig*) Spielraum *m*

latrine *n* Latrine *f*

latter **A** *adj* **1** (≈ *second*) letztere(r, s) **2** **the ~ part of the book/story is better** gegen Ende wird das Buch/die Geschichte besser; **the ~ half of the week** die zweite Hälfte der Woche **B** *n* **the ~** der/die/das/ Letztere **latter-day** *adj* modern **latterly** *adv* (≈ *recently*) in letzter Zeit

lattice *n* Gitter *nt*

Latvia *n* Lettland *nt*

laudable *adj* lobenswert

laugh **A** *n* **1** Lachen *nt*; **with a ~** lachend; **she gave a loud ~** sie lachte laut auf; **to have a good ~ about sth** sich köstlich über etw (*acc*) amüsieren; **it'll give us a ~** (*infml*) das wird lustig; **to have the last ~** es jdm zeigen (*infml*); **to get a ~** einen Lacherfolg verbuchen **2** (*infml* ≈ *fun*) **what a ~** (das ist ja) zum Totlachen (*infml*)!; **for a ~** aus Spaß; **it'll be a ~** es wird bestimmt lustig; **he's a (good) ~** er ist urkomisch (*infml*) **B** *v/i* (*about, at* über +*acc*); **to ~ at sb** sich über jdn lustig machen; **you'll be ~ing on the other side of your face** (*Br*) *or* **mouth** (*US*) **soon** dir wird das Lachen noch vergehen; **to ~ out loud** laut auflachen; **to ~ in sb's face** jdm ins Gesicht lachen; **don't make me ~!** (*iron infml*) dass ich nicht lache! (*infml*) ◊**laugh off** *v/t* **1** *always separate* **to laugh one's head off** sich totlachen (*infml*) **2** *sep* (≈ *dismiss*) mit einem Lachen abtun

laughable *adj* lachhaft **laughing** **A** *adj* **it's no ~ matter** das ist nicht zum Lachen **B** *n* Lachen *nt* **laughing gas** *n* Lachgas *nt* **laughing stock** *n* Witzfigur *f*

laughter *n* Gelächter *nt*

launch **A** *n* **1** (≈ *vessel*) Barkasse *f* **2** (*of ship*) Stapellauf *m*; (*of rocket*) Abschuss *m* **3** (*of company*) Gründung *f*; (*of product*) Einführung *f*; (*of film, book*) Lancierung *f* **B** *v/t* **1** *vessel* vom Stapel lassen; *lifeboat* aussetzen; *rocket* abschießen **2** *company* gründen; *product* einführen; *film, book* lan-

cieren; *investigation* in die Wege leiten; *career* starten; **the attack was ~ed at 15.00 hours** der Angriff fand um 15.00 Uhr statt; **to ~ a takeover bid** COMM ein Übernahmeangebot machen ◊**launch into** *v/i* +*prep obj* angreifen; **he launched into a description of his house** er legte mit einer Beschreibung seines Hauses los (*infml*)

launch(ing) pad *n* Abschussrampe *f*

launder *v/t* waschen und bügeln *or* (*Swiss*) glätten; (*fig*) *money* waschen **Launderette®**, **laundrette** *n* (*Br*) Waschsalon *m* **Laundromat®** *n* (*US*) Waschsalon *m*

laundry *n* **1** (≈ *establishment*) Wäscherei *f* **2** (≈ *clothes*) Wäsche *f*; **to do the ~** (Wäsche) waschen **laundry basket** *n* Wäschekorb *m*

laurel *n* Lorbeer *m*; **to rest on one's ~s** sich auf seinen Lorbeeren ausruhen

lava *n* Lava *f*

lavatory *n* Toilette *f* **lavatory attendant** *n* Toilettenfrau *f*/-mann *m* **lavatory paper** *n* Toilettenpapier *nt* **lavatory seat** *n* Toilettensitz *m*

lavender *n* Lavendel *m*

lavish **A** *adj* *gifts* großzügig; *praise* überschwänglich; *banquet* üppig; **to be ~ with sth** mit etw verschwenderisch umgehen **B** *v/t* **to ~ sth on sb** jdn mit etw überhäufen **lavishly** *adv* *equipped* großzügig; *praise* überschwänglich; *entertain* reichlich; **~ furnished** luxuriös eingerichtet

law *n* **1** Gesetz *nt*; (≈ *system*) Recht *nt*; **it's the ~** das ist Gesetz; **to become ~** rechtskräftig werden; **is there a ~ against it?** ist das verboten?; **under French ~** nach französischem Recht; **he is above the ~** er steht über dem Gesetz; **to keep within the ~** sich im Rahmen des Gesetzes bewegen; **in ~** vor dem Gesetz; **civil/criminal ~** Zivil-/Strafrecht *nt*; **to practise** (*Br*) *or* **practice** (*US*) **~** eine Anwaltspraxis haben; **to take the ~ into one's own hands** das Recht selbst in die Hand nehmen; **~ and order** Recht und Ordnung **2** (*as study*) Jura *no art* **3** **the ~** (*infml*) die Bullen (*sl*) **law-abiding** *adj* gesetzestreu **law court** *n* Gerichtshof *m* **lawful** *adj* rechtmäßig **lawfully** *adv* rechtmäßig; **he is ~ entitled to compensation** er hat einen Rechtsanspruch auf Entschädigung **lawless** *adj* *act* gesetzwidrig; *society* gesetzlos **lawlessness** *n* Gesetzlosigkeit *f*

L

lawn n Rasen m no pl **lawn mower** n Rasenmäher m **lawn tennis** n Rasentennis nt

law school n (US) juristische Fakultät **lawsuit** n Prozess m; **to bring a ~ against sb** gegen jdn einen Prozess anstrengen

lawyer n (Rechts)anwalt m, (Rechts)anwältin f

lax adj (+er) lax; morals locker; **to be ~ about sth** etw vernachlässigen

laxative 🅰 adj abführend **🅱** n Abführmittel nt

laxity n Laxheit f

lay[1] adj Laien-

lay[2] pret of lie[2]

lay[3] vb: pret, past part laid **🅰** v/t **1** legen (sth on sth etw auf etw acc); wreath niederlegen; cable verlegen; carpet (ver)legen; **to ~ (one's) hands on** (≈ get hold of) erwischen; (≈ find) finden **2** plans schmieden; (esp Br) table decken; **to ~ a trap for sb** jdm eine Falle stellen; **to ~ the blame for sth on sb/sth** jdm/einer Sache die Schuld an etw (dat) geben; **to ~ waste** verwüsten **3** eggs (hen) legen; (fish, insects) ablegen; **to ~ bets on sth** auf etw (acc) wetten **🅱** v/i (hen) legen ◊**lay about 🅰** v/i um sich schlagen **🅱** v/t sep losschlagen gegen ◊**lay aside** v/t sep work etc weglegen; (≈ save) auf die Seite legen ◊**lay down** v/t sep **1** book etc hinlegen; **he laid his bag down on the table** er legte seine Tasche auf den Tisch **2** to ~ one's arms die Waffen niederlegen; **to ~ one's life** sein Leben geben **3** rules aufstellen; **to ~ the law** (infml) Vorschriften machen (to sb jdm) ◊**lay into** v/i +prep obj (infml) **to ~ sb** auf jdn losgehen; (verbally) jdn fertigmachen (infml) ◊**lay off** v/i (infml) aufhören (prep obj mit); **you'll have to ~ smoking** du wirst das Rauchen aufgeben müssen (infml); **~ my little brother, will you!** lass bloß meinen kleinen Bruder in Ruhe! **🅱** v/t sep workers entlassen; **to be laid off** Feierschichten einlegen müssen; (permanently) entlassen werden ◊**lay on** v/t sep entertainment sorgen für; extra buses einsetzen ◊**lay out** v/t sep **1** (≈ spread out) ausbreiten **2** (≈ present) darlegen **3** clothes zurechtlegen; corpse (waschen und) aufbahren **4** (≈ arrange) anlegen ◊**lay over** v/i (US) Aufenthalt haben ◊**lay up** v/t sep

to be laid up (in bed) auf der Nase (infml) or im Bett liegen

layabout n (Br) Arbeitsscheue(r) m/f(m)

lay-by n (Br) (in town) Parkbucht f; (in country) Parkplatz m

layer 🅰 n Schicht f, Lage f; **to arrange sth in ~s** etw schichten; **several ~s of clothing** mehrere Kleidungsstücke übereinander **🅱** v/t **1** hair abstufen **2** vegetables etc schichten

layman n Laie m **lay-off** n further ~s **were unavoidable** weitere Arbeiter mussten entlassen werden **layout** n Anordnung f; TYPO Layout nt; **we have changed the ~ of this office** wir haben dieses Büro anders aufgeteilt **layover** n (US) Aufenthalt m **layperson** n Laie m

laze v/i (a. **laze about**, **laze around**) faulenzen **lazily** adv faul; (≈ languidly) träge **laziness** n Faulheit f

lazy adj (+er) **1** faul; **to be ~ about doing sth** zu faul sein, etw zu tun **2** (≈ slow-moving) träge; evening gemütlich **lazybones** n sg (infml) Faulpelz m

lb n (weight) ≈ Pfd.

LCD abbr of liquid crystal display LCD nt **lead**[1] n **1** (≈ metal) Blei nt **2** (in pencil) Mine f

lead[2] vb: pret, past part led **🅰** n **1** (≈ leading position) Führung f; **to be in the ~** in Führung liegen; **to take the ~**, to move **into the ~** in Führung gehen; (in league) Tabellenführer werden **2** (≈ distance, time ahead) Vorsprung m; **to have two minutes' ~ over sb** zwei Minuten Vorsprung vor jdm haben **3** (≈ example) **to take the ~** mit gutem Beispiel vorangehen **4** (≈ clue) Anhaltspunkt m; **the police have a ~** die Polizei hat eine Spur **5** (THEAT) (≈ part) Hauptrolle f; (≈ person) Hauptdarsteller(in) m(f) **6** (≈ leash) Leine f; **on a ~** an der Leine **7** ELEC Kabel nt **🅱** v/t **1** führen; **to ~ sb in** jdn hineinführen; **that road will ~ you back to the station** auf dieser Straße kommen Sie zum Bahnhof zurück; **to ~ the way** vorangehen; **all this talk is ~ing us nowhere** dieses ganze Gerede bringt uns nicht weiter; **to ~ sb to do sth** jdn dazu bringen, etw zu tun; **what led him to change his mind?** wie kam er dazu, seine Meinung zu ändern?; **I am led to believe that …** ich habe Grund zu der Annahme, dass …; **to ~ sb into trouble** jdn in Schwierigkeiten bringen **2** (≈ *be leader of*) (an)führen; *team* leiten; **to ~ a party** den Parteivorsitz führen **3** (≈ *be first in*) anführen; **they led us by 30 seconds** sie lagen mit 30 Sekunden vor uns (*dat*); **Britain ~s the world in textiles** Großbritannien ist auf dem Gebiet der Textilproduktion führend in der Welt **C** *v/i* **1** führen; **it ~s into that room** es führt zu diesem Raum; **all this talk is ~ing nowhere** dieses ganze Gerede führt zu nichts; **remarks like that could ~ to trouble** solche Bemerkungen können unangenehme Folgen haben **2** (≈ *go in front*) vorangehen; (*in race*) in Führung liegen ◊**lead away** *v/t sep* wegführen; *prisoner* abführen ◊**lead off** *v/i* (*street*) abgehen; **several streets led off the square** mehrere Straßen gingen von dem Platz ab ◊**lead on** *v/t sep* (≈ *deceive*) anführen (*infml*) ◊**lead on to** *v/i +prep obj* führen zu ◊**lead up** **A** *v/t sep* führen (*to* zu); **to lead sb up the garden path** (*fig*) jdn an der Nase herumführen **B** *v/i* **the events that led up to the war** die Ereignisse, die dem Krieg vorausgingen; **what are you leading up to?** worauf willst du hinaus?; **what's all this leading up to?** was soll das Ganze?

leaded *adj petrol* verbleit **leaden** *adj* bleiern; *steps* bleischwer

leader *n* **1** Führer(in) *m(f)*; (*of party*) Vorsitzende(r) *m/f(m)*; (*military*) Befehlshaber(in) *m(f)*; (*of gang*) Anführer(in) *m(f)*; (*of project*) Leiter(in) *m(f)*; (SPORTS, *in league*) Tabellenführer *m*; (*in race*) der/die Erste; (*of orchestra*) Konzertmeister(in) *m(f)*; **to be the ~** (*in race*) in Führung liegen; **the ~s** (*in race*) die Spitzengruppe; **~ of the opposition** Oppositionsführer(in) *m(f)* **2** (*Br* PRESS) Leitartikel *m* **leadership** *n* Führung *f*; (≈ *office*) Vorsitz *m*; **under the ~ of** unter (der) Führung von

lead-free **A** *adj* bleifrei **B** *n* bleifreies Benzin

leading *adj* **1** (≈ *first*) vorderste(r, s) **2** *person, writer, politician, company* führend; **~ product/sportsman** Spitzenprodukt *nt*/-sportler *m*; **~ role** THEAT Hauptrolle *f*; (*fig*) führende Rolle (*in* bei) **leading article** *n* Leitartikel *m* **leading lady** *n* Hauptdarstellerin *f* **leading light** *n* Nummer eins *f* **leading man** *n* Hauptdarsteller *m* **leading question** *n* Suggestivfrage *f*

lead singer *n* Leadsänger(in) *m(f)* **lead story** *n* Hauptartikel *m*

leaf **A** *n, pl* **leaves** **1** Blatt *nt*; **he swept the leaves into a pile** er fegte das Laub auf einen Haufen **2** (*of paper*) Blatt *nt*; **to take a ~ out of** *or* **from sb's book** sich (*dat*) von jdm eine Scheibe abschneiden; **to turn over a new ~** einen neuen Anfang machen **B** *v/i* **to ~ through a book** ein Buch durchblättern **leaflet** *n* Prospekt *m*; (≈ *single page*) Handzettel *m*; (≈ *handout*) Flugblatt *nt* **leafy** *adj tree* belaubt; *lane* grün

league *n* Liga *f*; **League of Nations** Völkerbund *m*; **to be in ~ with sb** mit jdm gemeinsame Sache machen; **the club is top of the ~** der Klub ist Tabellenführer; **he was not in the same ~** (*fig*) er hatte nicht das gleiche Format; **this is way out of your ~!** das ist einige Nummern zu groß für dich! **league table** *n* Tabelle *f*; (*esp Br, of schools etc*) Leistungstabelle *f*

leak **A** *n* undichte Stelle; (*in container*) Loch *nt*; (≈ *escape of liquid*) Leck *nt*; **to have a ~** undicht sein; (*bucket etc*) lecken **B** *v/t* **1** (*lit*) durchlassen; *fuel* verlieren; **that tank is ~ing acid** aus diesem Tank läuft Säure aus **2** (*fig*) *information etc* zuspielen (*to sb* jdm) **C** *v/i* (*ship, receptacle*) lecken; (*roof*) undicht sein; (*pen, liquid*) auslaufen; (*gas*) ausströmen; **water is ~ing (in) through the roof** es regnet durch (das Dach durch) ◊**leak out** *v/i* **1** (*liquid*) auslaufen **2** (*news*) durchsickern **leakage** *n* (≈ *act*) Auslaufen *nt* **leaky** *adj* (+*er*) undicht; *boat also* leck

lean[1] *adj* (+*er*) mager; *person* hager; **to go through a ~ patch** eine Durststrecke durchlaufen

lean[2] *pret, past part* **leant** (*esp Brit*) *or* **leaned** **A** *v/t* **1** lehnen (*against* gegen, *an* +*acc*); **to ~ one's head on sb's shoulder** seinen Kopf an jds Schulter (*acc*) lehnen **2** (≈ *rest*) aufstützen (*on auf* +*dat or acc*); **to ~ one's elbow on sth** sich mit dem Ellbogen auf etw (*acc*) stützen **B** *v/i* **1** (≈ *be off vertical*) sich neigen (*to* nach); **he ~ed across the counter** er beugte sich über den Ladentisch **2** (≈ *rest*) sich lehnen; **she ~ed on my arm** sie stützte sich auf meinen Arm; **to ~ on one's elbow** sich mit dem Ellbogen aufstützen **3** **to ~ toward(s) socialism** zum Sozialis-

mus tendieren ◊**lean back** v/i sich zurücklehnen ◊**lean forward** v/i sich vorbeugen ◊**lean on** v/i (≈ *depend on*) **to ~
sb** sich auf jdn verlassen; (*infml* ≈ *put pressure on*) jdn bearbeiten (*infml*) ◊**lean out**
v/i sich hinauslehnen (*of* aus)

leaning **A** *adj* schräg, schief **B** *n* Neigung f **leant** (*esp Br*) *pret, past part* of
lean²

leap *vb: pret, past part* **leapt** (*esp Brit*) or
leaped **A** *n* Sprung m; (*fig: in profits etc*)
sprunghafter Anstieg; **a great ~ forward**
(*fig*) ein großer Sprung nach vorn; **a ~ into the unknown, a ~ in the dark** (*fig*) ein
Sprung ins Ungewisse; **by ~s and bounds**
(*fig*) sprunghaft **B** v/i springen; **to ~ to
one's feet** aufspringen; **the shares ~t
by 21p** die Aktien stiegen mit einem
Sprung um 21 Pence ◊**leap at** v/i +prep
obj **to ~ a chance** eine Gelegenheit beim
Schopf packen ◊**leap out** v/i hinausspringen (*of* aus +dat); **he leapt out of
the car** er sprang aus dem Auto ◊**leap
up** v/i (*prices*) sprunghaft ansteigen

leapfrog n Bockspringen nt; **to play ~**
Bockspringen spielen **leapt** (*esp Br*) *pret,
past part* of **leap** **leap year** n Schaltjahr
nt

learn *pret, past part* **learnt** (*Brit*) or learned **A** v/t **1** lernen; *poem etc* auswendig
lernen; **I ~ed (how) to swim** ich habe
schwimmen gelernt **2** (≈ *be informed*) erfahren **B** v/i **1** lernen; **to ~ from experience** aus der Erfahrung or durch Erfahrung lernen **2** (≈ *find out*) erfahren (*about,
of* von) **learned** *adj* gelehrt; **a ~ man** ein
Gelehrter m **learner** n **1** Lerner(in) m(f)
2 (≈ *learner driver*) Fahrschüler(in) m(f)
learning n (≈ *act*) Lernen nt; **a man of
~** ein Gelehrter m **learning curve** n
to be on a steep ~ viel dazulernen
learning difficulties pl **to have ~**
geistig behindert sein **learnt** (*Br*) *pret,
past part* of **learn**

lease **A** n Pacht f; (≈ *contract*) Pachtvertrag m; (*of flat*) Miete f; (≈ *contract*) Mietvertrag m; (*of equipment*) Leasing nt; (≈
contract) Leasingvertrag m; **a new ~ of
life** ein neuer Aufschwung **B** v/t (≈ *take*)
pachten (*from* von); *flat* mieten (*from*
von); *equipment* leasen (*from* von); (≈ *give:
a.* **lease out**) verpachten (*to an* +acc); *flat*
vermieten (*to an* +acc); *equipment* leasen
(*to an* +acc) **leasehold** **A** n Pachtbesitz

m; (≈ *contract*) Pachtvertrag m **B** *adj* gepachtet; **~ property** Pachtbesitz m
leaseholder n Pächter(in) m(f)

leash n Leine f; **on a ~** an der Leine

leasing n Leasing nt

least **A** *adj* **1** geringste(r, s) **2** (*with uncountable nouns*) wenigste(r, s); **he has
the ~ money** er hat am wenigsten Geld
B *adv* **1** (+*vb*) am wenigsten; **~ of all
would I wish to offend him** auf gar keinen Fall möchte ich ihn beleidigen **2**
(+*adj*) **the ~ expensive car** das billigste
Auto; **the ~ talented player** der am wenigsten talentierte Spieler; **the ~ known**
der/die/das Unbekannteste; **not the ~
bit** kein bisschen **C** n **the ~** der/die/das
Geringste; **that's the ~ of my worries** darüber mache ich mir die wenigsten Sorgen; **it's the ~ I can do** das ist das we-
nigste, was ich tun kann; **at ~** wenigstens;
there were at ~ eight es waren mindestens acht da; **we need three at the very
~** allermindestens brauchen wir drei; **all
nations love football, not ~ the British**
alle Völker lieben Fußball, nicht zuletzt
die Briten; **he was not in the ~ upset**
er war kein bisschen verärgert; **to say
the ~** um es milde zu sagen

leather **A** n Leder nt **B** *adj* Leder-, ledern; **~ jacket/shoes** Lederjacke f/-schuhe
pl **leathery** *adj* skin ledern

leave *vb: pret, past part* **left** **A** n **1** (≈ *permission*) Erlaubnis f; **to ask sb's ~ to do
sth** jdn um Erlaubnis bitten, etw zu tun
2 (≈ *time off*) Urlaub m; **to be on ~** auf
Urlaub sein; **I've got ~ to attend the
conference** ich habe freibekommen, um
an der Konferenz teilzunehmen; **~ of absence** Beurlaubung f **3** **to take ~ of sb**
sich von jdm verabschieden; **to take ~
of one's senses** den Verstand verlieren
B v/t **1** *place, person* verlassen; **the train
left the station** der Zug fuhr aus dem
Bahnhof; **when the plane left Rome** als
das Flugzeug von Rom abflog; **when he
left Rome** als er von Rom wegging/weg-
fuhr etc; **to ~ the country** das Land verlassen; (*permanently*) auswandern; **to ~
home** von zu Hause weggehen; **to ~
school** die Schule verlassen; **to ~ the table** vom Tisch aufstehen; **to ~ one's job**
seine Stelle aufgeben; **to ~ the road** (≈
crash) von der Straße abkommen; (≈ *turn
off*) von der Straße abbiegen; **I'll ~ you**

at the station (in car) ich setze dich am Bahnhof ab **2** (≈ cause to remain) lassen; message, scar hinterlassen; **I'll ~ my address with you** ich lasse Ihnen meine Adresse da; **to ~ one's supper** sein Abendessen stehen lassen; **this ~s me free for the afternoon** dadurch habe ich den Nachmittag frei; **~ the dog alone** lass den Hund in Ruhe; **to ~ sb to do sth** es jdm überlassen, etw zu tun; **I'll ~ you to it** ich lasse Sie jetzt allein weitermachen; **let's ~ it at that** lassen wir es dabei (bewenden); **to ~ sth to the last minute** mit etw bis zur letzten Minute warten; **let's ~ this now** (≈ stop) lassen wir das jetzt mal **3** (≈ forget) liegen lassen, stehen lassen **4** (after death) money hinterlassen **5 to be left** (≈ remain) übrig bleiben; **all I have left** alles, was ich noch habe; **I've (got) £6 left** ich habe noch 6 Pfund (übrig); **how many are there left?** wie viele sind noch übrig?; **3 from 10 ~s 7** 10 minus 3 ist 7; **there was nothing left for me to do but to sell it** mir blieb nichts anderes übrig, als es zu verkaufen **6** (≈ entrust) überlassen (up to sb jdm); **~ it to me** lass mich nur machen; **to ~ sth to chance** etw dem Zufall überlassen **C** v/i (person) (weg)gehen; (in vehicle) abfahren; (in plane) abfliegen; **we ~ for Sweden tomorrow** wir fahren morgen nach Schweden ◊**leave behind** v/t sep **1** car zurücklassen; chaos hinterlassen; the past hinter sich (dat) lassen; **we've left all that behind us** das alles liegt hinter uns; **he left all his fellow students behind** er stellte alle seine Kommilitonen in den Schatten **2** (≈ forget) liegen lassen ◊**leave off A** v/t sep lid nicht darauftun; lights auslassen; **you left her name off the list** Sie haben ihren Namen nicht in die Liste aufgenommen **B** v/i, v/i +prep obj (infml) aufhören; **~!** lass das!; **he picked up where he left off** er machte weiter, wo er aufgehört hatte ◊**leave on** v/t sep clothes anbehalten; lights anlassen ◊**leave out** v/t sep **1** (≈ not bring in) draußen lassen **2** (≈ omit) auslassen; (≈ exclude) people ausschließen (of von); **you leave my wife out of this** lassen Sie meine Frau aus dem Spiel; **he got left out of things** er wurde mit nicht einbezogen **3** (≈ not put away) liegen lassen ◊**leave over** v/t sep **to be left over** übrig (geblie-

ben) sein

leaves pl of leaf

leaving party n Abschiedsfeier or -party f

lecher n Lüstling m; (hum) Lustmolch m

lecherous adj lüstern

lectern n Pult nt

lecture A n **1** Vortrag m; UNIV Vorlesung f; **to give a ~** einen Vortrag/eine Vorlesung halten (to für, on sth über etw acc) **2** (≈ scolding) (Straf)predigt f **B** v/t **1 to ~ sb on sth** jdm einen Vortrag/eine Vorlesung über etw (acc) halten; **he ~s us in French** wir hören bei ihm (Vorlesungen in) Französisch **2** (≈ scold) **to ~ sb** jdm eine Strafpredigt halten (on wegen) **C** v/i einen Vortrag halten; UNIV eine Vorlesung halten; **he ~s in English** er ist Dozent für Anglistik; **he ~s at Princeton** er lehrt in Princeton **lecture hall** n Hörsaal m **lecture notes** pl (professor's) Manuskript nt; (student's) Aufzeichnungen pl; (≈ handout) Vorlesungsskript nt **lecturer** n Dozent(in) m(f); (≈ speaker) Redner(in) m(f); **assistant ~** ≈ Assistent(in) m(f); **senior ~** Dozent(in) in höherer Position **lectureship** n Dozentenstelle f **lecture theatre**, (US) **lecture theater** n Hörsaal m

LED abbr of light-emitting diode LED

led pret, past part of lead²

ledge n Leiste f; (of window) (inside) Fensterbrett nt; (outside) (Fenster)sims nt or m; (≈ mountain ledge) (Fels)vorsprung m

ledger n Hauptbuch nt

LED light n LED-Leuchte f

leech n Blutegel m

leek n Porree m

leer A n anzügliches Grinsen **B** v/i he **~ed at the girl** er warf dem Mädchen lüsterne Blicke zu

leeway n (fig) Spielraum m; (in a decision) Freiheit f; **he has given them too much ~** er hat ihnen zu viel Freiheit or Spielraum gelassen

left¹ pret, past part of leave

left² **A** adj linke(r, s); **no ~ turn** Linksabbiegen verboten; **he's got two ~ feet** (infml) er ist sehr ungelenk **B** adv links (of von); **keep ~** links fahren **C** n **1** Linke(r, s); **on the ~** links (of von); **on or to sb's ~** links von jdm; **take the first (on the) ~ after the church** biegen Sie hinter der Kirche die erste (Straße) links ab; **the third** etc ... **from the ~** der/die/das dritte

etc ... von links; **to keep to the ~** sich links halten **2** POL Linke *f*; **to move to the ~** nach links rücken **left back** *n* linker Verteidiger **left-click** IT **A** *v/i* links klicken **B** *v/t* links klicken auf (+*acc*) **left-hand** *adj* **~ drive** Linkssteuerung *f*; **~ side** linke Seite; **he stood on the ~ side of the king** er stand zur Linken des Königs; **take the ~ turn** bieg links ab **left--handed A** *adj* linkshändig; *tool* für Linkshänder; **both the children are ~** beide Kinder sind Linkshänder **B** *adv* mit links **left-hander** *n* Linkshänder(in) *m(f)* **leftist** *adj* linksgerichtet
left-luggage locker *n* (*Br*) Gepäckschließfach *nt* **left-luggage (office)** *n* (*Br*) Gepäckaufbewahrung *f*
left-of-centre, (*US*) **left-of-center** *adj politician* links von der Mitte stehend; **~ party** Mitte-Links-Partei *f*
leftover A *adj* übrig geblieben **B** *n* **1** **~s** (Über)reste *pl* **2** (*fig*) **to be a ~ from the past** ein Überbleibsel *nt* aus der Vergangenheit sein
left wing *n* linker Flügel; **on the ~** POL, SPORTS auf dem linken Flügel **left-wing** *adj* linke(r, s), **left-winger** *n* POL Linke(r) *m/f(m)*; SPORTS Linksaußen *m*
leg *n* **1** Bein *nt*; **to be on one's last ~s** auf dem letzten Loch pfeifen (*infml*); **he hasn't (got) a ~ to stand on** (*fig* ≈ *no excuse*) er kann sich nicht herausreden; (≈ *no proof*) das kann er nicht belegen **2** (*as food*) Keule *f*, Schlögel *m* (*Aus*); **~ of lamb** Lammkeule *f*, Lammschlögel *m* (*Aus*) **3** (≈ *stage*) Etappe *f*
legacy *n* Vermächtnis *nt*; (*fig pej*) Hinterlassenschaft *f*
legal *adj* **1** (≈ *lawful*) legal; *obligation, limit* gesetzlich; **to make sth ~** etw legalisieren; **it is not ~ to sell drink to children** es ist gesetzlich verboten, Alkohol an Kinder zu verkaufen; **~ limit** Promillegrenze *f*; **women had no ~ status** Frauen waren nicht rechtsfähig **2** (≈ *relating to the law*) Rechts-; *matters, advice* juristisch; *inquiry* gerichtlich; **for ~ reasons** aus rechtlichen Gründen; **~ charges** *or* **fees** *or* **costs** (*solicitor's*) Anwaltskosten *pl*; (*court's*) Gerichtskosten *pl*; **the British ~ system** das britische Rechtssystem; **the ~ profession** die Juristenschaft **legal action** *n* Klage *f*; **to take ~ against sb** gegen jdn Klage erheben **legal adviser** *n* Rechtsbera-

ter(in) *m(f)* **legal aid** *n* Rechtshilfe *f* **legal high** *n* Legal High *nt*, *legale psychoaktive Substanz in Kräutermischungen u. Ä.* **legality** *n* Legalität *f*; (*of claim*) Rechtmäßigkeit *f*; (*of contract, decision*) Rechtsgültigkeit *f* **legalize** *v/t* legalisieren **legally** *adv acquire* legal; *married* rechtmäßig; *obliged* gesetzlich; **~ responsible** vor dem Gesetz verantwortlich; **to be ~ entitled to sth** einen Rechtsanspruch auf etw (*acc*) haben; **~ binding** rechtsverbindlich **legal tender** *n* gesetzliches Zahlungsmittel
legend *n* Legende *f*; (*fictitious*) Sage *f*; **to become a ~ in one's lifetime** schon zu Lebzeiten zur Legende werden **legendary** *adj* **1** legendär **2** (≈ *famous*) berühmt
-legged *adj suf* -beinig; **bare-legged** ohne Strümpfe **leggings** *pl* Leggings *pl*
legible *adj* lesbar **legibly** *adv* lesbar; *write* leserlich
legion *n* Legion *f* **legionary** *n* Legionär *m*
legislate *v/i* Gesetze/ein Gesetz erlassen **legislation** *n* (≈ *laws*) Gesetze *pl* **legislative** *adj* gesetzgebend **legitimacy** *n* Rechtmäßigkeit *f* **legitimate** *adj* **1** legitim; *excuse* begründet **2** *child* ehelich **legitimately** *adv* legitim; (≈ *with reason*) berechtigterweise **legitimize** *v/t* legitimieren
legless *adj* (*Br infml*) sternhagelvoll (*infml*) **leg press** *n* SPORTS Beinpresse *f* **legroom** *n* Beinfreiheit *f* **leg-up** *n* **to give sb a ~** jdm hochhelfen
leisure *n* Freizeit *f*; **do it at your ~** tun Sie es, wenn Sie Zeit dazu haben **leisure activities** *pl* Freizeitbeschäftigungen *pl* **leisure centre** *n* (*Br*) Freizeitzentrum *nt* **leisure hours** *pl* Freizeit *f* **leisurely** *adj* geruhsam; **to go at a ~ pace** (*person*) gemächlich gehen; **to have a ~ breakfast** in aller Ruhe frühstücken **leisure time** *n* Freizeit *f* **leisurewear** *n* Freizeitbekleidung *f*
lemma *pl* **-s** *or* **-ta** *n* LING Lemma *nt*
lemon A *n* Zitrone *f* **B** *adj* Zitronen- **lemonade** *n* Limonade *f*, Kracherl *nt* (*Aus*); (*with lemon flavour*) Zitronenlimonade *f* **lemon grass** *n* BOT, COOK Zitronengras *nt* **lemon juice** *n* Zitronensaft *m* **lemon sole** *n* Rotzunge *f* **lemon squeezer** *n* Zitronenpresse *f*
lend *pret, past part* **lent A** *v/t* **1** leihen (*to*

_sb_ jdm); (_banks_) _money_ verleihen (_to_ an +_acc_) **2** (_fig_ ≈ _give_) verleihen (_to_ +_dat_); **to ~ (one's) support to sb/sth** jdn/etw unterstützen; **to ~ a hand** helfen **B** _v/r_ **to ~ oneself to sth** (≈ _be suitable_) sich für etw eignen ◊**lend out** _v/t sep_ verleihen
lender _n_ (_professional_) Geldverleiher(in) _m(f)_ **lending library** _n_ Leihbücherei _f_ **lending rate** _n_ (Darlehens)zinssatz _m_
length _n_ **1** Länge _f_; **to be 4 feet in ~** 4 Fuß lang sein; **what ~ is it?** wie lang ist es?; **along the whole ~ of the river** den ganzen Fluss entlang **2** (_of rope_) Stück _nt_; (_of pool_) Bahn _f_ **3** (_of time_) Dauer _f_; **for any ~ of time** für längere Zeit; **at ~** ausführlich **4** _he would go to any ~s to do sth_ vor nichts zurückschrecken, um etw zu tun; **to go to great ~s to do sth** sich (_dat_) sehr viel Mühe geben, um etw zu tun **lengthen** **A** _v/t_ verlängern; _clothes_ länger machen; **to ~ one's stride** größere Schritte machen **B** _v/i_ länger werden **lengthways, lengthwise** **A** _adj_ Längen-, Längs- **B** _adv_ der Länge nach **lengthy** _adj_ (+_er_) sehr lang; (≈ _dragging on_) langwierig; _speech_ ausführlich, langatmig (_pej_); _meeting_ lang andauernd
lenience, leniency _n_ Nachsicht _f_ (_towards_ gegenüber); (_of judge, sentence_) Milde _f_ **lenient** _adj_ nachsichtig (_towards_ gegenüber); _judge, sentence_ milde; **to be ~ with sb** mit jdm milde umgehen **leniently** _adv_ nachsichtig; _judge_ milde
lens _n_ Linse _f_; (_in spectacles_) Glas _nt_; (≈ _camera part_) Objektiv _nt_; (_for stamps etc_) Lupe _f_ **lens cap** _n_ Schutzkappe _f_
Lent _n_ Fastenzeit _f_
lent _pret, past part_ of lend
lentil _n_ Linse _f_
Leo _n_ ASTROL Löwe _m_; **he's (a) ~** er ist Löwe
leopard _n_ Leopard _m_
leotard _n_ Trikot _nt_, Leiberl _nt_ (_Aus_), Leibchen _nt_ (_Aus, Swiss_); GYMNASTICS Gymnastikanzug _m_
leper _n_ Leprakranke(r) _m/f(m)_ **leprosy** _n_ Lepra _f_
lesbian **A** _adj_ lesbisch; **~ and gay rights** Rechte _pl_ der Lesben und Schwulen **B** _n_ Lesbe _f_ (_infml_)
lesion _n_ Verletzung _f_
less **A** _adj, adv, n_ weniger; **~ noise, please!** nicht so laut, bitte!; **to grow ~** weniger werden; (≈ _decrease_) abnehmen;

~ and ~ immer weniger; **she saw him ~ and ~ (often)** sie sah ihn immer seltener; **a sum ~ than £1** eine Summe unter £ 1; **it's nothing ~ than disgraceful** es ist wirklich eine Schande; **~ beautiful** nicht so schön; **~ quickly** nicht so schnell; **none the ~** nichtsdestoweniger; **can't you let me have it for ~?** können Sie es mir nicht etwas billiger lassen?; **~ of that!** komm mir nicht so! **B** _prep_ weniger; COMM abzüglich; **6 ~ 4 is 2** 6 weniger 4 ist 2 **lessen** **A** _v/t_ verringern; _impact_ abschwächen; _pain_ lindern **B** _v/i_ nachlassen
lesser _adj_ geringer; **to a ~ extent** in geringerem Maße; **a ~ amount** ein kleinerer Betrag
lesson _n_ **1** SCHOOL _etc_ Stunde _f_; (≈ _unit of study_) Lektion _f_; **~s** Unterricht _m_; **a French ~** eine Französischstunde; **to give** _or_ **teach a ~** eine Stunde geben **2** (_fig_) Lehre _f_; **he has learned his ~** er hat seine Lektion gelernt; **to teach sb a ~** jdm eine Lektion erteilen
lest _cj_ (_form_ ≈ _in order that ... not_) damit ... nicht
let _pret, past part_ let _v/t_ **1** lassen; **to ~ sb do sth** jdn etw tun lassen; **she ~ me borrow the car** sie lieh mir das Auto; **we can't ~ that happen** wir dürfen das nicht zulassen; **he wants to but I won't ~ him** er möchte gern, aber ich lasse ihn nicht _or_ erlaube es ihm nicht; **~ me know what you think** sagen Sie mir (Bescheid), was Sie davon halten; **to ~ sb be** jdn (in Ruhe) lassen; **to ~ sb/sth go, to ~ go of sb/sth** jdn/etw loslassen; **to ~ oneself go** (≈ _neglect oneself_) sich gehen lassen; **we'll ~ it pass** _or_ **go this once** (≈ _disregard_) _error_ wir wollen es mal durchgehen lassen **2** **~ alone** (≈ _much less_) geschweige denn **3** **~'s go!** gehen wir!; **yes, ~'s** oh ja!; **~'s not** lieber nicht; **don't ~'s** _or_ **~'s not fight** wir wollen uns doch nicht streiten; **~'s be friends** wir wollen Freunde sein; **~ him try (it)!** das soll er nur versuchen!; **~ me think** _or_ **see, where did I put it?** warte mal, wo habe ich das nur hingetan?; **~ us pray** lasst uns beten; **~ us suppose ...** nehmen wir (mal) an, dass ... **4** (_esp Br_ ≈ _hire out_) vermieten; **"to ~"** „zu vermieten"; **we can't find a house to ~** wir können kein Haus finden, das zu mieten ist ◊**let down** _v/t sep_ **1** (≈ _lower_) herunterlassen; **I tried to let him down**

gently (*fig*) ich versuchte, ihm das schonend beizubringen **2** *dress* länger machen; *hem* auslassen **3** **to let a tyre** (*Br*) *or* **tire** (*US*) **down** die Luft aus einem Reifen lassen **4** (≈ *fail to help*) **to let sb down** jdn im Stich lassen (*over* mit); **the weather let us down** das Wetter machte uns einen Strich durch die Rechnung **5** (≈ *disappoint*) enttäuschen; **to feel ~** enttäuscht sein; **to let oneself down** sich blamieren ◊**let in** *v/t sep* **1** *water* durchlassen **2** *air, visitor* hereinlassen; (*to club etc*) zulassen (*to* zu); **he let himself in** (**with his key**) er schloss die Tür auf und ging hinein; **to let oneself in for sth** sich auf etw (*acc*) einlassen; **to let sb in on sth** jdn in etw (*acc*) einweihen ◊**let off** *v/t sep* **1** *gun* abfeuern **2** *firework* hochgehen lassen **3** *gases* absondern; *smell* verbreiten; **to ~ steam** Dampf ablassen **B** *v/t always separate* **1** **to let sb off** jdm etw durchgehen lassen; **I'll let you off this time** diesmal drücke ich noch ein Auge zu; **to let sb off with a warning** jdn mit einer Verwarnung davonkommen lassen **2** (≈ *allow to go*) gehen lassen; **we were ~ early** wir durften früher gehen ◊**let on** *v/i* (*infml*) verraten; **don't ~ you know** lass dir bloß nicht anmerken, dass du das weißt ◊**let out** *v/t sep* **1** *cat, air* herauslassen; **I'll let myself out** ich finde alleine hinaus; **to ~ a groan** (auf)stöhnen **2** *prisoner* entlassen ◊**let through** *v/t sep* durchlassen ◊**let up** *v/i* (≈ *ease up*) nachlassen

letdown *n* (*infml*) Enttäuschung *f*

lethal *adj* **1** tödlich; **~ injection** Todesspritze *f* **2** (*fig*) *opponent* äußerst gefährlich

lethargic *adj* träge **lethargy** *n* Trägheit *f*

let's *contraction* = **let us**

letter *n* **1** (*of alphabet*) Buchstabe *m*; **to the ~** buchstabengetreu **2** (≈ *message*) Brief *m*; COMM *etc* Schreiben *nt* (*form*) (*to* an +*acc*); **by ~** schriftlich; **to write a ~ of complaint/apology** sich schriftlich beschweren/entschuldigen; **~ of recommendation** (*US*) Arbeitszeugnis *nt* **3** LIT **~s** Literatur *f* **letter bomb** *n* Briefbombe *f*

letter box *n* (*Br*) Briefkasten *m* **letterhead** *n* Briefkopf *m* **lettering** *n* Beschriftung *f* **letters page** *n* PRESS Leserbriefseite *f*

lettuce *n* Kopfsalat *m*

let-up *n* (*infml*) Pause *f*; (≈ *easing up*) Nachlassen *nt*

leukaemia, (*US*) **leukemia** *n* Leukämie *f*

level **A** *adj* **1** *surface* eben; *spoonful* gestrichen **2** (≈ *at the same height*) auf gleicher Höhe (*with* mit); (≈ *parallel*) parallel (*with* zu); **the bedroom is ~ with the ground** das Schlafzimmer liegt ebenerdig **3** (≈ *equal*) gleichauf; (*fig*) gleich gut; **Jones was almost ~ with the winner** Jones kam fast auf gleiche Höhe mit dem Sieger **4** (≈ *steady*) *tone of voice* ruhig; (≈ *well-balanced*) ausgeglichen; **to have a ~ head** einen kühlen Kopf haben **B** *adv* **~ with** in Höhe (+*gen*); **it should lie ~ with ...** es sollte gleich hoch sein wie ...; **to draw ~ with sb** mit jdm gleichziehen **C** *n* **1** (≈ *altitude*) Höhe *f*; **on a ~** (**with**) auf gleicher Höhe (mit); **at eye ~** in Augenhöhe; **the trees were very tall, almost at roof ~** die Bäume waren sehr hoch, sie reichten fast bis zum Dach **2** (≈ *storey*) Etage *f* **3** (≈ *position on scale*) Ebene *f*; (*social etc*) Niveau *nt*; **to raise the ~ of the conversation** der Unterhaltung etwas mehr Niveau geben; **if profit stays at the same ~** wenn sich der Gewinn auf dem gleichen Stand hält; **the ~ of inflation** die Inflationsrate; **a high ~ of interest** sehr großes Interesse; **a high ~ of support** sehr viel Unterstützung; **the talks were held at a very high ~** die Gespräche fanden auf hoher Ebene statt; **on a purely personal ~** rein persönlich **4** (≈ *amount*) **a high ~ of hydrogen** ein hoher Wasserstoffanteil; **the ~ of alcohol in the blood** der Alkoholspiegel im Blut; **cholesterol ~** Cholesterinspiegel *m*; **the ~ of violence** das Ausmaß der Gewalttätigkeit **D** *v/t* **1** *ground* einebnen; *town* dem Erdboden gleichmachen **2** *weapon* richten (*at* auf +*acc*); *accusation* erheben (*at* gegen) **3** SPORTS **to ~ the match** den Ausgleich erzielen; **to ~ the score** gleichziehen ◊**level out** *v/i* (*a.* **level off**, *ground*) eben werden; (*fig*) sich einpendeln

level crossing *n* (*Br*) (beschrankter) Bahnübergang **level-headed** *adj* ausgeglichen

lever **A** *n* Hebel *m*; (*fig*) Druckmittel *nt* **B** *v/t* (hoch)stemmen; **he ~ed the machine-**

part **into place** er hob das Maschinenteil durch Hebelwirkung an seinen Platz; he **~ed the box open** er stemmte die Kiste auf **leverage** n Hebelkraft f; (fig) Einfluss m; **to use sth as ~** (fig) etw als Druckmittel benutzen

levy **A** n (≈ act) (Steuer)einziehung f; (≈ tax) Steuer f **B** v/t tax erheben

lewd adj (+er) unanständig; remark anzüglich

lexicon n Wörterbuch nt; (in linguistics) Lexikon nt

liability n **1** (≈ burden) Belastung f **2** (≈ responsibility) Haftung f; **we accept no ~ for …** wir übernehmen keine Haftung für … **3** FIN liabilities Verbindlichkeiten pl **liable** adj **1** **to be ~ for** or **to sth** einer Sache (dat) unterliegen; **to be ~ for tax** steuerpflichtig sein; **to be ~ to prosecution** der Strafverfolgung unterliegen **2** (≈ prone to) anfällig **3** (≈ responsible) **to be ~ for sth** für etw haftbar sein **4** **to be ~ to do sth** (in future) wahrscheinlich etw tun (werden); (habitually) dazu neigen, etw zu tun; **we are ~ to get shot here** wir können hier leicht beschossen werden; **if you don't write it down I'm ~ to forget it** wenn Sie das nicht aufschreiben, kann es durchaus sein, dass ich es vergesse; **the car is ~ to run out of petrol** (Br) or **gas** (US) **any minute** dem Auto kann jede Minute das Benzin ausgehen

liaise v/i (≈ be the contact person) als Verbindungsperson fungieren; (≈ be in contact) in Verbindung stehen; **social services and health workers ~ closely** das Sozialamt und der Gesundheitsdienst arbeiten eng zusammen **liaison** n **1** (≈ coordination) Verbindung f **2** (≈ affair) Liaison f

liar n Lügner(in) m(f)

lib n abbr of liberation

Lib Dem (Br POL) abbr of Liberal Democrat

libel **A** n (schriftlich geäußerte) Verleumdung (on +gen) **B** v/t verleumden **libellous**, (US) **libelous** adj verleumderisch

liberal **A** adj **1** offer großzügig; helping reichlich; **to be ~ with one's praise/comments** mit Lob/seinen Kommentaren freigebig sein; **to be ~ with one's praise** mit Lob freigebig sein **2** (≈ broad-minded, POL) liberal **B** n POL Liberale(r) m/f(m) **liberal arts** pl **the ~** (esp US) die geisteswissenschaftlichen Fächer **Liberal Democrat**

(Br POL) **A** n Liberaldemokrat(in) m(f) **B** adj liberaldemokratisch; policy der Liberaldemokraten **liberalism** n Liberalität f; **Liberalism** POL der Liberalismus **liberalization** n Liberalisierung f **liberalize** v/t liberalisieren **liberally** adv (≈ generously) großzügig; (≈ in large quantities) reichlich **liberal-minded** adj liberal **liberate** v/t befreien **liberated** adj women emanzipiert **liberation** n Befreiung f **liberty** n **1** Freiheit f; **to be at ~ to do sth** (≈ be permitted) etw tun dürfen **2** **I have taken the ~ of giving your name** ich habe mir erlaubt, Ihren Namen anzugeben

libido n Libido f

Libra n Waage f; **she's (a) ~** sie ist Waage

librarian n Bibliothekar(in) m(f)

library n **1** Bibliothek f; (public) Bücherei f **2** (≈ collection of books) (Bücher)sammlung f **library book** n Leihbuch nt **library ticket** n Leserausweis m

lice pl of louse

licence, (US) **license** n **1** Genehmigung f; COMM Lizenz f; (≈ driving licence) Führerschein m; (≈ hunting licence) Jagdschein m; **you have to have a (television) ~** man muss Fernsehgebühren bezahlen; **a ~ to practise medicine** (Br), **a license to practice medicine** (US) die Approbation; **the restaurant has lost its ~** das Restaurant hat seine Schankerlaubnis verloren **2** (≈ freedom) Freiheit f **licence fee** n (Br TV) ≈ Fernsehgebühr f **licence number**, (US) **license number** n AUTO Kraftfahrzeug- or Kfz-Kennzeichen nt **licence plate**, (US) **license plate** n AUTO Nummernschild nt **license** **A** n (US) = licence **B** v/t eine Lizenz/Konzession vergeben an (+acc); **to be ~d to do sth** die Genehmigung haben, etw zu tun; **we are not ~d to sell alcohol** wir haben keine Schankerlaubnis **licensed** adj **1** pilot mit Pilotenschein; physician approbiert **2** **~ bar** Lokal nt mit Schankerlaubnis; **fully ~** mit voller Schankerlaubnis **licensee** n (of bar) Inhaber(in) m(f) einer Schankerlaubnis **licensing** adj **~ hours** Ausschankzeiten pl; **~ laws** Gesetz nt über den Ausschank und Verkauf alkoholischer Getränke

lichen n Flechte f

lick **A** n **1** **to give sth a ~** an etw (dat) lecken **2** (infml) **a ~ of paint** etwas Farbe **B** v/t **1** lecken; **he ~ed the ice cream** er

leckte am Eis; **to ~ one's lips** sich (dat) die Lippen lecken; (fig) sich (dat) die Finger lecken; **to ~ sb's boots** vor jdm kriechen (infml) **2** (flames) züngeln an (+dat) **3** (infml ≈ defeat) in die Pfanne hauen (infml); **I think we've got it ~ed** ich glaube, wir haben die Sache jetzt im Griff
licorice n = liquorice
lid n Deckel m; **to keep a ~ on sth** etw unter Kontrolle halten; **on information** etw geheim halten
lie¹ A n Lüge f; **to tell a ~** lügen; **I tell a ~, it's tomorrow** ich hab mich vertan, es ist morgen **B** v/i lügen; **to ~ to sb** jdn belügen
lie² vb: pret **lay**, past part **lain A** n (≈ position) Lage f **B** v/i liegen; (≈ lie down) sich legen; **~ on your back** leg dich auf den Rücken; **the runner lying third** (esp Br) der Läufer auf dem dritten Platz; **our road lay along the river** unsere Straße führte am Fluss entlang; **to ~ asleep** (daliegen und) schlafen; **to ~ dying** im Sterben liegen; **to ~ low** untertauchen; **that responsibility ~s with your department** dafür ist Ihre Abteilung verantwortlich ◊**lie about** (Brit) or **around** v/i herumliegen ◊**lie ahead** v/i **what lies ahead of us** was vor uns liegt, was uns (dat) bevorsteht ◊**lie back** v/i (≈ recline) sich zurücklehnen ◊**lie behind** v/i +prep obj decision stehen hinter (+dat) ◊**lie down** v/i **1** (lit) sich hinlegen; **he lay down on the bed** er legte sich aufs Bett **2** (fig) **he won't take that lying down!** das lässt er sich nicht bieten! ◊**lie in** v/i (≈ stay in bed) im Bett bleiben
lie detector n Lügendetektor m
lie-down n (infml) **to have a ~** ein Nickerchen machen (infml) **lie-in** n (Br infml) **to have a ~** (sich) ausschlafen
lieu n (form) **money in ~** stattdessen Geld; **in ~ of X** anstelle von X; **I work weekends and get time off in ~** (esp Br) ich arbeite an Wochenenden und kann mir dafür (an anderen Tagen) freinehmen
lieutenant n Leutnant m; (Br) Oberleutnant m
life n, pl **lives 1** Leben nt; **plant ~** die Pflanzenwelt; **this is a matter of ~ and death** hier geht es um Leben und Tod; **to bring sb back to ~** jdn wiederbeleben; **his book brings history to ~** sein Buch lässt die Geschichte lebendig werden; **to come to ~** (fig) lebendig werden; **at my time of ~** in meinem Alter; **a job for ~** eine Stelle auf Lebenszeit; **he's doing ~ (for murder)** (infml) er sitzt lebenslänglich (wegen Mord) (infml); **he got ~** (infml) er hat lebenslänglich gekriegt (infml); **how many lives were lost?** wie viele (Menschen) sind ums Leben gekommen?; **to take one's own ~** sich (dat) das Leben nehmen; **to save sb's ~** (lit) jdm das Leben retten; (fig) jdn retten; **I couldn't do it to save my ~** ich kann es beim besten Willen nicht; **the church is my ~** die Kirche ist mein ganzes Leben; **early in ~, in early ~** in frühen Jahren; **later in ~, in later ~** in späteren Jahren; **she leads a busy ~** bei ihr ist immer etwas los; **all his ~** sein ganzes Leben lang; **I've never been to London in my ~** ich war in meinem ganzen Leben noch nicht in London; **to fight for one's ~** um sein Leben kämpfen; **run for your lives!** rennt um euer Leben!; **I can't for the ~ of me ...** (infml) ich kann beim besten Willen nicht ...; **never in my ~ have I heard such nonsense** ich habe noch nie im Leben so einen Unsinn gehört; **not on your ~!** (infml) ich bin doch nicht verrückt! (infml); **get a ~!** (infml) sonst hast du keine Probleme? (infml); **it seemed to have a ~ of its own** es scheint seinen eigenen Willen zu haben; **full of ~** lebhaft; **the city centre** (Br) or **center** (US) **was full of ~** im Stadtzentrum ging es sehr lebhaft zu; **he is the ~ and soul** (Br) or (US) **of every party** er bringt Leben in jede Party; **village ~** das Leben auf dem Dorf; **this is the ~!** ja, ist das ein Leben!; **that's ~** so ist das Leben; **the good ~** das süße Leben **2** (≈ useful or active life) Lebensdauer f **3** (≈ biography) Biografie f **life assurance** n (Br) Lebensversicherung f **lifebelt** n Rettungsgürtel m **lifeboat** n Rettungsboot nt **lifebuoy** n Rettungsring m **life cycle** n Lebenszyklus m **life expectancy** n Lebenserwartung f **lifeguard** n (on beach) Rettungsschwimmer(in) m(f); (in baths) Bademeister(in) m(f) **life imprisonment** n lebenslängliche Freiheitsstrafe **life insurance** n = life assurance **life jacket** n Schwimmweste f **lifeless** adj leblos **lifelike** adj lebensecht **lifeline** n (fig) Rettungsanker m; **the telephone is a ~ for many old people** das

Telefon ist für viele alte Leute lebenswichtig **lifelong** *adj* lebenslang; **they
are ~ friends** sie sind schon ihr Leben
lang Freunde; **his ~ devotion to the
cause** die Sache, in deren Dienst er sein
Leben gestellt hat **life membership** *n*
Mitgliedschaft *f* auf Lebenszeit **life-or-
-death** *adj* **~ struggle** Kampf *m* auf Leben und Tod **life peer** *n* Peer *m* auf Lebenszeit **life preserver** *n* (*US*)
Schwimmweste *f* **life raft** *n* Rettungsfloß
nt **life-saver** *n* (*fig*) Retter *m* in der Not;
it was a real ~! das hat mich gerettet
life-saving ▲ *n* Rettungsschwimmen *nt*
Ⓑ *adj* apparatus zur Lebensrettung; *drug*
lebensrettend **life sentence** *n* lebenslängliche Freiheitsstrafe **life-size(d)** *adj*
lebensgroß **lifespan** *n* (*of people*) Lebenserwartung *f* **life story** *n* Lebensgeschichte *f* **lifestyle** *n* Lebensstil *m* **life
support machine** *n* Herz-Lungen-Maschine *f* **life support system** *n* Le-
benserhaltungssystem *nt* **life-threatening** *adj* lebensbedrohend **lifetime** *n* ▐
Lebenszeit *f*; (*of battery, animal*) Lebensdauer *f*; **once in a ~** einmal im Leben;
during *or* **in my ~** während meines Lebens; **the chance of a ~** eine einmalige
Chance ▌ (*fig*) Ewigkeit *f*

lift ▲ *n* ▐ (≈ *lifting*) **give me a ~ up** heb
mich mal hoch ▌ (*emotional*) **to give sb a
~** jdn aufmuntern ▐ (*in car etc*) Mitfahrgelegenheit *f*; **to give sb a ~** jdn mitnehmen; **want a ~?** möchten Sie mitkommen?, soll ich dich fahren? ▐ (*Br* ≈ *elevator*) Fahrstuhl *m*; (*for goods*) Aufzug *m*; **he
took the ~** er fuhr mit dem Fahrstuhl
Ⓑ *v/t* ▐ (*a.* **lift up**) hochheben; *head* heben ▌ (*fig: a.* **lift up**) **to ~ the spirits** die
Stimmung heben; **the news ~ed him out
of his depression** durch die Nachricht
verflog seine Niedergeschlagenheit ▐ *restrictions etc* aufheben ▐ (*infml* ≈ *steal*)
klauen (*infml*); (≈ *plagiarize*) abkupfern
(*infml*) **Ⓒ** *v/i* (*mist*) sich lichten; (*mood*) sich
heben **liftoff** *n* SPACE Start *m*; **we have ~**
der Start ist erfolgt

ligament *n* Band *nt*; **he's torn a ~ in his
shoulder** er hat einen Bänderriss in der
Schulter

light[1] *vb: pret, past part* lit *or* lighted ▲ *n*
▐ Licht *nt*; (≈ *lamp*) Lampe *f*; **by the ~ of a
candle** im Schein einer Kerze; **at first ~**
bei Tagesanbruch; **to shed ~ on sth** (*fig*)

Licht in etw (*acc*) bringen; **to see sb/sth
in a different ~** jdn/etw in einem anderen Licht sehen; **to see sth in a new ~**
etw mit anderen Augen betrachten; **in
the ~ of** angesichts (+*gen*); **to bring sth
to ~** etw ans Tageslicht bringen; **to come
to ~** ans Tageslicht kommen; **finally I saw
the ~** (*infml*) endlich ging mir ein Licht
auf (*infml*); **to see the ~ of day** (*report*)
veröffentlicht werden; (*project*) verwirklicht werden; **put out the ~s** mach das
Licht aus; (*traffic*) **~s** Ampel *f*; **the ~s**
(*of a car*) die Beleuchtung; **~s out!** Licht
aus(machen)! ▌ **have you (got) a ~?** haben Sie Feuer?; **to set ~ to sth** etw anzünden **Ⓑ** *adj* (+*er*) hell; **~ green** hellgrün;
it's getting ~ es wird hell **Ⓒ** *v/t* ▐ (≈ *illuminate*) beleuchten; *lamp* anmachen ▌ (≈
ignite) anzünden **Ⓓ** *v/i* **this fire won't ~**
das Feuer geht nicht an ◊**light up** ▲ *v/i*
▐ (≈ *be lit, eyes*) aufleuchten; (*face*) sich erhellen ▌ **the men took out their pipes
and lit up** die Männer holten ihre Pfeifen
hervor und zündeten sie an **Ⓑ** *v/t sep* ▐
beleuchten; **a smile lit up his face** ein Lächeln erhellte sein Gesicht; **Piccadilly Circus was all lit up** der Piccadilly Circus war
hell erleuchtet; **flames lit up the night
sky** Flammen erleuchteten den Nacht-
himmel ▌ *cigarette etc* anzünden

light[2] ▲ *adj* (+*er*) leicht; **~ industry**
Leichtindustrie *f*; **~ opera** Operette *f*; **~
reading** Unterhaltungslektüre *f*; **with a
~ heart** leichten Herzens; **as ~ as a
feather** federleicht; **to make ~ of one's
difficulties** seine Schwierigkeiten auf die
leichte Schulter nehmen; **you shouldn't
make ~ of her problems** du solltest dich
über ihre Probleme nicht lustig machen;
to make ~ work of spielend fertig werden mit **Ⓑ** *adv* **to travel ~** mit leichtem
Gepäck reisen ◊**light (up)on** *v/i +prep
obj* (*infml*) entdecken

light bulb *n* Glühlampe *or* -birne *f*
light-coloured, (*US*) **light-colored**
adj, comp **lighter-colo(u)red**, *sup* **light-
est-colo(u)red** hell **light cream** *n* (*US*)
Sahne *f*, Obers *m* (*Aus*), Nidel *m* (*Swiss,
mit geringem Fettgehalt*)

lighten[1] ▲ *v/t* erhellen; *colour* aufhellen
Ⓑ *v/i* hell werden; (*mood*) sich heben

lighten[2] *v/t load* leichter machen; **to ~
sb's workload** jdm etwas Arbeit abnehmen

◊**lighten up** v/i (infml) die Dinge leichter nehmen; ~! nimms leicht!
lighter n Feuerzeug nt **lighter fuel** n Feuerzeugbenzin nt
light-fingered adj, comp lighter-fingered, sup lightest-fingered langfingerig **light fitting, light fixture** n (≈ light-bulb holder) Fassung f; (≈ bracket) (Lampen)halterung f **light-headed** adj, comp lighter-headed, sup lightest-headed benebelt (infml) **light-hearted** adj unbeschwert; comedy leicht **light-heartedly** adv unbekümmert; (≈ jokingly) scherzhaft **lighthouse** n Leuchtturm m **lighting** n Beleuchtung f **lightish** adj colour hell **lightly** adv **1** leicht; tread leise; to sleep ~ einen leichten Schlaf haben; to get off ~ glimpflich davonkommen; to touch ~ on a subject ein Thema nur berühren or streifen **2** to speak ~ of sb/sth sich abfällig über jdn/etw äußern; to treat sth too ~ etw nicht ernst genug nehmen; a responsibility not to be ~ undertaken eine Verantwortung, die man nicht unüberlegt auf sich nehmen sollte **light meter** n Belichtungsmesser m **lightness** n Helligkeit f
lightning A n Blitz m; a flash of ~ ein Blitz m; (doing damage) ein Blitzschlag m; struck by ~ vom Blitz getroffen; we had some ~ an hour ago vor einer Stunde hat es geblitzt; like (greased) ~ wie der Blitz **B** attr blitzschnell, Blitz-; ~ strike spontaner Streik; with ~ speed blitzschnell; ~ visit Blitzbesuch m **lightning conductor**, (US) **lightning rod** n Blitzableiter m
light pen n IT Lichtgriffel m **light show** n Lightshow f **light switch** n Lichtschalter m **lightweight A** adj leicht; (fig) schwach **B** n Leichtgewicht nt **light year** n Lichtjahr nt
likable adj = likeable
like¹ **A** adj (≈ similar) ähnlich **B** prep wie; to be ~ sb jdm ähnlich sein; they are very ~ each other sie sind sich (dat) sehr ähnlich; to look ~ sb jdm ähnlich sehen; what's he ~? wie ist er?; he's bought a car - what is it ~? er hat sich ein Auto gekauft - wie sieht es aus?; she was ~ a sister to me sie war wie eine Schwester zu mir; that's just ~ him! das sieht ihm ähnlich!; it's not ~ him es ist nicht seine Art; I never saw anything ~ it so (et)was

habe ich noch nie gesehen; that's more ~ it! so ist es schon besser!; that hat's nothing ~ as nice as this one der Hut ist bei Weitem nicht so hübsch wie dieser; there's nothing ~ a nice cup of tea! es geht nichts über eine schöne Tasse Tee!; is this what you had in mind? — it's something/nothing ~ it hattest du dir so etwas vorgestellt? — ja, so ähnlich/nein, überhaupt nicht; Americans are ~ that so sind die Amerikaner; people ~ that solche Leute; I found one ~ it ich habe ein Ähnliches gefunden; it will cost something ~ £10 es wird so ungefähr £ 10 kosten; that sounds ~ a good idea das hört sich gut an; ~ mad (Br infml), ~ anything (infml) wie verrückt (infml); it wasn't ~ that at all so wars doch gar nicht **C** cj (strictly incorrect) ~ I said wie gesagt **D** n we shall not see his ~ again so etwas wie ihn bekommen wir nicht wieder (infml); and the ~, and such ~ und dergleichen; I've no time for the ~s of him (infml) mit solchen Leuten gebe ich mich nicht ab (infml)
like² **A** v/t **1** person mögen, gernhaben; how do you ~ him? wie gefällt er dir?; I don't ~ him ich kann ihn nicht leiden; he is well ~d here er ist hier sehr beliebt **2** I ~ black shoes ich mag schwarze Schuhe, mir gefallen schwarze Schuhe; I ~ it das gefällt mir; I ~ football (≈ playing) ich spiele gerne Fußball; (≈ watching) ich finde Fußball gut; I ~ dancing ich tanze gern; we ~ it here es gefällt uns hier; that's one of the things I ~ about you das ist eines der Dinge, die ich an dir mag; how do you ~ London? wie gefällt Ihnen London?; how would you ~ to go for a walk? was hältst du von einem Spaziergang? **3** I'd ~ an explanation ich hätte gerne eine Erklärung; I should ~ more time ich würde mir gerne noch etwas Zeit lassen; they would have ~d to come sie wären gern gekommen; I should ~ you to do it ich möchte, dass du es tust; whether he ~s it or not ob es ihm passt oder nicht; I didn't ~ to disturb him ich wollte ihn nicht stören; what would you ~? was hätten or möchten Sie gern?; would you ~ a drink? möchten Sie etwas trinken? **4** (on Facebook®) liken **B** v/i as you ~ wie Sie wollen; if you ~ wenn Sie wollen **C** n (on

L

Facebook®) Like *nt or m* **-like** *adj suf* -ähnlich, -artig **likeable** (*Br*), **likable** *adj* sympathisch, gefreut (*Swiss*)
likelihood *n* Wahrscheinlichkeit *f*; **the ~ is that ...** es ist wahrscheinlich, dass ...; **is there any ~ of him coming?** besteht die Möglichkeit, dass er kommt? **likely** **A** *adj* (+*er*) **1** wahrscheinlich; **he is not ~ to come** es ist unwahrscheinlich, dass er kommt; **they are ~ to refuse** sie werden wahrscheinlich ablehnen; **a ~ story!** (*iron*) das soll mal einer glauben! **2** (*infml* ≈ *suitable*) geeignet; **he is a ~ person for the job** er kommt für die Stelle infrage; **~ candidates** aussichtsreiche Kandidaten **B** *adv* wahrscheinlich; **it's more ~ to be early than late** es wird eher früh als spät werden; **not ~!** (*infml iron infml*) wohl kaum (*infml*)
like-minded *adj* gleich gesinnt; **~ people** Gleichgesinnte *pl* **liken** *v/t* vergleichen (*to* mit) **likeness** *n* Ähnlichkeit *f*; **the painting is a good ~ of him** er ist auf dem Gemälde gut getroffen **likewise** *adv* ebenso; **he did ~** er tat das Gleiche; **have a nice weekend — ~** schönes Wochenende! — danke gleichfalls!
liking *n* **to have a ~ for sb** jdn gernhaben; **she took a ~ to him** er war ihr sympathisch; **to have a ~ for sth** eine Vorliebe für etw haben; **to be to sb's ~** nach jds Geschmack sein
lilac **A** *n* **1** (≈ *plant*) Flieder *m* **2** (≈ *colour*) (Zart)lila *nt* **B** *adj* (zart)lila
Lilo® *n* (*Br*) Luftmatratze *f*
lilt *n* singender Tonfall **lilting** *adj* accent singend; *tune* beschwingt
lily *n* Lilie *f*
limb *n* **1** ANAT Glied *nt*; **~s** *pl* Gliedmaßen *pl*; **to tear sb ~ from ~** jdn in Stücke reißen; **to risk life and ~** Leib und Leben riskieren **2** **to be out on a ~** (*fig*) exponiert sein; **to go out on a ~** (*fig*) sich exponieren ◊**limber up** *v/i* Lockerungsübungen machen
limbo *n* (*fig*) Übergangsstadium *nt*; **our plans are in ~** unsere Pläne sind in der Schwebe; **I'm in a sort of ~** ich hänge in der Luft (*infml*)
lime¹ *n* GEOL Kalk *m*
lime² *n* (BOT ≈ linden, *a.* **lime tree**) Linde (-nbaum *m*) *f*
lime³ *n* (BOT ≈ *citrus fruit*) Limone(lle) *f*
limelight *n* Rampenlicht *nt*; **to be in the**

~ im Licht der Öffentlichkeit stehen
limerick *n* Limerick *m*
limestone *n* Kalkstein *m*
limit **A** *n* **1** Grenze *f*; (≈ *limitation*) Begrenzung *f*; (≈ *speed limit*) Geschwindigkeitsbegrenzung *f*; COMM Limit *nt*; **the city ~s** die Stadtgrenzen *pl*; **a 40-mile ~** eine Vierzigmeilengrenze; **the 50 km/h ~** die Geschwindigkeitsbegrenzung von 50 Stundenkilometern; **is there any ~ on the size?** ist die Größe beschränkt?; **to put a ~ on sth** etw begrenzen; **there is a ~ to what one person can do** ein Mensch kann nur so viel tun und nicht mehr; **off ~s to military personnel** Zutritt für Militär verboten; **over the ~** zu viel; **your baggage is over the ~** Ihr Gepäck hat Übergewicht; **you shouldn't drive, you're over the ~** du solltest dich nicht ans Steuer setzen, du hast zu viel getrunken; **he was three times over the ~** er hatte dreimal so viel Promille wie gesetzlich erlaubt; **50 pages is my ~** 50 Seiten sind mein Limit **2** (*infml*) **that's the ~!** das ist die Höhe (*infml*); **that child is the ~!** dieses Kind ist eine Zumutung! (*infml*) **B** *v/t* begrenzen; *freedom, spending* einschränken; **to ~ sb/sth to sth** jdn/etw auf etw (*acc*) beschränken **limitation** *n* Beschränkung *f*; (*of freedom, spending*) Einschränkung *f*; *damage ~* Schadensbegrenzung *f*; **there is no ~ on exports of coal** es gibt keine Beschränkungen für den Kohleexport; **to have one's/its ~s** seine Grenzen haben **limited** *adj* **1** begrenzt; **this offer is for a ~ period only** dieses Angebot ist (zeitlich) befristet; **this is only true to a ~ extent** dies ist nur in gewissem Maße wahr **2** (*esp Br* COMM) *liability* beschränkt; **ABC Travel Limited** ≈ ABC-Reisen GmbH **limited company** *n* (*esp Br* COMM) ≈ Gesellschaft *f* mit beschränkter Haftung **limited edition** *n* limitierte Auflage **limited liability company** *n* (*esp Br* COMM) = limited company **limitless** *adj* grenzenlos
limo *n* (*infml*) Limousine *f* **limousine** *n* Limousine *f*
limp¹ **A** *n* Hinken *nt*, Hatschen *nt* (*Aus*); **to walk with a ~** hinken, hatschen (*Aus*) **B** *v/i* hinken, hatschen (*Aus*)
limp² *adj* (+*er*) schlapp; *flowers* welk
limpet *n* Napfschnecke *f*; **to stick to sb like a ~** (*infml*) wie eine Klette an jdm

hängen
limply adv schlapp
linchpin n (fig) Stütze f
linden n (a. **linden tree**) Linde f
line¹ **A** n **1** (for washing, fishing) Leine f **2** (on paper etc) Linie f **3** (≈ wrinkle) Falte f **4** (≈ boundary) Grenze f; **the (fine** or **thin) ~ between right and wrong** der (feine) Unterschied zwischen Recht und Unrecht; **to draw a ~ between** (fig) einen Unterschied machen zwischen **5** (≈ row, of people, cars) (side by side) Reihe f; SPORTS Linie f; **in (a) ~** in einer Reihe; **in a straight ~** geradlinig; **a ~ of traffic** eine Autoschlange; **to stand in ~** Schlange stehen; **to be in ~** (buildings etc) geradlinig sein; **to be in ~ (with)** (fig) in Einklang stehen (mit); **to keep sb in ~** (fig) dafür sorgen, dass jd nicht aus der Reihe tanzt; **to bring sth into ~ (with sth)** (fig) etw auf die gleiche Linie (wie etw) bringen; **to fall** or **get into ~** (≈ abreast) sich in Reih und Glied aufstellen; (≈ behind one another) sich in einer Reihe aufstellen; **to be out of ~** nicht geradlinig sein; **to step out of ~** (fig) aus der Reihe tanzen; **he was descended from a long ~ of farmers** er stammte aus einem alten Bauerngeschlecht; **it's the latest in a long ~ of tragedies** es ist die neueste Tragödie in einer ganzen Serie; **to be next in ~** als Nächste(r) an der Reihe sein; **to draw up the battle ~s** or **the ~s of battle** (fig) (Kampf)stellung beziehen; **enemy ~s** feindliche Stellungen pl; **~s of communication** Verbindungswege pl **6** (≈ company, of aircraft etc) Linie f; (≈ shipping company) Reederei f **7** RAIL Strecke f; **~s** pl Gleise pl; **to reach the end of the ~** (fig) am Ende sein **8** TEL Leitung f; **this is a very bad ~** die Verbindung ist sehr schlecht; **to be on the ~ to sb** mit jdm telefonieren; **hold the ~** bleiben Sie am Apparat! **9** (written) Zeile f; **to learn one's ~s** seinen Text auswendig lernen; **to drop sb a ~** jdm ein paar Zeilen schreiben **10** (≈ direction) **~ of attack** (fig) Taktik f; **~ of thought** Denkrichtung f; **to be on the right ~s** (fig) auf dem richtigen Weg sein; **he took the ~ that …** er vertrat den Standpunkt, dass … **11** (≈ field) Branche f; **what's his ~ (of work)?** was macht er beruflich?; **it's all in the ~ of duty** das gehört zu meinen/seinen etc Pflichten **12** (in shop ≈

range) Kollektion f **13** **somewhere along the ~** irgendwann; **all along the ~** (fig) auf der ganzen Linie; **to be along the ~s of …** ungefähr so etwas wie … sein; **something along these ~s** etwas in dieser Art; **I was thinking along the same ~s** ich hatte etwas Ähnliches gedacht; **to put one's life** etc **on the ~** (infml) sein Leben etc riskieren **B** v/t (≈ border) säumen; **the streets were ~d with cheering crowds** eine jubelnde Menge säumte die Straßen; **portraits ~d the walls** an den Wänden hing ein Porträt neben dem andern ◊**line up A** v/i (≈ stand in line) sich aufstellen; (≈ queue) sich anstellen **B** v/t sep **1** prisoners antreten lassen; books in einer Reihe aufstellen **2** entertainment sorgen für; **what have you got lined up for me today?** was haben Sie heute für mich geplant?; **I've lined up a meeting with the directors** ich habe ein Treffen mit den Direktoren arrangiert
line² v/t clothes füttern; pipe auskleiden; **~ the box with paper** den Karton mit Papier auskleiden; **the membranes which ~ the stomach** die Schleimhäute, die den Magen auskleiden; **to ~ one's pockets** (fig) in die eigene Tasche wirtschaften (infml)
lineage n Abstammung f
linear adj linear
lined adj face faltig; paper liniert **line dancing** n Line-Country-Dance m **line drawing** n Zeichnung f **line manager** n Vorgesetzte(r) m/f(m)
linen A n Leinen nt; (≈ sheets etc) Wäsche f **B** adj Leinen- **linen basket** n (esp Br) Wäschekorb m **linen closet**, **linen cupboard** n Wäscheschrank m
line printer n IT Zeilendrucker m
liner n (≈ ship) Liniendampfer m
linesman n, pl -men SPORTS Linienrichter m **line spacing** n Zeilenabstand m **line-up** n SPORTS Aufstellung f; **she picked the thief out of the ~** sie erkannte den Dieb bei der Gegenüberstellung
linger v/i **1** (a. **linger on**) (zurück)bleiben, verweilen (liter); (doubts) zurückbleiben; (scent) sich halten; **many of the guests ~ed in the hall** viele Gäste standen noch im Flur herum; **to ~ over a meal** sich (dat) bei einer Mahlzeit Zeit lassen **2** (≈ delay) sich aufhalten
lingerie n (Damen)unterwäsche f

L

lingering *adj* ausgedehnt; *doubt* zurückbleibend; *kiss* innig

lingo *n* (*infml*) Sprache *f*; (≈ *jargon*) Jargon *m* **linguist** *n* **1** (≈ *speaker of languages*) Sprachkundige(r) *m/f(m)* **2** (≈ *specialist in linguistics*) Linguist(in) *m(f)* **linguistic** *adj* **1** (≈ *of language*) sprachlich; **~ competence** *or* **ability** Sprachfähigkeit *f* **2** (≈ *of linguistics*) linguistisch **linguistics** *n sg* Linguistik *f*

lining *n* **1** (*of clothes etc*) Futter *nt* **2** (*of brake*) (Brems)belag *m* **3** **the ~ of the stomach** die Magenschleimhaut

link **A** *n* **1** (*of chain, fig*) Glied *nt*; (*person*) Verbindungsmann *m*/-frau *f* **2** (≈ *connection*) Verbindung *f*; **a rail ~** eine Bahnverbindung; **cultural ~s** kulturelle Beziehungen *pl*; **the strong ~s between Britain and Australia** die engen Beziehungen zwischen Großbritannien und Australien **3** IT Link *m* **B** *v/t* **1** verbinden; **to ~ arms** sich unterhaken (*with* bei); **do you think these murders are ~ed?** glauben Sie, dass zwischen den Morden eine Verbindung besteht?; **his name has been ~ed with several famous women** sein Name ist mit mehreren berühmten Frauen in Verbindung gebracht worden **2** IT per Link verbinden **C** *v/i* **1** **to ~ (together)** (*parts of story*) sich zusammenfügen lassen; (*parts of machine*) verbunden werden **2** IT **to ~ to a site** einen Link zu einer Website haben ◊**link up A** *v/i* zusammenkommen **B** *v/t sep* miteinander verbinden

link road *n* (*Br*) Verbindungsstraße *f* **linkup** *n* Verbindung *f*

lino (*esp Br*), **linoleum** *n* Linoleum *nt*

linseed *n* Leinsamen *m* **linseed oil** *n* Leinöl *nt*

lintel *n* ARCH Sturz *m*

lion *n* Löwe *m*; **the ~'s share** der Löwenanteil **lioness** *n* Löwin *f*

lip *n* **1** ANAT Lippe *f*; **to keep a stiff upper ~** Haltung bewahren; **to lick one's ~s** sich (*dat*) die Lippen lecken; **the question on everyone's ~s** die Frage, die sich (*dat*) jeder stellt **2** (*of cup*) Rand *m* **3** (*infml* ≈ *cheek*) Frechheit *f*; **none of your ~!** sei nicht so frech **lip gloss** *n* Lipgloss *m*

liposuction *n* Fettabsaugung *f*

lip-read *v/i* von den Lippen ablesen **lip ring** *n* Lippenring *m* **lip salve** *n* Lippen-

pflegestift *m* **lip service** *n* **to pay ~ to an idea** ein Lippenbekenntnis zu einer Idee ablegen **lipstick** *n* Lippenstift *m*

liquefy **A** *v/t* verflüssigen **B** *v/i* sich verflüssigen

liqueur *n* Likör *m*

liquid **A** *adj* flüssig **B** *n* Flüssigkeit *f* **liquidate** *v/t* liquidieren **liquidation** *n* COMM Liquidation *f*; **to go into ~** in Liquidation gehen **liquid-crystal** *adj* **~ display** Flüssigkristallanzeige *f* **liquidize** *v/t* (im Mixer) pürieren **liquidizer** *n* Mixgerät *nt*

liquor *n* (≈ *whisky etc*) Spirituosen *pl*; (≈ *alcohol*) Alkohol *m*

liquorice, **licorice** *n* Lakritze *f*

liquor store *n* (*US*) ≈ Wein- und Spirituosengeschäft *nt*

Lisbon *n* Lissabon *nt*

lisp **A** *n* Lispeln *nt*; **to speak with a ~** lispeln **B** *v/t & v/i* lispeln

list¹ **A** *n* Liste *f*; (≈ *shopping list*) Einkaufszettel *m*; **it's not on the ~** es steht nicht auf der Liste; **~ of names** Namensliste *f*; (*esp in book*) Namensverzeichnis *nt* **B** *v/t* notieren; (*verbally*) aufzählen; **it is not ~ed** es ist nicht aufgeführt

list² NAUT *v/i* Schlagseite haben

listed *adj* (*Br*) *building* unter Denkmalschutz (stehend *attr*); **it's a ~ building** es steht unter Denkmalschutz

listen *v/i* **1** (≈ *hear*) hören (*to sth* etw *acc*); **to ~ to the radio** Radio hören; **if you ~ hard, you can hear the sea** wenn du genau hinhörst, kannst du das Meer hören; **she ~ed carefully to everything he said** sie hörte ihm genau zu; **to ~ for sth** auf etw (*acc*) horchen; **to ~ for sb** horchen *or* hören, ob jd kommt **2** (≈ *heed*) zuhören; **~ to me!** hör mir zu!; **~, I know what we'll do** pass auf, ich weiß, was wir machen; **don't ~ to him** hör nicht auf ihn ◊**listen in** *v/i* mithören (*on sth* etw *acc*); **I'd like to ~ on** *or* **to your discussion** ich möchte mir Ihre Diskussion mit anhören

listener *n* Zuhörer(in) *m(f)*; RADIO Hörer(in) *m(f)*; **to be a good ~** gut zuhören können

listing *n* **1** Verzeichnis *nt* **2** **listings** TV, RADIO, FILM Programm *nt*

listless *adj* lustlos

lit *pret, past part* of **light¹**

litany *n* Litanei *f*

liter *n* (*US*) = litre
literacy *n* Fähigkeit *f* lesen und schreiben zu können; **~ test** Lese- und Schreibtest *m*
literal *adj* **1** *meaning* wörtlich; **in the ~ sense (of the word)** im wörtlichen Sinne **2** **that is the ~ truth** das ist die reine Wahrheit **literally** *adv* **1** (≈ *word for word*) (wort)wörtlich; **to take sb/sth ~** jdn/etw wörtlich nehmen **2** (≈ *really*) buchstäblich; **I was ~ shaking with fear** ich zitterte regelrecht vor Angst
literary *adj* literarisch; **the ~ scene** die Literaturszene **literary critic** *n* Literaturkritiker(in) *m(f)* **literary criticism** *n* Literaturwissenschaft *f* **literate** *adj* **1** **to be ~** lesen und schreiben können **2** (≈ *well-educated*) gebildet
literature *n* Literatur *f*; (*infml* ≈ *brochures etc*) Informationsmaterial *nt*
lithe *adj* (+er) geschmeidig
lithograph *n* Lithografie *f*
Lithuania *n* Litauen *nt*
litigation *n* Prozess *m*
litmus paper *n* Lackmuspapier *nt* **litmus test** *n* (*fig*) entscheidender Test
litre, (*US*) **liter** *n* Liter *m or nt*
litter **A** *n* **1** Abfälle *pl*; (≈ *papers, wrappings*) Papier *nt*; **the park was strewn with ~** der Park war mit Papier und Abfällen übersät **2** ZOOL Wurf *m* **3** (≈ *cat litter*) Katzenstreu *f* **B** *v/t* **to be ~ed with sth** mit etw übersät sein; **glass ~ed the streets** Glasscherben lagen überall auf den Straßen herum **litter bin** *n* (*Br*) Abfalleimer *m*, Mistkübel *m* (*Aus*); (*bigger*) Abfalltonne *f* **litter lout** *n* (*infml*) Umweltverschmutzer(in) *m(f)*, Dreckspatz *m* (*infml*)
little **A** *adj* klein; **a ~ house** ein Häuschen *nt*; **the ~ ones** die Kleinen *pl*; **a nice ~ profit** ein hübscher Gewinn; **he will have his ~ joke** er will auch einmal ein Witzchen machen; **a ~ while ago** vor Kurzem; **in a ~ while** bald **B** *adv, n* **1** wenig; **of ~ importance** von geringer Bedeutung; **~ better than** kaum besser als; **~ more than a month ago** vor kaum einem Monat; **~ did I think that …** ich hätte kaum gedacht, dass …; **~ does he know that …** er hat keine Ahnung, dass …; **as ~ as possible** so wenig wie möglich; **to spend ~ or nothing** so gut wie (gar) nichts ausgeben; **every ~ helps** Kleinvieh macht auch Mist (*prov*); **he had ~ to say** er hatte nicht viel zu sagen; **I see very**

~ of her nowadays ich sehe sie in letzter Zeit sehr selten; **there was ~ we could do** wir konnten nicht viel tun; **~ by ~** nach und nach **2** **a ~** ein wenig, ein bisschen; **a ~ (bit) hot** ein bisschen heiß; **with a ~ effort** mit etwas Anstrengung; **I'll give you a ~ advice** ich gebe dir einen kleinen Tipp; **a ~ after five** kurz nach fünf; **we walked on for a ~** wir liefen noch ein bisschen weiter; **for a ~** für ein Weilchen
liturgy *n* Liturgie *f*
live¹ **A** *v/t* life führen; **to ~ one's own life** sein eigenes Leben leben **B** *v/i* **1** leben; **long ~ Queen Anne!** lang lebe Königin Anne!; **to ~ and let ~** leben und leben lassen; **to ~ like a king** wie Gott in Frankreich leben; **not many people ~ to be a hundred** nicht viele Menschen werden hundert (Jahre alt); **to ~ to a ripe old age** ein hohes Alter erreichen; **his name will ~ for ever** sein Ruhm wird nie vergehen; **his music will ~ for ever** seine Musik ist unvergänglich; **he ~d through two wars** er hat zwei Kriege miterlebt; **to ~ through an experience** eine Erfahrung durchmachen; **you'll ~ to regret it** das wirst du noch bereuen **2** (≈ *reside*) wohnen; (*animals*) leben; **he ~s at 19 Marktstraße** er wohnt in der Marktstraße Nr. 19; **he ~s with his parents** er wohnt bei seinen Eltern; **a house not fit to ~ in** ein unbewohnbares Haus ◊**live down** *v/t sep* **he'll never live it down** das wird man ihm nie vergessen ◊**live in** *v/i* im Haus *etc* wohnen ◊**live off** *v/i +prep obj* **1** **to ~ one's relations** auf Kosten seiner Verwandten leben **2** = live on II ◊**live on** **A** *v/i* (≈ *continue*) weiterleben **B** *v/i +prep obj* **to ~ eggs** sich von Eiern ernähren; **to earn enough to ~** genug verdienen, um davon zu leben ◊**live out** *v/t sep* life verbringen ◊**live together** *v/i* zusammenleben ◊**live up** *v/t always separate* **to live it up** (*infml*) die Puppen tanzen lassen (*infml*) ◊**live up to** *v/i +prep obj* **to ~ expectations** den Vorstellungen entsprechen; **to ~ one's reputation** seinem Ruf gerecht werden; **he's got a lot to ~** in ihn werden große Erwartungen gesetzt
live² **A** *adj* **1** (≈ *alive*) lebend; **a real ~ duke** ein waschechter Herzog **2** shell scharf; ELEC geladen **3** RADIO, TV live; **a ~ programme** (*Br*) *or* **program** (*US*) eine

Livesendung **B** *adv* RADIO, TV live
live-in *adj* cook in Haus wohnend
livelihood *n* Lebensunterhalt *m*; **fishing is their ~** sie verdienen ihren Lebensunterhalt mit Fischfang; **to earn a ~** sich (*dat*) seinen Lebensunterhalt verdienen
liveliness *n* Lebhaftigkeit *f* **lively** *adj* (+*er*) lebhaft; *account, imagination* lebendig; *tune* schwungvoll; **things are getting ~** es geht hoch her (*infml*); **look ~!** mach schnell! **liven up** **A** *v/t sep* beleben **B** *v/i* in Schwung kommen; (*person*) aufleben
liver *n* Leber *f* **liver sausage**, **liverwurst** (*esp US*) *n* Leberwurst *f*
lives *pl* of life
livestock *n* Vieh *nt* **livestream** *n* IT Livestream *m*
livid *adj* (*infml* ≈ *furious*) wütend (*about, at* über +*acc*)
living **A** *adj* lebend; *example* lebendig; **the greatest ~ playwright** der bedeutendste noch lebende Dramatiker; **I have no ~ relatives** ich habe keine Verwandten mehr; **a ~ creature** ein Lebewesen *nt*; **(with)in ~ memory** seit Menschengedenken **B 1 the living** *pl* die Lebenden *pl* **2 healthy ~** gesundes Leben **3** (≈ *livelihood*) Lebensunterhalt *m*; **to earn** or **make a ~** sich (*dat*) seinen Lebensunterhalt verdienen; **what does he do for a ~?** womit verdient er sich (*dat*) seinen Lebensunterhalt?; **to work for one's ~** arbeiten, um sich (*dat*) seinen Lebensunterhalt zu verdienen **living conditions** *pl* Wohnverhältnisse *pl* **living expenses** *pl* Spesen *pl* **living quarters** *pl* Wohnräume *pl*; (*for soldiers, sailors*) Quartier *nt* **living room** *n* Wohnzimmer *nt* **living wage** *n* Existenzminimum *nt*, existenzsichernder Lohn
lizard *n* Eidechse *f*
llama *n* Lama *nt*
load **A** *n* **1** Last *f*; (*on girder etc*) Belastung *f*; (≈ *cargo*) Ladung *f*; (**work**) **~** (Arbeits)pensum *nt*; **I put a ~ in the washing machine** ich habe die Maschine mit Wäsche gefüllt; **that's a ~ off my mind!** da fällt mir ein Stein vom Herzen! **2** (ELEC, *supplied*) Leistung *f*; (*carried*) Spannung *f* **3** (*infml*) **~s of, a ~ of** jede Menge (*infml*); **we have ~s** wir haben jede Menge (*infml*); **it's a ~ of old rubbish** (*Br*) das ist alles Blödsinn (*infml*); **get a ~ of this!** (≈ *listen*) hör dir das mal an!; (≈ *look*) guck

dir das mal an! (*infml*) **B** *v/t* laden; *lorry etc* beladen; **the ship was ~ed with bananas** das Schiff hatte Bananen geladen; **to ~ a camera** einen Film (in einen Fotoapparat) einlegen **C** *v/i* laden ◊**load up** **A** *v/i* aufladen **B** *v/t sep* **1** *lorry* beladen; *goods* aufladen **2** IT laden
loaded *adj* beladen; *dice* präpariert; *gun, software* geladen; **a ~ question** eine Fangfrage; **he's ~** (*infml*) (≈ *rich*) er ist stinkreich (*infml*) **loading bay** *n* Ladeplatz *m*
loaf *n, pl* **loaves** Brot *nt*; (*unsliced*) (Brot)laib *m*; **a ~ of bread** ein (Laib) Brot; **a small white ~** ein kleines Weißbrot ◊**loaf about** (*Brit*) or **around** *v/i* (*infml*) faulenzen
loafer *n* (≈ *shoe*) Halbschuh *m*
loan **A** *n* **1** (≈ *thing lent*) Leihgabe *f*; (*from bank etc*) Darlehen *nt*; **my friend let me have the money as a ~** mein Freund hat mir das Geld geliehen; **he let me have the money as a ~** er hat mir das Geld geliehen **2** **he gave me the ~ of his bicycle** er hat mir sein Fahrrad geliehen; **it's on ~** es ist geliehen; (≈ *out on loan*) es ist ausgeliehen; **to have sth on ~** etw geliehen haben (*from* von) **B** *v/t* leihen (*to sb* jdm) **loan shark** *n* (*infml*) Kredithai *m* (*infml*)
loath, loth *adj* **to be ~ to do sth** etw ungern tun; **he was ~ for us to go** er ließ uns ungern gehen
loathe *v/t* verabscheuen; *spinach, jazz etc* nicht ausstehen können; **I ~ doing it** ich hasse es, das zu tun **loathing** *n* Abscheu *m*
loaves *pl* of loaf
lob **A** *n* TENNIS Lob *m* **B** *v/t ball* lobben; (≈ *throw*) in hohem Bogen werfen; **he ~bed the grenade over the wall** er warf die Granate im hohen Bogen über die Mauer
lobby **A** *n* Eingangshalle *f*; (*of hotel, theatre*) Foyer *nt*; POL Lobby *f* **B** *v/t* **to ~ one's Member of Parliament** auf seinen Abgeordneten Einfluss nehmen **C** *v/i* **the farmers are ~ing for higher subsidies** die Bauernlobby will höhere Subventionen durchsetzen
lobe *n* (ANAT) (*of ear*) Ohrläppchen *nt*
lobster *n* Hummer *m*
local **A** *adj* örtlich; (≈ *in this area*) hiesig; (≈ *in that area*) dortig; **~ radio station** Regionalsender *m*; **~ newspaper** Lokalzei-

tung f; **the ~ residents** die Ortsansässigen; **~ community** Kommune f; **at ~ level** auf lokaler Ebene; **~ train** Nahverkehrszug m; **~ time** Ortszeit f; **go into your ~ branch** gehen Sie zu Ihrer Zweigstelle; **~ anaesthetic** or **anesthetic** (US) örtliche Betäubung **B** n **1** (Br infml ≈ pub) **the ~** das Stammlokal **2** (born in) Einheimische(r) m/f(m); (living in) Einwohner(in) m(f) **local area network** n IT lokales Rechnernetz, LAN nt **local authority** n Kommunalbehörde f

local call n TEL Ortsgespräch nt

local education authority n örtliche Schulbehörde **local government** n Kommunalverwaltung f; **~ elections** Kommunalwahlen pl **locality** n Gegend f **localize** v/t **this custom is very ~d** die Sitte ist auf wenige Orte begrenzt **locally** adv am Ort; **I prefer to shop ~** ich kaufe lieber im Ort ein; **was the well-known ~?** war sie in dieser Gegend sehr bekannt?; **~ grown** in der Region angebaut

lo-carb adj = low-carb

locate v/t **1 to be ~d at** or **in** sich befinden in (+dat); **the hotel is centrally ~d** das Hotel liegt zentral **2** (≈ find) ausfindig machen **location** n **1** (≈ position) Lage f; (of building) Standort m; **this would be an ideal ~ for the airport** das wäre ein ideales Gelände für den Flughafen **2** (≈ positioning, siting) **they discussed the ~ of the proposed airport** sie diskutierten, wo der geplante Flughafen gebaut werden sollte **3** FILM Drehort m; **to be on ~ in Mexico** (person) bei Außenaufnahmen in Mexiko sein; **part of the film was shot on ~ in Mexico** ein Teil der Außenaufnahmen für den Film wurde in Mexiko gedreht

loch n (Scot) See m

lock¹ n (of hair) Locke f

lock² **A** n **1** (on door) Schloss nt; **to put sth under ~ and key** etw wegschließen **2** (≈ canal lock) Schleuse f **B** v/t door etc ab- or zuschließen; **to ~ sb in a room** jdn in einem Zimmer einschließen; **~ed in combat** in Kämpfe verwickelt; **they were ~ed in each other's arms** sie hielten sich fest umschlungen; **this bar ~s the wheel in position** diese Stange hält das Rad fest **C** v/i schließen; (wheel) blockieren ◊**lock away** v/t sep wegschlie-

ßen; person einsperren ◊**lock in** v/t sep einschließen; **to be locked in** eingesperrt sein ◊**lock on** v/i **the missile locks onto its target** das Geschoss richtet sich auf das Ziel ◊**lock out** v/t sep workers aussperren; **I've locked myself out** ich habe mich ausgesperrt ◊**lock up** **A** v/t sep abschließen; person einsperren; **to lock sth up in sth** etw in etw (dat) einschließen **B** v/i abschließen

locker n Schließfach nt; NAUT, MIL Spind m **locker room** n Umkleideraum m

locket n Medaillon nt

lockout n Aussperrung f **locksmith** n Schlosser(in) m(f)

locomotive n Lokomotive f

locum (tenens) n (Br) Vertreter(in) m(f)

locust n Heuschrecke f

lodge **A** n (in grounds) Pförtnerhaus nt; (≈ shooting lodge etc) Hütte f **B** v/t **1** (Br) person unterbringen **2** complaint einlegen (with bei); **to ~ an appeal** Einspruch erheben; JUR Berufung einlegen **3** (≈ insert) **to be ~d** (fest)stecken **C** v/i **1** (Br ≈ live) (zur or in Untermiete) wohnen (with sb, at sb's bei jdm) **2** (object) stecken bleiben **lodger** n Untermieter(in) m(f) **lodging** n **1** Unterkunft f **2** **lodgings** pl ein möbliertes Zimmer

loft n Boden m, Estrich m (Swiss); **in the ~** auf dem Boden **loft conversion** n Dachausbau m

loftily adv hochmütig **lofty** adj (+er) **1** ambitions hochfliegend **2** (≈ haughty) hochmütig

log¹ n Baumstamm m; (for a fire) Scheit nt; **to sleep like a ~** wie ein Stein schlafen

log² **A** n (≈ record) Aufzeichnungen pl; NAUT Logbuch nt; **to keep a ~ of sth** über etw (acc) Buch führen **B** v/t Buch führen über (+acc); NAUT (ins Logbuch) eintragen; **details are ~ged in the computer** Einzelheiten sind im Computer gespeichert ◊**log in** v/i IT einloggen ◊**log off** IT v/i ausloggen ◊**log on** IT v/i einloggen ◊**log out** v/i IT ausloggen

logarithm n Logarithmus m

logbook n NAUT Logbuch nt; AVIAT Bordbuch nt; (of lorries) Fahrtenbuch nt **log cabin** n Blockhaus nt

loggerheads pl **to be at ~ (with sb)** (esp Br) sich (dat) (mit jdm) in den Haaren liegen (infml)

logic n Logik f; **there's no ~ in that** das

ist völlig unlogisch **logical** adj logisch
logistic adj logistisch **logistics** n sg Logistik f
logo n Logo nt
loiter v/i herumlungern
loll v/i **1** sich lümmeln **2** (head) hängen; (tongue) heraushängen ◊**loll about** (Brit) or **around** v/i herumlümmeln
lollipop n Lutscher m **lollipop lady** n (Br infml) ≈ Schülerlotsin f **lollipop man** n (Br infml) ≈ Schülerlotse m **lolly** n (esp Br infml ≈ lollipop) Lutscher m; **an ice ~** ein Eis nt am Stiel
London **A** n London nt **B** adj Londoner **Londoner** n Londoner(in) m(f)
lone adj (≈ single) einzeln; (≈ isolated) einsam; **~ parent** Alleinerziehende(r) m/f(m); **~ parent family** Einelternfamilie f **loneliness** n Einsamkeit f
lonely adj (+er) einsam; **~ hearts column** Kontaktanzeigen pl; **~ hearts club** Singletreff m **loner** n Einzelgänger(in) m(f)
lonesome adj (esp US) einsam
long[1] **A** adj (+er) lang; journey weit; **it is 6 feet ~** es ist 6 Fuß lang; **to pull a ~ face** ein langes Gesicht machen; **it's a ~ way** das ist weit; **a ~ memory** ein gutes Gedächtnis; **it's a ~ time since I saw her** ich habe sie schon lange nicht mehr gesehen; **he's been here (for) a ~ time** er ist schon lange hier; **she was abroad for a ~ time** sie war (eine) lange Zeit im Ausland; **to take a ~ look at sth** etw lange or ausgiebig betrachten; **how ~ is the film?** wie lange dauert der Film? **B** adv lang(e); **don't be ~!** beeil dich!; **don't be too ~ about it** lass dir nicht zu viel Zeit; **I shan't be ~** (in finishing) ich bin gleich fertig; (in returning) ich bin gleich wieder da; **all night ~** die ganze Nacht; **~ ago** vor langer Zeit; **not ~ ago** vor Kurzem; **not ~ before I met you** kurz bevor ich dich kennenlernte; **as ~ as, so ~ as** (≈ provided that) solange; **I can't wait any ~er** ich kann nicht mehr länger warten; **if that noise goes on any ~er** wenn der Lärm weitergeht; **no ~er** (≈ not any more) nicht mehr; **so ~!** (infml) tschüs(s)! (infml), servus! (Aus) **C** n before **~** bald; **are you going for ~?** werden Sie länger weg sein?; **it won't take ~** das dauert nicht lange; **I won't take ~** ich brauche nicht lange (dazu)
long[2] v/i sich sehnen (for nach); **he ~ed**

for his wife to return er wartete sehnsüchtig auf die Rückkehr seiner Frau; **he is ~ing for me to make a mistake** er möchte zu gern, dass ich einen Fehler mache; **I am ~ing to go abroad** ich brenne darauf, ins Ausland zu gehen; **I'm ~ing to see that film** ich will den Film unbedingt sehen
long-distance **A** adj **~ call** Ferngespräch nt; **~ lorry driver** (Br) Fernfahrer(in) m(f); **~ flight** Langstreckenflug m; **~ runner** Langstreckenläufer(in) m(f); **~ journey** Fernreise f **B** adv **to call ~** ein Ferngespräch führen **long division** n schriftliche Division **long-drawn-out** adj speech langatmig; process langwierig
longed-for adj ersehnt
long-grain adj **~ rice** Langkornreis m **long-haired** adj langhaarig **longhand** adv in Langschrift **long-haul** adj **~ truck driver** Fernfahrer(in) m(f)
longing **A** adj sehnsüchtig **B** n Sehnsucht f (for nach) **longingly** adv sehnsüchtig
longish adj ziemlich lang
longitude n Länge f
long johns pl (infml) lange Unterhosen pl **long jump** n Weitsprung m **long-life** adj battery etc mit langer Lebensdauer **long-life milk** n H-Milch f **long-lived** adj langlebig; success dauerhaft **long-lost** adj person verloren geglaubt **long-playing** adj **~ record** Langspielplatte f **long-range** adj gun mit hoher Reichweite; forecast langfristig; **~ missile** Langstreckenrakete f **long-running** adj series lange laufend; feud lange andauernd **longshoreman** n (US) Hafenarbeiter m **long shot** n (infml) **it's a ~, but ...** es ist gewagt, aber ...; **not by a ~** bei Weitem nicht **long-sighted** adj weitsichtig **long-standing** adj alt; friendship langjährig **long-stay** adj (Br) car park Dauer- **long-suffering** adj schwer geprüft **long term** n **in the ~** langfristig gesehen **long-term** adj langfristig; **~ memory** Langzeitgedächtnis nt; **the ~ unemployed** die Langzeitarbeitslosen pl **long vacation** n UNIV (Sommer)semesterferien pl; SCHOOL große Ferien pl **long wave** n Langwelle f **long-winded** adj umständlich; speech langatmig
loo n (Br infml) Klo nt (infml), Häus(e)l nt (Aus); **to go to the ~** aufs Klo gehen

(infml); **in the ~** auf dem Klo *(infml)*
look **A** *n* **1** (≈ *glance*) Blick *m*; **she gave
me a dirty ~** sie warf mir einen vernichtenden Blick zu; **she gave me a ~ of disbelief** sie sah mich ungläubig an; **to have**
or **take a ~ at sth** sich *(dat)* etw ansehen;
can I have a ~? darf ich mal sehen?; **to
take a good ~ at sth** sich *(dat)* etw genau
ansehen; **to have a ~ for sth** sich nach
etw umsehen; **to have a ~ (a)round** sich
umsehen; **shall we have a ~ (a)round the
town?** sollen wir uns *(dat)* die Stadt ansehen? **2** (≈ *appearance*) Aussehen *nt*; **there
was a ~ of despair in his eyes** ein verzweifelter Blick war in seinen Augen; **I
don't like the ~ of him** er gefällt mir
gar nicht; **by the ~ of him** so, wie er aussieht **3** **looks** *pl* Aussehen *nt*; **good ~s**
gutes Aussehen **B** *v/t* **he ~s his age**
man sieht ihm sein Alter an; **he's not
~ing himself these days** er sieht in letzter Zeit ganz verändert aus; **I want to ~
my best tonight** ich möchte heute Abend
besonders gut aussehen; **~ what you've
done!** sieh dir mal an, was du da angestellt hast!; **~ where you're going!** pass
auf, wo du hintrittst!; **~ who's here!** guck
mal, wer da ist! *(infml)* **C** *v/i* **1** (≈ *see*) gucken *(infml)*; **to ~ (a)round** sich umsehen;
to ~ carefully genau hinsehen; **to ~ and
see** nachsehen; **~ here!** hör (mal) zu!; **~, I
know you're tired, but ...** ich weiß ja,
dass du müde bist, aber ...; **~, there's a
better solution** da gibt es doch eine bessere Lösung; **~ before you leap** *(prov)* erst
wägen, dann wagen *(prov)* **2** (≈ *search*) suchen **3** (≈ *seem*) aussehen; **it ~s all right
to me** es scheint mir in Ordnung zu sein;
how does it ~ to you? was meinst du dazu?; **the car ~s about 10 years old** das
Auto sieht so aus, als ob es 10 Jahre alt
wäre; **to ~ like** aussehen wie; **the picture
doesn't ~ like him** das Bild sieht ihm
nicht ähnlich; **it ~s like rain** es sieht nach
Regen aus; **it ~s as if we'll be late** es
sieht (so) aus, als würden wir zu spät
kommen ◊**look after** *v/i +prep obj* **1** sich
kümmern um; **to ~ oneself** auf sich *(acc)*
aufpassen **2** *(temporarily)* sehen nach;
children aufpassen auf (+*acc*) ◊**look
ahead** *v/i (fig)* vorausschauen ◊**look
around** *v/i* sich umsehen *(for sth* nach
etw) ◊**look at** *v/i +prep obj* **1** (≈ *observe*)
ansehen; **~ him!** sieh dir den an!; **~ the**

time so spät ist es schon; **he looked at
his watch** er sah auf die Uhr **2** (≈ *examine*) sich *(dat)* ansehen **3** (≈ *view*) betrachten **4** *possibilities* sich *(dat)* überlegen
◊**look away** *v/i* wegsehen ◊**look back**
v/i sich umsehen; *(fig)* zurückblicken *(on
sth, to sth* auf etw *acc)*; **he's never looked
back** *(fig infml)* es ist ständig mit ihm
bergauf gegangen ◊**look down** *v/i* hinuntersehen ◊**look down on** *v/i +prep
obj* herabsehen auf (+*acc*) ◊**look for** *v/i
+prep obj* suchen; **he's looking for trouble**
er wird sich *(dat)* Ärger einhandeln; *(actively)* er sucht Streit ◊**look forward
to** *v/i +prep obj* sich freuen auf (+*acc*)
◊**look in** *v/i* (≈ *visit*) vorbeikommen *(on
sb* bei jdm) ◊**look into** *v/i +prep obj* **1**
to ~ sb's face jdm ins Gesicht sehen; **to
~ the future** in die Zukunft sehen *or* blicken **2** (≈ *investigate*) untersuchen; *matter*
prüfen ◊**look on** *v/i* **1** zusehen **2 to
~to** *(window)* (hinaus)gehen auf (+*acc*);
(building) liegen an (+*dat*) **3** *+prep obj* (*a.*
look upon) betrachten ◊**look out** *v/i*
1 *(of window etc)* hinaussehen; **to ~ (of)
the window** zum Fenster hinaussehen **2**
(≈ *take care*) aufpassen; **~!** Vorsicht!
◊**look out for** *v/i +prep obj* **1** (≈ *try to
find*) Ausschau halten nach **2** **~ pickpockets** nimm dich vor Taschendieben
in Acht ◊**look over** *v/t sep notes* durchsehen ◊**look round** *v/i (esp Br)* = **look
around** ◊**look through** **A** *v/i +prep
obj* **he looked through the window** er
sah zum Fenster herein/hinaus **B** *v/t sep*
(≈ *examine*) durchsehen; (≈ *read*) durchlesen ◊**look to** *v/i +prep obj* **1** (≈ *rely on*)
sich verlassen auf (+*acc*); **they looked to
him to solve the problem** sie verließen
sich darauf, dass er das Problem lösen
würde; **we ~ you for support** wir rechnen auf Ihre *or* mit Ihrer Hilfe **2 to ~
the future** in die Zukunft blicken ◊**look
toward(s)** *v/i +prep obj* blicken auf
(+*acc*); *(room)* liegen *or* hinausgehen nach
◊**look up** **A** *v/i* **1** *(lit)* aufblicken **2** (≈
improve) besser werden; **things are looking up** es geht bergauf **B** *v/t sep* **1** (≈ *visit*)
to look sb up bei jdm vorbeischauen **2**
word nachschlagen; *phone number* heraussuchen ◊**look upon** *v/i +prep obj* = **look
on** ◊**look up to** *v/i +prep obj* **to ~ sb** zu
jdm aufsehen

lookalike *n* Doppelgänger(in) *m(f)*; **a Ru-**

pert Murdoch ~ ein Doppelgänger von Rupert Murdoch **look-in** n (infml) Chance f **lookout** n **1** ~ **tower** Beobachtungssturm m **2** (MIL ≈ person) Wachtposten m **3** **to be on the** ~ **for, to keep a** ~ **for** = look out for

loom[1] n Webstuhl m

loom[2] v/i (a. **loom ahead** or **up**) sich abzeichnen; (exams) bedrohlich näher rücken; **to** ~ **up out of the mist** bedrohlich aus dem Nebel auftauchen; **to** ~ **large** eine große Rolle spielen

loony (infml) **A** adj (+er) bekloppt (infml) **B** n Verrückte(r) m/f(m) (infml) **loony bin** n (infml) Klapsmühle f (infml)

loop A n **1** Schlaufe f; (of wire) Schlinge f **2** AVIAT **to** ~ **the** ~ einen Looping machen **3** IT Schleife f **B** v/t rope etc schlingen **loophole** n (fig) Hintertürchen nt; **a** ~ **in the law** eine Lücke im Gesetz

loose A adj (+er) **1** lose; morals, arrangement locker; dress weit; tooth, screw, translation frei; **a** ~ **connection** ELEC ein Wackelkontakt m; **to come** ~ (screw etc) sich lockern; (cover etc) sich (los)lösen; (button) abgehen; ~ **talk** leichtfertiges Gerede **2** **to break** or **get** ~ (person, animal) sich losreißen (from von); (≈ break out) ausbrechen; **to turn** ~ animal frei herumlaufen lassen; prisoner freilassen; **to be at a** ~ **end** (fig) nichts mit sich anzufangen wissen; **to tie up the** ~ **ends** (fig) ein paar offene Probleme lösen **B** n (infml) **to be on the** ~ frei herumlaufen **C** v/t **1** (≈ untie) losmachen **2** (≈ slacken) lockern **loose change** n Kleingeld nt **loose-fitting** adj weit **loose-leaf** n ~ **binder** Ringbuch nt; ~ **pad** Ringbucheinlage f **loosely** adv **1** lose, locker **2** ~ **based on Shakespeare** frei nach Shakespeare

loosen A v/t **1** lösen **2** (≈ slacken) lockern; belt weiter machen; collar aufmachen; **to** ~ **one's grip on sth** (lit) seinen Griff um etw lockern; (fig) on the party, on power etw nicht mehr so fest im Griff haben **B** v/i sich lockern ◊**loosen up A** v/t sep muscles lockern; soil auflockern **B** v/i (muscles) locker werden; (athlete) sich (auf)lockern

loot A n Beute f **B** v/t & v/i plündern **looter** n Plünderer m

lop v/t (a. **lop off**) abhacken

lopsided adj schief

lord A n **1** (≈ master) Herr m **2** (Br ≈ no-

bleman) Lord m; **the (House of) Lords** das Oberhaus **3** REL **Lord** Herr m; **the Lord (our) God** Gott, der Herr; **(good) Lord!** (infml) ach, du lieber Himmel! (infml); **Lord knows** (infml) wer weiß **B** v/t **to** ~ **it over sb** jdn herumkommandieren **Lord Chancellor** n (Br) Lordkanzler m **Lord Mayor** n (Br) ≈ Oberbürgermeister m **Lordship** n **His/Your** ~ Seine/Eure Lordschaft **Lord's Prayer** n REL **the** ~ das Vaterunser

lore n Überlieferungen pl

Lorraine n GEOG Lothringen nt

lorry n (Br) Last(kraft)wagen m, Lkw m **lorry driver** n (Br) Lkw-Fahrer(in) m(f)

lose pret, past part lost **A** v/t **1** verlieren; pursuer abschütteln; **to** ~ **one's job** die Stelle verlieren; **many men** ~ **their hair** vielen Männern gehen die Haare aus; **to** ~ **one's way** (lit) sich verirren; (fig) die Richtung verlieren; **that mistake lost him the game** dieser Fehler kostete ihn den Sieg; **she lost her brother in the war** sie hat ihren Bruder im Krieg verloren; **he lost the use of his legs in the accident** seit dem Unfall kann er seine Beine nicht mehr bewegen; **to** ~ **no time in doing sth** etw sofort tun; **my watch lost three hours** meine Uhr ist drei Stunden nachgegangen **2** opportunity verpassen **3** **to be lost** (things) verschwunden sein; (people) sich verlaufen haben; **I can't follow the reasoning, I'm lost** ich kann der Argumentation nicht folgen, ich verstehe nichts mehr; **he was soon lost in the crowd** er hatte sich bald in der Menge verloren; **to be lost at sea** auf See geblieben sein; **all is (not) lost!** (noch ist nicht) alles verloren!; **to get lost** sich verirren; (boxes etc) verloren gehen; **get lost!** (infml) verschwinde! (infml); **to give sth up for lost** etw abschreiben; **I'm lost without my watch** ohne meine Uhr bin ich verloren or aufgeschmissen (infml); **classical music is lost on him** er hat keinen Sinn für klassische Musik; **the joke was lost on her** der Witz kam bei ihr nicht an; **to be lost for words** sprachlos sein; **to be lost in thought** in Gedanken versunken sein **B** v/i verlieren; (watch) nachgehen; **you can't** ~ du kannst nichts verlieren ◊**lose out** v/i (infml) schlecht wegkommen (infml); **to** ~ **to sb/sth** von jdm/ etw verdrängt werden

loser *n* Verlierer(in) *m(f)*; **what a ~!** (*infml*) was für eine Null! (*infml*) **losing** *adj* **the ~ team** die unterlegene Mannschaft; **to fight a ~ battle** einen aussichtslosen Kampf führen; **to be on the ~ side** verlieren

loss *n* ◼ Verlust *m*; **hair ~** Haarausfall *m*; **weight ~** Gewichtsverlust *m*; **memory ~** Gedächtnisverlust *m*; **the factory closed with the ~ of 300 jobs** bei der Schließung der Fabrik gingen 300 Stellen verloren; **he felt her ~ very deeply** ihr Tod war ein schwerer Verlust für ihn; **there was a heavy ~ of life** viele kamen ums Leben; **job ~es** Stellenkürzungen *pl*; **his business is running at a ~** er arbeitet mit Verlust; **to sell sth at a ~** etw mit Verlust verkaufen; **it's your ~** es ist deine Sache; **a dead ~** (*Br infml*) ein böser Reinfall (*infml*); (≈ *person*) ein hoffnungsloser Fall (*infml*); **to cut one's ~es** (*fig*) Schluss machen, ehe der Schaden (noch) größer wird ◼ **to be at a ~** nicht mehr weiterwissen; **we are at a ~ for what to do** wir wissen nicht mehr aus noch ein; **to be at a ~ to explain sth** etw nicht erklären können; **to be at a ~ for words** nicht wissen, was man sagen soll

lost ◼ *pret, past part* of **lose** ◼ *adj attr* verloren; *cause* aussichtslos; *person* vermisst, abgängig (*esp Aus*) dünn entlaufen; *glasses etc* verlegt **lost-and-found (department)** *n* (*US*) Fundbüro *nt* **lost property** *n* (*Br*) ◼ (≈ *items*) Fundstücke *pl* ◼ = **lost property office lost property office** *n* (*Br*) Fundbüro *nt*

lot¹ *n* ◼ **to draw ~s** losen, Lose ziehen; **they drew ~s to see who would begin** sie losten aus, wer anfangen sollte ◼ (≈ *destiny, at auction*) Los *nt*; **to throw in one's ~ with sb** sich mit jdm zusammentun; **to improve one's ~** seine Lage verbessern ◼ (≈ *plot*) Parzelle *f*; **building ~** Bauplatz *m*; **parking ~** (*US*) Parkplatz *m* ◼ (*esp Br*) **where shall I put this ~?** wo soll ich das Zeug hintun? (*infml*); **can you carry that by yourself?** kannst du das (alles) alleine tragen?; **divide the books up into three ~s** teile die Bücher in drei Stapel ein; **he is a bad ~** (*infml*) er taugt nichts ◼ (*esp Br infml* ≈ *group*) Haufen *m*; **are you ~ coming to the pub?** kommt ihr (alle) in die Kneipe? ◼ **the ~** (*infml*) alle; alles; **that's the ~**

das ist alles

lot² *n, adv* **a ~, ~s** viel; **a ~ of** viel; **a ~ of money** eine Menge Geld; **a ~ of books, ~s of books** viele Bücher; **such a ~** so viel; **what a ~!** was für eine Menge!; **such a ~ of books** so viele Bücher; **~s and ~s of mistakes** eine Unmenge Fehler; **we see a ~ of John** wir sehen John sehr oft; **things have changed a ~** es hat sich Vieles geändert; **I like him a ~** ich mag ihn sehr; **I feel ~s** or **a ~ better** es geht mir sehr viel besser

lotion *n* Lotion *f*

lottery *n* Lotterie *f*

loud ◼ *adj* (+*er*) ◼ laut; *protest* lautstark ◼ *tie* knallbunt ◼ *adv* laut; **~ and clear** laut und deutlich; **to say sth out ~** etw laut sagen **loud-hailer** *n* Megafon *nt* **loudly** *adv* laut; *criticize* lautstark **loudmouth** *n* (*infml*) Großmaul *nt* (*infml*) **loudness** *n* Lautstärke *f* **loudspeaker** *n* Lautsprecher *m*

lounge ◼ *n* (*in house*) Wohnzimmer *nt*; (*in hotel*) Gesellschaftsraum *m*; (*at airport*) Warteraum *m* ◼ *v/i* faulenzen; **to ~ about** (*Br*) or **around** herumliegen/-sitzen; **to ~ against a wall** sich lässig gegen eine Mauer lehnen **lounge bar** *n* Salon *m* (*vornehmerer Teil einer Gaststätte*)

louse *n, pl* **lice** ZOOL Laus *f* **lousy** *adj* (*infml*) mies (*infml*); *trick etc* fies (*infml*); **I'm ~ at arithmetic** in Mathe bin ich miserabel (*infml*); **he is a ~ golfer** er spielt miserabel Golf (*infml*); **to feel ~** sich mies fühlen (*infml*); **a ~ £3** lausige drei Pfund (*infml*)

lout *n* Rüpel *m* **loutish** *adj* rüpelhaft

louvre, (*US*) **louver** *n* Jalousie *f*

lovable, **loveable** *adj* liebenswert

love ◼ *n* ◼ Liebe *f*; **to have a ~ for** or **of sth** etw sehr lieben; **~ of learning** Freude *f* am Lernen; **~ of adventure** Abenteuerlust *f*; **~ of books** Liebe *f* zu Büchern; **for the ~ of** aus Liebe zu; **to be in ~ (with sb)** (in jdn) verliebt sein; **to fall in ~ (with sb)** sich (in jdn) verlieben; **to make ~ to sb** mit jdm schlafen; **to make ~ to sb** mit jdm schlafen; **yes, (my) ~** ja, Liebling; **the ~ of my life** die große Liebe meines Lebens ◼ (≈ *greetings*) **with all my ~** mit herzlichen Grüßen; **~ from Anna** herzliche Grüße von Anna; **give him my ~** grüß ihn von mir; **he sends his ~** er lässt grüßen ◼ (*infml: form of ad-*

dress) mein Lieber/meine Liebe **4** TENNIS null **B** *v/t* lieben; (≈ *like*) gern mögen; **they ~ each other** sie lieben sich; **I ~ tennis** ich mag Tennis sehr gern; **I'd ~ a cup of tea** ich hätte (liebend) gern(e) eine Tasse Tee; **I'd ~ to come** ich würde sehr gern kommen; **we'd ~ you to come** wir würden uns sehr freuen, wenn du kommen würdest; **I ~ the way she smiles** ich mag es, wie sie lächelt **C** *v/i* lieben **loveable** *adj* = lovable **love affair** *n* Verhältnis *nt*; **they have a ~** zwischen ihnen besteht eine Hassliebe **loveless** *adj* marriage ohne Liebe **love letter** *n* Liebesbrief *m* **love life** *n* Liebesleben *nt* **lovely** *adj* (+er) (≈ *beautiful*) wunderschön; *baby* niedlich; (≈ *likeable*) liebenswürdig; *smile* gewinnend; **that dress looks ~ on you** dieses Kleid steht dir sehr gut; **we had a ~ time** es war sehr schön; **it's ~ and warm** es ist schön warm; **have a ~ holiday** (*esp Br*) or **vacation** (*US*)! schöne Ferien!; **it's been ~ to see you** es war schön, dich zu sehen **lovemaking** *n* (*sexual*) Liebe *f* **lover** *n* **1** Liebhaber(in) *m(f)*; **the ~s** das Liebespaar **2** **a ~ of books** ein(e) Bücherfreund(in) *m(f)*; **a ~ of good food** ein(e) Liebhaber(in) *m(f)* von gutem Essen; **music~** Musikliebhaber(in) *m(f)* or -freund(in) *m(f)* **lovesick** *adj* liebeskrank; **to be ~** Liebeskummer *m* haben **love song** *n* Liebeslied *nt* **love story** *n* Liebesgeschichte *f* **loving** *adj* liebend; *relationship* liebevoll; **your ~ son …** in Liebe Euer Sohn … **lovingly** *adv* liebevoll

low **A** *adj* (+er) niedrig; *bow, note* tief; *density, quality* gering; *food supplies* knapp; **the sun was ~ in the sky** die Sonne stand tief am Himmel; **the river is ~** der Fluss führt wenig Wasser; **a ridge of ~ pressure** ein Tiefdruckkeil *m*; **to speak in a ~ voice** leise sprechen; **how ~ can you get!** wie kann man nur so tief sinken!; **to feel ~** niedergeschlagen sein **B** *adv* aim nach unten; *speak* leise; *fly, bow* tief; **he's been laid ~ with the flu** (*Br*) er liegt mit Grippe im Bett; **to run** or **get ~** knapp werden; **we are getting ~ on petrol** (*Br*) or **gas** (*US*) uns (*dat*) geht das Benzin aus **C** *n* (METEO, *fig*) Tief *nt*; **to reach a new ~** einen neuen Tiefstand erreichen **low-alcohol**

adj alkoholarm **lowbrow** *adj* (geistig) anspruchslos **low-cal** *adj* (*infml*), **low-calorie** *adj* kalorienarm **low-carb** *adj* (*infml*) kohlenhydratarm **low-cost** *adj* preiswert **Low Countries** *pl* **the ~** die Niederlande *pl* **low-cut** *adj* dress tief ausgeschnitten **lowdown** *n* (*infml*) Informationen *pl*; **what's the ~ on Kowalski?** was wissen or haben (*infml*) wir über Kowalski?; **he gave me the ~ on it** er hat mich darüber aufgeklärt **low-emission** *adj* car schadstoffarm, abgasarm

lower **A** *adj* **1** (*in height*) niedriger; *part, limb* untere(r, s); *note* tiefer; GEOG Nieder-; **the Lower Rhine** der Niederrhein; **~ leg** Unterschenkel *m*; **the ~ of the two holes** das untere der beiden Löcher; **the ~ deck** (*of bus*) das untere Deck; (*of ship*) das Unterdeck **2** *rank, level, animals* niedere(r, s); **the ~ classes** SOCIOL die unteren Schichten; **a ~ middle-class family** eine Familie aus der unteren Mittelschicht; **the ~ school** die unteren Klassen **B** *adv* tiefer; **~ down the mountain** weiter unten am Berg; **~ down the list** weiter unten auf der Liste **C** *v/t* **1** *boat, load* herunterlassen; *eyes, gun* senken; *flag* einholen; **he ~ed himself into an armchair** er ließ sich in einen Sessel nieder **2** *pressure, risk* verringern; *price, temperature* senken; **~ your voice** sprich leiser; **to ~ oneself** sich hinunterlassen **lower case** **A** *n* Kleinbuchstaben *pl* **B** *adj* klein **Lower Chamber** *n* Unterhaus *nt* **lower-class** *adj* der Unterschicht **lower-income** *adj* mit niedrigem Einkommen **lower sixth (form)** *n* (*Br* SCHOOL) vorletztes Schuljahr **low-fat** *adj* milk, cheese fettarm, Mager- **low-flying** *adj* ~ **plane** Tiefflieger *m* **low-heeled** *adj* mit flachem Absatz **low-income** *adj* einkommensschwach **low-key** *adj* approach gelassen; *reception* reserviert **lowland** **A** *n* **the Lowlands of Scotland** das schottische Tiefland; **the ~s of Central Europe** die Tiefebenen *pl* Mitteleuropas **B** *adj* des Flachlands; (*of Scotland*) des Tieflands **low-level** *adj* radiation niedrig **lowlife** *n* niederes Milieu **lowly** *adj* (+er) bescheiden **low-lying** *adj* tief gelegen **low-necked** *adj* tief ausgeschnitten **low-pitched** *adj* tief **low-profile** *adj* wenig profiliert **low-rise** *attr* niedrig (gebaut) **low season** *n* Nebensaison *f* **low-tar**

adj teerarm **low-tech** *adj* nicht mit Hightech ausgestattet; **it's pretty ~** es ist nicht gerade hightech
low tide, low water *n* Niedrigwasser *nt*; **at ~** bei Niedrigwasser **low-wage** *adj attr* Niedriglohn-
loyal *adj* (+er) **1** treu; **he was very ~ to his friends** er hielt (treu) zu seinen Freunden; **he remained ~ to his wife/the king** er blieb seiner Frau/dem König treu **2** (*to party etc*) loyal (*to* gegenüber) **loyalist** **A** *n* Loyalist(in) *m(f)* **B** *adj* loyal; *troops* regierungstreu **loyally** *adv* **1** treu **2** (≈ *without emotional involvement*) loyal **loyalty** *n* **1** Treue *f* **2** (*to party etc*) Loyalität *f* **loyalty card** *n* (*Br* COMM) Paybackkarte *f*
lozenge *n* **1** MED Pastille *f* **2** (≈ *shape*) Raute *f*
LP *abbr of* long player, long-playing record LP *f*
LPG *abbr of* liquefied petroleum gas Autogas *nt*
L-plate *n* Schild mit der Aufschrift „L" (*für Fahrschüler*)
LSD *abbr of* lysergic acid diethylamide LSD *nt*
Ltd *abbr of* Limited GmbH
lubricant *n* Schmiermittel *nt* **lubricate** *v/t* schmieren
lucid *adj* (+er) **1** klar **2** (≈ *sane*) **he was ~ for a few minutes** ein paar Minuten lang war er bei klarem Verstand **lucidly** *adv* klar; *explain* einleuchtend; *write* verständlich
luck *n* Glück *nt*; **by ~** durch einen glücklichen Zufall; **bad ~** Pech *nt*; **bad ~!** so ein Pech!; **good ~** Glück *nt*; **good ~!** viel Glück!; **no such ~!** schön wärs! (*infml*); **just my ~!** Pech (gehabt), wie immer!; **with any ~** mit etwas Glück; **any ~?** (≈ *did it work?*) hats geklappt?; (≈ *did you find it?*) hast du es gefunden?; **worse ~!** wie schade; **to be in ~** Glück haben; **to be out of ~** kein Glück haben; **he was a bit down on his ~** er hatte eine Pechsträhne; **to bring sb good/bad ~** jdm Glück/Unglück bringen; **as ~ would have it** wie es der Zufall wollte; **Bernstein kisses his cuff links for ~** Bernstein küsst seine Manschettenknöpfe, damit sie ihm Glück bringen; **to try one's ~** sein Glück versuchen **luckily** *adv* glücklicherweise; **~ for me** zu meinem Glück
lucky *adj* (+er) Glücks-; *coincidence, winner* glücklich; **you ~ thing!, ~ you!** du Glückliche(r) *m/f(m)*; **the ~ winner** der glückliche Gewinner, die glückliche Gewinnerin; **to be ~** Glück haben; **I was ~ enough to meet him** ich hatte das (große) Glück, ihn kennenzulernen; **you are ~ to be alive** du kannst von Glück sagen, dass du noch lebst; **you were ~ to catch him** du hast Glück gehabt, dass du ihn erwischt hast; **you'll be ~ to make it in time** wenn du das noch schaffst, hast du (aber) Glück; **I want another £500 — you'll be ~!** ich will noch mal £ 500 haben — viel Glück!; **to be ~ that ...** Glück haben, dass ...; **~ charm** Glücksbringer *m*; **it must be my ~ day** ich habe wohl heute meinen Glückstag; **to be ~** (*number etc*) Glück bringen; **it was ~ I stopped him** ein Glück, dass ich ihn aufgehalten habe; **that was a ~ escape** da habe ich/hast du *etc* noch mal Glück gehabt **lucky dip** *n* ≈ Glückstopf *m*
lucrative *adj* lukrativ
ludicrous *adj* lächerlich; *idea, prices* haarsträubend **ludicrously** *adv* grotesk; *small* lächerlich; *high* haarsträubend; **~ expensive** absurd teuer
lug *v/t* schleppen
luggage *n* Gepäck *nt* **luggage allowance** *n* AVIAT Freigepäck *nt* **luggage drop-off** *n* Gepäckabgabe *f* **luggage label** *n* Gepäckanhänger *m* **luggage locker** *n* Gepäckschließfach *nt* **luggage rack** *n* RAIL *etc* Gepäckablage *f* **luggage scales** *pl* Gepäckwaage *f* **luggage space** *n* Gepäckraum *m* **luggage tag** *n* Gepäckanhänger *m* **luggage trolley** *n* Kofferkuli *m* **luggage van** *n* (*Br* RAIL) Gepäckwagen *m*
lukewarm *adj* lauwarm; **he's ~ about** *or* **on the idea/about her** er ist von der Idee/von ihr nur mäßig begeistert
lull **A** *n* Pause *f*; **a ~ in the fighting** eine Gefechtspause **B** *v/t* **to ~ a baby to sleep** ein Baby in den Schlaf wiegen; **he ~ed them into a false sense of security** er wiegte sie in trügerische Sicherheit
lullaby *n* Schlaflied *nt*
lumbago *n* Hexenschuss *m*
lumber[1] **A** *n* (*esp US*) (Bau)holz *nt* **B** *v/t* (*Br infml*) **to ~ sb with sth** jdm etw aufhalsen (*infml*); **I got ~ed with her for the evening** ich hatte sie den ganzen Abend auf dem Hals (*infml*)

L

lumber[2] v/i (cart) rumpeln; (elephant, person) trampeln
lumberjack n Holzfäller m **lumber room** n Rumpelkammer f **lumberyard** n (US) Holzlager nt
luminary n (fig) Koryphäe f **luminous** adj leuchtend; **~ paint** Leuchtfarbe f
lump ◼**A** n ◼**1** Klumpen m; (of sugar) Stück nt ◼**2** (≈ swelling) Beule f; (inside the body) Geschwulst f; **with a ~ in one's throat** (fig) mit einem Kloß im Hals; **it brings a ~ to my throat** dabei schnürt sich mir die Kehle zu ◼**B** v/t (esp Br infml) **if he doesn't like it he can ~ it** wenns ihm nicht passt, hat er eben Pech gehabt (infml) ◊**lump together** v/t sep ◼**1** (≈ put together) zusammentun ◼**2** (≈ judge together) in einen Topf werfen
lump sum n Pauschalbetrag m; **to pay sth in a ~** etw pauschal bezahlen **lumpy** adj (+er) liquid, mattress klumpig; **to go ~** (sauce, rice) klumpen
lunacy n Wahnsinn m
lunar adj Mond- **lunar eclipse** n Mondfinsternis f
lunatic ◼**A** adj wahnsinnig ◼**B** n Wahnsinnige(r) m/f(m)
lunch ◼**A** n Mittagessen nt; **to have ~** (zu) Mittag essen; **let's do ~** (infml) wir sollten uns zum Mittagessen treffen; **how long do you get for ~?** wie lange haben Sie Mittagspause?; **he's at ~** er ist beim Mittagessen ◼**B** v/i (zu) Mittag essen **lunchbox** n Lunchbox f **lunch break** n Mittagspause f **luncheon** n (form) Mittagessen nt **luncheon meat** n Frühstücksfleisch nt **luncheon voucher** n Essensmarke f **lunch hour** n Mittagsstunde f; (≈ lunch break) Mittagspause f **lunchpail** n (US) Lunchbox f **lunchtime** n Mittagspause f; **they arrived at ~** sie kamen gegen Mittag an
lung n Lunge f **lung cancer** n Lungenkrebs m
lunge ◼**A** n Satz m nach vorn ◼**B** v/i (sich) stürzen; **to ~ at sb** sich auf jdn stürzen
lurch[1] n **to leave sb in the ~** (infml) jdn hängen lassen (infml)
lurch[2] ◼**A** n **to give a ~** einen Ruck machen ◼**B** v/i ◼**1** einen Ruck machen ◼**2** (≈ move with lurches) sich ruckartig bewegen; **the train ~ed to a standstill** der Zug kam mit einem Ruck zum Stehen
lure ◼**A** n Lockmittel nt; (fig: of sea etc) Ver-

lockungen pl ◼**B** v/t anlocken; **to ~ sb away from sth** jdn von etw weglocken; **to ~ sb into a trap** jdn in eine Falle locken
lurid adj ◼**1** colour grell ◼**2** (fig) description reißerisch; detail widerlich
lurk v/i lauern; **a nasty suspicion ~ed at the back of his mind** er hegte einen fürchterlichen Verdacht ◊**lurk about** (Brit) or **around** v/i herumschleichen
lurking adj heimlich; doubt nagend
luscious adj ◼**1** (≈ delicious) köstlich ◼**2** girl zum Anbeißen (infml); figure üppig
lush adj ◼**1** grass saftig; vegetation üppig ◼**2** (infml) hotel feudal
lust ◼**A** n Wollust f; (≈ greed) Gier f (for nach); **~ for power** Machtgier f ◼**B** v/i **to ~ after** (sexually) begehren (+acc); (greedily) gieren nach **lustful** adj lüstern **lustily** adv eat herzhaft; sing aus voller Kehle; cry, cheer aus vollem Hals(e)
lustre, (US) **luster** n ◼**1** Schimmer m ◼**2** (fig) Glanz m
lute n Laute f
Luxembourg n Luxemburg nt
luxuriant adj üppig **luxuriate** v/i **to ~ in sth** (people) sich in etw (dat) aalen **luxurious** adj luxuriös; **a ~ hotel** ein Luxushotel nt **luxury** ◼**A** n Luxus m; **to live a life of ~** ein Luxusleben führen ◼**B** adj attr Luxus-
LW abbr of long wave LW
lychee n Litschi f
Lycra® n Lycra® nt
lying ◼**A** adj verlogen ◼**B** n Lügen nt; **that would be ~** das wäre gelogen
lynch v/t lynchen
lyric ◼**A** adj lyrisch ◼**B** n (often pl: of pop song) Text m **lyrical** adj lyrisch; **to wax ~ about sth** über etw (acc) ins Schwärmen geraten **lyricist** n MUS Texter(in) m(f)

M, m n M nt, m nt
M abbr of **medium**
m 1 abbr of **million(s)** Mio. **2** abbr of
metre(s) m **3** abbr of **mile(s)** **4** abbr of
masculine m.
MA abbr of **Master of Arts** M. A.
ma n (infml) Mama f (infml)
ma'am n gnä' Frau f (form); → **madam**
mac n (Br infml) Regenmantel m
macabre adj makaber
macaroni n Makkaroni pl
macaroon n Makrone f
mace n (mayor's) Amtsstab m
Macedonia n Mazedonien nt
machete n Buschmesser nt
machination n usu pl Machenschaften
pl
machine 🅰 n Maschine f; (≈ vending machine) Automat m **🅱** v/t TECH maschinell
herstellen **machine gun** n Maschinengewehr nt **machine language** n IT
Maschinensprache f **machine operator** n Maschinenarbeiter(in) m(f) **machine-readable** adj IT maschinenlesbar
machinery n Maschinerie f; **the ~ of
government** der Regierungsapparat **machine tool** n Werkzeugmaschine f **ma-
chine-washable** adj waschmaschinen-
fest **machinist** n TECH Maschinist(in)
m(f); SEWING Näherin f
macho adj macho pred, Macho-
mackerel n Makrele f
mackintosh n Regenmantel m
macro n IT Makro nt **macro-** pref mak-
ro-, Makro- **macrobiotic** adj makrobiotisch **macrocosm** n Makrokosmos m
mad 🅰 adj (+er) **1** wahnsinnig (with vor
+dat); (≈ insane) geisteskrank; (infml ≈ crazy)
verrückt; **to go ~** wahnsinnig werden; (lit)
den Verstand verlieren; **to drive sb ~** jdn
wahnsinnig machen; (lit) jdn um den Verstand bringen; **it's enough to drive you
~** es ist zum Verrücktwerden; **you must
be ~!** du bist wohl wahnsinnig!; **I must
have been ~ to believe him** ich war
wohl von Sinnen, ihm zu glauben; **they
made a ~ rush** or **dash for the door** sie
stürzten wie wild zur Tür; **why the ~**

rush? warum diese Hektik? **2** (infml ≈ angry) sauer (infml); **to be ~ at sb** auf jdn
sauer sein (infml); **to be ~ about sth** über
etw (acc) sauer sein (infml); **this makes me
~** das bringt mich auf die Palme (infml) **3**
(esp Br infml ≈ keen) **to be ~ about** or **on
sth** auf etw (acc) verrückt sein; **I'm not
exactly ~ about this job** ich bin nicht gerade versessen auf diesen Job; **I'm (just) ~
about you** ich bin (ganz) verrückt nach
dir!; **don't go ~!** (≈ don't overdo it) übertreib es nicht **🅱** adv (infml) **like ~** wie verrückt; **he ran like ~** er rannte wie wild
madam n gnädige Frau (old, form); **can I
help you, ~?** kann ich Ihnen behilflich
sein?; **Dear Madam** (esp Br) sehr geehrte
gnädige Frau
madcap adj idea versponnen **mad cow
disease** n Rinderwahn(sinn) m **mad-
den** v/t ärgern **maddening** adj unerträglich; habit aufreizend **maddeningly**
adv unerträglich; **the train ride was ~
slow** es war zum Verrücktwerden, wie
langsam der Zug fuhr
made pret, past part of **make made-to-
-measure** adj (Br) maßgeschneidert; curtains nach Maß; **~ suit** Maßanzug m
made-up adj **1** (≈ invented) erfunden
2 (≈ wearing make-up) geschminkt
madhouse n Irrenhaus nt **madly** adv **1**
wie verrückt **2** (infml ≈ extremely) wahnsinnig; **to be ~ in love (with sb)** bis über
beide Ohren (in jdn) verliebt sein **madman** n, pl -men Verrückte(r) m **madness** n Wahnsinn m **madwoman** n
Verrückte f
Mafia n Mafia f
mag n (infml) Magazin nt; **porn ~** Pornoheft nt
magazine n **1** Magazin nt **2** (MIL ≈ store)
Depot nt **magazine rack** n Zeitungs-
ständer m
maggot n Made f
Magi pl **the ~** die Heiligen Drei Könige
magic 🅰 n **1** Magie f; **a display of ~** ein
paar Zauberkunststücke; **he made the
spoon disappear by ~** er zauberte den
Löffel weg; **as if by ~** wie durch Zauberei;
it worked like ~ (infml) es klappte wie am
Schnürchen (infml) **2** (≈ charm) Zauber m
🅱 adj **1** Zauber-; powers magisch; **he has-
n't lost his ~ touch** er hat nichts von seiner Genialität verloren **2** (infml ≈ fantastic)
toll (infml) **magical** adj powers magisch;

atmosphere unwirklich **magically** *adv* wunderbar; **~ transformed** auf wunderbare Weise verwandelt **magic carpet** *n* fliegender Teppich **magician** *n* Magier *m*; (≈ *conjuror*) Zauberkünstler(in) *m(f)*; **I'm not a ~!** ich kann doch nicht hexen! **magic spell** *n* Zauber *m*; (≈ *words*) Zauberspruch *m*; **to cast a ~ on sb** jdn verzaubern **magic wand** *n* Zauberstab *m*; **to wave a ~** den Zauberstab schwingen

magistrate *n* Schiedsmann *m*/-frau *f* **magistrates' court** *n* (*Br*) Schiedsgericht *nt*

magnanimity *n* Großmut *f* **magnanimous** *adj* großmütig

magnate *n* Magnat *m*

magnesium *n* Magnesium *nt*

magnet *n* Magnet *m* **magnetic** *adj* (*lit*) magnetisch; **he has a ~ personality** er hat ein sehr anziehendes Wesen **magnetic disk** *n* IT Magnetplatte *f* **magnetic field** *n* Magnetfeld *nt* **magnetic strip**, **magnetic stripe** *n* Magnetstreifen *m* **magnetism** *n* Magnetismus *m*; (*fig*) Anziehungskraft *f*

magnification *n* Vergrößerung *f*; **high/low ~** starke/geringe Vergrößerung

magnificence *n* **1** Großartigkeit *f* **2** (≈ *appearance*) Pracht *f* **magnificent** *adj* **1** großartig; **he has done a ~ job** er hat das ganz hervorragend gemacht **2** (≈ *in appearance*) prächtig **magnificently** *adv* großartig

magnify *v/t* **1** vergrößern **2** (≈ *exaggerate*) aufbauschen **magnifying glass** *n* Vergrößerungsglas *nt*

magnitude *n* Ausmaß *nt*; (≈ *importance*) Bedeutung *f*; **operations of this ~** Vorhaben dieser Größenordnung

magnolia *n* Magnolie *f*

magpie *n* Elster *f*

mahogany **A** *n* Mahagoni *nt* **B** *adj* Mahagoni-

maid *n* (≈ *servant*) Dienstmädchen *nt*; (*in hotel*) Zimmermädchen *nt*

maiden **A** *n* (*liter*) Mädchen *nt*, Dirndl *nt* (*Aus*) **B** *adj attr* Jungfern-; **~ voyage** Jungfernfahrt *f* **maiden name** *n* Mädchenname *m*

maid of honour, (*US*) **maid of honor** *n* Brautjungfer *f* **maidservant** *n* Hausmädchen *nt*

mail **A** *n* Post *f*; INTERNET *also* Mail *f*; **to send sth by ~** etw mit der Post schicken;

is there any ~ for me? ist Post für mich da? **B** *v/t* **1** aufgeben; (≈ *put in letter box*) einwerfen; (≈ *send by mail*) mit der Post schicken **2** (≈ *send by e-mail*) per E-Mail senden, mailen (*infml*); **to ~ sb** jdm eine E-Mail senden **mailbag** *n* Postsack *m* **mailbox** *n* **1** (*US*) Briefkasten *m* **2** IT Mailbox *f* **mailing address** *n* (*US*) Postanschrift *f* **mailing list** *n* Adressenliste *f* **mailman** *n* (*US*) Briefträger *m* **mail merge** *n* IT Mailmerge *nt* **mail order** *n* Postversand *m* **mail-order** *adj* **~ catalogue** (*Br*) *or* **catalog** (*US*) Versandhauskatalog *m*; **~ firm** Versandhaus *nt* **mailroom** *n* (*esp US*) Poststelle *f* **mailshot** *n* (*Br*) Mailshot *m* **mail van** *n* (*on roads*) Postauto *nt*; (*Br* RAIL) Postwagen *m* **mailwoman** *n* (*US*) Briefträgerin *f*

maim *v/t* (≈ *mutilate*) verstümmeln; (≈ *cripple*) zum Krüppel machen; **to be ~ed for life** sein Leben lang ein Krüppel bleiben

main **A** *adj attr* Haupt-; **the ~ thing is to … die Hauptsache ist, dass …; **the ~ thing is you're still alive** Hauptsache, du lebst noch **B** *n* **1** (≈ *pipe*) Hauptleitung *f*; **the ~s** (*of town*) das öffentliche Versorgungsnetz; (*for electricity*) das Stromnetz; (*of house*) der Haupthahn; (*for electricity*) der Hauptschalter; **the water/electricity was switched off at the ~s** der Haupthahn/Hauptschalter für Wasser/Elektrizität wurde abgeschaltet **2** **in the ~** im Großen und Ganzen **main clause** *n* GRAM Hauptsatz *m* **main course** *n* Hauptgericht *nt* **mainframe (computer)** *n* Mainframe *m* **mainframe network** *n* IT vernetzte Großanlage **mainland** *n* Festland *nt*; **on the ~ of Europe** auf dem europäischen Festland **main line** *n* RAIL Hauptstrecke *f* **mainly** *adv* hauptsächlich **main office** *n* Zentrale *f* **main road** *n* Hauptstraße *f* **mains-operated**, **mains-powered** *adj* für Netzbetrieb **mainstay** *n* (*fig*) Stütze *f* **mainstream** **A** *n* Hauptrichtung *f* **B** *adj* **1** *politician* der Mitte; *opinion* vorherrschend; *education* regulär; **~ society** die Mitte der Gesellschaft **2** **~ cinema** Mainstreamkino *nt* **main street** *n* Hauptstraße *f*

maintain *v/t* **1** (≈ *keep up*) aufrechterhalten; *peace* wahren; *speed* beibehalten; **to ~ sth at a constant temperature** etw bei gleichbleibender Temperatur halten **2** *family* unterhalten **3** *machine* warten;

roads instand halten; **products which help to ~ healthy skin** Produkte, die die Haut gesund erhalten 🔟 (≈ *claim*) behaupten; **he still ~ed his innocence** er beteuerte immer noch seine Unschuld **maintenance** *n* 🔳 (≈ *keeping up*) Aufrechterhaltung *f*; (*of peace*) Wahrung *f* 🔳 (*Br*) (*of family*) Unterhalt *m*; (≈ *social security*) Unterstützung *f*; **he has to pay ~** er ist unterhaltspflichtig 🔳 (*of machine*) Wartung *f*; (*of road etc*) Instandhaltung *f*; (*of gardens*) Pflege *f*; (≈ *cost*) Unterhalt *m* **maintenance costs** *pl* Unterhaltskosten *pl* **maintenance payments** *pl* Unterhaltszahlungen *pl*

maisonette *n* Appartement *nt*

maître d' *n* (*US*) Oberkellner *m*

maize *n* Mais *m*

majestic *adj* majestätisch **majesty** *n* Majestät *f*; **His/Her Majesty** Seine/Ihre Majestät; **Your Majesty** Eure Majestät

major 🅐 *adj* 🔳 Haupt-; (≈ *important*) bedeutend; (≈ *extensive*) groß; *cause* wesentlich; *incident* schwerwiegend; *role* führend; **a ~ road** eine Hauptverkehrsstraße; **a ~ operation** eine größere Operation 🔳 MUS Dur-; **~ key** Durtonart *f*; **A ~** A-Dur *nt* 🅑 *n* 🔳 MIL Major(in) *m(f)* 🔳 (*US* ≈ *subject*) Hauptfach *nt*; **he's a psychology ~** Psychologie ist/war sein Hauptfach 🅒 *v/i* (*US*) **to ~ in French** Französisch als Hauptfach studieren

Majorca *n* Mallorca *nt*

majorette *n* Majorette *f*

majority *n* 🔳 Mehrheit *f*; **to be in a** or **the ~** in der Mehrzahl sein; **to be in a ~ of 3** eine Mehrheit von 3 Stimmen haben; **to have/get a ~** die Mehrheit haben/bekommen 🔳 JUR Volljährigkeit *f* **majority decision** *n* Mehrheitsbeschluss *m*

make *vb: pret, past part* **made** 🅐 *v/t* 🔳 machen; *bread* backen; *cars* herstellen; *dress* nähen; *coffee* kochen; *peace* stiften; *speech* halten; *choice, decision* treffen; **she made it into a suit** sie machte einen Anzug daraus; **to ~ a guess** raten; **made in Germany** in Deutschland hergestellt; **it's made of gold** es ist aus Gold; **to show what one is made of** zeigen, was in einem steckt; **the job is made for him** die Arbeit ist wie für ihn geschaffen; **they're made for each other** sie sind wie geschaffen füreinander; **to ~ sb happy** jdn glücklich machen; **he was made a**

judge man ernannte ihn zum Richter; **Shearer made it 1-0** Shearer erzielte das 1:0; **we decided to ~ a day/night of it** wir beschlossen, den ganzen Tag dafür zu nehmen/(die Nacht) durchzumachen; **to ~ something of oneself** etwas aus sich machen; **he's got it made** (*infml*) er hat ausgesorgt; **you've made my day** es könnte dir um den Hals fallen! (*infml*) 🔳 **to ~ sb do sth** (≈ *cause to do*) jdn dazu bringen, etw zu tun; (≈ *compel to do*) jdn zwingen, etw zu tun; **what made you come to this town?** was hat Sie dazu veranlasst, in diese Stadt zu kommen?; **what ~s you say that?** warum sagst du das?; **what ~s you think you can do it?** was macht Sie glauben, dass Sie es schaffen können?; **you can't ~ me!** mich kann keiner zwingen!; **what made it explode?** was hat die Explosion bewirkt?; **it ~s the room look smaller** es lässt den Raum kleiner wirken; **the chemical ~s the plant grow faster** die Chemikalie bewirkt, dass die Pflanze schneller wächst; **that made the cloth shrink** dadurch ging der Stoff ein; **to ~ do with sth** sich mit etw begnügen; **to ~ do with less money** mit weniger Geld auskommen 🔳 *money* verdienen; *profit, fortune* machen (*on* bei) 🔟 (≈ *reach, achieve*) schaffen; **we made good time** wir kamen schnell voran; **sorry I couldn't ~ your party** tut mir leid, ich habe es einfach nicht zu deiner Party geschafft; **we'll never ~ the airport in time** wir kommen garantiert nicht rechtzeitig zum Flughafen; **to ~ it** (≈ *succeed*) es schaffen; **he just made it** er hat es gerade noch geschafft; **he'll never ~ it through the winter** er wird den Winter nie überstehen 🔳 (≈ *be*) abgeben; **he made a good father** er gab einen guten Vater ab; **he'll never ~ a soldier** aus dem wird nie ein Soldat; **he'd ~ a good teacher** er wäre ein guter Lehrer; **they ~ a good couple** sie sind ein gutes Paar 🔳 (≈ *equal*) (er)geben; **2 plus 2 ~s 4** 2 und 2 ist 4; **that ~s £55 you owe me** Sie schulden mir damit (nun) £ 55; **how much does that ~ altogether?** was macht das insgesamt? 🔳 (≈ *reckon*) schätzen auf (+*acc*); **I ~ the total 107** ich komme auf 107; **what time do you ~ it?** wie spät hast du es?; **I ~ it 3.15** ich habe 3.15 Uhr; **I ~ it 3 miles** ich schätze 3 Meilen; **shall we ~ it 7 o'clock?** sagen wir 7

M

Uhr? **B** *v/i* **to ~ as if to do sth** Anstalten machen, etw zu tun; *(as deception)* so tun, als wolle man etw tun; **to ~ like...** *(infml)* so tun, als ob... **C** *v/r* **to ~ oneself comfortable** es sich *(dat)* bequem machen; **you'll ~ yourself ill!** du machst dich damit krank!; **to ~ oneself heard** sich *(dat)* Gehör verschaffen; **to ~ oneself understood** sich verständlich machen; **to ~ oneself sth** sich *(dat)* etw machen; **she made herself a lot of money on the deal** sie hat bei dem Geschäft eine Menge Geld verdient; **to ~ oneself do sth** sich dazu zwingen, etw zu tun; **he's just made himself look ridiculous** er hat sich nur lächerlich gemacht **D** *n* (≈ *brand*) Marke *f*; **what ~ of car do you have?** welche (Auto)marke fahren Sie? ◊**make for** *v/i +prep obj* **1** (≈ *head for*) zuhalten auf (+*acc*); *(vehicle)* losfahren auf (+*acc*); **we are making for London** wir wollen nach London; *(by vehicle)* wir fahren Richtung London **2** (≈ *promote*) führen zu ◊**make of** *v/i +prep obj* halten von; **don't make too much of it** überbewerten Sie es nicht ◊**make off** *v/i* sich davonmachen ◊**make out** *v/t sep* **1** *cheque* ausstellen (*to* auf +*acc*); *list* aufstellen **2** (≈ *see*) ausmachen; (≈ *decipher*) entziffern; (≈ *understand*) verstehen; **I can't ~ what he wants** ich komme nicht dahinter, was er will **3** (≈ *claim*) behaupten **4** **to ~ that ...** es so hinstellen, als ob ...; **he made out that he was hurt** er tat, als sei er verletzt; **to make sb out to be clever/a genius** jdn als klug/Genie hinstellen ◊**make up A** *v/t sep* **1** (≈ *constitute*) bilden; **to be made up of** bestehen aus **2** *food, bed* zurechtmachen; *parcel* packen; *list, team* zusammenstellen **3 to make it up (with sb)** sich (mit jdm) aussöhnen **4** *face* schminken; **to make sb/oneself up** jdn/sich schminken **5 to ~ one's mind (to do sth)** sich (dazu) entschließen(, etw zu tun); **my mind is made up** mein Entschluss steht fest; **to ~ one's mind about sb/sth** sich *(dat)* eine Meinung über jdn/etw bilden; **I can't ~ my mind about him** ich weiß nicht, was ich von ihm halten soll **6** (≈ *invent*) erfinden; **you're making that up!** jetzt schwindelst du aber! *(infml)* **7** (≈ *complete*) vollständig machen; **I'll ~ the other £20** ich komme für die restlichen £ 20 auf **8** *loss* ausgleichen; *time* aufho-

len; **to make it up to sb (for sth)** jdm etw wiedergutmachen **B** *v/i* *(after quarrel)* sich wieder vertragen ◊**make up for** *v/i +prep obj* **to ~ sth** etw ausgleichen; **to ~ lost time** verlorene Zeit aufholen; **that still doesn't ~ the fact that you were very rude** das macht noch lange nicht ungeschehen, dass du sehr unhöflich warst

make-believe A *adj attr* Fantasie- **B** *n* Fantasie *f* **make-or-break** *adj attr* *(infml)* entscheidend **makeover** *n* (≈ *beauty treatment*) Schönheitskur *f*; *(of building)* Verschönerung *f* **maker** *n* (≈ *manufacturer*) Hersteller(in) *m(f)* **makeshift** *adj* improvisiert; *tool* behelfsmäßig; **~ accommodation** Notunterkunft *f*

make-up *n* **1** Make-up *nt*; THEAT Maske *f*; **she spends hours on her ~** sie braucht Stunden zum Schminken **2** *(of team etc)* Zusammenstellung *f*; (≈ *character*) Veranlagung *f* **make-up bag** *n* Kosmetiktasche *f* **making** *n* **1** (≈ *production*) Herstellung *f*; **the film was three months in the ~** der Film wurde in drei Monaten gedreht; **a star in the ~** ein werdender Star; **it's a disaster in the ~** es bahnt sich eine Katastrophe an; **her problems are of her own ~** an ihren Problemen ist sie selbst schuld; **it was the ~ of him** das hat ihn zu dem gemacht, was er (heute) ist **2** **makings** *pl* Voraussetzungen *pl* (*of* zu); **he has the ~s of an actor** er hat das Zeug zu einem Schauspieler; **the situation has all the ~s of a strike** die Situation bietet alle Voraussetzungen für einen Streik

maladjusted *adj* verhaltensgestört **malady** *n* Leiden *nt* **malaise** *n* *(fig)* Unbehagen *nt* **malaria** *n* Malaria *f* **malcontent** *n* Unzufriedene(r) *m/f(m)* **male A** *adj* männlich; *choir, voice* Männer-; **a ~ doctor** ein Arzt *m*; **~ nurse** Krankenpfleger *m*; **~ crocodile** Krokodilmännchen *nt* **B** *n* (≈ *animal*) Männchen *nt*; *(infml ≈ man)* Mann *m* **male chauvinism** *n* Chauvinismus *m* **male chauvinist** *n* Chauvi *m* *(infml)* **malevolence** *n* Boshaftigkeit *f* **malevolent** *adj* boshaft **malformed** *adj* missgebildet **malfunction A** *n* *(of liver etc)* Funktionsstörung *f*; *(of machine)* Defekt *m* **B** *v/i* *(liver* *etc*) nicht richtig arbeiten; (*machine*) nicht richtig funktionieren

malice *n* Bosheit *f* **malicious** *adj* boshaft; *action* böswillig; *phone call* bedrohend **maliciously** *adv act* böswillig; *say* boshaft

malign **A** *adj* (*liter*) *influence* unheilvoll **B** *v/t* verleumden; (≈ *run down*) schlechtmachen

malignant *adj* bösartig

malingerer *n* Simulant(in) *m(f)*

mall *n* (*US: a.* **shopping mall**) Einkaufszentrum *nt*

mallard *n* Stockente *f*

malleable *adj* formbar

mallet *n* Holzhammer *m*

malnourished *adj* (*form*) unterernährt

malnutrition *n* Unterernährung *f*

malpractice *n* Berufsvergehen *nt*

malt *n* Malz *nt*

maltreat *v/t* schlecht behandeln; (*using violence*) misshandeln **maltreatment** *n* schlechte Behandlung; (*violent*) Misshandlung *f*

malt whisky *n* Malt Whisky *m*

mam(m)a *n* (*infml*) Mama *f* (*infml*)

mammal *n* Säugetier *nt*

mammary *adj* Brust-; **~ gland** Brustdrüse *f*

mammoth **A** *n* Mammut *nt* **B** *adj* Mammut-; *proportions* riesig

man **A** *n, pl* **men** **1** Mann *m*; **to make a ~ out of sb** jdn zum Mann machen; **he took it like a ~** er hat es wie ein Mann ertragen; **~ and wife** Mann und Frau; **the ~ in the street** Mann auf der Straße; **~ of God** Mann *m* Gottes; **~ of letters** (≈ *writer*) Literat *m*; (≈ *scholar*) Gelehrter *m*; **~ of property** vermögender Mann; **a ~ of the world** ein Mann *m* von Welt; **to be ~ enough** Manns genug sein; **~'s bicycle** Herrenfahrrad *nt*; **the right ~** der Richtige; **you've come to the right ~** da sind Sie bei mir richtig; **he's not the ~ for the job** er ist nicht der Richtige für diese Aufgabe; **he's not a ~ to ...** er ist nicht der Typ, der ...; **he's a family ~** er ist sehr häuslich; **it's got to be a local ~** es muss jemand aus dieser Gegend sein; **follow me, men!** mir nach, Leute! **2** (≈ *human race:* a. **Man**) der Mensch, die Menschen **3** (≈ *person*) man; **no ~** niemand; **any ~** jeder; **that ~!** dieser Mensch!; **they are commu-** nists **to a ~** sie sind allesamt Kommunisten **B** *v/t ship* bemannen; *barricades* besetzen; *pump, telephone* bedienen; **the ship is ~ned by a crew of 30** das Schiff hat 30 Mann Besatzung

manacle *n usu pl* Ketten *pl*

manage **A** *v/t* **1** *company* leiten; *affairs* regeln; *resources* einteilen; *pop group* managen **2** (≈ *handle*) *person, animal* zurechtkommen mit **3** *task* bewältigen; **two hours is the most I can ~** ich kann mir höchstens zwei Stunden erlauben; **I'll ~ it** das werde ich schon schaffen; **he ~d it very well** er hat das sehr gut gemacht; **can you ~ the cases?** kannst du die Koffer (allein) tragen?; **thanks, I can ~ them** danke, das geht schon; **she can't ~ the stairs** sie schafft die Treppe nicht; **can you ~ two more in the car?** kriegst du noch zwei Leute in dein Auto? (*infml*); **can you ~ 8 o'clock?** 8 Uhr, ginge *or* geht das?; **can you ~ another cup?** darfs noch eine Tasse sein?; **I could ~ another piece of cake** ich könnte noch ein Stück Kuchen vertragen; **she ~d a weak smile** sie brachte ein schwaches Lächeln über sich (*acc*); **to ~ to do sth** es schaffen, etw zu tun; **we have ~d to reduce our costs** es ist uns gelungen, die Kosten zu senken; **he ~d to control himself** es gelang ihm, sich zu beherrschen **B** *v/i* zurechtkommen; **can you ~?** geht es?; **thanks, I can ~** danke, es geht schon; **how do you ~?** wie schaffen Sie das bloß?; **to ~ without sth** ohne etw auskommen; **I can ~ by myself** ich komme (schon) allein zurecht; **how do you ~ on £100 a week?** wie kommen Sie mit £100 pro Woche aus? **manageable** *adj amount, task* zu bewältigen; *hair* leicht frisierbar; *number* überschaubar; **the situation is ~** die Situation lässt sich in den Griff bekommen; **pieces of a more ~ size** Stücke, die leichter zu handhaben sind

management *n* **1** (≈ *act*) Leitung *f*; (*of money*) Verwaltung *f*; (*of affairs*) Regelung *f*; **time ~** Zeitmanagement *nt* **2** (≈ *persons*) Unternehmensleitung *f*; (*of single unit or small factory*) Betriebsleitung *f*; (*non-commercial*) Leitung *f*; **"under new ~"** „neuer Inhaber"; (*shop*) „neu eröffnet" **management consultant** *n* Unternehmensberater(in) *m(f)* **management team** *n* Führungsriege *f*

manager n COMM etc Geschäftsführer(in) m(f); (of small firm) Betriebsleiter(in) m(f); (of bank, chain store) Filialleiter(in) m(f); (of department) Abteilungsleiter(in) m(f); (of hotel) Direktor(in) m(f); (of pop group etc) Manager(in) m(f); (of football team etc) Trainer(in) m(f); **sales ~** Verkaufsleiter(in) m(f) **manageress** n COMM etc Geschäftsführerin f; (of chain store) Filialleiterin f; (of hotel) Direktorin f **managerial** adj geschäftlich; (≈ executive) Management-; staff leitend; **at ~ level** auf der Führungsebene; **proven ~ skills** nachgewiesene Leitungsfähigkeit f **managing director** n Geschäftsführer(in) m(f)

mandarin n **1** (≈ official) hoher Funktionär **2** LING Mandarin Hochchinesisch nt **3** (≈ fruit) Mandarine f

mandate n Auftrag m; POL Mandat nt **mandatory** adj **1** obligatorisch **2** JUR sentence etc vorgeschrieben

mandolin(e) n Mandoline f

mane n Mähne f

man-eating adj menschenfressend

maneuver n, v/t & v/i (US) = manoeuvre

manfully adv mutig

manger n Krippe f

mangetout n (Br: a. **mangetout pea**) Zuckererbse f

mangle v/t (a. **mangle up**) (übel) zurichten

mango n **1** (≈ fruit) Mango f **2** (≈ tree) Mangobaum m

mangy adj (+er) dog räudig

manhandle v/t **1** person grob behandeln; **he was ~d into the back of the van** er wurde recht unsanft in den Laderaum des Wagens verfrachtet **2** piano etc hieven **manhole** n Kanalschacht m **manhood** n **1** (≈ state) Mannesalter nt **2** (≈ manliness) Männlichkeit f **man--hour** n Arbeitsstunde f

mania n Manie f; **he has a ~ for collecting things** er hat einen Sammeltick (infml) **maniac** n **1** Wahnsinnige(r) m/f(m) **2** (fig) **sports ~s** Sportfanatiker pl; **you ~** du bist ja wahnsinnig!

manic adj **1** activity fieberhaft; person rasend **2** PSYCH manisch **manic-depressive** **A** adj manisch-depressiv **B** n Manisch-Depressive(r) m/f(m)

manicure **A** n Maniküre f; **to have a ~** sich (dat) (die Hände) maniküren lassen **B** v/t maniküren **manicured** adj nails ma-

nikürt; lawn gepflegt

manifest **A** adj offenbar **B** v/t bekunden **C** v/r sich zeigen; SCI, PSYCH etc sich manifestieren **manifestation** n Anzeichen nt **manifestly** adv offensichtlich **manifesto** n, pl -(e)s Manifest nt

manifold adj vielfältig

manila, manilla n **~ envelopes** braune Umschläge

manipulate v/t **1** manipulieren; **to ~ sb into doing sth** jdn so manipulieren, dass er/sie etw tut **2** machine etc handhaben **manipulation** n Manipulation f **manipulative** adj (pej) manipulativ; **he was very ~** er konnte andere sehr gut manipulieren

mankind n die Menschheit **manly** adj (+er) männlich **man-made** adj **1** (≈ artificial) künstlich; **~ fibres** (Br) or **fibers** (US) Kunstfasern pl **2** disaster vom Menschen verursacht **manned** adj satellite etc bemannt

manner n **1** Art f; **in this ~** auf diese Art und Weise; **in the Spanish ~** im spanischen Stil; **in such a ~ that ...** so ..., dass ...; **in a ~ of speaking** sozusagen; **all ~ of birds** die verschiedensten Arten von Vögeln; **we saw all ~ of interesting things** wir sahen so manches Interessante **2** **manners** pl (good etc) Benehmen nt; **it's bad ~s to ...** es gehört sich nicht, zu ...; **he has no ~s** er kann sich nicht benehmen **mannerism** n (in behaviour) Eigenheit f

mannish adj männlich wirkend

manoeuvrable, (US) **maneuverable** adj manövrierfähig; **easily ~** leicht zu manövrieren **manoeuvre**, (US) **maneuver** **A** n **1** **manoeuvres** pl MIL Manöver nt or pl **2** (≈ plan) Manöver nt **B** v/t & v/i manövrieren; **to ~ a gun into position** ein Geschütz in Stellung bringen; **to ~ for position** sich in eine günstige Position manövrieren; **room to ~** Spielraum m

manor n (Land)gut nt **manor house** n Herrenhaus nt

manpower n Leistungspotenzial nt; MIL Stärke f **manservant** n, pl menservants Diener m

mansion n Villa f; (of ancient family) Herrenhaus nt

manslaughter n Totschlag m

mantelpiece n Kaminsims nt or m

man-to-man adj, adv von Mann zu Mann

manual ◮ *adj* manuell; *labour* körperlich; **~ labourer** (*Br*) *or* **laborer** (*US*) Schwerarbeiter(in) *m(f)*; **~ worker** Handarbeiter(in) *m(f)* ◮ *n* (≈ *book*) Handbuch *nt* **manual gearbox** *n* (*Br*) Schaltgetriebe *nt* **manually** *adv* manuell; **~ operated** handbetrieben **manual transmission** *n* Schaltgetriebe *nt*

manufacture ◮ *n* Herstellung *f* ◮ *v/t* (*lit*) herstellen; **~d goods** Industriegüter *pl* **manufacturer** *n* Hersteller *m* **manufacturing** ◮ *adj* Herstellungs-; *industry* verarbeitend; **~ company** Herstellerfirma *f* ◮ *n* Herstellung *f*

manure *n* Mist *m*; (*esp artificial*) Dünger *m*

manuscript *n* Manuskript *nt*

Manx *adj* der Insel Man

many *adj, pron* viele; **she has ~** sie hat viele (davon); **as ~ again** noch einmal so viele; **there's one too ~** einer ist zu viel; **he's had one too ~** (*infml*) er hat einen zu viel getrunken (*infml*); **a good/ great ~ houses** eine (ganze) Anzahl Häuser; **~ a time** so manches Mal **many--coloured**, (*US*) **many-colored** *adj* vielfarbig **many-sided** *adj* vielseitig

map *n* (*Land*)karte *f*; (*of town*) Stadtplan *m*; **this will put Cheam on the ~** (*fig*) das wird Cheam zu einem Namen verhelfen ◊**map out** *v/t sep* (*fig* ≈ *plan*) entwerfen

maple *n* Ahorn *m* **maple syrup** *n* Ahornsirup *m*

Mar *abbr of March* Mrz.

mar *v/t* verderben; *beauty* mindern

marathon ◮ *n* (*lit*) Marathon(lauf) *m*; **~ runner** Marathonläufer(in) *m(f)* ◮ *adj* Marathon-

marauder *n* Plünderer *m*, Plünderin *f*

marble ◮ *n* ◫ Marmor *m* ◫ (≈ *glass ball*) Murmel *f*; **he's lost his ~s** (*infml*) er hat nicht mehr alle Tassen im Schrank (*infml*) ◮ *adj* Marmor- **marbled** *adj* marmoriert; **~ effect** Marmoreffekt *m*

March *n* März *m*; → **September**

march ◮ *n* ◫ MIL, MUS Marsch *m*; (≈ *demonstration*) Demonstration *f* ◫ (*of time*) Lauf *m* ◮ *v/t & v/i* marschieren; **to ~ sb off** jdn abführen; **forward ~!** vorwärts(, marsch)!; **quick ~!** im Laufschritt, marsch!; **she ~ed straight up to him** sie marschierte schnurstracks auf ihn zu **marcher** *n* (*in demo*) Demonstrant(in) *m(f)* **marching orders** *pl* (*Br*) **the new manager got his ~** der neue Manager

ist gegangen worden (*infml*); **she gave him his ~** sie hat ihm den Laufpass gegeben

marchioness *n* Marquise *f*

Mardi Gras *n* Karneval *m*

mare *n* Stute *f*

margarine, **marge** (*infml*) *n* Margarine *f*

margin *n* ◫ (*on page*) Rand *m*; **a note (written) in the ~** eine Randbemerkung ◫ (≈ *extra amount*) Spielraum *m*; **to allow for a ~ of error** etwaige Fehler mit einkalkulieren; **by a narrow ~** knapp ◫ (COMM: *a.* **profit margin**) Gewinnspanne *f* **marginal** *adj* ◫ *difference* geringfügig ◫ SOCIOL *groups* randständig ◫ (*Br* PARL) *seat* mit knapper Mehrheit **marginalize** *v/t* marginalisieren (*elev*) **marginally** *adv* geringfügig; *faster etc* etwas

marigold *n* Tagetes *f*

marihuana, **marijuana** *n* Marihuana *nt*

marina *n* Jachthafen *m*

marinade *n* Marinade *f* **marinate** *v/t* marinieren

marine ◮ *adj* Meeres- ◮ *n* Marineinfanterist(in) *m(f)*; **the ~s** die Marinetruppen *pl* **mariner** *n* Seemann *m*

marionette *n* Marionette *f*

marital *adj* ehelich **marital status** *n* Familienstand *m*

maritime *adj* See-; **~ regions** Küstenregionen *pl*

marjoram *n* Majoran *m*

mark[1] *n* (HIST ≈ *currency*) Mark *f*

mark[2] ◮ *n* ◫ (≈ *stain*) Fleck *m*; (≈ *scratch*) Kratzer *m*; (*on skin*) Mal *nt*; **to make a ~ on sth** einen Fleck/Kratzer auf etw (*acc*) machen; **dirty ~s** Schmutzflecken *pl* ◫ (*in exam*) Note *f*; **high** *or* **good ~s** gute Noten *pl*; **there are no ~s for guessing** (*fig*) das ist ja wohl nicht schwer zu erraten; **he gets full ~s for punctuality** (*fig*) in Pünktlichkeit verdient er eine Eins ◫ (≈ *sign*) Zeichen *nt*; **the ~s of genius** geniale Züge ◫ **the temperature reached the 35° ~** die Temperatur stieg bis auf 35° an ◫ **Cooper Mark II** Cooper, II ◫ **to be quick off the ~** SPORTS einen guten Start haben; (*fig*) blitzschnell handeln; **to be slow off the ~** SPORTS einen schlechten Start haben; (*fig*) nicht schnell genug reagieren; **to be up to the ~** den Anforderungen entsprechen; **to leave one's ~ (on sth)** seine Spuren (an etw *dat*) hinterlassen; **to make one's ~** sich (dat) einen Namen machen; **on your ~s!** auf die Plätze!; **to be wide of the ~** (fig) danebentippen; **to hit the ~** ins Schwarze treffen **B** v/t **1** (adversely) beschädigen; (≈ stain) schmutzig machen; (≈ scratch) zerkratzen **2** (for recognition) markieren; **the bottle was ~ed "poison"** die Flasche trug die Aufschrift „Gift"; **~ where you have stopped in your reading** mach dir ein Zeichen, bis wohin du gelesen hast; **to ~ sth with an asterisk** etw mit einem Sternchen versehen; **the teacher ~ed him absent** der Lehrer trug ihn als fehlend ein; **it's not ~ed on the map** es ist nicht auf der Karte eingezeichnet; **it's ~ed with a blue dot** es ist mit einem blauen Punkt gekennzeichnet **3** (≈ characterize) kennzeichnen; **a decade ~ed by violence** ein Jahrzehnt, das im Zeichen der Gewalt stand; **to ~ a change of policy** auf einen politischen Kurswechsel hindeuten; **it ~ed the end of an era** damit ging eine Ära zu Ende **4** exam korrigieren (und benoten); **to ~ sth wrong** etw anstreichen **5** **~ my words** das kann ich dir sagen **6** SPORTS opponent decken ◊**mark down** v/t sep price heruntersetzen ◊**mark off** v/t sep kennzeichnen; danger area etc absperren ◊**mark out** v/t sep **1** tennis court etc abstecken **2** (≈ note) bestimmen (for für); **he's been marked out for promotion** er ist zur Beförderung vorgesehen ◊**mark up** v/t sep price erhöhen

marked adj **1** contrast deutlich; improvement spürbar; **in ~ contrast (to sb/sth)** in scharfem Gegensatz (zu jdm/etw) **2** **he's a ~ man** er steht auf der schwarzen Liste **markedly** adv improve merklich; quicker, more wesentlich **marker** n **1** Marke f **2** (for exams) Korrektor(in) m(f) **3** FTBL Beschatter(in) m(f) **4** (≈ pen) Markierstift m

market A 1 n **1** Markt m; **at the ~** auf dem Markt; **to go to ~** auf den Markt gehen; **to be in the ~ for sth** an etw (dat) interessiert sein; **to be on the ~** auf dem Markt sein; **to come on(to) the ~** auf den Markt kommen; **to put on the ~** house zum Verkauf anbieten **2** (≈ stock market) Börse f **B** v/t vertreiben; **to ~ a product** ein Produkt auf den Markt bringen **marketable** adj marktfähig **market day** n Markttag m **market econo-**

my n Marktwirtschaft f **market forces** pl Marktkräfte pl **market garden** n Gemüseanbaubetrieb m **marketing** n Marketing nt **market leader** n Marktführer m **marketplace** n **1** Marktplatz m **2** (≈ world of trade) Markt m **market price** n Marktpreis m; **at ~s** zu Marktpreisen **market research** n Marktforschung f **market sector** n Marktsegment nt or -sektor m **market share** n Marktanteil m **market town** n Marktstädtchen nt **market trader** n (Br) Markthändler(in) m(f) **market value** n Marktwert m

marking n **1** Markierung f; (on animal) Zeichnung f **2** (≈ correcting) Korrektur f; (≈ grading) Benotung f **3** SPORTS Deckung f

marksman n, pl -men Schütze m; (police etc) Scharfschütze m

mark-up n Handelsspanne f; (≈ amount added) Preisaufschlag m; **~ price** Verkaufspreis m

marmalade n Marmelade f aus Zitrusfrüchten; **(orange) ~** Orangenmarmelade f

maroon[1] adj kastanienbraun **maroon**[2] v/t **~ed** von der Außenwelt abgeschnitten; **~ed by floods** vom Hochwasser eingeschlossen

marquee n Festzelt nt

marquess, marquis n Marquis m

marriage n (state) Ehe f; (≈ wedding) Hochzeit f; (≈ marriage ceremony) Trauung f; **~ of convenience** Vernunftehe f; **to be related by ~** miteinander verschwägert sein; **an offer of ~** ein Heiratsantrag m **marriage ceremony** n Trauzeremonie f **marriage certificate** n Heiratsurkunde f **marriage guidance counsellor**, (US) **marriage guidance counselor** n Eheberater(in) m(f) **marriage licence**, (US) **marriage license** n Eheerlaubnis f **marriage vow** n Ehegelübde nt

married adj verheiratet (to sb mit jdm); **just or newly ~** frisch vermählt; **~ couple** Ehepaar nt; **~ couple's allowance** Steuerfreibetrag m für Verheiratete; **~ life** das Eheleben; **he is a ~ man** er ist verheiratet **married name** n Ehename m

marrow n **1** ANAT (Knochen)mark nt; **to be frozen to the ~** völlig durchgefroren sein **2** (Br BOT) Gartenkürbis m **marrowbone** n Markknochen m

marry **A** v/t **1** (≈ get married to) heiraten; **will you ~ me?** willst du mich heiraten? **2** (priest) trauen **B** v/i (a. **get married**) heiraten; **to ~ into a rich family** in eine reiche Familie einheiraten ◊**marry off** v/t sep an den Mann/die Frau bringen (infml); **he has married off his daughter to a rich young lawyer** er hat dafür gesorgt, dass seine Tochter einen reichen jungen Anwalt heiratet

Mars n Mars m

marsh n Sumpf m

marshal **A** n (at demo etc) Ordner(in) m(f) **B** v/t (≈ lead) geleiten, führen

marshland n Marschland nt **marshmallow** n (≈ sweet) Marshmallow nt

marshy adj (+er) sumpfig

marsupial n Beuteltier nt

martial adj music kriegerisch **martial art** n **the ~s** die Kampfkunst **martial law** n Kriegsrecht nt

Martian n Marsmensch m

martyr **A** n Märtyrer(in) m(f) **B** v/t **thousands of Christians were ~ed** Tausende von Christen starben den Märtyrertod **martyrdom** n (≈ suffering) Martyrium nt; (≈ death) Märtyrertod m

marvel **A** n Wunder nt; **it's a ~ to me how he does it** (infml) es ist mir einfach unerklärlich, wie er das macht **B** v/i staunen (at über +acc) **marvellous**, (US) **marvelous** adj wunderbar; **isn't it ~?** ist das nicht herrlich?; **they've done a ~ job** das haben sie hervorragend gemacht **marvellously**, (US) **marvelously** adv (with adj) herrlich; (with vb) großartig

Marxism n der Marxismus **Marxist** **A** adj marxistisch **B** n Marxist(in) m(f)

marzipan n Marzipan nt or m

mascara n Wimperntusche f

mascot n Maskottchen nt

masculine **A** adj männlich; woman maskulin; GRAM maskulin **B** n GRAM Maskulinum nt **masculinity** n Männlichkeit f

mash **A** n Brei m; (≈ potatoes) Püree nt **B** v/t zerstampfen **mashed** adj **~ potatoes** Kartoffelbrei m, Kartoffelstock m (Swiss), Erdäpfelpüree nt (Aus) **masher** n (for potatoes) Kartoffelstampfer m

mask **A** n Maske f; **surgeon's ~** Mundschutz m **B** v/t maskieren **masked** adj maskiert **masked ball** n Maskenball m

masochism n Masochismus m **masochist** n Masochist(in) m(f) **masochis-**

tic adj masochistisch

mason n **1** Steinmetz(in) m(f) **2** (≈ freemason) Freimaurer m **masonic** adj Freimaurer- **masonry** n Mauerwerk nt

masquerade **A** n Maskerade f **B** v/i **to ~ as ...** (fig) sich ausgeben als ...

mass[1] n ECCL Messe f; **to go to ~** zur Messe gehen

mass[2] **A** n **1** Masse f; (of people) Menge f; **a ~ of snow** eine Schneemasse; **a ~ of rubble** ein Schutthaufen m; **the ~es** die Masse(n pl); **the great ~ of the population** die (breite) Masse der Bevölkerung **2** **masses** pl (infml) massenhaft; **he has ~es of money** er hat massenhaft Geld; **the factory is producing ~es of cars** die Fabrik produziert Unmengen von Autos; **I've got ~es to do** ich habe noch massig zu tun (infml) **B** v/i MIL sich massieren; (demonstrators etc) sich versammeln; **they're ~ing for an attack** sie sammeln sich zum Angriff

massacre **A** n Massaker nt **B** v/t massakrieren

massage **A** n Massage f **B** v/t massieren **massage parlour**, (US) **massage parlor** n Massagesalon m

mass destruction n **weapons of ~** Massenvernichtungswaffen pl **massed** adj troops zusammengezogen; people dicht gedrängt; **~ ranks** dicht gedrängte Reihen

masseur n Masseur m **masseuse** n Masseuse f

mass grave n Massengrab nt **mass hysteria** n Massenhysterie f

massive adj riesig; task gewaltig; attack, support, heart attack massiv; **on a ~ scale** in riesigem Umfang **massively** adv enorm

mass market n Massenmarkt m **mass media** pl Massenmedien pl **mass meeting** n Massenveranstaltung f **mass murderer** n Massenmörder(in) m(f) **mass-produce** v/t in Massenproduktion herstellen **mass production** n Massenproduktion f **mass protests** pl Massenproteste pl **mass tourism** n Massentourismus m **mass unemployment** n Massenarbeitslosigkeit f

mast n NAUT Mast(baum) m; RADIO etc Sendeturm m

mastectomy n Brustamputation f

master **A** n **1** (of house etc) Herr m; **to**

be **~ of the situation** Herr *m* der Lage sein **2** NAUT Kapitän *m* **3** (≈ *musician etc*) Meister(in) *m(f)* **4** (≈ *teacher*) Lehrer *m* **B** *v/t* meistern; *emotions* unter Kontrolle bringen; *technique* beherrschen **master bedroom** *n* großes Schlafzimmer **master copy** *n* Original *nt* **master craftsman** *n* Handwerksmeister *m* **master disk** *n* Hauptplatte *f* **master file** *n* IT Stammdatei *f* **masterful** *adj* gebieterisch **master key** *n* Generalschlüssel *m* **masterly** *adj* meisterhaft **mastermind** **A** *n* (führender) Kopf **B** *v/t* who **~ed the robbery?** wer steckt hinter dem Raubüberfall? **Master of Arts/Science** *n* ≈ Magister *m* (der philosophischen/naturwissenschaftlichen Fakultät) **master of ceremonies** *n* (*at function*) Zeremonienmeister(in) *m(f)*; (*on stage*) Conférencier *m* **masterpiece** *n* Meisterwerk *nt* **master plan** *n* Gesamtplan *m* **masterstroke** *n* Meisterstück *nt* **master tape** *n* Originalband *nt*; IT Stammband *nt* **masterwork** *n* Meisterwerk *nt* **mastery** *n* (*of language etc*) Beherrschung *f*; (≈ *skill*) Können *nt* **masturbate** *v/i* masturbieren **masturbation** *n* Masturbation *f*
mat *n* Matte *f*; (≈ *door mat*) Fußmatte *f*; (*on table*) Untersetzer *m*
match¹ *n* Streichholz *nt*
match² **A** *n* **1** **to be** *or* **make a good ~** gut zusammenpassen; **I want a ~ for this yellow paint** ich möchte Farbe in diesem Gelbton; **to be a/no ~ for sb** jdm gewachsen/nicht gewachsen sein; **to meet one's ~** seinen Meister finden **2** (≈ *marriage*) **she made a good ~** sie hat eine gute Partie gemacht **3** SPORTS Wettkampf *m*; (≈ *team game*) Spiel *nt*, Match *nt* (*esp Aus*); TENNIS Match *nt*; BOXING Kampf *m*; **athletics ~** Leichtathletikkampf *m*; **we must have another ~ some time** wir müssen wieder einmal gegeneinander spielen **B** *v/t* **1** (≈ *pair off*) (einander) anpassen **2** (≈ *equal*) gleichkommen (+*dat*) (*in* an +*dat*); **a quality that has never been ~ed since** eine Qualität, die bislang unerreicht ist **3** (≈ *correspond to*) entsprechen (+*dat*) **4** (*clothes, colours*) passen zu; **to ~ textures and fabrics so that ...** Strukturen und Stoffe so aufeinander abstimmen, dass ... **5** **to be ~ed against sb** gegen jdn antreten; **to ~ one's strength against sb** seine Kräfte mit

jdm messen **C** *v/i* zusammenpassen; **with a skirt to ~** mit (dazu) passendem Rock **◊match up** **A** *v/i* zusammenpassen **B** *v/t sep colours* aufeinander abstimmen; **I matched the lampshade up with the wallpaper** ich fand den passenden Lampenschirm zu der Tapete
matchbook *n* (*esp US*) Streichholzheftchen *nt* **matchbox** *n* Streichholzschachtel *f*
matched *adj* zusammenpassend; **they're well ~** (*couple*) die beiden passen gut zusammen; **the boxers were well ~** die Boxer waren einander ebenbürtig **matching** *adj* (dazu) passend; **they form a ~ pair** sie passen zusammen; **a ~ set of wine glasses** ein Satz *m* Weingläser **matchmaker** *n* Ehestifter(in) *m(f)*, Kuppler(in) *m(f)* (*pej*)
match point *n* TENNIS Matchball *m*
matchstick *n* Streichholz *nt*
mate **A** *n* **1** (≈ *helper*) Gehilfe *m*, Gehilfin *f* **2** NAUT Maat *m* **3** (*of animal*) (*male*) Männchen *nt*; (*female*) Weibchen *nt*; **his ~** das Weibchen **4** (*infml* ≈ *friend*) Freund(in) *m(f)*; **listen, ~** hör mal, Freundchen! (*infml*) **B** *v/i* ZOOL sich paaren
material **A** *adj* **1** materiell; **~ damage** Sachschaden *m* **2** *esp* JUR *witness* wesentlich **B** *n* (*a.* **materials**) *pl* Material *nt*; (*for report etc* ≈ *cloth*) Stoff *m*; **raw ~s** Rohstoffe *pl*; **writing ~s** Schreibzeug *nt* **materialism** *n* Materialismus *m* **materialistic** *adj* materialistisch **materialize** *v/i* sich verwirklichen; **the meeting never ~d** das Treffen kam nie zustande; **the money never ~d** von dem Geld habe ich *etc* nie etwas gesehen
maternal *adj* mütterlich; **~ grandfather** Großvater mütterlicherseits; **~ affection** *or* **love** Mutterliebe *f* **maternity allowance**, **maternity benefit** *n* (*Br*) Mutterschaftshilfe *f* **maternity dress** *n* Umstandskleid *nt* **maternity leave** *n* Mutterschaftsurlaub *m* **maternity pay** *n* (*Br*) Mutterschaftsgeld *nt* (*als Lohnfortzahlung*) **maternity rights** *pl* Anspruchsberechtigung *f* von Müttern **maternity ward** *n* Entbindungsstation *f*
math *n* (*US infml*) Mathe *f* (*infml*) **mathematical** *adj* mathematisch **mathematician** *n* Mathematiker(in) *m(f)*
mathematics *n sg* Mathematik *f* **maths** *n sg* (*Br infml*) Mathe *f* (*infml*)

M

matinée n Matinee f; (in the afternoon) Frühvorstellung f

mating n Paarung f **mating call** n Lockruf m **mating season** n Paarungszeit f

matriarch n Matriarchin f **matriarchal** adj matriarchalisch **matriarchy** n Matriarchat nt

matriculate v/i sich immatrikulieren **matriculation** n Immatrikulation f

matrimonial adj ehelich **matrimony** n (form) Ehe f

matron n (in hospital) Oberin f; (in school) Schwester f **matronly** adj matronenhaft

matt adj matt; **a paint with a ~ finish** ein Mattlack m

matted adj verfilzt; **hair ~ with blood/mud** mit Blut/Schlamm verkrustetes Haar

matter ◪ n ◫ (≈ substance) die Materie ◱ (particular kind) Stoff m; **vegetable ~** pflanzliche Stoffe pl ◳ (≈ question) Sache f; (≈ topic) Thema nt; **a ~ of great urgency** eine äußerst dringende Angelegenheit; **there's the ~ of my expenses** da ist (noch) die Sache mit meinen Ausgaben; **that's quite another ~** das ist etwas (ganz) anderes; **it will be no easy ~ (to) ...** es wird nicht einfach sein, zu ...; **the ~ is closed** der Fall ist erledigt; **for that ~** eigentlich; **it's a ~ of time** das ist eine Frage der Zeit; **it's a ~ of opinion** das ist Ansichtssache; **it's a ~ of adjusting this part exactly** es geht darum, dieses Teil genau einzustellen; **it's a ~ of life and death** es geht um Leben und Tod; **it will be a ~ of a few weeks** es wird ein paar Wochen dauern; **in a ~ of minutes** innerhalb von Minuten; **it's not just a ~ of increasing the money supply** es ist nicht damit getan, die Geldzufuhr zu erhöhen; **as a ~ of course** selbstverständlich; **no ~!** macht nichts; **no ~ how** etc ... egal, wie etc ...; **no ~ how you do it** wie du es auch machst; **no ~ how hard he tried** so sehr er sich auch anstrengte; **sth is the ~ with sb/sth** etw ist mit jdm/etw los; (ill) etw fehlt jdm; **what's the ~?** was ist (denn) los?; **what's the ~ with you this morning? — nothing's the ~** was hast du denn heute Morgen? — gar nichts; **something's the ~ with the lights** mit dem Licht ist irgendetwas nicht in Ordnung ◴ **matters** pl Angelegenheiten pl; **to make ~s worse** zu allem Unglück

(noch) ◪ v/i **it doesn't ~** macht nichts; **I forgot it, does it ~?** — **yes, it does ~** ich habs vergessen, ist das schlimm? — ja, das ist schlimm; **why should it ~ to me?** warum sollte mir das etwas ausmachen?; **it doesn't ~ to me what you do** es ist mir (ganz) egal, was du tust; **the things which ~ in life** was im Leben wichtig ist **matter-of-fact** adj sachlich; **he was very ~ about it** er blieb sehr sachlich

matting n Matten pl

mattress n Matratze f

mature ◪ adj (+er) reif; wine ausgereift ◫ v/i ◫ (person) reifer werden ◱ (wine, cheese) reifen ◳ COMM fällig werden **maturely** adv behave vernünftig **mature student** n Spätstudierende(r) m/f(m)

maturity n ◫ Reife f; **to reach ~** (person) erwachsen werden; (legally) volljährig werden ◱ COMM Fälligkeit f

maudlin adj sentimental

maul v/t übel zurichten

mausoleum n Mausoleum nt

mauve ◪ adj mauve ◫ n Mauvein nt

maverick n Einzelgänger(in) m(f)

mawkish adj sentimental

max n abbr of **maximum** max.

maxim n Maxime f

maximize v/t maximieren **maximum** ◪ adj attr Höchst-; length maximal; **~ penalty** Höchststrafe f; **~ fine** maximale Geldstrafe; **for ~ effect** um die größte Wirkung zu erzielen; **he scored ~ points** er hat die höchste Punktzahl erreicht; **~ security prison** Hochsicherheitsgefängnis nt ◫ n, pl -s or maxima Maximum nt; **up to a ~ of £8** bis zu maximal £ 8; **temperatures reached a ~ of 34°** die Höchsttemperatur betrug 34° ◪ adv (≈ at the most) maximal; **drink two cups of coffee a day ~** trinken Sie maximal zwei Tassen Kaffee pro Tag

May n Mai m

may v/i, pret might; → might¹ ◫ (possibility: a. **might**) können; **it ~ rain** es könnte regnen; **it ~ be that ...** es könnte sein, dass ...; **although it ~ have been useful** obwohl es hätte nützlich sein können; **he ~ not be hungry** vielleicht hat er keinen Hunger; **they ~ be brothers** es könnte sein, dass sie Brüder sind; **that's as ~ be** (not might) das mag ja sein(, aber ...); **you ~ well ask** das kann man wohl fra-

M

gen **2** (*permission*) dürfen; **~ I go now?** darf ich jetzt gehen? **3 I had hoped he might succeed this time** ich hatte gehofft, es würde ihm diesmal gelingen; **we ~** *or* **might as well go** ich glaube, wir können (ruhig) gehen; **~ you be very happy together** ich wünsche euch, dass ihr sehr glücklich miteinander werdet; **~ the Lord have mercy on your soul** der Herr sei deiner Seele gnädig; **who ~** *or* **might you be?** und wer sind Sie?

maybe *adv* vielleicht; **that's as ~** kann schon sein; **~, ~ not** vielleicht, vielleicht auch nicht

May Day *n* der 1. Mai **Mayday** *n* Maydaysignal *nt*; (*said*) Mayday

mayhem *n* Chaos *nt*

mayo *n* (*US infml*) Majo *f* (*infml*) **mayonnaise** *n* Mayonnaise *f*

mayor *n* Bürgermeister(in) *m(f)* **mayoress** *n* Frau *f* Bürgermeister; (≈ *lady mayor*) Bürgermeisterin *f*

maypole *n* Maibaum *m*

maze *n* Irrgarten *m*; (≈ *puzzle*) Labyrinth *nt*; (*fig*) Gewirr *nt*

MB[1] *abbr of* Bachelor of Medicine

MB[2] *abbr of* megabyte MB, Mbyte

MBA *abbr of* Master of Business Administration; **he's doing an ~** er studiert Betriebswirtschaft

MBE *abbr of* Member of the Order of the British Empire *britischer Verdienstorden*

MC *abbr of* Master of Ceremonies

MD **1** *abbr of* Doctor of Medicine Dr. med. **2** *abbr of* managing director

me *pron* **1** (*dir obj, with prep +acc*) mich; (*indir obj, with prep +dat*) mir; **he's older than me** er ist älter als ich **2** (*emph*) ich; **it's me** ich bins

meadow *n* Wiese *f*; **in the ~** auf der Wiese

meagre, (*US*) **meager** *adj* spärlich; *amount* kläglich; **he earns a ~ £500 a month** er verdient magere £500 im Monat

meal[1] *n* Schrot(mehl *nt*) *m*

meal[2] *n* Mahlzeit *f*; (≈ *food*) Essen *nt*; **come round for a ~** komm zum Essen (zu uns); **to go for a ~** essen gehen; **to have a (good) ~** (gut) essen; **to make a ~ of sth** (*infml*) etw auf sehr umständliche Art machen **mealtime** *n* Essenszeit *f*; **at ~s** während des Essens

mean[1] *adj* (+*er*) **1** (*esp Br* ≈ *miserly*) geizig;

you ~ thing! du Geizhals! **2** (≈ *unkind*) gemein; **you ~ thing!** du Miststück! (*infml*) **3** *birth* niedrig **4** (≈ *vicious*) bösartig **5** **he is no ~ player** er ist ein beachtlicher Spieler; **he plays a ~ game of poker** er ist ein ausgefuchster Pokerspieler (*infml*); **that's no ~ feat** diese Aufgabe ist nicht zu unterschätzen

mean[2] *n* MAT Mittelwert *m*

mean[3] *pret, past part* meant *v/t* **1** bedeuten; (*person* ≈ *refer to*) meinen; **what do you ~ by that?** was willst du damit sagen?; **the name ~s nothing to me** der Name sagt mir nichts; **it ~s starting all over again** das bedeutet, dass wir wieder ganz von vorne anfangen müssen; **he ~s a lot to me** er bedeutet mir viel **2** (≈ *intend*) beabsichtigen; **to ~ to do sth** etw tun wollen; (≈ *do on purpose*) etw absichtlich tun; **to be ~t for sb/sth** für jdn/etw bestimmt sein; **sth is ~t to be** etw soll etw sein; **of course it hurt, I ~t it to** or **it was ~t to** natürlich tat das weh, das war Absicht; **I ~t it as a joke** das sollte ein Witz sein; **I was ~t to do that** ich hätte das tun sollen; **I thought it was ~t to be hot in the south** ich dachte immer, dass es im Süden so heiß sei; **this pad is ~t for drawing** dieser Block ist zum Zeichnen gedacht; **he ~s well/no harm** er meint es gut/nicht böse; **to ~ sb no harm** es gut mit jdm meinen; (*physically*) jdm nichts tun wollen; **I ~t no harm by what I said** was ich da gesagt habe, war nicht böse gemeint **3** (≈ *be serious about*) ernst meinen; **I ~ it!** das ist mein Ernst!; **do you ~ to say you're not coming?** willst du damit sagen, dass du nicht kommst?; **I ~ what I say** ich sage das im Ernst

meander *v/i* (*river*) sich (dahin)schlängeln; (*person, walking*) schlendern

meaning *n* Bedeutung *f*; **what's the ~ of (the word) "hick"?** was soll das Wort „hick" bedeuten?; **you don't know the ~ of love** du weißt ja gar nicht, was Liebe ist; **what's the ~ of this?** was hat denn das zu bedeuten? **meaningful** *adj* **1** *statement* mit Bedeutung; *poem, look* bedeutungsvoll; **to be ~** eine Bedeutung haben **2** (≈ *purposeful*) sinnvoll; *relationship* tiefer gehend **meaningfully** *adv* **1** *look* bedeutungsvoll; *say, add* vielsagend **2** *spend one's time, participate, negotiate* sinn-

voll **meaningless** adj bedeutungslos; **my life is ~** mein Leben hat keinen Sinn **meanly** adv behave gemein **meanness** n **1** (esp Br ≈ miserliness) Geiz m **2** (≈ unkindness) Gemeinheit f **3** (≈ viciousness) Bösartigkeit f
means n **1** sg (≈ method) Möglichkeit f; (≈ instrument) Mittel nt; **a ~ of transport** ein Beförderungsmittel nt; **a ~ of escape** eine Fluchtmöglichkeit; **a ~ to an end** ein Mittel nt zum Zweck; **there is no ~ of doing it** es ist unmöglich, das zu tun; **is there any ~ of doing it?** ist es irgendwie möglich, das zu tun?; **we've no ~ of knowing** wir können nicht wissen; **by ~ of sth** durch etw; **by ~ of doing sth** dadurch, dass man etw tut **2** sg **by all ~!** (aber) selbstverständlich!; **by no ~** keineswegs **3** pl (≈ wherewithal) Mittel pl; **a man of ~** ein vermögender Mann; **to live beyond one's ~** über seine Verhältnisse leben
means test n Vermögensveranlagung f
meant pret, past part of **mean³**
meantime A adv inzwischen **B** n **in the ~** in der Zwischenzeit
meanwhile adv inzwischen
measles n sg Masern pl
measly adj (+er) (infml) mick(e)rig (infml)
measurably adv deutlich
measure A n **1** Maß nt; (fig) Maßstab m (of für); **a ~ of length** ein Längenmaß nt; **to have sth made to ~** etw nach Maß anfertigen lassen; **the furniture has been made to ~** die Möbel sind Maßarbeit; **beyond ~** grenzenlos; **some ~ of** ein gewisses Maß an **2** (≈ amount measured) Menge f; **a small ~ of flour** ein wenig Mehl; **for good ~** sicherheitshalber; **to get the ~ of sb/sth** jdn/etw (richtig) einschätzen **3** (≈ step) Maßnahme f; **to take ~s to do sth** Maßnahmen ergreifen, um etw zu tun **B** v/t messen; (fig) beurteilen **C** v/i messen; **what does it ~?** wie groß ist es? ◊**measure out** v/t sep abmessen; weights abwiegen ◊**measure up** v/i **he didn't ~** er hat enttäuscht; **to ~ to sth** an etw (acc) herankommen
measured adj tone bedächtig; response maßvoll; **at a ~ pace** in gemäßigtem Tempo **measurement** n **1** (≈ act) Messung f **2** (≈ measure) Maß nt; (≈ figure) Messwert m; (fig) Maßstab m; **to take sb's ~s** an jdm or bei jdm Maß nehmen
measuring jug n Messbecher m

meat n Fleisch nt; **assorted cold ~s** Aufschnitt m **meatball** n Fleischkloß m **meat loaf** n ≈ Fleischkäse m **meaty** adj (+er) **1** mit viel Fleisch; **~ chunks** Fleischbrocken pl **2** hands fleischig **3** (fig) role anspruchsvoll
Mecca n Mekka nt
mechanic n Mechaniker(in) m(f)
mechanical adj mechanisch; toy technisch; **a ~ device** ein Mechanismus m **mechanical engineer** n Maschinenbauer(in) m(f) **mechanical engineering** n Maschinenbau m **mechanics** n **1** sg Mechanik f **2** pl (fig: of writing etc) Technik f **mechanism** n Mechanismus m **mechanization** n Mechanisierung f **mechanize** v/t mechanisieren
mechatronics n sg Mechatronik f
medal n Medaille f; (≈ decoration) Orden m **medallion** n Medaillon nt; (≈ medal) Medaille f **medallist**, (US) **medalist** n Medaillengewinner(in) m(f)
meddle v/i (≈ interfere) sich einmischen (in in +acc); (≈ tamper) sich zu schaffen machen (with an +dat); **to ~ with sb** sich mit jdm einlassen **meddlesome** adj, **meddling** adj attr **she's a ~ old busybody** sie mischt sich dauernd in alles ein
media n pl of **medium** Medien pl; **he works in the ~** er ist im Mediensektor tätig; **to get ~ coverage** Publicity bekommen
mediaeval adj = **medieval**
media event n Medienereignis nt
median adj mittlere(r, s) **median strip** n (US) Mittelstreifen m
media streaming device n IT, TV Mediastreamer m **media studies** pl Medienwissenschaft f
mediate v/i vermitteln v/t aushandeln **mediation** n Vermittlung f **mediator** n Vermittler(in) m(f)
medic n (infml) Mediziner(in) m(f) (infml)
Medicaid n (US) staatliche Krankenversicherung und Gesundheitsfürsorge für Einkommensschwache unter 65 in den USA
medical A adj medizinisch; treatment, staff ärztlich; **the ~ profession** die Ärzteschaft; **~ condition** Erkrankung f **B** n (ärztliche) Untersuchung **medical assistant** n medizinischer Assistent, medizinische Assistentin **medical certificate** n ärztliches Attest **medical his-**

tory n her ~ ihre Krankengeschichte **medical insurance** n Krankenversicherung f **medical officer** n **1** MIL Stabsarzt m, Stabsärztin f **2** (≈ official) Amtsarzt m, Amtsärztin f **medical practice** n (≈ business) Arztpraxis f, Ordination f (Aus) **medical practitioner** n Arzt m, Ärztin f **medical school** n ≈ medizinische Fakultät **medical science** n die ärztliche Wissenschaft **medical student** n Medizinstudent(in) m(f) **medical tourism** n Medizintourismus m **Medicare** n (US) staatliche Krankenversicherung und Gesundheitsfürsorge für ältere Bürger in den USA **medicated** adj medizinisch **medication** n Medikamente pl **medicinal** adj Heil-, heilend; **for ~ purposes** zu medizinischen Zwecken; **the ~ properties of various herbs** die Heilkraft verschiedener Kräuter **medicine** n **1** Medizin f (infml); (≈ single preparation) Medikament nt; **to take one's ~** seine Arznei einnehmen; **to give sb a taste of his own ~** (fig) es jdm mit gleicher Münze heimzahlen **2** (≈ science) Medizin f; **to practise** (Br) or **practice** (US) ~ den Arztberuf ausüben **medieval** adj mittelalterlich; **in ~ times** im Mittelalter **mediocre** adj mittelmäßig **mediocrity** n Mittelmäßigkeit f **meditate** v/i nachdenken (upon, on über +acc); REL, PHIL meditieren **meditation** n Nachdenken nt; REL, PHIL Meditation f **Mediterranean 𝗔** n Mittelmeer nt; **in the ~** (≈ in region) am Mittelmeer **𝗕** adj Mittelmeer-; character südländisch; ~ **cruise** Kreuzfahrt f im Mittelmeer **Mediterranean Sea** n **the ~** das Mittelmeer **medium 𝗔** adj mittlere(r, s); steak medium; (≈ medium-sized) mittelgroß; **of ~ height/size** mittelgroß; **cook over a ~ heat** bei mittlerer Hitze kochen; **in/over the ~ term** mittelfristig **𝗕** n, pl media or -s **1** (≈ means) Mittel nt; TV, RADIO, PRESS Medium nt; ART Ausdrucksmittel nt; **advertising ~** Werbeträger m **2** (≈ spiritualist) Medium nt **medium-dry** adj halbtrocken **medium-range** adj ~ **aircraft** Mittelstreckenflugzeug nt **medium-rare** adj rosa **medium-sized** adj mittelgroß **medium wave** n Mittelwelle f

medley n Gemisch nt; MUS Medley nt **meek** adj (+er) sanft(mütig); (pej) duckmäuserisch **meekly** adv sanft; (pej) duckmäuserisch; agree widerspruchslos; submit, accept widerstandslos **meet** vb: pret, past part met **𝗔** v/t **1** treffen; **to arrange to ~ sb** sich mit jdm verabreden; **to ~ a challenge** (dat) stellen; **there's more to it than ~s the eye** da steckt mehr dahinter, als man auf den ersten Blick meint **2** (≈ get to know) kennenlernen; (≈ be introduced to) bekannt gemacht werden mit; **pleased to ~ you!** guten Tag/Abend **3** (≈ collect) abholen (at an +dat, von) **4** target erfüllen; requirement gerecht werden (+dat); needs decken **𝗕** v/i **1** (≈ encounter) (people) sich begegnen; (by arrangement) sich treffen; (committee etc) zusammenkommen; SPORTS aufeinandertreffen; **to ~ halfway** einen Kompromiss schließen **2** (≈ become acquainted) sich kennenlernen; (≈ be introduced) bekannt gemacht werden; **we've met before** wir kennen uns bereits; **haven't we met before?** sind wir uns nicht schon mal begegnet? **3** (≈ join) sich treffen; (≈ converge) sich vereinigen; (≈ intersect) sich schneiden; (≈ touch) sich berühren; **our eyes met** unsere Blicke trafen sich **𝗖** n (US ATHLETICS) Sportfest nt ◊**meet up** v/i sich treffen ◊**meet with** v/i +prep obj **1** opposition stoßen auf (+acc); success, accident haben; approval finden; **I was met with a blank stare** sie/er etc starrte mich unwissend an **2** person treffen

meeting n **1** Begegnung f; (arranged) Treffen nt; (≈ business meeting) Besprechung f; **the minister had a ~ with the ambassador** der Minister traf zu Gesprächen mit dem Botschafter zusammen **2** (of committee) Sitzung f; (of members, employees) Versammlung f; **the committee has three ~s a year** der Ausschuss tagt dreimal im Jahr **3** SPORTS Veranstaltung f; (between teams, opponents) Begegnung f **meeting place** n Treffpunkt m

mega- pref Mega- **megabyte** n IT Megabyte nt; **a 40-~ memory** ein 40-Megabyte-Speicher m

megalomania n Größenwahn m **megalomaniac** n Größenwahnsinnige(r) m/f(m)

megaphone n Megafon nt **megastar** n

Megastar *m* **megastore** *n* Großmarkt *m*
melancholic *adj* melancholisch **melancholy** **A** *adj* melancholisch; *place* trist **B** *n* Melancholie *f*
mellow **A** *adj* (+er) **1** *wine* ausgereift; *flavour* mild; *colour, light* warm; *voice* sanft **2** *person* abgeklärt **B** *v/i* (*person*) abgeklärter werden
melodic *adj*, **melodically** *adv* melodisch **melodious** *adj* melodiös, melodisch
melodrama *n* Melodrama *nt* **melodramatic** *adj*, **melodramatically** *adv* melodramatisch
melody *n* Melodie *f*
melon *n* Melone *f*
melt **A** *v/t* **1** (*lit*) schmelzen; *butter* zerlassen **2** (*fig*) *heart etc* erweichen **B** *v/i* **1** schmelzen **2** (*fig: person*) dahinschmelzen ◊**melt away** *v/i* **1** (*lit*) (weg)schmelzen **2** (*fig*) sich auflösen; (*crowd*) dahinschmelzen; (*anger*) verfliegen ◊**melt down** *v/t sep* einschmelzen
meltdown *n* Kernschmelze *f*; (≈ *disaster*) Katastrophe *f* **melting pot** *n* (*fig*) Schmelztiegel *m*
member **1** Mitglied *nt*; ~ **of the family** Familienmitglied *nt*; **if any** ~ **of the audience …** falls einer der Zuschauer/Zuhörer …; **the** ~ **states** die Mitgliedsstaaten *pl* **2** PARL Abgeordnete(r) *m/f(m)*, Mandatar(in) *m(f)* (*Aus*); ~ **of parliament** Parlamentsmitglied *nt* **membership** *n* **1** Mitgliedschaft *f* (*of in* +*dat*) **2** (≈ *number of members*) Mitgliederzahl *f* **membership card** *n* Mitgliedsausweis *m* **membership fee** *n* Mitgliedsbeitrag *m*
membrane *n* Membran *f*
memento *n, pl* -(e)s Andenken *nt* (*of an* +*acc*)
memo *n abbr of* memorandum Memo *nt* **memoir** *n* **1** Kurzbiografie *f* **2** **memoirs** *pl* Memoiren *pl* **memo pad** *n* Notizblock *m* **memorable** *adj* unvergesslich; (≈ *important*) denkwürdig **memorandum** *n, pl* memoranda Mitteilung *f* **memorial** **A** *adj* Gedenk- **B** *n* Denkmal *nt* (*to* für) **Memorial Day** *n* (*US*) ≈ Volkstrauertag *m* **memorial service** *n* Gedenkgottesdienst *m* **memorize** *v/t* sich (*dat*) einprägen
memory *n* **1** Gedächtnis *nt*; **from** ~ aus dem Kopf; **to lose one's** ~ sein Gedächtnis verlieren; **to commit sth to** ~ sich

(*dat*) etw einprägen; ~ **for faces** Personengedächtnis *nt*; **if my** ~ **serves me right** wenn ich mich recht entsinne **2** (≈ *thing remembered*) Erinnerung *f* (*of an* +*acc*); **I have no** ~ **of it** ich kann mich nicht daran erinnern; **he had happy memories of his father** er verband angenehme Erinnerungen mit seinem Vater; **in** ~ **of** zur Erinnerung an (+*acc*) **3** IT Speicher *m* **memory bank** *n* IT Datenbank *f* **memory expansion card** *n* IT Speichererweiterungskarte *f* **memory stick** *n* IT Memory Stick *m*
men *pl of* man
menace **A** *n* **1** Bedrohung *f* (*to* +*gen*) **2** (*infml* ≈ *nuisance*) (Land)plage *f*; **she's a** ~ **on the roads** sie gefährdet den ganzen Verkehr **B** *v/t* bedrohen **menacing** *adj* drohend; **to look** ~ bedrohlich aussehen **menacingly** *adv* drohend; **…, he said** ~ **…**, sagte er mit drohender Stimme
mend **A** *n* **to be on the** ~ sich (langsam) erholen **B** *v/t* **1** reparieren; *clothes* flicken **2** **to** ~ **one's ways** sich bessern; **you'd better** ~ **your ways** das muss aber anders werden mit dir! **C** *v/i* (*bone*) (ver)heilen
menial *adj* niedrig
meningitis *n* Hirnhautentzündung *f*
menopause *n* Wechseljahre *pl*
men's room *n* (*esp US*) Herrentoilette *f*
menstrual cycle *n* Menstruationszyklus *m* **menstruate** *v/i* menstruieren **menstruation** *n* Menstruation *f*
menswear *n* Herrenbekleidung *f*
mental *adj* **1** geistig; *strain* psychisch; **to make a** ~ **note of sth** sich (*dat*) etw merken; ~ **process** Denkvorgang *m* **2** (*infml* ≈ *mad*) übergeschnappt (*infml*) **mental arithmetic** *n* Kopfrechnen *nt* **mental block** *n* **to have a** ~ ein Brett vor dem Kopf haben (*infml*) **mental breakdown** *n* Nervenzusammenbruch *m* **mental health** *n* Geisteszustand *m* **mental hospital** *n* Nervenklinik *f* **mental illness** *n* Geisteskrankheit *f* **mentality** *n* Mentalität *f* **mentally** *adv* geistig; ~ **handicapped** *neg!* geistig behindert; **he is** ~ **ill** er ist geisteskrank
menthol *n* Menthol *nt*
mention **A** *n* Erwähnung *f*; **to get** *or* **receive a** ~ erwähnt werden; **to give sb/sth a** ~ jdn/etw erwähnen; **there is no** ~ **of it** es wird nicht erwähnt; **his contribution deserves special** ~ sein Beitrag verdient

es, besonders hervorgehoben zu werden **B** *v/t* erwähnen (*to sb* jdm gegenüber); **not to ~ ...** nicht zu vergessen ...; **France and Spain, not to ~ Holland** Frankreich und Spanien, von Holland ganz zu schweigen; **don't ~ it!** (bitte,) gern geschehen!; **to ~ sb in one's will** jdn in seinem Testament berücksichtigen

mentor *n* Mentor(in) *m(f)*

menu *n* (≈ *bill of fare*) Speisekarte *f*; (≈ *dishes*) Menü *nt* (*also* IT); **may we see the ~?** können Sie uns bitte die Karte bringen?; **what's on the ~?** was gibt es heute (zu essen)? **menu bar** *n* IT Menüzeile *f* **menu-driven** *adj* IT menügesteuert

MEP *abbr of* Member of the European Parliament Mitglied *nt* des Europäischen Parlaments

mercenary **A** *adj* (≈ *greedy*) geldgierig; **don't be so ~** sei doch nicht so hinter dem Geld her (*infml*) **B** *n* Söldner(in) *m(f)*

merchandise *n* (Handels)ware *f* **merchant** *n* Kaufmann *m*/-frau *f*; **corn ~** Getreidehändler(in) *m(f)* **merchant bank** *n* (*Br*) Handelsbank *f* **merchant marine** *n* (*US*) Handelsmarine *f* **merchant navy** *n* (*Br*) Handelsmarine *f*

merciful *adj* gnädig (*to sb* jdm gegenüber) **mercifully** *adv* **1** *act* barmherzig; *treat sb* gnädig **2** (≈ *fortunately*) glücklicherweise **merciless** *adj* unbarmherzig **mercilessly** *adv* erbarmungslos

Mercury *n* Merkur *m*

mercury *n* Quecksilber *nt*

mercy *n* **1** *no pl* (≈ *compassion*) Erbarmen *nt*; (≈ *action*) Gnade *f*; **to beg for ~** um Gnade bitten; **to have ~/no ~ on sb** mit jdm Erbarmen/kein Erbarmen haben; **to show sb ~/no ~** Erbarmen/kein Erbarmen mit jdm haben; **to be at the ~ of sb/sth** jdm/einer Sache (*dat*) ausgeliefert sein; **we're at your ~** wir sind in Ihrer Hand **2** (*infml* ≈ *blessing*) Segen *m*

mere *adj* **1** bloß; **he's a ~ clerk** er ist bloß ein kleiner Angestellter; **a ~ 3%/two hours** bloß 3%/zwei Stunden; **the ~ thought of food made me hungry** schon beim Gedanken an Essen bekam ich Hunger **2** **the ~st ...** der/die/das kleinste ...

merely *adv* lediglich, bloß

merge **A** *v/i* **1** zusammenkommen; (*colours*) ineinander übergehen; (*roads*) zusammenführen; (*US* AUTO) sich einordnen; **to ~ with sth** sich mit etw vereinen; **to ~**

(in) with/into the crowd in der Menge untergehen/untertauchen; **to ~ into sth** in etw (*acc*) übergehen **2** COMM fusionieren **B** *v/t* **1** miteinander vereinen; IT *files* mischen **2** COMM fusionieren **merger** *n* COMM Fusion *f*

meringue *n* Baiser *nt*

merit **A** *n* (≈ *achievement*) Verdienst *nt*; (≈ *advantage*) Vorzug *m*; **a work of great literary ~** ein Werk von großem literarischem Wert; **she was elected on ~** sie gewann die Wahl aufgrund persönlicher Fähigkeiten; **to judge a case on its ~s** einen Fall gesondert behandeln; **to pass an exam with ~** ein Examen mit Auszeichnung bestehen **B** *v/t* verdienen

mermaid *n* Meerjungfrau *f*

merrily *adv* vergnügt **merriment** *n* Heiterkeit *f*; (≈ *laughter*) Gelächter *nt* **merry** *adj* (+*er*) **1** fröhlich; **Merry Christmas!** frohe Weihnachten! **2** (*Br infml* ≈ *tipsy*) beschwipst (*infml*) **merry-go-round** *n* Karussell *nt*, Ringelspiel *nt* (*Aus*)

mesh **A** *n* **1** (≈ *hole*) Masche *f* **2** (≈ *wire mesh*) Maschendraht *m* **B** *v/i* **1** MECH eingreifen (*with* in +*acc*) **2** (*fig: views*) sich vereinen lassen

mesmerize *v/t* hypnotisieren; (*fig*) fesseln; **the audience sat ~d** die Zuschauer saßen wie gebannt **mesmerizing** *adj* *effect* hypnotisch; *smile* faszinierend

mess¹ **A** *n* **1** Durcheinander *nt*; (*dirty*) Schweinerei *f*; **to be (in) a ~** in einem fürchterlichen Zustand sein; (≈ *disorganized*) ein einziges Durcheinander sein; (*fig: one's life etc*) verkorkst sein (*infml*); **to be a ~** (*piece of work*) eine Schweinerei sein (*infml*); (*person*) (*in appearance*) unordentlich aussehen; (*psychologically*) verkorkst sein (*infml*); **to make a ~** (≈ *be untidy*) Unordnung machen; (≈ *be dirty*) eine Schweinerei machen (*infml*); **to make a ~ of sth** (≈ *bungle*) etw verpfuschen; *of one's life* etw verkorksen (*infml*); **you've really made a ~ of things** du hast alles total vermasselt (*infml*); **what a ~!** das sieht ja vielleicht aus!; (*fig*) ein schöner Schlamassel! (*infml*); **I'm not tidying up your ~** ich räume nicht für dich auf **2** (≈ *predicament*) Schwierigkeiten *pl* **3** (*euph* ≈ *excreta*) Dreck *m*; **the cat has made on the carpet** die Katze hat auf den Teppich gemacht **B** *v/i* = mess about II ◊**mess about** (*Brit*) *or* **around** (*infml*) **A** *v/t* *sep person* an der Nase herumführen (*infml*) **B** *v/i* **1** (≈ *play the fool*) herumalbern (*infml*) **2** (≈ *do nothing*) herumgammeln (*infml*) **3** (≈ *tinker*) herumfummeln (*infml*) (*with an +dat*); (*as hobby etc*) herumbasteln (*with an +dat*) (*infml*) **4** **he was messing about** *or* **around with my wife** er trieb es mit meiner Frau ◊**mess up** *v/t sep* durcheinanderbringen; (≈ *make dirty*) verdrecken; (≈ *botch*) verpfuschen; *life* verkorksen (*infml*); **that's really messed things up** das hat wirklich alles verdorben

mess² *n* MIL Kasino *nt*; (*on ships*) Messe *f*
message *n* **1** Nachricht *f*; (≈ *report*) Meldung *f*; **to give sb a ~** (*verbal*) jdm etwas ausrichten; (*written*) jdm eine Nachricht geben; **would you give John a ~ (for me)?** könnten Sie John etwas (von mir) ausrichten?; **to send sb a ~** jdn benachrichtigen; **to leave a ~ for sb** (*written*) jdm eine Nachricht hinterlassen; (*verbal*) jdm etwas ausrichten lassen; **can I take a ~ (for him)?** (*on telephone*) kann ich (ihm) etwas ausrichten? **2** (≈ *moral*) Botschaft *f*; **to get one's ~ across to sb** es jdm verständlich machen **3** (*fig infml*) **to get the ~** kapieren (*infml*) **message board** *n* INTERNET Forum *nt*, Message Board *nt* **messenger** *n* Bote *m*, Botin *f*
Messiah *n* Messias *m*
messily *adv* unordentlich
mess kit *n* (*US*) Essgeschirr *nt*
messy *adj* (+er) **1** (≈ *dirty*) schmutzig **2** (≈ *untidy*) unordentlich; **he's a ~ eater** er kann nicht ordentlich essen **3** (*fig*) *situation* verfahren; *process* schwierig
met *pret, past part of* **meet**
meta- *pref* meta-, Meta- **metabolic** *adj* Stoffwechsel-, metabolisch **metabolism** *n* Stoffwechsel *m*
metal *n* Metall *nt* **metal detector** *n* Metallsuchgerät *nt* **metallic** *adj* metallisch; **~ paint** Metalliclack *m*; **~ blue** blaumetallic; **a ~ blue car** ein Auto *nt* in Blaumetallic **metallurgy** *n* Metallurgie *f* **metalwork** *n* Metall *nt*; **we did ~ at school** wir haben in der Schule Metallarbeiten gemacht
metamorphosis *n, pl* **metamorphoses** Metamorphose *f*; (*fig*) Verwandlung *f*
metaphor *n* Metapher *f* **metaphorical** *adj* metaphorisch **metaphorically** *adv* metaphorisch; **~ speaking** bildlich gesprochen

metaphysical *adj* metaphysisch
mete *v/t* **to ~ out punishment to sb** jdn bestrafen
meteor *n* Meteor *m* **meteoric** *adj* (*fig*) kometenhaft **meteorite** *n* Meteorit *m*
meteorological *adj* meteorologisch **meteorologist** *n* Meteorologe *m*, Meteorologin *f* **meteorology** *n* Meteorologie *f*
meter¹ **A** *n* Zähler *m*; (≈ *water meter*) Wasseruhr *f*; (≈ *parking meter*) Parkuhr *f*; **to turn the water off at the ~** das Wasser am Hauptschalter abstellen **B** *v/t* messen
meter² *n* (*US*) = **metre**
methane *n* Methan *nt*
method *n* Methode *f*; (≈ *process*) Verfahren *nt*; **~ of payment** Zahlungsweise *f*
methodical *adj*, **methodically** *adv* methodisch
Methodist **A** *adj* methodistisch **B** *n* Methodist(in) *m(f)*
meths *n sg abbr of* **methylated spirits**
methylated spirits *n sg* Äthylalkohol *m*
meticulous *adj* genau; **to be ~ about sth** es mit etw sehr genau nehmen **meticulously** *adv* sorgfältig
me time *n* Ichzeit *f*
met office *n* (*Br*) Wetteramt *nt*
metre, (*US*) **meter** *n* **1** Meter *m or nt* **2** POETRY Metrum *nt* **metric** *adj* metrisch; **to go ~** auf das metrische Maßsystem umstellen
metronome *n* Metronom *nt*
metropolis *n* Metropole *f* **metropolitan** *adj* weltstädtisch **metrosexual** *adj* metrosexuell
mettle *n* Courage *f*
mew **A** *n* Miau(en) *nt* **B** *v/i* miauen
Mexican **A** *adj* mexikanisch **B** *n* Mexikaner(in) *m(f)* **Mexico** *n* Mexiko *nt*
mezzanine *n* Mezzanin *nt*
mg *abbr of* **milligram(s), milligramme(s)** mg
MI5 (*Br*) *abbr of* **Military Intelligence, section 5** MI5 *m*, Spionageabwehrdienst *der britischen Regierung*
MI6 (*Br*) *abbr of* **Military Intelligence, section 6** MI6 *m*, britischer Auslandsgeheimdienst
miaow (*Br*) **A** *n* Miau(en) *nt* **B** *v/i* miauen
mice *pl of* **mouse**
mickey *n* (*Br infml*) **to take the ~ out of sb** jdn auf den Arm nehmen (*infml*), jdn

pflanzen (*Aus*); **are you taking the ~?** du willst mich/ihn *etc* wohl auf den Arm nehmen (*infml*)

micro- *pref* mikro-, Mikro- **microbe** *n* Mikrobe *f* **microbiology** *n* Mikrobiologie *f* **microchip** *n* Mikrochip *nt* **microcomputer** *n* Mikrocomputer *m* **microcosm** *n* Mikrokosmos *m* **microfibre**, (*US*) **microfiber** *n* Mikrofaser *f* **microfiche** *n* Mikrofiche *m or nt* **microfilm** *n* Mikrofilm *m* **microlight** *n* Ultraleichtflugzeug *nt* **microorganism** *n* Mikroorganismus *m* **microphone** *n* Mikrofon *nt* **microprocessor** *n* Mikroprozessor *m* **micro scooter** *n* Mini-Roller *m*, City-Roller *m* **microscope** *n* Mikroskop *nt* **microscopic** *adj* (*in size*) mikroskopisch (klein); **in ~ detail** bis ins kleinste Detail **microsecond** *n* Mikrosekunde *f* **microsurgery** *n* Mikrochirurgie *f* **microwavable** *adj* mikrowellengeeignet **microwave** *n* Mikrowelle *f* **microwave oven** *n* Mikrowellenherd *m* **microwave-safe** *adj* mikrowellengeeignet

mid *adj* **in ~ June** Mitte Juni; **in the ~ 1980s** Mitte der Achtzigerjahre; **temperatures in the ~ eighties** Temperaturen um 85° Fahrenheit; **to be in one's ~ thirties** Mitte dreißig sein; **in ~ morning/afternoon** am Vormittag/Nachmittag; **a ~-morning break** eine Frühstückspause; **a ~-morning snack** ein zweites Frühstück; **in ~ air** in der Luft; **in ~ flight** während des Flugs **midday** *n* Mittag *m*; **at ~** mittags ▣ *adj attr* mittäglich; **~ meal** Mittagessen *nt*; **~ sun** Mittagssonne *f*

middle ◮ *n* Mitte *f*; (*of book, film etc*) Mittelteil *m*; (*of fruit etc*) Innere(s) *nt*; **in the ~ of the table** mitten auf dem Tisch; **in the ~ of the night/day** mitten in der Nacht/am Tag; **in the ~ of nowhere** am Ende der Welt; **in the ~ of summer** mitten im Sommer; (≈ *height of summer season*) im Hochsommer; **in the ~ of May** Mitte Mai; **we were in the ~ of lunch** wir waren mitten beim Essen; **to be in the ~ of doing sth** mitten dabei sein, etw zu tun; **down the ~** in der Mitte ▣ *adj* mittlere(r, s); **to be in one's ~ twenties** Mitte zwanzig sein **middle age** *n* mittleres Lebensalter **middle-aged** *adj* in den mittleren Jahren **Middle Ages** *pl* Mittelalter *nt* **Middle America** *n* (≈ *class*) die amerikanische Mittelschicht **middle-**

-class *adj* bürgerlich **middle class(es)** *n*(*pl*) Mittelstand *m* **middle-distance runner** *n* Mittelstreckenläufer(in) *m*(*f*) **Middle East** *n* Naher Osten **Middle England** *n* (*fig* ≈ *middle classes*) die englische Mittelschicht **middle finger** *n* Mittelfinger *m* **middle-income** *adj family* mit mittlerem Einkommen **middleman** *n* Mittelsmann *m*; COMM Zwischenhändler *m* **middle management** *n* mittleres Management **middle name** *n* zweiter (Vor)name; **modesty is my ~** (*fig*) ich bin die Bescheidenheit in Person **middle-of-the-road** *adj* ◮ (≈ *moderate*) gemäßigt ◭ (≈ *conventional*) konventionell **middle school** *n* (*Br*) *Schule für 9-12-jährige* **middling** *adj* mittelmäßig; **how are you? — ~** wie geht es dir? — einigermaßen (*infml*) **midfield** ◮ *n* Mittelfeld *nt* ◭ *adj* Mittelfeld-; **~ player** Mittelfeldspieler(in) *m*(*f*)

midge *n* (*Br*) Mücke *f*

midget ◮ *n* Liliputaner(in) *m*(*f*) ◭ *adj* winzig

Midlands *pl* **the ~** die Midlands **midlife crisis** *n* Midlife-Crisis *f*

midnight ◮ *n* Mitternacht *f*; **at ~** um Mitternacht ◭ *adj attr* mitternächtlich, Mitternachts-; **~ mass** Mitternachtsmesse *f*; **the ~ hour** die Mitternachtsstunde **midpoint** *n* mittlerer Punkt **midriff** *n* Taille *f* **midst** *n* Mitte *f*; **in the ~ of** mitten in; **in our ~** unter uns **midstream** *n* **in ~** (*lit*) in der Mitte des Flusses; (*fig*) auf halber Strecke **midsummer** ◮ *n* Hochsommer *m* ◭ *adj* im Hochsommer **Midsummer's Day** *n* Sommersonnenwende *f* **midterm** *adj* **~ elections** POL Zwischenwahlen *pl* **midway** ◮ *adv* auf halbem Weg; **Düsseldorf is ~ between Krefeld and Cologne** Düsseldorf liegt auf halber Strecke zwischen Krefeld und Köln; **~ through sth** mitten in etw (*dat*) ◭ *adj* **we've now reached the ~ point** *or* **stage in the project** das Projekt ist jetzt zur Hälfte fertig **midweek** ◮ *adv* mitten in der Woche ◭ *adj attr* **he booked a ~ flight** er buchte einen Flug für Mitte der Woche **Midwest** *n* Mittelwesten *m* **Midwestern** *adj* mittelwestlich

midwife *n*, *pl* -**wives** Hebamme *f*

midwinter ◮ *n* Wintermitte *f* ◭ *adj* mittwinterlich

miff *v/t* (*infml*) **to be ~ed about sth** über

etw (acc) verärgert sein

might[1] pret of may; **they ~ be brothers** sie könnten Brüder sein; **as you ~ expect** wie zu erwarten war; **you ~ try Smith's** Sie könnten es ja mal bei Smiths versuchen; **he ~ at least have apologized** er hätte sich wenigstens entschuldigen können; **I ~ have known** das hätte ich mir denken können; **she was thinking of what ~ have been** sie dachte an das, was hätte sein können

might[2] n Macht f; **with all one's ~** mit aller Kraft **mightily** adv (infml) **~ impressive** höchst beeindruckend; **I was ~ relieved** ich war überaus erleichtert

mightn't contraction = might not

mighty A adj **1** army mächtig **2** (≈ massive) gewaltig; cheer lautstark **B** adv (esp US infml) mächtig (infml)

migraine n Migräne f

migrant A adj **~ bird** Zugvogel m; **~ worker** Migrant(in) m(f) **B** n **1** (≈ bird) Zugvogel m **2** (≈ worker) Migrant(in) m(f)

migrate v/i (ab)wandern; (birds) nach Süden ziehen **migration** n Wanderung f; (of birds) (Vogel)zug m **migratory** adj **~ worker** Wanderarbeiter(in) m(f); **~ birds** Zugvögel pl

mike n (infml) Mikro nt (infml)

Milan n Mailand nt

mild A adj (+er) mild; breeze, cigarettes leicht; person sanft **B** n (Br) leichtes dunkles Bier

mildew n Schimmel m; (on plants) Mehltau m

mildly adv leicht; say sanft; **to put it ~** gelinde gesagt **mildness** n Milde f; (of breeze) Sanftheit f; (of person) Sanftmütigkeit f

mile n Meile f; **how many ~s per gallon does your car do?** wie viel verbraucht Ihr Auto?; **a fifty-~ journey** eine Fahrt von fünfzig Meilen; **~s (and ~s)** (infml) meilenweit; **they live ~s away** sie wohnen meilenweit weg; **sorry, I was ~s away** (infml) tut mir leid, ich war mit meinen Gedanken ganz woanders (infml); **it stands out a ~** das sieht ja ein Blinder (mit Krückstock) (infml); **he's ~s better at tennis** er spielt hundertmal besser Tennis (infml) **mileage** n Meilen pl; (on odometer) Meilenstand m **mileometer** n (Br) ≈ Kilometerzähler m **milestone** n Meilenstein m

militant A adj militant **B** n militantes Element

militarism n Militarismus m **militaristic** adj militaristisch

military A adj militärisch; **~ personnel** Militärangehörige pl **B** n **the ~** das Militär **military base** n Militärstützpunkt m **military police** n Militärpolizei f **military policeman** n Militärpolizist m **military service** n Militärdienst m, Präsenzdienst m (Aus); **to do one's ~** seinen Militärdienst ableisten; **he's doing his ~** er ist gerade beim Militär

militia n Miliz f **militiaman** n, pl -men Milizsoldat m

milk A n Milch f; **it's no use crying over spilled ~** (prov) was passiert ist, ist passiert **B** v/t melken **milk bar** n Milchbar f **milk chocolate** n Vollmilchschokolade f **milk float** n Milchauto nt **milking** n Melken nt **milkman** n Milchmann m **milkshake** n Milchshake m **milk tooth** n Milchzahn m **milky** adj (+er) milchig; **~ coffee** Milchkaffee m **Milky Way** n Milchstraße f

mill n **1** Mühle f; **in training you're really put through the ~** (infml) im Training wird man ganz schön hart rangenommen (infml) **2** (≈ paper mill etc) Fabrik f; (for cloth) Weberei f ◊**mill about** (Brit) or **around** v/i umherlaufen

millennium n, pl -s or millennia Jahrtausend nt

miller n Müller(in) m(f)

millet n Hirse f

milli- pref Milli-; **millisecond** Millisekunde f **milligram(me)** n Milligramm nt **millilitre**, (US) **milliliter** n Milliliter m or nt **millimetre**, (US) **millimeter** n Millimeter m or nt

million n Million f; **4 ~ people** 4 Millionen Menschen; **for ~s and ~s of years** für Millionen und Abermillionen von Jahren; **she's one in a ~** (infml) sie ist einsame Klasse (infml); **~s of times** (infml) tausendmal **millionaire** n Millionär m **millionairess** n Millionärin f

millionth A adj **1** (≈ fraction) millionstel **2** (in series) millionste(r, s) **B** n Millionstel nt

millipede n Tausendfüß(l)er m

millpond n Mühlteich m

millstone n Mahlstein m; **she's a ~ around his neck** sie ist für ihn ein Klotz am Bein

mime **A** n Pantomime f **B** v/t pantomimisch darstellen **C** v/i Pantomimen spielen **mime artist** n Pantomime m, Pantomimin f

mimic **A** n Imitator(in) m(f); **he's a very good ~** er kann sehr gut Geräusche/andere Leute nachahmen **B** v/t nachahmen **mimicry** n Nachahmung f

min **1** abbr of minute(s) min **2** abbr of minimum min.

mince **A** n (esp Br) Hackfleisch nt, Faschierte(s) nt (Aus) **B** v/t (esp Br) durch den Fleischwolf drehen, faschieren (Aus); **he doesn't ~ his words** er nimmt kein Blatt vor den Mund **C** v/i (Br) (≈ walk) tänzeln **mincemeat** n süße Gebäckfüllung aus Dörrobst und Sirup; **to make ~ of sb** (infml) (physically) Hackfleisch aus jdm machen (infml); (verbally) jdn zur Schnecke machen (infml) **mince pie** n mit Mincemeat gefülltes Gebäck **mincer** n (esp Br) Fleischwolf m

mind **A** n **1** (≈ intellect) Geist m, Verstand m; (≈ thoughts) Gedanken pl; **it's all in the ~** das ist alles Einbildung; **to blow sb's ~** (infml) jdn umwerfen (infml); **to have a logical ~** logisch veranlagt sein; **state or frame of ~** Geisteszustand m; **to put or set one's ~ to sth** sich anstrengen, etw zu tun; **he had something on his ~** ihn beschäftigte etwas; **I've a lot on my ~** ich muss mich um (so) viele Dinge kümmern; **you are always on my ~** ich denke ständig an dich; **keep your ~ on the job** bleib mit den Gedanken bei der Arbeit; **she couldn't get the song out of her ~** das Lied ging ihr nicht aus dem Kopf; **to take sb's ~ off sth** jdn etw vergessen lassen; **my ~ isn't on my work** ich kann mich nicht auf meine Arbeit konzentrieren; **the idea never entered my ~** daran hatte ich überhaupt nicht gedacht; **nothing was further from my ~** nichts lag mir ferner; **in my ~'s eye** vor meinem inneren Auge; **to bring sth to ~** an etw (acc) erinnern; **it's a question of ~ over matter** es ist eine Willensfrage **2** (≈ inclination) Lust f; (≈ intention) Absicht f; **I've a good ~ to ...** ich hätte große Lust, zu ... **3** (≈ opinion) Meinung f; **to make up one's ~** sich entscheiden; **to change one's ~** seine Meinung ändern (about über +acc); **to be in two ~s about sth** sich (dat) über etw (acc) nicht im Klaren sein;

to have a ~ of one's own (person) eine eigene Meinung haben; (hum, machine etc) seine Mucken haben (infml) **4** (≈ sanity) Verstand m; **to lose one's ~** den Verstand verlieren; **nobody in his right ~** kein normaler Mensch **5** **to bear sth in ~** etw nicht vergessen; **to bear sb in ~** an jdn denken; **with this in ~ ...** mit diesem Gedanken im Hinterkopf ...; **to have sb/sth in ~** an jdn/etw denken; **it puts me in ~ of sb/sth** es weckt in mir Erinnerungen an jdn/etw; **to go out of one's ~** den Verstand verlieren; **I'm bored out of my ~** ich langweile mich zu Tode **B** v/t **1** (≈ be careful of, look after) aufpassen auf (+acc); (≈ pay attention to) achten auf (+acc); **~ what you're doing!** pass (doch) auf!; **~ your language!** drück dich anständig aus!; **~ the step!** (Br) Vorsicht Stufe!; **~ your head!** (Br) Kopf einziehen (infml); **~ your own business** kümmern Sie sich um Ihre eigenen Angelegenheiten **2** (≈ care about) sich kümmern um; (≈ object to) etwas haben gegen; **I don't ~ the cold** die Kälte macht mir nichts aus; **I don't ~ what he does** es ist mir egal, was er macht; **do you ~ coming with me?** würde es dir etwas ausmachen mitzukommen?; **would you ~ opening the door?** wären Sie so freundlich, die Tür aufzumachen?; **do you ~ my smoking?** macht es Ihnen etwas aus, wenn ich rauche?; **don't ~ me** lass dich (durch mich) nicht stören; **I wouldn't ~ a cup of tea** ich hätte nichts gegen eine Tasse Tee; **never ~ that now** das ist jetzt nicht wichtig; **never ~ him** kümmere dich nicht um ihn **C** v/i **1** (≈ care, worry) sich (dat) etwas daraus machen; (≈ object) etwas dagegen haben; **nobody seemed to ~** niemand schien etwas dagegen zu haben; **I'd prefer to stand, if you don't ~** ich würde lieber stehen, wenn es Ihnen recht ist; **do you ~?** macht es Ihnen etwas aus?; **do you ~!** (iron) ich möchte doch sehr bitten!; **I don't ~ if I do** ich hätte nichts dagegen; **never ~** macht nichts; (in exasperation) schon gut; **never ~, you'll find another** mach dir nichts draus, du findest bestimmt einen anderen; **oh, never ~, I'll do it myself** ach, schon gut, ich mache es selbst; **never ~ about that now!** das ist doch jetzt nicht wichtig; **I'm not going to finish school, never ~ go to universi-**

ty ich werde die Schule nicht beenden und schon gar nicht zur Universität gehen **B** ~ **you get that done** sieh zu, dass du das fertig bekommst; ~ **you** allerdings; ~ **you, he did try** er hat es immerhin versucht; **he's quite good,** ~ **you** er ist eigentlich ganz gut ◊**mind out** v/i (Br) aufpassen (for auf +acc)

mind-blowing adj (infml) Wahnsinns- (infml) **mind-boggling** adj (infml) irrsinnig (infml) **-minded** adj suf **she's very politically-minded** sie interessiert sich sehr für Politik **minder** n (infml) Aufpasser(in) m(f) **mindful** adj **to be ~ of sth** etw bedenken **mindfulness** n (type of meditation) Achtsamkeit f **mindless** adj destruction sinnlos; routine stumpfsinnig **mind-reader** n Gedankenleser(in) m(f) **mindset** n Mentalität f

mine[1] poss pr meine(r, s); **this car is** ~ dieses Auto gehört mir; **his friends and** ~ seine und meine Freunde; **a friend of** ~ ein Freund von mir; **a favourite** (Br) or **favorite** (US) **expression of** ~ einer meiner Lieblingsausdrücke

mine[2] **A** n **1** MIN Bergwerk nt; **to work down the ~s** unter Tage arbeiten **2** MIL etc Mine f **3** (fig) **he is a ~ of information** er ist ein wandelndes Lexikon (infml) **B** v/t coal fördern **C** v/i **to ~ for sth** nach etw graben **minefield** n Minenfeld nt; **to enter a** (political) ~ sich auf (politisch) gefährliches Terrain begeben **miner** n Bergarbeiter(in) m(f)

mineral **A** n Mineral nt **B** adj mineralisch; ~ **deposits** Mineralbestände pl **mineral water** n Mineralwasser nt **minesweeper** n Minensucher m **mingle** v/i sich vermischen; (people) sich untereinander vermischen; (at party) sich unter die Gäste mischen

mini- pref Mini- **miniature** **A** n ART Miniatur f; (≈ bottle) Miniflasche f; **in ~** im Kleinen **B** adj attr Miniatur- **miniature golf** n Minigolf nt **minibar** n Minibar f **mini-break** n Kurzurlaub m **minibus** n Kleinbus m **minicab** n Kleintaxi nt **minicam** n Minicam f **Minidisc**® n MUS Minidisc f; ~ **player** Minidisc-Spieler m

minim n (Br MUS) halbe Note **minimal** adj minimal; **at ~ cost** zu minimalen Kosten; **with ~ effort** mit minimalem Aufwand **minimalism** n Minimalis-

mus m **minimize** v/t minimieren (form) **minimum** **A** n Minimum nt; **what is the ~ you will accept?** was ist für Sie das Minimum or der Mindestbetrag?; **a ~ of 2 hours/10 people** mindestens 2 Stunden/10 Leute; **to keep sth to a ~** etw auf ein Minimum beschränken **B** adj attr Mindest-; ~ **age** Mindestalter nt; ~ **temperature** Tiefsttemperatur f **minimum wage** n Mindestlohn m

mining n MIN Bergbau m **mining industry** n Bergbau m **mining town** n Bergarbeiterstadt f

minion n (fig) Trabant m **miniskirt** n Minirock m, Minijupe m (Swiss)

minister **A** n **1** POL Minister(in) m(f) **2** ECCL Pfarrer(in) m(f) **B** v/i **to ~ to sb** sich um jdn kümmern; **to ~ to sb's needs** jds Bedürfnisse (acc) befriedigen **ministerial** adj POL ministeriell; ~ **post** Ministerposten m; **his ~ duties** seine Pflichten als Minister **ministry** n **1** POL Ministerium nt; ~ **of education** Bildungsministerium nt **2** ECCL **to go into the ~** Geistliche(r) werden

mink n Nerz m; ~ **coat** Nerzmantel m **minor** **A** adj **1** (≈ smaller) kleiner; (≈ less important) unbedeutend; offence, operation leicht; ~ **road** Nebenstraße f **2** MUS Moll-; ~ **key** Molltonart f; **G** ~ g-Moll nt **B** n **1** JUR Minderjährige(r) m/f(m) **2** (US UNIV) Nebenfach nt **C** v/i (US UNIV) im Nebenfach studieren (in +acc)

Minorca n Menorca nt **minority** **A** n Minderheit f; **to be in a** or **the ~** in der Minderheit sein **B** adj attr Minderheits-; ~ **group** Minderheit f; (ethnic) ~ **students** Studenten pl, die einer (ethnischen) Minderheit angehören **minority government** n Minderheitsregierung f

minor league adj ~ **baseball** (US) Baseball m or nt in den unteren Ligen **minster** n Münster nt **minstrel** n Spielmann m **mint**[1] **A** n Münzanstalt f; **to be worth a** ~ (infml) unbezahlbar sein **B** adj **in ~ condition** in tadellosem Zustand **C** v/t prägen

mint[2] n **1** BOT Minze f **2** (≈ sweet) Pfefferminz nt **mint sauce** n Minzsoße f **mint tea** n Pfefferminztee m

minus **A** prep **1** minus; **£100 ~ taxes** £

M

100 abzüglich (der) Steuern **B** (≈ *without*) ohne **B** *adj* Minus-; **~ point** Minuspunkt *m*; **~ three degrees** drei Grad minus; **an A ~** eine Eins minus **C** *n* (≈ *sign*) Minus (-zeichen) *nt*

minuscule *adj* winzig

minus sign *n* Minuszeichen *nt*

minute[1] *n* **1** (*of time*) Minute *f*; **it's 23 ~s past 3** es ist 3 Uhr und 23 Minuten; **in a ~** gleich; **this ~!** auf der Stelle!; **I shan't be a ~** es dauert nicht lang; **just a ~!** einen Moment bitte!; **any ~ (now)** jeden Augenblick; **tell me the ~ he comes** sag mir sofort Bescheid, wenn er kommt; **have you got a ~?** hast du mal eine Minute Zeit?; **I don't believe for a** *or* **one ~ that …** ich glaube nicht einen Augenblick, dass…; **at the last ~** in letzter Minute **2** (≈ *official note*) **~s** Protokoll *nt*; **to take the ~s** das Protokoll führen

minute[2] *adj* (≈ *small*) winzig; *detail* kleinste(r, s)

minute hand *n* Minutenzeiger *m*

minutiae *pl* genaue Einzelheiten *pl*

miracle *n* Wunder *nt*; **to work** *or* **perform ~s** (*lit*) Wunder vollbringen; **I can't work ~s** ich kann nicht hexen; **by some ~** (*fig*) wie durch ein Wunder; **it'll take a ~ for us** *or* **we'll need a ~ to be finished on time** da müsste schon ein Wunder geschehen, wenn wir noch rechtzeitig fertig werden sollen **miracle drug** *n* Wunderdroge *f* **miraculous** *adj* **1** *escape* wundersam; **that is nothing/little short of ~** das grenzt an ein Wunder **2** (≈ *wonderful*) wunderbar **miraculously** *adv* **~ the baby was unhurt** es war wie ein Wunder, dass das Baby unverletzt blieb

mirage *n* Fata Morgana *f*; (*fig*) Trugbild *nt*

mire *n* Morast *m*

mirror **A** *n* Spiegel *m* **B** *v/t* (wider)spiegeln **mirror image** *n* Spiegelbild *nt*

mirth *n* Heiterkeit *f*

misadventure *n* Missgeschick *nt*

misanthrope *n* Misanthrop(in) *m(f)*

misapply *v/t* falsch anwenden

misapprehension *n* Missverständnis *nt*; **he was under the ~ that …** er hatte fälschlicherweise angenommen, dass …

misappropriate *v/t* entwenden; *money* veruntreuen

misbehave *v/i* sich schlecht benehmen

miscalculate **A** *v/t* falsch berechnen; (≈ *misjudge*) falsch einschätzen **B** *v/i* sich verrechnen; (≈ *misjudge*) sich verschätzen **miscalculation** *n* Rechenfehler *m*; (≈ *wrong estimation*) Fehlkalkulation *f*; (≈ *misjudgement*) Fehleinschätzung *f*

miscarriage *n* **1** MED Fehlgeburt *f* **2** **~ of justice** Justizirrtum *m* **miscarry** *v/i* MED eine Fehlgeburt haben

miscellaneous *adj* verschieden; **~ expenses/income** sonstige Aufwendungen/Erträge

mischief *n* **1** (≈ *roguery*) Schalk *m*; (≈ *foolish behaviour*) Unfug *m*; **he's always getting into ~** er stellt dauernd etwas an; **to keep out of ~** keinen Unfug machen **2 to cause ~** Unfrieden stiften **3** (≈ *damage, physical injury*) Schaden *m*; **to do sb/oneself a ~** jdm/sich Schaden zufügen; (*physically*) jdm/sich etwas (an)tun **mischievous** *adj* (≈ *roguish*) verschmitzt; **her son is really ~** ihr Sohn ist ein Schlingel **mischievously** *adv* (≈ *roguishly*) *smile, say* verschmitzt

misconceived *adj idea* falsch **misconception** *n* fälschliche Annahme

misconduct *n* schlechtes Benehmen; **gross ~** grobes Fehlverhalten

misconstrue *v/t* missdeuten, falsch auslegen; **you have ~d my meaning** Sie haben mich falsch verstanden

misdemeanour, (*US*) **misdemeanor** *n* JUR Vergehen *nt*

misdiagnose *v/t* MED *illness* falsch diagnostizieren

misdirect *v/t letter* fehlleiten; *person* in die falsche Richtung schicken

miser *n* Geizhals *m*

miserable *adj* **1** (≈ *unhappy*) unglücklich; (≈ *ill-tempered*) griesgrämig; **to make life ~ for sb, to make sb's life ~** jdm das Leben zur Qual machen **2** (≈ *wretched*) grässlich; *existence* erbärmlich; *place* trostlos **3** (≈ *contemptible*) jämmerlich; *sum* kläglich; **to be a ~ failure** kläglich versagen **miserably** *adv* **1** (≈ *unhappily*) unglücklich **2** *fail* kläglich

miserly *adj* geizig; *offer* knauserig; **a ~ £8** mickrige £ 8 (*infml*); **to be ~ with sth** mit etw geizen

misery *n* **1** (≈ *sadness*) Trauer *f* **2** (≈ *suffering*) Qualen *pl*; (≈ *wretchedness*) Elend *nt*; **to make sb's life a ~** jdm das Leben zur Hölle machen; **to put an animal out of its ~** ein Tier von seinen Qualen erlösen; **to put sb out of his ~** (*fig*) jdn nicht länger auf die Folter spannen

misfire *v/i* (*engine*) fehlzünden; (*plan*) fehlschlagen

misfit *n* Außenseiter(in) *m(f)*

misfortune *n* **1** (≈ *ill fortune*) (schweres) Schicksal *nt* **2** (≈ *bad luck*) Pech *nt no pl*; **it was my ~** *or* **I had the ~ to …** ich hatte das Pech, zu …

misgiving *n* Bedenken *pl*; **I had ~s about the scheme** bei dem Vorhaben war mir nicht ganz wohl

misguided *adj* töricht; *opinions* irrig

mishandle *v/t case* falsch handhaben

mishap *n* Missgeschick *nt*; **he's had a slight ~** ihm ist ein kleines Missgeschick passiert

mishear *pret, past part* **misheard** **A** *v/t* falsch hören **B** *v/i* sich verhören

mishmash *n* Mischmasch *m*

misinform *v/t* falsch informieren; **you've been ~ed** Sie sind falsch informiert **misinformation** *n* Fehlinformation(en *pl*) *f*

misinterpret *v/t* falsch auslegen; **he ~ed her silence as agreement** er deutete ihr Schweigen fälschlich als Zustimmung **misinterpretation** *n* falsche Auslegung

misjudge *v/t* falsch einschätzen **misjudgement** *n* Fehleinschätzung *f*

mislay *pret, past part* **mislaid** *v/t* verlegen

mislead *pret, past part* **misled** *v/t* irreführen; **you have been misled** Sie irren *or* täuschen sich **misleading** *adj* irreführend **misled** *pret, past part* of **mislead**

mismanage *v/t company* schlecht verwalten; *affair* schlecht handhaben **mismanagement** *n* Misswirtschaft *f*

mismatch *n* **to be a ~** nicht zusammenpassen

misogynist *n* Frauenfeind *m*

misplace *v/t* verlegen

misprint *n* Druckfehler *m*

mispronounce *v/t* falsch aussprechen

misquote *v/t* falsch zitieren

misread *pret, past part* **misread** *v/t* falsch lesen; (≈ *misinterpret*) falsch verstehen

misrepresent *v/t* falsch darstellen

miss¹ **A** *n* **1** (≈ *shot*) Fehlschuss *m*; **his first shot was a ~** sein erster Schuss ging daneben; **it was a near ~** (*fig*) das war eine knappe Sache; **we had a near ~ with that car** wir wären fast mit diesem Auto zusammengestoßen **2** **to give sth a ~**

(*infml*) sich (*dat*) etw schenken **B** *v/t* **1** (≈ *fail to catch, attend etc: by accident*) verpassen; (≈ *fail to hear or perceive*) nicht mitbekommen; **to ~ breakfast** nicht frühstücken; (≈ *be too late for*) das Frühstück verpassen; **they ~ed each other in the crowd** sie verpassten sich in der Menge; **to ~ the boat** *or* **bus** (*fig*) den Anschluss verpassen; **he ~ed school for a week** er hat eine Woche lang die Schule versäumt; **~ a turn** einmal aussetzen; **he doesn't ~ much** (*infml*) ihm entgeht so schnell nichts **2** (≈ *fail to achieve*) *prize* nicht bekommen; **he narrowly ~ed being first/ becoming president** er wäre beinahe auf den ersten Platz gekommen/Präsident geworden **3** (≈ *avoid*) *obstacle* (noch) ausweichen können (+*dat*); (≈ *escape*) entgehen (+*dat*); **the car just ~ed the tree** das Auto wäre um ein Haar gegen den Baum gefahren **4** (≈ *overlook*) übersehen **5** (≈ *regret absence of*) vermissen; **I ~ him** er fehlt mir; **he won't be ~ed** keiner wird ihn vermissen **C** *v/i* (≈ *not hit*) nicht treffen; (*shooting*) danebenschießen; (≈ *not catch*) danebengreifen ◊**miss out A** *v/t sep* auslassen; *last line etc* weglassen **B** *v/i* (*infml*) zu kurz kommen; **to ~ on sth** etw verpassen

miss² *n* **Miss** Fräulein *nt*, Frl. *abbr*

misshapen *adj* missgebildet

missile *n* **1** (≈ *stone etc*) (Wurf)geschoss *nt* **2** (≈ *rocket*) Rakete *f*

missing *adj* (≈ *lost*) *person* vermisst, abgängig (*esp Aus*); *object* verschwunden; (≈ *not there*) fehlend; **to be ~/have gone ~** fehlen; (*person*) vermisst werden; **to go ~** (*person*) vermisst werden; (*object*) verloren gehen; **~ in action** vermisst **missing person** *n* Vermisste(r) *m/f(m)*

mission *n* **1** (≈ *task*) Auftrag *m*; (≈ *calling*) Berufung *f*; (*MIL* ≈ *operation*) Einsatz *m*; **~ accomplished** (*MIL, fig*) Befehl ausgeführt **2** (≈ *people on mission*) Delegation *f*

missionary **A** *n* Missionar(in) *m(f)* **B** *adj* missionarisch

misspell *pret, past part* **misspelled** *or* **misspelt** *v/t* falsch schreiben

misspent *adj* **I regret my ~ youth** ich bedaure es, meine Jugend so vergeudet zu haben

mist *n* Nebel *m* ◊**mist over** *v/i* (*a.* **mist up**) (sich) beschlagen

mistake **A** *n* Fehler *m*; **to make a ~** (in

M

writing etc) einen Fehler machen; (≈ *be mistaken*) sich irren; **to make the ~ of asking too much** den Fehler machen, zu viel zu verlangen; **by ~** aus Versehen; **there must be some ~** da muss ein Fehler vorliegen **B** *v/t, pret* mistook, *past part* mistaken falsch verstehen; **there's no mistaking her writing** ihre Schrift ist unverkennbar; **there's no mistaking what he meant** er hat sich unmissverständlich ausgedrückt; **there was no mistaking his anger** er war eindeutig wütend; **to ~ A for B** A mit B verwechseln; **to be ~n about sth/sb** sich in etw/jdm irren; **to be ~n in thinking that ...** fälschlicherweise annehmen, dass ...; **if I am not ~n ...** wenn mich nicht alles täuscht ... **mistaken** *adj idea* falsch; **a case of ~ identity** eine Verwechslung **mistakenly** *adv* irrtümlicherweise

mister *n* Herr *m*

mistime *v/t* einen ungünstigen Zeitpunkt wählen für

mistletoe *n* Mistel *f*; (≈ *sprig*) Mistelzweig *m*

mistook *pret* of mistake

mistranslate *v/t* falsch übersetzen

mistreat *v/t* schlecht behandeln; (*violently*) misshandeln **mistreatment** *n* schlechte Behandlung; (*violent*) Misshandlung *f*

mistress *n* **1** (*of house, dog*) Herrin *f* **2** (≈ *lover*) Geliebte *f*

mistrust A *n* Misstrauen *nt* (*of gegenüber*) **B** *v/t* misstrauen (+*dat*) **mistrustful** *adj* misstrauisch; **to be ~ of sb/sth** jdm/einer Sache misstrauen

misty *adj* (+*er*) neblig

misunderstand *pret, past part* misunderstood **A** *v/t* missverstehen; **don't ~ me ...** verstehen Sie mich nicht falsch ... **B** *v/i* I think you've misunderstood ich glaube, Sie haben das missverstanden **misunderstanding** *n* Missverständnis *nt*; **there must be some ~** da muss ein Missverständnis vorliegen **misunderstood A** *past part* of misunderstand **B** *adj* unverstanden; *artist* verkannt

misuse A *n* Missbrauch *m*; **~ of power/authority** Macht-/Amtsmissbrauch *m* **B** *v/t* missbrauchen

mite¹ *n* ZOOL Milbe *f*

mite² *adv* (*infml*) **a ~ surprised** etwas überrascht

mitigate *v/t* **mitigating circumstances** mildernde Umstände *pl*

mitt *n* **1** = mitten **2** (≈ *baseball glove*) Baseballhandschuh *m* **mitten** *n* Fausthandschuh *m*

mix A *n* Mischung *f*; **a real ~ of people** eine bunte Mischung von Menschen; **a broad racial ~** ein breites Spektrum verschiedener Rassen **B** *v/t* (ver)mischen; *drinks* (≈ *prepare*) mixen; *ingredients* verrühren; *dough* zubereiten; *salad* wenden; **you shouldn't ~ your drinks** man sollte nicht mehrere Sachen durcheinandertrinken; **to ~ sth into sth** etw unter etw (*acc*) mengen; **I never ~ business with** *or* **and pleasure** ich vermische nie Geschäftliches und Privates **C** *v/i* **1** (≈ *combine*) sich mischen lassen **2** (≈ *go together*) zusammenpassen **3** (*people*) (≈ *mingle*) sich vermischen; (≈ *associate*) miteinander verkehren; **he finds it hard to ~** er ist nicht sehr gesellig ◊**mix in** *v/t sep egg* unterrühren ◊**mix up** *v/t sep* **1** (≈ *get in a muddle*) durcheinanderbringen; (≈ *confuse*) verwechseln **2 to be mixed up in sth** in etw (*acc*) verwickelt sein; **he's got himself mixed up with that gang** er hat sich mit dieser Bande eingelassen

mixed *adj* gemischt; (≈ *good and bad*) unterschiedlich; **~ nuts** Nussmischung *f*; **of ~ race** *or* **parentage** gemischtrassig; **a class of ~ ability** eine Klasse mit Schülern unterschiedlicher Leistungsstärke; **to have ~ feelings about sth** etw mit gemischten Gefühlen betrachten **mixed-ability** *adj group* mit unterschiedlicher Leistungsstärke **mixed bag** *n* bunte Mischung **mixed blessing** *n* **it's a ~** das ist ein zweischneidiges Schwert **mixed doubles** *pl* SPORTS gemischtes Doppel **mixed grill** *n* Grillteller *m* **mixed-race** *adj* gemischtrassig **mixed-up** *adj attr*, **mixed up** *adj pred* durcheinander *pred*; (≈ *muddled*) *person also, ideas* konfus; **I'm all mixed up** ich bin völlig durcheinander; **he got all mixed up** er hat alles durcheinandergebracht **mixer** *n* **1** (≈ *food mixer*) Mixer *m*; (≈ *cement mixer*) Mischmaschine *f* **2** *Tonic etc zum Auffüllen von alkoholischen Mixgetränken*

mixture *n* Mischung *f*; COOK Gemisch *nt*; (≈ *cake mixture*) Teig *m*; **fold the eggs into the cheese ~** heben Sie die Eier in die Käsemischung unter **mix-up** *n* Durcheinan-

der *nt*; (≈ *mistake*) Verwechslung *f*; **there seemed to be some ~ about which train** ... es schien völlig unklar, welchen Zug ...; **there must have been a ~** da muss irgendetwas schiefgelaufen sein (*infml*)
ml **1** *abbr of* millilitre ml **2** *abbr of* mile
mm *abbr of* millimetre(s) mm
mo *n* (*infml*) *abbr of* moment
moan **A** *n* **1** (≈ *groan*) Stöhnen *nt* **2** **to have a ~ about sth** über etw (*acc*) jammern **B** *v/i* **1** (≈ *groan*) stöhnen **2** (≈ *grumble*) jammern, sempern (*Aus*) (*about* über +*acc*) **C** *v/t* ..., **he ~ed** ... stöhnte er **moaning** *n* **1** Stöhnen *nt* **2** (≈ *grumbling*) Gestöhn(e) *nt*
moat *n* Wassergraben *m*; (*of castle*) Burggraben *m*
mob **A** *n* **1** (≈ *crowd*) Horde *f*; (*violent*) Mob *m no pl* **2** (*infml*) (≈ *criminal gang*) Bande *f* **B** *v/t* herfallen über (+*acc*); *pop star* belagern
mobile **A** *adj* **1** *person* beweglich **2** *X-ray unit etc* fahrbar; *laboratory* mobil **B** *n* **1** (*Br*, ≈ *mobile phone*) Handy *nt* **2** (≈ *decoration*) Mobile *nt* **mobile device** *n* IT Mobilgerät *nt* **mobile home** *n* (*Br*) Wohnwagen *m* **mobile network** *n* (*Br*) Handynetz *nt*, Mobilfunknetz *nt* **mobile number** *n* (*Br*) Handynummer *f* **mobile phone** *n* (*Br*) Handy *nt* **mobile phone network** *n* (*Br*) Handynetz *nt*, Mobilfunknetz *nt* **mobile phone number** (*Br*) *n* Handynummer *f* **mobile phone reception**, **mobile reception** *n* (*Br*) Handyempfang *m*; **we couldn't get ~** wir hatten kein Netz **mobile wallet** *n* IT Mobile Wallet *nt*, Handy-Geldbörse *f*
mobility *n* (*of person*) Beweglichkeit *f*; (*of work force*) Mobilität *f*; **a car gives you ~** ein Auto macht Sie beweglicher **mobility scooter** *n* Elektromobil *nt*, E-Mobil *nt* **mobilization** *n* Mobilisierung *f* **mobilize** **A** *v/t* mobilisieren **B** *v/i* mobil machen
moccasin *n* Mokassin *m*
mocha *n* Mokka *m*
mock **A** *n* **mocks** (*Br* SCHOOL *infml*) Probeprüfungen *pl* **B** *adj attr examination* simuliert; *execution* gestellt; **~ leather** Kunstleder *nt* **C** *v/t* sich lustig machen über (+*acc*) **D** *v/i* **don't ~** mokier dich nicht! **mockery** *n* **1** Spott *m* **2** **to make a ~ of sth** etw lächerlich machen **mock-**

ing *adj*, **mockingly** *adv* spöttisch
MOD (*Br*) *abbr of* Ministry of Defence *britisches Verteidigungsministerium*
modal *adj* modal; **~ verb** Modalverb *nt*
mod cons *pl* (*Br infml*) *abbr of* modern conveniences mod. Komf.
mode *n* **1** (≈ *way*) Art *f* (und Weise); (≈ *form*) Form *f*; **~ of transport** Transportmittel *nt* **2** IT Modus *m*, Mode *m*
model **A** *n* **1** Modell *nt*; (≈ *fashion model*) Mannequin *nt*; (≈ *male model*) Dressman *m* **2** (≈ *perfect example*) Muster *nt* (*of* an +*dat*); **to hold sb up as a ~** jdn als Vorbild hinstellen **B** *adj* **1** Modell-; **~ railway** (*Br*) *or* **railroad** (*US*) Modelleisenbahn *f* **2** (≈ *perfect*) vorbildlich; **~ pupil** Musterschüler(in) *m(f)* **C** *v/t* **1** **to ~ X on Y** X als Muster für X benutzen; **X is modelled** (*Br*) *or* **modeled** (*US*) **on Y** Y dient als Muster für X; **the system was modelled** (*Br*) *or* **modeled** (*US*) **on the American one** das System war nach amerikanischem Muster aufgebaut; **to ~ oneself on sb** sich (*dat*) jdn zum Vorbild nehmen **2** *dress etc* vorführen **D** *v/i* FASHION als Mannequin/Dressman arbeiten **modelling**, (*US*) **modeling** *n* **to do some ~** FASHION als Mannequin/Dressman arbeiten
modem *n* Modem *nt*
moderate **A** *adj* gemäßigt; *increase* mäßig; *improvement* leicht; *demands* vernünftig; *drinker* maßvoll; *success* bescheiden; **a ~ amount** einigermaßen viel **B** *n* POL Gemäßigte(r) *m/f(m)* **C** *v/t* mäßigen **moderately** *adv* **1** (*with adj/adv*) einigermaßen; *increase, decline* mäßig; **a ~ priced suit** ein nicht allzu teurer Anzug **2** *eat, exercise* in Maßen **moderation** *n* Mäßigung *f*; **in ~** mit Maß(en)
modern *adj* modern; *history* neuere und neueste; **Modern Greek** *etc* Neugriechisch *nt etc* **modern-day** *adj* modern; **~ America** das heutige Amerika **modernism** *n* Modernismus *m* **modernist** **A** *adj* modernistisch **B** *n* Modernist(in) *m(f)* **modernization** *n* Modernisierung *f* **modernize** *v/t* modernisieren **modern languages** *pl* neuere Sprachen *pl*; UNIV Neuphilologie *f*
modest *adj* bescheiden; *price* mäßig; **to be ~ about one's successes** nicht mit seinen Erfolgen prahlen; **on a ~ scale** in bescheidenem Rahmen **modesty** *n* Bescheidenheit *f*

modicum *n* **a** ~ **(of)** ein wenig
modification *n* (Ver)änderung *f*; *(of wording)* Modifizierung *f*; **to make ~s to sth** (Ver)änderungen an etw *(dat)* vornehmen; etw modifizieren **modifier** *n* GRAM Bestimmungswort *nt* **modify** *v/t* (ver)ändern; *wording* modifizieren **modular** *adj* aus Elementen zusammengesetzt; IT modular; *(esp Br* SCHOOL, UNIV*)* modular aufgebaut
modulate *v/t & v/i* MUS, RADIO modulieren **modulation** *n* MUS, RADIO Modulation *f*
module *n* (Bau)element *nt*; *(in education)* Kurs *m*; IT Modul *nt*; SPACE Raumkapsel *f*
mohair *n* Mohair *m*
moist *adj* (+er) feucht *(from, with* vor +dat*)* **moisten** *v/t* anfeuchten **moisture** *n* Feuchtigkeit *f* **moisturize** 🅰 *v/t* Feuchtigkeit spenden (+dat) 🅱 *v/i* eine Feuchtigkeitscreme benutzen **moisturizer**, **moisturizing cream** *n* Feuchtigkeitscreme *f*
molar (tooth) *n* Backenzahn *m*, Stockzahn *m (Aus)*
molasses *n* Melasse *f*
mold *etc (US)* = **mould** *etc*
mole[1] *n* ANAT Leberfleck *m*
mole[2] *n* ZOOL Maulwurf *m*, Schermaus *f (Swiss)*; *(infml ≈ secret agent)* Spion(in) *m(f)*
molehill *n* Maulwurfshaufen *m*
molecular *adj* Molekular- **molecule** *n* Molekül *nt*
molest *v/t* belästigen
mollusc *n* Weichtier *nt*
mollycoddle *v/t* verhätscheln
molt *v/i (US)* = **moult**
molten *adj* geschmolzen; *lava* flüssig
mom *n (US infml)* = **mum**[2]
moment *n* Augenblick *m*; **any ~ now**, **(at) any ~** jeden Augenblick; **at the ~** im Augenblick; **not at the ~** im Augenblick nicht; **at this (particular) ~ in time** augenblicklich; **for the ~** vorläufig; **not for a** *or* **one ~ ...** nie(mals) ...; **I didn't hesitate for a ~** ich habe keinen Augenblick gezögert; **in a ~** gleich; **to leave things until the last ~** alles erst im letzten Moment erledigen; **just a ~!**, **wait a ~!** Moment mal!; **I shan't be a ~** ich bin gleich wieder da; *(≈ nearly ready)* ich bin gleich so weit; **I have just this ~ heard about it** ich habe es eben *or* gerade erst erfahren; **we haven't a ~ to lose** wir haben keine Minute zu verlieren; **not a ~'s peace** keine ruhige Minute; **one ~ she was laughing, the next she was crying** zuerst lachte sie, einen Moment später weinte sie; **the ~ I saw him I knew ...** als ich ihn sah, wusste ich sofort ...; **tell me the ~ he comes** sagen Sie mir sofort Bescheid, wenn er kommt; **the ~ of truth** die Stunde der Wahrheit; **the film has its ~s** streckenweise hat der Film was *(infml)* **momentarily** *adv* (für) einen Augenblick **momentary** *adj* kurz; *lapse* momentan; **there was a ~ silence** einen Augenblick lang herrschte Stille
momentous *adj* bedeutungsvoll
momentum *n* Schwung *m*; **to gather** *or* **gain ~** *(lit)* sich beschleunigen; *(fig)* in Gang kommen; **to lose ~** Schwung verlieren
Mon *abbr of* **Monday** Mo
monarch *n* Monarch(in) *m(f)* **monarchist** *n* Monarchist(in) *m(f)* **monarchy** *n* Monarchie *f*
monastery *n* (Mönchs)kloster *nt* **monastic** *adj* klösterlich; **~ order** Mönchsorden *m*
Monday *n* Montag *m*; → **Tuesday**
monetary *adj* währungspolitisch; **~ policy** Währungspolitik *f*; **~ union** Währungsunion *f* **monetary unit** *n* Währungseinheit *f*
money *n* Geld *nt*; **to make ~** *(person)* (viel) Geld verdienen; *(business)* etwas einbringen; **to lose ~** *(person)* Geld verlieren; *(business)* Verluste haben; **to be in the ~** *(infml)* Geld wie Heu haben; **what's the ~ like in this job?** wie wird der Job bezahlt?; **to earn good ~** gut verdienen; **to get one's ~'s worth** etwas für sein Geld bekommen; **to put one's ~ where one's mouth is** *(infml)* (nicht nur reden, sondern) Taten sprechen lassen **money belt** *n ≈* Gürteltasche *f* **moneybox** *n* Sparbüchse *f* **money laundering** *n* Geldwäsche *f* **moneylender** *n* Geldverleiher(in) *m(f)* **money market** *n* Geldmarkt *m* **money order** *n* Zahlungsanweisung *f* **money-spinner** *n* *(infml)* Verkaufsschlager *m (infml)* **money supply** *n* Geldvolumen *nt* **money transfer** *n* Geldtransfer *m*
mongrel *n* Promenadenmischung *f*; *(pej)* Köter *m*
monitor 🅰 *n* 🔢 SCHOOL **book ~** Bücher-

wart(in) m(f) **2** (TV, TECH ≈ screen) Monitor m **3** (≈ observer) Überwacher(in) m(f) **B** v/t **1** telephone conversation abhören; TV programme mithören **2** (≈ check) überwachen; expenditure etc kontrollieren

monk n Mönch m

monkey A n Affe m; (fig ≈ child) Schlingel m; **I don't give a ~'s** (Br infml) das ist mir scheißegal (infml) **B** v/i **to ~ around** (infml) herumalbern; **to ~ around with sth** an etw (dat) herumfummeln (infml) **monkey business** n (infml) **no ~!** mach(t) mir keine Sachen! (infml) **monkey wrench** n Engländer m

mono A n Mono nt **B** adj Mono-, mono-

monochrome adj monochrom

monocle n Monokel nt

monogamous adj monogam **monogamy** n Monogamie f

monolingual adj einsprachig

monolithic adj (fig) gigantisch

monologue, (US) **monolog** n Monolog m

monopolization n (lit) Monopolisierung f **monopolize** v/t (lit) market monopolisieren; (fig) person etc mit Beschlag belegen; conversation beherrschen **monopoly** n (lit) Monopol nt

monorail n Einschienenbahn f

monosyllabic adj (fig) einsilbig

monotone n monotoner Klang; (≈ voice) monotone Stimme **monotonous** adj monoton; **it's getting ~** es wird allmählich langweilig **monotony** n Monotonie f

monoxide n Monoxid nt

monsoon n Monsun m; **the ~s, the ~ season** die Monsunzeit

monster A n **1** (≈ big thing) Ungetüm nt; (≈ animal) Ungeheuer nt **2** (≈ abnormal animal) Monster nt **3** (≈ cruel person) Unmensch m **B** attr (≈ enormous) riesenhaft **monstrosity** n (≈ thing) Monstrosität f **monstrous** adj **1** (≈ huge) riesig **2** (≈ horrible) abscheulich; crime grässlich

montage n Montage f

month n Monat m; **in** or **for ~s** seit Langem; **it went on for ~s** es hat sich monatelang hingezogen; **one ~'s salary** ein Monatsgehalt; **by the ~** monatlich **monthly A** adj, adv monatlich; **~ magazine** Monats(zeit)schrift f; **~ salary** Monatsgehalt nt; **they have ~ meetings** sie treffen sich einmal im Monat; **to pay on a ~ basis** monatlich zahlen; **twice ~** zweimal pro Monat **B** n Monats(zeit)schrift f

monty n (infml) **the full ~** absolut alles

monument n Denkmal nt; (fig) Zeugnis nt (to +gen) **monumental** adj enorm; **on a ~ scale** disaster von riesigem Ausmaß; building monumental

moo v/i muhen

mooch (infml) v/i tigern (infml); **I spent all day just ~ing about** (Br) or **around the house** ich habe den ganzen Tag zu Hause herumgammelt (infml)

mood[1] n (of party etc) Stimmung f; (of one person) Laune f; **he's in one of his ~s** er hat mal wieder eine seiner Launen; **he was in a good/bad ~** er hatte gute/schlechte Laune; **to be in a cheerful ~** gut aufgelegt sein; **to be in a festive/forgiving ~** feierlich/versöhnlich gestimmt sein; **I'm in no ~ for laughing** mir ist nicht nach or zum Lachen zumute; **to be in the ~ for sth** etw zu etw aufgelegt sein; **to be in the ~ to do sth** dazu aufgelegt sein, etw zu tun; **to be in no ~ to do sth** nicht in der Stimmung sein, etw zu tun; **I'm not in the ~ to work** ich habe keine Lust zum Arbeiten; **I'm not in the ~** ich bin nicht dazu aufgelegt

mood[2] n GRAM Modus m; **indicative ~** Indikativ m

moodiness n Launenhaftigkeit f **moody** adj (+er) launisch; (≈ bad-tempered) schlecht gelaunt

moon n Mond m; **is there a ~ tonight?** scheint heute der Mond?; **when the ~ is full** bei Vollmond; **to promise sb the ~** jdm das Blaue vom Himmel versprechen; **to be over the ~** (infml) überglücklich sein ◊**moon about** (Brit) or **around** v/i (vor sich acc hin) träumen; **to moon about** or **around (in) the house** zu Hause hocken

moonbeam n Mondstrahl m **moonless** adj mondlos **moonlight A** n Mondlicht nt; **it was ~** der Mond schien **B** v/i (infml) schwarzarbeiten, pfuschen (Aus) **moonlighting** n (infml) Schwarzarbeit f, Pfusch m (Aus) **moonlit** adj object mondbeschienen; landscape mondhell **moonshine** n (≈ moonlight) Mondschein m

moor[1] n (Hoch)moor nt

moor[2] v/t & v/i festmachen **mooring** n (≈ place) Anlegeplatz m; **~s** (≈ ropes) Verankerung *f*

moose *n, pl* - Elch *m*

moot *adj* **a ~ point** eine fragliche Sache

mop **A** *n* (= *floor mop*) Mopp *m*; **her ~ of curls** ihr Wuschelkopf *m* **B** *v/t floor* wischen; **to ~ one's brow** sich (*dat*) den Schweiß von der Stirn wischen ◊**mop up** **A** *v/t sep water etc* aufwischen; **she mopped up the sauce with a piece of bread** sie tunkte die Soße mit einem Stück Brot auf **B** *v/i* (auf)wischen

mope *v/i* Trübsal blasen (*infml*) ◊**mope about** (*Brit*) *or* **around** *v/i* mit einer Jammermiene herumlaufen; **to mope about** *or* **around the house** zu Hause hocken und Trübsal blasen (*infml*)

moped *n* Moped *nt*

moral **A** *adj* moralisch; **~ values** sittliche Werte *pl*; **to give sb ~ support** jdn moralisch unterstützen **B** *n* **1** (= *lesson*) Moral *f* **2 morals** *pl* (= *principles*) Moral *f*

morale *n* Moral *f*; **to boost sb's ~** jdm (moralischen) Auftrieb geben

moralistic *adj* moralisierend **morality** *n* Moralität *f*; (= *moral system*) Ethik *f* **moralize** *v/i* moralisieren **morally** *adv* (= *ethically*) moralisch

morass *n* **a ~ of problems** ein Wust *m* von Problemen

moratorium *n* Stopp *m*; (*on treaty etc*) Moratorium *nt*

morbid *adj* krankhaft; *sense of humour etc* makaber; *thoughts* düster; *person* trübsinnig; **don't be so ~!** sieh doch nicht alles so schwarz!

more **A** *n, pron* mehr; (*countable*) noch welche; **~ and ~** immer mehr; **three ~** noch drei; **many/much ~** viel mehr; **not many/much ~** nicht mehr viele/viel; **no ~** nichts mehr; (*countable*) keine mehr; **some ~** noch etwas; (*countable*) noch welche; **there isn't/aren't any ~** mehr gibt es nicht; (*left over*) es ist nichts/es sind keine mehr da; **is/are there any ~?** gibt es noch mehr?; (*left over*) ist noch etwas/sind noch welche da?; **even ~** noch mehr; **let's say no ~ about it** reden wir nicht mehr darüber; **there's ~ to come** das ist noch nicht alles; **what ~ do you want?** was willst du denn noch?; **there's ~ to it** da steckt (noch) mehr dahinter; **there's ~ to bringing up children than …** zum Kindererziehen gehört mehr als …; **and what's ~,** … und außerdem …; **(all) the**

~ umso mehr; the ~ you give him, the ~ he wants je mehr du ihm gibst, desto mehr verlangt er; **the ~ the merrier** je mehr, desto besser **B** *adj* mehr; (*in addition*) noch mehr; **two ~ bottles** noch zwei Flaschen; **a lot/a little ~ money** viel/etwas mehr Geld; **a few ~ weeks** noch ein paar Wochen; **no ~ friends** keine Freunde mehr; **no ~ squabbling!** Schluss mit dem Zanken!; **do you want some ~ tea/books?** möchten Sie noch etwas Tee/noch ein paar Bücher?; **there isn't any ~ wine** es ist kein Wein mehr da; **there aren't any ~ books** mehr Bücher gibt es nicht; (*here, at the moment*) es sind keine Bücher mehr da **C** *adv* **1** mehr; **~ and ~** immer mehr; **it will weigh/grow a bit ~** es wird etwas mehr wiegen/noch etwas wachsen; **to like sth ~** etw lieber mögen; **~ than** mehr als; **it will ~ than meet the demand** das wird die Nachfrage mehr als genügend befriedigen; **he's ~ lazy than stupid** er ist eher faul als dumm; **no ~ than** nicht mehr als; **he's ~ like a brother to me** er ist eher wie ein Bruder (für mich); **once ~** noch einmal; **no ~, not any ~** nicht mehr; **to be no ~** (*thing*) nicht mehr existieren; **if he comes here any ~** … wenn er noch länger hierherkommt …; **~ or less** mehr oder weniger; **neither ~ nor less, no ~, no less** nicht mehr und nicht weniger **2** (*comp of adj, adv*) -er (*than* als); **~ beautiful** schöner; **~ and ~ beautiful** immer schöner; **~ seriously** ernster; **no ~ stupid than I am** (auch) nicht dümmer als ich

moreover *adv* zudem

morgue *n* Leichenschauhaus *nt*

Mormon **A** *adj* mormonisch; **~ church** Mormonenkirche *f* **B** *n* Mormone *m*, Mormonin *f*

morning **A** *n* Morgen *m*; **in the ~** morgens; (= *tomorrow*) morgen früh; **early in the ~** am frühen Morgen; (= *tomorrow*) morgen früh; **(at) 7 in the ~** (um) 7 Uhr morgens; **at 2 in the ~** um 2 Uhr früh; **this/yesterday ~** heute/gestern Morgen; **tomorrow ~** morgen früh; **it was the ~ after** es war am nächsten Morgen **B** *attr* am Morgen; (*regular*) morgendlich; **~ flight** Vormittagsflug *m* **morning paper** *n* Morgenzeitung *f* **morning sickness** *n* (Schwangerschafts)übelkeit *f*

Morocco *n* Marokko *nt*

moron n (infml) Trottel m (infml) **moronic** adj (infml) idiotisch (infml)

morose adj, **morosely** adv missmutig

morphine n Morphium nt

morphology n Morphologie f

morse n (a. **Morse code**) Morseschrift f

morsel n (of food) Bissen m

mortal ◢ adj ◼ sterblich ◼ (≈ causing death) tödlich; **to deal (sb/sth) a ~ blow** (jdm/einer Sache) einen tödlichen Schlag versetzen; **~ enemy** Todfeind(in) m(f) ◢ n Sterbliche(r) m/f(m) **mortality** n **~ rate** Sterblichkeitsziffer f **mortally** adv tödlich; **~ ill** todkrank **mortal sin** n Todsünde f

mortar n Mörtel m **mortarboard** n UNIV Doktorhut m

mortgage ◢ n Hypothek f (on auf +acc/ dat); **a ~ for £50,000** eine Hypothek über £ 50.000 ◢ v/t hypothekarisch belasten **mortgage rate** n Hypothekenzinssatz m

mortician n (US) Bestattungsunternehmer(in) m(f)

mortify v/t **he was mortified** es war ihm äußerst peinlich

mortuary n Leichenhalle f

mosaic n Mosaik nt

Moscow n Moskau nt

Moselle n Mosel f

Moslem ◢ adj muslimisch ◢ n Muslim(in) m(f)

mosque n Moschee f

mosquito n, pl -es Stechmücke f; (in tropics) Moskito m

moss n Moos nt **mossy** adj (+er) moosbedeckt

most ◢ adj sup ◼ meiste(r, s); pleasure etc größte(r, s); **who has (the) ~ money?** wer hat am meisten Geld?; **for the ~ part** größtenteils; (≈ by and large) im Großen und Ganzen ◼ (≈ the majority of) die meisten; **~ people** die meisten (Leute) ◢ n, pron (uncountable) das meiste; (countable) die meisten; **~ of it** das meiste; **~ of them** die meisten (von ihnen); **~ of the money** das meiste Geld; **~ of his friends** die meisten seiner Freunde; **~ of the day** fast den ganzen Tag über; **~ of the time** die meiste Zeit; (≈ usually) meist(ens); **at ~** höchstens; **to make the ~ of sth** (≈ make good use of) etw voll ausnützen; (≈ enjoy) etw in vollen Zügen genießen ◢ adv ◼ sup (+vbs) am meisten; (+adj) -ste(r, s);

(+adv) am -sten; **the ~ beautiful ...** der/ die/das schönste ...; **what ~ displeased him ..., what displeased him ~ ...** was ihm am meisten missfiel ...; **~ of all** am allermeisten ◼ (≈ very) äußerst; **~ likely** höchstwahrscheinlich

mostly adv (≈ principally) hauptsächlich; (≈ most of the time) meistens; (≈ by and large) zum größten Teil; **they are ~ women** die meisten sind Frauen

MOT (Br) ◢ n **~ (test)** ≈ TÜV m; **it failed its ~** ≈ es ist nicht durch den TÜV gekommen ◢ v/t **to get one's car ~'d** ≈ sein Auto zum TÜV bringen; **I got my car ~'d** (successfully) ≈ mein Auto ist durch den TÜV gekommen

motel n Motel nt

moth n ◼ Nachtfalter m ◼ (wool-eating) Motte f **mothball** n Mottenkugel f

mother ◢ n Mutter f; **she's a ~ of three** sie hat drei Kinder ◢ attr Mutter- ◢ v/t (≈ cosset) bemuttern **motherboard** n IT Mutterplatine f **mother country** n (≈ native country) Heimat f; (≈ head of empire) Mutterland nt **mother figure** n Mutterfigur f **motherhood** n Mutterschaft f

mother-in-law n, pl **mothers-in-law** Schwiegermutter f **motherland** n Heimat f **motherly** adj mütterlich **mother-of-pearl** ◢ n Perlmutt nt ◢ adj Perlmutt- **Mother's Day** n Muttertag m **mother-to-be** n, pl **mothers-to-be** werdende Mutter **mother tongue** n Muttersprache f

motif n ART, MUS Motiv nt; SEWING Muster nt

motion ◢ n ◼ Bewegung f; **to be in ~** sich bewegen; (train etc) fahren; **to set** or **put sth in ~** etw in Gang setzen; **to go through the ~s of doing sth** etw der Form halber tun ◼ (≈ proposal) Antrag m ◢ v/t **to ~ sb to do sth** jdm ein Zeichen geben, dass er etw tun solle; **he ~ed me to a chair** er wies mir einen Stuhl an ◢ v/i **to ~ to sb to do sth** jdm ein Zeichen geben, dass er etw tun solle **motionless** adj reg(ungs)los; **to stand ~** bewegungslos dastehen **motion picture** n (esp US) Film m **motion sickness** n MED Kinetose f (tech), Seekrankheit f; (in the air) Luftkrankheit f; (in car) Autokrankheit f

motivate v/t motivieren **motivated** adj motiviert; **he's not ~ enough** es fehlt ihm

M

die nötige Motivation **motivation** *n* Motivation *f* **motivation letter** *n* Motivationsschreiben *nt* **motive** *n* Motiv *nt* **motiveless** *adj* unmotiviert
motley *adj* kunterbunt
motor **A** *n* **1** Motor *m* **2** (*Br infml* ≈ *car*) Auto *nt* **B** *attr* **1** PHYSIOL motorisch **2** (≈ *relating to motor vehicles*) Kraftfahrzeug-**motorbike** *n* Motorrad *nt*, Töff *m* (*Swiss*) **motorboat** *n* Motorboot *nt* **motorcade** *n* Fahrzeugkolonne *f* **motorcar** *n* (*form*) Auto *nt*
motorcycle *n* Motorrad *nt*, Töff *m* (*Swiss*) **motorcycling** *n* Motorradfahren *nt*, Töfffahren *nt* (*Swiss*); SPORTS Motorradsport *m* **motorcyclist** *n* Motorradfahrer(in) *m(f)*, Töfffahrer(in) *m(f)* (*Swiss*) **motor industry** *n* Kraftfahrzeugindustrie *f* **motoring** (*esp Br*) **A** *adj attr* Auto-; **~ offence** Verkehrsdelikt *nt* **B** *n* **school of ~** Fahrschule *f* **motorist** *n* Autofahrer(in) *m(f)* **motorize** *v/t* **to be ~d** motorisiert sein **motor lodge** *n* (*US*) Motel *nt* **motor mechanic** *n* Kraftfahrzeugmechaniker(in) *m(f)* **motor racing** *n* Rennsport *m* **motor sport** *n* Motorsport *m* **motor vehicle** *n* (*form*) Kraftfahrzeug *nt*
motorway *n* (*Br*) Autobahn *f*; **~ driving** das Fahren auf der Autobahn
mottled *adj* gesprenkelt
motto *n*, *pl* -es Motto *nt*
mould¹, (*US*) **mold** **A** *n* **1** (≈ *shape*) Form *f* **2** (*fig*) **to be cast in** *or* **from the same/a different ~** (*people*) vom gleichen/von einem anderen Schlag sein; **to break the ~** (*fig*) mit der Tradition brechen **B** *v/t* formen (*into* zu)
mould², (*US*) **mold** *n* (≈ *fungus*) Schimmel *m* **mouldy**, (*US*) **moldy** *adj* (+*er*) verschimmelt; **to go ~** (*food*) verschimmeln
moult, (*US*) **molt** *v/i* (*bird*) sich mausern; (*mammals*) sich haaren
mound *n* **1** (≈ *hill*) Hügel *m*; (≈ *earthwork*) Wall *m*; BASEBALL Wurfmal *nt* **2** (≈ *pile*) Haufen *m*; (*of books*) Stapel *m*
Mount *n* **~ Etna** *etc* der Ätna *etc*; **~ Everest** Mount Everest *m*; **on ~ Sinai** auf dem Berg(e) Sinai
mount **A** *n* **1** (≈ *horse etc*) Reittier *nt* **2** (*of machine*) Sockel *m*; (*of jewel*) Fassung *f*; (*of picture*) Passepartout *nt* **B** *v/t* **1** (≈ *climb onto*) besteigen **2** (≈ *place in/on mount*) montieren; *picture* aufziehen; *jewel* (ein)fassen **3** *attack, expedition* organisie-

ren; **to ~ a guard** eine Wache aufstellen **4** (≈ *mate with*) bespringen **C** *v/i* **1** (≈ *get on*) aufsteigen; (*on horse*) aufsitzen **2** (*a.* **mount up**) zunehmen; (*evidence*) sich häufen; **the death toll has ~ed to 800** die Todesziffer ist auf 800 gestiegen; **pressure is ~ing on him to resign** er sieht sich wachsendem Druck ausgesetzt, zurückzutreten
mountain *n* Berg *m*; **in the ~s** in den Bergen; **to make a ~ out of a molehill** aus einer Mücke einen Elefanten machen (*infml*) **mountain bike** *n* Mountainbike *nt* **mountain chain** *n* Bergkette *f* **mountaineer** *n* Bergsteiger(in) *m(f)* **mountaineering** *n* Bergsteigen *nt* **mountainous** *adj* gebirgig; (*fig* ≈ *huge*) riesig **mountain range** *n* Gebirgszug *m* **mountainside** *n* (Berg)hang *m*
mounted *adj* (≈ *on horseback*) beritten **Mountie** *n* (*infml*) berittener kanadischer Polizist
mounting *adj* wachsend; **there is ~ evidence that ...** es häufen sich die Beweise dafür, dass ...
mourn *v/t* betrauern; (*fig*) nachtrauern (+*dat*) **B** *v/i* trauern; **to ~ for** *or* **over sb** um jdn trauern **mourner** *n* Trauernde(r) *m/f(m)* **mournful** *adj* *person, occasion* traurig; *cry* klagend **mourning** *n* (≈ *period etc*) Trauerzeit *f*; (≈ *dress*) Trauer (-kleidung) *f*; **to be in ~ for sb** um jdn trauern; **next Tuesday has been declared a day of national ~** für den kommenden Dienstag wurde Staatstrauer angeordnet
mouse *n*, *pl* **mice** Maus *f* (*also* IT) **mouse button** *n* IT Maustaste *f* **mouse click** *n* IT Mausklick *m* **mousehole** *n* Mauseloch *nt* **mouse mat**, **mouse pad** *n* Mauspad *nt*, Mausmatte *f* **mousetrap** *n* Mausefalle *f* **mousey** *adj* = mousy
mousse *n* **1** Creme(speise) *f* **2** (*a.* **styling mousse**) Schaumfestiger *m*
moustache, (*US*) **mustache** *n* Schnurrbart *m*, Schnauz *m* (*Swiss*)
mousy, **mousey** *adj* (+*er*) *colour* mausgrau
mouth **A** *n* (*of person*) Mund *m*; (*of animal*) Maul *nt*; (*of bird*) Rachen *m*; (*of bottle etc*) Öffnung *f*; (*of river*) Mündung *f*; **to keep one's (big) ~ shut (about sth)** (*infml*) (über etw *acc*) die Klappe halten (*infml*); **me and my big ~!** (*infml*) ich konnte wieder nicht die Klappe halten

(*infml*); **he has three ~s to feed** er hat drei Mäuler zu stopfen (*infml*) **B** *v/t* (*soundlessly*) mit Lippensprache sagen **mouthful** *n* (*of drink*) Schluck *m*; (*of food*) Bissen *m*; (*fig*) (≈ *difficult word*) Zungenbrecher *m* **mouth organ** *n* Mundharmonika *f* **mouthpiece** *n* Mundstück *nt*; (*fig*) Sprachrohr *nt* **mouth-to-mouth** *adj* ~ **resuscitation** Mund-zu-Mund-Beatmung *f* **mouthwash** *n* Mundwasser *nt* **mouthwatering** *adj* lecker; (*fig*) verlockend

movable *adj* beweglich

move **A** *v/t* **1** bewegen; *wheel* (an)treiben; *objects, furniture* woanders hinstellen; (≈ *move away*) wegstellen; (≈ *shift about*) umräumen; *chair* rücken; *vehicle* wegfahren; (≈ *remove*) obstacle aus dem Weg räumen; *chess piece etc* ziehen mit; (≈ *take away*) *arm* wegnehmen; *hand* wegziehen; *patient* (≈ *transfer*) verlegen; *employee* versetzen; **to ~ sth to a different place** etw an einen anderen Platz stellen; **I can't ~ this handle** der Griff lässt sich nicht bewegen; **you'll have to ~ these books** Sie müssen diese Bücher wegräumen; **his parents ~d him to another school** seine Eltern haben ihn in eine andere Schule getan **2** (≈ *change location/timing of*) verlegen; (IT ≈ *postpone*) verschieben; **we've been ~d to a new office** wir mussten in ein anderes Büro umziehen; **to ~ house** (*Br*) umziehen, zügeln (*Swiss*) **3** (≈ *cause emotion in*) rühren; (≈ *upset*) erschüttern; **to be ~d** gerührt/erschüttert sein; **to ~ sb to tears** jdn zu Tränen rühren; **to ~ sb to do sth** jdn dazu bringen, etw zu tun **B** *v/i* **1** sich bewegen; (*vehicle*) fahren; (*traffic*) vorankommen; **the wheel began to ~** das Rad setzte sich in Bewegung; **nothing ~d** nichts rührte sich; **don't ~!** stillhalten!; **to keep moving** nicht stehen bleiben; **to keep sb/sth moving** jdn/etw in Gang halten; **to ~ away from sth** sich von etw entfernen; **to ~ closer to sth** sich einer Sache (*dat*) nähern; **things are moving at last** endlich kommen die Dinge in Gang; **to ~ with the times** mit der Zeit gehen; **to ~ in royal circles** in königlichen Kreisen verkehren **2** (≈ *move house*) umziehen, zügeln (*Swiss*) **we ~d to London/to a bigger house** wir sind nach London/in ein größeres Haus umgezogen; **they ~d to Germany** sie sind nach Deutschland gezogen **3** (≈ *change place*)

gehen; (*in vehicle*) fahren; **he has ~d to room 52** er ist jetzt in Zimmer 52; **she has ~d to a different company** sie hat die Firma gewechselt; **~!** weitergehen!; (≈ *go away*) verschwinden Sie!; **don't ~** gehen Sie nicht weg **4** (≈ *go fast*, *infml*) ein Tempo draufhaben (*infml*); **he really ~** der ist unheimlich schnell (*infml*) **5** (≈ *act*, *fig*) etwas unternehmen; **we'll have to ~ quickly** wir müssen schnell handeln **C** *n* **1** (*in game*) Zug *m*; (*fig*) (≈ *step*) Schritt *m*; (≈ *measure taken*) Maßnahme *f*; **it's my ~** ich bin am Zug; **to make a ~** einen Zug machen; **to make the first ~** (*fig*) den ersten Zug machen **2** (≈ *movement*) Bewegung *f*; **to watch sb's every ~** jdn nicht aus den Augen lassen; **it's time we made a ~** es wird Zeit, dass wir gehen; **to make a ~ to do sth** (*fig*) Anstalten machen, etw zu tun; **to be on the ~** unterwegs sein; **to get a ~ on** (*infml* ≈ *hurry up*) sich beeilen; **get a ~ on!** nun mach schon! (*infml*) **3** (*of house etc*) Umzug *m*; (*to different job*) Stellenwechsel *m* ◊**move about** (*Br*) **A** *v/t sep* umarrangieren; *furniture* umräumen **B** *v/i* sich (hin und her) bewegen; (≈ *travel*) unterwegs sein; **I can hear him moving about** ich höre ihn herumlaufen ◊**move along** **A** *v/t sep* weiterrücken; **they are trying to move things along** sie versuchen, die Dinge voranzutreiben **B** *v/i* (*along seat etc*) aufrücken; (*along pavement*) weitergehen ◊**move around** *v/t & v/i sep* = move about ◊**move aside** **A** *v/t sep* zur Seite schieben **B** *v/i* zur Seite gehen ◊**move away** **A** *v/i* wegräumen; **to move sb away from sb/sth** jdn von jdm/etw entfernen **B** *v/i* **1** (≈ *leave*) weggehen; (*vehicle*) losfahren; (≈ *move house*) wegziehen (*from* aus, von) **2** (*fig*) sich entfernen (*from* von) ◊**move back** **A** *v/t sep* **1** (*to former place*) zurückstellen; (*into old house*) wieder unterbringen (*into* in +*dat*) **2** (*to the rear*) *things* zurückschieben; *car* zurückfahren **B** *v/i* **1** (*to former place*) zurückkommen; (*into house*) wieder einziehen (*into* in +*acc*) **2** (*to the rear*) zurückweichen; **~, please!** bitte zurücktreten! ◊**move down** **A** *v/t sep* (*downwards*) (*weiter*) nach unten stellen; (*along*) (*weiter*) nach hinten stellen **B** *v/i* (*downwards*) nach unten rücken; (*along*) weiterrücken; (*in bus etc*) nach hinten aufrücken; **he had to ~ a year** (*pupil*) er musste eine

M

Klasse zurück ◊**move forward** **A** *v/t sep* **1** *person* vorgehen lassen; *chair* vorziehen; *car* vorfahren **2** *(fig) event* vorverlegen **B** *v/i (person)* vorrücken; *(car)* vorwärtsfahren ◊**move in** *v/i* **1** *(into accommodation)* einziehen *(-to* in +*acc)* **2** *(≈ come closer)* sich nähern *(on dat)*; *(police, troops)* anrücken; *(workers)* (an)kommen ◊**move off** **A** *v/t sep* wegschicken **B** *v/i (≈ go away)* weggehen ◊**move on** **A** *v/t sep* **the policeman moved them on** der Polizist forderte sie auf weiterzugehen **B** *v/i (people)* weitergehen; *(vehicles)* weiterfahren; **it's about time I was moving on** *(fig, to new job etc)* es wird Zeit, dass ich (mal) etwas anderes mache; **time is moving on** die Zeit vergeht ◊**move out** *v/t sep* **1** *(of room)* hinausräumen **2** *troops* abziehen; **they moved everybody out of the danger zone** alle mussten die Gefahrenzone räumen **B** *v/i (of house)* ausziehen; *(≈ withdraw ≈ YYY, troops)* abziehen ◊**move over** **A** *v/t sep* herüberschieben; **he moved the car over to the side** er fuhr an die Seite heran **B** *v/i* zur Seite rücken; **~!** rück mal ein Stück! *(infml)*; **to ~ to a new system** ein neues System einführen ◊**move up** **A** *v/t sep* (weiter) nach oben stellen; *(≈ promote)* befördern; *pupil* versetzen; **they moved him up two places** sie haben ihn zwei Plätze vorgerückt **B** *v/i (fig)* aufsteigen
moveable *adj* = movable
movement *n* **1** Bewegung *f*; *(fig ≈ trend)* Trend *m (towards* zu); **the ~ of traffic** der Verkehrsfluss **2** *(≈ transport)* Beförderung *f* **3** MUS Satz *m* **mover** *n* **1** *(≈ walker, dancer etc)* **he is a good/poor** *etc* **~** seine Bewegungen sind schön/plump *etc* **2** **to be a fast ~** *(infml)* von der schnellen Truppe sein *(infml)*
movie *n (esp US)* Film *m*; **(the) ~s** der Film; **to go to the ~s** ins Kino gehen **moviegoer** *n* Kinogänger(in) *m(f)* **movie star** *n* Filmstar *m* **movie theater** *n* Kino *nt*
moving *adj* **1** beweglich **2** *(≈ touching)* ergreifend **moving company** *n (US)* Umzugsunternehmen *nt*
mow *pret* **mowed**, *past part* **mown** *or* **mowed** *v/t & v/i* mähen ◊**mow down** *v/t sep (fig)* niedermähen
mower *n* Rasenmäher *m* **mown** *past part* of **mow**

MP *(Br* POL*) abbr of* Member of Parliament
MP3® *n* MP3®; **~ player** MP3-Player *m*
MPEG *n abbr of* Moving Pictures Experts Group MPEG *nt*
mpg *abbr of* miles per gallon
mph *abbr of* miles per hour
MPV *n abbr of* multi-purpose vehicle Minivan *m*
Mr *abbr of* Mister Herr *m*
MRI *n* MED *abbr of* magnetic resonance imaging Kernspintomografie *f*
Mrs *abbr of* Mistress Frau *f*
MS *n abbr of* multiple sclerosis
Ms *n* Frau *f (auch für Unverheiratete)*
MSc *abbr of* Master of Science
MSP *(Br* POL*) abbr of* Member of the Scottish Parliament Abgeordnete(r) *m/f(m) or* Mandatar(in) *m(f) (Aus)* des schottischen Parlaments
Mt *abbr of* Mount
mth *abbr of* month
much **A** *adj, n* viel *inv*; **how ~** wie viel *inv*; **not ~** nicht viel; **that ~** so viel; **but that ~ I do know** aber DAS weiß ich; **we don't see ~ of each other** wir sehen uns nur selten; **it's not up to ~** *(infml)* es ist nicht gerade berühmt *(infml)*; **I'm not ~ of a cook** ich bin keine große Köchin; **that wasn't ~ of a party** die Party war nicht gerade besonders; **I find that a bit (too) ~ after all I've done for him** nach allem was ich für ihn getan habe, finde ich das ein ziemlich starkes Stück *(infml)*; **that insult was too ~ for me** die Beleidigung ging mir zu weit; **this job is too ~ for me** ich bin der Arbeit nicht gewachsen; **far too ~** viel zu viel; **(just) as ~** genauso viel *inv*; **not as ~** nicht so viel; **as ~ as you want** so viel du willst; **as ~ as £2m** zwei Millionen Pfund; **as ~ again** noch einmal so viel; **I thought as ~** das habe ich mir gedacht; **so ~** so viel *inv*; **it's not so ~ a problem of modernization as ...** es ist nicht so sehr ein Problem der Modernisierung, als ...; **I couldn't make ~ of that chapter** mit dem Kapitel konnte ich nicht viel anfangen *(infml)* **B** *adv* **1** viel; **a ~-admired woman** eine viel bewunderte Frau; **so ~** so viel; so sehr; **too ~** zu viel, zu sehr; **I like it very ~** es gefällt mir sehr gut; **I don't like him ~** ich kann ihn nicht besonders leiden; **thank you very ~** vielen Dank; **I don't**

~ care or care ~ es ist mir ziemlich egal;
however ~ he tries wie sehr er sich auch
bemüht; ~ as I like him sosehr ich ihn
mag **2** (≈ by far) weitaus; I would ~ rather stay ich würde viel lieber bleiben **3** (≈
almost) beinahe; they are produced in ~
the same way sie werden auf sehr ähnliche Art hergestellt
muck n (≈ dirt) Dreck m; (≈ manure) Mist m
◊muck about or around (Br infml) **A**
v/t sep to muck sb about jdn verarschen
(infml) **B** v/i **1** herumalbern (infml) **2** (≈
tinker with) herumfummeln (with an +dat)
◊muck in v/i (Br infml) mit anpacken
(infml) ◊muck out (Br) **A** v/t sep
(aus)misten **B** v/i ausmisten ◊muck up
v/t sep (Br infml ≈ spoil) vermasseln (infml)
mucky adj (+er) schmutzig; you ~ pup!
(Br infml) du Ferkel! (infml)
mucous adj schleimig, Schleim-
mucus n Schleim m
mud n **1** Schlamm m; (on roads etc)
Matsch m **2** (fig) his name is ~ (infml)
er ist unten durch (infml)
muddle **A** n Durcheinander nt; to get
in(to) a ~ (things) durcheinandergeraten;
(person) konfus werden; to get oneself
in(to) a ~ over sth mit etw nicht klarkommen (infml); to be in a ~ völlig durcheinander sein **B** v/t durcheinanderbringen;
two things verwechseln; person verwirren
◊muddle along v/i vor sich (acc) hin-
wursteln (infml) ◊muddle through v/i
sich (irgendwie) durchschlagen ◊mud-
dle up v/t sep = muddle II
muddled adj konfus; thoughts wirr; to
get ~ (up) (things) durcheinandergeraten;
(person) konfus werden
muddy adj (+er) schmutzig; ground matschig; I'm all ~ ich bin ganz voll Schlamm
mudflap n Schmutzfänger m mudguard n (Br) (on cycles) Schutzblech nt;
(on cars) Kotflügel m mudpack n
Schlammpackung f
muesli n Müsli nt
muff¹ n Muff m
muff² v/t (infml) vermasseln (infml); shot
danebensetzen (infml)
muffin n **1** Muffin m, kleiner Kuchen **2**
(Br) weiches, flaches Milchbrötchen, meist
warm gegessen
muffle v/t dämpfen muffled adj gedämpft muffler n (US AUTO) Auspuff
(-topf) m

mug **A** n **1** (≈ cup) Becher m, Haferl nt
(Aus); (for beer) Krug m **2** (esp Br infml ≈
dupe) Trottel m (infml) **B** v/t überfallen
◊mug up v/t sep (Br infml: a. mug up
on) to mug sth/one's French up, to ~
on sth/one's French etw/Französisch pauken (infml)
mugger n Straßenräuber(in) m(f) mugging n Straßenraub m no pl
muggy adj (+er) schwül; heat drückend
mulch HORT **A** n Krümelschicht f **B** v/t
abdecken
mule¹ n Maultier nt; (as) stubborn as a ~
(so) störrisch wie ein Maulesel
mule² n (≈ slipper) Pantoffel m
◊mull over v/t sep sich (dat) durch den
Kopf gehen lassen
mulled wine n Glühwein m
multicoloured, (US) multicolored adj
mehrfarbig; material bunt multicultural adj multikulturell multiculturalism
n Multikulturalismus m multifocals pl
Gleitsichtgläser pl; (≈ spectacles) Gleitsichtbrille f multilateral adj POL multilateral
multilingual adj mehrsprachig multimedia adj multimedial; IT Multimedia-
multimillionaire n Multimillionär(in)
m(f) multinational **A** n Multi m (infml)
B adj multinational multiparty adj POL
Mehrparteien-
multiple **A** adj **1** (with sing n) mehrfach;
~ collision Massenkarambolage f **2** (with
pl n) mehrere; he died of ~ injuries er erlag seinen zahlreichen Verletzungen **B** n
MAT Vielfache(s) nt; eggs are usually sold
in ~s of six Eier werden gewöhnlich in
Einheiten zu je sechs verkauft multiple
choice n Multiple-Choice-Verfahren nt
multiple sclerosis n multiple Sklerose
multiplex **A** n (≈ cinema) Multiplexkino
nt **B** adj TECH Mehrfach-, Vielfach- multiplication n MAT Multiplikation f multiplication sign n MAT Multiplikations-
zeichen nt multiplication table n MAT
Multiplikationstabelle f; he knows his ~s
er kann das Einmaleins multiplicity n
Vielzahl f
multiply **A** v/t MAT multiplizieren; 4
multiplied by 6 is 24 4 mal 6 ist 24 **B** v/i
1 (fig) sich vervielfachen **2** (≈ breed) sich
vermehren
multipurpose adj Mehrzweck- multi-
racial adj gemischtrassig multistorey,
(US) multistory adj mehrstöckig; ~ flats

M

(Br), **multistory apartments** (US) (Wohn)-hochhäuser pl; **~ car park** (Br) Park(hoch)-haus nt **multitalented** adj **to be ~** ein Multitalent sein **multitasking** n IT Multitasking nt

multitude n Menge f; **a ~ of** eine Vielzahl von, eine Menge

multivitamin ◨ n Multivitaminpräparat nt ◪ adj Multivitamin-

mum[1] adj (infml) **to keep ~** den Mund halten (about über +acc) (infml)

mum[2] n (Br infml) Mutter f; (as address) Mutti f (infml)

mumble ◨ v/t murmeln ◪ v/i vor sich hin murmeln

mumbo jumbo n (≈ empty ritual, superstition) Hokuspokus m; (≈ gibberish) Kauderwelsch nt

mummy[1] n (≈ corpse) Mumie f

mummy[2] n (Br infml ≈ mother) Mama f (infml)

mumps n sg Mumps m or f (infml) no art

munch v/t & v/i mampfen (infml)

mundane adj (fig) alltäglich

Munich n München nt

municipal adj städtisch; **~ elections** Gemeinderatswahl f **municipality** n Gemeinde f

munition n usu pl Waffen pl und Munition f

mural n Wandgemälde nt

murder ◨ n ◨ (lit) Mord m; **the ~ of John F. Kennedy** der Mord an John F. Kennedy ◪ (fig infml) **it was ~** es war mörderisch; **it'll be ~** es wird schrecklich werden; **to get away with ~** sich (dat) alles erlauben können ◪ v/t (lit) ermorden **murderer** n Mörder(in) m(f) **murderess** n Mörderin f **murderous** adj blutrünstig; **~ attack** Mordanschlag m

murk n ◨ Düsternis f ◪ (in water) trübes Wasser **murky** adj (+er) trüb; street düster; past dunkel; **it's really ~ outside** draußen ist es so düster

murmur ◨ n Murmeln nt; **there was a ~ of discontent** ein unzufriedenes Murmeln erhob sich; **without a ~** ohne zu murren ◪ v/t murmeln; (with discontent) murren ◪ v/i murmeln; (with discontent) murren (about, against über +acc); (fig) rauschen **murmuring** n **~s (of discontent)** Unmutsäußerungen pl (from +gen)

muscle n Muskel m; (fig ≈ power) Macht f; **he never moved a ~** er rührte sich nicht

◊**muscle in** v/i (infml) mitmischen (infml) (on bei)

muscle building n Muskelaufbau m **muscl(e)y** adj (infml) muskelbepackt (infml) **muscular** adj ◨ Muskel-; **~ cramp** or **spasm** Muskelkrampf m ◪ torso muskulös **muscular dystrophy** n Muskelschwund m

muse ◨ v/i nachgrübeln (about, on über +acc) ◪ n Muse f

museum n Museum nt

mush n Brei m

mushroom ◨ n (essbarer) Pilz, Schwammerl nt (Aus); (≈ button mushroom) Champignon m ◪ attr Pilz- ◪ v/i (≈ grow rapidly) wie die Pilze aus dem Boden schießen; **unemployment has ~ed** die Arbeitslosigkeit ist explosionsartig angestiegen

mushy adj (+er) matschig; consistency breiig; **to go ~** zu Brei werden **mushy peas** pl Erbsenmus nt

music n Musik f; (≈ written score) Noten pl; **to set** or **put sth to ~** etw vertonen; **it was (like) ~ to my ears** das war Musik in meinen Ohren; **to face the ~** (fig) dafür gradestehen

musical ◨ adj ◨ musikalisch; **~ note** Note f ◪ (≈ tuneful) melodisch ◪ n Musical nt **musical box** n Spieluhr f **musical chairs** n sg Reise f nach Jerusalem **musical instrument** n Musikinstrument nt **musically** adv musikalisch **musical score** n (written) Partitur f; (for film etc) Musik f **music box** n Spieldose f **music hall** n Varieté nt

musician n Musiker(in) m(f) **music stand** n Notenständer m

musk n Moschus m **musky** adj (+er) **~ smell** or **scent** Moschusduft m

Muslim adj, n = Moslem

muslin n (dated) Musselin m

muss (US infml) v/t (a. **muss up**) in Unordnung bringen

mussel n (Mies)muschel f

must ◨ v/aux present tense only ◨ müssen; **you ~ (go and) see this church** Sie müssen sich (dat) diese Kirche unbedingt ansehen; **if you ~ know** wenn du es unbedingt wissen willst; **~ I?** muss das sein?; **I ~ have lost it** ich muss es wohl verloren haben; **he ~ be older than that** er muss älter sein; **I ~ have been dreaming** da habe ich wohl geträumt; **you ~ be crazy!** du bist ja wahnsinnig! ◪ (in neg sentences) dürfen; **I ~n't forget that** ich darf das nicht vergessen **B** n (*infml*) Muss *nt*; **a sense of humour** (*Br*) or **humor** (*US*) **is a ~** man braucht unbedingt Humor

mustache n (*US*) = moustache

mustard **A** n Senf *m* **B** *attr* Senf-

muster *v/t* (*fig: a.* **muster up**) *courage* aufbringen

mustn't *contraction* = must not

musty *adj* (+er) moderig

mutant n Mutation *f* **mutation** n Variante *f*; BIOL Mutation *f*

mute *adj* stumm **muted** *adj* gedämpft; (*fig*) leise

mutilate *v/t* verstümmeln **mutilation** n Verstümmelung *f*

mutinous *adj* NAUT meuterisch; (*fig*) rebellisch **mutiny** **A** n Meuterei *f* **B** *v/i* meutern

mutter **A** n Murmeln *nt* **B** *v/t* murmeln **C** *v/i* murmeln; (*with discontent*) murren **muttering** n Gemurmel *nt no pl*

mutton n Hammel(fleisch *nt*) *m*

mutual *adj trust etc* gegenseitig; *efforts* beiderseitig; *interest etc* gemeinsam; **the feeling is ~** das beruht (ganz) auf Gegenseitigkeit **mutually** *adv* beide; *beneficial* für beide Seiten

Muzak® n Berieselungsmusik *f* (*infml*)

muzzle **A** n **1** (≈ *snout*) Maul *nt* **2** (*for dog etc*) Maulkorb *m* **3** (*of gun*) Mündung *f* **B** *v/t animal* einen Maulkorb umlegen (+*dat*)

MW *abbr* of medium wave MW

my *poss adj* mein; **I've hurt my leg** ich habe mir das Bein verletzt; **in my country** bei uns

myriad **A** n a **~ of** Myriaden von **B** *adj* unzählige

myrrh n Myrrhe *f*

myself *pers pr* **1** (*dir obj, with prep +acc*) mich; (*indir obj, with prep +dat*) mir; **I said to ~** ich sagte mir; **singing to ~** vor mich hin singend; **I wanted to see (it) for ~** ich wollte es selbst sehen **2** (*emph*) (ich) selbst; **my wife and ~** meine Frau und ich; **I thought so ~** das habe ich auch gedacht; **... if I say so** or **it ~** ... auch wenn ich es selbst sage; (*all*) **by ~** (ganz) allein(e) **3** (≈ *one's normal self*) **I'm not (feeling) ~ today** mit mir ist heute etwas nicht in Ordnung; **I just tried to be ~** ich versuchte, mich ganz natürlich zu benehmen

mysterious *adj* mysteriös; *stranger* geheimnisvoll; **for some ~ reason** aus unerfindlichen Gründen

mystery n (≈ *puzzle*) Rätsel *nt*; (≈ *secret*) Geheimnis *nt*; **to be shrouded** or **surrounded in ~** von einem Geheimnis umgeben sein **mystery story** n Kriminalgeschichte *f* **mystery tour** n Fahrt *f* ins Blaue

mystic n Mystiker(in) *m(f)* **mystical** *adj* mystisch **mysticism** n Mystizismus *m*

mystified *adj* verblüfft; **I am ~ as to how this could happen** es ist mir ein Rätsel, wie das passieren konnte **mystify** *v/t* vor ein Rätsel stellen **mystifying** *adj* rätselhaft

mystique n geheimnisvoller Nimbus

myth n Mythos *m*; (*fig*) Märchen *nt* **mythical** *adj* **1** (*of myth*) mythisch; **the ~ figure/character of Arthur** die Sagengestalt des Artus **2** *proportions, figure* legendär **3** (≈ *unreal*) fantastisch **mythological** *adj* mythologisch **mythology** n Mythologie *f*

N

N, n n N *nt*, n *nt*

N *abbr* of north N

n/a *abbr* of not applicable entf.

nab *v/t* (*infml*) **1** (≈ *catch*) erwischen **2** (≈ *take*) sich (*dat*) grapschen (*infml*); **somebody had ~bed my seat** mir hatte jemand den Platz geklaut (*infml*)

nadir n **1** ASTRON Nadir *m* **2** (*fig*) Tiefstpunkt *m*

naff *adj* (*Br infml*) **1** (≈ *stupid*) blöd (*infml*) **2** *design, car* ordinär

nag¹ **A** *v/t* (≈ *find fault with*) herumnörgeln an (+*dat*); (≈ *pester*) keine Ruhe lassen (+*dat*) (*for* wegen); **don't ~ me** nun lass mich doch in Ruhe!; **to ~ sb about sth** jdm wegen etw keine Ruhe lassen; **to ~ sb to do sth** jdm schwer zusetzen, damit er etw tut **B** *v/i* (≈ *find fault*) herumnörgeln; (≈ *be insistent*) keine Ruhe geben; **stop ~ging** hör auf zu meckern (*infml*) **C** n Nörgler(in) *m(f)*; (*pestering*) Quälgeist *m*

nag² *n* Mähre *f*

nagging *adj pain* dumpf; *doubt* quälend

nail **A** *n* Nagel *m*; **as hard as ~s** knallhart (*infml*); **to hit the ~ on the head** (*fig*) den Nagel auf den Kopf treffen; **to be a ~ in sb's coffin** (*fig*) ein Nagel zu jds Sarg sein **B** *v/t* **1** nageln; **to ~ sth to the floor** etw an den Boden nageln **2** (*infml*) **to ~ sb** sich (*dat*) jdn schnappen (*infml*); (≈ *charge*) jdn drankriegen (*infml*) ◊**nail down** *v/t sep* festnageln

nail bar *n* Nagelstudio *nt* **nail-biting** *adj* (*infml*) *match* spannungsgeladen **nail-brush** *n* Nagelbürste *f* **nail clippers** *pl* Nagelzwicker *m* **nailfile** *n* Nagelfeile *f* **nail polish** *n* Nagellack *m* **nail polish remover** *n* Nagellackentferner *m* **nail scissors** *pl* Nagelschere *f* **nail varnish** *n* (*Br*) Nagellack *m*

naïve *adj* (+*er*) naiv

naked *adj* nackt; *flame* ungeschützt; **invisible to the ~ eye** mit bloßem Auge nicht erkennbar

name **A** *n* **1** Name *m*; **what's your ~?** wie heißen Sie?; **my ~ is …** ich heiße …; **what's the ~ of this street?** wie heißt diese Straße?; **a man by the ~ of Gunn** ein Mann namens Gunn; **to know sb by ~** jdn mit Namen kennen; **to refer to sb/sth by ~** jdn/etw namentlich *or* mit Namen nennen; **what ~ shall I say?** wie ist Ihr Name, bitte?; (*on telephone*) wer ist am Apparat?; (*before showing sb in*) wen darf ich melden?; **in the ~ of** im Namen (+*gen*); **I'll put your ~ down** (*on list, in register etc*) ich trage dich ein; (*for school, class etc*) ich melde dich an (*for* zu, *for a school* in einer Schule); **to call sb ~s** jdn beschimpfen; **not to have a penny/cent to one's ~** völlig pleite sein (*infml*) **2** (≈ *reputation*) Ruf *m*; **to have a good/bad ~** einen guten/schlechten Ruf haben; **to get a bad ~** in Verruf kommen; **to give sb a bad ~** jdn in Verruf bringen; **to make a ~ for oneself** sich (*dat*) einen Namen machen als **B** *v/t* **1** *person* nennen; *ship etc* einen Namen geben (+*dat*); **I ~ this child/ship X** ich taufe dieses Kind/Schiff auf den Namen X; **the child is ~d Peter** das Kind hat den Namen Peter; **they refused to ~ the victim** sie hielten den Namen des Opfers geheim; **to ~ ~s** Namen nennen; **~ three US states** nennen Sie drei US-Staaten;

you ~ it, he's done it es gibt nichts, was er noch nicht gemacht hat **2** (≈ *appoint*) ernennen; **to ~ sb as leader** jdn zum Führer ernennen; **they ~d her as the winner of the award** sie haben ihr den Preis verliehen; **to ~ sb as one's heir** jdn zu seinem Erben bestimmen **name-dropping** *n* (*infml*) Angeberei *f* mit berühmten Bekannten **nameless** *adj* **a person who shall remain ~** jemand, der ungenannt bleiben soll **namely** *adv* nämlich **nameplate** *n* Namensschild *nt* **namesake** *n* Namensvetter(in) *m(f)* **name tag** *n* (≈ *badge*) Namensschild *nt*

nan(a) *n* Oma *f* (*infml*)

nan bread *n* warm serviertes, fladenförmiges Weißbrot als Beilage zu indischen Fleischgerichten

nanny *n* Kindermädchen *nt*

nanotechnology *n* Nanotechnologie *f*

nap **A** *n* Nickerchen *nt*; **afternoon ~** Nachmittagsschläfchen *nt*; **to have** *or* **take a ~** ein Nickerchen machen **B** *v/i* **to catch sb ~ping** (*fig*) jdn überrumpeln

nape *n* **~ of the/one's neck** Genick *nt*

napkin *n* Serviette *f*

Naples *n* Neapel *nt*

nappy *n* (*Br*) Windel *f* **nappy rash** *n* **Jonathan's got ~** Jonathan ist wund

narcissism *n* Narzissmus *m* **narcissistic** *adj* narzisstisch

narcotic *n* **1** **~(s)** Rauschgift *nt* **2** MED Narkotikum *nt*

narrate *v/t* erzählen **narration** *n* Erzählung *f* **narrative** **A** *n* (≈ *story*) Erzählung *f*; (≈ *account*) Schilderung *f* **B** *adj* erzählend **narrator** *n* Erzähler(in) *m(f)*; **first-person ~** Icherzähler(in) *m(f)*

narrow **A** *adj* (+*er*) eng; *hips* schmal; *views* engstirnig; *defeat, lead* knapp; **to have a ~ escape** mit knapper Not davonkommen **B** *v/t* *road etc* verengen; **they decided to ~ the focus of their investigation** sie beschlossen, ihre Untersuchung einzuengen **C** *v/i* sich verengen ◊**narrow down** *v/t sep* (**to** auf +*acc*) beschränken; **that narrows it down a bit** dadurch wird die Auswahl kleiner

narrowly *adv* **1** *fail, avoid* knapp; *escape* mit knapper Not; **he ~ escaped being knocked down** er wäre beinahe überfahren worden **2** *define* eng; **to focus too ~ on sth** sich zu sehr auf etw (*acc*) beschränken **narrow-minded** *adj*, **nar-**

row-mindedly adv engstirnig **nar-row-mindedness** n Engstirnigkeit f
nasal adj **1** ANAT, MED Nasen- **2** LING nasal; *voice* näselnd **nasal spray** n Nasenspray nt
nastily adv gemein; **to speak ~ to sb** zu jdm gehässig sein **nasty** adj (+er) **1** (≈ unpleasant) scheußlich; *weather, habit, names* abscheulich; *surprise, fall* böse; *situation, accident* schlimm; *virus, bend* gefährlich; **that's a ~-looking cut** der Schnitt sieht böse aus; **to turn ~** (person) unangenehm werden; (weather) schlecht umschlagen **2** (≈ malicious) gemein; **he has a ~ temper** mit ihm ist nicht gut Kirschen essen; **to be ~ about sb** gemein über jdn reden; **that was a ~ thing to say/do** das war gemein; **what a ~ man** was für ein ekelhafter Mensch
nation n Nation f; **to address the ~** zum Volk sprechen; **the whole ~ watched him do it** das ganze Land sah ihm dabei zu
national **A** adj national; *strike, scandal* landesweit; *press etc* überregional; **the ~ average** der Landesdurchschnitt; **~ character** Nationalcharakter m; **~ language** Landessprache f **B** n Staatsbürger(in) m(f); **foreign ~** Ausländer(in) m(f) **national anthem** n Nationalhymne f **national costume, national dress** n Nationaltracht f **national debt** n Staatsverschuldung f **national flag** n Nationalflagge f **National Front** n (Br) *rechtsradikale Partei* **National Guard** n (esp US) Nationalgarde f **National Health (Service)** n (Br) staatlicher Gesundheitsdienst; **I got it on the ~** ≈ das hat die Krankenkasse bezahlt **national holiday** n gesetzlicher Feiertag **national insurance** n (Br) Sozialversicherung f; **~ contributions** Sozialversicherungsbeiträge pl **nationalism** n Nationalismus m **nationalist** **A** adj nationalistisch **B** n Nationalist(in) m(f) **nationalistic** adj nationalistisch
nationality n Staatsangehörigkeit f; **what ~ is he?** welche Staatsangehörigkeit hat er?; **she is of German ~** sie hat die deutsche Staatsangehörigkeit **nationalize** v/t verstaatlichen **National Lottery** n (Br) ≈ Lotto nt **nationally** adv (≈ nationwide) landesweit **national park** n Nationalpark m **national security** n Staatssicherheit f **national service** n

Wehrdienst m, Präsenzdienst m (Aus) **National Trust** n (Br) National Trust m, *Natur- und Denkmalschutzverein in Großbritannien* **nationwide** adj, adv landesweit; **we have 300 branches ~** wir haben 300 Niederlassungen im ganzen Land
native **A** adj einheimisch; *population* eingeboren; **~ town** Heimatstadt f; **~ language** Muttersprache f; **a ~ German** ein gebürtiger Deutscher, eine gebürtige Deutsche; **an animal ~ to India** ein in Indien beheimatetes Tier **B** n **1** (≈ person) Einheimische(r) m/f(m); (in colonies) Eingeborene(r) m/f(m); **a ~ of Britain** ein gebürtiger Brite, eine gebürtige Britin **2** **to be a ~ of …** (plant, animal) in … beheimatet sein
Native American **A** adj indianisch **B** n Indianer(in) m(f) **native country** n Heimatland nt **native speaker** n Muttersprachler(in) m(f); **I'm not a ~ of English** Englisch ist nicht meine Muttersprache
nativity n **the Nativity** Christi Geburt f; **~ play** Krippenspiel nt
NATO abbr of North Atlantic Treaty Organization NATO f
natter (Br infml) **A** v/i schwatzen (infml) **B** n **to have a ~** einen Schwatz halten (infml)
natty adj (+er) (infml) chic
natural **A** adj **1** natürlich; *laws, silk* Natur-; *mistake* verständlich; **~ resources** Rohstoffquellen pl; **it is (only) ~ for him to think …** es ist nur natürlich, dass er denkt …; **the ~ world** die Natur; **to die of ~ causes** eines natürlichen Todes sterben; **~ remedy** Naturheilmittel nt; **she is a ~ blonde** sie ist von Natur aus blond **2** ability angeboren; **a ~ talent** eine natürliche Begabung; **he is a ~ comedian** er ist der geborene Komiker **3** parents leiblich **B** n **1** (MUS) (≈ symbol) Auflösungszeichen nt; **D ~ D**, **d** **2** (infml ≈ person) Naturtalent nt **natural childbirth** n natürliche Geburt **natural disaster** n Naturkatastrophe f **natural gas** n Erdgas nt **natural history** n Naturkunde f **naturalist** n Naturforscher(in) m(f) **naturalistic** adj naturalistisch **naturalization** n Einbürgerung f; **~ papers** Einbürgerungsurkunde f **naturalize** v/t person einbürgern; **to become ~d** eingebürgert werden **naturally** adv **1** natürlich; (≈ understandably) verständlicherweise **2** (≈ by nature) von Natur aus; **he is ~ artistic/la-**

zy er ist künstlerisch veranlagt/von Natur aus faul; **to do what comes ~** seiner Natur folgen; **it comes ~ to him** das fällt ihm leicht **natural science** *n* Naturwissenschaft *f*

nature *n* **1** Natur *f*; **Nature** die Natur; **laws of ~** Naturgesetze *pl*; **it is not in my ~ to say that** es entspricht nicht meiner Art, das zu sagen; **it is in the ~ of young people to want to travel** es liegt im Wesen junger Menschen, reisen zu wollen **2** (*of object*) Beschaffenheit *f*; **the ~ of the case is such ...** der Fall liegt so ... **3** (≈ *type*) Art *f*; **things of this ~** derartiges; **... or something of that ~** ... oder etwas in der Art **nature reserve** *n* Naturschutzgebiet *nt* **nature study** *n* Naturkunde *f* **nature trail** *n* Naturlehrpfad *m*

naturism *n* Freikörperkultur *f*, FKK *no art* **naturist** **A** *n* FKK-Anhänger(in) *m(f)* **B** *adj* FKK-; **~ beach** FKK-Strand *m*

naughtily *adv* frech; *behave* unartig **naughty** *adj* (+er) **1** frech; *child, dog* unartig; **it was ~ of him to break it** das war aber gar nicht lieb von ihm, dass er das kaputt gemacht hat **2** *joke, word* unanständig

nausea *n* MED Übelkeit *f* **nauseating** *adj* ekelerregend **nauseous** *adj* MED **that made me (feel) ~** dabei wurde mir übel

nautical *adj* nautisch **nautical mile** *n* Seemeile *f*

naval *adj* der Marine **naval base** *n* Flottenbasis *f* **naval battle** *n* Seeschlacht *f* **naval officer** *n* Marineoffizier(in) *m(f)*

nave *n* (*of church*) Hauptschiff *nt*

navel *n* ANAT Nabel *m* **navel piercing** *n* Nabelpiercing *nt*

navigable *adj* schiffbar **navigate** **A** *v/i* (*in plane, ship*) navigieren; (*in car*) den Fahrer dirigieren; **I don't know the route, you'll have to ~** ich kenne die Strecke nicht, du musst mich dirigieren **B** *v/t* **1** *aircraft, ship* navigieren **2** (≈ *journey through*) durchfahren; (*plane*) durchfliegen; *ocean* durchqueren **navigation** *n* Navigation *f* **navigator** *n* NAUT Navigationsoffizier(in) *m(f)*; AVIAT Navigator(in) *m(f)*; MOT Beifahrer(in) *m(f)*

navy **A** *n* **1** (Kriegs)marine *f*; **to serve in the ~** in der Marine dienen **2** (*a.* **navy blue**) Marineblau *nt* **B** *adj* **1** *attr* Marine-

2 (*a.* **navy-blue**) marineblau

NB *abbr* of nota bene NB

NBC **1** (*US*) *abbr* of National Broadcasting Company NBC **2** MIL *abbr* of nuclear, biological and chemical ABC-

NE *abbr* of north-east NO

near (+er) **A** *adv* **1** nahe; **he lives quite ~** er wohnt ganz in der Nähe; **you live ~er/~est** du wohnst näher/am nächsten; **could you move ~er together?** könnten Sie enger zusammenrücken?; **that was the ~est I ever got to seeing him** da hätte ich ihn fast gesehen; **to be ~ at hand** zur Hand sein; (*shops*) in der Nähe sein; (*help*) ganz nahe sein **2** (≈ *accurately*) genau; **as ~ as I can tell** soweit ich es beurteilen kann; **(that's) ~ enough** das haut so ungefähr hin (*infml*) **3** (≈ *almost*) fast; **he very ~ succeeded** fast wäre es ihm gelungen **4** (*negative*) **it's nowhere ~ enough** das ist bei Weitem nicht genug; **we're not ~er (to) solving the problem** wir sind der Lösung des Problems kein bisschen näher gekommen; **he is nowhere** *or* **not anywhere ~ as clever as you** er ist bei Weitem nicht so klug wie du **B** *prep* (*a.* **near to**) **1** nahe an (+*dat*) (*with motion*) nahe an (+*acc*); (≈ *in the vicinity of*) in der Nähe von *or* +*gen*); **the hotel is very ~ (to) the station** das Hotel liegt ganz in der Nähe des Bahnhofs; **move the chair ~er (to) the table** rücken Sie den Stuhl näher an den Tisch; **to get ~/~er (to) sb/sth** nahe/näher an jdn/etw herankommen; **keep ~ me** bleib in meiner Nähe; **~ here/there** hier/dort in der Nähe; **don't come ~ me** komm mir nicht zu nahe; **~ (to) where ...** nahe der Stelle, wo ...; **to be ~est to sth** einer Sache (*dat*) am nächsten sein; **take the chair ~est (to) you** nehmen Sie den Stuhl direkt neben Ihnen; **to be ~ (to) tears** den Tränen nahe sein; **the project is ~ (to) completion** das Projekt steht vor seinem Abschluss **2** (*in time*) gegen; **~ death** dem Tode nahe; **come back ~er (to) 3 o'clock** kommen Sie gegen 3 Uhr wieder; **~ the end of the play** gegen Ende des Stücks; **I'm ~ the end of the book** ich habe das Buch fast zu Ende gelesen; **her birthday is ~ (to) mine** ihr und mein Geburtstag liegen nahe beieinander **3** (≈ *similar to*) ähnlich (+*dat*); **German is ~er (to) Dutch than English is** Deutsch ist

N

dem Holländischen ähnlicher als Englisch **C** *adj* **1** nahe; **to be ~** in der Nähe sein; (*danger, end*) nahe sein; (*event*) bevorstehen; **to be ~er/~est** näher/am nächsten sein; **it looks very ~** es sieht so aus, als ob es ganz nah wäre; **his answer was ~er than mine/~est** seine Antwort traf eher zu als meine/traf die Sachlage am ehesten **2** (*fig*) *escape* knapp; **a ~ disaster** fast ein Unglück *nt*; **his ~est rival** sein schärfster Rivale, seine schärfste Rivalin; **round up the figure to the ~est pound** runden Sie die Zahl auf das nächste Pfund auf; **£50 or ~est offer** COMM Verhandlungsbasis £ 50; **that's the ~est thing you'll get to an answer** eine bessere Antwort kannst du kaum erwarten; **my ~est and dearest** meine Lieben *pl* **D** *v/t* sich nähern (+*dat*); **to be ~ing sth** (*fig*) auf etw (*acc*) zugehen; **she was ~ing fifty** sie ging auf die Fünfzig zu; **to ~ completion** kurz vor dem Abschluss stehen **E** *v/i* näher rücken **nearby A** *adv* nahe (*a.* **near by**) in der Nähe **B** *adj* nahe gelegen **Near East** *n* Naher Osten; **in the ~** im Nahen Osten

nearly *adv* fast; **I ~ laughed** ich hätte fast gelacht; **we are ~ there** (*at a place*) wir sind fast da; (*with a job*) wir sind fast so weit; **he very ~ drowned** er wäre um ein Haar ertrunken; **not ~** bei Weitem nicht **nearly-new** *adj* **~ shop** Second-Hand-Laden *m* **near miss** *n* AVIAT Beinahezusammenstoß *m* **nearside** AUTO **A** *adj* auf der Beifahrerseite **B** *n* Beifahrerseite *f* **near-sighted** *adj* kurzsichtig **near thing** *n* **that was a ~** das war knapp

neat *adj* (+*er*) **1** (≈ *tidy*) ordentlich; *appearance* gepflegt; **~ and tidy** hübsch ordentlich **2** *fit* genau **3** *solution* elegant; *trick* schlau **4** (*esp Br*) **to drink one's whisky ~** Whisky pur trinken **5** (*US infml* ≈ *excellent*) prima (*infml*) **neatly** *adv* **1** (≈ *tidily*) ordentlich **2** (≈ *skilfully*) gewandt **neatness** *n* Ordentlichkeit *f*

necessarily *adv* notwendigerweise; **not ~** nicht unbedingt **necessary A** *adj* **1** notwendig; **it is ~ to ... man muss ...; is it really ~ for me to come?** muss ich denn wirklich kommen?; **it's not ~ for you to come** Sie brauchen nicht zu kommen; **all the ~ qualifications** alle erforderlichen Qualifikationen; **if/**

when ~ wenn nötig; **that won't be ~** das wird nicht nötig sein; **to make the ~ arrangements** die notwendigen Maßnahmen treffen; **to do everything ~** alles Nötige tun **2** *change* unausweichlich **B** *n usu pl* **the ~** or **necessaries** das Notwendige **necessitate** *v/t* notwendig machen **necessity** *n* Notwendigkeit *f*; **out of ~** aus Not; **the bare necessities** das Notwendigste

neck *n* **1** Hals *m*; **to break one's ~** sich (*dat*) den Hals brechen; **to risk one's ~** Kopf und Kragen riskieren; **to save one's ~** seinen Hals aus der Schlinge ziehen; **to be up to one's ~ in work** bis über den Hals in der Arbeit stecken; **to stick one's ~ out** seinen Kopf riskieren; **in this ~ of the woods** (*infml*) in diesen Breiten **2** (*of dress etc*) Ausschnitt *m*; **it has a high ~** es ist hochgeschlossen **neck and neck** *adv* Kopf an Kopf **necklace** *n* (Hals)kette *f* **neckline** *n* Ausschnitt *m* **neck pillow** *n* (*for travel*) Nackenhörnchen *nt*; (*for bed*) Nackenkissen *nt* **necktie** *n* (*esp US*) Krawatte *f*

nectar *n* Nektar *m*

nectarine *n* Nektarine *f*

née *adj* **Mrs Smith, ~ Jones** Frau Smith, geborene Jones

need A *n* **1** *no pl* (≈ *necessity*) Notwendigkeit *f* (*for* +*gen*); **if ~ be** nötigenfalls; **(there is) no ~ for sth** etw ist nicht nötig; **(there is) no ~ to do sth** etw braucht nicht getan zu werden; **to be (badly) in ~ of sth** etw (dringend) brauchen; **in ~ of repair** reparaturbedürftig; **to have no ~ of sth** etw nicht brauchen **2** *no pl* (≈ *misfortune*) Not *f*; **in time(s) of ~** in schwierigen Zeiten; **those in ~** die Notleidenden *pl* **3** (≈ *requirement*) Bedürfnis *nt*; **your ~ is greater than mine** Sie haben es nötiger als ich; **there is a great ~ for ...** es besteht ein großer Bedarf an (+*dat*) ... **B** *v/t* brauchen; **much ~ed** dringend notwendig; **just what I ~ed** genau das Richtige; **that's all I ~ed** (*iron*) das hat mir gerade noch gefehlt; **this incident ~s some explanation** dieser Vorfall bedarf einer Erklärung (*gen*); **it ~s a coat of paint** es muss gestrichen werden; **sth ~s doing** etw muss gemacht werden; **to ~ to do sth** etw tun müssen; **not to ~ to do sth** etw nicht zu tun brauchen; **you shouldn't ~ to be told** das müsste man dir nicht erst sagen müssen **C** *v/aux* **1** *(positive)* müssen; **~ he go?** muss er gehen?; **no-one ~ go** *or* **~s to go home yet** es braucht noch keiner nach Hause zu gehen; **you only ~ed to ask** du hättest nur (zu) fragen brauchen **2** *(negative)* **we ~n't have gone** wir hätten gar nicht gehen brauchen; **you ~n't have bothered** das war nicht nötig; **that ~n't be the case** das muss nicht unbedingt der Fall sein

needle *n* Nadel *f*; **it's like looking for a ~ in a haystack** es ist, als ob man eine Stecknadel im Heuhaufen suchte

needless *adj* unnötig; *death, destruction* sinnlos; **~ to say, ...** natürlich ... **needlessly** *adv* unnötig(erweise); *destroy, kill* sinnlos; **you are worrying quite ~** Ihre Sorgen sind vollkommen unbegründet

needlework *n* Handarbeit *f*

needy **A** *adj* (+er) bedürftig **B** *n* **the ~** die Bedürftigen *pl*

negate *v/t* zunichtemachen **negative** **A** *adj* negativ; *answer* verneinend; GRAM verneint **B** *n* **1** Verneinung *f*; **to answer in the ~** eine verneinende Antwort geben; **put this sentence into the ~** verneinen Sie diesen Satz **2** PHOT Negativ *nt* **C** *int* nein

neglect **A** *v/t* vernachlässigen; **to ~ to do sth** es versäumen, etw zu tun **B** *n* Nachlässigkeit *f*; **to be in a state of ~** verwahrlost sein **neglected** *adj* vernachlässigt; *garden etc* verwahrlost **neglectful** *adj* nachlässig

négligé(e) *n* Negligé *nt*

negligence *n* Nachlässigkeit *f*; *(causing danger,* JUR*)* Fahrlässigkeit *f* **negligent** *adj* nachlässig; *(causing danger, damage)* fahrlässig **negligently** *adv* nachlässig; *(≈ causing danger, damage)* fahrlässig **negligible** *adj* unwesentlich

negotiable *adj* **these terms are ~** über diese Bedingungen kann verhandelt werden **negotiate** **A** *v/t* **1** *(≈ discuss)* verhandeln über (+*acc*); *(≈ bring about)* aushandeln **2** *bend* nehmen **B** *v/i* verhandeln *(for* über +*acc*) **negotiation** *n* Verhandlung *f*; **the matter is still under ~** über diese Sache wird noch verhandelt **negotiator** *n* Unterhändler(in) *m(f)*

Negro *neg!* **A** *adj* Schwarzen- **B** *n* Schwarze(r) *m/f(m)*

neigh *v/i* wiehern

neighbour, *(US)* **neighbor** *n* Nachbar(in) *m(f)*; *(at table)* Tischnachbar(in) *m(f)* **neighbourhood**, *(US)* **neighborhood** *n* *(≈ district)* Gegend *f*; *(≈ people)* Nachbarschaft *f* **neighbouring**, *(US)* **neighboring** *adj* benachbart; **~ village** Nachbardorf *nt* **neighbourly**, *(US)* **neighborly** *adj* *person* nachbarlich; *act* gutnachbarlich

neither **A** *adv* **~ ... nor** weder ... noch; **he ~ knows nor cares** er weiß es nicht und will es auch nicht wissen **B** *cj* auch nicht; **if you don't go, ~ shall I** wenn du nicht gehst, gehe ich auch nicht; **he didn't do it (and) ~ did his sister** weder er noch seine Schwester haben es getan **C** *adj* keine(r, s) (der beiden); **~ one of them** keiner von beiden **D** *pron* keine(r, s); **~ of them** keiner von beiden

neoclassical *adj* klassizistisch

neon *adj attr* Neon-

neo-Nazi **A** *n* Neonazi *m* **B** *adj* neonazistisch

neon sign *n* *(≈ name)* Neonschild *nt*; *(≈ advertisement)* Neonreklame *f*

nephew *n* Neffe *m*

Neptune *n* ASTRON, MYTH Neptun *m*

nerd *n* *(infml)* Dumpfbacke *f* *(sl)*; **computer ~** Computerfreak *m* *(infml)*

nerve *n* **1** Nerv *m*; **to get on sb's ~s** *(infml)* jdm auf die Nerven gehen; **to touch a ~** einen wunden Punkt berühren **2** *no pl (≈ courage)* Mut *m*; **to lose one's ~** die Nerven verlieren; **to have the ~ to do sth** sich trauen, etw zu tun **3** *no pl (infml ≈ impudence)* Frechheit *f*; **to have the ~ to do sth** die Frechheit besitzen, etw zu tun; **he's got a ~!** der hat Nerven! *(infml)*

nerve centre, *(US)* **nerve center** *n* *(fig)* Schaltzentrale *f* **nerve-racking**, **nerve-wracking** *adj* nervenaufreibend

nervous *adj* **1** *disorder* nervös; **~ tension** Nervenanspannung *f* **2** *(≈ timid)* ängstlich; *(≈ on edge)* nervös; **to be** *or* **feel ~** *(≈ be afraid)* Angst haben; *(≈ be worried)* sich *(dat)* Sorgen machen; *(≈ be on edge)* nervös sein; **I am ~ about the exam** mir ist bange vor dem Examen; **I was rather ~ about giving him the job** mir war nicht wohl bei dem Gedanken, ihm die Stelle zu geben; **I am rather ~ about diving** ich habe eine ziemliche Angst vor dem Tauchen **nervous breakdown** *n* Nervenzusammenbruch *m* **nervous energy** *n* Vitalität f **nervously** adv (≈ apprehensively) ängstlich; (≈ on edge) nervös **nervous system** n Nervensystem nt **nervous wreck** n (infml) **to be a ~** mit den Nerven völlig am Ende sein

nest **A** n **1** Nest nt **2** (of boxes etc) Satz m **B** v/i nisten **nest egg** n (fig) Notgroschen m

nestle v/i **to ~ up to sb** sich an jdn schmiegen; **to ~ against sb** sich an jdn anschmiegen; **the village nestling in the hills** das Dorf, das zwischen den Bergen eingebettet liegt

Net n (infml) **the ~** IT das Internet

net¹ **A** n **1** Netz nt; **to slip through the ~** (criminal) durch die Maschen schlüpfen **2** (for curtains) Tüll m **B** v/t fish mit dem Netz fangen

net² adj **1** price, weight Netto-; **~ disposable income** verfügbares Nettoeinkommen **2** (fig) End-; **~ result** Endergebnis nt

netball n (Br) Korbball m **net curtain** n (Br) Tüllgardine f

Netherlands pl **the ~** die Niederlande pl

netiquette n IT Netiquette f

net profit n Reingewinn m

netspeak n (INTERNET, infml) Chat-Slang m (infml), Internetjargon m

netting n Netz nt; (≈ wire netting) Maschendraht m; (for curtains etc) Tüll m

nettle **A** n BOT Nessel f; **to grasp the ~** (fig) in den sauren Apfel beißen **B** v/t (fig infml) person wurmen (infml)

net weight n Nettogewicht nt

network **A** n **1** Netz nt **2** RADIO, TV Sendenetz nt; ELEC, IT Netzwerk nt; **~ driver/server** IT Netzwerktreiber m/-server m **B** v/t programme im ganzen Netzbereich ausstrahlen; IT vernetzen **C** v/i (people) im Netzwerk arbeiten **networking** n **1** IT Networking nt **2** (≈ making contacts) Knüpfen nt von Kontakten

neurological adj neurologisch **neurologist** n Neurologe m, Neurologin f **neurology** n Neurologie f **neurosis** n, pl **neuroses** Neurose f **neurosurgery** n Neurochirurgie f **neurotic** **A** adj neurotisch; **to be ~ about sth** in Bezug auf etw (acc) neurotisch sein **B** n Neurotiker(in) m(f)

neuter **A** adj GRAM sächlich **B** v/t cat, dog kastrieren

neutral **A** adj neutral; (≈ colourless) farblos **B** n **1** (≈ person) Neutrale(r) m/f(m) **2**

AUTO Leerlauf m; **to be in ~** im Leerlauf sein; **to put the car in ~** den Gang herausnehmen **neutrality** n Neutralität f **neutralize** v/t neutralisieren

neutron n Neutron nt

never adv **1** nie, niemals (elev); **~ again** nie wieder; **~ before** noch nie; **~ even** nicht einmal **2** (emph ≈ not) **I ~ slept a wink** (infml) ich habe kein Auge zugetan; **Spurs were beaten — ~!** (infml) Spurs ist geschlagen worden — nein!; **well I ~ (did)!** (infml) nein, so was!; **~ fear** keine Angst **never-ending** adj endlos **nevertheless** adv dennoch

new adj (+er) neu; **the ~ people at number five** die Neuen in Nummer fünf; **that's nothing ~** das ist nichts Neues; **what's ~?** (infml) was gibts Neues? (infml); **I'm ~ to this job** ich bin neu in dieser Stelle; **she's ~ to the game** SPORTS sie ist erst seit Kurzem bei diesem Sport dabei; (fig) sie ist neu auf diesem Gebiet **New Age Traveller** n (Br) Aussteiger(in) m(f) **new blood** n (fig) frisches Blut **newborn** adj neugeboren **newcomer** n Neuankömmling m; (in job etc) Neuling m (to in +dat); **they are ~s to this town** sie sind neu in dieser Stadt **New England** n Neuengland nt **newfangled** adj neumodisch **new-found** adj happiness neu(gefunden); confidence neugeschöpft **Newfoundland** n Neufundland nt **newish** adj ziemlich neu **newly** adv frisch; **~ made** ganz neu; bread, cake etc frisch gebacken; **~ arrived** neu angekommen; **~ married** frisch vermählt **newlyweds** pl (infml) Frischvermählte pl **new moon** n Neumond m; **there's a ~ tonight** heute Nacht ist Neumond

news n no pl **1** (≈ report) Nachricht f; (≈ recent development) Neuigkeit(en) f(pl); **a piece of ~** eine Neuigkeit; **I have no ~ of him** ich habe nicht von ihm gehört; **there is no ~** es gibt nichts Neues zu berichten; **have you heard the ~?** haben Sie schon (das Neueste) gehört?; **tell us your ~** erzähl uns das Neueste; **I have ~ for you** (iron) ich habe eine Überraschung für dich; **good ~** gute Nachrichten; **that's bad ~ for ...** das ist ein schwerer Schlag für ...; **who will break the ~ to him?** wer wird es ihm sagen or beibringen?; **that is ~ to me!** das ist mir ganz neu! **2** PRESS, RADIO, TV Nachrichten pl;

~ **in brief** Kurznachrichten *pl*; **financial ~** Wirtschaftsbericht *m*; **it was on the ~** das kam in den Nachrichten; **to be in the ~** von sich reden machen **news agency** *n* Nachrichtenagentur *f* **newsagent** *n* (*Br*) Zeitungshändler(in) *m(f)* **news bulletin** *n* Bulletin *nt* **newscaster** *n* Nachrichtensprecher(in) *m(f)* **newsdealer** *n* (*US*) Zeitungshändler(in) *m(f)* **news feed** *n* IT News-Feed *m*, Web-Feed *m* **newsflash** *n* Kurzmeldung *f* **newsgroup** *n* IT Newsgroup *f* **news headlines** *pl* Kurznachrichten *pl* **newsletter** *n* Rundschreiben *nt*

newspaper *n* Zeitung *f*; **daily ~** Tageszeitung *f* **newspaper article** *n* Zeitungsartikel *m* **newsreader** *n* Nachrichtensprecher(in) *m(f)* **newsroom** *n* Nachrichtenredaktion *f* **newsstand** *n* Zeitungsstand *m*

new-style *adj* im neuen Stil

news vendor *n* Zeitungsverkäufer(in) *m(f)* **newsworthy** *adj* **to be ~** Neuigkeitswert haben

newt *n* Wassermolch *m*

New Testament *n* **the ~** das Neue Testament **new wave** **A** *n* neue Welle **B** *adj attr* der neuen Welle **New World** *n* **the ~** die Neue Welt

New Year *n* neues Jahr; (≈ *New Year's Day*) Neujahr *nt*; **to see in the ~** das neue Jahr begrüßen; **Happy ~!** (ein) gutes neues Jahr!; **at ~** an Neujahr; **~ resolution** (guter) Vorsatz für das neue Jahr **New Year's Day** *n* Neujahr *nt*

New Year's Eve *n* Silvester *nt*

New Zealand **A** *n* Neuseeland *nt* **B** *adj attr* neuseeländisch

New Zealander *n* Neuseeländer(in) *m(f)* **next** **A** *adj* nächste(r, s); **he came back the ~ day** er kam am nächsten Tag wieder; **(the) ~ time** das nächste Mal; **the ~ moment** im nächsten Moment; **from one moment to the ~** von einem Moment zum anderen; **this time ~ week** nächste Woche um diese Zeit; **the year after ~** übernächstes Jahr; **the ~ day but one** der übernächste Tag; **who's ~?** wer ist der Nächste?; **you're ~** Sie sind an der Reihe; **my name is ~ on the list** mein Name kommt als nächster auf der Liste; **the ~ but one** der/die/das Übernächste; **the ~ thing I knew I ...** bevor ich wusste, wie mir geschah, ... ich ...;

(*after fainting etc*) das Nächste, woran ich mich erinnern kann, war, dass ich ...; **the ~ size up/down** die nächstkleinere/ nächstgrößere Größe **B** *adv* **1** (≈ *the next time*) das nächste Mal; (≈ *afterwards*) danach; **what shall we do ~?** und was sollen wir als Nächstes machen?; **whatever ~?** (*in surprise*) Sachen gibts! (*infml*) **2** ~ **to sb/sth** neben jdm/etw; (*with motion*) neben jdn/etw; **the ~ to last row** die vorletzte Reihe; ~ **to nothing** so gut wie nichts; ~ **to impossible** nahezu unmöglich **3** **the ~ best** der/die/das Nächstbeste; **this is the ~ best thing** das ist das Nächstbeste; **the ~ oldest boy** der zweitälteste Junge **C** *n* Nächste(r) *m/f(m)* **next door** *adv* nebenan; **let's go ~** gehen wir nach nebenan; **they live ~ to us** sie wohnen (direkt) neben uns; **he has the room ~ to me** er hat das Zimmer neben mir; **we live ~ to each other** wir wohnen Tür an Tür; **the boy ~** der Junge von nebenan **next-door** *adj* **the ~ neighbour** (*Br*) or **neighbor** (*US*) der direkte Nachbar; **we are ~ neighbours** (*Br*) or **neighbors** (*US*) wir wohnen Tür an Tür; **the ~ house** das Nebenhaus **next of kin** *n*, *pl* - nächster Verwandter, nächste Verwandte **NFL** (*US*) *abbr of* National Football League *amerikanische Fußball-Nationalliga*

NGO *abbr of* nongovernmental organization Nicht-Regierungs-Organisation *f*, NRO *f*

NHS (*Br*) *abbr of* National Health Service **nib** *n* Feder *f*

nibble **A** *v/t* knabbern **B** *v/i* (**at an** +*dat*) knabbern **C** *n* ~**s** (*Br*) Knabbereien *pl*

nice *adj* (+*er*) **1** nett, fesch (*Aus*); *weather, smell, meal, work* gut; *feeling, car* schön; **to have a ~ time** sich gut amüsieren; **have a ~ day!** (*esp US*) schönen Tag noch!; **the ~ thing about Venice** das Schöne an Venedig; **it's ~ to see you again** es freut mich, Sie wieder zu treffen; **it's been ~ meeting you** ich habe mich gefreut, Sie kennenzulernen; **I had a ~ rest** ich habe mich schön ausgeruht; ~ **one!** toll! (*infml*) **2** (*intensifier*) schön; **a ~ long bath** ein schönes, langes Bad; ~ **and warm** schön warm; **take it ~ and easy** überanstrengen Sie sich nicht **3** (*iron*) **you're in a ~ mess** du sitzt schön im Schlamassel (*infml*); **that's a ~ way to**

talk to your mother das ist ja eine schöne Art, mit deiner Mutter zu sprechen **nice-looking** *adj* schön; *woman, man* gut aussehend; **to be ~** gut aussehen **nicely** *adv* (≈ *pleasantly*) nett; (≈ *well*) go, *speak, behave, placed* gut; **to be coming along ~** sich gut machen; **to ask ~** höflich fragen; **say thank you ~**! sag mal schön Danke!; **that will do ~** das reicht vollauf; **he's doing very ~ for himself** er ist sehr gut gestellt, er scheffelt Geld (*infml*); **to be ~ spoken** sich gepflegt ausdrücken; **~ done** gut gemacht **niceties** *pl* Feinheiten *pl*

niche *n* Nische *f*; (*fig*) Plätzchen *nt*

nick[1] **A** *n* **1** Kerbe *f* **2** **in the ~ of time** gerade noch (rechtzeitig) **3** (*Br infml*) **in good/bad ~** gut/nicht gut in Schuss (*infml*) **B** *v/t* **to ~ oneself** (*infml*) sich schneiden

nick[2] (*Br*) **A** *v/t* (*infml*) **1** (≈ *arrest*) einsperren (*infml*) **2** (≈ *steal*) klauen (*infml*) **B** *n* (*infml* ≈ *prison*) Knast *m* (*infml*)

nickel *n* **1** (≈ *metal*) Nickel *nt* **2** (*US*) Fünfcentstück *nt* **nickel-plated** *adj* vernickelt

nickname **A** *n* Spitzname *m* **B** *v/t* **they ~d him Baldy** sie gaben ihm den Spitznamen Baldy

nicotine *n* Nikotin *nt* **nicotine patch** *n* Nikotinpflaster *nt*

niece *n* Nichte *f*

nifty *adj* (+er) (*infml*) flott (*infml*); *gadget* schlau (*infml*); **a ~ little car** ein netter kleiner Flitzer (*infml*)

niggardly *adj person* knaus(e)rig; *amount* armselig

niggle **A** *v/i* (≈ *complain*) herumkritteln (*infml*) (*about* an +*dat*) **B** *v/t* (≈ *worry*) quälen **niggling** *adj doubt, pain* quälend; *feeling* ungut

nigh **A** *adj* (*old, liter*) nahe **B** *adv* **~ on** nahezu (*elev*)

night **A** *n* Nacht *f*; (≈ *evening*, THEAT) Abend *m*; **last ~** gestern Abend; letzte Nacht; **tomorrow ~** morgen Abend/Nacht; **on Friday ~** Freitagabend/-nacht; **11 o'clock at ~** 11 Uhr nachts; **6 o'clock at ~** 6 Uhr abends; **she works at ~** sie arbeitet nachts; **in/during the ~** in/während der Nacht; **the ~ before** am Abend/die Nacht zuvor; **the ~ before last** vorgestern Abend/vorletzte Nacht; **to spend the ~ at a hotel** in einem Hotel übernachten; **to have a good/bad ~** *or* **~'s sleep** gut/

schlecht schlafen; **~-~!** (*infml*) gut Nacht! (*infml*); **all ~ (long)** die ganze Nacht; **to have a ~ out** (abends) ausgehen; **to have an early ~** früh schlafen gehen; **to be on ~s** Nachtdienst haben; (*shift worker*) Nachtschicht haben **B** *adv* **~s** (*esp US*) nachts **nightcap** *n* (≈ *drink*) Schlaftrunk *m* (*infml*) **nightclub** *n* Nachtklub *m* **nightdress** *n* Nachthemd *nt* **nightfall** *n* **at ~** bei Einbruch der Dunkelheit **nightgown** *n* Nachthemd *nt* **nightie** *n* (*infml*) Nachthemd *nt* **nightingale** *n* Nachtigall *f* **nightlife** *n* Nachtleben *nt* **night-light** *n* (*for child etc*) Nachtlicht *nt* **nightly** **A** *adj* (≈ *every night*) (all)nächtlich; (≈ *every evening*) (all)abendlich **B** *adv* (≈ *every night*) jede Nacht; (≈ *every evening*) jeden Abend **nightmare** *n* Albtraum *m*; **that was a ~ of a journey** die Reise war ein Albtraum **night owl** *n* (*infml*) Nachteule *f* (*infml*) **night safe** *n* Nachttresor *m* **night school** *n* Abendschule *f* **night shift** *n* Nachtschicht *f*; **to be on ~** Nachtschicht haben **nightshirt** *n* (Herren)nachthemd *nt* **nightspot** *n* Nachtlokal *nt* **night stick** *n* (*US*) Schlagstock *m* **night-time** **A** *n* Nacht *f*; **at ~** nachts **B** *adj attr* nächtlich; **~ temperature** Nachttemperatur *f* **night watchman** *n* Nachtwächter(in) *m(f)*

nihilistic *adj* nihilistisch

nil *n* (≈ *zero*) null; (≈ *nothing*) nichts; **the score was one-~** es stand eins zu null; → zero

Nile *n* Nil *m*

nimble *adj* (+er) (≈ *quick*) flink; (≈ *agile*) gelenkig; *mind* beweglich **nimbly** *adv* gelenkig

nine **A** *adj* neun; **~ times out of ten** in neun Zehntel der Fälle **B** *n* Neun *f*; **dressed (up) to the ~s** in Schale (*infml*); **to call 999** (*Br*) *or* **911** (*US*) den Notruf wählen; → **six nine-eleven**, **9/11** *n* die Angriffe auf das World Trade Center am 11. September 2001

nineteen **A** *adj* neunzehn **B** *n* Neunzehn *f*; **she talks ~ to the dozen** (*Br infml*) sie redet wie ein Wasserfall (*infml*)

nineteenth **A** *adj* **1** (*in series*) neunzehnte(r, s) **2** (*as fraction*) neunzehntel **B** *n* **1** Neunzehnte(r, s) **2** (≈ *fraction*) Neunzehntel *nt*; → **sixteenth**

ninetieth **A** *adj* **1** (*in series*) neunzigste(r, s) **2** (*as fraction*) neunzigstel **B** *n* **1**

N

Neunzigste(r, s) **2** (≈ *fraction*) Neunzigstel *nt*

nine-to-five *adj* Büro-; **~ job** Bürojob *m*

ninety **A** *adj* neunzig **B** *n* Neunzig *f*; → sixty

ninth **A** *adj* **1** (*in series*) neunte(r, s) **2** (*as fraction*) neuntel **B** *n* **1** Neunte(r, s) **2** (≈ *fraction*) Neuntel *nt*; → sixth

nip¹ **A** *n* **1** (≈ *pinch*) Kniff *m*; (≈ *bite: from animal etc*) Biss *m* **2** **there's a ~ in the air** es ist ganz schön frisch **B** *v/t* **1** (≈ *pinch*) kneifen, zwicken (*Aus*); **the dog ~ped his ankle** der Hund hat ihn am Knöchel gezwickt **2** **to ~ sth in the bud** (*fig*) etw im Keim ersticken **C** *v/i* (*Br infml*) sausen (*infml*); **to ~ up(stairs)** hochflitzen (*infml*); **I'll just ~ down to the shops** ich gehe mal kurz einkaufen (*infml*) ◊**nip out** *v/i* (*Br infml*) kurz weggehen (*infml*)

nip² *n* (*infml* ≈ *drink*) Schlückchen *nt*

nipple *n* ANAT Brustwarze *f*, Nippel *m* (*infml*); (*US: on baby's bottle*) Sauger *m*

nippy *adj* (+er) **1** (*Br infml*) flott; *car* spritzig **2** *weather* frisch

nit *n* **1** ZOOL Nisse *f* **2** (*Br infml*) Schwachkopf *m* (*infml*) **nit-pick** *v/i* (*infml*) pingelig sein (*infml*)

nitrate *n* Nitrat *nt*

nitric acid *n* Salpetersäure *f*

nitrogen *n* Stickstoff *m*

nitty-gritty *n* (*infml*) **to get down to the ~** zur Sache kommen

nitwit *n* (*infml*) Schwachkopf *m* (*infml*)

No, no *abbr of number* Nr.

no **A** *adv* **1** (*negative*) nein; **to answer no** mit Nein antworten **2** (*with comp*) nicht; **I can bear it no longer** ich kann es nicht länger ertragen; **I have no more money** ich habe kein Geld mehr; **he returned to England in an aircraft carrier no less** er kehrte auf nichts Geringerem als einem Flugzeugträger nach England zurück **B** *adj* kein; **no one person could do it** keiner könnte das allein tun; **no other man** kein anderer; **it's of no interest** das ist belanglos; **it's no use** *or* **no good** das hat keinen Zweck; **no smoking** Rauchen verboten; **there's no telling what he'll do** man kann nie wissen, was er tun wird; **there's no denying it** es lässt sich nicht leugnen; **there's no pleasing him** ihm kann man es auch nie recht machen; **he's no genius** er ist nicht gerade ein Ge-

nie; **this is no place for children** das ist hier nichts für Kinder; **in no time** im Nu; **at no little expense** zu großen Kosten; **there is no such thing** so etwas gibt es nicht; **I'll do no such thing** ich werde mich hüten **C** *n, pl* -es Nein *nt*; (≈ *no vote*) Neinstimme *f*; **I won't take no for an answer** ich bestehe darauf

Nobel *n* **~ prize** Nobelpreis *m*; **~ peace prize** Friedensnobelpreis *m*

nobility *n no pl* **1** (≈ *people*) (Hoch)adel *m* **2** (≈ *quality*) Edle(s) *nt* **noble** **A** *adj* (+er) **1** (≈ *aristocratic*) adlig; **to be of ~ birth** adlig sein **2** (≈ *fine*) *person, deed, thought etc* nobel; *attempt* heldenhaft **B** *n* Adlige(r) *m/f(m)* **nobleman** *n* Adlige(r) *m* **noblewoman** *n* Adlige *f* **nobly** *adv* **1** (≈ *finely*) vornehm; (≈ *bravely*) heldenhaft **2** (*infml* ≈ *selflessly*) großmütig

nobody **A** *pron* niemand; **~ else** sonst niemand; **~ else but you can do it** außer dir kann das niemand; **~ else offered to give them money** sonst hat sich niemand angeboten, ihnen Geld zu geben; **like ~'s business** wie nichts **B** *n* Niemand *m no pl*

no-claim(s) bonus *n* Schadenfreiheitsrabatt *m*

nocturnal *adj* nächtlich; **~ animal** Nachttier *nt*

nod **A** *n* Nicken *nt*; **to give a ~** nicken **B** *v/i* nicken; **to ~ to sb** jdm zunicken; **to ~ toward(s) sth** mit dem Kopf auf etw zeigen **C** *v/t* **to ~ one's head** mit dem Kopf nicken ◊**nod off** *v/i* einnicken (*infml*)

node *n* **1** Knoten *m* **2** IT Node *m*, Knoten *m*

nodule *n* Knötchen *nt*

no-frills *adj attr deal* ohne (alle) Extras; *style* einfach **no-go area** *n* Sperrgebiet *nt* **no-good** *adj* nichtsnutzig **no--holds-barred** *adj* kompromisslos

noise *n* Geräusch *nt*; (*loud, irritating*) Lärm *m*; **what was that ~?** was war das für ein Geräusch?; **the ~ of the traffic** der Straßenlärm; **it made a lot of ~** es war sehr laut; **don't make a ~!** sei leise!; **stop making such a ~** hör auf, solchen Lärm zu machen **noiselessly** *adv* geräuschlos **noise level** *n* Geräuschpegel *m* **noisily** *adv* laut; *protest* lautstark

noisy *adj* (+er) laut; *protest* lautstark; **this is a ~ house** in dem Haus ist es laut

nomad *n* Nomade *m*, Nomadin *f* **nomadic** *adj* nomadisch; **~ lifestyle** Noma-

denleben *nt*
no-man's-land *n* Niemandsland *nt*
nominal *adj* nominell **nominal value**
n Nennwert *m*
nominate *v/t* **1** (≈ *appoint*) ernennen; **he
was ~d chairman** er wurde zum Vorsitzenden ernannt **2** (≈ *propose*) nominieren;
he was ~d for the presidency er wurde
als Präsidentschaftskandidat aufgestellt;
to ~ sb for sth jdn für etw nominieren
nomination *n* **1** (≈ *appointment*) Ernennung *f* **2** (≈ *proposal*) Nominierung *f*
nominative GRAM **A** *n* Nominativ *m* **B**
adj **(the) ~ case** der Nominativ
nominee *n* Kandidat(in) *m(f)*
nonaggression *n* ~ **treaty** Nichtangriffspakt *m* **nonalcoholic** *adj* alkoholfrei **nonattendance** *n* Nichtteilnahme
f (*at* an +*dat*)
nonchalance *n* Lässigkeit *f* **noncha-
lant** *adj*, **nonchalantly** *adv* lässig
noncommissioned *adj* MIL ~ **officer**
Unteroffizier(in) *m(f)* **noncommittal**
adj zurückhaltend; **to be ~ about whether ...** sich nicht festlegen, ob ... **non-
committally** *adv* unverbindlich **non-
conformist** **A** *n* Nonkonformist(in) *m(f)*
B *adj* nonkonformistisch **nondescript**
adj taste, colour unbestimmbar; *appearance*
unauffällig **nondrinker** *n* Nichttrin-
ker(in) *m(f)* **nondriver** *n* Nichtfahrer(in)
m(f)
none **A** *pron* keine(r, s); ~ **of the boys/
them** keiner der Jungen/von ihnen; ~ **of
the girls** keines der Mädchen; ~ **of this/
the cake** nichts davon/von dem Kuchen;
~ **of this is any good** das ist alles nicht
gut; **do you have any bread/apples? —
~ (at all)** haben Sie Brot/Äpfel? — nein,
gar keines/keine; **there is ~ left** es ist
nichts übrig; **their guest was ~ other
than ...** ihr Gast war kein anderer als
...; **he would have ~ of it** er wollte davon nichts wissen **B** *adv* **to be ~ the
wiser** um nichts schlauer sein; **she looks
~ the worse for her ordeal** trotz allem,
was sie durchzustehen hatte, sieht sie
gut aus; **he was ~ too happy about it**
er war darüber gar nicht erfreut; ~ **too
sure/easy** durchaus nicht sicher/einfach
nonentity *n* unbedeutende Figur
nonessential **A** *adj* unnötig **B** *n* **non-
essentials** *pl* nicht (lebens)notwendige
Dinge *pl*

nonetheless *adv* trotzdem
nonevent *n* (*infml*) Reinfall *m* (*infml*)
nonexecutive *adj* ~ **director** ≈ Auf-
sichtsratsmitglied *nt* (*ohne Entscheidungs-
befugnis*) **nonexistent** *adj* nicht vorhanden; **discipline is ~ here** hier herrscht
keine Disziplin **non-fat** *adj* fettlos **non-
fattening** *adj* nicht dick machend *attr*;
fruit is ~ Obst macht nicht dick **nonfiction** **A** *n* Sachbücher *pl* **B** *adj* ~ **book**
Sachbuch *nt* **nonflammable** *adj* nicht
entzündbar **nonmember** *n* **open to
~s** Gäste willkommen **non-negotiable**
adj **the price is ~** über den Preis lässt sich
nicht verhandeln
no-no *n* (*infml*) **that's a ~!** das gibts
nicht!
no-nonsense *adj* (kühl und) sachlich
nonpayment *n* Nichtzahlung *f* **non-
plus** *v/t* **completely ~sed** völlig verdutzt
nonpolitical *adj* nicht politisch **non-
-profit-making** *adj*, (*US*) **nonprofit** *adj*
keinen Gewinn anstrebend *attr* **non-re-
deemable** *adj* FIN nicht einlösbar
non-renewable *adj* nicht erneuerbar
nonresident *n* Nicht(orts)ansässige(r)
m/f(m); (*in hotel*) nicht im Haus wohnender
Gast; **open to ~s** auch für Nichthotelgäs-
te **nonreturnable** *adj* ~ **bottle** Einwegflasche *f*; ~ **deposit** Anzahlung *f*
nonsense *n no sg* ~ *n* Unsinn *m*; (≈ *silly behaviour*) Dummheiten *pl*; ~! Unsinn!; **I've
had enough of this ~** jetzt reichts mir
aber; **what's all this ~ about a cut in salary?** was soll all das Gerede von einer Gehaltskürzung? **he will stand no ~ from
anybody** er lässt nicht mit sich spaßen
nonsensical *adj* unsinnig
nonslip *adj* rutschfest **nonsmoker** *n*
Nichtraucher(in) *m(f)* **nonsmoking** *adj*
Nichtraucher-; **we have a ~ policy** bei
uns herrscht Rauchverbot **nonstarter**
n (*fig* ≈ *idea*) Blindgänger *m* **nonstick**
adj antihaftbeschichtet **nonstop** **A** *adj*
train durchgehend; *journey* ohne Unterbrechung; ~ **flight** Nonstop-Flug *m* **B**
adv work ununterbrochen; *fly* nonstop
nonswimmer *n* Nichtschwimmer(in)
m(f) **nontaxable** *adj* nicht steuerpflichtig **nontoxic** *adj* ungiftig **nonverbal**
adj nicht verbal **nonviolence** *n* Gewaltlosigkeit *f* **nonviolent** *adj* gewaltlos;
crime, offender nicht gewalttätig
noodle *n* COOK Nudel *f*

N

nook n Winkel m; **in every ~ and cranny** in jedem Winkel

nookie, nooky n (infml) **to have a bit of ~** (ein bisschen) bumsen (infml)

noon **A** n Mittag m; **at ~** um 12 Uhr mittags **B** adj 12-Uhr-

no-one, no one pron = nobody

noontide (esp US) **A** n Mittagszeit f; **at ~** um die Mittagsstunde (elev) **B** adj zur Mittagszeit

noose n Schlinge f

nope adv (infml) ne(e) (dial), nein

no place adv (esp US infml) = nowhere

nor cj **1** noch; **neither … ~** weder … noch **2** (≈ and not) und … auch nicht; **I shan't go, ~ will you** ich gehe nicht, und du auch nicht; **~ do I** ich auch nicht

Nordic adj nordisch; **~ walking** Nordic Walking nt

norm n Norm f

normal **A** adj normal; (≈ customary) üblich; **it's ~ practice** das ist so üblich; **he is not his ~ self** er ist so anders; **a higher than ~ risk of infection** ein Infektionsrisiko, das über dem Normalen liegt **B** n no pl **below ~** unter dem Durchschnitt; **her temperature is below/above ~** sie hat Untertemperatur/erhöhte Temperatur; **when things are back to** or **return to ~** wenn sich alles wieder normalisiert hat; **carry on as ~** machen Sie normal weiter

normality n Normalität f; **to return to ~** sich wieder normalisieren **normally** adv **1** (≈ usually) normalerweise **2** (≈ in normal way) normal

Norman **A** adj normannisch; **the ~ Conquest** der normannische Eroberungszug **B** n Normanne m, Normannin f **Normandy** n Normandie f

norovirus n MED Norovirus nt

Norse adj altnordisch

north **A** n Norden m; **in/from the ~** im/aus dem Norden; **to the ~ of** nördlich von; **the wind is in the ~** es ist Nordwind; **to face ~** nach Norden liegen; **the North of Scotland** Nordschottland nt **B** adj attr Nord-; **North German** norddeutsch **C** adv nach Norden; **~ of** nördlich von **North Africa** n Nordafrika nt **North America** n Nordamerika nt **North American** **A** adj nordamerikanisch **B** n Nordamerikaner(in) m(f) **North Atlantic** n Nordatlantik m **northbound** adj carriageway nach Norden (führend); traffic in Richtung

Norden **northeast** **A** n Nordosten m; **in the ~** im Nordosten; **from the ~** von Nordost **B** adj Nordost-, nordöstlich; **~ England** Nordostengland nt **C** adv nach Nordosten; **~ of** nordöstlich von **northeasterly** adj nordöstlich **northerly** adj nördlich

northern adj nördlich; **~ Germany** Norddeutschland nt; **Northern Irish** nordirisch **northerner** n Nordengländer(in) m(f) etc; **he is a ~** er kommt aus dem Norden (des Landes) **Northern Ireland** n Nordirland nt **northernmost** adj nördlichste(r, s) **North Pole** n Nordpol m **North Sea** **A** n Nordsee f **B** adj Nordsee- **North-South divide** n Nord-Süd-Gefälle nt **northward** **A** adj nördlich **B** adv (a. **northwards**) nordwärts **northwest** **A** n Nordwesten m **B** adj Nordwest-, nordwestlich; **~ England** Nordwestengland nt **C** adv nach Nordwest(en); **~ of** nordwestlich von **northwesterly** adj nordwestlich

Norway n Norwegen nt

Norwegian **A** adj norwegisch **B** n **1** Norweger(in) m(f) **2** LING Norwegisch nt

Nos., nos. abbr of numbers Nrn.

nose **A** n Nase f; **to hold one's ~** sich (dat) die Nase zuhalten; **my ~ is bleeding** ich habe Nasenbluten; **follow your ~** immer der Nase nach; **she always has her ~ in a book** sie hat dauernd den Kopf in einem Buch (vergraben); **to do sth under sb's ~** etw vor jds Augen tun; **it was right under his ~** er hatte es direkt vor der Nase; **he can't see beyond** or **further than the end of his ~** er kann nicht weiter sehen, als sein eigener Schatten reicht; **to get up sb's ~** (fig infml) jdm auf den Geist gehen (infml); **to poke one's ~ into sth** (fig) seine Nase in etw (acc) stecken; **you keep your ~ out of this** (infml) halt du dich da raus (infml); **to cut off one's ~ to spite one's face** (prov) sich ins eigene Fleisch schneiden; **to look down one's ~ at sb/sth** auf jdn/etw herabblicken; **to pay through the ~** (infml) sich dumm und dämlich zahlen (infml); **~ to tail** cars Stoßstange an Stoßstange **B** v/t **the car ~d its way into the stream of traffic** das Auto schob sich in den fließenden Verkehr vor ◊**nose about** (Brit) or **around** v/i herumschnüffeln (infml)

nosebleed n Nasenbluten nt; **to have a**

~ Nasenbluten haben **nosedive** **A** *n* AVIAT Sturzflug *m*; **the company's profits took a ~** mit der Firma ging es rapide bergab **B** *v/i (plane)* im Sturzflug herabgehen; *(fig)* den Bach runtergehen *(infml)* **nosedrops** *pl* Nasentropfen *pl* **nose ring** *n* Nasenring *m* **nosey** *adj* = nosy **nosh** *(Br sl) n (≈ food)* Futter *nt (infml)* **no-smoking** *adj* = nonsmoking **nostalgia** *n* Nostalgie *f (for* nach*)*; **to feel ~ for sth** sich nach etw zurücksehnen **nostalgic** *adj* nostalgisch; *(≈ wistful)* wehmütig; **to feel ~ for sth** sich nach etw zurücksehnen **nostril** *n* Nasenloch *nt; (of horse etc)* Nüster *f* **nosy** *adj (+er) (infml)* neugierig **nosy parker** *n (Br infml)* Schnüffler(in) *m(f) (infml)* **not** *adv* **1** nicht; **he told me ~ to do that** er sagte, ich solle das nicht tun; **~ a word** kein Wort; **~ a bit** kein bisschen; **~ one of them** kein Einziger; **~ a thing** überhaupt nichts; **~ any more** nicht mehr; **~ yet** noch nicht; **~ even** nicht einmal; **~ so** *(as reply)* nein; **he's decided ~ to do it — I should think/hope ~** er hat sich entschlossen, es nicht zu tun — das möchte ich auch meinen/hoffen; **~ at all** *(≈ in no way)* überhaupt nicht; *(≈ you're welcome)* gern geschehen; **~ that I care** nicht, dass es mir etwas ausmacht(e); **~ that I know of** nicht, dass ich wüsste; **it's ~ that I don't believe him** ich glaube ihm ja **2** *(in tag questions)* **it's hot, isn't it?** es ist heiß, nicht wahr *or* nicht? *(infml)*; **isn't it hot?** (es ist) heiß, nicht wahr?; **isn't he naughty!** ist er nicht frech?; **you are coming, aren't you** Sie kommen doch, oder?

notable *adj* **1** *(≈ eminent)* bedeutend; *(≈ big)* beträchtlich **2** *(≈ conspicuous)* auffallend; **with a few ~ exceptions** bis auf einige rühmliche Ausnahmen **notably** *adv* **1** *(≈ strikingly)* auffallend **2** *(≈ in particular)* insbesondere; **most ~** vor allem **notary (public)** *n* Notar(in) *m(f)* **notch** *n* Kerbe *f* ◊**notch up** *v/t sep points* erzielen; *success* verzeichnen können **note** **A** *n* **1** Notiz *f; (≈ letter)* Briefchen *nt;* **~s** *(≈ summary)* Aufzeichnungen *pl; (≈ draft)* Konzept *nt;* **to speak without ~s** frei sprechen; **to leave sb a ~** jdm ein paar Zeilen hinterlassen; **to take** *or* **make**

~s Notizen machen; **to take** *or* **make a ~ of sth** sich *(dat)* etw notieren **2** *no pl* **to take ~ of sth** von etw Notiz nehmen **3** *no pl* **nothing of ~** nichts Erwähnenswertes **4** *(MUS ≈ sign)* Note *f; (≈ quality ≈ sound)* Ton *m;* **to play the right/wrong ~** richtig/falsch spielen; **to strike the right ~** *(fig)* den richtigen Ton treffen; **on a personal ~** persönlich gesprochen; **on a more positive ~** aus positiver Sicht; **to sound a ~ of caution** zur Vorsicht mahnen; **there was a ~ of warning in his voice** seine Stimme hatte einen warnenden Unterton **5** *(Br FIN)* Schein *m;* **a £5 ~, a five-pound ~** ein Fünfpundschein *m* **B** *v/t* **1** *(≈ notice)* bemerken **2** *(≈ pay attention to)* beachten **3** = note down ◊**note down** *v/t sep* notieren; *(as reminder)* sich *(dat)* notieren **notebook** *n* Notizbuch *nt;* **~ (computer)** Notebook *m* **noted** *adj* berühmt *(for* für, *wegen)* **notelet** *n* Briefkarte *f* **notepad** *n* Notizblock *m* **notepaper** *n* Briefpapier *nt* **noteworthy** *adj* beachtenswert **nothing** **A** *n, pron, adv* nichts; **it was reduced to ~** es blieb nichts davon übrig; **it was all or ~** es ging um alles oder nichts; **£500 is ~ to her** £ 500 sind für sie gar nichts; **it came to ~** da ist nichts draus geworden; **I can make ~ of it** das sagt mir nichts; **he thinks ~ of doing that** er findet nichts dabei, das zu tun); **think ~ of it** keine Ursache!; **there was ~ doing at the club** *(infml)* im Klub war nichts los; **for ~** umsonst; **there's ~ (else) for it but to leave** da bleibt einem nichts übrig als zu gehen; **there was ~ in it for me** das hat sich für mich nicht gelohnt; **there's ~ in the rumour** *(Br) or* **rumor** *(US)* an dem Gerücht ist nichts (Wahres); **there's ~ to it** *(infml)* das ist kinderleicht *(infml)*; **~ but** nur; **~ else** sonst nichts; **~ more** sonst nichts; **I'd like ~ more than that** ich möchte nichts lieber als das; **~ much** nicht viel; **~ if not polite** äußerst höflich; **~ new** nichts Neues; **it was ~ like as big** es war lange nicht so groß **B** *n* **1** MAT Null *f* **2** *(≈ thing, person)* Nichts *nt;* **thank you — it was ~** danke — das war doch selbstverständlich; **what's wrong with you? — (it's) ~** was ist mit dir los? — nichts **nothingness** *n* Nichts *nt*

no through road *n* **it's a ~** es ist keine

Durchfahrt

notice **A** *n* **1** (≈ *warning*) Bescheid *m*; (≈ *written notification*) Mitteilung *f*; (*of future event*) Ankündigung *f*; **we need three weeks'** ~ wir müssen drei Wochen vorher Bescheid wissen; **to give** ~ **of sth** von etw Bescheid geben; **to give sb** ~ **of sth** jdm etw mitteilen; **he didn't give us much** ~ er hat uns nicht viel Zeit gegeben; **at short** ~ kurzfristig; **at a moment's** ~ jederzeit; **at three days'** ~ innerhalb von drei Tagen; **until further** ~ bis auf Weiteres **2** (*on notice board etc*) Anschlag *m*; (≈ *sign*) Schild *nt*; (*of birth*) Anzeige *f*; **I saw a** ~ **in the paper about the concert** ich habe das Konzert in der Zeitung angekündigt gesehen **3** (*to end employment, residence*) Kündigung *f*; **to give sb** ~ jdm kündigen; **to give** or **hand** or **turn** (*US*) **in one's** ~ kündigen; **a month's** ~ eine einmonatige Kündigungsfrist; **she gave me** or **I was given a month's** ~ mir wurde zum nächsten Monat gekündigt **4** **to take** ~ **of sth** von etw Notiz nehmen; (≈ *heed*) etw beachten; **to take no** ~ **of sb/sth** von jdm/etw keine Notiz nehmen; **take no** ~! kümmern Sie sich nicht darum!; **to bring sth to sb's** ~ jdn auf etw (*acc*) aufmerksam machen; (*in letter etc*) jdn von etw in Kenntnis setzen **B** *v/t* bemerken; (≈ *recognize*) zur Kenntnis nehmen; **without my noticing it** ohne dass ich etwas bemerkt habe; **I ~d her hesitating** ich merkte, dass sie zögerte; **to get oneself ~d** auf sich (*acc*) aufmerksam machen; (*negatively*) auffallen **noticeable** *adj* erkennbar; (≈ *visible*) sichtbar; (≈ *obvious*) deutlich; *relief etc* merklich; **the stain is very** ~ der Fleck fällt ziemlich auf; **it is** ~ **that** … man merkt, dass … **noticeably** *adv* deutlich; *relieved etc* sichtlich **notice board** *n* (*esp Br*) Anschlagbrett *nt*

notification *n* Benachrichtigung *f* **notify** *v/t* benachrichtigen; **to** ~ **sb of sth** jdn von etw benachrichtigen; *authorities* jdm etw melden

notion *n* (≈ *idea*) Idee *f*; (≈ *conception*) Vorstellung *f*; (≈ *vague knowledge*) Ahnung *f*; **I have no** ~ **of time** ich habe überhaupt kein Zeitgefühl; **he got the** ~ **(into his head) that she wouldn't help him** ihm ist irgendwie hat er sich (*dat*) eingebildet, sie würde ihm nicht helfen

notoriety *n* traurige Berühmtheit **noto-**

rious *adj* berüchtigt; *gambler* notorisch; **a** ~ **woman** eine Frau von schlechtem Ruf **notoriously** *adv* bekanntlich; **it is** ~ **difficult to treat** es lässt sich bekanntlich nur sehr schwer behandeln; **to be** ~ **unreliable** für seine Unzuverlässigkeit berüchtigt sein

notwithstanding (*form*) **A** *prep* ungeachtet (+*gen*) (*form*) **B** *adv* nichtsdestotrotz

nougat *n* Nugat *m*

nought *n* **1** (≈ *number*) Null *f* **2** (*liter*) Nichts *nt*; **to come to** ~ sich zerschlagen **noughties** *pl* (*infml*) *das erste Jahrzehnt des dritten Jahrtausends*, Nullerjahre *pl* (*infml*)

noun *n* Substantiv *nt*

nourish *v/t* **1** (*lit*) nähren; *person* ernähren **2** (*fig*) *hopes etc* hegen **nourishing** *adj* nahrhaft, währschaft (*Swiss*) **nourishment** *n* Nahrung *f*

nouveau riche *n*, *pl* -**x** -**s** Neureiche(r) *m/f(n)*

Nov *abbr of* November Nov.

Nova Scotia *n* Neuschottland *nt*

novel[1] *n* Roman *m*

novel[2] *adj* neu(artig)

novelist *n* Romanschriftsteller(in) *m(f)*

novella *n* Novelle *f*

novelty *n* **1** Neuheit *f*; **the** ~ **has worn off** der Reiz des Neuen ist vorbei **2** (≈ *trinket*) Krimskrams *m*

November *n* November *m*; → September

novice *n* (*fig*) Anfänger(in) *m(f)* (*at bei*)

now **A** *adv* jetzt; (≈ *immediately*) sofort; (≈ *at this very moment*) gerade; (≈ *nowadays*) heute; **just** ~ gerade; (≈ *immediately*) sofort; **it's** ~ **or never** jetzt oder nie; **what is it** ~? was ist denn nun schon wieder?; **by** ~ inzwischen; **before** ~ bis jetzt; **we'd have heard before** ~ das hätten wir (inzwischen) schon gehört; **for** ~ vorläufig; **even** ~ selbst jetzt noch; **any day** ~ jetzt jeden Tag; **from** ~ **on(wards)** von nun an; **between** ~ **and the end of the week** bis zum Ende der Woche; **in three days from** ~ (heute) in drei Tagen; **(every)** ~ **and then**, ~ **and again** ab und zu **B** *cj* ~ **(that) you've seen him** jetzt, wo Sie ihn gesehen haben **C** *int* also; ~, ~! na, na!; **well** ~ also; ~ **then** also (jetzt); ~, **why didn't I think of that?** warum habe ich bloß nicht daran gedacht?

nowadays *adv* heute

no way adv → way

nowhere adv nirgendwo; (with motion) nirgendwohin; **they have ~ (else) to go** sie können (sonst) nirgends unterkommen; **there was ~ to hide** man konnte sich nirgends verstecken; **to appear out of ~** aus heiterem Himmel auftauchen; **we're getting ~** wir kommen nicht weiter; **rudeness will get you ~** Grobheit bringt dir gar nichts ein

no-win situation n **it's a ~** wie mans macht ists falsch

noxious adj **1** (≈ harmful) schädlich **2** (≈ toxic) giftig

nozzle n Düse f

nuance n Nuance f

nubile adj gut entwickelt

nuclear adj Atom-; fuel nuklear **nuclear deterrent** n nukleares Abschreckungsmittel **nuclear disarmament** n nukleare Abrüstung **nuclear energy** n = nuclear power **nuclear family** n Kleinfamilie f **nuclear-free** adj atomwaffenfrei **nuclear missile** n Atomrakete f **nuclear physics** n Kernphysik f **nuclear power** n Atomkraft f **nuclear power station** n Atomkraftwerk nt **nuclear reactor** n Atomreaktor m **nuclear reprocessing plant** n nukleare Wiederaufbereitungsanlage **nuclear test** n Atom(waffen)test m **nuclear war** n Atomkrieg m **nuclear waste** n Atommüll m **nuclear weapon** n Atomwaffe f

nucleus n nuclei pl Kern m

nude **A** adj nackt; ART Akt-; **~ figure** Akt m **B** n ART Akt m; **in the ~** nackt

nudge **A** v/t anstoßen **B** n Stups m

nudist n Nudist(in) m(f) **nudist beach** n Nacktbadestrand m **nudity** n Nacktheit f

nugget n Klumpen m; (fig: of information) Brocken m

nuisance n **1** (≈ person) Plage f; **sorry to be a ~** entschuldigen Sie, wenn ich störe; **to make a ~ of oneself** lästig werden **2** (≈ thing) **to be a ~** lästig sein; (annoying) ärgerlich sein; **what a ~** wie ärgerlich **nuisance call** n TEL Schockanruf m; **~s** pl Telefonterror m (infml)

null adj JUR (null und) nichtig **nullify** v/t annullieren

numb **A** adj (+er) taub; (emotionally) benommen; **hands ~ with cold** Hände, die vor Kälte taub sind **B** v/t (cold) taub machen; (injection, fig) betäuben

number **A** n **1** MAT Zahl f; (≈ numeral) Ziffer f **2** (≈ amount) Anzahl f; **a ~ of problems** eine (ganze) Anzahl von Problemen; **large ~s of people** (sehr) viele Leute; **on a ~ of occasions** des Öfteren; **boys and girls in equal ~s** ebenso viele Jungen wie Mädchen; **in a small ~ of cases** in wenigen Fällen; **ten in ~** zehn an der Zahl; **to be found in large ~s** zahlreich vorhanden sein; **in small/large ~s** in kleinen/großen Mengen; **any ~ can play** beliebig viele Spieler können teilnehmen **3** (of house etc) Nummer f; **at ~ 4** (in) Nummer 4; **the ~ 47 bus** die Buslinie 47; **I've got the wrong ~** ich habe mich verwählt; **it was a wrong ~** ich/er etc war falsch verbunden; **the ~ one tennis player** (infml) der Tennisspieler Nummer eins (infml); **the single went straight to** or **straight in at ~ one** die Single stieg gleich auf Nummer eins ein; **to look after ~ one** (infml) (vor allem) an sich (acc) selbst denken **4** (≈ act) Nummer f; (≈ dress) Kreation f **5** **one of their/our ~** eine(r) aus ihren/unseren Reihen **B** v/t **1** (≈ give a number to) nummerieren **2** (≈ amount to) zählen (among zu); **the group ~ed 50** es waren 50 (Leute in der Gruppe); **his days are ~ed** seine Tage sind gezählt **numbering** n Nummerierung f **numberplate** n (Br) Nummernschild nt **numbers lock** n IT Zahlenverriegelung f

numbly adv benommen **numbness** n Taubheit f

numeracy n Rechnen nt **numeral** n Ziffer f **numerate** adj rechenkundig; **to be ~** rechnen können **numeric** adj **~ keypad** numerisches Tastenfeld **numerical** adj order numerisch; superiority zahlenmäßig **numerically** adv zahlenmäßig; **~ controlled** numerisch gesteuert **numerous** adj zahlreich; **on ~ occasions** bei vielen Gelegenheiten

nun n Nonne f

Nuremberg n Nürnberg nt

nurse **A** n (Kranken)schwester f; (≈ nanny) Kindermädchen nt; **male ~** Krankenpfleger m **B** v/t **1** pflegen; **to ~ sb back to health** jdn gesund pflegen; **he stood there nursing his bruised arm** er stand da und hielt seinen verletzten Arm **2** (≈ suckle) child stillen

nursery n **1** (≈ room) Kinderzimmer nt **2** (≈ institution) Kindergarten m; (all-day) Kindertagesstätte f **3** AGR, HORT Gärtnerei f; (for trees) Baumschule f **nursery nurse** n Kindermädchen nt **nursery rhyme** n Kinderreim m **nursery school** n Kindergarten m **nursery school teacher** n Kindergärtner(in) m(f) **nursery slope** n SKI Idiotenhügel m (hum)

nursing **A** n **1** (≈ care) Pflege f **2** (≈ profession) Krankenpflege f **B** adj attr Pflege-; **~ staff** Pflegepersonal nt; **the ~ profession** die Krankenpflege; (≈ nurses collectively) die Pflegeberufe pl **nursing home** n Pflegeheim nt

nurture v/t talent entwickeln; idea hegen

nut n **1** BOT Nuss f; **a tough ~ to crack** (fig) eine harte Nuss (infml ≈ person) Spinner(in) m(f) (infml) **3** MECH (Schrauben)mutter f **nutcase** n (infml) Spinner(in) m(f) (infml) **nutcracker** n, **nutcrackers** pl Nussknacker m **nutmeg** n Muskatnuss f

nutrient n Nährstoff m **nutrition** n Ernährung f **nutritional** adj Nähr-; **~ value** Nährwert m; **~ information** Nährwertangaben pl **nutritionist** n Ernährungswissenschaftler(in) m(f) **nutritious** adj nahrhaft, währschaft (Swiss)

nuts adj pred (infml) **to be ~** spinnen (infml); **to be ~ about sb/sth** ganz verrückt nach jdm/auf etw (acc) sein (infml)

nutshell n **in a ~** (fig) mit einem Wort **nutter** n (Br infml) Spinner(in) m(f) (infml); (dangerous) Verrückte(r) m/f(m); **he's a ~** er hat einen Stich (infml) **nutty** adj (+er) **1** (≈ like nuts) nussartig; (≈ with nuts) mit Nüssen **2** (infml ≈ crazy) bekloppt (infml)

nuzzle **A** v/t beschnüffeln **B** v/i **to ~ (up) against sb** (person, animal) sich an jdn schmiegen

NW abbr of north-west NW

nylon **A** n **1** TEX Nylon® nt **2** nylons pl Nylonstrümpfe pl **B** adj Nylon-®; **~ shirt** Nylonhemd nt

nymph n MYTH Nymphe f

nymphomaniac n Nymphomanin f

NZ abbr of New Zealand

O, o n O nt, o nt

oaf n Flegel m

oak n Eiche f

OAP (Br) abbr of old-age pensioner

oar n Ruder nt

oasis n, pl oases Oase f

oat n usu pl Hafer m; **~s** pl COOK Haferflocken pl **oatcake** n Haferkeks m, Haferbiskuit nt (Swiss)

oath n **1** Schwur m; JUR Eid m; **to take** or **swear an ~** schwören; JUR einen Eid leisten; **he took an ~ of loyalty to the government** er schwor der Regierung Loyalität; **to be under ~** JUR unter Eid stehen **2** (≈ curse) Fluch m

oatmeal n no pl Haferschrot m

OBE abbr of Officer of the Order of the British Empire britischer Verdienstorden

obedience n no pl Gehorsam m **obedient** adj gehorsam; **to be ~** gehorchen (to dat) **obediently** adv gehorsam

obelisk n ARCH Obelisk m

obese adj fettleibig **obesity** n Fettleibigkeit f

obey **A** v/t gehorchen (+dat); rules, order befolgen; **I expect to be ~ed** ich erwarte, dass man meine Anordnungen befolgt **B** v/i gehorchen

obituary n Nachruf m

object¹ n **1** (≈ thing) Gegenstand m; **he was an ~ of scorn** er war die Zielscheibe der Verachtung **2** (≈ aim) Ziel nt; **the ~ of the exercise** der Zweck der Übung; **that defeats the ~** das verfehlt seinen Zweck **3** **money is no ~** Geld spielt keine Rolle **4** GRAM Objekt nt

object² **A** v/i dagegen sein; (≈ protest) protestieren; (≈ raise objection) Einwände erheben; **to ~ to sth** etw missbilligen; **I don't ~ to that** ich habe nichts dagegen (einzuwenden); **he ~s to my drinking** er nimmt daran Anstoß, dass ich trinke; **I ~ to people smoking in my house** ich verbitte mir, dass in meinem Haus geraucht wird; **I ~ to him bossing me around** ich wehre mich dagegen, dass er mich (so) herumkommandiert **B** v/t einwenden **objection** n Einwand m (to gegen); **to make an ~ (to sth)** einen Einwand (gegen etw) machen; **I have no ~ to his going away** ich habe nichts dagegen (einzuwenden), dass er weggeht; **are there any ~s?** irgendwelche Einwände?; **~!** JUR Einspruch! **objectionable** adj störend; *remark* anstößig; **he's a most ~ person** er ist unausstehlich

objective A adj objektiv **B** n (≈ aim) Ziel nt **objectivity** n Objektivität f

objector n Gegner(in) m(f) (to +gen)

objet d'art n Kunstgegenstand m

obligation n Verpflichtung f; **to be under an ~ to do sth** verpflichtet sein, etw zu tun **obligatory** adj obligatorisch; **~ subject** Pflichtfach nt; **biology is ~** Biologie ist Pflicht; **attendance is ~** Anwesenheit ist vorgeschrieben; **identity cards were made ~** Personalausweise wurden Vorschrift **oblige A** v/t ☐ (≈ compel) zwingen; (*because of duty*) verpflichten (*sb to do sth* jdn, etw zu tun); **to feel ~d to do sth** sich verpflichtet fühlen, etw zu tun; **you are not ~d to answer this question** Sie brauchen diese Frage nicht zu beantworten ☐ (≈ do a favour to) einen Gefallen tun (+*dat*); **much ~d!** herzlichen Dank!; **I am much ~d to you for this!** ich bin Ihnen dafür sehr dankbar **B** v/i **she is always ready to ~** sie ist immer sehr gefällig; **anything to ~** stets zu Diensten! **obliging** adj entgegenkommend **obligingly** adv entgegenkommenderweise

oblique A adj ☐ *line* schräg; *angle* schief ☐ (*fig*) indirekt **B** n Schrägstrich m **obliquely** adv (*fig*) indirekt

obliterate v/t auslöschen; *city* vernichten

oblivion n Vergessenheit f; **to fall into ~** in Vergessenheit geraten **oblivious** adj **to be ~ of** *or* **to sth** sich (*dat*) einer Sache (*gen*) nicht bewusst sein; **he was quite ~ of his surroundings** er nahm seine Umgebung gar nicht wahr **obliviously** adv **to carry on ~** einfach (unbeirrt) weitermachen

oblong A adj rechteckig **B** n Rechteck nt

obnoxious adj widerwärtig; *behaviour* unausstehlich; **an ~ person** ein Ekel nt (*infml*) **obnoxiously** adv widerlich; *behave* unausstehlich

oboe n Oboe f

obscene adj obszön; **~ publication** Veröffentlichung f mit pornografischem Inhalt **obscenity** n Obszönität f; **he used an ~** er gebrauchte einen ordinären Ausdruck

obscure A adj (+er) ☐ (≈ hard to understand) dunkel; *style* undurchsichtig; *language, poet* schwer verständlich; **for some ~ reason** aus einem unerfindlichen Grund ☐ (≈ unknown) obskur; *poet* unbekannt **B** v/t ☐ *view* verdecken ☐ *truth* verschleiern

obscurely adv undeutlich **obscurity** n ☐ (*of style, argument*) Unklarheit f ☐ *no pl* (*of birth, origins*) Dunkel nt; **to live in ~** zurückgezogen leben; **to sink into ~** in Vergessenheit geraten

obsequious adj unterwürfig (to/wards) gegenüber)

observable adj erkennbar **observance** n (*of law*) Befolgung f **observant** adj aufmerksam; **that's very ~ of you** das hast du aber gut bemerkt **observation** n ☐ Beobachtung f; **to keep sb/sth under ~** jdn/etw unter Beobachtung halten; (*by police*) jdn/etw observieren (*form*); **he's in hospital for ~** er ist zur Beobachtung im Krankenhaus ☐ (≈ remark) Bemerkung f **observatory** n Observatorium nt **observe** v/t ☐ beobachten; (*police*) überwachen ☐ (≈ remark) bemerken ☐ (≈ obey) achten auf (+*acc*); *rule, custom* einhalten; *anniversary etc* begehen; **to ~ a minute's silence** eine Schweigeminute einlegen **observer** n Zuschauer(in) m(f); MIL, POL Beobachter(in) m(f)

obsess v/t **to be ~ed by** *or* **with sb/sth** von jdm/etw besessen sein **obsession** n ☐ (≈ fixed idea) fixe Idee; (≈ fear etc) Zwangsvorstellung f ☐ (≈ state) Besessenheit f (with von); **this ~ with order** dieser Ordnungswahn m **obsessive** adj zwanghaft; **to be ~ about sth** von etw besessen sein; **to become ~** zum Zwang werden **obsessively** adv wie besessen

obsolescent adj **to be ~** anfangen zu veralten; (*machine*) technisch (fast) überholt sein **obsolete** adj überholt; **to become ~** veralten

obstacle n Hindernis nt; **to be an ~ to sb/sth** jdm/einer Sache im Weg(e) stehen **obstetrician** n Geburtshelfer(in) m(f) **obstetrics** n sg Geburtshilfe f

obstinacy n Hartnäckigkeit f **obstinate** adj hartnäckig

obstruct v/t ☐ (≈ block) blockieren; *view*

versperren; **you're ~ing my view** Sie versperren mir die Sicht **2** (≈ *hinder*) behindern; SPORTS sperren; **to ~ the police** die Arbeit der Polizei behindern **obstruction** n **1** (≈ *hindering*) Behinderung f; SPORTS Sperren nt; **to cause an ~** den Verkehr behindern **2** (≈ *obstacle*) Hindernis nt; **there is an ~ in the pipe** das Rohr ist verstopft **obstructive** adj obstruktiv **obtain** v/t erhalten; *knowledge* erwerben; **to ~ sth through hard work** etw durch harte Arbeit erreichen; *possession* sich (*dat*) etw mühsam erarbeiten; **to ~ sth for sb** jdm etw beschaffen; **they ~ed the release of the hostages** sie erreichten die Freilassung der Geiseln **obtainable** adj erhältlich

obtrusive adj aufdringlich; *building* zu auffällig

obtuse adj **1** GEOMETRY stumpf **2** *person* begriffsstutzig

obverse n Kehrseite f

obvious adj offensichtlich; (≈ *not subtle*) plump; *fact* eindeutig; *dislike* sichtlich; **that's the ~ solution** das ist die nächstliegende Lösung; **for ~ reasons** aus naheliegenden Gründen; **it was ~ he didn't want to come** er wollte offensichtlich nicht kommen; **it's quite ~ he doesn't understand** es ist doch klar, dass er nicht versteht; **I would have thought that was perfectly ~** das liegt doch auf der Hand; (≈ *noticeable*) das springt doch ins Auge; **with the ~ exception of ...** natürlich mit Ausnahme von ... **obviously** adv offensichtlich; **he's ~ French** er ist eindeutig ein Franzose; **~!** natürlich!; **~ he's not going to like it** das wird ihm natürlich nicht gefallen; **he's ~ not going to get the job** er bekommt die Stelle nicht, das ist ja klar (*infml*)

occasion n **1** (≈ *point in time*) Gelegenheit f; **on that ~** zu jener Gelegenheit; **on another ~** ein anderes Mal; **on several ~s** mehrmals; (**on**) **the first ~** beim ersten Mal; **to rise to the ~** sich der Lage gewachsen zeigen **2** (≈ *special time*) Ereignis nt; **on the ~ of his birthday** anlässlich seines Geburtstages (*elev*) **3** (≈ *reason*) Anlass m; **should the ~ arise** sollte es nötig werden **occasional** adj gelegentlich; **he likes an** *or* **the ~ cigar** er raucht gelegentlich ganz gern eine Zigarre; **she made ~ visits to England** sie fuhr ab

und zu nach England **occasionally** adv gelegentlich; **very ~** sehr selten **occult** **A** adj okkult **B** n Okkulte(s) nt **occupancy** n Bewohnen nt; (≈ *period*) Wohndauer f **occupant** n (*of house*) Bewohner(in) m(f); (*of post*) Inhaber(in) m(f); (*of car*) Insasse m, Insassin f

occupation n **1** (≈ *employment*) Beruf m; **what is his ~?** was ist er von Beruf? **2** (≈ *pastime*) Beschäftigung f **3** MIL Okkupation f; **army of ~** Besatzungsarmee f **occupational** adj Berufs-, beruflich **occupational pension (scheme)** n betriebliche Altersversorgung **occupational therapy** n Beschäftigungstherapie f

occupied adj **1** *house, seat* belegt; **a room ~ by four people** ein von vier Personen bewohntes Zimmer **2** MIL *etc country* besetzt **3** (≈ *busy*) beschäftigt; **to keep sb ~** jdn beschäftigen; **he kept his mind ~** er beschäftigte sich geistig **occupier** n (*of house*) Bewohner(in) m(f)

occupy v/t **1** *house* bewohnen; *seat* belegen **2** MIL *etc* besetzen **3** *post* innehaben **4** (≈ *take up*) beanspruchen; *space* einnehmen; *time* in Anspruch nehmen **5** (≈ *busy*) beschäftigen

occur v/i **1** (*event*) geschehen; (*difficulty*) sich ergeben; (*change*) stattfinden; **that doesn't ~ very often** das gibt es nicht oft **2** (≈ *be found*) vorkommen **3** (≈ *come to mind*) einfallen (*to sb* jdm); **it ~s to me that ...** ich habe den Eindruck, dass ...; **it just ~red to me** es ist mir gerade eingefallen; **it never ~red to me** darauf bin ich noch nie gekommen; **it didn't even ~ to him to ask** er kam erst gar nicht auf den Gedanken, zu fragen **occurrence** n **1** (≈ *event*) Ereignis nt **2** (≈ *taking place*) Auftreten nt; **further ~s of this nature must be avoided** weitere Vorkommnisse dieser Art müssen vermieden werden

ocean n Ozean m **ocean-going** adj hochseetauglich **Oceania** n Ozeanien nt **ocean liner** n Ozeandampfer m **oceanography** n Meereskunde f

o'clock adv **at 5 ~** um 5 Uhr; **5 ~ in the morning/evening** 5 Uhr morgens/abends; **the 9 ~ train** der 9-Uhr-Zug

Oct abbr of October Okt.

octagon n Achteck nt **octagonal** adj achteckig

octane n Oktan nt

octave n MUS Oktave f
October n Oktober m; → September
octopus n Tintenfisch m
OD (infml) v/i eine Überdosis nehmen
odd **A** adj (+er) **1** (≈ peculiar) seltsam; **how ~** (wie) seltsam; **the ~ thing about it is that …** das Merkwürdige daran ist, dass …; **it seemed ~ to me** es kam mir komisch vor **2** number ungerade **3** shoe, glove einzeln; **he is (the) ~ one out** er ist überzählig; (in character) er steht (immer) abseits; **in each group underline the word which is the ~ man** or **one out** unterstreichen Sie in jeder Gruppe das nicht dazugehörige Wort **4** **600-~ pounds** gut 600 Pfund **5** (≈ surplus) übrig; **the ~ one left over** der/die/das Überzählige **6** **at ~ times** ab und zu; **he likes the ~ drink** er trinkt gerne mal einen; **he does all the ~ jobs** er macht alles, was an Arbeit anfällt **B** adv (infml) **he was acting a bit ~** er benahm sich etwas komisch **oddball** (infml) n Spinner(in) m(f) **oddity** n (≈ odd thing) Kuriosität f **odd-jobman** Mädchen nt für alles **oddly** adv merkwürdig; **an ~ shaped room** ein Raum, der eine seltsame Form hat **oddment** n usu pl Restposten m
odds pl **1** BETTING Odds pl; (of bookmaker) Kurse pl; **the ~ are 6 to 1** die Chancen stehen 6 zu 1; **to pay over the ~** (infml) zu viel bezahlen **2** (≈ chances) Chance(n) f(pl); **the ~ were against us** alles sprach gegen uns; **the ~ were in our favour** (Br) or **favor** (US) alles sprach für uns; **against all the ~** entgegen allen Erwartungen; **the ~ are that …** es sieht ganz so aus, als ob … **3** **to be at ~ with sb over sth** mit jdm in etw (dat) nicht übereinstimmen **odds and ends** pl Krimskrams m **odds-on** **A** adj **the ~ favourite** (Br) or **favorite** (US) der klare Favorit **B** adv **it's ~ that …** es ist so gut wie sicher, dass …
ode n Ode f (to, on an +acc)
odious adj person abstoßend; action abscheulich
odometer n Kilometerzähler m
odour, (US) **odor** n Geruch m **odourless**, (US) **odorless** adj geruchlos
Odyssey n Odyssee f
OECD abbr of Organization for Economic Cooperation and Development OECD f

oesophagus, (US) **esophagus** n Speiseröhre f
oestrogen n (Br) Östrogen nt
of prep **1** von (+dat); **the wife of the doctor** die Frau des Arztes, die Frau vom Arzt; **a friend of ours** ein Freund/eine Freundin von uns; **of it** davon; **the first of May** der Erste Mai; **that damn dog of theirs** (infml) ihr verdammter Hund (infml); **it is very kind of you** es ist sehr freundlich von Ihnen; **south of Paris** südlich von Paris; **a quarter of six** (US) Viertel vor sechs; **fear of God** Gottesfurcht f; **his love of his father** die Liebe zu seinem Vater; **the whole of the house** das ganze Haus; **half of the house** das halbe Haus; **how many of them?** wie viele (davon)?; **there were six of us** wir waren zu sechst; **he is not one of us** er gehört nicht zu uns; **one of the best** einer der Besten; **he asked the six of us to lunch** er lud uns sechs zum Mittagessen ein; **of the ten only one was absent** von den zehn fehlte nur einer; **today of all days** ausgerechnet heute; **you of all people** gerade Sie; **he warned us of the danger** er warnte uns vor der Gefahr; **what of it?** ja und? **2** (indicating cause) **he died of cancer** er starb an Krebs; **he died of hunger** er verhungerte; **it tastes of garlic** es schmeckt nach Knoblauch **3** (indicating material) aus **4** (indicating quality etc) **a man of courage** ein mutiger Mensch; **a girl of ten** ein zehnjähriges Mädchen; **the city of Paris** die Stadt Paris; **that idiot of a waiter** dieser Idiot von Kellner **5** (in time phrases) **of late** in letzter Zeit; **of an evening** (infml) abends
off **A** adv **1** (distance) **the house is 5 km ~** das Haus ist 5 km entfernt; **it's a long way ~** das ist weit weg; (time) **that light is far ~** es ist nicht mehr lang bis August **2** (departure) **to be/go ~** gehen; **he's ~ to school** er ist zur Schule gegangen; **I must be ~** ich muss (jetzt) weg (infml); **where are you ~ to?** wohin gehen Sie denn?; **~ we go!** los!; **they're ~** SPORTS sie sind vom Start; **she's ~ again** (infml ≈ complaining etc) sie legt schon wieder los (infml) **3** (removal) **he helped me ~ with my coat** er half mir aus dem Mantel; **the handle has come ~** der Griff ist abgegangen **4** (≈ discount) **3% ~** COMM 3% Nachlass; **to**

O

give sb £5 ~ jdm £ 5 Ermäßigung geben; **he let me have £5 ~** er gab es mir (um) £ 5 billiger **5** (≈ *not at work*) **to have time ~ to do sth** (Zeit) freibekommen haben, um etw zu tun; **I've got a day ~** ich habe einen Tag frei(bekommen); **to be ~ sick** wegen Krankheit fehlen **6** **~ and on, on and ~** ab und zu; **straight ~** gleich **B** *adj* **1** *attr day etc* schlecht; **I'm having an ~ day today** ich bin heute nicht in Form **2** *pred* (*Br* ≈ *not fresh*) verdorben; *milk* schlecht; **to go ~** schlecht werden **3** *pred match, talks* abgesagt; **I'm afraid veal is ~ today** Kalbfleisch gibt es heute leider nicht; **their engagement is ~** ihre Verlobung ist gelöst **4** *TV, light, machine* aus (-geschaltet); *tap* zu(gedreht); **the electricity was ~** der Strom war abgeschaltet **5** **they are badly/well ~** sie sind nicht gut/(-ganz) gut gestellt; **he is better ~ staying in England** er steht sich in England besser; **he was quite a bit ~ in his calculations** er hatte sich in seinen Berechnungen ziemlich vertan **6** *pred* (*infml*) **that's a bit ~!** das ist ein dicker Hund! (*infml*) **C** *prep* **1** von (+*dat*); **he jumped ~ the roof** er sprang vom Dach; **I got it ~ my friend** (*infml*) ich habs von meinem Freund (gekriegt) (*infml*); **we live ~ cheese on toast** wir leben von Käse und Toastbrot; **he got £2 ~ the shirt** er bekam das Hemd £ 2 billiger; **the lid had been left ~ the tin** jemand hatte den Deckel nicht wieder auf die Büchse getan **2** **the house was just ~ the main road** das Haus lag in unmittelbarer Nähe der Hauptstraße; **a road ~ Bank Street** eine Querstraße zur Bank Street; **~ the map** nicht auf der Karte; **I'm ~ sausages** Wurst kann mich zurzeit nicht reizen **off air** *adv* TV, RADIO nicht auf Sendung; **to go ~** (*broadcast*) enden

offal *n no pl* Innereien *pl*

offbeat *adj* unkonventionell **off-centre**, (*US*) **off-center** **A** *adj* nicht in der Mitte **B** *adv* schief **off chance** *n* **I just did it on the ~** ich habe es auf gut Glück getan; **I came on the ~ of seeing her** ich kam in der Hoffnung, sie vielleicht zu sehen **off--colour**, (*US*) **off-color** *adj* (*esp Br* ≈ *unwell*) unwohl; **to feel/be ~** sich nicht wohlfühlen **off-duty** *adj attr* außer Dienst

offence, (*US*) **offense** *n* **1** JUR Straftat *f*; (*minor*) Vergehen *nt*; **to commit an ~** sich strafbar machen; **it is an ~ to … …** ist bei Strafe verboten **2** *no pl* (*to sb's feelings*) Kränkung *f*; (*to decency*) Anstoß *m*; **to cause ~ to sb** jdn kränken; **to take ~ at sth** wegen etw gekränkt sein; **no ~ to the Germans, of course!** damit will ich natürlich nichts gegen die Deutschen gesagt haben; **no ~ (meant)** nichts für ungut **3** (*US* ≈ *part of team*) Angriff *m*

offend **A** *v/t* (≈ *hurt*) kränken; (≈ *be disagreeable to*) Anstoß erregen bei **B** *v/i* (ein) Unrecht tun ◊**offend against** *v/i +prep obj* verstoßen gegen

offended *adj* beleidigt; **to be ~ by sth** sich von etw verletzt fühlen **offender** *n* (*Straf*)täter(in) *m(f)*; **sex ~** Sexualstraftäter(in) *m(f)* **offending** *adj* **1** *person* zuwiderhandelnd **2** (≈ *causing problem*) störend; *part* defekt

offense *n* (*US*) = **offence offensive** **A** *adj* **1** MIL Offensiv- **2** *smell* abstoßend; *language, film* abstoßig; *remark, behaviour* beleidigend; **to find sb/sth ~** jdn/etw abstoßend finden; **he was ~ to her** er beleidigte sie **B** *n* (MIL, SPORTS) Offensive *f*; **to take the ~** in die Offensive gehen; **to go on to the ~** zum Angriff übergehen **offensively** *adv* (≈ *unpleasantly*) widerlich; (*in moral sense*) anstößig; (≈ *abusively*) beleidigend

offer **A** *n* Angebot *nt*; **did you have many ~s of help?** haben Ihnen viele Leute ihre Hilfe angeboten?; **any ~s?** ist jemand interessiert?; **he made me an ~ (of £50)** er machte mir ein Angebot (von £ 50); **on ~** (≈ *on special offer*) im Angebot **B** *v/t* **1** anbieten; *reward, prize* aussetzen; **to ~ to do sth** anbieten, etw zu tun; (≈ *offer one's services*) sich bereit erklären, etw zu tun; **he ~ed to help** er bot seine Hilfe an; **did he ~ to?** hat er sich angeboten?; **to ~ an opinion** sich (dazu) äußern; **to ~ one's resignation** seinen Rücktritt anbieten **2** *resistance* bieten **C** *v/i* **did he ~?** hat er es angeboten? **offering** *n* Gabe *f*; (REL) (≈ *collection*) Opfergabe *f*; (≈ *sacrifice*) Opfer *nt*

offhand **A** *adj* lässig; **to be ~ with sb** sich jdm gegenüber lässig benehmen **B** *adv* so ohne Weiteres; **I couldn't tell you ~** das könnte ich Ihnen auf Anhieb nicht sagen

office *n* **1** Büro *nt*; (≈ *part of organization*) Abteilung *f*; (≈ *branch*) Geschäftsstelle *f*; **at**

the ~ im Büro **2** (≈ *position*) Amt *nt*; **to take** ~ das Amt antreten; **to be in** *or* **hold** ~ im Amt sein **office block** *n* Bürogebäude *nt* **office chair** *n* Bürostuhl *m* **office holder** *n* Amtsinhaber(in) *m(f)* **office hours** *pl* Dienstzeit *f*; (*on sign*) Geschäftszeiten *pl*; **to work** ~ normale Arbeitszeiten haben **office job** *n* Stelle *f* im Büro **office manager(ess)** *n* Büroleiter(in) *m(f)* **office party** *n* Büroparty *f* **officer** *n* **1** MIL, NAUT, AVIAT Offizier(in) *m(f)* **2** (≈ *official*) Beamte(r) *m*, Beamtin *f* **3** (≈ *police officer*) Polizist(in) *m(f)* **office supplies** *pl* Bürobedarf *m* **office worker** *n* Büroangestellte(r) *m/f(m)* **official** **A** *adj* offiziell; (≈ *formal*) formell; ~ **language** Amtssprache *f*; **is that ~?** ist das amtlich?; (≈ *publicly announced*) ist das offiziell? **B** *n* (≈ *railway official etc*) Beamte(r) *m*, Beamtin *f*; (*of club, trade union*) Funktionär(in) *m(f)* **officialdom** *n* (*pej*) Beamtentum *nt* **officialese** *n* Behördensprache *f* **officially** *adv* offiziell **officiate** *v/t* amtieren (*at* bei) **officious** *adj* (dienst)beflissen

offing *n* **in the ~** in Sicht

off key *adj pred* MUS falsch **off-licence** *n* (*Br*) Wein- und Spirituosenhandlung *f* **off limits** *adj pred* **this area is ~** das Betreten dieses Gebiets ist verboten; **this room is ~ to** *or* **for the kids** die Kinder dürfen diesen Raum nicht betreten; → **limit** **off line** IT **A** *adj pred* offline **B** *adv* off line; **to go ~** auf Offlinebetrieb schalten **off-load** *v/t goods* entladen; *passengers* aussteigen lassen **off-peak** *adj* ~ **electricity** Nachtstrom *m*; **at ~ times, during ~ hours** außerhalb der Stoßzeiten; TEL außerhalb der Spitzenzeiten; ~ **service** RAIL Zugverkehr *m* außerhalb der Hauptverkehrszeit **off-putting** *adj* (*esp Br*) *behaviour, sight* abstoßend; *idea* wenig ermutigend; (≈ *daunting*) entmutigend **off-road** *adj driving* im Gelände; ~ **vehicle** Geländefahrzeug *nt* **off-screen** *adj, adv* FILM, TV im wirklichen Leben **off season** *n* Nebensaison *f*; **in the ~** außerhalb der Saison **off-season** *adj* außerhalb der Saison **offset** *pret, past part* **offset** *v/t* ausgleichen **offshoot** *n* (*fig*) (*of organization*) Nebenzweig *m* **offshore** **A** *adj* **1** *island* küstennah; *wind* ablandig; *oilfield* im Meer **2** FIN im Ausland **B** *adv* **20 miles ~** 20 Meilen vor

der Küste **offside** **A** *adj* **1** SPORTS im Abseits; **to be ~** (*player*) im Abseits sein **2** AUTO auf der Fahrerseite **B** *n* AUTO Fahrerseite *f* **C** *adv* SPORTS abseits **offspring** *n pl* (*form, hum, of people*) Nachkommen *pl*; (*of animals*) Junge *pl* **offstage** **A** *adj* hinter den Kulissen; *voice* aus den Kulissen **B** *adv go, walk* von der Bühne; *stand* hinter den Kulissen **off-street parking** *n* (≈ *single place*) Stellplatz *m*; (≈ *spaces*) Stellplätze *pl* **off-the-cuff** *adj* aus dem Stegreif **off-the-peg** *adj attr*, **off the peg** *adj pred* (*Br*), **off-the-rack** *adj attr*, **off the rack** *adj pred* (*US*) von der Stange **off-the-record** *adj attr*, **off the record** *adj pred* inoffiziell; (≈ *confidential*) vertraulich **off-the-shoulder** *adj dress* schulterfrei **off-the-wall** *adj attr*, **off the wall** *adj pred* (*infml*) irre (*infml*), verrückt **off-white** **A** *adj* gebrochen weiß **B** *n* gebrochenes Weiß

oft *adv* (*liter*) oft

often *adv* oft; **more ~ than not** meistens; **every so ~** öfters; **how ~?** wie oft?; **it is not ~ that ...** es kommt selten vor, dass ...

ogle *v/t* kein Auge lassen von

ogre *n* (*fig*) Ungeheuer *nt*

oh *int* ach; (*surprised, disappointed*) oh; **oh good!** prima! (*infml*); **oh well** na ja!; **oh dear!** o je!

OHP *abbr of* overhead projector

oil **A** *n* **1** Öl *nt* **2** (≈ *petroleum*) (Erd)öl *nt*; **to strike ~** auf Öl stoßen **3** ART **to paint in ~s** in Öl malen **B** *v/t* ölen **oilcan** *n* Ölkanne *f* **oil company** *n* Ölkonzern *m* **oilfield** *n* Ölfeld *nt* **oil-fired** *adj* Öl-, mit Öl befeuert; ~ **power station** Ölkraftwerk *nt* **oil lamp** *n* Öllampe *f* **oil paint** *n* Ölfarbe *f* **oil painting** *n* (≈ *picture*) Ölgemälde *nt*; (≈ *art*) Ölmalerei *f* **oil platform** *n* Bohrinsel *f* **oil refinery** *n* (Erd)ölraffinerie *f* **oil rig** *n* (Öl)bohrinsel *f* **oil slick** *n* Ölteppich *m* **oil spill** *n* Ölkatastrophe *f* **oil tanker** *n* (≈ *ship*) (Öl)-tanker *m*; (≈ *lorry*) Tankwagen *m* **oil well** *n* Ölquelle *f* **oily** *adj* (+*er*) ölig; *hair, skin, food* fettig; *fingers* voller Öl; ~ **fish** Fisch *m* mit hohem Ölgehalt

ointment *n* Salbe *f*

OK, okay (*infml*) **A** *int* okay (*infml*); **OK, OK!** ist ja gut! (*infml*); **OK, let's go!** also, gehen wir! **B** *adj* in Ordnung, okay

O

(infml); **that's OK with** or **by me** von mir aus; **is it OK (with you) if ...?** macht es (dir) etwas aus, wenn ...?; **how's your mother? — she's OK** wie gehts deiner Mutter? — gut or (schlechter) so einigermaßen (infml); **I feel OK** es geht mir einigermaßen (infml); **to be OK (for time)** (noch) genug (Zeit) haben; **is that OK?** geht das?; **what do you think of him? — he's OK** was halten Sie von ihm? — der ist in Ordnung (infml) **C** adv **1** (≈ well) gut; (≈ not too badly) einigermaßen (gut); **to do OK** ganz gut zurechtkommen; **can you manage it OK?** kommst du damit klar? **2** (≈ admittedly) na gut; **OK it's difficult but ...** zugegeben, es ist schwer, aber ... **D** v/t plan gutheißen; **you have to OK it with the boss** das muss der Chef bewilligen

ol' adj (esp US infml) = old

old A adj (+er) **1** alt; **~ people** or **folk(s)** alte Leute; **Mr Smith, ~ man Smith** (esp US) der alte (Herr) Smith; **40 years ~** 40 Jahre alt; **at ten months ~** im Alter von zehn Monaten; **two-year-~** Zweijährige(r) m/f(m); **the ~ (part of) town** die Altstadt; **in the ~ days** früher; **the good ~ days** die gute alte Zeit; **my ~ school** meine alte Schule **2** (infml) **she dresses any ~ how** die ist vielleicht immer angezogen (infml); **any ~ thing** irgendwas; **any ~ bottle** irgendeine Flasche; **good ~ Tim** (infml) der gute alte Tim; **always the same ~ excuse** immer wieder dieselbe Ausrede **B** n pl (≈ old people) **the ~** die Alten

old age n das Alter; **in one's ~** im Alter **old-age pension** n (Alters)rente f **old-age pensioner** n Rentner(in) m(f) **old boy** n (Br school) Ehemalige(r) m **olden** adj (liter) **in ~ times** or **days** in alten Zeiten

old-fashioned adj altmodisch **old girl** n (Br school) Ehemalige f **Old Glory** n (US ≈ flag) das Sternenbanner **old hand** n alter Hase (at sth in etw dat) **old lady** n (infml) **my ~** meine Alte (infml) **old maid** n alte Jungfer **old man** n (infml) **my ~** mein Alter (infml) **old people's home** n Altenheim nt **old-style** adj im alten Stil **Old Testament** n BIBLE Altes Testament **old-timer** n Veteran(in) m(f) **old wives' tale** n Ammenmärchen nt

O level n (Br formerly) ≈ mittlere Reife; **to do one's ~s** ≈ die mittlere Reife machen; **to have an ~ in English** ≈ bis zur mittle-

ren Reife Englisch gelernt haben; **3 ~s** ≈ die mittlere Reife in 3 Fächern

oligarchy n Oligarchie f

olive A n **1** Olive f; (a. **olive tree**) Olivenbaum m **2** (≈ colour) Olive nt **B** adj (a. **olive-coloured**) olivgrün **olive oil** n Olivenöl nt

Olympic A adj olympisch; **~ medallist** (Br) or **medalist** (US) Olympiamedaillengewinner(in) m(f) **B** n **Olympics** pl **the ~s** die Olympiade **Olympic champion** n Olympiasieger(in) m(f) **Olympic Games** pl **the ~** die Olympischen Spiele

ombudsman n, pl -men Ombudsmann m

omelette, (US) **omelet** n Omelett(e) nt **omen** n Omen nt

ominous adj bedrohlich; **that's ~** das lässt nichts Gutes ahnen; **that sounds/ looks ~** (fig) das verspricht nichts Gutes **ominously** adv bedrohlich; say in einem Unheil verkündenden Ton

omission n (≈ omitting) Auslassen nt; (≈ thing left out) Auslassung f

omit v/t **1** (≈ leave out) auslassen **2** (≈ fail) **(to do sth** etw zu tun) unterlassen; (accidentally) versäumen

omnibus n (a. **omnibus edition**) (≈ book) Sammelband m

omnipotence n no pl Omnipotenz f **omnipotent** adj omnipotent

omnipresent adj allgegenwärtig

omniscient adj allwissend

omnivore n Allesfresser m **omnivorous** adj (lit) allesfressend; **an ~ reader** ein Vielfraß m, was Bücher angeht

on A prep **1** (indicating position) auf (+dat); (with motion) auf (+acc); (on vertical surface, part of body) an (+dat); (with motion) an (+acc); **the book is on the table** das Buch ist auf dem Tisch; **he put the book on the table** er legte das Buch auf den Tisch; **he hung it on the wall** er hängte es an die Wand; **on the coast** am Meer; **with a smile on her face** mit einem Lächeln auf den Lippen; **a ring on his finger** ein Ring am Finger; **on TV/the radio** im Fernsehen/Radio; **on video** auf Video; **on computer** auf Computer (dat); **who's on his show?** wer ist in seiner Show?; **I have no money on me** ich habe kein Geld bei mir; **on the train** im Zug; → **onto 2** (≈ by means of) we went on the train/bus wir fuhren mit dem Zug/Bus; **on a bicycle**

mit dem (Fahr)rad; **to run on oil** mit Öl betrieben werden; **on the violin** auf der Geige; **on drums** am Schlagzeug **3** (≈ *about*) über (+*acc*) **4** (*in expressions of time*) an (+*dat*); **on Sunday** (am) Sonntag; **on Sundays** sonntags; **on December the first** am ersten Dezember; **on or about the twentieth** um den Zwanzigsten herum **5** (≈ *at the time of*) bei (+*dat*); **on examination** bei der Untersuchung; **on hearing this he left** als er das hörte, ging er **6** (≈ *as a result of*) auf … (*acc*) hin; **on receiving my letter** auf meinen Brief hin **7** (*indicating membership*) in (+*dat*); **he is on the committee** er sitzt im Ausschuss; **he is on the teaching staff** er gehört zum Lehrpersonal **8** (≈ *compared with*) im Vergleich zu; **prices are up on last year('s)** im Vergleich zum letzten Jahr sind die Preise gestiegen; **year on year** jährlich **9** **to be on drugs** Drogen nehmen; **what is he on?** (*infml*) er tickt wohl nicht ganz richtig! (*infml*); **I'm on £28,000 a year** ich bekomme £ 28.000 im Jahr; **he retired on a good pension** er trat mit einer guten Rente in den Ruhestand; **this round is on me** diese Runde geht auf meine Kosten **B** *adv* **1** **he screwed the lid on** er schraubte den Deckel drauf; **she had nothing on** sie hatte nichts an; **he had his hat on crooked** er hatte den Hut schief auf; **sideways on** längs **2** **from that day on** von diesem Tag an; **she went on and on** sie hörte gar nicht mehr auf; **he's always on at me to get my hair cut** er liegt mir dauernd in den Ohren, dass ich mir die Haare schneiden lassen soll; **she's always on about her experiences in Italy** (*infml*) sie kommt dauernd mit ihren Italienerfahrungen (*infml*); **what's he on about?** wovon redet er nun schon wieder? **C** *adj* **1** *lights, TV* an; *electricity* an (-gestellt); **to leave the engine on** den Motor laufen lassen; **the "on" switch** der Einschalter **2** *lid* drauf **3** (≈ *taking place*) **there's a match on at the moment** ein Spiel ist gerade im Gang; **there's a match on tomorrow** morgen findet ein Spiel statt; **I have nothing on tonight** ich habe heute Abend nichts vor; **what's on in London?** was ist los in London?; **the search is on for a new managing director** jetzt wird nach einem neuen Geschäftsführer gesucht; **to be on** (*in theatre, cinema*) gegeben werden; (*on TV, radio*) gesendet werden; **what's on tonight?** was steht heute Abend auf dem Programm?; **tell me when Madonna is on** sagen Sie mir, wenn Madonna dran ist **4** **you're on!** abgemacht!; **are you on for dinner?** sehen wir uns zum Abendessen?; **it's just not on** (*Br infml*) das ist einfach nicht drin (*infml*)

once **A** *adv* **1** einmal; **~ a week** einmal in der Woche; **~ again** *or* **more** noch einmal; **~ again we find that …** wir stellen erneut fest, dass …; **~ or twice** (*fig*) nur ein paarmal; **~ and for all** ein für alle Mal; **(every) ~ in a while** ab und zu mal; **(just) this ~** dieses eine Mal; **for ~** ausnahmsweise einmal; **he was ~ famous** er war früher einmal berühmt; **~ upon a time there was …** es war einmal … **2** **at ~** (≈ *immediately*) sofort; (≈ *at the same time*) auf einmal; **all at ~** auf einmal; (≈ *suddenly*) ganz plötzlich; **they came all at ~** sie kamen alle zur gleichen Zeit **B** *cj* wenn; (*with past tense*) als; **~ you understand, it's easy** wenn Sie es einmal verstehen, ist es einfach; **~ the sun had set, it turned cold** als die Sonne erst einmal untergegangen war, wurde es kalt

oncoming *adj car* entgegenkommend; **the ~ traffic** der Gegenverkehr

one **A** *adj* **1** (≈ *number*) ein/eine/ein; (*counting*) eins; **~ person too many** einer zu viel; **~ girl was pretty, the other was ugly** das eine Mädchen war hübsch, das andere hässlich; **the baby is ~ (year old)** das Kind ist ein Jahr (alt); **it is ~ (o'clock)** es ist ein Uhr; **~ hundred pounds** (ein)hundert Pfund **2** **~ day …** eines Tages …; **~ day next week** nächste Woche einmal; **~ day soon** bald einmal **3** **~ Mr Smith** ein gewisser Herr Smith; **my ~ (and only) hope** meine einzige Hoffnung; **the ~ and only Brigitte Bardot** die unvergleichliche Brigitte Bardot; **they all came in the ~ car** sie kamen alle in dem einen Auto; **~ and the same thing** ein und dasselbe **B** *pron* **1** eine(r, s); **the ~ who …** der(jenige), der …/die (-jenige), die …/das(jenige), das …; **he/that was the ~** er/das wars; **the red ~** der/die/das Rote; **he has some very fine ~s** er hat sehr Schöne; **my ~** (*infml*) meiner/meine/mein(e)s; **not (a single) ~ of them** nicht eine(r, s) von ihnen; **any ~** irgendeine(r, s); **every ~** jede(r, s); **this ~** diese(r, s); **that ~** der/die/das, jene(r, s) (elev); **which ~?** welche(r, s)?; **I am not much of a ~ for cakes** (infml) ich bin kein großer Freund von Kuchen (infml); **he's never ~ to say no** er sagt nie Nein; **I, for ~,** ... ich, zum Beispiel, ...; **~ by ~** einzeln; **~ after the other** eine(r, s) nach dem/der anderen; **take ~ or the other** nehmen Sie das eine oder das andere; **he is ~ of us** er ist einer von uns **2** (impers) (nom) man; (acc) einen; (dat) einem; **~ must learn** man muss lernen; **to hurt ~'s foot** sich (dat) den Fuß verletzen **3** n (≈ written figure) Eins f; **in ~s and twos** in kleinen Gruppen; **(all) in ~** in einem; **to be ~ up on sb** (infml) jdm eins voraus sein; **Rangers were ~ up** Rangers hatten ein Tor Vorsprung **one-act play** n Einakter m **one another =** each other; → each **one-armed bandit** n (infml) einarmiger Bandit **one-day** adj course eintägig **one-dimensional** adj eindimensional **one-man band** n Einmannkapelle f; (fig infml) Einmannbetrieb m **one-man show** n Einmannshow f **one-night stand** n (fig) One-Night-Stand m **one-off** (Br infml) **A** adj einmalig **B** n **a ~** etwas Einmaliges; **that mistake** etc **was just a ~** dieser Fehler etc war eine Ausnahme **one-one, one-on-one** adj, adv, n (US) = one-to-one **one-parent family** n Einelternteilfamilie f **one-party** adj POL **~ state** Einparteienstaat m **one-piece A** adj einteilig **B** n (≈ bathing costume) Einteiler m **one-room** attr, **one-roomed** adj **~ flat** (Br) or **apartment** Einzimmerwohnung f

onerous adj schwer

oneself pron **1** (dir and indir, with prep) sich; (≈ oneself personally) sich selbst **2** (emph) (sich) selbst; → myself

one-sided adj einseitig **one-time** adj ehemalig **one-to-one A** adj meeting unter vier Augen; **~ tuition** Einzelunterricht m **B** adv unter vier Augen **C** n **to have a ~ with sb** ein Gespräch nt unter vier Augen mit jdm führen **one-touch** adj Berührungs- **one-track** adj **he's got a ~ mind** der hat immer nur das eine im Sinn **one-way** adj traffic etc in einer Richtung; **~ street** Einbahnstraße f; **~ system** System nt von Einbahnstraßen; **~ ticket** (US RAIL) einfache Fahrkarte; **~ trip**

einfache Fahrt **one-woman** adj Einfrau-; **~ show** Einfraushow f

ongoing adj laufend; (≈ long-term) development, relationship andauernd; **~ crisis** Dauerkrise f; **this is an ~ situation** diese Situation ist von Dauer

onion n Zwiebel f **onion soup** n Zwiebelsuppe f

online IT **A** adj Online-; **~ banking** Online-Banking nt **B** adv online; **to go ~** auf Onlinebetrieb schalten **online booking** n Onlinereservierung f **online business** n Onlinegeschäft nt **online check-in** n Online-Check-in m or nt **online course** n Onlinekurs m **online dating site** n Partnerbörse f **online forum** n Onlineforum nt **online help** n Onlinehilfe f **online presence** n Internetpräsenz f **online security** n Onlinesicherheit f **online shop** n (esp Br) Onlineshop m, Webshop m **online shopping** n Onlineshopping nt **online store** n Onlineshop m, Webshop m **online support** n Onlinehilfe f **online video** n Onlinevideo nt

onlooker n Zuschauer(in) m(f)

only A adj attr einzige(r, s); **he's an ~ child** er ist ein Einzelkind nt; **the ~ one** or **person** der/die Einzige; **the ~ ones** or **people** die Einzigen; **he was the ~ one to leave** er ist als Einziger gegangen; **the ~ thing** das Einzige; **the ~ thing I have against it is that** ... ich habe nur eins dagegen einzuwenden, nämlich, dass ...; **the ~ thing** or **problem is** ... nur ...; **my ~ wish** das Einzige, was ich mir wünsche **B** adv nur; **it's ~ five o'clock** es ist erst fünf Uhr; **~ yesterday** erst gestern; **I ~ hope he gets here in time** ich hoffe nur, dass es noch rechtzeitig hier eintrifft; **you ~ have to ask** Sie brauchen nur zu fragen; **"members ~"** „(Zutritt) nur für Mitglieder"; **I'd be ~ too pleased to help** ich würde nur zu gerne helfen; **if ~ that hadn't happened** wenn das nur nicht passiert wäre; **we ~ just caught the train** wir haben den Zug gerade noch gekriegt; **he has ~ just arrived** er ist gerade erst angekommen; **not ~** ... **but also** ... nicht nur ..., sondern auch ... **C** cj bloß, nur; **I would not do it myself, ~ I haven't time** ich würde es selbst machen, ich habe nur keine Zeit

ono abbr of or near(est) offer

on-off switch n Ein- und Ausschalter m
onrush n (of people) Ansturm m
on-screen **A** adj **1** IT auf dem Bildschirm **2** TV Bildschirm-; FILM Film- **B** adv FILM auf der Leinwand; TV, IT auf dem Bildschirm
onset n Beginn m; (of illness) Ausbruch m
onshore **A** adj an Land; **~ wind** Seewind m **B** adv (a. **on shore**) an Land
onside adv FTBL nicht im Abseits
on-site adj vor Ort
onslaught n Angriff (on auf +acc)
on-the-job training n Ausbildung f am Arbeitsplatz **on-the-spot** adj fine an Ort und Stelle verhängt; decision an Ort und Stelle; reporting vom Ort des Geschehens
onto prep **1** (≈ upon) auf (+acc); (on sth vertical) an (+acc); **to clip sth ~ sth** etw an etw (acc) anklemmen; **to get ~ the committee** in den Ausschuss kommen **2 to come ~ the market** auf den Markt kommen; **to get ~ the next chapter** zum nächsten Kapitel kommen; **to be ~** or **on to sb** (≈ find sb out) jdm auf die Schliche gekommen sein (infml); (police) jdm auf der Spur sein; **I think we're ~ something** ich glaube, hier sind wir auf etwas gestoßen
on-trend adj angesagt, in (infml)
onus n no pl Pflicht f; (≈ burden) Last f; **the ~ is on him** es liegt an ihm
onward **A** adj **flight** Anschlussflug m; **~ journey** Weiterreise f **B** adv (a. **onwards**) vorwärts; march weiter; **from this time ~** von der Zeit an
oomph n (infml ≈ energy) Pep m (infml)
ooze **A** n Schlamm m **B** v/i (lit) triefen; (wound) nässen; (resin, mud, glue) (heraus)quellen **C** v/t **1** absondern; blood triefen von; **my shoes were oozing water** das Wasser quoll mir aus den Schuhen **2** (fig) charm triefen von (pej); confidence strotzen von ◊**ooze out** v/i herausquellen; (water etc) heraussickern
op n (infml) = operation
opaque adj opak; glass undurchsichtig; stockings blickdicht
open **A** adj **1** offen; (≈ open for business) geöffnet; view frei (to für); meeting öffentlich; **to hold the door ~** die Tür offen halten; **the baker is ~** der Bäcker hat geöffnet; **in the ~ air** im Freien; **~ to traffic** für den Verkehr freigegeben; **"road ~ to traffic"** „Durchfahrt frei"; **to be ~ to sb** (com-

petition, membership, possibility) jdm offenstehen; (place) für jdn geöffnet sein; (park) jdm zur Verfügung stehen; **~ to the public** der Öffentlichkeit zugänglich; **she gave us an ~ invitation to visit** sie lud uns ein, jederzeit bei ihr vorbeizukommen; **to be ~ to suggestions** Vorschlägen gegenüber offen sein; **I'm ~ to persuasion** ich lasse mich gern überreden; **to keep one's options ~** es offenlassen; **to keep an ~ mind** alles offenlassen; **to be ~ to debate** zur Debatte stehen **2** (≈ officially in use) building eingeweiht; road (officially) freigegeben **3 to be ~ to criticism** der Kritik ausgesetzt sein; **to lay oneself ~ to criticism/attack** sich der Kritik/Angriffen aussetzen; **to be ~ to abuse** sich leicht missbrauchen lassen **B** n **in the ~** (≈ outside) im Freien; (≈ on open ground) auf freiem Feld; **to bring sth out into the ~** mit etw nicht länger hinterm Berg halten **C** v/t **1** öffnen **2** (officially) exhibition eröffnen; building einweihen **1** trial, account, shop eröffnen; debate beginnen; school einrichten; **to ~ fire** MIL das Feuer eröffnen (on auf +acc) **D** v/i **1** aufgehen; (eyes, door, flower) sich öffnen; **I couldn't get the box to ~** ich habe die Schachtel nicht aufbekommen **2** (shop, museum) öffnen **3** (≈ start) beginnen; **the play ~s next week** das Stück wird ab nächster Woche gegeben ◊**open on to** v/i +prep obj (door) gehen auf (+acc) ◊**open out** **A** v/i **1** (river, street) sich verbreitern (into zu) **2** (map) sich ausfalten lassen **B** v/t sep map auseinanderfalten ◊**open up** **A** v/i **1** (fig) (prospects) sich eröffnen **2** (≈ become expansive) gesprächiger werden; **to get sb to ~** jdn zum Reden bringen **3** (≈ unlock doors) aufschließen; **~!** aufmachen! **B** v/t sep **1** mine, new horizons erschließen **2** house etc aufschließen **3** (≈ start) shop eröffnen
open-air adj im Freien **open-air concert** n Freilichtkonzert nt **open-air swimming pool** n Freibad nt **open-air theatre**, (US) **open-air theater** n Freilichtbühne f **open day** n (Br) Tag m der offenen Tür **open-ended** adj (fig) contract zeitlich nicht begrenzt; offer unbegrenzt
opener n Öffner m **open-face sandwich** n (US) belegtes Brot **open-heart surgery** n Eingriff m am offenen Herzen

O

open house n **to keep ~** ein offenes Haus führen **opening** ◪ n ◨ Öffnung f; (in traffic) Lücke f; (≈ clearing) Lichtung f ◪ (≈ beginning) Anfang m ◪ (≈ official opening) Eröffnung f; (of motorway) Freigabe f (für den Verkehr) ◪ (≈ vacancy) (freie) Stelle ◪ attr (≈ initial) erste(r, s); remarks einführend; **~ speech** Eröffnungsrede f **opening ceremony** n Eröffnungsfeierlichkeiten pl **opening hours** pl Öffnungszeiten pl **opening night** n Eröffnungsvorstellung f (am Abend) **opening time** n Öffnungszeit f; **what are the bank's ~s?** wann hat die Bank geöffnet?

openly adv offen; (≈ publicly) öffentlich; **he was ~ gay** er machte keinen Hehl aus seiner Homosexualität **open-minded** adj aufgeschlossen **open-mouthed** adj mit offenem Mund **open-necked** adj shirt mit offenem Kragen **openness** n Offenheit f **open-plan** adj ~ **office** Großraumbüro nt **open sandwich** n (Br) belegtes Brot **Open University** n (Br) Fernuniversität f; **to do an ~ course** ein Fernstudium machen or absolvieren **opera** n Oper f; **to go to the ~** in die Oper gehen

operable adj MED operabel

opera house n Opernhaus nt **opera singer** n Opernsänger(in) m(f)

operate ◪ v/i ◨ (machine) funktionieren; (≈ be powered) betrieben werden (by, on mit); (≈ be in operation) laufen; **to ~ at maximum capacity** Höchstleistung bringen ◪ (law) sich auswirken; (system) arbeiten ◪ (≈ carry on business) operieren; (airport etc) in Betrieb sein; **I don't like the way he ~s** ich mag seine Methoden nicht ◪ MED operieren (on sb/sth jdn/etw); **to be ~d on** operiert werden ◪ v/t ◨ (person) machine bedienen; (lever etc) betätigen; (electricity etc) betreiben ◪ business führen

operatic adj Opern-

operating adj attr ◨ TECH, COMM Betriebs-; **~ costs** or **expenses** Betriebsausgaben pl ◪ MED Operations- **operating room** n (US MED) Operationssaal m **operating system** n IT Betriebssystem nt **operating theatre** n (Br MED) Operationssaal m

operation n ◨ **to be in ~** (machine) in Betrieb sein; (law) in Kraft sein; **to come into ~** (law) in Kraft treten; (plan) zur Anwendung gelangen ◪ MED Operation f (on

an +dat); **to have an ~** operiert werden; **to have a heart ~** sich einer Herzoperation unterziehen; **to have an ~ for a hernia** wegen eines Bruchs operiert werden ◪ (≈ enterprise, Mil) Operation f ◪ IT Arbeitsgang m, Operation f **operational** adj ◨ (≈ ready for use) machine betriebsbereit; army unit etc einsatzbereit ◪ (≈ in use) machine, airport in Betrieb; army unit etc im Einsatz ◪ TECH, COMM Betriebs-; MIL Einsatz-; problems operativ **operative** ◪ adj measure wirksam; law geltend; system operativ ◪ n (of machinery) Maschinenarbeiter(in) m(f); (≈ spy) Agent(in) m(f)

operator n ◨ TEL ≈ Vermittlung f ◪ (of machinery) (Maschinen)arbeiter(in) m(f); (of computer etc) Operator(in) m(f) ◪ (≈ private company) Unternehmen nt; (≈ company owner) Unternehmer(in) m(f) ◪ (infml) **to be a smooth ~** raffiniert vorgehen

operetta n Operette f

ophthalmic adj Augen- **ophthalmologist** n Ophthalmologe m, Ophthalmologin f

opinion n Meinung f (about, on zu); (professional) Gutachten nt; **in my ~** meiner Meinung nach; **in the ~ of the experts** nach Ansicht der Experten; **to be of the ~ that ...** der Meinung sein, dass ...; **to ask sb's ~** jdn nach seiner Meinung fragen; **it is a matter of ~** das ist Ansichtssache; **to have a good** or **high/low** or **poor ~ of sb/sth** eine gute/schlechte Meinung von jdm/etw haben; **it is the ~ of the court that ...** das Gericht ist zu der Auffassung gekommen, dass ...; **to seek** or **get a second ~** esp MED ein zweites Gutachten einholen **opinionated** adj rechthaberisch **opinion poll** n Meinungsumfrage f

opium n Opium nt

opponent n Gegner(in) m(f)

opportune adj time günstig; event rechtzeitig; **at an ~ moment** zu einem günstigen Zeitpunkt **opportunism** n Opportunismus m **opportunist** ◪ n Opportunist(in) m(f) ◪ adj opportunistisch

opportunity n ◨ Gelegenheit f; **at the first ~** bei der erstbesten Gelegenheit; **to take the ~ to do sth** die Gelegenheit nutzen, etw zu tun; **as soon as I get the ~** sobald sich die Gelegenheit ergibt ◪ (≈ to better oneself) Chance f; **opportunities for promotion** Aufstiegschancen pl;

equality of ~ Chancengleichheit f
oppose v/t **1** (≈ be against) ablehnen; (≈ fight against) sich entgegensetzen (+dat); orders, plans sich widersetzen (+dat); **he ~s our coming** er ist absolut dagegen, dass wir kommen **2** (candidate) kandidieren gegen **opposed** adj **1** pred dagegen; **to be ~ to sb/sth** gegen jdn/etw sein; **I am ~ to your going away** ich bin dagegen, dass Sie gehen **2** **as ~ to** im Gegensatz zu **opposing** adj team gegnerisch; views gegensätzlich; **to be on ~ sides** auf entgegengesetzten Seiten stehen
opposite **A** adj entgegengesetzt (to, from +dat, zu); (≈ facing) gegenüberliegend attr; **to be ~** gegenüberliegen etc; **on the ~ page** auf der gegenüberliegenden Seite; **in the ~ direction** in entgegengesetzter Richtung; **the ~ sex** das andere Geschlecht; **it had the ~ effect** es bewirkte das genaue Gegenteil **B** n Gegenteil nt; **quite the ~!** ganz im Gegenteil! **C** adv gegenüber; **they sat ~** sie saßen uns etw gegenüber **D** prep gegenüber (+dat); **~ one another** sich gegenüber; **they live ~ us** sie wohnen uns gegenüber **opposite number** n Pendant nt **opposition** n **1** Opposition f; **the Opposition** (esp Br PARL) die Opposition **2** SPORTS Gegner pl
oppress v/t **1** (≈ tyrannize) unterdrücken **2** (≈ weigh down) bedrücken **oppression** n Unterdrückung f **oppressive** adj **1** regime repressiv **2** (fig) drückend; mood bedrückend
opt v/i **to ~ for sth** sich für etw entscheiden; **to ~ to do sth** sich entscheiden, etw zu tun ◊**opt in** v/i beitreten (+dat) ◊**opt out** v/i sich anders entscheiden; (of scheme) kündigen (of +acc); (Br: hospital) aus der Kontrolle der Kommunalverwaltung austreten
optic, optical adj optisch **optical character reader** n IT optischer Klarschriftleser **optical disk** n optische Platte **optical fibre** n optical fiber n (≈ material) Glasfaser f; (≈ cable) Glasfaserkabel nt **optical illusion** n optische Täuschung **optician** n Optiker(in) m(f) **optic nerve** n Sehnerv m **optics** n sg Optik f
optimal adj optimal
optimism n Optimismus m **optimist** n Optimist(in) m(f) **optimistic** adj optimis-

tisch; **to be ~ about sth** in Bezug auf etw (acc) optimistisch sein; **I'm not very ~ about it** da bin ich nicht sehr optimistisch **optimistically** adv optimistisch
optimize v/t optimieren **optimum** adj optimal
option n **1** (≈ choice) Wahl f no pl; (≈ course of action) Möglichkeit f; **you have the ~ of leaving or staying** Sie haben die Wahl, ob Sie gehen oder bleiben wollen; **to give sb the ~ of doing sth** jdm die Wahl lassen, etw zu tun; **I have little/no ~** mir bleibt kaum eine/keine andere Wahl; **he had no ~ but to come** ihm blieb nichts anderes übrig, als zu kommen; **to keep one's ~s open** sich (dat) alle Möglichkeiten offenlassen **2** UNIV, SCHOOL Wahlfach nt **optional** adj (≈ not compulsory) freiwillig; (≈ not basic) trim, mirror etc auf Wunsch erhältlich; **"evening dress ~"** „Abendkleidung nicht Vorschrift"; **~ extras** Extras pl; **~ subject** SCHOOL, UNIV Wahlfach nt
optometrist n (US ≈ optician) Optiker(in) m(f)
opt-out adj attr **~ clause** Rücktrittsklausel f
or cj **1** oder; **he could not read or write** er konnte weder lesen noch schreiben; **in a day or two** in ein bis zwei Tagen **2** (≈ that is) (oder) auch; **Rhodesia, or rather, Zimbabwe** Rhodesien, beziehungsweise Simbabwe **3** (≈ otherwise) sonst; **you'd better go or (else) you'll be late** gehen Sie jetzt besser, sonst kommen Sie zu spät
oracle n Orakel nt; (≈ person) Seher(in) m(f)
oral **A** adj **1** oral; vaccine oral verabreicht **2** (≈ verbal) mündlich **B** n Mündliche(s) nt **orally** adv **1** oral **2** (≈ verbally) mündlich **oral sex** n Oralverkehr m
orange **A** n **1** (≈ fruit) Orange f; (≈ drink) Orangensaft m **2** (≈ colour) Orange nt **B** adj **1** Orangen- **2** (colour) orange inv, orange(n)farben **orange juice** n Orangensaft m **Orange Order** n Oranierorden m, protestantische Vereinigung **orange squash** n (Br) Orangenkonzentrat nt; (diluted) Orangengetränk nt
orang-outang, orang-utan n Orang-Utan m
orator n Redner(in) m(f) **oratory** n Redekunst f
orbit **A** n (≈ path) Umlaufbahn f; (≈ single

circuit) Umkreisung *f*; **to be in ~** ((a)round the earth) in der (Erd)umlaufbahn sein; **to go into ~** ((a)round the sun) in die (Sonnen)umlaufbahn eintreten **B** *v/t* umkreisen **orbital** *n* (*a.* **orbital motorway**) Ringautobahn *f*

orchard *n* Obstgarten *m*; (*commercial*) Obstplantage *f*; **apple/cherry ~** Obstgarten *m* mit Apfel-/Kirschbäumen; (*commercial*) Apfel-/Kirschplantage *f*

orchestra *n* Orchester *nt* **orchestral** *adj* Orchester-; **~ music** Orchestermusik *f* **orchestra pit** *n* Orchestergraben *m* **orchestrate** *v/t* orchestrieren **orchestrated** *adj* (*fig*) *campaign* gezielt

orchid *n* Orchidee *f*

ordain *v/t* **1** ECCL *priest* weihen **2** (≈ *decree*) bestimmen; (*ruler*) verfügen

ordeal *n* Tortur *f*; (≈ *torment*) Qual *f*

order A *n* **1** (≈ *sequence*) (Reihen)folge *f*; **are they in ~/in the right ~?** sind sie geordnet/in der richtigen Reihenfolge?; **in ~ of preference/merit** in der bevorzugten/in der ihren Auszeichnungen entsprechenden Reihenfolge; **to put sth in (the right) ~** etw ordnen; **to be in the wrong ~** durcheinander sein **2** (≈ *system, discipline*) Ordnung *f*; **his passport was in ~** sein Pass war in Ordnung; **to put one's affairs in ~** Ordnung in seine Angelegenheiten bringen; **to keep ~** die Ordnung wahren; **to keep the children in ~** die Kinder unter Kontrolle halten; **to be out of ~** (*at meeting etc*) gegen die Verfahrensordnung verstoßen; (*fig*) aus dem Rahmen fallen; **to call the meeting to ~** die Versammlung zur Ordnung rufen; **congratulations are in ~** Glückwünsche sind angebracht **3** (≈ *working condition*) Zustand *m*; **to be out of ~** nicht funktionieren; **"out of ~"** „außer Betrieb" **4** (≈ *command*) Befehl *m*; **I don't take ~s from anyone** ich lasse mir von niemandem befehlen; **to be under ~s to do sth** Instruktionen haben, etw zu tun **5** (*in restaurant etc*, COMM) Bestellung *f*; (≈ *contract to supply*) Auftrag *m*; **to place an ~ with sb** eine Bestellung bei jdm aufgeben/jdm einen Auftrag geben; **to be on ~** bestellt sein; **two ~s of French fries** (*esp US*) zwei Portionen Pommes frites; **made to ~** auf Bestellung (gemacht *or* hergestellt) **6** **in ~ to do sth** um etw zu tun; **in ~ that** damit **7** (*fig* ≈ *class, degree*) Art *f*; **something in the ~**

of ten per cent in der Größenordnung von zehn Prozent; **something in the ~ of one in ten applicants** etwa einer von zehn Bewerbern **8** (ECCL: *of monks etc*) Orden *m* **9** **orders** *pl* (**holy**) **~s** ECCL Weihe *f*; (*of priesthood*) Priesterweihe *f*; **to take** (**holy**) **~s** die Weihe empfangen **B** *v/t* **1** (≈ *command*) befehlen; **to ~ sb to do sth** jdm befehlen, etw zu tun; **to ~ sb's arrest** jds Verhaftung anordnen; **he ~ed his gun to be brought (to him)** er ließ sich (*dat*) sein Gewehr bringen **2** *one's affairs* ordnen **3** *goods, dinner, taxi* bestellen; (*to be manufactured*) in Auftrag geben (*from sb* bei jdm) **C** *v/i* bestellen ◊**order about** (*Brit*) *or* **around** *v/t sep* herumkommandieren

order confirmation *n* Auftragsbestätigung *f* **order form** *n* Bestellformular *nt* **orderly A** *adj* **1** (≈ *methodical*) ordentlich; *person* methodisch; **in an ~ manner** geordnet; *demonstration* friedlich **B** *n* (**medical**) **~** Pfleger(in) *m(f)*; MIL Sanitäter(in) *m(f)*

ordinal number *n* MAT Ordinalzahl *f*

ordinarily *adv* gewöhnlich

ordinary A *adj* gewöhnlich; (≈ *average*) durchschnittlich; **the ~ Englishman** der normale Engländer **B** *n* **out of the ~** außergewöhnlich; **nothing/something out of the ~** nichts/etwas Außergewöhnliches

ordination *n* Ordination *f*

ordnance MIL *n* (≈ *artillery*) (Wehr)material *nt*

ore *n* Erz *nt*

oregano *n* Oregano *m*

organ *n* **1** Organ *nt*; (≈ *mouthpiece*) Sprachrohr *nt* **2** MUS Orgel *f* **organ donor** *n* Organspender(in) *m(f)*

organic *adj* **1** (SCI, MED, *fig*) organisch **2** *vegetables* biodynamisch; **~ wine** Wein *m* aus biologisch kontrolliertem Anbau; **~ meat** Fleisch *nt* aus biologisch kontrollierter Zucht **organically** *adv* organisch; *farm also* biodynamisch **organic chemistry** *n* organische Chemie **organic farm** *n* Bio-Landwirtschaftsbetrieb *m* **organic farming** *n* Ökolandbau *m*

organism *n* Organismus *m*

organist *n* Organist(in) *m(f)*

organization *n* Organisation *f* **1** (≈ *arrangement*) Ordnung *f* **2** COMM Unternehmen *nt* **organizational** *adj* organisatorisch **organize** *v/t* (≈ *systematize*) ordnen;

(≈ *arrange*) organisieren; *time* (*into groups*) einteilen; *food, for party* sorgen für; **to get (oneself) ~d** (≈ *get ready*) alles vorbereiten; (≈ *sort things out*) seine Sachen in Ordnung bringen; **to ~ things so that ...** es so einrichten, dass ...; **they ~d (it) for me to go to London** sie haben meine Londonreise arrangiert **organized** *adj* organisiert; **he isn't very ~** bei ihm geht alles drunter und drüber (*infml*); **you have to be ~** du musst mit System vorgehen **organizer** *n* **◼** Organisator(in) *m(f)* **◼** = personal organizer

organ transplant *n* (≈ *operation*) Organtransplantation *f*

orgasm *n* Orgasmus *m*

orgy *n* Orgie *f*

orient ◼ *n* (*a*. **Orient**) Orient *m* **◼** *v/t* = orientate **oriental** *adj* orientalisch; **~ rug** Orientteppich *m*

orientate ◼ *v/r* sich orientieren (*by an* +*dat, by the map* nach der Karte) **◼** *v/t* ausrichten (*towards* auf +*acc*); *thinking* orientieren (*towards* an +*dat*); **money-~d** materiell ausgerichtet; **family-~d** familienorientiert **orientation** *n* (*fig*) Orientierung *f*; (≈ *leaning*) Ausrichtung *f* (*towards* auf +*acc*); **sexual ~** sexuelle Orientierung -**oriented** *adj suf* -orientiert **orienteering** *n* Orientierungslauf *m*

orifice *n* Öffnung *f*

origin *n* Ursprung *m*; (*of person*) Herkunft *f*; **to have its ~ in sth** auf etw (*acc*) zurückgehen; **country of ~** Herkunftsland *nt*; **nobody knew the ~ of that story** niemand wusste, wie die Geschichte entstanden war

original ◼ *adj* **◼** (≈ *first*) ursprünglich; **~ inhabitants** Ureinwohner *pl*; **~ version** (*of book*) Urfassung *f*; (*of film*) Originalversion *f* **◼** *painting* original; *idea, writer* originell **◼** *n* Original *nt* **originality** *n* Originalität *f* **originally** *adv* ursprünglich **original sin** *n* die Erbsünde **originate ◼** *v/t* hervorbringen **◼** *v/i* **◼** entstehen; **to ~ from a country** aus einem Land stammen **◼** (*US: bus etc*) ausgehen (*in* von) **originator** *n* (*of idea*) Urheber(in) *m(f)*

Orkney Islands, Orkneys *pl* Orkneyinseln *pl*

ornament *n* **◼** (≈ *decorative object*) Verzierung *f*; (*on mantelpiece etc*) Ziergegenstand *m* **◼** *no pl* (≈ *ornamentation*) Ornamente *pl* **ornamental** *adj* dekorativ; **to be purely**

~ zur Verzierung (da) sein; **~ garden** Ziergarten *m* **ornamentation** *n* Verzierungen *pl* **ornate** *adj* kunstvoll; *style* reich **ornately** *adv* kunstvoll; *written* in reicher Sprache

ornithologist *n* Ornithologe *m*, Ornithologin *f* **ornithology** *n* Ornithologie *f*

orphan ◼ *n* Waisenkind *nt*; **the accident left him an ~** der Unfall machte ihn zum Waisenkind **◼** *v/t* zur Waise machen; **to be ~ed** zur Waise werden **orphanage** *n* Waisenhaus *nt*

orthodontic *adj* kieferorthopädisch

orthodox *adj* **◼** REL orthodox; **the Orthodox (Eastern) Church** die orthodoxe (Ost)kirche **◼** (*fig*) konventionell; *approach* orthodox **orthodoxy** *n* **◼** (*fig*) Konventionalität *f*; (*of view, method, approach etc*) Orthodoxie *f* **◼** (≈ *orthodox belief, practice etc*) orthodoxe Konvention

orthopaedic, (*US*) **orthopedic** *adj* orthopädisch; **~ surgeon** orthopädischer Chirurg, orthopädische Chirurgin

oscillate *v/i* PHYS schwingen; (*needle, fig*) schwanken

ostensible *adj*, **ostensibly** *adv* angeblich

ostentation *n* (*of wealth etc*) Pomp *m*; (*of skills etc*) Großtuerei *f* **ostentatious** *adj* **◼** (≈ *pretentious*) pompös **◼** (≈ *conspicuous*) ostentativ

osteopath *n* Osteopath(in) *m(f)*

ostracize *v/t* ächten

ostrich *n* Strauß *m*

other ◼ *adj, pron* andere(r, s); **~ people** andere (Leute); **any ~ questions?** sonst noch Fragen?; **no ~ questions** sonst keine Fragen; **it was none ~ than my father** es war niemand anders als mein Vater; **the ~ day** neulich; **some ~ time** (*in future*) ein andermal; **every ~ ...** jede(r, s) zweite ...; **~ than** (≈ *except*) außer (+*dat*); **some time or ~** irgendwann (einmal); **some writer or ~** irgendein Schriftsteller; **he doesn't like hurting ~s** er mag niemandem wehtun; **there are 6 ~s** da sind noch 6 (andere); **there were no ~s there** es waren sonst keine da; **something/someone or ~** irgendetwas/-jemand; **can you tell one from the ~?** kannst du sie auseinanderhalten? **◼** *adv* **I've never seen her ~ than with her husband** ich habe sie immer nur mit ihrem Mann gesehen; **somehow or ~** irgendwie; **somewhere**

or ~ irgendwo

otherwise 🅐 *adv* **1** (≈ *in a different way*) anders; **I am ~ engaged** (*form*) ich bin anderweitig beschäftigt; **Richard I, ~ known as the Lionheart** Richard I., auch bekannt als Löwenherz; **you seem to think ~** Sie scheinen anderer Meinung zu sein **2** (≈ *in other respects*) ansonsten 🅑 *cj* (≈ *or else*) sonst **otherworldly** *adj* weltfern

OTT (*infml*) *abbr of* over the top

otter *n* Otter *m*

ouch *int* autsch

ought *v/aux* **I ~ to do it** ich sollte es tun; **he ~ to have come** er hätte kommen sollen; **~ I to go too? — yes, you ~ (to)/no, you ~n't (to)** sollte ich auch (hin)gehen? — ja doch/nein, das sollen Sie nicht; **~n't you to have left by now?** hätten Sie nicht schon gehen müssen?; **you ~ to see that film** den Film sollten Sie sehen; **you ~ to have seen his face** sein Gesicht hätten Sie sehen müssen; **she ~ to have been a teacher** sie hätte Lehrerin werden sollen; **he ~ to win the race** er müsste (eigentlich) das Rennen gewinnen; **he ~ to have left by now** er müsste inzwischen gegangen sein; **... and I ~ to know!** ... und ich muss es doch wissen!

ounce *n* Unze *f*; **there's not an ~ of truth in it** daran ist kein Fünkchen Wahrheit

our *poss adj* unser; **Our Father** Vater unser; → **my**

ours *poss pr* unsere(r, s); → **mine**

ourselves *pers pr* (*dir, indir obj +prep*) uns; (*emph*) selbst; → **myself**

oust *v/t* herausbekommen; *politician* ausbooten (*infml*); **to ~ sb from office/his position** jdn aus seinem Amt/seiner Stellung entfernen *or* (*durch Intrige*) hinausmanövrieren; **to ~ sb from power** jdn von der Macht verdrängen

out 🅐 *adv* **1** (≈ *not in container, car etc*) außen; (≈ *not in building, room*) draußen; (*indicating motion*) (*from inside*) hinaus; (*from outside*) heraus; **to be ~** weg sein; (*of visitors*) nicht da sein; **they are ~ shopping** sie sind zum Einkaufen (gegangen); **she was ~ all night** sie war die ganze Nacht weg; **~ here/there** hier/dort draußen; **~ you go!** hinaus mit dir! (*infml*); **at weekends I like to be ~ and about** an den Wochenenden will ich (immer) raus; **we had a day ~ in London** wir haben einen Tag in London verbracht; **the book is ~** (*from library*) das Buch ist ausgeliehen; **school is ~** die Schule ist aus; **the tide is ~** es ist Ebbe; **their secret was ~** ihr Geheimnis war herausgekommen; **~ with it!** heraus damit!; **before the day is ~** vor Ende des Tages **2** **when he was ~ in Russia** als er in Russland war; **to go ~ to China** nach China fahren; **the boat was ten miles ~** das Schiff war zehn Meilen weit draußen **3** **to be ~** (*sun*) (he)raus sein; (*stars, moon*) am Himmel sein; (*flowers*) blühen; (≈ *be published*) herausgekommen sein; **when will it be ~?** (≈ *be published*) wann kommt es heraus?; **there's a warrant ~ for him** *or* **for his arrest** es besteht Haftbefehl gegen ihn **4** (*light, fire,* SPORTS) aus; (*stain*) (he)raus; **to be ~** (*unconscious*) bewusstlos sein **5** **his calculations were ~** er hatte sich in seinen Berechnungen geirrt; **you're not far ~** Sie haben es fast (getroffen); **we were £5 ~** wir hatten uns um £ 5 verrechnet **6** **to be ~ for sth** auf etw (*acc*) aus sein; **he's ~ to get her** er ist hinter ihr her; **he's just ~ to make money** ihm geht es nur um Geld 🅑 *n* → **in** 🅒 *prep* aus (*+dat*); **to go ~ the door** zur Tür hinausgehen; → **out of** 🅓 *v/t homosexual* outen **out-and--out** *adj liar, lie* ausgemacht; *racist* eingefleischt; *winner* überragend **outback** *n* (*in Australia*) **the ~** das Hinterland **outbid** *pret, past part* outbid *v/t* überbieten **outboard** *adj* **~ motor** Außenbordmotor *m* **outbound** *adj* **~ flight** Hinflug *m* **outbox** *n* EMAIL Postausgang *m* **outbreak** *n* Ausbruch *m* **outbuilding** *n* Nebengebäude *nt* **outburst** *n* Ausbruch *m*; **~ of anger** Wutanfall *m* **outcast** *n* Ausgestoßene(r) *m/f(m)* **outclass** *v/t* in den Schatten stellen **outcome** *n* Ergebnis *nt* **outcrop** *n* GEOL **an ~ (of rock)** eine Felsnase **outcry** *n* Aufschrei *m* der Empörung (*against* über +*acc*); (≈ *public protest*) Protestwelle *f* (*against* gegen); **to cause an ~ against sb/sth** zu lautstarkem Protest gegen jdn/etw führen **outdated** *adj idea* überholt; *equipment, method* veraltet; *practice* überkommen **outdid** *pret of* outdo **outdistance** *v/t* hinter sich (*dat*) lassen **outdo** *pret* outdid, *past part* outdone *v/t* übertreffen (*sb in sth* jdn an etw *dat*); **but Jimmy was not to be ~ne** aber Jimmy wollte da nicht zurückstehen

O

outdoor *adj* im Freien; **~ café** Café *nt* im Freien; *(in street)* Straßencafé *nt*; **~ clothes** Kleidung *f* für draußen; **~ swimming pool** Freibad *nt*
outdoors **A** *adv* im Freien; **to go ~** nach draußen gehen **B** *n* **the great ~** *(hum)* die freie Natur
outer *adj attr* äußere(r, s) **Outer London** *n* die Peripherie Londons **outermost** *adj* äußerste(r, s) **outer space** *n* der Weltraum
outfit *n* **1** *(≈ clothes)* Kleidung *f*, Gewand *nt* (*Aus*); *(≈ fancy dress)* Kostüm *nt* **2** *(infml ≈ organization)* Verein *m* *(infml)* **outfitter** *n* **gentlemen's ~'s** Herrenausstatter *m*; **sports ~'s** Sport(artikel)geschäft *nt* **outflank** *v/t* MIL von den Flanken angreifen
outflow *n* *(of water etc)* Ausfluss *m*; *(of money)* Abfluss *m*; *(of refugees)* Strom *m*
outgoing **A** *adj* **1** *office holder* scheidend; *flight* hinausgehend; *call* abgehend **2** *personality* kontaktfreudig **B** *pl* **~s** Ausgaben *pl* **outgrow** *pret* outgrew, *past part* outgrown *v/t* **1** *clothes* herauswachsen aus **2** *habit* entwachsen (+*dat*) **outhouse** *n* Seitengebäude *nt*
outing *n* **1** Ausflug *m*; **school's/firm's ~** Schul-/Betriebsausflug *m*; **to go on an ~** einen Ausflug machen **2** *(of homosexual)* Outen *nt*
outlandish *adj* absonderlich; *appearance* ausgefallen **outlast** *v/t (thing)* länger halten als; *(idea etc)* überdauern **outlaw** **A** *n* Geächtete(r) *m/f(m)*; *(in Western etc)* Bandit *m* **B** *v/t* ächten **outlay** *n* (Kosten)aufwand *m*, Kosten *pl* **outlet** *n* **1** *(for water etc)* Abfluss *m*; *(of river)* Ausfluss *m* **2** *(≈ shop)* Verkaufsstelle *f* **3** *(fig, for emotion)* Ventil *nt* **outline** **A** *n* **1** Umriss *m*; *(≈ silhouette)* Silhouette *f*; **he drew the ~ of a head** er zeichnete einen Kopf im Umriss **2** *(fig ≈ summary)* Abriss *m*; **just give (me) the broad ~s** umreißen Sie es (mir) grob **B** *v/t* **1** **the mountain was ~d against the sky** die Umrisse des Berges zeichneten sich gegen den Himmel ab **2** *(≈ summarize)* umreißen **outlive** *v/t person* überleben; **to have ~d its usefulness** ausgedient haben **outlook** *n* **1** *(≈ view)* Aussicht *f* *(over über +acc, on to auf +acc)* **2** *(≈ prospects, Met)* Aussichten *pl* **3** *(≈ attitude)* Einstellung *f*; **his ~ (up)on life** seine Lebensauffassung; **narrow ~** beschränkter Horizont **outlying** *adj* *(≈*

distant) entlegen; *(≈ outside town)* umliegend; **~ district** Außenbezirk *m* **outmanoeuvre**, *(US)* **outmaneuver** *v/t (fig)* ausmanövrieren **outmoded** *adj* altmodisch; *technology* veraltet **outnumber** *v/t* zahlenmäßig überlegen sein (+*dat*); **we were ~ed (by them)** wir waren (ihnen) zahlenmäßig unterlegen
out of *prep* **1** *(≈ outside, away from, position)* nicht in (+*dat*); *(motion)* aus (+*dat*); *(fig)* außer (+*dat*); **I'll be ~ town** ich werde nicht in der Stadt sein; **the country** außer Landes; **he went ~ the door** er ging zur Tür hinaus; **to look ~ the window** aus dem Fenster sehen; **I saw him ~ the window** ich sah ihn durchs Fenster; **to keep ~ the sun** nicht in die Sonne gehen; **~ danger** außer Gefahr; **he's ~ the tournament** er ist aus dem Turnier ausgeschieden; **he feels ~ it** *(infml)* er fühlt sich ausgeschlossen; **10 miles ~ London** 10 Meilen außerhalb Londons **2** *(cause, origins)* aus (+*dat*); **~ curiosity** aus Neugier; **to drink ~ a glass** aus einem Glas trinken; **made ~ silver** aus Silber (gemacht) **3** *(≈ from among)* von (+*dat*); **in seven cases ~ ten** in sieben von zehn Fällen; **he picked one ~ the pile** er nahm einen aus dem Stapel (heraus) **4** **we are ~ money** wir haben kein Geld mehr
out-of-bounds *adj* **~ area** Sperrgebiet *nt* **out-of-court** *adj* außergerichtlich **out-of-date** *adj attr*, **out of date** *adj pred* **1** *methods, ideas* veraltet **2** *ticket* abgelaufen; *food* mit abgelaufenem Verfallsdatum **out-of-doors** *adv* = outdoors **out-of-place** *adj attr*, **out of place** *adj pred remark etc* unangebracht, deplatziert **out-of-pocket** *adj attr*, **out of pocket** *adj pred (Br)* **to be out of pocket** draufzahlen; **I was £5 out of pocket** ich habe £ 5 aus eigener Tasche bezahlt **out-of-the-way** *adj attr*, **out of the way** *adj pred (≈ remote)* abgelegen **out-of-town** *adj cinema* außerstädtisch **outpace** *v/t* schneller sein als **outpatient** *n* ambulanter Patient, ambulante Patientin; **~s' (department)** Ambulanz *f* **outperform** *v/t* ausstechen *(infml)* **outplay** *v/t* SPORTS besser spielen als **outpost** *n* Vorposten *m* **outpouring** *n* often *pl* Erguss *m* **output** *n* Produktion *f*; ELEC Leistung *f*; *(≈ of computer)* Output *m or nt*
outrage **A** *n* **1** *(≈ wicked deed)* Untat *f*;

(*cruel*) Gräueltat *f* **2** (≈ *injustice*) Skandal *m* **3** (≈ *sense of outrage*) Entrüstung *f* (*at* über +*acc*) **B** *v/t person* empören **outraged** *adj* empört (*at, about* über +*acc*) **outrageous** *adj remark, price, behaviour* unerhört; *demand, lie* unverschämt; *clothes etc* unmöglich (*infml*); **it's absolutely ~ that ...** es ist einfach unerhört, dass ... **outrageously** *adv expensive* unerhört

outran *pret of* outrun

outrider *n* (*on motorcycle*) Kradbegleiter(in) *m(f)*

outright **A** *adv* **1** *reject* rundweg; *own* vollständig; **to win ~** einen klaren Sieg davontragen **2** (≈ *at once*) sofort; **he was killed ~** er war sofort tot **3** (≈ *openly*) geradeheraus **B** *adj* total; *lie* glatt (*infml*); *majority* absolut; *winner* klar

outrun *pret* outran, *past part* outrun *v/t* schneller laufen als; (≈ *outdistance*) davonlaufen (+*dat*) **outset** *n* Anfang *m*; **at the ~** zu Anfang **outshine** *pret, past part* outshone *v/t* (*fig*) in den Schatten stellen

outside **A** *n* Außenseite *f*; **the ~ of the car is green** das Auto ist (von) außen grün; **to open the door from the ~** die Tür von außen öffnen; **to overtake on the ~** (*Br*) außen überholen **B** *adj* **1** (≈ *external*) äußere(r, s); *examiner* extern; **an ~ broadcast from Wimbledon** eine Sendung aus Wimbledon; **~ line** TEL Amtsleitung *f* **2** **an ~ chance** eine kleine Chance **C** *adv* außen; (*of house, room, vehicle*) draußen; **to be ~** draußen sein; **to go ~** nach draußen gehen **D** *prep* (*a.* **outside of**) außerhalb (+*gen*); **~ California** außerhalb Kaliforniens; **~ London** außerhalb von London; **to go ~ sth** aus etw gehen; **he went ~ the house** er ging nach draußen; **~ the door** vor der Tür; **the car ~ the house** das Auto vor dem Haus; **~ office hours** nach Büroschluss **outside lane** *n* Überholspur *f* **outside line** *n* TEL Amtsanschluss *m* **outsider** *n* Außenseiter(in) *m(f)* **outside toilet** *n* Außentoilette *f* **outside wall** *n* Außenwand *f* **outside world** *n* Außenwelt *f*

outsize *adj* übergroß **outskirts** *pl* (*of town*) Stadtrand *m* **outsmart** *v/t* (*infml*) überlisten **outsource** *v/t* ECON *work* outsourcen, auslagern **outspoken** *adj person, speech, book* freimütig; *attack* direkt **outstanding** *adj* **1** (≈ *exceptional*) hervorragend; *talent, beauty* außerordentlich **2**

(≈ *prominent*) bemerkenswert **3** *business* unerledigt; *amount, bill* ausstehend; **~ debts** Außenstände *pl* **outstandingly** *adv* hervorragend; *good, beautiful* außergewöhnlich

outstay *v/t* **I don't want to ~ my welcome** ich will eure Gastfreundschaft nicht überbeanspruchen **outstretched** *adj* ausgestreckt; *arms also* ausgebreitet **outstrip** *v/t* (*fig*) übertreffen (*in* an +*dat*) **outtake** *n* Outtake *m* **out tray** *n* Ablage *f* für Ausgänge **outvote** *v/t* überstimmen

outward **A** *adj* **1** *appearance* äußere(r, s); **he put on an ~ show of confidence** er gab sich den Anstrich von Selbstsicherheit **2** **~ journey** Hinreise *f*; **~ flight** Hinflug *m* **B** *adv* nach außen; **~ bound** *ship* auslaufend **outwardly** *adv* nach außen hin **outwards** *adv* nach außen

outweigh *v/t* mehr Gewicht haben als **outwit** *v/t* überlisten

outworker *n* **1** (*away from the office/factory*) Außenarbeiter(in) *m(f)* **2** (≈ *homeworker*) Heimarbeiter(in) *m(f)*

oval *adj* oval

ovary *n* ANAT Eierstock *m*

ovation *n* Ovation *f*; **to give sb an ~** jdm eine Ovation darbringen

oven *n* COOK (Back)ofen *m*, Backrohr *nt* (*Aus*); **to cook in a hot/moderate/slow ~** bei starker/mittlerer/schwacher Hitze backen; **it's like an ~ in here** hier ist ja der reinste Backofen **oven glove** *n* (*Br*) Topfhandschuh *m* **ovenproof** *adj* feuerfest **oven-ready** *adj* bratfertig

over **A** *prep* **1** (*indicating motion*) über (+*acc*); (*indicating position*) über (+*dat*); **he spilled coffee ~ it** er goss Kaffee darüber; **to hit sb ~ the head** jdm auf den Kopf schlagen; **to look ~ the wall** über die Mauer schauen; **~ the page** auf der nächsten Seite; **he looked ~ my shoulder** er sah mir über die Schulter; **the house ~ the road** das Haus gegenüber; **it's just ~ the road from us** das ist von uns (aus) nur über die Straße; **the bridge ~ the river** die Brücke über den Fluss; **we're ~ the main obstacles now** wir haben jetzt die größten Hindernisse hinter uns (*dat*) **2** (≈ *across every part of*) **they came from all ~ England** sie kamen aus ganz England; **you've got ink all ~ you** Sie sind ganz voller Tinte **3** (≈ *more than, longer than*) über (+*acc*); (≈ *during*) während

(+gen), in (+dat); ~ **and above that** darüber hinaus, weiters (Aus); **well ~ a year ago** vor gut einem Jahr; ~ **Christmas** über Weihnachten; ~ **the summer** den Sommer über; ~ **the years** im Laufe der Jahre; **the visits were spread ~ several months** die Besuche verteilten sich über mehrere Monate **4** **let's discuss that ~ dinner** besprechen wir das beim Essen; **they'll be a long time ~ it** sie werden dazu lange brauchen; ~ **the phone** am Telefon; **a voice came ~ the intercom** eine Stimme kam über die Sprechanlage **5** (≈ about) über (+acc); **it's not worth arguing ~** es lohnt (sich) nicht, darüber zu streiten **B** adv **1** (≈ across) hinüber, herüber; (≈ on the other side) drüben; **come ~ tonight** kommen Sie heute Abend vorbei; **he is ~ here/there** er ist hier/dort drüben; ~ **to you!** Sie sind daran; **and now ~ to Paris where** ... und nun (schalten wir um) nach Paris, wo ...; **to go ~ to America** nach Amerika fahren; **famous the world ~** in der ganzen Welt berühmt; **I've been looking for it all ~** ich habe überall danach gesucht; **I am aching all ~** mir tut alles weh; **he was shaking all ~** er zitterte am ganzen Leib; **I'm wet all ~** ich bin völlig nass; **that's Fred all ~** das ist typisch (für) Fred **2** (≈ ended) zu Ende; **the danger was ~** es bestand keine Gefahr mehr; **when this is ~** wenn das vorbei ist; **it's all ~ between us** es ist aus zwischen uns **3** **to start (all) ~ again** (Br) or ~ (US) noch einmal (ganz) von vorn anfangen; ~ **and ~ (again)** immer (und immer) wieder; **he did it five times ~** er hat es fünfmal wiederholt **4** (≈ remaining) übrig; **there was no meat (left) ~** es war kein Fleisch mehr übrig **5** **children of 8 and ~** Kinder ab 8; **three hours or ~** drei oder mehr Stunden **6** TEL **come in, please,** ~ bitte kommen, over; ~ **and out** Ende der Durchsage; AVIAT over and out **overact** v/i übertreiben **overactive** adj überaktiv **overage** adj zu alt **overall¹** **A** adj **1** gesamt, Gesamt-; ~ **majority** absolute Mehrheit; ~ **control** vollständige Kontrolle **2** (≈ general) allgemein; **the ~ effect of this was to** ... dies hatte das Endergebnis, dass ... **B** adv **1** insgesamt; **he came second** ~ SPORTS er belegte in der Gesamtwertung den zweiten Platz **2** (≈ in general) im Großen und Ganzen

overall² n (Br) Kittel m **overalls** pl Overall m; (US ≈ dungarees) Latzhose f
overambitious adj zu ehrgeizig **overanxious** adj übertrieben besorgt **overarm** adj, adv SPORTS throw mit gestrecktem (erhobenem) Arm **overate** pret of overeat **overawe** v/t (≈ intimidate) einschüchtern **overbalance** v/i aus dem Gleichgewicht kommen
overbearing adj herrisch
overboard adv **1** NAUT über Bord; **to fall ~** über Bord gehen or fallen; **man ~!** Mann über Bord! **2** (fig infml) **there's no need to go ~ (about it)** übertreib es nicht **overbook** v/i zu viele Buchungen vornehmen **overburden** v/t (fig) überlasten **overcame** pret of overcome **overcast** adj bedeckt **overcautious** adj übervorsichtig **overcharge** **A** v/t person zu viel berechnen (+dat) (for für); **they ~d me by £2** sie haben mir £ 2 zu viel berechnet **B** v/i zu viel verlangen (for für) **overcoat** n Mantel m **overcome** pret overcame, past part overcome v/t enemy überwältigen; nerves, obstacle überwinden; **he was ~ by the fumes** die giftigen Gase machten ihn bewusstlos; **he was ~ by by emotion** Rührung übermannte ihn; **he was ~ by remorse** Reue überkam ihn; ~ **(with emotion)** ergriffen **overcompensate** v/i **to ~ for sth** etw überkompensieren **overconfident** adj übertrieben selbstsicher **overcook** v/t verbraten; (≈ boil) verkochen **overcrowded** adj überfüllt; (≈ overpopulated) überbevölkert **overcrowding** n Überfüllung f; (of town) Überbevölkerung f
overdo pret overdid, past part overdone v/t **1** (≈ exaggerate) übertreiben; **you are ~ing it** (≈ going too far) Sie gehen zu weit; (≈ tiring yourself) Sie übernehmen sich; **I'm afraid you've rather overdone it with the garlic** ich fürchte, du hast es mit dem Knoblauch etwas zu gut gemeint **2** meat verbraten; vegetables verkochen **overdone** adj **1** (≈ exaggerated) übertrieben **2** meat verbraten; vegetables verkocht **overdose** **A** n (lit) Überdosis f **B** v/i eine Überdosis nehmen; **to ~ on heroin** eine Überdosis Heroin nehmen
overdraft n Kontoüberziehung f; **to have an ~ of £100** (≈ be in debt) sein Konto um

O

£ 100 überzogen haben **overdraft facility** n Überziehungskredit m **overdrawn** adj FIN account überzogen; **to be ~ by £100** sein Konto um £ 100 überzogen haben

overdress v/t **to be ~ed** zu vornehm angezogen sein **overdue** adj überfällig; sum of money fällig; **long ~** schon seit Langem fällig **overeager** adj übereifrig **overeat** pret overate, past part overeaten v/i sich überessen **overeating** n Überessen nt **overemphasis** n Überbetonung f **overemphasize** v/t überbetonen **overenthusiastic** adj übertrieben begeistert **overestimate** ◰ v/t überschätzen ◳ n zu hohe Schätzung **overexcited** adj person überreizt; children aufgedreht **overexpose** v/t PHOT überlichten **overfamiliar** adj **to be ~ with sb** etwas zu vertraulich mit jdm sein; **I'm not ~ with their methods** ich bin nicht allzu vertraut mit ihren Methoden **overfeed** pret, past part overfed v/t überfüttern **overfill** v/t überfüllen

overflow ◰ n (≈ outlet) Überlauf m ◳ v/t **the river has ~ed its banks** der Fluss ist über die Ufer getreten ◲ v/i ◳ (liquid, river, container) überlaufen; (room) überfüllt sein; **full to ~ing** bowl, cup zum Überlaufen voll; room überfüllt; **the crowd at the meeting ~ed into the street** die Leute bei der Versammlung standen bis auf die Straße ◳ (fig) überfließen (with von) **overflow pipe** n Überlaufrohr nt **overgrown** adj überwachsen (with von) **overhang** vb: pret, past part overhung ◰ v/t hängen über (+acc); (rocks) hinausragen über (+acc) ◳ n Überhang m **overhaul** ◰ n Überholung f ◳ v/t engine überholen; plans überprüfen **overhead**[1] adv oben; (≈ in the sky) am Himmel; **a plane flew ~** ein Flugzeug flog über uns etc (acc) (hinweg) **overhead**[2] n (US) = overheads **overhead cable** n Hochspannungsleitung f **overhead projector** n Overheadprojektor m **overheads** pl (Br) allgemeine Unkosten pl **overhear** pret, past part overheard v/t zufällig mit anhören; **we don't want him to ~ us** wir wollen nicht, dass er uns zuhören kann; **I ~d them plotting** ich hörte zufällig, wie sie etwas ausheckten **overheat** ◰ v/t engine überhitzen; room überheizen ◳ v/i

(engine) heiß laufen **overheated** adj heiß gelaufen; room überheizt **overhung** pret, past part of overhang **overimpressed** adj **I'm not ~ with him** er imponiert mir nicht besonders

overjoyed adj überglücklich (at, by, with über +acc)

overkill n **to be ~** des Guten zu viel sein **overladen** adj überladen **overlaid** pret, past part of overlay **overland** ◰ adj auf dem Landweg ◳ adv über Land **overlap** ◰ n Überschneidung f; (spatial) Überlappung f ◳ v/i ◳ (tiles) überlappen ◳ (dates) sich überschneiden; (ideas) sich teilweise decken ◲ v/t liegen über (+dat) **overlay** vb: pret, past part overlaid v/t überziehen **overleaf** adv umseitig; **the illustration ~** die umseitige Abbildung **overload** v/t überladen; ELEC, MECH überlasten **overlook** v/t ◳ (≈ look onto) überblicken; **a room ~ing the park** ein Zimmer mit Blick auf den Park ◳ (≈ not notice) übersehen ◳ (≈ ignore) hinwegsehen über (+acc); **I am prepared to ~ it this time** diesmal will ich noch ein Auge zudrücken

overly adv allzu **overnight** ◰ adv über Nacht; **we drove ~** wir sind die Nacht durchgefahren; **to stay ~ (with sb)** (bei jdm) übernachten ◳ adj ◳ Nacht-; **~ accommodation** f ◳ (fig ≈ sudden) ganz plötzlich); **an ~ success** ein Blitzerfolg m **overnight bag** n Reisetasche f **overnight stay** n Übernachtung f **overpass** n Überführung f **overpay** pret, past part overpaid v/t überbezahlen **overpopulated** adj überbevölkert **overpopulation** n Überbevölkerung f **overpower** v/t überwältigen **overpowering** adj überwältigend; smell penetrant; person aufdringlich; **I felt an ~ desire ...** ich fühlte den unwiderstehlichen Drang, ...

overprice v/t **at £50 it's ~d** £ 50 ist zu viel dafür **overproduction** n Überproduktion f **overprotective** adj überängstlich **overran** pret of overrun **overrate** v/t **to be ~d** überschätzt werden **overreach** v/i sich übernehmen **overreact** v/i übertrieben reagieren (to auf +acc)

override pret overrode, past part overridden v/t decision aufheben **overriding**

adj principle vorrangig; *priority* vordringlich **overripe** *adj* überreif **overrode** *pret of* **override overrule** *v/t* ablehnen; *decision* aufheben; **we were ~d** unser Vorschlag/ unsere Entscheidung *etc* wurde abgelehnt **overrun** *pret* overran, *past part* overrun **A** *v/t* **1** (*weeds*) überwuchern; **to be ~ by tourists/mice** von Touristen überlaufen/ voller Mäuse sein **2** (*troops*) einfallen in (*+dat*) **3** *mark* hinauslaufen über (*+acc*) **B** *v/i* (*in time*) überziehen; **his speech overran by ten minutes** seine Rede dauerte zehn Minuten zu lang

overseas **A** *adj* **1** (≈ *beyond the sea*) in Übersee *pred*; *market* überseeisch **2** (≈ *abroad*) ausländisch; **an ~ visitor** ein Besucher *m* aus dem Ausland; **~ trip** Auslandsreise *f* **B** *adv* **to be ~** in Übersee/ im Ausland sein; **to go ~** nach Übersee/ ins Ausland gehen; **from ~** aus Übersee/ dem Ausland

oversee *pret* oversaw, *past part* overseen *v/t* beaufsichtigen **overseer** *n* Aufseher(in) *m(f)*; (≈ *foreman*) Vorarbeiter(in) *m(f)* **oversensitive** *adj* überempfindlich **overshadow** *v/t* überschatten **overshoot** *pret, past part* overshot *v/t target, runway* hinausschießen über (*+acc*) **oversight** *n* Versehen *nt*; **through an ~** aus Versehen **oversimplification** *n* (zu) grobe Vereinfachung **oversimplify** *v/t* zu sehr vereinfachen **oversleep** *pret, past part* overslept *v/i* verschlafen **overspend** *vb: pret, past part* overspent *v/i* zu viel ausgeben; **we've overspent by £10** wir haben £ 10 zu viel ausgegeben **overstaffed** *adj* überbesetzt **overstate** *v/t* übertreiben **overstatement** *n* Übertreibung *f* **overstay** *v/t* = outstay **overstep** *v/t* überschreiten; **to ~ the mark** zu weit gehen **overstretch** *v/t* (*fig*) *resources* zu sehr belasten; **to ~ oneself** sich übernehmen **oversubscribe** *v/t* FIN überzeichnen; **the zoo outing was ~d** zu viele (Leute) hatten sich für den Ausflug in den Zoo angemeldet **overt** *adj* offen; *hostility* unverhohlen **overtake** *pret* overtook, *past part* overtaken **A** *v/t* **1** *competitor* einholen; *runner, car etc* überholen **2** (*by fate*) ereilen (*elev*) **B** *v/i* überholen **overtaking** *n* Überholen *nt* **overtax** *v/t* (*fig*) überlasten **over-the-counter** *adj drugs* nicht rezeptpflichtig **overthrow** *vb: pret* over-

threw, *past part* overthrown **A** *n* (*of dictator etc*) Sturz *m* **B** *v/t* stürzen **overtime** **A** *n* **1** Überstunden *pl*; **I am doing ~** ich mache Überstunden **2** (*US SPORTS*) Verlängerung *f* **B** *adv* **to work ~** Überstunden machen **overtime pay** *n* Überstundenlohn *m* **overtone** *n* (*fig*) Unterton *m* **overtook** *pret of* **overtake**

overture *n* **1** MUS Ouvertüre *f* **2** *usu pl* **to make ~s to sb** Annäherungsversuche bei jdm machen

overturn **A** *v/t* **1** (*lit*) umkippen; *boat* zum Kentern bringen **2** (*fig*) *regime* stürzen; *ban, conviction* aufheben **B** *v/i* (*chair*) umkippen; (*boat*) kentern **overuse** **A** *n* übermäßiger Gebrauch **B** *v/t* übermäßig oft gebrauchen **overview** *n* Überblick *m* (*of* über *+acc*) **overweight** *adj person* übergewichtig; **to be five kilos ~** fünf Kilo Übergewicht haben; **you're ~** Sie haben Übergewicht

overwhelm *v/t* **1** überwältigen; **he was ~ed when they gave him the present** er war zutiefst gerührt, als sie ihm das Geschenk gaben **2** (*fig, with praise, work*) überhäufen **overwhelming** *adj* überwältigend; *desire* unwiderstehlich; **they won despite ~ odds** sie gewannen obwohl ihre Chancen sehr schlecht standen **overwhelmingly** *adv reject* mit überwältigender Mehrheit; *positive* größtenteils **overwork** **A** *n* Überarbeitung *f* **B** *v/t person* überanstrengen **C** *v/i* sich überarbeiten **overwrite** *pret* overwrote, *past part* overwritten *v/t & v/i* IT überschreiben **overwrought** *adj* überreizt **overzealous** *adj* übereifrig

ovulate *v/i* ovulieren **ovulation** *n* Eisprung *m*

owe **A** *v/t* **1** *money* schulden (*sb sth, sth to sb* jdm etw); **how much do I ~ you?** (*in shop etc*) was bin ich schuldig? **2** *loyalty* schulden (*to sb* jdm) **3** *life, success* verdanken (*sth to sb* jdm etw); **you ~ it to yourself to keep fit** du bist es dir schuldig, fit zu bleiben; **you ~ me an explanation** du bist mir eine Erklärung schuldig **B** *v/i* **to ~ sb for sth** jdm Geld für etw schulden; **I still ~ him for the meal** ich muss ihm das Essen noch bezahlen **owing** **A** *adj* unbezahlt; **how much is still ~?** wie viel steht noch aus? **B** *prep* **~ to** infolge (*+gen*); **~ to the circumstances** umständehalber

O

owl *n* Eule *f*

own[1] *v/t* **1** (≈ *possess*) besitzen; **who ~s that?** wem gehört das?; **he looks as if he ~s the place** er sieht so aus, als wäre er hier zu Hause **2** (≈ *admit*) zugeben ◊**own up** *v/i* es zugeben; **to ~ to sth** etw zugeben; **he owned up to stealing the money** er gab zu, das Geld gestohlen zu haben

own[2] **A** *adj attr* eigen; **his ~ car** sein eigenes Auto; **one's ~ car** ein eigenes Auto; **he does (all) his ~ cooking** er kocht für sich selbst; **thank you, I'm quite capable of finding my ~ way out** danke, ich finde sehr gut alleine hinaus **B** *pron* **1** **to make sth one's ~** sich (*dat*) etw zu eigen machen; **a house of one's ~** ein eigenes Haus; **I have money of my ~** ich habe selbst Geld; **it has a beauty all its ~** *or* **of its ~** es hat eine ganz eigene Schönheit **2** **to get one's ~ back on sb** (*esp Br*) es jdm heimzahlen; **(all) on one's ~** (ganz) allein; **on its ~** von selbst; **the goalkeeper came into his ~ with a series of brilliant saves** der Torwart zeigte sich von seiner besten Seite, als er eine Reihe von Bällen geradezu fantastisch abwehrte **own brand** *n* Hausmarke *f*

owner *n* Besitzer(in) *m(f)*; (*of shop, firm*) Inhaber(in) *m(f)*; (*of dogs, car*) Halter(in) *m(f)*

owner-occupier *n* Bewohner(in) *m(f)* im eigenen Haus **ownership** *n* Besitz *m*; **under new ~** unter neuer Leitung

own goal *n* Eigentor *nt*; **to score an ~** ein Eigentor schießen

ox *n*, *pl* -en Ochse *m*

Oxbridge **A** *n* Oxford und/oder Cambridge **B** *adj people* der Universität (*gen*) Oxford oder Cambridge

oxide *n* CHEM Oxid *nt* **oxidize** *v/t & v/i* oxidieren

oxtail soup *n* Ochsenschwanzsuppe *f*

oxygen *n* Sauerstoff *m* **oxygen mask** *n* Sauerstoffmaske *f*

oyster *n* Auster *f*; **the world's his ~** die Welt steht ihm offen

oz *abbr of* ounce(s)

ozone *n* Ozon *nt* **ozone-friendly** *adj* FCKW-frei **ozone layer** *n* Ozonschicht *f*; **a hole in the ~** ein Ozonloch *nt*

P

P, p *n* P *nt*, p *nt*

p **1** *abbr of* page S. **2** *abbr of* penny, pence

PA **1** *abbr of* personal assistant **2** *abbr of* public address (system)

pa *n* (*infml*) Papa *m* (*infml*)

p.a. *abbr of* per annum

pace **A** *n* **1** (≈ *step*) Schritt *m*; **to put sb through his ~s** (*fig*) jdn auf Herz und Nieren prüfen **2** (≈ *speed*) Tempo *nt*; **at a good ~** recht schnell; **at a slow ~** langsam; **at one's own ~** in seinem eigenen Tempo; **to keep ~ with sth** mit etw mitkommen; **to set the ~** das Tempo angeben; **to quicken one's ~** seinen Schritt beschleunigen; (*working*) sein Tempo beschleunigen; **I'm getting old, I can't stand the ~ any more** (*infml*) ich werde alt, ich kann nicht mehr mithalten **B** *v/t* auf und ab gehen in (+*dat*) **C** *v/i* **to ~ up and down** auf und ab gehen **pacemaker** *n* **A** MED Schrittmacher *m* **B** SPORTS Tempomacher(in) *m(f)*

Pacific *n* **the ~ (Ocean)** der Pazifik; **a ~ island** eine Insel im Pazifik; **the ~ Rim** die Pazifikanrainerstaaten *pl* **Pacific Standard Time** *n* pazifische Zeit

pacifier *n* (*US: for baby*) Schnuller *m* **pacifism** *n* Pazifismus *m* **pacifist** *n* Pazifist(in) *m(f)* **pacify** *v/t baby* beruhigen; *critics* besänftigen

pack **A** *n* **1** (*on animal*) Last *f* **2** (≈ *rucksack*) Rucksack *m*; MIL Gepäck *nt no pl* **3** (≈ *packet*) Paket *nt*; (*esp US: of cigarettes*) Packung *f*; **a ~ of six** ein Sechserpack *m* **4** (*of wolves*) Rudel *nt* **5** (*pej* ≈ *group*) Horde *f*; **a ~ of thieves** eine Diebesbande; **it's all a ~ of lies** es ist alles erlogen **6** (*of cards*) (Karten)spiel *nt* **B** *v/t* **1** *crate etc* vollpacken; *meat in tin etc* abpacken **2** *case* packen; *clothes etc* einpacken; **the box was ~ed full of explosives** die Kiste war voll mit Sprengstoff; **to be ~ed** (≈ *full*) gerammelt voll sein (*infml*); **a weekend ~ed with excitement** ein Wochenende voller aufregender Erlebnisse **3** *soil etc* festdrücken; **the snow on the path was ~ed hard** der Schnee auf dem Weg war festgetrampelt; **the film ~s a real punch** (fig) der Film ist total spannend **C** v/i **1** (person) packen **2** **the crowds ~ed into the stadium** die Menge drängte sich in das Stadion; **we all ~ed into one car** wir haben uns alle in ein Auto gezwängt **3** (infml) **to send sb ~ing** jdn kurz abfertigen ◊**pack away** v/t sep wegpacken; **I've packed all your books away in the attic** ich habe alle deine Bücher auf den Boden geräumt ◊**pack in** **A** v/t sep **1** people hineinpferchen in (+acc) **2** (Br infml) job hinschmeißen (infml); activity Schluss machen mit; **pack it in!** lass es gut sein! **B** v/i (Br infml) (engine) seinen Geist aufgeben (hum); (person) Feierabend machen (infml) ◊**pack off** v/t sep **she packed them off to bed** sie schickte sie ins Bett ◊**pack out** v/t sep usu pass **to be packed out** überfüllt sein ◊**pack up** **A** v/t sep zusammenpacken **B** v/i **1** packen; **he just packed up and left** er packte seine Sachen und ging **2** (Br infml) (engine) seinen Geist aufgeben (hum); (person) Feierabend machen (infml)

package **A** n Paket nt; **software ~** Softwarepaket nt **B** v/t goods verpacken **package deal** n Pauschalangebot nt **package holiday, package tour** n Pauschalreise f **packaging** n **1** (≈ material) Verpackung f **2** (≈ presentation) Präsentation f

packed lunch n (Br) Lunchpaket nt **packet** n (esp Br) **1** Paket nt; (of cigarettes ≈ small box) Schachtel f **2** (Br infml) **to make a ~** ein Schweinegeld verdienen (infml); **that must have cost a ~** das muss ein Heidengeld gekostet haben (infml) **packet soup** n (esp Br) Tütensuppe f **pack ice** n Packeis nt **packing** n (≈ act) Packen nt; (≈ material) Verpackung f; **to do one's ~** packen **packing case** n Kiste f **pact** n Pakt m; **to make a ~ with sb** mit jdm einen Pakt schließen **pad**¹ v/i **to ~ around** (Br) umhertapsen **pad**² **A** n **1** (for comfort etc) Polster nt; (for protection) Schützer m; (≈ brake pad etc) Belag m **2** (of paper) Block m **3** (infml ≈ home) Bude f (infml) **B** v/t polstern ◊**pad out** v/t sep (fig) essay auffüllen

padded adj shoulders, bra wattiert; seat gepolstert; **~ envelope** gefütterter (Brief)-umschlag **padding** n (≈ material) Polste-

rung f

paddle **A** n **1** (≈ oar) Paddel nt **2** **to have a ~** durchs Wasser waten **B** v/t boat paddeln **C** v/i **1** (in boat) paddeln **2** (in water) waten **paddleboarding** n Stehpaddeln nt **paddle boat** n Raddampfer m; (small) Paddelboot nt **paddle steamer** n Raddampfer m **paddling pool** n (Br) Planschbecken nt

paddock n Koppel f; (of racecourse) Sattelplatz m

paddy n (a. **paddy field**) Reisfeld nt **padlock** **A** n Vorhängeschloss nt **B** v/t (mit einem Vorhängeschloss) verschließen **paediatric**, (US) **pediatric** adj Kinder- **paediatrician**, (US) **pediatrician** n Kinderarzt m/-ärztin f **paediatrics**, (US) **pediatrics** n Kinderheilkunde f **paedophile**, (US) **pedophile** n Pädophile(r) m/f(m)

pagan **A** adj heidnisch **B** n Heide m, Heidin f **paganism** n Heidentum nt **page**¹ **A** n (a. **pageboy**) Page m **B** v/t **to ~ sb** jdn ausrufen lassen; **paging Mr Cousin** Herr Cousin, bitte!

page² n Seite f; **on ~ 14** auf Seite 14; **write on both sides of the ~** beschreiben Sie beide Seiten; **to be on the same ~** (US ≈ in agreement) auf der gleichen Wellenlänge liegen

pageant n (≈ show) Historienspiel nt; (≈ procession) Festzug m **pageantry** n Prunk m

pageboy n Page m; (Br ≈ at wedding) Junge, der bei der Hochzeitszeremonie assistiert **page break** n IT Seitenwechsel m **page number** n Seitenzahl f **page preview** n IT Preview m **page printer** n IT Seitendrucker m **pager** n TEL Funkempfänger m **pagination** n Paginierung f

pagoda n Pagode f

paid **A** pret, past part of pay **B** adj **1** work bezahlt **2** (esp Br) **to put ~ to sth** etw zunichtemachen; **that's put ~ to my weekend** damit ist mein Wochenende geplatzt **C** n **the low/well ~** die Gering-/Gutverdienenden pl **paid-up** adj **fully ~ member** Mitglied nt ohne Beitragsrückstände

pail n Eimer m

pain **A** n **1** Schmerz m; (mental) Qualen pl; **to be in ~** Schmerzen haben; **he screamed in ~** er schrie vor Schmerzen;

chest ~s Brustschmerzen *pl*; **my ankle is causing me a lot of** ~ mein Knöchel tut mir sehr weh; **I felt a** ~ **in my leg** ich hatte Schmerzen im Bein **2 pains** *pl* (≈ *efforts*) Mühe *f*; **to be at (great)** ~s **to do sth** sich (*dat*) (große) Mühe geben, etw zu tun; **to take** ~s **to do sth** sich (*dat*) Mühe geben, etw zu tun; **she takes great** ~s **with her appearance** sie verwendet sehr viel Sorgfalt auf ihr Äußeres **3 on** *or* **under** ~ **of death** bei Todesstrafe **4** (*infml*: *a.* ~. **pain in the neck** *or* **arse** *Br sl*) **to be a (real)** ~ einem auf den Wecker gehen (*infml*) **B** *v/t* (*mentally*) schmerzen; **it** ~s **me to see their ignorance** ihre Unwissenheit tut schon weh **pained** *adj* expression schmerzerfüllt

painful *adj* injury schmerzhaft; (≈ *distressing*) schmerzlich; **is it** ~? tut es weh? **painfully** *adv* **1** (*physically*) schmerzhaft; move unter Schmerzen **2** (≈ *very*) schrecklich; thin furchtbar; **it was** ~ **obvious** es war nicht zu übersehen **painkiller** *n* schmerzstillendes Mittel **painless** *adj* schmerzlos; **don't worry, it's quite** ~ (*infml*) keine Angst, es tut gar nicht weh **painstaking** *adj*, **painstakingly** *adv* sorgfältig

paint A *n* **1** Farbe *f*; (*on car*) Lack *m* **2 paints** *pl* Farben *pl*; **box of** ~s Farbkasten *m* **B** *v/t* **1** wall streichen; car lackieren; **to** ~ **one's face** (*with make-up*) sich anmalen (*infml*); **to** ~ **the town red** (*infml*) die Stadt unsicher machen (*infml*) **2** picture malen; **he** ~ed **a very convincing picture of life on the moon** er zeichnete ein sehr überzeugendes Bild vom Leben auf dem Mond **C** *v/i* malen; (≈ *decorate*) (an)streichen **paintbox** *n* Farbkasten *m* **paintbrush** *n* Pinsel *m*

painter *n* ART Maler(in) *m(f)*; (≈ *decorator*) Anstreicher(in) *m(f)*

painting *n* **1** (≈ *picture*) Gemälde *nt* **2** no *pl* ART Malerei *f* **paint pot** *n* Farbtopf *m* **paint stripper** *n* Abbeizmittel *nt* **paintwork** *n* (*on car etc*) Lack *m*; (*on wall*) Anstrich *m*

pair A *n* Paar *nt*; **these socks are a** ~ diese beiden Socken gehören zusammen; **a** ~ **of scissors** eine Schere; **a new** ~ (*of trousers*) eine neue; (*of shoes*) ein Paar neue; **I've only got one** ~ **of hands** ich habe auch nur zwei Hände; **to be** *or* **have a safe** ~ **of hands** zuverlässig sein; **in** ~s

paarweise; *hunt, go out* zu zweit **B** *v/t* **I was** ~ed **with Bob for the next round** in der nächsten Runde musste ich mit Bob ein Paar bilden ◊**pair off A** *v/t sep* in Zweiergruppen einteilen **B** *v/i* Paare bilden (*with* mit)

pajamas *pl* (*US*) = pyjamas

pak-choi *n* (*Br*) Pak Choi *m*, chinesischer Blätterkohl

Paki (*pej infml*) **A** *n* (≈ *person*) Pakistani *m/f(m)* **B** *adj* pakistanisch **Pakistan** *n* Pakistan *nt* **Pakistani A** *adj* pakistanisch **B** *n* Pakistani *m/f(m)*

pal *n* (*infml*) Kumpel *m* (*infml*), Spezi *m* (*Aus*)

palace *n* Palast *m*; **royal** ~ (Königs)-schloss *nt*

palatable *adj* **1** genießbar **2** (*fig*) attraktiv **palate** *n* (*lit*) Gaumen *m*

palatial *adj* palastartig

palaver *n* (*infml*) Theater *nt* (*infml*)

pale A *adj* (+er) blass; (*unhealthily*) bleich; light, moon fahl; ~ **green** zartgrün **B** *v/i* (*person*) erbleichen; **to** ~ **(into insignificance) alongside sth** neben etw (*dat*) bedeutungslos sein **paleness** *n* Blässe *f* **Palestine** *n* Palästina *nt* **Palestinian A** *adj* palästinensisch **B** *n* Palästinenser(in) *m(f)*

palette *n* Palette *f* **palette knife** *n* Palettenmesser *nt*

palisade *n* Palisade *f*

pallbearer *n* Sargträger(in) *m(f)*

pallet *n* Palette *f*

pallid *adj* blass; (≈ *unhealthy looking*) bleich **pallor** *n* Blässe *f*

pally *adj* (+er) (*Br infml*) **they're very** ~ sie sind dicke Freunde (*infml*); **to be** ~ **with sb** mit jdm gut Freund sein; **to get** ~ **with sb** sich mit jdm anfreunden

palm[1] *n* BOT Palme *f*

palm[2] *n* ANAT Handteller *m*; **he had the audience in the** ~ **of his hand** er hielt das Publikum ganz in seinem Bann; **to read sb's** ~ jdm aus der Hand lesen ◊**palm off** *v/t sep* (*infml*) rubbish andrehen (*on(to) sb* jdm) (*infml*); person abspeisen (*infml*); **they palmed him off on me** sie haben ihn mir aufgehalst (*infml*)

palmcorder *n* Palmcorder *m* **palmistry** *n* Handlesekunst *f*

palm leaf *n* Palmwedel *m* **palm oil** *n* Palmöl *nt* **Palm Sunday** *n* Palmsonntag *m*

palmtop n IT Palmtop m
palm tree n Palme f
palpable adj vollkommen **palpably** adv eindeutig
palpitate v/i (heart) heftig klopfen **palpitation** n Herzklopfen nt; **to have ~s** Herzklopfen haben
palsy n Lähmung f
paltry adj armselig; **he gave some ~ excuse** er brachte irgendeine armselige Entschuldigung hervor
pamper v/t verwöhnen
pamphlet n (informative) Broschüre f; (political, flyer) Flugblatt nt
pan n COOK Pfanne f; (≈ saucepan) Topf m ◊**pan out** v/i (infml) sich entwickeln; **it didn't ~** es hat nicht geklappt (infml)
panache n Schwung m
Panama n **~ Canal** Panamakanal m
Pan-American adj panamerikanisch
pancake n Pfannkuchen m; (stuffed also) Palatschinke f (Aus)
pancreas n Bauchspeicheldrüse f
panda n Panda m **panda car** n (Br) (Funk)streifenwagen m
pandemonium n Chaos nt
pander v/i nachgeben (to +dat); **to ~ to sb's whims** jds Launen (acc) befriedigen wollen
p and p abbr of post(age) and packing
pane n Glasscheibe f
panel n 🔳 (of wood) Tafel f; (in door) Feld nt 🔳 (of instruments etc) Schalttafel f; **instrument ~** Armaturenbrett nt; (on machine) Kontrolltafel f 🔳 (of interviewers etc) Gremium nt; (in discussion) Diskussionsrunde f; (in quiz) Rateteam nt; **a ~ of judges** eine Jury **panel discussion** n Podiumsdiskussion f **panel game** n Ratespiel nt **panelled**, (US) **paneled** adj paneeliert **panelling**, (US) **paneling** n Täfelung f **panellist**, (US) **panelist** n Diskussionsteilnehmer(in) m(f)
pang n **a ~ of conscience** Gewissensbisse pl; **a ~ of jealousy** ein Eifersuchtsanfall m; **~s of hunger** quälender Hunger
panic vb: pret, past part panicked 🔳 n Panik f; **in a (blind) ~** in (heller) Panik; **to flee in ~** panikartig die Flucht ergreifen; **the country was thrown into a (state of) ~** das Land wurde von Panik erfasst 🔳 v/i in Panik geraten; **don't ~** nur keine Panik! 🔳 v/t Panik auslösen unter (+dat)
panic attack n PSYCH Panikanfall m;

to have a ~ einen Panikanfall bekommen **panicky** adj person überängstlich; **to feel ~** panische Angst haben **panic-stricken** adj von panischem Schrecken ergriffen; look panisch
pannier n (on motor-cycle etc) Satteltasche f
panorama n Panorama nt (of +gen) **panoramic** adj Panorama- **panoramic view** n Panoramablick m; **a ~ of the hills** ein Blick m auf das Bergpanorama
pansy n 🔳 BOT Stiefmütterchen nt 🔳 (Br pej ≈ homosexual) Schwuchtel f (pej infml)
pant v/i keuchen; (dog) hecheln; **to ~ for breath** nach Luft schnappen (infml)
panther n Panther m
panties pl Höschen nt; **a pair of ~** ein Höschen nt
pantomime n 🔳 (in GB) ≈ Weihnachtsmärchen nt 🔳 (≈ mime) Pantomime f
pantry n Speisekammer f
pants 🔳 pl (esp US ≈ trousers) Hose f; (Br ≈ underpants) Unterhose f; **a pair of ~** eine Hose/Unterhose; **to charm the ~ off sb** (infml) jdm um den Bart gehen 🔳 adj (Br infml ≈ awful) **to be ~** beknackt or beschissen sein (infml) **pantsuit** n (US) Hosenanzug m **pantyhose** n (US) Strumpfhose f **panty-liner** n Slipeinlage f
papal adj päpstlich
papaya n Papayabaum f; (≈ fruit) Papaya f
paper 🔳 n 🔳 Papier nt; **to get** or **put sth down on ~** etw schriftlich festhalten 🔳 (≈ newspaper) Zeitung f; **in the ~s** in der Zeitung 🔳 **papers** pl (≈ identity papers) Papiere pl 🔳 (≈ exam) Klausur f; SCHOOL Arbeit f 🔳 (academic) Referat nt 🔳 v/t room tapezieren **paperback** n Taschenbuch nt **paper bag** n Papiertüte f **paperboy** n Zeitungsjunge m **paper chain** n Girlande f **paperclip** n Büroklammer f **paper cup** n Pappbecher m **paper feed** n IT Papiervorschub m **paper girl** n Zeitungsmädchen nt **paper money** n Papiergeld nt **paper plate** n Pappteller m **paper round** n (Br) **to do a ~** Zeitungen austragen **paper route** n (US) = paper round **paper shop** n (Br) Zeitungsladen m **paper-thin** adj hauchdünn **paper tissue** n Papiertuch nt **paper tray** n IT Papierschacht m **paperweight** n Briefbeschwerer m **paperwork** n Schreibarbeit f

P

papier mâché **A** n Pappmaschee nt **B** adj aus Pappmaschee

paprika n Paprika m

par n **1** **to be on a ~ with sb/sth** sich mit jdm/etw messen können **2** **below ~** (fig) unter Niveau; **I'm feeling below ~** ich fühle mich nicht auf der Höhe **3** GOLF Par nt; **~ three** Par 3; **that's ~ for the course for him** (fig infml) das kann man von ihm erwarten

parable n Parabel f

paracetamol n Schmerztablette f

parachute **A** n Fallschirm m **B** v/i (a. **parachute down**) (mit dem Fallschirm) abspringen **parachute drop** n (of supplies) (Fallschirm)abwurf m **parachute jump** n Absprung m (mit dem Fallschirm) **parachutist** n Fallschirmspringer(in) m(f)

parade **A** n (≈ procession) Umzug m; (MIL, of circus ≈ display) Parade f; **to be on ~** MIL eine Parade abhalten **B** v/t **1** troops aufmarschieren lassen; placards vor sich her tragen **2** (≈ show off) zur Schau stellen **C** v/i MIL aufmarschieren; **to ~ through the town** (strikers) durch die Stadt ziehen; **to ~ up and down** (≈ show off) auf und ab stolzieren

paradise n Paradies nt; **a shopper's ~** ein Einkaufsparadies nt; **an architect's ~** ein Paradies nt für Architekten

paradox n Paradox nt **paradoxical** adj paradox **paradoxically** adv paradoxerweise

paraffin n Paraffin nt

paraglider n **1** (equipment) Paraglider m **2** (person) Paraglider(in) m(f) **paragliding** n Gleitschirmfliegen nt

paragraph n Abschnitt m

paralegal (esp US) n Rechtsassistent(in) m(f)

parallel **A** adj parallel; development parallel verlaufend; **~ to** or **with** parallel zu or mit; **~ interface** IT Parallelschnittstelle f; **the two systems developed along ~ lines** die Entwicklung der beiden Systeme verlief vergleichbar **B** adv **to run ~** parallel verlaufen (to sth zu etw) **C** n (fig) Parallele f; **without ~** ohne Parallele; **to draw a ~ between X and Y** eine Parallele zwischen X und Y ziehen **D** v/t (fig) gleichen (+dat); **a case ~led only by …** ein Fall, zu dem es nur eine einzige Parallele gibt, nämlich …

Paralympics n SPORTS Paralympics pl

paralysis n, pl paralyses Lähmung f **paralytic** (Br infml ≈ very drunk) voll dicht (sl)

paralyze v/t **1** (lit) lähmen **2** (fig) lahmlegen **paralyzed** adj **1** (lit) gelähmt; **he was left ~** er behielt Lähmungen zurück; **~ from the waist down** von der Hüfte abwärts gelähmt **2** (fig) **to be ~ with fear** vor Angst (wie) gelähmt sein **paralyzing** adj (fig) lähmend

paramedic n Sanitäter(in) m(f)

parameters pl Rahmen m

paramilitary adj paramilitärisch

paramount adj Haupt-; **to be ~** Priorität haben; **of ~ importance** von höchster Wichtigkeit

paranoia n Paranoia f; (infml) Verfolgungswahn m **paranoid** adj paranoid; **or am I just being ~?** oder bilde ich mir das nur ein?; **to be ~ about sth** von etw Wahnvorstellungen haben

paranormal **A** adj paranormal **B** n **the ~** das Paranormale

parapet n (on rampart, of bridge) Brüstung f; **to put one's head above the ~** (fig) sich in die Schusslinie begeben

paraphernalia pl Drum und Dran nt

paraphrase v/t umschreiben

paraplegic n Paraplegiker(in) m(f) (tech)

parasite n (lit) Parasit m; (fig) Schmarotzer(in) m(f)

parasol n Sonnenschirm m

paratrooper n Fallschirmjäger(in) m(f) **paratroops** pl Fallschirmjäger pl

parboil v/t vorkochen

parcel n (esp Br) Paket nt ◊**parcel up** v/t sep als Paket verpacken

parcel bomb n (Br) Paketbombe f

parched adj ausgetrocknet; **I'm ~** ich habe furchtbaren Durst

parchment n Pergament nt

pardon **A** n **1** JUR Begnadigung f; **to grant sb a ~** jdn begnadigen **2** **to beg sb's ~** jdn um Verzeihung bitten; **~?** (Br), **I beg your ~?** (Br) (wie) bitte?; **I beg your ~** (apology) Entschuldigung; (in surprise) erlauben Sie mal! **B** v/t **1** JUR begnadigen **2** (≈ forgive) verzeihen; **to ~ sb for sth** jdm etw verzeihen; **~ me, but could you …?** entschuldigen Sie bitte, könnten Sie …?; **~ me!** Entschuldigung!; **~ me?** (US) (wie) bitte?

◊**pare down** v/t sep (fig) expenses einschränken

parent n Elternteil m; **parents** Eltern pl **parentage** ~ Herkunft f; **children of racially mixed** ~ gemischtrassige Kinder pl **parental** adj elterlich attr; ~ **leave** Elternschaftsurlaub m **parental leave** n Elternurlaub m **parent company** n Muttergesellschaft f

parenthesis n, pl parentheses Klammer f; **in** ~ in Klammern

parenthood n Elternschaft f **parents- -in-law** pl Schwiegereltern pl **parent teacher association** n SCHOOL Lehrer- und Elternverband m

parish n Gemeinde f **parish church** n Pfarrkirche f **parish council** n Gemeinderat m **parishioner** n Gemeinde(mit)-glied m **parish priest** n Pfarrer m

parity n **1** (≈ equality) Gleichstellung f **2** FIN, SCI, IT Parität f

park **A** n Park m; **national** ~ Nationalpark m **B** v/t **1** car parken; bicycle abstellen; **a** ~ed car ein parkendes Auto **2** (infml ≈ put) abstellen; **he** ~ed **himself right in front of the fire** er pflanzte sich direkt vor den Kamin (infml) **C** v/i parken; **there was nowhere to** ~ es gab nirgendwo einen Parkplatz; **to find a place to** ~ einen Parkplatz finden **park-and-ride** n Park-and-Ride-System nt **park bench** n Parkbank f

parking n Parken nt; **there's no** ~ **on this street** in dieser Straße ist Parken verboten or ist Parkverbot; **"no** ~**"** „Parken verboten"; **"parking for 50 cars"** „50 (Park)plätze" **parking attendant** n Parkplatzwächter(in) m(f) **parking bay** n Parkbucht f **parking fine** n Geldbuße f (für Parkvergehen) **parking garage** n (US) Parkhaus nt

parking lot n (US) Parkplatz m **parking meter** n Parkuhr f **parking place** n Parkplatz m **parking sensor** n Parkhilfe f, Einparkhilfe f **parking space** n Parkplatz m **parking ticket** n Strafzettel m

Parkinson's (disease) n parkinsonsche Krankheit

park keeper n Parkwächter(in) m(f) **parkland** n Grünland nt **park ranger**, **park warden** n (in national park) Aufseher(in) m(f) in einem Nationalpark **parkway** n (US) Allee f

parliament n Parlament nt; **the German** ~ der Bundestag; **the Swiss** ~ die Bundesversammlung; **the Austrian** ~ der Natio-

nalrat **parliamentary** adj parlamentarisch; ~ **seat** Parlamentssitz m **parliamentary candidate** n Parlamentskandidat(in) m(f) **parliamentary election** n Parlamentswahlen pl

parlour, (US) **parlor** n (≈ beauty parlour etc) Salon m; **ice-cream** ~ Eisdiele f **parlour game**, (US) **parlor game** n Gesellschaftsspiel nt

parody **A** n **1** Parodie f (of auf +acc) **2** (≈ travesty) Abklatsch m **B** v/t parodieren

parole **A** n JUR Bewährung f; (≈ temporary release) Strafunterbrechung f; **to let sb out on** ~ jdn auf Bewährung entlassen; (temporarily) jdm Strafunterbrechung gewähren; **to be on** ~ unter Bewährung stehen; (temporarily) auf Kurzurlaub sein **B** v/t auf Bewährung entlassen; (temporarily) Strafunterbrechung gewähren (+dat)

parquet n Parkett nt; ~ **floor** Parkett(fuß)boden m

parrot n Papagei m; **he felt as sick as a** ~ (Br infml) ihm war kotzübel (infml) **parrot- -fashion** adv **to repeat sth** ~ etw wie ein Papagei nachplappern; **to learn sth** ~ etw stur auswendig lernen

parry v/t & v/i (fig) parieren; BOXING abwehren

parsley n Petersilie f

parsnip n Pastinake f

parson n Pfarrer m **parsonage** n Pfarrhaus nt

part **A** n **1** Teil m; **the best** ~ das Beste; **in** ~ teilweise; **a** ~ **of the country/city I don't know** eine Gegend, die ich nicht kenne; **for the most** ~ zum größten Teil; **in the latter** ~ **of the year** gegen Ende des Jahres; **it's all** ~ **of growing up** das gehört alles zum Erwachsenwerden dazu; **it is** ~ **and parcel of the job** das gehört zu der Arbeit dazu; **spare** ~ Ersatzteil nt **2** GRAM ~ **of speech** Wortart f **3** (of series) Folge f; (of serial) Fortsetzung f; **end of** ~ **one** TV Ende des ersten Teils **4** (≈ share, role) (An)teil m; THEAT Rolle f; **to play one's** ~ (fig) seinen Beitrag leisten; **to take** ~ **in sth** an etw (dat) teilnehmen; **who is taking** ~? wer macht mit?; **he's taking** ~ **in the play** er spielt in dem Stück mit; **he looks the** ~ (fig) so sieht (d)er auch aus; **to play a** ~ eine Rolle spielen; **to play no** ~ **in sth** (person) nicht an etw (dat) beteiligt sein; **we want no** ~ **of it** wir wollen damit nichts zu tun haben

5 parts pl (≈ region) Gegend f; **from all ~s** von überall her; **in** or **around these ~s** in dieser Gegend; **in foreign ~s** in fremden Ländern; **he's not from these ~s** er ist nicht aus dieser Gegend **6** (≈ side) Seite f; **to take sb's ~** für jdn Partei ergreifen; **for my ~** was mich betrifft; **on my ~** meinerseits; **on the ~ of** seitens (+gen) **7** (US: in hair) Scheitel m **B** adv teils, teilweise; **~ one and ~ the other** teils, teils; **~ iron and ~ copper** teils aus Eisen und teils aus Kupfer **C** v/t **1** hair scheiteln **2** (≈ separate) trennen; **~ sb from sb/sth** jdn von jdm/etw trennen; **till death us do ~** bis dass der Tod uns scheidet; **to ~ company with sb/sth** sich von jdm/etw trennen **D** v/i **1** (≈ divide) sich teilen; (curtains) sich öffnen; **her lips ~ed in a smile** ihre Lippen öffneten sich zu einem Lächeln **2** (≈ separate) (people) sich trennen; (things) sich lösen; **to ~ from sb** sich von jdm trennen; **we ~ed friends** wir gingen als Freunde auseinander; **to ~ with sth** sich von etw trennen; **to ~ with money** Geld ausgeben

parterre n (US) Parterre nt

part exchange n **to offer sth in ~** etw in Zahlung geben

partial adj teilweise; **a ~ success** ein Teilerfolg m; **to make a ~ recovery** eine teilweise Erholung durchmachen **partially** adv teilweise; **~ deaf** eingeschränkt hörfähig **partially sighted** adj eingeschränkt sehfähig

participant n Teilnehmer(in) m(f) (in an +dat) **participate** v/i sich beteiligen (in an +dat); **to ~ in sport** SCHOOL am Schulsport teilnehmen **participation** n Beteiligung f; (in competition etc) Teilnahme f

participle n Partizip nt

particle n (of sand etc) Körnchen nt; PHYS Teilchen nt

particular **A** adj **1** this **~ house** dies (eine) Haus; **in this ~ instance** in diesem besonderen Fall; **one ~ city** eine bestimmte Stadt **2** (≈ special) besondere(r, s); **in ~** insbesondere; **the wine in ~ was excellent** vor allem der Wein war hervorragend; **nothing in ~** nichts Besonderes; **is there anything in ~ you'd like?** haben Sie einen besonderen Wunsch?; **did you want to speak to anyone in ~?** wollten Sie mit jemand(em) Bestimmtem sprechen?; **for no ~ reason** aus kei-

nem besonderen Grund; **at a ~ time** zu einer bestimmten Zeit; **at that ~ time** zu (genau) diesem Zeitpunkt; **to be of ~ concern to sb** jdm ein besonderes Anliegen sein **3** (≈ fussy) eigen; (≈ choosy) wählerisch; **he is very ~ about cleanliness** er nimmt es mit der Sauberkeit; **he's ~ about his car** er ist sehr eigen mit seinem Auto (infml) **B** n **particulars** pl Einzelheiten pl; (about person) Personalien pl; **for further ~s apply to ...** weitere Auskünfte erteilt ... **particularly** adv besonders; **do you want it ~ for tomorrow?** brauchen Sie es unbedingt morgen?; **not ~** nicht besonders; **it's important, ~ since ...** es ist wichtig, zumal ...

parting **A** n **1** Abschied m **2** (Br: in hair) Scheitel m **B** adj abschließend; **his ~ words** seine Abschiedsworte pl

partisan n MIL Partisan(in) m(f)

partition **A** n **1** Teilung f **2** (≈ wall) Trennwand f **B** v/t country teilen; room aufteilen

part load n COMM Teilladung f

partly adv teilweise

partner n Partner(in) m(f) **partnership** n **1** Partnerschaft f; **to do sth in ~ with sb** etw mit jdm gemeinsam machen **2** COMM Personengesellschaft f; **to enter into a ~** in eine Gesellschaft eintreten; **to go into ~ with sb** mit jdm eine Personengesellschaft gründen

part owner n Mitbesitzer(in) m(f) **part payment** n Teilzahlung f **part-time** **A** adj **~ job** Teilzeitarbeit f; **I'm just ~** ich arbeite nur Teilzeit; **on a ~ basis** auf Teilzeitbasis **B** adv **can I do the job ~?** kann ich (auf) Teilzeit arbeiten?; **she only teaches ~** sie unterrichtet nur stundenweise; **she is studying ~** sie ist Teilzeitstudentin

party **A** n **1** (POL, JUR, fig) Partei f; **to be a member of the ~** Parteimitglied sein; **a third ~** ein Dritter m **2** (≈ group) Gruppe f; **a ~ of tourists** eine Reisegesellschaft **3** (≈ celebration) Party f; (formal) Gesellschaft f; **to have a ~** eine Party geben; **at the ~** auf der Party; (more formal) bei der Gesellschaft **B** v/i (infml) feiern **party dress** n Partykleid nt **partygoer** n Partygänger(in) m(f) **party political broadcast** n parteipolitische Sendung **party pooper** n (infml) Partymuffel m (infml)

pass **A** n **1** (≈ permit) Ausweis m; MIL etc

Passierschein m **2** GEOG, SPORTS Pass m **3** **things had come to such a ~ that ...** die Lage hatte sich so zugespitzt, dass ... **4** **to make a ~ at sb** bei jdm Annäherungsversuche machen **B** v/t **1** (≈ move past) vorbeigehen an (+dat); **he ~ed me without even saying hello** er ging ohne zu grüßen an mir vorbei **2** (≈ overtake) überholen **3** frontier etc passieren **4** (≈ hand) reichen; **they ~ed the photograph around** sie reichten das Foto herum; **~ (me) the salt, please** reich mir doch bitte das Salz!; **the characteristics which he ~ed to his son** die Eigenschaften, die er an seinen Sohn weitergab **5** exam bestehen; candidate bestehen lassen **6** motion annehmen; PARL verabschieden **7** SPORTS **to ~ the ball to sb** jdm den Ball zuspielen **8** **~ the thread through the hole** führen Sie den Faden durch die Öffnung **9** time verbringen; **he did it to ~ the time** er tat das, um sich (dat) die Zeit zu vertreiben **10** JUR sentence verhängen; judgement fällen; **to ~ comment (on sth)** einen Kommentar (zu etw) abgeben **11** blood ausscheiden; **to ~ water** Wasser lassen **C** v/i **1** (≈ move past) vorbeigehen/-fahren; **the street was too narrow for the cars to ~** die Straße war so eng, dass die Wagen nicht aneinander vorbeikamen; **we ~ed in the corridor** wir gingen im Korridor aneinander vorbei **2** (≈ overtake) überholen **3** **what has ~ed between us** was sich zwischen uns zugetragen hat; **if you ~ by the grocer's ...** wenn du beim Kaufmann vorbeikommst ...; **the procession ~ed down the street** die Prozession zog die Straße entlang; **the virus ~es easily from one person to another** der Virus ist leicht von einer Person auf die andere übertragbar; **the land has now ~ed into private hands** das Land ist jetzt in Privatbesitz übergegangen; **to ~ out of sight** außer Sichtweite geraten; **the thread ~es through this hole** der Faden geht durch diese Öffnung **4** (time: a. **pass by**) vergehen; (deadline) verfallen **5** (anger, era etc) vorübergehen; (storm) vorüberziehen; (rain) vorbeigehen; **to let an opportunity ~** eine Gelegenheit verstreichen lassen **6** (≈ be acceptable) gehen; **to let sth ~** etw durchgehen lassen; **let it ~!** vergiss es! **7** (≈ be accepted) angesehen werden (for or as sth als etw); **this lit-**

tle room has to ~ for an office dieses kleine Zimmer dient als Büro; **she could ~ for 25** sie könnte für 25 durchgehen **8** (in exam) bestehen **9** SPORTS abspielen; **to ~ to sb** jdm zuspielen **10** CARDS passen; **(I) ~!** passe! ◊**pass away** v/i (euph ≈ die) entschlafen ◊**pass by A** v/i vorbeigehen; (car etc) vorbeifahren; (time) vergehen **B** v/t sep (≈ ignore) übergehen; **life has passed her by** das Leben ist an ihr vorübergegangen ◊**pass down** v/t sep traditions überliefern (to +dat); characteristics weitergeben (to an +acc) ◊**pass off A** v/i **1** (≈ take place) ablaufen **2** (≈ be taken as) durchgehen (as als) **B** v/t sep **to pass sb/sth off as sth** jdn/etw als etw ausgeben ◊**pass on A** v/i **1** (euph ≈ die) entschlafen **2** (≈ proceed) übergehen (to zu) **B** v/t sep news, cost etc weitergeben; disease übertragen; **pass it on!** weitersagen!; **take a leaflet and pass them on** nehmen Sie ein Blatt und geben Sie die anderen weiter ◊**pass out** v/i (≈ faint) in Ohnmacht fallen ◊**pass over** v/t sep übergehen ◊**pass round** v/t sep herumreichen; **to be passed round** herumgereicht werden, die Runde machen (infml) ◊**pass through** v/i **I'm only passing through** ich bin nur auf der Durchreise ◊**pass up** v/t sep chance vorübergehen lassen

passable adj **1** passierbar **2** (≈ tolerable) passabel

passage n **1** (≈ transition) Übergang m; **in or with the ~ of time** mit der Zeit **2** (≈ right of passage) Durchreisegenehmigung f **3** (≈ corridor) Gang m; secret **~** Geheimgang m **4** (in book, Mus) Passage f; **a ~ from Shakespeare** eine Shakespearestelle

passageway n Durchgang m

passbook n Sparbuch nt

passenger n **1** (on bus, in taxi) Fahrgast m; (on train) Reisende(r) m/f(m); (on ship, plane) Passagier(in) m(f) **2** (in car, on motorcycle) Beifahrer(in) m(f) **passenger aircraft** n Passagierflugzeug nt **passenger door** n Beifahrertür f **passenger ferry** n Personenfähre f **passenger seat** n Beifahrersitz m

passer-by n, pl **passers-by** Passant(in) m(f) **passing A** n **1** Vorübergehen nt; **to mention sth in ~** etw beiläufig erwähnen **2** (≈ overtaking) Überholen nt **3** (euph ≈ death) Heimgang m **4** FTBL Ballabgabe f **B** adj **1** car vorbeifahrend; **with each ~**

day mit jedem Tag, der vergeht 2 *thought, interest* flüchtig; *comments* beiläufig; **to make (a) ~ reference to sth** auf etw *(acc)* beiläufig hinweisen; **to bear a ~ resemblance to sb/sth** mit jdm/etw eine flüchtige Ähnlichkeit haben

passion *n* Leidenschaft *f*; *(≈ fervour)* Leidenschaftlichkeit *f*; **to have a ~ for sth** eine Leidenschaft für etw haben; **his ~ is Mozart** Mozart ist seine Passion **passionate** *adj* leidenschaftlich; **to be ~ about sth** für etw eine Leidenschaft haben **passionately** *adv* leidenschaftlich; **to be ~ fond of sth** etw unwahrscheinlich gernhaben **passion fruit** *n* Passionsfrucht *f* **Passion play** *n* Passionsspiel *nt* **Passion Week** *n* Karwoche *f*

passive A *adj* 1 passiv 2 GRAM Passiv-; **~ form** Passivform *f* B *n* GRAM Passiv *nt*; **in the ~** im Passiv **passively** *adv* passiv; *accept* widerspruchslos; *watch etc* tatenlos **passive smoking** *n* Passivrauchen *nt* **passkey** *n* Hauptschlüssel *m*

Passover *n* Passah *nt*

passport *n* (Reise)pass *m*; *(fig)* Schlüssel *m* (*to zu*) **passport control** *n* Passkontrolle *f* **passport holder** *n* Passinhaber(in) *m(f)*; **are you a British ~?** haben Sie einen British Pass? **passport office** *n* Passamt *nt*

password *n* Kennwort *nt*; IT Passwort *nt* **past** A *adj* 1 frühe(r, s) *attr*; **for some time ~** seit einiger Zeit; **all that is now ~** das ist jetzt alles vorüber; **in the ~ week** vergangene Woche 2 GRAM **~ tense** Vergangenheit *f* B *n* Vergangenheit *f*; **in the ~** in der Vergangenheit; **to be a thing of the ~** der Vergangenheit *(dat)* angehören; **that's all in the ~ now** das ist jetzt alles Vergangenheit; **the verb is in the ~** das Verb steht in der Vergangenheit C *prep* 1 *(motion)* an (+*dat*) ... vorbei; *(position ≈ beyond)* hinter (+*dat*) 2 *(time)* nach (+*dat*); **ten (minutes) ~ three** zehn (Minuten) nach drei; **half ~ four** halb fünf; **a quarter ~ nine** Viertel nach neun; **it's ~ 12** es ist schon nach 12; **the trains run at a quarter ~ the hour** die Züge gehen jeweils um Viertel nach; **it's (well) ~ your bedtime** du solltest schon längst im Bett liegen 3 *(≈ beyond)* über (+*acc*); **~ forty** über vierzig; **the patient is ~ saving** der Patient ist nicht mehr zu retten; **we're ~ caring** es kümmert

uns nicht mehr; **to be ~ sth** für etw zu alt sein; **I wouldn't put it ~ him** *(infml)* ich würde es ihm schon zutrauen D *adv* vorüber; **to walk ~** vorübergehen; **to run ~** vorbeirennen

pasta *n* Nudeln *pl*

paste A *n* 1 *(for sticking)* Kleister *m* 2 *(≈ spread)* Brotaufstrich *m*; *(≈ tomato paste)* Mark *nt* B *v/t wallpaper etc* einkleistern; IT einfügen; **to ~ sth to sth** etw an etw *(acc)* kleben

pastel A *n* *(≈ crayon)* Pastellstift *m*; *(≈ colour)* Pastellton *m* B *adj attr* **~ colour** *(Br)* or **color** *(US)* Pastellfarbe *f*; **~ drawing** Pastellzeichnung *f*

pasteurize *v/t* pasteurisieren

pastille *n* Pastille *f*

pastime *n* Zeitvertreib *m*

pastor *n* Pfarrer(in) *m(f)* **pastoral** *adj land* ländlich; ART, MUS, ECCL pastoral; *duties* seelsorgerisch

past participle *n* Partizip Perfekt *nt* **past perfect** *n* Plusquamperfekt *nt* **pastry** *n* Teig *m*; *(≈ cake etc)* Stückchen *nt*; **pastries** *pl* Gebäck *nt*

pasture *n* 1 *(≈ field)* Weide *f*; **to move on to ~s new** *(fig)* sich *(dat)* etwas Neues suchen 2 *no pl* (*a.* **pasture land**) Weideland *nt*

pasty¹ *adj colour* blässlich; *look* kränklich **pasty**² *n* *(esp Br)* Pastete *f*

pasty-faced *adj* bleichgesichtig

pat¹ *n* 1 *(of butter)* Portion *f* 2 **cow ~** Kuhfladen *m*

pat² *adv* **to know sth off ~** etw wie aus dem Effeff können *(infml)*; **to learn sth off ~** etw in- und auswendig lernen

pat³ A *n* Klaps *m*; **he gave his nephew a ~ on the head** er tätschelte seinem Neffen den Kopf; **to give one's horse a ~** sein Pferd tätscheln; **to give sb a ~ on the back** *(fig)* jdm auf die Schulter klopfen; **that's a ~ on the back for you** das ist ein Kompliment für dich B *v/t* tätscheln; **to ~ sb on the head** jdm den Kopf tätscheln; **to ~ sth dry** etw trocken tupfen; **to ~ sb on the back** *(lit)* jdm auf den Rücken klopfen; *(fig)* jdm auf die Schulter klopfen ◊**pat down** *v/t sep hair* festdrücken

patch A *n* 1 *(for mending)* Flicken *m* 2 *(≈ eye patch)* Augenklappe *f* 3 *(≈ small area, stain)* Fleck *m*; *(of land)* Stück *nt*; *(of garden)* Beet *nt*; *(≈ part)* Stelle *f*; *(infml, of policeman* *etc)* Revier *nt;* **a ~ of blue sky** ein Stückchen *nt* blauer Himmel; **he's going through a bad ~** ihm gehts nicht sonderlich gut; **it's/he's not a ~ on …** *(Br infml)* das/er ist gar nichts gegen … **B** *v/t* flicken ◊**patch up** *v/t sep* zusammenflicken; *quarrel* beilegen; **I want to patch things up between us** ich möchte unsere Beziehung wieder ins Lot bringen

patchwork *n* Patchwork *nt;* **~ quilt** Flickendecke *f* **patchy** *adj* (+er) **1** *knowledge* lückenhaft **2** *(lit) beard* licht; **~ fog** stellenweise Nebel

pâté *n* Pastete *f*

patent A *n* Patent *nt* **B** *v/t* patentieren lassen **patent leather** *n* Lackleder *nt;* **~ shoes** Lackschuhe *pl* **patently** *adv* offensichtlich; **~ obvious** ganz offensichtlich

paternal *adj* väterlich; **my ~ grandmother** *etc* meine Großmutter *etc* väterlicherseits **paternity** *n* Vaterschaft *f* **paternity leave** *n* Vaterschaftsurlaub *m*

path *n* Weg *m;* (≈ *trajectory)* Bahn *f;* IT Pfad *m*

pathetic *adj* **1** (≈ *piteous)* mitleiderregend; **a ~ sight** ein Bild des Jammers **2** (≈ *poor)* erbärmlich; **honestly you're ~** ehrlich, dich kann man zu nichts brauchen **pathetically** *adv* **1** (≈ *piteously)* mitleiderregend; **~ thin** erschreckend dünn **2** *slow* erbärmlich

path name *n* IT Pfad(name) *m*

pathological *adj (lit, fig)* pathologisch **pathologically** *adv* krankhaft **pathologist** *n* Pathologe *m,* Pathologin *f* **pathology** *n (science)* Pathologie *f*

pathway *n* Weg *m*

patience *n* **1** Geduld *f;* **to lose ~ (with sb/sth)** (mit jdm/etw) die Geduld verlieren; **to try** *or* **test sb's ~** jds Geduld auf die Probe stellen **2** *(Br* CARDS*)* Patience *f;* **to play ~** eine Patience legen

patient A *adj* geduldig; **to be ~ with sb/sth** mit jdm/etw geduldig sein **B** *n* Patient(in) *m(f)* **patiently** *adv* geduldig

patio *n* Terrasse *f;* **~ door(s)** Terrassentür *f*

patriarchal *adj* patriarchalisch **patriarchy** *n* Patriarchat *nt*

patriot *n* Patriot(in) *m(f)* **patriotic** *adj,* **patriotically** *adv* patriotisch **patriotism** *n* Patriotismus *m*

patrol A *n (police)* Streife *f;* MIL Patrouille *f;* **the navy carry out** *or* **make weekly ~s of the area** die Marine patrouilliert das Gebiet wöchentlich; **on ~** MIL auf Patrouille; *(police)* auf Streife **B** *v/t* MIL patrouillieren; *(policeman, watchman)* seine Runden machen in (+*dat)* **C** *v/i* MIL patrouillieren; *(policeman)* seine Streife machen; *(watchman)* seine Runden machen **patrol car** *n* Streifenwagen *m* **patrolman** *n (US)* Polizist *m* **patrol wagon** *n (US)* Gefangenenwagen *m* **patrolwoman** *n (US)* Polizistin *f*

patron *n (of shop)* Kunde *m,* Kundin *f;* (*of restaurant, hotel)* Gast *m;* (*of society)* Schirmherr(in) *m(f);* (*of artist)* Förderer *m,* Förderin *f;* **~ of the arts** Kunstmäzen(in) *m(f)* **patronage** *n* Schirmherrschaft *f;* **his lifelong ~ of the arts** seine lebenslange Förderung der Künste **patronize** *v/t* **1** (≈ *treat condescendingly)* herablassend behandeln **2** (≈ *support)* fördern **patronizing** *adj* herablassend; **to be ~ toward(s) sb** jdn herablassend behandeln **patron saint** *n* Schutzpatron(in) *m(f)*

patter A *n* **1** *(of feet)* Getrippel *nt;* (*of rain)* Platschen *nt* **2** *(of salesman etc)* Sprüche *pl (infml)* **B** *v/i (feet)* trippeln; *(rain: a.* **patter down)** platschen

pattern A *n* **1** Muster *nt;* *(fig: set)* Schema *nt;* **to make a ~** ein Muster bilden; **there's a distinct ~/no ~ to these crimes** in diesen Verbrechen steckt ein bestimmtes Schema/kein Schema; **the ~ of events** der Ablauf der Ereignisse; **eating ~s** Essverhalten *nt;* **to follow the usual/same ~** nach dem üblichen/gleichen Schema verlaufen **2** SEWING Schnittmuster *nt;* KNITTING Strickanleitung *f* **3** *(fig* ≈ *model)* Vorbild *nt* **B** *v/t (esp US* ≈ *model)* machen *(on* nach*);* **to be ~ed on sth** einer Sache *(dat)* nachgebildet sein **patterned** *adj* gemustert

paunch *n* Bauch *m*

pauper *n* Arme(r) *m/f(m)*

pause A *n* Pause *f;* **a pregnant ~** ein vielsagendes Schweigen; **there was a ~ while …** es entstand eine Pause, während … **B** *v/i* stehen bleiben; *(speaker)* innehalten; **he ~d for breath** er machte eine Pause, um Luft zu holen); **to ~ for thought** (zum Nachdenken) innehalten; **he spoke for thirty minutes without once pausing** er sprach eine halbe Stunde ohne eine einzige Pause; **it made him**

~ das machte ihn nachdenklich **pave** v/t befestigen (in, with mit); road pflastern; **to ~ the way for sb/sth** (fig) jdm/einer Sache (dat) den Weg ebnen **pavement** n (Br) Gehsteig m; (US ≈ paved road) Straße f

pavilion n Pavillon m; (Br SPORTS) Klubhaus nt

paving stone n Platte f

paw ◱ n (of animal) Pfote f; (of lion, bear) Tatze f; (pej infml ≈ hand) Pfote f (infml) ◳ v/t (≈ touch) tätscheln ◲ v/i **to ~ at sb/sth** jdn/etw betätscheln

pawn¹ n CHESS Bauer m; (fig) Schachfigur f

pawn² v/t verpfänden **pawnbroker** n Pfandleiher(in) m(f) **pawnbroker's (shop), pawnshop** n Pfandhaus nt

pay vb: pret, past part paid ◱ n Lohn m; (≈ salary) Gehalt nt; MIL Sold m; **three months' ~** drei Monatslöhne; (of salaried employees) drei Monatsgehälter; **what's the ~ like?** wie ist die Bezahlung?; **it comes out of my ~** es wird mir vom Lohn/Gehalt abgezogen ◳ v/t ❶ zahlen; person, bill, debt bezahlen; **how much is there still to ~?** wie viel steht noch aus?; **to be** or **get paid** seinen Lohn/sein Gehalt bekommen; **to ~ the price for sth** den Preis für etw zahlen; ❷ **to ~ (sb/a place) a visit, to ~ a visit to sb/a place** jdn/einen Ort besuchen; **to ~ a visit to the doctor** den Arzt aufsuchen ◲ v/i ❶ zahlen; **they ~ well for this sort of work** diese Arbeit wird gut bezahlt; **to ~ for sth** etw bezahlen; **it's already paid for** es ist schon bezahlt; **to ~ for sb** für jdn zahlen; **I'll ~ for you this time** dieses Mal zahle ich; **they paid for her to go to America** sie zahlten ihr die Reise nach Amerika ❷ (≈ be profitable) sich lohnen; **crime doesn't ~** (prov) Verbrechen lohnt sich nicht ❸ (fig ≈ suffer) **to ~ for sth** für etw bezahlen; **you'll ~ for that!** dafür wirst du (mir) büßen; **to make sb ~ (for sth)** jdn (für etw) büßen lassen ◊**pay back** v/t sep ❶ money zurückzahlen ❷ **to pay sb back** (for insult) es jdm heimzahlen ◊**pay in** v/i, v/t sep einzahlen; **to pay money into an account** Geld auf ein Konto einzahlen ◊**pay off** ◱ v/t sep debt abbezahlen; mortgage abtragen ◳ v/i sich auszahlen ◊**pay out** ◱ v/t sep money ausgeben ◳ v/i bezahlen ◊**pay up** v/i

zahlen

payable adj zahlbar; (≈ due) fällig; **to make a cheque** (Br) or **check** (US) **~ to sb** einen Scheck auf jdn ausstellen **pay--and-display** adj (Br) **~ parking space** Parkplatz, auf dem der Parkschein sichtbar im Wagen ausgelegt werden muss **pay-as-you-earn** attr **~ tax system** Lohnsteuerabzugsverfahren nt **pay-as--you-go (mobile phone)** n Handy nt mit Guthabenkarte **payback** n (fig ≈ revenge) Rache f; **it's ~ time** die Zeit der Rache ist gekommen **pay cheque,** (US) **paycheck** n Lohn-/Gehaltsscheck m **pay claim** n Lohn-/Gehaltsforderung f **payday** n Zahltag m

PAYE (Br) abbr of pay-as-you-earn **payee** n Zahlungsempfänger(in) m(f) **payer** n Zahler(in) m(f) **pay increase** n Lohn-/Gehaltserhöhung f **paying** adj **~ guest** zahlender Gast **paying-in slip** n (Br) Einzahlungsschein m **payment** n (≈ paying) Bezahlung f; (of debt, mortgage) Rückzahlung f; (of interest etc ≈ sum paid) Zahlung f; **three monthly ~s** drei Monatsraten; **in ~ of** in Begleichung einer Schuld; **on ~ of** bei Begleichung/Bezahlung von; **to make a ~** eine Zahlung leisten; **to stop ~s** die Zahlungen pl einstellen **payoff** n ❶ (≈ final payment) Abschlusszahlung f ❷ (infml ≈ bribe) Bestechungsgeld nt **payout** n (from insurance) (Aus)zahlung f **pay packet** n Lohntüte f **pay-per-view** attr Pay-per-View- **payphone** n Münzfernsprecher m **pay rise** n Lohn-/Gehaltserhöhung f **payroll** n **they have 500 people on the ~** sie haben 500 Beschäftigte **payslip** n Lohn-/Gehaltsstreifen m **pay talks** pl Lohnverhandlungen pl; (for profession, area of industry) Tarifverhandlungen pl **pay television, pay TV** n Pay-TV nt

PC (Br) ❶ abbr of Police Constable ❷ abbr of personal computer PC m ❸ abbr of politically correct

pcm abbr of per calendar month monatl.

PDA n IT abbr of personal digital assistant PDA m

PDF n IT abbr of portable document format PDF nt

PDQ (infml) abbr of pretty damned quick verdammt schnell (infml)

PDSA (Br) abbr of People's Dispensary

for Sick Animals *kostenloses Behandlungszentrum für Haustiere*
PE *abbr of* physical education
pea *n* Erbse *f*
peace *n* **1** Frieden *m*; **to be at ~ with sb/sth** mit jdm/etw in Frieden leben; **the two countries are at ~** zwischen den beiden Ländern herrscht Frieden; **to make (one's) ~ (with sb)** sich (mit jdm) versöhnen; **to make ~ between ...** Frieden stiften zwischen (+dat) ...; **to keep the ~** (JUR, *citizen*) die öffentliche Ordnung wahren **2** (≈ *tranquillity*) Ruhe *f*; **~ of mind** innere Ruhe; **~ and quiet** Ruhe und Frieden; **to give sb some ~** jdn in Ruhe *or* Frieden lassen; **to give sb no ~** jdm keine Ruhe lassen; **to get some ~** zur Ruhe kommen **peace campaigner** *n* Friedenskämpfer(in) *m(f)* **peaceful** *adj* friedlich; (≈ *peaceable*) friedfertig; *sleep etc* ruhig **peacefully** *adv* friedlich; **to die ~** sanft sterben **peacefulness** *n* Friedlichkeit *f*; (*of place*) Ruhe *f*; **the ~ of the demonstration** der friedliche Charakter der Demonstration **peacekeeper** *n* Friedenswächter(in) *m(f)* **peacekeeping** **A** *n* Friedenssicherung **B** *adj* zur Friedenssicherung; **~ troops** Friedenstruppen *pl*; **UN troops have a purely ~ role** die UN-Truppen sind eine reine Friedenstruppe; **a ~ operation** Maßnahmen *pl* zur Sicherung des Friedens **peace-loving** *adj* friedliebend **peacemaker** *n* Friedensstifter(in) *m(f)* **peace process** *n* Friedensprozess *m* **peace talks** *pl* Friedensverhandlungen *pl* **peacetime** *n* Friedenszeiten *pl*
peach **A** *n* (≈ *fruit*) Pfirsich *m* **B** *adj* pfirsichfarben
peacock *n* Pfau *m* **pea-green** *adj* erbsengrün
peak **A** *n* **1** (*of mountain*) Gipfel *m*; (≈ *point*) Spitze *f* **2** (*of cap*) Schirm *m* **3** (≈ *maximum*) Höhepunkt *m*; **when his career was at its ~** als er auf dem Höhepunkt seiner Karriere war **B** *adj attr* höchste(r, s); **in ~ condition** in Höchstform; **at ~ time** TV, RADIO zur Hauptsendezeit **C** *v/i* den Höchststand erreichen; (*athlete*) seine Spitzenform erreichen; **inflation ~ed at 9%** die Inflationsrate erreichte ihren Höchstwert bei 9% **peaked** *adj cap etc* spitz **peak hours** *pl* (*of traffic*) Hauptverkehrszeit *f*; TEL, ELEC Hauptbelastungszeit *f* **peak rate** *n* TEL Höchsttarif *m* **peak**

season *n* Hochsaison *f* **peak-time** *adj* (*Br*) zu Spitzenzeiten; **~ traffic** Stoßverkehr *m*; **~ train services** Zugverbindungen *pl* während der Hauptbelastungszeit **peak times** *pl* Hauptbelastungszeit *f*
peaky *adj* (+*er*) (*Br infml*) *complexion* blass; *face* abgehärmt; *look, child* kränklich
peal **A** *n* **~ of bells** Glockenläuten *nt*; **~s of laughter** schallendes Gelächter; **~ of thunder** Donnerrollen *nt* **B** *v/i* (*bell*) läuten
peanut *n* Erdnuss *f*; **the pay is ~s** die Bezahlung ist lächerlich (*infml*) **peanut butter** *n* Erdnussbutter *f*
peapod *n* Erbsenschote *f*
pear *n* **1** Birne *f* **2** (≈ *tree*) Birnbaum *m*
pearl **A** *n* Perle *f*; **~ of wisdom** weiser Spruch **B** *adj* **~ necklace** Perlenkette *f* **pearly-white** *adj* strahlend weiß; *teeth* perlweiß
pear-shaped *adj* birnenförmig; **to go ~** (*Br fig infml*) völlig danebengehen (*infml*)
peasant **A** *n* (*lit*) (armer) Bauer, (arme) Bäuerin **B** *adj attr* bäuerlich; **~ boy** Bauernjunge *m*; **~ farmer** (armer) Bauer **peasantry** *n* Bauernschaft *f*
peat *n* Torf *m*
pebble *n* Kieselstein *m* **pebbly** *adj* steinig
pecan *n* Pecannuss *f*
peck **A** *n* (*infml* ≈ *kiss*) Küsschen *nt* **B** *v/t* (*bird*) picken **C** *v/i* picken (*at* nach) **pecking order** *n* Hackordnung *f* **peckish** *adj* (*Br infml*) **I'm (feeling) a bit ~** ich könnte was zwischen die Zähne gebrauchen (*infml*)
pecs *pl* (*infml*) *abbr of* pectorals (Brust)muskeln *pl*; **big ~** Muckis *pl* (*infml*)
peculiar *adj* **1** (≈ *strange*) seltsam **2** (≈ *exclusive*) eigentümlich; **to be ~ to sth** für etw eigentümlich sein; **his own ~ style** der ihm eigene Stil **peculiarity** *n* **1** (≈ *strangeness*) Seltsamkeit *f* **2** (≈ *unusual feature*) Eigentümlichkeit *f* **peculiarly** *adv* seltsam
pedagogical *adj* (*form*) pädagogisch
pedal **A** *n* Pedal *nt*; (*on bin etc*) Trethebel *m* **B** *v/i* treten; **he ~led for all he was worth** er trat in die Pedale, er strampelte (*infml*) so sehr er konnte **pedal bin** *n* (*Br*) Treteimer *m* **pedal boat** *n* Tretboot *nt* **pedal car** *n* Tretauto *nt*
pedantic *adj* pedantisch; **to be ~ about sth** in Bezug auf etw (acc) pedantisch sein

peddle v/t verkaufen; **to ~ drugs** mit Drogen handeln

pedestal n Sockel m; **to put** or **set sb (up) on a ~** (fig) jdn in den Himmel heben

pedestrian 🅰 n Fußgänger(in) m(f) 🅱 adj attr **~ lights** Fußgängerampel f; **~ precinct** or (US) **zone** Fußgängerzone f **pedestrian airbag** n AUTO Fußgängerairbag m **pedestrian crossing** n Fußgängerüberweg m **pedestrianize** v/t in eine Fußgängerzone umwandeln

pediatric etc (US) = paediatric etc

pedicure n Pediküre f

pedigree 🅰 n Stammbaum m 🅱 attr reinrassig

pedophile etc (US) = paedophile etc

pee (infml) 🅰 n Urin m, Pipi nt (baby talk); **to need a ~** pinkeln müssen (infml) 🅱 v/i pinkeln (infml)

peek 🅰 n kurzer Blick; (furtive) verstohlener Blick; **to take** or **have a ~** kurz/verstohlen gucken (at nach); **to get a ~ at sb/sth** jdn/etw kurz zu sehen bekommen 🅱 v/i gucken (at nach)

peel 🅰 n Schale f 🅱 v/t schälen 🅲 v/i (wallpaper) sich lösen; (paint) abblättern; (skin) sich schälen ◊**peel away** v/i sich lösen (from von) ◊**peel off** 🅰 v/t sep (+prep obj von) tape, wallpaper abziehen; wrapper, glove abstreifen 🅱 v/i = peel away

peep¹ 🅰 n (of bird etc) Piep m; (of horn, infml: of person) Ton m; **~! ~!** (of horn) tut! tut! 🅱 v/i (bird etc) piepen; (horn) tuten 🅲 v/t I **~ed my horn at him** ich habe ihn angehupt (infml)

peep² 🅰 n (≈ look) kurzer Blick; (furtive) verstohlener Blick; **to get a ~ at sth** etw kurz zu sehen bekommen; **to take a ~ (at sth)** kurz/verstohlen (nach etw) gucken 🅱 v/i gucken (at nach); **to ~ from behind sth** hinter etw (dat) hervorschauen; **no ~ing!**, **don't ~!** (aber) nicht gucken! ◊**peep out** v/i herausgucken; **the sun peeped out from behind the clouds** die Sonne kam hinter den Wolken hervor **peephole** n Guckloch nt; (in door) Spion m **Peeping Tom** n Spanner m (infml), Voyeur m **peepshow** n Peepshow f

peer¹ n 🏹 (≈ noble) Peer m 🏹 (≈ equal) Gleichrangige(r) m/f(m); **he was well-liked by his ~s** er war bei seinesgleichen beliebt

peer² v/i **to ~ at sb/sth** jdn/etw anstarren; (short-sightedly) jdn/etw anschielen; **to ~ through the fog** angestrengt versuchen, im Nebel etwas zu erkennen

peerage n 🏹 (≈ peers) Adelsstand m; (in GB) Peers pl 🏹 (≈ rank) Adelswürde f; (in GB) Peerswürde f; **to get a ~** geadelt werden **peer group** n Peergroup f **peer pressure** n Gruppendruck m (vonseiten Gleichaltriger)

peeved adj (infml) eingeschnappt **peevish** adj gereizt

peg 🅰 n (≈ stake) Pflock m; (≈ tent peg) Hering m; (Br ≈ clothes peg) (Wäsche)klammer f; **off the ~** von der Stange; **to take** or **bring sb down a ~ or two** (infml) jdm einen Dämpfer geben 🅱 v/t (with stake) anpflocken; (with clothes peg) anklammern; (with tent peg) festpflocken

pejorative adj, **pejoratively** adv abwertend

pekin(g)ese n, pl - (≈ dog) Pekinese m

pelican crossing n (Br) Fußgängerüberweg m (mit Ampel)

pellet n Kügelchen nt; (for gun) Schrotkugel m

pelt 🅰 v/t schleudern (at nach); **to ~ sb/sth (with sth)** jdn/etw (mit etw) bewerfen 🅱 v/i (infml ≈ go fast) pesen (infml) 🅲 (infml) **at full ~** volle Pulle (infml) ◊**pelt down** v/i **it's pelting down** es regnet in Strömen

pelvis n Becken nt

pen¹ n (≈ fountain pen) Füller m; (≈ ball-point pen) Kugelschreiber m; **to put ~ to paper** zur Feder greifen

pen² n (for cattle etc) Pferch m; (for sheep) Hürde f; (for pigs) Koben m

penal adj **~ reform** Strafrechtsreform f **penal code** n Strafgesetzbuch nt **penal colony** n Strafkolonie f **penalize** v/t 🏹 bestrafen 🏹 (fig) benachteiligen **penal system** n Strafrecht nt **penalty** n 🏹 (≈ punishment) Strafe f; (for late payment) Säumniszuschlag m; **the ~ (for this) is death** darauf steht die Todesstrafe; **"penalty £50"** „bei Zuwiderhandlung wird eine Geldstrafe von £ 50 erhoben"; **to carry the death ~** mit dem Tod bestraft werden; **to pay the ~** dafür büßen 🏹 SPORTS Strafstoß m; FTBL Elfmeter m, Penalty m (Swiss) **penalty area** n Strafraum m **penalty kick** n Strafstoß m, Penalty m (Swiss) **penalty point** n AUTO, JUR, SPORTS Strafpunkt m **penalty shoot-**

out n FTBL Elfmeterschießen nt, Penalty-schiessen nt (Swiss) **penalty spot** n FTBL Elfmeterpunkt m, Penaltypunkt m (Swiss)

penance n REL Buße f; (fig) Strafe f; **to do ~** Buße tun; (fig) büßen

pence n pl of penny Pence pl

pencil **A** n Bleistift m **B** attr Bleistift- ◊**pencil in** v/t sep (provisionally) vorläufig vormerken; **can I pencil you in for Tuesday?** kann ich Sie erst mal für Dienstag vormerken?

pencil case n Federmäppchen nt **pencil sharpener** n (Bleistift)spitzer m

pendant n Anhänger m

pending **A** adj anstehend; **to be ~** (decision etc) noch anstehen **B** prep **a decision** bis eine Entscheidung getroffen worden ist

pendulum n Pendel nt

penetrate **A** v/t eindringen in (+acc); walls etc durchdringen **B** v/i eindringen; (≈ go right through) durchdringen **penetrating** adj gaze durchdringend; analysis treffend **penetration** n Eindringen nt (into in +acc); (≈ going right through) Durchdringen nt (of +gen); (during sex) Penetration f **penetrative** adj **~ sex** penetrativer Sex

pen friend n Brieffreund(in) m(f)

penguin n Pinguin m

penicillin n Penizillin nt

peninsula n Halbinsel f

penis n Penis m

penitence n Reue f **penitent** adj reuig **penitentiary** n (esp US) Strafanstalt f

penknife n Taschenmesser nt

penniless adj mittellos; **to be ~** kein Geld haben

penny n, pl **pennies** or (sum) **pence** Penny m; (US) Centstück nt; **to spend a ~** (Br infml) mal eben verschwinden (infml); **the ~ dropped** (infml) der Groschen ist gefallen (infml)

pen pal n (infml) Brieffreund(in) m(f)

pension n Rente f; company ~ betriebliche Altersversorgung; **to get a ~** eine Rente etc beziehen **pensioner** n Rentner(in) m(f) **pension fund** n Rentenfonds m **pension scheme** n Rentenversicherung f

pensive adj, **pensively** adv nachdenklich

pentagon n the Pentagon das Pentagon **pentathlon** n Fünfkampf m

Pentecost n (Jewish) Erntefest nt; (Christian) Pfingsten nt

penthouse n Penthouse nt

pent up adj pred, **pent-up** adj attr emotions etc aufgestaut

penultimate adj vorletzte(r, s)

people pl **1** Menschen pl, Leute pl; **French ~** die Franzosen pl; **all ~ with red hair** alle Rothaarigen; **some ~ don't like it** manche Leute mögen es nicht; **why me of all ~?** warum ausgerechnet ich/mich?; **of all ~ who do you think I should meet?** stell dir mal vor, wen ich getroffen habe?; **what do you ~ think?** was haltet ihr denn davon?; **poor ~** arme Leute pl; **disabled ~** Behinderte pl; **middle-aged ~** Menschen pl mittleren Alters; **old ~** Senioren pl; **city ~** Stadtmenschen pl; **country ~** Menschen pl vom Land; **some ~!** Leute gibts!; **some ~ have all the luck** manche Leute haben einfach Glück **2** (≈ inhabitants) Bevölkerung f; **Madrid has over 5 million ~** Madrid hat über 5 Millionen Einwohner **3** (≈ one, they) man; (≈ people in general) die Leute; **~ say that …** man sagt, dass …; **what will ~ think!** was sollen die Leute denken! **4** (≈ nation, masses) Volk nt; **People's Republic** etc Volksrepublik f etc **people carrier** n AUTO Großraumlimousine f, Van m **people smuggler** n Schleuser(in) m(f) **people smuggling** n Schleusen nt **people trafficker** n Menschenhändler(in) m(f) **people trafficking** n Menschenhandel m

pep n (infml) Pep m (infml) ◊**pep up** v/t sep (infml) Schwung bringen in (+acc); food pikanter machen; person munter machen

pepper n Pfeffer m; (≈ green, red pepper) Paprika m; **two ~s** zwei Paprikaschoten **peppercorn** n Pfefferkorn n **pepper mill** n Pfeffermühle f **peppermint** n Pfefferminz nt **pepper pot** n Pfefferstreuer m **peppery** adj gepfeffert

pep talk n (infml) **to give sb a ~** jdm ein paar aufmunternde Worte sagen

per prep pro; **£500 ~ annum** £ 500 im Jahr; **60 km ~ hour** 60 km pro Stunde; **£2 ~ dozen** das Dutzend für £ 2 **per capita** adj Pro-Kopf-

perceive v/t wahrnehmen; (≈ realize) erkennen; **to ~ oneself as …** sich als … empfinden

per cent, (US) **percent** n Prozent nt; **a**

P

10 ~ discount 10 Prozent Rabatt; **a ten ~ increase** eine zehnprozentige Steigerung; **I'm 99 ~ certain that …** ich bin (zu) 99 Prozent sicher, dass … **percentage** ◼A *n* Prozentsatz *m*; (≈ *proportion*) Teil *m*; **what ~?** wie viel Prozent? ◼B *attr* **on a ~ basis** auf Prozentbasis

perceptible *adj* wahrnehmbar; *improvement* spürbar **perceptibly** *adv* merklich **perception** *n* ◼1 *no pl* Wahrnehmung *f*; **his powers of ~** sein Wahrnehmungsvermögen *nt* ◼2 (≈ *conception*) Auffassung *f* (of von) ◼3 *no pl* (≈ *perceptiveness*) Einsicht *f* **perceptive** *adj* scharfsinnig **perceptiveness** *n* Scharfsinnigkeit *f*

perch ◼A *n* (of bird) Stange *f*; (in tree) Ast *m* ◼B *v/i* hocken; (≈ *alight*) sich niederlassen **perched** *adj* ◼1 (≈ *situated*) **~ on** thronend auf +*dat*; **a village ~ on a hillside** ein Dorf, das auf dem Hang thront ◼2 (≈ *seated*) **to be ~ on sth** auf etw (*dat*) hocken ◼3 **with his glasses ~ on the end of his nose** mit der Brille auf der Nasenspitze

percolator *n* Kaffeemaschine *f*

percussion *n* MUS Schlagzeug *nt* **percussion instrument** *n* MUS Schlaginstrument *nt* **percussionist** *n* Schlagzeuger(in) *m(f)*

perennial *adj plant* mehrjährig; (≈ *perpetual*) immerwährend

perfect ◼A *adj* ◼1 perfekt; **to be ~ for doing sth** bestens geeignet sein, um etw zu tun; **the ~ moment** genau der richtige Augenblick; **in a ~ world** in einer idealen Welt ◼2 (≈ *absolute*) völlig; **a ~ stranger** ein wildfremder Mensch ◼3 GRAM **~ tense** Perfekt *nt* ◼B *n* GRAM Perfekt *nt*; **in the ~** im Perfekt ◼C *v/t* vervollkommnen; *technique* perfektionieren **perfection** *n* ◼1 Perfektion *f* ◼2 (≈ *perfecting*) Perfektionierung *f* **perfectionist** *n* Perfektionist(in) *m(f)* **perfectly** *adv* ◼1 (≈ *completely*) perfekt; **the climate suited us ~** das Klima war ideal für uns; **I understand you ~** ich weiß genau, was Sie meinen ◼2 (≈ *absolutely*) vollkommen; **we're ~ happy about it** wir sind damit völlig zufrieden; **you know ~ well that …** du weißt ganz genau, dass …; **to be ~ honest, … um** ganz ehrlich zu sein, …; **a Lada is a ~ good car** ein Lada ist durchaus ein gutes Auto

perform ◼A *v/t play* aufführen; *part* spielen; *miracle* vollbringen; *task* erfüllen; *operation* durchführen ◼B *v/i* ◼1 (≈ *appear*) auftreten ◼2 (*car, football team etc*) leisten; (*candidate*) abschneiden; **to ~ well** (*company etc*) gute Leistungen erbringen; **the choir ~ed very well** der Chor hat sehr gut gesungen

performance *n* ◼1 (of play etc) Aufführung *f*; (*cinema*) Vorstellung *f*; (*by actor*) Leistung *f*; (of a part) Darstellung *f*; **he gave a splendid ~** er hat eine ausgezeichnete Leistung geboten; **we are going to hear a ~ of Beethoven's 5th** wir werden Beethovens 5. Sinfonie hören ◼2 (of task) Erfüllung *f*; (of operation) Durchführung *f* ◼3 (of vehicle, sportsman) Leistung *f*; (of candidate) Abschneiden *nt*; **he put up a good ~** er hat sich gut geschlagen (*infml*) ◼4 (*infml* ≈ *palaver*) Umstand *m* **performer** *n* Künstler(in) *m(f)* **performing** *adj animal* dressiert; **the ~ arts** die darstellenden Künste

perfume *n* ◼1 (≈ *substance*) Parfüm *nt* ◼2 (≈ *smell*) Duft *m* **perfumed** *adj* ◼1 parfümiert ◼2 *flowers, air* duftend

perhaps *adv* vielleicht; **~ the greatest exponent of the art** der möglicherweise bedeutendste Vertreter dieser Kunst; **~ so** das mag sein; **~ not** vielleicht (auch) nicht; **~ I might keep it for a day or two?** könnte ich es vielleicht für ein oder zwei Tage behalten?

peril *n* Gefahr *f*; **he is in great ~** er schwebt in großer Gefahr **perilous** *adj* gefährlich **perilously** *adv* gefährlich; **we came ~ close to bankruptcy** wir waren dem Bankrott gefährlich nahe; **she came ~ close to falling** sie wäre um ein Haar heruntergefallen

perimeter *n* MAT Umfang *m*

period *n* ◼1 (≈ *length of time*) Zeit *f*; (≈ *age*) Zeitalter *nt*; (≈ *menstruation*) Periode *f*; **for a ~ of eight weeks** für einen Zeitraum von acht Wochen; **for a three-month ~** drei Monate lang; **at that ~** zu diesem Zeitpunkt; **a ~ of cold weather** eine Kaltwetterperiode; **she missed a ~** sie bekam ihre Periode nicht ◼2 SCHOOL (Schul)stunde *f*; **double ~** Doppelstunde *f* ◼3 (*US ≈ full stop*) Punkt *m*; **I'm not going ~!** (*US*) ich gehe nicht, und damit basta (*infml*)! **periodic** *adj* periodisch **periodical** ◼A *adj* = periodic ◼B *n* Zeitschrift *f* **periodically** *adv* periodisch; (≈ *regularly also*) regelmä-

ßig **period pains** *pl* Menstruationsbeschwerden *pl*
peripheral Ⓐ *adj* Rand-; *(fig)* peripher; **~ role** Nebenrolle *f* Ⓑ *n* IT Peripheriegerät *nt* **periphery** *n* Peripherie *f*
periscope *n* Periskop *nt*
perish *v/i (liter)* (≈ *die)* umkommen **perishable** Ⓐ *adj food* verderblich Ⓑ *pl* **~s** leicht verderbliche Ware(n) **perished** *adj (infml: with cold)* durchgefroren **perishing** *adj (Br infml)* eisig kalt; **I'm ~** ich geh fast ein vor Kälte *(infml)*
perjury *n* Meineid *m*; **to commit ~** einen Meineid leisten
perk *n* Vergünstigung *f* ◊**perk up** Ⓐ *v/t sep* **to perk sb up** (≈ *make lively)* jdn muntermachen; (≈ *make cheerful)* jdn aufheitern Ⓑ *v/i* (≈ *liven up)* munter werden; (≈ *cheer up)* aufleben
perky *adj (+er)* munter
perm *abbr of* permanent wave Ⓐ *n* Dauerwelle *f* Ⓑ *v/t* **to ~ sb's hair** jdm eine Dauerwelle machen **permalink** *n* IT Permalink *m or nt, dauerhafter Indikator* **permanence, permanency** *n* Dauerhaftigkeit *f* **permanent** Ⓐ *adj* permanent; *arrangement, position* fest; *job, relationship, effect* dauerhaft; *damage* bleibend; *staff* fest angestellt; **~ employees** Festangestellte *pl*; **on a ~ basis** dauerhaft; **~ memory** IT Festspeicher *m*; **~ address** fester Wohnsitz Ⓑ *n* (*US*) = perm I **permanently** *adv* permanent; *fixed* fest; *damage* bleibend; *change, tired* ständig; *closed* dauernd; **~ employed** fest angestellt; **are you living ~ in Frankfurt?** ist Frankfurt Ihr fester Wohnsitz? **permanent wave** *n* → perm I
permeate Ⓐ *v/t* durchdringen Ⓑ *v/i* dringen (*into* in +*acc, through* durch) **permeable** *adj* durchlässig
permissible *adj* erlaubt *(for sb* jdm)
permission *n* Erlaubnis *f*; **to get ~** eine Erlaubnis erhalten; **to get sb's ~** jds Erlaubnis erhalten; **to give ~** die Erlaubnis erteilen; **to give sb ~ (to do sth)** jdm erlauben(, etw zu tun); **to ask sb's ~** jdn um Erlaubnis bitten **permissive** *adj* nachgiebig; **the ~ society** die permissive Gesellschaft
permit Ⓐ *v/t sth* erlauben; **to ~ sb/oneself to do sth** jdm/sich *(dat)* erlauben, etw zu tun Ⓑ *v/i* **weather ~ting** wenn es das Wetter erlaubt Ⓒ *n* Genehmigung

f; **~ holder** Inhaber(in) *m(f)* eines Berechtigungsscheins; **"permit holders only"** *(for parking)* „Parken nur mit Parkausweis"
pernickety *adj (infml)* pingelig *(infml)*
perpendicular Ⓐ *adj* senkrecht *(to* zu) Ⓑ *n* Senkrechte *f*
perpetrate *v/t* begehen **perpetration** *n* Begehen *nt* **perpetrator** *n* Täter(in) *m(f)*; **the ~ of this crime** derjenige, der dieses Verbrechen begangen hat
perpetual *adj* ständig **perpetuate** *v/t* aufrechterhalten
perplex *v/t* verblüffen **perplexed** *adj,* **perplexedly** *adv* verblüfft **perplexing** *adj* verblüffend
persecute *v/t* verfolgen **persecution** *n* Verfolgung *f (of* von) **persecutor** *n* Verfolger(in) *m(f)*
perseverance *n* Ausdauer *f (with* mit) **persevere** *v/i* durchhalten; **to ~ in one's attempts to do sth** unermüdlich weiter versuchen, etw zu tun **persevering** *adj,* **perseveringly** *adv* beharrlich
Persia *n* Persien *nt* **Persian** *adj* persisch; **the ~ Gulf** der Persische Golf **Persian carpet** *n* Perser(teppich) *m*
persist *v/i* (≈ *persevere)* nicht lockerlassen; (≈ *be tenacious)* beharren (*in* auf +*dat*); (≈ *continue)* anhalten; **we shall ~ in or with our efforts** wir werden in unseren Bemühungen nicht nachlassen **persistence, persistency** *n* (≈ *tenacity)* Beharrlichkeit *f*; (≈ *perseverance)* Ausdauer *f* **persistent** *adj demands* beharrlich; *person* hartnäckig; *attempts* ausdauernd; *threats* ständig; *pain, noise* anhaltend; **~ offender** Wiederholungstäter(in) *m(f)* **persistently** *adv deny, ask* beharrlich; *claim* hartnäckig; *criticize* ständig
person *n* ① *pl* people *or (form)* -s Mensch *m,* Person *f*; **I like him as a ~** ich mag ihn als Mensch; **I know no such ~** so jemanden kenne ich nicht; **any ~** jeder; **per ~** pro Person; **I'm more of a cat ~** ich bin mehr ein Katzentyp *m* ② *pl* -s GRAM Person *f*; **first ~ singular** erste Person Singular ③ *pl* -s (≈ *body)* Körper *m*; **in ~** persönlich **personable** *adj* von angenehmer Erscheinung
personal *adj* persönlich; **~ hygiene** Körperpflege *f*; **it's nothing ~ but ...** ich habe nichts gegen Sie *etc* persönlich, aber ...; **~ call** Privatgespräch *nt*; **~ friend** persönlicher Freund, persönliche Freundin;

P

her ~ **life** ihr Privatleben *nt* **personal ad** *n* (*infml*) private Kleinanzeige **personal allowance** *n* (*for tax purposes*) persönlicher Freibetrag **personal assistant** *n* persönlicher Assistent, persönliche Assistentin **personal column** *n* Familienanzeigen *pl*

personal computer *n* Personal Computer *m*, PC *m* **personal hygiene** *n* Körperpflege *f* **personality** *n* Persönlichkeit *f* **personalize** *v/t* personalisieren **personal loan** *n* Privatdarlehen *nt* **personally** *adv* persönlich; **~, I think that …** ich persönlich bin der Meinung, dass …; **to hold sb ~ responsible** jdn persönlich verantwortlich machen; **to be ~ involved** persönlich beteiligt sein **personal organizer** *n* Terminplaner *m*; (*electronic*) elektronisches Notizbuch **personal stereo** *n* Walkman® *m* **personal trainer** *n* persönlicher Fitnesstrainer, persönliche Fitnesstrainerin

personification *n* Personifizierung *f*; **he is the ~ of good taste** er ist der personifizierte gute Geschmack **personify** *v/t* personifizieren; **evil personified** das personifizierte Böse

personnel **A** *n sg or pl* **1** Personal *nt*; (*on plane, ship*) Besatzung *f*; MIL Leute *pl* **2** (≈ *personnel department*) die Personalabteilung **B** *attr* Personal- **personnel department** *n* Personalabteilung *f* **personnel manager** *n* Personalchef(in) *m(f)*

perspective *n* Perspektive *f*; **try to get things in ~** versuchen Sie, das nüchtern und sachlich zu sehen; **to get sth out of ~** (*fig*) etw verzerrt sehen; **to see things from a different ~** die Dinge aus einem anderen Blickwinkel betrachten **Perspex®** *n* Acrylglas *nt*

perspiration *n* (≈ *perspiring*) Schwitzen *nt*; (≈ *sweat*) Schweiß *m* **perspire** *v/i* schwitzen

persuade *v/t* überreden; (≈ *convince*) überzeugen; **to ~ sb to do sth** jdn überreden, etw zu tun; **to ~ sb out of doing sth** jdn dazu überreden, etw nicht zu tun; **to ~ sb that …** jdn davon überzeugen, dass …; **she is easily ~d** sie ist leicht zu überreden/überzeugen **persuasion** *n* **1** (≈ *persuading*) Überredung *f*; **her powers of ~** ihre Überredungskünste **2** (≈ *belief*) Überzeugung *f* **persuasive** *adj* sales-

man beredsam; *arguments etc* überzeugend; **he can be very ~** er kann einen gut überreden; (≈ *convincing*) er kann einen leicht überzeugen **persuasively** *adv* überzeugend **persuasiveness** *n* (*of person*) Überredungskunst *f*; (*of argument etc*) Überzeugungskraft *f*

pert *adj* (+*er*) keck

perturbed *adj* beunruhigt

perverse *adj* (≈ *contrary*) abwegig; (≈ *perverted*) pervers **perversely** *adv* (≈ *paradoxically*) paradoxerweise; *decide* abwegigerweise **perversion** *n* **1** (*esp sexual,* PSYCH) Perversion *f* **2** (*of truth etc*) Verzerrung *f* **perversity** *n* Perversität *f* **pervert** **A** *v/t truth* verzerren; **to ~ the course of justice** JUR die Rechtsfindung behindern **B** *n* Perverse(r) *m/f(m)* **perverted** *adj* pervertiert

pesky *adj* (+*er*) (*esp US infml*) nervtötend (*infml*)

pessary *n* (≈ *contraceptive*) Pessar *nt*

pessimism *n* Pessimismus *m* **pessimist** *n* Pessimist(in) *m(f)* **pessimistic** *adj* pessimistisch; **I'm rather ~ about it** da bin ich ziemlich pessimistisch; **I'm ~ about our chances of success** ich bin pessimistisch, was unsere Erfolgschancen angeht **pessimistically** *adv* pessimistisch

pest *n* **1** ZOOL Schädling *m*; **~ control** Schädlingsbekämpfung *f* **2** (*fig*) (≈ *person*) Nervensäge *f*; (≈ *thing*) Plage *f* **pester** *v/t* belästigen; **she ~ed me for the book** sie ließ mir keine Ruhe wegen des Buches; **to ~ sb to do sth** jdn bedrängen, etw zu tun **pesticide** *n* Pestizid *nt*

pet **A** *adj attr* **1** **her ~ dogs** ihre Hunde **2** (≈ *favourite*) Lieblings-; **~ theory** Lieblingstheorie *f*; **a ~ name** ein Kosename *m* **B** *n* **1** (≈ *animal*) Haustier *nt* **2** (≈ *favourite*) Liebling *m*; **teacher's ~** Streber(in) *m(f)* **C** *v/t* streicheln

petal *n* Blütenblatt *nt*

Pete *n* **for ~'s sake** (*infml*) um Himmels willen

peter out *v/i* langsam zu Ende gehen; (*noise*) verhallen; (*interest*) sich verlieren

petit bourgeois *adj* kleinbürgerlich **petite** *adj* zierlich **petite bourgeoisie** *n* Kleinbürgertum *nt*

petition **A** *n* Unterschriftenliste *f*; **to get up a ~** Unterschriften sammeln **B** *v/t* (*hand petition to*) eine Unterschriftenliste vorlegen (+dat) **C** v/i eine Unterschriftenliste einreichen

pet passport n (Br) Tierpass m

petrified adj (fig) **I was ~ (with fear)** ich war starr vor Schrecken; **she is ~ of spiders** sie hat panische Angst vor Spinnen; **to be ~ of doing sth** panische Angst davor haben, etw zu tun **petrify** v/t (≈ frighten) **he really petrifies me** er jagt mir schreckliche Angst ein; **a ~ing experience** ein schreckliches Erlebnis; **to be petrified by sth** sich panisch vor etw fürchten

petrochemical n petrochemisches Erzeugnis

petrol n (Br) Benzin nt **petrol bomb** n Benzinbombe f **petrol can** n Reservekanister m **petrol cap** n Tankdeckel m **petroleum** n Petroleum nt **petrol gauge** n Benzinuhr f **petrol pump** n Zapfsäule f **petrol station** n Tankstelle f **petrol tank** n Benzintank m **petrol tanker** n (Benzin)Tankwagen m

petticoat n Unterrock m

pettiness n (≈ small-mindedness) Kleinlichkeit f

petting n Petting nt; **heavy ~** Heavy Petting nt

petty adj (+er) **1** (≈ trivial) belanglos **2** (≈ small-minded) kleinlich **petty bourgeois** adj = petit bourgeois **petty bourgeoisie** n = petite bourgeoisie **petty cash** n Portokasse f **petty crime** n no pl (≈ illegal activities) Kleinkriminalität f **petty theft** n einfacher Diebstahl

petulant adj verdrießlich; child bockig (infml)

pew n ECCL (Kirchen)bank f; (hum ≈ chair) Platz m

phallic adj phallisch; **~ symbol** Phallussymbol nt **phallus** n, pl -es or phalli Phallus m

phantasy n = fantasy

phantom **A** n Phantom nt; (≈ ghost) Geist m **B** adj attr (≈ imagined) eingebildet; (≈ mysterious) Phantom-

Pharaoh n Pharao m

pharmaceutical **A** adj pharmazeutisch **B** n usu pl Arzneimittel nt; **~(s) company** Pharmaunternehmen nt

pharmacist n Apotheker(in) m(f) **pharmacology** n Pharmakologie f **pharmacy** n Apotheke f

phase **A** n Phase f; **a passing ~** ein vorübergehender Zustand; **he's just going through a ~** das ist nur so eine Phase bei ihm **B** v/t **a ~d withdrawal** ein schrittweiser Rückzug ◊**phase in** v/t sep allmählich einführen ◊**phase out** v/t sep auslaufen lassen

phat adj (sl) abgefahren (sl), geil (sl), fett (sl)

PhD n Doktor m, Dr.; **~ thesis** Doktorarbeit f; **to do one's ~** promovieren; **to get one's ~** den Doktor bekommen; **he has a ~ in English** er hat in Anglistik promoviert

pheasant n Fasan m

phenix n (US) = phoenix

phenomena pl of phenomenon **phenomenal** adj phänomenal; person, figure fabelhaft; **at a ~ rate** in phänomenalem Tempo **phenomenally** adv außerordentlich; bad etc unglaublich **phenomenon**, pl phenomena Phänomen nt

phew int puh

phial n Fläschchen nt; (for serum) Ampulle f

philanderer n Schwerenöter m

philanthropist n Philanthrop(in) m(f) **philanthropy** n Philanthropie f

-phile n suf -phile(r) m/f(m), -freund(in) m(f)

philharmonic **A** adj philharmonisch **B** n **Philharmonic** Philharmonie f

Philippines pl Philippinen pl

philistine n (fig) Banause m, Banausin f

philology n Philologie f

philosopher n Philosoph(in) m(f) **philosophic(al)** adj philosophisch; (fig) gelassen; **to be philosophical about sth** etw philosophisch betrachten **philosophically** adv philosophisch; (fig) gelassen **philosophize** v/i philosophieren (about, on über +acc) **philosophy** n Philosophie f

phlegm n Schleim m **phlegmatic** adj phlegmatisch

-phobe n suf -phobe(r) m/f(m), -feind(in) m(f) **phobia** n Phobie f; **she has a ~ about it** sie hat krankhafte Angst davor **-phobic** adj suf -phob, -feindlich

phoenix, (US) **phenix** n Phönix m; **like a ~ from the ashes** wie ein Phönix aus der Asche

phone **A** n Telefon nt; **to be on the ~** (≈ be a subscriber) Telefon haben; (≈ be speak-

ing) am Telefon sein; **I'll give you a ~** (_infml_) ich ruf dich an **B** _v/t person_ anrufen **C** _v/i_ telefonieren ◊**phone back** _v/t_ & _v/i sep_ zurückrufen ◊**phone in A** _v/i_ anrufen; **to ~ sick** sich telefonisch krankmelden **B** _v/t sep order_ telefonisch aufgeben ◊**phone up A** _v/i_ telefonieren **B** _v/t sep_ anrufen

phone bill _n_ Telefonrechnung _f_
phone booth _n_ **1** Fernsprechhaube _f_ **2** (_US_ ≈ _call box_) Telefonzelle _f_
phonecard _n_ Telefonkarte _f_ **phone-in** _n_ Phone-in _nt_
phonetic _adj_, **phonetically** _adv_ phonetisch **phonetics** _n sg_ Phonetik _f_
phoney (_infml_) **A** _adj_ **1** (≈ _fake_) unecht; _name, accent_ falsch; _passport_ gefälscht; **a ~ company** eine Schwindelfirma; **a ~ war** kein echter Krieg **2** (≈ _insincere_) _person_ falsch **B** _n_ (≈ _thing_) Fälschung _f_; (≈ _bogus person_) Schwindler(in) _m(f)_; (≈ _show-off_) Angeber(in) _m(f)_ **phony** _adj, n_ (_US infml_) = phoney
phosphate _n_ CHEM Phosphat _nt_ **phosphorescent** _adj_ phosphoreszierend **phosphorus** _n_ Phosphor _m_
photo _n_ Foto _nt_ **photobomb A** _v/t_ & _v/i_ fotobomben **B** _n_ Fotobombe _f_ **photobook** _n_ Fotobuch _nt_ **photo booth** _n_ Passbildautomat _m_ **photocopier** _n_ (Foto)kopierer _m_ **photocopy A** _n_ Fotokopie _f_ **B** _v/t_ fotokopieren **C** _v/i_ **this won't ~** das lässt sich nicht fotokopieren **photo finish** _n_ Fotofinish _nt_ **Photofit®** _n_ (_a._ **Photofit picture**) Phantombild _nt_
photogenic _adj_ fotogen
photograph A _n_ Fotografie _f_; **to take a ~ (of sb/sth)** (jdn/etw) fotografieren; **~ album** Fotoalbum _nt_ **B** _v/t_ fotografieren **photographer** _n_ Fotograf(in) _m(f)_ **photographic** _adj_ fotografisch **photography** _n_ Fotografie _f_ **photojournalism** _n_ Fotojournalismus _m_ **photojournalist** _n_ Fotojournalist(in) _m(f)_
photon _n_ Photon _nt_
photo opportunity _n_ Fototermin _m_ **photo session** _n_ Fotosession _f_ **photosynthesis** _n_ Fotosynthese _f_
phrasal verb _n_ Verb _nt_ mit Präposition **phrase A** _n_ **1** GRAM Satzteil _m_; (_spoken_) Phrase _f_ **2** (≈ _expression_) Ausdruck _m_; (≈ _idiom_) Redewendung _f_ **B** _v/t_ formulieren **phrase book** _n_ Sprachführer _m_
pH-value _n_ pH-Wert _m_

physalis _n_ Physalis _f_, Kapstachelbeere _f_
physical A _adj_ **1** physisch; (≈ _of the body_) körperlich; **you don't get enough ~ exercise** Sie bewegen sich nicht genug **2** (≈ _of physics_) physikalisch; **it's a ~ impossibility** es ist ein Ding der Unmöglichkeit **B** _n_ ärztliche Untersuchung; MIL Musterung _f_
physical education _n_ Sport _m_ **physical education teacher** _n_ Sportlehrer(in) _m(f)_ **physical fitness** _n_ körperliche Fitness _f_ **physically** _adv_ physisch; _restrain_ körperlich; **to be ~ sick** sich übergeben; **~ impossible** praktisch unmöglich; **they removed him ~ from the meeting** sie haben ihn mit Gewalt aus der Versammlung entfernt; **as long as is ~ possible** so lange wie nur irgend möglich **physical science** _n_ Naturwissenschaft _f_ **physician** _n_ Arzt _m_, Ärztin _f_
physicist _n_ Physiker(in) _m(f)_
physics _n_ (_sing_ ≈ _subject_) Physik _f_
physio _n_ (_esp Br infml_) Physiotherapeut(in) _m(f)_ **physiological** _adj_ physiologisch **physiology** _n_ Physiologie _f_ **physiotherapist** _n_ Physiotherapeut(in) _m(f)_ **physiotherapy** _n_ Physiotherapie _f_
physique _n_ Körperbau _m_
pianist _n_ Klavierspieler(in) _m(f)_; (≈ _concert pianist_) Pianist(in) _m(f)_
piano _n_ (_upright_) Klavier _nt_; (≈ _grand piano_) Flügel _m_ **piano player** _n_ Klavierspieler(in) _m(f)_ **piano teacher** _n_ Klavierlehrer(in) _m(f)_
piccolo _n_ Piccoloflöte _f_
pick A _n_ **1** (≈ _pickaxe_) Spitzhacke _f_ **2** (≈ _choice_) **she could have her ~ of any man in the room** sie könnte jeden Mann im Raum haben; **to have first ~** die erste Wahl haben; **take your ~!** such dir etwas/ einen _etc_ aus! **3** (≈ _best_) Beste(s) _nt_ **B** _v/t_ **1** (≈ _choose_) (aus)wählen; **to ~ a team** eine Mannschaft aufstellen; **to ~ sb to do sth** jdn auswählen, etw zu tun; **to ~ sides** wählen; **to ~ one's way through sth** seinen Weg durch etw finden **2** _scab_ kratzen an (+_dat_); _hole_ bohren; **to ~ one's nose** sich (+_dat_) in der Nase bohren; **to ~ a lock** ein Schloss knacken; **to ~ sth to pieces** (_fig_) etw verreißen; **to ~ holes in sth** (_fig_) etw bemäkeln; **to ~ a fight (with sb)** (mit jdm) einen Streit vom Zaun brechen; **to ~ sb's pocket** jdn bestehlen; **to ~ sb's brains (about sth)** jdn (nach etw) ausfragen **3** _flowers, fruit_ pflücken **C** _v/i_

(≈ *choose*) wählen; **to ~ and choose** wählerisch sein ◊**pick at** v/i +prep obj **one's food** im Essen herumstochern ◊**pick off** v/t sep (≈ *remove*) wegzupfen; (≈ *pluck*) pflücken ◊**pick on** v/i +prep obj (*esp Br*) herumhacken auf (+*dat*); **why ~ me?** (*infml*) warum gerade ich?; **~ somebody your own size!** (*infml*) leg dich doch mit einem Gleichstarken an! (*infml*) ◊**pick out** v/t sep **1** (≈ *choose*) auswählen **2** (≈ *remove*) heraussuchen **3** (≈ *distinguish*) ausmachen **4** MUS **to ~ a tune** eine Melodie improvisieren ◊**pick over** or **through** v/i +prep obj durchsehen ◊**pick up** **A** v/t sep **1** (≈ *take up*) aufheben; (*momentarily*) hochheben; **to ~ a child in one's arms** ein Kind auf den Arm nehmen; **to pick oneself up** aufstehen; **to ~ the phone** (den Hörer) abnehmen; **you just have to ~ the phone** du brauchst nur anzurufen; **to ~ the bill** die Rechnung bezahlen; **to ~ a story** mit einer Geschichte fortfahren; **to ~ the pieces** die Scherben aufsammeln **2** (≈ *get*) holen; (≈ *buy*) bekommen; *habit* sich (*dat*) angewöhnen; *illness* sich (*dat*) holen; (≈ *earn*) verdienen; **to pick sth up at a sale** etw im Ausverkauf erwischen; **to ~ speed** schneller werden; **he picked up a few extra points** er hat ein paar Extrapunkte gemacht **3** *skill etc* sich (*dat*) aneignen; *language* lernen; *accent, word* aufschnappen; *information* herausbekommen; *idea* aufgreifen; **you'll soon pick it up** du wirst das schnell lernen; **where did you ~ that idea?** wo hast du denn die Idee her? **4** *person, goods* abholen; (*bus etc*) *passengers* aufnehmen; (*in car*) mitnehmen; (≈ *arrest*) schnappen (*infml*) **5** (*infml*) *girl* aufgabeln (*infml*) **6** RADIO *station* hereinbekommen **7** (≈ *identify*) finden **B** v/i **1** (≈ *improve*) besser werden; (*business*) sich erholen **2** **to ~ where one left off** da weitermachen, wo man aufgehört hat

pickaxe, (*US*) **pickax** n Spitzhacke f **picket A** n (*of strikers*) Streikposten m **B** v/t *factory* Streikposten aufstellen vor (+*dat*) **picketing** n Aufstellen nt von Streikposten **picket line** n Streikpostenkette f; **to cross a ~** eine Streikpostenkette durchbrechen

picking n **pickings** pl Ausbeute f **pickle A** n **1** (≈ *food*) Pickles pl **2** (*infml*) **he was in a bit of a ~** er steckte in einer

Klemme (*infml*); **to get (oneself) into a ~** in ein Kuddelmuddel geraten (*infml*) **B** v/t einlegen **pickled** adj eingelegt **pickpocket** n Taschendieb(in) m(f) **pick-up** n **1** (*a.* **pick-up truck**) Kleintransporter m **2** (≈ *collection*) Abholen nt; **~ point** Treffpunkt m **picky** adj (+*er*) (*infml*) pingelig (*infml*); *eater* wählerisch

picnic vb: pret, past part **picnicked A** n Picknick nt; **to have a ~** picknicken; **to go for** or **on a ~** ein Picknick machen **B** v/i picknicken **picnic basket, picnic hamper** n Picknickkorb m **picnic site** n Rastplatz m **picnic table** n Campingtisch m

picture A n **1** Bild nt; (≈ *drawing*) Zeichnung f; **(as) pretty as a ~** bildschön; **to give you a ~ of what life is like here** damit Sie sich (*dat*) ein Bild vom Leben hier machen können; **to be in the ~** im Bilde sein; **to put sb in the ~** jdn ins Bild setzen; **I get the ~** (*infml*) ich habs kapiert (*infml*); **his face was a ~** sein Gesicht war ein Bild für die Götter (*infml*); **she was the ~ of health** sie sah wie die Gesundheit in Person aus **2** FILM Film m; **the ~s** (*Br*) das Kino; **to go to the ~s** (*Br*) ins Kino gehen **B** v/t sich (*dat*) vorstellen; **to ~ sth to oneself** sich (*dat*) etw vorstellen **picture book** n Bilderbuch nt **picture frame** n Bilderrahmen m **picture gallery** n Gemäldegalerie f **picture postcard** n Ansichts(post)karte f **picturesque** adj, **picturesquely** adv malerisch

piddling adj (*infml*) lächerlich **pie** n Pastete f; (*sweet*) Obstkuchen m; (*individual*) Törtelett nt; **that's all ~ in the sky** (*infml*) das sind nur verrückte Ideen; **as easy as ~** (*infml*) kinderleicht; **she's got a finger in every ~** (*fig infml*) sie hat überall ihre Finger drin (*infml*)

piece n **1** Stück nt; (≈ *part of set*) Teil nt; (≈ *component*) Einzelteil nt; (*of glass etc*) Scherbe f; (*in draughts etc*) Stein m; (*in chess*) Figur f; **a 50p ~** ein 50-Pence-Stück; **a ~ of cake** ein Stück nt Kuchen; **a ~ of furniture** ein Möbelstück nt; **a ~ of news** eine Nachricht; **a ~ of information** eine Information; **a ~ of advice** ein Rat m; **a ~ of luck** ein Glücksfall m; **a ~ of work** eine Arbeit; **~ by ~** Stück für Stück; **to take sth to ~s** etw in seine Einzelteile zerlegen; **to come to ~s** (*collapsible furniture* *etc*) sich zerlegen lassen; **to fall to ~s** (*book etc*) auseinanderfallen; **to be in ~s** (≈ *taken apart*) (in Einzelteile) zerlegt sein; (≈ *broken*) zerbrochen sein; **to smash sth to ~s** etw kaputt schlagen; **he tore the letter (in)to ~s** er riss den Brief in Stücke; **he tore me to ~s during the debate** er zerriss mich förmlich während der Debatte **2 to go to ~s** (≈ *crack up*) durchdrehen (*infml*); (≈ *lose grip*) die Kontrolle verlieren; **all in one ~** heil; **are you still in one ~ after your trip?** hast du deine Reise heil überstanden?; **to give sb a ~ of one's mind** jdm ordentlich die Meinung sagen ◊**piece together** *v/t sep* (*fig*) sich (*dat*) zusammenreimen; *evidence* zusammenfügen

piecemeal *adj, adv* stückweise **piecework** *n* Akkordarbeit *f*

pie chart *n* Kreisdiagramm *nt*

pier *n* Pier *m or f*

pierce *v/t* durchstechen; (*knife, bullet*) durchbohren; (*fig*) durchdringen; **to have one's ears ~d** sich (*dat*) die Ohren durchstechen lassen **pierced** *adj object* durchstochen; *nipple* gepierct **piercing** **A** *adj* durchdringend; *wind, stare* stechend **B** *n* (*body art*) Piercing *nt*

piety *n* Pietät *f*

pig **A** *n* **1** Schwein *nt*; (*greedy*) Vielfraß *m* (*infml*); **to make a ~ of oneself** sich (*dat*) den Bauch vollschlagen (*infml*); **~s might fly** (*Br prov*) wers glaubt, wird selig **2** (*sl* ≈ *policeman*) Bulle *m* (*sl*) **B** *v/r* **to ~ oneself** (*infml*) sich vollstopfen (*infml*) ◊**pig out** *v/i* (*infml*) sich vollstopfen (*infml*)

pigeon *n* Taube *f* **pigeonhole** **A** *n* (*in desk etc*) Fach *nt* **B** *v/t* (*fig*) einordnen

piggy *adj* (+*er*) *attr* **~ eyes** Schweinsaugen *pl* **piggyback** *n* **to give sb a ~** jdn huckepack nehmen **piggy bank** *n* Sparschwein *nt* **pig-headed** *adj* stur **piglet** *n* Ferkel *nt*

pigment *n* Pigment *nt*

Pigmy *n* = Pygmy

pigpen *n* (*US*) = pigsty **pigsty** *n* Schweinestall *m* **pigswill** *n* Schweinefutter *nt* **pigtail** *n* Zopf *m*

pike *n* (≈ *fish*) Hecht *m*

pilchard *n* Sardine *f*

pile **A** *n* **1** Stapel *m*; **to put things in a ~** etw (auf)stapeln; **to be in a ~** auf einem Haufen liegen; **at the bottom/top of the ~** (*fig*) untenan/obenauf **2** (*infml* ≈

large amount) Menge *f*; **~s of money** jede Menge Geld (*infml*); **a ~ of things to do** massenhaft zu tun (*infml*) **B** *v/t* stapeln; **a table ~d high with books** ein Tisch mit Stapeln von Büchern; **the sideboard was ~d high with presents** auf der Anrichte stapelten sich die Geschenke ◊**pile in** **A** *v/i* (*infml*) (-**to** in +*acc*) hineindrängen; (≈ *get in*) einsteigen **B** *v/t sep* einladen (-*to* in +*acc*) ◊**pile on** **A** *v/i* (*infml*) hineindrängen (-*to* auf +*acc*) **B** *v/t sep* (*lit*) aufhäufen (-*to* auf +*acc*); **she piled rice on(to) my plate** sie häufte Reis auf meinen Teller; **they are really piling on the pressure** sie setzen uns/euch *etc* ganz gehörig unter Druck ◊**pile up** **A** *v/i* sich anhäufen; (*traffic*) sich stauen; (*evidence*) sich verdichten **B** *v/t sep* (auf)stapeln

piles *pl* Hämorr(ho)iden *pl*

pile-up *n* (Massen)karambolage *f*

pilfer *v/t* stehlen

pilgrim *n* Pilger(in) *m(f)*; **the Pilgrim Fathers** die Pilgerväter *pl* **pilgrimage** *n* Pilgerfahrt *f*; **to go on a ~** eine Pilgerfahrt machen

pill *n* Tablette *f*; **the ~** die Pille; **to be/go on the ~** die Pille nehmen

pillar *n* Säule *f*; **a ~ of society** eine Stütze der Gesellschaft **pillar box** *n* (*Br*) Briefkasten *m*

pillion *adv* **to ride ~** auf dem Soziussitz mitfahren

pillow *n* (Kopf)kissen *nt* **pillowcase** *n* (Kopf)kissenbezug *m* **pillow fight** *n* Kissenschlacht *f* **pillowslip** *n* = pillowcase **pillow talk** *n* Bettgeflüster *nt*

pilot **A** *n* **1** AVIAT Pilot(in) *m(f)* **2** TV **~** (**episode**) Pilotfilm *m* **B** *v/t plane* fliegen **pilot light** *n* Zündflamme *f* **pilot scheme** *n* Pilotprojekt *nt* **pilot study** *n* Pilotstudie *f*

pimp *n* Zuhälter *m*

pimple *n* Pickel *m*, Wimmerl *nt* (*Aus*), Bibeli *nt* (*Swiss*)

PIN *n* *abbr* of personal identification number; **~ number** Geheimzahl *f*

pin **A** *n* **1** SEWING Stecknadel *f*; (≈ *tie pin, hair pin*) Nadel *f*; MECH Bolzen *m*; (≈ *small nail*) Stift *m*; **a two-~ plug** ein zweipoliger Stecker; **I've got ~s and needles in my foot** mir ist der Fuß eingeschlafen; **you could have heard a ~ drop** man hätte eine Stecknadel fallen hören können **2** (*esp*

US) (≈ *brooch*) Brosche f; (≈ *badge*) Abzeichen nt **B** v/t **1** to ~ sth to sth etw an etw (acc) heften; to ~ one's hair back sein Haar hinten zusammenstecken **2** (*fig*) to ~ sb to the ground jdn an den Boden pressen; to ~ sb's arm behind his back jdm den Arm auf den Rücken drehen; to ~ one's hopes on sb/sth seine Hoffnungen auf jdn/etw setzen; to ~ the blame (for sth) on sb (*infml*) jdm die Schuld (an etw (*dat*)) anhängen (*infml*) ◊pin down v/t sep **1** (≈ *weight down*) niederhalten; to pin sb down (*on floor*) jdn zu Boden drücken **2** (*fig* ≈ *identify*) einordnen; to pin sb down (to sth) (*date etc*) jdn (auf etw (*acc*)) festnageln ◊pin up v/t sep *notice* anheften

pinafore n Schürze f

pinball n Flipper m; ~ **machine** Flipper m

pincers pl **1** Kneifzange f; **a pair of** ~ eine Kneifzange **2** zool Schere f

pinch **A** n **1** (*with fingers*) Kneifen nt no pl, Zwicken nt no pl (*Aus*) **2** cook Prise f **3** to feel the ~ die schlechte Lage zu spüren bekommen; at (*Br*) or in (*US*) a ~ zur Not **B** v/t **1** (*with fingers*) kneifen, zwicken (*Aus*); to ~ sb's bottom jdn in den Hintern kneifen; to ~ oneself sich kneifen **2** (*Br infml* ≈ *steal*) klauen (*infml*); don't let anyone ~ my seat pass auf, dass mir niemand den Platz wegnimmt; he ~ed Johnny's girlfriend er hat Johnny (*dat*) die Freundin ausgespannt (*infml*) **C** v/i (*shoe*) drücken

pincushion n Nadelkissen nt

pine¹ n Kiefer f

pine² v/i **1** to ~ for sb/sth sich nach jdm/ etw sehnen **2** (≈ *pine away*) sich vor Kummer verzehren ◊pine away v/i sich (vor Kummer) verzehren

pineapple n Ananas f; ~ **juice** Ananassaft m

pine cone n Kiefernzapfen m **pine forest** n Kiefernwald m **pine needle** n Kiefernnadel f **pine tree** n Kiefer f **pine wood** n (≈ *material*) Kiefernholz nt

ping pong n Pingpong nt; ~ **ball** Pingpongball m

pink **A** n (≈ *colour*) Rosa nt **B** adj rosa inv; *cheeks* rosig; to go or turn ~ erröten

pinnacle n (*fig*) Gipfel m

PIN number n Geheimzahl f

pinpoint **A** n Punkt m; **a ~ of light** ein Lichtpunkt m **B** v/t (≈ *locate*) genau aufzei-

gen; (≈ *identify*) genau feststellen **pinprick** n Nadelstich m **pinstripe** n ~**d suit** Nadelstreifenanzug m

pint n **1** (≈ *measure*) Pint nt **2** (*esp Br*) (*of milk, beer*) ≈ halber Liter (Milch/Bier); to have a ~ ein Bier trinken; to go (out) for a ~ auf ein Bier ausgehen; he likes a ~ er hebt ganz gern mal einen (*infml*); she's had a few ~s (*infml*) sie hat ein paar intus (*infml*)

pin-up n (≈ *picture*) Pin-up-Foto nt; (≈ *woman*) Pin-up-Girl nt; (≈ *man*) Idol nt

pioneer **A** n (*fig*) Pionier(in) m(f) **B** v/t (*fig*) Pionierarbeit f leisten für; to ~ the use of sth etw zum ersten Mal anwenden **pioneering** adj attr *research* wegbereitend; ~ **spirit** Pioniergeist m

pious adj fromm

pip¹ n **1** bot Kern m **2** radio, tel the ~s das Zeitzeichen; (*in telephone*) das Tut-Tut-Tut

pip² v/t (*Br infml*) to ~ sb at the post jdn um Haaresbreite schlagen; (*fig*) jdm um Haaresbreite zuvorkommen

pipe **A** n **1** (*for water etc*) Rohr nt; (≈ *fuel pipe*) Leitung f **2** mus (≈ *bagpipes*) Dudelsack m **3** (*for smoking*) Pfeife f; to smoke a ~ Pfeife rauchen **B** v/t *water etc* in Rohren leiten ◊pipe down v/i (*infml*) die Luft anhalten (*infml*) ◊pipe up v/i (*infml*) den Mund aufmachen; suddenly a little voice piped up plötzlich machte sich ein Stimmchen bemerkbar

pipe dream n Hirngespinst nt; that's just a ~ das ist ja wohl nur ein frommer Wunsch **pipeline** n (*Rohr*)leitung f; to be in the ~ (*fig*) in Vorbereitung sein; the pay rise hasn't come through yet but it's in the ~ die Lohnerhöhung ist noch nicht durch, steht aber kurz bevor **piper** n (*on bagpipes*) Dudelsackpfeifer(in) m(f) **pipe tobacco** n Pfeifentabak m **piping** **A** n (≈ *pipework*) Rohrleitungssystem nt **B** adv ~ **hot** kochend heiß

piquant adj pikant

pique n Groll m; he resigned in a fit of ~ er kündigte, weil er vergrämt war

piracy n Piraterie f; (*of record*) Raubpressung f **pirate** **A** n Pirat(in) m(f) **B** v/t *idea* stehlen; a ~**d copy of the record** eine Raubpressung; ~**d edition** Raubdruck m

pirouette n Pirouette f

Pisces pl Fische pl; I'm (a) ~ ich bin Fisch

piss (*sl*) **A** n Pisse f (*vulg*); to have a ~ pis-

P

sen (vulg); **to take the ~ out of sb/sth** (Br
sl) jdn/etw verarschen (infml) **B** v/i pissen
(infml); **it's ~ing with rain** (infml) es pisst
(sl) **C** v/r sich bepissen (vulg); **we ~ed ourselves (laughing)** wir haben uns bepisst
(sl) ◊**piss about** or **around** v/i (Br infml)
herummachen (infml) ◊**piss down** v/i (Br
infml) **it's pissing down** es pisst (sl) ◊**piss
off A** v/i (esp Br sl) sich verpissen (sl); **~!** (≈
go away) verpiss dich! (sl) **B** v/t (esp Br
infml) ankotzen (sl); **to be pissed off with
sb/sth** von jdm/etw die Schnauze vollhaben (infml)

piss artist n (infml) (≈ drunk) Säufer(in)
m(f); (≈ boaster) Großmaul nt (infml); (≈ incompetent) Niete f (infml) **pissed** adj
(infml) (Br ≈ drunk) stockbesoffen (infml);
(US ≈ angry) stocksauer (infml) **piss-take**
n (Br sl) Verarschung f (infml) **piss-up** n
(Br sl) Saufgelage nt (infml)

pistachio n Pistazie f

piste n SKI Piste f

pistol n Pistole f

piston n Kolben m

pit[1] **A** n **1** (≈ hole) Grube f; (Br ≈ mine) Zeche f; **to have a sinking feeling in the ~
of one's stomach** ein ungutes Gefühl in
der Magengegend haben; **he works down
the ~(s)** er arbeitet unter Tage **2** SPORTS
to make a ~ stop einen Boxenstopp machen **3** (THEAT ≈ orchestra pit) Orchestergraben m **4** **the ~s** (infml) das Allerletzte
B v/t **1** **the moon is ~ted with craters**
der Mond ist mit Kratern übersät **2** **to
~ one's wits against sb/sth** seinen Verstand an jdm/etw messen; **A is ~ted
against B** A und B stehen sich gegenüber
pit[2] (US) **A** n Stein m **B** v/t entsteinen

pita (bread) n (US) = pitta (bread)

pit babe n (infml) Boxenluder nt (infml)

pitch A n **1** (≈ throw) Wurf m **2** (esp Br
SPORTS) Platz m **3** (Br: in market etc) Stand
m, Standl nt (Aus) **4** (infml ≈ sales pitch) Sermon m (infml) **5** PHON Tonhöhe f; (of instrument) Tonlage f; (of voice) Stimmlage f
6 (fig ≈ degree) Grad m **B** v/t **1** ball werfen
2 (MUS ≈ hit) note treffen; **she ~ed her
voice higher** sie sprach mit einer höheren Stimme **3** (fig) **the production must
be ~ed at the right level for London
audiences** das Stück muss auf das Niveau
des Londoner Publikums abgestimmt wer-
den **4** tent aufschlagen **C** v/i **1** (≈ fall) fallen; **to ~ forward** vornüberfallen **2** NAUT

stampfen; AVIAT absacken **3** BASEBALL
werfen ◊**pitch in** v/i (infml) einspringen;
so we all pitched in together also pack-
ten wir alle mit an

pitch-black adj pechschwarz **pitch-
-dark A** adj pechschwarz **B** n (tiefe) Finsternis

pitcher[1] n (esp US) Krug m

pitcher[2] n BASEBALL Werfer(in) m(f)

pitchfork n Heugabel f, Mistgabel f

piteous adj mitleiderregend

pitfall n (fig) Falle f

pith n BOT Mark nt; (of orange, lemon etc)
weiße Haut; (fig ≈ core) Kern m

pitiful adj **1** sight, story mitleiderregend;
cry jämmerlich; **to be in a ~ state** in einem erbärmlichen Zustand sein **2** (≈
wretched) erbärmlich **pitifully** adv **1**
jämmerlich **2** inadequate erbärmlich **pitiless** adj mitleidlos

pits pl → pit[1]

pitta (bread) n ≈ Fladenbrot nt

pittance n Hungerlohn m

pity A n **1** Mitleid nt; **for ~'s sake!** um
Himmels willen!; **to have** or **take ~ on
sb** mit jdm Mitleid haben; **to move sb
to ~** jds Mitleid (acc) erregen **2** (what
a) **~!** (wie) schade!; **what a ~ he can't
come** (wie) schade, dass er nicht kommen
kann; **more's the ~!** leider; **it is a ~ that
…** es ist schade, dass …; **it would be a ~
if he lost** or **were to lose this job** es wäre
bedauerlich, wenn er seine Arbeit verlieren sollte **B** v/t bedauern

pivot pret, past part pivoted v/i sich drehen; **to ~ on sth** (fig) sich um etw drehen
pivotal adj (fig) zentral

pixel n IT Pixel nt

pizza n Pizza f **pizzeria** n Pizzeria f

placard n Plakat nt

placate v/t beschwichtigen

place A n **1** (general) Platz m, Stelle f;
water is coming through in several ~s
an mehreren Stellen kommt Wasser
durch; **from ~ to ~** von einem Ort zum
anderen; **in another ~** woanders; **we
found a good ~ to watch the procession
from** wir fanden einen Platz, von dem wir
den Umzug gut sehen konnten; **in the
right/wrong ~** an der richtigen/falschen
Stelle; **some/any ~** irgendwo; **a poor
man with no ~ to go** ein armer Mann,
der nicht weiß, wohin; **this is no ~ for
you** das ist kein Platz für dich; **it was**

the last ~ I expected to find him da hätte ich ihn zuletzt vermutet; **this isn't the ~ to discuss politics** dies ist nicht der Ort, um über Politik zu sprechen; **I can't be in two ~s at once!** ich kann doch nicht an zwei Stellen gleichzeitig sein **2** (≈ *location, district*) Gegend *f*; (≈ *town*) Ort *m*; (*in street names*) Platz *m*; **in this ~** hier **3** (≈ *home*) Haus *nt*; **come round to my ~** komm doch mal vorbei; **let's go back to my ~** lass uns zu mir gehen; **I've never been to his ~** ich bin noch nie bei ihm gewesen; **at Peter's ~** bei Peter **4** (*at table, in team*) Platz *m*; (*at university*) Studienplatz *m*; (≈ *job, in book etc*) Stelle *f*; SPORTS Platzierung *f*; **~s for 500 students** 500 Studienplätze; **to give up one's ~** (*in a queue*) jdm den Vortritt lassen; **to lose one's ~** (*in a queue*) sich wieder hinten anstellen müssen; (*in book*) die Seite verblättern; (*on page*) die Zeile verlieren; **to take the ~ of sb/sth** den Platz von jdm/ etw einnehmen; **to win first ~** Erste(r, s) sein **5** (*in hierarchy*) Rang *m*; **people in high ~s** Leute in hohen Positionen; **to know one's ~** wissen, was sich (für einen) gehört; **it's not my ~ to comment** es steht mir nicht zu, einen Kommentar abzugeben; **to keep** *or* **put sb in his ~** jdn in seine Schranken weisen **6** MAT Stelle *f*; **to three decimal ~s** auf drei Stellen nach dem Komma **7** **~ of birth** Geburtsort *m*; **~ of residence** Wohnort *m*; **~ of work** Arbeitsstelle *f*; **in ~s** stellenweise; **everything was in ~** alles war an seiner Stelle; **the legislation is already in ~** die gesetzlichen Regelungen gelten schon; **to be out of ~** (≈ *in the wrong place*) nicht an der richtigen Stelle sein; **to look out of ~** fehl am Platz wirken; **all over the ~** (≈ *everywhere*) überall; **in ~ of** statt (+*gen*); **to fall into ~** Gestalt annehmen; **in the first ~** (≈ *firstly*) erstens; **she shouldn't have been there in the first ~** sie hätte überhaupt nicht dort sein sollen; **to take ~** stattfinden; **to go ~s** (≈ *travel*) herumreisen **B** *v/t* **1** (≈ *put*) setzen, stellen; (≈ *lay down*) legen; **she slowly ~d one foot in front of the other** sie setzte langsam einen Fuß vor den anderen; **she ~d a finger on her lips** sie legte den Finger auf die Lippen; **to ~ a strain on sth** etw belasten; **to ~ confidence in sb/sth** Vertrauen in jdn/etw setzen; **to be ~d**

(*town etc*) liegen; **how are you ~d for time?** wie sieht es mit deiner Zeit aus?; **we are well ~d for the shops** was Einkaufsmöglichkeiten angeht, wohnen wir günstig; **Liverpool are well ~d in the league** Liverpool liegt gut in der Tabelle **2** (≈ *rank*) stellen; **that should be ~d first** das sollte an erster Stelle stehen; **the German runner was ~d third** der deutsche Läufer wurde Dritter **3** *order* erteilen (*with sb* jdm)

placebo *n* MED Placebo *nt*

place mat *n* Set *nt* **placement** *n* **1** (≈ *act*) Platzierung *f*; (≈ *finding job for*) Vermittlung *f* **2** (*Br*) (≈ *period: of trainee*) Praktikum *nt*; **I'm here on a six-month ~** (*for in-service training etc*) ich bin hier für sechs Monate zur Weiterbildung; (*on secondment*) ich bin für sechs Monate hierhin überwiesen worden **place name** *n* Ortsname *m* **place setting** *n* Gedeck *nt*

placid *adj* ruhig; *person* gelassen

plagiarism *n* Plagiat *nt* **plagiarize** *v/t* plagiieren

plague **A** *n* MED Seuche *f*; (BIBLE, *fig*) Plage *f*; **the ~** die Pest; **to avoid sb/sth like the ~** jdn/etw wie die Pest meiden **B** *v/t* plagen; **to be ~d by doubts** von Zweifeln geplagt werden; **to ~ sb with questions** jdn ständig mit Fragen belästigen

plaice *n no pl* Scholle *f*

plain **A** *adj* (+er) **1** klar; *truth* schlicht; (≈ *obvious*) offensichtlich; **it is ~ to see that ...** es ist offensichtlich, dass ...; **to make sth ~ to sb** jdm etw klarmachen; **the reason is ~ to see** es war der Grund ist leicht einzusehen; **I'd like to make it quite ~ that ...** ich möchte gern klarstellen, dass ... **2** (≈ *simple*) einfach; *food* (gut)bürgerlich; *paper* unliniert; *colour* einheitlich **3** (≈ *sheer*) rein **4** (≈ *not beautiful*) unattraktiv **B** *adv* **1** (*infml* ≈ *simply*) (ganz) einfach **2** **I can't put it ~er than that** deutlicher kann ich es nicht sagen **C** *n* GEOG Ebene *f*; **the ~s** das Flachland **plain chocolate** *n* (*Br*) (Zart)bitterschokolade *f* **plain-clothes** *adj* in Zivil **plain flour** *n* Mehl *nt* (ohne Backpulver) **plainly** *adv* **1** (≈ *clearly*) eindeutig; *remember, visible* klar; **~, these new techniques are impractical** es ist ganz klar, dass diese neuen Verfahren unpraktisch sind **2** (≈ *frankly*) offen **3** (≈ *unsophisticatedly*) einfach **plain-spoken** *adj* offen, direkt; **to be ~** sagen, was man denkt

plaintiff n Kläger(in) m(f)

plait Ⓐ n (esp Br) Zopf m Ⓑ v/t flechten

plan Ⓐ n Plan m; (≈ town plan) Stadtplan m; ~ **of action** Aktionsprogramm nt; **the ~ is to meet at six** es ist geplant, sich um sechs zu treffen; **to make ~s (for sth)** Pläne (für etw) machen; **have you any ~s for tonight?** hast du (für) heute Abend (schon) etwas vor?; **according to ~** planmäßig Ⓑ v/t Ⓘ planen; buildings etc entwerfen Ⓐ (≈ intend) vorhaben; **we weren't ~ning to** wir hatten es nicht vor Ⓒ v/i planen; **to ~ ahead** vorausplanen ◊**plan on** v/i +prep obj Ⓘ **to ~ doing sth** vorhaben, etw zu tun Ⓐ **to ~ sth** mit etw rechnen ◊**plan out** v/t sep in Einzelheiten planen

plane n Ⓘ (≈ aeroplane) Flugzeug nt; **to go by ~** fliegen Ⓐ (fig) Ebene f **planeload** n Flugzeugladung f

planet n Planet m **planetarium** n Planetarium nt

plank n Brett nt; NAUT Planke f

plankton n Plankton nt

planned adj geplant **planner** n Planer(in) m(f) **planning** n Planung f; ~ **permission** Baugenehmigung f

plant Ⓐ n Ⓘ BOT Pflanze f; **rare/tropical ~s** seltene/tropische Gewächse pl Ⓐ no pl (≈ equipment) Anlagen pl; (≈ factory) Werk nt; ~ **manager** (US) Werks- or Betriebsleiter(in) m(f) Ⓑ attr ~ **life** Pflanzenwelt f Ⓒ v/t Ⓘ plants pflanzen; field bepflanzen Ⓐ (≈ place) setzen; bomb legen; kiss drücken Ⓒ **to ~ sth on sb** (infml) jdm etw unterjubeln (infml) ◊**plant out** v/t sep auspflanzen

plantation n Plantage f; (of trees) Anpflanzung f **planter** n Ⓘ Pflanzer(in) m(f) Ⓐ (≈ plant pot) Übertopf m **plant pot** n (esp Br) Blumentopf m

plaque n Ⓘ Plakette f; (on building etc) Tafel f Ⓐ (on teeth) (Zahn)belag m

plasma n Plasma nt

plaster Ⓐ n Ⓘ BUILD (Ver)putz m Ⓐ (ART, MED: a. **plaster of Paris**) Gips m; **to have one's leg in ~** das Bein in Gips haben Ⓒ (Br ≈ sticking plaster) Pflaster nt Ⓑ v/t Ⓘ wall verputzen Ⓐ (infml) **to ~ one's face with make-up** sein Gesicht mit Make-up vollkleistern (infml); **~ed with mud** schlammbedeckt **plaster cast** n MED Gipsverband m **plastered** adj pred

(infml) voll (infml); **to get ~** sich volllaufen lassen (infml)

plastic Ⓐ n Ⓘ Plastik nt; **~s** Kunststoffe pl Ⓐ (infml ≈ credit cards) Kreditkarten pl Ⓑ adj Plastik- **plastic bag** n Plastiktüte f **plastic explosive** n Plastiksprengstoff m

Plasticine® n (Br) Modelliermasse f

plastic surgeon n plastischer Chirurg **plastic surgery** n plastische Chirurgie; **she decided to have ~ on her nose** sie entschloss sich zu einer Schönheitsoperation an ihrer Nase **plastic wrap** n (US) Frischhaltefolie f

plate n Ⓘ Teller m; **to have sth handed to one on a ~** (Br fig infml) etw auf einem Tablett serviert bekommen (infml); **to have a lot on one's ~** (fig infml) viel am Hals haben (infml) Ⓐ TECH, PHOT Platte f; (≈ name plate) Schild nt

plateau n, pl -s or -x GEOG Hochebene f **plateful** n Teller m

platform n Plattform f; (≈ stage) Bühne f; RAIL Bahnsteig m; IT (System)plattform f **platform shoe** n Plateauschuh m

platinum n Platin nt

platitude n Plattitüde f

platonic adj platonisch

platoon n MIL Zug m

platter n Teller m; (≈ serving dish) Platte f; **to have sth handed to one on a (silver) ~** (fig) etw auf einem (silbernen) Tablett serviert bekommen

plausibility n Plausibilität f **plausible** adj plausibel

play Ⓐ n Ⓘ Spiel nt; ~ **on words** Wortspiel nt; **to abandon ~** SPORTS das Spiel abbrechen; **to be in ~/out of ~** (ball) im Spiel/im Aus sein Ⓐ THEAT (Theater)stück nt; RADIO Hörspiel nt; TV Fernsehspiel nt; **the ~s of Shakespeare** Shakespeares Dramen Ⓒ (fig) **to come into ~** ins Spiel kommen; **to bring sth into ~** etw aufbieten Ⓑ v/t spielen; **to ~ sb (at a game)** gegen jdn (ein Spiel) spielen; **to ~ a joke on sb** jdm einen Streich spielen; **to ~ a trick on sb** jdn hereinlegen; **to ~ it safe** auf Nummer sicher gehen (infml); **to ~ the fool** den Clown spielen; **to ~ the piano** Klavier spielen Ⓒ v/i spielen; (THEAT ≈ be performed) gespielt werden; **to go out to ~** rausgehen und spielen; **can Johnny come out to ~?** darf Johnny zum Spielen rauskommen?; **to ~ at cowboys and Indi-**

ans Cowboy und Indianer spielen; **to ~ at being a fireman** Feuerwehrmann spielen; **to ~ in defence** SPORTS in der Abwehr spielen; **to ~ in goal** im Tor stehen; **what are you ~ing at?** (infml) was soll (denn) das? (infml); **to ~ for money** um Geld spielen; **to ~ for time** (fig) Zeit gewinnen wollen; **to ~ into sb's hands** (fig) jdm in die Hände spielen; **to ~ to sb** MUS jdm vorspielen ◊**play about** (Brit) or **around** v/i spielen; **to play around with sth** mit etw (herum)spielen; **he's been playing around (with another woman)** er hat mit einer anderen Frau herumgemacht (infml) ◊**play along** v/i mitspielen; **to ~ with a suggestion** auf einen Vorschlag scheinbar eingehen; **to ~ with sb** jdm zustimmen ◊**play back** v/t sep recording abspielen; answering machine abhören ◊**play down** v/t sep herunterspielen ◊**play off** v/t sep **to play X off against Y** X gegen Y ausspielen ◊**play on** A v/i weiterspielen B v/i +prep obj (a. **play upon**) sb's fears geschickt ausnutzen; **the hours of waiting played on my nerves** das stundenlange Warten zermürbte mich ◊**play through** v/i +prep obj a few bars etc durchspielen ◊**play up** A v/i (Br infml ≈ cause trouble) Schwierigkeiten machen B v/t sep (infml) **to play sb up** jdm Schwierigkeiten machen ◊**play upon** v/i +prep obj = play on II ◊**play with** v/i +prep obj **we don't have much time to ~** wir haben zeitlich nicht viel Spielraum; **to ~ oneself** an sich (dat) herumfummeln

play-acting n (fig) Theater nt **playbill** n (US) Theaterprogramm nt **playboy** n Playboy m

player n Spieler(in) m(f) **playful** adj neckisch; child, animal verspielt; **the dog is just being ~** der Hund spielt nur **playfulness** n (of child, animal) Verspieltheit f **playground** n Spielplatz m; SCHOOL (Schul)hof m **playgroup** n Spielgruppe f **playhouse** n ◼ (US ≈ doll's house) Puppenstube f ◾ THEAT Schauspielhaus nt **playing card** n Spielkarte f **playing field** n Sportplatz m **playmate** n Spielkamerad(in) m(f) **play-off** n Ausscheidungsspiel nt, Play-off nt **play park** n Spielpark m **playpen** n Laufstall m **playschool** n (esp Br) Kindergarten m **playtime** n SCHOOL große Pause **play-**

wright n Dramatiker(in) m(f)
plaza n Piazza f; (US ≈ shopping complex) Einkaufszentrum nt
plc (Br) abbr of public limited company ≈ AG f

plea n ◼ Bitte f; **to make a ~ for sth** zu etw aufrufen ◾ JUR Plädoyer nt **plead** pret, past part **pleaded** or (Scot, US) **pled** A v/t ignorance sich berufen auf (+acc) B v/i ◼ bitten (for um); **to ~ with sb to do sth** jdn bitten, etw zu tun; **to ~ with sb for sth** jdn um etw bitten ◾ JUR das Plädoyer halten; **to ~ guilty/not guilty** sich schuldig/nicht schuldig bekennen **pleading** adj, **pleadingly** adv flehend **pleasant** adj angenehm; news erfreulich, gefreut (Swiss); person nett, fesch (Aus); manner freundlich **pleasantly** adv angenehm; smile, speak freundlich **pleasantness** n Freundlichkeit f **pleasantry** n Nettigkeit f

please A int bitte; (yes,) ~ (ja,) bitte; (enthusiastic) oh ja, gerne; **~ pass the salt**, **pass the salt, ~** würden Sie mir bitte das Salz reichen?; **may I? — ~ do!** darf ich? — bitte sehr! B v/i ◼ (just) as you ~ ganz wie du willst; **do as one ~s** tun, was einem gefällt ◾ (≈ cause satisfaction) gefallen; **eager to ~** darum bemüht, alles richtig zu machen C v/t (≈ give pleasure to) eine Freude machen (+dat); **the idea ~d him** die Idee hat ihm gefallen; **just to ~ you** nur dir zuliebe; **it ~s me to see him so happy** es freut mich, dass er so glücklich ist; **you can't ~ everybody** man kann es nicht allen recht machen; **there's no pleasing him** er ist nie zufrieden; **he is easily ~d** er ist leicht zufriedenzustellen D v/r **to ~ oneself** tun, was einem gefällt; **~ yourself!** wie Sie wollen!; **you can ~ yourself about where you sit** es ist Ihnen überlassen, wo Sie sitzen **pleased** adj (≈ happy) freudig; (≈ satisfied) zufrieden; **to be ~ (about sth)** sich (über etw acc) freuen; **I'm ~ to hear that ...** es freut mich zu hören, dass ...; **~ to meet you** freut mich; **we are ~ to inform you that ...** wir freuen uns, Ihnen mitteilen zu können, dass ...; **to be ~ with sb/sth** mit jdm/etw zufrieden sein; **I was only too ~ to help** es war mir wirklich eine Freude zu helfen **pleasing** adj angenehm; sight erfreulich, gefreut (Swiss) **pleasurable** adj angenehm; anticipation

P

freudig

pleasure n **1** Freude f; **it's a ~, (my) ~** gern (geschehen)!; **with ~** sehr gerne; **it's my very great ~ ...** es ist mir ein großes Vergnügen, ...; **to have the ~ of doing sth** das Vergnügen haben, etw zu tun; **to do sth for ~** etw zum Vergnügen tun; **to get ~ out of doing sth** Spaß daran haben, etw zu tun; **he takes ~ in annoying me** es bereitet ihm Vergnügen, mich zu ärgern **2** (≈ amusement) Vergnügen nt; **business or ~?** geschäftlich oder zum Vergnügen?; **it's a ~ to meet you** es freut mich, Sie kennenzulernen; **he's a ~ to teach** es ist ein Vergnügen, ihn zu unterrichten **pleasure boat** n Vergnügungsdampfer m

pleat **A** n Falte f **B** v/t fälteln **pleated** adj gefältelt; **~ skirt** Faltenrock m

plectrum n Plektrum nt

pled (US, Scot) pret, past part of plead

pledge **A** n **1** (≈ token) Pfand nt **2** (≈ promise) Versprechen nt; **as a ~ of** als Zeichen (+gen); **election ~s** Wahlversprechen pl **B** v/t **1** (≈ pawn) verpfänden **2** (≈ promise) zusichern; **to ~ support for sb/sth** jdm/einer Sache seine Unterstützung zusichern; **to ~ (one's) allegiance to sb/sth** jdm/einer Sache Treue geloben

plenary adj **~ session** Plenarsitzung f, Vollversammlung f; **~ powers** unbeschränkte Vollmachten pl

plentiful adj reichlich; minerals etc reichlich vorhanden; **to be in ~ supply** reichlich vorhanden sein

plenty **A** n **1** eine Menge; **in ~** im Überfluss; **three kilos will be ~** drei Kilo sind reichlich; **there's ~ here for six** es gibt mehr als genug für sechs; **that's ~, thanks!** danke, das ist reichlich; **you've had ~** du hast reichlich gehabt; **to see ~ of sb** jdn oft sehen; **there's ~ to do** es gibt viel zu tun; **there's ~ more where that came from** davon gibt es genug; **there are still ~ left** es sind immer noch eine ganze Menge da **2** **~ of** viel; **~ of time** viel Zeit; **~ of eggs** viele Eier; **there is no longer ~ of oil** Öl ist nicht mehr im Überfluss vorhanden; **a country with ~ of natural resources** ein Land mit umfangreichen Bodenschätzen; **has everyone got ~ of potatoes?** hat jeder reichlich Kartoffeln?; **there will be ~ to drink** es gibt dort ausreichend zu trinken; **he had**

been given ~ of warning er ist genügend oft gewarnt worden; **to arrive in ~ of time** rechtzeitig kommen; **there's ~ of time** es ist noch viel Zeit; **take ~ of exercise** Sie müssen viel Sport treiben **B** adv (esp US infml) **I like it ~** ich mag das sehr

pliable, pliant adj **1** biegsam; leather geschmeidig **2** (≈ docile) fügsam

pliers pl (a. **pair of pliers**) (Kombi)zange f

plight n Elend nt; (of economy etc) Verfall m; **the country's economic ~** die wirtschaftliche Misere des Landes

plod v/i **1** (≈ trudge) trotten; **to ~ up a hill** einen Hügel hinaufstapfen; **to ~ along** weiterstapfen **2** (fig) **to ~ away at sth** sich mit etw abmühen

plonk[1] v/t (infml: a. **plonk down**) hinschmeißen (infml); **to ~ oneself (down)** sich hinpflanzen (infml)

plonk[2] n (Br infml ≈ wine) (billiger) Wein

plonker n (Br infml) **1** (≈ stupid person) Niete f **2** (≈ penis) Pimmel m (infml)

plop **A** n Plumps m; (in water) Platsch m **B** v/i **1** (in liquid) platschen **2** (infml ≈ fall) plumpsen (infml)

plot **A** n **1** AGR Stück nt Land; (≈ building plot) Grundstück nt; (≈ allotment) Parzelle f; **a ~ of land** ein Stück nt Land **2** (US, of building) Grundriss m **3** (≈ conspiracy) Verschwörung f **4** LIT, THEAT Handlung f; **to lose the ~** (fig infml) den Faden verlieren **B** v/t **1** (≈ plan) planen; **they ~ted to kill him** sie planten gemeinsam, ihn zu töten **2** course feststellen; (on map) einzeichnen **C** v/i **to ~ against sb** sich gegen jdn verschwören **plotter** n IT Plotter m

plough, (US) **plow** **A** n Pflug m; **the Plough** ASTRON der Wagen **B** v/t & v/i AGR pflügen ◊**plough back** v/t sep COMM reinvestieren (into + acc) ◊**plough into** **A** v/i +prep obj car etc hineinrasen in (+acc) **B** v/t sep money reinstecken in (+acc) (infml) ◊**plough through** **A** v/i +prep obj **1** **we ploughed through the snow** wir kämpften uns durch den Schnee; **the car ploughed through the fence** der Wagen brach durch den Zaun **2** (infml) **to ~ a novel** etc sich durch einen Roman etc hindurchquälen **B** v/t sep **1** **we ploughed our way through the long grass** wir bahnten uns unseren Weg durch das hohe Gras **2** (infml) **to plough one's way through a novel** etc sich durch einen Roman *etc* durchackern (*infml*) ◊**plough up** *v/t sep* umpflügen

ploughing, (*US*) **plowing** *n* Pflügen *nt*
ploughman, (*US*) **plowman** *n* Pflüger *m* **ploughman's lunch** *n* (*Br*) Käse und Brot als Imbiss **plow** *etc* (*US*) = **plough** *etc*

ploy *n* Trick *m*

pls *abbr of* please b.

pluck *v/t* **1** *fruit, flower* pflücken; *chicken* rupfen; *guitar, eyebrows* zupfen; **to ~ (at) sb's sleeve** jdn am Ärmel zupfen; **she was ~ed from obscurity to become a film star** sie wurde von einer Unbekannten zum Filmstar gemacht; **he was ~ed to safety** er wurde in Sicherheit gebracht; **to ~ sth out of the air** etw aus der Luft greifen; **to ~ up (one's) courage** all seinen Mut zusammennehmen **2** (*a.* **pluck out**) *hair* auszupfen

plucky *adj* (+er) *person, smile* tapfer; *action* mutig

plug **A** *n* **1** (≈ *stopper*) Stöpsel *m*; (*for leak*) Propfen *m*; (*in barrel*) Spund *m*; **to pull the ~ on sb/sth** (*fig infml*) jdm/einer Sache den Boden unter den Füßen wegziehen **2** ELEC Stecker *m*; (AUTO ≈ *spark plug*) (Zünd)kerze *f* **3** (*infml: piece of publicity*) Schleichwerbung *f no pl*; **to give sb/sth a ~** für jdn/etw Werbung machen **B** *v/t* **1** *hole, leak* zustopfen **2** (*infml ≈ publicize*) Schleichwerbung machen für ◊**plug away** *v/i* (*infml*) ackern (*infml*); **to ~ at sth** sich mit etw herumschlagen (*infml*); **keep plugging away** (nur) nicht lockerlassen ◊**plug in** **A** *v/t sep* einstöpseln; **to be plugged in** angeschlossen sein **B** *v/i* sich anschließen lassen ◊**plug up** *v/t sep hole* zustopfen

plug-and-play *attr* IT Plug-and-Play-
plughole *n* (*Br*) Abfluss *m*; **to go down the ~** (*fig infml*) kaputtgehen (*infml*)
plug-in *n* IT Plug-in *nt*, Softwaremodul *zur Erweiterung oder Veränderung von Software* **plug-in hybrid** *n* AUTO Steckdosenhybrid *m*

plum **A** *n* Pflaume *f*, Zwetschke *f* (*Aus*); (≈ *Victoria plum*) Zwetsch(g)e *f* **B** *adj attr* (*infml*) *job* Bomben- (*infml*)

plumage *n* Gefieder *nt*

plumb **A** *adv* **1** (*infml*) (≈ *completely*) total (*infml*) **2** (≈ *exactly*) genau **B** *v/t* **to ~ the depths of despair** die tiefste Verzweiflung erleben; **to ~ new depths** einen neuen Tiefstand erreichen ◊**plumb in**

v/t sep (*Br*) anschließen

plumber *n* Klempner(in) *m(f)* **plumbing** *n* (≈ *fittings*) Leitungen *pl*

plume *n* Feder *f*; (*on helmet*) Federbusch *m*; **~ of smoke** Rauchfahne *f*

plummet *v/i* (*plane etc*) hinunterstürzen; (*sales etc*) stark zurückgehen; (*shares etc*) fallen; **the euro has ~ted to £0.60** der Euro ist auf £ 0,60 gefallen

plump **A** *adj* (+er) mollig; *legs etc* stämmig; *face* rundlich; *chicken etc* gut genährt; *fruit* prall **B** *v/t* **to ~ sth down** etw hinfallen lassen/hinwerfen; **she ~ed herself down in the armchair** sie ließ sich in den Sessel fallen ◊**plump for** *v/i +prep obj* sich entscheiden für ◊**plump up** *v/t sep cushion* aufschütteln

plumpness *n* Molligkeit *f*; (*of legs etc*) Stämmigkeit *f*; (*of face*) Pausbäckigkeit *f*; (*of chicken*) Wohlgenährtheit *f*

plum pudding *n* Plumpudding *m* **plum tomato** *n* italienische Tomate

plunder **A** *n* Beute *f* **B** *v/t* **1** *place* plündern **2** *thing* rauben **C** *v/i* plündern

plunge **A** *v/t* **1** (≈ *thrust*) stecken; (*into water etc*) tauchen; **he ~d the knife into his victim's back** er jagte seinem Opfer das Messer in den Rücken **2** (*fig*) **to ~ the country into war** das Land in einen Krieg stürzen; **~d into darkness** in Dunkelheit getaucht **B** *v/i* **1** (≈ *dive*) tauchen **2** (≈ *rush*) stürzen; (*sales*) fallen; **to ~ to one's death** zu Tode stürzen; **he ~d into the crowd** er stürzte sich in die Massen **C** *v/r* (*into job etc*) sich stürzen (*into* in +*acc*) **D** *n* **1** Sturz *m*; (*of shares*) Kurssturz *m*; **shares took a ~** es kam zu einem Kurssturz **2** (≈ *dive*) (Kopf)sprung *m*; **to take the ~** (*fig infml*) den Sprung wagen ◊**plunge in** **A** *v/t sep knife* hineinjagen; *hand* hineinstecken; (*into water*) hineintauchen; **he was plunged straight in (at the deep end)** (*fig*) er musste gleich richtig ran (*infml*) **B** *v/i* (≈ *dive*) hineinspringen

plunger *n* Sauger *m* **plunging** *adj* **1** *neckline* tief **2** *prices* stark fallend

pluperfect **A** *n* Plusquamperfekt *nt* **B** *adj* **~ tense** Plusquamperfekt *nt*

plural **A** *adj* GRAM Plural-; **~ ending** Pluralendung *f* **B** *n* Plural *m*; **in the ~** im Plural

plus **A** *prep* plus (+*dat*); (≈ *together with*) und (außerdem); **~ or minus 10%** plus minus 10% **B** *adj* **1** **a ~ figure** eine positive

Zahl; **on the ~ side** auf der Habenseite; **~ 10 degrees** 10 Grad über null **2 he got B ~** ≈ er hat eine Zwei plus bekommen; **50 pages ~** über 50 Seiten **C** *n* (≈ *sign*) Pluszeichen *nt*; (≈ *positive factor*) Pluspunkt *m*; (≈ *extra*) Plus *nt*

plush *adj* (+*er*) (*infml*) feudal (*infml*); **a ~ hotel** ein Nobelhotel *nt* (*infml*)

plus sign *n* Pluszeichen *nt*

Pluto *n* ASTRON Pluto *m*

plutonium *n* Plutonium *nt*

ply *v/t* **1** *trade* ausüben **2 to ~ sb with questions** jdn mit Fragen überhäufen; **to ~ sb with drink(s)** jdn immer wieder zum Trinken auffordern

plywood *n* Sperrholz *nt*

PM (*Br infml*) *abbr of* Prime Minister

pm *abbr of* post meridiem; **2 pm** 2 Uhr nachmittags; **12 pm** 12 Uhr mittags

PMS *n abbr of* pre-menstrual syndrome PMS *nt*

PMT *n* (*Br*) *abbr of* pre-menstrual tension

pneumatic drill *n* Pressluftbohrer *m*

pneumonia *n* Lungenentzündung *f*

PO *abbr of* post office PA

poach[1] *v/t egg* pochieren; *fish* dünsten; **~ed egg** verlorenes Ei

poach[2] **A** *v/t* unerlaubt fangen; (*fig*) *idea* stehlen; *customers* abwerben **B** *v/i* (*lit*) wildern (*for* auf +*acc*) **poacher** *n* Wilderer *m*, Wilderin *f* **poaching** *n* Wildern *nt*

P.O. box *n* Postfach *nt*

pocket A *n* **1** Tasche *f*; (*in suitcase, file etc*) Fach *nt*; BILLIARDS Loch *nt*; **to be in sb's ~** (*fig*) jdm hörig sein; **to live in each other's** *or* **one another's ~s** (*fig*) unzertrennlich sein **2** (≈ *resources*) Geldbeutel *m*; **to be a drain on one's ~** jds Geldbeutel strapazieren (*infml*); **to pay for sth out of one's own ~** etw aus der eigenen Tasche bezahlen **3** (≈ *area*) Gebiet *nt*; **~ of resistance** Widerstandsnest *nt* **B** *adj* Taschen- **C** *v/t* (≈ *put in one's pocket*) einstecken **pocketbook** *n* **1** (≈ *notebook*) Notizbuch *nt* **2** (*esp US* ≈ *wallet*) Brieftasche *f* **pocket calculator** *n* Taschenrechner *m* **pocketful** *n* **a ~** eine Taschevoll **pocketknife** *n* Taschenmesser *nt* **pocket money** *n* (*esp Br*) Taschengeld *nt* **pocket-size(d)** *adj* im Taschenformat; **~ camera/TV** Miniaturkamera *f*/-fernseher *m*

pockmarked *adj face* pockennarbig; *surface* narbig

pod A *n* BOT Hülse *f* **B** *v/t peas* enthülsen

podcast *n* IT Podcast *m*

podgy *adj* (+*er*) (*Br infml*) pummelig; *face* schwammig; **~ fingers** Wurstfinger *pl*

podiatrist *n* (*esp US*) Fußspezialist(in) *m(f)*

podium *n* Podest *nt*

poem *n* Gedicht *nt*

poet *n* Dichter *m* **poetic** *adj* poetisch **poetic licence** *n* dichterische Freiheit **poet laureate** *n* Hofdichter(in) *m(f)* **poetry** *n* **1** Dichtung *f*; **to write ~** Gedichte schreiben **2** (*fig*) **~ in motion** in Bewegung umgesetzte Poesie

pogrom *n* Pogrom *nt*

poignancy *n* Ergreifende(s) *nt*; (*of memories*) Wehmut *f* **poignant** *adj* ergreifend; *memories* wehmütig

point A *n* **1** Punkt *m*; **~s for/against** Plus-/Minuspunkte *pl*; **to win on ~s** nach Punkten gewinnen; **(nought) ~ seven (0.7)** null Komma sieben (0,7); **up to a ~** bis zu einem gewissen Grad **2** (*of needle*) Spitze *f* **3** (≈ *place, time*) Stelle *f*; **at this ~** (≈ *then*) in diesem Augenblick; (≈ *now*) jetzt; **from that ~ on** von da an; **at what ~ …?** an welcher Stelle …?; **at no ~** nie; **at no ~ in the book** nirgends in dem Buch; **~ of departure** Ausgangspunkt *m*; **severe to the ~ of cruelty** streng bis an die Grenze der Grausamkeit; **the ~ of no return** (*fig*) der Punkt, von dem an es kein Zurück gibt; **~ of view** Standpunkt *m*; **from my ~ of view** von meinem Standpunkt aus; **from the ~ of view of productivity** von der Produktivität her gesehen; **to be on the ~ of doing sth** im Begriff sein, etw zu tun; **he was on the ~ of telling me the story when …** er wollte mir gerade die Geschichte erzählen, als … **4** (≈ *matter, question*) Punkt *m*; **a useful ~** ein nützlicher Hinweis; **by ~** Punkt für Punkt; **my ~ was …** was ich sagen wollte, war …; **you have a ~ there** darin mögen Sie recht haben; **to make a/one's ~** ein/sein Argument *nt* vorbringen; **he made the ~ that …** er betonte, dass …; **you've made your ~!** das hast du ja schon gesagt!; **what ~ are you trying to make?** worauf wollen Sie hinaus?; **I take your ~, ~ taken** ich akzeptiere, was Sie sagen; **do you take my ~?** verstehst du mich?; **a ~ of interest** ein interessanter Punkt; **a ~ of law** eine Rechtsfrage **5** (≈ *purpose*) Sinn *m*; **there's no ~ in**

staying es hat keinen Sinn zu bleiben; **I don't see the ~ of carrying on** ich sehe keinen Sinn darin, weiterzumachen; **what's the ~?** was solls?; **the ~ of this is …** Sinn und Zweck davon ist …; **what's the ~ of trying?** wozu (es) versuchen?; **the ~ is that …** die Sache ist die, dass …; **that's the whole ~** das ist es ja gerade; **that's the whole ~ of doing it this way** gerade darum machen wir das so; **the ~ of the story** die Pointe; **that's not the ~** darum geht es nicht; **to get** *or* **see the ~** verstehen, worum es geht; **do you see the ~ of what I'm saying?** weißt du, worauf ich hinauswill?; **to miss the ~** nicht verstehen, worum es geht; **he missed the ~ of what I was saying** er hat nicht begriffen, worauf ich hinauswollte; **to come to the ~** zur Sache kommen; **to keep** *or* **stick to the ~** beim Thema bleiben; **beside the ~** irrelevant; **I'm afraid that's beside the ~** das ist nicht relevant; **a case in ~** ein einschlägiger Fall; **to make a ~ of doing sth** Wert darauf legen, etw zu tun 🎇 (≈ *characteristic*) **good/bad ~s** gute/schlechte Seiten *pl* **B points** *pl* (RAIL, *Br*) Weichen *pl* **C** *v/t* 🞲 *gun etc* richten (*at* auf +*acc*) 🞳 (≈ *show*) zeigen; **to ~ the way** den Weg weisen 🞴 *toes* strecken **D** *v/i* 🞲 (*with finger etc*) zeigen (*at, to* auf +*acc*); **it's rude to ~** (*at strangers*) es ist unhöflich, mit dem Finger (auf Fremde) zu zeigen; **he ~ed toward(s) the house** er zeigte zum Haus 🞳 (≈ *indicate*) hindeuten (*to* auf +*acc*); **everything ~s that way** alles weist in diese Richtung; **all the signs ~ to success** alle Zeichen stehen auf Erfolg 🞴 (*gun etc*) gerichtet sein; (*building*) liegen ◊**point out** *v/t sep* zeigen auf (+*acc*); **to point sth out to sb** jdn auf etw (*acc*) hinweisen; (≈ *mention*) jdn auf etw (*acc*) aufmerksam machen; **could you point him out to me?** kannst du mir zeigen, wer er ist?; **may I ~ that …?** darf ich darauf aufmerksam machen, dass …?

point-blank **A** *adj* direkt; *refusal* glatt; **at ~ range** aus kürzester Entfernung **B** *adv fire* aus kürzester Entfernung; *ask* rundheraus; *refuse* rundweg
pointed *adj* 🞲 spitz 🞳 *remark, comment, look* spitz; *reference* unverblümt; *question* gezielt; *absence, gesture* ostentativ; **that was rather ~** das war ziemlich deutlich

pointedly *adv speak* spitz; *refer* unverblümt; *stay away* ostentativ **pointer** *n* 🞲 (≈ *indicator*) Zeiger *m* 🞳 (≈ *stick*) Zeigestock *m* 🞴 IT Mauszeiger *m* 🞵 (*fig*) Hinweis *m* **pointless** *adj* sinnlos; **it is ~ her going** *or* **for her to go** es ist sinnlos, dass sie geht; **a ~ exercise** eine sinnlose Angelegenheit **pointlessly** *adv* sinnlos **pointlessness** *n* Sinnlosigkeit *f*
poise **A** *n* 🞲 (*of head, body*) Haltung *f*; (≈ *grace*) Grazie *f* 🞳 (≈ *self-possession*) Selbstsicherheit *f* **B** *v/t* balancieren; **to hang ~d** (*bird, sword*) schweben; **the tiger was ~d ready to spring** der Tiger lauerte sprungbereit; **we sat ~d on the edge of our chairs** wir balancierten auf den Stuhlkanten **poised** *adj* 🞲 (≈ *ready*) bereit; **to be ~ to do sth** bereit sein, etw zu tun; **to be ~ for sth** für etw bereit sein; **the enemy are ~ to attack** der Feind steht angriffsbereit; **he was ~ to become champion** er war auf dem besten Weg, die Meisterschaft zu gewinnen; **to be ~ on the brink of sth** am Rande von etw stehen 🞳 (≈ *self-possessed*) selbstsicher
poison **A** *n* Gift *nt* **B** *v/t* vergiften; *atmosphere, rivers* verpesten; **to ~ sb's mind against sb** jdn gegen jdn aufstacheln **poisoned** *adj* vergiftet **poisoning** *n* Vergiftung *f*
poisonous *adj* giftig; **~ snake** Giftschlange *f* **poison-pen letter** *n* anonymer Brief
poke **A** *n* Stoß *m*; **to give sb/sth a ~** (*with stick*) jdn/etw stoßen; (*with finger*) jdn/etw stupsen **B** *v/t* 🞲 (≈ *jab*) (*with stick*) stoßen; (*with finger*) stupsen; **to ~ the fire** das Feuer schüren; **he accidentally ~d me in the eye** er hat mir aus Versehen ins Auge gestoßen 🞳 **to ~ one's finger into sth** seinen Finger in etw (*acc*) stecken; **he ~d his head round the door** er streckte seinen Kopf durch die Tür 🞴 *hole* bohren **C** *v/i* **to ~ at sth** in etw (*dat*) stochern; **she ~d at her food with a fork** sie stocherte mit einer Gabel in ihrem Essen herum ◊**poke about** (*Brit*) *or* **around** *v/i* 🞲 (≈ *prod*) herumstochern 🞳 (*infml* ≈ *nose about*) schnüffeln (*infml*) ◊**poke out A** *v/i* vorstehen **B** *v/t sep* 🞲 (≈ *extend*) hinausstrecken 🞳 **he poked the dirt out with his fingers** er kratzte den Schmutz mit den Fingern heraus; **to poke sb's eye out** jdm ein Auge ausste-

P

chen

poker n CARDS Poker nt **poker-faced** adj mit einem Pokergesicht

poky adj (+er) (pej) winzig; **it's so ~ in here** es ist so eng hier

Poland n Polen nt

polar adj Polar-, polar **polar bear** n Eisbär m **polar circle** n Polarkreis m **polarize** A v/t polarisieren B v/i sich polarisieren

Polaroid® n (≈ camera) Polaroidkamera® f; (≈ photograph) Sofortbild nt

Pole n Pole m, Polin f

pole¹ n Stange f; (for vaulting) Stab m

pole² n GEOG, ASTRON, ELEC Pol m; **they are ~s apart** sie (acc) trennen Welten

polemical adj polemisch

pole position n MOTORING RACING Poleposition f; **to be** or **start in ~** aus der Poleposition starten **pole star** n Polarstern m **pole vault** n Stabhochsprung m **pole-vaulter** n Stabhochspringer(in) m(f)

police A n Polizei f; **to join the ~** zur Polizei gehen; **he is in the ~** er ist bei der Polizei; **hundreds of ~** Hunderte von Polizisten B v/t kontrollieren **police car** n Polizeiwagen m **police constable** n (Br) Polizist(in) m(f) **police dog** n Polizeihund m **police force** n Polizei f **police headquarters** n sg or pl Polizeipräsidium nt

policeman n Polizist m **police officer** n Polizeibeamte(r) m/f(m) **police presence** n Polizeiaufgebot nt

police station n (Polizei)wache f, Wachzimmer nt (Aus) **policewoman** n Polizistin f **policing** n Kontrolle f

policy¹ n 1 Politik f no pl; (≈ principle) Grundsatz m; **our ~ on recruitment** unsere Einstellungspolitik; **a ~ of restricting immigration** eine Politik zur Einschränkung der Einwanderung; **a matter of ~** eine Grundsatzfrage; **your ~ should always be to give people a second chance** du solltest es dir zum Grundsatz machen, Menschen eine zweite Chance zu geben; **my ~ is to wait and see** meine Devise heißt abwarten 2 (≈ prudence) Taktik f; **it was good/bad ~** das war (taktisch) klug/unklug

policy² n (a. **insurance policy**) (Versicherungs)police f; **to take out a ~** eine Versicherung abschließen

polio n Kinderlähmung f

Polish A adj polnisch B n LING Polnisch nt

polish A n 1 (≈ shoe polish) Creme f; (≈ floor polish) Bohnerwachs nt; (≈ furniture polish) Politur f; (≈ metal polish) Poliermittel nt; (≈ nail polish) Lack m 2 **to give sth a ~** etw polieren; floor etw bohnern 3 (≈ shine) Glanz m B v/t (lit) polieren; floor bohnern ◊**polish off** v/t sep (infml) food verputzen (infml) ◊**polish up** v/t sep 1 polieren 2 (fig) style, one's French aufpolieren; work überarbeiten

polished adj 1 furniture poliert; floor gebohnert 2 style etc verfeinert; performance brillant

polite adj (+er) höflich; **to be ~ to sb** höflich zu jdm sein **politeness** n Höflichkeit f

political adj politisch **political asylum** n politisches Asyl; **he was granted ~** ihm wurde politisches Asyl gewährt **political correctness** n politische Korrektheit **politically** adv politisch **politically correct** adj politisch korrekt **politically incorrect** adj politisch inkorrekt **political party** n politische Partei **political prisoner** n politischer Gefangener, politische Gefangene

politician n Politiker(in) m(f)

politics n Politik f; (≈ views) politische Ansichten pl; **to go into ~** in die Politik gehen; **interested in ~** politisch interessiert; **office ~** Bürorangeleien pl

polka n Polka f **polka dot** A n Tupfen m B adj getupft

poll A n 1 (POL) (≈ voting) Abstimmung f; (≈ election) Wahl f; **a ~ was taken among the villagers** unter den Dorfbewohnern wurde abgestimmt; **they got 34% of the ~** sie bekamen 34% der Stimmen 2 **~s** (≈ election) Wahl f; **to go to the ~s** zur Wahl gehen; **a crushing defeat at the ~s** eine vernichtende Wahlniederlage 3 (≈ opinion poll) Umfrage f; **a telephone ~** eine telefonische Abstimmung B v/t 1 votes erhalten 2 (in opinion poll) befragen

pollen n Pollen m **pollen count** n Pollenzahl f **pollinate** v/t bestäuben **pollination** n Bestäubung f

polling n Wahl f **polling booth** n Wahlkabine f **polling card** n Wahlausweis m **polling day** n (esp Br) Wahltag m **polling station** n (Br) Wahllokal nt

poll tax n Kopfsteuer f

pollutant n Schadstoff m

pollute v/t verschmutzen; *atmosphere etc* verunreinigen **polluter** n Umweltverschmutzer(in) m(f)

pollution n (*of environment*) Umweltverschmutzung f; (*of atmosphere*) Verunreinigung f

polo n Polo nt **polo neck** (*Br*) **A** n (≈ *sweater*) Rollkragenpullover m **B** adj ~ **sweater** Rollkragenpullover m

poltergeist n Poltergeist m

polyester n Polyester m

polygamy n Polygamie f

polystyrene® **A** n Polystyrol nt **B** adj Polystyrol-

polysyllabic adj mehrsilbig

polytechnic n (*Br*) ≈ Polytechnikum nt; (*degree-awarding*) technische Hochschule

polythene n (*Br*) Polyäthylen nt; ~ **bag** Plastiktüte f

polyunsaturated adj mehrfach ungesättigt; ~ **fats** mehrfach ungesättigte Fettsäuren pl

pomegranate n Granatapfel m

Pomerania n Pommern nt

pomp n Pomp m

pompom n Troddel f

pomposity n (*of person*) Aufgeblasenheit f; (*of language*) Schwülstigkeit f **pompous** adj *person* aufgeblasen; *language* schwülstig **pompously** adv *write, speak* schwülstig; *behave* aufgeblasen

poncy adj (+er) (*Br infml*) *walk, actor* tuntig (*infml*)

pond n Teich m

ponder **A** v/t nachdenken über (+acc) **B** v/i nachdenken (*on, over* über +acc)

ponderous adj schwerfällig

pong (*Br infml*) **A** n Gestank m; **there's a bit of a ~ in here** hier stinkt **B** v/i stinken

pony n Pony nt **ponytail** n Pferdeschwanz m; **she was wearing her hair in a ~** sie trug einen Pferdeschwanz **pony trekking** n Ponyreiten nt

poo n, v/i (*baby talk*) = pooh II, III

pooch n (*infml*) Hündchen nt

poodle n Pudel m

poof(ter) n (*dated Br pej infml*) Schwule(r) m (*infml*)

pooh **A** int puh **B** n (*baby talk*) Aa nt (*baby talk*); **to do a ~** Aa machen (*baby talk*) **C** v/i (*baby talk*) Aa machen (*baby talk*)

pool¹ n **1** Teich m **2** (*of rain*) Pfütze f **3** (*of liquid*) Lache f; **a ~ of blood** eine Blutlache **4** (≈ *swimming pool*) Swimmingpool m; (≈ *swimming baths*) Schwimmbad nt; **to go to the (swimming) ~** ins Schwimmbad gehen

pool² **A** n **1** (≈ *fund*) (gemeinsame) Kasse **2** (≈ *typing pool*) Schreibzentrale f **3** (≈ *car pool*) Fuhrpark m **4** **pools** pl (*Br*) **the ~s** Toto m or nt; **to do the ~s** Toto spielen; **he won £1000 on the ~s** er hat £ 1000 im Toto gewonnen **5** (≈ *form of snooker*) Poolbillard nt **B** v/t *resources* zusammenlegen; *efforts* vereinen (*elev*)

pool attendant n Bademeister(in) m(f) **pool hall** n Billardzimmer nt **pool table** n Billardtisch m

poop v/t (*infml* ≈ *exhaust*) schlauchen (*infml*)

pooper scooper n (*infml*) Schaufel f für Hundekot

poor **A** adj (+er) **1** arm; **to get** or **become ~er** verarmen; **he was now one thousand pounds (the) ~er** er war nun um eintausend Pfund ärmer; **~ relation** (*fig*) Sorgenkind nt; **you ~ (old) chap** (*infml*) du armer Kerl (*infml*); **~ you!** du Ärmste(r)!; **she's all alone, ~ woman** sie ist ganz allein, die arme Frau; **~ things, they look cold** die Ärmsten, ihnen scheint kalt zu sein **2** (≈ *not good*) schlecht; (≈ *meagre*) mangelhaft; *leadership* schwach; **a ~ substitute** ein armseliger Ersatz; **a ~ chance of success** schlechte Erfolgsaussichten pl; **that's ~ consolation** das ist ein schwacher Trost; **he has a ~ grasp of the subject** er beherrscht das Fach schlecht **B** pl **the ~** die Armen pl **poorly** **A** adv **1** arm; *furnished* ärmlich; **~ off** schlecht gestellt **2** (≈ *badly*) schlecht; **~-attended** schlecht besucht; **~-educated** ohne(ausreichende) Schulbildung; **~-equipped** schlecht ausgerüstet; **to do ~ (at sth)** (in etw dat) schlecht abschneiden **B** adj pred (*Br* ≈ *ill*) krank; **to be** or **feel ~** sich krank fühlen

pop¹ n (*esp US infml*) (≈ *father*) Papa m (*infml*)

pop² **A** n **1** (≈ *sound*) Knall m **2** (≈ *fizzy drink*) Limo f (*infml*) **B** adv **to go ~** (*cork*) knallen; (*balloon*) platzen; **~!** peng! **C** v/t **1** *balloon* zum Platzen bringen **2** (*infml* ≈ *put*) stecken; **to ~ a letter into the postbox** (*Br*) or **mailbox** (*US*) einen Brief einwerfen; **he ~ped his head round the door** er streckte den Kopf durch die Tür; **to ~ a jacket on** sich *(dat)* ein Jackett überziehen; **to ~ the question** einen (Heirats)antrag machen **D** *v/i (infml)* **1** *(cork)* knallen; *(balloon)* platzen; *(ears)* knacken; **his eyes were ~ping out of his head** ihm fielen fast die Augen aus dem Kopf *(infml)* **2 to ~ along/down to the baker's** schnell zum Bäcker laufen; **I'll just ~ upstairs** ich laufe mal eben nach oben; **~ round sometime** komm doch mal auf einen Sprung bei mir vorbei *(infml)* ◊**pop back** *(infml)* **A** *v/t sep* (schnell) zurücktun *(infml)*; **pop it back in(to) the box** tu es wieder in die Schachtel **B** *v/i* schnell zurücklaufen ◊**pop in** *(infml)* **A** *v/t sep* hineintun; **to pop sth in(to) sth** etw in etw *(acc)* stecken **B** *v/i* (≈ *visit)* auf einen Sprung vorbeikommen *(infml)*; **to ~ for a short chat** auf einen kleinen Schwatz hereinschauen *(infml)*; **we just popped into the pub** wir gingen kurz in die Kneipe; **just ~ any time** komm doch irgendwann mal vorbei *(infml)* ◊**pop off** *v/i (Br infml ≈ go off)* verschwinden *(infml)* (to nach) ◊**pop out** *v/i (infml)* **1** (≈ *go out)* (schnell) rausgehen *(infml)*; **he has just popped out for a beer** er ist schnell auf ein Bierchen gegangen *(infml)*; **he has just popped out to the shops** er ist schnell zum Einkaufen gegangen **2** *(eyes)* vorquellen ◊**pop up** *(infml)* **A** *v/t sep head* hochstrecken **B** *v/i* **1** (≈ *appear suddenly)* auftauchen; *(head)* hochschießen *(infml)* **2** (≈ *come up)* (mal eben) raufkommen *(infml)*; (≈ *go up)* (mal eben) raufgehen *(infml)*

pop concert *n* Popkonzert *nt* **popcorn** *n* Popcorn *nt*

Pope *n* Papst *m*

pop group *n* Popgruppe *f* **popgun** *n* Spielzeugpistole *f* **pop icon** *n* Popikone *f*, Popidol *nt*

poplar *n* Pappel *f*

pop music *n* Popmusik *f*

poppy *n* Mohn *m* **Poppy Day** *n (Br)* ≈ Volkstrauertag *m* **poppy seed** *n* Mohn *m*

Popsicle® *n (US)* Eis *nt* am Stiel

pop singer *n* Popsänger(in) *m(f)* **pop song** *n* Popsong *m* **pop star** *n* Popstar *m*

populace *n* Bevölkerung *f*; (≈ *masses)* breite Öffentlichkeit

popular *adj* **1** (≈ *well-liked)* beliebt *(with* bei); **he was a very ~ choice** seine Wahl fand großen Anklang **2** (≈ *for general public)* populär; *music* leicht; **~ appeal** Massenappeal *m*; **~ science** Populärwissenschaft *f* **3** *belief* weitverbreitet; **contrary to ~ opinion** entgegen der landläufigen Meinung; **fruit teas are becoming increasingly ~** Früchtetees erfreuen sich zunehmender Beliebtheit **4** POL *support* des Volkes; *vote, demand* allgemein; **~ uprising** Volksaufstand *m*; **by ~ request** auf allgemeinen Wunsch **popular culture** *n* Populärkultur *f* **popularity** *n* Beliebtheit *f*; **he'd do anything to win ~** er würde alles tun, um sich beliebt zu machen; **the sport is growing in ~** dieser Sport wird immer populärer **popularize** *v/t* **1** (≈ *make well-liked)* populär machen **2** (≈ *make understandable) science, ideas* popularisieren, popularisieren **popularly** *adv* allgemein; **he is ~ believed to be rich** nach allgemeiner Ansicht ist er reich; **to be ~ known as sb/sth** allgemeinhin als jd/etw bekannt sein

populate *v/t* (≈ *inhabit)* bevölkern; (≈ *colonize)* besiedeln; **~d by** bevölkert von; **this area is ~d mainly by immigrants** in diesem Stadtteil leben hauptsächlich Einwanderer; **densely ~d areas** dicht besiedelte Gebiete *pl*; **densely ~d cities** dicht bevölkerte Städte *pl*

population *n (of region, country)* Bevölkerung *f*; *(of town)* Bewohner *pl*; (≈ *number of inhabitants)* Bevölkerungszahl *f*; **the growing black ~ of London** die wachsende Zahl von Schwarzen in London **populous** *adj country* dicht besiedelt; *town* einwohnerstark

pop-up A *adj book* Hochklapp- *(infml)*; **~ menu/window** IT Pop-up-Menü *nt*/Fenster *nt* **B** *n* IT Pop-up(-Menü) *nt*

porcelain A *n* Porzellan *nt* **B** *adj* Porzellan-

porch *n (of house)* Vorbau *m*; *(US)* Veranda *f*

porcupine *n* Stachelschwein *nt*

pore *n* Pore *f*; **in/from every ~** *(fig)* aus allen Poren ◊**pore over** *v/i +prep obj* genau studieren; **to ~ one's books** über seinen Büchern hocken

pork *n* Schweinefleisch *nt* **pork chop** *n* Schweinskotelett *nt* **pork pie** *n* Schweinefleischpastete *f* **pork sausage** *n*

Schweinswurst f **porky** (infml) **A** adj (+er)
(≈ fat) fett **B** n Schwindelei f
porn (infml) **A** n Pornografie f; **soft ~**
weicher Porno; **hard ~** harter Porno **B**
adj pornografisch; **~ shop** Pornoladen m
(infml) **porno** (infml) **A** n Porno m **B**
adj Porno- **pornographic** adj, **porno-
graphically** adv pornografisch **pornography** n Pornografie f
porous adj rock porös
porridge n (esp Br) Haferbrei m
port[1] n Hafen m; **~ of call** Halt m; **any ~
in a storm** (prov) in der Not frisst der Teufel Fliegen (prov)
port[2] n IT Port m
port[3] **A** n (NAUT, AVIAT ≈ left side) Backbord m **B** adj auf der Backbordseite
port[4] n (a. **port wine**) Portwein m
portable A adj **1** computer tragbar; generator, toilets mobil; **easily ~** leicht zu tragen; **~ radio** Kofferradio nt **2** software
übertragbar **B** n (≈ computer, TV) Portable
nt
portal n IT Portal n
porter n (of office etc) Pförtner(in) m(f); (≈
hospital porter) Assistent(in) m(f); (at hotel)
Portier m, Portiersfrau f; RAIL Gepäckträ-
ger(in) m(f)
portfolio n **1** (Akten)mappe f **2** FIN
Portefeuille f **3** (of artist) Kollektion f
porthole n Bullauge nt
portion n **1** (≈ piece) Teil m; (of ticket) Abschnitt m; **my ~** mein Anteil m **2** (of food)
Portion f
portrait n Porträt nt; **to have one's ~
painted** sich malen lassen; **to paint a ~
of sb** jdn porträtieren **portrait painter**
n Porträtmaler(in) m(f) **portray** v/t darstellen **2** (≈ paint) malen **portrayal** n
Darstellung f
Portugal n Portugal nt
Portuguese A adj portugiesisch; **he is ~**
er ist Portugiese **B** n Portugiese m, Portugiesin f; LING Portugiesisch nt
pose A n Haltung f **B** v/t **1** question vortragen **2** difficulties aufwerfen; threat darstellen **C** v/i **1** (≈ model) posieren; **to ~ (in
the) nude** für einen Akt posieren **2** **to ~
as** sich ausgeben als **poser** n Angeber(in)
m(f)
posh (infml) adj (+er) vornehm
position A n **1** Platz m; (of microphone,
statue etc) Standort m; (of town, house etc)
Lage f; (of plane, ship, SPORTS) Position f;

MIL Stellung f; **to be in/out of ~** an der
richtigen/falschen Stelle sein; **what ~ do
you play?** auf welcher Position spielst
du?; **he was in fourth ~** er lag auf dem
vierten Platz **2** (≈ posture) Haltung f; (in
love-making) Stellung f; **in a sitting ~** sitzend **3** (≈ standing) Position f; (≈ job) Stelle
f; **a ~ of trust** eine Vertrauensstellung; **to
be in a ~ of power** eine Machtposition
innehaben **4** (fig ≈ situation) Lage f; **to
be in a ~ to do sth** in der Lage sein,
etw zu tun **5** (fig ≈ point of view) Standpunkt m; **what is the government's ~
on ...?** welchen Standpunkt vertritt die
Regierung zu ...? **B** v/t microphone, guards
aufstellen; soldiers postieren; IT cursor positionieren; **he ~ed himself where he
could see her** er stellte/setzte sich so,
dass er sie sehen konnte
positive A adj **1** (≈ affirmative) positiv;
criticism konstruktiv; **~ pole** Pluspol m;
he is a very ~ person er hat eine sehr
positive Einstellung zum Leben; **to take
~ action** positive Schritte unternehmen
2 evidence, answer eindeutig; **to be ~ that
...** sicher sein, dass ...; **to be ~ about** or
of sth sich (dat) einer Sache (gen) absolut
sicher sein; **are you sure? — ~** bist du sicher? — ganz bestimmt; **this is a ~ disgrace** das ist wirklich eine Schande; **a ~
genius** ein wahres Genie **B** adv **1** MED
to test ~ einen positiven Befund haben
2 **to think ~** positiv denken **positive
feedback** n **to get ~ (about sb/sth)** eine positive Rückmeldung (zu jdm/etw) erhalten **positively** adv **1** (≈ affirmatively)
positiv **2** (≈ definitely) definitiv; **to test ~
for drugs** positiv auf Drogen getestet
werden **3** (≈ absolutely) wirklich; (emph ≈
actively) eindeutig; **Jane doesn't mind being photographed, she ~ loves it** Jane
hat nichts dagegen, fotografiert zu werden, im Gegenteil, sie hat es sehr gern
posse n (US) Aufgebot nt; (fig) Gruppe f
possess v/t besitzen; (form) facts verfügen
über (+acc); **to be ~ed by demons** von
Dämonen besessen sein; **like a man ~ed**
wie ein Besessener; **whatever ~ed you
to do that?** was ist bloß in Sie gefahren,
so etwas zu tun?
possession n Besitz m; **to have sth in
one's ~** etw in seinem Besitz haben; **to
have/take ~ of sth** etw in Besitz haben/
nehmen; **to get ~ of sth** in den Besitz

von etw kommen; **to be in ~ of sth** im Besitz von etw sein; **all his ~s** sein gesamter Besitz **possessive** **A** *adj (of belongings)* eigen; *boyfriend* besitzergreifend; **to be ~ about sth** seine Besitzansprüche auf etw *(acc)* betonen **B** *n* GRAM Possessiv(um) *nt* **possessively** *adv (about things)* eigen; *(towards people)* besitzergreifend **possessiveness** *n* eigene Art *(about* mit*)*; *(towards people)* besitzergreifende Art *(towards* gegenüber*)* **possessive pronoun** *n* GRAM Possessivpronomen *nt* **possessor** *n* Besitzer(in) *m(f)*

possibility *n* Möglichkeit *f*; **there's not much ~ of success** die Aussichten auf Erfolg sind nicht sehr groß; **the ~ of doing sth** die Möglichkeit, etw zu tun; **it's a distinct ~ that ...** es besteht eindeutig die Möglichkeit, dass ...; **there is a ~ that ...** es besteht die Möglichkeit, dass ...

possible **A** *adj* möglich; **anything is ~** möglich ist alles; **as soon as ~** so bald wie möglich; **the best ~ ...** der/die/das bestmögliche ...; **if (at all) ~** falls (irgend) möglich; **it's just ~ that I'll see you before then** eventuell sehe ich dich vorher noch; **no ~ excuse** absolut keine Entschuldigung; **the only ~ choice, the only choice ~** die einzig mögliche Wahl; **it will be ~ for you to return the same day** Sie haben die Möglichkeit, am selben Tag zurückzukommen; **to make sth ~** etw ermöglichen; **to make it ~ for sb to do sth** es jdm ermöglichen, etw zu tun; **where ~** wo möglich; **wherever ~** wo immer möglich **B** *n* **he is a ~ for the English team** er kommt für die englische Mannschaft infrage **possibly** *adv* **1** I **couldn't ~ do that** das könnte ich unmöglich tun; **nobody could ~ tell the difference** es war unmöglich, einen Unterschied zu erkennen; **very** *or* **quite ~** durchaus möglich; **how could he ~ have known that?** wie konnte er das nur wissen?; **he did all he ~ could** er tat, was er nur konnte; **I made myself as comfortable as I ~ could** ich habe es mir so bequem wie möglich gemacht; **if I ~ can** wenn ich irgend kann **2** *(≈ perhaps)* vielleicht; **~ not** vielleicht nicht

post¹ **A** *n (≈ pole)* Pfosten *m*; *(≈ lamp post)* Pfahl *m*; *(≈ telegraph post)* Mast *m*; **a wooden ~** ein Holzpfahl *m*; **finishing ~** Zielpfosten *m* **B** *v/t (≈ display: a.* **post up**) anschlagen

post² **A** *n* **1** *(Br ≈ job)* Stelle *f*; **to take up a ~** eine Stelle antreten; **to hold a ~** eine Stelle innehaben **2** MIL Posten *m*; **a border ~** ein Grenzposten *m* **B** *v/t (≈ send)* versetzen; MIL abkommandieren

post³ **A** *n (Br ≈ mail)* Post *f*; **by ~** mit der Post; **it's in the ~** es ist in der Post; **to catch the ~** *(person)* rechtzeitig zur Leerung kommen; **to miss the ~** *(person)* die Leerung verpassen; **there is no ~ today** *(≈ no delivery)* heute kommt keine Post; *(≈ no letters)* heute ist keine Post (für uns) gekommen; **has the ~ been?** war die Post schon da? **B** *v/t* **1** *(Br ≈ put in the post)* aufgeben; *(in letterbox)* einwerfen; *(≈ send by post)* mit der Post schicken; *(IT ≈ by e-mail)* mailen; *(on internet)* posten; **I ~ed it to you on Monday** ich habe es am Montag an Sie abgeschickt/gemailt **2** **to keep sb ~ed** jdn auf dem Laufenden halten ◊**post off** *v/t sep* abschicken

post- *pref* nach–; post-

postage *n* Porto *nt*; **~ and packing** Porto und Verpackung; **~ paid** Entgelt bezahlt **postage stamp** *n* Briefmarke *f*

postal *adj* Post- **postal address** *n* Postanschrift *f* **postal code** *n (Br)* Postleitzahl *f* **postal order** *n (Br) ≈* Postanweisung *f* **postal service** *n* Postdienst *m* **postal vote** *n* **to have a ~** per Briefwahl wählen **postal worker** *n* Postbeamte(r) *m*, Postbeamtin *f*

postbag *n (Br)* Postsack *m* **postbox** *n (Br)* Briefkasten *m*

postcard *n* Postkarte *f*; **(picture) ~** Ansichtskarte *f* **post code** *n (Br)* Postleitzahl *f*

postdate *v/t* vordatieren **postedit** *v/t & v/i* IT redaktionell nachbearbeiten

poster *n* Plakat *nt*

posterior *n (hum)* Allerwerteste(r) *m (hum)*

posterity *n* die Nachwelt

post-free *adj, adv* portofrei **postgraduate** **A** *n jd, der seine Studien nach dem ersten akademischen Grad weiterführt,* Postgraduierte(r) *m/f(m)* **B** *adj* weiterführend; **~ course** Anschlusskurs *m*; **~ degree** zweiter akademischer Grad; **~ student** Postgraduierte(r) *m/f(m)*

posthumous *adj*, **posthumously** *adv* post(h)um

posting *n (≈ transfer, assignment)* Versetzung *f*; **he's got a new ~** er ist wieder versetzt worden

Post-it®, Post-it note *n* Post-it® *nt*, Haftnotiz *f*

postman *n* (*Br*) Briefträger *m* **postmark** **A** *n* Poststempel *m* **B** *v/t* (ab)stempeln; **the letter is ~ed "Birmingham"** der Brief ist in Birmingham abgestempelt

postmodern *adj* postmodern **postmodernism** *n* Postmodernismus *m* **postmortem** *n* (*a.* **postmortem examination**) Obduktion *f* **postnatal** *adj* nach der Geburt

post office *n* Postamt *nt*; **the Post Office** die Post®; **~ box** Postfach *nt* **post-paid** **A** *adj* portofrei; *envelope* frankiert **B** *adv* portofrei

postpone *v/t* aufschieben; **it has been ~d till Tuesday** es ist auf Dienstag verschoben worden **postponement** *n* (≈ *act*) Verschiebung *f*; (≈ *result*) Aufschub *m* **postscript(um)** *n* (*to letter*) Postskriptum *nt*; (*to book etc*) Nachwort *nt*

posture **A** *n* Haltung *f*; (*pej*) Pose *f* **B** *v/i* sich in Positur *or* Pose werfen

post-war *adj* Nachkriegs-; **~ era** Nachkriegszeit *f*

postwoman *n* (*esp Br*) Briefträgerin *f*

pot **A** *n* **1** Topf *m*; (≈ *teapot*) Kanne *f*; **to go to ~** (*infml*) (*person, business*) auf den Hund kommen (*infml*); (*plan, arrangement*) ins Wasser fallen (*infml*) **2** (*infml*) **to have ~s of money** jede Menge Geld haben (*infml*) **3** (*infml* ≈ *marijuana*) Pot *nt* (*sl*) **B** *v/t* **1** *plant* eintopfen **2** BILLIARDS *ball* einlochen

potassium *n* Kalium *nt*

potato *n*, *pl* **-es** Kartoffel *f*, Erdapfel *m* (*Aus*) **potato chip** *n* **1** (*esp US*) = potato crisp **2** (*Br* ≈ *chip*) Pomme frite *m* **potato crisp** *n* (*Br*) Kartoffelchip *m* **potato masher** *n* Kartoffelstampfer *m* **potato peeler** *n* Kartoffelschäler *m* **potato salad** *n* Kartoffelsalat *m*

potbellied *adj* spitzbäuchig; (*through hunger*) blähbäuchig **potbelly** *n* (*from overeating*) Spitzbauch *m*; (*from malnutrition*) Blähbauch *m*

potency *n* (*of drug etc*) Stärke *f*; (*of image*) Schlagkraft *f* **potent** *adj* stark; *argument etc* durchschlagend; *reminder* beeindruckend

potential **A** *adj* potenziell **B** *n* Potenzial *nt*; **~ for growth** Wachstumspotenzial *nt*; **to have ~** ausbaufähig sein (*infml*); **he shows quite a bit of ~** es steckt einiges in ihm; **to achieve** *or* **fulfil** *or* **realize one's ~** die Grenze seiner Möglichkeiten verwirklichen; **to have great ~ (as/for)** große Möglichkeiten bergen (als/für); **to have the ~ to do sth** das Potenzial haben, um etw zu tun; **to have no/little ~** kein/kaum Potenzial haben; **she has management ~** sie hat das Zeug zur Managerin **potentially** *adv* potenziell; **~, these problems are very serious** diese Probleme könnten sich als gravierend herausstellen

pothole *n* **1** (*in road*) Schlagloch *nt* **2** GEOL Höhle *f*

potion *n* Trank *m*

pot luck *n* **to take ~** nehmen, was es gerade gibt; **we took ~ and went to the nearest pub** wir gingen aufs Geratewohl in die nächste Kneipe **pot plant** *n* Topfpflanze *f*

potpourri *n* (*lit*) Duftsträußchen *nt*

pot roast *n* Schmorbraten *m* **pot shot** *n* **to take a ~ at sb/sth** aufs Geratewohl auf jdn/etw schießen

potted *adj* **1** *meat* eingemacht; **~ plant** Topfpflanze *f* **2** (≈ *shortened*) gekürzt

potter¹ *n* Töpfer(in) *m(f)*

potter², (*US also*) **putter** *v/i* (≈ *do jobs*) herumwerkeln; (≈ *wander*) herumschlendern; **she ~s away in the kitchen for hours** sie hantiert stundenlang in der Küche herum; **to ~ round the house** im Haus herumwerkeln; **to ~ round the shops** einen Geschäftsbummel machen; **to ~ along the road** (*car, driver*) dahinzuckeln

pottery *n* (≈ *workshop, craft*) Töpferei *f*; (≈ *pots*) Töpferwaren *pl*; (*glazed*) Keramik *f*

potting compost *n* Pflanzerde *f* **potting shed** *n* Schuppen *m*

potty¹ *n* Töpfchen *nt*, Haferl *nt* (*Aus*); **~-trained** (*Br*) sauber

potty² *adj* (+*er*) (*Br infml* ≈ *mad*) verrückt; **to drive sb ~** jdn zum Wahnsinn treiben; **he's ~ about her** er ist verrückt nach ihr

pouch *n* Beutel *m*

poultice *n* Umschlag *m*

poultry *n* Geflügel *nt* **poultry farm** *n* Geflügelfarm *f* **poultry farmer** *n* Geflügelzüchter(in) *m(f)*

pounce **A** *n* Satz *m* **B** *v/i* (*cat etc*) einen Satz machen; (*fig*) zuschlagen; **to ~ on sb/sth** sich auf jdn/etw stürzen

P

pound[1] *n* **1** (≈ *weight*) ≈ Pfund *nt*; **two ~s of apples** zwei Pfund Äpfel; **by the ~** pfundweise **2** (≈ *money*) Pfund *nt*; **five ~s** fünf Pfund

pound[2] **A** *v/t* **1** (≈ *strike*) hämmern; *table* hämmern auf (+*acc*); *door* hämmern gegen; (*waves*) schlagen gegen; (*guns*) ununterbrochen beschießen **2** (≈ *pulverize*) *corn etc* (zer)stampfen **B** *v/i* hämmern; (*heart*) (*wild*) pochen; (*waves*) schlagen (*on, against* gegen); (*drums*) dröhnen; (≈ *stamp*) stapfen ◊**pound away** *v/i* hämmern; (*music, guns*) dröhnen; **he was pounding away at the typewriter** er hämmerte auf der Schreibmaschine herum

pound[3] *n* (*for stray dogs*) städtischer Hundezwinger; (*esp Br: for cars*) Abstellplatz *m* (*für amtlich abgeschleppte Fahrzeuge*)

-pounder *n suf* -pfünder *m*; **quarter- -pounder** Viertelpfünder *m*

pounding **A** *n* Hämmern *nt*; (*of heart*) Pochen *nt*; (*of music*) Dröhnen *nt*; (*of waves*) Schlagen *nt*; (*of feet etc*) Stampfen *nt*; (*of guns*) Bombardement *nt*; **the ship took a ~** das Schiff wurde stark mitgenommen **B** *adj heart* klopfend; *feet* trommelnd; *drums, waves* donnernd; *headache* pochend

pour **A** *v/t liquid* gießen; *sugar etc* schütten; *drink* eingießen; **to ~ sth for sb** jdm etw eingießen; **to ~ money into a project** Geld in ein Projekt pumpen (*infml*) **B** *v/i* **1** strömen; **the sweat ~ed off him** der Schweiß floss in Strömen an ihm herunter; **it's ~ing (with rain)** es gießt (in Strömen), es schüttet (*infml*) **2** (≈ *pour out tea etc*) eingießen; **this jug doesn't ~ well** dieser Krug gießt nicht gut ◊**pour away** *v/t sep* weggießen ◊**pour in** *v/i* hereinströmen; (*donations*) in Strömen eintreffen ◊**pour out** **A** *v/i* herausströmen (*of* aus); (*words*) heraussprudeln (*of* aus) **B** *v/t sep* **1** *liquid* ausgießen; *sugar etc* ausschütten; *drink* eingießen **2** (*fig*) *feelings* sich (*dat*) von der Seele reden; **to ~ one's heart (to sb)** (jdm) sein Herz ausschütten

pouring *adj* **~ rain** strömender Regen, Schnürlregen *m* (*Aus*)

pout **A** *n* Schmollmund *m* **B** *v/i* **1** einen Schmollmund machen **2** (≈ *sulk*) schmollen

poverty *n* Armut *f*; **to be below the ~ line** unterhalb der Armutsgrenze leben

poverty-stricken *adj* Not leidend; **to be ~** Armut leiden

POW *abbr* of prisoner of war

powder **A** *n* **1** Pulver *nt*; (≈ *talcum powder etc*) Puder *m* **2** (≈ *dust*) Staub *m* **B** *v/t face* pudern; **to ~ one's nose** (*euph*) kurz verschwinden (*euph*) **powdered** *adj* **1** *face* gepudert **2** (≈ *in powder form*) löslich; **~ sugar** (*US*) Puderzucker *m*, Staubzucker *m* (*Aus*) **powdered milk** *n* Milchpulver *nt* **powder keg** *n* Pulverfass *nt* **powder room** *n* Damentoilette *f* **powdery** *adj* **1** (≈ *like powder*) pulvrig **2** (≈ *crumbly*) bröckelig

power **A** *n* **1** *no pl* (≈ *physical strength*) Kraft *f*; (≈ *force: of blow etc*) Stärke *f*, Wucht *f*; (*fig: of argument etc*) Überzeugungskraft *f*; **the ~ of love** die Macht der Liebe; **purchasing** or **spending ~** Kaufkraft *f* **2** (≈ *faculty*) Vermögen *nt no pl*; **his ~s of hearing** sein Hörvermögen *nt*; **mental ~s** geistige Kräfte *pl* **3** (≈ *capacity etc, nation*) Macht *f*; **he did everything in his ~** er tat alles, was in seiner Macht stand; **a naval ~** eine Seemacht **4** (*no pl* ≈ *authority*) Macht *f*; (JUR, *parental*) Gewalt *f*; (*usu pl* ≈ *authorization*) Befugnis *f*; **he has the ~ to act** er ist handlungsberechtigt; **the ~ of the police** die Macht der Polizei; **to be in sb's ~** in jds Gewalt (*dat*) sein; **~ of attorney** JUR (Handlungs)vollmacht *f*; **the party in ~** die Partei, die an der Macht ist; **to fall from ~** abgesetzt werden; **to come into ~** an die Macht kommen; **I have no ~ over her** ich habe keine Gewalt über sie **5** (≈ *person etc having authority*) Autorität *f*; **to be the ~ behind the throne** die graue Eminenz sein; **the ~s that be** (*infml*) die da oben (*infml*); **the ~s of evil** die Mächte des Bösen **6** (*nuclear power etc*) Energie *f*; **they cut off the ~** (≈ *electricity*) sie haben den Strom abgestellt **7** (*of machine*) Leistung *f*; **on full ~** bei voller Leistung **8** MAT Potenz *f*; **to the ~ (of) 2** hoch 2 **9** (*infml*) **that did me a ~ of good** das hat mir unheimlich gut getan (*infml*) **B** *v/t* (*engine*) antreiben; (*fuel*) betreiben; **~ed by electricity** mit Elektroantrieb ◊**power down** *v/t sep* herunterfahren ◊**power up** *v/i, v/t sep* starten

power-assisted *adj* AUTO, TECH Servo-; **~ steering** Servolenkung *f* **power base** *n* Machtbasis *f* **power cable** *n* Stromkabel *nt* **power cut** *n* Stromsperre *f*; (*accidental*) Stromausfall *m* **power drill** *n* Bohrmaschine *f* **power-driven** *adj* mit Motorantrieb **power failure** *n* Stromausfall *m*

powerful *adj* **1** (≈ *influential*) mächtig **2** (≈ *strong*) stark; *build, kick* kräftig; *swimmer, detergent* kraftvoll; *storm, smell* massiv **3** (*fig*) *speaker* mitreißend; *film, performance* ausdrucksvoll; *argument* durchschlagend **powerfully** *adv* **1** *influence* mächtig; ~ **built** kräftig gebaut **2** (*fig*) *speak* kraftvoll; ~ **written** mitreißend geschrieben **powerhouse** *n* (*fig*) treibende Kraft (*behind* hinter +*dat*) **powerless** *adj* machtlos; **to be ~ to resist** nicht die Kraft haben, zu widerstehen; **the government is ~ to deal with inflation** die Regierung ist der Inflation machtlos gegenüber **power plant** *n* = power station **power point** *n* ELEC Steckdose *f* **power politics** *pl* Machtpolitik *f* **power sharing** *n* POL Machtteilung *f*

power station *n* Kraftwerk *nt* **power steering** *n* AUTO Servolenkung *f* **power structure** *n* Machtstruktur *f* **power struggle** *n* Machtkampf *m* **power supply** *n* ELEC Stromversorgung *f* **power tool** *n* Elektrowerkzeug *nt*

PR *n abbr of* public relations PR *f*

practicability *n* Durchführbarkeit *f* **practicable** *adj* durchführbar

practical *adj* praktisch; **for (all) ~ purposes** in der Praxis; **to be of no ~ use** ohne (jeden) praktischen Nutzen sein **practicality** *n* **1** *no pl* (*of scheme etc*) Durchführbarkeit *f* **2** (≈ *practical detail*) praktisches Detail **practical joke** *n* Streich *m* **practical joker** *n* Witzbold *m* (*infml*) **practically** *adv* praktisch; ~ **speaking** konkret gesagt

practice **A** *n* **1** (≈ *custom*) (*of individual*) Gewohnheit *f*; (*of group*) Brauch *m*; (≈ *bad habit*) Unsitte *f*; (*in business*) Praktik *f*; **this is normal business ~** das ist im Geschäftsleben so üblich; **that's common ~** das ist allgemein üblich **2** (≈ *exercise*) Übung *f*; (≈ *rehearsal*) Probe *f*; SPORTS Training *nt*; ~ **makes perfect** (*prov*) Übung macht den Meister (*prov*); **this piece of music needs a lot of ~** für dieses (Musik)stück muss man viel üben; **to do 10 minutes' ~** 10 Minuten (lang) üben; **to be out of ~** aus der Übung sein; **to have a ~ ses-**

sion üben; (≈ *rehearse*) Probe haben; SPORTS trainieren **3** (≈ *not theory, of doctor etc*) Praxis *f*, Ordination *f* (*Aus*); **in ~** in der Praxis; **that won't work in ~** das lässt sich praktisch nicht durchführen; **to put sth into ~** etw in die Praxis umsetzen **B** *v/t & v/i* (*US*) = practise **practice teacher** *n* (*US* SCHOOL) Referendar(in) *m(f)*

practise, (*US*) **practice** **A** *v/t* **1** üben; *song* proben; *self-denial* praktizieren; **to ~ the violin** Geige üben; **to ~ doing sth** etw üben; **I'm practising my German on him** ich probiere mein Deutsch an ihm aus **2** *profession, religion* ausüben; **to ~ law** als Anwalt praktizieren **B** *v/i* **1** (*to acquire skill*) üben **2** (*doctor etc*) praktizieren **practising**, (*US*) **practicing** *adj* praktizierend

practitioner *n* (≈ *medical practitioner*) praktischer Arzt, praktische Ärztin

pragmatic *adj*, **pragmatically** *adv* pragmatisch **pragmatism** *n* Pragmatismus *m* **pragmatist** *n* Pragmatiker(in) *m(f)*

Prague *n* Prag *nt*

prairie *n* Grassteppe *f*; (*in North America*) Prärie *f*

praise **A** *v/t* loben; **to ~ sb for having done sth** jdn dafür loben, etw getan zu haben **B** *n* Lob *nt no pl*; **a hymn of ~** eine Lobeshymne; **he made a speech in ~ of their efforts** er hielt eine Lobrede auf ihre Bemühungen; **to win ~** (*person*) Lob ernten; **I have nothing but ~ for him** ich kann ihn nur loben; ~ **be!** Gott sei Dank! **praiseworthy** *adj* lobenswert

praline *n* Praline *f* mit Nuss-Karamellfüllung

pram *n* (*Br*) Kinderwagen *m*

prance *v/i* tänzeln; (≈ *jump around*) herumtanzen

prank *n* Streich *m*; **to play a ~ on sb** jdm einen Streich spielen **prankster** *n* Schelm(in) *m(f)*

prat *n* (*Br infml*) Trottel *m* (*infml*)

prattle **A** *n* Geplapper *nt* **B** *v/i* plappern

prawn *n* Garnele *f*

pray *v/i* beten; **to ~ for sb/sth** für jdn/um etw beten; **to ~ for sth** (≈ *want it badly*) stark auf etw (*acc*) hoffen

prayer *n* Gebet *nt*; (≈ *service*) Andacht *f*; **to say one's ~s** beten **prayer book** *n* Gebetbuch *nt* **prayer meeting** *n* Gebetsstunde *f*

P

preach Ⓐ *v/t* predigen; **to ~ a sermon** eine Predigt halten; **to ~ the gospel** das Evangelium verkünden Ⓑ *v/i* predigen; **to ~ to the converted** (*prov*) offene Türen einrennen **preacher** *n* Prediger(in) *m(f)* **preaching** *n* Predigen *nt*

prearrange *v/t* im Voraus vereinbaren **prearranged, pre-arranged** *adj* *meeting* im Voraus verabredet; *location* im Voraus bestimmt

precarious *adj* unsicher; *situation* prekär; **at a ~ angle** in einem gefährlich aussehenden Winkel **precariously** *adv* unsicher; **to be ~ balanced** auf der Kippe stehen; **~ perched on the edge of the table** gefährlich nahe am Tischrand

precaution *n* Vorsichtsmaßnahme *f*; **security ~s** Sicherheitsmaßnahmen *pl*; **fire ~s** Brandschutzmaßnahmen *pl*; **to take ~s against sth** Vorsichtsmaßnahmen *pl* gegen etw treffen; **do you take ~s?** (*euph* ≈ *use contraception*) nimmst du, (irgend)etwas?; **to take the ~ of doing sth** vorsichtshalber etw tun **precautionary** *adj* Vorsichts-; **~ measure** Vorsichtsmaßnahme *f*

precede *v/t* vorangehen (+*dat*) **precedence** *n* (*of person*) vorrangige Stellung (*over* gegenüber); (*of problem etc*) Vorrang *m* (*over* vor +*dat*); **to take ~ over sb/sth** vor jdm/etw Vorrang haben; **to give ~ to sb/sth** jdm/einer Sache Vorrang geben **precedent** *n* Präzedenzfall *m*; **without ~** noch nie da gewesen; **to establish** *or* **create** *or* **set a ~** einen Präzedenzfall schaffen **preceding** *adj* vorhergehend

precinct *n* ① (*Br*) (≈ *pedestrian precinct*) Fußgängerzone *f*; (≈ *shopping precinct*) Einkaufsviertel *nt*; (*US*) (≈ *police precinct*) Revier *nt* ② **precincts** *pl* Umgebung *f*

precious Ⓐ *adj* (≈ *costly, rare*) kostbar; (≈ *treasured*) wertvoll Ⓑ *adv* (*infml*) **~ little/few** herzlich wenig/wenige (*infml*); **~ little else** herzlich wenig sonst **precious metal** *n* Edelmetall *nt* **precious stone** *n* Edelstein *m*

precipice *n* Abgrund *m*

precipitate *v/t* (≈ *hasten*) beschleunigen **precipitation** *n* ① METEO Niederschlag *m* ② (≈ *haste*) Hast *f*, Eile *f*

precise *adj* genau; (≈ *meticulous*) präzise; **at that ~ moment** genau in dem Augenblick; **please be more ~** drücken Sie sich bitte etwas genauer aus; **18, to be ~** 18, um genau zu sein; **or, to be more ~, ...** oder, um es genauer zu sagen, ... **precisely** *adv* genau; **at ~ 7 o'clock, at 7 o'clock ~** Punkt 7 Uhr; **that is ~ why I don't want it** genau deshalb will ich es nicht; **or more ~** ... oder genauer ... **precision** *n* Genauigkeit *f*

preclude *v/t* ausschließen

precocious *adj* frühreif

preconceived *adj* vorgefasst; **to have ~ ideas about sth** eine vorgefasste Meinung zu etw haben **preconception** *n* vorgefasste Meinung

precondition *n* (Vor)bedingung *f*

precook *v/t* vorkochen

precursor *n* Vorläufer(in) *m(f)*; (≈ *herald*) Vorbote *m*, Vorbotin *f*

predate *v/t* (≈ *precede*) zeitlich vorangehen (+*dat*); *cheque* zurückdatieren

predator *n* Raubtier *nt* **predatory** *adj* *behaviour* räuberisch

predecessor *n* (≈ *person*) Vorgänger(in) *m(f)*; (≈ *thing*) Vorläufer(in) *m(f)*

predestine *v/t* prädestinieren

predetermined *adj* *outcome* im Voraus festgelegt; *position* vorherbestimmt

predicament *n* Dilemma *nt*

predict *v/t* vorhersagen **predictability** *n* Vorhersagbarkeit *f* **predictable** *adj* *reaction* vorhersagbar; *person* durchschaubar; **to be ~** vorhersagbar sein; **you're so ~** man weiß doch genau, wie Sie reagieren **predictably** *adv* *react* vorhersagbar; **~ (enough), he was late** wie vorauszusehen, kam er zu spät **prediction** *n* Prophezeiung *f*

predispose *v/t* geneigt machen; **to ~ sb toward(s) sb/sth** jdn für jdn/etw einnehmen **predisposition** *n* Neigung *f* (*to* zu)

predominance *n* Überwiegen *nt*; **the ~ of women in the office** die weibliche Überzahl im Büro **predominant** *adj* *idea* vorherrschend; *person, animal* beherrschend **predominantly** *adv* überwiegend **predominate** *v/i* (*in numbers*) vorherrschen; (*in influence etc*) überwiegen

pre-election *adj* vor der Wahl (durchgeführt); **~ promise** Wahlversprechen *nt*

pre-eminent *adj* überragend

pre-empt *v/t* zuvorkommen (+*dat*) **pre-emptive** *adj* präventiv, Präventiv-; **~ attack** Präventivschlag *m*; **~ right** (*US* FIN) Vorkaufsrecht *nt*

preen Ⓐ *v/t* putzen Ⓑ *v/i* (*bird*) sich put-

zen **C** v/r **to ~ oneself** (bird) sich putzen
pre-existent adj vorher vorhanden
prefabricated adj vorgefertigt; **~ building** Fertighaus nt
preface n Vorwort nt
prefect n (Br SCHOOL) Aufsichtsschüler(in) m(f)
prefer v/t (≈ like better) vorziehen (to Dat); (≈ be more fond of) lieber haben (to als); **he ~s coffee to tea** er trinkt lieber Kaffee als Tee; **I ~ it that way** es ist mir lieber so; **which (of them) do you ~?** (of people) wen ziehen Sie vor?; (emotionally) wen mögen Sie lieber?; (of things) welche(n, s) finden Sie besser?; **to ~ to do sth** etw lieber tun; **I ~ not to say** ich sage es lieber nicht; **would you ~ me to drive?** soll ich lieber fahren?; **I would ~ you to do it today** or **that you did it today** mir wäre es lieber, wenn Sie es heute täten **preferable** adj **X is ~ to Y** X ist Y (dat) vorzuziehen; **anything would be ~ to sharing a flat with Sophie** alles wäre besser, als mit Sophie zusammen wohnen zu müssen; **it would be ~ to do it that way** es wäre besser, es so zu machen; **infinitely ~** hundertmal besser **preferably** adv am liebsten; **tea or coffee? — coffee, ~** Tee oder Kaffee? — lieber Kaffee; **but ~ not Tuesday** aber, wenn möglich, nicht Dienstag **preference** n **1** (≈ liking) Vorliebe f; **just state your ~** nennen Sie einfach Ihre Wünsche; **I have no ~** mir ist das eigentlich gleich **2 to give ~ to sb/sth** jdn/etw bevorzugen (over gegenüber) **preferential** adj bevorzugt; **to give sb ~ treatment** jdn bevorzugt behandeln; **to get ~ treatment** eine Vorzugsbehandlung bekommen
prefix n GRAM Präfix nt
pregnancy n Schwangerschaft f; (of animal) Trächtigkeit f **pregnancy test** n Schwangerschaftstest m **pregnant** adj **1** woman schwanger; animal trächtig; **3 months ~** im vierten Monat schwanger; **Gill was ~ by her new boyfriend** Gill war von ihrem neuen Freund schwanger; **to become** or **get ~** (woman) schwanger werden **2** (fig) pause bedeutungsschwer
preheat v/t vorheizen
prehistoric adj prähistorisch **prehistory** n Vorgeschichte f
pre-installed adj IT vorinstalliert
prejudge v/t im Voraus beurteilen; (nega-

tively) im Voraus verurteilen
prejudice **A** n Vorurteil nt; **his ~ against ...** seine Voreingenommenheit gegen ...; **to have a ~ against sb/sth** gegen jdn/etw voreingenommen sein; **racial ~** Rassenvorurteile pl **B** v/t beeinflussen **prejudiced** adj person voreingenommen (against gegen); **to be ~ in favour of sb/sth** für jdn/etw voreingenommen sein; **to be racially ~** Rassenvorurteile haben
preliminary **A** adj measures vorbereitend; report, tests vorläufig; stage früh; **~ hearing** (US JUR) gerichtliche Voruntersuchung; **~ round** Vorrunde f **B** n (≈ preparatory measure) Vorbereitung f; SPORTS Vorspiel nt; **preliminaries** pl Präliminarien pl (elev, JUR); SPORTS Vorrunde f **preliminary hearing** n JUR Voruntersuchung f
prelude n (fig) Auftakt m
premarital adj vorehelich
premature adj vorzeitig; action verfrüht; **the baby was three weeks ~** das Baby wurde drei Wochen zu früh geboren; **~ baby** Frühgeburt f; **~ ejaculation** vorzeitiger Samenerguss **prematurely** adv vorzeitig; act voreilig; **he was born ~** er war eine Frühgeburt
premeditated adj vorsätzlich
premenstrual syndrome, premenstrual tension n (esp Br) prämenstruelles Syndrom
premier **A** adj führend **B** n Premierminister(in) m(f)
première **A** n Premiere f **B** v/t uraufführen
Premier League, Premiership n FTBL Erste Liga
premise n **1** esp LOGIC Voraussetzung f **2 premises** pl (of factory etc) Gelände nt; (≈ building) Gebäude nt; (≈ shop) Räumlichkeiten pl; **business ~s** Geschäftsräume pl; **that's not allowed on these ~s** das ist hier nicht erlaubt
premium **A** n (≈ bonus) Bonus m; (≈ surcharge) Zuschlag m; (≈ insurance premium) Prämie f **B** adj **1** (≈ top-quality) erstklassig; **~ petrol** (Br) or **gas** (US) Superbenzin nt **2 ~ price** Höchstpreis m; **callers are charged a ~ rate of £1.50 a minute** Anrufern wird ein Höchsttarif von £ 1,50 pro Minute berechnet **premium-rate** adj TEL zum Höchsttarif
premonition n **1** (≈ presentiment) (böse) Vorahnung f **2** (≈ forewarning) Vorwarnung

f

prenatal *adj* pränatal

preoccupation *n* her ~ **with making money was such that …** sie war so sehr mit dem Geldverdienen beschäftigt, dass …; **that was his main ~** das war sein Hauptanliegen **preoccupied** *adj* gedankenverloren; **to be ~ with sth** nur an etw (*acc*) denken; **he has been (looking) rather ~ recently** er sieht in letzter Zeit so aus, als beschäftige ihn etwas **preoccupy** *v/t* (stark) beschäftigen

prepackaged, prepacked *adj* abgepackt

prepaid **A** *past part* of prepay **B** *adj goods* vorausbezahlt; *envelope* freigemacht; **~ mobile phone** Handy *nt* (*mit im Voraus entrichteter Grundgebühr*)

preparation *n* Vorbereitung *f*; (*of meal etc*) Zubereitung *f*; **in ~ for sth** als Vorbereitung für etw; **~s for war/a journey** Kriegs-/Reisevorbereitungen *pl*; **to make ~s** Vorbereitungen treffen **preparatory** *adj* vorbereitend; **~ work** Vorbereitungsarbeit *f*

prepare **A** *v/t* vorbereiten (*sb for sth* jdn auf etw *acc*, *sth for sth* etw für etw); *meal* zubereiten; *room* zurechtmachen; **~ yourself for a shock!** mach dich auf einen Schock gefasst! **B** *v/i* **to ~ for sth** sich auf etw (*acc*) vorbereiten; **the country is preparing for war** das Land trifft Kriegsvorbereitungen; **to ~ to do sth** Anstalten machen, etw zu tun **prepared** *adj* **1** (*a. ready prepared*) vorbereitet (*for* auf +*acc*); **~ meal** Fertiggericht *nt*; **~ for war** bereit zum Krieg **2** (≈ *willing*) **to be ~ to do sth** bereit sein, etw zu tun **prepay** *pret, past part* **prepaid** *v/t* im Voraus bezahlen

pre-pay *adj attr* im Voraus zahlbar **preponderance** *n* Übergewicht *nt* **preposition** *n* Präposition *f* **prepossessing** *adj* einnehmend **preposterous** *adj* grotesk **preprinted** *adj* vorgedruckt **preprogram** *v/t* vorprogrammieren **prerecord** *v/t* vorher aufzeichnen **prerequisite** *n* Vorbedingung *f* **prerogative** *n* Vorrecht *nt* **Presbyterian** **A** *adj* presbyterianisch **B** *n* Presbyterianer(in) *m(f)* **preschool** *adj attr* vorschulisch; **of ~ age** im Vorschulalter; **~ education** Vorschul-

erziehung *f*

prescribe *v/t* **1** (≈ *order*) vorschreiben **2** MED verschreiben (*sth for sb* jdm etw) **prescription** *n* MED Rezept *nt*; **on ~** auf Rezept **prescription charge** *n* Rezeptgebühr *f* **prescription drugs** *pl* verschreibungspflichtige Medikamente *pl* **preseason** *adj* SPORTS vor der Saison **preselect** *v/t* vorher auswählen

presence *n* **1** Anwesenheit *f*; **in sb's ~, in the ~ of sb** in jds (*dat*) Anwesenheit; **to make one's ~ felt** sich bemerkbar machen; **a police ~** Polizeipräsenz *f* **2** (≈ *bearing*) Auftreten *nt*; (*a. stage presence*) Ausstrahlung *f* **presence of mind** *n* Geistesgegenwart *f*

present¹ **A** *adj* **1** (≈ *in attendance*) anwesend; **to be ~** anwesend sein; **all those ~** alle Anwesenden **2** (≈ *existing in sth*) vorhanden **3** (≈ *at the present time*) gegenwärtig; *year etc* laufend; **at the ~ moment** zum gegenwärtigen Zeitpunkt; **the ~ day** (≈ *nowadays*) heutzutage; **until the ~ day** bis zum heutigen Tag; **in the ~ circumstances** unter den gegenwärtigen Umständen **4** GRAM **in the ~ tense** im Präsens; **~ participle** Partizip *nt* Präsens **B** *n* **1** Gegenwart *f*; **at ~** zurzeit; **up to the ~** bis jetzt; **there's no time like the ~** (*prov*) was du heute kannst besorgen, das verschiebe nicht auf morgen (*prov*); **that will be all for the ~** das ist vorläufig alles **2** GRAM Präsens *nt*; **~ continuous** erweitertes Präsens

present² **A** *n* (≈ *gift*) Geschenk *nt*; **I got it as a ~** das habe ich geschenkt bekommen **B** *v/t* **1** **to ~ sb with sth, to ~ sth to sb** jdm etw übergeben; (*as a gift*) jdm etw schenken **2** (≈ *put forward*) vorlegen **3** *opportunity* bieten; **his action ~ed us with a problem** seine Tat stellte uns vor ein Problem **4** RADIO, TV präsentieren; THEAT aufführen; (*commentator*) moderieren **5** (≈ *introduce*) vorstellen; **to ~ Mr X to Miss Y** Herrn X Fräulein Y (*dat*) vorstellen; **may I ~ Mr X?** (*form*) erlauben Sie mir, Herrn X vorzustellen (*form*) **C** *v/r* (*opportunity etc*) sich ergeben; **he was asked to ~ himself for interview** er wurde gebeten, zu einem Vorstellungsgespräch zu erscheinen **presentable** *adj* präsentabel; **to look ~** (*person*) präsentabel aussehen; **to make oneself ~** sich zurechtmachen **presentation** *n* **1** (*of gift etc*) Überreichung *f*;

(*of prize*) Verleihung *f*; (≈ *ceremony*) Verleihung(szeremonie) *f*; **to make the ~** die Preise/Auszeichnungen *etc* verleihen **2** (≈ *talk*)Vortrag *m*, Präsentation *f*; **to give a ~ on** *or* **about sth** einen Vortrag über etw halten **3** (*of report etc*) Vorlage; (JUR, *of evidence*) Darlegung *f* **4** (≈ *manner of presenting*) Darbietung *f* **5** THEAT Inszenierung *f*; TV, RADIO Produktion *f* **presentation tool** *n* IT Präsentationsprogramm *nt*

present-day *adj attr* heutig; **~ Britain** das heutige Großbritannien

presenter *n* (*esp Br*: TV, RADIO) Moderator(in) *m(f)*

presently *adv* **1** (≈ *soon*) bald **2** (≈ *at present*) derzeit

preservation *n* **1** (≈ *maintaining*) Erhaltung *f* **2** (*to prevent decay*) Konservierung *f*; **to be in a good state of ~** gut erhalten sein **preservative** *n* Konservierungsmittel *nt* **preserve** **A** *v/t* **1** erhalten; *dignity* wahren; *memory* aufrechterhalten **2** (*from decay*) konservieren; *wood* schützen **B** *n* **1** **preserves** *pl* COOK Eingemachtes *nt*; **peach ~** Pfirsichmarmelade *f* **2** (≈ *domain*) Ressort *nt*; **this was once the ~ of the wealthy** dies war einst eine Domäne der Reichen **preserved** *adj* **1** *food* konserviert **2** (≈ *conserved*) erhalten; **well-~** gut erhalten

preset *pret, past part* preset *v/t* vorher einstellen

preside *v/i* (*at meeting etc*) den Vorsitz haben (*at bei*); **to ~ over an organization** *etc* eine Organisation *etc* leiten

presidency *n* Präsidentschaft *f*

president *n* Präsident(in) *m(f)*; (*esp US: of company*) Aufsichtsratsvorsitzende(r) *m/f(m)* **presidential** *adj* POL des Präsidenten **presidential campaign** *n* Präsidentschaftskampagne *f* **presidential candidate** *n* Präsidentschaftskandidat(in) *m(f)* **presidential election** *n* Präsidentenwahl *f*

press **A** *n* **1** (≈ *machine, newspapers etc*) Presse *f*; **to get a bad ~** eine schlechte Presse bekommen **2** TYPO (*Drucker*)presse; **to go to ~** in Druck gehen **3** (≈ *push*) Druck *m* **B** *v/t* **1** (≈ *push, squeeze*) drücken (*to an +acc*); *button, pedal* drücken auf (+*acc*) **2** (≈ *iron*) bügeln, glätten (*Swiss*) **3** (≈ *urge*) drängen; **to ~ sb hard** jdm (hart) zusetzen; **to ~ sb for an answer** auf jds

Antwort (*acc*) drängen; **to be ~ed for time** unter Zeitdruck stehen **C** *v/i* **1** (≈ *exert pressure*) drücken **2** (≈ *urge*) drängen (*for* auf +*acc*) **3** (≈ *move*) sich drängen; **to ~ ahead (with sth)** (*fig*) (mit etw) weitermachen ◊**press on** *v/i* weitermachen; (*with journey*) weiterfahren

press agency *n* Presseagentur *f* **press box** *n* Pressetribüne *f* **press conference** *n* Pressekonferenz *f* **press cutting** *n* (*esp Br, from newspaper*) Zeitungsausschnitt *m* **press-gang** *v/t* (*esp Br infml*) **to ~ sb into (doing) sth** jdn drängen, etw zu tun **pressing** *adj issue* brennend; *task* dringend **press office** *n* Pressestelle *f* **press officer** *n* Pressesprecher(in) *m(f)* **press photographer** *n* Pressefotograf(in) *m(f)* **press release** *n* Pressemitteilung *f* **press stud** *n* (*Br*) Druckknopf *m* **press-up** *n* (*Br*) Liegestütz *m*

pressure *n* Druck *m*; **at high/full ~** unter Hochdruck; **parental ~** Druck vonseiten der Eltern; **to be under ~ to do sth** unter Druck (*dat*) stehen, etw zu tun; **to be under ~ from sb** von jdm gedrängt werden; **to put ~ on sb** jdn unter Druck (*dat*) setzen; **the ~s of modern life** die Belastungen *pl* des modernen Lebens **pressure cooker** *n* Schnellkochtopf *m* **pressure gauge** *n* Manometer *nt* **pressure group** *n* Pressuregroup *f* **pressure washer** *n* Hochdruckreiniger *m* **pressurize** *v/t* **1** *cabin* auf Normaldruck halten **2** **to ~ sb into doing sth** jdn so unter Druck setzen, dass er schließlich etw tut **pressurized** *adj* **1** *container* mit Druckausgleich **2** *gas* komprimiert **3** **to feel ~** sich unter Druck (gesetzt) fühlen; **to feel ~ into doing sth** sich dazu gedrängt fühlen, etw zu tun

prestige *n* Prestige *nt* **prestigious** *adj* Prestige-; **to be ~** Prestigewert haben

presumably *adv* vermutlich; **~ he'll come later** er wird voraussichtlich später kommen **presume** **A** *v/t* vermuten; **~d dead** mutmaßlich verstorben; **to be ~d innocent** als unschuldig gelten; **he is ~d to be living in Spain** es wird vermutet, dass er in Spanien lebt **B** *v/i* **1** (≈ *suppose*) vermuten **2** (≈ *be presumptuous*) **I didn't want to ~** ich wollte nicht aufdringlich sein **presumption** *n* (≈ *assumption*) Vermutung *f* **presumptuous**

adj anmaßend; **it would be ~ of me to ...** es wäre eine Anmaßung von mir, zu ...

presuppose *v/t* voraussetzen

pre-tax *adj* unversteuert; **~ profit** Gewinn *m* vor Abzug der Steuer

pretence, *(US)* **pretense** *n* **it's all a ~** das ist alles nur gespielt **1** (≈ *feigning*) Heuchelei *f*; **to make a ~ of doing sth** so tun, als ob man etw tut **2** (≈ *pretext*) Vorwand *m*; **on** *or* **under the ~ of doing sth** unter dem Vorwand, etw zu tun **pretend** **A** *v/t* so tun, als ob; (≈ *feign*) vorgeben; **to ~ to be interested** so tun, als ob man interessiert wäre; **to ~ to be sick** eine Krankheit vortäuschen; **to ~ to be asleep** sich schlafend stellen **B** *v/i* so tun, als ob; (≈ *keep up facade*) sich verstellen; **he is only ~ing** er tut nur so (als ob); **let's stop ~ing** hören wir auf, uns *(dat)* etwas vorzumachen

pretension *n* (≈ *claim*) Anspruch *m* **pretentious** *adj* anmaßend; *style, book* hochtrabend **pretentiously** *adv* say hochtrabend **pretentiousness** *n* Anmaßung *f*

preterite **A** *adj* **the ~ tense** das Imperfekt **B** *n* Imperfekt *nt*

pretext *n* Vorwand *m*; **on** *or* **under the ~ of doing sth** unter dem Vorwand, etw zu tun

prettily *adv* nett **prettiness** *n* hübsches Aussehen; *(of place)* Schönheit *f*

pretty **A** *adj* (+er) **1** nett, fesch *(Aus)*; *speech* artig; **to be ~** hübsch sein; **she's not just a ~ face!** *(infml)* sie hat auch Köpfchen!; **it wasn't a ~ sight** das war kein schöner Anblick **2** *(infml)* hübsch; **it'll cost a ~ penny** das wird eine schöne Stange Geld kosten *(infml)* **B** *adv* (≈ *rather*) ziemlich; **~ well finished** so gut wie fertig *(infml)*; **how's the patient? — ~ much the same** was macht der Patient? — immer noch so ziemlich gleich

prevail *v/i* **1** (≈ *gain mastery*) sich durchsetzen (*over, against* gegenüber) **2** (≈ *be widespread*) weitverbreitet sein **prevailing** *adj* *conditions* derzeitig; *opinion, wind* vorherrschend **prevalence** *n* Vorherrschen *nt*; *(of disease)* Häufigkeit *f* **prevalent** *adj* vorherrschend; *opinion, disease* weitverbreitet; *conditions* herrschend

prevent *v/t* verhindern; *disease* vorbeugen *(+dat)*; **to ~ sb (from) doing sth** jdn daran hindern, etw zu tun; **the gate is there to ~ them from falling down the stairs** das Gitter ist dazu da, dass sie nicht die Treppe hinunterfallen; **to ~ sb from coming** jdn am Kommen hindern; **to ~ sth (from) happening** verhindern, dass etw geschieht **preventable** *adj* vermeidbar **prevention** *n* Verhinderung *f*; *(of disease)* Vorbeugung *f* (*of* gegen) **preventive** *adj* präventiv

preview **A** *n* **1** *(of film)* Vorpremiere *f*; *(of exhibition)* Vorbesichtigung *f*; **to give sb a ~ of sth** *(fig)* jdm eine Vorschau auf etw *(acc)* geben **2** (FILM, TV ≈ *trailer*) Vorschau *f* *(of* auf +acc*)* **B** *v/t* (≈ *view beforehand*) vorher ansehen; (≈ *show beforehand*) vorher aufführen

previous *adj* vorherig; *page, day* vorhergehend; **the ~ page/year** die Seite/das Jahr davor; **the/a ~ holder of the title** der vorherige/ein früherer Titelträger; **in ~ years** in früheren Jahren; **he's already been the target of two ~ attacks** er war schon das Opfer von zwei früheren Angriffen; **on a ~ occasion** bei einer früheren Gelegenheit; **I have a ~ engagement** ich habe schon einen Termin; **no ~ experience necessary** Vorkenntnisse (sind) nicht erforderlich; **to have a ~ conviction** vorbestraft sein; **~ owner** Vorbesitzer(in) *m(f)* **previously** *adv* vorher

pre-war *adj* Vorkriegs-

prey **A** *n* Beute *f*; **bird of ~** Raubvogel *m*; **to fall ~ to sb/sth** *(fig)* ein Opfer von jdm/ etw werden **B** *v/i* **to ~ (up)on** *(animals)* Beute machen auf *(+acc)*; *(swindler etc)* als Opfer aussuchen; *(doubts)* nagen an *(+dat)*; **it ~ed (up)on his mind** es ließ ihn nicht los

price **A** *n* **1** Preis *m*; **the ~ of coffee** die Kaffeepreise *pl*; **to go up** *or* **rise/to go down** *or* **fall in ~** teurer/billiger werden; **they range in ~ from £10 to £30** die Preise dafür bewegen sich zwischen £ 10 und £ 30; **what is the ~ of that?** was kostet das?; **at a ~** zum entsprechenden Preis; **the ~ of victory** der Preis des Sieges; **but at what ~!** aber zu welchem Preis!; **not at any ~** um keinen Preis; **to put a ~ on sth** einen Preis für etw nennen **2** (BETTING ≈ *odds*) Quote *f* **B** *v/t* (≈ *fix price of*) den Preis festsetzen von; (≈ *put price label on*) auszeichnen *(at* mit*)*; **it was ~d at £5** (≈ *marked £5*) es war mit £ 5 ausgezeichnet; (≈ *cost £5*) es kostete £ 5; **tickets**

~d **at £20** Karten zum Preis von £ 20; **reasonably ~d** angemessen im Preis **price bracket** n = price range **price cut** n Preissenkung f **price increase** n Preiserhöhung f **priceless** adj unschätzbar; (infml) joke köstlich; person unbezahlbar **price limit** n Preisgrenze f **price list** n Preisliste f **price range** n Preisklasse f **price rise** n Preiserhöhung f **price tag** n Preisschild nt **price war** n Preiskrieg m **pricey** adj (infml) kostspielig **pricing** n Preisgestaltung f

prick ◨ n ◨ Stich m; **~ of conscience** Gewissensbisse pl ◨ (sl ≈ penis) Schwanz m (sl) ◨ (sl ≈ person) Arsch m (vulg) ◨ v/t stechen; **to ~ one's finger** sich (dat) in den Finger stechen; **to ~ one's finger (on sth)** sich (dat) (an etw dat) den Finger stechen; **she ~ed his conscience** sie bereitete ihm Gewissensbisse ◊**prick up** v/t sep **to ~ its/one's ears** die Ohren spitzen

prickle ◨ n ◨ (≈ sharp point) Stachel m ◨ (≈ sensation) Stechen nt; (≈ tingle) Prickeln nt ◨ v/i stechen; (≈ tingle) prickeln **prickly** adj (+er) ◨ plant, animal stach(e)lig; sensation stechend; (≈ tingling) prickelnd ◨ (fig) person bissig

pride ◨ n Stolz m; (≈ arrogance) Hochmut m; **to take (a) ~ in sth** auf etw (acc) stolz sein; **to take (a) ~ in one's appearance** Wert auf sein Äußeres legen; **her ~ and joy** ihr ganzer Stolz; **to have** or **take ~ of place** den Ehrenplatz einnehmen ◨ v/r **to ~ oneself on sth** sich einer Sache (gen) rühmen

priest n Priester(in) m(f) **priestess** n Priesterin f

prim adj (+er) (a. **prim and proper**) etepetete pred (infml); woman, manner steif **primaeval** adj = primeval **primal** adj ursprünglich, Ur-

primarily adv hauptsächlich **primary** ◨ adj Haupt-; **our ~ concern** unser Hauptanliegen; **of ~ importance** von größter Bedeutung ◨ n ◨ (esp Br ≈ primary school) Grundschule f ◨ (US ≈ election) Vorwahl **primary care physician** n (US) Allgemeinarzt m, Allgemeinärztin f **primary colour**, (US) **primary color** n Grundfarbe f **primary education** n Grundschul(aus)bildung f **primary election** n (US) Vorwahl f **primary school** n (esp Br) Grundschule f **primary**

school teacher n (esp Br) Grundschullehrer(in) m(f)

prime ◨ adj ◨ Haupt-, wesentlich; target, cause hauptsächlich; candidate erste(r, s); **~ suspect** Hauptverdächtige(r) m/f(m); **of ~ importance** von größter Bedeutung; **my ~ concern** mein Hauptanliegen nt ◨ (≈ excellent) erstklassig ◨ n **in the ~ of life** in der Blüte seiner Jahre; **he is in his ~** er ist in den besten Jahren **primed** adj person gerüstet **prime minister** n Premierminister(in) m(f) **prime number** n MAT Primzahl f **prime time** n Hauptsendezeit f

primeval adj urzeitlich, Ur-
primitive adj primitiv
primly adv sittsam
primrose n BOT Erdschlüsselblume f
primula n Primel f

prince n (≈ king's son) Prinz m; (≈ ruler) Fürst m **princely** adj fürstlich **princess** n Prinzessin f

principal ◨ adj Haupt-, hauptsächlich; **my ~ concern** mein Hauptanliegen nt ◨ n (of school) Rektor(in) m(f) **principality** n Fürstentum nt **principally** adv in erster Linie

principle n Prinzip nt; (no pl ≈ integrity) Prinzipien pl; **in/on ~** im/aus Prinzip; **a man of ~(s)** ein Mensch mit Prinzipien; **it's a matter of ~, it's the ~ of the thing** es geht dabei ums Prinzip **principled** adj mit Prinzipien

print ◨ n ◨ (≈ characters) Schrift f; (≈ printed matter) Gedruckte(s) nt; **out of ~** vergriffen; **to be in ~** erhältlich sein; **in large ~** in Großdruck ◨ (≈ picture) Druck m ◨ PHOT Abzug m ◨ (of foot etc) Abdruck m; **a thumb ~** ein Daumenabdruck m ◨ v/t ◨ book drucken; IT (aus)drucken ◨ (≈ write clearly) in Druckschrift schreiben ◨ v/i ◨ drucken ◨ (≈ write clearly) in Druckschrift schreiben ◊**print out** v/t sep IT ausdrucken

printed adj Druck-, gedruckt; (≈ written in capitals) in Großbuchstaben; **~ matter/papers** Büchersendung f

printer n ◨ (≈ device) Drucker m ◨ (≈ person) Drucker(in) m(f) **print head** n IT Druckkopf m **printing** n (≈ process) Drucken nt **printing press** n Druckerpresse f **printmaking** n Grafik f **print-out** n IT Ausdruck m **print queue** n IT Druckerwarteschlange f **printwheel** n IT Typenrad *nt*

prior *adj* **1** vorherig; (≈ *earlier*) früher; **a ~ engagement** eine vorher getroffene Verabredung; **~ to sth** vor etw (*dat*); **~ to this/that** zuvor; **~ to going out** bevor ich/er *etc* ausging **2** *obligation* vorrangig

prioritize *v/t* **1** (≈ *arrange in order of priority*) der Priorität nach ordnen **2** (≈ *make a priority*) Priorität einräumen (+*dat*) **priority** *n* Priorität *f*; (≈ *thing having precedence*) vorrangige Angelegenheit; **a top ~** eine Sache von höchster Priorität; **it must be given top ~** das muss vorrangig behandelt werden; **to give ~ to sth** einer Sache (*dat*) Priorität geben; **in order of ~** nach Dringlichkeit; **to get one's priorities right** seine Prioritäten richtig setzen; **high/low on the list of priorities** *or* **the ~ list** oben/unten auf der Prioritätenliste

prise, (*US*) **prize** *v/t* **to ~ sth open** etw aufbrechen; **to ~ the lid off** den Deckel abbekommen

prison **A** *n* Gefängnis *nt*; **to be in ~** im Gefängnis sein; **to go to ~ for 5 years** für 5 Jahre ins Gefängnis gehen; **to send sb to ~** jdn ins Gefängnis schicken **B** *attr* Gefängnis-

prisoner *n* Gefangene(r) *m/f(m)*; **to hold sb ~** jdn gefangen halten; **to take sb ~** jdn gefangen nehmen; **~ of war** Kriegsgefangene(r) *m/f(m)* **prison officer** *n* (*Br*) Gefängnisaufseher(in) *m(f)*

pristine *adj condition* makellos

privacy *n* Privatleben *nt*; **in the ~ of one's own home** im eigenen Heim; **in the strictest ~** unter strengster Geheimhaltung

private **A** *adj* **1** privat; *matter* vertraulich; (≈ *secluded*) abgelegen; *wedding* im engsten Kreis; *person* reserviert; **~ and confidential** streng vertraulich; **to keep sth ~** etw für sich behalten; **his ~ life** sein Privatleben *nt* **2** **~ address** Privatanschrift *f*; **~ education** Ausbildung *f* in Privatschulen; **~ individual** Einzelne(r) *m/f(m)*; **~ limited company** ≈ Aktiengesellschaft *f* (*die nicht an der Börse notiert ist*); **~ tutor** Privatlehrer(in) *m(f)* **B** *n* **1** MIL Gefreite(r) *m/f(m)*; **Private X** der Gefreite X **2** *privates pl* (≈ *genitals*) Geschlechtsteile *pl* **3** **in ~** privat; **we must talk in ~** wir müssen das unter uns besprechen **private company** *n* Privatgesellschaft *f* **private detective** *n* Pri-

vatdetektiv(in) *m(f)* **private enterprise** *n* Privatunternehmen *nt*; (≈ *free enterprise*) freies Unternehmertum **private investigator** *n* Privatdetektiv(in) *m(f)* **privately** *adv* **1** (≈ *not publicly*) privat; *have operation* auf eigene Kosten; **the meeting was held ~** das Treffen wurde in kleinem Kreis abgehalten; **~ owned** in Privatbesitz **2** (≈ *secretly*) persönlich **private parts** *pl* Geschlechtsteile *pl* **private practice** *n* (*Br*) Privatpraxis *f*; **he is in ~** er hat Privatpatienten **private property** *n* Privateigentum *nt* **private school** *n* Privatschule *f* **private secretary** *n* Privatsekretär(in) *m(f)* **private sector** *n* privater Sektor **private tuition** *n* Privatunterricht *m* **privatization** *n* Privatisierung *f* **privatize** *v/t* privatisieren

privilege *n* Privileg *nt*; (≈ *honour*) Ehre *f* **privileged** *adj person* privilegiert; **for a ~ few** für wenige Privilegierte; **to be ~ to do sth** das Privileg genießen, etw zu tun; **I was ~ to meet him** ich hatte die Ehre, ihm vorgestellt zu werden

Privy Council *n* Geheimer Rat

prize[1] **A** *n* Preis *m* **B** *adj* **1** *sheep* preisgekrönt **2** **~ medal** (Sieger)medaille *f* **3** **~ competition** Preisausschreiben *nt* **C** *v/t* (hoch) schätzen; **to ~ sth highly** etw sehr *or* hoch schätzen; **~d possession** wertvoller Besitz

prize[2] *v/t* (*US*) = prise

prize day *n* SCHOOL (Tag *m* der) Preisverleihung *f* **prize draw** *n* Lotterie *f* **prize money** *n* Geldpreis *m* **prizewinner** *n* (Preis)gewinner(in) *m(f)* **prizewinning** *adj* preisgekrönt; **~ ticket** Gewinnlos *nt*

pro[1] *n* (*infml*) Profi *m*

pro[2] **A** *prep* (≈ *in favour of*) für **B** *n* **the ~s and cons** das Pro und Kontra

pro- *pref* pro-, Pro-; **~European** proeuropäisch

proactive *adj* proaktiv

probability *n* Wahrscheinlichkeit *f*; **in all ~** aller Wahrscheinlichkeit nach; **what's the ~ of that happening?** wie groß ist die Wahrscheinlichkeit, dass das geschieht?

probable *adj* wahrscheinlich

probably *adv* wahrscheinlich; **most ~** höchstwahrscheinlich; **~ not** wahrscheinlich nicht

probation *n* **1** JUR Bewährung *f*; **to put sb on ~ (for a year)** jdm (ein Jahr) Bewährung geben; **to be on** ~ Bewährung haben **2** (*of employee*) Probe *f*; (≈ *probation period*) Probezeit *f* **probationary** *adj* Probe-; ~ **period** Probezeit *f*; JUR Bewährungsfrist *f* **probation officer** *n* Bewährungshelfer(in) *m(f)*

probe **A** *n* (≈ *investigation*) Untersuchung *f* (*into* +*gen*) **B** *v/t* untersuchen **C** *v/i* forschen (*for* nach); **to ~ into sb's private life** in jds Privatleben (*dat*) herumschnüffeln **probing** **A** *n* Untersuchung *f*; **all this ~ into people's private affairs** dieses Herumschnüffeln in den privaten Angelegenheiten der Leute **B** *adj* prüfend

problem *n* Problem *nt*; **what's the ~?** wo fehlt's?; **he's got a drink(ing) ~** er trinkt (zu viel); **I had no ~ in getting the money** ich habe das Geld ohne Schwierigkeiten bekommen; **no ~!** (*infml*) kein Problem! **problematic(al)** *adj* problematisch **problem-solving** *n* Problemlösung *f*

procedure *n* Verfahren *nt*; **what would be the correct ~ in such a case?** wie geht man in einem solchen Falle vor? **proceed** **A** *v/i* **1** (*form*) **please ~ to gate 3** begeben Sie sich zum Ausgang 3 **2** (*form* ≈ *go on*) weitergehen; (*vehicle*) weiterfahren **3** (≈ *continue*) fortfahren (*with* mit); **can we now ~ to the next item on the agenda?** können wir jetzt zum nächsten Punkt der Tagesordnung übergehen?; **everything is ~ing smoothly** alles läuft bestens; **negotiations are ~ing well** die Verhandlungen kommen gut voran; **you may ~** (≈ *speak*) Sie haben das Wort **4** (≈ *set about sth*) vorgehen **B** *v/t* **to ~ to do sth** (dann) etw tun **proceeding** *n* **1** (≈ *action*) Vorgehen *nt* **2** **proceedings** *pl* (≈ *function*) Veranstaltung *f* **3** **proceedings** *pl esp* JUR Verfahren *nt*; **to take ~s against sb** gegen jdn gerichtlich vorgehen **proceeds** *pl* (≈ *yield*) Ertrag *m*; (*from raffle*) Erlös *m*; (≈ *takings*) Einnahmen *pl*

process **A** *n* Prozess *m*; (≈ *specific technique*) Verfahren *nt*; **in the ~** dabei; **in the ~ of learning** beim Lernen; **to be in the ~ of doing sth** dabei sein, etw zu tun **B** *v/t data, waste* verarbeiten; *food* konservieren; *application* bearbeiten; *film* entwickeln **processing** *n* (*of data, waste*) Verarbeitung *f*; (*of food*) Konservierung *f*; (*of application*) Bearbeitung *f*; (*of film*) Ent-

wicklung *f* **processing language** *n* IT Prozesssprache *f* **processing plant** *n* Aufbereitungsanlage *f* **processing speed** *n* IT Verarbeitungsgeschwindigkeit *f*

procession *n* (*organized*) Umzug *m*; (≈ *line*) Reihe *f*; ~ **carnival** ~ Karnevalszug *m*

processor *n* IT Prozessor *m*

proclaim *v/t* erklären; **the day had been ~ed a holiday** der Tag war zum Feiertag erklärt worden **proclamation** *n* Proklamation *f*

procrastinate *v/i* zaudern; **he always ~s** er schiebt die Dinge immer vor sich (*dat*) her **procrastination** *n* Zaudern *nt*

procreate *v/i* sich fortpflanzen **procreation** *n* Fortpflanzung *f*

procure *v/t* (≈ *obtain*) beschaffen; (≈ *bring about*) herbeiführen; **to ~ sth for sb/oneself** jdm/sich etw beschaffen

prod **A** *n* **1** (*lit*) Stoß *m*; **to give sb a ~** jdm einen Stoß versetzen **2** (*fig*) **to give sb a ~** jdn anstoßen **B** *v/t* **1** (*lit*) stoßen; **he ~ded the hay with his stick** er stach mit seinem Stock ins Heu; **..., he said, ~ding the map with his finger** ..., sagte er und stieß mit dem Finger auf die Karte **2** (*fig*) anspornen (*into sth* zu etw) **C** *v/i* stoßen

prodigiously *adv talented etc* außerordentlich

prodigy *n* Wunder *nt*; **child ~** Wunderkind *nt*

produce **A** *n no pl* AGR Erzeugnisse *pl*; ~ **of Italy** italienisches Erzeugnis **B** *v/t* **1** (≈ *yield*) produzieren; *heat* erzeugen; *crop* abwerfen; *article* schreiben; *ideas* hervorbringen; **the sort of environment that ~s criminal types** das Milieu, das Kriminelle hervorbringt **2** (≈ *show*) *wallet* hervorholen (*from, out of* aus); *Pistole* ziehen (*from, out of* aus); *proof, results* liefern; *effect* erzielen; *documents* vorzeigen **3** *play* inszenieren; *film* produzieren **4** (≈ *cause*) hervorrufen **C** *v/i* (*factory*) produzieren; (*tree*) tragen **producer** *n* Produzent(in) *m(f)*; THEAT Regisseur(in) *m(f)* **-producing** *adj suf* produzierend; **oil-producing country** Öl produzierendes Land; **wine-producing area** Weinregion *f*

product *n* Produkt *nt*; **food ~s** Nahrungsmittel *pl*; ~ **range** IND Sortiment *nt*

production *n* **1** Produktion *f*; (*of heat*) Erzeugung *f*; (*of crop*) Anbau *m*; (*of article*)

Schreiben *nt*; (*of ideas*) Hervorbringung *f*; **to put sth into** ~ die Produktion von etw aufnehmen; **is it still in** ~**?** wird das noch hergestellt?; **to take sth out of** ~ etw aus der Produktion nehmen **2** (*of ticket, documents*) Vorzeigen *nt*; (*of proof*) Lieferung *f* **3** (*of play*) Inszenierung *f*; (*of film*) Produktion *f* **production costs** *pl* Produktionskosten *pl* **production line** *n* Fertigungsstraße *f* **productive** *adj* produktiv; *land* fruchtbar; *business* rentabel; **to lead a** ~ **life** ein aktives Leben führen **productively** *adv* produktiv **productivity** *n* Produktivität *f*; (*of land*) Fruchtbarkeit *f*; (*of business*) Rentabilität *f* **product manager** *n* Produktmanager(in) *m(f)*

Prof *abbr of* Professor Prof.

profess **A** *v/t interest* bekunden; *disbelief* kundtun; *ignorance* zugeben; **to** ~ **to be sth** behaupten, etw zu sein **B** *v/r* **to** ~ **oneself satisfied** seine Zufriedenheit bekunden (*with* über +*acc*)

profession *n* **1** Beruf *m*; **the teaching** ~ der Lehrerberuf; **by** ~ von Beruf **2** **the medical** ~ die Ärzteschaft; **the whole** ~ der gesamte Berufsstand **3** ~ **of faith** Glaubensbekenntnis *nt*

professional **A** *adj* **1** beruflich; *opinion* fachlich; *football* professionell; ~ **army** Berufsarmee *m*; **our relationship is purely** ~ unsere Beziehung ist rein geschäftlich(er Natur); **he's now doing it on a** ~ **basis** er macht das jetzt hauptberuflich; **in his** ~ **capacity as** ... in seiner Eigenschaft als ...; **to be a** ~ **singer** *etc* von Beruf Sänger *etc* sein; **to seek/take** ~ **advice** fachmännischen Rat suchen/einholen; **to turn** ~ Profi werden **2** *work* fachgerecht; *person* gewissenhaft; *approach* professionell; *performance* kompetent **B** *n* Profi *m* **professionalism** *n* Professionalismus *m* **professionally** *adv* beruflich; **he plays** ~ er ist Berufsspieler; **to know sb** ~ jdn beruflich kennen

professor *n* Professor(in) *m(f)*; (*US* ≈ *lecturer*) Dozent(in) *m(f)*

proficiency *n* **her** ~ **as a secretary** ihre Tüchtigkeit als Sekretärin; **his** ~ **in English** seine Englischkenntnisse; **her** ~ **in translating** ihr Können als Übersetzerin **proficient** *adj* tüchtig; **he is just about** ~ **in German** seine Deutschkenntnisse reichen gerade aus; **to be** ~ **in Japanese** Japa-

nisch beherrschen

profile **A** *n* Profil *nt*; (≈ *picture*) Profilbild *nt*; (≈ *biographical profile*) Porträt *nt*; **in** ~ im Profil; **to keep a low** ~ sich zurückhalten **B** *v/t* porträtieren **profile photo**, **profile picture** *n* Profilfoto *nt*

profit **A** *n* **1** COMM Gewinn *m*; ~ **and loss account** (*Br*) *or* **statement** (*US*) Gewinn-und-Verlust-Rechnung *f*; **to make a** ~ (**out of** *or* **on sth**) (mit etw) ein Geschäft machen; **to show** *or* **yield a** ~ einen Gewinn verzeichnen; **to sell sth at a** ~ etw mit Gewinn verkaufen; **the business is now running at a** ~ das Geschäft rentiert sich jetzt **2** (*fig*) Nutzen *m*; **you might well learn something to your** ~ Sie können nen etwas lernen, was Ihnen von Nutzen ist **B** *v/i* profitieren (*by, from* von), Nutzen ziehen (*by, from* aus) **profitability** *n* Rentabilität *f* **profitable** *adj* COMM gewinnbringend; (*fig*) nützlich **profiteering** *n* Wucher *m* **profit-making** *adj* **1** rentabel **2** (≈ *profit-orientated*) auf Gewinn gerichtet **profit margin** *n* Gewinnspanne *f* **profit-sharing** *n* Gewinnbeteiligung *f* **profit warning** *n* COMM Gewinnwarnung *f*

pro forma (**invoice**) *n* Pro-forma-Rechnung *f*

profound *adj sorrow* tief; *idea* tiefsinnig; *thinker, knowledge, regret* tief (gehend); *hatred, ignorance* tief sitzend; *influence, implications* weitreichend **profoundly** *adv different* zutiefst; ~ **deaf** vollkommen taub **profusely** *adv bleed* stark; *thank* überschwänglich; **he apologized** ~ er bat vielmals um Entschuldigung **profusion** *n* Überfülle *f*

prognosis *n, pl* **prognoses** Prognose *f* **program** **A** *n* **1** IT Programm *nt* **2** (*US*) = **programme** **B** *v/t* programmieren **programmable** *adj* programmierbar **programme**, (*US*) **program** **A** *n* Programm *nt*; **what's the** ~ **for tomorrow?** was steht für morgen auf dem Programm? **B** *v/t* programmieren **programmer** *n* Programmierer(in) *m(f)* **programming** *n* Programmieren *nt*; ~ **language** Programmiersprache *f*

progress **A** *n* **1** *no pl* (≈ *movement forwards*) Vorwärtskommen *nt*; **we made slow** ~ **through the mud** wir kamen im Schlamm nur langsam vorwärts; **in** ~ im Gange; **"silence please, meeting in** ~**"**

„Sitzung! Ruhe bitte"; **the work still in ~** die noch zu erledigende Arbeit **2** *no pl* (≈ *advance*) Fortschritt *m*; **to make (good/slow) ~** (gute/langsame) Fortschritte machen **B** *v/i* **1** (≈ *move forward*) sich vorwärtsbewegen **2** **as the work ~es** mit dem Fortschreiten der Arbeit; **as the game ~ed** im Laufe des Spiels; **while negotiations were actually ~ing** während die Verhandlungen im Gange waren **3** (≈ *improve*) Fortschritte machen; **how far have you ~ed?** wie weit sind Sie gekommen?; **as you ~ through the ranks** bei Ihrem Aufstieg durch die Ränge **progression** *n* Folge *f*; (≈ *development*) Entwicklung *f*; **his ~ from a junior clerk to managing director** sein Aufstieg vom kleinen Angestellten zum Direktor **progressive** *adj* (≈ *increasing*) zunehmend; *disease* fortschreitend **progressively** *adv* zunehmend **progress report** *n* Fortschrittsbericht *m*

prohibit *v/t* untersagen; **to ~ sb from doing sth** jdm untersagen, etw zu tun; **"smoking ~ed"** „Rauchen verboten" **prohibitive** *adj* unerschwinglich; **the costs of producing this model have become ~** die Kosten für die Herstellung dieses Modells sind untragbar geworden

project[1] *n* Projekt *nt*; (≈ *scheme*) Vorhaben *nt*; SCHOOL, UNIV Referat *nt*; (*in primary school*) Arbeit *f*

project[2] **A** *v/t* **1** *film, emotions* projizieren (*onto* auf +*acc*); **to ~ one's voice** seine Stimme zum Tragen bringen **2** *plan* (voraus)planen; *costs* überschlagen **3** (≈ *propel*) abschießen **B** *v/i* (≈ *jut out*) hervorragen (*from* aus) **projectile** *n* Geschoss *nt* **projection** *n* **1** (*of films, feelings*) Projektion *f* **2** (≈ *estimate*) (Voraus)planung *f*; (*of cost*) Überschlagung *f* **projectionist** *n* Filmvorführer(in) *m(f)* **projector** *n* FILM Projektor *m*

proletarian *adj* proletarisch **proletariat** *n* Proletariat *nt*

pro-life *adj* gegen Abtreibung *pred* **proliferate** *v/i* (*number*) sich stark erhöhen **proliferation** *n* (*in numbers*) starke Erhöhung; (*of weapons*) Weitergabe *f* **prolific** *adj* **1** fruchtbar; *writer* sehr produktiv **2** (≈ *abundant*) üppig

prologue, (*US*) **prolog** *n* Prolog *m*; (*of book*) Vorwort *nt*

prolong *v/t* verlängern; (*unpleasantly*) hin-

auszögern

prom *n* (*infml*) (*Br* ≈ *concert*) Konzert *nt*; (*US* ≈ *ball*) Studenten-/Schülerball *m* **promenade** *n* (*esp Br* ≈ *esplanade*) (Strand)promenade *f*; (*US* ≈ *ball*) Studenten-/Schülerball *m*; **~ concert** (*Br*) Konzert *nt*

prominence *n* (*of ideas*) Beliebtheit *f*; (*of politician etc*) Bekanntheit *f*; **to rise to ~** bekannt werden **prominent** *adj* **1** *cheekbones, teeth* vorstehend *attr*; **to be ~** vorstehen/-springen **2** *markings* auffällig; *feature* hervorstechend; *position, publisher* prominent; **put it in a ~ position** stellen Sie es deutlich sichtbar hin **3** *role* führend; (≈ *significant*) wichtig **prominently** *adv* *place* deutlich sichtbar; **he figured ~ in the case** er spielte in dem Fall eine bedeutende Rolle

promiscuity *n* Promiskuität *f* **promiscuous** *adj* (*sexually*) promisk; **to be ~** häufig den Partner wechseln; **~ behaviour** häufiger Partnerwechsel

promise **A** *n* **1** Versprechen *nt*; **their ~ of help** ihr Versprechen zu helfen; **is that a ~?** ganz bestimmt?; **to make sb a ~** jdm ein Versprechen geben; **I'm not making any ~s** versprechen kann ich nichts; **~s, ~s!** Versprechen, nichts als Versprechen! **2** (≈ *prospect*) Hoffnung *f*; **to show ~** zu den besten Hoffnungen berechtigen **B** *v/t* versprechen; (≈ *forecast*) hindeuten auf (+*acc*); **to ~ (sb) to do sth** (jdm) versprechen, etw zu tun; **to ~ sb sth, to ~ sth to sb** jdm etw versprechen; **to ~ sb the earth** jdm das Blaue vom Himmel herunter versprechen; **~ me one thing** versprich mir eins; **I won't do it again, I ~** ich werde es nie wieder tun, das verspreche ich; **it ~d to be another scorching day** der Tag versprach wieder heiß zu werden **C** *v/i* versprechen; **(do you) ~?** versprichst du es?; **~!** (≈ *I promise*) ehrlich!; **I'll try, but I'm not promising** ich werde es versuchen, aber ich kann nichts versprechen **D** *v/r* **to ~ oneself sth** sich (*dat*) etw versprechen; **I've ~d myself never to do it again** ich habe mir geschworen, dass ich das nicht noch einmal mache **promising** *adj*, **promisingly** *adv* vielversprechend

promontory *n* Vorgebirge *nt*, Kap *nt*

promote *v/t* **1** (*in rank*) befördern; **our team was ~d** FTBL unsere Mannschaft ist aufgestiegen **2** (≈ *foster*) fördern **3** (≈

P

advertise) werben für **promoter** n Promoter(in) m(f) **promotion** n **1** (*in rank*) Beförderung f; (*of team*) Aufstieg m; **to get** *or* **win ~** befördert werden; (*team*) aufsteigen **2** (≈ *fostering*) Förderung f **3** (≈ *advertising*) Werbung f (*of* für); (≈ *advertising campaign*) Werbekampagne f **promotional video** n Werbevideo nt

prompt **A** *adj* (+er) prompt; *action* unverzüglich; (≈ *on time*) pünktlich **B** *adv* **at 6 o'clock ~** pünktlich um 6 Uhr **C** v/t **1** (≈ *motivate*) **to ~ sb to do sth** jdn (dazu) veranlassen, etw zu tun **2** *feelings* wecken **3** (≈ *help with speech*) vorsagen (*sb* jdm); THEAT soufflieren (*sb* jdm) **D** n IT Eingabeaufforderung f **prompter** n Souffleur m, Souffleuse f **promptly** *adv* **1** prompt; **they left ~ at 6** sie gingen Punkt 6 Uhr **2** (≈ *without further ado*) unverzüglich

prone *adj* **1** **to be** *or* **lie ~** auf dem Bauch liegen; (*in a ~ position*) in Bauchlage **2** **to be ~ to sth** zu etw neigen; **to be ~ to do sth** dazu neigen, etw zu tun **proneness** n Neigung f (*to* zu)

prong n Zacke f **-pronged** *adj suf* -zackig; **a three-pronged attack** ein Angriff mit drei Spitzen

pronoun n Pronomen nt

pronounce v/t **1** *word etc* aussprechen; **Russian is hard to ~** die russische Aussprache ist schwierig **2** (≈ *declare*) erklären für; **the doctors ~d him unfit for work** die Ärzte erklärten ihn für arbeitsunfähig; **to ~ oneself in favour of/ against sth** sich für/gegen etw aussprechen **pronounced** *adj* ausgesprochen; *accent* ausgeprägt; **he has a ~ limp** er hinkt sehr stark **pronouncement** n Erklärung f; **to make a ~** eine Erklärung abgeben **pronunciation** n Aussprache f

proof n **1** Beweis m (*of* für); **as ~ of** zum Beweis für; **that is ~ that ...** das ist der Beweis dafür, dass ...; **show me your ~** beweisen Sie (mir) das; **~ of purchase** Kaufbeleg m **2** (*of alcohol*) Alkoholgehalt m; **70% ~** ≈ 40 Vol-% **proofread** v/t & v/i Korrektur lesen

prop¹ **A** n (*lit*) Stütze f; (*fig*) Halt m **B** v/t **to ~ the door open** die Tür offen halten; **to ~ oneself/sth against sth** sich/etw gegen etw lehnen ◊**prop up** v/t sep stützen; *wall* abstützen; **to prop oneself/sth up against sth** sich/etw gegen etw lehnen; **to prop oneself up on sth** sich auf

etw (*acc*) stützen

prop² *abbr of* proprietor

propaganda n Propaganda f

propagate v/t (≈ *disseminate*) verbreiten **propagation** n (≈ *dissemination*) Verbreitung f

propane n Propan nt

propel v/t antreiben **propeller** n Propeller m

proper *adj* **1** (≈ *actual*) eigentlich; **a ~ job** ein richtiger Job **2** (≈ *fitting*, *infml* ≈ *real*) richtig; **in the ~ way** richtig; **it's only right and ~** es ist nur recht und billig; **to do the ~ thing** das tun, was sich gehört; **the ~ thing to do would be to apologize** es gehört sich eigentlich, dass man sich entschuldigt **3** (≈ *seemly*) anständig **4** (≈ *prim and proper*) korrekt **properly** *adv* **1** (≈ *correctly*) richtig **2** (≈ *in seemly fashion*) anständig **proper name**, **proper noun** n Eigenname m

property n **1** (≈ *characteristic*) Eigenschaft f; **healing properties** heilende Kräfte **2** (≈ *thing owned*) Eigentum nt; **common ~** (*lit*) gemeinsames Eigentum; (*fig*) Gemeingut nt **3** (≈ *building*) Haus nt; (≈ *office*) Gebäude nt; (≈ *land*) Besitztum nt; (≈ *estate*) Besitz m; (*no pl* ≈ *houses etc*) Immobilien pl; **~ in London is dearer** die Preise auf dem Londoner Immobilienmarkt sind höher **property developer** n Häusermakler(in) m(f) **property market** n Immobilienmarkt m

prophecy n Prophezeiung f **prophesy** **A** v/t prophezeien **B** v/i Prophezeiungen machen **prophet** n Prophet(in) m(f) **prophetic** *adj*, **prophetically** *adv* prophetisch

proponent n Befürworter(in) m(f)

proportion n **1** (*in number*) Verhältnis nt (*of x to y* zwischen x und y); (*in size*) Proportionen pl; **~s** (≈ *size*) Ausmaß nt; (*of building etc*) Proportionen pl; **to be in/ out of ~ (to one another)** (*in number*) im richtigen/nicht im richtigen Verhältnis zueinander stehen; (*in size*, ART) in den Proportionen stimmen/nicht stimmen; (*in time, effort etc*) im richtigen/in keinem Verhältnis zueinander stehen; **to be in/out of ~ to sth** im Verhältnis/in keinem Verhältnis zu etw stehen; (*in size*) in den Proportionen zu etw passen/nicht zu etw passen; **to get sth in ~** ART etw proportional richtig darstellen; (*fig*) etw objektiv betrachten; **he has let it all get out of ~** (fig) er hat den Blick für die Proportionen verloren; **it's out of all ~!** das geht über jedes Maß hinaus!; **sense of ~** Sinn *m* für Proportionen **2** (≈ *part*) Teil *m*; (≈ *share*) Anteil *m*; **a certain ~ of the population** ein bestimmter Teil der Bevölkerung; **the ~ of drinkers in our society is rising constantly** der Anteil der Trinker in unserer Gesellschaft nimmt ständig zu **proportional** *adj* proportional (*to* zu) **proportional representation** *n* POL Verhältniswahlrecht *nt* **proportionate** *adj* proportional **proportionately** *adv* proportional; *more, less* entsprechend

proposal *n* Vorschlag *m* (*on, about* zu); (≈ *proposal of marriage*) (Heirats)antrag *m*; **to make sb a ~** jdm einen Vorschlag machen **propose** **A** *v/t* **1** (≈ *suggest*) vorschlagen; **to ~ marriage to sb** jdm einen (Heirats)antrag machen **2** (≈ *have in mind*) beabsichtigen; **how do you ~ to pay for it?** wie wollen Sie das bezahlen? **B** *v/i* einen (Heirats)antrag machen (*to* +*dat*) **proposition** **A** *n* (≈ *proposal*) Vorschlag *m*; (≈ *argument*) These *f* **B** *v/t* **he ~ed me** er hat mich gefragt, ob ich mit ihm schlafen würde

proprietor *n* (*of pub*) Inhaber(in) *m(f)*; (*of house, newspaper*) Besitzer(in) *m(f)*

propriety *n* (≈ *decency*) Anstand *m*

propulsion *n* Antrieb *m*

pro rata *adj, adv* anteil(s)mäßig; **on a ~ basis** auf einer proportionalen Basis

proscribe *v/t* (≈ *forbid*) verbieten

prose *n* **1** Prosa *f* **2** (≈ *style*) Stil *m*

prosecute **A** *v/t* strafrechtlich verfolgen (*for* wegen); **"trespassers will be ~d"** „widerrechtliches Betreten wird strafrechtlich verfolgt" **B** *v/i* Anzeige erstatten; **Mr Jones, prosecuting, said ...** Herr Jones, der Vertreter der Anklage, sagte ... **prosecution** *n* (JUR ≈ *act of prosecuting*) strafrechtliche Verfolgung; (*in court* ≈ *side*) Anklage *f* (*for* wegen); **(the) counsel for the ~** die Anklage(vertretung); **witness for the ~** Zeuge *m*/Zeugin *f* der Anklage **prosecutor** *n* Ankläger(in) *m(f)*

prospect *n* (≈ *outlook*) Aussicht *f* (*of* auf +*acc*); **a job with no ~s** eine Stelle ohne Zukunft **prospective** *adj attr* (≈ *likely to happen*) voraussichtlich; *son-in-law* zukünftig; *buyer* interessiert; **~ earnings** voraussichtliche Einkünfte *pl*

prospectus *n* Prospekt *m*; SCHOOL, UNIV Lehrprogramm *nt*

prosper *v/i* blühen; (*financially*) florieren **prosperity** *n* Wohlstand *m* **prosperous** *adj person* wohlhabend; *business* florierend; *economy* blühend **prosperously** *adv live* im Wohlstand

prostate (gland) *n* Prostata *f*

prostitute **A** *n* Prostituierte(r) *m/f(m)* **B** *v/r* sich prostituieren **prostitution** *n* Prostitution *f*

prostrate **A** *adj* ausgestreckt **B** *v/r* sich niederwerfen (*before* vor +*dat*)

protagonist *n esp* LIT Protagonist(in) *m(f)*

protect **A** *v/t* schützen (*against* gegen, *from* vor +*dat*); (*person, animal*) beschützen (*against* gegen, *from* vor +*dat*); IT sichern (*against* gegen, *from* vor +*dat*); **don't try to ~ the culprit** versuchen Sie nicht, den Schuldigen zu decken **B** *v/i* schützen (*against* vor +*dat*)

protection *n* Schutz *m* (*against* gegen, *from* vor +*dat*); **to be under sb's ~** unter jds Schutz (*dat*) stehen **protectionism** *n* Protektionismus *m* **protective** *adj* Schutz-; *attitude* beschützend; *equipment* schützend; **the mother is very ~ toward(s) her children** die Mutter ist sehr fürsorglich ihren Kindern gegenüber **protective clothing** *n* Schutzkleidung *f* **protective custody** *n* Schutzhaft *f* **protectively** *adv* schützend; (*towards people*) beschützend **protective packaging** *n* Schutzverpackung *f* **protector** *n* **1** (≈ *defender*) Beschützer(in) *m(f)* **2** (≈ *protective wear*) Schutz *m*

protégé, protégée *n* Schützling *m*

protein *n* Protein *nt*

protest **A** *n* Protest *m*; (≈ *demonstration*) Protestkundgebung *f*; **in ~** aus Protest; **to make a/one's ~** Protest erheben **B** *v/i* (**against, about** gegen) protestieren; (≈ *demonstrate*) demonstrieren **C** *v/t* **1** *innocence* beteuern **2** (≈ *dispute*) protestieren gegen

Protestant **A** *adj* protestantisch **B** *n* Protestant(in) *m(f)*

protestation *n* (≈ *protest*) Protest *m* **protester** *n* Protestierende(r) *m/f(m)*; (*in demo*) Demonstrant(in) *m(f)* **protest march** *n* Protestmarsch *m*

protocol *n* Protokoll *nt*

proton *n* Proton *nt*

prototype *n* Prototyp *m*

protracted *adj* langwierig; *dispute* längere(r, s)

protrude v/i (**from** aus) vorstehen; (ears) abstehen **protruding** adj vorstehend; ears abstehend; chin vorspringend; ribs hervortretend

proud **A** adj stolz (of auf +acc); **it made his parents feel very ~** das erfüllte seine Eltern mit Stolz; **to be ~ that ...** stolz (darauf) sein, dass ...; **to be ~ to do sth** stolz darauf sein, etw zu tun **B** adv **to do sb/oneself ~** jdn/sich verwöhnen **proudly** adv stolz

prove pret proved, past part proved or proven **A** v/t beweisen; **he ~d that ...** er wies nach, dass ...; **to ~ sb innocent** jds Unschuld nachweisen; **he was ~d right** er hat recht behalten; **he did it just to ~ a point** er tat es nur der Sache wegen **B** v/i **to ~ (to be) useful** sich als nützlich erweisen; **if it ~s otherwise** wenn sich das Gegenteil herausstellt **C** v/r **1** (≈ show one's value etc) sich bewähren **2 to ~ oneself to be sth** sich als etw erweisen **proven** **A** past part of prove **B** adj bewährt

proverb n Sprichwort nt **proverbial** adj (lit, fig) sprichwörtlich

provide **A** v/t zur Verfügung stellen; personnel vermitteln; money bereitstellen; food etc sorgen für; ideas, electricity liefern; light spenden; **X ~d the money and Y (~d) the expertise** X stellte das Geld bereit und Y lieferte das Fachwissen; **candidates must ~ their own pens** die Kandidaten müssen ihr Schreibgerät selbst stellen; **to ~ sth for sb** etw für jdn stellen; (≈ make available) jdm etw zur Verfügung stellen; (≈ supply) jdm etw besorgen; **to ~ sb with sth** with food etc jdn mit etw versorgen; (≈ equip) jdn mit etw ausstatten **B** v/r **to ~ oneself with sth** sich mit etw ausstatten ◊**provide against** v/i +prep obj vorsorgen für ◊**provide for** v/i +prep obj sorgen für; emergencies vorsorgen für **provided (that)** cj vorausgesetzt(, dass) **providence** n die Vorsehung

provider n (for family) Ernährer(in) m(f) **providing (that)** cj vorausgesetzt(, dass)

province n **1** Provinz f **2 provinces** pl **the ~s** die Provinz **provincial** adj Provinz-; accent ländlich; (pej) provinzlerisch

provision n **1** (≈ supplying) (for others) Bereitstellung f; (for one's own) Beschaffung f; (of food, water etc) Versorgung f (of mit, to sb jds) **2** (≈ supply) Vorrat m (of an +dat) **3** **~s** pl (≈ food) Lebensmittel pl **4** (≈ arrangement) Vorkehrung f; (≈ stipulation) Bestimmung f; **with the ~ that ...** mit dem Vorbehalt, dass ...; **to make ~ for sb** für jdn Vorsorge treffen; **to make ~ for sth** etw vorsehen **provisional** adj provisorisch; offer vorläufig; **~ driving licence** (Br) vorläufige Fahrerlaubnis für Fahrschüler **provisionally** adv vorläufig **proviso** n Vorbehalt m; **with the ~ that ...** unter der Bedingung, dass ...

provocation n Provokation f; **he acted under ~** er wurde dazu provoziert; **he hit me without any ~** er hat mich geschlagen, ohne dass ich ihn dazu provoziert hätte **provocative** adj provozierend; remark, behaviour herausfordernd **provocatively** adv provozierend; say, behave herausfordernd; **~ dressed** aufreizend gekleidet **provoke** v/t provozieren; animal reizen; reaction hervorrufen; **to ~ an argument** (person) Streit suchen; **to ~ sb into doing sth** jdn dazu treiben, dass er etw tut **provoking** adj provozierend

prow n Bug m

prowess n (≈ skill) Fähigkeiten pl; **his (sexual) ~** seine Manneskraft

prowl **A** n Streifzug m; **to be on the ~** (cat) auf Streifzug sein; (boss) herumschleichen **B** v/i (a. **prowl about** or **around**) herumstreichen; **he ~ed round the house** er schlich im Haus **prowler** n Herumtreiber(in) m(f)

proximity n Nähe f; **in close ~ to** in unmittelbarer Nähe (+gen)

proxy n **by ~** durch einen Stellvertreter

prude n **to be a ~** prüde sein

prudence n (of person) Umsicht f; (of action) Klugheit f **prudent** adj person umsichtig; action klug **prudently** adv wohlweislich; act umsichtig

prudish adj prüde

prune[1] n Backpflaume f

prune[2] v/t (a. **prune down**) beschneiden; (fig) expenditure kürzen **pruning** n Beschneiden nt; (fig) (of expenditure) Kürzung f

Prussia n Preußen nt **Prussian** **A** adj preußisch **B** n Preuße m, Preußin f

pry[1] v/i neugierig sein; (in drawers etc) (herum)schnüffeln (in in +dat); **I don't mean to ~, but ...** es geht mich ja nichts an, aber ...; **to ~ into sb's affairs** seine Nase in jds Angelegenheiten (acc) stecken

pry² v/t (US) = prise

prying adj neugierig

PS abbr of postscript PS

psalm n Psalm m

pseudonym n Pseudonym nt

psoriasis n MED Psoriasis f

PST (US) abbr of Pacific Standard Time pazifische Zeit

psych v/t (infml) **to ~ sb (out)** jdn durchschauen ◊**psych out** v/t sep (infml) psychologisch fertigmachen (infml) ◊**psych up** v/t sep (infml) hochputschen (infml); **to psych oneself up** sich hochputschen (infml)

psyche n Psyche f

psychedelic adj psychedelisch

psychiatric adj psychiatrisch; illness psychisch; **~ hospital** psychiatrische Klinik; **~ nurse** Psychiatrieschwester f **psychiatrist** n Psychiater(in) m(f) **psychiatry** n Psychiatrie f

psychic ⬛ A adj **1** übersinnlich; powers übernatürlich; **you must be ~!** Sie müssen hellsehen können! **2** PSYCH psychisch **B** n Mensch m mit übernatürlichen Kräften

psycho n (infml) Verrückte(r) m/f(m)

psychoanalyse, (US) **psychoanalyze** v/t psychoanalytisch behandeln **psychoanalysis** n Psychoanalyse f **psychoanalyst** n Psychoanalytiker(in) m(f)

psychological adj psychologisch; (≈ mental) psychisch; **he's not really ill, it's all ~** er ist nicht wirklich krank, das ist alles psychisch bedingt **psychologically** adv (≈ mentally) psychisch; (≈ concerning psychology) psychologisch **psychological thriller** n FILM, LIT Psychothriller m **psychologist** n Psychologe m, Psychologin f **psychology** n (≈ science) Psychologie f

psychopath n Psychopath(in) m(f)

psychosomatic adj psychosomatisch

psychotherapist n Psychotherapeut(in) m(f) **psychotherapy** n Psychotherapie f

psychotic adj psychotisch

pt abbr of part, pint, point

PTA abbr of parent-teacher association

pto abbr of please turn over b.w.

pub n (esp Br) Kneipe f (infml); (in the country) Gasthaus nt; **let's go to the ~** komm, wir gehen in die Kneipe (infml) **pub-crawl** n (esp Br infml) **to go on a ~** einen Kneipenbummel machen (infml)

puberty n die Pubertät; **to reach ~** in die Pubertät kommen

pubic adj Scham-; **~ hair** Schamhaar nt

public ⬛ A adj öffentlich; **to be ~ knowledge** allgemein bekannt sein; **to become ~** publik werden; **at ~ expense** aus öffentlichen Mitteln; **~ pressure** Druck m der Öffentlichkeit; **a ~ figure** eine Persönlichkeit des öffentlichen Lebens; **in the ~ eye** im Blickpunkt der Öffentlichkeit; **to make sth ~** etw publik machen; (officially) etw öffentlich bekannt machen; **~ image** Bild nt in der Öffentlichkeit; **in the ~ interest** im öffentlichen Interesse **B** n sg or pl Öffentlichkeit f; **in ~** in der Öffentlichkeit; admit öffentlich; **the (general) ~** die (breite) Öffentlichkeit; **the viewing ~** das Fersehpublikum **public access channel** n öffentlicher Fernsehkanal **public address system** n Lautsprecheranlage f

publican n (Br) Gastwirt(in) m(f)

publication n Veröffentlichung f

public company n Aktiengesellschaft f **public convenience** n (Br) öffentliche Toilette **public defender** n (US) Pflichtverteidiger(in) m(f) **public enemy** n Staatsfeind(in) m(f) **public gallery** n Besuchertribüne f **public health** n die öffentliche Gesundheit **public holiday** n gesetzlicher Feiertag **public housing** n (US) Sozialwohnungen pl **public inquiry** n öffentliche Untersuchung **publicist** n Publizist(in) m(f) **publicity** n **1** Publicity f **2** COMM Werbung f **publicity campaign** n Publicitykampagne f; COMM Werbekampagne f **publicity stunt** n Werbegag m **publicity tour** n Werbetour f **publicize** v/t **1** (≈ make public) bekannt machen **2** film, product Werbung machen für

public law n öffentliches Recht **public life** n öffentliches Leben **public limited company** n Aktiengesellschaft f **publicly** adv öffentlich; **~ funded** durch öffentliche Mittel finanziert **public money** n öffentliche Gelder pl **public opinion** n die öffentliche Meinung **public ownership** n staatlicher Besitz; **under** or **in ~** in staatlichem Besitz **public property** n öffentliches Eigentum **public prosecutor** n Staatsanwalt m/-

P

anwältin f **public relations** n pl or sg Öffentlichkeitsarbeit f; ~ **exercise** PR--Kampagne f **public school** n (Br) Privatschule f; (US) staatliche Schule **public sector** n öffentlicher Sektor **public servant** n Arbeitnehmer(in) m(f) im öffentlichen Dienst **public service** n (Civil Service) öffentlicher Dienst **public speaking** n Redenhalten nt; **I'm no good at ~** ich kann nicht in der Öffentlichkeit reden **public spending** n Ausgaben pl der öffentlichen Hand **public television** n (US) öffentliches Fernsehen **public transport** n öffentlicher Nahverkehr; **by ~** mit öffentlichen Verkehrsmitteln **public utility** n öffentlicher Versorgungsbetrieb

publish v/t veröffentlichen; **~ed by Collins** bei Collins erschienen; **"published monthly"** „erscheint monatlich" **publisher** n (≈ person) Verleger(in) m(f); (≈ firm: a. **publishers**) Verlag m **publishing** n das Verlagswesen; **~ company** Verlagshaus nt

puck n SPORTS Puck m

pucker A v/t (a. **pucker up**, for kissing) spitzen B v/i (a. **pucker up**) (lips, to be kissed) sich spitzen

pud n (Br infml) = pudding **pudding** n (Br) 1 (≈ dessert) Nachtisch m; (≈ instant whip etc) Pudding m; **what's for ~?** was gibt es als Nachtisch? 2 **black ~** ≈ Blutwurst f

puddle n Pfütze f

pudgy adj (+er) = podgy

puff A n 1 (of engine) Schnaufen nt no pl; (on cigarette etc) Zug m (at, of an +dat); **a ~ of wind** ein Windstoß m; **a ~ of smoke** eine Rauchwolke; **our hopes vanished in a ~ of smoke** unsere Hoffnungen lösten sich in nichts auf; **to be out of ~** (Br infml) außer Puste sein (infml) 2 COOK **cream ~** Windbeutel m B v/t smoke ausstoßen C v/i (person, train) schnaufen; **to ~ (away) on a cigar** an einer Zigarre paffen ◊**puff out** v/t sep 1 chest herausstrecken; cheeks aufblasen 2 (≈ emit) ausstoßen ◊**puff up** A v/t sep feathers (auf)plustern B v/i (face etc) anschwellen

puffed adj (infml) außer Puste (infml)

puffin n Papageientaucher m

puffiness n Verschwollenheit f **puff pastry**, (US) **puff paste** n Blätterteig m **puffy** adj (+er) face geschwollen

puke (sl) A v/i kotzen (infml); **he makes me ~** er kotzt mich an (sl) B n Kotze f (vulg) ◊**puke up** v/i (infml) kotzen (infml)

pull A n Ziehen nt; (short) Ruck m; (≈ attraction) Anziehungskraft f; **he gave the rope a ~** er zog am Seil; **I felt a ~ at my sleeve** ich spürte, wie mich jemand am Ärmel zog B v/t 1 ziehen; tooth herausziehen; beer zapfen; **to ~ a gun on sb** jdn mit der Pistole bedrohen; **he ~ed the dog behind him** er zog den Hund hinter sich (dat) her; **to ~ a door shut** eine Tür zuziehen 2 handle, rope ziehen an (+dat); **he ~ed her hair** er zog sie an den Haaren; **to ~ sth to pieces** (fig ≈ criticize) etw verreißen; **to ~ sb's leg** (fig infml) jdn auf den Arm nehmen (infml), jdn pflanzen (Aus); **~ the other one(, it's got bells on)** (Br infml) das glaubst du ja selber nicht!; **she was the one ~ing the strings** sie war es, die alle Fäden in der Hand hielt 3 muscle sich (dat) zerren 4 crowd anziehen C v/i 1 ziehen (on, at an +dat); **to ~ to the left** (car) nach links ziehen; **to ~ on one's cigarette** an seiner Zigarette ziehen (car etc) fahren; **he ~ed across to the left-hand lane** er wechselte auf die linke Spur über; **he ~ed into the side of the road** er fuhr an den Straßenrand; **to ~ alongside** seitlich heranfahren; **to ~ off the road** am Straßenrand anhalten 3 (Br infml, sexually) jemanden rumkriegen (infml) ◊**pull ahead** v/i **to ~ of sb/sth** (in race etc) einen Vorsprung vor jdm/etw gewinnen; (in contest) jdm/einer Sache (dat) davonziehen ◊**pull apart** A v/t sep 1 (≈ separate) auseinanderziehen; radio etc auseinandernehmen 2 (fig infml) (≈ search) auseinandernehmen (infml); (≈ criticize) verreißen B v/i (by design) sich auseinandernehmen lassen ◊**pull away** A v/t sep wegziehen; **she pulled it away from him** sie zog es von ihm weg; (from his hands) sie zog es ihm aus den Händen B v/i (≈ move off) wegfahren; **the car pulled away from the others** der Wagen setzte sich (von den anderen) ab ◊**pull back** v/t sep zurückziehen ◊**pull down** A v/t sep 1 (≈ move down) herunterziehen 2 buildings abreißen B v/i (blind etc) sich herunterziehen lassen ◊**pull in** A v/t sep 1 rope, stomach etc einziehen; **to pull sb/sth in(to) sth** jdn/etw in etw (acc) ziehen 2 crowds anziehen

B *v/i* **1** (*into station*) einfahren (*into* in +*acc*) **2** (≈ *stop*) anhalten ◊**pull off** *v/t sep* **1** *wrapping* abziehen; *cover* abnehmen; *clothes* ausziehen **2** (*infml* ≈ *succeed in*) schaffen (*infml*); *deal, coup* zuwege bringen (*infml*) ◊**pull on** *v/t sep coat etc* sich (*dat*) überziehen ◊**pull out** *v/t sep* **1** (≈ *extract*) (**of** aus) herausziehen; *tooth* ziehen; *page* heraustrennen; **to pull the rug out from under sb** (*fig*) jdm den Boden unter den Füßen wegziehen **2** (≈ *withdraw*) zurückziehen; *troops* abziehen **B** *v/i* **1** (≈ *come out*) sich herausziehen lassen **2** (≈ *elongate*) sich ausziehen lassen **3** (≈ *withdraw*) aussteigen (*of* aus) (*infml*); (*troops*) abziehen **4** (*train etc*) herausfahren (*of* aus); **the car pulled out from behind the lorry** der Wagen scherte hinter dem Lastwagen aus ◊**pull over** **A** *v/t sep* **1** (≈ *move over*) herüberziehen (*prep obj* über +*acc*) **2** (≈ *topple*) umreißen **B** **the police pulled him over** die Polizei stoppte ihn am Straßenrand **B** *v/i* (*car, driver*) zur Seite fahren ◊**pull through** **A** *v/t sep* (*lit*) durchziehen; **to pull sb/sth through sth** (*lit*) jdn/etw durch etw ziehen; **to pull sb through a difficult time** jdm helfen, eine schwierige Zeit zu überstehen **B** *v/i* (*fig*) durchkommen; **to ~ sth** (*fig*) etw überstehen ◊**pull together** **A** *v/i* (*fig*) am gleichen Strang ziehen **B** *v/r* sich zusammenreißen ◊**pull up** **A** *v/t sep* **1** (≈ *raise*) hochziehen **2** (≈ *uproot*) herausreißen **3** *chair* heranrücken **B** *v/i* (≈ *stop*) anhalten **pull-down** *adj bed* Klapp-; **~ menu** IT Pull-down-Menü *nt*
pulley *n* **1** (≈ *wheel*) Rolle *f* **2** (≈ *block*) Flaschenzug *m*
pull-out **A** *n* (≈ *withdrawal*) Abzug *m* **B** *attr supplement* heraustrennbar **pullover** *n* Pullover *m*
pulp **A** *n* **1** Brei *m*; **to beat sb to a ~** (*infml*) jdn zu Brei schlagen (*infml*) **2** (*of fruit etc*) Fruchtfleisch *nt* **B** *v/t fruit etc* zerdrücken; *paper* einstampfen
pulpit *n* Kanzel *f*
pulsate *v/i* pulsieren **pulse** **A** *n* ANAT Puls *m*; PHYS Impuls *m*; **to feel sb's ~** jdm den Puls fühlen; **he still has** *or* **keeps his finger on the ~ of economic affairs** er hat in Wirtschaftsfragen immer noch den Finger am Puls der Zeit **B** *v/i* pulsieren
pulverize *v/t* pulverisieren

pummel *v/t* eintrommeln auf (+*acc*)
pump[1] **A** *n* Pumpe *f* **B** *v/t* pumpen; *stomach* auspumpen; **to ~ water out of sth** Wasser aus etw (heraus)pumpen; **to ~ money into sth** Geld in etw (*acc*) hineinpumpen; **to ~ sb (for information)** jdn aushorchen; **to ~ iron** (*infml*) Gewichte stemmen **C** *v/i* pumpen; (*water, blood*) herausschießen; **the piston ~ed up and down** der Kolben ging auf und ab ◊**pump in** *v/t sep* hineinpumpen ◊**pump out** *v/t sep* herauspumpen ◊**pump up** *v/t sep tyre etc* aufpumpen; *prices* hochtreiben
pump[2] *n* (≈ *gym shoe*) Turnschuh *m*; (*US* ≈ *court shoe*) Pumps *m*
pumpkin *n* Kürbis *m*
pun *n* Wortspiel *nt*
Punch *n* (*Br*) **~ and Judy show** Kasper(le)theater *nt*; **to be (as) pleased as ~** (*infml*) sich wie ein Schneekönig freuen (*infml*)
punch[1] **A** *n* **1** (≈ *blow*) Schlag *m* **2** *no pl* (*fig* ≈ *vigour*) Schwung *m* **B** *v/t* boxen; **I wanted to ~ him in the face** ich hätte ihm am liebsten ins Gesicht geschlagen
punch[2] **A** *n* (*hole puncher*) Locher *m* **B** *v/t ticket etc* lochen, zwicken (*Aus*); *holes* stechen ◊**punch in** *v/t sep* IT *data* eingeben
punch[3] *n* (≈ *drink*) Bowle *f*; (*hot*) Punsch *m*
punchbag *n* Sandsack *m* **punchbowl** *n* Bowle *f* **punching bag** *n* (*US*) Sandsack *m* **punch line** *n* Pointe *f* **punch-up** *n* (*Br infml*) Schlägerei *f*
punctual *adj* pünktlich; **to be ~** pünktlich kommen **punctuality** *n* Pünktlichkeit *f* **punctually** *adv* pünktlich
punctuate *v/t* **1** GRAM interpunktieren **2** (≈ *intersperse*) unterbrechen **punctuation** *n* Interpunktion *f*
puncture **A** *n* **1** (*in tyre etc*) Loch *nt* **2** (≈ *flat tyre*) Reifenpanne *f* **B** *v/t* stechen in (+*acc*); *tyre* Löcher/ein Loch machen in (+*acc*)
pundit *n* Experte *m*, Expertin *f*
pungent *adj* scharf; *smell* durchdringend
punish *v/t* **1** bestrafen; **he was ~ed by a fine** er wurde mit einer Geldstrafe belegt; **the other team ~ed us for that mistake** die andere Mannschaft ließ uns für diesen Fehler büßen **2** (*fig infml* ≈ *drive hard*) strapazieren; *oneself* schinden **punishable** *adj* strafbar; **to be ~ by 2 years' imprisonment** mit 2 Jahren Gefängnis bestraft

P

werden **punishing** adj routine strapaziös; workload erdrückend

punishment n **1** (≈ penalty) Strafe f; (≈ punishing) Bestrafung f; **you know the ~ for such offences** Sie wissen, welche Strafe darauf steht **2** (fig infml) **to take a lot of ~** (car etc) stark strapaziert werden

Punjabi A adj pandschabisch **B** n **1** Pandschabi m/f(m) **2** LING Pandschabi nt

punk A n **1** (a. **punk rocker**) Punker(in) m(f); (a. **punk rock**) Punkrock m **2** (US infml ≈ hoodlum) Ganove m (infml) **B** adj Punk-

punter n **1** (Br infml) (≈ better) Wetter(in) m(f) **2** (esp Br infml ≈ customer etc) Kunde m, Kundin f

puny adj (+er) person schwächlich; effort kläglich

pup n Junge(s) nt

pupil¹ n (SCHOOL, fig) Schüler(in) m(f)

pupil² n ANAT Pupille f

puppet n (≈ glove puppet) Handpuppe f; (≈ string puppet, also fig) Marionette f **puppeteer** n Puppenspieler(in) m(f) **puppet regime** n Marionettenregime nt **puppet show** n Puppenspiel nt

puppy n junger Hund

purchase A n Kauf m; **to make a ~** einen Kauf tätigen **B** v/t kaufen **purchase order** n Auftragsbestätigung f **purchase price** n Kaufpreis m **purchaser** n Käufer(in) m(f) **purchasing** adj department Einkaufs-; price, power Kauf-

pure adj (+er) rein; **in ~ disbelief** ganz ungläubig; **by ~ chance** rein zufällig; **malice ~ and simple** reine Bosheit **purebred** adj reinrassig

purée A n Püree nt; **tomato ~** Tomatenmark nt, Paradeismark nt (Aus) **B** v/t pürieren

purely adv rein; **~ and simply** schlicht und einfach

purgatory n REL das Fegefeuer

purge v/t reinigen

purification n Reinigung f **purification plant** n Kläranlage f **purify** v/t reinigen

puritan n adj puritanisch **B** n Puritaner(in) m(f) **puritanical** adj puritanisch

purity n Reinheit f

purple A adj lila; face hochrot **B** n (≈ colour) Lila nt

purpose n **1** (≈ intention) Absicht f; (≈ set goal) Zweck m; **on ~** absichtlich; **what was your ~ in doing this?** was haben Sie damit beabsichtigt?; **for our ~s** für unsere Zwecke; **for the ~s of this meeting** zum Zweck dieser Konferenz; **for all practical ~s** in der Praxis; **to no ~** ohne Erfolg **2** no pl (≈ determination) Entschlossenheit f; **to have a sense of ~** zielbewusst sein **purpose-built** adj (esp Br) speziell angefertigt; construction speziell gebaut **purposeful** adj, **purposefully** adv entschlossen

purr A v/i (cat, person) schnurren; (engine) surren **B** n Schnurren nt no pl; (of engine) Surren nt no pl

purse A n **1** (for money) Portemonnaie nt; **to hold the ~ strings** (Br fig) über die Finanzen bestimmen **2** (US ≈ handbag) Handtasche f **B** v/t **to ~ one's lips** einen Schmollmund machen

pursue v/t verfolgen; success nachjagen (+dat); happiness streben nach; studies nachgehen (+dat); subject weiterführen **pursuer** n Verfolger(in) m(f) **pursuit** n **1** (of person, goal) Verfolgung f (of +gen); (of knowledge, happiness) Streben nt (of nach); (of pleasure) Jagd f (of nach); **he set off in ~** er rannte/fuhr hinterher; **to go in ~ of sb/sth** sich auf die Jagd nach jdm/etw machen; **in hot ~ of sb** hart auf jds Fersen (dat); **to set off/be in hot ~ of sb/sth** jdm/einer Sache nachjagen; **in (the) ~ of his goal** in Verfolgung seines Ziels **2** (≈ occupation) Beschäftigung f; (≈ pastime) Zeitvertreib m

pus n Eiter m

push A n **1** Schubs m (infml); (short) Stoß m; **to give sb/sth a ~** jdm/einer Sache einen Stoß versetzen; **to give a car a ~** einen Wagen anschieben; **he needs a little ~ now and then** (fig) den muss man mal ab und zu in die Rippen stoßen (infml); **to get the ~** (Br infml) (employee) (raus)fliegen (infml) (from aus); (boyfriend) den Laufpass kriegen (infml); **to give sb the ~** (Br infml) employee jdn rausschmeißen (infml); boyfriend jdm den Laufpass geben (infml); **at a ~** (infml) notfalls; **if/when ~ comes to shove** (infml) wenn der schlimmste Fall eintritt **2** (≈ effort) Anstrengung f; MIL Offensive f **B** v/t **1** (≈ shove) schieben; (quickly) stoßen; button drücken; **to ~ a door open/shut** eine Tür auf-/zuschieben; **he ~ed his way through the crowd** er drängte sich durch die Menge; **he ~ed the thought to the back of his mind** er schob den Gedanken beiseite **2** (fig) product massiv Werbung machen für; drugs schieben; **to ~ home one's advantage** seinen Vorteil ausnützen; **don't ~ your luck** treibs nicht zu weit!; **he's ~ing his luck trying to do that** er legt es wirklich darauf an, wenn er das versucht **3** (fig ≈ put pressure on) drängen; **to ~ sb into doing sth** jdn dazu treiben, etw zu tun; **they ~ed him to the limits** sie trieben ihn bis an seine Grenzen; **that's ~ing it a bit** (infml) das ist ein bisschen übertrieben; **to be ~ed (for time)** (infml) mit der Zeit knapp dran sein; **to ~ oneself hard** sich schinden **C** v/i (≈ shove) schieben; (quickly) stoßen; (≈ press) drücken; (in a crowd) drängeln (infml); (≈ apply pressure) drängen ◊**push ahead** v/i sich ranhalten (infml); **to ~ with one's plans** seine Pläne vorantreiben ◊**push around** v/t sep **1** (lit) herumschieben **2** (fig infml ≈ bully) child herumschubsen; adult herumkommandieren ◊**push aside** v/t sep beiseiteschieben; (quickly) beiseitestoßen; (fig) einfach abtun ◊**push away** v/t sep wegschieben; (quickly) wegstoßen ◊**push back** v/t sep people zurückdrängen; (with one push) zurückstoßen; cover, hair zurückschieben ◊**push by** v/i = push past ◊**push down A** v/t sep **1** (≈ press down) nach unten drücken **2** (≈ knock over) umstoßen **B** v/i (≈ press down) hinunterdrücken ◊**push for** v/i +prep obj drängen auf (+acc) ◊**push forward** v/i = push ahead ◊**push in A** v/t sep hineinschieben; (quickly) hineinstoßen; **to push sb/sth in(to) sth** jdn/etw in etw (acc) schieben/stoßen; **to push one's way in** sich hineindrängen **B** v/i (lit: in queue etc) sich hineindrängeln (infml) ◊**push off A** v/t sep hinunterschieben; (quickly) hinunterstoßen; **to push sb off sth** jdn von etw schieben/stoßen **B** v/i (Br infml ≈ leave) abhauen (infml); **~!** zieh ab! (infml) ◊**push on** v/i (with journey) weiterfahren/-gehen; (with job) weitermachen ◊**push out** v/t sep hinausschieben; (quickly) hinausstoßen; **to push sb/sth out of sth** jdn/etw aus etw schieben/stoßen; **to push one's way out (of sth)** sich (aus etw) hinausdrängen ◊**push over** v/t sep (≈ knock over) umwerfen ◊**push past** v/i sich vorbeidrängen (prep obj an +dat)

◊**push through A** v/t sep **1** durchschieben; (quickly) durchstoßen; **to push sb/sth through sth** jdn/etw durch etw schieben/stoßen; **she pushed her way through the crowd** sie drängte sich durch die Menge **2** bill durchpeitschen (infml), durchstieren (Swiss) **B** v/i (through crowd) sich durchdrängen ◊**push to** v/t always separate door anlehnen ◊**push up** v/t sep **1** (lit) hinaufschieben; (quickly) hinaufstoßen **2** (fig ≈ raise) hochdrücken

push-bike n (Br infml) Fahrrad nt, Velo nt (Swiss) **push-button** n Druckknopf m; **~ telephone** Tastentelefon nt **pushchair** n (Br) Sportwagen m **pusher** n (infml, of drugs) Pusher(in) m(f) (infml) **pushover** n (infml) (≈ job etc) Kinderspiel nt **push--start** v/t anschieben **push-up** n (US) Liegestütz m **pushy** adj (+er) (infml) penetrant (pej)

pussy n **1** (≈ cat) Mieze f (infml) **2** (sl ≈ female genitals) Muschi f (infml) **pussycat** n (baby talk) Miezekatze f (baby talk)

put pret, past part put v/t **1** (≈ place) stellen, setzen; (≈ lay down) legen; (≈ push in) stecken; **they ~ a plank across the stream** sie legten ein Brett über den Bach; **to ~ sth in a drawer** etw in eine Schublade legen; **he ~ his hand in his pocket** er steckte die Hand in die Tasche; **~ the dog in the kitchen** tu den Hund in die Küche; **to ~ sugar in one's coffee** Zucker in den Kaffee tun; **to ~ sb in a good mood** jdn fröhlich stimmen; **to ~ a lot of effort into sth** viel Mühe in etw (acc) stecken; **to ~ money into sth** (sein) Geld in etw (acc) stecken; **~ the lid on the box** tu den Deckel auf die Schachtel; **he ~ his head on my shoulder** er legte seinen Kopf auf meine Schulter; **her aunt ~ her on the train** ihre Tante setzte sie in den Zug; **to ~ money on a horse** auf ein Pferd setzen; **to ~ one's hand over sb's mouth** jdm die Hand vor den Mund halten; **he ~ his head (a)round the door** er steckte den Kopf zur Tür herein; **to ~ a glass to one's lips** ein Glas zum Mund(e) führen; **she ~ the shell to her ear** sie hielt (sich die) Muschel ans Ohr; **to ~ sb to bed** jdn ins Bett bringen; **to ~ sb to great expense** jdm große Ausgaben verursachen; **we'll each ~ £5 toward(s) it** jeder von uns gibt £ 5 (zum Be-

P

trag) dazu; **they ~ her to work on the new project** ihr wurde das neue Projekt als Arbeitsbereich zugewiesen; **to stay ~** stehen *etc* bleiben; (*person ≈ not move*) sich nicht von der Stelle rühren; **just stay ~!** bleib, wo du bist! **2** (≈ *write*) schreiben; *comma* machen; (≈ *draw*) zeichnen; **to ~ a cross/tick against sb's name** jds Namen ankreuzen/abhaken **3** *question, proposal* vorbringen; **I ~ it to you that ...** ich behaupte, dass ...; **it was ~ to me that ...** es wurde mir nahegelegt, dass ... **4** (≈ *express*) ausdrücken; **that's one way of ~ting it** so kann mans auch sagen; **how shall I ~ it?** wie soll ich (es) sagen?; **to ~ it bluntly** um es klipp und klar zu sagen **5** (≈ *rate*) schätzen (*at* auf +*acc*); **he ~s money before his family's happiness** er stellt Geld über das Glück seiner Familie ◊**put across** *v/t sep ideas* verständlich machen (*to sb* jdm); **to put oneself across** den richtigen Eindruck von sich geben ◊**put aside** *v/t sep* **1** *book etc* beiseitelegen **2** (≈ *save for later*) zurücklegen **3** (*fig ≈ forget*) ablegen; *anger* begraben; *differences* vergessen ◊**put away** *v/t sep* **1** einräumen; *toys* aufräumen; (≈ *tidy away*) wegräumen; **to put the car away** das Auto wegstellen **2** (≈ *save*) zurücklegen **3** (*infml ≈ consume*) schaffen (*infml*) **4** (*in prison*) einsperren ◊**put back** *v/t sep* **1** (≈ *replace*) zurückstellen/-legen/-stecken (*esp Br ≈ postpone*) verschieben; *plans, production* zurückwerfen; *watch etc* zurückstellen ◊**put by** *v/t sep* (*Br*) zurücklegen ◊**put down** *v/t sep* **1** (≈ *set down*) *object* wegstellen/-setzen/-legen; **put it down on the floor** stellen Sie es auf den Boden; **I couldn't put that book down** ich konnte das Buch nicht aus der Hand legen; **to ~ the phone** (den Hörer) auflegen **2** *umbrella* zumachen; *lid* zuklappen **3** (≈ *land*) landen **4** *rebellion* niederschlagen **5** (≈ *pay*) anzahlen; *deposit* machen **6** (*esp Br*) *pet* einschläfern **7** (≈ *write down*) niederschreiben; (*on form*) angeben; **to put one's name down for sth** sich (in eine Liste) für etw eintragen; **you can put me down for £10** für mich können Sie £ 10 eintragen; **put it down under sundries** schreiben Sie es unter Verschiedenes auf **8** (≈ *attribute*) zurückführen (*to* auf +*acc*) ◊**put forward** *v/t sep* **1** *suggestion* vorbringen; *person* (*for job etc*) vorschlagen;

(*as candidate*) aufstellen **2** (*esp Br*) *meeting* vorverlegen (*to* auf +*acc*); *watch etc* vorstellen ◊**put in A** *v/t sep* **1** (≈ *place in*) hineinstellen/-legen/-stecken **2** (≈ *insert in speech etc*) einfügen; (≈ *add*) hinzufügen **3** *claim* einreichen **4** *central heating* einbauen **5** *time* zubringen (*with* mit); **to ~ a few hours' work at the weekend** am Wochenende ein paar Stunden Arbeit einschieben; **to ~ a lot of work on sth** eine Menge Arbeit in etw (*acc*) stecken **B** *v/i* **to ~ for sth** *for job* sich um etw bewerben; *for rise* etw beantragen ◊**put inside** *v/t sep* (*infml, in prison*) einsperren (*infml*) ◊**put off** *v/t sep* **1** (≈ *postpone*) verschieben; *decision* aufschieben; *sth unpleasant* hinauszögern; **to put sth off for 10 days/until January** etw um 10 Tage aufschieben/auf Januar verschieben **2** (≈ *be evasive with*) hinhalten **3** (≈ *discourage*) die Lust nehmen (+*dat*); **to put sb off sth** jdm die Lust an etw (*dat*) nehmen; **don't let his rudeness put you off** störe dich nicht an seiner Flegelhaftigkeit; **are you trying to put me off?** versuchst du, mir das zu verleiden? (*infml*); **to put sb off doing sth** jdn davon abbringen, etw zu tun **4** (≈ *distract*) ablenken (*prep obj* von); **I'd like to watch you if it won't put you off** ich würde dir gern zusehen, wenn es dich nicht stört **5** (≈ *switch off*) ausschalten ◊**put on** *v/t sep* **1** *coat* anziehen; *hat* (sich *dat*) aufsetzen; *make-up* auflegen; (*fig*) *front* vortäuschen; **to ~ one's make-up** sich schminken **2** **to ~ weight** zunehmen; **to ~ a pound** ein Pfund zunehmen; **ten pence was ~ the price of petrol** (*Br*) *or* **gas** (*US*) der Benzinpreis wurde um zehn Pence erhöht **3** *play* aufführen; *exhibition* veranstalten; *bus* einsetzen; (*fig*) *act* abziehen (*infml*) **4** (*on telephone*) **to put sb on to sb** jdn mit jdm verbinden; **would you put him on?** könnten Sie ihn mir geben? **5** *TV* einschalten; **to put the kettle on** das Wasser aufsetzen **6** **to put sb on to sth** (≈ *inform about*) jdm etw vermitteln ◊**put out** *v/t sep* **1** *rubbish etc* hinausbringen; *cat* vor die Tür setzen; **to put the washing out (to dry)** die Wäsche (zum Trocknen) raushängen; **to put sb out of business** jdn aus dem Markt drängen; **that goal put them out of the competition** mit diesem Tor waren sie aus dem Wettbewerb ausgeschieden;

she could not put him out of her mind
er ging ihr nicht aus dem Sinn **2** *hand*
ausstrecken; *tongue* herausstrecken; **to
put one's head out of the window** den
Kopf zum Fenster hinausstrecken **3** *cutlery* auflegen **4** *statement* abgeben; *appeal*
durchgeben; (*on TV, radio*) senden **5** *fire,
light* löschen **6** (≈ *vex*) **to be ~ (by sth)**
(über etw *acc*) verärgert sein **7** (≈ *inconvenience*) **to put sb out** jdm Umstände
machen; **to put oneself out (for sb)** sich
(*dat*) (wegen jdm) Umstände machen
◊**put over** *v/t sep* = put across ◊**put
through** *v/t sep* **1** *reform* durchbringen;
(*+prep obj*) bringen durch **2** *+prep obj* (≈
cause to undergo) durchmachen lassen;
**he has put his family through a lot (of
suffering)** seine Familie hat seinetwegen
viel durchgemacht **3** (*by telephone*) *person*
verbinden (*to* mit); *call* durchstellen (*to* zu)
◊**put together** *v/t sep* (*in same room etc*)
zusammentun; (≈ *seat together, assemble*)
zusammensetzen; *menu* zusammenstellen;
collection zusammentragen; **he's better
than all the others ~** er ist besser als alle
anderen zusammen ◊**put up** *v/t sep* **1**
hand hochheben; *umbrella* aufklappen;
hair hochstecken **2** *flag* hissen; *picture, decorations* aufhängen; *notice* anbringen;
building, fence errichten; *tent* aufschlagen
3 (≈ *increase*) erhöhen **4** **to put sth up
for sale** etw zum Verkauf anbieten; **to
put one's child up for adoption** sein
Kind zur Adoption freigeben; **to ~ resistance** Widerstand leisten; **to put sb up to
sth** jdn zu etw anstiften **5** (≈ *accommodate*) unterbringen ◊**put up with** *v/i
+prep obj* sich abfinden mit; **I won't ~ that**
das lasse ich mir nicht gefallen
put-down *n* Abfuhr *f* **put-on** (*infml*) *adj*
vorgetäuscht
putrefy *v/i* verwesen **putrid** *adj* verfault
putt **A** *n* Schlag *m* (*mit dem man einlocht*)
B *v/t & v/i* putten
putter (*US*) *v/i* = potter²
putty *n* Kitt *m*
puzzle **A** *n* **1** (≈ *wordgame, mystery*) Rätsel *nt* **2** (≈ *jigsaw*) Puzzle(spiel) *nt* **B** *v/t* **1**
verblüffen; **to be ~d about sth** sich über
etw (*acc*) im Unklaren sein **2** **to ~ sth out**
etw (her)austüfteln **C** *v/i* **to ~ over sth**
sich (*dat*) über etw (*acc*) den Kopf zerbrechen **puzzled** *adj look* verdutzt; *person*
verwirrt **puzzlement** *n* Verwirrung *f*

puzzling *adj* rätselhaft; *story, question*
verwirrend
Pygmy, **Pigmy** **A** *n* Pygmäe *m* **B** *adj*
Pygmäen-
pyjamas, (*US*) **pajamas** *pl* Schlafanzug
m, Pyjama *m* (*esp Aus, Swiss*)
pylon *n* Mast *m*
pyramid *n* Pyramide *f*
pyre *n* Scheiterhaufen *m*
Pyrenean *adj* pyrenäisch **Pyrenees** *pl*
Pyrenäen *pl*
Pyrex® *n* feuerfestes Glas
python *n* Python *m*

Q, q *n* Q *nt*, q *nt*
QR code® *abbr of* Quick Response code
QR-Code® *m*
qtr *abbr of* quarter
quack **A** *n* Schnattern *nt no pl* **B** *v/i*
schnattern
quad bike *n* (*Br*) Quad *nt* **quadrangle**
n **1** MAT Viereck *nt* **2** ARCH (viereckiger)
(Innen)hof **quadruple** **A** *adj* vierfach
B *v/t* vervierfachen **C** *v/i* sich vervierfachen **quadruplet** *n* Vierling *m*
quagmire *n* Sumpf *m*
quail *n* ORN Wachtel *f*
quaint *adj* (*+er*) (≈ *picturesque*) idyllisch;
pub urig; *idea* kurios
quake *v/i* zittern (*with* vor *+dat*); (*earth etc*)
beben
Quaker *n* Quäker(in) *m(f)*
qualification *n* **1** Qualifikation *f*; (≈ *document*) Zeugnis *nt*; (≈ *prerequisite*) Voraussetzung *f* **2** (≈ *qualifying*) Abschluss *m* **3**
(≈ *limitation*) Einschränkung *f* **qualified**
adj **1** (≈ *trained*) ausgebildet; (≈ *with degree*) Diplom-; **~ engineer** Diplom-Ingeni-
eur(in) *m(f)*; **highly ~** hoch qualifiziert; **to
be ~ to do sth** qualifiziert sein, etw zu
tun; **he is/is not ~ to teach** er besitzt
die/keine Lehrbefähigung; **he was not ~
for the job** ihm fehlte die Qualifikation
für die Stelle; **to be well ~ for sth** für
etw hoch qualifiziert sein; **he is fully ~**
er ist voll ausgebildet **2** (≈ *entitled*) berechtigt **3** (≈ *limited*) nicht uneinge-

schränkt **qualify** **A** *v/t* **1** qualifizieren; **to ~ sb to do sth** (≈ *entitle*) jdn berechtigen, etw zu tun **2** *statement* einschränken **B** *v/i* **1** (≈ *acquire degree etc*) seine Ausbildung abschließen; **to ~ as a lawyer/doctor** sein juristisches/medizinisches Staatsexamen machen; **to ~ as a teacher** die Lehrbefähigung erhalten **2** SPORTS sich qualifizieren (*for* für) **3** (≈ *fulfil conditions*) infrage kommen (*for* für); **does he ~ for admission to the club?** erfüllt er die Bedingungen für die Aufnahme in den Klub? **qualifying** *adj* SPORTS Qualifikations-; **~ match** *or* **game/group** Qualifikationsspiel *nt*/-gruppe *f*

quality **A** *n* **1** Qualität *f*; **of good ~** von guter Qualität; **they vary in ~** sie sind qualitativ verschieden **2** (≈ *characteristics*) Eigenschaft *f* **3** (*of sound*) Klangfarbe *f* **B** *attr* **1** Qualitäts-; **~ goods** Qualitätsware *f* **2** (*infml* ≈ *good*) erstklassig (*infml*); *newspaper* seriös **quality time** *n* intensiv genutzte Zeit

qualm *n* **1** (≈ *scruple*) Skrupel *m*; **without a ~** ohne jeden Skrupel **2** (≈ *misgiving*) Bedenken *nt*

quandary *n* Verlegenheit *f*; **he was in a ~ about what to do** er wusste nicht, was er tun sollte

quango *n* (*Br*) *abbr of* quasi-autonomous nongovernmental organization (unabhängige) Nicht-Regierungs-Organisation

quantify *v/t* quantifizieren

quantitative *adj*, **quantitatively** *adv* quantitativ

quantity *n* **1** Quantität *f*; (≈ *amount*) Menge *f*; (≈ *proportion*) Anteil *m* (*of an* +*dat*); **in ~, in large quantities** in großen Mengen; **in equal quantities** zu gleichen Teilen **2** (MAT, *fig*) Größe *f*

quantum leap *n* (*fig*) Riesenschritt *m* **quantum mechanics** *n sg* Quantenmechanik *f*

quarantine **A** *n* Quarantäne *f*; **to put sb in ~** jdn unter Quarantäne stellen **B** *v/t* unter Quarantäne stellen

quarrel **A** *n* Streit *m*; (≈ *dispute*) Auseinandersetzung *f*; **they have had a ~** sie haben sich gestritten; **I have no ~ with him** ich habe nichts gegen ihn **B** *v/i* **1** sich streiten (*with* mit, *about, over* über +*acc*) **2** (≈ *find fault*) etwas auszusetzen haben (*with* an +*dat*) **quarrelling**, (*US*)

quarreling *n* Streiterei *f* **quarrelsome** *adj* streitsüchtig

quarry¹ **A** *n* Steinbruch *m* **B** *v/t* brechen **quarry**² *n* (≈ *prey*) Beute *f*

quarter **A** *n* **1** (*of amount* ≈ *area*) Viertel *nt*; **to divide sth into ~s** etw in vier Teile teilen; **a ~/three-~s full** viertel/drei viertel voll; **a mile and a ~** eineinviertel Meilen; **a ~ of a mile** eine viertel Meile; **for a ~ (of) the price** zu einem Viertel des Preises; **a ~ of an hour** eine viertel Stunde; **a ~ to seven, a ~ of seven** (*US*) (ein) Viertel vor sieben; **a ~ past six, a ~ after six** (*US*) (ein) Viertel nach sechs; **an hour and a ~** eineinviertel Stunden; **in these ~s** in dieser Gegend **2** (≈ *fourth of year*) Vierteljahr *nt* **3** (*US*) Vierteldollar *m* **4** (≈ *side*) Seite *f*; (≈ *place*) Stelle *f*; **he won't get help from that ~** von dieser Seite wird er keine Hilfe bekommen; **in various ~s** an verschiedenen Stellen; **at close ~s** aus der Nähe **5** **quarters** *pl* (≈ *lodgings*) Quartier *nt* (*also* MIL) **6** (≈ *mercy in battle*) Pardon *m*; **he gave no ~** er kannte kein Pardon **B** *adj* Viertel-; **~ pound** Viertelpfund *nt* **C** *v/t* vierteln **quarterback** *n* (*US* FTBL) Quarterback *m* **quarterfinal** *n* Viertelfinalspiel *nt* **quarterfinalist** *n* Teilnehmer(in) *m(f)* am Viertelfinale **quarterly** **A** *adj, adv* vierteljährlich **B** *n* Vierteljahresschrift *f* **quarter note** *n* (*US* MUS) Viertel(note *f*) **quarter-pipe** *n* SPORTS Quarterpipe *f* **quarter-pounder** *n* COOK Viertelpfünder *m*

quartet(te) *n* Quartett *nt*

quartz *n* Quarz *m*

quash *v/t* **1** JUR *verdict* aufheben **2** *rebellion* unterdrücken

quaver **A** *n* **1** (*esp Br* MUS) Achtel(note *f*) *nt* **2** (*in voice*) Zittern *nt* **B** *v/i* zittern **quavering, quavery** *adj voice* zitternd; *notes* tremolierend

quay *n* Kai *m*; **alongside the ~** am Kai **quayside** *n* Kai *m*

queasiness *n* Übelkeit *f* **queasy** *adj* (+*er*) gereizt; **I feel ~** mir ist (leicht) übel

queen *n* **1** Königin *f* **2** CARDS, CHESS Dame *f*; **~ of spades** Pikdame **queen bee** *n* Bienenkönigin *f* **queenly** *adj* königlich **queen mother** *n* Königinmutter *f* **queen's English** *n* englische Hochsprache **Queen's Speech** *n* Thronrede *f*

queer **A** *adj* (+*er*) **1** (≈ *strange*) eigenartig;

(≈ *eccentric*) komisch; **he's a bit ~ in the head** (*infml*) er ist nicht ganz richtig im Kopf (*infml*) **2** (≈ *suspicious*) verdächtig; **there's something ~ about it** da ist etwas faul dran (*infml*) **3** (*infml*) **I feel ~** (≈ *unwell*) mir ist nicht gut **4** (*pej infml* ≈ *homosexual*) schwul (*infml*) **B** *n* (*pej infml* ≈ *homosexual*) Schwule(r) *m/f(m)* (*infml*)

quell *v/t* riot unterdrücken

quench *v/t* löschen

query A *n* Frage *f*; IT Abfrage *f* **B** *v/t* **1** bezweifeln; *statement* infrage stellen; *bill* reklamieren **2** **to ~ sth with sb** etw mit jdm abklären **3** IT abfragen

quest *n* Suche *f* (*for* nach); (*for knowledge etc*) Streben *nt* (*for* nach)

question A *n* **1** Frage *f* (*to* an *+acc*); **to ask sb a ~** jdm eine Frage stellen; **don't ask so many ~s** frag nicht so viel; **a ~ of time** eine Frage der Zeit; **it's a ~ of whether ...** es geht darum, ob ... **2** *no pl* (≈ *doubt*) Zweifel *m*; **without ~** ohne (jeden) Zweifel; **your sincerity is not in ~** niemand zweifelt an Ihrer Aufrichtigkeit; **to call sth into ~** etw infrage stellen **3** *no pl* **there's no ~ of a strike** von einem Streik kann keine Rede sein; **that's out of the ~** das kommt nicht infrage; **the person in ~** die fragliche Person **B** *v/t* **1** fragen (*about* nach); (*police etc*) befragen (*about* zu); **my father started ~ing me about where I'd been** mein Vater fing an, mich auszufragen, wo ich gewesen war; **they were ~ed by the immigration authorities** ihnen wurden von der Einwanderungsbehörde viele Fragen gestellt **2** (≈ *doubt*) bezweifeln; (≈ *dispute*) infrage stellen **questionable** *adj* fragwürdig; *figures* fraglich **questioner** *n* Frager(in) *m(f)* **questioning A** *adj* look fragend **B** *n* Verhör *nt*; (*of candidate*) Befragung *f*; **after hours of ~ by the immigration authorities** nach stundenlanger Befragung durch die Einwanderungsbehörde; **they brought him in for ~** sie holten ihn, um ihn zu vernehmen **questioningly** *adv* fragend **question mark** *n* Fragezeichen *nt* **questionnaire** *n* Fragebogen *m* **question tag** *n* LING Frageanhängsel *nt*

queue A *n* (*Br*) Schlange *f*; **to form a ~** eine Schlange bilden; **to stand in a ~** Schlange stehen; **to join the ~** sich (hinten) anstellen; **a ~ of cars** eine Auto-

schlange; **a long ~ of people** eine lange Schlange **B** *v/i* (*Br: a.* **queue up**) Schlange stehen; (≈ *form a queue*) eine Schlange bilden; (*people*) sich anstellen; **they were queuing for the bus** sie standen an der Bushaltestelle Schlange; **to ~ for bread** nach Brot anstehen

quibble *v/i* (≈ *be petty-minded*) kleinlich sein (*over, about* wegen); (≈ *argue*) sich herumstreiten (*over, about* wegen); **to ~ over details** auf Einzelheiten herumreiten

quiche *n* Quiche *f*

quick A *adj* (*+er*) **1** schnell; **be ~!** mach schnell!; **and be ~ about it** aber ein bisschen dalli (*infml*); **you were ~** das war ja schnell; **he's a ~ worker** er arbeitet schnell; **it's ~er by train** mit dem Zug geht es schneller; **what's the ~est way to the station?** wie komme ich am schnellsten zum Bahnhof? **2** *kiss* flüchtig; *speech, rest* kurz; **let me have a ~ look** lass mich mal schnell sehen; **to have a ~ chat** ein paar Worte wechseln; **could I have a ~ word?** könnte ich Sie mal kurz sprechen?; **I'll just write him a ~ note** ich schreibe ihm mal kurz; **time for a ~ beer** genügend Zeit, um schnell ein Bierchen zu trinken **3** *mind* wach; *person* schnell von Begriff (*infml*); *temper* hitzig; *eye* scharf **B** *adv* (*+er*) schnell **quicken A** *v/t* (*a.* **quicken up**) beschleunigen **B** *v/i* (*a.* **quicken up**) sich beschleunigen **quick fix** *n* Schnelllösung *f* **quickly** *adv* schnell **quickness** *n* (≈ *speed*) Schnelligkeit *f* **quicksand** *n* Treibsand *m* **quick-tempered** *adj* hitzig; **to be ~** leicht aufbrausen **quick-witted** *adj* geistesgegenwärtig

quid *n*, *pl -* (*Br infml*) Pfund *nt*; **20 ~** 20 Eier (*sl*)

quiet A *adj* (*+er*) **1** still; *person, area, time* ruhig; *music, voice* leise; **she was as ~ as a mouse** sie war mucksmäuschenstill (*infml*); **(be) ~!** Ruhe!; **to keep ~** (≈ *not speak*) still sein; (≈ *not make noise*) leise sein; **that book should keep him ~** das Buch sollte ihn beschäftigt halten; **to keep ~ about sth** über etw (*acc*) nichts sagen; **to go ~** still werden; (*music etc*) leise werden; **things are very ~ at the moment** im Augenblick ist nicht viel los; **business is ~** das Geschäft ist ruhig; **to have a ~ word with sb** mit jdm ein Wörtchen (im Vertrauen) reden; **he kept the matter ~** er behielt die Sache für sich **2** *character* sanft; *child* ruhig **3** *wedding* im kleinen Rahmen; *dinner* im kleinen Kreis **B** *n* Ruhe *f*; **in the ~ of the night** in der Stille der Nacht; **on the ~** heimlich **C** *v/t* = quieten

quieten *v/t* (*Br*) *sb* zum Schweigen bringen ◊**quieten down** (*Br*) **A** *v/i* (≈ *become silent*) leiser werden; (≈ *become calm*) sich beruhigen; **~, boys!** ein bisschen ruhiger, Jungens!; **things have quietened down a lot** es ist viel ruhiger geworden **B** *v/t sep person* beruhigen; **to quieten things down** die Lage beruhigen

quietly *adv* leise; (≈ *peacefully*) ruhig; (≈ *secretly*) still und heimlich; **to live ~** ruhig leben; **he's very ~ spoken** er spricht sehr leise; **to be ~ confident** insgeheim sehr sicher sein; **I was ~ sipping my wine** ich trank in aller Ruhe meinen Wein; **he refused to go ~** er weigerte sich, unauffällig zu gehen; **he slipped off ~** er machte sich in aller Stille davon (*infml*) **quietness** *n* **1** Stille *f* **2** (≈ *peacefulness*) Ruhe *f*

quilt *n* Steppdecke *f*

quinoa *n* (*type of grain*) Quinoa *f*

quintet(te) *n* MUS Quintett *nt* **quintuplet** *n* Fünfling *m*

quip A *n* witzige Bemerkung **B** *v/t & v/i* witzeln

quirk *n* Schrulle *f*; (*of fate*) Laune *f*; **by a strange ~ of fate** durch eine Laune des Schicksals **quirky** *adj* (+*er*) schrullig

quit *vb: pret, past part* quitted *or* quit **A** *v/t* **1** *town, army* verlassen; *job* aufgeben; **I've given her notice to ~ the flat** (*form*) ich habe ihr die Wohnung gekündigt **2** (*infml* ≈ *stop*) aufhören mit; **to ~ doing sth** aufhören, etw zu tun **B** *v/i* **1** (≈ *leave job*) kündigen; **notice to ~** Kündigung *f* **2** (≈ *go away*) weggehen **3** (≈ *accept defeat*) aufgeben

quite *adv* **1** (≈ *entirely*) ganz; (*emph*) völlig; **I am ~ happy where I am** ich fühle mich hier ganz wohl; **it's ~ impossible to do that** das ist völlig unmöglich; **you're being ~ impossible** du bist einfach unmöglich; **are you ~ finished?** bist du jetzt fertig?; **I ~ agree with you** ich stimme völlig mit Ihnen überein; **that's ~ another matter** das ist doch etwas ganz anderes; **that's ~ enough for me** das reicht wirklich; **that's ~ enough of that** das reicht jetzt aber; **it was ~ some time ago** es

war vor einiger Zeit; **not ~** nicht ganz; **not ~ tall enough** ein bisschen zu klein; **I don't ~ see what he means** ich verstehe nicht ganz, was er meint; **you don't ~ understand** Sie verstehen mich anscheinend nicht richtig; **it was not ~ midnight** es war noch nicht ganz Mitternacht; **sorry! — that's ~ all right** entschuldige! — das macht nichts; **I'm ~ all right, thanks** danke, mir gehts gut; **thank you — that's ~ all right** danke — bitte schön **2** (≈ *to some degree*) ziemlich; **~ likely** sehr wahrscheinlich; **~ a few** ziemlich viele; **I ~ like this painting** dieses Bild gefällt mir ganz gut; **yes, I'd ~ like to** ja, eigentlich ganz gern **3** (≈ *really*) wirklich; **she's ~ a girl** *etc* sie ist ein tolles Mädchen *etc*; **it's ~ delightful** es ist entzückend; **it was ~ a shock** es war ein ziemlicher Schock; **it was ~ a party** das war vielleicht eine Party! (*infml*); **it was ~ an experience** das war schon ein Erlebnis

quits *adj* quitt; **to be ~ with sb** mit jdm quitt sein; **shall we call it ~?** lassen wirs (dabei bewenden)?; (*when owing money*) sind wir quitt?

quiver *v/i* zittern (*with* vor +*dat*); (*lips, eyelids*) zucken

quiz A *n* **1** Quiz *nt* **2** (*US* SCHOOL *infml*) Prüfung *f* **B** *v/t* **1** ausfragen (*about* über +*acc*) **2** (*US* SCHOOL *infml*) abfragen **quizmaster** *n* Quizmaster *m* **quiz show** *n* Quiz *nt* **quizzical** *adj* *look* fragend **quizzically** *adv* *look* fragend; *smile* zweifelnd

Quorn® *n* Quorn® *nt*, Gemüsesubstanz als Fleischersatz

quota *n* **1** (*of work*) Pensum *nt* **2** (≈ *permitted amount*) Quantum *nt*; (*of goods*) Kontingent *nt*

quotation *n* **1** Zitat *nt* **2** FIN Notierung *f* **3** (COMM ≈ *estimate*) Kostenvoranschlag *m* **quotation marks** *pl* Anführungszeichen *pl* **quote A** *v/t* **1** zitieren; **he was ~d as saying that …** er soll gesagt haben, dass … **2** *example* anführen **3** COMM *price* nennen; *reference* angeben **B** *v/i* **1** zitieren **2** COMM einen Kostenvoranschlag machen **C** *n* **1** Zitat *nt* **2** **in ~s** in Anführungszeichen **3** COMM Kostenvoranschlag *m*

R

R, r n R nt, r nt
R abbr of river
rabbi n Rabbiner(in) m(f); (as title) Rabbi m
rabbit **A** n Kaninchen nt **B** v/i (Br infml: a. **rabbit on**) quasseln (infml) **rabbit hole** n Kaninchenbau m
rabble n lärmende Menge; (pej ≈ lower classes) Pöbel m
rabies n Tollwut f
RAC abbr of Royal Automobile Club britischer Automobilklub
raccoon n = racoon
race¹ **A** n Rennen nt; **100 metres ~** 100- -Meter-Lauf m; **to run a ~ (against sb)** (mit jdm um die Wette) laufen; **to go to the ~s** zum Pferderennen gehen; **a ~ against time** ein Wettlauf m mit der Zeit **B** v/i um die Wette laufen etc mit; SPORTS laufen etc gegen; **I'll ~ you to school** ich mache mit dir ein Wettrennen bis zur Schule **C** v/i **1** (≈ compete) laufen etc; **to ~ against sb** mit jdm um die Wette laufen etc **2** (≈ rush) rasen; **to ~ after sb/ sth** hinter jdm/etw herhetzen; **he ~d through his work** er jagte durch sein Arbeitspensum **3** (engine) durchdrehen; (heart) rasen; (pulse, mind) jagen
race² n (≈ ethnic group) Rasse f; **of mixed ~** gemischtrassig
racecourse n (Br) Rennbahn f **racehorse** n Rennpferd nt **race relations** n pl Beziehungen pl zwischen den Rassen **racetrack** n Rennbahn f
racial adj rassisch, Rassen-; **~ discrimination** Rassendiskriminierung f; **~ equality** Rassengleichheit f; **~ harassment** rassistisch motivierte Schikanierung f; **~ minority** rassische Minderheit m **racially** adv offensive in Bezug auf die Rasse; abused aufgrund seiner/ihrer Rasse; **a ~ motivated attack** ein ausländerfeindlicher Angriff
racing n (≈ horse-racing) Pferderennsport m; (≈ motor racing) Motorrennen nt; **he often goes ~** er geht oft zu Pferderennen/ Motorrennen **racing bicycle** n Rennrad nt **racing car** n Rennwagen m **racing driver** n Rennfahrer(in) m(f) **racing pigeon** n Brieftaube f

racism n Rassismus nt **racist** **A** n Rassist(in) m(f); (as title) **B** adj rassistisch
rack¹ **A** n **1** (for hats etc) Ständer m; (for plates) Gestell nt **2** (≈ luggage rack) Gepäcknetz nt; (on car) Gepäckträger m **B** v/t **1** (to cause pain) quälen **2** **to ~ one's brains** sich (dat) den Kopf zerbrechen
rack² n **to go to ~ and ruin** (country) herunterkommen
racket¹ n SPORTS Schläger m
racket² n **1** (≈ uproar) Lärm m; **to make a ~** Lärm machen **2** (infml ≈ dishonest business) Schwindelgeschäft nt (infml); **the drugs ~** das Drogengeschäft
racketeering n **1** Gaunereien pl (infml) **2** (≈ organized crime) organisiertes Verbrechen
raconteur n Erzähler(in) m(f) von Anekdoten
racoon n Waschbär m
racquet n (Br SPORTS) Schläger m **racquetball** n no pl Racquetball m
racy adj (+er) gewagt
radar n Radar nt or m
radiance n (of sun, smile) Strahlen nt **radiant** adj strahlend; **to be ~ with joy** vor Freude strahlen **radiantly** adv **1** happy strahlend **2** (liter) shine hell **radiate** **A** v/i Strahlen aussenden; (heat, light) ausgestrahlt werden **B** v/t ausstrahlen **radiation** n (of heat etc) (Aus)strahlung f; (≈ rays) radioaktive Strahlung; **contaminated by** or **with ~** strahlenverseucht **radiation treatment** n MED Bestrahlung f
radiator n Heizkörper m; AUTO Kühler m
radical **A** adj radikal; **~ Islamic** radikalislamisch **B** n POL Radikale(r) m/f(m)
radicchio n (variety of chicory) Radicchio m
radio **A** n **1** Rundfunk m; (a. **radio set**) Radio nt; **to listen to the ~** Radio hören; **on the ~** im Radio; **he was on the ~ yesterday** er kam gestern im Radio **2** (in taxi etc) Funkgerät nt; **over the ~** über Funk **B** v/t person über Funk verständigen; message funken **C** v/i **to ~ for help** einen Hilferuf durchgeben **radioactive** adj radioaktiv **radioactivity** n Radioaktivität f **radio alarm (clock)** n Radiowecker m **radio broadcast** n Radiosendung f **radio cassette recorder** n (Br) Radiorekorder m **radio contact** n Funkkontakt m **radio-controlled** adj ferngesteuert **radiology** n Radiologie f; (X-

R

ray also) Röntgenologie f **radio programme** n Radioprogramm nt **radio station** n Rundfunkstation f **radiotherapy** n Röntgentherapie f

radish n **1** Rettich m **2** (*small red*) Radieschen nt

radius n radii pl MAT Radius m; **within a 6 km ~** in einem Umkreis von 6 km

RAF abbr of Royal Air Force

raffle A n Verlosung f **B** v/t (a. **raffle off**) verlosen **raffle ticket** n Los nt

raft n Floß nt

rafter n (Dach)sparren m

rag n **1** Lumpen m; (*for cleaning*) Lappen m; **in ~s** zerlumpt; **to go from ~s to riches** (*by luck*) vom armen Schlucker zum reichen Mann/zur reichen Frau werden; (*by work*) vom Tellerwäscher zum Millionär werden; **to lose one's ~** (*infml*) in die Luft gehen (*infml*) **2** (*pej infml ≈ newspaper*) Käseblatt nt **ragbag** n (*fig*) Sammelsurium nt (*infml*) **rag doll** n Flickenpuppe f

rage A n Wut f; **to be in a ~** wütend sein; **to fly into a ~** einen Wutanfall bekommen; **fit of ~** Wutanfall m; **to send sb into a ~** jdn wütend or rasend machen; **to be all the ~** (*infml*) der letzte Schrei sein (*infml*) **B** v/i toben

ragged adj person, clothes zerlumpt; beard zottig; coastline zerklüftet; edge ausgefranst

raging adj person wütend; thirst brennend; toothache rasend; storm tobend; **he was ~** er tobte

raid A n Überfall m; (*≈ air raid*) Luftangriff m; (*≈ police raid*) Razzia f **B** v/t **1** (*lit*) überfallen; (*police*) eine Razzia durchführen in (+dat); (*thieves*) einbrechen in (+acc) **2** (*fig hum*) plündern **raider** n (*≈ thief*) Einbrecher(in) m(f); (*in bank*) Bankräuber(in) m(f)

rail¹ n **1** (*on stairs etc*) Geländer nt; NAUT Reling f; (*≈ curtain rail*) Schiene f; (*≈ towel rail*) Handtuchhalter m **2** (*for train*) Schiene f; **to go off the ~s** (*Br fig: mentally*) zu spinnen anfangen (*infml*) **3** (*≈ rail travel*) die (Eisen)bahn; **to travel by ~** mit der Bahn fahren

rail² v/i **to ~ at sb/sth** jdn/etw beschimpfen; **to ~ against sb/sth** über jdn/etw schimpfen

railcard n (*Br* RAIL) ≈ Bahncard® f **rail company** n Bahngesellschaft f

railing n (*≈ rail*) Geländer nt; (*≈ fence: a.* **railings**) Zaun m

railroad n (*US*) (Eisen)bahn f; **~ car** Waggon m **rail strike** n Bahnstreik m

railway n (*Br*) **1** (Eisen)bahn f **2** (*≈ track*) Gleis nt **railway carriage** n Eisenbahnwagen m **railway crossing** n Bahnübergang m **railway engine** n Lokomotive f **railway line** n (Eisen)bahnlinie f; (*≈ track*) Gleis nt **railway network** n Bahnnetz nt

rain A n **1** Regen m **2** (*fig: of blows*) Hagel m **B** v/impers regnen; **it is ~ing** es regnet; **it never ~s but it pours** (*Br prov*), **when it ~s, it pours** (*US prov*) ein Unglück kommt selten allein (*prov*) **C** v/t impers **it's ~ing cats and dogs** (*infml*) es gießt wie aus Kübeln ◊**rain down** v/i (*blows etc*) niederprasseln (*upon auf +acc*) ◊**rain off**, **rain out** (*US*) v/t sep **to be rained off** wegen Regen nicht stattfinden

rainbow n Regenbogen m **rainbow trout** n Regenbogenforelle f **rain check** n (*esp US*) **I'll take a ~ on that** (*fig infml*) das verschiebe ich auf ein andermal **rain cloud** n Regenwolke f **raincoat** n Regenmantel m **raindrop** n Regentropfen m **rainfall** n Niederschlag m **rain forest** n Regenwald m **rainstorm** n schwere Regenfälle pl **rainswept** adj attr regengepeitscht **rainwater** n Regenwasser nt

rainy adj (+er) regnerisch, Regen-; **~ season** Regenzeit f; **to save sth for a ~ day** (*fig*) etw für schlechte Zeiten aufheben

raise A v/t **1** object, arm heben; blinds, eyebrow hochziehen; THEAT curtain hochziehen; **to ~ one's glass to sb** jdm zutrinken; **to ~ sb from the dead** jdn von den Toten erwecken; **to ~ one's voice** lauter sprechen; **to ~ sb's hopes** jdm Hoffnung machen **2** (*in height or amount*) (to auf +acc) (by um) erhöhen, anheben **3** statue errichten **4** question aufwerfen; objection erheben; suspicion (er)wecken; **to ~ a cheer** Beifall ernten; **to ~ a smile** ein Lächeln hervorrufen **5** children, animals aufziehen; crops anbauen; **to ~ a family** Kinder großziehen **6** army aufstellen; taxes erheben; funds aufbringen **B** n (*in salary*) Gehaltserhöhung f; (*in wages*) Lohnerhöhung f ◊**raise up** v/t sep heben; **he raised himself up on his elbow** er stützte sich auf den Ellbogen

raised adj arm angehoben; voice erhoben

raisin *n* Rosine *f*

rake **A** *n* Harke *f* **B** *v/t* harken **C** *v/i* **to ~ around** (herum)stöbern ◊**rake in** *v/t sep* (*infml*) *money* kassieren (*infml*) ◊**rake up** *v/t sep* **1** *leaves* zusammenharken **2** (*fig*) **to ~ the past** in der Vergangenheit wühlen

rally **A** *n* **1** Versammlung *f*; (*with speaker*) Kundgebung *f*; AUTO Rallye *f*; **electoral ~** Wahlversammlung *f*; **peace ~** Friedenskundgebung *f* **2** TENNIS *etc* Ballwechsel *m* **B** *v/t* versammeln; **to ~ one's strength** all seine Kräfte sammeln; **~ing cry** Slogan *m* **C** *v/i* **1** (*sick person*) Fortschritte machen; ST EX sich erholen **2** (*troops*) sich versammeln ◊**rally (a)round** **A** *v/i* +*prep obj leader* sich scharen um **B** *v/i* sich seiner *etc* annehmen

RAM *n* IT *abbr of* **random access memory RAM** *m or nt*; **128 megabytes of ~** 128 Megabyte RAM

ram **A** *n* Widder *m* **B** *v/t* (≈ *push*) stoßen; (≈ *crash into*) rammen; (≈ *pack*) zwängen; **to ~ home a message** eine Botschaft an den Mann bringen; **to ~ sth down sb's throat** (*infml*) jdm etw eintrichtern (*infml*); **the car ~med a lamppost** das Auto prallte gegen einen Laternenpfahl ◊**ram down** *v/t sep earth* feststampfen

ramble **A** *n* (*esp Br* ≈ *hike*) Wanderung *f*; **to go on a ~** eine Wanderung machen **B** *v/i* **1** (*esp Br* ≈ *go on hike*) wandern **2** (*in speech*) faseln (*infml*); (*pej*: *a.* **ramble on**) schwafeln (*infml*) **rambler** *n* (*esp Br*) Spaziergänger(in) *m(f)* **rambling** **A** *adj* **1** *speech* weitschweifig; *old person* faselnd (*infml*); *garden* weitläufig **2** **~ club** (*esp Br*) Wanderklub *m* **B** *n* **1** (*esp Br* ≈ *hiking*) Wandern *nt*; **to go ~** wandern gehen **2** (*in speech*: *a.* **ramblings**) Gefasel *nt* (*infml*)

ramification *n* (*lit*) Verzweigung *f*; (*smaller*) Verästelung *f*

ramp *n* Rampe *f*

rampage **A** *n* **to be/go on the ~** randalieren **B** *v/i* (*a.* **rampage about** *or* **around**) herumwüten

rampant *adj growth* üppig; *evil* wild wuchernd *attr*; *inflation* wuchernd; **to be ~** (*wild*) wuchern; **to run ~** (*condition*) um sich greifen

rampart *n* Wall *m*

ramshackle *adj building* baufällig; *group* schlecht organisiert

ramsons *n sg* BOT Bärlauch *m*

ran *pret of* run

ranch *n* Ranch *f*; **~ hand** Farmhelfer(in) *m(f)*

rancid *adj* ranzig

R & D *n abbr of* research and development Forschung und Entwicklung *f*

random **A** *n* **at ~** aufs Geratewohl; *shoot* ziellos; *take* wahllos; **a few examples taken at ~** ein paar willkürlich gewählte Beispiele; **I (just) chose one at ~** ich wählte einfach irgendeins (Beliebige) **B** *adj selection* willkürlich; *sequence* zufällig; **~ drug test** Stichprobe *f* auf Drogen **random access** *n* IT wahlfreier Zugriff **random access memory** *n* IT Direktzugriffsspeicher *m* **randomly** *adv* wahllos **random number** *n* Zufallszahl *f* **random sample** *n* Stichprobe *f*

randy *adj* (+*er*) (*Br*) geil

rang *pret of* ring²

range **A** *n* **1** (*of gun*) Reichweite *f*; **at a ~ of** auf eine Entfernung von; **at close ~** auf kurze Entfernung; **to be out of ~** außer Reichweite sein; (*of gun*) außer Schussweite sein; **within (firing) ~** in Schussweite; **~ of vision** Gesichtsfeld *nt* **2** (≈ *selection*) Reihe *f*; (*of goods*) Sortiment *nt*; (*of sizes*) Angebot *nt* (*of an* +*dat*); (*of abilities*) Palette *f*; (≈ *mountain range*) Kette *f*; **a wide ~** eine große Auswahl; **in this price ~** in dieser Preisklasse; **a ~ of prices** unterschiedliche Preise *pl*; **we have the whole ~ of models** wir führen sämtliche Modelle; **we cater for the whole ~ of customers** wir sind auf alle Kundenkreise eingestellt **3** (*a.* **shooting range**) (MIL) Schießplatz *m*; (≈ *rifle range*) Schießstand *m* **B** *v/i* **1** **to ~ (from … to)** gehen (von … bis); (*temperature, value*) liegen (zwischen … und); (*interests*) reichen (von … bis) **2** (≈ *roam*) streifen **ranger** *n* **1** (*of forest etc*) Förster(in) **2** (*US*) (≈ *mounted patrolman*) Ranger *m*

rank¹ **A** *n* **1** MIL Rang *m*; **officer of high ~** hoher Offizier **2** (≈ *status*) Stand *m*; **a person of ~** eine hochgestellte Persönlichkeit **3** (≈ *row*) Reihe *f* **4** (*Br* ≈ *taxi rank*) Taxistand *m* **5** (MIL ≈ *formation*) Glied *nt*; **to break ~(s)** aus dem Glied treten; **the ~s** MIL die Mannschaften und die Unteroffiziere; **the ~ and file of the party** die Basis der Partei; **to rise from the ~s** aus dem Mannschaftsstand zum Offizier auf-

R

steigen; (fig) sich hocharbeiten **B** v/t **to ~ sb among the best** jdn zu den Besten zählen; **where would you ~ Napoleon?** wie würden Sie Napoleon einstufen? **C** v/i **to ~ among** zählen zu; **to ~ above sb** bedeutender als jd sein; **to ~ high among the world's statesmen** einer der großen Staatsmänner sein; **he ~s high among her friends** er hat eine Sonderstellung unter ihren Freunden; **to ~ 6th** den 6. Rang belegen

rank² adj (+er) **1** smell übel; **to be ~** stinken **2** attr injustice schreiend; outsider absolut

rankings pl SPORTS **the ~** die Platzierungen pl

rankle v/i **to ~ (with sb)** jdn wurmen

ransack v/t cupboards durchwühlen; house plündern; town herfallen über (+acc)

ransom A n Lösegeld nt; **to hold sb to** (Br) or **for** (US) (lit) jdn als Geisel halten **B** v/t gegen Lösegeld freilassen

rant A v/i eine Schimpfkanonade loslassen (infml); (≈ talk nonsense) irres Zeug reden (infml); **to ~ (and rave)** herumschimpfen; **what's he ~ing (on) about?** worüber lässt er sich denn da aus? (infml) **B** n Schimpfkanonade f (infml) **ranting** n (≈ outburst) Geschimpfe nt; (≈ incoherent talk) irres Zeug

rap¹ A n Klopfen nt no pl; **he got a ~ on the knuckles for that** dafür hat er eins auf die Finger bekommen (infml) **B** v/t table klopfen auf (+acc); window klopfen an (+acc); **to ~ sb's knuckles** jdm auf die Finger klopfen **C** v/i klopfen; **to ~ at** or **on the door** an die Tür klopfen

rap² MUS **A** n Rap m **B** v/i rappen

rape¹ A n Vergewaltigung f **B** v/t vergewaltigen

rape² n (≈ plant) Raps m

rapid A adj schnell; decline, rise rapide; descent steil **B** n **rapids** pl GEOG Stromschnellen pl **rapidity** n Schnelligkeit f; (of decline, rise) Steilheit f **rapidly** adv schnell; act, decline, rise rapide

rapist n Vergewaltiger m

rappel v/i (US) = abseil

rapport n **the ~ I have with my father** das enge Verhältnis zwischen mir und meinem Vater

rapt adj attention höchste(r, s); audience hingerissen; **~ in thought** in Gedanken versunken

rapture n (≈ delight) Entzücken nt; (≈ ecstasy) Verzückung f; **to be in ~s** entzückt sein (over über +acc, about von); **to go into ~s (about sb/sth)** (über jdn/etw) ins Schwärmen geraten **rapturous** adj applause stürmisch

rare adj (+er) **1** selten; **with very ~ exceptions** mit sehr wenigen Ausnahmen; **it's ~ for her to come** sie kommt nur selten **2** steak blutig **rarefied** adj atmosphere dünn

rarely adv selten

raring adj **to be ~ to go** (infml) in den Startlöchern sein

rarity n Seltenheit f

rascal n Gauner m, Bazi m (Aus); (≈ child) Schlingel m

rash¹ n MED Ausschlag m; **to come out in a ~** einen Ausschlag bekommen

rash² adj (+er) voreilig; person unbesonnen; **don't do anything ~** tu ja nichts Überstürztes

rasher n Streifen m; **~ of bacon** Speckstreifen m

rashly adv voreilig **rashness** n Voreiligkeit f; (of person) Unbesonnenheit f

rasp n (≈ tool) Raspel f; (≈ noise) Kratzen nt no pl **B** v/i kratzen; (breath) rasseln

raspberry A n Himbeere f; (≈ plant) Himbeerstrauch m; **to blow a ~ (at sth)** (infml) (über etw) verächtlich schnauben **B** adj Himbeer-

rasping A adj kratzend; cough keuchend **B** n Kratzen nt

rat n ZOOL Ratte f; (pej infml ≈ person) elender Verräter/Verräterin

rate A n **1** (≈ ratio) Rate f; (≈ speed) Tempo nt; (of unemployment) Quote f; **the failure ~ on this course** die Durchfallrate bei diesem Kurs; **the failure ~ for small businesses** die Zahl der Konkurse bei Kleinunternehmen; **at a ~ of 100 litres** (Br) or **liters** (US) **an hour** (in einem Tempo von) 100 Liter pro Stunde; **at a ~ of knots** (infml) in irrsinnigem Tempo (infml); **at the ~ you're going you'll be dead before long** wenn du so weitermachst, bist du bald unter der Erde; **at any ~** auf jeden Fall **2** COMM, FIN Satz m; ST EX Kurs m; **~ of exchange** Wechselkurs m; **what's the ~ at the moment?** wie steht der Kurs momentan?; **what's the ~ of pay?** wie hoch ist der Satz (für die Bezahlung)?; **~ of interest** Zinssatz m; **~ of taxation**

Steuersatz *m*; **insurance ~s** Versicherungsgebühren *pl*; **there is a reduced ~ for children** Kinderermäßigung wird gewährt; **to pay sb at the ~ of £10 per hour** jdm einen Stundenlohn von £ 10 bezahlen **B** *v/t* **1** (≈ *estimate value of*) (ein)schätzen; **to ~ sb/sth among ...** jdn/etw zu ... zählen; **how does he ~ that film?** was hält er von dem Film?; **to ~ sb/sth as sth** jdn/etw für etw halten; **to ~ sb/sth highly** jdn/etw hoch einschätzen **2** (≈ *deserve*) verdienen **3** (*infml* ≈ *think highly of*) gut finden (*infml*); **I really/don't really ~ him** ich finde ihn wirklich gut/mag ihn nicht besonders **C** *v/i* **to ~ as ...** gelten als ...; **to ~ among ...** zählen zu ...

rather *adv* **1** lieber; **I would ~ be happy than rich** ich wäre lieber glücklich als reich; **I'd ~ not** lieber nicht; **I'd ~ not go** ich würde lieber nicht gehen; **it would be better to phone ~ than (to) write** es wäre besser zu telefonieren als zu schreiben **2** (≈ *more accurately*) vielmehr; **he is, or ~ was, a soldier** er ist, beziehungsweise war, Soldat; **a car, or ~ an old banger** ein Auto, genauer gesagt eine alte Kiste **3** (≈ *considerably*) ziemlich; (≈ *somewhat*) etwas; **it's ~ more difficult than you think** es ist um einiges schwieriger, als du denkst; **I ~ think ...** ich glaube fast, ...

ratification *n* Ratifizierung *f* **ratify** *v/t* ratifizieren

rating *n* **1** (≈ *assessment*) (Ein)schätzung *f* **2** (≈ *category*) Klasse *f*; **to boost ~s** TV die Werte stark verbessern

ratio *n* Verhältnis *nt*; **the ~ of men to women** das Verhältnis von Männern zu Frauen; **in a ~ of 100 to 1** im Verhältnis 100 zu 1

ration **A** *n* Ration *f*; (*fig*) Quantum *nt*; **~s** (≈ *food*) Rationen *pl* **B** *v/t* rationieren; **he ~ed himself to five cigarettes a day** er erlaubte sich (*dat*) nur fünf Zigaretten pro Tag

rational *adj* rational; *solution* vernünftig **rationale** *n* Gründe *pl* **rationality** *n* Rationalität *f* **rationalize** *v/t & v/i* rationalisieren **rationally** *adv* rational

rationing *n* Rationierung *f*

rat race *n* ständiger Konkurrenzkampf

rattle **A** *v/i* klappern; (*chains*) rasseln; (*bottles*) klirren **B** *v/t* **1** *box, keys* schütteln; *bottles* zusammenschlagen; *chains* rasseln mit; *windows* rütteln an (+*dat*) **2** (*infml* ≈

alarm) *person* durcheinanderbringen **C** *n* **1** (≈ *sound*) Klappern *nt no pl*; (*of chains*) Rasseln *nt no pl*; (*of bottles*) Klirren *nt no pl* **2** (*child's*) Rassel *f* ◊**rattle off** *v/t sep* herunterrasseln (*infml*) ◊**rattle on** *v/i* (*infml*) (unentwegt) quasseln (*infml*) (*about* über +*acc*) ◊**rattle through** *v/i* +*prep obj speech etc* herunterrasseln; *work* rasen durch

rattlesnake *n* Klapperschlange *f* **rattling** **A** *n* Klappern *nt*; (*of chains*) Rasseln *nt*; (*of bottles*) Klirren *nt* **B** *adj* klappernd; *chains* rasselnd; *bottles* klirrend

ratty *adj* (+*er*) (*infml*) **1** (*Br* ≈ *irritable*) gereizt **2** (*US* ≈ *run-down*) verlottert (*infml*)

raucous *adj voice, laughter* heiser; *bird cry* rau

raunchy *adj* (+*er*) (*infml*) *person* sexy; *film, novel* erotisch

ravage **A** *n* **~s** (*of war*) Verheerung *f* (*of* durch); (*of disease*) Zerstörung *f* (*of* durch) **B** *v/t* verwüsten

rave **A** *v/i* fantasieren; (*furiously*) toben; (*infml: enthusiastically*) schwärmen (*about, over* von) **B** *n* **1** (*Br infml*) Rave *m* (*sl*) **2** (*infml*) **a ~ review** (*infml*) eine glänzende Kritik

raven *n* Rabe *m*

ravenous *adj* ausgehungert; *appetite* gewaltig; **I'm ~** ich habe einen Bärenhunger (*infml*) **ravenously** *adv eat* wie ein Wolf; **to be ~ hungry** ausgehungert sein

ravine *n* Schlucht *f*, Tobel *m* (*Aus*)

raving **A** *adj* (≈ *delirious*) im Delirium; **a ~ lunatic** (*infml*) ein kompletter Idiot (*infml*) **B** *adv* **~ mad** (*infml*) total verrückt (*infml*)

ravishing *adj woman, sight* atemberaubend; *beauty* hinreißend **ravishingly** *adv beautiful* hinreißend

raw **A** *adj* (+*er*) **1** *meat* roh; *sewage* ungeklärt; **to get a ~ deal** schlecht wegkommen (*infml*) **2** *emotion, energy* nackt; *courage* elementar; *account* ungeschönt; **~ data** IT unaufbereitete Daten *pl* **3** *recruit* neu **4** *skin* wund **5** *wind* rau **B** **in the ~** (*infml*) im Naturzustand **raw material** *n* Rohmaterial *nt*

ray *n* Strahl *m*; **a ~ of hope** ein Hoffnungsschimmer *m*; **a ~ of sunshine** (*fig*) ein kleiner Trost

raze *v/t* **to ~ sth to the ground** etw dem Erdboden gleichmachen

razor *n* Rasierapparat *m*; **electric ~** Elektrorasierer *m* **razor blade** *n* Rasierklin-

R

ge *f* **razor-sharp** *adj knife* scharf (wie ein Rasiermesser); (*fig*) *mind* messerscharf
razzmatazz *n* (*esp Br infml*) Rummel *m*
RC *abbr* of Roman Catholic r.-k.
Rd *abbr* of Road Str.
re *prep* ADMIN *etc* betreffs (*+gen*)
reach **A** *n* Reichweite *f*; (*of influence*) Einflussbereich *m*; **within/out of sb's ~** in/außer jds Reichweite (*dat*); **within arm's ~** in greifbarer Nähe; **keep out of ~ of children** von Kindern fernhalten; **within easy ~ of the sea** in unmittelbarer Nähe des Meers; **I keep it within easy ~** ich habe es in greifbarer Nähe **B** *v/t* **1** (≈ *arrive at*) erreichen; *point* ankommen an (*+dat*); *town, country* ankommen in (*+dat*); *agreement* erzielen; *conclusion* kommen zu; **when we ~ed him he was dead** als wir zu ihm kamen, war er tot; **to ~ the terrace you have to cross the garden** um auf die Terrasse zu kommen, muss man durch den Garten gehen; **this advertisement is geared to ~ a younger audience** diese Werbung soll junge Leute ansprechen; **you can ~ me at my hotel** Sie erreichen mich in meinem Hotel **2** **to be able to ~ sth** an etw (*acc*) (heran)reichen können; **can you ~ it?** kommen Sie dran? **3** (≈ *go down to etc*) reichen bis zu **C** *v/i* **to ~ for sth** nach etw greifen; **can you ~?** kommen Sie dran? ◊**reach across** *v/i* hinübergreifen ◊**reach down** *v/i* (*curtains etc*) herunterreichen (*to* bis); (*person*) hinuntergreifen (*for* nach) ◊**reach out** **A** *v/t sep* **he reached out his hand for the cup** er griff nach der Tasse **B** *v/i* die Hand/Hände ausstrecken; **to ~ for sth** nach etw greifen ◊**reach over** *v/i* = reach across ◊**reach up** *v/i* **1** (*level*) (herauf)reichen (*to* bis) **2** (*person*) hinaufgreifen (*for* nach)
reachable *adj* erreichbar
react *v/i* reagieren (*to* auf *+acc*); **to ~ against** negativ reagieren auf (*+acc*) **reaction** *n* Reaktion *f* (*to* auf *+acc*, *against* gegen)
reactivate *v/t* reaktivieren
reactor *n* PHYS Reaktor *m*
read[1] *vb: pret, past part* read **A** *v/t* **1** lesen; (*to sb*) vorlesen (*to +dat*); (≈ *understand*) verstehen; **~ my lips!** (*infml*) höre meine Worte!; **to take sth as read** (*fig*) etw als selbstverständlich voraussetzen; **to ~ sb's mind** jds Gedanken lesen; **don't ~ too much into his words** interpretieren Sie nicht zu viel in seine Worte hinein **2** *thermometer etc* ablesen **3** (*meter*) (an)zeigen **B** *v/i* **1** lesen; (*to sb*) vorlesen (*to +dat*); **to ~ aloud** *or* **out loud** laut lesen **2** **this paragraph ~s well** dieser Abschnitt liest sich gut; **the letter ~s as follows** der Brief lautet folgendermaßen **C** *n* **she enjoys a good ~** sie liest gern; **to be a good ~** sich gut lesen ◊**read back** *v/t sep* (*to sb*) noch einmal vorlesen ◊**read off** *v/t sep* ablesen; (*without pause*) herunterlesen ◊**read on** *v/i* weiterlesen ◊**read out** *v/t sep* vorlesen ◊**read over** *or* **through** *v/t sep* durchlesen ◊**read up** *v/i* nachlesen (*on* über *+acc*)
read[2] **A** *pret, past part* of read[1] **B** *adj* **he is well ~** er ist sehr belesen
readable *adj* **1** (≈ *legible*) lesbar **2** (≈ *worth reading*) lesenswert
reader *n* **1** Leser(in) *m(f)* **2** (≈ *book*) Lesebuch *nt* **readership** *n* Leser *pl*
readily *adv* bereitwillig; (≈ *easily*) leicht; **~ available** leicht erhältlich **readiness** *n* Bereitschaft *f*
reading *n* **1** (≈ *action*) Lesen *nt* **2** (≈ *reading matter*) Lektüre *f* **3** (≈ *recital*) Lesung *f* (*also* PARL); **the Senate gave the bill its first ~** der Senat beriet das Gesetz in erster Lesung **4** (≈ *interpretation*) Interpretation *f* **5** (*from meter*) Zählerstand *m* **reading age** *n* **a ~ of 7** die Lesefähigkeit eines 7-jährigen **reading book** *n* Lesebuch *nt* **reading glasses** *pl* Lesebrille *f* **reading list** *n* Leseliste *f* **reading matter** *n* Lesestoff *m*
readjust **A** *v/t instrument* neu einstellen; (≈ *correct*) nachstellen; *prices* anpassen **B** *v/i* sich neu anpassen (*to* an *+acc*) **readjustment** *n* (*of instrument*) Neueinstellung *f*; (≈ *correction*) Nachstellung *f*; (*of prices*) Anpassung *f*
read only memory *n* IT Festwertspeicher *m* **readout** *n* IT *etc* Anzeige *f* **read receipt** *n* IT Lesebestätigung *f* **read-write head** *n* IT Schreib-/Lesekopf *m* **read-write memory** *n* IT Schreib-/Lesespeicher *m*
ready **A** *adj* **1** fertig; (≈ *prepared*) bereit; *excuse* vorformuliert; *smile* rasch; *supply* griffbereit; **~ to do sth** (≈ *willing*) bereit, etw zu tun; (≈ *quick*) schnell dabei, etw zu tun; **he was ~ to cry** er war den Tränen nahe; **~ to leave** abmarschbereit;

(for journey) abfahrtbereit; **~ to use** gebrauchsfertig; **~ to serve** tischfertig; **~ for action** bereit zum Angriff, klar zum Gefecht; **~ for anything** zu allem bereit; "dinner's ~" „essen kommen"; **are you ~ to go?** sind Sie so weit?; **are you ~ to order?** möchten Sie jetzt bestellen?; **well, I think we're ~** ich glaube, wir sind so weit; **I'm not quite ~ yet** ich bin noch nicht ganz fertig; **everything is ~ for his visit** alles ist für seinen Besuch vorbereitet; **~ for boarding** zum Einsteigen bereit; **I'm ~ for him!** er soll nur kommen; **to get (oneself) ~** sich fertig machen; **to get ~ to go out** sich zum Ausgehen fertig machen; **to get ~ for sth** sich auf etw (acc) vorbereiten; **to get sth/sb ~ (for sth)** etw/jdn fertig machen (für etw); **~ and waiting** startbereit; **~ when you are** ich bin bereit; **~, steady, go!** (Br) auf die Plätze, fertig, los! **◨** reply prompt; wit schlagfertig **◨** ≈ money jederzeit verfügbares Geld; **~ cash** Bargeld nt; **to pay in ~ cash** auf die Hand bezahlen **Ⓑ** n **at the ~** (fig) fahrbereit etc; **with his pen at the ~** mit gezücktem Federhalter

ready-cooked adj vorgekocht **ready-made** adj **◨** curtains fertig; meal vorgekocht **◨** replacement nahtlos; **~ solution** Patentlösung f **ready meal** n Fertiggericht nt **ready-to-eat** adj tafelfertig **ready-to-serve** adj tischfertig **ready-to-wear** adj attr, **ready to wear** adj pred von der Stange (infml)

reaffirm v/t **◨** ≈ assert again beteuern **◨** doubts bestätigen

real Ⓐ adj **◨** ≈ genuine echt; ≈ complete richtig; ≈ true wirklich; idiot, disaster komplett; **in ~ life** im wirklichen Leben; **the danger was very ~** das war eine ganz reale Gefahr; **it's the ~ thing** or **McCoy, this whisky!** dieser Whisky ist der echte; **it's not the ~ thing** das ist nicht das Wahre; ≈ not genuine das ist nicht echt; **it's a ~ shame** es ist wirklich schade; **he doesn't know what ~ contentment is** er weiß ja nicht, was Zufriedenheit wirklich ist; **that's what I call a ~ car** das nenne ich ein Auto; **in ~ trouble** in großen Schwierigkeiten **◨** FIN cost tatsächlich; **in ~ terms** effektiv **Ⓑ** adv (esp US infml) echt (infml); **~ soon** wirklich bald **Ⓒ** n **for ~** echt (infml) **real coffee** n Bohnenkaffee m **real estate** n Immobi-

lien pl **realism** n Realismus m **realist** n Realist(in) m(f) **realistic** adj realistisch **realistically** adv hope for realistischerweise

reality n Realität f; **to become ~** sich verwirklichen; **in ~** (≈ in fact) in Wirklichkeit; (≈ actually) eigentlich; **the realities of the situation** der wirkliche Sachverhalt **reality check** n Realitätscheck m **reality show** n TV Reality-Show f

realization n **◨** (of hope) Realisierung f; (of potential) Verwirklichung f **◨** (≈ awareness) Erkenntnis f

realize Ⓐ v/t **◨** (≈ become aware of) erkennen; (≈ be aware of) sich (dat) klar sein über (+acc); (≈ understand) begreifen; (≈ notice) (be)merken; (≈ discover) feststellen; **does he ~ the problems?** sind ihm die Probleme bewusst?; **I've just ~d I won't be here** mir ist eben klar geworden, dass ich dann nicht hier sein werde; **he didn't ~ she was cheating him** er merkte nicht, dass sie ihn betrog; **I ~d I didn't have any money on me** ich stellte fest, dass ich kein Geld dabei hatte; **I made her ~ that I was right** ich machte ihr klar, dass ich recht hatte; **yes, I ~ that** ja, das ist mir klar **◨** hope realisieren; potential verwirklichen; price erzielen; interest abwerfen; (goods) einbringen **Ⓑ** v/i **didn't you ~?** war Ihnen das nicht klar?; (≈ notice) haben Sie das nicht gemerkt?; **I've just ~d** das ist mir eben klar geworden; (≈ noticed) das habe ich eben gemerkt; **I should have ~d** das hätte ich wissen müssen

real-life adj event wirklich; person real; story wahr

reallocate v/t umverteilen

really adv, int wirklich; **I ~ don't know** das weiß ich wirklich nicht; **I don't ~ think so** das glaube ich eigentlich nicht; **well yes, I ~ think we should** ich finde eigentlich schon, dass wir das tun sollten; **before he ~ understood** bevor er wirklich verstand; **~ and truly** wirklich; **I ~ must say ...** ich muss schon sagen ...; **~!** (in indignation) also wirklich!; **not ~!** ach wirklich?

realm n (liter) Königreich nt; (fig) Reich nt; **within the ~s of possibility** im Bereich des Möglichen

real time n IT Echtzeit f

Realtor® n (US) Grundstücksmakler(in) m(f)

reap v/t (≈ harvest) ernten; reward bekommen

reappear v/i wieder erscheinen **reappearance** n Wiedererscheinen nt

reappoint v/t wiedereinstellen (to als)

reappraisal n Neubeurteilung f **reappraise** v/t von Neuem beurteilen

rear[1] **A** n (≈ back part) hinterer Teil; (infml ≈ buttocks) Hintern m (infml); **at the ~** hinten (of in +dat); **to(wards) the ~ of the plane** am hinteren Ende des Flugzeugs; **at** or **to the ~ of the building** (outside) hinter dem Haus; (inside) hinten im Haus; **from the ~** von hinten; **to bring up the ~** die Nachhut bilden **B** adj **1** Hinter-, hintere(r, s) **2** AUTO Heck-; **~ door** hintere Tür; **~ lights** Rücklichter pl; **~ wheel** Hinterrad nt

rear[2] **A** v/t **1** (esp Br) animals, family großziehen **2 racism ~ed its ugly head** der Rassismus kam zum Vorschein **B** v/i (horse: a. **rear up**) sich aufbäumen

rearm v/t country wiederbewaffnen; troops neu ausrüsten **B** v/i wiederaufrüsten **rearmament** n (of country) Wiederaufrüstung f

rearmost adj hinterste(r, s)

rear parking sensor n AUTO Rückfahrhilfe f

rearrange v/t furniture umstellen; plans, order ändern; meeting neu abmachen **rearrangement** n (of furniture) Umstellung f; (of plans, order) Änderung f; (of meeting) Neuabmachung f

rear-view camera n AUTO Rückfahrkamera f **rear-view mirror** n AUTO Rückspiegel m

reason **A** n **1** (≈ justification) Grund m (for für); **~ for living** Grund m zum Leben; **my ~ for going** (der Grund,) weshalb ich gehe/gegangen bin; **what's the ~ for this celebration?** aus welchem Anlass wird hier gefeiert?; **I want to know the ~ why** ich möchte wissen, weshalb; **and that's the ~ why ...** und deshalb ...; **I have (good) ~/every ~ to believe that ...** ich habe (guten) Grund/allen Grund anzunehmen, dass ...; **there is ~ to believe that ...** es gibt Gründe zu glauben, dass ...; **for that very ~** eben deswegen; **for no ~ at all** ohne ersichtlichen Grund; **for no particular ~** ohne einen bestimmten Grund; **why did you do that? — no particular ~** warum haben Sie das ge-

macht? — einfach nur so; **for ~s best known to himself/myself** aus unergründlichen/bestimmten Gründen; **all the more ~ for doing it** umso mehr Grund, das zu tun; **by ~ of** wegen (+gen) **2** no pl (≈ mental faculty) Verstand m **3** no pl (≈ common sense) Vernunft f; **to listen to ~** auf die Stimme der Vernunft hören; **that stands to ~** das ist logisch; **we'll do anything within ~ to ...** wir tun alles, was in unserer Macht steht, um zu ...; **you can have anything within ~** Sie können alles haben, solange es sich in Grenzen hält **B** v/i **1** (≈ think logically) vernünftig denken **2 to ~ (with sb)** vernünftig mit jdm reden **C** v/t (a. **reason out**) schließen

reasonable adj **1** vernünftig; chance reell; claim berechtigt; amount angemessen; excuse, offer akzeptabel; (in price) preiswert; **to be ~ about sth** angemessen auf etw (acc) reagieren; **beyond (all) ~ doubt** ohne (jeden) Zweifel; **it would be ~ to assume that ...** man könnte durchaus annehmen, dass ... **2** (≈ quite good) ganz gut; **with a ~ amount of luck** mit einigem Glück **reasonably** adv **1** behave vernünftig; **~ priced** preiswert **2** (≈ quite) ziemlich **reasoned** adj argument durchdacht **reasoning** n **1** logisches Denken **2** (≈ arguing) Argumentation f

reassemble **A** v/t **1** people wieder versammeln **2** machine wieder zusammenbauen **B** v/i (troops) sich wieder sammeln

reassert v/t mit Nachdruck behaupten

reassess v/t neu überdenken; proposals neu abwägen

reassurance n **1** (≈ security) Beruhigung f **2** (≈ confirmation) Bestätigung f **reassure** v/t **1** (≈ comfort) beruhigen; (≈ make feel secure) das Gefühl der Sicherheit geben (+dat) **2** (verbally) versichern (+dat) **reassuring** adj, **reassuringly** adv beruhigend

reawaken **A** v/t person wiedererwecken; interest neu erwecken **B** v/i wieder aufwachen; (interest) wieder erwachen **reawakening** n Wiederaufleben nt

rebate n (≈ discount) Rabatt m; (≈ money back) Rückvergütung f

rebel **A** n Rebell(in) m(f) **B** adj attr rebellisch **C** v/i rebellieren **rebellion** n Rebellion f **rebellious** adj, **rebelliously** adv rebellisch

rebirth n Wiedergeburt f

reboot v/t & v/i IT rebooten
reborn adj **to feel ~** sich wie neugeboren fühlen
rebound **A** v/i (ball) abprallen (against, off von) **B** n (of ball) Rückprall m; **she married him on the ~** sie heiratete ihn, um sich über einen anderen hinwegzutrösten
rebrand v/t product ein neues Markenimage geben (+dat)
rebuild v/t house, country wiederaufbauen; relationship wiederherstellen **rebuilding** n (of house, wall) Wiederaufbau m; (of society, relationship) Wiederherstellung f
recall **A** v/t **1** (≈ summon back) zurückrufen; **Ferguson was ~ed to the Scotland squad** Ferguson wurde in die schottische Mannschaft zurückberufen **2** (≈ remember) sich erinnern an (+acc) **3** IT file wieder aufrufen **B** n (≈ summoning back) Rückruf m
recap (infml) **A** n kurze Zusammenfassung **B** v/t & v/i rekapitulieren
recapture **A** v/t animal wieder einfangen; prisoner wieder ergreifen; territory wiedererobern; title etc wiedergewinnen **B** n (of animal) Wiedereinfangen nt; (of prisoner) Wiederergreifung f; (of territory) Wiedereroberung f; (of title etc) Wiedererlangung f
recede v/i (tide) zurückgehen; (hope) schwinden; **his hair is receding** er hat eine leichte Stirnglatze **receding** adj chin fliehend; hairline zurückweichend
receipt n **1** no pl Empfang m; **to pay on ~ (of the goods)** bei Empfang (der Waren) bezahlen **2** (Br ≈ paper) Quittung f **3** COMM, FIN **~s** Einnahmen pl
receive v/t **1** bekommen; setback erfahren; recognition finden **2** offer, news, new play aufnehmen; **to ~ a warm welcome** herzlich empfangen werden **3** TEL, RADIO, TV empfangen; **are you receiving me?** hören Sie mich? **receiver** n **1** (of goods) Empfänger(in) m(f) **2** FIN, JUR **to call in the ~** Konkurs anmelden **3** TEL Hörer m **receivership** n **to go into ~** in Konkurs gehen **receiving end** n (infml) **to be on the ~ (of it)/of sth** derjenige sein, der es/etw abkriegt (infml)
recent adj kürzlich; event jüngste(r, s); news neueste(r, s); invention, addition neu; **the ~ improvement** die vor Kurzem eingetretene Verbesserung; **a ~ decision** ei-

ne Entscheidung, die erst vor Kurzem gefallen ist; **a ~ publication** eine Neuveröffentlichung; **his ~ arrival** seine Ankunft vor Kurzem; **her ~ trip** ihre erst kurz zurückliegende Reise; **he is a ~ arrival** er ist erst kurz hier; **in ~ years** in den letzten Jahren; **in ~ times** in letzter Zeit
recently adv vor Kurzem; **~ he has been doing it differently** seit Kurzem macht er das anders; **as ~ as** erst; **quite ~** erst kürzlich
receptacle n Behälter m
reception n no pl (of person, RADIO, TV) Empfang m; (of book etc) Aufnahme f; **to give sb a warm ~** jdn herzlich empfangen; **at ~** (in hotel etc) am Empfang **reception desk** n Rezeption f **receptionist** n (in hotel) Empfangschef m, Empfangsdame f; (with firm) Herr m/Dame f am Empfang; (at doctor's etc) Arzthilfe f, Ordinationshilfe f (Aus) **receptive** adj person aufnahmefähig; audience empfänglich
recess n **1** (of law courts) Ferien pl; (US SCHOOL) Pause f **2** (≈ alcove) Nische f
recession n ECON Rezession f
recharge **A** v/t battery aufladen; **to ~ one's batteries** (fig) auftanken **B** v/i sich wieder aufladen **rechargeable** adj battery wiederaufladbar
recipe n Rezept nt; **that's a ~ for disaster** das führt mit Sicherheit in die Katastrophe
recipient n Empfänger(in) m(f)
reciprocal adj (≈ mutual) gegenseitig; (≈ done in return) als Gegenleistung **reciprocate** v/i sich revanchieren
recital n Vortrag m; (≈ piano recital etc) Konzert nt **recite** v/t & v/i vortragen
reckless adj behaviour leichtsinnig; driver rücksichtslos; attempt gewagt **recklessly** adv behave, disregard leichtsinnig; drive rücksichtslos; attempt gewagt **recklessness** n (of person) Leichtsinn m; (of driver) Rücksichtslosigkeit f; (of attempt) Gewagtheit f
reckon v/t **1** (≈ calculate) berechnen; **he ~ed the cost to be £40** er berechnete die Kosten auf £ 40 **2** (≈ judge) zählen (among zu) **3** (≈ think) glauben; (≈ estimate) schätzen; **what do you ~?** was meinen Sie?; **I ~ he must be about forty** ich schätze, er müsste so um die vierzig sein ◊**reckon on** v/i +prep obj zählen auf

R

(+acc); **I was reckoning on doing that tomorrow** ich wollte das morgen machen ◊**reckon up A** v/t sep zusammenrechnen **B** v/i abrechnen (with mit) ◊**reckon with** v/i +prep obj rechnen mit

reckoning n (Be)rechnung f; **the day of ~** der Tag der Abrechnung

reclaim A v/t **1** land gewinnen **2** tax zurückverlangen; lost item abholen **B** n **baggage** or **luggage ~** Gepäckausgabe f

recline v/i (person) zurückliegen; (seat) sich verstellen lassen; **she was reclining on the sofa** sie ruhte auf dem Sofa

recluse n Einsiedler(in) m(f)

recognition n **1** (≈ acknowledgement) Anerkennung f; **in ~ of** in Anerkennung (+gen) **2** (≈ identification) Erkennen nt; **it has changed beyond ~** es ist nicht wiederzuerkennen **recognizable** adj, **recognizably** adv erkennbar

recognize A v/t **1** (≈ know again) wiedererkennen; (≈ identify, be aware) erkennen (by an +dat); (≈ admit) eingestehen **2** (≈ acknowledge) anerkennen (as, to be als)

recoil v/i (person) (from vor +dat) zurückweichen; (in disgust) zurückschaudern

recollect A v/t sich erinnern an (+acc) **B** v/i sich erinnern **recollection** n (≈ memory) Erinnerung f (of an +acc); **I have no ~ of it** ich kann mich nicht daran erinnern

recommend v/t **1** empfehlen **2**; **what do you ~ for a cough?** was empfehlen Sie gegen Husten?; **to ~ sb/sth to sb** jdm jdn/etw empfehlen; **to ~ doing sth/against doing sth** empfehlen/davon abraten, etw zu tun **2** (≈ make acceptable) sprechen für; **this book has little to ~ it** das Buch ist nicht gerade empfehlenswert **recommendation** n Empfehlung f; **letter of ~** Empfehlung f **recommended price** n unverbindlicher Richtpreis

reconcile v/t people versöhnen; differences beilegen; **they became** or **were ~d** sie versöhnten sich; **to become ~d to sth** sich mit etw abfinden **reconciliation** n (of persons) Versöhnung f

reconnaissance n AVIAT, MIL Aufklärung f; **~ mission** Aufklärungseinsatz m

reconsider A v/t decision noch einmal überdenken; facts neu erwägen **B** v/i **there's time to ~** es ist nicht zu spät, seine Meinung zu ändern **reconsideration** n (of decision) Überdenken nt; (of facts) erneute Erwägung

reconstruct v/t rekonstruieren; cities, building wiederaufbauen **reconstruction** n Rekonstruktion f; (of city, building) Wiederaufbau m

record A v/t (person) aufzeichnen; (diary etc) dokumentieren; (in register) eintragen; one's thoughts festhalten **B** v/i (Tonband)aufnahmen machen **C** n **1** (≈ account) Aufzeichnung f; (of meeting) Protokoll nt; (≈ official document) Akte f; (of past etc) Dokument nt; **to keep a ~ of sth** über etw (acc) Buch führen; (official) etw registrieren; **to keep a personal ~ of sth** sich (dat) etw notieren; **it is on ~ that ...** es gibt Belege dafür, dass ...; (in files) es ist aktenkundig, dass ...; **he's on ~ as having said ...** es ist belegt, dass er gesagt hat, ...; **to set the ~ straight** für klare Verhältnisse sorgen; **just to set the ~ straight** nur damit Klarheit herrscht; **for the ~** der Ordnung halber; **off the ~** inoffiziell **2** (≈ police record) Vorstrafen pl; **~s** (≈ files) Strafregister nt; **he's got a ~** er ist vorbestraft **3** (≈ history) Vorgeschichte f; (≈ achievements) Leistungen pl; **to have an excellent ~** ausgezeichnete Leistungen vorweisen können; **he has a good ~ of service** er ist ein verdienter Mitarbeiter; **to have a good safety ~** in Bezug auf Sicherheit einen guten Ruf haben **4** MUS (Schall)platte f **5** (SPORTS, fig) Rekord m; **to hold the ~** den Rekord halten; **~ amount** Rekordbetrag m **6** IT Datensatz m **record-breaking** adj (SPORTS, fig) rekordbrechend, Rekord- **record company** n Plattenfirma f **recorded** adj music aufgezeichnet; **~ message** Ansage f **recorded delivery** n (Br) **by ~** per Einschreiben **recorder** n **1** **cassette ~** Kassettenrekorder m; **tape ~** Tonbandgerät nt **2** MUS Blockflöte f **record holder** n SPORTS Rekordhalter(in) m(f) **recording** n (of sound) Aufnahme f

record player n Plattenspieler m

recount v/t (≈ relate) erzählen

re-count A v/t nachzählen **B** n Nachzählung f

recoup v/t amount wieder hereinbekommen; losses wiedergutmachen

recourse n Zuflucht f

recover v/t sth lost wiederfinden; balance wiedergewinnen; property zurückgewinnen; stolen goods sicherstellen; body bergen; losses wiedergutmachen; IT file retten; **to ~ consciousness** wieder zu Bewusstsein kommen; **to ~ oneself** or **one's composure** seine Fassung wiedererlangen; **to be quite ~ed** sich ganz erholt haben **B** v/i sich erholen **recovery** n **1** (of sth lost) Wiederfinden nt; (of property) Zurückgewinnung f; (of body) Bergung f; (of losses) Wiedergutmachung f **2** (after illness, ST EX, FIN) Erholung f; **to be on the road to ~** auf dem Weg der Besserung sein; **he is making a good ~** er erholt sich gut **recovery vehicle** n Abschleppwagen m

recreate v/t atmosphere wiederschaffen; scene nachstellen

recreation n Erholung f **recreational** adj Freizeit-; **~ facilities** Freizeiteinrichtungen pl **recreational drug** n Freizeit- or Partydroge f **recreation center** n (US) Freizeitzentrum nt

recrimination n Gegenbeschuldigung f

recruit A n MIL Rekrut(in) m(f) (to +gen); (to club) neues Mitglied (to in +dat); (to staff) Neue(r) m/f(m) (to in +dat) **B** v/t soldier rekrutieren; member werben; staff einstellen **C** v/i MIL Rekruten anwerben; (employer) neue Leute einstellen **recruitment** n (of soldiers) Rekrutierung f; (of members) (An)werbung f; (of staff) Einstellung f **recruitment agency** n Personalagentur f

rectangle n Rechteck nt **rectangular** adj rechteckig

rectify v/t korrigieren; problem beheben

rector n UNIV Rektor(in) m(f)

rectum n, pl -s or recta Mastdarm m

recuperate A v/i sich erholen **B** v/t losses wettmachen **recuperation** n Erholung f; (of losses) Wiedergutmachung f

recur v/i wiederkehren; (error, event) sich wiederholen; (idea) wieder auftauchen **recurrence** n Wiederkehr f; (of error, event) Wiederholung f; (of idea) Wiederauftauchen nt **recurrent** adj idea, illness, dream (ständig) wiederkehrend attr; problem häufig (vorkommend) **recurring** adj attr = recurrent

recyclable adj recycelbar

recycle v/t wiederverwerten, wiederaufbereiten; **made from ~d paper** aus Altpapier (hergestellt) **recycling** n Recycling nt; **~ site** Recycling- or Wertstoffhof m **recycling bin** n Recyclingbehälter m

red A adj rot; **the lights are ~** AUTO es ist

rot; **~ as a beetroot** rot wie eine Tomate; **to go ~ in the face** rot anlaufen; **she turned ~ with embarrassment** sie wurde rot vor Verlegenheit **B** n Rot nt; **to go through the lights on ~** bei Rot über die Ampel fahren; **to be (£100) in the ~** (mit £ 100) in den roten Zahlen sein; **this pushed the company into the ~** das brachte die Firma in die roten Zahlen; **to see ~** (fig) rotsehen **red alert** n Alarmstufe f rot; **to be on ~** in höchster Alarmbereitschaft sein **red cabbage** n Rotkohl m **red card** n FTBL Rote Karte; **to show sb the ~** (also fig) jdm die Rote Karte zeigen **red carpet** n roter Teppich; **to roll out the ~ for sb, to give sb the ~ treatment** (infml) den roten Teppich für jdn ausrollen **Red Cross** n Rotes Kreuz **redcurrant** n (Br) rote Johannisbeere, rote Ribisel (Aus) **red deer** n Rothirsch m; (pl) Rotwild nt **redden** v/i (face) sich röten; (person) rot werden **reddish** adj rötlich

redecorate v/t & v/i (≈ paper) neu tapezieren; (≈ paint) neu streichen

redeemable adj coupons einlösbar **redeeming** adj quality ausgleichend; **~ feature** aussöhnendes Moment

redefine v/t neu definieren

redemption n **beyond** or **past ~** (fig) nicht mehr zu retten

redeploy v/t troops umverlegen; staff umsetzen **redeployment** n (of troops) Umverlegung f; (of staff) Umsetzung f

redesign v/t umgestalten

redevelop v/t area sanieren **redevelopment** n Sanierung f

red-eyed adj mit geröteten Augen **red-faced** adj mit rotem Kopf **red-haired** adj rothaarig **red-handed** adv **to catch sb ~** jdn auf frischer Tat ertappen **redhead** n Rothaarige(r) m/f(m) **red-headed** adj rothaarig **red herring** n (fig) falsche Spur **red-hot** adj (lit) rot glühend; **~ favourite** brandheißer Favorit

redial TEL **A** v/t & v/i nochmals wählen **B** n **automatic ~** automatische Wahlwiederholung

redirect v/t letter umadressieren; (≈ forward) nachsenden; traffic umleiten

rediscover v/t wiederentdecken **rediscovery** n Wiederentdeckung f

redistribute v/t wealth neu verteilen; work neu zuteilen **redistribution** n (of *wealth*) Neuverteilung *f*; (*of work*) Neuzuteilung *f*

red-letter day *n* besonderer Tag **red light** *n* (*lit*) rotes Licht; (≈ *traffic light*) Rotlicht *nt*; **to go through the ~** MOT bei Rot über die Ampel fahren; **the red-light district** das Rotlichtviertel **red meat** *n* Rind-, Lamm- und Rehfleisch **redness** *n* Röte *f*

redo *v/t* noch einmal machen

redouble *v/t efforts* verdoppeln

red rag *n* **it's like a ~ to a bull** das wirkt wie ein rotes Tuch

redress *v/t grievance* beseitigen; *balance* wiederherstellen

Red Sea *n* Rotes Meer **red tape** *n* (*fig*) Papierkrieg *m* (*infml*)

reduce 🅐 *v/t* reduzieren; *taxes, costs* senken; (≈ *shorten*) verkürzen; (*in price*) heruntersetzen; **to ~ speed** MOT langsamer fahren; **it has been ~d to nothing** es ist zu nichts zusammengeschmolzen; **to ~ sb to tears** jdn zum Weinen bringen 🅑 *v/i* (*esp US* ≈ *slim*) abnehmen **reduced** *adj* reduziert; *goods* heruntergesetzt; *circumstances* beschränkt; **at a ~ price** zu einem reduzierten Preis **reduction** *n* 1 *no pl* (**in sth** *Gen*) Reduzierung *f*; (*in taxes, costs*) Senkung *f*; (*in size*) Verkleinerung *f*; (≈ *shortening*) Verkürzung *f*; (*of goods*) Herabsetzung *f* 2 (≈ *amount reduced*) (**in sth** *Gen*) (*in temperature*) Rückgang *m*; (*of speed*) Verlangsamung *f*; (*in prices*) Ermäßigung *f*

redundancy *n* (*Br* IND) Arbeitslosigkeit *f*; **redundancies** Entlassungen *pl* **redundancy payment** *n* (*Br* IND) Abfindung *f* **redundant** *adj* 1 überflüssig 2 (*Br* IND) arbeitslos; **to make sb ~** jdn entlassen; **to be made ~** den Arbeitsplatz verlieren

red wine *n* Rotwein *m*

reed *n* BOT Schilf(rohr) *nt*

re-educate *v/t* umerziehen

reef *n* Riff *nt*

reek 🅐 *n* Gestank *m* 🅑 *v/i* stinken (*of* nach)

reel 🅐 *n* Spule *f*; FISH (Angel)rolle *f* 🅑 *v/i* (*person*) taumeln; **the blow sent him ~ing** er taumelte unter dem Schlag; **the whole country is still ~ing from the shock** das ganze Land ist noch tief erschüttert von diesem Schock ◊**reel off** *v/t sep list* herunterrasseln (*infml*)

re-elect *v/t* wiederwählen **re-election**

n Wiederwahl *f*

re-emerge *v/i* (*object, swimmer*) wieder auftauchen

re-enact *v/t event, crime* nachstellen **re-enactment** *n* (*of event, crime*) Nachstellen *nt*

re-enter *v/t* 1 *room* wieder betreten; *country* wieder einreisen in (+*acc*); *race* sich wieder beteiligen an (+*dat*) 2 *name* wieder eintragen **re-entry** *n also* SPACE Wiedereintritt *m*; (*into country*) Wiedereinreise *f* (*into* in +*acc*)

re-establish *v/t order* wiederherstellen; *control* wiedererlangen; *dialogue* wiederaufnehmen **re-establishment** *n* (*of order*) Wiederherstellung *f*; (*of control*) Wiedererlangen *nt*; (*of diplomatic relations, dialogue*) Wiederaufnahme *f*; (*in a position, office*) Wiedereinsetzung *f*

re-examination *n* erneute Prüfung; (*of role*) genaue Überprüfung **re-examine** *v/t* erneut prüfen

ref¹ *n* (SPORTS *infml*) *abbr of* referee Schiri *m* (*infml*)

ref² *abbr of* reference (number)

refectory *n* (*in college*) Mensa *f*

refer 🅐 *v/t matter* weiterleiten (*to* an +*acc*); **to ~ sb to sb/sth** jdn an jdn/auf etw (*acc*) verweisen; **to ~ sb to a specialist** jdn an einen Spezialisten überweisen 🅑 *v/i* 1 **to ~** (≈ *mention*) erwähnen; (*words*) sich beziehen auf (+*acc*); **I am not ~ring to you** ich meine nicht Sie; **what can he be ~ring to?** was meint er wohl? 2 **to ~ to** *to notes* nachschauen in (+*dat*) ◊**refer back** *v/i* 1 (*person, remark*) sich beziehen (*to* auf +*acc*) 2 (≈ *consult again*) zurückgehen (*to* zu) 🅑 *v/t sep matter* zurückverweisen; **he referred me back to you** er hat mich an Sie zurückverwiesen

referee 🅐 *n* 1 Schiedsrichter(in) *m(f)* 2 (*Br: for job*) Referenz *f* 🅑 *v/t* Schiedsrichter(in) sein bei 🅒 *v/i* Schiedsrichter(in) sein

reference *n* 1 (≈ *act of mentioning*) Erwähnung *f* (*to sb/sth* jds/einer Sache); (≈ *allusion*) Anspielung *f* (*to* auf +*acc*); **to make (a) ~ to sth** etw erwähnen; **in** *or* **with ~ to** was … anbetrifft; COMM bezüglich (+*gen*) 2 (≈ *testimonial, a.* **references**) Referenz *f usu pl* 3 (*in book etc*) Verweis *m* 4 (*esp US*) = referee I2 **reference book** *n* Nachschlagewerk *nt* **reference**

library n Präsenzbibliothek f **reference number** n Nummer f
referendum n, pl **referenda** Referendum nt; **to hold a ~** ein Referendum abhalten
refill **A** v/t nachfüllen **B** n (for lighter) Nachfüllpatrone f; (for ballpoint pen) Ersatzmine f; **would you like a ~?** (infml ≈ drink) darf ich nachschenken? **refillable** adj nachfüllbar **refill pack** n Nachfüllpackung f
refine v/t **1** oil, sugar raffinieren **2** techniques verfeinern **refined** adj taste fein; person vornehm **refinement** n **1** no pl (of person, style) Vornehmheit f **2** (in technique etc) Verfeinerung f (in sth gen) **refinery** n Raffinerie f
reflect **A** v/t reflektieren; (fig) widerspiegeln; **to be ~ed in sth** sich in etw (dat) spiegeln; **I saw myself ~ed in the mirror** ich sah mich im Spiegel; **to ~ the fact that ...** die Tatsache widerspiegeln, dass ... **B** v/i nachdenken (on, about über +acc) ◊**reflect (up)on** v/i +prep obj etwas aussagen über (+acc)
reflection n **1** (≈ image) Spiegelbild nt; (fig) Widerspiegelung f; **to see one's ~ in a mirror** sich im Spiegel sehen **2** no pl (≈ consideration) Überlegung f; (≈ contemplation) Reflexion f; **(up)on ~** wenn ich mir das recht überlege; **on further ~** bei genauerer Überlegung; **this is no ~ on your ability** damit soll gar nichts über Ihr Können gesagt sein **reflective** adj clothing reflektierend
reflex **A** adj Reflex- **B** n Reflex m **reflexive** GRAM **A** adj reflexiv **B** n Reflexiv nt **reflexology** n MED Reflexologie f; (≈ practice) Reflexzonenmassage f
reform **A** n Reform f **B** v/t reformieren; person bessern **C** v/i (person) sich bessern **reformat** v/t IT disk neu formatieren
Reformation n **the ~** die Reformation **reformed** adj reformiert; communist ehemalig; **he's a ~ character** er hat sich gebessert **reformer** n POL Reformer(in) m(f); REL Reformator m
refrain v/i **he ~ed from comment** er enthielt sich eines Kommentars; **please ~ from smoking** bitte nicht rauchen!
refresh v/t **1** erfrischen; **to ~ oneself** (with a bath) sich erfrischen; **to ~ one's memory** sein Gedächtnis auffrischen; **let me ~ your memory** ich will Ihrem Ge-

dächtnis nachhelfen **2** IT screen neu laden **refreshing** adj, **refreshingly** adv erfrischend
refreshment n **(light) ~s** (kleine) Erfrischungen pl
refrigerate v/t kühlen; **"refrigerate after opening"** „nach dem Öffnen kühl aufbewahren" **refrigeration** n Kühlung f
refrigerator n Kühlschrank m
refuel v/t & v/i auftanken
refuge n Zuflucht f (from vor +dat); **a ~ for battered women** ein Frauenhaus nt; **to seek ~** Zuflucht suchen; **to take ~** sich flüchten (in in +acc)
refugee n Flüchtling m
refund **A** v/t money zurückerstatten; **to ~ the difference** die Differenz erstatten **B** n (of money) Rückerstattung f; **to get a ~ (on sth)** sein Geld (für etw) wiederbekommen; **they wouldn't give me a ~** man wollte mir das Geld nicht zurückgeben; **I'd like a ~ on this blouse, please** ich hätte gern mein Geld für diese Bluse zurück **refundable** adj zurückzahlbar
refurbish v/t renovieren
refurnish v/t neu möblieren
refusal n Ablehnung f; (to do sth) Weigerung f; **to get a ~** eine Absage erhalten
refuse[1] **A** v/t offer ablehnen; invitation absagen; permission verweigern; **to ~ to do sth** sich weigern, etw zu tun; **I ~ to be blackmailed** ich lasse mich nicht erpressen; **they were ~d permission (to leave)** es wurde ihnen nicht gestattet (wegzugehen) **B** v/i ablehnen; (to do sth) sich weigern
refuse[2] n Müll m; (≈ food waste) Abfall m **refuse collection** n Müllabfuhr f **refuse dump** n Müllablageplatz m
refute v/t widerlegen
reg. adj abbr of registered reg.
regain v/t wiedererlangen; control, title wiedergewinnen; **to ~ consciousness** das Bewusstsein wiedererlangen; **to ~ one's strength** wieder zu Kräften kommen; **to ~ one's balance** das Gleichgewicht wiederfinden; **to ~ possession of sth** wieder in den Besitz einer Sache (gen) gelangen; **to ~ the lead** (in sport) wieder in Führung gehen
regal adj königlich; (fig) hoheitsvoll
regale v/t (with stories) ergötzen (elev)
regard **A** v/t **1** betrachten; **to ~ sb/sth as sth** jdn/etw für etw halten; **to be**

~ed as ... als ... angesehen werden; **he is highly ~ed** er ist hoch angesehen **2 as ~s that** was das betrifft **B** n **1** (≈ *concern*) Rücksicht f (*for* auf +*acc*); **to have some ~ for sb/sth** auf jdn/etw Rücksicht nehmen; **to show no ~ for sb/sth** keine Rücksichtnahme für jdn/etw zeigen; **2 in this ~** diesbezüglich; **with** *or* **in ~ to** in Bezug auf (+*acc*) **3** (≈ *respect*) Achtung f; **to hold sb in high ~** jdn sehr schätzen **4 regards** *pl* **to send sb one's ~s** jdn grüßen lassen; **give him my ~s** grüßen Sie ihn von mir; **(kindest) ~s** mit freundlichen Grüßen **regarding** *prep* bezüglich (+*gen*) **regardless** **A** *adj* **~ of** ohne Rücksicht auf (+*acc*); **~ of what it costs** egal, was es kostet **B** *adv* trotzdem

regatta n Regatta f

regd *abbr of* registered reg.

regenerate *v/t* erneuern; **to be ~d** sich erneuern **regeneration** n Erneuerung f

regent n Regent(in) m(f)

regime n POL Regime nt

regiment n MIL Regiment nt

region n Region f; (*fig*) Bereich m; **in the ~ of 5 kg** um die 5 kg **regional** *adj* regional

register **A** n (≈ *book*) Register nt; (*at school*) Namensliste f; (*in hotel*) Gästebuch nt; (*of members etc*) Mitgliedsbuch nt; **~ of births, deaths and marriages** Personenstandsbuch nt **B** *v/t* registrieren; (*in book*) eintragen; *fact* erfassen; *birth, company, vehicle* anmelden; *student* einschreiben; **he is ~ed (as) blind** er hat einen Sehbehindertenausweis **C** *v/i* (*on list*) sich eintragen; (*in hotel*) sich anmelden; (*student*) sich einschreiben; **to ~ with the police** sich polizeilich melden; **to ~ for a course** sich für einen Kurs anmelden; UNIV einen Kurs belegen **registered** *adj* **1** *company, name* eingetragen **2** POST eingeschrieben; **by ~ post** per Einschreiben **Registered Trademark** n eingetragene Marke **registrar** n (*Br* ADMIN) Standesbeamte(r) m/-beamtin f **registrar's office** (*Br* ADMIN) Standesamt nt **registration** n **1** (*by authorities*) Registrierung f; (*in files, of company*) Eintragung f; (*of fact*) Erfassung f **2** (*by individual*, COMM) Anmeldung f; (*of student*) Einschreibung f **registration number** n (*Br* AUTO) Kraftfahrzeugkennzeichen nt **registry** n **1** Sekretariat nt **2** (*Br* ≈ *registry office*) Standesamt nt **registry office**

n (*Br*) Standesamt nt; **to get married in a ~** standesamtlich heiraten

regress *v/i* (*form*) sich rückwärts bewegen; (*fig: society*) sich rückläufig entwickeln

regret **A** *v/t* bedauern; *lost opportunity* nachtrauern (+*dat*); **to ~ the fact that ...** (die Tatsache) bedauern, dass ...; **I ~ to say that ...** ich muss Ihnen leider mitteilen, dass ...; **we ~ any inconvenience caused** für eventuelle Unannehmlichkeiten bitten wir um Verständnis; **you won't ~ it!** Sie werden es nicht bereuen **B** n Bedauern nt *no pl*; **I have no ~s** ich bereue nichts; **he sends his ~s** er lässt sich entschuldigen **regretfully** *adv* (≈ *with regret*) mit Bedauern **regrettable** *adj* bedauerlich **regrettably** *adv* bedauerlicherweise

regroup *v/i* sich umgruppieren

regular **A** *adj* **1** regelmäßig; *rhythm, surface* gleichmäßig; *employment* fest; *size, time* normal; **at ~ intervals** in regelmäßigen Abständen; **on a ~ basis** regelmäßig; **to be in ~ contact** regelmäßig Kontakt haben; **to eat ~ meals** regelmäßig essen; **he has a ~ place in the team** er ist ein ordentliches Mannschaftsmitglied; **~ customer** Stammkunde m/-kundin f; **his ~ pub** (*Br*) seine Stammkneipe (*infml*) **2** (*esp US* ≈ *ordinary*) gewöhnlich; **he's just a ~ guy** er ist ein ganz normaler Typ (*infml*) **B** n (*in shop etc*) Stammkunde m/-kundin f; (*in pub*) Stammgast m **regularity** n Regelmäßigkeit f **regularly** *adv* regelmäßig

regulate *v/t* regulieren; *flow, traffic* regeln **regulation** n **1** (≈ *regulating*) Regulierung f; (*of traffic*) Regelung f **2** (≈ *rule*) Vorschrift f; **~s** (*of society*) Satzung f; **to be contrary to ~s** gegen die Vorschrift(en)/Satzung verstoßen **regulator** n (≈ *instrument*) Regler m **regulatory** *adj* **~ authority** Regulierungsbehörde f

regurgitate *v/t* wieder hochbringen; (*fig*) wiederkäuen

rehab *abbr of* rehabilitation **rehabilitate** *v/t* ex-criminal rehabilitieren; *drug addict* therapieren **rehabilitation** n (*of ex-criminal*) Rehabilitation f; (*of drug addict*) Therapie f

rehearsal n THEAT, MUS Probe f **rehearse** *v/t & v/i* THEAT, MUS proben; **to ~ what one is going to say** einüben, was man sagen will

reheat v/t aufwärmen
rehouse v/t unterbringen
reign **A** n Herrschaft f **B** v/i herrschen (over über +acc) **reigning** adj attr regierend; champion amtierend
reimburse v/t person entschädigen; costs erstatten **reimbursement** n (of person) Entschädigung f; (of loss) Ersatz m; (of expenses, costs) (Rück)erstattung f
rein n Zügel m; **to keep a tight ~ on sb/sth** bei jdm/etw die Zügel kurz halten; **to give sb free ~ to do sth** jdm freie Hand lassen, etw zu tun ◊**rein in** v/t sep horse, passions zügeln; spending in Schranken halten
reincarnate v/t reinkarnieren; **to be ~d** wiedergeboren werden **reincarnation** n Reinkarnation f
reindeer n, pl - Ren(tier) nt
reinforce v/t verstärken; belief stärken; **to ~ the message** der Botschaft (dat) mehr Nachdruck verleihen **reinforcement** n Verstärkung f; (of beliefs) Stärkung f; **~s** (MIL, fig) Verstärkung f
reinsert v/t wieder einfügen; coin wieder einwerfen; needle wieder einstecken
reinstate v/t person wiedereinstellen (in in +acc); death penalty wiedereinführen **reinstatement** n (of person) Wiedereinstellung f; (of death penalty) Wiedereinführung f
reintegrate v/t wiedereingliedern (into in +acc) **reintegration** n Wiedereingliederung f
reintroduce v/t measure wiedereinführen
reinvent v/t **to ~ the wheel** das Rad neu erfinden; **to ~ oneself** sich (dat) ein neues Image geben
reissue **A** v/t book neu auflegen; stamps, recording neu herausgeben **B** n (of book) Neuauflage f; (of stamps, recording) Neuausgabe f
reiterate v/t wiederholen
reject **A** v/t request etc ablehnen (also MED); (stronger) abweisen; idea verwerfen **B** n COMM Ausschuss m no pl; **~ goods** Ausschussware f **rejection** n (of request, offer etc) Ablehnung f (also MED); (stronger) Abweisung f; (of idea) Verwerfen nt
rejoice v/i sich freuen **rejoicing** n Jubel m
rejoin v/t person sich wieder anschließen (+dat); club wieder eintreten in (+acc)
rejuvenate v/t verjüngen; (fig) erfrischen

rekindle v/t (fig) passions wiederentzünden; interest wiedererwecken
relapse **A** n MED Rückfall m **B** v/i MED einen Rückfall haben
relate **A** v/t **1** story erzählen; details aufzählen **2** (≈ associate) in Verbindung bringen (to, with mit) **B** v/i **1** (≈ refer) zusammenhängen (to mit) **2** (≈ form relationship) eine Beziehung finden (to zu)
related adj **1** (in family) verwandt (to mit); **~ by marriage** angeheiratet **2** (≈ connected) zusammenhängend; elements, issues verwandt; **to be ~ to sth** mit etw zusammenhängen, mit etw verwandt sein; **the two events are not ~** die beiden Ereignisse haben nichts miteinander zu tun; **two closely ~ questions** zwei eng miteinander verknüpfte Fragen; **health-~ problems** gesundheitliche Probleme pl; **earnings-~ pensions** einkommensabhängige Renten pl **relation** n **1** (≈ person) Verwandte(r) m/f(m); **he's a/no ~ (of mine)** er ist/ist nicht mit mir verwandt **2** (≈ relationship) Beziehung f; **to bear no ~ to** in keinerlei Beziehung stehen zu; **to bear little ~ to** wenig Beziehung haben zu; **in ~ to** (≈ as regards) in Bezug auf (+acc); (≈ compared with) im Verhältnis zu **3** **relations** pl (≈ dealings) Beziehungen pl; **to have business ~s with sb** geschäftliche Beziehungen zu jdm haben
relationship n **1** (in family) Verwandtschaft f (to mit); **what is your ~ (to him)?** wie sind Sie (mit ihm) verwandt? **2** (between events etc) Beziehung f; (≈ relations) Verhältnis nt; (in business) Verbindung f; **to have a (sexual) ~ with sb** ein Verhältnis nt mit jdm haben; **to have a good ~ with sb** gute Beziehungen zu jdm haben
relative **A** adj **1** (≈ comparative, SCI) relativ; **in ~ terms** relativ gesehen **2** (≈ respective) jeweilig **3** (≈ relevant) **~ to** sich beziehend auf (+acc) **4** GRAM Relativ- **B** n = relation 1 **relatively** adv relativ
relax **A** v/t lockern; muscles, mind entspannen **B** v/i (sich) entspannen; (≈ rest) (sich) ausruhen; (≈ calm down) sich beruhigen; **~!** immer mit der Ruhe! **relaxation** n Entspannung f; **reading is her form of ~** sie entspannt sich durch Lesen; **~ technique** Entspannungstechnik f **relaxed** adj locker; person entspannt; at-

mosphere zwanglos; **to feel ~** *(physically)* entspannt sein; *(mentally)* sich wohlfühlen; **to feel ~ about sth** etw ganz gelassen sehen **relaxing** *adj* entspannend

relay **A** *n* (SPORTS, *a.* **relay race**) Staffellauf *m* **B** *v/t* **1** RADIO, TV *etc* (weiter) übertragen **2** *message* ausrichten *(to sb jdm)*

release **A** *v/t* **1** *animal, person* freilassen; *(from prison)* entlassen **2** *(≈ let go of)* loslassen; *handbrake* lösen; PHOT *shutter* auslösen; **to ~ one's hold (on sth)** (etw) loslassen **3** *film, record* herausbringen **4** *news, statement* veröffentlichen **5** *energy* freisetzen; *pressure* ablassen **B** *n* **1** *(of animal, person)* Freilassung *f*; *(from prison)* Entlassung *f* **2** *(≈ letting go)* Loslassen *nt*; *(≈ mechanism)* Auslöser *m* **3** *(of film, record)* Herausbringen *nt*; *(≈ film)* Film *m*; *(≈ CD)* CD *f*; **on general ~** überall zu sehen **4** *(of news, statement)* Veröffentlichung *f*; *(≈ statement)* Verlautbarung *f* **5** *(of energy)* Freisetzung *f*

relegate *v/t* degradieren; SPORTS absteigen lassen *(to in +acc)*; **to be ~d** SPORTS absteigen **relegation** *n* Degradierung *f*; SPORTS Abstieg *m*

relent *v/i (person)* nachgeben **relentless** *adj* **1** *attitude* unnachgiebig **2** *pain, cold* nicht nachlassend; *search* unermüdlich **3** *(≈ merciless)* erbarmungslos **relentlessly** *adv* **1** *maintain* unnachgiebig **2** *hurt* unaufhörlich **3** *(≈ mercilessly)* erbarmungslos

relevance, relevancy *n* Relevanz *f*; **to be of particular ~ (to sb)** (für jdn) besonders relevant sein **relevant** *adj* relevant *(to für)*; *authority, person* zuständig; *time* betreffend

reliability *n* Zuverlässigkeit *f* **reliable** *adj* zuverlässig; *firm* vertrauenswürdig **reliably** *adv* zuverlässig; **I am ~ informed that …** ich weiß aus zuverlässiger Quelle, dass …

reliance *n* Vertrauen *nt* *(on auf +acc)* **reliant** *adj* angewiesen *(on, upon auf +acc)*

relic *n* Relikt *nt*; REL Reliquie *f*

relief **A** *n* **1** *(from pain)* Erleichterung *f*; **that's a ~!** mir fällt ein Stein vom Herzen; **it was a ~ to find it** ich *etc* war erleichtert, als ich *etc* es fand; **it was a ~ to get out of the office** es war eine Wohltat, aus dem Büro wegzukommen **2** *(≈ assistance)* Hilfe *f* **3** *(≈ substitute)* Ablösung *f* **B** *attr* **1** *(≈ aid)* Hilfs-; **the ~ effort** die Hilfsaktion **2** *(≈ replacement)* *driver etc* zur Ent-

lastung **relief supplies** *pl* Hilfsgüter *pl* **relief workers** *pl* Rettungshelfer *pl*; *(in disaster)* Katastrophenhelfer *pl* **relieve** *v/t* **1** *person* erleichtern; **to feel ~d** erleichtert sein; **to be ~d at sth** bei etw erleichtert aufatmen; **to ~ sb of sth** *of duty* jdn einer Sache *(gen)* entheben *(elev)* **2** *pain* lindern; *(completely)* stillen; *pressure, symptoms* abschwächen; **to ~ oneself** *(euph)* sich erleichtern **3** *(≈ take over from)* ablösen

religion *n* Religion *f*; *(≈ set of beliefs)* Glaube(n) *m*; **the Christian ~** der christliche Glaube

religious *adj* **1** religiös; *order* geistlich; **~ leader** Religionsführer(in) *m(f)* **2** *person* gläubig **religiously** *adv* *(fig ≈ conscientiously)* gewissenhaft

relinquish *v/t* aufgeben; *title* ablegen; **to ~ one's hold on sb/sth** jdn/etw loslassen

relish **A** *n* **1** **to do sth with ~** etw mit Genuss tun **2** COOK **tomato ~** Tomatenchutney *nt* **B** *v/t* genießen; *idea, task* großen Gefallen finden an *(+dat)*; **I don't ~ the thought of getting up at 5 a.m.** der Gedanke, um 5 Uhr aufzustehen, behagt mir gar nicht

relive *v/t* noch einmal durchleben

reload *v/t* neu beladen; *gun* nachladen

relocate **A** *v/t* umsiedeln **B** *v/i (individual)* umziehen, zügeln *(Swiss)*; *(company)* den Standort wechseln **relocation** *n* Umzug *m*; *(of company)* Standortwechsel *m*

reluctance *n* Widerwillen *m*; **to do sth with ~** etw widerwillig *or* ungern tun **reluctant** *adj* widerwillig; **he is ~ to do it** es widerstrebt ihm, es zu tun; **he seems ~ to admit it** er scheint es nicht zugeben zu wollen **reluctantly** *adv* widerwillig

rely *v/i* **to ~ (up)on sb/sth** sich auf jdn/ etw verlassen; *(≈ dependent)* auf jdn/etw angewiesen sein; **I ~ on him for my income** ich bin finanziell auf ihn angewiesen

remain *v/i* bleiben; *(≈ be left over)* übrig bleiben; **all that ~s is for me to wish you every success** ich möchte Ihnen nur noch viel Erfolg wünschen; **that ~s to be seen** das bleibt abzuwarten; **to ~ silent** weiterhin schweigen **remainder** *n* **1** Rest *m* **2** **remainders** *pl* COMM Restbestände *pl* **remaining** *adj* restlich; **the ~ four** die vier Übrigen **remains** *pl (of meal)* Reste *pl*; *(≈ archaeological remains)*

Ruinen *pl*; **human ~** menschliche Überreste *pl*

remake *pret, past part* remade *v/t* neu machen; **to ~ a film** ein Thema neu verfilmen

remand ◮ *v/t* JUR **he was ~ed in custody** er blieb in Untersuchungshaft ◪ *n* **to be on ~** in Untersuchungshaft sein

remark ◮ *n* Bemerkung *f* ◪ *v/i* **to ~ (up)on sth** über etw (*acc*) eine Bemerkung machen; **nobody ~ed on it** niemand hat etwas dazu gesagt **remarkable** *adj* bemerkenswert; *escape* wundersam **remarkably** *adv* bemerkenswert; **~ little** erstaunlich wenig

remarry *v/i* wieder heiraten

remedial *adj attr* Hilfs-; MED Heil-

remedy ◮ *n* Mittel *nt* (*for* gegen); (≈ *medication*) Heilmittel *nt* (*for* gegen) ◪ *v/t* (*fig*) *problem* beheben; *situation* bessern

remember ◮ *v/t* ◼ (≈ *recall*) sich erinnern an (+*acc*); (≈ *bear in mind*) denken an (+*acc*); **we must ~ that he's only a child** wir sollten bedenken, dass er noch ein Kind ist; **to ~ to do sth** daran denken, etw zu tun; **I ~ doing it** ich erinnere mich daran, dass ich es getan habe; **I can't ~ the word** das Wort fällt mir nicht ein; **do you ~ when …?** (*reminiscing*) weißt du noch, als …?; (*asking facts*) weißt du (noch), wann …?; **I don't ~ a thing about it** ich kann mich überhaupt nicht daran erinnern; (*about book etc*) ich weiß nichts mehr davon; **I can never ~ phone numbers** ich kann mir Telefonnummern einfach nicht merken ◼ (*Br*) **~ me to your mother** grüßen Sie Ihre Mutter von mir ◪ *v/i* sich erinnern; **I can't ~** ich weiß das nicht mehr; **not as far as I ~** soweit ich mich erinnere, nicht! **remembrance** *n* **in ~ of** zur Erinnerung an (+*acc*) **Remembrance Day** *n* (*Br*) ≈ Volkstrauertag *m*

remind *v/t* erinnern (*of* an +*acc*); **you are ~ed that …** wir weisen darauf hin, dass …; **that ~s me!** da(bei) fällt mir was ein **reminder** *n* Gedächtnisstütze *f*; (*letter of*) ~ Mahnung *f*; **his presence was a ~ of …** seine Gegenwart erinnerte mich *etc* an (+*acc*) …

reminisce *v/i* sich in Erinnerungen ergehen (*about* über +*acc*) **reminiscent** *adj* **to be ~ of sth** an etw (*acc*) erinnern

remission *n* (*form*) ◼ (*Br* JUR) (Straf)erlass

m ◪ MED Besserung *f*; **to be in ~** (*patient*) sich auf dem Wege der Besserung befinden; (*illness*) abklingen

remittance *n* Überweisung *f* (*to* an +*acc*) **remittance advice** *n* Überweisungsbescheid *m*

remnant *n* Rest *m*; (*fig*) Überrest *m*

remodel *v/t* umformen; (*fig*) umgestalten

remorse *n* Reue *f* (*at, over* über +*acc*); **without ~** (≈ *merciless*) erbarmungslos **remorseful** *adj* reumütig; **to feel ~** Reue spüren **remorseless** *adj* (*fig* ≈ *merciless*) unbarmherzig **remorselessly** *adv* ohne Reue; (*fig* ≈ *mercilessly*) erbarmungslos

remote ◮ *adj* (+*er*) ◼ *place, possibility* entfernt; (≈ *isolated*) entlegen; IT rechnerfern; **in a ~ spot** an einer entlegenen Stelle ◪ (≈ *aloof*) unnahbar ◳ (≈ *remote-controlled*) *handset* zur Fernbedienung ◪ *n* (≈ *remote control*) Fernbedienung *f* **remote access** *n* TEL, IT Fernzugriff *m* **remote control** *n* Fernsteuerung *f*; RADIO, TV Fernbedienung *f* **remote-controlled** *adj* ferngesteuert **remotely** *adv* ◼ **it's just ~ possible** es ist gerade eben noch möglich; **he didn't say anything ~ interesting** er sagte nichts, was im Entferntesten interessant war; **I'm not ~ interested in her** ich bin nicht im Geringsten an ihr interessiert ◪ *situated* entfernt **remoteness** *n* ◼ (≈ *isolation*) Abgelegenheit *f* ◪ (≈ *aloofness*) Unnahbarkeit *f*

removable *adj cover* abnehmbar; (*from container*) herausnehmbar **removal** *n* ◼ Entfernung *f*; (*of stain*) Beseitigung *f*; (*of troops*) Abzug *m*; (*from container*) Herausnehmen *nt*; (*of obstacle*) Ausräumung *f* ◪ (*Br* ≈ *house removal*) Umzug *m* **removal firm** *n* (*Br*) Spedition *f* **removal van** *n* (*Br*) Möbelwagen *m*

remove *v/t* entfernen; *bandage* abnehmen; *clothes* ausziehen; *stain* beseitigen; *troops* abziehen; (*from container*) herausnehmen (*from* aus); *word* streichen; *obstacle* aus dem Weg räumen; *doubt, fear* zerstreuen; **to ~ sth from sb** jdm etw wegnehmen; **to ~ one's clothes** die Kleider ablegen; **to be far ~d from …** weit entfernt sein von …; **a cousin once ~d** ein Cousin *m* ersten Grades

remunerate *v/t* bezahlen; (≈ *reward*) belohnen **remuneration** *n* Bezahlung *f*

Renaissance *n* Renaissance *f*

rename *v/t* umbenennen; **Leningrad was**

~d St Petersburg Leningrad wurde in St. Petersburg umbenannt

render v/t **1** (form) service leisten; **to ~ assistance** Hilfe leisten **2** (form ≈ make) machen **rendering** n Wiedergabe f; (of music, poem) Vortrag m

rendezvous n **1** (≈ place) Treffpunkt m **2** (≈ agreement to meet) Rendezvous nt

rendition n (form) = rendering

renegade 🅰 n Renegat(in) m(f) **🅱** adj abtrünnig

renegotiate v/t neu aushandeln

renew v/t erneuern; contract etc verlängern; (holder) verlängern lassen; attack, attempts wiederaufnehmen **renewable** adj contract, resource erneuerbar **renewal** n Erneuerung f; (of attack, attempts) Wiederaufnahme f **renewed** adj erneut; **~ efforts** neue Anstrengungen; **~ strength** frische Kraft; **~ outbreaks of rioting** erneute Krawalle pl

renounce v/t right, violence verzichten auf (+acc); terrorism abschwören (+dat)

renovate v/t renovieren **renovation** n Renovierung f

renown n guter Ruf; **of great ~** von hohem Ansehen **renowned** adj berühmt (for für)

rent 🅰 n (for house) Miete f, Zins m (Aus); (for farm) Pacht f **🅱** v/t **1** house mieten; farm pachten; car etc leihen; video ausleihen **2** (a. **rent out**) vermieten; verpachten; verleihen **🅲** v/i (≈ rent house) mieten; (≈ rent farm) pachten **rental** n (≈ amount paid) Miete f, Zins m (Aus); **~ car** Mietwagen m; **~ library** (US) Leihbücherei f **rent boy** n (Br infml) Strichjunge m (infml) **rent collector** n Mietkassierer(in) m(f) **rent-free** adj, adv mietfrei

renunciation n (of right, violence) Verzicht m (of auf +acc); (of terrorism) Aufgabe f

reoffend v/i erneut straffällig werden

reopen 🅰 v/t wieder öffnen; school, shop wiedereröffnen; debate wiederaufnehmen; JUR case wieder aufrollen **🅱** v/i wieder aufgehen; (shop etc) wieder eröffnen **reopening** n (of shop etc) Wiedereröffnung f

reorder v/t & v/i nachbestellen

reorganization n Neuorganisation f; (of books) Umordnung f; (of work) Neueinteilung f **reorganize** v/t neu organisieren; books umordnen; work neu einteilen; com-

pany umstrukturieren

rep COMM abbr of representative Vertreter(in) m(f); **holiday** or **travel ~** Reiseleiter(in) m(f)

repaid pret, past part of repay

repaint v/t neu streichen

repair 🅰 v/t reparieren; (fig) damage wiedergutmachen **🅱** n **1** (lit) Reparatur f; **to be under ~** (machine) in Reparatur sein; **beyond ~** nicht mehr zu reparieren; **closed for ~s** wegen Reparaturarbeiten geschlossen **2** no pl **to be in bad ~** in schlechtem Zustand sein **repairable** adj reparabel **repair shop** n Reparaturwerkstatt f **reparation** n (for damage) Entschädigung f; (usu pl: after war) Reparationen pl

repartee n Schlagabtausch m

repatriation n Repatriierung f

repay pret, past part repaid v/t money zurückzahlen; expenses erstatten; debt abzahlen; kindness vergelten; **I'll ~ you on Saturday** ich zahle dir das Geld am Samstag zurück; **how can I ever ~ you?** wie kann ich das jemals wiedergutmachen? **repayable** adj rückzahlbar **repayment** n (of money) Rückzahlung f **repayment mortgage** n Tilgungshypothek f

repeal 🅰 v/t law aufheben **🅱** n Aufhebung f

repeat 🅰 v/t wiederholen; (to sb else) weitersagen (to sb jdm); **to ~ oneself** sich wiederholen **🅱** v/i wiederholen; **~ after me** sprecht mir nach **🅲** n RADIO, TV Wiederholung f **repeated** adj, **repeatedly** adv wiederholt **repeat function** n IT Wiederholungsfunktion f **repeat performance** n **he gave a ~** (fig) er machte es noch einmal **repeat prescription** n MED erneut verschriebenes Rezept

repel v/t **1** attack zurückschlagen; insects abwehren **2** (≈ disgust) abstoßen **repellent 🅰** adj (≈ disgusting) abstoßend **🅱** n (≈ insect repellent) Insektenschutzmittel nt

repent 🅰 v/i Reue empfinden (of über +acc) **🅱** v/t bereuen **repentance** n Reue f **repentant** adj reuevoll

repercussion n Auswirkung f (on auf +acc); **that is bound to have ~s** das wird Kreise ziehen; **to have ~s on sth** sich auf etw (acc) auswirken

repertoire n THEAT, MUS Repertoire nt

repertory n **1** (a. **repertory theatre**) Repertoire-Theater nt **2** = reper-

toire
repetition n Wiederholung f **repetitive** adj sich dauernd wiederholend; work monoton; **to be ~** sich dauernd wiederholen

rephrase v/t neu formulieren, umformulieren

replace v/t **1** (≈ put back) zurücksetzen; (standing up) zurückstellen; (flat) zurücklegen; **to ~ the receiver** TEL (den Hörer) auflegen **2** person, parts ersetzen; **to ~ sb/sth with sb/sth** jdn/etw durch jdn/etw ersetzen **replaceable** adj ersetzbar **replacement** n Ersatz m; (≈ deputy) Vertretung f; **~ part** Ersatzteil nt

replay SPORTS **A** n Wiederholung f **B** v/t wiederholen

replenish v/t wieder auffüllen; glass auffüllen; shelves nachfüllen

replica n (of painting) Reproduktion f; (of ship, building etc) Nachbildung f **replicate** v/t wiederholen

reply A n Antwort f; **in ~** (als Antwort) darauf; **in ~ to your letter** in Beantwortung Ihres Briefes (form) **B** v/t **to ~** (**to sb**) **that ...** (jdm) antworten, dass ... **C** v/i antworten (to sth auf etw +acc)

report A n **1** Bericht m (on über +acc); PRESS, RADIO, TV Reportage f (on über +acc); **to give a ~ on sth** Bericht über etw (acc) erstatten; RADIO, TV eine Reportage über etw (acc) machen; **an official ~ on the motor industry** ein Gutachten nt über die Autoindustrie; **(school) ~** Zeugnis nt **2 there are ~s that ...** es wird gesagt, dass ... **B** v/t findings berichten über (+acc); (officially) melden; **he is ~ed as having said ...** er soll gesagt haben ... **2** (**to sb** jdm) accident, crime melden; **to ~ sb for sth** jdn wegen etw melden; **nothing to ~** keine besonderen Vorkommnisse! **C** v/i **1** to **~ for duty** sich zum Dienst melden; **to ~ sick** sich krankmelden **2** (≈ give a report) berichten (on über +acc) ◊**report back** v/i Bericht erstatten (to sb jdm) ◊**report to** v/i +prep obj (in organization) unterstellt sein (+dat)

reported adj gemeldet **reportedly** adv angeblich **reported speech** n GRAM indirekte Rede **reporter** n PRESS, RADIO, TV Reporter(in) m(f); (on the spot) Korrespondent(in) m(f)

reposition v/t anders aufstellen
repository n Lager nt

repossess v/t wieder in Besitz nehmen **repossession** n Wiederinbesitznahme f

reprehensible adj verwerflich

represent v/t **1** darstellen; (≈ stand for) stehen für **2** PARL, JUR vertreten **representation** n Darstellung f; PARL, JUR Vertretung f **representative A** adj (**of** für) repräsentativ; **a ~ body** eine Vertretung; **~ assembly** Abgeordnetenversammlung f **B** n COMM Vertreter(in) m(f); JUR Bevollmächtigte(r); (US POL) Abgeordnete(r) m/f(m), Mandatar(in) m(f) (Aus)

repress v/t unterdrücken; PSYCH verdrängen **repressed** adj unterdrückt; PSYCH verdrängt **repression** n Unterdrückung f; PSYCH Verdrängung f **repressive** adj repressiv

reprieve A n JUR Begnadigung f; (fig) Gnadenfrist f **B** v/t **he was ~d** JUR er wurde begnadigt

reprimand A n Tadel m; (official) Verweis m **B** v/t tadeln

reprint A v/t nachdrucken **B** n Nachdruck m

reprisal n Vergeltungsmaßnahme f

reproach A n Vorwurf m; **a look of ~** ein vorwurfsvoller Blick; **beyond ~** über jeden Vorwurf erhaben **B** v/t Vorwürfe machen (+dat); **to ~ sb for having done sth** jdm Vorwürfe dafür machen, dass er etw getan hat **reproachful** adj, **reproachfully** adv vorwurfsvoll

reprocess v/t sewage, atomic waste wiederaufbereiten **reprocessing plant** n Wiederaufbereitungsanlage f

reproduce A v/t (≈ copy) wiedergeben; (electronically) reproduzieren **B** v/i BIOL sich fortpflanzen **reproduction** n **1** (≈ procreation) Fortpflanzung f **2** (≈ copying, copy) Reproduktion f **reproductive** adj Fortpflanzungs-

reptile n Reptil nt

republic n Republik f **republican A** adj republikanisch **B** n Republikaner(in) m(f) **republicanism** n Republikanismus m

repugnance n Abneigung f (towards, for gegen) **repugnant** adj abstoßend

repulse v/t MIL zurückschlagen; **sb is ~d by sth** (fig) etw stößt jdn ab **repulsion** n Widerwille m (for gegen) **repulsive** adj abstoßend; **to be ~ to sb** für jdn abstoßend sein

reputable adj ehrenhaft; firm seriös

R

reputation n Ruf m; (≈ bad reputation) schlechter Ruf; **he has a ~ for being ...** er hat den Ruf, ... zu sein; **to have a ~ for honesty** als ehrlich gelten; **you don't want to get (yourself) a ~, you know** du willst dich doch sicherlich nicht in Verruf bringen **repute** v/t **he is ~d to be ...** man sagt, dass er ... ist; **he is ~d to be the best** er gilt als der Beste **reputedly** adv wie man annimmt

request **A** n Bitte f; **at sb's ~** auf jds Bitte; **on ~** auf Wunsch **B** v/t bitten um; RADIO record sich (dat) wünschen; **to ~ sth of** or **from sb** jdn um etw bitten **request stop** n (Br) Bedarfshaltestelle f

requiem mass n Totenmesse f

require v/t **1** (≈ need) benötigen; action erfordern; **what qualifications are ~d?** welche Qualifikationen sind erforderlich?; **if ~d** falls notwendig; **as ~d** nach Bedarf **2 to ~ sb to do sth** von jdm verlangen, dass er etw tut **required** adj erforderlich; **the ~ amount** die benötigte Menge **requirement** n **1** (≈ need) Bedürfnis nt; (≈ desire) Wunsch m; **to meet sb's ~s** jds Wünschen (dat) entsprechen **2** (≈ condition) Erfordernis nt; (for job) Anforderung f

reran pret of rerun

reread pret, past part reread v/t nochmals lesen

reroute v/t bus umleiten

rerun vb: pret reran, past part rerun **A** v/t tape wieder abspielen; race, programme wiederholen **B** n (of race, programme) Wiederholung f

resat pret, past part of resit

reschedule v/t meeting verlegen

rescue **A** n (≈ saving) Rettung f; **to come to sb's ~** jdm zu Hilfe kommen; **it was Bob to the ~** Bob war unsere/seine etc Rettung; **~ attempt** Rettungsversuch m **B** v/t (≈ save) retten **rescuer** n Retter(in) m(f) **rescue services** pl Rettungsdienst m, Rettung f (Aus, Swiss)

research **A** n Forschung f (into, on über +acc); **to do ~** forschen; **to carry out ~ into the effects of sth** Forschungen über die Auswirkungen einer Sache (gen) anstellen **B** v/i forschen; **to ~ into sth** etw erforschen **C** v/t erforschen **research assistant** n wissenschaftlicher Assistent, wissenschaftliche Assistentin **researcher** n Forscher(in) m(f)

resemblance n Ähnlichkeit f; **to bear a strong ~ to sb/sth** starke Ähnlichkeit mit jdm/etw haben **resemble** v/t gleichen (+dat); **they ~ each other** sie gleichen sich (dat)

resent v/t remarks übel nehmen; person ein Ressentiment haben gegen; **he ~ed her for the rest of his life** er nahm ihr das sein Leben lang übel; **he ~ed the fact that ...** er ärgerte sich darüber, dass ...; **to ~ sb's success** jdm seinen Erfolg missgönnen; **I ~ that** das gefällt mir nicht **resentful** adj verärgert; (≈ jealous) voller Ressentiments (of gegen); **to be ~ about sth/of sb** über etw/jdn verärgert sein; **to feel ~ toward(s) sb for doing sth** es jdm übel nehmen, dass er/sie etc etw getan hat **resentment** n Ärger m no pl (of über +acc)

reservation n **1** (≈ doubt) Vorbehalt m; **without ~** vorbehaltlos; **with ~s** unter Vorbehalt(en); **to have ~s about sb/sth** Bedenken in Bezug auf jdn/etw haben **2** (≈ booking) Reservierung f; **to make a ~** ein Zimmer etc reservieren lassen; **to have a ~ (for a room)** ein Zimmer reserviert haben **3** (of land) Reservat nt

reserve **A** v/t **1** (≈ keep) aufsparen; **to ~ judgement** mit einem Urteil zurückhalten; **to ~ the right to do sth** sich (dat) (das Recht) vorbehalten, etw zu tun **2** (≈ book) reservieren lassen **B** n **1** (≈ store) (of an +dat) Vorrat m; FIN Reserve f; **to keep sth in ~** etw in Reserve halten; (≈ land) Reservat nt **2** (≈ reticence) Zurückhaltung f **3** SPORTS Reservespieler(in) m(f) **reserved** adj reserviert **reservist** n MIL Reservist(in) m(f)

reservoir n (lit) Reservoir nt

reset pret, past part reset v/t **1** watch neu stellen (to auf +acc); machine neu einstellen; IT rücksetzen; **~ switch** or **button** IT Resettaste f **2** MED bone wieder einrichten

resettle v/t refugees umsiedeln; land wieder besiedeln **resettlement** n (of refugees) Umsiedlung f; (of land) Neubesied(e)lung f

reshape v/t clay etc umformen; policy umstellen

reshuffle **A** v/t cards neu mischen; (fig) Cabinet umbilden **B** n (fig) Umbildung f

reside v/i (form) seinen Wohnsitz haben **residence** n **1** (≈ house) Wohnhaus nt;

R

(for students) Wohnheim nt; (of monarch etc) Residenz f **2** no pl **country of ~** Aufenthaltsland nt; **place of ~** Wohnort m; **after 5 years' ~ in Britain** nach 5 Jahren Aufenthalt in Großbritannien **residence permit** n Aufenthaltsgenehmigung f **residency** n **1** (US) = residence 2 **2** (Br) Residenz f **resident A** n Bewohner(in) m(f); (in town) Einwohner(in) m(f); (in hotel) Gast m; **"residents only"** „Anlieger frei", „Anrainer frei" (Aus) **B** adj wohnhaft; staff, population ansässig; **the ~ population** die ansässige Bevölkerung **residential** adj **~ property** Wohngebäude nt; **~ street** Wohnstraße f **residential area** n Wohngebiet nt **residential home** n Wohnheim nt

residual adj restlich **residue** n Rest m; CHEM Rückstand m

resign A v/t **1** post abgeben **2 to ~ oneself to sth** sich mit etw abfinden; **to ~ oneself to doing sth** sich damit abfinden, etw zu tun **B** v/i (minister, chairman) zurücktreten; (employee) kündigen; **to ~ from office** sein Amt niederlegen; **to ~ from one's job** (seine Stelle) kündigen **resignation** n **1** (of minister, chairman) Rücktritt m; (of employee) Kündigung f; (of civil servant) Amtsniederlegung f; **to hand in one's ~** seinen Rücktritt/seine Kündigung einreichen/sein Amt niederlegen **2** (≈ mental state) Resignation f (to gegenüber +dat) **resigned** adj person resigniert; **to become ~ to sth** sich mit etw abfinden; **to be ~ to one's fate** sich in sein Schicksal ergeben haben

resilience n **1** (of material) Federn nt **2** (fig, of person) Unverwüstlichkeit f **resilient** adj **1** material federnd attr; **to be ~** federn **2** (fig) person unverwüstlich

resin n Harz nt

resist A v/t **1** (≈ oppose) sich widersetzen (+dat); advances, attack Widerstand leisten gegen **2** temptation, sb widerstehen (+dat); **I couldn't ~ (eating) another piece of cake** ich konnte der Versuchung nicht widerstehen, noch ein Stück Kuchen zu essen **B** v/i **1** (≈ be opposed) sich widersetzen; (faced with advances, attack) Widerstand leisten **2** (faced with temptation) widerstehen

resistance n **(to gegen)** Widerstand m; **to meet with ~** auf Widerstand stoßen; **to offer no ~ (to sb/sth)** (to attacker, advanc-

es etc) (jdm/gegen etw) keinen Widerstand leisten; (to proposals) sich (jdm/einer Sache) nicht widersetzen **resistant** adj material strapazierfähig; MED immun (to gegen)

resit vb: pret, past part **resat** (Br) **A** v/t exam wiederholen **B** n Wiederholung (-sprüfung) f

resolute adj energisch; refusal entschieden **resolutely** adv entschieden; **to be ~ opposed to sth** entschieden gegen etw sein **resolution** n **1** (≈ decision) Beschluss m; esp POL Resolution f; (≈ intention) Vorsatz m **2** no pl (≈ resoluteness) Entschlossenheit f **3** no pl (of problem) Lösung f **4** IT Auflösung f **resolve A** v/t **1** problem lösen; dispute beilegen; differences, issue klären **2 to ~ to do sth** beschließen, etw zu tun **B** n no pl Entschlossenheit f **resolved** adj (fest) entschlossen

resonate v/i widerhallen

resort A n **1 as a last ~** als Letztes; **you were my last ~** du warst meine letzte Rettung **2** (≈ place) Urlaubsort m; **seaside ~** Seebad n **B** v/i **to ~ to sth** zu etw greifen; **to ~ to violence** gewalttätig werden **resound** v/i (wider)hallen (with von) **resounding** adj noise widerhallend; laugh schallend; (fig) victory gewaltig; success durchschlagend; defeat haushoch; **the response was a ~ "no"** die Antwort war ein überwältigendes „Nein" **resoundingly** adv **to be ~ defeated** eine vernichtende Niederlage erleiden

resource A n **resources** pl Mittel pl, Ressourcen pl; **financial ~s** Geldmittel pl; **mineral ~s** Bodenschätze pl; **natural ~s** Rohstoffquellen pl; **human ~s** Arbeitskräfte pl **B** v/t (Br) project finanzieren **resourceful** adj, **resourcefully** adv einfallsreich **resourcefulness** n Einfallsreichtum m

respect A n **1** (≈ esteem) Respekt m (for vor +dat); **to have ~ for** Respekt haben vor (+dat); **I have the highest ~ for his ability** ich halte ihn für außerordentlich fähig; **to hold sb in (great) ~** jdn (sehr) achten **2** (≈ consideration) Rücksicht f (for auf +acc); **to treat with ~** person rücksichtsvoll behandeln; clothes etc schonend behandeln; **she has no ~ for other people** sie nimmt keine Rücksicht auf andere; **with (due) ~, I still think that ...** bei al-

R

lem Respekt, meine ich dennoch, dass ...
3 (≈ *reference*) **with ~ to ...** was ... anbetrifft **4** (≈ *aspect*) Hinsicht *f*; **in some/many ~s** in gewisser/vieler Hinsicht; **in this ~** in dieser Hinsicht **5 respects** *pl* **to pay one's ~s to sb** jdm seine Aufwartung machen; **to pay one's last ~s to sb** jdm die letzte Ehre erweisen **B** *v/t* respektieren; *ability* anerkennen; **a ~ed company** eine angesehene Firma **respectability** *n* **1** (≈ *estimable quality, of person*) Ehrbarkeit *f*; (*of life, district*) Anständigkeit *f* **2** (*socially, of person*) Angesehenheit *f*; (*of businessman, hotel*) Seriosität *f* **respectable** *adj* **1** (≈ *estimable*) *person* ehrbar; *life, district* anständig **2** (*socially*) *person* angesehen; *businessman, hotel* seriös; *clothes, behaviour* korrekt; **in ~ society** in guter Gesellschaft; **a perfectly ~ way to earn one's living** eine völlig akzeptable Art und Weise, seinen Lebensunterhalt zu verdienen **3** *size, sum* ansehnlich **4** *score* beachtlich **respectably** *adv* *dress, behave* anständig **respectful** *adj* respektvoll (*towards* gegenüber); **to be ~ of sth** etw respektieren **respectfully** *adv* respektvoll **respecting** *prep* bezüglich (+*gen*) **respective** *adj* jeweilig; **they each have their ~ merits** jeder von ihnen hat seine eigenen Vorteile **respectively** *adv* **the girls' dresses are green and blue ~** die Mädchen haben grüne beziehungsweise blaue Kleider
respiration *n* Atmung *f* **respiratory** *adj* Atem-; *disease* der Atemwege
respite *n* **1** (≈ *rest*) Ruhepause *f* (*from* von); (≈ *easing off*) Nachlassen *nt* **2** (≈ *reprieve*) Aufschub *m*
resplendent *adj* *person* strahlend
respond *v/i* **1** (≈ *reply*) antworten; **to ~ to a question** eine Frage beantworten **2** (≈ *react*) reagieren (*to* auf +*acc*); **the patient ~ed to treatment** der Patient sprach auf die Behandlung an **response** *n* **1** (≈ *reply*) Antwort *f*; **in ~ (to)** als Antwort (auf +*acc*) **2** (≈ *reaction*) Reaktion *f*; **to meet with no ~** keine Resonanz finden
responsibility *n* **1** *no pl* Verantwortung *f*; **to take ~ (for sth)** die Verantwortung (für etw) übernehmen; **that's his ~** dafür ist er verantwortlich **2** (≈ *duty*) Verpflichtung *f* (*to* für)
responsible *adj* **1** (≈ *answerable*) verantwortlich; (≈ *to blame*) schuld (*for* an +*dat*);

what's ~ for the hold-up? woran liegt die Verzögerung?; **who is ~ for breaking the window?** wer hat das Fenster eingeschlagen?; **to hold sb ~ for sth** jdn für etw verantwortlich machen; **she is ~ for popularizing the sport** (*her task*) sie ist dafür verantwortlich, die Sportart populärer zu machen; (*her merit*) es ist ihr zu verdanken, dass die Sportart populär geworden ist **2** *attitude* verantwortungsbewusst; *job* verantwortungsvoll **responsibly** *adv* *act* verantwortungsbewusst
responsive *adj* *person* interessiert; *steering* leicht reagierend
rest¹ A *n* **1** (≈ *relaxation*) Ruhe *f*; (≈ *pause*) Pause *f*; (*on holiday*) Erholung *f*; **a day of ~** ein Ruhetag *m*; **I need a ~** ich muss mich ausruhen; (≈ *vacation*) ich brauche Urlaub; **to have a ~** (≈ *relax*) (sich) ausruhen; (≈ *pause*) (eine) Pause machen; **to have a good night's ~** sich ordentlich ausschlafen; **give it a ~!** (*infml*) hör doch auf!; **to lay to ~** (*euph*) zur letzten Ruhe betten; **to set at ~** *fears, doubts* beschwichtigen; **to put sb's mind at ~** jdn beruhigen; **to come to ~** (*ball etc*) zum Stillstand kommen; (*bird*) sich niederlassen **2** (≈ *support*) Auflage *f* **B** *v/i* **1** (≈ *take rest*) ruhen (*elev*); (≈ *relax*) sich ausruhen; **she never ~s** sie arbeitet ununterbrochen; **to be ~ing** (*elev*) ruhen; **let the matter ~!** lass es dabei!; **may he ~ in peace** er ruhe in Frieden **2** (*decision etc*) liegen (*with* bei); **the matter must not ~ there** man kann die Sache so nicht belassen; **(you may) ~ assured that ...** Sie können versichert sein, dass ... **3** (≈ *lean*) lehnen (*on* an +*dat*, *against* gegen); (*roof, gaze etc*) ruhen (*on* auf +*dat*); (*case*) sich stützen (*on* auf +*acc*); **her elbows were ~ing on the table** ihre Ellbogen waren auf den Tisch gestützt; **her head was ~ing on the table** ihr Kopf lag auf dem Tisch **C** *v/t* **1** *one's eyes* ausruhen; **to feel ~ed** sich ausgeruht fühlen **2** *ladder* lehnen (*against* gegen, *on* an +*acc*); *elbow* stützen (*on* auf +*acc*); **to ~ one's hand on sb's shoulder** jdm die Hand auf die Schulter legen
rest² *n* (≈ *remainder*) Rest *m*; **the ~ of the boys** die übrigen Jungen; **she's no different from the ~** sie ist wie alle anderen; **all the ~ of the money** der ganze Rest des Geldes; **all the ~ of the books** alle übrigen Bücher

restart **A** v/t race neu starten; game neu beginnen; engine wieder anlassen; machine wieder anschalten **B** v/i (machine) wieder starten; (engine) wieder anspringen

restate v/t **1** (≈ express again) argument erneut vortragen; case erneut darstellen **2** (≈ express differently) umformulieren; case neu darstellen

restaurant n Restaurant nt **restaurant car** n (Br RAIL) Speisewagen m

restful adj colour ruhig; place friedlich **rest home** n Pflegeheim nt **restive** adj rastlos **restless** adj (≈ unsettled) unruhig; (≈ wanting to move on) rastlos **restlessness** n Unruhe f; (≈ desire to move on) Rastlosigkeit f

restock v/t shelves wiederauffüllen

restoration n (of order) Wiederherstellung f; (to office) Wiedereinsetzung f (to in +acc); (of work of art) Restaurierung f **restore** v/t **1** (≈ give back) zurückgeben; (≈ bring back) zurückbringen; order wiederherstellen; **~d to health** wiederhergestellt **2** (to post) wiedereinsetzen (to in +acc); **to ~ to power** wieder an die Macht bringen **3** painting etc restaurieren

restrain v/t person zurückhalten; prisoner mit Gewalt festhalten; animal, madman bändigen; **to ~ sb from doing sth** jdn davon abhalten, etw zu tun; **to ~ oneself** sich beherrschen **restrained** adj person zurückhaltend; manner beherrscht **restraint** n **1** (≈ restriction) Beschränkung f; **without ~** unbeschränkt **2** (≈ moderation) Beherrschung f; **to show a lack of ~** wenig Beherrschung zeigen; **he said with great ~ that ...** er sagte sehr beherrscht, dass ...; **wage ~** Zurückhaltung f bei Lohnforderungen

restrict v/t beschränken (to auf +acc); freedom, authority einschränken **restricted** adj view beschränkt; diet eingeschränkt; information geheim; **within a ~ area** (≈ within limited area) auf begrenztem Gebiet **restricted area** n Sperrgebiet nt **restriction** n (on sth etw gen) Beschränkung f; (of freedom, authority) Einschränkung f; **to place ~s on sth** etw beschränken **restrictive** adj restriktiv

rest room n (US) Toilette f

restructure COMM, IND **A** v/t umstrukturieren **B** v/i sich umstrukturieren **restructuring** n COMM, IND Umstrukturierung f

rest stop n (US AUTO ≈ place) Rastplatz m; (≈ break) Rast f

result **A** n **1** Folge f; **as a ~ he failed** folglich fiel er durch; **as a ~ of this** und folglich; **as a ~ of which he ...** was zur Folge hatte, dass er ...; **to be the ~ of** resultieren aus **2** (of election etc) Resultat nt; **~s** (of test) Werte pl; **to get ~s** (person) Resultate erzielen; **as a ~ of my inquiry** auf meine Anfrage (hin); **what was the ~?** SPORTS wie ist es ausgegangen? **B** v/i resultieren (from aus) **◊result in** v/i +prep obj führen zu; **this resulted in his being late** das führte dazu, dass er zu spät kam

resume **A** v/t **1** (≈ restart) wiederaufnehmen; journey fortsetzen **2** command wieder übernehmen **B** v/i wieder beginnen

résumé n **1** Zusammenfassung f **2** (US ≈ curriculum vitae) Lebenslauf m

resumption n (of activity) Wiederaufnahme f; (of journey) Fortsetzung f; (of classes) Wiederbeginn m

resurface v/i (diver) wieder auftauchen; (fig) wieder auftauchen

resurgence n Wiederaufleben nt

resurrect v/t (fig) custom, career wiederbeleben **resurrection** n **1** the Resurrection REL die Auferstehung **2** (fig, of custom) Wiederbelebung f

resuscitate v/t MED wiederbeleben **resuscitation** n MED Wiederbelebung f

retail **A** n Einzelhandel m **B** v/i **to ~ at ...** im Einzelhandel ... kosten **C** adv im Einzelhandel **retailer** n Einzelhändler(in) m(f) **retailing** n der Einzelhandel **retail park** n (Br) Shoppingcenter nt **retail price** n Einzelhandelspreis m **retail therapy** n (hum) Shopping- or Einkaufstherapie f (infml) **retail trade** n Einzelhandel m

retain v/t **1** (≈ keep) behalten; possession zurück(be)halten; flavour beibehalten; moisture speichern **2** (computer) information speichern

retake pret retook, past part retaken v/t **1** MIL zurückerobern **2** exam wiederholen (also SPORTS)

retaliate v/i Vergeltung üben; (for insults etc) sich revanchieren (against sb an jdm); (SPORTS, in fight, in argument) kontern; **he ~d by pointing out that ...** er konterte, indem er darauf hinwies, dass ...; **then she ~d by calling him a pig** sie revanchierte sich damit, dass sie ihn

R

ein Schwein nannte **retaliation** n Vergeltung f; (*in argument*) Konterschlag m; **in ~** zur Vergeltung

retarded adj neg! **mentally ~** geistig zurückgeblieben

retch v/i würgen

retd abbr of retired i. R., a. D.

retell pret, past part **retold** v/t wiederholen; (*novelist*) nacherzählen

retention n Beibehaltung f; (*of possession*) Zurückhaltung f; (*of water*) Speicherung f

rethink vb: pret, past part **rethought** **A** v/t überdenken **B** n (infml) Überdenken nt; **we'll have to have a ~** wir müssen das noch einmal überdenken

reticence n Zurückhaltung f **reticent** adj zurückhaltend

retina n, pl -e or -s Netzhaut f

retinue n Gefolge nt

retire v/i **1** (*from job*) aufhören zu arbeiten; (*civil servant*) in den Ruhestand treten; (*player etc*) aufhören; **to ~ from business** sich zur Ruhe setzen **2** (≈ *withdraw*, SPORTS) aufgeben; (*jury*) sich zurückziehen; **to ~ from public life** sich aus dem öffentlichen Leben zurückziehen **retired** adj worker aus dem Arbeitsleben ausgeschieden (form); civil servant pensioniert; **he is ~** er arbeitet nicht mehr; **~ people** Leute, die im Ruhestand sind; **a ~ worker** ein Rentner **retirement** n **1** (≈ *stopping work*) Ausscheiden nt aus dem Arbeitsleben (form); (*of civil servant*) Pensionierung f; **~ at 65** Altersgrenze f bei 65; **to come out of ~** wieder zurückkommen **2** SPORTS Aufgabe f **retirement age** n Rentenalter nt; (*of civil servant*) Pensionsalter nt **retirement home** n Seniorenheim nt **retirement pension** n Altersruhegeld nt (form)

retold pret, past part of retell

retook pret of retake

retrace v/t past zurückverfolgen; **to ~ one's steps** denselben Weg zurückgehen

retract v/t offer zurückziehen; statement zurücknehmen **retraction** n **1** (*of offer*) Rückzug m; (*of statement*) Rücknahme f **2** (≈ *thing retracted*) Rückzieher m

retrain **A** v/t umschulen **B** v/i sich umschulen lassen **retraining** n Umschulung f

retreat **A** n **1** MIL Rückzug m; **in ~** auf dem Rückzug; **to beat a (hasty) ~** (fig)

(schleunigst) das Feld räumen **2** (≈ *place*) Zufluchtsort m **B** v/i MIL den Rückzug antreten

retrial n JUR Wiederaufnahmeverfahren nt

retribution n Vergeltung f

retrievable adj IT data abrufbar; (*after a crash*) wiederherstellbar **retrieval** n (≈ *recovering*) Heraus-/Herunterholen etc nt; (IT: *of information*) Abrufen nt; (*after a crash*) Wiederherstellen nt **retrieve** v/t (≈ *recover*) heraus-/herunterholen etc; (≈ *rescue*) retten; IT abrufen; (*after a crash*) wiederherstellen **retriever** n (≈ *breed*) Retriever m

retro- pref rück-, Rück- **retroactive** adj, **retroactively** adv rückwirkend **retrograde** adj rückläufig; **~ step** Rückschritt m **retrospect** n **in ~** im Nachhinein; **in ~, what would you have done?** was hätten Sie rückblickend gemacht? **retrospective** adj rückblickend; **a ~ look (at)** ein Blick m zurück (auf +acc) **retrospectively** adv (≈ *in retrospect*) rückblickend

retry v/t JUR case neu verhandeln; person neu verhandeln gegen

return **A** v/i (≈ *come back*) zurückkommen; (≈ *go back*) zurückgehen/-fahren; (*symptoms, fears*) wiederkommen; **to ~ to London/the group** nach London/zur Gruppe zurückkehren; **to ~ to school** wieder in die Schule gehen; **to ~ to (one's) work** (*after pause*) wieder an seine Arbeit gehen; **to ~ to a subject** auf ein Thema zurückkommen; **to ~ home** nach Hause kommen/gehen **B** v/t **1** (≈ *give back*) zurückgeben (*to sb* jdm); (≈ *bring back*) zurückbringen (*to sb* jdm); (≈ *put back*) zurücksetzen etc; (≈ *send back*) letter etc zurückschicken (*to* an +acc); **to ~ sb's (phone) call** jdn zurückrufen; **to ~ a book to the shelf/box** ein Buch auf das Regal zurückstellen/in die Kiste zurücklegen; **to ~ fire** MIL das Feuer erwidern **2** **to ~ a verdict of guilty (on sb)** JUR (jdn) schuldig sprechen **3** FIN profit abwerfen **C** n **1** (≈ *coming/going back*) Rückkehr f; **on my ~** bei meiner Rückkehr; **~ home** Heimkehr f; **by ~ (of post)** (Br) postwendend; **many happy ~s (of the day)!** herzlichen Glückwunsch zum Geburtstag! **2** (≈ *giving back*) Rückgabe f; (≈ *bringing back*) Zurückbringen nt; (≈ *putting back*) Zurücksetzen etc nt **3** (Br: a. **return ticket**)

Rückfahrkarte f ⁴ (from investments) Einkommen nt (on aus); (on capital) Gewinn m (on aus) ⁵ (fig) in ~ dafür; in ~ for für ⁶ tax ~ Steuererklärung f ⁷ TENNIS Return m **returnable** adj (≈ reusable) Mehrweg-; ~ **bottle** Mehrwegflasche f; (with deposit) Pfandflasche f **return fare** n (Br) Preis m für eine Rückfahrkarte or (AVIAT) ein Rückflugticket nt **return flight** n (Br) (Hin- und) Rückflug m **return journey** n (Br) Rückreise f **return key** n IT Returntaste f

return ticket n (Br) Rückfahrkarte f; AVIAT Rückflugticket nt **return visit** n (to place) zweiter Besuch; **to make a ~ (to a place)** (an einen Ort) zurückkehren **reunification** n Wiedervereinigung f **reunion** n (≈ gathering) Zusammenkunft f **reunite** ▲ v/t wiedervereinigen; **they were ~d at last** sie waren endlich wieder vereint ᴮ v/i (countries etc) sich wiedervereinigen

reusable adj wiederverwertbar **reuse** v/t wiederverwenden

Rev, Revd abbr of Reverend

rev ▲ v/i (driver) den Motor auf Touren bringen ᴮ v/t engine aufheulen lassen ◊**rev up** v/t & v/i AUTO = rev

revalue v/t FIN aufwerten

revamp v/t (infml) book, image aufmotzen (infml); company auf Vordermann bringen (infml)

reveal v/t ❶ (≈ make visible) zum Vorschein bringen; (≈ show) zeigen ❷ truth aufdecken; identity enthüllen; name, details verraten; **he could never ~ his feelings for her** er konnte seine Gefühle für sie nie zeigen; **what does this ~ about the motives of the hero?** was sagt das über die Motive des Helden aus? **revealing** adj aufschlussreich; skirt etc viel zeigend

revel ▲ v/i **to ~ in sth** etw in vollen Zügen genießen; **to ~ in doing sth** seine wahre Freude daran haben, etw zu tun ᴮ n **revels** pl Feiern nt

revelation n Enthüllung f

reveller, (US) **reveler** n Feiernde(r) m/f(m) **revelry** n usu pl Festlichkeit f

revenge n Rache f; SPORTS Revanche f; **to take ~ on sb (for sth)** sich an jdm (für etw) rächen; **to get one's ~** sich rächen; SPORTS sich revanchieren; **in ~ for** als Rache für

revenue n (of state) öffentliche Einnahmen pl; (≈ tax revenue) Steueraufkommen nt

reverberate v/i (sound) nachhallen

reverence n Ehrfurcht f; **to treat sth with ~** etw ehrfürchtig behandeln

reverend ▲ adj **the Reverend Robert Martin** ≈ Pfarrer Robert Martin ᴮ n (infml) ≈ Pfarrer m

reverently adv ehrfürchtig

reversal n (of order) Umkehren nt; (of process) Umkehrung f; (of policy) Umkrempeln nt; (of decision) Rückgängigmachen nt **reverse** ▲ adj (≈ opposite) umgekehrt ᴮ n ❶ (≈ opposite) Gegenteil nt; **quite the ~!** ganz im Gegenteil! ❷ (≈ back) Rückseite f ❸ AUTO Rückwärtsgang m; **in ~** im Rückwärtsgang; **to put a/the car into ~** den Rückwärtsgang einlegen ᴳ v/t ❶ order, process umkehren; policy umkrempeln; decision rückgängig machen; **to ~ the charges** (Br TEL) ein R-Gespräch führen ❷ **to ~ one's car into a tree** (esp Br) rückwärts gegen einen Baum fahren ᴰ v/i (esp Br: in car) zurücksetzen **reverse gear** n AUTO Rückwärtsgang m **reversible** adj decision rückgängig zu machen pred, rückgängig zu machend attr; process umkehrbar **reversible jacket** n Wendejacke f **reversing camera** n AUTO Rückfahrkamera f **reversing light** n AUTO Rückfahrscheinwerfer m

reversion n (to former state) Umkehr f (to zu) **revert** v/i (to former state) zurückkehren (to zu)

review ▲ n ❶ (≈ look back) Rückblick m (of auf +acc); (≈ report) Überblick m (of über +acc) ❷ (≈ re-examination) nochmalige Prüfung; **the agreement comes up for ~** or **comes under ~ next year** das Abkommen wird nächstes Jahr nochmals geprüft; **his salary is due for ~ in January** im Januar wird sein Gehalt neu festgesetzt ❸ (of book etc) Kritik f; (on Internet) Bewertung f ᴮ v/t ❶ the past etc zurückblicken auf (+acc) ❷ situation, case erneut (über)prüfen ❸ book etc besprechen ❹ (US: before exam) wiederholen **reviewer** n Kritiker(in) m(f)

revise ▲ v/t ❶ (≈ change) revidieren ❷ (Br ≈ learn up) wiederholen ᴮ v/i (Br) (den Stoff) wiederholen **revised** adj ❶ revidiert; offer neu ❷ edition überarbeitet **revision** n ❶ (of opinion) Revidieren nt ❷ (Br, for exam) Wiederholung f (des Stoffs)

R

3 (≈ *revised version*) überarbeitete Ausgabe

revisit *v/t* wieder besuchen

revitalize *v/t* neu beleben

revival *n* **1** (*of play*) Wiederaufnahme *f* **2** (≈ *return: of custom etc*) Wiederaufleben *nt*; **an economic ~** ein wirtschaftlicher Wiederaufschwung **revive** **A** *v/t person* wiederbeleben; *economy* wieder ankurbeln; *memories* wieder lebendig werden lassen; *custom* wieder aufleben lassen; *career* wiederaufnehmen; **to ~ interest in sth** neues Interesse an etw (*dat*) wecken **B** *v/i* (*person, from fainting*) wieder zu sich kommen; (*from fatigue*) wieder munter werden; (*trade*) wieder aufblühen

revoke *v/t law* aufheben; *decision* widerrufen; *licence* entziehen

revolt **A** *n* Revolte *f* **B** *v/i* revoltieren (*against* gegen) **C** *v/t* abstoßen; **I was ~ed by it** es hat mich abgestoßen (*infml*) **revolting** *adj* (≈ *repulsive*) abstoßend; *meal* ekelhaft; (*infml* ≈ *unpleasant*) *colour, dress* scheußlich; *person* widerlich

revolution *n* **1** Revolution *f* **2** (≈ *turn*) Umdrehung *f* **revolutionary** **A** *adj* revolutionär **B** *n* Revolutionär(in) *m(f)* **revolutionize** *v/t* revolutionieren

revolve **A** *v/t* drehen **B** *v/i* sich drehen **revolver** *n* Revolver *m* **revolving door** *n* Drehtür *f*

revue *n* THEAT Revue *f*; (*satirical*) Kabarett *nt*

revulsion *n* Ekel *m* (*at* vor +*dat*)

reward **A** *n* Belohnung *f*; **the ~s of this job** die Vorzüge dieser Arbeit **B** *v/t* belohnen **reward card** *n* COMM Paybackkarte *f* **rewarding** *adj* lohnend; *work* dankbar; **bringing up a child is ~** ein Kind großzuziehen ist eine lohnende Aufgabe

rewind *pret, past part* rewound *v/t tape* zurückspulen; **~ button** Rückspultaste *f*

reword *v/t* umformulieren

rewound *pret, past part* of rewind

rewritable *adj* CD, DVD wieder beschreibbar **rewrite** *pret* rewrote, *past part* rewritten *v/t* (≈ *write out again*) neu schreiben; (≈ *recast*) umschreiben; **to ~ the record books** einen neuen Rekord verzeichnen

Rhaeto-Romanic *n* Rätoromanisch *nt*

rhapsody *n* MUS Rhapsodie *f*; (*fig*) Schwärmerei *f*

Rhenish *adj* rheinisch

rhetoric *n* Rhetorik *f* **rhetorical** *adj*, **rhetorically** *adv* rhetorisch

rheumatic *n* **rheumatics** *sg* Rheumatismus *m* **rheumatism** *n* Rheuma *nt*

Rhine *n* Rhein *m* **Rhineland** *n* Rheinland *nt*

rhino, rhinoceros *n* Nashorn *nt*

rhododendron *n* Rhododendron *m* or *nt*

rhombus *n* Rhombus *m*

rhubarb *n* Rhabarber *m*

rhyme **A** *n* **1** (≈ *rhyming word*) Reim *m*; **there's no ~ or reason to it** das hat weder Sinn noch Verstand **2** (≈ *poem*) Gedicht *nt*; **in ~** in Reimen **B** *v/i* sich reimen

rhythm *n* Rhythmus *m* **rhythmic(al)** *adj*, **rhythmically** *adv* rhythmisch

rib **A** *n* Rippe *f*; **to poke sb in the ~s** jdn in die Rippen stoßen **B** *v/t* (*infml* ≈ *tease*) necken **ribbed** *adj* gerippt

ribbon *n* **1** (*for hair*) Band *nt*; (*for typewriter*) Farbband *nt*; (*fig, strip*) Streifen *m* **2** **to tear sth to ~s** etw zerfetzen

rib cage *n* Brustkorb *m*

rice *n* Reis *m* **rice pudding** *n* (*esp Br*) Milchreis *m*

rich **A** *adj* (+*er*) reich; *style* prächtig; *food* schwer; *soil* fruchtbar; *smell* stark; **that's ~!** (*iron*) das ist stark (*infml*); **to be ~ in sth** reich an etw (*dat*) sein; **~ in protein** eiweißreich; **~ in minerals** reich an Bodenschätzen; **a ~ diet** reichhaltige Kost **B** *n* **1** **the ~** *pl* die Reichen *pl* **2** **riches** *pl* Reichtümer *pl* **richly** *adv dress, decorate* prächtig; *rewarded* reichlich; **he ~ deserves it** er hat es mehr als verdient **richness** *n* Reichtum *m* (*in* an +*dat*); (*of style*) Pracht *f*; (*of food*) Schwere *f*; (*of soil*) Fruchtbarkeit *f*; **the ~ of his voice** seine volle Stimme

rickety *adj furniture etc* wack(e)lig

ricochet **A** *n* Abprall *m* **B** *v/i* abprallen (*off* von)

rid *pret, past part* rid or ridded *v/t* **to ~ of** befreien von; **to ~ oneself of sb/sth** jdn/ etw loswerden; *of pests* von etw befreien; **to get ~ of sb/sth** jdn/etw loswerden; **to be ~ of sb/sth** jdn/etw los sein; **get ~ of it** sieh zu, dass du das loswirst; **you are well ~ of him** ein Glück, dass du den los bist **riddance** *n* **good ~!** (*infml*) ein Glück, dass wir das *etc* los sind

ridden **A** *past part* of ride **B** *adj* **debt-~**

hoch verschuldet; **disease-~** von Krankheiten befallen

riddle¹ v/t **~d with holes** völlig durchlöchert; **~d with woodworm** wurmzerfressen; **~d with corruption** von der Korruption zerfressen; **~d with mistakes** voller Fehler

riddle² n Rätsel nt; **to speak in ~s** in Rätseln sprechen

ride vb: pret **rode**, past part **ridden** **A** n Fahrt f; (on horse) Ritt m; (for pleasure) Ausritt m; **to go for a ~** eine Fahrt machen; (on horse) reiten gehen; **cycle ~** Radfahrt f; **to go for a ~ in the car** mit dem Auto wegfahren; **I just went along for the ~** (fig infml) ich bin nur zum Vergnügen mitgegangen; **to take sb for a ~** (infml ≈ deceive) jdn anschmieren (infml); **he gave me a ~ into town in his car** er nahm mich im Auto in die Stadt mit; **can I have a ~ on your bike?** kann ich mal mit deinem Rad fahren? **B** v/i **1** (on a horse etc, SPORTS) reiten (on auf +dat); **to go riding** reiten gehen **2** (in vehicle, by cycle) fahren; **he was riding on a bicycle** er fuhr mit einem Fahrrad **C** v/t Pferd reiten; bicycle fahren mit; **to ~ a motorbike** Motorrad fahren ◊**ride on** v/i +prep obj (reputation) hängen an (+dat) ◊**ride up** v/i (skirt etc) hochrutschen

rider n (on horse) Reiter(in) m(f); (on bicycle, motorcycle) Fahrer(in) m(f)

ridge n (on fabric etc) Rippe f; (of mountains) Rücken m; **a ~ of hills** eine Hügelkette; **a ~ of mountains** ein Höhenzug m; **a ~ of high pressure** METEO ein Hochdruckkeil m

ridicule **A** n Spott m **B** v/t verspotten
ridiculous adj lächerlich; **don't be ~** red keinen Unsinn; **to make oneself (look) ~** sich lächerlich machen; **to be made to look ~** der Lächerlichkeit preisgegeben werden; **to go to ~ lengths (to do sth)** großen Aufwand betreiben(, um etw zu tun) **ridiculously** adv lächerlich

riding n Reiten nt; **I enjoy ~** ich reite gern

rife adj weitverbreitet; **to be ~** grassieren; **~ with** voll von, voller +gen

rifle¹ v/t (a. **rifle through**) durchwühlen
rifle² n (≈ gun) Gewehr nt **rifle range** n Schießstand m

rift n Spalt m; (fig) Riss m

rig **A** n (≈ oil rig) (Öl)förderturm m;

(offshore) Ölbohrinsel f **B** v/t (fig) election etc manipulieren

right **A** adj **1** richtig; **he thought it ~ to warn me** er hielt es für richtig, mich zu warnen; **it seemed only ~ to give him the money** es schien richtig, ihm das Geld zu geben; **it's only ~ (and proper)** es ist nur recht und billig; **to be ~** (person) recht haben; (answer) stimmen; **what's the ~ time?** wie viel Uhr ist es genau?; **you're quite ~** Sie haben ganz recht; **you were ~ to refuse** Sie hatten recht, als Sie ablehnten; **to put** (error) korrigieren; (situation) wieder in Ordnung bringen; **I tried to put things ~ after their quarrel** ich versuchte, nach ihrem Streit wieder einzulenken; **what's the ~ thing to do in this case?** was tut man da am besten?; **to do sth the ~ way** etw richtig machen; **Mr/Miss Right** (infml) der/die Richtige (infml); **we will do what is ~ for the country** wir werden tun, was für das Land gut ist; **the medicine soon put him ~** die Medizin hat ihn schnell wiederhergestellt; **he's not ~ in the head** (infml) bei ihm stimmts nicht im Oberstübchen (infml) **2** **~!** okay (infml); **that's ~!** das stimmt!; **so they came in the end — is that ~?** und so kamen sie schließlich — wirklich?; **~ enough!** (das) stimmt! **3** (≈ not left) rechte(r, s) **B** adv **1** (≈ directly) direkt; (≈ exactly) genau; **~ in front of you** direkt vor Ihnen; **~ away** sofort; **~ now** (≈ at this moment) in diesem Augenblick; (≈ immediately) sofort; **~ here** genau hier; **~ in the middle** genau in der Mitte; **~ at the beginning** gleich am Anfang; **I'll be ~ with you** ich bin gleich da **2** (≈ completely) ganz **3** (≈ correctly) richtig; **nothing goes ~ for them** nichts klappt bei ihnen (infml) **4** (≈ not left) rechts; **turn ~** biegen Sie rechts ab **C** n **1** no pl (moral, legal) Recht nt; **to be in the ~** im Recht sein; **(to have) a ~ to sth** einen Anspruch auf etw (acc) (haben); **he is within his ~s** das ist sein gutes Recht; **by ~s** rechtmäßig; **in one's own ~** selber **2 rights** pl COMM Rechte pl **3 to put** or **set sth to ~s** etw (wieder) in Ordnung bringen; **to put the world to ~s** die Welt verbessern **4** (≈ not left) rechte Seite; **to drive on the ~** rechts fahren; **to keep to the ~** sich rechts halten; **on my ~** rechts (von mir); **on** or **to the ~ of the church** rechts von der Kirche;

the Right POL die Rechte **D** v/t **1** (≈ *make upright*) aufrichten **2** *wrong* wiedergutmachen **right angle** n rechter Winkel; **at ~s (to)** rechtwinklig (zu) **right-angled** adj rechtwinklig **right-click** IT **A** v/i rechts klicken **B** v/t rechts klicken auf (+acc) **righteous** adj **1** rechtschaffen **2** *anger* gerecht **rightful** adj rechtmäßig **rightfully** adv rechtmäßig; **they must give us what is ~ ours** sie müssen uns geben, was uns rechtmäßig zusteht **right-hand** adj ~ **drive** rechtsgesteuert **right-handed** adj, adv rechtshändig **right-hander** n Rechtshänder(in) m(f) **right-hand man** n rechte Hand **rightly** adv richtig; **they are ~ regarded as ...** sie werden zu Recht als ... angesehen; **if I remember ~** wenn ich mich recht erinnere; **and ~ so** und zwar mit Recht **right--minded** adj vernünftig **right of way** n (*across property*) Durchgangsrecht nt; MOT Vorfahrt f, Vortritt m (*Swiss*) **right wing** n POL rechter Flügel **right-wing** adj POL rechtsgerichtet; ~ **extremist** Rechtsextremist(in) m(f) **right-winger** n SPORTS Rechtsaußen m; POL Rechte(r) m/f(m)

rigid adj *material, system* starr; *principles* streng; ~ **with fear** starr vor Angst; **to be bored ~** sich zu Tode langweilen **rigidity** n (*of board, material, system*) Starrheit f; (*of character*) Striktheit f; (*of discipline, principles*) Strenge f **rigidly** adv **1** (*lit*) *stand etc* starr **2** (*fig*) *treat* strikt **rigor** n (*US*) = rigour **rigorous** adj *person, method* strikt; *measures* rigoros; *tests* gründlich **rigorously** adv enforce rigoros; *test* gründlich **rigour**, (*US*) **rigor** n **rigours** pl (*of climate etc*) Unbilden pl

rim n (*of cup, hat*) Rand m; (*of spectacles*) Fassung f; (*of wheel*) Felge f **rimmed** adj mit Rand; **gold-~ spectacles** Brille f mit Goldfassung

rind n (*of cheese*) Rinde f; (*of bacon*) Schwarte f; (*of fruit*) Schale f

ring[1] **A** n Ring m; (*at circus*) Manege f; **to run ~s round sb** (*infml*) jdn in die Tasche stecken (*infml*) **B** v/t (≈ *surround*) umringen; (≈ *put ring round*) einkreisen

ring[2] vb: pret **rang**, past part **rung** **A** n **1** (*sound*) Klang m; (≈ *ringing*) (*of bell*) Läuten nt; (*of alarm clock, phone*) Klingeln nt; **there was a ~ at the door** es hat geklingelt **2** (*esp Br* TEL) **to give sb a ~** jdn anrufen **B**

v/i **1** (≈ *make sound*) klingen; (*bell*) läuten; (*alarm clock, phone*) klingeln; **the (door)-bell rang** es hat geklingelt **2** (*esp Br* TEL) anrufen **3** (≈ *sound*) tönen; **to ~ true** wahr klingen **C** v/t **1** *bell* läuten; **to ~ the doorbell** (an der Tür) klingeln; **that ~s a bell** (*fig infml*) das kommt mir bekannt vor **2** (*esp Br*: *a*. **ring up**) anrufen ◊**ring back** v/i, v/t sep (*esp Br*) zurückrufen ◊**ring off** v/i (*esp Br* TEL) auflegen ◊**ring out** v/i (*bell*) ertönen; (*shot*) knallen ◊**ring up** v/t sep **1** (*esp Br* TEL) anrufen **2** (*cashier*) eintippen

ring binder n Ringbuch nt **ring finger** n Ringfinger m **ringing** **A** adj *bell* läutend; ~ **tone** (*Br* TEL) Rufzeichen nt **B** n (*of bell*) Läuten nt (*of alarm clock, phone*) Klingeln nt; (*in ears*) Klingen nt **ringleader** n Anführer(in) m(f) **ringmaster** n Zirkusdirektor m **ring road** n (*Br*) Umgehung(sstraße) f, Umfahrung(sstraße) f (*Aus*) **ring tone, ringtone** n TEL Klingelton m

rink n **1** Eisbahn f **2** (≈ *roller-skating rink*) Rollschuhbahn f

rinse **A** n Spülung f; (≈ *colourant*) Tönung f; **to give sth a ~** *clothes, hair* etw spülen; *plates* etw abspülen; *cup, mouth* etw ausspülen **B** v/t *clothes, hair* spülen; *plates* abspülen; *cup, mouth* ausspülen ◊**rinse out** v/t sep auswaschen

riot **A** n POL Aufruhr m no pl; (*by mob*) Krawall m; (*fig*) Orgie f; **to run ~** (*people*) randalieren; (*vegetation*) wuchern **B** v/i randalieren **rioter** n Randalierer(in) m(f) **rioting** n Krawalle pl **riotous** adj *person* randalierend; *behaviour* wild

rip **A** n Riss m **B** v/t zerreißen; **to ~ open** aufreißen **C** v/i **1** reißen **2** (*infml*) **to let ~** loslegen (*infml*) ◊**rip off** v/t sep **1** (*lit*) abreißen (*prep obj* von); *clothing* herunterreißen **2** (*infml*) *person* abzocken (*infml*) ◊**rip up** v/t sep zerreißen

ripe adj (+er) **1** reif; **to live to a ~ old age** ein hohes Alter erreichen; **to be ~ for the picking** pflückreif sein **2** (*infml*) *smell* durchdringend **ripen** **A** v/t reifen lassen **B** v/i reifen **ripeness** n Reife f

rip-off n (*infml*) Wucher m; (≈ *cheat*) Schwindel m; (≈ *copy*) Abklatsch m

ripple **A** n **1** kleine Welle **2** **a ~ of laughter** ein kurzes Lachen **B** v/i (*water*) sich kräuseln **C** v/t *water* kräuseln; *muscles* spielen lassen

rise vb: pret **rose**, past part **risen** **A** n **1** (≈ increase) (**in sth** etw Gen) Anstieg m; (in number) Zunahme f; **a (pay) ~** (Br) eine Gehaltserhöhung; **there has been a ~ in the number of participants** die Zahl der Teilnehmer ist gestiegen **2** (of sun) Aufgehen nt; (fig: to fame etc) Aufstieg m (**to** zu) **3** (≈ small hill) Erhebung f; (≈ slope) Steigung f **4** **to give ~ to sth** etw verursachen **B** v/i **1** (from sitting, lying) aufstehen; **~ and shine!** (infml) raus aus den Federn! (infml) **2** (≈ go up) steigen; (curtain) sich heben; (sun, bread) aufgehen; (voice) sich erheben; **to ~ to the surface** an die Oberfläche kommen; **her spirits rose** ihre Stimmung hob sich; **to ~ to a crescendo** zu einem Crescendo anschwellen; **to ~ to fame** Berühmtheit erlangen; **he rose to be President** er stieg zum Präsidenten auf **3** (ground) ansteigen **4** (a. **rise up**) (≈ revolt) sich erheben; **to ~ (up) in protest (at sth)** sich protestierend (gegen etw) erheben ◊**rise above** v/i +prep obj **level** ansteigen um mehr als; insults etc erhaben sein über (+acc) ◊**rise up** v/i (person) aufstehen; (mountain etc) sich erheben

risen past part of **rise rising A** n **1** (≈ rebellion) Aufstand m **2** (of sun) Aufgehen nt; (of prices) (An)steigen nt **B** adj **1** sun aufgehend; tide steigend **2** (≈ increasing) steigend; crime zunehmend **3** (fig) **a ~ politician** ein kommender Politiker

risk A n Risiko nt; **health ~** Gesundheitsgefahr f; **to take ~s/a ~** Risiken/ein Risiko eingehen; **to run the ~ of doing sth** das Risiko eingehen, etw zu tun; **"cars parked at owners' ~"** „Parken auf eigene Gefahr"; **to be at ~** gefährdet sein; **to put sb at ~** jdn gefährden; **to put sth at ~** etw riskieren; **fire ~** Feuerrisiko nt **B** v/t riskieren; **you'll ~ losing your job** Sie riskieren dabei, Ihre Stelle zu verlieren **risk analysis** n Risikoanalyse f **risk factor** n Risikofaktor m **risky** adj (+er) riskant

risqué adj gewagt

rite n Ritus m; **burial ~s** Bestattungsriten pl

ritual A adj **1** rituell **2** visit üblich **B** n Ritual nt

rival A n Rivale m, Rivalin f (for um, to für); comm Konkurrent(in) m(f) **B** adj groups rivalisierend; claims konkurrierend **C** v/t comm konkurrieren mit; **his achievements ~ yours** seine Leistungen können sich mit deinen messen **rivalry** n Rivalität f; comm Konkurrenzkampf m

river n Fluss m; **down ~** flussabwärts; **up ~** flussaufwärts; **the ~ Rhine** (Br), **the Rhine ~** (US) der Rhein **riverbed** n Flussbett nt **riverside** n Flussufer nt; **on/by the ~** am Fluss

rivet A n Niete f **B** v/t (fig) attention fesseln; **his eyes were ~ed to the screen** sein Blick war auf die Leinwand geheftet **riveting** adj fesselnd

road n **1** Straße f; **by ~** (send sth) per Spedition; (travel) mit dem Bus etc; **across the ~ (from us)** gegenüber (von uns); **my car is off the ~ just now** ich kann mein Auto momentan nicht benutzen; **this vehicle shouldn't be on the ~** das Fahrzeug ist nicht verkehrstüchtig; **to take to the ~** sich auf den Weg machen; **to be on the ~** (≈ travelling) unterwegs sein; (theatre company) auf Tournee sein; **is this the ~ to London?** geht es hier nach London?; **to have one for the ~** (infml) zum Abschluss noch einen trinken **2** (fig) Weg m; **you're on the right ~** Sie sind auf dem richtigen Weg; **on the ~ to ruin** auf dem Weg ins Verderben **road accident** n Verkehrsunfall m **roadblock** n Straßensperre f **road hog** n (infml) Verkehrsrowdy m (infml) **road map** n Straßenkarte f **road rage** n Aggressivität f im Straßenverkehr **road safety** n Verkehrssicherheit f **road show** n THEAT Tournee f **roadside** n Straßenrand m; **by the ~** am Straßenrand **roadsign** n (Straßen)verkehrszeichen nt **road tax** n (Br) Kraftfahrzeugsteuer f **road transport** n Straßengüterverkehr m **roadway** n Fahrbahn f **roadworks** pl (Br) Straßenbauarbeiten pl **roadworthy** adj verkehrstüchtig

roam A v/t wandern durch; **to ~ the streets** (in den Straßen) herumstreunen **B** v/i (herum)wandern ◊**roam about** (Brit) or **around** v/i herumwandern

roar A v/i (person, lion, bull) brüllen (with vor +dat); (wind, engine) heulen; **to ~ at sb** jdn anbrüllen **B** v/t (a. **roar out**) brüllen; **to ~ one's approval** zustimmend grölen **C** n no pl (of person, lion, bull) Gebrüll nt; (of wind, engine) Heulen nt; (of traffic) Donnern nt; **~s of laughter** brüllendes Gelächter; **the ~s of the crowd**

R

das Brüllen der Menge **roaring** 🅰 *adj* *person, lion, bull* brüllend; **a ~ success** ein voller Erfolg; **to do a ~ trade (in sth)** ein Riesengeschäft *nt* (mit etw) machen 🅱 *n* = roar III

roast 🅰 *n* Braten *m* 🅱 *adj* pork gebraten; *potatoes* in Fett im Backofen gebraten; **~ chicken** Brathähnchen *nt*; **~ beef** Roastbeef *nt* 🅲 *v/t meat* braten; *coffee beans* rösten 🅳 *v/i (meat)* braten; *(infml: person)* irrsinnig schwitzen *(infml)* **roasting** *adj (infml ≈ hot)* knallheiß *(infml)* **roasting tin, roasting tray** *n* Bräter *m*

rob *v/t person* bestehlen; *bank* ausrauben; **to ~ sb of sth** jdm etw rauben; **I've been ~bed!** ich bin bestohlen worden!

robber *n* Räuber(in) *m(f)*

robbery *n* Raub *m no pl*; *(≈ burglary)* Einbruch *m (of in +acc)*; **armed ~** bewaffneter Raubüberfall; **bank ~** Bankraub *m*

robe *n* Robe *f*; *(esp US: for house)* Morgenrock *m*

robin *n* Rotkehlchen *nt*

robot *n* Roboter *m*

robust *adj* robust; *build* kräftig

rock¹ 🅰 *v/t* 🚹 *(≈ swing)* schaukeln; *(gently)* wiegen 🚺 *(≈ shake) town, building* erschüttern; *(fig infml)* **to ~ the boat** *(fig)* für Unruhe sorgen 🅱 *v/i* 🚹 *(gently)* schaukeln 🚺 *(violently, building, tree)* schwanken 🅲 *n* MUS Rock *m*

rock² *n* 🚹 *(≈ substance)* Stein *m*; *(≈ rock face)* Fels *m*; GEOL Gestein *nt* 🚺 *(large mass)* Fels(en) *m*; *(smaller) (großer)* Stein; **the Rock (of Gibraltar)** der Felsen von Gibraltar; **as solid as a ~** *structure* massiv wie ein Fels; *firm, marriage* unerschütterlich wie ein Fels; **on the ~s** *(infml ≈ with ice)* mit Eis; *(marriage etc)* kaputt *(infml)* **rock bottom** *n* **to be at ~** auf dem Tiefpunkt sein; **to hit ~** den Tiefpunkt erreichen **rock-bottom** *adj (infml)* **~ prices** Niedrigstpreise *pl* **rock-climber** *n* (Felsen)kletterer(in) *m(f)* **rock climbing** *n* Klettern *nt* (im Fels) **rockery** *n* Steingarten *m*

rocket¹ 🅰 *n* Rakete *f* 🅱 *v/i (prices)* hochschießen

rocket² *n* COOK Rucola *m*

rocket science *n (lit)* Raketentechnik *f*; **it's not ~** *(infml)* dazu muss man kein Genie sein

rock face *n* Felswand *f* **rock fall** *n* Steinschlag *m* **rock garden** *n* Steingar-

ten *m* **Rockies** *pl* **the ~** die Rocky Mountains *pl* **rocking chair** *n* Schaukelstuhl *m* **rocking horse** *n* Schaukelpferd *nt* **rock pool** *n* Wasserlache zwischen Felsen **rock star** *n* MUS Rockstar *m*

rocky¹ *adj (≈ unsteady)* wackelig

rocky² *adj (+er) mountain* felsig; *road* steinig **Rocky Mountains** *pl* **the ~** die Rocky Mountains *pl*

rod *n* Stab *m*; *(in machinery)* Stange *f*; *(for punishment, fishing)* Rute *f*

rode *pret* of ride

rodent *n* Nagetier *nt*

rodeo *n* Rodeo *nt*

roe¹ *n, pl -(s) (species: a.* **roe deer)** Reh *nt*; **~buck** Rehbock *m*; **~ deer** *(female)* Reh *nt*

roe² *n, pl - (of fish)* Rogen *m*

rogue 🅰 *n (≈ scoundrel)* Gauner(in) *m(f)*, Bazi *m (Aus)*; *(≈ scamp)* Schlingel *m* 🅱 *adj* 🚹 *(≈ maverick)* einzelgängerisch 🚺 *(≈ abnormal)* abnormal

role *n* Rolle *f* **role model** *n* PSYCH Rollenbild *nt* **role-play** 🅰 *v/i* ein Rollenspiel durchführen 🅱 *v/t* als Rollenspiel durchführen **role-playing** *n* Rollenspiel *nt*

roll 🅰 *n* 🚹 Rolle *f*; *(of flesh)* Wulst *m* 🚺 (COOK: *a.* **bread roll**) Brötchen *nt* 🚸 *(of thunder)* Rollen *nt*; *(≈ somersault, AVIAT)* Rolle *f*; *(of drums)* Wirbel *m*; **to be on a ~** *(infml)* eine Glückssträhne haben 🚹 *(≈ register)* Register *nt*; **~ of honour** *(Br)* Ehrenliste *f* 🅱 *v/i* 🚹 *(person, object)* rollen; *(ship)* schlingern; **to ~ down the hill** den Berg hinunterrollen; **tears were ~ing down her cheeks** Tränen rollten ihr über die Wangen; **to ~ in the mud** sich im Schlamm wälzen; **he's ~ing in it** *(infml)* er schwimmt im Geld *(infml)* 🚺 *(camera)* laufen 🅲 *v/t ball* rollen; *cigarette* drehen; *pastry* ausrollen; **to ~ one's eyes** die Augen rollen; **he ~ed himself in a blanket** er wickelte sich in eine Decke; **kitchen and dining room ~ed into one** Küche und Esszimmer in einem ◊**roll about** *(Brit)* or **around** *v/i (balls)* herumrollen; *(person, dog)* sich herumwälzen; *(infml: with laughter)* sich kugeln *(infml)* ◊**roll back** *v/t & v/i sep* zurückrollen ◊**roll down** 🅰 *v/i* hinunterrollen 🅱 *v/t sep window* herunterlassen ◊**roll out** *v/t sep pastry* ausrollen ◊**roll over** 🅰 *v/i* herumrollen; *(vehicle)* umkippen; *(person)* sich umdrehen 🅱 *v/t sep* umdrehen ◊**roll up**

A v/i ~! treten Sie näher! **B** v/t sep zusammenrollen; *sleeves* hochkrempeln
roller n *(for lawn)* Walze f; *(≈ hair roller)* (Locken)wickler m; **to put one's hair in ~s** sich *(dat)* die Haare aufdrehen **rollerball pen** n Tintenroller m **roller blind** n Springrollo m **roller coaster** n Achterbahn f **roller skate** n Rollschuh m **roller-skate** v/i Rollschuh laufen **roller-skating** n Rollschuhlaufen nt adj **1** *hills* gewellt; *landscape* wellig **2** *programme* kontinuierlich **rolling pin** n Nudelholz nt **rolling suitcase** n *(US)* Rollkoffer m **rollneck** n Rollkragen m **rollneck(ed)** adj Rollkragen- **roll-on** n (Deo)roller m **rollover** n *(Br: in National Lottery)* ~ **week** Woche mit Lotto-Jackpot, da es in der vorhergehenden Woche keinen Hauptgewinner gab; ~ **jackpot** Jackpot m **roll-up** n *(Br infml)* Selbstgedrehte f

roly-poly adj *(infml)* kugelrund
ROM n IT abbr of read only memory ROM m or nt
Roman A n **1** Römer(in) m(f) **2** *(TYPO: a.* **Roman type)** Magerdruck m **B** adj römisch; ~ **times** Römerzeit f **Roman Catholic A** adj (römisch-)katholisch; **the ~ Church** die (römisch-)katholische Kirche **B** n Katholik(in) m(f) **Roman Catholicism** n römisch-katholischer Glaube
romance A n **1** *(≈ love story)* Liebesgeschichte f **2** *(≈ love affair)* Romanze f **3** no pl *(≈ romanticism)* Romantik f **B** adj **Romance** language etc romanisch
Romanesque adj romanisch
Romania n Rumänien nt **Romanian A** adj rumänisch **B** n **1** Rumäne m, Rumänin f **2** *(≈ language)* Rumänisch nt
Roman numeral n römische Ziffer
romantic adj romantisch **romanticism** n Romantik f **romanticize** v/t romantisieren
Romany A n **1** Roma m/f(m) **2** LING Romani nt **B** adj culture der Roma
Rome n Rom nt; **when in ~ (do as the Romans do)** *(prov)* ≈ andere Länder, andere Sitten *(prov)*; ~ **wasn't built in a day** *(prov)* Rom ist auch nicht an einem Tag erbaut worden *(prov)*
romp A n Tollerei f **B** v/i *(children)* herumtollen; **to ~ home** *(≈ win)* spielend gewinnen; **to ~ through sth** mit etw spielend fertig werden

roof n Dach nt; *(of tunnel)* Gewölbe nt; **the ~ of the mouth** der Gaumen; **without a ~ over one's head** ohne Dach über dem Kopf; **to live under the same ~ as sb** mit jdm unter demselben Dach wohnen; **to go through the ~** *(infml: person)* an die Decke gehen *(infml)*; *(prices etc)* untragbar werden **roof rack** n Dach-(gepäck)träger m **rooftop** n Dach nt; **to shout sth from the ~s** *(fig)* etw überall herumposaunen *(infml)*
rook n **1** *(≈ bird)* Saatkrähe f **2** CHESS Turm m
rookie n *(esp MIL sl)* Grünschnabel m *(infml)*
room n **1** *(in building)* Zimmer nt; *(≈ public hall etc)* Saal m **2** no pl *(≈ space)* Platz m; *(fig)* Spielraum m; **there is ~ for two (people)** es ist genügend Platz für zwei (Leute); **to make ~ for sb/sth** für jdn/ etw Platz machen; **there is ~ for improvement** es könnte um einiges besser sein; ~ **for manoeuvre** *(Br)* or **maneuver** *(US)* Spielraum m **roomful** n a ~ **of people** ein Zimmer voll(er) Leute **roommate** n *(Br)* Zimmergenosse m, Zimmergenossin f; *(US ≈ flatmate)* Mitbewohner(in) m(f) **room service** n Zimmerservice m **room temperature** n Zimmertemperatur f **roomy** adj (+er) geräumig
roost A n *(≈ pole)* Stange f; **to come home to ~** *(fig)* auf den Urheber zurückfallen **B** v/i auf der Stange schlafen
rooster n Hahn m
root A n **1** Wurzel f; **by the ~s** mit der Wurzel; **to take ~** Wurzeln schlagen; **her ~s are in Scotland** sie ist in Schottland verwurzelt; **to put down ~s in a country** in einem Land Fuß fassen; **to get to the ~(s) of the problem** dem Problem auf den Grund gehen **2** LING Stamm m **B** v/i Wurzeln schlagen ◊**root about** *(Brit)* or **around** v/i herumwühlen *(for nach)* ◊**root for** v/i +prep obj **to ~ sb** jdn anfeuern ◊**root out** v/t sep *(fig)* mit der Wurzel ausreißen
root beer n *(US) Art* Limonade **rooted** adj verwurzelt; **to stand ~ to the spot** wie angewurzelt dastehen **root vegetable** n Wurzelgemüse nt
rope n Seil nt; NAUT Tau nt; **to know the ~s** *(infml)* sich auskennen; **to show sb the ~s** *(infml)* jdn in alles einweihen; **to learn**

R

the **~s** (*infml*) sich einarbeiten ◊**rope in** *v/t sep* (*esp Br fig*) rankriegen (*infml*); **how did you get roped into that?** wie bist du denn da reingeraten? (*infml*) ◊**rope off** *v/t sep* mit einem Seil abgrenzen

rope ladder *n* Strickleiter *f*

rosary *n* REL Rosenkranz *m*

rose[1] *pret of* rise

rose[2] **A** *n* Rose *f*; **everything's coming up ~s** (*infml*) alles läuft bestens (*infml*); **to come up smelling of ~s** (*infml*) gut dastehen; **that will put the ~s back in your cheeks** davon bekommst du wieder etwas Farbe im Gesicht **B** *adj* rosarot

rosé A *adj* rosé **B** *n* Rosé *m*

rosebush *n* Rosenstrauch *m* **rosehip** *n* Hagebutte *f*

rosemary *n* Rosmarin *m*

rosette *n* Rosette *f*

roster *n* Dienstplan *m*

rostrum *n, pl* rostra Rednerpult *nt*

rosy *adj* (+*er*) rosarot; *cheeks* rosig; **to paint a ~ picture of sth** etw in den rosigsten Farben ausmalen

rot A *n* **1** Fäulnis *f no pl*; **to stop the ~** den Fäulnisprozess aufhalten; **then the ~ set in** (*fig*) dann setzte der Fäulnisprozess ein **2** (*infml* ≈ *rubbish*) Quatsch *m* (*infml*) **B** *v/i* verrotten; (*teeth, plant*) verfaulen; **to ~ in jail** im Gefängnis verrotten **C** *v/t* verfaulen lassen

rota *n* (*Br*) Dienstplan *m*

rotary *adj* rotierend, Dreh-

rotate A *v/t* rotieren lassen; *crops* im Wechsel anbauen **B** *v/i* **1** rotieren **2** (≈ *take turns*) sich (turnusmäßig) abwechseln **rotating** *adj* rotierend **rotation** *n* Rotation *f*; (≈ *taking turns*) turnusmäßiger Wechsel; **in ~** im Turnus; **crop ~** Fruchtwechsel *m*

rote *n* **by ~** *learn* auswendig

rotten *adj* **1** faul; (*fig* ≈ *corrupt*) korrupt; **~ to the core** (*fig*) durch und durch verdorben; **~ apple** (*fig*) schwarzes Schaf **2** (*infml*) (≈ *poor*) mies (*infml*); (≈ *dreadful*) scheußlich (*infml*); (≈ *mean*) gemein; **to be ~ at sth** in etw (*dat*) schlecht sein; **what ~ luck!** so ein Pech!; **that was a ~ trick** das war ein übler Trick; **that's a ~ thing to say** es ist gemein, so etwas zu sagen; **to feel ~** sich elend fühlen; **to look ~** schlecht aussehen; **to feel ~ about doing sth** sich (*dat*) mies vorkommen, etw zu tun (*infml*); **to spoil sb ~**

jdn nach Strich und Faden verwöhnen (*infml*) **rotting** *adj* verfaulend; *fruit* faulig

rotund *adj* *person* rundlich; *object* rund

rough A *adj* (+*er*) **1** *ground* uneben; *surface, skin, cloth* rau **2** (≈ *coarse*) *person* ungehobelt; *manners, estimate* grob; **~ sketch** Faustskizze *f*; **at a ~ guess** grob geschätzt; **to have a ~ idea** eine ungefähre Ahnung haben **3** (≈ *violent*) *person, treatment* grob; *game* wild; *sport* hart; *neighbourhood* rau; *sea* stürmisch **4** (*infml*) **he had a ~ time** (of it) das ging ihm ziemlich dreckig (*infml*); **to give sb a ~ time** jdn ganz schön rannehmen (*infml*); **to get a ~ ride** Schwierigkeiten bekommen; **to give sb a ~ ride** jdm die Hölle heißmachen (*infml*); **when the going gets ~ ...** wenn es hart wird, ...; **to feel ~** sich mies fühlen (*infml*) **B** *adv* live wüst; **to sleep ~** im Freien übernachten **C** *n* **1** **to take the ~ with the smooth** das Leben nehmen, wie es kommt **2** (≈ *draft*) Rohentwurf *m*; **in ~** im Rohzustand **roughage** *n* Ballaststoffe *pl* **rough-and-ready** *adj* *method* provisorisch; *person* rau(beinig) **rough-and-tumble** *n* (≈ *play*) Balgerei *f*; (≈ *fighting*) Keilerei *f* **rough copy** *n* Konzept *nt* **rough draft** *n* Rohentwurf *m* **roughen** *v/t* *skin, cloth* rau machen; *surface* aufrauen **roughly** *adv* **1** (≈ *not gently*) grob; *play* rau **2** (≈ *approximately*) ungefähr; grob gesagt; **~ half** ungefähr die Hälfte; **~ similar** in etwa ähnlich **roughness** *n* **1** (of ground) Unebenheit *f*; (of surface, skin, cloth) Rauheit *f* **2** (≈ *coarseness, of person*) Ungehobeltheit *f*; (of manners) Grobheit *f* **rough paper** *n* Konzeptpapier *nt* **roughshod** *adv* **to ride ~ over sb/sth** rücksichtslos über jdn/etw hinweggehen

roulette *n* Roulette *nt*

round A *adj* (+*er*) rund; **~ number** runde Zahl **B** *adv* (*esp Br*) **there was a wall right ~ or all ~** rundherum war eine Mauer; **you'll have to go ~** Sie müssen außen herum gehen; **the long way ~** der längere Weg; **~ and ~** rundherum; **I asked him ~ for a drink** ich lud ihn auf ein Glas Bier *etc* bei mir ein; **I'll be ~ at 8 o'clock** ich werde um 8 Uhr da sein; **for the second time ~** zum zweiten Mal; **all year ~** das ganze Jahr über; **all ~** (*lit*) ringsherum; (*esp Br fig: for everyone*) für alle **C** *prep* **1** (*esp Br*) um (... herum); **all ~ the house**

(inside) im ganzen Haus; (outside) um das ganze Haus herum; **to look ~ a house** sich (dat) ein Haus ansehen; **to show sb ~ a town** jdm eine Stadt zeigen; **they went ~ the cafés looking for him** sie gingen in alle Cafés, um nach ihm zu suchen **2** (≈ approximately) ungefähr; ~ **(about** (esp Brit)) **7 o'clock** ungefähr um 7 Uhr; ~ **(about** (esp Brit)) **£800** um die £ 800 **D** n (≈ delivery round, SPORTS, of talks) Runde f; ~**(s)** (of policeman, doctor) Runde f; **to do the ~s** (story etc) reihum gehen; **he does a paper ~** (Brit) er trägt Zeitungen aus; **a ~ (of drinks)** eine Runde; ~ **of ammunition** Ladung f; **a ~ of applause** Applaus m **E** v/t corner gehen/fahren um

◊**round down** v/t sep number abrunden
◊**round off** v/t sep series vollmachen; meal abrunden; meeting abschließen
◊**round up** v/t sep **1** people zusammentrommeln (infml); cattle zusammentreiben; criminals hochnehmen (infml) **2** number aufrunden

roundabout **A** adj answer umständlich; ~ **route** Umweg m; **to say sth in a ~ way** etw auf Umwegen sagen **B** n (Brit: in playground) Karussell nt, Ringelspiel nt (Aus); MOT Kreisverkehr m **roundish** adj rundlich; edges abgerundet **roundly** adv condemn, criticize rundum; defeat klar **round-the-clock** adj (Brit) rund um die Uhr not attr
round trip n Rundreise f
round-trip ticket n (US) Rückfahrkarte f; AVIAT Hin- und Rückflugticket nt **roundup** n (of cattle) Zusammentreiben nt; (of people) Zusammentrommeln nt (infml); (of news) Zusammenfassung f
rouse v/t **1** (from sleep etc) wecken **2** (≈ stimulate) person bewegen; admiration, interest wecken; hatred, suspicions erregen **rousing** adj speech mitreißend; music schwungvoll
rout **A** n Schlappe f **B** v/t in die Flucht schlagen
route **A** n **1** Strecke f; (bus service) Linie f; (fig) Weg m **2** (US ≈ delivery round) Runde f **B** v/t train legen; telephone call leiten; **my baggage was ~d through Amsterdam** mein Gepäck wurde über Amsterdam geschickt **router** n IT Router m
routine **A** n **1** Routine f **2** DANCING Figur f **B** adj Routine-, routinemäßig; ~ **examination** Routineuntersuchung f; **it was**

quite ~ es war eine reine Formsache; **reports of bloodshed had become almost ~** Berichte über Blutvergießen waren fast an der Tagesordnung **routinely** adv use regelmäßig; test routinemäßig
roving adj **he has a ~ eye** er riskiert gern ein Auge
row[1] n Reihe f; **4 failures in a ~** 4 Misserfolge hintereinander; **arrange them in ~s** stell sie in Reihen auf
row[2] v/t & v/i rudern
row[3] **A** n (esp Brit infml) (≈ noise) Lärm m; (≈ quarrel) Streit m; **to make a ~** Krach schlagen (infml); **to have a ~ with sb** mit jdm Streit haben; **to get a ~** Krach bekommen (infml) **B** v/i (≈ quarrel) (sich) streiten
rowan n Vogelbeere f
rowboat n (US) Ruderboot nt
rowdy adj (+er) (≈ noisy) laut; football fans randalierend; behaviour grob
rower n **1** Ruderer m, Ruderin f **2** (≈ rowing machine) Rudergerät nt
row house n (US) Reihenhaus nt
rowing[1] n Rudern nt
rowing[2] n (esp Brit ≈ quarrelling) Streiterei f
rowing boat n (Brit) Ruderboot nt **rowing machine** n Rudermaschine f
royal **A** adj königlich; **the ~ family** die königliche Familie **B** n (infml) Angehörige(r) m/f(m) der königlichen Familie **Royal Air Force** n (Brit) Königliche Luftwaffe **royal-blue** adj königsblau **Royal Highness** n **Your ~** Eure Königliche Hoheit **Royal Mail** n (Brit) britischer Postdienst **Royal Marines** pl (Brit) britische Marineinfanterie **Royal Navy** n (Brit) n Königliche Marine **royalty** n **1** (collectively) das Königshaus; **he's ~** er gehört zur königlichen Familie **2** **royalties** pl (from book) Tantiemen pl
RP abbr of received pronunciation hochsprachliche Aussprache
rpm abbr of revolutions per minute U/min
RSVP abbr of répondez s'il vous plaît u. A. w. g.
Rt Hon (Brit) abbr of Right Honourable; **the ~ John Williams MP** der Abgeordnete John Williams
rub **A** n Reiben nt; **to give sth a ~** etw reiben **B** v/t reiben; **to ~ lotion into sth** etw mit einer Lotion einreiben; **to ~ one's hands (together)** sich (dat) die Hände reiben; **to ~ sb's nose in sth** (fig) jdm

etw dauernd unter die Nase reiben; **to ~ shoulders** (esp Br) or **elbows** (esp US) **with all sorts of people** (fig) mit allen möglichen Leuten in Berührung kommen; **to ~ sb the wrong way** (US) bei jdm anecken **C** v/i (**against** an +Dat) reiben; (collar) scheuern; **the cat ~bed against my legs/the tree** die Katze strich mir um die Beine/scheuerte sich am Baum ◊**rub down** v/t sep person abrubbeln (infml) ◊**rub in** v/t sep **1** lotion einreiben (prep obj, -to in +acc) **2** (fig) reite nicht so darauf herum! ◊**rub off** v/i abgehen; **to ~ on sb** (fig) auf jdn abfärben ◊**rub out** v/t sep (with eraser) ausradieren ◊**rub up A** v/t sep **to rub sb up the wrong way** (Br) bei jdm anecken **B** v/i **the cat rubbed up against my leg** die Katze strich mir um die Beine

rubber A n (≈ material) Gummi m; (Br ≈ eraser) (Radier)gummi m; (esp US sl ≈ contraceptive) Gummi m (infml) **B** adj Gummi-**rubber band** n Gummiband nt **rubber dinghy** n Schlauchboot nt **rubber stamp** n Stempel m **rubber-stamp** v/t (fig infml) genehmigen **rubbery** adj material gummiartig

rubbish (esp Br) **A** n **1** Abfall m; (fig ≈ trashy record etc) Mist m; **household ~** Hausmüll m **2** (infml ≈ nonsense) Quatsch m (infml); **don't talk ~!** red keinen Quatsch! (infml) **B** attr (infml) **1** = rubbishy **2** I'm ~ **at it** ich bin zu blöd dazu (infml) **rubbish bin** n Mülleimer m, Mistkübel m (Aus) **rubbish collection** n Müllabfuhr f **rubbish dump** n Müllabladeplatz m **rubbishy** adj (Br infml) goods minderwertig; film mies (infml); ideas blödsinnig

rubble n Trümmer pl; (smaller pieces) Schutt m

ruby A n (≈ stone) Rubin m **B** adj Rubin-**ruck** n (≈ wrinkle) Falte f ◊**ruck up** v/i (shirt etc) sich hochschieben; (rug) Falten schlagen

rucksack n (esp Br) Rucksack m

ruckus n (infml) Krawall m

rudder n Ruder nt

ruddy adj (+er) complexion rot

rude adj (+er) **1** (≈ impolite) unhöflich; (stronger) unverschämt; (≈ rough) grob; **to be ~ to sb** unhöflich zu jdm sein; **it's ~ to stare** es gehört sich nicht, Leute anzustarren; **don't be so ~!** so was sagt man/

tut man nicht! **2** (≈ obscene) unanständig; **a ~ gesture** eine anstößige Geste **3** reminder unsanft **rudely** adv **1** (≈ impolitely) unhöflich; (stronger) unverschämt; (≈ roughly) grob **2** (≈ obscenely) unanständig **3** remind unsanft **rudeness** n (≈ impoliteness) Unhöflichkeit f; (stronger) Unverschämtheit f

rudimentary adj equipment primitiv; system rudimentär; **~ knowledge** Grundkenntnisse pl **rudiments** pl Grundlagen pl

rueful adj reuevoll

ruffian n Rüpel m; (violent) Schläger m

ruffle v/t **1** hair, feathers zerzausen; surface kräuseln; **the bird ~d (up) its feathers** der Vogel plusterte sich auf **2** (fig ≈ upset) aus der Ruhe bringen; **to ~ sb's feathers** jdn aufregen **ruffled** adj **1** (≈ flustered) aufgebracht **2** bedclothes zerwühlt; hair zerzaust **3** shirt gekräuselt

rug n **1** Teppich m; **to pull the ~ from under sb** (fig) jdm den Boden unter den Füßen wegziehen **2** (≈ blanket) (Woll)decke f

rugby n (a. **rugby football**) Rugby nt

rugged adj rau; mountains zerklüftet; features markig

ruin A n **1** no pl (of thing, person) Untergang m; (of event) Ende nt; (financial, social) Ruin m; **the palace was going to ~** or **falling into ~** der Palast verfiel (zur Ruine); **to be the ~ of sb** jdn ruinieren **2** (≈ building) Ruine f; **~s** (of building) Ruinen pl; (of hopes) Trümmer pl; **to be** or **lie in ~s** (lit) eine Ruine sein; (fig) zerstört sein **B** v/t (≈ destroy) zerstören; (financially, socially) ruinieren; (≈ spoil) verderben **ruined** adj **1** building in Ruinen pred, zerfallen **2** career ruiniert

rule A n **1** Regel f; ADMIN Vorschrift f; **to play by the ~s** die Spielregeln einhalten; **to bend the ~s** es mit den Regeln/Vorschriften nicht so genau nehmen; **to be against the ~s** nicht erlaubt sein; **to do sth by ~** etw vorschriftsmäßig tun; **as a ~ of thumb** als Faustregel **2** (≈ authority) Herrschaft f; (≈ period) Regierungszeit f; **the ~ of law** die Rechtsstaatlichkeit **B** v/t **1** (≈ govern) regieren; (fig) emotions etc beherrschen; **to ~ the roost** (fig) Herr im Haus sein (infml); **to be ~d by emotions** sich von Gefühlen beherrschen lassen; **he let his heart ~ his head** er ließ sich von seinem Herzen und nicht von seinem Verstand leiten **2** JUR, ADMIN entscheiden **3** *line* ziehen; **~d paper** liniertes Papier **C** *v/i* **1** (≈ *reign*) herrschen (*over* über +*acc*) **2** JUR entscheiden (*against* gegen, *in favour of* für, *on* in +*dat*) ◊**rule out** *v/t sep* (*fig*) ausschließen

ruler *n* **1** (*for measuring*) Lineal *nt* **2** (≈ *sovereign*) Herrscher(in) *m(f)* **ruling A** *adj body* herrschend; **the ~ party** die Regierungspartei **B** *n* ADMIN, JUR Entscheidung *f*

rum *n* Rum *m*

Rumania *etc* = Romania *etc*

rumble A *n* (*of thunder*) Grollen *nt no pl*; (*of stomach*) Knurren *nt no pl*; (*of train*) Rumpeln *nt no pl* **B** *v/i* (*thunder*) grollen; (*stomach*) knurren; (*train*) rumpeln

ruminate *v/i* (*fig*) grübeln (*over, about, on* über +*acc*)

rummage A *n* **to have a good ~ in sth** etw gründlich durchwühlen **B** *v/i* (*a.* **rummage about, rummage around**) herumwühlen (*among, in* +*dat*, *for* nach)

rumour, (*US*) **rumor A** *n* Gerücht *nt*; **~ has it that …** es geht das Gerücht, dass …; **there are ~s of war** es gehen Kriegsgerüchte um **B** *v/t* **it is ~ed that …** es geht das Gerücht, dass …; **he is ~ed to be in London** Gerüchten zufolge ist er in London; **he is ~ed to be rich** er soll angeblich reich sein

rump *n* Hinterbacken *pl*; (*infml: of person*) Hinterteil *nt*; **~ steak** Rumpsteak *nt*

rumple *v/t* (*a.* **rumple up**) *clothes* zerknittern **rumpled** *adj clothes* zerknittert; *hair* zerzaust

rumpus *n* (*infml*) Krach *m* (*infml*); **to make a ~** (≈ *make noise*) einen Heidenlärm machen (*infml*); (≈ *complain*) Krach schlagen (*infml*) **rumpus room** *n* (*US*) Spielzimmer *nt*

run *vb: pret* ran, *past part* run **A** *n* **1** Lauf *m*; **to go for a 2-km ~** einen 2-km-Lauf machen; **he set off at a ~** er rannte los; **to break into a ~** zu laufen anfangen; **to make a ~ for it** weglaufen; **on the ~** (*from the police etc*) auf der Flucht; **we've got them on the ~!** wir haben sie in die Flucht geschlagen!; **to give sb a good ~ for his money** (*infml*) jdn auf Trab halten (*infml*) **2** (≈ *route*) Strecke *f*; **to go for a ~ in the car** eine Fahrt/einen Ausflug

im Auto machen; **in the long ~** auf die Dauer; **in the short ~** fürs Nächste **3** **to have the ~ of a place** einen Ort zur freien Verfügung haben **4** (≈ *series*) Folge *f*, Serie *f*; THEAT Spielzeit *f*; **a ~ of bad luck** eine Pechsträhne **5** (≈ *great demand*) **~ on** Ansturm *m* auf (+*acc*) **6** SKI Abfahrt (-sstrecke) *f* **7** (≈ *enclosure*) Gehege *nt* **8** (*infml* ≈ *diarrhoea*) **the ~s** der flotte Otto (*infml*) **B** *v/i* **1** laufen, rennen; (≈ *flee*) wegrennen; **she came ~ning out** sie kam herausgelaufen; **he's trying to ~ before he can walk** (*fig*) er sollte erst einmal langsam machen; **to ~ for the bus** zum Bus rennen; **she ran to meet him** sie lief ihm entgegen; **she ran to help him** sie kam ihm schnell zu Hilfe; **to ~ for one's life** um sein Leben rennen; **~ for it!** rennt, was ihr könnt! **2** (*story, lyrics*) gehen; **he ran down the list** er ging die Liste durch; **a shiver ran down her spine** ein Schauer lief ihr über den Rücken; **to ~ in the family** in der Familie liegen **3** (*as candidate*) kandidieren; **to ~ for President** für die Präsidentschaft kandidieren **4** **I'm ~ning late** ich bin spät dran; **all planes are ~ning late** alle Flugzeuge haben Verspätung; **the project is ~ning late/to schedule** das Projekt hat sich verzögert/geht ganz nach Plan voran; **supplies are ~ning low** die Vorräte sind knapp; **his blood ran cold** das Blut fror ihm in den Adern; **to ~ dry** (*river*) austrocknen; **to be ~ning at** (≈ *stand*) betragen; **interest rates are ~ning at record levels/15%** die Zinssätze sind auf Rekordhöhe/stehen auf 15% **5** (*water, tears, tap, nose*) laufen; (*river, electric current*) fließen; (*eyes*) tränen; (*paint*) zerfließen; (*dye*) färben; **where the river ~s into the sea** wo der Fluss ins Meer mündet **6** (*play, contract*) laufen; **the expenditure ~s into thousands of pounds** die Ausgaben gehen in die Tausende (von Pfund) **7** (*bus etc*) fahren; **the train doesn't ~ on Sundays** der Zug fährt sonntags nicht **8** (≈ *function*) laufen (*also* IT); **to ~ on diesel** mit Diesel fahren; **the radio ~s off batteries** das Radio läuft auf Batterie; **things are ~ning smoothly** alles läuft glatt **9** (*road*) führen; **to ~ (a)round sth** (*wall etc*) sich um etw ziehen; **the railway line ~s for 300 km** die Bahnlinie ist 300 km lang; **to ~ through sth** (*theme*) sich durch

R

etw ziehen **C** *v/t* **1** laufen; **to ~ errands** Botengänge machen; **to ~ its course** seinen Lauf nehmen; **to ~ a temperature** Fieber haben; **to ~ sb off his feet** (*infml*) jdn ständig auf Trab halten (*infml*); **I'll ~ you a bath** ich lasse dir ein Bad einlaufen **2** *vehicle* fahren; *extra buses* einsetzen; **he ran the car into a tree** er fuhr das Auto gegen einen Baum; **this company ~s a bus service** diese Firma unterhält einen Busdienst **3** *machine* betreiben; *computer* laufen lassen; *software* benutzen; *program* laden; *test* durchführen; **I can't afford to ~ a car** ich kann es mir nicht leisten, ein Auto zu unterhalten; **this car is cheap to ~** dieses Auto ist billig im Unterhalt **4** (≈ *manage*) leiten; *shop* führen; (≈ *organize*) *course of study, competition* durchführen; **he ~s a small hotel** er hat ein kleines Hotel; **I want to ~ my own life** ich möchte mein eigenes Leben leben; **she's the one who really ~s everything** sie ist diejenige, die den Laden schmeißt (*infml*) **5** **to ~ one's fingers over sth** die Finger über etw (*acc*) gleiten lassen; **to ~ one's fingers through one's hair** sich (*dat*) mit den Fingern durch die Haare fahren **6** *rope* führen; *pipe* (ver)legen **7** PRESS *article* bringen **8** *film* zeigen ◊**run about** (*Brit*) or **around** *v/i* herumlaufen ◊**run across A** *v/i* (*lit*) hinüberlaufen **B** *v/i +prep obj person* zufällig treffen; *object* stoßen auf (+*acc*) ◊**run after** *v/i +prep obj* nachlaufen (+*dat*) ◊**run along** *v/i* laufen; **~!** nun geht mal schön! ◊**run around** *v/i* = run about ◊**run away 1** weglaufen **2** (*water*) auslaufen ◊**run away with** *v/i +prep obj prize* spielend gewinnen; **he lets his enthusiasm ~ him** seine Begeisterung geht leicht mit ihm durch ◊**run back A** *v/i* (*lit*) zurücklaufen **B** *v/t sep person* zurückfahren ◊**run down A** *v/i* **1** (*lit: person*) hinunterrennen **2** (*battery*) leer werden **B** *v/t sep* **1** (≈ *knock down*) umfahren; (≈ *run over*) überfahren **2** *stocks* abbauen **3** (≈ *disparage*) schlechtmachen ◊**run in** *v/i* (*lit*) hineinlaufen ◊**run into** *v/i +prep obj* (≈ *meet*) zufällig treffen; (≈ *collide with*) rennen/fahren gegen; **to ~ trouble** Ärger bekommen; **to ~ problems** auf Probleme stoßen ◊**run off A** *v/i* = run away I1 **B** *v/t sep copy* abziehen ◊**run on** *v/i* **1** (*lit*) weiterlaufen **2** (*fig*) **it ran on for four hours** das zog sich

über vier Stunden hin **3** (*time*) weitergehen ◊**run out** *v/i* **1** (*person*) hinauslaufen; (*liquid*) herauslaufen; (*through leak*) auslaufen **2** (*time*) ablaufen; (*supplies*) ausgehen ◊**run out of** *v/i +prep obj* **he ran out of supplies** ihm gingen die Vorräte aus; **she ran out of time** sie hatte keine Zeit mehr; **we're running out of time** wir haben nicht mehr viel Zeit ◊**run over A** *v/i* **1** (*to neighbour etc*) kurz hinübergehen **2** (≈ *overflow*) überlaufen **B** *v/i +prep obj details* durchgehen; *notes* durchsehen **C** *v/t sep* (*in vehicle*) überfahren ◊**run through A** *v/i* (*lit*) durchlaufen **B** *v/i +prep obj* **1** *play* durchspielen; *ceremony, list* durchgehen **2** = run over II ◊**run to** *v/i +prep obj* **the poem runs to several hundred lines** das Gedicht geht über mehrere Hundert Zeilen ◊**run up A** *v/i* (*lit*) hinauflaufen; (≈ *approach quickly*) hinrennen (*to* zu); **to ~ against difficulties** auf Schwierigkeiten stoßen **B** *v/t sep* **1** *flag* hochziehen **2** **to ~ a bill** eine Rechnung zusammenkommen lassen; **to ~ a debt** Schulden machen

runaround *n* (*infml*) **to give sb the ~** jdn an der Nase herumführen (*infml*) **runaway A** *n* Ausreißer(in) *m(f)* **B** *adj* **1** *person, horse* ausgerissen; **a ~ train** ein Zug, der sich selbstständig gemacht hat **2** (*fig*) *winner* überragend; **a ~ success** ein Riesenerfolg *m* **rundown** *n* (*infml*) **to give sb a ~ on sth** jdn über etw (*acc*) informieren **run-down** *adj* (≈ *dilapidated*) heruntergekommen; (≈ *tired*) abgespannt **rung**[1] *past part of* ring[2] **rung**[2] *n* (*of ladder*) Sprosse *f* **run-in** *n* (*infml*) Streit *m* **runner** *n* **1** (≈ *athlete*) Läufer(in) *m(f)* **2** (*on skate*) Kufe *f*; (*for drawer*) Laufschiene *f* **3** **to do a ~** (*Br infml*) die Fliege machen (*sl*) **runner bean** *n* (*Br*) Stangenbohne *f*, Fisole *f* (*Aus*) **runner-up** *n* Zweite(r) *m/f(m)*; **the runners-up** die weiteren Plätze **running A** *n* **1** Laufen *nt*; **to be in the ~** im Rennen liegen; **out of the ~** aus dem Rennen **2** (≈ *management*) Leitung *f*; (*of country, shop*) Führung *f*; (*of course*) Durchführung *f* **3** (*of machine*) Unterhaltung *f* **B** *adj water* fließend; *tap* laufend **C** *adv* **(for) five days ~** fünf Tage hintereinander; **for the third year ~** im dritten Jahr hintereinander; **sales have fallen for the third year ~** die Verkaufszahlen sind seit drei

Jahren rückläufig **running battle** n (fig) Kleinkrieg m **running commentary** n RADIO, TV fortlaufender Kommentar **running costs** pl Betriebskosten pl; (of car) Unterhaltskosten pl **running mate** n (US POL) *Kandidat für die Vizepräsidentschaft* **running shoe** n Rennschuh m **running total** n laufende Summe; **to keep a ~ of sth** (lit, fig) etw fortlaufend festhalten **runny** adj (+er) egg flüssig; nose laufend; eyes tränend; sauce dünnflüssig **run-of-the-mill** adj gewöhnlich **run-through** n **let's have a final ~** gehen wir das noch einmal durch **run-up** n SPORTS Anlauf m; (fig) Vorbereitungszeit f; **in the ~ to the election** in der Zeit vor der Wahl **runway** n AVIAT Start- und Landebahn f

rupture **A** n Bruch m **B** v/t & v/i brechen; **to ~ oneself** (infml) sich (dat) einen Bruch heben (infml) **ruptured** adj pipe geplatzt

rural adj ländlich; landscape bäuerlich; **~ land** ländlicher Raum **rural life** n Landleben nt **rural population** n Landbevölkerung f

ruse n List f

rush **A** n **1** (of crowd) Andrang m; (of air) Stoß m; **they made a ~ for the door** sie drängten zur Tür; **there was a ~ for the seats** alles stürzte sich auf die Sitze; **there's been a ~ on these goods** diese Waren sind rasend weggegangen; **the Christmas ~** der Weihnachtsbetrieb; **a ~ of orders** eine Flut von Aufträgen; **a ~ of blood to the head** Blutandrang m im Kopf **2** (≈ hurry) Eile f; (stronger) Hast f; **to be in a ~** in Eile sein; **I did it in a ~** ich habe es sehr hastig gemacht; **is there any ~ for this?** eilt das?; **it all happened in such a ~** das ging alles so plötzlich **B** v/i (≈ hurry) eilen; (stronger) hasten; (≈ run) stürzen; (wind) brausen; (water) schießen; **they ~ed to help her** sie eilten ihr zu Hilfe; **I'm ~ing to finish it** ich beeile mich, es fertig zu machen; **don't ~, take your time** überstürzen Sie nichts, lassen Sie sich Zeit; **you shouldn't just go ~ing into things** Sie sollten die Dinge nicht so überstürzen; **to ~ through** town hetzen durch; work hastig erledigen; **to ~ past** (person) vorbeistürzen; (vehicle) vorbeischießen; **to ~ in** etc hineinstürzen etc; **the ambulance ~ed to the scene** der Krankenwagen raste zur Unfallstelle; **the blood ~ed to his**

face das Blut schoss ihm ins Gesicht **C** v/t **1** (≈ do hurriedly) schnell machen; (≈ do badly) schludern bei (pej); (≈ force to hurry) hetzen; **to be ~ed off one's feet** dauernd auf Trab sein (infml); **to ~ sb to hospital** jdn schnellstens ins Krankenhaus bringen **2** (≈ charge at) stürmen ◊**rush about** (Brit) or **around** v/i herumhasten ◊**rush at** v/i +prep obj (lit) losstürzen auf (+acc) ◊**rush down** v/i (person) hinuntereilen; (very fast, also water etc) hinunterstürzen ◊**rush out** **A** v/i hinauseilen; **he rushed out and bought one** er kaufte sofort eines **B** v/t sep troops, supplies eilends hintransportieren ◊**rush through** v/t sep order durchjagen; legislation durchpeitschen

rushed adj **1** meal hastig; decision übereilt **2** (≈ busy) gehetzt

rush hour(s) n(pl) Stoßzeit(en) f(pl); **rush-hour traffic** Stoßverkehr m **rush job** n eiliger Auftrag; (pej ≈ bad work) Schluderarbeit f (infml)

Russia n Russland nt

Russian **A** adj russisch **B** n **1** Russe m, Russin f **2** LING Russisch nt

rust **A** n Rost m **B** v/t (lit) rosten lassen **C** v/i rosten **rusted** adj (esp US) rostig

rustic adj bäuerlich; style rustikal

rustiness n Rostigkeit f; (fig) eingerostete Kenntnisse pl (of in +dat)

rustle **A** n Rascheln nt; (of foliage) Rauschen nt **B** v/i (leaves, papers) rascheln; (foliage, skirts) rauschen ◊**rustle up** v/t sep (infml) meal improvisieren (infml); money auftreiben; **can you ~ a cup of coffee?** können Sie eine Tasse Kaffee beschaffen?

rustler n (≈ cattle thief) Viehdieb(in) m(f)

rustling **A** adj raschelnd **B** n **1** (of leaves, paper) Rascheln nt; (of material) Rauschen nt **2** (≈ cattle theft) Viehdiebstahl m

rustproof adj rostfrei **rusty** adj (+er) (lit) rostig; **I'm a bit ~** ich bin etwas aus der Übung; **to get ~** (lit) verrosten; (fig: person) aus der Übung kommen

rut n (in path) Spur f; (fig) Trott m (infml); **to be in a ~** (fig) im Trott sein (infml); **to get into a ~** (fig) in einen Trott geraten (infml)

rutabaga n (US) Steckrübe f

ruthless adj person, deed rücksichtslos; treatment schonungslos **ruthlessly** adv suppress rücksichtslos; **~ ambitious** skrupellos ehrgeizig **ruthlessness** n (of person, deed) Rücksichtslosigkeit f; (of treat-

R

ment) Schonungslosigkeit *f*
RV *abbr of recreational vehicle* Wohnmobil *nt*
Rwanda *n* Ruanda *nt*
rye *n* (≈ *grain*) Roggen *m* **rye whisk(e)y** *n* Ryewhisky *m*

S

S, s *n* S *nt*, s *nt*
's **1** he's = he is/has; **what's** = what is/has/does? **2** **John's book** Johns Buch; **my brother's car** das Auto meines Bruders; **at the butcher's** beim Fleischer **3** **let's** = let us
Sabbath *n* Sabbat *m*
sabotage **A** *n* Sabotage *f* **B** *v/t* sabotieren **saboteur** *n* Saboteur(in) *m(f)*
saccharin(e) *n* Sacharin *nt*
sachet *n* Beutel *m*; (*of shampoo*) Briefchen *nt*
sack **A** *n* **1** Sack *m*; **2 ~s of coal** 2 Sack Kohlen **2** (*infml*) **to get the ~** rausfliegen (*infml*); **to give sb the ~** jdn rausschmeißen (*infml*) **3** (*infml*) **to hit the ~** sich in die Falle hauen (*sl*) **B** *v/t* (*infml ≈ dismiss*) rausschmeißen (*infml*) **sackful** *n* Sack *m*; **two ~s of potatoes** zwei Sack Kartoffeln
sacking *n* (*infml ≈ dismissal*) Entlassung *f*
sacrament *n* Sakrament *nt*
sacred *adj* heilig; *building, rite* sakral
sacrifice **A** *n* Opfer *nt*; **to make ~s** Opfer bringen **B** *v/t* opfern (*sth to sb* jdm etw) **sacrificial** *adj* Opfer-
sacrilege *n* Sakrileg *nt*
SAD MED *abbr of seasonal affective disorder* Winterdepression *f*
sad *adj* (+er) **1** traurig; *loss* schmerzlich; **to feel ~** traurig sein; **he was ~ to see her go** er war betrübt, dass sie wegging **2** (*infml ≈ pathetic*) bedauernswert **sadden** *v/t* betrüben
saddle **A** *n* Sattel *m* **B** *v/t* **1** *horse* satteln **2** (*infml*) **to ~ sb/oneself with sb/sth** jdm/sich jdn/etw aufhalsen (*infml*); **how did I get ~d with him?** wie kommt es (nur), dass ich ihn am Hals habe? **saddlebag** *n* Satteltasche *f*
sadism *n* Sadismus *m* **sadist** *n* Sadist(in)

m(f) **sadistic** *adj*, **sadistically** *adv* sadistisch
sadly *adv* **1** traurig; **she will be ~ missed** sie wird (uns/ihnen) allen sehr fehlen **2** (≈ *unfortunately*) leider **3** (≈ *woefully*) bedauerlicherweise; **to be ~ mistaken** sich arg täuschen **sadness** *n* Traurigkeit *f*; **our ~ at his death** unsere Trauer über seinen Tod
s.a.e. *abbr of stamped addressed envelope*
safari *n* Safari *f*; **to be/go on ~** auf Safari sein/gehen **safari park** *n* Safaripark *m*
safe¹ *n* Safe *m*
safe² *adj* (+er) sicher; (≈ *out of danger*) in Sicherheit; (≈ *not dangerous*) ungefährlich; *method* zuverlässig; **to keep sth ~** etw sicher aufbewahren; **~ journey!** gute Fahrt/Reise!; **thank God you're ~** Gott sei Dank ist dir nichts passiert; **~ and sound** gesund und wohlbehalten; **the secret is ~ with me** bei mir ist das Geheimnis gut aufgehoben; **not ~** gefährlich; **is it ~ to light a fire?** ist es auch nicht gefährlich, ein Feuer anzumachen?; **it is ~ to eat** das kann man gefahrlos essen; **it is ~ to assume** *or* **a ~ assumption that …** man kann mit ziemlicher Sicherheit annehmen, dass …; **it's ~ to say that …** man kann ruhig sagen, dass …; **to be on the ~ side** um ganz sicher zu sein; **better ~ than sorry** Vorsicht ist besser als Nachsicht (*prov*) **safe-conduct** *n* freies Geleit
safe-deposit box *n* Banksafe *m or nt*
safeguard **A** *n* Schutz *m* **B** *v/t* schützen (*against +dat*); *interests* wahrnehmen **C** *v/i* **to ~ against sth** sich gegen etw absichern **safe haven** *n* (*fig*) sicherer Zufluchtsort **safe keeping** *n* sichere Verwahrung; **to give sb sth for ~** jdm etw zur (sicheren) Aufbewahrung geben
safely *adv* (≈ *unharmed*) wohlbehalten; (≈ *without risk*) gefahrlos; (≈ *not dangerously*) ungefährlich; **we were all ~ inside** wir waren alle sicher drinnen; **I think I can ~ say …** ich glaube, ich kann ruhig sagen …; **the election is now ~ out of the way** die Wahlen haben wir jetzt zum Glück hinter uns; **to put sth away ~** etw an einem sicheren Ort verwahren; **once the children are ~ tucked up in bed** wenn die Kinder erst mal im Bett sind **safe passage** *n* sicheres Geleit
safe seat *n* POL ein sicherer Sitz **safe**

sex n Safer Sex m
safety n Sicherheit f; **for his (own) ~** zu seiner (eigenen) Sicherheit; **(there's) ~ in numbers** zu mehreren ist man sicherer; **to reach ~** in Sicherheit gelangen; **when we reached the ~ of the opposite bank** als wir sicher das andere Ufer erreicht hatten **safety belt** n Sicherheitsgurt m **safety catch** n (on gun) (Abzugs)sicherung f **safety harness** n Sicherheitsgurt m **safety margin** n Sicherheitsmarge f **safety measure** n Sicherheitsmaßnahme f **safety net** nt Sicherheitsnetz nt **safety pin** n Sicherheitsnadel f **safety precaution** n Sicherheitsvorkehrung f **safety technology** n Sicherheitstechnik f
saffron n Safran m
sag v/i absacken; (in the middle) durchhängen; (shoulders) herabhängen; (spirit) sinken
saga n Saga f; (fig) Geschichte f
sage n BOT Salbei m
sagging adj **1** ceiling, rope durchhängend **2** skin schlaff **saggy** (+er) adj mattress durchgelegen; bottom schlaff
Sagittarius n Schütze m; **he's (a) ~** er ist Schütze
Sahara n Sahara f; **the ~ Desert** die (Wüste) Sahara
said A pret, past part of **say B** adj (form) besagt
sail A n **1** Segel nt; (of windmill) Flügel m; **to set ~ (for ...)** losfahren (nach ...); (in yacht) absegeln (nach ...) **2** (≈ trip) Fahrt f; **to go for a ~** segeln gehen **B** v/t ship segeln mit; **to ~ the Atlantic** den Atlantik durchkreuzen **C** v/i **1** NAUT fahren; (with yacht) segeln; **are you flying? — no, ~ing** fliegen Sie? — nein, ich fahre mit dem Schiff **2** (≈ leave) (for nach) abfahren; (in yacht) absegeln **3** (fig) (swan etc) gleiten; (moon) ziehen; (ball) fliegen; **she ~ed past/out of the room** sie rauschte vorbei/aus dem Zimmer (infml); **she ~ed through all her exams** sie schaffte alle Prüfungen spielend **sailboard** n Windsurfbrett nt **sailboarding** n Windsurfen nt **sailboat** n (US) Segelboot nt **sailing** n Segeln nt **sailing boat** n (Br) Segelboot nt **sailing ship** n Segelschiff nt
sailor n Seemann m; (in navy) Matrose m, Matrosin f
saint n Heilige(r) m/f(m); **St John** Sankt Johannes, St. Johannes; **St Mark's (Church)** die Markuskirche **saintly** adj (+er) heilig; (fig pej) frömmlerisch **Saint Valentine's Day** n Valentinstag m
sake n **for the ~ of ...** um (+gen) ... willen; **for my ~** meinetwegen; (≈ to please me) mir zuliebe; **for your own ~** dir selbst zuliebe; **for the ~ of your career** deiner Karriere zuliebe; **for heaven's ~!** (infml) um Gottes willen!; **for heaven's** or **Christ's ~ shut up** (infml) nun halt doch endlich die Klappe (infml); **for old times' ~** in Erinnerung an alte Zeiten; **for the ~ of those who ...** für diejenigen, die ...; **and all for the ~ of a few pounds** und alles wegen ein paar Pfund
salable adj (US) = saleable
salad n Salat m **salad bar** n Salatbüffet nt **salad bowl** n Salatschüssel f **salad cream** n ≈ Mayonnaise f **salad dressing** n Salatsoße f **salad leaves** pl Salatblätter pl
salami n Salami f
salaried adj **~ post** Angestelltenposten m; **~ employee** Gehaltsempfänger(in) m(f) **salary** n Gehalt nt; **what is his ~?** wie hoch ist sein Gehalt? **salary increase** n Gehaltserhöhung f
sale n **1** (≈ selling) Verkauf m; (instance) Geschäft nt; (≈ auction) Auktion f; **for ~** zu verkaufen; **to put sth up for ~** etw zum Verkauf anbieten; **is it up for ~?** steht es zum Verkauf?; **not for ~** nicht verkäuflich; **to be on ~** verkauft werden; **~s** pl (≈ turnover) der Absatz **2** **sales** sg (≈ department) Verkaufsabteilung f **3** (at reduced prices) Rabattaktion f; (at end of season) Schlussverkauf m; **in the ~, on ~** (US) im (Sonder)angebot **saleable**, (US) **salable** adj (≈ marketable) absatzfähig; (≈ in saleable condition) verkäuflich; skill vermarktbar
sales clerk n (US) Verkäufer(in) m(f)
sales department n Verkaufsabteilung f **sales figures** pl Verkaufsziffern pl **salesgirl** n Verkäuferin f **salesman** n Verkäufer m; (≈ representative) Vertreter m **sales manager** n Verkaufsleiter(in) m(f) **salesperson** n Verkäufer(in) m(f) **sales pitch** n Verkaufstechnik f
sales rep n (infml), **sales representative** n Vertreter(in) m(f) **sales tax** n (US) Verkaufssteuer f **saleswoman** n Verkäuferin f; (≈ representative) Vertreterin

S

f

saliva *n* Speichel *m* **salivate** *v/i* Speichel produzieren

sallow *adj* bleich; *colour* fahl

salmon *n, pl* - Lachs *m*; (≈ *colour*) Lachs (-rosa) *nt*

salmonella *n* Salmonellenvergiftung *f*

salon *n* Salon *m*

saloon *n* (*Br* AUTO) Limousine *f*

saloon bar *n* (*Br*) *vornehmerer Teil eines Lokals*

salt ◪ *n* Salz *nt*; (*for icy roads*) Streusalz *nt*; **to take sth with a pinch** (*Br*) *or* **grain** (*US*) **of ~** (*fig*) etw nicht ganz für bare Münze nehmen; **to rub ~ into sb's wounds** (*fig*) Salz in jds Wunde streuen ◪ *adj* ~ **water** Salzwasser *nt* ◪ *v/t* ◪ (≈ *cure*) einsalzen; (≈ *flavour*) salzen ◪ *road* mit Salz streuen **saltcellar** *n* Salzfässchen *nt*; (≈ *shaker*) Salzstreuer *m* **salted** *adj* gesalzen **salt shaker** *n* Salzstreuer *m* **saltwater** *adj* ~ **fish** Meeresfisch *m* **salty** *adj* (+er) salzig; ~ **water** Salzwasser *nt*

salute ◪ *n* Gruß *m*; (*of guns*) Salut *m*; **in ~** zum Gruß; **a 21-gun ~** 21 Salutschüsse ◪ *v/t* MIL *flag etc* grüßen; *person* salutieren vor (+*dat*) ◪ *v/i* MIL salutieren

salvage ◪ *n* ◪ (≈ *act*) Bergung *f* ◪ (≈ *objects*) Bergungsgut *nt* ◪ *v/t* bergen (*from* aus); (*fig*) retten (*from* von) **salvage operation** *n* Bergungsaktion *f*

salvation *n* Rettung *f*; *esp* REL Heil *nt* **Salvation Army** *n* Heilsarmee *f*

salve *n* Salbe *f*

Samaritan *n* Samariter(in) *m(f)*; **good ~** barmherziger Samariter

same ◪ *adj* **the ~** der/die/das gleiche; (≈ *one and the same*) der-/die-/dasselbe; **they were both wearing the ~ dress** sie hatten beide das gleiche Kleid an; **they both live in the ~ house** sie wohnen beide in demselben Haus; **they are all the ~** sie sind alle gleich; **that's the ~ tie as I've got** so eine Krawatte habe ich auch; **she just wasn't the ~ person** sie war ein anderer Mensch; **it's the ~ thing** das ist das Gleiche; **see you tomorrow, ~ time ~ place** bis morgen, gleicher Ort, gleiche Zeit; **we sat at the ~ table as usual** wir saßen an unserem üblichen Tisch; **how are you? — ~ as usual** wie geht's? — wie immer; **he is the ~ age as his wife** er ist (genau) so alt wie seine Frau; **(on) the very ~ day** genau am gleichen Tag;

in the ~ way (*genau*) gleich ◪ *pron* ◪ **the ~** der-/die-/dasselbe; **and I would do the ~ again** und ich würde es wieder tun; **he left and I did the ~** er ist gegangen, und ich auch; **another drink? — thanks, (the) ~ again** noch etwas zu trinken? — ja bitte, das Gleiche noch mal; **~ again, Joe** und noch einen, Joe; **she's much the ~** sie hat sich kaum geändert; (*in health*) es geht ihr kaum besser; **he will never be the ~ again** er wird niemals mehr derselbe sein; **frozen chicken is not the ~ as fresh** tiefgefrorene Hähnchen sind kein Vergleich zu frischen; **it's always the ~** es ist immer das Gleiche; **it comes** *or* **amounts to the ~** das kommt *or* läuft aufs Gleiche hinaus ◪ **to pay everybody the ~** alle gleich bezahlen; **things go on just the ~ (as always)** es ändert sich nichts; **it's not the ~ as before** es ist nicht wie früher; **I still feel the ~ about you** an meinen Gefühlen dir gegenüber hat sich nichts geändert; **if it's all the ~ to you** wenn es Ihnen egal ist; **all** *or* **just the ~** (≈ *nevertheless*) trotzdem; **thanks all the ~** trotzdem vielen Dank; **~ here** ich/wir auch; **~ to you** (*danke*) gleichfalls **same-day** *adj delivery* am gleichen Tag **same-sex** *adj* gleichgeschlechtlich; **~ marriage** gleichgeschlechtliche Ehe, Homoehe *f* (*infml*)

sample ◪ *n* (≈ *example*) Beispiel *nt* (*of* für); (*for tasting, fig*) Kostprobe *f*; COMM Warenprobe *f*; (*of cloth etc*) Muster *nt*; (*of blood etc*) Probe *f*; **a ~ of the population** eine Auswahl aus der Bevölkerung ◪ *adj attr* Probe-; **a ~ section of the population** eine Auswahl aus der Bevölkerung ◪ *v/t* ◪ *food* probieren; *atmosphere* testen; **to ~ wines** eine Weinprobe machen ◪ MUS sampeln, samplen

sanatorium *n, pl* **sanatoria** (*Br*) Sanatorium *nt*

sanction ◪ *n* ◪ (≈ *permission*) Zustimmung *f* ◪ (≈ *enforcing measure*) Sanktion *f* ◪ *v/t* sanktionieren

sanctity *n* Heiligkeit *f*; (*of rights*) Unantastbarkeit *f*

sanctuary *n* ◪ (≈ *holy place*) Heiligtum *nt* ◪ (≈ *refuge*) Zuflucht *f* ◪ (*for animals*) Schutzgebiet *nt*

sand ◪ *n* Sand *m no pl*; **~s** (*of desert*) Sand *m*; (≈ *beach*) Sandstrand *m* ◪ *v/t* ◪ (≈ *smooth*) schmirgeln ◪ (≈ *sprinkle with sand*) streuen ◊**sand down** v/t sep (ab)schmirgeln

sandal n Sandale f

sandalwood n Sandelholz nt

sandbag n Sandsack m **sandbank** n Sandbank f **sand castle** n Sandburg f **sand dune** n Sanddüne f **sandpaper** ▲ n Schmirgelpapier nt ▣ v/t schmirgeln **sandpit** n Br Sandkasten m **sandstone** ▲ n Sandstein m ▣ adj Sandstein-, aus Sandstein **sandstorm** n Sandsturm m **sandwich** ▲ n Sandwich nt; **open ~** belegtes Brot ▣ v/t (a. **sandwich in**) hineinzwängen **sandwich bar** n Snackbar f **sandwich board** n Reklametafel f

sandy adj (+er) **1** sandig; **~ beach** Sandstrand m **2** (colour) rötlich; hair rotblond

sane adj (+er) person normal; PSYCH geistig gesund

sang pret of sing

sanitarium n (US) = sanatorium

sanitary adj hygienisch **sanitary napkin** n (US) Damenbinde f **sanitary towel** n Damenbinde f **sanitation** n Hygiene f; (≈ toilets etc) sanitäre Anlagen pl **sanitation man** n, pl **sanitation men** (US) Stadtreiniger m

sanity n (≈ mental balance) geistige Gesundheit; (esp of individual) gesunder Verstand

sank pret of sink¹

Sanskrit ▲ adj sanskritisch ▣ n Sanskrit nt

Santa (Claus) n der Weihnachtsmann

sap¹ n BOT Saft m

sap² v/t (fig) untergraben; **to ~ sb's strength** jdn entkräften

sapling n junger Baum

sapphire n Saphir m

sarcasm n Sarkasmus m **sarcastic** adj sarkastisch; **to be ~ about sth** über etw (acc) sarkastische Bemerkungen machen **sarcastically** adv sarkastisch

sardine n Sardine f; **packed (in) like ~s** wie die Sardinen

Sardinia n Sardinien nt

sardonic adj, **sardonically** adv süffisant

sarnie n (Br infml) Sandwich nt

SARS MED abbr of severe acute respiratory syndrome SARS nt

SASE n (US) abbr of self-addressed stamped envelope

sash n Schärpe f **sash window** n Schiebefenster nt

Sat abbr of Saturday Sa.

sat pret, past part of sit

Satan n Satan m **satanic** adj satanisch

satchel n Schultasche f

satellite n Satellit m **satellite dish** n Satellitenantenne f **satellite navigation system** n Satellitennavigationssystem nt **satellite television** n Satellitenfernsehen nt **satellite town** n Satellitenstadt f

satiate v/t appetite etc stillen (elev); person sättigen

satin ▲ n Satin m ▣ adj Satin-; skin samtig

satire n Satire f (on auf +acc) **satirical** adj film etc satirisch; (≈ mocking) ironisch **satirically** adv satirisch; (≈ mockingly, jokingly) ironisch **satirist** n Satiriker(in) m(f) **satirize** v/t satirisch darstellen

satisfaction n **1** (of person, needs etc) Befriedigung f; (of conditions) Erfüllung f **2** (≈ state) Zufriedenheit f (at mit); **to feel a sense of ~ at sth** Genugtuung über etw (acc) empfinden; **she would not give him the ~ of seeing how annoyed she was** sie wollte ihm nicht die Genugtuung geben, ihren Ärger zu sehen; **we hope the meal was to your complete ~** wir hoffen, Sie waren mit dem Essen zufrieden; **to get ~ out of sth** Befriedigung in etw (dat) finden; (≈ find pleasure) Freude f an etw (dat) haben; **he gets ~ out of his job** seine Arbeit befriedigt ihn; **I get a lot of ~ out of listening to music** Musik gibt mir viel **3** (≈ redress) Genugtuung f **satisfactorily** adv zufriedenstellend; **does that answer your question ~?** ist damit Ihre Frage hinreichend beantwortet?; **was it done ~?** waren Sie damit zufrieden?

satisfactory adj zufriedenstellend; (≈ just good enough) ausreichend; excuse angemessen; (in exams) befriedigend; **to be in a ~ condition** MED sich in einem zufriedenstellenden Zustand befinden; **this is just not ~!** das geht so nicht!; (≈ not enough) das reicht einfach nicht (aus)!

satisfied adj (≈ content) zufrieden; (≈ convinced) überzeugt; **to be ~ with sth** mit etw zufrieden sein; **(are you) ~?** (iron) (bist du nun) zufrieden?

satisfy ▲ v/t **1** befriedigen; customers zufriedenstellen; hunger stillen; conditions erfüllen; *requirements* genügen (+*dat*) **2** (≈ *convince*) überzeugen **B** *v/r* **to ~ oneself that ...** sich davon überzeugen, dass ... **satisfying** *adj* befriedigend; *meal* sättigend, währschaft (*Swiss*)

sat-nav (*Br infml*) *abbr of* satellite navigation system Navi *nt* (*infml*)

satsuma *n* Satsuma *f*

saturate *v/t* **1** (*with liquid*) (durch)tränken; (*rain*) durchnässen **2** (*fig*) *market* sättigen **saturation point** *n* (*fig*) **to reach ~** den Sättigungsgrad erreichen

Saturday *n* Samstag *m*; → Tuesday

Saturn *n* ASTRON, MYTH Saturn *m*

sauce *n* Soße *f*; **white ~** Mehlsoße *f*

saucepan *n* Kochtopf *m*

saucer *n* Untertasse *f*

saucy *adj* (+*er*) (≈ *cheeky*) frech; (≈ *suggestive*) anzüglich

Saudi Arabia *n* Saudi-Arabien *nt*

sauna *n* Sauna *f*

saunter *v/i* schlendern; **he ~ed up to me** er schlenderte auf mich zu

sausage *n* Wurst *f*; **not a ~** (*Br infml*) rein gar nichts (*infml*) **sausagemeat** *n* Wurstbrät *nt* **sausage roll** *n* ≈ Bratwurst *f* im Schlafrock

sauté *v/t potatoes* rösten; (≈ *sear*) (kurz) anbraten

savage **A** *adj* wild; *fighter, conflict* brutal; *animal* gefährlich; *measures* drastisch; **to make a ~ attack on sb** (*fig*) jdn scharf angreifen **B** *n* Wilde(r) *m/f(m)* **C** *v/t* **1** (*animal*) anfallen **2** (*fig* ≈ *criticize*) verreißen **savagely** *adv attack, fight* brutal; *criticize* schonungslos **savagery** *n* (≈ *cruelty*) Grausamkeit *f*; (*of attack*) Brutalität *f*

save **A** *n* FTBL *etc* Ballabwehr *f*; **what a ~!** eine tolle Parade!; **to make a ~** (den Ball) abwehren **B** *v/t* **1** (≈ *rescue*) retten; **to ~ sb from sth** jdn vor etw (*dat*) retten; **he ~d me from falling** er hat mich davor bewahrt hinzufallen; **to ~ sth from sth** etw aus etw retten; **to ~ the day** die Rettung sein; **God ~ the Queen** Gott schütze die Königin; **to be ~d by the bell** (*infml*) gerade noch einmal davonkommen; **to ~ one's neck** *or* **ass** (*US sl*) *or* **butt** (*US infml*) seinen Kopf retten; **to ~ sb's neck** *or* **ass** (*US sl*) *or* **butt** (*US infml*) jdn rauspauken (*infml*) **2** (≈ *put by*) aufheben; *time, money* sparen; *strength* schonen; (≈ *save up*) *strength, fuel etc* aufsparen; (≈ *collect*) *stamps etc* sammeln; **~ some of the cake**

for me lass mir etwas Kuchen übrig; **~ me a seat** halte mir einen Platz frei; **~ it for later, I'm busy now** (*infml*) spar dirs für später auf, ich habe jetzt zu tun (*infml*); **to ~ the best for last** das Beste bis zum Schluss aufheben; **going by plane will ~ you four hours on the train journey** der Flug spart dir vier Stunden Reisezeit im Vergleich zum Zug; **he's saving himself for the right woman** er spart sich für die Richtige auf **3** **it ~d us having to do it again** das hat es uns (*dat*) erspart, es noch einmal machen zu müssen **4** *goal* verhindern; *penalty* halten; **well ~d!** gut gehalten! **5** IT sichern; **to ~ sth to disk** etw auf Diskette abspeichern **C** *v/i* (*with money*) sparen; **to ~ for sth** für *or* auf etw (*acc*) sparen ◊**save up** **A** *v/i* sparen (*for* für, auf +*acc*) **B** *v/t sep* (≈ *not spend*) sparen

saver *n* (*with money*) Sparer(in) *m(f)*

saving *n* **1** *no pl* (≈ *rescue*, REL) Rettung *f* **2** *no pl* (*of money*) Sparen *nt* **3** (*of cost etc*) Einsparung *f*; (≈ *amount saved*) Ersparnis *f* **4** **savings** *pl* Ersparnisse *pl*; (*in account*) Spareinlagen *pl*; **~s and loan association** genossenschaftliche Bausparkasse **saviour**, (*US*) **savior** *n* Retter(in) *m(f)*

savour, (*US*) **savor** *v/t* **1** (*form*) kosten (*elev*) **2** (*fig liter*) genießen

savoury, (*US*) **savory** **A** *adj* (≈ *not sweet*) pikant **B** *n* (*Br*) Häppchen *nt*

saw[1] *pret of* see[1]

saw[2] *vb: pret* sawed, *past part* sawed *or* sawn **A** *n* Säge *f* **B** *v/t & v/i* sägen; **to ~ sth in two** etw entzweisägen ◊**saw off** *v/t sep* absägen

sawdust *n* Sägemehl *nt* **sawn** *past part of* saw[2] **sawn-off**, **sawed-off** (*US*) *adj* **~ shotgun** Gewehr *nt* mit abgesägtem Lauf

Saxon **A** *n* Sachse *m*, Sächsin *f*; HIST (Angel)sachse *m*/-sächsin *f* **B** *adj* sächsisch; HIST (angel)sächsisch **Saxony** *n* Sachsen *nt*

saxophone *n* Saxofon *nt*

say *vb: pret, past part* said **A** *v/t & v/i* **1** sagen; *prayer* sprechen; (≈ *pronounce*) aussprechen; **~ after me ...** sprechen Sie mir nach ...; **you can ~ what you like (about it/me)** Sie können (darüber/über mich) sagen, was Sie wollen; **I never thought I'd hear him ~ that** ich hätte nie gedacht, dass er das sagen würde;

that's not for him to ~ das kann er nicht entscheiden; **though I ~ it myself** wenn ich das mal selbst sagen darf; **well, all I can ~ is** ... na ja, da kann ich nur sagen ...; **who ~s?** wer sagt das?; **what does it mean? — I wouldn't like to ~** was bedeutet das? — das kann ich auch nicht sagen; **having said that, I must point out** ... ich muss allerdings darauf hinweisen ...; **what have you got to ~ for yourself?** was haben Sie zu Ihrer Verteidigung zu sagen?; **if you don't like it, ~ so** wenn Sie es nicht mögen, dann sagen Sie es doch; **if you ~ so** wenn Sie meinen **2** **it ~s in the papers that** ... in den Zeitungen steht, dass ...; **the rules ~ that** ... in den Regeln heißt es, dass ...; **what does the weather forecast ~?** wie ist der Wetterbericht?; **that ~s a lot about his state of mind** das lässt tief auf seinen Gemütszustand schließen; **that's not ~ing much** das will nicht viel heißen; **there's no ~ing what might happen** was ist (dann) passiert, das kann keiner vorhersagen; **there's something/a lot to be said for being based in London** es spricht einiges/viel für ein Zuhause *or* (*Firma*) für einen Sitz in London **3** **if it happens on, ~, Wednesday?** wenn es am, sagen wir mal, Mittwoch passiert? **4** (*in suggestions*) **what would you ~ to a whisky?** wie wärs mit einem Whisky?; **shall we ~ £50?** sagen wir £ 50?; **what do you ~?** was meinen Sie?; **I wouldn't ~ no to a cup of tea** ich hätte nichts gegen eine Tasse Tee **5** (*exclamatory*) **~, what a great idea!** (*esp US*) Mensch, tolle Idee! (*infml*); **I should ~ so!** das möchte ich doch meinen!; **you don't ~!** was du nicht sagst!; **you said it!** Sie sagen es!; **you can ~ that again!** das kann man wohl sagen!; **~ no more!** ich weiß Bescheid!; **~s you!** (*infml*) das meinst auch nur du! (*infml*); **~s who?** (*infml*) wer sagt das? **6** (*it's*) **easier said than done** das ist leichter gesagt als getan; **no sooner said than done** gesagt, getan; **when all is said and done** letzten Endes; **they ~ ..., it is said ...** es heißt ...; **he is said to be very rich** er soll sehr reich sein; **it goes without ~ing that** ... es versteht sich von selbst, dass ...; **that is to ~** das heißt; **to ~ nothing of the costs** *etc* von den Kosten *etc* mal ganz abgesehen; **enough said!** genug! **B** *n* **1** let

him have his ~ lass ihn mal seine Meinung äußern **2** **to have no/a ~ in sth** bei etw kein/ein Mitspracherecht haben; **to have the last** *or* **final ~** (**in sth**) (etw) letztlich entscheiden **saying** *n* Redensart *f*; (≈ *proverb*) Sprichwort *nt*; **as the ~ goes** wie man so sagt

scab *n* (*on cut*) Schorf *m*

scaffold *n* (*on building*) Gerüst *nt*; (*for execution*) Schafott *nt* **scaffolding** *n* Gerüst *nt*; **to put up ~** ein Gerüst aufbauen

scalawag *n* (*US*) = scallywag

scald *v/t* verbrühen **scalding** *adv* **~ hot** siedend heiß

scale[1] *n* (*of fish*) Schuppe *f*

scale[2] *n* (**pair of**) **~s** *pl*, **~** (**form**) Waage *f*

scale[3] *n* **1** Skala *f*; (≈ *table*) Tabelle *f* **2** (≈ *instrument*) Messgerät *nt* **3** MUS Tonleiter *f*; **the ~ of G** die G(-Dur)-Tonleiter **4** (*of map etc*) Maßstab *m*; **on a ~ of 5 km to the cm** in einem Maßstab von 5 km zu 1 cm; (**drawn/true**) **to ~** maßstabgerecht **5** (*fig* ≈ *size*) Ausmaß *nt*; **to entertain on a small ~** Feste im kleineren Rahmen geben; **small in ~** von kleinem Umfang; **it's similar but on a smaller ~** es ist ähnlich, nur kleiner; **on a national ~** auf nationaler Ebene ◊**scale down** *v/t sep* (*lit*) verkleinern; (*fig*) verringern

scale[4] *v/t* wall erklettern

scallion *n* (*US*) = spring onion

scallop *n* ZOOL Kammmuschel *f*

scallywag *n* (*Br infml*) Schlingel *m* (*infml*)

scalp *n* Kopfhaut *f*

scalpel *n* Skalpell *nt*

scaly *adj* (+*er*) schuppig

scam *n* (*infml* ≈ *deception*) Betrug *m*

scamp *n* (*infml*) Frechdachs *m*

scamper *v/i* (*person*) tollen; (*mice*) huschen

scan A *v/t* schwenken über (+*acc*); (*person*) seine Augen wandern lassen über (+*acc*); *newspaper* überfliegen; *horizon* absuchen; *luggage* durchleuchten **B** *n* MED Scan *m*; (*in pregnancy*) Ultraschalluntersuchung *f* ◊**scan in** *v/t sep* IT scannen

scandal *n* **1** Skandal *m*; **to cause/create a ~** einen Skandal verursachen; (*amongst neighbours etc*) allgemeines Aufsehen erregen **2** *no pl* (≈ *gossip*) Skandalgeschichten *pl*; **the latest ~** der neueste Klatsch **scandalize** *v/t* schockieren **scandalous** *adj* skandalös

Scandinavia *n* Skandinavien *nt* **Scandi-**

navian **A** *adj* skandinavisch **B** *n* Skandinavier(in) *m(f)*

scanner *n* IT, MED Scanner *m*

scant *adj* (+*er*) wenig *inv*; *success* gering; **to pay ~ attention to sth** etw kaum beachten **scantily** *adv* spärlich **scanty** *adj* (+*er*) *information* spärlich; *clothing* knapp

scapegoat *n* Sündenbock *m*; **to use sb/ sth as a ~, to make sb/sth one's ~** jdm/einer Sache die Schuld zuschieben

scar **A** *n* Narbe *f*; (*fig: emotional*) Wunde *f* **B** *v/t* **he was ~red for life** (*lit*) er behielt bleibende Narben zurück; (*fig*) er war fürs Leben gezeichnet

scarce *adj* (+*er*) (≈ *in short supply*) knapp; (≈ *rare*) selten; **to make oneself ~** (*infml*) verschwinden (*infml*)

scarcely *adv* kaum; (≈ *not really*) wohl kaum; **~ anything** fast nichts; **I ~ know what to say** ich weiß nicht recht, was ich sagen soll **scarceness**, **scarcity** *n* (≈ *shortage*) Knappheit *f*; (≈ *rarity*) Seltenheit *f*

scare **A** *n* (≈ *fright*) Schreck(en) *m*; (≈ *alarm*) Hysterie *f* (*about* wegen); **to give sb a ~** jdm einen Schrecken einjagen; **to cause a ~** eine Panik auslösen **B** *v/t* einen Schrecken einjagen (+*dat*); (≈ *worry*) Angst machen (+*dat*); (≈ *frighten*) erschrecken; **to be easily ~d** sehr schreckhaft sein; (≈ *easily worried*) sich (*dat*) leicht Angst machen lassen; **to ~ sb to death** (*infml*) jdn zu Tode erschrecken (*infml*) **C** *v/i* **I don't ~ easily** ich bekomme nicht so schnell Angst ◊**scare away** or **off** *v/t sep* verscheuchen; *people* verjagen

scarecrow *n* Vogelscheuche *f* **scared** *adj* ängstlich; **to be ~ (of sb/sth)** (vor jdm/etw) Angst haben; **to be ~ to death** (*infml*) Todesängste ausstehen; **she was too ~ to speak** sie konnte vor Angst nicht sprechen; **he's ~ of telling her the truth** er getraut sich nicht, ihr die Wahrheit zu sagen **scare tactics** *pl* Panikmache(rei) *f* (*infml*)

scarf *n, pl* **scarves** Schal *m*; (≈ *neck scarf*) Halstuch *nt*; (≈ *head scarf*) Kopftuch *nt*

scarlet *adj* (scharlach)rot; **to go ~** rot anlaufen (*infml*)

scarves *pl* of **scarf**

scary *adj* (+*er*) (*infml*) unheimlich; *film* grus(e)lig (*infml*); **it was pretty ~** da konnte man schon Angst kriegen (*infml*); **that's a ~ thought** das ist ein beängstigender Gedanke

scathing *adj* bissig; *look* vernichtend; **to be ~** bissige Bemerkungen *pl* machen (*about* über +*acc*); **to make a ~ attack on sb/sth** jdn/etw scharf angreifen

scatter **A** *v/i* **1** (≈ *distribute*) verstreuen; *seeds* streuen (*on, onto* auf +*acc*) **2** (≈ *disperse*) auseinandertreiben **B** *v/i* sich zerstreuen (*to* in +*acc*) **scatterbrained** *adj* (*infml*) schuss(e)lig (*infml*) **scattered** *adj* *population* weitverstreut; *objects* verstreut; *showers* vereinzelt

scavenge **A** *v/t* ergattern **B** *v/i* (*lit*) Nahrung suchen; **to ~ for sth** nach etw suchen **scavenger** *n* (≈ *animal*) Aasfresser *m*; (*fig*) Aasgeier *m*

scenario *n* Szenario *nt*

scene *n* **1** (≈ *setting*) Schauplatz *m*; (*of play*) Ort *m* der Handlung; **the ~ of the crime** der Tatort; **to set the ~** den Rahmen geben; **a change of ~** ein Tapetenwechsel *m*; **to appear on the ~** auf der Bildfläche erscheinen; **the police were first on the ~** die Polizei war als erste zur Stelle **2** (≈ *incident, fuss*, THEAT) Szene *f*; **behind the ~s** hinter den Kulissen; **to make a ~** eine Szene machen **3** (≈ *sight*) Anblick *m*; (≈ *tableau*) Szene *f* **4** (*infml*) Szene *f*; **the drug ~** die Drogenszene; **that's not my ~** da steh ich nicht drauf (*infml*)

scenery *n* **1** (≈ *landscape*) Landschaft *f*; **do you like the ~?** gefällt Ihnen die Gegend? **2** THEAT Bühnendekoration *f* **scenic** *adj* (≈ *of landscape*) landschaftlich; (≈ *picturesque*) malerisch; **to take the ~ route** die landschaftlich schöne Strecke nehmen; (*hum*) einen kleinen Umweg machen

scent *n* **1** (≈ *smell*) Duft *m* **2** (≈ *perfume*) Parfüm *nt* **3** (*of animal*) Fährte *f*; **to put** or **throw sb off the ~** jdn von der Fährte abbringen **scented** *adj* *soap* parfümiert; *flower* duftend; **~ candle** Duftkerze *f*

sceptre, (*US*) **scepter** *n* Zepter *nt*

sceptic, (*US*) **skeptic** *n* Skeptiker(in) *m(f)* **sceptical**, (*US*) **skeptical** *adj* skeptisch; **to be ~ about** or **of sth** über etw (*acc*) skeptisch sein **scepticism**, (*US*) **skepticism** *n* Skepsis *f* (*about* gegenüber)

schedule **A** *n* (*of events*) Programm *nt*; (*of work*) Zeitplan *m*; (*esp US* ≈ *timetable*) Fahr-/Flugplan *m*; **according to ~** planmäßig; **the train is behind ~** der Zug hat Verspätung; **the bus was on ~** der Bus war pünktlich; **the building will be opened on ~** das Gebäude wird wie geplant eröffnet werden; **the work is ahead of/behind ~** wir etc sind (mit der Arbeit) dem Zeitplan voraus/im Rückstand; **we are working to a very tight ~** unsere Termine sind sehr eng (infml) **B** v/t planen; **the work is ~d for completion in 3 months** die Arbeit soll (laut Zeitplan) in 3 Monaten fertig(gestellt) sein; **it is ~d to take place tomorrow** es soll morgen stattfinden; **she is ~d to speak tomorrow** ihre Rede ist für morgen geplant; **the plane is ~d to take off at 2 o'clock** planmäßiger Abflug ist 2 Uhr **scheduled** adj geplant; departure etc planmäßig **scheduled flight** n Linienflug m

schematic adj, **schematically** adv schematisch

scheme A n **1** (≈ plan) Plan m; (≈ project) Projekt nt; (≈ insurance scheme) Programm nt; (≈ idea) Idee f **2** (≈ plot) (raffinierter) Plan **3** (of room etc) Einrichtung f **B** v/i Pläne schmieden **scheming A** n raffiniertes Vorgehen; (of politicians etc) Machenschaften pl **B** adj methods, businessman raffiniert; politician gewieft (infml)

schizophrenia n Schizophrenie f **schizophrenic** n Schizophrene(r) m/f(m)

schnap(p)s n Schnaps m

scholar n Gelehrte(r) m/f(m) **scholarly** adj wissenschaftlich; (≈ learned) gelehrt **scholarship** n **1** (≈ learning) Gelehrsamkeit f **2** (≈ award) Stipendium nt; **~ holder** Stipendiat(in) m(f)

school[1] n **1** Schule f; (US) College nt; Universität f; **at ~** in der Schule/im College/an der Universität; **to go to ~** in die Schule/ins College/zur Universität gehen; **there's no ~ tomorrow** morgen ist schulfrei **2** (UNIV ≈ department) Fachbereich m; (of medicine, law) Fakultät f **school**[2] n (of fish) Schule f

school age n Schulalter nt **school bag** n Schultasche f **schoolbook** n Schulbuch nt **schoolboy** n Schüler m **school bus** n Schulbus m **schoolchild** n Schulkind nt **schoolchildren** pl Schüler pl **school days** pl Schulzeit f **school dinner** n Schulessen nt **school exchange** n Schüleraustausch m **school fees** pl Schulgeld nt **school-**

friend n Schulfreund(in) m(f) **schoolgirl** n Schülerin f **school holidays** pl (Br) Schulferien pl **schooling** n Ausbildung f **school-leaver** n (Br) Schulabgänger(in) m(f) **school-leaving qualification** n Schulabschluss m **schoolmate** n (Br) Schulkamerad(in) m(f) **school meals** pl Schulessen nt **school report** n Schulzeugnis nt **schoolteacher** n Lehrer(in) m(f) **school uniform** n Schuluniform f **school vacation** n (US) Schulferien pl **schoolwork** n Schulaufgaben pl **schoolyard** n Schulhof m

science n Wissenschaft f; (≈ natural science) Naturwissenschaft f **science fiction** n Science-Fiction f **scientific** adj naturwissenschaftlich; methods wissenschaftlich **scientifically** adv **~ proven** wissenschaftlich erwiesen **scientist** n (Natur)wissenschaftler(in) m(f) **sci-fi** n (infml) = science fiction

Scillies, Scilly Isles pl Scillyinseln pl

scintillating adj (fig) performance sprühend attr; person, speech vor Geist sprühend attr

scissors n pl Schere f; **a pair of ~** eine Schere

scoff[1] v/i spotten; **to ~ at sb/sth** sich abschätzig über jdn/etw äußern

scoff[2] (Br infml) v/t futtern (infml), in sich (acc) hineinstopfen (infml)

scold A v/t ausschimpfen (for wegen) **B** v/i schimpfen **scolding** n **1** Schelte f no pl **2** (≈ act) Schimpferei f

scollop n = scallop

scone n (Br) brötchenartiges Buttergebäck

scoop A n (≈ instrument) Schaufel f; (for ice cream) Portionierer m; (of ice cream) Kugel f **B** v/t **1** (with scoop) schaufeln; liquid schöpfen **2** prize gewinnen ◊**scoop out** v/t sep **1** (≈ take out) herausschaufeln; liquid herausschöpfen **2** melon aushöhlen ◊**scoop up** v/t sep aufschaufeln; liquid aufschöpfen; **she scooped the child up** sie raffte das Kind an sich (acc)

scooter n (Tret)roller m, Trottinett nt (Swiss); (≈ motor scooter) (Motor)roller m

scope n **1** (of investigation, knowledge) Umfang m; (of duties, department) Kompetenzbereich m; **sth is beyond the ~ of sth** etw geht über etw (acc) hinaus; **this project is more limited in ~** dieses Projekt ist auf

S

einen engeren Rahmen begrenzt **2** (≈ opportunity) Möglichkeit(en) f(pl); **there is ~ for further growth in the tourist industry** die Tourismusindustrie ist noch ausbaufähig; **to give sb ~ to do sth** jdm den nötigen Spielraum geben, etw zu tun **scorch** **A** n (a. **scorch mark**) Brandfleck m **B** v/t versengen **scorching** adj sun glühend heiß; day brütend heiß

score **A** n **1** (≈ points) (Punkte)stand m; (of game) (Spiel)stand m; (≈ final score) Spielergebnis nt; **the ~ was Rangers 3, Celtic 0** es stand 3:0 für Rangers (gegen Celtic); (≈ final score) Rangers schlug Celtic (mit) 3:0; **to keep ~** (mit)zählen; **what's the ~?** wie steht es?; **to know the ~** (fig) wissen, was gespielt wird (infml) **2** (≈ grudge) Rechnung f; **to settle old ~s** alte Schulden begleichen; **to have a ~ to settle with sb** mit jdm eine alte Rechnung zu begleichen haben **3** MUS Noten pl; (of film) Musik f **4** (≈ line) Kerbe f **5** (≈ 20) zwanzig; **~s of ...** (≈ many) Hunderte von ... **6** **on that ~** deshalb **B** v/t **1** erzielen; **I ~d ten points** ich habe zehn Punkte **2** (≈ mark) Kratzer/einen Kratzer machen in (+acc) **C** v/i **1** (≈ win points etc) einen Punkt erzielen; FTBL etc ein Tor schießen; **to ~ well/badly** gut/schlecht abschneiden **2** (≈ keep score) (mit)zählen ◊**score off** v/t sep (≈ delete) ausstreichen ◊**score out** or **through** v/t sep durchstreichen

scoreboard n Anzeigetafel f; (on TV) Tabelle f der Spielergebnisse **scoreline** n SPORTS Endstand m **scorer** n **1** FTBL etc Torschütze m/-schützin f **2** (SPORTS ≈ official) Anschreiber(in) m(f)

scorn **A** n Verachtung f; **to pour ~ on sb/sth** jdn/etw verächtlich abtun **B** v/t verachten; (condescendingly) verächtlich behandeln **scornful** adj verächtlich; person spöttisch; **to be ~ of sb/sth** jdn/etw verachten; (verbally) jdn/etw verhöhnen **scornfully** adv verächtlich

Scorpio n Skorpion m; **he's (a) ~** er ist Skorpion

scorpion n Skorpion m

Scot n Schotte m, Schottin f **Scotch** **A** adj schottisch **B** n (≈ Scotch whisky) Scotch m **Scotch tape®** n Klebeband nt

scot-free adv **to get off ~** ungeschoren davonkommen

Scotland n Schottland nt **Scots** **A** adj

schottisch **B** n LING Schottisch nt; **the ~** (≈ people) die Schotten pl

Scotsman n Schotte m

Scotswoman n Schottin f

Scottish adj schottisch

scoundrel n Bengel m, Bazi m (Aus)

scour¹ v/t pan scheuern, fegen (Swiss)

scour² v/t area absuchen (for nach); newspaper durchkämmen (for nach)

scourer n Topfkratzer m; (≈ sponge) Scheuerschwamm m

scourge n Geißel f

scouring pad n = scourer

Scouse **A** adj Liverpooler **B** n **1** (≈ person) Liverpooler(in) m(f) **2** (≈ dialect) Liverpooler Dialekt m

scout **A** n **1** (MIL ≈ person) Kundschafter(in) m(f) **2** **to have a ~ (a)round for sth** sich nach etw umsehen **3** **Scout** (≈ boy scout) Pfadfinder m; (US ≈ girl scout) Pfadfinderin f **4** (≈ talent scout) Talentsucher(in) m(f) **B** v/i auskundschaften; **to ~ for sth** nach etw Ausschau halten **C** v/t area, country erkunden ◊**scout around** v/i sich umsehen (for nach)

scouting n (≈ looking) Suche f (for nach); (for talent) Talentsuche f **scoutmaster** n Gruppenführer m

scowl **A** n finsterer Blick **B** v/i ein finsteres Gesicht machen; **to ~ at sb** jdn böse ansehen

scrabble v/i (a. **scrabble about** (Brit) or **around**) (herum)tasten; (among movable objects) (herum)wühlen

scraggly adj (+er) beard, hair zottig; plant kümmerlich

scraggy adj (+er) (≈ scrawny) dürr; meat sehnig

scram v/i (infml) abhauen (infml); **~!** verschwinde!

scramble **A** n **1** (≈ climb) Kletterei f **2** (≈ dash) Gerangel nt **B** v/t **1** pieces (untereinander) mischen **2** eggs verquirlen **3** TEL message verschlüsseln **C** v/i **1** (≈ climb) klettern; **to ~ out** herausklettern; **he ~d to his feet** er rappelte sich auf (infml); **to ~ up sth** auf etw (acc) hinaufklettern **2** **to ~ for sth** sich um etw raufen; for ball etc um etw kämpfen; for good site sich um etw drängeln **scrambled egg(s)** n(pl) Rührei(er) nt(pl)

scrap **A** n **1** (≈ small piece) Stückchen nt; (fig) bisschen no pl; (of paper, news) Fetzen m; **there isn't a ~ of food** es ist überhaupt nichts zu essen da; **a few ~s of information** ein paar magere Auskünfte; **not a ~ of evidence** nicht der geringste Beweis **2** (usu pl ≈ leftover) Rest m **3** (≈ waste material) Altmaterial nt; (≈ metal) Schrott m; **to sell sth for ~** etw zum Verschrotten verkaufen **B** v/t car verschrotten; idea fallen lassen **scrapbook** n Sammelalbum nt **scrap car** n Schrottauto nt (infml)

scrape A n (≈ mark) Schramme f **B** v/t **1** potatoes etc schaben; plate, shoes abkratzen; saucepan auskratzen; **to ~ a living** gerade so sein Auskommen haben; **that's really scraping the (bottom of the) barrel** (fig) das ist wirklich das Letzte vom Letzten **2** (≈ mark) car schrammen; wall streifen; arm aufschürfen **3** (≈ grate against) kratzen an (+dat) **C** v/i (≈ grate) kratzen (against an +dat; ≈ rub) streifen (against +acc); **the car just ~d past the gatepost** der Wagen fuhr um Haaresbreite am Torpfosten vorbei ◊**scrape by** v/i (lit) sich vorbeizwängen; (fig) sich durchwursteln (infml) (on mit) ◊**scrape off** v/t sep abkratzen (prep obj von) ◊**scrape out** v/t sep auskratzen ◊**scrape through A** v/i (in exam) durchrutschen (infml) **B** v/i +prep obj gap sich durchzwängen durch; exam durchrutschen durch (infml) ◊**scrape together** v/t sep money zusammenkratzen

scraper n (≈ tool) Spachtel m
scrap heap n Schrotthaufen m; **to be thrown on the ~** (person) zum alten Eisen geworfen werden; **to end up on the ~** (person) beim alten Eisen landen
scrapings pl (of food) Reste pl; (≈ potato scrapings) Schalen pl
scrap merchant n Schrotthändler(in) m(f) **scrap metal** n Schrott m **scrap paper** n (esp Br) Schmierpapier nt **scrappy** adj (+er) zusammengestückelt; match orientierungslos **scrapyard** n (esp Br) Schrottplatz m
scratch A n (≈ mark) Kratzer m; (≈ act) to **have a ~** sich kratzen; **to start from ~** (ganz) von vorn(e) anfangen; **to learn a language from ~** eine Sprache von Grund auf erlernen; **to be up to ~** den Anforderungen entsprechen **B** v/t kratzen; (≈ leave scratches on) zerkratzen; **she ~ed the dog's ear** sie kratzte den Hund am Ohr; **to ~ one's head** sich am

Kopf kratzen; **to ~ the surface of sth** (fig) etw oberflächlich berühren **C** v/i **1** kratzen; (≈ scratch oneself) sich kratzen **2** MUS scratchen ◊**scratch about** (Brit) or **around** v/i (fig infml) sich umsehen (for nach)

scratchcard n (Br) Rubbellos nt
scratching n MUS Scratching nt
scratch pad n (US IT) Notizblock m
scratch paper n (US) Notizpapier nt
scratchy adj (+er) sound, pen kratzend attr; sweater kratzig
scrawl A n Krakelei f; (≈ handwriting) Klaue f (infml) **B** v/t hinkritzeln
scrawny adj (+er) dürr
scream A n **1** Schrei m; (of engines) Heulen nt; **to give a ~** einen Schrei ausstoßen **2** (fig infml) **to be a ~** zum Schreien sein (infml) **B** v/t schreien; **to ~ sth at sb** jdm etw zuschreien; **to ~ one's head off** (infml) sich (dat) die Lunge aus dem Leib or Hals schreien **C** v/i schreien; (wind, engine) heulen; **to ~ at sb** jdn anschreien; **to ~ for sth** nach etw schreien; **to ~ in** or **with pain** vor Schmerzen schreien; **to ~ with laughter** vor Lachen kreischen **screaming A** adj schreiend; tyres kreischend; wind, engine heulend **B** n **to have a ~ match** sich gegenseitig anbrüllen (infml)
screech A n Kreischen nt no pl **B** v/t schreien; high notes quietschen **C** v/i kreischen; **to ~ with laughter** vor Lachen kreischen; **to ~ with delight** vor Vergnügen quietschen
screen A n **1** (protective) Schirm m; (for privacy etc) Wandschirm m; (fig) Schutz m **2** FILM Leinwand f; TV (Bild)schirm m; **stars of the ~** Filmstars pl; **the big ~** die Leinwand; **the small ~** die Mattscheibe **3** IT Bildschirm m; **on ~** auf Bildschirm (dat); **to work on ~** am Bildschirm arbeiten **B** v/t **1** (≈ hide) verdecken; (≈ protect) abschirmen; **he ~ed his eyes from the sun** er schützte die Augen vor der Sonne **2** TV programme senden; film vorführen **3** applicants überprüfen; calls überwachen; MED untersuchen **C** v/i **to ~ for sth** MED auf etw (acc) untersuchen ◊**screen off** v/t sep abtrennen
screening n **1** (of applicants) Überprüfung f **2** (of film) Vorführung f; TV Sendung f **screenplay** n Drehbuch nt **screen-printing** n Siebdruck m

screensaver *n* IT Bildschirmschoner *m*

screenwriter *n* Drehbuchautor(in) *m(f)*

screw **A** *n* MECH Schraube *f*; **he's got a ~ loose** (*infml*) bei dem ist eine Schraube locker (*infml*); **to turn the ~ on sb** (*infml*) jdm die Daumenschrauben anlegen **B** *v/t* **1** (*using screws*) schrauben (*to an +acc*, *onto* auf *+acc*); **she ~ed her handkerchief into a ball** sie knüllte ihr Taschentuch zu einem Knäuel zusammen **2** (*sl ≈ have sex with*) vögeln (*infml*); **~ you!** (*sl*) leck mich am Arsch! (*vulg*), du kannst mich mal! (*infml*) **C** *v/i* (*sl ≈ have sex*) vögeln (*infml*) ◊**screw down** *v/t sep* an- or festschrauben ◊**screw in** **A** *v/t sep* (hin)einschrauben (*prep obj*, *-to* in *+acc*) **B** *v/i* (hin)eingeschraubt werden (*prep obj*, *-to* in *+acc*) ◊**screw off** **A** *v/t sep* abschrauben (*prep obj von*) **B** *v/i* abgeschraubt werden (*prep obj von*) ◊**screw on** **A** *v/t sep* anschrauben; **to screw sth on(to) sth** etw an etw (*acc*) schrauben; *lid, top* etw auf etw (*acc*) schrauben **B** *v/i* aufgeschraubt werden; (*≈ with screws*) angeschraubt werden ◊**screw together** **A** *v/t sep* zusammenschrauben **B** *v/i* zusammengeschraubt werden ◊**screw up** **A** *v/t sep* **1** *paper* zusammenknüllen; *eyes* zusammenkneifen; *face* verziehen; **to ~ one's courage** seinen ganzen Mut zusammennehmen **2** (*infml ≈ spoil*) vermasseln (*infml*) **3** (*infml*) *sb* neurotisch machen; **he's so screwed up** der hat einen Schaden (*infml*) **B** *v/i* (*infml ≈ make a mess*) Scheiße bauen (*infml*) (*on sth* bei etw)

screwdriver *n* Schraubenzieher *m*

screw top *n* Schraubverschluss *m*

scribble **A** *n* Gekritzel *nt no pl* **B** *v/t* hinkritzeln; **to ~ sth on sth** etw auf etw (*acc*) kritzeln; **to ~ sth down** etw hinkritzeln **C** *v/i* kritzeln

scribe *n* Schreiber(in) *m(f)*

scrimp *v/i* sparen, knausern; **to ~ and save** geizen und sparen

script *n* **1** (*≈ writing*) Schrift *f* **2** (*of play*) Text *m*; (*≈ screenplay*) Drehbuch *nt*

scripture *n* **Scripture, the Scriptures** die (Heilige) Schrift

scriptwriter *n* Textautor(in) *m(f)*; (*of screenplay*) Drehbuchautor(in) *m(f)*

scroll **A** *n* **1** Schriftrolle *f*; (*decorative*) Schnörkel *m* **2** IT Scrollen *nt* **B** *v/i* IT scrollen ◊**scroll down** *v/t & v/i sep* vorscrollen ◊**scroll up** *v/t & v/i sep* zurückscrollen

scroll bar *n* IT Bildlaufleiste *f*

Scrooge *n* Geizhals *m*

scrotum *n* Hodensack *m*

scrounge (*infml*) **A** *v/t & v/i* schnorren (*infml*) (*off, from* bei) **B** *n* **to be on the ~** am Schnorren sein (*infml*) **scrounger** *n* (*infml*) Schnorrer(in) *m(f)* (*infml*)

scrub[1] *n* (*≈ scrubland*) Gebüsch *nt*

scrub[2] **A** *n* Schrubben *nt no pl*, Fegen *nt no pl* (*Swiss*); **to give sth a ~** etw schrubben **B** *v/t* schrubben, fegen (*Swiss*); *vegetables* putzen ◊**scrub down** *v/t sep* abschrubben, abfegen (*Swiss*) ◊**scrub out** *v/t sep* *pans etc* ausscheuern, ausfegen (*Swiss*)

scrubbing brush (*Br*), **scrub brush** (*US*) *n* Scheuerbürste *f* **scrubland** *n* → scrub[1]

scruff[1] *n* **by the ~ of the neck** am Genick

scruff[2] *n* (*infml ≈ scruffy person*) (*≈ woman*) Schlampe *f* (*pej infml*); (*≈ man*) abgerissener Typ (*infml*)

scruffily *adv* (*infml*) schlampig (*infml*)

scruffy *adj* (*+er*) (*infml*) gammelig (*infml*)

scrum *n* (*of reporters etc*, RUGBY) Gedränge *nt*

scrumptious *adj* (*infml*) lecker

scrunch **A** *v/t* **to ~ sth (up) into a ball** etw zusammenknüllen **B** *v/i* knirschen

scruple *n* Skrupel *m*; **~s** (*moralische*) Bedenken *pl*; **to have no ~s about sth** bei einer Sache keine Skrupel haben **scrupulous** *adj* gewissenhaft; **he is not too ~ in his business dealings** er hat keine allzu großen Skrupel bei seinen Geschäften; **to be ~ about sth** mit etw sehr gewissenhaft sein **scrupulously** *adv* (*≈ conscientiously*) gewissenhaft; (*≈ meticulously*) sorgfältig; *clean* peinlich; *fair* äußerst

scrutinize *v/t* **1** (*≈ examine*) (genau) untersuchen; (*≈ check*) genau prüfen **2** (*≈ stare at*) prüfend ansehen **scrutiny** *n* **1** (*≈ examination*) Untersuchung *f*; (*≈ checking*) (Über)prüfung *f* **2** (*≈ stare*) prüfender Blick

scuba diving *n* Sporttauchen *nt*

scud *v/i* flitzen; (*clouds*) jagen

scuff **A** *v/t* abwetzen **B** *v/i* schlurfen

scuffle **A** *n* Handgemenge *nt* **B** *v/i* sich raufen

sculpt *v/t* = sculpture II

sculptor *n* Bildhauer(in) *m(f)*

sculpture **A** *n* (*≈ art*) Bildhauerkunst *f*; (*≈*

work) Bildhauerei *f*; (≈ *object*) Skulptur *f* **B**
v/t formen; (*in stone*) hauen
scum *n* **1** (*on liquid*) Schaum *m*; (≈ *residue*)
Rand *m* **2** (*pej infml*) Abschaum *m*; **the ~**
of the earth der Abschaum der Menschheit **scumbag** *n* (*infml*) Schleimscheißer
m (*infml*)
scupper *v/t* **1** NAUT versenken **2** (*Br infml*
≈ *ruin*) zerschlagen
scurrilous *adj* verleumderisch
scurry *v/i* (*person*) hasten; (*animals*) huschen; **they all scurried out of the class-**
room sie hatten es alle eilig, aus dem
Klassenzimmer zu kommen
scuttle¹ *v/i* (*person*) trippeln; (*animals*)
hoppeln; (*spiders etc*) krabbeln
scuttle² *v/t* NAUT versenken
scythe *n* Sense *f*
SD card *n* IT *abbr of secure digital mem-*
ory card SD-Karte *f*
SE *abbr of south-east* SO
sea *n* Meer *nt*, See *f*; **by ~** auf dem Seeweg; **by the ~** am Meer; **at ~** auf See;
to be all at ~ (*fig*) nicht durchblicken
(*with* bei) (*infml*); **to go to ~** zur See gehen; **heavy ~s** schwere See **sea anem-**
one *n* Seeanemone *f* **sea bass** *n* FISH
Wolfsbarsch *m* **seabed** *n* Meeresboden
m **sea bird** *n* Seevogel *m* **seaboard** *n*
(*US*) Küste *f* **sea breeze** *n* Seewind *m*
sea change *n* totale Veränderung **sea**
defences, (*US*) **sea defenses** *pl* Hoch-
wasserschutzmaßnahmen *pl* **seafish** *n*
Meeresfisch *m*
seafood *n* Meeresfrüchte *pl*; **~ restau-**
rant *n* Fischrestaurant *nt* **seafront** *n* (≈
promenade) Strandpromenade *f* **seagull**
n Möwe *f* **sea horse** *n* Seepferdchen *nt*
seal¹ *n* ZOOL Seehund *m*
seal² **A** *n* **1** (*in wax*) Siegel *nt*; **~ of ap-**
proval offizielle Zustimmung **2** (≈ *airtight*
closure) Verschluss *m* **B** *v/t* versiegeln;
(*with wax*) siegeln; *area* abriegeln; (≈ *make*
air- or watertight) abdichten; (*fig* ≈ *finalize*)
besiegeln; **~ed** envelope verschlossener
Briefumschlag; **my lips are ~ed** meine
Lippen sind versiegelt; **this ~ed his fate**
dadurch war sein Schicksal besiegelt
◊**seal in** *v/t sep* einschließen ◊**seal off**
v/t sep abriegeln ◊**seal up** *v/t sep* versiegeln; *parcel* zukleben
sea level *n* Meeresspiegel *m* **sea lion** *n*
Seelöwe *m*
seam *n* Naht *f*; **to come apart at the ~s**

aus den Nähten gehen; **to be bursting at**
the ~s aus allen Nähten platzen (*infml*)
seamstress *n* Näherin *f*
seamy *adj* (+*er*) *club, person* heruntergekommen; *area, past* zwielichtig
séance *n* Séance *f*
search **A** *n* (*for lost object etc*) Suche *f* (*for*
nach); (*of luggage etc*) Durchsuchung *f* (*of*
+*gen*); IT Suchlauf *m*; **to go in ~ of sb/**
sth auf die Suche nach jdm/etw gehen;
to carry out a ~ of a house eine Haus-
(durch)suchung machen; **they arranged**
a ~ for the missing child sie veranlassten
eine Suchaktion nach dem vermissten
Kind; **to do a ~ (and replace) for sth** IT
etw suchen (und ersetzen) **B** *v/t* (*for* nach)
durchsuchen; *records* suchen in (+*dat*);
memory durchforschen; **to ~ a place for**
sb/sth einen Ort nach jdm/etw absuchen
C *v/i* suchen (*for* nach) ◊**search**
around *v/i* herumstöbern (*in* in +*dat*)
◊**search out** *v/t sep* herausschen; *per-*
son aufspüren ◊**search through** *v/i*
+*prep obj* durchsuchen; *papers* durchsehen
search engine *n* IT Suchmaschine *f*
searcher *n* **the ~s** die Suchmannschaft
f **searching** *adj look* forschend; *question*
bohrend **searchlight** *n* Suchscheinwerfer *m* **search party** *n* Suchmannschaft
f **search warrant** *n* Durchsuchungsbefehl *m*
searing *adj heat* glühend
seashell *n* Muschel(schale) *f* **seashore** *n*
Strand *m*; **on the ~** am Strand **seasick**
adj seekrank **seasickness** *n* Seekrankheit *f* **seaside** **A** *n* **at the ~** am Meer;
to go to the ~ ans Meer fahren **B** *attr*
See-; *town* am Meer **seaside resort** *n*
Seebad *nt*
season **A** *n* **1** (*of the year*) Jahreszeit *f*;
rainy ~ Regenzeit *f* **2** (≈ *social season*
etc) Saison *f*; **hunting ~** Jagdzeit *f*; **straw-**
berries are in ~/out of ~ now für Erdbeeren ist jetzt die richtige/nicht die richtige Zeit; **their bitch is in ~** ihre Hündin
ist läufig; **to go somewhere out of/in ~**
an einen Ort fahren *or* gehen, wenn keine
Saison/wenn Saison ist; **at the height of**
the ~ in der Hochsaison; **the ~ of good**
will die Zeit der Nächstenliebe; **"Season's**
greetings" "fröhliche Weihnachten und
ein glückliches neues Jahr" **3** THEAT
Spielzeit *f*; **a ~ of Dustin Hoffman films**
eine Serie von Dustin-Hoffman-Filmen **B**

v/t food würzen **seasonal** *adj* jahreszeit-
lich bedingt; **~ fruit** Früchte *pl* der Saison
seasonally *adv* **~ adjusted** saisonbereinigt **seasoned** *adj* **1** *food* gewürzt **2**
timber abgelagert **3** *(fig ≈ experienced)* erfahren **seasoning** *n* COOK Gewürz *nt*
season ticket *n* RAIL Zeitkarte *f*; THEAT
Abonnement *nt*

seat A *n (≈ chair, on committee)* Sitz *m*; *(≈
place to sit)* (Sitz)platz *m*; *(usu pl ≈ seating)*
Sitzgelegenheit *f*; *(of trousers)* Hosenboden
m; **will you keep my ~ for me?** würden
Sie mir meinen Platz frei halten? **B** *v/t*
setzen; **to ~ oneself** sich setzen; **to be
~ed** sitzen; **please be ~ed** bitte, setzen
Sie sich; **the table/sofa ~s 4** am Tisch/
auf dem Sofa ist Platz für 4 Personen;
the hall ~s 900 die Halle hat 900 Sitzplätze

seat belt *n* Sicherheitsgurt *m*; **to fasten
one's ~** sich anschnallen **seating** *n* Sitzplätze *pl* **seating arrangements** *pl*
Sitzordnung *f*

sea view *n* Seeblick *m* **sea water** *n*
Meerwasser *nt* **seaweed** *n* (See)tang *m*
seaworthy *adj* seetüchtig

sec *abbr* of **second(s)** Sek.; **wait a ~** *(infml)*
Moment mal

secluded *adj spot* abgelegen **seclusion**
n Abgeschiedenheit *f*; *(of spot)* Abgelegenheit *f*

second¹ **A** *adj* zweite(r, s); **the ~ floor**
(Br) der zweite Stock; *(US)* der erste Stock;
to be ~ Zweite(r, s) sein; **in ~ place**
SPORTS *etc* an zweiter Stelle; **to be** *or* **lie
in ~ place** auf dem zweiten Platz sein
or liegen; **to finish in ~ place** den zweiten Platz belegen; **to be ~ in command**
MIL stellvertretender Kommandeur sein;
~ time around beim zweiten Mal; **you
won't get a ~ chance** die Möglichkeit
kriegst du so schnell nicht wieder *(infml)*
B *adv* **1** *(+adj)* zweit-; *(+vb)* an zweiter
Stelle; **the ~ largest house** das zweit-
größte Haus; **to come/lie ~** Zweite(r) wer-
den/sein **2** *(≈ secondly)* zweitens **C** *v/t motion* unterstützen **D** *n* **1** *(of time)* Sekunde
f; *(infml ≈ short time)* Augenblick *m*; **just a
~!** (einen) Augenblick!; **it won't take a ~**
es dauert nicht lange; **I'll only be a ~** ich
komme gleich; *(≈ back soon)* ich bin gleich
wieder da **2 the ~** *(in order)* der/die/das
Zweite **3** AUTO **~ (gear)** der zweite Gang
4 seconds *pl (infml ≈ second helping)*

Nachschlag *m (infml)* **5** COMM **~s** *pl* Waren
pl zweiter Wahl

second² *v/t (Br)* abordnen

secondary *adj* **1** sekundär **2** *education*
höher; **~ school** höhere Schule **second
best A** *n* Zweitbeste(r, s); **I won't settle
for ~** ich gebe mich nicht mit dem Zweit-
besten zufrieden **B** *adv* **to come off ~**
den Kürzeren ziehen **second-best** *adj*
zweitbeste(r, s) **second class** *n* zweite
Klasse **second-class A** *adj ticket, mail*
zweiter Klasse *pred*; **~ stamp** Briefmarke
*für nicht bevorzugt beförderte Briefsen-
dungen* **B** *adv travel* zweiter Klasse; **to
send sth ~** etw mit nicht bevorzugter
Post schicken **second cousin** *n* Cousin
m/Cousine *f* zweiten Grades **second-de-
gree** *adj attr* zweiten Grades **second-
-guess** *v/t* **1 to ~ sb** vorhersagen, was
jd machen/sagen wird **2** *(US)* im Nachhinein kritisieren **second hand** *n* Sekundenzeiger *m* **second-hand A** *adj* gebraucht; *clothes* getragen; *(fig) information*
aus zweiter Hand; **a ~ car** ein Gebrauchtwagen *m*, eine Occasion *(Swiss)*; **~ bookshop** Antiquariat *nt* **B** *adv* gebraucht
secondly *adv* zweitens; *(≈ secondarily)*
an zweiter Stelle

secondment *n (Br)* Abordnung *f*; **to be
on ~** abgeordnet sein

second name *n* Nachname *m* **second
nature** *n* **to become ~ (to sb)** (jdm) in
Fleisch und Blut übergehen **second-
-rate** *adj (pej)* zweitklassig **second sight**
n das Zweite Gesicht; **you must have ~**
du musst hellsehen können **second
thought** *n* **without a ~** ohne lange darüber nachzudenken; **I didn't give it a ~**
ich habe daran überhaupt keinen Gedanken verschwendet; **to have ~s about sth**
sich *(dat)* etw anders überlegen; **on ~s
maybe I'll do it myself** vielleicht mache
ich es doch besser selbst **Second
World War** *n* **the ~** der Zweite Weltkrieg

secrecy *n (of person)* Geheimnistuerei *f*;
(of event) Heimlichkeit *f*; **in ~** im Geheimen

secret A *adj* geheim; *admirer, ambition*
heimlich; **to keep sth ~ (from sb)** etw
(vor jdm) geheim halten **B** *n* Geheimnis
nt; **to keep sb/sth a ~ (from sb)** jdn/etw
(vor jdm) geheim halten; **to tell sb a ~**
jdm ein Geheimnis anvertrauen; **in ~** im

S

Geheimen; **they met in** ~ sie trafen sich heimlich; **to let sb in on** *or* **into a** ~ jdn in ein Geheimnis einweihen; **to keep a** ~ ein Geheimnis für sich behalten; **can you keep a ~?** kannst du schweigen?; **to make no** ~ **of sth** kein Geheimnis *or* keinen Hehl aus etw machen; **the** ~ **of success** das Erfolgsgeheimnis **secret agent** *n* Geheimagent(in) *m(f)*
secretarial *adj job* als Sekretärin/Sekretär; ~ **work** Sekretariatsarbeit *f*; ~ **staff** Sekretärinnen und Schreibkräfte *pl*
secretary *n* Sekretär(in) *m(f)*; *(of society)* Schriftführer(in) *m(f)*; *(POL ≈ minister)* Minister(in) *m(f)* **secretary-general** *n, pl* **secretaries-general, secretary-generals** Generalsekretär(in) *m(f)* **Secretary of State** *n* *(Br)* Minister(in) *m(f)*; *(US)* Außenminister(in) *m(f)*
secrete *v/t & v/i* MED absondern **secretion** *n* *(MED ≈ substance)* Sekret *nt*
secretive *adj person (by nature)* verschlossen; *(in action)* geheimtuerisch; *organization* verschwiegen; **to be** ~ **about sth** mit etw geheimnisvoll tun **secretly** *adv* im Geheimen; *meet, film* heimlich; *(≈ privately)* insgeheim **secret police** *n* Geheimpolizei *f* **secret service** *n* Geheimdienst *m* **secret weapon** *n* Geheimwaffe *f*
sect *n* Sekte *f* **sectarian** *adj* sektiererisch; *differences* konfessionell; ~ **violence** Gewalttätigkeiten *pl* mit konfessionellem Hintergrund
section *n* **1** *(≈ part)* Teil *m*; *(of book, motorway)* Abschnitt *m*; *(of document)* Absatz *m*; *(of orange)* Stück *nt*; **the string** ~ die Streicher *pl* **2** *(≈ department, MIL)* Abteilung *f*; *(esp of academy etc)* Sektion *f* **3** *(≈ diagram, cutting)* Schnitt *m* ◊**section off** *v/t sep* abteilen
sector *n also* IT Sektor *m*
secular *adj* weltlich, säkular; *art* profan
secure **A** *adj* *(+er)* sicher; *(emotionally)* geborgen; *income, door* gesichert; *grip, knot* fest; ~ **in the knowledge that …** ruhig in dem Bewusstsein, dass …; **to make sb feel** ~ jdm das Gefühl der Sicherheit geben; **financially** ~ finanziell abgesichert **B** *v/t* **1** *(≈ fasten)* festmachen; *door* fest zumachen; *(≈ make safe)* sichern *(from, against* gegen*)* **2** *(≈ obtain)* sich *(dat)* sichern; *votes, order* erhalten; *(≈ buy)* erstehen; **to** ~ **sth for sb** jdm etw sichern se-

curely *adv* *(≈ firmly)* fest; *(≈ safely)* sicher **security** *n* **1** Sicherheit *f*; *(emotional)* Geborgenheit *f*; *(≈ security measures)* Sicherheitsmaßnahmen *pl*; *(≈ security department)* Sicherheitsdienst *m*; *(≈ guarantor)* Bürge *m*, Bürgin *f*; **for** ~ zur Sicherheit **2** **securities** *pl* FIN (Wert)papiere *pl*; **securities market** Wertpapiermarkt *m* **security camera** *n* Überwachungskamera *f* **security check** *n* Sicherheitskontrolle *f* **security firm** *n* Wach- und Sicherheitsdienst *m* **security gap** *n* Sicherheitslücke *f* **security guard** *n* Wache *f* **security man** *n* Wache *f*, Wächter *m*; **one of the security men** einer der Sicherheitsleute **security risk** *n* Sicherheitsrisiko *nt*
sedan *n* **1** *(a.* **sedan chair**) Sänfte *f* **2** *(US* AUTO*)* Limousine *f*
sedate **A** *adj* *(+er)* gesetzt; *life* geruhsam **B** *v/t* Beruhigungsmittel geben *(+dat)*; **he was heavily ~d** er stand starr unter dem Einfluss von Beruhigungsmitteln **sedation** *n* Beruhigungsmittel *pl*; **to put sb under** ~ jdm Beruhigungsmittel geben **sedative** *n* Beruhigungsmittel *nt*
sedentary *adj* sitzend *attr*; **to lead a** ~ **life** sehr viel sitzen
sediment *n* (Boden)satz *m*; *(in river)* Ablagerung *f*
seduce *v/t* verführen **seduction** *n* Verführung *f* **seductive** *adj* verführerisch; *offer* verlockend
see[1] *pret* **saw**, *past part* **seen** **A** *v/t* **1** sehen; *(≈ check)* nachsehen; *film* sich *(dat)* ansehen; **to** ~ **sb do sth** sehen, wie jd etw macht; **I saw it happen** ich habe gesehen, wie es passiert ist; **I wouldn't like to** ~ **you unhappy** ich möchte doch nicht, dass du unglücklich bist; ~ **page 8** siehe Seite 8; **what does she** ~ **in him?** was findet sie an ihm?; **you must be ~ing things** du siehst wohl Gespenster!; **worth ~ing** sehenswert; **we'll** ~ **if we can help** mal sehen, ob wir helfen können; **that remains to be ~n** das wird sich zeigen; **let's** ~ **what happens** wollen wir mal abwarten, was passiert; **I** ~ **you still haven't done that** wie ich sehe, hast du das immer noch nicht gemacht; **try to** ~ **it my way** versuchen Sie doch einmal, es aus meiner Sicht zu sehen; **I don't** ~ **it that way** ich sehe das anders **2** *(≈ visit)* besuchen; *(on business)* aufsuchen; **to call** *or* **go and** ~ **sb** jdn besuchen (gehen); **to**

S

~ **the doctor** zum Arzt gehen **3** (≈ *meet with*) sehen; (≈ *talk to*) sprechen; (≈ *receive*) empfangen; **the doctor will ~ you now** der Herr Doktor ist jetzt frei; **I'll have to ~ my wife about that** das muss ich mit meiner Frau besprechen; **~ you (soon)!** bis bald!, servus! (*Aus*); **~ you later!** bis später! **4** (≈ *have relationship with*) befreundet sein mit; **I'm not ~ing anyone** ich habe keinen Freund/keine Freundin **5 to ~ sb to the door** jdn zur Tür bringen **6** (≈ *visualize*) sich (*dat*) vorstellen; **I can't ~ that working** ich kann mir kaum vorstellen, dass das klappt **7** (≈ *experience*) erleben; **I've never ~n anything like it!** so etwas habe ich ja noch nie gesehen!; **it's ~n a lot of hard wear** das ist schon sehr strapaziert worden **8** (≈ *understand*) verstehen; (≈ *recognize*) einsehen; (≈ *realize*) erkennen; **I can ~ I'm going to be busy** ich sehe schon, ich werde viel zu tun haben; **I fail to** or **don't ~ how anyone could ...** ich begreife einfach nicht, wie jemand nur ... kann; **I ~ from this report that ...** ich ersehe aus diesem Bericht, dass ...; **(do you) ~ what I mean?** verstehst du(, was ich meine)?; (≈ *didn't I tell you!*) siehst dus jetzt!; **I ~ what you mean** ich verstehe, was du meinst; (≈ *you're right*) ja, du hast recht; **to make sb ~ sth** jdm etw klarmachen **9 ~ that it is done by tomorrow** sieh zu, dass es bis morgen fertig ist **B** *v/i* **1** sehen; **let me ~, let's ~** lassen Sie mich mal sehen; **who was it? — I couldn't/didn't ~** wer war das? — ich konnte es nicht sehen; **as far as the eye can ~** so weit das Auge reicht; **~ for yourself!** sieh doch selbst!; **will he come? — we'll soon ~** kommt er? — das werden wir bald sehen; **you'll ~!** du wirst es (schon) noch sehen! **2** (≈ *find out*) nachsehen; **is he there? — I'll ~** ist er da? — ich sehe mal nach or ich guck mal (*infml*); **~ for yourself!** sieh doch selbst (nach)! **3** (≈ *understand*) verstehen; **as far as I can ~ ...** so wie ich das sehe ...; **he's dead, don't you ~?** er ist tot, begreifst du das denn nicht?; **as I ~ from your report** wie ich aus Ihrem Bericht ersehe; **it's too late, (you)** ~ (siehst du,) es ist zu spät!; **(you)** ~, **it's like this** es ist nämlich so; **I ~!** aha!; (*after explanation*) ach so! **4** (≈ *consider*) **we'll ~** mal sehen; **let me ~, let's ~** lassen Sie mich mal

überlegen ◊**see about** *v/i +prep obj* (≈ *attend to*) sich kümmern um; **he came to ~ the rent** er ist wegen der Miete gekommen ◊**see in A** *v/i* hineinsehen **B** *v/t sep* **to see the New Year in** das neue Jahr begrüßen ◊**see into** *v/i +prep obj* hineinsehen in (+*acc*) ◊**see off** *v/t sep* **1** (≈ *bid farewell to*) verabschieden; **are you coming to see me off (at the airport** *etc*)? kommt ihr mit mir (zum Flughafen *etc*)? **2** (≈ *chase off*) Beine machen (+*dat*) (*infml*) ◊**see out A** *v/i* hinaussehen; **I can't ~ of the window** ich kann nicht zum Fenster hinaussehen **B** *v/t sep* (≈ *show out*) hinausbegleiten (*of* aus); **I'll see myself out** ich finde (schon) alleine hinaus ◊**see through A** *v/i* (*lit*) (hin)durchsehen (*prep obj* durch) **B** *v/i +prep obj* (*fig*) *deceit* durchschauen **C** *v/t always separate* **1** (≈ *help through difficult time*) beistehen (+*dat*); **he had £100 to see him through the term** er hatte £ 100 für das ganze Semester **2** *job* zu Ende bringen ◊**see to** *v/i +prep obj* sich kümmern um ◊**see up** *v/i +prep obj* (≈ *look up*) hinaufsehen; **I could ~ her skirt** ich konnte ihr unter den Rock sehen

see² *n* Bistum *nt*

seed A *n* **1** (BOT, *single*) Samen *m*; (*of grain etc*) Korn *nt*; (*in fruit*) (Samen)kern *m*; (≈ *grain*) Saatgut *nt*; (*fig: of idea*) Keim *m* (*of* zu); **to sow the ~s of doubt (in sb's mind)** (bei jdm) Zweifel säen **2** SPORTS **the number one ~** der/die als Nummer eins Gesetzte **B** *v/t* SPORTS **~ed number one** als Nummer eins gesetzt

seedling *n* Sämling *m*

seedy *adj* (+er) zwielichtig

seeing A *n* Sehen *nt*; **I'd never have thought it possible but ~ is believing** ich hätte es nie für möglich gehalten, aber ich habe es mit eigenen Augen gesehen **B** *cj* ~ **(that** or **as)** da **Seeing Eye Dog** *n* (US) Blindenhund *m*

seek *pret, past part* **sought** *v/t* suchen; *fame* streben nach; **to ~ sb's advice** jdn um Rat fragen; **to ~ to do sth** sich bemühen, etw zu tun ◊**seek out** *v/t sep* ausfindig machen

seem *v/i* scheinen; **he ~s younger than he is** er wirkt jünger, als er ist; **he doesn't ~ (to be) able to concentrate** er scheint sich nicht konzentrieren zu können; **things aren't what they ~** Vieles ist an-

ders, als es aussieht; **I ~ to have heard that before** das habe ich doch schon mal gehört; **what ~s to be the trouble?** worum geht es denn?; (doctor) was kann ich für Sie tun?; **it ~s to me that …** mir scheint, dass …; **we are not welcome, it ~s** wir sind scheinbar nicht willkommen; **so it ~s** es sieht (ganz) so aus; **how does it ~ to you?** was meinen SIE?; **how did she ~ to you?** wie fandst du sie?; **it ~s a shame to leave now** es ist irgendwie schade, jetzt zu gehen; **it just doesn't ~ right** das ist doch irgendwie nicht richtig; **I can't ~ to do it** ich kann das anscheinend or scheinbar or irgendwie nicht; **it only ~s like it** das kommt einem nur so vor; **I ~ to remember telling him that** es kommt mir so vor, als hätte ich ihm das schon gesagt
seeming adj attr scheinbar **seemingly** adv scheinbar, anscheinend
seen past part of see¹
seep v/i sickern; **to ~ through sth** durch etw durchsickern
seesaw n Wippe f
seethe v/i (≈ be crowded) wimmeln (with von); (≈ be angry) kochen (infml)
see-through adj durchsichtig
segment n Teil m; (of orange) Stück nt; (of circle) Abschnitt m
segregate v/t individuals absondern; group of population nach Rassen etc trennen **segregation** n Trennung f
Segway® n Segway® m, einachsiger Einpersonentransporter
seismic adj seismisch; (fig) changes, events dramatisch; forces ungeheuer
seize v/t ergreifen; (≈ confiscate) beschlagnahmen; town einnehmen; power an sich (acc) reißen; opportunity ergreifen; **to ~ sb's arm, to ~ sb by the arm** jdn am Arm packen; **to ~ the day** den Tag nutzen; **to ~ control of sth** etw unter Kontrolle bringen ◊**seize on** or **upon** v/i +prep obj idea sich stürzen auf (+acc) ◊**seize up** v/i **1** (engine) sich verklemmen **2** (infml) **my back seized up** es ist mir in den Rücken gefahren (infml)
seizure n **1** (≈ confiscation) Beschlagnahmung f; (≈ capture) Einnahme f **2** MED Anfall m; (≈ apoplexy) Schlaganfall m
seldom adv selten
select **A** v/t & v/i (aus)wählen; SPORTS auswählen; (for match) aufstellen **B** adj (≈ ex-

clusive) exklusiv; (≈ chosen) auserwählt; **a ~ few** eine kleine Gruppe Auserwählter **selection** n **1** (≈ choosing) (Aus)wahl f **2** (≈ thing selected) Wahl f; **to make one's ~** seine Wahl treffen **3** (≈ range) Auswahl f (of an +dat) **selective** adj wählerisch **selector** n SPORTS jd, der die Mannschaftsaufstellung vornimmt
self n, pl selves Ich nt, Selbst nt no pl; **he showed his true ~** er zeigte sein wahres Ich or Gesicht; **he's quite his old ~ again,** **he's back to his usual ~** er ist wieder ganz der Alte (infml) **self-absorbed** adj mit sich selbst beschäftigt **self-addressed** adj envelope adressiert **self-addressed stamped envelope** n (US) frankierter Rückumschlag **self-adhesive** adj selbstklebend **self-appointed** adj selbst ernannt **self-assertive** adj selbstbewusst **self-assured** adj selbstsicher **self-awareness** n Selbsterkenntnis f **self-belief** n Glaube m an sich (acc) selbst **self-catering** (Br) **A** n Selbstversorgung f; **to go ~** Urlaub m für Selbstversorger machen **B** adj für Selbstversorger **self-centred,** (US) **self-centered** adj egozentrisch **self checkout** n Selbstbedienungskasse f, SB-Kasse f **self-confessed** adj erklärt attr **self-confidence** n Selbstvertrauen nt **self-confident** adj selbstsicher **self-conscious** adj gehemmt; **to be ~ about sth** sich (dat) einer Sache (gen) sehr bewusst sein **self-consciously** adv (≈ uncomfortably) verlegen **self-consciousness** n Befangenheit f, Gehemmtheit f; (of style etc) Bewusstheit f **self-contained** adj **1** person distanziert **2** (≈ self-sufficient) selbstgenügsam **3** flat separat; group geschlossen **self-control** n Selbstbeherrschung f **self-deception** n Selbstbetrug m **self-defence,** (US) **self-defense** n Selbstverteidigung f; JUR Notwehr f **self-delusion** n Selbsttäuschung f **self-denial** n Selbstzucht f **self-deprecating** adj person bescheiden; remark sich selbst herabwürdigend attr; **to be ~** (person) sich selbst abwerten **self-destruct** **A** v/i sich selbst zerstören **B** adj attr **~ button** Knopf m zur Selbstzerstörung n Selbstzerstörung f **self-destructive** adj selbstzerstörerisch **self-determination** n Selbstbestimmung f (also POL)

self-discipline n Selbstdisziplin f **self-doubt** n Zweifel m an sich (dat) selbst **self-educated** adj autodidaktisch **self-effacing** adj zurückhaltend **self-employed** adj selbstständig; journalist freiberuflich **self-esteem** n Selbstachtung f; **to have high/low** ~ sehr/wenig selbstbewusst sein **self-evident** adj offensichtlich **self-explanatory** adj unmittelbar verständlich **self-government** n Selbstverwaltung f **self-harm** n Selbstverletzung f **self-help** n Selbsthilfe f

selfie n Selfie nt **selfie stick** n Selfiestick m, Selfiestange f

self-important adj aufgeblasen **self-improvement** n Weiterbildung f **self-indulgence** n genießerische Art; (in eating) Maßlosigkeit f **self-indulgent** adj genießerisch; (in eating) maßlos **self-inflicted** adj wounds sich (dat) selbst zugefügt attr **self-interest** n eigenes Interesse

selfish adj egoistisch; **for** ~ **reasons** aus selbstsüchtigen Gründen **selfishly** adv egoistisch **selfishness** n Egoismus m **self-justification** n Rechtfertigung f **self-knowledge** n Selbsterkenntnis f **selfless** adj, **selflessly** adv selbstlos **selflessness** n Selbstlosigkeit f

self-made adj ~ **man** Selfmademan m; **he's a** ~ **millionaire** er hat es aus eigener Kraft zum Millionär gebracht **self-opinionated** adj rechthaberisch **self-perception** n Selbstwahrnehmung f **self-pity** n Selbstmitleid nt **self-portrait** n Selbstporträt nt **self-possessed** adj selbstbeherrscht **self-preservation** n Selbsterhaltung f **self-raising**, (US) **self-rising** adj flour selbsttreibend, mit bereits beigemischtem Backpulver **self-reliant** adj selbstständig **self-respect** n Selbstachtung f; **have you no** ~? schämen Sie sich gar nicht? **self-respecting** adj anständig; **no** ~ **person would** ... niemand, der etwas auf sich hält, würde ... **self-restraint** n Selbstbeherrschung f **self-righteous** adj selbstgerecht **self-rising** adj (US) = self-raising **self-sacrifice** n Selbstaufopferung f **self-satisfied** adj selbstgefällig **self-service**, (esp US) **self-serve** A adj Selbstbedienungs- B n Selbstbedienung f **self-sufficiency** n (of person) Selbst-

ständigkeit f; (of country) Autarkie f; (of community) Selbstversorgung f **self-sufficient** adj person selbstständig; country autark **self-taught** adj he is ~ er hat sich (dat) das selbst beigebracht **self-updating** adj selbstaktualisierend **self-worth** n Selbstachtung f

sell pret, past part sold A v/t 1 verkaufen (sb sth, sth to sb jdm etw, etw an jdn); **what are you** ~**ing it for?** wie viel verlangen Sie dafür?; **to be sold on sb/sth** (infml) von jdm/etw begeistert sein 2 (≈ stock) führen; (≈ deal in) vertreiben 3 (≈ promote the sale of) einen guten Absatz verschaffen (+dat); **to** ~ **oneself** sich verkaufen (to an +acc) 4 (fig ≈ betray) verraten; **to** ~ **sb down the river** (infml) jdn ganz schön verschaukeln (infml) B v/i (person) verkaufen (to sb an jdn); (article) sich verkaufen (lassen); **what are they** ~**ing for?** wie viel kosten sie? ◊**sell off** v/t sep verkaufen; (quickly, cheaply) abstoßen ◊**sell out** A v/t sep ausverkaufen; **we're sold out of ice cream** das Eis ist ausverkauft B v/i 1 alles verkaufen; **we sold out in two days** wir waren in zwei Tagen ausverkauft 2 (infml) he sold out to the enemy er hat sich an den Feind verkauft ◊**sell up** (esp Br) v/i sein Haus etc verkaufen

sell-by date n ≈ Haltbarkeitsdatum nt **seller** n 1 Verkäufer(in) m(f) 2 **this book is a good** ~ das Buch verkauft sich gut **selling** n Verkauf m **selling point** n Verkaufsanreiz m **selloff** n Verkauf m **Sellotape®** (Br) A n Klebeband nt B v/t **to sellotape (down)** mit Klebeband festkleben

sellout n THEAT, SPORTS **to be a** ~ ausverkauft sein

selves pl of self

semantics n sg Semantik f

semaphore n Signalsprache f

semblance n (with def art) Anschein m (of von); (with indef art) Anflug m (of von)

semen n Sperma nt

semester n Semester nt

semi n 1 (Br infml) = semidetached 2 (infml) = semifinal **semi-** pref halb-, Halb- **semicircle** n Halbkreis m **semicolon** n Semikolon nt **semiconscious** adj halb bewusstlos **semidetached** (Br) A adj ~ **house** Doppelhaushälfte f B n Doppelhaushälfte f **semifinal** n Halbfinalspiel *nt*; **~s** Halbfinale *nt* **semifinalist** *n* Teilnehmer(in) *m(f)* am Halbfinale

seminar *n* Seminar *nt*

seminary *n* Priesterseminar *nt*

semiprecious *adj* **~ stone** Halbedelstein *m* **semiquaver** *n* (*esp Br*) Sechzehntel (-note *f*) *nt* **semiskilled** *adj* worker angelernt **semi-skimmed milk** *n* (*Br*) Halbfettmilch *f* **semitrailer** *n* (*Br*) Sattelschlepper *m*; (≈ *part*) Sattelauflieger *m*

semolina *n* Grieß *m*

sen *abbr* of senior sen.

Sen (*US*) *abbr* of senator

senate *n* Senat *m* **senator** *n* Senator(in) *m(f)*

send *pret, past part* sent *v/t* **1** schicken; *letter, signal* senden; **it ~s the wrong signal** *or* **message** (*fig*) das könnte falsch verstanden werden; **to ~ sb for sth** jdn nach etw schicken; **she ~s her love** sie lässt grüßen; **~ him my best wishes** grüßen Sie ihn von mir **2** (≈ *propel*) arrow, ball schießen; (*hurl*) schleudern; **the blow sent him sprawling** der Schlag schleuderte ihn zu Boden; **to ~ sth off course** etw vom Kurs abbringen; **this sent him into a fury** das machte ihn wütend; **this sent him (off) into fits of laughter** das ließ ihn in einen Lachkrampf ausbrechen; **to ~ prices soaring** die Preise in die Höhe treiben ◊**send away** **A** *v/t sep* wegschicken **B** *v/i* **to ~ for sth** etw anfordern ◊**send back** *v/t sep* zurückschicken; *food* zurückgehen lassen ◊**send down** *v/t sep* **1** *temperature, prices* fallen lassen; (*gradually*) senken **2** *prisoner* verurteilen (*for* zu) ◊**send for** *v/i +prep obj* **1** *person* kommen lassen; *doctor* rufen; *help* herbeirufen; (*person in authority*) *pupil* zu sich bestellen; **I'll ~ you when I want you** ich lasse Sie rufen, wenn ich Sie brauche **2** *catalogue* anfordern ◊**send in** *v/t sep* einsenden; *person* hereinschicken; *troops* einsetzen ◊**send off** **A** *v/t sep* **1** *parcel* abschicken **2** *children to school* wegschicken **3** SPORTS vom Platz stellen (*for* wegen); **send him off, ref!** Platzverweis! **B** *v/i* = send away **II** ◊**send on** *v/t sep* **1** *letter* nachschicken **2** *luggage etc* vorausschicken **3** *substitute* einsetzen ◊**send out** *v/t sep* **1** (*of room*) hinausschicken (*of* aus); **she sent me out to buy a paper** sie hat mich losgeschickt, um eine Zeitung zu kaufen **2** *signals* aussenden; *light* ausstrahlen **3** *invitations* verschicken ◊**send out for** **A** *v/i +prep obj* holen lassen **B** *v/t sep* **to send sb out for sth** jdn nach etw schicken ◊**send up** *v/t sep* (*Br infml* ≈ *satirize*) verulken (*infml*)

sender *n* Absender(in) *m(f)* **sendoff** *n* Verabschiedung *f*; **to give sb a good ~** jdn ganz groß verabschieden (*infml*)

senile *adj* senil

senior **A** *adj* (*in age*) älter; (*in rank*) übergeordnet; *rank, civil servant* höher; *officer* ranghöher; *editor etc* leitend; **he is ~ to me** er ist mir übergeordnet; **the ~ management** die Geschäftsleitung; **~ consultant** Chefarzt *m*/-ärztin *f*, Primararzt *m*/-ärztin *f* (*Aus*); **my ~ officer** mein Vorgesetzter, meine Vorgesetzte; **J. B. Schwartz, Senior** J. B. Schwartz senior **B** *n* SCHOOL Oberstufenschüler(in) *m(f)*; (*US UNIV*) Student(in) *m(f)* im letzten Studienjahr; **he is two years my ~** er ist zwei Jahre älter als ich **senior citizen** *n* älterer (Mit)bürger, ältere (Mit)bürgerin **seniority** *n* (*in rank*) (höhere) Position; MIL (höherer) Rang; (*in civil service etc*) (höherer) Dienstgrad **senior moment** *n* (*infml*) altersbedingte Gedächtnislücke **senior partner** *n* Seniorpartner(in) *m(f)* **senior school**, (*US*) **senior high school** *n* Oberstufe *f*

sensation *n* **1** (≈ *feeling*) Gefühl *nt*; (*of cold etc*) Empfindung *f*; **a ~ of falling** das Gefühl zu fallen **2** (≈ *success*) Sensation *f*; **to cause a ~** (großes) Aufsehen erregen **sensational** *adj* **1** sensationell; *book* reißerisch aufgemacht **2** (*infml* ≈ *very good etc*) sagenhaft (*infml*)

sense **A** *n* **1** Sinn *m*; **~ of smell** Geruchssinn *m* **2 senses** *pl* Verstand *m*; **to come to one's ~s** zur Vernunft kommen **3** (≈ *feeling*) Gefühl *nt*; **to have a ~ that ...** das Gefühl haben, dass ...; **~ of duty** Pflichtbewusstsein *nt*; **a false ~ of security** ein falsches Gefühl der Sicherheit **4** (**common**) **~** gesunder Menschenverstand; **he had the (good) ~ to ...** er war so vernünftig und ...; **there is no ~ in doing that** es ist sinnlos, das zu tun; **to talk ~** vernünftig sein; **to make sb see ~** jdn zur Vernunft bringen; **to make ~** (*sentence etc*) (einen) Sinn ergeben; (≈ *be rational*) Sinn machen; **it doesn't make ~ doing it that way** es ist doch Unsinn, es so zu machen; **he/his theory doesn't make ~** er/seine Theorie ist völlig unverständlich; **it all makes ~ now** jetzt wird einem alles klar; **to make ~ of sth** etw verstehen **5** (≈ *meaning*) Sinn *m no pl*; **in every ~ of the word** in der vollen Bedeutung des Wortes **6 in a ~** in gewisser Hinsicht; **in every ~** in jeder Hinsicht; **in what ~?** inwiefern? **B** *v/t* spüren **sense-less** *adj* **1** (≈ *unconscious*) bewusstlos **2** (≈ *stupid*) unsinnig; (≈ *futile*) sinnlos

sensibility *n* Empfindsamkeit *f*; **sensibilities** Zartgefühl *nt*

sensible *adj* vernünftig **sensibly** *adv* vernünftig; **he very ~ ignored the question** er hat die Frage vernünftigerweise ignoriert

sensitive *adj* (*emotionally*) sensibel; (≈ *easily upset, physically sensitive*) empfindlich; (≈ *understanding*) einfühlsam; *film* einfühlend; (*fig*) *topic* heikel; **to be ~ about sth** in Bezug auf etw (*acc*) empfindlich sein; **she is very ~ to criticism** sie reagiert sehr empfindlich auf Kritik; **he has access to some highly ~ information** er hat Zugang zu streng vertraulichen Informationen **sensitively** *adv* (≈ *sympathetically*) einfühlsam **sensitivity** *n* (*emotional*) Sensibilität *f*; (≈ *getting easily upset, physical sensitivity*) Empfindlichkeit *f*; (≈ *understanding*) Einfühlsamkeit *f*; (*fig: of topic*) heikle Natur

sensor *n* Sensor *m* **sensory** *adj* sensorisch; **~ organ** Sinnesorgan *nt*

sensual *adj* sinnlich **sensuality** *n* Sinnlichkeit *f* **sensuous** *adj*, **sensuously** *adv* sinnlich

sent *pret, past part* of send

sentence A *n* **1** GRAM Satz *m*; **~ structure** Satzbau *m* **2** JUR Strafe *f*; **the judge gave him a 6-month ~** der Richter verurteilte ihn zu 6 Monaten Haft **B** *v/t* JUR **to ~ sb to sth** jdn zu etw verurteilen **sentient** *adj* empfindungsfähig

sentiment *n* **1** (≈ *feeling*) Gefühl *nt* **2** (≈ *sentimentality*) Sentimentalität *f* **3** (≈ *opinion*) Meinung *f* **sentimental** *adj* sentimental; *value* gefühlsmäßig; **for ~ reasons** aus Sentimentalität

sentry *n* Wache *f*; **to be on ~ duty** auf Wache sein

Sep *abbr* of September

separable *adj* trennbar

separate A *adj* **1** gesondert (*from* von); *beds, accounts* getrennt; *entrance* separat; **a ~ issue** eine andere Frage; **on two ~ oc-**

casions bei zwei verschiedenen Gelegenheiten; **on a ~ occasion** bei einer anderen Gelegenheit; **they live ~ lives** sie gehen getrennte Wege; **to keep two things ~** zwei Dinge auseinanderhalten **2** (≈ *individual*) einzeln; **everybody has a ~ task** jeder hat seine eigene Aufgabe **B** *n* **separates** *pl* Röcke, Blusen *etc* **C** *v/t* trennen; (≈ *divide up*) aufteilen (*into* in +*acc*); **he is ~d from his wife** er lebt von seiner Frau getrennt **D** *v/i* sich trennen **separated** *adj* getrennt; **the couple are ~** das Paar lebt getrennt **separately** *adv* **1** separat; *live* getrennt **2** (≈ *singly*) einzeln **separation** *n* Trennung *f* **separatist A** *adj* separatistisch **B** *n* Separatist(in) *m(f)*

Sept *abbr* of September

September A *n* September *m*; **the first of ~** der erste September; **on 19th ~** (*written*), **on the 19th of ~** (*spoken*) am 19. September; **~ 3rd, 2018, 3rd ~ 2018** (*on letter*) 3. September 2018; **in ~** im September; **at the beginning/end of ~** Anfang/Ende September **B** *adj attr* September-

septic *adj* **to turn ~** eitern **septic tank** *n* Klärbehälter *m*

sepulchre, (*US*) **sepulcher** *n* Grabstätte *f*

sequel *n* Folge *f* (*to* von); (*of book, film*) Fortsetzung *f* (*to* von)

sequence *n* **1** Folge *f*; **~ of words** Wortfolge *f*; **in ~** der Reihe nach **2** FILM Sequenz *f* **sequencer** *n* IT Ablaufsteuerung *f*

sequin *n* Paillette *f*

Serb *n* Serbe *m*, Serbin *f* **Serbia** *n* Serbien *nt* **Serbian A** *adj* serbisch **B** *n* **1** Serbe *m*, Serbin *f* **2** LING Serbisch *nt* **Serbo-Croat** *n* **1** LING Serbokroatisch *nt* **2** **the ~s** *pl* die Serben und Kroaten

serenade A *n* Serenade *f* **B** *v/t* **ein Ständchen bringen** (+*dat*)

serene *adj* gelassen **serenity** *n* Gelassenheit *f*

sergeant *n* **1** MIL Feldwebel(in) *m(f)* **2** POLICE Polizeimeister(in) *m(f)* **sergeant major** *n* Oberfeldwebel(in) *m(f)*

serial A *adj* Serien-; IT seriell **B** *n* (≈ *novel*) Fortsetzungsroman *m*; (*in periodical, TV*) Serie *f*; RADIO Sendereihe *f* (*in Fortsetzungen*); **it was published as a ~** es wurde in Fortsetzungen veröffentlicht **serialize** *v/t* in Fortsetzungen veröffentlichen;

RADIO, TV in Fortsetzungen senden; (≈ *put into serial form*) in Fortsetzungen umarbeiten **serial killer** *n* Serienmörder(in) *m(f)* **serial number** *n* (*on goods*) Fabrikationsnummer *f* **serial port** *n* IT serielle Schnittstelle

series *n*, *pl* - Serie *f*; (*of films, talks*) Reihe *f*; RADIO Sendereihe *f*

serious *adj* ernst; *offer, suggestion* seriös; *contender* ernst zu nehmend *attr*; *accident, mistake, illness* schwer; **to be ~ about doing sth** etw im Ernst tun wollen; **I'm ~ (about it)** das ist mein Ernst; **he is ~ about her** er meint es ernst mit ihr; **you can't be ~!** das kann nicht dein Ernst sein!; **to give ~ thought** *or* **consideration to sth** sich (*dat*) etw ernsthaft *or* ernstlich überlegen; **to earn ~ money** (*infml*) das große Geld verdienen **seriously** *adv* ◼ ernst; *interested, threaten* ernsthaft; (≈ *not jokingly*) im Ernst; *wounded* schwer; *worried* ernstlich; **to take sb/sth ~** jdn/etw ernst nehmen; **to take oneself too ~** sich selbst zu wichtig nehmen; **~?** im Ernst?; **do you mean that ~?** ist das Ihr Ernst?; **there is something ~ wrong with that** irgendetwas ist damit überhaupt nicht in Ordnung ◼ (*infml* ≈ *really*) ehrlich (*infml*); **~ rich** schwerreich **seriousness** *n* Ernst *m*; (*of accident, injury*) Schwere *f*

sermon *n* ◼ ECCL Predigt *f* ◼ (≈ *homily*) Moralpredigt *f*; (≈ *scolding*) Strafpredigt *f*

serotonin *n* MED, BIOL Serotonin *nt*

serrated *adj* gezackt; **~ knife** Sägemesser *nt*

servant *n* Diener(in) *m(f)*

serve ◻ *v/t* ◼ (≈ *work for*) dienen (+*dat*); (≈ *be of use*) nützen (+*dat*); **if my memory ~s me right** wenn ich mich recht erinnere; **to ~ its purpose** seinen Zweck erfüllen; **it ~s a variety of purposes** es hat viele verschiedene Verwendungsmöglichkeiten; **it ~s no useful purpose** es hat keinen praktischen Wert; **it has ~d us well** es hat uns gute Dienste geleistet; **his knowledge of history ~d him well** seine Geschichtskenntnisse kamen ihm sehr zugute; (**it**) **~s you right!** (*infml*) das geschieht dir (ganz) recht! ◼ (≈ *work out*) ableisten; *term* durchlaufen; *apprenticeship* durchmachen; *sentence* verbüßen ◼ *customers* bedienen; *food* servieren; **are you being ~d?** werden Sie schon bedient?; **I'm being ~d, thank you** danke, ich werde

schon bedient *or* ich bekomme schon (*infml*); **dinner is ~d** (*host, hostess*) darf ich zu Tisch bitten?; **"serves three"** (*on packet etc*) „(ergibt) drei Portionen" ◼ TENNIS *etc* aufschlagen ◻ *v/i* ◼ (≈ *do duty*) dienen; **to ~ on a committee** einem Ausschuss angehören; **it ~s to show ...** das zeigt ... ◼ (*at table*) aufgeben; (*waiter etc*) servieren (*at table* bei Tisch) ◼ TENNIS *etc* aufschlagen ◻ *n* TENNIS *etc* Aufschlag *m* ◊**serve out** *v/t sep* *time* ableisten; *apprenticeship* abschließen; *term* ausüben; *sentence* absitzen ◊**serve up** *v/t sep food* servieren

server *n* ◼ TENNIS Aufschläger(in) *m(f)* ◼ IT Server *m*

service ◻ *n* ◼ Dienst *m*; **her ~s to industry/the country** ihre Verdienste in der Industrie/um das Land; **to be of ~** nützlich sein; **to be of ~ to sb** jdm nützen; **to be at sb's ~** jdm zur Verfügung stehen; **can I be of ~ to you?** kann ich Ihnen behilflich sein?; **out of ~** außer Betrieb ◼ MIL Militärdienst *m* ◼ (*in shop etc*) Bedienung *f* ◼ (≈ *bus service etc*) Bus-/Zug-/Flugverbindung *f*; **there's no ~ to Oban on Sundays** sonntags besteht kein Zug-/Busverkehr nach Oban ◼ ECCL Gottesdienst *m* ◼ (*of machines*) Wartung *f*; (AUTO ≈ *major service*) Inspektion *f*; **my car is in for a ~** mein Auto wird gewartet/ist zur Inspektion ◼ (≈ *tea set*) Service *nt* ◼ TENNIS Aufschlag *m* ◼ **services** *pl* (*commercial*) Dienstleistungen *pl*; (*gas etc*) Versorgungsnetz *nt* ◻ *v/t* ◼ *machine* warten; **to send a car to be ~d** ein Auto warten lassen; (*major service*) ein Auto zur Inspektion geben ◼ FIN *debt* bedienen **service charge** *n* Bedienung *f* **service industry** *n* Dienstleistungsbranche *f* **serviceman** *n* Militärangehörige(r) *m* **service provider** *n* IT Provider *m* **service sector** *n* Dienstleistungssektor *m* **service station** *n* Tankstelle *f* (mit Reparaturwerkstatt); (*Br* ≈ *service area*) Tankstelle und Raststätte *f* **servicewoman** *n* Militärangehörige *f*

serviette *n* (*Br*) Serviette *f*

serving ◻ *adj politician* amtierend; MIL ◻ *n* (≈ *helping*) Portion *f* **serving dish** *n* Servierplatte *f* **serving spoon** *n* Vorlegelöffel *m*

sesame seed *n* Sesamkorn *nt*

session *n* Sitzung *f*; JUR, PARL Sitzungsperiode f; **to be in ~** eine Sitzung abhalten; JUR, POL tagen; **photo ~** Fotosession f **set** vb: pret, past part set **A** n **1** Satz m; (of two) Paar nt; (of cutlery etc) Garnitur f; (of tablemats etc) Set nt; **a ~ of tools** Werkzeug nt; **a ~ of teeth** ein Gebiss nt **2** (of people) Kreis m **3** TENNIS Satz m **4** THEAT Bühnenbild nt; FILM Szenenaufbau m **5** (≈ TV etc) Apparat m; **~ of headphones** Kopfhörer m **6** (of shoulders) Haltung f **B** adj **1** **he is ~ to become the new champion** ihm werden die besten Chancen auf den Meistertitel eingeräumt; **to be ~ to continue all week** voraussichtlich die ganze Woche über andauern **2** (≈ ready) fertig, bereit; **are we all ~?** sind wir alle bereit?; **all ~?** alles klar?; **to be all ~ to do sth** sich darauf eingerichtet haben, etw zu tun; (mentally) fest entschlossen sein, etw zu tun; **we're all ~ to go** wir sind startklar **3** (≈ rigid) starr; expression feststehend; **to be ~ in one's ways** in seinen Gewohnheiten festgefahren sein **4** (≈ fixed) festgesetzt; task bestimmt; **~ book(s)** Pflichtlektüre f; **~ menu** Tageskarte f; **~ meal** Tagesgericht nt **5** (≈ resolved) entschlossen; **to be dead ~ on doing sth** etw auf Biegen oder Brechen tun wollen; **to be (dead) ~ against sth/doing sth/sb doing sth** (absolut) gegen etw sein/dagegen sein, etw zu tun/dagegen sein, dass jd etw tut **C** v/t **1** (at place) stellen; (flat) legen; (carefully) setzen; **to ~ a value/price on sth** einen Wert/Preis für etw festsetzen; **to ~ sth in motion** etw in Bewegung bringen; **to ~ sth to music** etw vertonen; **to ~ a dog/the police on sb** einen Hund/die Polizei auf jdn ansetzen; **to ~ sth/things right** etw/die Dinge in Ordnung bringen; **to ~ sb right (about sth)** jdn (in Bezug auf etw acc) berichtigen; **to ~ sb straight** jdn berichtigen **2** controls einstellen (at auf +acc); clock stellen (by nach, to auf +acc); trap, record aufstellen; **to ~ a trap for sb** (fig) jdm eine Falle stellen **3** target etc festlegen; task, question stellen (sb jdm); homework aufgeben; exam zusammenstellen; time, date festsetzen **4** gem fassen (in in +dat); table decken **5** **a house ~ on a hillside** ein am Berghang gelegenes Haus; **the book is ~ in Rome** das Buch spielt in Rom; **he ~ the book in 19th century France** er wählte das Frankreich des

19. Jahrhunderts als Schauplatz für sein Buch **6** bone MED einrichten **D** v/i **1** (sun) untergehen **2** (cement) fest werden; (bone) zusammenwachsen ◊**set about** v/i +prep obj **1** **to ~ doing sth** sich daranmachen, etw zu tun **2** (≈ attack) herfallen über (+acc) ◊**set apart** v/t sep (≈ distinguish) unterscheiden ◊**set aside** v/t sep book etc zur Seite legen; money beiseitelegen; time einplanen; land reservieren; differences beiseiteschieben ◊**set back** v/t sep **1** **to be ~ from the road** etwas von der Straße abliegen **2** (≈ retard) verzögern, behindern **3** (infml ≈ cost) kosten ◊**set down** v/t sep suitcase absetzen ◊**set in** v/i (≈ start) einsetzen; (panic) ausbrechen; (night) anbrechen ◊**set off A** v/t sep **1** (≈ ignite) losgehen lassen **2** (≈ start) führen zu; **that set us all off laughing** das brachte uns (acc) alle zum Lachen **3** (≈ enhance) hervorheben **B** v/i (≈ depart) aufbrechen; (in car) losfahren; **to ~ on a journey** eine Reise antreten; **to ~ for Spain** nach Spanien abfahren; **the police ~ in pursuit** die Polizei nahm die Verfolgung auf ◊**set on** v/t sep +prep obj dogs ansetzen auf (+acc) ◊**set out A** v/t sep (≈ display) ausbreiten; (≈ arrange) aufstellen **B** v/i **1** (≈ depart) = set off II **2** (≈ intend) beabsichtigen; (≈ start) sich daranmachen ◊**set to** v/i +prep obj **to ~ work** sich an die Arbeit machen; **to ~ work doing** or **to do sth** beginnen, etw zu tun ◊**set up A** v/i **to ~ in business** sein eigenes Geschäft aufmachen **B** v/t sep **1** statue aufstellen; stall aufbauen; meeting vereinbaren; **to set sth up for sb** etw für jdn vorbereiten **2** (≈ establish) gründen; school, system einrichten; **to set sb up in business** jdm zu einem Geschäft verhelfen; **to be ~ for life** für sein ganzes Leben ausgesorgt haben; **to ~ camp** das Lager aufschlagen; **they've ~ home in Spain** sie haben sich in Spanien niedergelassen **3** (infml ≈ frame) **to set sb up** jdm etwas anhängen; **I've been ~** das will mir einer anhängen (infml) or in die Schuhe schieben ◊**set upon** v/i +prep obj überfallen

setback n Rückschlag m

settee n Sofa nt

setting n **1** (of sun) Untergang m **2** (≈ surroundings) Umgebung f; (of novel etc) Schauplatz m **3** (on dial etc) Einstellung f

settle A v/t **1** (≈ decide) entscheiden; (≈

sort out) regeln; *problem* klären; *dispute* beilegen; **to ~ one's affairs** seine Angelegenheiten in Ordnung bringen; **to ~ a case out of court** einen Fall außergerichtlich klären; **that's ~d then** das ist also klar; **that ~s it** damit wäre der Fall (ja wohl) erledigt **2** *bill* begleichen; *account* ausgleichen **3** *nerves* beruhigen **4** (≈ *place*) legen; (*upright*) stellen; **to ~ oneself comfortably in an armchair** es sich (*dat*) in einem Sessel bequem machen **5** *land* besiedeln **B** *v/i* **1** (≈ *put down roots*) sesshaft werden; (*in country, town*) sich niederlassen; (*as settler*) sich ansiedeln **2** (≈ *become calm*) sich beruhigen **3** (*person, bird*) sich niederlassen; (*dust*) sich legen **4** JUR **to ~ (out of court)** sich vergleichen ◊**settle back** *v/i* sich (gemütlich) zurücklehnen ◊**settle down** **A** *v/i* **1**; → settle II1; **it's time he settled down** es ist Zeit, dass er ein geregeltes Leben anfängt; **to marry and ~** heiraten und sesshaft werden; **to ~ at school** sich an einer Schule einleben; **to ~ in a new job** sich in einer neuen Stellung eingewöhnen; **~, children!** ruhig, Kinder!; **to ~ to work** sich an die Arbeit machen; **to ~ to watch TV** es sich (*dat*) vor dem Fernseher gemütlich machen **2** = settle II2 **B** *v/t sep* (≈ *calm down*) beruhigen ◊**settle for** *v/i +prep obj* sich zufriedengeben mit ◊**settle in** *v/i* (*in house, town*) sich einleben; (*in job, school*) sich eingewöhnen; **how are you settling in?** haben Sie sich schon eingelebt/eingewöhnt? ◊**settle on** *or* **upon** *v/i +prep obj* sich entscheiden für ◊**settle up** *v/i* (be)zahlen; **to ~ with sb** mit jdm abrechnen

settled *adj weather* beständig; *way of life* geregelt **settlement** *n* **1** (≈ *sorting out*) Erledigung *f*; (*of problem etc*) Klärung *f*; (*of dispute etc*) Beilegung *f*; (≈ *contract etc*) Übereinkunft *f*; **an out-of-court ~** JUR ein außergerichtlicher Vergleich; **to reach a ~** sich einigen **2** (*of money*) Überschreibung *f* (*on auf +acc*) **3** (≈ *colony*) Siedlung *f*; (≈ *colonization*) Besiedlung *f* **settler** *n* Siedler(in) *m(f)*

set-top box *n* TV Digitalreceiver *m*, d--box® *f*

setup *n* **1** (*infml* ≈ *situation*) Umstände *pl* **2** (≈ *way of organization*) Organisation *f* **3** IT Setup *nt* **4** (*infml* ≈ *rigged contest*) abgekartete Sache

seven **A** *adj* sieben **B** *n* Sieben *f*; → six
sevenfold **A** *adj* siebenfach **B** *adv* um das Siebenfache
seventeen **A** *adj* siebzehn **B** *n* Siebzehn *f*
seventeenth **A** *adj* siebzehnte(r, s) **B** *n* **1** (≈ *fraction*) Siebzehntel *nt* **2** (*of series*) Siebzehnte(r, s)
seventh **A** *adj* siebte(r, s) **B** *n* **1** (≈ *fraction*) Siebtel *nt* **2** (*in series*) Siebte(r, s); → sixth
seventieth **A** *adj* siebzigste(r, s) **B** *n* **1** (≈ *fraction*) Siebzigstel *nt* **2** (*in series*) Siebzigste(r, s)
seventy **A** *adj* siebzig **B** *n* Siebzig *f*
sever **A** *v/t* (≈ *cut through*) durchtrennen; (≈ *cut off*) abtrennen; (*fig*) *ties* lösen; *relations* abbrechen **B** *v/i* (durch)reißen
several **A** *adj* (≈ *some*) einige, mehrere; (≈ *different, various*) verschiedene; **I've seen him ~ times already** ich habe ihn schon mehrmals gesehen **B** *pron* einige; **~ of the houses** einige (der) Häuser; **~ of us** einige von uns
severance pay *n* Abfindung *f*
severe *adj* (+er) *damage, blow, draught* schwer; *pain, storm* stark; *punishment, test* hart; *weather* rau; *manner* streng; *expression* ernst **severely** *adv affect, damage, disabled* schwer; *disrupt, limit* stark; *punish* hart; *criticize* scharf **severity** *n* (*of punishment, test*) Härte *f*; (*of injury, blow, storm etc*) Schwere *f*
sew *pret* sewed, *past part* sewn *v/t & v/i* nähen; **to ~ sth on** etw annähen ◊**sew up** *v/t sep* **1** (*lit*) nähen; *opening* zunähen **2** (*fig*) unter Dach und Fach bringen; **we've got the game all sewn up** das Spiel ist gelaufen (*infml*)
sewage *n* Abwasser *nt* **sewage works** *n sg or pl* Kläranlage *f*
sewer¹ *n* Näher(in) *m(f)*
sewer² *n* Abwasserkanal *m* **sewerage** *n* Kanalisation *f*
sewing *n* (≈ *activity*) Nähen *nt*; (≈ *piece of work*) Näharbeit *f* **sewing machine** *n* Nähmaschine *f* **sewn** *past part of* sew
sex **A** *n* **1** BIOL Geschlecht *nt* **2** (≈ *sexuality*) Sexualität *f*; (≈ *sexual intercourse*) Sex *m* (*infml*), Geschlechtsverkehr *m* (*form*); **to have ~** (Geschlechts)verkehr haben **B** *adj attr* Geschlechts-, Sexual- **sex appeal** *n* Sex-Appeal *m* **sex change** *n* Geschlechtsumwandlung *f* **sex discrimi-**

S

nation n Diskriminierung f aufgrund des Geschlechts **sex drive** n Sexualtrieb m **sex education** n Sexualerziehung f **sexism** n Sexismus m **sexist** **A** n Sexist(in) m(f) **B** adj sexistisch **sex life** n Geschlechtsleben nt **sex maniac** n **he is a ~** (infml) er ist ganz verrückt nach Sex (infml) **sex offender** n Sexualtäter(in) m(f) **sex shop** n Sexshop m **sex symbol** n Sexsymbol nt

sextet(te) n Sextett nt

sextuplet n Sechsling m

sexual adj **1** sexuell **2** PHYSIOL Sexual- **sexual abuse** n sexueller Missbrauch **sexual equality** n Gleichberechtigung f (der Geschlechter) **sexual harassment** n sexuelle Belästigung **sexual intercourse** n Geschlechtsverkehr m **sexuality** n Sexualität f **sexually** adv sexuell; **~ transmitted disease** Geschlechtskrankheit f; **to be ~ attracted to sb** sich zu jdm sexuell hingezogen fühlen **sexual organ** n Geschlechtsorgan nt **sexual partner** n Sexualpartner(in) m(f) **sex worker** n (euph) Prostituierte f **sexy** adj (+er) (infml) sexy inv usu pred (infml)

shabbily adv (lit, fig) schäbig **shabbiness** n Schäbigkeit f **shabby** adj (+er) schäbig

shack n Schuppen m

shackle **A** n usu pl Kette f **B** v/t in Ketten legen

shade **A** n **1** Schatten m; **30° in the ~** 30 Grad im Schatten; **to provide ~** Schatten spenden **2** (≈ lampshade) (Lampen)schirm m; (esp US ≈ blind) Jalousie f; (≈ roller blind) Springrollo nt; **~s** (infml ≈ sunglasses) Sonnenbrille f **3** (of colour) (Farb)ton m; (fig, of meaning) Nuance f **4** (≈ small quantity) Spur f; **it's a ~ too long** es ist etwas or eine Spur zu lang **B** v/t **1** (≈ protect from light) abschirmen; **he ~d his eyes with his hand** er hielt die Hand vor die Augen(, um nicht geblendet zu werden) **2** **to ~ sth in** etw ausschraffieren **shading** n ART Schattierung f

shadow **A** n **1** Schatten m; **in the ~s** im Dunkel; **to be in sb's ~** (fig) in jds Schatten (dat) stehen; **to be just a ~ of one's former self** nur noch ein Schatten seiner selbst sein **2** (≈ trace) Spur f; **without a ~ of a doubt** ohne den geringsten Zweifel **B** attr (Br POL) Schatten- **C** v/t (≈ follow) beschatten (infml) **shadow cabinet** n

(Br POL) Schattenkabinett nt **shadowy** adj schattig; **a ~ figure** (fig) eine undurchsichtige Gestalt

shady adj (+er) **1** place schattig; tree Schatten spendend **2** (infml ≈ dubious) zwielichtig

shaft n **1** Schaft m; (of tool etc) Stiel m; (of light) Strahl m; MECH Welle f **2** (of lift) Schacht m

shag (Br sl) **A** n Nummer f (infml); **to have a ~** eine Nummer machen (infml) **B** v/t & v/i bumsen (infml)

shaggy adj (+er) (≈ long-haired) zottig; (≈ unkempt) zottelig

shake vb: pret **shook**, past part **shaken** **A** n **1** Schütteln nt; **to give a rug a ~** einen Läufer ausschütteln; **with a ~ of her head** mit einem Kopfschütteln; **to be no great ~s** (infml) nicht umwerfend sein (at in +dat) **2** (≈ milkshake) Milchshake m **B** v/t head, object schütteln; building (≈ shock) erschüttern; **to ~ one's fist at sb** jdm mit der Faust drohen; **to ~ hands** sich (dat) die Hand geben; **to ~ hands with sb** jdm die Hand geben/schütteln; **it was a nasty accident, he's still rather badly ~n** es war ein schlimmer Unfall, der Schreck sitzt ihm noch in den Knochen; **she was badly ~n by the news** die Nachricht hatte sie sehr mitgenommen **C** v/i wackeln; (hand, voice) zittern; (earth) beben; **to ~ like a leaf** zittern wie Espenlaub; **he was shaking all over** er zitterte am ganzen Körper; **to ~ in one's shoes** (infml) das große Zittern kriegen (infml); **~ (on it)!** (infml) Hand drauf! ◊**shake off** v/t sep dust, pursuer abschütteln; illness, feeling loswerden ◊**shake out** v/t sep (lit) herausschütteln; tablecloth ausschütteln ◊**shake up** v/t sep **1** bottle, liquid schütteln **2** (≈ upset) erschüttern; **he was badly shaken up by the accident** der Unfall hat ihm einen schweren Schock versetzt; **she's still a bit shaken up** sie ist immer noch ziemlich mitgenommen **3** management, recruits zur Zack bringen (infml); system umkrempeln (infml); country, industry wachrütteln; **to shake things up** die Dinge in Bewegung bringen

shaken past part of shake **shake-up** n (infml ≈ reorganization) Umbesetzung f

shakily adv wackelig; pour zitterig **shaking** n Zittern nt **shaky** adj (+er) chair wackelig; voice, hands zitt(e)rig; **to**

get off to a ~ start (fig) einen holprigen Anfang nehmen; **to be on ~ ground** (fig) sich auf schwankendem or unsicherem Boden bewegen
shale n GEOL Schiefer m; **~ gas** Schiefergas nt
shall pret **should** modal v/aux **1** (future) I **~** or **I'll go to France this year** ich fahre dieses Jahr nach Frankreich; **no, I ~ not** or **I shan't** nein, das tue ich nicht **2** what **~ we do?** was sollen wir machen?, was machen wir?; **let's go in, ~ we?** komm, gehen wir hinein!; **I'll buy 3, ~ I?** soll ich 3 kaufen?
shallot n Schalotte f
shallow **A** adj flach; person seicht; soil dünn **B** n **shallows** pl Untiefe f **shallowness** n Flachheit f; (of water also, person, novel) Seichtheit f; (of soil) Dünne f
sham **A** n **1** (≈ pretence) Heuchelei f; **their marriage had become a ~** ihre Ehe war zur Farce geworden **2** (≈ person) Scharlatan m **B** adj **a ~ marriage** eine Scheinehe **C** v/t vortäuschen **D** v/i so tun, simulieren
shamble v/i trotten
shambles n sg heilloses Durcheinander; (esp of room etc) Tohuwabohu nt; **the room was a ~** im Zimmer herrschte das reinste Tohuwabohu; **the economy is in a ~** die Wirtschaft befindet sich in einem Chaos; **the game was a ~** das Spiel war das reinste Kuddelmuddel (infml)
shame **A** n **1** (≈ feeling of shame) Scham f; (≈ cause of shame) Schande f; **he hung his head in ~** er senkte beschämt den Kopf; (fig) er schämte sich; **to bring upon sb/oneself** jdm/sich Schande machen; **have you no ~?** schämst du dich (gar) nicht?; **to put sb/sth to ~** (fig) jdn/etw in den Schatten stellen; **~ on you!** du solltest dich schämen! **2** **it's a ~ you couldn't come** schade, dass du nicht kommen konntest; **what a ~!** (das ist aber) schade! **B** v/t Schande machen (+dat) **shamefaced** adj, **shamefacedly** adv betreten **shameful** adj schändlich **shameless** adj schamlos
shampoo **A** n (≈ liquid) Shampoo nt **B** v/t hair waschen; carpet reinigen
shamrock n Klee m; (≈ leaf) Kleeblatt nt
shandy n (Br) Bier mit Limonade
shan't contraction = shall not; **~!** (infml) will nicht! (infml)

shantytown n Slum(vor)stadt f
shape **A** n **1** (≈ form, outline) Form f; (≈ figure, guise) Gestalt f; **what ~ is it?** welche Form hat es?; **it's rectangular etc in ~** es ist rechteckig etc; **to take ~** (lit) Form bekommen; (fig) Konturen annehmen; **of all ~s and sizes** aller Art; **I don't accept gifts in any ~ or form** ich nehme überhaupt keine Geschenke an **2** (fig) **to be in good/bad ~** (sportsman) in Form/nicht in Form sein; (healthwise) in guter/schlechter Verfassung sein; **to be out of ~** (physically) nicht in Form sein **B** v/t (lit) clay etc formen (into zu); (fig) ideas prägen; development gestalten ◊**shape up** v/i **to ~ well** sich gut entwickeln
shaped adj geformt; **~ like a …** in der Form einer/eines … **-shaped** adj suf -förmig **shapeless** adj formlos **shapely** adj (+er) figure wohlproportioniert; legs wohlgeformt
shard n (Ton)scherbe f
share **A** n **1** Anteil m (in or of an +dat); **I want my fair ~** ich will meinen (An)teil; **he didn't get his fair ~** er ist zu kurz gekommen; **to take one's ~ of the blame** sich mitschuldig erklären; **to do one's ~** das Seine tun **2** FIN (Geschäfts)anteil m; (in a public limited company) Aktie f **B** v/t teilen **C** v/i teilen; **to ~ and ~ alike** (brüderlich) mit (den) anderen teilen; **to ~ in sth** an etw (dat) beteiligen; (in success) an etw (dat) Anteil nehmen ◊**share out** v/t sep verteilen
share capital n Aktienkapital nt **shareholder** n Aktionär(in) m(f) **share index** n Aktienindex m **shareware** n IT Shareware f
shark n **1** Hai(fisch) m **2** (infml ≈ swindler) Schlitzohr nt (infml); **loan ~** Kreditshai m (infml)
sharp **A** adj (+er) **1** scharf; point, angle spitz; (≈ intelligent) schlau; drop steil; pain heftig; person schroff; temper hitzig; **be ~ about it!** (infml) (ein bisschen) dalli! (infml) **2** (pej ≈ cunning) raffiniert **3** MUS note zu hoch; (≈ raised a semitone) (um einen Halbton) erhöht; **F ~** fis nt **B** adv (+er) **1** MUS zu hoch **2** (≈ punctually) pünktlich; **at 5 o'clock** ~ Punkt 5 Uhr **3** **look ~!** dalli! (infml); **to pull up** ~ plötzlich anhalten **sharpen** v/t knife schleifen; pencil spitzen **sharpener** n **1** Schleifgerät nt **2** (≈ pencil sharpener) (Bleistift)spitzer m **sharp-**

eyed adj scharfsichtig **sharpness** n **1** Schärfe f; (of point etc) Spitzheit f; (≈ intelligence) Schläue f **2** (of pain) Heftigkeit f **sharp-tongued** adj scharfzüngig **sharp-witted** adj scharfsinnig

shat pret, past part of shit

shatter **A** v/t **1** (lit) zertrümmern; hopes zunichtemachen; **the blast ~ed all the windows** durch die Explosion zersplitterten alle Fensterscheiben **2** (Br fig infml) **I'm ~ed!** ich bin total kaputt (infml) **B** v/i zerbrechen; (windscreen) (zer)splittern **shattering** adj **1** blow wuchtig; explosion gewaltig; defeat vernichtend **2** (fig infml ≈ exhausting) erschöpfend **3** (infml) news erschütternd

shave vb: pret shaved, past part shaved or shaven **A** n Rasur f; **to have a ~** sich rasieren; **that was a close ~** das war knapp **B** v/t rasieren **C** v/i (person) sich rasieren; (razor) rasieren ◊**shave off** v/t sep sich (dat) abrasieren

shaven adj head etc kahl geschoren **shaver** n (≈ razor) Rasierapparat m **shaver point**, (US) **shaver outlet** n Steckdose f für Rasierapparate **shaving** n **1** Rasieren nt **2** **shavings** pl Späne pl **shawl** n (Umhänge)tuch nt

she **A** pron sie; (of boats etc) es **B** n Sie f **she-** pref weiblich; **~bear** Bärin f

sheaf n, pl **sheaves** (of corn) Garbe f; (of papers) Bündel nt

shear pret sheared, past part shorn v/t sheep scheren ◊**shear off** v/i abbrechen **shears** pl (große) Schere; (for hedges) Heckenschere f

sheath n **1** (for sword etc) Scheide f **2** (≈ contraceptive) Kondom m or nt **sheathe** v/t sword in die Scheide stecken

sheaves pl of sheaf

shed[1] pret, past part shed v/t **1** hair etc verlieren; **to ~ its skin** sich häuten; **to ~ a few pounds** ein paar Pfund abnehmen **2** tears vergießen **3** light verbreiten; **to ~ light on sth** (fig) Licht auf etw (acc) werfen

shed[2] n Schuppen m; (≈ cattle shed) Stall m **she'd** contraction = she would, she had **sheen** n Glanz m

sheep n, pl - Schaf nt; **to separate the ~ from the goats** (fig) die Schafe von den Böcken trennen **sheepdog** n Hütehund m **sheepish** adj verlegen **sheepskin** n Schaffell nt

sheer **A** adj (+er) **1** (≈ absolute) rein; **by ~ chance** rein zufällig; **by ~ hard work** durch nichts als harte Arbeit; **~ hell** die (reinste) Hölle (infml) **2** drop steil; **there is a ~ drop of 200 feet** es fällt 200 Fuß steil or senkrecht ab **3** cloth etc (hauch)dünn **B** adv **1** steil **2** (≈ vertically) senkrecht

sheet n **1** (for bed) (Bett)laken nt **2** (of paper) Blatt nt; (big) Bogen m **3** (of metal) Platte f; (of glass) Scheibe f; (of ice) Fläche f; **a ~ of ice covered the lake** eine Eisschicht bedeckte den See **sheet ice** n Glatteis nt **sheeting** n plastic ~ Plastiküberzug m **sheet metal** n Walzblech nt **sheet music** n Notenblätter pl

sheik(h) n Scheich m

shelf n, pl **shelves** Bord nt; (for books) Bücherbord nt; (in shop) Regal nt; **shelves** (≈ bookcase) Regal nt **shelf life** n (lit) Lagerfähigkeit f; (fig) Dauer f **shelf-stable milk** n (US) H-Milch f, Haltbarmilch f (Aus)

shell **A** n **1** (of egg, nut, mollusc) Schale f; (on beach) Muschel f **2** (of snail) (Schnecken)haus nt; (of tortoise) Panzer m; **to come out of one's ~** (fig) aus seinem Schneckenhaus kommen **3** (of building) Rohbau m; (of car) Karosserie f **4** MIL Granate f; (esp US ≈ cartridge) Patrone f **B** v/t **1** peas etc enthülsen; eggs, nuts schälen **2** MIL (mit Granaten) beschießen ◊**shell out** (infml) **A** v/t sep blechen (infml) **B** v/i **to ~ for sth** für etw blechen (infml)

she'll contraction = she will, she shall **shellfire** n Granatfeuer nt **shellfish** n Schaltier(e pl) nt; COOK Meeresfrüchte pl **shelling** n Granatfeuer nt (of auf +acc) **shell-shocked** adj **to be ~** (lit) unter einer Kriegsneurose leiden; (fig) verstört sein **shell suit** n modischer leichter Jogginganzug

shelter **A** n (≈ protection) Schutz m; (≈ place) Unterstand m; (≈ air-raid shelter) Luftschutzkeller m; (≈ bus shelter) Wartehäuschen nt; (for the night) Unterkunft f; **a ~ for homeless people** ein Obdachlosenheim nt; **to take ~** sich in Sicherheit bringen; (from rain) sich unterstellen; **to run for ~** Zuflucht suchen; **to provide ~ for sb** jdm Schutz bieten; (≈ accommodation) jdn beherbergen **B** v/t schützen (from vor +dat); criminal verstecken **C** v/i **there was nowhere to ~** (from rain etc) man konnte sich nirgends unterstellen;

we ~ed in a shop doorway wir stellten uns in einem Ladeneingang unter **sheltered** adj place geschützt; life behütet **sheltered housing** n Wohnungen pl für Senioren/Behinderte

shelve v/t problem aufschieben; plan ad acta legen **shelves** pl of **shelf shelving** n Regale pl, Stellagen pl (Aus); (≈ material) Bretter pl

shepherd **A** n Schäfer m **B** v/t führen **shepherd's pie** n Auflauf aus Hackfleisch und Kartoffelbrei

sherbet n **1** (≈ powder) Brausepulver nt **2** (US ≈ water ice) Fruchteis nt

sheriff n Sheriff m; (Scot) Friedensrichter(in) m(f)

sherry n Sherry m

she's contraction = she is, she has

Shetland n, **Shetland Islands** pl, **Shetlands** pl Shetlandinseln pl

shiatsu n Shiatsu nt

shield **A** n MIL, HERALDRY Schild m; (on machine) Schutzschild m; (fig) Schutz m **B** v/t schützen (sb from sth jdn vor etw dat); **she tried to ~ him from the truth** sie versuchte, ihm die Wahrheit zu ersparen

shift **A** n **1** (≈ change) Änderung f; (in place) Verlegung f; **a ~ in public opinion** ein Meinungsumschwung m in der Bevölkerung **2** (AUTO ≈ gear shift) Schaltung f **3** (at work) Schicht f; **to work (in) ~s** in Schichten arbeiten **B** v/t **1** (≈ move) (von der Stelle) bewegen; furniture verrücken; arm wegnehmen; (from one place to another) verlagern; rubble wegräumen; **to ~ the blame onto somebody else** die Verantwortung auf jemand anders schieben; **~ the table over to the wall** rück den Tisch an die Wand (rüber)! **2** (US AUTO) **to ~ gears** schalten **C** v/i (≈ move) sich bewegen; ~ **over!** rück mal rüber!; **he refused to ~** (fig) er war nicht umzustimmen **shift key** n (on typewriter) Umschalttaste f; IT Shifttaste f **shiftwork** n Schichtarbeit f; **to do ~** Schicht arbeiten

shifty adj (+er) zwielichtig

shilling n (Br old) Shilling m

shimmer **A** n Schimmer m **B** v/i schimmern

shin **A** n Schienbein nt; (of meat) Hachse f; **to kick sb on the ~** jdn vors Schienbein treten **B** v/i **to ~ up** (geschickt) hinaufklettern **shinbone** n Schienbein nt

shine vb: pret, past part shone **A** n Glanz m; **she's taken a real ~ to him** (infml) er hat es ihr wirklich angetan **B** v/t **1** pret, past part usu shined blank putzen; shoes polieren **2** **to ~ a light on sth** etw beleuchten **C** v/i leuchten; (metal) glänzen; (sun, lamp) scheinen; **to ~ at/in sth** (fig) bei/in etw (dat) glänzen ◊**shine down** v/i herabscheinen (on auf +acc)

shingle n no pl Kiesel m

shingles n sg MED Gürtelrose f

shining adj leuchtend; light strahlend; **a ~ light** (fig) eine Leuchte; **he's my knight in ~ armour** (Br) or **armor** (US) er ist mein Märchenprinz **shiny** adj (+er) glänzend

ship **A** n Schiff nt; **on board ~** an Bord **B** v/t (≈ transport) versenden; grain etc verfrachten; (esp by sea) verschiffen ◊**ship out** v/t sep versenden; grain etc verfrachten

shipbuilding n Schiffbau m **shipmate** n Schiffskamerad(in) m(f) **shipment** n Sendung f; (of grain etc) Transport m; (by sea) Verschiffung f **shipping** **A** n no pl **1** Schifffahrt f; (≈ ships) Schiffe pl **2** (≈ transportation) Verschiffung f; (by rail etc) Versand m **B** adj attr ~ **costs** Frachtkosten pl **shipping company** n Reederei f **shipping lane** n Schifffahrtsstraße f **shipping note** n Verladeschein m **shipshape** adj, adv tipptopp (infml) **shipwreck** **A** n Schiffbruch m **B** v/t **to be ~ed** schiffbrüchig sein **shipyard** n (Schiffs)werft f

shirk **A** v/t sich drücken vor (+dat) **B** v/i sich drücken

shirt n (men's) (Ober)hemd nt; FTBL Trikot nt, Leiberl nt (Aus), Leibchen nt (Aus, Swiss); (women's) Hemdbluse f; **keep your ~ on** (Br infml) reg dich nicht auf! **shirtsleeve** n **shirtsleeves** pl Hemdsärmel pl; **in his/ their ~s** in Hemdsärmeln

shit vb: pret, past part shat (sl) **A** n **1** Scheiße f (vulg); **to have a ~** scheißen (vulg); **to have the ~s** Dünnschiss haben (infml); **to be up ~ creek (without a paddle)** bis zum Hals in der Scheiße stecken (vulg); **to be in deep ~** in der Scheiße stecken (vulg); **I don't give a ~** das ist mir scheißegal (infml); **tough ~!** Scheiße auch! (infml) **2** (≈ person) Arschloch nt (vulg) **B** adj attr beschissen (infml) **C** v/i scheißen (vulg) **D** v/r **to ~ oneself** (with fear) sich (dat) vor Angst in die Hosen scheißen (vulg) **E** int Scheiße (infml) **shitface** (sl), **shithead** (sl) n Scheißkerl m (infml), Scheißtyp m (infml) **shit-hot** adj (Br sl) geil (sl), krass (sl) **shitless** adj **to be scared ~** (sl) sich (dat) vor Angst in die Hosen scheißen (vulg) **shitty** adj (+er) (infml) beschissen (infml)

shiver **A** n Schauer m; **a ~ ran down my spine** es lief mir kalt den Rücken hinunter; **his touch sent ~s down her spine** es durchzuckte sie bei seiner Berührung; **it gives me the ~s** (fig) ich kriege davon eine Gänsehaut **B** v/i zittern (with vor +dat)

shoal n (of fish) Schwarm m

shock¹ **A** n **1** (of explosion, impact) Wucht f **2** ELEC Schlag m; MED (Elektro)schock m **3** (emotional) Schock m; **to suffer from ~** einen Schock (erlitten) haben; **to be in (a state of) ~** unter Schock stehen; **a ~ to one's system** ein Kreislaufschock; **it comes as a ~ to hear that ...** mit Bestürzung höre ich/hören wir, dass ...; **to give sb a ~** jdn erschrecken; **it gave me a nasty ~** es hat mir einen bösen Schreck(en) eingejagt; **to get the ~ of one's life** den Schock seines Lebens kriegen; **he is in for a ~!** (infml) der wird sich wundern (infml) **B** v/t (emotionally) erschüttern; (≈ make indignant) schockieren; **to be ~ed by sth** über etw (acc) erschüttert or bestürzt sein; (morally) über etw (acc) schockiert sein

shock² n (a. **shock of hair**) (Haar)-schopf m

shock absorber n Stoßdämpfer m **shocked** adj erschüttert; (≈ outraged) schockiert **shocking** adj **1** schockierend; **~ pink** knallrosa (infml) **2** (infml ≈ very bad) entsetzlich; **what a ~ thing to say!** wie kann man bloß so etwas Schreckliches sagen! **shock tactics** pl (fig) Schocktherapie f **shock troops** pl Stoßtruppen pl **shock wave** n (lit) Druckwelle f; (fig) Schock m no pl

shod pret, past part of shoe **shoddy** adj (+er) schäbig; work schludrig; goods minderwertig

shoe vb: pret, past part shod **A** n **1** Schuh m; **I wouldn't like to be in his ~s** ich möchte nicht in seiner Haut stecken; **to put oneself in sb's ~s** sich in jds Lage (acc) versetzen; **to step into** or **fill sb's ~s** an jds Stelle (acc) treten or rücken **2**

(≈ horseshoe) (Huf)eisen nt **B** v/t horse beschlagen **shoehorn** n Schuhanzieher m **shoelace** n Schnürsenkel m **shoemaker** n Schuster(in) m(f) **shoe polish** n Schuhcreme f **shoe shop** n Schuhgeschäft nt **shoe size** n Schuhgröße f; **what ~ are you?** welche Schuhgröße haben Sie? **shoestring** n **1** (US ≈ shoelace) Schnürsenkel m **2** (fig) **to be run on a ~** mit ganz wenig Geld finanziert werden **shoestring budget** n Minibudget nt (infml) **shoetree** n (Schuh)spanner m

shone pret, past part of shine **shoo** v/t **to ~ sb away** jdn verscheuchen **shook** pret of shake

shoot vb: pret, past part shot **A** n **1** BOT Trieb m **2** (≈ photo shoot) Fotosession f **B** v/t **1** MIL etc, SPORTS schießen **2** (≈ hit) anschießen; (≈ wound) niederschießen; (≈ kill) erschießen; **to ~ sb dead** jdn erschießen; **he shot himself** er hat sich erschossen; **he shot himself in the foot** er schoss sich (dat) in den Fuß; (fig infml) **he was shot in the leg** er wurde ins Bein getroffen **3** **to ~ sb a glance** jdm einen (schnellen) Blick zuwerfen; **to ~ the lights** (infml) eine Ampel (bei Rot) überfahren **4** PHOT film drehen **5** (infml) drug drücken (sl) **C** v/i **1** (with gun, SPORTS) schießen; (as hunter) jagen; **stop or I'll ~!** stehen bleiben oder ich schieße!; **to ~ at sb/sth** auf jdn/etw schießen **2** (≈ move rapidly) schießen (infml); **to ~ into the lead** an die Spitze vorpreschen; **he shot down the stairs** er schoss or jagte die Treppe hinunter; **to ~ to fame** auf einen Schlag berühmt werden; **~ing pains** stechende Schmerzen pl **3** PHOT knipsen (infml); FILM drehen ◊**shoot down** v/t sep plane abschießen ◊**shoot off** v/i (≈ rush off) davonschießen ◊**shoot out** **A** v/i (≈ emerge) herausschießen (of aus) **B** v/t sep hand etc blitzschnell ausstrecken ◊**shoot up** **A** v/i **1** (hand, prices) in die Höhe schnellen; (≈ grow rapidly, children) in die Höhe schießen; (buildings) aus dem Boden schießen **2** (infml: DRUGS) sich (dat) einen Schuss setzen (infml) **B** v/t sep (infml) drug drücken (sl)

shooting n **1** (≈ shots, SPORTS) Schießen nt **2** (≈ murder) Erschießung f **3** HUNT Jagd f; **to go ~** auf die Jagd gehen **4** FILM Drehen nt **shooting gallery** n

Schießstand *m* **shooting range** *n* Schießplatz *m* **shooting star** *n* Sternschnuppe *f* **shoot-out** *n* Schießerei *f* **shop** **A** *n* **1** (*esp Br*) Geschäft *nt*; (*large*) Kaufhaus *nt*; **to go to the ~s** einkaufen gehen; **to go to the ~s** einkaufen gehen; **to shut up** *or* **close up ~** zumachen, schließen; **to talk ~** fachsimpeln **2** (*Br*) **to do one's weekly ~** seinen wöchentlichen Einkauf erledigen **B** *v/i* einkaufen; **to go ~ping** einkaufen gehen; **to ~ for fish** Fisch kaufen gehen ◊**shop around** *v/i* sich umsehen (*for* nach)

shop assistant *n* (*esp Br*) Verkäufer(in) *m(f)* **shop floor** *n* **on the ~** unter den Arbeitern **shop front** *n* (*esp Br*) Ladenfassade *f* **shopkeeper** *n* (*esp Br*) Ladenbesitzer(in) *m(f)* **shoplifter** *n* Ladendieb(in) *m(f)* **shoplifting** *n* Ladendiebstahl *m* **shopper** *n* Käufer(in) *m(f)*

shopping *n* (≈ *act*) Einkaufen *nt*; (≈ *goods bought*) Einkäufe *pl*; **to do one's ~** einkaufen **shopping bag** *n* Einkaufstasche *f* **shopping basket** *n* Einkaufskorb *m* **shopping cart** *n* (*US*) = shopping trolley **shopping centre**, (*US*) **shopping center** *n* Einkaufszentrum *nt* **shopping channel** *n* TV Teleshoppingsender *m* **shopping list** *n* Einkaufszettel *m* **shopping mall** *n* Shoppingcenter *nt* **shopping spree** *n* Einkaufsbummel *m* **shopping street** *n* Einkaufsstraße *f* **shopping trolley** *n* (*Br*) Einkaufswagen *m*

shopsoiled *adj* (*Br*) leicht beschädigt **shop steward** *n* (gewerkschaftlicher) Vertrauensmann **shop window** *n* Schaufenster *nt*

shore¹ *n* **1** (≈ *lake shore*) Ufer *nt*; (≈ *beach*) Strand *m*; **a house on the ~s of the lake** ein Haus am Seeufer **2** **on ~** an Land **shore²** *v/t* (*a.* **shore up**) (ab)stützen; (*fig*) stützen

shoreline *n* Uferlinie *f*

shorn **A** *past part* of shear **B** *adj* geschoren

short **A** *adj* (+*er*) **1** kurz; *person* klein; **a ~ time ago** vor Kurzem; **in a ~ while** in Kürze; **time is ~** die Zeit ist knapp; **~ and sweet** kurz und ergreifend; **in ~** kurz gesagt; **she's called Pat for ~** sie wird einfach Pat genannt; **Pat is ~ for Patricia** Pat ist die Kurzform von Patricia **2** (≈ *curt*) *reply* knapp; (≈ *rude*) *manner*

schroff; **to have a ~ temper** unbeherrscht sein; **to be ~ with sb** jdn schroff behandeln **3** (≈ *insufficient*) zu wenig *inv*; **to be in ~ supply** knapp sein; **we are** (£3) **~** wir haben (£ 3) zu wenig; **we are seven ~** uns (*dat*) fehlen sieben; **we are not ~ of volunteers** wir haben genug Freiwillige; **to be ~ of time** wenig Zeit haben; **I'm a bit ~** (**of cash**) (*infml*) ich bin etwas knapp bei Kasse (*infml*); **we are £2,000 ~ of our target** wir liegen £ 2.000 unter unserem Ziel; **not far** *or* **much ~ of £100** nicht viel weniger als £ 100 **B** *adv* **1** **to fall ~** (*shot*) zu kurz sein; (*supplies etc*) nicht ausreichen; **to fall ~ of sth** etw nicht erreichen; **to go ~** (**of food** *etc*) zu wenig (zu essen *etc*) haben; **we are running ~** (**of time**) wir haben nicht mehr viel (Zeit); **water is running ~** Wasser ist knapp **2** (≈ *abruptly*) plötzlich; **to pull up ~** abrupt anhalten; **to stop ~** (*while talking*) plötzlich innehalten; **I'd stop ~ of murder** vor Mord würde ich halt machen; **to be caught ~** (*infml* ≈ *unprepared*) überrascht werden; (≈ *without money, supplies*) zu knapp (dran) sein; (≈ *need the toilet*) dringend mal müssen (*infml*) **3** **~ of** (≈ *except*) außer (+*dat*); **nothing ~ of a revolution can ...** nur eine Revolution kann ...; **it's little ~ of madness** das grenzt an Wahnsinn; **~ of telling him a lie ...** außer ihn zu belügen ... **C** *n* (*infml* ≈ *short drink*) Kurze(r) *m* (*infml*); (≈ *short film*) Kurzfilm *m* **shortage** *n* Knappheit *f no pl* (*of* an +*dat*); (*of people*) Mangel *m no pl* (*of* an +*dat*); **a ~ of staff** ein Personalmangel *m* **shortbread** *n* Shortbread *nt*, ≈ Butterkeks *m* **short-change** *v/t* **to ~ sb** (*lit*) jdm zu wenig Wechselgeld geben **short circuit** *n* Kurzschluss *m* **short-circuit** **A** *v/t* kurzschließen; (*fig*) umgehen **B** *v/i* einen Kurzschluss haben **shortcoming** *n* (*esp pl*) Mangel *m*; (*of person*) Fehler *m*; (*of system*) Unzulänglichkeit *f* **shortcrust** *n* (*a.* **shortcrust pastry**) Mürbeteig *m* **short cut** *n* Abkürzung *f*; (*fig*) Schnellverfahren *nt* **short-cut key** *n* IT Shortcut *m*, Tastenkombination *f* **shorten** *v/t* verkürzen; *name* abkürzen; *dress, programme etc* kürzen **shortfall** *n* Defizit *nt* **short-haired** *adj* kurzhaarig **shorthand** *n* Stenografie *f*; **to take sth down in ~** etw stenografieren **short-handed** *adj* **to be ~** zu wenig Personal haben

shorthand typist *n* Stenotypist(in) *m(f)* **short haul** *n* Nahtransport *m* **short-haul jet** *n* Kurzstreckenflugzeug *nt* **short list** *n* (*esp Br*) **to be on the ~** in der engeren Wahl sein **short-list** *v/t* (*esp Br*) **to ~ sb** jdn in die engere Wahl nehmen **short-lived** *adj* kurzlebig; **to be ~** (*success etc*) von kurzer Dauer sein **shortly** *adv* (≈ *soon*) bald; *before, afterwards* kurz **shortness** *n* Kürze *f*; (*of person*) Kleinheit *f*; **~ of breath** Kurzatmigkeit *f* **short-range** *adj* mit geringer Reichweite; **~ missile** Kurzstreckenrakete *f* **shorts** *pl* **1** Shorts *pl* **2** (*esp US* ≈ *underpants*) Unterhose *f* **short-sighted** *adj* kurzsichtig **short-sightedness** *n* (*lit, fig*) Kurzsichtigkeit *f* **short-sleeved** *adj* kurzärmelig **short-staffed** *adj* **to be ~** zu wenig Personal haben **short story** *n* Kurzgeschichte *f* **short-tempered** *adj* unbeherrscht **short term** *n* **in the ~** auf kurze Sicht **short-term** *adj, adv* kurzfristig; **on a ~ basis** kurzfristig **short-term contract** *n* Kurzzeitvertrag *m* **short-wave** *adj* **a ~ radio** ein Kurzwellenempfänger *m*

shot¹ **A** *pret, past part of* **shoot B** *n* **1** (*from gun etc*, FTBL *etc*) Schuss *m*; (≈ *throw*) Wurf *m*; TENNIS, GOLF Schlag *m*; **to take a ~ at goal** aufs Tor schießen; **to fire a ~ at sb/sth** einen Schuss auf jdn/etw abfeuern; **to call the ~s** (*fig*) das Sagen haben (*infml*); **like a ~** (*infml*) *run away* wie der Blitz (*infml*); *do sth, agree* sofort **2** (*no pl* ≈ *lead shot*) Schrot *m* **3** (≈ *person*) Schütze *m*, Schützin *f* **4** (≈ *attempt*) Versuch *m*; **to have a ~ (at it)** (≈ *try*) es (mal) versuchen; **to give sth one's best ~** (*infml*) sich nach Kräften um etw bemühen **5** (≈ *injection*) Spritze *f*; (≈ *immunization*) Impfung *f*; (*of alcohol*) Schuss *m* **6** PHOT Aufnahme *f*; **out of ~** ≈ nicht im Bild **7** (≈ *shot-putting*) **the ~** Kugelstoßen *nt*; (≈ *weight*) die Kugel **shot**² *adj* **~ to pieces** völlig zerstört **shotgun** *n* Schrotflinte *f* **shot put** *n* (≈ *event*) Kugelstoßen *nt* **shot-putter** *n* Kugelstoßer(in) *m(f)*

should *pret of* **shall** *modal v/aux* **1** (*expressing duty, advisability*) **I ~ do that** ich sollte das tun; **I ~ have done it** ich hätte es tun sollen *or* müssen; **which is as it ~ be** und so soll(te) es auch sein; **you really ~ see that film** den Film sollten Sie wirklich sehen; **he's coming to apologize — I**

~ think so er will sich entschuldigen — das möchte ich auch meinen *or* hoffen; **... and I ~ know** ... und ich müsste es ja wissen; **how ~ I know?** woher soll ich das wissen? **2** (*expressing probability*) **he ~ be there by now** er müsste eigentlich schon da sein; **this book ~ help you** dieses Buch wird Ihnen bestimmt helfen; **this ~ be good!** (*infml*) das wird bestimmt gut! **3** (*in tentative statements*) **I ~ think there were about 40** ich würde schätzen, dass etwa 40 dort waren; **~ I open the window?** soll ich das Fenster aufmachen?; **I ~ like to know** ... ich möchte gern wissen ...; **I ~ like to apply for the job** ich würde mich gern um die Stelle bewerben **4** (*expressing surprise*) **who ~ I see but Anne!** und wen sehe ich? Anne!; **why ~ he want to do that?** warum will er das wohl machen? **5** (*subjunc, conditional*) **I ~ go if** ... ich würde gehen, wenn ...; **if they ~ send for me** falls sie nach mir schicken sollten; **I ~n't (do that)** **if I were you** ich würde das an Ihrer Stelle nicht tun

shoulder A *n* Schulter *f*; (*of meat*) Bug *m*; **to shrug one's ~s** mit den Schultern zucken; **to cry on sb's ~** sich an jds Brust (*dat*) ausweinen; **a ~ to cry on** jemand, bei dem man sich ausweinen kann; **~ to ~ Schulter** an Schulter **B** *v/t* (*fig*) *responsibilities* auf sich (*acc*) nehmen **shoulder bag** *n* Umhängetasche *f* **shoulder blade** *n* Schulterblatt *nt* **shoulder-length** *adj hair* schulterlang **shoulder pad** *n* Schulterpolster *nt* **shoulder strap** *n* (*of satchel, bag etc*) (Schulter)riemen *m*

shouldn't *contraction* = **should not**

shout A *n* Ruf *m*, Schrei *m*; **~s of laughter** Lachsalven *pl*; **to give a ~** einen Schrei ausstoßen; **to give sb a ~** jdn rufen; **give me a ~ when you're ready** (*infml*) sag Bescheid, wenn du fertig bist **B** *v/t* schreien; (≈ *call*) rufen; **to ~ a warning to sb** jdm eine Warnung zurufen **C** *v/i* (≈ *call out*) rufen; (*loudly*) schreien; (*angrily*) brüllen; **to ~ for sb/sth** nach jdm/etw rufen; **she ~ed for Jane to come** sie rief, Jane solle kommen; **to ~ at sb** mit jdm schreien; (*abusively*) jdn anschreien; **to ~ to sb** jdm zurufen; **to ~ for help** um Hilfe rufen; **it was nothing to ~ about** (*infml*) es war nicht umwerfend **D** *v/r* **to ~ one-**

self hoarse sich heiser schreien ◊**shout down** v/t sep person niederbrüllen ◊**shout out** v/t sep ausrufen

shouting n (≈ act) Schreien nt; (≈ sound) Geschrei nt

shove Ⓐ n Stoß m; **to give sb a ~** jdn stoßen; **to give sth a ~** etw rücken; door gegen etw stoßen Ⓑ v/t ◧ (≈ push) schieben; (with one short push) stoßen; (≈ jostle) drängen ◨ (infml ≈ put) **to ~ sth on(to) sth** etw auf etw (acc) werfen (infml); **to ~ sth in(to) sth** etw in etw (acc) stecken; **he ~d a book into my hand** er drückte mir ein Buch in die Hand Ⓒ v/i (≈ jostle) drängeln ◊**shove back** v/t sep (infml) ◧ chair etc zurückschieben ◨ (≈ replace) zurücktun; (into pocket etc) wieder hineinstecken ◊**shove off** (infml ≈ leave) abschieben (infml) ◊**shove over** (infml) v/i (a. **shove up**) rutschen

shovel Ⓐ n Schaufel f Ⓑ v/t schaufeln

show vb: pret showed, past part shown Ⓐ n ◧ ~ **of force** Machtdemonstration f; ~ **of hands** Handzeichen nt; **to put up a good/poor** ~ (esp Br infml) eine gute/schwache Leistung zeigen ◨ (≈ appearance) Schau f; (of hatred, affection) Kundgebung f; **it's just for** ~ das ist nur zur Schau da ◼ (≈ exhibition) Ausstellung f; **fashion** ~ Modenschau f; **to be on** ~ zu sehen sein ◲ THEAT Aufführung f; TV Show f; RADIO Sendung f; **to go to a** ~ (esp Br: in theatre) ins Theater gehen; **the ~ must go on** es muss trotz allem weitergehen ◵ (infml) **he runs the** ~ er schmeißt hier den Laden (infml) Ⓑ v/t ◧ zeigen; film also vorführen; (at exhibition) ausstellen; ticket vorzeigen; (≈ prove) beweisen; kindness erweisen; respect bezeigen; ~ **me how to do it** zeigen Sie mir, wie man das macht; **it's been ~n on television** das kam im Fernsehen; **to ~ one's face** sich zeigen; **he has nothing to ~ for all his effort** seine ganze Mühe hat nichts gebracht; **I'll ~ him!** (infml) dem werd ichs zeigen! (infml); **that ~ed him!** (infml) dem habe ichs aber gezeigt! (infml); **it all** or **just goes to ~ that ...** das zeigt doch nur, dass ...; **it ~ed signs of having been used** man sah, dass es gebraucht worden war; **to ~ sb in/out** jdn hereinbringen/hinausbegleiten; **to ~ sb to the door** jdn zur Tür bringen; **they were ~n (a)round the factory** ihnen wurde die Fa-

brik gezeigt ◨ (≈ register) (an)zeigen; (thermometer) stehen auf (+dat); **as ~n in the illustration** wie in der Illustration dargestellt; **the roads are ~n in red** die Straßen sind rot (eingezeichnet) Ⓒ v/i (≈ be visible) sichtbar sein; (film) laufen; **the dirt doesn't** ~ man sieht den Schmutz nicht; **it just goes to ~!** da sieht mans mal wieder! ◊**show around** v/t sep herumführen ◊**show in** v/t sep hereinführen ◊**show off** Ⓐ v/i angeben (to, in front of vor +dat) Ⓑ v/t sep ◧ knowledge, medal angeben mit; new car vorführen (to sb jdm) ◨ (≈ enhance) beauty, picture hervorheben; figure betonen ◊**show out** v/t sep hinausführen ◊**show round** v/t sep herumführen ◊**show up** Ⓐ v/i ◧ (≈ be seen) zu erkennen sein; (≈ stand out) hervorstechen ◨ (infml ≈ turn up) auftauchen Ⓑ v/t sep ◧ (≈ highlight) (deutlich) erkennen lassen ◨ flaws zum Vorschein bringen ◼ (≈ shame) blamieren; **he always gets drunk and shows her up** er betrinkt sich immer und bringt sie dadurch in eine peinliche Situation

show biz n (infml) = show business **show business** n Showbusiness nt; **to be in** ~ im Showgeschäft (tätig) sein **showcase** n Vitrine f; (fig) Schaufenster nt **showdown** n (infml) Kraftprobe f

shower Ⓐ n ◧ (of rain etc) Schauer m; (of bullets) Hagel m ◨ (≈ shower bath) Dusche f; **to take** or **have a** ~ (sich) duschen Ⓑ v/t **to ~ sb with sth** praise etc jdn mit etw überschütten Ⓒ v/i (≈ wash) duschen **shower cubicle** n Duschkabine f **shower curtain** n Duschvorhang m **showery** adj regnerisch

showing n (of film) Vorstellung f; (of programme) Ausstrahlung f **showing-off** n Angeberei f **showjumping** n Springreiten nt **showmanship** n (of person) Talent nt für effektvolle Darbietung **shown** past part of show **show-off** n (infml) Angeber(in) m(f) **showpiece** n Schaustück nt **showroom** n Ausstellungsraum m **show stopper** n (infml) Publikumshit m (infml); (fig); Clou m des Abends/der Party etc **show trial** n Schauprozess m **showy** adj (+er) protzig (infml); décor bombastisch

shrank pret of shrink

shrapnel n Schrapnell nt

shred Ⓐ n (≈ scrap) Fetzen m; (fig) Spur f;

(of truth) Fünkchen nt; **not a ~ of evidence** keinerlei Beweis; **his reputation was in ~s** sein (guter) Ruf war ruiniert; **to tear sth to ~s** etw in Stücke reißen; (fig) etw verreißen **B** v/t **1** food zerkleinern; (≈ grate) carrots raspeln; cabbage hobeln; paper (in shredder) schreddern **2** (≈ tear) in kleine Stücke reißen **shredder** n Schredder m; (esp for wastepaper) Reißwolf m

shrew n Spitzmaus f; (fig) Xanthippe f
shrewd adj (+er) person, move clever (infml); investment, argument klug; assessment, mind scharf; smile verschmitzt **shrewdness** n (of person, move) Cleverness f (infml); (of investment, argument) Klugheit f

shriek **A** n (schriller) Schrei; **~s of laughter** kreischendes Lachen **B** v/t kreischen **C** v/i aufschreien; **to ~ with laughter** vor Lachen quietschen

shrift n **to give sb/sth short ~** jdn/etw kurz abfertigen

shrill **A** adj (+er) schrill **B** v/i schrillen
shrimp n Garnele f
shrine n **1** Schrein m **2** (≈ tomb) Grabstätte f

shrink vb: pret shrank, past part shrunk **A** v/t einlaufen lassen **B** v/i **1** schrumpfen; (clothes etc) einlaufen; (fig, popularity) abnehmen **2** (fig ≈ recoil) zurückschrecken; **to ~ from doing sth** davor zurückschrecken, etw zu tun; **to ~ away from sb** vor jdm zurückweichen **C** n (infml) Seelenklempner(in) m(f) (infml) **shrinkage** n (of material) Einlaufen nt; COMM Schwund m **shrink-wrap** v/t einschweißen

shrivel **A** v/t plants welk werden lassen; (heat) austrocknen **B** v/i schrumpfen; (plants) welk werden; (through heat) austrocknen; (fruit, skin) runzlig werden ◊**shrivel up** v/i & v/t sep = shrivel

shrivelled, (US) **shriveled** adj verwelkt; body part runz(e)lig; fruit verschrumpelt
shroud **A** n Leichentuch nt **B** v/t (fig) hüllen; **to be ~ed in mystery** von einem Geheimnis umgeben sein
Shrove Tuesday n Fastnachtsdienstag m
shrub n Busch m, Strauch m **shrubbery** n Sträucher pl
shrug **A** n Achselzucken nt no pl; **to give a ~** mit den Achseln zucken **B** v/t zucken

(mit) ◊**shrug off** v/t sep mit einem Achselzucken abtun

shrunk past part of shrink **shrunken** adj (ein)geschrumpft; old person geschrumpft

shuck (US) v/t (≈ shell) schälen; peas enthülsen

shudder **A** n Schau(d)er m; **to give a ~** (person) erschaudern (elev); (ground) beben; **she realized with a ~ that ...** schaudernd erkannte sie, dass ... **B** v/i (person) schau(d)ern; (ground) beben; (train) geschüttelt werden; **the train ~ed to a halt** der Zug kam rüttelnd zum Stehen; **I ~ to think** mir graut, wenn ich nur daran denke

shuffle **A** n **1** Schlurfen nt no pl **2** (≈ change round) Umstellung f **B** v/t **1** **to ~ one's feet** mit den Füßen scharren **2** cards mischen; **he ~d the papers on his desk** er durchwühlte die Papiere auf seinem Schreibtisch **3** (fig) cabinet umbilden **C** v/i **1** (≈ walk) schlurfen, hatschen (Aus) **2** CARDS mischen **shuffling** adj schlurfend

shun v/t meiden; publicity, light scheuen
shunt v/t RAIL rangieren
shut vb: pret, past part shut **A** v/t eyes, door etc zumachen, schließen; book zuklappen; office schließen; **~ your mouth!** (infml) halts Maul! (infml); **to ~ sb/sth in(to)** jdn/etw in etw (dat) einschließen **B** v/i schließen; (eyes) sich schließen **C** adj geschlossen, zu pred (infml); **sorry sir, we're ~** wir haben leider geschlossen; **the door swung ~** die Tür schlug zu ◊**shut away** v/t sep (≈ put away) wegschließen; (in sth) einschließen (in in +dat); **to shut oneself away** sich zurückziehen ◊**shut down** **A** v/t sep shop, factory schließen **B** v/i (shop, factory etc) schließen; (engine) sich ausschalten ◊**shut in** v/t sep einschließen (prep obj, -to in +dat) ◊**shut off** **A** v/t sep **1** gas etc abstellen; light, engine ab- or ausschalten; **the kettle shuts itself off** der Wasserkessel schaltet von selbst ab **2** (≈ isolate) (ab)trennen **B** v/i abschalten ◊**shut out** v/t sep **1** person aussperren (of aus); light, world nicht hereinlassen (of in +acc); **she closed the door to ~ the noise** sie schloss die Tür, damit kein Lärm hereinkam **2** (fig) memory unterdrücken ◊**shut up** **A** v/t sep **1** house verschließen

2 (≈ *imprison*) einsperren **3** (*infml* ≈ *silence*) zum Schweigen bringen; **that'll soon shut him up** das wird ihm schon den Mund stopfen (*infml*) **B** *v/i* (*infml*) den Mund halten (*infml*); **~!** halt die Klappe! (*infml*)

shutter *n* (Fenster)laden *m*; PHOT Verschluss *m* **shutter release** *n* PHOT Auslöser *m*

shuttle **A** *n* **1** (*of loom*) Schiffchen *nt* **2** (≈ *shuttle service*) Pendelverkehr *m*; (≈ *plane etc*) Pendelflugzeug *nt etc*; (≈ *space shuttle*) Spaceshuttle *m* **B** *v/t* hin- und hertransportieren **C** *v/i* (*people*) pendeln; (*goods*) hin- und hertransportiert werden **shuttle bus** *n* Shuttlebus *m* **shuttlecock** *n* Federball *m* **shuttle service** *n* Pendelverkehr *m*

shy **A** *adj* (+*er*) schüchtern, gschamig (*Aus*); *animal* scheu; **don't be ~** nur keine Hemmungen! (*infml*); **to be ~ of/with sb** Hemmungen vor/gegenüber jdm haben; **to feel ~** schüchtern sein **B** *v/i* (*horse*) scheuen (*at* or +*dat*) ◊**shy away** *v/i* (*horse*) zurückscheuen; (*person*) zurückweichen; **to ~ from sth** vor etw (*dat*) zurückschrecken

shyly *adv* schüchtern, gschamig (*Aus*) **shyness** *n* Schüchternheit *f*; (*esp of animals*) Scheu *f*

Siamese *adj* siamesisch **Siamese twins** *pl* siamesische Zwillinge *pl*

Siberia *n* Sibirien *nt*

sibling *n* Geschwister *nt* (*form*)

Sicily *n* Sizilien *nt*

sick **A** *n* (≈ *vomit*) Erbrochene(s) *nt* **B** *adj* (+*er*) **1** (≈ *ill*) krank; **the ~** die Kranken *pl*; **to be (off) ~** (wegen Krankheit) fehlen; **to call in ~** sich (telefonisch) krankmelden; **she's off ~ with tonsillitis** sie ist wegen einer Mandelentzündung krankgeschrieben **2** (≈ *vomiting or about to vomit*) **to be ~** sich übergeben; (*esp cat, baby*) spucken; **he was ~ all over the carpet** er hat den ganzen Teppich vollgespuckt; **I think I'm going to be ~** ich glaube, ich muss mich übergeben; **I felt ~** mir war übel; **the smell makes me feel ~** bei dem Geruch wird mir übel; **it makes you ~ the way he's always right** (*infml*) es ist zum Weinen, dass er immer recht hat; **I am worried ~** mir ist vor Sorge ganz schlecht **3** (*infml* ≈ *fed up*) **to be ~ of sth/sb** etw/jdn satthaben; **to be ~ of doing sth** es satthaben, etw zu tun; **I'm**

~ and tired of it ich habe davon die Nase (gestrichen) voll (*infml*); **I'm ~ of the sight of her** ich habe ihren Anblick satt **4** (*infml* ≈ *tasteless*) geschmacklos; *joke* makaber; *person* pervers **sickbag** *n* Spucktüte *f* **sickbay** *n* Krankenrevier *nt* **sickbed** *n* Krankenlager *nt* **sicken** **A** *v/t* (≈ *disgust*) anwidern; (≈ *upset greatly*) krank machen (*infml*) **B** *v/i* krank werden; **he's definitely ~ing for something** er wird bestimmt krank **sickening** *adj* (*lit*) ekelerregend; (≈ *upsetting*) erschütternd; (≈ *disgusting, annoying*) ekelhaft

sickle *n* Sichel *f*

sick leave *n* **to be on ~** krankgeschrieben sein; **employees are allowed six weeks' ~ per year** Angestellte dürfen insgesamt sechs Wochen pro Jahr wegen Krankheit fehlen **sickly** *adj* (+*er*) *appearance* kränklich; *smell, sentimentality, colour* ekelhaft; *smile* matt **sickness** *n* MED Krankheit *f*; **in ~ and in health** in guten und in schlechten Zeiten **sickness benefit** *n* (*Br*) Krankengeld *nt* **sick note** *n* (*Br infml*) Krankmeldung *f* **sick pay** *n* Gehalts-/Lohnfortzahlung *f* im Krankheitsfall

side **A** *n* **1** Seite *f*; (*of mountain*) Hang *m*; (*of business etc*) Zweig *m*; **this ~ up!** oben!; **by/at the ~ of sth** seitlich von etw; **the path goes down the ~ of the house** der Weg führt seitlich am Haus entlang; **it's this/the other ~ of London** (*out of town*) es ist auf dieser/auf der anderen Seite Londons; (*in town*) es ist in diesem Teil/am anderen Ende von London; **the enemy attacked them on** or **from all ~s** der Feind griff sie von allen Seiten an; **he moved over** or **stood to one ~** er trat zur Seite; **he stood to one ~ and did nothing** (*lit*) er stand daneben und tat nichts; (*fig*) er hielt sich raus; **to put sth on one ~** etw beiseitelegen; (*shopkeeper*) etw zurücklegen; **I'll put that issue on** or **to one ~** ich werde diese Frage vorerst zurückstellen; **on the other ~ of the boundary** jenseits der Grenze; **this ~ of Christmas** vor Weihnachten; **from ~ to ~** hin und her; **by sb's ~** neben jdm; **~ by ~** Seite an Seite; **I'll be by your ~** (*fig*) ich werde Ihnen zur Seite stehen; **on one's father's ~** väterlicherseits; **your ~ of the story** Ihre Version (der Geschichte); **to look on the bright ~** (≈ *be optimistic*) zuversichtlich sein; (≈ *look on the posi-*

tive side) die positive Seite betrachten **2** (≈ edge) Rand m; **at the ~ of the road** am Straßenrand; **on the far ~ of the wood** am anderen Ende des Waldes **3** **we'll take £50 just to be on the safe ~** wir werden vorsichtshalber £ 50 mitnehmen; **to get on the right ~ of sb** jdn für sich einnehmen; **on the right ~ of the law** auf dem Boden des Gesetzes; **to make a bit (of money) on the ~** (infml) sich (dat) etwas nebenbei verdienen (infml); **(a bit) on the large ~** etwas (zu) groß **4** SPORTS Mannschaft f; (fig) Seite f; **with a few concessions on the government ~** mit einigen Zugeständnissen vonseiten der Regierung; **to change ~s** sich auf die andere Seite schlagen; SPORTS die Seiten wechseln; **to take ~s** parteiisch sein; **to take ~s with sb** für jdn Partei ergreifen; **to be on sb's ~** auf jds Seite (dat) stehen **B** adj attr Seiten-; (≈ not main) Neben-; **~ road** Seiten-/Nebenstraße f **C** v/i **to ~ with/against sb** Partei für/gegen jdn ergreifen **sideboard** n Anrichte f **sideboards** (Br), **sideburns** pl Koteletten pl; (longer) Backenbart m **sidecar** n Beiwagen m; esp SPORTS Seitenwagen m **-sided** adj suf -seitig; **one-sided** einseitig **side dish** n Beilage f **side effect** n Nebenwirkung f **sidekick** n (infml) Handlanger(in) m(f) (pej) **sidelight** n (Br AUTO) Parklicht nt; (incorporated in headlight) Standlicht nt **sideline A** n (≈ extra business) Nebenerwerb m **B** v/t **to be ~d** aus dem Rennen sein **sidelines** pl Seitenlinien pl; **to be on the ~** (fig) unbeteiligter Zuschauer sein **sidelong** adj **to give sb a ~ glance** jdn kurz aus den Augenwinkeln anblicken **side-on** adj **~ collision** Seitenaufprall m; **~ view** Seitenansicht f **side order** n COOK Beilage f **side salad** n Salat m (als Beilage) **sideshow** n Nebenvorstellung f **side step** n Schritt m zur Seite; SPORTS Ausfallschritt m **side-step A** v/t ausweichen (+dat) **B** v/i ausweichen **side street** n Seitenstraße f **sidetrack A** n (esp US) = siding **B** v/t ablenken; **I got ~ed onto something else** ich wurde durch irgendetwas abgelenkt; (from topic) ich wurde irgendwie vom Thema abgebracht **side view** n Seitenansicht f **sidewalk** n (US) Bürgersteig m **sidewalk café** n (US) Straßencafé nt **sideward** adj = sidewards ǀ **side-**

wards A adj movement zur Seite; glance von der Seite **B** adv move zur Seite **sideways A** adj movement zur Seite; glance von der Seite **B** adv **1** move zur Seite; **it goes in ~** es geht seitwärts hinein **2** sit seitlich; **~ on** seitlich (to sth zu etw) **3** (in career) **to move ~** sich auf gleichem Niveau verändern **siding** n Rangiergleis nt; (≈ dead end) Abstellgleis nt

sidle v/i **to ~ up to sb** sich an jdn heranschleichen

SIDS n MED abbr of sudden infant death syndrome plötzlicher Kindstod

siege n (of town) Belagerung f; (by police) Umstellung f; **to be under ~** belagert werden; (by police) umstellt sein; **to lay ~ to a town** eine Stadt belagern

sieve A n Sieb nt **B** v/t = sift I

sift A v/t (lit) sieben **B** v/i (fig) sieben; **to ~ through the evidence** das Beweismaterial durchgehen ◊**sift out** v/t sep stones, applicants aussieben

sigh A n Seufzer m; **a ~ of relief** ein Seufzer m der Erleichterung **B** v/i seufzen; (wind) säuseln; **to ~ with relief** erleichtert aufatmen **C** v/t seufzen

sight A n **1** (≈ faculty) Sehvermögen nt; **long/short ~** Weit-/Kurzsichtigkeit f; **to lose/regain one's ~** sein Augenlicht verlieren/wiedergewinnen; **to lose one's ~** sein Augenlicht verlieren **2** **it was my first ~ of Paris** das war das Erste, was ich von Paris gesehen habe; **to hate sb at first ~** jdn vom ersten Augenblick an nicht leiden können; **to shoot on ~** sofort schießen; **love at first ~** Liebe auf den ersten Blick; **to know sb by ~** jdn vom Sehen kennen; **to catch ~ of sb/sth** jdn/etw entdecken; **to lose ~ of sb/sth** jdn/etw aus den Augen verlieren **3** (≈ sth seen) Anblick m; **the ~ of blood makes me sick** wenn ich Blut sehe, wird mir übel; **I hate the ~ of him** ich kann ihn (einfach) nicht ausstehen; **what a horrible ~!** das sieht ja furchtbar aus!; **it was a ~ for sore eyes** es war eine wahre Augenweide; **you're a ~ for sore eyes** es ist schön, dich zu sehen; **to be or look a ~** (infml) (funny) zum Schreien aussehen (infml); (horrible) fürchterlich aussehen **4** (≈ range of vision) Sicht f; **to be in or within ~** in Sicht sein; **to keep out of ~** sich verborgen halten; **to keep sb/sth out of ~** jdn/etw nicht sehen lassen; **keep out of my ~!** lass dich bloß

S

bei mir nicht mehr blicken; **to be out of ~** außer Sicht sein; **don't let it out of your ~** lass es nicht aus den Augen; **out of ~, out of mind** (*prov*) aus den Augen, aus dem Sinn (*prov*) **5** *usu pl* (*of city etc*) Sehenswürdigkeit *f*; **to see the ~s of a town** eine Stadt besichtigen **6** (*on telescope etc*) Visiereinrichtung *f*; (*on gun*) Visier *nt*; **to set one's ~s too high** (*fig*) seine Ziele zu hoch stecken; **to lower one's ~s** (*fig*) seine Ansprüche herabsetzen *or* herunterschrauben; **to set one's ~s on sth** (*fig*) ein Auge auf etw (*acc*) werfen **B** *v/t* (≈ *see*) sichten; *person* ausmachen **-sighted** *adj suf* (MED, *fig*) -sichtig **sighting** *n* Sichten *nt* **sightless** *adj person* blind **sight-read** *v/t & v/i* vom Blatt spielen *etc*

sightseeing **A** *n* Besichtigungen *pl*; **to go ~** auf Besichtigungstour gehen **B** *adj* **~ tour** Rundreise *f*; (*in town*) (Stadt)rundfahrt *f* **sightseer** *n* Tourist(in) *m(f)*

sign **A** *n* **1** (≈ *gesture, written symbol*) Zeichen *nt* **2** (≈ *indication*, MED) Anzeichen *nt* (*of* für, +*gen*); (≈ *evidence*) Zeichen *nt* (*of* von, +*gen*); (≈ *trace*) Spur *f*; **a ~ of the times** ein Zeichen unserer Zeit; **it's a ~ of a true expert** daran erkennt man den wahren Experten; **there is no ~ of their agreeing** nichts deutet darauf hin, dass sie zustimmen werden; **to show ~s of sth** Anzeichen von etw erkennen lassen; **there was no ~ of life in the village** es gab keine Spur *or* kein Anzeichen von Leben im Dorf; **there was no ~ of him** von ihm war keine Spur zu sehen; **is there any ~ of him yet?** ist er schon zu sehen? **3** (≈ *road sign, shop sign*) Schild *nt* **B** *v/t* **1** *letter, contract* unterschreiben; *book* signieren; **to ~ the register** sich eintragen; **to ~ one's name** unterschreiben; **he ~s himself J.G. Jones** er unterschreibt mit J. G. Jones **2** *football player etc* unter Vertrag nehmen **C** *v/i* (*with signature*) unterschreiben; **Fellows has just ~ed for United** Fellows hat gerade bei United unterschrieben ◊**sign away** *v/t sep* verzichten auf (+*acc*) ◊**sign for** *v/i* +*prep obj* den Empfang (+*gen*) bestätigen ◊**sign in** **A** *v/t sep* eintragen **B** *v/i* sich eintragen ◊**sign off** *v/i* RADIO, TV sich verabschieden; (*in letter*) Schluss machen ◊**sign on** **A** *v/t sep* = sign up I **B** *v/i* **1** = sign up II **2** (*Br*) **to ~** (*as unemployed*) sich arbeitslos

melden; **he's still signing on** er ist immer noch arbeitslos ◊**sign out** **A** *v/i* sich austragen **B** *v/t sep* austragen ◊**sign up** **A** *v/t sep* (≈ *enlist*) verpflichten; *employees* anstellen **B** *v/i* sich verpflichten; (*employees, players*) unterschreiben; (*for class*) sich einschreiben

signal **A** *n* **1** (≈ *sign*) Zeichen *nt*; (*as part of code*) Signal *nt* **2** RAIL, TEL Signal *nt*; **the ~ is at red** das Signal steht auf Rot **B** *v/t* (≈ *indicate*) anzeigen; *arrival etc* ankündigen; **to ~ sb to do sth** jdm ein Zeichen geben, etw zu tun **C** *v/i* ein Zeichen geben; **he signalled** (*Br*) *or* **signaled** (*US*) **to the waiter** er winkte dem Ober **signal box** *n* Stellwerk *nt* **signalman** *n* RAIL Stellwerkswärter *m*

signatory *n* Unterzeichner(in) *m(f)*

signature *n* Unterschrift *f*, Visum *nt* (*Swiss*); (*of artist*) Signatur *f* **signature tune** *n* (*Br*) Erkennungsmelodie *f*

signet ring *n* Siegelring *m*

significance *n* Bedeutung *f*; **what is the ~ of this?** welche Bedeutung hat das?; **of no ~** belanglos **significant** *adj* **1** (≈ *having consequence*) bedeutend; (≈ *important*) wichtig **2** (≈ *meaningful*) bedeutungsvoll; **it is ~ that …** es ist bezeichnend, dass … **significantly** *adv* **1** (≈ *considerably*) bedeutend; **it is not ~ different** da besteht kein wesentlicher Unterschied **2** (≈ *meaningfully*) bedeutungsvoll **signify** *v/t* **1** (≈ *mean*) bedeuten **2** (≈ *indicate*) andeuten

signing *n* **1** (*of document*) Unterzeichnen *nt* **2** (*of football player etc*) Untervertragnahme *f*; (≈ *football player etc*) neu unter Vertrag Genommene(r) *m/f(m)* **sign language** *n* Zeichensprache *f* **signpost** *n* Wegweiser *m*

Sikh *n* Sikh *m/f(m)*

silence **A** *n* Stille *f*; (≈ *absence of talk also*) Schweigen *nt*; (*on subject*) (Still)schweigen *nt*; **~!** Ruhe!; **in ~** still; **there was ~** alles war still; **there was a short ~** es herrschte für kurze Zeit Stille; **to break the ~** die Stille durchbrechen **B** *v/t* zum Schweigen bringen

silent *adj* still; (≈ *not talking also*) schweigsam; **to fall ~** still werden; **be ~!** sei still!; **~ film** (*esp Br*) *or* **movie** (*esp US*) Stummfilm *m*; **to be ~** (*person*) schweigen; **to keep** *or* **remain ~** sich nicht äußern **silently** *adv* lautlos; (≈ *without talking*) schweigend si-

lent partner n (US COMM) stiller Teilhaber or Gesellschafter
Silesia n Schlesien nt
silhouette **A** n Silhouette f **B** v/t **to be ~d against sth** sich (als Silhouette) gegen or von etw abzeichnen
silicon chip n Siliziumchip nt
silicone n Silikon nt
silk **A** n Seide f **B** adj Seiden-, seiden **silken** adj seidig **silkiness** n seidige Weichheit **silky** adj (+er) seidig; voice samtig; **~ smooth** seidenweich
sill n Sims m or nt
silliness n Albernheit f **silly** adj (+er) albern, dumm; **don't be ~** (≈ say silly things) red keinen Unsinn; **it was a ~ thing to say** es war dumm, das zu sagen; **I hope he doesn't do anything ~** ich hoffe, er macht keine Dummheiten; **he was ~ to resign** es war dumm von ihm zurückzutreten; **I feel ~ in this hat** mit diesem Hut komme ich mir albern vor; **to make sb look ~** jdn lächerlich machen
silt **A** n Schwemmsand m; (≈ river mud) Schlick m **B** v/i (a. **silt up**) verschlammen
silver **A** n Silber nt; (≈ coins) Silber(geld) nt **B** adj Silber-, silbern **silver birch** n Weißbirke f **silver foil** n Alu(minium)folie f **silver jubilee** n 25-jähriges Jubiläum **silver medal** n Silbermedaille f **silver paper** n Silberpapier nt **silverware** n Silber nt, Silberzeug nt (infml) **silver wedding** n Silberhochzeit f **silvery** adj silbrig
SIM card n TEL abbr of Subscriber Identity Module card SIM-Karte f
similar adj ähnlich; amount, size ungefähr gleich; **she and her sister are very ~, she is very ~ to her sister** ihre Schwester und sie sind sich sehr ähnlich; **they are very ~ in character** sie ähneln sich charakterlich sehr; **~ in size** fast gleich groß; **to taste ~ to sth** ähnlich wie etw schmecken **similarity** n Ähnlichkeit f (to mit) **similarly** adv ähnlich; (≈ equally) ebenso
simile n Gleichnis nt
simmer **A** v/t auf kleiner Flamme kochen lassen **B** v/i auf kleiner Flamme kochen ◊**simmer down** v/i sich beruhigen
simple adj (+er) **1** einfach; **the camcorder is ~ to use** der Camcorder ist einfach zu bedienen; **it's as ~ as ABC** es ist kinderleicht; **"chemistry made ~"** „Chemie

leicht gemacht"; **in ~ terms** in einfachen Worten; **the ~ fact is …** es ist einfach so, dass … **2** (≈ simple-minded) einfältig **simple-minded** adj einfältig **simplicity** n Einfachheit f **simplification** n Vereinfachung f **simplified** adj vereinfacht **simplify** v/t vereinfachen **simplistic** adj simpel **simply** adv einfach; (≈ merely) nur, bloß
simulate v/t emotions vortäuschen; illness, conditions simulieren **simulation** n **1** (of emotions) Vortäuschung f; (≈ simulated appearance) Imitation f **2** (≈ reproduction) Simulation f
simultaneous adj, **simultaneously** adv gleichzeitig
sin **A** n Sünde f; **to live in ~** (infml) in wilder Ehe leben **B** v/i sich versündigen (against an +dat)
since **A** adv (≈ in the meantime) inzwischen; (≈ up to now) seitdem; **ever ~** seither; **long ~** schon lange; **not long ~** erst vor Kurzem **B** prep seit; **ever ~ 2010** (schon) seit 2010; **I've been coming here ~ 2014** ich komme schon seit 2014 hierher; **he left in June, ~ when we have not heard from him** er ging im Juni fort und seitdem haben wir nichts mehr von ihm gehört; **how long is it ~ the accident?** wie lange ist der Unfall schon her?; **~ when?** (infml) seit wann denn das? (infml) **C** cj **1** (time) seit(dem); **ever ~ I've known him** seit(dem) ich ihn kenne **2** (≈ because) da, weil
sincere adj aufrichtig **sincerely** adv aufrichtig; **yours ~** (Br) mit freundlichen Grüßen **sincerity** n Aufrichtigkeit f
sinew n Sehne f
sinful adj sündig
sing pret **sang**, past part **sung** v/t & v/i singen; **to ~ the praises of sb/sth** ein Loblied auf jdn/etw singen ◊**sing along** v/i mitsingen
Singapore n Singapur nt
singe **A** v/t sengen; eyebrows absengen **B** v/i sengen
singer n Sänger(in) m(f) **singer-songwriter** n Liedermacher(in) m(f) **singing** n Singen nt; (of person, bird also) Gesang m
single **A** adj **1** (≈ one only) einzige(r, s); **every ~ day** jeder (einzelne) Tag; **not a ~ thing** überhaupt nichts; **in ~ figures** in einstelligen Zahlen **2** (≈ not double etc) einzeln; (Br) ticket einfach **3** (≈ not

married) unverheiratet, ledig; **~ people** Ledige *pl*, Unverheiratete *pl* **B** *n* (*Br* ≈ *ticket*) Einzelfahrschein *m*; (≈ *room*) Einzelzimmer *nt*; (≈ *record*) Single *f*; **two ~s to Ayr** (*Br*) zweimal einfach nach Ayr ◊**single out** *v/t sep* (≈ *choose*) auswählen; *victim* sich (*dat*) herausgreifen; (≈ *distinguish*) herausheben (*from* über +*acc*)

single bed *n* Einzelbett *nt* **single combat** *n* Nahkampf *m* **single cream** *n* (*Br*) Sahne *f*, Obers *m* (*Aus*), Nidel *m* (*Swiss, mit geringem Fettgehalt*) **single currency** *n* Einheitswährung *f* **single-density** *adj* IT *disk* mit einfacher Dichte **single European market** *n* Europäischer Binnenmarkt **single file** *n* **in ~** im Gänsemarsch **single-handed** **A** *adj* (*ganz*) allein *pred* **B** *adv* (*a.* **single-handedly**) ohne Hilfe **single-minded** *adj* zielstrebig; **to be ~ about doing sth** zielstrebig darin sein, etw zu tun **single-mindedness** *n* Zielstrebigkeit *f* **single mother** *n* alleinerziehende Mutter **single parent** *n* Alleinerziehende(r) *m/f(m)* **single-parent** *adj* **a ~ family** eine Einelternfamilie

single room *n* Einzelzimmer *nt* **singles** *n sg or pl* SPORTS Einzel *nt* **single-sex** *adj* **a ~ school** eine reine Jungen-/Mädchenschule **single-sided** *adj* IT *disk* einseitig **single-storey**, (*US*) **single-story** *adj* einstöckig **singly** *adv* einzeln

singsong *n* **we often have a ~** wir singen oft zusammen

singular **A** *adj* **1** GRAM im Singular **2** (≈ *outstanding*) einzigartig **B** *n* Singular *m*; **in the ~** im Singular **singularly** *adv* außerordentlich

sinister *adj* unheimlich; *person* finster; *development* unheilvoll

sink¹ *pret* sank, *past part* sunk **A** *v/t* **1** *ship, object* versenken; **to be sunk in thought** in Gedanken versunken sein **2** (*fig*) *theory* zerstören **3** *shaft* senken; *hole* ausheben; **to ~ money into sth** Geld in etw (*acc*) stecken **4** *teeth* schlagen; **to ~ one's teeth into a juicy steak** in ein saftiges Steak beißen **B** *v/i* sinken; (*sun*) versinken; (*land*) sich senken; *person, object* untergehen; **to ~ to the bottom** auf den Grund sinken; **he sank up to his knees in the mud** er sank bis zu den Knien im Schlamm ein; **the sun sank beneath the horizon** die Sonne versank

am Horizont; **to ~ to one's knees** auf die Knie sinken ◊**sink in** *v/i* **1** (*into mud etc*) einsinken (*prep obj, -to* in +*acc*) **2** (*infml* ≈ *be understood*) kapiert werden (*infml*); **it's only just sunk in that it really did happen** ich kapiere/er kapiert *etc* erst jetzt, dass das tatsächlich passiert ist (*infml*)

sink² *n* Ausguss *m*, Schüttstein *m* (*Swiss*)

sinking **A** *n* (*of ship*) Untergang *m*; (*deliberately*) Versenkung *f*; (*of shaft*) Senken *nt*; (*of well*) Bohren *nt* **B** *adj* **a ~ ship** ein sinkendes Schiff; **~ feeling** flaues Gefühl (im Magen) (*infml*)

sinner *n* Sünder(in) *m(f)*

sinuous *adj* gewunden

sinus *n* ANAT Sinus *m* (*tech*); (*in head*) Stirnhöhle *f*

sip **A** *n* Schluck *m*; (*very small*) Schlückchen *nt* **B** *v/t* in kleinen Schlucken trinken; (*daintily*) nippen an (+*dat*) **C** *v/i* **to ~ at sth** an etw (*dat*) nippen

siphon *n* Heber *m*; (≈ *soda siphon*) Siphon *m* ◊**siphon off** *v/t sep* **1** (*lit*) absaugen; *petrol* abzapfen; (*into container*) (mit einem Heber) umfüllen **2** (*fig*) *money* abziehen

sir *n* **1** (*in address*) mein Herr (*form*), Herr X; **no, ~** nein(, Herr X); MIL nein, Herr Leutnant *etc*; **Dear Sir (or Madam), ...** Sehr geehrte (Damen und) Herren! **2** (≈ *knight etc*) **Sir** Sir *m* **3** (SCHOOL *infml* ≈ *teacher*) er (SCHOOL *sl*); **please ~!** Herr X!

sire *v/t* zeugen

siren *n* Sirene *f*

sirloin *n* COOK Lendenfilet *nt*

sirup *n* (*US*) = syrup

sissy (*infml*) *n* Waschlappen *m* (*infml*)

sister *n* **1** Schwester *f* **2** (*Br* ≈ *nurse*) Oberschwester *f*

sister-in-law *n*, *pl* sisters-in-law Schwägerin *f*

sit *vb*: *pret, past part* sat **A** *v/i* **1** (≈ *be sitting*) sitzen (*in/on* in/auf +*dat*); (≈ *sit down*) sich setzen (*in/on* in/auf +*acc*); **a place to ~** ein Sitzplatz *m*; **~ by/with me** setz dich zu mir/neben mich; **to ~ for a painter** für einen Maler Modell sitzen; **don't just ~ there, do something!** sitz nicht nur tatenlos da (herum), tu (endlich) was! **2** (*assembly*) tagen; **to ~ on a committee** einen Sitz in einem Ausschuss haben **3** (*object* ≈ *be placed*) stehen **B** *v/t* **1** (*a.* **sit down**) setzen (*in* in +*acc, on* auf +*acc*); *object* stellen; **to ~ a child on one's knee**

S

sich (dat) ein Kind auf die Knie setzen **2** (Br) *examination* ablegen (form) **C** v/r **to ~ oneself down** sich gemütlich hinsetzen ◊**sit about** (Brit) or **around** v/i herumsitzen ◊**sit back** v/i sich zurücklehnen; (fig ≈ do nothing) die Hände in den Schoß legen ◊**sit down** v/i (lit) sich (hin)setzen; **to ~ in a chair** auf einen Stuhl setzen ◊**sit in** v/i (≈ attend) dabeisitzen (on sth bei etw) ◊**sit on** v/i +prep obj committee sitzen in (+dat) ◊**sit out** v/t sep **1** meeting bis zum Ende bleiben bei; storm auf das Ende (+gen) warten **2** dance auslassen ◊**sit through** v/i +prep obj durchhalten ◊**sit up** **A** v/i **1** (≈ be sitting upright) aufrecht sitzen; (≈ action) sich aufsetzen **2** (≈ sit straight) gerade sitzen; **~!** setz dich gerade hin!; **to make sb ~ (and take notice)** (fig infml) jdn aufhorchen lassen **B** v/t sep aufsetzen

sitcom n (infml) Situationskomödie f
sit-down **A** n (infml ≈ rest) Verschnaufpause f (infml) **B** adj attr **a ~ meal** eine richtige Mahlzeit
site **A** n **1** Stelle f, Platz m **2** ARCHEOL Stätte f **3** (≈ building site) Baustelle f **4** (≈ camping site) Campingplatz m **5** IT Site f **B** v/t anlegen; **to be ~d** liegen
sits vac pl abbr of situations vacant Stellenangebote pl
sitter n **1** ART Modell nt **2** (≈ baby-sitter) Babysitter(in) m(f) **sitting** **A** adj sitzend; **to be in a ~ position** aufsitzen; **to get into a ~ position** sich aufsetzen **B** n (of committee, parliament, for portrait) Sitzung f; **they have two ~s for lunch** sie servieren das Mittagessen in zwei Schüben **sitting duck** n (fig) leichte Beute **sitting room** n (esp Br) Wohnzimmer nt
situate v/t legen **situated** adj gelegen; **it is ~ in the High Street** es liegt an der Hauptstraße; **a pleasantly ~ house** ein Haus in angenehmer Lage
situation n **1** Lage f; (≈ state of affairs also) Situation f **2** (≈ job) Stelle f; **"situations vacant"** (Br) „Stellenangebote", **"situations wanted"** (Br) „Stellengesuche" **situation comedy** n Situationskomödie f
six **A** adj sechs; **she is ~ (years old)** sie ist sechs (Jahre alt); **at (the age of) ~** im Alter von sechs Jahren; **it's ~ (o'clock)** es ist sechs (Uhr); **there are ~ of us** wir sind sechs; **~ and a half** sechseinhalb **B** n

Sechs f; **to divide sth into ~** etw in sechs Teile teilen; **they are sold in ~es** sie werden in Sechserpackungen verkauft; **to knock sb for ~** (Br infml) jdn umhauen (infml) **sixfold** **A** adj sechsfach **B** adv um das Sechsfache **six hundred** **A** adj sechshundert **B** n Sechshundert f **six-ish** adj um sechs herum **six million** adj, n sechs Millionen **six-pack** n Sechserpackung f
sixteen **A** adj sechzehn **B** n Sechzehn f
sixteenth **A** adj sechzehnte(r, s); **a ~ part** ein Sechzehntel nt; **a ~ note** (esp US MUS) eine Sechzehntelnote **B** n **1** (≈ fraction) Sechzehntel nt **2** (in series) Sechzehnte(r, s) **3** (≈ date) **the ~** der Sechzehnte
sixth **A** adj sechste(r, s); **a ~ part** ein Sechstel nt; **he was** or **came ~** er wurde Sechster; **he was ~ from the left** er war der Sechste von links **B** n **1** (≈ fraction) Sechstel nt **2** (in series) Sechste(r, s); **Charles the Sixth** Karl der Sechste; (≈ date) **the ~** der Sechste; **on the ~** am Sechsten; **the ~ of September, September the ~** der sechste September **C** adv **he did it ~** (≈ the sixth person to do it) er hat es als Sechster gemacht; (≈ the sixth thing he did) er hat es als Sechstes gemacht **sixth form** n (Br) Abschlussklasse f, ≈ Prima f **sixth grade** n (US SCHOOL) sechstes Schuljahr
six thousand **A** adj sechstausend **B** n Sechstausend f
sixtieth **A** adj sechzigste(r, s); **a ~ part** ein Sechzigstel nt **B** n **1** (≈ fraction) Sechzigstel nt **2** (in series) Sechzigste(r, s)
sixty **A** adj sechzig; **~-one** einundsechzig **B** n Sechzig f; **the sixties** die Sechzigerjahre; **to be in one's sixties** in den Sechzigern sein; **to be in one's late/early sixties** Ende/Anfang sechzig sein; → **six sixtyish** adj um die Sechzig (infml)
six-year-old **A** adj sechsjährig attr, sechs Jahre alt pred **B** n Sechsjährige(r) m/f(m)
size n Größe f; (of problem also) Ausmaß nt; **waist ~** Taillenweite f; **dress ~** Kleidergröße f; **he's about your ~** er ist ungefähr so groß wie du; **what ~ is it?** wie groß ist es?; (clothes etc) welche Größe ist es?; **it's two ~s too big** es ist zwei Nummern zu groß; **do you want to try it for ~?** möchten Sie es anprobieren,

ob es Ihnen passt? ◊**size up** v/t sep abschätzen

sizeable adj ziemlich groß **-size(d)** adj suf -groß; **medium-size(d)** mittelgroß

sizzle v/i brutzeln

skate[1] n (≈ fish) Rochen m

skate[2] **A** n (≈ ice skate) Schlittschuh m; (≈ roller skate) Rollschuh m; **get your ~s on** (fig infml) mach/macht mal ein bisschen dalli! (infml) **B** v/i Schlittschuh laufen; (≈ roller-skate) Rollschuh laufen; **he ~d across the pond** er lief (auf Schlittschuhen) über den Teich ◊**skate** (a)**round** or **over** v/i +prep obj links liegen lassen; problem einfach übergehen

skateboard n Skateboard nt **skateboarding** n Skateboardfahren nt **skateboard park** n Skateboardanlage f **skater** n Schlittschuhläufer(in) m(f); (≈ roller-skater) Rollschuhläufer(in) m(f) **skating** n Schlittschuhlauf m; (≈ roller-skating) Rollschuhlauf m **skating rink** n Eisbahn f; (for roller-skating) Rollschuhbahn f

skeletal adj person bis aufs Skelett abgemagert; trees skelettartig **skeleton A** n Skelett nt; **a ~ in one's cupboard** (Br) or **closet** (US) eine Leiche im Keller **B** adj plan etc provisorisch; **~ service** Notdienst m

skeptic etc (US) = **sceptic** etc

sketch A n Skizze f; (≈ draft also) Entwurf m; THEAT Sketch m **B** v/t skizzieren **C** v/i Skizzen machen ◊**sketch out** v/t sep grob skizzieren

sketchbook n Skizzenbuch nt **sketching** n ART Skizzenzeichnen nt **sketch pad** n Skizzenblock m **sketchy** adj (+er) account flüchtig

skew v/t (≈ make crooked) krümmen; (fig ≈ distort) verzerren

skewer A n Spieß m **B** v/t aufspießen

ski A n Ski m **B** v/i Ski laufen; **they ~ed down the slope** sie fuhren (auf ihren Skiern) den Hang hinunter

skid A n AUTO etc Schleudern nt **B** v/i (car, objects) schleudern; (person) ausrutschen **skidmark** n Reifenspur f

skier n Skiläufer(in) m(f) **skiing** n Skilaufen nt; **to go ~** Ski laufen gehen **ski-jumping** n Skispringen nt

skilful, (US) **skillful** adj geschickt **skilfully**, (US) **skillfully** adv geschickt; play the piano also gewandt; paint, sculpt etc kunstvoll

ski lift n Skilift m

skill n **1** no pl (≈ skilfulness) Geschick nt **2** (≈ acquired technique) Fertigkeit f; (≈ ability) Fähigkeit f **skilled** adj **1** (≈ skilful) geschickt (at in +dat) **2** (≈ trained) ausgebildet; (≈ requiring skill) fachmännisch **skilled worker** n Facharbeiter(in) m(f)

skillet n Bratpfanne f

skillful etc (US) = **skilful** etc

skim v/t **1** (≈ remove) abschöpfen; milk entrahmen **2** (≈ pass low over) streifen über (+acc) **3** (≈ read quickly) überfliegen ◊**skim through** v/i +prep obj book etc überfliegen

skimmed milk, (US) **skim milk** n Magermilch f

skimp v/i sparen (on an +dat) **skimpily** adv dressed spärlich **skimpy** adj (+er) dürftig; clothes knapp

skin A n Haut f; (≈ fur) Fell nt; (of fruit etc) Schale f; **to be soaked to the ~** bis auf die Haut nass sein; **that's no ~ off my nose** (esp Br infml) das juckt mich nicht (infml); **to save one's own ~** die eigene Haut retten; **to jump out of one's ~** (infml) erschreckt hochfahren; **to get under sb's ~** (infml ≈ irritate) jdm auf die Nerven gehen (infml); (≈ fascinate, music, voice) jdm unter die Haut gehen; (person) jdn faszinieren; **to have a thick/thin ~** (fig) ein dickes Fell (infml)/eine dünne Haut haben; **by the ~ of one's teeth** (infml) mit Ach und Krach (infml) **B** v/t **1** animal häuten **2** (≈ graze) abschürfen **skin care** n Hautpflege f **skinflint** n (infml) Geizkragen m (infml) **skin graft** n Hauttransplantation f **skinhead** n Skin(head) m **skinny** adj (+er) (infml) dünn

skint adj (Br infml) **to be ~** pleite sein (infml)

skintight adj hauteng

skip[1] **A** n Hüpfer m **B** v/i hüpfen; (with rope) seilspringen **C** v/t **1** school etc schwänzen (infml); chapter etc überspringen; **my heart ~ped a beat** mein Herzschlag setzte für eine Sekunde aus; **to ~ lunch** das Mittagessen ausfallen lassen **2** (US) **to ~ rope** seilspringen **3** (US infml) **to ~ town** aus der Stadt verschwinden (infml) ◊**skip over** v/i +prep obj überspringen ◊**skip through** v/i +prep obj book durchblättern

skip[2] n BUILD (Schutt)container m

ski pass n Skipass m **ski pole** n Skistock

m

skipper **A** *n* Kapitän(in) *m(f)* **B** *v/t* anführen

skipping *n* Seilspringen *nt* **skipping rope** *n* (*Br*) Hüpf- *or* Sprungseil *nt*

ski resort *n* Skiort *m*

skirmish *n* MIL Gefecht *nt*; (≈ *scrap, fig*) Zusammenstoß *m*

skirt **A** *n* Rock *m*, Kittel *m* (*Aus*), Jupe *m* (*Swiss*) **B** *v/t* (*a.* **skirt around**) umgehen

skirting (board) *n* (*Br*) Fußleiste *f*

ski run *n* Skipiste *f* **ski stick** *n* Skistock *m* **ski tow** *n* Schlepplift *m*

skitter *v/i* rutschen

skittish *adj* unruhig

skive (*Br infml*) *v/i* blaumachen (*infml*); (*from school etc*) schwänzen (*infml*) ◊**skive off** *v/i* (*Br infml*) sich drücken (*infml*)

skulk *v/i* (≈ *move*) schleichen; (≈ *lurk*) sich herumdrücken

skull *n* Schädel *m*; ~ **and crossbones** Totenkopf *m*

skunk *n* Stinktier *nt*

sky *n* Himmel *m*; **in the** ~ am Himmel **sky-blue** *adj* himmelblau **skydiving** *n* Fallschirmspringen *nt* **sky-high** **A** *adj* prices schwindelnd hoch; *confidence* unermesslich **B** *adv* zum Himmel; **to blow a bridge** ~ (*infml*) eine Brücke in die Luft sprengen (*infml*); **to blow a theory** ~ (*infml*) eine Theorie zum Einsturz bringen **skylight** *n* Oberlicht *nt*; (*in roof*) Dachfenster *nt* **skyline** *n* (≈ *horizon*) Horizont *m*; (*of city*) Skyline *f* **sky marshal** *n* (*esp US* AVIAT) Sky-Marshal *m*, *zur Verhinderung von Flugzeugentführungen mitfliegender Sicherheitsbeamter*

Skype® *n* IT Skype®; **to call sb on** ~® mit jdm skypen®

skype *v/t & v/i* skypen®

skyscraper *n* Wolkenkratzer *m*

slab *n* **1** (*of wood etc*) Tafel *f*; (*of stone*) Platte *f* **2** (≈ *slice*) dicke Scheibe; (*of cake*) großes Stück

slack **A** *adj* (+*er*) **1** (≈ *not tight*) locker **2** (≈ *negligent*) nachlässig **3** COMM *period* ruhig; **business is** ~ das Geschäft geht schlecht **B** *n* (*of rope etc*) durchhängendes Teil (des Seils *etc*); **to cut sb some** ~ (*fig infml*) mit jdm nachsichtig sein **C** *v/i* bummeln

slacken **A** *v/t* **1** (≈ *loosen*) lockern **2** (≈ *reduce*) vermindern **B** *v/i* (*speed*) sich verringern; (*rate of development*) sich verlang-

samen ◊**slacken off** *v/i* (≈ *diminish*) nachlassen; (*work*) abnehmen

slackness *n* **1** (*of rope, reins*) Schlaffheit *f*, Durchhängen *nt* **2** (*of business, market etc*) Flaute *f*

slag *n* **1** Schlacke *f* **2** (*Br sl* ≈ *woman*) Schlampe *f* (*pej infml*) ◊**slag off** *v/t sep* (*Br infml*) runtermachen (*infml*)

slain *past part* of **slay**

slalom *n* Slalom *m*

slam **A** *n* (*of door etc*) Zuknallen *nt no pl* **B** *v/t* **1** (≈ *close*) zuknallen; **to ~ the door in sb's face** jdm die Tür vor der Nase zumachen **2** (*infml* ≈ *throw*) knallen (*infml*); **to ~ the brakes on** (*infml*) auf die Bremse latschen (*infml*) **3** (*infml* ≈ *criticize*) verreißen; *person* herunterputzen (*infml*) **C** *v/i* zuknallen; **to ~ into sth** in etw (*acc*) knallen ◊**slam down** *v/t sep* hinknallen (*infml*); *phone* aufknallen (*infml*)

slander **A** *n* Verleumdung *f* **B** *v/t* verleumden

slang **A** *n* **1** Slang *m* **2** (≈ *army slang etc*) Jargon *m* **B** *adj* Slang-

slant **A** *n* Neigung *f*; **to put a ~ on sth** etw biegen; **to be on a ~** sich neigen **B** *v/t* verschieben **C** *v/i* sich neigen **slanting** *adj* schräg

slap **A** *n* Schlag *m*; **a ~ across the face** (*lit*) eine Ohrfeige, eine Watsche (*Aus*); **a ~ in the face** (*fig*) ein Schlag *m* ins Gesicht; **to give sb a ~ on the back** (*anerkennend*) auf den Rücken klopfen; (*fig*) jdn loben; **to give sb a ~ on the wrist** (*fig infml*) jdn zurechtweisen, jdm einen Anpfiff geben (*infml*) **B** *adv* (*infml*) direkt **C** *v/t* (≈ *hit*) schlagen; **to ~ sb's back** jdm eine runterhauen (*infml*); **to ~ sb on the back** jdm auf den Rücken klopfen ◊**slap down** *v/t sep* (*infml*) hinknallen ◊**slap on** *v/t sep* (*infml*) **1** (≈ *apply carelessly*) draufklatschen (*infml*) **2** (*fig*) *tax, money* draufhauen (*infml*)

slap-bang *adv* (*esp Br infml*) mit Karacho (*infml*); **it was ~ in the middle** es war genau in der Mitte; **to run ~ into sb/sth** mit jdm/etw zusammenknallen (*infml*) **slapdash** *adj* schludrig (*pej*) **slapper** *n* (*Br infml*) Flittchen *nt* (*infml*) **slap-up meal** *n* (*Br infml*) Schlemmermahl *nt* (*infml*)

slash **A** *n* **1** (≈ *action*) Streich *m*; (≈ *wound*) Schnitt *m* **2** TYPO Schrägstrich *m* **B** *v/t* **1** (≈ *cut*) zerfetzen; *face, tyres* aufschlitzen **2** (*infml*) *price* radikal herabset-

S

zen
slat n Leiste f
slate △ n (≈ rock) Schiefer m; (≈ roof slate)
Schieferplatte f; **put it on the ~** (Br infml)
schreiben Sie es mir an; **to wipe the ~
clean** (fig) reinen Tisch machen **B** adj
Schiefer- **C** v/t (Br infml ≈ criticize) verreißen; person zusammenstauchen (infml)
slating n (Br infml) Verriss m; **to get a
~** zusammengestaucht werden (infml);
(play, performance etc) verrissen werden
slaughter △ n (of animals) Schlachten nt
no pl; (of persons) Gemetzel nt no pl **B** v/t
schlachten; persons (lit) abschlachten; (fig)
fertigmachen (infml) **slaughterhouse**
n Schlachthof m
Slav △ adj slawisch **B** n Slawe m, Slawin f
slave △ n Sklave m, Sklavin f **B** v/i sich
abplagen; **to ~ (away) at sth** sich mit
etw herumschlagen **slave-driver** n
Sklaventreiber(in) m(f) **slave labour**,
(US) **slave labor** n **1** (≈ work) Sklavenar-
beit f **2** (≈ work force) Sklaven pl
slaver v/i geifern; **to ~ over sb/sth** nach
jdm/etw geifern
slavery n Sklaverei f
Slavic, Slavonic △ adj slawisch **B** n das
Slawische
slay pret **slew**, past part **slain** v/t erschlagen **slaying** n (esp US ≈ murder) Mord m
sleaze n (infml ≈ depravity) Verderbtheit f;
(esp US POL ≈ corruption) Skandalgeschichten
pl **sleazy** adj (+er) (infml) schäbig
sledge, sled (esp US) △ n Schlitten m,
Rodel f (Aus) **B** v/i Schlitten fahren, schlitteln (Swiss) **sledge(hammer)** n Vor-
schlaghammer m
sleek adj (+er) fur geschmeidig; (in appearance) gepflegt
sleep vb: pret, past part **slept** △ n Schlaf
m; **to go to ~** einschlafen; **to drop off
to ~** (person) einschlafen; **to be able to
get to ~** einschlafen können; **try and
get some ~** versuche, etwas zu schlafen;
to have a ~ (etwas) schlafen; **to have a
good night's ~** sich richtig ausschlafen;
to put sb to ~ jdn zum Schlafen bringen;
(drug) jdn einschläfern; **to put to ~** (euph)
animal einschläfern; **that film sent me to
~** bei dem Film bin ich eingeschlafen **B**
v/t (≈ accommodate) unterbringen; **the
house ~s 10** in dem Haus können 10 Leute übernachten **C** v/i schlafen; **to ~ like a
log** wie ein Murmeltier schlafen; **to ~ late**

lange schlafen ◊**sleep around** v/i (infml)
mit jedem schlafen (infml) ◊**sleep in** v/i (≈
lie in) ausschlafen; (infml ≈ oversleep) verschlafen ◊**sleep off** v/t sep (infml) **to
sleep it off** seinen Rausch ausschlafen
◊**sleep on** △ v/i weiterschlafen **B** v/i
+prep obj problem etc überschlafen ◊**sleep
through** v/i +prep obj weiterschlafen **to
~ the alarm (clock)** den Wecker verschlafen
sleeper n **1** (≈ person) Schläfer(in) m(f); **to
be a light ~** einen leichten Schlaf haben
2 (Br RAIL) Schlafwagen(zug) S **sleepily**
adv verschlafen **sleeping bag** n Schlaf-
sack m **sleeping car** n Schlafwagen m
sleeping partner n (Br) stiller Teilhaber **sleeping pill** n Schlaftablette f
sleeping policeman n Bodenschwelle
f **sleepless** adj schlaflos **sleepover** n
Übernachtung f (bei Freunden etc) **sleepwalk** v/i schlafwandeln; **he was ~ing** er
hat or ist geschlafwandelt **sleepy** adj
(+er) **1** (≈ drowsy) schläfrig; (≈ not yet
awake) verschlafen **2** place verschlafen
sleet △ n Schneeregen m **B** v/i **it was
~ing** es gab Schneeregen
sleeve n **1** Ärmel m; **to roll up one's ~s**
(lit) sich (dat) die Ärmel hochkrempeln; **to
have sth up one's ~** (fig infml) etw in petto haben **2** (for record etc) Hülle f
sleeveless adj ärmellos
sleigh n (Pferde)schlitten m
slender adj schlank; lead knapp; chance
gering
slept pret, past part of sleep
sleuth n (infml) Spürhund m (infml)
slew pret of slay
slice △ n **1** (lit) Scheibe f **2** (fig) Teil m; **a
~ of luck** eine Portion Glück **B** v/t **1** (≈
cut) durchschneiden; bread etc (in Scheiben) schneiden **2** ball (an)schneiden **C**
v/i schneiden; **to ~ through sth** etw
durchschneiden ◊**slice off** v/t sep abschneiden
sliced adj (in Scheiben) geschnitten;
bread, sausage (auf)geschnitten **slicer** n
(≈ cheese-slicer etc) Hobel m; (≈ machine ≈
bread-slicer) Brot(schneide)maschine f; (≈
bacon-slicer) ≈ Wurstschneidemaschine f
slick △ adj (+er) **1** (often pej ≈ clever) clever
(infml); answer, performance, style glatt **2**
(US ≈ slippery) glatt **B** n (≈ oil slick)
(Öl)teppich m ◊**slick back** v/t sep **to slick
one's hair back** sich (dat) die Haare an-

klatschen (*infml*)

slide *vb: pret, past part* slid **A** *n* **1** (≈ *chute*) Rutschbahn *f*; (*in playground*) Rutsche *f* **2** (*fig* ≈ *fall*) Abfall *m* **3** (*esp Br: for hair*) Spange *f* **4** PHOT Dia *nt*; (≈ *microscope slide*) Objektträger *m* **B** *v/t* (≈ *push*) schieben; (≈ *slip*) gleiten lassen **C** *v/i* **1** (≈ *slip*) rutschen; **to let things ~** (*fig*) die Dinge schleifen lassen **2** (≈ *move smoothly*) sich schieben lassen **3** **he slid into the room** er kam ins Zimmer geschlichen **slide projector** *n* Diaprojektor *m* **slide show** *n* Diavortrag *m* **sliding door** *n* Schiebetür *f*

slight **A** *adj* (*+er*) **1** *person* zierlich **2** (≈ *trivial*) leicht; *change* geringfügig; *problem* klein; **the wall's at a ~ angle** die Mauer ist leicht *or* etwas geneigt; **to have a ~ cold** eine leichte Erkältung haben; **just the ~est bit short** ein ganz kleines bisschen zu kurz; **it doesn't make the ~est bit of difference** es macht nicht den geringsten Unterschied; **I wasn't the ~est bit interested** ich war nicht im Geringsten interessiert; **he is upset by at the ~est thing** er ist wegen jeder kleinsten Kleinigkeit gleich verärgert; **I don't have the ~est idea (of) what he's talking about** ich habe nicht die geringste *or* leiseste Ahnung, wovon er redet **B** *n* (≈ *affront*) Affront *m* (*on* gegen) **C** *v/t* (≈ *offend*) kränken **slightly** *adv* **1** *person* zierlich **2** (≈ *to a slight extent*) ein klein(es) bisschen; *know* flüchtig; **~ injured** leicht verletzt; **he hesitated ever so ~** er zögerte fast unmerklich

slim **A** *adj* (*+er*) **1** schlank; *waist* schmal; *volume* dünn **2** *chances* gering; *majority* knapp **B** *v/i* eine Schlankheitskur machen ◊**slim down** **A** *v/t sep* (*fig*) *business etc* verschlanken **B** *v/i* (*person*) abnehmen

slime *n* Schleim *m* **sliminess** *n* Schleimigkeit *f*

slimline *adj diary* dünn; *figure* schlank **slimming** **A** *adj* schlank machend *attr*; **black is ~** schwarz macht schlank **B** *n* Abnehmen *nt* **slimness** *n* Schlankheit *f*; (*of waist*) Schmalheit *f*; (*of volume*) Dünne *f* **slimy** *adj* (*+er*) schleimig

sling *vb: pret, past part* slung **A** *n* **1** Schlinge *f*; (*for baby*) (Baby)trageschlinge *f*; **to have one's arm in a ~** den Arm in der Schlinge tragen **2** (≈ *weapon*) Schleuder *f* **B** *v/t* (≈ *throw*) schleudern; **he slung**

the box onto his back er warf sich (*dat*) die Kiste auf den Rücken ◊**sling out** *v/t sep* (*infml*) rausschmeißen (*infml*)

slink *pret, past part* slunk *v/i* schleichen; **to ~ off** sich davonschleichen

slip **A** *n* **1** (≈ *mistake*) Patzer *m*; **to make a (bad) ~** sich (übel) vertun (*infml*); **a ~ of the tongue** ein Versprecher *m* **2** **to give sb the ~** (*infml*) jdm entwischen **3** (≈ *undergarment*) Unterrock *m* **4** (*of paper*) Zettel *m*; **~s of paper** Zettel *pl* **B** *v/t* **1** (≈ *move smoothly*) schieben; (≈ *slide*) gleiten lassen; **she ~ped the dress over her head** sie streifte sich (*dat*) das Kleid über den Kopf; **to ~ a disc** MED sich (*dat*) einen Bandscheibenschaden zuziehen **2** (≈ *escape from*) sich losreißen von; **it ~ped my mind** ich habe es vergessen **C** *v/i* **1** (≈ *slide*, *person*) (aus)rutschen; (*feet*) (weg)rutschen; *knife* abrutschen; **it ~ped out of her hand** es rutschte ihr aus der Hand; **the beads ~ped through my fingers** die Perlen glitten durch meine Finger; **to let sth ~ through one's fingers** sich (*dat*) etw entgehen lassen; **to let (it) ~ that …** fallen lassen, dass … **2** (≈ *move quickly*) schlüpfen; (≈ *move smoothly*) rutschen **3** (*standards etc*) fallen ◊**slip away** *v/i* sich wegschleichen ◊**slip back** *v/i* **1** unbemerkt zurückgehen **2** (*quickly*) schnell zurückgehen ◊**slip behind** *v/i* zurückfallen ◊**slip by** *v/i* (*person*) sich vorbeischleichen; (*prep obj* an +*dat*); (*years*) nur so dahinschwinden ◊**slip down** *v/i* **1** (≈ *fall*) ausrutschen **2** (≈ *go down*) hinunterlaufen ◊**slip in** **A** *v/i* (sich) hineinschleichen **B** *v/t sep* **1** **to slip sth into sb's pocket** jdm etw in die Tasche gleiten lassen **2** (≈ *mention*) einfließen lassen ◊**slip off** **A** *v/i* sich wegschleichen **B** *v/t sep* *shoes* abstreifen ◊**slip on** *v/t sep* *shoes* schlüpfen in (+*acc*) ◊**slip out** *v/i* **1** (≈ *leave*) kurz weggehen **2** (≈ *be revealed*) herauskommen ◊**slip past** *v/i* = slip by ◊**slip up** *v/i* (*infml* ≈ *err*) sich vertun (*infml*) (*over, in* bei)

slip-ons *pl* (*a.* **slip-on shoes**) Slipper *pl* **slipper** *n* Hausschuh *m*

slippery *adj* **1** schlüpfrig; *ground, shoes* glatt; *fish* glitschig; **he's on the ~ slope** (*fig*) er ist auf der schiefen Bahn **2** (*pej infml*) *person* glatt; **a ~ customer** ein aalglatter Kerl (*infml*) **slippy** *adj* glatt

slip road *n* (*Br: onto motorway*)

(Autobahn)auffahrt f; (off motorway) (Autobahn)ausfahrt f

slipshod adj schludrig

slip-up n (infml) Schnitzer m

slit vb: pret, past part slit **A** n Schlitz m **B** v/t (auf)schlitzen; **to ~ sb's throat** jdm die Kehle aufschlitzen

slither v/i rutschen; (snake) gleiten

sliver n **1** (of wood etc) Splitter m **2** (≈ slice) Scheibchen nt

slob n (infml) Drecksau f (infml)

slobber v/i sabbeln; (dog) geifern

slog (infml) **A** n Schinderei f **B** v/i **to ~ away (at sth)** sich (mit etw) abrackern

slogan n Slogan m

slop A v/i **to ~ over (into sth)** überschwappen (in etw acc) **B** v/t (≈ spill) verschütten; (≈ pour out) schütten

slope A n **1** (≈ angle) Neigung f; (of roof) Schräge f **2** (≈ sloping ground) (Ab)hang m; **on a ~** am Hang; **halfway up the ~** auf halber Höhe **B** v/i sich neigen; **the picture is sloping to the left/right** das Bild hängt schief; **his handwriting ~s to the left** seine Handschrift ist nach links geneigt ◊**slope down** v/i sich neigen ◊**slope up** v/i ansteigen

sloping adj **1** road (upwards) ansteigend; (downwards) abfallend; roof, floor schräg; garden am Hang **2** (≈ not aligned) schief

sloppiness n (infml) Schlampigkeit f (infml); (of work, writing) Schlud(e)rigkeit f (infml)

sloppy adj (+er) (infml) **1** (≈ careless) schlampig (infml); work schlud(e)rig (infml) **2** (≈ sentimental) rührselig

slosh (infml) **A** v/t (≈ splash) klatschen **B** v/i **to ~ (around)** (herum)schwappen; **to ~ through mud/water** durch Matsch/Wasser waten

slot n (≈ opening) Schlitz m; (≈ groove) Rille f; IT Steckplatz m; TV (gewohnte) Sendezeit ◊**slot in A** v/t sep hineinstecken; **to slot sth into sth** etw in etw (acc) stecken **B** v/i sich einfügen lassen; **suddenly everything slotted into place** plötzlich passte alles zusammen ◊**slot together A** v/i (parts) sich zusammenfügen lassen **B** v/t sep zusammenfügen

slot machine n Münzautomat m; (for gambling) Spielautomat m

slouch A n (≈ posture) krumme Haltung **B** v/i (≈ stand, sit) herumhängen; (≈ move) latschen, hatschen (Aus); **he was ~ed over**

his desk er hing über seinem Schreibtisch

Slovak A adj slowakisch **B** n **1** Slowake m, Slowakin f **2** LING Slowakisch nt **Slovakia** n die Slowakei

Slovene A adj slowenisch **B** n **1** Slowene m, Slowenin f **2** LING Slowenisch nt **Slovenia** n Slowenien nt **Slovenian** adj, n = Slovene

slovenly adj schlud(e)rig (infml)

slow A adj (+er) **1** langsam; (≈ stupid) begriffsstutzig; **it's ~ work** das braucht seine Zeit; **he's a ~ learner** er lernt langsam; **it was ~ going** es ging nur langsam voran; **to get off to a ~ start** (race) schlecht vom Start kommen; (project) nur langsam in Gang kommen; **to be ~ to do sth** sich (dat) mit etw Zeit lassen; **to be ~ in doing sth** sich (dat) Zeit damit lassen, etw zu tun; **he is ~ to make up his mind** er braucht lange, um sich zu entscheiden; **to be (20 minutes) ~** (clock) (20 Minuten) nachgehen **2** (COMM ≈ slack) flau; **business is ~** das Geschäft ist flau or geht schlecht **B** adv (+er) langsam **C** v/i sich verlangsamen; (≈ drive/walk more slowly) langsamer fahren/gehen ◊**slow down** or **up A** v/i sich verlangsamen; (≈ drive/walk more slowly) langsamer fahren/gehen **B** v/t sep (lit) verlangsamen; (fig) project verzögern; **you just slow me up** or **down** du hältst mich nur auf

slowcoach n (Br infml) Langweiler(in) m(f)

slowdown n Verlangsamung f (in, of +gen) **slow lane** n AUTO Kriechspur f

slowly adv langsam; **~ but surely** langsam aber sicher **slow motion** n **in ~** in Zeitlupe **slow-moving** adj sich (nur) langsam bewegend; traffic kriechend **slowness** n Langsamkeit f; **their ~ to act** ihr Zaudern **slowpoke** n (US infml) = slowcoach

sludge n Schlamm m; (≈ sediment) schmieriger Satz

slug¹ n Nacktschnecke f

slug² n (infml) **a ~ of whisky** ein Schluck m Whisky

sluggish adj träge

sluice A n Schleuse f; MIN (Wasch)rinne f **B** v/t ore waschen; **to ~ sth (down)** etw abspritzen **C** v/i **to ~ out** herausschießen

slum A n (usu pl ≈ area) Slum m; (≈ house) Elendsquartier nt **B** v/t & v/i (infml: a. **slum it**) primitiv leben

slumber (liter) **A** n Schlummer m (elev) **B**

v/i schlummern (*elev*)

slump **A** *n* (**in sth** etw *Gen*) (*in numbers etc*) (plötzliche) Abnahme; (*in sales*) Rückgang *m*; (≈ *state*) Tiefstand *m*; FIN Sturz *m* **B** *v/i* **1** (*a.* **slump off**, *prices*) stürzen; (*sales*) plötzlich zurückgehen; (*fig: morale etc*) sinken **2** (≈ *sink*) sinken; **he was ~ed over the wheel** er war über dem Steuer zusammengesackt; **he was ~ed on the floor** er lag in sich (*dat*) zusammengesunken auf dem Fußboden

slung *pret, past part* of sling

slunk *pret, past part* of slink

slur **A** *n* (≈ *insult*) Beleidigung *f* **B** *v/t* undeutlich artikulieren; *words* (halb) verschlucken

slurp *v/t & v/i* (*infml*) schlürfen **B** *n* Schlürfen *nt*

slurred *adj* undeutlich

slush *n* (Schnee)matsch *m* **slushy** *adj* (+er) *snow* matschig

slut (*infml*) *n* Schlampe (*pej infml*)

sly **A** *adj* (+er) **1** (≈ *cunning*) gerissen **2** (≈ *mischievous*) *look, wink* verschmitzt **B** *n* **on the ~** heimlich, still und leise (*hum*)

smack **A** *n* **1** (klatschender) Schlag; (≈ *sound*) Klatschen *nt*; **you'll get a ~** du fängst gleich eine (*infml*) **2** (*infml* ≈ *kiss*) **to give sb a ~ on the cheek** jdn einen Schmatz auf die Backe geben (*infml*) **B** *v/t* (≈ *slap*) knallen (*infml*); **to ~ a child** einem Kind eine runterhauen (*infml*); **I'll ~ your bottom** ich versohl dir gleich den Hintern! (*infml*) **C** *adv* (*infml*) direkt; **to be ~ in the middle of sth** mittendrin in etw (*dat*) sein

small **A** *adj* (+er) klein; *supply* gering; *sum* bescheiden; *voice* leise, klein; **a ~ number of people** eine geringe Anzahl von Leuten; **the ~est possible number of books** so wenig Bücher wie möglich; **to feel ~** (*fig*) sich (ganz) klein (und hässlich) vorkommen **B** *n* **the ~ of the back** das Kreuz **C** *adv* **to chop sth up ~** etw klein hacken **small arms** *pl* Handfeuerwaffen *pl* **small business** *n* Kleinunternehmen *nt* **small change** *n* Kleingeld *nt* **small fry** *pl* (*fig*) kleine Fische *pl* (*infml*) **small hours** *pl* früher Morgen; **in the (wee) ~** in den frühen Morgenstunden **smallish** *adj* (eher) kleiner; **he is ~** er ist eher klein **small letter** *n* Kleinbuchstabe *m* **small-minded** *adj* engstirnig **smallness** *n* Kleinheit *f*; (*of sum*) Bescheiden-

heit *f* **smallpox** *n* Pocken *pl* **small print** *n* **the ~** das Kleingedruckte **small-scale** *adj model* in verkleinertem Maßstab; *project* klein angelegt **small screen** *n* TV **on the ~** auf dem Bildschirm **small-sized** *adj* klein **small talk** *n* Small Talk *m*; **to make ~** plaudern, Small Talk machen **small-time** *adj* (*infml*) *crook* klein **small-town** *adj* Kleinstadt-

smarmy *adj* (+er) (*Br infml*) schmierig

smart **A** *adj* (+er) **1** chic; *person, clothes* flott, fesch (*esp Aus*); *appearance* gepflegt; **the ~ set** die Schickeria (*infml*) **2** (≈ *clever*) clever (*infml*); (*pej*) superklug; IT, MIL intelligent; **that wasn't very ~ (of you)** das war nicht besonders intelligent (von dir) **3** (≈ *quick*) (blitz)schnell; *pace* rasch **B** *v/i* brennen; **to ~ from sth** (*fig*) unter etw (*dat*) leiden **smart alec(k)** *n* (*infml*) Schlauberger(in) *m(f)* (*infml*) **smartarse**, (*US*) **smartass** (*sl*) *n* Klugscheißer(in) *m(f)* (*infml*) **smartboard** *n* interaktives Whiteboard **smart bomb** *n* intelligente Bombe **smart card** *n* Chipkarte *f* **smart device** *n* Mobilgerät *nt* **smarten** (*a.* **smarten up**) **A** *v/t house* herausputzen; *appearance* aufmöbeln (*infml*); **to ~ oneself up** (≈ *dress up*) sich in Schale werfen (*infml*); (*generally*) mehr Wert auf sein Äußeres legen; **you'd better ~ up your ideas** du solltest dich am Riemen reißen (*infml*) **B** *v/i* (≈ *dress up*) sich in Schale werfen (*infml*); (≈ *improve appearance*) sich herausmachen **smart glasses** *pl* Datenbrille *f* **smart grid** *n* intelligentes Stromnetz **smartly** *adv* **1** (≈ *elegantly*) chic **2** (≈ *cleverly*) clever (*infml*) **3** (≈ *quickly*) (blitz)schnell **smart meter** *n* intelligenter Stromzähler **smart money** *n* FIN Investitionsgelder *pl*; **the ~ is on him winning** Insider setzen darauf, dass er gewinnt **smartness** *n* **1** (≈ *elegance*) Schick *m*; (*of appearance*) Gepflegtheit *f* **2** (≈ *cleverness*) Cleverness *f* (*infml*), Schlauheit *f* **smartphone** *n* TEL Smartphone *nt* **smart TV** *n* Smart-TV *nt* **smart wallet** *n* Mobile Wallet *nt*, Handy-Geldbörse *f* **smartwatch** *n* Smartwatch *f*

smash **A** *v/t* **1** zerschlagen; *window* einschlagen; *record* haushoch schlagen **2** (≈ *strike*) schmettern **B** *v/i* **1** (≈ *break*) zerschlagen; **it ~ed into a thousand pieces** es (zer)sprang in tausend Stücke **2** (≈

crash) prallen; **the car ~ed into the wall** das Auto krachte gegen die Mauer **C** *n* **1** (≈ *noise*) Krachen *nt* **2** (≈ *collision*) Unfall *m*, Havarie *f* (*Aus*); (*esp with another vehicle*) Zusammenstoß *m* **3** (≈ *blow*) Schlag *m*; TENNIS Schmetterball *m* **4** (*infml: a.* **smash hit**) Riesenhit *m* ◊**smash in** *v/t sep* einschlagen ◊**smash up** *v/t sep* zertrümmern; *car* kaputt fahren

smashed *adj pred* (*infml* ≈ *drunk*) total zu (*infml*) **smash hit** *n* (*infml*) Superhit *m* (*infml*)

smashing *adj* (*esp Br infml*) klasse *inv* (*infml*)

smattering *n* **a ~ of French** ein paar Brocken Französisch

SME *abbr* of small and medium-sized enterprises mittelständische Betriebe *pl*

smear **A** *n* verschmierter Fleck; (*fig*) Verleumdung *f*; MED Abstrich *m* **B** *v/t* **1** *grease* schmieren; (≈ *spread*) verschmieren; (≈ *make dirty*) beschmieren; *face* einschmieren **2** (*fig*) *person* verunglimpfen **C** *v/i* (*paint, ink*) verlaufen **smear campaign** *n* Verleumdungskampagne *f* **smear test** *n* MED Abstrich *m*

smell *vb*: *pret, past part* **smelt** (*esp Brit*) *or* **smelled** **A** *n* Geruch *m*; **it has a nice ~** es riecht gut; **there's a funny ~ in here** hier riecht es komisch; **to have a ~ at sth** an etw (*acc*) riechen **B** *v/t* **1** (*lit*) riechen; **can** *or* **do you ~ burning?** riechst du, dass etwas brennt *or* (COOK) anbrennt? **2** (*fig*) *danger* wittern; **to ~ trouble** Ärger *or* Stunk (*infml*) kommen sehen; **to ~ a rat** (*infml*) den Braten riechen **C** *v/i* riechen; **to ~ of sth** nach etw riechen; **his breath ~s** er hat Mundgeruch **smelly** *adj* (+er) übel riechend; **it's ~ in here** hier drin stinkt es

smelt[1] (*esp Br*) *pret, past part* of **smell**

smelt[2] *v/t ore* schmelzen; (≈ *refine*) verhütten

smile **A** *n* Lächeln *nt*; **she gave a little ~** sie lächelte schwach; **to give sb a ~** jdm zulächeln **B** *v/i* lächeln; **he's always smiling** er lacht immer; **to ~ at sb** jdn anlächeln; **to ~ at sth** über etw (*acc*) lächeln

smiley *adj face, person* freundlich **smiling** *adj*, **smilingly** *adv* lächelnd

smirk **A** *n* Grinsen *nt* **B** *v/i* grinsen

smith *n* Schmied(in) *m(f)*

smithereens *pl* **to smash sth to ~** etw in tausend Stücke schlagen

smithy *n* Schmiede *f*

smitten *adj* **he's really ~ with her** (*infml*) er ist wirklich vernarrt in sie

smock *n* Kittel *m*; (*as top*) Hänger *m*

smog *n* Smog *m*

smoke **A** *n* Rauch *m*; **to go up in ~** in Rauch (und Flammen) aufgehen; (*fig*) sich in Wohlgefallen auflösen; **to have a ~** eine rauchen **B** *v/t* **1** *cigarette* rauchen **2** *fish etc* räuchern, selchen (*Aus*) **C** *v/i* rauchen **smoke alarm** *n* Rauchmelder *m* **smoked** *adj fish* geräuchert, geselcht (*Aus*) **smoke detector** *n* Rauchmelder *m* **smoke-free** *adj* rauchfrei **smokeless** *adj fuel* rauchlos

smoker *n* Raucher(in) *m(f)*; **to be a heavy ~** stark rauchen **smoke screen** *n* (*fig*) Vorwand *m* **smoke signal** *n* Rauchzeichen *nt* **smoking** *n* Rauchen *nt*; **"no ~"** „Rauchen verboten" **smoking compartment**, (*US*) **smoking car** *n* Raucherabteil *nt* **smoky** *adj* (+er) *fire* rauchend; *atmosphere* verraucht; *flavour* rauchig

smolder *v/i* (*US*) = **smoulder**

smooch (*infml*) *v/i* knutschen (*infml*)

smooth **A** *adj* (+er) **1** glatt; *hair, gear change* weich; *surface* eben; *flight* ruhig; *paste* sämig; *flavour* mild; **as ~ as silk** seidenweich; *worn ~ steps* glatt getreten; *knife* abgeschliffen; *tyre* abgefahren **2** *transition, relations* reibungslos **3** (≈ *polite: often pej*) glatt **B** *v/t surface* glätten; *dress* glatt streichen; (*fig*) *feelings* beruhigen ◊**smooth back** *v/t sep hair* zurückstreichen ◊**smooth down** *v/t sep* glatt machen; *feathers, dress* glatt streichen ◊**smooth out** *v/t sep crease* glätten; (*fig*) *difficulty* aus dem Weg räumen ◊**smooth over** *v/t sep* (*fig*) *quarrel* geradebiegen (*infml*)

smoothie *n* (≈ *drink*) Smoothie *m*, Fruchtdrink *m* **smoothly** *adv change gear* weich; **to run ~** (*engine*) ruhig laufen; **to go ~** glatt über die Bühne gehen; **to run ~** (*event*) reibungslos verlaufen **smoothness** *n* **1** Glätte *f*; (*of surface*) Ebenheit *f* **2** (*of flight*) Ruhe *f* **3** (*of transition*) Reibungslosigkeit *f*

smother **A** *v/t* **1** *person, fire* ersticken; (*fig*) *yawn* unterdrücken **2** (≈ *cover*) bedecken; **fruit ~ed in cream** Obst, das in Sahne schwimmt **B** *v/i* ersticken

smoulder, (*US*) **smolder** *v/i* glimmen

smouldering, (US) **smoldering** *adj* 1 *fire, resentment* schwelend 2 **a ~ look** ein glühender Blick

SMS TEL *abbr of* Short Message Service SMS

smudge A *n* Fleck *m*; (of ink) Klecks *m* B *v/t* verwischen C *v/i* verschmieren

smug *adj* (+er) selbstgefällig

smuggle *v/t & v/i* schmuggeln; **to ~ sb/ sth in** jdn/etw einschmuggeln; **to ~ sb/ sth out** jdn/etw herausschmuggeln **smuggler** *n* Schmuggler(in) *m(f)* **smuggling** *n* Schmuggel *m*

smugly *adv* selbstgefällig **smugness** *n* Selbstgefälligkeit *f*

smutty *adj* (+er) (fig) schmutzig

snack *n* Imbiss *m*, Jause *f* (Aus); **to have a ~** eine Kleinigkeit essen, jausnen (Aus)

snack bar *n* Imbissstube *f*

snag A *n* 1 Haken *m*; **there's a ~** die Sache hat einen Haken; **to hit a ~** in Schwierigkeiten (acc) kommen 2 (in clothes) gezogener Faden B *v/t* sich (dat) einen Faden ziehen; **I ~ged my tights** ich habe mir an den Strumpfhosen einen Faden gezogen

snail *n* Schnecke *f*; **at a ~'s pace** im Schneckentempo **snail mail** *n* (hum) Schneckenpost *f* (infml)

snake *n* Schlange *f* **snakebite** *n* 1 Schlangenbiss *m* 2 (≈ drink) Getränk aus Cidre und Bier **snakeskin** *adj* Schlangenleder-, aus Schlangenleder

snap A *n* 1 (≈ sound) Schnappen *nt*; (of sth breaking) Knacken *nt* 2 PHOT Schnappschuss *m* 3 CARDS ≈ Schnippschnapp *nt* 4 **cold** ~ Kälteeinbruch *m* B *adj attr* plötzlich C *int* **I bought a green one — ~!** (Br infml) ich hab mir ein grünes gekauft — ich auch! D *v/t* 1 *fingers* schnipsen mit 2 (≈ break) zerbrechen 3 PHOT knipsen E *v/i* 1 (≈ click) (zu)schnappen; (≈ break) zerbrechen; **to ~ shut** zuschnappen 2 (≈ speak sharply) schnappen (infml); **to ~ at sb** jdn anschnauzen (infml) 3 (of dog etc, fig) schnappen (at nach) 4 (infml) **something ~ped (in him)** da hat (bei ihm) etwas ausgehakt (infml) ◊**snap off** *v/t sep* abbrechen ◊**snap out** A *v/t sep* **to snap sb out of sth** jdn aus etw herausreißen B *v/i* **to ~ of sth** sich aus etw herausreißen; **~ of it!** reiß dich zusammen! ◊**snap up** *v/t sep* wegschnappen

snap fastener *n* Druckknopf *m* **snappy**

adj (+er) 1 (infml) **and make it ~!** und zwar ein bisschen dalli! (infml) 2 (infml) *phrase* zündend **snapshot** *n* Schnappschuss *m*

snare *n* (≈ trap) Falle *f*

snarl A *n* Knurren *nt no pl* B *v/i* knurren; **to ~ at sb** jdn anknurren ◊**snarl up** *v/t sep* (infml) *traffic* durcheinanderbringen

snatch A *n* Stück *nt*; (of conversation) Fetzen *m*; (of music) ein paar Takte B *v/t* 1 (≈ grab) greifen; **to ~ sth from sb** jdm etw entreißen; **to ~ sth out of sb's hand** jdm etw aus der Hand reißen 2 *some sleep etc* ergattern; **to ~ a quick meal** schnell etwas essen; **to ~ defeat from the jaws of victory** einen sicheren Sieg in eine Niederlage verwandeln 3 (infml) (≈ steal) klauen (infml); *handbag* aus der Hand reißen; (≈ kidnap) entführen C *v/i* greifen (at nach) ◊**snatch away** *v/t sep* wegreißen (sth from sb jdm etw)

sneak A *n* Schleicher(in) *m(f)* B *v/t* **to ~ sth into a room** etw in ein Zimmer schmuggeln; **to ~ a look at sb/sth** auf jdn/etw schielen C *v/i* **to ~ away** or **off** sich wegschleichen; **to ~ in** sich einschleichen; **to ~ past sb** (sich) an jdm vorbeischleichen; **to ~ up on sb** sich an jdn heranschleichen **sneakers** *pl* (esp US) Freizeitschuhe *pl* **sneaking** *adj attr* **to have a ~ feeling that ...** ein schleichendes Gefühl haben, dass ... **sneak preview** *n* (of film etc) Vorschau *f* **sneaky** *adj* (+er) (pej infml) gewieft (infml)

sneer A *n* höhnisches Lächeln B *v/i* spotten; (≈ look sneering) höhnisch grinsen; **to ~ at sb** jdn verhöhnen **sneering** *adj*, **sneeringly** *adv* höhnisch

sneeze A *n* Nieser *m* B *v/i* niesen; **not to be ~d at** nicht zu verachten

snide *adj* abfällig

sniff A *n* Schniefen *nt no pl* (infml); (of dog) Schnüffeln *nt no pl*; **have a ~ at this** riech mal hieran B *v/t* riechen; *air* schnuppern C *v/i* (person) schniefen (infml); (dog) schnüffeln; **to ~ at sth** (lit) an etw (dat) schnuppern; **not to be ~ed at** nicht zu verachten ◊**sniff around** (infml) *v/i* (for information) herumschnüffeln (infml) ◊**sniff out** *v/t sep* (lit, fig infml) aufspüren

sniffle *n*, *v/i* = snuffle

snigger A *n* Gekicher *nt* B *v/i* kichern (at, about wegen)

snip **A** n **1** (≈ *cut*) Schnitt m **2** (*esp Br infml*) **at only £2 it's a real ~** für nur £ 2 ist es unheimlich günstig **B** v/t **to ~ sth off** etw abschnippeln (*infml*)
sniper n Heckenschütze m/-schützin f
snippet n Stückchen nt; (*of information*) (Bruch)stück nt; **~s of (a) conversation** Gesprächsfetzen pl
snivel v/i heulen **snivelling**, (*US*) **sniveling** adj heulend, flennend (*infml*)
snob n Snob m **snobbery** n Snobismus m **snobbish** adj snobistisch; **to be ~ about sth** bei etw wählerisch sein
snog (*Br infml*) **A** n Knutscherei f (*infml*); **to have a ~ with sb** mit jdm rumknutschen (*infml*) **B** v/i rumknutschen (*infml*) **C** v/t abknutschen (*infml*)
snooker n Snooker m
snoop **A** n **1** Schnüffler(in) m(f) **2** I'll **have a ~ around** ich gucke mich mal (ein bisschen) um **B** v/i schnüffeln; **to ~ about** (*Br*) or **around** herumschnüffeln
snooty adj (+er), **snootily** adv (*infml*) hochnäsig
snooze **A** n Nickerchen nt; **to have a ~** ein Schläfchen machen **B** v/i ein Nickerchen machen
snore **A** n Schnarchen nt no pl **B** v/i schnarchen **snoring** n Schnarchen nt
snorkel n Schnorchel m **snorkelling**, (*US*) **snorkeling** n Schnorcheln nt
snort **A** n Schnauben nt no pl; (*of boar*) Grunzen nt no pl **B** v/i schnauben; (*boar*) grunzen **C** v/t (*person*) schnauben
snot n (*infml*) Rotz m (*infml*) **snotty** adj (+er) (*infml*) rotzig (*infml*)
snout n Schnauze f
snow **A** n Schnee m; **as white as ~** schneeweiß **B** v/i schneien ◊**snow in** v/t sep (*usu pass*) **to be** or **get snowed in** einschneien ◊**snow under** v/t sep (*infml, usu pass*) **to be snowed under** (*with work*) reichlich eingedeckt sein
snowball **A** n Schneeball m **B** v/i eskalieren **snow biking** n Snowbiken nt, *Art Fahrradfahren auf Skiern* **snowblower** n Schneefräse f **snowboard** **A** n Snowboard nt **B** v/i Snowboard fahren **snowboarding** n Snowboarding nt **snowbound** adj eingeschneit **snowcapped** adj schneebedeckt **snow-covered** adj verschneit **snowdrift** n Schneewehe f **snowdrop** n Schneeglöckchen nt **snowfall** n Schneefall m

snowflake n Schneeflocke f **snowkiting** n Snowkiten nt, *Skifahren mit einem Lenkdrachen* **snowman** n Schneemann m **snowmobile** n Schneemobil nt **snowplough**, (*US*) **snowplow** n Schneepflug m **snowstorm** n Schneesturm m **snow-white** adj schneeweiß **snowy** adj (+er) *weather* schneereich; *hills* verschneit
SNP abbr of Scottish National Party *schottische Partei, die sich für die Unabhängigkeit des Landes einsetzt*
snub **A** n Brüskierung f **B** v/t **1** *person* brüskieren **2** (≈ *ignore*) schneiden
snub nose n Stupsnase f
snuff **A** n Schnupftabak m **B** v/t *candle* (*a.* **snuff out**) auslöschen
snuffle **A** n Schniefen nt no pl; **to have the ~s** (*infml*) einen leichten Schnupfen haben **B** v/i schnüffeln; (*with cold, from crying*) schniefen (*infml*)
snug adj (+er) (≈ *cosy*) gemütlich; (≈ *close-fitting*) gut sitzend attr
snuggle v/i sich schmiegen; **to ~ up (to sb)** sich (an jdn) anschmiegen; **I like to ~ up with a book** ich mache es mir gern mit einem Buch gemütlich
snugly adv **1** (≈ *cosily*) gemütlich, behaglich **2** (≈ *tightly*) *close* fest; *fit* gut
so **A** adv **1** so; *pleased* sehr; *love, hate* so sehr; **so much tea** so viel Tee; **so many flies** so viele Fliegen; **he was so stupid (that)** er war so or dermaßen dumm(, dass); **not so ... as** nicht so ... wie; **I am not so stupid as to believe that** or **that I believe that** so dumm bin ich nicht, dass ich das glaube(n würde); **would you be so kind as to open the door?** wären Sie bitte so freundlich und würden die Tür öffnen?; **how are things? — not so bad!** wie gehts? — nicht schlecht!; **that's so kind of you** das ist wirklich sehr nett von Ihnen; **so it was that ...** so kam es, dass ...; **and so it was** und so war es auch; **by so doing he has ...** indem er das tat, hat er ...; **and so on** or **forth** und so weiter **2** (*replacing sentence*) **I hope so** hoffentlich; (*emphatic*) das hoffe ich doch sehr; **I think so** ich glaube schon; **I never said so** das habe ich nie gesagt; **I told you so** ich habe es dir ja gesagt; **why? — because I say so** warum? — weil ich es sage; **I suppose so** (≈ *very well*) meinetwegen; (≈ *I believe so*) ich glaube schon; **so**

I **believe** ja, ich glaube schon; **so I see** ja, das sehe ich; **so be it** nun gut; **if so** wenn ja; **he said he would finish it this week, and so he did** er hat gesagt, er würde es diese Woche fertig machen und das hat er auch (gemacht); **how so?** wieso das?; **or so they say** oder so heißt es jedenfalls; **it is so!** doch!; **that is so** das stimmt; **is that so?** ja? **3** (*unspecified amount*) **how high is it? — oh, about so high** wie hoch ist das? — oh, ungefähr so; **a week or so** ungefähr eine Woche; **50 or so** etwa 50 **4** (≈ *likewise*) auch; **so am/would I** ich auch **5** **he walked past and didn't so much as look at me** er ging vorbei, ohne mich auch nur anzusehen; **he didn't say so much as thank you** er hat nicht einmal Danke gesagt; **so much for that!** (*infml*) das wärs ja wohl gewesen! (*infml*); **so much for his promises** und er hat solche Versprechungen gemacht **B** *cj* **1** (*expressing purpose*) damit; **we hurried so as not to be late** wir haben uns beeilt, um nicht zu spät zu kommen **2** (≈ *therefore, in questions, exclamations*) also; **so you see …** wie du siehst …; **so you're Spanish?** Sie sind also Spanier(in)?; **so there you are!** hier steckst du also!; **so what did you do?** und was haben Sie (da) gemacht?; **so (what)?** (*infml*) (na) und?; **I'm not going, so there!** (*infml*) ich geh nicht, fertig, aus!

soak **A** *v/t* **1** (≈ *wet*) durchnässen **2** (≈ *steep*) einweichen (*in* in +*dat*) **B** *v/i* **leave it to ~** weichen Sie es ein; **to ~ in a bath** sich einweichen (*infml*); **rain has ~ed through the ceiling** der Regen ist durch die Decke gesickert **C** *n* **I had a long ~ in the bath** ich habe lange in der Wanne gelegen ◊**soak up** *v/t sep liquid* aufsaugen; *sunshine* genießen; *atmosphere* in sich (*acc*) hineinsaugen

soaked *adj* durchnässt; **his T-shirt was ~ in sweat** sein T-Shirt war schweißgetränkt; **to be ~ to the skin** bis auf die Haut nass sein **soaking** **A** *adj* klitschnass **B** *adv* **~ wet** triefend nass

so-and-so *n* (*infml*) **1** **~ up at the shop** Herr/Frau Soundso im Laden **2** (*pej*) **you old ~** du bist vielleicht einer/eine

soap **A** *n* Seife *f* **B** *v/t* einseifen **soapbox** *n* **to get up on one's ~** (*fig*) Volksreden *pl* halten **soap opera** *n* (*infml*) Seifenoper *f* (*infml*), Soap-Opera *f* (*infml*) **soap powder** *n* Seifenpulver *nt* **soap-**

suds *pl* Seifenschaum *m* **soapy** *adj* (+*er*) seifig; **~ water** Seifenwasser *nt*

soar *v/i* **1** (*a.* **soar up**) aufsteigen **2** (*fig, building*) hochragen; (*cost*) hochschnellen; (*popularity, hopes*) einen Aufschwung nehmen; (*spirits*) einen Aufschwung bekommen **soaring** *adj bird* aufsteigend; *prices* in die Höhe schnellend

sob **A** *n* Schluchzen *nt no pl*; …, **he said with a ~** …, sagte er schluchzend **B** *v/t & v/i* schluchzen (*with* vor +*dat*) ◊**sob out** *v/t sep* **to sob one's heart out** sich (*dat*) die Seele aus dem Leib weinen

sobbing **A** *n* Schluchzen *nt* **B** *adj* schluchzend

sober *adj* nüchtern; *expression, occasion* ernst; (≈ *not showy*) dezent ◊**sober up** **A** *v/t sep* (*lit*) nüchtern machen **B** *v/i* (*lit*) nüchtern werden

sobering *adj* ernüchternd

Soc. *abbr* of society

so-called *adj* sogenannt; (≈ *supposed*) angeblich

soccer *n* Fußball *m*; **~ player** Fußballer(in) *m(f)*, Fußballspieler(in) *m(f)*

sociable *adj* (≈ *gregarious*) gesellig; (≈ *friendly*) freundlich

social *adj* **1** sozial; *life, status, event* gesellschaftlich; *visit* privat; **~ reform** Sozialreform *f*; **~ justice** soziale Gerechtigkeit; **to be a ~ outcast/misfit** ein sozialer Außenseiter/eine soziale Außenseiterin sein; **a room for ~ functions** ein Gesellschaftsraum *m*; **there isn't much ~ life around here** hier in der Gegend wird gesellschaftlich nicht viel geboten; **how's your ~ life these days?** (*infml*) und was treibst du so privat? (*infml*); **to have an active ~ life** ein ausgefülltes Privatleben haben; **to be a ~ smoker** nur in Gesellschaft rauchen; **a ~ acquaintance** ein Bekannter, eine Bekannte **2** *evening, person* gesellig **social anthropology** *n* Sozialanthropologie *f* **social climber** *n* Emporkömmling *m* (*pej*), sozialer Aufsteiger, soziale Aufsteigerin **social club** *n* Verein *m* **social democracy** *n* Sozialdemokratie *f* **social democrat** *n* Sozialdemokrat(in) *m(f)* **socialism** *n* Sozialismus *m* **socialist** **A** *adj* sozialistisch **B** *n* Sozialist(in) *m(f)* **socialite** *n* (*infml*) Angehörige(r) *m/f(m)* der feinen Gesellschaft **socialize** *v/i* **to ~ with sb** mit jdm gesellschaftlich verkehren **socially** *adv* gesellschaftlich; *deprived etc* sozial; **to know sb ~** jdn privat kennen **social media** *n sg* or *pl* IT Social Media *pl*, soziale Medien *pl* **social networking site** *n* IT soziales Netzwerk **social science** *n* Sozialwissenschaft *f* **social security** *n* (*Br*) Sozialhilfe *f*; (*US*) Sozialversicherungsleistungen *pl*; (≈ *scheme*) Sozialversicherung *f*; **to be on ~** (*Br*) Sozialhilfeempfänger(in) sein; (*US*) Sozialversicherungsleistungen erhalten **social services** *pl* Sozialdienste *pl* **social studies** *n sg* or *pl* ≈ Gemeinschaftskunde *f* **social work** *n* Sozialarbeit *f* **social worker** *n* Sozialarbeiter(in) *m(f)*

society *n* **1** (≈ *social community*) die Gesellschaft **2** (≈ *club*) Verein *m*; UNIV Klub *m*

sociologist *n* Soziologe *m*, Soziologin *f* **sociology** *n* Soziologie *f*

sock[1] *n* Socke *f*; (*knee-length*) Kniestrumpf *m*; **to pull one's ~s up** (*Br infml*) sich am Riemen reißen (*infml*); **put a ~ in it!** (*Br infml*) hör auf damit!; **to work one's ~s off** (*infml*) bis zum Umkippen arbeiten (*infml*)

sock[2] *v/t* (*infml* ≈ *hit*) hauen (*infml*); **he ~ed her right in the eye** er verpasste ihr eine aufs Auge (*infml*)

socket *n* **1** (*of eye*) Augenhöhle *f* **2** (*of joint*) Gelenkpfanne *f*; **to pull sb's arm out of its ~** jdm den Arm auskugeln **3** ELEC Steckdose *f*; MECH Fassung *f*

sod[1] *n* (≈ *turf*) Grassode *f*

sod[2] (*Br infml*) **A** *n* Sau *f* (*infml*); **the poor ~s** die armen Schweine (*infml*) **B** *v/t* ~ **it!** verdammte Scheiße! (*infml*); ~ **him** der kann mich mal (*infml*) *or* mal am Arsch lecken (*vulg*) ◊**sod off** *v/i* (*Br infml*) ~! zieh Leine, du Arsch! (*vulg*)

soda *n* **1** CHEM Soda *nt*; (≈ *caustic soda*) Ätznatron *nt* **2** (≈ *drink*) Soda(wasser) *nt*

sod all *n* (*Br infml* ≈ *nothing*) rein gar nichts

soda siphon *n* Siphon *m* **soda water** *n* Sodawasser *nt*

sodden *adj* durchnässt

sodding (*Br infml*) **A** *adj* verflucht (*infml*), Scheiß- (*infml*) **B** *adv* verdammt (*infml*), verflucht (*infml*)

sodium *n* Natrium *nt* **sodium bicarbonate** *n* Natron *nt* **sodium chloride** *n* Natriumchlorid *nt*, Kochsalz *nt*

sodomy *n* Analverkehr *m*

sofa *n* Sofa *nt*; ~ **bed** Sofabett *nt*

soft *adj* (*+er*) **1** weich; *skin* zart; *hair* seidig; *drink* alkoholfrei; ~ **cheese** Weichkäse *m*; ~ **porn film** weicher Porno **2** (≈ *gentle*) sanft; *light, music* gedämpft **3** (≈ *weak*) schwach; **to be ~ on sb** jdm gegenüber nachgiebig sein **4** *job, life* bequem **5** (≈ *kind*) *smile* warm; **to have a ~ spot for sb** (*infml*) eine Schwäche für jdn haben **softball** *n* Softball *m* **soft-boiled** *adj* weich (gekocht) **soft-centred** *adj* mit Cremefüllung

soften **A** *v/t* weich machen; *effect* mildern **B** *v/i* weich werden; (*voice*) sanft werden ◊**soften up** **A** *v/t sep* **1** (*lit*) weich machen **2** (*fig*) *opposition* milde stimmen; (*by bullying*) einschüchtern **B** *v/i* (*material*) weich werden

softener *n* (≈ *fabric softener*) Weichspüler *m* **soft focus** *n* FILM, PHOT Weichzeichnung *f* **soft fruit** *n* (*Br*) Beerenobst *nt* **soft furnishings** *pl* (*Br*) Vorhänge, Teppiche etc **soft-hearted** *adj* weichherzig **softie** *n* (*infml*: *too tender-hearted*) gutmütiger Trottel (*infml*); (*sentimental*) sentimentaler Typ (*infml*); (*effeminate, cowardly*) Weichling *m* (*infml*) **softly** *adv* (≈ *gently*) sanft; (≈ *not loud*) leise; **to be ~ spoken** eine angenehme Stimme haben **softness** *n* Weichheit *f*; (*of skin*) Zartheit *f* **soft skills** *pl* Soft Skills *pl* **soft-spoken** *adj person* leise sprechend *attr*; **to be ~** eine angenehme Stimme haben **soft target** *n* leichte Beute **soft top** *n* (*esp US* AUTO) Kabriolett *nt* **soft toy** *n* (*Br*) Stofftier *nt* **software** *n* Software *f* **software company** *n* Softwarehaus *nt* **software package** *n* Softwarepaket *nt* **softy** *n* (*infml*) = **softie**

sogginess *n* triefende Nässe; (*of food*) Matschigkeit *f* (*infml*); (*of cake, bread*) Klitschigkeit *f* **soggy** *adj* (*+er*) durchnässt; *food* matschig (*infml*); *bread* klitschig; **a ~ mess** eine Matsche

soil[1] *n* Erde *f*, Boden *m*; **native/British ~** heimatlicher/britischer Boden, heimatliche/britische Erde

soil[2] *v/t* (*lit*) schmutzig machen; (*fig*) beschmutzen **soiled** *adj* schmutzig; *goods* verschmutzt

solace *n* Trost *m*

solar *adj* Sonnen-, Solar-; ~ **power** Sonnenkraft *f* **solar eclipse** *n* Sonnenfinsternis *f* **solar energy** *n* Sonnenenergie

S

f **solarium** *n, pl* solaria Solarium *nt* **solar light** *n* Solarleuchte *f* **solar panel** *n* Sonnenkollektor *m* **solar-powered** *adj* mit Sonnenenergie betrieben **solar power plant** *n* Solarkraftwerk *nt* **solar roof** *n* Solardach *nt* **solar system** *n* Sonnensystem *nt*

sold *pret, past part* of sell

soldier *n* Soldat(in) *m(f)*

sole¹ *n* Sohle *f*

sole² *n* (≈ *fish*) Seezunge *f*

sole³ *adj reason* einzig; *responsibility* alleinig; *use* ausschließlich; **with the ~ exception of ...** mit alleiniger Ausnahme +*gen* ...; **for the ~ purpose of ...** einzig und allein zu dem Zweck +*gen* ... **solely** *adv* nur

solemn *adj* feierlich; *person, warning* ernst; *promise, duty* heilig **solemnity** *n* Feierlichkeit *f* **solemnly** *adv* feierlich; *say* ernsthaft; *swear* bei allem, was einem heilig ist

soliciting *n* Aufforderung *f* zur Unzucht **solicitor** *n* (JUR, Br) Rechtsanwalt *m*/-anwältin *f*; (US) Justizbeamte(r) *m*/-beamtin *f*

solid ▲ *adj* ① *fest; gold, rock* massiv; *layer, traffic etc* dicht; *line* ununterbrochen; (≈ *heavily-built) person* stämmig; *house, relationship* stabil; *piece of work, character, knowledge* solide; **to be frozen ~** hart gefroren sein; **the square was packed ~ with cars** die Autos standen dicht an dicht auf dem Platz; **they worked for two ~ days** sie haben zwei Tage ununterbrochen gearbeitet ② *reason* handfest ③ *support* voll ▣ *adv* ① (≈ *completely*) völlig ② **for eight hours ~** acht Stunden lang ununterbrochen ▣ *n* ① fester Stoff ② **solids** *pl* (≈ *food*) feste Nahrung *no pl*

solidarity *n* Solidarität *f*

solidify *v/i* fest werden **solidity** *n* ① (*of substance*) Festigkeit *f* ② (*of support*) Geschlossenheit *f* **solidly** *adv* ① *stuck, secured* fest; **~ built** *house* solide gebaut, wahrschaft (Swiss); *person* kräftig gebaut ② *argued* stichhaltig ③ (≈ *uninterruptedly*) ununterbrochen ④ **to be ~ behind sb/sth** geschlossen hinter jdm/etw stehen

solitary *adj* ① *life, person* einsam; *place* abgelegen; **a few ~ houses** ein paar vereinzelte Häuser; **a ~ person** ein Einzelgänger *m*, eine Einzelgängerin ② *example, goal* einzig **solitary confinement** *n* Einzelhaft *f*; **to be held in ~** in Einzelhaft

gehalten werden **solitude** *n* Einsamkeit *f*

solo ▲ *n* Solo *nt*; **piano ~** Klaviersolo *nt* ▣ *adj* Solo- ▣ *adv* allein; MUS solo; **to go ~** eine Solokarriere einschlagen **soloist** *n* Solist(in) *m(f)*

solstice *n* Sonnenwende *f*

soluble *adj* ① löslich; **~ in water** wasserlöslich ② *problem* lösbar **solution** *n* Lösung *f* (to +*gen*)

solvable *adj problem* lösbar **solve** *v/t problem* lösen; *mystery* enträtseln; *crime* aufklären **solvent** ▲ *adj* FIN zahlungsfähig, solvent ▣ *n* CHEM Lösungsmittel *nt*

sombre, (US) **somber** *adj* (≈ *gloomy*) düster; *news* traurig; *music* trist **sombrely**, (US) **somberly** *adv say* düster; *watch* finster

some ▲ *adj* ① (*with plural nouns*) einige; (≈ *a few*) ein paar; **did you bring ~ CDs?** hast du CDs mitgebracht?; **~ records of mine** einige meiner Platten; **would you like ~ more biscuits?** möchten Sie noch (ein paar) Kekse? ② (*with singular nouns*) etwas; (≈ *a little*) ein bisschen; **there's ~ ink on your shirt** Sie haben Tinte auf dem Hemd; **~ more tea?** noch etwas Tee? ③ (≈ *certain*) manche(r, s); **~ people say ...** manche Leute sagen ...; **~ people just don't care** es gibt Leute, denen ist das einfach egal; **in ~ ways** in gewisser Weise ④ (*indeterminate*) irgendein; **~ book or other** irgendein Buch; **~ woman, whose name I forget ...** eine Frau, ich habe ihren Namen vergessen, ...; **in ~ way or another** irgendwie; **or ~ such** oder so etwas Ähnliches; **or ~ such name** oder so ein ähnlicher Name; **~ time or other** irgendwann einmal; **~ other time** ein andermal; **~ day** eines Tages; **~ day next week** irgendwann nächste Woche ⑤ (*intensifier*) ziemlich; (*in exclamations, iron*) vielleicht ein (*infml*); **it took ~ courage** dazu brauchte man schon ziemlichen Mut; (**that was**) **~ party!** das war vielleicht eine Party! (*infml*); **this might take ~ time** das könnte einige Zeit dauern; **quite ~ time** ziemlich lange; **to speak at ~ length** ziemlich lange sprechen; **~ help you are** du bist mir vielleicht eine Hilfe (*infml*); **~ people!** Leute gibts! ▣ *pron* ① (*referring to plural nouns*) (≈ *a few*) einige; (≈ *certain ones*) manche; (*in "if" clauses, questions*) welche; **~ of these books** einige dieser Bücher; **~ of them**

are here einige sind hier; ~ ..., **others ...** manche ..., andere ...; **they're lovely, try ~** die schmecken gut, probieren Sie mal; **I've still got ~** ich habe noch welche **2** (*referring to singular nouns*) (≈ *a little*) etwas; (≈ *a certain amount*) manches; (*in "if" clauses, questions*) welche(r, s); **I drank ~ of the milk** ich habe (etwas) von der Milch getrunken; **have ~!** bedienen Sie sich; **it's lovely cake, would you like ~?** das ist ein sehr guter Kuchen, möchten Sie welchen?; **try ~ of this cake** probieren Sie doch mal diesen Kuchen; **would you like ~ money/tea? — no, I've got ~** möchten Sie Geld/Tee? — nein, ich habe Geld/ich habe noch; **have you got ~?** haben Sie Geld? — nein, aber er hat welches; **~ of it had been eaten** einiges (davon) war gegessen worden; **he only believed ~ of it** er hat es nur teilweise geglaubt; **~ of the finest poetry in the English language** einige der schönsten Gedichte in der englischen Sprache **C** *adv* ungefähr

somebody **A** *pron* jemand; **~ else** jemand anders; **~ or other** irgendjemand; **~ knocked at the door** es klopfte jemand an die Tür; **we need ~ German** wir brauchen einen Deutschen; **you must have seen ~** Sie müssen doch irgendjemand(en) gesehen haben **B** *n* **to be (a) ~** wer (*infml*) or jemand sein **someday** *adv* eines Tages

somehow *adv* irgendwie

someone *pron* = somebody I

someplace *adv* (*US infml*) **be** irgendwo; **go** irgendwohin; **~ else be** woanders; **go** woandershin

somersault **A** *n* Purzelbaum *m*; (SPORTS, *fig*) Salto *m*; **to do a ~** einen Purzelbaum schlagen; SPORTS einen Salto machen **B** *v/i* (*person*) einen Purzelbaum schlagen; SPORTS einen Salto machen

something **A** *pron* **1** etwas; **~ nice** *etc* etwas Nettes *etc*; **~ or other** irgendetwas; **there's ~ I don't like about him** irgendetwas gefällt mir an ihm nicht; **well, that's ~** (das ist) immerhin etwas; **he's ~ to do with the Foreign Office** er ist irgendwie beim Außenministerium; **she's called Rachel ~** sie heißt Rachel Soundso; **three hundred and ~** dreihundert und ein paar (Zerquetschte (*infml*)); **or ~** (*infml*) oder so (was); **are you drunk or ~?** (*infml*) bist du betrunken oder was? (*infml*); **she's called Maria or ~ like that** sie heißt Maria oder so ähnlich **2** (*infml* ≈ *something special*) **it was ~ else** (*esp US*) **or quite ~** das war schon toll (*infml*) **B** *n* **a little ~** eine Kleinigkeit; **a certain ~** ein gewisses Etwas **C** *adv* **~ over 200** etwas über 200; **~ like 200** ungefähr 200; **you look ~ like him** du siehst ihm irgendwie ähnlich; **it's ~ of a problem** das ist schon ein Problem; **~ of a surprise** eine ziemliche Überraschung

-something *suf* **he's twenty-something** er ist in den Zwanzigern

sometime *adv* irgendwann; **~ or other it will have to be done** irgendwann muss es gemacht werden; **write to me ~ soon** schreib mir (doch) bald (ein)mal; **~ before tomorrow** heute noch

sometimes *adv* manchmal

somewhat *adv* ein wenig; **the system is ~ less than perfect** das System funktioniert irgendwie nicht ganz

somewhere *adv* **1** **be** irgendwo; **go** irgendwohin; **~ else** irgendwo anders, irgendwo anders hin; **to take one's business ~ else** seine Geschäfte woanders machen; **from ~** irgendwoher; **I know ~ where ...** ich weiß, wo ...; **I needed ~ to live in London** ich brauchte irgendwo in London eine Unterkunft; **we just wanted ~ to go after school** wir wollten bloß einen Ort, wo wir nach der Schule eingehen können; **~ around here** irgendwo hier in der Nähe; **~ nice** irgendwo, wo es nett ist; **the ideal place to go is ~ like New York** am besten fährt man in eine Stadt wie New York; **don't I know you from ~?** kenne ich Sie nicht von irgendwoher? **2** (*fig*) **~ about 40° C** ungefähr 40° C; **~ about £50** um (die) £ 50 herum; **now we're getting ~** jetzt kommen wir voran

son *n* Sohn *m*; (*as address*) mein Junge; **Son of God** Gottessohn $; **he's his father's ~** er ist ganz der Vater; **~ of a bitch** (*esp US sl*) Scheißkerl *m* (*infml*)

sonar *n* Echolot *nt*

sonata *n* Sonate *f*

song **1** *n* Lied *nt*; (≈ *singing, bird song*) Gesang *m*; **to burst into ~** ein Lied anstimmen **2** (*Br fig infml*) **to make a ~ and dance about sth** eine Haupt- und Staatsaktion aus etw machen (*infml*); **to be on ~**

(Br) in Hochform sein; **it was going for a ~** das gab es für einen Apfel und ein Ei
songbird *n* **songbook** *n* Singvogel *m* Liederbuch *nt* **songwriter** *n* Texter(in) *m(f)* und Komponist(in) *m(f)*
sonic *adj* Schall-
son-in-law *n, pl* **sons-in-law** Schwiegersohn *m*
sonnet *n* Sonett *nt*
soon *adv* bald; (≈ *early*) früh; (≈ *quickly*) schnell; **it will ~ be Christmas** bald ist Weihnachten; **~ after his death** kurz nach seinem Tode; **how ~ can you be ready?** wann kannst fertig sein?; **we got there too ~** wir kamen zu früh an; **as ~ as** sobald; **as ~ as possible** so schnell wie möglich; **when can I have it? — as ~ as you like** wann kann ichs kriegen? — wann du willst!; **I would (just) as ~ you didn't tell him** es wäre mir lieber, wenn du es ihm nicht erzählen würdest **sooner** *adv* ① *(time)* früher; **no ~ had we arrived than …** wir waren gerade angekommen, da …; **no ~ said than done** gesagt, getan ② *(preference)* lieber; **I would ~ not do it** ich würde es lieber nicht tun
soot *n* Ruß *m*
soothe *v/t* beruhigen; *pain* lindern
soothing *adj* beruhigend; (≈ *pain-relieving*) schmerzlindernd
sophisticated *adj* ① (≈ *worldly*) kultiviert; *audience* anspruchsvoll; *dress* raffiniert; **she thinks she looks more ~ with a cigarette** sie glaubt, mit einer Zigarette mehr darzustellen ② (≈ *complex*) hoch entwickelt; *method* durchdacht; *device* ausgeklügelt ③ (≈ *subtle*) subtil; *system, approach* komplex **sophistication** *n* ① (≈ *worldliness*) Kultiviertheit *f*; *(of audience)* hohes Niveau ② (≈ *complexity*) hoher Entwicklungsgrad; *(of method)* Durchdachtheit *f*; *(of device)* Ausgeklügeltheit *f* ③ (≈ *subtlety*) Subtilität *f*; *(of system, approach)* Komplexheit *f*
sophomore *n* (US) Student(in) *im zweiten Jahr*
sopping *adj* (a. **sopping wet**) durchnässt; *person* klitschnass
soppy *adj* (Br infml) *book, song* schmalzig (infml); *person* sentimental
soprano ▲ *n* Sopran *m* ▣ *adj* Sopran-
sorbet *n* Sorbet *nt or m*
sorcerer *n* Hexenmeister *m* **sorcery** *n* Hexerei *f*

sordid *adj* eklig; *conditions* erbärmlich; *affair* schmutzig; **spare me the ~ details** erspar mir die schmutzigen Einzelheiten
sore ▲ *adj* (+er) ① weh; (≈ *inflamed*) entzündet; **to have a ~ throat** Halsschmerzen haben; **my eyes are ~** mir tun die Augen weh; **my wrist feels ~** mein Handgelenk tut weh; **to have ~ muscles** Muskelkater haben; **a ~ point** *(fig)* ein wunder Punkt; **to be in ~ need of sth** etw unbedingt *or* dringend brauchen ② (esp US infml ≈ *angry*) verärgert (*about sth* über etw *acc*, *at sb* über jdn) ▣ *n* MED wunde Stelle **sorely** *adv* *tempted* sehr; *needed* dringend; *missed* schmerzlich; **he has been ~ tested** *or* **tried** seine Geduld wurde auf eine sehr harte Probe gestellt; **to be ~ lacking** bedauerlicherweise fehlen **soreness** *n* (≈ *ache*) Schmerz *m*
sorority *n* (US UNIV) Studentinnenvereinigung *f*
sorrow *n no pl* (≈ *sadness*) Traurigkeit *f*; (≈ *grief*) Trauer *f*; (≈ *trouble*) Sorge *f*; **to drown one's ~s** seine Sorgen ertränken **sorrowful** *adj*, **sorrowfully** *adv* traurig
sorry *adj* (+er) traurig; *excuse* faul; **I was ~ to hear that** es tat mir leid, das zu hören; **we were ~ to hear about your mother's death** es tat uns leid, dass deine Mutter gestorben ist; **I can't say I'm ~ he lost** es tut mir wirklich nicht leid, dass er verloren hat; **this work is no good, I'm ~ to say** diese Arbeit taugt nichts, das muss ich leider sagen; **to be** *or* **feel ~ for sb/oneself** jdn/sich selbst bemitleiden; **I feel ~ for the child** das Kind tut mir leid; **you'll be ~ (for this)!** das wird dir noch leidtun!; **~!** Entschuldigung!; **I'm/he's ~** es tut mir/ihm leid; **can you lend me £5? — ~** kannst du mir £ 5 leihen? — bedaure, leider nicht; **~?** (≈ *pardon*) wie bitte?; **he's from England, ~ Scotland** er ist aus England, nein, Entschuldigung, aus Schottland; **to say ~ (to sb for sth)** sich (bei jdm für etw) entschuldigen; **I'm ~ about that vase** es tut mir leid um die Vase; **I'm ~ about (what happened on) Thursday** es tut mir leid wegen Donnerstag; **to be in a ~ state** *(person)* in einer jämmerlichen Verfassung sein; *(object)* in einem jämmerlichen Zustand sein
sort ▲ *n* ① (≈ *kind*) Art *f*; (≈ *type, model*) Sorte *f*; **a ~ of** eine Art (+*nom*); **an odd**

~ of novel ein komischer Roman; **what ~ of (a) man is he?** was für ein Mensch ist er?; **he's not the ~ of man to do that or** ist nicht der Mensch, der das täte; **this ~ of thing** so etwas; **all ~s of things** alles Mögliche; **something of the ~** (irgend) so (et)was; **he's some ~ of administrator** er hat irgendwie in der Verwaltung zu tun; **he's got some ~ of job with ...** er hat irgendeinen Job bei ...; **you'll do nothing of the ~!** von wegen!, das wirst du schön bleiben lassen!; **that's the ~ of person I am** ich bin nun mal so!; **I'm not that ~ of girl** ich bin nicht so eine; **he's a good ~** er ist ein prima Kerl; **he's not my ~** er ist nicht mein Typ; **I don't trust his ~** solchen Leuten traue ich nicht; **to be out of ~s** (Br) nicht ganz auf der Höhe or auf dem Damm (infml) sein **2** IT Sortiervorgang m **B** adv ~ of (infml) irgendwie; **is it tiring? — ~ of** ist das anstrengend? — irgendwie schon; **it's ~ of finished** es ist eigentlich schon fertig; **aren't you pleased? — ~ of** freust du dich nicht? — doch, eigentlich schon; **is this how he did it? — well, ~ of** hat er das so gemacht? — ja, so ungefähr **C** v/t **1** sortieren **2 to get sth ~ed** etw auf die Reihe bekommen; **everything is ~ed** es ist alles (wieder) in Ordnung **D** v/i **1 to ~ through sth** etw durchsehen **2** IT sortieren ◊**sort out** v/t sep **1** (≈ arrange) sortieren; (≈ select) aussortieren **2** problem lösen; situation klären; **the problem will sort itself out** das Problem wird sich von selbst lösen or erledigen; **to sort oneself out** sich (dat) über sich (acc) selbst klar werden **3** (esp Br infml) **to sort sb out** sich (dat) jdn vorknöpfen (infml)

sort code n FIN Bankleitzahl f **sorting office** n (Br) Sortierstelle f

SOS n SOS nt

so-so adj pred, adv (infml) soso, so la la

soufflé n Soufflé nt

sought pret, past part of **seek** **sought--after** adj begehrt

soul n **1** Seele f; **All Souls' Day** Allerheiligen nt; **God rest his ~!** Gott hab ihn selig!; **poor ~!** (infml) Ärmste(r)!; **he's a good ~** er ist ein guter Mensch; **not a ~** keine Menschenseele **2** (≈ inner being) Wesen nt; **he loved her with all his ~** er liebte sie von ganzem Herzen **3** (≈ finer feelings) Herz nt, Gefühl nt **4** MUS Soul m

soul-destroying adj geisttötend **soulful** adj seelenvoll **soulless** adj person seelenlos; place gottverlassen **soul mate** n Seelenfreund(in) m(f) **soul-searching** n Gewissensprüfung f

sound[1] **A** adj (+er) **1** constitution gesund; condition einwandfrei; **to be of ~ mind** JUR im Vollbesitz seiner geistigen Kräfte sein (JUR) **2** (≈ dependable) solide; argument fundiert; person verlässlich; advice vernünftig **3** (≈ thorough) gründlich **4** sleep tief, fest **B** adv (+er) **to be ~ asleep** fest schlafen

sound[2] **A** n Geräusch nt; PHYS Schall m; MUS Klang m; (verbal, FILM etc) Ton m; **don't make a ~** still!; **not a ~ was to be heard** man hörte keinen Ton; **I don't like the ~ of it** das klingt gar nicht gut; **from the ~ of it he had a hard time** es hört sich so an or es klingt, als sei es ihm schlecht gegangen **B** v/t ~ **your horn** hupen!; **to ~ the alarm** Alarm schlagen; **to ~ the retreat** zum Rückzug blasen **C** v/i **1** (≈ emit sound) erklingen **2** (≈ give impression) klingen; **he ~s angry** es hört sich so an, als wäre er wütend; **he ~s French (to me)** er hört sich (für mich) wie ein Franzose an; **he ~s like a nice man** er scheint ein netter Mensch zu sein; **it ~s like a sensible idea** das klingt ganz vernünftig; **how does it ~ to you?** wie findest du das? ◊**sound off** v/i (infml) sich auslassen (about über +acc) ◊**sound out** v/t sep **to sound sb out about sth** bei jdm in Bezug auf etw (acc) vorfühlen

sound barrier n Schallmauer f **sound bite** n Soundclip m **sound card** n IT Soundkarte f **sound effects** pl Toneffekte pl **sound engineer** n Toningenieur(in) m(f) **sounding board** n (fig) Resonanzboden m; **he used the committee as a ~ for his ideas** er benutzte den Ausschuss, um die Wirkung seiner Vorschläge zu sondieren **soundlessly** adv move geräuschlos

soundly adv built solide, währschaft (Swiss); defeat vernichtend; based fest; **our team was ~ beaten** unsere Mannschaft wurde klar geschlagen; **to sleep ~** (tief und) fest schlafen **soundness** n **1** (≈ good condition) gesunder Zustand; (of building) guter Zustand **2** (≈ validity, dependability) Solidität f; (of argument, analysis) Fundiertheit f; (of economy, currency)

S

Stabilität f; (of idea, advice, move, policy) Vernünftigkeit f

soundproof adj schalldicht **soundtrack** n Filmmusik f

soup n Suppe f **soup kitchen** n Volksküche f **soup plate** n Suppenteller m **soup spoon** n Suppenlöffel m

sour **A** adj (+er) **1** sauer; wine, smell säuerlich; **to go** or **turn ~** (lit) sauer werden **2** (fig) expression griesgrämig; **it's just ~ grapes** die Trauben hängen zu hoch **B** v/i (fig: relationship) sich verschlechtern

source **A** n Quelle f; (of troubles etc) Ursache f; **he is a ~ of embarrassment to us** er bringt uns ständig in Verlegenheit; **I have it from a good ~ that ...** ich habe es aus sicherer Quelle, dass ... **B** v/t COMM beschaffen **source code** n IT Quellcode m

sour(ed) cream n saure Sahne **sourness** n (of lemon, milk) saurer Geschmack; (of smell) Säuerlichkeit f; (fig: of expression) Griesgrämigkeit f

south **A** n Süden m; **in the ~ of** im Süden +gen; **to the ~ of** südlich von; **from the ~** aus dem Süden; (wind) aus Süden; **the wind is in the ~** es ist Südwind; **the South of France** Südfrankreich nt; **which way is ~?** in welcher Richtung ist Süden?; **down ~** unten im Süden; go runter in den Süden **B** adj südlich; (in names) Süd-; **South German** süddeutsch **C** adv im Süden; (≈ towards the south) nach Süden; **to be further ~** weiter südlich sein; **~ of** südlich von **South Africa** n Südafrika nt **South African** **A** adj südafrikanisch; **he's ~** er ist Südafrikaner **B** n Südafrikaner(in) m(f) **South America** n Südamerika nt **South American** **A** adj südamerikanisch; **he's ~** er ist Südamerikaner **B** n Südamerikaner(in) m(f) **southbound** adj (in) Richtung Süden **southeast** **A** n Südosten m; **from the ~** aus dem Südosten; (wind) von Südosten **B** adj südöstlich; (in names) Südost- **C** adv nach Südosten; **~ of** südöstlich von **Southeast Asia** n Südostasien nt **southeasterly** adj südöstlich **southeastern** adj südöstlich; **~ England** Südostengland nt **southerly** adj südlich; wind aus Süden

southern adj südlich; (in names) Süd-; (≈ Mediterranean) südländisch **southerner** n Bewohner(in) m(f) des Südens, Südengländer(in) m(f) etc; (US) Südstaatler(in) m(f) **southernmost** adj südlichste(r, s) **south-facing** adj wall nach Süden gerichtet; garden nach Süden gelegen **South Korea** n Südkorea nt **South Korean** **A** adj südkoreanisch **B** n Südkoreaner(in) m(f) **South Pacific** n Südpazifik m **South Pole** n Südpol m **South Seas** pl Südsee f **south-south-east** **A** adj südsüdöstlich **B** adv nach Südsüdost(en) **south-south-west** **A** adj südsüdwestlich **B** adv nach Südsüdwest(en); **~ of** südsüdwestlich von **southward(s)** **A** adj südlich **B** adv nach Süden **southwest** **A** n Südwesten m; **from the ~** aus dem Südwesten; (wind) von Südwesten **B** adj südwestlich **C** adv nach Südwest(en); **~ of** südwestlich von **southwesterly** adj südwestlich **southwestern** adj südwestlich

souvenir n Souvenir nt (of an +acc)

sovereign **A** n (≈ monarch) Herrscher(in) m(f) **B** adj (≈ supreme) höchste(r, s); state souverän **sovereignty** n **1** Oberhoheit f **2** (≈ right of self-determination) Souveränität f

soviet HIST **A** n Sowjet m **B** adj attr sowjetisch, Sowjet- **Soviet Union** n HIST Sowjetunion f

sow[1] pret **sowed**, past part **sown** or **sowed** v/t corn säen; seed aussäen; **this field has been ~n with barley** auf diesem Feld ist Gerste gesät; **to ~ (the seeds of) hatred/discord** Hass/Zwietracht säen

sow[2] n (≈ pig) Sau f

sowing n (≈ action) Aussaat f **sown** past part of sow[1]

soya, **soy** n Soja f **soya bean** n Sojabohne f **soya milk** n (Br) Sojamilch f **soya sauce** n Sojasoße f **soybean** n (US) = soya bean **soymilk** n (US) = soya milk **soy sauce** n Sojasoße f

spa n (≈ town) Kurort m

space **A** n **1** Raum m; (≈ outer space) der Weltraum; **to stare into ~** ins Leere starren **2** no pl (≈ room) Platz m; **to take up a lot of ~** viel Platz wegnehmen; **to clear/ leave some ~ for sb/sth** für jdn/etw Platz schaffen/lassen; **parking ~** Platz m zum Parken **3** (≈ gap) Platz m no art; (between objects, words, lines) Zwischenraum m; (≈ parking space) Lücke f; **to leave a ~ for sb/sth** für jdn/etw Platz lassen **4** (of time) Zeitraum m; **in a short ~ of time** in kurzer Zeit; **in the ~ of ...** innerhalb ... (gen) **Ⓑ** v/t (a. **space out**) in Abständen verteilen; **~ them out more, ~ them further out** or **further apart** lassen Sie etwas mehr Zwischenraum or Abstand (dazwischen) **space-bar** n TYPO Leertaste f

spacecraft n Raumfahrzeug nt **spaced out** adj (infml ≈ confused etc) geistig weggetreten (infml); (≈ on drugs) high (infml)

space flight n Weltraumflug m **space heater** n (esp US) Heizgerät nt **spaceman** n (Welt)raumfahrer m **space rocket** n Weltraumrakete f **space-saving** adj platzsparend **spaceship** n Raumschiff nt

space shuttle n Raumfähre f **space sickness** n Weltraumkrankheit f **space station** n (Welt)raumstation f **spacesuit** n Raumanzug m **space travel** n die Raumfahrt **space walk** n Weltraumspaziergang m **spacewoman** n (Welt)raumfahrerin f **spacing** n Abstände pl; (between two objects) Abstand m; (a. **spacing out**) Verteilung f; **single ~** TYPO einzeiliger Abstand **spacious** adj geräumig **spaciousness** n Geräumigkeit f; (of garden, park) Weitläufigkeit f

spade n **1** (≈ tool) Spaten m; (≈ children's spade) Schaufel f **2** CARDS Pik nt; **the Queen of Spades** die Pikdame

spaghetti n Spaghetti pl

Spain n Spanien nt

spam IT **Ⓐ** n Spam m **Ⓑ** v/t mit Werbung bombardieren **spam filter** n IT Spamfilter m **spamming** n IT Spamming nt, Bombardierung f mit Werbung

span¹ **Ⓐ** n **1** (of hand) Spanne f; (of bridge etc) Spannweite f **2** (≈ time span) Zeitspanne f **3** (≈ range) Umfang m **Ⓑ** v/t **1** (rope) sich spannen über (+acc) **2** (≈ encircle) umfassen (+acc) **3** (in time) sich erstrecken über (+acc)

span² (old) pret of **spin**

Spaniard n Spanier(in) m(f)

spaniel n Spaniel m

Spanish **Ⓐ** adj spanisch; **he is ~** er ist Spanier **Ⓑ** n **1** **the ~** die Spanier pl **2** LING Spanisch nt

spank **Ⓐ** n Klaps m **Ⓑ** v/t versohlen; **to ~ sb's bottom** jdm den Hintern versohlen **spanking** n Tracht f Prügel

spanner n (Br) Schraubenschlüssel m; **to throw a ~ in the works** (fig) jdm einen Knüppel zwischen die Beine werfen

spar v/i BOXING sparren; (fig) sich kabbeln (infml) (about um)

spare **Ⓐ** adj übrig pred; (≈ surplus) überzählig; **~ bed** Gästebett nt; **have you any ~ string?** kannst du mir (einen) Bindfaden geben?; **I have a ~ one** ich habe noch einen/eine/eins; **take a ~ pen** nehmen Sie noch einen Stift mit; **take some ~ clothes** nehmen Sie Kleider zum Wechseln mit; **when you have a few minutes ~** wenn Sie mal ein paar freie Minuten haben **Ⓑ** n Ersatzteil nt; (≈ tyre) Reserverad nt **Ⓒ** v/t **1** usu neg expense, effort scheuen; **no expense ~d** es wurden keine Kosten gescheut or gespart **2** money etc übrig haben; room frei haben; time (übrig) haben; **to ~ sb sth** jdm etw überlassen or geben; money jdm etw geben; **can you ~ the time to do it?** haben Sie Zeit, das zu machen?; **there is none to ~** es ist keine(r, s) übrig; **to have a few minutes to ~** ein paar Minuten Zeit haben; **I got to the airport with two minutes to ~** ich war zwei Minuten vor Abflug am Flughafen **3** (≈ do without) entbehren; **can you ~ this?** brauchst du das?; **to have a thought for sb/sth** an jdn/etw denken **4** (≈ show mercy to) verschonen; **to ~ sb's life** jds Leben verschonen **5** (≈ save) **to ~ sb/oneself sth** jdm/sich etw ersparen; **~ me the details** verschone mich mit den Einzelheiten

spare part n Ersatzteil nt **spare ribs** pl COOK Spareribs pl **spare room** n Gästezimmer nt **spare time** n Freizeit f **spare tyre** n, (US) **spare tire** n Ersatzreifen m **sparing** adj sparsam **sparingly** adv sparsam; spend, drink, eat in Maßen; **to use sth ~** mit etw sparsam umgehen

spark **Ⓐ** n Funke m; **a bright ~** (iron) ein Intelligenzbolzen m (iron) **Ⓑ** v/t (a. **spark off**) entzünden; explosion verursachen; (fig) auslösen; quarrel entfachen **sparkle** **Ⓐ** n Funkeln nt **Ⓑ** v/i funkeln (with vor +dat); **her eyes ~d with excitement** ihre Augen blitzten vor Erregung **sparkler** n Wunderkerze f **sparkling** adj funkelnd; wine perlend; **~ (mineral) water** Selterswasser nt; **~ wine** (as type) Sekt m; (≈ slightly sparkling) Perlwein m; **in ~ form** in glänzender Form **spark plug** n Zündkerze f

sparring partner n Sparringpartner(in) m(f)

S

sparrow n Sperling m, Spatz m
sparse adj spärlich; hair schütter; furnishings, resources dürftig **sparsely** adv spärlich; populated dünn **sparseness** n Spärlichkeit f; (of population) geringe Dichte
Spartan adj (fig: a. **spartan**) spartanisch
spasm n MED Krampf m **spasmodic** adj MED krampfartig; (fig) sporadisch
spastic ◼ adj spastisch ◼ n Spastiker(in) m(f)
spat pret, past part of spit¹
spate n (of river) Hochwasser nt; (fig) (of orders etc) Flut f; (of burglaries) Serie f
spatter ◼ v/t bespritzen; **to ~ sb with water** jdn nass spritzen ◼ v/i **it ~ed all over the room** es verspritzte im ganzen Zimmer ◼ n **a ~ of rain** ein paar Tropfen Regen
spatula n Spachtel m; MED Spatel m
spawn ◼ n (of frogs) Laich m ◼ v/i laichen ◼ v/t (fig) hervorbringen
speak pret spoke, past part spoken ◼ v/t ◼ sagen; one's thoughts äußern; **to ~ one's mind** seine Meinung sagen ◼ language sprechen ◼ v/i ◼ sprechen, reden (about über +acc, von, on zu); (≈ converse) reden, sich unterhalten (with mit); (≈ give opinion) sich äußern (on, to zu); **to ~ to or with sb** mit jdm sprechen; **did you ~?** haben Sie etwas gesagt?; **I'm not ~ing to you** mit dir rede or spreche ich nicht mehr; **I'll ~ to him about it** (euph ≈ admonish) ich werde ein Wörtchen mit ihm reden; **~ing of X ...** da wir gerade von X sprechen ...; **it's nothing to ~ of** es ist nicht weiter erwähnenswert; **to ~ well of sb/sth** jdn/etw loben; **so to ~** sozusagen; **roughly ~ing** grob gesagt; **strictly ~ing** genau genommen; **generally ~ing** im Allgemeinen; **~ing personally ...** wenn Sie mich fragen ...; **~ing as a member ...** als Mitglied ...; **to ~ in public** in der Öffentlichkeit reden ◼ TEL **~ing!** am Apparat!; **Jones ~ing!** (hier) Jones!; **who is ~ing?** wer ist da, bitte? ◼ n suf **Euro-~** Eurojargon m ◊**speak for** v/i +prep obj **to ~ sb** in jds Namen (dat) sprechen; **speaking for myself ...** was mich angeht ...; **~ yourself!** du vielleicht!; **to ~ itself** für sich sprechen ◊**speak out** v/i seine Meinung deutlich vertreten; **to ~ against sth** sich gegen etw aussprechen ◊**speak up** v/i ◼ (≈ raise voice) lauter sprechen ◼ (fig) **to ~ for sb/sth** für

jdn/etw eintreten; **what's wrong? ~!** was ist los? heraus mit der Sprache!
speaker n ◼ (of language) Sprecher m; **all German ~s** alle, die Deutsch sprechen ◼ (≈ public speaker) Redner(in) m(f); **Speaker** PARL Sprecher(in) m(f) ◼ (≈ loudspeaker) Lautsprecher m; (on hi-fi etc) Box f **speaking** n Sprechen nt **-speaking** adj suf -sprechend; **English-speaking** englischsprachig **speaking terms** pl **to be on ~ with sb** mit jdm reden
spear n Speer m **spearmint** n Grüne Minze
spec n (infml) **on ~** auf gut Glück
special ◼ adj (≈ particular) besondere(r, s); (≈ out of ordinary also) Sonder-; friend, occasion speziell; **I have no ~ person in mind** ich habe eigentlich an niemanden Bestimmtes gedacht; **nothing ~** nichts Besonderes; **he's very ~ to her** er bedeutet ihr sehr viel; **what's so ~ about her?** was ist denn an ihr so besonders?; **what's so ~ about that?** das ist doch nichts Besonderes!; **to feel ~** sich als etwas ganz Besonderes vorkommen; **~ discount** Sonderrabatt m ◼ n TV, RADIO Sonderprogramm nt; COOK Tagesgericht nt; **chef's ~** Spezialität f des Küchenchefs **special agent** n Agent(in) m(f) **special delivery** n Eilzustellung f; **by ~** per Eilboten
specialist ◼ n Spezialist(in) m(f); MED Facharzt m/-ärztin f ◼ adj attr Fach- **speciality**, (US) **specialty** n Spezialität f **specialization** n Spezialisierung f (in auf +acc); (≈ special subject) Spezialgebiet nt **specialize** v/i sich spezialisieren (in auf +acc) **specially** adv besonders; (≈ specifically) extra; **don't go to the post office ~ for me** gehen Sie meinetwegen nicht extra zur Post **special needs** pl (Br) **~ children** Kinder pl mit Behinderungen **special offer** n Sonderangebot nt **special school** n (Br) Sonderschule f **specialty** n (US) = speciality
species n, pl - Art f
specific adj (≈ definite) bestimmt; (≈ precise) genau; example ganz bestimmt; **9.3, to be ~** 9,3, um genau zu sein; **can you be a bit more ~?** können Sie sich etwas genauer äußern?; **he was quite ~ on that point** er hat sich zu diesem Punkt recht spezifisch geäußert **specifically** adv ◼ mention ausdrücklich; designed speziell ◼ (≈ precisely) genau; (≈ in particular) im Be-

sonderen **specification** n **1** **~s** pl genaue Angaben pl; (of car, machine) technische Daten pl **2** (≈ stipulation) Bedingung f **specified** adj bestimmt **specify** v/t angeben; (≈ stipulate) vorschreiben

specimen n Exemplar nt; (of urine etc) Probe f; (≈ sample) Muster nt; **a beautiful** or **fine ~** ein Prachtexemplar nt

speck n Fleck m; (of dust) Körnchen nt

speckle **A** n Tupfer m **B** v/t sprenkeln

specs pl (infml) Brille f

spectacle n **1** (≈ show) Schauspiel nt; **to make a ~ of oneself** unangenehm auffallen **2** **spectacles** pl (a. **pair of spectacles**) Brille f **spectacle case** n Brillenetui nt

spectacular adj sensationell; scenery atemberaubend **spectacularly** adv sensationell; good unglaublich

spectate v/i (infml) zuschauen (at bei)

spectator n Zuschauer(in) m(f)

spectre, (US) **specter** n Gespenst nt

spectrum n, pl **spectra** Spektrum nt

speculate v/i **1** spekulieren (about, on über +acc) **2** FIN spekulieren (in mit, on an +dat) **speculation** n Spekulation f (on über +acc) **speculator** n Spekulant(in) m(f)

sped pret, past part of **speed**

speech n **1** no pl (≈ faculty of speech) Sprache f; **freedom of ~** Redefreiheit f **2** (≈ oration) Rede f (on, about über +acc); **to give** or **make a ~** eine Rede halten **3** (Br GRAM) **direct/indirect** or **reported ~** direkte/indirekte Rede **speech bubble** n Sprechblase f **speech defect** n Sprachfehler m **speechless** adj sprachlos (with vor); **his remark left me ~** seine Bemerkung verschlug mir die Sprache **speech recognition** n IT Spracherkennung f; **~ software** Spracherkennungssoftware f **speech therapist** n Logopäde m, Logopädin f **speech therapy** n Logopädie f

speed vb: pret, past part **sped** or **speeded** **A** n **1** Schnelligkeit f; (of moving object or person) Tempo nt; **at ~** äußerst schnell; **at high/low ~** mit hoher/niedriger Geschwindigkeit; **at full** or **top ~** mit Höchstgeschwindigkeit; **at a ~ of ...** mit einer Geschwindigkeit or einem Tempo von ...; **to gather ~** schneller werden; (fig) sich beschleunigen; **to bring sb up to ~** (infml) jdn auf den neuesten Stand

bringen; **full ~ ahead!** NAUT volle Kraft voraus! **2** (AUTO, TECH ≈ gear) Gang m **B** v/i **1** pret, past part **sped** flitzen; **the years sped by** die Jahre vergingen wie im Fluge **2** pret, past part **speeded** (AUTO ≈ exceed speed limit) die Geschwindigkeitsbegrenzung überschreiten **◊speed off** pret, past part **speeded** or **sped off** v/i davonjagen **◊speed up** pret, past part **speeded up** **A** v/i (car) beschleunigen; (person) schneller machen; (work) schneller werden **B** v/t sep beschleunigen

speedboat n Rennboot nt **speed bump** n Bodenschwelle f **speed camera** n POLICE Blitzgerät nt **speed dial (-ing)** n (esp US TEL) Kurzwahl f **speedily** adv schnell; reply, return prompt **speeding** n Geschwindigkeitsüberschreitung f; **to get a ~ fine** eine Geldstrafe wegen Geschwindigkeitsüberschreitung bekommen **speed limit** n Geschwindigkeitsbegrenzung f; **a 30 mph ~** eine Geschwindigkeitsbegrenzung von 50 km/h **speedometer** n Tachometer m **speed ramp** n MOT Bodenschwelle f **speed skating** n Eisschnelllauf m **speed trap** n Radarfalle f (infml) **speedway** n **1** SPORTS Speedway-Rennen nt **2** (US ≈ expressway) Schnellstraße f **speedy** adj (+er) schnell; **we wish Joan a ~ recovery** wir wünschen Joan eine rasche Genesung

spell[1] n Zauber m; (≈ incantation) Zauberspruch m; **to be under a ~** (lit) verhext sein; (fig) wie verzaubert sein; **to put a ~ on sb** (lit) jdn verhexen; (fig) jdn in seinen Bann ziehen; **to be under sb's ~** (fig) in jds Bann (dat) stehen; **to break the ~** den Zauber lösen

spell[2] n (≈ period) Weile f; **for a ~** eine Weile; **cold ~** Kältewelle f; **dizzy ~** Schwächeanfall m; **a short ~ of sunny weather** eine kurze Schönwetterperiode; **they're going through a bad ~** sie machen eine schwierige Zeit durch

spell[3] pret, past part **spelt** (esp Brit) or **spelled** **A** v/i (orthografisch) richtig schreiben; **she can't ~** sie kann keine Rechtschreibung **B** v/t **1** schreiben; (aloud) buchstabieren; **how do you ~ "onyx"?** wie schreibt man „Onyx"?; **how do you ~ your name?** wie schreibt sich Ihr Name?; **what do these letters ~?** welches Wort ergeben diese Buchstaben? **2** (≈ denote) bedeuten **◊spell out** v/t sep

S

(≈ *spell aloud*) buchstabieren; (≈ *read slowly*) entziffern; (≈ *explain*) verdeutlichen
spellbinding *adj* fesselnd **spellbound** *adj, adv* (*fig*) gebannt
spellchecker *n* IT Rechtschreibprüfung *f* **speller** *n* **to be a good ~** in Rechtschreibung gut sein
spelling *n* Rechtschreibung *f*; (*of a word*) Schreibweise *f* **spelling mistake** *n* (Recht)schreibfehler *m* **spelt** *esp Br*) *pret, past part* of **spell**³
spend *pret, past part* **spent** *v/t* **1** *money* ausgeben (*on* für); *energy* verbrauchen; *time* brauchen **2** *time, evening* verbringen; **to ~ the night** übernachten; **he ~s his time reading** er verbringt seine Zeit mit Lesen **spending** *n no pl* Ausgaben *pl*; **~ cuts** Kürzungen *pl* **spending money** *n* Taschengeld *nt* **spending power** *n* Kaufkraft *f* **spending spree** *n* Großeinkauf *m*; **to go on a ~** groß einkaufen gehen **spent** **A** *pret, past part* of **spend** **B** *adj* *cartridge* verbraucht; *person* erschöpft
sperm *n* Samenfaden *m*; (≈ *fluid*) Sperma *nt* **sperm bank** *n* Samenbank *f* **spermicide** *n* Spermizid *nt*
spew **A** *v/i* **1** (*infml* ≈ *vomit*) brechen, spucken **2** (*a.* **spew out**) sich ergießen (*elev*); (*esp liquid*) hervorsprudeln **B** *v/t* **1** ·(*a.* **spew up**) (*infml* ≈ *vomit*) erbrechen **2** (*fig: a.* **spew out**) *lava* auswerfen; *water* ablassen
SPF *abbr of* sun protection factor Lichtschutzfaktor *m*, LSF *m*
sphere *n* **1** Kugel *f* **2** (*fig*) Sphäre *f*; (*of person*) Bereich *m*; (*of knowledge etc*) Gebiet *nt*; **his ~ of influence** sein Einflussbereich **spherical** *adj* kugelförmig
sphincter *n* ANAT Schließmuskel *m*
spice *n* **1** Gewürz *nt* **2** (*fig*) Würze *f* **spice up** *v/t* (*fig*) würzen
spiced *adj* COOK würzig; **~ wine** Glühwein *m*; **highly ~** pikant (gewürzt)
spick-and-span *adj* blitzsauber
spicy *adj* (+*er*) würzig; (*fig*) *story etc* pikant
spider *n* Spinne *f*; **~'s web** Spinnwebe *f* **spider veins** *pl* MED Besenreiser *pl* **spiderweb** *n* (*US*) Spinnwebe *f* **spidery** *adj* *writing* krakelig
spike **A** *n* (*on railing*) Spitze *f*; (*on plant*) Stachel *m*; (*on shoe*) Spike *m* **B** *v/t* *drink* einen Schuss zusetzen (+*dat*) **spiky** *adj* (+*er*) *leaf* spitz; *hair* hochstehend
spill *vb: pret, past part* **spilt** (*esp Brit*) or

spilled **A** *n* Lache *f*; **oil ~** Ölkatastrophe *f* **B** *v/t* verschütten; **to ~ the beans** alles ausplaudern **C** *v/i* verschüttet werden; (*large quantity*) sich ergießen **spill out** *v/i* (**of** aus) (*liquid*) herausschwappen; (*money*) herausfallen; (*fig: people*) (heraus)strömen **spill over** *v/i* (*liquid*) überlaufen
spilt (*esp Br*) *pret, past part* of spill
spin *vb: pret* **spun** *or* (*old*) **span**, *past part* **spun** **A** *n* **1** (≈ *revolution*) Drehung *f*; (*on washing machine*) Schleudern *nt no pl* **2** (*on ball*) Drall *m*; **to put ~ on the ball** dem Ball einen Drall geben; (*with racquet*) den Ball anschneiden **3** (*political*) Image *nt*; **to put a different ~ on sth** (≈ *interpretation*) etw anders interpretieren **4** AVIAT Trudeln *nt no pl*; **to go into a ~** zu trudeln anfangen **B** *v/t* **1** (*spider*) spinnen **2** (≈ *turn*) drehen; (*fast*) herumwirbeln; *washing* schleudern; SPORTS *ball* einen Drall geben (+*dat*) **C** *v/i* **1** (*person*) spinnen **2** (≈ *revolve*) sich drehen; (*fast*) (herum)wirbeln; (*plane etc*) trudeln; (*in washing machine*) schleudern; **to ~ round and round** sich im Kreis drehen; **the car spun out of control** der Wagen begann, sich unkontrollierbar zu drehen; **to send sb/sth ~ning** jdn/etw umwerfen; **my head is ~ning** mir dreht sich alles **spin (a)round A** *v/i* sich drehen; (*fast*) (herum)wirbeln **B** *v/t sep* (schnell) drehen; (*fast*) herumwirbeln **spin out** *v/t sep* (*infml*) *money* strecken (*infml*); *holiday* in die Länge ziehen; *story* ausspinnen
spinach *n* Spinat *m*
spinal column *n* Wirbelsäule *f* **spinal cord** *n* Rückenmark *nt*
spindle *n* Spindel *f* **spindly** *adj* (+*er*) spindeldürr (*infml*), zaundürr (*Aus*)
spin doctor *n* (POL *infml*) PR-Berater(in) *m(f)* **spin-drier** *n* (*Br*) (Wäsche)schleuder *f* **spin-dry** *v/t & v/i* schleudern **spin-dryer** *n* = spin-drier
spine *n* **1** ANAT Rückgrat *nt* **2** (*of book*) (Buch)rücken *m* **3** (≈ *spike*) Stachel *m* **spine-chilling** *adj* (*infml*) schaurig **spineless** *adj* (*fig*) *person* ohne Rückgrat; *compromise, refusal* feige **spine-tingling** *adj* (≈ *frightening*) schaurig, schaudererregend
spin-off *n* Nebenprodukt *nt*
spinster *n* Unverheiratete *f*; (*pej*) alte

Jungfer (pej)

spiny adj (+er) stach(e)lig

spiral **A** adj spiralförmig **B** n Spirale f **C** v/i (a. **spiral up**) sich (hoch)winden **spiralizer** n Spiralschneider m **spiral staircase** n Wendeltreppe f

spire n Turm m

spirit **A** n **1** Geist m; (≈ mood) Stimmung f; **I'll be with you in ~** im Geiste werde ich bei euch sein; **to enter into the ~ of sth** bei etw mitmachen; **that's the ~!** (infml) so ists recht! (infml); **to take sth in the right/wrong ~** etw richtig/falsch auffassen **2** no pl (≈ courage) Mut m; (≈ vitality) Elan m, Schwung m **3** **spirits** pl (≈ state of mind) Laune f; (≈ courage) Mut m; **to be in high ~s** bester Laune sein; **to be in good/low ~s** guter/schlechter Laune sein; **to keep up one's ~s** den Mut nicht verlieren; **my ~s rose** ich bekam (neuen) Mut; **her ~s fell** ihr sank der Mut **4** **spirits** pl (≈ alcohol) Spirituosen pl **B** v/t **to ~ sb/sth away** jdn/etw wegzaubern

spirited adj **1** temperamentvoll **2** (≈ courageous) mutig **spirit level** n Wasserwaage f **spiritual** adj geistig; person spirituell; ECCL geistlich; **~ life** Seelenleben nt **spirituality** n Geistigkeit f

spit[1] vb: pret, past part spat **A** n Spucke f **B** v/t spucken **C** v/i spucken; (fat) spritzen; **to ~ at sb** jdn anspucken; **it is ~ting (with rain)** (Br) es tröpfelt ◊**spit out** v/t sep ausspucken; words ausstoßen; **spit it out!** (fig infml) spucks aus! (infml), heraus mit der Sprache!

spit[2] n **1** COOK (Brat)spieß m **2** (of land) Landzunge f

spite **A** n **1** Gehässigkeit f **2** **in ~ of** trotz (+gen); **it was a success in ~ of him** dennoch war es ein Erfolg; **in ~ of the fact that …** obwohl … **B** v/t ärgern **spiteful** adj boshaft

spitting image n (infml) **to be the ~ of sb** jdm wie aus dem Gesicht geschnitten sein

spittle n Speichel m

splash **A** n **1** (≈ spray) Spritzen nt no pl; (≈ noise) Platschen nt no pl; **to make a ~** (fig) Furore machen; (news) wie eine Bombe einschlagen **2** (≈ sth splashed) Spritzer m; (of colour) Tupfen m; (≈ patch) Fleck m **B** v/t water etc spritzen; (≈ pour) gießen; person, object bespritzen **C** v/i (liquid) spritzen; (rain) klatschen; (when playing) plan-

schen ◊**splash about** (Brit) or **around** v/i herumspritzen; (in water) herumplanschen ◊**splash out** v/i (Br infml) **to ~ on sth** sich (dat) etw spendieren (infml)

splat n Platschen nt

splatter **A** n Fleck m; (of paint etc) Klecks m **B** v/i spritzen **C** v/t bespritzen; (with paint etc) beklecksen

splay **A** v/t fingers spreizen; feet nach außen stellen **B** v/i **he was ~ed out on the ground** er lag auf der Erde und hatte alle viere von sich gestreckt

spleen n ANAT Milz f; (fig) Zorn m

splendid adj **1** (≈ excellent) hervorragend; rider etc, idea glänzend **2** (≈ magnificent) herrlich **splendidly** adv **1** (≈ magnificently) prächtig **2** (≈ excellently) hervorragend **splendour**, (US) **splendor** n Pracht f no pl

splint n Schiene f; **to put a ~ on sth** etw schienen

splinter n Splitter m **splinter group** n Splittergruppe f

split vb: pret, past part split **A** n **1** Riss m (in in +dat); (esp in wall, rock, wood) Spalt m (in in +dat) **2** (fig ≈ division) Bruch m (in in +dat); POL, ECCL Spaltung f (in in +gen); **a three-way ~ of the profits** eine Dreitelung des Gewinns **3** pl **to do the ~s** (einen) Spagat machen **B** adj gespalten (on, over in +dat) **C** v/t (≈ cleave) (zer)teilen; wood, atom (≈ divide) spalten; work, costs, etc (sich dat) teilen; **to ~ hairs** (infml) Haarspalterei treiben (infml); **to ~ sth open** etw aufbrechen; **to ~ one's head open** sich (dat) den Kopf aufschlagen; **to ~ sth into three parts** etw in drei Teile aufteilen; **to ~ sth three ways** etw in drei Teile teilen; **to ~ the difference** (lit: with money etc) sich (dat) die Differenz teilen **D** v/i **1** (wood, stone) (entzwei)brechen; POL, ECCL sich spalten (on, over wegen); (seam etc) platzen; (≈ divide) sich teilen; (people) sich aufteilen; **to ~ open** aufplatzen; **my head is ~ting** (fig) mir platzt der Kopf **2** (infml ≈ leave) abhauen (infml) ◊**split off** v/i abbrechen; (fig) sich trennen (from von) ◊**split up** **A** v/t sep work (auf)teilen; party spalten; two people trennen; crowd zerstreuen **B** v/i zerbrechen; (≈ divide) sich teilen; (meeting, crowd) sich spalten; (partners) sich voneinander trennen

split ends pl Spliss m **split screen** n IT

geteilter Bildschirm **split second** n **in a ~** in Sekundenschnelle **split-second** adj **~ timing** Abstimmung f auf die Sekunde **splitting** adj headache rasend

splodge, splotch (US) n Klecks m; (of cream etc) Klacks m

splurge (out) on v/i +prep obj (infml) sich in Unkosten stürzen mit

splutter A n (of engine) Stottern nt **B** v/i stottern; (fat) zischen **C** v/t (hervor)stoßen

spoil vb: pret, past part **spoilt** (Brit) or **spoiled A** n usu pl Beute f no pl **B** v/t **1** (≈ ruin) verderben; town, looks etc verschandeln; life ruinieren; **to ~ sb's fun** jdm den Spaß verderben; **it ~ed our evening** das hat uns (dat) den Abend verdorben **2** children verwöhnen; **to be ~ed for choice** die Qual der Wahl haben **C** v/i **1** (food) verderben **2 to be ~ing for a fight** Streit suchen **spoiler** n **1** AUTO Spoiler m **2** PRESS Publikation, die zur gleichen Zeit wie ein Konkurrenzprodukt erscheint **spoilsport** n (infml) Spielverderber(in) m(f) (infml) **spoilt** (Br) **A** pret, past part of spoil **B** adj child verwöhnt

spoke[1] n Speiche f

spoke[2] pret of speak **spoken A** past part of speak **B** adj gesprochen; **his ~ English is better than ...** er spricht Englisch besser als ... **spokesman** n, pl **-men** Sprecher m **spokesperson** n Sprecher(in) m(f) **spokeswoman** n, pl **-women** Sprecherin f

sponge A n **1** Schwamm m **2** (COOK, a. **sponge cake**) Rührkuchen m **B** v/t (infml ≈ scrounge) schnorren (infml) (from bei) ◊**sponge down** v/t sep person (schnell) waschen; walls also abwaschen; horse abreiben ◊**sponge off** v/t sep stain, liquid abwischen ◊**sponge off** or **on** v/i +prep obj (infml) **to ~ sb** jdm auf der Tasche liegen (infml)

sponge bag n (Br) Waschbeutel m **sponge cake** n Rührkuchen m **sponge pudding** n Mehlpudding m **sponger** n (infml) Schmarotzer(in) m(f) **spongy** adj (+er) weich

sponsor A n Förderer m, Förderin f; (for event) Schirmherr(in) m(f); TV, SPORTS Sponsor(in) m(f); (for fund-raising) Spender(in) m(f) **B** v/t unterstützen; (financially) fördern; event sponsern **sponsored** adj (Br:) walk etc gesponsert **sponsorship** n Unterstützung f; TV, SPORTS Finanzierung

f

spontaneity n Spontaneität f **spontaneous** adj spontan **spontaneously** adv spontan; (≈ voluntarily also) von sich aus, von selbst

spoof (infml) n Parodie f (of auf +acc)

spook (infml) **A** n Gespenst nt **B** v/t (esp US) einen Schrecken einjagen (+dat) **spooky** adj (+er) (infml) **1** gespenstisch **2** (≈ strange) sonderbar; **it was really ~** das war wirklich ein sonderbares or eigenartiges Gefühl

spool n Spule f

spoon A n Löffel m **B** v/t löffeln ◊**spoon out** v/t sep (löffelweise) ausschöpfen

spoon-feed pret, past part **spoon-fed** v/t baby füttern; (fig) füttern (infml) **spoonful** n Löffel m

sporadic adj sporadisch **sporadically** adv sporadisch; (≈ occasionally also) gelegentlich

spore n Spore f

sporran n über dem Schottenrock getragene Felltasche

sport A n **1** Sport m no pl; (≈ type of sport) Sportart f; **to be good at ~(s)** sportlich sein **2 sports** pl (a. **sports meeting**) Sportveranstaltung f **3** (≈ amusement) Spaß m, Hetz f (Aus) **4** (infml) **to be a (good) ~** alles mitmachen; **be a ~!** sei kein Spielverderber! **B** v/t tie anhaben; beard herumlaufen mit (infml) **C** adj attr (US) = sports **sporting** adj sportlich; (fig) fair; (≈ decent) anständig; **~ events** Wettkämpfe pl; **~ venue** Sportstätte f **sports**, (US also) **sport** in cpds Sport- **sportsbag** n Sporttasche f **sports bra** n Sport-BH m **sports car** n Sportwagen m **sports centre**, (US) **sports center** n Sportzentrum nt **sports field, sports ground** n (Br) Sportplatz m **sports jacket** n Sakko m or nt **sportsman** n Sportler m **sportsmanlike** adj sportlich; (fig) fair **sportsmanship** n Sportlichkeit f **sportsperson** n Sportler(in) m(f) **sportswear** n **1** Sportkleidung f **2** (≈ leisure wear) Freizeitkleidung f **sportswoman** n Sportlerin f **sport-utility vehicle** n Sport-Utility-Fahrzeug nt, geländegängige Limousine **sporty** adj (+er) (infml) person sportbegeistert; car sportlich

spot A n **1** Punkt m; ZOOL Fleck m; (≈

place) Stelle *f*; **~s of blood** Blutflecken *pl*; **a pleasant** ~ ein schönes Fleckchen (*infml*); **on the** ~ an Ort und Stelle, sofort **2** MED *etc* Fleck *m*; (≈ *pimple*) Pickel *m*, Wimmerl *nt* (*Aus*), Bibeli *nt* (*Swiss*); **to break out** *or* **come out in** ~s Flecken/Pickel bekommen **3** (*Br infml*) **a** ~ **of** ein bisschen; **we had a** ~ **of rain/a few** ~s **of rain** wir hatten ein paar Tropfen Regen; **a** ~ **of bother** etwas Ärger; **we're in a** ~ **of bother** wir haben Schwierigkeiten **4 to be in a (tight)** ~ in der Klemme sitzen (*infml*); **to put sb on the** ~ jdn in Verlegenheit bringen **B** *v/t* entdecken; *difference, opportunity* erkennen; *mistake* finden **spot check** *n* Stichprobe *f* **spotless** *adj* tadellos **spotlessly** *adv* ~ **clean** blitzsauber **spotlight** spotlighted *n* **1** (≈ *lamp*) Scheinwerfer *m*; (*small*) Strahler *m* **2** (≈ *light*) Rampenlicht *nt*; **to be in the** ~ (*lit*) im Scheinwerferlicht *or* Rampenlicht stehen; (*fig*) im Rampenlicht der Öffentlichkeit stehen **spot-on** *adj* (*Br infml*) exakt **spotted** *adj* gefleckt; (≈ *with dots*) getüpfelt; ~ **with blood** blutbespritzt **spotty** *adj* (+*er*) (≈ *pimply*) pick(e)lig **spouse** *n* (*form*) Gatte *m*, Gattin *f* **spout** **A** *n* **1** Ausguss *m*; (*on tap*) Ausflussrohr *nt*; (*on watering can*) Rohr *nt*; **up the** ~ (*Br infml*: *plans etc*) im Eimer (*infml*) **2** (*of water etc*) Fontäne *f* **B** *v/t* **1** (*fountain etc*) (heraus)spritzen **2** (*infml*) *nonsense* von sich geben **C** *v/i* (*water etc*) spritzen (*from* aus); **to** ~ **out (of sth)** (aus etw) hervorspritzen

sprain **A** *n* Verstauchung *f* **B** *v/t* verstauchen; **to** ~ **one's ankle** sich (*dat*) den Fuß verstauchen

sprang *pret of* spring

sprawl **A** *n* **1** (≈ *posture*) Flegeln *nt no pl* (*infml*) (*of buildings etc*) Ausbreitung *f*; **urban** ~ wild wuchernde Ausbreitung des Stadtgebietes **B** *v/i* (≈ *fall*) der Länge nach hinfallen; (≈ *lounge*) sich hinflegeln; (*town*) (wild) wuchern; **to send sb** ~ing jdn zu Boden werfen **C** *v/t* **to be** ~ed **over sth/on sth** (*body*) ausgestreckt auf etw (*dat*) liegen **sprawling** *adj city* wild wuchernd; *house* großflächig; *figure* hingeflegelt

spray¹ *n* (≈ *bouquet*) Strauß *m*
spray² **A** *n* **1** Sprühregen *m*; (*of sea*) Gischt *m* **2** (≈ *implement*) Sprühdose *f* **3** (*hairspray etc*) Spray *m or nt* **B** *v/t plants*

etc besprühen; (*with insecticide*) spritzen; *hair* sprayen; *perfume* (ver)sprühen **C** *v/i* sprühen; (*water*) spritzen **spray can** *n* Sprühdose *f* **sprayer** *n* = spray² l2 **spray tan** *n* Bräunungsspray *m or nt*

spread *vb*: *pret*, *past part* spread **A** *n* **1** (*of wings*) Spannweite *f*; (*of interests*) Spektrum *nt*; **middle-age** ~ Altersspeck *m* (*infml*) **2** (≈ *growth*) Ausbreitung *f*; (*spatial*) Ausdehnung *f* **3** (*infml, of food etc*) Festessen *nt* **4** (*for bread*) (Brot)aufstrich *m*; **cheese** ~ Streichkäse *m* **5** PRESS, TYPO Doppelseite *f*; **a full-page/ double** ~ ein ganz-/zweiseitiger Bericht; (≈ *advertisement*) eine ganz-/zweiseitige Anzeige **B** *v/t* **1** *rug, arms* ausbreiten; *goods* auslegen; *hands, legs* spreizen; **he was lying with his arms and legs** ~ **out** er lag mit ausgestreckten Armen und Beinen da **2** *bread, surface* bestreichen; *butter etc* (ver- *or* auf)streichen; *table* decken; ~ **the paint evenly** verteilen Sie die Farbe gleichmäßig; **to** ~ **a cloth over sth** ein Tuch über etw (*acc*) breiten **3** (≈ *distribute*: *a.* **spread out**) verteilen (*over über* +*acc*); *sand* streuen **4** *news, panic, disease* verbreiten **C** *v/i* sich erstrecken (*over, across über* +*acc*); (*liquid, smile*) sich ausbreiten (*over, across über* +*acc*); (*towns*) sich ausdehnen; (*smell, disease, trouble, fire*) sich verbreiten; **to** ~ **to sth** etw erreichen ◊**spread about** (*Brit*) *or* **around** *v/t sep toys etc* verstreuen ◊**spread out** **A** *v/t sep* = spread II 1, 3 **B** *v/i* **1** (*countryside etc*) sich ausdehnen **2** (*runners*) sich verteilen

spread-eagle *v/t* **to lie** ~d alle viere von sich (*dat*) strecken (*infml*) **spreadsheet** *n* IT Tabellenkalkulation *f*

spree *n* **spending** *or* **shopping** ~ Großeinkauf *m*; **drinking** ~ Zechtour *f* (*infml*); **to go on a** ~ (*drinking*) eine Zechtour machen; (*spending*) groß einkaufen gehen

sprig *n* Zweig *m*

sprightly *adj* (+*er*) *tune* lebhaft; *old person* rüstig

spring *vb*: *pret* sprang *or* (*US*) sprung, *past part* sprung **A** *n* **1** (≈ *source*) Quelle *f* **2** (≈ *season*) Frühling *m*; **in (the)** ~ im Frühling **3** (≈ *leap*) Sprung *m* **4** MECH Feder *f* **5** *no pl* **with a** ~ **in one's step** mit federnden Schritten **B** *adj attr* **1** (*seasonal*) Frühlings- **2** ~ **mattress** Federkernmatratze *f* **C** *v/t* **to** ~ **a leak** (*pipe*) (plötzlich) undicht werden; (ship) (plötzlich) ein Leck bekommen; **to ~ sth on sb** (fig) jdn mit etw konfrontieren **D** v/i **1** (≈ leap) springen; **to ~ open** aufspringen; **to ~ to one's feet** aufspringen; **tears sprang to her eyes** ihr schossen die Tränen in die Augen; **to ~ into action** in Aktion treten; **to ~ to mind** einem einfallen; **to ~ to sb's defence** jdm zu Hilfe eilen; **to ~ (in)to life** (plötzlich) lebendig werden **2** (a. **spring forth**, fig, idea) entstehen (from aus); (interest etc) herrühren (from von) ◊**spring up** v/i (plant) hervorsprießen; (weeds, building) aus dem Boden schießen; (person) aufspringen; (fig: firm) entstehen **spring binder** n Klemmhefter m **springboard** n Sprungbrett nt **spring-clean** **A** v/t gründlich putzen **B** v/i Frühjahrsputz machen **spring--cleaning** n Frühjahrsputz m **spring--loaded** adj mit einer Sprungfeder **spring onion** n (Br) Frühlingszwiebel f **spring roll** n Frühlingsrolle f **spring-time** n Frühlingszeit f **spring water** n Quellwasser nt **springy** adj (+er) federnd; rubber etc elastisch

sprinkle v/t water sprenkeln; sugar etc streuen; cake bestreuen **sprinkler** n Berieselungsapparat m; (for firefighting) Sprinkler m **sprinkling** n (of rain) ein paar Tropfen; (of sugar etc) Prise f; **a ~ of people** ein paar vereinzelte Leute

sprint **A** n Lauf m; **a ~ finish** ein Endspurt m **B** v/i (in race) sprinten; (≈ dash) rennen **sprinter** n Sprinter(in) m(f)

sprout **A** n **1** (of plant) Trieb m; (from seed) Keim m **2** (≈ Brussels sprout) (Rosenkohl)röschen nt; **~s** pl Rosenkohl m, Kohlsprossen pl (Aus) **B** v/t leaves treiben; horns etc entwickeln; (infml) beard sich (dat) wachsen lassen **C** v/i **1** (≈ grow) sprießen; (seed etc) keimen; (potatoes etc) Triebe pl bekommen **2** (a. **sprout up**, plants) sprießen; (buildings) aus dem Boden schießen

spruce[1] n (a. **spruce fir**) Fichte f

spruce[2] adj (+er) gepflegt ◊**spruce up** v/t sep house auf Vordermann bringen (infml); **to spruce oneself up** sein Äußeres pflegen

sprung **A** past part of **spring** **B** adj gefedert

spud n (infml) Kartoffel f, Erdapfel m (Aus)

spun pret, past part of **spin**

spur **A** n Sporn m; (fig) Ansporn m (to für); **on the ~ of the moment** ganz spontan; **a ~-of-the-moment decision** ein spontaner Entschluss **B** v/t (a. **spur on**, fig) anspornen

spurious adj claim, claimant unberechtigt; account falsch; interest nicht echt; argument fadenscheinig

spurn v/t verschmähen

spurt **A** n **1** (≈ flow) Strahl m **2** (of speed) Spurt m; **a final ~** ein Endspurt m; **to put a ~ on** einen Spurt vorlegen; **to work in ~s** (nur) sporadisch arbeiten **B** v/i **1** (≈ gush: a. **spurt out**) (heraus)spritzen (from aus) **2** (≈ run) spurten **C** v/t **the wound ~ed blood** aus der Wunde spritzte Blut

sputter v/i zischen; (fat) spritzen; (engine) stottern; (in speech) sich ereifern (about über +acc)

spy **A** n Spion(in) m(f); (≈ police spy) Spitzel m **B** v/i erspähen (elev) **C** v/i spionieren; **to ~ on sb** jdn bespitzeln ◊**spy out** v/t sep ausfindig machen; **to ~ the land** (fig) die Lage peilen

spy hole n Guckloch nt, Spion m **spyware** n IT Spyware f, Programme, die PCs ausspionieren

sq abbr of square; **sq m** qm, m²

squabble **A** n Zank m **B** v/i (sich) zanken (about, over um) **squabbling** n Zankerei f

squad n MIL Korporalschaft f; (≈ special unit) Kommando nt; (≈ police squad) Dezernat nt; SPORTS Mannschaft f

squadron n AVIAT Staffel f; NAUT Geschwader nt

squalid adj house schmutzig und verwahrlost; conditions elend **squalor** n Schmutz m; **to live in ~** in unbeschreiblichen Zuständen leben

squander v/t verschwenden; opportunity vertun

square **A** n **1** Quadrat nt; (on chessboard etc) Feld nt; (on paper) Kästchen nt; **cut it in ~s** schneiden Sie es quadratisch zu; **to go back to ~ one** (fig), **to start (again) from ~ one** (fig) noch einmal von vorne anfangen; **we're back to ~ one** jetzt sind wir wieder da, wo wir angefangen haben **2** (in town) Platz m **B** adj (+er) **1** (in shape) quadratisch; block vierkantig; **to be a ~ peg in a round hole** am falschen Platz sein **2** jaw kantig **3** MAT Quadrat-; **3 ~ kilometres** 3 Quadratkilometer; **3 metres**

~ 3 Meter im Quadrat **4** *attr meal* ordentlich **5** *(fig)* **we are (all)** ~ SPORTS wir stehen beide/alle gleich; *(fig)* jetzt sind wir quitt **C** *v/t* **1** **to** ~ **a match** in einem Spiel gleichziehen **2** MAT quadrieren; **3 ~d is 9** 3 hoch 2 ist 9 ◊**square up** *v/i (boxers, fighters)* in Kampfstellung gehen; **to** ~ **to sb** sich vor jdm aufpflanzen *(infml)*; *(fig)* jdm die Stirn bieten

square bracket *n* eckige Klammer

squared *adj paper* kariert **squarely** *adv* (≈ *directly*) direkt, genau; *(fig* ≈ *firmly)* fest; **to hit sb** ~ **in the stomach** jdn voll in den Magen treffen; **to place the blame for sth** ~ **on sb** jdm voll und ganz die Schuld an etw *(dat)* geben **square root** *n* Quadratwurzel *f*

squash[1] **A** *n* **1** (*Br* ≈ *fruit concentrate*) Fruchtsaftkonzentrat *nt*; (≈ *drink*) Fruchtnektar *m* **2** **it's a bit of a** ~ es ist ziemlich eng **B** *v/t* **1** zerdrücken **2** (≈ *squeeze*) quetschen; **to be ~ed up against sb** gegen jdn gequetscht werden **C** *v/i* **could you** ~ **up?** könnt ihr etwas zusammenrücken?; *(one person)* kannst du dich etwas kleiner machen?

squash[2] *n* SPORTS Squash *nt*

squash[3] *n no pl (US)* (Pâtisson)kürbis *m*

squat A *adj* (*+er*) gedrungen **B** *v/i* **1** hocken **2** (*a.* **squat down**) sich (hin)kauern **3** **to** ~ **(in a house)** ein Haus besetzt haben **C** *n (infml* ≈ *place*) Unterschlupf *m (für Hausbesetzer)* **squatter** *n (in house)* Hausbesetzer(in) *m(f)*

squawk A *n* heiserer Schrei; **he let out a** ~ er kreischte auf **B** *v/i* schreien

squeak A *n (of hinge etc)* Quietschen *nt no pl*; *(of person)* Quiekser *m*; *(of animal)* Quieken *nt no pl*; *(of mouse)* Piepsen *nt no pl*; *(fig infml* ≈ *sound)* Pieps *m (infml)* **B** *v/i (door etc)* quietschen; *(person)* quieksen; *(animal)* quieken; *(mouse)* piepsen ◊**squeak by** *or* **through** *v/i (infml* ≈ *narrowly succeed)* gerade so durchkommen *(infml)*

squeaky *adj* (*+er*) quietschend; *voice* piepsig **squeaky-clean** *adj (infml)* blitzsauber *(infml)*

squeal A *n* Kreischen *nt no pl*; *(of pig)* Quieken *nt no pl*; **with a** ~ **of brakes** mit kreischenden Bremsen; **~s of laughter** schrilles Gelächter **B** *v/i* kreischen; *(pig)* quieksen; **to** ~ **with delight** vor Wonne quietschen

squeamish *adj* empfindlich; **I'm not** ~ (≈ *not easily nauseated*) mir wird nicht so schnell schlecht; (≈ *not easily shocked*) ich bin nicht so empfindlich

squeeze A *n* (≈ *act*) Drücken *nt no pl*; (≈ *hug*) Umarmung *f*; **to give sth a** ~ etw drücken; **it was a tight** ~ es war fürchterlich eng **B** *v/t* drücken; *tube* ausdrücken; *orange* auspressen; **to** ~ **clothes into a case** Kleider in einen Koffer zwängen; **I'll see if we can** ~ **you in** vielleicht können wir Sie noch unterbringen; **we ~d another song in** wir schafften noch ein Lied **C** *v/i* **you should be able to** ~ **through** wenn du dich klein machst, kommst du durch; **to** ~ **in** sich hineinzwängen; **to** ~ **past sb** sich an jdm vorbeidrücken; **to** ~ **onto the bus** sich in den Bus hineinzwängen; **to** ~ **up a bit** ein bisschen zusammenrücken

squelch A *n* quatschendes Geräusch *(infml)* **B** *v/i (shoes, mud)* quatschen

squid *n* Tintenfisch *m*

squiggle *n* Schnörkel *m* **squiggly** *adj* (*+er*) schnörkelig

squint A *n* MED Schielen *nt no pl*; **to have a** ~ leicht schielen **B** *v/i* schielen; *(in light)* blinzeln **C** *adj* (≈ *crooked*) schief

squirm *v/i* sich winden

squirrel *n* Eichhörnchen *nt*

squirt A *n* **1** Spritzer *m* **2** *(pej infml* ≈ *small person)* Pimpf *m (infml)* **B** *v/t liquid* spritzen; *person* bespritzen **C** *v/i* spritzen

squishy *adj* (*+er*) *(infml)* matschig *(infml)*

Sri Lanka *n* Sri Lanka *nt*

St. **1** *abbr of* Street Str. **2** *abbr of* Saint hl., St.

stab A *n* **1** Stich *m*; ~ **wound** Stichwunde *f*; **a** ~ **of pain** ein stechender Schmerz; **she felt a** ~ **of jealousy** plötzlich durchfuhr sie Eifersucht; **a** ~ **in the back** *(fig)* ein Dolchstoß *m* **2** *(infml)* **to have a** ~ **at sth** etw probieren **B** *v/t* einen Stich versetzen *(+dat)*; *(several times)* einstechen auf *(+acc)*; **to** ~ **sb (to death)** jdn erstechen; **he was ~bed through the arm/ heart** der Stich traf ihn am Arm/ins Herz; **to** ~ **sb in the back** jdm in den Rücken fallen **stabbing A** *n* Messerstecherei *f* **B** *adj pain* stechend

stability *n* Stabilität *f* **stabilize A** *v/t* stabilisieren **B** *v/i* sich stabilisieren

stable[1] *adj* (*+er*) stabil; *job* dauerhaft; *character* gefestigt

stable² n Stall m; **riding ~s** Reitstall m **stablelad** (Br), **stableman** n Stallbursche m

stack **A** n **1** (≈ pile) Haufen m; (neat) Stapel m **2** (infml) **~s** jede Menge (infml) **B** v/t stapeln; shelves einräumen; **to ~ up** aufstapeln; **the cards** or **odds are ~ed against us** (fig) wir haben keine großen Chancen

stadium n, pl **-s** or **stadia** Stadion nt

staff **A** n **1** (≈ personnel) Personal nt; school, univ Kollegium nt; (of department, project) Mitarbeiterstab m; **we don't have enough ~ to complete the project** wir haben nicht genügend Mitarbeiter, um das Projekt zu beenden; **a member of ~** ein Mitarbeiter m, eine Mitarbeiterin f; school ein Kollege m, eine Kollegin; **to be on the ~** zum Personal/Kollegium/Mitarbeiterstab gehören **2** pl **-s** or (old) **staves** (≈ stick) Stab m **3** (mil ≈ general staff) Stab m **B** v/t mit Personal besetzen; **the kitchens are ~ed by foreigners** das Küchenpersonal besteht aus Ausländern **staffed** adj **to be well ~** ausreichend Personal haben **staffing** n Stellenbesetzung f **staff meeting** n Personalversammlung f **staff nurse** n (Br) (voll) ausgebildete Krankenschwester **staffroom** n Lehrerzimmer nt

stag n (zool ≈ deer) Hirsch m

stage **A** n **1** (theat, fig) Bühne f; **the ~** (≈ profession) das Theater, die Bühne; **to be on/go on the ~** (as career) beim Theater sein/zum Theater gehen; **to go on ~** (actor) die Bühne betreten; **to leave the ~** von der Bühne abtreten; **the ~ was set** (fig) alles war vorbereitet; **to set the ~ for sth** (fig) den Weg für etw bereiten **2** (≈ podium) Podium nt **3** (≈ period) Stadium nt; (of process) Phase f; **at this ~ such a thing is impossible** zum gegenwärtigen Zeitpunkt ist das unmöglich; **at this ~ in the negotiations** an diesem Punkt der Verhandlungen; **in the final ~(s)** im Endstadium; **what ~ is your thesis at?** wie weit sind Sie mit Ihrer Dissertation?; **we have reached a ~ where …** wir sind an einem Punkt angelangt, wo …; **to be at the experimental ~** im Versuchsstadium sein **4** (≈ part of race etc) Etappe f; **in (easy) ~s** etappenweise **B** v/t play aufführen; event durchführen; accident inszenieren; protest veranstalten **stagecoach** n Postkutsche f **stage fright** n Lampenfieber nt **stage manager** n Inspizient(in) m(f) **stage set** n Bühnenbild nt

stagger **A** v/i schwanken; (weakly) wanken; (drunkenly) torkeln **B** v/t **1** (fig ≈ amaze) umhauen (infml) **2** holidays staffeln; seats versetzen **staggered** adj **1** (≈ amazed) verblüfft **2** hours gestaffelt **staggering** adj **1** **to be a ~ blow (to sb/sth)** ein harter or schwerer Schlag (für jdn/etw) sein **2** (≈ amazing) umwerfend

stagnant adj (≈ still) (still)stehend attr; (≈ foul) water abgestanden; air verbraucht **stagnate** v/i (≈ not move) stagnieren; (≈ become foul, water) abstehen **stagnation** n Stagnieren nt

stag night n Saufabend m (infml) des Bräutigams mit seinen Kumpeln

staid adj (+er) seriös, gesetzt; colour gedeckt

stain **A** n (lit) Fleck m; (fig) Makel m; **a blood ~** ein Blutfleck **B** v/t beflecken; (≈ colour) einfärben; (with woodstain) beizen **stained** adj fingers gefärbt; clothes fleckig; glass bunt; **~-glass window** farbiges Glasfenster; **~ with blood** blutbefleckt **stainless steel** n rostfreier (Edel)stahl

stair n **1** (≈ step) Stufe f **2** usu pl (≈ stairway) Treppe f, Stiege f (Aus); **at the top of the ~s** oben an der Treppe **staircase** n Treppe f, Stiege f (Aus) **stairlift** n Treppenlift m, Stiegenlift m (Aus) **stairway** n Treppe f, Stiege f (Aus) **stairwell** n Treppenhaus nt, Stiegenhaus nt (Aus)

stake **A** n **1** (≈ post) Pfosten m; (for plant) Stange f **2** (for execution) Scheiterhaufen m **3** (≈ bet) Einsatz m; (≈ financial interest) Anteil m; **to be at ~** auf dem Spiel stehen; **he has a lot at ~** er hat viel zu verlieren; **to have a ~ in sth** in business einen Anteil an etw (dat) haben **4** **stakes** pl (≈ prize) Gewinn m; **to raise the ~s** den Einsatz erhöhen **B** v/t **1** (a. **stake up**) plant hochbinden; fence abstützen **2** (≈ risk) setzen (on auf +acc); **to ~ one's reputation on sth** sein Wort für etw verpfänden; **to ~ a claim to sth** sich (dat) ein Anrecht auf etw (acc) sichern **stakeholder** n Teilhaber(in) m(f)

stalactite n Stalaktit m

stalagmite n Stalagmit m

stale adj (+er) alt; cake trocken; bread altbacken; (*in smell*) muffig; *air* verbraucht; **to go** ~ (*food*) verderben

stalemate *n* Patt *nt*; **to reach** ~ (*fig*) in eine Sackgasse geraten

stalk[1] *v/t game* sich anpirschen an (+*acc*) (*animal*) sich heranschleichen an (+*acc*)

stalk[2] *n* (*of plant*) Stiel *m*; (≈ *cabbage stalk*) Strunk *m*

stalker *n* jd, der die ständige Nähe zu einer von ihm verehrten Person sucht oder sie mit Anrufen, Briefen etc belästigt

stall **A** *n* **1** (*in stable*) Box *f* **2** (*at market etc*) Stand *m*, Standl *nt* (*Aus*) **3** **stalls** *pl* (*Br*: THEAT., FILM) Parkett *nt* **B** *v/t* **1** AUTO abwürgen; AVIAT überziehen **2** *person* hinhalten; *process* hinauszögern **C** *v/i* **1** (*engine*) absterben; AVIAT überziehen **2** (≈ *delay*) Zeit schinden (*infml*); **to** ~ **for time** versuchen, Zeit zu schinden (*infml*)

stallion *n* Hengst *m*

stalwart *n* (getreuer) Anhänger

stamina *n* Durchhaltevermögen *nt*

stammer **A** *n* Stottern *nt*; **he has a bad** ~ er stottert stark **B** *v/t* (*a.* **stammer out**) stammeln **C** *v/i* stottern

stamp **A** *n* **1** (≈ *postage stamp*) (Brief)marke *f* **2** (≈ *rubber stamp, impression*) Stempel *m* **B** *v/t* **1** **to** ~ **one's foot** (mit dem Fuß) (auf)stampfen **2** **a** ~**ed addressed envelope** ein frankierter Rückumschlag **3** (*with rubber stamp*) stempeln **C** *v/i* (≈ *walk*) sta(m)pfen ◊**stamp on** **A** *v/t sep pattern, design* aufprägen; **to** ~**e's authority on sth** einer Sache (*dat*) seine Autorität aufzwingen **B** *v/i +prep obj* (*with foot*) treten auf (+*acc*) ◊**stamp out** *v/t sep fire* austreten; (*fig*) *crime* ausrotten

stamp album *n* Briefmarkenalbum *nt*

stamp collection *n* Briefmarkensammlung *f* **stamp duty** *n* (*Br*) Stempelgebühr *f*

stampede **A** *n* (*of cattle*) wilde Flucht; (*of people*) Massenansturm *m* (*on* auf +*acc*) **B** *v/i* durchgehen; (*crowd*) losstürmen (*for* auf +*acc*)

stamp tax *n* (*US*) Stempelgebühr *f*

stance *n* Haltung *f*

stand *vb: pret, past part* **stood** **A** *n* **1** (*fig*) Standpunkt *m* (*on* zu); **to take a** ~ einen Standpunkt vertreten **2** MIL Widerstand *m*; **to make a** ~ Widerstand leisten **3** (≈ *market stall etc*) Stand *m*, Standl *nt* (*Aus*) **4** (≈ *music stand etc*) Ständer *m* **5** (*Br* SPORTS) Tribüne *f*; **to take the** ~ JUR in

den Zeugenstand treten **B** *v/t* **1** (≈ *place*) stellen **2** *pressure etc* (*object*) standhalten (+*dat*); (*person*) gewachsen sein (+*dat*); *test* bestehen; *heat* ertragen **3** (*infml* ≈ *put up with*) aushalten; **I can't** ~ **being kept waiting** ich kann es nicht leiden, wenn man mich warten lässt **4** **to** ~ **trial** *or* **Gericht stehen** (*for wegen*) **C** *v/i* **1** stehen; (≈ *get up*) aufstehen; (*offer*) gelten; **don't just** ~ **there!** stehen Sie nicht nur (dumm) rum, tun Sie was! (*infml*); **to** ~ **as a candidate** kandidieren **2** (≈ *measure, tree etc*) hoch sein **3** (*record*) stehen (*at* auf +*dat*) **4** (*fig*) **we** ~ **to gain a lot** wir können sehr viel gewinnen; **what do we** ~ **to gain by it?** was springt für uns dabei heraus? (*infml*); **I'd like to know where I** ~ **(with him)** ich möchte wissen, woran ich (bei ihm) bin; **where do you** ~ **on this issue?** welchen Standpunkt vertreten Sie in dieser Frage?; **as things** ~ nach Lage der Dinge; **as it** ~**s** so wie die Sache aussieht; **to** ~ **accused of sth** einer Sache (*gen*) angeklagt sein; **to** ~ **firm** festbleiben; **nothing now** ~**s between us** es steht nichts mehr zwischen uns ◊**stand about** (*Brit*) *or* **around** *v/i* herumstehen ◊**stand apart** *v/i* (*lit*) abseitsstehen; (*fig*) sich fernhalten ◊**stand aside** *v/i* (*lit*) zur Seite treten ◊**stand back** *v/i* (≈ *move back*) zurücktreten ◊**stand by** **A** *v/i* **1** **to** ~ **and do nothing** tatenlos zusehen **2** (≈ *be on alert*) sich bereithalten **B** *v/i +prep obj* **to** ~ **sb** zu jdm halten ◊**stand down** *v/i* (≈ *withdraw*) zurücktreten ◊**stand for** *v/i +prep obj* **1** ~ **election** (in einer Wahl) kandidieren **2** (≈ *represent*) stehen für **3** (≈ *put up with*) sich (*dat*) gefallen lassen ◊**stand in** *v/i* einspringen ◊**stand out** *v/i* (≈ *be noticeable*) hervorstechen; **to** ~ **against sth** sich gegen etw *or* von etw abheben ◊**stand over** *v/i +prep obj* (≈ *supervise*) auf die Finger sehen (+*dat*) ◊**stand up** **A** *v/i* **1** (≈ *get up*) aufstehen; (≈ *be standing*) stehen; ~ **straight!** stell dich gerade hin **2** (*argument*) überzeugen; JUR bestehen **3** **to** ~ **for sb/sth** für jdn/etw eintreten; **to** ~ **to sb** sich jdm gegenüber behaupten **B** *v/t sep* **1** (≈ *put upright*) hinstellen **2** (*infml*) *sb* versetzen

standard **A** *n* **1** (≈ *norm*) Norm *f*; (≈ *criterion*) Maßstab *m*; (*usu pl* ≈ *moral standards*) (sittliche) Maßstäbe *pl*; **to be**

S

up to ~ den Anforderungen genügen; **he sets himself very high ~s** er stellt hohe Anforderungen an sich (acc) selbst; **by any ~(s)** egal, welche Maßstäbe man anlegt; **by today's ~(s)** aus heutiger Sicht **2** (≈ level) Niveau nt; **~ of living** Lebensstandard m **3** (≈ flag) Flagge f **B** adj **1** (≈ usual) üblich; (≈ average) durchschnittlich; (≈ widely referred to) Standard-; **to be ~ practice** üblich sein **2** LING (allgemein) gebräuchlich; **~ English** korrektes Englisch; **~ German** Hochdeutsch nt **standard class** n RAIL zweite Klasse **standardization** n (of style, approach) Vereinheitlichung f; (of format, sizes) Standardisierung f **standardize** v/t approach vereinheitlichen; format standardisieren **standard lamp** n Stehlampe f

stand-by A n **1** (≈ person) Ersatzperson f; (≈ thing) Reserve f; (≈ ticket) Stand-by-Ticket nt **2 on ~** in Bereitschaft **B** adj attr Reserve-, Ersatz-; **~ ticket** Stand-by-Ticket nt **stand-in** n Ersatz m **standing A** n **1** (social) Rang m, Stellung f; (professional) Position f **2** (≈ repute) Ruf m **3** (≈ duration) Dauer f; **her husband of five years' ~** ihr Mann, mit dem sie seit fünf Jahren verheiratet ist **B** adj attr **1** (≈ permanent) ständig; army stehend; **it's a ~ joke** das ist schon zu einem Witz geworden **2** (≈ from a standstill) aus dem Stand; **~ room only** nur Stehplätze; **to give sb a ~ ovation** jdm eine stehende Ovation darbringen **standing charge** n Grundgebühr f **standing order** n (Br FIN) Dauerauftrag m; **to pay sth by ~** etw per Dauerauftrag bezahlen **standing stone** n Menhir m **standoff** n Patt nt **standoffish** adj, **standoffishly** adv (infml) distanziert **standpoint** n Standpunkt m; **from the ~ of the teacher** vom Standpunkt des Lehrers (aus) gesehen **standstill** n Stillstand m; **to be at a ~** (traffic) stillstehen; (factory) ruhen; **to bring production to a ~** die Produktion lahmlegen or zum Erliegen bringen; **to come to a ~** (person) stehen bleiben; (vehicle) zum Stehen kommen; (traffic) zum Stillstand kommen; (industry etc) zum Erliegen kommen **stand-up** adj attr **~ comedian** Bühnenkomiker(in) m(f); **~ comedy** Stand-up Comedy f **stank** pret of stink **stanza** n Strophe f

staple¹ A n Klammer f; (for paper) Heftklammer f **B** v/t heften **staple² A** adj Haupt- **B** n **1** (≈ product) Hauptartikel m **2** (≈ food) Hauptnahrungsmittel nt **stapler** n Heftgerät nt **star A** n **1** Stern m; **the Stars and Stripes** das Sternenbanner; **you can thank your lucky ~s that ...** Sie können von Glück sagen, dass ... **2** (≈ person) Star m **B** adj attr Haupt-; **~ player** Star m **C** v/t FILM etc **to ~ sb** jdn in der Hauptrolle zeigen; **a film ~ring Greta Garbo** ein Film mit Greta Garbo (in der Hauptrolle) **D** v/i FILM etc die Hauptrolle spielen **starboard A** n Steuerbord nt **B** adj Steuerbord- **C** adv (nach) Steuerbord **starch A** n Stärke f **B** v/t stärken **stardom** n Ruhm m **stare A** n (starrer) Blick **B** v/t **the answer was staring us in the face** die Antwort lag klar auf der Hand; **to ~ defeat in the face** der Niederlage ins Auge blicken **C** v/i (vacantly etc) (vor sich hin) starren; (in surprise) große Augen machen; **to ~ at sb/sth** jdn/etw anstarren **starfish** n Seestern m **star fruit** n Sternfrucht f **staring** adj starrend attr; **~ eyes** starrer Blick **stark A** adj (+er) contrast krass; reality nackt; choice hart; landscape kahl **B** adv **~ raving mad** (infml) total verrückt (infml); **~ naked** splitter(faser)nackt (infml) **starlight** n Sternenlicht nt **starling** n Star m **starlit** adj stern(en)klar **starry** adj (+er) night stern(en)klar; **~ sky** Sternenhimmel m **star sign** n Sternzeichen nt **star-spangled banner** n **The Star-spangled Banner** das Sternenbanner nt **star-studded** adj (fig) **~ cast** Starbesetzung f **start¹ A** n **to give a ~** zusammenfahren; **to give sb a ~** jdn erschrecken; **to wake with a ~** aus dem Schlaf hochschrecken **B** v/i zusammenfahren **start² A** n **1** (≈ beginning) Beginn m, Anfang m; (≈ departure) Aufbruch m; (bei Rennen) Start m; (of trouble, journey) Ausgangspunkt m; **for a ~** fürs Erste; (≈ firstly) zunächst einmal; **from the ~** von Anfang an; **from ~ to finish** von Anfang bis Ende; **to get off to a good ~** gut vom Start wegkommen; (fig) einen glänzenden Start

haben; **to make a ~ (on sth)** (mit etw) anfangen **2** (≈ advantage, SPORTS) Vorsprung m (over vor +dat) **B** v/t **1** (≈ begin) anfangen mit; argument, career beginnen; new job, journey antreten; **to ~ work** anfangen zu arbeiten **2** race, machine starten; conversation, fight anfangen; fire legen; enterprise gründen **C** v/i anfangen, beginnen; (engine) starten; **~ing from Tuesday** ab Dienstag; **to ~ (off) with** (≈ firstly) erstens; (≈ at the beginning) zunächst; **I'd like soup to ~ (off) with** ich möchte erst mal eine Suppe; **to get ~ed** anfangen; (on journey) aufbrechen; **to ~ on a task/journey** sich an eine Aufgabe/ auf eine Reise machen; **to ~ talking** or **to talk** zu sprechen beginnen; **he ~ by saying ...** er sagte zunächst ... ◊**start back** v/i sich auf den Rückweg machen ◊**start off A** v/i (≈ begin) anfangen; (on journey) aufbrechen; **to ~ with = start²** III **B** v/t sep anfangen; **that started the dog off (barking)** da fing der Hund an zu bellen; **to start sb off on sth** jdn auf etw (acc) bringen; **a few stamps to start you off** ein paar Briefmarken für den Anfang ◊**start out** v/i (≈ begin) anfangen; (on journey) aufbrechen (for nach) ◊**start up A** v/i (≈ begin) anfangen; (machine) angehen (infml); (motor) anspringen **B** v/t sep **1** (≈ switch on) anmachen (infml) **2** (≈ begin) eröffnen; conversation anknüpfen
starter n **1** SPORTS Starter(in) m(f) **2** (Br infml ≈ first course) Vorspeise f **3** **for ~s** (infml) für den Anfang (infml) **starting gun** n Startpistole f **starting point** n Ausgangspunkt m
startle v/t erschrecken **startling** adj news überraschend; (≈ bad) alarmierend; coincidence, change erstaunlich; discovery sensationell
start-up n ~ **costs** Startkosten pl
starvation n Hunger m; **to die of ~** verhungern **starve A** v/t **1** hungern lassen; (a. **starve out**) aushungern; (a. **starve to death**) verhungern lassen; **to ~ oneself** hungern **2** (fig) **to ~ sb of sth** jdm etw vorenthalten **B** v/i hungern; (a. **starve to death**) verhungern; **you must be starving!** du musst doch halb verhungert sein! (infml) **starving** adj (lit) hungernd attr; (fig) hungrig
stash v/t (infml: a. **stash away**) bunkern (sl); money beiseiteschaffen

state A n **1** (≈ condition) Zustand m; **~ of mind** Geisteszustand m; **the present ~ of the economy** die gegenwärtige Wirtschaftslage; **he's in no (fit) ~ to do that** er ist auf gar keinen Fall in der Verfassung, das zu tun; **what a ~ of affairs!** was sind das für Zustände!; **look at the ~ of your hands!** guck dir bloß mal deine Hände an!; **the room was in a terrible ~** im Zimmer herrschte ein fürchterliches Durcheinander; **to get into a ~ (about sth)** (infml) wegen etw durchdrehen (infml); **to be in a terrible ~** (infml) in heller Aufregung or ganz durchgedreht (infml) sein; **to lie in ~** (feierlich) aufgebahrt sein **2** POL Staat m; (≈ federal state) (Bundes)staat m; (in Germany, Austria) (Bundes)land nt; **the States** die (Vereinigten) Staaten; **the State of Florida** der Staat Florida **B** v/t darlegen; name, purpose angeben; **to ~ that ...** erklären, dass ...; **to ~ one's case** seine Sache vortragen; **as ~d in my letter I ...** wie in meinem Brief erwähnt, ... ich ... **state** in cpds Staats-; control, industry staatlich; (US etc) bundesstaatlich **stated** adj **1** (≈ declared) genannt **2** (≈ fixed) fest(gesetzt) **State Department** n (US) Außenministerium nt **state education** n staatliche Erziehung **state-funded** adj staatlich finanziert **state funding** n staatliche Finanzierung **statehouse** n (US) Parlamentsgebäude nt **stateless** adj staatenlos **stately** adj (+er) person würdevoll; **~ home** herrschaftliches Anwesen
statement n **1** (of thesis etc) Darstellung f; (of problem) Darlegung f **2** (≈ claim) Behauptung f; (≈ official) Erklärung f; (to police) Aussage f; **to make a ~ to the press** eine Presseerklärung abgeben **3** (FIN: a. **bank statement**) Kontoauszug m
state-of-the-art adj hochmodern; **~ technology** Spitzentechnologie f **state-owned** adj staatseigen **state school** n (Br) öffentliche Schule **state secret** n Staatsgeheimnis nt **stateside** (US infml) **A** adj in den Staaten (infml) **B** adv nach Hause **statesman** n, pl **-men** Staatsmann m **statesmanlike** adj staatsmännisch **statesmanship** n Staatskunst f **stateswoman** n, pl **-women** Staatsmännin f
static A adj statisch; (≈ not moving) konstant; **~ electricity** statische Aufladung **B**

n PHYS Reibungselektrizität *f*
station *n* **1** Station *f*; (≈ *police station*) Wache *f*, Wachzimmer *nt* (*Aus*) **2** (≈ *railway station, bus station*) Bahnhof *m* **3** RADIO, TV Sender *m* **4** (≈ *position*) Platz *m* **5** (≈ *rank*) Rang *m*
stationary *adj* parkend *attr*, haltend *attr*; **to be ~** (*traffic*) stillstehen
stationer *n* Schreibwarenhändler(in) *m(f)* **stationery** *n* Schreibwaren *pl*
station house *n* (*US* POLICE) (Polizei)wache *f*, Wachzimmer *nt* (*Aus*) **stationmaster** *n* Bahnhofsvorsteher(in) *m(f)* **station wagon** *n* (*US*) Kombi(wagen) *m*
statistic *n* Statistik *f* **statistical** *adj*, **statistically** *adv* statistisch **statistics** *n* **1** *sg* Statistik *f* **2** *pl* (≈ *data*) Statistiken *pl*
statue *n* Statue *f*; **Statue of Liberty** Freiheitsstatue *f* **statuesque** *adj* standbildhaft
stature *n* **1** Wuchs *m*; (*esp of man*) Statur *f*; **of short ~** von kleinem Wuchs **2** (*fig*) Format *nt*
status *n* Stellung *f*; **equal ~** Gleichstellung *f*; **marital ~** Familienstand *m* **status quo** *n* Status quo *m* **status symbol** *n* Statussymbol *nt* **status update** *n* Status-Update *nt*, Status-Aktualisierung *f*
statute *n* Gesetz *nt*; (*of organization*) Satzung *f* **statute book** *n* (*esp Br*) Gesetzbuch *nt* **statutory** *adj* gesetzlich; (*in organization*) satzungsgemäß; *right* verbrieft
staunch¹ *adj* (*+er*) *ally* unerschütterlich; *Catholic* überzeugt; *support* standhaft
staunch² *v/t* *flow* stauen; *bleeding* stillen
staunchly *adv* treu; *defend* standhaft; *Catholic* streng
stave *n* **1** (≈ *stick*) Knüppel *m* **2** MUS Notenlinien *pl* ◊**stave off** *v/t sep attack* zurückschlagen; *threat* abwehren; *defeat* abwenden
stay **A** *n* Aufenthalt *m* **B** *v/t* **to ~ the night** übernachten **C** *v/i* **1** (≈ *remain*) bleiben; **to ~ for** *or* **to supper** zum Abendessen bleiben **2** (≈ *reside*) wohnen; (*at hostel etc*) übernachten; **to ~ at a hotel** im Hotel übernachten; **I ~ed in Italy for a few weeks** ich habe mich ein paar Wochen in Italien aufgehalten; **when I was ~ing in Italy** als ich in Italien war; **he is ~ing at Chequers for the weekend** er verbringt das Wochenende in Chequers; **my brother came to ~** mein Bruder ist zu Besuch gekommen ◊**stay away** *v/i* (*from*

von) wegbleiben; (*from person*) sich fernhalten ◊**stay behind** *v/i* zurückbleiben; (SCHOOL: *as punishment*) nachsitzen ◊**stay down** *v/i* (≈ *keep down*) unten bleiben; SCHOOL wiederholen ◊**stay in** *v/i* (*at home*) zu Hause bleiben; (*in position*) drinbleiben ◊**stay off** *v/i +prep obj* **to ~ school** nicht zur Schule gehen ◊**stay on** *v/i* (*lid etc*) draufbleiben; (*light*) anbleiben; **to ~ at school** (in der Schule) weitermachen ◊**stay out** *v/i* draußen bleiben; (≈ *not come home*) wegbleiben; **to ~ of sth** sich aus etw heraushalten; **he never managed to ~ of trouble** er war dauernd in Schwierigkeiten ◊**stay up** *v/i* **1** (*person*) aufbleiben **2** (*tent*) stehen bleiben; (*picture*) hängen bleiben; **his trousers won't ~** seine Hosen rutschen immer
staycation *n* Urlaub *m* zu Hause, Ferien *pl* zu Hause
St Bernard *n* Bernhardiner *m*
STD **1** (*Br* TEL) *abbr* of subscriber trunk dialling der Selbstwählferndienst **2** *abbr* of sexually transmitted disease **STD code** *n* Vorwahl(nummer) *f*
stead *n* **to stand sb in good ~** jdm zugutekommen **steadfast** *adj* fest
steadily *adv* **1** (≈ *firmly*) ruhig **2** (≈ *constantly*) ständig; *rain* ununterbrochen; **the atmosphere in the country is getting ~ more tense** die Stimmung im Land wird immer gespannter **3** (≈ *reliably*) zuverlässig **4** (≈ *regularly*) gleichmäßig
steady **A** *adj* (*+er*) **1** *hand* ruhig; *voice, job, boyfriend* fest; **to hold sth ~** etw ruhig halten; *ladder* etw festhalten **2** *progress* kontinuierlich; *drizzle* ununterbrochen; *income* geregelt; **at a ~ pace** in gleichmäßigem Tempo **3** (≈ *reliable*) zuverlässig **B** *adv* **~!** (≈ *carefully*) vorsichtig!; **to go ~** (**with sb**) (*infml*) mit jdm (fest) gehen (*infml*) **C** *v/t* *nerves* beruhigen; **to ~ oneself** festen Halt finden
steak *n* Steak *nt*; (*of fish*) Filet *nt*
steal *vb*: *pret* stole, *past part* stolen **A** *v/t* stehlen; **to ~ sth from sb** jdm etw stehlen; **to ~ the show** die Schau stehlen; **to ~ a glance at sb** verstohlen zu jdm hinschauen **B** *v/i* **1** (≈ *thieves*) stehlen **2** **to ~ away** *or* **off** sich weg- *or* davonstehlen; **to ~ up on sb** sich an jdn heranschleichen
stealth *n* List *f*; **by ~** durch List **stealthily** *adv* verstohlen **stealthy** *adj* (*+er*) ver-

stohlen

steam **A** n Dampf m; **full ~ ahead** NAUT volle Kraft voraus; **to get pick up ~** (fig) in Schwung kommen; **to let off ~** Dampf ablassen; **to run out of ~** (fig) Schwung verlieren **B** v/t dämpfen **C** v/i dampfen ◊**steam up** **A** v/t sep window beschlagen lassen; **to be (all) steamed up** (ganz) beschlagen sein; (fig infml) (ganz) aufgeregt sein **B** v/i beschlagen

steamboat n Dampfschiff nt **steam engine** n Dampflok f **steamer** n **1** (≈ ship) Dampfer m **2** COOK Dampf(koch)topf m **steam iron** n Dampfbügeleisen nt **steamroller** n Dampfwalze f **steamship** n Dampfschiff nt **steamy** adj (+er) dampfig; (fig) affair heiß

steel **A** n Stahl m **B** adj attr Stahl- **C** v/t **to ~ oneself** sich wappnen (for gegen); **to ~ oneself to do sth** allen Mut zusammennehmen, um etw zu tun **steel band** n Steelband f **steely** adj (+er) expression hart

steep[1] adj (+er) **1** steil; **it's a ~ climb** es geht steil hinauf **2** (fig infml) price unverschämt

steep[2] v/t **1** (in liquid) eintauchen; washing einweichen **2** (fig) **to be ~ed in sth** von etw durchdrungen sein; **~ed in history** geschichtsträchtig

steepen v/i (slope) steiler werden; (ground) ansteigen

steeple n Kirchturm m **steeplechase** n (for horses) Hindernisrennen nt; (for runners) Hindernislauf m

steepness n Steilheit f

steer[1] **A** v/t lenken; ship steuern **B** v/i (in car) lenken; (in ship) steuern

steer[2] n junger Ochse

steering n (in car etc) Lenkung f **steering wheel** n Steuer(rad) nt

stellar adj stellar

stem **A** n (of plant, glass) Stiel m; (of shrub, word) Stamm m; (of grain) Halm m **B** v/t (≈ stop) aufhalten **C** v/i **to ~ from sth** von etw herrühren; (≈ have as origin) aus etw (her)stammen **stem cell** n BIOL, MED Stammzelle f

stench n Gestank m

stencil n Schablone f

step **A** n **1** (≈ pace, move) Schritt m; **to take a ~** einen Schritt machen; **~ by ~** Schritt für Schritt; **to watch one's ~** achtgeben; **to be one ~ ahead of sb** (fig) jdm einen Schritt voraus sein; **to be in ~** (lit)

im Gleichschritt sein; (fig) im Gleichklang sein; **to be out of ~** (lit) nicht im Tritt sein; (fig) nicht im Gleichklang sein; **the first ~ is to form a committee** als Erstes muss ein Ausschuss gebildet werden; **that would be a ~ back/in the right direction for him** das wäre für ihn ein Rückschritt/ein Schritt in die richtige Richtung; **to take ~s to do sth** Maßnahmen ergreifen, (um) etw zu tun **2** (≈ stair) Stufe f; (in process) Abschnitt m; **~s** (outdoors) Treppe f, Stiege f (Aus); **mind the ~** Vorsicht Stufe **3** **steps** pl (Br ≈ stepladder) Trittleiter f **B** v/i gehen; **to ~ into/out of sth** in etw (acc)/aus etw treten; **to ~ on(to) sth** train in etw (acc) steigen; platform auf etw (acc) steigen; **to ~ on sth** auf etw (acc) treten; **he ~ped on my foot** er ist mir auf den Fuß getreten; **to ~ inside/outside** hinein-/hinaustreten; **~ on it!** (in car) gib Gas! ◊**step aside** v/i **1** (lit) zur Seite treten **2** (fig) Platz machen ◊**step back** v/i (lit) zurücktreten ◊**step down** v/i **1** (lit) hinabsteigen **2** (fig ≈ resign) zurücktreten ◊**step forward** v/i vortreten; (fig) sich melden ◊**step in** v/i **1** (lit) eintreten (-to, +prep obj in +acc) **2** (fig) eingreifen ◊**step off** v/i +prep obj (off bus) aussteigen (prep obj aus); **to ~ the pavement** vom Bürgersteig treten ◊**step up** **A** v/t sep steigern; campaign, search verstärken; pace erhöhen **B** v/i **to ~ to sb** auf jdn zugehen/zukommen; **he stepped up onto the stage** er trat auf die Bühne **step-** pref Stief-; **stepbrother** Stiefbruder m

stepladder n Trittleiter f **step machine** n SPORTS Stepper m **stepping stone** n (Tritt)stein m; (fig) Sprungbrett nt

stereo **A** n Stereo nt; (≈ stereo system) Stereoanlage f **B** adj Stereo-

stereotype **A** n (fig) Klischee(vorstellung f) **B** attr stereotyp **stereotyped** adj, **stereotypical** adj stereotyp

sterile adj steril; soil unfruchtbar **sterility** n (of animal, soil) Unfruchtbarkeit f; (of person also) Sterilität f **sterilization** n Sterilisation f **sterilize** v/t sterilisieren

sterling **A** adj **1** FIN Sterling-; **in pounds ~** in Pfund Sterling **2** (fig) gediegen **B** n no art das Pfund Sterling; **in ~** in Pfund Sterling

stern[1] n NAUT Heck nt

stern[2] adj (+er) (≈ strict) streng; test hart

sternly *adv say, rebuke* ernsthaft; *look* streng

steroid *n* Steroid *nt*

stethoscope *n* Stethoskop *nt*

stew **A** *n* **1** Eintopf *m* **2** *(infml)* **to be in a ~ (over sth)** (über etw *(acc)* or wegen etw) (ganz) aufgeregt sein **B** *v/t meat* schmoren; *fruit* dünsten **C** *v/i* **to let sb ~** jdn (im eigenen Saft) schmoren lassen

steward *n* Steward *m; (on estate etc)* Verwalter(in) *m(f); (at meeting)* Ordner(in) *m(f)*

stewardess *n* Stewardess *f*

stick[1] *n* **1** Stock *m*, Stecken *m (esp Aus, Swiss); (≈ twig)* Zweig *m; (≈ hockey stick)* Schläger *m;* **to give sb/sth some/a lot of ~** *(Br infml)* jdn/etw heruntermachen *(infml)* or herunterputzen *(infml);* **to get the wrong end of the ~** *(fig infml)* etw falsch verstehen; **in the ~s** in der hintersten Provinz **2** *(of celery etc)* Stange *f*

stick[2] *pret, past part* **stuck** **A** *v/t* **1** *(with glue etc)* kleben, picken *(Aus)* **2** *(≈ pin)* stecken **3** *knife* stoßen; **he stuck a knife into her arm** er stieß ihr ein Messer in den Arm **4** *(infml ≈ put)* tun *(infml); (esp in sth)* stecken *(infml);* **~ it on the shelf** tus ins Regal; **he stuck his head round the corner** er steckte seinen Kopf um die Ecke **B** *v/i* **1** *(glue etc)* kleben *(to an +dat),* picken *(to an +dat) (Aus);* **the name seems to have stuck** der Name scheint ihm/ihr geblieben zu sein **2** *(≈ become caught)* stecken bleiben; *(drawer)* klemmen **3** *(sth pointed)* stecken *(in in +dat);* **it stuck in my foot** das ist mir im Fuß stecken geblieben **4** **his toes are ~ing through his socks** seine Zehen kommen durch die Socken **5** *(≈ stay)* bleiben; **to ~ in sb's mind** jdm im Gedächtnis bleiben ◊**stick around** *v/i (infml)* dableiben; **~!** warts ab! ◊**stick at** *v/i +prep obj (≈ persist)* bleiben an *(+dat) (infml);* **to ~ it** dranbleiben *(infml)* ◊**stick by** *v/i +prep obj sb* halten zu; *rules* sich halten an ◊**stick down** *v/t sep* **1** *(≈ glue)* ankleben; *envelope* zukleben **2** *(infml ≈ put down)* abstellen ◊**stick in** *v/t sep (≈ glue, put in)* hineinstecken; *knife etc* hineinstechen; **to stick sth in(to) sth** etw in etw *(acc)* stecken; *knife* mit etw in etw *(acc)* stechen ◊**stick on** *v/t sep* **1** *label* aufkleben *(prep obj* auf *+acc)* **2** *(≈ add)* draufschlagen; *(+prep obj)* aufschlagen auf *(+acc)* ◊**stick out** **A** *v/i* vorstehen *(of aus); (ears)* abstehen; *(fig ≈ be no-*

ticeable) auffallen **B** *v/t sep* herausstrecken ◊**stick to** *v/i +prep obj* **1** *(≈ adhere to)* bleiben bei; *principles etc* treu bleiben *(+dat); (≈ follow) rules, diet* sich halten an *(+acc)* **2** *task* bleiben an *(+dat)* ◊**stick together** *v/i (fig: partners etc)* zusammenhalten ◊**stick up** **A** *v/t sep* **1** *(with tape etc)* zukleben **2** *(infml)* **stick 'em up!** Hände hoch!; **three pupils stuck up their hands** drei Schüler meldeten sich **B** *v/i (nail etc)* vorstehen; *(hair)* abstehen; *(collar)* hochstehen ◊**stick up for** *v/i +prep obj* eintreten für; **to ~ oneself** sich behaupten ◊**stick with** *v/i +prep obj* bleiben bei

sticker *n (≈ label)* Aufkleber *m,* Pickerl *nt (Aus); (≈ price sticker)* Klebeschildchen *nt*

stickler *n* **to be a ~ for sth** es mit etw peinlich genau nehmen

stick-up *n (infml)* Überfall *m* **sticky** *adj (+er)* **1** klebrig; *atmosphere* schwül; *(≈ sweaty) hands* verschwitzt; *(≈ tape) (Br)* Klebeband *nt* **2** *(fig infml) situation* heikel; **to go through a ~ patch** eine schwere Zeit durchmachen; **to come to a ~ end** ein böses Ende nehmen

stiff *adj (+er)* steif; *paste* fest; *opposition, drink* stark; *brush, competition* hart; *test* schwierig; *price* hoch; *door* klemmend; **to be (as) ~ as a board** or **poker** steif wie ein Brett sein **stiffen** *(a.* **stiffen up)** **A** *v/t* steif machen **B** *v/i* steif werden

stifle **A** *v/t* ersticken; *(fig)* unterdrücken **B** *v/i* ersticken **stifling** *adj* **1** *heat* drückend; **it's ~ in here** es ist ja zum Ersticken hier drin *(infml)* **2** *(fig)* beengend

stigma *n, pl* **-s** Stigma *nt* **stigmatize** *v/t* **to ~ sb as sth** jdn als etw brandmarken

stile *n* (Zaun)übertritt *m*

stiletto *n* Schuh *m* mit Pfennigabsatz

still[1] **A** *adj, adv (+er)* **1** *(≈ motionless)* bewegungslos; *waters* ruhig; **to keep ~** stillhalten; **to hold sth ~** etw ruhig halten; **to lie ~** still or reglos daliegen; **time stood ~** die Zeit stand still **2** *(≈ quiet)* still; **be ~!** *(US)* sei still! **B** *adj drink* ohne Kohlensäure **C** *n* FILM Standfoto *nt*

still[2] **A** *adv* **1** noch; *(for emphasis, in negative)* immer noch; **is he ~ coming?** kommt er noch?; **do you mean you ~ don't believe me?** willst du damit sagen, dass du mir immer noch nicht glaubst?; **it ~ hasn't come** es ist immer noch nicht gekommen; **there are ten weeks ~ to go** es bleiben noch zehn Wochen; **worse**

~, ... schlimmer noch, ... **2** (infml ≈ nevertheless) trotzdem; ~, **it was worth it** es hat sich trotzdem gelohnt; ~, **he's not a bad person** na ja, er ist eigentlich kein schlechter Mensch **B** cj (und) dennoch

stillbirth n Totgeburt f, Fehlgeburt f **stillborn** adj tot geboren; **the child was ~** das Kind kam tot zur Welt **still life** n, pl still lifes Stillleben nt **stillness** n **1** (≈ motionlessness) Unbewegtheit f; (of person) Reglosigkeit f **2** (≈ quietness) Stille f

stilt n Stelze f **stilted** adj gestelzt **stimulant** n Anregungsmittel nt **stimulate** v/t body, mind anregen; (sexually) erregen; (fig) person animieren; (intellectually) growth stimulieren; economy ankurbeln **stimulating** adj anregend; music belebend; (mentally) stimulierend **stimulation** n **1** (≈ act) Anregung f; (intellectual) Stimulation f; (≈ state, sexual) Erregung f **2** (of economy) Ankurbelung f (to +gen) **stimulus** n, pl stimuli Anreiz m; PHYSIOL Reiz m

sting vb: pret, past part stung **A** n **1** (≈ organ) Stachel m; **to take the ~ out of sth** etw entschärfen; (story, film) ein unerwartet fatales Ende nehmen; (remark) gesalzen sein **2** (≈ act, wound) Stich m **3** (≈ pain, from needle etc) Stechen nt; (from nettle) Brennen nt **B** v/t (insect) stechen; (jellyfish) verbrennen; **she was stung by the nettles** sie hat sich an den Nesseln verbrannt; **to ~ sb into action** jdn aktiv werden lassen **C** v/i **1** (insect) stechen; (nettle, jellyfish etc) brennen **2** (comments) schmerzen **stinging** adj pain, blow, comment stechend; cut, ointment brennend; rain peitschend; attack scharf **stinging nettle** n Brennnessel f **stingy** adj (+er) (infml) person knauserig (infml); sum popelig (infml)

stink vb: pret stank, past part stunk **A** n **1** Gestank m (of nach) **2** (infml ≈ fuss) Stunk m (infml); **to kick up** or **make a ~** Stunk machen (infml) **B** v/i stinken **stinking A** adj **1** (lit) stinkend **2** (infml) beschissen (infml) **B** adv (infml) ~ **rich** (Br) stinkreich (infml) **stinky** adj (+er) (infml) stinkend

stint A n (≈ allotted work) Aufgabe f; (≈ share) Anteil m (of an +dat); **a 2-hour ~** eine 2-Stunden Schicht; **he did a five-year ~ on the oil rigs** er hat fünf Jahre auf Öl-

plattformen gearbeitet; **would you like to do a ~ at the wheel?** wie wärs, wenn du auch mal fahren würdest? **B** v/i **to ~ on sth** mit etw sparen or knausern

stipend n (esp Br: for official) Gehalt nt; (US: for student) Stipendium nt **stipulate** v/t **1** (≈ demand) zur Auflage machen **2** amount, price festsetzen; quantity vorschreiben

stir A n **1** (lit) Rühren nt; **to give sth a ~** etw rühren; tea etc etw umrühren **2** (fig ≈ excitement) Aufruhr m; **to cause a ~** Aufsehen erregen **B** v/t **1** tea umrühren; cake mixture rühren **2** (≈ move) bewegen **3** (fig) emotions aufwühlen; imagination anregen **C** v/i (≈ move) sich regen; (leaves, animal) sich bewegen ◊**stir up** v/t sep **1** liquid umrühren **2** (fig) erregen; the past wachrufen; opposition entfachen; **to ~ trouble** Unruhe stiften

stir-fry A n Stirfrygericht nt **B** v/t (unter Rühren) kurz anbraten **stirring** adj bewegend; (stronger) aufwühlend

stirrup n Steigbügel m

stitch A n **1** Stich m; (in knitting etc) Masche f; (≈ kind of stitch) Muster nt; **to need ~es** genäht werden müssen **2** (≈ pain) Seitenstiche pl; **to be in ~es** (infml) sich schieflachen (infml) **B** v/t SEWING, MED nähen **C** v/i nähen (at an +dat) ◊**stitch up** v/t sep **1** seam, wound nähen **2** (Br infml ≈ frame) **I've been stitched up** man hat mich reingelegt (infml)

stitching n **1** (≈ seam) Naht f **2** (≈ embroidery) Stickerei f

stoat n Wiesel nt

stock A n **1** (≈ supply) Vorrat m (of an +dat); COMM Bestand m (of an +dat); **to have sth in ~** etw vorrätig haben; **to be in ~/out of ~** vorrätig/nicht vorrätig sein; **to keep sth in ~** etw auf Vorrat haben; **to take ~ of sth** of one's life Bilanz aus etw ziehen **2** (≈ livestock) Viehbestand m **3** COOK Brühe f **4** FIN **~s and shares** (Aktien und) Wertpapiere pl **B** adj attr (COMM, fig) Standard- **C** v/t **1** goods führen **2** cupboard füllen; shop ausstatten ◊**stock up A** v/i sich eindecken (on mit); **I must ~ on rice, I've almost run out** mein Reis ist fast alle, ich muss meinen Vorrat auffüllen **B** v/t sep shop, larder etc auffüllen

stockbroker n Börsenmakler(in) m(f) **stock company** n FIN Aktiengesell-

S

schaft f **stock control** n Lager-(bestands)kontrolle f **stock cube** n Brühwürfel m **stock exchange** n Börse f **stockholder** n (US) Aktionär(in) m(f)

stockily adv ~ **built** stämmig

stocking n Strumpf m; (knee-length) Kniestrumpf m; **in one's ~(ed) feet** in Strümpfen

stockist n (Br) (Fach)händler(in) m(f); (≈ shop) Fachgeschäft nt **stock market** n Börse f **stockpile A** n Vorrat m (of an +dat); (of weapons) Lager nt **B** v/t Vorräte an (+dat) … anlegen **stock room** n Lager nt **stocktaking** n Inventur f

stocky adj (+er) stämmig

stockyard n Schlachthof m

stodgy adj (+er) food schwer

stoical adj, **stoically** adv stoisch **stoicism** n (fig) stoische Ruhe, Gleichmut m

stoke v/t fire schüren

stole¹ n Stola f

stole² pret of steal **stolen A** past part of steal **B** adj gestohlen; **to receive ~ goods** Hehler m sein

stomach n Magen m; (≈ belly) Bauch m; (fig ≈ appetite) Lust f (for auf +acc); **to lie on one's ~** auf dem Bauch liegen; **to have a pain in one's ~** Magen-/Bauchschmerzen haben; **on an empty ~** take medicine etc auf leeren Magen **stomach ache** n Magenschmerzen pl **stomach upset** n Magenverstimmung f

stomp v/i stapfen

stone A n **1** Stein m; **a ~'s throw from** … nur einen Katzensprung von …; **to leave no ~ unturned** nichts unversucht lassen **2** (Br ≈ weight) britische Gewichtseinheit = 6,35 kg **B** adj Stein-, aus Stein **C** v/t **1** (≈ kill) steinigen **2** (infml) **to be ~d** total zu sein (infml) **Stone Age** n Steinzeit f **stone-broke** adj (US infml) völlig abgebrannt (infml) **stone circle** n (Br) Steinkreis m **stone-cold A** adj eiskalt **B** adv ~ **sober** stocknüchtern (infml) **stone-deaf** adj stocktaub (infml) **stonemason** n Steinmetz(in) m(f) **stonewall** v/i (fig) ausweichen **stonework** n Mauerwerk nt **stony** adj (+er) steinig; (fig) silence eisern; face undurchdringlich **stony-broke** adj (Br infml) völlig abgebrannt (infml) **stony-faced** adj mit steinerner Miene

stood pret, past part of stand

stool n **1** (≈ seat) Hocker m, Stockerl nt (Aus); **to fall between two ~s** sich zwischen zwei Stühle setzen **2** (esp MED ≈ faeces) Stuhl m

stoop¹ **A** n Gebeugtheit f **B** v/i sich beugen (over über +acc); (a. **stoop down**) sich bücken; **to ~ to sth** (fig) sich zu etw herablassen

stoop² n (US) Treppe f, Stiege f (Aus)

stop A n **1 to come to a ~** (car, machine) anhalten; (traffic) stocken; (fig: project) eingestellt werden; (conversation) verstummen; **to put a ~ to sth** einer Sache (dat) einen Riegel vorschieben **2** (≈ stay) Aufenthalt m; (≈ break) Pause f; **we made three ~s** wir haben dreimal haltgemacht **3** (for bus etc) Haltestelle f **4 to pull out all the ~s** (fig) alle Register ziehen **B** v/t **1** (≈ stop when moving) anhalten; engine abstellen; (stop from continuing) thief, attack, progress, traffic aufhalten; (≈ keep out) noise auffangen; **~ thief!** haltet den Dieb! **2** activity ein Ende machen (+dat); nonsense, noise unterbinden; match, work beenden; production zum Stillstand bringen **3** (≈ cease) aufhören mit; **to ~ doing sth** aufhören, etw zu tun; **to ~ smoking** mit dem Rauchen aufhören; **I'm trying to ~ smoking** ich versuche, das Rauchen aufzugeben; **~ it!** lass das!, hör auf! **4** (≈ suspend) stoppen; production, fighting einstellen; cheque sperren; proceedings abbrechen **5** (≈ stop from happening) sth verhindern; (≈ stop from doing) sb abhalten; **to ~ oneself** sich beherrschen; **there's no ~ping him** (infml) er ist nicht zu bremsen (infml); **there's nothing ~ping you** or to ~ **you** es hindert Sie nichts; **to ~ sb (from) doing sth** jdn davon abhalten or daran hindern, etw zu tun; **to ~ oneself from doing sth** sich zurückhalten und etw nicht tun **C** v/i **1** (train, car) (an)halten; (driver) haltmachen; (pedestrian, clock) stehen bleiben; (machine) nicht mehr laufen; **~ right there!** halt!, stopp!; **we ~ped for a drink at the pub** wir machten in der Kneipe Station, um etwas zu trinken; **to ~ at nothing (to do sth)** (fig) vor nichts haltmachen(, um etw zu tun); **to ~ dead** or **in one's tracks** plötzlich stehen bleiben **2** (≈ finish, cease) aufhören; (heart) stehen bleiben; (production, payments) eingestellt werden; **to ~ doing sth** aufhören, etw zu tun; **he ~ped in mid sentence** er brach mitten im Satz ab; **if you had ~ped**

to think wenn du nur einen Augenblick nachgedacht hättest; **he never knows when** or **where to ~** er weiß nicht, wann er aufhören muss **3** (*Br infml ≈ stay*) bleiben (*at* in +*dat*, *with* bei) **◊stop by** *v/i* kurz vorbeischauen **◊stop off** *v/i* (kurz) haltmachen (*at sb's place* bei jdm) **◊stop over** *v/i* Zwischenstation machen (*in* in +*dat*); AVIAT zwischenlanden **◊stop up** *v/t sep* verstopfen

stopcock *n* Absperrhahn *m* **stopgap** *n* Notlösung *f* **stoplight** *n* (*esp US*) rotes Licht **stopover** *n* Zwischenstation *f*; AVIAT Zwischenlandung *f* **stoppage** *n* **1** (*temporary*) Unterbrechung *f* **2** (≈ *strike*) Streik *m* **stopper** *n* Stöpsel *m* **stop sign** *n* Stoppschild *nt* **stopwatch** *n* Stoppuhr *f*

storage *n* (*of goods*) Lagerung *f*; (*of water, data*) Speicherung *f*; **to put sth into ~** etw (ein)lagern **storage capacity** *n* (*of computer*) Speicherkapazität *f* **storage device** *n* IT Speichereinheit *f* **storage heater** *n* (*Br*) (Nachtstrom)speicherofen *m* **storage space** *n* (*in house*) Schränke und Abstellräume *pl*

store **A** *n* **1** (≈ *stock*) Vorrat *m* (*of an* +*dat*); (*fig*) Fülle *f* (*of* an +*dat*); **~s** *pl* (≈ *supplies*) Vorräte *pl*; **to have** *or* **keep sth in ~** (*in shop*) etw auf Lager *or* etw vorrätig haben; **to be in ~ for sb** jdm bevorstehen; **what has the future in ~ for us?** was wird uns (*dat*) die Zukunft bringen? **2** (≈ *place*) Lager *nt* **3** (≈ *large shop*) Geschäft *nt*; (≈ *department store*) Kaufhaus *nt* **B** *v/t* lagern; *furniture* unterstellen; (*in depository*) einlagern; *information, electricity* speichern; **to ~ sth away** etw verwahren; **to ~ sth up** einen Vorrat an etw (*dat*) anlegen; (*fig*) etw anstauen **store card** *n* Kundenkreditkarte *f* **store detective** *n* Kaufhausdetektiv(in) *m(f)* **storehouse** *n* Lager(haus) *nt* **storekeeper** *n* (*esp US*) Ladenbesitzer(in) *m(f)* **storeroom** *n* Lagerraum *m*

storey, (*esp US*) **story** *n*, *pl* **-s** or (*US*) **stories** Stock *m*, Etage *f*; **a nine-~ building** ein neunstöckiges Gebäude; **he fell from the third-~ window** er fiel aus dem Fenster des dritten *or* (*US*) zweiten Stock(werk)s *or* der dritten *or* (*US*) zweiten Etage

stork *n* Storch *m*

storm **A** *n* **1** Unwetter *nt*; (≈ *thunderstorm*) Gewitter *nt*; (≈ *strong wind*) Sturm *m*

2 (*fig: of abuse*) Flut *f* (*of* von); (*of criticism*) Sturm *m* (*of* +*gen*); **to take sth/sb by ~** etw/jdn im Sturm erobern **B** *v/t* stürmen **C** *v/i* **1** (≈ *talk angrily*) wüten (*at* gegen) **2** **to ~ out of a room** aus einem Zimmer stürmen **storm cloud** *n* Gewitterwolke *f* **storm troopers** *pl* (Sonder)einsatzkommando *nt* **stormy** *adj* (+*er*) stürmisch

story¹ *n* **1** (≈ *tale*) Geschichte *f*; *esp* LIT Erzählung *f*; **the ~ goes that ...** man erzählt sich, dass ...; **to cut a long ~ short** um es kurz zu machen; **it's the (same) old ~** es ist das alte Lied **2** (PRESS ≈ *newspaper story*) Artikel *m* **3** (*infml ≈ lie*) **to tell stories** Märchen erzählen

story² *n* (*US*) = **storey**

storybook *n* Geschichtenbuch *nt* **story line** *n* Handlung *f* **storyteller** *n* Geschichtenerzähler(in) *m(f)*

stout **A** *adj* (+*er*) **1** *man* korpulent; *woman* füllig **2** *stick* kräftig; *shoes* fest **3** *defence* hartnäckig **B** *n* (*Br*) Stout *m*, *dunkles, obergäriges Bier*; (≈ *sweet stout*) Malzbier *nt*

stove *n* Ofen *m*; (*for cooking*) Herd *m*; **gas ~** Gasherd *m*

stow *v/t* (*a.* **stow away**) verstauen (*in* in +*dat*) **◊stow away** *v/i* als blinder Passagier fahren

stowaway *n* blinder Passagier

straddle *v/t* (*standing*) breitbeinig stehen über (+*dat*); (*sitting*) rittlings sitzen auf (+*dat*); (*fig*) *border* überspannen

straggle *v/i* **1** (*houses, trees*) verstreut liegen; (*plant*) (in die Länge) wuchern **2** **to ~ behind** hinterherzockeln (*infml*) **straggler** *n* Nachzügler(in) *m(f)*

straight **A** *adj* (+*er*) **1** gerade; *answer* direkt; *hair* glatt; *skirt* gerade geschnitten; (≈ *honest*) *person, dealings* ehrlich; **to be ~ with sb** offen und ehrlich zu jdm sein; **your tie isn't ~** deine Krawatte sitzt schief; **the picture isn't ~** das Bild hängt schief; **is my hat on ~?** sitzt mein Hut gerade?; **to keep a ~ face** ernst bleiben; **with a ~ face** ohne die Miene zu verziehen **2** (≈ *clear*) klar; **to get things ~ in one's mind** sich (*dat*) der Dinge klar werden **3** *drink* pur; *choice* einfach **4** **for the third ~ day** (*US*) drei Tage ohne Unterbrechung; **to have ten ~ wins** zehnmal hintereinander gewinnen **5** *pred room* ordentlich; **to put things ~** (≈ *clarify*) alles klären; **let's get this ~** das wollen wir mal klarstellen; **to put** or **set sb ~ about sth** jdm etw klarmachen; **if I give you a fiver, then we'll be ~** (infml) wenn ich dir einen Fünfer gebe, sind wir quitt **6** (infml ≈ heterosexual) hetero (infml) **B** adv **1** (≈ in straight line) gerade; (≈ directly) direkt; **~ through sth** glatt durch etw; **it went ~ up in the air** es flog senkrecht in die Luft; **~ ahead** geradeaus; **to drive ~ on** geradeaus weiterfahren **2** (≈ immediately) sofort; **~ away** sofort; **to come ~ to the point** sofort or gleich zur Sache kommen **3** think, see klar **4** (≈ frankly) offen; **~ out** (infml) unverblümt (infml) **5** drink pur **C** n (on race track) Gerade f

straightaway adv (US) = straight II2

straighten **A** v/t **1** legs gerade machen; picture gerade hinhängen; tie gerade ziehen **2** (≈ tidy) in Ordnung bringen **B** v/i (road etc) gerade werden; (person) sich aufrichten **C** v/r **to ~ oneself** sich aufrichten ◊**straighten out** **A** v/t sep **1** legs etc gerade machen **2** problem klären; **to straighten oneself out** ins richtige Gleis kommen; **to straighten things out** die Sache in Ordnung bringen **B** v/i (road etc) gerade werden; (hair) glatt werden ◊**straighten up** **A** v/i sich aufrichten **B** v/t sep **1** (≈ make straight) gerade machen **2** (≈ tidy) aufräumen

straight-faced adj **to be ~** keine Miene verziehen **straightforward** adj person aufrichtig; explanation natürlich; choice, instructions einfach; process unkompliziert **straight-laced** adj prüde **straight-out** adv (infml) unverblümt (infml)

strain¹ **A** n **1** (MECH, fig) Belastung f (on für); (≈ effort) Anstrengung f; (≈ pressure, of job etc also) Beanspruchung f (of durch); **to take the ~ off sth** etw entlasten; **to be under a lot of ~** großen Belastungen ausgesetzt sein; **I find it a ~** ich finde das anstrengend; **to put a ~ on sb/sth** jdn/etw stark belasten **2** (≈ muscle-strain) (Muskel)zerrung f; (on eyes etc) Überanstrengung f (on +gen) **B** v/t **1** (≈ stretch) spannen **2** rope belasten; nerves, resources strapazieren; (too much) überlasten; **to ~ one's ears to ...** angestrengt lauschen, um zu ...; **don't ~ yourself!** (iron infml) reiß dir bloß kein Bein aus! (infml) **3** MED muscle zerren; back, eyes strapazieren **4** (≈ filter) (durch)sieben; vegetables abgießen **C** v/i (≈ pull) zerren; (fig ≈ strive) sich bemühen

strain² n **1** (≈ streak) Hang m, Zug m; (hereditary) Veranlagung f **2** (≈ breed, of animal) Rasse f; (of plants) Sorte f; (of virus etc) Art f

strained adj expression gekünstelt; conversation gezwungen; relationship angespannt; atmosphere gespannt **strainer** n COOK Sieb nt

strait n **1** GEOG Straße f **2 straits** pl (fig) **to be in dire ~s** in großen Nöten sein **straitjacket** n Zwangsjacke f **strait-laced** adj prüde

strand¹ v/t **to be ~ed** (ship, fish) gestrandet sein; **to be (left) ~ed** (person) festsitzen; **to leave sb ~ed** jdn seinem Schicksal überlassen

strand² n Strang m; (of hair) Strähne f; (of thread) Faden m

strange adj (+er) **1** (≈ odd) seltsam; **to think/find it ~ that ...** es seltsam finden, dass ... **2** (≈ unfamiliar) fremd; activity ungewohnt; **don't talk to ~ men** sprich nicht mit fremden Männern; **I felt rather ~ at first** zuerst fühlte ich mich ziemlich fremd; **I feel ~ in a skirt** ich komme mir in einem Rock komisch vor (infml) **strangely** adv (≈ oddly) seltsam, merkwürdig; act also komisch (infml); **~ enough** seltsamerweise, merkwürdigerweise **strangeness** n **1** (≈ oddness) Seltsamkeit f **2** (≈ unfamiliarity) Fremdheit f; (of activity) Ungewohntheit f

stranger n Fremde(r) m/f(m); **I'm a ~ here myself** ich bin selbst fremd hier; **he is no ~ to London** er kennt sich in London aus; **hullo, ~!** (infml) hallo, lange nicht gesehen

strangle v/t erwürgen; (fig) ersticken **strangled** adj cry erstickt **stranglehold** n (fig) absolute Machtposition (on gegenüber) **strangulation** n Erwürgen nt

strap **A** n Riemen m; (esp for safety) Gurt m; (in bus etc) Schlaufe f; (≈ watch strap) Band nt; (≈ shoulder strap) Träger m **B** v/t **1** festschnallen (to an +dat); **to ~ sb/sth down** jdn/etw festschnallen; **to ~ sb/oneself in** jdn/sich anschnallen **2** (MED: a. **strap up**) bandagieren **3** (infml) **to be ~ped (for cash)** pleite or blank sein (infml) **strapless** adj trägerlos **strapping** adj (infml) stramm **Strasbourg** n Straßburg nt **strata** pl of stratum

strategic adj strategisch **strategically** adv strategisch; (fig also) taktisch; **to be ~ placed** eine strategisch günstige Stellung haben **strategist** n Stratege m, Strategin f **strategy** n Strategie f

stratosphere n Stratosphäre f

stratum n, pl **strata** Schicht f

straw ◜A◞ n ◜1◞ (≈ stalk) Strohhalm m; (collectively) Stroh nt no pl; **that's the final ~!** (infml) das ist der Gipfel! (infml); **to clutch at ~s** sich an einen Strohhalm klammern; **to draw the short ~** den Kürzeren ziehen ◜2◞ (≈ drinking straw) Trinkhalm m ◜B◞ adj attr Stroh-

strawberry n Erdbeere f

straw poll, straw vote n Probeabstimmung f; (in election) Wählerbefragung f

stray ◜A◞ v/i (a. **stray away**) sich verirren; (a. **stray about**) (umher)streunen; (fig: thoughts) abschweifen; **to ~ (away) from sth** von etw abkommen ◜B◞ adj bullet verirrt; dog streunend attr; hairs vereinzelt ◜C◞ n (≈ dog, cat) streunendes Tier

streak ◜A◞ n Streifen m; (fig ≈ trace) Spur f; **~s** (in hair) Strähnchen pl; **~ of lightning** Blitz(strahl) m; **a winning ~** eine Glückssträhne; **a mean ~** ein gemeiner Zug ◜B◞ v/t streifen; **the sky was ~ed with red** der Himmel hatte rote Streifen; **hair ~ed with grey** Haar mit grauen Strähnchen ◜C◞ v/i ◜1◞ (lightning) zucken; (infml ≈ move quickly) flitzen (infml) ◜2◞ (≈ run naked) flitzen **streaker** n Flitzer(in) m(f)

streaky adj (+er) streifig; **~ bacon** (Br) durchwachsener Speck

stream ◜A◞ n ◜1◞ (≈ small river) Bach m; (≈ current) Strömung f ◜2◞ (of liquid, people) Strom m; (of words) Schwall m ◜B◞ v/i ◜1◞ strömen; (eyes) tränen; **the walls were ~ing with water** die Wände trieften vor Nässe; **her eyes were ~ing with tears** Tränen strömten ihr aus den Augen ◜2◞ (flag, hair) wehen ◜C◞ v/t Data streamen ◊**stream down** v/i (liquid) in Strömen fließen; (+prep obj) herunterströmen; **tears streamed down her face** Tränen strömten über ihr Gesicht ◊**stream in** v/i hereinströmen ◊**stream out** v/i hinausströmen (of aus); (liquid also) herausfließen (of aus)

streamer n Luftschlange f **streaming** ◜A◞ adj windows triefend; eyes also tränend; **I have a ~ cold** (Br) ich habe einen fürchterlichen Schnupfen ◜B◞ n IT, TV Streaming nt **streaming device** n IT, TV Streaminggerät nt **streaming stick** n IT, TV Streaming Stick m **streamlined** adj stromlinienförmig; (fig) rationalisiert

street n Straße f; **in** or **on the ~** auf der Straße; **to live in** or **on a ~** in einer Straße wohnen; **it's right up my ~** (Br fig infml) das ist genau mein Fall (infml); **to be ~s ahead of sb** (fig infml) jdm haushoch überlegen sein (infml); **to take to the ~s** (demonstrators) auf die Straße gehen **streetcar** n (US) Straßenbahn f, Tram nt (Swiss) **street lamp, street light** n Straßenlaterne f **street map** n Stadtplan m **street party** n Straßenfest nt **street people** pl Obdachlose pl **street plan** n Stadtplan m **street sweeper** n ◜1◞ (≈ person) Straßenkehrer(in) m(f) ◜2◞ (≈ machine) Kehrmaschine f **streetwear** n FASHION Streetwear f **streetwise** adj clever (infml)

strength n ◜1◞ Stärke f; (of person, feelings) Kraft f; (of evidence) Überzeugungskraft f; **on the ~ of sth** aufgrund einer Sache (gen); **to save one's ~** mit seinen Kräften haushalten; **to go from ~ to ~** einen Erfolg nach dem anderen haben; **to be at full ~** vollzählig sein; **to turn out in ~** zahlreich erscheinen ◜2◞ (of constitution) Robustheit f; **when she has her ~ back** wenn sie wieder bei Kräften ist ◜3◞ (of solution) Konzentration f **strengthen** ◜A◞ v/t stärken ◜B◞ v/i stärker werden

strenuous adj ◜1◞ (≈ exhausting) anstrengend ◜2◞ attempt unermüdlich; effort hartnäckig **strenuously** adv ◜1◞ exercise anstrengend ◜2◞ deny entschieden

stress ◜A◞ n ◜1◞ Stress m; MECH Belastung f; MED Überlastung f; (≈ pressure) Druck m; (≈ tension) Spannung f; **to be under ~** großen Belastungen ausgesetzt sein; (at work) im Stress sein ◜2◞ (≈ accent) Betonung f; (fig ≈ emphasis) (Haupt)gewicht nt; **to put** or **lay (great) ~ on sth** einer Sache (dat) großes Gewicht beimessen; fact etw (besonders) betonen ◜B◞ v/t (≈ emphasize) betonen **stress ball** n (Anti)stressball m **stressed** adj gestresst **stressed out** adj gestresst **stressful** adj stressig

stretch ◜A◞ n ◜1◞ (≈ stretching) Strecken nt; **to have a ~** sich strecken; **to be at full ~** (lit) bis zum Äußersten gedehnt sein; (fig: person) mit aller Kraft arbeiten; (factory etc) auf Hochtouren arbeiten (infml); **by no ~ of the imagination** beim besten Willen nicht; **not by a long ~** bei Weitem nicht **2** (≈ *expanse*) Stück *nt*; (*of road etc*) Strecke *f*; (*of journey*) Abschnitt *m* **3** (≈ *stretch of time*) Zeitraum *m*; **for hours at a ~** stundenlang; **three days at a ~** drei Tage an einem Stück *or* ohne Unterbrechung **B** *adj attr* **~ trousers** Stretchhose *f* **C** *v/t* **1** strecken; *elastic, shoes* dehnen; (≈ *spread*) *wings etc* ausbreiten; *rope* spannen; *athlete* fordern; **to ~ sth tight** etw straffen; *cover* etw stramm ziehen; **to ~ one's legs** sich (*dat*) die Beine vertreten (*infml*); **to ~ sb/sth to the limit(s)** jdn/etw bis zum äußersten belasten; **to be fully ~ed** (*esp Br, person*) voll ausgelastet sein **2** *truth, rules* es nicht so genau nehmen mit; **that's ~ing it too far** das geht zu weit **D** *v/i* (*after sleep etc*) sich strecken; (≈ *be elastic*) dehnbar sein; (*area, authority*) sich erstrecken (*to* bis, *over* über +*acc*); (*food, money*) reichen (*to* für); (≈ *become looser*) weiter werden; **to ~ to reach sth** sich recken, um etw zu erreichen; **he ~ed across and touched her cheek** er reichte herüber und berührte ihre Wange; **the fields ~ed away into the distance** die Felder dehnten sich bis in die Ferne aus; **our funds won't ~ to that** das lassen unsere Finanzen nicht zu **E** *v/r* (*after sleep etc*) sich strecken ◊**stretch out A** *v/t sep* *arms* ausbreiten; *hand* ausstrecken; *story* ausdehnen **B** *v/i* (*infml* ≈ *lie down*) sich hinlegen; (*countryside*) sich ausbreiten

stretcher *n* MED (Trag)bahre *f* **stretchy** *adj* (+*er*) elastisch

strew *pret* strewed, *past part* strewed *or* strewn *v/t* verstreuen; *flowers, gravel* streuen; *floor etc* bestreuen

stricken *adj* (*liter*) leidgeprüft; *ship* in Not; **to be ~ by drought** von Dürre heimgesucht werden **-stricken** *adj suf* (*with emotion*) -erfüllt; (*by catastrophe*) von ... heimgesucht; **grief-stricken** schmerzerfüllt

strict *adj* (+*er*) streng; *Catholic* strenggläubig; **in the ~ sense of the word** genau genommen; **in (the) ~est confidence** in strengster Vertraulichkeit; **there is a ~ time limit on that** das ist zeitlich genau begrenzt **strictly** *adv* streng; (≈ *precisely*) genau; **~ forbidden** streng verboten; **~ business** rein geschäftlich; **~ personal** privat; **~ speaking** genau genommen; **not ~ true** nicht ganz richtig; **~ between**

ourselves ganz unter uns; **unless ~ necessary** wenn nicht unbedingt erforderlich; **the car park is ~ for the use of residents** der Parkplatz ist ausschließlich für Anwohner vorgesehen **strictness** *n* Strenge *f*

stride *vb: pret* strode, *past part* stridden **A** *n* (≈ *step*) Schritt *m*; (*fig*) Fortschritt *m*; **to take sth in one's ~** (*Br*) *or* **in ~** (*US*) mit etw spielend fertig werden; **to put sb off his/her ~** jdn aus dem Konzept bringen **B** *v/i* schreiten (*elev*)

strife *n* Unfriede *m*

strike *vb: pret* struck, *past part* struck **A** *n* **1** Streik *m*; **to be on ~** streiken; **to come out on ~, to go on ~** in den Streik treten **2** (*of oil etc*) Fund *m* **3** MIL Angriff *m* **B** *v/t* **1** (≈ *hit, sound*) schlagen; *table* schlagen auf (+*acc*); (*blow, disaster*) treffen; *note* anschlagen; **to be struck by lightning** vom Blitz getroffen werden; **to ~ the hour** die volle Stunde schlagen; **to ~ 4** 4 schlagen **2** (≈ *collide with, person*) stoßen gegen; (*car*) fahren gegen; *ground* auftreffen auf (+*acc*) **3** (≈ *occur to*) in den Sinn kommen (+*dat*); **that ~s me as a good idea** das kommt mir sehr vernünftig vor; **it struck me how ...** (≈ *occurred to me*) mir ging plötzlich auf, wie ...; (≈ *I noticed*) mir fiel auf, wie ... **4** (≈ *impress*) beeindrucken; **how does it ~ you?** wie finden Sie das?; **she struck me as being very competent** sie machte auf mich einen sehr fähigen Eindruck **5** (*fig*) *truce* sich einigen auf (+*acc*); *pose* einnehmen; **to ~ a match** ein Streichholz anzünden; **to be struck dumb** mit Stummheit geschlagen werden (*elev*) **6** *oil, path* finden; **to ~ gold** (*fig*) auf eine Goldgrube stoßen **C** *v/i* **1** (≈ *hit*) treffen; (*lightning*) einschlagen; MIL *etc* angreifen; **to be/come within striking distance of sth** einer Sache (*dat*) nahe sein **2** (*clock*) schlagen **3** (*workers*) streiken ◊**strike back** *v/i, v/t sep* zurückschlagen ◊**strike out A** *v/i* (≈ *hit out*) schlagen; **to ~ at sb** jdn angreifen; **to ~ on one's own** (*lit*) allein losziehen; (*fig*) eigene Wege gehen **B** *v/t sep* (aus)streichen ◊**strike up** *v/t insep* **1** *tune* anstimmen **2** *friendship* schließen; *conversation* anfangen

striker *n* **1** (≈ *worker*) Streikende(r) **2** FTBL Stürmer(in) *m(f)* **striking** *adj* *colour, resemblance etc* auffallend; *person* bemerkenswert **strikingly** *adv* *similar* auffal-

lend; *attractive* bemerkenswert **striking distance** n *(of missile etc)* Reichweite f
Strimmer® n Rasentrimmer m
string vb: pret, past part **strung** **A** n **1**
Schnur f; *(of puppet)* Faden m; *(of vehicles)*
Schlange f; *(fig ≈ series)* Reihe f; *(of lies)*
Haufen m; **to pull ~s** *(fig)* Beziehungen
spielen lassen; **with no ~s attached** ohne
Bedingungen **2** *(of instrument, racquet etc)*
Saite f; **to have two ~s** or **a second ~** or
more than one ~ to one's bow zwei Eisen im Feuer haben **3** **strings** pl **die
~s** die Streichinstrumente pl; *(≈ players)*
die Streicher pl **B** v/t violin etc *(mit Saiten)*
bespannen ◊**string along** *(infml)* v/t sep
to string sb along jdn hinhalten ◊**string
together** v/t sep sentences aneinanderreihen ◊**string up** v/t sep aufhängen
string bean n *(esp US)* grüne Bohne, Fisole f *(Aus)* **stringed** adj **~ instrument**
Saiteninstrument nt
stringent adj standards, laws streng; rules,
testing hart
string instrument n Saiteninstrument
nt **string vest** n Netzhemd nt **stringy**
adj *(+er)* meat sehnig
strip **A** n **1** Streifen m; *(of metal)* Band nt
2 *(Br SPORTS)* Trikot nt, Leiberl nt *(Aus)*,
Leibchen nt *(Aus, Swiss)* **B** v/t **1** person ausziehen; bed, wallpaper abziehen; paint ab-
beizen **2** *(fig ≈ deprive of)* berauben *(of
+gen)* **C** v/i *(≈ remove clothes)* sich ausziehen; *(at doctor's)* sich frei machen; *(≈ perform striptease)* strippen *(infml)*; **to ~ naked**
sich bis auf die Haut ausziehen ◊**strip
down** **A** v/t sep engine zerlegen **B** v/t
to ~ to one's underwear sich bis auf
die Unterwäsche ausziehen ◊**strip off**
A v/t sep clothes ausziehen; paper abziehen *(prep obj von)* **B** v/i sich ausziehen;
(at doctor's) sich frei machen
strip cartoon n *(Br)* Comic(strip) m **strip
club** n Stripteaseklub m
stripe n Streifen m **striped** adj gestreift
strip lighting n *(esp Br)* Neonlicht nt
stripper n **1** Stripperin f; **male ~** Stripper m **2** *(≈ paint stripper)* Farbentferner m
strip-search **A** n Leibesvisitation f **B**
v/t einer Leibesvisitation *(dat)* unterziehen
striptease n Striptease m or nt; **to do a
~** strippen *(infml)*
stripy adj *(+er)* *(infml)* gestreift
strive pret **strove**, past part **striven** v/i **to
~ to do sth** bestrebt or bemüht sein,

etw zu tun; **to ~ for** nach etw streben
strobe n stroboskopische Beleuchtung
strode pret of **stride**
stroke **A** n Schlag m *(also MED)*; *(SWIM-
MING ≈ movement)* Zug m; *(≈ type of stroke)*
Stil m; *(of brush)* Strich m; **he doesn't do a
~** *(of work)* er tut keinen Schlag *(infml)*; **a
~ of genius** ein genialer Einfall; **a ~ of
luck** ein Glücksfall m; **we had a ~ of luck**
wir hatten Glück; **at a** or **one ~** mit einem
Schlag; **on the ~ of twelve** Punkt zwölf
(Uhr); **to have a ~** *(MED)* einen Schlag
(-anfall) bekommen **B** v/t streicheln
stroll **A** n Spaziergang m; **to go for** or
take a ~ einen Spaziergang machen **B**
v/i spazieren; **to ~ around the town**
durch die Stadt bummeln; **to ~ up to
sb** auf jdn zuschlendern **stroller** n *(US
≈ pushchair)* Sportwagen m
strong **A** adj *(+er)* **1** stark; *(physically)* person, light kräftig; wall stabil; constitution robust; teeth, heart gut; character, views fest;
candidate aussichtsreich; argument überzeugend; solution konzentriert; **his ~
point** seine Stärke; **there is a ~ possibility that ...** es ist überaus wahrscheinlich,
dass ...; **a group 20** ≈ eine 20 Mann starke Gruppe; **a ~ drink** ein harter Drink **2**
(≈ committed) begeistert; supporter überzeugt **B** adv *(+er)* *(infml)* **to be going ~**
(old person, thing) gut in Schuss sein *(infml)*
strongbox n (Geld)kassette f **stronghold** n *(fig)* Hochburg f **strongly** adv
stark; support, built (person) kräftig; constructed stabil; believe fest; protest energisch; **to feel ~ about sth** in Bezug auf
etw *(acc)* stark engagiert sein; **I feel very
~ that ...** ich vertrete entschieden die
Meinung, dass ...; **to be ~ in favour of
sth** etw stark befürworten; **to be ~ opposed to sth** etw scharf ablehnen
strong-minded adj willensstark
strong point n Stärke f **strongroom**
n Stahlkammer f **strong-willed** adj willensstark; *(pej)* eigensinnig
stroppy adj *(+er)* *(Br infml)* **1** fuchtig
(infml); answer, children pampig *(infml)* **2**
bouncer etc aggressiv
strove pret of **strive**
struck **A** pret, past part of **strike** **B** adj
pred **to be ~ with sb/sth** *(≈ impressed)*
von jdm/etw angetan sein
structural adj Struktur-; *(of building)* alterations, damage strukturell, baulich **struc-**

turally *adv* strukturell; **~ sound** sicher
structure **A** *n* (≈ *organization*) Struktur
f; (TECH ≈ *thing constructed*) Konstruktion *f*
B *v/t* strukturieren; *argument* aufbauen
structured *adj society* strukturiert; *approach* durchdacht
struggle **A** *n* Kampf *m* (*for* um); (*fig* ≈ *effort*) Anstrengung *f*; **to put up a ~** sich
wehren; **it is a ~** es ist mühsam **B** *v/i*
1 (≈ *contend*) kämpfen; (*in self-defence*) sich
wehren; (*financially*) in Schwierigkeiten
sein; (*fig* ≈ *strive*) sich sehr anstrengen; **to
~ with sth** *with problem* sich mit etw herumschlagen; *with injury, feelings* mit etw
zu kämpfen haben; *with luggage, subject*
sich mit etw abmühen; **this firm is struggling** diese Firma hat (schwer) zu kämpfen; **are you struggling?** hast du Schwierigkeiten? **2 to ~ to one's feet** mühsam
auf die Beine kommen; **to ~ on** (*lit*) sich
weiterkämpfen; (*fig*) weiterkämpfen
struggling *adj artist etc* am Hungertuch
nagend *attr*
strum *v/t tune* klimpern; *guitar* klimpern
auf (+*dat*)
strung *pret, past part* of **string**
strut[1] *v/i* stolzieren
strut[2] *n* (*horizontal*) Strebe *f*; (*vertical*) Pfeiler *m*
stub **A** *n* (*of pencil, tail*) Stummel *m*; (*of
cigarette*) Kippe *f*; (*of ticket*) Abschnitt *m*
B *v/t* **to ~ one's toe** (**on** *or* **against sth**)
sich (*dat*) den Zeh (an etw *dat*) stoßen;
to ~ out a cigarette eine Zigarette ausdrücken
stubble *n no pl* Stoppeln *pl*
stubborn *adj* **1** *person* stur; *animal, child*
störrisch; **to be ~ about sth** stur auf
etw (*dat*) beharren **2** *refusal, stain* hartnäckig **stubbornly** *adv* **1** *refuse* stur; *say*
trotzig **2** (≈ *persistently*) hartnäckig **stubbornness** *n* (*of person*) Sturheit *f*; (*of animal, child*) störrische Art
stubby *adj* (+*er*) *tail* stummelig
stuck **A** *pret, past part* of **stick**[2] **B** *adj* **1**
(≈ *baffled*) (**on, over** mit) **to be ~** nicht zurechtkommen; **to get ~** nicht weiterkommen **2 to be ~** (*door etc*) verkeilt sein; **to
get ~** stecken bleiben **3** (≈ *trapped*) **to be
~ festsitzen 4** (*infml*) **she is ~ for sth** es
fehlt ihr an etw (*dat*); **to be ~ with sb/sth**
jdn/etw am Hals haben (*infml*) **5** (*Br infml*)
to get ~ into sth sich in etw (*acc*) richtig
reinknien (*infml*) **stuck-up** *adj* (*infml*)

hochnäsig
stud[1] **A** *n* **1** (*decorative*) Ziernagel *m*; (*Br:
on boots*) Stollen *m* **2** (≈ *earring*) Ohrstecker *m* **B** *v/t* (*usu pass*) übersäen
stud[2] *n* (≈ *group of horses: for breeding*) Gestüt *nt*; (≈ *stallion*) (Zucht)hengst *m*; (*infml* ≈
man) Hengst *m* (*infml*)
student **A** *n* UNIV Student(in) *m(f)*; (*esp
US: at school*) Schüler(in) *m(f)*; **he is a
French ~** UNIV er studiert Französisch **B**
adj attr Studenten-; **~ nurse** Krankenpfle-
geschüler(in) *m(f)*; **~ teacher** *n* Referen-
dar(in) *m(f)* **student loan** *n* Studenten-
darlehen *nt*
stud farm *n* Gestüt *nt*
studio *n* Studio *nt* **studio apartment**,
(*Br*) **studio flat** *n* Studiowohnung *f*
studious *adj person* fleißig **studiously**
adv fleißig; *avoid* gezielt
study **A** *n* **1** (≈ *studying, esp* UNIV) Studium *nt*; (*at school*) Lernen *nt*; (*of evidence*)
Untersuchung *f*; **African studies** UNIV Af-
rikanistik *f* **2** (≈ *piece of work*) Studie *f* (*of
über* +*acc*) **3** (≈ *room*) Arbeitszimmer *nt*
B *v/t* studieren; SCHOOL lernen; *text etc*
sich befassen mit; (≈ *research into*) erforschen; (≈ *examine*) untersuchen **C** *v/i* studieren; *esp* SCHOOL lernen; **to ~ to be a
teacher** ein Lehrerstudium machen; **to
~ for an exam** sich auf eine Prüfung vorbereiten
stuff **A** *n* **1** Zeug *nt*; (≈ *possessions*) Sachen *pl*; **there is some good ~ in that
book** in dem Buch stecken ein paar gute
Sachen; **it's good ~** das ist gut; **this book
is strong ~** das Buch ist starker Tobak; **he
brought me some ~ to read** er hat mir
etwas zum Lesen mitgebracht; **books
and ~** Bücher und so (*infml*); **and ~ like
that** und so was (*infml*); **all that ~ about
how he wants to help us** all das Gerede,
dass er uns helfen will; **~ and nonsense**
Quatsch *m* (*infml*) **2** (*infml*) **that's the ~!**
so ists richtig!; **to do one's ~** seine Nummer abziehen (*infml*); **to know one's ~**
wissen, wovon man redet **B** *v/t* **1** *container* vollstopfen; *hole* zustopfen; *object, books*
(hinein)stopfen (*into* in +*acc*); **to ~ one's
face** (*infml*) sich vollstopfen (*infml*); **to be
~ed up** verschnupft sein **2** *cushion, pie*
füllen; **a ~ed toy** ein Stofftier *nt* **3** (*Br
infml*) **get ~ed!** du kannst mich mal
(*infml*)!; **you can ~ your job** *etc* du kannst
deinen blöden Job *etc* behalten (*infml*) **C**

v/r **to ~ oneself** sich vollstopfen *(infml)*
stuffed animal *n (US)* Stofftier *nt*
stuffing *n (of pillow, pie)* Füllung *f; (in toys)* Füllmaterial *nt* **stuffy** *adj (+er)* **1** *room* stickig **2** *(≈ narrow-minded)* spießig
stumble *v/i* stolpern; *(in speech)* stocken; **to ~ on sth** *(fig)* auf etw *(acc)* stoßen
stumbling block *n (fig)* **to be a ~ to sth** einer Sache *(dat)* im Weg stehen
stump **A** *n (of tree, limb)* Stumpf *m; (of pencil, tail)* Stummel *m* **B** *v/t (fig infml)* **you've got me ~ed** da bin ich überfragt ◊**stump up** *(Br infml)* **A** *v/t insep* springen lassen *(infml)* **B** *v/i* blechen *(infml) (for sth* für etw*)*
stumpy *adj (+er) person* stämmig, untersetzt; *legs* kurz
stun *v/t (≈ make unconscious)* betäuben; *(≈ daze)* benommen machen; *(fig ≈ shock)* fassungslos machen; *(≈ amaze)* verblüffen; **he was ~ned by the news** *(bad news)* er war über die Nachricht fassungslos; *(good news)* die Nachricht hat ihn überwältigt
stung *pret, past part* of **sting**
stunk *past part* of **stink**
stunned *adj (≈ unconscious)* betäubt; *(≈ dazed)* benommen; *(fig ≈ shocked)* fassungslos; *(≈ amazed)* sprachlos; **there was a ~ silence** benommenes Schweigen breitete sich aus **stunning** *adj (fig) news* toll *(infml); dress, view* atemberaubend **stunningly** *adv* atemberaubend; *beautiful* überwältigend
stunt[1] *n* Kunststück *nt; (≈ publicity stunt, trick)* Gag *m*
stunt[2] *v/t growth* hemmen **stunted** *adj plant* verkümmert; *child* unterentwickelt
stuntman *n* Stuntman *m*, Double *nt*
stupendous *adj* fantastisch
stupid *adj* **1** dumm; *(≈ foolish also)* blöd(e) *(infml);* **don't be ~** sei nicht so blöd *(infml);* **that was a ~ thing to do** das war dumm; **to make sb look ~** jdn blamieren **2** **to bore sb ~** jdn zu Tode langweilen **stupidity** *n* Dummheit *f* **stupidly** *adv (≈ unintelligently)* dumm; *(≈ foolishly also)* blöd *(infml); say* dummerweise; *grin* albern
stupor *n* Benommenheit *f;* **to be in a drunken ~** sinnlos betrunken sein
sturdily *adv* stabil; **~ built** *person* kräftig *or* stämmig gebaut **sturdy** *adj (+er) person* kräftig, stämmig; *material* robust; *building, car* stabil
stutter **A** *n* Stottern *nt no pl;* **he has a ~**

er stottert **B** *v/t & v/i* stottern
sty *n* Schweinestall *m*
sty(e) *n* MED Gerstenkorn *nt*
style **A** *n* **1** Stil *m;* **~ of management** Führungsstil *m;* **that house is not my ~** so ein Haus ist nicht mein Stil; **the man has ~** der Mann hat Format; **to do things in ~** alles im großen Stil tun; **to celebrate in ~** groß feiern **2** *(≈ type)* Art *f;* **a new ~ of car** *etc* ein neuer Autotyp *etc* **3** FASHION Stil *m no pl; (≈ cut)* Schnitt *m; (≈ hairstyle)* Frisur *f* **B** *v/t hair* stylen **-style** *adj suf* nach … Art **styling** *n* **~ mousse** Schaumfestiger *m* **stylish** *adj* **1** elegant; *film* stilvoll **2** *clothes* modisch **stylishly** *adv* **1** *(≈ elegantly)* elegant; *furnished* stilvoll **2** *dress* modisch **stylist** *n (≈ hair stylist)* Friseur *m*, Friseuse *f* **stylized** *adj* stilisiert
Styria *n* Steiermark *f*
suave *adj,* **suavely** *adv* weltmännisch, aalglatt *(pej)*
subcategory *n* Subkategorie *f* **subcommittee** *n* Unterausschuss *m* **subconscious** **A** *adj* unterbewusst **B** *n* **the ~** das Unterbewusstsein **subconsciously** *adv* im Unterbewusstsein **subcontinent** *n* Subkontinent *m* **subcontract** *v/t (vertraglich)* weitervergeben *(to an +acc)* **subcontractor** *n* Subunternehmer(in) *m(f)* **subdivide** **A** *v/t* unterteilen **B**
subdue *v/t rebels* unterwerfen; *rioters* überwältigen; *(fig)* unterdrücken **subdued** *adj lighting, voice* gedämpft; *person* ruhig, still; *atmosphere* gedrückt
subheading *n* Untertitel *m* **subhuman** *adj* unmenschlich
subject **A** *n* **1** POL Staatsbürger(in) *m(f); (of king etc)* Untertan *m*, Untertanin *f* **2** GRAM Subjekt *nt* **3** *(≈ topic)* Thema *nt;* **to change the ~** das Thema wechseln; **on the ~ of …** zum Thema *(+gen)* …; **while we're on the ~** da wir gerade beim Thema sind **4** SCHOOL, UNIV Fach *nt* **B** *adj* **to be ~ to sth** *to law, change* einer Sache *(dat)* unterworfen sein; *to approval* von etw abhängig sein; **all trains are ~ to delay** bei allen Zügen muss mit Verspätung gerechnet werden; **~ to flooding** überschwemmungsgefährdet; **to be ~ to taxation** besteuert werden; **offers are ~ to availability** Angebote nur so weit verfügbar **C** *v/t* **to ~ sb to sth** jdn einer Sache

S

(dat) unterziehen **subjective** *adj* **1** subjektiv **2** GRAM ~ **case** Nominativ *m* **subjectively** *adv* subjektiv **subject matter** *n* (≈ *theme*) Stoff *m*; (≈ *content*) Inhalt *m*

subjugate *v/t* unterwerfen

subjunctive 🅰 *adj* konjunktivisch; **the ~ mood** der Konjunktiv **🅱** *n* Konjunktiv *m*

sublet *pret, past part* **sublet** *v/t & v/i* untervermieten (*to* an +*acc*)

sublime *adj beauty, scenery* erhaben

submachine gun *n* Maschinenpistole *f*

submarine *n* U-Boot *nt*

submenu *n* IT Untermenü *nt*

submerge 🅰 *v/t* untertauchen; (≈ *flood*) überschwemmen; **to ~ sth in water** etw in Wasser (ein)tauchen **🅱** *v/i* tauchen

submerged *adj rocks* unter Wasser; *wreck* gesunken; **the house was completely ~** das Haus stand völlig unter Wasser

submission *n* **1 to force sb into ~** jdn zwingen, sich zu ergeben **2** (≈ *presentation*) Eingabe *f* **submissive** *adj* unterwürfig (*pej*) (*to* gegenüber) **submit 🅰** *v/t* (≈ *put forward*) vorlegen (*to* +*dat*); *application* einreichen (*to* bei) **🅱** *v/i* (≈ *yield*) sich beugen, nachgeben; **to ~ to sth** *to sb's orders, judgement* sich einer Sache (*dat*) beugen *or* unterwerfen; *to pressure* einer Sache (*dat*) nachgeben; **to ~ to blackmail** sich erpressen lassen **🅲** *v/r* **to ~ oneself to sth** sich einer Sache (*dat*) unterziehen

subnormal *adj temperature* unterdurchschnittlich; *person* minderbegabt

subordinate 🅰 *adj officer* rangniedriger; *rank, role* untergeordnet; **to be ~ to sb/sth** jdm/einer Sache untergeordnet sein **🅱** *n* Untergebene(r) *m/f(m)* **subordinate clause** *n* GRAM Nebensatz *m*

subplot *n* Nebenhandlung *f*

subpoena JUR **🅰** *n* Vorladung *f* **🅱** *v/t* vorladen

sub-post office *n* (*Br*) Poststelle *f* **subroutine** *n* IT Unterprogramm *nt*

subscribe *v/i* **1 to ~ to a magazine** eine Zeitschrift abonnieren **2** (≈ *support*) **to ~ to sth** *to opinion, theory* sich einer Sache (*dat*) anschließen **subscriber** *n* (*to paper*) Abonnent(in) *m/f(m)*; TEL Teilnehmer(in) *m/f(m)* **subscription** *n* (≈ *money*) Beitrag *m*; (*to newspaper etc*) Abonnement *nt* (*to* +*gen*); **to take out a ~ to sth** etw abonnieren

subsection *n* Unterabteilung *f*; JUR Paragraf *m*

subsequent *adj* (nach)folgend; (*in time*) anschließend **subsequently** *adv* (≈ *afterwards*) anschließend; (≈ *from that time*) von da an

subservient *adj* (*pej*) unterwürfig (*to* gegenüber)

subside *v/i* (*flood, fever*) sinken; (*land, building*) sich senken; (*storm*) abflauen; (*noise*) nachlassen **subsidence** *n* Senkung *f*

subsidiary 🅰 *adj* untergeordnet; ~ **role** Nebenrolle *f*; ~ **subject** Nebenfach *nt*; ~ **company** Tochtergesellschaft *f* **🅱** *n* Tochtergesellschaft *f*

subsidize *v/t* subventionieren; *housing* finanziell unterstützen **subsidized** *adj* subventioniert; *housing* finanziell unterstützt **subsidy** *n* Subvention *f*

subsist *v/i* (*form*) sich ernähren (*on* von) **subsistence** *n* (≈ *means of subsistence*) (Lebens)unterhalt *m*

subsistence level *n* Existenzminimum *nt*

subsoil *n* Untergrund *m*

substance *n* **1** Substanz *f* **2** *no pl* (≈ *weight*) Gewicht *nt*; **a man of ~** ein vermögender Mann **substance abuse** *n* Drogen- und Alkoholmissbrauch *m*

substandard *adj* minderwertig

substantial *adj* **1** *person* kräftig; *building* solide, währschaft (*Swiss*); *book* umfangreich; *meal* reichhaltig, währschaft (*Swiss*) **2** *loss, amount* beträchtlich; *part, improvement* wesentlich **3** (≈ *weighty*) bedeutend; *proof* überzeugend **substantially** *adv* **1** (≈ *considerably*) beträchtlich **2** (≈ *essentially*) im Wesentlichen

substation *n* ELEC Umspann(ungs)werk *nt*

substitute 🅰 *n* Ersatz *m no pl*; SPORTS Ersatzspieler(in) *m/f(m)*; **to find a ~ for sb** für jdn Ersatz finden; **to use sth as a ~** etw als Ersatz benutzen **🅱** *adj attr* Ersatz- **🅲** *v/t* **to ~ A for B** B durch A ersetzen **🅳** *v/i* **to ~ for sb** jdn vertreten **substitute teacher** *n* (*US*) Aushilfslehrer(in) *m/f(m)* **substitution** *n* Ersetzen *nt* (*of X for Y* von Y durch X); SPORTS Austausch *m* (*of X for Y* von Y gegen X)

subterfuge *n* (≈ *trickery*) List *f*; (≈ *trick*) Trick *m*

subterranean *adj* unterirdisch

subtitle 🅐 n Untertitel m (also FILM) 🅑 v/t film mit Untertiteln versehen
subtle adj 🔟 (≈ delicate) fein; flavour, hint zart 🔟 point scharfsinnig; pressure sanft **subtlety** n Feinheit f **subtly** adv fein; change geringfügig; ~ **different** auf subtile Weise unterschiedlich
subtotal n Zwischensumme f
subtract v/t & v/i subtrahieren (from von) **subtraction** n Subtraktion f
subtropical adj subtropisch
suburb n Vorort m; **in the ~s** am Stadtrand **suburban** adj vorstädtisch; ~ **street** Vorortstraße f **suburbia** n (usu pej) die Vororte pl; **to live in ~** am Stadtrand wohnen
subversion n no pl Subversion f **subversive** adj subversiv
subway n Unterführung f; (esp US RAIL) U--Bahn f
subzero adj unter dem Nullpunkt
succeed 🅐 v/i 🔟 erfolgreich sein; **I ~ed in doing it** es gelang mir, es zu tun 🔟 **to ~ to the throne** die Thronfolge antreten 🅑 v/t (≈ come after) folgen (+dat); **to ~ sb in a post/in office** jds Stelle/Amt (acc) übernehmen **succeeding** adj folgend; ~ **generations** spätere or nachfolgende Generationen pl
success n Erfolg m; **without ~** erfolglos; **to make a ~ of sth** mit etw Erfolg haben; **to meet with ~** Erfolg haben
successful adj erfolgreich; **to be ~ at doing sth** etw erfolgreich tun **successfully** adv erfolgreich, mit Erfolg
succession n 🔟 Folge f; **in ~** hintereinander; **in quick or rapid ~** in rascher Folge 🔟 (to throne) Thronfolge f; **her ~ to the throne** ihre Thronbesteigung **successive** adj aufeinanderfolgend attr; **for the third ~ time** zum dritten Mal hintereinander **successor** n Nachfolger(in) m(f) (to +gen); (to throne) Thronfolger(in) m(f)
succinct adj knapp **succinctly** adv kurz und bündig; write in knappem Stil
succulent adj saftig
succumb v/i erliegen (to dat)
such 🅐 adj solche(r, s); ~ **a person** so or solch ein Mensch, ein solcher Mensch; ~ **a thing** so etwas; **I said no ~ thing** das habe ich nie gesagt; **you'll do no ~ thing** du wirst dich hüten; **there's no ~ thing** so etwas gibt es nicht; ~ **as** wie (etwa);

writers ~ **as Agatha Christie**, ~ **writers as Agatha Christie** (solche) Schriftsteller wie Agatha Christie; **I'm not ~ a fool as to believe that** ich bin nicht so dumm, dass ich das glaube; **he did it in ~ a way that ...** er machte es so, dass ...; ~ **beauty!** welche Schönheit! 🅑 adv so, solch (elev); **it's ~ a long time ago** es ist so lange her 🅒 pron ~ **is life!** so ist das Leben!; **as ~** an sich; ~ **as?** (wie) zum Beispiel?; ~ **as it is** so, wie es nun mal ist **such-and-such** (infml) adj ~ **a town** die und die Stadt **suchlike** (infml) 🅐 adj solche 🅑 pron dergleichen
suck 🅐 v/t saugen; sweet lutschen; lollipop, thumb lutschen an (+dat) 🅑 v/i 🔟 (at an +dat) saugen 🔟 (US infml) **this city ~s** diese Stadt ist echt Scheiße (infml) ◊**suck in** v/t sep air ansaugen; stomach einziehen ◊**suck up** 🅐 v/t sep aufsaugen 🅑 v/i (infml) **to ~ to sb** vor jdm kriechen
sucker n 🔟 (≈ rubber sucker, ZOOL) Saugnapf m 🔟 (infml ≈ fool) Trottel m (infml); **to be a ~ for sth** (immer) auf etw (acc) hereinfallen **suckle** 🅐 v/t child stillen; animal säugen 🅑 v/i saugen **suction** n Saugwirkung f
sudden 🅐 adj plötzlich; bend unerwartet; **this is all so ~** das kommt alles so plötzlich 🅑 n **all of a ~** (ganz) plötzlich **suddenly** adv plötzlich **suddenness** n Plötzlichkeit f
sudoku n Sudoku nt
suds pl Seifenlauge f
sue 🅐 v/t JUR verklagen; **to ~ sb for sth** jdn auf etw (acc) verklagen 🅑 v/i JUR klagen; **to ~ for divorce** die Scheidung einreichen
suede 🅐 n Wildleder nt 🅑 adj Wildleder-
suet n Nierenfett nt
Suez Canal n Suezkanal m
suffer 🅐 v/t (≈ be subjected to) erleiden; headache, effects etc leiden unter or an (+dat) 🅑 v/i leiden (from unter +dat, from illness an +dat); **he was ~ing from shock** er hatte einen Schock (erlitten); **you'll ~ for this!** das wirst du büßen! **sufferer** n MED Leidende(r) m/f(m) (from an +dat) **suffering** n Leiden nt
suffice (form) 🅐 v/i genügen, (aus)reichen 🅑 v/t ~ **it to say ...** es reicht wohl, wenn ich sage, ... **sufficiency** n (≈ adequacy) Hinlänglichkeit f **sufficient** adj ausreichend; reason hinreichend; **to be ~**

S

ausreichen **sufficiently** adv genug; **a ~ large number** eine ausreichend große Anzahl

suffix n LING Suffix nt

suffocate v/t & v/i ersticken **suffocating** adj (lit) erstickend attr; heat drückend attr; room stickig; (fig) atmosphere erdrückend attr; **it's ~ in here** es ist stickig hier drinnen **suffocation** n Ersticken nt

suffrage n Wahlrecht nt

sugar n Zucker m **sugar bowl** n Zuckerdose f **sugar candy** n Kandis(zucker) m; (US ≈ sweet) Bonbon nt or m, Zuckerl nt (Aus) **sugar cane** n Zuckerrohr nt **sugar-coated** adj mit Zucker überzogen **sugar cube** n Zuckerwürfel m **sugar-free** adj ohne Zucker **sugary** adj taste süß; (≈ full of sugar) zuckerig

suggest v/t **1** (≈ propose) vorschlagen; **are you ~ing I should tell a lie?** soll das heißen, dass ich lügen soll? **2** explanation vorbringen **3** (≈ indicate) andeuten; **what are you trying to ~?** was wollen Sie damit sagen?

suggestion n **1** (≈ proposal) Vorschlag m; **Rome was your ~** Rom war deine Idee; **I'm open to ~s** Vorschläge sind or jeder Vorschlag ist willkommen **2** (≈ hint) Andeutung f **3** (≈ trace) Spur f **suggestive** adj remark etc anzüglich

suicidal adj selbstmörderisch; **she was ~** sie war selbstmordgefährdet **suicide** n Selbstmord m; **to commit ~** Selbstmord begehen **suicide attack** n Selbstmordanschlag m **suicide belt** n Sprengstoffgürtel m **suicide bomber** n Selbstmordattentäter(in) m(f) **suicide bombing** n Selbstmordattentat nt **suicide note** n Abschiedsbrief m **suicide vest** n Sprengstoffweste f

suit **A** n **1** Anzug m; (woman's) Kostüm nt; **~ of armour** Rüstung f **2** CARDS Farbe f; **to follow ~** (fig) jds Beispiel (dat) folgen **B** v/t **1** passen (+dat); (climate) bekommen (+dat); (job) gefallen (+dat); (≈ please) zufriedenstellen; **~s me!** (infml) ist mir recht (infml); **that would ~ me nicely** (arrangement) das würde mir gut passen; **when would it ~ you to come?** wann würde es Ihnen passen?; **to be ~ed for/to** geeignet sein für; **he is not ~ed to be a doctor** er eignet sich nicht zum Arzt; **they are well ~ed (to each other)** sie passen gut zusammen; **you can't ~ everybody** man

kann es nicht jedem recht machen **2** (clothes) (gut) stehen (+dat) **C** v/r **he ~s himself** er tut, was er will or was ihm passt; **you can ~ yourself whether you come or not** du kannst kommen oder nicht, ganz wie du willst; **~ yourself!** wie du willst! **suitability** n Angemessenheit f; (for job) Eignung f

suitable adj geeignet; (≈ appropriate) angemessen; **to be ~ for sb** jdm passen; (film, job) für jdn geeignet sein; **to be ~ for sth** sich für etw eignen; **none of the dishes is ~ for freezing** keines der Rezepte eignet sich zum Einfrieren; **the most ~ man for the job** der am besten geeignete Mann für den Posten **suitably** adv angemessen; **~ impressed** gehörig beeindruckt

suit bag n Kleidersack m **suitcase** n Koffer m

suite n (of rooms, MUS) Suite f; **3-piece ~** dreiteilige Sitzgarnitur

suitor n **1** (old, of woman) Freier m (old) **2** JUR Kläger(in) m(f)

sulk **A** v/i schmollen **B** n **to have a ~** schmollen **sulkily** adv beleidigt **sulky** adj (+er) eingeschnappt

sullen adj mürrisch **sullenly** adv mürrisch **sullenness** n (of person) Verdrießlichkeit f

sulphate, (US) **sulfate** n Sulfat nt

sulphur, (US) **sulfur** n Schwefel m **sulphuric acid**, (US) **sulfuric acid** n Schwefelsäure f

sultan n Sultan m

sultana n (Br ≈ fruit) Sultanine f

sultry adj atmosphere schwül; voice, look glutvoll

sum n **1** Summe f **2** (esp Br ≈ calculation) Rechenaufgabe f; **to do ~s** rechnen; **that was the ~ (total) of his achievements** das war alles, was er geschafft hatte ◊**sum up** **A** v/t sep **1** (≈ summarize) zusammenfassen **2** (≈ evaluate) einschätzen **B** v/i zusammenfassen

summarize v/t zusammenfassen **summary** n Zusammenfassung f

summer **A** n Sommer m; **in (the) ~** im Sommer **B** adj attr Sommer- **summer holidays** pl (esp Br) Sommerferien pl **summer school** n Sommerkurs m **summertime** n Sommer m **summery** adj sommerlich

summing-up n JUR Resümee nt

summit n Gipfel m
summon v/t ◼1 fire brigade etc (herbei)rufen; help holen; meeting einberufen ◼2 JUR vorladen ◊**summon up** v/t sep courage zusammennehmen; strength aufbieten
summons n JUR Vorladung f
sumptuous adj luxuriös; food etc üppig
Sun abbr of Sunday So.
sun n Sonne f; **you've caught the ~** dich hat die Sonne erwischt; **he's tried everything under the ~** er hat alles Menschenmögliche versucht **sunbathe** v/i sonnenbaden **sunbathing** n Sonnenbaden nt **sunbeam** n Sonnenstrahl m **sun bed** n Sonnenbank f **sun block** n Sonnenschutzcreme f **sunburn** n Sonnenbrand m **sunburnt** adj **to get ~** (einen) Sonnenbrand bekommen
sundae n Eisbecher m
Sunday ◼A n Sonntag m; → Tuesday ◼B adj attr Sonntags- **Sunday school** n Sonntagsschule f
sundial n Sonnenuhr f **sundown** n (Br) Sonnenuntergang m; **at/before ~** bei/vor Sonnenuntergang **sun-drenched** adj sonnenüberflutet **sun-dried** adj sonnengetrocknet **sunflower** n Sonnenblume f
sung past part of sing
sunglasses pl Sonnenbrille f **sunhat** n Sonnenhut m
sunk past part of sink¹ **sunken** adj treasure versunken; garden abgesenkt
sun lamp n Höhensonne® f **sunlight** n Sonnenlicht nt; **in the ~** in der Sonne **sunlit** adj sonnig **sun lounger** n Sonnenliege f
sunny adj (+er) sonnig; **to look on the ~ side (of things)** die Dinge von der angenehmen Seite nehmen
sun protection factor n Lichtschutzfaktor m **sunrise** n Sonnenaufgang m; **at ~** bei Sonnenaufgang **sunroof** n Schiebedach nt **sunscreen** n Sonnenschutzmittel nt
sunset n Sonnenuntergang m; **at ~** bei Sonnenuntergang **sunshade** n Sonnenschirm m
sunshine n Sonnenschein m **sun spray** n Sonnenspray nt **sunstroke** n **to get ~** einen Sonnenstich bekommen **suntan** n Sonnenbräune f; **to get a ~** braun werden; **~ lotion** Sonnenöl nt **suntanned** adj braun gebrannt **sunup** n (US) Sonnenaufgang m; **at ~** bei Sonnenaufgang

super adj (esp Br infml) klasse inv (infml)
superb adj, **superbly** adv großartig
supercilious adj, **superciliously** adv hochnäsig
supercomputer n Supercomputer m, Superrechner m
superficial adj oberflächlich; resemblance äußerlich **superficially** adv oberflächlich; similar, different äußerlich
superfluous adj überflüssig
superfood n Superfood nt, Lebensmittel mit Gesundheitsvorteil **superglue**® n Sekundenkleber m **superhighway** n (US) ≈ Autobahn f; **the information ~** die Datenautobahn **superhuman** adj übermenschlich
superimpose v/t **to ~ sth on sth** etw auf etw (acc) legen; PHOT etw über etw (acc) fotografieren
superintendent n (US: in building) Hausmeister(in) m(f), Abwart(in) m(f) (Swiss); (of police, Br) ≈ Kommissar(in) m(f); (US) ≈ Polizeipräsident(in) m(f)
superior ◼A adj ◼1 (≈ better) besser (to als); ability überlegen (to sb/sth jdm/einer Sache); **he thinks he's so ~** er hält sich für so viel besser ◼2 (≈ excellent) großartig ◼3 (in rank) höher; **~ officer** Vorgesetzte(r) m/f(m); **to be ~ to sb** jdm übergeordnet sein ◼4 forces stärker (to als); strength größer (to als) ◼5 (≈ snobbish) überheblich ◼B n (in rank) Vorgesetzte(r) m/f(m) **superiority** n ◼1 Überlegenheit f ◼2 (≈ excellence) Großartigkeit f ◼3 (in rank) höhere Stellung
superlative ◼A adj überragend; GRAM superlativisch ◼B n Superlativ m
supermarket n Supermarkt m **supernatural** ◼A adj übernatürlich ◼B n **the ~** das Übernatürliche **superpower** n POL Supermacht f **superscript** adj hochgestellt
supersede v/t ablösen
supersonic adj Überschall- **superstar** n (Super)star m
superstition n Aberglaube m no pl **superstitious** adj abergläubisch; **to be ~ about sth** in Bezug auf etw (acc) abergläubisch sein
superstore n Verbrauchermarkt m **superstructure** n Überbau m **supertanker** n Supertanker m
supervise ◼A v/t beaufsichtigen ◼B v/i Aufsicht führen **supervision** n Aufsicht f; (≈ action) Beaufsichtigung f; (of work)

S

Überwachung f **supervisor** n (of work) Aufseher(in) m(f); (Br UNIV) ≈ Tutor(in) m(f) **supervisory board** n COMM, IND Aufsichtsrat m

supper n (≈ meal) Abendessen nt, Nachtmahl nt (Aus), Nachtessen nt (Swiss); (≈ snack) (später) Imbiss; **to have ~** zu Abend essen **suppertime** n Abendessenszeit f; **at ~** zur Abendbrotzeit

supplant v/t ersetzen

supple adj (+er) geschmeidig; person beweglich

supplement ◩ n ◼ Ergänzung f (to +gen); (≈ food supplement) Zusatz m ◪ (≈ colour supplement etc) Beilage f ◪ v/t ergänzen **supplementary** adj ergänzend **suppleness** n Geschmeidigkeit f; (of person) Beweglichkeit f

supplier n COMM Lieferant(in) m(f)

supply ◩ n ◼ (≈ supplying) Versorgung f; (≈ delivery) Lieferung f (to an +acc); ECON Angebot nt; **electricity ~** Stromversorgung f; **~ and demand** Angebot und Nachfrage; **to cut off the ~** (of gas, water etc) das Gas/Wasser abstellen ◪ (≈ stock) Vorrat m; **supplies** pl Vorräte pl; **to get** or **lay in supplies** or **a ~ of sth** sich (dat) einen Vorrat an etw (dat) anlegen or zulegen; **a month's ~** ein Monatsbedarf m; **to be in short ~** knapp sein; **to be in good ~** reichlich vorhanden sein; **medical supplies** pl Arzneimittel pl ◪ v/t ◼ food etc sorgen für; (≈ deliver) liefern; (≈ put at sb's disposal) stellen; **pens and paper are supplied by the firm** Schreibmaterial wird von der Firma gestellt ◪ (with mit) person, army versorgen; COMM beliefern **supply teacher** n (Br) Aushilfslehrer(in) m(f)

support ◩ n (≈ person) Stütze f; (fig: no pl ≈ backing) Unterstützung f; **to give ~ to sb/sth** jdn/etw stützen; **to lean on sb for ~** sich auf jdn stützen; **in ~ of** zur Unterstützung (+gen) ◪ attr Hilfs- ◪ v/t ◼ (lit) stützen; (≈ weight) tragen ◪ (fig) unterstützen; plan befürworten; (≈ give moral support to) beistehen (+dat); theory untermauern; family unterhalten; **he ~s Arsenal** er ist Arsenal-Anhänger m; **which team do you ~?** für welche Mannschaft bist du?; **without his family to ~ him** ohne die Unterstützung seiner Familie ◖ v/r (physically) sich stützen (on auf +acc); (financially) seinen Unterhalt (selbst) be-

streiten **support band** n Vorgruppe f **supporter** n Anhänger(in) m(f) **support group** n Unterstützungsgruppe f **supporting** adj ◼ **~ role** Nebenrolle f ◪ TECH stützend **supporting actor** n FILM, THEAT Nebendarsteller m **supporting actress** n FILM, THEAT Nebendarstellerin f **supportive** adj (fig) unterstützend attr; **if his parents had been more ~** wenn seine Eltern ihn mehr unterstützt hätten

suppose v/t ◼ (≈ imagine) sich (dat) vorstellen; (≈ assume) annehmen; **let us ~ we are living in the 8th century** stellen wir uns einmal vor, wir lebten im 8. Jahrhundert; **let us ~ that X equals 3** angenommen, X sei gleich 3; **I don't ~ he'll come** ich glaube kaum, dass er kommt; **I ~ that's the best thing, that's the best thing, I ~** das ist or wäre vermutlich das Beste; **you're coming, I ~?** ich nehme an, du kommst?; **I don't ~ you could lend me a pound?** Sie könnten mir nicht zufällig ein Pfund leihen?; **will he not be coming? — I ~ so** kommt er? — ich denke or glaube schon; **you ought to be leaving — I ~ so** du solltest jetzt gehen — stimmt wohl; **don't you agree with me? — I ~ so** bist du da nicht meiner Meinung? — na ja, schon; **I don't ~ so** ich glaube kaum; **so you see, it can't be true — I ~ not** da siehst du selbst, es kann nicht stimmen — du wirst wohl recht haben; **he can't refuse, can he? — I ~ not** er kann nicht ablehnen, oder? — eigentlich nicht; **he's ~d to be coming** er soll (angeblich) kommen; **~ you have a wash!** wie wärs, wenn du dich mal wäschst? ◪ (≈ ought) **to be ~d to do sth** etw tun sollen; **he's the one who's ~d to do it** er müsste es eigentlich tun; **he isn't ~d to find out** er darf es nicht erfahren **supposed** adj vermutet; insult angeblich **supposedly** adv angeblich **supposing** cj angenommen; **but ~ ...** aber wenn ...; **~ he can't do it?** und wenn er es nicht schafft?

suppress v/t unterdrücken; information zurückhalten **suppression** n Unterdrückung f; (of appetite) Zügelung f; (of information, evidence) Zurückhalten nt

supremacy n Vormachtstellung f; (fig) Supremat nt or m **supreme** adj ◼ (in authority) höchste(r, s); court oberste(r, s) ◪

indifference etc äußerste(r, s) **supreme commander** *n* Oberbefehlshaber(in) *m(f)* **supremely** *adv* confident äußerst; important überaus; **she does her job ~ well** sie macht ihre Arbeit außerordentlich gut

surcharge *n* Zuschlag *m*

sure **A** *adj* (+er) sicher; method zuverlässig; **it's ~ to rain** es regnet ganz bestimmt; **be ~ to turn the gas off** vergiss nicht, das Gas abzudrehen; **be ~ to go and see her** du musst sie unbedingt besuchen; **to make ~** (≈ check) nachsehen; **make ~ the window's closed** achten Sie darauf, dass das Fenster zu ist; **make ~ you take your keys** denk daran, deine Schlüssel mitzunehmen; **I've made ~ that there's enough coffee** ich habe dafür gesorgt, dass genug Kaffee da ist; **I'll find out for ~** ich werde das genau herausfinden; **do you know for ~?** wissen Sie das ganz sicher?; **I'm ~ she's right** ich bin sicher, sie hat recht; **do you want to see that film? — I'm not ~** willst du diesen Film sehen? — ich bin mir nicht sicher; **I'm not so ~ about that** da bin ich nicht so sicher; **to be ~ of oneself** (generally) selbstsicher sein **B** *adv* **1** (infml) **will you do it? — ~!** machst du das? — klar! (infml) **2 and ~ enough he did come** und er ist tatsächlich gekommen **surely** *adv* **1** bestimmt, sicher; **~ not!** das kann doch nicht stimmen!; **~ someone must know** irgendjemand muss es doch wissen; **but ~ you can't expect us to believe that** Sie können doch wohl nicht erwarten, dass wir das glauben! **2** (≈ inevitably) zweifellos **3** (≈ confidently) mit sicherer Hand; **slowly but ~** langsam aber sicher

surf **A** *n* Brandung *f* **B** *v/i* surfen **C** *v/t* **to ~ the Net** (infml) im (Inter)net surfen (infml)

surface **A** *n* **1** Oberfläche *f*; **on the ~** oberflächlich; (of person) nach außen hin **2** MIN **on the ~** über Tage **B** *adj attr* **1** oberflächlich **2** (≈ not by air) auf dem Land-/Seeweg **C** *v/i* auftauchen **surface area** *n* Fläche *f* **surface mail** *n* **by ~** auf dem Land-/Seeweg **surface-to-air** *adj attr* **~ missile** Boden-Luft-Rakete *f*

surfboard *n* Surfbrett *nt*

surfeit *n* Übermaß *nt* (of an +dat)

surfer *n* Surfer(in) *m(f)* **surfing** *n* Surfen *nt*

surge **A** *n* (of water) Schwall *m*; ELEC Spannungsstoß *m*; **he felt a sudden ~ of rage** er fühlte, wie die Wut in ihm aufstieg; **a ~ in demand** ein rascher Nachfrageanstieg **B** *v/i* (river) anschwellen; **they ~d toward(s) him** sie drängten auf ihn zu; **to ~ ahead/forward** vorpreschen

surgeon *n* Chirurg(in) *m(f)* **surgery** *n* **1** Chirurgie *f*; **to have ~** operiert werden; **to need (heart) ~** (am Herzen) operiert werden müssen; **to undergo ~** sich einer Operation unterziehen **2** (Br ≈ room) Sprechzimmer *nt*, Ordination *f* (Aus); (≈ consultation) Sprechstunde *f*; **~ hours** Sprechstunden *pl*, Ordination *f* (Aus) **surgical** *adj* operativ; technique chirurgisch **surgically** *adv* operativ **surgical mask** *n* OP-Maske *f*

surly *adj* (+er) verdrießlich

surmise *v/t* vermuten, mutmaßen

surmount *v/t* überwinden

surname *n* Nachname *m*

surpass **A** *v/t* übertreffen **B** *v/r* sich selbst übertreffen

surplus *n* Überschuss *m* (of an +dat) *adj* überschüssig; (of countable objects) überzählig

surprise **A** *n* Überraschung *f*; **in ~** überrascht; **it came as a ~ to us** wir waren überrascht; **to give sb a ~** jdn überraschen; **to take sb by ~** jdn überraschen; **~, ~, it's me!** rate mal, wer hier ist?; **~, ~!** (iron) was du nicht sagst! **B** *attr* Überraschungs-, überraschend **C** *v/t* überraschen; **I wouldn't be ~d if ...** es würde mich nicht wundern, wenn ...; **go on, ~ me!** ich lass mich überraschen! **surprising** *adj* überraschend **surprisingly** *adv* überraschend; **not ~ it didn't work** wie zu erwarten (war), hat es nicht geklappt

surreal *adj* unwirklich **surrealism** *n* Surrealismus *m*

surrender **A** *v/i* sich ergeben (to +dat); (to police) sich stellen (to +dat); **I ~!** ich ergebe mich! **B** *v/t* MIL übergeben; title, lead abgeben **C** *n* **1** MIL Kapitulation *f* (to vor +dat) **2** (≈ handing over) Übergabe *f* (to an +acc); (of title, lead) Abgabe *f*

surrogate *attr* Ersatz- **surrogate mother** *n* Leihmutter *f*

surround **A** *n* (esp Br) **the ~s** die Umgebung **B** *v/t* umgeben; MIL umzingeln **surrounding** *adj* umliegend; **in the ~ area** in der Umgebung

S

surroundings pl Umgebung f **surround sound** n Surround-Sound(-System nt) m **surround-sound** adj attr speakers Surround-Sound-

surveillance n Überwachung f; **to be under ~** überwacht werden; **to keep sb under ~** jdn überwachen or observieren (form)

survey **A** n **1** (SURVEYING: of land) Vermessung f; (of house) Begutachtung f; (≈ report) Gutachten nt **2** (≈ inquiry) Untersuchung f (of, on über +acc); (by opinion poll etc) Umfrage f (of, on über +acc) **B** v/t **1** (≈ look at) betrachten **2** (≈ study) untersuchen **3** SURVEYING land vermessen; building inspizieren **surveyor** n **1** (≈ land surveyor) Landvermesser(in) m(f) **2** (≈ building surveyor) Bauinspektor(in) m(f)

survival n Überleben nt

survive **A** v/i überleben; (treasures) erhalten bleiben; (custom) weiterleben; **only five copies ~** or **have ~d** nur fünf Exemplare sind erhalten **B** v/t überleben; (objects) fire, flood überstehen **surviving** adj **1** (≈ still living) noch lebend **2** (≈ remaining) noch existierend **survivor** n Überlebende(r) m/f(m); JUR Hinterbliebene(r) m/f(m); **he's a ~** (fig, in politics etc) er ist ein Überlebenskünstler

susceptible adj **~ to sth** to flattery etc für etw empfänglich; to colds für etw anfällig **suspect** **A** adj verdächtig **B** n Verdächtige(r) m/f(m) **C** v/t person verdächtigen (of sth einer Sache gen); (≈ think likely) vermuten; **I ~ her of having stolen it** ich habe sie im Verdacht or ich verdächtige sie, es gestohlen zu haben; **the ~ed bank robber** etc der mutmaßliche Bankräuber etc; **he ~s nothing** er ahnt nichts; **does he ~ anything?** hat er Verdacht geschöpft?; **I ~ed as much** das habe ich mir doch gedacht; **he was taken to hospital with a ~ed heart attack** er wurde mit dem Verdacht auf Herzinfarkt ins Krankenhaus eingeliefert

suspend v/t **1** (≈ hang) (auf)hängen (from an +dat) **2** payment (zeitweilig) einstellen; talks aussetzen; flights aufschieben; **he was given a ~ed sentence** seine Strafe wurde zur Bewährung ausgesetzt **3** person suspendieren; SPORTS sperren **suspender** n usu pl **1** (Br) Strumpfhalter m; **~ belt** Strumpf(halter)gürtel m **2** (US) **suspenders** pl Hosenträger pl **sus-**

pense n Spannung f; **the ~ is killing me** ich bin gespannt wie ein Flitzebogen (hum infml); **to keep sb in ~** jdn auf die Folter spannen (infml) **suspension** n **1** (of payment) zeitweilige Einstellung; (of flights) Aufschub m; (of talks) Aussetzung f **2** (of person) Suspendierung f; SPORTS Sperrung f **3** AUTO Federung f **suspension bridge** n Hängebrücke f

suspicion n Verdacht m no pl; **to arouse sb's ~s** jds Verdacht erregen; **to have one's ~s about sth/sb** seine Zweifel bezüglich einer Sache/Person (gen) haben; **to be under ~** unter Verdacht stehen; **to arrest sb on ~ of murder** jdn wegen Mordverdachts festnehmen **suspicious** adj **1** (≈ feeling suspicion) misstrauisch (of gegenüber); **to be ~ about sth** etw mit Misstrauen betrachten **2** (≈ causing suspicion) verdächtig **suspiciously** adv **1** (≈ with suspicion) argwöhnisch, misstrauisch **2** (≈ causing suspicion, probably) verdächtig

suss v/t (Br infml) jdm auf den Zahn fühlen (infml); **I can't ~ him out** bei ihm blicke ich nicht durch (infml); **I've got him ~ed (out)** ich habe ihn durchschaut; **to ~ sth out** etw herausbekommen

sustain v/t **1** weight aushalten; life erhalten; body bei Kräften halten **2** effort aufrechterhalten; growth beibehalten; JUR **objection ~ed** Einspruch stattgegeben **3** injury, damage erleiden **sustainable** adj aufrechtzuerhalten pred, aufrechtzuerhaltend attr; development nachhaltig; resources erneuerbar; level haltbar **sustained** adj anhaltend **sustenance** n Nahrung f

SUV abbr of sport-utility vehicle Sport-Utility-Fahrzeug nt, geländegängige Limousine

SW abbr **1** of south-west SW **2** of short wave KW

swab n MED Tupfer m

Swabia n Schwaben nt

swag n (infml) Beute f

swagger v/i **1** (≈ strut) stolzieren **2** (≈ boast) angeben

swallow¹ **A** n Schluck m **B** v/t & v/i schlucken ◊**swallow down** v/t sep hinunterschlucken ◊**swallow up** v/t sep (fig) verschlingen

swallow² n (≈ bird) Schwalbe f

swam pret of swim

swamp **A** n Sumpf m **B** v/t überschwemmen

swan **A** n Schwan m **B** v/i (Br infml) **to ~ off** abziehen (infml); **to ~ around (the house)** zu Hause herumschweben (infml)

swap **A** n **to do a ~ (with sb)** (mit jdm) tauschen **B** v/t stamps etc tauschen; stories, insults austauschen; **to ~ sth for sth** etw für etw eintauschen; **to ~ places with sb** mit jdm tauschen; **to ~ sides** die Seiten wechseln **C** v/i tauschen

swarm **A** n Schwarm m **B** v/i schwärmen; **to ~ with** wimmeln von

swarthy adj (+er) dunkel

swastika n Hakenkreuz nt

swat **A** v/t fly totschlagen **B** n (≈ fly swat) Fliegenklatsche f

swathe v/t wickeln (in in +acc)

sway **A** n **1** (of hips) Wackeln nt **2** **to hold ~ over sb** jdn beherrschen **B** v/i (trees) sich wiegen; (hanging object) schwingen; (building, person) schwanken; **she ~s as she walks** sie wiegt beim Gehen die Hüften **C** v/t **1** hips wiegen **2** (≈ influence) beeinflussen

swear vb: pret **swore**, past part **sworn** **A** v/t allegiance schwören; oath leisten; **I ~ it!** ich kann das beschwören!; **to ~ sb to secrecy** jdn schwören lassen, dass er nichts verrät **B** v/i **1** (solemnly) schwören; **to ~ to sth** etw beschwören **2** (≈ use swearwords) fluchen (about über +acc); **to ~ at sb/sth** jdn/etw beschimpfen ◊**swear by** v/i +prep obj (infml) schwören auf (+acc) ◊**swear in** v/t sep witness etc vereidigen

swearing n Fluchen nt **swearword** n Fluch m, Kraftausdruck m

sweat **A** n Schweiß m no pl **B** v/i schwitzen (with vor +dat); **to ~ like a pig** (infml) wie ein Affe schwitzen (infml) ◊**sweat out** v/t sep **to sweat it out** (fig infml) durchhalten; (≈ sit and wait) abwarten

sweatband n Schweißband nt

sweater n Pullover m **sweat pants** pl (esp US) Jogginghose f **sweatshirt** n Sweatshirt nt **sweatshop** n (pej) Ausbeuterbetrieb m (pej) **sweaty** adj (+er) hands schweißig; body, socks verschwitzt

Swede n Schwede m, Schwedin f

swede n (esp Br) Kohlrübe f

Sweden n Schweden nt

Swedish **A** adj schwedisch; **he is ~** er ist Schwede **B** n **1** LING Schwedisch nt **2** **the ~** die Schweden pl

sweep vb: pret, past part **swept** **A** n **1** **to give sth a ~** etw kehren or (Swiss) wischen **2** (≈ chimney sweep) Schornsteinfeger(in) m(f) **3** (of arm) Schwung m; **to make a clean ~** (fig) gründlich aufräumen **4** (of river) Bogen m **B** v/t **1** floor fegen, wischen (Swiss); chimney fegen; snow wegfegen; **to ~ sth under the carpet** (fig) etw unter den Teppich kehren **2** (≈ scan) absuchen (for nach) **3** (≈ move quickly over, wind) fegen über (+acc); (waves, violence) überrollen; (disease) um sich greifen in (+dat) **C** v/i **1** (with broom) kehren, wischen (Swiss) **2** (≈ move, person) rauschen; (vehicle) (majestically) gleiten; (river) in weitem Bogen führen; **the disease swept through Europe** die Krankheit breitete sich in Europa aus ◊**sweep along** v/t sep mitreißen ◊**sweep aside** v/t sep wegfegen ◊**sweep away** v/t sep leaves etc wegfegen; (avalanche) wegreißen; (flood etc) wegschwemmen ◊**sweep off** v/t sep **he swept her off her feet** (fig) sie hat sich Hals über Kopf in ihn verliebt (infml) ◊**sweep out** **A** v/i hinausrauschen **B** v/t sep room ausfegen, wischen (Swiss); dust hinausfegen ◊**sweep up** **A** v/i (with broom) zusammenfegen **B** v/t sep zusammenfegen

sweeper n (≈ carpet sweeper) Teppichkehrer m **sweeping** adj **1** curve weit ausholend; staircase geschwungen **2** (fig) change radikal

sweet **A** adj (+er) süß; (≈ kind) lieb; **to have a ~ tooth** gern Süßes essen **B** n (Br) **1** (≈ candy) Bonbon nt, Zuckerl nt (Aus) **2** (≈ dessert) Nachtisch m **sweet-and-sour** adj süßsauer **sweetcorn** n Mais m **sweeten** v/t süßen; **to ~ the pill** die bittere Pille versüßen **sweetener** n COOK Süßstoff m **sweetheart** n Schatz m **sweetly** adv say, scented süßlich; smile süß **sweetness** n Süße f **sweet potato** n Süßkartoffel f **sweet shop** n (Br) Süßwarenladen m **sweet-talk** v/t (infml) **to ~ sb into doing sth** jdn mit süßen Worten dazu bringen, etw zu tun

swell vb: pret **swelled**, past part **swollen** or **swelled** **A** n (of sea) Wogen nt no pl **B** adj (esp US dated ≈ excellent) klasse (infml) **C** v/t sail blähen; numbers anwachsen lassen **D** v/i **1** (ankle etc: a. **swell up**) (an)schwellen **2** (river) anschwellen; (sails: a. **swell out**) sich blähen; (in number) anwachsen **swelling** **A** n **1** Verdickung f; MED Schwellung f **2** (of population etc) Anwachsen *nt* **B** *adj attr numbers* anwachsend

swelter *v/i* (vor Hitze) vergehen **sweltering** *adj day* glühend heiß; *heat* glühend; **it's ~ in here** (*infml*) hier verschmachtet man ja! (*infml*)

swept *pret, past part* of sweep

swerve **A** *n* Bogen *m* **B** *v/i* einen Bogen machen; (*car*) ausschwenken; (*ball*) im Bogen fliegen; **the road ~s (round) to the right** die Straße schwenkt nach rechts; **the car ~d in and out of the traffic** der Wagen schoss im Slalom durch den Verkehrsstrom **C** *v/t car etc* herumreißen; *ball* anschneiden

swift *adj* (+*er*) schnell **swiftly** *adv* schnell; *react* prompt

swig (*infml*) **A** *n* Schluck *m*; **to have** or **take a ~ of beer** einen Schluck Bier trinken **B** *v/t* (*a.* **swig down**) herunterkippen (*infml*)

swill **A** *n* **1** (≈ *animal food*) (Schweine)futter *nt* **2** **to give sth a ~ (out)** = swill II1 **B** *v/t* **1** (*esp Br: a.* **swill out**) auswaschen; *cup* ausschwenken **2** (*infml*) *beer etc* kippen (*infml*)

swim *vb: pret* swam, *past part* swum **A** *n* **that was a nice ~** das (Schwimmen) hat Spaß gemacht!; **to have a ~** schwimmen **B** *v/t* schwimmen; *river* durchschwimmen **C** *v/i* schwimmen; **my head is ~ming** mir dreht sich alles **swimmer** *n* Schwimmer(in) *m(f)* **swimming** *n* Schwimmen *nt*; **do you like ~?** schwimmen Sie gern? **swimming bath** *n usu pl* (*Br*) Schwimmbad *nt* **swimming cap** *n* (*Br*) Badekappe *f* **swimming costume** *n* (*Br*) Badeanzug *m* **swimming instructor** *n* Schwimmlehrer(in) *m(f)* **swimming pool** *n* Schwimmbad *nt* **swimming trunks** *pl* (*Br*) Badehose *f* **swimsuit** *n* Badeanzug *m*

swindle **A** *n* Schwindel *m*, Pflanz *m* (*Aus*) **B** *v/t person* betrügen; **to ~ sb out of sth** jdm etw abschwindeln **swindler** *n* Schwindler(in) *m(f)*

swine *n* **1** *pl* - (*old, form*) Schwein *nt* **2** *pl* -s (*pej infml* ≈ *man*) (gemeiner) Hund (*infml*)

swing *vb: pret, past part* swung **A** *n* **1** Schwung *m*; (*to and fro*) Schwingen *nt*; (*fig,* POL) (Meinungs)umschwung *m*; **to go with a ~** (*fig*) ein voller Erfolg sein (*infml*); **to be in full ~** voll im Gang sein; **to get into the ~ of sth** *of new job etc* sich

an etw (*acc*) gewöhnen; **to get into the ~ of things** (*infml*) reinkommen (*infml*) **2** (≈ *seat for swinging*) Schaukel *f* **B** *v/t* **1** schwingen; (*to and fro*) hin und her schwingen; (*on swing*) schaukeln; *arms* schwingen (mit); (≈ *dangle*) baumeln mit; **he swung himself over the wall** er schwang sich über die Mauer **2** *election* beeinflussen; **his speech swung the decision in our favour** seine Rede ließ die Entscheidung zu unseren Gunsten ausfallen **C** *v/i* schwingen; (*on swing*) schaukeln; (≈ *dangle*) baumeln; **to ~ open** aufschwingen; **to ~ shut** zuschlagen; **to ~ into action** in Aktion treten ◊**swing (a)round** **A** *v/i* (*person*) sich umdrehen; (*car, plane*) herumschwenken **B** *v/t sep* herumschwenken ◊**swing back** *v/i* zurückschwingen ◊**swing to** *v/i* (*door*) zuschlagen

swing door *n* (*Br*) Pendeltür *f* **swinging** *adj* ~ **door** *n* (*US*) Pendeltür *f*

swipe **A** *n* (≈ *blow*) Schlag *m*; **to take a ~ at sb/sth** nach jdm/etw schlagen **B** *v/t* **1** *person, ball etc* schlagen **2** (*infml* ≈ *steal*) klauen (*infml*) **3** *card* durchziehen **swipe card** *n* Magnetstreifenkarte *f*

swirl **A** *n* Wirbel *m* **B** *v/t & v/i* wirbeln

swish **A** *n* (*of cane*) Zischen *nt*; (*of skirts, water*) Rauschen *nt* **B** *v/t cane* zischen lassen; *tail* schlagen mit; *skirt* rauschen mit; *water* schwenken **C** *v/i* (*cane*) zischen; (*skirts, water*) rauschen

Swiss **A** *adj* Schweizer, schweizerisch; **he is ~** er ist Schweizer; **the ~-German part of Switzerland** die deutsch(sprachig)e Schweiz **B** *n* Schweizer(in) *m(f)*; **the ~** *pl* die Schweizer *pl* **Swiss army knife** *n* Schweizermesser *nt* **Swiss franc** *n* Schweizer Franken *m* **Swiss French** *n* **1** (≈ *person*) Welschschweizer(in) *m(f)* **2** LING Schweizer Französisch *nt* **Swiss German** *n* **1** (≈ *person*) Deutschschweizer(in) *m(f)* **2** LING Schweizerdeutsch *nt*, Schwyzerdütsch *nt* **Swiss roll** *n* (*Br*) Biskuitrolle *f*

switch **A** *n* **1** ELEC *etc* Schalter *m* **2** (≈ *change*) Wechsel *m*; (*in plans*) Änderung *f* (*in* +*gen*); (≈ *exchange*) Tausch *m* **B** *v/t* **1** (≈ *change*) wechseln; *plans* ändern; *allegiance* übertragen (*to auf* +*acc*); *attention, conversation* lenken (*to auf* +*acc*); **to ~ sides** die Seiten wechseln; **to ~ channels** auf einen anderen Kanal umschalten **2** (≈

move) production verlegen; *object* umstellen **3** (≈ *exchange*) tauschen; (*a.* **switch over, switch round**) *objects* vertauschen **4** ELEC (um)schalten **C** *v/i* (≈ *change: a.* **switch over**) (über)wechseln (*to* zu); TV umschalten (*to* auf +*acc*); (≈ *exchange: a.* **switch round**) tauschen ◊**switch (a)round** **A** *v/t sep* (≈ *swap round*) vertauschen; (≈ *rearrange*) umstellen **B** *v/i* = **switch** III ◊**switch back** **A** *v/i* TV zurückschalten (*to* zu) **B** *v/t sep* **to switch the light back on** das Licht wieder anschalten ◊**switch off** **A** *v/t sep light, TV* ausschalten; *machine* abschalten; *water supply* abstellen **B** *v/i* (*light, TV*) ausschalten; (*machine, infml: person*) abschalten ◊**switch on** **A** *v/t sep gas* anstellen; *machine* anschalten; *TV, light* einschalten; *engine* anlassen **B** *v/i* (*machine*) anschalten; (*light*) einschalten ◊**switch over** **A** *v/i* = **switch** III **B** *v/t sep* = **switch** II3

switchboard *n* (TEL ≈ *exchange*) Vermittlung *f;* (*in office etc*) Zentrale *f*

Switch card® *n* (*Br*) Switch Card® *f*, Switch-Karte® *f*

Switzerland *n* die Schweiz; **to ~ in** die Schweiz

swivel **A** *attr* Dreh- **B** *v/t* (*a.* **swivel round**) (herum)drehen **C** *v/i* (*a.* **swivel round**) sich drehen; (*person*) sich herumdrehen

swollen **A** *past part* of **swell** **B** *adj* (an)geschwollen; *river* angestiegen

swoon *v/i* (*fig*) beinahe ohnmächtig werden (*over sb/sth* wegen jdm/einer Sache)

swoop **A** *v/i* (*lit: a.* **swoop down**, *bird*) herabstoßen (*on* auf +*acc*); (*fig, police*) einen Überraschungsangriff machen (*on* auf +*acc*) **B** *n* (*of bird*) Sturzflug *m;* **at or in one ~** auf einen Schlag

swop *n, v/t & v/i* = **swap**

sword *n* Schwert *nt* **swordfish** *n* Schwertfisch *m*

swore *pret* of **swear** **sworn** **A** *past part* of **swear** **B** *adj enemy* eingeschworen; **~ statement** JUR Aussage *f* unter Eid

swot (*Br infml*) **A** *v/i* büffeln (*infml*); **to ~ up (on) one's maths** Mathe pauken (*infml*) **B** *n* (*pej*) Streber(in) *m(f)*

swum *past part* of **swim**

swung *pret, past part* of **swing**

sycamore *n* Bergahorn *m;* (*US ≈ plane tree*) nordamerikanische Platane

syllable *n* Silbe *f*

syllabus *n, pl* **-es** *or* **syllabi** (*esp Br:* SCHOOL, UNIV) Lehrplan *m*

symbol *n* Symbol *nt* (*of* für) **symbolic(al)** *adj* symbolisch (*of* für); **to be ~ of sth** etw symbolisieren **symbolism** *n* Symbolik *f* **symbolize** *v/t* symbolisieren

symmetrical *adj*, **symmetrically** *adv* symmetrisch **symmetry** *n* Symmetrie *f*

sympathetic *adj* **1** (≈ *showing pity*) mitfühlend; (≈ *understanding*) verständnisvoll; (≈ *well-disposed*) wohlwollend; **to be or feel ~ to(wards) sb** (≈ *showing pity*) mit jdm mitfühlen; (≈ *understanding*) jdm Verständnis entgegenbringen; (≈ *being well-disposed*) mit jdm sympathisieren; **he was most ~ when I told him all my troubles** er zeigte sehr viel Mitgefühl für all meine Sorgen **2** (≈ *likeable*) sympathisch **sympathetically** *adv* (≈ *showing pity*) mitfühlend; (≈ *with understanding*) verständnisvoll; (≈ *well-disposed*) wohlwollend **sympathize** *v/i* (≈ *feel compassion*) Mitleid haben (*with* mit); (≈ *understand*) Verständnis haben (*with* für); (≈ *agree*) sympathisieren (*with* mit) (*esp POL*); **to ~ with sb over sth** mit jdm in einer Sache mitfühlen können; **I really do ~** (≈ *have pity*) das tut mir wirklich leid; (≈ *understand your feelings*) ich habe wirklich vollstes Verständnis **sympathizer** *n* Sympathisant(in) *m(f)*

sympathy *n* **1** (≈ *pity*) Mitleid *nt* (*for* mit); **to feel ~ for sb** Mitleid mit jdm haben; **my/our deepest sympathies** herzliches Beileid **2** (≈ *understanding*) Verständnis *nt;* (≈ *agreement*) Sympathie *f;* **to be in ~ with sb/sth** mit jdm/etw einhergehen; **to come out or strike in ~** IND in Sympathiestreik treten

symphony *n* Sinfonie *f* **symphony orchestra** *n* Sinfonieorchester *nt*

symptom *n* (*lit, fig*) Symptom *nt* **symptomatic** *adj* symptomatisch (*of* für)

synagogue *n* Synagoge *f*

sync *n* (FILM, TV *infml*) *abbr* of **synchronization**; **in ~** synchron; **out of ~** nicht synchron **synchronization** *n* Abstimmung *f;* FILM Synchronisation *f;* (*of clocks*) Gleichstellung *f* **synchronize** **A** *v/t* abstimmen (*with* auf +*acc*); *movements* aufeinander abstimmen; FILM synchronisieren (*with* mit); *clocks* gleichstellen (*with* mit) **B** *v/i* FILM synchron sein (*with* mit); (*clocks*) gleich gehen; (*movements*) in Übereinstimmung sein (with mit)

syndicate n Interessengemeinschaft f; COMM Syndikat nt; PRESS (Presse)zentrale f; (≈ crime syndicate) Ring m

syndrome n MED Syndrom nt; (fig, SOCIOL) Phänomen nt

synod n Synode f

synonym n Synonym nt **synonymous** adj synonym

synopsis n, pl synopses Abriss m der Handlung; (of article, book) Zusammenfassung f

syntax n Syntax f

synthesis n, pl syntheses Synthese f **synthesize** v/t synthetisieren **synthesizer** n MUS Synthesizer m **synthetic** ◼A◼ adj synthetisch ◼B◼ n Kunststoff m; **~s** Synthetik f

syphon n = siphon

Syria n Syrien nt

syringe n Spritze f

syrup, (US also) **sirup** n Sirup m

system n System nt; **digestive ~** Verdauungsapparat m; **it was a shock to his ~** er hatte schwer damit zu schaffen; **to get sth out of one's ~** (fig infml) sich (dat) etw von der Seele schaffen; **~ disk** Systemdiskette f; **~ software** Systemsoftware f **systematic** adj systematisch **systematize** v/t systematisieren **systems administrator** n IT Systembetreuer(in) m(f) **systems analyst** n Systemanalytiker(in) m(f) **systems disk** n IT Systemdiskette f **systems engineer** n Systemtechniker(in) m(f) **systems software** n Systemsoftware f

T

T, t n T nt, t nt

ta int (Br infml) danke

tab¹ n ◼1◼ (≈ loop) Aufhänger m ◼2◼ (≈ name tab, of owner) Namensschild nt; (of maker) Etikett nt; **to keep ~s on sb/sth** (infml) jdn/etw genau im Auge behalten ◼3◼ **to pick up the ~** die Rechnung übernehmen

tab² IT etc n Tab m; (on typewriter) Tabulator m

tabby n (a. **tabby cat**) getigerte Katze

tab key n Tabtaste f; (on typewriter) Tabulatortaste f

table ◼A◼ n ◼1◼ Tisch m; **at the ~** am Tisch; **to sit at ~** sich zu Tisch setzen; **to sit down at a ~** sich an einen Tisch setzen; **to turn the ~s (on sb)** (gegenüber jdm) den Spieß umdrehen ◼2◼ (≈ people at a table) Tischrunde f ◼3◼ (of figures etc) Tabelle f; **(multiplication) ~s** Einmaleins nt; **~ of contents** Inhaltsverzeichnis nt ◼B◼ v/t ◼1◼ motion etc einbringen ◼2◼ (US ≈ postpone) bill zurückstellen

tablecloth n Tischdecke f **table lamp** n Tischlampe f **table manners** pl Tischmanieren pl **tablespoon** n Esslöffel m **tablespoonful** n Esslöffel(voll) m

tablet n ◼1◼ PHARM Tablette f ◼2◼ IT Tablet nt, Tablet-Computer m ◼3◼ (of soap) Stückchen nt **tablet computer** n Tablet--Computer m

table tennis n Tischtennis nt

tabloid n (a. **tabloid newspaper**) bebilderte, kleinformatige Zeitung; (pej) Boulevardzeitung f **tabloid press** n Boulevardpresse f

taboo, tabu ◼A◼ n Tabu nt; **to be a ~** tabu sein ◼B◼ adj tabu

tacit adj, **tacitly** adv stillschweigend

taciturn adj wortkarg

tack ◼A◼ n ◼1◼ (≈ nail) kleiner Nagel; (esp US ≈ drawing pin) Reißzwecke f ◼2◼ (NAUT ≈ course) Schlag m; **to try another ~** (fig) es anders versuchen ◼3◼ (for horse) Sattel- und Zaumzeug nt ◼B◼ v/t ◼1◼ (with nail) annageln (to an +dat or acc); (with pin) feststecken (to an +dat) ◼2◼ (Br SEWING) heften ◼C◼ v/i NAUT aufkreuzen ◊**tack on** v/t sep (fig) anhängen (-to +dat)

tackle ◼A◼ n ◼1◼ (≈ equipment) Ausrüstung f ◼2◼ SPORTS Angriff m, Tackling nt ◼B◼ v/t ◼1◼ (physically, SPORTS) angreifen; RUGBY fassen; (verbally) zur Rede stellen (about wegen) ◼2◼ problem angehen; (≈ cope with) bewältigen; fire bekämpfen

tacky¹ adj (+er) klebrig

tacky² adj (+er) (infml) billig; area heruntergekommen; clothes geschmacklos

tact n no pl Takt m **tactful** adj taktvoll; **to be ~ about sth** etw mit Feingefühl behandeln **tactfully** adv taktvoll

tactic n Taktik f **tactical** adj, **tactically** adv taktisch **tactician** n Taktiker(in) m(f) **tactics** n sg Taktik f

tactless adj, **tactlessly** adv taktlos

tadpole *n* Kaulquappe *f*
taffeta *n* Taft *m*
taffy *n* (US) Toffee *nt*
tag **A** *n* **1** (≈ *label*) Schild(chen) *nt*; (*on clothes*) Etikett *nt* **2** (≈ *loop*) Aufhänger *m* **B** *v/t garment, goods (with price)* auszeichnen ◊**tag along** *v/i* **why don't you ~?** (*infml*) warum kommst/gehst du nicht mit? ◊**tag on** *v/t sep* anhängen (*to* an +*acc*)
tahini *n no pl* Sesampaste *f*
tail **A** *n* **1** Schwanz *m*; **to turn ~** die Flucht ergreifen; **he was right on my ~** er saß mir direkt im Nacken **2** **~s** *pl* (*on coin*) Rückseite *f* **3** **tails** *pl* (≈ *jacket*) Frack *m* **B** *v/t person* beschatten (*infml*); *car etc* folgen (+*dat*) ◊**tail back** *v/i* (*Br*) sich gestaut haben ◊**tail off** *v/i* (≈ *diminish*) abnehmen; (*sounds*) schwächer werden; (*sentence*) mittendrin abbrechen
tailback *n* (*Br*) Rückstau *m* **tail end** *n* Ende *nt* **tail-light** *n* AUTO Rücklicht *nt*
tailor **A** *n* Schneider(in) *m(f)* **B** *v/t* **1** *dress etc* schneidern **2** (*fig*) *holiday, policy* zuschneiden (*to* auf +*acc*); *products* abstimmen (*to* auf +*acc*) **tailor-made** *adj* maßgeschneidert
tailpipe *n* (US) Auspuffrohr *nt* **tailwind** *n* Rückenwind *m*
taint **A** *n* (*fig* ≈ *blemish*) Makel *m* **B** *v/t* (*fig*) *reputation* beschmutzen **tainted** *adj* **1** (*fig*) *reputation* beschmutzt **2** (≈ *contaminated*) *food* verdorben; *air* verpestet
Taiwan *n* Taiwan *nt*
take *vb: pret* **took**, *past part* **taken** **A** *v/t* **1** nehmen; (≈ *remove from its place*) wegnehmen; **to ~ sth from sb** jdm etw wegnehmen **2** (≈ *carry*) bringen; (≈ *take with one*) mitnehmen; **let me ~ your case** komm, ich nehme *or* trage deinen Koffer; **I'll ~ you to the station** ich bringe Sie zum Bahnhof; **this bus will ~ you into town** der Bus fährt in die Stadt; **this road will ~ you to Paris** diese Straße führt nach Paris **3** (≈ *capture*) fangen; *town etc* einnehmen; **to ~ sb prisoner** jdn gefangen nehmen **4** (≈ *accept*) nehmen; *job* annehmen; *command* übernehmen; *phone call* entgegennehmen; **~ that!** da!; **~ it from me!** das können Sie mir glauben; **let's ~ it from the beginning of Act 2** fangen wir mit dem Anfang vom zweiten Akt an; **to be ~n ill** krank werden; **(you can) ~ it or leave it** ja oder nein(, ganz wie

Sie wollen) **5** (≈ *occupy, possess*) sich (*dat*) nehmen; **~ a seat!** nehmen Sie Platz!; **this seat is ~n** dieser Platz ist besetzt **6** *test, course, photo, walk* machen; *exam* ablegen; *trip* unternehmen; *church service* (ab)halten **7** (≈ *teach*) *subject, class* unterrichten; *lesson* geben; **who ~s you for Latin?** (*Br*), **who are you taking for Latin?** (*US*) wer unterrichtet *or* gibt bei euch Latein?; **to ~ (the chair at) a meeting** den Vorsitz bei einer Versammlung führen **8** *taxi, train* nehmen; *bend* (*car*) fahren um; **to ~ the plane** fliegen; **we took a wrong turning** (*Br*) *or* **turn** (*US*) wir sind falsch abgebogen **9** *drugs* nehmen; **to ~ a sip** ein Schlückchen trinken; **do you ~ sugar?** nehmen Sie Zucker? **10** *details* (sich *dat*) notieren; **to ~ notes** sich (*dat*) Notizen machen **11** **to ~ the measurements of a room** ein Zimmer ausmessen; **to ~ sb's temperature** bei jdm Fieber messen **12** *climate* vertragen; *weight* aushalten; **I can ~ it** ich werde damit fertig; **I just can't ~ any more** ich bin am Ende; **I just can't ~ it any more** das halte ich nicht mehr aus **13** *news* reagieren auf (+*acc*); **she never knows how to ~ him** sie weiß nie, woran sie bei ihm ist; **she took his death badly** sein Tod hat sie mitgenommen **14** **I would ~ that to mean ...** ich würde das so auffassen *or* verstehen ... **15** (≈ *assume*) annehmen; **to ~ sb/sth for** *or* **to be ...** jdn/etw für ... halten **16** (≈ *extract*) entnehmen (*from* +*dat*) **17** (≈ *require*) brauchen; *clothes size* haben; **the journey ~s 3 hours** die Fahrt dauert 3 Stunden; **it ~s five hours ...** man braucht fünf Stunden ...; **it took ten men to complete it** es wurden zehn Leute benötigt, um es zu erledigen; **it took a lot of courage** dazu gehörte viel Mut; **it ~s time** es braucht (seine) Zeit; **it took a long time** es hat lange gedauert; **it took me a long time** ich habe lange gebraucht; **it won't ~ long** das dauert nicht lange; **she's got what it ~s** (*infml*) sie ist nicht ohne (*infml*) **18** (≈ *have room for*) Platz haben für **19** GRAM stehen mit; (*preposition*) gebraucht werden mit; **verbs that ~ "haben"** Verben, die mit „haben" konjugiert werden **B** *n* FILM Aufnahme *f* ◊**take aback** *v/t sep* überraschen; **I was completely taken aback** ich war völlig perplex ◊**take after** *v/i +prep obj* nachschlagen (+*dat*); (*in looks*) ähnlich sein (+*dat*) ◊**take along** *v/t sep* mitnehmen ◊**take apart** *v/t sep* (*lit, fig infml*) auseinandernehmen ◊**take (a)round** *v/t sep* (≈ *show around*) herumführen ◊**take away** *v/t sep* **1** (≈ *subtract*) abziehen; **6 ~ 2** 6 weniger 2 **2** (≈ *remove*) wegnehmen (*from sb* jdm); (≈ *lead, carry away*) wegbringen (*from* von); (≈ *fetch*) *person* abholen; **to take sb/sth away (with one)** jdn/etw mitnehmen **3** *food* mitnehmen; **pizza to ~** Pizza zum Mitnehmen ◊**take back** *v/t sep* **1** (≈ *get back*) sich (*dat*) zurückgeben lassen; *toy etc* wieder wegnehmen; (*fig* ≈ *retract*) zurücknehmen **2** (≈ *return*) zurückbringen; **that takes me back** das ruft Erinnerungen wach **3** *employee* wiedereinstellen ◊**take down** *v/t sep* **1** (*lit*) herunternehmen; *decorations* abnehmen; **to take one's trousers down** seine Hose herunterlassen **2** *tent* abbauen **3** (≈ *write down*) (sich *dat*) notieren ◊**take home** *v/t sep £400 per week* netto verdienen *or* bekommen ◊**take in** *v/t sep* **1** (≈ *bring in*) hereinbringen; **I'll take the car in(to work) on Monday** ich fahre am Montag mit dem Auto (zur Arbeit) **2** *stray dog* zu sich nehmen; **she takes in lodgers** sie vermietet (Zimmer) **3** *dress* enger machen **4** *surroundings* wahrnehmen; (≈ *understand*) *meaning* begreifen; *sights* aufnehmen; *situation* erfassen **5** (≈ *deceive*) hereinlegen; **to be taken in by sb/sth** auf jdn/etw hereinfallen ◊**take off** **A** *v/i* **1** (*plane*) starten; (*fig: project*) anlaufen; (*career*) abheben **2** (*infml* ≈ *leave*) sich davonmachen (*infml*) **B** *v/t sep* **1** *hat, lid* abnehmen (*prep obj* von); (≈ *deduct*) abziehen (*prep obj* von); (*from price*) nachlassen; *coat etc* (sich *dat*) ausziehen; **to take sth off sb** jdm etw abnehmen; **he took his clothes off** er zog sich aus; **to take sb's mind off sth** jdn von etw ablenken; **to take the weight off one's feet** seine Beine ausruhen; **to take sb/sth off sb's hands** jdm jdn/etw abnehmen **2** *Monday* freinehmen; **to take time off (work)** sich (*dat*) freinehmen **3** (*Br* ≈ *imitate*) nachahmen ◊**take on** *v/t sep* **1** *job* annehmen; *responsibility* übernehmen; (≈ *employ*) einstellen; **when he married her he took on more than he bargained for** als er sie heiratete, hat er sich (*dat*) mehr aufgeladen, als er gedacht hatte **2** *opponent* antreten gegen ◊**take out**

v/t sep **1** (≈ *bring out*) (hinaus)bringen (*of* aus) **2** (*to theatre etc*) ausgehen mit; **to take the dog out (for a walk)** mit dem Hund spazieren gehen; **to take sb out to** *or* **for dinner** jdn zum Essen einladen **3** (≈ *pull out*) herausnehmen; *tooth* ziehen; *nail* herausziehen (*of* aus); **to take sth out of sth** etw aus etw (heraus)nehmen; **to take time out from sth** von etw (eine Zeit lang) Urlaub nehmen; **to take time out from doing sth** etw eine Zeit lang nicht tun; **to take sth out on sb** (*infml*) etw an jdm auslassen (*infml*); **to take it out on sb** sich an jdm abreagieren; **to take it out of sb** (≈ *tire*) jdn ziemlich schlauchen (*infml*) **4** (*from bank*) abheben **5** *insurance* abschließen; *mortgage* aufnehmen **6** (*US*) = take away 3 ◊**take over A** *v/i* (≈ *assume government*) an die Macht kommen; (*new boss etc*) die Leitung übernehmen; (*tourists etc*) sich breitmachen (*infml*); **to ~ (from sb)** jdn ablösen; **he's ill so I have to ~** da er krank ist, muss ich (für ihn) einspringen **B** *v/t sep* (≈ *take control of*) übernehmen ◊**take round** *v/t sep* (*esp Br*) **1 I'll take it round (to her place)** ich bringe es zu ihr **2** (≈ *show round*) führen (*prep obj* durch) ◊**take to** *v/i +prep obj* **1** *person* sympathisch finden; **sb takes to a place** ein Ort sagt jdm zu; **I don't know how she'll ~ him** ich weiß nicht, wie sie auf ihn reagieren wird; **to ~ doing sth** anfangen, etw zu tun; **to ~ drink** zu trinken anfangen **2** *hills* sich flüchten in (+*acc*) ◊**take up** *v/t sep* **1** aufnehmen; *carpet* hochnehmen; *dress* kürzen; *conversation* weiterführen **2** (*upstairs etc*) *visitor* (mit) hinaufnehmen; *thing* hinauftragen **3** *time* in Anspruch nehmen; *space* einnehmen **4** *photography* zu seinem Hobby machen; **to ~ painting** anfangen zu malen **5** *cause* sich einsetzen für; **to ~ a position** (*lit*) eine Stellung einnehmen; **to be taken up with sb/sth** (≈ *busy*) mit jdm/etw sehr beschäftigt sein **6** *challenge, invitation* annehmen; *post* antreten; **he left to ~ a job as a headmaster** er ist gegangen, um eine Stelle als Schulleiter zu übernehmen; **to ~ residence** sich niederlassen (*at, in* in +*dat*); **to take sb up on his/her invitation/offer** von jds Einladung/Angebot Gebrauch machen; **I'll take you up on that** ich werde davon Gebrauch machen ◊**take upon** *v/t +prep obj* **he took it upon himself to answer for me** er meinte, er müsse für mich antworten

takeaway (*esp Br*) **A** n **1** (≈ *meal*) Essen *nt* zum Mitnehmen; **let's get a ~** wir können uns ja etwas (zu essen) holen *or* mitnehmen **2** (≈ *restaurant*) Imbissstube *f* **B** *adj attr food* zum Mitnehmen **take--home pay** *n* Nettolohn *m* **taken A** *past part* of **take B** *adj* **to be ~ with sb/sth** von jdm/etw angetan sein

takeoff *n* **1** AVIAT Start *m*; (≈ *moment of leaving ground*) Abheben *nt*; **ready for ~** startbereit **2** (*Br*) **to do a ~ of sb** jdn nachahmen **takeover** *n* COMM Übernahme *f* **taker** *n* **any ~s?** (*fig*) wer ist daran interessiert?; **there were no ~s** (*fig*) niemand war daran interessiert **taking A 1** **it's yours for the ~** das können Sie (umsonst) haben **2** **takings** *pl* COMM Einnahmen *pl*

talc, talcum, talcum powder *n* Talkumpuder *m*

tale *n* **1** Geschichte *f*; LIT Erzählung *f*; **at least he lived to tell the ~** zumindest hat er die Sache überlebt; **thereby hangs a ~** das ist eine lange Geschichte **2 to tell ~s** petzen (*infml*) (*to +dat*); **to tell ~s about sb** jdn verpetzen (*infml*) (*to* bei)

talent *n* Talent *nt* **talented** *adj* talentiert

talisman *n*, *pl* **-s** Talisman *m*

talk A *n* **1** Gespräch *nt*; **to have a ~** sich unterhalten (*with sb about sth* mit jdm über etw *acc*); **could I have a ~ with you?** könnte ich Sie mal sprechen?; **to hold** *or* **have ~s** Gespräche führen **2** *no pl* (≈ *talking*) Reden *nt*; (≈ *rumour*) Gerede *nt*; **he's all ~** (*and no action*) der führt bloß große Reden; **there is some ~ of his returning** es heißt, er kommt zurück; **it's the ~ of the town** es ist Stadtgespräch **3** (≈ *lecture*) Vortrag *m*; **to give a ~** einen Vortrag halten (*on* über +*acc*) **B** *v/i* **1** reden (*of* von, *about* über +*acc*); (≈ *speak*) sprechen (*of* von, *about* über +*acc*); (≈ *have conversation*) sich unterhalten (*of, about* über +*acc*); **to ~ to** *or* **with sb** mit jdm sprechen *or* reden (*about* über +*acc*); **could I ~ to Mr Smith please?** kann ich bitte Herrn Smith sprechen?; **it's easy** *or* **all right for you to ~** (*infml*) du hast gut reden (*infml*); **don't ~ to me like that!** wie redest du denn mit mir?; **that's no way to ~ to your parents** so redet man

doch nicht mit seinen Eltern!; **to get ~ing to sb** mit jdm ins Gespräch kommen; **you can ~!** (*infml*) du kannst gerade reden!; **to ~ to oneself** Selbstgespräche führen; **now you're ~ing!** das lässt sich schon eher hören!; **he's been ~ing of going abroad** er hat davon gesprochen *or* geredet, dass er ins Ausland fahren will; **~ing of films ...** da wir gerade von Filmen sprechen ...; **~ about rude!** so was von unverschämt! (*infml*); **to make sb ~** jdn zum Reden bringen; **we're ~ing about at least £2,000** es geht um mindestens £ 2.000 **2** (≈ *chatter*) schwatzen; **stop ~ing!** sei/seid ruhig! **3** (≈ *gossip*) klatschen **C** *v/t a language* sprechen; *nonsense* reden; *business* reden über (+*acc*); **we're ~ing big money** *etc* **here** (*infml*) hier gehts um große Geld *etc* (*infml*); **to ~ sb/oneself into doing sth** jdn/sich dazu bringen, etw zu tun; **to ~ sb out of sth** jdn von etw abbringen ◊**talk back** *v/i* (≈ *be cheeky*) frech antworten (*to sb* jdm) ◊**talk down** *v/i* **to ~ to sb** mit jdm herablassend reden ◊**talk over** *v/t sep* besprechen ◊**talk round** *v/t always separate* (*Br*) umstimmen ◊**talk through** *v/t sep* besprechen; **to talk sb through sth** jdm etw erklären

talkative *adj* gesprächig **talker** *n* Redner(in) *m(f)* **talking** *n* Sprechen *nt*; **no ~ please!** bitte Ruhe!; **his constant ~** sein dauerndes Gerede **talking point** *n* Gesprächsthema *nt* **talking-to** *n* (*infml*) **to give sb a good ~** jdm eine Standpauke halten (*infml*) **talk show** *n* Talkshow *f* **talk time** *n* (*on mobile phone*) Gesprächszeit *f*

tall *adj* (+*er*) **1** *person* groß; **how ~ are you?** wie groß sind Sie?; **6 ft ~** 1,80 m groß **2** *building, tree* hoch **3** (*infml*) **that's a ~ order** das ist ganz schön viel verlangt

tally A *n* **to keep a ~ of** Buch führen über (+*acc*) **B** *v/t* (*a.* **tally up**) zusammenzählen

talon *n* Kralle *f*

tambourine *n* Tamburin *nt*

tame A *adj* (+*er*) **1** *animal* zahm **2** (≈ *dull*) *adventure, story, joke etc* lahm (*infml*) **B** *v/t animal* zähmen

Tampax® *n* Tampon *m*

◊**tamper with** *v/i +prep obj* sich (*dat*) zu schaffen machen an (+*dat*); *system* herumpfuschen an (+*dat*) (*infml*)

T

tampon n Tampon m

tan **A** n **1** (≈ suntan) Bräune f; **to get a ~** braun werden; **she's got a lovely ~** sie ist schön braun **2** (≈ colour) Hellbraun nt **B** adj hellbraun **C** v/i braun werden

tandem n Tandem nt; **in ~ (with)** (fig) zusammen (mit)

tang n **1** (≈ smell) scharfer Geruch **2** (≈ taste) starker Geschmack

tangent n **to go off at a ~** (fig) (plötzlich) vom Thema abschweifen

tangerine n Mandarine f

tangible adj (fig) result greifbar; proof handfest

tangle **A** n (lit) Gewirr nt; (fig) Wirrwarr m; **to get into a ~** sich verheddern **B** v/i **to get ~d** sich verheddern ◊**tangle up** v/t sep **to get tangled up** durcheinandergeraten

tangy adj (+er) scharf

tank n **1** (≈ container) Tank m; (esp for water) Wasserspeicher m; (≈ oxygen tank) Flasche f **2** MIL Panzer m **tanker** n **1** (≈ boat) Tanker m **2** (≈ vehicle) Tankwagen m **tankful** n Tank(voll) m

tankini n Tankini m, zweiteiliger Badeanzug

tank top n Pullunder m

tanned adj person braun (gebrannt)

tannin n Tannin nt

Tannoy® n Lautsprecheranlage f

tantalizing adj verführerisch

tantrum n **to have a ~** einen Wutanfall bekommen

Taoiseach n (Ir) Premierminister(in) m(f)

tap¹ **A** n (esp Br) Hahn m; **on ~** (beer etc) vom Fass **B** v/t (fig) market erschließen; **to ~ telephone wires** Telefonleitungen anzapfen ◊**tap into** v/i +prep obj system anzapfen; (≈ exploit) fear ausnutzen

tap² **A** n **1** (≈ knock) Klopfen nt **2** (≈ touch) Klaps m **B** v/t & v/i klopfen; **he ~ped me on the shoulder** er klopfte mir auf die Schulter; **to ~ at the door** sachte an die Tür klopfen **tap-dance** v/i steppen

tape **A** n **1** Band nt; (≈ sticky paper) Klebeband nt; (≈ Sellotape® etc) Kleb(e)streifen m **2** (magnetic) (Ton)band nt; **on ~** auf Band **B** v/t (≈ tape-record) (auf Band) aufnehmen; (≈ video-tape) (auf Video) aufnehmen ◊**tape down** v/t sep (mit Klebeband etc) festkleben ◊**tape over** **A** v/i +prep obj überspielen **B** v/t sep **to tape A over B**

B mit A überspielen ◊**tape up** v/t sep parcel mit Klebeband etc verkleben

tape deck n Tapedeck nt **tape measure** n Maßband nt

taper v/i sich zuspitzen ◊**taper off** v/i (fig) langsam aufhören

tape-record v/t auf Band aufnehmen **tape recorder** n Tonbandgerät nt; (≈ cassette recorder) Kassettenrekorder m

tape recording n Bandaufnahme f

tapestry n Wandteppich m

tapeworm n Bandwurm m

tapioca n Tapioka f

tap water n Leitungswasser nt

tar **A** n Teer m **B** v/t teeren

tarantula n Tarantel f

tardy adj (+er) (US ≈ late) **to be ~** (person) zu spät kommen

target **A** n Ziel nt; (SPORTS, fig) Zielscheibe f; **to be off/on ~** (missile) danebengehen/treffen; (shot at goal) ungenau/sehr genau sein; **production is above/on/below ~** das Produktionssoll ist überschritten/erfüllt/nicht erfüllt; **to be on ~** (project) auf Kurs sein **B** v/t sich (dat) zum Ziel setzen; audience als Zielgruppe haben **target group** n Zielgruppe f

tariff n **1** (esp Br: in hotels) Preisliste f **2** (≈ tax) Zoll m

tarmac **A** n Tarmac® Asphalt m **B** v/t asphaltieren

tarnish **A** v/t **1** metal stumpf werden lassen **2** (fig) reputation beflecken **B** v/i (metal) anlaufen

tarot card n Tarockkarte f

tarpaulin n Plane f; NAUT Persenning f

tarragon n Estragon m

tart¹ adj (+er) flavour herb, sauer (pej); fruit sauer

tart² n COOK Obstkuchen m; (individual) Obsttörtchen nt

tart³ n (Br infml ≈ prostitute) Nutte f (infml) ◊**tart up** v/t sep (esp Br infml) aufmachen (infml); oneself aufdonnern (infml)

tartan **A** n (≈ pattern) Schottenkaro nt; (≈ material) Schottenstoff m **B** adj im Schottenkaro

tartar(e) sauce n ≈ Remouladensoße f

task n Aufgabe f; **to set sb a ~** jdm eine Aufgabe stellen; **to take sb to ~** jdn ins Gebet nehmen (for, about wegen) **task bar** n IT Taskleiste f **task force** n Sondereinheit f **taskmaster** n **he's a hard ~** er ist ein strenger Meister

tassel n Quaste f
taste A n Geschmack m; (≈ sense) Geschmackssinn m; (≈ small amount) Kostprobe f; **I don't like the ~** das schmeckt mir nicht; **to have a ~ (of sth)** (lit) (etw) probieren; (fig) eine Kostprobe (von etw) bekommen; **to acquire a ~ for sth** Geschmack an etw (dat) finden; **it's an acquired ~** das ist etwas für Kenner; **my ~ in music** mein musikalischer Geschmack; **to be to sb's ~** nach jds Geschmack sein; **it is a matter of ~** das ist Geschmack(s)sache; **for my ~ ...** für meinen Geschmack ...; **she has very good ~** sie hat einen sehr guten Geschmack; **a man of ~** ein Mann mit Geschmack; **in good ~** geschmackvoll; **in bad ~** geschmacklos B v/t 1 flavour schmecken 2 (≈ take a little) probieren, kosten 3 wine verkosten 4 (fig) freedom erleben C v/i schmecken; **to ~ good** or **nice** (gut) schmecken; **it ~s all right to me** ich schmecke nichts; (≈ I like it) ich finde, das schmeckt nicht schlecht; **to ~ of sth** nach etw schmecken
tasteful adj, **tastefully** adv geschmackvoll **tasteless** adj geschmacklos **tasty** adj (+er) dish schmackhaft; **his new girlfriend is very ~** (infml) seine neue Freundin ist zum Anbeißen (infml)
tattered adj clothes zerlumpt; sheet zerfleddert **tatters** pl **to be in ~** (clothes) in Fetzen sein; (confidence) (sehr) angeschlagen sein
tattoo A v/t tätowieren B n Tätowierung f
tatty adj (+er) (esp Br infml) schmuddelig; clothes schäbig
taught pret, past part of teach
taunt A n Spöttelei f B v/t verspotten (about wegen)
Taurus n ASTRON, ASTROL Stier m; **he's (a) ~** er ist Stier
taut adj (+er) straff; muscles stramm; **to pull sth ~** etw stramm ziehen **tauten** A v/t rope spannen; muscle anspannen B v/i sich spannen
tavern n (old) Taverne f
tax A n Steuer f; **before ~** brutto; **after ~** netto; **to put a ~ on sb/sth** jdn/etw besteuern B v/t 1 besteuern 2 (fig) patience strapazieren **taxable** adj **~ income** zu versteuerndes Einkommen **tax allowance** n Steuervergünstigung f; (≈ tax-free income) Steuerfreibetrag m **taxation** n

Besteuerung f **tax bill** n Steuerbescheid m **tax bracket** n Steuergruppe f or -klasse f **tax-deductible** adj (steuerlich) absetzbar **tax demand** n Steuerbescheid m **tax disc** n (Br) Steuerplakette f **tax-exempt** adj (US) income steuerfrei **tax-free** adj, adv steuerfrei **tax haven** n Steuerparadies nt
taxi A n Taxi nt; **to go by ~** mit dem Taxi fahren B v/i AVIAT rollen **taxicab** n (esp US) Taxi nt
taxidermist n Tierausstopfer(in) m(f)
taxi driver n Taxifahrer(in) m(f)
tax inspector n (Br) Finanzbeamte(r) m/f(m)
taxi rank (Br), **taxi stand** (esp US) n Taxistand m
taxman n **the ~ gets 35%** das Finanzamt bekommt 35% **taxpayer** n Steuerzahler(in) m(f) **tax return** n Steuererklärung f
TB abbr of tuberculosis Tb f, Tbc f
T-bone steak n T-Bone-Steak nt
tea n 1 Tee m; **a cup of ~** eine Tasse Tee 2 (Br) (≈ afternoon tea) ≈ Kaffee und Kuchen; (≈ meal) Abendbrot nt **tea bag** n Teebeutel m **tea break** n (esp Br) Pause f **tea caddy** n (esp Br) Teedose f **teacake** n (Br) Rosinenbrötchen nt
teach vb: pret, past part **taught** A v/t unterrichten, lehren (elev); **to ~ sb sth** jdm etw beibringen; (teacher) jdn in etw (dat) unterrichten; **to ~ sb to do sth** jdm beibringen, etw zu tun; **the accident taught me to be careful** durch diesen Unfall habe ich gelernt, vorsichtiger zu sein; **who taught you to drive?** bei wem haben Sie Fahren gelernt?; **that'll ~ her** das wird ihr eine Lehre sein; **that'll ~ you to break the speed limit** das hast du (nun) davon, dass du die Geschwindigkeitsbegrenzung überschritten hast B v/i unterrichten; **he can't ~** (≈ no ability) er gibt keinen guten Unterricht
teacher n Lehrer(in) m(f); **English ~s** Englischlehrer pl **teacher-training** n Lehrer(aus)bildung f; **~ college** (for primary teachers) pädagogische Hochschule; (for secondary teachers) Studienseminar nt
tea chest n (Br) Kiste f
teaching n 1 das Unterrichten; (as profession) der Lehrberuf; **she enjoys ~** sie unterrichtet gern 2 (≈ doctrine: a. **teachings**) Lehre f

teaching time n Unterrichtszeit f
tea cloth n (Br) Geschirrtuch nt **tea cosy,** (US) **tea cozy** n Teewärmer m **teacup** n Teetasse f
teak n (≈ wood) Teak(holz) nt
tea leaf n Teeblatt nt
team n Team nt; SPORTS Mannschaft f ◊**team up** v/i (people) sich zusammentun (with mit)
team effort n Teamarbeit f **team game** n Mannschaftsspiel nt **team-mate** n Mannschaftskamerad(in) m(f)
team member n Teammitglied n **team spirit** n Gemeinschaftsgeist m; SPORTS Mannschaftsgeist m **teamwork** n Teamwork nt
tea party n Teegesellschaft f **teapot** n Teekanne f
tear[1] vb: pret **tore,** past part **torn** ◪ v/t zerreißen; hole reißen; **to ~ sth in two** etw (in zwei Stücke) zerreißen; **to ~ sth to pieces** etw in Stücke reißen; (fig) play etc etw verreißen; **to ~ sth open** etw aufreißen; **to ~ one's hair (out)** sich (dat) die Haare raufen; **to be torn between two things** (fig) zwischen zwei Dingen hin und her gerissen sein ◪ v/i ◪ (material etc) (zer)reißen; **~ along the dotted line** an der gestrichelten Linie abtrennen ◪ (≈ move quickly) rasen ◪ n Riss m ◊**tear along** v/i entlangrasen ◊**tear apart** v/t sep place völlig durcheinanderbringen; country zerreißen; **it tore me apart to leave you** es hat mir schier das Herz zerrissen, dich zu verlassen ◊**tear at** v/i +prep obj zerren an (+dat) ◊**tear away** v/t sep **if you can tear yourself away** wenn du dich losreißen kannst ◊**tear down** v/t sep poster herunterreißen; house abreißen ◊**tear into** v/i +prep obj (≈ attack verbally) abkanzeln; (critic) keinen guten Faden lassen an (+dat) ◊**tear off** ◪ v/i ◪ (≈ rush off) wegrasen ◪ (cheque) sich abtrennen lassen ◪ v/t sep wrapping abreißen; sich herunterreißen ◊**tear out** ◪ v/i hinausrasen, wegrasen ◪ v/t sep (her)ausreißen (of aus) ◊**tear up** v/t sep ◪ paper etc zerreißen ◪ post (her)ausreißen ◪ ground aufwühlen
tear[2] n Träne f; **in ~s** in Tränen aufgelöst; **there were ~s in her eyes** ihr standen Tränen in den Augen; **the news brought ~s to her eyes** als sie das hörte, stiegen ihr die Tränen in die Augen; **the ~s were**

running down her cheeks ihr Gesicht war tränenüberströmt
tearaway n (Br infml) Rabauke m (infml)
teardrop n Träne f **tearful** adj face tränenüberströmt; farewell tränenreich; **to become ~** zu weinen anfangen **tearfully** adv look mit Tränen in den Augen; say unter Tränen **tear gas** n Tränengas nt
tearoom n (Br) Teestube f, Café nt, Kaffeehaus nt (Aus)
tear-stained adj verweint
tease ◪ v/t person necken; (≈ make fun of) hänseln (about wegen) ◪ v/i Spaß machen ◪ n (infml ≈ person) Scherzbold m (infml)
tea service, tea set n Teeservice nt **teashop** n Teestube f
teasing adj manner neckend
teaspoon n ◪ Teelöffel m ◪ (a. **teaspoonful**) Teelöffel(voll) m **tea strainer** n Teesieb nt
teat n (of animal) Zitze f; (Br: on bottle) (Gummi)sauger m
teatime n (Br) (for afternoon tea) Teestunde f; (≈ mealtime) Abendessen nt, Nachtmahl nt (Aus), Nachtessen nt (Swiss); **at ~** am späten Nachmittag **tea towel** n (Br) Geschirrtuch nt **tea trolley,** (US) **tea wagon** n Teewagen m
technical adj ◪ technisch ◪ (of particular branch) fachlich, Fach-; problems fachspezifisch; **~ dictionary** Fachwörterbuch nt; **~ term** Fachausdruck m **technical college** n (esp Br) technische Fachschule **technical drawing** n technische Zeichnung **technicality** n (≈ technical detail) technische Einzelheit; (fig, JUR) Formsache f **technically** adv ◪ technisch ◪ **~ speaking** streng genommen **technical school** n (US) technische Fachschule **technical support** n IT technische Unterstützung **technician** n Techniker(in) m(f)
technique n Technik f; (≈ method) Methode f
technological adj technologisch; information technisch **technologically** adv technologisch **technologist** n Technologe m, Technologin f
technology n Technologie f; **communications** n Kommunikationstechnik f
teddy (bear) n Teddy(bär) m
tedious adj langweilig, fad (Aus) **tedium** n Lang(e)weile f

tee n GOLF Tee nt

teem v/i **1** (with insects etc) wimmeln (with von) **2** it's ~ing with rain es gießt in Strömen (infml) **teeming** adj rain strömend

teen adj (esp US) movie für Teenager; ~ **idol** Teenie-Idol nt **teenage** adj Teenager-; son, girl im Teenageralter; ~ **idol** Teenie-Idol nt **teenaged** adj im Teenageralter; ~ **boy/girl** Teenager m **teenager** n Teenager m **teens** pl Teenageralter nt; **to be in one's** ~ im Teenageralter sein

teeny(weeny) adj (infml) klitzeklein (infml)

tee shirt n = T-shirt

teeter v/i taumeln; **to** ~ **on the brink** or **edge of sth** (lit) am Rand von etw taumeln; (fig) am Rand von etw sein

teeth pl of tooth **teethe** v/i zahnen **teething ring** n Beißring m **teething troubles** pl (Br fig) Kinderkrankheiten pl

teetotal adj person abstinent **teetotaller**, (US) **teetotaler** n Abstinenzler(in) m(f)

TEFL abbr of Teaching of English as a Foreign Language

tel abbr of telephone (number) Tel.

telebanking n Telebanking nt

telecommunications n **1** pl Fernmeldewesen nt **2** sg (≈ science) Fernmeldetechnik f

telecommuting n Telearbeit f

teleconference n Telekonferenz f **teleconferencing** n Telekonferenz f, Konferenzschaltung f

telegram n Telegramm nt

telegraph v/t telegrafisch übermitteln **telegraph pole** n (Br) Telegrafenmast m

telepathic adj telepathisch; **you must be** ~! du musst ja ein Hellseher sein!

telepathy n Telepathie f

telephone **A** n Telefon nt; **there's somebody on the** ~ **for you** Sie werden am Telefon verlangt; **have you got a** ~? haben Sie Telefon?; **he's on the** ~ (≈ is using the telephone) er telefoniert gerade; **by** ~ telefonisch; **I've just been on the** ~ **to him** ich habe eben mit ihm telefoniert; **I'll get on the** ~ **to her** ich werde sie anrufen **B** v/t anrufen **C** v/i telefonieren; **to** ~ **for an ambulance** einen Krankenwagen rufen **telephone banking** n Telefon-

banking nt **telephone box**, (US) **telephone booth** n Telefonzelle f **telephone call** n Telefongespräch nt **telephone directory** n Telefonbuch nt **telephone exchange** n (esp Br) Fernsprechamt nt **telephone kiosk** n Telefonzelle f **telephone line** n Telefonleitung f **telephone number** n Telefonnummer f **telephone operator** n (esp US) Telefonist(in) m(f) **telephone pole** n (US) Telegrafenmast m

telephoto (lens) n Teleobjektiv nt

telesales n sg or pl Verkauf m per Telefon

telescope n Teleskop nt **telescopic** adj aerial etc ausziehbar **telescopic lens** n Fernrohrlinse f

Teletext® n Videotext m

televise v/t (im Fernsehen) übertragen

television n Fernsehen nt; (≈ set) Fernseher m; **to watch** ~ fernsehen; **to be on** ~ im Fernsehen kommen; **what's on** ~? was gibt es im Fernsehen? **television camera** n Fernsehkamera f **television licence** n (Br) Bescheinigung über die Entrichtung der Fernsehgebühren **television screen** n Bildschirm m **television set** n Fernseher m

teleworker n Telearbeiter(in) m(f)

telex **A** n Telex nt **B** v/t message per Telex mitteilen; person ein Telex schicken (+dat)

tell pret, past part told **A** v/t **1** story erzählen (sb sth, sth to sb jdm etw acc); (≈ say, order) sagen (sb sth, sth to sb jdm etw acc); **to** ~ **lies** lügen; **to** ~ **tales** petzen (infml); **to** ~ **sb's fortune** jdm wahrsagen; **to** ~ **sb a secret** jdm ein Geheimnis anvertrauen; **to** ~ **sb about sth** jdm von etw erzählen; **I can't** ~ **you how pleased I am** ich kann Ihnen gar nicht sagen, wie sehr ich mich freue; **could you** ~ **me the way to the station, please?** könn(t)en Sie mir bitte sagen, wie ich zum Bahnhof komme?; **(I'll)** ~ **you what, let's go to the cinema** weißt du was, gehen wir doch ins Kino!; **don't** ~ **me you can't come!** sagen Sie bloß nicht, dass Sie nicht kommen können!; **I won't do it, I** ~ **you!** und ich sage dir, das mache ich nicht!; **I told you so** ich habe es (dir) ja gesagt; **we were told to bring sandwiches with us** es wurde uns gesagt, dass wir belegte Brote mitbringen sollten; **don't you** ~ **me what to do!** Sie haben mir nicht zu sagen, was ich tun soll!; **do as** or **what you are told!** tu, was man dir sagt! **2** (≈ *distinguish, discern*) erkennen; **to ~ the time** die Uhr kennen; **to ~ the difference** den Unterschied sehen; **you can ~ that he's clever** man sieht or merkt, dass er intelligent ist; **you can't ~ whether it's moving** man kann nicht sagen or sehen, ob es sich bewegt; **to ~ sb/sth by sth** jdn/etw an etw (*dat*) erkennen; **I can't ~ butter from margarine** ich kann Butter von Margarine unterscheiden; **to ~ right from wrong** Recht von Unrecht unterscheiden **3** (≈ *know*) wissen; **how can I ~ that?** wie soll ich das wissen? **B** *v/i +indir obj* es sagen (+*dat*); **I won't ~ you again** ich sage es dir nicht noch einmal; **you're ~ing me!** wem sagen Sie das! **C** *v/i* **1** (≈ *be sure*) wissen; **as** or **so far as one can ~** soweit man weiß; **who can ~?** wer weiß?; **you never can ~, you can never ~** man kann nie wissen **2** (≈ *talk*) sprechen; **promise you won't ~** du musst versprechen, dass du nichts sagst ◊**tell off** *v/t sep* (*infml*) ausschimpfen (*for wegen*); **he told me off for being late** er schimpfte (*mit mir aus*), weil ich zu spät kam ◊**tell on** *v/i +prep obj* (*infml* ≈ *inform on*) verpetzen (*infml*)

teller *n* (*in bank*) Kassierer(in) *m(f)*

telling A *adj* **1** (≈ *effective*) wirkungsvoll **2** (≈ *revealing*) aufschlussreich **B** *n* **1** (≈ *narration*) Erzählen *nt* **2 there is no ~ what he may do** man kann nicht sagen, was er tut **telling-off** *n* (*Br infml*) **to give sb a good ~** jdm eine (kräftige) Standpauke halten (*infml*) **telltale** *n* (*Br*) Petze *f*

telly *n* (*Br infml*) Fernseher *m*; **on ~** im Fernsehen; **to watch ~** fernsehen; → television

temerity *n* Kühnheit *f*, Unerhörtheit *f* (*pej*)

temp A *n* Aushilfskraft *m* **B** *v/i* als Aushilfskraft arbeiten

temper *n* (≈ *angry mood*) Wut *f*; **to be in a ~** wütend sein; **to be in a good/bad ~** guter/schlechter Laune sein; **she's got a quick ~** sie kann sehr jähzornig sein; **she's got a terrible ~** sie kann sehr unangenehm werden; **to lose one's ~** die Beherrschung verlieren (*with sb bei jdm*); **to keep one's ~** sich beherrschen (*with sb bei jdm*); **to fly into a ~** einen Wutanfall bekommen; **he has quite a ~** er kann

ziemlich aufbrausen

temperament *n* (≈ *disposition*) Veranlagung *f*; (*of a people*) Temperament *nt*

temperamental *adj* **1** temperamentvoll **2** *car* launisch (*hum*)

temperate *adj climate* gemäßigt

temperature *n* Temperatur *f*; **to take sb's ~** bei jdm Fieber messen; **he has a ~** er hat Fieber; **he has a ~ of 39° C** er hat 39° Fieber

-tempered *adj suf* ... gelaunt

tempestuous *adj* (*fig*) stürmisch

temping agency *n* Zeitarbeitsfirma *f*

template, templet *n* Schablone *f*

temple¹ *n* REL Tempel *m*

temple² *n* ANAT Schläfe *f*

tempo *n* (MUS, *fig*) Tempo *nt*

temporarily *adv* vorübergehend **temporary** *adj* vorübergehend; *address* vorläufig; **she is a ~ resident here** sie wohnt hier nur vorübergehend

tempt *v/t* in Versuchung führen; (*successfully*) verführen; **to ~ sb to do** or **into doing sth** jdn dazu verführen, etw zu tun; **I am ~ed to accept** ich bin versucht anzunehmen; **may I ~ you to have a little more wine?** kann ich Sie noch zu etwas Wein überreden?; **to ~ fate** or **providence** (*fig*) sein Schicksal herausfordern; (*in words*) den Teufel an die Wand malen **temptation** *n* Versuchung *f*; **to yield to** or **to give way to ~** der Versuchung erliegen **tempting** *adj*, **temptingly** *adv* verlockend

ten A zehn **B** *n* Zehn *f*; → **six**

tenacious *adj* hartnäckig **tenacity** *n* Hartnäckigkeit *f*

tenancy *n* **conditions of ~** Mietbedingungen *pl*; (*of farm*) Pachtbedingungen *pl* **tenant** *n* Mieter(in) *m(f)*; (*of farm*) Pächter(in) *m(f)*

tend¹ *v/t* sich kümmern um; *sheep* hüten; *machine* bedienen

tend² *v/i* **1 to ~ to be/do sth** gewöhnlich etw sein/tun; **the lever ~s to stick** der Hebel bleibt oft hängen; **that would ~ to suggest that ...** das würde gewissermaßen darauf hindeuten, dass ... **2 to ~ toward(s)** (*measures etc*) führen zu; (*person, views etc*) tendieren zu **tendency** *n* Tendenz *f*; **artistic tendencies** künstlerische Neigungen *pl*; **to have a ~ to be/do sth** gewöhnlich etw sein/tun

tender¹ A *v/t money, services* (an)bieten;

resignation einreichen **B** *n* COMM Angebot *nt*

tender² *adj* **1** *spot* empfindlich; *plant, meat* zart; **at the ~ age of 7** im zarten Alter von 7 Jahren **2** (≈ *affectionate*) liebevoll; *kiss* zärtlich; **~ loving care** Liebe und Zuneigung *f* **tenderhearted** *adj* gutherzig **tenderly** *adv* liebevoll **tenderness** *n* **1** (≈ *soreness*) Empfindlichkeit *f* **2** (≈ *affection*) Zärtlichkeit *f*

tendon *n* Sehne *f*

tenement *n* (*a.* **tenement house**) ≈ Mietshaus *nt*

Tenerife *n* Teneriffa *nt*

tenfold **A** *adj* zehnfach **B** *adv* um das Zehnfache; **to increase ~** sich verzehnfachen

tenner *n* (*Br infml*) Zehner *m* (*infml*)

tennis *n* Tennis *nt* **tennis ball** *n* Tennisball *m* **tennis court** *n* Tennisplatz *m* **tennis player** *n* Tennisspieler(in) *m(f)* **tennis racket, tennis racquet** *n* Tennisschläger *m*

tenor **A** *n* Tenor *m* **B** *adj* MUS Tenor-

tenpin bowling, tenpins (*US*) *n* Bowling *nt*

tense¹ *n* GRAM Zeit *f*; **present ~** Gegenwart *f*; **past ~** Vergangenheit *f*; **future ~** Zukunft *f*

tense² **A** *adj* (+*er*) *atmosphere* gespannt; *muscles, situation* (an)gespannt; *person* angespannt; **to grow ~** (*person*) nervös werden **B** *v/t* anspannen **C** *v/i* sich (an)spannen ◊**tense up** *v/i* sich anspannen

tension *n* (*lit*) Spannung *f*; (≈ *nervous strain*) Anspannung *f*

tent *n* Zelt *nt*

tentacle *n* ZOOL Tentakel *m* or *nt* (*tech*)

tentative *adj* (≈ *not definite*) vorläufig; *offer* unverbindlich; (≈ *hesitant*) *conclusion, suggestion* vorsichtig; *smile* zögernd; **we've a ~ arrangement to play tennis tonight** wir haben halb abgemacht, heute Abend Tennis zu spielen **tentatively** *adv* (≈ *hesitantly*) *smile* zögernd; (≈ *gingerly*) *move* vorsichtig; (≈ *provisionally*) *agree* vorläufig

tenterhooks *pl* **to be on ~** wie auf glühenden Kohlen sitzen (*infml*); **to keep sb on ~** jdn zappeln lassen

tenth **A** *adj* (*in series*) zehnte(r, s); **a ~ part** ein Zehntel *nt* **B** *n* **1** (≈ *fraction*) Zehntel *nt* **2** (*in series*) Zehnte(r, s); → **sixth**

tent peg *n* Zeltpflock *m*, Hering *m* **tent pole** *n* Zeltstange *f*

tenuous *adj* (*fig*) *connection etc* schwach; *position* unsicher; **to have a ~ grasp of sth** etw nur ansatzweise verstehen

tenure *n* **1** (≈ *holding of office*) Anstellung *f*; (≈ *period of office*) Amtszeit *f* **2** **during her ~ of the farm** während sie die Farm innehatte

tepid *adj* lau(warm)

term **A** *n* **1** (≈ *period of time*) Zeitraum *m*; (≈ *limit*) Frist *f*; **~ of office** Amtszeit *f*; **~ of imprisonment** Gefängnisstrafe *f*; **elected for a three-year ~** auf *or* für drei Jahre gewählt; **in the short ~** auf kurze Sicht **2** (SCHOOL) (*three in year*) Trimester *nt*; (*two in year*) Halbjahr *nt*; UNIV Semester *nt* **3** (≈ *expression*) Ausdruck *m*; **in simple ~s** in einfachen Worten **4** **in ~s of production we are doing well** was die Produktion betrifft, stehen wir gut da **5** **terms** *pl* (≈ *conditions*) Bedingungen *pl*; **~s of surrender/payment** Kapitulations-/Zahlungsbedingungen *pl*; **on equal ~s** auf gleicher Basis; **to come to ~s (with sb)** sich (mit jdm) einigen **6** **terms** *pl* **to be on good/bad ~s with sb** gut/nicht (gut) mit jdm auskommen **B** *v/t* bezeichnen

terminal **A** *adj* (≈ *final*) End-; MED unheilbar; **to be in ~ decline** sich in unaufhaltsamem Niedergang befinden **B** *n* **1** RAIL Endbahnhof *m*; (*for tram, buses*) Endstation *f*; **air** *or* **airport ~** (Flughafen)terminal *m*; **railway** (*Br*) *or* **railroad** (*US*) **~** Zielbahnhof *m* **2** ELEC Pol *m* **3** IT Terminal *nt* **terminally** *adv* **~ ill** unheilbar krank **terminal station** *n* RAIL Endbahnhof *m*

terminate **A** *v/t* beenden; *contract etc* lösen; *pregnancy* unterbrechen **B** *v/i* enden **termination** *n* (≈ *bringing to an end*) Beendigung *f*; (*of contract etc* ≈ *cancellation*) Lösung *f*; **~ of pregnancy** Schwangerschaftsabbruch *m*

terminology *n* Terminologie *f*

terminus *n* RAIL, BUS Endstation *f*

termite *n* Termite *f*

terrace *n* **1** Terrasse *f* **2** (*Br* ≈ *row of houses*) Häuserreihe *f* **terraced** *adj* **1** *hillside etc* terrassenförmig angelegt **2** (*esp Br*) **~ house** Reihenhaus *nt*

terrain *n* Terrain *nt*

terrestrial *adj* terrestrisch

terrible *adj* furchtbar; **I feel ~** (≈ *feel ill*) mir ist fürchterlich schlecht; (≈ *feel guilty*) es ist mir furchtbar peinlich **terribly** *adv* schrecklich; *disappointed, sorry* furchtbar; *sing* fürchterlich; *important* schrecklich (*infml*); **I'm not ~ good with money** ich kann nicht besonders gut mit Geld umgehen

terrier *n* Terrier *m*

terrific *adj* unheimlich (*infml*); *speed* unwahrscheinlich (*infml*); **that's ~ news** das sind tolle Nachrichten (*infml*); **~!** prima! (*infml*)

terrified *adj* verängstigt; **to be ~ of sth** vor etw schreckliche Angst haben; **he was ~ in case ...** er hatte fürchterliche Angst davor, dass ... **terrify** *v/t* in Angst versetzen **terrifying** *adj film* grauenerregend; *thought, sight* entsetzlich; *speed* angsterregend

territorial *adj* territorial **Territorial Army** *n* (*Br*) Territorialheer *nt* **territory** *n* Territorium *nt*; (*of animals*) Revier *nt*; (*fig*) Gebiet *nt*

terror *n* **1** *no pl* Terror *m*; (≈ *fear*) panische Angst (*of vor +dat*) **2** (≈ *terrible event*) Schrecken *m* **terrorism** *n* Terrorismus *m*; **an act of ~** ein Terrorakt *m* **terrorist** ◩ *n* Terrorist(in) *m(f)* ◪ *adj attr* terroristisch; **~ attack** Terroranschlag *m* **terrorize** *v/t* terrorisieren

terse *adj* (*+er*) knapp **tersely** *adv* knapp, kurz; *say, answer* kurz (angebunden)

TESL *abbr* of Teaching of English as a Second Language

TESOL *abbr* of Teaching of English as a Second or Other Language

test ◩ *n* Test *m*; school Klassenarbeit *f*; univ Klausur *f*; (≈ *driving test*) (Fahr)prüfung *f*; (≈ *check*) Untersuchung *f*; **he gave them a vocabulary ~** er ließ eine Vokabelarbeit schreiben; (*orally*) er hat sie Vokabeln abgefragt; **to put sb/sth to the ~** jdn/etw auf die Probe stellen ◪ *adj attr* Test- ◸ *v/t* **1** testen; school prüfen; (*orally*) abfragen; (*fig*) auf die Probe stellen **2** (*chemically*) untersuchen; **to ~ sth for sugar** etw auf seinen Zuckergehalt untersuchen ◷ *v/i* Tests/einen Test machen ◊**test out** *v/t sep* ausprobieren (*on bei or an +dat*)

testament *n* bible **Old/New Testament** Altes/Neues Testament

test case *n* Musterfall *m* **test-drive** *v/t* Probe fahren

testicle *n* Hoden *m*

testify ◩ *v/t* **to ~ that ...** jur bezeugen, dass ... ◪ *v/i* jur aussagen

testimonial *n* **1** (≈ *recommendation*) Referenz *f* **2** sports Gedenkspiel *nt* **testimony** *n* Aussage *f*; **to bear ~ to sth** etw bezeugen

testing *adj* hart

test match *n* (*Br* sports) Testmatch *nt*

testosterone *n* Testosteron *nt*

test results *pl* Testwerte *pl* **test tube** *n* Reagenzglas *nt* **test-tube baby** *n* Retortenbaby *nt*

testy *adj* (*+er*) gereizt

tetanus *n* Tetanus *m*

tether ◩ *n* (*lit*) Strick *m*; **he was at the end of his ~** (*Br fig infml* ≈ *desperate*) er war am Ende (*infml*) ◪ *v/t* (*a.* **tether up**) anbinden

text ◩ *n* **1** Text *m* **2** Textnachricht *f*, SMS *f*; **to send sb a ~** jdm eine Textnachricht or eine SMS schicken ◪ *v/t* **to ~ sb** jdm eine Textnachricht or eine SMS schicken

textbook ◩ *n* Lehrbuch *nt* ◪ *adj* **~ case** Paradefall *m*

textile *n* Stoff *m*; **~s** Textilien *pl*

text message *n* Textnachricht *f*, SMS *f* **text messaging** *n* tel SMS-Messaging *nt* **textual** *adj* Text-

texture *n* (*stoffliche*) Beschaffenheit; (*of food*) Substanz *f*; (*of material*) Griff *m* und Struktur

Thai ◩ *adj* thailändisch ◪ *n* **1** Thailänder(in) *m(f)* **2** (≈ *language*) Thai *nt* **Thailand** *n* Thailand *nt*

Thames *n* Themse *f*

than *cj* als; **I'd rather do anything ~ that** das wäre das Letzte, was ich tun wollte; **no sooner had I sat down ~ he began to talk** kaum hatte ich mich hingesetzt, als er auch schon anfing zu reden; **who better to help us ~ he?** wer könnte uns besser helfen als er?

thank *v/t* danken (*+dat*); **he has his brother/he only has himself to ~ for this** das hat er seinem Bruder zu verdanken/sich selbst zuzuschreiben; **~ you** danke (schön); **~ you very much** vielen Dank; **no ~ you** nein, danke; **yes, ~ you** ja, bitte or danke; **~ you for coming — not at all, ~ YOU!** vielen Dank, dass Sie gekommen sind — ICH habe zu danken; **to say ~ you** Danke sagen (*to sb jdm*); **~ goodness** or **heavens** or **God** (*infml*) Gott sei Dank! (*infml*) **thankful** *adj* dankbar (*to sb jdm*);

to be ~ to sb for sth jdm für etw dankbar sein **thankfully** adv **1** dankbar **2** (≈ luckily) zum Glück **thankless** adj undankbar

thanks A pl Dank m; **to accept sth with ~** etw dankend or mit Dank annehmen; **and that's all the ~ I get** und das ist jetzt der Dank dafür; **to give ~ to God** Gott danksagen; **~ to** wegen (+gen); **it's all ~ to you that we're so late** bloß deinetwegen kommen wir so spät; **it was no ~ to him that …** ich hatte/wir hatten etc es nicht ihm zu verdanken, dass … **B** int (infml) danke (for für); **many ~** herzlichen Dank (for für); **~ a lot** vielen Dank; **~ for nothing!** (iron) vielen Dank auch! **Thanksgiving (Day)** n (US) Thanksgiving Day m; **thank you** n Dankeschön nt; **thank-you letter** Dankschreiben nt

that¹ A dem pron, pl those **1** das; **what is ~?** was ist das?; **~ is Joe (over there)** das (dort) ist Joe; **if she's as stupid as (all) ~** wenn sie so dumm ist; **… and all ~ …** und so (infml); **like ~** so; **~ is (to say)** das heißt; **oh well, ~'s** nun ja, damit ist der Fall erledigt; **you can't go and ~'s** du darfst nicht gehen, und damit hat sichs (infml); **well, ~'s ~ then** das wärs dann also; **~'s it!** das ist es!; (≈ the right way) gut so!; (≈ the last straw) jetzt reichts!; **after/before ~** danach/davor; **you can get it in any supermarket and quite cheaply at ~** man kann es in jedem Supermarkt, und zwar ganz billig, bekommen; **what do you mean by ~?** was wollen Sie damit sagen?; (annoyed) was soll (denn) das heißen?; **as for ~** was das betrifft or angeht **2** (opposed to "this" and "these") das (da), jenes (old, elev); **~'s the one I like, not this one** das (dort) mag ich, nicht dies (hier) **3** (followed by rel pron) **this theory is different from ~ which …** diese Theorie unterscheidet sich von derjenigen, die …; **~ which we call …** das, was wir … nennen **B** dem adj, pl those der/die/das, jene(r, s); **what was ~ noise?** was war das für ein Geräusch?; **~ dog!** dieser Hund!; **~ poor girl!** das arme Mädchen!; **I like ~ one** ich mag das da; **I'd like ~ one, not this one** ich möchte das da, nicht dies hier; **~ dog of yours!** Ihr Hund, dieser Hund von Ihnen (infml) **C** dem adv (infml) so; **it's not ~ good** etc so gut etc es ist auch wieder nicht

that² rel pr der/die/das, die; **all ~ …** alles, was …; **the best** etc **~ …** das Beste etc, das or was …; **the girl ~ I told you about** das Mädchen, von dem ich Ihnen erzählt habe

that³ cj dass; **she promised ~ she would come** sie versprach zu kommen; **~ things or it should come to this!** dass es so weit kommen konnte!

thatched adj (with straw) strohgedeckt; (with reeds) reetgedeckt; **~ roof** Stroh-/Reetdach nt

thaw A v/t auftauen (lassen) **B** v/i auftauen; (snow) tauen **C** n Tauwetter nt ◊**thaw out A** v/i auftauen **B** v/t sep (lit) auftauen (lassen)

the A def art der/die/das; **in ~ room** im or in dem Zimmer; **to play ~ piano** Klavier spielen; **all ~ windows** all die or alle Fenster; **have you invited ~ Browns?** haben Sie die Browns or die Familie Brown eingeladen?; **Henry ~ Eighth** Heinrich der Achte; **by ~ hour** pro Stunde; **the car does thirty miles to ~ gallon** das Auto verbraucht 11 Liter auf 100 Kilometer **B** adv (with comp) **all ~ more** umso mehr; **~ more he has ~ more he wants** je mehr er hat, desto mehr will er; **~ sooner ~ better** je eher, desto besser

theatre, (US) **theater** n **1** Theater nt; **to go to the ~** ins Theater gehen; **what's on at the ~?** was wird im Theater gegeben? **2** (Br ≈ operating theatre) Operationssaal m **theatre company** n Theaterensemble nt **theatregoer** n Theaterbesucher(in) m(f) **theatrical** adj Theater-

theft n Diebstahl m

their poss adj **1** ihr **2** (infml ≈ belonging to him or her) seine(r, s); → **my**

theirs poss pr **1** ihre(r, s) **2** (infml ≈ belonging to him or her) seine(r, s); → **mine¹**

them pers pr pl (dir obj, with prep +acc, emph) sie; (indir obj, with prep +dat) ihnen; **both of ~** beide; **neither of ~** keiner von beiden; **a few of ~** einige von ihnen; **none of ~** keiner (von ihnen); **it's ~** sie sinds

theme n Thema nt **theme music** n FILM Titelmusik f; TV Erkennungsmelodie f **theme park** n Themenpark m **theme tune** n = theme music

themselves pers pr pl **1** (reflexive) sich **2** (emph) selbst; → **myself**

then A adv **1** (≈ next, in that case) dann; (≈

furthermore also) außerdem; **and ~ what happened?** und was geschah dann?; **I don't want that — ~ what DO you want?** ich will das nicht — was willst du denn?; **but ~ that means that ...** das bedeutet ja aber dann, dass ...; **all right ~** also meinetwegen; **(so) I was right ~** ich hatte also recht; **but ~ ...** aber ... auch; **but ~ again he is my friend** aber andererseits ist er mein Freund; **now ~, what's the matter?** na, was ist denn los?; **come on ~** nun komm doch **2** (≈ *at this time*) da; (≈ *in those days*) damals; **there and ~** auf der Stelle; **from ~ on** (-wards) von da an; **before ~** vorher; **they had gone by ~** da waren sie schon weg; **we'll be ready by ~** bis dahin sind wir fertig; **since ~** seitdem; **until ~** bis dahin **B** *adj attr* damalig

theologian *n* Theologe *m*, Theologin *f* **theological** *adj* theologisch **theology** *n* Theologie *f*

theoretic(al) *adj*, **theoretically** *adv* theoretisch **theorize** *v/i* theoretisieren **theory** *n* Theorie *f*; **in ~** theoretisch

therapeutic(al) *adj* therapeutisch **therapist** *n* Therapeut(in) *m(f)* **therapy** *n* Therapie *f*; **to be in ~** sich einer Therapie unterziehen

there A *adv* dort, da; (*with movement*) dorthin, dahin; **look, ~'s Joe** guck mal, da ist Joe; **it's under ~** es liegt da drunter; **put it in ~** stellen Sie es dort hinein; **~ and back** hin und zurück; **is Gordon ~ please?** (*on telephone*) ist Gordon da?; **you've got me ~** da bin ich überfragt; **~ is/are** es or da ist/sind; (≈ *there exists/exist also*) es gibt; **~ were three of us** wir waren zu dritt; **~ is a mouse in the room** es ist eine Maus im Zimmer; **is ~ any beer?** ist Bier da?; **afterwards ~ was coffee** anschließend gab es Kaffee; **~ seems to be no-one at home** es scheint keiner zu Hause zu sein; **hi ~!** hallo!, servus! (*Aus*), grüezi! (*Swiss*); **so ~!** ätsch!; **~ you are** (*giving sb sth*) hier(, bitte)!; (*on finding sb*) da sind Sie ja!; **~ you are, you see** na, sehen Sie **B** *int* **~!** **~!** na, na!; **stop crying now, ~'s a good boy** hör auf zu weinen, na komm; **now ~'s a good boy, don't tease your sister** komm, sei ein braver Junge und ärgere deine Schwester nicht; **hey, you ~!** (*infml*) he, Sie da! **thereabouts** *adv* **fifteen or ~ so** um fünfzehn

(herum) **thereafter** *adv* (*form*) danach **thereby** *adv* dadurch

therefore *adv* daher; **so ~ I was wrong** ich hatte also unrecht **there's** *contraction* = there is, there has **thereupon** *adv* (≈ *then*) darauf(hin)

thermal A *adj* **1** PHYS Wärme-, *clothing* Thermo- **2** *n* **thermals** *pl* (*infml* ≈ *thermal underwear*) Thermounterwäsche *f* **thermal spring** *n* Thermalquelle *f*

thermometer *n* Thermometer *nt* **Thermos®** *n* (*a.* **Thermos flask** *or* (*US*) **bottle**) Thermosflasche® *f*

thermostat *n* Thermostat *m*

thesaurus *n* Thesaurus *m*

these *adj*, *pron* diese; → this

thesis *n*, *pl* **theses** UNIV **1** (*for PhD*) Dissertation *f* **2** (*for diploma*) Diplomarbeit *f*

thespian (*liter*, *hum*) **A** *adj* dramatisch **B** *n* Mime *m*, Mimin *f*

they *pers pr pl* **1** sie; **~ are very good people** es sind sehr gute Leute; **~ who** diejenigen, die or welche, wer (+*sg vb*) **2** (≈ *people in general*) **~ say that ...** man sagt, dass ...; **~ are thinking of changing the law** es ist beabsichtigt, das Gesetz zu ändern; **if anyone looks at this closely, ~ will notice ...** (*infml*) wenn sich das jemand näher ansieht, wird er bemerken ... **they'd** *contraction* = they had, they would **they'll** *contraction* = they will **they're** *contraction* = they are **they've** *contraction* = they have

thick A *adj* (+*er*) **1** dick; *lips* voll; *hair, fog, smoke, forest* dicht; *liquid* dick(flüssig); *accent* breit; **a wall three feet ~** eine drei Fuß starke Wand **2** (*Br infml*) *person* dumm, doof (*infml*); **to get sth into or through sb's ~ head** etw in jds dicken Schädel bekommen (*infml*) **B** *n* **in the ~ of it** mittendrin; **through ~ and thin** durch dick und dünn **C** *adv* (+*er*) *spread, cut* dick; **the snow lay ~** es lag eine dichte Schneedecke; **the jokes came ~ and fast** die Witze kamen Schlag auf Schlag **thicken A** *v/t* *sauce etc* eindicken **B** *v/i* **1** (*fog, crowd, forest*) dichter werden; (*smoke*) sich verdichten; (*sauce*) dick werden **2** (*fig: mystery*) immer undurchsichtiger werden; **aha, the plot ~s!** aha, jetzt wirds interessant!

thicket *n* Dickicht *nt*

thickly *adv* *spread, cut* dick; *populated*

dicht **thickness** *n* **1** Dicke *f* **2** (≈ *layer*) Schicht *f* **thickset** *adj* gedrungen **thick-skinned** *adj* (*fig*) dickfellig

thief *n, pl* **thieves** Dieb(in) *m(f)* **thieve** *v/t & v/i* stehlen

thigh *n* (Ober)schenkel *m* **thigh-length** *adj boots* übers Knie reichend

thimble *n* Fingerhut *m*

thin **A** *adj* (+er) **1** dünn; (≈ *narrow*) schmal; *hair* schütter; **he's a bit ~ on top** bei ihm lichtet es sich oben schon ein wenig; **to be ~ on the ground** (*fig*) dünn gesät sein; **to vanish into ~ air** (*fig*) sich in Luft auflösen **2** (*fig*) *smile, plot* schwach **B** *adv* (+er) *spread, cut* dünn; *lie* spärlich **C** *v/t paint* verdünnen; *trees* lichten; *blood* dünner werden lassen ◊**thin down** *v/i* (*fog, crowd*) sich lichten ◊**thin down** *v/t sep paint* verdünnen ◊**thin out** **A** *v/i* (*crowd*) kleiner werden; (*trees*) sich lichten **B** *v/t sep* ausdünnen; *forest* lichten

thing *n* **1** Ding *nt*; **a ~ of beauty** etwas Schönes; **she likes sweet ~s** sie mag Süßes; **what's that ~?** was ist das?; **I don't have a ~ to wear** ich habe nichts zum Anziehen; **poor little ~** das arme (kleine) Ding!; **you poor ~!** du Arme(r)! **2 things** *pl* (≈ *equipment, belongings*) Sachen *pl*; **have you got your swimming ~s?** hast du dein Badezeug *or* deine Badesachen dabei? **3** (≈ *affair, subject*) Sache *f*; **the odd ~ about it is …** das Seltsame daran ist, …; **it's a good ~ I came** nur gut, dass ich gekommen bin; **he's on to** *or* **onto a good ~** (*infml*) er hat da was Gutes aufgetan (*infml*); **what a (silly) ~ to do** wie kann man nur so was (Dummes) tun!; **there is one/one other ~ I want to ask you** eines/und noch etwas möchte ich Sie fragen; **I must be hearing ~s!** ich glaube, ich höre nicht richtig!; **~s are going from bad to worse** es wird immer schlimmer; **as ~s stand at the moment, as ~s are …** so wie die Dinge im Moment liegen; **how are ~s (with you)?** wie gehts (bei) Ihnen?; **it's been one ~ after the other** es kam eins zum anderen; **if it's not one ~ it's the other** es ist immer irgendetwas; **(what) with one ~ and another I haven't had time to do it** ich bin einfach nicht dazu gekommen; **it's neither one ~ nor the other** es ist weder das eine noch das andere; **one ~ led to another** eins führte zum anderen; **for**

one ~ it doesn't make sense erst einmal ergibt das überhaupt keinen Sinn; **not to understand a ~** (*absolut*) nichts verstehen; **he knows a ~ or two about cars** er kennt sich mit Autos aus; **it's just one of those ~s** so was kommt eben vor (*infml*); **the latest ~ in ties** der letzte Schrei in der Krawattenmode; **the postman comes first ~ in the morning** der Briefträger kommt früh am Morgen; **I'll do that first ~ in the morning** ich werde das gleich morgen früh tun; **last ~ at night** vor dem Schlafengehen; **the ~ is to know when …** man muss wissen, wann …; **yes, but the ~ is …** ja, aber …; **the ~ is we haven't got enough money** die Sache ist die, wir haben nicht genug Geld; **to do one's own ~** (*infml*) tun, was man will; **she's got this ~ about Sartre** (*infml* ≈ *can't stand*) sie kann Sartre einfach nicht ausstehen; (≈ *is fascinated by*) sie hat einen richtigen Sartrefimmel (*infml*) **thingamajig** *n* Dingsbums *nt or* (*for people*) *mf*

think *vb: pret, past part* **thought** **A** *v/i* denken; **to ~ to oneself** sich (*dat*) denken; **to act without ~ing** unüberlegt handeln; **it makes you ~** es stimmt einen nachdenklich; **I need time to ~** ich brauche Zeit zum Nachdenken; **it's so noisy you can't hear yourself ~** bei so einem Lärm kann doch kein Mensch denken; **now let me ~** lass (mich) mal überlegen; **it's a good idea, don't you ~?** es ist eine gute Idee, meinst du nicht auch?; **just ~** stellen Sie sich (*dat*) bloß mal vor; **listen, I've been ~ing, …** hör mal, ich habe mir überlegt …; **sorry, I just wasn't ~ing** Entschuldigung, da habe ich geschlafen (*infml*) **B** *v/t* **1** denken; (≈ *be of opinion also*) glauben, meinen; **what do you ~?** was meinen Sie?; **I ~ you'd better go** ich denke, Sie gehen jetzt besser; **I ~ so** ich denke schon; **I ~ so too** das meine ich auch; **I don't ~ so, I shouldn't ~ so** ich glaube nicht; **I should ~ so!** das will ich (aber) auch gemeint haben!; **I should ~ not!** das will ich auch nicht hoffen; **what do you ~ I should do?** was soll ich Ihrer Meinung nach tun?; **I ~ I'll go for a walk** ich glaube, ich mache einen Spaziergang; **do you ~ you can manage?** glauben Sie, dass Sie es schaffen?; **I never thought to ask you** ich habe gar nicht daran ge-

dacht, Sie zu fragen; **I thought so** das habe ich mir schon gedacht **2 you must ~ me very rude** Sie müssen mich für sehr unhöflich halten **3** (≈ *imagine*) sich (*dat*) vorstellen; **I don't know what to ~** ich weiß nicht, was ich davon halten soll; **that's what you ~**! denkste! (*infml*); **that's what he ~s** hat der eine Ahnung! (*infml*); **who do you ~ you are!** für wen hältst du dich eigentlich?; **anyone would ~ he was dying** man könnte beinahe glauben, er läge im Sterben; **who would have thought it?** wer hätte das gedacht?; **to ~ that she's only ten!** wenn man bedenkt, dass sie erst zehn ist **C** *n* **have a ~ about it** denk mal darüber nach; **to have a good ~** gründlich nachdenken ◊**think about** *v/i +prep obj* **1** (≈ *reflect on*) nachdenken über (+*acc*); **I'll ~ it** ich überlege es mir; **what are you thinking about?** woran denken Sie gerade?; **to think twice about sth** sich (*dat*) etw zweimal überlegen; **that'll give him something to ~** das wird ihm zu denken geben **2** (*progressive* ≈ *half intend to*) daran denken, vorhaben **3**; → think of 1, 4 ◊**think ahead** *v/i* vorausdenken ◊**think back** *v/i* sich zurückversetzen (*to* in +*acc*) ◊**think of** *v/i +prep obj* **1** denken an (+*acc*); **he thinks of nobody but himself** er denkt bloß an sich; **what was I thinking of!** (*infml*) was habe ich mir da(bei) bloß gedacht?; **come to ~ it** wenn ich es mir recht überlege; **I can't ~ her name** ich komme nicht auf ihren Namen **2** (≈ *imagine*) sich (*dat*) vorstellen **3** *solution, idea* sich (*dat*) ausdenken; **who thought of that idea?** wer ist auf diese Idee gekommen? **4** (≈ *have opinion of*) halten von; **to think highly of sb/sth** viel von jdm/etw halten; **to think little** *or* **not to think much of sb/sth** wenig *or* nicht viel von jdm/etw halten; **I told him what I thought of him** ich habe ihm gründlich die *or* meine Meinung gesagt ◊**think over** *v/t sep* nachdenken über (+*acc*) ◊**think through** *v/t sep* (gründlich) durchdenken ◊**think up** *v/t sep* sich (*dat*) ausdenken; **who thought up that idea?** wer ist auf die Idee gekommen?
thinker *n* Denker(in) *m(f)* **thinking** **A** *adj* denkend **B** *n* **to my way of ~** meiner Meinung nach **think-tank** *n* Expertenkommission *f*

thinly *adv* **1** dünn **2** (*fig*) *disguised* dürftig **thinner** *n* Verdünnungsmittel *nt* **thinness** *n* Dünnheit *f*; (*of material*) Leichtheit *f*; (*of paper*) Feinheit *f*; (*of person*) Magerkeit *f* **thin-skinned** *adj* (*fig*) empfindlich **third** **A** *adj* **1** (*in series*) dritte(r, s); **to be ~** Dritte(r, s) sein; **in ~ place** SPORTS *etc* an dritter Stelle; **she came ~ in her class** sie war die Drittbeste in der Klasse; **he came ~ in the race** er belegte den dritten Platz beim Rennen; **~ time lucky** beim dritten Anlauf gelingts! **2** (*of fraction*) **a ~ part** ein Drittel *nt* **B** *n* **1** (*of series*) Dritte(r, s) **2** (≈ *fraction*) Drittel *nt*; → sixth **third-class** *adv, adj* dritter Klasse; **~ degree** (*Br* UNIV) Abschluss *m* mit „Befriedigend" **third-degree** *adj attr* **~ burn** MED Verbrennung *f* dritten Grades **thirdly** *adv* drittens **third-party** (*Br*) *adj attr* **~ insurance** Haftpflichtversicherung *f* **third person** **A** *adj* in der dritten Person **B** *n* **the ~ singular** GRAM die dritte Person Singular **third-rate** *adj* drittklassig **Third World** **A** *n* Dritte Welt **B** *attr* der Dritten Welt

thirst *n* Durst *m*; **to die of ~** verdursten **thirsty** *adj* (+*er*) durstig; **to be/feel ~** Durst haben

thirteen **A** *adj* dreizehn **B** *n* Dreizehn *f* **thirteenth** **A** *adj* (*in series*) dreizehnte(r, s); **a ~ part** ein Dreizehntel *nt* **B** *n* **1** (*in series*) Dreizehnte(r, s) **2** (≈ *fraction*) Dreizehntel *nt*; → sixth

thirtieth **A** *adj* (*in series*) dreißigste(r, s); **a ~ part** ein Dreißigstel *nt* **B** *n* **1** (*in series*) Dreißigste(r, s) **2** (≈ *fraction*) Dreißigstel *nt*; → sixth

thirty **A** *adj* dreißig; **a ~-second note** (*US* MUS) ein Zweiunddreißigstel *nt* **B** *n* Dreißig *f*; **the thirties** (≈ *era*) die Dreißigerjahre; **one's thirties** die Dreißiger; → sixty

this **A** *dem pron, pl* these dies, das; **what is ~?** was ist das (hier)?; **~ is John** das ist John; **these are my children** das sind meine Kinder; **~ is where I live** hier wohne ich; **under ~** darunter; **it ought to have been done before ~** es hätte schon vorher getan werden sollen; **what's all ~?** was soll das?; **~ and that** mancherlei; **~, that and the other** alles Mögliche; **it was like ~** es war so; **~ is Mary (speaking)** hier (ist) Mary; **~ is it!** (≈ *now*) jetzt!; (*showing sth*) das da!; (≈ *exactly*) genau! **B** *dem adj, pl* these diese(r, s); **~ month** diesen Monat; **~ evening** heute Abend; **~ time last week** letzte Woche um diese Zeit; **~ time** diesmal; **these days** heutzutage; **to run ~ way and that** hin und her rennen; **I met ~ guy who ...** (infml) ich habe (so) einen getroffen, der ...; **~ friend of hers** dieser Freund von ihr (infml), ihr Freund **C** dem adv so; **it was ~ long** es war so lang

thistle n Distel f

thong n **1** (≈ fastening) Lederriemen m **2** (≈ G-string) Tangaslip m **3 thongs** (US, Austral ≈ flip-flops) Gummisandalen pl

thorn n Dorn m; **to be a ~ in sb's flesh** or **side** (fig) jdm ein Dorn im Auge sein **thorny** adj (+er) (lit) dornig; (fig) haarig

thorough adj gründlich; **she's a ~ nuisance** sie ist wirklich eine Plage **thoroughbred A** n reinrassiges Tier; (≈ horse) Vollblut(pferd) nt **B** adj reinrassig **thoroughfare** n Durchgangsstraße f **thoroughly** adv **1** gründlich **2** (≈ extremely) durch und durch; convinced völlig; **we ~ enjoyed our meal** wir haben unser Essen von Herzen genossen; **I ~ enjoyed myself** es hat mir aufrichtig Spaß gemacht; **I ~ agree** ich stimme voll und ganz zu **thoroughness** n Gründlichkeit f

those pl of that **A** dem pron das (da) sg; **what are ~?** was ist das (denn) da?; **whose are ~?** wem gehören diese da?; **above ~** darüber; **~ who want to go, may** wer möchte, kann gehen; **there are ~ who say ...** einige sagen ... **B** dem adj diese or die (da), jene (old, liter); **it was just one of ~ days** das war wieder so ein Tag; **he is one of ~ people who ...** er ist einer von den denjenigen, die ...

though A cj obwohl; **even ~** obwohl; **strange ~ it may seem ...** so seltsam es auch scheinen mag ...; **~ I say it** or **so myself** auch wenn ich es selbst sage; **as ~** als ob **B** adv **1** (≈ nevertheless) doch; **he didn't do it ~** er hat es aber (doch) nicht gemacht; **nice day — rather windy ~** schönes Wetter! — aber ziemlich windig! **2** (≈ really) **but will he ~?** wirklich?

thought A pret, past part of think **B** n **1** no pl Denken nt; **to be lost in ~** ganz in Gedanken sein **2** (≈ idea, opinion) Gedanke m; (sudden) Einfall m; **that's a ~!** (≈ problem) das ist wahr!; (≈ good idea) das ist ein guter Gedanke; **it's the ~ that**

counts, not how much you spend es kommt nur auf die Idee an, nicht auf den Preis **3** no pl (≈ consideration) Überlegung f; **to give some ~ to sth** sich (dat) Gedanken über etw (acc) machen; **I never gave it a moment's ~** ich habe mir nie darüber Gedanken gemacht **thoughtful** adj **1** expression, person nachdenklich; present gut ausgedacht **2** (≈ considerate) rücksichtsvoll; (≈ attentive) aufmerksam **thoughtfully** adv **1** say nachdenklich **2** (≈ considerately) rücksichtsvoll; (≈ attentively) aufmerksam **thoughtfulness** n **1** (of expression, person) Nachdenklichkeit f **2** (≈ consideration) Rücksicht(nahme) f; (≈ attentiveness) Aufmerksamkeit f **thoughtless** adj rücksichtslos **thoughtlessly** adv (≈ inconsiderately) rücksichtslos **thoughtlessness** n (≈ lack of consideration) Rücksichtslosigkeit f **thought-provoking** adj zum Nachdenken anregend

thousand A adj tausend; **a ~** (ein)tausend; **a ~ times** tausendmal; **a ~ and one** tausend(und)eins; **I have a ~ and one things to do** (infml) ich habe tausend Dinge zu tun **B** n Tausend nt; **people arrived in their ~s** die Menschen kamen zu Tausenden

thousandth A adj (in series) tausendste(r, s); **a** or **one ~ part** ein Tausendstel nt **B** n **1** (in series) Tausendste(r, s) **2** (≈ fraction) Tausendstel nt; → sixth

thrash A v/t **1** (≈ beat) verprügeln **2** (infml) opponent (vernichtend) schlagen **3** arms fuchteln mit; legs strampeln mit **B** v/i **to ~ around** um sich schlagen **thrashing** n (≈ beating) Prügel pl; **to give sb a good ~** jdm eine ordentliche Tracht Prügel verpassen

thread A n **1** (of cotton etc) Faden m; SEWING Garn nt; (≈ strong thread) Zwirn m; **to hang by a ~** (fig) an einem (seidenen or dünnen) Faden hängen **2** (fig: of story) Faden m; **he lost the ~ of what he was saying** er hat den Faden verloren **3** INTERNET (Diskussions)thema nt **B** v/t **1** needle einfädeln; beads auffädeln (on auf +acc) **2 to ~ one's way through the crowd** etc sich durch die Menge etc hindurchschlängeln **threadbare** adj abgewetzt

threat n **1** Drohung f; **to make a ~** drohen (against sb jdm); **under ~ of sth** unter

Androhung von etw **2** (≈ *danger*) Gefahr f (*to* für)

threaten **A** *v/t* bedrohen; *violence* androhen; **don't you ~ me!** von Ihnen lasse ich mir nicht drohen!; **to ~ to do sth** (an)drohen, etw zu tun; **to ~ sb with sth** jdm etw androhen; **the rain ~ed to spoil the harvest** der Regen drohte, die Ernte zu zerstören **B** *v/i* (*danger, storm etc*) drohen **threatened** *adj* **1** **he felt ~** er fühlte sich bedroht **2** (≈ *under threat*) gefährdet **threatening** *adj* drohend; **a ~ letter** ein Drohbrief m; **~ behaviour** Drohungen *pl*

three **A** *adj* drei **B** *n* Drei f; **~'s a crowd** drei Leute sind schon zu viel; → **six** **three-D** **A** *n* **to be in ~** dreidimensional sein **B** *adj* dreidimensional **three-dimensional** *adj* dreidimensional **three-D printer** *n* 3-D-Drucker m **threefold** *adj*, *adv* dreifach **three-fourths** *n* (*US*) = three-quarters **three-piece suite** *n* (*esp Br*) dreiteilige Sitzgarnitur **three-quarter** *attr* Dreiviertel- **three-quarters** **A** *n* drei Viertel *pl*; **~ of an hour** eine Dreiviertelstunde **B** *adv* drei viertel **threesome** *n* Trio *nt*; **in a ~** zu dritt

threshold *n* Schwelle f

threw *pret* of throw

thrifty *adj* (+er) sparsam

thrill **A** *n* Erregung f; **it was quite a ~ for me** es war ein richtiges Erlebnis **B** *v/t person* (*story*) fesseln; (*experience*) eine Sensation sein für; **I was ~ed to get your letter** ich habe mich riesig über deinen Brief gefreut; **to be ~ed to bits** (*infml*) sich freuen wie ein Kind; (*esp child*) ganz aus dem Häuschen sein vor Freude **thriller** *n* Reißer m (*infml*); (≈ *whodunnit*) Krimi m, Thriller m **thrilling** *adj* aufregend; *book* fesselnd; *experience* überwältigend

thrive *v/i* (≈ *be in good health*) (gut) gedeihen; (≈ *do well, business*) blühen ◊**thrive on** *v/i +prep obj* **the baby thrives on milk** mit Milch gedeiht das Baby prächtig; **he thrives on praise** Lob bringt ihn erst zur vollen Entfaltung

thriving *adj plant* prächtig gedeihend; *person, community* blühend

thro' *abbr* of through

throat *n* (*external*) Kehle f; (*internal*) Rachen m; **to cut sb's ~** jdm die Kehle

durchschneiden; **to clear one's ~** sich räuspern; **to ram** *or* **force one's ideas down sb's ~** (*infml*) jdm seine eigenen Ideen aufzwingen

throb *v/i* klopfen; (*painfully: wound*) pochen; (*strongly*) hämmern; (*fig: with life*) pulsieren (*with vor +dat*, mit); **my head is ~bing** ich habe rasende Kopfschmerzen **throbbing** **A** *n* (*of engine*) Klopfen *nt*; (*of pulse*) Pochen *nt* **B** *adj pain, place* pulsierend; *headache* pochend

throes *pl* (*fig*) **we are in the ~ of moving** wir stecken mitten im Umzug

thrombosis *n* Thrombose f

throne *n* Thron m; **to come to the ~** den Thron besteigen

throng **A** *n* Scharen *pl* **B** *v/i* sich drängen **C** *v/t* belagern; **to be ~ed with** wimmeln von

throttle **A** *v/t* (*lit*) *person* erwürgen **B** *n* (*on engine*) Drossel f; (*AUTO etc* ≈ *lever*) Gashebel m; **at full ~** mit Vollgas

through, (*US*) **thru** **A** *prep* **1** durch; **to get ~ a hedge** durch eine Hecke durchkommen; **to get ~ a red light** bei Rot durchfahren; **to be halfway ~ a book** ein Buch zur Hälfte durchhaben (*infml*); **that happens halfway ~ the book** das passiert in der Mitte des Buches; **all ~ his life** sein ganzes Leben lang; **he won't live ~ the night** er wird die Nacht nicht überleben; **~ the post** (*Br*) *or* **mail** (*US*) mit der Post, per Post **2** (*US*) **Monday ~ Friday** von Montag bis (einschließlich) Freitag **B** *adv* **1** durch; **~ and ~** durch und durch; **to let sb ~** jdn durchlassen; **to be wet ~** bis auf die Haut nass sein; **to read sth ~** etw durchlesen; **he's ~ in the other office** er ist (drüben) im anderen Büro **C** *adj pred* **1** (≈ *finished*) **to be ~ with sb/sth** mit jdm/etw fertig sein (*infml*); **I'm ~ with him** der ist für mich gestorben (*infml*) **2** (*Br* TEL) **to be ~ (to sb/London)** mit jdm/London verbunden sein; **to get ~ (to sb/London)** zu jdm/nach London durchkommen **through flight** *n* Direktflug m

throughout **A** *prep* **1** (*place*) überall in (+*dat*); **~ the world** in der ganzen Welt **2** (*time*) den ganzen/die/das ganze ... über; **~ his life** sein ganzes Leben lang **B** *adv* **1** **to be carpeted ~** ganz mit Teppichboden ausgelegt sein **2** (*time*) die ganze Zeit hindurch **through ticket** *n*

can I get a ~ to London? kann ich bis London durchlösen? **through traffic** *n* Durchgangsverkehr *m* **throughway** *n (US)* Schnellstraße *f*

throw *vb: pret* threw, *past part* thrown **A** *n* **1** *(of ball etc)* Wurf *m*; **it's your ~** du bist dran; **have another ~** werfen Sie noch einmal **2** *(for furniture)* Überwurf *m* **B** *v/t* **1** werfen; *water* schütten; **to ~ the dice** würfeln; **to ~ sth to sb** jdm etw zuwerfen; **to ~ sth at sb** etw nach jdm werfen; *paint etc* jdn mit etw bewerfen; **to ~ a ball 20 metres** einen Ball 20 Meter weit werfen; **to ~ oneself into the job** sich in die Arbeit stürzen; **to ~ doubt on sth** etw in Zweifel ziehen **2** *switch* betätigen **3** *(infml ≈ disconcert)* aus dem Konzept bringen **4** *party* geben, schmeißen *(infml)*; *fit* kriegen *(infml)* **C** *v/i* werfen ◊**throw about** *(Brit)* or **around** *v/t always separate* **1** *(≈ scatter)* verstreuen; *(fig) money* um sich werfen mit **2** *(≈ toss)* herumwerfen ◊**throw away** *v/t sep* **1** *(≈ discard)* wegwerfen **2** *(≈ waste)* verschenken; *money* verschwenden *(on sth auf or für etw, on sb an jdn)* ◊**throw down** *v/t sep* herunterwerfen; **it's throwing it down** *(infml ≈ raining)* es gießt (in Strömen) ◊**throw in** *v/t sep* **1** *extra* (gratis) dazugeben **2** *(fig)* **to ~ the towel** das Handtuch werfen *(infml)* ◊**throw off** *v/t sep* *clothes* abwerfen; *pursuer* abschütteln; *cold* loswerden ◊**throw on** *v/t sep* *clothes* sich *(dat)* überwerfen ◊**throw open** *v/t sep* *door* aufreißen ◊**throw out** *v/t sep* **1** *rubbish etc* wegwerfen **2** *proposal, bill* ablehnen; *case* verwerfen **3** *person* hinauswerfen *(of aus)* **4** *calculations etc* über den Haufen werfen *(infml)* ◊**throw together** *v/t sep* **1** *(≈ make quickly)* hinhauen **2** *people* zusammenführen ◊**throw up A** *v/i (infml)* sich übergeben; **it makes you want to ~** da kann einem schlecht werden **B** *v/t sep* **1** *ball, hands* hochwerfen **2** *(≈ vomit up)* erbrechen **3** *(≈ produce)* hervorbringen; *questions* aufwerfen

throwback *n (fig ≈ return)* Rückkehr *f (to* zu*)* **thrower** *n* Werfer(in) *m(f)* **thrown** *past part* of throw

thru *prep, adv, adj (US)* = through
thrush[1] *n* ORN Drossel *f*
thrush[2] *n* MED Schwämmchen *nt; (of vagina)* Pilzkrankheit *f*
thrust *vb: pret, past part* thrust **A** *n* **1**

Stoß *m; (of knife)* Stich *m* **2** TECH Druckkraft *f* **B** *v/t* **1** stoßen; **to ~ one's hands into one's pockets** die Hände in die Tasche stecken **2** *(fig)* **I had the job ~ upon me** die Arbeit wurde mir aufgedrängt; **to ~ one's way through a crowd** sich durch die Menge schieben **C** *v/i* stoßen *(at* nach*); (with knife)* stechen *(at* nach*)* ◊**thrust aside** *v/t sep* beiseiteschieben

thruway *n (US)* Schnellstraße *f*
thud A *n* dumpfes Geräusch *nt;* **he fell to the ground with a ~** er fiel mit einem dumpfen Aufschlag zu Boden **B** *v/i* dumpf aufschlagen

thug *n* Schlägertyp *m*

thumb A *n* Daumen *m;* **to be under sb's ~** unter jds Pantoffel *(dat)* stehen; **she has him under her ~** sie hat ihn unter ihrer Fuchtel; **the idea was given the ~s up/down** für den Vorschlag wurde grünes/rotes Licht gegeben **B** *v/t sep* **to ~ a ride** *(infml)* per Anhalter fahren ◊**thumb through** *v/i +prep obj* *book* durchblättern

thumb index *n* Daumenregister *nt* **thumbnail** *n* IT Thumbnail *nt,* Miniaturansicht *f (einer Grafik oder Datei)* **thumbtack** *n (US)* Reißzwecke *f*

thump A *n (≈ blow)* Schlag *m; (≈ noise)* (dumpfes) Krachen **B** *v/t* *table* schlagen auf *(+acc); (esp Br infml) person* verhauen *(infml);* **he ~ed his fist on the desk** er donnerte die Faust auf den Tisch; **he ~ed the box down on my desk** er knallte die Schachtel auf meinen Tisch **C** *v/i* *(heart)* heftig schlagen; **he ~ed on the door** er schlug gegen die Tür

thunder A *n* Donner *m* **B** *v/i* donnern **C** *v/t (≈ shout)* brüllen **thunderbolt** *n (lit)* Blitz *m* **thunderclap** *n* Donnerschlag *m* **thundercloud** *n* Gewitterwolke *f* **thunderous** *adj* stürmisch **thunderstorm** *n* Gewitter *nt* **thunderstruck** *adj (fig)* wie vom Donner gerührt **Thuringia** *n* Thüringen *nt*
Thurs *abbr* of Thursday Do.
Thursday *n* Donnerstag *m;* → Tuesday
thus *adv* **1** *(≈ in this way)* so, auf diese Art **2** *(≈ consequently)* folglich **3** *(+past part or adj)* **~ far** so weit
thwack A *n (≈ blow)* Schlag *m; (≈ noise)* Klatschen *nt* **B** *v/t* schlagen
thwart *v/t* vereiteln
thyme *n* Thymian *m*
thyroid *n (a.* **thyroid gland)** Schild-

T

drüse *f*

tic *n* MED Tick *m*

tick¹ **A** *n* **1** (*of clock etc*) Ticken *nt* **2** (*Br infml ≈ moment*) Augenblick *m*; **I'll be ready in a ~** *or* **two ~s** bin sofort fertig (*infml*) **3** (*esp Br ≈ mark*) Häkchen *nt* **B** *v/i* **1** (*clock*) ticken **2** (*infml*) **what makes him ~?** was geht in ihm vor? **C** *v/t* (*Br*) *name* abhaken; *box* ankreuzen ◊**tick off** *v/t sep* (*Br*) **1** *name etc* abhaken **2** (*infml ≈ scold*) ausschimpfen ◊**tick over** *v/i* **1** (*engine*) im Leerlauf sein **2** (*fig*) ganz ordentlich laufen; (*pej*) auf Sparflamme sein (*infml*)

tick² *n* ZOOL Zecke *f*

ticket *n* **1** (*≈ rail ticket, bus ticket*) Fahrkarte *f*, Billett *nt* (*Swiss*); (*≈ plane ticket*) Ticket *nt*; THEAT *etc* (Eintritts)karte *f*, Billett *nt* (*Swiss*); (*for dry cleaner's etc*) Abschnitt *m*; (*≈ raffle ticket*) Los *nt*; (*≈ lottery ticket*) Lottoschein *m*; (*≈ price ticket*) Preisschild *nt* **2** JUR Strafzettel *m* **ticket collector** *n* Schaffner(in) *m(f)*, Kondukteur(in) *m(f)* (*Swiss*) **ticket inspector** *n* (Fahrkarten)-kontrolleur(in) *m(f)*, Kondukteur(in) *m(f)* (*Swiss*) **ticket machine** *n* **1** (*public transport*) Fahrkartenautomat *m* **2** (*in car park*) Parkscheinautomat *m*

ticket office *n* RAIL Fahrkartenschalter *m*; THEAT Kasse *f*, Kassa *f* (*Aus*)

ticking *n* (*of clock*) Ticken *nt*

ticking-off *n* (*Br infml*) Rüffel *m*

tickle **A** *v/t* **1** (*lit*) kitzeln **2** (*fig infml ≈ amuse*) amüsieren **B** *v/i* kitzeln; (*wool*) kratzen **C** *n* Kitzeln *nt*; **to have a ~ in one's throat** einen Hustenreiz haben **ticklish** *adj* kitz(e)lig; **~ cough** Reizhusten *m*

tidal *adj* Gezeiten- **tidal wave** *n* (*lit*) Flutwelle *f*

tidbit *n* (*US*) = titbit

tiddlywinks *n* Floh(hüpf)spiel *nt*

tide *n* **1** (*lit*) Gezeiten *pl*; **(at) high ~** (bei) Flut *f*; **(at) low ~** (bei) Ebbe *f*; **the ~ is in/ out** es ist Flut/Ebbe; **the ~ comes in very fast** die Flut kommt sehr schnell **2** (*fig*) **the ~ of public opinion** der Trend der öffentlichen Meinung; **to swim against/ with the ~** gegen den/mit dem Strom schwimmen; **the ~ has turned** das Blatt hat sich gewendet ◊**tide over** *v/t always separate* **is that enough to tide you over?** reicht Ihnen das vorläufig?

tidiness *n* (*of room*) Aufgeräumtheit *f*; (*of desk*) Ordnung *f*

tidy **A** *adj* (+*er*) **1** (*≈ orderly*) ordentlich; *appearance* gepflegt; *room* aufgeräumt; **to keep sth ~** etw in Ordnung halten **2** (*infml ≈ considerable*) ordentlich (*infml*) **B** *v/t* in Ordnung bringen; *drawer, desk* aufräumen ◊**tidy away** *v/t sep* wegräumen ◊**tidy out** *v/t sep* entrümpeln ◊**tidy up** **A** *v/i* Ordnung machen **B** *v/t sep* aufräumen; *essay* in Ordnung bringen

tie **A** *n* **1** (*a.* **neck tie**) Krawatte *f* **2** (*fig ≈ bond*) (Ver)bindung *f*; **family ~s** familiäre Bindungen *pl* **3** (*≈ hindrance*) Belastung *f* (*on für*) **4** (SPORTS *etc ≈ result*) Unentschieden *nt*; (*≈ drawn match*) unentschiedenes Spiel; **there was a ~ for second place** es gab zwei zweite Plätze **B** *v/t* **1** binden (*to an +acc*); (*≈ fasten*) befestigen (*to an +dat*); **to ~ a knot in sth** einen Knoten in etw (*acc*) machen; **my hands are ~d** (*fig*) mir sind die Hände gebunden **2** (*fig ≈ link*) verbinden; **the match was ~d** das Spiel ging unentschieden aus **C** *v/i* SPORTS unentschieden spielen; (*in competition*) gleichstehen; **they ~d for first place** sie teilten sich den ersten Platz ◊**tie back** *v/t sep* zurückbinden ◊**tie down** *v/t sep* **1** (*lit*) festbinden (*to an +dat*) **2** (*fig ≈ restrict*) binden (*to an +acc*) ◊**tie in** *v/i* **to ~ with sth** zu etw passen ◊**tie on** *v/t sep* **to tie sth on(to) sth** etw an etw (*dat*) anbinden ◊**tie up** *v/t sep* **1** *parcel* verschnüren; *shoelaces* binden **2** *boat* festmachen; *animal* festbinden (*to an +dat*); *prisoner* fesseln **3** FIN *capital* (*fest*) anlegen **4** (*≈ link*) verbinden; **to be tied up with sth** mit etw zusammenhängen **5** (*≈ keep busy*) beschäftigen

tie-break, tie-breaker *n* Tiebreak *m*

tier *n* (*of cake*) Etage *f*; (*of stadium*) Rang *m*; (*fig*) Stufe *f*

tiff *n* (*infml*) Krach *m* (*infml*)

tiger *n* Tiger *m*

tight **A** *adj* (+*er*) **1** *clothes, bend, space* eng; **~ curls** kleine Locken **2** (*≈ stiff*) unbeweglich; (*≈ firm*) *screw* fest angezogen; *lid, embrace* fest; *security* streng; **to have/ keep a ~ hold of sth** (*lit*) etw gut festhalten **3** *rope* straff; *knot* fest (angezogen) **4** *race, money* knapp; *schedule* knapp bemessen **5** (*≈ difficult*) *situation* schwierig; **in a ~ spot** (*fig*) in der Klemme (*infml*) **6** *voice* fest; *smile* verkrampft **7** (*infml ≈ miserly*) knick(e)rig (*infml*) **B** *adv* (+*er*) *hold, shut* fest; *stretch* straff; **to hold sb/sth ~** jdn/ etw festhalten; **to pull sth ~** etw festziehen; **sleep ~!** schlaf(t) gut!; **hold ~!** festhalten! **C** *adj suf* -dicht; **watertight** wasserdicht **tighten** (*a.* **tighten up**) **A** *v/t* **1** *knot* fester machen; *screw* anziehen; (≈ *re-tighten*) nachziehen; *muscles* anspannen; *rope* straffen; **to ~ one's grip on sth** (*lit*) etw fester halten; (*fig*) etw besser unter Kontrolle bringen **2** (*fig*) *security* verschärfen **B** *v/i* (*rope*) sich straffen; (*knot*) sich zusammenziehen ◊**tighten up** **A** *v/i* = tighten II **2 to ~ on security** die Sicherheitsvorkehrungen verschärfen **B** *v/t sep* **1** = tighten I1 **2** *procedure* straffen

tightfisted *adj* knick(e)rig (*infml*) **tight--fitting** *adj* eng anliegend **tightknit** *adj community* eng (miteinander) verbunden **tight-lipped** *adj* **1** (≈ *silent*) verschwiegen **2** (≈ *angry*) *person* verbissen; *smile* verkniffen **tightly** *adv* **1** *fest*; *wrapped* eng; *stretch* straff; **~ fitting** eng anliegend **2 ~ packed** dicht gedrängt **3** (≈ *rigorously*) streng **tightness** *n* **1** (*of clothes*) enges Anliegen **2** (≈ *tautness, of rope, skin*) Straffheit *f* **3** (*in chest*) Beengtheit *f* **tightrope** *n* Seil *nt*; **to walk a ~** (*fig*) einen Balanceakt vollführen **tightrope walker** *n* Seiltänzer(in) *m(f)* **tights** *pl* (*Br*) Strumpfhose *f*; **a pair of ~** eine Strumpfhose

tile **A** *n* (*on roof*) (Dach)ziegel *m*; (≈ *ceramic tile, carpet tile*) Fliese *f*; (*on wall*) Kachel *f*, Plättli *nt* (*Swiss*); (≈ *lino tile etc*) Platte *f* **B** *v/t roof* (mit Ziegeln) decken; *floor* mit Fliesen/Platten auslegen; *wall* kacheln, plätteln (*Swiss*) **tiled** *adj floor* gefliest, geplättelt (*Swiss*); *wall* gekachelt, geplättelt (*Swiss*); **~ roof** Ziegeldach *nt*

till¹ *prep, cj* = until

till² *n* (*Br*) Kasse *f*, Kassa *f* (*Aus*)

tilt **A** *n* (≈ *slope*) Neigung *f* **B** *v/t* kippen; *head* (seitwärts) neigen **C** *v/i* sich neigen ◊**tilt back** **A** *v/i* sich nach hinten neigen **B** *v/t sep* nach hinten neigen ◊**tilt forward** **A** *v/i* sich nach vorne neigen **B** *v/t sep* nach vorne neigen ◊**tilt up** **A** *v/i* nach oben kippen **B** *v/t sep bottle* kippen

timber *n* **1** Holz *nt*; (*for building*) (Bau)holz *nt* **2** (≈ *beam*) Balken *m* **timber-framed** *adj* **~ house** Fachwerkhaus *nt*

time **A** *n* **1** Zeit *f*; **how ~ flies!** wie die Zeit vergeht!; **only ~ will tell whether ...** es muss sich erst herausstellen, ob ...; **it takes ~ to do that** das braucht (seine) Zeit; **to take (one's) ~ (over sth)** sich (*dat*) (bei etw) Zeit lassen; **in (the course of) ~** mit der Zeit; **in (next to) no ~** im Nu; **at this moment in ~** zum gegenwärtigen Zeitpunkt; **to have a lot of/no ~ for sb/sth** viel/keine Zeit für jdn/etw haben; (*fig* ≈ *be for/against*) viel/nichts für jdn/etw übrig haben; **to make ~ (for sb/sth)** sich (*dat*) Zeit (für jdn/etw) nehmen; **in** *or* **given ~** mit der Zeit; **don't rush, do it in your own ~** nur keine Hast, tun Sie es, wie sie es können; **for some ~ past** seit einiger Zeit; **I don't know what she's saying half the ~** (*infml*) meistens verstehe ich gar nicht, was sie sagt; **in two weeks' ~** in zwei Wochen; **for a ~** eine Zeit lang; **not before ~** (*Br*) das wurde auch (langsam) Zeit; **this is hardly the ~ or the place to ...** dies ist wohl kaum die rechte Zeit oder der rechte Ort, um ...; **this is no ~ to quarrel** jetzt ist nicht die Zeit, sich zu streiten; **there are ~s when ...** es gibt Augenblicke, wo ...; **at the** *or* **that ~** zu der Zeit; **at the present ~** zurzeit; **sometimes ..., (at) other ~s ...** (manch)mal ..., (manch)mal ...; **this ~ last year** letztes Jahr um diese Zeit; **my ~ is up** meine Zeit ist um; **it happened before my ~** das war vor meiner Zeit; **of all ~** aller Zeiten; **he is ahead of his ~** er ist seiner Zeit (weit) voraus; **in Victorian ~s** im Viktorianischen Zeitalter; **~s are hard** die Zeiten sind hart *or* schwer; **to be behind the ~s** rückständig sein; (≈ *be out of touch*) nicht auf dem Laufenden sein; **all the ~** (≈ *always*) immer; (≈ *all along*) die ganze Zeit; **to be in good ~** rechtzeitig dran sein; **all in good ~** alles zu seiner Zeit; **he'll let you know in his own good ~** er wird Ihnen Bescheid sagen, wenn er so weit ist; **(for) a long ~** lange; **I'm going away for a long ~** ich fahre auf längere Zeit weg; **it's a long ~ (since ...)** es ist schon lange her(, seit ...); **(for) a short ~** kurz; **a short ~ ago** vor Kurzem; **for the ~ being** (≈ *provisionally*) vorläufig; (≈ *temporarily*) vorübergehend; **when the ~ comes** wenn es so weit ist; **at ~s** manchmal; **at all ~s** jederzeit; **by the ~ it finished** als es zu Ende war; **by the ~ we arrive** bis wir ankommen; **by that ~ we knew** inzwischen wussten wir es; **by that ~ we'll know** bis dahin wissen wir es; **by this ~** inzwischen; **by this ~ tomorrow** morgen um diese Zeit; **from ~ to ~** von Zeit zu Zeit; **this ~ of the year** diese Jahreszeit; **now's the ~ to do it** jetzt ist der richtige Zeitpunkt *or* die richtige Zeit, es zu tun **2** **what ~ is it?, what's the ~?** wie spät ist es?, wie viel Uhr ist es?; **what ~ do you make it?** wie spät haben Sies?; **the ~ is 2.30** es ist 2.30 Uhr; **local ~** Ortszeit *f*; **it's ~ (for me) to go, it's ~ I was going,** **it's ~ I went** es wird Zeit, dass ich gehe; **to tell the ~** die Uhr kennen; **to make good ~** gut vorankommen; **it's about ~ he was here** (*he has arrived*) es wird (aber) auch Zeit, dass er kommt; (*he has not arrived*) es wird langsam Zeit, dass er kommt; **(and) about ~ too!** das wird aber auch Zeit!; **ahead of ~** zu früh; **behind ~** zu spät; **at any ~ during the day** zu jeder Tageszeit; **not at this ~ of night!** nicht zu dieser nachtschlafenden Zeit *or* Stunde!; **at one ~** früher; **at any ~** jederzeit; **at no ~** niemals; **at the same ~** (*lit*) gleichzeitig; **they arrived at the same ~ as us** sie kamen zur gleichen Zeit an wie wir; **but at the same ~, you must admit that** ... aber andererseits müssen Sie zugeben, dass ...; **in/on ~** rechtzeitig; **to be in ~ for sth** rechtzeitig zu etw kommen; **on ~** pünktlich **3** (*≈ occasion*) Mal *nt*; **this ~** diesmal; **every** *or* **each ~** ... jedes Mal, wenn ...; **for the last ~** zum letzten Mal; **and he's not very bright at the best of ~s** und er ist ohnehin *or* sowieso nicht sehr intelligent; **~ and (~) again, ~ after ~** immer wieder; **I've told you a dozen ~s** ... ich habe dir schon x-mal gesagt ...; **nine ~s out of ten** ... neun von zehn Malen ...; **three ~s a week** dreimal pro Woche; **they came in one/three** *etc* **at a ~** sie kamen einzeln/immer zu dritt *etc* herein; **four at a ~** vier auf einmal; **for weeks at a ~** wochenlang; **(the) next ~** nächstes Mal, das nächste Mal; **(the) last ~** letztes Mal, das letzte Mal **4** MAT **2 ~s 3 is 6** 2 mal 3 ist 6; **it was ten ~s the size of ...** es war zehnmal so groß wie ... **5** **to have the ~ of one's life** sich glänzend amüsieren; **what a ~ we had** *or* **that was!** das war eine Zeit!; **to have a hard ~** es schwer haben; **to give sb a bad/rough** *etc* **~ (of it)** jdm das Leben

schwer machen; **we had a good ~** es hat uns (*dat*) gut gefallen; **have a good ~!** viel Spaß! **6** (*≈ rhythm*) Takt *m*; **to keep ~** den Takt angeben **B** *v/t* **1** **to ~ sth perfectly** genau den richtigen Zeitpunkt für etw wählen **2** (*with stopwatch*) stoppen; *speed* messen; **to ~ sb (over 1000 metres)** jdn (auf 1000 Meter) stoppen; **~ how long it takes you, ~ yourself** sieh auf die Uhr, wie lange du brauchst; (*with stopwatch*) stopp, wie lange du brauchst **time bomb** *n* Zeitbombe *f* **time-consuming** *adj* zeitraubend **time difference** *n* Zeitunterschied *m* **time frame, timeframe** *n* Zeitrahmen *m* **time-honoured**, (*US*) **time-honored** *adj* althergebracht **time-lag** *n* Zeitverschiebung *f* **time-lapse** *adj* **~ photography** Zeitraffertechnik *f* **timeless** *adj* zeitlos; (*≈ everlasting*) immerwährend **time limit** *n* zeitliche Begrenzung; (*for the completion of a job*) Frist *f* **timely** *adj* rechtzeitig **time management** *n* Zeitmanagement *nt* **time-out** *n* (*US*) **1** FTBL Auszeit *f* **2** **to take ~** Pause machen **timer** *n* Zeitmesser *m*; (*≈ switch*) Schaltuhr *f* **time-saving** *adj* zeitsparend **timescale** *n* zeitlicher Rahmen **time-share A** *n* Wohnung *f etc* auf Timesharingbasis **B** *adj attr* Timesharing- **time sheet** *n* Stundenzettel *m* **time signal** *n* (*Br*) Zeitzeichen *nt* **time signature** *n* Taktvorzeichnung *f* **time span** *n* Zeitspanne *f* **time switch** *n* Schaltuhr *f* **timetable** *n* TRANSPORT Fahrplan *m*; (*Br* SCHOOL) Stundenplan *m*; **to have a busy ~** ein volles Programm haben **time zone** *n* Zeitzone *f*

timid *adj* scheu **timidly** *adv say* zaghaft; *enter* schüchtern

timing *n* (*≈ choice of time*) Timing *nt*; **the ~ of the statement was wrong** die Erklärung kam zum falschen Zeitpunkt

tin *n* **1** Blech *nt*; CHEM Zinn *nt* **2** (*esp Br ≈ can*) Dose *f* **tin can** *n* (Blech)dose *f*

tinder *n* Zunder *m*

tinfoil *n* (*≈ aluminium foil*) Aluminiumfolie *f*

tinge A *n* Spur *f*; (*of colour*) Hauch *m* **B** *v/t* **1** (*≈ colour*) (leicht) tönen **2** (*fig*) **~d with ...** mit einer Spur von ...

tingle A *v/i* prickeln (*with* vor *+dat*) **B** *n* Prickeln *nt* **tingling A** *n* Prickeln *nt* **B** *adj* prickelnd **tingly** *adj* prickelnd; **my**

arm feels (all) ~ mein Arm kribbelt (*infml*)
tinker **A** *n* (*Br pej*) **you little** ~! (*infml*) du kleiner Stromer! (*infml*) **B** *v/i* **1** herumbasteln (*with, on* an +*dat*) **2** (*unskilfully*) herumpfuschen (*with* an +*dat*)

tinkle *v/i* **1** (*bells etc*) klingen **2** (*infml* ≈ *urinate*) pinkeln (*infml*) **B** *n* Klingen *nt no pl*; (*of glass*) Klirren *nt no pl* **tinkling** **A** *n* (*of bells etc*) Klingen *nt*; (*of glass*) Klirren *nt* **B** *adj bells* klingend

tinned *adj* (*esp Br*) aus der Dose; ~ **food** Dosennahrung *f*

tinnitus *n* MED Tinnitus *m*, Ohrenpfeifen *nt*

tinny *adj* (+*er*) *sound* blechern **tin-opener** *n* (*esp Br*) Dosenöffner *m*

tinsel *n* Girlanden *pl* aus Rauschgold *etc*
tint **A** *n* Ton *m*; (*for hair*) Tönung(smittel *nt*) *f* **B** *v/t hair* tönen **tinted** *adj* getönt

tiny *adj* (+*er*) winzig; *baby* ganz klein; ~ **little** winzig klein

tip¹ **A** *n* Spitze *f*; **on the** ~**s of one's toes** auf Zehenspitzen; **it's on the** ~ **of my tongue** es liegt mir auf der Zunge; **the** ~ **of the iceberg** (*fig*) die Spitze des Eisbergs **B** *v/t steel-*~**ped** mit Stahlspitze

tip² **A** *n* **1** (≈ *gratuity*) Trinkgeld *nt* **2** (≈ *advice*) Tipp *m* **B** *v/t* **1** *waiter* Trinkgeld geben (+*dat*) **2** **to be** ~**ped to win** der Favorit sein ◊**tip off** *v/t sep* einen Tipp geben +*dat* (*about* über +*acc*)

tip³ **A** *v/t* (≈ *tilt*) kippen; (≈ *pour also, empty*) schütten; (≈ *overturn*) umkippen; **to** ~ **sth backwards/forwards** etw nach hinten/vorne kippen; **to** ~ **the balance** (*fig*) den Ausschlag geben **B** *v/i* (≈ *incline*) kippen **C** *n* (*Br: for rubbish*) Müllkippe *f*; (*for coal*) Halde *f*; (*infml* ≈ *untidy place*) Saustall *m* (*infml*) ◊**tip back** **A** *v/i* (*chair, person*) nach hinten (weg)kippen **B** *v/t sep* nach hinten kippen; *head* nach hinten neigen ◊**tip out** **A** *v/t sep* auskippen; *load* abladen **B** *v/i* herauskippen; (*liquid*) herauslaufen ◊**tip over** *v/i, v/t sep* (≈ *overturn*) umkippen ◊**tip up** *v/i, v/t sep* (≈ *tilt*) kippen; (≈ *overturn*) umkippen; (*folding seat*) hochklappen

tip-off *n* (*infml*) Tipp *m*
Tipp-Ex® **A** *n* Tipp-Ex® *nt* **B** *v/t* **to** ~ **(out)** mit Tipp-Ex® löschen

tipsy *adj* (+*er*) beschwipst
tiptoe **A** *v/i* auf Zehenspitzen gehen **B** *n* **on** ~ auf Zehenspitzen **tip-up truck** *n* Kipplaster *m*

tirade *n* Schimpfkanonade *f*
tire¹ **A** *v/t* müde machen **B** *v/i* müde werden; **to** ~ **of sb/sth** jdn/etw satthaben; **she never** ~**s of talking about her son** sie wird es nie müde, über ihren Sohn zu sprechen ◊**tire out** *v/t sep* (*völlig*) erschöpfen

tire² *n* (*US*) = tyre

tired *adj* müde; ~ **out** völlig erschöpft; **to be** ~ **of sb/sth** jdn/etw satthaben; **to get** ~ **of sb/sth** jdn/etw sattbekommen **tiredness** *n* Müdigkeit *f* **tireless** *adj* unermüdlich **tiresome** *adj* lästig **tiring** *adj* anstrengend

Tirol *n* = Tyrol

tissue *n* **1** (ANAT, *fig*) Gewebe *nt* **2** (≈ *handkerchief*) Papier(taschen)tuch *nt* **3** (*a.* **tissue paper**) Seidenpapier *nt*

tit¹ *n* (≈ *bird*) Meise *f*
tit² *n* ~ **for tat** wie du mir, so ich dir
tit³ *n* (*sl* ≈ *breast*) Titte *f* (*sl*); **he gets on my** ~**s** er geht mir auf den Sack (*sl*)

titbit, (*US*) **tidbit** *n* **1** Leckerbissen *m* **2** (≈ *information*) Pikanterie *f*

titillate *v/t person, senses* anregen; *interest* erregen

title *n* **1** Titel *m*; (*of chapter*) Überschrift *f*; FILM Untertitel *m* **2** (≈ *form of address*) Anrede *f* **title deed** *n* Eigentumsurkunde *f* **titleholder** *n* SPORTS Titelträger(in) *m(f)* **title page** *n* TYPO Titelseite *f* **title role** *n* Titelrolle *f*

titter **A** *v/t & v/i* kichern **B** *n* Gekicher *nt*
T-junction *n* (*Br*) T-Kreuzung *f*
TM *abbr of* trademark
to **A** *prep* **1** (≈ *towards*) zu; **to go to the station/doctor's** zum Bahnhof/Arzt gehen; **to go to the opera** *etc* in die Oper *etc* gehen; **to go to France/London** nach Frankreich/London fahren; **to the left/west** nach links/Westen; **I have never been to India** ich war noch nie in Indien **2** (≈ *as far as, until*) bis; **to count (up) to 20** bis 20 zählen; **it's 90 kms to Paris** nach Paris sind es 90 km; **8 years ago to the day** auf den Tag genau vor 8 Jahren **3** **he nailed it to the wall/floor** *etc* er nagelte es an die Wand/auf den Boden *etc*; **they tied him to the tree** sie banden ihn am Baum fest **4** (*with indirect object*) **to give sth to sb** jdm etw geben; **I said to myself ...** ich habe mir gesagt ...; **to mutter to oneself** vor sich hin murmeln; **he is kind to everyone** er ist zu allen

T

freundlich; **it's a great help to me** das ist eine große Hilfe für mich; **he has been a good friend to us** er war uns (*dat*) ein guter Freund; **to Lottie** (*toast*) auf Lottie (*acc*); **to drink to sb** jdm zutrinken **5** (*with position*) **close to sb/sth** nahe bei jdm/etw; **at right angles to the wall** im rechten Winkel zur Wand; **to the west (of)/the left (of)** westlich/links (von) **6** (*with time*) vor; **20 (minutes) to 2** 20 (Minuten) vor 2 **7** (≈ *in relation to*) zu; **they won by four goals to two** sie haben mit vier zu zwei Toren gewonnen; **3 to the power of 4** 3 hoch 4 **8** (≈ *per*) pro **9** **what would you say to a beer?** was hältst du von einem Bier?; **there's nothing to it** es ist nichts dabei; **that's all there is to it** das ist alles; **to the best of my knowledge** nach bestem Wissen; **it's not to my taste** das ist nicht nach meinem Geschmack **10** (*infinitive*) **to begin to do sth** anfangen, etw zu tun; **he decided to come** er beschloss zu kommen; **I want to do it** ich will es tun; **I want him to do it** ich will, dass er es tut; **to work to live** arbeiten, um zu leben; **to get to the point, ...** um zur Sache zu kommen, ...; **I arrived to find she had gone** als ich ankam, war sie weg **11** (*omitting verb*) **I don't want to** ich will nicht; **I'll try to** ich werde es versuchen; **you have to** du musst; **I'd love to** sehr gerne; **buy it, it would be silly not to** kaufe es, es wäre dumm, es nicht zu tun **12** **there's no-one to help us** es ist niemand da, der uns helfen könnte; **he was the first to arrive** er kam als Erster an; **who was the last to see her?** wer hat sie zuletzt gesehen?; **what is there to do here?** was gibt es hier zu tun?; **to be ready to do sth** (≈ *willing*) bereit sein, etw zu tun; **it's hard to understand** es ist schwer zu verstehen **B** *adj* door (≈ *shut*) zu **C** *adv* **to and fro** hin und her; *walk* auf und ab

toad *n* Kröte *f* **toadstool** *n* (nicht essbarer) Pilz

toast¹ **A** *n* Toast *m*; **a piece of ~** ein Toast *m* **B** *v/t* toasten

toast² **A** *n* Toast *m*, Trinkspruch *m*; **to drink a ~ to sb** auf jdn trinken; **to propose a ~** einen Toast ausbringen (*to* auf +*acc*); **she was the ~ of the town** sie war der gefeierte Star der Stadt **B** *v/t* **to ~ sb/sth** auf jds Wohl trinken

toaster *n* Toaster *m* **toast rack** *n* Toastständer *m*

tobacco *n* Tabak *m* **tobacconist** *n* Tabak(waren)händler(in) *m(f)*, Trafikant(in) *m(f)* (*Aus*); (≈ *shop*) Tabak(waren)laden *m*

to-be *adj* **the bride-~** die zukünftige Braut; **the mother-~** die werdende Mutter

toboggan **A** *n* Schlitten *m*, Rodel *f* (*Aus*) **B** *v/i* **to go ~ing** Schlitten fahren, schlitteln (*Swiss*)

today *adv, n* **1** heute; **a week/fortnight ~** heute in einer Woche/zwei Wochen; **a year ago ~** heute vor einem Jahr; **from ~** ab heute; **later ~** später (am Tag); **~'s paper** die Zeitung von heute; **what's ~'s date?** der Wievielte ist heute?; **here ~ and gone tomorrow** (*fig*) heute hier und morgen da **2** (≈ *these days*) heutzutage; **the youth of ~** die Jugend von heute

toddle *v/i* **1** (*child*) wackelnd laufen **2** (*infml: a.* **toddle off**) abzwitschern (*infml*) **toddler** *n* Kleinkind *nt*

to-do *n* (*infml*) Theater *nt* (*infml*)

toe **A** *n* Zehe *f*; (*of sock*) Spitze *f*; **to tread** *or* **step on sb's ~s** (*lit*) jdm auf die Zehen treten; (*fig*) jdm ins Handwerk pfuschen (*infml*); **to be on one's ~s** (*fig*) auf Zack sein (*infml*) **B** *v/t* (*fig*) **to ~ the line** sich einfügen, spuren (*infml*)

TOEFL *abbr of* Test of English as a Foreign Language TOEFL-Test *m*, *englische Sprachprüfung für ausländische Studenten*

toehold *n* Halt *m* für die Fußspitzen; (*fig*) Einstieg *m* **toenail** *n* Zehennagel *m*

toff *n* (*Br infml*) feiner Pinkel (*infml*)

toffee *n* (*Br*) (≈ *substance*) (Sahne)karamell *m*; (≈ *sweet*) Toffee *nt*

tofu *n* Tofu *nt*

together **A** *adv* zusammen; **to do sth ~** etw zusammen tun; (≈ *with one another*) *discuss, play etc also* etw miteinander tun; **to go ~** (≈ *match*) zusammenpassen; **all ~ now** jetzt alle zusammen **B** *adj* (*infml*) cool (*infml*)

toggle **A** *n* Knebel *m*; (*on clothes*) Knebelknopf *m* **B** *v/i* IT hin- und herschalten **toggle key** *n* IT Umschalttaste *f* **toggle switch** *n* Kipp(hebel)schalter *m*

togs *pl* (*infml*) Sachen *pl*, Klamotten *pl* (*infml*)

toil **A** *v/i* (*liter* ≈ *work*) sich plagen (*at, over* mit) **B** *n* (*liter*) Plage *f* (*elev*)

toilet *n* Toilette *f*; **to go to the ~** (*esp Br*)

auf die Toilette gehen; **she's in the ~** sie ist auf der Toilette **toilet bag** n (Br) Kulturbeutel m **toilet brush** n Klosettbürste f **toilet paper** n Toilettenpapier nt **toiletries** pl Toilettenartikel pl **toilet roll** n Rolle f Toilettenpapier **toilet seat** n Toilettensitz m **toilet tissue** n Toilettenpapier nt **toilet water** n Eau de Toilette nt

to-ing and fro-ing n (esp Br) Hin und Her nt

token ◭ n 🛘 (≈ sign) Zeichen nt; **by the same ~** ebenso; (with neg) aber auch 🛘 (for gambling etc) Spielmarke f 🛘 (Br ≈ gift token) Gutschein m ◮ attr Schein-; **~ gesture** leere Geste

Tokyo n Tokio nt

told pret, past part of tell

tolerable adj erträglich **tolerance** n Toleranz f (of, for, towards gegenüber) **tolerant** adj 🛘 (of, towards, with gegenüber) tolerant 🛘 TECH **to be ~ of heat** hitzebeständig sein **tolerate** v/t 🛘 noise etc ertragen 🛘 person, behaviour tolerieren **toleration** n Tolerierung f

toll¹ ◭ v/t & v/i läuten ◮ n Läuten nt

toll² n 🛘 (≈ bridge toll) Maut f 🛘 **the death ~ on the roads** die Zahl der Verkehrstoten **tollbooth** n Mautstelle f **toll bridge** n Mautbrücke f **toll-free** (US TEL) adj, adv gebührenfrei **toll road** n Mautstraße f

tomahawk n Tomahawk m

tomato n, pl -es Tomate f, Paradeiser m (Aus) **tomato ketchup** n (Tomaten)ketchup m or nt **tomato puree** n Tomatenmark nt, Paradeismark (Aus)

tomb n (≈ grave) Grab nt; (≈ building) Grabmal nt

tomboy n Wildfang m

tombstone n Grabstein m

tomcat n Kater m

tomorrow adv, n morgen; (≈ future) Morgen nt; **a week ~** morgen in einer Woche; **a fortnight ~** morgen in zwei Wochen; **a year ago ~** morgen vor einem Jahr; **the day after ~** übermorgen; **~ morning/ evening** morgen früh/Abend; **early ~** morgen früh; **(as) from ~** ab morgen; **see you ~!** bis morgen!; **~'s paper** die Zeitung von morgen

ton n 🛘 (britische) Tonne f; **it weighs a ~** (fig infml) das wiegt ja eine Tonne 🛘 **tons** pl (infml ≈ lots) jede Menge (infml)

tone ◭ n Ton m (also MUS); (US ≈ note) Note f; (≈ quality of sound) Klang m; (of colour) (Farb)ton m; **... he said in a friendly ~ ...** sagte er in freundlichem Ton; **the new people have lowered the ~ of the neighbourhood** die neuen Leute haben dem Ruf des Viertels geschadet ◮ v/t muscles in Form bringen ◊**tone down** v/t sep abmildern; demands mäßigen ◊**tone up** v/t sep muscles kräftigen

tone-deaf adj **he's ~** er hat kein Gehör für Tonhöhen

toner n 🛘 (for copier) Toner m 🛘 (≈ cosmetic) Tönung f **toner cartridge** n Tonerpatrone f

tongs pl 🛘 Zange f; **a pair of ~** eine Zange 🛘 (electric) Lockenstab m

tongue n Zunge f; **to put** or **stick one's ~ out at sb** jdm die Zunge herausstrecken; **to hold one's ~** den Mund halten **tongue in cheek** adj pred remark ironisch gemeint **tongue-tied** adj **to be ~** keinen Ton herausbringen **tongue twister** n Zungenbrecher m

tonic n 🛘 MED Tonikum nt 🛘 **~ (water)** Tonic(water) nt

tonight ◭ adv (≈ this evening) heute Abend; (≈ during the night) heute Nacht; **see you ~!** bis heute Abend! ◮ n (≈ this evening) der heutige Abend; (≈ the coming night) die heutige Nacht; **~'s party** die Party heute Abend

tonne n Tonne f

tonsil n Mandel f **tonsillitis** n Mandelentzündung f

too adv 🛘 (+adj or adv ≈ very) zu; **~ much** zu viel inv; **~ many** zu viele; **he's had ~ much to drink** er hat zu viel getrunken; **don't worry ~ much** mach dir nicht zu viel Sorgen; **~ right!** (infml) das kannste laut sagen (infml); **all ~ ...** allzu ...; **he wasn't ~ interested** er war nicht allzu interessiert; **I'm not ~ sure** ich bin nicht ganz sicher 🛘 (≈ also) auch 🛘 (≈ moreover) auch noch

took pret of take

tool n Werkzeug nt **toolbar** n IT Symbolleiste f **toolbox** n Werkzeugkasten m **toolkit** n Werkzeug(ausrüstung f) nt **tool shed** n Geräteschuppen nt

toot ◭ v/t **to ~ a horn** (in car) hupen ◮ v/i (in car) hupen

tooth n, pl teeth Zahn m; **to have a ~ out** sich (dat) einen Zahn ziehen lassen;

to get one's teeth into sth (fig) sich in etw (dat) festbeißen; **to fight ~ and nail** bis aufs Blut kämpfen; **to lie through** or **in one's teeth** das Blaue vom Himmel herunterlügen; **I'm fed up to the (back) teeth with that** (infml) es hängt mir zum Hals heraus (infml)

toothache n Zahnschmerzen pl

toothbrush n Zahnbürste f **tooth decay** n Karies f **toothpaste** n Zahnpasta f **toothpick** n Zahnstocher m

top ◫ n ◫ (≈ highest part) oberer Teil; (of spire etc, fig: of league etc) Spitze f; (of mountain) Gipfel m; (of tree) Krone f; (of road) oberes Ende; (of table, sheet) Kopfende nt; **at the ~** oben; **at the ~ of the page** oben auf der Seite; **at the ~ of the league/stairs** oben in der Tabelle/an der Treppe; **at the ~ of the table** am oberen Ende des Tisches; **to be ~ of the class** Klassenbeste(r) sein; **near the ~** (ziemlich) weit oben; **five lines from the ~** in der fünften Zeile von oben; **from ~ to toe** von Kopf bis Fuß; **from ~ to bottom** von oben bis unten; **at the ~ of one's voice** aus vollem Hals; **off the ~ of my head** (fig) grob gesagt; **to go over the ~** zu viel des Guten tun; **that's a bit over the ~** das geht ein bisschen zu weit ◫ (≈ upper surface) Oberfläche f; **to be on ~** oben sein or liegen; (fig) obenauf sein; **it was on ~ of/on the ~ of the cupboard** etc es war auf/oben auf dem Schrank etc; **on ~ of** (in addition to) zusätzlich zu; **things are getting on ~ of me** die Dinge wachsen mir über den Kopf; **and, on ~ of that ...** und außerdem ...; **he felt he was on ~ of the situation** er hatte das Gefühl, die Situation unter Kontrolle zu haben; **to come out on ~** sich durchsetzen ◫ (infml: of body) Oberkörper m; **to blow one's ~** an die Decke gehen (infml) ◫ (≈ working surface) Arbeitsfläche f ◫ (≈ bikini top) Oberteil nt; (≈ blouse) Top nt ◫ (≈ lid, of jar) Deckel m; (of bottle) Verschluss m; (of pen) Hülle f; (of car) Dach nt ◫ adj (≈ upper) obere(r, s); (≈ highest) oberste(r, s); (≈ best) Spitzen-; marks beste(r, s); **today's ~ story** die wichtigste Meldung von heute; **on the ~ floor** im obersten Stockwerk; **at ~ speed** mit Höchstgeschwindigkeit; **in ~ form** in Höchstform ◫ adv ◫ **to come ~** school Beste(r) werden ◫ **~s** (infml) höchstens, maximal ◫ v/t ◫ (≈ cover) be-

decken; **fruit ~ped with cream** Obst mit Sahne darauf ◫ (≈ be at top of) ganz oben auf der Liste stehen ◫ (fig ≈ surpass) übersteigen; **and to ~ it all ...** (infml) und um das Maß vollzumachen ... ◊**top off** v/t sep ◫ abrunden ◫ (US) = top up ◊**top up** v/t sep ◫ (Br) auffüllen; income ergänzen; **can I top you up?** (infml) darf ich dir nachschenken? ◫ phonecard aufladen

top gear n höchster Gang **top hat** n Zylinder m **top-heavy** adj kopflastig

topic n Thema nt; **~ of conversation** Gesprächsthema nt **topical** adj aktuell

topless ◫ adj oben ohne, Oben-ohne- ◫ adv oben ohne **top-level** adj Spitzen-; negotiations auf höchster Ebene **top management** n Spitzenmanagement nt **topmost** adj oberste(r, s) **top-of-the-range** adj attr Spitzen-, der Spitzenklasse **topping** n cook **with a ~ of cream** etc mit Sahne etc (oben) darauf **top-quality** adj attr Spitzen-; **~ product** Spitzenprodukt nt

topple ◫ v/i ◫ wackeln ◫ (≈ fall) fallen ◫ v/t (fig) government etc stürzen ◊**topple down** v/i +prep obj hinunterfallen ◊**topple over** v/i schwanken und fallen (prep obj über +acc)

top-ranking adj von hohem Rang; tennis player etc der Spitzenklasse **top-secret** adj streng geheim **topsoil** n AGR Ackerkrume f

topsy-turvy (infml) adj (lit ≈ in disorder) kunterbunt durcheinander pred; (fig) auf den Kopf gestellt

top-up (Br) ◫ n (infml) **would you like a ~?** darf man dir noch nachschenken? ◫ adj Zusatz- **top-up card** n (for mobile phone) (wieder aufladbare) Prepaidkarte f

torch n Fackel f; (Br ≈ flashlight) Taschenlampe f

tore pret of tear¹

torment ◫ n Qual f; **to be in ~** Qualen leiden ◫ v/t quälen; (≈ tease) plagen

torn past part of tear¹

tornado n, pl -es Tornado m

torpedo ◫ n, pl -es Torpedo m ◫ v/t torpedieren

torpor n (≈ lethargy) Trägheit f; (≈ apathy) Abgestumpftheit f

torrent n reißender Strom; (fig: of words) Schwall m; **a ~ of abuse** ein Schwall m von Beschimpfungen **torrential** adj rain sintflutartig

torso *n* Körper *m*

tortoise *n* Schildkröte *f* **tortoiseshell** *n* Schildpatt *n*

tortuous *adj* (lit) path gewunden; (fig) verwickelt **torture** **A** *n* Folter *f;* (fig) Qual *f* **B** *v/t* **1** (lit) foltern **2** (fig ≈ torment) quälen **torture chamber** *n* Folterkammer *f* **torturer** *n* (lit) Folterknecht *m*

Tory (Br POL) **A** *n* Tory *m,* Konservative(r) *m/f(m)* **B** *adj* konservativ, Tory-

toss **A** *n* **1** (≈ throw) Wurf *m* **2** (of coin) Münzwurf *m;* **to win the ~** die Seitenwahl gewinnen **B** *v/t* **1** (≈ throw) werfen; salad anmachen; pancake wenden; **to ~ sth to sb** jdm etw zuwerfen; **to ~ a coin** eine Münze (zum Losen) hochwerfen; **to ~ sb for sth** mit jdm (durch Münzenwerfen) um etw knobeln **2** (≈ move) schütteln; **to ~ one's head** den Kopf zurückwerfen **C** *v/i* **1** (ship) rollen; **to ~ and turn** sich hin und her wälzen **2** (with coin) (durch Münzenwerfen) knobeln; **to ~ for sth** um etw knobeln ◊**toss about** (Brit) or **around** *v/t sep* (≈ move) durchschütteln; ball herumwerfen; (fig) ideas zur Debatte stellen ◊**toss away** *v/t sep* wegwerfen ◊**toss out** *v/t sep* rubbish wegwerfen; person hinauswerfen ◊**toss up** *v/t sep* werfen

toss-up *n* it was a **~ whether …** (infml) es war völlig offen, ob …

tot *n* **1** (≈ child) Knirps *m* (infml) **2** (esp Br: of alcohol) Schlückchen *nt* ◊**tot up** *v/t sep* (esp Br infml) zusammenzählen

total **A** *adj* stranger völlig; amount Gesamt-; eclipse total; **what is the ~ number of rooms you have?** wie viele Zimmer haben Sie (insgesamt)?; **to be in ~ ignorance (of sth)** (von etw) überhaupt nichts wissen **B** *n* Gesamtmenge *f;* (≈ money, figures) Endsumme *f;* **a ~ of 50 people** insgesamt 50 Leute; **this brings the ~ to £100** das bringt die Gesamtsumme auf £ 100; **in ~** insgesamt **C** *v/t* **1** (≈ amount to) sich belaufen auf (+acc) **2** (≈ add: a. **total up**) zusammenzählen **totalitarian** *adj* totalitär **totally** *adv* total

tote bag *n* (US) (Einkaufs)tasche *f*

totem pole *n* Totempfahl *m*

totter *v/i* schwanken

touch **A** *n* **1** (≈ sense of touch) (Tast)gefühl *nt;* **to be cold to the ~** sich kalt anfühlen **2** (≈ act of touching) Berührung *f;* **at the ~ of a button** auf Knopfdruck **3** (≈ skill) Hand *f;* (≈ style) Stil *m;*

he's losing his ~ er wird langsam alt; **a personal ~** eine persönliche Note **4** (fig) Einfall *m;* **a nice ~** eine hübsche Note; **to put the finishing ~es to sth** letzte Hand an etw (acc) legen **5** (≈ small quantity) Spur *f;* **a ~ of flu** eine leichte Grippe **6** **to be in ~ with sb** mit jdm in Verbindung stehen; **to keep in ~ with developments** auf dem Laufenden bleiben; **I'll be in ~!** ich melde mich!; **keep in ~!** lass wieder einmal von dir hören!; **to be out of ~** nicht auf dem Laufenden sein; **you can get in ~ with me at this number** Sie können mich unter dieser Nummer erreichen; **to get in ~ with sb** sich mit jdm in Verbindung setzen; **to lose ~ (with sb)** den Kontakt (zu jdm) verlieren; **to put sb in ~ with sb** jdn mit jdm in Verbindung bringen **7** FTBL Aus *nt;* **in ~** im Aus **B** *v/t* **1** berühren; (≈ get hold of) anfassen; **her feet hardly ~ed the ground** (fig) sie schwebte in den Wolken **2** criminal, drink anrühren; (≈ use) antasten; **the police can't ~ me** die Polizei kann mir nichts anhaben **3** (≈ move emotionally) rühren; (≈ affect) berühren **C** *v/i* sich berühren; **don't ~!** Finger weg! ◊**touch up** *v/t sep* paintwork ausbessern ◊**touch (up)on** *v/i +prep obj subject* antippen; **he barely touched on the question** er hat die Frage kaum berührt

touch-and-go *adj* **to be ~** riskant sein; **it's ~ whether …** es steht auf des Messers Schneide, ob … **touchdown** *n* **1** AVIAT, SPACE Aufsetzen *nt* **2** (US FTBL) Versuch *m,* Niederlegen des Balles im Malfeld des Gegners **touched** *adj pred* (≈ moved) gerührt **touching** *adj,* **touchingly** *adv* rührend **touchless** *adj* sensor berührungslos **touchline** *n* (esp Br SPORTS) Seitenlinie *f* **touchpaper** *n* Zündpapier *nt* **touchscreen** IT Touch-Screen *m* **touch-sensitive** *adj* **~ screen** Touch-Screen *m* **touch-tone** *adj* Tonwahl- **touch-type** *v/i* blindschreiben **touchy** *adj* empfindlich (about in Bezug auf +acc); subject heikel

tough *adj* (+er) zäh; (≈ resistant) widerstandsfähig; cloth strapazierfähig; opponent, problem hart; city rau; journey anstrengend; choice schwierig; **(as) ~ as old boots** (Br hum infml) or **shoe leather** (US hum infml) zäh wie Leder (infml); **he'll get over it, he's ~** er wird schon darüber hinwegkommen, er ist hart im Nehmen (*infml*); **to get ~ (with sb)** (*fig*) hart durchgreifen (gegen jdn); **it was ~ going** es war eine Strapaze; **to have a ~ time of it** nichts zu lachen haben; **I had a ~ time controlling my anger** es fiel mir schwer, meinen Zorn unter Kontrolle zu halten; **she's a ~ customer** sie ist zäh wie Leder (*infml*); **it was ~ on the others** (*infml*) das war hart für die andern; **~ (luck)!** (*infml*) Pech!

toughen *v/t glass* härten ◊**toughen up** ◪ *v/t sep person* stählen (*elev*); *regulations* verschärfen ◩ *v/i* hart werden; **to ~ on sth** härter gegen etw vorgehen

toughness *n* (*of meat etc*) Zähheit *f*; (*of person*) Zähigkeit *f*; (≈ *resistance*) Widerstandsfähigkeit *f*; (*of bargaining, opponent, fight, controls*) Härte *f*

toupee *n* Toupet *nt*

tour ◪ *n* ◪ Tour *f*; (*of town, exhibition etc*) Rundgang *m* (*of durch*); (*a.* **guided tour**) Führung *f* (*of durch*); (*by bus*) Rundfahrt *f* (*of durch*); **to go on a ~ of Scotland** auf eine Schottlandreise gehen ◪ (*a.* **tour of inspection**) Runde *f* (*of durch*) ◪ THEAT Tournee *f* (*of durch*); **to take a play on ~** mit einem Stück auf Gastspielreise *or* Tournee gehen ◩ *v/t* ◪ *country etc* fahren durch; (≈ *travel around*) bereisen; **to ~ the world** um die Welt reisen ◪ *town, exhibition* einen Rundgang machen durch ◪ THEAT eine Tournee machen durch ◩ *v/i* ◪ (*on holiday*) eine Reise *or* Tour machen; **we're ~ing (around)** wir reisen herum ◪ THEAT eine Tournee machen; **to be ~ing** auf Tournee sein **tour de force** *n* Glanzleistung *f* **tour guide** *n* Reiseleiter(in) *m(f)* **touring** *n* (Herum)reisen *nt* **tourism** *n* Tourismus *m* **tourist** ◪ *n* Tourist(in) *m(f)* ◩ *attr* Touristen-; **~ season** Reisesaison *or* -zeit *f* **tourist-class** *adj* der Touristenklasse **tourist guide** *n* Fremdenführer(in) *m(f)* **tourist information centre** *n* (*Br*) Touristen-Informationsbüro *nt* **tourist office** *n* Fremdenverkehrsbüro *nt*

tournament *n* Turnier *nt*

tourniquet *n* Aderpresse *f*

tour operator *n* Reiseveranstalter *m*

tousled *adj hair* zerzaust

tout (*infml*) ◪ *n* (≈ *ticket tout*) (Karten)-schwarzhändler(in) *m(f)* ◩ *v/i* **to ~ for business** (aufdringlich) Reklame machen;

to ~ for customers auf Kundenfang sein (*infml*)

tow ◪ *n* **to give sb a ~** jdn abschleppen; **in ~** (*fig*) im Schlepptau ◩ *v/t* schleppen; *trailer* ziehen ◊**tow away** *v/t sep car* (gebührenpflichtig) abschleppen

toward(s) *prep* ◪ (*with motion*) auf (+*acc*) … zu; **to sail ~ China** in Richtung China segeln; **it's further north, ~ Dortmund** es liegt weiter im Norden, Richtung Dortmund; **~ the south** nach Süden; **he turned ~ her** er wandte sich ihr zu; **with his back ~ the wall** mit dem Rücken zur Wand; **they are working ~ a solution** sie arbeiten auf eine Lösung hin; **to get some money ~ sth** etwas Geld als Beitrag zu etw bekommen ◪ (≈ *in relation to*) … (*dat*) gegenüber; **what are your feelings ~ him?** was empfinden Sie für ihn? ◪ **~ ten o'clock** gegen zehn Uhr; **~ the end of the year** gegen Ende des Jahres

towbar *n* Anhängerkupplung *f*

towel *n* Handtuch *nt* ◊**towel down** *v/t sep* (ab)trocknen

towelling *n* Frottee(stoff) *m*

tower ◪ *n* ◪ Turm *m* ◪ (*fig*) **a ~ of strength** ein starker (Rück)halt ◪ IT Tower *m* ◩ *v/i* ragen ◊**tower above** *or* **over** *v/i* +*prep obj* ◪ (*buildings etc*) emporragen über (+*acc*) ◪ (*people*) überragen

tower block *n* (*Br*) Hochhaus *nt* **towering** *adj* (*fig*) *achievement* überragend

town *n* Stadt *f*; **to go into ~** in die Stadt gehen; **he's out of ~** er ist nicht in der Stadt; **to go to ~ on sth** (*fig infml*) sich (*dat*) bei etw einen abbrechen (*infml*) **town centre**, (*US*) **town center** *n* Stadtmitte *f*, (Stadt)zentrum *nt* **town council** *n* Stadtrat *m* **town councillor**, (*US*) **town councilor** *n* Stadtrat *m*, Stadträtin *f* **town hall** *n* Rathaus *nt* **town house** *n* Stadthaus *nt*; (≈ *type of house*) Reihenhaus *nt* **town planner** *n* Stadtplaner(in) *m(f)* **town planning** *n* Stadtplanung *f* **townsfolk** *pl* Bürger *pl* **township** *n* (*US*) Verwaltungsbezirk *m*; (*in South Africa*) Township *f* **townspeople** *pl* Bürger *pl*

towpath *n* Treidelpfad *m* **towrope** *n* AUTO Abschleppseil *nt* **tow truck** *n* (*US*) Abschleppwagen *m*

toxic *adj* giftig, Gift- **toxic waste** *n* Giftmüll *m* **toxin** *n* Giftstoff *m*

toy ◪ *n* Spielzeug *nt* ◩ *v/i* **to ~ with an**

idea *etc* mit einer Idee *etc* spielen **toy boy** *n* (*infml*) jugendlicher Liebhaber **toyshop** *n* Spielwarenladen *m*

trace **A** *n* Spur *f*; **I can't find any ~ of your file** Ihre Akte ist spurlos verschwunden; **to sink without ~** spurlos versinken **B** *v/t* **1** (≈ *copy*) nachziehen; (*with tracing paper*) durchpausen **2** *progress* verfolgen; *steps* folgen (+*dat*); **to ~ a phone call** einen Anruf zurückverfolgen; **she was ~d to …** ihre Spur führte zu … **3** (≈ *find*) ausfindig machen; **I can't ~ your file** ich kann Ihre Akte nicht finden ◊**trace back** *v/t sep descent* zurückverfolgen; *problem etc* zurückführen (*to* auf +*acc*)

tracing paper *n* Pauspapier *nt*

track **A** *n* **1** Spur *f*; **to be on sb's ~** jdm auf der Spur sein; **to keep ~ of sb/sth** (≈ *follow*) jdn/etw im Auge behalten; (≈ *keep up to date with*) über jdn/etw auf dem Laufenden bleiben; **how do you keep ~ of the time without a watch?** wie können Sie wissen, wie spät es ist, wenn Sie keine Uhr haben?; **I can't keep ~ of your girlfriends** du hast so viele Freundinnen, da komme ich nicht mit (*infml*); **to lose ~ of sb/sth** (≈ *lose contact with*) jdn/etw aus den Augen verlieren; (≈ *not be up to date with*) über jdn/etw nicht mehr auf dem Laufenden sein; **to lose ~ of time** die Zeit ganz vergessen; **to lose ~ of what one is saying** den Faden verlieren **2** (*fig*) **we must be making ~s** (*infml*) wir müssen uns auf die Socken (*infml*) *or* auf den Weg machen; **he stopped dead in his ~s** er blieb abrupt stehen **3** (≈ *path*) Weg *m*; **to be on ~** (*fig*) auf Kurs sein; **to be on the right/wrong ~** (*fig*) auf der richtigen/falschen Spur sein; **to get sth back on ~** etw wieder auf Kurs bringen **4** RAIL Gleise *pl*; (*US* ≈ *platform*) Bahnsteig *m* **5** SPORTS Rennbahn *f*; ATHLETICS Bahn *f* **6** (≈ *song etc*) Stück *nt* **B** *v/t animal* verfolgen ◊**track down** *v/t sep* aufspüren; *thing* aufstöbern

track-and-field *adj* Leichtathletik- **trackball** *n* IT Trackball *m*; (*in mouse*) Rollkugel *f* **tracker dog** *n* Spürhund *m* **track event** *n* Laufwettbewerb *m* **track record** (*fig*) **to have a good ~** gute Leistungen vorweisen können **tracksuit** *n* Trainingsanzug *m*

tractor *n* Traktor *m*

trade **A** *n* **1** Gewerbe *nt*; (≈ *commerce*) Handel *m*; **how's ~?** wie gehen die Geschäfte?; **to do a good ~** gute Geschäfte machen **2** (≈ *line of business*) Branche *f* **3** (≈ *job*) Handwerk *nt*; **he's a bricklayer by ~** er ist Maurer von Beruf **B** *v/t* tauschen; **to ~ sth for sth else** etw gegen etw anderes (ein)tauschen **C** *v/i* COMM Handel treiben; **to ~ in sth** mit etw handeln ◊**trade in** *v/t sep* in Zahlung geben (*for* für)

trade barrier *n* Handelsschranke *f* **trade deficit** *n* Handelsdefizit *nt* **trade fair** *n* Handelsmesse *f* **trademark** *n* (*lit*) Marke *f* **trade name** *n* Markenname *m* **trade-off** *n* **there's always a ~** etwas geht immer verloren **trader** *n* Händler(in) *m(f)* **trade route** *n* Handelsweg *m* **trade school** *n* Gewerbeschule *f* **trade secret** *n* Betriebsgeheimnis *nt* **tradesman** *n* **1** (≈ *trader*) Händler *m* **2** (≈ *plumber etc*) Handwerker *m* **tradespeople** *pl* Geschäftsleute *pl* **trades union** *n* (*Br*) = **trade union tradeswoman** *n* **1** (≈ *trader*) Händlerin *f* **2** (≈ *plumber etc*) Handwerkerin *f*

trade union *n* (*Br*) Gewerkschaft *f* **trade unionist** *n* (*Br*) Gewerkschaft(l)er(in) *m(f)* **trading** *n* Handel *m* (*in* mit) **trading estate** *n* Industriegelände *nt* **trading links** *pl* Handelsverbindungen *pl* **trading partner** *n* Handelspartner(in) *m(f)*

tradition *n* Tradition *f* **traditional** *adj* traditionell; **it's ~ for us to …** es ist bei uns Brauch, dass … **traditionalist** *n* Traditionalist(in) *m(f)* **traditionally** *adv* traditionell; (≈ *customarily*) üblicherweise; **turkey is ~ eaten at Christmas** es ist Tradition *or* ein Brauch, Weihnachten Truthahn zu essen

traffic **A** *n* **1** Verkehr *m* **2** (*usu pej* ≈ *trading*) Handel *m* (*in* mit) **B** *v/i* (*usu pej*) handeln (*in* mit) **traffic calming** *n* Verkehrsberuhigung *f*; **~ measures** verkehrsberuhigende Maßnahmen **traffic circle** *n* (*US*) Kreisverkehr *m* **traffic cone** *n* Pylon *m*, Leitkegel *m* **traffic island** *n* Verkehrsinsel *f* **traffic jam** *n* Verkehrsstauung *f* **trafficker** *n* (*usu pej*) Händler(in) *m(f)* **trafficking** *n* Handel *m* (*in* mit)

traffic lights *pl*, (*US*) **traffic light** *n* Verkehrsampel *f* **traffic police** *pl* Verkehrspolizei *f* **traffic policeman** *n* Verkehrspolizist *m* **traffic signals** *pl* = traffic lights **traffic warden** *n* (*Br*) ≈ Verkehrspolizist(in) *m(f)* ohne polizeiliche Befugnisse

tragedy *n* Tragödie *f*; *(no pl ≈ tragic quality)* Tragische(s) *nt* **tragic** *adj* tragisch **tragically** *adv* **her career ended ~ at the age of** 19 ihre Karriere endete tragisch, als sie 19 Jahre alt war; **her husband's ~ early death** der tragisch frühe Tod ihres Mannes

trail **A** *n* **1** Spur *f*; **to be on sb's ~** jdm auf der Spur sein **2** *(≈ path)* Weg *m* **B** *v/t* **1** *(≈ drag)* schleppen; *(US ≈ tow)* ziehen **2** *rival* zurückliegen hinter *(+dat)* **C** *v/i* **1** *(on floor)* schleifen **2** *(≈ walk)* trotten **3** *(in competition etc)* weit zurückliegen; **to ~ by 3 points** mit 3 Punkten im Rückstand sein ◊**trail away** *or* **off** *v/i* *(voice)* sich verlieren *(into in +dat)* ◊**trail behind** *v/i* hinterhertrotten *(+prep obj hinter +dat)*; *(in competition etc)* zurückgefallen sein *(+prep obj hinter +acc)*

trailer *n* **1** AUTO Anhänger *m*; *(esp US: of lorry)* Sattelauflieger *m* **2** *(US)* Wohnwagen *m* **3** FILM, TV Trailer *m*

train¹ *n* **1** RAIL Zug *m*; **to go by ~** mit dem Zug fahren; **to take the 11 o'clock ~** den Elfuhrzug nehmen; **to change ~s** umsteigen; **on the ~** im Zug **2** *(≈ line)* Kolonne *f* **3** *(of events)* Folge *f*; **~ of thought** Gedankengang *m* **4** *(of dress)* Schleppe *f*

train² **A** *v/t* **1** *person* ausbilden; *staff* weiterbilden; *animal* abrichten; SPORTS trainieren; **this dog has been ~ed to kill** dieser Hund ist aufs Töten abgerichtet **2** *(≈ aim)* *gun, telescope* richten *(on auf +acc)* **3** *plant* wachsen lassen *(over über +acc)* **B** *v/i* **1** *esp* SPORTS trainieren *(for für)* **2** *(≈ study)* ausgebildet werden; **he ~ed as a teacher** er hat eine Lehrerausbildung gemacht

train driver *n* Zugführer(in) *m(f)*

trained *adj worker* gelernt; *nurse* ausgebildet; **to be highly ~** hoch qualifiziert sein

trainee *n* Auszubildende(r) *m/f(m)*; *(academic, technical)* Praktikant(in) *m(f)*; *(management)* Trainee *m* **trainee teacher** *n* *(in primary school)* ≈ Praktikant(in) *m(f)*; *(in secondary school)* ≈ Referendar(in) *m(f)* **trainer** *n* **1** SPORTS Trainer(in) *m(f)*; *(of animals)* Dresseur(in) *m(f)* **2** *(Br ≈ shoe)* Turnschuh *m*

training *n* **1** Ausbildung *f*; *(of staff)* Schulung *f* **2** SPORTS Training *nt*; **to be in ~** im Training stehen *or* sein **training cen-**

tre, *(US)* **training center** *n* Ausbildungszentrum *nt* **training course** *n* Ausbildungskurs *m* **training ground** *n* Trainingsgelände *nt* **training scheme** *n* Ausbildungsprogramm *nt* **training shoes** *pl* *(Br)* Turnschuhe *pl*

trainload *n* *(of goods)* Zugladung *f*; **~s of holidaymakers** *(Br)* *or* **vacationers** *(US)* ganze Züge voller Urlauber **train service** *n* Zugverkehr *m*; *(between two places)* (Eisen)bahnverbindung *f* **train set** *n* *(Spielzeug)eisenbahn f* **trainspotting** *n Hobby, bei dem Züge begutachtet und deren Nummern notiert werden*

traipse *(infml)* *v/i* latschen *(infml)*, hatschen *(Aus)*

trait *n* Eigenschaft *f*

traitor *n* Verräter(in) *m(f)*

trajectory *n* Flugbahn *f*

tram *n* *(esp Br)* Straßenbahn *f*, Tram *nt* *(Swiss)*; **to go by ~** mit der Straßenbahn fahren

tramp **A** *v/i* *(≈ walk heavily)* stapfen **B** *v/t* *(≈ walk)* *streets* latschen durch *(infml)* **C** *n* **1** *(≈ vagabond)* Landstreicher(in) *m(f)*; *(in town)* Stadtstreicher(in) *m(f)* **2** *(≈ sound)* Stapfen *nt* **3** *(infml ≈ loose woman)* Flittchen *nt (pej)*

trample *v/t* niedertrampeln; **to ~ sth underfoot** auf etw *(dat)* herumtrampeln ◊**trample down** *v/t sep* niedertreten ◊**trample on** *v/i +prep obj* herumtreten auf *(+dat)*

trampoline *n* Trampolin *nt*

trance *n* Trance *f*; **to go into a ~** in Trance verfallen

tranquil *adj* still; *life* friedlich **tranquillity**, *(US)* **tranquility** *n* Stille *f* **tranquillize**, *(US)* **tranquilize** *v/t* beruhigen **tranquillizer**, *(US)* **tranquilizer** *n* Beruhigungsmittel *nt*

transact *v/t* abwickeln; *business also, deal* abschließen **transaction** *n* *(≈ piece of business)* Geschäft *nt*; FIN, ST EX Transaktion *f*

transatlantic *adj* transatlantisch, Transatlantik-

transcend *v/t* übersteigen

transcribe *v/t manuscripts* transkribieren; *speech* niederschreiben **transcript** *n* *(of proceedings)* Protokoll *nt*; *(≈ copy)* Abschrift *f*

transfer **A** *v/t* übertragen *(to auf +acc)*; *prisoner* überführen *(to in +acc)*; *account* verlegen (to in +acc; employee versetzen (to in +acc, to town nach); player transferieren (to zu); money überweisen (to auf +acc); he **~red the money from the box to his pocket** er nahm das Geld aus der Schachtel und steckte es in die Tasche **B** v/i (≈ move) überwechseln (to zu) **C** n Übertragung f; (of prisoner) Überführung f; (of account) Verlegung f; (of employee) Versetzung f; (of player) Transfer m; (of money) Überweisung f **transferable** adj übertragbar **transfer list** FTBL n Transferliste f **transfer passenger** n esp AVIAT Transitreisende(r) m/f(m)

transfix v/t (fig) **he stood as though ~ed** er stand da wie angewurzelt

transform v/t umwandeln (into zu); ideas (von Grund auf) verändern; person, life, caterpillar verwandeln **transformation** n Umwandlung f; (of person, caterpillar etc) Verwandlung f

transfusion n (a. **blood transfusion**) (Blut)transfusion f; (**blood**) **~ service** Blutspendedienst m

transgression n **1** (of law) Verstoß m **2** (≈ sin) Sünde f

transient A adj life kurz; pleasure vorübergehend **B** n (US) Durchreisende(r) m/f(m)

transistor n ELEC Transistor m

transit n Durchfahrt f; (of goods) Transport m; **the books were damaged in ~** die Bücher wurden auf dem Transport beschädigt **transit camp** n Durchgangslager nt **transition** n Übergang m (from ... to ... zu); **period of ~, ~ period** Übergangsperiode or -zeit f **transitional** adj Übergangs- **transitive** adj transitiv **transitory** adj life kurz; joy vorübergehend; **the ~ nature of sth** die Kurzlebigkeit von etw **Transit (van)®** n (Br) Transporter m

translatable adj übersetzbar **translate A** v/t **1** (lit) übersetzen; **to ~ sth from German (in)to English** etw aus dem Deutschen ins Englische übersetzen; **it is ~d as ...** es wird mit ... übersetzt **2** (fig) übertragen **B** v/i **1** (lit) übersetzen **2** (fig) übertragbar sein

translation n Übersetzung f (from aus); (fig) Übertragung f; **to do a ~ of sth** von etw eine Übersetzung machen or anfertigen; **it loses (something) in ~** es verliert (etwas) bei der Übersetzung **trans-**

lator n Übersetzer(in) m(f)

translucent adj glass etc lichtdurchlässig; skin durchsichtig

transmission n **1** Übertragung f; (of heat) Leitung f; (≈ programme) Sendung f; **~ rate** TEL Übertragungsgeschwindigkeit f **2** AUTO Getriebe nt **transmit A** v/t message übermitteln; illness übertragen; heat etc leiten; TV programme senden **B** v/i senden **transmitter** n TECH Sender m

transparency n **1** Transparenz f **2** PHOT Dia(positiv) nt **transparent** adj **1** transparent **2** (fig) lie durchschaubar; **you're so ~** du bist so leicht zu durchschauen

transpire v/i **1** (≈ become clear) sich herausstellen **2** (≈ happen) passieren (infml)

transplant A v/t **1** HORT umpflanzen **2** MED transplantieren (tech) **B** n Transplantation f

transport A n **1** (of goods) Transport m; **have you got your own ~?** bist du motorisiert?; **public ~** öffentliche Verkehrsmittel pl; **~ will be provided** für An- und Abfahrt wird gesorgt **2** (US ≈ shipment) (Schiffs)fracht f **B** v/t befördern **transportation** n Transport m; (≈ means) Beförderungsmittel nt; (public) Verkehrsmittel nt **transport café** n (Br) Fernfahrerlokal nt **transport plane** n Transportflugzeug nt **transport system** n Verkehrswesen nt

transsexual n Transsexuelle(r) m/f(m) **transverse** adj Quer- **transvestite** n Transvestit(in) m(f)

trap A n **1** Falle f; **to set a ~ for sb** (fig) jdm eine Falle stellen; **to fall into a ~** in die Falle gehen **2** (infml) **shut your ~!** (halt die) Klappe! (infml) **B** v/t **1** animal (mit einer Falle) fangen **2** (fig) person in die Falle locken **3** **to be ~ped** (miners etc) eingeschlossen sein; **to be ~ped in the snow** im Schnee festsitzen; **my arm was ~ped behind my back** mein Arm war hinter meinem Rücken eingeklemmt; **to ~ one's finger in the door** sich (dat) den Finger in der Tür einklemmen **trap door** n Falltür f; THEAT Versenkung f

trapeze n Trapez nt

trappings pl (fig) äußere Aufmachung; **~ of office** Amtsinsignien pl

trash A n **1** (US ≈ refuse) Abfall m **2** (≈ poor quality item) Schund m; (≈ film etc) Mist m (infml) **3** (pej infml ≈ people) Gesindel *nt* **B** *v/t* (*infml*) place verwüsten **trash can** *n* (*US*) Abfalleimer *m*, Mistkübel *m* (*Aus*) **trashy** *adj* (+er) goods minderwertig; ~ **novel** Schundroman *m*

trauma *n* Trauma *nt* **traumatic** *adj* traumatisch **traumatize** *v/t* traumatisieren

travel **A** *v/i* **1** reisen; **he ~s to work by car** er fährt mit dem Auto zur Arbeit; **they have travelled** (*Br*) or **traveled** (*US*) **a long way** sie haben eine weite Reise hinter sich (*dat*); **to ~ (a)round the world** eine Reise um die Welt machen; **to ~ around a country** ein Land bereisen **2** (≈ *go, move*) sich bewegen; (*sound, light*) sich fortpflanzen; **to ~ at 80 kph** 80 km/h fahren; **his eye travelled** (*Br*) or **traveled** (*US*) **over the scene** seine Augen wanderten über die Szene **B** *v/t* area bereisen; *distance* zurücklegen **C** *n* **1** no pl (≈ *travelling*) Reisen *nt* **2** **travels** *pl* Reisen *pl*; **if you meet him on your ~s** wenn Sie ihm auf einer Ihrer Reisen begegnen; **he's off on his ~s tomorrow** er verreist morgen

travel agency *n* Reisebüro *nt* **travel agent** *n* Reisebürokaufmann *m*/-kauffrau *f*; **~('s)** (≈ *travel agency*) Reisebüro *nt* **travel brochure** *n* Reiseprospekt *m* **travel expenses** *pl* (*esp US*) Reisekosten *pl* **travel insurance** *n* Reiseversicherung *f* **travelled**, (*US*) **traveled** *adj* well-~ *person* weit gereist; *route* viel befahren

traveller, (*US*) **traveler** *n* Reisende(r) *m/f(m)* **traveller's cheque**, (*US*) **traveler's check** *n* Reisescheck *m* **travelling**, (*US*) **traveling** *n* Reisen *nt* **travelling expenses** *pl* Reisekosten *pl*; (*on business*) Reisespesen *pl* **travelling salesman** *n* Vertreter *m* **travel-sick** *adj* reisekrank **travel-sickness** *n* Reisekrankheit *f*

travesty *n* LIT Travestie *f*; **a ~ of justice** ein Hohn *m* auf die Gerechtigkeit

trawl **A** *v/i* **to ~ (for fish)** mit dem Schleppnetz fischen; (*US*) mit einer Grundleine fischen **B** *v/t* (*esp Br*) *Internet etc* durchkämmen **trawler** *n* Trawler *m*

tray *n* Tablett *nt*; (*for papers*) Ablage *f*

treacherous *adj* **1** *person* verräterisch **2** (≈ *unreliable*) trügerisch; (≈ *dangerous*) tückisch; *corner* gefährlich; *journey* gefahrvoll **treachery** *n* Verrat *m*

treacle *n* (*Br*) Sirup *m*

tread *vb*: *pret* **trod**, *past part* **trodden** **A** *n* **1** (≈ *noise*) Schritt *m* **2** (*of tyre*) Profil *nt* **B** *v/i* **1** (≈ *walk*) gehen **2** (≈ *bring foot down*) treten (*on* auf +*acc*); **he trod on my foot** er trat mir auf den Fuß; **to ~ carefully** (*fig*) vorsichtig vorgehen **C** *v/t* *path* (≈ *make*) treten; (≈ *follow*) gehen; **to ~ a fine line between …** sich vorsichtig zwischen … bewegen; **it got trodden underfoot** es wurde zertreten; **to ~ water** Wasser treten; (*fig*) auf der Stelle treten **treadle** *n* (*of sewing machine*) Pedal *nt*; (*of lathe also*) Fußhebel *m* **treadmill** *n* (*fig*) Tretmühle *f*; SPORTS Laufband *nt*

treason *n* Verrat *m* (*to* an +*dat*)

treasure **A** *n* Schatz *m* **B** *v/t* zu schätzen wissen; **I shall ~ this memory** ich werde das in lieber Erinnerung behalten **treasure hunt** *n* Schatzsuche *f* **treasurer** *n* (*of club*) Kassenwart(in) *m(f)*; (≈ *city treasurer*) Stadtkämmerer *m*/-kämmerin *f* **treasure trove** *n* Schatzfund *m*; (≈ *market*) Fundgrube *f* **treasury** *n* **1** POL **the Treasury** (*Br*), **the Treasury Department** (*US*) das Finanzministerium **2** (*of society*) Kasse *f*

treat **A** *v/t* **1** behandeln; (≈ *handle*) umgehen mit; *sewage* klären; **the doctor is ~ing him for nervous exhaustion** er ist wegen Nervenüberlastung in Behandlung **2** (≈ *consider*) betrachten (*as* als); **to ~ sth seriously** etw ernst nehmen **3** (≈ *pay for*) einladen; **to ~ sb to sth** jdm etw spendieren; **to ~ oneself to sth** sich (*dat*) etw gönnen **B** *n* (≈ *outing, present*) besondere Freude; **I thought I'd give myself a ~** ich dachte, ich gönne mir mal etwas; **I'm taking them to the circus as** *or* **for a ~** ich mache ihnen eine Freude und lade sie in den Zirkus ein; **it's my ~** das geht auf meine Rechnung

treatise *n* Abhandlung *f* (*on* über +*acc*)

treatment *n* Behandlung *f*; (*of sewage*) Klärung *f*; **their ~ of foreigners** ihre Art, Ausländer zu behandeln; **to be having ~ for sth** wegen etw in Behandlung sein

treaty *n* Vertrag *m*; **the Treaty of Rome** die Römischen Verträge *pl*

treble¹ **A** *adj* dreifach **B** *v/t* verdreifachen **C** *v/i* sich verdreifachen

treble² *n* (MUS ≈ *boy's voice*) (Knaben)sopran *m*; (≈ *highest part*) Oberstimme *f* **treble clef** *n* MUS Violinschlüs-

sel *m*
tree *n* Baum *m;* **an oak ~** eine Eiche;
money doesn't grow on ~s das Geld fällt
nicht vom Himmel **tree house** *n* Baum-
haus *nt* **tree line** *n* Baumgrenze *f* **tree-
-lined** *adj* baumbestanden **tree structure** *n* IT Baumstruktur *f* **treetop** *n*
Baumkrone *n f* **tree trunk** *n* Baumstamm
m

trek **A** *v/i* trecken; *(infml)* latschen *(infml);*
they ~ked across the desert sie zogen
durch die Wüste **B** *n* Treck *m; (infml)* an-
strengender Marsch **trekking** *n* Trekking
nt

trellis *n* Gitter *nt*

tremble *v/i* zittern *(with* vor*)* **trembling**
A *adj* zitternd **B** *n* Zittern *nt*

tremendous *adj* **1** gewaltig; *number,
crowd* riesig; **a ~ success** ein Riesenerfolg
m **2** *(≈ very good)* toll *(infml);* **she has done
a ~ job** sie hat fantastische Arbeit geleistet **tremendously** *adv* sehr; *grateful,
difficult* äußerst; **they enjoyed themselves ~** sie haben sich prächtig *or* prima
amüsiert *(infml)*

tremor *n* Zittern *nt;* MED Tremor *m; (≈
earth tremor)* Beben *nt*

trench *n* Graben *m;* MIL Schützengraben
m **trench warfare** *n* Stellungskrieg *m*

trend *n* **1** *(≈ tendency)* Tendenz *f;* **upward
~** Aufwärtstrend *m;* **to set a ~** richtung-
weisend sein **2** *(≈ fashion)* Trend *m;* **the
latest ~** der letzte Schrei *(infml)* **trendily**
adv modern **trending topic** *n (on* Twit-
ter®*)* Trendthema *nt,* Topthema *nt* **trend-
setter** *n* Trendsetter(in) *m(f)* **trendy** *adj*
(+er) modern, *in pred (infml); image* modisch; **to be ~** große Mode sein; **it's no
longer ~ to smoke** Rauchen ist nicht
mehr in *(infml)*

trepidation *n* Ängstlichkeit *f*

trespass *v/i (on property)* unbefugt betreten *(on sth* etw *acc);* **"no ~ing"** „Betreten
verboten" **trespasser** *n* Unbefugte(r)
m/f(m); **"trespassers will be prosecuted"**
„widerrechtliches Betreten wird strafrechtlich verfolgt"

trestle table *n* auf Böcken stehender
Tisch

trial *n* **1** JUR Prozess *m; (≈ hearing)*
(Gerichts)verhandlung *f;* **to be on ~ for
theft** des Diebstahls angeklagt sein; **at
the ~** bei *or* während der Verhandlung;
to bring sb to ~ jdn vor Gericht stellen;

~ by jury Schwurgerichtsverfahren *nt* **2**
(≈ test) Versuch *m; ~s (of machine)* Test(s)
m(pl); **to give sth a ~** etw ausprobieren;
on ~ auf Probe; **by ~ and error** durch
Ausprobieren **3** *(≈ hardship)* Widrigkeit *f;*
(≈ nuisance) Plage *f (to* für*); ~s and tribu-
lations* Schwierigkeiten *pl* **trial offer** *n*
Einführungsangebot *nt* **trial period** *n*
Probezeit *f* **trial run** *n* Generalprobe *f;*
(of machine) Probelauf *m*

triangle *n* Dreieck *nt;* MUS Triangel *m* **triangular** *adj* MAT dreieckig

triathlon *n* SPORTS Triathlon *nt*

tribal *adj* Stammes- **tribe** *n* Stamm *m*

tribulation *n* Kummer *m no pl; ~s* Sorgen *pl*

tribunal *n* Gericht *nt; (≈ inquiry)* Untersuchungsausschuss *m*

tribune *n (≈ platform)* Tribüne *f*

tributary *n* Nebenfluss *m*

tribute *n* Tribut *m;* **to pay ~ to sb/sth**
jdm/einer Sache (den schuldigen) Tribut
zollen; **to be a ~ to sb** jdm Ehre machen

trice *n (Br)* **in a ~** im Nu

triceps *n, pl -(es)* Trizeps *m*

trick **A** *n* **1** *(≈ ruse)* Trick *m; (≈ trap)* Falle
f; **it's a ~ of the light** da täuscht das Licht
2 *(≈ mischief)* Streich *m;* **to play a ~ on sb**
jdm einen Streich spielen; **unless my eyes
are playing ~s on me** wenn meine Augen
mich nicht täuschen; **he's up to his (old)
~s again** jetzt macht er wieder seine (alten) Mätzchen *(infml)* **3** *(≈ skilful act)*
Kunststück *nt;* **that should do the ~**
(infml) das müsste eigentlich hinhauen
(infml) **4** **to have a ~ of doing sth** die Eigenart haben, etw zu tun **B** *attr cigar* als
Scherzartikel **C** *v/t* hereinlegen *(infml);* **to
~ sb into doing sth** jdn (mit List) dazu
bringen, etw zu tun; **to ~ sb out of sth**
jdm etw abtricksen *(infml)* **trickery** *n*
Tricks *pl (infml)* **trickiness** *n* Schwierigkeit *f*

trickle **A** *v/i* **1** *(liquid)* tröpfeln; **tears ~d
down her cheeks** Tränen kullerten ihr
über die Wangen; **the sand ~d through
his fingers** der Sand rieselte ihm durch
die Finger **2** *(fig)* **to ~ in** *(people)* vereinzelt hereinkommen; *(donations)* langsam
eintrudeln *(infml)* **B** *n* **1** *(liquid)* Tröpfeln *nt; (≈ stream)* Rinnsal *nt* **2** *(fig)* **there
is a ~ of people** es kommen vereinzelt
Leute

trick or treat *n* Spiel zu Halloween, bei

dem Kinder von Tür zu Tür gehen und von den Bewohnern entweder Geld oder Geschenke erhalten oder ihnen einen Streich spielen **trick question** *n* Fangfrage *f* **tricky** *adj* (+er) **1** (≈ *difficult*) schwierig; (≈ *fiddly*) knifflig **2** *situation, problem* heikel **3 a ~ customer** ein schwieriger Typ

tricycle *n* Dreirad *nt*

tried-and-tested, tried and tested *adj* bewährt

trifle *n* **1** Kleinigkeit *f*; **a ~ hot** *etc* ein bisschen heiß *etc* **2** (*Br* COOK) Trifle *nt* ◊**trifle with** *v/i +prep obj affections* spielen mit; **he is not a person to be trifled with** mit ihm ist nicht zu spaßen

trifling *adj* unbedeutend

trigger **A** *n* (*of gun*) Abzug(shahn) *m*; **to pull the ~** abdrücken **B** *v/t* (*a.* **trigger off**) auslösen

trigonometry *n* Trigonometrie *f*

trill **A** *n* **1** (*of bird*) Trillern *nt*; (*of voice*) Tremolo *nt* **2** MUS Triller *m* **3** PHON rollende Aussprache **B** *v/t* (*person*) trällern **C** *v/i* (*bird*) trillern; (*person*) trällern

trillion *n* Billion *f*; (*dated Br*) Trillion *f*

trilogy *n* Trilogie *f*

trim **A** *adj* (+er) **1** *appearance* gepflegt **2** *person* schlank; **to stay ~** in Form bleiben **B** *n* **1** (*Br*) **to get into ~** sich trimmen **2** **to give sth a ~** etw schneiden **3** (*of garment*) Rand *m* **C** *v/t* **1** *hair* nachschneiden; *hedge* stutzen **2** (*fig*) *essay* kürzen **3** *Christmas tree* schmücken ◊**trim back** *v/t sep hedge, roses* zurückschneiden; *costs* senken; *staff* reduzieren ◊**trim down** *v/t sep essay* kürzen (*to* auf +*acc*) ◊**trim off** *v/t sep* abschneiden

trimmings *pl* Zubehör *nt*; **roast beef with all the ~** Roastbeef mit allen Beilagen

Trinity *n* Dreieinigkeit *f*

trinket *n* Schmuckstück *nt*

trio *n* Trio *nt*

trip **A** *n* **1** (≈ *journey*) Reise *f*; (≈ *excursion*) Ausflug *m*; (*esp shorter*) Trip *m*; **let's go on a ~ to the seaside** machen wir doch einen Ausflug ans Meer!; **he is away on a ~** er ist verreist; **to take a ~ (to)** eine Reise machen (*nach*) **2** (*infml: on drugs*) Trip *m* (*infml*) **B** *v/i* stolpern (*on, over* über +*acc*); **a phrase which ~s off the tongue** ein Ausdruck, der einem leicht von der Zunge geht **C** *v/t* stolpern lassen; (*deliber-*

ately) ein Bein stellen (+*dat*) ◊**trip over** *v/i* stolpern (+*prep obj* über +*acc*) ◊**trip up** **A** *v/i* **1** (*lit*) stolpern **2** (*fig*) sich vertun **B** *v/t sep* **1** stolpern lassen; (*deliberately*) zu Fall bringen **2** (*fig*) eine Falle stellen (+*dat*)

tripartite *adj* dreiseitig

tripe *n* **1** COOK Kaldaunen *pl*, Kutteln *pl* (*Aus, Swiss*) **2** (*fig infml*) Quatsch *m*, Stuss *m* (*infml*)

triple **A** *adj* dreifach **B** *adv* dreimal so viel **C** *v/t* verdreifachen **D** *v/i* sich verdreifachen **triple jump** *n* Dreisprung *m*

triplet *n* Drilling *m*

triplicate *n* **in ~** in dreifacher Ausfertigung

tripod *n* PHOT Stativ *nt*

trip switch *n* ELEC Sicherheitsschalter *m*

tripwire *n* Stolperdraht *m*

triumph **A** *n* Triumph *m*; **in ~** triumphierend **B** *v/i* den Sieg davontragen (*over* über +*acc*) **triumphant** *adj* triumphierend; **to emerge ~** triumphieren **triumphantly** *adv* triumphierend

trivia *pl* belangloses Zeug **trivial** *adj* trivial; *loss, mistake* belanglos **trivialize** *v/t* trivialisieren

trod *pret of* tread **trodden** *past part of* tread

troll *n* (*also on Internet*) Troll *m*

trolley *n* **1** (*Br: in supermarket*) Einkaufswagen *m*; (*in station*) Kofferkuli *m*; (*in factory etc*) Sackkarre *f* **2** (*Br* ≈ *tea trolley*) Teewagen *m* **trolleybus** *n* Obus *m* **trolley car** *n* (*US*) Straßenbahn *f*, Tram *nt* (*Swiss*) **trolley case** *n* (*Br*) Rollkoffer *m*

trombone *n* MUS Posaune *f*

troop **A** *n* **1** (MIL: *of cavalry*) Trupp *m*; (≈ *unit*) Schwadron *f* **2** **troops** *pl* MIL Truppen *pl*; **200 ~s** 200 Soldaten **3** (*of people*) Schar *f* **B** *v/i* **to ~ out** hinausströmen; **to ~ past sth** an etw (*dat*) vorbeiziehen

troop carrier *n* Truppentransporter *m*

trooper *n* MIL Kavallerist *m*; (*US* ≈ *state trooper*) Staatspolizist(in) *m(f)*

trophy *n* Trophäe *f*

tropic *n* **1** **Tropic of Cancer/Capricorn** Wendekreis *m* des Krebses/Steinbocks **2** **tropics** *pl* Tropen *pl* **tropical** *adj* tropisch, Tropen- **tropical rainforest** *n* tropischer Regenwald

trot **A** *n* **1** Trab *m* **2** (*infml*) **for five days on the ~** fünf Tage lang in einer Tour; **he won three games on the ~** er gewann

drei Spiele hintereinander **B** *v/i* traben
trotter *n* (*of animal*) Fuß *m*
trouble **A** *n* **1** Schwierigkeiten *pl*;
(*bothersome*) Ärger *m*; **to be in ~** in
Schwierigkeiten sein; **to be in ~ with sb**
mit jdm Schwierigkeiten haben; **to get into ~** in Schwierigkeiten geraten; (*with authority*) Ärger bekommen (*with* mit); **to
keep** *or* **stay out of ~** nicht in Schwierigkeiten kommen; **to make ~** (≈ *cause a row
etc*) Krach schlagen (*infml*); **that's/you're
asking for ~** das kann ja nicht gut gehen;
**to look for ~, to go around looking for
~** sich (*dat*) Ärger einhandeln; **there'll be
~ if he finds out** wenn er das erfährt,
gibts Ärger; **what's the ~?** was ist los?;
the ~ is that ... das Problem ist, dass
...; **money ~s** Geldsorgen *pl*; **the child
is nothing but ~ to his parents** das Kind
macht seinen Eltern nur Sorgen; **he's
been no ~ at all** (*of child*) er war ganz lieb
2 (≈ *bother*) Mühe *f*; **it's no ~ (at all)!** das
mache ich doch gern; **thank you — (it
was) no ~** vielen Dank — (das ist) gern
geschehen; **it's not worth the ~** das ist
nicht der Mühe wert; **it's more ~ than
it's worth** es macht mehr Ärger *or* Umstände als es wert ist; **to take the ~ (to
do sth)** sich (*dat*) die Mühe machen(,
etw zu tun); **to go to a lot of ~ (over
or with sth)** sich (*dat*) (mit etw) viel Mühe
geben; **to put sb to a lot of ~** jdm viel
Mühe machen **3** MED Leiden *nt*; (*fig*)
Schaden *m*; **heart ~** Herzleiden *nt*; **engine
~** (ein) Motorschaden *m* **4** (≈ *unrest*) Unruhe *f*; **there's ~ at the factory/in Iran**
in der Fabrik/im Iran herrscht Unruhe **B**
v/t **1** (≈ *worry*) beunruhigen; (≈ *disturb*) bekümmern; **to be ~d by sth** wegen etw besorgt *or* beunruhigt/bekümmert sein **2** (≈
bother) bemühen, belästigen; **I'm sorry to
~ you, but ...** entschuldigen Sie die Störung, aber ... **troubled** *adj* unruhig; (≈
grieved) bekümmert; *relationship* gestört
trouble-free *adj* *process* problemlos
troublemaker *n* Unruhestifter(in) *m(f)*
troubleshooter *n* Störungssucher(in)
m(f); (POL, IND ≈ *mediator*) Vermittler(in)
m(f) **troublesome** *adj* lästig; *person,
problem* schwierig **trouble spot** *n* Unru-
heherd *m*
trough *n* Trog *m*
trounce *v/t* SPORTS vernichtend schlagen
troupe *n* THEAT Truppe *f*

trouser leg *n* Hosenbein *nt*
trousers *pl* (*a.* **pair of trousers**) Hose
f; **she was wearing ~** sie hatte Hosen *or*
eine Hose an; **to wear the ~** (*fig infml*)
die Hosen anhaben (*infml*) **trouser suit**
n (*Br*) Hosenanzug *m*
trout *n* Forelle *f*
trowel *n* Kelle *f*
truancy *n* (Schule)schwänzen *nt* **truant**
n (Schul)schwänzer(in) *m(f)*; **to play ~
(from sth)** (etw) schwänzen (*infml*)
truce *n* Waffenstillstand *m*
truck *n* **1** (*esp Br* RAIL) Güterwagen *m* **2** (≈
lorry) Last(kraft)wagen *m* **truck driver** *n*
Lastwagenfahrer(in) *m(f)* **trucker** *n* (*esp
US* ≈ *truck driver*) Lastwagenfahrer(in) *m(f)*
truck farm *n* (*US*) Gemüsefarm *f* **truck-
ing** *n* (*esp US*) Transport *m* **truckload** *n*
Wagenladung *f* **truckstop** *n* (*US*) Fernfahrerlokal *nt*
trudge *v/i* **to ~ out** hinaustrotten
true **A** *adj* **1** wahr; (≈ *genuine*) echt; **to
come** (*dream*) wahr werden; (*prophecy*)
sich verwirklichen; **that's ~** das stimmt;
~! richtig!; **we mustn't generalize, (it's)
~, but ...** wir sollten natürlich nicht verallgemeinern, aber ...; **the reverse is ~**
ganz im Gegenteil; **the frog is not a ~
reptile** der Frosch ist kein echtes Reptil;
spoken like a ~ football fan so spricht
ein wahrer Fußballfan; **~ love** die wahre
Liebe; (≈ *person*) Schatz *m*; **to be ~ of
sb/sth** auf jdn/etw zutreffen **2** *account*
wahrheitsgetreu; *likeness* (lebens)getreu;
in the ~ sense (of the word) im wahren
Sinne (des Wortes) **3** (≈ *faithful*) treu; **to
be ~ to sb** jdm treu sein/bleiben; **to be
~ to one's word** (treu) zu seinem Wort
stehen; **~ to life** lebensnah; ART lebensecht **4** *wall* gerade **5** **~ north** der geografische Norden **6** MUS *note* richtig **B**
n **out of ~** upright schief **true-life** *adj
attr* aus dem Leben gegriffen
truffle *n* Trüffel *f or m*
truly *adv* **1** wirklich; **(really and) ~?** wirklich und wahrhaftig?; **I am ~ sorry** es tut
mir aufrichtig leid **2** *serve, love* treu
trump **A** *n* Trumpf *m*; **to come up ~s** (*Br
infml*) sich als Sieger erweisen **B** *v/t* CARDS
stechen; (*fig*) übertrumpfen **trump card**
n Trumpf *m*; **to play one's ~** (*lit, fig*) seinen Trumpf ausspielen
trumpet *n* MUS Trompete *f*
truncate *v/t* kürzen

T

truncheon n (Gummi)knüppel m
trundle **A** v/t **1** (≈ push) rollen **2** (≈ pull) ziehen **B** v/i **to ~ along** entlangzockeln
trunk n **1** (of tree) Stamm m; (of body) Rumpf m **2** (of elephant) Rüssel m **3** (≈ case) Schrankkoffer m **4** (US AUTO) Kofferraum m **5** trunks pl (for swimming) Badehose f; **a pair of ~s** eine Badehose **trunk call** n (Br TEL) Ferngespräch nt **trunk road** n (Br) Fernstraße f
truss n MED Bruchband nt ◊**truss up** v/t sep COOK dressieren; (infml) person fesseln
trust **A** n **1** Vertrauen nt (in zu); **to put one's ~ in sb** Vertrauen in jdn setzen; **position of ~** Vertrauensstellung f **2** JUR, FIN Treuhand(schaft) f **3** (COMM: a. **trust company**) Trust m **B** v/t **1** trauen (+dat); person (ver)trauen (+dat); **to ~ sb to do sth** jdm zutrauen, dass er etw tut; **to ~ sb with sth** jdm etw anvertrauen; **can he be ~ed not to lose it?** kann man sich darauf verlassen, dass er es nicht verliert? **2** (iron infml) **~ you!** typisch!; **~ him to break it!** er muss es natürlich kaputt machen **3** (≈ hope) hoffen **C** v/i vertrauen; **to ~ in sb** auf jdn vertrauen; **to ~ to luck** sich auf sein Glück verlassen **trusted** adj method bewährt; friend getreu **trustee** n **1** (of estate) Treuhänder(in) m(f) **2** (of institution) Verwalter(in) m(f); **~s** Vorstand m **trust fund** n Treuhandvermögen nt **trusting** adj person gutgläubig **trustworthy** adj vertrauenswürdig
truth n, pl -s no pl Wahrheit f; **to tell the ~ ...** um ehrlich zu sein ...; **the ~ of it is that ...** die Wahrheit ist, dass ...; **there's some ~ in that** da ist etwas Wahres dran (infml); **in ~** in Wahrheit **truthful** adj ehrlich **truthfulness** n Ehrlichkeit f
try **A** n Versuch m; **to have a ~** es versuchen; **let me have a ~** lass mich mal versuchen!; **to have a ~ at doing sth** (sich daran) versuchen, etw zu tun; **it was a good ~** das war schon ganz gut **B** v/t **1** (≈ attempt) versuchen; **to ~ one's best** sein Bestes versuchen; **to ~ one's hand at sth** etw probieren; **I'll ~ anything once** ich probiere alles einmal **2** (≈ try out) ausprobieren; newsagent es versuchen (bei); **~ sitting on it** setz dich doch mal drauf! **3** (≈ taste) beer, olives probieren **4** patience auf die Probe stellen **5** JUR person vor Gericht stellen; **to be tried**

for theft wegen Diebstahls vor Gericht stehen **C** v/i versuchen; **~ and arrive on time** versuch mal, pünktlich zu sein; **~ as he might, he didn't succeed** sosehr er es auch versuchte, er schaffte es einfach nicht; **he didn't even ~** er hat sich (dat) überhaupt keine Mühe gegeben; (≈ didn't attempt it) er hat es überhaupt nicht versucht ◊**try for** v/i +prep obj sich bemühen um ◊**try on** v/t sep clothes anprobieren ◊**try out** v/t sep ausprobieren (on bei, an +dat)
trying adj anstrengend
tsar n Zar m
T-shirt n T-Shirt nt
tsp(s) abbr of teaspoonful(s), teaspoon(s) Teel.
tub n **1** Kübel m; (for rainwater) Tonne f; (for washing) Bottich m; (of margarine) Becher m **2** (infml ≈ bath tub) Wanne f
tuba n Tuba f
tubby adj (+er) (infml) dick
tube n **1** (≈ pipe) Rohr nt; (of rubber) Schlauch m **2** (of toothpaste) Tube f; (of sweets) Rolle f **3** (Br ≈ London underground) U-Bahn f **4** ANAT, TV Röhre f
tuber n BOT Knolle f
tuberculosis n Tuberkulose f
tube station n (Br) U-Bahnstation f **tubing** n Schlauch m
TUC (Br) abbr of Trades Union Congress ≈ DGB m
tuck **A** n SEWING Saum m **B** v/t (≈ put) stecken; **to ~ sth under one's arm** sich (dat) etw unter den Arm stecken ◊**tuck away** v/t sep wegstecken; **he tucked it away in his pocket** er steckte es in die Tasche ◊**tuck in** **A** v/i (Br infml) zulangen; **~!** langt zu!, haut rein! (infml); **to ~ to sth** sich (dat) etw schmecken lassen **B** v/t sep flap etc hineinstecken; **to tuck one's shirt in(to) one's trousers, to tuck one's shirt in** das Hemd in die Hose stecken; **to tuck sb in** (in bed) jdn zudecken ◊**tuck up** v/t sep (Br) **to tuck sb up (in bed)** jdn zudecken
tuck shop n (Br) Bonbonladen m
Tue(s) abbr of Tuesday Di.
Tuesday n Dienstag m; **on ~** (am) Dienstag; **on ~s, on a ~** dienstags; **on ~ morning/evening** (am) Dienstagmorgen/-abend; **on ~ mornings** dienstagmorgens; **last/next/this ~** letzten/nächsten/diesen Dienstag; **a year (ago) last ~** letzten

Dienstag vor einem Jahr; **~'s newspaper** die Zeitung vom Dienstag; **~ December 5th** Dienstag, den 5. Dezember

tuft n Büschel nt; **a ~ of hair** ein Haarbüschel nt

tug **A** v/t zerren, ziehen; **she ~ged his sleeve** sie zog an seinem Ärmel **B** v/i zerren (*at* an +dat) **C** n **1** **to give sth a ~** an etw (*dat*) ziehen **2** (*a.* **tugboat**) Schleppkahn m **tug-of-war** n Tauziehen nt

tuition n Unterricht m

tulip n Tulpe f

tumble **A** n (≈ fall) Sturz m **B** v/i straucheln; (*fig: prices*) fallen; **to ~ over sth** über etw (*acc*) stolpern ◊**tumble down** v/i (*person*) hinfallen; (*object*) herunterfallen; **to ~ the stairs** die Treppe hinunterfallen ◊**tumble over** v/i umfallen

tumbledown adj baufällig **tumble drier, tumble dryer** n Wäschetrockner m **tumbler** n (≈ glass) (Becher)glas nt

tummy n (*infml*) Bauch m

tumour n, (*US*) **tumor** n Tumor m

tumult n Tumult m; **his mind was in a ~** sein Inneres befand sich in Aufruhr **tumultuous** adj stürmisch

tuna (*fish*) n Thunfisch m, Thon m (*Swiss*)

tundra n Tundra f

tune **A** n **1** (≈ melody) Melodie f; **to change one's ~** (*fig*) seine Meinung ändern; **to call the ~** (*fig*) den Ton angeben; **to the ~ of £100** in Höhe von £ 100 **2** **to sing in ~/out of ~** richtig/falsch singen; **the piano is out of ~** das Klavier ist verstimmt; **to be in ~ with sb/sth** (*fig*) mit jdm/etw harmonieren **B** v/t **1** mus *instrument* stimmen **2** radio, tv, auto einstellen ◊**tune in** **A** v/i radio einschalten; **to ~ to Radio London** Radio London hören **B** v/t sep radio einschalten (*to* +acc) ◊**tune up** v/i mus (sein Instrument) stimmen

tuneful adj, **tunefully** adv melodisch **tungsten** n Wolfram nt

tunic n **1** Kasack m **2** (*of uniform*) Uniformrock m

Tunisia n Tunesien nt

tunnel **A** n Tunnel m; min Stollen m; **at last we can see the light at the end of the ~** (*fig*) endlich sehen wir wieder Licht **B** v/i einen Tunnel bauen (*into* in +acc, *through* durch) **tunnel vision** n med Gesichtsfeldeinengung f; (*fig*) Engstirnigkeit f

tuppence n (*Br*) zwei Pence

turban n Turban m

turbine n Turbine f

turbo-charged adj mit Turboaufladung

turbot n Steinbutt m

turbulence n (*of career, period*) Turbulenz f; **air ~** Turbulenzen pl **turbulent** adj stürmisch; *career, period* turbulent

turd n (*sl*) Haufen m (*infml*)

tureen n (Suppen)terrine f

turf n, pl **-s** or **turves** (no pl ≈ lawn) Rasen m; (≈ square of grass) Sode f

turgid adj (*fig*) schwülstig

Turk n Türke m, Türkin f

Turkey n die Türkei

turkey n Truthahn m/-henne f

Turkish **A** adj türkisch; **she is ~** sie ist Türkin **B** n ling Türkisch nt **Turkish delight** n Lokum nt

turmeric n Kurkuma f, Gelbwurz f

turmoil n Aufruhr m; (≈ confusion) Durcheinander nt; **her mind was in a ~** sie war völlig verwirrt

turn **A** n **1** (≈ movement) Drehung f; **to give sth a ~** etw drehen **2** (*in road*) Kurve f; sports Wende f; **take the left-hand ~** biegen Sie links ab; **"no left ~"** „Linksabbiegen verboten"; **things took a ~ for the worse** die Dinge wendeten sich zum Schlechten; **at the ~ of the century** um die Jahrhundertwende; **~ of phrase** Ausdrucksweise f; **he was thwarted at every ~** ihm wurde auf Schritt und Tritt ein Strich durch die Rechnung gemacht **3** **it's your ~** du bist an der Reihe, du bist dran; **it's your ~ to wash the dishes** du bist mit (dem) Abwaschen an der Reihe or dran; **it's my ~ next** ich komme als Nächste(r) an die Reihe or dran; **wait your ~** warten Sie, bis Sie an der Reihe sind; **to miss a ~** eine Runde aussetzen; **to take (it in) ~s to do sth** etw abwechselnd tun; **to answer in ~** der Reihe nach antworten; (*2 people*) abwechselnd antworten; **out of ~** außer der Reihe **4** **to do sb a good ~** jdm einen guten Dienst erweisen; **one good ~ deserves another** (*prov*) eine Hand wäscht die andere (*prov*) **B** v/t **1** (≈ rotate) drehen; **to ~ the key in the lock** den Schlüssel im Schloss herumdrehen; **he ~ed his head toward(s) me** er wandte mir den Kopf zu; **as soon as his back is ~ed** sobald er den Rücken kehrt; **the sight of all that food quite ~ed my stomach** beim Anblick des vielen Essens

T

drehte sich mir regelrecht der Magen um; **he can ~ his hand to anything** er kann alles **2** (≈ turn over|round) wenden; *page* umblättern; *chair etc* umdrehen **3** (≈ direct) **to ~ one's attention to sth** seine Aufmerksamkeit einer Sache (*dat*) zuwenden; **to ~ a gun on sb** ein Gewehr auf jdn richten **4** (≈ transform) verwandeln (*in|to* in +*acc*); **to ~ the lights down low** das Licht herunterdrehen; **to ~ a profit** (*esp US*) einen Gewinn machen; **to ~ sth into a film** etw verfilmen; **to ~ sb loose** jdn loslassen **C** *v|i* **1** (≈ rotate) sich drehen; **he ~ed to me and smiled** er drehte sich mir zu und lächelte; **to ~ upside down 2** (≈ change direction: *person, car*) abbiegen; (*person*) sich umdrehen; (*tide*) wechseln; **to ~ (to the) left** links abbiegen **3** **I don't know which way to ~** ich weiß nicht, was ich machen soll; **to ~ to sb** sich an jdn wenden; **our thoughts ~ to those who …** wir gedenken derer, die …; **to ~ to sth** sich einer Sache (*dat*) zuwenden; **~ to page 306** blättern Sie weiter bis Seite 306; **the conversation ~ed to the accident** das Gespräch kam auf den Unfall **4** (*leaves*) sich (ver)färben; (*weather*) umschlagen; **to ~ to stone** zu Stein werden; **his admiration ~ed to scorn** seine Bewunderung verwandelte sich in Verachtung; **to ~ into sth** sich in etw (*acc*) verwandeln; (≈ develop into) sich zu etw entwickeln; **the whole thing ~ed into a nightmare** die ganze Sache wurde zum Albtraum **5** (≈ become) werden; **to ~ violent** gewalttätig werden; **to ~ red** (*leaves etc*) sich rot färben; (*person*) rot werden; (*traffic lights*) auf Rot umspringen; **he has just ~ed 18** er ist gerade 18 geworden; **it has ~ed 2 o'clock** es ist 2 Uhr vorbei ◊**turn against A** *v|i +prep obj* sich wenden gegen **B** *v|t sep +prep obj* **to turn sb against sb** jdn gegen jdn aufbringen ◊**turn around A** *v|t sep* wenden; *argument* umdrehen; *company* aus der Krise führen **B** *v|i +prep obj corner* biegen um **C** *v|i* (*person*) sich umdrehen; (*car etc*) wenden ◊**turn away A** *v|i* sich abwenden **B** *v|t sep* *head* abwenden **2** *person* abweisen ◊**turn back A** *v|i* **1** umkehren; (≈ look back) sich umdrehen; **there's no turning back now** (*fig*) jetzt gibt es kein Zurück mehr **2** (*in book*) zurückblät-

tern (*to* auf +*acc*) **B** *v|t sep* **1** *bedclothes* zurückschlagen **2** *person* zurückschicken; **they were turned back at the frontier** sie wurden an der Grenze zurückgewiesen **3** *clock* zurückstellen; **to turn the clock back fifty years** (*fig*) die Uhr um fünfzig Jahre zurückdrehen ◊**turn down** *v|t sep* **1** *bedclothes* zurückschlagen; *collar* herunterklappen; *corner of page* umknicken **2** *heat* kleiner stellen; *volume* leiser stellen; *lights* herunterdrehen **3** *offer* ablehnen; *invitation* ausschlagen **B** *v|i +prep obj* **he turned down a side street** er bog in eine Seitenstraße ab ◊**turn in A** *v|i* **1** **the car turned in at the top of the drive** das Auto bog in die Einfahrt ein **2** (*infml* ≈ go to bed) sich hinhauen (*infml*) **B** *v|t sep* (*infml*) **to turn sb in** jdn anzeigen *or* verpfeifen (*infml*); **to turn oneself in** sich (der Polizei) stellen ◊**turn into** *v|t & v|i +prep obj* = turn II4, III4 ◊**turn off A** *v|i* abbiegen (*for* nach, *prep obj* von) **B** *v|t sep* **1** *light, radio* ausmachen; *gas* abdrehen; *tap* zudrehen; *TV programme* abschalten; *electricity, machine* abstellen **2** (*infml*) **to turn sb off** jdm die Lust verderben ◊**turn on** *v|t sep* **1** *gas, machine* anstellen; *television* einschalten; *light* anmachen; *tap* aufdrehen **2** (*infml*) **sth turns sb on** jd steht auf etw (*acc*) (*sl*); **whatever turns you on** wenn du das gut findest (*infml*) **3** (*infml: sexually*) anmachen (*infml*); **she really turns me on** auf sie kann ich voll abfahren (*infml*) *v|i +prep obj* (≈ turn against) sich wenden gegen; (≈ attack) angreifen ◊**turn out A** *v|i* **1** (≈ appear, attend) erscheinen **2** (*police*) ausrücken **3** **the car turned out of the drive** das Auto bog aus der Einfahrt **4** (≈ transpire) sich herausstellen; **he turned out to be the murderer** es stellte sich heraus, dass er der Mörder war **5** (≈ develop) sich entwickeln; **how did it ~?** (≈ what happened?) was ist daraus geworden?; (*cake etc*) wie ist er *etc* geworden?; **as it turned out** wie sich herausstellte; **everything will ~ all right** es wird sich schon alles ergeben; **it turned out nice in the afternoon** (*Br*) am Nachmittag wurde es noch schön **B** *v|t sep* **1** *light* ausmachen **2** (≈ produce) produzieren **3** (≈ expel) vertreiben (*of* aus); *tenant* kündigen (+*dat*) **4** *pockets* (aus)leeren **5** (*usu pass*) **well turned-out** gut gekleidet ◊**turn over A** *v|i* **1** (person) sich umdrehen; (car) sich überschlagen; **he turned over on(to) his stomach** er drehte sich auf den Bauch **2 please ~** (with pages) bitte wenden **3** (AUTO: engine) laufen **4** TV, RADIO umschalten (to auf +acc) **B** v/t sep **1** umdrehen; mattress wenden; (≈ turn upside down) umkippen; page umblättern **2** (≈ hand over) übergeben (to dat) ◊**turn round** (esp Br) **A** v/i (≈ face other way) sich umdrehen; (≈ go back) umkehren; **one day she'll just ~ and leave you** eines Tages wird sie dich ganz einfach verlassen **B** v/i +prep obj **we turned round the corner** wir bogen um die Ecke **C** v/t sep **1** head drehen; box umdrehen **2** = turn around I ◊**turn to** v/i +prep obj **to ~ sb/sth**; → turn III3 ◊**turn up A** v/i **1** (≈ arrive) erscheinen; **I was afraid you wouldn't ~** ich hatte Angst, du würdest nicht kommen **2** (≈ be found) sich (an)finden **3** (≈ happen) passieren **4** a turned-up nose eine Stupsnase; **to ~ at the ends** sich an den Enden hochbiegen **B** v/t sep **1** collar hochklappen; hem umnähen; **to ~ one's nose at sth** (fig) die Nase über etw (acc) rümpfen **2** heat, volume aufdrehen; radio lauter drehen

turnaround, turnround n **1** (a. turn-about: in position) Kehrtwendung f **2** (of situation, company) Umschwung m **turncoat** n Überläufer(in) m(f) **turning** n (in road) Abzweigung f; **the second ~ on the left** die zweite Abfahrt links **turning point** n Wendepunkt m **turnip** n Rübe f; (≈ swede) Steckrübe f **turn-off** n **1** Abzweigung f; (on motorway) Abfahrt f **2** (infml) **it was a real ~** das hat einem die Lust verdorben **turnout** n (≈ attendance) Beteiligung f; **there was a good ~** (for a match etc) das Spiel etc war gut besucht **turnover** n (≈ total business) Umsatz m; (of capital) Umlauf m; (of staff) Fluktuation f **turnpike** n (US) gebührenpflichtige Autobahn **turnround** n = turnaround **turn signal** n (US AUTO) Fahrtrichtungsanzeiger m **turnstile** n Drehkreuz nt **turntable** n (on record player) Plattenteller m **turn-up** n (Br) **1** (on trousers) Aufschlag m **2** (infml) **a ~ for the books** eine echte Überraschung **turpentine** n Terpentin(öl) nt **turquoise A** n (≈ colour) Türkis nt **B** adj türkis(farben)

turret n ARCH Mauerturm m; (on tank) Turm m **turtle** n (Wasser)schildkröte f **turtleneck (pullover)** n Pullover m mit Stehkragen **turves** pl of turf **Tuscany** n die Toskana **tusk** n (of elephant) Stoßzahn m **tussle A** n Gerangel nt **B** v/i sich rangeln (with sb for sth mit jdm um etw) **tutor A** n **1** (≈ private teacher) Privatlehrer(in) m(f) **2** (Br UNIV) Tutor(in) m(f) **B** v/t privat unterrichten **tutorial A** n (Br UNIV) Kolloquium nt **B** adj Tutoren-; **~ group** Seminargruppe f **tutu** n Tutu nt **tux** (infml), **tuxedo** n (esp US) Smoking m **TV** n (infml) abbr of television Fernsehen nt; (≈ set) Fernseher m (infml); **on TV** im Fernsehen; **TV programme** (Br) or **program** (US) Fernsehsendung f; → television **twang** v/i (guitar etc) einen scharfen Ton von sich geben; (rubber band) pitschen (infml) **tweak A** v/t (≈ pull gently) kneifen, zwicken (Aus) **B** n (≈ gentle pull) **to give sth a ~** an etw (dat) (herum)zupfen **twee** adj (+er) (Br infml) niedlich **tweed A** n (≈ cloth) Tweed m **B** adj Tweed- **tweet A** n **1** (of birds) Piepsen nt no pl **2** (on Twitter®) Tweet m **B** v/i **1** (birds) piepsen **2** (on Twitter®) twittern **C** v/t (on Twitter®) twittern **tweezers** pl (a. pair of tweezers) Pinzette f **twelfth A** adj zwölfte(r, s); **a ~ part** ein Zwölftel nt **B** n **1** (in series) Zwölfte(r, s) **2** (≈ fraction) Zwölftel nt; → sixth **Twelfth Night** n Dreikönige; (≈ evening) Dreikönigsabend m **twelve A** adj zwölf; **~ noon** zwölf Uhr (mittags) **B** n Zwölf f; → six **twentieth A** adj zwanzigste(r, s); **a ~ part** ein Zwanzigstel nt **B** n **1** (in series) Zwanzigste(r, s) **2** (≈ fraction) Zwanzigstel nt; → sixth **twenty A** adj zwanzig **B** n Zwanzig f; → sixty **twenty-four seven**, 24/7 **A** n Geschäft, das sieben Tage die Woche und 24 Stunden am Tag geöffnet hat **B** adj attr rund um die Uhr; **~ service** Service, der rund um die Uhr zur Verfügung

T

steht

twerp n (infml) Einfaltspinsel m (infml)

twice adv zweimal; **~ as much/many** doppelt so viel/so viele; **~ as long as ...** doppelt or zweimal so lange wie ...; **~ a week** zweimal wöchentlich; **I'd think ~ before trusting him with it** ihm würde ich das nicht so ohne Weiteres anvertrauen

twiddle v/t herumdrehen an (+dat); **to ~ one's thumbs** Däumchen drehen

twig n Zweig m

twilight n Dämmerung f; **at ~** in der Dämmerung

twin 🅰 n Zwilling m; **her ~** ihr Zwillingsbruder/ihre Zwillingsschwester 🅱 adj attr 1 Zwillings-; **~ boys/girls** Zwillingsjungen pl/-mädchen pl 2 (≈ double) **~ peaks** Doppelgipfel pl 🅲 v/t (Br) town verschwistern; **Oxford was ~ned with Bonn** Oxford und Bonn wurden zu Partnerstädten/waren Partnerstädte **twin beds** pl zwei (gleiche) Einzelbetten pl **twin brother** n Zwillingsbruder m

twine 🅰 n Schnur f 🅱 v/t winden 🅲 v/i (**around** um +acc) sich winden

twinge n Zucken nt; **a ~ of pain** ein zuckender Schmerz

twinkle 🅰 v/i funkeln 🅱 n Funkeln nt; **with a ~ in his/her eye** augenzwinkernd **twinkling** n **in the ~ of an eye** im Handumdrehen

twin sister n Zwillingsschwester f **twin town** n (Br) Partnerstadt f

twirl 🅰 v/t (herum)wirbeln 🅱 v/i wirbeln 🅲 n Wirbel m; (in dance) Drehung f; **give us a ~** dreh dich doch mal

twist 🅰 n 1 **to give sth a ~** etw (herum)drehen 2 (≈ bend) Kurve f; (fig: in story etc) Wendung f 3 (Br infml) **to drive sb round the ~** jdn wahnsinnig machen 🅱 v/t 1 (≈ turn) drehen; (≈ coil) wickeln (into zu +dat); **to ~ the top off a jar** den Deckel von einem Glas abdrehen; **to ~ sth (a)round sth** etw um etw (acc) wickeln 2 (≈ distort) verbiegen; words verdrehen; **to ~ sth out of shape** etw verbiegen; **she had to ~ my arm** (fig) sie musste mich sehr überreden; **to ~ one's ankle** sich (dat) den Fuß vertreten; **his face was ~ed with pain** sein Gesicht war verzerrt vor Schmerz 🅲 v/i (≈ wind) sich drehen; (plant) sich ranken; (road, river) sich schlängeln ◊**twist around** v/t sep =

◊**twist round** II ◊**twist off** 🅰 v/i **the top twists off** der Deckel lässt sich abschrauben 🅱 v/t sep abdrehen; lid abschrauben ◊**twist round** (esp Br) 🅰 v/i sich umdrehen; (road etc) eine Biegung machen 🅱 v/t sep herumdrehen

twisted adj rope (zusammen)gedreht; (≈ bent) verbogen; (≈ tangled, fig pej ≈ warped) verdreht; ankle verrenkt; **bitter and ~** verbittert und verwirrt

twit n (esp Br infml) Trottel m (infml)

twitch 🅰 n (≈ tic) Zucken nt 🅱 v/i (muscles) zucken 🅲 v/t nose zucken mit

twitter 🅰 v/i zwitschern 🅱 n (of birds) Zwitschern nt

Twitter® n IT Twitter® m

two 🅰 adj zwei; **to cut sth in ~** etw in zwei Teile schneiden; **~ by ~, in ~s** zu zweien; **in ~s and threes** immer zwei oder drei (Leute) auf einmal; **to put ~ and ~ together** (fig) zwei und zwei zusammenzählen; **~'s company, three's a crowd** ein Dritter stört nur; **~ can play at that game** (infml) den Spieß kann man auch umdrehen; → **six** 🅱 n Zwei f; **just the ~ of us** nur wir beide **two-dimensional** adj zweidimensional; (fig ≈ superficial) flach **two-door** adj zweitürig **two-edged** adj **a ~ sword** (fig) ein zweischneidiges Schwert **two-faced** adj (fig) falsch **twofold** adj zweifach, doppelt; **a ~ increase** ein Anstieg um das Doppelte; **the advantages are ~** das hat einen doppelten Vorteil **two-handed** adj beidhändig **two-legged** adj zweibeinig; **a ~ animal** ein Zweibeiner m **two-percent milk** n (US) Halbfettmilch f **two-piece** adj zweiteilig **two-pin plug** n Stecker m mit zwei Kontakten **two-seater** adj zweisitzig **twosome** n (≈ people) Paar nt **two-storey**, (US) **two-story** adj zweistöckig **two-time** v/t (infml) boyfriend betrügen **two-way** adj relationship wechselseitig; **~ traffic** Gegenverkehr m **two-way radio** n Funksprechgerät nt

tycoon n Magnat(in) m(f)

type¹ n 1 (≈ kind) Art f; (of produce, plant) Sorte f; (≈ character) Typ m; **different ~s of roses** verschiedene Rosensorten pl; **what ~ of car is it?** was für ein Auto(typ) ist das?; **Cheddar-~ cheese** eine Art Cheddar; **they're totally different ~s of person** sie sind vom Typ her völlig verschieden; **that ~ of behaviour** (Br) or **behavior**

(US) ein solches Benehmen; **it's not my ~ of film** diese Art Film gefällt mir nicht; **he's not my ~** er ist nicht mein Typ **2** (*infml ≈ man*) Typ *m*

type² **A** *n* TYPO Type *f*; **large ~** große Schrift **B** *v/t* tippen **C** *v/i* tippen (*infml*) ◊**type in** *v/t sep* eintippen; *esp* IT eingeben ◊**type out** *v/t sep* tippen (*infml*)

typecast *pret, past part* typecast *v/t* THEAT (auf eine bestimmte Rolle) festlegen **typeface** *n* Schrift *f* **typescript** *n* Typoskript *nt* (*elev*) **typewriter** *n* Schreibmaschine *f* **typewritten** *adj* maschinengeschrieben

typhoid *n* (*a.* **typhoid fever**) Typhus *m* **typhoon** *n* Taifun *m* **typhus** *n* Fleckfieber *nt* **typical** *adj* typisch (*of* für); **~ male!** typisch Mann!

typing *n* Tippen *nt* (*infml*) **typing error** *n* Tippfehler *m* **typist** *n* (*professional*) Schreibkraft *f* **tyrannic(al)** *adj*, **tyrannically** *adv* tyrannisch **tyrannize** *v/t* tyrannisieren **tyranny** *n* Tyrannei *f* **tyrant** *n* Tyrann(in) *m(f)* **tyre**, (US) **tire** *n* Reifen *m*, Pneu *m* (*Swiss*) **Tyrol** *n* **the ~** Tirol *nt* **tzar** *n* = tsar

U

U, u *n* U *nt*, u *nt* **ubiquitous** *adj* allgegenwärtig **udder** *n* Euter *nt* **UFO** *abbr of* unidentified flying object UFO *nt* **ugliness** *n* Hässlichkeit *f* **ugly** *adj* (+er) hässlich übel; *situation* bedrohlich; **to turn ~** (*infml*) gemein werden **UHF** *abbr of* ultrahigh frequency UHF **UHT** *abbr of* ultra heat treated ultrahocherhitzt; **~ milk** H-Milch *f* **UK** *abbr of* United Kingdom UK *nt* **Ukraine** *n* **the ~** die Ukraine **Ukrainian** **A** *adj* ukrainisch; **he is ~** er ist Ukrainer **B** *n* Ukrainer(in) *m(f)* **ulcer** *n* MED Geschwür *nt* **ulterior** *adj* *purpose* verborgen; **~ motive**

Hintergedanke *m* **ultimata** *pl of* ultimatum **ultimate** **A** *adj* **1** (≈ *final*) letzte(r, s); *decision* endgültig; *control* oberste(r, s); **~ goal** Endziel *nt*; **what is your ~ ambition in life?** was streben Sie letzten Endes im Leben an? **2** (≈ *perfect*) vollendet, perfekt; **the ~ insult** der Gipfel der Beleidigung **B** *n* Nonplusultra *nt*; **that is the ~ in comfort** das ist das Höchste an Komfort **ultimately** *adv* (≈ *in the end*) letzten Endes **ultimatum** *n*, *pl* -s *or* ultimata Ultimatum *nt*; **to deliver an ~ to sb** jdm ein Ultimatum stellen **ultrahigh frequency** *n* Ultrahochfrequenz *f* **ultrasound** *n* **1** Ultraschall *m* **2** (≈ *scan*) Ultraschalluntersuchung *f* **ultraviolet** *adj* ultraviolett **umbilical cord** *n* Nabelschnur *f* **umbrella** *n* **1** (Regen)schirm *m* **2** (≈ *sun umbrella*) Sonnenschirm *m* **umbrella organization** *n* Dachorganisation *f* **umpire** **A** *n* Schiedsrichter(in) *m(f)* **B** *v/t* Schiedsrichter(in) sein bei **C** *v/i* (**in** bei) Schiedsrichter(in) sein **umpteen** *adj* (*infml*) zig (*infml*) **umpteenth** *adj* (*infml*) x-te(r, s); **for the ~ time** zum x-ten Mal **UN** *abbr of* United Nations UNO *f*, UN *pl* **unabated** *adj* unvermindert; **the storm continued ~** der Sturm ließ nicht nach **unable** *adj* *pred* **to be ~ to do sth** etw nicht tun können **unabridged** *adj* ungekürzt **unacceptable** *adj* *terms* unannehmbar; *excuse, offer* nicht akzeptabel; *conditions* untragbar; **it's quite ~ that we should be expected to …** es kann doch nicht von uns verlangt werden, dass …; **it's quite ~ for young children to …** es kann nicht zugelassen werden, dass kleine Kinder … **unacceptably** *adv* untragbar; *high* unannehmbar; *bad* unzumutbar **unaccompanied** *adj* *person* ohne Begleitung **unaccountable** *adj* (≈ *inexplicable*) unerklärlich **unaccountably** *adv* unerklärlicherweise; *disappear* auf unerklärliche Weise **unaccounted for** *adj* ungeklärt; **£30 is still ~** es ist noch ungeklärt, wo die £ 30 geblieben sind; **three passengers are still ~** drei Passagiere werden noch vermisst **unaccustomed** *adj* **to be ~ to sth** etw

U

nicht gewohnt sein; **to be ~ to doing sth** es nicht gewohnt sein, etw zu tun
unacquainted adj pred **to be ~ with sth** etw nicht kennen
unadulterated adj **1** unverfälscht **2** (fig) nonsense schier; bliss ungetrübt
unadventurous adj life wenig abenteuerlich; style einfallslos; person wenig unternehmungslustig
unaffected adj **1** (≈ not damaged) nicht angegriffen **2** (≈ not influenced) unbeeinflusst; (≈ not involved) nicht betroffen; (≈ unmoved) ungerührt; **he remained quite ~ by all the noise** der Lärm berührte or störte ihn überhaupt nicht
unafraid adj **to be ~ of sb/sth** vor jdm/etw keine Angst haben
unaided adv ohne fremde Hilfe
unalike adj pred ungleich
unalterable adj fact unabänderlich; laws unveränderlich **unaltered** adj unverändert
unambiguous adj, **unambiguously** adv eindeutig
unambitious adj person, plan nicht ehrgeizig (genug); theatrical production anspruchslos
unamused adj **she was ~ (by this)** sie fand es or das überhaupt nicht lustig
unanimous adj einmütig; decision einstimmig; **they were ~ in their condemnation of him** sie haben ihn einmütig verdammt; **by a ~ vote** einstimmig **unanimously** adv einmütig; vote einstimmig
unannounced adj, adv unangemeldet
unanswered adj unbeantwortet
unapologetic adj unverfroren; **he was so ~ about it** es schien ihm überhaupt nicht leidzutun
unappealing adj nicht ansprechend; prospect nicht verlockend
unappetizing adj unappetitlich; prospect wenig verlockend
unappreciated adj nicht geschätzt or gewürdigt; **she felt she was ~ by him** sie hatte den Eindruck, dass er sie nicht zu schätzen wusste **unappreciative** adj undankbar; audience verständnislos
unapproachable adj unzugänglich
unarmed adj, adv unbewaffnet
unashamed adj schamlos **unashamedly** adv unverschämt; say, admit ohne Scham; romantic, in favour of, partisan un-

verhohlen
unassuming adj bescheiden
unattached adj **1** (≈ not fastened) unbefestigt **2** (emotionally) ungebunden
unattainable adj unerreichbar
unattended adj children unbeaufsichtigt; luggage unbewacht; **to leave sth ~** car, luggage etw unbewacht lassen; shop etw unbeaufsichtigt lassen; **to be** or **go ~ to** (wound, injury) nicht behandelt werden
unattractive adj place wenig reizvoll; offer, woman unattraktiv
unauthorized adj unbefugt
unavailable adj nicht erhältlich; person nicht zu erreichen pred; **the minister was ~ for comment** der Minister lehnte eine Stellungnahme ab
unavoidable adj unvermeidlich **unavoidably** adv notgedrungen; **to be ~ detained** verhindert sein
unaware adj pred **to be ~ of sth** sich (dat) einer Sache (gen) nicht bewusst sein; **I was ~ of his presence** ich hatte nicht bemerkt, dass er da war; **I was ~ that there was a meeting going on** ich wusste nicht, dass da gerade eine Besprechung stattfand **unawares** adv **to catch** or **take sb ~** jdn überraschen
unbalanced adj **1** painting, diet unausgewogen; report einseitig **2** (a. **mentally unbalanced**) nicht ganz normal
unbearable adj, **unbearably** adv unerträglich
unbeatable adj unschlagbar **unbeaten** adj ungeschlagen; record ungebrochen
unbecoming adj behaviour, language etc unschicklich, unziemlich (elev); clothes unvorteilhaft
unbelievable adj unglaublich **unbelievably** adv unglaublich; good, pretty etc also sagenhaft (infml) **unbeliever** n Ungläubige(r) m/f(m)
unbias(s)ed adj unvoreingenommen
unblemished adj makellos
unblock v/t frei machen; pipe die Verstopfung beseitigen in (+dat)
unbolt v/t aufriegeln; **he left the door ~ed** er verriegelte die Tür nicht
unborn adj ungeboren
unbowed adj (fig) ungebrochen; pride ungebeugt
unbreakable adj glass unzerbrechlich; rule unumstößlich
unbridgeable adj unüberbrückbar

unbridled *adj passion* ungezügelt
unbroken *adj* **1** (≈ *intact*) unbeschädigt **2** (≈ *continuous*) ununterbrochen **3** *record* ungebrochen
unbuckle *v/t* aufschnallen
unburden *v/t* (*fig*) **to ~ oneself to sb** jdm sein Herz ausschütten
unbutton *v/t* aufknöpfen
uncalled-for *adj* (≈ *unnecessary*) unnötig
uncannily *adv* unheimlich; **to look ~ like sb/sth** jdm/einer Sache auf unheimliche Weise ähnlich sehen **uncanny** *adj* unheimlich; **to bear an ~ resemblance to sb** jdm auf unheimliche Weise ähnlich sehen
uncared-for *adj garden* ungepflegt; *child* vernachlässigt **uncaring** *adj* gleichgültig; *parents* lieblos
unceasing *adj*, **unceasingly** *adv* unaufhörlich
uncensored *adj* unzensiert
unceremoniously *adv* (≈ *abruptly*) ohne Umschweife
uncertain *adj* **1** (≈ *unsure*) unsicher; **to be ~ of** *or* **about sth** sich (*dat*) einer Sache (*gen*) nicht sicher sein **2** *weather* unbeständig **3 in no ~ terms** klar und deutlich
uncertainty *n* (≈ *state*) Ungewissheit *f*; (≈ *indefiniteness*) Unbestimmtheit *f*; (≈ *doubt*) Zweifel *m*, Unsicherheit *f*; **there is still some ~ as to whether ...** es besteht noch Ungewissheit, ob ...
unchallenged *adj* unangefochten
unchanged *adj* unverändert **unchanging** *adj* unveränderlich
uncharacteristic *adj* untypisch (*of* für) **uncharacteristically** *adv* auf untypische Weise
uncharitable *adj remark* unfreundlich; *view, person* herzlos; *attitude* hartherzig
uncharted *adj* **to enter ~ territory** (*fig*) sich in unbekanntes Terrain begeben
unchecked *adj* (≈ *unrestrained*) ungehemmt; **to go ~** (*advance*) nicht gehindert werden
uncivil *adj* unhöflich **uncivilized** *adj* unzivilisiert
unclaimed *adj prize* nicht abgeholt
unclassified *adj* **1** (≈ *not arranged*) nicht klassifiziert **2** (≈ *not secret*) nicht geheim
uncle *n* Onkel *m*
unclean *adj* unsauber
unclear *adj* unklar; **to be ~ about sth** sich (*dat*) über etw (*acc*) im Unklaren sein
unclog *v/t* die Verstopfung beseitigen in (+*dat*)
uncoil **A** *v/t* abwickeln **B** *v/i & v/r* (*snake*) sich langsam strecken
uncollected *adj rubbish* nicht abgeholt; *tax* nicht eingezogen
uncombed *adj* ungekämmt
uncomfortable *adj* **1** unbequem **2** *feeling* ungut; *silence* peinlich; **to feel ~** sich unbehaglich fühlen; **I felt ~ about it/about doing it** ich hatte ein ungutes Gefühl dabei; **to put sb in an ~ position** jdn in eine heikle Lage bringen **3** *fact, position* unerfreulich **uncomfortably** *adv* **1** unbequem **2** (≈ *uneasily*) unbehaglich **3** (≈ *unpleasantly*) unangenehm
uncommon *adj* **1** (≈ *unusual*) ungewöhnlich **2** (≈ *outstanding*) außergewöhnlich
uncommunicative *adj* verschlossen
uncomplaining *adj* duldsam
uncomplicated *adj* unkompliziert
uncomplimentary *adj* unschmeichelhaft
uncomprehending *adj*, **uncomprehendingly** *adv* verständnislos
uncompromising *adj* kompromisslos; *commitment* hundertprozentig
unconcerned *adj* (≈ *unworried*) unbekümmert; (≈ *indifferent*) gleichgültig; **to be ~ about sth** sich nicht um etw kümmern; **to be ~ by sth** von etw unberührt sein
unconditional *adj* vorbehaltlos; *surrender* bedingungslos; *support* uneingeschränkt
unconfirmed *adj* unbestätigt
unconnected *adj* **the two events are ~** es besteht keine Beziehung zwischen den beiden Ereignissen
unconscious **A** *adj* **1** MED bewusstlos; **the blow knocked him ~** durch den Schlag wurde er bewusstlos **2** *pred* **to be ~ of sth** sich (*dat*) einer Sache (*gen*) nicht bewusst sein; **I was ~ of the fact that ...** ich war mir *or* es war mir bewusst, dass ... **3** PSYCH unbewusst; **at** *or* **on an ~ level** auf der Ebene des Unbewussten **B** *n* PSYCH **the ~** das Unbewusste **unconsciously** *adv* unbewusst
unconstitutional *adj*, **unconstitutionally** *adv* verfassungswidrig
uncontaminated *adj* nicht verseucht;

people (fig) unverdorben
uncontested *adj* unbestritten; *election* ohne Gegenkandidat
uncontrollable *adj* unkontrollierbar; *rage* unbezähmbar; *desire* unwiderstehlich
uncontrollably *adv* unkontrollierbar; *weep* hemmungslos; *laugh* unkontrolliert
unconventional *adj* unkonventionell
unconvinced *adj* nicht überzeugt (*of* von); **his arguments leave me ~** seine Argumente überzeugen mich nicht **unconvincing** *adj* nicht überzeugend; **rather ~** wenig überzeugend **unconvincingly** *adv* wenig überzeugend
uncooked *adj* ungekocht, roh
uncooperative *adj attitude* stur; *witness* wenig hilfreich
uncoordinated *adj* unkoordiniert
uncork *v/t* entkorken
uncorroborated *adj* unbestätigt; *evidence* nicht bekräftigt
uncountable *adj* GRAM unzählbar
uncouple *v/t* abkoppeln
uncouth *adj person* ungehobelt; *behaviour* unflätig
uncover *v/t* aufdecken
uncritical *adj*, **uncritically** *adv* unkritisch (*of, about* in Bezug auf +*acc*)
uncross *v/t* **he ~ed his legs** er nahm das Bein vom Knie; **she ~ed her arms** sie löste ihre verschränkten Arme
uncrowded *adj* nicht überlaufen
uncrowned *adj (lit, fig)* ungekrönt
uncultivated *adj* unkultiviert
uncurl *v/i* glatt werden; (*snake*) sich langsam strecken
uncut *adj* **1** ungeschnitten; **~ diamond** Rohdiamant *m* **2** (≈ *unabridged*) ungekürzt
undamaged *adj* unbeschädigt; *(fig)* makellos
undaunted *adj* unverzagt
undecided *adj person* unentschlossen; **he is ~ as to whether he should go or not** er ist (sich) noch unschlüssig, ob er gehen soll oder nicht; **to be ~ about sth** sich (*dat*) über etw (*acc*) im Unklaren sein
undefeated *adj team* unbesiegt; *champion* ungeschlagen
undelete *v/t* IT **to ~ sth** das Löschen von etw rückgängig machen
undemanding *adj* anspruchslos; *task* wenig fordernd
undemocratic *adj*, **undemocratically** *adv* undemokratisch

undemonstrative *adj* zurückhaltend
undeniable *adj* unbestreitbar **undeniably** *adv* zweifellos; *successful* unbestreitbar
under ▲ *prep* **1** unter (+*dat*); *(with motion)* unter (+*acc*); **~ it** darunter; **to come out from ~ the bed** unter dem Bett hervorkommen; **it's ~ there** es ist da drunter *(infml)*; **~ an hour** weniger als eine Stunde; **there were ~ 50 of them** es waren weniger als 50; **he died ~ the anaesthetic** (*Br*) *or* **anesthetic** (*US*) er starb in der Narkose; **~ construction** im Bau; **the matter ~ discussion** der Diskussionsgegenstand; **to be ~ the doctor** in (ärztlicher) Behandlung sein; **~ an assumed name** unter falschem Namen **2** (≈ *according to*) gemäß (+*dat*) **B** *adv* **1** (≈ *beneath*) unten; (≈ *unconscious*) bewusstlos; **to go ~** untergehen **2** (≈ *less*) darunter **under-** *pref (in rank)* Unter-; **for the ~twelves** für Kinder unter zwölf **underachiever** *n* **Johnny is an ~** Johnnys Leistungen bleiben hinter den Erwartungen zurück **underage** *adj attr* minderjährig **underarm** ▲ *adj* **1** Unterarm- **2** *throw* von unten **B** *adv* von unten **undercarriage** *n* AVIAT Fahrwerk *nt* **undercharge** *v/t* **he ~d me by 50p** er berechnete mir 50 Pence zu wenig **underclass** *n* Unterklasse *f* **underclothes** *pl* Unterwäsche *f* **undercoat** *n* (≈ *paint*) Grundierfarbe *f*; (≈ *coat*) Grundierung *f* **undercook** *v/t* nicht durchgaren **undercover** ▲ *adj* geheim; **~ agent** Geheimagent(in) *m(f)* **B** *adv* **to work ~** als verdeckter Ermittler/verdeckte Ermittlerin arbeiten **undercurrent** *n* Unterströmung *f* **undercut** *pret, past part* **undercut** *v/t competitor, fare* (im Preis) unterbieten **underdeveloped** *adj* unterentwickelt **underdog** *n* Benachteiligte(r) *m/f(m)* **underdone** *adj* nicht gar; *steak* nicht durchgebraten **underestimate** ▲ *v/t* unterschätzen **B** *n* Unterschätzung *f* **underfoot** *adv* am Boden; **it is wet ~** der Boden ist nass; **to trample sb/sth ~** auf jdm/etw herumtrampeln **underfunded** *adj* unterfinanziert **underfunding** *n* Unterfinanzierung *f* **undergo** *pret* underwent, *past part* undergone *v/t process* durchmachen; *training* mitmachen; *test, operation* sich unterziehen (+*dat*); **to ~ repairs** in Reparatur sein **undergrad** *(infml)*, **undergradu-**

ate 🅐 *n* Student(in) *m(f)* 🅑 *attr course* für nicht graduierte Studenten
underground 🅐 *adj* 🔳 *lake, passage* unterirdisch 🔳 (*fig* ≈ *secret*) Untergrund- 🔳 (≈ *alternative*) Underground- 🅑 *adv* 🔳 unterirdisch; MIN unter Tage; **3 m** ~ 3 m unter der Erde 🔳 (*fig*) **to go** ~ untertauchen 🅒 *n* 🔳 (*Br RAIL*) U-Bahn *f* 🔳 (≈ *movement*) Untergrundbewegung *f*; (≈ *subculture*) Underground *m* **underground station** *n* (*Br RAIL*) U-Bahnhof *m*
undergrowth *n* Gestrüpp *nt* **underhand** *adj* hinterhältig **underinvestment** *n* mangelnde *or* unzureichende Investitionen *pl* **underlie** *pret* underlay, *past part* underlain *v/t* (*fig*) zugrunde liegen (+*dat*) **underline** *v/t* unterstreichen **underlying** *adj* 🔳 *rocks* tiefer liegend 🔳 *cause* eigentlich; *problem* zugrunde liegend; *tension* unterschwellig **undermine** *v/t* 🔳 (≈ *weaken*) schwächen 🔳 (*fig*) unterminieren
underneath 🅐 *prep* (*place*) unter (+*dat*); (*direction*) unter (+*acc*); ~ **it** darunter; **to come out from** ~ **sth** unter etw (*dat*) hervorkommen 🅑 *adv* darunter 🅒 *n* Unterseite *f*
undernourished *adj* unterernährt **underpants** *pl* Unterhose(n) *f(pl)*; **a pair of** ~ eine Unterhose **underpass** *n* Unterführung *f* **underpin** *v/t* (*fig*) *argument, claim* untermauern; *economy, market etc* (ab)stützen **underpopulated** *adj* unterbevölkert **underprivileged** *adj* unterprivilegiert **underqualified** *adj* unterqualifiziert **underrated** *adj* unterschätzt **undersea** *adj* Unterwasser- **undershirt** *n* (*US*) Unterhemd *nt*, Leiberl *nt* (*Aus*), Leibchen *nt* (*Aus, Swiss*) **undershorts** *pl* (*US*) Unterhose(n) *f(pl)* **underside** *n* Unterseite *f* **undersigned** *n* **we the** ~ wir, die Unterzeichneten **undersized** *adj* klein **underskirt** *n* Unterrock *m* **understaffed** *adj* *office* unterbesetzt; *hospital* mit zu wenig Personal
understand *pret, past part* understood 🅐 *v/t* 🔳 verstehen; **I don't** ~ **Russian** ich verstehe kein Russisch; **what do you** ~ **by "pragmatism"?** was verstehen Sie unter „Pragmatismus"? 🔳 **I** ~ **that you are going to Australia** ich höre, Sie gehen nach Australien; **I understood (that) he was abroad** ich dachte, er sei im Ausland; **am I to** ~ **that ...?** soll das etwa hei-

ßen, dass ...?; **as I** ~ **it,** ... soweit ich weiß, ... 🅑 *v/i* 🔳 verstehen; **but you don't** ~, **I must have the money now** aber verstehen Sie doch, ich brauche das Geld jetzt! 🔳 (≈ *believe*) **so I** ~ es scheint so **understandable** *adj* verständlich **understandably** *adv* verständlicherweise **understanding** 🅐 *adj* verständnisvoll 🅑 *n* 🔳 (≈ *intelligence*) Auffassungsgabe *f*; (≈ *knowledge*) Kenntnisse *pl*; (≈ *sympathy*) Verständnis *nt*; **my** ~ **of the situation is that ...** ich verstehe die Situation so, dass ...; **it was my** ~ **that ...** ich nahm an, dass ... 🔳 (≈ *agreement*) Abmachung *f*; **to come to an** ~ **with sb** eine Abmachung mit jdm treffen; **Susie and I have an** ~ Susie und ich haben unsere Abmachung 🔳 (≈ *assumption*) **on the** ~ **that ...** unter der Voraussetzung, dass ...
understate *v/t* herunterspielen **understated** *adj* *film etc* subtil; *colours* gedämpft; *performance* zurückhaltend **understatement** *n* Untertreibung *f*
understood 🅐 *pret, past part* of understand 🅑 *adj* 🔳 (≈ *clear*) klar; **to make oneself** ~ sich verständlich machen; **do I make myself** ~? ist das klar?; **I thought that was** ~! ich dachte, das sei klar 🔳 (≈ *believed*) angenommen; **he is** ~ **to have left** es heißt, dass er gegangen ist
understudy *n* THEAT zweite Besetzung **undertake** *pret* undertook, *past part* undertaken *v/t* 🔳 *job* übernehmen 🔳 (≈ *agree*) sich verpflichten **undertaker** *n* (Leichen)bestatter(in) *m(f)*; (≈ *company*) Bestattungsinstitut *nt* **undertaking** *n* (≈ *enterprise*) Vorhaben *nt*; (≈ *project*) Projekt *nt* **undertone** *n* 🔳 **in an** ~ mit gedämpfter Stimme 🔳 (*fig*) **an** ~ **of racism** ein rassistischer Unterton **undertook** *pret* of undertake **undertow** *n* Unterströmung *f* **undervalue** *v/t* *person* zu wenig schätzen **underwater** 🅐 *adj* Unterwasser- 🅑 *adv* unter Wasser **underwear** *n* Unterwäsche *f* **underweight** *adj* untergewichtig; **to be** ~ Untergewicht haben **underwent** *pret* of undergo **underworld** *n* Unterwelt *f* **underwrite** *pret* underwrote, *past part* underwritten *v/t* (≈ *guarantee*) bürgen für; (≈ *insure*) versichern
undeserved *adj* unverdient **undeservedly** *adv* unverdient(ermaßen) **unde-**

U

serving adj unwürdig

undesirable Ⓐ adj effect unerwünscht; influence, characters übel Ⓑ n (≈ person) unerfreuliches Element

undetected adj unentdeckt; **to go ~** nicht entdeckt werden

undeterred adj keineswegs entmutigt; **the teams were ~ by the weather** das Wetter schreckte die Mannschaften nicht ab

undeveloped adj unentwickelt; land ungenutzt

undid pret of undo

undies pl (infml) (Unter)wäsche f

undignified adj (≈ inelegant) unelegant

undiluted adj unverdünnt; (fig) truth unverfälscht

undiminished adj unvermindert

undiplomatic adj, **undiplomatically** adv undiplomatisch

undisciplined adj person undiszipliniert

undisclosed adj geheim gehalten; fee ungenannt

undiscovered adj unentdeckt

undisputed adj unbestritten

undisturbed adj papers, village unberührt; sleep ungestört

undivided adj attention ungeteilt; support voll; loyalty absolut

undo pret undid, past part undone v/t Ⅰ (≈ unfasten) aufmachen; button, dress, parcel öffnen; knot lösen Ⅱ decision rückgängig machen; IT command rückgängig machen **undoing** n Verderben nt **undone** Ⓐ past part of undo Ⓑ adj Ⅰ (≈ unfastened) offen; **to come ~** aufgehen Ⅱ task unerledigt; **to leave sth ~** etw ungetan lassen

undoubted adj unbestritten **undoubtedly** adv zweifellos

undreamt-of, (US) **undreamed-of** adj ungeahnt

undress Ⓐ v/t ausziehen; **to get ~ed** sich ausziehen Ⓑ v/i sich ausziehen

undrinkable adj ungenießbar

undulating adj countryside hügelig; path auf und ab führend

unduly adv übermäßig; optimistic zu; **you're worrying ~** Sie machen sich (dat) unnötige Sorgen

undying adj love unsterblich

unearth v/t ausgraben; (fig) evidence zutage bringen **unearthly** adj calm unheimlich; (infml) racket schauerlich

unease n Unbehagen nt **uneasily** adv unbehaglich; sleep unruhig **uneasiness** n (≈ awkwardness) Beklommenheit f; (≈ anxiety) Unruhe f **uneasy** adj silence unbehaglich; peace unsicher; alliance instabil; feeling beklemmend; **to be ~** (≈ ill at ease) beklommen sein; (≈ worried) beunruhigt sein; **I am** or **feel ~ about it** mir ist nicht wohl dabei; **to make sb ~** jdn beunruhigen; **to grow** or **become ~ about sth** sich über etw (acc) beunruhigen

uneconomic(al) adj unwirtschaftlich

uneducated adj ungebildet

unemotional adj nüchtern

unemployed Ⓐ adj person arbeitslos Ⓑ pl **the ~** pl die Arbeitslosen pl

unemployment n Arbeitslosigkeit f **unemployment benefit**, (US) **unemployment compensation** n Arbeitslosenunterstützung f

unending adj (≈ everlasting) ewig; (≈ incessant) endlos

unenthusiastic adj wenig begeistert **unenthusiastically** adv ohne Begeisterung

unenviable adj wenig beneidenswert

unequal adj ungleich; **~ in length** unterschiedlich lang; **to be ~ to a task** einer Aufgabe (dat) nicht gewachsen sein **unequalled**, (US) **unequaled** adj unübertroffen

unequivocal adj Ⅰ unmissverständlich; proof unzweifelhaft Ⅱ support rückhaltlos **unequivocally** adv unmissverständlich; state, answer also eindeutig; support rückhaltlos

unerring adj accuracy unfehlbar

unethical adj unmoralisch

uneven adj surface uneben; number ungerade; contest ungleich **unevenly** adv spread unregelmäßig; share ungleichmäßig **unevenness** n (of surface) Unebenheit f; (of pace, colour, distribution) Ungleichmäßigkeit f; (of quality) Unterschiedlichkeit f; (of contest, competition) Ungleichheit f

uneventful adj day ereignislos; life ruhig

unexceptional adj alltäglich, durchschnittlich

unexciting adj nicht besonders aufregend; (≈ boring) langweilig, fad (Aus)

unexpected adj unerwartet **unexpectedly** adv unerwartet; arrive, happen also unvorhergesehen

U

unexplained *adj* ungeklärt; *mystery* unaufgeklärt

unexplored *adj* unerforscht

unfailing *adj* unerschöpflich; *support, accuracy* beständig

unfair *adj* unfair; **to be ~ to sb** jdm gegenüber unfair sein **unfair dismissal** *n* ungerechtfertigte Entlassung **unfairly** *adv* unfair; *accuse, dismissed* zu Unrecht

unfairness *n* Ungerechtigkeit *f*

unfaithful *adj lover* untreu **unfaithfulness** *n (of lover)* Untreue *f*

unfamiliar *adj* ungewohnt; *subject, person* fremd; **~ territory** *(fig)* Neuland *nt*; **to be ~ with sth** mit etw nicht vertraut sein; *with machine etc* sich mit etw nicht auskennen **unfamiliarity** *n (of surroundings)* Ungewohntheit *f*; *(of subject, person)* Fremdheit *f*; **because of my ~ with ...** wegen meiner mangelnden Vertrautheit mit ...

unfashionable *adj* unmodern; *district* wenig gefragt; *subject* nicht in Mode

unfasten 🅰 *v/t* aufmachen; *tag, horse etc* losbinden 🅱 *v/i* aufgehen

unfavourable, *(US)* **unfavorable** *adj* ungünstig **unfavourably**, *(US)* **unfavorably** *adv react* ablehnend; *regard* ungünstig; **to compare ~ with sth** im Vergleich mit etw schlecht abschneiden

unfeasible *adj* nicht machbar

unfeeling *adj* gefühllos

unfinished *adj* unfertig; *work of art* unvollendet; **~ business** unerledigte Geschäfte *pl*

unfit *adj* 🔢 *(≈ unsuitable)* ungeeignet; *(≈ incompetent)* unfähig; **to be ~ to do sth** *(physically)* nicht fähig sein, etw zu tun; *(mentally)* außerstande sein, etw zu tun; **~ to drive** fahruntüchtig; **he is ~ to be a lawyer** er ist als Jurist untauglich; **to be ~ for (human) consumption** nicht zum Verzehr geeignet sein 🔢 *(SPORTS ≈ injured)* nicht fit; *(in health)* schlecht in Form; **~ (for military service)** (dienst)untauglich; **to be ~ for work** arbeitsunfähig sein

unflagging *adj enthusiasm* unerschöpflich; *interest* unverändert stark

unflappable *adj (infml)* unerschütterlich; **to be ~** die Ruhe weghaben *(infml)*

unflattering *adj* wenig schmeichelhaft

unflinching *adj* unerschrocken; *support* unbeirrbar

unfocus(s)ed *adj eyes* unkoordiniert; *debate* weitschweifig; *campaign* zu allgemein angelegt

unfold 🅰 *v/t paper* auseinanderfalten; *wings* ausbreiten; *arms* lösen 🅱 *v/i (story)* sich abwickeln

unforced *adj* ungezwungen

unforeseeable *adj* unvorhersehbar **unforeseen** *adj* unvorhergesehen; **due to ~ circumstances** aufgrund unvorhergesehener Umstände

unforgettable *adj* unvergesslich

unforgivable *adj*, **unforgivably** *adv* unverzeihlich **unforgiving** *adj* unversöhnlich

unformatted *adj* IT unformatiert

unforthcoming *adj* nicht sehr mitteilsam; **to be ~ about sth** sich nicht zu etw äußern wollen

unfortunate *adj* unglücklich; *person* glücklos; *event, error* unglückselig; **to be ~** *(person)* Pech haben; **it is ~ that ...** es ist bedauerlich, dass ...

unfortunately *adv* leider

unfounded *adj* unbegründet; *allegations* aus der Luft gegriffen

unfriendliness *n* Unfreundlichkeit *f* **unfriendly** *adj* unfreundlich *(to sb* zu jdm)

unfulfilled *adj* unerfüllt; *person, life* unausgefüllt

unfurl 🅰 *v/t flag* aufrollen; *sail* losmachen 🅱 *v/i* sich entfalten

unfurnished *adj* unmöbliert

ungainly *adj* unbeholfen

ungenerous *adj* kleinlich

ungodly *adj (infml) hour* unchristlich *(infml)*

ungraceful *adj* nicht anmutig

ungracious *adj* unhöflich; *(≈ gruff)* grunt, refusal* schroff; *answer* rüde **ungraciously** *adv say, respond* schroff

ungrammatical *adj*, **ungrammatically** *adv* grammatikalisch falsch

ungrateful *adj*, **ungratefully** *adv* undankbar *(to gegenüber)*

unguarded *adj* 🔢 *(≈ undefended)* unbewacht 🔢 *(fig ≈ careless)* unachtsam; **in an ~ moment he ...** als er einen Augenblick nicht aufpasste, ... er ...

unhampered *adj* ungehindert

unhappily *adv* unglücklich **unhappiness** *n* 🔢 Traurigkeit *f* 🔢 *(≈ discontent)* Unzufriedenheit *f*

unhappy *adj* *(+er)* 🔢 unglücklich; *look*

traurig **2** (≈ *not pleased*) unzufrieden
(*about* mit); (≈ *uneasy*) unwohl; **to be ~
with sb/sth** mit jdm/etw unzufrieden sein;
to be ~ about doing sth nicht glücklich
darüber sein, etw zu tun; **if you feel ~
about it** (≈ *worried*) wenn Ihnen dabei
nicht wohl ist
unharmed *adj* unverletzt
unhealthy *adj* **1** *person* nicht gesund;
life, complexion ungesund **2** *interest* krankhaft; **it's an ~ relationship** das ist eine
verderbliche Beziehung
unheard *adj* **to go ~** ungehört bleiben
unheard-of *adj* (≈ *unknown*) gänzlich
unbekannt; (≈ *unprecedented*) noch nicht
da gewesen
unheeded *adj* **to go ~** auf taube Ohren
stoßen
unhelpful *adj* *person* nicht hilfreich; *advice* wenig hilfreich; **you are being very
~** du bist aber wirklich keine Hilfe **un-
helpfully** *adv* wenig hilfreich
unhesitating *adj* prompt **unhesitatingly** *adv* ohne Zögern
unhindered *adj* (*by luggage etc*) unbehin-
dert; (*by regulations*) ungehindert
unhitch *v/t horse* (*from post*) losbinden;
(*from wagon*) ausspannen; *caravan, engine*
abkoppeln
unholy *adj* (+*er*) REL *alliance* übel; *mess*
heillos; *hour* unchristlich (*infml*)
unhook **A** *v/t latch* loshaken; *dress* aufhaken **B** *v/i* sich aufhaken lassen
unhurried *adj* *pace, person* gelassen **un-
hurriedly** *adv* in aller Ruhe
unhurt *adj* unverletzt
unhygienic *adj* unhygienisch
unicorn *n* Einhorn *nt*
unidentifiable *adj* *object, smell, sound*
unidentifizierbar; *body* nicht identifizierbar **unidentified** *adj* unbekannt; *body*
nicht identifiziert
unification *n* (*of country*) Einigung *f*
uniform **A** *adj* *length, colour* einheitlich;
temperature gleichbleibend **B** *n* Uniform
f; **in ~** in Uniform; **out of ~** in Zivil **uniformity** *n* Einheitlichkeit *f*; (*of temperature*) Gleichmäßigkeit *f* **uniformly** *adv*
measure, paint, tax einheitlich; *heat* gleichmäßig; *treat* gleich; (*pej*) einförmig (*pej*)
unify *v/t* einigen
unilateral *adj* einseitig **unilaterally**
adv einseitig; POL *also* unilateral
unimaginable *adj* unvorstellbar **unim-**

aginative *adj*, **unimaginatively** *adv*
fantasielos
unimpaired *adj* unbeeinträchtigt
unimpeachable *adj* *reputation, character*
untadelig; *proof, honesty* unanfechtbar;
person über jeden Zweifel erhaben
unimpeded *adj* ungehindert
unimportant *adj* unwichtig
unimposing *adj* unscheinbar
unimpressed *adj* unbeeindruckt; **I was
~ by his story** seine Geschichte hat mich
überhaupt nicht beeindruckt **unimpres-
sive** *adj* wenig beeindruckend
uninformed *adj* (≈ *not knowing*) nicht informiert (*about* über +*acc*); (≈ *ignorant also*)
unwissend; *criticism* blindwütig; *comment,
rumour* unfundiert; **to be ~ about sth**
über etw (*acc*) nicht Bescheid wissen
uninhabitable *adj* unbewohnbar **uninhabited** *adj* unbewohnt
uninhibited *adj* *person* ohne Hemmungen
uninitiated **A** *adj* nicht eingeweiht **B** *n*
the ~ *pl* Nichteingeweihte *pl*
uninjured *adj* unverletzt
uninspired *adj* *performance* fantasielos
uninspiring *adj* trocken; *idea* nicht gerade aufregend
uninstall *v/t* IT deinstallieren
unintelligent *adj* unintelligent
unintelligible *adj* *person* nicht zu verstehen; *speech, writing* unverständlich
unintended, unintentional *adj* unabsichtlich **unintentionally** *adv* unabsichtlich, unbeabsichtigt; *funny* unfreiwillig
uninterested *adj* desinteressiert; **to be
~ in sth** an etw (*dat*) nicht interessiert
sein **uninteresting** *adj* uninteressant
uninterrupted *adj* ununterbrochen;
view ungestört
uninvited *adj* *guest* ungeladen **uninvit-
ing** *adj* *prospect* nicht (gerade) verlockend
union **A** *n* (≈ *act, association*) Vereinigung
f; (≈ *trade union*) Gewerkschaft *f*; (≈ *students' union*) Studentenklub *m* **B** *adj attr*
(≈ *trade union*) Gewerkschafts- **unionist**
A *n* **1** (≈ *trade unionist*) Gewerkschaft-
ler(in) *m(f)* **2** POL Unionist(in) *m(f)* **B** *adj*
POL unionistisch **Union Jack** *n* Union
Jack *m*
unique *adj* einzig *attr*; (≈ *outstanding*) einzigartig; **such cases are not ~ to Britain**
solche Fälle sind nicht nur auf Großbri-

tannien beschränkt **uniquely** *adv* (≈ *solely*) einzig und allein, nur; (≈ *outstandingly*) einmalig (*infml*)

unisex *adj* für Männer und Frauen

unison *n* MUS Einklang *m*; **in ~** einstimmig; **to act in ~ with sb** (*fig*) in Übereinstimmung mit jdm handeln

unit *n* Einheit *f*; (≈ *set of equipment*) Anlage *f*; (*of machine*) Teil *nt*; (*of course book*) Lektion *f*; **~ of length** Längeneinheit *f*

unite **A** *v/t* vereinigen; (*ties*) (ver)einen **B** *v/i* sich zusammenschließen; **to ~ in doing sth** gemeinsam etw tun; **to ~ in grief/opposition to sth** gemeinsam trauern/gegen etw Opposition machen

united *adj* verbunden; *front* geschlossen; *people, nation* einig; **a ~ Ireland** ein vereintes Irland; **to be ~ in the** *or* **one's belief that …** einig sein in seiner Überzeugung, dass …

United Arab Emirates *pl* Vereinigte Arabische Emirate *pl*

United Kingdom *n* Vereinigtes Königreich (*Großbritannien und Nordirland*)

United Nations (Organization) *n* Vereinte Nationen *pl*

United States (of America) *pl* Vereinigte Staaten *pl* (von Amerika)

unity *n* Einheit *f*; **national ~** (nationale) Einheit

universal *adj* universell; *approval, peace* allgemein **universally** *adv* allgemein

universe *n* Universum *nt*

university **A** *n* Universität *f*; **which ~ does he go to?** wo studiert er?; **to be at/go to ~** studieren; **to be at/go to London University** in London studieren **B** *adj attr* Universitäts-; *education* akademisch; **~ teacher** Hochschullehrer(in) *m(f)*

unjust *adj* ungerecht (*to gegen*) **unjustifiable** *adj* nicht zu rechtfertigend *attr*, nicht zu rechtfertigen *pred* **unjustifiably** *adv expensive, critical, act* ungerechtfertigt; *criticize, dismiss* zu Unrecht **unjustified** *adj* ungerechtfertigt **unjustly** *adv* zu Unrecht; *judge, treat* ungerecht

unkempt *adj* ungepflegt; *hair* ungekämmt

unkind *adj* (*+er*) (≈ *not nice*) unfreundlich; (≈ *cruel*) gemein; **don't be (so) ~!** das ist aber gar nicht nett (von dir)! **unkindly** *adv* unfreundlich; (≈ *cruelly*) gemein **unkindness** *n* Unfreundlichkeit *f*; (≈ *cruelty*) Gemeinheit *f*

unknowingly *adv* unwissentlich

unknown **A** *adj* unbekannt; **~ territory** Neuland *nt* **B** *n* **the ~** das Unbekannte; **a journey into the ~** eine Fahrt ins Ungewisse **C** *adv* **~ to me** ohne dass ich es wusste

unlawful *adj* gesetzwidrig **unlawfully** *adv* gesetzwidrig, illegal; *imprison* ungesetzlich

unleaded **A** *adj* bleifrei **B** *n* bleifreies Benzin

unleash *v/t* (*fig*) entfesseln

unleavened *adj* ungesäuert

unless *cj* es sei denn; (*at beginning of sentence*) wenn … nicht; **don't do it ~ I tell you to** mach das nicht, es sei denn, ich sage es dir; **~ I tell you to, don't do it** wenn ich es dir nicht sage, mach das nicht; **~ I am mistaken …** wenn *or* falls ich mich nicht irre …

unlicensed *adj premises* ohne (Schank)konzession

unlike *prep* **1** im Gegensatz zu **2** (≈ *uncharacteristic of*) **to be quite ~ sb** jdm (gar) nicht ähnlichsehen **3** **this house is ~ their former one** dieses Haus ist ganz anders als ihr früheres

unlikeable *adj* unsympathisch

unlikely *adj* (*+er*) unwahrscheinlich; **it is (most) ~/not ~ that …** es ist (höchst) unwahrscheinlich/es kann durchaus sein, dass …; **she is ~ to come** sie kommt höchstwahrscheinlich nicht; **he's ~ to be chosen** es ist unwahrscheinlich, dass er gewählt wird; **in the ~ event of war** im unwahrscheinlichen Fall eines Krieges

unlimited *adj* unbegrenzt; *access* uneingeschränkt

unlisted *adj company, items* nicht verzeichnet; **the number is ~** (*US* TEL) die Nummer steht nicht im Telefonbuch

unlit *adj road* unbeleuchtet; *lamp* nicht angezündet; *fire, cigarette* unangezündet

unload **A** *v/t ship, gun* entladen; *luggage, car* ausladen; *cargo* löschen **B** *v/i* (*ship*) löschen; (*truck*) abladen

unlock *v/t door etc* aufschließen; **the door is ~ed** die Tür ist nicht abgeschlossen; **to leave a door ~ed** eine Tür nicht abschließen

unloved *adj* ungeliebt

unluckily *adv* zum Pech; **~ for him** zu seinem Pech **unlucky** *adj* (*+er*) *person, action* unglückselig; *loser, coincidence* unglücklich; **to be ~** Pech haben; (≈ *bring bad luck*) Unglück bringen; **it was ~ for her that she was seen** Pech für sie, dass man sie gesehen hat; **~ number** Unglückszahl *f*

unmanageable *adj size* unhandlich; *number* nicht zu bewältigen; *person, hair* widerspenstig; *situation* unkontrollierbar

unmanly *adj* unmännlich

unmanned *adj* unbemannt

unmarked *adj* **1** (≈ *unstained*) ohne Flecken; (≈ *without marking*) ungezeichnet; *police car* nicht gekennzeichnet; *grave* anonym **2** SPORTS *player* ungedeckt **3** SCHOOL *papers* unkorrigiert

unmarried *adj* unverheiratet; **~ mother** ledige Mutter

unmask *v/t* (*lit*) demaskieren; (*fig*) entlarven

unmatched *adj* unübertroffen (*for* in Bezug auf +*acc*); **~ by anyone** von niemandem übertroffen

unmentionable *adj* tabu *pred*

unmissable *adj* (*Br infml*) **to be ~** ein Muss sein

unmistak(e)able *adj* unverkennbar; (*visually*) unverwechselbar **unmistak(e)ably** *adv* unverkennbar

unmitigated *adj* (*infml*) *disaster* vollkommen; *success* total

unmotivated *adj* unmotiviert; *attack also* grundlos

unmoved *adj person* ungerührt; **they were ~ by his playing** sein Spiel(en) ergriff sie nicht

unnamed *adj* (≈ *anonymous*) ungenannt

unnatural *adj* unnatürlich; **to die an ~ death** keines natürlichen Todes sterben

unnaturally *adv* unnatürlich; (≈ *extraordinarily also*) loud, anxious ungewöhnlich

unnecessarily *adv* unnötigerweise; *strict* unnötig **unnecessary** *adj* unnötig; (≈ *not requisite*) nicht nötig

unnerve *v/t* entnerven; (*gradually*) zermürben; (≈ *discourage*) entmutigen; **~d by their reaction** durch ihre Reaktion aus der Ruhe gebracht **unnerving** *adj* entnervend

unnoticed *adj* unbemerkt

unobservant *adj* unaufmerksam; **to be ~** ein schlechter Beobachter sein **unobserved** *adj* unbemerkt

unobstructed *adj view* ungehindert

unobtainable *adj* nicht erhältlich; *goal* unerreichbar

unobtrusive *adj*, **unobtrusively** *adv* unauffällig

unoccupied *adj person* unbeschäftigt; *house* leer stehend; *seat* frei

unofficial *adj* inoffiziell **unofficially** *adv* inoffiziell

unopened *adj* ungeöffnet

unorganized *adj* unsystematisch; *person also* unmethodisch; *life* ungeregelt

unoriginal *adj* wenig originell

unorthodox *adj* unkonventionell

unpack *v/t & v/i* auspacken

unpaid *adj* unbezahlt

unparalleled *adj* beispiellos

unpatriotic *adj* unpatriotisch

unpaved *adj* nicht gepflastert

unperfumed *adj* nicht parfümiert

unperturbed *adj* nicht beunruhigt (*by* von, durch)

unpick *v/t* auftrennen

unpin *v/t dress, hair* die Nadeln entfernen aus

unplanned *adj* ungeplant

unplayable *adj* unspielbar; *pitch* unbespielbar

unpleasant *adj* unangenehm; *person, remark* unfreundlich; **to be ~ to sb** unfreundlich zu jdm sein **unpleasantly** *adv reply* unfreundlich; *warm* unangenehm **unpleasantness** *n* **1** (≈ *quality*) Unangenehmheit *f*; (*of person*) Unfreundlichkeit *f* **2** (≈ *bad feeling*) Unstimmigkeit *f*

unplug *v/t radio, lamp, plug* rausziehen

unpolluted *adj* unverschmutzt

unpopular *adj person* unbeliebt (*with sb* bei jdm); *decision* unpopulär **unpopularity** *n* Unbeliebtheit *f*; (*of decision*) geringe Popularität

unpractical *adj* unpraktisch

unprecedented *adj* noch nie da gewesen; *step* unerhört

unprepared *adj* unvorbereitet; **to be ~ for sth** (≈ *be surprised*) auf etw (*acc*) nicht gefasst sein

unprepossessing *adj* wenig einnehmend

unpretentious *adj* schlicht

unprincipled *adj* skrupellos

unprintable *adj* nicht druckfähig

unproductive *adj meeting* unergiebig; *factory* unproduktiv

unprofessional *adj* unprofessionell

unprofitable *adj business etc* unrentabel;

(fig) nutzlos; **the company was ~** die Firma machte keinen Profit *or* warf keinen Profit ab

unpromising *adj* nicht sehr vielversprechend; **to look ~** nicht sehr hoffnungsvoll *or* gut aussehen

unpronounceable *adj* unaussprechbar; **that word is ~** das Wort ist nicht auszusprechen

unprotected *adj* schutzlos; *skin, sex* ungeschützt

unproven, unproved *adj* unbewiesen

unprovoked *adj* grundlos

unpublished *adj* unveröffentlicht

unpunished *adj* **to go ~** ohne Strafe bleiben

unqualified *adj* **1** unqualifiziert; **to be ~** nicht qualifiziert sein; **he is ~ to do it** er ist dafür nicht qualifiziert **2** *success* voll (-ständig)

unquenchable *adj* *thirst, desire* unstillbar; *optimism* unerschütterlich

unquestionable *adj* *authority* unbestritten **unquestionably** *adv* zweifellos

unquestioning *adj* bedingungslos **unquestioningly** *adv accept* bedingungslos; *obey* blind

unravel **A** *v/t knitting* aufziehen; (≈ *untangle*) entwirren; *mystery* lösen **B** *v/i* *(knitting)* sich aufziehen; *(fig)* sich entwirren

unreadable *adj* *writing* unleserlich; *book* schwer lesbar

unreal *adj* unwirklich; **this is just ~!** *(infml* ≈ *unbelievable)* das gibts doch nicht! *(infml)*; **he's ~** er ist unmöglich **unrealistic** *adj* unrealistisch **unrealistically** *adv high, low* unrealistisch; *optimistic* unangemessen

unreasonable *adj* unzumutbar; *expectations* übertrieben; *person* uneinsichtig; **to be ~ about sth** (≈ *be overdemanding)* in Bezug auf etw *(acc)* zu viel verlangen; **it is ~ to …** es ist zu viel verlangt, zu …; **you are being very ~!** das ist wirklich zu viel verlangt!; **an ~ length of time** übermäßig *or* übertrieben lange **unreasonably** *adv long, strict etc* übertrieben; **you must prove that your employer acted ~** Sie müssen nachweisen, dass Ihr Arbeitgeber ungerechtfertigt gehandelt hat; **not ~** nicht ohne Grund

unrecognizable *adj* nicht wiederzuerkennen *pred*, nicht wiederzuerkennend

attr **unrecognized** *adj* unerkannt; **to go ~** nicht anerkannt werden

unrefined *adj petroleum etc* nicht raffiniert

unregulated *adj* unkontrolliert

unrehearsed *adj* (≈ *spontaneous)* spontan

unrelated *adj* **1** **the two events are ~** die beiden Ereignisse stehen in keinem Zusammenhang miteinander, ohne Beziehung *(to* zu) **2** *(by family)* nicht verwandt

unrelenting *adj* *pressure* unablässig; *struggle* unerbittlich; *pain, pace* unvermindert; *person, heat* unbarmherzig

unreliability *n* Unzuverlässigkeit *f* **unreliable** *adj* unzuverlässig

unremarkable *adj* nicht sehr bemerkenswert

unremitting *adj efforts* unaufhörlich, unablässig

unrepeatable *adj* *words* nicht wiederholbar

unrepentant *adj* reu(e)los

unreported *adj events* nicht berichtet; *crime* nicht angezeigt

unrepresentative *adj* **~ of sth** nicht repräsentativ für etw

unrequited *adj love* unerwidert

unreserved *adj apology, support* uneingeschränkt

unresolved *adj* ungelöst

unresponsive *adj* *(physically)* nicht reagierend *attr; (emotionally)* unempfänglich; **to be ~** nicht reagieren *(to* auf *+acc);* **an ~ audience** ein Publikum, das nicht mitgeht

unrest *n* Unruhen *pl*

unrestrained *adj* unkontrolliert; *joy* ungezügelt

unrestricted *adj* **1** *power, growth* uneingeschränkt; *access* ungehindert **2** *view* ungehindert

unrewarded *adj* unbelohnt; **to go ~** unbelohnt bleiben **unrewarding** *adj* undankbar

unripe *adj* unreif

unroll **A** *v/t* aufrollen **B** *v/i* sich aufrollen

unruffled *adj person* gelassen

unruly *adj* (+er) wild

unsaddle *v/t horse* absatteln

unsafe *adj* nicht sicher; (≈ *dangerous)* gefährlich; *sex* ungeschützt; **this is ~ to eat/drink** das ist nicht genießbar/trinkbar; **it is ~ to walk there at night** es ist gefährlich, dort nachts spazieren zu gehen; **to feel ~** sich nicht sicher fühlen

unsaid *adj* **to leave sth ~** etw unausgesprochen lassen

unsaleable, *(US)* **unsalable** *adj* unverkäuflich; **to be ~** sich nicht verkaufen lassen

unsanitary *adj* unhygienisch

unsatisfactory *adj* unbefriedigend; *figures* nicht ausreichend; SCHOOL mangelhaft; **this is highly ~** das lässt sehr zu wünschen übrig **unsatisfied** *adj person* unzufrieden; **the book's ending left us ~** wir fanden den Schluss des Buches unbefriedigend **unsatisfying** *adj* unbefriedigend; *meal* unzureichend

unsaturated *adj* CHEM ungesättigt

unsavoury, *(US)* **unsavory** *adj smell* widerwärtig; *appearance* abstoßend; *subject* unerfreulich; *characters* zwielichtig

unscathed *adj* (*lit*) unversehrt; (*fig*) unbeschadet

unscented *adj* geruchlos

unscheduled *adj stop* außerfahrplanmäßig; *meeting* außerplanmäßig

unscientific *adj* unwissenschaftlich

unscramble *v/t* entwirren; TEL entschlüsseln

unscrew *v/t* losschrauben

unscrupulous *adj* skrupellos

unsealed *adj* unverschlossen

unseasonable *adj* nicht der Jahreszeit entsprechend *attr* **unseasonably** *adv* (für die Jahreszeit) ungewöhnlich *or* außergewöhnlich

unseat *v/t rider* abwerfen

unseeded *adj* unplatziert

unseeing *adj* blind; *gaze* leer

unseemly *adj* ungebührlich

unseen *adj* ungesehen; (≈ *unobserved*) unbemerkt

unselfconscious *adj*, **unselfconsciously** *adv* unbefangen

unselfish *adj*, **unselfishly** *adv* selbstlos

unsentimental *adj* unsentimental

unsettle *v/t* (≈ *agitate*) aufregen; *person* (*news*) beunruhigen **unsettled** *adj* ◼ *question* ungeklärt ◼ *weather, market* unbeständig; **to be ~** durcheinander sein; (≈ *thrown off balance*) aus dem Gleis geworfen sein; **to feel ~** sich nicht wohlfühlen **unsettling** *adj change* aufreibend; *thought, news* beunruhigend

unshak(e)able *adj*, **unshak(e)ably** *adv* unerschütterlich **unshaken** *adj* unerschüttert

unshaven *adj* unrasiert

unsightly *adj* unansehnlich

unsigned *adj painting* unsigniert; *letter* nicht unterzeichnet

unskilled *adj worker* ungelernt; **~ labour** *(Br) or* **labor** *(US)* (≈ *workers*) Hilfsarbeiter *pl*

unsociable *adj* ungesellig

unsocial *adj* **to work ~ hours** außerhalb der normalen Arbeitszeiten arbeiten

unsold *adj* unverkauft; **to be left ~** nicht verkauft werden

unsolicited *adj* unerbeten

unsolved *adj problem etc* ungelöst; *crime* unaufgeklärt

unsophisticated *adj person, style, machine* einfach; *tastes* schlicht

unsound *adj* ◼ *construction* unsolide; **structurally ~** *building* bautechnische Mängel aufweisend *attr* ◼ *argument* nicht stichhaltig; *advice* unvernünftig; JUR *conviction* ungesichert; **of ~ mind** JUR unzurechnungsfähig; **environmentally ~** umweltschädlich; **the company is ~** die Firma steht auf schwachen Füßen

unsparing *adj* ◼ (≈ *lavish*) großzügig, verschwenderisch; **to be ~ in one's efforts** keine Kosten und Mühen scheuen ◼ (≈ *unmerciful*) *criticism* schonungslos; **the report was ~ in its criticism** der Bericht übte schonungslos Kritik

unspeakable *adj*, **unspeakably** *adv* unbeschreiblich

unspecified *adj time, amount* nicht genau angegeben; *location* unbestimmt

unspectacular *adj* wenig eindrucksvoll

unspoiled, unspoilt *adj* unberührt

unspoken *adj thoughts* unausgesprochen; *agreement* stillschweigend

unsporting, unsportsmanlike *adj* unsportlich

unstable *adj* instabil; PSYCH labil

unsteadily *adj* unsicher **unsteady** *adj hand, steps* unsicher; *ladder* wack(e)lig

unstinting *adj support* uneingeschränkt; **to be ~ in one's efforts** keine Kosten und Mühen scheuen

unstoppable *adj* nicht aufzuhalten

unstressed *adj* PHON unbetont

unstructured *adj* unstrukturiert

unstuck *adj* **to come ~** (*stamp*) sich lösen; (*infml: plan*) schiefgehen (*infml*); **where they came ~ was …** sie sind daran gescheitert, dass …

unsubstantiated *adj rumour* unbegrün-

det; **these reports remain ~** diese Berichte sind weiterhin unbestätigt
unsubtle adj plump
unsuccessful adj erfolglos; *candidate* abgewiesen; *attempt* vergeblich; **to be ~ in doing sth** keinen Erfolg damit haben, etw zu tun; **to be ~ in one's efforts to do sth** erfolglos in seinem Bemühen sein, etw zu tun **unsuccessfully** adv erfolglos; *try* vergeblich; *apply* ohne Erfolg
unsuitability n Ungeeignetsein nt; **his ~ for the job** seine mangelnde Eignung für die Stelle **unsuitable** adj unpassend; *candidate* ungeeignet; **~ for children** für Kinder ungeeignet; **she is ~ for him** sie ist nicht die Richtige für ihn **unsuitably** adv *dressed* (for weather conditions) unzweckmäßig; (for occasion) unpassend **unsuited** adj **to be ~ for** or **to sth** für etw untauglich sein; **to be ~ to sb** nicht zu jdm passen
unsure adj *person* unsicher; **to be ~ of oneself** unsicher sein; **to be ~ (of sth)** sich (dat) (einer Sache gen) nicht sicher sein; **I'm ~ of him** ich bin mir bei ihm nicht sicher
unsurpassed adj unübertroffen
unsurprising adj, **unsurprisingly** adv wenig überraschend
unsuspecting adj, **unsuspectingly** adv nichts ahnend
unsweetened adj ungesüßt
unswerving adj *loyalty* unerschütterlich
unsympathetic adj **1** (≈ unfeeling) gefühllos **2** (≈ unlikeable) unsympathisch **unsympathetically** adv ohne Mitgefühl; *say also* gefühllos
unsystematic adj, **unsystematically** adv unsystematisch
untalented adj unbegabt
untamed adj *animal* ungezähmt; *jungle, beauty* wild
untangle v/t entwirren
untapped adj *resources* ungenutzt; *market* unerschlossen
untenable adj unhaltbar
untested adj unerprobt
unthinkable adj undenkbar **unthinking** adj (≈ thoughtless) unbedacht, gedankenlos; (≈ uncritical) bedenkenlos, blind **unthinkingly** adv unbedacht
untidily adv unordentlich **untidiness** n (of room) Unordnung f; (of person) Unordentlichkeit f **untidy** adj (+er) unordentlich

untie v/t *knot* lösen; *parcel* aufknoten; *person, apron* losbinden
until **A** prep bis; **from morning ~ night** von morgens bis abends; **~ now** bis jetzt; **~ then** bis dahin; **not ~** (in future) nicht vor (+dat); (in past) erst; **I didn't leave him ~ the following day** ich bin bis zum nächsten Tag bei ihm geblieben **B** cj bis; **not ~** (in future) erst wenn; (in past) erst als; **he won't come ~ you invite him** er kommt erst, wenn Sie ihn einladen; **they did nothing ~ we came** bis wir kamen, taten sie nichts
untimely adj *death* vorzeitig; **to come to** or **meet an ~ end** ein vorzeitiges Ende finden
untiring adj, **untiringly** adv unermüdlich
untitled adj *painting* ohne Titel
untold adj *story* nicht erzählt; *damage, suffering* unermesslich; **this story is better left ~** über diese Geschichte schweigt man besser; **~ thousands** unzählig viele
untouchable adj unantastbar **untouched** adj **1** unberührt; *bottle etc* nicht angebrochen **2** (≈ unharmed) unversehrt
untrained adj *person* unausgebildet; *voice, mind* ungeschult; **to the ~ eye** dem ungeschulten Auge
untranslatable adj unübersetzbar
untreated adj unbehandelt
untried adj *person* unerprobt; *method* ungetestet
untroubled adj **to be ~ by the news** eine Nachricht gleichmütig hinnehmen; **he seemed ~ by the heat** die Hitze schien ihm nichts auszumachen
untrue adj falsch
untrustworthy adj nicht vertrauenswürdig
untruthful adj *statement* unwahr; *person* unaufrichtig **untruthfully** adv fälschlich
untypical adj untypisch (of für)
unusable adj unbrauchbar
unused[1] adj (≈ new) ungebraucht; (≈ not made use of) ungenutzt
unused[2] adj **to be ~ to sth** etw (acc) nicht gewohnt sein; **to be ~ to doing sth** es nicht gewohnt sein, etw zu tun
unusual adj (≈ uncommon) ungewöhnlich; (≈ exceptional) außergewöhnlich; **it's ~ for him to be late** er kommt normalerweise

U

nicht zu spät; **that's ~ for him** das ist sonst nicht seine Art; **that's not ~ for him** das wundert mich überhaupt nicht; **how ~**! das kommt selten vor; (iron) welch Wunder! **unusually** adv ungewöhnlich; **~ for her, she was late** ganz gegen ihre Gewohnheit kam sie zu spät

unvarying adj gleichbleibend

unveil v/t statue, plan enthüllen

unverified adj unbewiesen

unwaged adj ohne Einkommen

unwanted adj 1 (≈ unwelcome) unerwünscht 2 (≈ superfluous) überflüssig

unwarranted adj ungerechtfertigt

unwavering adj resolve unerschütterlich; course beharrlich

unwelcome adj visitor unerwünscht; news unerfreulich; reminder unwillkommen; **to make sb feel ~** sich jdm gegenüber abweisend verhalten **unwelcoming** adj manner abweisend; place ungastlich

unwell adj pred unwohl, nicht wohl; **he's rather ~** es geht ihm gar nicht gut

unwholesome adj ungesund; food minderwertig; desire schmutzig

unwieldy adj tool unhandlich; object also sperrig; (≈ clumsy) body, system schwerfällig

unwilling adj widerwillig; accomplice unfreiwillig; **to be ~ to do sth** nicht bereit sein, etw zu tun; **to be ~ for sb to do sth** nicht wollen, dass jd etw tut **unwillingness** n Widerwillen nt

unwind pret, past part **unwound** A v/t abwickeln B v/i (infml ≈ relax) abschalten (infml)

unwise adj, **unwisely** adv unklug

unwitting adj accomplice unbewusst; victim ahnungslos; involvement unabsichtlich **unwittingly** adv unbewusst

unworkable adj undurchführbar

unworldly adj life weltabgewandt

unworried adj unbekümmert

unworthy adj nicht wert (of +gen)

unwound pret, past part of unwind

unwrap v/t auswickeln

unwritten adj story, constitution ungeschrieben; agreement stillschweigend **unwritten law** n (JUR, fig) ungeschriebenes Gesetz

unyielding adj unnachgiebig

unzip v/t 1 zip aufmachen; trousers den Reißverschluss aufmachen an (+dat) 2 IT

file entzippen

up A adv 1 (≈ in high or higher position) oben; (≈ to higher position) nach oben; **up there** dort oben; **on your way up** auf dem Weg hinauf; **to climb all the way up** den ganzen Weg hochklettern; **halfway up** auf halber Höhe; **5 floors up** 5 Stockwerke hoch; **I looked up** ich schaute nach oben; **this side up** diese Seite oben!; **a little further up** ein bisschen weiter oben; **to go a little further up** ein bisschen höher hinaufgehen; **from up on the hill** vom Berg oben; **up on top (of the cupboard)** ganz oben (auf dem Schrank); **up in the sky** oben am Himmel; **the temperature was up in the thirties** die Temperatur war über dreißig Grad; **the sun is up** die Sonne ist aufgegangen; **to move up into the lead** nach vorn an die Spitze kommen 2 **to be up** (building) stehen; (notice) angeschlagen sein; (shelves) hängen; **the new houses went up very quickly** die neuen Häuser sind sehr schnell gebaut or hochgezogen (infml) worden; **to be up (and running)** (computer system etc) in Betrieb sein; **to be up and running** (committee etc) in Gang sein; **to get sth up and running** etw zum Laufen bringen; committee etc etw in Gang setzen 3 (≈ not in bed) auf; **to do an about auf sein** 4 (≈ north) oben; **up in Inverness** oben in Inverness; **to go up to Aberdeen** nach Aberdeen (hinauf)fahren; **to live up north** im Norden wohnen; **to go up north** in den Norden fahren 5 (in price, value) gestiegen (on gegenüber) 6 **to be 3 goals up** mit 3 Toren führen (on gegenüber) 7 (infml) **what's up?** was ist los?; **something is up** (≈ wrong) da stimmt irgendetwas nicht; (≈ happening) da ist irgendetwas im Gange 8 (≈ knowledgeable) firm; **to be well up on sth** sich in etw (dat) auskennen 9 **time's up** die Zeit ist um; **to eat sth up** etw aufessen 10 **it was up against the wall** es war an die Wand gelehnt; **to be up against an opponent** einem Gegner gegenüberstehen; **I fully realize what I'm up against** mir ist völlig klar, womit ich es hier zu tun habe; **they were really up against it** sie hatten wirklich schwer zu schaffen; **to walk up and down** auf und ab gehen; **to be up for sale** zu verkaufen sein; **to be up for discussion** zur

Diskussion stehen; **to be up for election** (*candidate*) zur Wahl aufgestellt sein; (*candidates*) zur Wahl stehen; **up to** bis; **up to now/here** bis jetzt/hier; **to count up to 100** bis 100 zählen; **up to £100** bis zu £ 100; **what page are you up to?** bis zu welcher Seite bist du gekommen?; **I don't feel up to it** ich fühle mich dem nicht gewachsen; (≈ *not well enough*) ich fühle mich nicht wohl genug dazu; **it isn't up to much** damit ist nicht viel los (*infml*); **it isn't up to his usual standard** das ist nicht sein sonstiges Niveau; **it's up to us to help him** wir sollten ihm helfen; **if it were up to me** wenn es nach mir ginge; **it's up to you whether you go or not** es bleibt dir überlassen, ob du gehst oder nicht; **it isn't up to me** das hängt nicht von mir ab; **that's up to you** das müssen Sie selbst wissen; **what colour shall I choose? — (it's) up to you** welche Farbe soll ich nehmen? — das ist deine Entscheidung; **it's up to the government to do it** es ist Sache der Regierung, das zu tun; **what's he up to?** (≈ *doing*) was macht er da?; (≈ *planning etc*) was hat er vor?; **what have you been up to?** was hast du angestellt?; **he's up to no good** er führt nichts Gutes im Schilde **B** *prep* oben auf (+*dat*); (*with movement*) hinauf (+*acc*); **further up the page** weiter oben auf der Seite; **to live up the hill** am Berg wohnen; **to go up the hill** den Berg hinaufgehen; **they live further up the street** sie wohnen weiter die Straße entlang; **he lives up a dark alley** er wohnt am Ende einer dunklen Gasse; **up the road from me** (von mir) die Straße entlang; **he went off up the road** er ging (weg) die Straße hinauf; **the water goes up this pipe** das Wasser geht durch dieses Rohr; **to go up to sb** auf jdn zugehen **C** *n* **ups and downs** gute und schlechte Zeiten *pl* **D** *adj escalator* nach oben **E** *v/t* (*infml*) *price* hinaufsetzen

up-and-coming *adj* **an ~ star** ein Star, der im Kommen ist

up-and-down *adj* **1** (*lit*) **~ movement** Auf- und Abbewegung *f* **2** (*fig*) *career etc* wechselhaft

up arrow *n* IT Aufwärtspfeil *m*

upbeat *adj* (*infml*) (≈ *cheerful*) fröhlich; (≈ *optimistic*) optimistisch; **to be ~ about sth** über etw (*acc*) optimistisch gestimmt sein

upbringing *n* Erziehung *f*; **we had a strict ~** wir hatten (als Kinder) eine strenge Erziehung

upcoming *adj* (≈ *coming soon*) kommend

update A *v/t* aktualisieren; **to ~ sb on sth** jdn über etw (*acc*) auf den neuesten Stand bringen **B** *n* **1** Aktualisierung *f* **2** (≈ *progress report*) Bericht *m*

upend *v/t box* hochkant stellen

upfront A *adj* **1** *person* offen; **to be ~ about sth** sich offen über etw (*acc*) äußern **2** **an ~ fee** eine Gebühr, die im Voraus zu entrichten ist **B** *adv* **pay** im Voraus; **we'd like 20% ~** wir hätten gern 20% (als) Vorschuss

upgrade A *n* **1** IT Upgrade *nt* **2** (*US*) Steigung *f* **B** *v/t employee* befördern; (≈ *improve*) verbessern; *computer* nachrüsten

upgrad(e)able *adj computer* nachrüstbar (*to* auf +*acc*)

upheaval *n* (*fig*) Aufruhr *m*; **social/political ~s** soziale/politische Umwälzungen *pl*

upheld *pret, past part* of **uphold**

uphill A *adv* bergauf; **to go ~** bergauf gehen; (*road also*) bergauf führen; (*car*) den Berg hinauffahren **B** *adj road* bergauf (führend); (*fig*) *struggle* mühsam

uphold *pret, past part* **upheld** *v/t tradition* wahren; *the law* hüten; *right* schützen; *decision* (unter)stützen; JUR *verdict* bestätigen

upholster *v/t* polstern; (≈ *cover*) beziehen; **~ed furniture** Polstermöbel *pl* **upholstery** *n* Polsterung *f*

upkeep *n* (≈ *running*) Unterhalt *m*; (≈ *maintenance*) Instandhaltung *f*; (*of gardens*) Pflege *f*

upland A *n* (*usu pl*) Hochland *nt no pl* **B** *adj* Hochland-

uplift *v/t* **with ~ed arms** mit erhobenen Armen; **to feel ~ed** sich erbaut fühlen

uplifting *adj experience* erhebend; *story* erbaulich

upload *v/t* IT uploaden

up-market A *adj person* vornehm; *image, hotel* exklusiv **B** *adv* **his shop has gone ~** in seinem Laden verkauft er jetzt Waren der höheren Preisklasse

upon *prep* = **on**

upper A *adj* obere(r, s); (ANAT, GEOG) Ober-; **temperatures in the ~ thirties** Temperaturen hoch in den dreißig; **~ body** Oberkörper *m* **B** *n* **uppers** *pl* (*of shoe*) Obermaterial *nt* **upper-case** *adj*

U

groß **upper circle** n (Br THEAT) zweiter Rang **upper class** n the **~es** die Oberschicht **upper-class** adj vornehm; sport, attitude der Oberschicht **Upper House** n PARL Oberhaus nt **uppermost** ◨ adj oberste(r, s); **safety is ~ in my mind** Sicherheit steht für mich an erster Stelle ◧ adv **face ~** mit dem Gesicht nach oben **upper school** n Oberschule f

upright ◨ adj aufrecht; (≈ honest) rechtschaffen; post senkrecht ◧ adv (≈ erect) aufrecht; (vertical) senkrecht; **to pull sb/oneself ~** jdn/sich aufrichten ◨ n Pfosten m

uprising n Aufstand m

upriver adv flussaufwärts

uproar n Aufruhr m; **the whole room was in ~** der ganze Saal war in Aufruhr **uproariously** adv lärmend; laugh brüllend

uproot v/t plant entwurzeln; **he ~ed his whole family (from their home) and moved to New York** er riss seine Familie aus ihrer gewohnten Umgebung und zog nach New York

upset vb: pret, past part upset ◨ v/t ◧ (≈ knock over) umstoßen ◨ (news, death) bestürzen; (question etc) aus der Fassung bringen; (experience etc) mitnehmen (infml); (≈ offend) wehtun (+dat); (≈ annoy) ärgern; **don't ~ yourself** regen Sie sich nicht auf ◨ calculations durcheinanderbringen; **the rich food ~ his stomach** das schwere Essen ist ihm nicht bekommen ◧ adj ◧ (about accident etc) mitgenommen (infml) (about von); (about bad news etc) bestürzt (about über +acc); (≈ sad) betrübt (about über +acc); (≈ distressed) aufgeregt (about wegen); (≈ annoyed) aufgebracht (about über +acc); (≈ hurt) gekränkt (about über +acc); **she was pretty ~ about it** das ist ihr ziemlich nahegegangen; (≈ distressed, worried) sie hat sich deswegen ziemlich aufgeregt; (≈ annoyed) das hat sie ziemlich geärgert; (≈ hurt) das hat sie ziemlich gekränkt; **she was ~ about something** irgendetwas hatte sie aus der Fassung gebracht; **she was ~ about the news** es hat sie ziemlich mitgenommen, als sie das hörte (infml); **would you be ~ if I decided not to go after all?** wärst du traurig, wenn ich doch nicht ginge?; **to get ~** sich aufregen (about über +acc); **don't get ~ about it, you'll find another** nimm das

doch nicht so tragisch, du findest bestimmt einen anderen; **to feel ~** gekränkt sein; **to sound/look ~** verstört klingen/aussehen ◨ **to have an ~ stomach** sich (dat) den Magen verdorben haben ◧ (≈ disturbance) Störung f; (emotional) Aufregung f; (infml ≈ unexpected defeat etc) böse Überraschung; **stomach ~** Magenverstimmung f **upsetting** adj (≈ saddening) traurig; (stronger) bestürzend; (≈ disturbing) situation schwierig; (≈ annoying) ärgerlich; **that must have been very ~ for you** das war bestimmt nicht einfach für Sie; **it is ~ (for them) to see such terrible things** es ist schlimm (für sie), so schreckliche Dinge zu sehen; **the divorce was very ~ for the child** das Kind hat unter der Scheidung sehr gelitten

upshot n **the ~ of it all was that …** es lief darauf hinaus, dass …

upside down adv verkehrt herum; **to turn sth ~** (lit) etw umdrehen; (fig) etw auf den Kopf stellen (infml) **upside-down** adj **to be ~** (picture) verkehrt herum hängen; (world) kopfstehen

upstage v/t **to ~ sb** (fig) jdm die Schau stehlen (infml)

upstairs ◨ adv oben; (with movement) nach oben; **the people ~** die Leute über uns ◧ adj im oberen Stock(werk) ◨ n oberes Stockwerk

upstanding adj rechtschaffen

upstart n Emporkömmling m

upstate (US) ◨ adj im Norden (des Bundesstaates); **to live in ~ New York** im Norden des Staates New York wohnen ◧ adv im Norden (des Bundesstaates); (with movement) in den Norden (des Bundesstaates)

upstream adv flussaufwärts

upsurge n Zunahme f; (of fighting) Eskalation f (pej)

upswing n Aufschwung m

uptake n (infml) **to be quick on the ~** schnell verstehen; **to be slow on the ~** eine lange Leitung haben (infml)

uptight adj (infml ≈ nervous) nervös; (≈ inhibited) verklemmt (infml); (≈ angry) sauer (infml); **to get ~ (about sth)** sich (wegen etw) aufregen; (auf etw acc) verklemmt reagieren (infml); (wegen etw) sauer werden (infml)

up-to-date adj attr, **up to date** adj pred auf dem neuesten Stand; information aktuell; **to keep ~ with the news** mit den Nachrichten auf dem Laufenden bleiben; **to keep sb up to date** jdn auf dem Laufenden halten; **to bring sb up to date on developments** jdn über den neuesten Stand der Dinge informieren

up-to-the-minute *adj* allerneuste(r, s)

uptown (*US*) **A** *adj* (≈ *in residential area*) im Villenviertel; *store* vornehm **B** *adv* im Villenviertel; (*with movement*) ins Villenviertel

uptrend *n* ECON Aufwärtstrend *m*

upturn *n* (*fig*) Aufschwung *m* **upturned** *adj box etc* umgedreht; *face* nach oben gewandt; *collar* aufgeschlagen; **~ nose** Stupsnase *f*

upward **A** *adj* Aufwärts-, nach oben **B** *adv* (*esp US*) = **upwards upwards** *adv* (*esp Br*) **1** *move* aufwärts, nach oben; **to look ~** nach oben sehen; **face ~** mit dem Gesicht nach oben **2** *prices from £4 ~* Preise ab £ 4; **~ of 3000** über 3000

upwind *adj, adv* im Aufwind; **to be ~ of sb** gegen den Wind zu jdm sein

uranium *n* Uran *nt*

Uranus *n* ASTRON Uranus *m*

urban *adj* städtisch; **~ decay** Verfall *m* der Städte **urban development** *n* Stadtentwicklung *f* **urbanization** *n* Urbanisierung *f* **urbanize** *v/t* urbanisieren, verstädtern (*pej*)

urchin *n* Gassenkind *nt*

urge **A** *n* (≈ *need*) Verlangen *nt*; (≈ *drive*) Drang *m no pl*; (*physical, sexual*) Trieb *m*; **to feel the ~ to do sth** das Bedürfnis verspüren, etw zu tun; **I resisted the ~ (to contradict him)** ich habe mich beherrscht (und ihm nicht widersprochen) **B** *v/t* **1 to ~ sb to do sth** (≈ *plead with*) jdn eindringlich bitten, etw zu tun; (≈ *earnestly recommend*) darauf dringen, dass jd etw tut; **to ~ sb to accept** jdn drängen, anzunehmen; **to ~ sb onward** jdn vorwärtstreiben **2** *measure etc* drängen auf (+*acc*); **to ~ caution** zur Vorsicht mahnen ◊**urge on** *v/t sep* antreiben

urgency *n* Dringlichkeit *f*; **it's a matter of ~** das ist dringend

urgent *adj* dringend; **is it ~?** (≈ *important*) ist es dringend?; (≈ *needing speed*) eilt es?, pressiert es? (*Aus*); **the letter was marked "urgent"** der Brief trug einen Dringlichkeitsvermerk **urgently** *adv required* dringend; *talk* eindringlich; **he is ~ in need of**

help er braucht dringend Hilfe

urinal *n* (≈ *room*) Pissoir *nt*; (≈ *vessel*) Urinal *nt* **urinate** *v/i* urinieren (*elev*) **urine** *n* Urin *m*

URL IT *abbr of* uniform resource locator URL-Adresse *f*

urn *n* **1** Urne *f* **2** (*a.* tea urn) Kessel *m*

US *abbr of* United States USA *pl*

us *pers pr* (*dir and indir obj*) uns; **give it (to) us** gib es uns; **who, us?** wer, wir?; **younger than us** jünger als wir; **it's us** wir sinds; **us and them** wir und die

USA *abbr of* United States of America USA *pl*

usable *adj* verwendbar **usage** *n* **1** (≈ *custom*) Brauch *m*; **it's common ~** es ist allgemein üblich **2** LING Gebrauch *m no pl*

USB *n* IT *abbr of* universal serial bus USB *m*; **~ interface** USB-Schnittstelle *f*

use¹ **A** *v/t* **1** benutzen, verwenden; *idea* verwenden; *word* gebrauchen; *method, force* anwenden; *drugs* einnehmen; **I have to ~ the toilet before I go** ich muss noch einmal zur Toilette, bevor ich gehe; **to ~ sth for sth** etw zu etw verwenden; **what did you ~ the money for?** wofür haben Sie das Geld verwendet?; **what sort of fuel do you ~?** welchen Treibstoff verwenden Sie?; **why don't you ~ a hammer?** warum nehmen Sie nicht einen Hammer dazu?; **to ~ sb's name** jds Namen verwenden *or* benutzen; **~ your imagination!** zeig mal ein bisschen Fantasie!; **I'll have to ~ some of your men** ich brauche ein paar Ihrer Leute; **I could ~ a drink** (*infml*) ich könnte etwas zu trinken vertragen (*infml*) **2** (≈ *make use of, exploit*) *information, one's training, talents, resources, opportunity* (aus)nutzen; *waste products* verwerten; **you can ~ the leftovers to make a soup** Sie können die Reste zu einer Suppe verwerten **3** (≈ *use up, consume*) verbrauchen **4** (*pej* ≈ *exploit*) ausnutzen; **I feel (I've just been) ~d** ich habe das Gefühl, man hat mich ausgenutzt; (*sexually*) ich komme mir missbraucht vor **B** *n* **1** Benutzung *f*; (*of calculator, word*) Gebrauch *m*; (*of method, force*) Anwendung *f*; (*of personnel etc*) Einsatz *m*; (*of drugs*) Einnahme *f*; **directions for ~** Gebrauchsanweisung *f*; **for the ~ of** für; **for external ~** zur äußerlichen Anwendung; **ready for ~** gebrauchsfertig; *machine* einsatzbereit; **to**

U

make ~ of sth von etw Gebrauch machen; **can you make ~ of that?** können Sie das brauchen?; **in ~/out of ~** in or im/außer Gebrauch ▨ (≈ *exploitation, making use of*) Nutzung *f*; (*of waste products*) Verwertung *f*; (≈ *way of using*) Verwendung *f*; **to make ~ of sth** etw nutzen; **to put sth to good ~** etw gut nutzen; **it has many ~s** es ist vielseitig verwendbar; **to find a ~ for sth** für etw Verwendung finden; **to have no ~ for** keine Verwendung haben für ▨ (≈ *usefulness*) Nutzen *m*; **to be of ~ to sb** für jdn von Nutzen sein; **is this (of) any ~ to you?** können Sie das brauchen?; **he's no ~ as a goalkeeper** er ist als Torhüter nicht zu gebrauchen; **it's no ~ you** or **your protesting** es hat keinen Sinn or es nützt nichts, wenn du protestierst; **what's the ~ of telling him?** was nützt es, wenn man es ihm sagt?; **what's the ~ in trying?** wozu überhaupt versuchen?; **it's no ~** es hat keinen Zweck; **ah, what's the ~!** ach, was solls! ▨ (≈ *right*) Nutznießung *f* (JUR); **to have the ~ of a car** ein Auto zur Verfügung haben; **to give sb the ~ of sth** jdn etw benutzen lassen; *of car also* jdm etw zur Verfügung stellen; **to have lost the ~ of one's arm** seinen Arm nicht mehr benutzen können ◊**use up** *v/t sep* verbrauchen; *scraps etc* verwerten; **the butter is all used up** die Butter ist alle (*infml*)

use² *v/aux* **I didn't ~ to smoke** ich habe früher nicht geraucht

use-by-date *n* (*Br*) Mindesthaltbarkeitsdatum *nt*

used¹ *adj* (≈ *second-hand*) gebraucht; (≈ *soiled*) *towel etc* benutzt

used² *v/aux* (*only in past*) **I ~ to swim every day** ich bin früher täglich geschwommen; **he ~ to be a singer** er war einmal ein Sänger; **there ~ to be a field here** hier war (früher) einmal ein Feld; **things aren't what they ~ to be** es ist alles nicht mehr (so) wie früher; **life is more hectic than it ~ to be** das Leben ist hektischer als früher

used³ *adj* **to be ~ to sb** an jdn gewöhnt sein; **to be ~ to sth** etw gewohnt sein; **to be ~ to doing sth** es gewohnt sein, etw zu tun; **I'm not ~ to it** ich bin das nicht gewohnt; **to get ~ to sb/sth** sich an jdn/etw gewöhnen; **to get ~ to doing sth** sich daran gewöhnen, etw zu tun

useful *adj* ▨ nützlich; *tool, language* praktisch; *person, contribution* wertvoll; *discussion* fruchtbar; **to make oneself ~** sich nützlich machen; **to come in ~** sich als nützlich erweisen; **that's a ~ thing to know** es ist gut das zu wissen ▨ (*infml*) *player* fähig; *score* wertvoll **usefulness** *n* Nützlichkeit *f*

useless *adj* ▨ nutzlos; (≈ *unusable*) unbrauchbar; **to be ~ to sb** für jdn ohne Nutzen sein; **it is ~ (for you) to complain** es hat keinen Sinn, sich zu beschweren; **he's ~ as a goalkeeper** er ist als Torwart nicht zu gebrauchen; **to be ~ at doing sth** unfähig dazu sein, etw zu tun; **I'm ~ at languages** Sprachen kann ich überhaupt nicht; **to feel ~** sich unnütz fühlen ▨ (≈ *pointless*) sinnlos **uselessness** *n* (≈ *worthlessness*) Nutzlosigkeit *f*; (*of sth unusable*) Unbrauchbarkeit *f*

user *n* Benutzer(in) *m(f)* **user-friendly** *adj* benutzerfreundlich **user group** *n* Nutzergruppe *f*; IT Anwendergruppe *f* **user identification** *n* IT Benutzercode *m* **user-interface** *n esp* IT Benutzerschnittstelle *f*

usher ▨ *n* Platzanweiser(in) *m(f)* ▨ *v/t* **to ~ sb into a room** jdn in ein Zimmer bringen ◊**usher in** *v/t sep* hineinführen

usherette *n* Platzanweiserin *f*

USSR HIST *abbr* of Union of Soviet Socialist Republics UdSSR *f*

usual ▨ *adj* (≈ *customary*) üblich; (≈ *normal*) normal; **beer is his ~ drink** er trinkt gewöhnlich Bier; **when shall I come? — oh, the ~ time** wann soll ich kommen? — oh, zur üblichen Zeit; **as is ~ with second-hand cars** wie gewöhnlich bei Gebrauchtwagen; **it wasn't ~ for him to arrive early** es war nicht typisch für ihn, zu früh da zu sein; **to do sth in the** or **one's ~ way** or **manner** etw auf die einem übliche Art und Weise tun; **as ~** wie üblich; **business as ~** normaler Betrieb; (*in shop*) Verkauf geht weiter; **to carry on as ~** weitermachen wie immer; **later/less than ~** später/weniger als sonst ▨ *n* (*infml*) der/die/das Übliche; **what sort of mood was he in? — the ~** wie war er gelaunt? — wie üblich

usually *adv* gewöhnlich; **is he ~ so rude?** ist er sonst auch so unhöflich?

usurp *v/t* sich (*dat*) widerrechtlich aneignen; *throne* sich bemächtigen (+*gen*) *(elev)*; *person* verdrängen **usurper** *n* unrechtmäßiger Machthaber, unrechtmäßige Machthaberin; *(fig)* Eindringling *m*

usury *n* Wucher *m*

utensil *n* Utensil *nt*

uterus *n* Gebärmutter *f*

utility *n* **1** **public ~** (≈ *company*) Versorgungsbetrieb *m*; (≈ *service*) Leistung *f* der Versorgungsbetriebe **2** IT Hilfsprogramm *nt* **utility company** *n* Versorgungsbetrieb *m* **utility program** *n* IT Hilfsprogramm *nt* **utility room** *n* Allzweckraum *m* **utilization** *n* Verwendung *f*; *(of resources)* Verwertung *f* **utilize** *v/t* verwenden; *wastepaper etc* verwerten

utmost **A** *adj ease* größte(r, s); *caution* äußerste(r, s); **with the ~ speed** so schnell wie nur möglich; **it is of the ~ importance that …** es ist äußerst wichtig, dass … **B** *n* **to do one's ~ (to do sth)** sein Möglichstes tun(, um etw zu tun)

utter¹ *adj* total; *misery* grenzenlos

utter² *v/t* von sich *(dat)* geben; *word* sagen; *cry* ausstoßen

uttermost *n, adj* = utmost

U-turn *n* Wende *f*; **to do a ~** *(fig)* seine Meinung völlig ändern

UV rays *pl* UV-Strahlen *pl*

V

V, v *n* V *nt*, v *nt*

V, v *abbr of* versus

vacancy *n* **1** *(in boarding house)* (freies) Zimmer; **have you any vacancies for August?** haben Sie im August noch Zimmer frei?; **"no vacancies"** „belegt"; **"vacancies"** „Zimmer frei" **2** (≈ *job*) offene Stelle; **we have a ~ in our personnel department** in unserer Personalabteilung ist eine Stelle zu vergeben; **vacancies** *pl* offene Stellen *pl* **vacant** *adj* **1** *post* offen; *WC, seat* frei; *house* leer stehend; **~ lot** unbebautes Grundstück **2** *stare* leer **vacate** *v/t seat* frei machen; *post* aufgeben; *premises* räumen

vacation **A** *n* **1** UNIV Semesterferien *pl* **2** *(US)* Urlaub *m*; **on ~** im Urlaub; **to take a ~** Urlaub machen; **where are you going**

for your ~? wohin fahren Sie in Urlaub?; **to go on ~** auf Urlaub gehen **B** *v/i (US)* Urlaub machen **vacationer, vacationist** *n (US)* Urlauber(in) *m(f)*

vaccinate *v/t* impfen **vaccination** *n* (Schutz)impfung *f* **vaccine** *n* Impfstoff *m*

vacillate *v/i (lit, fig)* schwanken

vacuum *n* **A** *n* **1** Vakuum *nt* **2** (≈ *vacuum cleaner*) Staubsauger *m* **B** *v/t* (staub)saugen **vacuum bottle** *n (US)* Thermosflasche® *f* **vacuum cleaner** *n* Staubsauger *m* **vacuum flask** *n (Br)* Thermosflasche® *f* **vacuum-packed** *adj* vakuumverpackt

vagabond *n* Vagabund *m*

vagina *n* Scheide *f*, Vagina *f*

vagrant *n* Landstreicher(in) *m(f)*; *(in town)* Stadtstreicher(in) *m(f)*

vague *adj* (+er) **1** (≈ *not clear*) vage; *report* ungenau; *outline* verschwommen; **I haven't the ~st idea** ich habe nicht die leiseste Ahnung; **there's a ~ resemblance** es besteht eine entfernte Ähnlichkeit **2** (≈ *absent-minded*) geistesabwesend **vaguely** *adv* vage; *understand* in etwa; *interested* flüchtig; *surprised* leicht; **to be ~ aware of sth** ein vages Bewusstsein von etw haben; **they're ~ similar** sie haben eine entfernte Ähnlichkeit; **it sounded ~ familiar** es kam einem irgendwie bekannt vor

vain *adj* **1** (+er) *(about looks)* eitel; *(about qualities)* eingebildet **2** (≈ *useless*) vergeblich; **in ~** umsonst, vergeblich **vainly** *adv* (≈ *to no effect*) vergeblich

valedictory **A** *adj (form)* Abschieds- **B** *n (US* SCHOOL*)* Entlassungsrede *f*

valentine *n* **~ (card)** Valentinskarte *f*; **St Valentine's Day** Valentinstag *m*

valet *n* Kammerdiener *m*; **~ service** Reinigungsdienst *m*

valiant *adj* **she made a ~ effort to smile** sie versuchte tapfer zu lächeln

valid *adj ticket, passport* gültig; *claim* berechtigt; *argument* stichhaltig; *excuse, reason* einleuchtend; **that's a ~ point** das ist ein wertvoller Hinweis **validate** *v/t document* für gültig erklären; *claim* bestätigen **validity** *n (of ticket etc)* Gültigkeit *f*; *(of claim)* Berechtigung *f*; *(of argument)* Stichhaltigkeit *f*

valley *n* Tal *nt*; *(big and flat)* Niederung *f*; **to go up/down the ~** talaufwärts/talabwärts gehen/fließen *etc*

valour, (US) **valor** n (liter) Heldenmut m (liter)

valuable **A** adj wertvoll; time kostbar; help nützlich **B** n **valuables** pl Wertsachen pl **valuation** n Schätzung f

value **A** n **1** Wert m; (≈ usefulness) Nutzen m; **to be of ~** wertvoll/nützlich sein; **of no ~** wert-/nutzlos; **what's the ~ of your house?** wie viel ist Ihr Haus wert?; **it's good ~** es ist preisgünstig; **to get ~ for money** etwas für sein Geld bekommen; **this TV was good ~** dieser Fernseher ist sein Geld wert; **to the ~ of £500** im Wert von £ 500 **2** **values** pl (≈ moral standards) (sittliche) Werte pl **B** v/t schätzen; **to be ~d at £100** auf £ 100 geschätzt werden; **I ~ her (highly)** ich weiß sie (sehr) zu schätzen **value-added tax** n (Br) Mehrwertsteuer f **valued** adj (hoch) geschätzt

valve n ANAT Klappe f; TECH Absperrhahn m

vampire n Vampir(in) m(f)

van n **1** (Br AUTO) Transporter m **2** (Br RAIL) Waggon m

vandal n (fig) Vandale m, Vandalin f; **it was damaged by ~s** es ist mutwillig beschädigt worden **vandalism** n Vandalismus m **vandalize** v/t mutwillig beschädigen; building verwüsten

vanguard n Vorhut f

vanilla **A** n Vanille f **B** adj Vanille-

vanish v/i verschwinden; (hopes) schwinden

vanity n Eitelkeit f **vanity case** n Kosmetikkoffer m

vantage point n MIL (günstiger) Aussichtspunkt

vaping n (with e-cigarettes) Dampfen nt

vapour, (US) **vapor** n Dunst m; (steamy) Dampf m

variability n (of weather, mood) Unbeständigkeit f **variable** **A** adj **1** veränderlich, variabel; weather, mood unbeständig **2** speed regulierbar **B** n Variable f **variance** n **to be at ~ with sth** nicht mit etw übereinstimmen **variant** **A** n Variante f **B** adj andere(r, s) **variation** n **1** (≈ varying) Veränderung f; (of temperature) Schwankung(en) f(pl); (of prices) Schwankung f **2** (≈ different form) Variante f

varicose veins pl Krampfadern pl

varied adj unterschiedlich; life bewegt; selection reichhaltig; interests vielfältig; diet abwechslungsreich; **a ~ group of people** eine gemischte Gruppe **variety** n **1** (≈ diversity) Abwechslung f **2** (≈ assortment) Vielfalt f; COMM Auswahl f (of an +dat); **in a ~ of colours** (Br) or **colors** (US) in den verschiedensten Farben; **for a ~ of reasons** aus verschiedenen Gründen **3** (≈ type) Art f; (of potato) Sorte f **variety show** n THEAT Varietévorführung f; TV Fernsehshow f **various** adj **1** (≈ different) verschieden **2** (≈ several) mehrere **variously** adv verschiedentlich

varnish **A** n (lit) Lack m; (on painting) Firnis m **B** v/t lackieren; painting firnissen

vary **A** v/i **1** (≈ diverge, differ) sich unterscheiden (from von); **opinions ~ on this point** in diesem Punkt gehen die Meinungen auseinander **2** (≈ be different) unterschiedlich sein; **the price varies from shop to shop** der Preis ist von Geschäft zu Geschäft verschieden; **it varies** es ist unterschiedlich **3** (≈ fluctuate) sich (ver)ändern; (prices) schwanken **B** v/t (≈ alter) abwandeln; (≈ give variety) abwechslungsreich(er) gestalten **varying** adj (≈ changing) veränderlich; (≈ different) unterschiedlich; **of ~ sizes/abilities** unterschiedlich groß/begabt

vase n Vase f

vasectomy n Sterilisation f (des Mannes)

vassal n Vasall m

vast adj (+er) gewaltig, riesig; knowledge, improvement enorm; majority überwältigend; wealth unermesslich; **a ~ expanse** eine weite Ebene **vastly** adv erheblich; experienced äußerst; **he is ~ superior to her** er ist ihr haushoch überlegen **vastness** n (of size) gewaltiges Ausmaß; (of area) riesige Weite; (of knowledge) gewaltiger Umfang

VAT (Br) abbr of value-added tax MwSt.

vat n Fass nt; (without lid) Bottich m

Vatican n Vatikan m

vault¹ n **1** (≈ cellar) (Keller)gewölbe nt **2** (≈ tomb) Gruft f **3** (in bank) Tresor(raum) m **4** ARCH Gewölbe nt

vault² **A** n Sprung m **B** v/i springen **C** v/t springen über (+acc)

VCR abbr of video cassette recorder Videorekorder m

VD abbr of venereal disease Geschlechtskrankheit f

VDU abbr of visual display unit

veal *n* Kalbfleisch *nt*; **~ cutlet** Kalbsschnitzel *nt*

veer *v/i* (*wind*) (sich) drehen (*to* nach); (*ship*) abdrehen; (*car*) ausscheren; (*road*) scharf abbiegen; **the car ~ed to the left** das Auto scherte nach links aus; **the car ~ed off the road** das Auto kam von der Straße ab; **to ~ off course** vom Kurs abkommen; **he ~ed away from the subject** er kam (völlig) vom Thema ab

veg (*esp Br*) *n no pl abbr of* vegetable

vegan *n* Veganer(in) *m(f)* **B** *adj* veganisch; **to be ~** Veganer(in) *m(f)* sein

vegetable *n* Gemüse *nt* **vegetable oil** *n* COOK Pflanzenöl *nt* **vegetarian** **A** *n* Vegetarier(in) *m(f)* **B** *adj* vegetarisch; **~ cheese** Käse *m* für Vegetarier **vegetate** *v/i* (*fig*) dahinvegetieren **vegetation** *n* Vegetation *f* **veggie** (*infml*) **A** *n* **1** (≈ *vegetarian*) Vegetarier(in) *m(f)* **2** **veggies** *pl* (*US*) = vegetables **B** *adj* vegetarisch **veggieburger** *n* Gemüseburger *m*

vehemence *n* Vehemenz *f* (*elev*) **vehement** *adj* vehement (*elev*); *opponent* scharf; *supporter* leidenschaftlich **vehemently** *adv* vehement (*elev*), heftig; *love, hate also* leidenschaftlich; *protest also* mit aller Schärfe; *attack* scharf

vehicle *n* **1** Fahrzeug *nt* **2** (*fig* ≈ *medium*) Mittel *nt*

veil **A** *n* Schleier *m*; **to draw** *or* **throw a ~ over sth** den Schleier des Vergessens über etw (*acc*) breiten; **under a ~ of secrecy** unter dem Mantel der Verschwiegenheit **B** *v/t* (*fig*) **the town was ~ed by mist** die Stadt lag im Nebel gehüllt **veiled** *adj* *threat etc* versteckt

vein *n* **1** Ader *f*; **~s and arteries** Venen und Arterien *pl*; **the ~ of humour** (*Br*) *or* **humor** (*US*) **which runs through the book** ein humorvoller Zug, der durch das ganze Buch geht **2** (*fig* ≈ *mood*) Stimmung *f*; **in the same ~** in derselben Art

Velcro® *n* Klettband *nt*

velocity *n* Geschwindigkeit *f*

velvet **A** *n* Samt *m* **B** *adj* Samt-

vendetta *n* Fehde *f*; (*of gangsters*) Vendetta *f*

vending machine *n* Automat *m* **vendor** *n* Verkäufer(in) *m(f)*; **street ~** Straßenhändler(in) *m(f)*

veneer *n* (*lit*) Furnier *nt*; (*fig*) Politur *f*; **he had a ~ of respectability** nach außen hin machte er einen sehr ehrbaren Eindruck

venerable *adj* ehrwürdig **venerate** *v/t* verehren; *sb's memory* ehren

venereal disease *n* Geschlechtskrankheit *f*

Venetian blind *n* Jalousie *f*

vengeance *n* Rache *f*; **with a ~** (*infml*) gewaltig (*infml*) **vengeful** *adj* rachsüchtig

Venice *n* Venedig *nt*

venison *n* Reh(fleisch) *nt*

venom *n* (*lit*) Gift *nt*; (*fig*) Gehässigkeit *f* **venomous** *adj* giftig; **~ snake** Giftschlange *f*

vent **A** *n* (*for gas, liquid*) Öffnung *f*; (*for feelings*) Ventil *nt*; **to give ~ to one's feelings** seinen Gefühlen freien Lauf lassen **B** *v/t* *feelings* abreagieren (*on* an +*dat*); **to ~ one's spleen** sich (*dat*) Luft machen **ventilate** *v/t* belüften **ventilation** *n* Belüftung *f* **ventilation shaft** *n* Luftschacht *m* **ventilator** *n* **1** Ventilator *m* **2** MED Beatmungsgerät *nt*; **to be on a ~** künstlich beatmet werden

ventriloquist *n* Bauchredner(in) *m(f)*

venture **A** *n* Unternehmung *f*; **mountain-climbing is his latest ~** seit neuestem hat er sich aufs Bergsteigen verlegt; **the astronauts on their ~ into the unknown** die Astronauten auf ihrer abenteuerlichen Reise ins Unbekannte **B** *v/t* **1** *life, money* riskieren (*on* bei) **2** *guess* wagen; *opinion* zu äußern wagen; **I would ~ to say that …** ich wage sogar zu behaupten, dass … **C** *v/i* sich wagen; **to ~ out of doors** sich vor die Tür wagen **◊venture out** *v/i* sich hinauswagen

venture capital *n* Risikokapital *nt*

venue *n* (≈ *meeting place*) Treffpunkt *m*; SPORTS Austragungsort *m*

Venus *n* Venus *f*

veracity *n* (*of report*) Richtigkeit *f*

veranda(h) *n* Veranda *f*

verb *n* Verb *nt*

verbal *adj* **1** *agreement* mündlich; **~ abuse** Beschimpfung *f*; **~ attack** Verbalattacke *f* **2** *skills* sprachlich **verbally** *adv* mündlich; *threaten* verbal; **to ~ abuse sb** jdn beschimpfen

verbatim **A** *adj* wörtlich **B** *adv* wortwörtlich

verbose *adj* wortreich, langatmig

verdant *adj* (*liter*) grün

verdict *n* Urteil *nt*; **a ~ of guilty/not guilty** ein Schuldspruch *m*/Freispruch *m*;

V

what's the ~? wie lautet das Urteil?; **what's your ~ on this wine?** wie beurteilst du diesen Wein?; **to give one's ~ about** *or* **on sth** sein Urteil über etw (*acc*) abgeben

verge *n* (*fig, Br lit*) Rand *m*; **to be on the ~ of ruin** am Rande des Ruins stehen; **to be on the ~ of tears** den Tränen nahe sein; **to be on the ~ of doing sth** im Begriff sein, etw zu tun ◊**verge on** *v/i +prep obj* grenzen an (+*acc*); **she was verging on madness** sie stand am Rande des Wahnsinns

verify *v/t* (≈ *check up*) (über)prüfen; (≈ *confirm*) bestätigen

veritable *adj genius* wahr; **a ~ disaster** die reinste Katastrophe

vermin *n no pl* (≈ *animal*) Schädling *m*; (≈ *insects*) Ungeziefer *nt*

vermouth *n* Wermut *m*

vernacular *n* **1** (≈ *dialect*) Mundart *f* **2** (≈ *not official language*) Landessprache *f*

verruca *n* Warze *f*

versatile *adj* vielseitig **versatility** *n* Vielseitigkeit *f*

verse *n* **1** (≈ *stanza*) Strophe *f* **2** *no pl* (≈ *poetry*) Dichtung *f*; **in ~** in Versform **3** (*of Bible*) Vers *m* **versed** *adj* (*a.* **well versed**) bewandert (*in* in +*dat*); **he's well ~ in the art of judo** er beherrscht die Kunst des Judos

version *n* Version *f*; (*of text*) Fassung *f*

versus *prep* gegen (+*acc*)

vertebra *n, pl* **-e** Rückenwirbel *m* **vertebrate** *n* Wirbeltier *nt*

vertical *adj* senkrecht; **~ cliffs** senkrecht abfallende Klippen; **~ stripes** Längsstreifen *pl*; **there is a ~ drop from the cliffs into the sea below** die Klippen fallen steil *or* senkrecht ins Meer ab **vertically** *adv* senkrecht

vertigo *n* Schwindel *m*; MED Gleichgewichtsstörung *f*; **he suffers from ~** ihm wird leicht schwindlig

verve *n* Schwung *m*

very **A** *adv* **1** sehr; **I'm ~ sorry** es tut mir sehr leid; **that's not ~ funny** das ist überhaupt nicht lustig; **I'm not ~ good at maths** ich bin in Mathe nicht besonders gut; **~ little** sehr wenig; **~ much** sehr; **thank you ~ much** vielen Dank; **I liked it ~ much** es hat mir sehr gut gefallen; **~ much bigger** sehr viel größer **2** (≈ *absolutely*) aller-; **~ best quality** allerbeste

Qualität; **~ last** allerletzte(r, s); **~ first** allererste(r, s); **at the ~ latest** allerspätestens; **to do one's ~ best** sein Äußerstes tun; **at the ~ most** allerhöchstens; **at the ~ least** allerwenigstens; **to be in the ~ best of health** sich bester Gesundheit erfreuen; **they are the ~ best of friends** sie sind die dicksten Freunde **3** **the ~ same hat** genau der gleiche Hut; **we met again the ~ next day** wir trafen uns am nächsten Tag schon wieder; **my ~ own car** mein eigenes Auto; **~ well, if that's what you want** nun gut, wenn du das willst; **I couldn't ~ well say no** ich konnte schlecht Nein sagen **B** *adj* **1** (≈ *exact*) genau; **that ~ day** genau an diesem Tag; **at the ~ heart of the organization** direkt im Zentrum der Organisation; **before my ~ eyes** direkt vor meinen Augen; **the ~ thing I need** genau das, was ich brauche; **the ~ thing!** genau das Richtige! **2** (≈ *extreme*) äußerste(r, s); **in the ~ beginning** ganz am Anfang; **at the ~ end** ganz am Ende; **at the ~ back** ganz hinten; **go to the ~ end of the road** gehen Sie die Straße ganz entlang *or* durch **3** **the ~ thought of it** allein schon der Gedanke daran; **the ~ idea!** nein, so etwas!

vessel *n* **1** NAUT Schiff *nt* **2** (*form* ≈ *receptacle*) Gefäß *nt*

vest[1] *n* **1** (*Br*) Unterhemd *nt*, Leiberl *nt* (*Aus*), Leibchen *nt* (*Aus, Swiss*) **2** (*US*) Weste *f*

vest[2] *v/t* (*form*) **to have a ~ed interest in sth** ein persönliches Interesse an etw (*dat*) haben

vestibule *n* Vorhalle *f*; (*of hotel*) Foyer *nt*

vestige *n* Spur *f*

vestment *n* (*of priest*) Ornat *m*; (≈ *ceremonial robe*) Robe *f*

vestry *n* Sakristei *f*

vet **A** *n abbr of* veterinary surgeon, veterinarian **B** *v/t* überprüfen

veteran *n* Veteran(in) *m(f)*

veterinarian *n* (*US*) Tierarzt *m*/-ärztin *f*

veterinary *adj* Veterinär- **veterinary medicine** *n* Veterinärmedizin *f* **veterinary practice** *n* Tierarztpraxis *f* **veterinary surgeon** *n* Tierarzt *m*/-ärztin *f*

veto **A** *n, pl* **-es** Veto *nt*; **power of ~** Vetorecht *nt* **B** *v/t* sein Veto einlegen gegen

vetting *n* Überprüfung *f*

vexed *adj question* schwierig **vexing** *adj*

ärgerlich

VHF RADIO *abbr of* very high frequency UKW

via *prep* über (+*acc*); **they got in ~ the window** sie kamen durchs Fenster herein

viability *n* (*of plan, project*) Durchführbarkeit *f*, Realisierbarkeit *f*; (*of firm*) Rentabilität *f* **viable** *adj company* rentabel; *plan* machbar; *alternative* gangbar; *option* realisierbar; **the company is not economically ~** die Firma ist unrentabel; **a ~ form of government** eine funktionsfähige Regierungsform

viaduct *n* Viadukt *m*

vibes *pl* (*infml*) **this town is giving me bad ~** diese Stadt macht mich ganz fertig (*infml*)

vibrant *adj* **1** *personality etc* dynamisch; *community* lebendig; *economy* boomend **2** *colour* leuchtend

vibrate **A** *v/i* beben (*with* vor +*dat*); (*machine, string*) vibrieren **B** *v/t* zum Vibrieren bringen; *string* zum Schwingen bringen **vibration** *n* (*of string*) Schwingung *f*; (*of machine*) Vibrieren *nt* **vibrator** *n* Vibrator *m*

vicar *n* Pfarrer(in) *m(f)* **vicarage** *n* Pfarrhaus *nt*

vice¹ *n* Laster *nt*

vice², (*US*) **vise** *n* Schraubstock *m*

vice-chairman *n* stellvertretender Vorsitzender **vice-chairwoman** *n* stellvertretende Vorsitzende **vice chancellor** *n* (*Br* UNIV) ≈ Rektor(in) *m(f)* **vice president** *n* Vizepräsident(in) *m(f)*

vice versa *adv* umgekehrt

vicinity *n* Umgebung *f*; **in the ~** in der Nähe (*of* von, *gen*); **in the ~ of £500** um die £ 500 (herum)

vicious *adj* **1** *animal* bösartig; *blow, attack* brutal; **to have a ~ temper** jähzornig sein **2** (≈ *nasty*) gemein **vicious circle** *n* Teufelskreis *m* **viciously** *adv* (≈ *violently*) bösartig; *murder* auf grauenhafte Art

victim *n* Opfer *nt*; **to fall ~ to sth** einer Sache (*dat*) zum Opfer fallen **victimize** *v/t* ungerecht behandeln; (≈ *pick on*) schikanieren

victor *n* Sieger(in) *m(f)*

Victorian **A** *n* Viktorianer(in) *m(f)* **B** *adj* viktorianisch

victorious *adj army* siegreich; *campaign* erfolgreich; **to be ~ over sb/sth** jdn/etw besiegen

victory *n* Sieg *m*; **to win a ~ over sb/sth** einen Sieg über jdn/etw erringen

video **A** *n* **1** (≈ *film*) Video *nt* **2** (≈ *recorder*) Videorekorder *m* **B** *v/t* (auf Video) aufnehmen **video blog** *n* IT Videoblog *m* **video camera** *n* Videokamera *f* **video cassette** *n* Videokassette *f* **video conferencing** *n* Videokonferenzschaltung *f*, Video Conferencing *nt* **video disc** *n* Bildplatte *f* **video game** *n* Telespiel *nt* **video library** *n* Videothek *f* **video nasty** *n* (*Br*) Horrorvideo *nt* **videophone** *n* Fernsehtelefon *nt* **video recorder** *n* Videorekorder *m* **video-recording** *n* Videoaufnahme *f* **video rental** *n* ~ **shop** (*esp Br*) *or* **store** Videothek *f* **video shop** *n* Videothek *f* **video tape** *n* Videoband *nt* **video-tape** *v/t* (auf Video) aufzeichnen

vie *v/i* wetteifern; **to ~ with sb for sth** mit jdm um etw wetteifern

Vienna **A** *n* Wien *nt* **B** *adj* Wiener

Vietnam *n* Vietnam *nt* **Vietnamese** **A** *adj* vietnamesisch **B** *n* Vietnamese *m*, Vietnamesin *f*

view **A** *n* **1** (≈ *range of vision*) Sicht *f*; **to come into ~** in Sicht kommen; **to keep sth in ~** etw im Auge behalten; **the house is within ~ of the sea** vom Haus aus ist das Meer zu sehen; **hidden from ~** verborgen **2** (≈ *prospect, sight*) Aussicht *f*; **a good ~ of the sea** ein schöner Blick auf das Meer; **a room with a ~** ein Zimmer mit schöner Aussicht; **he stood up to get a better ~** er stand auf, um besser sehen zu können **3** (≈ *photograph etc*) Ansicht *f* **4** (≈ *opinion*) Ansicht *f*; **in my ~** meiner Meinung nach; **to have ~s on sth** Ansichten über etw (*acc*) haben; **what are his ~s on this?** was meint er dazu?; **I have no ~s on that** ich habe keine Meinung dazu; **to take the ~ that …** die Ansicht vertreten, dass …; **an overall ~ of a problem** ein umfassender Überblick über ein Problem; **in ~ of** angesichts (+*gen*) **5** (≈ *intention*) Absicht *f*; **with a ~ to doing sth** mit der Absicht, etw zu tun **B** *v/t* **1** (≈ *see*) betrachten **2** *house* besichtigen **3** *problem etc* sehen **C** *v/i* (≈ *watch television*) fernsehen **viewer** *n* TV Zuschauer(in) *m(f)* **viewfinder** *n* Sucher *m* **viewing** *n* **1** (*of house etc*) Besichtigung *f* **2** TV Fernsehen *nt* **viewing fig-**

ures *pl* TV Zuschauerzahlen *pl* **viewpoint** *n* **1** Standpunkt *m*; **from the ~ of economic growth** unter dem Gesichtspunkt des Wirtschaftswachstums; **to see sth from sb's ~** etw aus jds Sicht sehen **2** *(for scenic view)* Aussichtspunkt *m*

vigil *n* (Nacht)wache *f* **vigilance** *n* Wachsamkeit *f* **vigilant** *adj* wachsam; **to be ~ about sth** auf etw *(acc)* achten **vigilante** **A** *n* Mitglied *einer Selbstschutzorganisation* **B** *adj attr* Selbstschutz-

vigor *n* *(US)* = vigour **vigorous** *adj* energisch; *activity* dynamisch; *opponent* engagiert **vigorously** *adv* energisch; *defend* engagiert; *oppose* heftig **vigour**, *(US)* **vigor** *n* Energie *f*

Viking **A** *n* Wikinger(in) *m(f)* **B** *adj* Wikinger-

vile *adj* abscheulich; *weather, food* scheußlich

villa *n* Villa *f*

village *n* Dorf *nt* **village hall** *n* Gemeindesaal *m* **villager** *n* Dörfler(in) *m(f)*, Dorfbewohner(in) *m(f)*

villain *n* *(≈ scoundrel)* Schurke *m*, Schurkin *f*; *(infml ≈ criminal)* Ganove *m* *(infml)*; *(in novel)* Bösewicht *m*

vim *n* *(infml)* Schwung *m*

vinaigrette *n* Vinaigrette *f* (COOK); *(for salad)* Salatsoße *f*

vindicate *v/t* **1** *action* rechtfertigen **2** *(≈ exonerate)* rehabilitieren **vindication** *n* **1** *(of opinion, action, decision)* Rechtfertigung *f* **2** *(≈ exoneration)* Rehabilitation *f*

vindictive *adj* rachsüchtig **vindictiveness** *n* **1** Rachsucht *f* **2** *(of mood)* Unversöhnlichkeit *f*

vine *n* *(≈ grapevine)* Rebe *f*

vinegar *n* Essig *m*

vine leaf *n* Rebenblatt *nt* **vineyard** *n* Weinberg *m*

vintage **A** *n* *(of wine, fig)* Jahrgang *m* **B** *adj attr* *(≈ old)* uralt; *(≈ high quality)* glänzend **vintage car** *n* Vorkriegsmodell *nt* **vintage wine** *n* edler Wein **vintage year** *n* **a ~ for wine** ein besonders gutes Weinjahr

vinyl *n* Vinyl *nt*

viola *n* MUS Bratsche *f*

violate *v/t* **1** *treaty* brechen; *(partially)* verletzen; *law* verstoßen gegen; *rights* verletzen **2** *holy place* entweihen **violation** *n* **1** *(of law)* Verstoß *m* *(of gegen)*; *(of* *rights)* Verletzung *f*; **a ~ of a treaty** ein Vertragsbruch *m*; **traffic ~** Verkehrsvergehen *nt* **2** *(of holy place)* Entweihung *f*; *(of privacy)* Eingriff *m* *(of in +acc)*

violence *n* **1** *(≈ strength)* Heftigkeit *f* **2** *(≈ brutality)* Gewalt *f*; *(of people)* Gewalttätigkeit *f*; *(of actions)* Brutalität *f*; **act of ~** Gewalttat *f*; **was there any ~?** kam es zu Gewalttätigkeiten?

violent *adj* *person, game* brutal; *crime* Gewalt-; *attack, protest* heftig; *film* gewalttätig; *impact* gewaltig; *storm, dislike* stark; **to have a ~ temper** jähzornig sein; **to turn ~** gewalttätig werden **violently** *adv* *beat, attack* brutal; *shake* heftig; *disagree* scharf; **to be ~ against sth** *or* **opposed to sth** ein scharfer Gegner/eine scharfe Gegnerin einer Sache *(gen)* sein; **to be ~ ill** *or* **sick** sich furchtbar übergeben; **to cough ~** gewaltig husten

violet **A** *n* BOT Veilchen *nt*; *(≈ colour)* Violett *nt* **B** *adj* violett

violin *n* Geige *f* **violinist, violin player** *n* Geiger(in) *m(f)*

VIP *n* Promi *m* *(hum infml)*; **he got/we gave him ~ treatment** er wurde/wir haben ihn als Ehrengast behandelt

viral *adj* Virus-; **~ infection** Virusinfektion *f*

virgin **A** *n* Jungfrau *f*; **the Virgin Mary** die Jungfrau Maria; **he's still a ~** er ist noch unschuldig **B** *adj* *(fig)* *forest etc* unberührt; **~ olive oil** natives Olivenöl **virginity** *n* Unschuld *f*

Virgo *n* Jungfrau *f*; **he's (a) ~** er ist Jungfrau

virile *adj* *(lit)* männlich **virility** *n* *(lit)* Männlichkeit *f*; *(≈ sexual power)* Potenz *f*

virtual *adj attr* **1** *certainty* fast völlig; **she was a ~ prisoner** sie war so gut wie eine Gefangene; **it was a ~ admission of guilt** es war praktisch ein Schuldgeständnis **2** IT virtuell **virtually** *adv* **1** praktisch; **to be ~ certain** sich *(dat)* so gut wie sicher sein **2** IT virtuell **virtual reality** *n* virtuelle Realität

virtue *n* **1** *(≈ moral quality)* Tugend *f* **2** *(≈ chastity)* Keuschheit *f* **3** *(≈ advantage)* Vorteil *m*; **by ~ of** aufgrund +*gen*

virtuoso **A** *n* *esp* MUS Virtuose *m*, Virtuosin *f* **B** *adj* virtuos

virtuous *adj* **1** tugendhaft **2** *(pej ≈ self-satisfied)* selbstgerecht **virtuously** *adv* *(pej ≈ self-righteously)* selbstgerecht

virulent *adj* ◼ MED bösartig ◼ *(fig) attack* scharf

virus *n* MED, IT Virus *nt or m*; **polio ~** Polioerreger *m*; **she's got a ~** *(infml)* sie hat sich *(dat)* was eingefangen *(infml)* **virus scanner** *n* IT Virensuchprogramm *nt*

visa *n* Visum *nt*

vis-à-vis *prep* in Anbetracht *(+gen)*

viscose *n* Viskose *f*

viscount *n* Viscount *m* **viscountess** *n* Viscountess *f*

vise *n* *(US)* = vice²

visibility *n* ◼ Sichtbarkeit *f* ◼ METEO Sichtweite *f*; **poor ~** schlechte Sicht **visible** *adj* ◼ sichtbar; **~ to the naked eye** mit dem bloßen Auge zu erkennen; **to be ~ from the road** von der Straße aus zu sehen sein; **with a ~ effort** mit sichtlicher Mühe ◼ *(≈ obvious)* sichtlich; **at management level women are becoming increasingly ~** auf Führungsebene treten Frauen immer deutlicher in Erscheinung **visibly** *adv* sichtbar, sichtlich

vision *n* ◼ *(≈ power of sight)* Sehvermögen *nt*; **within ~** in Sichtweite ◼ *(≈ foresight)* Weitblick *m* ◼ *(in dream)* Vision *f* ◼ *(≈ image)* Vorstellung *f* **visionary** ◼ *adj* visionär ◼ *n* Visionär(in) *m(f)*

visit ◼ *n* Besuch *m*; *(of doctor)* Hausbesuch *m*; **to pay sb/sth a ~** jdn/etw besuchen; **to pay a ~** *(euph)* mal verschwinden (müssen); **to have a ~ from sb** von jdm besucht werden; **to be on a ~ to London** zu einem Besuch in London sein ◼ *v/t* ◼ besuchen; *doctor* aufsuchen ◼ *(≈ inspect)* inspizieren ◼ *v/i* einen Besuch machen; **come and ~ some time** komm mich mal besuchen; **I'm only ~ing** ich bin nur auf Besuch **visiting** *adj* expert Gast-; *dignitary* der/die zu Besuch ist **visiting hours** *pl* Besuchszeiten *pl* **visiting time** *n* Besuchszeit *f*

visitor *n* Besucher(in) *m(f)*; *(in hotel)* Gast *m*; **to have ~s/a ~** Besuch haben

visor *n* *(on helmet)* Visier *nt*; *(on cap)* Schirm *m*; AUTO Blende *f*

vista *n* Aussicht *f*

visual *adj* Seh-; *image* visuell **visual aids** *pl* Anschauungsmaterial *nt* **visual arts** *pl* **the ~** die darstellenden Künste *pl* **visual display unit** *n* Sichtgerät *nt* **visualize** *v/t* sich *(dat)* vorstellen **visually** *adv* visuell; **~ attractive** attraktiv anzusehen **visually handicapped**, vi-

sually impaired *adj* sehbehindert

vital *adj* ◼ *(≈ of life)* vital; *(≈ necessary for life)* lebenswichtig ◼ *(≈ essential)* unerlässlich; **of ~ importance** von größter Wichtigkeit; **this is ~** das ist unbedingt notwendig; **how ~ is this?** wie wichtig ist das? ◼ *(≈ critical)* entscheidend; *error* schwerwiegend **vitality** *n* *(≈ energy)* Vitalität *f* **vitally** *adv* important äußerst **vital signs** *pl* MED Lebenszeichen *pl* **vital statistics** *pl* Bevölkerungsstatistik *f*; *(infml: of woman)* Maße *pl*

vitamin *n* Vitamin *nt*

vitro; → in vitro

viva *n* *(Br)* = viva voce

vivacious *adj* lebhaft **vivaciously** *adv* say, laugh munter

viva voce *n* *(Br)* mündliche Prüfung

vivid *adj* light hell; *colour* kräftig; *imagination* lebhaft; *description* lebendig; *example* deutlich; **in ~ detail** in allen plastischen Einzelheiten; **the memory of that day is still quite ~** der Tag ist mir noch in lebhafter Erinnerung; **to be a ~ reminder of sth** lebhaft an etw *(acc)* erinnern **vividly** *adv* coloured lebhaft; *shine* leuchtend; *portray* anschaulich; *demonstrate* klar und deutlich; **the red stands out ~ against its background** das Rot hebt sich stark vom Hintergrund ab **vividness** *n* *(of colour, imagination, memory)* Lebhaftigkeit *f*; *(of light)* Helligkeit *f*; *(of style)* Lebendigkeit *f*; *(of description, image)* Anschaulichkeit *f*

vivisection *n* Vivisektion *f*

viz *adv* nämlich

vlog *n* *(≈ video blog)* Vlog *m* **vlogger** *n* *(≈ video blogger)* Vlogger(in) *m(f)*

V-neck *n* V-Ausschnitt *m* **V-necked** *adj* mit V-Ausschnitt

vocabulary *n* Wortschatz *m*

vocal ◼ *adj* ◼ *(≈ using voice)* Stimm- ◼ *(≈ voicing opinions)* lautstark; **to be/become ~** sich zu Wort melden ◼ *n* **~s:** Van Morrison Gesang: Van Morrison; **featuring Madonna on ~s** mit Madonna als Sängerin; **backing ~s** Hintergrundgesang *m*; **lead ~s …** Leadsänger(in) *m(f)* … **vocal cords** *pl* Stimmbänder *pl* **vocalist** *n* Sänger(in) *m(f)*

vocation *n* REL *etc* Berufung *f* **vocational** *adj* Berufs-; *qualifications* beruflich; **~ training** Berufsausbildung *f* **vocational school** *n* *(US)* ≈ Berufsschule *f*

vociferous *adj* lautstark

V

vodka n Wodka m
vogue n Mode f; **to be in** ~ (in) Mode sein
voice **A** n **1** Stimme f; **I've lost my** ~ ich habe keine Stimme mehr; **in a deep** ~ mit tiefer Stimme; **in a low** ~ mit leiser Stimme; **to like the sound of one's own** ~ sich gern(e) reden hören; **his** ~ **has broken** er hat den Stimmbruch hinter sich; **to give** ~ **to sth** einer Sache (dat) Ausdruck verleihen **2** GRAM Genus nt; **the passive** ~ das Passiv **B** v/t zum Ausdruck bringen **voice-activated** adj IT sprachgesteuert **voice mail** n Voicemail f **voice-operated** adj sprachgesteuert **voice-over** n Filmkommentar m **voice recognition** n Spracherkennung f
void **A** n Leere f **B** adj **1** (≈ empty) leer; ~ **of any sense of decency** ohne jegliches Gefühl für Anstand **2** JUR ungültig
vol abbr of volume Bd.
volatile adj **1** CHEM flüchtig **2** person (in moods) impulsiv; relationship wechselhaft; situation brisant
vol-au-vent n (Königin)pastetchen nt
volcanic adj (lit) Vulkan-; rock, activity vulkanisch **volcano** n Vulkan m
vole n **1** Wühlmaus f **2** (≈ common vole) Feldmaus f
volition n Wille m; **of one's own** ~ aus freiem Willen
volley **A** n **1** (of shots) Salve f **2** TENNIS Volley m **B** v/t **to** ~ **a ball** TENNIS einen Volley spielen **C** v/i TENNIS einen Volley schlagen **volleyball** n Volleyball m
volt n Volt nt **voltage** n Spannung f
volume n **1** Band m; **a six-~ dictionary** ein sechsbändiges Wörterbuch; **that speaks ~s** (fig) das spricht Bände (for für) **2** (of container) Volumen nt **3** (≈ amount) Ausmaß nt (of an +dat); **the** ~ **of traffic** das Verkehrsaufkommen **4** (≈ sound) Lautstärke f; **turn the** ~ **up/down** stell (das Gerät) lauter/leiser **volume control** n RADIO, TV Lautstärkeregler m **voluminous** adj voluminös (elev)
voluntarily adv freiwillig; (≈ unpaid) ehrenamtlich
voluntary adj **1** freiwillig; ~ **worker** freiwilliger Helfer, freiwillige Helferin; (overseas) Entwicklungshelfer(in) m(f) **2** body karitativ; **a** ~ **organization for social work** ein freiwilliger Wohlfahrtsverband **voluntary redundancy** n freiwilliges

Ausscheiden; **to take** ~ sich abfinden lassen **volunteer** **A** n Freiwillige(r) m/f(m); **any ~s?** wer meldet sich freiwillig? **B** v/t help anbieten; information geben **C** v/i **1** sich freiwillig melden; **to** ~ **for sth** sich freiwillig für etw zur Verfügung stellen; **to** ~ **to do sth** sich anbieten, etw zu tun; **who will** ~ **to clean the windows?** wer meldet sich freiwillig zum Fensterputzen? **2** MIL sich freiwillig melden (for zu)
voluptuous adj woman sinnlich; body verlockend
vomit **A** n Erbrochene(s) nt **B** v/t spucken; food erbrechen **C** v/i sich übergeben
voracious adj person gefräßig; collector besessen; **she is a** ~ **reader** sie verschlingt die Bücher geradezu
vote **A** n Stimme f; (≈ act of voting) Abstimmung f; (≈ result) Abstimmungsergebnis nt; (≈ franchise) Wahlrecht nt; **to put sth to the** ~ über etw (acc) abstimmen lassen; **to take a** ~ **on sth** über etw (acc) abstimmen; **he won by 22 ~s** er gewann mit einer Mehrheit von 22 Stimmen; **the Labour** ~ die Labourstimmen pl **B** v/t **1** (≈ elect) wählen; **he was ~d chairman** er wurde zum Vorsitzenden gewählt **2** (infml ≈ judge) wählen zu; **I** ~ **we go back** ich schlage vor, dass wir umkehren **C** v/i wählen; **to** ~ **for/against sth** für/gegen etw stimmen ◊**vote in** v/t sep law beschließen; person wählen ◊**vote on** v/i +prep obj abstimmen über (+acc) ◊**vote out** v/t sep abwählen; amendment ablehnen
voter n Wähler(in) m(f) **voting** n Wahl f; **a system of** ~ ein Wahlsystem nt; ~ **was heavy** die Wahlbeteiligung war hoch **voting booth** n Wahlkabine f **voting paper** n Stimmzettel m
vouch v/i **to** ~ **for sb/sth** sich für jdn/etw verbürgen; (legally) für jdn/etw bürgen **voucher** n Gutschein m
vow **A** n Gelöbnis nt; REL Gelübde nt; **to make a** ~ **to do sth** geloben, etw zu tun; **to take one's ~s** sein Gelübde ablegen **B** v/t geloben
vowel n Vokal m; ~ **sound** Vokal(laut) m
voyage n Reise f; (by sea) Seereise f; **to go on a** ~ auf eine Reise etc gehen
voyeur n Voyeur(in) m(f)
vs abbr of versus
V-sign n (Br) (victory) Victoryzeichen nt;

(rude) ≈ Stinkefinger *m* *(infml)*; **he gave me the ~** ≈ er zeigte mir den Stinkefinger *(infml)*
vulgar *adj* *(pej)* (≈ *unrefined)* vulgär; *joke* ordinär; (≈ *tasteless)* geschmacklos
vulnerability *n* Verwundbarkeit *f*; (≈ *susceptibility)* Verletzlichkeit *f*; *(fig)* Verletzbarkeit *f*; *(of fortress)* Ungeschütztheit *f* **vulnerable** *adj* verwundbar; (≈ *exposed)* verletzlich; *(fig)* verletzbar; *fortress* ungeschützt; **to be ~ to disease** anfällig für Krankheiten sein; **to be ~ to attack** Angriffen schutzlos ausgesetzt sein
vulture *n* Geier *m*
vulva *n* Vulva *f* *(elev)*

W, w *n* W *nt*, w *nt*
W *abbr of* west W
wacky *adj* (+er) *(infml)* verrückt *(infml)*
wad *n* *(of cotton wool etc)* Bausch *m*; *(of papers, banknotes)* Bündel *nt* **wadding** *n* *(for packing)* Material *nt* zum Ausstopfen
waddle *v/i* watscheln
wade *v/i* waten ◊**wade in** *v/i* **1** *(lit)* hineinwaten **2** *(fig infml)* sich hineinknien *(infml)* ◊**wade into** *v/i +prep obj* *(fig infml)* ≈ *attack)* **to ~ sb** auf jdn losgehen; **to ~ sth** etw in Angriff nehmen ◊**wade through** *v/i +prep obj* *(lit)* waten durch
waders *pl* Watstiefel *pl* **wading pool** *n* *(US)* Planschbecken *nt*
wafer *n* **1** (≈ *biscuit)* Waffel *f* **2** ECCL Hostie *f* **wafer-thin** *adj* hauchdünn
waffle [1] *n* COOK Waffel *f*
waffle [2] *(Br infml)* **A** *n* Geschwafel *nt* *(infml)* **B** *v/i* *(a.* **waffle on***)* schwafeln *(infml)*
waffle iron *n* Waffeleisen *nt*
waft **A** *n* Hauch *m* **B** *v/t & v/i* wehen; **a delicious smell ~ed up from the kitchen** ein köstlicher Geruch zog aus der Küche herauf
wag[1] **A** *v/t tail* wedeln mit; **to ~ one's finger at sb** jdm mit dem Finger drohen **B** *v/i (tail)* wedeln
wag[2] *n* (≈ *wit, clown)* Witzbold *m* *(infml)*
wage[1] *n usu pl* Lohn *m*

wage[2] *v/t war* führen; **to ~ war against sth** *(fig)* gegen etw einen Feldzug führen
wage claim *n* Lohnforderung *f* **wage earner** *n* *(esp Br)* Lohnempfänger(in) *m(f)* **wage increase** *n* Lohnerhöhung *f* **wage packet** *n* *(esp Br)* Lohntüte *f*
wager *n* Wette *f* *(on* auf +*acc)*; **to make a ~** eine Wette abschließen
wages *pl* Lohn *m* **wage settlement** *n* Tarifabschluss *m*
waggle **A** *v/t* wackeln mit **B** *v/i* wackeln
waggon *n* *(Br)* = wagon **wagon** *n* **1** *(horse-drawn)* Fuhrwerk *nt*; (≈ *covered wagon)* Planwagen *m* **2** *(Br* RAIL*)* Waggon *m*
wagonload *n* Wagenladung *f*
wail **A** *n* *(of baby)* Geschrei *nt*; *(of mourner)* Klagen *nt*; *(of sirens, wind)* Heulen *nt* **B** *v/i (baby, cat)* schreien; *(mourner)* klagen; *(siren, wind)* heulen
waist *n* Taille *f* **waistband** *n* Rock-/Hosenbund *m* **waistcoat** *n* *(Br)* Weste *f* **waist-deep** *adj* hüfthoch; **we stood ~ in ...** wir standen bis zur Hüfte in ... **waist-high** *adj* hüfthoch **waistline** *n* Taille *f*
wait **A** *v/i* **1** warten *(for* auf +*acc)*; **to ~ for sb to do sth** darauf warten, dass jd etw tut; **it was definitely worth ~ing for** es hat sich wirklich gelohnt, darauf zu warten; **well, what are you ~ing for?** worauf wartest du denn (noch)?; **this work is still ~ing to be done** diese Arbeit muss noch erledigt werden; **~ a minute** *or* **moment** *or* **second** (einen) Augenblick *or* Moment *(mal)*; **(just) you ~!** warte nur ab!; *(threatening)* warte nur!; **I can't ~** ich kanns kaum erwarten; *(out of curiosity)* ich bin gespannt; **I can't ~ to see his face** da bin ich *(aber)* auf sein Gesicht gespannt; **I can't ~ to try out my new boat** ich kann es kaum noch erwarten, bis ich mein neues Boot ausprobiere; **"repairs while you ~"** „Sofortreparaturen"; **~ and see!** abwarten und Tee trinken! *(infml)* **2 to ~ at table** *(Br)* servieren **B** *v/t* **1 to ~ one's turn** (ab)warten, bis man an der Reihe ist **2** *(US)* **to ~ a table** servieren **C** *n* Wartezeit *f*; **to have a long ~** lange warten müssen; **to lie in ~ for sb** jdm/einer Sache auflauern ◊**wait about** *(Brit) or* **around** *v/i* warten *(for* auf +*acc)* ◊**wait on** *v/i +prep obj* **1** *(a.* **wait upon***)* bedienen **2** *(US)* **to ~ table** servieren **3** (≈ *wait for)* warten auf (+*acc)* ◊**wait up** *v/i* auf-

bleiben *(for* wegen, für)

waiter *n* Kellner *m*, Ober *m*; **~!** (Herr)
Ober! **waiting** *n* Warten *nt*; **all this ~
(around)** diese ewige Warterei *(infml)*
waiting list *n* Warteliste *f*

waiting room *n* Warteraum *m*; *(at doctor's)* Wartezimmer *nt*; *(in railway station)*
Wartesaal *m*

waitress ◼ᴬ *n* Kellnerin *f*, Serviertochter *f*
(Swiss); **~!** Fräulein! ◼ᴮ *v/i* kellnern **wait-
ressing** *n* Kellnern *nt*

waive *v/t* rights, fee verzichten auf (*+acc*);
rules außer Acht lassen **waiver** *n* JUR
Verzicht *m* (*of* auf *+acc*); (≈ *document*) Ver-
zichterklärung *f*

wake¹ *n* NAUT Kielwasser *nt*; **in the ~ of**
(fig) im Gefolge (*+gen*)

wake² *pret* **woke**, *past part* **woken** *or*
waked ◼ᴬ *v/t* (auf)wecken ◼ᴮ *v/i* aufwachen; **he woke to find himself in prison**
als er aufwachte, fand er sich im Gefängnis wieder ◊**wake up** ◼ᴬ *v/i* aufwachen;
to ~ to sth *(fig)* sich *(dat)* einer Sache
(gen) bewusst werden ◼ᴮ *v/t sep (lit)* aufwecken

waken ◼ᴬ *v/t* (auf)wecken ◼ᴮ *v/i* (liter, Scot)
erwachen (*elev*) **waking** *adj* **one's ~
hours** von früh bis spät

Wales *n* Wales *nt*; **Prince of ~** Prinz *m*
von Wales

walk ◼ᴬ *n* ◼◼ (≈ *stroll*) Spaziergang *m*; (≈
hike) Wanderung *f*; SPORTS Gehen *nt*; **it's
10 minutes' ~** es sind 10 Minuten zu
Fuß; **it's a long ~ to the shops** zu den Läden ist es weit zu Fuß; **to go for a ~** einen Spaziergang machen; **to take the
dog for a ~** mit dem Hund spazieren gehen ◼◼ (≈ *gait*) Gang *m* ◼◼ (≈ *route*) Weg *m*;
(signposted etc) Wander-/Spazierweg *m*; **he
knows some good ~s in the Lake District** er kennt ein paar gute Wanderungen
im Lake District ◼◼ **from all ~s of life** aus
allen Schichten und Berufen ◼ᴮ *v/t dog*
ausführen; *distance* gehen; **to ~ sb home**
jdn nach Hause bringen; **to ~ the streets**
(prostitute) auf den Strich gehen *(infml)*;
(aimlessly) durch die Straßen streichen ◼ᴄ
v/i ◼◼ gehen; **to learn to ~** laufen lernen;
to ~ in one's sleep schlaf- *or* nachtwan-
deln; **to ~ with a stick** am Stock gehen
◼◼ (≈ *not ride*) zu Fuß gehen; (≈ *stroll*) spazieren gehen; (≈ *hike*) wandern; **you can ~
there in 5 minutes** da ist man in 5 Minuten zu Fuß; **to ~ home** nach Hause laufen

(infml) ◊**walk about** *(Brit)* or **around** *v/i*
herumlaufen *(infml)* ◊**walk away** *v/i*
weggehen; **to ~ with a prize** etc einen
Preis etc kassieren ◊**walk in on** *v/i +prep
obj* hereinplatzen bei *(infml)* ◊**walk into**
v/i +prep obj room hereinkommen in
(*+acc*); *person* anrempeln; *wall* laufen gegen; **to ~ a trap** in eine Falle gehen; **he
just walked into the first job he applied
for** er hat gleich die erste Stelle bekommen, um die er sich beworben hat; **to
walk right into sth** *(lit)* mit voller Wucht
gegen etw rennen ◊**walk off** ◼ᴬ *v/t sep*
to ~ one's lunch etc einen Verdauungsspaziergang machen ◼ᴮ *v/i* weggehen
◊**walk off with** *v/i +prep obj (infml)* ◼◼
(≈ *take*) *(unintentionally)* abziehen mit
(infml); *(intentionally)* abhauen mit *(infml)*
◼◼ *prize* kassieren ◊**walk on** ◼ᴬ *v/i +prep
obj grass* etc betreten ◼ᴮ *v/i* (≈ *continue
walking*) weitergehen ◊**walk out** *v/i* ◼◼
(≈ *quit*) gehen; **to ~ of a meeting** eine
Versammlung verlassen; **to ~ on sb**
verlassen; *girlfriend* etc jdn sitzen lassen
(infml) ◼◼ (≈ *strike*) streiken ◊**walk over**
v/i +prep obj **to walk all over sb** *(infml)* (≈
dominate) jdn unterbuttern *(infml)*; (≈ *treat
harshly*) jdn fertigmachen *(infml)* ◊**walk
up** *v/i* ◼◼ (≈ *ascend*) hinaufgehen ◼◼ (≈ *approach*) zugehen *(to* auf *+acc)*; **a man
walked up to me/her** ein Mann kam auf
mich zu/ging auf sie zu

walkabout *n (esp Br: by king etc)* **to go on
a ~** ein Bad in der Menge nehmen **walk-
away** *n (US)* = walkover **walker** *n* ◼◼ (≈
stroller) Spaziergänger(in) *m(f)*; (≈ *hiker*)
Wanderer *m*, Wanderin *f*; SPORTS Geher(in)
m(f); **to be a fast ~** schnell gehen ◼◼ *(for
baby)* Gehhilfe *f*; *(for invalid)* Gehwagen *m*
walkie-talkie *n* Sprechfunkgerät *nt*
walk-in *adj* **a ~ cupboard** ein begehba-
rer Wandschrank **walking** ◼ᴬ *n* Gehen
nt; *(as recreation)* Spazierengehen *nt*; (≈ *hiking)* Wandern *nt*; **we did a lot of ~ while
we were in Wales** als wir in Wales waren,
sind wir viel gewandert ◼ᴮ *adj attr miracle*
etc wandelnd; **at (a) ~ pace** im Schritttempo; **the ~ wounded** die Leichtver-
wundeten *pl*; **it's within ~ distance** dahin
kann man zu Fuß gehen **walking
boots** *pl* Wanderstiefel *pl* **walking
frame** *n* Gehwagen *m* **walking stick**
n Spazierstock *m* **Walkman®** *n* Walk-
man® *m* **walk-on** *adj* **~ part** THEAT Sta-

tistenrolle f **walkout** n (≈ strike) Streik m; **to stage a ~** (from conference etc) demonstrativ den Saal verlassen **walkover** n (≈ easy victory) spielender Sieg **walkway** n Fußweg m

wall n (outside) Mauer f; (inside) Wand f; **the Great Wall of China** die Chinesische Mauer; **to go up the ~** (infml) die Wände hochgehen (infml); **I'm climbing the ~s** (infml) ich könnte die Wände hochgehen (infml); **he drives me up the ~** (infml) er bringt mich auf die Palme (infml); **this constant noise is driving me up the ~** (infml) bei diesem ständigen Lärm könnte ich die Wände hochgehen (infml); **to go to the ~** (infml) kaputtgehen (infml) ◊**wall off** v/t sep durch eine Mauer (ab)trennen **wall chart** n Plantafel f **wall clock** n Wanduhr f

wallet n Brieftasche f

wallop v/t (esp Br infml) (≈ hit) schlagen

wallow v/i **1** (lit: animal) sich suhlen **2** (fig) **to ~ in self-pity** etc im Selbstmitleid etc schwelgen

wall painting n Wandmalerei f **wallpaper A** n Tapete f **B** v/t tapezieren **wall socket** n Steckdose f **wall-to-wall** adj **~ carpeting** Teppichboden m

wally n (Br infml) Trottel m (infml)

walnut n **1** (≈ nut) Walnuss f **2** (≈ walnut tree) (Wal)nussbaum m

walrus n Walross nt

waltz A n Walzer m **B** v/i Walzer tanzen ◊**waltz in** v/i (infml) hereintanzen (infml); **to come waltzing in** angetanzt kommen (infml) ◊**waltz off** v/i (infml) abtanzen (infml) ◊**waltz off with** v/i +prep obj (infml) prizes abziehen mit

wan adj bleich; light, smile matt

wand n (≈ magic wand) Zauberstab m

wander A n Spaziergang m; **to go for a ~ (a)round the shops** einen Ladenbummel machen **B** v/t **to ~ the streets** durch die Straßen wandern **C** v/i **1** herumlaufen; (more aimlessly) umherwandern (through, about in +dat); (leisurely) schlendern; **he ~ed past me in a dream** er ging wie im Traum an mir vorbei; **he ~ed over to me** er kam zu mir herüber; **the children had ~ed out onto the street** die Kinder waren auf die Straße gelaufen **2** (fig) schweifen; **to let one's mind ~** seine Gedanken schweifen lassen; **during the lecture his mind ~ed a bit** während der

Vorlesung schweiften seine Gedanken ab; **to ~ off the subject** vom Thema abschweifen ◊**wander about** (Brit) or **around** v/i umherwandern ◊**wander in** v/i ankommen (infml) ◊**wander off** v/i weggehen; **he must have wandered off somewhere** er muss (doch) irgendwohin verschwunden sein

wandering adj refugees umherziehend; thoughts (ab)schweifend; path gewunden; **to have ~ hands** (hum) seine Finger nicht bei sich (dat) behalten können

wane A n **to be on the ~** (fig) im Schwinden sein **B** v/i (moon) abnehmen; (fig) schwinden

wangle (infml) v/t organisieren (infml); **to ~ money out of sb** jdm Geld abluchsen (infml)

wank (Br vulg) v/i (a. **wank off**) wichsen (sl) **wanker** n (Br vulg) Wichser m (sl); (≈ idiot) Schwachkopf m (infml)

wanna contraction = want to; **I ~ go** ich will gehen **wannabe** (infml) **A** n Möchtegern m (infml) **B** adj Möchtegern- (infml)

want A n **1** (≈ lack) Mangel m (of an +dat); **for ~ of** aus Mangel an (+dat); **though it wasn't for ~ of trying** nicht, dass er sich/ich mich etc nicht bemüht hätte **2** (≈ need) Bedürfnis nt; (≈ wish) Wunsch m; **to be in ~ of sth** etw benötigen **B** v/t **1** (≈ desire) wollen; (more polite) mögen; **to ~ to do sth** etw tun wollen; **I ~ you to come here** ich will or möchte, dass du herkommst; **I ~ it done now** ich will or möchte das sofort erledigt haben; **what does he ~ with me?** was will er von mir?; **I don't ~ strangers coming in** ich wünsche or möchte nicht, dass Fremde (hier) hereinkommen **2** (≈ need) brauchen; **you ~ to see a lawyer** Sie sollten zum Rechtsanwalt gehen; **he ~s to be more careful** (infml) er sollte etwas vorsichtiger sein; **"wanted"** „gesucht"; **he's a ~ed man** er wird (polizeilich) gesucht; **to feel ~ed** das Gefühl haben, gebraucht zu werden; **you're ~ed on the phone** Sie werden am Telefon verlangt; **all the soup ~s is a little salt** das Einzige, was an der Suppe fehlt, ist etwas Salz **C** v/i **1** (≈ desire) wollen; (more polite) mögen; **you can go if you ~ (to)** wenn du willst or möchtest, kannst du gehen; **I don't ~ to** ich will or möchte nicht; **do as you ~** tu, was du willst **2** **they ~ for nothing**

es fehlt ihnen an nichts **want ad** n Kaufgesuch nt **wanting** adj **it's good, but there is something ~** es ist gut, aber irgendetwas fehlt; **his courage was found ~** sein Mut war nicht groß genug

wanton adj destruction mutwillig

WAP n IT abbr of Wireless Application Protocol WAP nt

war n Krieg m; **this is ~!** (fig) das bedeutet Krieg!; **the ~ against disease** der Kampf gegen die Krankheit; **~ of words** Wortgefecht nt; **to be at ~** sich im Krieg (-szustand) befinden; **to declare ~** den Krieg erklären (on +dat); **to go to ~** (≈ start) (einen) Krieg anfangen (against mit); **to make ~** Krieg führen (on, against gegen); **I hear you've been in the ~s recently** (infml) ich höre, dass du zurzeit ganz schön angeschlagen bist (infml)

warble ◊ n Trällern nt ◊ v/t & v/i trällern **war correspondent** n Kriegsberichterstatter(in) m(f) **war crime** n Kriegsverbrechen nt **war criminal** n Kriegsverbrecher(in) m(f)

ward n ◊ (part of hospital) Station f; (≈ room) (Kranken)saal m ◊ (JUR ≈ person) Mündel nt; **~ of court** Mündel nt unter Amtsvormundschaft ◊ ADMIN Stadtbezirk m; (≈ election ward) Wahlbezirk m ◊**ward off** v/t sep abwehren

warden n (of youth hostel) Herbergsvater m, Herbergsmutter f; (≈ game warden) Jagdaufseher(in) m(f); UNIV Heimleiter(in) m(f); (US: of prison) Gefängnisdirektor(in) m(f)

warder n (Br) Wärter(in) m(f)

wardrobe n ◊ (esp Br ≈ cupboard) (Kleider)schrank m, (Kleider)kasten m (Aus, Swiss) ◊ (≈ clothes) Garderobe f

warehouse n Lager(haus) nt **wares** pl Waren pl

warfare n Krieg m; (≈ techniques) Kriegskunst f **war game** n Kriegsspiel nt **warhead** n Sprengkopf m **war hero** n Kriegsheld m **warhorse** n (lit, fig) Schlachtross nt

warily adv vorsichtig; (≈ suspiciously) misstrauisch; **to tread ~** sich vorsehen **wariness** n Vorsicht f; (≈ mistrust) Misstrauen nt

warlike adj kriegerisch **warlord** n Kriegsherr m

warm ◊ adj (+er) ◊ warm; (≈ hearty) herzlich; **I am** or **feel ~** mir ist warm; **come**

and get ~ komm und wärm dich ◊ (in games) **am I ~?** ist es (hier) warm? ◊ n **to get into the ~** ins Warme kommen; **to give sth a ~** etw wärmen ◊ v/t wärmen ◊ v/i **the milk was ~ing on the stove** die Milch wurde auf dem Herd angewärmt; **I ~ed to him** er wurde mir sympathischer ◊**warm up** ◊ v/i warm werden; (game) in Schwung kommen; SPORTS sich aufwärmen ◊ v/t sep engine warm laufen lassen; food etc aufwärmen

warm-blooded adj warmblütig **warm-hearted** adj person warmherzig **warmly** adv warm; welcome herzlich; recommend wärmstens **warmth** n Wärme f **warm-up** n SPORTS Aufwärmen nt; **the teams had a ~ before the game** die Mannschaften wärmten sich vor dem Spiel auf

warn v/t warnen (of, about, against vor +dat); (police etc) verwarnen; **to ~ sb not to do sth** jdn davor warnen, etw zu tun; **I'm ~ing you** ich warne dich!; **you have been ~ed!** sag nicht, ich hätte dich nicht gewarnt; **to ~ sb that ...** (≈ inform) jdn darauf hinweisen, dass ...; **you might have ~ed us that you were coming** du hättest uns ruhig vorher Bescheid sagen können, dass du kommst ◊**warn off** v/t sep warnen; **he warned me off** er hat mich davor gewarnt

warning ◊ n Warnung f; (from police etc) Verwarnung f; **without ~** ohne Vorwarnung; **they had no ~ of the enemy attack** der Feind griff sie ohne Vorwarnung an; **he had plenty of ~** (early enough) er wusste früh genug Bescheid; **to give sb a ~** jdn warnen; (police etc) jdm eine Verwarnung geben; **let this be a ~ to you** lassen Sie sich (dat) dies eine Warnung sein!; **please give me a few days' ~** bitte sagen or geben Sie mir ein paar Tage vorher Bescheid ◊ adj Warn-; look, tone warnend **warning light** n Warnleuchte f

warp ◊ v/t wood wellen ◊ v/i (wood) sich verziehen

warpath n **on the ~** auf dem Kriegspfad **warped** adj ◊ (lit) verzogen ◊ (fig) sense of humour abartig; judgement verzerrt **warrant** ◊ n (≈ search warrant) Durchsuchungsbefehl m; (≈ death warrant) Hinrichtungsbefehl m; **a ~ of arrest** ein Haftbefehl m ◊ v/t ◊ (≈ justify) rechtfertigen ◊ (≈ merit) verdienen **warranted** adj be-

W

rechtigt **warranty** n COMM Garantie f;
it's still under ~ darauf ist noch Garantie
warren n (≈ rabbit warren) Kaninchenbau
m; (fig) Labyrinth nt
warring adj sides gegnerisch; factions sich
bekriegend **warrior** n Krieger(in) m(f)
Warsaw n Warschau nt; **~ Pact** War-
schauer Pakt m
warship n Kriegsschiff nt
wart n Warze f
wartime **A** n Kriegszeit f; **in ~** in Kriegs-
zeiten **B** adj Kriegs-; **in ~ England** in England während des Krieges **wartorn** adj
vom Krieg erschüttert
wary adj (+er) vorsichtig; **to be ~ of sb/sth**
vor jdm/einer Sache auf der Hut sein; **to
be ~ of** or **about doing sth** seine Zweifel
haben, ob man etw tun soll; **be ~ of talking to strangers** hüte dich davor, mit
Fremden zu sprechen
war zone n Kriegsgebiet nt
was pret of be
wash **A** n **1** **to give sb/sth a ~** jdn/etw
waschen; **to have a ~** sich waschen **2**
(≈ laundry) Wäsche f **B** v/t **1** waschen;
dishes abwaschen; floor aufwaschen; parts
of body sich (dat) waschen; **to ~ one's
hands of sb/sth** mit jdm/etw nichts mehr
zu tun haben wollen **2** (≈ carry) spülen; **to
be ~ed downstream** flussabwärts getrieben werden; **to ~ ashore** anschwemmen
C v/i **1** (≈ have a wash) sich waschen **2**
(≈ do laundry) waschen; (Br ≈ wash up) abwaschen; **a material that ~es well** ein
Stoff, der sich gut wäscht **3** (sea etc)
schlagen; **the sea ~ed over the promenade** das Meer überspülte die Strandpromenade ◊**wash away** v/t sep (lit)
(hin)wegspülen ◊**wash down** v/t sep **1**
walls abwaschen **2** food runterspülen
(infml) ◊**wash off** **A** v/i sich rauswaschen
lassen **B** v/t sep abwaschen; **wash that
grease off your hands** wasch dir die
Schmiere von den Händen (ab)! ◊**wash
out** **A** v/i sich (r)auswaschen lassen **B**
v/t sep **1** (≈ clean) auswaschen; mouth ausspülen **2** game etc ins Wasser fallen lassen (infml) ◊**wash over** v/i +prep obj **he
lets everything just ~ him** er lässt alles
einfach ruhig über sich ergehen ◊**wash
up** **A** v/i **1** (Br ≈ clean dishes) abwaschen
2 (US ≈ have a wash) sich waschen **B** v/t
sep **1** (Br) dishes abwaschen **2** (sea etc) anschwemmen

washable adj waschbar **washbag** n
(US) Kulturbeutel m **washbasin** n
Waschbecken nt, Lavabo nt (Swiss) **wash-
cloth** n (US) Waschlappen m **washed
out** adj pred, **washed-out** adj attr
(infml) erledigt (infml); **to look ~** mitgenommen aussehen **washer** n **1** TECH
Dichtungsring m **2** (≈ washing machine)
Waschmaschine f
washing n Waschen nt; (≈ clothes) Wäsche
f; **to do the ~** Wäsche waschen **washing line** n Wäscheleine f
washing machine n Waschmaschine f
washing powder n Waschpulver nt
washing-up n (Br) Abwasch m; **to do
the ~** den Abwasch machen **washing-
-up liquid** n (Br) Spülmittel nt **washout**
n (infml) Reinfall m (infml) **washroom** n
Waschraum m
wasn't contraction = was not
wasp n Wespe f
wastage n Schwund m; (≈ action) Verschwendung f
waste **A** adj (≈ superfluous) überschüssig;
(≈ left over) ungenutzt; land brachliegend;
~ material Abfallstoffe pl **B** n **1** Verschwendung f; **it's a ~ of time** es ist Zeitverschwendung; **it's a ~ of effort** das ist
nicht der Mühe (gen) wert; **to go to ~**
(food) umkommen; (training, money) ungenutzt sein/bleiben; (talent etc) verkümmern
2 (≈ waste material) Abfallstoffe pl; (≈ rubbish) Abfall m **3** (≈ land) Wildnis f no pl **C**
v/t verschwenden (on an +acc, für); life,
time vergeuden (on an +acc, für); **you're
wasting your time** das ist reine Zeitverschwendung; **don't ~ my time** stiehl
mir nicht meine Zeit; **you didn't ~ much
time getting here!** (infml) da bist du ja
schon, du hast ja nicht gerade getrödelt!
(infml); **all our efforts were ~d** all unsere
Bemühungen waren umsonst; **I wouldn't
~ my breath talking to him** ich würde
doch nicht für den meine Spucke vergeuden! (infml); **Beethoven is ~d on him**
Beethoven ist an den verschwendet
◊**waste away** v/i (physically) dahinschwinden (elev)

wastebasket, **wastebin** n (esp US) Papierkorb m **wasted** adj **1** **I've had a ~
journey** ich bin umsonst hingefahren **2**
(≈ emaciated) geschwächt **waste disposal** n Abfallentsorgung f **waste disposal unit** n Müllschlucker m **waste-**

W

ful adj verschwenderisch; process aufwendig **wastefulness** n (of person) verschwenderische Art; (in method, organization, of process etc) Aufwendigkeit f **wasteland** n Ödland nt **wastepaper** n Papierabfall m

wastepaper basket n Papierkorb m **waste pipe** n Abflussrohr nt **waste product** n Abfallprodukt nt

watch[1] n (Armband)uhr f

watch[2] **A** n Wache f; **to be on the ~ for sb/sth** nach jdm/etw Ausschau halten; **to keep ~** Wache halten; **to keep a close ~ on sb/sth** jdn/etw scharf bewachen; **to keep ~ over sb/sth** bei jdm/etw wachen or Wache halten **B** v/t **1** (≈ guard) aufpassen auf (+acc); (police etc) überwachen **2** (≈ observe) beobachten; match zuschauen bei; film sich (dat) ansehen; **to ~ TV** fernsehen; **to ~ sb doing sth** jdm bei etw zuschauen; **I'll come and ~ you play** ich komme und sehe dir beim Spielen zu; **he just stood there and ~ed her drown** er stand einfach da und sah zu, wie sie ertrank; **I ~ed her coming down the street** ich habe sie beobachtet, wie or als sie die Straße entlang kam; **~ the road!** pass auf die Straße auf!; **~ this!** pass auf!; **just ~ me!** guck or schau mal, wie ich das mache!; **we are being ~ed** wir werden beobachtet **3** (≈ be careful of) aufpassen auf (+acc); time achten auf (+acc); **(you'd better) ~ it!** (infml) pass (bloß) auf! (infml); **~ yourself** sieh dich vor!; **~ your language!** drück dich bitte etwas gepflegter aus!; **~ how you go!** machs gut!; (on icy surface etc) pass beim Laufen/Fahren auf! **C** v/i (≈ observe) zusehen; **to ~ for sb/sth** nach jdm/etw Ausschau halten; **they ~ed for a signal from the soldiers** sie warteten auf ein Signal von den Soldaten; **to ~ for sth to happen** darauf warten, dass etw geschieht ◊**watch out** v/i (≈ look carefully) Ausschau halten (for sb/sth nach jdm/etw) **2** (≈ be careful) achtgeben (for auf +acc); **~!** Achtung! ◊**watch over** v/i +prep obj wachen über (+acc)

watchdog n (lit) Wachhund m; (fig) Aufpasser m (infml) **watchful** adj wachsam; **to keep a ~ eye on sb/sth** ein wachsames Auge auf jdn/etw werfen **watchmaker** n Uhrmacher(in) m(f) **watchman** n (a. **night watchman**) Nacht-

wächter(in) m(f) **watchstrap** n Uhrarmband nt **watchtower** n Wachtturm m **watchword** n Parole f

water **A** n **1** Wasser nt; **to be under ~** unter Wasser stehen; **to take in ~** (ship) lecken; **to hold ~** wasserdicht sein; **~s** Gewässer pl; **to pass ~** Wasser lassen **2** (fig phrases) **to keep one's head above ~** sich über Wasser halten; **to pour cold ~ on sb's idea** jds Idee miesmachen (infml); **to get (oneself) into deep ~(s)** ins Schwimmen kommen; **a lot of ~ has flowed under the bridge since then** seitdem ist so viel Wasser den Berg or den Bach hinuntergeflossen; **to get into hot ~** (infml) in Teufels Küche geraten (infml) (wegen +gen) **B** v/t **1** garden sprengen; plant (be)gießen **2** horses tränken **C** v/i (mouth) wässern; (eye) tränen; **the smoke made his eyes ~** ihm tränten die Augen vom Rauch; **my mouth ~ed** mir lief das Wasser im Mund zusammen; **to make sb's mouth ~** jdm den Mund wässerig machen ◊**water down** v/t sep verwässern; liquids (mit Wasser) verdünnen

water bed n Wasserbett nt **waterborne** adj **a ~ disease** eine Krankheit, die durch das Wasser übertragen wird **water bottle** n Wasserflasche f **water butt** n Regentonne f **water cannon** n Wasserwerfer m **water closet** n (esp Br) Wasserklosett nt **watercolour**, (US) **watercolor** **A** n Aquarellfarbe f; (≈ picture) Aquarell nt **B** attr Aquarell-; **a ~ painting** ein Aquarell nt **water cooler** n Wasserspender m **watercourse** n **1** (≈ stream) Wasserlauf m; (artificial) Kanal m **2** (≈ bed) Flussbett nt **watercress** n (Brunnen)kresse f **watered-down** adj verwässert **waterfall** n Wasserfall m **waterfowl** pl Wassergeflügel nt **waterfront** **A** n Hafenviertel nt; **we drove down to the ~** wir fuhren hinunter zum Wasser **B** attr am Wasser **water gun** n (esp US) = **water pistol water heater** n Heißwassergerät nt **watering can** n Gießkanne f **watering hole** n (for animals) Wasserstelle f **water jump** n Wassergraben m **water level** n Wasserstand m **water lily** n Seerose f **water line** n Wasserlinie f **waterlogged** adj **the fields are ~** die Felder stehen unter Wasser **water main** n Haupt(wasser)leitung f; (≈ pipe) Hauptwasserrohr nt **water-**

mark n (on paper) Wasserzeichen nt **watermelon** n Wassermelone f **water meter** n Wasseruhr f **water mill** n Wassermühle f **water pistol** n Wasserpistole f **water pollution** n Wasserverschmutzung f **water polo** n Wasserball m **water power** n Wasserkraft f **waterproof** ◢A◣ adj watch wasserdicht; clothes, roof wasserundurchlässig ◢B◣ n ~s (esp Br) Regenhaut® f ◢C◣ v/t wasserundurchlässig machen **water-repellent** adj Wasser abstoßend **water-resistant** adj wasserbeständig; sunscreen wasserfest **watershed** n (fig) Wendepunkt m **waterside** ◢A◣ n Ufer nt ◢B◣ attr am Wasser **water-ski** ◢A◣ n Wasserski m ◢B◣ v/i Wasserski laufen **water-skiing** n Wasserskilaufen nt **water slide** n Wasserrutsche f **water softener** n Wasserenthärter m **water-soluble** adj wasserlöslich **water sports** pl Wassersport m **water supply** n Wasserversorgung f **water table** n Grundwasserspiegel m **water tank** n Wassertank m **watertight** adj wasserdicht **water tower** n Wasserturm m **waterway** n Wasserstraße f **water wings** pl Schwimmflügel pl **waterworks** n sg or pl Wasserwerk nt **watery** adj wäss(e)rig; eye tränend; sun blass

watt n Watt nt

wave ◢A◣ n ◼1 (of water, PHYS, fig) Welle f; **a ~ of strikes** eine Streikwelle; **to make ~s** (fig infml) Unruhe stiften ◼2 **to give sb a ~** jdm (zu)winken; **with a ~ of his hand** mit einer Handbewegung ◢B◣ v/t (as sign or greeting) winken mit (at, to sb jdm); (≈ wave about) schwenken; **to ~ sb goodbye** jdm zum Abschied winken; **he ~d his hat** er schwenkte seinen Hut; **he ~d me over** er winkte mich zu sich herüber ◢C◣ v/i ◼1 (person) winken; **to ~ at or to sb** jdm (zu)winken ◼2 (flag) wehen; (branches) sich hin und her bewegen ◊**wave aside** v/t sep (fig) suggestions etc zurückweisen ◊**wave on** v/t sep **the policeman waved us on** der Polizist winkte uns weiter

wavelength n Wellenlänge f; **we're not on the same ~** (fig) wir haben nicht dieselbe Wellenlänge

waver v/i ◼1 (flame) flackern; (voice) zittern ◼2 (courage) wanken; (support) nachlassen ◼3 (≈ hesitate) schwanken (between zwischen +dat) **wavering** adj ◼1 voice bebend ◼2 loyalty unsicher; determination

wankend; support nachlassend

wavy adj (+er) wellig; **~ line** Schlangenlinie f

wax[1] ◢A◣ n ◼1 Wachs nt ◼2 (≈ ear wax) Ohrenschmalz nt ◢B◣ adj Wachs-; **~ crayon** Wachsmalstift m ◢C◣ v/t car wachsen; floor bohnern; legs mit Wachs behandeln

wax[2] v/i (moon) zunehmen; **to ~ and wane** (fig) kommen und gehen

waxworks n sg or pl Wachsfigurenkabinett nt

way ◢A◣ n ◼1 (≈ road) Weg m; **across or over the ~** gegenüber; (motion) rüber; **to ask the ~** nach dem Weg fragen; **along the ~** learn skill etc nebenbei; **to go the wrong ~** sich verlaufen; (in car) sich verfahren; **to go down the wrong ~** (food) in die falsche Kehle kommen; **there's no ~ out** (fig) es gibt keinen Ausweg; **to find a ~ in** hineinfinden; **the ~ up** der Weg nach oben; **the ~ there/back** der Hin-/Rückweg; **prices are on the ~ up/down** die Preise steigen/fallen; **to bar the ~** den Weg versperren; **to be or stand in sb's ~** jdm im Weg stehen; **to get in the ~** in den Weg kommen; (fig) stören; **he lets nothing stand in his ~** er lässt sich durch nichts aufhalten or beirren; **get out of the/my ~!** (geh) aus dem Weg!; **to get sth out of the ~** work etw hinter sich (acc) bringen; problems etw aus dem Weg räumen; **to stay out of sb's/the ~** (≈ not get in the way) jdm nicht in den Weg kommen; (≈ avoid) (jdm) aus dem Weg gehen; **stay out of my ~!** komm mir nicht mehr über den Weg!; **to make ~ for sb/sth** (lit, fig) für jdn/etw Platz machen; **the ~ to the station** der Weg zum Bahnhof; **can you tell me the ~ to the town hall, please?** können Sie mir bitte sagen, wie ich zum Rathaus komme?; **the shop is on the ~** der Laden liegt auf dem Weg; **to stop on the ~** unterwegs anhalten; **on the ~ (here)** auf dem Weg (hierher); **they're on their ~** sie sind unterwegs; **if it is out of your ~** wenn es ein Umweg für Sie ist; **to go out of one's ~ to do sth** (fig) sich besonders anstrengen, um etw zu tun; **please, don't go out of your ~ for us** (fig) machen Sie sich (dat) bitte unsertwegen keine Umstände; **to get under ~** in Gang kommen; **to be well under ~** in vollem Gang sein; **the ~** in der Eingang; **on the**

~ **in** beim Hereingehen; **the ~ out** der Ausgang; **please show me the ~ out** bitte zeigen Sie mir, wie ich hinauskomme; **can you find your own ~ out?** finden Sie selbst hinaus?; **on the ~ out** beim Hinausgehen; **to be on the ~ out** (fig infml) am Aussterben sein; **I know my ~ around the town** ich kenne mich in der Stadt aus; **can you find your ~ home?** finden Sie nach Hause?; **to make one's ~ to somewhere** sich an einen Ort begeben; **I made my own ~ there** ich ging allein dorthin; **to make one's ~ home** nach Hause gehen; **to push one's ~ through the crowd** sich einen Weg durch die Menge bahnen; **to go one's own ~** (fig) eigene Wege gehen; **they went their separate ~s** ihre Wege trennten sich; **to pay one's ~** für sich selbst bezahlen; (company, project, machine) sich rentieren **2** (≈ direction) Richtung f; **which ~ are you going?** in welche Richtung gehen Sie?; **look both ~s** schau nach beiden Seiten; **to look the other ~** (fig) wegsehen; **if a good job comes my ~** wenn ein guter Job für mich auftaucht; **to split sth three/ten ~s** etw dritteln/in zehn Teile teilen; **it's the wrong ~ up** es steht verkehrt herum; **"this ~ up"** „hier oben"; **it's the other ~ (a)round** es ist (genau) umgekehrt; **put it the right ~ up/the other ~ (a)round** stellen Sie es richtig (herum) hin/andersherum hin; **this ~, please** hier entlang, bitte; **look this ~** schau hierher!; **he went that ~** er ging in diese Richtung; **this ~ and that** hierhin und dorthin; **every which ~** ungeordnet, durcheinander **3** (≈ distance) Weg m, Strecke f; **a little ~ away** or **off** nicht weit weg; **all the ~ there** auf der ganzen Strecke; **I'm behind you all the ~** (fig) ich stehe voll (und ganz) hinter Ihnen; **that's a long ~ away** bis dahin ist es weit or (zeitlich) noch lange; **a long ~ out of town** weit von der Stadt weg; **he's come a long ~ since then** (fig) er hat sich seitdem sehr gebessert; **he'll go a long ~** (fig) er wird es weit bringen; **to have a long ~ to go** weit vom Ziel entfernt sein; **it should go a long ~ toward(s) solving the problem** das sollte or müsste bei dem Problem schon ein gutes Stück weiterhelfen; **not by a long ~** bei Weitem nicht **4** (≈ manner) Art f, Weise f; **that's his ~ of saying thank you** das ist seine

Art, sich zu bedanken; **the French ~ of doing it** (die Art,) wie man es in Frankreich macht; **to learn the hard ~** aus dem eigenen Schaden lernen; **~ of thinking** Denkweise f; **what a ~ to live!** (≈ unpleasant) so möchte ich nicht leben; **to get one's (own) ~** seinen Willen durchsetzen; **have it your own ~!** wie du willst!; **one ~ or another/the other** so oder so; **it does not matter (to me) one ~ or the other** es macht (mir) so oder so nichts aus; **either ~** so oder so; **no ~!** (infml) ausgeschlossen!; **there's no ~ I'm going to agree** (infml) auf keinen Fall werde ich zustimmen; **that's no ~ to speak to your mother** so spricht man nicht mit seiner Mutter; **you can't have it both ~s** du kannst nicht beides haben; **he wants it both ~s** er will das eine haben und das andere nicht lassen; **this ~** (≈ like this) so; **that ~** (≈ like that) in dieser Hinsicht; **the ~ (that) …** (≈ how) wie; **the ~ she walks** (so) wie sie geht; **that's not the ~ we do things here** so or auf die Art machen wir das hier nicht; **you could tell by the ~ he was dressed** das merkte man schon an seiner Kleidung; **that's the ~ it goes!** so ist das eben; **the ~ things are going** so, wie die Dinge sich entwickeln; **do it the ~ I do** machen Sie es so wie ich; **to show sb the ~ to do sth** jdm zeigen, wie etw gemacht wird; **show me the ~ to do it** zeig mir, wie (ich es) machen soll); **that's not the right ~ to do it** so geht das nicht **5** (≈ method, habit) Art f; **there are many ~s of solving it** es gibt viele Wege, das zu lösen; **the best ~ is to wash it** am besten wäscht man es; **he has a ~ with children** er versteht es, mit Kindern umzugehen; **~ of life** Lebensstil m; (of nation) Lebensart f **6** (≈ respect) Hinsicht f; **in a ~** in gewisser Weise; **in no ~** in keiner Weise; **in many/some ~s** in vieler/gewisser Hinsicht; **in more ~s than one** in mehr als nur einer Hinsicht **7** (≈ state) Zustand m; **he's in a bad ~** er ist in schlechter Verfassung **8** adv (infml) **~ up** weit oben; **it's ~ too big** das ist viel zu groß; **that was ~ back** das ist schon lange her; **his guess was ~ out** seine Annahme war weit gefehlt **waylay** pret, past part **waylaid** v/t (≈ stop) abfangen **way-out** adj (infml) extrem (dated sl) **wayside** n (of path) Wegrand m; (of road)

Straßenrand *m*; **to fall by the ~** *(fig)* auf der Strecke bleiben **wayward** *adj* eigensinnig

WC *(esp Br)* *abbr of* water closet WC *nt*

we *pron* wir

weak *adj* (+er) schwach; *character* labil; *tea* dünn; **he was ~ from hunger** er war schwach vor Hunger; **to go ~ at the knees** weiche Knie bekommen; **what are his ~ points?** wo liegen seine Schwächen? **weaken** ▲ *v/t* schwächen; *walls* angreifen; *hold* lockern ▲ *v/i* nachlassen; *(person)* schwach werden **weakling** *n* Schwächling *m* **weakly** *adv* schwach **weakness** *n* Schwäche *f*; *(≈ weak point)* schwacher Punkt; **to have a ~ for sth** für etw eine Schwäche *or* Vorliebe haben **weak-willed** *adj* willensschwach

wealth *n* ■ Reichtum *m*; *(≈ private fortune)* Vermögen *nt* ■ *(fig)* Fülle *f* **wealthy** ▲ *adj* (+er) reich ▲ *n* **the ~** *pl* die Reichen *pl*

wean *v/t* **to ~ sb off sb/sth** jdn jdm/einer Sache entwöhnen *(elev)*

weapon *n* *(lit, fig)* Waffe *f* **weaponry** *n* Waffen *pl*

wear *vb*: *pret* **wore**, *past part* **worn** ▲ *n* ■ **to get a lot of ~ out of a jacket** eine Jacke viel tragen; **there isn't much ~ left in this carpet** dieser Teppich hält nicht mehr lange; **for everyday ~** für jeden Tag ■ *(≈ clothing)* Kleidung *f*, Gewand *nt* *(Aus)* ■ *(≈ damage: a.* **wear and tear)** Verschleiß *m*; **to show signs of ~** *(lit)* anfangen, alt auszusehen; **to look the worse for ~** *(lit) (curtains, carpets etc)* verschlissen aussehen; *(clothes)* abgetragen aussehen; *(furniture etc)* abgenutzt aussehen; *(fig)* verbraucht aussehen; **I felt a bit the worse for ~** *(infml)* ich fühlte mich etwas angeknackst *(infml)* ■ *v/t* ■ tragen; **what shall I ~?** was soll ich anziehen?; **I haven't a thing to ~!** ich habe nichts anzuziehen ■ *(≈ damage)* abnutzen; *steps* austreten; *tyres* abfahren; **to ~ holes in sth** etw durchwetzen; *in shoes* etw durchlaufen; **to ~ smooth** *(by handling)* abgreifen; *(by walking)* austreten; *sharp edges* glatt machen ▣ *v/i* ■ *(≈ last)* halten ■ *(≈ become worn)* kaputtgehen; *(material)* sich abnutzen; **to ~ smooth** *(by water)* glatt gewaschen sein; *(by weather)* verwittern; **my patience is ~ing thin** meine Geduld geht langsam zu Ende ◊**wear away** ▲

v/t sep steps austreten; *rock* abtragen; *inscription* verwischen ▲ *v/i* sich abschleifen; *(inscription)* verwittern ◊**wear down** ▲ *v/t sep* ■ *(lit)* abnutzen; *heel* ablaufen ■ *(fig) opposition* zermürben; *person* fix und fertig machen ▲ *v/i* sich abnutzen; *(heels)* sich ablaufen ◊**wear off** *v/i* ■ *(≈ diminish)* nachlassen; **don't worry, it'll ~!** keine Sorge, das gibt sich ■ *(≈ disappear)* abgehen ◊**wear on** *v/i* sich hinziehen; *(year)* voranschreiten; **as the evening etc wore on** im Laufe des Abends *etc* ◊**wear out** ▲ *v/t sep* ■ *(lit)* kaputt machen; *carpet* abtreten; *clothes* kaputt tragen; *machinery* abnutzen ■ *(fig) (physically)* erschöpfen; *(mentally)* fertigmachen *(infml)*; **to be worn out** erschöpft *or* erledigt sein; *(mentally)* am Ende sein *(infml)*; **to wear oneself out** sich kaputtmachen *(infml)* ▲ *v/i* kaputtgehen; *(clothes, carpets)* verschleißen ◊**wear through** *v/i* sich durchwetzen; *(shoes)* sich durchlaufen

wearable *adj* *(≈ not worn out etc)* tragbar **wearily** *adv* *say* müde; *smile* matt **weariness** *n* *(physical)* Müdigkeit *f*; *(mental)* Lustlosigkeit *f*

wearing *adj* *(≈ exhausting)* anstrengend **weary** *adj* (+er) müde; *(≈ fed up)* lustlos; *smile* matt; **to grow ~ of sth** etw leid werden

weasel *n* Wiesel *nt*

weather ▲ *n* Wetter *nt*; **in cold ~** bei kaltem Wetter; **what's the ~ like?** wie ist das Wetter?; **to be under the ~** *(infml)* angeschlagen sein ▲ *v/t* ■ *(storms etc)* angreifen ■ *(a.* **weather out)** *crisis* überstehen; **to ~ the storm** den Sturm überstehen ▣ *v/i (rock etc)* verwittern **weather-beaten** *adj face* vom Wetter gegerbt; *stone* verwittert **weather chart** *n* Wetterkarte *f* **weathercock** *n* Wetterhahn *m* **weather conditions** *pl* Witterungsverhältnisse *pl* **weathered** *adj* verwittert **weather forecast** *n* Wettervorhersage *f* **weatherman** *n* *(infml)* Wettermann *m* **weatherproof** *adj* wetterfest **weather report** *n* Wetterbericht *m* **weather vane** *n* Wetterfahne *f*

weave *vb*: *pret* **wove**, *past part* **woven** ▲ *v/t* ■ *cloth* weben *(into* zu*)*; *cane* flechten *(into* zu*)* ■ *(fig) plot* erfinden; *details* einflechten *(into* in +acc*)* ■ *pret also* **weaved to ~ one's way through sth** sich durch etw schlängeln ▲ *v/i* ■ *(lit)* weben ■ *pret* *also* **weaved** (≈ *twist and turn*) sich schlängeln **weaver** *n* Weber(in) *m(f)*

web *n* **1** Netz *nt* **2** IT **the Web** das (World Wide) Web **webbed** *adj* ~ **feet** Schwimmfüße *pl* **web browser** *n* IT Browser *m* **webcam** *n* IT Webcam *f* **webcast** *n* IT Webcast *m* **web designer** *n* IT Webdesigner(in) *m(f)* **webmaster** *n* IT Webmaster(in) *m(f)* **web page** *n* IT Web-Seite *f* **website** *n* IT Web-Site *f* **website address** *n* IT Web-Site-Adresse *f*

Wed *abbr of* Wednesday Mittw.

wed (*old*) *pret, past part* **wed** *or* **wedded** *v/i* heiraten

we'd *contraction* = we would, we had

wedding *n* Hochzeit *f*; (≈ *ceremony*) Trauung *f*; **to have a registry office** (*Br*)/**church** ~ sich standesamtlich/kirchlich trauen lassen; **to go to a** ~ zu einer *or* auf eine Hochzeit gehen **wedding anniversary** *n* Hochzeitstag *m* **wedding cake** *n* Hochzeitskuchen *m* **wedding day** *n* Hochzeitstag *m* **wedding dress** *n* Hochzeitskleid *nt* **wedding reception** *n* Hochzeitsempfang *m* **wedding ring** *n* Trauring *m* **wedding vows** *pl* Ehegelübde *nt*

wedge **A** *n* **1** (*of wood etc, fig*) Keil *m* **2** (*of cake etc*) Stück *nt*; (*of cheese*) Ecke *f* **B** *v/t* **1** verkeilen; **to** ~ **a door open/shut** eine Tür festklemmen **2** (*fig*) **to** ~ **oneself/sth** sich/etw zwängen (*in in +acc*); **to be** ~**d between two people** zwischen zwei Personen eingekeilt sein ◊**wedge in** *v/t sep* **to be wedged in** (*person etc*) eingekeilt sein

Wednesday *n* Mittwoch *m*; → Tuesday **Weds** *abbr of* Wednesday Mittw.

wee[1] *adj* (+*er*) (*infml*) winzig; (*Scot*) klein **wee**[2] (*Br infml*) **A** *n* **to have** *or* **do a** ~ Pipi machen (*infml*) **B** *v/i* Pipi machen (*infml*)

weed **A** *n* **1** Unkraut *nt no pl* **2** (*infml* ≈ *person*) Schwächling *m* **B** *v/t & v/i* jäten ◊**weed out** *v/t sep* (*fig*) aussondern

weeding *n* **to do some** ~ Unkraut jäten **weedkiller** *n* Unkrautvernichter *m* **weedy** *adj* (+*er*) (*infml*) *person* schmächtig

week *n* Woche *f*; **it'll be ready in a** ~ in einer Woche *or* in acht Tagen ist es fertig; **my husband works away during the** ~ mein Mann arbeitet die Woche über auswärts; ~ **in,** ~ **out** Woche für Woche; **twice a** ~ zweimal pro Woche; **a** ~ **today** heute in einer Woche; **a** ~ **on Tuesday** Dienstag in acht Tagen; **a** ~ (**ago**) **last Monday** letzten Montag vor einer Woche; **for** ~s wochenlang; **a** ~**'s holiday** (*Br*) *or* **vacation** (*US*) ein einwöchiger Urlaub; **a 40-hour** ~ eine Vierzigstundenwoche; **two** ~s' **holiday** (*Br*) *or* **vacation** (*US*) zwei Wochen Ferien

weekday **A** *n* Wochentag *m* **B** *attr morning* eines Werktages

weekend **A** *n* Wochenende *nt*; **to go/be away for the** ~ am Wochenende verreisen/nicht da sein; **at** (*Br*) *or* **on** (*esp US*) **the** ~ am Wochenende; **to take a long** ~ ein langes Wochenende machen **B** *attr* Wochenend-; ~ **bag** Reisetasche *f*

weekly **A** *adj* Wochen-; *meeting* wöchentlich; *visit* allwöchentlich **B** *adv* wöchentlich; **twice** ~ zweimal die Woche **C** *n* Wochenzeitschrift *f*

weep *vb: pret, past part* **wept** *v/t & v/i* weinen (*over über +acc*); **to** ~ **with** *or* **for joy** vor *or* aus Freude weinen **weepy** (*infml*) *adj* (+*er*) *person* weinerlich; (*infml*) *film* rührselig

wee-wee *n, v/i* (*baby talk*) = wee[2]

weigh **A** *v/t* **1** (*lit*) wiegen; **could you** ~ **these bananas for me?** könnten Sie mir diese Bananen abwiegen? **2** (*fig*) *words etc* abwägen **B** *v/i* **1** (*lit*) wiegen **2** (*fig* ≈ *be a burden*) lasten (*on auf +dat*) **3** (*fig* ≈ *be important*) gelten; **his age** ~**ed against him** sein Alter wurde gegen ihn in die Waagschale geworfen ◊**weigh down** *v/t sep* **1** niederbeugen; **she was weighed down with packages** sie war mit Paketen überladen **2** (*fig*) niederdrücken ◊**weigh out** *v/t sep* abwiegen ◊**weigh up** *v/t sep* abwägen; *person* einschätzen

weighing scales *pl* Waage *f*

weight **A** *n* **1** Gewicht *nt*; SPORTS Gewichtsklasse *f*; **3 kilos in** ~ 3 Kilo Gewicht; **the branches broke under the** ~ **of the snow** die Zweige brachen unter der Schneelast; **to gain** *or* **put on** ~ zunehmen; **to lose** ~ abnehmen; **it's worth its** ~ **in gold** das ist Gold(es) wert; **to lift** ~s Gewichte heben; **she's quite a** ~ sie ist ganz schön schwer **2** (*fig* ≈ *burden*) Last *f*; **that's a** ~ **off my mind** mir fällt ein Stein vom Herzen **3** (*fig* ≈ *importance*) Bedeutung *f*; **to carry** ~ Gewicht haben; **to add** ~ **to sth** einer Sache (*dat*) zusätzliches Gewicht geben *or* verleihen; **to pull**

one's ~ seinen Beitrag leisten; **to throw or chuck** (*infml*) **one's ~ about** (*Br*) **or around** seinen Einfluss geltend machen **B** *v/t* **1** (≈ *make heavier*) beschweren **2** (*fig*) **to be ~ed in favour** (*Br*) **or favor** (*US*) **of sb/sth** so angelegt sein, dass es zugunsten einer Person/Sache ist **weightlessness** *n* Schwerelosigkeit *f* **weightlifting** *n* Gewichtheben *nt* **weight loss** *n no pl* Gewichtsverlust *m* **weight training** *n* Krafttraining *nt* **weighty** *adj* (*+er*) (*fig*) *argument* gewichtig; *responsibility* schwerwiegend

weir *n* (≈ *barrier*) Wehr *nt*

weird *adj* (*+er*) (≈ *eerie*) unheimlich; (*infml* ≈ *odd*) seltsam **weirdo** *n* (*infml*) verrückter Typ (*infml*)

welcome **A** *n* Willkommen *nt*; **to give sb a warm ~** jdm einen herzlichen Empfang bereiten **B** *adj* willkommen; *news* angenehm; **the money is very ~** das Geld kommt sehr gelegen; **to make sb ~** jdn sehr freundlich aufnehmen; **you're ~!** nichts zu danken!; **you're ~ to use my room** Sie können gerne mein Zimmer benutzen **C** *v/t* begrüßen; **they ~d him home with a big party** sie veranstalteten zu seiner Heimkehr ein großes Fest **D** *int* **~ home/to Scotland!** willkommen daheim/in Schottland!; **~ back!** willkommen zurück! **welcoming** *adj* zur Begrüßung; *smile, room* einladend

weld *v/t* TECH schweißen **welder** *n* Schweißer(in) *m(f)*

welfare *n* **1** (≈ *wellbeing*) Wohl *nt* **2** (≈ *welfare work*) Fürsorge *f* **3** (*US* ≈ *social security*) Sozialhilfe *f*; **to be on ~** Sozialhilfeempfänger(in) *m(f)* sein **welfare benefits** *pl* (*US*) Sozialhilfe *f* **welfare services** *pl* soziale Einrichtungen *pl* **welfare state** *n* Wohlfahrtsstaat *m*

well¹ **A** *n* (≈ *water well*) Brunnen *m*; (*a.* **oil well**) Ölquelle *f* **B** *v/i* quellen; **tears ~ed in her eyes** Tränen stiegen *or* schossen ihr in die Augen ◊**well up** *v/i* emporquellen; (*fig*) aufsteigen; (*noise*) anschwellen; **tears welled up in her eyes** Tränen schossen ihr in die Augen

well² *comp* **better**, *sup* **best** **A** *adv* **1** gut; **to do ~ at school** gut in der Schule sein; **to do ~ in an exam** in einer Prüfung gut abschneiden; **his business is doing ~** sein Geschäft geht gut; **the patient is doing ~** dem Patienten geht es gut; **if you do ~**

you'll be promoted wenn Sie sich bewähren, werden Sie befördert; **~ done!** gut gemacht!; **~ played!** gut gespielt!; **everything went ~** es ging alles gut; **to speak/think ~ of sb** von jdm positiv sprechen/denken; **to do ~ out of sth** von etw ordentlich profitieren; **you might as ~ go** du könntest eigentlich ebenso gut gehen; **are you coming? — I might as ~** kommst du? — ach, warum nicht; **we were ~ beaten** wir sind gründlich geschlagen worden; **only too ~** nur (all)zu gut; **~ and truly** (ganz) gründlich; **it was ~ worth the trouble** das hat sich sehr gelohnt; **~ out of sight** weit außer Sichtweite; **~ past midnight** lange nach Mitternacht; **it continued ~ into 2017/the night** es zog sich bis weit ins Jahr 2017/in die Nacht hin; **he's ~ over fifty** er ist weit über fünfzig **2** (≈ *probably*) ohne Weiteres; **I may ~ be late** es kann leicht *or* ohne Weiteres sein, dass ich spät komme; **it may ~ be that ...** es ist ohne Weiteres möglich, dass ...; **you may ~ be right** Sie mögen wohl recht haben; **you may ~ ask!** (*iron*) das kann man wohl fragen; **I couldn't very ~ stay** ich konnte schlecht bleiben; **as ~** auch; **x as ~ as y** x sowohl als auch y **B** *adj* **1** (≈ *in good health*) gesund; **get ~ soon!** gute Besserung; **are you ~?** geht es Ihnen gut?; **I'm very ~** es geht mir sehr gut; **she's not been ~ lately** ihr ging es in letzter Zeit (gesundheitlich) gar nicht gut; **I don't feel at all ~** ich fühle mich gar nicht wohl **2** (≈ *satisfactory*) gut; **that's all very ~, but ...** das ist ja alles schön und gut, aber ...; **it's all very ~ for you to suggest ...** Sie können leicht vorschlagen ...; **it's all very ~ for you** Sie haben gut reden; **it would be as ~ to ask first** es wäre wohl besser, sich erst mal zu erkundigen; **it's just as ~ he came** es ist gut, dass er gekommen ist; **all's ~ that ends ~** Ende gut, alles gut **C** *int* na ja; (*doubtfully*) na ja; **~, ~!, ~ I never!** also, so was!; **very ~ then!** also gut!; (*indignantly*) also bitte (sehr)! **D** *n* Gute(s) *nt*; **to wish sb ~** jdm alles Gute wünschen

we'll *contraction* = we shall, we will

well-adjusted *adj attr*, **well adjusted** *adj pred* PSYCH gut angepasst **well-advised** *adj attr*, **well advised** *adj pred* **to be well advised to ...** wohlberaten sein zu … **well-balanced** adj attr, **well balanced** adj pred **1** person ausgeglichen **2** diet (gut) ausgewogen **well-behaved** adj attr, **well behaved** adj pred child artig; animal gut erzogen **well-being** n Wohl nt **well-bred** adj attr, **well bred** adj pred person wohlerzogen **well-built** adj attr, **well built** adj pred person kräftig **well-connected** adj attr, **well connected** adj pred **to be well connected** Beziehungen in höheren Kreisen haben **well-deserved** adj attr, **well deserved** adj pred wohlverdient **well-disposed** adj attr, **well disposed** adj pred **to be well disposed toward(s) sb/sth** jdm/einer Sache freundlich gesonnen sein **well-done** adj attr, **well done** adj pred steak durchgebraten **well-dressed** adj attr, **well dressed** adj pred gut gekleidet **well-earned** adj attr, **well earned** adj pred wohlverdient **well-educated** adj attr, **well educated** adj pred gebildet **well-equipped** adj attr, **well equipped** adj pred office, studio gut ausgestattet; army gut ausgerüstet **well-established** adj attr, **well established** adj pred practice fest; company bekannt **well-fed** adj attr, **well fed** adj pred wohlgenährt **well-founded** adj attr, **well founded** adj pred wohlbegründet **well-informed** adj attr, **well informed** adj pred gut informiert **wellington (boot)** n (Br) Gummistiefel m

well-kept adj attr, **well kept** adj pred garden, hair etc gepflegt; secret streng gehütet **well-known** adj attr, **well known** adj pred bekannt; **it's well known that …** es ist allgemein bekannt, dass … **well-loved** adj attr, **well loved** adj pred viel geliebt **well-mannered** adj attr, **well mannered** adj pred mit guten Manieren **well-meaning** adj attr, **well meaning** adj pred wohlmeinend **well-nigh** adv ~ **impossible** nahezu unmöglich **well-off** adj attr, **well off** adj pred (≈ affluent) reich **well-paid** adj attr, **well paid** adj pred gut bezahlt **well-read** adj attr, **well read** adj pred belesen **well-spoken** adj attr, **well spoken** adj pred **to be well spoken** gutes Deutsch etc sprechen **well-stocked** adj attr, **well stocked** adj pred gut bestückt **well-timed** adj attr, **well timed** adj pred zeitlich günstig **well-to-do** adj wohlhabend **well-wisher** n **cards from ~s** Karten von Leuten, die ihm/ihr etc alles Gute wünschten **well-worn** adj attr, **well worn** adj pred carpet etc abgelaufen; path ausgetreten

welly n (Br infml) Gummistiefel m

Welsh **A** adj walisisch **B** n **1** LING Walisisch nt **2** the Welsh pl die Waliser pl **Welshman** n Waliser m **Welsh rabbit, Welsh rarebit** n überbackene Käseschnitte **Welshwoman** n Waliserin f

wend v/t to ~ **one's way home** sich auf den Heimweg begeben

went pret of go

wept pret, past part of weep

were 2nd person sg, 1st, 2nd, 3rd person pl pret of be

we're contraction = we are

weren't contraction = were not

werewolf n Werwolf m

west **A** n the ~, the West der Westen; **in the ~** im Westen; **to the ~** nach Westen; **to the ~ of** westlich von; **to come from the ~** (person) aus dem Westen kommen; (wind) von West(en) kommen **B** adj West- **C** adv nach Westen, westwärts; **it faces ~** es geht nach Westen; ~ **of** westlich von **westbound** adj traffic etc (in) Richtung Westen; **to be ~** nach Westen unterwegs sein **westerly** adj westlich; ~ **wind** Westwind m; **in a ~ direction** in westlicher Richtung

western **A** adj westlich; **Western Europe** Westeuropa nt **B** n Western m **Western Isles** pl the ~ die Hebriden pl **westernize** v/t (pej) verwestlichen **westernmost** adj westlichste(r, s) **West Germany** n Westdeutschland nt **West Indian** **A** adj westindisch **B** n Westindier(in) m(f) **West Indies** pl Westindische Inseln pl **Westminster** n (a. **City of Westminster**) Westminster nt, Londoner Stadtbezirk **Westphalia** n Westfalen nt **westward, westwardly** **A** adj direction westlich **B** adv (a. **westwards**) westwärts

wet vb: pret, past part wet or wetted **A** adj (+er) **1** nass; climate feucht; **to be ~** (paint) feucht sein; **to be ~ through** völlig durchnässt sein; **"wet paint"** (esp Br) „Vorsicht, frisch gestrichen"; **to be ~ behind the ears** (infml) noch feucht or noch nicht trocken hinter den Ohren sein (infml); **yes-**

terday was ~ gestern war es regnerisch **2** (*Br infml* ≈ *weak*) weichlich **B** *n* **1** (≈ *moisture*) Feuchtigkeit *f* **2** (≈ *rain*) Nässe *f* **C** *v/t* nass machen; *lips* befeuchten; **to ~ the bed/oneself** das Bett/sich nass machen; **I nearly ~ myself** (*infml*) ich habe mir fast in die Hose gemacht (*infml*) **wet blanket** *n* (*infml*) Miesmacher(in) *m(f)* (*infml*) **wetness** *n* Nässe *f* **wet nurse** *n* Amme *f* **wet suit** *n* Taucheranzug *m*

we've *contraction* = we have

whack A *n* (*infml* ≈ *blow*) (knallender) Schlag; **to give sth a ~** auf etw (*acc*) schlagen **B** *v/t* (*infml*) hauen (*infml*) **whacked** *adj* (*Br infml* ≈ *exhausted*) kaputt (*infml*) **whacking** *adj* (*Br infml*) Mords- (*infml*); **~ great** riesengroß

whacky *adj* (+*er*) (*infml*) = wacky

whale *n* **1** Wal *m* **2** (*infml*) **to have a ~ of a time** sich prima amüsieren **whaling** *n* Walfang *m*

wharf *n*, *pl* **-s** *or* **wharves** Kai *m*

what A *pron* **1** (*interrog*) was; **~ is this called?** wie heißt das?; **~'s the weather like?** wie ist das Wetter?; **you need (a) ~?** WAS brauchen Sie?; **~ is it now?** was ist denn?; **~'s that to you?** was geht dich das an?; **~ for?** wozu?; **~'s that tool for?** wofür ist das Werkzeug?; **~ did you do that for?** wofür hast du denn das gemacht?; **~ about …?** wie wärs mit …?; **you know that restaurant? — ~ about it?** kennst du das Restaurant? — was ist damit?; **~ of** *or* **about it?** na und? (*infml*); **~ if …?** was ist, wenn …?; **so ~?** (*infml*) ja *or* na und?; **~ does it matter?** was macht das schon?; **you ~?** (*infml*) wie bitte?; **~-d'you-call-him/-it** (*infml*) wie heißt er/es gleich **2** (*rel*) was; **that's exactly ~ I want** genau das möchte ich; **do you know ~ you are looking for?** weißt du, wonach du suchst?; **he didn't know ~ he was objecting to** er wusste nicht, was er ablehnte; **~ I'd like is a cup of tea** was ich jetzt gerne hätte, (das) wäre ein Tee; **~ with one thing and the other** wie das so ist; **and ~'s more** und außerdem; **he knows ~'s ~** (*infml*) der weiß Bescheid (*infml*); **(I'll) tell you ~** (*infml*) weißt du was? **B** *adj* **1** (*interrog*) welche(r, s), was für (ein/eine) (*infml*); **~ age is he?** wie alt ist er?; **~ good would that be?** (*infml*) wozu sollte

das gut sein?; **~ sort of** was für ein/eine; **~ else** was noch; **~ more could a girl ask for?** was könnte sich ein Mädchen sonst noch wünschen **2** (*rel*) der/die/das; **~ little I had** das wenige, das ich hatte; **buy ~ food you like** kauf das Essen, das du willst **3** (*in interj*) was für (ein/eine); **~ luck!** so ein Glück; **~ a fool I am!** ich Idiot! **C** *int* was; **is he good-looking, or ~?** sieht der aber gut aus! (*infml*)

whatever A *pron* was (auch) (immer); (≈ *no matter what*) egal was; **~ you like** (immer) du (auch) möchtest; **shall we go? — ~ you say** gehen wir? — ganz wie du willst; **~ it's called** egal wie es heißt; **… or ~ they're called** … oder wie sie sonst heißen; **~ does he want?** was will er wohl?; **~ do you mean?** was meinst du denn bloß? **B** *adj* **1** egal welche(r, s); **~ book you choose** welches Buch Sie auch wählen; (≈ *else*) **else you do** was immer du auch sonst machst **2** (*with neg*) **it's of no use ~** es hat absolut keinen Zweck **what's** *contraction* = what is, what has **whatsit** *n* (*infml*) Dingsbums *nt* (*infml*), Dingsda *nt* (*infml*) **whatsoever** *pron, adj* = whatever

wheat *n* Weizen *m* **wheat germ** *n* Weizenkeim *m*

wheedle *v/t* **to ~ sth out of sb** jdm etw abschmeicheln

wheel A *n* Rad *nt*; (≈ *steering wheel*) Lenkrad *nt*; **at the ~** am Steuer **B** *v/t* (≈ *push*) schieben; *wheelchair* fahren **C** *v/i* (≈ *turn*) drehen; (*birds*) kreisen ◊**wheel (a)round** *v/i* sich (rasch) umdrehen

wheelbarrow *n* Schubkarre *f* **wheelchair** *n* Rollstuhl *m* **wheel clamp** *n* (*Br*) (Park)kralle *f* **-wheeled** *adj* suf **-räd(e)rig wheelie bin** *n* (*Br infml*) Mülltonne *f* auf Rollen **wheeling and dealing** *n* Geschäftemacherei *f*

wheeze *v/i* pfeifend atmen; (*machines, asthmatic*) keuchen **wheezy** *adj* (+*er*) *old man* mit pfeifendem Atem; *cough* keuchend

when A *adv* **1** wann **2** (*rel*) **on the day ~** an dem Tag, als **B** *cj* **1** wenn; (*with past*) als; **you can go ~ I have finished** du kannst gehen, sobald *or* wenn ich fertig bin **2** (+*gerund*) beim; (≈ *at or during which time*) wobei **3** (≈ *although*) wo … doch

whenever *adv* **1** (≈ *each time*) jedes Mal

W

wenn 2 (≈ *at whatever time*) wann (auch) immer; (≈ *as soon as*) sobald; **~ you like!** wann du willst!

where *adv, cj* wo; **~ are you going (to)?** wohin gehst du?; **~ are you from?** woher kommen Sie?; **the bag is ~ you left it** die Tasche ist da, wo du sie liegen gelassen hast; **that's ~ I used to live** da habe ich (früher) gewohnt; **this is ~ we got to** bis hierhin sind wir gekommen **whereabouts** A *adv* wo B *n sg or pl* Verbleib *m* **whereas** *cj* (≈ *whilst*) während; (≈ *while on the other hand*) wohingegen **wherever** A *cj* 1 (≈ *no matter where*) wo (auch) immer 2 (≈ *in or to whatever place*) wohin; **~ that is or may be** wo auch immer das sein mag 3 (≈ *everywhere*) überall wo B *adv* wo nur; **~ did you get that hat?** wo haben Sie nur diesen Hut her? **whet** *v/t appetite etc* anregen **whether** *cj* wo ob; (≈ *no matter whether*) ganz gleich, ob **which** A *adj* welche(r, s); **~ one?** welche(r, s)?; **to tell ~ key is ~** die Schlüssel auseinanderhalten; **... by ~ time I was asleep** ... und zu dieser Zeit schlief ich (bereits) B *pron* 1 (*interrog*) welche(r, s); **~ of the children** welches Kind; **~ is ~?** (*of people*) wer ist wer?; (*of things*) welche(r, s) ist welche(r, s)? 2 (*rel*) (*with n antecedent*) der/die/das, welche(r, s) (*elev*); (*with clause antecedent*) was; **the bear ~ I saw** der Bär, den ich sah; **it rained, ~ upset her plans** es regnete, was ihre Pläne durcheinanderbrachte; **~ reminds me ...** dabei fällt mir ein, ...; **the shelf on ~ I put it** das Brett, auf das *or* worauf ich es gelegt habe **whichever** A *adj* welche(r, s) auch immer; (≈ *no matter which*) ganz egal welche(r, s) B *pron* welche(r, s) auch immer; **~ (of you) has the money** wer immer (von euch) das Geld hat **whiff** *n* Hauch *m*; (*pleasant*) Duft *m*; (*fig ≈ trace*) Spur *f* **while** A *n* Weile *f*; **for a ~** eine Zeit lang; **a good** *or* **long ~** eine ganze Weile; **for quite a ~** recht lange; **a little** *or* **short ~** ein Weilchen (*infml*); **it'll be ready in a short ~** es wird bald fertig sein; **a little ~ ago** vor Kurzem; **a long ~ ago** vor einer ganzen Weile; **to be worth (one's) ~ to ...** sich (für jdn) lohnen, zu ... B *cj* während; (≈ *as long as*) solange; **she fell asleep ~ reading** sie schlief beim Lesen ein; **he be-**

came famous ~ still young er wurde berühmt, als er noch jung war; **~ one must admit there are difficulties ...** (≈ *although*) man muss zwar zugeben, dass es Schwierigkeiten gibt, trotzdem ... ◊**while away** *v/t sep time* sich (*dat*) vertreiben **whilst** *cj* = while II **whim** *n* Laune *f*; **on a ~** aus Jux und Tollerei (*infml*) **whimper** A *n* (*of dog*) Winseln *nt no pl*; (*of person*) Wimmern *nt no pl* B *v/i* (*dog*) winseln; (*person*) wimmern **whimsical** *adj* wunderlich; *tale* schnurrig **whine** A *n* Heulen *nt no pl*; (*of dog*) Jaulen *nt no pl* B *v/i* 1 heulen; (*dog*) jaulen 2 (≈ *whinge*) jammern; (*child*) quengeln **whinge** (*Br infml*) *v/i* jammern, raunzen (*Aus*) **whining** A *n* (*of dog*) Gejaule *nt*, Gejammer *nt* B *adj* 1 (≈ *complaining*) *voice* weinerlich 2 *sound* wimmernd; *dog* jaulend **whinny** A *n* Wiehern *nt no pl* B *v/i* wiehern **whip** A *n* 1 Peitsche *f* 2 (≈ *riding whip*) Reitgerte *f* B *v/t* 1 *people* auspeitschen; *horse* peitschen; COOK schlagen; **to ~ sb/ sth into shape** (*fig*) jdn/etw zurechtschleifen 2 (*fig*) **he ~ped his hand out of the way** er zog blitzschnell seine Hand weg C *v/i* (≈ *move quickly*: *person*) schnell (mal) laufen ◊**whip off** *v/t sep clothes* herunterreißen; *tablecloth* wegziehen ◊**whip out** *v/t sep camera* zücken ◊**whip up** *v/t sep* (*infml*) *meal* hinzaubern; (*fig*) *interest* entfachen; *support* finden **whiplash** *n* (MED: *a.* **whiplash injury**) Peitschenschlagverletzung *f* **whipped cream** *n* Schlagsahne *f*, Schlagobers *m* (*Aus*), (geschwungener) Nidel (*Aus*) **whirl** A *n* (≈ *spin*) Wirbeln *nt no pl*; **to give sth a ~** (*fig infml ≈ try out*) etw ausprobieren B *v/t* wirbeln; **to ~ sb/sth round** jdn/ etw herumwirbeln C *v/i* wirbeln; **to ~ (a)round** herumwirbeln; (*water*) strudeln; (*person*) herumfahren; **my head is ~ing** mir schwirrt der Kopf **whirlpool** *n* Strudel *m*; (*in health club*) ≈ Kneippbecken *nt* **whirlwind** *n* Wirbelwind *m*; (*fig*) Trubel *m*; **a ~ romance** eine stürmische Romanze **whirr** A *n* (*of wings*) Schwirren *nt*; (*of machine*) Surren *nt*; (*louder*) Brummen *nt* B *v/i* (*wings*) schwirren; (*machine*) surren; (*lou-*

der) brummen

whisk **A** *n* COOK Schneebesen *m; (electric)* Rührgerät *nt* **B** *v/t* **1** COOK schlagen; *eggs* verquirlen **2** **she ~ed it out of my hand** sie riss es mir aus der Hand ◊**whisk away** *or* **off** *v/t sep* **he whisked her away to the Bahamas** er entführte sie auf die Bahamas

whisker *n* Schnurrhaar *nt; (of person)* Barthaar *nt;* **~s** Schnurrbart *m,* Schnauz *m (Swiss); (≈ side whiskers)* Backenbart *m;* **by a ~** um Haaresbreite

whisky, *(US, Ir)* **whiskey** *n* Whisky *m*

whisper **A** *n* Geflüster *nt no pl;* **to talk in ~s** im Flüsterton sprechen **B** *v/t* flüstern; **to ~ sth to sb** jdm etw zuflüstern **C** *v/i* flüstern **whispering** *n* Geflüster *nt no pl*

whist *n* Whist *nt*

whistle **A** *n* **1** *(≈ sound)* Pfiff *m; (of wind)* Pfeifen *nt* **2** *(≈ instrument)* Pfeife *f;* **to blow a ~** pfeifen **B** *v/t & v/i* pfeifen; **to ~ at sb** jdm nachpfeifen **whistle-stop** *attr* **~ tour** POL Wahlreise *f; (fig)* Reise mit Kurzaufenthalten an allen Orten

white **A** *adj (+er)* weiß; **as ~ as a sheet** leichenblass **B** *n* **1** *(≈ colour)* Weiß *nt; (≈ person)* Weiße(r) *m/f(m); (of egg)* Eiweiß *nt; (of eye)* Weiße(s) *nt* **whiteboard** *n* Weißwandtafel *f* **white coffee** *n (Br)* Kaffee *m* mit Milch **white-collar** *adj* **~ worker** Schreibtischarbeiter(in) *m(f);* **~ job** Schreibtisch- *or* Büroposten *m* **white goods** *pl* COMM Haushaltsgeräte *pl* **white-haired** *adj* weißhaarig **Whitehall** *n (≈ British government)* Whitehall *no art* **white-hot** *adj* weiß glühend **White House** *n* **the ~** das Weiße Haus **white lie** *n* Notlüge *f* **white meat** *n* helles Fleisch **whiten** **A** *v/t* weiß machen **B** *v/i* weiß werden **whiteness** *n* Weiße *f; (of skin)* Helligkeit *f* **White-Out®** *n (US)* Korrekturflüssigkeit *f* **whiteout** *n* starkes Schneegestöber **white paper** *n* POL Weißbuch *nt (on zu)* **white sauce** *n* helle Soße **white spirit** *n (Br)* Terpentinersatz *m* **white stick** *n* Blindenstock *m* **white tie** *n* **a ~ occasion** eine Veranstaltung mit Frackzwang **white trash** *n (US pej infml)* weißes Pack *(pej infml)* **whitewash** **A** *n* Tünche *f; (fig)* Augenwischerei *f* **B** *v/t* tünchen; *(fig)* schönfärben **white-water rafting** *n* Rafting *nt* **white wedding** *n* Hochzeit *f* in Weiß **white wine** *n* Weißwein *m*

Whit Monday *n (Br)* Pfingstmontag *m* **Whitsun** *(Br) n* Pfingsten *nt* **Whit Sunday** *n (Br)* Pfingstsonntag *m* **Whitsuntide** *n (Br)* Pfingstzeit *f*

whittle *v/t* schnitzen ◊**whittle away** *v/t sep* allmählich abbauen; *rights* nach und nach beschneiden ◊**whittle down** *v/t sep* reduzieren *(to* auf +*acc)*

whiz(z) **A** *n (infml)* Kanone *f (infml);* **a computer ~** ein Computergenie *nt (infml)* **B** *v/i (arrow)* schwirren **whiz(z) kid** *n (infml)* Senkrechtstarter(in) *m(f)*

who *pron* **1** *(interrog)* wer; *(acc)* wen; *(dat)* wem; **~ do you think you are?** für wen hältst du dich eigentlich?; **~ did you stay with?** bei wem haben Sie gewohnt? **2** *(rel)* der/die/das, welche(r, s); **any man ~ ...** jeder (Mensch), der ... **who'd** *contraction* = **who had, who would whodun(n)it** *n (infml)* Krimi *m (infml)*

whoever *pron* wer (auch immer); *(acc)* wen (auch immer); *(dat)* wem (auch immer); *(≈ no matter who)* ganz gleich wer/wen/wem

whole **A** *adj* ganz; *truth* voll; **the ~ lot** das Ganze; *(of people)* alle; **a ~ lot better** *(infml)* ein ganzes Stück besser *(infml);* **the ~ thing** das Ganze; **the figures don't tell the ~ story** die Zahlen sagen nicht alles **B** *n* Ganze(s) *nt;* **the ~ of the month** der ganze *or* gesamte Monat; **the ~ of the time** die ganze Zeit; **the ~ of London** ganz London; **as a ~** als Ganzes; **on the ~** im Großen und Ganzen **wholefood** *adj attr (esp Br)* Vollwert(kost)-; **~ shop** Bioladen *m* **wholehearted** *adj* uneingeschränkt **wholeheartedly** *adv* voll und ganz **wholemeal** *(Br) adj* Vollkorn- **wholesale** **A** *n* Großhandel *m* **B** *adj attr* **1** COMM Großhandels- **2** *(fig)* umfassend **C** *adv* **1** im Großhandel **2** *(fig)* massenhaft **wholesaler** *n* Großhändler(in) *m(f)* **wholesale trade** *n* Großhandel *m* **wholesome** *adj* **1** gesund **2** *entertainment* erbaulich **whole-wheat** *n* Voll(korn)weizen *m*

who'll *contraction* = **who will, who shall wholly** *adv* völlig

whom *pron* **1** *(interrog) (acc)* wen; *(dat)* wem **2** *(rel) (acc)* den/die/das; *(dat)* dem/der/dem; **..., all of ~ were drunk ...,** die alle betrunken waren; **none/all of ~** von denen keine(r, s)/alle

whoop *v/i* jauchzen **whooping cough**

n Keuchhusten *m*

whoosh **A** *n* (*of water*) Rauschen *nt*; (*of air*) Zischen *nt* **B** *v/i* rauschen; (*air*) zischen

whopping *adj* (*infml*) Riesen-

whore *n* Hure *f*

whorl *n* Kringel *m*; (*of shell*) (Spiral)windung *f*

who's *contraction* = who has, who is

whose *poss pr* **1** (*interrog*) wessen; **~ is this?** wem gehört das?; **~ car did you go in?** bei wem sind Sie gefahren? **2** (*rel*) dessen; (*after f and pl*) deren

why **A** *adv* warum, weshalb; (*asking for purpose*) wozu; (≈ *how come that* ...) wieso; **~ not ask him?** warum fragst du/fragen wir *etc* ihn nicht?; **~ wait?** warum *or* wozu (noch) warten?; **~ do it this way?** warum denn so?; **that's ~** darum **B** *int* **~, of course, that's right!** ja doch, das stimmt so!; **~, if it isn't Charles!** na so was, das ist doch (der) Charles!

wick *n* Docht *m*

wicked *adj* **1** böse; (≈ *immoral*) schlecht; *satire* boshaft; *smile* frech; **that was a ~ thing to do** das war aber gemein (von dir/ihm *etc*); **it's ~ to tell lies** Lügen ist hässlich **2** (*sl* ≈ *very good*) geil (*sl*) **wickedly** *adv smile, look, grin* frech **wickedness** *n* **1** Schlechtigkeit *f*; (≈ *immorality*) Verderbtheit *f* **2** (≈ *mischievousness*) Boshaftigkeit *f*

wicker *adj attr* Korb- **wicker basket** *n* (Weiden)korb *m* **wickerwork** **A** *n* (≈ *articles*) Korbwaren *pl* **B** *adj* Korb-

wide **A** *adj* (+*er*) **1** breit; *skirt* weit; *eyes, variety* groß; *experience, choice* reich; **it is three feet ~** es ist drei Fuß breit; **the big ~ world** die (große) weite Welt **2** **it was ~ of the target** es ging daneben **B** *adv* **1** weit; **~ apart** weit auseinander; **open ~!** bitte weit öffnen; **the law is ~ open to abuse** das Gesetz öffnet dem Missbrauch Tür und Tor **2** **to go ~ of sth** an etw (*dat*) vorbeigehen **-wide** *adj suf* in dem/der gesamten; **Europe-wide** europaweit **wide-angle (lens)** *n* PHOT Weitwinkel(objektiv *nt*) *m* **wide area network** *n* IT Weitverkehrsnetz *nt* **wide-awake** *adj attr* hellwach **wide awake** *adj pred* hellwach **wide-eyed** *adj* mit großen Augen **widely** *adv* weit; (≈ *by or to many people*) allgemein; *vary* stark; *differing* völlig; *available* fast überall; **his re-**marks were ~ publicized seine Bemerkungen fanden weite Verbreitung; **a ~ read student** ein sehr belesener Student **widen** **A** *v/t road* verbreitern; *passage, scope* erweitern; *appeal* erhöhen **B** *v/i* breiter werden; (*interests etc*) sich ausweiten ◊**widen out** *v/i* sich erweitern (*into zu*)

wideness *n* Breite *f* **wide-open** *adj attr*, **wide open** *adj pred* **1** *window* weit offen; *eyes* weit aufgerissen **2** *contest etc* völlig offen **wide-ranging**, **wide-reaching** *adj* weitreichend **wide-screen** *adj* FILM Breitwand-; **~ television set** Breitbildfernseher *m* **widespread** *adj* weitverbreitet *attr*; **to become ~** weite Verbreitung erlangen

widow **A** *n* Witwe *f* **B** *v/t* zur Witwe/zum Witwer machen; **she was twice ~ed** sie ist zweimal verwitwet **widowed** *adj* verwitwet **widower** *n* Witwer *m*

width *n* Breite *f*; (*of skirts etc*) Weite *f*; **six feet in ~** sechs Fuß breit; **what is the ~ of the material?** wie breit liegt dieser Stoff? **widthways** *adv* der Breite nach

wield *v/t pen, sword* führen; *axe* schwingen; *power* ausüben

wife *n*, *pl* **wives** (Ehe)frau *f*

WiFi *abbr of wireless fidelity* IT WLAN *nt*, Wi-Fi *nt* **WiFi connection** *n* IT WLAN-Verbindung *f* **WiFi hotspot** *n* IT (WLAN-)Hotspot *m*, (Wi-Fi-)Hotspot *m*

wig *n* Perücke *f*

wiggle **A** *v/t* wackeln mit **B** *v/i* wackeln **wiggly** *adj* wackelnd; **~ line** Schlangenlinie *f*; (*drawn*) Wellenlinie *f*

wigwam *n* Wigwam *m*

wild **A** *adj* (+*er*) **1** (≈ *not domesticated*) wild; *people* unzivilisiert; *flowers* wild wachsend; **~ animals** Tiere *pl* in freier Wildbahn; **a lion is a ~ animal** der Löwe lebt in freier Wildbahn **2** *weather, sea* stürmisch **3** (≈ *excited, riotous*) wild (*with vor* +*dat*); *desire* unbändig; **to be ~ about sb/sth** (*infml*) auf jdn/etw wild sein (*infml*) **4** (*infml* ≈ *angry*) wütend (*with, at mit, auf* +*acc*); **it drives me ~** das macht mich ganz wild *or* rasend **5** (≈ *extravagant*) verrückt; *exaggeration* maßlos; *imagination* kühn; **never in my ~est dreams** auch in meinen kühnsten Träumen nicht **6** (≈ *wide of the mark*) Fehl-; **~ throw** Fehlwurf *m*; **it was just a ~ guess** es war nur so (wild) drauflosgeraten **B** *adv grow* wild;

to let one's imagination run ~ seiner Fantasie (*dat*) freien Lauf lassen; **he lets his kids run ~** (*pej*) er lässt seine Kinder auf der Straße aufwachsen **C** *n* **in the ~** in freier Wildbahn; **the ~s** die Wildnis **wildcat strike** *n* wilder Streik **wilderness** *n* Wildnis *f*; (*fig*) Wüste *f* **wildfire** *n* **to spread like ~** sich wie ein Lauffeuer ausbreiten **wildfowl** *n no pl* Wildgeflügel *nt* **wild-goose chase** *n* fruchtloses Unterfangen **wildlife** *n* die Tierwelt; **~ sanctuary** Wildschutzgebiet *nt* **wildly** *adv* wild; (≈ *excitedly*) aufgeregt; *exaggerated* maßlos **wildness** *n* Wildheit *f*

wile *n usu pl* List *f*

wilful, (*US*) **willful** *adj* **1** (≈ *self-willed*) eigensinnig **2** *damage* mutwillig

will[1] *pret* **would** **A** *modal v/aux* **1** (*future*) werden; **I'm sure that he ~ come** ich bin sicher, dass er kommt; **you ~ come to see us, won't you?** Sie kommen uns doch besuchen, ja?; **you won't lose it, ~ you?** du wirst es doch nicht verlieren, oder? **2** (*emphatic*) **~ you be quiet!** willst du jetzt wohl ruhig sein!; **he says he ~ go and I say he won't** er sagt, er geht, und ich sage, er geht nicht; **he ~ interrupt all the time** er muss ständig dazwischenreden **3** (*expressing willingness, capability*) wollen; **he won't sign** er unterschreibt nicht; **he wouldn't help me** er wollte mir nicht helfen; **wait a moment, ~ you?** jetzt warte doch mal einen Moment!; **the door won't open** die Tür lässt sich nicht öffnen *or* geht nicht auf (*infml*) **4** (*in questions*) **~ you have some more tea?** möchten Sie noch Tee?; **~ you accept these conditions?** akzeptieren Sie diese Bedingungen?; **there isn't any tea, ~ coffee do?** es ist kein Tee da, darf es auch Kaffee sein? **5** (*tendency*) **sometimes he ~ go to the pub** manchmal geht er auch in die Kneipe **B** *v/i* wollen; **as you ~!** wie du willst!

will[2] **A** *n* **1** Wille *m*; **to have a ~ of one's own** einen eigenen Willen haben; (*hum*) so seine Mucken haben (*infml*); **the ~ to live** der Wille, zu leben, der Lebenswille; **against one's ~** gegen seinen Willen; **at ~** nach Lust und Laune; **of one's own free ~** aus freien Stücken; **with the best ~ in the world** beim *or* mit (dem) (aller)besten Willen **2** (≈ *testament*) Testament *nt* **B** *v/t* (durch Willenskraft) erzwingen;

to ~ sb to do sth jdn durch die eigene Willensanstrengung dazu bringen, dass er etw tut **willful** (*US*) = wilful

willie *n* (*Br infml* ≈ *penis*) Pimmel *m* (*infml*)

willies *pl* (*infml*) **it/he gives me the ~** da/bei dem wird mir ganz anders (*infml*)

willing *adj* **1** **to be ~ to do sth** bereit sein, etw zu tun; **he was ~ for me to take it** es war ihm recht, dass ich es nahm **2** *helpers* bereitwillig

willingly *adv* bereitwillig **willingness** *n* Bereitschaft *f*

willow *n* (*a.* **willow tree**) Weide *f*

willpower *n* Willenskraft *f*

willy *n* (*Br infml*) = **willie**

willy-nilly *adv* **1** *choose* aufs Geratewohl **2** (≈ *willingly or not*) wohl oder übel

wilt *v/i* **1** (*flowers*) welken **2** (*person*) matt werden

wily *adj* (*+er*) listig, hinterlistig (*pej*)

wimp *n* (*infml*) Waschlappen *m* (*infml*)

win *vb: pret, past part* **won** **A** *n* Sieg *m* **B** *v/t* gewinnen; *contract* bekommen; *victory* erringen **C** *v/i* siegen; **OK, you ~, I was wrong** okay, du hast gewonnen, ich habe mich geirrt; **whatever I do, I just can't ~** egal, was ich mache, ich machs immer falsch ◊**win over** *v/t sep* für sich gewinnen ◊**win round** *v/t sep* (*esp Br*) = **win over**

wince *v/i* zusammenzucken

winch **A** *n* Winde *f* **B** *v/t* winschen

wind[1] **A** *n* **1** Wind *m*; **the ~ is from the east** der Wind kommt aus dem Osten; **to put the ~ up sb** (*Br infml*) jdn ins Bockshorn jagen; **to get ~ of sth** von etw Wind bekommen; **to throw caution to the ~s** Bedenken in den Wind schlagen **2** (*from bowel*) Blähung *f*; **to break ~** einen Wind streichen lassen **B** *v/t* (*Br*) **he was ~ed by the ball** der Ball nahm ihm den Atem

wind[2] *vb: pret, past part* **wound** **A** *v/t* **1** *bandage* wickeln; *turban etc* winden; (*on reel*) spulen **2** *handle* kurbeln; *clock, toy* aufziehen **3** **to ~ one's way** sich schlängeln **B** *v/i* (*river etc*) sich winden ◊**wind around** **A** *v/t sep +prep obj* wickeln um; **wind it twice around the post** wickele es zweimal um den Pfosten; **to wind itself around sth** sich um etw schlingen **B** *v/i* (*road*) sich winden **C** *v/i +prep obj* (*road*) sich schlängeln durch ◊**wind back** *v/t sep tape* zurückspulen ◊**wind down** **A** *v/t sep* **1** *windows* herunterkurbeln **2** *oper-*

ations reduzieren **B** *v/i (infml ≈ relax)* entspannen ◊**wind forward** *or* **on** *v/t sep film* weiterspulen ◊**wind round** *v/t & v/i sep (esp Br)* = wind around ◊**wind up** **A** *v/t sep* **1** *window* hinaufkurbeln **2** *mechanism, (Br fig infml) person* aufziehen; **to be wound up about sth** *(fig)* über etw *(acc)* erregt sein **3** *(≈ end)* zu Ende bringen **B** *v/i (infml)* enden; **to ~ in hospital** im Krankenhaus landen; **to ~ doing sth** am Ende etw tun

windbreak *n* Windschutz *m* **Windbreaker®** *(US)*, **windcheater** *(Br) n* Windjacke *f* **wind-chill factor** *n* Wind-Kälte-Faktor *m* **winded** *adj* atemlos, außer Atem **wind energy** *n* Windenergie *f* **windfall** *n* Fallobst *nt; (fig)* unerwartetes Geschenk **wind farm** *n* Windfarm *f*

winding *adj* gewunden **winding staircase** *n* Wendeltreppe *f* **winding-up** *n (of project)* Abschluss *m; (of company, society)* Auflösung *f*

wind instrument *n* Blasinstrument *nt* **windmill** *n* Windmühle *f*

window *n* Fenster *nt; (≈ shop window)* (Schau)fenster *nt* **window box** *n* Blumenkasten *m* **windowcleaner** *n* Fensterputzer(in) *m(f)* **window display** *n* (Schaufenster)auslage *f* **window-dressing** *n* Auslagen- *or* Schaufensterdekoration *f; (fig)* Mache *f*, Schau *f (infml);* **that's just ~** das ist alles nur Mache **window ledge** *n* = windowsill **windowpane** *n* Fensterscheibe *f* **window-shopping** *n* **to go ~** einen Schaufensterbummel machen **windowsill** *n* Fensterbank *f*

windpipe *n* Luftröhre *f* **wind power** *n* Windkraft *f* **windscreen**, *(US)* **windshield** *n* Windschutzscheibe *f* **windscreen washer**, *(US)* **windshield washer** *n* Scheibenwaschanlage *f* **windscreen wiper**, *(US)* **windshield wiper** *n* Scheibenwischer *m* **windsurf** *v/i* windsurfen **windsurfer** *n* **1** *(≈ person)* Windsurfer(in) *m(f)* **2** *(≈ board)* Windsurfbrett *nt* **windsurfing** *n* Windsurfen *n* **windswept** *adj beach* über den/die/das der Wind fegt; *person* (vom Wind) zerzaust **wind tunnel** *n* Windkanal *m* **wind turbine** *n* Windturbine *f*

wind-up *n (Br infml ≈ joke)* Witz *m* **windy** *adj (+er)* windig

wine **A** *n* Wein *m;* **cheese and ~ party**

Party, bei der Wein und Käse gereicht wird **B** *adj (colour)* burgunderrot **wine bar** *n* Weinlokal *nt* **wine bottle** *n* Weinflasche *f* **wine cellar** *n* Weinkeller *m* **wineglass** *n* Weinglas *nt* **wine growing** *adj* Wein(an)bau-; **~ region** Wein(an)baugebiet *nt* **wine list** *n* Weinkarte *f* **wine tasting** *n* Weinprobe *f*

wing **A** *n* **1** Flügel *m; (Br* AUTO*)* Kotflügel *m;* **to take sb under one's ~** *(fig)* jdn unter seine Fittiche nehmen; **to spread one's ~s** *(fig)* flügge werden; **to play on the (left/right) ~** SPORTS auf dem (linken/rechten) Flügel spielen **2** **wings** *pl* THEAT Kulisse *f;* **to wait in the ~s** in den Kulissen warten **B** *v/t* **to ~ one's way** fliegen **winger** *n* SPORTS Flügelspieler(in) *m(f)* **wing nut** *n* Flügelmutter *f* **wingspan** *n* Flügelspannweite *f*

wink **A** *n* Zwinkern *nt;* **I didn't sleep a ~** *(infml)* ich habe kein Auge zugetan **B** *v/t* zwinkern mit *(+dat)* **C** *v/i (meaningfully)* zwinkern; **to ~ at sb** jdm zuzwinkern

winkle *n (Br)* Strandschnecke *f*

winner *n (competition)* Sieger(in) *m(f); (of pools etc)* Gewinner(in) *m(f);* **to be onto a ~** *(infml)* das große Los gezogen haben *(infml)* **winning** **A** *adj* **1** *person, entry* der/die gewinnt; *team* siegreich; *goal* Sieges- **2** *smile* gewinnend **B** *n* **winnings** *pl* Gewinn *m* **winning post** *n* Zielpfosten *m*

wino *n (infml)* Saufbruder *m (infml)*

winter **A** *n* Winter *m* **B** *adj attr* Winter- **Winter Olympics** *pl* Winterolympiade *f* **winter sports** *pl* Wintersport *m* **wintertime** *n* Winter *m* **wintery**, **wintry** *adj* winterlich

wipe **A** *n* Wischen *nt;* **to give sth a ~** etw abwischen **B** *v/t* wischen; *floor* aufwischen; *hands* abwischen; **to ~ sb/sth dry** jdn/etw abtrocknen; **to ~ sb/sth clean** jdn/etw sauber wischen; **to ~ one's eyes** sich *(dat)* die Augen wischen; **to ~ one's nose** sich *(dat)* die Nase putzen; **to ~ one's feet** sich *(dat)* die Füße abtreten; **to ~ the floor with sb** *(fig infml)* jdn fertigmachen *(infml)* ◊**wipe away** *v/t sep* wegwischen ◊**wipe off** *v/t sep* abwischen; **wipe that smile off your face** *(infml)* hör auf zu grinsen *(infml);* **to be wiped off the map** *or* **the face of the earth** von der Landkarte *or* Erdoberfläche getilgt werden ◊**wipe out** *v/t sep* **1** bowl auswischen **2** *sth on blackboard* (aus)löschen **3** *disease, race* ausrotten; *enemy* aufreiben ◊**wipe up A** *v/t sep liquid* aufwischen; *dishes* abtrocknen **B** *v/i* abtrocknen

wire A *n* **1** Draht *m*; (*for electricity*) Leitung *f*; (≈ *insulated flex*) Schnur *f*; **you've got your ~s crossed there** (*infml*) Sie verwechseln da etwas **2** TEL Telegramm *nt* **3** (≈ *microphone*) Wanze *f* (*infml*) **B** *v/t* **1** *plug* anschließen; *house* die (elektrischen) Leitungen verlegen in (+*dat*) **2** TEL telegrafieren **3** (≈ *fix with wire*) mit Draht zusammenbinden ◊**wire up** *v/t sep lights* anschließen

wireless A *n* (*esp Br dated*) Radio *nt* **B** *adj programme* Radio-; *technology* drahtlos; **~ phone** drahtloses Telefon **Wireless Application Protocol** *n* IT WAP-Protokoll *nt* **wireless router** *n* IT WLAN-Router *m* **wire netting** *n* Maschendraht *m* **wiretap** *v/t phone, conversation* abhören; *building* abhören in (+*dat*) **wiring** *n* elektrische Leitungen *pl* **wiry** *adj* (+*er*) drahtig

wisdom *n* Weisheit *f* **wisdom tooth** *n* Weisheitszahn *m*

wise *adj* (+*er*) weise; *move etc* klug; **the Three Wise Men** die drei Weisen; **I'm none the ~r** (*infml*) ich bin nicht klüger als vorher; **nobody will be any the ~r** (*infml*) niemand wird das spitzkriegen (*infml*); **you'd be ~ to ...** du tätest gut daran, ...; **to get ~ to sb/sth** (*infml*) jd/etw spitzkriegen (*infml*); **to be ~ to sb/sth** (*infml*) jdn/etw kennen; **he fooled her twice, then she got ~ to him** zweimal hat er sie hereingelegt, dann ist sie ihm auf die Schliche gekommen -**wise** *adv suf* -mäßig, in Bezug auf (+*acc*) **wisecrack** *n* Stichelei *f*; **to make a ~ (about sb/sth)** witzeln (über jdn/etw) **wise guy** *n* (*infml*) Klugscheißer *m* (*infml*) **wisely** *adv* weise; (≈ *sensibly*) klugerweise

wish A *n* Wunsch *m* (*for* nach); **I have no great ~ to see him** ich habe keine große Lust, ihn zu sehen; **to make a ~** sich (*dat*) etwas wünschen; **with best ~es** alles Gute; **he sends his best ~es** er lässt (vielmals) grüßen **B** *v/t* wünschen; **he ~es to be alone** er möchte allein sein; **how he ~ed that his wife was** *or* **were there** wie sehr er sich (*dat*) wünschte, dass seine Frau hier wäre; **~ you were here** ich wünschte, du wärest hier; **to ~ sb good luck** jdm viel Glück wünschen ◊**wish for** *v/i* +*prep obj* **to ~ sth** sich (*dat*) etw wünschen ◊**wish on** *or* **upon** *v/t sep* +*prep obj* (*infml*) **to wish sb/sth on** *or* **upon sb** jdm jdn/etw aufhängen (*infml*)

wishful *adj* **that's just ~ thinking** das ist reines Wunschdenken

wishy-washy *adj person* farblos; *colour* verwaschen; *argument* schwach (*infml*)

wisp *n* (*of straw etc*) kleines Büschel; (*of cloud*) Fetzen *m*; (*of smoke*) Wölkchen *nt* **wispy** *adj* (+*er*) **~ clouds** Wolkenfetzen *pl*; **~ hair** dünne Haarbüschel

wistful *adj*, **wistfully** *adv* wehmütig

wit *n* **1** (≈ *understanding*) Verstand *m*; **to be at one's ~s' end** mit seinem Latein am Ende sein (*hum infml*); **to be scared out of one's ~s** zu Tode erschreckt sein; **to have one's ~s about one** seine (fünf) Sinne beisammenhaben **2** (≈ *wittiness*) Geist *m*, Witz *m* **3** (≈ *person*) geistreicher Kopf

witch *n* Hexe *f* **witchcraft** *n* Hexerei *f* **witch doctor** *n* Medizinmann *m* **witch-hunt** *n* Hexenjagd *f*

with *prep* **1** mit; **are you pleased ~ it?** bist du damit zufrieden?; **bring a book ~ you** bring ein Buch mit; **~ no ...** ohne ...; **to walk ~ a stick** am *or* mit einem Stock gehen; **put it ~ the rest** leg es zu den anderen; **how are things ~ you?** wie gehts?; **it varies ~ the temperature** es verändert sich je nach Temperatur; **is he ~ us or against us?** ist er für oder gegen uns? **2** (≈ *at house of, in company of etc, on person*) bei; **I'll be ~ you in a moment** einen Augenblick bitte, ich bin gleich da; **10 years ~ the company** 10 Jahre bei *or* in der Firma **3** (*cause*) vor (+*dat*); **to shiver ~ cold** vor Kälte zittern **4** (≈ *while sb/sth is*) wo; **you can't go ~ your mother ill** wo deine Mutter krank ist, kannst du nicht gehen; **~ the window open** bei offenem Fenster **5** (*infml: expressing comprehension*) **I'm not ~ you** da komm ich nicht mit (*infml*); **to be ~ it** (≈ *alert*) bei der Sache sein

withdraw *pret* withdrew, *past part* withdrawn **A** *v/t object, charge, offer* zurückziehen; *money* abheben; *comment* widerrufen **B** *v/i* sich zurückziehen; (≈ *move away*) zurücktreten **withdrawal** *n* (*of objects, charge*) Zurückziehen *nt*; (*of money*) Abheben *nt*; *(of words)* Zurücknehmen *nt*; *(of troops)* Rückzug *m*; *(from drugs)* Entzug *m*; **to make a ~ from a bank** von einer Bank Geld abheben **withdrawn** **A** *past part* of withdraw **B** *adj person* verschlossen **withdrew** *pret* of withdraw

wither *v/i* **1** *(lit)* verdorren; *(limb)* verkümmern **2** *(fig)* welken ◊**wither away** *v/i* = wither

withered *adj* verdorrt **withering** *adj heat* ausdörrend; *look* vernichtend

withhold *pret, past part* withheld *v/t* vorenthalten; *(≈ refuse)* verweigern; **to ~ sth from sb** jdm etw vorenthalten/verweigern

within **A** *prep* innerhalb (+*gen*); **to be ~ 100 feet of the finish** auf den letzten 100 Fuß vor dem Ziel sein; **we came ~ 50 feet of the summit** wir kamen bis auf 50 Fuß an den Gipfel heran **B** *adv* *(old, liter)* innen; **from ~** von drinnen

without **A** *prep* ohne; **~ speaking** ohne zu sprechen, wortlos; **~ my noticing it** ohne dass ich es bemerkte **B** *adv* *(old, liter)* außen; **from ~** von draußen

withstand *pret, past part* withstood *v/t* standhalten (+*dat*)

witless *adj* **to be scared ~** zu Tode erschreckt sein

witness **A** *n* **1** *(≈ person)* Zeuge *m*, Zeugin *f*; **~ for the defence** *(Br)* or **defense** *(US)* Zeuge *m*/Zeugin *f* der Verteidigung **2** *(≈ evidence)* Zeugnis *nt*; **to bear ~ to sth** Zeugnis über etw *(acc)* ablegen **B** *v/t* **1** *accident* Zeuge/Zeugin sein bei *or* (+*gen*); *scenes* (mit)erleben; *changes* erleben **2** *signature* bestätigen **witness box**, *(US)* **witness stand** *n* Zeugenstand *m*

witty *adj* (+*er*) witzig, geistreich

wives *pl* of wife

wizard *n* **1** Zauberer *m* **2** *(infml)* Genie *nt*

wizened *adj* verschrumpelt

wk *abbr* of week Wo.

WMD *abbr* of weapons of mass destruction

wobble **A** *n* Wackeln *nt* **B** *v/i* wackeln; *(cyclist)* schwanken; *(jelly)* schwabbeln **C** *v/t* rütteln an (+*dat*) **wobbly** *adj* (+*er*) wackelig; *jelly* (sch)wabbelig; **to feel ~** wackelig auf den Beinen sein *(infml)*

woe *n* **1** *(liter, hum ≈ sorrow)* Jammer *m*; **~ (is me)!** weh mir!; **~ betide him who …!** wehe dem, der …! **2** *(esp pl ≈ trouble)* Kummer *m* **woeful** *adj* traurig; *lack* be-

dauerlich

wok *n* COOK Wok *m*

woke *pret* of wake **woken** *past part* of wake

wolf **A** *n, pl* wolves Wolf *m*; **to cry ~** blinden Alarm schlagen **B** *v/t (infml: a.* **wolf down**) *food* hinunterschlingen **wolf whistle** *(infml)* *n* bewundernder Pfiff **wolves** *pl* of wolf

woman **A** *n, pl* women Frau *f*; **cleaning ~** Putzfrau *f* **B** *adj attr* **~ doctor** Ärztin *f*; **~ driver** Frau *f* am Steuer **womanhood** *n* **to reach ~** (zur) Frau werden **womanize** *v/i* hinter den Frauen her sein **womanizer** *n* Schürzenjäger *m*

womb *n* Gebärmutter *f*

women *pl* of woman **women's lib** *n (infml)* Frauen(rechts)bewegung *f* **women's refuge** *n* Frauenhaus *nt* **women's room** *n (US)* Damentoilette *f*

won *pret, past part* of win

wonder **A** *n* **1** *(≈ feeling)* Staunen *nt*; **in ~** voller Staunen **2** *(≈ cause of wonder)* Wunder *nt*; **it is a ~ that …** es ist ein Wunder, dass …; **no ~ (he refused)!** kein Wunder(, dass er abgelehnt hat)!; **to do *or* work ~s** Wunder wirken; **~s will never cease!** es geschehen noch Zeichen und Wunder! **B** *v/t* **I ~ what he'll do now** ich bin gespannt, was er jetzt tun wird *(infml)*; **I ~ why he did it** ich wüsste zu gern, warum er das getan hat; **I was ~ing if you'd like to come too** möchten Sie nicht vielleicht auch kommen? **C** *v/i* **1** *(≈ ask oneself)* sich fragen; **why do you ask?** — **oh, I was just ~ing** warum fragst du? — ach, nur so; **to ~ about sth** sich *(dat)* über etw *(acc)* Gedanken machen; **I expect that will be the end of the matter — I ~!** ich denke, damit ist die Angelegenheit erledigt — da habe ich meine Zweifel; **to ~ about doing sth** daran denken, etw zu tun; **John, I've been ~ing, is there really any point?** John, ich frage mich, ob es wirklich (einen) Zweck hat **2** *(≈ be surprised)* sich wundern; **I ~ (that) he …** es wundert mich, dass er … **wonderful** *adj*, **wonderfully** *adv* wunderbar **wondrous** *(old, liter) adj* wunderbar

wonky *adj* (+*er*) *(Br infml) chair, marriage, grammar* wackelig; *machine* nicht (ganz) in Ordnung; **your collar's all ~** dein Kragen sitzt ganz schief

won't _contraction_ = will not

woo _v/t person_ umwerben; _(fig) audience etc_ für sich zu gewinnen versuchen

wood **A** _n_ **1** (≈ _material_) Holz _nt_; **touch ~!** (_esp Br_), **knock on ~!** (_esp US_) dreimal auf Holz geklopft! **2** (≈ _small forest: a._ **woods**) Wald _m_; **we're not out of the ~s yet** _(fig)_ wir sind noch nicht über den Berg _or_ aus dem Schneider _(infml)_; **he can't see the ~ for the trees** (_Br prov_) er sieht den Wald vor (lauter) Bäumen nicht _(prov)_ **B** _adj attr_ (≈ _made of wood_) Holz- **wood carving** _n_ (Holz)schnitzerei _f_ **woodcutter** _n_ Holzfäller(in) _m(f)_; (_of logs_) Holzhacker(in) _m(f)_ **wooded** _adj_ bewaldet

wooden _adj_ **1** Holz- **2** _(fig) performance_ hölzern **wooden spoon** _n_ (_lit_) Holzlöffel _m_; _(fig)_ Trostpreis _m_ **woodland** _n_ Waldland _nt_ **woodpecker** _n_ Specht _m_ **woodpile** _n_ Holzhaufen _m_ **woodwind** _n_ Holzblasinstrument _nt_; **the ~ section** die Holzbläser _pl_ **woodwork** _n_ **1** Holzarbeit _f_; (≈ _craft_) Tischlerei _f_ **2** (≈ _wooden parts_) Holzteile _pl_; **to come out of the ~** _(fig)_ aus dem Unterholz _or_ der Versenkung hervorkommen **woodworm** _n_ Holzwurm _m_ **woody** _adj_ (+er) (_in texture_) holzig

woof **A** _n_ (_of dog_) Wuff _nt_ **B** _v/i_ **~, ~!** wau, wau!

wool **A** _n_ Wolle _f_; (≈ _cloth_) Wollstoff _m_; **to pull the ~ over sb's eyes** _(infml)_ jdm Sand in die Augen streuen _(infml)_ **B** _adj_ Wollwoollen, (_US_) **woolen** **A** _adj_ Woll- **B** _n_ **woollens** _pl_ (≈ _garments_) Wollsachen _pl_; (≈ _fabrics_) Wollwaren _pl_ **woolly**, (_US_) **wooly** _adj_ (+er) wollig; **winter woollies** (_esp Br_ ≈ _sweaters etc_) dicke Wollsachen _pl_ _(infml)_; (_esp US_ ≈ _underwear_) Wollene _pl_ _(infml)_

woozy _adj_ (+er) _(infml)_ duselig _(infml)_

Worcester sauce _n_ Worcestersoße _f_

word **A** _n_ **1** Wort _nt_; **foreign ~s** Fremdwörter _pl_; **~ for ~** Wort für Wort; **~s cannot describe it** so etwas kann man mit Worten gar nicht beschreiben; **too funny for ~s** unbeschreiblich komisch; **to put one's thoughts into ~s** seine Gedanken in Worte fassen; **to put sth into ~s** etw in Worte fassen; **in a ~** kurz gesagt; **in other ~s** mit anderen Worten; **in one's own ~s** mit eigenen Worten; **the last ~** _(fig)_ der letzte Schrei (_in_ an +_dat_); **a ~ of**

advice ein Rat(schlag) _m_; **by ~ of mouth** durch mündliche Überlieferung; **to say a few ~s** ein paar Worte sprechen; **to be lost for ~s** nicht wissen, was man sagen soll; **to take sb at his ~** jdn beim Wort nehmen; **to have a ~ with sb** (≈ _talk to_) mit jdm sprechen (_about_ über +_acc_); (≈ _reprimand_) jdn ins Gebet nehmen; **John, could I have a ~?** John, kann ich dich mal sprechen?; **you took the ~s out of my mouth** du hast mir das Wort aus dem Mund genommen; **to put in** _or_ **say a (good) ~ for sb** für jdn ein gutes Wort einlegen; **don't say a ~ about it** sag aber bitte keinen Ton davon; **to have ~s with sb** (≈ _quarrel_) mit jdm eine Auseinandersetzung haben; **~ of honour** (_Br_) _or_ **honor** (_US_) Ehrenwort _nt_; **a man of his ~** ein Mann, der zu seinem Wort steht; **to keep one's ~** sein Wort halten; **take my ~ for it** das kannst du mir glauben; **it's his ~ against mine** Aussage steht gegen Aussage; **just say the ~** sag nur ein Wort **2** **words** _pl_ (≈ _text_) Text _m_ **3** _no pl_ (≈ _news_) Nachricht _f_; **is there any ~ from John yet?** schon von John gehört?; **to send ~** Nachricht geben; **to send ~ to sb** jdn benachrichtigen; **to spread the ~** _(infml)_ es allen sagen _(infml)_ **B** _v/t_ formulieren **word game** _n_ Buchstabenspiel _nt_ **wording** _n_ Formulierung _f_ **word order** _n_ Satzfolge _f_ **word-perfect** _adj_ **to be ~** den Text perfekt beherrschen **wordplay** _n_ Wortspiel _nt_

word processing _n_ Textverarbeitung _f_ **word processor** _n_ (≈ _machine_) Text(verarbeitungs)system _nt_ **wordy** _adj_ (+er) wortreich

wore _pret of_ **wear**

work **A** _n_ **1** Arbeit _f_; (_ART, LIT_ ≈ _product_) Werk _nt_; **he doesn't like ~** er arbeitet nicht gern; **that's a good piece of ~** das ist gute Arbeit; **is this all your own ~?** haben Sie das alles selbst gemacht?; **when ~ begins on the new bridge** wenn die Arbeiten an der neuen Brücke anfangen; **to be at ~** (**on sth**) (an etw _dat_) arbeiten; **nice ~!** gut gemacht!; **you need to do some more ~ on your accent** Sie müssen noch an Ihrem Akzent arbeiten; **to get to ~ on sth** an etw (_acc_) machen; **to get some ~ done** arbeiten; **to put a lot of ~ into sth** eine Menge Arbeit in etw (_acc_) stecken; **to get on with one's**

~ sich (wieder) an die Arbeit machen; **to be (out) at** ~ arbeiten sein; **to go out to** ~ arbeiten gehen; **to be out of** ~ arbeitslos sein; **to be in** ~ eine Stelle haben; **how long does it take you to get to** ~? wie lange brauchst du, um zu deiner Arbeitsstelle zu kommen?; **at** ~ am Arbeitsplatz; **to be off** ~ (am Arbeitsplatz) fehlen; **a** ~ **of art** ein Kunstwerk *nt*; **a fine piece of** ~ eine schöne Arbeit **2 works** *sg or pl* (*Br* ≈ *factory*) Betrieb *m*; **steel** ~**s** Stahlwerk *nt* **3** (*infml*) **the works** *pl* alles Drum und Dran **B** *v/i* **1** *person* arbeiten (*at* an +*dat*) **2** (≈ *function*) funktionieren; (*medicine, spell*) wirken; (≈ *be successful*) klappen (*infml*); **it won't** ~ das klappt nicht; **to get sth** ~**ing** etw in Gang bringen **3 to** ~ **loose** sich lockern; **OK, I'm** ~**ing (a)round to it** okay, das mache ich schon noch **C** *v/t* **1 to** ~ **sb hard** jdn nicht schonen **2** *machine* bedienen **3 to** ~ **it** (*so that …*) (*infml*) es so deichseln(, dass …) (*infml*) **4** *wood, land* bearbeiten; ~ **the flour in gradually** mischen Sie das Mehl allmählich unter **5 to** ~ **sth loose** etw losbekommen; **to** ~ **one's way to the top** sich nach oben arbeiten; **to** ~ **one's way up from nothing** sich von ganz unten hocharbeiten ◊**work in** *v/t sep* (≈ *rub in*) einarbeiten ◊**work off** *v/t sep* *fat* abarbeiten; *energy* loswerden ◊**work on** *v/i +prep obj* **1** *book, accent* arbeiten an (+*dat*); *case* bearbeiten; **we haven't solved it yet but we're still working on it** wir haben es noch nicht gelöst, aber wir sind dabei **2** *assumption* ausgehen von; *principle (person)* ausgehen von; (*machine*) arbeiten nach ◊**work out A** *v/i* **1** (*puzzle etc*) aufgehen **2 that works out at £105** das macht £ 105; **it works out more expensive** es kommt teurer **3** (≈ *succeed*) funktionieren; **things didn't** ~ **for him** es ist ihm alles schiefgegangen; **things didn't** ~ **that way** es kam ganz anders **4** (*in gym etc*) trainieren **B** *v/t sep* **1** *mathematical problem* lösen; *problem* fertig werden mit; *sum* ausrechnen; **work it out for yourself** das kannst du dir (doch) selbst denken **2** *scheme* (sich *dat*) ausdenken **3** (≈ *understand*) schlau werden aus (+*dat*); (≈ *find out*) herausfinden; **I can't** ~ **why it went wrong** ich kann nicht verstehen, wieso es nicht geklappt hat ◊**work through** *v/i +prep*

obj sich (durch)arbeiten durch ◊**work up** *v/t sep* *enthusiasm* aufbringen; *appetite* sich (*dat*) holen; *courage* sich (*dat*) machen; **to** ~ **a sweat** richtig ins Schwitzen kommen; **to get worked up** sich aufregen ◊**work up to** *v/i +prep obj* *proposal etc* zusteuern auf (+*acc*)

workable *adj plan, system* durchführbar; *solution* machbar **workaholic** *n* (*infml*) Arbeitstier *nt* **workbench** *n* Werkbank *f* **workbook** *n* Arbeitsheft *nt* **workday** *n* (*esp US*) Arbeitstag *m*

worker *n* Arbeiter(in) *m(f)* **work ethic** *n* Arbeitsmoral *f* **workforce** *n* Arbeitskräfte *pl* **workhorse** *n* (*lit, fig*) Arbeitspferd *nt* **working A** *adj* **1** *population, woman* berufstätig; ~ **man** Arbeiter *m* **2** (≈ *used for working*) Arbeits-; ~ **hours** Arbeitszeit *f*; **in good** ~ **order** voll funktionsfähig; ~ **knowledge** Grundkenntnisse *pl* **3** *farm* in Betrieb **B** *n* **workings** *pl* (≈ *way sth works*) Arbeitsweise *f*; **in order to understand the** ~**s of this machine** um zu verstehen, wie die Maschine funktioniert **working class** *n* (*a.* **working classes**) Arbeiterklasse *f* **working-class** *adj* der Arbeiterklasse; **to be** ~ zur Arbeiterklasse gehören **working environment** *n* Arbeitsumfeld *nt* **working lunch** *n* Arbeitsessen *nt* **working party** *n* (Arbeits)ausschuss *m* **working relationship** *n* **to have a good** ~ **with sb** mit jdm gut zusammenarbeiten **workload** *n* Arbeit(slast) *f* **workman** *n* Handwerker *m* **workmanship** *n* Arbeit(squalität) *f* **work-out** *n* SPORTS Training *nt* **work permit** *n* Arbeitserlaubnis *f* **workplace** *n* Arbeitsplatz *m*; **in the** ~ am Arbeitsplatz **workroom** *n* Arbeitszimmer *nt* **works council** *n* (*esp Br*) Betriebsrat *m* **worksheet** *n* Arbeitsblatt *nt* **workshop** *n* Werkstatt *f*; **a music** ~ ein Musik-Workshop *m* **work station** *n* IT Arbeitsplatzstation *f* **work surface** *n* Arbeitsfläche *f* **worktop** *n* (*Br*) Arbeitsfläche *f* **workwoman** *n* Handwerkerin *f*

world *n* Welt *f*; **in the** ~ auf der Welt; **all over the** ~ auf der ganzen Welt; **he jets all over the** ~ er jettet in der Weltgeschichte herum; **to go (a)round the** ~ eine Weltreise machen; **to feel** *or* **be on top of the** ~ munter und fidel sein; **it's not**

the end of the ~! (*infml*) davon geht die Welt nicht unter! (*infml*); **it's a small ~** wie klein doch die Welt ist; **to live in a ~ of one's own** in seiner eigenen (kleinen) Welt leben; **the Third World** die Dritte Welt; **the business ~** die Geschäftswelt; **woman of the ~** Frau *f* von Welt; **to go down in the ~** herunterkommen; **to go up in the ~** es (in der Welt) zu etwas bringen; **he had the ~ at his feet** die ganze Welt lag ihm zu Füßen; **to lead the ~ in sth** in etw (*dat*) in der Welt führend sein; **to come into the ~** zur Welt kommen; **to have the best of both ~s** das eine tun und das andere nicht lassen; **out of this ~** (*infml*) fantastisch; **to bring sb into the ~** jdn zur Welt bringen; **nothing in the ~** nichts auf der Welt; **who in the ~** wer in aller Welt; **to do sb a ~ of good** jdm (unwahrscheinlich) guttun; **to mean the ~ to sb** jdm alles bedeuten; **to think the ~ of sb** große Stücke auf jdn halten **world champion** *n* Weltmeister(in) *m(f)* **world championship** *n* Weltmeisterschaft *f* **world-class** *adj* Weltklasse-, der Weltklasse **world-famous** *adj* weltberühmt **world leader** *n* **1** POL **the ~s** die führenden Regierungschefs der Welt **2** COMM weltweiter Marktführer **worldly** *adj* (+*er*) **1** *success* materiell **2** weltlich; *person* weltlich gesinnt; *manner* weltmännisch **world music** *n* Weltmusik *f* **world peace** *n* Weltfrieden *m* **world power** *n* Weltmacht *f* **world record** *n* Weltrekord *m* **world record holder** *n* Weltrekordinhaber(in) *m(f)* **world trade** *n* Welthandel *m* **world-view** *n* Weltbild *nt* **World War One, World War I** *n* Erster Weltkrieg **World War Two, World War II** *n* Zweiter Weltkrieg **world-weary** *adj* lebensmüde **worldwide** *adj*, *adv* weltweit **World Wide Web** *n* World Wide Web *nt* **worm** **A** *n* **1** Wurm *m*; **~s** MED Würmer *pl*; **to open a can of ~s** in ein Wespennest stechen **2** IT, INTERNET Wurm *m* **B** *v/t* zwängen; **to ~ one's way through sth** sich durch etw (*acc*) durchschlängeln; **to ~ one's way into a group** sich in eine Gruppe einschleichen **worn** **A** *past part* of **wear** **B** *adj* coat abgetragen; *carpet* abgetreten; *tyre* abgefahren; **worn-out** *adj attr*, **worn out** *adj pred* carpet abgetreten; *person* erschöpft

worried *adj* besorgt (*about, by* wegen) **worry** **A** *n* Sorge *f*; **no worries!** (*infml*) kein Problem! **B** *v/t* **1** (≈ concern) Sorgen machen (+*dat*); **to ~ oneself sick** *or* **silly (about** *or* **over sth)** (*infml*) sich krank machen vor Sorge (um *or* wegen etw) (*infml*) **2** (≈ bother) stören; **to ~ sb with sth** jdn mit etw stören **C** *v/i* sich (*dat*) Sorgen machen (*about, over* um, wegen); **don't ~!**, **not to ~!** keine Sorge!; **don't ~, I'll do it** lass mal, das mach ich schon; **don't ~ about letting me know** es macht nichts, wenn du mich nicht benachrichtigen kannst **worrying** *adj* problem beunruhigend; **it's very ~** es macht mir große Sorge

worse **A** *adj comp* of **bad** schlechter; (*morally, with bad consequences*) schlimmer; **the patient is getting ~** der Zustand des Patienten verschlechtert sich; **and to make matters ~** und zu allem Übel; **it could have been ~** es hätte schlimmer kommen können; **~ luck!** (so ein) Pech! **B** *adv comp* of **badly** schlechter; **to be ~ off than …** schlechter dran sein als … (*infml*) **C** *n* Schlechtere(s) *nt*; (*morally, with regard to consequences*) Schlimmere(s) *nt*; **there is ~ to come** es kommt noch schlimmer **worsen** **A** *v/t* verschlechtern **B** *v/i* sich verschlechtern

worship **A** *n* **1** Verehrung *f*; **place of ~** Andachtsstätte *f* **2** (*Br*) **Your Worship** (*to judge*) Euer Ehren/Gnaden; (*to mayor*) (verehrter) Herr Bürgermeister **B** *v/t* anbeten **worst** **A** *adj sup* of **bad** schlechteste(r, s); (*morally, with regard to consequences*) schlimmste(r, s); **the ~ possible time** die ungünstigste Zeit **B** *adv sup* of **badly** am schlechtesten **C** *n* **the ~ is over** das Schlimmste ist vorbei; **at ~** schlimmstenfalls; **if the ~ comes to the ~,** if it comes to **the ~** (*US*) wenn alle Stricke reißen (*infml*) **worst-case scenario** *n* Schlimmstfall *m*

worth **A** *adj* wert; **it's ~ £5** es ist £ 5 wert; **it's not ~ £5** es ist keine £ 5 wert; **what's this ~?** was *or* wie viel ist das wert?; **it's ~ a great deal to me** (*sentimentally*) es bedeutet mir sehr viel; **will you do this for me? — what's it ~ to you?** tust du das für mich? — was ist es dir wert?; **he's ~ all his brothers put together** er ist so viel wert wie all seine Brüder zusammen; **for all one is ~** so

W

sehr man nur kann; **you need to exploit the idea for all it's ~** du musst aus der Idee machen, was du nur kannst; **for what it's ~,** I personally don't think ... wenn mich einer fragt, ich persönlich glaube nicht, dass ...; **to be ~ it** sich lohnen; **it's not ~ the trouble** es ist der Mühe nicht wert; **to be ~ a visit** einen Besuch wert sein; **is there anything ~ seeing?** gibt es etwas Sehenswertes?; **hardly ~ mentioning** kaum der Rede wert **B** *n* Wert *m*; **hundreds of pounds' ~ of books** Bücher im Werte von hunderten von Pfund **worthless** *adj* wertlos **worthwhile** *adj* lohnend *attr;* **to be ~** sich lohnen **worthy** *adj* (+er) **1** ehrenwert; *opponent* würdig; *cause* löblich **2** *pred* **to be ~ of sb/sth** jds/einer Sache würdig sein (*elev*) **would** *pret of* will¹ *modal v/aux* **1** (*conditional*) **if you asked him he ~ do it** wenn du ihn fragtest, würde er es tun; **if you had asked him he ~ have done it** wenn du ihn gefragt hättest, hätte er es getan; **you ~ think ...** man sollte meinen ... **2** (*emph*) **I ~n't know** keine Ahnung; **you ~!** das sieht dir ähnlich!; **you ~ say that, ~n't you!** von dir kann man ja nichts anderes erwarten; **it ~ have to rain** es muss auch ausgerechnet regnen!; **he ~n't listen** er wollte partout nicht zuhören **3** (*conjecture*) **it ~ seem so** es sieht wohl so aus; **you ~n't have a cigarette, ~ you?** Sie hätten nicht zufällig eine Zigarette, ~ you? **4** (≈ *wish*) möchten; **what ~ you have me do?** was soll ich tun? **5** (*in questions*) **~ he come?** würde er vielleicht kommen?; **~ you mind closing the window?** würden Sie bitte das Fenster schließen?; **~ you care for some tea?** hätten Sie gerne etwas Tee? **6** (*habit*) **he ~ paint it each year** er strich es jedes Jahr **would-be** *adj attr* **~ poet** Möchtegerndichter(in) *m(f)* **wouldn't** *contraction* = would not **wound¹** **A** *n* Wunde *f;* **to open** *or* **re-open old ~s** (*fig*) alte Wunden öffnen **B** *v/t* (*lit*) verwunden; (*fig*) verletzen **C** *n* **the ~ed** *pl* die Verwundeten *pl* **wound²** *pret, past part of* wind² **wove** *pret of* weave **woven** *past part of* weave **WPC** (*Br*) *n abbr of* Woman Police Constable Polizistin *f* **wrack** *n, v/t* = rack¹, rack²

wrangle **A** *n* Gerangel *nt no pl* **B** *v/i* rangeln (*about um*) **wrap** **A** *n* **1** (≈ *garment*) Umhangtuch *nt* **2** **under ~s** (*lit*) verhüllt; (*fig*) geheim **B** *v/t* einwickeln; **shall I ~ it for you?** soll ich es Ihnen einwickeln?; **to ~ sth (a)round sth** etw um etw wickeln; **to ~ one's arms (a)round sb** jdn in die Arme schließen ◊**wrap up** **A** *v/t sep* **1** einwickeln **2** (*infml*) *deal* unter Dach und Fach bringen; **that wraps things up for today** das wärs für heute **B** *v/i* (*warmly*) sich warm einpacken (*infml*) **wrapper** *n* Verpackung *f;* (*of sweets*) Papier(chen) *nt* **wrapping** *n* Verpackung *f* (*round* +*gen,* von) **wrapping paper** *n* Packpapier *nt;* (*decorative*) Geschenkpapier *nt* **wrath** *n* Zorn *m* **wreak** *v/t* anrichten **wreath** *n, pl* -s Kranz *m* **wreathe** *v/t* (um)winden; (*mist*) umhüllen **wreck** **A** *n* Wrack *nt;* **car ~** (*US*) Autounfall *m,* Havarie *f* (*Aus*); **I'm a ~, I feel a ~** ich bin ein (völliges) Wrack; (≈ *exhausted*) ich bin vollkommen fertig *or* erledigt **B** *v/t* **1** *ship, train* einen Totalschaden verursachen an (+*dat*); *car* zu Schrott fahren (*infml*); *machine* kaputt machen (*infml*); *furniture* zerstören **2** (*fig*) *plans, chances* zunichtemachen; *marriage* zerrütten; *career, sb's life* ruinieren; *party* verderben **wreckage** *n* Trümmer *pl* **wrecker** *n* (*US* ≈ *breakdown van*) Abschleppwagen *m* **wren** *n* Zaunkönig *m* **wrench** **A** *n* **1** (≈ *tug*) Ruck *m;* **to be a ~** (*fig*) wehtun **2** (≈ *tool*) Schraubenschlüssel *m* **B** *v/t* **1** (≈ *tug*) winden; **to ~ a door open** eine Tür aufzwingen **2** MED **to ~ one's ankle** sich (*dat*) den Fuß verrenken **wrest** *v/t* **to ~ sth from sb/sth** jdm/einer Sache etw abringen; *leadership, title* jdm etw entreißen **wrestle** **A** *v/t* ringen mit **B** *v/i* **1** (*lit*) ringen (*for sth* um etw) **2** (*fig*) ringen (*with* mit) **wrestler** *n* Ringkämpfer *m;* (*modern*) Ringer(in) *m(f)* **wrestling** *n* Ringen *nt* **wretch** *n* **1** (*miserable*) armer Schlucker (*infml*) **2** (≈ *nuisance*) Blödmann *m* (*infml*); (≈ *child*) Schlingel *m* (*infml*) **wretched** *adj* **1** elend; *conditions* erbärmlich **2** (≈ *unhappy*) (tod)unglücklich **3** *weather* miserabel (*infml*)

wriggle **A** v/t toes wackeln mit; **to ~ one's way through sth** sich durch etw (hin)durchwinden **B** v/i (a. **wriggle about** or **around**) (worm) sich schlängeln; (fish, person) zappeln; **to ~ free** sich loswinden ◊**wriggle out** v/i sich herauswinden (of aus); **he's wriggled (his way) out of it** er hat sich gedrückt

wring vb: pret, past part **wrung** v/t **1** (a. **wring out**) clothes etc auswringen; **to ~ sth out of sb** etw aus jdm herausquetschen **2** hands ringen; **to ~ sb's neck** jdm den Hals umdrehen **wringing** adj (a. **wringing wet**) tropfnass

wrinkle **A** n (in clothes, paper) Knitter m; (on skin, in stocking) Falte f **B** v/t verknittern; **to ~ one's nose** die Nase rümpfen; **to ~ one's brow** die Stirne runzeln **C** v/i (material) (ver)knittern; (skin etc) faltig werden **wrinkled** adj skirt zerknittert; skin faltig; brow gerunzelt; apple, old man schrumpelig **wrinkly** adj (+er) schrumpelig

wrist n Handgelenk nt **wristband** n SPORTS Schweißband nt **wristwatch** n Armbanduhr f

writ n JUR Verfügung f

write pret **wrote**, past part **written** **A** v/t schreiben; cheque ausstellen; notes sich (dat) machen; **he wrote me a letter** er schrieb mir einen Brief; **he wrote himself a note so that he wouldn't forget** er machte sich (dat) eine Notiz, um sich zu erinnern; **how is that written?** wie schreibt man das?; **to ~ sth to disk** etw auf Diskette schreiben; **it was written all over his face** es stand ihm im or auf dem Gesicht geschrieben **B** v/i schreiben; **to ~ to sb** jdm schreiben; **we ~ to each other** wir schreiben uns; **that's nothing to ~ home about** (infml) das ist nichts Weltbewegendes ◊**write back** v/i zurückschreiben ◊**write down** v/t sep (≈ make a note of) aufschreiben; (≈ put in writing) niederschreiben ◊**write in** v/i schreiben (to an +acc); **to ~ for sth** etw anfordern ◊**write off** **A** v/i = write in **B** v/t sep **1** (FIN, fig) abschreiben **2** car etc zu Schrott fahren (infml) ◊**write out** v/t sep **1** notes ausarbeiten; name etc ausschreiben **2** cheque ausstellen ◊**write up** v/t sep notes ausarbeiten; report schreiben **write-off** n (≈ car etc) Totalschaden m; (infml ≈ holiday etc) Katastrophe f (infml)

write-protected adj IT schreibgeschützt

writer n Schreiber(in) m(f); (as profession) Schriftsteller(in) m(f) **write-up** n Pressebericht m; (of film) Kritik f

writhe v/i sich winden (with, in vor +dat)

writing n Schrift f; (≈ act, profession) Schreiben nt; (≈ inscription) Inschrift f; **in ~** schriftlich; **his ~s** seine Werke or Schriften; **the ~ is on the wall for them** ihre Stunde hat geschlagen **writing desk** n Schreibtisch m **writing pad** n Notizblock m **written** **A** past part of write **B** adj exam, statement schriftlich; language Schrift-; word geschrieben

wrong **A** adj **1** falsch; **to be ~** nicht stimmen; (person) unrecht haben; (watch) falsch gehen; **it's all ~** das ist völlig verkehrt or falsch; (≈ not true) das stimmt alles nicht; **I was ~ about him** ich habe mich in ihm getäuscht; **to take a ~ turning** eine falsche Abzweigung nehmen; **to do the ~ thing** das Falsche tun; **the ~ side of the fabric** die linke Seite des Stoffes; **you've come to the ~ man** or **person/place** da sind Sie an den Falschen/ an die Falsche/an die falsche Adresse geraten; **to do sth the ~ way** etw verkehrt machen; **something is ~** (irgend)etwas stimmt nicht (with mit); **is anything ~?** ist was? (infml); **there's nothing ~** (es ist) alles in Ordnung; **what's ~?** was ist los?; **what's ~ with you?** was fehlt Ihnen?; **I hope there's nothing ~ at home** ich hoffe, dass zu Hause alles in Ordnung ist **2** (morally) schlecht, unrecht; (≈ unfair) ungerecht; **it's ~ to steal** es ist unrecht zu stehlen; **that was ~ of you** das war nicht richtig von dir; **it's ~ that he should have to ask** es ist unrecht or falsch, dass er überhaupt fragen muss; **what's ~ with working on Sundays?** was ist denn schon dabei, wenn man sonntags arbeitet?; **I don't see anything ~ in** or **with that** ich finde nichts daran auszusetzen **B** adv falsch; **to get sth ~** sich mit etw vertun; **he got the answer ~** er hat die falsche Antwort gegeben; MAT er hat sich verrechnet; **you've got him (all) ~** (≈ he's not like that) Sie haben sich in ihm getäuscht; **to go ~** (on route) falsch gehen/ fahren; (in calculation) einen Fehler machen; (plan etc) schiefgehen; **you can't go ~** du kannst gar nichts verkehrt ma-

W

chen **C** n Unrecht nt no pl; **to be in the ~** im Unrecht sein; **he can do no ~** er macht natürlich immer alles richtig **D** v/t **to ~ sb** jdm unrecht tun **wrong-foot** v/t auf dem falschen Fuß erwischen **wrongful** adj ungerechtfertigt **wrongfully** adv zu Unrecht **wrongly** adv (≈ improperly) unrecht; (≈ incorrectly) falsch; accused zu Unrecht

wrote pret of write

wrought v/t **the accident ~ havoc with his plans** der Unfall durchkreuzte alle seine Pläne; **the storm ~ great destruction** der Sturm richtete große Verheerungen an **wrought-iron** adj schmiedeeisern attr, aus Schmiedeeisen; **~ gate** schmiedeeisernes Tor

wrung pret, past part of wring

wry adj ironisch

wt abbr of weight Gew.

WTO abbr of World Trade Organization Welthandelsorganisation f

WWW IT abbr of World Wide Web WWW

X

X, x n **1** X nt, x nt **2** (MAT, fig) x; **Mr X** Herr X; **X marks the spot** die Stelle ist mit einem Kreuzchen gekennzeichnet

xenophobia n Fremdenfeindlichkeit f **xenophobic** adj fremdenfeindlich

Xerox® **A** n (≈ copy) Xerokopie f **B** v/t xerokopieren

XL abbr of extra large XL

Xmas n = Christmas Weihnachten nt

X-ray **A** n Röntgenstrahl m; (a. **X-ray photograph**) Röntgenbild nt; **to take an ~ of sth** etw röntgen **B** v/t person röntgen; baggage durchleuchten

xylophone n Xylofon nt

Y

Y, y n Y nt, y nt

yacht **A** n Jacht f **B** v/i **to go ~ing** segeln gehen **yachting** n Segeln nt **yachtsman** n, pl -men Segler m **yachtswoman** n, pl -women Seglerin f

Yale lock® n Sicherheitsschloss nt

Yank (infml) n Ami m (infml)

yank **A** n Ruck m **B** v/t **to ~ sth** mit einem Ruck an etw (dat) ziehen ◊**yank out** v/t sep ausreißen

Yankee (infml) n Yankee m (infml)

yap **A** v/i **1** (dog) kläffen **2** (≈ talk) quatschen (infml) **B** n (of dog) Kläffen nt

yard¹ n MEASURE Yard nt (0.91 m)

yard² n **1** (of house etc) Hof m; **in the ~** auf dem Hof **2** builder's **~** Bauhof m; shipbuilding **~** Werft f; goods **~**, freight **~** (US) Güterbahnhof m **3** (US ≈ garden) Garten m

yardstick n (fig) Maßstab m

yarn n **1** TEX Garn nt **2** (≈ tale) Seemannsgarn nt; **to spin a ~** Seemannsgarn spinnen

yawn **A** v/t & v/i gähnen **B** n Gähnen nt **yawning** **A** adj chasm etc gähnend **B** n Gähnen nt

yd abbr of yard

yeah adv (infml) ja

year n **1** Jahr nt; **last ~** letztes Jahr; **every other ~** jedes zweite Jahr; **three times a ~** dreimal pro or im Jahr; **in the ~ 2018** im Jahr(e) 2018; **~ after ~** Jahr für Jahr; **~ by ~, from ~ to ~** von Jahr zu Jahr; **~ in, ~ out** jahrein, jahraus; **all (the) ~ round** das ganze Jahr über; **as (the) ~s go by** mit den Jahren; **~s (and ~s) ago** vor (langen) Jahren; **a ~ last January** (im) Januar vor einem Jahr; **it'll be a ~ in** or **next January** es wird nächsten Januar ein Jahr (her) sein; **a ~ from now** nächstes Jahr um diese Zeit; **a hundred-~-old tree** ein hundert Jahre alter Baum; **he is six ~s old** or **six ~s of age** er ist sechs Jahre (alt); **he is in his fortieth ~** er ist im vierzigsten Lebensjahr; **I haven't laughed so much in ~s** ich habe schon lange nicht mehr so gelacht; **to get on in ~s** in die Jahre kommen **2** (UNIV,

SCHOOL, *of coin, wine*) Jahrgang *m*; **the academic ~** das akademische Jahr; **first-~ student, first ~** Student(in) *m(f)* im ersten Jahr; **she was in my ~ at school** sie war im selben Schuljahrgang wie ich **yearbook** *n* Jahrbuch *nt* **yearlong** *adj* einjährig **yearly** *adj, adv* jährlich

yearn *v/i* sich sehnen (*after, for* nach) **yearning** *n* Sehnsucht *f*, Verlangen *nt* (*for* nach)

yeast *n no pl* Hefe *f*, Germ *m* (*Aus*)

yell **A** *n* Schrei *m* **B** *v/t & v/i* (*a.* **yell out**) schreien (*with* vor +*dat*); **he ~ed at her** er schrie *or* brüllte sie an; **just ~ if you need help** ruf, wenn du Hilfe brauchst

yellow *adj* (+*er*) **1** gelb **2** (*infml* ≈ *cowardly*) feige **B** *n* Gelb *nt* **C** *v/i* gelb werden; (*pages*) vergilben **yellow card** *n* FTBL Gelbe Karte **yellow fever** *n* Gelbfieber *nt* **yellow line** *n* (*Br*) Halteverbot *nt*; **double ~** absolutes Halteverbot; **to be parked on a (double) ~** im (absoluten) Halteverbot stehen **Yellow Pages®** *n sg* **the ~** die Gelben Seiten® *pl*

yelp **A** *n* (*of animal*) Jaulen *nt no pl*; (*of person*) Aufschrei *m*; **to give a ~** (*animal*) (auf)jaulen; (*person*) aufschreien **B** *v/i* (*animal*) (auf)jaulen; (*person*) aufschreien

yes **A** *adv* ja; (*answering neg question*) doch; **to say ~** Ja sagen; **he said ~ to all my questions** er hat alle meine Fragen bejaht *or* mit Ja beantwortet; **if they say ~ to an increase** wenn sie eine Lohnerhöhung bewilligen; **to say ~ to 35%** 35% akzeptieren; **she says ~ to everything** sie kann nicht Nein sagen; **~ indeed** allerdings **B** *n* Ja *nt*

yesterday **A** *n* Gestern *nt* **B** *adv* gestern; **~ morning** gestern Morgen; **he was at home all (day)** er war gestern den ganzen Tag zu Hause; **the day before ~** vorgestern; **a week ago ~** gestern vor einer Woche

yet **A** *adv* **1** (≈ *still*) noch; (≈ *thus far*) bis jetzt; **they haven't ~ returned** *or* **returned ~** sie sind noch nicht zurückgekommen; **not ~** noch nicht; **not just ~** jetzt noch nicht; **we've got ages ~** wir haben noch viel Zeit; **I've ~ to learn how to do it** ich muss erst noch lernen, wie man es macht; **~ again** und noch einmal; **another arrived and ~ another** es kam noch einer und noch einer **2** (*with interrog*) schon; **has he arrived ~?** ist er

schon angekommen?; **do you have to go just ~?** müssen Sie jetzt schon gehen? **B** *cj* doch, trotzdem

yew *n* (*a.* **yew tree**) Eibe *f*

Y-fronts® *pl* (*esp Br*) (Herren-)Slip *m*

Yiddish **A** *adj* jiddisch **B** *n* LING Jiddisch *nt*

yield **A** *v/t* **1** *crop* hervorbringen; *fruit* tragen; *profit* abwerfen; *result* (hervor)bringen; *clue* ergeben; **this ~ed a weekly increase of 20%** das brachte eine wöchentliche Steigerung von 20% **2** (≈ *surrender*) aufgeben; **to ~ sth to sb** etw an jdn abtreten; **to ~ ground to sb** vor jdm zurückstecken **B** *v/i* nachgeben; **he ~ed to her requests** er gab ihren Bitten nach; **to ~ to temptation** der Versuchung erliegen; **to ~ under pressure** (*fig*) dem Druck weichen; **to ~ to oncoming traffic** MOT den Gegenverkehr vorbeilassen; **"yield"** (*US, Ir* MOT) „Vorfahrt beachten!", „Vortritt beachten!" (*Swiss*) **C** *n* (*of land, business*) Ertrag *m*; (≈ *profit*) Gewinne *pl*

yob, yobbo *n* (*Br infml*) Rowdy *m*

yodel *v/t & v/i* jodeln

yoga *n* Yoga *m or nt*

yoghourt, yog(h)urt *n* Joghurt *m or nt*

yoke *n* Joch *nt*

yokel *n* (*pej*) Bauerntölpel *m*

yolk *n* (*of egg*) Eigelb *nt*

you *pron* **1** (*familiar*) (*sing*) (*nom*) du; (*acc*) dich; (*dat*) dir; (*pl*) (*nom*) ihr; (*acc, dat*) euch; (*polite: sing, pl*) (*nom, acc*) Sie; (*dat*) Ihnen; **all of ~** (*pl*) ihr alle/Sie alle; **if I were ~** an deiner/Ihrer Stelle; **it's ~** du bist es/ihr seids/Sie sinds; **now there's a woman for ~!** das ist mal eine (tolle) Frau!; **that hat just isn't ~** (*infml*) der Hut passt einfach nicht zu dir/zu Ihnen **2** (*indef*) (*nom*) man; (*acc*) einen; (*dat*) einem; **~ never know** man kann nie wissen; **it's not good for ~** es ist nicht gut

you'd *contraction* = you would, you had **you'd've** *contraction* = you would have **you'll** *contraction* = you will, you shall

young **A** *adj* (+*er*) jung; **they have a ~ family** sie haben kleine Kinder; **he is ~ at heart** er ist innerlich jung geblieben; **at a ~ age** in frühen Jahren **B** *adv* **marry ~ C** *pl* **1** (≈ *people*) **the ~** die jungen Leute **2** (≈ *animals*) Junge *pl* **youngest** **A** *adj attr sup* of young jüngste(r, s) **B** *n* **the ~** der/die/das Jüngste; (*pl*) die

Y

Jüngsten pl **youngish** adj ziemlich jung **young offender** n jugendlicher Straftäter **youngster** n (≈ child) Kind nt; **he's just a ~** er ist eben noch jung or ein Kind

your poss adj (familiar) (sing) dein/deine/dein; (pl) euer/eure/euer; (polite: sing, pl) Ihr/Ihre/Ihr; **one of ~ friends** einer deiner/Ihrer Freunde; **the climate here is bad for ~ health** das Klima hier ist ungesund **you're** contraction = you are

yours poss pr (familiar, sing) deiner/deine/deins; (pl) eurer/eure/euers; (polite: sing, pl) Ihrer/Ihre/Ihr(e)s; **this is my book and that is ~** dies ist mein Buch und das (ist) deins/Ihres; **a cousin of ~** eine Cousine von dir; **that is no business of ~** das geht dich/Sie nichts an; **~** (in letter) Ihr/Ihre; **~ faithfully** (on letter) mit freundlichen Grüßen

yourself pron, pl **yourselves** ▌ (reflexive) (familiar) (sing) (acc) dich; (dat) dir; (pl) euch; (polite: sing, pl) sich; **have you hurt ~?** hast du dir/haben Sie sich wehgetan?; **you never speak about ~** du redest nie über dich (selbst)/Sie reden nie über sich (selbst) ▌ (emph) selbst; **you ~ told me, you told me ~** du hast/Sie haben mir selbst gesagt; **you are not quite ~ today** du bist heute gar nicht du selbst; **you will see for ~** du wirst/Sie werden selbst sehen; **did you do it by ~?** hast du/haben Sie das allein gemacht?

youth n ▌ no pl Jugend f; **in my ~** in meiner Jugend(zeit) ▌ pl **-s** (≈ young man) junger Mann, Jugendliche(r) m ▌ **youth** (≈ young men and women) Jugend f **youth club** n Jugendklub m **youthful** adj jugendlich **youthfulness** n Jugendlichkeit f

youth hostel n Jugendherberge f **youth worker** n Jugendarbeiter(in) m(f) **you've** contraction = you have **yowl** v/i (person) heulen; (dog) jaulen; (cat) kläglich miauen

Yugoslav ▌ adj jugoslawisch ▌ n Jugoslawe m, Jugoslawin f **Yugoslavia** n Jugoslawien nt **Yugoslavian** adj jugoslawisch

Yuletide n Weihnachtszeit f **yummy** (infml) adj (+er) food lecker **yuppie, yuppy** ▌ n Yuppie m ▌ adj yuppiehaft

Z

Z, z n Z nt, z nt

zap (infml) ▌ v/t (IT ≈ delete) löschen ▌ v/i (infml ≈ change channel) umschalten

zeal n no pl Eifer m **zealot** n Fanatiker(in) m(f) **zealous** adj, **zealously** adv eifrig **zebra** n Zebra nt **zebra crossing** n (Br) Zebrastreifen m

zenith n (ASTRON, fig) Zenit m

zero ▌ n, pl **-(e)s** Null f; (≈ point on scale) Nullpunkt m; **below ~** unter null; **the needle is at** or **on ~** der Zeiger steht auf null ▌ adj **~ degrees** null Grad; **~ growth** Nullwachstum nt **zero-emission** adj emissionsfrei **zero gravity** n Schwerelosigkeit f **zero hour** n (MIL, fig) die Stunde X **zero tolerance** n Nulltoleranz f

zest n ▌ (≈ enthusiasm) Begeisterung f; **~ for life** Lebensfreude f ▌ (in style) Pfiff m (infml) ▌ (≈ peel) Zitronen-/Orangenschale f

zigzag ▌ n Zickzack m or nt; **in a ~** im Zickzack ▌ adj Zickzack- ▌ v/i im Zickzack laufen/fahren etc

Zika virus n MED Zika-Virus nt

Zimbabwe n Simbabwe nt

Zimmer® n (Br: a. **Zimmer frame**) Gehwagen m

zinc n Zink nt

Zionism n Zionismus m

zip ▌ n ▌ (Br ≈ fastener) Reißverschluss m ▌ (infml ≈ energy) Schwung m ▌ v/t IT file zippen; **~ped file** gezippte Datei ▌ v/i (infml) flitzen (infml); **to ~ past** vorbeiflitzen (infml) ◊**zip up** ▌ v/t sep **to ~ a dress** den Reißverschluss eines Kleides zumachen; **will you zip me up please?** kannst du mir bitte den Reißverschluss zumachen? ▌ v/i **it zips up at the back** der Reißverschluss ist hinten

zip code n (US) Postleitzahl f **zip fastener** n (Br) Reißverschluss m **zip file** n IT Zip-Datei f

zipper n (US) Reißverschluss m

zit n (infml ≈ spot) Pickel m, Wimmerl nt (Aus), Bibeli nt (Swiss)

zodiac n Tierkreis m; **signs of the ~** Tierkreiszeichen pl

zombie *n* (*fig*) Idiot(in) *m(f)* (*infml*), Schwachkopf *m* (*infml*); **like ~s/a ~** wie im Tran

zone *n* Zone *f*; (*US* ≈ *postal zone*) Post-(zustell)bezirk *m*; **no-parking ~** Parkverbot *nt*

zoo *n* Zoo *m* **zoo keeper** *n* Tierpfleger(in) *m(f)* **zoological** *adj* zoologisch **zoologist** *n* Zoologe *m*, Zoologin *f* **zo-** **ology** *n* Zoologie *f*

zoom **A** *n* (PHOT: *a.* **zoom lens**) Zoom (-objektiv) *nt* **B** *v/i* **1** (*infml*) sausen (*infml*); **we were ~ing along at 90** wir sausten mit 90 daher (*infml*) **2** AVIAT steil (auf)steigen ◊**zoom in** *v/i* PHOT hinzoomen; **to ~ on sth** etw heranholen

zucchini *n* (*esp US*) Zucchini *pl*

Zurich *n* Zürich *nt*

Appendices

Numbers

Cardinal Numbers		Kardinalzahlen
zero, nought	0	null
one	1	eins
two	2	zwei
three	3	drei
four	4	vier
five	5	fünf
six	6	sechs
seven	7	sieben
eight	8	acht
nine	9	neun
ten	10	zehn
eleven	11	elf
twelve	12	zwölf
thirteen	13	dreizehn
fourteen	14	vierzehn
fifteen	15	fünfzehn
sixteen	16	sechzehn
seventeen	17	siebzehn
eighteen	18	achtzehn
nineteen	19	neunzehn
twenty	20	zwanzig
twenty-one	21	einundzwanzig
twenty-two	22	zweiundzwanzig
thirty	30	dreißig
thirty-one	31	einunddreißig
forty	40	vierzig
fifty	50	fünfzig
sixty	60	sechzig
seventy	70	siebzig
eighty	80	achtzig
ninety	90	neunzig
a *or* one hundred	100	(ein)hundert
a *or* one hundred and one	101	(ein)hundert(und)eins
two hundred	200	zweihundert
three hundred	300	dreihundert

four hundred (and) seventy-one	471	vierhundert(und)einundsiebzig
a *or* one thousand	1000	(ein)tausend
a *or* one thousand and two	1002	(ein)tausend(und)zwei

1,000,000	a *or* one million	1 000 000	eine Million
2,000,000	two million	2 000 000	zwei Millionen
1,000,000,000	a *or* one billion	1 000 000 000	eine Milliarde
1,000,000,000,000	a *or* one trillion	10^{12}	eine Billion

Years   Jahreszahlen

ten sixty-six	1066	tausendsechsundsechzig
two thousand	2000	zweitausend
two thousand (and) eighteen	2018	zweitausend(und)achtzehn

Ordinal Numbers   Ordinalzahlen

first	1st	erste
second	2nd	zweite
third	3rd	dritte
fourth	4th	vierte
fifth	5th	fünfte
sixth	6th	sechste
seventh	7th	siebte
eighth	8th	achte
ninth	9th	neunte
tenth	10th	zehnte
eleventh	11th	elfte
twelfth	12th	zwölfte
thirteenth	13th	dreizehnte
fourteenth	14th	vierzehnte
fifteenth	15th	fünfzehnte
sixteenth	16th	sechzehnte

seventeenth	17th	siebzehnte
eighteenth	18th	achtzehnte
nineteenth	19th	neunzehnte
twentieth	20th	zwanzigste
twenty-first	21st	einundzwanzigste
twenty-second	22nd	zweiundzwanzigste
twenty-third	23rd	dreiundzwanzigste
thirtieth	30th	dreißigste
thirty-first	31st	einunddreißigste
fortieth	40th	vierzigste
fiftieth	50th	fünfzigste
sixtieth	60th	sechzigste
seventieth	70th	siebzigste
eightieth	80th	achtzigste
ninetieth	90th	neunzigste
(one) hundredth	100th	hundertste
(one or a) hundred and first	101st	hundertunderste
two hundredth	200th	zweihundertste
three hundredth	300th	dreihundertste
(one) thousandth	1000th	tausendste
one thousand nine hundred and fiftieth	1950th	(ein)tausendneunhundert- fünfzigste
two thousandth	2000th	zweitausendste

Fractions, decimals and mathematical calculation methods

Bruchzahlen, Dezimalzahlen und Rechen- vorgänge

one or a half	½	ein halb
one and a half	1 ½	eineinhalb
two and a half	2 ½	zweieinhalb
one or a third	⅓	ein Drittel
two thirds	⅔	zwei Drittel
one or a quarter, one fourth	¼	ein Viertel
three quarters, three fourths	¾	drei Viertel
one or a fifth	⅕	ein Fünftel
three and four fifths	3 ⅘	drei vier Fünftel

five eighths	⅝	fünf Achtel
seventy-five per cent	75%	fünfundsiebzig Prozent
(*US* percent)		
(nought [nɔːt]) point four five	0.45	null Komma vier fünf
two point five	2.5	zwei Komma fünf
seven and eight are fifteen	7+8=15	sieben und *od* plus acht ist fünfzehn
nine minus four is five	9−4=5	neun minus vier ist fünf
two times three is *or* makes six	2×3=6	zwei mal drei ist sechs
twenty divided by five is four	20:5=4	zwanzig dividiert *od* geteilt durch fünf ist vier

Temperatures

Celsius → Fahrenheit		Fahrenheit → Celsius	
°C	°F	°F	°C
220	428	430	221
200	392	390	199
180	356	360	182
100	212	200	93
60	140	140	60
40	104	100	38
30	86	80	27
20	68	60	16
10	50	50	10
0	32	32	0
−10	14	0	−18
−15	5	−4	−20
−20	−4	−15	−26

How to convert Celsius into Fahrenheit and vice versa
To convert Celsius into Fahrenheit multiply by 9, divide by 5 and add 32.
To convert Fahrenheit into Celsius subtract 32, multiply by 5 and divide by 9.

British and American weights and measures

Linear measures

1 inch	= 2,54 cm
1 foot	= 12 inches
	= 30,48 cm
1 yard	= 3 feet = 91,44 cm
1 (statute) mile	= 1760 yards
	= 1,609 km

Square measures

1 square inch	= 6,452 cm²
1 square foot	= 144 square inches
	= 929,029 cm²
1 square yard	= 9 square feet
	= 8361,26 cm²
1 acre	= 4840 square yards
	= 4046,8 m²
1 square mile	= 640 acres
	= 259 ha = 2,59 km²

Avoirdupois weights

1 ounce	= 28,35 g
1 pound	= 16 ounces
	= 453,59 g
1 stone	= 14 pounds
	= 6,35 kg
1 hundred-weight	= 1 quintal
Br	= 112 pounds
	= 50,802 kg
US	= 100 pounds
	= 45,359 kg
1 long ton	= 20 hundredweight
Br	= 1016,05 kg
1 short ton	= 20 hundredweight
US	= 907,185 kg
1 metric ton	= 1000 kg

Cubic measures

1 cubic inch	= 16,387 cm³
1 cubic foot	= 1728 cubic inches
	= 0,02832 m³
1 cubic yard	= 27 cubic feet
	= 0,7646 m³

British liquid measures

1 pint	= 0,568 l
1 quart	= 2 pints
	= 1,136 l
1 gallon	= 4 quarts
	= 4,5459 l

American liquid measures

1 pint	= 0,4732 l
1 quart	= 2 pints
	= 0,9464 l
1 gallon	= 4 quarts
	= 3,7853 l
1 barrel petroleum	= 42 gallons
	= 158,97 l
	= 1 Barrel Rohöl

German weights and measures

Linear measures

1 mm	Millimeter	millimetre (*Br*), millimeter (*US*)	= 0.039 inches
1 cm	Zentimeter	centimetre (*Br*), centimeter (*US*)	= 0.39 inches
1 dm	Dezimeter	decimetre (*Br*), decimeter (*US*)	= 3.94 inches
1 m	Meter	metre (*Br*), meter (*US*)	= 1.094 yards = 3.28 feet = 39.37 inches
1 km	Kilometer	kilometre (*Br*), kilometer (*US*)	= 1,093.637 yards = 0.621 British *or* Statute Miles
1 sm	Seemeile	nautical mile	= 1,852 metres (*US* meters)

Square measures

1 mm²	Quadrat- millimeter	square millimetre (*Br*), square millimeter (*US*)	= 0.0015 square inches
1 cm²	Quadrat- zentimeter	square centimetre (*Br*), square centimeter (*US*)	= 0.155 square inches
1 m²	Quadrat- meter	square metre (*Br*), square meter (*US*)	= 1.195 square yards = 10.76 square feet
1 ha	Hektar	hectare	= 11,959.90 square yards = 2.47 acres
1 km²	Quadrat- kilometer	square kilometre (*Br*), square kilometer (*US*)	= 247.11 acres = 0.386 square miles

Cubic measures

1 cm³	Kubik- zentimeter	cubic centimetre (*Br*), cubic centimeter (*US*)	= 0.061 cubic inches
1 dm³	Kubik- dezimeter	cubic decimetre (*Br*), cubic decimeter (*US*)	= 61.025 cubic inches
1 m³	Kubikmeter	cubic metre (*Br*), cubic meter (*US*)	= 1.307 cubic yards = 35.31 cubic feet

Liquid measures

1 l	Liter	litre (*Br*), liter (*US*)	*Br* = 1.76 pints
			= 0.88 quarts
			= 0.22 gallons
			US = 2.11 pints
			= 1.06 quarts
			= 0.26 gallons
1 hl	Hektoliter	hectolitre (*Br*), hectoliter (*US*)	*Br* = 22.009 gallons
			US = 26.42 gallons

Weights

1 Pfd.	Pfund	pound (German)	= ½ kilogram(me)
			= 500 gram(me)s
			= 1.102 pounds (avdp.*)
			= 1.34 pounds (troy)
1 kg	Kilogramm, Kilo	kilogram(me)	= 2.204 pounds (avdp.*)
			= 2.68 pounds (troy)
1 Ztr.	Zentner	centner	= 100 pounds (German)
			= 50 kilogram(me)s
			= 110.23 pounds (avdp.*)
			= 0.98 British hundredweight
			= 1.102 US hundredweight
1 t	Tonne	ton	= 0.984 British tons
			= 1.102 US tons
			= 1.000 metric tons

* avdp. = avoirdupois Handelsgewicht

European currency

Germany and Austria
1 euro (€) = 100 cents (ct)

coins
 1 ct
 2 ct
 5 ct
10 ct
20 ct
50 ct
€ 1
€ 2

bank notes (*Br*), bills (*US*)
€   5
€ 10
€ 20
€ 50
€ 100
€ 200
€ 500

Switzerland
1 Swiss franc (Sfr) = 100 Rappen (Rp) /
centimes (c)

coins
  5 Rp
 10 Rp
 20 Rp
 ½ Sfr (50 Rp)
  1 Sfr
  2 Sfr
  5 Sfr

bank notes (*Br*), bills (*US*)
  10 Sfr
  20 Sfr
  50 Sfr
 100 Sfr
 200 Sfr
1000 Sfr

German irregular verbs

infinitive	3rd person singular	past tense	past participle
backen	backt/bäckt	backte	gebacken
bedingen	bedingt	bedang (bedingte)	bedungen
			(*conditional:* bedingt)
befehlen	befiehlt	befahl	befohlen
beginnen	beginnt	begann	begonnen
beißen	beißt	biss	gebissen
bergen	birgt	barg	geborgen
bersten	birst	barst	geborsten
bewegen	bewegt	bewog	bewogen
biegen	biegt	bog	gebogen
bieten	bietet	bot	geboten
binden	bindet	band	gebunden
bitten	bittet	bat	gebeten
blasen	bläst	blies	geblasen
bleiben	bleibt	blieb	geblieben
bleichen	bleicht	blich	geblichen
braten	brät	briet	gebraten
brauchen	braucht	brauchte	gebraucht
			(*v/aux* brauchen)
brechen	bricht	brach	gebrochen
brennen	brennt	brannte	gebrannt
bringen	bringt	brachte	gebracht
denken	denkt	dachte	gedacht
dreschen	drischt	drosch	gedroschen
dringen	dringt	drang	gedrungen
dürfen	darf	durfte	gedurft
			(*v/aux* dürfen)
empfangen	empfängt	empfing	empfangen
empfehlen	empfiehlt	empfahl	empfohlen
empfinden	empfindet	empfand	empfunden
erlöschen	erlischt	erlosch	erloschen
erschrecken	erschrickt	erschrak	erschrocken
essen	isst	aß	gegessen
fahren	fährt	fuhr	gefahren

infinitive	3rd person singular	past tense	past participle
fallen	fällt	fiel	gefallen
fangen	fängt	fing	gefangen
fechten	ficht	focht	gefochten
finden	findet	fand	gefunden
flechten	flicht	flocht	geflochten
fliegen	fliegt	flog	geflogen
fliehen	flieht	floh	geflohen
fließen	fließt	floss	geflossen
fressen	frisst	fraß	gefressen
frieren	friert	fror	gefroren
gären	gärt	gor (*esp fig* gärte)	gegoren (*esp fig* gegärt)
gebären	gebärt (gebiert)	gebar	geboren
geben	gibt	gab	gegeben
gedeihen	gedeiht	gedieh	gediehen
gehen	geht	ging	gegangen
gelingen	gelingt	gelang	gelungen
gelten	gilt	galt	gegolten
genesen	genest	genas	genesen
genießen	genießt	genoss	genossen
geschehen	geschieht	geschah	geschehen
gewinnen	gewinnt	gewann	gewonnen
gießen	gießt	goss	gegossen
gleichen	gleicht	glich	geglichen
gleiten	gleitet	glitt	geglitten
glimmen	glimmt	glomm	geglommen
graben	gräbt	grub	gegraben
greifen	greift	griff	gegriffen
haben	hat	hatte	gehabt
halten	hält	hielt	gehalten
hängen	hängt	hing	gehangen
hauen	haut	haute (hieb)	gehauen
heben	hebt	hob	gehoben
heißen	heißt	hieß	geheißen
helfen	hilft	half	geholfen
kennen	kennt	kannte	gekannt
klingen	klingt	klang	geklungen

infinitive	3rd person singular	past tense	past participle
kneifen	kneift	kniff	gekniffen
kommen	kommt	kam	gekommen
können	kann	konnte	gekonnt (v/aux können)
kriechen	kriecht	kroch	gekrochen
laden	lädt	lud	geladen
lassen	lässt	ließ	gelassen (v/aux lassen)
laufen	läuft	lief	gelaufen
leiden	leidet	litt	gelitten
leihen	leiht	lieh	geliehen
lesen	liest	las	gelesen
liegen	liegt	lag	gelegen
lügen	lügt	log	gelogen
mahlen	mahlt	mahlte	gemahlen
meiden	meidet	mied	gemieden
melken	melkt	melkte (molk)	gemolken (gemelkt)
messen	misst	maß	gemessen
misslingen	misslingt	misslang	misslungen
mögen	mag	mochte	gemocht (v/aux mögen)
müssen	muss	musste	gemusst (v/aux müssen)
nehmen	nimmt	nahm	genommen
nennen	nennt	nannte	genannt
pfeifen	pfeift	pfiff	gepfiffen
preisen	preist	pries	gepriesen
quellen	quillt	quoll	gequollen
raten	rät	riet	geraten
reiben	reibt	rieb	gerieben
reißen	reißt	riss	gerissen
reiten	reitet	ritt	geritten
rennen	rennt	rannte	gerannt
riechen	riecht	roch	gerochen
ringen	ringt	rang	gerungen
rinnen	rinnt	rann	geronnen
rufen	ruft	rief	gerufen
salzen	salzt	salzte	gesalzen (gesalzt)
saufen	säuft	soff	gesoffen
saugen	saugt	sog	gesogen
schaffen	schafft	schuf	geschaffen

infinitive	3rd person singular	past tense	past participle
schallen	schallt	schallte (scholl)	geschallt (*for* erschallen *also* erschollen)
scheiden	scheidet	schied	geschieden
scheinen	scheint	schien	geschienen
scheißen	scheißt	schiss	geschissen
scheren	schert	schor	geschoren
schieben	schiebt	schob	geschoben
schießen	schießt	schoss	geschossen
schinden	schindet	schund	geschunden
schlafen	schläft	schlief	geschlafen
schlagen	schlägt	schlug	geschlagen
schleichen	schleicht	schlich	geschlichen
schleifen	schleift	schliff	geschliffen
schließen	schließt	schloss	geschlossen
schlingen	schlingt	schlang	geschlungen
schmeißen	schmeißt	schmiss	geschmissen
schmelzen	schmilzt	schmolz	geschmolzen
schneiden	schneidet	schnitt	geschnitten
schreiben	schreibt	schrieb	geschrieben
schreien	schreit	schrie	geschrie(e)n
schreiten	schreitet	schritt	geschritten
schweigen	schweigt	schwieg	geschwiegen
schwellen	schwillt	schwoll	geschwollen
schwimmen	schwimmt	schwamm	geschwommen
schwinden	schwindet	schwand	geschwunden
schwingen	schwingt	schwang	geschwungen
schwören	schwört	schwor	geschworen
sehen	sieht	sah	gesehen
sein	ist	war	gewesen
senden	sendet	sandte	gesandt
sieden	siedet	sott	gesotten
singen	singt	sang	gesungen
sinken	sinkt	sank	gesunken
sinnen	sinnt	sann	gesonnen
sitzen	sitzt	saß	gesessen
sollen	soll	sollte	gesollt (*v*/*aux* sollen)
spalten	spaltet	spaltete	gespalten (gespaltet)

infinitive	3rd person singular	past tense	past participle
speien	speit	spie	gespie(e)n
spinnen	spinnt	spann	gesponnen
sprechen	spricht	sprach	gesprochen
sprießen	sprießt	spross	gesprossen
springen	springt	sprang	gesprungen
stechen	sticht	stach	gestochen
stecken	steckt	steckte (stak)	gesteckt
stehen	steht	stand	gestanden
stehlen	stiehlt	stahl	gestohlen
steigen	steigt	stieg	gestiegen
sterben	stirbt	starb	gestorben
stinken	stinkt	stank	gestunken
stoßen	stößt	stieß	gestoßen
streichen	streicht	strich	gestrichen
streiten	streitet	stritt	gestritten
tragen	trägt	trug	getragen
treffen	trifft	traf	getroffen
treiben	treibt	trieb	getrieben
treten	tritt	trat	getreten
trinken	trinkt	trank	getrunken
trügen	trügt	trog	getrogen
tun	tut	tat	getan
überwinden	überwindet	überwand	überwunden
verderben	verdirbt	verdarb	verdorben
verdrießen	verdrießt	verdross	verdrossen
vergessen	vergisst	vergaß	vergessen
verlieren	verliert	verlor	verloren
verschleißen	verschleißt	verschliss	verschlissen
verschwinden	verschwindet	verschwand	verschwunden
verzeihen	verzeiht	verzieh	verziehen
wachsen	wächst	wuchs	gewachsen
wägen	wägt	wog (*rare* wägte)	gewogen (*rare* gewägt)
waschen	wäscht	wusch	gewaschen
weben	webt	wob	gewoben
weichen	weicht	wich	gewichen
weisen	weist	wies	gewiesen
wenden	wendet	wandte	gewandt

infinitive	3rd person singular	past tense	past participle
werben	wirbt	warb	geworben
werden	wird	wurde	geworden (worden*)
werfen	wirft	warf	geworfen
wiegen	wiegt	wog	gewogen
winden	windet	wand	gewunden
wissen	weiß	wusste	gewusst
wollen	will	wollte	gewollt (v/aux wollen)
wringen	wringt	wrang	gewrungen
ziehen	zieht	zog	gezogen
zwingen	zwingt	zwang	gezwungen

* only in connection with the past participles of other verbs,
e. g. **er ist gesehen** worden – **he has been seen**